Le Grand Gaffiot

Dictionnaire Latin-Français

Le Grand Gaffiot

FÉLIX GAFFIOT

Ancien professeur à la Sorbonne
Doyen de la Faculté des Lettres de Besançon

Dictionnaire
LATIN-FRANÇAIS

Troisième édition revue et augmentée
sous la direction de

PIERRE FLOBERT

Professeur émérite à l'Université de Paris-Sorbonne
Directeur d'études à l'École Pratique des Hautes Études

ISBN 978-2-01-166765-6
© Hachette-Livre 2000, 43 quai de Grenelle 75905 PARIS Cedex 15
www.hachette-education.com
Photo de couverture : La Bocca della Verità © G. DAGLI ORTI

Cartographie Hachette

Tous droits de traduction, de reproduction et d'adaptation réservés pour tous pays

Le Code de la propriété intellectuelle n'autorisant, aux termes des articles L. 122-4 et L. 122-5, d'une part, que les « copies ou reproductions strictement réservées à l'usage privé du copiste et non destinées à une utilisation collective », et, d'autre part, que « les analyses et les courtes citations » dans un but d'exemple et d'illustration, « toute représentation ou reproduction intégrale, ou partielle, faite sans le consentement de l'auteur ou de ses ayants droits ou ayants cause, est illicite. »
Cette représentation ou reproduction, par quelque procédé que ce soit, sans autorisation de l'éditeur ou du Centre Français d'Exploitation du Droit de Copie (20, rue des Grands Augustins 75006 Paris), constituerait donc une contrefaçon sanctionnée par les Articles 425 et suivants du Code pénal.

Le Grand Gaffiot Dictionnaire Latin-Français
est édité sous la responsabilité d'Emmanuel Fouquet

Chef de projet (édition et informatique éditoriale) :
Sébastien Pettoello

Assistants d'édition :
Claire Joubert
Caroline Gundelach, Béatrice Innocenti, Anne Le Meur, Manuel Tricoteaux

Rédaction, révision et relecture :
Direction : Pierre Flobert (Paris IV)
Frédérique Biville (Lyon II) *emprunts au grec*
Frédéric Chapot (Strasbourg II) *latin des chrétiens, Tertullien*
François-Régis Chaumartin (Paris XII) *latin néronien*
Philippe Fleury (Caen) *Vitruve, mécanique*
Christine-Dorothée Georgelin (Dr de Paris IV) *vocabulaire latin*
Michel Humbert (Paris II) *droit romain*
Sylvie Labarre (Le Mans) *latin des chrétiens*
Pierre Monat (Besançon) *latin tardif*
Claire Lefeuvre (Strasbourg II) *révision des paradigmes verbaux*
Annette Flobert (Agrégée de grammaire) *tableaux récapitulatifs*

Relecture typographique et critique :
Edith Lançon, Françoise Maréchal, Alain Le Saux, Philippe Guisard (Paris X)

SGML, composition et mise en page :
Compos Juliot GT, Paris
Direction technique : Jean-Joseph Thibault
Informatique éditoriale : Carole Devillard, Ivo Kulev
Composition : Éric Gentner
Saisie SGML : Myriam Fiani, Laurence Ulrich

Conception graphique de la couverture :
Zaaping : Philippe Latombe

Cartographie :
Hachette Éducation
Direction : Pascal Thomas
Frédéric Clémençon
Quadrature

Fabrication :
Bernard Degril
Denis Schneider

Nous remercions particulièrement Jean François Le Motheux, Héloïse Neefs et Sylvie Roussel,
ainsi que les équipes Dictionnaires et Parascolaire d'Hachette Éducation

DÉDICACE
AVANT-PROPOS
PRÉFACES

Dédicace de la première édition

A RENÉ DURAND

Chargé de cours honoraire à la Faculté des Lettres de l'Université de Paris
et Maître de conférences honoraire à l'École Normale Supérieure

son ancien élève, son collègue, son ami, dédie ce livre.
F. G., février 1934

Avant-propos de la première édition

C'est sur les instances de mon ami, M. René Durand, alors mon collègue à la Sorbonne, que j'ai accepté en 1923 d'entreprendre ce gros travail.

Des amis et d'anciens élèves se sont aimablement offerts pour me seconder dans ma tâche : MM. Humbert, actuellement professeur à la Faculté des Lettres de Poitiers, Guyot, professeur en retraite du collège d'Arbois, Mlles Suzanne Humery, Clotilde Léger, M. Marcel Blanc, professeur au lycée Regnault à Tanger, et surtout M. Cordier, proviseur du même lycée, et Mme Philippot, professeur au lycée de Nantes. Je leur exprime à tous ici mes bien cordiaux remerciements.

Mon collègue M. Van Daële, de la Faculté des Lettres de Besançon, a bien voulu lire une grande partie des secondes épreuves, tâche ingrate devant laquelle sa bonne amitié n'a pas reculé.

Mais je dois une reconnaissance particulière à M. René Durand, qui n'a pas craint de revoir entièrement les premières épreuves. Avec son savoir et son expérience, avec cet esprit critique que ses anciens élèves connaissent bien, avec le recul qui manque à l'auteur toujours trop près de son œuvre, M. Durand a trouvé, chemin faisant, l'occasion de consigner sur les placards une foule de remarques dont j'ai retiré le plus grand profit.

F. G.

PRÉFACE DE LA PREMIÈRE ÉDITION

Les Editeurs souhaitaient un dictionnaire latin correspondant au dictionnaire grec de Bailly et répondant aux exigences scolaires comme aux exigences scientifiques. J'ai fait de mon mieux pour satisfaire à ce désir.

1º Des articles distincts ont été consacrés, dans l'ordre alphabétique, à tous les emplois particuliers (par ex., adjectifs, pronoms, participes pris substantivement), à tous les mots irréguliers (comparatifs, superlatifs, verbes, etc.), et, en général, à toutes les formes spéciales qui pourraient dérouter l'élève.

2º Sous le rapport orthographique, on a observé l'usage courant de nos éditions scolaires ; par exemple, on a distingué *i* et *j*, *u* et *v*, etc.

3º Le dictionnaire embrasse toute la latinité au sens le plus général du mot, de la Loi des Douze Tables aux auteurs du Digeste ; mais il va de soi que le latin de la décadence n'a pas été et ne pouvait pas être traité avec les mêmes développements que le latin classique.

Les formes archaïques et les formes vulgaires ont été mentionnées en fin d'article au mot qui les comporte.

4º La latinité, au sens vrai du terme, c'est-à-dire celle qui s'étend de Plaute à Tacite, a été l'objet d'un effort particulier ; et peut-être trouvera-t-on çà et là des faits ou une présentation des faits d'un caractère nouveau.

5º Le sens général des mots, les sens particuliers, les tours et constructions divers sont éclairés, suivant les cas, par des exemples plus ou moins nombreux ou simplement appuyés par des renvois aux auteurs avec référence complète.

Chaque exemple est accompagné de sa référence et de la traduction française.

6º On s'est efforcé de recourir toujours aux textes les plus sûrs en l'état actuel de la science ; les leçons douteuses ont été signalées.

7º On a consulté et utilisé, le mieux possible, les travaux lexicographiques existants, notamment les dictionnaires de Freund, Georges, Lewis-Short, etc., le Dictionnaire étymologique Ernout-Meillet, et tout ce qui avait paru du *Thesaurus*, c'est-à-dire de A à G.

8º L'idée d'illustrer l'ouvrage et sa réalisation reviennent aux Editeurs ; mon rôle s'est borné à émettre des avis.

Pour conclure, il me reste à souhaiter que ce livre, devenant un auxiliaire des études latines, contribue pour sa part à la défense du latin que beaucoup de bons esprits s'obstinent à considérer comme un des précieux éléments de notre culture.

Félix GAFFIOT
Février 1934

Après la mort tragique de Félix Gaffiot, en novembre 1937, M. René Durand, professeur honoraire à la Sorbonne, s'est chargé de recevoir, de classer, de trier toutes les communications reçues par les Editeurs et d'extraire de cet apport multiple et bénévole les corrections nécessaires et les ajoutés dont les servitudes typographiques n'interdisaient pas l'entrée dans le Dictionnaire. Il s'est acquitté de sa tâche avec un souci de la perfection dont tous les lecteurs du Dictionnaire lui seront reconnaissants. Les Editeurs lui adressent leurs plus sincères remerciements.

M. Albert Blaise, Professeur agrégé au Lycée Kléber à Strasbourg, qui prépare un Lexique du latin chrétien, a bien voulu faire profiter le Dictionnaire latin de Gaffiot de sa connaissance des auteurs chrétiens. Cette nouvelle édition doit beaucoup aux corrections qu'il nous a adressées. Nous le prions de trouver ici l'expression de notre gratitude.

Nos remerciements vont aussi à M. Lechevalier, Professeur à l'Université Laval de Québec, et à M. de Saint-Denis, Professeur à la Faculté des Lettres de Dijon, pour leurs suggestions relatives au latin classique dont bénéficie cette nouvelle édition du Dictionnaire.

PRÉFACE DE L'ÉDITION REVUE

SOIXANTE-CINQ ans après, le *Dictionnaire illustré Latin-Français* de Félix GAFFIOT, dont l'éclatant succès ne s'est jamais démenti, avait besoin d'une révision complète. Les réimpressions n'avaient permis jusqu'ici que des modifications ponctuelles. Jacques PERRET (1906-1992) s'était particulièrement attelé à cette tâche absorbante et j'ai pu faire usage de ses dernières fiches.

Cette fois, grâce à l'informatisation, il est devenu possible d'aller beaucoup plus loin. Trois améliorations apparaissent immédiatement : les résumés précédant les articles longs, les étymologies, qui étaient jusqu'ici très sommaires et souvent erronées, un accès beaucoup plus large au vocabulaire chrétien, technique et tardif ; les Annexes comblent une lacune. Bien entendu, la chasse aux références fausses, incomplètes, périmées ou aveugles, aux mots fantômes, aux noms propres dénaturés et aux traductions inexactes, a été poursuivie sur une grande échelle, en exploitant les progrès énormes de la philologie et de l'épigraphie. La langue, souvent désuète, a été modernisée. Il est assurément difficile de couvrir mille ans de latin d'une façon satisfaisante, mais il vaut la peine de marquer l'extraordinaire richesse de celui-ci, son aptitude au renouvellement et sa permanente vitalité dans le cadre européen, jusqu'à nos jours, grâce au témoignage apporté par les correspondances indo-européennes et les produits romans, pour ne rien dire des innombrables emprunts.

Un dictionnaire est toujours une œuvre collective, d'abord en raison des devanciers. Citons au moins le *Dictionnaire* de BLAISE (1959), le *Glossary* de SOUTER (1949), l'*Oxford Latin Dictionary* (1982) et avant tout le *Thesaurus* (A-M, O, une partie de P). Huit collaborateurs ont apporté leur précieux concours à ce travail de correction et d'élargissement pendant une partie de l'année 1995 : Frédérique BIVILLE, Lyon II (mots grecs), François-Régis CHAUMARTIN, Paris XII (Sénèque et la littérature néronienne), Philippe FLEURY, Caen (architecture et mécanique), Michel HUMBERT, Paris II (droit et institutions). La latinité chrétienne a été partagée entre Pierre MONAT, Besançon (C-H), Frédéric CHAPOT, Strasbourg II (I-P), Sylvie LABARRE, Le Mans (Q-R, U-V), Christine-Dorothée GEORGELIN, Dr de Paris IV (S-T) ; René BRAUN, Nice, nous avait communiqué ses notes pour un tiers de A. Les appoints pédagogiques : la présentation plus complète des paradigmes verbaux et les tableaux, comme la cartographie, très soignée, ont été exécutés à l'initiative des Éditeurs. Tout le reste est mon œuvre et j'ai aussi procédé à la coordination générale, forcément complexe : relecture, intégration, adaptation, enrichissement. Annette FLOBERT m'a assisté dans la correction des deuxièmes épreuves.

On ose espérer que sous cette nouvelle forme le *Dictionnaire* du bouillant champion du "vrai latin" (de Plaute à Tacite !) et du truculent œnophile à la cave légendaire, Félix GAFFIOT (Liesle 1870-1937), continuera à rendre de bons services aux latinistes curieux de leur passé et désireux de comprendre les bases du monde actuel. Promu enfin au rang d'œuvre scientifique – telle est notre ambition – le *Grand Gaffiot* occupe désormais une place unique sur le marché, étant le seul à être complet et bien à jour, des origines à Charlemagne, sa bibliographie en fait foi. HACHETTE Éducation a risqué ce pari et a tout fait pour rendre la publication attrayante ; ses collaborateurs ont droit à notre reconnaissance.

Sceaux, décembre 1994 – mai 2000
Pierre FLOBERT

L'édition publiée en 2005, entièrement corrigée et complétée, efface beaucoup de fautes typographiques et de lapsus. Elle apporte aussi des compléments aux étymologies et au lexique géographique, en particulier. Plusieurs latinistes m'ont signalé des bévues et des oublis, en particulier F. BIVILLE et Paul MATTEI (Lyon II) ; Olivier DESBORDES (Caen) m'a généreusement remis un important dossier d'améliorations. Que tous soient remerciés.

MODE D'EMPLOI
LISTES D'ABRÉVIATIONS

MODE D'EMPLOI

STRUCTURE GÉNÉRALE DES ARTICLES

Le mot-vedette est en gras.

Indication flexionnelle

Indication du genre et du nombre pour les noms (m. ; f. ; n. ; pl.) et du régime pour les verbes (tr. ; intr.).

Les exemples sont en italique et suivis des références bibliographiques.

L'étymologie (étymons, apparentements indo-européens, produits romans) est mise entre parenthèses.

La traduction du mot-vedette et des exemples est en caractères romains.

Le signe ‖ introduit une nuance de sens.

Les différentes parties de l'article sont clairement identifiées par I II A B ¶ 1 ¶ 2 a) b) ...

Les aides à la traduction (domaine grammaire, contextualisation, commentaire) sont entre [ ].

ăcŭlĕus, *i*, m. (*acus* ; it. *ghiglia*), aiguillon ¶ **1** *apis* Cic. *Tusc.* 2, 52, dard de l'abeille ‖ [fig.] *aculeo emisso* Cic. *Flac.* 41, après avoir laissé son aiguillon (dans la plaie), cf. Liv. 23, 42, 5 ; Curt. 4, 14, 13 ‖ pointe d'un trait : Liv. 38, 21, 10 ¶ **2** [métaph.] [surtout au pl.] **a)** *aculei orationis* Cic. *Sull.* 47, aiguillons de la parole [mots capables de percer, de blesser] ; [en parlant d'outrages] Cic. *Verr.* 3, 95 ; [de reproches] Planc. 58 ; [de railleries] Cic. *Q.* 2, 1, 1 **b)** stimulant : *ad animos stimulandos aliquem aculeum habent* Liv. 45, 37, 11, [ces paroles] ont du mordant pour exciter les esprits, cf. Cic. *Or.* 62 ; *de Or.* 2, 64 ; *in mentibus quasi aculeos quosdam relinquere* Cic. *de Or.* 3, 138, laisser comme une sorte d'aiguillon enfoncé dans l'âme de l'auditeur [faire une impression profonde], cf. *Brut.* 38 **c)** pointes, finesses, subtilités : Cic. *Ac.* 2, 98 ; *Fin.* 4, 7.

AUTRES INFORMATIONS

Les articles longs
• Ils font l'objet d'un tableau récapitulatif en début d'article.

bŏnus, *a*, *um* (a. lat. *duenos*, *duonus*, cf. *beo* et 1 *do* ; fr. *bon*)

¶ **1** [personnes] "bon", *boni cives*, *boni*, "bienveillant" *di boni !* ¶ **2** [choses] "de bonne qualité", *bonae artes*, *bona ratio*, *bona pars*, "prospère" *quod bonum faustum felixque sit !* ; *bonae res* ¶ **3** constructions **a)** dat. **b)** avec *ad* et **c)** *in* acc. **d)** infinitif.

¶ **1** [en parl. des pers.] bon [au sens le plus général du mot] : *bonus imperator* Cic. *Verr.* 5, 2 ; *miles* Cic. *Clu.* 108, bon

Les renvois
• Les renvois à d'autre(s) article(s) sont signalés par le signe ▶.
Le type de renvoi est indiqué par :
c. renvoi de variante ;
= renvoi symétrique ;
v. renvoi à un article ;
cf. : renvoi secondaire.

bulbācĕus, *a*, *um*, c.▶ *bulbosus* : Plin. 21, 170.
bulbātĭo, v.▶ *bullatio* ▶.

• Les renvois à l'atlas sont indiqués avec le n° de la carte et les coordonnées.

Burgundĭi, *iōrum* (**-dĭōnes**, *um*), m. pl., Burgondes [peuple germain établi en Gaule (Bourguignons)] Atlas I, B4 ; Amm. 18, 2, 15 ; Plin. 4, 99 ‖ sg. *Burgundio* Cassiod. *Var.* 11, 1, 13 ‖ adj., bourguignon [en parl. de chevaux] : Veg. *Mul.* 3, 6, 3.

Les homographes
• Ils sont distingués par un numéro placé avant le mot-vedette.

1 actŏr, *ōris*, m. (*ago*) ¶ **1** celui qui fait mouvoir, avancer : *pecoris* Ov. *H.* 1, 95, conducteur de troupeau ‖ *habenae* Stat. *Ach.* 1, 134, celui qui fait mouvoir la courroie de la fronde, frondeur ¶ **2** celui

2 Actŏr, *ŏris*, m. ¶ **1** père de Ménoetius, grand-père de Patrocle ‖ **-ĭdēs**, *ae*, m., descendant d'Actor : Ov. *M.* 13, 273 ; *F.* 2, 39 ; *Tr.* 1, 9, 29 ¶ **2** personnages divers : Virg. *En.* 6, 485 ; 9, 500 ; 12, 94.

Les variantes
• Les variantes graphiques ou de flexion sont clairement indiquées.
• Les formes particulières sont mises en fin d'article après le signe ▶.

bājŭlō (bāiŭlō), *ās*, *āre*, -, - (*bajulus* ; fr. *bailler*), tr., porter sur le dos : Pl. *As.* 660 ; Quint. 6, 1, 47 ‖ *baiiolare* Pl. *Merc.* 508 ‖ supporter, endurer : Bened. *Reg.* 2, 20 ‖ porter dans son sein : Sedul. *Hymn.* 3, 11.
▶ *bajulor* P. Fest. 32, 2.

LISTE DES ABRÉVIATIONS ET SIGNES USUELS

abréviation	signification	abréviation	signification
*	forme conjecturale ou théorique, discussion de texte	conj.	conjonction
		conjug.	conjugaison
>	donne telle forme	conséc.	consécutive
<	provient de	constr.	construction
?	doute	contr.	contraction
( )	variante, étymologie, compléments	convers.	conversation
		coord.	coordination
[ ]	explication, remarque, tête de paragraphe	corr.	correction
		corrél.	corrélation
‖	sépare les différentes nuances de sens d'un mot	cuis.	cuisine
abl.	ablatif	d.	dans
abrév.	abréviation	dat.	datif
abs.	absolu	décl.	déclinaison
abs^t	absolument	déf.	défini
acc.	accusatif	défect.	défectif
act.	actif	dém.	démonstratif
adj.	adjectif	dép.	déponent
adj^t	adjectivement	dériv.	dérivé
adv.	adverbe	désid.	désidératif
adv^t	adverbialement	déterm.	détermination
agric.	agriculture	développ^t	développement
al.	*alibi* (ailleurs) = variante	dial.	dialogue
anal.	analogie	diff.	différent
anat.	anatomie	dim.	diminutif
anc.	ancien	dir.	direct
anc^t	anciennement	dissyl.	dissyllabique
anim.	animal, animaux	distr.	distributif
ant.	antérieur	ellipt.	elliptique
apr.	après	empr.	emprunt
arch.	archaïsme, archaïque	en gén.	en général
archit.	architecture	en parl. de	en parlant de
arith.	arithmétique	en part.	en particulier
astrol.	astrologie	énumér.	énumératif
astron.	astronomie	épith.	épithète
attrib.	attributif	étym.	étymologie
auj.	aujourd'hui	ex.	exemple
av.	avant	exclam.	exclamation
bot.	botanique	expr.	expression
c.	comme	express.	expressif
c.-à-d.	c'est-à-dire	ext.	extension
caus.	causatif	f.	féminin
cf.	comparez, confer	f.l.	*falsa lectio* (fausse leçon)
ch.	chose	fam.	familièrement
chir.	chirurgie	fig., au fig.	au figuré
chrét.	chrétien	fl.	fleuve
class.	classique	fréq.	fréquent
com.	comique	fréq.	fréquentatif
compar.	comparatif	frg.	fragment
compl.	complément	fut.	futur
compos.	composition	gén.	génitif

abréviation	signification	abréviation	signification
gén. obj.	génitif objectif	néol.	néologisme
gén. subj.	génitif subjectif	nom.	nominatif
gén^t	généralement	not^t	notamment
géograph^t	géographiquement	obsc.	obscène
géom.	géométrie	offic^t	officiellement
gér.	gérondif	onomat.	onomatopée
gram.	grammaire, grammairien	opp.	opposé, opposition
hab.	habitant	ordin.	ordinaire
imparf.	imparfait	ordin^t	ordinairement
impér.	impératif	orig^t	originellement
impers.	impersonnel	orth.	orthographe
inch.	inchoatif	p.-ê.	peut-être
indécl.	indéclinable	parenth.	parenthèse(s)
indéf.	indéfini	parf.	parfait
indic.	indicatif	part.	participe
indir.	indirect	partic.	particule
inf.	infinitif	particul.	particulier
intens.	intensif	pass.	passif
intér.	intérieur	peint.	peinture
interj.	interjection	péjor.	péjoratif
interr.	interrogatif	pers.	personne, personnage
interrog.	interrogation	personnif.	personnification
intr.	intransitif	phil.	philosophie
inus.	inusité	phys.	physique
iron.	ironiquement	pl.	pluriel
irrég.	irrégulier	plais^t	plaisamment
itér.	itératif	pléon.	pléonasme
jct.	jurisconsulte	plus.	plusieurs
l.	ligne	poét.	poétique
lang.	langue	polit.	politique
lat.	latin	politiq^t	politiquement
litt^t	littéralement	postclass.	postclassique
loc.	locatif	postér.	postérieur
log.	logique	postér^t	postérieurement
m.	masculin	pqp.	plus-que-parfait
m. à m.	mot à mot	*pr.*	*procemium*, préface
mauv.	mauvais, mauvaise	pr., au pr.	au propre
méc.	mécanique	prép.	préposition
méd.	médecine	prés.	présent
meill.	meilleur	prim.	primitif
métaph.	métaphore	primit^t	primitivement
méton.	métonymie	priv.	privatif
métr.	métrique	prob^t	probablement
milit.	militaire	prom.	promontoire
mont.	montagne	pron.	pronom
moral^t	moralement	prop.	proposition
mouv^t	mouvement	propr^t	proprement
moy.	moyen, moyenne	pros.	prosateur
ms.	manuscrit	prov.	proverbe
mss.	manuscrits	qq.	quelque
mus.	musique	qqch.	quelque chose
n.	neutre	qqf.	quelquefois
nég.	négation	qqn	quelqu'un

abréviation	signification	abréviation	signification
rar^t	rarement	superl.	superlatif
redoubl.	redoublement	surt.	surtout
rel.	relatif, relative	syll.	syllabe
relat.	relation	sync.	syncope
rhét.	rhétorique	t.	terme
riv.	rivière	tard.	tardif
rom.	romain	techn.	technique
s.	siècle ou saint	théol.	théologie
s.-ent.	sous-entendu	*tit.*	*titulus*
seul^t	seulement	tj.	toujours
sg.	singulier	tr.	transitif
simpl^t	simplement	trad.	traduction
souv.	souvent	trag.	tragédie
sqq.	suivantes	trisyll.	trisyllabe
st.	style	v.	voir, voyez
subj.	subjonctif	var.	variante
subst.	substantif	verb.	verbal
subst^t	substantivement	voc.	vocatif
suiv.	suivant	vs	*versus* (en face de)
sup.	supin	vulg.	vulgaire

LISTE DES LANGUES CITÉES DANS LES ÉTYMOLOGIES

a.	(ancien)	it.	italien
afr.	africain	lit.	lituanien
al.	allemand	louv.	louvite
alb.	albanais	m.	(moyen)
an.	anglais	messap.	messapien
av.	avestique	myc.	mycénien
bret.	breton	oc.	occitan
cat.	catalan	ombr.	ombrien
celt.	celtique	osq.	osque
cors.	corse	pél.	pélignien
dialec.	(dialecte, dialectal)	pers.	persan
esp.	espagnol	phén.	phénicien
étr.	étrusque	port.	portugais
fal.	falisque	prén.	prénestin
fr.	français	pun.	punique
franc.	francique	roum.	roumain
gaël.	gaëlique	rus.	russe
gall.	gallois	scr.	sanscrit
gaul.	gaulois	sém.	sémitique
germ.	germanique	sicil.	sicilien
got.	gotique	sic.	sicule
gr.	grec	syr.	syriaque
gr. mod.	grec moderne	toch.	tocharien
hébr.	hébreu	v.	(vieux)
hisp.	hispanique	vén.	vénète
hit.	hittite	vha.	vieux-haut-allemand
iran.	iranien	v. pers.	vieux-perse
irl.	irlandais	v. pr.	vieux-prussien
isl.	islandais	v. sl.	vieux-slave

BIBLIOGRAPHIE

RÉFÉRENCES BIBLIOGRAPHIQUES ET RECUEILS

N.B. Les chiffres en exposant, au dessus des auteurs, des ouvrages ou des dates, indiquent le n° de l'édition.
ex. : RIBBECK[2] = Ribbeck, deuxième édition.

AASS = *Acta Sanctorum*, 1643 -. Bruxelles, Bollandistes.

Acta martyrum, v. GEBHARDT, RUINART.

ADAMS, J. N. *The Latin sexual vocabulary*. London, Duckworth, 1982.

Agrimensores, v. THULIN.

ADAMS, J. N. *Pelagonius*. Leiden, Brill, 1995.

ADAMS, J. N. *The regional diversification of Latin 200 B.C. - A.D. 600*. Cambridge University Press, 2007.

ALMA = *Auteurs latins du Moyen Âge*, 1981-. Paris, Les Belles Lettres.

ANDRÉ, J. *Les noms d'oiseaux en latin*. Paris, Klincksieck, 1967.

ANDRÉ, J. *Les noms de plantes dans la Rome antique*. Paris, Les Belles Lettres, 1985.

ANDRÉ, J. *Le vocabulaire latin de l'anatomie*. Paris, Les Belles Lettres, 1991.

Anthologia Latina, v. RIESE.

APh = *L'Année philologique*, 1924-. Paris, Les Belles Lettres.

Atellanae, v. FRASSINETTI.

AUDOLLENT, A. *Defixionum tabellae*. Paris, 1904.

BA = *Bibliothèque Augustinienne*, 1936-. Paris, Desclée De Brouwer, puis Études Augustiniennes.

BAEHRENS, E. *Poetae Latini minores*, 1-5. Leipzig, 1879-1883.

BESNIER, M. *Lexique de géographie ancienne*. Paris, 1914.

BIVILLE, F. *Les emprunts du latin au grec*, 1-2. Louvain, Peeters, 1990-1995.

BLAISE, A. *Dictionnaire Latin-Français des Auteurs Chrétiens*[2]. Turnhout, Brepols, 1967.

BT = *Bibliotheca Teubneriana*, 1849-. Leipzig / Stuttgart, Teubner.

BUCHWALD, W. / HOHLWEG, A. / PRINZ, O. *Tusculum Lexikon griechischer und lateinischer Autoren*[3]. Munich, Artemis, 1982; trad. franç. revue = *Dictionnaire des auteurs grecs et latins*. Turnhout, Brepols, 1991.

BUECHELER, F. *Anthologia Latina, 2 = Carmina epigraphica*, 1-2. Leipzig, Teubner, 1895-1897; 3 *Supplementum*, E. LOMMATZSCH, 1926.

CALLEBAT, L. / FLEURY, Ph. *Dictionnaire des termes techniques du De architectura de Vitruve*. Hildesheim, Olms, 1995.

Carmina epigraphica, v. BUECHELER / LOMMATZSCH.

CASPARI, C.P. *Briefe, Abhandlungen und Predigten*. Christiania, 1890.

CASPARI, C.P. *Kirchenhistorische Anecdota*. Christiania, 1883.

CC = *Corpus Christianorum*, 1953-. Turnhout, Brepols.

CHANTRAINE, P. *Dictionnaire étymologique de langue grecque*. Paris, Klincksieck, 1968-1980.

ChLA = *Chartae Latinae Antiquiores*, A. BRUCKNER / R. MARICHAL, 1954-. Olten / Lausanne.

CLAVIS = *Clavis Patrum Latinorum*[2], E. DEKKERS / E. GAAR. Bruges, Beyaert, 1961; 3ᵉ éd., Turnhout, Brepols, 1995.

Comici, v. RIBBECK[2].

Concilia, v. MANSI, SCHWARTZ.

CONCILIA GALLIAE 314-695, C. MUNIER / C. DE CLERCQ, CC 148, 148 A, 149, 1963-1974; J. GAUDEMET / B. BASDEVANT, SC 241, 353, 354, 1977-1989; v. MGH.

Corpus Glossariorum Latinorum, v. GOETZ.

CSEL, v. CV.

CUF = *Collection des Universités de France*, 1920-. Paris, Les Belles Lettres.

CUGUSI, P. *Corpus epistularum Latinarum*. Firenze, Gonnelli, 1992.

CUGUSI, P. *Epistolographi Latini minores*, 1-2. Torino, Paravia, 1970-1979.

CUNTZ, O. *Itineraria Latina*, 1. Leipzig, Teubner, 1929.

CV = *Corpus scriptorum ecclesiasticorum Latinorum*, 1866-. Vienne (A.), Tempsky.

DAREMBERG, Ch. / SAGLIO, E. *Dictionnaire des antiquités grecques et romaines*. Paris, Hachette, 1873-1919.

DAVIAULT, A. *Comoedia togata*, CUF. Paris, Les Belles Lettres, 1981.

DE SAINT-DENIS, E. *Le vocabulaire des animaux marins en latin classique*. Paris, Klincksieck, 1947.

didasc. = *didascalia* [p. ex. TER].

DU CANGE, Ch. *Glossarium mediae et infimae latinitatis*, 1678; rééd. Niort, 1883-1887.

DUFF, J.W. and A.M. *Minor Latin Poets*. London / Cambridge (Mass.), Loeb, 1934.

Epistulae, v. CUGUSI, MGH.

ERNOUT, A. / MEILLET, A. *Dictionnaire étymologique de la langue latine*. Paris, Klincksieck, 1932; 4ᵉ éd. 1959, 3ᵉ tir. 1979.

FIRA = *Fontes Iuris Romani Antejustiniani*[2], 1-3, S. RICCOBONO, G. BAVIERA, V. ARANGIO-RUIZ. Firenze, Barbèra, 1940-1972.

FLOBERT, P. *Les verbes déponents latins des origines à Charlemagne*. Paris, Les Belles Lettres, 1975.

FRASSINETTI, P. *Atellanae fabulae*. Roma, Ateneo, 1967.

FUNAIOLI, G. *Grammaticae Romanae fragmenta* (GRF 1). Leipzig, Teubner, 1907.

FUNK[3], F.X. / DIEKAMP, F. *Patres apostolici*, 1-2. Tübingen, 1913.

GEBHARDT, O. von. *Acta martyrum selecta*. Berlin, 1902.

Geographi Latini minores, v. RIESE.

GIRARD[6], P.F. / SENN, F. *Textes de droit romain*. Paris, 1937 (7ᵉ éd. 1967-).

Glossaria Latina, v. LINDSAY.

GOETZ, G. *Corpus Glossariorum Latinorum*, 1-7. Leipzig, 1888-1923.

Grammatici, v. KEIL.

GRF 1, v. FUNAIOLI.

GRF 2, v. MAZZARINO.

Gromatici, v. LACHMANN.

HALM, K. *Rhetores Latini minores*. Leipzig, 1863.

HAVERLING, G. *On sco-verbs*. Göteborg, 2000.

HERESCU, N.I. *Bibliographie de la littérature latine*. Paris, Les Belles Lettres, 1943.

HEUMANN, H. / SECKEL, E. *Handlexikon zu den Quellen des römischen Rechts*[9]. Jena, 1907; repr. Graz, 1958.

Historici, v. PETER.

HOFMANN, J.B. / SZANTYR, A. *Lateinische Syntax und Stilistik*. München, Beck, 1965.

HULTSCH, F. *Metrologicorum scriptorum reliquiae*, 1-2. Leipzig, 1864-1866.

HUSCHKE, P.E. *Iurisprudentiae Anteiustinianae reliquiae*[6], 1-2. Leipzig, Teubner, 1908-1927.

INDEX, v. THESAVRVS.

Itineraria, CC 175-176, 1965, v. CUNTZ, SCHNETZ.

KEIL, H. *Grammatici Latini*, 1-7. Leipzig, 1855-1880.

KLOTZ, A. *Scaenicorum Romanorum fragmenta*, 1 (*Tragici*). München, 1953.

LACHMANN, K. / BLUME, F. / RUDORFF, R. *Die Schriften der römischen Feldmesser* (*Gromatici veteres*), 1-2. Berlin, 1848-1852.

l. = *liber*, livre.

L. = *lex*, loi.

LANGSLOW, D.R. *Medical Latin in the Roman Empire*. Oxford, 2000.

LE BŒUFFLE, A. *Astronomie, astrologie*. Paris, Picard, 1987.

LEUMANN, M. *Lateinische Laut- und Formenlehre*. München, Beck, 1977.

LINDSAY, W. *Glossaria Latina*, 1-5. Paris, Les Belles Lettres, 1926-1931.

LIPSIUS, R. / BONNET, M. *Acta Apostolorum apocrypha*, 1-2. Leipzig, 1891-1903.

LOEB = *Loeb Classical Library*, 1912-. London / Cambridge (Mass.)

LV = *Fondazione Lorenzo Valla*. Milano, Mondadori, 1974-.

M., v. MIGNE.

MALCOVATI, E. *Oratorum Romanorum fragmenta*[3]. Torino, Paravia, 1967.

RÉFÉRENCES BIBLIOGRAPHIQUES ET RECUEILS

MANSI, J.D. *Sacrorum conciliorum collectio*, 1-53. Firenze, 1759-1798.

MAZZARINO, A. *Grammaticae Romanae fragmenta* (GRF 2). Torino, 1955.

MEISER, G. *Historische Laut- und Formenlehre der lateinischen Sprache*. Darmstadt, WB, 1998.

Metrologici, v. HULTSCH.

MEYER-LÜBKE, W. *Romanisches etymologisches Wörterbuch*[3]. Heidelberg, Winter, 1935.

MGH. = *Monumenta Germaniae historica* (München) :
AA = *Auctores antiquissimi*, 1-15, 1877-1919.
CAPITUL. = *Capitularia* 1, 1883.
CONC. = *Concilia*, 1, 1893.
DIPL. = *Diplomata*, 1872.
EP. = *Epistolae*, 1-2, 1887-1899.
FORM. = *Formulae* 1882-1886.
LEG. = *Leges*, 1-5, 1902-1969.
MER. = *Scriptores rerum Merovingicarum*, 1-7, 1884-1951.

MIGNE, J.-P. = *Patrologia Latina*, 1-222. Paris, 1844-1855.

MIGNE GR. = *Patrologia Graeca*, 1-168. Paris, 1857-1868.

MIGNE SUPPL. = A. HAMMAN, *Patrologiae Latinae supplementum*, 1-5. Paris, 1958-1974.

Mimi, v. RIBBECK[2], *Com*.

MLP, v. DUFF.

MOMMSEN, Th. *Chronica minora*, 1-3 = MGH. AA 9, 11, 13, 1892-1898.

MOREL, W. *Fragmenta poetarum Latinorum*. Leipzig, Teubner, 1927 (ensuite K. BÜCHNER[2], 1982 ; J. BLÄNSDORF[3], 1995).

NEUE F. N., *Formenlehre der lateinischen Sprache*, 1-4, 3e éd. par C. WAGENER, Berlin, Calvary, 1892-1902.

NIERMEYER, J.F. *Mediae latinitatis lexicon minus*, 2 *Abbrevationes*, C. VAN DE KIEFT. Leiden, Brill, 1976.

OCT = Oxford Classical Texts. Oxford, 1900-.

OXFORD LATIN DICTIONARY, P. G. W. GLARE ed. Oxford, 1968-1982.

PARAVIA = *Corpus scriptorum Latinorum Paravianum*, 1916-. Torino, Paravia.

PETER H. *Historicorum Romanorum reliquiae*, 1[2]-2. Leipzig, Teubner, 1912 et 1906.

PLM, v. BAEHRENS.

POET., v. MOREL.

Praet. = *praetexta* (*tragoedia*), v. RIBBECK[2], 1 *Tr*.

PS. = Pseudo (attribution fausse).

QUICHERAT, L. *Thesaurus poeticus linguae Latinae*. Paris, Hachette, 1836 ; 1875[2] (1892).

RHET., v. HALM.

RIBBECK, O. *Scenicae Romanorum poesis fragmenta*[2], 1-2. Leipzig, 1871-1873 :
1. *Tragicorum fragmenta*.[*Tr.* ; *Tr. praet.* = *tragoediae praetextae*]
2. *Comicorum fragmenta*.[*Com.*]

RICH, A. *Dictionnaire des antiquités romaines et grecques*, 1859. Paris, Payot, 1995.

RIESE, A. *Anthologia Latina*[2], I, 1-2. Leipzig, 1894-1906.

RIESE, A. *Geographi Latini minores*. Heilbronn, 1878.

RIX, H. LIV[2]. Wiesbaden, Reichert, 2001.

ROL, v. WARMINGTON.

RUINART, Th. *Acta primorum martyrum sincera et selecta*. Paris, 1689.

SABBAH, G. (éd.). *Bibliographie des textes médicaux latins*. Saint-Étienne, Université, 1987.

SC = Sources chrétiennes, 1941-. Paris, Éditions du Cerf.

S. C. = *Senatus consultum*.

SCHNETZ, J. *Itineraria Romana*, 2. Leipzig, Teubner, 1940.

SCHWARTZ, E. *Acta conciliorum oecumenicorum*. Berlin, 1914-1984.

SOUTER, A. *A glossary of Later Latin to 600 A.D.* Oxford, 1949.

Spicilegium Solesmense, I-V, 1852-1858 [Pitra].

THESAVRVS LINGVAE LATINAE, Leipzig, Teubner, 1900- ; INDEX, 1904 ; SVPPLEMENTVM, 1958 ; INDEX[2], 1990.

THULIN, C. *Corpus agrimensorum Romanorum*, 1. Leipzig, Teubner, 1913.

TISCHENDORF, C. von. *Apocalypses apocryphae*. Leipzig, 1866.

TISCHENDORF, C. von. *Evangelia apocrypha*[2]. Leipzig, 1876.

TLE = PALLOTTINO M. *Testimonia linguae Etruscae*[2]. Firenze, Nuova Italia, 1968.

Togata, v. DAVIAULT.

Tragici, v. KLOTZ, RIBBECK[2].

TUSCULUM LEXIKON, v. BUCHWALD, etc.

UNTERMANN, J. *Wörterbuch des Oskisch-Umbrischen*. Heidelberg, Winter, 1998.

WARMINGTON, E.H. *Remains of Old Latin*, 1-4. London / Cambridge (Mass.), Loeb, 1935-1940.

AUTEURS ET OUVRAGES
CITÉS EN ABRÉGÉ

N.B. Quand les références (numéros, pages) diffèrent, l'édition suivie est marquée en **caractère gras**.

Acc. = L. Accius, poète tragique, env. 170-86 av. J.-C. [Warmington, *ROL* 2; J. Dangel, CUF 1995]:
  Frg. [**Funaioli**].
  Poet. [**Morel**].
  Tr. [**Ribbeck²**, 1].

Ps. Acr. = Pseudo-Acro (Acron), scholies d'Horace [Keller 1-2, BT 1902-1904].

Act. = *De bello Actiaco*, papyrus, début du 1ᵉʳ s. ap. J.-C. [Zecchini, 1987].

Act. Andr. = *Acta Andreae et Matthiae apud Anthropophagos*, traduction, 7ᵉ-8ᵉ s. [Blatt, 1930].

Act. Arv. = *Acta fratrum Arvalium* [**CIL 6**, 2023-2119; Scheid, 1990 et 1998].

Act. Mart. = *Acta Martyrum* [v. I, Ruinart].

Act. Petr. = *Acta Petri*, 6ᵉ s. [Lipsius / Bonnet, 1, 1891].

Adamantius, v. Martyrius.

Adamn. = Adamnanus, abbé d'Iona, mort en 704 [Migne, 88]:
  Loc. sanct. De locis sanctis [Geyer, CV 39, 1898; CC 175, 1965].
  Vit. Col. Vita Columbae [Anderson², 1991].

AE = *L'Année épigraphique* [depuis 1961; auparavant dans la *Revue Archéologique*].

Aegr. Perd. = *Aegritudo Perdicae*, poème du 5ᵉ s. [Baehrens, PLM 5; Riese, *Anth.* 1, 2; Zurli, BT 1987].

Ael.-St. = L. Aelius Stilo Praeconinus, grammairien, maître de Varron, env. 100 av. J.-C. [Funaioli, *GRF*].

Aetna = *Aetna* (Etna), poème scientifique, contemporain de Sénèque [Duff, *MLP*; Vessereau, CUF 1927].

Afran. = L. Afranius, poète comique, fin du 2ᵉ s. av. J.-C. [Daviault, CUF 1981]:
  Com. [**Ribbeck²**, 2].

Afric. *Dig.* = Sex. Caecilius Africanus, jurisconsulte, 2ᵉ s.; frg. d. le Digeste.

Agen. = Agennius Urbicus [Lachmann, *Grom.* 1].

Agroec. = Agroecius, grammairien: *De orthographia* [**Keil**, *Gram.* 7; Pugliarello, 1978].

Albin. = C. Albinovanus Pedo, poète, sous Auguste [Morel].

Albinus = Alcuinus (Alcuin), grammairien, 8ᵉ s. [Keil, *Gram.* 7].

Alc. = *De Alcestide*, papyrus, 4ᵉ s. [Roca-Puig, 1982].

Alcim. = Alcimus Ecdicius Avitus (s. Avit), 6ᵉ s. [Migne, 59; **Peiper**, MGH. AA 6, 2, 1883]:
  Ar. Contra Arianos.
  Carm. Carmina 6.
  Ep. Epistulae 86.
  Eutych. Contra Eutychianam haeresin.
  Hom. Homiliae 34.

Aldh. = Aldhelmus, abbé de Malmesbury, mort en 709 [Migne, 89; **Ehwald**, MGH. AA 15, 1919]:
  Ep. Epistula ad Acircium.
  Metr. De metris et aenigmatibus.
  Virg. Carmen de Virginitate.
  Virgin. De Virginitate.

Alfen. *Dig.* = P. Alfenus Varus, consul en 39 av. J.-C., jurisconsulte; frg. d. le Digeste.

Al.-Trall. = Alexander Trallensis (Alexandre de Tralles), médecin grec du 6ᵉ s. ap. J.-C., trad. lat. [Lyon, 1504].

Ambr. = Ambrosius (s. Ambroise), évêque de Milan, 340-397 [Migne = M. 14-17]:
  Abr. De Abraham [M. 14, CV 32, 1].
  Apol. Dav. v. *David*.
  Aux. Sermo contra Auxentium de basilicis tradendis [M. 16, CV 82, 3].
  Bon. mort. De bono mortis [M. 14, CV 32, 1].
  Cain De Cain et Abel [M. 14, CV 32, 1].
  David De apologia prophetae David [M. 14, CV 32, 2; P. Hadot/Cordier, SC 239, 1977].
  Ep. Epistulae 91 [M. 16, CV 82, 1-4].
  Exc. De excessu fratris [M. 16, CV 73].
  Exh. virg. Exhortatio virginitatis [M. 16].
  Fid. De fide [M. 16, CV 78].
  Fug. De fuga saeculi [M. 14, CV 32, 2].
  Hel. De Helia et jejunio [M. 14, CV 32, 2].
  Hex. Hexameron libri 6 [M. 14, CV 32, 1].
  Hymn. Hymnes [Fontaine, 1992].
  Inc. De incarnationis dominicae sacramento [M. 16, CV 79].
  Inst. De institutione virginis [M. 16].
  Isaac De Isaac et anima [M. 14, CV 32, 1].
  Jac. De Jacob et vita beata [M. 14, CV 32, 2].
  Job De interpellatione Job et David [M. 14, CV 32, 2].
  Jos. De Joseph [M. 14, CV 32, 2].
  Luc. Expositio evangelii sec. Lucam [M. 15, CV 32, 4; Tissot, SC 45, 52, 1956-1958].
  Myst. De mysteriis [M. 16, CV 73; Botte, SC 25, 1950].
  Nab. De Nabuthe [M. 14, CV 32, 2].
  Noe De Noe [M. 14, CV 32, 2].
  Off. De officiis ministrorum, 3 l. [M. 16; Testard 1-2, CUF 1984-1992].
  Paen. De paenitentia [M. 16, CV 73; Gryson, SC 179, 1971].
  Parad. De paradiso [M. 14, CV 32, 1].
  Patr. De patriarchis [M. 14, CV 32, 2].
  Psalm. Explanatio super psalmos XII [M. 14, CV 64].
  Psalm. 118. Expositio de psalmo 118 [M. 15, CV 62].
  Sacram. De sacramentis [M. 16, CV 73; Botte, SC 25, 1950].
  Spir. De Spiritu Sancto [M. 16, CV 79].
  Symb. Explanatio symboli [M. 17, CV 73, SC 25].
  Theod. De obitu Theodosii oratio [M. 16, CV 73].
  Tob. De Tobia [M. 14, CV 32, 2].
  Valent. De obitu Valentiniani consolatio [M. 16].
  Vid. De viduis [M. 16].
  Virg. De virginibus [M. 16].
  Virgin. De virginitate [M. 16].

Ps. Ambr. = Pseudo-Ambrosius, écrits faussement attribués à s. Ambroise:
  Act. Seb. Acta Sebastiani [M., 17].
  Dign. De dignitate sacerdotali [M., 17].
  Ep. Epistulae [M., 17].
  Laps. virg. De lapsu virginis [M. 16; Cazzaniga, *De lapsu Suzannae*, Paravia, 1948].
  Paen. De paenitentia [M.17].
  Serm. Sermones [M., 17].
  Trin. De Trinitate [M., 17].

Ambrosiast. = Ambrosiaster, écrivain ecclésiastique, 4ᵉ s. [Migne, 17, suppl. 1; Vogels, CV 81, 1-3, 1966-1969].

Amm. = Ammianus Marcellinus (Ammien Marcellin), historien, 4ᵉ s. [Galletier, Fontaine, Sabbah, etc. CUF 1968-1999].

Ampel. = L. Ampelius, auteur du *Liber memorialis*, 2ᵉ s. ap. J.-C. [Arnaud-Lindet, CUF 1993].

Andr. = Livius Andronicus, poète du 3ᵉ s. av. J.-C. [Warmington, ROL 2].
  Com. [**Ribbeck²**, 2].
  Poet. [**Morel**].
  Tr. [**Ribbeck²**, 1].

An. Helv. = *Anecdota Helvetica*, textes grammaticaux [Hagen, 1870 = **Keil**, *Gram.* 8].

Anon. = anonyme.

Anon. Med. = *Anonyma medicina* [Piecchotta, 1887].

Anon. Vales. = *Anonymus Valesianus*, L'anonyme de Valois 1-2, 1636 [Mommsen, *Chron.* 1, MGH. AA 9, 1892; Moreau², Velkov, BT 1968]:
  1 = chronique du 4ᵉ s.
  2 = chronique du 6ᵉ s.

Anth. = *Anthologia Latina* [**Riese** 1-2, BT 1894-1906; Sh. Bailey, BT 1982-].

AUTEURS ET OUVRAGES

ANTHIM. = ANTHIMUS (ANTHIME), médecin, 6ᵉ s.: *De observatione ciborum* [Liechtenhan², 1963].

ANTID. BRUX. = *Antidotaria Bruxellensia* [avec THEOD.-PRISC., Rose, BT 1894].

ANTON. = *Antonini Augusti itineraria* (Itinéraires d'Antonin = Caracalla), 3ᵉ s. [Cuntz, *Itin.* 1, 1929].

ANTON. PLAC. = ANTONINUS PLACENTINUS (Antonin de Plaisance): *Itinerarium*, 6ᵉ s. [Geyer, CV 39, 1899; CC 175, 1965].

APIC. = APICIUS, nom d'un gourmet du 1ᵉʳ s. ap. J.-C.: *De re coquinaria*, 4ᵉ s. [J. André², CUF 1974], non noté:
　Exc. Excerpta, 6ᵉ s. [*ibid.*].

APON. = AP(P)ONIUS, 5ᵉ s. [Migne suppl. 1; de Vrégille / Neyraud, CC 19, 1986; 1-2; SC. 420-421, 1997].

APP.-PROB. = *Appendix Probi*, 5ᵉ s. [Keil, *Gram.* 4].

APP.-VERG. = *Appendix Vergiliana*, petits poèmes attribués à Virgile [Ellis, OCT 1907].

APRING. = APRINGIUS, 6ᵉ s. [Migne suppl. 4].

APUL. = L. APULEIUS (Apulée de Madaure), 2ᵉ s. ap. J.-C.:
　Apol. Apologia sive de Magia [Vallette, CUF 1924].
　Flor. Florida [*ibid.*].
　M. Metamorphoseon lib. XI [Robertson, Vallette, CUF 1940-1945].
　Mund. De mundo [Beaujeu, CUF 1973].
　Plat. De Platone [*ibid.*].
　Socr. De deo Socratis [*ibid.*].

Ps. APUL. = œuvres postérieures à Apulée:
　Asclep. Asclepius [*Herm. Trism.* 2, Nock, CUF 1946].
　Herb. De herbis [Howald / Sigerist, 1927].
　Herm. Peri hermeneias [Thomas, BT 1908; Londey / Johanson, 1987].

AQUILA = JULIUS AQUILA, jurisconsulte, 3ᵉ s. ap. J.-C., frg. d. le DIGESTE.

AQUIL.-ROM = AQUILA ROMANUS, rhéteur, 3ᵉ s. ap. J.-C. [Halm, *Rhet.* 1863].

ARAT. = ARATOR, poète chrétien, 6ᵉ s. [Migne, 68; CV 72, Mc Kinlay, 1951]:
　Act. Actus apostolorum.
　Ep. Epistulae (*Ad Florianum, Parthenium, Vigilium*).

ARB. = ARBONIUS SILO, poète, sous Auguste [Morel].

ARN. = ARNOBIUS (Arnobe), apologiste africain, 4ᵉ s.: *Adversus nationes* [Marchesi², Paravia 1953; Le Bonniec, CUF 1982-].

ARN.-J. = ARNOBIUS JUNIOR (Arnobe le Jeune), 5ᵉ s. [Migne, 53; Migne suppl. 3]:
　Confl. Conflictus [Daur, CC 25 A, 1992].
　Ev. In Evangelium (*Joh., Luc., Marc., Matth.*) [Migne suppl. 3]
　Greg. Ad Gregoriam [Daur, CC 25 A, 1992].
　Psalm. Commentarii in psalmos [Daur, CC 25, 1990].

ARUS. = ARUSIANUS MESSIUS, grammairien, 4ᵉ s. [Keil, *Gram.* 7].

ASCON. = Q. ASCONIUS PEDIANUS, commentateur de Cicéron, 1ᵉʳ s. ap. J.-C. [Clark, OCT 1907].

Ps. ASCON. = Pseudo-ASCONIUS, commentateur, 5ᵉ s. [Baiter, 1883, avec CIC, Orelli, t. 5; Stangl, 1909].

ASELL. = SEMPRONIUS ASELLIO, historien, mort en 90 av. J.-C. [Peter, *Hist.* 1², 1914].

ASP. = AEMILIUS ASPER, commentateur de Virgile, 5ᵉ s. [avec Servius, t. 3].

Ps. ASPER = Pseudo-ASPER, grammairien, 5ᵉ s. [Keil, *Gram.* 5].

AT.-CAP. = C. ATEIUS CAPITO, consul en 5 ap. J.-C., jurisconsulte; frg. d. MACR. *Sat.* [Strzelecki, BT 1967].

ATHAN. = ATHANASE, évêque d'Alexandrie, 4ᵉ s., lettres en latin à Lucifer [Migne gr. 26; avec LUCIF., CV 14].

Ps. ATHAN. = Pseudo-ATHANASE [Migne gr. 18].

ATIL. = ATILIUS, poète comique, 2ᵉ s. av. J.-C.: *Com.* [Ribbeck², 2].

ATIL. *Gram.* v. FORTUN.

ATTA = T. QUINCTIUS ATTA, poète comique, mort en 77 av. J.-C. [Daviault, CUF 1981]:
　Com. [**Ribbeck²**, 2].

AUD. = AUDAX, grammairien, 5ᵉ s. [Keil, *Gram.* 7].

AUG. = AURELIUS AUGUSTINUS (s. Augustin), évêque d'Hippone (Bône), 354-430 [Migne = M. 32-47]:
　Acad. Contra Academicos [M. 32, CV 63, CC 29, BA 4].
　Adim. Contra Adimantum [M. 42, CV 25, 1, BA 17].
　Adult. De adulterinis conjugiis [M. 40, CV 41, BA 17].
　Agon. De agone Christiano [M. 40, CV 41, BA 17].
　Anim. De anima et ejus origine [M. 44, CV 60, BA 2].
　Arian. Contra sermonem Arianorum [M. 42].
　Bapt. De baptismo contra Donatistas [M. 43, CV 51, BA 29].
　Beat. De beata vita [M. 32, CV 63, CC 29, BA 4].
　Bon. conj. De bono conjugali [M. 40, CV 41, BA 2].
　Catech. De catechizandis rudibus [M. 40, CC 46, BA 11].
　Civ. De civitate dei libri XXII [M. 41, CV 40, CC 47-48, BA 33-37].
　Coll. Don. Breviculus collationis cum Donatistis [M. 43, CV 53, CC 149 A, BA 32].
　Coll. Max. Collatio cum Maximino Arianorum episcopo [M. 42].
　Conf. Confessionum libri XIII [M. 32, BT 1934, CV 33, 1, CC 27, BA 13-14; de Labriolle 1- 2, CUF 1925-1926].
　Cons. De consensu evangelistarum [M. 34, CV 43].
　Contin. De continentia [M. 40, CV 41, BA 3].
　Corrept. De correptione et gratia [M. 44, BA 24].
　Cresc. Contra Cresconium Grammaticum Donatistam [M. 43, CV 52, BA 31].
　Cur. De cura pro mortuis gerenda [M. 40, CV 41, BA 2].
　Disc. De disciplina Christiana [M. 40, CV 46].
　Div. De divinatione daemonum [M. 40, CV 41, BA 10].
　Doctr. De doctrina Christiana [M. 34, CV 80, CC 32, BA 11].
　Don. Post collationem adversus Donatistas [M. 43, CV 53, BA 32].
　Duab. De duabus animabus [M. 42, CV 25, 1, BA 17].
　Dulc. De octo Dulcitii quaestionibus [M. 40, CC 44 A, BA 10].
　Emer. De gestis cum Emerito [M. 43, CV 53, BA 32].
　Ench. Enchiridion ad Laurentium [M. 40, CC 46, BA 9].
　Ep. Epistulae 268 et 29* [M. 33, CV 34, 44, 57, 58; 88, Divjak*, 1987; BA 46 B].
　Ep. cath. Epistula ad catholicos [M. 43, CV 52, BA 28] = *Unit. eccl.*.
　Ep. Joh. In epistulam Johannis ad Parthos tractatus [M. 35; Agaësse, SC 75, 1961].
　Ev. Joh. In evangelium Johannis tractatus [M. 35, CC 36, BA 71-74].
　Faust. Contra Faustum Manichaeum [M. 42, CV 25, 1].
　Fel. Contra Felicem [M. 42, CV 25, 2, BA 17].
　Fid. De fide rerum quae non videntur [M. 40, CC 46, BA 8].
　Fid.op. De fide et operibus [M. 40, CV 41, BA 8].
　Fid. symb. De fide et symbolo [M. 40, CV 41, BA 9].
　Fort. Contra Fortunatum [M. 42, CV 25, 1, BA 17].
　Fund. Contra epistulam Manichaei, quam vocant fundamenti [M. 42, CV 25, 1, BA 17].
　Gal. Expositio in epistulam ad Galatas [M. 35, CV 84].
　Gaud. Contra Gaudentium Donatistarum episcopum [M. 43, CV 25, 1, BA 17].
　Gen. imp. De genesi ad litteram imperfectus liber [M. 34, CV 28, 1].
　Gen. litt. De genesi ad litteram libri XII [M. 34, CV 28, 1, BA 48-49].
　Gen. Man. De genesi contra Manichaeos [M. 34].
　Gest. Pelag. De gestis Pelagii [M. 44, CV 42, BA 21].
　Gram. Grammatica (*Ars, regulae*) [Keil, *Gram.* 5].
　Grat. De gratia et libero arbitrio [M. 44, BA 24].
　Grat. Chr. De gratia Christi [M. 44, CV 42, BA 22].
　Haer. De haeresibus [M. 42, CC 46].
　Hept. Quaestiones ad heptateuchum [M. 34, CV 28, CC 33].
　Imm. De immortalitate animae [M. 32, CV 89, BA 5].
　Job Adnotationum in Job liber [M. 34, CV 28].
　Jul. Contra Julianum [M. 44, CC 88].
　Jul. op. imp. Contra secundam Juliani responsionem opus imperfectum [M. 45, CV 85, 1].
　Leg. Contra adversarium legis et prophetarum [M. 45, CV 85, 1].
　Lib. De libero arbitrio [M. 32, CV 74, CC 29, BA 6].
　Loc. hept. Locutiones ad heptateuchum [M. 34, CV 28, CC 33].
　Mag. De magistro [M. 32, CV 77, CC 29, BA 6].
　Man. De moribus Manichaeorum [M. 32, BA 1].
　Matth. Quaestiones XVI in Matthaeum [M. 35, CC 44 B].
　Maxim. Contra Maximinum Arianum [M. 42].
　Mend. Contra mendacium ad Consentium [M. 40, CV 41, BA 2].
　Mon. De opere monachorum [M. 40, CV 41, BA 3].
　Mor. eccl. De moribus ecclesiae catholicae [M. 32, BA 1].
　Mus. De musica libri VI [M. 32, BA 7].
　Nat. bon. De natura boni contra Manichaeos [M. 42, CV 25, BA 1].
　Nat. et orig. De anima et origine animae [M. 44, CV 60, BA 22].
　Nat. grat. De natura et gratia [M. 44, CV 60, BA 21].
　Nupt. De nuptiis et concupiscentia ad Valerium comitem [M. 44, CV 42, BA 23].
　Ord. De ordine [M. 32, CV 63, CC 29, BA 4].
　Parm. Contra epistulam Parmeniani [M. 43, CV 51, BA 28].
　Pat. De patientia [M. 40, CV 41, BA 2].
　Pecc. mer. De peccatorum meritis et remissione [M. 44, CV 60].
　Pecc. or. De gratia Christi et de peccato originali [M. 44, CV 42].

Pelag. Contra duas epistulas Pelagianorum ad Bonifatium [M. 44, CV 60, BA 23].
Perf. De perfectione justitiae hominis [M. 44, CV 42, BA 21].
Persev. De dono perseverantiae [M. 45, BA 24].
Petil. Contra litteras Petiliani [M. 43, CV 52, BA 30].
Praed. De praedestinatione sanctorum [M. 44, BA 24].
Priscil. Ad Orosium contra Priscillianistas [M. 42, CC 49].
Psalm. Enarrationes in psalmos 153 [M. 36-37, CC 38-40].
Psalm. Don. Psalmus contra partem Donati [M. 43, CV 51, BA 28].
Quaest. De diversis quaestionibus 83 [M. 40, CC 44 A, BA 10].
Quaest. ev. Quaestionum contra evangeliorum libri II [M. 35, CC 44 B].
Quant. De quantitate animae [M. 32, CV 89, BA 5].
Retract. Retractationum libri II [M. 32, CV 36, BA 12].
Rom. Expositio quarumdam propositionum ex epistula ad Romanos [M. 35, CV 84].
Secund. Contra Secundinum Manichaeum [M. 42, CV 25, 2, BA 17].
Serm. Sermones [M. 38-39, M. suppl. 2, CC 41].
Serm. Caillau [1836-1841].
Serm. Denis [1792].
Serm. Dolbeau Sermons de Mayence [Dolbeau, 1996].
Serm. Dom. De sermone Domini in monte [M. 34].
Serm. Mai Nouveaux sermons [Mai, 1852].
Serm. Morin Nouveaux sermons [Morin, 1930].
Simpl. De div. quaest. ad Simplicianum [M. 40, CC 44, BA 10].
Solil. Soliloquiorum libri II [M. 32, CV 89, BA 5].
Spec. Speculum [M. 34, CV 12].
Spir. De spiritu et littera [M. 44, CV 60].
Symb. De symbolo ad catechumenos [M. 40, CC 46].
Trin. De Trinitate libri XV [M. 42, CC 50-50 A, BA 15-16].
Un. bapt. De unico baptismo [M. 43, CV 53, BA 31].
Un. eccl. De unitate ecclesiae [M. 43, CV 52] = *Ep. cath.*.
Urb. De urbis excidio [M. 40, CC 46].
Util. cred. De utilitate credendi [M. 42, CV 25, 1, BA 8].
Util. jej. De utilitate jejunii [M. 40, CC 46, BA 2].
Ver. De vera religione [M. 34, CV 77, CC 32, BA 8].
Vid. De bono viduitatis [M. 40, CV 41, BA 3].
Virg. De sancta virginitate [M. 40, CV 41, BA 3].

Ps. Aug. = Pseudo-Augustin, œuvres d'attribution douteuse :
Categ. Categoriae [M. 32].
Cons. mort. Consolatio mortuorum [M. 40].
Dial. Principia dialecticae ; p.-ê. authentique [M. 32 ; Jackson / Pinborg 1975].
Medit. Meditationes [M. 40].
Quaest. test. Quaestiones veteris et novi testamenti [M. 35 ; CV 50].
Rhet. Rhetorica [Halm, *Rhet.*].
Spec. Speculum, très tardif [M. 40 ; CV 12].
Un. Trin. De unitate sanctae Trinitatis [M. 42].

August. = C. Julius Caesar Octavianus Augustus (Auguste), né en 63 av. J.-C., empereur 27 - 14 ap. J.-C., Frg. [Malcovati[4], Paravia 1962] ; v. Mon. Anc.

Aur. = M. Aurelius (Marc Aurèle), empereur romain (161-180 ap. J.-C.), élève de Fronton, lettres [avec Front.].

Aurel. = Aurelius, évêque de Carthage, milieu du 5e s. [Migne, 20].

Aurelian. = Aurelianus, évêque d'Arles, milieu du 6e s. [Migne, 68] :
Childeb. Epistula ad Childebertum.
Mon. Regula ad monachos.
Virg. Regula ad virgines.

Aur.-Vict. = Sex. Aurelius Victor Afer, 4e s. [Pilchmayr, BT 1911] :
Caes. De Caesaribus [Dufraigne, CUF 1975].

Ps. Aur.-Vict. = Pseudo-Aurelius Victor :
Epit. Epitome [Pilchmayr].
Orig. Origo gentis Romanae [Richard, CUF 1983].
Vir. De viris illustribus [Pilchmayr].

Aus. = D. Magnus Ausonius (Ausone), poète et professeur de Bordeaux, 4e s. [Souchay, 1730 ; Schenkl MGH. AA 5, 2, 1883 ; Greene, OCT 1999] :
App. Appendix.
Biss. Bissula.
Caes. Caesares.
Cent. Cento nuptialis.
Ecl. Eclogae.
Ephem. Ephemeris.
Epigr. Epigrammata.
Epist. Epistulae 25.
Epit. Epitaphia heroum.
Grat. Gratiarum actio dicta Gratiano.
Griph. Griphus.
Idyl. Idyllia.
Mos. Mosella [Ternes, 1972].
Nep. Ad nepotem.
Parent. Parentalia.
Perioch. Periochae Homeri.
Prof. Commemoratio professorum.
Rhop. Oratio versibus rhopalicis.
Sept. Ludus septem sapientium
Techn. Technopaegnion.
Urb. Ordo urbium nobilium.

Auspic. = Auspicius, évêque de Toul, 5e s. [Migne, 61].

Avell. = *Avellana collectio*, rescrits d'empereurs et de papes, 6e s. [Günther, CV 35, 1895-1898].

Avian. = Flavius Avianus, fabuliste, 5e s. [Gaide, CUF 1980] en outre :
Apol . Fabularum apologi [Fröhner, 1862].

Avien. = Rufius Festus Avienus, poète, 4e s. [Holder, 1887] :
Arat. Aratea [Soubiran, CUF 1981].
Flav. Carmen ad Flavium.
Or. Ora maritima.
Perieg. Periegesis seu descriptio orbis terrae.
Progn. Prognostica.

Bachiar. = Bachiarius, écrivain ecclésiastique, 5e s. [Migne, 20] :
Fid. De fide.
Repar. De reparatione lapsi.

Baeb., v. Ital.

B.-Afr. = *Bellum Africum*, après César [Bouvet, CUF 1949].

Balb. = L. Cornelius Balbus, correspondant de Cicéron, lettres d. *Att.* 8, 15 A ; 9, 7 A ; 7 B ; 13 A.

Balb. Grom. = Balbus, arpenteur [Lachmann, *Grom.*].

B.- Alex. = *Bellum Alexandrinum*, après César [Andrieu, CUF 1954].

Barnab. = trad. des épîtres de Barnabée, 2[è] s. [Heer, 1908].

Bass. = Caesius Bassus, grammairien, ami de Perse [Mazzarino, GRF 2 ; Keil, *Gram.* 6].

Bed. = Beda Venerabilis (Bède le Vénérable), prêtre à Wearmouth et Jarrow, mort en 735 [Migne, 90-95 ; CC 123 A, B, C] :
Arith. De arithmeticis numeris.
Cuc. Cuculus.
Hist. Historia ecclesiastica, 5 l. [King 1-2, Loeb 1930 ; Colgrave / Mynors, 1969].
Hor. Compositio horologii.
Metr. De arte metrica [Keil, *Gram.* 7].
Orth. De orthographia [*ibid.*]
Trop. De schematibus et tropis [Halm, *Rhet.*].

Bened. = Benedictus (s. Benoît), né à Nursia, fondateur du monastère du Mont-Cassin, mort en 550 [Migne, 66] :
Ep. Epistula ad. S. Maurum.
Reg. Regula [CV 75 ; de Vogüé, SC 181-182, 1972].
Serm. Sermo in discessu S. Mauri.

B.-Hisp. = *Bellum Hispaniense*, après César [Way, Loeb 1956 ; Pascucci, 1965 ; Diouron, CUF 1999].

Bibac. = M. Furius Bibaculus, poète, 1er s. av. J.-C. [Morel].

Boet. = Anicius Manlius Severinus Boethius (Boèce), philosophe, mis à mort en 524 sur l'ordre de Théodoric [Migne, 63-64] :
Anal. pr. Analyticorum priorum Aristotelis versio latina.
Anal. post. Analyticorum posteriorum Aristotelis versio latina [médiéval].
Arith. De institutione arithmetica [Guillaumin, CUF 1995].
Categ. In categorias Aristotelis.
Cons. De consolatione Philosophiae [Rand[2] / Tester, Loeb 1973 ; Bieler[2], CC 94, 1984].
Diff. De differentiis topicis.
Divin. Utrum pater et filius ... de divinitate ... praedicentur [Tester, Loeb 1973].
Divis. De divisione.
Elench. Elenchorum sophisticorum Aristotelis libri 2.
Eut. Contra Eutychen et Nestorium [avec *Cons.*, Tester, Loeb 1973].
Herm. pr. In librum Aristotelis περὶ ἑρμηνείας [Meiser, 1877].
Herm. sec. Seconde édition du précédent [Meiser, 1880].
Mus. De institutione musica [Friedlein, 1867].
Porph. com. In Porphyrium commentaria, ed. 1, ed. 2 [Brandt, CV 48, 1906].
Porph. dial. In Porphyrium dialogi [*ibid.*].
Porph. isag. Translatio isagoges Porphyrii [*ibid.*].
Subst. Quomodo substantiae in eo quod sint bonae sint [avec *Cons.*, Tester, Loeb 1973].

Syll. cat. De syllogismo categorico.
Syll. hyp. De syllogismo hypothetico.
Top. Arist. Topicorum Aristotelis interpretatio.
Top. Cic. In Topica Ciceronis commentaria [cf. *M. Tullii Ciceronis opera*, éd. Orelli / Baiter / Halm, 1861].
Trin. De Trinitate [avec *Cons.*, Tester, Loeb 1973].

Ps. Boet. = Pseudo-Boethius, œuvres d'attribution incertaine:
Fid. De fide catholica [avec *Cons.*, Tester, Loeb 1973].
Geom. Liber de geometria [Migne, 63; Grom. 1; Friedlein, 1867].

Bonif. = Boniface Ier, pape en 419-422 [Migne, 20]:
Ep. Epistulae.

Ps. Bonif.-Mog. = Pseudo-Bonifatius Moguntinus (de Mayence):
Vit. Liv. Vita Livini, 8e s. ? [Migne, 89].

Braul. = Braulio, Braulion, évêque de Saragosse, élève d'Isidore; lettres [Migne, 80]

Brev. Expos. = *Brevis expositio*, scholies de Virgile [avec Serv. 3, 2, 1902, Hagen].

Brut. = M. Junius Brutus et D. Junius Brutus, correspondants de Cicéron, *ad Brut.* 3; 11; 14; 19; 21; *Fam.* 11.

Bu Njem = *Ostraca de Bu Njem* [Marichal, 1992].

Bu Njem *Carm.* = Inscription en vers de Bu Njem, 222 ap. J.-C. [R. Rebuffat, *Libya Antiqua*, 1, 1995].

Caecil. = Caecilius Statius, poète comique, mort vers 168 av. J.-C.:
Com. [**Ribbeck²**, 2; Warmington, ROL 1].

Caecin. = A. Caecina, correspondant de Cicéron, lettre *Fam.* 6, 7.

Cael. = M. Caelius Rufus, ami et correspondant de Cicéron, lettres *Fam.* 8.

Cael.-Aur. = Caelius Aurelianus, médecin, 5e s. [**Drabkin**, 1950; Bendz, 1990-1992]:
Acut. Acutarum sive celerum passionum libri 3.
Chron. Chronicarum sive tardarum passionum libri 5.
Diaet. De speciali significatione diaeticarum passionum [Rose, *Anec.* 2, 1870].
Gyn. Gynaecia [Drabkin, 1951].
Isag. Isagoge in artem medendi [Rose, *Anec.* 2, 1870].
Salut. De salutaribus praeceptis [Rose, *ibid.*].

Cael.-Sab. = Cn. Arulenus Caelius Sabinus, jurisconsulte, 1er s. ap. J.-C, cité par Gell.

Caelest. = Caelestius, hérésiarque pélagien, 5e s. [Migne, 48]:
Ep. Epistula ad clericos Romanos.
Fid. Libellus fidei.
Pecc. Liber adversus peccatum originale.
Sent. Sententiae de impeccantia.

Caelestin. = Célestin Ier, pape, 5e s. [Migne, 50].

Caep. = Q. Servilius Caepio, 90 av. J.-C., cité par Gell.

Caes. = C. Julius Caesar, conquérant de la Gaule, dictateur, né en 101/100, assassiné en 44 av. J.-C.:
Att. = Lettres de César conservées dans la correspondance de Cic. à Atticus, 9-10.
C. De bello civili l. III [Fabre 1-2, CUF 1936].
Frg. Fragments grammaticaux [Funaioli, GRF 1], oratoires [Malcovati, *Orat.*], poétiques [Morel].
G. De bello Gallico l. VII [Constans 1-2, CUF 1926].

(Ps. Caes., v. B.-Afr., B.-Alex., B.-Hisp.)

Caes.-Arel. = Caesarius Arelatensis (s. Césaire d'Arles), évêque, 6e s. [Migne, 67]:
Ep. Epistulae.
Grat. De gratia et libero arbitrio.
Libel. Libellus Symmacho papae oblatus.
Mon. Regula monachorum.
Serm. Sermones [Morin, CC 103-104, 1953; Delage, SC 175, 243, 330, 1971-1986].
Sugg. Suggestio humilis sacerdotibus directa [Malnory, 1894 = *Serm.* 1].
Test. Testamentum [de Vogüé, SC 345, 1988].
Virg. Regula virginum [*ibid.*].

Caes.-Bass. = v. Bass.

Caesel. = Caesellius Vindex, grammairien, époque de Trajan; frg. d. Gell.

Caes. Strab. = C. Julius Caesar Strabo Vopiscus, édile curule en 90 av. J.-C.:
Or. Orationum frg. [Prisc. d. Keil, *Gram.* 2, 170; Malcovati, *Orat.* 272].
Tr. Tragoediarum frg. [Ribbeck², 1].

Call. = Callistrate, jurisconsulte, sous Sévère et Caracalla, début du 2e s.; frg. d. le Digeste.

Calp. = Calpurnius Siculus, poète bucolique, sous Néron [Amat, CUF 1991].

Calp.- Flac. = Calpurnius Flaccus, rhéteur, fin du 1er s. ap. J.-C. [Lehnert, BT 1903; Hakanson, BT 1978]:
Decl. Declamationes.

Calp. Hist. = L. Calpurnius Piso Censorinus Frugi, historien, consul en 133 av. J.-C. [Peter², *Hist.* 1].

Calv. = C. Licinius Macer Calvus, ami de Catulle, frg. de poésie [Morel], de discours [Malcovati, *Orat.*].

Cand. = Candidus, disciple d'Arius, 4e s. [Henry / Hadot, CV 83, 1, 1971]:
Ep. Epistula ad Marium Victorinum.
Gen. De generatione divina.

Cannut. = P. Cannutius, contemporain de Cicéron [Malcovati, *Orat.*].

Capel. = Minneius Felix Martianus Capella, écrivain africain, *De nuptiis Philologiae et Mercurii*, 5e s. [Dick, BT 1925; Willis, BT 1983].

Caper = Flavius Caper, grammairien, 2e s. ap. J.-C. [*Frg.*, Mazzarino, GRF 2].

Ps. Caper : œuvres apocryphes [Keil, *Gram.* 7]:
Dub. De verbis dubiis.
Orth. De orthographia.

Capit. = Julius Capitolinus, un des auteurs de l'Histoire Auguste (HA), 4[e] s.:
Alb. Clodius Albinus.
Anton. Antoninus Pius [Callu / Desbordes / Gaden, HA 1, 1, CUF 1992].
Aur. M. Aurelius Antoninus philosophus.
Gord. Gordiani tres.
Macr. Opilius Macrinus [R. Turcan, HA 3, 1, CUF 1993].
Max. Balb. Maximus et Balbinus.
Maxim. Maximini duo.
Pert. Helvius Pertinax.
Pup. M. Claudius Pupienus Maximus.
Ver. Verus.

Capitul. = *Capitularia regum Francorum* 1 [MGH., 1883].

Capreol. = Capreolus, évêque de Carthage, 5e s. [Migne, 53].

Carbo = C. Papirius Carbo, consul en 120 av. J.-C. [Malcovati, *Orat.*].

Carm. Alph. = *Carmen de alphabeto*, 7e s. ? [PLM 5; Glorie, CC 133 A, 1968].

Carm. Arv. = *Carmen Arvale*, 7e s. av. J.-C. ? [CIL 1, 2].

Carm. Epigr. = *Carmina epigraphica* 1-3 [Bücheler, Lommatzsch, *Anth. II*, BT 1895-1926].

Carm. Fig. = *Carmen de figuris*, vers 400 [Anth. 485].

Carm. Jon. = *Carmen de Jona*, vers 400 [Migne, 2; Peiper, CV 23, 1891].

Carm. Judic. = *Carmen de judicio Domini* [avec Ps. Tert., Migne, 2; Ps. Cypr., CV 3, 3; Waszink, 1937].

Carm. Mens. = *Carmen de mensibus*, 4e s. [Anth. 1, 394, 395, 665].

Carm. Pond. = *Carmen de ponderibus*, vers 400 [Anth. 1, 486].

Carm. Res. = *Carmen de resurrectione*, vers 500 [avec Cypr.; Waszink, 1939].

Carm. Sal. = *Carmen Saliare*, 7e s. av. J.-C. ? [Morel].

Carm. Sod. = *Carmen de Sodoma*, 5e s. [Migne, 2; avec Cypr.-Gall., Peiper, CV 23, 1891].

Cascel. = A. Cascellius, jurisconsulte, début du 1er s. av. J.-C.; cité par Macr.

Cass. = C. Cassius Longinus, assassin de César, correspondant de Cicéron; lettres d. *Fam.* 11, 2; 12, 11-13.

Cass. Fel. = Cassius Felix, médecin, milieu du 5e s. ap. J.-C. [Rose, 1879].

Cassian. = Johannes Cassianus (Jean Cassien), fondateur de St-Victor à Marseille, mort en 435 [Migne 49-50]:
Coll. Collationes [Petschenig, CV 13, 1886; Pichery, SC 42, 54, 64, 1955-1959].
Inc. De incarnatione Christi contra Nestorium [Petschenig, CV 17, 1888].
Inst. De institutis coenobiorum [Petschenig, CV 17, 1888; Guy, SC 109, 1965].

Cassiod. = Flavius Magnus Aurelius Cassiodorus (Cassiodore), ministre de Théodoric et fondateur de Vivarium vers 540 [Migne, 69-70]:
- Anim. De anima.
- Cant. Expositio in cantica canticorum.
- Comp. Computum Paschale.
- Compl. Complexiones in Epistulis, etc.
- Chron. Chronica [Mommsen, MGH. AA 11, 1894].
- Eccl. Historia ecclesiastica.
- Hist. Historia tripertita [Jacob / Hanslik, CV 71, 1952].
- Inst. Institutionum libri II [Mynors², 1961].
- Jos. ant. Flavius Josèphe, Antiquités judaïques, trad. [Blatt, 1958].
- Jos. Ap. Flavius Josèphe, Contre Apion, trad. [Baysen CV 37, 1898].
- Orat. De oratione et octo ejusdem partibus.
- Or. frg. Orationum reliquiae [Traube, après les Variae].
- Orth. De orthographia [Keil, Gram. 7].
- Psalm. Expositio in psalmos.
- Var. Variae 468 [Mommsen, MGH. AA 12, 1894].

Ps. Cassiod. = Pseudo-Cassiodorus:
- De orat. De oratione [Migne, 70].
- Rhet. Excerpta rhetorica [Halm, Rhet.].

Cass. Sev. = Cassius Severus, orateur, sous Auguste [Meyer, Orat.].

Cat. = M. Porcius Cato (Caton l'Ancien; C. le Censeur), 234-149 av. J.-C.:
- Agr. De agricultura [Goujard, CUF 1975].
- Frg. Fragmenta [Jordan, 1860].
- Orat. Orationum fragmenta [Malcovati, Orat.].
- Orig. Origines [Chassignet, CUF 1986].

Ps. Cat. = Pseudo-Cato:
- Dist. Disticha Catonis, 3ᵉ s. ap. J.-C. [PLM 3, 34; Boas / Botschuyver, 1952].

Cat. Fam. = Lettre de Caton le Jeune (d'Utique) à Cicéron, Fam. 15, 5.

Catal. = Catalepton, attribué à Virgile [avec App.-Verg.].

Catul. = C. Valerius Catullus (Catulle), poète, de Vérone, environ 87-54 av. J.-C. [Lafaye, CUF 1923].

(Q. Catul., v. Lut.).

(CE., v. Carm. Epigr.).

Cels. = A. Cornelius Celsus (Celse), encyclopédiste, sous Tibère: De medicina, lib.VIII [F. Marx, 1915; Serbat, CUF 1995-].

Ps. Cels. = Pseudo-Celsus, 4ᵉ s. ?:
- Ep. Epistula ad Pullium Natalem [avec M.-Emp. 1, p. 44].

Cens. = Censorinus (Censorin), grammairien, 3ᵉ s. ap. J.-C.: De die natali [Sallmann, BT 1983].

Ps. Cens. = Pseudo-Censorinus [Keil, Gram. 7, 606 et Sallmann, p. 61, avec Cens.].

Cereal. = Cerealis, évêque africain, 5ᵉ s. [Migne, 58].

(Cet. Fav., v. Fav.).

Chalc. = Chalcidius (Calc-), vers 400, commentaire du Timée de Platon [Waszink², 1975]:
- Tim. = traduction [17 A - 53 C, p. 7-52].

Char. = Flavius Sosipater Charisius, grammairien, venu d'Afrique à Constantinople en 358 [**Keil**, Gram. 1 et 7, 430; Barwick², BT 1964].

Char. Dig. = Aurelius Arcadius Charisius, jurisconsulte, 4ᵉ s.; frg. d. le Digeste.

Chir. = Chiron, 4ᵉ s., titre d'une Mulomedicina [Oder, BT 1901].

Chromat. = Chromatius (Chromace), évêque d'Aquilée, mort en 407 [Migne, 20; Etaix, Lemarié, CC 9 A, 1974-1977].

Chron. Min. = Chronica minora 1-3 [Mommsen, MGH. AA.].

Chronograph. = Chronographus anni 354 [Mommsen, Chron. 1].

Chrysol. = Petrus Chrysologus (s. Pierre Chrysologue), archevêque de Ravenne, mort en 450 [Migne, 52; Olivar, CC 24, 24 A, 24 B, 1975-1982]:
- Serm. Sermones 176.

Cic. = M. Tullius Cicero (Cicéron), né en 106 à Arpinum, exécuté en 43 av. J.-C., consul en 63 [CUF: Discours 1-20, 1921-1976, Boulanger, Boyancé, Cousin, Gaffiot, Grimal, Wuilleumier, etc.; Correspondance 1-11, 1934-1996, Constans, Bayet, Beaujeu; frg. Müller, Watt 3 OCT 1958]:
- Ac. Academica, libri II [Plasberg, BT 1922].
- Agr. De lege agraria, orationes III [Disc. 9].
- Amer. Pro Sex. Roscio Amerino [Disc. 1].
- Arat. Aratea, trad. en vers d'Aratos [Soubiran, CUF 1972].
- Arch. Pro A. Licinio Archia poeta [Disc. 12].
- Att. Epistulae ad T. Pomponium Atticum, l. I-XVI [Corresp. 1-10; Sh. Bailey, BT 1987].
- Balb. Pro L. Cornelio Balbo [Disc. 15].
- Brut. Brutus [J. Martha, CUF 1923].
- ad Brut. Epistulae ad M. Junium Brutum, l. I-II [Corresp. 10-11; Sh. Bailey, BT 1988].
- Caecil. In Q. Caecilium divinatio [Disc. 2].
- Caecin. Pro A. Caecina [Disc. 7].
- Cael. Pro M. Caelio Rufo [Disc. 15].
- Carm. frg. Fragments poétiques [avec les Aratea].
- Cat. In L. Sergium Catilinam orationes IV [Disc. 10; Haury, 1969].
- Clu. Pro A. Cluentio [Disc. 8].
- C M Cato Major, De senectute [Wuilleumier, CUF 1961].
- Com. Pro Q. Roscio comoedo [Disc. 1].
- Dej. Pro rege Dejotaro [Disc. 18].
- Div. De divinatione libri II [Ax, BT 1938].
- Dom. De domo sua ad pontifices [Disc. 13, 1].
- Ep. frg. Fragments de lettres [Corresp. 11].
- Fam. Epistulae ad familiares, libri I-XVI [Corresp. 1-11; Sh. Bailey, BT 1988].
- Fat. De fato [Yon, CUF 1933].
- Fin. De finibus, libri V [J. Martha 1-2, CUF 1928-1930].
- Flac. Pro L. Valerio Flacco [Disc. 12].
- Font. Pro M. Fonteio [Disc. 7].
- Frg. Fragmenta [C. F. W. Müller, 1879, 1885, 1886].
- Har. De haruspicum responsis [Disc. 13, 2].
- Hortens. Hortensius [Ruch, 1958]
- Inv. De inventione libri II [Achard, CUF 1994].
- Lae. Laelius, de amicitia [Combès, CUF 1971].
- Leg. De legibus libri III [de Plinval, CUF 1959].
- Lig. Pro Q. Ligario [Disc. 18].
- Marc. Pro M. Claudio Marcello [Disc. 18; Ruch, 1965].
- Mil. Pro T. Annio Milone [Disc. 17].
- Mur. Pro L. Licinio Murena [Disc. 11].
- Nat. De natura deorum libri III [Plasberg², BT 1933].
- Off. De officiis libri III [Testard 1-2, CUF 1965-1970].
- Opt. De optimo genere oratorum [avec l'Orator].
- Or. Orator [Yon, CUF 1964].
- de Or. De Oratore libri III [Courbaud / Bornecque 1-3, CUF 1922-1930].
- Orat. frg. = fragments des discours [Puccioni, 1971].
- Par. Paradoxa Stoicorum [Molager, CUF 1964].
- Part. Partitiones oratoriae [Bornecque, CUF 1921].
- Phil. In M. Antonium orationes Philippicae XIV [Disc. 19-20].
- Pis. In L. Calpurnium Pisonem [Disc. 16, 1].
- Planc. Pro Cn. Plancio [Disc. 16, 2].
- Pomp. De imperio Cn. Pompei (Pro lege Manilia) [Disc. 7].
- Prov. De provinciis consularibus [Disc. 15].
- Q. Epistulae ad fratrem Quintum, libri I-III [Corresp. 1-3; Sh. Bailey, BT 1988].
- Quinct. Pro P. Quinctio [Disc. 1].
- Quir. Oratio post reditum ad Quirites (Cum populo gratias egit) [Disc. 13].
- Rab. perd. Pro C. Rabirio perduellionis reo [Disc. 9].
- Rab. Post. Pro C. Rabirio Postumo [Disc. 17].
- Rep. De republica, libri VI [Bréguet 1-2, CUF 1980].
- Scaur. Pro M. Aemilio Scauro [Disc. 16, 2].
- Sen. Oratio post reditum in senatu (Cum senatui gratias egit) [Disc. 13].
- Sest. Pro P. Sestio [Disc. 14].
- Sull. Pro P. Cornelio Sulla [Disc. 11].
- Tim. Timaeus, traduction de Platon [avec Div.; Pini, 1965].
- Top. Topica [Bornecque, CUF 1921].
- Tull. Pro M. Tullio [Disc. 2].
- Tusc. Tusculanae disputationes, libri I-V [Fohlen / Humbert 1-2, CUF 1931].
- Vat. In P. Vatinium testem interrogatio [Disc. 14].
- Verr. In C. Verrem actio secunda, orationes I-V [Disc. 2-6].
- Verr. prim. In C. Verrem actio prima [Disc. 2].

Cic. poet. = vers de Cicéron [avec les Aratea].

Ps. Cic. = Pseudo-Cicero, attributions fausses:
- Exil. Oratio pridie quam in exilium iret [Müller, 1879].
- Oct. Epistula ad Octavianum [Lamacchia, 1968; avec Cic. Corresp. 11, CUF 1996].
- Sall. In Sallustium invectiva, 2ᵉ s. ap. J.-C. ? [avec Ps. Sall., Ernout, CUF 1962].

Q. Cic. = Q. Tullius Cicero, frère cadet de Cicéron, exécuté en 43 av. J.-C., lettres d. Fam. 16, 8; 16; 26; 27:
- Pet. De petitione consulatus [avec Cic. Corresp. 1, CUF 1934].
- Poet. frg. poétiques [Morel].

Cic. Fil. = M. Tullius Cicero, fils de Cicéron, lettres d. Fam. 16, 21; 25.

CIG = *Corpus inscriptionum Graecarum*, 1828-1877.

AUTEURS ET OUVRAGES

CIL = *Corpus inscriptionum Latinarum* 1-16 [1 = 1², 2], 1863-.

Cinc. Fest. = L. Cincius, contemp. de Cicéron, frg. cités par Festus.

Cinn. = C. Helvius Cinna, ami de Catulle [Morel].

Ciris = *Ciris* (l'aigrette), poème de l'*Appendix Vergiliana* [Ellis, OCT 1907].

Claud. = Claudius Claudianus (Claudien), poète d'Alexandrie, vers 400 ap. J.-C. [Birt, MGH. AA 10, 1892] :
- *Carm. min.* Carmina minora.
- *Cons. Stil.* De consulatu Stilichonis (21-24).
- *III Cons. Hon.* De tertio consulatu Honorii (6-7).
- *IV Cons. Hon.* De quarto consulatu Honorii (8).
- *VI Cons. Hon.* De sexto consulatu Honorii (27-28).
- *Ep.* Epistulae.
- *Epig.* Epigrammata.
- *Epith.* Epithalamium Palladii et Celerinae [= *Carm. min.* 25].
- *Eut.* In Eutropium (18-20) [Fargues, 1933].
- *Fesc.* Fescennina in nuptias Honorii et Mariae (11-14).
- *Get.* De bello Getico = De bello Pollentino (25-26).
- *Gig.* Gigantomachia [= *Carm. min.* 53].
- *Gild.* De bello Gildonico (15).
- *Idyll.* Idyllia 7
- *Laud. Herc.* Laudes Herculis [= *Carm. min. app.* 2].
- *Mall. Theod.* Panegyricus Mallio Theodoro (16-17).
- *Nupt. Hon.* Nuptiae Honorii (9-10).
- *Prob.* Panegyricus in Probini ... consulatum (1).
- *Pros.* De raptu Proserpinae (32-36) [Charlet, CUF 1991].
- *Ruf.* In Rufinum (2-5).
- *Seren.* Laus Serenae reginae [= *Carm. min.* 30].

Claud.-Don. = Ti. Claudius Donatus, 4ᵉ s., commentaire de l'Enéide [Georgii, BT 1905-1906].

Cled. = Cledonius, grammairien, 5ᵉ s. [Keil, *Gram.* 5].

Clem. = Clemens (Clément Iᵉʳ), pape du 1ᵉʳ s., traduction du 4ᵉ s. :
- *Cor.* Ad Corinthios, épître [Migne gr. 1; Schaefer, 1941].

Clem. Dig. = Terentius Clemens, jurisconsulte, sous Antonin le Pieux (?); frg. d. le Digeste.

Cod. Greg. = *Codex Gregorianus*, 3ᵉ s., fragments [Krueger, 1890].

Cod. Just. = *Codex Justinianus* (C. de Justinien), sous Justinien, 534 [Krueger, 1877].

Cod. Th. = *Codex Theodosianus* (C. Théodosien), sous Théodose II, 438 [Mommsen, Meyer, 1904].

Coel.-Antip. = L. Coelius Antipater, historien de la fin du 2ᵉ s. av. J.-C. [Peter², *Hist.* 1].

Col. = L. Junius Moderatus Columella (Columelle), agronome sous Tibère et Claude : *De re rustica* l. XII [Lundström, Josephson, Hedberg 1897-1968; J. André, de Saint-Denis, Dumont, CUF 1969-] :
- *Arb.* De arboribus [Goujard, CUF 1986].

Coll. Mos. = *Collatio Mosaicarum et Romanarum legum*, vers 400 [Girard, *Textes*; FIRA 2].

Columb. = Columbanus (s. Colomban), moine irlandais, 543-615 [Migne, 80; Walker, 1970].

Commod. = Commodianus (Commodien), premier poète chrétien, 3ᵉ s. ap. J.-C. ? [Migne, 5; Dombart, CV 15, 1887; Martin, CC 128, 1960] :
- *Apol.* Carmen apologeticum.
- *Instr.* Instructiones per litteras versuum primas, 2 l.

Concil. Arel. = *Concilium Arelatense* (Concile d'Arles), 314 [Mansi, 2; Migne, 84; Munier, CC 148, 1963].

Concil. Arv. = *Concilium Arvernense* (Concile de Clermont), 535 [Mansi, 8, 860; MGH. Conc. 1, 65].

Concil. Aurel. = *Concilium Aurelianense* 1-3 [Mansi, 8-9].

Concil. Autiss. = *Concilium Autissiodorense* (Concile d'Auxerre), 573 [Mansi, 9; De Clercq, CC 148 A, 1963].

Concil. Carth. = *Concilium Carthaginiense* (*Gesta conlationis Carthaginiensis*), 411 [Mansi 4; S. Lancel, CC 149 A, 1974; SC 194, 195, 224, 373, 1972-1991].

Concil. Const. = *Concilium Constantinopolitanum*, 381 [Mansi, 3].

Concil. Matisc. = *Concilium Matisconense* (Concile de Mâcon), 581 [Mansi, 9; De Clercq, CC 148 A, 1963; Basdevant, Gaudemet, SC 354, 1989].

Concil. Rei. = *Concilium Reiense* (Concile de Riez), 439 [Mansi, 5].

Concil. S. = *Acta conciliorum oecumenicorum* [Schwartz, 1914-1984].

Consent. = Consentius, grammairien, 5ᵉ s. [Keil, *Gram.* 5; Niedermann, 1937].

Cons. Liv. = *Consolatio ad Liviam* [Baehrens, PLM 1; Lenz², avec Ov. Hal., Paravia, 1956; Amat, CUF 1997, avec Eleg. Maec.].

Constant. *Ep.* = Lettre de l'empereur Constantin à Optatianus Porfyrius [Polara, 1973].

Constant. V. Germ. = Constantius (Constance de Lyon), *Vita Germani* (s. Germain d'Auxerre), Lyon, vers 480 [MGH. Mer. 7, 1920; Borius, SC 112, 1965].

Consult. Zacch. = *Consultationes Zacchaei*, 5ᵉ s. [Migne, 20; Feiertag, SC 401-402, 1994].

Cont. Hisp. = *Continuatio Hispana* (Anonyme de Cordoue), 8ᵉ s. [*Chron. min.* 2, 334].

Copa = *Copa* (la cabaretière), poème de l'*Appendix Vergiliana*, sous Auguste [Ellis, OCT 1907].

Corip. = Flavius Cresconius Corippus (Corippe), poète, évêque africain sous Justinien, 6e s. [Partsch, MGH. AA 3, 2, 1879] :
- *Anast.* Panegyricus in laudem Anastasii quaestoris.
- *Joh.* Johannis seu de bellis Libycis, 8 l.
- *Just.* In laudem Justini (Justin II), 4 l. [Antès, CUF 1981].

Corn. Sev. = Cornelius Severus, poète ami d'Ovide [Morel].

Cosmogr. = *Cosmographia* [Riese, 1878].

Cott. = C. Aurelius Cotta, consul en 75 av. J.-C.; frg. de discours [Malcovati, *Orat.*].

CPL = *Corpus Papyrorum Latinarum* [Cavenaile, 1958].

Crass. = L. Licinius Crassus, consul en 95 av. J.-C.; frg. de discours d. Cic. [Malcovati, *Orat.*].

Culex = *Culex* (le moustique), poème de l'*Appendix Vergiliana*, sous Auguste [Ellis, OCT 1907].

Curius = M'. Curius, ami et correspondant de Cicéron, lettre d. *Fam.* 7, 29.

Curt. = Q. Curtius Rufus (Quinte-Curce), historien d'Alexandre, 10 l. (1-2 perdus); époque de Claude (?) [Bardon 1-2, CUF 1947-1948].

Cypr. = Thascius Caecilius Cyprianus (s. Cyprien), évêque de Carthage, martyrisé en 258 [Migne, 3-4; Hartel, CV, 1-3, 1868-1871] :
- *Demetr.* Ad Demetrianum [Simonetti, CC 3 A, 1976].
- *Domin.* De dominica oratione [Moreschini, CC 3 A, 1976].
- *Don.* Ad Donatum [Simonetti; Molager, SC 291, 1982].
- *Eleem.* De opere et eleemosynis [Simonetti].
- *Ep.* Epistulae [Bayard 1-2, CUF 1925; Diercks, CC 3 BCD, 1994-1999].
- *Fort.* Ad Fortunatum de exhortatione martyrii [Weber, CC 3, 1972].
- *Hab. virg.* De habitu virginum.
- *Idol.* Quod idola dii non sint.
- *Laps.* De lapsis [Bévenot, CC 3, 1972].
- *Mort.* De mortalitate [Simonetti].
- *Patient.* De bono patientiae [Moreschini; Molager].
- *Sent.* Sententiae episcoporum de hereticis baptizandis.
- *Testim.* Ad Quirinum testimonia [Weber].
- *Unit. eccl.* De catholicae ecclesiae unitate [Bévenot].
- *Zel.* De zelo et livore [Simonetti].

Ps. Cypr. = Pseudo-Cyprianus, œuvres d'attribution douteuse ou impossible, 3ᵉ - 5ᵉ s. [Migne, 4; Hartel, CV 3, 3, 1871] :
- *Abus.* De duodecim abusivis saeculi.
- *Aleat.* De aleatoribus.
- *Carm. sen.* Carmen ad senatorem [CV 3, 3; 23; Anth. 689 b].
- *Cen.* Cena Cypriani, 9ᵉ s. ? [Migne, 4, 925; Strecker, MGH. Poet. 4, 2, 3, 872, 1923].
- *Exh. paen.* Exhortatio de paenitentia.
- *Jud.* Adversus Judaeos.
- *Jud. Dom.* v. Carm. Judic.
- *Jud. incr.* Ad Virgilium episcopum de Judaica incredulitate.
- *Mart.* De laude martyrii.
- *Mont.* De duobus montibus, Sina et Sion.
- *Novat.* Ad Novatianum.
- *Or.* Orationes.
- *Pasch.* De Pascha computus.
- *Pudic.* De bono pudicitiae.
- *Rebapt.* De rebaptismate.
- *Sing. cler.* De singularitate clericorum.
- *Spect.* De spectaculis.

Cypr.-Gall. = Cyprianus Gallus (Cyprien Galle), poète chrétien gaulois, 5ᵉ s., début de l'Ancien Testament (Genèse, Exode, Lévitique, Nombres, Deutéronome, Josué, Juges) [Peiper, CV 23, 1891] :
- *Hept.* [1 Gen., 2 Exod., etc.].

Cyrill = Cyrillus (s. Cyrille), évêque d'Alexandrie, 5ᵉ s., traductions [Migne gr. 48].

Damas. = Damasus (s. Damase), pape du 4ᵉ s. [Migne, 13] :
Epigr. Epigrammata.

Dar. = Dares Phrygius, histoire de la guerre de Troie, traduction, 6ᵉ s. ? [Meister, BT 1873].

Decl. Catil. = Declamatio in Catilinam, 2ᵉ s. ap. J.-C. ? [Kristoferson, 1928].

Defens. = Defensor (Defensor de Ligugé), 7ᵉ s. [Rochais, CC 117, 1957 ; SC 77, 86, 1961-1962].

Descr. Mund. = Descriptio totius mundi, 6ᵉ s., abrégé de l'Expos. Mund. [même édition].

Desid. = Desiderius (s. Didier), évêque de Cahors, 7ᵉ s. [Migne, 87 ; Norberg, 1961].

Dict. = Dictys Cretensis, histoire de la guerre de Troie, traduction, 4ᵉ s. [Eisenhut², BT 1973].

Didasc. = didascalie, en particulier Pl. et Ter.

Didasc. = Didascalia apostolorum, traduction, vers 400 [Tidner, 1963].

Differ. = Differentiae, collections de synonymes avec différenciations v. Front., Isid., [Brugnoli, 1955 ; Uhlfelder, 1954].

Dig. = Digesta Justiniani (le Digeste), publié sous Justinien en 533 [Mommsen, 1886].

Diocl. = Diocletiani edictum, 301 [Laufer, 1971 ; Giacchero, 1974].

Diom. = Diomedes (Diomède), grammairien, 4ᵉ s. ap. J.-C., postérieur à Donat [Keil, Gram. 1].

Dion.-Exig. = Dionysius Exiguus (Denys le Petit), moine érudit originaire de la Dobroudja, chronologiste et traducteur (Grégoire de Nysse, etc.), 6ᵉ s. [Migne, 67].

Diosc. = Dioscoride, trad. du grec, 6ᵉ s. [Roman. Forsch. 1, 10, 11, 13 ; 1883-1903].

Ps. Diosc. Herb. [Hermes 31, 1896].

Dipl. = Diplomata [MGH., 1872].

Dirae = Dirae (malédictions), deux poèmes de l'Appendix Vergiliana [Ellis, OCT 1907].

Dolab. = P. Cornelius Dolabella, gendre de Cicéron ; lettre à Cicéron d. Fam. 9, 9.

Dom. Af. = Cn. Domitius Afer, orateur, mort en 59 ap. J.-C. ; frg. de discours d. Quint. 8, 5, 3 ; 9, 4, 31.

Dom.-Mars. = Domitius Marsus, poète, sous Auguste [Morel].

Don. = Aelius Donatus (Donat), grammairien, milieu du 4ᵉ s. ; fut professeur de s. Jérôme ; on a aussi de lui un commentaire de cinq comédies de Térence :
Ad., And., Eun., Hec., Phorm. [Wessner, 1-2, BT 1902-1905].
Com. Tractatus de comoedia [Wessner, 1].
Gram. Ars grammatica [**Keil**, Gram. 4 ; Holtz, 1981].
Ter. Vita Terentii [avec Térence].
Verg. Vita Vergilii [avec App.-Verg., Hardie, OCT 1957].

Dosith. = Dositheus, grammairien, 4ᵉ s., avec une version grecque [Keil, Gram. 7 ; Tolkiehn, 1913 ; Bonnet, CUF 2005].

Ps. Dosith. = Pseudo-Dositheus, fragments juridiques dans Gloss. 3 [Girard, Textes ; FIRA 2].

Drac. = Blossius Aemilius Dracontius, poète carthaginois, 5ᵉ s. ; [Vollmer, MGH. AA 5, 1914 ; CUF 1-4, 1985-1996] :
Laud. De laudibus Dei, l. I-III [Moussy / Camus 1-2, CUF 1985-1988].
Mens. De mensibus [Wolff, 4, CUF 1996].
Orest. Orestis tragoedia [Bouquet, 3, CUF 1995].
Romul. Romulea (carmina profana) [Bouquet / Wolff, 3-4].
Ros. De origine rosarum [Wolff, 4].
Satisf. Satisfactio [Moussy, 2].

Dub. Nom. = De dubiis nominibus, 7ᵉ s. [Keil, Gram. 5 ; Glorie, CC 133 A, 1968].

Dynamidia = Dynamidia, compilation médicale, 6ᵉ s. [Mai, Auct. class. 7, 1835].

Eger. = Egeria (Égérie), moniale, journal de pèlerinage, fin 4ᵉ s. [Maraval, SC 296, 1982].

Egnat. = Egnatius, poète de l'époque de Lucrèce [Morel].

Einsid. = Bucolica Einsidlensia, sous Néron [PLM 3, 19 ; Anth. 725-726 ; Duff, MLP ; Amat, CUF 1997, avec Eleg. Maec.].

Eleg. Maec. = Elegia in Maecenatem, 1ᵉʳ s. ap. J.-C. [PLM 1, 6-7 ; MLP 1 ; avec App.- Verg., Ellis, OCT 1907 ; Amat, CUF 1997].

Eleuth. = Eleutherius (s. Éleuthère), évêque de Tournai, 5ᵉ s. [Migne, 65].

Empor. = Emporius, rhéteur, 6ᵉ s. ap. J.-C. [Halm, Rhet.].

Enn. = Q. Ennius, de Rudiae, en Calabrie, 239-169 av. J.-C. [**Vahlen²**, 1903 ; Warmington, ROL 1] :
An. Annalium frg. [**Vahlen²** ; O. Skutsch, 1985].
Com. Palliatarum frg. [**Ribbeck²**, 2].
Inc. Incerta [**Vahlen²**].
Praet. Praetextarum frg. [**Ribbeck²**, 1].
Sat. Saturarum frg. [**Vahlen²**].
Tr. Tragoediarum frg. [**Ribbeck²**, 1 ; Jocelyn, 1967].
Var. Varia. [**Vahlen²**].

Ennod. = Magnus Felix Ennodius (Ennode), évêque de Pavie, mort en 521 [Migne, 63 ; Vogel, MGH. AA 7, 1885 ; Hartel, CV 6, 1882] :
Carm. Carmina.
Dict. Dictiones.
Ep. Epistulae.
Op. Opuscula.

Epigr. Bob. = Epigrammata Bobiensia 7 l., 5ᵉ s. ? [Speyer, BT 1963].

Epiph. = Epiphanius (s. Épiphane), évêque de Salamine (Chypre), mort en 403, traductions :
Ep. Epistulae [= Hier. Ep. 51, 91].
Mens. De mensuris [Hultsch, Metrol. 2].

Epiph. Ev. = Epiphanius, Interpretatio Evangeliorum, 6ᵉ s. ? [Erikson, 1939 ; Migne suppl. 3].

Epit. Alex. = Epitoma rerum gestarum Alexandri Magni, 4ᵉ s. ? [P.H. Thomas², BT 1966].

Euch. = Eucherius (s. Eucher), évêque de Lyon, vers 440 [Migne, 50 ; Wotke, CV 31, 1894] :
Acaun. Passio Acaunensium martyrum [Krusch, MGH. MER. 3, 1896].
Ep. Epistulae.
Form. Formulae spiritalis intellegentiae.
Instr. Instructiones.
Laud. her. De laude (h)eremi.

Ps. Euch. Reg. = Commentaria in Reges. [Migne, 50].

Eugen. = Eugenius (s. Eugène), évêque de Carthage, 5ᵉ s. [Migne, 58].

Eugen.-Tol. = Eugenius Toletanus (s. Eugène le Jeune), poète, évêque de Tolède, milieu du 7ᵉ s. [Migne, 87 ; Vollmer, MGH. AA 14, 1905].

Eugip. = Eugippius (Eugippe), moine en Norique, puis à Naples, 6ᵉ s. [Migne, 62 ; Knöll, CV 9, 1-2, 1885-1886] :
Aug. Excerpta ex operibus sancti Augustini.
Ep. Epistula ad Paschasium diaconum.
Sev. Vita sancti Severini (s. Séverin) [Sauppe, MGH. AA 1, 2, 1877 ; Régerat, SC 374, 1991].

Eugr. = Eugraphius (Eugraphe), grammairien, 6ᵉ s., auteur d'un commentaire de Térence [avec celui de Don., Wessner 3, BT 1908].

Eum. = Eumenius (Eumène), né à Athènes, professeur à Autun, auteur, en 298, du discours Pro scholis instaurandis [v. Paneg. 5].

Eus. = Eusebius (s. Eusèbe), évêque de Verceil, 4ᵉ s. [Migne, 12 ; Bulhart, CC 9, 1957].

Eus. Em. = Eusebius Emensis (Eusèbe, évêque d'Émèse), 4ᵉ s., sermons traduits, 5ᵉ s. [Buytaert, 1953-1957].

Eustath. = Eustathius, vers 400, traduction des homélies sur l'Hexameron de s. Basile [Migne, 53].

Eutr. = Eutropius (Eutrope), historien, fin du 4ᵉ s. : Breviarium (abrégé) [Droysen, MGH. AA 2, 1879 ; Santini, BT 1979 ; Hellegouarc'h, CUF 1999].

Eutych. = Eutyches, disciple de Priscien, 6ᵉ s. [Keil, Gram. 5].

Evagr. Vit. Anton. = Evagrius Vita Antonii, traduction d'Athanase, 5ᵉ s. [Migne gr. 26] ; v. Vit. Anton.

Evagr.-Gall. = Evagrius Gallus Altercatio, 5ᵉ s. [Bratke, CV 45, 1904 ; Demeulenaere, CC 64, 1985].

Evod. = Evodius, évêque africain, 5ᵉ s. [Migne, 31].

Exc. Char. = Excerpta Charisii (auj. Excerpta Bobiensia) [Keil, Gram. 1 ; De Nonno, 1982].

Explan. = Explanationes in Donatum (Pseudo Servius) [Keil, Gram. 4].

Expos. Mund. = Expositio totius mundi, texte géographique traduit, 4ᵉ s. [Rougé, SC. 124, 1966] ; v. Descr. Mund.

Fab. Max. = Q. Fabius Maximus Servilianus, consul en 142 av. J.-C., historien [Peter², 1].

Fab. Pict. = Ser. Fabius Pictor, 2ᵉ s. av. J.-C., historien [Peter², 1].

AUTEURS ET OUVRAGES

Facund. = **Facundus**, évêque d'Hermianum en Afrique, sous Justinien, 6e s. [Migne, 67 ; Clément, Vander Plaetse, CC 90 A, 1974] :
  Def. Pro defensione trium capitulorum.
  Ep. Epistula fidei catholicae.
  Moc. Liber contra Mocianum scholasticum.

Fann. = **C. Fannius**, consul en 122 av. J.-C. [Peter[2], 1 ; Malcovati, *Orat.*].

Fast. = *Fasti* [*CIL* 1, 1 ; Degrassi, *Inscr. Ital.* 13, 2 ; Paravia 1954].

Faust. = **Faustinus**, prêtre luciférien, 4e s. [Migne, 13 ; Simonetti, CC 69, 1967] :
  Trin. De Trinitate.

Faust.-Rei. = **Faustus Reiensis**, évêque de Riez, 5e s. [Migne, 58 ; Engelbrecht, CV 21, 1891] :
  Ep. Epistulae.
  Grat. De gratia.
  Serm. Sermones.
  Spir. De Spiritu Sancto.

Fav. = **M. Cetus Faventinus** (Faventin), abréviateur de Vitruve, 4e s. [Cam., CUF 2001].

Fav. d. Gell = **Favorinus (? ou Favonius ?)**, 2e s. av. J.-C., frg. de discours, cité 15, 8 [Malcovati, *Orat.*].

Favon. = **Favonius Eulogius**, rhéteur carthaginois, commentateur du Songe de Scipion, v. 400 ap. J.-C. [Holder, 1901].

Fel. = **Felix IV**, pape de 526 à 530 [Migne, 65] :
  Ep. Epistula ad Caesarium Arelatensem.
  Rav. Constitutum de ecclesia Ravennatensi.

Fen. = **L. Fenestella**, historien, contemporain d'Auguste et de Tibère [Peter, 2].

Ferrand. = **Ferrandus**, diacre de Carthage, 6e s. [Migne, 65 ; 67] :
  Brev. can. Breviatio canonum [Munier, CC 149, 1974].
  Ep. Epistulae [Fraipont, CC 91, 1968].

Fest. = **Sex. Pompeius Festus**, grammairien, auteur d'un résumé de Verrius Flaccus : *De verborum significatu*, 2e s. ; résumé dont nous n'avons que la seconde moitié et qui a été abrégé lui-même par Paul Diacre, v. P. Fest., [Lindsay, BT 1913].

(**Fest.**, v. **Ruf.**).

Fil. = **Filastrius** (s. Filastre), évêque de Brescia, 4e s. : *Diversarum haereseon liber* [Migne, 12 ; F. Marx, CV 38, 1898 ; Heulen, CC 9, 1957].

Firm. = **J. Firmicus Maternus**, astrologue devenu chrétien, milieu du 4e s. :
  Err. De errore profanarum religionum [Migne, 12 ; Halm, CV 2, 1867 ; R. Turcan, CUF 1982].
  Math. Matheseos seu astronomicorum lib. VI [Kroll / F. Skutsch, BT 1897-1913 ; Monat, CUF 1992-1997].

Flor. = **L. Annaeus Florus**, historien, sous Hadrien [Jal 1-2, CUF 1967].

Flor. Verg. = **P. Annius Florus**, Vergilius orator an poeta ? 2e s. ? [avec Flor.].

Florent. = **Florentinus**, jurisconsulte, 3e s. ap. J.-C. ; frg. d. le Digeste.

Foebad. = **Foebadius** (Ph-), (Phébade), évêque d'Agen, 4e s. [Migne, 20 ; Demeulenaere, CC 64, 1985].

Form.-And. = *Formulae Andecavenses* (Formules d'Angers), 6e s. [Zeumer, MGH. Form. 1886].

Form.-Sen. = *Formulae Senonicae* (Formules de Sens), 7e s. [Zeumer, MGH. Form. 1886 ; Walstra, 1962].

Fort. = **Venantius Honorius Clementianus Fortunatus** (Fortunat), évêque de Poitiers, poète et historien chrétien, ami de Grégoire de Tours, fin du 6e s. [Migne, 88 ; Leo / Krusch, MGH. AA 4, 1881-1885] :
  Albin. Vita Albini (s. Aubin).
  Carm. Carmina [Reydellet, CUF 1994-].
  Carm. app. Carminum appendix.
  Ep. Epistula.
  Germ. Vita S. Germani (s. Germain de Paris).
  Hil. De virtutibus S. Hilarii (s. Hilaire).
  Marc. Vita S. Marcelli (s. Marcel).
  Mart. Vita S. Martini (s. Martin) [Quesnel, CUF 1996].
  Mauril. Vita S. Maurilii (s. Maurille).
  Or. Expositio orationis dominicae.
  Pat. Vita S. Paterni (s. Pair = Paterne).
  Rad. Vita S. Radegundis (ste Radegonde).
  Symb. Expositio symboli.

Ps. Fort. = **Pseudo-Fortunatus** :
  Carm. app. Carminum spuriorum appendix.

  Dion. Passio SS. Dionysii, Rustici et Eleutherii (s. Denis, etc.).
  Leob. Vita S. Leobini (s. Lubin).
  Med. Vita S. Medardi (s. Médard).
  Rem. Vita S. Remedii (s. Rémi).

Fort.-Rhet. = **Consultus Fortunatianus**, rhéteur, 5e s. [Halm, *Rhet.* ; L. Calboli Montefusco, 1979].

Fortun. = **Atilius Fortunatianus**, métricien, 4e s. [Keil, *Gram.* 6].

Fragm. Vat. = *Fragmenta Vaticana*, 4e s., droit antérieur à Justinien [Girard, *Textes* ; FIRA 2].

Fredeg. = "**Fredegarius**", nom supposé d'un historien continuateur de Grégoire de Tours, 7e s. [Migne, 71 ; Krusch, MGH. MER. 2, 1888].

Front. = **M. Cornelius Fronto** (Fronton), maître de Marc Aurèle, vers 100-175 ap. J.-C. [Naber, 1868 ; Van den Hout, 1954 ; BT 1988] :
  Addit. Additamentum, p. 253 N. = 233 Van den Hout.
  Als. De feriis Alsiensibus.
  Amic. Ad amicos, 2 l.
  Ant. Ad Antoninum imperatorem, 4 l. (Marc Aurèle).
  Ant. P. Ad Antoninum Pium.
  Caes. Ad M. Caesarem, 5 l.
  Eloq. De eloquentia.
  Fum. Laudes fumi.
  Hist. Principia historiae.
  Negl. Laudes neglegentiae.
  Nep. De nepote amisso.
  Orat. De orationibus.
  Parth. De bello Parthico.
  Ver. Ad Verum imperatorem, 2 l.

Ps. Front. = **Pseudo-Fronto** :
  Diff. Differentiae [Keil, *Gram.* 7, 519 ; avec Char., Barwick, 387].

Frontin. = **Sex. Julius Frontinus** (Frontin), fin du 1er s. ap. J.-C. :
  Aq. De aquae ductu [Grimal, CUF 1944].
  Grom. Liber gromaticus [Lachmann, *Grom.*].
  Strat. Stratagemata [Lang[2], BT 1885].

Fulg. = **Fabius Planciades Fulgentius** (Fulgence ; le même que s. Fulgence ?), Africain, fin du 5e s. [Helm, BT 1898] :
  Aet. De aetatibus mundi.
  Myth. Mythologiae.
  Serm. Expositio sermonum antiquorum.
  Theb. Super Thebaiden [très tardif].
  Virg. Expositio Virgilianae continentiae.

Fulg.-R. = **Fulgentius** (s. Fulgence), évêque de Ruspe en Afrique, mort en 533 [Migne, 65 ; Fraipont, CC 91-91 A, 1968] :
  Arian. Contra Arianos.
  Ep. Epistulae.
  Fab. Contra gesta Fabiani Ariani frg.
  Fastid. Contra sermonem Fastidiosi Ariani.
  Fid. De fide ad Petrum.
  Inc. De incarnatione.
  Monim. Ad Monimum.
  Praed. De veritate praedestinationis.
  Rem. De remissione peccatorum.
  Serm. Sermones.
  Tras. Ad Trasimundum, regem Vandalorum.
  Trin. De Trinitate.

Ps. Fulg.-R. = attributions fausses [Migne, 65] :
  Serm. Sermones.

Fur.-Ant. = **Furius Anthianus**, jurisconsulte, 3e s. ; frg. d. le Digeste.

Gaetul. = **Cn. Cornelius Lentulus Gaetulicus**, poète, sous Tibère [Morel].

Gai. = **Gaius**, jurisconsulte du temps d'Hadrien et Marc Aurèle ; frg. d. le Digeste :
  Epit. Epitome, extrait du 5e s. [FIRA 2].
  Inst. Institutiones (Institutes) [David[2], 1964 ; J. Reinach, CUF 1950].
  Frg. August. Fragments d'Autun, paraphrase du 5e s. [Girard, *Textes* ; FIRA[2]].

Gall. = **C. Cornelius Gallus**, poète élégiaque, ami de Virgile, contraint au suicide en 26 av. J.-C. [Morel ; J. R. S. 1979].

Gall. Fest. = **C. Aelius Gallus**, jurisconsulte, 1er s. av. J.-C., conservé dans Festus [Funaioli, GRF 1].

Garg. = **Q. Gargilius Martialis**, quelques attributions douteuses, 3e s. :
  Arb. De arboribus pomiferis (De hortis) [Mazzini[2], 1988].
  Cur. De cura boum [avec Veg. *Mul.*].
  Med. Medicinae ex oleribus et pomis [avec Rose, Plin. *Med.* 1875 ; Condorelli, 1978].

Ps. Garg. = Pseudo-Gargilius, *Medicina* [avec GARG. *Med*].

Gaud. = Gaudentius (s. Gaudence), évêque de Brescia, fin du 4e s. [Migne, 20; Glueck, CV 68, 1936].

Gelas. = Gelasius (Gélase Ier), pape, 492-496 [Migne, 59]:
  Ep . Epistulae [Thiel, 1868; Pomarès, SC 65, 1959].
  Tr . Tractatus v. SACRAM. GELAS.

Gell. = A. Gellius (Aulu-Gelle), grammairien, 2e s. ap. J.-C.: *Noctes Atticae*, 20 l. (l. 8 perdu) [Marshall, OCT 1968; Marache, CUF 1967-1998].

Gell. Hist. = Cn. Gellius, historien, 2e s. av. J.-C. [Peter[2], 1].

Gennad. = Gennadius (Gennade), prêtre de Marseille, fin du 5e s. [Migne, 58]:
  Dogm. De ecclesiasticis dogmatibus.
  Vir. De viris illustribus.

Geogr.-R. = Geographus Ravennas (géographe de Ravenne), 8e s. [Schnetz, 1940].

Germ. = Julius Caesar Germanicus, fils adoptif de Tibère, mort en 19 ap. J.-C.; trad. en vers des *Phénomènes* d'Aratos et quelques fragments d'un autre poème [Le Bœuffle, CUF 1975]

Gest. Pilat. = *Gesta Pilati*, 5e s. [Tischendorf[2], *Ev. apocr.*, 1876].

Gild. = Gildas (s. Gildas), moine gallois, se serait retiré à Rhuys (Morbihan), 6e s. [Migne, 69; Mommsen, MGH. AA 13, 1898]:
  Excid. De excidio Britanniae [Winterbottom, 1978].
  Ep. Epistulae.

Gloss. = Goetz, *Corpus Glossariorum Latinorum*, 1-7, 1888-1923.

Gloss. L. = Lindsay, *Glossaria latina*, 1-5, 1926-1931.

Gloss. Reich. = Gloses de Reichenau, 8e s. [Klein / Labhardt, 1968].

Gracch. = C. Sempronius Gracchus, tribun de la plèbe, assasssiné en 121 av. J.-C.; frg. de disc. d. GELL. [Malcovati, *Orat*.].

Gram. = *Grammatici Latini* v. KEIL.

Granius Licinianus, v. LICIN.

Grat. = Grattius Faliscus, sous Auguste: *Cynegetica* [Duff, MLP; Verdière, 1964].

Gratian. = Flavius Gratianus (Gratien), élève d'Ausone, empereur romain (375-383): Lettre à s. Ambroise [= *Ep*. 1].

Grauf. = *Graffites de La Graufesenque*, 1er s. ap. J.-C. [Marichal, 1988].

Greg.-Ilib. = Gregorius Iliberritanus (Grégoire d'Elvire), évêque, 4e s. [Bulhart / Fraipont, CC 69, 1987].

Greg.-M. = Gregorius Magnus (s. Grégoire le Grand), pape de 590 à 604 [Migne, 75-77]:
  Cant. In Canticum homiliae [Migne, 79; Verbraken, CC 144, 1963; Bélanger, SC 314, 1984].
  Dial. Dialogi, 4 l. [Migne, 77; de Vogüé, SC 251, 260, 265, 1978-1980].
  Ep. Epistulae, 14 l. [Migne, 77; Ewald / Hartmann, MGH. Ep. 1-2, 1891-1899; Norberg, CC 140, 140 A, 1982; Minard, SC 370, 371, 1991-].
  Ev. In Evangelia homiliae [Migne, 76].
  Ezech. In Ezechielem homiliae [Migne, 76; Adriaen, CC, 142, 1971; Morel, SC 327, 360, 1986-1990].
  Mor. Moralia in Job, 35 l. [Migne, 75-76; Adriaen, CC 143, 143 A, 143 B, 1979-1985; Gillet, Bocognano, SC 32, 212, 221, 1950-].
  Mort. Oratio de mortalitate [Migne, 76; Norberg, CC 140 A, 1982].
  Past. Regula pastoralis, 4 l. [Migne, 77; Judic, SC 381, 382, 1992].
  1 Reg. In librum primum Regum expositiones [Migne, 79; Verbraken, CC 144, 1963; de Vogüé, Vuillaume, SC 351, 391, 1989-1993].

Greg.-Tur. = Georgius Florentius Gregorius Turonensis (Grégoire de Tours), évêque de Tours, 6e s. [Migne, 71; Krusch, MGH. MER. 1, 1-2, 1885-1951]:
  Andr. De miraculis S. Andreae.
  Conf. In gloria confessorum.
  Dorm. Passio VII Dormientium.
  Hist. Historiae.
  Jul. De virtutibus S. Juliani.
  Martin. De virtutibus S. Martini.
  Martyr. In gloria martyrum.
  Psalm. In Psalmos.
  Stell. De cursu stellarum.
  Vit. Patr. De vita Patrum.

Ps. Greg.-Tur. = Pseudo-Gregorius Turonensis:
  Thom. De miraculis S. Thomae [Bonnet, 1883; Zelzer, 1977].

Gril. = Grillius, rhéteur, fin du 4e s. ap. J.-C.; frg. d'un commentaire sur le *De inventione* de Cicéron [Halm, *Rhet*.].

Grom. = *Gromatici veteres*, traités des anciens arpenteurs [Lachmann, 1-2, 1848-1852].

HA = Scriptores Historiae Augustae (Histoire Auguste), biographies d'empereurs, d'Hadrien à Numérien, 4e s; v. CAPIT., LAMPR., SPART., TREB., VOP., VULC.-GALL. [Hohl 1-2, BT 1927; Chastagnol, 1994; Callu, R. Turcan, Paschoud, etc., CUF 1992-].

Hadr. = P. Aelius Hadrianus (Hadrien), empereur de 117 à 138 ap.J.-C.; poésies [Morel].

Hater. = Haterianus, commentateur de Virgile, frg. d. les *SCHOL. VERON.*, 2e s. [avec SERV. 3, 2 Hagen].

Heges. = Hegesippus, trad. lat. du *De bello Judaico* de Flavius Josèphe, 4e s. [Ussani, CV 66, 1932-1960].

Help. = Helpidius Rusticus, médecin du roi Théodoric, mis à mort avec Boèce, en 524 [Migne, 62; Corsaro, 1955]:
  Benef. Carmen de Christi beneficiis.
  Test. Historiae Testamenti veteris et novi.

Helv. = C. Helvius Cinna, poète, 1er s. av. J.-C. [Morel].

Hemin. = L. Cassius Hemina, historien, 2e s. av. J.-C. [Peter[2], 1].

Her. = *Ad Herennium*, traité de rhétorique antérieur à Cicéron, vers 85 av. J.-C. [Achard, CUF 1989].

Herm. = Hermas, 2e s. ap. J.-C., auteur grec dont il y a deux traductions latines:
  Pal. Versio Palatina, 5e s. ? [Gebhardt / Harnack, *Patrum Apost. opera*, 3, 1877].
  Vulg. Vulgata, 2e s. ? [Migne gr. 1, 2; Hilgenfeld, 1873].

Hermen. = *Hermeneumata* [GLOSS. 3].

Hermog. = Claudius Hermogenianus, jurisconsulte, 4e s. ap. J.-C.; frg. d. le DIGESTE.

Hesych. = Hesychius, trad. lat. *In Leviticum*, 6e s. [Migne gr. 93].

Hier. = Sophronius Eusebius Hieronymus (s. Jérôme), prêtre, traducteur de la *Vulgate*, abbé de Bethléem, env. 347-420 [Migne = M. 22-30]:
  Abd. Commentarii in Abdiam prophetam [M. 25; Adriaen, CC 76, 1969].
  Agg. Commentarii in Aggaeum prophetam [M. 25; Adriaen, CC 76 A, 1970].
  Am. Commentarii in Amos prophetam [M. 25; Adriaen, CC 76, 1969].
  Chron. Chronicum ad annum Abrahae [M. 27; Helm[3], 1984].
  Daniel Commentarii in prophetam Daniel [M. 23].
  Didym. Interpretatio libri Didymi de spiritu sancto [M. 23].
  Eccles. Commentarii in ecclesiasten [M. 23; Adriaen, CC 72, 1959].
  Ep. Epistulae 154 [M. 22; Hilberg, CV 54-56, 1910-1918; Labourt 1-8, CUF 1949-1963].
  Ep. Theod. Epistula Theodori [Boon, 1932].
  Ephes. Commentarii in epistulam Pauli ad Ephesios [M. 26].
  Ezech. Commentarii in Ezechielem prophetam [M. 25; Glorie, CC 75, 1964].
  Gal. Commentarii in epistulam Pauli ad Galatas [M. 26].
  Hab. Commentarii in prophetam Habacuc [M. 25; Adriaen, CC 76 A, 1970].
  Helv. Adversus Helvidium [v. VIRG.].
  Is. Commentarii in Isaiam prophetam [M. 24; Adriaen, CC 73, 73 A, 1963].
  Jer. Commentarii in Jeremiam prophetam [M. 24; Reiter, CV 59, 1913; CC 74, 1960].
  Job Libri Job versio [Caspari, 1893].
  Joel Commentarii in prophetam Joel [M. 25; Adriaen, CC 76, 1969].
  Joh. Contra Johannem [M. 23].
  Jon. Commentarii in Jonam prophetam [M. 25; Adriaen, CC 76, 1969; Y-M. Duval, SC 323, 1985].
  Jovin. Adversus Jovinianum [M. 23].
  Lucif. Dialogus contra Luciferianos [M. 23].
  Mal. Commentarii in Malachiam prophetam [M. 25; Adriaen, CC 76 A, 1970].
  Matth. Commentarii in evangelium Matthaei [M. 26; Hurst / Adriaen, CC 77, 1969; Bonnard, SC 242, 259, 1978-1979].
  Mich. Commentarii in Michaeam prophetam [M. 25; Adriaen, CC 76, 1969].
  Nah. Commentarii in Nahum prophetam [M. 25; Adriaen, CC 76 A, 1970].
  Nom. Hebr. Interpretatio nominum Hebraicorum [M. 23; de Lagarde, CC 72, 1959].
  Orig. Cant. Interpretatio homiliarum Origenis in canticum [M. 23].
  Orig. Ez. Interpretatio homiliarum Origenis in Ezechielem [M. 25].
  Orig. Is. Interpretatio homiliarum Origenis in Isaiam [M. 24].
  Orig. Jer. Interpretatio homiliarum Origenis in Jeremiam [M. 25].
  Orig. Luc. Interpretatio homiliarum Origenis in Lucam [M. 26].
  Os. Commentarii in Oseam prophetam [M. 25; Adriaen, CC 76, 1969].
  Pelag. Dialogus adversus Pelagianos [M. 23].
  Philem. Commentarii in epistulam Pauli ad Philemonem [M. 26].

Proph. Commentarii XII prophetarum [M. 25; Adriaen, CC 76, 1969].
Psalm. Commentarioli in psalmos [Morin², CC 72, 1959].
Psalt. Psalterium secundum Hebraeos [avec la VULG.].
Quaest. Quaestiones Hebraicae in genesin [M. 23; de Lagarde², CC 72, 1959].
Reg. Pach. Regulae Pachomii versio latina [M. 23; Boon, 1932].
Ruf. Apologia adversus libros Rufini [M. 23; Lardet, CC 79, 1982; SC 303, 1983].
Sit. De situ et nominibus locorum Hebraicorum [M. 23].
Soph. Commentarii in Sophoniam prophetam [M. 25; Adriaen, CC 76 A, 1970].
Tit. Commentarii in epistulam Pauli in Titum [M. 26].
Tract. Tractatus varii [Morin, CC 78, 1958].
Tract. Is. Tractatus in Isaiam [Morin, CC 73 A, 1963].
Tract. Marc. Tractatus in evangelium Marci [Morin, CC 78, 1958].
Tract. Psal. Tractatus in psalmos [Morin, CC 78, 1958].
Vigil. Liber contra Vigilantium [M. 23].
Vir. ill. Liber de viris illustribus [M. 23; Ceresa-Gastaldo, 1988].
Virg. De perpetua virginitate Mariae [M. 23].
Vit. Hil. Vita Hilarionis monachi [M. 23; Bastiaensen / Smit, *Vite* 4, LV 1975].
Vit. Malch. Vita Malchi [M. 23].
Vit. Paul. Vita Pauli eremitae [M. 23].
Zach. Commentarii in Zachariam prophetam [M. 25; Adriaen, CC 76 A, 1970].

PS. HIER. = **Pseudo-HIERONYMUS** :
Brev. psalm. Breviarium in psalmos [Migne, 26].
Ep. Epistulae [Migne, 30].
Job Commentarius in Job , de Philippus [M., 23 et 26].
Mon. Pach. Monitorium Pachomii, versio latina [M., 23; Boon, 1932].
Monogr. De monogrammate Christi [M. suppl. 2].
Salom. Explanatio de Salomone [M. suppl. 1].

HIL. = **HILARIUS PICTAVIENSIS** (s. Hilaire de Poitiers), évêque de Poitiers, 4ᵉ s. [Migne = M. 9-10] :
Aux. Contra Auxentium [M. 10].
Coll. antiar. Collectanea antiariana [M. 10; Feder, CV 65, 1916].
Const. Ad Constantium Augustum [M. 10; Feder, CV 65, 1916].
C. Const. Contra Constantium imperatorem [M. 10; Feder, CV 65, 1916; Rocher, SC 334, 1987].
Hist. Ex opere historico fragmenta [M. 10; Feder, CV 65, 1916].
Hymn. Hymni [M. suppl. 1; Feder, CV 65, 1916].
Matth. In evangelium Matthaei [M. 9; Doignon, SC 254, 258, 1978-1979].
Myst. De mysteriis [M. suppl. 1; Feder, CV 65, 1916; Brisson, SC 19, 1947].
Psalm. Tractatus super psalmos [M. 9; Zingerle, CV 22, 1891].
Psalm. 118. In psalmum 118 [avec *Psalm.*; Milhau, SC 344, 347, 1988].
Psalm. instr. Instructio psalmorum [avec *Psalm.*].
Syn. De synodis [M. 10].
Trin. De trinitate [M. 10; Smulders, CC 62, 62 A, 1979-1980].

PS. HIL. = **Pseudo-HILARIUS**, poèmes divers, sauf le *Libellus* et l'*Epistula* :
Coll. antiar., v. HIL
Ep. Epistula ad filiam [M., 10; Feder, CV 65, 1916].
Ev. De evangelio [M., 50; Peiper, CV 23, 1891].
Gen. In genesin [M., 50; Peiper, CV 23, 1891].
Libell. Libellus apologeticus [M., 10; Blatt, 1939].
Macc. Carmen de martyrio Maccabaeorum [Migne, 50; Peiper, CV 23, 1891].

HILAR. AREL. = **HILARIUS ARELATENSIS** (s. Hilaire d'Arles), évêque d'Arles vers 430, auteur de la *Vit. Honorati* [Migne, 50; Valentin, SC 235, 1977].

HILARIAN. = Q. JULIUS HILARIANUS, 4ᵉ s. [Migne, 13] :
Mund. De duratione mundi.

HIPPOCR. = trad. d'HIPPOCRATE, 6ᵉ s. : *Vict.*2. De victu (= Régime 2) [Mazzini, 1984]

PS. HIPPOCR. *Ep.* = **Pseudo-HIPPOCRATES**, lettres (ad Antiochum, ad Maecenatem, [avec M.-EMP.].

HIRT. = A. HIRTIUS, mort consul en 43 av. J.-C., auteur du 8ᵉ livre du *Bellum Gallicum* [avec CAES. *G.*].

HISP.-FAM. = *Hisperica Famina* ("parlations occidentiques"), textes aberrants, Irlande, 7ᵉ s. [Herren 1-2, 1974-1987].

HIST. APOL. = *Historia Apollonii regis Tyri*, traduction du grec, 5ᵉ-6ᵉ s., versions A et B [Kortekaas, 1984; Schmeling, BT 1988].

HISTORIA AUGUSTA, v. HA.

HOMERUS LATINUS, v. ITAL.

HONOR. = JULIUS HONORIUS, géographe, 5ᵉ s. ap. J.-C. [Riese, *Geogr.* 1878].

HONORAT. = HONORATUS : *Vita Hilarii Arelatensis*, 5ᵉ s. [Migne, 50; Jacob, SC 404, 1995].

HOR. = Q. HORATIUS FLACCUS (Horace), ami de Mécène et d'Auguste, 65-8 av. J.-C. [Villeneuve, CUF 1929-1934] :
Ep. Epistulae.
Epo. Epodon liber.
O. Odarum seu carminum libri IV [avec *Epo.* et *Saec.* Plessis, 1924].
P. De arte poetica [avec les *Épîtres*].
S. Satirae [Lejay, 1911].
Saec. Carmen saeculare [avec les *Odes*].

HORMISD. = HORMISDAS, pape 514-523, correspondant d'Ennodius [Jaffé², *Reg. pontif.*, 2, 1888; v. AVELL.].

HYDAT. = HYDATIUS (Hydace), historien espagnol, continuateur de s. Jérôme, 5ᵉ s. [Mommsen, MGH. AA 11, 1894; Tranoy, SC 218, 1975].

HYG. = C. JULIUS HYGINUS (Hygin), affranchi d'Auguste et ami d'Ovide (attributions peu sûres) :
Astr. Astronomica [Le Bœuffle, CUF 1983].
Fab. Fabulae [Rose², 1963; Boriaud, CUF 1997].

HYG. GROM. = HYGINUS, auteur de traités d'arpentage, sous Trajan [Lachmann, *Grom.*].

PS. HYG. = **Pseudo-HYGINUS** (semble postérieur à l'arpenteur) :
Mun. castr. De munitionibus castrorum [M. Lenoir, CUF 1979].

HYMN. AMBR. I, II = *Hymni Ambrosiani* [Migne, 16, 17].

IDIOM. = *De idiomatibus casuum* , 4ᵉ-5ᵉ s. [Keil, *Gram.* 4; CHAR. 463, Barwick² 1964].

IG = *Inscriptiones Graecae*, 1906-.

IGNAT. = IGNATIUS (s. Ignace), évêque d'Antioche, lettre traduite, 2ᵉ s. [Funk / Diekamp³, 2, 1913].

ILDEF. = ILDEFONS, évêque de Tolède, 7ᵉ s. [Migne, 96].

ILIAS LATINA, v. ITAL.

INSCR. = *Inscriptiones* ; recueils d'inscriptions (v. *CIL*) :
Dess. par H. Dessau, ILS 1-3, 1892-1916.
Don. par J. B. Doni, 1731.
Fabr. par R. Fabretti, 1702.
Grut. par J. Gruter, 1602-1603.
Murat. par L. A. Muratori, 1739-1742.
Orel. par J. G. Orelli, 1-2, 1828; 3 par W. Henzen, 1856.
Ross. inscr. chrétiennes, par G. B. de Rossi, 1-3, 1857-1915.
Wil. par G. Wilmanns, 1873.

INSCR. BRIT. = *Roman inscriptions of Britain*, 1-2 [Collingwood, Wright, Frere, Tomlin, 1965-1995, v. RIB].

INSCR. CHR. *Diehl* = *Inscriptiones Latinae Christianae veteres* 1-3 [E. Diehl, 1925-1931; 4 J. Moreau / H. Marrou, 1967].

INSCR. CHR. ROM. = *Inscriptiones Christianae Vrbis Romae* [1922-1985].

INSCR. ITAL. = *Inscriptiones Italiae*, 1931-.

INST. JUST. = *Institutiones Justiniani* (Institutes de Justinien), 533 [Krüger, 1886; Girard, *Textes*].

IREN. = IRENAEUS (s. Irénée), évêque de Lyon, 2ᵉ s. : *Adversus haereses*, 5 l., traduction, 4ᵉ s. [Migne gr. 7; Harvey, 1857; Rousseau / Doutreleau, SC 1, 263-264 ; 2, 293-294 ; 3, 210-211 ; 4, 100 ; 5, 152-153 ; 1965-1982].

ISID. = ISIDORUS (s. Isidore), évêque de Séville, 570-636 [Migne = M. 81-84] : *Etymologiae* (*Origines*), 20 l. [M. 82; Lindsay, OCT 1911 ; J. André, Reydellet, etc. ALMA, 1981-], non notées ; autres œuvres :
Alleg. Allegoriae quaedam sacrae scripturae [M. 83].
Chron. Chronica [M. 83; Mommsen, MGH. AA. 11, 1894].
Deut. Quaestiones in deuteronomium [M. 83].
Diff. Differentiarum libri II [M. 83; Codoñer 1, ALMA 1992].
Eccl. De ecclesiasticis officiis [M. 83; Lawson, CC 113, 1989].
Ep. Epistulae [M. 83; Ford², 1970].
Esdr. Quaestiones in Esdram [M. 83].
Exod. Quaestiones in exodum [M. 83].
Fid. De fide catholica [M. 83].
Gen. Quaestiones in genesin [M. 83].
Goth. Historia Gothorum [M. 83; Mommsen, MGH. AA 11, 1894].
Jos. Quaestiones in Josue [M. 83].
Jud. Quaestiones in librum judicum [M. 83].
Lev. Quaestiones in leviticum [M. 83].
Lib. num. Liber numerorum [M. 83].
Macc. Quaestiones in librum Maccabaeorum [M. 83].
Nat. De natura rerum [M. 83 ; Fontaine, 1960].

Num. In numeros [M. 83].
Ord. creat. De ordine creaturarum [M. 83].
Ort. De ortu et obitu patrum [M. 83; Chaparro-Goméz, ALMA 1985].
Prooem. In libros veteris ac novi testamenti prooemia [M. 83].
Quaest. test. De veteri et novo testamento quaestiones [M. 83].
4 Reg. In librum quartum Regum [M. 83].
Reg. mon. Regula monachorum [M. 83].
Sent. Sententiarum libri III [M. 83].
Syn. Synonymorum libri III [M. 83].
Vandal. Historia Vandalorum [M. 83; Mommsen, MGH. AA 11, 1894].
Vir. De viris illustribus [M. 83].

ITAL. = BAEBIUS ITALICUS, poète du temps de Néron : *Ilias Latina* [PLM 3; Scaffai, 1982].

ITALA, v. VL.

ITIN. ALEX. = *Itinerarium Alexandri*, 4e s. [Volkmann, 1871; Hausmann, 1970].

ITIN. BURDIG. = *Itinerarium Burdigalense* (Voyage de Bordeaux à Jérusalem), 4e s. [Geyer, CV 39, 1898; CC 175, 1965; Cuntz, *Itin.* 1, 1929].

JAVOL. = C. OCTAVIUS JAVOLENUS PRISCUS, jurisconsulte, sous Trajan; frg. d. le DIGESTE.

JON. *Col.* = JONAS, *Vita Columbani*, 2 l., 7e s. [Krusch, MGH. MER. 4, 1902].

JORD. = JORDANES, Got de naissance, historien, 6e s. [Mommsen, MGH. AA 5, 1, 1882] :
Get. De origine actibusque Getarum [Giunta / Grillone, 1991].
Rom. De summa temporum vel de origine actibusque gentis Romanorum.

JULIAN.-AECL. = JULIANUS AECLANENSIS (Julien d'Eclane), adversaire pélagien de s. Augustin, 5e s. [De Coninck, CC 88, 88 A, 1977]; v. PS. RUFIN.

JULIAN. *Dig.* = SALVIUS JULIANUS, jurisconsulte, sous Hadrien et Antonin le Pieux; frg. d. le DIGESTE.

JULIAN. *Epit.* = JULIANUS, *Epitome* des *Novelles* de Justinien, 6e s. [Haenel, 1873].

JULIAN.-TOL. = JULIANUS TOLETANUS (s. Julien de Tolède), 7e s. [Keil, *Gram.* 5; Maestre Yenes, 1973; Hillgarth, CC 115, 1976].

JUL.-EX. = JULIUS EXUPERANTIUS, historien, env. 400 ap. J.-C. [Zorzetti, BT 1982].

JUL.-PAR. = JULIUS PARIS, abréviateur de Valère Maxime, 5e s. [avec VAL.-MAX., Kempf^2].

JUL.-RUF. = JULIUS RUFINIANUS, *De figuris*, continuateur d'Aquila Romanus, rhéteur, 4e s. [Halm, *Rhet.*].

PS. JUL.-RUF. = attribution abandonnée [Halm, *Rhet.*] :
Dian. De schematis dianoias.
Lex. De schematis lexeos.

JUL.-SEV. = JULIUS SEVERIANUS, rhéteur, 5e s. [Halm, *Rhet.*; Castelli Montanari, 1995].

JUL.-VAL. = JULIUS VALERIUS POLEMIUS (Jules Valère), historien africain : *Res gestae Alexandri Magni*, 4e s. [**Kübler**, BT 1888; Rosellini, BT 1993].

JUL.-VICT. = C. JULIUS VICTOR, rhéteur, 4e s. ? [Halm, *Rhet.*; Giomini / Celentano, BT 1980].

JUST. = M. JUNIANUS JUSTINUS (Justin), historien, abréviateur de Trogue-Pompée, 2e-3e s. : *Historiae Philippicae* [Seel^2, BT 1972].

JUST. JUSTINIEN, v. COD., INST., NOVEL.

JUST. URG. = JUSTUS URGELLITANUS (Justus d'Urgel), évêque, 6e s. [Migne, 67].

JUV. = D. JUNIUS JUVENALIS (Juvénal), env. 60-127 ap. J.-C., auteur de 16 Satires [de Labriolle / Villeneuve, CUF 1921].

JUVC. = C. VETTIUS AQUILINUS JUVENCUS, prêtre espagnol : *De historia evangelica*, poème dédié à Constantin, 4e s. [Migne, 19; Huemer, CV 24, 1891].

JUVENT. = JUVENTIUS, poète comique, 2e s. av. J.-C. ? [Ribbeck^2, *Com.*]

LAB. = M. ANTISTIUS LABEO, jurisconsulte du temps d'Auguste; frg. d. le DIGESTE.

LABER. = D. LABERIUS, chevalier romain, mimographe, début du 1er s. av. J.-C. :
Com. [Ribbeck^2].

LACT. = CAECILIUS FIRMIANUS LACTANTIUS (Lactance), apologiste du christianisme, début du 4e s. [Migne, 6-7; Brandt / Laubmann, CV 19, 27, 1890-1897] :
Epit. Epitome divinarum institutionum [M. Perrin, SC 335, 1987].
Inst. Divinarum institutionum libri VII [Monat, SC 204, 205, 326, 337, 1973-].
Ir. De ira Dei [Ingremeau, SC 289, 1982].
Mort. De mortibus persecutorum [J. Moreau, SC 39, 1954].
Opif. De opificio Dei [M. Perrin, SC 213-214, 1974].
Phoen. Carmen de ave Phoenice [PLM 2].

LACT. PLAC. = LACTANTIUS PLACIDUS, v. PLACID.

LAEV. = LAEVIUS, poète contemporain de Cicéron, frg. d. GELL. [Morel].

LAMPR. = AELIUS LAMPRIDIUS (Lampride), un des auteurs de l'*Histoire Auguste*, 4e s. [v. HA] :
Alex. Alexander Severus.
Comm. Commodus Antoninus.
Diad. Diadumenus Antoninus [R. Turcan, HA 3, 1, CUF 1993].
Hel. Antoninus Heliogabalus [R. Turcan, *ibid.*].

LAUD. TUR. = *Laudatio "Turiae"* (Eloge dit de Turia), 1er s. av. J.-C. [Durry, CUF 1950].

LAURENT. = LAURENTIUS, évêque de Novae (Mésie), 5e s. [Migne, 66] :
Hom. Homiliae.

LAUS. PIS = *Laus Pisonis*, sous Néron [avec CALP.; Duff, MLP].

L. BURG. = *Leges Burgundionum* (Lois des Burgondes), 5e-6e s. [von Salis, MGH. LEG. 2, 1, 1892].

L. XII TAB. = *Leges duodecim Tabularum*, 450 av. J.-C. [Warmington, ROL 3; FIRA 1; Girard, *Textes*].

LEAND. = LEANDER (Léandre), frère aîné d'Isidore de Séville, 6e s.; Règle, homélie [Migne, 72].

LEO-M. = LEO MAGNUS (Léon le Grand), pape, 440-461 [Migne, 54] :
Ep. Epistulae.
Serm. Sermones [Chavasse, CC 138, 138 A, 1973; Leclercq / Dolle, SC 22, 49, 74, 200, 1949-1973].

LEP. = M. AEMILIUS LEPIDUS, le triumvir, correspondant de Cicéron, *Fam.* 10, 34-35.

LIB. COL. = *Liber coloniarum* 1 et 2 [Lachmann, *Grom.*].

LIBER. = LIBERIUS (Libère), pape, 352-366 [Migne, 8].

LIBERAT. = LIBERATUS, *Breviarium*, env. 560 [CONCIL. S. 2, 5].

LIB. GENEAL. = *Liber genealogus*, 5e s. [Mommsen, MGH. AA 9, 1892].

LIB. HIST. FR. = *Liber historiae Francorum*, 8e s. [avec "Frédégaire", Krusch, MGH. MER. 2, 1888].

LIB. PONTIF. = *Liber pontificalis*, 6e s. [L. Duchesne 1-2, 1886-1892].

LIB. PRAEN. = *Liber praenominum*, 4e s. [avec VAL.-MAX., Kempf^2].

LICENT. = LICENTIUS, *Carmen ad Augustinum*, 4e s. [Goldbacher, CV 34, 1, 1895].

LICIN. = GRANIUS LICINIANUS, historien, sous Hadrien, frg. [Criniti, BT 1981].

LIV. = T. LIVIUS (Tite-Live), de Padoue, env. 59 av. J.-C. - 17 ap. J.-C., historien : *Ab Urbe condita libri CXLII*, restent 1-10 et 21-45 [Weissenborn, 1853-1866, révisions par H.J. Müller; Conway, Walters, Johnson, Mc Donald, Ogilvie 1-10, 21-35, OCT 1920-1974; Briscoe 31-45, BT, 1986-1991; Bayet, Bloch, Guittard, Hus, Jal, etc., CUF 1940-] :
Per. Periochae, abrégés [Jal, CUF 1984].

L. REG. = *Leges regiae* (Lois royales), 6e s. av. J.-C. ? [Girard, *Textes*].

L. SAL. = *Lex Salica* (Loi salique), 6e s. [Eckard, MGH. LEG. 4, 1-2, 1962].

LUC. = M. ANNAEUS LUCANUS (Lucain), né à Cordoue en 38 ap. J.-C., contraint au suicide par Néron en 65 : *Bellum civile (Pharsalia)*, 10 l. [Hosius^3, BT 1913; Housman, 1926; Sh. Bailey, BT 1988].

LUCC. = M. LUCCEIUS, correspondant de Cicéron, d. *Fam.* 5, 14.

LUCIF. = LUCIFER CALARITANUS, évêque de Cagliari, mort en 370 [Migne, 13; Hartel, CV 14, 1866; Diercks, CC 8, 1978] :
Athan. De Athanasio.
Ep. Epistulae.
Moriend. Moriendum esse pro Dei filio.
Non conv. De non conveniendo cum haereticis.
Non parc. De non parcendo in Deum delinquentibus.
Reg. apost. De regibus apostaticis.

LUCIL. = C. LUCILIUS, chevalier romain, mort en 103 av. J.-C. : *Saturarum frg.* [F. **Marx**, 1904-1905; Charpin 1-3, CUF 1978-1991].

LUCIL. JUN. = LUCILIUS JUNIOR, le correspondant de Sénèque, frg. poétiques [Morel].

LUCR. = T. LUCRETIUS CARUS (Lucrèce), mort en 55 av. J.-C. : *De rerum naturae*, 6 l. [Ernout, CUF 1920].

AUTEURS ET OUVRAGES

Lucul. = Luculentius, nom présumé donné à l'auteur de commentaires néo-testamentaires tardifs [Migne, 72].

Lut. = Q. Lutatius Catulus, poète, mort en 87 av. J.-C. [Morel].

Lux. = Luxurius, poète carthaginois, début du 6e s. [Riese, *Anth.* 1, 1, p. 247-288; Happ, 1986].

L. Visig. = *Leges Visigothorum* [Zeumer, MGH. Leg.1, 1902].

Lydia = *Lydia*, poème de l'*Appendix Vergiliana*, 1er s. ap. J.-C. [avec les Dirae, 104 v.]; v. Val. Cat.

Lygd. = Lygdamus, 1er s. ap. J.-C., poète du *Corpus Tibullianum*, 3, 1-6 [avec Tib., l. 3].

Mac. = Aemilius Macer, poète, ami de Virgile [Morel].

Macer = Aemilius Macer, juriconsulte, 3e s. [Digeste].

Macr. = Ambrosius Theodosius Macrobius (Macrobe), érudit, début du 5e s. : [*Sat.*; *Somn.* : Willis, BT 1963] :
  Exc. Excerpta grammatica [Keil, *Gram.* 5; Passalacqua, 1984; De Paolis, 1990].
  Sat. Saturnalia, 7 l.
  Somn. Somnium Scipionis, 2 l. [Armisen, CUF 2001-2003].

Maecen. = C. Cilnius Maecenas (Mécène), ami d'Horace, mort en 8 av. J.-C. [Morel].

Maecian. = L. Volusius Maecianus, juriconsulte, précepteur de Marc Aurèle; frg. d. le Digeste :
  Distrib. De assis distributione [Hultsch, *Metrol.*; Huschke 1].

Mall.-Th. = Mallius Theodorus, consul en 399: *De metris* [Keil, *Gram.* 6].

Mamert. = Claudianus Mamertus (Claudien Mamert), prêtre de Vienne en Gaule, mort en 474 [Migne, 53; Engelbrecht, CV 11, 1885] :
  Anim. De statu animae.
  Carm. Carmen contra vanos poetas.
  Ep. Epistulae.

Mamertin. = Claudius Mamertinus (Mamertin), orateur gaulois, 4e s. [v. Paneg.] :
  Gen. Maxim. Pan. genethliacus Maximiani (3).
  Julian. Pan. Juliani (11).
  Maxim. Pan. Maximiani (2).

Manil. = M. Manilius, poète et astrologue du siècle d'Auguste : *Astronomica*, 5 l. [Goold, Loeb 1977; BT 1985].

Marcel. = C. Claudius Marcellus, correspondant de Cicéron; lettre d. *Fam.* 4, 11.

Marcel. *Dig.* = Ulpius Marcellus, juriconsulte, 2e s. ap. J.-C.; frg. d. le Digeste.

Marcell. = Marcellinus, chroniqueur, 6e s. [Mommsen, *Chron.* 1].

Marcian. = Aelius Marcianus, juriconsulte à peu près contemporain d'Ulpien, début du 3e s. ap. J.-C.; frg. d. le Digeste.

Marculf. = Marculfi Formulae, env. 700 [Zeumer, MGH. Form. 1886; Uddholm, 1962].

Mart. = M. Valerius Martialis (Martial), espagnol, auteur d'épigrammes, 14 l., sous Titus et Domitien [Izaac, CUF 1930-1933] :
  Spect. Spectaculorum liber.

Mart. Brac. = Martinus Bracarensis (Martin de Braga), évêque, 6e s. :
  Correct. De correctione rusticorum [Migne, 72; Naldini, 1991].
  Humil. Exhortatio humilitatis [Migne, 72].
  Jact. Pro repellenda jactantia [Migne, 72].

Martyr. = Adamantius Martyrius, grammairien : *De b muta et v vocali*, 6e s. [Keil, 7].

Mar. Vict. = Marius Victorinus (Marius Victorin), rhéteur converti, 4e s. [Migne, 8; Henry / Hadot, CV 83, 1, 1971; Gori, CV 83, 2, 1986; Henry / Hadot, SC 68, 1960] :
  Ar. Adversus Arium.
  Def. De definitionibus [Hadot, 1971].
  Eph. In epistulam ad Ephesios.
  Gal. In epistulam ad Galatas.
  Gen. De generatione divini Verbi.
  Gram. Scripta varia grammatica [Keil, *Gram.* 6; I. Mariotti, 1967].
  Philipp. In epistulam ad Philippenses.
  Rhet. In rhetoricam Ciceronis [Halm, *Rhet.*].

Ps. Mar. Vict. = Pseudo-Marius Victorinus :
  Just. Ad Justinum [Migne, 8].
  Phys. De physicis, 4e s. ? [Migne, 8].

Verb. Script. De verbis Scripturae [Woehrer, 1927].

Mas. = Masurius Sabinus, juriconsulte, sous Tibère; frg. d. le Digeste.

Masad. = *Masada II*, papyrus, graffites, ostraka, 1er s. ap. J.-C. [Cotton / Geiger, 1989].

Mat. = C. Matius, correspondant de Cicéron; lettres d. *Fam.*, 11, 28 et *Att.* 9, 15 A.

M. Aur., v. Aur.

Max. = Maximus Taurinensis (s. Maxime de Turin), évêque, fin du 5e s. : *sermones* [Migne, 57; Mutzenbecher, CC 23, 1962].

Ps. Max. = Pseudo-Maximus Taurinensis [Migne, 57; Gryson, CC 87, 1982] :
  Bapt. De baptismo tractatus.
  Exp. Expositiones de capitulis evangeliorum.
  Hom. Homiliae.
  Jud. Contra Judaeos.
  Pag. Contra paganos.

Maxim. = Maximianus Etruscus, poète tardif, 6e s. ? [PLM 5].

Maximin. = Maximinus, évêque des Goths, 5e s.: *Dissertatio contra Ambrosium* [Migne suppl. 1; Gryson, CC 87, 1982; SC 267, 1980].

Max.-Vict. = Maximus Victorinus, grammairien, avant Bède [Keil, *Gram.* 6].

Mel. = Pomponius Mela, géographe, de Tingentera en Espagne, sous Claude : *De chorographia* [Silberman, CUF 1988].

Memm. = C. Memmius Gemellus, propréteur en Bithynie en 57 av. J.-C., poète et orateur [Morel; Malcovati, *Orat.*].

M.-Emp. = Marcellus Empiricus, médecin de Bordeaux, 4e s. : *De medicamentis* [Niedermann^2 / Liechtenhan, 1968].

Men. = Arrius Menander, juriconsulte, fin du 2e s. ap. J.-C.; frg. d. le Digeste.

Mer. = Flavius Merobaudes (Mérobaude), général espagnol, poète, 5e s. [Vollmer, MGH. AA 14, 1905] :
  Carm. Carmina.
  Christ. Carmen de Christo.
  Pan. Panegyricus poeticus.

Mercat. = Marius Mercator, moine, 5e s. [Migne, 48; Concil. S. 1, 5] :
  Comm. Commonitorium.
  Comp. Comparatio.
  Contrad. Contradictiones contra blasphemias Nestorii.
  Cyr. ep. Cyrilli Alexandrini epistula.
  Cyr. inc. Cyrilli Alexandrini de incarnatione.
  Cyr. resp. Cyrilli responsio.
  Nest. c. Pel. Nestorii tractatus adversus Pelagium.
  Nest. ep. Nestorii epistula.
  Nest. serm. Nestorii sermones.
  Subn. Liber subnotationum.
  Theod. exp. Expositio pravae fidei Theodori.
  Theod. ref. Refutatio Theodori.

Metrol. = *Metrologici scriptores* [Hultsch, 1864].

Minuc. = Minucius Felix, avocat de Rome, apologiste, fin du 2e s. ap. J.-C. [Beaujeu^2, CUF 1974].

Mir. Steph. = *Miracula Stephani*, 5e s. [Migne, 41].

Misc. Tir. = *Miscellanea Tironiana*, très tardif [W. Schmitz, 1896].

Modest. = Herennius Modestinus, juriconsulte, élève d'Ulpien, conseiller de l'empereur Alexandre Sévère, 3e s.; frg. d. le Digeste.

Mon. Anc. = *Monumentum Ancyranum* (Monument d'Ancyre), découvert à Ancyre (Ankara), et contenant une inscription rédigée en latin et en grec sur les faits du règne d'Auguste, *Res gestae*, texte complété par la version d'Antioche [Gagé^2, 1950; J. Scheid, CUF 2001]. v. August.

Mont. = Montanus, évêque de Tolède, 6e s. [Migne, 65].

Moret. = *Moretum* (l'aïoli), poème de l'*Appendix Vergiliana*, 1er s. apr. J.-C. [Ellis, OCT 1907].

Ps. Mus. = Pseudo-Antonius Musa (médecin d'Auguste), fausses attributions tardives [Howald / Sigerist, 1927] :
  Herb. Herba betonica.
  Med. Compositiones medicae.
  Val. De tuenda valetudine ad Maecenatem [avec M.-Emp.].

Mut. = Mutianus, traduit de s. Jean Chrysostome, 6e s. [Migne gr. 63].

Myth. = *Mythographi Vaticani* 1-2, très tardifs, 9e s. ? [Bode, 1834; Kulesár, CC 91 C, 1987; Zorzetti, 1, CUF 1995].

NAEV. = CN. NAEVIUS, poète, deuxième moitié du 3ᵉ s. av. J.-C., fut soldat dans la première guerre punique ; frg. [Warmington, ROL 2] :
   Carm. Carmina [dont le *Bellum Punicum* , Morel ; Strzelecki, BT 1961]
   Com. Comoediae [Ribbeck², 2].
   Tr. Tragoediae [Ribbeck², 1].

NAZ. = NAZARIUS, professeur de Bordeaux, auteur d'un panégyrique de Constantin en 321 [= PANEG. 10].

NEMES. = M. AURELIUS OLYMPIUS NEMESIANUS (Némésien), poète africain, fin du 3ᵉ s. [P. Volpilhac, CUF 1975] :
   Auc. De aucupio frg.
   Cyn. Cynegetica.
   Ecl. Eclogae.

NEP. = CORNELIUS NEPOS, ami de Cicéron, biographe [Guillemin, CUF 1923] :
   Praef. Praefatio.
   Ages. Agesilaus.
   Alc. Alcibiades.
   Arist. Aristides.
   Att. Atticus.
   Cat. Cato.
   Chabr. Chabrias.
   Cim. Cimon.
   Con. Conon.
   Dat. Datames.
   Dion Dion.
   Epam. Epaminondas.
   Eum. Eumenes.
   Ham. Hamilcar.
   Hann. Hannibal.
   Iph. Iphicrates.
   Lys. Lysander.
   Milt. Miltiades.
   Paus. Pausanias.
   Pel. Pelopidas.
   Phoc. Phocion.
   Reg. De regibus.
   Them. Themistocles.
   Thras. Thrasybulus.
   Timol. Timoleon.
   Timoth. Timotheus.

NEPOT. = JANUARIUS NEPOTIANUS, abréviateur de Valère Maxime, 5ᵉ s. [avec VAL.-MAX., Kempf²].

NERAT. = PRISCUS NERATIUS, jurisconsulte, sous Trajan et Hadrien ; frg. d. le DIGESTE.

NICET. = NICETA(S), évêque de Remesiana (Dacie), début du 5ᵉ s. [Migne, 52].

NIGID. = P. NIGIDIUS FIGULUS, préteur en 58 av. J.-C., frg. d. PRISC. *Gram.* 2, 386 [Swoboda, 1889 ; Funaioli, GRF 1].

NON. = NONIUS MARCELLUS, grammairien, africain, 4ᵉ s. : *De compendiosa doctrina*, 20 l. [Mercier², 1614 ; Lindsay 1-3, BT 1903].

NOT. DIGN. = *Notitia dignitatum* (*Or., Oc.* = Orient, Occident), liste des grades des fonctionnaires de l'Empire, env. 430 [Seeck, 1876].

NOT. EPISC. = *Notitia episcoporum*, env. 484 [avec VICT.-VIT.].

NOT. GALL. = *Notitia Galliarum*, env. 400 [Mommsen, MGH. AA 9, 1892 ; avec NOT. DIGN.].

NOT. REG. = *Notitia de regionibus Urbis*, 4ᵉ s. [Nordh, 1949].

NOT. TIR. = *Notae Tironianae* ; notes sténographiques tardives, tirant leur nom de Tiron, affranchi de Cicéron, expert en cette matière [W. Schmitz, 1894].

NOV. = Q. NOVIUS, poète comique de l'époque de Sylla :
   Com. [Ribbeck², 2].

NOVAT. = NOVATIANUS (Novatien), prêtre romain du temps de s. Cyprien [Migne, 3 ; Diercks, CC 4, 1972] :
   Cib. Jud. De cibis Judaicis.
   Trin. De Trinitate.

NOVEL. JUST. = *Justiniani Novellarum versio Latina* (Novelles = lois récentes), 535-565 [Schoell / Kroll⁴, 1912].

NOVEL. MAJOR. = *Novellae Majoriani* [avec NOVEL.-THEOD.].

NOVEL. THEOD. = *Theodosii Novellae* (lois postérieures à Théodose II) [Mommsen / Meyer, 1905].

NOVEL. VAL. = *Valentiniani Novellae* [avec NOVEL.-THEOD.].

NUX = *Nux* (le noyer), poème élégiaque postérieur à Ovide [PLM 1 ; avec OV. *Hal.*, Lenz²].

OBSEQ. = JULIUS OBSEQUENS : *Prodigiorum liber*, collection de prodiges, 4ᵉ s. [Schlesinger, 1959 ; avec LIV., Weissenborn 10].

OCTAVIA = *Octavia*, tragédie prétexte anonyme du 1ᵉʳ s. ap. J.-C. [avec SEN. *Trag.* 2, Liberman, 1998 ; PS. SEN. *Trag.* 3, Chaumartin, 1999].

OP. IMP. MATTH. = *Opus imperfectum in Matthaeum*, 5ᵉ s. [Migne gr. 56].

OPTAT. = OPTATUS MILEVITANUS (Optat), évêque de Milew, en Numidie, fin du 4ᵉ s. [Migne, 11 ; Ziwsa, CV 26, 1893 ; M. Labrousse, 1-2, SC 412-413, 1996].

OPT.-PORF. = PUBLILIUS OPTIANUS PORFYRIUS, auteur de poèmes figurés, 4ᵉ s. [PLM 4, 269 ; ANTH. 81 ; Polara, 1973].

ORD. ROM. = *Ordines Romani*, 7ᵉ s. [Migne, 78].

ORIB. = ORIBASIUS, traduction latine d'Oribase, 6ᵉ s. [Molinier, d. ORIB. 5-6, 1873-1876].
   Eup. Euporista (remedia).
   Syn. Synopsis.

ORIENT. = ORIENTIUS (s. Orens d'Auch), poète, *Commonitorium* (et quelques *carmina*), 5ᵉ s. [Migne, 61 ; Ellis, CV 16, 1887 ; Bellanger, 1903 ; Rapisarda, 1958], non noté :
   Carm. app. [Rapisarda].

ORIG. = traduction anonyme des ouvrages d'Origène, en particulier *Matth.* [Migne gr. 13].

PS. ORIG. *Job* = fausse attrribution à Origène [Migne gr. 17].

OROS. = PAULUS OROSIUS (Orose), prêtre espagnol, historien, début du 5ᵉ s. [Migne, 31 ; Zangemeister, CV 5, 1882] :
   Apol. Liber apologeticus adversus Pelagianos.
   Comm. Commonitorium [Daur, CC 49, 1985].
   Hist. Historiarum adversus paganos libri VII [Arnaud-Lindet 1-3, CUF 1990-1991].

OV. = P. OVIDIUS NASO (Ovide), 43 av. J.-C. - 18 ap. J.-C. [CUF, 1924-1993] :
   A. A. Ars amatoria, 3 l. [Bornecque, 1924].
   Am. Amores, 3 l. [Bornecque, 1930].
   F. Fasti, 6 l. [Le Bonniec, Catane /Bologne, 1969-1970 ; Schilling, 1-2, 1992-1993].
   H. Heroides (Epistulae) [Bornecque, 1928].
   Hal. Halieutica [Lenz², Paravia, 1956 ; de Saint-Denis, 1975].
   Ib. In Ibin (Ibis) [J. André, 1963].
   M. Metamorphoses, 15 l. [Lafaye, 1-3, 1925-1930].
   Med. De medicamine faciei femineae [avec *Remedia*].
   Pont. Epistulae ex Ponto (Pontiques) [J. André, 1977].
   Rem. Remedia amoris [Bornecque, 1930].
   Tr. Tristia (Tristes) [J. André, 1968].

PACAT. = LATINIUS DREPANIUS PACATUS, professeur de Bordeaux, ami d'Ausone, 4ᵉ s. [v. PANEG. 12].

PACIAN. = PACIANUS (Pacien), évêque de Barcelone, fin du 4ᵉ s. [Migne, 13 ; Granado, SC 410, 1995] :
   Bapt. De baptismo.
   Ep. Epistulae contra Novatianos.
   Paraen. Paraenesis ad paenitentiam.

PS. PACIAN. :
   Sim. De similitudine carnis [Migne suppl. 1].

PACUV. = M. PACUVIUS, poète tragique, 2ᵉ s. av. J.-C. :
   Tr. [Ribbeck², 1 ; Warmington, ROL 2].

PAENIT. = *Paenitentialia* (pénitentiels), Irlande, 5ᵉ-7ᵉ s. [Bieler, 1963].

PALAEM. = Q. REMMIUS PALAEMON, grammairien, sous Tibère et Claude, frg. d. CHAR. [Mazzarino, GRF 2].

PS. PALAEM. = Pseudo-PALAEMON, grammairien tardif [Keil, *Gram.* 5].

PALL. = RUTILIUS TAURUS AEMILIANUS PALLADIUS, agronome,14 l., 4ᵉ s. ap. J.-C. [Rodgers, BT 1975 ; R. Martin, CUF 1976-] :
   Insit. De insitione (= l. 15).

PALLAD. *Ambr.* = PALLADIUS, évêque de Ratiaria (Dacie) : *Contra Ambrosium*, 4e s. [Gryson, CC 87, 1982 ; SC 267, 1980, 264-324].

PALLAD. *Mon.* = PALLADIUS, évêque d'Hélénopolis (Bithynie), *Historiae monachorum*, traduction, 5ᵉ s. [Migne, 74].

PANEG. = *Panegyrici* 2-12, 4ᵉ s., v. EUM., MAMERTIN., NAZ., PACAT. [Mynors, OCT 1992 ; Galletier 1-3, CUF 1949-1955] :
   Constant. Pan. Constantio dictus (4).
   Constantin. Pan. Constantino dictus (7 et 9).
   Grat. Constantin. Gratiarum actio Constantino (8).
   Maxim. Pan. Maximiano et Constantino dictus (6).

PANEG.-MESSAL. = *Panegyricus in Messalam* [av. TIB. = 3, 7 = 4, 1].

PAPIN. = L. AEMILIUS PAULUS PAPINIANUS (Papinien), jurisconsulte, condamné à mort par Caracalla en 212; frg. d. le DIGESTE.

PAPIR. = PAPIRIUS JUSTUS, jurisconsulte, 2e s.; frg. d. le DIGESTE.

PAP. RAV. = *Papyri Ravennates*, 5e-7e s. [Tjäder 1-2, 1955-1982].

PASS. CYPR. = *Passio (Acta) Cypriani*, 3e s. [Gebhardt, *Acta*, 1902; Bastiaensen, *Atti*, LV 1987].

PASS. FIRM. = *Passio Firmi et Rustici* [Ruinart, *Act.*].

PASS. MAXIM. = *Passio (Acta) Maximi*, 3[e] s. ? [Gebhardt, *Acta*, 1902].

PASS. MAXIMIL. = *Passio (Acta) Maximiliani*, 3[e] s. [Bastiaensen, *Atti*, LV 1987].

PASS. PERP. = *Passio Perpetuae et Felicitatis*, 3[e] s. [Gebhardt, *Acta*, 1902; Bastiaensen, *Atti*, LV 1987; Amat, SC 417, 1996].

PASS. PETR. PAUL. = *Passio Petri et Pauli*, 6[e] s. [Lipsius, *Acta apocr.* 1, 1891].

PASS. SCIL. = *Passio Scilitanorum martyrum*, 2[e] s. (martyrs de Scili, Afrique) [Gebhardt, *Acta*, 1902; Bastiaensen, *Atti*, LV 1987].

PATR. = PATRICIUS (s. Patrick), 5[e] s. [Hanson, SC 249, 1978]:
  Conf. Confessio.
  Ep. Epistula ad Coroticum.

PAUL. = JULIUS PAULUS (Paul), jurisconsulte, 3e s.; frg. d. le DIGESTE:
  Sent. Sententiae [recueil du 4e s.; Girard, *Textes*; FIRA 2].

PAUL. *Epigr.* = PAULINUS: *Epigramma*, 5e s. [Schenkl, CV 16, 1, 1888].

PAUL.-DIAC. = PAULUS DIACONUS (Paul-Diacre), abréviateur de FEST., 8e s.:
  Vit. Greg. Vita Gregorii [Migne, 95].

PAUL.-MED. = PAULINUS MEDIOLANENSIS (Paulin de Milan), diacre de Milan, 5e s. [Migne, 20]:
  Cael. Adversus Caelestium.
  Vit. Ambr. Vita Ambrosii [Bastiaensen, *Vite*, VL. 1975].

PAUL.-NOL. = MEROPIUS PONTIUS ANICIUS PAULINUS NOLANUS (s. Paulin de Nole), évêque, élève d'Ausone, 353-431 [Migne, 61; Hartel, CV 29-30, 1894]:
  Carm. Carmina.
  Ep. Epistulae.
  Gen. Passio Genesii Arelatensis (s. Genès).

PAUL.-PELL. = PAULINUS PELLAEUS (Paulin de Pella), petit-fils d'Ausone, né en 376 [Brandes, CV 16, 1, 1888; Moussy, SC 209, 1974]:
  Euch. Eucharisticos (action de grâces), 459.
  Or. Oratio (prière).

PAUL.-PETR. = PAULINUS PETRICORDIAE (Paulin de Périgueux), 5e s., poète chrétien [Migne, 61; Petschenig, CV 16, 1, 1888]:
  Carm. Carmina.
  Mart. Vita Martini.

PEL. = PELAGIUS (Pélage), hérétique, adversaire de s. Augustin [Migne, 30; Migne suppl. 1].

PELAG. = PELAGONIUS, milieu du 4e s.: *Ars veterinaria* [Fischer, BT 1980].

PELAG. I = PELAGIUS Ier (Pélage Ier), pape [Migne, suppl. 4].

PELAG. II = PELAGIUS II (Pélage II), pape, mort en 590 [Migne, 72].

PERS. = A. PERSIUS FLACCUS (Perse), poète satirique, 34-62 ap. J.-C. [Clausen, OCT 1992; Cartault, CUF 1921].

PERV.-VEN. = *Pervigilium Veneris* (Veillée de Vénus), poème anonyme, 4e s. ? [PLM 4; ANTH. 1, 1; Schilling, CUF 1944].

PETR. = PETRONIUS ARBITER (Pétrone), après Néron: *Satyricon* (*Satyrica* = Satyriques) [Bücheler[7] / Heraeus, 1958; Ernout, CUF 1923].

PETR.-CHRYS., v. CHRYSOL.

PEUT. = *Tabula Peutingeriana* (Table de Peutinger), carte antique, 4e s. [Miller, 1888 (le premier chiffre est supérieur d'une unité); **Weber**, 1976].

P. FEST. = PAULUS ex FESTO, PAULUS DIACONUS (Paul Diacre), abréviateur de FESTUS, 8e s. [Lindsay, BT 1913]; v. FEST.

PHAED. = PHAEDRUS (PHAEDER ?), Phèdre, fabuliste, affranchi d'Auguste [Brenot, CUF 1924; Perry, Loeb 1965, avec BABRIUS], non noté:
  App. Appendix [Perry].

PHILAGR. = PHILAGRIUS, médecin du 6e s.; version latine d'Alexandre de Tralles [Puschmann, 1886].

PHILARG. = JUNIUS PHILARGYRIUS, commentateur de Virgile, probablement 5e s. [avec SERV. 3, 2, Hagen, 1902].

PHILIPP. = PHILIPPUS, élève de s. Jérôme [v. PS. HIER.*Job*].

PHILO = PHILO (Philon), traduction, 6e s. [Petit, 1973].

PHILOC. = FURIUS DIONYSIUS PHILOCALUS, chronographe, milieu du 4e s. [Migne, 13; Mommsen, CIL 1[2], 1, 1893; Degrassi, *Inscr. Ital.* 13, 2, 1963].

PHILOM. = *Philomela*, petit poème très tardif [ANTH. 1, 2, 762].

PHILUM. = PHILUMENUS, traduction, 6e s. [Puschmann, 1886].

PHOC. = PHOCAS (FOCAS), grammairien, 5e s. [Keil, *Gram.* 5; Casaceli, 1974].

PHYSIOGN. = *De physiognomonia liber*, 4e s. [J. André, CUF 1981].

PHYSIOL. = *Physiologus*, traduction, 4e-5e s. [Carmody 1939-1941].

PIZ. VISIG. = *Pizzaras Visigodas* (ardoises visigotiques) [Velasquez Soriano, 1989].

PL. = T. MACCIUS PLAUTUS (Plaute), 254-184 av. J.-C. [Ernout 1-7, CUF 1932-1940]:
  Amp. Amphitruo, 1.
  As. Asinaria, 1.
  Aul. Aulularia, 1.
  Bac. Bacchides, 2.
  Cap. Captivi, 2.
  Cas. Casina, 2.
  Cis. Cistellaria, 3.
  Curc. Curculio, 3 [Collart, 1962].
  Ep. Epidicus, 3.
  Frg. Fragmenta, 7.
  Men. Menaechmi, 4.
  Merc. Mercator, 4.
  Mil. Miles gloriosus, 4.
  Most. Mostellaria, 5 [Collart, 1970].
  Pers. Persa, 5.
  Poen. Poenulus, 5.
  Ps. Pseudolus, 6.
  Ru. Rudens, 6.
  St. Stichus, 6.
  Trin. Trinummus, 7.
  Truc. Truculentus, 7.
  Vid. Vidularia (frg.), 7.

PLACID. = LACTANTIUS PLACIDUS, scholies de Stace [Jahnke, 1898; Sweeney, BT 1997].

PS. PLACID. *Fab. Ov.* = Pseudo-LACTANTIUS PLACIDUS *Fabulae Ovidianae* [Magnus, avec OV. M., 1914].

PLACIT. = SEX. PLACITUS PAPYRIENSIS: *Liber medicinae*, 5e s. ? [Howald / Sigerist, 1927].

PLANC. = L. MUNATIUS PLANCUS, légat de César, fondateur de Lyon, corresp. de Cicéron: CIC *Fam.* 10, 4-24; 11, 13a = *Corresp.* 10-11.

PLAUT. = PLAUTIUS, jurisconsulte, sous les Flaviens; frg. d. le DIGESTE.

PLIN. =

1 C. PLINIUS SECUNDUS (Pline l'Ancien, ou le Naturaliste), mort en 79 ap. J.-C.: *Naturalis historia* [Jan / Mayhoff 1-6, BT 1892-1909; J. André, Beaujeu, R. Bloch, Croisille, de Saint-Denis, Ernout, Le Bonniec, Rouveret, Schilling, Serbat, Zehnacker, etc., CUF 1950-; manquent l. 4; 5, 2; 6, 1]; non notée.
  Dub. serm. De dubio sermone, œuvre grammaticale, frg. [Mazzarino, GRF 2; Della Casa, 1969].

2 C. PLINIUS CAECILIUS SECUNDUS (Pline le Jeune), neveu et fils adoptif de Pline l'Ancien, consul en 100 ap. J.-C. [Guillemin 1-3, Durry 4, CUF 1927-1948]:
  Ep. Epistulae, l. 1-9 [Guillemin], l. 10, à Trajan [Durry].
  Pan. Panegyricus Trajano dictus [Durry].

PLIN. *Med.* = PLINIUS SECUNDUS JUNIOR (nom conventionnel): *De medicina libri III*, 5e s. ? [Rose 1875; Önnerfors, 1964].

PLIN. VAL. = PLINIUS VALERIANUS (Pline-Valérien), titre inadapté donné à des remaniements tardifs de PLIN. *Med.* appelés *Physica Plinii* [Önnerfors, 1975].

POET. = poète anonyme.

POLL. = C. ASINIUS POLLIO, consul en 40 av. J.-C.; frg. de poésie [Morel], de discours [Malcovati, *Orat.*], lettres à Cicéron d. *Fam.* 10, 31-33; frg. historiques [Peter, 2].

POL.-SILV. = POLEMIUS SILVIUS, catalogues, 448 ap. J.-C. [Mommsen, MGH. AA 9, 1892].

POMER. = JULIANUS POMERIUS (Julien Pomère), prêtre d'Arles, fin du 5e s.: *De vita contemplativa* [Migne, 59].

POMP. = CN. POMPEIUS MAGNUS (Pompée le Grand); lettres à Cicéron, *Att.* 8, 6, 2; 11 A, C; 12 A-D.

POMP. *Dig.* = SEX. POMPONIUS, jurisconsulte, 2ᵉ s. ap. J.-C.; frg. d. le DIGESTE.

POMP.-GR. = POMPEIUS (Pompée), grammairien, 5ᵉ s. [Keil, *Gram.* 5].

POMPIL. = POMPILIUS, poète antérieur à Varron [Morel; Ribbeck², 1].

POMPON. = L. POMPONIUS, de Bologne, env. 89 av. J.-C., poète comique d'atellanes :
  Com. [Ribbeck², 2; Frassinetti, 1967].

POMP. TROG. = POMPEIUS TROGUS (Trogue-Pompée), sous Auguste, historien abrégé par Justin, frg. [Seel, BT 1956].

PONT. = PONTIUS, diacre de Carthage, env. 258 : *Vita Cypriani* [Bastiaensen, *Vite*, LV 1975].

PORC.-LATR. = M. PORCIUS LATRO, rhéteur du siècle d'Auguste [d. SEN. *Contr.*].

PORPH. = POMPONIUS PORPHYRIO (Porphyrion), scholiaste d'Horace, probablement 3ᵉ s. [Holder, 1894].

POSSID. = POSSIDIUS, évêque de Calame, Numidie, 5ᵉ s. : *Vita Augustini* [Migne, 32; Bastiaensen, *Vite*, LV 1975].

POTAM. = POTAMIUS, évêque de Lisbonne, 4ᵉ s. [Migne, 8] :
  Ep. Epistulae.
  Tract. Tractatus.

PRAEDEST. = *Liber praedestinatus*, 5ᵉ s. [Migne, 53].

PREC. = *Precationes : herbarum, Terrae*, tardif [PLM 1; ANTH. 1, 1; Duff, MLP].

PRIAP. = *Priapea*, pièces de vers licencieuses en l'honneur de Priape ; 1ᵉʳ s. apr. J.-C. [PLM 1; Cazzaniga, Paravia 1959].

PRIMAS. = PRIMASIUS (s. Primase), évêque d'Hadrumète (Sousse), milieu du 6ᵉ s. : *In apocalypsin commentarius* [Migne, 68; Adams, CC 92, 1985].

PS. PRIMAS. = Pseudo-PRIMASIUS, commentaire des *Épîtres* de s. Paul [Migne, 68].

PRISC. = PRISCIANUS CAESARIENSIS (Priscien de Césarée), grammairien du 6ᵉ s., *Institutiones grammaticae*, 18 l. [Hertz d. Keil, *Gram.* 2-3], non notées :
  Anast. Carmen de laude Anastasii imperatoris [PLM 5; Chauvot, 1986].
  Fig. De figuris numerorum [Keil, *Gram.* 3].
  Metr. Ter. De metris Terentii [Keil, *Gram.* 3].
  Perieg. Periegesis, traduction en vers de Denys le Périégète [PLM 5; van de Woestijne, 1953].
  Rhet. Praeexercitamenta rhetorica, traduction d'Hermogène [Halm, *Rhet.*; **Keil**, *Gram.* 3].
  Vers. Aen. Partitiones XII versuum Aeneidos principalium [Keil, *Gram.* 3].

PS. PRISC. *Acc.* = Pseudo-PRISCIANUS : *De accentibus* [Keil, *Gram.* 3].

PRISCILL. = PRISCILLIANUS (Priscillien), hérésiarque exécuté en 386 [Schepss, CV 18, 1889].

PROB. = M. VALERIUS PROBUS, de Beyrouth, 1ᵉʳ s. ap. J.-C. ; sous ce nom sont rangés divers ouvrages :
  App. (v. APP.-PROB.).
  Cath. De catholicis Probi, 4ᵉ s. [Keil, *Gram.* 4].
  Inst. Instituta artium, 4ᵉ s. [Keil, *Gram.* 4].
  Litt. De litteris singularibus, 1ᵉʳ s. [Keil, *Gram.* 4].
  Not. Notae, 1ᵉʳ s. [Keil, *Gram.* 4].
  Pers. Vita Persii, 1ᵉʳ s. [avec PERS. et SUET. *Frg.*].
  Verg. In Vergilium commentarius, 1ᵉʳ s. ? [avec SERV. 3, 2, Hagen, 1902].

PS. PROB. = Pseudo-PROBUS :
  Ult. syll. De ultimis syllabis, 4ᵉ s. ? [Keil, *Gram.* 4].

PROC. *Dig.* = PROCULUS, jurisconsulte, sous Néron ; frg. d. le DIGESTE.

PROP. = SEX. PROPERTIUS (Properce), poète élégiaque du siècle d'Auguste, env. 50-15 av. J.-C., 4 l. [Fedeli, BT 1984; Goold, Loeb 1990].

PROSP. = PROSPER TIRO AQUITANUS (s. Prosper d'Aquitaine), 5ᵉ s. [Migne, 51] :
  Chron. Epitome chronicorum [Mommsen, MGH. AA 9, 1892].
  Coll. Contra collatorem.
  Ep. Epistulae [Goldbacher, CV 57, 1911].
  Epigr. Epigrammata.
  Epit. Epitaphium.
  Ingr. Carmen de ingratis [Huegelmeyer, 1962].
  Psalm. Expositio in Psalmos [Callens, CC 68 A, 1972].
  Resp. Responsiones.
  Sent. Sententiae ex operibus Augustini delibatae [Gasdaldo, CC 68 A, 1972].

PS. PROSP. = Pseudo-PROSPER, 5ᵉ s. :
  Poem. Poema conjugis ad uxorem [Migne, 51; 61; Hartel, CV 30, 1894].
  Prom. De promissionibus [Migne, 51].

Prov. Carmen de providentia [Migne, 51].

PRUD. = M. AURELIUS CLEMENS PRUDENTIUS (Prudence), poète chrétien, fin du 4ᵉ s. [Bergman, CV, 61, 1926; Cunningham, CC 126, 1966; Lavarenne 1-4, CUF 1944-1951] :
  Apoth. Apotheosis, 2.
  Cath. Cathemerinon liber, 1.
  Ditt. Dittochaeon, 4.
  Epil. Epilogus, 4.
  Ham. Hamartigenia, 2.
  Perist. Peristephanon liber, 4.
  Praef. Praefatio, 1
  Psych. Psychomachia, 3.
  Sym. Contra Symmachum, 3.

PSALT. ROM. = *Psalterium Romanum* [Migne, 29; *Psalm.* 151, Weber, avec VULG.].

PUBL.-SYR. = PUBLILIUS SYRUS, mimographe, 1ᵉʳ s. av. J.-C. [Ribbeck², 2].

Q. CIC., sous CIC.

Q. SCAEV. = Q. MUCIUS SCAEVOLA, consul en 95 av. J.-C., pontife, jurisconsulte; frg. d. GELL. et d. le DIGESTE.

QUADR. = Q. CLAUDIUS QUADRIGARIUS, historien, début du 1ᵉʳ s. av. J.-C. [Peter², 1].

QUER. = *Querolus* (le grincheux), comédie anonyme du début du 5ᵉ s. [Jacquemard-Le Saos, CUF 1994].

QUINT. = M. FABIUS QUINTILIANUS (Quintilien), rhéteur, 1ᵉʳ s. ap. J.-C. : *De institutione oratoria*, 12 l. [Winterbottom, OCT 1970; Cousin 1-7, CUF 1975-1980].

PS. QUINT. = Pseudo-QUINTILIANUS :
  Decl. Declamationes majores (1-19) et minores (244-388) [Håkanson, BT 1982 / Winterbottom, 1984; Sh. Bailey, BT 1989].

QUODV. = QUODVULTDEUS, évêque de Carthage, mort en 453 [Braun, CC 60, 1976; SC 101,102, 1964].

RABIR. = C. RABIRIUS, poète de l'âge d'Auguste [Morel].

RAV. = *Ravennatis anonymi cosmographia*, traduction, 7ᵉ s. [Pinder / Parthey, 1860; Schnetz, *Itin.* 2, 1940].

REG. MAG. = *Regula magistri*, 6ᵉ s. [de Vogüé, SC 105-107, 1964].

REG. URB. = *De regionibus Urbis Romae* [Nordh, 1949].

REPOS. = REPOSIANUS, poète du 4ᵉ s. ? [ANTH. 1; Duff, MLP].

RES GESTAE DIVI AUGUSTI, v. MON. ANC.

RIB = *The Roman Inscriptions of Britain* [1, Oxford, 1965; 2, Gloucester, 1990].

ROMUL. = ROMULUS, recueil de fables, 4ᵉ s. ? [Thiele, 1910].

RUF. *Brev.* = SEXTUS RUFIUS FESTUS (Festus), historien : *Breviarium*, 4ᵉ s. ap. J.-C. [Arnaud-Lindet, CUF 1994].

RUFIN. = TURRANIUS (TYR-) RUFINUS (Rufin), prêtre d'Aquilée, env. 350-410, ami, puis ennemi de s. Jérôme, controverses et traductions, en particulier Origène [Migne, 21] :
  Adam. Libri Adamantii Origenis adversus haereticos, trad. [Caspari, *Anecd.*; Bakhuyzen, 1901].
  Apol. Apologia adversus Hieronymum [Migne, 21; Simonetti, CC 20, 1961].
  Apol. Orig. Apologeticus (...) pro Origene [Migne gr. 17].
  Basil. reg. S. Basilii regula [Migne, 103].
  Basil. hom. S. Basilii homiliae [Migne gr. 31; Simonetti, CC 20, 1961].
  Clem. ep. S. Clementis epistula ad Jacobum [Migne gr. 1; Rehm, 1965].
  Clem. rec. S. Clementis recognitiones [avec *Clem. ep.*].
  Greg. Naz. orat. Gregorii Nazianzeni orationes [Engelbrecht, CV 46, 1910].
  Hist. Eusebii historia ecclesiastica [Mommsen, 1903-1908].
  Mon. Historia monachorum in Aegypto [Migne, 21].
  Orig. Cant. Origenis commentarius in Canticum Canticorum [Migne gr. 13].
  Orig. Hept. Origenis in Heptateuchon (1 = *Gen.*, etc.) [Migne gr. 12; Baehrens, 1920-1921].
  Orig. princ. Origenis libri de principiis [Migne gr. 11; Koetschau, 1913; Crouzel / Simonetti, SC 252, 253, 268, 269, 312, 1978-1984].
  Orig. Psalm. Origenis homiliae in Psalmos [Migne gr. 12].
  Orig. Rom. Origenis commentarius in Pauli epistulam ad Romanos [Migne gr. 14].
  Patr. De benedictionibus patriarcharum [Migne, 21; Simonetti, CC 20, 1961; SC 140, 1968].
  Symb. Expositio symboli [Migne, 21; Simonetti, CC 20, 1961].

PS. RUFIN. = Pseudo-RUFINUS, attributions fausses :
  Amos Commentarius in Amos, de Julien d'Eclane ? [Migne, 21]

Fid. De fide [Migne, 21].
Joel . In Joel, de Julien d'Eclane ? [Migne, 21].
Os. In Osee, de Julien d'Eclane ? [Migne, 21].

RUFIN. GRAM. = RUFINUS, grammairien d'Antioche, 5ᵉ s. [Keil, *Gram.* 6].

RUFIN. RHET. v. JUL.-RUF.

RURIC. = RURICIUS (s. Rurice), évêque de Limoges, fin du 5ᵉ s. [avec SIDON., Lütjohann, MGH. AA 8, 1887; Engelbrecht, CV 21, 1891; Demeulenaere, CC 64, 1985].

RUST. = RUSTICUS, diacre de l'église romaine, 6ᵉ s. [Migne, 67]:
Aceph. Contra acephalos.
Synod. Synodicon [CONCIL. *S.* 1, 4].

RUTIL. = CLAUDIUS RUTILIUS NAMATIANUS, poète gaulois, début du 5ᵉ s. : *De reditu suo* [Vessereau / Préchac, CUF 1933; Fo, 1992].

RUTIL.-LUP. = P. RUTILIUS LUPUS, rhéteur sous Auguste et Tibère, *De figuris* [Halm, *Rhet.*].

SABINUS, v. MAS.

SACERD. = MARIUS PLOTIUS SACERDOS, grammairien qui vivait à Rome au 3ᵉ s. ap. J.-C. [Keil, *Gram.* 6].

SACRAM. GALL. = *Sacramentarium Gallicanum*, 7ᵉ s. [Migne, 72].

SACRAM. GELAS. = *Sacramentarium Gelasianum* (de Gélase Iᵉʳ !), 7ᵉ s. [Migne, 74; Mohlberg³, 1981].

SACRAM. GREG. = *Sacramentarium Gregorianum* (de Grégoire le Grand !), 8ᵉ s. [Migne, 78; Mohlberg, 1927].

SACRAM. LEON. = *Sacramentarium Leonianum* (de Léon le Grand !), 6ᵉ s. [Migne, 55].

SALL. = C. SALLUSTIUS CRISPUS (Salluste), historien, 86-34 av. J.-C. [Reynolds, OCT 1991; Ernout, CUF 1941]:
C. De coniuratione Catilinae [Hellegouarc'h, 1972].
Cott. Oratio Cottae.
H. Historiarum frg. [Maurenbrecher, 1893].
J. De bello Iugurthino.
Lep. Oratio Lepidi.
Macr. Oratio Macri.
Mithr. Epistula Mithridatis.
Phil. Oratio Philippi.
Pomp. Epistula Pompei.

PS. SALL. = Pseudo-SALLUSTIUS, 1ᵉʳ s. ap. J.-C. [Ernout, CUF 1962]:
Caes. Ad Caesarem senem.
Cic. Invectiva in Ciceronem.

SALON. = SALONIUS, évêque de Vienne, 5ᵉ s. [Migne, 53; attributions abandonnées]:
Eccl. In ecclesiasten expositio mystica.
Prov. In proverbia Salomonis.

SALV. = SALVIANUS (Salvien), né à Trèves, prêtre de Marseille, 5ᵉ s. [Halm, MGH. AA 1, 1877; Pauly, CV 8, 1883; Lagarrigue, SC 176, 220, 1971-1975]:
Eccl. Ad ecclesiam.
Ep. Epistulae.
Gub. De gubernatione Dei.

SAMM. = Q. SERENUS SAMMONICUS, médecin et poète, 4ᵉ s. ap. J.-C. : *Liber medicinalis* [PLM 3; Pépin, 1950].

SANTR. = SANTRA, 1ᵉʳ s. av. J.-C., poète tragique [Ribbeck², 1].

SATURN. = Q. CLAUDIUS SATURNINUS, jurisconsulte sous les Antonins; frg. d. le DIGESTE.

SCAEV. = Q. CERVIDIUS SCAEVOLA, jurisconsulte, sous Marc Aurèle; frg. d. le DIGESTE.

SCAUR. = Q. TERENTIUS SCAURUS, grammairien, époque d'Hadrien, 2ᵉ s. : *De orthographia* [Keil, *Gram.* 7].

SCHOL. BERN. = *Scholia Bernensia* (VIRG. *B.* , *G.*), 5ᵉ s. [Hagen, 1867].

SCHOL. BOB. = *Scholia Bobiensia* (CIC. *Disc.*), 4ᵉ s. [Hildebrandt, BT 1907; Stangl, 1912].

SCHOL. GRON. = *Scholia Gronoviana* (CIC. *Disc.*), tardif [Stangl, 1912].

SCHOL. HOR. = PS. ACR.

SCHOL. JUV. = *Scholia in Juvenalem* , 5ᵉ s. [Wessner, BT 1931].

SCHOL. LUC. = *Scholia in Lucanum* :
Adnot. Adnotationes super Lucanum, tardif [Endt, BT 1909].
Comment. Commenta Bernensia, tardif [Usener, 1869].

SCHOL. PERS. = *Scholia in Persium*, très tardif [Jahn, 1843].

SCHOL. STAT., v. PLACID.

SCHOL. TER. = *Scholia in Terentium*, 8ᵉ s. ? [Schlee, BT 1893].

SCHOL. VERON. = *Scholia Veronensia in Vergilium*, 5ᵉ s. [avec SERV. 3, 2 Hagen, 1912].

SCRIB. = SCRIBONIUS LARGUS, médecin, sous Tibère et Claude, 1ᵉʳ s. ap. J.-C. : *Compositiones* [Sconocchia, BT 1983].

SEDUL. = CAELIUS SEDULIUS, prêtre, poète, 5ᵉ s. [Migne, 19; Huemer, CV 10, 1885]:
Carm. Carmen paschale.
Ep. Epistulae ad Macedonium.
Hymn. Hymni.
Op. Opus paschale.

SEN. =
1 L. ANNAEUS SENECA (Sénèque le rhéteur), né à Cordoue en 55 av. J.-C., mort vers 40 ap. J.-C.; père de Sénèque [Bornecque², 1932; Hkanson, BT 1989]:
Contr. Controversiae.
Suas. Suasoriae.
2 L. ANNAEUS SENECA (Sénèque le philosophe), né à Cordoue vers 1 av. J.-C., contraint au suicide par Néron en 65 ap. J.-C., philosophe [*Dialogi*, Reynolds, OCT 1977; CUF 1921-1964] et poète tragique [9 tragédies, Zwierlein, OCT 1986; *Théâtre*, Herrmann 1-2, CUF 1925-1927; Chaumartin 1-3, CUF 1996-1999]:
Ag. Agamemno [*Th.* 2].
Apoc. Apocolocyntosis, satire [Waltz, CUF 1934].
Ben. De beneficiis, 7 l. [Préchac 1-2, CUF 1926-1928].
Brev. De brevitate vitae, 10 [*Dial.* 2, Bourgery, CUF 1923; Grimal, 1966].
Clem. De clementia, 2 l. [Préchac, CUF 1921].
Const. De constantia sapientis, 2 [*Dial.* 4, Waltz, CUF 1927].
Ep. Epistulae ad Lucilium 125 [Reynolds 1-2, OCT 1965; Préchac, CUF 1945-1964].
Frg. Fragmenta [Haase, 1872].
Helv. Consolatio ad Helviam, 12 [*Dial.* 3, Waltz, CUF 1923].
Herc. f. Hercules furens [*Th.* 1].
Herc. Oet. Hercules Oetaeus [*Th.* 1].
Ir. De ira, 3 l., 3-5 [*Dial.* 1, Bourgery, CUF 1922].
Marc. Consolatio ad Marciam, 6 [*Dial.* 3, Waltz, CUF 1923].
Med. Medea [*Th.* 1].
Nat. Naturales quaestiones, 7 l. [Oltramare, 1-2, CUF 1929].
Oed. Oedipus [*Th.* 2].
Ot. De otio, 8 [*Dial.* 4, Waltz, CUF 1927].
Phaed. Phaedra [*Th.* 1; Grimal, 1965].
Phoen. Phoenissae [*Th.* 1].
Polyb. Consolatio ad Polybium, 11 [*Dial.* 3, Waltz, CUF 1923].
Prov. De providentia, 1 [*Dial.* 4, Waltz, CUF 1927].
Rem. De remediis fortuitorum, frg. [Haase 3, BT 1878; Rossbach, 1888].
Thy. Thyestes [*Th.* 2].
Tranq. De tranquillitate animi, 9 [*Dial.* 4, Waltz, CUF 1927].
Tro. Troades [*Th.* 1].
Vit. De vita beata, 7 [*Dial.* 2, Bourgery, CUF 1923; Grimal, 1969].

PS. SEN. = Pseudo-SENECA:
Epigr. Epigrammata 72 [ANTH. 1, 1; Prato², 1964].
Ep. Paul. Epistulae ad Paulum apostolum [Barlow, 1938].
Mon. Monita [Wölfflin, 1878].
Oct. v. OCTAVIA.

SEPT.-SER. = SEPTIMIUS SERENUS FALISCUS, poète sous Hadrien [Morel].

SERG. = SERGIUS (?), grammairien, commentateur de Donat, 5ᵉ s. ? [Keil, *Gram.* 4].

SERM. AR. = *Ariani sermones*, env. 400 [Migne, 13; Gryson, CC 87, 1982].

SER. SAMM., v. SAMM.

SERV. = SERVIUS HONORATUS, grammairien et scholiaste, fin du 4ᵉ s. :
B., G., En. = commentaires de Virgile [Thilo 1-3, 1, 1878-1887].
Gram. = commentaire de Donat, traités de grammaire et de métrique [Keil, *Gram.* 4].
Vit. Verg. Vita Vergilii [Thilo 1; Hardie, avec APP.-VERG. (Ellis), OCT 1957].

PS. SERVIUS = additions aux commentaires de Virgile [= Deutero-Servius, Servius Danielis; avec SERV.].

SEV.-END. = SEVERUS SANCTUS ENDELECHUS, rhéteur à Bordeaux, début du 5ᵉ s. [Migne, 19; Riese, *Anth.* 1, 2, 893].

SIC.-FLAC. = SICULUS FLACCUS, arpenteur, sous Domitien [Lachmann, *Grom.*].

SIDON. = C. SOLLIUS APOLLINARIS SIDONIUS (Sidoine Apollinaire), évêque de Clermont en Auvergne, 5ᵉ s. [Lütjohann, MGH. AA 8, 1887; Loyen 1-3, CUF 1960-1970]:
Carm. Carmina, 1.
Carm. ep. Epistula carmini adnexa, 2-3.

Ep. Epistulae, 2-3.

S<small>IL</small>. = T<small>I</small>. C<small>ATIUS</small> A<small>SCONIUS</small> S<small>ILIUS</small> I<small>TALICUS</small> (Silius Italicus), consul en 68 ap. J.-C.; poème épique sur la 2e guerre punique, 17 l. [Delz, BT 1987; Miniconi, Devallet, Lenthéric, P. Martin, J. Volpilhac, 1-4, CUF 1979-1992].

S<small>ILVEST</small>. = S<small>ILVESTER</small> (Silvestre Ier), pape, 4e s. [Migne, 8].

S<small>IMPL</small>. = S<small>IMPLICIUS</small>, pape en 468 [Migne, 58].

S<small>ISEB</small>. = S<small>ISEBUT</small>, roi wisigoth, épître à s. Isidore [avec I<small>SID</small>. Nat.].

S<small>ISEN</small>. = L. C<small>ORNELIUS</small> S<small>ISENNA</small>, historien, début du 1er s. av. J.-C., frg. :
  Hist. Historiae [Peter[2], 1].
  Miles. Milesiae [avec P<small>ETR</small>., Bücheler[7] / Heraeus, 1958].

S<small>OLIN</small>. = C. J<small>ULIUS</small> S<small>OLINUS</small> (Solin), géographe, 3e-4e s. : *Collectanea rerum memorabilium* [Mommsen[2], 1895].

S<small>OR</small>. = S<small>ORANUS</small>, médecin, traduction, 6e s. [Rose, 1882].

P<small>S</small>. S<small>OR</small>. = P<small>SEUDO</small>-S<small>ORANUS</small>, traductions :
  Epit. Epitome [Rose, 1882].
  Puls. De pulsibus [Rose, Anecd. gr. 2, 1870].
  Quaest. Quaestiones medicinales [Rose, 1870].

S<small>ORT</small>. S<small>ANG</small>. = *Sortes Sangallenses* (sorts de Saint-Gall), env. 400 [Dold, 1948].

S<small>PART</small>. = A<small>ELIUS</small> S<small>PARTIANUS</small> (Spartien), un des historiens de l'*Histoire Auguste*, 4[e] s. [v. HA] :
  Ael. Aelius (Helius) [Callu, HA 1, 1, CUF 1992].
  Carac. Antoninus Caracallus.
  Did. Didius Julianus.
  Get. Antoninus Geta.
  Hadr. Hadrianus [Callu, ibid.].
  Hel. v. *Ael.*
  Pesc. Pescennius Niger.
  Sept. Septimius Severus.

S<small>TAT</small>. = P. P<small>APINIUS</small> S<small>TATIUS</small> (Stace), sous Domitien, env. 45-96 :
  Ach. Achilleis [Méheust, CUF 1971].
  S. Silvae, 5 l. [Marastoni[2], BT 1970; Courtney, OCT 1990; Frère 1-2, CUF 1944].
  Th. Thebais, 12 l. [CUF, Lesueur 1-3, 1990-1994].

S<small>UEI</small>. = S<small>UEIUS</small> (S<small>UEVIUS</small>), 1er s. av. J.-C., poète, frg. [Morel].

S<small>UET</small>. = C. S<small>UETONIUS</small> T<small>RANQUILLUS</small> (Suétone), env. 70-122 :
  Frg. Fragmenta [Reifferscheid, 1860].
  Gram. De grammaticis [Kaster, 1995; Vacher, CUF 1993].
  Poet. v. *Vit.*
  Rhet. De rhetoribus [avec *Gram.* 25-30].
  Vitae XII Caesarum [Ihm, BT 1907; Ailloud 1-3, CUF 1931-1932] :
    Aug. Augustus.
    Caes. Caesar.
    Calig. Caligula.
    Claud. Claudius.
    Dom. Domitianus.
    Galb. Galba.
    Ner. Nero.
    Oth. Otho.
    Poet. De poetis [avec *Frg.*, Reifferscheid, 1860].
    Tib. Tiberius.
    Tit. Titus.
    Vesp. Vespasianus.
    Vit. Vitellius.
    Vit. Hor. (Horace) [avec *Frg.*, Reifferscheid].
    Vit. Luc. (Lucain) [ibid.].
    Vit. Ter. (Térence) [ibid.].
    Vit. Verg. (Virgile) [ibid.].

S<small>ULPICIA</small> = poétesse contemporaine de Tibulle, petite-fille de Ser. Sulpicius Rufus [avec T<small>IB</small>. = 3, 13-18].

S<small>ULPICIA</small> Sat. = poétesse du 5e s., *Satira* [E<small>PIGR</small>. B<small>OB</small>. 37].

S<small>ULPICIUS</small> = C. S<small>ULPICIUS</small> A<small>POLLINARIS</small> (Sulpice Apollinaire), professeur d'Aulu-Gelle, auteur d'arguments versifiés pour Térence, 2e s. ap. J.-C. [avec T<small>ER</small>.].

S<small>ULP</small>.-R<small>UF</small>. = S<small>ER</small>. S<small>ULPICIUS</small> R<small>UFUS</small>, jurisconsulte, consul en 51 av. J.-C., grand-père de Sulpicia ; lettres à Cicéron d. *Fam.* 4, 5 ; 12 ; frg. d. Q<small>UINT</small>. et G<small>ELL</small>.

S<small>ULP</small>. S<small>EV</small>. = S<small>ULPICIUS</small> S<small>EVERUS</small> (Sulpice Sévère), disciple de s. Martin, env. 360-420 [Migne, 2 ; Halm, CV 1, 1886] :
  Chron. Chronica, 1 l.
  Dial. Dialogi (Gallus), 2 l.
  Ep. Epistulae.
  Mart. Vita S. Martini [Fontaine, SC 133, 1967].

S<small>ULP</small>.-V<small>ICT</small>. = S<small>ULPICIUS</small> V<small>ICTOR</small>, rhéteur, 4e s. [Halm, *Rhet.*].

S<small>YMM</small>. = Q. A<small>URELIUS</small> S<small>YMMACHUS</small> (Symmaque), fin du 4e s. ap. J.-C. [Seeck, MGH. AA 6, 1, 1883] :
  Ep. Epistulae [Callu, CUF 1972-].
  Or. Orationes.
  Rel. Relationes ad principes.

S<small>YMP</small>. = C<small>AELIUS</small> F<small>IRMIANUS</small> S<small>YMP</small>(<small>H</small>)<small>OSIUS</small>, poète, fin du 4e s. ap. J.-C. : *aenigmata* [PLM 4 ; A<small>NTH</small>. 1, 1 ; Glorie, CC 133 A, 1968].

S<small>YN</small>.-C<small>IC</small>. = *Synonyma Ciceronis*, très tardifs [avec C<small>HAR</small>., Barwick ; Gatti, 1994].

T<small>AB</small>. A<small>LB</small>. = *Tablettes Albertini* , 5e s. [Courtois / Leschi, 1952].

T<small>AB</small>. D<small>EFIX</small>. = *Tabellae defixionum* (tablettes d'exécration) [Audollent, 1904].

T<small>AB</small>. M<small>UREC</small>. = *Tabulae* de Murécine, 1er s. ap. J.-C. [Wolf / Crook, 1989 ; Camodeca, 1992-].

T<small>AB</small>. S<small>UL</small>. = *Tabellae Sulis* (tablettes de Bath), 2e-4e s. [Tomlin, d. Cunliffe, Temple, 1988].

T<small>AC</small>. = P. C<small>ORNELIUS</small> T<small>ACITUS</small> (Tacite), historien, consul en 97 ap. J.-C., env. 57-117 [CUF 1936-1992] :
  Agr. De vita Julii Agricolae [De Saint-Denis, 1942].
  An. Annales, l. 1-6, 11-16 [Wuilleumier 1-4, 1974-1978].
  D. Dialogus de oratoribus [Heubner, BT 1983 ; Goelzer, CUF 1936 ; A. Michel, 1962].
  G. Germania [Perret, 1949].
  H. Historiae, l. 1-5 [Wuilleumier, Le Bonniec, Hellegouarc'h 1-3, 1987-1992].

T<small>ER</small>. = P. T<small>ERENTIUS</small> A<small>FER</small> (Térence), né à Carthage, env. 185-159 av. J.-C., affranchi, admis dans la société de Scipion l'Africain et de C. Laelius [Marouzeau 1-3, CUF 1942-1949] :
  Ad. Adelphoe, 3.
  And. Andria, 1.
  Eun. Eunuchus, 1.
  Haut. H(e)autontimoroumenos, 2.
  Hec. Hecyra, 1.
  Phorm. Phormio, 2.

T<small>ER</small>.-M<small>AUR</small>. = T<small>ERENTIANUS</small> M<small>AURUS</small>, grammairien sous Marc Aurèle : *Carmina de litteris, de syllabis, de metris*, 2981 v. [Keil, Gram. 6].

T<small>ERT</small>. = Q. S<small>EPTIMIUS</small> F<small>LORENS</small> T<small>ERTULLIANUS</small>, écrivain chrétien, de Carthage, env. 155-225, devenu montaniste en 207 [Migne, 1-2 ; Borleffs, Dekkers, Diercks, Waszink, etc. CC 1-2, 1954] :
  Anim. De anima [CC 2 ; Waszink, 1947].
  Apol. Apologeticum [CC 1 ; Waltzing, CUF 1929].
  Bapt. De baptismo [CC 1 ; Refoulé, SC 35, 1952].
  Carn. De carne Christi [CC 2 ; Mahé, SC 216, 1975].
  Cast. De exhortatione castitatis [CC 2 ; Moreschini, SC 319, 1985].
  Cor. De corona [CC 2 ; Fontaine, 1966].
  Cult. De cultu feminarum, 2 l. [CC 1 ; M. Turcan, SC. 173, 1971].
  Fug. De fuga in persecutione [CC 2].
  Herm. Adversus Hermogenem [CC 1 ; Chapot, SC 439, 1999].
  Idol. De idololatria [CC 2 ; Waszink / Van Winden, 1987].
  Jejun. De jejunio [CC 2].
  Jud. Adversus Judaeos [CC 2].
  Marc. Adversus Marcionem, 5 l. [CC 1 ; Braun, SC 365, 368, 399, 1991-1994].
  Mart. Ad martyras [CC 1].
  Mon. De monogamia [CC 2 ; Mattéi, SC 343, 1988].
  Nat. Ad nationes, 2 l. [CC 1].
  Or. De oratione [CC 1].
  Paen. De paenitentia [CC 1 ; Munier, SC 316, 1984].
  Pall. De pallio [CC 2 ; M. Turcan, SC 513, 2007].
  Pat. De patientia [CC 1 ; Fredouille, SC 310, 1984].
  Praescr. De praescriptione haereticorum [CC 1 ; de Labriolle[2], SC 46, 1947].
  Prax. Adversus Praxean [CC 2].
  Pud. De pudicitia [CC 2 ; Micaelli / Munier, SC 394, 1993].
  Res. De resurrectione mortuorum [CC 2].
  Scap. Ad Scapulam [CC 2].
  Scorp. Scorpiace [CC 2].
  Spect. De spectaculis [CC 1 ; M. Turcan, SC 332, 1986].
  Test. De testimonio animae [CC 1].
  Ux. Ad uxorem [CC 1 ; Munier, SC 273, 1980].
  Val. Adversus Valentinianos [CC 2 ; Fredouille, SC 280, 1980].
  Virg. De virginibus velandis [CC 2 ; Mattei, Schulz-Flügel, SC 424, 1997].

P<small>S</small>. T<small>ERT</small>. = P<small>SEUDO</small>-T<small>ERTULLIANUS</small> :
  Execr. De execrandis gentium diis [CC 2].
  Haer. Adversus omnes haereses [CC 2].
  Marc. Carmen adversus Marcionitas, 5 l. [CC 2].

TEST. BURG. = *Testamentum Burgundofarae* (Fare, abbesse de Faremoutiers), 7ᵉ s. [Guérout, *R. Hist. Eccl.* 60, 1965].

TEST. PORCELL. = *Testamentum porcelli* [avec PETR., Bücheler[7] / Heraeus, 1958].

THEOD.-MOPS. = THEODORUS MOPSUESTENUS (Théodore de Mopsueste, Cilicie), 350-428, traductions, 6ᵉ s. [Swete, 1880-1882].

THEOD.-PRISC. = THEODORUS PRISCIANUS (Théodore Priscien), médecin, élève de Vindicianus : *Euporista*, 3 l., début du 5ᵉ s. [Rose, BT 1894] :
    Eup. faen. Euporiston faenomenon (*Eup.* 1).
    Gyn. Gynaecia (*Eup.* 3).
    Log. Logicus (*Eup.* 2).
    Phys. De physicis frg.

PS. THEOD.-PRISC. *Diaet.* = Pseudo-THEODORUS PRISCIANUS : *Diaeta Theodori*, compilation médicale tardive [Suddhoff, 1915].

TIB. = ALBIUS TIBULLUS (Tibulle), poète élégiaque, *corpus* en 3 l., env. 55-19 av. J.-C. [Lenz[3] / Galinsky, 1971 ; Ponchont, CUF 1926].

TIBER. = C. ANNIUS TIBERIANUS, poète, préfet du prétoire en Gaule en 336 [PLM 3 ; ANTH. 1, 2].

TIR. = M. TULLIUS TIRO, affranchi de Cicéron, frg. d. GELL. [Funaioli, GRF 1] ; v. NOT. TIR.

TITIN. = VETTIUS TITINIUS, contemporain de Térence, premier auteur de *togatae* :
    Com. [Ribbeck[2], 2 ; Daviault, CUF, 1981].

TRAB. = TRABEA, auteur de *palliatae*, 2ᵉ s. av. J.-C.
    Com. [Ribbeck[2], 2].

TRACH. = P. GALERIUS TRACHALUS, contemporain de Quintilien ; frg. de discours d. QUINT. 6, 3, 78 [Meyer, *Orat.*].

TRACT. PELAG. = *Tractatus Pelagiani* (traités pélagiens), 5ᵉ s. [Caspari, *Briefe*, 1890].

TRAG. INC. = *Tragoedus incognitus* [Ribbeck[2] 1].

TRAJ. PLIN. = Lettres de l'empereur Trajan à Pline le Jeune, *Ep.* 10 [avec PLIN. *Ep.*].

TREB. = TREBELLIUS POLLIO, fin du 4ᵉ s. ap. J.-C., un des auteurs de l'*Histoire Auguste* [v. HA] :
    Claud. Claudius.
    Gall. Gallieni duo.
    Tyr. Triginta tyranni.
    Valer. Valeriani duo.

TREBON. = C. TREBONIUS, correspondant de Cicéron ; lettre d. *Fam.* 12, 16.

TRYPH. = CLAUDIUS TRYPHONINUS, jurisconsulte, 3ᵉ s. ; frg. d. le DIGESTE.

TUB. = Q. AELIUS TUBERO, ami de Cicéron ; frg. d. GELL. 6, 9, 11 ; historien, frg. [Peter[2], 1].

TURPIL. = SEX. TURPILIUS, poète comique, poète de *palliatae*, fin du 2ᵉ s. av. J.-C. :
    Com. [Ribbeck[2], 2 ; Rychlewska, BT 1971].

TYCON. = TYCONIUS, donatiste, fin du 4ᵉ s. :
    Apoc. In Apocalypsin [Migne suppl. 1].
    Reg. Liber regularum [Migne, 18].

ULP. *Dig.* = DOMITIUS ULPIANUS (Ulpien), début du 3ᵉ s. ap. J.-C. ; frg. d. le DIGESTE :
    Reg. Liber regularum [Girard, *Textes* ; FIRA 2].

VAL.-ANT. = VALERIUS ANTIAS, historien, début du 1ᵉʳ s. av. J.-C., contemporain de Sisenna et de Quadrigarius [Peter[2], 1].

VAL. CAT. = VALERIUS CATO, grammairien, poète et théoricien, né vers 95 av. J.-C. ; on lui attribue parfois les *Dirae* et *Lydia* de l'*Appendix Vergiliana* [Morel].

VAL. *Dig.* = C. ABURNIUS VALENS (ou son fils L. Fulvius ?), début du 2ᵉ s. ap. J.-C. ; frg. d. le DIGESTE.

VALER. = VALERIANUS, évêque de Cimiez, 5ᵉ s. [Migne, 52] :
    Ep. Epistulae ad monachos.
    Hom. Homiliae.

VAL.-FLAC. = C. VALERIUS FLACCUS, poète du 1ᵉʳ s. ap. J.-C., sous Vespasien : *Argonautica*, 8 l. [Ehlers, BT 1980 ; Liberman, CUF 1997-].

VAL.-MAX. = M. VALERIUS MAXIMUS (Valère Maxime), historien, sous Tibère, 9 l. [Kempf[2], BT 1888 ; Combès, CUF 1995-].

VAR. = L. VARIUS RUFUS, poète ami d'Horace et de Virgile, 1ᵉʳ s. av. J.-C. [Morel].

VARR. = M. TERENTIUS VARRO (Varron), philosophe, poète et grammairien, 116-27 av. J.-C. :
    Antiq. Antiquitates divinae [Cardauns, 1976].
    Frg. d. NON. [cf. Funaioli, *GRF* 1].
    L. De lingua Latina, l. 5-10 [Goetz / Schoell, 1910 ; Kent 1-2, Loeb, 1938 ; P. Flobert, CUF 1985-].
    Men. Menippearum frg. [avec PETR. Bücheler[7] / Heraeus, 1958 ; Astbury, BT 1985 ; Cèbe 1-13, 1972-1999].
    R. Res rusticae, 3 l. [Goetz[2], BT 1929 ; Heurgon, Guiraud, CUF 1978-1997].

PS. VARR. = Pseudo-VARRO :
    Sent. Sententiae [Germann, 1910].

VARR.-ATAC. = P. TERENTIUS VARRO ATACINUS (Varron de l'Aude), poète, né en 82 av. J.-C. [Morel].

VATIN. = P. VATINIUS, correspondant de Cicéron, lettres d. *Fam.* 5, 9 ; 10 A-B.

VEG. = P. (FLAVIUS) VEGETIUS RENATUS (Végèce), fin du 4ᵉ s. ap. J.-C. :
    Mil. Epitoma rei militaris, 4 l. [Lang[2], BT 1885 ; Önnerfors, BT 1995].
    Mul. Mulomedicina, 4 l. [Lommatzsch, BT 1903].

VEL. = VELIUS LONGUS, grammairien, sous Trajan : *De orthographia* [Keil, *Gram.* 7].

VELL. = C. VELLEIUS PATERCULUS, historien, début du 2ᵉ s. ap. J.-C. : *Historia Romana*, 2 l. [Hellegouarc'h 1-2, CUF 1982].

VENUL. *Dig.* = VENULEIUS SATURNINUS, jurisconsulte, sous les Antonins ; frg. d. le DIGESTE.

VEREC. = VERECUNDUS, évêque de Junca (Afrique), mort en 552 [Demeulenaere, CC 93, 1976] :
    Cant. Commentarius super cantica ecclesiastica.
    Satisf. Carmen de satisfactione paenitentiae.

VERG., v. VIRG.

VERR. = M. VERRIUS FLACCUS, grammairien, époque d'Auguste : *De verborum significatu*, abrégé par FESTUS, frg. d. GELL. 5, 17, 2 [Funaioli, GRF 1].

VESP. = VESPA, poète du 4ᵉ s. ? : *Iudicium coci et pistoris* [Baehrens, PLM 4, 379 ; ANTH . 1, 1, 199].

VIB. = VIBIUS SEQUESTER, géographe, vers 400 : *Flumina, fontes, lacus*, etc. [Riese, *Geogr.* ; Gelsomino, BT 1967].

VICT.-AQ. = VICTORIUS AQUITANUS, milieu du 5ᵉ s., mathématicien et chronologiste [Hultsch, *Metr.* 2 ; Mommsen, MGH. AA 9, 1892].

VICTOR. = CLAUDIUS MARIUS VICTORIUS (Marius Victor), rhéteur de Marseille, poète chrétien, 5ᵉ s. :
    Alethia 3 l. [Migne, 61 ; Schenkl, CV 16, 1, 1888 ; Hovingh, CC 128, 1960], non notée.
    Gen . Ad Genesin [Migne, 61].

VICTORIN. = VICTORINUS, grammairien ; v. MAR.-VICT. et MAX.-VICT.

VICTORIN.-POET. = VICTORINUS POETOVIONENSIS (Victorin de Poetovium), évêque de Pettau (Pannonie), martyrisé en 304 [Migne, 5 ; Haussleiter , CV 49, 1916 ; M. Dulaey, SC 423, 1997].

VICTRIC. = VICTRICIUS (Victrice), évêque de Rouen, ami de s. Paulin de Nole, fin du 4ᵉ s. : *De laude sanctorum* [Migne, 20 ; Mulders / Demeulenaere, CC 64, 1985].

VICT.-TUN. = VICTOR TUNNUNENSIS, évêque de Tunnuna (Afrique), 6ᵉ s. : *Chronica* [Migne, 68 ; Mommsen, MGH. AA 11, 1894].

VICT.-VIT. = VICTOR VITENSIS, évêque de Vita (Afrique), 5ᵉ s. : *Historia persecutionis Africanae provinciae* [Migne, 58 ; Halm, MGH. AA 3, 1, 1879 ; Petschenig, CV 7, 1881 ; Lancel, CUF 2002].

VIGIL.-THAPS. = VIGILIUS THAPSENSIS (Vigile de Thapse), évêque de Thapsus (Afrique), fin du 5ᵉ s. [Migne, 62] :
    Ar. Contra Arianos.
    Eutych. Contra Eutychetem.

PS. VIGIL.-THAPS. = Pseudo-VIGILIUS THAPSENSIS :
    Pallad . Contra Palladium [Migne, 62].
    Trin. De Trinitate [Migne, 62 ; Bulhart, CC 9, 1957].

VIGIL.-TRID. = VIGILIUS TRIDENTINUS, évêque de Trente, martyrisé en 405 [Migne, 13].

VINC.-LER. = VINCENTIUS LERINENSIS (Vincent de Lérins), prêtre, 5ᵉ s. : *Commonitorium* [Migne, 50 ; Demeulenaere, CC 64, 1985].

VINDIC. = VINDICIANUS AFER, médecin, env. 400 ap. J.-C., frg. [avec THEOD.-PRISC. et M.-EMP.] :
    Ep . Pent. Epistula ad Pentiadum [avec THEOD.-PRISC.].
    Ep. Val. Epistula ad Valentinianum [avec M.-EMP.].

Gyn. Gynaecia [avec THEOD.-PRISC.].
Med. Medicorum placita [Wellmann, 1901].

VINDOL. = *Vindolanda writing Tablets*, feuilles de bois écrites à l'encre, vers 100 ap. J.-C. [Bowman / Thomas, 1994; *Inv.* = n° d'inventaire].

VINDON. = *Die römischen Schreibtafeln von Vindonissa*, tablettes cirées, entre 30 et 101 ap. J.-C. [Speidel, 1996].

VIRG. = P. VERGILIUS MARO (Virgile), né à Andes près de Mantoue en 70, mort à Brindisi en 19 av. J.-C. [CUF, 1942-1980] :
   B. Bucolica (Eclogae), 10 [De Saint-Denis].
   En. Aeneis, 12 l. [Perret 1-3].
   G. Georgica, 4 l. [De Saint-Denis]. V. APP.-VERG.

VIRG. GRAM. = VIRGILIUS MARO GRAMMATICUS (Virgile le grammairien), grammairien paradoxal d'origine gauloise, mais vivant en Irlande, 7^e s. [Huemer, BT 1886; Tardi, 1928; Polara, 1979] :
   Epist. Epistolae 8.
   Epit. Epitomi.

VIS. PAUL. = *Visio Pauli*, traduction, 6^e s. ? [James, *Apocr. anecd.* 1893; Silverstein, 1935].

VIT. AMBR., v. PAUL.-MED.

VIT. ANTON. = *Vita Antonii*, vers 360, traduction d'Athanase [Bartelink, LV 1974].

VIT. AUG., v. POSSID.

VIT. CAES.- AREL. = *Vita Caesaris Arelatensis*, 6e s. [Krusch, MGH. MER. 3, 1896].

VIT. CYPR., v. PONT.

VIT. PATR. = *Vitae Patrum*, traduction, 5e-6e s. [Migne, 73].

VIT. PATR.-EM. = *Vitae S. Patrum Emeretensium* (Vie des Pères de Mérida), 7e s. [Garvin, 1946; Maya Sanchez, CC 116, 1992].

VIT. PATR.-JUR. = *Vitae Patrum Jurensium* (Vie des Pères du Jura), 6e s. [Krusch, MGH. MER. 3, 1896; Martine, SC 142, 1968].

VITR. = M. VITRUVIUS POLLIO (Vitruve), architecte du siècle d'Auguste : *De architectura*, 10 l. [Fensterbusch^2, 1964; Callebat, Fleury, Gros, Soubiran, etc., CUF 1969-]. V. FAV.

VL. = *Vetus Latina*, ensemble des traductions bibliques, manuscrites ou tirées des auteurs, indépendantes de la VULG. (mêmes abréviations), depuis le 2e s. [Migne, 12; Sabatier, 1-3, 1743-1749; Jülicher, *Evang.* 1-4, 1938-1963; Erzabtei Beuron, 1951-].

VOLC.-SED. = VOLCATIUS SEDIGITUS, poète de la fin du 2e s. av. J.-C. [Morel].

VOP. = FLAVIUS VOPISCUS, de Syracuse, un des auteurs de l'*Histoire Auguste*, 4e s. ap. J.-C. [v. HA] :
   Aur. Aurelianus [Paschoud, HA 5, 1, CUF 1996].
   Car. Carus et Carinus et Numerianus.
   Prob. Probus.
   Tac. Tacitus [Paschoud, *ibid.*].
   Tyr. Quattuor tyranni : Firmus, Saturninus, Proculus, Bonosus.

VULC.-GALL. = VULCACIUS GALLICANUS, un des auteurs de l'*Histoire Auguste*, 4e s. ap. J.-C. [v. HA] :
   Avid. Avidius Cassius.

VULG. = *Vulgata (editio)*, traduction canonique de la Bible encouragée par le pape Damase († 384) et conduite par s. Jérôme (383-406), complétée ensuite par un disciple, sauf pour les parties de canonicité discutée concernant le texte de la VL. [Migne, 28-29; Weber^3, 1983] :
I. VETUS TESTAMENTUM :
   Abd. Abdias.
   Agg. Aggaeus.
   Amos
   Bar. Baruch [VL.].
   Cant. Canticum canticorum.
   Chron. Chronica v. PAR.
   Dan. Daniel.
   Deut. Deuteronomium.
   Eccles. Ecclesiastes.
   Eccli. Ecclesiasticus [VL.].
   Esdr. Esdras, 4 l. [3-4 VL.].
   Esther
   Exod. Exodus.
   Ezech. Ezechiel.
   Gen. Genesis.
   Hab. Habacuc.
   Is. Isaias.
   Jer. Jeremias.
   Job
   Joel
   Jon. Jonas.
   Jos. Josue.
   Jud. Judices.
   Judith
   Lam. Lamentationes v. *Thren.*
   Lev. Leviticus.
   Macc. Maccabaei, 2 l. [VL.].
   Mal. Malachias.
   Man. Oratio Manasse [VL.; apocr.].
   Mich. Michaeas.
   Nah. Nahum.
   Neh. Nehemias = 2 *Esdr.*
   Num. Numeri.
   Os. Osee.
   Par. Paralipomena, 2 l.
   Prov. Proverbia Salomonis.
   Psal. Psalmi [Psalterium Gallicanum; v. HIER.].
   Reg. Reges, 4 l. [*Sam.* 1-2 + *Reg.* 1-2].
   Ruth
   Sam. Samuel = 1-2 *Reg.*
   Sap. Sapientia Salomonis [VL.].
   Sir. Sirach, v. *Eccli.*
   Soph. Sophonias.
   Thren. Threni Jeremiae.
   Tob. Tobias.
   Zach. Zacharias.
II. NOVUM TESTAMENTUM :
   Act. Acta apostolorum.
   Apoc. Apocalypsis S. Johannis.
   Col. S. Pauli epistula ad Colossenses.
   Cor. S. Pauli epistulae ad Corinthios, 1-2.
   Eph. S. Pauli epistula ad Ephesios.
   Gal. S. Pauli epistula ad Galatas.
   Hebr. Epistula ad Hebraeos.
   Jac. S. Jacobi epistula.
   Joh. Evangelium S. Johannis, 4.
   Joh. ep. S. Johannis epistulae, 1-3.
   Jud. ep. S. Judae epistula.
   Laod. Epistula ad Laodicenses [VL.; apocr.].
   Luc. Evangelium S. Lucae, 3.
   Marc. Evangelium S. Marci, 2.
   Matth. Evangelium S. Matthaei, 1.
   Petr. ep. S. Petri epistulae, 1-2.
   Philem. S. Pauli epistula ad Philemonem.
   Philipp. S. Pauli epistula ad Philippenses.
   Rom. S. Pauli epistula ad Romanos.
   Thess. S. Pauli epistulae ad Thessalonicenses, 1-2.
   Tim. S. Pauli epistulae ad Timotheum, 1-2.
   Tit. S. Pauli epistula ad Titum.

ZEN. = ZENO (Zénon), évêque de Vérone, 4e s. : *Tractatus (Sermones)*. [Migne, 11; CC 22, B. Löfstedt, 1971].

1 a, n. f., indécl. [s.-ent. *littera*] ¶ **1** première lettre de l'alphabet : Cic. *Div.* 1, 23 ; prononcé *ā* : Pl. *Truc.* 690 ; Lucil. 351 ; Ter.-Maur. 6, 328, 111 ¶ **2** abréviations diverses : ***A.** = Aulus* [prénom] ; ***A.** = antiquo*, je rejette [la proposition sur les bulletins de vote dans les comices] ; ***A.** = absolvo*, j'absous [sur les bulletins des juges, d'où l'appellation *littera salutaris* Cic. *Mil.* 15] ‖ ***A. U. C.** = anno urbis conditae* ; ***a. u. c.** = ab urbe condita* ; ***a. d. VIII Kal. Nov.** = ante diem octavum Kalendas Novembres* ‖ [dans les inscr.] ***A.** = Augustus* ; ***A. A.** = Augusti duo* ; ***A. A. A.** = Augusti tres* ; ***III viri A. A. A. F. F.** = triumviri aere argento auro flando feriundo* [les *triumviri monetales*, chargés de fondre et de frapper le bronze, l'argent et l'or], cf. Prob. 4, 273, 12 ; v.▶ *alpha*.

2 ā, āh, interj., v.▶ *ah*.

3 ā, ăb, abs, prép. avec abl. (cf. *absque, aperio*, ἀπό, ἄψ, al. *ab*, an. *of* ; it. *da*)

I point de départ ¶ 1 verbes de mouvement " de " ¶ 2 provenance *(petere ab)* ¶ 3 origine *(oriri ab)* ¶ 4 *dare ab* ¶ 5 [hébr.] partitif.
II éloignement, séparation ¶ 1 "loin de " *(dimittere ab)* ¶ 2 *defendere ab*.
III " du côté de " ¶ 1 sens local ¶ 2 point de départ ¶ 3 [fig.] " en faveur de " ¶ 4 " sous le rapport de " ¶ 5 avec un nom " préposé à ".
IV " à partir de " ¶ 1 sens local " de " ¶ 2 distance *(longe, procul ab)*.
V [fig.] ¶ 1 jugement " d'après " ¶ 2 sentiment " du fait de ".
VI relations temporelles ¶ 1 " depuis " ¶ 2 " depuis " [avec nom de personne] ¶ 3 [laps de temps] ¶ 4 " aussitôt après ".
VII cause ¶ 1 " sous l'action de " ¶ 2 " en raison de ".
VIII compl. d'un verbe passif ¶ 1 personnes ¶ 2 choses ¶ 3 avec l'adj. verbal ¶ 4 oppos. à *per* ¶ 5 avec verbe intr.
IX [tard.] compl. d'un nom.

I [point de départ] ¶ **1** [avec des verbes de mouvement, tr. ou intr., simples ou composés] de **a)** *a signo Vortumni in Circum Maximum venire* Cic. *Verr.* 1, 154, venir de la statue de Vertumne au Circus Maximus ; v.▶ *proficiscor, discedo, arcesso* **b)** [avec noms de pers.] de chez, d'auprès : *a Caesare redire* Cic. *Q.* 2, 4, 6, revenir de chez César **c)** [sans verbe] *non ille Serranus ab aratro* Cic. *Sest.* 72, non pas le fameux Serranus venu de sa charrue ; *quid tu, inquit, huc ? a villa enim, credo* Cic. *Fin.* 3, 8, eh ! dit-il, pourquoi toi ici ? c'est de ta maison de campagne que tu viens, sans doute **d)** [en parl. de lettres] de la part de : *litterae adlatae ab L. Porcio praetore* Liv. 26, 39, 1, une lettre apportée de la part du préteur L. Porcius, cf. Cic. *Att.* 7, 15, 5 ; 1, 15, 2 **e)** [avec *adesse*, marquant le résultat du mouvement] *adest a milite* Pl. *Ps.* 924, il est là venant de la part du militaire, cf. *Mil.* 958, 1046 ; Ter. *And.* 268 ; Virg. *En.* 7, 454 ; *dona adsunt tibi a Phaedria* Ter. *Eun.* 465, il y a là pour toi des présents de la part de Phaedria **f)** [avec les noms de ville] de = des environs de : *a Mutina* Cic. *Phil.* 12, 11, de Modène ; *a Gergovia* Caes. *G.* 7, 45, 4, de Gergovie ‖ [localisation précise] *fugiente a Troja* Cic. *Verr.* 4, 72, fuyant de Troie ; *ab Roma venit* Liv. 26, 15, 8, il vient de Rome ¶ **2** [pour marquer la provenance] *petere, postulare, quaerere*, demander à ; *impetrare*, obtenir de ; *accipere*, recevoir de ; *habere*, tenir de ; *emere*, acheter à ; *sumere, haurire*, prendre à, puiser à ; *trahere*, tirer de ; *ducere*, faire venir de ; *discere, audire*, apprendre de, entendre de ¶ **3** [idée d'origine] **a)** *oriri*, prendre naissance à ; *fluere*, découler de ; *nasci*, naître de ; *proficisci*, partir de, provenir de : *ea sunt omnia non a natura, verum a magistro* Cic. *Mur.* 61, ces imperfections proviennent toutes non pas de la nature, mais du maître, cf. *Har.* 39 ; *Fin.* 1, 21 ; *Off.* 2, 69 ; *sed haec et vetera et a Graecis* Cic. *Tusc.* 1, 74, mais tout cela c'est ancien et aussi tiré de l'histoire grecque, cf. *Fam.* 3, 13, 1 ; 5, 3, 1 ; 9, 16, 7 ; *Par.* 11 ; *Sest.* 122 **b)** [idée de naissance, de descendance] *a Deucalione ortus* Cic. *Tusc.* 1, 21, né de Deucalion ; *a M'. Tullio esse* Cic. *Brut.* 62, descendre de M'. Tullius ‖ [filiation philosophique, littéraire] *ab his oratores exstiterunt* Cic. *Fin.* 5, 7, d'eux (les Péripatéticiens) sortirent des orateurs ; *erat ab isto Aristotele* Cic. *de Or.* 2, 160, il était de l'école de votre Aristote, cf. *Or.* 113 ; *Mur.* 63 **c)** [formant avec le nom de la patrie, du séjour, une sorte d'adjectif] *Turnus Herdonius ab Aricia* (= *Aricinus*) Liv. 1, 50, 3, Turnus Herdonius d'Aricie, cf. 6, 13, 8 ; 6, 17, 7 ; *pastor ab Amphryso* Virg. *G.* 3, 2, le berger Amphrysien [du fleuve Amphrysos] (= Apollon) ‖ [en parl. d'un esclave] de la maison de : Pl. *Ps.* 616 ; *Mil.* 160 ; Curc. 407 ; Ter. *And.* 756 **d)** [étymologie] *mater autem est a gerendis fructibus Ceres tamquam "Geres"* Cic. *Nat.* 2, 67, quant à sa mère, son nom, Cérès, qui est comme Gérès, vient de *gerere fructus*, porter, produire les fruits, cf. 2, 64 ; 2, 68 ; 2, 111 ; *Leg.* 2, 55 ; Varr. *R.* 1, 46 ; 2, 4, 17 ; 3, 12, 6 ; *L.* 5, 20 ; 5, 66 ‖ *maerere a marcere* Varr. *L.* 6, 50, *maerere* vient de *marcere*, être affaissé ; *aures ab aveo* Varr. *L.* 6, 83, le mot *aures*, oreilles, vient de *aveo*, désirer ‖ [avec mots grecs au dat.] Varr. *L.* 5, 103 ¶ **4** [avec *dare, possidere, promittere*] : *aliquid ab aliquo*, donner, posséder, promettre qqch. en le tenant de qqn, provenant de qqn, cf. Pl. *Cap.* 449 ; *Ps.* 735 ; Cic. *Flac.* 44 ; *Verr.* 3, 177 ; *a me argentum dedi* Pl. *Trin.* 182, j'ai donné l'argent de ma poche, cf. 1144 ; *Men.* 545 ; *aliquid a me promisi* Cic. *de Or.* 1, 111, j'ai promis quelque chose de mon fonds, cf. *Pis.* 84 ; Lucr. 4, 468 ; Suet. *Caes.* 84 ‖ *Antoni edictum legi a Bruto* Cic. *Att.* 16, 7, 7, le tenant de Brutus ¶ **5** [partitif, hébr.] *quem appretiaverunt a filiis Israel* Vulg. *Matth.* 27, 9, qu'ont évalué des fils d'Israël.

II [éloignement, séparation, au pr. et fig.] de, loin de ¶ **1** v. les verbes *dimittere*, renvoyer de (loin de) ; *excludere, deterrere*, chasser de, détourner de ; *abhorrere, distare, differre*, être éloigné de, différer de ; *de turba et a subselliis in otium se conferre* Cic. *de Or.* 2, 143, se retirer du milieu de la foule et loin des bancs du tribunal pour prendre du repos ; *ab oppido castra movere* Caes. *C.* 3, 80, 7, en levant le camp s'éloigner de la ville ; v.▶ *solvo, fugo, ejicio, aufero* ‖ [sans aucun verbe] *a Chrysippo pedem numquam* Cic. *Ac.* 2, 143, de Chrysippe il ne s'éloigne jamais d'une semelle, cf. *Att.* 7, 3, 11 ; *Fam.* 7, 25, 2 ; *nunc quidem paululum, inquit, a sole* Cic. *Tusc.* 5, 92, pour le moment, dit-il, écarte-toi un tant soit peu de mon soleil ‖ [nuances] *unde dejecti Galli ? a Capitolio ; unde, qui cum Graccho fuerunt ? ex Capitolio* Cic. *Caecin.* 88, d'où furent rejetés les Gaulois ? de l'accès au Capitole ; d'où les partisans de Gracchus ? du Capitole, cf. supra 86 ¶ **2** avec les verbes *defendere, tueri, munire, tegere, prohibere, arcere*, défendre, protéger, garantir contre, écarter de ‖ *stabula a ventis hiberno opponere soli* Virg. *G.* 3, 302, placer l'écurie à l'abri des vents (en face de) exposée au soleil d'hiver ¶ **3** [expression] *ab re*, contrairement à l'intérêt : Pl. *Cap.* 338 ; *As.* 224 ; *Trin.* 239 ; *haud ab re duxi referre* Liv. 8, 11, 1, j'ai cru qu'il n'était pas inopportun de rapporter.

a

III du côté de ¶**1** [sens local] *a tergo, a latere, a fronte*, de dos, de flanc, de front (de face) : *a decumana porta* CAES. *G.* 6, 37, 1, du côté de la porte décumane ; *ab ea parte* CAES. *G.* 6, 37, 2, de ce côté ; *ab terra ingens labor succedentibus erat* LIV. 26, 46, 1, du côté de la terre, il y avait d'énormes difficultés pour les assaillants, cf. SALL. *J.* 17, 4 ; PLIN. *Ep.* 2, 17, 21 ; *surgens a puppi ventus* VIRG. *En.* 5, 777, le vent s'élevant en poupe ‖ *ab Opis (aede)* CIC. *Att.* 6, 1, 17, du côté du temple d'Ops [comparer à *ad Castoris*], cf. LIV. 10, 47, 4 ‖ *Magnetes ab Sipylo* CIC. *Q.* 2, 9, 2, les Magnésiens qui habitent près du mont Sipyle, les Magnésiens du mont Sipyle, cf. TAC. *An.* 2, 47 ¶**2** [point de départ, point d'attache] *stipites ab infimo revincti* CAES. *G.* 7, 73, 3, troncs solidement attachés à la partie inférieure, par la base ; *cornua ab labris argento circumcludere* CAES. *G.* 6, 28, 6, entourer d'argent les cornes sur les bords de la partie évasée ¶**3** [fig.] du côté de, du parti de, en faveur de : *abs te stat* PL. *Ru.* 1100, il est de ton bord, cf. CIC. *Inv.* 1, 4 ; *Brut.* 273 ; *ab reo dicere* CIC. *Clu.* 93, parler en faveur de l'accusé ; *vide ne hoc totum sit a me* CIC. *de Or.* 1, 55, prends garde que cela ne soit tout en ma faveur ; *a petitore, a possessore agere* PLIN. *Ep.* 6, 2, 2, plaider pour le compte du demandeur, du défendeur ¶**4** du côté de, sous le rapport de : *a materno genere* CIC. *Sull.* 25, du côté maternel, par sa mère, cf. OV. *M.* 2, 368 ; *a re frumentaria laborare* CAES. *C.* 3, 9, 5, souffrir de l'approvisionnement en blé ; *a militibus, a pecunia imparati* CIC. *Att.* 7, 15, 3, pris au dépourvu sous le rapport des troupes, de l'argent ; *ab exemplis copiose aliquid explicare* CIC. *Brut.* 198, développer qqch. avec une grande richesse d'exemples ; *tempus mutum a litteris* CIC. *Att.* 8, 14, 1, époque silencieuse sous le rapport des lettres (où l'on n'écrit pas) ; *eorum impunitas fuit a judicio, a sermone* CIC. *Post.* 27, ils ont agi impunément au regard de la justice, au regard de l'opinion publique ; *mons vastus ab natura et humano cultu* SALL. *J.* 48, 3, montagne désolée sous le rapport de la nature du sol et de sa culture par l'homme (stérile et inculte) ; *ab omni parte* HOR. *O.* 2, 16, 27, sous tous les rapports ¶**5** *servus a pedibus meis* CIC. *Att.* 8, 5, 1 [mss] esclave qui me sert du point de vue de mes pieds (qui fait mes courses) ‖ [puis *ab* suivi du nom de l'objet confié à la garde, à la surveillance] : *servus ab argento, a frumento, a veste, a vinis*, esclave préposé à l'argenterie, à l'approvisionnement, à la garde-robe, aux vins ; *a bibliotheca*, bibliothécaire ; *a valetudinario*, infirmier ; *liberti ab epistulis et libellis et rationibus* TAC. *An.* 15, 35, affranchis chefs du secrétariat, maîtres des requêtes, chefs de la comptabilité ; *libertus et a memoria ejus* SUET. *Aug.* 79, son affranchi en même temps que son historiographe ; *novum officium institutu a voluptatibus* SUET. *Tib.* 42, il créa une nouvelle charge, l'intendance des plaisirs.

IV à partir de ¶**1** de, à partir de, depuis : *a porta Esquilina video...* CIC. *de Or.* 2, 276, de la porte Esquiline je vois..., cf. CAES. *G.* 2, 24, 2 ; *ut erat a Gergovia despectus in castra* CAES. *G.* 7, 45, 4, étant donné que de Gergovie la vue plongeait dans le camp ; *a vestibulo curiae* LIV. 1, 48, 1, dès le vestibule de la curie ; *gemere ab ulmo* VIRG. *B.* 1, 58, gémir au sommet de l'orme ; *ab equo oppugnare* PROP. 3, 11, 13, attaquer à cheval ; *contra sensus ab sensibus repugnat* LUCR. 1, 693, il va à l'encontre des sens en s'appuyant sur les sens ; *ab summo* CAES. *G.* 2, 18, 1, à partir du sommet, cf. 7, 73, 6 ; *a medio ad summum* CIC. *Tim.* 20, du centre aux extrémités ; *da ab Delphio cantharum circum* PL. *Most.* 347, fais circuler la coupe en commençant par Delphium, cf. *As.* 891 ; *orae maritimae praesum a Formiis* CIC. *Fam.* 16, 12, 5, je commande le littoral à partir de Formies ; *ab eo loco Fam.* 7, 25, 2, à partir de ce passage, de ces mots... ¶**2** [évaluation d'une distance] *septumas esse aedes a porta* PL. *Ps.* 597, [il m'a dit] que c'était la septième maison à partir de la porte, cf. VARR. *R.* 3, 2, 14 ; CAES. *G.* 2, 7, 3 ; 4, 22, 4 ; 5, 32, 1 ; *quod tanta machinatio ab tanto spatio instrueretur* CAES. *G.* 2, 20, 3, [ils se moquaient] de la construction à une si grande distance d'une si grande machine, ⬛ *longe, prope, procul* avec *ab* ; *ultima stella a caelo* CIC. *Rep.* 6, 16, étoile la plus éloignée du firmament ‖ [limites d'un espace] *ab... ad*, depuis... jusqu'à : CAES. *G.* 1, 1, 7 ; LIV. 1, 2, 5 ; *ab imo ad summum totus moduli bipedalis* HOR. *S.* 2, 3, 308, de la base au sommet haut en tout de deux pieds ; *a Vestae ad Tabulam Valeriam* CIC. *Fam.* 14, 2, 2, du temple de Vesta à la Table Valérienne ¶**3** à partir de = y compris, avec : *teneram ab radice ferens cupressum* VIRG. *G.* 1, 20, portant un tendre cyprès avec ses racines ; *ab radicibus imis* VIRG. *G.* 1, 319, (épis arrachés) avec toutes leurs racines.

V [point de départ d'un jugement, d'une opinion] ¶**1** d'après : *aliquid ab aliqua re cognoscere* CAES. *G.* 1, 22, 2, reconnaître qqch. d'après tel détail ; *a certo sensu et vero judicare de aliquo* BRUT. d. CIC. *Fam.* 11, 10, 1, juger qqn avec un sentiment sûr et vrai ; *ab annis spectare* VIRG. *En.* 9, 235, considérer d'après l'âge ; *populum ab annis digerere* OV. *F.* 6, 83, partager l'ensemble des citoyens d'après l'âge, cf. *M.* 14, 323 ; *Tr.* 4, 6, 39 ; *H.* 2, 86 ‖ *ab arte inexperta* TIB. 2, 1, 56, avec un art inexpérimenté, cf. 1, 5, 4 ; OV. *Tr.* 2, 462 ¶**2** [point de départ d'un sentiment] d'après, par suite de, du fait de, ⬛ *metuere, timere ab aliquo*, craindre du fait de qqn, cf. CIC. *Amer.* 8 ; *Fam.* 5, 6, 2 ; *Sul.* 59 ; *Phil.* 7, 2 ; LIV. 22, 36, 1 ; 24, 38, 9 ; ⬛ *sperare ab aliquo* CIC. *Off.* 1, 49 ; *Phil.* 12, 26 ; *Pis.* 12 ; LIV. 21, 13, 3 ; *metus omnis a vi atque ira deorum pulsus esset* CIC. *Nat.* 1, 45, toute crainte de la puissance et de la colère des dieux serait chassée, cf. LIV. 23, 15, 7 ; 23, 36, 1 ; 25, 33, 5.

VI à partir de [temps], depuis ¶**1** *a primo, a principio*, dès le début ; *a principiis*, dès les débuts ; *ab initio*, dès le commencement ; *a puero, a pueritia*, dès l'enfance ; *ab ineunte adulescentia*, dès le commencement de la jeunesse ‖ [à la prép. se joignent souvent *inde, jam, jam inde, statim, protinus*] ‖ *longo spatio temporis a Dyrrachinis proeliis intermisso* CAES. *C.* 3, 84, 1, un long intervalle de temps s'étant écoulé depuis les combats de Dyrrachium ; *ab hoc tempore anno sescentesimo rex erat* CIC. *Rep.* 1, 58, il était roi il y a six cents ans à compter de notre époque, cf. *CM* 19 ; *ponite ante oculos unumquemque veterum ; voltis a Romulo ? voltis post liberam civitatem ab iis ipsis qui liberaverunt ?* CIC. *Par.* 11, évoquez la vie de chacun des anciens ; voulez-vous remonter à Romulus ? voulez-vous remonter, après la fondation de la liberté, à ceux précisément qui l'ont fondée ? ; *lex a sexagesimo anno senatorem non citat* SEN. *Brev.* 20, 4, la loi ne convoque pas le sénateur après soixante ans aux séances ¶**2** [noms de pers.] *jam inde a Pontiano* CIC. *Att.* 12, 44, 2, depuis Pontianus (l'affaire de Pontianus) ; *exspecto te, a Peducaeo utique* CIC. *Att.* 12, 51, 1, je t'attends, en tout cas sans faute après Péducaeus (après l'affaire réglée avec Péducaeus) ¶**3** [évaluation d'un laps de temps] *ab... ad (usque ad)*, depuis... jusqu'à : CIC. *Brut.* 328 ; *de Or.* 2, 52 ; CAES. *G.* 1, 26, 2 ; LIV. 26, 25, 11 ‖ [évaluation d'une durée, d'un rang chronologique] *annus primus ab honorum perfunctione* CIC. *de Or.* 3, 7, la première année après l'achèvement des magistratures ; *quartus ab Arcesilao fuit* CIC. *Ac.* 1, 46, il fut le quatrième en partant d'Arcésilas ; *secundus a Romulo conditor urbis* LIV. 7, 1, 10, le second fondateur de Rome après Romulus, cf. 1, 17, 10 ; HOR. *S.* 2, 3, 193 ; VIRG. *B.* 5, 49 ¶**4** après, aussitôt après, au sortir de : *ab re divina* PL. *Poen.* 618, après le sacrifice ; *ab decimae legionis cohortatione profectus* CAES. *G.* 2, 25, 1, immédiatement après avoir harangué la dixième légion ; *a tuo digressu* CIC. *Att.* 1, 5, 4, après ton départ ; *ab ea (auctione)* CIC. *Att.* 13, 30, 1, aussitôt après (la vente) ; *ab ipso cibo* SEN. *Contr.* 1, pr. 17, aussitôt après avoir mangé.

VII du fait de, par l'effet de ¶**1** [cause efficiente, surtout avec les inchoatifs] *calescere ab* CIC. *Nat.* 2, 138, se réchauffer grâce à ; *mitescere a sole* CIC. *Frg. F.* 1, 17, s'adoucir sous l'action du soleil, cf. VARR. *L.* 5, 109 ; 7, 83 ; OV. *M.* 1, 66 ; *F.* 5, 323 ‖ *qua mare a sole conlucet* CIC. *Ac.* 2, 105, sur toute l'étendue où la mer brille par l'effet du soleil, cf. *Nat.* 2, 92 ;

zona torrida semper ab igni Virg. *G.* 1, 234, zone toujours brûlante par suite du feu ; *lassus ab* Hor. *S.* 2, 2, 10, fatigué du fait de ; *a vento unda tumet* Ov. *F.* 2, 776, le vent fait gonfler l'onde, cf. 1, 215 ¶ **2** par suite de, par un effet de, en raison de [avec un nom de sentiment]: *scio me ab singulari amore ac benevolentia, quaecumque scribo, tibi scribere* Balb. *Fam.* 9, 7 B, 3, je sais que c'est un attachement, un dévouement sans égal qui me font t'écrire tout ce que je t'écris ; *ab ira* Liv. 24, 30, 1, par l'effet de la colère ; *ab odio plebis an ab servili fraude* Liv. 3, 15, 7, par suite de la haine du peuple ou de la perfidie des esclaves [constr. très fréquente de Liv., cf. 5, 5, 3 ; 9, 40, 17 ; 10, 5, 2 ; 27, 17, 5 ; 28, 7, 9 ; 36, 24, 7] ; *a duabus causis punire princeps solet* Sen. *Clem.* 1, 20, 1, deux raisons d'ordinaire amènent le prince à punir ; *ab hoc* Varr. *R.* 2, 3, 7, par suite de cela, en raison de cela, cf. 2, 7, 6 ‖ *gravis ab* Ov. *H.* 10, 138, alourdi par ; *a somno languida* Ov. *H.* 10, 9, alanguie par le sommeil ; *dives ab* Ov. *H.* 9, 96, enrichi par.

VIII [après les verbes passifs] ¶ **1** [avec un nom de pers., pour marquer le sujet logique de l'action ; constr. courante] ¶ **2** [avec des noms de choses considérées comme des pers.] *a civitatibus* Cic. *Verr.* 3, 176, par les villes ; *a classe* Cic. *Verr.* 5, 63, par la flotte ; *a re publica* Cic. *Mur.* 7, par l'État ; *a legibus* Cic. *Mil.* 9, par les lois ; *a natura* Cic. *Phil.* 14, 32, par la nature ; *a studiis adulescentium* Cic. *de Or.* 3, 207, par le zèle des jeunes gens ; *a ventis invidiae* Cic. *Verr.* 3, 98, par les vents de la malveillance ; *a more majorum* Cic. *Fam.* 13, 10, 1, par la coutume des ancêtres ; *a vero, a falso* Cic. *Ac.* 2, 71, par le vrai, par le faux ; *defici a viribus* Caes. *C.* 3, 64, 3, être abandonné par ses forces ¶ **3** [après l'adj. verbal] Cic. *de Or.* 2, 86 ; *Pomp.* 34 ¶ **4** [différent de *per*] *aliquid a suis vel per suos potius iniquos ad te esse delatum* Cic. *ad Brut.* 1, 1, 1, [il m'a paru soupçonner] que ses ennemis t'ont rapporté ou plutôt t'ont fait rapporter quelque histoire ; *qui a te defensi et qui per te servati sunt* Q. Cic. *Pet.* 38, ceux que tu as défendus et ceux que ton entremise a sauvés ¶ **5** [avec des intr. équivalent pour le sens à des passifs] *a paucis interire* Cic. *Off.* 2, 26, périr sous les coups de quelques hommes, cf. Lucr. 6, 709 ; *mori ab* Cic. *Fam.* 15, 17, 2 ; Sen. *Contr.* 5, 3 ; *perire ab* Nep. *Reg.* 3, 3 ; Ov. *Pont.* 3, 3, 46 ; *cadere ab* Tac. *An.* 16, 9 ; *vapulare ab* Sen. *Contr.* 9, 4, 2 ; Sen. *Apoc.* 15 ; Quint. 9, 2, 12.

IX (tard., complément d'un nom) de : *heredes ab his quae largiebatur* Alcim. *Hom.* 1, 4, héritiers de ce qu'il dispensait.

▶ ¶ **1** *abs* est rare ; se trouve devant *t*, surtout dans l'expr. *abs te* ‖ *aps* inscr. et divers mss de Pl. et des lettres de Cic. ‖ *af*, signalé par Cic. *Or.* 158 se lit dans des Inscr. arch. : *af Capua* CIL 1, 638 ; *af vobeis* CIL 1, 586 ; *af muro* CIL 1, 1471 ‖ a noté aa CIL 1, 587 ; *á* CIL 1, 1570 ¶ **2** d'après les gram. anciens *a* se place devant les cons., *ab* devant les voyelles et devant *h* ; mais ni les mss ni les inscr. ne vérifient cette règle ¶ **3** [qqf. *a, ab* se trouvent après le relatif (*quo ab*)]: Pl. *As.* 119 ; *Ru.* 555 ‖ chez les poètes et chez Tac. entre le subst. et son déterminatif (adjectif, génitif, ou nom propre apposé) : *judice ab uno* Tac. *An.* 3, 10, " par un seul juge " ; *initio ab Syriae* Tac. *An.* 4, 5, " depuis les frontières de la Syrie " ; *oppido a Canopo* Tac. *An.* 2, 60, " à partir de la ville de Canope " ; *uxore ab Octavia abhorrebat* Tac. *An.* 13, 12, " il se détournait de son épouse Octavie " ‖ chez Ov. séparé par *ipse* du complément : *H.* 9, 96 ; 12, 18 ; *Pont.* 3, 3, 46 ‖ quand il y a deux compléments liés par une copule, placé devant le second : Pl. *As.* 163 ; Prop. 4, 3, 39 ; Ov. *H.* 6, 108.

4 ā-, ăb-, abs-, préfixe, ā- devant *m, v* : *amovere, avertere* ‖ *abs-* devant *c, p, t* : *abscondere, abstinere, asportare = absportare* ‖ *au-* devant *f* : *auferre, aufugere* ; sauf *afui* part. de *absum*, ▶ **2** *au-* ‖ *ab* devant les autres consonnes, sauf *aspernari* au lieu de *abspernari*.

Āărōn, Ārōn, m. indécl., Aaron [grand prêtre des Hébreux]: Vulg. *Exod.* 4, 14 ‖ **Āărŏnēus**, *a, um*, d'Aaron : Paul.-Nol. *Carm.* 25, 28.

ab, ▶ 3 *a*.

Aba, *ae*, m., mont d'Arménie : Plin. 5, 83.

ăbăcīnus, *a, um* (*abacus*), de mosaïque : *Plin. 35, 3.

ăbactĭo, *ōnis*, f. (*abigo*), détournement : Hier. *Jerem.* 1, 5, 15.

ăbactīvus, *a, um* (*abigo*), volé [troupeau] : CIL 9, 2439.

ăbactŏr, *ōris*, m. (*abigo*), celui qui détourne (vole) des bestiaux : Apul. *M.* 7, 26 ; Isid. 10, 14.

1 ăbactus, *a, um*, part. de *abigo*.

2 ăbactŭs, *ūs*, m., détournement des troupeaux, enlèvement du butin : *abactus hospitum exercere* Plin. *Pan.* 20, 4, faire du butin sur ses hôtes.

Ābăcūc (Habacuc), m. indécl., prophète des Hébreux : Vulg. *Hab.* 1, 1 ; 3, 1.

ăbăcŭlus, *i*, m. (dim. de *abacus*), tablette de verre pour mosaïque : Plin. 36, 199.

ăbăcus, *i*, m. (ἄβαξ), abaque ¶ **1** bahut, buffet, crédence : Varr. *L.* 9, 46 ; Cic. *Verr.* 4, 35 ; 4, 57 ; Tusc. 5, 61 ; Liv. 39, 6 ¶ **2** table à faire des calculs : Pers. 1, 131 ; Apul. *Apol.* 16 ¶ **3** table de jeu : Suet. *Ner.* 22 ; Macr. *Sat.* 1, 5, 11 ¶ **4** [tablette de marbre ou semblable à du marbre qu'on appliquait sur les murs comme ornement] : Vitr. 7, 3, 10 ; 7, 4, 4 ; Plin. 33, 159 ¶ **5** tailloir [partie supérieure du chapiteau d'une colonne] : Vitr. 4, 1, 11.

abaddir, n. indécl. (sémit.), Prisc. 2, 234, 16, **abaddir**, *īris*, m., Aug. *Ep.* 17, 2, bétyle, [et spécial¹ pierre que Rhéa donna à dévorer à Saturne au lieu de Jupiter enfant] : Mythogr. 1, 2, 3.

Abaesamis, *ĭdis*, f., ville d'Arabie : Plin. 6, 145.

ăbaestumo, [mot forgé] ▶ *autumo*, cf. Gell. 15, 3, 4.

ăbaetō (ābītō), *ĭs, ĕre, -, -* (*a* et *baeto* ou *bito*), intr., s'en aller : Pl. *Truc.* 95 ; *Ep.* 304.

ăbăgĭo, ▶ *adagio* : Varr. *L.* 7, 31.

ăbăgo, ▶ *abigo*.

Abalē, *ēs*, f., ville d'Éthiopie : Plin. 6, 79.

Abali, *ōrum*, m. pl., peuple de l'Inde : Plin. 6, 67.

ăbălĭĕnātĭo, *ōnis*, f., aliénation par vente, cession : Cic. *Top.* 28 ‖ abandon : Aug. *Psalm.* 4, 9.

ăbălĭĕnātus, *a, um*, part. de *abalieno*.

ăbălĭĕnō, *ās, āre, āvī, ātum*, tr. ¶ **1** faire passer ailleurs, éloigner, séparer : Pl. *Mil.* 1321 ; *Curc.* 174 ¶ **2** [fig.] détourner : Cic. *Inv.* 1, 25 ; *Fam.* 1, 7, 7 ; *aliquem ab aliqua re* Cic. *de Or.* 2, 182, détourner qqn de qqch, cf. Liv. 5, 42, 8 ‖ avec abl., dégager de : *aliquem metu* Liv. 8, 3, 1, délivrer qqn de la crainte ‖ priver de : *abalienati jure civium* Liv. 22, 60, 15, privés des droits de citoyens ‖ *abalienata morbis membra* Quint. 8, 3, 75, membres morts ¶ **3** aliéner, détourner : *a se judices* Cic. *de Or.* 2, 304, s'aliéner les juges, cf. 3, 98 ; *Verr.* 4, 60 ; *Att.* 14, 18, 1 ‖ [avec abl. seul] Nep. *Ag.* 2, 5 ; Liv. 3, 4, 3 ‖ [sans compl. indir.] rendre hostile : Nep. *Ham.* 7 ; Liv. 26, 38, 4 ; 35, 31, 7 ¶ **4** faire passer à autrui la propriété d'une chose, aliéner, céder, vendre : Cic. *Verr.* 3, 119 ; 4, 134 ; *Agr.* 2, 64 ; 2, 72 ; Sen. *Ep.* 117, 15 ¶ **5** [chrét.] intr., s'isoler : Ambr. *Isaac* 3, 6 ‖ passif, Ambr. *Fug.* 8, 51.

Ăbălītēs sĭnus, golfe Abalite [dans la mer Érythrée] : Plin. 6, 174.

Abalus, *i*, f., île sur la côte nord de la Germanie : Plin. 37, 35.

ăbaltĕrŭtrum, adv., à l'écart l'un de l'autre : Ps. Hyg. *Mun. cast.* 43 ; Greg.-Tur. *Hist.* 6, 19.

ăbambŭlō, *ās, āre, āvī, ātum*, intr., s'éloigner : P. Fest. 24, 17.

ăbămĭta, *ae*, f. (*ab, amita*), arrière-grand-tante, sœur du trisaïeul [côté paternel] : Gai. *Dig.* 38, 10, 3.

abanet, indécl. (hébreu), partie du vêtement sacerdotal, ceinture : Hier. *Ep.* 64, 12 ; Isid. 19, 21, 2.

ăbantĕ, adv. (*ab, ante* ; fr. *avant*), devant : Firm. *Math.* 2, 22, 2 ‖ prép. avec l'acc., de devant : VL. *Gen.* 3, 8.

Ăbantēus, *a, um*, d'Abas : Ov. *M.* 15, 164.

Ăbantĭădēs, *ae*, m., [Acrisius] fils d'Abas : Ov. *M.* 4, 607 ‖ [Persée] petit-fils d'Abas : Ov. *Am.* 3, 12, 24.

Ăbantĭās, *ădis*, f., nom primitif de l'île d'Eubée : Plin. 4, 64.

Ăbantĭus, *a, um*, de l'Eubée : Stat. *S.* 4, 8, 46.

abarceo

ăbarcĕō (ăbercĕŏ), ēs, ēre, -, -, empêcher, tenir éloigné : P. Fest. 14, 24 ; 24, 4.

Ăbăres (Ăvăres), um, m. pl., peuple scythe : Isid. 9, 2, 66.

ăbargŭo, ĭs, ĕre, -, -, réfuter : Gloss. 2, 234, 22.

Ăbărimōn, contrée de Scythie : Plin. 7, 11.

Ăbăris, is, m., nom de pers. divers : Virg. En. 9, 342 ; Ov. M. 5, 86.

Ăbărītānus, a, um, Abaritain [d'Abaris en Afrique] : Plin. 16, 172.

ăbartĭcŭlāmentum, ī, n., articulation : *Placit. 23, 2.

Ăbās, antis, m., roi d'Argos : Hyg. Fab. 170 ∥ autres personnages : Virg. En. 1, 121 ; Ov. M. 5, 126.

ăbascantus, ī, m. (ἀβάσκαντος), nom d'éon dans le système valentinien [" non soumis à l'enchantement "] : Tert. Scorp. 10, 1 [pl. dépréciatif].

Abasgi, ōrum, m. pl., peuple de la Colchide [Abkhazes] : Novel.-Just. 28, pr.

Ăbătŏs, ī, f., rocher dans le Nil : Luc. 10, 323.

ăbaudĭō, īs, īre, -, -, écouter : VL. Exod. 7, 4.

ăbăvĭa, ae, f., trisaïeule : Paul. Dig. 38, 10, 10, 17.

ăbăvuncŭlus, ī, m., arrière-grand-oncle, frère de la trisaïeule : Isid. 9, 6, 26.

ăbăvus, ī, m. (ab, avus) ¶ 1 trisaïeul : Pl. Mil. 373 ; Cic. Brut. 213 ¶ 2 [au pl. en gén.] les ancêtres : Cic. Har. 38 ; Plin. 18, 39.

ăbax, ăcis, m., 🄲▶ abacus : Prisc. 2, 322, 13.

Abazea, ōrum, n. pl., 🅅▶ Sabazia.

abba, m. indécl. (ἀββᾶ, empr. aram.), abba [père] : Vulg. Marc. 14, 36 ; Rom. 8, 15.

abbās, ātis, m. (ἀββᾶς ; fr. abbé, al. Abt), père [titre donné à certains moines vénérables] : Cassian. Inst. 5, 29 ∥ [ordinairement] abbé, chef d'une communauté religieuse : Sidon. Ep. 7, 17, 4.

Abbassium, iī, n., ville de Phrygie : Liv. 38, 15, 15.

abbātissa, ae, f. (abbas ; fr. abbesse), abbesse : Greg.-Tur. Hist. 10, 16.

abbĭō, ās, āre, -, -, embrasser sur la bouche [langage enfantin] : Gloss. 2, 472, 8.

Abbĭus, m., **-a**, f., nom de famille romain : CIL 10, 8042, 3.

abblandĭŏr, 🅅▶ adblandĭŏr.

abbrĕvĭārĭum, iī, n., 🄴▶ abbreviatio : Hadr. I, Ep. p. 600.

abbrĕvĭātĭō, ōnis, f., abrégé : Faust. Trin. 73 ∥ retranchement : Vulg. Is. 28, 22.

abbrĕvĭātŏr, ōris, m., abréviateur : Isid. Prooem. 89.

abbrĕvĭō, ās, āre, -, - (ad, brevio ; fr. abréger), tr., abréger : Veg. Mil. 3, pr. ∥ hâter : Vulg. Is. 10, 22 ∥ affaiblir : Vulg. Is. 59, 1.

abcīdo, abcīse, etc., 🄲▶ abscido, abscise, etc.

Abdălōnymus, ī, m., roi de Sidon : Just. 11, 10, 8.

Abdara, ae, f., ville de Bétique [Adra] Atlas IV, D3 : Plin. 3, 8.

Abdenago, m. indécl., nom d'homme : Vulg. Dan. 1, 7.

Abdēra, ae, f., Cic. Att. 4, 17, 3 ; Plin. 6, 217, **Abdēra**, ōrum, n. pl., Liv. 45, 29, 6, Abdère, ville de Thrace [Balastra] Atlas VI, A2.

Abdērītēs, ae, m., Abdéritain, d'Abdère : Cic. Brut. 30 ; de Or. 3, 128 ∥ **-tānus**, Mart. 10, 25, 4, d'Abdère ∥ **-tae**, ārum, m. pl., Abdéritains : Liv. 38, 41, 9 ; 43, 4, 12.

abdĭcābĭlis, e, auquel on peut renoncer : Verec. Satisf. 78.

abdĭcātĭō, ōnis, f. (1 abdico) ¶ 1 action de déposer une chose, de s'en démettre : Liv. 6, 16, 8 ¶ 2 exclusion d'un fils de la famille, exhérédation : Sen. Contr. 1, 8, 6 ; Quint. 3, 6, 77 ; 7, 1, 15 ; 7, 4, 10 ¶ 3 renoncement : Tert. Spect. 1, 5.

abdĭcātīvē, adv., négativement : Capel. 4, 409.

abdĭcātīvus, a, um, négatif : Capel. 4, 411.

abdĭcātrix, īcis, f., celle qui renonce à : Salv. Eccl. 2, 52.

1 abdĭcō, ās, āre, āvī, ātum, tr. ¶ 1 [sens prim.] nier, dire que ne ... pas : Non. 450, cf. Pacuv. Tr. 55 ¶ 2 renier, ne pas reconnaître [un fils, un père] : Sen. Contr. 1, 1, 13 ; Liv. 40, 11, 2 ; Quint. 3, 6, 77 ; 4, 2, 95 ∥ [fig.] rejeter, repousser [en général] : Pl. 2, 82 ; 4, 31 ; 10, 16 ∥ déshériter : Tert. Apol. 3, 4 ¶ 3 renoncer à, se démettre de **a)** *se magistratu* Cic. Cat. 3, 15, renoncer à une magistrature, cf. Div. 2, 74 ; Rep. 2, 61 ; Leg. 2, 31 ; Caes. C. 3, 2, 1 ; Liv. 4, 47, 6 **b)** *abdicare magistratum*, abdiquer une magistrature : Sall. C. 47, 3 ; Liv. 2, 28, 9 ; 5, 49, 9 ; 6, 18, 4 ; 6, 39, 1 **c)** [abs¹] se démettre de ses fonctions : *abdicaverunt consules* Cic. Nat. 2, 11, les consuls se démirent de leurs fonctions, cf. Liv. 4, 34, 5 ; 8, 37, 1 ; 9, 33, 4 ¶ 4 rejeter, exclure, priver de : Lact. Inst. 2, 1, 16 ¶ 5 ôter [qqch. à qqn] : Hier. Psalm. 41, 20.

2 abdĭcō, ĭs, ĕre, dīxī, dictum, tr., [t. de la langue relig.], refuser, repousser, ne pas consentir à : *cum Attus Navius in quattuor partes vineam divisisset, tresque partes aves abdixissent* Cic. Div. 1, 31, Attus Navius ayant divisé la vigne en quatre parts et les oiseaux ayant repoussé trois d'entre elles (= n'ayant pas donné de signes favorables), cf. Liv. 27, 16, 15 ∥ [tard.] refuser, dénier : Tert. Marc. 4, 15, 15.

abdĭdī, parf. de abdo.

abdĭtē, adv., furtivement, secrètement : Ambr. Job 1, 9, 29.

abdĭtīvus, a, um, né avant terme : P. Fest. 21, 3 ; 🅅▶ abortivus.

abdĭtus, a, um ¶ 1 part. de abdo ¶ 2 adj. **a)** [au a)] [au pr.] placé hors de la vue, caché : Cic. Tusc. 5, 38 ; Nat. 2, 95 ; Caes. G. 6, 34, 2 **b)** [fig.] caché, secret : *sententiae abditae* Cic. Or. 30, pensées enveloppées ; *vis abdita quaedam* Lucr. 5, 1233, certaine puissance mystérieuse ; *sensus abditi* Liv. 40, 21, 11, sentiments secrets, pensées intimes ∥ n. pl. pris subst¹, *abdita* : *terrae abdita* Lucr. 6, 809, les entrailles de la terre, cf. Sen. Nat. 6, 7, 5 ∥ [poét.] *abdita rerum* (= abditae res) Hor. P. 49, idées encore inexprimées ∥ n. sg., [forme des expr. adv.] *ex abdito* Cic. Or. 79, de provenance secrète, de source cachée, cf. Sen. Ben. 4, 32, 1 ; Ep. 41, 3 ; 56, 10 ; *in abdito* Sen. Ir. 1, 1, 5, en secret ; Ep. 95, 64, caché, mystérieux ; *in abditum* Tert. Orat. 1, 4, en secret ∥ **-tior** Aug. Conf. 5, 5, 8 ; **-tissimus** Aug. Ench. 16.

abdō, ĭs, ĕre, dĭdī, dĭtum (ab, 3 do), tr. ¶ 1 placer loin de, écarter, éloigner, dérober aux regards, cacher : *carros in artiores silvas* Caes. G. 7, 18, 3, reléguer les chariots au plus épais des forêts ; *copiae ab eo loco abditae* Caes. G. 7, 79, 2, les troupes tenues à l'écart de cet endroit ∥ *se in occultum* Caes. G. 7, 30, 1, se retirer dans l'ombre ; *se in terram* Cic. Div. 2, 51, se cacher dans la terre, cf. Mur. 89 ; Fam. 7, 18, 2 ; 13, 29, 4 ; Att. 9, 6, 1 ∥ [avec abl.] Liv. 9, 7, 11 ; 25, 39, 1 ; 31, 36, 1 ∥ [avec abl. seul] Tac. An. 2, 39 ∥ [avec dat.] *lateri ensem* Virg. En. 2, 553, enfoncer son épée dans le flanc ∥ pass. réfl. *abdi*, se retirer à l'écart, se cacher : Plin. 2, 90 ; Sen. Vit. 20, 6 ; Tac. H. 1, 79 ¶ 2 [métaph.] *se abdere*, s'ensevelir, s'enfoncer dans [avec abl. ou in acc.] : *litteris* Cic. Arch. 12 ; *in litteras* Cic. Fam. 7, 33, 2, s'enfoncer dans l'étude ¶ 3 [fig.] cacher, tenir secret [un sentiment, frayeur, douleur, etc.] : Sen. Pol. 5, 5 ; Tac. H. 1, 88 ; Plin. Ep. 3, 16, 6 ¶ 4 [poét.] cacher, recouvrir, dissimuler : *caput casside* Ov. M. 8, 25, recouvrir sa tête d'un casque, cf. M. 6, 599 ; *rivos congestu arenae* Tac. An. 15, 3, dissimuler des cours d'eau avec des amoncellements de sable.

abdōmĕn, ĭnis, n. (cf. abdo) ¶ 1 ventre, abdomen : Pl. Mil. 1398 ∥ [d'animaux] Pl. Curc. 323 ; Plin. 8, 209 ; 9, 48 ¶ 2 [fig.] = sensualité, gourmandise : *insaturabile abdomen* Cic. Sest. 110, un ventre insatiable, cf. Pis. 41 ; 66 ; Sen. Ben. 7, 26, 4. ▶ *abdumen* Char. 38, 9.

abdūcĕ, 🅅▶ abduco ▶.

abdūcō, ĭs, ĕre, dūxī, ductum, tr. **I** [pr.] ¶ 1 conduire en partant d'un point, emmener : *cohortes secum* Caes. C. 1, 15, 3, emmener avec soi les cohortes ; *de ara* Pl. Ru. 723, emmener de l'autel, cf. Varr. Men. 11 ; Liv. 2, 56, 15 ; 23, 23, 8 ; *ex aedibus* Pl. Truc. 847, de la maison, cf. Cic. Verr. 1, 85 ; 5, 33 ; Brut. 222 ; Liv. 5, 1, 5 ; *ab Sagunto exercitum* Liv. 21, 10, 13, emmener l'armée de Sagonte [qu'elle assiège], cf. Tib. 2, 3, 61 ¶ 2 emmener, enlever : *familiam* Cic. Verr. 3, 57, enlever les esclaves ; *legiones a Bruto* Cic. Phil.

10, 6, enlever ses légions à Brutus, cf. Caes. C. 1, 9, 4; **navis a praedonibus abducta** Cic. Verr. 5, 125, navire enlevé aux pirates, cf. Caes. C. 3, 23, 2 ‖ [avec dat.] ***aliquem, aliquid alicui***, enlever qqn, qqch. à qqn : Pl. Merc. 994 ; Val.-Flac. 6, 298 ; Petr. 114‖ [dat. ou abl. ? douteux] Virg. En. 10, 79 ; Luc. 6, 441 ; 9, 648 ; 10, 153. **II** [fig.] séparer de, détacher de ¶ **1** [idée d'éloignement] ***a malis mors abducit*** Cic. Tusc. 1, 83, la mort nous détache des maux, cf. Div. 2, 13 ; Nat. 2, 45 ; Verr. 3, 159 ; Phil. 2, 44 ; de Or. 2, 293 ¶ **2** détourner de : ***aliquem ab negotio*** Cic. Flac. 92, détourner qqn de ses occupations, cf. Off. 1, 19 ; Lae. 8 ¶ **3** détacher, détourner et amener à soi : ***discipulum ab aliquo*** Cic. Fin. 5, 75, enlever à qqn son disciple ; ***equitatum ad se*** Cic. Phil. 11, 27, amener à soi la cavalerie ¶ **4** détourner d'une chose et mener à une autre : ***ne ars tanta a religionis auctoritate abduceretur ad mercedem atque quaestum*** Cic. Div. 1, 92, pour éviter qu'une science si importante s'éloignant de la majesté religieuse n'en vînt à la recherche du profit et du gain, cf. Clu. 89 ; Verr. 3, 210 ; Sen. Ep. 24, 16 ¶ **5** [fig. en parl. de choses], emmener, enlever, emporter : ***omnia sternet abducetque secum vetustas*** Sen. Marc. 26, 6, le temps abattra toutes choses et les emportera avec lui, cf. Ep. 71, 15. ▶ [arch.] abdouco CIL 1, 7‖ impér. abduc mais abduce Pl. Bac. 1031 ; Curc. 693 ; Poen. 1173 ; Ter. Ad. 482 ; Phorm. 410‖ parf. abduxti Pl. Curc. 614.

abductĭo, ōnis, f., action d'emmener : Dar. 4‖ expulsion : Cael.-Aur. Chron. 5, 1, 1 ‖ captivité : Ambr. Psalm. 98 ‖ retraite, solitude : Vulg. Eccli. 38, 20.

abductus, a, um, part. de abduco.

abdūmen, ⓥ abdomen ▶.

abduxī, parf. de abduco.

abduxti, ⓥ abduco ▶.

Ăbĕātae, ārum, m. pl., habitants d'Abéa [Achaïe] : Plin. 4, 22.

ăbĕcēdārĭus, a, um, relatif à l'a b c, abécédaire, alphabétique : Fulg. Myth. 3, 10 ‖ **ăbĕcēdārĭi**, m. pl., qui en sont à l'a b c : Aug. Retract. 1, 20 ‖ **ăbĕcēdārĭum**, n., l'a b c : *Gloss. 2, 578, 14.

ăbēgī, parf. de abigo.

Ăbēl, indécl., **Ăbēl**, ēlis, **Ăbēlus**, i, m., Abel [fils d'Adam] : Vulg. Gen. 4, 2.

Ăbella, ae, f. (cf. al. Apfel, an. apple), ville de Campanie [Avella, célèbre pour ses fruits] : ***malifera Abella*** Virg. En. 7, 740 ‖ **Ăbellae**, ārum, f. pl., Char. 35, 8‖ **-āni, ōrum**, m. pl., habitants d'Abella : Just. 20, 1, 13 ; ⓥ abellana, avellana.

ăbellāna, ae, f. (Abella ; fr. aveline), noisette [d'Abella] : ***nux abellana*** Cat. Agr. 8, 2 ; Col. 5, 10, 14 ; Plin. 12, 100 ; [sans nux] : Plin. 15, 88‖ noisetier : Plin. 16, 120.

▶ qqf. ***nucleus abellanus*** Plin. 37, 56 ; Solin. 52, 54 ‖ avellana *Cels. 3, 27, 4 B ; Gloss. 2, 521, 27 [it., esp.] ; abelina Gloss. 3, 567, 13 [fr.].

Ăbellānus, a, um, ⓥ Abella, abellana.

Abellīnās, ātis, m., habitant d'Abellinum : Plin. 3, 105.

Ăbellīnum, i, n., ville du Samnium [Avellino] Atlas XII, E5 : Plin. 3, 63 ‖ **-īnus, a, um**, d'Abellinum : Paul.-Nol. Carm. 20, 68.

ăbēmō, ĭs, ĕre, -, -, tr., emporter : P. Fest. 4, 30.

ăbĕō, ĭs, īre, ĭī, ĭtum, intr.

I [pr.] s'en aller, s'éloigner, partir : Cic. Cat. 2, 1 ; Flac. 87 ; Plin. 4, 7 **a)** [avec ex] ***ex eorum agris*** Cic. Verr. 3, 79, s'en aller de leurs terres ; ***ex conspectu*** Caes. G. 6, 43, 5, s'éloigner de la vue, cf. C. 2, 22, 4 ; Liv. 22, 12, 7 ; 25, 16, 2 ; 42, 41, 8‖ [avec de] Cic. Verr. 2, 55 ; Pl. Men. 599‖ [avec ab] ***ab his locis*** Pl. Men. 553 ; ***ab urbe*** Liv. 36, 3, 3, s'éloigner de ces lieux, de la ville ; ***ab aliquo*** Pl. Cap. 487, s'éloigner de qqn, quitter qqn, cf. Mil. 1084 ; Ter. Eun. 791 ; Cic. Verr. 2, 54 ; Flac. 50 ; Liv. 28, 24, 8 ; ***ab oculis*** Pl. Trin. 989, s'éloigner des regards, cf. Cas. 302 ; Truc. 477 ; Sen. Ep. 36, 10 ‖ [avec abl.] ***navi*** Pl. Merc. 110, quitter un vaisseau, cf. Amp. 208 ; Liv. ; Tac. **b)** [avec supin] ***cubitum*** Pl. Most. 486, s'en aller se coucher, cf. Ru. 707 ; 898 **c)** [avec inf.] ***abi quaerere*** Pl. Cist. 502, va-t'en chercher, cf. Bac. 900 ; Trin. 335 **d)** [avec acc. de qualité] ***abi tuam viam*** Pl. Ru. 1027, va-t'en ton chemin **e)** [avec attribut du sujet] ***ab judicio abit turpissime victus*** Cic. Com. 41, il s'en va du procès avec la plus honteuse des défaites ; ***integri abeunt*** Sall. J. 60, 7, ils s'en vont sans dommage, cf. 58, 5 ; 13, 11, 4 ; 9, 12, 7 **f)** [poét.] pénétrer dans, s'enfoncer dans : ***in corpus*** Lucr. 4, 1111, s'enfoncer dans le corps, cf. Virg. En. 9, 695 ; Stat. Th. 8, 495 ; 11, 631. **II** [fig.] ¶ **1** s'en aller, disparaître : ***abiit ille annus*** Cic. Sest. 71, cette année-là s'écoula, cf. Cael. 74 ; Mur. 7 ; ***illa mea ... abierunt*** Cic. Fam. 9, 20, 1, mes propos d'autrefois ... s'en sont allés ; ***sensus abiit*** Cic. Tusc. 1, 109, le sentiment a disparu, cf. Fam. 14, 1, 3 ; Att. 41, 10, 2 ; Liv. 2, 4, 2 ¶ **2** [avec abl.] ***magistratu, consulatu***, etc., quitter une magistrature, le consulat, etc. : Cic. Rep. 1, 7 ; Pis. 6 ; Liv. 2, 52, 6 ; 7, 22, 3 ¶ **3** s'éloigner d'une chose, s'écarter de [avec ab] : ***ab jure*** Cic. Verr. 1, 114, s'écarter du droit ; ***abeamus a fabulis*** Cic. Div. 2, 22, laissons là les récits fabuleux, cf. Ac. 2, 90 ‖ ***illuc unde abii redeo*** Hor. S. 1, 1, 108, je reviens à ce point d'où je suis parti ‖ ***ne longius abeam*** Cic. Fin. 2, 96, pour ne pas faire trop longue digression, cf. Rep. 3, 38 ; Caecin. 95 ; ***quid ad istas ineptias abis ?*** Cic. Amer. 47, pourquoi t'écartes-tu de ton sujet pour dire de pareilles sornettes ? ¶ **4** s'éloigner d'un état pour passer à un autre ; changer de nature, se transfor-

mer en qqch. ; [avec in acc.] ***e in u abiit*** Varr. L. 5, 91, e s'est changé en u ; ***in villos abeunt vestes*** Ov. M. 1, 236, ses vêtements se changent en poils, cf. 2, 673 ; 4, 396 ; 4, 658 ; 13, 674 ¶ **5** [en parl. d'une affaire] ***abire ab aliquo***, échapper à qqn : Cic. Verr. 1, 141 ; 3, 148 ‖ [en parl. d'argent] sortir des coffres de qqn : Cic. Verr. 2, 55 ¶ **6** aboutir à **a)** [avec in acc.] ***in vanum*** Sen. Ep. 94, 17, aboutir au néant, être sans effet **b)** [avec un adv.] avoir telle ou telle issue : ***mirabar, hoc si sic abiret*** Ter. And. 175, je m'étonnais que la chose eût ce dénouement, cf. Cic. Fin. 5, 7 ; Att. 14, 1, 1 ¶ **7** [expr. familière] ***abi in malam rem !*** va-t'en à la malheure ! ; ***abi in malam crucem !*** va te faire pendre ! va-t'en au diable ! : Pl. ; Ter., cf. Cic. Phil. 13, 48 ¶ **8** [tard.] ***post aliquem***, suivre : Vl. Deut. 13, 4 d. Tert. Scorp. 2, 8 ; [avec le sens péjoratif, en se détournant du droit chemin] Tert. Scorp. 3, 6.

▶ impér. abei CIL 1, 1211 ‖ abin = abisne Pl. ; Ter. ‖ le parf. abivi ne se trouve nulle part ; les formes sync. abi ; abit se trouvent en poésie ; l'inf. abisse est presque de règle.

Ăbĕōna, ae, f., déesse qui présidait au départ : Aug. Civ. 4, 21.

ăbĕquĭtō, ās, āre, āvī, -, intr., partir à cheval : Liv. 24, 31, 10.

ăbĕram, imparf. de absum.

ăbercĕō, ⓥ abarceo.

ăbĕrō, fut. de absum.

ăberrātĭo, ōnis, f., moyen de s'éloigner de, diversion à : Cic. Att. 12, 38, 3 ; Fam. 15, 18, 1.

ăberrō, ās, āre, āvī, ātum, intr.

I [pr.] errer loin de : ***inter homines a patre*** Pl. Men. 31, s'égarer dans la foule après avoir perdu son père ; ***aberrantes ex agmine naves*** Liv. 37, 13, 1, des navires allant à l'aventure loin du gros de la flotte ; ***qui pecore aberrasset*** Liv. 41, 13, 2, (un taureau) qui errait égaré loin de son troupeau. **II** [fig.] ¶ **1** s'éloigner, s'écarter ; ***ab aliqua re***, de qqch. : Cic. Fin. 5, 83 ; Caecin. 55 ; Tusc. 5, 66 ; Phil. 7, 1 ; Lig. 19‖ ***ad alia*** Cic. Off. 1, 135, s'égarer sur d'autres idées ‖ [abs^t] se distraire de pensées pénibles : Cic. Att. 12, 38, 1 ¶ **2** s'égarer, se fourvoyer : Cic. Off. 1, 100 ; ***conjectura*** Cic. Nat. 1, 100, s'égarer dans ses conjectures ; Att. 14, 22 ; cf. Har. 23.

ăbĕs, indic. prés. ou impér. 2e pers. de absum.

Ăbessālōm, -ōn, m., ⓒ Absalom.

ăbesse, inf. de absum.

ăbĕuntis, gén. de abiens.

abfŏre, abfŭtūrum esse, inf. fut. de absum.

abfŏrem, imparf. subj. de absum.

abfŭat, ⓥ absum ▶.

abfŭī, parf. de absum.

abfŭtūrus, a, um, part. fut. de absum.

Abgar, **Abgarus**, *i*, m., nom de plusieurs rois : Capit. *Anton.* 9, 6 ; ▶ *Acbarus*.

abgrĕgō, *ās*, *āre*, -, - (ab grege), tr., séparer [du troupeau] : P. Fest. 21, 20.

ăbhĭbĕō, *ēs*, *ēre*, -, -, éloigner : *Pl. *Trin.* 263.

ăbhĭĕmat, impers., il fait un temps d'hiver : *Plin. 18, 354.

ăbhinc, adv. (ab, hinc)
I [lieu], loin d'ici : Lucr. 3, 954 ; Apul. *Flor.* 16.
II [temps] ¶ **1** à partir de maintenant, à compter de maintenant **a)** [avec acc.] *hoc factumst ferme abhinc biennium* Pl. *Bac.* 388, cela s'est passé il y a maintenant deux ans environ, cf. *Cas.* 39 ; Ter. *And.* 69 ; *Hec.* 822 ; Cic. *Com.* 37 ; *abhinc annos prope trecentos fuit* Cic. *Div.* 2, 118, il vécut voilà près de trois cents ans, cf. *Verr.* 1, 34 ; *Balb.* 16 ; *Phil.* 2, 119 **b)** [avec abl.] *abhinc annis quindecim* Cic. *Com.* 37, il y a quinze ans maintenant, cf. *Verr.* 2, 130 ; *Att.* 12, 17 ; Gell. 1, 10, 2 ¶ **2** [par rapport à l'avenir] Pacuv. *Tr.* 22 ; Tert. *Marc.* 3, 5, 2.

ăbhorrens, *tis* ¶ **1** part. prés. de *abhorreo* ¶ **2** adj **a)** déplacé, inopportun : *abhorrentes lacrimae* Liv. 30, 44, 6, larmes déplacées, cf. 27, 37, 13 ; *abhorrentes cibos* Cypr. *Ep.* 34, 2, 2, mets répugnants **b)** [avec dat.] inconciliable avec, qui ne répond pas à : *huic profectioni abhorrens mos* Liv. 2, 14, 1, coutume qui jure avec ce départ.

ăbhorrĕō, *ēs*, *ēre*, *ŭī*, - (ab, horreo ; esp. *aburrir*), intr. ¶ **1** s'éloigner avec effroi de qqch. ; éprouver de l'horreur, de l'aversion, de l'éloignement, de la répugnance pour qqch. **a)** [avec ab] *a dolore* Cic. *Fin.* 3, 62, avoir de l'aversion pour la douleur ; *a Musarum honore et a poetarum salute* Cic. *Arch.* 27, avoir de la répugnance à glorifier les Muses et à sauver les poètes, cf. *Clu.* 27 ; *Arch.* 1 ; Cæs. *C.* 1, 85, 3 **b)** [avec abl.] Curt. 6, 7, 11 ; Tac. *An.* 1, 54, 21 ; H. 4, 55 **c)** [avec acc., pris transᵗ] Suet. *Aug.* 83 ; *Galb.* 4 ; Hier. *Ep.* 32, 5 **d)** [absᵗ] se détourner avec horreur : Cic. *Clu.* 41 ‖ n'avoir aucune disposition favorable pour faire une chose, être réfractaire : *de Or.* 2, 85 ‖ être hostile : Liv. 29, 12, 10 ¶ **2** [en parl. de choses] être incompatible avec, répugner à **a)** [ab aliqua re, ab aliquo] : *genus dicendi, quod a consuetudine judiciorum abhorret* Cic. *Arch.* 3, une façon de parler incompatible avec l'usage des tribunaux ; *hoc tantum facinus ab eo non abhorret* Cic. *Clu.* 167, ce si grand crime n'est pas incompatible avec sa nature, cf. *Rep.* 1, 24 ; *Fin.* 5, 66 ; *Cat.* 1, 20 ; *Att.* 1, 20, 2 ; *Ac.* 2, 29 **b)** *orationes abhorrent inter se* Liv. 38, 56, 5, les discours sont contradictoires entre eux **c)** *abhorrebat ab fide quemquam... intraturum* Liv. 9, 36, 6, on répugnait à croire que quelqu'un entrerait, cf. Suet. *Cal.* 12 **d)** ▶ *abhorrens*.

ăbhorrescō, *ĭs*, *ĕre*, -, - (ab, horresco ; esp. *aborrecer*), intr. et tr., se détourner de : Vulg. *2 Macc.* 6, 12 ; Rufin. *Orig. Rom.* 1, 19.

ăbhorrĭdē, adv., d'une manière qui choque : Char. 57, 5.

ăbhortor, *āris*, *ārī* -, détourner : Gloss. 2, 242, 2.

ăbī, impér. de *abeo*.

ăbībĭtur, [fut. pass. impers.] on s'en ira : Pl. *Merc.* 776, cf. Liv. 9, 32, 6 ; 24, 19, 7.

ăbĭcĭo, ▶ *abjicio*.

ăbĭdum (abi dum), Ter. *Haut.* 249, va-t'en donc.

ăbĭĕgĭnĕus, **ăbĭĕgnĕus**, **ăbĭĕgnĭus**, *a, um*, ▶ *abiegnus* : CIL 1, 698.

ăbĭĕgnus, *a, um* (abies), de sapin : *abiegnus equus* Prop. 3, 1, 25, le cheval de Troie.

ăbĭens, *ĕuntis*, part. prés. de *abeo*.

ăbĭēs (ābjēs), *ĕtis*, f. (obscur ; it. et esp. *abeto*) ¶ **1** sapin [arbre] : Cæs. *G.* 5, 12, 5 ¶ **2** [objets faits en sapin d.] Quint. 8, 6, 20] tablettes à écrire : Pl. *Pers.* 248 ‖ vaisseau : Virg. *En.* 8, 91 ‖ lance : Virg. *En.* 11, 667.

ăbĭĕtārĭus, *a, um*, de sapin : P. Fest. 25, 8 ‖ subst. m., ouvrier qui travaille le sapin : Vulg. *Exod.* 35, 35.

ăbĭga, *æ*, f. (abigo), ivette commune [plante abortive] : Plin. 24, 29.

ăbĭgĕātŏr, *ōris*, m., voleur de bestiaux : Paul. *Sent.* 5, 18, 1.

ăbĭgĕātŭs, *ūs*, m., enlèvement de bestiaux : Dig. 47, 14, 3, 1.

ăbĭgĕō (ăbĭgō), *ās*, *āre*, -, - (abigeus), tr., voler du bétail : Cypr. *Ep.* 71, 2, 2 ; Lucif. *Non parc.* 3.

ăbĭgĕus, *i*, m. (abigo), voleur de bestiaux : Ulp. *Dig.* 47, 14, 1.

ăbĭgō, *ĭs*, *ĕre*, *ēgī*, *actum* (ab et ago), tr. ¶ **1** pousser loin de, chasser : *aliquem ab ædibus* Pl. *Amp.* 979, repousser qqn de la maison, cf. Liv. 2, 37, 9 ; 8, 14, 8 ; *puer, abige muscas* Cic. *de Or.* 2, 247, esclave, chasse les mouches, cf. *Tusc.* 1, 104 ¶ **2** pousser devant soi un troupeau pour le détourner, emmener, détourner, voler : Cic. *Verr.* 1, 28 ; 3, 57 ; Liv. 2, 23, 5 ; 28, 8, 10 ; 39, 47, 2 ¶ **3** expulser [le fœtus avant terme] : Cic. *Clu.* 32 ; Plin. 14, 116 ; Tac. *An.* 14, 63 ; Suet. *Dom.* 22, 2 ¶ **4** [fig.] chasser, faire disparaître, dissiper [fatigue, désirs, soucis] : Pl. *Merc.* 113 ; Sen. *Ep.* 65, 15 ; Hor. *Ep.* 1, 15, 19 ‖ *medio jam noctis abactae curriculo* Virg. *En.* 8, 407, au moment où la nuit qui s'en va est au milieu de sa course.

1 **ăbĭī**, parf. de *abeo*.

2 **Abĭī**, *ōrum*, m. pl., Abiens [peuple de Scythie] : Curt. 7, 6, 11.

Ăbĭla, *ae*, f., ville de Syrie : Anton. 198 ‖ montagne de Maurétanie [auj. mont Acho ; deuxième colonne d'Hercule] : Mel. 1, 27.

Ăbĭlēni, *ōrum*, m. pl., habitants d'Abila : CIL 3, 199.

Abimelech, m. indécl., nom de plusieurs rois : Vulg. *Gen.* 20, 2.

ăbin, ▶ *abeo* ▶.

ăbinde, ▶ *inde* : Comm. *Apol.* 330 ; Paul.-Nol. *Ep.* 6, 2.

ăbintellĕgō, *ĭs*, *ĕre*, -, -, intr., perdre la raison : Gloss. 3, 45, 35.

ăbintĕrĭus, adv., à l'intérieur : Chir. 19.

ăbintus, adv., de l'intérieur : VL. *Psalm.* 44, 14 ; *Matth.* 7, 15.

ăbinvĭcem, ▶ *invicem* : Vulg. *Matth.* 25, 32 ; Cypr. *Ep.* 4, 4, 2.

Abītācus, ▶ *Avitacus*.

Abitinae, *ārum*, f. pl., ville d'Afrique : Aug. *Bapt.* 7, 54 ‖ **-nensis**, *e*, d'Abitinae.

ābĭtĭo, *ōnis*, f., départ : Pl. *Ru.* 503 ; Ter. *Haut.* 190.

ābĭtō, *ĭs*, *ĕre*, ▶ *abaeto*.

ăbĭtŭs, *ūs*, m. ¶ **1** départ, éloignement : Pl. *Amp.* 641 ; Cic. *Verr.* 3, 125 ¶ **2** issue, sortie : Virg. *En.* 9, 380 ; Tac. *An.* 14, 37.

ăbīvī, ▶ *abeo* ▶.

abjēcī, parf. de *abjicio*.

abjectē, adv., lâchement, bassement : Cic. *Phil.* 3, 28 ; *Tusc.* 2, 55 ; Tac. *D.* 8, 3 ‖ **-issime** Aug. *Ep.* 118, 5, 32.

abjectĭo, *ōnis*, f. (abjicio) ¶ **1** action de rejeter, de laisser tomber : Cael.-Aur. *Acut.* 2, 10, 59 ¶ **2** abattement, découragement : Cic. *Pis.* 88 ¶ **3** abaissement, humiliation, condition humble : Tert. *Jud.* 14, 2 ; Aug. *Conf.* 1, 10, 21.

abjectus, *a, um* ¶ **1** part. de *abjicio* ¶ **2** adjᵗ **a)** [rhét.] banal, plat : Cic. *Brut.* 221 ; *de Or.* 3, 150 ; *Or.* 192 **b)** bas, humble, commun : Cic. *Dej.* 30 ; *Phil.* 2, 82 ; *Mil.* 47 ; *Off.* 1, 124 **c)** abattu, sans courage : Cic. *Lae.* 59 ; *Clu.* 68 ; *Phil.* 13, 17 ; *Tusc.* 3, 26 ‖ **abjectior** Cic. *Leg.* 1, 51 ; *Fam.* 1, 9, 16 ; **abjectissimus** Quint. 11, 1, 13 ; Plin. *Ep.* 1, 5, 8.

abjĭcĭō, *ĭs*, *ĕre*, *jēcī*, *jectum* (ab et jacio), tr.
I [idée de séparation, d'éloignement] ¶ **1** [pr.] jeter loin de soi : Cic. *Dej.* 29 ; *Tusc.* 2, 54 ; *Mur.* 45 ; *pilis abjectis temere magis quam emissis* Liv. 2, 46, 3, jetant loin d'eux leurs javelots au hasard plutôt que les lançant ¶ **2** [fig.] abandonner, laisser là [un espoir, un projet, une affaire] : Cic. *Fam.* 4, 7, 2 ; *Cat.* 2, 14 ; *Mur.* 45 ‖ *dolorem* Cic. *Tusc.* 3, 66, chasser la douleur ; *abjecta omni cunctatione* Cic. *Off.* 1, 72, ayant banni, rejeté toute hésitation ; *salutem* Cic. *Planc.* 79, abandonner le souci de sa conservation ‖ [chrét.] rejeter [hors de l'Église], excommunier : Hier. *Ep.* 123, 9 ; Fil. 54.
II [idée d'abaissement] ¶ **1** jeter en bas, jeter à terre, rejeter [de haut en bas] : *de suo capite insigne regium* Cic. *Sest.* 58, rejeter de sa tête le diadème ; *insignibus abjectis* Cic. *Planc.* 98, ayant jeté à terre ses insignes ; *statua abjecta* Cic. *Verr.* 2, 160, la statue une fois abattue ; *anulum in mari* Cic. *Fin.* 5, 92, jeter en mer son

anneau; *se in herba* Cic. *de Or. 1, 28*, se jeter dans l'herbe; *e muro se in mare* Cic. *Tusc. 1, 84*, se jeter du haut d'un mur dans la mer ¶ 2 abattre, terrasser: *feriuntur, abjiciuntur* Cic. *Tusc. 2, 36*, ils se frappent, se terrassent; *luctator ter abjectus* Sen. *Ben. 5, 3, 1*, le lutteur terrassé trois fois; *ad terram virgis abjectus* Cic. *Verr. 5, 140*, abattu sur le sol à coups de verges ‖ *se abjicere* Cic. *Sest. 79*, se laisser tomber à terre; *se ad pedes alicui* ou *ad pedes alicujus*, se jeter aux pieds de qqn : Cic. *Att. 8, 9, 1*; *4, 2, 4*; *Fam. 4, 4, 3*; *ego me plurimis pro te supplicem abjeci* Cic. *Mil. 100*, je me suis jeté pour toi en suppliant aux pieds d'une foule de personnes ¶ 3 [fig.] **a)** abattre [au sens moral]: *maeror mentes abjicit* Sen. *Clem. 2, 2, 5*, l'affliction abat (déprime) les esprits; *se abjicere* Cic. *Tusc. 2, 54*, se laisser abattre ‖ surtout part., *abjectus* = abattu: Cic. *Cat. 3, 10*; *4, 3*; *Dom. 25* **b)** abaisser, ravaler: *augendis rebus et contra abjiciendis* Cic. *Or. 127*, en grossissant ou au contraire en affaiblissant les faits, cf. *Tusc. 5, 51*; *Sull. 65*; *Verr. 3, 95*; *suas cogitationes in rem humilem* Cic. *Lae. 32*, ravaler ses pensées à un objet terre à terre, cf. *Par. 14* **c)** [en parl. du débit ou du style] laisser échapper négligemment, laisser tomber: Cic. *de Or. 3, 102*; *Or. 199*.
▶ orth. la meilleure *abicio*.

abjūdĭcātus, *a*, *um*, part. de *abjudico*.

abdjūdĭcō, *ās*, *āre*, *āvī*, *ātum*, tr. ¶ 1 refuser par un jugement, enlever par un jugement: *Alexandriam a populo Romano* Cic. *Agr. 2, 43*, par son jugement enlever Alexandrie au peuple romain; *ob injuriam agri abjudicati* Liv. *4, 1, 4*, à cause du jugement injuste qui ne leur avait pas attribué le territoire ¶ 2 [fig.] rejeter, repousser: *se a vita* Pl. *As. 607*, renoncer à la vie; *aliquid ab aliquo* Cic. *Verr. 1, 4*, dénier qqch. à qqn; *sibi libertatem* Cic. *Caecin. 99*, se dénier la qualité d'homme libre.

abjūgassēre, ▽ *abjugo* ▶.

abjūgō, *ās*, *āre*, -, -, tr., détacher du joug; éloigner, séparer; *ab aliqua re*, de qqch. : Pacuv. *Tr. 222*.
▶ *abjugassere* inf. fut. Gloss. *2, 3, 41*.

abjunctus, *a*, *um*, part. de *abjungo* ‖ subst. n. *abjunctum*, expression concise: Carm. Fig. 55.

abjungō, *ĭs*, *ĕre*, *junxī*, *junctum*, tr. ¶ 1 détacher du joug, dételer: Virg. *G. 3, 518* ¶ 2 [fig.] séparer: Caes. *G. 7, 56, 2*; Cic. *Att. 2, 1, 3*.

abjūrassit, ▽ *abjuro* ▶.

abjūrātĭō, *ōnis*, f., négation d'un dépôt: Isid. *5, 26, 24* ‖ refus: Ennod. *Ep. 5, 2*.

abjūrātŏr, *ōris*, m., qui nie un dépôt avec parjure: Cass. *Var. 11, 3* ‖ [fig.] qui renonce à : Ennod. *Dict. 18*.

abjūrātus, *a*, *um*, part. de *abjuro*.

abjurgō, *ās*, *āre*, -, -, tr., refuser à qqn un objet en contestation, adjuger à un autre: Hyg. *Fab. 107*.

abjūrō, *ās*, *āre*, *āvī*, *ātum*, tr., nier par un faux serment: Serv. *En. 8, 263*; *pecuniam* Pl. *Ru. 14*, nier une dette par serment, cf. *Curc. 496*; Sall. *C. 25, 4*; Cic. *Att. 1, 8, 3*; Virg. *En. 8, 263* ‖ ne pas reconnaître, repousser: Ambr. *Fid. 2, 5, 44*.
▶ arch. *abjurassit* = *abjuraverit* Pl. *Pers. 478*.

ablactātĭō, *ōnis*, f., sevrage: Vulg. *Gen. 21, 8*.

ablactātus, *a*, *um*, part. de *ablacto*.

ablactō, *ās*, *āre*, *āvī*, *ātum* (*ab lacte*), tr., sevrer: Vulg. *1 Reg. 1, 23*.

ablăcŭō, ▽ *ablaqueo* ▶.

ablăquĕātĭō, *ōnis*, f., déchaussement [dégagement des racines]: Col. *4, 4, 2*; *4, 8, 2*; *5, 10, 17*; Plin. *17, 194*; *17, 246* ‖ fosse: Col. *Arb. 24*.

ablăquĕātus, *a*, *um*, part. de *ablaqueo*.

ablăquĕō, *ās*, *āre*, *āvī*, *ātum* (*ab laqueo*), tr., déchausser [creuser la terre autour d'un arbre pour couper les racines inutiles et les rejets, et pour maintenir l'eau à la base de la plante]: Cat. *Agr. 5, 8*; *29*; Col. *5, 9, 12*; *11, 2, 40*; Plin. *17, 259*.
▶ *ablacuo* Varr. *R. 1, 29, 1*.

ablātĭō, *ōnis*, f. (*aufero*), action d'enlever: Tert. *Marc. 4, 19, 5*.

1 ablātīvus, *i*, m., [avec ou sans *casus*] ablatif: Quint. *1, 4, 26*; *7, 9, 10*, cf. Diom. *302, 4*.

2 ablātīvus, *a*, *um*, qui gouverne l'ablatif: Isid *1, 13, 1*.

ablātŏr, *ōris*, m., ravisseur: Aug. *Civ. 19, 13*.

ablātus, *a*, *um*, part. de *aufero*.

ablēgātĭō, *ōnis*, f. ¶ 1 action de faire partir loin de, d'éloigner: Liv. *6, 39, 7* ¶ 2 bannissement, relégation: Plin. *7, 149*.

ablēgātus, *a*, *um*, part. de *ablego*.

ablegmĭna, *um*, n. pl. (*ab*, *lego*), parties des entrailles réservées pour être offertes aux dieux: P. Fest. *19, 20*.

ablēgō, *ās*, *āre*, *āvī*, *ātum*, tr., envoyer loin de, éloigner, écarter: [avec *ab*] *a fratris adventu* Cic. *Att. 2, 18, 3*, empêcher d'être présent à l'arrivée d'un frère, cf. Liv. *5, 2, 4* ‖ *dimisso atque ablegato consilio* Cic. *Verr. 2, 73*, le conseil étant congédié et écarté, cf. *Verr. 2, 74*; *2, 79*; *5, 82*; *pueros venatum* Liv. *1, 35, 2*, éloigner les enfants en les envoyant à la chasse.

ablepsĭa, *ae*, f. (ἀβλεψία), inattention, distraction: Serv. *En. 7, 647*; [en grec dans Suet. *Cl. 39*].

ablēvō, *ās*, *āre*, -, -, tr., alléger, soulager: Ambr. *Vid. 6, 36* ‖ *se ablevare ab* Ambr. *Fug. 7, 38*, se retirer de [quitter].

abligurrĭō, *īs*, *īre*, *īvī* et *ĭī*, -, tr., faire disparaître en léchant, lécher: Arn. *7, 3* ‖ [fig.] dévorer, dissiper: Ter. *Eun. 235*.

abligurrītĭo, *ōnis*, f., action de dissiper: Capit. *Macr. 15, 2*.

abligurrītŏr, *ōris*, m., dissipateur: Ambr. *Ep. 45, 10*.

ablingō, *ĭs*, *ĕre*, -, -, tr., humecter, bassiner [les yeux]: M.-Emp. *8, 137*.

ablŏcō, *ās*, *āre*, -, -, tr., céder en location: Suet. *Vit. 8*.

ablūdō, *ĭs*, *ĕre*, -, -, intr., ne pas s'accorder avec [ἀπᾴδω] ‖ [fig.] s'éloigner de, être différent de [avec *ab*] : Hor. *S. 2, 3, 320*.

ablŭō, *ĭs*, *ĕre*, *ŭī*, *ūtum* (*ab*, 2 *lavo*), tr. ¶ 1 enlever en lavant, laver [sang, sueur]: Virg. *En. 9, 818*; Sen. *Ep. 86, 11*; Tac. *H. 3, 32* ‖ *Ulixi pedes* Cic. *Tusc. 5, 46*, laver les pieds d'Ulysse ‖ [t. relig.] purifier par ablution: Virg. *En. 2, 719* ¶ 2 [fig.] laver, effacer, faire disparaître: Cic. *Tusc. 4, 60*; Lucr. *4, 875* ¶ 3 [chrét.] effacer une souillure, purifier par le baptême: Tert. *Paen. 6, 17*.

ablūtĭo, *ōnis*, f. ¶ 1 lavage: Plin. *17, 74* ¶ 2 [chrét.] purification par le baptême d'eau, baptême: Tert. *Bapt. 5, 6* ‖ *sanguinis ablutio* Cassian. *Coll. 20, 8, 1*, baptême de sang [martyre].

ablūtŏr, *ōris*, m., celui qui purifie: Ps. Tert. *Marc. 3, 221*.

ablūtus, *a*, *um*, part. de *abluo*.

ablŭvĭo, *ōnis*, f., enlèvement de terres par l'eau: Grom. *124, 1*; *150, 27*.

ablŭvĭum, *ĭi*, n., déluge, inondation: Laber. d. Gell. *16, 7, 1*.

abmātertĕra, *ae*, f., sœur de la trisaïeule: Dig. *38, 10, 3*.

abnătō, *ās*, *āre*, -, -, intr., se sauver à la nage: Stat. *Ach. 1, 382*.

abnĕgātĭō, *ōnis*, f., dénégation: Arn. *1, 32* ‖ *sui abnegatio* Hier. *Ep. 121, 3, 1*, renoncement à soi même, abnégation ‖ [gram.] négation: Prisc. *3, 337, 9*; *3, 35, 23*.

abnĕgātīvus, *a*, *um*, négatif: Prisc. *3, 84, 23*.

abnĕgātŏr, *ōris*, m., celui qui nie: Tert. *Fug. 12, 4*.

abnĕgō, *ās*, *āre*, *āvī*, *ātum*, tr. ¶ 1 refuser absolument; *alicui aliquid*, qqch. à qqn: Virg. *En. 7, 424*; Hor. *O. 1, 35, 22* ‖ [avec inf.] se refuser à: Virg. *G. 3, 456*; *En. 2, 637* ¶ 2 renier [un dépôt]: Sen. *Ben. 4, 26, 3*; Plin. *Ep. 10, 96, 7*; Juv. *13, 94* ‖ renier [qqn]: Tert. *Carn. 7, 12*.

abnĕpōs, *ōtis*, m., arrière-petit-fils [4e degré]: Dig. *38, 10, 1, 6*; Suet. *Tib. 3*.

abneptis, *is*, f., arrière-petite-fille: Suet. *Ner. 35*.

Abner, m. indécl., général de l'armée de Saül: Vulg. *1 Reg. 14, 50*.

Abnŏba, *ae*, f., Forêt-Noire Atlas V, D4: Plin. *4, 79*; Tac. *G. 1*.

abnoctō, *ās*, *āre*, -, -, intr., passer la nuit hors de chez soi, découcher: Sen. *Vit. 26, 6*; Gell. *13, 12, 9*.

abnōdātus, *a*, *um*, part. de *abnodo*.

abnodo

abnōdō, *ās, āre, -, -* (*ab nodis*), tr., couper les nœuds, les excroissances [de la vigne] : Col. 4, 24, 10.

abnormis, *e* (*ab* et *norma*), qui n'est pas conforme à la règle : Hor. S. 2, 2, 3 [= en dehors de toute école philos.].

abnormĭtas, *ātis*, f., difformité : Gloss. 2, 246, 24.

abnŭentĭa, *ae*, f., action de repousser [une accusation] : Aug. Rhet. 11.

abnŭĕō, *ēs, ēre, -, -*, ▭ abnuo [Diom. 382, 11] : Enn. An. 279 ; Tr. 284.

abnŭĭtĭo, *ōnis*, f., négation : P. Fest. 96, 1.

abnŭĭtūrus, *a, um*, part. fut. de *abnuo* : Sall. H. 1, 50.

abnŭmĕrō, *ās, āre, -, -*, compter entièrement : Nigid. d. Gell. 15, 3, 4.

abnŭō, *ĭs, ĕre, ŭī*, -, tr. ¶**1** faire signe pour repousser qqch., faire signe que non : Gell. 10, 4, 4, cf. Pl. Cap. 480 ; Truc. 4 ‖ [avec prop. inf.] faire signe que ne... pas : Liv. 36, 34, 6 ¶**2** [fig.] **a)** refuser ; *aliquid* qqch. : Cic. Fin. 2, 3 ; Liv. 8, 2, 11 ; 30, 16, 9 ‖ [avec inf.] refuser de : Liv. 22, 13, 11 ; 22, 37, 4 ; Tac. An. 1, 13 ; H. 2, 40 ‖ [abs‿] Liv. 4, 13, 12 ; 6, 24, 4 ; Tac. Agr. 4 ; H. 1, 61 ‖ **non abnuere quin** Tac. An. 13, 14, ne pas s'opposer à ce que [ou avec prop. inf. Suet. Caes. 19] ‖ *aliquid alicui* Cic. Fat. 3 ; Sall. J. 47, 1 ; H. 1, 50, refuser qqch. à qqn ‖ *alicui de re* Sall. J. 84, 3, opposer à qqn un refus sur un point ‖ *alicui rei* Apul. M. 4, 13, 1 ; 6, 6, 1, renoncer à qqch. **b)** nier ; *aliquid* qqch. : Liv. 26, 19, 8 ‖ [avec prop. inf.] nier que : Cic. Leg. 1, 40 ; Liv. 10, 18, 7 ; 22, 12, 6 ; 24, 29, 12 ; 30, 20, 6 ; Tac. H. 2, 66 ‖ [abs‿] Tac. An. 4, 17 ; 15, 56 ; H. 4, 41 ‖ [pass. impers.] *abnuitur* Liv. 3, 72, 7, on nie que.

▶ arch. *abnuont* = *abnuunt* Pl. Cap. 481 ; Truc. 6 ‖ part. fut. *abnuiturus* Sall. H. 1, 50.

abnŭrŭs, *ūs*, f. (*ab, nurus*), femme de petit-fils : Gloss. 2, 4, 17.

abnūtīvus, *a, um*, négatif : Dig. 45, 1, 83 pr.

abnūtō, *ās, āre, -, -*, tr., refuser par signes répétés : Pl. Cap. 611, cf. Cic. de Or. 3, 164.

Abobrīga (-brīca, Avobrīga), *ae*, f., ville de Tarraconaise : Plin. 4, 112.

Abodĭacum (Avodĭacum), *i*, n., ville de Vindélicie [Epfach] Atlas V, D4 ; XII, A2 : Peut. 3, 1.

Ăbŏlāni, *ōrum*, m. pl., peuple du Latium : Plin. 3, 69.

ăbŏlēfăcĭō, *ĭs, ĕre, fēcī, factum*, ▭ *aboleo* : Tert. Apol. 35, 2.

1 **ăbŏlĕō**, *ēs, ēre, ēvī, ĭtum* (cf. *adolesco*, plutôt que *deleo*), tr. ¶**1** détruire, anéantir : Virg. En. 4, 497 ; Sen. Ep. 87, 41 ; Tac. H. 2, 48 ¶**2** [fig.] supprimer, détruire, effacer [des rites, des mœurs, des lois] : Liv. 25, 1, 7 ; Tac. An. 14, 20 ; 3, 36 ; 3, 54 ; **memoriam flagitii** Liv. 7, 13, 4, effacer le souvenir d'une honte, cf. 10, 4, 4 ; 25, 6, 18 ‖ *alicui magistratum* Liv. 3, 38, 7, supprimer à qqn sa charge.

▶ Prisc. 2, 409, 3 donne aussi *abolui* et *aboletum*.

2 **ăbŏlĕō** (*ab, oleo*), ▭ *redoleo*, renvoyer une odeur : Gloss. 2, 239, 60.

ăbŏlescō, *ĭs, ĕre, ēvī*, - (1 *aboleo*), intr., dépérir, se perdre : Col. 3, 2, 4 ‖ [fig.] s'effacer : Virg. En. 7, 231 ; Liv. 1, 23, 3 ; 55, 6.

ăbŏlĭtĭo, *ōnis*, f., abolition, suppression : Tac. An. 13, 50 ; 13, 51 ; **facti** Suet. Tib. 4, amnistie ‖ [chrét.] effacement [des péchés] : Tert. Paen. 2, 7.

ăbŏlĭtŏr, *ōris*, m., qui détruit : Tert. Fem. 1, 3, 1.

1 **ăbŏlĭtus**, *a, um*, part. de *aboleo*.

2 **ăbŏlĭtŭs**, *ūs*, m., ▭ *abolitio* : Cass. Var. 4, 41, 2.

ăbolla, *ae*, f. (obscur), manteau de guerre : Varr. Men. 223 ‖ manteau de philosophe : Mart. 4, 53, 5 ; Juv. 3, 115 ‖ manteau [en gén.] Mart. 8, 48, 1 ; Juv. 4, 76 ; Suet. Cal. 35.

ăbŏlŭi, ▭ *aboleo* ▶.

ăbōmĭnābĭlis, *e*, abominable : Vulg. Lev. 11, 10.

ăbōmĭnāmentum, *i*, n., chose abominable [idole] : VL. Is. 2, 20 d. Tert. Jud. 13, 24.

ăbōmĭnandus, *a, um*, [pris adj‿] abominable : Liv. 8, 24, 11 ; Quint. 8, 6, 40.

ăbōmĭnantĕr, adv., d'une manière abominable : Cod. Th. 3, 12, 13.

ăbōmĭnātĭo, *ōnis*, f., action de repousser comme une chose exécrable, malédiction : Tert. Test. 3, 1 ; Lact. Inst. 1, 17, 16 ‖ chose abominable [en rapport avec démons et idoles] : Vulg. Lev. 18, 22.

ăbōmĭnāta, *a, um*, part. parf. de *abominor* : Liv. 31, 12, 8 ; Hor. Epo. 16, 8 ; Plin. 10, 34 ; 18, 5.

ăbōmĭnō, *ās, āre, āvī, ātum*, tr., repousser avec horreur, détester : **abomino paupero(s)** CIL 4, 9839 b, je hais les pauvres ; CIL 9, 2229 ; Ambrosiast. Eph. 2, 14.

ăbōmĭnŏr, *āris, ārī, ātus sum* (*ab, ominor*), tr. ¶**1** écarter un mauvais présage : Liv. 6, 18, 9 ; 30, 25, 12 ; Quint. 11, 3, 114 ‖ [avec acc.] repousser de ses vœux : Liv. 39, 22, 5 ; **quod abominor!** Ov. M. 9, 677, ce qu'aux dieux ne plaise ! ¶**2** repousser avec horreur : Liv. 30, 30, 9 ; 32, 38, 5 ; 40, 4, 8 ; Plin. Ep. 6, 4, 4 ‖ [avec inf.] avoir horreur de : Sen. Ben. 7, 8, 2 ‖ adj. verbal, **quod abominandum (est)** Liv. 23, 3, 5, chose qu'on doit repousser avec horreur, cf. Sen. Clem. 1, 25, 2 ; Ben. 1, 9, 3 ; Tert. Test. 6, 6 ; **abominandus** Tert. Praescr. 44, 3.

▶ emploi passif au part., ▭ *abominatus* ; rare ailleurs : *abominaretur* Verr. d. Prisc. 2, 380, 11 ; *abominari* Cassian. Coll. 7, 28.

ăbōmĭnōsus, *a, um*, de sinistre présage : Diom. 1, 476, 9.

Abora, *ae*, m., fleuve de Mésopotamie : Amm. 23, 5, 1.

Aboriense oppidum, ville d'Afrique : Plin. 5, 29.

Ăbŏrīgĭnes, *um*, m. pl., premiers habitants d'un pays : Plin. 3, 56 ‖ Aborigènes [peuple primitif de l'Italie] : Cat. Orig. 1, 5 ; Cic. Rep. 2, 5 ; Sall. C. 6, 1 ; Liv. 1, 1, 5 ‖ **-gĭnĕus**, *a, um*, relatif aux Aborigènes : Septim. d. Ter.-Maur. 6, 382, 1900.

ăbŏrĭŏr, *īris, īrī, ortus sum*, intr., périr, mourir : Varr. L. 5, 66 ‖ avorter : Plin. 8, 205 ; Gell. 12, 1, 8 ‖ [fig.] **vox aboritur** Lucr. 3, 155, la voix s'éteint, manque.

▶ *aborsus* Paul. Sent. 4, 9, 6, qui a avorté.

ăbŏriscŏr, *scĕrĭs, scī*, -, intr., mourir : Lucr. 5, 733.

1 **ăborsus**, *a, um*, ▭ *aborior* ▶.

2 **ăborsŭs**, *ūs*, m., avortement : Tert. Anim. 37, 2 ; Fug. 9, 4.

1 **ăbortĭo**, *īs, īre, īvī*, - (2 *abortio*), intr., avorter : Vulg. Job 21, 10 ; Aug. Psalm. 57, 5.

2 **ăbortĭo**, *ōnis*, f., avortement : Pl. Truc. 201 ; Cic. Clu. 34 ; 125.

ăbortĭum, *ĭi*, n., avortement : Hier. Ep. 22, 13.

ăbortīvum, *i*, n., substance abortive : Plin. 25, 25 ; Juv. 2, 32 ; 6, 368.

ăbortīvus, *a, um* ¶**1** né avant terme : Hor. S. 1, 3, 46 ¶**2** qui fait avorter : Plin. 7, 42.

ăbortō, *ās, āre, āvī*, - (*abortus* ; fr. *avorter*) ¶**1** intr., avorter : Varr. R. 2, 4, 14 ¶**2** tr., mettre au jour avant terme : Firm. Math. 3, 6, 12.

ăbortum, *i*, n., avortement : Dig. 29, 2, 30, 4.

1 **ăbortus**, *a, um*, part. de *aborior*.

2 **ăbortŭs**, *ūs*, m. ¶**1** avortement : Cic. Att. 14, 20, 2 ; Lucr. 4, 1243 ¶**2** **abortum facere a)** avorter [en parl. de la femme] : Plin. 27, 110 ; Ep. 8, 10, 1 **b)** faire avorter [en parl. de drogues ou substances] : Plin. 14, 110 **c)** [fig., en parl. d'écrivains] **abortus facere** Plin. praef. 28, produire des avortons.

ăbōsus, *a, um* (cf. *ex-, perosus*), haï : *Commod. Instr. 2, 30, 7.

abpătrŭus, *i*, m. (*ab, patruus*), frère du trisaïeul : Dig. 38, 10, 3.

abra, *ae*, f. (sém., ἅβρα), jeune servante : Vulg. Judith 8, 32.

ăbrăcădăbra, interj., abracadabra [mot magique] : Samm. 935.

Ăbrăcūra, ▭ *Habracura*.

abrādō, *ĭs, ĕre, rāsī, rāsum*, tr., enlever en rasant, raser : Cic. Com. 20 ; Plin. 6, 162 ‖ [fig.] enlever à, extorquer [avec *ab*] : Ter. Phorm. 333 ; Cic. Caecin. 19 ‖ [avec dat. ou abl., douteux] enlever à : Plin. Pan. 37 ‖ [avec *ex*] Sen. Ep. 88, 11.

Ābrăhaeus, *i*, m., descendant d'Abraham : Aug. *Civ.* 16, 3.

Ābrăhām, patriarche hébreu : Vulg. *Gen.* 17, 5.
▶ indécl. chez certains écrivains, chez d'autres gén. et dat. *Abrahae* ‖ *Abrahamus, i* Prisc. 2, 148, 12 ; *Abram* Vulg. *Gen.* 11, 26 ; *Abramus* Cypr.-Gall. *Gen.* 666.

Ābrāmĭda, *ae*, m., descendant d'Abraham : Ambr. *Ep.* 37, 37.

Ābrāmīus, *a, um*, relatif à Abraham : Paul.-Nol. *Carm.* 24, 503.

abrāsus, *a, um*, part. de *abrado*.

Abraxarēs, m. indécl., nom d'homme : Itin. Alex. 31.

Abraxās, *ae*, m., divinité des Basilidiens [hérétiques] : Hier. *Ep.* 75, 3.

abrĕlēgō, *ās, āre, āvī,* -, tr., reléguer : Jul.-Val. 2, 17.

abrĕlinquō, *ĭs, ĕre, līquī,* -, tr., laisser : Vl. 2 *Macc.* 10, 13 ‖ **-lictus**, *a, um*, abandonné : Tert. *Jud.* 1, 6.

abrĕmissa, *ōrum*, n. pl., **abrĕmissa**, *ae*, f., **abrĕmissio**, *ōnis*, f., rémission : Faust.-Rei. *Spir.* 1, 2.

abrĕnuntĭātĭō, *ōnis*, f., [chrét.] renonciation [baptismale] : Cassian. *Coll.* 3, tit.

abrĕnuntĭo, *ās, āre, āvī, ātum*, intr. avec dat. ou tr., [chrét.] renoncer [au diable, au monde, dans le baptême] : Ambr. *Sacr.* 1, 2, 5 ; Cassian. *Coll.* 16, 6, 1.

abreptĭo, *ōnis*, f., enlèvement : Gloss. 2, 252, 32.

abreptus, *a, um*, part. de *abripio*.

Abrettēnī, *ōrum*, m. pl., habitants de l'Abrettène [Mysie] : Plin. 5, 123.

Abrincates, *um*, m. pl., **Abrincatae**, *ārum*, m. pl., **Abrincatēnī**, *ōrum*, m. pl., **Abrincatui**, *ōrum*, m. pl., les Abrincates [auj. Avranches] : Plin. 4, 107.

abrĭpĭō, *ĭs, ĕre, rĭpŭī, reptum* (*ab, rapio*), tr., arracher, enlever : [avec a] *a tribunali* Cic. *Verr.* 5, 17, arracher du tribunal ; [avec ex] *Verr.* 4, 107 ; [avec de] *Verr.* 4, 24 ; [avec dat.] **pecora litori abrepta** Plin. *Ep.* 8, 20, 8, troupeaux arrachés au rivage ‖ [fig.] **(filium) etiamsi natura a parentis similitudine abriperet** Cic. *Verr.* 5, 30, (le fils) quand bien même la nature l'entraînerait loin de la ressemblance paternelle ; **Romulum etiamsi natura ad humanum exitum abripuit** Cic. *Rep.* 1, 25, Romulus, quoique la nature l'ait emporté brusquement vers une fin mortelle ‖ **se abripere**, s'esquiver, se dérober : Pl. *Curc.* 597 ; Liv. 22, 6, 10 ; Suet. *Tib.* 45.

Abrodiaetus, v. *Habrodiaetus*.

abrōdō, *ĭs, ĕre, rōsī, rōsum*, tr., enlever en rongeant, détruire en rongeant : Varr. *R.* 2, 9, 13 ; Plin. 37, 82.

abrŏgans, *tis* (cf. *arrogans*), humble : Gloss. 4, 484, 1.

abrŏgātĭo, *ōnis*, f. (*abrogare*), suppression par une loi d'une autre loi, abrogation : Cic. *Att.* 3, 23, 2.

abrŏgātŏr, *ōris*, m., celui qui abroge, qui détruit : Arn. 1, 50.

abrŏgātus, *a, um*, part. de *abrogo*.

abrŏgō, *ās, āre, āvī, ātum*, tr. ¶ 1 enlever **a)** *fidem alicui, alicui rei*, enlever le crédit à qqn à qqch. : Pl. *Trin.* 1048 ; Cic. *Com.* 44 ; *Ac.* 2, 36 **b)** *imperium, magistratum alicui*, enlever à qqn ses pouvoirs, sa charge : Cic. *Brut.* 53 ; *Off.* 3, 40 ; *Mil.* 72 ; *Leg.* 3, 24 ; Liv. 22, 25, 10 ; 27, 20, 11 ; 45, 39, 4 ¶ 2 supprimer, abroger [une loi] : Cic. *Inv.* 2, 134 ; *Rep.* 3, 33 ; *Brut.* 222 ; *Mur.* 5 ; *Leg.* 2, 14 ; **ut leges per desuetudinem abrogentur** Dig. 1, 3, 32, 1, que les lois tombées en désuétude soient abolies ¶ 3 [en gén.] enlever, supprimer : Plin. 2, 42 ‖ pl. n., *abrogata* Quint. 1, 6, 20, des choses abolies.

abrōsī, parf. de *abrodo*.

ăbrŏtŏnītēs vīnum (hăbr-), acc. *ēn* (ἀβροτονίτης οἶνος), vin d'aurone : Col. 12, 35.

ăbrŏtŏnum (hăbr-), *i*, n. (ἀβρότονον ; fr. *aurone*), Plin. 21, 60, **abrŏtŏnus**, *i*, m., Lucr. 4, 125, aurone [plante médicinale].
▶ qqf. *habrot-*.

abrumpō, *ĭs, ĕre, rūpī, ruptum*, tr., détacher en rompant ¶ 1 détacher violemment : **abrupti nubibus ignes** Lucr. 2, 214, les feux violemment détachés des nuages ; **se latrocinio Antonii** Cic. *Phil.* 14, 31, s'arracher à la bande de brigands d'Antoine ; **pars velut abrupta a cetero populo** Liv. 3, 19, 9, portion en quelque sorte arrachée au reste du peuple, cf. 28, 14, 20 ; 40, 2, 3 ; **abruptis turbata procellis freta** Virg. *G.* 3, 259, les flots bouleversés par la tempête déchaînée, cf. *En.* 12, 451 ¶ 2 briser, rompre : **vincula** Enn. *An.* 458, briser ses fers ; **ingeminant abruptis nubibus ignes** Virg. *En.* 3, 199, les feux redoublent en déchirant les nuages ; **abrupto ponte** Tac. *H.* 3, 14, le pont étant brisé ; **locus recenti lapsu terrae in pedum mille admodum altitudinem abruptus erat** Liv. 21, 36, 2, le lieu, par suite d'un récent éboulement du sol, s'était effondré à une profondeur d'environ mille pieds ‖ [fig.] interrompre : **somnos** Virg. *G.* 3, 530 ; **sermonem** Virg. *En.* 4, 388, rompre le sommeil, un entretien ; **vitam** Virg. *En.* 8, 579, l'existence, cf. Quint. 4, 3, 13 ; Plin. *Ep.* 5, 5, 4 ; 7, 3, 4 ; **dissimulationem** Tac. *An.* 11, 26, rompre avec, en finir avec la dissimulation ¶ 3 intr. **a)** [avec *ab*] se séparer violemment de qqn : Tert. *Apol.* 37, 6 **b)** [abs.] rompre : Tert. *Pud.* 7, 6.

Abrupolis, *is*, m., roi de Thrace : Liv. 42, 41, 11.

abruptē, adv., brusquement : Quint. 3, 8, 6 ; 4, 1, 79 ‖ précipitamment : Just. 2, 15, 4 ‖ **abruptius** Amm. 20, 5, 5.

abruptĭo, *ōnis*, f. (*abrumpo*), rupture : Cic. *Div.* 2, 84 ‖ [fig.] divorce : Cic. *Att.* 11, 3, 1.

abruptum, *i*, n. (*abruptus*) ¶ 1 pl. **a)** parties brisées, tronçons : Tac. *H.* 5, 26 **b)** **abrupta viarum** Luc. 10, 317, escarpements des routes, précipices ¶ 2 [expressions] **in abruptum ferri, trahi**, être entraîné dans les profondeurs, dans un gouffre, dans l'abîme, [au pr. et fig.] : Virg. *En.* 12, 687 ; Sen. *Nat.* 6, 1, 8 ; Tac. *H.* 1, 48 ‖ **per abrupta** Tac. *Agr.* 42, à travers des précipices, par des voies escarpées, pénibles ¶ 3 sg., abîme, précipice : Tert. *Marc.* 5, 14, 6.

abruptus, *a, um* ¶ 1 part. de *abrumpo* ¶ 2 [adj¹] **a)** à pic, escarpé, abrupt : Plin. 3, 67 ; Tac. *An.* 2, 23 ; 15, 42 ; *H.* 5, 11 ‖ [fig.] Sen. *Const.* 1, 2 **b)** [en parl. du style] brisé, coupé, haché : Sen. *Contr.* 2, pr. 2 ; Sen. *Ep.* 114, 1 ; Quint. 4, 2, 45 ; 12, 10, 80 **c)** [en parl. du caractère] intraitable, rigide : **abrupta contumacia** Tac. *An.* 4, 20, une obstination inflexible ; **Caucasio abruptior** Tert. *Marc.* 1, 1, 4, plus abrupt que le Caucase [en parl. de Marcion] **d)** précipité, inconsidéré, sans frein : Tert. *Anim.* 8, 1 ; Cypr. *Ep.* 16, 1, 1.

abs, prép., v. *a* 3 ▶.

Absālōm, **Ăbessālōm**, m. indécl., Absalon [fils de David] : Vulg. 2 *Reg.* 13, 1 ; Prud. *Ham.* 563.

Absarrum, *i*, n., **Absarus**, *i*, m., fleuve de Colchide : Plin. 6, 12.

abscēdentĭa, *ĭum*, n. pl. (part. prés. substantivé de *abscedo*), abcès : Cels. 5, 18, 21 ; v. *abscedo* ¶ 2b.

abscēdō, *ĭs, ĕre, cessī, cessum* (*abs, cedo*), intr., aller loin de, s'éloigner, s'en aller ¶ 1 **a)** [abs¹] **abscede** Pl. *Aul.* 55, va-t'en, retire-toi, cf. Liv. 26, 7, 1 ; 45, 11, 1 ‖ [fig.] **somnus abscessit** Ov. *F.* 3, 307, le sommeil s'en est allé ; **metus abscessit** Tac. *H.* 4, 76, la crainte est partie **b)** *ab aliquo* Liv. 37, 53, 18, s'éloigner de qqn ; *ab urbe* Liv. 3, 8, 8, s'éloigner de la ville ; *a Capua* Liv. 26, 1, 2, de Capoue [environs] ; *Regio* Liv. 24, 1, 12, de Regium ; *Armenia* Tac. *An.* 13, 7, quitter l'Arménie ‖ [fig.] *civilibus muneribus* Liv. 9, 3, 5, se tenir à l'écart des fonctions civiles ; *e foro* Liv. 27, 50, 4, s'éloigner du forum ; *e conspectu* Pl. *Cap.* 434, s'éloigner de la vue **c)** abandonner, renoncer à : *ab obsidione* Liv. 27, 43, 1 ou *obsidione* Liv. 36, 35, 1 renoncer au siège, abandonner le siège ; *custodia Ioniae* Liv. 37, 25, 2, abandonner la garde de l'Ionie ¶ 2 **a)** [peinture] s'éloigner en perspective : Vitr. 1, 2, 2 **b)** [médec.] se former en abcès : Cels. 2, 7 ¶ 3 [fig.] s'en aller, se retrancher, diminuer [opposé à *accedere*, s'ajouter] : cf. Sen. *Ep.* 72, 7 ; *Ben.* 4, 40, 5 ¶ 4 [tard.] **a)** s'écarter : *a Deo* Tert. *Test.* 2, 2, s'éloigner de Dieu **b)** s'en aller, cesser : Tert. *Idol.* 11, 1 **c)** décéder, mourir : Cypr. *Ep.* 55, 17, 3 ; Lact. *Inst.* 7, 27, 8.
▶ *abscessem* = *abscessissem* Sil. 8, 109.

abscessĭo, ōnis, f. ¶1 action de s'éloigner, éloignement : Cic. Tim. 44 ¶2 [chrét. = ἀποστασία] apostasie : VL. 2 Thess. 2, 3 ; Iren. 2, 23, 3 ‖ effacement : Tert. Res. 24, 18.

abscessūrus, a, um, part. fut. de abscedo.

abscessŭs, ūs, m. ¶1 acte de s'éloigner, éloignement : Cic. Nat. 1, 24 ; Virg. En. 10, 444 ‖ départ : Tac. An. 14, 49 ¶2 absence : Tac. An. 4, 57 ; 6, 38 ‖ retraite : Tac. An. 12, 33 ¶3 [médec.] abcès : Cels. 2, 1, 6 ¶4 mort : Aug. Ep. 92, 2 ¶5 apostasie : Cassian. Coll. 4, 6, 1.

abscīdō, ĭs, ĕre, cīdī, cīsum (abs, caedo), tr. ¶1 séparer en coupant, trancher : *caput* Cic. Phil. 11, 5, trancher la tête, cf. Liv. 31, 34, 5 ; Caes. G. 3, 14, 7 ; 7, 73, 2 ¶2 [fig.] **a)** séparer : *abscisus in duas partes exercitus* Caes. C. 3, 72, l'armée scindée en deux parties ; *hotium pars parti abscisa erat* Liv. 8, 25, 5, une partie des ennemis se trouvait isolée de l'autre ; *abscisa aqua* Liv. 41, 11, 4, eau détournée [par une saignée] ; *a caritatis unitate* Cypr. Ep. 75, 25, 2, de l'unité de l'amour **b)** retrancher, enlever [l'espoir, un appui] : Liv. 35, 45, 6 ; Tac. H. 3, 78 ¶3 châtrer : Arn. 1, 41 ; Lact. Inst. 1, 13, 1 ; Aug. Conf. 8, 1, 2.

abscindō, ĭs, ĕre, scĭdī, scissum, tr. ¶1 séparer en déchirant, arracher, déchirer : *alicujus tunicam a pectore* Cic. Verr. 5, 3, arracher à qqn sa tunique de la poitrine, cf. Virg. En. 5, 685 ; [poét.] *abscissa comas* Virg. En. 4, 590, s'arrachant les cheveux ; *eodem ferro venas abscindere* Tac. An. 16, 11, s'ouvrir les veines du même fer ‖ *plantas de corpore matrum* Virg. G. 2, 23, arracher les rejetons de la souche maternelle ; *Heperium Siculo latus* Virg. En. 3, 417, arracher de la Sicile le flanc de l'Italie, cf. Hor. O. 1, 3, 21 ¶2 [fig.] **a)** séparer : *inane soldo* Hor. S. 1, 2, 113, le vide du plein **b)** supprimer : Hor. Epo. 16, 35 ¶3 châtrer : Ambr. Vid. 13, 77 ; [chrét. fig. pour la circoncision spirituelle] Hier. Gal. 3, 5.

abscīsē, adv., d'une manière concise : Val.-Max. 3, 7, 6.

abscīsĭo, ōnis, f., action de retrancher : Aug. Civ. 7, 27, 2 ‖ castration : Arn. 4, 28, 6 ‖ [chrét.] excommunication : Bened. Reg. 28 ‖ [rhét.] réticence : Her. 4, 67 ‖ [gram.] apocope : Diom. 452, 27.

abscissus, a, um, part. de abscindo.

abscīsus, a, um ¶1 part. de abscido ¶2 [adj¹] **a)** abrupt : Liv. 32, 5, 12 ; 44, 6, 8 ; Sen. Ep. 70, 21 **b)** [en parl. du style] écourté, tronqué : Quint. 9, 4, 118 ; Plin. Ep. 1, 20, 19 **c)** [fig.] raide, intraitable, inaccessible : Sen. Clem. 1, 2, 2 ; *abscisior justitia* Val.-Max. 6, 5, 4, justice trop rigoureuse **d)** châtré, rendu castrat : Arn. 5, 31 ‖ [fig., chrét.] *propter regnum caelorum* Aug. Conf. 2, 2, 3, resté continent en vue du royaume des cieux (cf. Vulg. Matth. 19, 20).

abscondi, **abscondĭdī**, parf. de abscondo.

abscondĭtē ¶1 d'une manière cachée, secrètement : Vulg. Jud. 4, 21 ¶2 [fig.] **a)** d'une manière enveloppée : Cic. Inv. 2, 69 **b)** d'une manière profonde : Cic. Fin. 3, 2.

abscondĭtĭo, ōnis, f., action de se cacher : Aug. Job 7, cf. Vulg. Gen. 3, 8.

abscondĭtŏr, ōris, m., celui qui cache : Tert. Marc. 4, 25, 3.

abscondĭtus, a, um ¶1 part. de abscondo ¶2 [adj¹] caché, invisible : Cic. Phil. 2, 108 ‖ [fig.] ignoré, secret, mystérieux : Verr. prim. 32 ; Cat. 3, 3 ¶3 subst. n., chose cachée, secret, mystère : *in absconditis suis* Vulg. Eccli. 39, 10, dans le plus profond de soi-même ; *in abscondito* VL. Deut. 27, 15 d. Tert. Scorp. 2, 12 ; *in absconditis* Vulg. Jer. 23, 24, en secret.

abscondō, ĭs, ĕre, condĭdī et condī, condĭtum et consum (abs, condo ; it. nascondere), tr. ¶1 cacher loin de, dérober à la vue : Pl. Aul. 63 ; Cic. Nat. 2, 66 ; Sen. Ben. 3, 25, 1 ; Ep. 16, 8 ; 86, 6 ; 115, 9 ; Lucr. 1, 904 ; Virg. G. 3, 558 ‖ [poét.] perdre de vue [en naviguant, cf. Serv. En. 3, 291] : *protinus aerias Phaeacum abscondimus arces* Virg. En. 3, 291, tout de suite après [nous dérobons à notre vue en nous éloignant] nous perdons de vue les citadelles aériennes des Phéaciens, cf. Sen. Ep. 70, 2 ‖ *se abscondere* Caecil. Com. 40, se cacher, cf. Sen. Ep. 68, 1 ; [pass.] *abscondi* Virg. G. 1, 221, se coucher [en parl. des astres] ‖ [abs¹] *abscondere* Apul. M. 6, 12, se cacher ¶2 [fig.] cacher, dissimuler : Cic. Amer. 121 ; Sen. Ben. 2, 10, 4 ; Ir. 3, 36, 3 ; Ep. 84, 7 ; Tac. An. 13, 16 ; H. 3, 68 ¶3 [avec ab] protéger, défendre de : Vulg. Job 3, 23.

▶ *abscondidi* Pl. Merc. 360 ; *abscondi* à partir de Sén. le Rhét. ‖ *absconsus* VL. Ezech. 8, 12 d. Tert. Jud. 11, 2 ; Vulg. Sap. 7, 21.

absconsē, adv., ⟨◗⟩ *abscondite*, en secret : Hyg. Fab. 137, 2.

absconsĭo, ōnis, f., action de cacher ou de se cacher : Hier. Hab. 3, 4 ; Vulg. Is. 4, 6.

absconsŏr, ōris, m., celui qui cache : Firm. Math. 3, 7, 8.

absconsus, a, um, ⟨◗⟩ *absconditus*, part. de abscondo ‖ *in absconso* Aug. Civ. 18, 32, en secret.

absectus, a, um (seco), séparé : Cod. Just. 12, 33, 5 pr.

absegmen, ĭnis, n. (seco), segment, fragment : Fest. 282, 12.

absens, tis ¶1 part. prés. de absum ¶2 [adj¹] absent : Cic. Verr. 5, 109 ‖ *absentissimus* Aug. Conf. 4, 4.

▶ abl. sg. *absenti* Pl. Amp. 826 ; Men. 492 ; Mil. 1341 ; gén. pl. *absentum* Pl. St. 5 ‖ *absente nobis*, "en mon absence" Ter. Eun. 649 ; Afran. Com. 6, cf. Non. 76.

absentātĭo, ōnis, f., absence : Desid. Ep. 1, 11.

absentĭa, ae, f. (absens ; it. senza), absence : Cic. Pis. 37 ; Att. 14, 13 a, 1 ; Sen. Helv. 15, 3 ; Quint. 5, 7, 1 ‖ pl., Tert. Res. 12, 8 [à propos des astres].

absentĭō, ās, āre, -, - (absentia), intr., être absent : Chrysol. Serm. 71.

absentĭum, ⟨◗⟩ *absinthium*.

absentīvus, a, um, absent : Petr. 33, 1.

absentō, ās, āre, -, - ¶1 tr., rendre absent, éloigner : Aug. Gen. litt. 12, 23 ; Ps. Cypr. Cler. 30 ¶2 *se absentare*, s'absenter : Aug. Serm. 235, 4 ¶3 intr., être absent : Alcim. Ep. 72 ; 74.

absīda, ae, f., ⟨◗⟩ *absis* : Aug. Ep. 23, 3 ; Paul.-Nol. Ep. 32, 17.

absīdātus, a, um, arqué, voûté : Cassiod. Var. 4, 51, 4.

absīdŭla, ae, f., dim. de absida : Dion.-Exig. Inv. p. 429 C.

Absilae, ārum, m. pl., peuple du Pont : Plin. 6, 14.

absĭlĭō, īs, īre, sĭlŭī et sĭlīvī, - (ab, salio) ¶1 intr., sauter loin de, s'éloigner par des sauts : Lucr. 6, 1217 ‖ sauter, rebondir : Stat. Th. 10, 879 ¶2 tr., *nidos* Stat. Th. 6, 98, sauter hors des nids.

absim, **is**, **it**, subj. prés. de absum.

absĭmĭlis, e, non semblable, différent : *falces non absimili forma muralium falcium* Caes. G. 3, 14, 5, des faux ayant absolument la forme des faux murales ; *non absimilis Tiberio principi fuit* Suet. Oth. 1, il ressemblait tout à fait à l'empereur Tibère.

absinthĭăcus, a, um, d'absinthe : Theod.-Prisc. 2, 2, 16.

absinthĭātus, a, um, qui contient de l'absinthe : Sen. Suas. 6, 16 ‖ **absinthiatum**, n., Pall. 3, 32, vin d'absinthe.

absinthītes, ae, m., vin d'absinthe : Col. 12, 35 ; Plin. 14, 19.

absinthĭum, ĭi, n. (ἀψίνθιον ; esp. ajenjo), absinthe : Lucr. 1, 935 ; 2, 400 ; Varr. R. 1, 57 ; Quint. 3, 1, 3 ; ⟨◗⟩ *apsinthium*.

absinthĭus, ĭi, m. (**apsinthĭum**, ĭi, n.), absinthe : Varr. Men. 440.

absis, ⟨◗⟩ *apsis*.

absistō, ĭs, ĕre, stĭtī, -, intr. ¶1 s'éloigner de : *ab aliqua re* Caes. G. 5, 17, 2, de qqch. ; *vestigiis hostis* Liv. 27, 42, 17, s'éloigner des traces de l'ennemi, perdre les traces de l'ennemi ‖ [poét.] *ab ore scintillae absistunt* Virg. En. 12, 102, des étincelles jaillissent de son visage ¶2 [fig.] cesser de, renoncer à **a)** [avec abl.] *oppugnatione* Liv. 44, 12, 7, renoncer au siège ; *incepto* Liv. 25, 5, 5, abandonner une entreprise, cf. 21, 6, 8 ; 24, 10, 15 ; *continuando magistratu* Liv. 9, 34, 2, cesser de maintenir sa charge, de se maintenir en charge, cf. 29, 33, 8 **b)** [avec inf.] Virg. En. 6, 399 ; 8, 403 ; Liv. 7, 25, 5 ;

32, 35, 7; 36, 35, 4 **c)** [abs^t] s'arrêter, cesser: Virg. *En.* 1, 192; Liv. 34, 8, 2; 36, 45, 3; 44, 39, 9; ***absistamus*** Virg. *En.* 9, 355, tenons-nous-en là ¶**3** [tard.] être absent: Tert. *Nat.* 1, 17, 1 ‖ [avec *ab*] faire défection à: Tert. *Marc.* 3, 6, 6.

absit, ⍈ *absum* ¶2 d.

absĭtus, *a*, *um*, éloigné: Paul.-Nol. *Carm.* 21, 405.

absŏcĕr, *ĕri*, m., bisaïeul du mari ou de la femme, grand-père du beau-père: Capit. *Gord.* 2.

absŏlĕo, ⍈ *obsoleo*: Gloss. 5, 548, 2.

absŏlūbĭlis, *e*, qui résout une question: Ambr. *Psalm.* 118, 12, 7.

absŏlūtē, adv., d'une façon achevée, parfaite: Cic. *Ac.* 2, 55; *Tusc.* 4, 38; *Or.* 227; ***absolutius*** Plin. *Ep.* 4, 27, 2; ***absolutissime*** Her. 2, 28 ‖ d'une façon générale: Tert. *Or.* 21, 3 ‖ [gram.] absolument: Prisc. 3, 135, 24; Don. *And.* 817; *Eun.* 459; *Ad.* 49; *Phorm.* 52.

absŏlūtĭo, *ōnis*, f. (*absolvo*) ¶**1** acquittement: Cic. *Clu.* 74; *Font.* 36; *Cat.* 3, 9; ***majestatis*** Cic. *Fam.* 3, 11, 1, acquittement sur le chef de lèse-majesté ‖ acquittement d'une dette, décharge, quittance: Dig. 46, 4, 1 ¶**2** achèvement, perfection: Cic. *de Or.* 1, 130; *Brut.* 137; *Fin.* 5, 38 ¶**3** [rhét.] exactitude [revue complète des genres relatifs à une cause]: Cic. *Inv.* 1, 32 ¶**4** séparation: Ambr. *Bon. mort.* 8, 33 ¶**5** fin, cessation: Cassian. *Inst.* 3, 9 ¶**6** délivrance, absolution, rémission: Tert. *Marc.* 1, 28, 2.

absŏlūtīvē, adv., d'une façon absolue, péremptoire: Char. 263, 8 ‖ [gram.] au positif: Char. 114, 33.

absŏlūtīvus, *a*, *um*, absolu [opp. à *relativus*]: Serv. *En.* 10, 18.

absŏlūtŏr, *ōris*, m., celui qui absout: Cassiod. *Var.* 11, pr. 3.

absŏlūtōrĭus, *a*, *um*, qui acquitte: Sen. *Contr.* 6, 5; Ascon. *Mil.* 49, p. 55, 17C; Suet. *Aug.* 33 ‖ qui délivre de: Plin. 28, 63.

absŏlūtus, *a*, *um* ¶**1** part. de *absolvo* ¶**2** [adj^t] **a)** achevé, parfait: Cic. *Off.* 3, 14; *de Or.* 3, 84; *Or.* 17; 182; *Nat.* 2, 34 **b)** complet, qui forme par soi-même un tout: Cic. *Inv.* 1, 17; *Part.* 94 **c)** clair, certain: Tert. *Marc.* 1, 9, 7; ***in absoluto est*** Hil. *Trin.* 2, 34, c'est clair ‖ [gram.] ***nomen absolutum*** Prisc. 2, 59, 24, nom qui a un sens complet par lui-même; ***verbum absolutum*** Prisc. 2, 375, 10, verbe pris absolument [sans compl. d'aucune sorte]: Diom. 351, 29, qui exprime l'action complète [opp. à inchoatif, itératif]; ***adjectivum, participium absolutum*** Serv. *En.* 2, 26, adjectif, participe employé seul, sans substantif ‖ [en parl. du positif des adj. et adv.; opp. à comparatif, superlatif]: Quint. 9, 13, 19; Gell. 5, 21, 13; Prisc. 3, 141, 14 ‖ [en parl. du parfait dans les verbes]: Capel. 3, 314; Char. 176, 31 ‖ ***absolutior*** Plin. 33, 66; Plin. *Ep.* 3, 106; ***-tissimus*** Cic. *Tim.* 12; Her. 2, 28; Plin. *Ep.* 1, 20, 10.

absolvō, *ĭs*, *ĕre*, *solvī*, *sŏlūtum* (*ab*, *solvo*; fr. *absoudre*), tr. ¶**1** détacher, délier: Apul. *M.* 9, 22; 11, 16 ‖ dégager: ***vinclis absoluti*** Tac. *An.* 12, 37, dégagés de leurs fers; ***linguam absoluta a gutture*** Plin. 11, 172, langue détachée du gosier ¶**2** dégager, laisser libre: ***te absolvam brevi*** Pl. *Ep.* 466, je t'expédierai promptement, j'en aurai vite fini avec toi, cf. *Aul.* 520; *Ps.* 1231 ¶**3** dégager de, délier de: ***ab aliquo se absolvere*** Cic. *Com.* 36, se dégager au regard de qqn; ***aliquem cura*** Sall. *Macr.* 19, débarrasser qqn d'un souci ‖ [en part.] ***absolvere aliquem*** Pl. *Most.* 652, payer qqn, cf. *Ep.* 631; Ter. *Ad.* 277 ¶**4** acquitter, absoudre: Cic. *Clu.* 105; *Tusc.* 1, 98; *Verr.* 2, 74; ***omnibus sententiis absolvi*** Cic. *Verr.* 4, 100, être acquitté à l'unanimité des suffrages ‖ ***majestatis absolvi*** Cic. *Clu.* 116, être acquitté du chef de lèse-majesté; ***capitis*** Nep. *Milt.* 7, 6, d'une accusation capitale, cf. *Paus.* 2, 6; ***improbitatis*** Cic. *Verr.* 1, 72, être absous du grief de malhonnêteté, cf. Tac. *An.* 3, 78; 4, 13; 13, 30 ‖ ***ambitu*** Cic. *Cael.* 78, être absous du chef de brigue; ***crimine*** Liv. 8, 22, 3, d'une accusation, cf. Tac. *An.* 1, 74; 13, 21; ***aliquem suspicione regni*** Liv. 2, 8, 1, absoudre quelqu'un du soupçon d'aspirer à la royauté ‖ ***de praevaricatione absolutus*** Cic. *Q.* 2, 16, 3, absous du chef de prévarication ‖ ***aliquem peccato*** Liv. 1, 58, 10, absoudre qqn d'une faute; ***se absolvere*** Sen. *Ir.* 1, 14, 3, s'absoudre; ***fidem*** Tac. *H.* 2, 60, absoudre la fidélité, cf. Sen. *Ben.* 3, 6, 2 ¶**5** achever [des labours, un édifice, un sanctuaire]: Varr. *R.* 1, 32, 1; Cic. *Off.* 3, 33; *Att.* 12, 19, 1; ***Catone absoluto*** Cic. *Or.* 35, mon Caton [*De senectute*] étant achevé; ***absolvi beata vita sapientis non potest*** Cic. *Fin.* 2, 105, la vie heureuse du sage ne peut se parachever ‖ ***paucis verum absolvere*** Sall. *C.* 38, 3, dire toute la vérité en peu de mots, cf. *J.* 17, 2; Liv. 33, 12, 2 ‖ [abs^t] achever un développement, un exposé: ***uno verbo*** Pl. *Ru.* 653, dire tout d'un mot; ***de Catilinae conjuratione paucis*** Sall. *C.* 4, 3, sur la conjuration de Catilina faire un exposé complet en peu de mots. ¶**6** interpréter: Iren. 2, 27, 1 ‖ traduire: Hier. *Chron.* 2, pr. ¶**7** [abs^t] rompre le jeûne: Eger. 27, 9.

absŏnans, *tis* ¶**1** part. de *absono* ¶**2** adj., ***absonans ab***, contraire, opposé à: Instit. Just. 2, 25 pr.

absŏnē, adv., d'une voix fausse: Apul. *Apol.* 5 ‖ [fig.] de façon absurde, sans rime ni raison: Gell. 15, 25, 1.

absŏnō, *ās*, *āre*, -, - (*absonus*), intr., n'avoir pas le son juste, détonner: Ter-Maur. 6, 386, 2024.

absŏnus, *a*, *um* (*ab sono*) ¶**1** qui n'a pas le son juste, faux: Cic. *de Or.* 3, 41; 1, 115 ‖ ***littera absona*** Quint. 12, 10, 32, lettre ayant un son désagréable ‖ discordant, inharmonieux: Gell. 13, 21, 12; Apul. *M.* 8, 26 ¶**2** [fig.] discordant: ***alicui rei*** Liv. 1, 15, 6, qui ne s'accorde pas avec qqch.; [ou] ***ab aliqua re*** Liv. 7, 2, 5 ‖ [abs^t] choquant, qui détonne: Quint. 6, 3, 107.

absorbĕo, *ēs*, *ēre*, *buī*, -, tr., faire disparaître en avalant, absorber, engloutir: Cic. *Phil.* 2, 67; Hor. *S.* 2, 8, 24 ‖ [fig.] Cic. *Brut.* 282; *Leg.* 2, 9; ***tribunatus quodam modo absorbet orationem meam*** Cic. *Sest.* 13, son tribunat pour ainsi dire absorbe (accapare) mon discours.

▶ parf. ***absorpsi*** Luc. 4, 100; Macr. *Sat.* 5, 1, 8.

absorbĭtĭo, *ōnis*, f., action d'engloutir: Ambrosiast. *1 Cor.* 6, 18.

Absoris, *is* ou *idis*, f., ⍈ *Apsoros*: Hyg. *Fab.* 23.

Absŏrītānus, *i*, m., habitant de l'île d'Absoros [Adriatique]: Hyg. *Fab.* 26.

absorptĭo, *ōnis*, f., ⍈ *absorbitio*: Ps. Hier. *Brev. in Psalm.* 140.

absorptus, *a*, *um*, part. de *absorbeo*.

Absortĭum, *ĭi*, n., ⍈ *Apsoros*: Plin. 3, 140.

absp-, ⍈ *asp-*.

1 absquĕ (*abs*, -*que*), prép. avec abl., sans ¶**1** [chez les com., *absque* avec un abl. et *esset* ou *foret*, subj. de suppos.]: ***absque te esset, hodie non viverem*** Pl. *Men.* 1022, si les choses s'étaient passées sans toi, aujourd'hui je ne serais pas vivant, cf. *Bac.* 412; ***absque me foret et meo praesidio, hic faceret...*** Pl. *Pers.* 836, sans moi et mon secours, lui, il ferait..., cf. *Cap.* 754; ***quam fortunatus ceteris sum rebus, absque una hac foret*** Ter. *Hec.* 601, comme je suis heureux en toutes choses, n'était celle-ci seule ¶**2 a)** sans: Gell. 2, 26, 20 **b)** excepté, hormis: Gell. 13, 19, 4 **c)** en dehors de, loin de [local]: Apul. *Apol.* 55 **d)** sans compter, en plus de: Vulg. *Gen.* 28, 9 ¶**3** [qqf. adv.] ***absque cum*** Capel. 3, 280, excepté quand.

▶ *apsque* Pl. *Trin.* 832; 1127.

2 absquĕ, = *et abs*: cf. Macr. *Sat.* 3, 9, 8.

abstantĭa, *ae*, f., distance, éloignement: Vitr. 9, 1, 11.

abstēmĭa, *ae*, f., abstinence, sobriété: Ambr. *Hel.* 3, 4.

abstēmĭus, *a*, *um* (*abs*, **temum*, cf. Quint. 1, 7, 9; Gell. 10, 23, 1; Porph. Hor. *Ep.* 1, 12, 7) ¶**1** qui s'abstient de vin: Ov. *M.* 15, 323 ¶**2** sobre, tempérant ‖ [avec gén.] qui s'abstient de: Hor. *Ep.* 1, 12, 6; Plin. 22, 115.

abstensŭs, *ūs*, m., action de s'abstenir de: Plac. *Med.* 30, 3.

abstentĭo, *ōnis*, f., action de s'abstenir de: Aug. *Ep.* 196, 1, 3 ‖ suppression: Cael.-Aur. *Acut.* 3, 11, 103.

abstentus, *a*, *um* ¶**1** part. de *abstineo* ¶**2** [chrét.] excommunié: Cypr. *Ep.* 41, 2, 1.

abstergĕō, *ēs*, *ēre*, *tersī*, *tersum*, tr. ¶**1** essuyer [des larmes, du sang, de la poussière]: Cic. *Phil.* 14, 34; Liv. 1, 41, 5;

abstergeo

3, 26, 10 ¶ **2** [fig.] effacer, balayer, dissiper [la douleur, les ennuis] : Cic. *Tusc.* 3, 43 ; *CM* 2 ; *Top.* 86 ; *Q.* 2, 8, 3 ; *Fam.* 9, 16, 9 ¶ **3** emporter, balayer : *remos* Curt. 9, 9, 16, les rames.
► formes de la 3ᵉ conj. *abstergo* Scrib. 228 ‖ parf. sync. *abstersti* Catul. 99, 8.

abstergo, v.► *abstergeo* ►.

abstĕrrĕō, *ēs, ēre, terrŭī, terrĭtum*, tr., détourner par la crainte ; détourner, chasser **a)** *ab aliqua re* Cic. *Verr.* 2, 142, détourner de qqch., cf. *Planc.* 66 ; Liv. 23, 1, 11 ‖ *de aliqua re* Pl. *Truc.* 251, écarter de qqch. ‖ *vitiis* Hor. *S.* 1, 4, 128 ; *bello* Tac. *An.* 12, 45, détourner des vices, de la guerre ‖ [absᵗ] *hostem* Liv. 27, 28, 12, chasser l'ennemi, cf. Liv. 2, 35, 5 ; Sen. *Marc.* 17, 6 ; Tac. *An.* 13, 44 **b)** [avec *ne* subj.] détourner de, empêcher de : Pl. *Most.* 421 **c)** *non absterrere quin* Val.-Max. 4, 5, 6, ne pas détourner de **d)** *aliquid alicui* Lucr. 4, 1064 ; 1233, refuser qqch. à qqn.

abstĕrrĭtus, *a, um*, part. de *absterreo*.

abstersī, parf. de *abstergeo*.

abstersĭo, *ōnis*, f., action d'essuyer : Vindic. 3.

abstersus, *a, um*, part. de *abstergeo*.

abstĭnāx, *ācis*, habitué à l'abstinence : Petr. 42, 5.

abstĭnens, *tis* ¶ **1** part. prés. de *abstineo* ¶ **2** adj. **a)** qui s'abstient, retenu, modéré, réservé : Cic. *Off.* 1, 144 ; *Q.* 1, 1, 32 **b)** désintéressé : Cic. *Off.* 2, 76 ; *Planc.* 64 **c)** [avec gén.] *pecuniae* Hor. *O.* 4, 9, 37, indifférent à l'argent ; *alieni abstinentissimus* Plin. *Ep.* 6, 8, 5, désintéressé au plus haut point du bien d'autrui ; [avec abl.] Col. 12, 4, 3 **d)** continent : Lact. *Epit.* 10, 3 ‖ subst. m. pl., *Abstinentes*, les Continents [appelés aussi Encratites ; nom d'une secte] : Fil. 72, 1 ; v.► *Encratitae* ‖ *abstinentior* : Aus. *Grat.* (419), 66.

abstĭnentĕr, adv., avec désintéressement : Cic. *Sest.* 37 ; Sen. *Brev.* 18, 3 ‖ *abstinentius* : Aug. *Man.* 2, 13, 29.

abstĭnentĭa, *ae*, f. ¶ **1** action de s'abstenir, retenue, réserve : Cic. *Att.* 5, 15, 2 ; Sall. *C.* 3, 3 ; Nep. *Ages.* 7 ‖ [avec gén.] *alicujus rei* Sen. *Contr.* 2, 1, 24, fait de s'abstenir de qqch., cf. *Ep.* 108, 16 ¶ **2** désintéressement : Cic. *Off.* 2, 77 ; *Sest.* 7 ; *Tusc.* 3, 16 ; Sall. *C.* 54, 5 ; Nep. *Arist.* 1, 2 ; 3, 2 ¶ **3** abstinence, continence : Sen. *Ir.* 1, 6, 2 ; Quint. 2, 2, 4 ; *vitam abstinentia finire* Tac. *An.* 4, 35, se laisser mourir de faim ¶ **4** [méd.] rétention : Cael.-Aur. *Chron.* 3, 8, 108 ¶ **5** [chrét.] abstinence des plaisirs de la chair, tempérance : Tert. *Pud.* 20, 2.

abstĭnĕō, *ēs, ēre, tĭnŭī, tentum* (*abs, teneo*)
I tr. ¶ **1** tenir éloigné de, maintenir loin de **a)** *ab aliquo manum* Pl. *Amp.* 340 ; *manus* Cic. *Verr.* 1, 93, tenir sa main, ses mains éloignées de qqn, s'abstenir de toucher à qqn ; [ou] *ab aliqua re* Cic. *Verr.* 4, 71, s'abstenir de toucher à qqch. ; *a Siculorum argento cupiditatem aut manus* Cic. *Verr.* 4, 34, éloigner de l'argenterie des Siciliens sa convoitise ou ses mains, cf. *de Or.* 1, 194 ; *Att.* 3, 7, 2 ; Liv. 9, 5, 6 ; *manus a se* Cic. *Tusc.* 4, 79, ne pas tourner ses mains contre soi-même, s'épargner ; *accepta clades Latinos ne ab legatis quidem violandis abstinuit* Liv. 2, 22, 4, la défaite essuyée ne détourna même pas les Latins d'outrager les ambassadeurs, cf. 4, 59, 8 ; 39, 25, 10 ; *ab aede ignem* Liv. 7, 27, 8, écarter le feu du temple, cf. 22, 23, 4 ; 26, 24, 12 **b)** *eorum populorum finibus vim* Liv. 8, 19, 3, s'abstenir de toute violence contre ces pays ; *direptione militem* Liv. 38, 23, 2, tenir le soldat éloigné du pillage, cf. 8, 24, 18 ; *is qui pupillam abstinet bonis patris sui* Dig. 23, 2, 67, 6, le tuteur qui fait renoncer sa pupille aux biens de son père **c)** *Aeneae Antenorique omne jus belli* Liv. 1, 1, 1, s'abstenir d'user de tous les droits de la guerre [pour] à l'égard d'Énée et d'Anténor ; *sermonem de aliqua re* Pl. *Most.* 897, se dispenser de parler de qqch., cf. Ter. *Haut.* 373 **d)** [chrét.] tenir éloigné de la communion, excommunier : Cypr. *Ep.* 74, 8, 2 ¶ **2** [réfléchi] **a)** *se abstinere ab aliqua re* Cic. *Fin.* 2, 71, s'abstenir de qqch., cf. *Ac.* 2, 55 ; Sen. *Ir.* 3, 8, 8 ‖ *nefario scelere* Cic. *Phil.* 2, 5, s'abstenir d'un crime abominable, cf. *Fin.* 3, 38 ; *Div.* 1, 102 ; Liv. 22, 25, 12 **b)** [absᵗ] *se abstinere* Liv. 3, 11, 4, se tenir à l'écart ; *abstinere se ab hereditate* Inst. Just. 2, 19, 2, renoncer à une succession.
II intr., s'abstenir de, se tenir à l'écart de ¶ **1** [avec abl.] *proelio* Caes. *G.* 1, 22, 3, s'abstenir de combattre ; *faba* Cic. *Div.* 2, 119, s'abstenir des fèves ; *nec meo nomine abstinent* Cic. *Rep.* 1, 6, ils ne s'abstiennent pas de parler de moi, me critiquer, cf. *Off.* 3, 72 ; Sall. *J.* 64, 5 ; Liv. 2, 56, 7 ; 21, 5, 9 ¶ **2** [avec compl. introduit par *ab*] *a mulieribus* Caes. *G.* 7, 47, 5, épargner les femmes, cf. Cic. *de Or.* 3, 171 ; Liv. 3, 36, 7 ; 5, 21, 13 ; *ne a legatis quidem violandis* Liv. 39, 25, 10, ne s'abstenir même pas d'outrager les ambassadeurs, cf. 5, 21, 13 ‖ *a voluptatibus* Cic. *Tusc.* 5, 94, s'abstenir des plaisirs, cf. *Part.* 77 ; *a cibo* Cels. 1, 3, s'abstenir de nourriture ¶ **3** [avec gén.] Hor. *O.* 3, 27, 69 ; Apul. *Apol.* 10 ¶ **4** [avec une prop. subordonnée complétive] **a)** [avec inf.] Pl. *Curc.* 180 ; *Mil.* 1309 ; Suet. *Tib.* 23 **b)** *non abstinere quin*, ne pas s'abstenir de : Pl. *Bac.* 915 ; Liv. 2, 45, 10 ; Suet. *Tib.* 44 ; 72 ; ou *quominus* Tac. *An.* 13, 4 ; Suet. *Gram.* 3 ¶ **5** [absᵗ] s'abstenir : Pl. *Aul.* 344 ; *Men.* 166 ; Virg. *En.* 2, 534 ; Liv. 40, 21, 4.

abstō, *ās, āre*, -, -, intr., être éloigné, être placé à distance : Hor. *P.* 362 ‖ *abstandus* Pl. *Trin.* 263, on doit le tenir à l'écart [v. M. Belge, 33, p. 226].

abstollō, *ĭs, ĕre*, -, -, tr., enlever : Ps. Ambr. *Serm.* 18, 3.

abstractĭo, *ōnis*, f., enlèvement : Dict. 1, 4 ‖ abstraction : Boet. *Anal. post.* 1, 14.

abstractus, *a, um* ¶ **1** part. de *abstraho* ¶ **2** adj., abstrait : Isid. 2, 24, 14.

abstrăhō, *ĭs, ĕre, trāxī, tractum*, tr. ¶ **1** tirer, traîner loin de, séparer de, détacher de, éloigner de [au pr. et fig.] **a)** *a rebus gerendis* Cic. *CM* 15, détourner de l'activité politique, cf. *Sull.* 11 ; *Arch.* 12, *Phil.* 3, 31 ; *a sollicitudine* Cic. *Dej.* 38, arracher, soustraire à l'inquiétude ; *se a similitudine Graecae locutionis* Cic. *Brut.* 259, se détourner d'une imitation du parler grec ; *a corpore animus abstractus* Cic. *Div.* 1, 66, l'âme détachée du corps **b)** *de matris amplexu aliquem* Cic. *Font.* 46, arracher qqn des bras de sa mère, cf. Ov. *H.* 15, 154 **c)** *e sinu gremioque patriae* Cic. *Cael.* 59, arracher du sein, du giron de la patrie, cf. *Sull.* 9 ; Liv. 37, 27, 6 ; 38, 49, 8 **d)** *frumento ac commeatu abstractus* Caes. *C.* 3, 78, 3, entraîné loin du ravitaillement et des approvisionnements ‖ [abl. ou dat. ?] Ov. *M.* 13, 658 ; Sen. *Med.* 144 ; Tac. *An.* 2, 5 ; Luc. 6, 80 **e)** *parto decori abstrahi* Tac. *An.* 2, 26, être arraché à une gloire acquise, cf. Amm. 20, 4, 18 ; 30, 7, 2 ¶ **2** entraîner : *ad bellicas laudes* Cic. *Brut.* 239, entraîner vers les exploits guerriers, cf. Sen. *Ep.* 88, 19 ; *Const.* 2, 3 ; Tac. *An.* 4, 13.
► inf. parf. contr. *abstraxe* Lucr. 3, 650.

abstraxĕ, v.► *abstraho* ►.

abstrūdō, *ĭs, ĕre, trūsī, trūsum*, tr., pousser violemment loin de ; [mais sens affaibli], cacher, dérober à la vue [au pr. et fig.] : *aulam in fano* Pl. *Aul.* 617, cacher une marmite dans un temple ; *in profundo veritatem* Cic. *Ac.* 2, 32, cacher la vérité dans les profondeurs ; *in silvam se* Cic. *Att.* 12, 15, se cacher dans un bois ; *tristitiam* Tac. *An.* 3, 6, dissimuler sa tristesse ; *abstrusus usquam nummus* Cic. *Agr.* 1, 11, écu caché quelque part ; *semina flammae abstrusa in venis silicis* Virg. *En.* 6, 6, germes de flamme cachés dans les veines du silex (mais *venis abstrusus ignis* *G.* 1, 135) ; *lucernam* Tert. *Praescr.* 26, 3 ; *Marc.* 4, 27, 1, cacher la lampe (cf. Vulg. *Matth.* 5, 15).

abstrūsē, v.► *abstrusius*.

abstrūsĭo, *ōnis*, f., action de cacher : Arn. 5, 37.

abstrūsĭus, adv., plus secrètement : Amm. 28, 1, 49 ; *abstrusissime* Aug. *Quant.* 63, d'une façon très abstruse.

abstrūsus, *a, um* ¶ **1** part. de *abstrudo* ¶ **2** adj. **a)** caché : *dolor abstrusus* Cic. *Dom.* 25, douleur refoulée, cf. *Agr.* 2, 49 ; *Ac.* 2, 14 **b)** abstrus, difficile à pénétrer : *disputatio abstrusior* Cic. *Ac.* 2, 30, argumentation un peu abstruse **c)** [caractère] dissimulé, fermé : Tac. *An.* 1, 24 **d)** *in abstruso esse* Pl. *Poen.* 342, être caché **e)** subst. pl. n., les choses cachées : Paul.-Nol. *Carm.* 6, 172.

abstŭlās, v.► *aufero* ►.

abstŭlī, parf. de *aufero*.

absum, *ăbes, ăbesse, āfŭī, āfŭtūrus*, intr. ¶ **1** être à une distance de [souvent avec les adv. *longe, prope, procul* ou un acc. de distance] : *non longe a Tolosatium finibus* Caes. G. 1, 10, 1, n'être pas à une grande distance du pays des Tolosates ; *a morte propius* Cic. CM 77, être à une distance plus rapprochée de la mort, cf. *Fam.* 3, 54 ; *Div.* 2, 135 ; *a Larino decem milia passuum* Cic. Clu. 27, être à dix mille pas de Larinum, cf. *Att.* 18, 14, 1 ; *Caecin.* 28 ; Caes. C. 1, 18, 1 ; 3, 67, 1 ‖ *non longe ex eo loco* Caes. G. 5, 21, 2, n'être pas loin de cet endroit, cf. *Caecin.* 20 ‖ *quadridui iter Laodicea* Cic. Fam. 12, 15, 7, être à quatre jours de marche de Laodicée ¶ **2** être loin de, être éloigné de **a)** [avec *ab*] Cic. Verr. 5, 31 ; *Phil.* 2, 31 ; *Fam.* 6, 2, 1 ; 7, 6, 1 ; *Att.* 5, 17, 5 ‖ [avec *ex*] Cic. *Planc.* 67 ; *Att.* 15, 5, 3 ‖ [avec abl.] *patria, Roma, domo, urbe*, être éloigné de sa patrie, de Rome, de chez soi, de la ville : Cic. Tusc. 5, 106 ; *Leg.* 2, 2 ; *Fam.* 4, 6, 2 ; *Or.* 146 ; *Fam.* 5, 15, 4 **b)** [fig.] *tantum absum ab ista sententia, ut* Cic. de Or. 1, 255, je suis si loin de partager votre avis que, cf. *Marc.* 25 ; *Cael.* 75 **c)** [abst, au pr. et fig.] être éloigné : *absentibus notus* Cic. Arch. 5, connu de personnes éloignées, connu au loin ; *dum timor abest* Cic. *Phil.* 2, 90, pendant que la crainte se trouve éloignée, cf. *Lae.* 44 ; *Fin.* 2, 64 ; *fraternum nomen populi Romani longe iis abest* Caes. G. 1, 36, 5, le titre de frères que décerne le peuple romain ne leur est d'aucun secours ; *tantum abest spes levandi faenoris, ut* Liv. 6, 32, 1, l'espoir d'alléger l'intérêt est si éloigné que ‖ [au subj. optatif] *vis absit* Cic. Flac. 97, que la violence se tienne au loin, ne se montre pas, cf. *Off.* 1, 136 **d)** [tard.] *absit* [avec inf., ou avec *ut* ou *ne* subj.], loin de nous la pensée de (que) : Apul. M. 2, 3 ; Tert. *Apol.* 37, 3 ‖ [abst] *absit* : Tert. *Prax.* 13, 5, pas du tout, absolument pas ¶ **3** être éloigné de l'endroit où l'on est d'ordinaire, ne pas être là, être absent : Cic. Verr. 5, 135 ; *Cat.* 4, 10 ; *Phil.* 14, 37 ; *Brut.* 308 ¶ **4** [fig.] manquer, faire défaut **a)** [en parl. de pers.] *absentibus nobis* Cic. Ac. 2, 36, sans mon assistance, cf. *Sull.* 70 ‖ *neque animus neque corpus a vobis aberit* Sall. C. 20, 16, ni mon intelligence, ni mon corps ne vous feront défaut ‖ *nec dextrae deus afuit* Virg. En. 7, 498, et l'assistance d'une divinité ne manqua pas à sa main **b)** [en parl. de choses] *aberat illa tertia laus* Cic. Brut. 276, manquait cette troisième qualité, cf. *Brut.* 79 ; 119 ; *Fam.* 6, 18, 4 ‖ *ab hoc vis aberat Antoni* Cic. Brut. 203, au premier manquait la force d'Antoine, cf. *Planc.* 13 ‖ *hoc unum illi afuit* Cic. Brut. 277, c'est la seule qualité qui lui ait manqué, cf. *de Or.* 1, 48 ; 2, 281 ; *Nat.* 2, 37 ; *abest historia litteris nostris* Cic. Leg. 1, 5, le genre historique manque à notre littérature ¶ **5** être loin de, différent de : *neque ulla re longius absumus a natura ferarum* Cic. Off. 1, 50, et rien ne nous éloigne davantage de la bête, cf. *Brut.* 222 ; Liv. 37, 54, 20 ¶ **6** [en parl. de choses] être éloigné, n'être pas compatible avec, ne pas convenir à : *nihil a me abest longius crudelitate* Cic. Att. 9, 16, 2, rien n'est plus éloigné de ma nature que la cruauté, cf. *de Or.* 3, 63 ; *Tusc.* 3, 18 ; *cujus aetas a senatorio gradu longe abest* Cic. Pomp. 61, dont l'âge (la jeunesse) est incompatible avec le rang sénatorial, cf. *Or.* 37 ¶ **7** être loin de, être exempt de, être sans : *a culpa* Cic. Inv. 2, 101, être exempt de faute, cf. *Fin.* 1, 62 ; *Amer.* 55 ‖ se tenir éloigné de, s'écarter de : *ab hoc genere largitionis ut…, aberunt ii qui rem publicam tuebuntur* Cic. Off. 2, 85, de ce genre de libéralité qui consiste à… se tiendront éloignés ceux qui veilleront aux intérêts de l'état, cf. *Tusc.* 5, 89 ; *Att.* 10, 9, 1 ¶ **8** [expressions] **a)** *non multum (haud procul, non longe, paulum) abest quin*, il ne s'en faut pas de beaucoup que : Caes. C. 2, 35, 3 ; 2, 35, 2 ; Liv. 5, 4, 14 ; 9, 2, 3 ; 25, 1, 10 ; 44, 19, 9 ; Cic. Att. 9, 9, 3 ; *abesse non potest quin* C. Grac. d. Cic. Or. 233, il ne peut manquer que ; *nihil abest quin* Virg. En. 8, 147, il ne s'en faut de rien que ; *neque multum abest ab eo, quin* Caes. G. 5, 2, 2, il ne s'en faut pas de beaucoup que ; *quid abest quin ?* Liv. 8, 4, 2, que s'en faut-il que ? s'en faut-il de beaucoup que ?, cf. 35, 16, 11 ; 36, 17, 15 **b)** *longe abest ut* Cic. Ac. 2, 117, il s'en faut de beaucoup que **c)** *tantum abest ab eo, ut malum mors sit, ut* Cic. Tusc. 1, 76, tant s'en faut que la mort soit un mal qu'au contraire…, cf. Liv. 25, 6, 11 ; [le plus souvent] *tantum abest ut… ut*, tant s'en faut que… qu'au contraire : Cic. Or. 104 ; *Phil.* 11, 36 ; [après le second *ut* on trouve aussi] *contra* Liv. 6, 15, 5 ; 6, 31, 4 ; 22, 5, 3 ; *etiam* Cic. Tusc. 2, 4 ; 5, 6 ; *vix* Liv. 22, 5, 3 ‖ [au lieu du second *ut*, une prop. principale] *tantum abest ut voluptates consectentur : etiam curas, vigilias perferunt* Cic. Fin. 5, 57, bien loin de rechercher les plaisirs, ils supportent les soucis, les veilles, cf. *Brut.* 278 ; *Att.* 13, 21, 5 **d)** [avec *tantum* exclamatif] *tantum abest ut ego… velim !* Cic. Att. 6, 2, 1, tant je suis loin de vouloir…!, cf. Liv. 4, 58, 2 ; 26, 31, 5 ; Sen. Ep. 90, 45.

▶ les formes *abfui, abforem, abfore, abfuturus* ont moins d'autorité ‖ subj. prés. *absiet* Cat. *Agr.* 19, 1 ; *abfuat = absit* Front. *Amic.* 1, 14, 2, p. 184 N. ‖ formes *apsum, apsens* dans quelques mss de Pl. et Cic.

absūmēdo, *ĭnis*, f. (*absumo*), consommation [jeu de mots] : Pl. Cap. 904.

absūmō, *ĭs, ĕre, sumpsī, sumptum*, tr., prendre entièrement ¶ **1** user entièrement, consumer [au pr. et fig.] : *magna vis frumenti, pecuniae absumitur* Liv. 23, 12, 4, une grande quantité de blé et d'argent se consomme ; *res paternas* Hor. Ep. 1, 15, 26, dissiper son patrimoine, cf. Suet. *Ner.* 26 ; *absumptis frugum alimentis* Liv. 23, 30, 3, après avoir épuisé tous les moyens d'alimentation en céréales, cf. 41, 4, 4 ; *Glauci Potniades malis membra absumpsere quadrigae* Virg. G. 3, 268, les cavales de Potnies dévorèrent de leurs mâchoires les membres de Glaucus ; *absumet Caecuba* Hor. O. 2, 15, 25, il engloutira ton Cécube ; *vires* Lucr. 4, 1121, épuiser ses forces ‖ [en parl. du temps] *dicendo tempus* Cic. Quinct. 34, épuiser le temps en parlant, cf. Liv. 2, 4, 3 ; 22, 49, 9 ; 26, 51, 3 ; *id tempus conloquiis absumptum est* Liv. 28, 6, 1, ce laps de temps se consuma en entretiens, cf. 32, 19, 13 ; 37, 11, 4 ¶ **2** détruire, anéantir [des choses] : Liv. 24, 30, 7 ; 28, 22, 10 ; *classis absumpta* Liv. 37, 26, 4, flotte anéantie ; *ignis sacra profanaque multa absumpsit* Liv. 24, 47, 16, le feu détruisit beaucoup d'édifices sacrés et profanes, cf. 5, 54, 1 ; 30, 7, 9 ; *cadavera tabes absumebat* Liv. 41, 21, 7, les cadavres s'en allaient en putréfaction ¶ **3** faire périr, anéantir : *reliquias pugnae* Liv. 5, 13, 12, massacrer les survivants du combat, cf. 2, 42, 4 ; 21, 56, 6 ; 23, 19, 17 ‖ [au pass.] *absumi*, être emporté, périr : *ubi avunculus ejus absumptus erat* Liv. 9, 17, 17, où son oncle avait péri, cf. 21, 58, 11 ; *multi ferro ignique absumpti sunt* Liv. 5, 7, 3, beaucoup périrent par le fer ou par le feu, cf. 30, 6, 9 ; 35, 27, 7.

▶ forme *apsumo* dans qqs mss de Pl. et Liv.

absumptĭo, *ōnis*, f., consommation : Dig. 7, 5, 5 ‖ anéantissement, destruction : Macr. Somn. 2, 12, 14.

absumptus, *a, um*, part. de *absumo*.

absurdē ¶ **1** d'une manière qui détonne : Cic. Tusc. 2, 12 ¶ **2** d'une manière déplacée : Tac. H. 3, 51 ¶ **3** d'une manière absurde : Cic. Ac. 2, 36 ; *Fin.* 2, 21 ; *Div.* 2, 119 ; *Rep.* 2, 28 ‖ *absurdius* Dig. 9, 2, 51, 2 ; *absurdissime* Aug. Cresc. 3, 11, 14.

absurdĭtās, *ātis*, f., discordance : Prisc. 3, 494, 32 ‖ absurdité : Aug. Civ. 6, 1.

absurdus, *a, um* (*ab, surdus*) ¶ **1** qui a un son faux, qui détonne : Cic. de Or. 3, 41 ‖ [d'où] choquant, désagréable, déplaisant : Cic. Com. 19 ; Char. 185, 14 ¶ **2** qui détonne, qui jure, qui ne convient pas : *sin plane abhorrebit et erit absurdus* Cic. de Or. 2, 85, s'il a une nature tout à fait rebelle et discordante, cf. Liv. 30, 44, 6 ‖ *ab initio causisque talium facinorum non absurda* Tac. H. 4, 48, des faits qui ne sont pas sans rapport avec l'origine et les causes de ces sortes de crimes ; *aetati alicujus res absurda* Tac. An. 12, 9, une chose qui jure avec l'âge de qqn ‖ *haud absurdum est* [avec inf.], il n'est pas déplacé de : Sall. C. 3, 1 ; Tac. An. 4, 65 ; 12, 24 ¶ **3** [en parl. des idées, des paroles] absurde, saugrenu : Cic. Mur. 26 ; *Tusc.* 5, 112 ; *quo quid absurdius dici potest ?* Cic. Phil. 8, 4, or est-il parole plus absurde que celle-là ?, cf. *Div.* 2, 98 ‖ *absurdum est* [avec inf.], il est absurde de : Cic. Or. 160 ; *Att.* 2, 9, 1 ; 2, 22, 4 ; *CM* 66 ; [avec prop. inf.], il est absurde que : Cic. Fin. 2, 93 ; *Sull.* 37 ; Liv. 37, 52, 10 ‖ *quid tam absurdum quam si*

absurdus

praeco praedicet...? Cic. *Off.* 3, 55, qu'y aurait-il d'aussi absurde que le crieur annonçant...? ‖ **absurdissimus** Cic. *Att.* 7, 13, 6.

Absurītānus, *a*, *um*, d'Absyra [Afrique] : Plin. 5, 29.

Absyrtĭdes, *um*, f. pl., îles de l'Adriatique : Plin. 3, 151.

Absyrtis, *idis*, f., île de l'Adriatique : Mel. 2, 114.

Absyrtus, *i*, m. ¶ 1 fils d'Éétès, frère de Médée : Cic. *Nat.* 3, 48 ; Ov. *Tr.* 3, 9, 6 ¶ 2 fleuve de l'Illyrie : Luc. 3, 190.

Abudĭacum, ▶ *Abodiacum*.

Abudius, nom de famille : Tac. *An.* 6, 30.

Abulites, *ae*, m., nom d'un Perse : Curt. 5, 2, 8 ; 5, 2, 17.

ăbundābĭlis, *e*, pléthorique : Cass. Fel. 84, 17.

ăbundans, *tis* ¶ 1 part. prés. de *abundo* ¶ 2 adj. **a)** qui déborde : Lucr. 1, 282 ; Plin. 2, 227 ‖ [fig.] Cic. *Rep.* 2, 34 **b)** qui est en abondance, à profusion, surabondant : Cic. *Quinct.* 40 ; *Fin.* 2, 111 **c)** qui en a en profusion, riche : Cic. *Phil.* 2, 66 **d)** riche en [avec abl.] : *bellicis laudibus* Cic. *Off.* 1, 78, riche en gloire guerrière, cf. *Rep.* 2, 11 ‖ [avec gén.] *via omnium rerum abundans* Nep. *Eum.* 8, 5, chemin offrant de tout en abondance, cf. Virg. B. 2, 20 **e)** [locution] *ex abundanti* Tert. *Marc.* 3, 1, 1, de façon superflue ‖ **-tior** Cic. *Pis.* 69 ; **-tissimus** Cic. *Rep.* 2, 34.

ăbundantĕr, adv., abondamment, avec abondance : Cic. *de Or.* 3, 53 ‖ **-tius** Cic. *Top.* 41 ; **-tissime** Plin. 5, 57.

ăbundantĭa, *ae*, f. ¶ 1 abondance : Cic. *Agr.* 1, 18 ; 2, 97 ; *Brut.* 320 ; *Lae.* 87 ‖ *ingenii* Cic. *Ac.* 1, 18, richesse de génie ¶ 2 richesse, opulence : Cic. *Cat.* 2, 10 ; *Nat.* 2, 130 ¶ 3 [rhét.] surabondance, prolixité : Quint. 12, 1, 20, cf. Cic. *Opt.* 8.

ăbundātĭo, *ōnis*, f., débordement d'un cours d'eau : Plin. 3, 121 ; Flor. 2, 13, 26.

ăbundē (*abundo*) ¶ 1 abondamment, en abondance : Cic. *CM* 48 ; *Div.* 2, 3 ; *Fam.* 10, 23, 6 ; *alia omnia abunde erant* Sall. *J.* 63, 2, il avait abondamment toutes les autres qualités ‖ suffisamment : *ad beatam vitam praecepta abunde sunt* Sen. *Ep.* 95, 6, pour faire le bonheur les préceptes suffisent ; *abunde magna praesidia* Sall. *J.* 14, 18, secours suffisament grands, cf. *J.* 1, 3 ; Sen. *Clem.* 1, 13, 4 ; *abunde est* [avec inf.] Sen. *Ep.* 40, 6, c'est bien assez de, cf. *Ben.* 7, 25, 2 ; *abunde est, si* Plin. *Ep.* 7, 2, 3, c'est bien assez si, que, cf. *Pan.* 44 ; Sen. *Contr.* 10, 5, 15 ¶ 2 [avec gén.] assez de : Virg. *En.* 7, 552 ; Plin. 25, 25 ; Quint. 10, 1, 94 ; Gell. 7, 8, 4.

ăbundō, *ās*, *āre*, *āvī*, *ātum* (*ab unda* ; it. *abbondare*)

I intr. ¶ 1 déborder : Liv. 5, 15, 11 ; 30, 38, 10 ; Sen. *Nat.* 4, 1, 1 ; Virg. *G.* 1, 115 ¶ 2 être en abondance : *quae de terris abundant* Lucr. 5, 920, les productions qui viennent du sol en abondance, cf. Liv. 2, 41, 9 ¶ 3 avoir en abondance, être abondamment pourvu de [avec abl.] : *equitatu* Caes. *G.* 7, 14, 3, être abondamment pourvu de cavalerie, cf. Cic. *Rep.* 2, 26 ; *Tusc.* 5, 44 ; *Off.* 2, 13 ; *villa abundat porco, lacte, caseo, melle* CM 56, la maison de campagne a en abondance les porcs, le lait, le fromage, le miel ‖ [avec gén.] Lucil. 308 ; Manil. 2, 600 ¶ 4 [abs^t] être riche, être dans l'abondance : Cic. *Par.* 49 ; *Lae.* 23 ; *Att.* 1, 4, 3 ; 15, 15, 3 ¶ 5 [tard.] tr., excéder, dépasser : Dig. 17, 1, 35 ¶ 6 [avec inf. ou prop. inf.] *abundat* il suffit de (que) : Ambr. *Psalm.* 118, 7, 35.

ăbundus, *a*, *um*, abondant : Gell. 1, 2, 2.

Aburas, ▶ *Abora*.

Aburius, *ii*, m., nom d'homme : Liv. 39, 4, 3.

Abusina, *ae*, f., ville de Vindélicie [Eining] : Anton. 250.

ăbūsĭo, *ōnis*, f. (*abutor*) ¶ 1 [rhét.] catachrèse : Her. 4, 33, 45 ; Cic. *Or.* 94 ; Quint. 10, 1, 11 ¶ 2 abus : Aug. *Doctr.* 1, 4, 4.

ăbūsĭtātus, *a*, *um*, peu instruit : Gloss. 4, 3, 13.

ăbūsīvē ¶ 1 par catachrèse, métaphoriquement : Quint. 8, 6, 35 ¶ 2 de façon insolite, abusive : Mamert. *Anim.* 1, 6 ; Amm. 24, 4, 19.

ăbūsīvus, *a*, *um*, employé de façon abusive : Cael.-Aur. *Acut.* 1, pr. 14.

ăbūsŏr, *ōris*, m., qui abuse, dissipateur : Salv. *Gub.* 8, 4.

ăbusquĕ, prép. avec abl., ⇒ *usque ab*, depuis : *abusque Pachyno* Virg. *En.* 7, 289, depuis le promontoire de Pachynum ; *Oceano abusque* Tac. *An.* 15, 37, depuis l'Océan ; [temporel] *Tiberio abusque* Tac. *An.* 13, 45, depuis Tibère.

1 **ăbūsus**, *a*, *um*, part. de *abutor*.

2 **ăbūsŭs**, *ūs*, m., utilisation d'une chose jusqu'à son épuisement, consommation complète : Cic. *Top.* 17.

ăbūtendus, *a*, *um*, dont on peut abuser : Suet. *Galb.* 14.

ăbūtō, *ĭs*, *ĕre*, ▶ *abutor* ▶.

ăbūtŏr, *ūtĕrĭs*, *ūtī*, *ūsus sum* (*ab, utor*)

I [arch.] tr., user jusqu'à consommation, jusqu'à disparition de l'objet, épuiser, consumer : *omnem caseum* Cat. *Agr.* 76, utiliser tout le fromage ; *aurum* Pl. *Bac.* 359 ; *rem patriam* Pl. *Trin.* 682, dissiper une somme d'or, son patrimoine ; *operam* Ter. *And.* 5, consumer son activité, perdre son temps, cf. Sall. *C.* 13, 2.

II intr. ¶ 1 se servir pleinement de, user librement de, employer complètement : *sole* Cic. *Att.* 12, 6, 2, user librement du soleil ; *his festivitatibus insolentius* Cic. *Or.* 176, employer ces agréments du style avec une liberté un peu excessive ; *prooemio* Cic. *Att.* 16, 6, 4, utiliser un préambule [de façon définitive, une fois pour toutes] ; *otio* Cic. *Rep.* 1, 14, employer entièrement ses moments de loisir ¶ 2 user de [en faisant dévier l'objet de sa destination première] : *sagacitate canum ad utilitatem nostram* Cic. *Nat.* 2, 151, faire servir à notre usage le flair des chiens, cf. *Lig.* 1 ; *Mil.* 6 ; *Verr.* 3, 61 ; *Inv.* 2, 24 ‖ *verbo* Cic. *de Or.* 3, 169, faire un emploi détourné d'un mot, cf. *Or.* 94 ; *Part.* 17 ; *Leg.* 1, 45 ; *communi consuetudine sermonis* Cic. *Fat.* 24, se servir des mots de l'usage courant en les détournant de leur sens ¶ 3 abuser [Don. *Phorm.* 413] : *militum sanguine* Caes. *C.* 3, 90, 2, abuser de la vie de ses soldats, cf. Cic. *Sull.* 47 ; *Dom.* 104 ; *Fam.* 12, 1, 2 ; Liv. 2, 42, 9 ; 39, 26, 7 ¶ 4 [tard.] ne pas user, s'abstenir : Commod. *Instr.* 2, 22, 4.

▶ sens passif *abuti* Varr. d. Prisc. 2, 381, 12 ; *abusus* Pl. *As.* 196.

Abutucensis, *e*, d'Abutuca [ville d'Afrique] : Plin. 5, 29.

Ăbȳdēnus, *a*, *um*, d'Abydos [Mysie] : Ov. *H.* 18, 100 ; *Tr.* 1, 10, 28 ‖ [m. pris subst^t] = Léandre, amant d'Héro : Ov. *H.* 17, 1.

Ăbȳdus, *i*, Liv. 37, 12, 1, m., **Ăbȳdos**, Ov. *H.* 17, 12 ; Plin. 6, 216, f. (Ἄβυδος) et **Ăbȳdum**, *i*, Plin. 5, 141, n., Abydos [ville de Mysie] ‖ [ville de la Haute-Égypte] : Plin. 5, 60.

Ăbȳla, ▶ *Abila*.

ăbyssus, *i*, f. qqf. m. (ἄβυσσος) ¶ 1 [pr.] abîme : Vulg. *Gen.* 1, 2 ; Tert. *Bapt.* 3, 2 ‖ profondeur inaccessible : Aug. *Conf.* 4, 4, 8 ¶ 2 [fig.] l'outre-tombe, les enfers : Vulg. *Rom.* 10, 7 ‖ l'enfer, séjour des damnés : Vulg. *Apoc.* 9, 1.

Abzirītānus, *a*, *um*, d'Abzira [Afrique] : Plin. 5, 30.

Abzoae, *ārum*, m. pl., peuple de Scythie : Plin. 6, 38.

ac (apocope de *atque* ; it. *-a- d. dieciasette*), ▶ *atque*.

ăcācĭa, *ae*, f. (ἀκακία), mimosa : Plin. 24, 109 ‖ suc d'acacia : Petr. 23, 5 ; Tert. *Cult.* 2, 6, 4.

Ăcădēmīa, *ae*, f. (Ἀκαδήμεια) ¶ 1 L'Académie [gymnase d'Académos, près d'Athènes, dans un parc ; c'est là qu'enseignait Platon] : Cic. *Or.* 12 ; *Fin.* 5, 1 ; Sen. *Ben.* 6, 11, 1 ¶ 2 [gymnase de Cicéron dans sa villa de Tusculum] : Cic. *de Or.* 1, 98 ; *Tusc.* 2, 9 ; *Att.* 1, 4, 3 ; 1, 9, 2 ; Plin. 31, 6 ¶ 3 [méton. = philosophie platonicienne] : *vetus Academia* Cic. *Brut.* 149, l'ancienne Académie ; *recens* [ou *recentior*] Cic. *Leg.* 1, 39 ; *de Or.* 3, 68, la nouvelle Académie.

Ăcădēmĭcus, *a*, *um* (Ἀκαδημικός), académique, relatif à l'Académie : *Academici libri* Cic. *Tusc.* 2, 4, les *Académiques* [traité de Cic.] ; *Academica quaestio* Cic. *Att.* 13, 19, 3, l'enquête sur la doctrine académique ‖ n. pl., *Academica* Cic. *Att.* 13, 19, 5, les *Académiques* ‖ m. pl., *Academici* Cic. *Fin.* 2, 34, les philosophes de l'Académie.

Ăcădēmus, *i*, m. (Ἀκάδημος), Académos [héros grec] : HOR. *Ep.* 2, 2, 45.

Acadira, f., ville de l'Inde : CURT. 8, 10, 19.

Acalandrus (-der), *dri*, fleuve de Lucanie : PLIN. 3, 97.

ăcălanthis, *ĭdis*, f. (ἀκαλανθίς), oiseau [peut-être le chardonneret] : VIRG. *G.* 3, 338 et SERVIUS.

Acălē (Achă-), *ēs*, f., île voisine de la Lusitanie : AVIEN. *Or.* 184.

ăcălēphē, *ēs*, f. (ἀκαλήφη), ortie : DIOSC. 4, 89.

Acamantis, *ĭdis*, f., nom primitif de l'île de Chypre : PLIN. 5, 129.

Ăcāmās, *antis*, m. (Ἀκάμας) ¶ 1 nom de divers personnages grecs, notamment du fils de Thésée et de Phèdre : VIRG. *En.* 2, 262 ¶ 2 promontoire de l'île de Chypre : PLIN. 5, 129.

Acampseon, fleuve qui se jette dans le Pont-Euxin : PLIN. 6, 12.

ăcănŏs, v.▸ *acanus*.

ăcantha, *ae*, f. (ἄκανθα), acanthe [plante] : CAEL.-AUR. *Acut.* 2, 197.

ăcanthĭcē mastĭchē, *-cēs -chēs*, f. (ἀκανθικὴ μαστίχη), suc de masticogna : PLIN. 21, 96.

acanthillis, *idis*, f. (ἀκανθιλλίς), v.▸ *acanthyllis*.

ăcanthĭnus, *a*, *um* (ἀκάνθινος), d'acanthe : COL. 9, 4, 4.

ăcanthĭŏn, n. (ἀκάνθιον), espèce de chardon : PLIN. 24, 108.

1 ăcanthis, *ĭdis*, acc. *ĭda*, f. (ἀκανθίς) ¶ 1 c.▸ *acalanthis* : PLIN. 10, 175 ¶ 2 séneçon [plante] : PLIN. 25, 168.

2 Ăcanthis, *ĭdis*, f., nom de femme : PROP. 4, 5, 63.

Ăcanthĭus, *a*, *um*, d'Acanthe [ville de Macédoine] : PLIN. 31, 85.

Ăcanthō, f., mère du Soleil : CIC. *Nat.* 3, 54.

1 ăcanthus, *i* (ἄκανθος) ¶ 1 m., acanthe [plante dont la feuille sert souvent comme ornement dans l'architecture] : VIRG. *G.* 4, 123 ; VITR. 4, 1, 9 ; PLIN. 22, 76 ¶ 2 f., arbre d'Égypte toujours vert, mimosa : VIRG. *G.* 2, 119.

2 Ăcanthus, *i*, m., ville de Macédoine : LIV. 31, 45, 16 ; 45, 30, 4 ; PLIN. 4, 38 ‖ île de la Propontide : PLIN. 5, 151.

ăcanthyllis, *ĭdis*, f. (ἀκανθυλλίς) ¶ 1 chardonneret : PLIN. 10, 96 ¶ 2 asperge sauvage : PS. APUL. *Herb.* 85, 18 adn.

ăcănus, *i*, m. (ἄκανος), onoporde [chardon] : PLIN. 22, 23.

ăcapnus, *a*, *um* (ἄκαπνος), sans fumée [en parl. du miel qu'on a recueilli sans chasser les abeilles par la fumée] : PS. APUL. *Herb.* 31, 1 ; PLIN. 11, 45 ; **ligna acapna** MART. 13, 15, bois qui ne fume pas.

ăcarna, ăcarnē, v.▸ 2 *acharne*.

Ăcarnān, *ānis*, m. ¶ 1 nom du héros éponyme de l'Acarnanie : OV. *M.* 9, 414 ¶ 2 [adj. et subst.] LIV. 31, 14, 7 ; VIRG. *En.* 5, 298, d'Acarnanie ; pl., **Acarnanes**, les Acarnaniens ‖ acc. sg. *Acarnana*, LIV. 36, 11, 6 ; 37, 45, 17 ; acc. pl. *Acarnanas*, LIV. 26, 24, 6.

Ăcarnānĭa, *ae*, f., Acarnanie [partie de l'Épire] Atlas VI, B1 : PLIN. 4, 5.

Ăcarnānĭcus, *a*, *um*, acarnanien : LIV. 26, 25, 16 ‖ **-nānus**, *a*, *um*, NEP. *Them.* 1, 2.

Acascomarci, *ōrum*, m. pl., peuple du Pont : PLIN. 6, 21.

Ăcastus, *i*, m., fils de Pélias, roi d'Iolcos : OV. *M.* 8, 306 ‖ nom d'un esclave de Cicéron : CIC. *Att.* 6, 9, 1.

ăcătălectĭcus, ăcătălectus, *a*, *um*, acatalectique [le contraire de catalectique ; vers qui a son dernier pied complet] : DIOM. 502, 8.

ăcătĭum, *i*, n. (dim. de *acatus*), barque : PLIN. 9, 94 ‖ grande voile d'un navire : ISID. 19, 3, 2.

Acatius, *ii*, m., nom de personne : SULP. SEV. *Chron.* 2, 38, 3.

ăcătus, *i*, f. (ἄκατος), petit navire : TERT. *Marc.* 5, 1, 2 ; AUS. *Epist.* 22, 2 (415), 31.

Ācaunensis (Agaunensis), *e*, d'Acaune : EUCH. *Acaun.* 1.

ăcaunumarga, *ae*, f. (gaul.), espèce de terre sablonneuse : PLIN. 17, 44.

Ācaunus, *i*, m., nom de lieu du pays des Nantuates [auj. Saint-Maurice, dans le Valais] : EUCH. *Acaun.* 5 ‖ **Acauni**, *ōrum*, m. pl., habitants d'Acaune : GREG.-TUR. *Hist.* 3, 6.

ăcaustŏs, *ŏn* (ἄκαυστος), non brûlé, incombustible [épithète donnée à une pierre précieuse] : PLIN. 37, 92.

Acbarus, *i*, m., nom de roi arabe : TAC. *An.* 12, 12 ; v.▸ *Abgar*.

Acbatana, c.▸ *Ecbatana*.

Acca, *ae*, f. ¶ 1 compagne de Camille : VIRG. *En.* 11, 820 ¶ 2 **Acca Larentia (Larentina)**, nourrice de Romulus et Rémus : VARR. *L.* 6, 23 ; STAT. *S.* 2, 1, 100 ; GELL. 7, 7.

accădō, *ĭs*, *ĕre*, -, - (cf. 1 *accido* ; it. *accadere*), intr., tomber devant : SEN. *Suas.* 6, 3 ; v.▸ *accido*.

accănō, *ĭs*, *ĕre*, -, -, intr., chanter avec : VARR. *L.* 6, 75.

accantō (adcantō), *ās*, *āre*, -, -, intr., chanter auprès de [dat.] : STAT. *S.* 4, 4, 55.

accēdentĭa, *ae*, f. (*accedo*), accession, qualité supplémentaire : PLIN. 32, 19.

accēdō, *ĭs*, *ĕre*, *cessī*, *cessum* (ad, cedo)

I intr.
A ¶ 1 "aller vers" *a)* **ad aliquem** *b)* avec dat. *c)* **in** acc. ¶ 2 idée d'hostilité ¶ 3 "fréquenter" ¶ 4 [fig.].
B ¶ 1 "venir en outre" ¶ 2 "s'ajouter à" ¶ 3 [tours part.] *a)* **accedit quod** *b)* **accedit ut**.
II tr.
¶ 1 "s'approcher de".
¶ 2 emplois figurés.

I intr.
A ¶ 1 aller vers, s'approcher de *a)* **ad aliquem** CIC. *Fam.* 4, 4, 3, aborder qqn ; **ad castra** CAES. *G.* 5, 50, 4, s'approcher du camp ; **ad Aquinum** CIC. *Phil.* 2, 106, s'approcher d'Aquinum ; [avec *propius*] CAES. *G.* 1, 46, 1 ; 7, 20, 3 ; **ad hastam** NEP. *Att.* 6, 3, prendre part à une enchère publique *b)* [poét.] [avec dat.] SIL. 17, 570 ; STAT. *S.* 1, 2, 216 *c)* [avec *in* acc.] se rendre dans, pénétrer dans : CIC. *Caecin.* 36 ; *Verr.* 5, 138 ; *Att.* 5, 16, 4 ; **in funus** CIC. *Leg.* 2, 66, se mêler à un cortège de funérailles ‖ **Romam** CIC. *Amer.* 92, pénétrer à Rome ¶ 2 [idée d'hostilité] marcher sur, contre : **ad urbem, ad castra** CIC. *Cat.* 3, 8 ; CAES. *G.* 5, 50, 4, marcher sur Rome, contre le camp ¶ 3 aller vers qqn = le fréquenter : **ad aliquem** CIC. *Cael.* 10 ; **alicui** QUINT. 8, 3, 35 ¶ 4 [fig.] *a)* **ad rem publicam** CIC. *Phil.* 5, 50, aborder les affaires publiques, la carrière politique ; **ad causam** CIC. *de Or.* 1, 175, se charger d'une cause *b)* **propius ad mortem** CIC. *CM* 71, se rapprocher de la mort, cf. SEN. *Ep.* 120, 18 *c)* **ad deos** CIC. *Lig.* 38, se rapprocher des dieux ; **ad veritatem** CIC. *de Or.* 1, 220, se rapprocher de la réalité ; [avec dat.] CIC. *Brut.* 173 ; QUINT. 10, 1, 68 *d)* **ad facinus** CIC. *Inv.* 2, 44, en venir à un crime ; **ad poenam** CIC. *Off.* 1, 89, se disposer à punir ; **ad dicendum** CIC. *de Or.* 1, 73, se disposer à parler ; **ad pericula** CIC. *Balb.* 26, s'exposer aux dangers *e)* accéder à, donner son adhésion à : **ad condiciones** CIC. *Verr.* 3, 69, à des conditions, cf. NEP. *Milt.* 3, 5 ‖ [avec dat.] QUINT. 12, 11, 11 ; SEN. *Ep.* 68, 1. *f)* [droit] **ad patris condicionem accedere** GAI. *Inst.* 1, 67, accéder à la condition de son père.
B venir s'ajouter ¶ 1 venir en outre, par surcroît [avec dat.] : **accedet ei cura** CIC. *Fin.* 5, 40, il lui viendra en outre le souci, cf. *Att.* 5, 20, 3 ; NEP. *Milt.* 4, 5 ; LIV. 24, 27, 8 ¶ 2 s'ajouter à *a)* [avec *ad*] CIC. *Mur.* 81 ; *Brut.* 91 ; *Pis.* 97 ; *Fam.* 8, 11, 2 ; 10, 24, 4 ; **accedat huc suavitas quaedam oportet morum** CIC. *Lae.* 66, il faut qu'à ces qualités s'ajoute une douceur particulière dans le caractère *c)* [avec dat.] CIC. *Cael.* 73 ; *Att.* 7, 1, 19 ; *Brut.* 126 ‖ [droit] accroître par accession [réunion de deux droits ou de deux choses confondus] : **proprietati ususfructus accedit** DIG. 23, 3, 4, l'usufruit s'ajoute à la propriété ‖ [chrét.] s'ajouter à la substance [comme accident] : TERT. *Herm.* 3, 3 ¶ 4 [tours particul.] *a)* **accedit quod**, à cela s'ajoute le fait que ; **huc, eo, eodem accedit quod**, à cela, à cela aussi s'ajoute que, v.▸ *quod* : **accedit illud etiam quod** CIC. *Div.* 2, 58, à cela s'ajoute encore que ; **ad occupationes**

accedo

meas accedit quod Cic. *Att.* 1, 19, 1, à mes occupations s'ajoute que **b)** *accedit..., ut...,* il arrive en outre que, à cela s'ajoute que : Cic. *Dej.* 2; *Tusc.* 1, 43; *ad Appii Claudii senectutem accedebat etiam, ut caecus esset* Cic. *CM* 16, à la vieillesse d'Appius Claudius s'ajoutait même la cécité, cf. Caes. *C.* 3, 24, 4; *accessit eo, ut* Cic. *Fam.* 10, 21, 4, à cela s'est ajouté que, cf. *Mur.* 45.
II tr.
¶ **1** s'approcher de : *aliquem* Sall. *J.* 62, 1, aborder qqn., cf. 20, 3; 71, 5; Tac. *An.* 2, 58; *H.* 3, 24 ‖ [pass.] *si qua clementer accedi poterant* Tac. *An.* 12, 33, si des parties de la montagne étaient accessibles en pente douce ‖ *Carthaginem* Plin. *Ep.* 7, 27, 3, s'approcher de Carthage, cf. Liv. 21, 49, 9; 37, 27, 7. ¶ **2** [fig.] **a)** *naturae partes* Virg. *G.* 2, 483, aborder les mystères de la nature **b)** *periculum* Pl. *Ep.* 149; Her. 4, 57, affronter un danger **c)** se joindre à, se rallier à : *societatem nostram* Tac. *An.* 12, 31, embrasser notre alliance.
▶ parf. sync. *accestis* Virg. *En.* 1, 201.

acceia, *ae,* f. (empr.), bécasse : Gloss. 2, 13, 16.

accĕlĕrātĭo, *ōnis,* f., accélération : Her. 3, 23.

accĕlĕrātus, *a, um,* part. de *accelero.*

accĕlĕrō, *ās, āre, āvī, ātum* (*ad, celero*) ¶ **1** intr., se hâter, faire diligence : Cic. *Cat.* 2, 6; Caes. *G.* 7, 87, 3; Liv. 3, 27, 8; 23, 28, 9 ¶ **2** tr., hâter, presser : *iter* Caes. *C.* 2, 39, 6, accélérer la marche ‖ *gradum* Liv. 2, 43, 8, presser le pas, cf. Nep. *Att.* 22, 2; Lucr. 6, 772; Tac. *An.* 11, 35; *consulatum alicui* Tac. *An.* 3, 75, hâter l'accès de qqn au consulat.

accendĭum, *ii,* n. (1 *accendo*), embrasement : Solin. 5, 23.

1 **accendō**, *ĭs, ĕre, cendī, censum* (**cando*, cf. *candeo, incendo* ; it. *accendere*), tr. ¶ **1** embraser, mettre le feu à, allumer : *faces* Cic. *Pis.* 5, allumer des torches, cf. *Att.* 4, 3, 3; *Tim.* 3 ‖ *ignem* Virg. *En.* 5, 4, allumer un feu, cf. Liv. 36, 10, 12; Sen. *Ben.* 4, 29, 2 ‖ [métaph.] **a)** *luna radiis solis accensa* Cic. *Rep.* 6, 17, la lune qu'allument les rayons du soleil **b)** embraser, rendre brûlant : *harenas* Curt. 7, 5, 3, embraser les sables du désert ¶ **2** [fig.] **a)** enflammer, exciter, *aliquem,* qqn : Sall. *C.* 51, 10; *J.* 34, 1; 73, 6 ‖ *ad pugnam* Curt. 4, 15, 28, donner l'ardeur de combattre; *ad dominationem accensi* Sall. *J.* 31, 16, ardents à dominer; *in rabiem accensi* Liv. 29, 9, 6, jetés dans un transport de fureur ‖ *aliquem contra aliquem* Sall. *J.* 64, 4 ou *in aliquem* Liv. 32, 38, 9, enflammer qqn contre qqn **b)** allumer, éveiller, provoquer qqch. : Cic. *de Or.* 1, 114; *Fin.* 5, 43; *cupiditatem* Liv. 2, 42, 1; *odium* Tac. *H.* 1, 60, allumer le désir, la haine; *favorem alicui* Liv. 39, 39, 12, allumer pour qqn la faveur populaire **c)** attiser, augmenter : Liv. 21, 58, 6; Tac. *An.* 1, 69; 12, 54; *crystallina quorum accendit fragilitas pretium* Sen. *Ben.* 7, 9, 3, des cristaux, dont la fragilité avive le prix, cf. Plin. 23, 57.

2 **accendō**, *ōnis,* m. (1 *accendo*), bourreau [qui appliquait un fer rouge aux gladiateurs] : Tert. *Pall.* 6, 2.

accensĕō (**adcensĕō**), *ēs, ēre, -, censum,* tr., mettre au nombre de, rattacher à; *alicui, alicui rei,* à qqn, à qqch. : Ov. *M.* 15, 546; part. *accensus* Liv. 1, 43, 7.
▶ part. *accensitus* Varr. d. Non. 59, 5.

accensĭbĭlis, *e* (1 *accendo*), qui brûle : Vulg. *Hebr.* 12, 18.

accensĭo, *ōnis,* f. (1 *accendo*), action d'allumer : VL. *Exod.* 39, 17 ‖ [fig.] Cass. *Psalm.* 6, 1.

accensĭtus, *a, um,* ▶ *accenseo* ▶.

accensŏr, *ōris,* m. (1 *accendo*), celui qui allume : Aug. *Ev. Joh.* 23, 3.

1 **accensus**, *a, um* ¶ **1** part. de *accendo* ¶ **2** part. de *accenseo.*

2 **accensus**, *i,* m. (*accenseo*) ¶ **1** [employé d'ordinaire au pl. *accensi, orum*] **a)** [prim^t] désigne la cinquième classe créée par Servius] **b)** [en langue milit.] soldats de réserve en surnombre [destinés à combler les vides dans les légions, appelés plus tard *supernumerarii* Veg. *Mil.* 2, 19] : Liv. 8, 8, 8; 8, 10, 2; *accensi velati* Cic. *Rep.* 2, 40, soldats surnuméraires [litt^t "habillés", parce qu'ils n'étaient en armes que quand ils comblaient les vides] ¶ **2** huissier [attaché à un magistrat], appariteur : *libertus et accensus tuus* Cic. *Verr.* 3, 157, ton affranchi et appariteur, cf. 2, 74; *Att.* 4, 18, 4; *Fam.* 3, 7, 4; Liv. 3, 33, 8; 8, 31, 4; 38, 55, 5.

3 **accensŭs**, *ūs,* m. (1 *accendo*), action d'allumer : Plin. 34, 88; 37, 103.

accentĭo, *ōnis,* f., son fortement appuyé : Favon. 15, 15 H.

accentĭuncŭla, *ae,* f. (dim. de *accentio*), accent, accentuation : Gell. 13, 6, 1.

accentŏr, *ōris,* m. (*cantor*), qui chante en accompagnement : Isid. 6, 19, 13.

accentŭs, *ūs,* m. (*accino*) ¶ **1** accent, son d'une syllabe : Quint. 1, 5, 22 [en grec προσῳδία]; 1, 5, 25; 12, 10, 33; Gell. 12, 26, 3; 17, 3, 5; Diom. 431, 3 ‖ quantité d'une syll. : Char. 35, 24 ¶ **2** [en musique] son, ton; son des flûtes : Solin. 5, 19 ¶ **3** accentuation, augmentation : *hiemis* Sidon. *Ep.* 4, 6, de l'hiver ‖ [en parl. de maladie, de douleurs] paroxysme : M.-Emp. 36, 5.

accēpī, parf. de *accipio.*

accepso, ▶ *accipio* ▶.

accepta, *ae,* f., lot de terrain [qui échoit dans un partage] : Grom. 14, 27.

acceptābĭlis, *e,* agréable à, agréé de [compl. au dat.] : Tert. *Or.* 7, 1; Vulg. *Is.* 58, 5 ‖ recevable, valable [en parl. d'une croyance, d'un sacrement] : Tert. *Nat.* 1, 19, 4.

acceptābĭlĭtō, *ās, āre, -, -,* tr., rendre agréable : Julian.-Aecl. *Psal.* 118, 109.

acceptātĭo, *ōnis,* f., acceptation : Tert. *Marc.* 5, 9, 9 ‖ acception [de personnes] Tert. *Pud.* 5, 15.

acceptātŏr, *ōris,* m. ¶ **1** celui qui accepte, qui agrée : Tert. *Pat.* 4, 6 ‖ celui qui fait acception [de personnes] : Lucif. *Athan.* 1, 4 ¶ **2** moyen d'accès : CIL 14, 16, 6.

acceptātus, *a, um* ¶ **1** part. de *accepto* ¶ **2** adj., *quo sit acceptatius* Sen. *Ben.* 2, 7, 3, pour que (ce que tu donnes) soit mieux agréé.

acceptĭlātĭo, *ōnis,* f. (*accepti latio*), acceptilation, quittance formaliste par laquelle le créancier déclare avoir reçu paiement [*acceptum ferre*] : Gai. *Inst.* 3, 169; Dig. 46, 4 tit.

acceptĭo, *ōnis,* f. (*accipio*) ¶ **1** action de recevoir, réception : Cic. *Top.* 37; Sall. *J.* 29, 4; Don. *And.* 951 ¶ **2** admission, approbation d'une proposition [en logique] : Ps. Apul. *Herm.* 7 ¶ **3** *acceptio personae,* acception de personnes, faveur, partialité : Tert. *Marc.* 5, 35, 2; *Cast.* 7, 4.

acceptĭtō, *ās, āre, -, -,* tr., recevoir souvent : Non. 134, 29.

acceptō, *ās, āre, āvī, ātum* (*accipio*), tr. ¶ **1** avoir l'habitude de recevoir : Pl. *Ps.* 627; Quint. 12, 7, 9 ¶ **2** recevoir, accueillir : *jugum* Sil. 7, 41, supporter le joug ‖ *humo acceptante occultum opus* Curt. 4, 6, 8, le terrain permettant un travail souterrain.

acceptŏr, *ōris,* m. (*accipio*; it. *accettore*) ¶ **1** celui qui reçoit, qui fait accueil, qui approuve : Pl. *Trin.* 204 ¶ **2** receveur d'impositions, de droits : CIL 14, 2, 6; 14, 150, 1 ¶ **3** *personarum* Vulg. *Act.* 10, 34, partial ¶ **4** ▶ *accipiter,* épervier : Lucil. 1170; Gloss. 5, 44, 2.

acceptŏrārĭus, *ii,* m., fauconnier : Anth. 300 tit.

acceptōrĭus, *a, um, modulus* tuyau de réception d'eau : Frontin. *Aq.* 34, 5.

acceptrīx, *īcis,* f., celle qui reçoit : Pl. *Truc.* 571.

acceptum, *i,* n. (part. de *accipio* pris subst^t) ¶ **1** ce qu'on a reçu, ce qu'on a touché : *ratio accepti atque expensi* Pl. *Most.* 304, compte des recettes et des dépenses, cf. Cic. *Verr.* 2, 186; *Or.* 158; *ratio acceptorum et datorum* Cic. *Lae.* 58, compte des entrées et des sorties; *in acceptum referre* Cic. *Par.* 5, porter au chapitre des recettes (cf. *Verr.* 1, 149)‖ ce qu'on peut ou doit recevoir : *in acceptum referre* Dig. 46, 3, 1, porter au chapitre des créances ¶ **2** [fig.] ce qui est porté au compte de, imputé à : *accepto ferre* Vulg. *Rom.* 4, 6, mettre au compte de, attribuer à; Tert. *Apol.* 13, 8.

acceptus, *a, um* ¶ **1** part. de *accipio* ‖ [en part.] *aliquid acceptum ferre (referre) alicui,* porter, relater sur son registre au nom de qqn qqch. comme reçu = porter qqch. à l'avoir, au crédit de qqn : *quod minus*

Dolabella Verri acceptum rettulit quam Verres illi expensum tulerit HS quingenta triginta quinque milia Cic. *Verr.* 1, 100, attendu que Dolabella a consigné au crédit de Verrès cinq cent trente-cinq mille sesterces de moins que Verrès n'en a porté à son débit, cf. *Phil.* 2, 40; *expensa Chrysogono servo HS sescenta milia accepta pupillo Malleolo rettulit* Cic. *Verr.* 1, 92, il porta comme débités à l'esclave Chrysogonus six cent mille sesterces qui étaient à l'avoir de son pupille Malléolus, cf. 2, 170 ‖ [fig.] porter au compte de, imputer à : *omnia uni accepta Antonio referre* Cic. *Phil.* 2, 55, porter tout au compte d'Antoine seul ; *virtutem deo acceptam referre* Cic. *Nat.* 3, 86, reconnaître qu'on est redevable à Dieu de posséder la vertu, cf. *Fam.* 10, 24, 6; *Att.* 1, 14, 3; 11, 1, 2; 15, 19, 1; Caes. C. 3, 57, 4 ¶ **2** adj. **a)** [en parl. de choses] bien accueilli, agréable; *alicui*, à qqn : *res senatui grata acceptaque* Cic. *Phil.* 13, 50, chose agréable et bienvenue pour le sénat, cf. *Fam.* 16, 21, 7 ; *Tusc.* 5, 45 ; *nihil deo acceptius quam* Cic. *Rep.* 6, 13, rien de plus agréable à Dieu que ; *Rhodia uva dis et mensis accepta secundis* Virg. G. 2, 101, le vin de Rhodes, délices des dieux et de nos desserts **b)** [en parl. de pers.] bien vu, bienvenu : *maxime plebi acceptus* Caes. G. 1, 3, 5, le mieux vu du peuple, le plus populaire ; *longe ante alios acceptissimus militum animis* Liv. 1, 15, 8, placé bien avant les autres dans l'affection des soldats, cf. Sall. J. 12, 3 ; 18, 1 ; Liv. 35, 15, 4 ‖ *apud aliquem acceptissimus* Pl. *Cap.* 714, le mieux vu de qqn.

accers-, v. *arcess-.*

accessa, *ae,* f. (*accedo*), flux, marée : Serv. *En.* 1, 246.

accessĭbĭlis, *e* (*accedo*), accessible : Tert. *Prax.* 15, 8.

accessĭbĭlĭtās, *ātis,* f., accessibilité : Tert. *Prax.* 15, 8.

accessĭbĭlĭtĕr, adv., par accident [opposé à "par essence"] : Mamert. *Anim.* 27, 13 ; 28, 12.

accessĭō, *ōnis,* f. (*accedo*) ¶ **1** action de s'approcher : Pl. *Truc.* 258 ¶ **2** arrivée, accès d'une maladie, crise : Suet. *Vesp.* 23 ; Sen. *Ir.* 3, 33, 3 ; *Ep.* 72, 6 ; *Nat.* 6, 18, 6 ¶ **3** arrivée en plus, addition, augmentation, accroissement : Cic. *Tim.* 18 ; *Or.* 124 ; *Fin.* 4, 67 ; *Att.* 12, 23, 2 ; *quaecumque tibi accessiones fient dignitatis* Cic. *Fam.* 2, 1, 2, quels que soient pour toi les accroissements de considération ; *paucorum annorum accessio* Cic. *Lae.* 11, un prolongement de quelques années ¶ **4** partie ajoutée, partie annexe, accessoire : Cic. *Off.* 1, 138 ‖ [fig.] *Syphax accessio Punici belli fuerat* Liv. 45, 7, 2, Syphax n'avait joué qu'un rôle secondaire dans la guerre punique, cf. 45, 26, 7 ; 45, 39, 7 ¶ **5** idée ajoutée, notion supplémentaire, complément : Cic. *Fin.* 2, 35 ; 2, 42 ; *Ac.* 2, 112 ¶ **6** ce qu'on donne en plus de la chose due ou stipulée, supplément, surplus : Cat. *Agr.* 144 ; Cic. *Verr.* 3, 83 ; 3, 118 ; Sen. *Ep.* 97, 5 ¶ **7** [droit] **a)** accession [union d'une chose accessoire à une chose principale, entraînant l'acquisition de l'accessoire par le propriétaire du principal] : Dig. 34, 2, 19, 13 **b)** *accessio personae* Dig. 44, 7, 44, 4, adjonction d'un créancier accessoire **c)** *accessio possessionis* Dig. 44, 3, 14, adjonction des délais de possession [pour la prescription] **d)** *adstipulatoris obligatio accessio est principalis obligationis* Gai. *Inst.* 3, 126, l'obligation de la caution est accessoire à l'obligation principale [adjonction d'un débiteur accessoire, à titre de garantie] ¶ **8** accident [attribut qui s'ajoute à la substance] : Tert. *Herm.* 3, 3.

accessĭtō, *ās, āre,* -, - (fréq. de *accedo*), intr., venir vers sans discontinuer : Cat. *Orig.* 1, 20.

accessŭs, *ūs,* m. (*accedo*) ¶ **1** arrivée, approche : Cic. *Mil.* 52 ; *Sest.* 131 ; *Nat.* 2, 19 ; *Div.* 2, 89 ‖ *accessus ad res salutares, a pestiferis recessus* Cic. *Nat.* 2, 34, disposition à se porter vers ce qui est salutaire, à s'écarter de ce qui est nuisible ¶ **2** accès auprès de qqn, possibilité d'approcher qqn : Cic. Q. 1, 1, 25 ; Sen. *Clem.* 1, 13, 4 ‖ accès dans un lieu : Virg. *En.* 8, 229 ; Liv. 44, 28, 13 ; *navibus accessum petere* Liv. 29, 27, 9, chercher un lieu d'abordage pour les navires ¶ **3** accès, attaque d'une maladie : Plin. 28, 46 ; Gell. 4, 2, 13.

▶ dat. sg. *accessu* Apul. *Mund.* 34.

accestis, v. *accedo* ▶.

Acchĕrūns, v. *Acheruns* : Pl. *Amp.* 1078 ; *Trin.* 525.

Accī, *ōrum,* m. pl., colonie romaine de Tarraconaise [Guadix] Atlas IV, D2 : Anton. 402, 1.

1 **Accĭa,** v. *Accius.*

2 **accĭa,** v. *acceia.*

Accĭānus, *a, um,* accien, d'Accius [le poète] : Cic. *Tusc.* 3, 62 ; *Fam.* 9, 16, 4 ; Gell. 14, 1, 34.

accĭdens, *entis,* n. du part. prés. d'*accido* pris subst[t] ¶ **1** accident [opp. à substance], manière d'être accidentelle, non essentielle, accessoire ‖ [au pl.] Sen. *Const.* 9, 1 ; Quint. 3, 6, 36 ; [le sg. est tard.] Tert. *Herm.* 28, 3 ¶ **2** accident, cas fortuit : *per accidens,* par hasard ; *ex accidenti,* accidentellement : Boet. *Porph. com.* 2, p. 242, 25 ; Iren. 1, 23, 3 ¶ **3** événement malheureux, accident fâcheux [au pl.] : Sen. *Ep.* 120, 12 ; Ps. Quint. *Decl.* 4, 11 ; 5, 1.

accĭdentālis, *e,* accidentel : Boet. *Porph. com.* 2, p. 118.

accĭdentālĭtĕr, accĭdentĕr, accidentellement : Boet. *Porph. com.* 2, p. 88.

accĭdentĭa, *ae,* f. (*accido*), [phil.] accident : Tert. *Anim.* 11, 4.

1 **accĭdō,** *ĭs, ĕre, cĭdī,* - (*ad, cado*), intr. ¶ **1** tomber vers ou sur : *de caelo ad terram* Pl. *Ru.* 8, descendre du ciel sur la terre, cf. Lucr. 4, 214 ; 5, 284 ; *ut tela gravius acciderent* Caes. G. 3, 14, 4, en sorte que les traits tombaient avec plus de force sur l'ennemi, cf. Liv. 2, 50, 7 ‖ *ad genua* Ter. *Hec.* 378, se jeter aux genoux de qqn, cf. Cic. *Att.* 1, 14, 5 ; ou *genibus* Liv. 44, 31, 23, cf. Curt. 10, 5, 24 ; Tac. *An.* 15, 53 ‖ [milit.] survenir, tomber sur l'ennemi : Sall. J. 88, 6 ; 107, 6 ¶ **2** arriver, parvenir [aux oreilles, à la vue] : *auribus* Cic. *de Or.* 3, 28 ; *ad aures* Cic. *Sest.* 107, arriver aux oreilles ; *ad oculos animumque* Cic. *Verr.* 4, 2, tomber sous les yeux et frapper l'attention ‖ *accidere* [seul] arriver aux oreilles : *clamor novus accidens* Liv. 8, 39, 4, ces nouveaux cris arrivant aux oreilles, cf. 10, 5, 2 ; 10, 43, 11 ; 27, 15, 16 ; Curt. 4, 4, 6 ; Tac. H. 4, 29 ; *fama accidit classem adventare* Liv. 27, 29, 7, la nouvelle survint que la flotte approchait, cf. 21, 10, 12 ¶ **3** arriver **a)** [événements fortuits, malheureux] : *quod acciderit, feramus* Cic. *Sest.* 143, ce qui arrivera, supportons-le ; *id illi merito accidit* Cic. *Verr.* 1, 70, il a mérité ce sort, cf. *Cat.* 4, 3 ; *de Or.* 2, 200 ; *nullum poterat universis ab perterritis ac dispersis periculum accidere* Caes. G. 6, 34, 3, l'ensemble de l'armée ne pouvait courir aucun risque de la part d'ennemis effrayés et épars ; *si quid ei a Caesare gravius accidisset* Caes. G. 1, 20, 4, si César prenait contre lui quelque mesure un peu rigoureuse, cf. Caes. *Att.* 10, 8 b, 1 ; *si quid accidit Romanis* Caes. G. 1, 18, 9, s'il arrive quelque malheur aux Romains **b)** [événements indifférents] : Cic. *Inv.* 1, 40 ; 2, 78 ; *Leg.* 2, 46 ; *haec perinde accidunt, ut* Cic. *Brut.* 188, ces effets se produisent dans la mesure où **c)** [événements heureux] : Ter. *And.* 398 [et comment. de Donat] ; *quid praeclarius mihi accidere potuit?* Cic. *Sen.* 24, que pouvait-il m'arriver de plus beau?, cf. *Pomp.* 25 ; *Pis.* 33 ; 46 ; *Vat.* 8 ; *Phil.* 17 ; 5, 39 ; *Tusc.* 1, 85 ; *Att.* 1, 5, 1 ; Caes G. 2, 35, 4 ; 4, 13, 4 ; Nep. *Alc.* 6, 2 **d)** arriver réellement : *fore id quod accidit suspicabatur* Caes. G. 4, 31, 1, il soupçonnait l'événement qui se produisit en effet, cf. C. 1, 40, 7 ; Cic. *Fat.* 19 ; *Div.* 1, 58 ; Nep. *Dat.* 4, 3 ¶ **4** arriver de telle ou telle manière, tourner bien ou mal : *consilium incommode accidit* Caes. G. 5, 33, 4, le dessein eut des suites fâcheuses ; *si res aliter acciderit* Cic. *Verr.* 5, 173, si l'affaire tourne autrement ; *pejus victoribus Sequanis quam Haeduis victis accidit* Caes. G. 1, 31, 10, les résultats ont été plus mauvais pour les Séquanes victorieux que pour les Éduens vaincus ; *si secus accidit* Cic. *Fam.* 6, 21, 2, si les événements ont mal tourné ¶ **5** [gram.] *plurima verbo accidunt* Quint. 1, 5, 41, le verbe a de nombreux accidents = est affecté par bien des choses [genre, pers., nombre] ; *participiis accidunt genus, numerus, casus* Char. 180, 26, les participes ont le genre, le nombre, les cas ‖ [phil.] intervenir comme accident [opp. à l'essence] : Tert. *Prax.* 26, 7 ¶ **6** [tours particul.] **a)** *accidit, ut esset luna plena* Caes. G. 4,

accido

29, 1, il se trouva que c'était la pleine lune; *magno accidit casu, ut* Caes. G. 6, 30, 2, par un hasard surprenant il arriva que; *etiamsi qua fortuna acciderit, ut* Cic. Lae. 61, même si par qq. hasard il arrive que; *mihi accidit, ut ... peterem* Cic. Mur. 17, il m'arriva de briguer ...; *sic accidit, uti* Caes. G. 5, 23, 3, il arriva ceci que **b)** *virtus, cui jam accidere ne sit bonum, non potest* Sen. Ep. 76, 19, la vertu, à laquelle il ne peut plus arriver de ne pas être un bien **c)** *percommode accidit quod* Cic. Caecin. 77, c'est une chance que; *accidit perincommode quod* Cic. Att. 1, 17, 2, c'est très fâcheux que **d)** [avec prop. inf.] *inique accidit turpem existimationem sequi* Cic. Caecin. 8, il n'est pas juste qu'une mauvaise réputation s'ensuive; *illud mihi permirum accidit tantam temeritatem fuisse...* Cic. Fam. 3, 10, 5, un événement qui m'étonne fort, c'est qu'il y ait eu tant de témérité ..., cf. Tac. An. 2, 5.

▶ part. prés. *accadens* Sen. Suas. 6, 3.

2 **accĭdō**, *ĭs*, *ĕre*, *cīdī*, *cīsum* (ad, caedo), tr. ¶ **1** commencer à couper, entamer, entailler: Caes. G. 6, 27, 4; Virg. En. 2, 627 ‖ [fig.] Cic. Prov. 34; Liv. 7, 29, 7; 8, 11, 8; Hor. S. 2, 2, 113; *post accisas a Camillo Volscorum res* Liv. 6, 5, 2 ¶ **2** couper entièrement, couper à ras: Liv. 26, 41, 22 ‖ [poét.] *accisis dapibus* Virg. En. 7, 125, les mets une fois consommés.

accĭdŭus, *a*, *um*, qui arrive inopinément: Paul.-Nol. Ep. 17, 2.

Accĭenses, m. pl., peuple de l'ancien Latium: Plin. 3, 69.

accĭĕō, *ēs*, *ēre*, *cīvī*, *cītum* (ad, cieo), tr., faire venir: Diom. 366, 33; Pl. Mil. 935; Sil. 13, 368.

accinctĭō, *ōnis*, f., action de ceindre, de s'armer: Hier. Ep. 122, 1.

1 **accinctus**, *a*, *um* ¶ **1** part. de *accingo* ¶ **2** adj. **a)** bien ajusté: *accinctior* Aus. Grat. act. 27, 19 **b)** prêt, dispos: Plin. Pan. 20, 3.

2 **accinctŭs**, *ūs*, m., le fait de se ceindre, de s'armer: Hil. Psalm. 64, 8.

accingō, *ĭs*, *ĕre*, *cinxī*, *cinctum* (ad, cingo; it. *accingere*), tr. ¶ **1** [poét.] adapter par une ceinture: *ensem lateri* Stat. Th. 1, 428, adapter (ceindre) une épée au côté ‖ [fig.] *magicas artes accingier* Virg. En. 4, 493, se ceindre de pratiques magiques [= recourir aux pratiques de la magie] ¶ **2** *accingi ferro, armis, ense*, se ceindre du glaive, de ses armes, de son épée: Virg. En. 2, 614; 6, 184; 7, 640; Tac. An. 6, 2; *gladiis accincti* Liv. 40, 13, 12, des gens armés; [d'où] *accinctus*, armé: Tac. An. 11, 18; H. 2, 88, 2; 89 ‖ *feminae pellibus accinctae* Tac. An. 11, 31, femmes vêtues de peaux ¶ **3** [avec abl.] munir de, pourvoir de, armer de: *accincta flagello* Virg. En. 6, 570, armée d'un fouet, cf. 9, 73; *accingere se juvene partem curarum capessituro* Tac. An. 12, 25, se trouver un jeune homme prêt à participer au gouvernement ‖ [fig.] *aliquem ad fastigium paternum* Tac. An. 6, 32, armer qqn en vue du trône paternel ¶ **4 a)** *se accingere rei*, se préparer, se disposer en vue d'une chose: Virg. En. 6, 210 **b)** pass. réfléchi *accingi*, se préparer: *accingere* Ter. Phorm. 318, prépare-toi, cf. Eun. 1060; Liv. 1, 47, 3; Tac. H. 4, 68 ‖ *in rem*, se préparer en vue d'une chose: Liv. 2, 12, 10; Tac. D. 16; H. 3, 35; 3, 66; *ad rem* Liv. 6, 35, 2; 28, 41, 8; Tac. An. 4, 66; 11, 28; H. 4, 79; *rei* Val.-Flac. 2, 197 ‖ [avec inf.] *accingar dicere pugnas* Virg. G. 3, 46, je me disposerai à chanter les combats, cf. Tac. An. 15, 51 **c)** [abs¹, sens réfléchi] *accinge* Pompon. Com. 66, prépare-toi [Non. 469], cf. Virg. En. 2, 235.

accĭnō, *ĭs*, *ĕre*, *ŭī*, - (ad, cano), tr., intoner, moduler: Diom. 485, 6.

accinxī, parf. de *accingo*.

accĭō, *īs*, *īre*, *cīvī* (*cĭī*), *cītum* (ad, cio), tr., faire venir, mander: *aliquem filio doctorem* Cic. de Or. 3, 141, faire venir qqn pour servir de maître à son fils; *ex Etruria* Cic. Har. 25; *e castris* Liv. 5, 8, 12, faire venir d'Étrurie, du camp, cf. Liv. 4, 3, 10; 4, 33, 3; Sall. J. 84, 2; *ab Tarracone* Liv. 28, 19, 4, mander de Tarragone, cf. 37, 19, 1; 38, 29, 9; *aliquem Romam Curibus* Cic. Rep. 2, 25, faire venir qqn de Cures à Rome.

▶ imparf. *accibant* Lucr. 5, 996.

accipenser, v. *acipenser*.

accĭpĕtrīna, v. *accipitrinus*.

accĭpĭō, *ĭs*, *ĕre*, *cēpī*, *ceptum* (ad, capio), tr.

¶ **1** "recevoir" ¶ **2** "entendre", "apprendre" ¶ **3** "interpréter" ¶ **4** "prendre" [en bonne ou mauvaise part] ¶ **5** "recevoir" (*in amicitiam, in civitatem*) ¶ **6** "recevoir" [bien ou mal] quelqu'un ¶ **7** "toucher" [de l'argent, une garantie de] ¶ **8** "supporter" ¶ **9** "accepter".

¶ **1** prendre pour faire venir à soi, recevoir: *aliquid ex manu alicujus* Pl. Amp. 746, prendre qqch. de la main de qqn; *mater Idaea abavi manibus accepta* Cic. Har. 22, la déesse de l'Ida que nous tenons des mains de ton trisaïeul; *ad defessis accipere scalas* Liv. 26, 45, 6, prendre les échelles des mains de ceux qui sont fatigués ‖ *ore accipere* Cic. Nat. 2, 135, prendre [un aliment] avec la bouche; *medicinam* Cic. Att. 12, 21, 5, prendre un remède ‖ *accipite hoc onus in vestros collos* Cat. Or. 77, prenez ce fardeau sur vos épaules; *terga ad onus accipiendum figurata* Cic. Nat. 2, 159, dos façonné pour recevoir un fardeau ¶ **2 a)** recevoir [par les sens, par l'oreille]: *auribus* Cic. Phil. 8, 28, recueillir par l'oreille, entendre, cf. Nat. 2, 144; Nep. Tim. 2, 2 ‖ [d'où] *accipe, accipite*, écoute, apprends, écoutez, apprenez: Hor. S. 2, 3, 233; Cic. Verr. 3, 71; Fam. 3, 7, 3; Caes. C. 3, 86, 2 **b)** [en gén.] recueillir, apprendre: Cic. Verr. 1, 47; CM 78 ‖ [au parf.] *accepisse ab aliquo*, savoir qqch. en le tenant de qqn: *sic a summis hominibus accepimus, poetam natura ipsa valere* Cic. Arch. 18, il est une notion que nous tenons des hommes les plus éminents, c'est que le poète vaut par sa seule nature, cf. Verr. 2, 8; Tusc. 4, 44; Nat. 3, 42; Mil. 16; Mur. 66; [qqf.] *ex aliquo* Cic. Fam. 1, 6, 1; Sall. J. 46, 1; 85, 40; [avec prop. inf.] *accepimus* Cic. Fat. 10, nous savons par la tradition que, cf. Nat. 3, 58; Div. 1, 33 ¶ **3** prendre dans tel ou tel sens, entendre, interpréter: *non ita accipiendum quasi dicamus ...* Cic. Fin. 5, 26, il ne faut pas entendre comme si nous disions ...; *verbum in sententiam aliquam* Cic. Inv. 2, 116, prendre un mot dans tel ou tel sens, cf. de Or. 2, 253; Liv. 38, 32, 9; Sen. Ep. 9, 2 ¶ **4** prendre une chose en bonne, en mauvaise part, l'accueillir bien, mal: *ut volet quisque, accipiat* Cic. Dej. 26, qu'on le prenne comme on voudra, cf. Verr. 4, 68; Phil. 7, 8; 12, 29; Fam. 9, 16, 5; *in bonam partem aliquid* Cic. Arch. 32; *in optimam partem* Cic. Phil. 7, 5; *in malam partem* Sen. Const. 13, 1, prendre qqch. en bonne, très bonne, en mauvaise part ¶ **5** recevoir qqn: *qui ad Catilinam accipiendum Romae restiterunt* Cic. Cat. 4, 4, ceux qui sont restés à Rome pour recevoir Catilina; *milites moenibus tectisque a Canusinis accepti* Liv. 22, 52, 7, les soldats que les Canusiens avaient reçus dans leurs murs et leurs demeures, cf. 2, 10, 11; 25, 10, 3; Cic. Verr. 5, 157; *in urbem* Liv. 2, 3, 7; *domum* Liv. 30, 13, 11; *intra moenia* Liv. 10, 10, 2, recevoir dans la ville, dans sa maison, à l'intérieur des murs; *inter auxilia accepti* Liv. 32, 14, 8, reçus dans les rangs des troupes auxiliaires, cf. 33, 9, 1 ‖ *aliquem in amicitiam suam* Cic. Att. 2, 22, 7, recevoir qqn dans son amitié; *in suam fidem* Cic. Arch. 31, prendre sous sa protection; *in civitatem* Cic. Off. 1, 35, donner le droit de cité; *reliquos in deditionem* Caes. G. 1, 28, 2, recevoir la soumission des autres ¶ **6** recevoir, accueillir qqn, bien ou mal: *aliquem leniter clementerque* Cic. Verr. 4, 86, traiter qqn avec douceur et clémence, cf. 4, 62; *aliquem benigne* Liv. 22, 54, 2; *comiter* Liv. 23, 33, 8, faire un accueil bienveillant [empressé], affable à qqn; *male* Cic. Fam. 7, 26, 1, faire mauvais visage à qqn; *male verbis* Cic. Verr. 1, 140, recevoir qqn avec des paroles désobligeantes; *verberibus accipi* Cic. Tusc. 2, 34, être traité avec des coups ¶ **7** recevoir, toucher de l'argent [avec le compl. *pecuniam*] Cic. Verr. 3, 202; Clu. 135; Pis. 83; [ou sans *pecuniam*] Clu. 75; Att. 1, 17, 8 ‖ recevoir: *dona* Cic. Dej. 19; *epistulam, litteras* Cic. Fam. 1, 9, 26; Att. 1, 13, 1, recevoir des présents, une lettre ‖ *satis accipere ab aliquo* Cic. Com. 40, recevoir une garantie de, cf. Quinct. 45; Verr. 1, 115; Sen. Ben. 7, 26, 3; [avec prop. inf.] recevoir garantie par caution que: Pl. Most. 224; Pers. 477; St.

508; Truc. 240; Cic. Quinct. 44 ‖ **acceptum ferre, referre**, V. acceptum et acceptus ‖ **ab aliquo beneficium, salutem** Cic. Verr. 1, 124; Sest. 122, recevoir de qqn un bienfait, le salut; *a majoribus accepta equestris dignitas* Nep. Att. 1, 1, le rang de chevalier reçu des ancêtres ‖ *turris nomen ab insula accepit* Caes. C. 3, 112, la tour a reçu son nom de l'île ¶ **8** recevoir = supporter: *accipere quam facere praestat injuriam* Cic. Tusc. 5, 56, il vaut mieux subir que faire une injustice; **contumeliam** Cic. Verr. 2, 58, recevoir un outrage; **repulsam** Cic. Planc. 51, subir un échec (dans une élection); **magnam calamitatem** Caes. G. 1, 31, 6, essuyer un grand désastre; *provideant consules ne quid res publica detrimenti accipiat* Cic. Phil. 5, 34, que les consuls veillent à ce que l'État ne reçoive aucun dommage, cf. Att. 10, 8, 8 ¶ **9** recevoir = accepter: *de plebe consulem* Cic. Brut. 55, accepter la candidature d'un plébéien au consulat; **excusationem** Cic. Lae. 40; **satisfactionem** Cic. Fam. 7, 13, 1, accepter une excuse, une justification; **imperia** Cic. Off. 1, 68, accepter les commandements; **condicionem pacis** Caes. G. 2, 15, 6, accepter des conditions de paix; *preces suas acceptas ab diis immortalibus ominati* Liv. 42, 30, 8, ayant présagé que les dieux avaient agréé leurs prières ‖ *vix accipientibus quibusdam opera locis* Liv. 21, 8, 2, certains emplacements permettant à peine les travaux de siège ‖ **judicium** ou **formulam**, accepter (de la part du défendeur) de lier le procès et de se soumettre au déroulement de l'instance: Gai. Inst. 4, 57; Plin. Ep. 5, 10 (11), 1; Dig. 12, 2, 34, 3; V. **acceptum, acceptus**.
▶ [chez les comiques] *accipin* = *accipisne*; *accepistin* = *accepistine* ‖ fut. ant. *accepso* Pacuv. Tr. 325 ‖ inf. *accipei* = *accipi* CIL 1, 587 ‖ *accipiundus* Cat. Agr. 2, 5.

accĭpĭtĕr, *tris*, m. (cf. *acer*, *peto*), épervier, faucon; [en gén.] oiseau de proie: Cic. Nat. 3, 47; Plin. 10, 21 ‖ [au fig., en parl. d'un homme rapace] Pl. Pers. 409.
▶ f. Lucr. 4, 1009.

accĭpĭtrīnus, *a*, *um* (*accipiter*), d'épervier: *accipitrina haec (pugna) nunc erit* *Pl. Bac. 274, ce sera maintenant une attaque d'épervier [un vol].
▶ [texte peu sûr] *accipitrina* peut aussi être subst. f. "acte d'épervier, rapine".

accĭpĭtrō, *ās*, *āre*, -, -, tr., déchirer [à la manière d'un oiseau de proie]: Laev. d. Gell. 19, 7, 11.

Accisi, *ōrum*, m. pl., peuple sarmate: Plin. 6, 21.

accīsĭo, *ōnis*, f., action de couper: Paul.-Nol. Ep. 23, 10.

accīsus, *a*, *um*, part. de 2 *accīdo*.

Accītānus, *a*, *um*, d'Acci: Plin. 3, 25; Macr. Sat. 1, 19, 5.

accītĭo, *ōnis*, f. (*accio*), évocation, appel: Arn. 4, 12.

accītō, *ās*, *āre*, -, - (fréq. d'*accio*), tr., faire venir: Gloss. 2, 421, 47.

1 accītus, *a*, *um* ¶ **1** part. de *accio* ¶ **2** adj., importé, d'origine étrangère: Tac. An. 14, 21; H. 2, 3.

2 accītŭs, *ūs*, m., appel: *accitu alicujus* Cic. Verr. 3, 68, sur une convocation, un appel de qqn, cf. Virg. En. 1, 677; Tac. An. 2, 80 ‖ rappel à Dieu, mort: Paul.-Nol. Ep. 13, 9.

Accĭus, *ĭi*, m., **Accĭa**, *ae*, f., nom de famille ‖ L. Accius [poète romain]: Varr. L. 6, 80; Cic. Fin. 4, 68; 5, 32 ‖ **T. Accius Pisaurensis** Cic. Brut. 275; Clu. 62, T. Accius de Pisaurum. V. Accianus.
▶ qqf. *Attius* d. les mss.

accīvī, parf. de *accio*.

acclāmātĭo (**adcl-**), *ōnis*, f. ¶ **1** cris à l'adresse de qqn **a)** [en bonne part] acclamation; Liv. 31, 15, 2; Curt. 7, 2, 7; 9, 4, 23; Quint. 8, 3, 3; Plin. Ep. 1, 8, 17 **b)** [en mauvaise part] huée, clameur: Cic. Att. 1, 16, 4; Q. 2, 3, 2; **adversa** Cic. de Or. 2, 239, cris hostiles ¶ **2** action de crier: Her. 3, 21 ¶ **3** [rhét.] exclamation: Quint. 8, 5, 11.

acclāmō (**adcl-**), *ās*, *āre*, *āvī*, *ātum* (*ad*, *clamo*), intr. ¶ **1** pousser des cris à l'adresse de qqn ou d'qqch., pour protester ou blâmer **a)** [abs¹] *acclamatur* Cic. Pis. 65, on pousse des cris hostiles, cf. Verr. 2, 48; Liv. 34, 37, 3 **b)** *alicui* Cic. Brut. 256, se récrier contre qqn, cf. Mur. 18; Sen. Ep. 47, 13 **c)** [avec prop. inf.] crier en réponse que, protester que: Cic. Caecin. 28 ¶ **2** [pour louer]: Plin. Ep. 4, 9, 18; 5, 13, 3; Suet. Cl. 27 ¶ **3** répondre par des cris: *adclamatur: "recita, recita"* Sen. Ep. 95, 2, en réponse s'élèvent les cris: "lis, lis"; [avec prop. inf.] répondre par acclamation que: Liv. 34, 50, 4; [avec *ut*] en réponse demander à grands cris que: Tac. An. 1, 19 ¶ **4** [avec acc. de la chose criée] crier à l'adresse de qqn: **servatorem liberatoremque** Liv. 34, 50, 9, proclamer qqn sauveur et libérateur; **nocentem** Tac. An. 1, 44, par ses cris désigner qqn comme coupable.

acclārō (**adcl-**), *ās*, *āre*, *āvī*, - (*ad*, *claro*), tr., rendre clair, faire voir clairement: *uti tu signa nobis certa adclarassis (= adclaraveris)!* Liv. 1, 18, 9, puisses-tu nous donner clairement des signes précis!

acclīnātĭo, *ōnis*, f. (*acclino*), couche, lieu de repos: Ambr. Psalm. 118, 4, 19.

acclīnātōrĭum, *ĭi*, n., accotoir [d'un lit]: Vl. Cant. 3, 10 d. Ambr. Virg. 3, 5, 21.

acclīnātus, *a*, *um*, part. de *acclino*.

acclīnis (**adcl-**), *e*, appuyé à ou contre, adossé à: *arboris trunco* Virg. En. 10, 835, adossé au tronc d'un arbre, cf. Luc. 2, 356 ‖ [fig.] *adclinis falsis animus* Hor. S. 2, 2, 6, âme penchée vers l'erreur ‖ *acclini jugo* Ov. F. 5, 154, sur un sommet légèrement en pente.

acclīnō (**adcl-**), *ās*, *āre*, *āvī*, *ātum* (cf. κλίνω), tr., appuyer à ou contre, incliner vers: *se ad aliquem* Ov. M. 5, 72, se pencher vers qqn; *castra tumulo adclinata* Liv. 44, 3, 7, camp adossé à un tertre ‖ [fig.] *se ad causam senatus* Liv. 4, 48, 9, se donner au parti du sénat.

acclīvis (**adcl-**), *e* (*ad clivum*), qui a une pente montante, qui va en montant: *leniter ab infimo acclivis* Caes. G. 7, 19, 1, depuis le bas s'élevant en pente douce, cf. Liv. 48, 20, 4; *valde acclivis* Cic. Q. 3, 1, 4, montant fortement.
▶ **acclivus**, *a*, *um*, P. Fest. 52, 12; Heges. 5, 46.

acclīvĭtās (**adcl-**), *ātis*, f., montée, pente en montée: Caes. G. 2, 18, 2 ‖ hauteur, colline: Amm. 14, 2, 13.

acclīvus, *a*, *um*, V. *acclivis* ▶.

acclūdō, *ĭs*, *ĕre*, *clūsī*, -, tr. (*ad*, *claudo*), fermer: Gloss. 2, 421, 53.

Acco, *ōnis*, m., nom d'un personnage gaulois: Caes. G. 6, 4, 1; 6, 44, 2; 7, 1, 4.

accognōscō (**adcogn-**), *ĭs*, *ĕre*, *gnōvī*, *gnĭtum*, tr., reconnaître: Varr. R. 2, 2, 15; Sen. Ep. 118, 12; Petr. 69, 2.

accŏla, *ae*, m. (*accolo*), qui habite auprès, voisin: Pl. Aul. 406; Ru. 616; *accolae Cereris* Cic. Verr. 4, 111, les voisins du temple de Cérès; *accolae Oceani* Liv. 21, 22, 3, riverains de l'Océan; *pastor accola ejus loci* Liv. 1, 7, 5, un berger qui habitait près de là; *accolae fluvii* Tac. An. 1, 79, les cours d'eaux voisins, les affluents.

accŏlātus, *ūs*, m., fait d'habiter auprès: Aug. Psalm. 104, 15.

accŏlens, *tis*, m., voisin: Plin. 36, 77.

accŏlō (**adcŏlō**), *ĭs*, *ĕre*, *cŏluī*, *cultum*, tr., habiter auprès: *gens quae illum locum adcolit* Cic. Rep. 6, 19, le peuple qui habite dans le voisinage de cet endroit; *qui Tiberim accolunt* Liv. 4, 52, 5, les riverains du Tibre; *Baetis accolitur oppidis* Plin. 3, 9, le Bétis est bordé de villes.

accommŏdātē (**adcom-**), d'une manière appropriée, qui convient **a)** [avec *ad*] Cic. de Or. 1, 149; 138; *ad naturam accommodatissime* Cic. Fin. 5, 24, de la manière la plus conforme à la nature; *accommodatius* Cic. Or. 117 **b)** [avec dat.] Aug. Civ. 9, 5; Serm. 41, 1.

accommŏdātĭo (**adcom-**), *ōnis*, f., appropriation: Cic. Inv. 1, 9 ‖ esprit d'accommodement: Cic. Verr. 3, 189.

accommŏdātīvus, *a*, *um*, marquant la conformité [selon]: Prisc. 3, 37, 20.

accommŏdātŏr, *ōris*, m., artisan [d'on ne sait quel métier]: CIL 6, 9105.

accommŏdātus (**adcom-**), *a*, *um* ¶ **1** part. de *accommodo* ¶ **2** adj., approprié à **a)** *ad rem* Cic. de Or. 1, 239, approprié à qqch., cf. Caes. G. 3, 13, 2; *minime sum ad te consolandum accommodatus* Cic. Fam. 5, 16, 1, je suis le moins propre du monde à t'adresser des consolations;

accommodatus

homines ad otium accommodati Cic. Verr. 1, 63, gens faits pour une vie paisible **b)** [avec dat.] *nihil est naturae hominis accommodatius* Cic. Off. 1, 42, rien n'est mieux approprié à la nature humaine ; *sibi accommodatissimas fabulas eligunt* Cic. Off. 1, 114, ils choisissent les pièces qui leur conviennent le mieux ; *reliqua tempora demetendis fructibus et percipiendis accommodata sunt* Cic. CM 70, les autres saisons se prêtent à la moisson et à la récolte des fruits ; *vir publicarum rerum administrationi accommodatus* Quint. 1, 9, 10, homme apte à l'administration des affaires publiques, cf. 6, 3, 110 ; 10, 1, 69.

accommŏdē, adv., d'une manière appropriée : *-dissime* Quint. 9, 3, 82.

accommŏdō (adcom-), ās, āre, āvī, ātum, tr. ¶ 1 adapter, ajuster **a)** [avec dat.] *rem rei* Cic. Tim. 26, ajuster une chose à une autre ; *sibi personam* Cic. Off. 1, 115, s'arroger un rôle, une personnalité ; *umeris alas* Ov. M. 8, 209, ajuster des ailes aux épaules, cf. Virg. En. 2, 393 **b)** [avec *ad*] *sibi coronam ad caput* Cic. de Or. 2, 250, s'ajuster une couronne à la tête, cf. Pl. Trin. 719 ¶ 2 [fig.] approprier **a)** [avec dat.] *orationem multitudinis auribus* Cic. de Or. 2, 159, approprier son éloquence aux oreilles de la foule ; *naturae se* Sen. Ep. 17, 9, s'accommoder à la nature **b)** [avec *ad*] *ad virium imbecillitatem dicendi genus* Cic. Brut. 202, adapter sa manière oratoire à la faiblesse de ses forces physiques ; *ad aliquem exacuendum orationem suam* Cic. de Or. 1, 131, destiner ses paroles à aiguillonner qqn ; *testes ad crimen* Cic. Verr. prim. 55, produire les témoins appropriés à un chef d'accusation ; *aliquem ad sententiam* Cic. Fin. 1, 34, mettre qqn d'accord avec une maxime **c)** *accommodari* [avec *in* acc.] s'adapter à, s'appliquer à : *in omnem eventum consilia accommodabantur* Liv. 40, 57, 8, le plan s'adaptait à toute éventualité, cf. Cic. Inv. 1, 26 ; 2, 155 ; Div. 2, 111 **d)** [abs‡] *alicui accommodare de aliqua re* Cic. Fam. 13, 2, donner des accommodements à qqn à propos de qqch., se montrer accommodant ¶ 3 appliquer [son esprit, ses soins, son attention] à qqch. : *animum negotio* Suet. Aug. 98, appliquer son esprit à une affaire ; *operam studiis* Quint. 1, 10, 15, consacrer son activité aux études ; *pecoribus curam* Quint. 1, 12, 7, donner ses soins aux troupeaux ¶ 4 [droit] attribuer, accorder : *alicui actionem* Dig. 39, 3, 22, accorder le droit d'instance à qqn ; *fidem* Dig. 34, 9, 10, interposer sa parole ‖ *nomen* Tert. Apol. 17, 1, donner un nom.

accommŏdus (adcom-), *a, um*, approprié à, convenable pour [avec dat.] : Virg. En. 11, 522 ; Stat. Th. 4, 443 ‖ [abs‡] bon : Arn. 5, 35 ‖ subst. n., avantage : Cypr.-Gall. Jos. 552.

accorpŏrō, ās, āre, -, -, tr., incorporer, joindre : Solin. 37, 8 ; Paul.-Nol. Ep. 4, 1.

accrēdō (adcr-), ĭs, ĕre, dĭdī, - (ad, credo ; fr. *accroire*), intr., [avec dat.] être disposé à croire, ajouter foi : Pl. As. 627 ; 854 ; Lucr. 3, 856 ; Hor. Ep. 1, 15, 25 ; [pris abs‡] Cic. Att. 6, 2 ; Nep. Dat. 3, 4.
▶ subj. prés. arch. *accreduas* Pl. As. 854.

accrēdŭas, ⬛▶ *accredo* ▶.

accrēmentum, ī, n., accroissement : Boet. Elench. Soph. 2, 9.

accrēscō (adcr-), ĭs, ĕre, crēvī, crētum (ad, cresco ; fr. *accroître*), intr. ¶ 1 aller en s'accroissant : *flumen accrevit* Cic. Inv. 2, 97, le fleuve a grossi ; *accrescit fides* Liv. 1, 54, 2, la confiance va grandissant, cf. Nep. Att. 21, 4 ‖ [tard.] *accrescens*, florissant : Vulg. Gen. 49, 22 ¶ 2 s'ajouter à [avec dat.] : Hor. P. 252 ; Plin. Ep. 2, 8, 3 ; Pan. 62 ; *in partem pretii vectigal accrescebat* Tac. An. 13, 31, l'impôt s'ajoutant faisait une part du prix d'achat.

accrētĭō (adcr-), ōnis, f., accroissement, augmentation : Cic. Tusc. 1, 68.

accrētus, *a, um*, part. de *accresco*, *uruca accrescit... araneo accreta* Plin. 11, 112, la chenille se développe... adhérente à son cocon.

accrēvī, parf. de *accresco*.

accŭbĭtālĭa, ĭum, n., couvertures et coussins étendus sur les lits de table : Treb. Claud. 14, 10.

accŭbĭtāris, e, relatif au lit de table : Diocl. 19, 34.

accŭbĭtātĭo, ōnis, f., lit de table : Diocl. 16, 6.

accŭbĭtĭo, ōnis, f. (accumbo), action de s'étendre, de se coucher : Cic. Nat. 1, 94 ; Off. 1, 128 ‖ action de prendre place sur un lit de table : *bene majores accubitionem epularem amicorum... convivium nominaverunt* Cic. CM 45, nos ancêtres ont eu raison de donner le nom de *convivium* [" vie en commun, festin "] au fait de prendre place à table entre amis ‖ lit de table : Lampr. Alex. 34, 8.

accŭbĭtō, ās, āre, -, -, ⬛▶ *accubo* : Sedul. Pasch. pr. 2.

accŭbĭtŏr, ōris, m., voisin de table : Porph. Hor. Ep. 1, 18, 10.

accŭbĭtōrĭum, ĭi, n., tombeau : CIL 8, 9586 ‖ bâtiment pour sépulcre : CIL 14, 1473.

accŭbĭtum, ī, n., lit de table [semicirculaire] : Lampr. Hel. 19, 9 ; Schol. Juv. 5, 17.

accŭbĭtŭs, ūs, m. ¶ 1 ▶ *accubitio* : Stat. Th. 1, 714 ; Ach. 1, 109 ¶ 2 lit de table : Isid. 15, 3, 8.

accŭbō (adcŭbō), ās, āre, -, -, intr. ¶ 1 être couché, étendu auprès **a)** [avec dat.] *theatrum Tarpeio monti accubans* Suet. Caes. 44, théâtre adossé au mont Tarpéien **b)** [abs‡] être couché : Liv. 24, 16, 18 ; 25, 39, 8 ; *cadus accubat horreis* Hor. O. 4, 12, 18, la jarre repose dans le magasin ; [poét.] *nemus accubat umbrā* Virg. G. 3, 333, la forêt étend son ombre sur le sol ¶ 2 être étendu sur le lit de table, être à table : Cic. Tusc. 4, 3 ; Att. 14, 12, 3 ‖ [avec acc.] *lectum* Apul. M. 5, 6, prendre place sur un lit ¶ 3 [fig.] s'appuyer sur, se reposer sur : Hil. Trin. 2, 21.
▶ parf. *accubuit* ; Prop. 1, 3, 3.

accŭbŭī, parf. de *accumbo*, ⬛▶ *accubo* ▶.

accŭbŭō, [adv. forgé plaisamment par Plaute, comme réplique à *adsiduo*] en couchant à côté : Pl. Truc. 422.

accŭdō, ĭs, ĕre, -, - (ad, cudo), frapper en outre [des pièces de monnaie] : Pl. Merc. 432.

accumbō, ĭs, ĕre, cŭbŭī, *cŭbĭtum (ad, cumbo), intr. ¶ 1 se coucher, s'étendre : Nep. Ages, 8, 2 ‖ [avec dat.] se coucher à côté de qqn : Tib. 1, 9, 75 ; [avec acc.] Pl. Bac. 1189 ¶ 2 s'étendre sur le lit de table ; [avec acc.] *mensam* Lucil. 384, prendre place à table ; [avec dat.] *epulis divum* Virg. En. 1, 79, prendre part aux festins des dieux ‖ *in convivio* Cic. Verr. 1, 66, prendre place à un repas ‖ [abs‡] prendre place, assister à un repas : Cic. Vat. 30 ; Dej. 17 ; de Or. 1, 27 ; Verr. 5, 81 ; *in robore* Cic. Mur. 74, s'étendre sur le bois dur (à même le bois) ; *eodem lecto* Liv. 28, 18, 5, sur le même lit ; *apud Volumnium (accubueram)... supra me Atticus, infra Verrius* Cic. Fam. 9, 26, 1, (j'étais à table) chez Volumnius... ayant au-dessus de moi Atticus, au-dessous (à droite) Verrius.

accŭmŭlātē, adv. (accumulo), avec abondance, largement : Cic. Flac. 89 ‖ *accumulatissime* : Her. 1, 27.

accŭmŭlātĭō, ōnis, f., accumulation : Ambr. Virg. 16 ‖ rechaussement d'un arbre : Plin. 17, 246.

accŭmŭlātŏr, ōris, m., accumulateur : Tac. An. 3, 30.

accŭmŭlō, ās, āre, āvī, ātum (ad, cumulo), tr. ¶ 1 mettre en monceau, amonceler, accumuler : Cic. Agr. 2, 59 ¶ 2 mettre par-dessus, ajouter : Sil. 11, 143 ; Gell. 17, 10, 16 ‖ *rei accumulari* Ov. F. 2, 122, s'ajouter à qqch. ¶ 3 augmenter : *aliquem aliqua re* Virg. En. 6, 885, combler qqn de qqch. ; *rem re*, augmenter une chose d'une autre chose, ajouter une chose à une autre : Manil. 4, 493 ; Sil. 11, 254 ; *caedem caede* Lucr. 3, 71, entasser meurtre sur meurtre ¶ 4 [t. d'horticulture] *radices* Plin. 17, 139 ; *vineas* Plin. 18, 230, rechausser des racines, la vigne.

accūrasso, ⬛▶ *accuro* ▶.

accūrātē, adv., avec soin, soigneusement : Cic. Brut. 86 ; 253 ; Caes. G. 6, 22, 3 ; *fallere* Ter. And. 494, tromper avec circonspection ; *aliquem recipere, habere* Sall. J. 16, 3 ; 103, 5, recevoir, traiter qqn avec sollicitude, avec prévenance ‖ *-tius* Cic. Part. 14 ; *-tissime* Cic. Div. 1, 22.

accūrātĭō, ōnis, f., action d'apporter ses soins, son attention : Cic. Brut. 238.

accūrātus, a, um ¶1 part. de *accuro* ¶2 adj., fait avec soin, soigné [en parl. de choses] : *accuratae et meditatae commentationes* Cic. *de Or.* 1, 257, exercices [oratoires] travaillés et médités ; *accurata malitia* Pl. *Truc.* 473, ruse soigneusement ourdie ; *(litterarum) accuratissima diligentia sum delectatus* Cic. *Att.* 7, 3, 1, j'ai été charmé de l'exactitude si scrupuleuse (de ta lettre) ‖ *accuratior* Cic. *Brut.* 283.

accūrō, ās, āre, āvī, ātum (*ad, curo*), tr., apporter ses soins à, faire (préparer) avec soin : Pl. *Ep.* 566 ; *Cas.* 588 ; Cic. *Inv.* 1, 58 ‖ [avec *ut*] Pl. *Mil.* 165 ; *Trin.* 78 ; [avec *ne*] Ter. *Hec.* 738 ; [avec subj. seul] Pl. *Bac.* 550 ‖ *advenientes hospites* Pl. *Ep.* 662, faire accueil aux hôtes qui arrivent [en prendre soin].
▶ *accurassis* = *accuraveris* Pl. *Pers.* 393 ; *Ps.* 929 ‖ *accurarier* inf. prés. pass. : Pl. *Men.* 208 ; *Most.* 399.

accurrō, is, ĕre, currī (cŭcurrī), - (*ad, curro*), it. *accorrere*, intr., courir vers, accourir : [pris abs^t] Cic. *Verr.* 5, 106 ; [avec *ad*] Caes. *G.* 1, 22, 2 ; Cic. *Verr.* 5, 7 ; [avec *in*] *accurres in Tusculanum* Cic. *Att.* 15, 3, 1, tu viendras en hâte dans ma villa de Tusculum ; [avec acc.] *aliquem* Tac. *An.* 15, 53, accourir vers qqn ; Apul. *M.* 3, 21 ; 6, 21 ; [avec deux dat.] *auxilio alicui* Sall. *J.* 101, 10, accourir au secours de qqn ‖ [en parl. de choses] : *imagines accurrunt* Cic. *Div.* 2, 138, les images se présentent instantanément.

accursŭs, ūs, m. (*accurro*), action d'accourir : Tac. *H.* 2, 43 ; 4, 43 ; *An.* 1, 27.

accūsābĭlis, e (*accuso*), digne d'être accusé, incriminé : Cic. *Tusc.* 4, 75.

accūsātĭō, ōnis, f. (*accuso*), action d'accuser, d'incriminer [devant un tribunal dans le cadre d'un procès criminel public ou d'un procès privé] ¶1 accusation [surtout au sens judiciaire] : Cic. *Cael.* 6 ; 30 ; *Verr. prim.* 56 ; Dig. 48, 2 tit. ; Cod. Just. 12, 19, 14 pr. ; *accusationem adornare* Cic. *Mur.* 46 ; *comparare* Cic. *Verr.* 1, 2 ; *factitare* Cic. *Brut.* 130 ; *suscipere* Cic. *Clu.* 48, préparer, disposer une accusation ; faire métier d'accusateur ; se charger d'une accusation ; *accusationes exercere* Tac. *H.* 2, 10, faire métier de délateur ‖ accusation = discours d'accusation : Cic. *de Or.* 1, 121 ; *Brut.* 277 ; *Sest.* 96 ‖ [en part., les discours contre Verrès] : *in accusationis septem libris* Cic. *Or.* 103, dans les sept livres de mon accusation ¶2 [avec gén. subj.] *Catonis accusatio* Cic. *Mur.* 7, accusation portée par Caton, cf. *Clu.* 114 ; *mea* Cic. *Verr.* 5, 189 ‖ [gén. obj.] *M'. Aquili* Cic. *Brut.* 222, accusation contre M'. Aquilius, cf. *Att.* 7, 8, 5.

accūsātīvus, a, um, [gram.] accusatif : *casus* Varr. *L.* 8, 67, l'accusatif ; [subst. m., même sens] Quint. 7, 9, 10 ; *accusativae praepositiones* Isid. 1, 13, 1, prépositions gouvernant l'accusatif ; ⓥ▶ *incusativus*.

accūsātŏr, ōris, m., accusateur, celui qui intente une accusation ; accusateur de métier : Cic. *de Or.* 2, 220 ; *Brut.* 131 ; *Off.* 2, 50 ‖ délateur : Tac. *H.* 4, 44 ; *An.* 2, 28.

accūsātōrĭē, adv., à la manière d'un accusateur, avec passion : Cic. *Verr.* 3, 164 ; 4, 2.

accūsātōrĭus, a, um, d'accusateur : *accusatorio animo* Cic. *Clu.* 11, avec une âme d'accusateur ; *accusatoria consuetudo* Cic. *Verr.* 5, 19, la méthode ordinaire des accusateurs.

accūsātrīx, īcis, f., accusatrice : Pl. *As.* 513 ; Plin. *Ep.* 10, 59.

accūsātus, a, um, part. de *accuso*.

accūsĭtō, ās, āre, -, -, tr., incriminer : Pl. *Most.* 712.

accūsō, ās, āre, āvī, ātum (*ad causam*, cf. *excuso, incuso*), tr., mettre en cause, porter plainte [contre], accuser ¶1 accuser en justice, intenter une accusation ; [abs^t] être accusateur : *finem accusandi facere* Cic. *Verr.* 5, 183, cesser de jouer le rôle d'accusateur, cf. *Caecil.* 32 ; 54 ‖ [avec acc.] *aliquem* Cic. *Clu.* 108, accuser qqn, intenter une accusation à qqn (contre qqn) ‖ [avec gén. du crime dont on accuse] *ambitus* Cic. *Clu.* 114, accuser de brigue ; *pecuniae captae* Liv. 38, 51, 2, de vénalité [d'avoir reçu de l'argent] ‖ [avec *de*] *de pecuniis repetundis* Cic. *Clu.* 114, accuser de concussion ‖ [avec *propter*] à cause de : Cic. *Verr.* 2, 118 ‖ [avec *inter*] *inter sicarios* Cic. *Amer.* 90, accuser d'assassinat (comme faisant partie d'assassins) ‖ [avec *in* et abl. de *res* ou d'un pron. neutre] accuser à propos d'une chose : Cic. *Font.* 2 ; *Sull.* 63 ; *Verr.* 3, 206 ‖ [avec *ob*, à cause de] Sen. *Contr.* 2, 3, 12 ; 2, 4, 7 ‖ [avec *quod* et subj.] *aliquem, quod fecerit* Nep. *Them.* 8, 2, accuser qqn d'avoir fait ‖ [avec prop. inf.] *violatum ab eo thesaurum Aesculapii* Tac. *An.* 14, 18, porter l'accusation qu'il avait violé le trésor d'Esculape ; [avec inf.] *accusata injecisse* Tac. *An.* 4, 22, accusée d'avoir provoqué ‖ [avec le gén. de la peine encourue, dans l'expr. *accusare aliquem capitis*, "intenter à qqn une accusation capitale"] : Cic. *Opt.* 21 ; *Fin.* 2, 27 ; Nep. *Paus.* 2, 6 ‖ [avec l'abl. *crimine* ou *criminibus*] accuser qqn au moyen de tel ou tel chef d'accusation, invoquer contre qqn tel ou tel grief : Cic. *Verr.* 1, 43 ; 5, 117 ; *Clu.* 59 ; *crimine veneni accusatus* Cic. *Verr.* 3, 17 ; 5, 102 ‖ [avec *cur*] *quod me saepe accusas, cur... feram* Cic. *Att.* 3, 13, 3, quant au reproche que tu me fais souvent, demandant pourquoi je supporte... ; *Verr.* 3, 16.
105, objet d'une accusation d'empoisonnement ¶2 accuser [en gén.], incriminer : Cic. *Sest.* 12 ; 132 ; *Tusc.* 3, 69 ‖ *aliquid*, incriminer qqch., faire le procès d'une chose, la blâmer : Cic. *CM* 13 ; *Tusc.* 4, 75 ; *inertiam adulescentium* Cic. *de Or.* 1, 246, adresser aux jeunes gens le reproche de paresse ‖ *aliquem quod* [subj.] reprocher à qqn de : Cic. *Verr.* 3, 17 ; 5, 102 ‖ [avec *cur*] *quod me saepe accusas, cur... feram* Cic. *Att.* 3, 13, 3, quant au reproche que tu me fais souvent, demandant pourquoi je supporte... ; *Verr.* 3, 16.

Acē, ēs, f., ville de Galilée, auj. St-Jean-d'Acre : Nep. *Dat.* 5, 1 ; Plin. 5, 75.

ăcēdĭa, ae, f. (ἀκηδία), dégoût, indifférence : Cassian. *Inst.* 5, 1.

ăcēdĭŏr, āris, āri, - (*acedia*), intr., être dégoûté, découragé : Vulg. *Eccli.* 6, 26 ; 22, 16.

ăcēdĭōsus, a, um, triste, déprimé : Ben. *Reg.* 48, 18.

Acelum, i, n., ville de la Vénétie [Asolo] Atlas XII, B3 : Plin. 3, 130.

ăcentētus, a, um (ἀκέντητος), sans défauts [en parl. du cristal] Plin. 37, 28.

ăcĕō, ēs, ēre, ăcŭī, - (*ac-*, cf. *acer, acerbus*), intr., être aigre : Cat. *Agr.* 148.

Acĕphălī, ōrum, m. pl., Acéphales [hérétiques qui ne reconnaissent pas la suprématie de l'Église] : Isid. 8, 5, 66.

ăcĕphălus, a, um (ἀκέφαλος), *versus* vers acéphale : Mar. Vict. *Gram.* 6, 67, 17 [grec] ‖ [en parl. d'un texte] sans titre, ou anonyme : Hier. *Vir. ill.* 80.

1 ăcĕr, ĕris, n. (cf. 2 *acer*, al. *Ahorn* ; it. *acero*, fr. *érable*), érable : Ov. *M.* 10, 95 ; Plin. 16, 66 ‖ f. dans Serv. *En.* 2, 16.

2 ăcĕr, cris, cre (cf. *acerbus, ocior, aceo, acies*, ἄκρος ; it. *agro*, fr. *aigre*) ¶1 pointu, perçant : *ferrum acre* Tac. *G.* 6, fer acéré ; *acres stimuli* Virg. *En.* 9, 718, aiguillon perçant ¶2 perçant, pénétrant, âpre, rude, vif [en parl. de ce qui affecte les sens] : *acetum acre* Cat. *Agr.* 104, 1, vinaigre piquant ; *suavitate acerrima* Cic. *de Or.* 3, 99, [parfum] d'une douceur très pénétrante ; *sonitus acer flammae* Virg. *G.* 4, 409, crépitement de la flamme ; *acrior frigoris vis* Liv. 21, 54, 8, la force plus pénétrante du froid ; *acris hiems* Hor. *O.* 1, 4, 1, l'âcre, le rude hiver ¶3 perçant, pénétrant [en parl. des sens et de l'intelligence] : *sensus acerrimus* Cic. *Fin.* 2, 52, [la vue] le sens le plus pénétrant, le plus vif ; *animus acer* Cic. *de Or.* 2, 84, esprit vif ¶4 [en parl. du caractère] ardent, impétueux, énergique, ou [en mauvaise part] violent, fougueux, passionné : *milites acres* Cic. *Cat.* 2, 21, soldats ardents ; *hostis acerrimus* Cic. *Verr.* 5, 76, l'ennemi le plus acharné ; *acerrimi duces* Cic. *Mur.* 33, chefs les plus énergiques ; *Aufidus acer* Hor. *S.* 1, 1 ; 58, le violent Aufide ; *in dicendo acrior* Cic. *Brut.* 86, orateur plus ardent ‖ [avec *ad*] *ad efficiendum* Cic. *Clu.* 67, prompt à réaliser ; [avec *in* abl.] *in rebus gerendis* Cic. *Fam.* 8, 15, 1, ardent dans l'action ; [avec *in* acc.] *litterae acriores in aliquem* Liv. 6, 22, 3, lettre plus violente à l'égard de qqn ; [avec abl.] *bellis* Virg. *En.* 10, 411, ardent dans les batailles ; [avec gén.] *militiae* Tac. *H.* 1, 5, infatigable soldat ; [avec inf.] ardent à faire qqch. : Sil. 3, 338 ¶5 vif, violent, rigoureux [en bonne ou mauvaise part, en parl. de sentiments ou de choses abstraites] : *amor gloriae* Cic. *Arch.* 28, vif amour de la gloire ; *acrioribus suppliciis* Cic. *Cat.* 1, 3, avec des supplices plus rigoureux ; *acerrima pugna*

acer

Cɪᴄ. *Mur.* 34, combat le plus acharné; ***acrioribus remediis*** Cɪᴄ. *Clu.* 67, avec des remèdes plus énergiques, avec des moyens plus efficaces; ***nox acerrima fuit*** Cɪᴄ. *Sull.* 52, ce fut la nuit la plus terrible; ***acris oratio*** Cɪᴄ. *Or.* 66, vivacité du style ‖ [n. pris substᵗ] ***acre, cris***, âpreté, violence: Hᴏʀ. *S.* 1, 10, 14.

▶ *acer* f. Eɴɴ. *An.* 424; *acris* m. Eɴɴ. *An.* 369; *acrus, a, um* Fᴜʟɢ. *Myth.* 2, 7, p. 48, 7 H. ‖ *acre* acc. n. adv. Sᴀʟʟ. *H.* 4, 76; Pᴇʀs. 4, 127.

ācĕrătŏs, *ŏn* (ἀκέρατος), sans cornes: Pʟɪɴ. 30, 46.

ăcĕrātus, *a, um* (1 *acus*), mêlé de paille: Lᴜᴄɪʟ. 325; Nᴏɴ. 445.

ăcerbātĭo, *ōnis*, f., action d'envenimer: [pl.] ***acerbationes criminosae*** Cʏᴘʀ. *Ep.* 45, 2, accusations envenimées.

ăcerbātrix, *īcis*, f., celle qui exaspère: Sᴀʟᴠ. *Gub.* 3, 44.

ăcerbē (*acerbus*) ¶ **1** âprement, durement, cruellement: Cɪᴄ. *Verr.* 5, 19 ¶ **2** péniblement: ***acerbe ferre aliquid*** Cɪᴄ. *Clu.* 59; Cᴀᴇs. *G.* 7, 17, 4, supporter qqch. avec peine ‖ **-bius** Cɪᴄ. *Lae.* 57; **-bissime** Cɪᴄ. *Planc.* 86.

ăcerbescō, *ĭs, ĕre*, -, -, intr., s'aigrir: Oʀɪɢ. *Matth.* 17, 8.

ăcerbĭtās, *ātis*, f. (*acerbus*) ¶ **1** âpreté, âcreté, amertume; verdeur des fruits: Cɪᴄ. *Planc.* 92 ¶ **2** [fig.] âpreté, dureté **a)** [mœurs, caractère] Cɪᴄ. *Phil.* 12, 26; *Arch.* 31; *CM* 65; *Lae.* 87 **b)** [style] Cɪᴄ. *Q. 1, 2, 7; Fin.* 4, 79; *Lae.* 89 ¶ **3** calamité, malheur: ***omnes acerbitates perferre*** Cɪᴄ. *Cat.* 4, 1, supporter sans interruption toutes les cruautés du sort.

ăcerbĭter, ▶ *acerbe*: Ps. Aᴜɢ. *Cogn.* 1.

ăcerbĭtūdo, *ĭnis*, f., ▶ *acerbitas*: Gᴇʟʟ. 13, 3, 2.

ăcerbō, *ās, āre*, -, - (*acerbus*), tr. ¶ **1** rendre âpre, amer: ***gaudia*** Sᴛᴀᴛ. *Th.* 12, 75, gâter (troubler) la joie ¶ **2** ***crimen*** Vɪʀɢ. *En.* 11, 407, envenimer une accusation.

ăcerbus, *a, um* (*acer, superbus*) ¶ **1** âpre, âcre: Pʟ. *Truc.* 179; Lᴜᴄʀ. 4, 661; Pʟɪɴ. 15, 32; ***acerba uva*** Pʜᴀᴇᴅ. 4, 3, 4, raisin âpre (vert), cf. Cᴀᴛ. *Agr.* 65, 1; Vᴀʀʀ. *R.* 1, 44, 4; ***acerbus odor*** Vᴀʟ.-Fʟᴀᴄ. 4, 493, odeur âcre; ***vox acerba*** Qᴜɪɴᴛ. 11, 3, 169, voix aigre ‖ ***acerbo sonans*** Vɪʀɢ. *G.* 3, 149, avec un bruit strident ¶ **2** qui n'est pas à maturité [fig.]: ***res acerbae*** Cɪᴄ. *Prov.* 34, affaires inachevées; ***virgo acerba*** Vᴀʀʀ. *Men.* 11, jeune fille qui n'est pas nubile; ***acerbum funus*** Pʟ. *As.* 595; Vɪʀɢ. *En.* 6, 429, mort prématurée ¶ **3** âpre, dur, pénible, amer, cruel: ***recordatio acerba*** Cɪᴄ. *Brut.* 266, souvenir amer; ***fortuna*** Cɪᴄ. *Verr.* 5, 119, cruelle destinée; ***acerbum est*** [avec inf.] il est pénible de: Cɪᴄ. *Quinct.* 95 ‖ subst. n. pl., *acerba*, choses pénibles: Cɪᴄ. *Sest.* 58; Vɪʀɢ. *En.* 12, 500; ***fremens acerba*** Vɪʀɢ. *En.* 12, 398, avec des frémissements violents [de colère] ¶ **4** aigre, dur, cruel, impitoyable, [en parl. du caractère, des actions]: Cɪᴄ. *Lae.* 90; *Cat.* 1, 3; *Rep.* 2, 44; [avec *in* acc., "à l'égard de"] *Phil.* 8, 18; ***acerbae linguae fuit*** Lɪᴠ. 39, 40, 10, il eut une langue acerbe, mordante ‖ **-bior** Cɪᴄ. *Verr.* 4, 134; **-bissimus** Cɪᴄ. *Clu.* 10.

ăcernĕus, *a, um*, Fᴏʀᴛ. *Carm. praef.* 5.

ăcernus, *a, um* (1 *acer*), Vɪʀɢ. *En.* 9, 87; Hᴏʀ. *S.* 2, 8, 10, d'érable.

ăcĕrōsus, *a, um* (1 *acus*), mêlé de paille: Lᴜᴄɪʟ. 502; Nᴏɴ. 445.

1 **ăcerra**, *ae*, f. (étr.?), petite boîte à encens: Vɪʀɢ. *En.* 5, 745; Hᴏʀ. *O.* 3, 8, 2 ‖ autel [où l'on brûlait l'encens devant les morts]: P. Fᴇsᴛ. 17, 3; Cɪᴄ. *Leg.* 2, 60.

2 **Ăcerra**, *ae*, m., surnom: Mᴀʀᴛ. 1, 28, 2.

Ăcerrae, *ārum*, f. pl., Acerra [ville de Campanie]: Vɪʀɢ. *G.* 2, 225; Lɪᴠ. 23, 17, 4 ‖ [ville d'Ombrie]: Pʟɪɴ. 3, 114 ‖ **-āni**, *ōrum*, m. pl., habitants d'Acerra [Campanie]: Lɪᴠ. 23, 17, 5.

Ăcerrātĭus, *ĭi*, m., nom d'homme: *CIL* 10, 3822.

ăcerrĭmē, superl. de *acriter*.

Acerrōnĭus, nom propre: Cɪᴄ. *Tull.* 16; 17.

ăcersĕcŏmēs, *ae*, m. (ἀκερσεκόμης), qui porte les cheveux longs, esclave favori: Jᴜᴠ. 8, 128.

ăcervālis, *e* (*acervus*), qui procède par accumulation [désignation du sorite]: Cɪᴄ. *Div.* 2, 11.

ăcervātim, adv. (*acervo*), par tas, en monceaux: Lᴜᴄʀ. 6, 1263 ‖ en accumulant [les mots]: Cɪᴄ. *Or.* 85 ‖ en gros, sommairement: Cɪᴄ. *Clu.* 30.

ăcervātĭo, *ōnis*, f., accumulation: Sᴇɴ. *Nat.* 2, 2, 3; Pʟɪɴ. 11, 282 ‖ Qᴜɪɴᴛ. 9, 3, 53 [polysyndète et asyndète].

ăcervātus, *a, um*, part. de *acervo*.

ăcervĭtās, *ātis*, f., accumulation: Jᴜʟɪᴀɴ. Aᴇᴄʟ. *Psalm.* 30, 23.

ăcervō, *ās, āre, āvī, ātum* (*acervus*), tr., entasser, amonceler, accumuler [au pr. et fig.]: Lɪᴠ. 5, 48, 3; Sᴇɴ. *Ben.* 2, 29, 5; Qᴜɪɴᴛ. 9, 3, 47.

ăcervus, *i*, m. (obscur), monceau, tas, amas: Cɪᴄ. *Tusc.* 5, 45; *Agr.* 2, 59; *Phil.* 2, 97; *Sest.* 77 ‖ [sorite] Cɪᴄ. *Ac.* 2, 49; Hᴏʀ. *Ep.* 2, 1, 47.

ăcēscō, *ĭs, ĕre, ăcŭī*, - (*aceo*), intr., devenir aigre: Hᴏʀ. *Ep.* 1, 2, 54; Pʟɪɴ. 20, 147.

Ăcĕsīnēs, *is*, m., fleuve de l'Inde [Hydaspe]: Cᴜʀᴛ. 9, 4, 8.

Ăcĕsīnus, *i*, m. ¶ **1** [comme le préc.]: Pʟɪɴ. 6, 71 ¶ **2** fleuve de Scythie: Pʟɪɴ. 4, 83 ‖ **-nus**, *a, um*, Vᴀʟ.-Fʟᴀᴄ. 6, 69, de l'Acésinus.

ăcēsis, *is*, f. (ἄκεσις), herbe médicinale: Pʟɪɴ. 33, 92.

Ăcesta, *ae*, f., Ségeste [ville de Sicile]: Vɪʀɢ. *En.* 5, 718 ‖ **-taeus**, *a, um*, Pʟɪɴ. 3, 91 ou **-tensis**, *e*, Cɪᴄ. *Verr.* 3, 83, de Ségeste.

Ăcestēs, *ae*, m., Aceste [roi de Sicile]: Vɪʀɢ. *En.* 1, 550.

ăcētābŭlum, *i*, n. (*acetum*) ¶ **1** vase à vinaigre, [puis, en gén.] bol, écuelle: Qᴜɪɴᴛ. 8, 6, 35; Pᴇᴛʀ. 56, 8 ¶ **2** gobelet de prestidigitateur: Sᴇɴ. *Ep.* 45, 8 ¶ **3** [mesure] quart d'une hémine: Cᴀᴛ. *Agr.* 102; Pʟɪɴ. 21, 185 ¶ **4** cymbale: Cᴀssɪᴏᴅ. *Inst.* 2, 5, 6; Isɪᴅ. 3, 22, 11 ¶ **5** concavité où s'emboîtent les os: Pʟɪɴ. 28, 179 ¶ **6** suçoir [de polype]: Pʟɪɴ. 9, 85 ¶ **7** calice [des fleurs]: Pʟɪɴ. 21, 92.

▶ *acitabla* pl. Gʀᴀᴜғ. 47 ‖ m. Aᴘɪᴄ. 239; *acitabulum* Gʀᴀᴜғ. 83.

ăcētārĭa, *ōrum*, n. pl. (*acetum*), légumes assaisonnés au vinaigre, salade: Pʟɪɴ. 19, 58.

ăcētascō, *ĭs, ĕre*, -, - (*acetum*), intr., devenir aigre: Ps. Aᴘᴜʟ. *Herb.* 3.

1 **ăcētō**, *ās, āre, āvī*, - (*acetum*), intr., devenir aigre: Ps. Aᴘᴜʟ. *Herb.* 4, 8 ‖ tr., aigrir: Dɪᴏsᴄ. 5, 9.

2 **ăcētō**, *ās, āre*, -, -, ▶ *agito*: P. Fᴇsᴛ. 21, 26.

ăcētōsus, *a, um*, aigre: Sᴄʜᴏʟ. Pᴇʀs. 6, 17.

1 **ăcētum**, *i*, n. (*aceo*; it. *aceto*, al. *Essig*) ¶ **1** vinaigre: ***mulsum*** Cᴀᴛ. *Agr.* 157, 6, vinaigre adouci avec du miel ‖ [employé avec le feu pour dissoudre les rochers] Lɪᴠ. 21, 37, 2; Pʟɪɴ. 33, 71; Jᴜᴠ. 10, 153 ¶ **2** [fig.] finesse, esprit caustique: Pʟ. *Ps.* 739; Hᴏʀ. *S.* 1, 7, 32.

2 **ăcētum**, *i*, n. (ἄκοιτον), miel vierge: Pʟɪɴ. 11, 38.

Ăchāb, m., roi d'Israël: Vᴜʟɢ. 3 *Reg.* 16, 29.

Ăchaeī, *ōrum*, m. pl. ¶ **1** Achéens [nord du Péloponnèse]: Lɪᴠ. 27, 30, 6 ¶ **2** les Grecs [expression homérique]: Pʟɪɴ. 4, 28; Jᴜᴠ. 3, 61 ¶ **3** habitants de la Grèce réduite en province romaine: Cɪᴄ. *Caecil.* 64; *Sest.* 94 ¶ **4** habitants d'une colonie grecque du Pont-Euxin: Oᴠ. *P.* 4, 10, 27; Pʟɪɴ. 6, 16.

Ăchaeĭas, ▶ *Achaias*.

Ăchaemĕnēs, *is*, m., premier roi de Perse, aïeul de Cyrus: Hᴏʀ. *O.* 2, 12, 21; Tᴀᴄ. *An.* 12, 18.

Ăchaemĕnĭdae, *ārum*, m. pl., Achéménides [peuple perse]: Pʟɪɴ. 6, 98.

Ăchaemĕnĭdēs, *is*, m., compagnon d'Ulysse: Vɪʀɢ. *En.* 3, 614.

ăchaemĕnis, *ĭdis*, f., plante magique de l'Inde: Pʟɪɴ. 24, 161.

Ăchaemĕnĭus, *a, um*, ▶ *Persicus*, de Perse: Hᴏʀ. *O.* 3, 1, 44; Oᴠ. *M.* 4, 212.

Ăchaetus, *i*, m., rivière de Sicile: Sɪʟ. 14, 267.

1 **Ăchaeus**, *a, um* (Ἀχαιός), achéen, ▶ *Achaei, Achivus*.

2 **Ăchaeus**, *i*, m. ¶ **1** héros éponyme des Achéens: Sᴇʀᴠ. *En.* 1, 242 ¶ **2** roi de Syrie: Oᴠ. *Ib.* 299.

Ăchāĭa, ae, f., Achaïe ¶ **1** nord du Péloponnèse : Plin. 4, 12 ; Liv. 36, 21, 5 ¶ **2** [poét.] la Grèce : Ov. M. 13, 325 ¶ **3** [après la destruction de Corinthe, désigne la Grèce réduite en province romaine] Atlas I, D5 ; VI, B2 » : Cic. Fam. 15, 15, 2 ; Plin. Ep. 8, 24, 2.

Ăchāĭăs, ădis, f., Achéenne, Grecque : Ov. H. 3, 71.

Ăchāĭcus, a, um ¶ **1** achéen : Cic. Att. 11, 14, 1 ; Phil. 11, 17 ¶ **2** grec : Virg. En. 5, 623 ¶ **3** de la Grèce, province romaine : Caes. C. 3, 5, 3 ; Cic. Fam. 4, 4, 2 ¶ **4** Achaïque [surnom de Mummius] : Vell. 1, 13, 2 ; **-a, ae**, f., [surnom féminin] : Suet. Galb. 3.

Ăchāis, ĭdis, f. ¶ **1** Achéenne, grecque : Ov. M. 15, 293 ¶ **2** Achaïe, Grèce : Ov. M. 5, 577 ; 7, 504.

Ăchāĭus, a, um, ► Achaicus : Virg. Catal. 5, 1.

Āchān, Achar, Hébreu lapidé sur l'ordre de Josué : Vulg. Jos. 7, 1.

achanum, i, n., maladie bovine : Veg. Mul. 4, 2, 1.

ăchăris, ĭtis (ἄχαρις), sans grâce, sans esprit : Vulg. Eccli. 20, 21 || adv., **achariter** *Vulg. Eccli. 18, 18.

Acharistio, ōnis, titre d'une pièce perdue de Plaute : Plin. 14, 92 ; Non. 157.

Acharnae, ārum, f. pl., Acharnes [bourg de l'Attique] : Stat. Th. 12, 623 || **-nānus**, a, um, Nep. Them. 1, 2, **-neūs**, i, m., Sen. Phaed. 21, Acharnien.

1 **Ăcharnē**, ēs, f., ville de Magnésie : Plin. 4, 32.

2 **ăcharnē**, ae, f. (gr.), poisson de mer : Lucil. 50 ; Plin. 32, 145.

Acharrae, ārum, f. pl., Acharres [ville de Thessalie] : Liv. 32, 13, 13.

1 **ăchātēs**, ae, m. ou f. (ἀχάτης), agate : [m.] Solin. 5, 25 ; Claud. 10, 91 ; [f.] Plin. 37, 139.

2 **Ăchātēs**, ae, m. (Ἀχάτης), Achate ¶ **1** fleuve de Sicile : Plin. 3, 90 ¶ **2** compagnon d'Énée : Virg. En. 1, 174.

Achaton, mont d'Étolie : Plin. 4, 6.

Ăchĕlōĭas, ădis, f., Sil. 12, 33, **Ăchĕlōis**, ĭdis, f., Achéloïde [fille d'Acheloüs] || pl., les Achéloïdes, les Sirènes : Ov. M. 5, 552.

Ăchĕlōĭus, a, um, d'Achélous || **heros** Stat. Th. 2, 142, le héros étolien [Tydée] || **pocula Acheloia** Virg. G. 1, 9, coupes d'eau.

Ăchĕlōus, i, m. (Ἀχελῷος), Acheloüs ¶ **1** fleuve de Grèce Atlas VI, B1 : Plin. 4, 5 ¶ **2** dieu de ce fleuve : Ov. M. 9, 1-97 ¶ **3** l'eau du fleuve, l'eau : Ov. F. 5, 343 ; Serv. Virg. G. 1, 9 ; Macr. Sat. 5, 18, 3.

Achenum, fleuve d'Arabie : Plin. 6, 147.

Acherini, ōrum, m. pl., les Achériniens [Sicile] : *Cic. Verr. 3, 103.

Ăchĕrōn, ontis, m. (Ἀχέρων), Achéron ¶ **1** fleuve des enfers : Cic. Nat. 3, 43 || les enfers : Cic. Quir. 25 ; Hor. O. 1, 3, 36 ; Virg. En. 7, 312 || dieu du fleuve : Virg. En. 7, 91 ¶ **2** fleuve d'Épire : Liv. 8, 24, 2 ; Plin. 4, 4 ¶ **3** fleuve du Bruttium : Plin. 3, 73 ; Liv. 8, 24, 11 ¶ **4** fleuve de Bithynie : Val.-Flac. 4, 594 ; Amm. 22, 8, 17.

Ăchĕrontēus, a, um, de l'Achéron [enfers] : Claud. Pros. 2, 350.

Ăchĕrontĭa (Ăcĕrcantĭa), ae, f., ville d'Apulie [Acerenza] Atlas XII, E5 : Hor. O. 3, 4, 14.

Ăchĕrontĭcus, a, um, Arn. Nat. 2, 62, **-tius**, a, um, Serv. En. 8, 398, de l'Achéron.

Ăchĕros, m., ► Acheron ¶ **3** : Liv. 8, 24, 11.

Ăchĕruns, untis, m. (arch., cf. Acheron), Achéron, fleuve des enfers [forme latine ; se trouve, au lieu d'Acheron, dans Pl. ; Lucr. ; Nep.] || locatif **Acherunti** : Pl. Cap. 689 || **-ticus**, a, um, de l'Achéron : Pl. Bac. 198 || **-tini**, ōrum, m. pl., riverains de l'Achéron [Bruttium] : Plin. 3, 73 ; ► Accheruns.

Ăchĕrūsĭa, ae, f., Achérusie ¶ **1** marais d'Épire : Plin. 4, 4 ¶ **2** lac de Campanie : Plin. 3, 61 ¶ **3** caverne de Bithynie, entrée des enfers : Mel. 1, 103 ; Plin. 6, 4.

Ăchĕrūsis, ĭdos, f., ► Acherusia ¶ **3** : Val.-Flac. 5, 73.

Ăchĕrūsĭus, a, um, achérusien ¶ **1** des enfers, infernal : Lucr. 1, 120 ; 3, 25 ; 3, 1023 ¶ **2** [avec lacus] ► Acherusia ¶ **2** : Sen. Ep. 55, 6, cf. Plin. 3, 61 ¶ **3** relatif à l'Achéron de Bithynie : Mel. 2, 51.

āchēta (**-tās**), ae, f. (ἀχέτας), cigale : Plin. 11, 92.

Achilla, ► Acilla.

Ăchillās, ae, m. (Ἀχιλλᾶς), meurtrier de Pompée : Caes. C. 3, 104, 2 ; Luc. 8, 538. ► acc. **-lĕa** Luc. 10, 523.

ăchillĕa, ae, **ăchillĕos**, i, f., mille-feuille [plante] : Plin. 25, 164 ; 25, 42.

Ăchillēis, ĭdis, f., Achilléide [poème de Stace] : Capit. Gord. 3, 3.

Ăchillēon, i, n., ville de Troade : Plin. 5, 125.

Ăchilleos drŏmos, péninsule sur le Pont-Euxin : Mel. 2, 5 ; Plin. 4, 83.

Ăchillēs, is, i ou ĕi, acc. **em** ou **ea**, m. (Ἀχιλλεύς ou -ής), Achille [fils de Pélée et de Thétis] : Cic. Tusc. 1, 105 || [fig.] un Achille : Pl. Mil. 1054 ; Virg. En. 6, 89.

ăchillēum, i, n., éponge très serrée : Plin. 9, 148.

Ăchillēus, a, um, d'Achille, achilléen || **Achillea insula** Plin. 4, 93, île d'Achille [près de Samos] || **-ĭăcus**, a, um, Fort. Carm. 7, 8, 64.

Ăchillīdēs, ae, m., Achilléide, descendant d'Achille : Ov. H. 8, 3.

ăchillĭum, i, n., ► achilleum.

Achina, ► 2 Acina.

Achinapolus, (**Archi-**?), i, m., nom d'homme : Vitr. 9, 6, 2.

Ăchīvus, a, um, grec : Ov. Pont. 1, 4, 33 || **Ăchīvi**, ōrum, m. pl., les Grecs : Virg. En. 6, 837 ; ► 1 Achaeus.

achlis, bête sauvage du Nord, élan : Plin. 8, 39.

Achnē, ēs, f., île près de Rhodes : Plin. 5, 133.

Acholla, ► Acilla.

Achollitānus, ► Acillitanus.

ăchōr, ōris, m. (ἄχωρ), **ăchōra**, ae, f., teigne des enfants : Theod.-Prisc. Eup. 1, 13.

Achōrēus, i, m., nom d'un Égyptien : Luc. 8, 475.

Ăchrādīna, ae, f., Achradine [quartier de Syracuse] : Cic. Verr. 4, 119 ; Liv. 24, 33, 9.

ăchrās, ădis, f., poirier sauvage : Col. 7, 9, 6.

ăchrēsĭmŏn, i, n. (ἀχρήσιμος), signe pour noter un passage hétérodoxe : Cassiod. Inst. 1, 1, 8.

ăchristŏn, i, n. (ἄχρηστος), ► achresimon : Cassiod. Inst. 1, 9, 3.

ăchrōmŏs, ŏn (ἄχρωμος), sans couleur : Fort.-Rhet. 1, 3.

Achulla, ► Acilla.

ăchȳnops (ἀχύνωψ), plantain : Plin. 21, 89 ; 21, 101.

Achyro, ōnis, f., villa près de Nicomédie : Aur.-Vict. Caes. 41, 16.

Aci, ōrum, m. pl., peuple du Caucase : Plin. 6, 17.

ăcĭa, ae, f., fil à coudre : Cels. 5, 26, 23 || [prov.] **ab acia et acu** Petr. 76, 11, de fil en aiguille [raconter qqch.].

ăcĭcŭla, ► acucula : M.-Emp. 21, 6.

Ăcĭdălĭus, a, um, acidalien, d'Acidalie [fontaine en Béotie, où se baignaient Vénus et les Grâces] || **Acidalia**, surnom de Vénus : Virg. En. 1, 720 ; Serv. ; [d'où le sens, pour l'adj.] relatif à Vénus, de Vénus : Mart. 9, 13, 3 ; 6, 13, 5.

Acidanes, is, m., montagne de Perse : Plin. 37, 147.

ăcĭdē, adv., de façon amère, pénible, désagréable : compar., **acidius** Petr. 92, 5.

ăcĭdĭa, ► acedia.

Acidīnus, i, m., surnom romain : Cic. de Or. 2, 260.

ăcĭdĭtās, ātis, f., aigreur : M.-Emp. 20, 88.

ăcĭdō, ās, āre ou ēre, Gloss. -, -, intr., devenir aigre, acide : Gloss. 2, 384, 43 ; Al. Trall. 2, 48 || tr., **acidatus** *Sen. Contr. 10, 5, 22.

ăcĭdŭlus, a, um (dim. de acidus ; fr. oseille), aigrelet : Plin. 15, 54.

ăcĭdus, a, um (aceo), aigre, acide : Virg. G. 3, 380 ; Hor. S. 2, 2, 44 || **creta** Mart. 6, 93, 9, craie délayée dans du vinaigre [pour farder] || [au fig.] aigre, désagréable : Hor. Ep. 2, 2, 64 ; Sen. Ir. 3, 43, 1 || **acidior** Petr. 68 ; **acidissimus** Pl. Ps. 739.

ăcĭēris, *is*, f. (*acies*), hache d'airain utilisée dans les sacrifices : P. Fest. 9, 10.

ăcĭēs, *ēī*, f. (*ac-*, cf. *acer*), partie aiguë, pointe.

I [pr.] pointe, tranchant [d'un instrument, d'une épée] : Cic. *Verr.* 5, 113 ; *Sest.* 24 ; Virg. *G.* 2, 365 ‖ [d'où] épée : Virg. *En.* 6, 291 ; Sen. *Ep.* 76, 14 ; [ou] fer tranchant : Col. 4, 24, 21 ; 9, 15, 4.

II [fig.] ¶ **1** éclat [des astres] : Virg. *G.* 1, 395 ‖ glaive [de l'autorité] : Cic. *Cat.* 1, 4 ; Sen. *Clem.* 1, 11, 2 ¶ **2** pénétration, force pénétrante, perçante ; [en parl. des yeux] Cic. *Fin.* 4, 65 ; Caes. *G.* 1, 39, 1 ; [de l'intelligence] Cic. *Ac.* 2, 122 ; *de Or.* 1, 151 ‖ [d'où] regard : *aciem intendere* Cic. *Tusc.* 4, 38, porter (diriger) son regard, cf. *Ac.* 2, 80 ‖ pupille : Cic. *Nat.* 2, 142 ‖ œil : Lucr. 4, 248 ; Virg. *En.* 4, 643 ; Ov. *M.* 4, 464 ¶ **3** [milit.] **a)** ligne de soldats, ligne de bataille, armée rangée en bataille : *prima, secunda*, première, deuxième ligne ; *duplex, triplex*, armée rangée sur deux, sur trois lignes ; *aciem instruere, constituere, instituere*, disposer, établir, former la ligne de bataille [ranger l'armée en bataillon] : *aciem derigere* Caes. *G.* 6, 8, 5, faire prendre la formation de combat ; *acies peditum* Liv. 22, 47, 2, la ligne des fantassins, l'infanterie ; *equitum* Liv. 25, 6, 20, la cavalerie ‖ [en parl. des vaisseaux] Nep. *Han.* 11, 1 ; Liv. 37, 13, 8 **b)** bataille rangée, bataille : Cic. *Dej.* 24 ; *Marc.* 31 ; Caes. *G.* 7, 29, 2 ; Liv. 25, 6, 22 ; 27, 49, 5 ; *acies Pharsalica* Cic. *Lig.* 9, bataille de Pharsale ; *Cannensis* Liv. 23, 18, 13 ‖ [fig.] Cic. *Brut.* 222 ; *de Or.* 1, 252.

▶ gén. arch. *acii* Matius d. Gell. 9, 14, 14 ; *acie* Caes. *G.* 2, 23, 1 ; Sall. *H.* 1, 41.

ăcĭī, V. *acies* ▶.

Acila, *ae*, f., marché en Arabie : Plin. 6, 151.

Acīlĭānus, *a*, *um*, d'Acilius [l'historien] : Liv. 25, 39, 12 ; 35, 14, 5.

1 Ăcīlĭus, *ĭi*, m., nom de famille ; notamment C. Acilius Glabrio, historien : Cic. *Off.* 3, 115.

2 Ăcīlĭus, *a*, *um*, d'Acilius : *lex Acilia* Cic. *Verr.* 1, 26, loi Acilia [sur les concussions].

Acilla (**Acylla, Acholla, Achilla, Achulla**), ville d'Afrique, près de Thapsus [Badria] : B.-Afr. 33, 1 ; Liv. 33, 48, 1 ‖ **-ītānus**, *a*, *um*, d'Acilla : Plin. 5, 30 ; *Acyllitani* B.-Afr. 33, 5.

Acimincum, (**Acumincum**), ville de Pannonie : Amm. 19, 11, 8.

1 ăcĭna, V. *acinus*.

2 Acina, *ae*, f., ville d'Éthiopie : Plin. 6, 184.

ăcīnăcēs, *is*, m., courte épée [chez les Perses] : Hor. *O.* 1, 27, 5 ; Curt. 3, 3, 18 ; 4, 15, 30.

ăcĭnārĭus, *a*, *um*, relatif au raisin : Varr. *R.* 1, 22, 4.

ăcĭnātĭcĭus, (**-ticus**), *a*, *um*, fait avec du raisin : Pall. 1, 6, 9.

Acinatius, V. *Aginatius*.

Acincum, *i*, n., C. *Aquincum* : Amm. 30, 5, 13.

Acindўnus, *i*, m., nom d'homme : Symm. *Ep.* 1, 1, 2.

Ăcīnētŏs, *ī*, m. (ἀκίνητος), l'Immobile [un des Éons de l'hérésiarque Valentin] : Tert. *Val.* 8, 2.

Ăcĭnippo, ville de la Bétique : Plin. 3, 14.

ăcĭnŏs, *i*, f., espèce de basilic [plante] : Plin. 21, 174.

ăcĭnōsus, *a*, *um* (*acinus*), en forme de grain de raisin : Plin. 12, 47.

ăcĭnus, *i*, m. (empr.) it. *acino*), **ăcĭna**, *ōrum*, n. pl., Cat. *Agr.* 112, 3, petite baie ; grain de raisin : Cic. *CM* 52 ‖ baie du lierre, de la grenade : Plin. 16, 146.

▶ *acina, ae* f. *Catul. 27, 4 ; Gell. 6, 20, 6.

ăcĭpensĕr (**ăcŭpensĕr, ăquĭpensĕr**), *ĕris*, m. (cf. *acer*), esturgeon : Lucil. 1240 ; Cic. *Fin.* 2, 91 ; *Tusc.* 3, 43 ; Hor. *S.* 2, 2, 47.

▶ *acipensis, is* Mart. 13, 91, *tit.* ; 1.

Aciris, *is*, m., fleuve de Lucanie : Plin. 3, 97.

Ācis, *ĭdis*, voc. *i*, acc. *in*, m. ¶ **1** fleuve de Sicile : Ov. *F.* 4, 468 ¶ **2** berger aimé de Galatée : Ov. *M.* 13, 750 ¶ **3** f., une des Cyclades : Plin. 4, 66.

ăcisco, V. *acesco*.

ăciscŭlārĭus, *ĭi*, m., tailleur de pierres : Gloss. 2, 13, 47.

ăciscŭlus, *i*, m., marteau de tailleur de pierres : Boët. *Mus.* 5, 2.

ăcītābŭlum, V. *acetabulum*.

Acitavones, *um*, m. pl., peuple des Alpes : Plin. 3, 137.

Acitoali, *ōrum*, m. pl., peuple d'Arabie : Plin. 6, 157.

aclassis, *is*, f. (?), tunique ouverte sur les épaules : P. Fest. 18, 31.

āclēta, V. *athleta* : CIL 6, 10154.

Aclissae, *ārum*, m. pl., peuple de l'Inde : Plin. 6, 67.

āclўs, *ĭdis*, f. (cf. ἀγκυλίς), javelot attaché à une courroie : Virg. *En.* 7, 730.

Acmē, acc. *Acmen*, f., nom de femme : Catul. 45, 1.

Acmodae, *ārum*, f. pl., îles au nord de la Grande-Bretagne : Plin. 4, 103.

Acmōn, *ŏnis*, m., compagnon d'Énée : Virg. *En.* 10, 127 ‖ de Diomède : Ov. *M.* 14, 494.

Acmōnensis, *e*, d'Acmonia [ville de la Grande Phrygie] Atlas VI, B4 ; IX, C2 : Cic. *Flac.* 34 ; 36 ; 38.

Acmōnĭdēs, *is*, m., un des aides de Vulcain : Ov. *F.* 4, 288.

acnăfus, (**agn-**), *a*, *um* (ἄγναφος), non foulé, encore neuf : Greg.-Tur. *Conf.* 20.

acnŭa, (**agn-**), *ae*, f. (empr.) mesure de superficie [120 pieds carrés] : Varr. *R.* 1, 10, 2 ; Col. 5, 1, 5.

Ăcoemētenses (**Ăchīm-**), *ĭum* ou **Ăcoemēti, Ăcēmīti**, *orum*, adj. et subst. m. pl. (ἀκοίμητος, " qui ne dort pas "), , moines qui récitaient l'office sans arrêt en se relayant [en Orient, puis en Occident] : Avell. 326, 23.

ăcoenŏnŏētus, *i*, m. (ἀκοινονόητος), inepte [épith. d'un pédagogue] : Juv. 7, 218, cf. Cic. *Att.* 6, 1, 7.

Ăcoetēs, *is*, m., pers. mythologique : Ov. *M.* 3, 577, 582 ‖ compagnon d'Énée : Virg. *En.* 11, 30 ‖ Thébain : Stat. *Th.* 8, 444.

ăcoetis, *is*, f. (ἄκοιτις), épouse : Lucil. 542.

ăcoetum, *i*, n., V. 2 *acetum*.

ăcŏlūthus, *um*, **ăcŏlūthŏs**, *ŏn*, adj. (ἀκόλουθος), qui suit ‖ subst. m., acolyte, clerc qui sert l'officiant à l'autel [dernier des quatre ordres mineurs] : Cypr. *Ep.* 7, 2 ; Isid. 7, 12, 29.

ăcŏlўthus, *i*, m., C. *acoluthus* : Aug. *Ep.* 191, 1.

1 ăcŏnē (**-a**), *ae*, f. (ἀκόνη), pierre à aiguiser : Plin. 27, 10.

2 Aconē, f., port de la Bithynie : Plin. 6, 4.

ăcŏnīti, adv. (ἀκονιτί), sans poussière = sans peine : Plin. 35, 139.

ăcŏnītum, *i*, (acc. *ton*, Ov. *M.* 7, 407), n., aconit ; [d'ordin. au pl. *aconita*] Virg. *G.* 2, 152 ‖ poison violent, breuvage empoisonné : Ov. *M.* 1, 147 ; Juv. 1, 158.

Acontēus, *i*, m., nom de guerrier : Virg. *En.* 11, 612 ; Ov. *M.* 5, 201.

ăcontĭās, *ae*, m. (ἀκοντίας) ¶ **1** météore : Plin. 2, 89 ¶ **2** espèce de serpent : Amm. 22, 15, 27.

Acontisma, n., défilé en Macédoine : Amm. 26, 7, 12 ; 27, 4, 8.

ăcontĭum, *ĭi*, n. (ἀκόντιον), aiguillon : Diocl. 15, 17.

Ăcontĭus, *ĭi*, m. ¶ **1** mont de Béotie : Plin. 4, 25 ¶ **2** amant de Cydippe : Ov. *H.* 20, 241 ; 21, 105.

ăcontīzō, *ās*, *āre*, -, - (ἀκοντίζω), intr., [en parl. du sang] partir vivement [comme un javelot], jaillir : Veg. *Mul.* 1, 27, 2.

Ăcontīzŏmĕnus, *i*, m., titre d'une pièce de Naevius : Char. 199, 21 ; 211, 7.

ăcŏpon, *i*, n., plante : Plin. 27, 30.

ăcŏpos, *i*, f., pierre précieuse : Plin. 37, 143.

ăcŏpum, *i*, n., sorte de lénitif : Plin. 23, 157 ; Cels. 5, 24, 1.

ăcŏr, *ōris*, m. (*aceo*), aigreur, acidité : Col. 5, 10, 15 ; Plin. 14, 127 ; Quint. 9, 3, 27 ‖ [fig.] Plin. *Ep.* 7, 3, 5.

ăcŏra, V. *achor*.

Ăcōreūs, m., nom d'homme : Luc. 8, 475.

Acoridos Comē (*Aporidos*, ms. B), bourg chez les Pisidiens : Liv. 38, 15, 12.

ăcŏrĭon, n. (ἀκόριον), C. *acoron* [plante] : Plin. 25, 158.

ăcorna, ae, f. (ἄκορνα), chardon béni : Plin. 21, 95.

ăcŏron, (-rum), i, n., iris jaune : Plin. 25, 157.

ăcosmos (ἄκοσμος), (beauté) négligée : Lucr. 4, 1160.

acquĭesco (adq-), ĭs, ĕre, quĭēvī, quĭētum, intr., en venir au repos, se donner au repos ¶ 1 se reposer : Cic. Leg. 1, 15 ; Att. 14, 12, 2 ; Nep. Dat. 11, 3 ; *somno* Curt. 9, 5, 30, dormir ‖ prendre le dernier repos, mourir : Nep. Hann. 13, 1 ; *morte* Tac. An. 14, 64, se reposer dans la mort ¶ 2 [fig., en parl. de choses] : *dolor acquiescit* Plin. Ep. 4, 21, 4, la douleur s'assoupit ; *numquam adquiescit* Cic. Off. 1, 19, [l'agitation de l'esprit] ne connaît jamais le repos, ne s'arrête jamais ; *rem familiarem acquiescere* Liv. 4, 60, 2, que leurs biens étaient en repos [en sécurité] ¶ 3 trouver le calme de l'âme : Cic. Fin. 1, 53 ; Att. 10, 4, 11 ; *in aliqua re*, dans qqch. : *in tuis oculis, in tuo ore acquiesco* Cic. Dej. 5, tes regards, ton visage me tranquillisent ; *in quo uno acquiesco* Cic. Att. 9, 10, 1, c'est là seulement que je trouve un soulagement ‖ [avec idée de contentement] *in libris nostris acquiescunt* Cic. Div. 2, 5, ils se plaisent à mes écrits (à me lire) ; *in adulescentium caritate* Cic. Lae. 101, se complaire dans l'affection des jeunes gens ; [avec abl. de cause] *Clodii morte* Cic. Mil. 102, être soulagé par la mort de Clodius ¶ 4 se reposer sur, avoir foi, avoir confiance en [avec dat.] : B.-Afr. 10, 4 ; Sen. Ep. 24, 1 ; Suet. Vit. 14 ; Vulg. 1 Tim. 6, 3 ¶ 5 [avec dat.] consentir, obéir, acquiescer à : Cypr. Ep. 41, 2, 1 ; VL. Hebr. 13, 17 ‖ *sententiae* ; *homini*, être d'accord avec un avis, un individu : Dig. 4, 4, 7, 3.
▶ parf. sync. *acquierunt* Cic. Mil. 102.

acquīro (adq-), ĭs, ĕre, quīsīvī, quīsītum (ad, quaero), tr., ajouter à ce qu'on a, à ce qui est ¶ 1 ajouter à, acquérir en plus **a)** *aliquid ad vitae fructum* Cic. Cat. 3, 28, ajouter qqch. aux avantages qu'on a déjà dans la vie, cf. Fam. 3, 7, 5 ; [absᵗ] *ad fidem* Cic. Cat. 2, 18, ajouter à (augmenter) son crédit **b)** *aliquid adquiro* Caes. G. 7, 59, 4, acquérir qqch. en plus, obtenir qq. avantage ; *dignitatem* Cic. Att. 6, 11, 2, augmenter la considération dont on jouit ; *vires adquirit eundo* Virg. En. 4, 175, [la renommée] acquiert une plus grande force (augmente sa force) en cheminant ; *nihil sibi acquirens* Cic. Tusc. 5, 9, sans chercher à augmenter en rien son avoir ‖ *ea illi plurimum venerationis adquirunt* Plin. Ep. 1, 10, 6, cet extérieur lui attire par surcroît beaucoup de respect ¶ 2 acquérir, (se) procurer [Sen. ; Quint. ; Tac., poètes] : *adquirendae pecuniae brevius iter* Tac. An. 16, 17, un chemin plus court pour s'enrichir ; *reverentiam nomini* Traj. d. Plin. Ep. 10, 82, 1, attirer le respect sur son nom ‖ [absᵗ] acquérir, s'enrichir : Quint. 12, 7, 10 ; Juv. 14, 125.

▶ formes syncopées : *acquisisti* Cic. Fam. 6, 11, 2 ; *acquisierint* Cic. de Or. 3, 131 ; *-sierat* Just. 16, 2, 2 ; 39, 2, 2 ; *-sierant* B.-Afr. 47, 4 ; *-sisses* Ps. Quint. Decl. 321 ; *-sisse* Sen. Contr. 1 pr. ; 14.

acquīsītĭo (adq-), ōnis, f. ¶ 1 accroissement, augmentation : Frontin. Aq. 10 ¶ 2 acquisition : Dig. 33, 2, 36, 1.

acquīsītīvus, a, um, qui procure, qui fait acquérir : Prisc. 3, 224, 7.

acquīsītŏr, ōris, m., acquéreur : Aug. Serm. 302, 7.

acquīsītus, a, um, part. de *acquiro*.

1 **Ăcra**, ae, f. (ἄκρα), Acra Iapygia [promontoire en Calabre] : Plin. 3, 100.

2 **ăcra**, ōrum, n. pl. (ἄκρον), pointe, extrémité : Soran. 2, 2 ; 2, 10 ‖ [sg.] Soran. 2, 4.

Acrabătēna, ae, f., contrée de la Judée : Plin. 5, 70.

Ăcrădīna, V.▶ *Achradina*.

Acrae, ārum, f. pl., Acré ¶ 1 ville de Sicile [Palazzuolo] Atlas XII, H5 : Liv. 24, 36, 1 ¶ 2 ville de la Chersonèse Taurique Atlas VI, A3 : Plin. 4, 86.

Ăcraephĭa, ae, f., ville de Béotie : Plin. 4, 26 ; Liv. 33, 29, 6.

Ăcraeus, a, um (ἀκραῖος), épithète donnée à des divinités honorées sur des hauteurs : Liv. 38, 2, 1 ; 32, 23, 10.

Ăcrăgās, antis, m., Agrigente [ville de Sicile, sur une hauteur] : Virg. En. 3, 703 ; Ov. F. 4, 475 ‖ **-gantīnus**, a, um, d'Acragas [Agrigente] : Lucr. 1, 716.

Ăcrăthŏōn, n., ville située au sommet du mont Athos : Plin. 4, 37.

ăcrătŏphŏrŏs, i, m., **ăcrătŏphŏrŏn**, i, n. (ἀκρατοφόρος), vase à vin : Varr. R. 1, 8, 5 ; Cic. Fin. 3, 15.

Acrauceles, um, m. pl., peuple d'Afrique : Plin. 5, 33 ; V.▶ *Araraucles*.

ăcrĕ, n. pris advᵗ, V.▶ 2 *acer* ▶.

ăcrēdo, ĭnis, f. (2 *acer*), âcreté : Pall. 2, 15, 9.

acrēdŭla, ae, f. (onomat. ?), sorte de grenouille : Isid. 12, 6, 59 ‖ oiseau inconnu : Cic. Div. 1, 14.

Acrenses, m. pl., habitants d'Acré [Sicile] : Plin. 3, 91.

Acriae, ārum, f. pl., ville maritime de Laconie : Liv. 35, 27, 2.

ăcrībīa, ae, f. (ἀκρίβεια), exactitude, précision : Rust. Synod. p. 174, 23.

ăcrĭcŭlus, a, um (dim. de 2 *acer*), légèrement mordant : Cic. Tusc. 3, 38.

acridium, ii, n., scammonée [plante] : Isid. 17, 9, 64 ; V.▶ *diagrydion*.

ăcrĭfŏlĭum, Macr. Sat. 3, 20, 3, **ăquĭfŏlĭum**, ii, Plin. 27, 63, n., **ăquĭfŏlĭa**, ae, Plin. 16, 73 ; 24, 116, f. (*acer, acuo* et *folium* ; it. *agrifoglio*), houx ‖ **acrŭfŏlĭus**, a, um, Cat. Agr. 31, 1, de houx.

Acrillae, ārum, f. pl., ville de Sicile : Liv. 24, 35, 3.

ācrĭmōnĭa, ae, f. (2 *acer*) ¶ 1 âcreté, acidité : Cat. Agr. 157, 5 ; Plin. 18, 128 ¶ 2 âpreté [de caractère], dureté : Naev. Tr. 35 ‖ âpreté, énergie : Cic. Verr. prim. 52 ‖ énergie, efficacité [d'un argument] : Cic. Inv. 2, 143.

ācrĭor, compar. de 2 *acer*.

ācris, V.▶ *acer*.

Ăcrīsĭōnē, ēs, f., Danaé, fille d'Acrisius : Virg. Catal. 9, 33 ‖ **-nēus**, a, um, d'Acrisius, argien : Virg. En. 7, 410 ‖ **-niădēs**, ae, m., descendant d'Acrisius [Persée] : Ov. M. 5, 69.

Ăcrīsĭus, ii, m., roi d'Argos : Hor. O. 3, 16, 1 ; Ov. M. 4, 608.

1 **Ăcrītās**, ae, m., promontoire de Messénie : Mel. 2, 49 ; Plin. 4, 15.

2 **ăcrītas**, ātis, f., force pénétrante [fig.] : Acc. Tr. 467 (Gell. 13, 3, 2).

ācrĭtĕr (2 *acer*) ¶ 1 d'une façon perçante, pénétrante [fig.] : *acrius vitia videre* Cic. de Or. 1, 116, voir avec plus de pénétration les défauts ; *acriter intellegere* Cic. Pis. 68, avoir l'intelligence vive ¶ 2 vivement, énergiquement, ardemment : *pugnare* Caes. G. 1, 26, 1, combattre avec acharnement ; *vigilare* Cic. Cat. 1, 8, veiller avec ardeur ‖ *caedunt acerrime virgis* Cic. Verr. 5, 142, ils le frappent de verges avec la dernière violence ; *minari acriter* Cic. Verr. 4, 66, faire de violentes menaces ‖ *exspectare* Cic. Fam. 15, 4, 10, attendre avec impatience ; *acriter solem intueri* Cic. Tusc. 1, 73, regarder avec persistance le soleil ‖ *monere* Cic. Lae. 44, avertir sévèrement ; *dilectum habere* Liv. 27, 38, 1, faire une levée (enrôlement) avec rigueur ‖ *viridis* Plin. 37, 69, d'un vert vif.

ācrĭtūdo, ĭnis, f., aigreur, âpreté : Vitr. 2, 9, 12 ‖ énergie : Gell. 10, 27, 1 ‖ âpreté, rudesse [caractère] : Apul. M. 9, 17.

acrius, adv., compar. de *acriter*.

ăcrĭvōcēs, pl., ayant la voix aigre : *Arn. 3, 14.

ăcro, ōnis, m. (ἄκρων), pied de porc : Veg. Mul. 2, 130, 2.

ăcrŏāma, ătis, n. (ἀκρόαμα) ¶ 1 audition, concert : Petr. 53, 12 ; 78, 5 ¶ 2 l'artiste qui se fait entendre, virtuose : Cic. Sest. 116 ; Verr. 4, 49 ; Arch. 20 ; Nep. Att. 14, 1 ; Plin. Ep. 6, 31, 13 ; Suet. Aug. 74 ; Vesp. 19.

ăcrŏāsis, is, f. (ἀκρόασις), audition ; savant auditoire : Cic. Att. 15, 17, 2 ‖ conférence : Vitr. 10, 16, 3 ; Suet. Gram. 2.

ăcrŏātĭcus, a, um (ἀκροατικός), fait pour des auditeurs ; en parl. des livres d'Aristote qui contiennent la doctrine professée oralement, livres ésotériques [opp. exotériques] : Gell. 20, 5, 6.

ăcrŏbustĭa, ae, f. (ἀκροβυστία), circoncision : Zen. 1, 13, 4.

Acrŏcĕraunĭa, ōrum, n. pl., monts Acrocérauniens [en Épire] : Plin. 3, 145 ‖ **-nium**, ii, n., promontoire d'Épire : Plin.

Acroceraunia

3, 97 ‖ **-nius**, *a*, *um*, acrocéraunien; [fig.] dangereux: Ov. *Rem.* 739.

Acrocerretes, *um*, m. pl., peuple des Pyrénées: Avien. *Or.* 550.

acrŏchordōn, *ŏnis*, f., durillon: Cels. 5, 28, 14.

ăcrŏcōlēfĭum, *ĭi*, n. (gr., cf. *acrocolium*), partie supérieure du pied d'un porc [grasset]: Veg. *Mul.* 3, 1, 2.

acrŏcōlium, *ĭi*, n. (ἀκροκώλιον), patte antérieure du porc [jambonneau]: *Veg. Mul.* 2, 47, 1; Cael.-Aur. *Acut.* 1, 11, 94.

Acrŏcŏrinthus, *i*, f., Acrocorinthe, citadelle de Corinthe: Liv. 33, 31, 11.

acrŏlĭthus, *a*, *um* (ἀκρόλιθος), dont la partie supérieure est en pierre: Vitr. 2, 8, 11 [acc. f. acrolithon]; Treb. *Tyr.* 32, 5.

acrōma, ▶ *acroama*: Not. Tir. 106, 77.

1 **ăcrōn**, ▶ *acro*.

2 **Ācrōn**, *ōnis*, m. ¶ 1 guerrier tué par Mézence: Virg. *En.* 10, 719 ¶ 2 roi des Céniniens: Prop. 4, 10, 7 [acc. Acronta] ¶ 3 Hélénius Acron [grammairien, milieu du 4ᵉ s. apr. J.-C.; commentateur de Térence et d'Horace]: Char. 119, 12; 210, 11; 15 [acc. Acronem].

Acrŏnōma saxa, (**Acrun-**), lieu inconnu près de Rome: Cic. *Att.* 13, 40, 2.

Acronus lacus, (**-nĭus**), m., partie du lac de Constance: Mel. 3, 24.

acronychos (**-us**), *a*, *um* (ἀκρόνυχος), du commencement de la nuit: Ps. Cens. 3, 7; Chalc. 71.

acronyctae stellae, f. pl. (ἀκρόνυκτος), étoiles qui paraissent au coucher du soleil: Firm. *Math.* 2, 8, 1.

ăcrŏpŏdĭum, *ĭi*, n. (ἀκροπόδιον), piédestal: Hyg. *Fab.* 88.

Ăcrŏpŏlis, *is*, f., Acropole [citadelle de Thèbes]: Placid. Stat. *Th.* 12, 632.

ācrŏr, *ōris*, m. (2 *acer*; fr. *aigreur*), âcreté, amertume: Tert. *Marc.* 1, 2, 3; Fulg. *Virg.* p. 85, 3 H.

acrostichis, *idis*, f. (ἀκροστιχίς), acrostiche: Honor. *Cosmog.* 1; en grec d. Cic. *Div.* 2, 111.

Ācrŏta, *ae*, m., roi d'Albe: Ov. *M.* 14, 617; 619.

Acrotadus, *i*, f., île dans le golfe Persique: Plin. 6, 99.

ăcrōtēria, *ōrum*, n. pl. (ἀκρωτήριον) ¶ 1 promontoires: Vitr. 5, 12, 1 ¶ 2 [archit.] acrotères [éléments décoratifs qui surmontent la couverture d'un édifice, notamment au faîte et aux angles inférieurs d'un pignon ou d'un fronton]: Vitr. 3, 5, 12.

Acrothoon, ville sur le mont Athos: Plin. 4, 31.

ăcrŏtŏmus, *a*, *um* (ἀκρότομος), taillé à arêtes vives: VL. 3 Reg. 6, 7 d. Euch. *Instr.* 2, p. 149, 10.

ăcrozȳmus, *a*, *um* (ἀκρόζυμος), légèrement fermenté: Isid. 20, 2, 15.

acrŭfŏlius, ▶ *acrifolium*.

1 **ācrus**, *a*, *um*, [tard.] ▶ 2 *acer* ▶.

2 **ăcrus**, *a*, *um* (ἄκρος), extrême: Cass. Fel. 36, p. 78.

1 **acta**, *ae*, f. (ἀκτή), rivage, plage: Cic. *Verr.* 5, 63; Nep. *Ages.* 8, 2; Virg. *En.* 5, 613 ‖ vie sur la plage, plaisirs de plage: Cic. *Verr.* 5, 94; Cael. 35.

2 **acta**, *ōrum*, n. pl., choses faites.
I actions, faits: Cic. *Att.* 2, 11, 1; *de Or.* 2, 63; Sall. *J.* 53, 8; *Herculis* Ov. *M.* 9, 134, exploits d'Hercule.
II actes [en langue officielle] ¶ 1 lois, ordonnances, décisions de magistrats: *acta Dolabellae* Cic. *Phil.* 2, 83, actes de Dolabella; *Caesaris* Cic. *Phil.* 2, 100, de César ¶ 2 *acta senatus*, recueil des procès-verbaux des séances du sénat, comptes rendus officiels ¶ 3 *acta urbana* Cic. *Att.* 6, 2, 6; *publica* Plin. *Ep.* 5, 13, 8; Tac. *An.* 12, 24; *diurna* Suet. *Caes.* 20, 1; *populi Romani* Plin. 8, 145; *rerum urbanarum* Cic. *Att.* 12, 23, 2; *acta* [seul] Cic. *Att.* 12, 28, 2, journal officiel de Rome, chronique journalière, bulletins des nouvelles, relation officielle affichée dans les endroits en vue ‖ [fig.] *beneficium in acta non mitto* Sen. *Ben.* 2, 10, 4, je ne publie pas mon bienfait dans les journaux ¶ 4 relations des faits et dits des empereurs: Suet. *Dom.* 20, 3 ‖ [ou des particuliers] Plin. *Ep.* 3, 18, 11 ¶ 5 documents publics [jugements ou enregistrements par une autorité, notam¹ judiciaire, de déclarations privées]: *promittere apud acta*; *actis insinuare* Dig. 26, 8, 21; Inst. Just. 4, 11, 3, faire enregistrer une promesse, une déclaration; *actis referre* Tert. *Marc.* 5, 1, 3, faire enregistrer officiellement; *Acta proconsulis* Cypr. *Ep.* 77, 2, 1, actes proconsulaires.

actaea, *ae*, f., actée en épi [plante]: Plin. 27, 43.

Actaei, *ōrum*, m. pl. ¶ 1 peuple d'Arabie: Plin. 6, 154 ¶ 2 ▶ 2 *Actaeus*.

Actaeōn, *ŏnis*, m., Actéon [changé en cerf et dévoré par ses chiens]: Ov. *M.* 3, 138.

1 **actaeus**, *a*, *um* (1 *acta*), situé sur le rivage: Avien. *Arat.* 1394.

2 **Actaeus**, *a*, *um* (2 *Acte*), de l'Attique, attique, athénien: Virg. *B.* 2, 24; Ov. *M.* 2, 720 ‖ **Actaei**, *ōrum*, m. pl., les Athéniens: Nep. *Thras.* 2, 1; ▶ *Actaei*.

Actalenses, *ium*, m. pl., peuple de Galatie: Plin. 5, 147.

Actania, *ae*, f., île de la Germanie septentrionale: Plin. 4, 97.

actārius, ▶ *actuarius*: CIL 6, 9106.

1 **actē**, *ēs*, f. (ἀκτή), hièble [arbuste]: Plin. 26, 120.

2 **Actē**, *ēs*, f., Acté ¶ 1 ancien nom de l'Attique: Plin. 4, 23; Gell. 14, 6, 4 ¶ 2 affranchie de Néron: Suet. *Ner.* 28; 50; Tac. *An.* 13, 12.

Actĭăcus, *a*, *um*, d'Actium: Liv. 1, 19, 3; Tac. *An.* 1, 42; Ov. *F.* 1, 711; Suet. *Aug.* 18 ‖ en parl. d'Apollon qui avait un temple sur le promontoire d'Actium: Ov. *M.* 13, 715.

Actĭăs, *ădis*, f., attique: Virg. *G.* 4, 463 ‖ d'Actium: Stat. *S.* 3, 2, 120.

actīnŏphŏros, *i*, f. (ἀκτινοφόρος), sorte de coquillage: Plin. 32, 147.

actīnōsus, *a*, *um* (cf. ἀκτινώδης), radieux, rayonnant: Ambr. *Job* 2, 4, 16.

actĭo, *ōnis*, f. (*ago*), action de faire ¶ 1 action **a)** accomplissement d'une chose: *actio illarum rerum aperta* Cic. *Off.* 1, 127, accomplissement de ces choses au grand jour; *actio rerum* Cic. *Ac.* 2, 62, action de faire qqch., action, activité; *gratiarum* Cic. *Fam.* 12, 26, 1, action de remercier ‖ [avec gén. subj.] *vitae* Cic. *Off.* 1, 17, vie active, pratique; *corporis* Cic. *Div.* 1, 70, action du corps, activité physique **b)** action, acte: *honesta* Cic. *Lae.* 47, action honorable; *aequabilitas universae vitae, tum singularum actionum* Cic. *Off.* 1, 111, l'unité dans la vie en général, comme dans chaque action en particulier ‖ *in singulis tetrantorum actionibus* Vitr. 3, 5, 6, dans chaque exécution d'un quart de cercle ¶ 2 action oratoire [débit, gestes, attitudes]: Cic. *de Or.* 1, 18 ‖ jeu des acteurs: Cic. *de Or.* 3, 102; *Fin.* 3, 24 ¶ 3 manifestation de l'activité, action d'un magistrat dans l'exercice de ses fonctions; débats, propositions, motions [devant le peuple ou le sénat]: *actio de pace sublata est* Cic. *Att.* 9, 9, 2, toute action [de caractère officiel] pour le maintien de la paix a été supprimée; *actiones tribuniciae* Liv. 3, 24, 2, actions [interventions] des tribuns; *nulla erat consularis actio* Liv. 4, 55, 1, aucune mesure n'était prise par les consuls; *seditiosae actiones* Liv. 4, 43, 6, des motions séditieuses; *meae actiones publicae* Cic. *Or.* 148, mon activité politique ¶ 4 [droit] action **a)** [ensemble de démarches prescrites pour le déroulement devant le magistrat d'un procès privé]: *legis actio*, procédure légale: Gai. *Inst.* 4, 11 **b)** [formule délivrée par le magistrat, sur la demande du demandeur, et permettant à un juge de trancher le litige]: *actionem dare, denegare, postulare*, accorder, refuser, demander une action: *ipsi nullius actionem rei se daturum* Cic. *Verr.* 2, 2, 66, il ne lui délivrerait de formule pour aucune affaire; *expositis a Cn. Flavio primum actionibus* Cic. *de Or.* 1, 186, les formules des actions ayant été publiées pour la première fois par Cn. Flavius; *Hostiliae actiones* Cic. *de Or* 1, 186, les formules recueillies par Hostilius; *inde illa actio "ope consilioque tuo furtum aio factum esse"* Cic. *Nat.* 3, 70, d'où cette formule d'action: "j'affirme que le vol a été fait par ton œuvre et avec intention" **c)** [moyen utilisé par le demandeur pour protéger son droit]: *actionem exercere* (= *agere*): *praetoribus exceptionibus multae excluduntur actiones* Cic. *Inv.* 2, 57, beaucoup d'actions sont paralysées par des exceptions délivrées par le préteur

d) accusation [procès public]: *actionem perduellionis intendere* Cic. *Mil.* 36, accuser de haute trahison; *in actionibus dementiae, malae tractationis, rei publicae laesae* Quint. 7, 3, 2, dans les accusations de folie, de mauvais traitement, d'atteinte à l'État; *prima actio* Cic. *Verr.* 1, 156; *prior actio* Cic. *Verr.* 1, 27, première action ou accusation [éléments successifs de l'accusation dans un procès *de repetundis*, pour malversation] ¶ **5** plaidoyer: Cic. *de Or.* 2, 271; Quint. 10, 1, 22 ‖ discours [en général]: Vell. 2, 63, 3 ¶ **6** [chrét.] célébration de l'Eucharistie: Gelas. *Epist.* (Thiel I p. 541)‖ canon de la messe, prière eucharistique: *intra actionem* Sacram. Gelas. 1214, pendant le canon [titre de l'oraison *hanc igitur*].

actĭōnārĭus, *i*, m., agent, intendant: Greg.-M. *Ep.* 1, 42, p. 68, 20.

Actionicēs, *ae*, m. (Ἀκτιονίκης), vainqueur aux jeux actiaques: CIL 6, 10120.

actĭōsus, *a*, *um*, agissant, actif: Varr. *L.* 7, 66.

actĭtō, *ās*, *āre*, *āvī*, *ātum* (fréq. de *ago*), tr., *causas* Cic. *Brut.* 246, plaider fréquemment des causes, cf. Plin. *Ep.* 3, 5, 7 ‖ *tragoedias* Cic. *Rep.* 4, 13, jouer souvent des tragédies; *mimos* Tac. *H.* 3, 62, des mimes.

Actĭum, *ii*, n., ville et promontoire d'Acarnanie [célèbre bataille d'Actium] Atlas I, D5; VI, B1: Plin. 4, 5; Cic. *Fam.* 16, 6, 2; *Att.* 5, 9, 1.

actĭuncŭla, *ae*, f. (dim. de *actio*), petit discours judiciaire: Plin. *Ep.* 9, 15, 2.

Actĭus, *a*, *um*, d'Actium: Prop. 2, 16, 38; Virg. *En.* 3, 280; 8, 675.

actīvē, adv., au sens actif: Prisc. 2, 387, 23.

actīvĭtās, *ātis*, f., signification active: Prob. *Cath.* 4, 36, 26.

actīvus, *a*, *um* (*ago*), actif, qui consiste dans l'action: Sen. *Ep.* 95, 10; Quint. 2, 18, 5 ‖ [gram.] qui marque l'action, actif: Char. 165, 34.

1 **actŏr**, *ōris*, m. (*ago*) ¶ **1** celui qui fait mouvoir, avancer: *pecoris* Ov. *H.* 1, 95, conducteur de troupeau; *habenae* Stat. *Ach.* 1, 134, celui qui fait mouvoir la courroie de la fronde, frondeur ¶ **2** celui qui fait: *auctor, actor illarum rerum fuit* Cic. *Sest.* 61, il fut de tout cela l'instigateur et l'exécuteur; *auctorem actoremque habere aliquem* Nep. *Att.* 3, 2, trouver en qqn un homme de conseil et d'action ¶ **3** celui qui représente, qui joue: *Livius suorum carminum actor* Liv. 7, 2, 8, Livius qui jouait ses propres pièces; *alienae personae* Cic. *de Or.* 2, 194, jouant un personnage étranger‖ acteur: Cic. *de Or.* 1, 118; 128 ¶ **4** celui qui parle avec l'action oratoire, orateur: Cic. *de Or.* 3, 213; *Or.* 61; Quint. 1, 10, 35 ¶ **5** défenseur, avocat [qui agit pour le compte de l'accusateur]: *vestrum judicium fecit me actorem dedit* Ter. *Haut.* 12, à vous il a donné le rôle de juges, moi, il m'a pris comme avocat; Cic. *Verr. prim.* 2; 1, 10; 5, 179; *consultus juris et actor causarum mediocris* Hor. *P.* 369, petit juriste et avocaillon‖ [ou pour le compte de l'accusé]: Cic. *Sest.* 75; 144; *Balb.* 4 ¶ **6** demandeur [qui agit par une action privée, par opp. au défendeur]: *reus in excipiendo actor est* Dig. 44, 1, 1, le défenseur qui soulève une exception devient demandeur; Gai. *Inst.* 4, 13 ¶ **7** fondé de pouvoir, préposé [de condition servile, gérant les affaires ou les biens de son maître]: Col. 1, 8, 5; 1, 7, 7; Plin. *Ep.* 3, 19, 2; *conductori socio actorive ejus* CIL 2, 5181, 5, au fermier associé ou à son préposé ‖ représentant judiciaire, procureur [agissant pour le compte du mineur]: Dig. 3, 5, 30, 6 ‖ administrateur de biens, syndic [pour le compte d'une corporation, d'un héritier]: *actor bonorum* Dig. 3, 6, 26, administrateur judiciaire ¶ **8** agent de l'administration impériale: *actor rerum privatarum nostrarum* Cod. Just. 3, 26, 6, agent du domaine privé [de l'empereur]; *actor publicus* Tac. *An.* 2, 30, agent du trésor public; *actor a frumento* CIL 6, 8850, préposé aux grains; *actor summarum* Suet. *Dom.* 11, trésorier.

2 **Actŏr**, *ōris*, m. ¶ **1** père de Ménœtius, grand-père de Patrocle ‖ **-ĭdēs**, *ae*, m., descendant d'Actor: Ov. *M.* 13, 273; *F.* 2, 39; *Tr.* 1, 9, 29 ¶ **2** personnages divers: Virg. *En.* 6, 485; 9, 500; 12, 94.

actōrĭum, *ii*, n., fonction de l'âme qui fait agir: Tert. *Anim.* 14, 3.

Actōrĭus Nāso, historien: Suet. *Caes.* 9.

actrīx, *īcis*, f. de 1 *actor*: Char. 44, 6.

actŭālis, *e*, actif, pratique [en parl. de vertu]: Macr. *Somn.* 2, 17, 5 ‖ *actuale nomen* Isid. 1, 7, 23, mot qui exprime l'action ‖ *actuale peccatum* Cassian. *Coll.* 13, 7, 3, péché actuel [qui est un acte personnel, opp. à *originale*).

actŭālĭtĕr, adv., au point de vue de l'action: Faust.-Rei. *Grat.* 2, 12.

actŭārĭa, *ae*, f., (s.-ent *navis*), vaisseau léger: Cic. *Att.* 5, 9, 1.

actŭārĭŏla, *ae*, f. (dim. de *actuaria*), barque: Cic. *Att.* 10, 11, 4; 16, 3, 6.

1 **actŭārĭus**, *a*, *um*, facile à mouvoir: *actuaria navis* Caes. *G.* 5, 1, 3; *C.* 1, 34, 2, vaisseau léger ‖ [en parl. de chemins] où peut passer un attelage: Hyg. *Grom.* 168; 207.

2 **actŭārĭus**, *ii*, m. (2 *actus*) ¶ **1** sténographe: Sen. *Ep.* 33, 9; Suet. *Caes.* 55 ¶ **2** teneur de livres, comptable: Petr. 53, 1 ¶ **3** intendant militaire: Treb. *Tyr.* 6, 3; Eutr. 9, 9; Aur.-Vict. *Caes.* 33, 13.

actum, *i*, n. (*actus*), acte, action: Cic. *Fin.* 3, 58; [d'ordin. au pl.] ▶ 2 *acta* ‖ *aliquid acti*, qqch. de réalisé, progrès réalisé: Sen. *Vit.* 17, 4; *Nat.* 6, 5, 3; Quint. 4, 2, 21; 7, 1, 50.

actŭōsē, adv., avec véhémence, avec passion: Cic. *de Or.* 3, 102.

actŭōsus, *a*, *um* (*actus*), plein d'activité, agissant: *actuosa virtus* Cic. *Nat.* 1, 110, la vertu se révèle dans l'action; *vita* Sen. *Tranq.* 4, 8, vie active ‖ *maxime quasi actuosae partes orationis* Cic. *Or.* 125, deux parties du discours qui sont en quelque sorte les plus agissantes ‖ *actuosae artes* Ambr. *Hex.* 1, 5, 17, disciplines qui ont pour but une activité pratique [opp. à *theoreticus*] ‖ **-sior** Sen. *Ep.* 39, 3.

1 **actus**, *a*, *um*, part. de *ago*.

2 **actŭs**, *ūs*, m. (*ago*), le fait de se mouvoir, d'être en mouvement ¶ **1** *mellis* Lucr. 3, 192, le mouvement (l'écoulement), du miel; [mouvement de chute] Virg. *En.* 12, 687; [mouvement d'une roue] Petr. 135, 8 ¶ **2** [en parl. des animaux qu'on pousse en avant]: *levi admonitu, non actu* Cic. *Rep.* 2, 67, [il mène l'éléphant où il veut] par un léger appel, sans le pousser ¶ **3** le droit de conduire char ou bête de somme qq. part, droit de passage: Cic. *Caecin.* 74; Frontin. *Aq.* 125 ¶ **4** mesure de superficie [cf. explication de Plin. 18, 9], arpent: *actus minimus* Varr. *L.* 5, 34, surface de quatre pieds de large sur cent vingt de long; *quadratus*, cent vingt pieds au carré; *duplicatus*, deux cent quarante pieds de long sur cent vingt de large ‖ [à propos de séries de nombres]: Varr. *L.* 9, 86 ¶ **5** mouvement du corps; action oratoire: Quint. 2, 13, 8; 6, 2, 30 ‖ geste, jeu de l'acteur: Quint. 10, 2, 11; *sine imitandorum carminum actu* Liv. 7, 2, 4, sans pantomime [gestes pour représenter les idées du texte] ‖ *fabellarum actus* Liv. 7, 2, 11, représentation de petites pièces, *in quodam tragico actu* Suet. *Ner.* 24, dans une représentation de tragédie ¶ **6** acte [dans une pièce de théâtre]: Cic. *Phil.* 2, 34; *CM* 70; Hor. *P.* 189; *extremum actum neglegere* Cic. *CM* 5, traiter négligemment le dernier acte ¶ **7** action **a)** accomplissement d'une chose: *in actu esse* Sen. *Ot.* 1, 4, être agissant; *actus rerum*, accomplissement de choses = l'action, l'activité: Quint. 10, 6, 1; Sen. *Ir.* 3, 3, 5; 3, 41, 1; *Ep.* 56, 8; *multarum rerum* Sen. *Ir.* 3, 6, 6, accomplissement de beaucoup de choses **b)** acte: *tui actus* Plin. *Pan.* 45, tes actes; *in ceteris actibus vitae* Quint. 11, 1, 47, dans les autres actes de l'existence **c)** *actus rerum* Plin. *Ep.* 9, 25, 3, occupation du barreau; *triginta dies actui rerum accommodavit* Suet. *Aug.* 32, il consacra trente jours à l'expédition des affaires judiciaires, cf. *Cl.* 15; 23 **d)** manière d'agir: *actum quem debuisti, secutus es* Traj. d. Plin. *Ep.* 10, 97, 1, tu as suivi la marche qu'il fallait **e)** fonctions: *ad pristinum actum reverti* Traj. d. Plin. *Ep.* 10, 28, reprendre ses premières fonctions ¶ **8** administration [des biens]: Tert. *Marc.* 4, 33, 1 ¶ **9** [phil.] acte, activité [opp. à *potentia*]: Boet. *Porph.* 1, 2, 27.

actūtum, adv. (2 *actus*, cf. *versutus*), aussitôt, sur-le-champ, incessamment: Pl.

actutum

Amp. 354; Ter. *Phorm.* 852; Liv. 29, 14, 5; Quint. 4, 3, 13.

ăcŭa, ăcŭārius, ▶ *aqua, aquarius*.

Acuca, ville d'Apulie : Liv. 24, 20, 8.

ăcūcŭla, *ae,* f. (dim. de 3 *acus*; fr. *aiguille*), petite aiguille : Cod. Th. 3, 16, 1 ‖ [de pin] M.-Emp. 21, 6.

1 ăcŭla, *ae,* f., petite aiguille : Cledon. 5, 41, 3.

2 ăcŭla, *ae,* f. (*aquola,* dim. de *aqua*), filet d'eau : Cic. *de Or.* 1, 28; 2, 162.

ăcŭlĕātus, *a, um* (*aculeus*; esp. *aguijada*), qui a des aiguillons, des piquants : Plin. 20, 247; 21, 28 ‖ [fig.] Pl. *Bac.* 63; Cic. *Att.* 14, 18 ‖ pointu, subtil : Cic. *Ac.* 2, 75.

Ăcŭlĕo, *ōnis,* m., Aculéo [surnom] : Liv. 38, 55, 5 ‖ jurisconsulte, qui avait épousé la tante maternelle de Cicéron : *de Or.* 1, 191; *Brut.* 264.

ăcŭlĕus, *i,* m. (3 *acus*; it. *ghiglia*), aiguillon ¶ **1** *apis* Cic. *Tusc.* 2, 52, dard de l'abeille ‖ [fig.] *aculeo emisso* Cic. *Flac.* 41, après avoir laissé son aiguillon [dans la plaie], cf. Liv. 23, 42, 11; Curt. 4, 14, 13 ‖ pointe d'un trait : Liv. 38, 21, 10 ¶ **2** [métaph.] [surtout au pl.] **a)** *aculei orationis* Cic. *Sull.* 47, aiguillons de la parole [mots capables de percer, de blesser]; [en parl. d'outrages] Cic. *Verr.* 3, 95; [de reproches] Planc. 58; [de railleries] Cic. *Q.* 2, 1, 1 **b)** stimulant : *ad animos stimulandos aliquem aculeum habent* Liv. 45, 37, 11, [ces paroles] ont du mordant pour exciter les esprits, cf. Cic. *Or.* 62; *de Or.* 2, 64; *in mentibus quasi aculeos quosdam relinquere* Cic. *de Or.* 3, 138, laisser comme une sorte d'aiguillon enfoncé dans l'âme de l'auditeur [faire une impression profonde], cf. *Brut.* 38 **c)** pointes, finesses, subtilités : Cic. *Ac.* 2, 98; *Fin.* 4, 7.

ăcŭlŏs, *i,* f. (ἄκυλος), gland : Plin. 16, 19.

ăcūmen, *ĭnis,* n. (*acuo*; port. *gume*), pointe ¶ **1** [au pr.] pointe de glaive, de lance : Ov. *M.* 12, 84; *auspicia ex acuminibus* Cic. *Nat.* 2, 9, auspices tirés des pointes de lance [étincelantes en temps d'orage]; *sub acumen stili subeunt* Cic. *de Or.* 1, 151, (les idées) viennent sous la pointe du stylet, de la plume ‖ extrémité : [du nez] Lucr. 6, 1193; [des doigts] Ov. *M.* 11, 72; [sommet d'une montagne] Ov. *M.* 12, 337; [pointe d'un cône] Lucr. 4, 431; [pointe d'une équerre] Vitr. 3, 5, 14 ¶ **2** [fig.] **a)** pénétration [en parl. de l'intelligence] : Cic. *de Or.* 2, 147; *ingeniorum* Cic. *Flac.* 9, finesse des esprits; *dialecticorum* Cic. *de Or.* 1, 128, finesse (pénétration) des dialecticiens ‖ *verbi aut sententiae* Cic. *de Or.* 2, 244, finesse piquante de l'expression ou de la pensée; *acumen habere* Cic. *de Or.* 2, 257, avoir du piquant **b)** subtilités, finesses : Cic. *de Or.* 2, 158; *meretricis acumina* Hor. *Ep.* 1, 17, 55, les ruses d'une courtisane.

ăcūmĭnātus, *a, um,* en pointe : Plin. 11, 3.

ăcūmĭnō, *ās, āre, āvī, ātum,* tr., rendre pointu : Lact. *Opif.* 7, 7 ‖ [fig.] Aus. *Grat.* (419), 70.

ăcŭō, *ĭs, ĕre, ăcŭī, ăcūtum* (ac-, cf. 3 *acus, acies*), tr., rendre aigu, pointu ¶ **1** [au pr.] *gladios* Liv. 44, 34, 8, aiguiser (affiler) les épées; *serram* Cic. *Tusc.* 5, 116, aiguiser une scie ¶ **2** [fig.] **a)** aiguiser, exercer : *linguam* Cic. *de Or.* 3, 121; *Brut.* 331, aiguiser sa langue [par l'exercice de la parole]; *linguam causis acuis* Hor. *Ep.* 1, 3, 23, tu affiles ta langue en vue de plaidoiries; *mentem* Cic. *Tusc.* 1, 80; *ingenium* Cic. *Brut.* 126, aiguiser l'intelligence, l'esprit **b)** exciter, stimuler : Cic. *de Or.* 1, 115; *Amer.* 110; *Off.* 3, 1; Liv. 28, 19, 14; [avec ad] exciter à : Cic. *Or.* 142; *Lig.* 10; Liv. 26, 51, 7; [avec in acc.] animer contre : Liv. 8, 36, 10 **c)** exciter, augmenter : *curam acuebat quod* Liv. 8, 6, 15, ce qui avivait les préoccupations, c'est que (le fait que), cf. 10, 45, 7; *studia* Liv. 10, 13, 8, augmenter le dévouement, les sympathies **d)** [gram.] rendre aigu, prononcer d'une façon plus aiguë ou plus accentuée : Quint. 1, 5, 22; Gell. 6, 7, 4; 13, 2, 2.

ăcŭpēdĭus, *a, um* (cf. *ocior, pes*), aux pieds rapides, agile : P. Fest. 9, 5.

ăcŭpensĕr, ▶ *acipenser*.

ăcŭpictura, *ae,* f., broderie : Caes.-Arel. *Virg.* 42.

ăcŭpictus, *a, um,* brodé : Isid. 19, 22, 22.

1 ăcŭs, *ĕris,* n. (cf. ἄχυρον, al. *Ähre*), balle du blé : Cat. *Agr.* 37, 2; Varr. *R.* 1, 52, 2.

2 ăcŭs, *i,* m. (3 *acus*), aiguille [poisson de mer] : Plin. 9, 166; Mart. 10, 37, 6.

3 ăcŭs, *ūs,* f. (cf. *aceo, acuo*; it. *ago*), aiguille : *vulnus acu punctum* Cic. *Mil.* 65, blessure faite avec une aiguille; *acu pingere* Ov. *M.* 6, 23, broder ‖ *tetigisti acu* Pl. *Ru.* 1306, tu as mis le doigt dessus [tu as deviné juste] ‖ épingle pour la chevelure : Petr. 21, 1; Mart. 2, 66, 1; 14, 24; Quint. 2, 5, 15 ‖ aiguille de chirurgien : Cels. 5, 26, 23; 7, 7, 4 ‖ ardillon d'une boucle : Treb. *Claud.* 14, 5.
▶ m. dans Plin. 26, 5; Prisc. 2, 162, 9; 259, 9, 2 ‖ dat. sg. *acu* Plin. 28, 179.

Acusagonoē, *ēs,* f., île près de la Crète : Plin. 4, 61.

Ăcūsĭlās, *ae,* m., historien : Cic. *de Or.* 2, 53.

ăcūtātus, *a, um,* aiguisé : Veg. *Mul.* 1, 22, 4.

ăcūtē, adv. (1 *acutus*), de façon aiguë, perçante, fine, pénétrante ; [avec l'idée de penser] Cic. *Off.* 1, 56; [de raisonner, de disserter] Cic. *Fin.* 3, 2; *Tusc.* 5, 28; [de parler, d'écrire] Cic. *Brut.* 108; *Lae.* 6; *Verr.* 2, 20 ‖ *acute cernere* Lucr. 4, 810, voir distinctement (distinguer nettement); *sonare* Cic. *Rep.* 6, 18, avoir un son aigu; *audire* Solin. 19, 11, avoir l'ouïe fine ‖ *-tius, -tissime* Cic.

ăcūtēla, *ae,* f., aiguisage : Prisc. 2, 120, 4.

ăcūtĭangŭlum, *i,* n., angle aigu : Grom. p. 378, 18.

Ăcūtĭlĭus, *i,* m., nom propre : Cic. *Att.* 1, 5, 4.

ăcūtĭus, *-a,* m., f., noms de famille romains : Liv. 5, 10, 11.

ăcūtō, *ās, āre,* -, -, tr., aiguiser : Veg. *Mul.* 1, 22, 4.

Acutri, *ōrum,* m. pl., peuple de l'Inde : Plin. 6, 94.

ăcūtŭlē, adv., d'une façon un peu piquante : Aug. *Ep.* 205, 4.

ăcūtŭlus, *a, um* (dim. de 1 *acutus*), légèrement aigu, subtil : Cic. *Nat.* 3, 18; Gell. 17, 5, 3.

1 ăcūtus, *a, um* (fr. *aigu*)
I part. de *acuo*.
II adj. avec compar. et superl. Cic. ¶ **1** aigu, pointu [en parl. d'épées, de traits, de pieux, de rochers] ¶ **2** aigu [en parl. du son, dessus de la voix] : *acutissimus sonus* Cic. *de Or.* 1, 251, le ton le plus aigu; n. pl., *acuta* Cic. *Rep.* 6, 18, sons aigus ‖ piquant : [en parl. du froid] Hor. *O.* 1, 9, 3; [des saveurs] Plin. *Ep.* 7, 3, 5 ‖ *acuta belli* Hor. *O.* 4, 4, 76, les rigueurs [dangers] de la guerre ¶ **3** aigu, pénétrant, fin [en parl. de l'intelligence] : *homo acutus* Cic. *Verr.* 2, 128; *Fin.* 2, 53, homme fin; *orator* Cic. *de Or.* 1, 223, orateur à l'esprit pénétrant; *acutiora ingenia* Cic. *Nat.* 2, 42, esprits plus pénétrants; *hic plura et acutiora dicebat* Cic. *Brut.* 226, c'est lui dont le discours était le plus nourri et le plus fin ‖ [en parl. des sens] Cic. *Nat.* 2, 151; *oculi acuti* Cic. *Planc.* 66, yeux perçants ‖ [poét.] [n. adverbial] *acutum cernere* Hor. 1, 3, 26, avoir une vue perçante ‖ [avec ad] *ad excogitandum* Cic. *Clu.* 67, adroit à imaginer (inventer); *ad fraudem* Nep. *Dion* 8, 1, plein de ressources (de finesse) pour tromper ‖ *in cogitando* Cic. *de Or.* 2, 131, plein de finesse dans l'invention ‖ [en parl. du style] fin, d'une simplicité qui porte, d'une précision pénétrante : Cic. *de Or.* 3, 66; *Or.* 98; *Brut.* 63 ¶ **4** [gram.] aigu : *syllaba acuta* Quint. 1, 5, 23; 1, 5, 30, syllabe marquée de l'accent aigu.

2 ăcūtus, *ūs,* m. (*acuo*), pointe : Prisc. 2, 262, 13 [mot inventé].

Acylla, ▶ *Acilla*.

ăcўlŏs, ▶ *aculos*.

ăcўrŏlŏgĭa, *ae,* f. (ἀκυρολογία), impropriété d'expression : Char. 270, 23.

Acys, ▶ *Acis*.

Acytos, île [Mélos] : Plin. 4, 70.

1 ăd, prép. qui régit l'acc. (cf. osq. *ad,* an. *at*; fr. *à*)

I [sens local] **A** mouvement, direction ¶ **1** "vers" (*mittere ad*) ¶ **2** "en plus de" ¶ **3** diriger vers ¶ **4** *scribere ad* ¶ **5** [distance] "jusqu'à" **B** sans idée de mouvement ¶ **1** "près de", "chez" ¶ **2** proximité ¶ **3** accompagnement, *ad lucernam* ¶ **4** adhérence.

ad

II [sens temporel] ¶**1** "jusqu'à" ¶**2** approximation, "vers" ¶**3** précision, *ad diem* ¶**4** durée limitée, *ad tempus*.
III [rapports variés] ¶**1** "pour, en vue de" ¶**2** résultat ¶**3** "relativement à" ¶**4** "conformément à" ¶**5** "en comparaison de" ¶**6** "par suite de" ¶**7** "en direction de" ¶**8** sens instrumental, *ad cribrum* ¶**9** approximation, "environ".

I [sens local].
A [idée générale de mouvement, de direction, au pr. et au fig.] ¶**1** vers, à : *legatos ad aliquem mittere*, envoyer des ambassadeurs à qqn ‖ [avec les noms de lieu, *ad* exprime l'idée d'approche ou bien l'idée d'arrivée ; l'idée d'entrée dans le lieu est exprimée par *in*] : *ad urbem proficisci* Caes. C. 1, 32, 1, partir pour la ville [Rome] ; *ad urbem venire* Cic. Verr. 2, 167, venir à la ville ‖ [avec les noms de villes et de petites îles, *ad* exprime la direction ou l'arrivée dans les environs] : *ad Genavam pervenit* Caes. G. 1, 7, 1, il arriva près de Genève ; *ad Mutinam proficisci* Cic. Phil. 12, 8, partir pour Modène ; *dux classium fuit ad Ilium* Cic. Div. 1, 87, il [Calchas] dirigea les flottes vers Ilion ‖ [tard.] [sens de *in* avec acc.] : *ab Epidauro ambivit ad Romam* Aug. Civ. 3, 12, il émigra d'Épidaure à Rome ; *ad quam urbem ossa ejus translata sunt* Hier. Vir. ill. 7, 6, ses ossements furent transportés dans cette ville ‖ [milit.] vers, contre : *ad hostes contendere* Caes. G. 5, 9, 1, marcher contre les ennemis ; *ad castra pergere* Caes. G. 3, 18, 8, se porter contre le camp ‖ *ad vim atque arma confugere* Cic. Verr. 1, 78, chercher un refuge dans (recourir à) la force et les armes ; *ad insolitum genus dicendi labi* Cic. Sest. 119, se laisser glisser vers un genre de discours insolite ; [avec ellipse du verbe] *nunc ad ea quae scripsisti* Cic. Att. 3, 8, 2, venons-en maintenant à ce que tu m'as écrit ¶**2** [idée d'attacher, de lier] : *ad terram naves deligare* Caes. G. 4, 29, 2, attacher des vaisseaux au rivage ‖ [idée d'ajouter, d'annexer] : *complecti vis amplissimos viros ad tuum scelus* Cic. Pis. 75, tu veux envelopper dans ton crime les hommes les plus considérables ; *ad cetera volnera* Cic. Vat. 20, outre les autres blessures, cf. Clu. 30 ; Liv. 7, 16, 2 ; *ad naves viginti quinque* Liv. 23, 38, 7, en plus des 25 navires, cf. 24, 45, 3 ; 25, 3, 7 ; *ad haec*, en outre : Varr. R. 3, 5, 11 ; Liv. 6, 20, 7 ; *ad hoc* Sall. C. 14, 3 ; 17, 4 ; *ad id* Liv. 3, 62, 1 ¶**3** [idée de diriger, d'incliner] : *ad centuriones ora convertunt* Caes. G. 6, 39, 2, ils tournent leurs visages vers les centurions ; *omnium mentibus ad pugnam intentis* Caes. G. 3, 26, 2, l'attention de tous étant portée sur le combat ; *ad aegrotandum proclivitas* Cic. Tusc. 4, 28, tendance (disposition) à la maladie ; *paulatim angustiore ad infimum fastigio* Caes. G. 7, 73, 5, la pente allant en se resserrant peu à peu vers le bas [en entonnoir] ‖ *ad omne periculum opponitur (consulatus)* Cic. Mur. 87, (le consulat) s'expose à tous les dangers ; *ergo haec ad populum* Cic. Att. 6, 6, 4, donc voilà pour le peuple ‖ [idée de protection, de défense contre] : *ad meos impetus opponitur* Cic. Verr. 5, 2, à mes assauts on oppose ¶**4** [idée d'adresser par écrit, par la parole] : *ad aliquem omnia in dies singulos persequi* Cic. Att. 15, 26, 1, envoyer à qqn une relation quotidienne de tous les événements ; *sibi a Lentulo ad Catilinam datas esse (litteras)* Cic. Cat. 3, 12, que Lentulus lui avait remis une lettre à l'adresse de Catilina ; *epistula C. Verris ad Neronem* Cic. Verr. 1, 83, lettre de C. Verrès à Néron ‖ [verbe non exprimé] : *tu modo quam saepissime ad me aliquid* Cic. Att. 4, 6, 4, pourvu que tu m'envoies le plus souvent possible quelques lignes ; *velim scribas ad me primum placeatne tibi aliquid ad illum* Cic. Att. 13, 16, 2, je voudrais que tu m'écrives d'abord, si tu es d'avis que je lui dédie qq. ouvrage ‖ [tard.] *loquebatur ad Dominum* Hier. Ep. 130, 4, il parlait au Seigneur ; *ad suum Evangelium crediderunt* Hier. Vigil. 6, ils crurent à son Évangile ; *ad litteras laetari* Cypr. Ep. 51, 2, 1, se réjouir d'une lettre ¶**5** [indication de distance, de limite] à, jusqu'à : *ex eo oppido pons ad Helvetios pertinet* Caes. G. 1, 6, 3, de cette ville un pont s'étend jusque chez les Helvètes ; *usque ad ultimas terras* Cic. Verr. 4, 64, jusqu'aux confins de la terre ‖ [au fig.] *ad vivum* Cic. Lae. 18, jusqu'au vif ; *ad plenum* Virg. G. 2, 244, jusqu'au plein ; *pecunia ad sanum modum habendi parata* Sen. Ben. 1, 11, 5, l'argent acquis jusqu'à un raisonnable degré de possession ; *non ad perfectum nec ad plenum* Sen. Ep. 71, 18, non pas jusqu'à la perfection ni à la plénitude ; *si ea mercatus esses ad eam summam quam volueram* Cic. Fam. 7, 23, 1, si tu avais fait l'achat en te limitant à la somme que je voulais ‖ *ad numerum obsides mittere* Caes. G. 5, 20, 4, envoyer des otages jusqu'au nombre fixé ; *in eorum locum et ad eorum numerum* Cic. Verr. 5, 73, à leur place et en pareil nombre ; *equitatus omnis, ad numerum quattuor milium* Caes. G. 1, 15, 1, toute la cavalerie, à l'effectif de 4000 hommes ; *ad certum pondus examinare* Caes. G. 5, 12, 4, peser jusqu'à un poids déterminé ; *fossas ad eandem magnitudinem perficere* Caes. C. 1, 42, 1, creuser des fossés à la même profondeur ‖ *ad verbum unum contracta brevitas* Cic. de Or. 3, 157, brièveté ramassée en un mot unique ; *numerum ad trecentorum summam explevit* Liv. 2, 1, 10, il compléta le nombre jusqu'à un total de 300 ‖ *usque ad novem* Cic. Ac. 2, 94, jusqu'à neuf ; *omnes ad unum* Cic. Lae. 86, tous jusqu'au dernier, tous sans exception ; *omnibus navibus ad unam incolumibus* Caes. C. 3, 6, 3, tous les navires sans exception étant indemnes.

B [sans idée de mouvement] ¶**1** près de, chez : *fuit ad me sane diu* Cic. Att. 10, 4, 8, il resta chez moi très longtemps ; *in servitute ad suum patrem manere* Pl. Cap. 49, rester comme esclave chez son propre père, cf. Ter. Haut. 979 ; Varr. R. 1, 17, 3 ; Cat. Agr. 7, 2 ; Liv. 24, 48, 9 ; Sen. Ep. 108, 4 ‖ *ad recuperatores dicere* Cic. Verr. 3, 68, parler devant les récupérateurs ; *ad judicem* Cic. Brut. 289, devant le juge ; *ad populum agere* Cic. Phil. 12, 17, plaider devant le peuple ‖ *ad exercitum manere* Caes. G. 5, 53, 3, rester à l'armée, cf. 7, 5, 3 ; *ad Caesarem primum pilum ducere* Caes. G. 6, 38, 1, être centurion primipile dans l'armée de César ‖ *ad pedes*, près des pieds, aux pieds : Cic. Div. 1, 46 ; Sen. Ben. 3, 27, 1 ‖ *ad omnes nationes sanctum nomen* Caes. G. 3, 9, 3, titre sacré auprès de toutes les nations, cf. G. 4, 16, 7 ; 7, 5, 3 ; Liv. 21, 60, 4 ‖ *quemadmodum ad nos* Eger. 38, 1, comme chez nous ¶**2** [proximité d'un lieu] près de : *ad urbem esse* Cic. Verr. 2, 21, être près de la ville [Rome] ; *ad oppidum constitit* Caes. C. 1, 16, 4, il s'arrêta près de la ville ; *pons qui erat ad Genavam* Caes. G. 1, 7, 2, le pont qui était près de Genève ‖ [en parl. de batailles] : *ad Nolam* Cic. Brut. 12, bataille de Nola ; *ad Tenedum* Cic. Mur. 33, de Ténédos ; *ad Magetobrigam* Caes. G. 1, 31, 12, à Magetobriga ; *ad Cannas* Liv. 23, 11, 7 ‖ à, dans [emploi rare] : *ad villam ali* Cic. Amer. 44, se nourrir dans la maison de campagne ; *quae ad aedem Felicitatis sunt* Cic. Verr. 4, 4, [statues] qui sont dans le temple du Bonheur ‖ [avec ellipse de *aedem*] : *ad Castoris* Cic. Quinct. 17, près du temple de Castor ; *senatus ad Apollinis fuit* Cic. Q. 2, 3, 3, le sénat tint séance au temple d'Apollon ‖ du côté de, vers : *pugnatur acriter ad novissimum agmen* Caes. C. 1, 80, 5, le combat est acharné du côté de l'arrière-garde, cf. C. 1, 63, 3 ; 2, 2, 5 ; *castris ad eam partem oppidi positis* Caes. G. 7, 17, 1, le camp ayant été établi de ce côté de la ville ; *equestribus proeliis ad aquam factis* Caes. G. 5, 50, 1, des engagements de cavalerie ayant eu lieu près du ruisseau ; *ad laevam, ad dextram* Cic. Tim. 48, vers la gauche, vers la droite (à gauche, à droite) ; *ad pulvinaria* Cic. Cat. 3, 23, [près des coussins] à tous les temples ; *ad solarium* Cic. Quinct. 59, aux alentours du cadran solaire ; *ad speculum barbam vellere* Sen. Nat. 1, 17, 2, s'épiler devant un miroir ; *ad ignem coquere* Cat. Agr. 81, cuire au feu, sur le feu ‖ [tard.] *qui est ad dexteram patris* Vulg. Rom. 8, 34, qui est à la droite du Père ; *sepelierunt ad virum suum* Vulg. Act. 5, 10, ils l'ensevelirent auprès de son mari ¶**3** [adaptation, accompagnement] : *cantare ad chordarum sonum* Nep. Epam. 2, 1, chanter aux sons d'un instrument à cordes ; *ad tibicinem* Cic. Agr. 2, 93 ; Tusc. 1, 3, avec accompagnement du joueur de flûte ‖ *ad lucernam* Sen. Ir. 3, 18, 4, à la lueur d'une lampe,

ad

cf. Cic. *Q.* 3, 7, 2 ; *ad faces* Sen. *Brev.* 20, 5, à la lueur des torches ; *ad lunam* Virg. *En.* 4, 513, à la lumière de la lune ; *ad clepsydram* Cic. *de Or.* 3, 138, sous le contrôle de la clepsydre [avec un temps mesuré] ; *redire ad candelas* Eger. 15, 5, revenir aux flambeaux ¶ **4** [adhérence] : *ad radices linguae haerens* Cic. *Nat.* 2, 135, fixé à la base de la langue ; *ad saxa inhaerens* Cic. *Nat.* 2, 100, attaché aux rochers ¶ **5** [participation à] [au lieu de *scribendo adesse* Cic. *Fam.* 8, 8, 5] *ad scribendum esse*, être à (participer à) la rédaction d'un sénatus-consulte ; Cic. *Att.* 1, 19, 9 ; *Fam.* 12, 29, 2.

II [sens temporel] ¶ **1** jusqu'à : *ad summam senectutem* Cic. *Brut.* 179, jusqu'à la plus grande vieillesse ; *usque ad hanc diem* Cic. *Verr.* 4, 130 ; *ad hanc diem* Cic. *Cat.* 3, 17, jusqu'aujourd'hui ; *ad hoc tempus* Cic. *Verr.* 3, 216, jusqu'au moment présent ; *ad multam noctem* Caes. *G.* 1, 26, 3, jusqu'à un moment avancé de la nuit ; *ad nostram memoriam* Nep. *Them.* 10, 3, jusqu'à notre époque ; *ad reditum nostrum* Cic. *Att.* 8, 2, 3, jusqu'à notre retour ; *veteres illi usque ad Socratem* Cic. *de Or.* 3, 72, ces anciens jusqu'à Socrate ¶ **2** [approximation] vers : *ad vesperam* Cic. *Cat.* 2, 6, sur le soir ; *ad lucem* Cic. *Div.* 1, 99, vers le point du jour ; *ad extremam orationem* Caes. *G.* 7, 53, 1, sur la fin du discours ; *ad exitum defensionis tuae* Cic. *Verr.* 5, 32, à (sur) la fin de ta défense ; *ad adventum imperatorum* Nep. *Att.* 10, 2, à l'arrivée des triumvirs, cf. Cic. *Att.* 2, 17, 3 ; 13, 15, 2 ¶ **3** [précision] à : *ad diem* Caes. *G.* 2, 5, 1, au jour fixé, cf. 7, 77, 10 ; Cic. *Off.* 3, 45 ; *ad idus* Caes. *G.* 1, 7, 6, aux ides ; *ad tempus* Cic. *Verr.* 1, 141 ; Caes. *G.* 4, 23, 5 ; Cic. *Fin.* 5, 1 ; *Att.* 16, 2, 2, à temps, au moment opportun [au moment fixé] ; *ad extremum* Cic. *Or.* 174 ; *de Or.* 1, 142, enfin ¶ **4** [durée limitée, sens voisin de "jusqu'à"] pour : *brevis est et ad tempus* Cic. *Off.* 1, 27, [passion qui] est courte et pour un temps ; *bestiae ex se natos amant ad quodam tempus* Cic. *Lae* 27, les bêtes aiment leur progéniture pour un temps limité ; *ad tempus lectus* Liv. 28, 24, 5, élu provisoirement, cf. 21, 25, 14 ¶ **5** [avenir] dans : *ad annum* Cic. *Att.* 5, 2, 1, [il sera tribun de la plèbe] dans un an, l'année prochaine, cf. *de Or.* 3, 92 ; *ad decem milia annorum* Cic. *Tusc.* 1, 90, dans 10 000 ans.

III [rapports variés] ¶ **1** pour, en vue de [avec les verbes qui signifient "exhorter à", "pousser à", "préparer à", "disposer pour" ; "se servir pour" ; "travailler à" ; "envoyer pour" ; avec les adjectifs et, d'une manière générale, les expressions qui marquent le but ; très souvent *ad* est suivi du gérondif ou de l'adj. verbal] : *ad celeritatem onerandi paulo facit humiliores (naves)* Caes. *G.* 5, 1, 2, en vue de la promptitude du chargement, il fait faire (les vaisseaux) un peu plus bas ; *ad omnes casus* Caes. *G.* 4, 31, 2, (en vue) pour toutes les éventualités ; *naves factae ad quamvis vim perferendam* Caes. *G.* 3, 13, 3, navires faits pour supporter n'importe quelle violence ; [ellipse du verbe] *tu omnia ad pacem ; ego omnia ad libertatem* Cic. *ad Brut.* 2, 7, 1, toi, c'était tout pour la paix ; moi, tout pour la liberté ; *non ad eam rem, sed ut* Cic. *Tull.* 49, ce n'est pas dans cette intention, c'est pour que ; *ad hoc, ut* [subj.] Liv. 28, 39, 7 ; 45, 39, 8, en vue de, pour que ǁ [tard.] *dare ad manducare* VL. *Joh.* 6, 52, donner à manger ¶ **2** [marquant le résultat, l'aboutissement] : *ex agresti vita exculti ad humanitatem* Cic. *Leg.* 2, 36, façonnés et amenés d'une vie sauvage à la civilisation ; *effēravit ea caedes Thebanos ad execrabile odium Romanorum* Liv. 33, 29, 1, ce meurtre excita chez les Thébains une haine implacable contre les Romains ; *mutatis repente ad misericordiam animis* Liv. 24, 26, 14, la fureur populaire s'étant changée soudain en compassion ǁ *ad necem* Cic. *Tusc.* 2, 34, [frapper] jusqu'à ce que mort s'ensuive ; *ad insaniam aliquid concupiscere* Cic. *Verr.* 2, 87, désirer qqch. à en devenir fou ; *nihil intolerabile ad demittendum animum, nimis laetabile ad ecferendum* Cic. *Tusc.* 4, 37, rien qui soit intolérable, au point d'abattre l'âme, rien qui cause trop de joie, au point de la transporter ¶ **3** relativement à : *genus praedandi ad magnitudinem quaestus immensum* Cic. *Verr.* 5, 22, genre de pillage sans limite quant à la grandeur des profits ; *ad cetera egregius* Liv. 37, 7, 15, remarquable sous tous les autres rapports ǁ *quid id ad rem ?* Cic. *Quinct.* 79, quel rapport cela a-t-il avec l'affaire ? ; *quid ad praetorem ?* Cic. *Verr.* 1, 116, en quoi cela intéresse-t-il le préteur ? ; *quid egerit, nihil ad causam* Cic. *Sest.* 71, ce qu'il a accompli ? cela ne regarde pas le procès ; *ad ea quae scribis...* Cic. *Att.* 11, 21, 1, quant à ce que tu écris... ǁ [phil.] *ad aliquid* Boet. *Porph. com.* 1, 1, 5, par rapport à quoi [πρός τι] ¶ **4** suivant, conformément à, d'après : *ad meam rationem usumque non aestimo* Cic. *Verr.* 4, 13, à consulter mes principes et mon usage personnel, je ne formule pas d'évaluation ; *versare suam naturam ad tempus* Cic. *Cael.* 13, modifier son caractère suivant les circonstances ; *hanc ad legem* Cic. *de Or.* 3, 190, d'après ces principes ; *ad naturam* Cic. *Fin.* 1, 30, conformément à la nature ; *ad nutum alicujus* Cic. *Verr. prim.* 13, selon la volonté de qqn ; *ad perpendiculum* Cic. *Verr.* 1, 133, suivant la perpendiculaire ; *ad istorum normam sapiens* Cic. *Lae.* 18, sage suivant leur règle (équerre) ǁ *ad similitudinem Dei* VL. *Jac.* 3, 9 d. Hier. *Ep.* 51, 6, à la ressemblance de Dieu ¶ **5** en comparaison de : *terram ad universi caeli complexum quasi puncti instar obtinere* Cic. *Tusc.* 1, 40, que la Terre occupe pour ainsi dire l'équivalent d'un point en comparaison de l'étendue qu'embrasse le ciel ; *sed nihil ad Persium* Cic. *de Or.* 2, 25, mais ce n'est rien au prix de Persius, cf. *Leg.* 1, 6 ¶ **6** comme suite à, par suite de : *ad clamorem convenerunt* Caes. *G.* 4, 37, 2, aux cris poussés, ils se rassemblèrent ; *ad infirmitatem laterum contentionem omnem remiserat* Cic. *Brut.* 202, en raison de la faiblesse de ses poumons, il avait renoncé à tout effort violent ; *ad quorum stridorem odoremque et aspectum territi equi* Liv. 30, 18, 7, au bruit, à l'odeur et à l'aspect de ces animaux, les chevaux effrayés ; *obstupuerant ad magnitudinem pristinae ejus fortunae* Liv. 39, 50, 2, ils restaient béants devant la grandeur de son ancienne fortune ; *ad quorum discessum respiravit Mago* Liv. 28, 30, 2, à leur départ Magon respira ǁ *ad auditas voces* Ov. *M.* 5, 509, entendant ces paroles ; *ad haec visa auditaque* Liv. 2, 23, 7, à cette vue, à ces paroles ; *ad crescentem tumultum* Liv. 2, 45, 12, devant le tumulte croissant ¶ **7** [direction vers, réponse à] : *cum ad singula acclamaretur* Liv. 34, 37, 3, comme à chaque point énoncé des cris de protestation s'élevaient, cf. 24, 14, 9 ; *est ridiculum ad ea quae habemus nihil dicere* Cic. *Arch.* 8, c'est une plaisanterie que de ne rien répliquer à des faits dont nous avons la constatation ; *ad tuam epistolam redditae sunt meae litterae* Cic. *Att.* 9, 9, 3, en réponse à ta missive on t'a remis ma lettre ǁ [sans verbe] : *longum est ad omnia* Cic. *Nat.* 1, 19, il serait trop long de faire réponse à tout ; *ad ista alias* Cic. *Nat.* 2, 1, à une autre fois la réponse à cela ; *haec fere ad litteras* Cic. *Fam.* 12, 30, 7, voilà d'une manière générale ma réponse à la lettre ; *nisi quid ad haec forte vultis* Cic. *Lae.* 32, à moins que vous ne vouliez par hasard faire qq. objection ¶ **8** [idée d'approcher, d'appliquer contre, d'où sens instrumental] : *cornu ad saxa limato* Plin. 8, 71, la corne étant limée aux rochers ; *ad cribrum* Plin. 16, 54 ; *ad circinum* Vitr. 10, 4, 1 ; *ad tornum* Lucr. 4, 361 ; *ad cotem* Plin. 24, 89, au crible, au compas, au tour, à la pierre à aiguiser [cf. l'emploi au figuré *ad normam* III ¶ **4**] *mucronem ad buccam probare* Petr. 70, 3, éprouver la pointe [d'un couteau] sur la joue ǁ *ad digiti sonum vocare aliquem* Tib. 1, 2, 32, appeler qqn au bruit des doigts ; [tard.] *ad pectinem capillum flectere* Spart. *Hadr.* 2, 6, 1, arranger au peigne sa chevelure ; *ad fundas lapides jacere* Veg. *Mil.* 2, 15, jeter des pierres à la fronde ; *detergere ad spongiam* Veg. *Mul.* 4, 6, 2, essuyer avec une éponge ¶ **9** [approximation] vers, environ [devant un nom de nombre] *ad hominum milia decem* Caes. *G.* 1, 4, 2, environ 10 000 hommes ǁ [adv'] *occisis ad hominum milibus quattuor* Caes. *G.* 2, 32, 5, 4 000 hommes environ ayant été tués ; cf. ► *I A* ¶ **5** ǁ *ad die* Eger. 46, 4, chaque jour ¶ **10** [tard.] *membra ad duus fratres* CIL 13, 2483, les membres de deux frères.

▶ placé après le relatif: *quem ad* PL. *Bac.* 176; *quam ad* TER. *Phorm.* 524 *quos ad* CIC. *Nat.* 2, 10 ‖ après le subst.: *ripam ad Araxis* TAC. *An.* 12, 51 ‖ entre le qualificatif et le subst.: *augendam ad invidiam* TAC. *An.* 12, 8.

2 ad-, préfixe, ici sous la forme *ad-* devant les voyelles et les consonnes *b, d, f, g, h, j, l, m, n, r, s, t, v*; *a-* devant *gn* et *s* suivi de consonne, *ab-* qqf. devant *b*, *ac-* devant *c* et *qu*, *ap-* devant *p*. La forme dialectale *ar-* se rencontre à l'époque archaïque devant *f* et *v*: **arfuisse** CIL 1, 581 (S. C. Bac.); **arvorsum** CIL 1, 581 (S. C. Bac.); **arvehant** CAT. *Agr.* 138.

ădactĭo, *ōnis*, f. (*adigo*), action de contraindre: **juris jurandi** LIV. 22, 38, 5, contrainte à un serment, engagement par serment; ▶ *adigo* ¶2c.

1 ădactus, *a, um*, part. de *adigo*.

2 ădactŭs, *ūs*, m. ¶**1** atteinte: *LUCR. 5, 1330 ¶**2** impulsion: AUG. *Jul. op. imp.* 2, 126.

Ădăd, Ădădus, *i*, m., le premier des dieux chez les Assyriens: MACR. *Sat.* 1, 23, 17 ‖ nom de rois: VULG. *Gen.* 36, 35.

ădădūnĕphrŏs, *i*, m. (Ἀδάδου νεφρός), sorte de pierre précieuse: PLIN. 37, 186.

ădaequātĭo, *ōnis*, f., le fait de s'adapter exactement, justesse [d'une comparaison]: TERT. *Nat.* 1, 1, 8.

ădaequātus, *a, um*, part. de *adaequo*.

ădaequē, adv., d'une manière égale [d'ordin. avec une nég., suivi de *atque* ou *ut*] autant que: PL. *Cap.* 999; *Cis.* 55 ‖ [avec abl.] *me adaeque miser* PL. *Cas.* 683, aussi malheureux que moi, cf. *Most.* 30 ‖ *quemadmodum... adaeque* *LIV. 4, 43, 5, = *ut... ita*.

ădaequō, *ās, āre, āvī, ātum*, tr. ¶**1** rendre égal **a)** une chose à une autre: *rem rei* CAES. G. 3, 12, 3; LIV. 1, 56, 2; *tecta solo* LIV. 1, 29, 6, raser des maisons; *rem cum re* CIC. *Arch.* 24 **b)** rendre qqn égal à qqn: *aliquem cum aliquo* CIC. *Balb.* 63; *aliquem alicui* TAC. *An.* 12, 11; 12, 60; PLIN. *Ep.* 2, 7, 4 **c)** comparer, assimiler; *rem rei*, une chose à une autre: TAC. *An.* 2, 73; SIL. 12, 278 ¶**2** égaler, atteindre: *equorum cursum* CAES. G. 1, 48, 7, égaler les chevaux à la course; *summam muri* CAES. G. 2, 32, 4, atteindre le sommet du mur; *famam alicujus* SALL. *J.* 4, 6, atteindre (égaler) la renommée de qqn; *aliquem gratia apud Caesarem* CAES. G. 5, 12, 7, égaler qqn en crédit auprès de César [égaler qqn dans la faveur de César] ¶**3** [abs'] *senatorum urna copiose absolvit, equitum adaequavit* CIC. *Q.* 2, 4, 6, les votes des sénateurs l'ont absous largement, ceux des chevaliers se sont partagés ¶**4** [emploi intr., exceptionnel, avec dat.] être égal à, égaler: HIRT. G. 8, 41, 5; B.-ALEX. 16, 5.

ădaerātĭo, *ōnis*, f., perception en argent: COD. TH. 11, 20, 6; COD. JUST. 12, 39, 13.

ădaerō, *ās, āre*, -, - (*ad aes*), tr., convertir en argent [un impôt en nature], taxer: AMM. 31, 14; *annonas omnes ad similitudinem militum, quibus aerariae praebentur annonae, adaerari praecipimus* COD. JUST. 12, 37, 15, nous ordonnons que tous les impôts sur les récoltes soient convertis en argent, comme pour les militaires dont l'approvisionnement est versé en argent; *possessiones adaeratae* COD. JUST. 10, 28, 1, propriétés [impériales] soumises à l'impôt converti en argent ‖ compter: FRONTIN. *Grom.* p. 32, 5.

ădaestŭō, *ās, āre*, -, -, intr., refluer en bouillonnant: STAT. *Th.* 5, 517.

ădaggĕrātus, *a, um*, part. de *adaggero*.

ădaggĕrō, *ās, āre*, -, -, tr., entasser, accumuler, amonceler: CAT. *Agr.* 94; COL. 5, 11, 8.

ădăgĭo, *ōnis*, f. (cf. *ad, aio*), adage, sentence, morale, proverbe: VARR. L. 7, 31; AUS. *Techn.* 4 (340), 7.

ădăgĭum, *ii*, n., ▶ *adagio*: GELL. 1, pr. 19.

ădagnĭtĭo, *ōnis*, f. (*adagnosco*), connaissance: TERT. *Marc.* 4, 28, 2.

ădagnōscō, *is, ĕre*, -, -, reconnaître: TERT. *Anim.* 6, 3.

ădallĭgātus, *a, um*, part. de *adalligo*.

ădallĭgō, *ās, āre, āvī, ātum*, tr., attacher à: [avec *ad*] PLIN. 17, 211; [avec dat.] PLIN. 27, 89.

Ădām, indécl., **Ădām**, *Ādae*, m., **Ădāmus**, *i*, m., Adam, le premier homme: VULG. *Gen.* 2, 19.

ădāma, *ae*, f., la race d'Adam, le genre humain: HIER. *Quaest.* p. 24.

ădămābĭlis, *e*, bien digne d'être aimé: GLOSS. 2, 313, 47.

ădămantēus, *a, um*, OV. M. 7, 104, **ădămantĭnus**, *a, um*, HOR. O. 1, 6, 7, d'acier, dur comme l'acier.

ădămantis, *ĭdis*, f., espèce d'herbe magique: PLIN. 24, 162.

Ădămantĭus, *ĭi*, m. (*adamas*), surnom d'Origène: HIER. *Vir. ill.* 54, 1.

ădămās (**ădămans**, SOLIN. 52, 57), *antis*, acc. *anta*, m. (ἀδάμας; fr. *aimant* et *diamant*), le fer le plus dur, acier: VIRG. *En.* 6, 552; PROP. 4, 11, 4; OV. M. 4, 453 ‖ [fig.] OV. H. 2, 137; M. 9, 614 ‖ le diamant: PLIN. 37, 55; 37, 57.

Ădămāstŏr, *ŏris*, m., un géant: SIDON. *Carm.* 15, 20.

Ădămāstus, *i*, m., un habitant d'Ithaque: VIRG. *En.* 3, 614.

ădămātŏr, *ōris*, m., amant épris: TERT. *Cult.* 1, 2, 2.

ădămātus, *a, um*, part. de *adamo*.

ădambŭlō, *ās, āre*, -, -, intr., marcher auprès: PL. *Bac.* 768; APUL. M. 8, 26.

Ădāmĭāni, *ōrum*, m. pl., Adamiens, secte d'hérétiques: ISID. 8, 5, 14.

ădāmĭta, *ae*, f., tante au quatrième degré: ISID. 9, 6, 28.

ădămō, *ās, āre, āvī, ātum*, tr., se mettre à aimer, s'éprendre de: CIC. *Amer.* 121; *Mil.* 87; *de Or.* 3, 71; *Tusc.* 2, 26; CAES. G. 1, 31, 5; NEP. *Dion* 3 ‖ [avec acc. attribut] SEN. *Ep.* 94, 8 ‖ [rare] aimer passionnément: *si virtutem adamaveris, amare enim parum est* SEN. *Ep.* 71, 5, si tu as pour la vertu un amour passionné, car un simple amour serait insuffisant.

▶ employé surtout aux formes du parf., formes du prés. très rares: CIC. *Fin.* 1, 69; COL. 10, 199; PETR. 110, 7; PLIN. 10, 119; QUINT. 2, 5, 22.

ădamplĭātus, *a, um*, part. de *adamplio*.

ădamplĭō, *ās, āre*, -, -, tr., agrandir, élargir: IREN. 1, 27, 2; CIL 7, 222.

Ādāmus, *i*, m., ▶ *Adam*: CYPR.-GALL. *Gen.* 44.

ădămussim, ▶ *amussis*.

Adana, *ōrum*, n. pl., ville de Cilicie: PLIN. 5, 92.

ădăpĕrĭō, *īs, īre, pĕrŭi, pertum*, tr. ¶**1** découvrir [qqch. qui est caché]: LIV. 45, 39, 17; SEN. *Nat.* 5, 18, 4; PLIN. 2, 129 ¶**2** ouvrir [qqch. qui est fermé]: LIV. 25, 30, 10; OV. M. 14, 740 ¶**3** [fig.] SEN. *Clem.* 1, 13, 3, mettre au jour, mettre à nu.

ădăpertĭlis, *e* (*adaperio*), qui laisse voir par une ouverture: OV. *Tr.* 3, 11, 45.

ădăpertĭo, *ōnis*, f. ¶**1** action d'ouvrir: VULG. *Nah.* 3, 13 ¶**2** [fig.] action d'expliquer: AUG. *Quaest.* 61, 3, p. 51 A.

ădăpertus, part. de *adaperio*.

ădaptātus, part. de *adapto*.

ădaptō, *ās, āre, āvī, ātum*, tr., adapter, ajuster: SUET. *Oth.* 12.

ădăquō, *ās, āre, āvī*, - (*ad aquam*; it. *adacquare*), tr. ¶**1** arroser: PLIN. 17, 63 ¶**2** abreuver: VULG. *Gen.* 24, 46 ‖ [pass.] être amené à boire, aller boire [en parl. de troupeaux]: SUET. *Galb.* 7.

ădăquŏr, *āris, āri*, - (*ad, aquor*), faire provision d'eau: *CAES. C. 1, 66, 1; ▶ *aquor*.

ădarca, *ae*, **ădarcē**, *ēs*, f. (ἀδάρκη), espèce d'écume qui s'attache aux roseaux: PLIN. 32, 140; VEG. *Mul.* 2, 112, 2.

ădārescō, *ĭs, ĕre, ārŭī*, -, intr., sécher, devenir sec: CAT. *Agr.* 98.

Adargatis, ▶ *Atargatis*.

ădărĭărĭus, ▶ *odariarius*.

ădarmō, *ās, āre*, -, -, armer: FACUND. *Def.* 4, 2.

ădartō, *ās, āre*, -, -, resserrer: NOT. TIR. 70, 6.

ădasĭa, *ae*, f. (obscur), vieille brebis qui vient de mettre bas: P. FEST. 11, 23.

ădauctō, *ās, āre*, -, - (fréq. de *adaugeo*), augmenter, accroître: ACC. d. NON. 75, 2.

adauctor

ădauctŏr, ōris, m., celui qui enrichit [moral!] : Tert. *Test.* 2, 4.

1 ădauctus, *a, um*, part. de adaugeo.

2 ădauctŭs, ūs, m., augmentation, accroissement : Lucr. 2, 1122.

ădaudĭō, īs, īre, -, -, entendre en outre, ajouter par la pensée : Schol. Pers. 4, 11.

ădaugĕō, ēs, ēre, auxī, auctum, tr., augmenter [en ajoutant] : Cic. *Ac.* 1, 21 ; *Inv.* 2, 55 ; 2, 100 ; Plin. *Pan.* 22.

ădaugescō, ĭs, ĕre, -, -, intr., commencer à grossir, croître : Lucr. 2, 296 ; Cic. poet. *Div.* 1, 13.

ădaugmĕn, ĭnis, n., accroissement, augmentation : Lucr. 6, 614.

ădăvuncŭlus, *i*, m., oncle au quatrième degré : Isid. 9, 6, 28.

ădaxint, ⊳ adigo ▶.

adbĭbō, ĭs, ĕre, bĭbī, -, tr., absorber en buvant, s'abreuver, boire : Pl. *St.* 382 ; Gell. 2, 22, 25 ∥ (fig., en parl. des oreilles) Pl. *Mil.* 883 ; *adbibe puro pectore verba* Hor. *Ep.* 1, 2, 67, pendant que ton âme est nette, imprègne-toi de mes paroles.

adbītō, ĭs, ĕre, -, -, intr., s'approcher : Pl. *Cap.* 604.

adblandĭŏr, īrĭs, īrī, -, chercher à obtenir par flatterie : Anth. 931, 21.

adblătĕrō, ās, āre, -, -, tr., débiter vivement : Apul. *M.* 9, 10.

adc-, ⊳ acc-.

adclārassis, ⊳ acclaro.

addax, ācis, m., chevreuil d'Afrique dont les cornes sont recourbées : Plin. 11, 124.

addĕcet, impers., il convient ; *aliquem*, à qqn [avec inf.] : *te mutum esse addecet* Pl. *Bac.* 128, il convient que tu sois muet, cf. Enn. *Tr.* 257 ; Pl. *Amp.* 1004 ; *Cas.* 199 ; *Most.* 902.

addĕcĭmō, ās, āre, -, -, lever la dîme sur : Vulg. 1 *Reg.* 8, 15 ; 17.

addensĕō, ēs, ēre, -, -, tr., rendre plus épais, plus compact : Virg. *En.* 10, 432.

addensō, āre, [employé au pass. moyen] s'épaissir, se condenser : Plin. 20, 230.

addīcō, ĭs, ĕre, dīxī, dictum (ad, dico ; it. *addirsi*), tr. ¶ **1** [abs!] dire pour, approuver, être favorable [en parl. des auspices] : Liv. 1, 36, 3 ; 1, 55, 3 ; 22, 42, 8 ; 27, 16, 15 ¶ **2** [un des trois mots sacramentels du préteur réglant une instance : *do, dico, addico*] donner un juge et une formule, déclarer le droit ∥ prononcer : *litem addicere* L. XII Tab. 1, 8 d. Gell. 17, 2, 10, trancher le litige ; *judicium addicere* Varr. *L.* 6, 61, prononcer un jugement ¶ **3** adjuger : *aliquem alicui*, adjuger qqn à qqn, la personne du débiteur au créancier : Pl. *Poen.* 185 ; *Ru.* 891 ; Cic. *Com.* 41 ; *Flac.* 48 ; *Mil.* 87 ; *liber verberatus addicebatur ei cui furtum fecerat* Gai. *Inst.* 3, 189, le voleur de condition libre, frappé de verges, était adjugé à la victime du vol ∥ [fig.] Cic. *Quinct.* 92 ; ⊳ 2 addictus ∥ *aliquid alicui*, adjuger qqch. à qqn : Cic. *Verr.* 1, 137 ; *Pis.* 37 ; *qui liberum corpus in servitutem addixisset* Liv. 3, 56, 8, lui qui avait déclaré la condition servile d'une personne libre ¶ **4** adjuger [dans une enchère] : *opere addicto* Cic. *Verr.* 1, 150, adjudication faite du travail ; *vitam suam quam maximis praemiis propositam et paene addictam sciebat* Cic. *Mil.* 56, il savait que sa vie avait été mise en vente et presque adjugée contre les plus hautes récompenses ; *alicui* Cic. *Dom.* 107, adjuger à qqn ; *in publicum bona alicujus* Caes. *C.* 2, 18, 5, confisquer les biens de qqn ; *opus HS DLX milibus addicitur* Cic. *Verr.* 1, 144, on adjuge le travail pour 560 000 sesterces ; *nummo sestertio* Cic. *Post.* 45, adjuger pour un sesterce, cf. Hor. *S.* 2, 5, 108 ∥ [au fig.] céder au plus offrant : Cic. *Pis.* 56 ; *Phil.* 7, 15 ∥ *in diem, ad diem addicere* Dig. 18, 2, 2, vendre avec faculté de résolution [si le vendeur trouve plus offrant] ¶ **5** [fig.] dédier, vouer, abandonner : *senatui se addicere* Cic. *Planc.* 93, se dévouer au sénat, cf. Virg. *En.* 3, 652 ; Quint. 3, 1, 22 ∥ *gladiatorio generi mortis addictus* Cic. *Phil.* 11, 16, voué au genre de mort d'un gladiateur ∥ *libidini cujusque nos addixit* Cic. *Phil.* 5, 33, il nous a abandonnés (adjugés) à la discrétion de chacun ∥ [poét.] [avec inf.] *nullius addictus jurare in verba magistri* Hor. *Ep.* 1, 1, 14, sans être lié (engagé) à jurer sur la parole d'aucun maître ¶ **6** attribuer : *orationes, quae Charisi nomini addicuntur* Quint. 10, 1, 70, discours que l'on met sous le nom de Charisius, cf. Gell. 3, 3, 13 ∥ *judicem*, désigner un juge : Dig. 13, 4, 4, 1.

▶ impér. arch. *addice* Pl. *Poen.* 498 ∥ parf. *addixti* Mart. 10, 31, 1 ; 12, 16, 1.

addictĭō, ōnis, f., adjudication [attribution de la personne du coupable ou d'une chose revendiquée, par la sentence du préteur] : *utrum servus efficeretur ex addictione, an adjudicati loco constitueretur ?* Gai. *Inst.* 3, 189, l'adjudication [du voleur] le rendait-il esclave, ou son statut était-il celui de l'adjugé ? ; *in jure dicundo bonorum possessionumque contra omnium instituta addictio* Cic. *Verr. prim.* 12, dans l'exercice de sa juridiction, il prononça l'adjudication des propriétés et des possessions contrairement à tous les principes ∥ désignation de jurés : *reciperatorum datio addictio esto* Lex Mamil. d. Grom. p. 265, que l'attribution et la désignation de récupérateurs ait lieu ∥ *in diem addictio* Dig. 18, 2, 1, vente sous réserve de résolution ; *si in diem addictio facta sit, id est nisi si quis meliorem condicionem attulerit* Dig. 41, 4, 2, si la vente a été faite sous condition de résolution, à savoir si personne n'offre un prix plus avantageux ; Dig. 18, 2, 1 ∥ condamnation : Ps. Cypr. *Sing. cler.* 39.

addictŏr, ōris, m., celui qui condamne : Julian.-Aecl. d. Aug. *Jul. op. imp.* 1, 48.

1 addictus, *a, um*, part. de addico.

2 addictus, *i*, m. (part. de addico pris subst!), esclave pour dette : Pl. *Bac.* 1205 ; Varr. *L.* 6, 61 ; Gell. 3, 3, 14 ; Liv. 6, 36, 12 ; Sen. *Ben.* 3, 8, 2.

addĭdī, parf. de addo.

Addiris, *is*, m., nom de l'Atlas dans la langue des indigènes : Plin. 5, 13.

addiscō, ĭs, ĕre, addĭdĭcī, -, tr., apprendre en outre, ajouter à ce que l'on sait : Cic. *Off.* 1, 23 ; *CM* 26 ; *de Or.* 3, 86 ∥ [avec inf.] apprendre à faire qqch. : Ov. *M.* 3, 592.

addĭtāmentum, *i*, n. (addo), addition ; *rei*, de qqch. : Apul. *M.* 9, 6 ∥ [fig.] *Ligus, additamentum inimicorum meorum* Cic. *Sest.* 68, Ligus, qui s'ajoute au nombre de mes ennemis.

addĭtīcĭus, *a, um*, qui s'ajoute, additionnel : Tert. *Res.* 52, 7 ; Dig. 50, 16, 98.

addĭtĭō, ōnis, f., action d'ajouter : Varr. *L.* 5, 6.

addĭtīvus, *a, um*, qui s'ajoute : Prisc. 3, 179, 25.

addĭtus, *a, um*, part. de addo.

addīvīnans, tis (divino), devinant, imaginant : Iren. 2, 13, 8.

addixti, ⊳ addico ▶.

addō, ĭs, ĕre, dĭdī, dĭtum (ad, 3 do), tr. **I** mettre en plus, donner en plus ¶ **1** *tua auctoritate addita* Cic. *ad Brut.* 1, 9, 2, ton autorité venant par surcroît ; *eis haec sexagena milia modium addidisti* Cic. *Verr.* 5, 53, tu leur as imposé en outre ces 60 000 boisseaux par an ; *epistulas in eumdem fasciculum* Cic. *Att.* 12, 53, joindre des lettres au même paquet ; *ei tres additae quinqueremes* Liv. 26, 39, 4, on lui donna trois quinquérèmes de plus ; *animos mihi addidisti* Cic. *Att.* 7, 2, 5, tu m'as donné un surcroît de courage ; *quodcumque addebatur subsidio...* Caes. *C.* 3, 64, 2, tous les renforts que l'on envoyait à l'aide... ∥ *addere gradum*, presser (doubler) le pas : Pl. *Trin.* 1010 ; Liv. 3, 27, 6 ; 10, 20, 10 ; 26, 9, 5 ∥ *addendo deducendoque videre, quae reliqui summa fiat* Cic. *Off.* 1, 59, par des additions et des soustractions voir ce qui reste au total ¶ **2** ajouter ; *rem ad rem*, une chose à une chose : Cic. *Verr.* 5, 115 ; *Clu.* 35 ; Caes. *C.* 2, 40, 4 ; Liv. 1, 58, 4 ∥ *scelus in scelus* Ov. *M.* 8, 484, ajouter le crime au crime, cf. Gell. 7, 7, 7 ; [mais] *in vinum aquam* Cat. *Agr.* 111 ; Plin. 14, 109 ; *in orationem quaedam* Cic. *Att.* 1, 13, 5, ajouter de l'eau dans du vin, des détails dans un discours [c.-à-d. mettre en plus dans] ∥ *rem rei : mulionibus addit equites* Caes. *G.* 7, 45, 3, aux muletiers il adjoint des cavaliers, cf. *G.* 7, 41, 4 ; Cic. *Or.* 224 ; *Att.* 13, 32, 3 ; Liv. 27, 17, 7 ; 30, 13, 2 ∥ *nihil huc addi potest* Cic. *Par.* 22, on ne peut rien y ajouter ; *huc addit equites DCCC* Caes. *G.* 7, 64, 4, à cela [ces fantassins] il ajoute 800 cavaliers ; *quo nihil addi potest* Cic. *Fin.* 2, 75, où (à quoi) l'on ne peut rien ajouter ∥ [abs!] recommencer à [inf.] : Vulg. 2 *Reg.* 24, 1,

¶3 ajouter [par la parole ou l'écriture]: *pauca addit* Caes. C. 1, 8, 4, il ajoute quelques paroles; [absᵗ] *addunt de Sabini morte* Caes. G. 5, 41, 4, ils parlent en outre de la mort de Sabinus ‖ [avec prop. inf.] *addebant me desiderari* Cic. Att. 16, 7, 1, ils ajoutaient qu'on me regrettait, cf. Verr. 5, 169; Mil. 96; Mur. 69 ‖ [avec *ut, ne* idée d'ordre, de conseil]: *illud addidit (senatus) ut redirem...* Cic. Sest. 129, (le sénat) ajouta cette mention que je devais revenir...[c.-à-d. décréta en outre que], cf. Balb. 38; Liv. 6, 24, 9; *addendum est, ut ne criminibus inferendis delectetur* Cic. Lae. 65, il faut ajouter encore qu'il ne doit pas se plaire à porter des accusations [contre son ami], cf. Att. 7, 26, 2 ‖ [suivi du style direct] *semper addebat "vincat utilitas"* Cic. Off. 3, 88, il ajoutait toujours "que l'utilité l'emporte", cf. de Or. 2, 255; Clu. 89; Leg. 2, 58; Mur. 28 ‖ [abl. absolu du part. neutre] *strictum obtulit gladium, addito acutiorem esse* Tac. An. 1, 35, il lui offrit son épée nue, ajoutant qu'elle était plus affilée; *miserat duas cohortes, addito ut... fungerentur* Tac. An. 3, 2, il avait envoyé deux légions, avec ordre de s'acquitter ... ‖ [expr.]: *adde*, ajoute, ajoutons; *huc, istuc*, ajoute à cela; *eodem*, ajoute encore, à cela; *adde quod*, ajoute ce fait que: Liv., Quint.; Plin., poètes ‖ répondre: Juvc. 1, 31.

II placer vers ¶1 *stercus ad radicem* Cat. Agr. 7, 3, mettre du fumier à la racine d'un arbre; *alicui custodem* Pl. Cap. 708, placer un gardien à côté de qqn; *comitem (hunc) Ascanio addidit* Virg. En. 9, 649, il l'attacha à la personne d'Ascagne; *Euryalo recepto praesidioque addito* Liv. 25, 26, 1, ayant pris possession de l'Euryale [qu'on lui avait livrée] et ayant mis là une garnison ¶2 appliquer: *virgas alicui* Liv. 26, 16, 3, appliquer les verges à qqn; *calcaria* Plin. Ep. 1, 8, 1; *stimulos* Sen. Ben. 1, 15, 2, appliquer l'éperon, l'aiguillon ‖ [au fig.] *timidis virtutem* Sall. J. 85, 50, inspirer du courage aux pusillanimes ‖ *morbi excusationi poenam* Cic. Mur. 47, attacher une punition à l'excuse pour cause de maladie; *nugis pondus* Hor. Ep. 1, 19, 42, attacher de l'importance à des bagatelles; *religionibus colendis operam addidit* Cic. Rep. 2, 27, il attacha une véritable tâche à la pratique du culte [il voulut que la pratique du culte fût une véritable tâche].

▶ *addues = addideris* P. Fest. 25, 12 ‖ *adduit = addiderit* Fest. 288, 34 ‖ inf. prés. pass. *addier* Arn. 7, 14.

addŏcĕō, *ēs, ēre*, -, -, tr., enseigner [en complétant]: Hor. Ep. 1, 5, 18.

addormĭō, *īs, īre*, -, - (esp. *adormir*), intr., **addormiscō**, *īs, ĕre*, -, - (esp. *adormecer*), s'endormir: Cael.-Aur. Acut. 1, 11, 83; Suet. Cl. 8.

Addŭa (Ădŭa), *ae*, m., affluent du Pô [auj. Adda] Atlas XII, B2: Plin. 2, 224; Tac. H. 2, 40.

addŭbĭtātio, *ōnis*, f., dubitation [fig. de rhét.]: Capel. 5, 523.

addŭbĭtātus, *a, um*, V.▷ addubito.

addŭbĭtō, *ās, āre, āvī, ātum*, intr., pencher vers le doute, douter; *de aliqua re*, douter de qqch.: Cic. Nat. 2, 118; [avec interr. indir.] Cic. Or. 137; [avec *num*] Cic. *Fam. 7, 32, 1 ‖ [emploi tr., au part. parf. passif *addubitato augurio* Cic. Div. 1, 105, l'augure ayant été jugé douteux, cf. Off. 1, 83.

addūcĕ, V.▷ adduco ▶.

addūcō, *ĭs, ĕre, dūxī, ductum* (ad, duco; it. addurre), tr.

I amener à soi, attirer ¶1 *ramum* Cic. Div. 1, 123, tirer à soi un rameau, cf. Caes. G. 3, 14, 6 ‖ *adducta sagitta* Virg. En. 9, 632, la flèche ramenée en arrière ¶2 [d'où] tendre: *habenas* Cic. Lae. 45, tendre les rênes, cf. Tusc. 2, 57; *adducto arcu* Virg. En. 5, 507, avec son arc bandé; *lorum* Liv. 9, 10, 7, serrer les liens ‖ contracter: *adducit cutem macies* Ov. M. 3, 397, la maigreur contracte (ride) sa peau; *frontem* Quint. 10, 3, 13; *vultum* Sen. Ep. 57, 4; Ben. 6, 4, 6, contracter (froncer) le sourcil, le visage.

II conduire vers, mener à ¶1 amener: *exercitum* Cic. Att. 7, 9, 2, amener une armée; *aliquem secum, tecum, mecum*, amener qqn avec soi, avec toi, avec moi: *ab Roma* Liv. 9, 33, 2; *Lilybaeo* Cic. Verr. 4, 57; *ex Italia* Caes. G. 7, 7, 5, de Rome, de Lilybée, d'Italie; *ad aram* Nep. Hann. 2, 4; *ad urbem, in urbem* Cic. Phil. 5, 22, près de l'autel, aux portes de la ville, dans la ville; *in fines Atrebatum* Caes. G. 5, 46, 3, dans le pays des Atrébates; *Massiliam* Caes. C. 1, 36, 5, à Marseille; *domum* Cic. Clu. 49, à la maison ‖ [exceptionnel] *adducor litora* Ov. M. 3, 597, je suis amené au rivage ‖ *alicui*, amener à qqn (pour qqn): Pl. Men. 798; Most. 804; Ter. Hec. 770; Cic. de Or. 2, 131 ‖ *integros subsidio* Caes. G. 7, 87, 2, amener des troupes fraîches comme soutien ‖ [en part.] *in judicium* Cic. Verr. 1, 115; 3, 207; Off. 3, 67, appeler en justice; *ad populum* Cic. Agr. 2, 99, citer devant le peuple ‖ [en parl. de choses] *aquam* Liv. 41, 27, 11, amener de l'eau; *nubes modo adducunt, modo deducunt (venti)* Sen. Nat. 5, 18, 2, (les vents) tantôt amènent, tantôt emmènent les nuages ¶2 [fig.] amener à, mener à: *ad iracundiam, ad fletum* Cic. Brut. 322, amener [le juge] à l'irritation, aux larmes; *in spem* Cic. Mil. 78, amener à espérer; *ad suscipiendum bellum* Caes. G. 7, 37, 6, amener à entreprendre la guerre ‖ *in invidiam aliquem adducere* Cic. Verr. prim. 11; Clu. 103; Off. 3, 79, attirer la haine sur qqn; *in suspicionem* Nep. Hann. 2, 2, attirer les soupçons sur qqn, rendre qqn suspect; *in suspicionem alicujus rei* Cic. Att. 2, 24, 2, rendre suspect de qqch. ‖ *eo adduxit eos, ut vererentur* Cic. Verr. 5, 3, il les amena à craindre; *quo voluit (eum) adduxit* Cic. Flac. 22, il l'amena où il voulut ‖ *adduci ut* [subj.] être amené à: *hoc nondum adducor ut faciam* Cic. Cat. 1, 5, cette mesure, je ne suis pas encore amené à la prendre; *negabant me adduci posse, ut probarem* Cic. Agr. 2, 12, ils prétendaient qu'on ne pourrait m'amener à approuver...; *aliqua re adduci ut*, être déterminé par qqch. à: Cic. Verr. 4, 14; 4; 16; CM 34; [d'où l'emploi du part. *adductus*] entraîné, déterminé, décidé: Caes. G. 1, 3, 1; 1, 11, 6; 1, 17, 1 ¶3 *adduci* [a fini par avoir à lui seul le sens de] se laisser gagner, se laisser convaincre (persuader) [d'où les deux constructions suivantes]: *illud adduci vix possum, ut ea tibi non vera videantur* Cic. Fin. 1, 14, je puis à peine me laisser gagner [relativement à ceci, savoir que] à cette idée que tu ne trouves pas juste cette opinion; *adducti judices sunt potuisse reum condemnari* Cic. Clu. 104, les juges se sont laissé convaincre que l'accusé avait pu être condamné, cf. Div. 1, 35; Leg. 2, 6; Att. 11, 16, 2; Curt. 10, 2, 19.

▶ arch.: impér. *adduce* Pl. As. 355; St. 151; Ter. Phorm. 309; parf. *adduxti* Ter. Haut. 819; Eun. 794; inf. parf. *adduxe* Pl. Ru. 1047 ‖ inf. prés. pass. *adducier* Pl. Bac. 112.

*****adductē**, adv., [inus.] *adductius*, d'une façon plus tendue, plus roide: Tac. G. 44; H. 3, 7.

adductĭo, *ōnis*, f., action d'amener: Cael.-Aur. Acut. 2, 1, 32.

adductŏr, *ōris*, m., qui amène: Iren. 1, 13, 6.

adductōrĭum, *ii*, n., portière, tapisserie: Aug. Hept. 2, 177, 8.

adductus, *a, um* ¶1 part. de *adduco* ¶2 adj. **a)** contracté, resserré: Ov. H. 2, 131 **b)** tendu, roide, sévère: Tac. An. 12, 7; 14, 4; *adductior* Plin. Ep. 1, 16, 4.

addŭit, V.▷ addo ▶.

addulcō, *ās, āre*, -, -, adoucir: Cass. Fel. 6.

adduxe, V.▷ adduco ▶.

adduxī, parf. de *adduco*.

adduxti, V.▷ adduco ▶.

ădĕdō, *ĭs, ĕre, ēdī, ēsum*, tr., entamer avec les dents, ronger: Virg. G. 4, 242; Liv. 1, 7, 13; 25, 16, 2; [au fig. en parl. d'argent] Cic. Quinct. 48; Tac. H. 1, 4; An. 13, 21 ‖ [en parl. du feu] ronger, consumer: Virg. En. 9, 537; Ov. Am. 1, 15, 41 ‖ [en parl. de l'eau] Hor. O. 3, 29, 36; Ov. H. 10, 26; Luc. 6, 266.

▶ *adest = ădēdit* Luc. 6, 267.

ădēgī, parf. de *adigo*.

Ădelphī ou **Ădelphoe**, *ōrum*, m. pl., les Adelphes, comédie de Térence: Ter. Ad. 10; Suet. Ter. 30 ‖ pièce de Pomponius: Non. 96.

ădelphis, *ĭdis*, f., sorte de datte: Plin. 13, 45.

ădēmī, parf. de *adimo*.

ădempsit, subj., V.▷ adimo ▶.

ademptio

ădemptĭo, ōnis, f. (adimo), action d'enlever : **civitatis** Cic. Dom. 78, destitution de la citoyenneté ; **bonorum** Tac. An. 4, 6, confiscation, cf. Dig. 48, 8, 3, 5 ; **legati** Dig. 40, 7, 13, 5, révocation [ou réduction] d'un legs ; **libertatis** Dig. 40, 7, 13, 5, suppression d'un affranchissement testamentaire.

ădemptŏr, ōris, m., celui qui enlève : Aug. Ev. Joh. 116, 1.

ădemptus (qqf. mss **ădemtus**), **a, um**, part. de adimo.

Ădendrŏs, i, f., île près du promontoire Spiraeum [Argolide] : Plin. 4, 57.

1 ădĕō, adv. (ad, 1 eo), jusque-là, jusqu'au point ¶ **1** [sens local] *artito usque adeo quo praeacueris* Cat. Agr. 40, 3, insère [le greffon] jusqu'où tu l'auras appointé ¶ **2** [sens temporel] *usque adeo (dum)*, aussi longtemps (que) : Pl. ; Ter. ; Cat. ; Lucr. ; Virg. ; *usque adeo quoad* Cic. Verr. 3, 77 ; Sest. 82 ¶ **3** marquant le [degré] à ce point : *non obtunsa adeo gestamus pectora* Virg. En. 1, 567, nous n'avons pas l'esprit à ce point obtus (apathique) ; *quod adeo festinatum supplicium esset* Liv. 24, 26, 15, parce que le supplice avait été à ce point précipité || [réflexion qui conclut] : *adeo in teneris consuescere multum est* Virg. G. 2, 272, telle est l'importance de l'habitude prise dans l'âge le plus tendre ; *adeo prope omnis senatus Hannibalis erat* Liv. 21, 11, 1, tant le sénat presque entier était entre les mains d'Hannibal, cf. Cic. Off. 1, 36 ; Liv. 24, 36, 4 ; 26, 49, 3 || *adeone ego non perspexeram ?* Cic. Att. 6, 9, 3, étais-je à ce point sans avoir remarqué ? || *adeo ut, usque adeo ut*, à tel point que, jusqu'au point que : *adeone me delirare censes, ut ista esse credam ?* Cic. Tusc. 1, 10, me crois-tu extravagant au point de croire ce que tu dis là ? ; [adeo portant sur une nég.] : Sall. ; Liv. ; Sen. ; Quint. ; Tac. ; Plin. ; *haec dicta adeo nihil moverunt ut...* Liv. 3, 2, 6, ces paroles émurent si peu que... ; *adeo non succubuerunt, ut...* Liv. 23, 38, 6, ils furent si loin de se laisser abattre que..., cf. Sall. Lep. 19 ; Liv. 23, 49, 10 ; *adeo non, ut contra*, si loin de... qu'au contraire : Liv. 30, 34, 5 ; 30, 12, 21 || [suivi d'une rel. conséc.] *nihil adeo arduum sibi esse existimaverunt, quod non virtute consequi possent* Caes. G. 7, 47, 3, ils pensèrent qu'il n'y avait rien pour eux de difficile au point qu'ils ne pussent le réaliser par leur courage, cf. Liv. 9, 9, 3 ; 21, 30, 1 ; [avec *quin*] Caes. C. 1, 69, 3 || [suivi d'une partic. de comparaison] : *adeo quasi* Ter. Haut. 885, tout autant que ; *adeo laetis animis tamquam* Liv. 29, 22, 6, avec un cœur aussi joyeux que si... ; *adeo... quam* Liv. 30, 44, 6, autant que, cf. Quint. Decl. 250, p. 26 ¶ **4** à plus forte raison : *aequalium, adeo superiorum intolerans* Tac. H. 4, 80, incapable de supporter ses égaux, à plus forte raison ses supérieurs, cf. H. 1, 9 ; 3, 64 ; 4, 39 ; [avec une négation] encore bien moins : *nullius repentini honoris, adeo non principatus appetens* Tac. H. 3, 39, ne recherchant pas les honneurs soudains, encore bien moins l'empire, cf. An. 3, 34 ; 6, 15 ¶ **5** [enchérissement] *atque adeo*, et bien plus : *intra moenia, atque adeo in senatu* Cic. Cat. 1, 5, au-dedans de nos murs, et, ce qui est mieux, dans le sénat ; [correction] *hoc consilio atque adeo hac amentia impulsi* Cic. Amer. 29, telle est la combinaison, mieux, telle est la folie qui les a poussés ; *hujus improbissimi furti sive adeo nefariae praedae testis* Cic. Verr. 1, 87, témoin de ce vol si impudent, ou mieux (ou plutôt) de cet acte de brigandage criminel ; *atque adeo* Cic. Att. 1, 17, 9, ou plutôt non ¶ **6** au surplus, d'ailleurs : *id adeo sciri facillime potest ex litteris publicis* Cic. Verr. 3, 120, c'est d'ailleurs ce qu'on peut savoir très facilement par les registres officiels ; *idque adeo haud scio mirandumne sit* Caes. G. 5, 54, 5, et ce fait, au surplus, je ne sais s'il doit surprendre, cf. Cic. Verr. 4, 141 ; 5, 9 ; de Or. 2, 15 ; Sall. C. 37, 2 || *atque adeo* Ter. Phorm. 389 ; Eun. 964, d'ailleurs, au fait || en plus, surtout, particulièrement : *ut illum di perdant meque adeo* Ter. Eun. 303, que les dieux perdent cet homme et moi surtout ; *Dolabella tuo nihil scito mihi esse jucundius ; hanc adeo habebo gratiam illi* Caes. d. Cic. Att. 9, 16, 3, rien, sache-le, ne m'est plus agréable que ton gendre Dolabella ; voilà en plus une obligation que je lui aurai ; *ipsos adeo dictatorem magistratumque equitum reos magis quam quaesitores, idoneos ejus criminis esse* Liv. 9, 26, 12, mieux, eux-mêmes, le dictateur et le maître de cavalerie, étaient plus propres à jouer le rôle d'accusés que d'enquêteurs dans cette accusation ; *tuque adeo, Caesar* Virg. G. 1, 24, et toi en particulier (surtout), César || [comme *quidem*] le certain, c'est que : *tres adeo... soles erramus* Virg. En. 3, 203, le certain, c'est que pendant trois jours pleins nous voguons à l'aventure ; *haec adeo tibi me fari jussit* Virg. En. 7, 427, voilà, oui, ce que [Junon] m'a donné ordre de te dire.

2 ădĕō, īs, īre, ĭī, ĭtum (ad, 3 eo), intr. et tr.

I intr., aller vers ¶ **1** *ad aliquem*, aller vers qqn, aller trouver qqn : *ad praetorem in jus* Cic. Verr. 4, 147, aller en instance devant le préteur ; *ad libros Sibyllinos* Cic. Verr. 4, 108, aller consulter les livres sibyllins ; *ad fundum* Cic. Caecin. 82, se rendre à une propriété ; *ad urbem* Cic. Verr. 4, 26, à une ville ; *in conventum* Cic. Verr. 4, 26, aller dans une assemblée ; *in fundum* Cic. Caecin. 21, dans une propriété || [abs^t, milit.] s'avancer, se porter en avant : Caes. G. 6, 6, 1 ; 7, 83, 5 ¶ **2** [fig.] *ad rem publicam* Cic. Pomp. 70, aborder les affaires publiques ; *ad causam rei publicae* Cic. Sest. 87, aborder la défense des intérêts publics ; *ad extremum vitae periculum* Caes. C. 2, 7, 1, s'exposer aux suprêmes dangers.

II tr. ¶ **1** *aliquem*, aller trouver qqn, s'adresser à qqn, aborder qqn : Cic. ; Caes. ; *insulam* Caes. G. 4, 20, 2, aborder une île ; *urbem, fanum, domum* Cic. Verr, 2, 52, aller dans une ville, dans un temple, dans une maison ; *munimenta* Liv. 25, 13, 13, atteindre les fortifications ; *oraculum* Liv. 23, 11, 5, consulter un oracle ; *muros portasque* Liv. 23, 16, 9, approcher des murs et des portes ; *sacrificium* Cic. Har. 37, approcher d'un sacrifice ; *municipia coloniasque* Cic. Dom. 30, visiter (parcourir) municipes et colonies, cf. Liv. 26, 20, 1 ¶ **2** [fig.] *pericula* Cic. Lae. 24, s'exposer aux dangers ; *capitis periculum* Cic. Amer. 110, s'exposer à un danger de mort ; *labores* Nep. Timol. 5, 2 ; *inimicitias* Cic. Sest. 139, s'exposer aux fatigues, aux haines || *omnia quae adeunda agendaque erant* Liv. 26, 20, 4, tout ce qu'il fallait entreprendre et exécuter, cf. 34, 18, 3 ; Sen. Ep. 82, 12 || *hereditatem adire* [expression du droit civil], accepter d'être héritier : *hereditatem non adire* Cic. Phil. 2, 42, renoncer à une succession ; [la formule complète était *hereditatem adeo cernoque* Varr. L. 6, 81 ; 7, 98 ; Gai. Inst. 1, 166, " j'accepte cette succession et je le décide "] ¶ **3** [prov. dans Plaute] *alicui manum adire*, tromper qqn : Pl. Aul. 378 ; Poen. 457 ; 462 ; v. 2 *manus* ¶ 1.

▶ imparf. *adeibam* Prisc. 2, 557, 18 || parf. *adivi* Flor. 3, 1, 11 ; Aus. Epist. 9 (398), 48 ; Apul. M. 8, 1 || parf. *adi* Val.-Flac. 5, 502 ; *adisti*, Virg. En. 10, 459 ; *adit* Mon. Anc. 5, 16 ; *adimus* Cic. Att. 16, 16, 5 ; *adistis* Liv. 37, 54, 20 ; *adisse* Prop. 3, 12, 34 || *adiese = adiisse* ; *adieset* = *adiisset*, *adiissent* S. C. Bac. ; CIL 1, 581.

Ădĕōna, ae, f., déesse qui présidait à l'arrivée : Aug. Civ. 4, 21.

ădeps, ădĭpis, m. et f. (cf. ἄλειφα) ¶ **1** graisse : Cat. Agr. 121 ; Varr. R. 2, 11, 7 || [au pl.] [au fig.] *L. Cassii adipes* Cic. Cat. 3, 16, les masses graisseuses de L. Cassius ; [en parl. de l'enflure du style] Quint. 2, 10, 6 ¶ **2** [en parl. du sol] marne : Plin. 17, 42 ¶ **3** aubier : Plin. 16, 182.

▶ *adips* se trouve dans Plin. 28, 135 ; 28, 219 ; *adipes* nom. sg. Prisc. 2, 169, 9.

ădeptĭo, ōnis, f. (adipiscor), acquisition : Cic. Part. 113 ; Dom. 36 ; Fin. 2, 41.

ădeptŏr, ōris, m. (adipiscor), acquéreur : Aug. Serm. Dolbeau 2, 14.

1 adeptus, **a, um**, part. de adipiscor, ayant atteint, ayant acquis || [avec sens passif] *adepta libertate* Sall. C. 7, 3, la liberté étant acquise, cf. J. 101, 9 ; Tac. An. 1, 7 ; Suet. Tib. 38.

2 ădeptŭs, ūs, m., acquisition : Paul.-Nol. Ep. 32, 18.

ădĕquĭtō, ās, āre, āvī, ātum, intr., aller à cheval vers : *ad nostros* Caes. G. 1, 46, 1, s'approcher des nôtres à cheval ; *in dextrum cornu* Liv. 35, 35, 14, se porter à cheval à l'aile droite ; *portis* Liv. 22, 42, 5 ; *vallo* Liv. 9, 22, 4, s'approcher à cheval des portes, du retranchement, cf. Tac. *An.* 6, 34.

ăděram, imparf. de *adsum*.

ăděro, fut. de *adsum*.

ăderrō, *ās*, *āre*, -, -, intr., errer auprès, autour : Stat. *S.* 2, 2, 120 ; Th. 9, 178.

ădĕs, 2ᵉ pers. sg. indic. prés. et impér. de *adsum*.

Adesa, *ae*, m., V. *Aedesa*.

ădescātĭo, *ōnis*, f., action d'engraisser : Ps. Sor. *Quaest.* 31.

ădesco, *ās*, *āre*, *āvī*, *ātum* (*ad*, *esco* ; v. it. *adescare*), tr., nourrir, engraisser : VL. *Deut.* 8, 16 ; Cael.-Aur. *Acut.* 1, 11, 95.

ădesdum (*ades*, *dum*), viens donc : Ter. *And.* 29.

ădesse, inf. prés. de *adsum*.

ădest ¶1 de *adsum* ¶2 de *adedo*, pour *adedit* : Luc. 6, 267.

ădēsŭrĭo, *īs*, *īre*, *īvī*, -, intr., prendre faim : Pl. *Trin.* 169.

ădēsus, *a*, *um*, part. de *adedo*.

ădĕundus, *a*, *um*, adj. verb. de 2 *adeo*.

adfăbĕr, *bra*, *brum*, habile : Symm. *Ep.* 3, 17, 2.

adfābĭlis, *e* (*adfari*), à qui l'on peut parler, affable, accueillant : Cic. *Off.* 1, 113 ; Sen. *Clem.* 1, 13, 4 || *adfabilior* Sen. *Ep.* 79, 9 || *rogantibus pestifera largiri blandum et adfabile odium est* Sen. *Ben.* 2, 14, 4, à qui demande des choses funestes, les accorder, c'est de la haine sous la caresse et l'affabilité.

adfābĭlĭtās, *ātis*, f., affabilité : Cic. *Off.* 2, 48.

adfābĭlĭtĕr, adv., avec affabilité : Gell. 18, 5, 12 ; Macr. *Sat.* 7, 12, 11 ; *adfabilissime* Gell. 16, 3, 5.

adfabrē, adv., artistement, avec art : Cic. *Verr.* 1, 14.

adfabrĭcātus, *a*, *um*, fabriqué après coup, ajouté : Aug. *Mus.* 6, 7, 19.

adfābŭlātĭo, *ōnis*, f., morale, moralité d'une fable : Prisc. 3, 431, 1.

adfāmĕn, *ĭnis*, n. (*adfari*), paroles adressées à qqn : Apul. *M.* 11, 7.

adfătim, adv. (1 *ad*, *fatis), à suffisance, amplement, abondamment : Cic. *Nat.* 2, 127 ; *Att.* 2, 16, 3 ; 14, 16, 3 || *divitiarum adfatim* Pl. *Mil.* 980, avec une profusion de richesses ; *pecuniae* Liv. 23, 5, 15 ; *armorum* Liv. 27, 17, 7, suffisamment d'argent, d'armes.
▶ en deux mots *ad fatim* Pl. *Men.* 91, "jusqu'à suffisance", V. *fatim*.

adfātĭo, *ōnis*, f., action d'adresser la parole : Gloss. 2, 7, 9.

1 adfātus, *a*, *um*, part. de *adfor*.

2 adfātŭs, *ūs*, m. (*adfari*), paroles adressées à qqn : Virg. *En.* 4, 284 ; Stat. *Th.* 6, 632.

adfăvĕo, *ēs*, *ēre*, -, -, intr., favoriser : Aug. *Serm.* 312, 2.

adfēcī, parf. de *adficio*.

adfectātē, adv., avec recherche, de façon originale : Serv. *En.* 3, 221 ; 9, 533.

adfectātīcĭus, *a*, *um*, recherché : Cassian. *Inst.* 4, 24, 1.

adfectātĭo, *ōnis*, f., aspiration vers, recherche, poursuite : *sapientiae* Sen. *Ep.* 89, 4 ; *quietis* Tac. *H.* 1, 80, recherche de la sagesse, de la tranquillité ; *Germanicae originis* Tac. *G.* 28, prétention à une origine germanique || simulation, hypocrisie : VL. *Luc.* 12, 1 || affection, attaque : Aug. *Serm. Morin* p. 364, 28.

adfectātō, adv., soigneusement : Lampr. *Hel.* 17, 4.

adfectātŏr, *ōris*, adj. m., qui est à la recherche (à la poursuite) de : *sapientiae* Sen. *Const.* 19, 3, qui aspire à la sagesse ; *regni* Quint. 5, 13, 24, prétendant au trône ; *(Cicero) nimius adfectator risus* Quint. 6, 3, 3, (Cicéron) trop en quête du rire (trop enclin à la plaisanterie).

adfectātrix, *īcis*, f., celle qui se pique de : *veritatis* Tert. *Praescr.* 7, 8, de rechercher la vérité.

adfectātus, *a*, *um*, part. de *adfecto*.

adfectē, adv., d'une manière saisissante, vivement : Tert. *Anim.* 45, 4.

adfectĭo, *ōnis*, f. (*adficio*) ¶1 action d'affecter, influence : *praesentis mali sapientis adfectio nulla est* Cic. *Tusc.* 4, 14, le mal présent ne produit aucune impression sur le sage ¶2 état (manière d'être) qui résulte d'une influence subie, affection, modification : *adfectio est animi aut corporis ex tempore aliqua de causa commutatio* Cic. *Inv.* 1, 36, l'affection [phénomènes affectifs] est une modification de l'état moral ou physique subite, venant d'une cause ou d'une autre ; *odium et invidia et ceterae animi adfectiones* Cic. *Top.* 99, la haine, la jalousie et les autres phénomènes affectifs ; *animi adfectionem lumine mentis carentem nominaverunt amentiam* Cic. *Tusc.* 3, 10, l'état de l'âme auquel manque la lumière de la raison a reçu le nom de folie ¶3 [en gén.] état affectif, disposition morale ou physique, état, manière d'être : *ex hac animorum adfectione testamenta nata sunt* Cic. *Fin.* 3, 65, c'est de cette disposition morale des hommes que proviennent les testaments ; *rectae animi adfectiones virtutes appellantur* Cic. *Tusc.* 2, 43, quand les dispositions de l'âme sont droites, on les appelle vertus ; *vitia adfectiones sunt manentes* Cic. *Tusc.* 4, 30, les vices sont des états affectifs permanents || *summum bonum firma corporis adfectione contineri* Cic. *Tusc.* 5, 27, [dire] que le souverain bien consiste en une solide complexion physique ; *fac in puero referre, ex qua adfectione caeli primum spiritum duxerit* Cic. *Div.* 2, 99, supposons qu'à propos d'un enfant il importe de savoir sous quelle disposition spéciale du ciel il a respiré pour la première fois ; *astrorum adfectio valeat ad quasdam res* Cic. *Fat.* 8, admettons que telle manière d'être des astres ait de l'influence sur certaines choses ¶4 [après Cicéron] manière dont on est affecté, disposition, sentiment : *accidere terrae simile quiddam nostrae adfectioni concesserim* Sen. *Nat.* 6, 24, 4, que ce qui se passe dans la terre ressemble à ce que nous éprouvons, je le veux bien ; *miseremur, irascimur, utcumque praesens movit adfectio* Curt. 7, 1, 24, nous montrons de la pitié, de la colère, suivant que nous pousse la disposition du moment ; *grati animi adfectio* Sen. *Ben.* 4, 18, 1, sentiment de reconnaissance ; *ferocissimas adfectiones amoris atque odii coercuit* Gell. 1, 3, 30, il maîtrisa les deux passions les plus violentes, l'amour et la haine, cf. Tac. *An.* 3, 58 ; *laetas inter audientium adfectiones* Tac. *An.* 4, 15, au milieu des sentiments d'allégresse de l'auditoire || *adfectio amicalis* Dig. 17, 1, 10, 7, amitié ; *paterna* Dig. 21, 2, 71, amour paternel ; *non coitus matrimonium facit, sed adfectio maritalis* Dig. 24, 1, 32, 13, ce n'est pas l'union charnelle qui fait le mariage, mais l'amour conjugal || inclination, goût, affection : *argentum sequuntur nulla adfectione animi* Tac. *G.* 5, ils recherchent l'argent [métal] non point par goût ; *simiarum erga fetum* Plin. 8, 216, tendresse des guenons pour leurs petits ¶5 [chrét.] affection, amour : *affectione concordes* Cypr. *Unit. eccl.* 24, dans une affection partagée.

adfectĭōnālis, *e*, relatif à l'affection : Aug. *Jul.* 6, 18, 54.

adfectĭōsē, adv., affectueusement : Serv. *B.* 9, 27 ; *En.* 2, 731.

adfectĭōsus, *a*, *um*, affectueux : Tert. *Anim.* 19, 9.

adfectĭtō, *ās*, *āre*, -, -, fréq. de *adfecto* : Not. Tir. 22, 54.

adfectīvus, *a*, *um*, qui exprime un désir : Prisc. 3, 130, 24.

adfectō, *ās*, *āre*, *āvī*, *ātum* (fréq. de *adficio*; it. *affettare*), tr. ¶1 approcher de, aborder, atteindre : *(navem) dextra* Virg. *En.* 3, 670, atteindre (le vaisseau) avec la main ; *viam* Pl. *Aul.* 575, aborder (prendre) une route ; *iter* Cic. *Amer.* 140, un chemin ; *viam Olympo* Virg. *G.* 4, 562, suivre la route de [qui mène à] l'Olympe || *spes adfectandae ejus rei* Liv. 29, 6, 2, l'espoir d'atteindre ce résultat ; *tutior ad adfectandas opes via* Liv. 24, 22, 11, moyen plus sûr d'arriver à la toute-puissance ; *Gallias adfectavere* Tac. *G.* 37, ils s'attaquèrent aux Gaules ¶2 chercher à atteindre, avoir des vues sur, être en quête de : *civitates* Sall. *J.* 66, 1 ; Tac. *H.* 4, 66 ; *Aetolorum amicitiam* Liv. 25, 23, 9 ; *studia militum* Tac. *H.* 1, 23, chercher à gagner des cités, l'amitié des Étoliens, le dévouement des soldats ; *res Africae* Liv. 28, 17, 10, avoir des vues sur l'Afrique ; *bellum Hernicum* Liv. 7, 3, 9, avoir en vue une guerre contre les

adfecto

Herniques [la direction d'une...]; ***munditiam*** Nep. *Att.* 13, 5, viser à la propreté; ***regnum*** Liv. 24, 25, 5, aspirer à la royauté; ***honorem*** Sall. *J.* 64, 4, ambitionner une charge; ***potiundae Africae spem*** Liv. 28, 18, 10, poursuivre l'espoir de s'emparer de l'Afrique ‖ [avec inf.] ***qui esse docti adfectant*** Quint. 10, 1, 98, ceux qui visent à être des savants, cf. 6, 3, 30 ‖ [avec prop. inf.] ***qui se divitem videri adfectat*** Aug. *Ep.* 36, 1, qui ambitionne de paraître riche ‖ ***adfectatus, a, um*** [a parfois un sens péjor.], recherché (peu naturel): ***adfectata et parum naturalia*** Quint. 11, 3, 10, des choses affectées et trop éloignées du naturel ¶ 3 simuler, feindre: ***neque a daemoniis affectaretur (divinitas)*** Tert. *Apol.* 23, 10, les démons ne simuleraient pas (d'être des dieux).

▶ forme dép. rare ***adfector, ari*** Varr. d. Diom. 382, 4; Cassiod. *Var.* 8, 20.

adfectŏr, ōrĭs, ārī, -, V. adfecto ▶.

adfectŭōsē, adv., d'une manière affectueuse: Ps. Aug. *Serm.* 117, 1 ‖ -*ius* Cassiod. *Var.* 3, 4; -*issime* Sidon. *Ep.* 4, 11, 5.

adfectŭōsus, a, um, affectueux: Tert. *Marc.* 5, 14, 11; Macr. *Sat.* 2, 11, 5 ‖ -*ior*; -*sissimus* Ps. Asper. An. Helv. 39, 12.

1 adfectus, a, um
I part. de *adficio*.
II adj. ¶ 1 pourvu de, doté de: ***lictores adfecti virgis*** Pl. *As.* 575, licteurs munis de verges; ***beneficio adfectus*** Cic. *Verr.* 3, 42, objet d'une faveur; ***vitiis*** Cic. *Mur.* 13; ***virtutibus*** Cic. *Planc.* 80, pourvu (doté) de vices, de vertus; ***optuma valetudine*** Cic. *Tusc.* 4, 81, pourvu d'une excellente santé ¶ 2 mis dans tel ou tel état, disposé: ***oculus probe adfectus ad suum munus fungendum*** Cic. *Tusc.* 3, 15, œil convenablement disposé pour remplir ses fonctions; ***quomodo caelo adfecto quodque animal oriatur*** Cic. *Div.* 2, 98, [considérer] quel est l'état particulier du ciel quand naît chaque être vivant; ***ut eodem modo erga amicum adfecti simus quo erga nosmet ipsos*** Cic. *Lae.* 56, que nous soyons disposés à l'égard de l'ami comme à l'égard de nous-mêmes (avoir les mêmes sentiments pour...) ¶ 3 mal disposé, atteint, affecté, affaibli: ***aetate*** Cic. *Cat.* 2, 20; ***senectute*** Cic. *de Or.* 3, 68, atteint par l'âge, par la vieillesse; ***summa difficultate rei frumentariae adfecto exercitu*** Caes. *G.* 7, 17, 3, l'armée étant éprouvée par l'extrême difficulté du ravitaillement; ***quem Neapoli adfectum graviter videram*** Cic. *Att.* 14, 17, 2, [L. Caesar] que j'avais vu à Naples gravement malade; ***in corpore adfecto vigebat vis animi*** Liv. 9, 3, 5, dans un corps épuisé restait vivace la force de la pensée; ***adfectae jam imperii opes*** Tac. *H.* 2, 69, les finances impériales déjà entamées; ***(Sicilia) sic adfecta visa est, ut*** Cic. *Verr.* 3, 47, (la Sicile) m'apparut en aussi mauvais état que; ***tributum ex adfecta re familiari pendere*** Liv. 5, 10, 9, prendre sur son patrimoine ruiné pour payer le tribut ¶ 4 près de sa fin, dans un état avancé: ***aetate adfecta*** Cic. *Verr.* 4, 95; *de Or.* 1, 200, d'un âge à son déclin, d'un âge avancé, cf. Gell. 3, 16, 17; ***bellum adfectum et paene confectum*** Cic. *Prov.* 19, guerre déjà avancée et presque achevée, cf. *Prov.* 29 ‖ compar. Quint. 12, 10, 45; superl. Vell. 2, 84, 1, .

2 adfectŭs, ūs, m. ¶ 1 état [de l'âme], disposition [de l'âme]: Cic. *Tusc.* 5, 47 ‖ [méd.] état physique, disposition du corps, affection, maladie ¶ 2 sentiment: ***dubiis adfectibus errat*** Ov. *M.* 8, 473, elle flotte entre deux sentiments incertains ‖ [en part.] sentiment d'affection: Ov. *Tr.* 4, 5, 30; Val.-Max. 4, 1, 5; Luc. 8, 132; Tac. *Agr.* 32; *An.* 13, 21 ‖ passion, mouvement passionné de l'âme [terme de la phil. et de la rhétor. après Cic.]: Sen. *Nat.* 1, pr. 5; Quint. 8, 3, 4 ¶ 3 intention: ***ex adfectu furtum consistit*** Gai. *Inst.* 3, 208, le vol implique l'intention ‖ volonté: ***adfectus possidendi*** Dig. 41, 2, 3, 3, la volonté de posséder; Dig. 43, 4, 1, 6; Gai. *Inst.* 2, 50 ¶ 4 [pl. concret] affections, parents [de qqn]: ***unam feminam de affectibus suis*** Sidon. *Ep.* 6, 4, 1, une femme de leurs parentes.

Adfĕrenda, ae, f., déesse des cadeaux de noce: Tert. *Nat.* 2, 11, 12.

adfĕrō, fers, ferre, adtŭlī, adlātum, tr., apporter ¶ 1 [au pr.]: ***candelabrum Romam*** Cic. *Verr.* 4, 64, apporter un candélabre à Rome; ***Socrati orationem*** Cic. *de Or.* 1, 231; ***scyphos ad praetorem*** Cic. *Verr.* 4, 32, apporter un discours à Socrate, des coupes au préteur; ***tamquam vento adlatae naves*** Liv. 44, 20, 7, vaisseaux pour ainsi dire apportés par le vent ‖ ***sese adferre,*** se transporter, venir: Pl. *Amp.* 989; Ter. *And.* 807; Virg. *En.* 3, 345; 8, 477 ¶ 2 ***epistulam, litteras,*** apporter une lettre (***ad aliquem*** ou ***alicui,*** à qqn): ***nimium raro nobis abs te litterae adferuntur*** Cic. *Att.* 1, 9, 1, on m'apporte trop rarement des lettres de toi; ***nuntium alicui*** Cic. *Amer.* 19, apporter une nouvelle à qqn; ***adfertur ei de quarta nuntius*** Cic. *Phil.* 13, 19, on lui apporte la nouvelle concernant la 4ᵉ légion; ***crebri ad eum rumores adferebantur*** Caes. *G.* 2, 1, 1, des bruits fréquents lui parvenaient ‖ [d'où l'emploi du verbe seul signifiant annoncer]: ***quietae res ex Volscis adferebantur*** Liv. 6, 30, 7, on annonçait que les Volsques se tenaient tranquilles, cf. 22, 7, 7; ***quicquid huc erit a Pompeio adlatum*** Cic. *Fam.* 7, 17, 5, toutes les nouvelles qu'on apportera ici de Pompée; ***nuntiarunt caedem consulis adlatam aegre tulisse regem*** Liv. 22, 37, 2, ils annoncèrent que le roi avait supporté avec peine la nouvelle de la mort du consul; ***alii majorem adferentes tumultum nuntii occurrunt*** Liv. 27, 33, 1, d'autres messagers se présentent à lui, apportant la nouvelle d'un trouble plus grand (plus alarmant); ***cum mihi de Q. Hortensii morte esset adlatum*** Cic. *Brut.* 1, comme la nouvelle m'avait été apportée de la mort d'Hortensius ‖ [avec prop. inf.]: ***ita Caelius ad illam adtulit se aurum quaerere*** Cic. *Cael.* 53, Caelius lui annonça qu'il cherchait de l'or, cf. *Att.* 16, 7, 1; ***nuntii adferebant male rem gerere Darium*** Nep. *Milt.* 3, 3, les messagers annonçaient que Darius n'était pas heureux dans son expédition; ***novos hostes consilia cum veteribus jungere haud incertis auctoribus Romam est adlatum*** Liv. 4, 45, 3, on annonça à Rome de source certaine que de nouveaux ennemis faisaient cause commune avec les anciens; ***pro comperto adtulit Achaeos statuisse progredi*** Liv. 35, 29, 9, il annonça comme une nouvelle certaine que les Achéens avaient décidé de marcher de l'avant ‖ [avec ut, au sens d'injonction]: ***ab Carthagine adlatum est, ut Hasdrubal in Italiam exercitum duceret*** Liv. 23, 27, 9, de Carthage l'ordre vint qu'Hasdrubal conduisît son armée en Italie ¶ 3 porter sur, contre: ***vim alicui*** Cic. *Pomp.* 39, faire violence à qqn; ***manus alienis bonis*** Cic. *Off.* 2, 54, porter la main sur les biens d'autrui; ***manus alicui*** Cic. *Quinct.* 85, se livrer à des actes de violence sur qqn; Nep. *Timol.* 1, 4; ***beneficio suo manus adfert*** Sen. *Ben.* 2, 5, 3, il attente à son bienfait [il le gâte] ¶ 4 apporter en plus: ***ita ut, quantum tuis operibus diuturnitas detrahet, tantum adferat laudibus*** Cic. *Marc.* 12, en sorte que, tout ce que le temps enlèvera à ton œuvre, il l'ajoutera à ta gloire, cf. *Fin.* 2, 88; *Div.* 2, 48; *Att.* 16, 16, 3 ‖ apporter à, mettre à: ***non minus ad dicendum auctoritatis quam facultatis*** Cic. *Mur.* 4, apporter à sa plaidoirie non moins d'autorité que de talent; ***quicquid ad rem publicam adtulimus*** Cic. *Off.* 1, 155, quels que soient les services que j'ai rendus à l'État ¶ 5 apporter: ***testimonium, argumentum, exemplum, rationem, causam,*** apporter (produire) un témoignage, une preuve, un exemple, une raison, une cause ‖ [d'où] dire: ***ad ea quae dixi, adfer si quid habes*** Cic. *Att.* 7, 9, 4, en réponse à ce que je t'ai dit, donne-moi ce que tu sais, cf. *Tusc.* 3, 74; Tac. *H.* 1, 89 ‖ [avec interrog. indir.]: ***aliquid (nihil, multa) adferre, cur (quamobrem),*** apporter un argument, beaucoup d'arguments pour prouver que: ***quid adferre potest, quamobrem voluptas sit summum bonum?*** Cic. *de Or.* 3, 78, quel argument peut-il apporter pour prouver que le plaisir est le souverain bien?, cf. *Fin.* 4, 18; *Att.* 11, 2, 3; *Nat.* 3, 23; *Fin.* 2, 70; *Tusc.* 1, 30; ***cur credam, adferre possum*** Cic. *Tusc.* 1, 70, je puis donner la raison de ma croyance, cf. *Caecin.* 100; *Att.* 6, 1, 18; ***adfer quem Fabiano possis praeponere*** Sen. *Ep.* 100, 9, cite qui tu pourrais préférer à Fabianus ‖ [avec *quod,* "ce fait que"]: ***firmissimum hoc adferri videtur, cur deos esse credamus, quod...*** Cic. *Tusc.* 1, 30, la preuve la plus forte, à ce qu'il semble, qu'on produise pour justifier la croyance en l'existence des dieux, c'est que... ‖ [avec prop. inf.]: *adfers in extis cor non fuisse* Cic. *Div.* 2, 36, tu dis que dans les entrailles de la victime le cœur manquait, cf. *Verr.* 3, 144; *Clu.* 127 ¶ 6 apporter, occasionner; *delectationem, dolorem, luctum, metum, spem,* apporter du plaisir, de la douleur, le deuil, la crainte, l'espoir: *pacem, bellum* Cic. *Phil.* 6, 17, apporter la paix, la guerre; *cladem populo Romano, multas alicui lacrimas* Cic. *Nat.* 2, 8, être la cause d'un désastre pour le peuple romain, de bien des larmes pour qqn; *videri proelium defugisse magnum detrimentum adferebat* Caes. *C.* 1, 82, 2, paraître avoir esquivé la bataille causait un grand préjudice ‖ apporter qqch. comme contribution à: *negat diuturnitatem temporis ad beate vivendum aliquid adferre* Cic. *Fin.* 2, 87, il prétend que la durée ne contribue en rien au bonheur de la vie, cf. *Dom.* 86; *hic numerus nihil adfert aliud nisi ut...* Cic. *Or.* 170, ce rythme ne contribue à rien d'autre qu'à faire que...; *quid loci natura adferre potest, ut...?* Cic. *Fat.* 8, quelle influence déterminante le climat peut-il avoir, pour faire que...?

▶ inf. prés. pass. *adferrier* Pl. *Aul.* 571.

adfestīnō, *ās, āre, -, -,* tr., hâter: Ps. Sor. *Puls.* p. 278 R.

adfĭcĭō, *ĭs, ĕre, fēcī, fectum* (*ad, facio*), tr. ¶ 1 pourvoir de: *praeda atque agro suos* Pl. *Amp.* 193, pourvoir les siens de butin et de territoire; *dolorem eisdem verbis quibus Epicurus* Cic. *Tusc.* 2, 18, doter la douleur des mêmes épithètes qu'Épicure; *res sordidas deorum honore* Cic. *Nat.* 1, 38, accorder les honneurs divins à des objets [faire des dieux d'objets d'usage courant]; *aliquem sepultura* Cic. *Div.* 1, 56, ensevelir qqn; *stipendio exercitum* Cic. *Balb.* 61, payer la solde à l'armée ‖ *praemiis* Cic. *Mil.* 57, récompenser; *lucro* Dig. 24, 2, 5, gratifier d'un profit ‖ infliger: *damnum* Dig. 19, 2, 57, un dommage; *servitute* Cic. *Rep.* 1, 68, mettre dans la servitude; *morte, cruciatu, cruce* Cic. *Verr.* 1, 9, faire subir la mort, la torture, le supplice de la croix; *poena* Cic. *de Or.* 2, 134, punir, châtier; *timore* Cic. *Quinct.* 6, remplir de crainte; *pari sensu doloris aliquem* Cic. *Verr.* 5, 123, pénétrer qqn du même sentiment de douleur; *delectatione adfici* Cic. *Tusc.* 1, 98, éprouver du plaisir; *amentia adficere aliquem* Cic. *Amer.* 67, frapper qqn d'égarement; *desiderio* Cic. *Fam.* 15, 21, 1, inspirer du regret à qqn ¶ 2 mettre dans tel ou tel état, affecter, disposer: *exercendum corpus et ita adficiendum est, ut...* Cic. *Off.* 1, 79, il faut exercer le corps et le disposer de telle sorte que...; *Syracusanam civitatem, ut abs te adfecta est, ita in te esse animatam videmus* Cic. *Verr.* 4, 151, nous constatons que la cité de Syracuse a pour toi des sentiments qui correspondent à l'état où tu l'as mise; *animos ita adficere, ut* Cic. *de Or.* 2, 176, disposer l'esprit des auditeurs de telle sorte que; *quonam modo ille vos vivus adficeret?* Cic. *Mil.* 79, quels sentiments donc vous inspirerait-il, s'il vivait?; *varie sum adfectus tuis litteris* Cic. *Fam.* 16, 4, 1, ta lettre m'a causé des impressions diverses; *quae audita longe aliter patres ac plebem adfecere* Liv. 2, 24, 1, cette nouvelle produisit une impression bien différente sur les patriciens et sur la plèbe ‖ *ex te duplex nos adficit sollicitudo* Cic. *Brut.* 332, à ton sujet une double inquiétude me saisit, cf. Lucr. 3, 853; 3, 932; 6, 183 ¶ 3 affaiblir, toucher, frapper, incommoder: *exercitum super morbum etiam fames adfecit* Liv. 28, 46, 15, en plus de la maladie la famine aussi attaqua l'armée; *corpora* Liv. 28, 15, 4, affaiblir les forces physiques; *rerum corpus adficientium varietas* Sen. *Vit.* 15, 4, la variété des objets qui affectent le corps humain.

▶ inf. prés. pass. *adficier* *Arn. 2, 77.

adfictīcĭus, *a, um* (de *adfictus*), adjoint à: Varr. *R.* 3, 12, 1.

adfictĭō, *ōnis*, f. (*adfingo*), action d'imaginer: Aug. *Serm.* 89, 7.

adfictus, *a, um*, part. de *adfingo*.

adfīgō, *ĭs, ĕre, fīxī, fīxum* (it. *affiggere*), tr. ¶ 1 attacher: *cruci aliquem* Liv. 28, 37, 2, attacher qqn à la croix; *falces adfixae longuriis* Caes. *G.* 3, 14, 5, faux adaptées à des perches; *adfixus Caucaso* Cic. *Tusc.* 5, 8, [Prométhée] attaché au Caucase ‖ *litteram K ad caput alicui adfigere* Cic. *Amer.* 57, imprimer sur le front de qqn la lettre K [*Kalumnia,*" calomnie"]; *adfixus ad Caucasum* Cic. *Tusc.* 2, 23, attaché au Caucase; *regem cuspide ad terram adfixit* Liv. 4, 19, 5, il cloua le roi à terre de sa javeline: *Ithaca in asperrimis saxulis tanquam nidulus adfixa* Cic. *de Or.* 1, 196, Ithaque fixée comme un pauvre nid sur de pauvres rochers escarpés ‖ *hiems non patitur (semen) radicem adfigere terrae* Virg. *G.* 2, 318, l'hiver ne permet pas que (le plant de vigne) fixe ses racines dans le sol ¶ 2 [fig.] *alicui tamquam magistro adfixus* Cic. *Q.* 3, 1, 19, attaché à qqn comme à un maître; *in exigua ejus (terrae) parte adfixi* Cic. *Rep.* 1, 26, fixés sur un coin étroit (de la terre) ‖ *animis adfigi* Cic. *de Or.* 2, 357, se fixer dans les esprits, cf. Quint. 11, 2, 18; *aliquid animo adfigere* Sen. *Ep.* 11, 8; *memoriae* Quint. 10, 1, 19, fixer qqch. dans l'esprit, dans la mémoire; *illud tibi adfige* Sen. *Ep.* 113, 32, pénètre-toi de ceci.

▶ *adfixet* = *adfixisset* Sil. 14, 536.

adfĭgūrō, *ās, āre, āvī, -,* ◯▶ *figuro*: Gell. 4, 9, 12.

adfingō, *ĭs, ĕre, finxī, fictum*, tr. ¶ 1 appliquer, ajouter [en façonnant]: *quae natura corpori adfinxit* Cic. *Nat.* 1, 92, les organes que la nature a donnés au corps [en le créant]; *multa natura aut adfingit aut mutat aut detrahit* Cic. *Div.* 1, 118, la nature ou ajoute ou change ou retranche maintes choses ‖ *huic generi malorum non adfingitur illa opinio rectum esse...* Cic. *Tusc.* 3, 68, à ce genre de maux ne s'attache point cette opinion, savoir qu'il est bien de... ¶ 2 attribuer faussement, imputer à tort; ajouter en imaginant: *probam orationem adfingere improbo* Cic. *Or.* 74, prêter un langage vertueux à un homme pervers; *affingens (Fabio) vicina virtutibus vitia* Liv. 22, 12, 12, imputant (à Fabius) les défauts voisins de ses vertus ‖ *fit ut ii, qui boni quid volunt adferre, adfingant aliquid, quo faciant id quod nuntiant laetius* Cic. *Phil.* 1, 8, il arrive que ceux qui veulent annoncer qqch. de bon, ajoutent de leur cru pour rendre plus agréable la nouvelle qu'ils apportent; *addunt ipsi et adfingunt rumoribus Galli, retineri Caesarem...* Caes. *G.* 7, 1, 2, les Gaulois ajoutent d'eux-mêmes et lancent par des bruits de leur invention que César est retenu...; *adfingere vana auditis* Liv. 26, 9, 6, ajouter aux nouvelles recueillies des inventions en l'air; *ne quis me adfingere aliquid suspicione hominum arbitretur* Cic. *Verr.* 4, 67, pour qu'on ne croie pas que j'ajoute qqch. de mon invention d'après les soupçons du monde.

adfīnis, *e* (*ad finem*) ¶ 1 limitrophe, voisin; *cui fundo erat adfinis M. Tullius* Cic. *Tull.* 14, propriété qui touchait à celle de M. Tullius; *regiones adfines barbaris* Liv. 45, 29, 14, les régions voisines des barbares ¶ 2 mêlé à qqch.: *sceleri* Cic. *Sull.* 70, complice d'un crime; *turpitudini* Cic. *Clu.* 127, mêlé à une infamie ‖ *rei capitalis* Cic. *Verr.* 2, 94, qui a trempé dans un crime capital; *homines hujus adfines suspicionis* Cic. *Sull.* 17, des hommes susceptibles d'être soupçonnés d'avoir pris part à ce crime; *ejus rei auctores adfinesque* Liv. 38, 31, 2, les instigateurs et les complices de ce crime ¶ 3 allié, parent par alliance [dans ce sens presque toujours subst.]: *tuus adfinis* Cic. *Verr.* 3, 138, ton parent par alliance ‖ [poét.] *adfinia vincula* Ov. *P.* 4, 8, 9, liens de parenté par alliance.

▶ arch. *arfinis* d'après Prisc. 2, 35, 4.

adfīnĭtās, *ātis*, f. ¶ 1 voisinage: Varr. *R.* 1, 16, 1 ¶ 2 parenté par alliance: *ut quisque te maxime cognatione, adfinitate, necessitudine aliqua attingebat, ita...* Cic. *Verr.* 2, 27, plus on te touchait de près par le sang, par l'alliance, par quelque lien de familiarité, plus...; *propter Pisonum adfinitatem* Cic. *Sen.* 15, à cause de la parenté d'alliance avec les Pisons; *regia adfinitas* Liv. 29, 28, 7, parenté d'alliance avec le roi ‖ [fig.] *litterarum adfinitas* Quint. 1, 6, 24, parenté (relation étroite) de certaines lettres entre elles, cf. Gell. 1, 18, 5.

▶ gén. pl. *adfinitatum* Cic. *Clu.* 190; Plin. *Pan.* 37 ‖ *adfinitatium* Just. 17, 3, 5.

adfirmātē, adv. (*adfirmatus*), d'une façon ferme: *aliquid promittere* Cic. *Off.* 3, 104, promettre qqch. solennellement;

adfirmatissime GELL. 10, 12, 9, de la manière la plus formelle.

adfirmātio, *ōnis*, f. (*adfirmo*), affirmation, action d'assurer (de garantir) : *est jusjurandum adfirmatio religiosa* CIC. *Off.* 3, 104, le serment est une assurance sacrée ; *in spem veniebant ejus adfirmatione* CAES. *G.* 7, 30, 4, ils se prenaient à espérer sur la garantie qu'il donnait ; *nulla adfirmatione adhibita* CIC. *Ac.* 1, 17, sans rien affirmer.

adfirmātīvē, adv., d'une manière affirmative : PRISC. 3, 248, 22.

adfirmātīvus, *a*, *um*, affirmatif : DIOM. 396, 15.

adfirmātŏr, *ōris*, m., garant de solvabilité : DIG. 27, 7, 4, 3.

adfirmātus, *a*, *um*, part. de *adfirmo*.

adfirmō, *ās*, *āre*, *āvī*, *ātum* (it. *affermare*), tr. ¶ 1 affermir, consolider, fortifier [une idée, un sentiment] : *aliquid rationibus* CIC. *Inv.* 1, 67, fortifier qqch. par des raisonnements ; *opinionem* CAES. *G.* 6, 37, 9 β, fortifier une opinion ; *ea res Trojanis spem adfirmat* LIV. 1, 1, 10, ce fait affermit l'espoir des Troyens ; *fortuna tum urbis crimen adfirmante* LIV. 2, 12, 4, la situation présente de la ville confirmant l'accusation ; *consul adfirmavit errorem clamitans...* LIV. 10, 41, 7, le consul confirma l'erreur en criant... ; *societas jurejurando adfirmatur* LIV. 29, 23, 5, l'alliance est confirmée (scellée) par un serment ; *populi Romani virtutem armis adfirmavi* TAC. *H.* 4, 73, j'ai confirmé (démontré) par les armes la valeur du peuple romain ¶ 2 affirmer, donner comme sûr et certain : *(Socrates) ita disputat, ut nihil adfirmet* CIC. *Ac.* 1, 16, (Socrate) raisonne sans rien affirmer, cf. *Fin.* 2, 43 ; *Div.* 2, 8 ‖ *de aliqua re* CIC. *Tusc.* 1, 60 ; *Fam.* 5, 20, 1 ; *de aliquo* CIC. *Phil.* 13, 43, parler avec assurance (certitude) de qqch., de qqn ‖ *Apollonius adfirmare se omnino nomine illo servum habere neminem* CIC. *Verr.* 5, 17, Apollonius d'affirmer (d'assurer) qu'il n'avait absolument aucun esclave de ce nom-là ‖ *hoc bello victores, quam rem publicam simus habituri, non facile adfirmarim* CIC. *ad Brut.* 1, 15, 10, si nous sortons victorieux de cette guerre, quel gouvernement aurons-nous ? je ne saurais guère l'affirmer ; *id utrum sua sponte fecerit an publico consilio, neutrum cur adfirmem habeo* LIV. 30, 29, 6, le fit-il de sa propre initiative ou sur une décision officielle ? je n'ai pas de raison pour affirmer l'une ou l'autre hypothèse.

adfixa, *ōrum*, n. pl. (*adfigo*), biens immeubles par destination [objets affectés au service ou à l'exploitation d'un immeuble] : DIG. 19, 1, 17 pr. ; 8.

adfixĭo, *ōnis*, f. (*adfigo*), action de planter, fixer : HIER. *Job* 16 ‖ [fig.] NON. 4, 27.

adfixus, *a*, *um* ¶ 1 part. de *adfigo* ¶ 2 adj., appliqué, attentif : *nihil illo adfixius ad...* DECL. CATIL. 185, rien de plus appliqué que lui à... ; **V.** *adfigo*.

adfla, *ae*, f., [mot inventé] souffle : VIRG. GRAM. *Epit.* 15, 3, 13.

adflagrans, *antis*, brûlant : *tempus* AMM. 21, 12, 23, temps de troubles.

adflātŏr, *ōris*, m., qui souffle sur : TERT. *Herm.* 32, 2.

adflātōrius, *a*, *um*, [en parl. de la foudre] : *adflatorium genus fulminum*, qui effleure de son souffle [c.-à-d. qui brûle légèrement] [cf. emploi de *adflare* dans SEN. *Nat.* 2, 40, 4 SCHOL. LUC. 1, 151].

1 **adflātus**, *a*, *um*, part. de *adflo*.

2 **adflātŭs**, *ūs*, m. ¶ 1 souffle qui vient vers (contre) : *nullius aurae adflatum recipere* PLIN. 9, 6, ne recevoir les souffles d'aucun vent ‖ *(in pestilentia) ipso adflatu laborare* SEN. *Tranq.* 7, 4, (en temps de peste) être affecté par les seules émanations [exhalaisons] ‖ *alii ambusti adflatu vaporis* LIV. 28, 23, 4, d'autres furent brûlés par les bouffées d'air embrasé ‖ *frondes adflatibus (apri) ardent* OV. *M.* 2, 289, le feuillage s'embrase sous l'haleine (du sanglier) [de Calydon] ¶ 2 [fig.] souffle qui inspire : *nemo vir magnus sine aliquo adflatu divino unquam fuit* CIC. *Nat.* 2, 167, il n'y a jamais eu de grand homme sans quelque inspiration divine, cf. *Div.* 1, 38 ; *(poetam bonum neminem) sine quodam adflatu quasi furoris* CIC. *de Or.* 2, 194, [j'ai souvent entendu dire] (qu'il ne pouvait exister un bon poète) sans le souffle en quelque sorte d'un délire divin ¶ 3 [chrét.] le souffle de Dieu [non pas l'Esprit, mais celui qui a créé l'âme d'Adam, cf. VULG. *Gen.* 2, 7] : TERT. *Marc.* 2, 9, 1.

adflecto, *ĭs*, *ĕre*, -, -, tr., tourner, diriger vers : AVIEN. *Arat.* 734.

adflĕo, *ēs*, *ēre*, -, -, intr., pleurer [à, en présence de] : PL. *Pers.* 152 ; *Poen.* 1109 ; *HOR. *P.* 101 [texte douteux : *adflent* Bentley, *adsunt* mss].

adflictātĭo, *ōnis*, f., douleur démonstrative, désolation : *adflictatio est aegritudo cum vexatione corporis* CIC. *Tusc.* 4, 18, l'*adflictatio* est une peine morale accompagnée d'un ébranlement, d'une dépression physique ; **V.** *se adflictare*.

adflictātŏr, *ōris*, m., qui fait souffrir : TERT. *Marc.* 5, 16, 1.

adflictim, adv., en abattant, avec effort : DIOM. 407, 5 ; CAPEL. 4, 327.

adflictĭo, *ōnis*, f. (*adfligo*), action de frapper, d'infliger : AUG. *Civ.* 1, 9 ‖ affliction, malheur : AMBR. *Abr.* 2, 4, 13 ‖ tourment : AUG. *Civ.* 3, 19 ; *voluntariae adflictiones* LEO-M. *Serm.* 74, sacrifices volontaires.

adflicto, *ās*, *āre*, *āvī*, *ātum* (fréq. de *adfligo*), tr. ¶ 1 frapper (heurter) souvent ou avec violence contre : *tempestas adflictabat naves* CAES. *G.* 4, 29, 2, la tempête jetait les vaisseaux à la côte (drossait les vaisseaux), cf. *C.* 3, 27, 2 ¶ 2 bousculer, maltraiter : PL. *Aul.* 632 ; *Ru.* 645 ‖ endommager, mettre à mal : *ne quarta legio adflictaret Batavos* TAC. *H.* 4, 79, [crainte] que la quatrième légion n'accablât les Bataves ; *Italia gravius atque atrocius quam bello adflictabatur* TAC. *H.* 2, 56, l'Italie était désolée par des maux plus pénibles et plus affreux que la guerre ; *per laeta, per adversa res Cheruscas adflictabat* TAC. *An.* 11, 17, par ses succès comme par ses revers, il menait à la ruine la puissance des Chérusques ‖ *homines aegri... primo relevari videntur, deinde multo gravius adflictantur* CIC. *Cat.* 1, 31, les malades... sur le premier moment semblent être soulagés, puis retombent beaucoup plus gravement abattus, cf. LIV. 29, 10, 1 ; TAC. *An.* 13, 6 ¶ 3 [au pr.] : *se adflictare*, se frapper, se maltraiter [en signe de douleur] : PL. *Mil.* 1032 ; SALL. *C.* 31, 3 ; *ne te adflictes* TER. *Eun.* 76, ne te casse pas la tête contre les murs ‖ [d'où] se désespérer, se désoler : CIC. *Att.* 3, 12, 1 ; *Tusc.* 3, 77 ‖ *adflictari*, même sens : CIC. *Tusc.* 3, 83 ; *Att.* 11, 1, 1 ; *Mil.* 20.

adflictŏr, *ōris*, m., celui qui jette à bas, destructeur : CIC. *Pis.* 64.

adflictrīx, *īcis*, f., celle qui renverse, destructrice : APUL. *Mund.* 15.

1 **adflictus**, *a*, *um* ¶ 1 part. de *adfligo* ¶ 2 adj., jeté à terre, abattu, terrassé : [au pr.] SALL. *J.* 101, 11 ; [au fig.] CIC. *Sull.* 1 ; *de Or.* 1, 32 ; *Tusc.* 2, 32 ; *rebus adflictis* CIC. *Off.* 3, 114, dans une situation désespérée ‖ *adflictior* CIC. *Fam.* 6, 1, 6.

2 **adflictŭs**, *ūs*, m., choc, collision : APUL. *Mund.* 15.

adflīgō, *ĭs*, *ĕre*, *flīxī*, *flictum*, tr. ¶ 1 frapper (heurter) contre : *ad scopulos adflicta navis* CIC. *Post.* 25, navire jeté contre les rochers ; *tempestas naves Rhodias adflixit* CAES. *C.* 3, 27, 2, la tempête jeta à la côte (drossa) les navires rhodiens, cf. *G.* 5, 10, 2 ; *cum (fortuna) reflavit, adfligimur* CIC. *Off.* 2, 19, quand (la fortune) souffle en sens contraire, nous faisons naufrage ‖ *(ferrea manus) navem ita undae adfligebat ut...* LIV. 24, 34, 11, (la main de fer) abattait le navire sur les flots avec tant de violence que... ; *caput saxo adflixit* TAC. *An.* 4, 45, il se jeta la tête contre un rocher ‖ *fusti caput ejus adflixit* TAC. *An.* 14, 8, il lui frappa la tête d'un coup de bâton ¶ 2 jeter à terre, abattre : [au pr.] *ad terram* PL. *Pers.* 793 ; *Ru.* 1010 ; *terrae* OV. *M.* 14, 206 ; *solo* TAC. *H.* 1, 41, jeter à terre, sur le sol ; *(alces) arbores pondere adfligunt* CAES. *G.* 6, 27, 5, (les élans) renversent les arbres sous leur poids ; *Catuli monumentum adflixit* CIC. *Cael.* 78, il renversa le monument de Catulus ‖ [au fig.] *res publica quae et nunc adflicta est nec excitari sine civili bello potest* CIC. *Att.* 8, 11 d, 6, la république qui maintenant est abattue et qui de plus ne peut se relever qu'avec une guerre civile ; *victum erigere, adfligere victorem* LIV. 28, 19, 12, relever le vaincu, abattre le vainqueur ; *tu me adflixisti* CIC. *Q.* 1, 3,

1, c'est toi qui as causé ma chute; ***non plane me enervavit, non adflixit senectus*** Cic. *CM* 32, la vieillesse ne m'a pas complètement affaibli, ne m'a pas terrassé; ***si hunc vestris sententiis adflixeritis*** Cic. *Mur.* 88, si vous le frappez de votre arrêt; ***rem augere laudando vituperandoque rursus adfligere*** Cic. *Brut.* 47, grossir une chose en la faisant valoir, en revanche la rabaisser en la dépréciant; ***neque ego me adflixi*** Cic. *Div.* 2, 6, je ne me suis pas laissé abattre ¶ 3 [chrét.] mortifier [par le jeûne]: Vulg. *Lev.* 16; 19; *Dan.* 10, 12.
▶ *adflixint* = *adflixerint* Front. *Caes.* 3, 3, 2, p. 42 N; inf. prés. pass. *adfligier* Samm. 826.

adflō, *ās*, *āre*, *āvī*, *ātum* (*ad*, *flo*; esp. hallar)
I intr. ¶ 1 souffler vers (sur, contre): ***partes, e quibus ventus gravior adflare solet*** Varr. *R.* 1, 12, 3, les côtés d'où le vent souffle d'ordinaire avec plus de force, cf. *1, 59, 3* ‖ [impers.] ***si adflavit*** Plin. 17, 74, s'il y a eu du vent ‖ [avec dat.] ***velut illis Canidia adflasset*** Hor. *S.* 2, 8, 95, comme si sur tout cela Canidie avait soufflé (répandu son haleine) ¶ 2 [fig.] ***rumoris nescio quid adflaverat*** Cic. *Att.* 16, 5, 1, je ne sais quel bruit s'était répandu jusqu'à lui ‖ ***ille felix cui placidus adflat Amor*** Tib. 2, 1, 80, heureux celui sur qui l'Amour répand son souffle paisible.
II tr. ¶ 1 [acc. de la chose portée par le souffle]: ***calidum membris adflare vaporem*** Lucr. 5, 567, souffler sur les membres une tiède chaleur; ***(cum admiraretur) suavitatem odorum qui adflarentur ex floribus*** Cic. *CM* 59, (comme il s'extasiait) sur les suaves odeurs qui s'exhalaient des fleurs ‖ ***laetos oculis adflarat honores*** Virg. *En.* 1, 591, [la déesse] avait insufflé à son regard une grâce séduisante ¶ 2 [acc. de l'objet sur lequel porte le souffle]: ***terga adflante vento*** Liv. 22, 43, 11, le vent soufflant derrière eux; ***adflati incendio*** Liv. 30, 6, 7, atteints par le souffle embrasé; ***me Juppiter fulminis adflavit ventis*** Virg. *En.* 2, 649, Jupiter a fait passer sur moi le vent de sa foudre; ***tribus modis urit (fulmen): aut adflat et levi injuria laedit, aut comburit, aut accendit*** Sen. *Nat.* 2, 40, 4, (la foudre) a trois manières de brûler [les objets]: ou elle [les] effleure de son souffle et ne [les] endommage que légèrement, ou elle [les] consume, ou elle [les] allume ‖ ***Sibylla adflata numine dei*** Virg. *En.* 6, 50, la Sibylle touchée du souffle de la divinité; ***aliquo incommodo adflatur*** Sen. *Ep.* 72, 5, le souffle de quelque désagrément passe sur lui; ***illo vitiato hoc quoque adflatur*** Sen. *Ep.* 114, 3, l'âme étant gâtée, l'esprit à son tour est atteint par le miasme ‖ [chrét.] [au pass.] être possédé: Cassian. *Coll.* 7, 12.

adflŭens, *tis*
I part. prés. de *adfluo*.

II adj. ¶ 1 coulant abondamment, abondant: ***aquae adfluentiores*** Vitr. 8, 1, 2, eaux plus abondantes ‖ [fig.] ***divitior mihi et adfluentior videtur esse vera amicitia*** Cic. *Lae.* 58, la vraie amitié me paraît plus riche et plus large; ***securitas alta, adfluens*** Sen. *Clem.* 1, 1, 8, une sécurité profonde, au large cours [sans restriction]; ***ornatum illud, suave et adfluens*** Cic. *Or.* 79, ce langage orné, qui comporte le charme et l'abondance ‖ ***ex adfluenti*** Tac. *H.* 1, 57, en abondance ¶ 2 abondamment pourvu de [avec abl.]: ***nihil omnibus bonis adfluentius*** Cic. *Nat.* 1, 51, rien qui regorge plus de tous les biens; ***opibus adfluentes*** Cic. *Agr.* 2, 82, des gens ayant des richesses en abondance; ***homo adfluens omni lepore ac venustate*** Cic. *Verr.* 5, 142, cet homme plein de toute espèce de charme et de grâce ‖ [avec gén.] ***domus scelerum omnium adfluens*** Cic. *Clu.* 189, maison surchargée de tous les crimes.
▶ superl., Hier. *Job* 38.

adflŭentĕr, adv., abondamment: ***adfluentius*** Cic. *Tusc.* 5, 16, dans le luxe, cf. Nep. *Att.* 14, 2.

adflŭentĭa, *ae*, f., abondance: ***omnium rerum*** Cic. *Agr.* 2, 95, abondance de tous les biens ‖ luxe: Nep. *Att.* 13, 5 ‖ surabondance: ***nihil amoenum ac molle adfluentia putat*** Tac. *An.* 16, 18, la surabondance (la satiété) ne lui fait rien trouver d'agréable ni de délicat ‖ afflux: Plin. 26, 94.

adflŭĭtās, *ātis*, f., abondance: Hier. *Job* 38.

adflŭō, *ĭs*, *ĕre*, *flūxī*, -, intr. ¶ 1 couler vers: ***(Rhenus) ad Gallicam ripam latior adfluens*** Tac. *An.* 2, 6, (le Rhin) plus large dans la partie qui baigne la rive gauloise; [avec dat.] ***Aufidus amnis utrisque castris adfluens*** Liv. 22, 44, 2, l'Aufide baignant les deux camps, cf. 35, 29, 9 ‖ [fig.] ***nihil ex istis locis non modo litterarum, sed ne rumoris quidem adfluxit*** Cic. *Q.* 3, 3, 1, de tes parages il ne m'est parvenu, je ne dis pas aucune lettre, mais aucune nouvelle; ***si ea sola voluptas esset, quae ad sensus cum suavitate adflueret*** Cic. *Fin.* 139, si le seul plaisir était celui qui apporte aux sens une impression délicieuse ¶ 2 [fig.] affluer, arriver en abondance, (en foule): ***adfluentibus undique barbaris*** Liv. 24, 49, 5, les barbares affluant de toutes parts, cf. 29, 30, 7 ‖ [avec *ad*] Cic. *Nat.* 1, 49 ‖ ***omnium rerum adfluentibus copiis*** Cic. *Off.* 1, 153, avec l'affluence de toute espèce de ressources; ***cum domi otium atque divitiae adfluerent*** Sall. *C.* 36, 4, comme à l'intérieur le loisir et les richesses abondaient ‖ ***ex hac luce Maecenas meus adfluentes ordinat annos*** Hor. *O.* 4, 11, 19, c'est de ce jour que mon cher Mécène compte les années qui lui viennent en foule ‖ venir en surabondance [rare]: Liv. 6, 15, 9, cf. Suet. *Aug.* 35 ¶ 3 être abondamment pourvu: ***voluptatibus adfluere*** Cic. *Fin.* 2, 93, avoir les plaisirs en abondance; ***unguentis adfluens*** Cic. *Sest.* 18, ruisselant de parfums; ***divitiis et honore et laude adfluere*** Lucr. 6, 13, regorger de richesses, d'honneur et de gloire; ***adfluere facetiis*** Pl. *Mil.* 1322, déborder d'esprit.

adflŭus, *a*, *um*, qui coule abondamment: Jul.-Val. 3, 28.

adfŏdĭō, *ĭs*, *ĕre*, -, -, tr., ajouter en creusant: *Plin. 2, 175.

adfŏr, *fāris*, *fārī*, *fātus sum*, tr., parler à: ***versibus aliquem*** Cic. *CM* 1, s'adresser en vers à qqn; ***talibus adfata Aenean*** Virg. *En.* 6, 40, ayant ainsi parlé à Énée; ***tum regem Aeneas dictis adfatur amicis*** Virg. *En.* 8, 126, alors Énée adresse au roi ces paroles amicales ‖ adresser la parole: [pour saluer] Cic. *Phil.* 2, 33; *Brut.* 13; [pour dire adieu] Virg. *En.* 3, 492; ***sic positum adfati discedite corpus*** Virg. *En.* 2, 644, à mon corps laissé là ayant dit le dernier adieu, éloignez-vous; ***aliquem adfari extremum*** Virg. *En.* 9, 484, dire à qqn le dernier adieu ‖ [pass.] ***hoc adfatum est, ut naviget*** Sen. *Nat.* 2, 38, 2, il a été dit (prescrit) ceci, qu'il navigue, cf. Capel. 7, 731; Stat. *Th.* 6, 51; Apul. *M.* 11, 19.
▶ arch. *arfor* Prisc. 2, 35, 4; inf. prés. *adfarier* Sil. 8, 199 ‖ formes usitées dans Cic. *adfatur*, *adfatus*, *adfari*; chez les poètes: *adfamini*, *adfabatur*, *adfare*; impér. *adfato*.

adfŏrĕ, inf. fut. de *adsum*.

adfŏrem, V.▶ *adsum*.

adformīdō, *ās*, *āre*, -, -, intr., être pris de peur: Pl. *Bac.* 1078.

adfrangō, *ĭs*, *ĕre*, -, *fractum* (it. *affrangere*), tr., briser contre: Stat. *Th.* 10, 47 ‖ appuyer violemment contre: Stat. *Th.* 5, 150.

adfrĕmō, *ĭs*, *ĕre*, -, -, intr., frémir à (à la suite de): Val.-Flac. 1, 528; Sil. 14, 124.

adfrĭcātĭo, *ōnis*, f., frottement: Cael.-Aur. *Acut.* 2, 33, 175.

adfrĭcō, *ās*, *āre*, *frĭcŭī*, *frictum*, tr., frotter contre: ***vitiosum locum arbori adfricant (pecudes)*** Col. 7, 5, 6, (les animaux) frottent contre un arbre l'endroit malade; ***attritu harenae sese adfricantis*** Sen. *Nat.* 2, 30, 2, par le frottement des sables qui s'entrechoquent ‖ communiquer par le frottement (par le contact): Sen. *Ep.* 7, 7.

adfrictŭs, *ūs*, m., frottement: *Sen. *Nat.* 5, 14, 4; Plin. 31, 72.

adfringō, *ĭs*, *ĕre*, -, -, C.▶ *adfrango*.

adfrĭō, *ās*, *āre*, -, -, tr., émietter sur, saupoudrer: Varr. *R.* 1, 57, 1.

adfūdī, parf. de *adfundo*.

adfulgĕō, *ēs*, *ēre*, *fulsī*, -, intr. ¶ 1 apparaître en brillant: ***navium speciem de caelo adfulsisse*** Liv. 21, 62, 4, [on racontait] que du ciel avaient apparu des feux en forme de bateaux; ***voltus ubi tuus adfulsit populo, soles melius nitent*** Hor. *O.* 4, 5, 7, quand ton visage jette ses rayons sur le peuple, les soleils ont plus

adfulgeo

d'éclat [chaque jour le soleil a...] ¶ **2** [fig.] apparaître, se montrer, luire : *Sardiniae recipiendae repentina spes adfulsit* Liv. 23, 32, 7, soudain brilla l'espoir de reprendre la Sardaigne, cf. 27, 28, 14 ; 29, 6, 2 ; *cum breve tempus libertas adfulsisset* Liv. 24, 32, 9, la liberté n'ayant brillé que peu de temps ; *et mihi talis aliquando fortuna adfulsit* Liv. 30, 30, 15, pour moi aussi jadis la fortune a eu ces sourires.

adfundō, *ĭs, ĕre, fūdī, fūsum*, tr. ¶ **1** verser (répandre) sur, contre : *ad radices aquam* Plin. 17, 263, répandre de l'eau sur les racines (ou avec dat., *radicibus* 17, 261) ; *venenum vulneri adfusum* Tac. An. 1, 10, poison versé sur la blessure ; *frigida in aqua adfunditur venenum* Tac. An. 13, 16, on verse le poison mélangé dans de l'eau froide, on mêle le poison à... ‖ [fig.] *hujus dignitati adjectis opibus aliquid splendoris adfundam* Sen. Ben. 4, 11, 6, en augmentant sa fortune, je donnerai un nouveau lustre à sa position, cf. *Ep.* 115, 3 ¶ **2** [sens réfléchi au pass.] se répandre sur : *si sol superiori tantum parti nubium adfunditur* Sen. Nat. 1, 8, 2, si le soleil se répand (répand ses rayons) seulement sur la partie supérieure des nuages ; *ut equitum tria milia cornibus adfunderentur* Tac. Agr. 35, de telle manière que trois mille cavaliers s'étendissent sur les ailes ; *amnis plurimis adfusus oppidis* Plin. 5, 113, le fleuve ayant baigné un grand nombre de villes ‖ [en particul. au part.] affaissé, prosterné : *adfusae jacent tumulo* Ov. M. 8, 540, elles gisent affaissées sur son tombeau ; *adfusus aris* Sen. Oed. 71, prosterné au pied des autels, cf. Ov. M. 9, 607 ¶ **3** [sens pass.] : *Caesaraugusta amne Ibero adfusa* Plin. 3, 24, Saragosse baignée par l'Èbre, cf. 28, 49.

adfurcillō, *ās, āre, -, -* (ad 2-, furcilla), tr., priver de soutien, secouer, ébranler : Gloss. 5, 6, 25.

adfūsĭo, *ōnis*, f., affusion, infusion : Pall. 3, 28 ; 2.

adfūsus, *a, um*, part. de *adfundo*.

adfŭtūrus, de *adsum*.

Adgar, v. *Agar*.

adgarrĭō, *īs, īre, -, -*, intr., adresser des sornettes à : Capel. 1, 2.

adgaudĕō, *ēs, ēre, -, -*, intr., se réjouir avec [dat.] : Paul.-Nol. Carm. 18, 14.

adgĕmō, *ĭs, ĕre, -*, intr., gémir avec qqn [alicui] : Stat. Th. 6, 112 ; 11, 247.

adgĕnĕrō, *ās, āre, -, -*, tr. (pass.), naître en plus : Tert. Marc. 4, 19, 10 ‖ [fig.] faire naître à côté (en ajoutant à) : Iren. 2, 10, 1.

adgĕnĭcŭlātĭo, *ōnis*, f., action de s'agenouiller : Hier. Quaest. 41, 43.

adgĕnĭcŭlŏr, *ārĭs, ārī, -*, intr., fléchir le genou devant qqn (*alicui*) : Tert. Paen. 9, 4.

adgĕrō (**agg-**), *ĭs, ĕre, gessī, gestum*, tr. ¶ **1** porter à (vers), apporter : *aquam* Pl. Poen. 224, apporter de l'eau ‖ *ingens adgeritur tumulo tellus* Virg. En. 3, 63, on apporte au tertre une masse de terre ; *adgesta humo e montibus* Curt. 6, 5, 20, avec de la terre apportée des montagnes ‖ entasser : *terram* Caes. C. 3, 49, 3 ; *limum* Cic. Ep. frg. VII, 5 M., entasser de la terre, du limon ; *cui sive adgeruntur vulgaria bona* Sen. Ep. 36, 6, soit que sur lui s'entassent les biens ordinaires ‖ *multa adgerebantur etiam insontibus periculosa* Tac. An. 3, 67, s'ajoutait plusieurs circonstances qui eussent été dangereuses même pour des innocents ¶ **2** [fig.] produire (alléguer) en masse : Tac. An. 2, 57 ; 13, 14.

adgestĭo, *ōnis*, f., apport (*terrae*, de terre) : Pall. 12, 7, 4.

adgestum, *i*, n., remblai, terrasse, rempart : Amm. 19, 8, 1.

1 **adgestus**, *a, um*, part. de *adgero*.

2 **adgestŭs**, *ūs*, m. ¶ **1** action d'apporter : *pabuli, materiae, lignorum* Tac. An. 1, 35, transport [par corvées] du fourrage, du bois de construction et de chauffage ; *tuto copiarum adgestu* Tac. H. 3, 60, avec la sécurité des approvisionnements ¶ **2** levée de terre, terrasse : Sen. Ep. 84, 12 ‖ tombe : Ps. Quint. Decl. 5, 6.

adglŏmĕrō, *ās, āre, āvī, ātum*, tr. (ajouter en formant pelote), rattacher (réunir) étroitement : *(se) lateri adglomerant nostro* Virg. En. 2, 341, ils (se) serrent à nos côtés ‖ *tenebras* Val.-Flac. 2, 197, rendre denses (épaissir) les ténèbres ; *fretum* Val.-Flac. 2, 499, soulever la mer comme en pelotes, la boursoufler.

adglūtĭnātĭo, *ōnis*, f., attachement, dévouement : Gloss. 2, 421, 56.

adglūtĭnātus, part. de *adglutino*.

adglūtĭnō, *ās, āre, āvī, ātum*, tr., coller à, contre : *novum prooemium tibi misi : tu illud desecabis, hoc adglutinabis* Cic. Att. 16, 6, 4, je t'ai envoyé un nouveau préambule, de ton côté, tu détacheras l'autre [du livre] et tu y colleras celui-ci ; *(medicamentum) fronti* Cels. 6, 6, 1, coller (un remède) contre le front ‖ [fig.] *ad aliquem se* Pl. Cis. 648, se coller (s'attacher) à qqn.

adgrăvātĭo, *ōnis*, f., surcharge : Arn.-J. Psalm. 44 ‖ pesanteur, malaise : Aug. Mus. 6, 14, 43.

adgrăvātus, *a, um*, part. de *adgravo*.

adgrăvescō (**-vascō**, Pacuv.), *ĭs, ĕre, -, -*, intr., s'alourdir : Pacuv. Tr. 69 ‖ s'aggraver [maladie] : Ter. Hec. 337.

adgrăvō, *ās, āre, āvī, ātum* (it. aggravare), tr., rendre plus lourd : *adgravatur pondus* Plin. 18, 117, le poids est augmenté ; *caput* Plin. 25, 50, rendre la tête lourde, entêter ‖ aggraver : *bello res adgravatae* Liv. 4, 12, 7, situation aggravée par la guerre ; *inopiam* Liv. 24, 36, 7, aggraver la disette ‖ *(beneficia) rationes nostras adgravatura, dum aliorum necessitates laxent* Sen. Ben. 4, 13, 2, (des bienfaits) qui peuvent bien charger nos comptes [grever notre budget], pourvu qu'ils allègent les besoins d'autrui ‖ *reum* Quint. 5, 7, 18, charger, accabler un accusé.

adgrĕdĭŏr, *dĕrĭs, dī, gressus sum* (*ad, gradior*), intr. et tr.

I intr. ¶ **1** aller vers, s'approcher : *silentio adgressi* Caes. C. 3, 50, 1, s'étant approchés en silence, cf. Virg. B. 6, 18 ‖ *quin ad hunc adgredimur ?* Pl. As. 680, que n'allons-nous à lui ?, cf. Bac. 1151 ; Merc. 248 ; *non repelletur inde, quo adgredi cupiet* Cic. de Or. 3, 63, on ne le repoussera pas [l'épicurisme] de la position où il désirera se porter [on ne l'empêchera pas d'aller au but qu'il vise] ¶ **2** [fig.] *ad petitionem consulatus adgredi* Cic. Mur. 15, entreprendre de briguer le consulat ; *ad causam* Cic. Balb. 18 ; *ad disputationem* Cic. Nat. 3, 7, aborder une cause, une discussion ; *ad dicendum* Cic. Brut. 139, se mettre à parler [commencer un discours] ; *ad injuriam faciendam* Cic. Off. 1, 24, en venir à commettre une injustice.

II tr. ¶ **1** aborder [*aliquem*, qqn] : Pl. Mil. 169 ; Cic. Q. 3, 1, 4 ; *Damasippum velim adgrediare* Cic. Att. 12, 33, 1, je voudrais que tu voies Damasippe ‖ *crudelitatem principis adgreditur* Tac. An. 16, 18, il s'adresse à la cruauté du prince ¶ **2** entreprendre qqn, chercher à le circonvenir : Cic. Verr. 2, 36 ; Clu. 40 ; Sall. J. 16, 4 ; *pecunia* Sall. J. 28, 1, avec de l'argent ; *pollicitationibus* Sall. J. 61, 4, avec des promesses ; *acrius adgreditur modestiam ejus* Tac. An. 2, 26, il livre un assaut plus vif à sa modestie ¶ **3** attaquer : *ex itinere nostros adgressi* Caes. G. 1, 25, 6, ayant attaqué les nôtres immédiatement après la marche [sans arrêt], cf. G. 2, 10, 2 ; 2, 9, 1 ; C. 2, 38, 4 ; *alteram navem adgressus* Caes. C. 3, 40, 1, ayant attaqué le second vaisseau ; *murum scalis adgredi* Sall. 57, 4, donner l'assaut au mur au moyen d'échelles, cf. Liv. 6, 8, 10 ‖ *lex Terentilla novos adgressa consules est* Liv. 3, 10, 5, la loi Térentilla attaqua [fut une arme contre] les nouveaux consuls ; *quid cum plebe adgredimur eum, quem per ipsam plebem tutius adgredi est ?* Liv. 6, 19, 6, pourquoi attaquons-nous cet homme et la plèbe en même temps, quand il est plus sûr de l'attaquer au moyen de la plèbe même ? ; *absentem adgredi* Nep. Alc. 4, 2, l'attaquer [= lui intenter une accusation] pendant son absence ¶ **4** aborder, entreprendre [*rem*, qqch.] : Cic. Att. 2, 14, 2 ; de Or. 3, 204 ; Or. 2 ; *causam* Cic. Fin. 4, 2, aborder une cause [en entreprendre la défense] ; *adgressi facinus* Liv. 42, 16, 5, ayant tenté ce coup ; *eloquentiam* Quint. 8, pr. 22, aborder l'éloquence ; *opus* Tac. H. 1, 2, entreprendre un travail (une œuvre) ‖ [avec inf.] *oppidum oppugnare adgressus* Caes. C. 3, 80, 7, ayant entrepris d'assiéger la place ; *Jugurtham beneficiis vincere adgressus est* Sall. J. 9, 3, il chercha à gagner (désarmer) Jugurtha par ses bienfaits ;

40

de quibus dicere adgrediar, si pauca prius de instituto meo dixero Cic. Off. 2, 1, or, je me mettrai à parler de cet objet, quand j'aurai dit d'abord quelques mots du but que je poursuis, cf. Ac. 2, 64.
▶ le sens passif " être abordé, attaqué " se trouve: Cic. Ep. frg. 2, 2 M. d. Prisc. 2, 383, 2, [au part.] " étant entrepris ": Just. 7, 6, 5 et Aug. Ord. 1, 4, 11 ‖ formes arch.: adgredīmur [4e conj.]: Pl. As. 680; adgredibor Pl. Pers. 15; adgrediri Pl. Truc. 251; 461; adgredirier Pl. Merc. 248; Ru. 601 ‖ adgretus = adgressus Enn. An. 588 ‖ supin adgressu Pl. Pers. 558.

adgrĕgātĭo, ōnis, f., adjonction, addition: Boet. Arith. 1, 20, 4.

adgrĕgo, ās, āre, āvī, ātum, tr. (ad gregem), adjoindre, associer, réunir: *ego te semper in nostrum numerum adgregare soleo* Cic. Mur. 16, j'ai l'habitude de te ranger toujours au nombre des nôtres; *si eodem ceteros undique collectos naufragos adgregarit* Cic. Cat. 1, 30, s'il ramasse au même point le reste des naufragés qu'il aura recueillis de tous côtés; *se ad amicitiam alicujus adgregare* Caes. G. 6, 12, 6, se ranger parmi les amis de qqn; *ad causam alicujus se adgregare* Cic. Fam. 1, 9, 11, se ranger au parti de qqn ‖ *aut vincentibus spes aut pulsis ira adgregat suos* Liv. 30, 11, 7, sont-ils vainqueurs? c'est l'espoir qui rassemble à leurs côtés leurs compagnons; sont-ils repoussés? c'est la colère; *antequam is quoque Vespasiani partibus adgregaretur* Tac. H. 2, 96, avant qu'il se rangeât lui aussi du côté de Vespasien, cf. Suet. Ner. 43; *nostras historias Graecorum fabulis* Tac. D. 3, associer des faits de notre histoire aux fables de la Grèce.

adgressĭo, ōnis, f., attaque, assaut: Cic. Or. 50 [fig.] ‖ [rhét.] épichérème: Quint. 5, 10, 4.

adgressŏr, ōris, m., agresseur: Ulp. Dig. 29, 5, 1, 35.

adgressūra, ae, f., agression: Ulp. Dig. 10, 2, 4, 2.

1 **adgressus**, a, um, part. de adgredior.

2 **adgressŭs**, ūs, m., attaque: Ulp. Dig. 36, 1, 18, 7.

adgretus, ▶ adgredior ▶.

adgŭbernō, ās, āre, -, -, gouverner, diriger: Flor. 2, 8, 1.

adgȳro, ās, āre, -, -, intr., tourner autour: Not. Tir. 96, 17 a.

ădhăbĭto, ās, āre, -, -, intr., habiter auprès: Gloss. 2, 422, 26.

ădhaerens, tis, part. prés. de adhaereo.

ădhaerĕō, ēs, ēre, haesī, haesum, intr., être attaché à: [avec dat.] *saxis* Liv. 5, 47, 5, être accroché aux rochers; *ancoris* Tac. An. 2, 23, aux ancres; [avec *in* abl.] *vincto in corpore adhaerent* Ov. M. 4, 694, ils tiennent embrassé son corps enchaîné; *sapiens adhaeret quidem in corpore suo* Sen. Ep. 65, 18, le sage est sans doute attaché à son corps ‖ [abs¹] se tenir (se maintenir) attaché: Lucr. 3, 557; 6, 914; Sen. Ep. 70, 20 ‖ être adhérent à: [dat.] Cic. Nat. 2, 137; Liv. 6, 10, 8; *continenti* Liv. 29, 35, 13, être adhérent au continent ‖ *tempus adhaerens* Quint. 5, 10, 46, moment qui se rattache immédiatement au précédent ‖ [fig.] *alicui*, être toujours aux côtés de qqn: Plin. 10, 51; Mart. 5, 41, 1; *nulli fortunae adhaerebat animus* Liv. 41, 20, 2, son esprit ne se tenait attaché à aucun genre de vie; *stativis castris* Tac. An. 3, 21, être assujetti à des campements de durée ‖ *praedia quibus inquilini adhaerent* Dig. 30, 112 pr., les fonds auxquels sont attachés des colons.

ădhaerescō, ĭs, ĕre, haesī, -, intr., s'attacher à ¶ 1 [au pr.] *ad rem, in rem, in re, in aliquo*: *ad turrim* Caes. G. 5, 48, 8, se fixer à la tour [en parl. d'un javelot], cf. C. 1, 28, 4; Cic. Dom. 13; *ne in hanc tantam materiem seditionis ista funesta fax adhaeresceret* Cic. Dom. 13, [éviter] que ce brandon funeste [Clodius] ne vînt [par son contact] allumer cet énorme foyer de révolte; *in lateribus* Cat. Agr. 152, s'attacher aux parois du vase; *creterrae* Hor. S. 2, 4, 80, s'attacher au cratère, cf. Virg. G. 3, 443; Plin. Ep. 8, 20, 7; Plin. 24, 176; *in me uno tela adhaeserunt* Cic. Dom. 63, c'est sur moi seul que se sont fixés les traits ¶ 2 [au fig.] *ad rem, rei*: *ad disciplinam* Cic. Ac. 2, 8, s'attacher à une école; *ad omnium vestrum studium* Cic. de Or. 3, 37, s'appliquer étroitement à votre goût à tous; *justitiae* Cic. Off. 1, 86, s'attacher à la justice; *egressibus* Tac. An. 11, 12, s'attacher aux pas de qqn quand il sort; *memoriae* Sen. Ep. 21, 6, se fixer dans la mémoire; *meo osculo non adhaesit* Sen. Ir. 2, 24, 1, le baiser qu'il m'a donné n'était pas appuyé; *prava fastidiis adhaerescunt* Cic. de Or. 1, 258, les défauts [de l'orateur] sont voués aux continuels dédains [de l'auditeur] ‖ *te extremum adhaesisse* Cic. Vat. 11, [pour une élection à la questure] tu es arrivé bon dernier accroché aux autres; *ita libere fluebat (oratio) ut nusquam adhaeresceret* Cic. Brut. 274, (son style) coulait si aisément que rien n'en suspendait le cours (rien n'accrochait).

ădhaesē, adv., en hésitant: Gell. 5, 9, 6.

ădhaesĭo, ōnis, f. (adhaereo), adhérence: Cic. Fin. 1, 19 ‖ adhésion: Aug. Serm. 216, 5.

ădhaesŭs, ūs, m., adhérence: Lucr. 3, 98; 4, 1242.

ădhālō, ās, āre, -, -, tr., toucher de son haleine: Plin. 22, 95.

Ădherbăl, ălis, m., fils de Micipsa, tué par Jugurtha: Sall. J. 5, 7; 9, 4.

ădhĭbĕō, ēs, ēre, bŭī, bĭtum (ad, habeo), tr., [suppose toujours application, relation à un objet]: mettre à, appliquer à, employer à ¶ 1 [avec *ad*] *ad consilium (aliquem)* Caes. G. 1, 40; *ad convivia* Cic. Verr. 5, 137, faire participer (qqn) à un conseil [à une assemblée], à des banquets; *ad majores causas adhiberi* Cic. Brut. 301, être employé à des causes plus importantes [procès]; *quem cibum, quos odores adhibebis ad deos?* Cic. Nat. 1, 112, de quel genre d'aliments, de parfums feras-tu offrande aux dieux? ‖ *ad panem nihil praeter nasturcium* Cic. Tusc. 5, 99, n'ajouter à son pain que du cresson; *quibus rebus ad illum primum motum animi adhibitis* Cic. Lae. 29, quand ces éléments d'utilité joignent leur appoint à ce premier mouvement du cœur ‖ *cum adhibemus ad eos orationem ejusmodi* Cic. Ac. 2, 32, quand nous leur adressons des paroles de la sorte ¶ 2 [avec *in*] *in convivium* Cic. Verr. 5, 28, faire venir dans un festin; *adhibuit sibi in consilium principes* Cic. Off. 2, 82, il s'adjoignit en conseil des notables; *in rem omnem diligentiam* Cic. Fam. 16, 9, 4, mettre toute son attention sur une chose ‖ *in aliquem crudelitatem* Cic. Dom. 60; *in famulos saevitiam* Cic. Off. 2, 24, montrer de la cruauté contre qqn, appliquer un traitement cruel aux esclaves ¶ 3 [avec dat.] *sanae parti corporis scalpellum* Cic. Sest. 135, porter le scalpel sur une partie saine du corps; *aegro medicinam* Cic. de Or. 2, 186, appliquer un remède à un malade; *alicui calcaria* Cic. Brut. 204, appliquer à qqn l'éperon; *deis cultus, honores, preces* Cic. Nat. 1, 3, adresser aux dieux un culte, des honneurs, des prières ‖ *convivio aliquem* Liv. 23, 8, 5; *cenae* Quint. 11, 2, 12; Plin.; Suet., admettre qqn à sa table; *consiliis publicis sacerdotes* Cic. Div. 1, 95, admettre des prêtres aux assemblées officielles ¶ 4 appliquer, employer: *oratorem* Cic. Clu. 139, employer un orateur, recourir à un orateur; *adhibitis omnibus Marcellis* Cic. Verr. 2, 122, ayant fait appel à tous les Marcellus; *quod amici genus adhibere levitatis est* Cic. Lae. 93, admettre ce genre d'amis serait de la légèreté; *omnes propinqui adhibebantur* Cic. Verr. 5, 120, tous les proches étaient admis [à ces tractations] ‖ *potionem, cibum* Cic. CM 36, employer la boisson, la nourriture; *doctrinam* Cic. Brut. 44, faire appel à la science; *eandem fidem, majorem curam* Cic. Att. 3, 15, 7, apporter la même sincérité de sentiments, mais une sollicitude plus active; *studium atque aures* Cic. Arch. 5, apporter du goût et une oreille de connaisseur; *severitatem in aliquo* Cic. Fin. 1, 24, montrer de la sévérité à propos de qqn ‖ *aliquem ducem* Cic. Tusc. 5, 112; *arbitrum* Cic. Mur. 7; *patronum* Cic. Sull. 13, employer qqn comme chef, comme arbitre, comme défenseur ¶ 5 *aliquem liberaliter* Cic. Q. 1, 1, 16; *quam liberalissime* Cic. Verr. 5, 70; *severius* Cic. Att. 10, 12, 3, traiter qqn libéralement, le plus libéralement possible, avec quelque sévérité ‖ *sic se adhibere in tanta potestate, ut...* Cic. Q. 1, 1, 22, dans l'exercice d'un si grand pouvoir, se comporter de telle manière que... ‖ *rebus modum et ordinem*

adhibeo

Cic. Off. 1, 17, apporter de la mesure et de l'ordre dans les affaires de la vie ; *belli necessitatibus patientiam* Liv. 5, 6, 3, apporter de l'endurance dans les nécessités de la guerre ‖ *motus, quos orator adhibere volet judici* Cic. de Or. 2, 189, les passions que l'orateur voudra faire éprouver au juge ‖ *vim alicui* Cic. Verr. 4, 116, exercer des violences sur qqn ; [au fig.] Cic. Amer. 31, avoir de l'action (de l'influence) sur qqn.

ădhĭbĭtĭo, ōnis, f., emploi, usage : M.-Emp. 15, 1 ‖ admission : Gai. Epit. 1, 1.

ădhĭbĭtus, a, um, part. de adhibeo.

ădhinnĭō, īs, īre, īvī, ītum ¶ 1 intr., hennir à [qqn ou qqch.] : *equo* Plin. 35, 95 ; Ov. A. 1, 280, hennir à la vue d'un cheval ; *ad illius hanc, orationem adhinnivit* Cic. Pis. 69, il poussa des hennissements [il eut des transports de joie] aux propos que tenait ce philosophe ¶ 2 tr., *equolam* Pl. Cis. 307, hennir à une cavale.

ădhŏc, ⬛ adhuc [mss].

ădhortāmĕn, ĭnis, n., ⬛ adhortatio : Apul. Flor. 18.

ădhortātĭō, ōnis, f., exhortation : Cic. de Or. 2, 11 ; [avec gén. objectif] *capessendi belli* Liv. 31, 15, 4, exhortation à entreprendre la guerre.

ădhortātīvus, a, um, qui sert à exhorter : Diom. 338, 11.

ădhortātŏr, ōris, m., qui exhorte : *operis* Liv. 2, 58, 7, qui anime au travail.

ădhortātōrĭē, adv., de manière à encourager : Alcim. Ep. 16.

1 ădhortātus, a, um, part. de adhortor.

2 ădhortātŭs, ūs, m., [seul[t] à l'abl.] exhortation : Apul. Apol. 102.

ădhortŏr, ārĭs, ārī, ātus sum, tr., exhorter, encourager qqn : *aliquem* Cic. Caes. ; Liv. ; *ad rem, ad rem faciendam*, exhorter à qqch., à faire qqch. : Cic. Phil. 2, 89 ; 13, 7 ; Caes. G. 7, 68, 3 ‖ *in rem* : Sen. Ep. 94, 37 ; Tac. H. 3, 61 ; Suet. Ner. 41 ‖ *de re*, à propos de qqch. : Caes. G. 7, 17, 2 ; Cic. Att. 2, 14, 2 ‖ [avec le subj.] *adhortor properent* Ter. Eun. 583, je les exhorte à se hâter ; Cic. Frg. phil. 5, 46 M ; Liv. 6, 15, 5 ; 22, 60, 10 ; Sen. Ep. 99, 32 ‖ [avec *ut*] exhorter à [constr. ordin.] ‖ [avec *ne*] exhorter à ne pas : Caes. G. 6, 37, 10 ; 7, 40, 4 ; C. 1, 34, 3 ; Liv. 23, 25, 2 ‖ [avec inf.] Sen. Ir. 3, 15, 3 ; Plin. Pan. 66.

▶ part. *adhortatus* [sens pass.] Cassius d. Prisc. 2, 380, 2 ; Cael.-Aur. Acut. 2, 3, 17.

ădhospĭtō, ās, āre, -, -, rendre favorable : Dict. 1, 15.

ădhūc, adv. (ad, huc ; esp. *aún*) ¶ 1 jusqu'ici, jusqu'à ce moment, jusqu'à maintenant : *diligenter, sicut adhuc fecistis, attendite* Cic. Verr. 4, 102, écoutez attentivement, comme vous l'avez fait jusqu'ici ; *quae adhuc numquam audistis (commemorabo)* Cic. Verr. 5, 9, (je mentionnerai) des choses que vous n'avez jamais entendues jusqu'ici ; *quod adhuc non amisi* Cic. CM 28, et [cette sonorité de la voix] je ne l'ai pas encore perdue ; *usque adhuc*, jusqu'à maintenant : Pl. ; Ter. ; Cic. Rep. 2, 36 ‖ *scripsi me cognosse eloquentem adhuc neminem* Cic. de Or. 1, 94, j'ai écrit que je n'avais connu encore aucun homme vraiment éloquent ¶ 2 encore maintenant, encore toujours : *id quod adhuc est suspiciosum* Cic. Amer. 18, ce qui maintenant encore n'est qu'un soupçon ; *minus moleste feremus nos vixisse et adhuc vivere* Cic. Att. 3, 14, 1, je supporterai avec moins de peine d'avoir vécu et de vivre encore ; *jampridem ab eo peto ut... et adhuc impetrare non possum* Cic. Verr. 2, 29, depuis longtemps je lui demande de... et je ne puis toujours pas l'obtenir ¶ 3 [non classique] encore [référant au passé ou au futur] : *cum vigerem adhuc viribus* Luc. 28, 40, 10, alors que j'étais encore dans toute la vigueur de mes forces ; *omnes adhuc tibi favebunt* Luc. 7, 212, tous seront encore de cœur avec toi ‖ encore, en outre, davantage : *Agricola militem accendendum adhuc ratus* Tac. Agr. 33, Agricola pensant qu'il devait allumer le soldat davantage ‖ [devant compar.] *adhuc difficilior* Quint. 1, 5, 22, encore plus difficile ; *adhuc puncto minus* Sen. Ep. 49, 3, encore moins qu'un point.

▶ [sens temporel] *adhuc locorum* Pl. Cap. 385, "jusqu'à maintenant".

ădhūcine, ⬛ adhucne : Apul. M. 9, 3.

Adiabari, ōrum, m. pl., peuple d'Éthiopie : Plin. 6, 189.

Adiabās, ae, m., fleuve d'Assyrie : Amm. 23, 6, 20.

Ădĭăbēnē, ēs, **Ădĭăbēna**, ae, f., Adiabène [contrée d'Assyrie] Atlas I, D7 : Plin. 5, 66 ; Amm. 23, 6, 20 ‖ **-bēnus**, a, um, de l'Adiabène : Tac. An. 12, 14 ‖ **-bēni**, ōrum, m. pl., habitants de l'Adiabène : Tac. An. 12, 13 ; 15, 1.

ădĭantum, i, n. (ἀδίαντον), capillaire [plante] Plin. 22, 62.

Ădĭātōrix, īgis, m., roi des Comaniens, fait prisonnier par Octave à Actium : Cic. Fam. 2, 12, 2.

ădībĭlis, e, abordable : Cassiod. Eccl. 11, 18.

ădĭcĭō, ĭs, ĕre, -, -, ⬛ adjicio.

ădĭens, ĕuntis, part.prés. de 2 adeo.

ădĭgō, ĭs, ĕre, ēgī, actum (ad, ago), tr., pousser vers ¶ 1 **a)** *pecore e vicis adacto* Caes. G. 7, 17, 3, en faisant amener du bétail des bourgades ; *quis deus Italiam vos adegit ?* [acc. poét.] Virg. En. 9, 598, quel dieu vous a poussés en Italie ? ‖ *arbitrum adigere aliquem*, passer, faire citer qqn devant l'arbitre : Cic. Com. 25 ; Off. 3, 66 **b)** *tigna fistucis* Caes. G. 4, 17, 4, enfoncer des pilotis avec des moutons ; *scalprum in articulo* Liv. 27, 49, 1, enfoncer un ciseau au point de jonction [de la tête et du cou] ; [d'où, en poésie] *alte vulnus adactum* Virg. En. 10, 850, coup porté profondément **c)** *telum*, lancer un trait de manière qu'il porte à un but : *ex inferiore loco tela adigi non possunt* Caes. G. 3, 14, 4, lancés d'en bas les traits ne peuvent parvenir au but ; *ex locis superioribus in litus telum adigi potest* Caes. G. 4, 23, 3, lancé d'en haut un trait peut atteindre le rivage **d)** *turri adacta* Caes. G. 5, 43, 6, une tour ayant été approchée ; *naves* Tac. An. 2, 7, amener des vaisseaux ¶ 2 [fig.] pousser à, forcer à, contraindre à **a)** *in faciem prorae pinus adacta* Prop. 3, 29, 14, pin façonné en forme de proue **b)** *ad insaniam* Ter. Ad. 111, pousser à la folie, cf. Sen. Ep. 121, 7 ‖ [avec subj. seul] Pl. Ru. 681 ; [avec inf.] *tua me imago haec limina tendere adegit* Virg. En. 6, 695, c'est ton image qui m'a poussé à descendre en ce séjour, cf. 7, 113 ; Sen. Ir. 2, 36, 6 ; Tac. An. 4, 29 ; 4, 45 ; 6, 27 **c)** [expr. consacrées] *jus jurandum alicui adigere* Cic. Ac. 2, 116 ; Caes. C. 1, 76, 3 ; *ad jus jurandum aliquem* Sall. C. 22, 1 ; Caes. G. 7, 67, 1 [ms. β] ; *jure jurando* Caes. G. 7, 67, 1 [ms. α] ; Liv. 2, 1, 9 ; 21, 1, 4 ; 22, 38, 2 ; 24, 16, 2, faire prêter serment à qqn ; *adigere jurejurando ne nubat liberta* Dig. 37, 14, 6 pr. 2, contraindre une affranchie à jurer qu'elle ne se mariera pas ; *in verba alicujus aliquem jus jurandum adigere* Caes. C. 2, 18, 5, faire prêter serment à qqn dans les termes [suivant la formule] qu'une personne indique [c.-à-d. faire prendre à qqn un engagement solennel envers une personne] ; simpl[t] [*in verba adigere*] Liv. 7, 5, 6 ; Plin. Pan. 64, 1 ; Tac. H. 2, 14.

▶ *adaxint = adegerint* Pl. Aul. 50.

ădĭī, parf. de 2 adeo.

Ădīmantus, i, m., Adimante, nom de divers pers. : Ov. Ib. 327 ; Nep. Alc. 7, 1.

ădĭmō, ĭs, ĕre, ēmī, emptum (ad, emo), tr., enlever ¶ 1 : *aliquid alicui* qqch. à qqn : Cic. Verr. 4, 46 ; 5, 175 ; *aspectum solis* Cic. Ac. 2, 61, enlever la vue du soleil ; *vitam* Cic. Planc. 101, ôter la vie [à qqn] ‖ révoquer : *peculium* Dig. 15, 1, 4 pr., la concession du pécule ; *libertatem* Dig. 28, 2, 13, 1, un affranchissement testamentaire ; *hereditatem* Dig. 28, 2, 13, 1, une succession ‖ *dolores, poenas* Cic. Cat. 4, 8, supprimer les douleurs, les châtiments ‖ *leto aliquem* Hor. O. 3, 22, 3, arracher qqn à la mort ‖ *equum* Liv. 27, 11, 14, ôter [à un chevalier pour indignité] le cheval fourni par l'État ‖ [avec *ab*] *rem ab aliquo* Cic. Verr. 4, 151 ; Prisc. 3, 280, 13 ‖ [avec l'inf.] [poét.] *adimam cantare severis* Hor. Ep. 1, 19, 9, j'interdirai de chanter aux gens austères, cf. Ov. Pont. 1, 7, 47 ; Sil. 9, 160 ; 9, 425 ‖ [avec *ut*] Carm. Epigr. 170, 2 ; [avec *ne*] Pl. Mil. 588 ¶ 2 [chez les poètes] *casus, fortuna, mors aliquem adimit*, le sort, la destinée, la mort enlève qqn ; [d'où] *ademptus, a, um*, enlevé par la mort : Hor. O. 2, 9, 10 ; Catul. 67, 20 ; Curt. 8, 8, 17.

▶ *adempsit = ademerit* Pl. Ep. 363.

ădimplĕō, ēs, ēre, ēvī, - (it. adempiere), tr., remplir: Col. 12, 43 ‖ [fig.] **a)** combler: Vulg. Psal. 15, 10 **b)** accomplir, réaliser [les prophéties, les Écritures]: Tert. Marc 3, 5, 1; **voluntatem testatoris** Dig. 34, 5, 25, accomplir la volonté du testateur.
▶ inf. parf. adimplesse Marcian. Dig. 39, 5, 20.

ădimplētĭō, ōnis, f., action de remplir, d'exécuter: Aug. Serm. 350, 1 ‖ accomplissement: Tert. Marc. 4, 33, 9 ‖ assouvissement: Hier. Ep. 121, 10.

ădimplētŏr, ōris, m., celui qui accomplit: Aug. Serm. 232, 3.

ădimplētus, part. de adimpleo.

ădimpugnō, ās, āre, -, -, tr., attaquer: Avell. 491, 16.

ădincrēscō, ĭs, ĕre, -, -, intr., croître, augmenter: Vulg. Eccli. 23, 3.

ădindō, ĭs, ĕre, indĭdī, indĭtum, tr., introduire en sus: Cat. Agr. 18, 9.

ădinflō, ās, āre, -, -, tr., enfler: Aug. Civ. 19, 23.

ădingrĕdĭŏr, dĕrĭs, dī, -, tr., pénétrer dans, prendre possession de qqch.: Nov.-Just. 121, pr..

ădinquīrō, ĭs, ĕre, -, -, tr., s'enquérir: Jul.-Val. 1, 41.

ădinstar, V.▶ instar.

ădinsurgō, ĭs, ĕre, -, -, V.▶ adsurgo: *Liv. 22, 4, 2.

ădintellĕgō, ĭs, ĕre, -, -, tr., comprendre avec: Mar. Vict. Ar. 1, 42.

ădinvĕnĭō, īs, īre, -, -, tr., découvrir: Serv. En. 6, 603.

ădinventĭō, ōnis, f., découverte: Iren. 1, 16, 1 ‖ pensée, idée: VL. Sap. 9, 14 d. Aug. Civ. 12, 16.

ădinventŏr, ōris, m., inventeur: VL. Rom. 1, 30 d. Cypr. Ep. 67, 9, 2.

ădinventum, i, n., invention: Tert. Scorp. 1, 9.

ădinventus, a, um, part. de adinvenio.

ădinvestīgō, ās, āre, -, -, rechercher: Ps. Boet. Geom. p. 400, 1.

ădinvĭcem, ▶ invicem: Hier. Ep. 51, 8.

ădĭpālĭs, e (adeps), gras: Arn. 3, 25.

ădĭpātus, a, um (adeps), gras; [au fig., en parl. de style] épais: Cic. Or. 25 ‖ pl. n., adipata Juv. 6, 630, pâté gras.

ădĭpēs, is, V.▶ adeps.

ădĭpĕus, a, um, gras, vigoureux: Hier. Ep. 147, 8.

ădĭpiscendus, a, um, adj. verb. de adipiscor.

ădĭpiscentĭa, ae, f., compréhension: Cassian. Inc. 5, 11, 4.

ădĭpiscŏr, scĕrĭs, scī, adeptus sum (ad, apiscor), tr., atteindre [au pr. et fig.]: **quos sequebantur non sunt adepti** Liv. 24, 1, 11, ils n'atteignirent pas ceux qu'ils poursuivaient; **senectutem** Cic. CM 4, atteindre la vieillesse; **plurimis inimicitiis honores** Cic. Verr. 5, 181, au prix de haines sans nombre, parvenir aux magistratures ‖ **ex bello aliquid** Cic. Verr. 5, 42, tirer qqch. de la guerre; **a populo** Cic. Clu. 118, obtenir qqch. du peuple ‖ **senatoriam dignitatem** Dig. 50, 1, 23 pr., accéder à la dignité de sénateur; **possessionem** Dig. 41, 2, 18, 1, acquérir la possession ‖ [avec gén.] **rerum adeptus est** Tac. An. 3, 55, il s'empara du pouvoir, cf. apiscor; Tac. An. 6, 45; Carm. Epigr. 466, 2 ‖ [avec ut subj.] obtenir que: Cic. Verr. 2, 51; Tac. An. 6, 8; [avec ne] obtenir de ne pas: Cic. Mil. 44 ‖ [sujet nom de chose] **quae illa (victoria) erat adepta** Cic. Marc. 12, les avantages que cette (victoire) avait acquis; **a Tarpeio mons est cognomen adeptus** Prop. 4, 4, 93, le mont a tiré (pris) son nom de Tarpéius ‖ [sens passif au part.] V.▶ adeptus.
▶ inf. arch. adipiscier Pl. Cap. 483; Ter. And. 332.

ădips, V.▶ adeps ▶.

ădipsathĕŏn, i, n. (grec), astragale [plante]: Plin. 24, 112.

ădipsōs, i, f. (ἄδιψος), palmier [dont le fruit calme la soif]: Plin. 12, 103 ‖ réglisse [plante]: Plin. 22, 26.

Ădipsōs, i, f., **Ădipsŏn**, i, n., Adipse [ville de l'Égypte inférieure]: Plin. 6, 167.

ădĭtĭālĭs, e (aditus), aditialis cena, repas offert par un magistrat entrant en charge: Varr. R. 3, 6, 6; Plin. 10, 45.

ădĭtĭcŭla, ae, f., **ădĭtĭcŭlus**, i, m. (dim. de 2 aditus), petite entrée, petit passage: Jul.-Val. 3, 45; P. Fest. 26, 2.

ădĭtĭō, ōnis, f. (2 adeo), action d'aller à: **quid tibi hanc aditiost?** Pl. Truc. 622, qu'as-tu à venir la trouver? ‖ action de se présenter: **praetoris** Dig. 39, 1, 2 ‖ **hereditatis** [ou seul] Dig. 50, 17, 77, acceptation d'une succession [déclaration solennelle par laquelle un certain type d'héritier devait accepter une succession]; cf.▶ adeo II ¶ 2 ‖ **alicujus**: Ulp. Dig. 39, 1, 1, 2 ‖ action de se porter pour héritier; Pap. Dig. 50, 17, 77.

ădĭtō, ās, āre, āvī, -, intr. (fréq. de 2 adeo), aller fréquemment vers: Enn. Tr. 394.

1 ădĭtus, a, um, part. de 2 adeo.

2 ădĭtŭs, ūs, m., action d'approcher, approche ¶ **1 urbes uno aditu captae** Cic. Pomp. 21, villes prises du seul fait d'approcher; **hostium aditus urbe prohibere** Cic. Phil. 5, 9, défendre la ville contre l'approche des ennemis ¶ **2** abord, accès: **in id sacrarium non est aditus viris** Cic. Verr. 4, 99, les hommes n'ont pas accès dans ce sanctuaire; **litoris** Cic. Verr. 5, 85, l'accès du rivage ‖ [en parl. des pers.]: **ad aliquem** Cic. Pomp. 41; Att. 6, 2, 5, accès auprès de qqn; **scilicet aspera mea natura, difficilis aditus** Cic. Vat. 8, évidemment j'ai un caractère âpre, un abord difficile ¶ **3** entrée [temples, monuments, camps]: Cic. Verr. 2, 160; Arch. 27; Scaur. 47; Phil. 2, 89; Caes. G. 6, 37, 5 ¶ **4** [fig.] entrée, accès: **ad consulatum** Cic. Mur. 17, au consulat; **in illum summum ordinem** Cic. Sest. 137, dans cet ordre éminent ‖ **misericordiae** Cic. Verr. 5, 21, accès à la pitié; **laudis** Cic. Pomp. 1, à la gloire; **honorum** Cic. Planc. 59, aux magistratures ¶ **5** possibilité [de qqch.]: **sermonis aditum habere** Caes. G. 5, 41, 1, [avoir des] possibilité de s'entretenir; **commendationis aditum ad aliquem** Caes. C. 1, 74, 5, avoir des possibilités (moyens) de recommandation auprès de qqn; **si qui mihi erit aditus de tuis fortunis agendi** Cic. Fam. 6, 10, 2, si j'ai quelque possibilité de m'employer pour tes biens; **neque aditum neque causam postulandi justam habere** Caes. G. 1, 43, 5, n'avoir aucun titre, aucune raison légitime pour demander.

adiuĕrō, c.▶ adjŭĕrō pour adjūvĕrō, V.▶ adjuvo ▶.

ădīvī, parf. de 2 adeo.

adjăcens, tis (fr. aise), part. de adjaceo.

adjăcentĭa, ae, f. (fr. aisance), bonne disposition: Aug. Nat. grat. 51.

adjăcĕō, ēs, ēre, cŭī, -, intr., être couché auprès; être situé auprès: **ad Aduatucos** Caes. G. 6, 33, 2, auprès du pays des Aduatuques ‖ [avec acc.] **quae illud mare adjacent** Nep. Tim. 2, 1, [nations] qui touchent cette mer; **Etruriam** Liv. 7, 12, 6, toucher l'Étrurie ‖ [avec dat.] **Aduatucis** Caes. G. 6, 33 [ms. β]; **qui adest Vulturno adjacent flumini** Liv. 10, 31, 2, [le pays] qui borde le fleuve Vulturne, cf. 2, 49, 9; 26, 42, 4; Plin. Ep. 2, 17, 15 ‖ [absᵗ] **adjacentes populi** Tac. An. 13, 55, peuples du voisinage; **adjacet templum** Plin. Ep. 8, 8, 5, à côté se trouve un temple; **adjacebant fragmina telorum** Tac. An. 1, 61, à côté gisaient des fragments de traits ‖ [n. pl. pris substᵗ] **adjacentia**, environs: Plin. 37, 137; Tac. An. 1, 79.

adjăcŭlŏr, ārĭs, ārī, ātus sum (ad, jaculor), tr., lancer contre [pass. au part. parf.]: Capel. 2, 169.

adjectāmentum, i, n., ce qu'on ajoute à un mot, suffixe: Char. 160, 22.

adjectīcĭus, a, um, ajouté, qui est en sus: Cassiod. Var. 11, 8, 4.

adjectĭō, ōnis, f. (adjicio), action d'ajouter ¶ **1 Romana res adjectione populi Albani aucta** Liv. 1, 30, 6, la puissance romaine augmentée par l'annexion du peuple albain; **Emeritensibus familiarum adjectiones dedit** Tac. H. 1, 78, il accorda l'envoi de nouvelles familles à la colonie de Merida ‖ **paulatim illiberali adjectione...** Liv. 38, 14, 4, peu à peu en augmentant [ses offres] d'une manière mesquine... ¶ **2** surenchère dans une vente: **pretio adjectio fit** Dig. 18, 2, 17, le prix a fait l'objet d'une surenchère; Ulp. Dig. 18, 2, 11 ¶ **3** [rhét.] répétition d'un mot dans une phrase: Quint. 9, 3, 18 ¶ **4** [en archit.] saillie, renflement au milieu d'un fût de colonne: Vitr. 3, 3, 13; 3, 4, 5.

adjectivus

adjectīvus, *a, um*, qui s'ajoute ‖ *adjectivum (nomen)*, adjectif : Pomp.-Gr. 5, 147, 12 ; Prisc. 2, 58, 20 ; 84, 4 ; Macr. Sat. 1, 4, 9.

1 adjectus, *a, um* (it. *aggetto*), part. de *adjicio*.

2 adjectŭs, *ūs*, m., action de mettre en contact : Lucr. 4, 673 ; Vitr. 9, 8, 6.

adjĭcĭō, *ĭs, ĕre, jēcī, jectum* (ad, jacio), tr.
I jeter vers, (à) ¶ **1** [au pr.] *adjectis funium laqueis* Curt. 7, 11, 15, ayant lancé [sur les rochers] des cordages en forme de nœuds coulants ; *ne adjectae voces laberentur* Cic. Nat. 2, 144, pour éviter que les sons lancés dans la direction [des oreilles] ne se perdissent ¶ **2** [fig.] *oculos ad rem* Pl. As. 767 ; Cic. Agr. 2, 25, jeter les yeux sur qqch. (qqn) ; *hereditati* Cic. Verr. 2, 37, jeter les yeux sur un héritage ‖ *animum rei*, porter, attacher son esprit (sa pensée) à qqch., envisager qqch. : Liv. 22, 2, 8 ; 28, 33, 9 ; *ad rem* Liv. 25, 37, 17 ; 36, 8, 4 ou [arch.] *rem* Pl. Merc. 334.
II ajouter à ¶ **1** [avec ad] *duas legiones ad Servilianum exercitum* Liv. 22, 11, 3, ajouter deux légions à l'armée de Servilius ; *numero ad summam tritici adjecto* Cic. Verr. 3, 188, une certaine quantité de froment étant ajoutée au total dû ; *ad belli laudem ingenii gloriam* Cic. Off. 1, 116, ajouter au renom guerrier la gloire du génie ‖ [avec dat.] Cic. Fin. 4, 29 ; Liv. 35, 48, 4 ; *collegam ei Flaccum adjecerunt* Liv. 39, 41, 4, comme collègue ils lui adjoignirent Flaccus ‖ *fessis nivis casus ingentem terrorem adjecit* Liv. 21, 35, 6, à leur fatigue la chute de la neige ajouta un grand effroi ; *nomen alicui* Liv. 7, 22, 2, adjoindre un prénom à (au nom de) qqn ; *voluminibus pulchritudinem adjicit magnitudo* Plin. Ep. 1, 20, 5, la longueur donne aux volumes de la beauté en surcroît ; *novitas adjicit calamitatibus pondus* Sen. Ep. 91, 3, l'étrangeté augmente le poids des calamités ‖ [abs‍ᵗ] *beneficio adjicit, injuriae demit* Sen. Ep. 81, 6, il ajoute au bienfait, il retranche à l'injustice ‖ *hoc metu adjecto* Cic. Att. 3, 8, 2, avec cette crainte par surcroît ¶ **2** ajouter [par la parole ou l'écriture], dire, écrire en outre : *adjecit locum, socios, diem* Sen. Clem. 1, 9, 9, il ajouta (il indiqua en outre) l'endroit, les complices, le jour ; *adjicit Senecam* Tac. An. 15, 56, il désigne ensuite Sénèque ‖ [avec prop. inf.] *adjecit... neminem nisi equitem id gerere insigne* Liv. 23, 12, 2, il ajouta que les chevaliers seulement portaient cet insigne ‖ [abl. abs. du part. n. *adjecto* suivi de prop. inf.] *Tac. An. 4, 70 ‖ [avec quod, "ce fait que"] *adjicere his longum est quod... confecit* Sen. Ir. 3, 19, 5, il serait trop long d'ajouter à cela qu'il fit périr... ‖ *adjice*, ajoute à cela ; *adjice quod*, ajoute que : *adjicite ad haec* Liv. 23, 5, 8 ; *adjice huc* Sen. Ot. 8, 1, ajoutez à cela, ajoute à cela ‖ [avec interrog. indir.] *adjice, ut idem patrem reum defendat, ut...* Sen.

Ben. 3, 33, 2, ajoute comment ce même [héros] défend son père accusé..., comment... ¶ **3** mettre une enchère : *supra* Cic. Verr. 3, 77, surenchérir ¶ **4** [tard.] [avec inf.] continuer de : Lact. Epit. 38, 6 ; Vulg. 1 Reg. 3, 6.

adjŏcor, *āris, āri*, -, intr., jouer auprès ou avec : Chrysol. Serm. 152.

adjūdĭcātĭō, *ōnis*, f., adjudication : Dig. 10, 1, 2, 1 [terminant une action en bornage] ; Dig. 28, 5, 79 pr. [terminant une action en partage successoral].

adjūdĭcātus, *a, um*, part. de *adjudico*.

adjūdĭcō, *ās, āre, āvī, ātum*, tr., adjuger : *aliquid alicui* Cic. Agr. 2, 58, adjuger qqch. à qqn ; [not‍ᵗ dans une action en partage] Dig. 10, 2, 12 pr. ; *sibi controversiosam rem* Liv. 3, 72, 5, s'attribuer l'objet en litige ; *causam alicui* Cic. de Or. 2, 129, donner gain de cause à qqn, prononcer en faveur de qqn ‖ *aliquid Italis armis* Hor. Ep. 1, 18, 57, soumettre qqch. aux armes romaines [par une simple sentence] ; *in senatu mihi salutem imperii adjudicavit* Cic. Att. 1, 19, 7, il m'a attribué en plein sénat le salut de la puissance romaine [le mérite d'avoir sauvé...] ‖ *morti* Vulg. Deut. 21, 22, condamner à mort ‖ [abs‍ᵗ] condamner : Aug. Civ. 20, 30.
▶ *adioudicari* CIL 1, 585, 62.

adjŭero, V. *adjuvo* ▶.

adjŭgātus, *a, um*, part. de *adjugo*.

adjŭgō, *ās, āre*, -, -, tr., lier : Col. 4, 17, 6 ; Plin. 17, 175 ‖ [fig.] joindre, unir : Pacuv. Tr. 93 ; 195.

adjūmentum, *i*, n. (*adjuvo*), aide, secours, assistance : Cic. Brut. 301 ; Or. 13 ; Lae. 46 ‖ *belli adjumenta* Cic. Verr. 5, 124, aide pour la guerre, cf. Mur. 53 ; de Or. 2, 303 ; *ad aliquid* Cic. Fin. 5, 39 ; Off. 1, 1 ; *in aliqua re* Cic. Mur. 14 ; Planc. 23 ; Att. 12, 31, 2 ‖ *adjumento esse alicui* Cic. Verr. 5, 103 ; Mur. 53, apporter du secours à qqn.

adjunctĭō, *ōnis*, f. (*adjungo*), action de joindre, d'ajouter : *adjunctio animi* Q. Cic. Pet. 20, inclination de l'âme, sympathie ; *ad hominem naturae* Cic. Att. 7, 2, 4, rapprochement naturel d'un homme vers un autre homme ‖ [rhét.] l'adjonction [figure qui consiste à placer en tête ou en queue d'une phrase à plusieurs membres le verbe qui porte sur chacun d'eux] : Her. 4, 38 ; Cic. de Or. 3, 206 ; Quint. 9, 3, 62 ‖ addition qui limite, restreint une pensée : Cic. Inv. 2, 171 ; 2, 172.

adjunctīvus, *a, um*, qui s'ajoute : *adjunctivus modus* Diom. 340, 24, mode subjonctif.

adjunctŏr, *ōris*, m., qui fait ajouter : Cic. Att. 8, 3, 3.

adjunctus, *a, um* ¶ **1** part. de *adjungo*. ¶ **2** adj., lié, attaché : *mare adjunctum* Curt. 5, 4, 9, la mer attenante ; *quae propiora hujusce causae et adjunctiora sunt* Cic. Clu. 30, ce qui se rapproche davantage de sa cause et s'y lie plus étroitement ; *in adjunctis aevoque morabimur aptis* Hor. P. 178, nous nous arrêterons aux traits qui se lient et s'attachent à un âge déterminé ‖ [n. pris subst‍ᵗ] : *pietatis adjunctum* Cic. Leg. 2, 54, une partie intégrante de la piété ; *argumenta ex adjunctis ducta* Cic. Top. 11, arguments tirés de circonstances accessoires, cf. Quint. 5, 10, 74 ‖ *adjunctissimus* *Arn. 7, 39.

adjungō, *ĭs, ĕre, junxī, junctum* (ad, jungo ; it. *aggiungere*), tr., joindre à [au pr. et fig.] ¶ **1** [avec dat.] *plostello mures* Hor. S. 2, 3, 247, atteler des rats à un petit chariot ; *ulmis vites* Virg. G. 1, 2, unir la vigne à l'ormeau ; *natantibus invehens beluis adjunctis humano corpori* Cic. Nat. 1, 78, [Triton] s'avançant sur les flots grâce à l'adjonction à son corps humain d'animaux nageants ; *legioni legionem adjungere* Caes. C. 3, 89, 1, ajouter une légion à une autre ; *montem urbi* Cic. Rep. 2, 33, ajouter une montagne à la ville ; *loca finitima provinciae* Caes. G. 3, 2, 5, annexer à la province les régions limitrophes ; *sibi auxilia* Cic. Cat. 3, 12, s'adjoindre des secours ; *infimorum hominum amicitiam sibi* Cic. Fam. 8, 4, 2, s'attacher l'amitié de petites gens ; *scientiam aliquam oratori* Cic. de Or. 1, 77, ajouter certaines connaissances au bagage de l'orateur ‖ *aliquem sibi socium* Cic. Quinct. 12, s'associer qqn ; *multas sibi tribus* Cic. Mur. 42, se lier (s'attacher) plusieurs tribus ; *hic dies me valde Crasso adjunxit* Cic. Att. 1, 14, 4, ce jour-là m'a fortement attaché à Crassus ; [dat. non exprimé] *laborabat ut reliquas civitates adjungeret* Caes. G. 7, 31, 1, il faisait ses efforts pour rallier les autres cités, cf. G. 7, 29, 6 ; 7, 30, 4 ; Nep. Hann. 10, 2 ; Liv. 21, 58, 2 ‖ *res rei adjungitur (adjuncta est)*, une chose s'ajoute (est ajoutée) à une autre : Cic. Off. 1, 13 ; 3, 35 ; Fin. 5, 65 ; Arch. 22 ; [dat. non exprimé] Cic. Mur. 41 ; Q. 1, 1, 21 ; Ac. 2, 2 ; *nullo adjuncto malo* Cic. Tusc. 5, 28, sans qu'aucun mal ne s'ajoute ; *adjuncta satietate* Cic. CM 85, quand en outre on est rassasié ; *adjuncta Latinorum defectione* Liv. 6, 11, 2, la défection des Latins venant par surcroît ; [abl. abs. du part. passé n.] *adjuncto ut idem etiam prudentes haberentur* Cic. Off. 2, 42, [étant ajouté que...] si l'on ajoute que ces mêmes hommes étaient tenus aussi pour des gens avisés ¶ **2** [avec ad] *parietem ad parietem* Cic. Top. 22, joindre (appuyer) un mur à un mur ; *hac (navi) adjuncta ad reliquas naves* Caes. C. 2, 3, 3, ce dernier (navire) étant ajouté aux autres ; *ad imperium populi Romani Ciliciam* Cic. Pomp. 35, ajouter la Cilicie à la domination romaine ; *ad summum imperium acerbitatem naturae* Cic. Q. 1, 1, 37, joindre l'âpreté du caractère à la toute-puissance ; *ad hanc fortitudinem temperantia adjuncta* Cic. Tusc. 5, 42, la modération s'ajoutant à ce courage ‖ *Caesar se ad neminem adjunxit* Cic. Phil. 5, 44, César ne s'est joint à personne ; *aliquem ad suam causam* Cic. Att. 3, 24,

1, rallier qqn à sa cause ; **civitates ad amicitiam** Caes. *C*. 1, 60, 5, gagner des cités à une alliance ; **ad rationes alicujus se adjungere** Cic. *Fam*. 1, 8, 2, embrasser les intérêts de qqn ‖ **animum ad rem**, appliquer son esprit à qqch. : Ter. *And*. 56 ; *Hec*. 683 ; **crimen et suspicionem potius ad praedam quam ad egestatem** Cic. *Amer*. 86, appliquer l'accusation et les soupçons au butin acquis plutôt qu'à l'indigence [les faire porter... sur ceux qui ont le butin plutôt que sur celui qui manque de tout] ¶ **3** ajouter [par la parole, par l'écriture] [avec prop. inf.] **illud adjungo saepius naturam sine doctrina quam sine natura valuisse doctrinam** Cic. *Arch*. 15, j'ajoute que la nature sans la science a été plus souvent efficace que la science sans la nature, cf. *Ac*. 2, 95 ; *Tusc*. 3, 73 ‖ **adjungitur ut** Cic. *Top*. 18, il s'ajoute que. ▶ inf. prés. pass. **adjungier** Val.-Flac. 2, 421.

adjūrāmentum, *i*, n., prière instante : Vulg. *Tob*. 9, 5.

adjūrātĭo, *ōnis*, f., action de jurer : Apul. *M*. 2, 20 ‖ invocation : Lact. *Inst*. 2, 17, 11.

adjūrātŏr, *ōris*, m., qui évoque par des enchantements : Alcim. *Carm*. 2, 312.

adjūrātōrĭus, *a*, *um*, qui s'engage par serment [en parl. d'une caution] : Cod. Just. 12, 25, 4, 2.

adjūrātus, *a*, *um*, part. de 1 adjuro.

1 **adjūrō**, *ās*, *āre*, -, -, tr. ¶ **1** jurer en outre : **praeter commune omnium civium jusjurandum haec adjurare** Liv. 43, 14, 5, outre le serment ordinaire des citoyens en général jurer ceci, cf. Cic. *Phil*. 2, 9 [avec prop. inf.] ¶ **2** jurer à qqn, affirmer à qqn par serment : Cic. *Fam*. 9, 19, 1 ; *Att*. 2, 20, 2 ¶ **3** [poét.] **per deos**, **per deos** Pl. *Men*. 616 ; 655 ; Ter. *And*. 694 ; **alicujus caput** Catul. 66, 40, jurer sur la tête de qqn ; **Stygii caput fontis** Virg. *En*. 12, 816, jurer sur la source du Styx ¶ **4** conjurer, exorciser : Lact. *Inst*. 2, 15, 3 ; Minuc. 27, 7 ¶ **5** [pass.] adjurer, supplier : **adjuratum esse Tacitum, ut** Vop. *Tac*. 14, 1, Tacite avait été prié instamment de.

2 **adjūro**, ▶ adjuvero, V.▶ adjuvo ▶.

adjūtābĭlis, *e*, secourable : Pl. *Mil*. 1144.

adjūtīvē, adv., utilement : Boet. *Top. Arist*. 6, 4.

adjūtīvus, *a*, *um*, utile à, propre à : Boet. *Top. Arist*. 5, 6.

adjūtō, *ās*, *āre*, -, - (fréq. de *adjuvo* ; fr. *aider*), aider, soulager ; **aliquem**, qqn : Pl. *Cas*. 579 ; *Truc*. 559 ‖ **aliquem aliquid**, qqn en qqch. : Ter. *Eun*. 150 ; *Haut*. 416 ‖ [avec dat.] **alicui** Petr. 62, 11, prêter assistance à qqn.

1 **adjūtŏr**, *āris*, *ārī*, -, secourir : Afran. *Com*. 201 ; Pacuv. *Tr*. 98.

2 **adjūtŏr**, *ōris*, m. (adjuvo) ¶ **1** celui qui aide, aide, assistant : Cic. *Amer*. 23 ; *Mur*.

8 ; 84 ; **aliquo adjutore uti** Caes. *G*. 5, 41, 8, user de l'assistance de qqn ‖ **illius adjutores improbitatis** Cic. *Verr*. 4, 139, aides de (pour) sa malhonnêteté ‖ **in aliqua re** en (à propos de) qqch. : Cic. *Verr*. 1, 64 ; *Mur*. 83 ; *Off*. 3, 40 ‖ **ad rem**, pour (en vue de) qqch. : Cic. *Amer*. 6 ; *Lae*. 35 ; *Off*. 2, 53 ; Caes. *G*. 5, 38, 4 ¶ **2** aide [à titre officiel], adjoint : Nep. *Chabr*. 2, 2 ; Caes. *C*. 3, 62 ; Liv. 33, 43, 5 ; 35, 18, 7 ; 39, 14, 10 ‖ doublure [au théâtre] : Hor. *S*. 1, 9, 46 ‖ [sous les empereurs] ministre, ou commis d'un chef de service : **adjutor a rationibus** CIL 6, 8423, commis du chef de la comptabilité ; **adjutor magistri** Cassiod. *Var*. 6, 6, 8, chef du bureau du maître des offices.

adjūtōrĭum, *ii*, n. (adjuvo), aide, secours : Sen. *Ep*. 31, 5 ; *Ben*. 3, 35, 5 ; Vell. 2, 112, 4.

adjūtrix, *īcis*, f., aide : Pl. *Cas*. 547 ; *Trin*. 13 ; Cic. *Off*. 3, 38 ; [avec gén. objectif] Cic. *Verr*. 4, 17 ; 5, 160 ; **amicitia adjutrix virtutum** Cic. *Lae*. 83, l'amitié [a été donnée] comme un auxiliaire de la vertu ‖ [sous les empereurs, épithète de deux légions supplémentaires constituées par l'infanterie de marine] **prima Adjutrix** Tac. *H*. 2, 43, la première légion Adjutrix.

1 **adjūtus**, *a*, *um*, part. de adjuvo.

2 **adjūtŭs**, *ūs*, m., secours : Macr. *Sat*. 7, 7, 5.

adjŭvāmĕn, *ĭnis*, n., Ps. Cypr. *Sing. cler*. 19, **adjuvāmentum**, *i*, n., aide, secours : Isid. *Eccl*. 1, 18, 13.

adjŭvātĭo, *ōnis*, f., soutien [dans la subordonnée] : Diom. 391, 24.

adjŭvātus, *a*, *um*, part. de adjuvo, [tard.] Greg.-Tur. *Psalm*. 27.

adjŭvāvi, V.▶ adjuvo ▶.

adjŭvō, *ās*, *āre*, *jūvī*, *jūtum*, tr., aider, seconder ¶ **1 aliquem**, aider, seconder qqn : Cic. *Verr*. 4, 20 ; 5, 154 ; *Mur*. 76 ; *Mil*. 92 ; *Lae*. 73 ; **bonos cives adjuvat fortuna** Cic. *Phil*. 13, 16, la fortune seconde les bons citoyens ‖ **rem**, seconder, appuyer, favoriser qqch. : Cic. *Sest*. 66 ; *Lig*. 19 ; *Lae*. 80 ; *Off*. 3, 74 ‖ **aliquem aliqua re**, aider qqn au moyen de qqch. : Cic. *Phil*. 11, 34 ; 12, 10 ; *Off*. 2, 82 ; Nep. *Timol*. 2, 2 ‖ **aliquem nihil**, n'aider qqn en rien : Cic. *Att*. 9, 13, 3 ; *Verr*. 1, 83 ; **quid ?** en quoi ? : *Clu*. 71 ; *Verr*. 2, 176 ; **aliquid**, (aider) en qqch. : Cic. *Fam*. 4, 4, 5 ‖ **in aliqua re**, en (à propos de) qqch. : Cic. *Or*. 142 ; Mur. 68 ; *Off*. 1, 59 ; 2, 31 ; *de Or*. 1, 239 ‖ **in rem** en vue de qqch. : Liv. 27, 39, 4 (Sen. ; Quint.) ‖ **ad rem**, pour (en vue de) qqch. : Cic. *Arch*. 16 ; *Off*. 2, 31 ; Caes. *G*. 5, 1, 3 ; **consulem ad trajiciendas in Asiam legiones** Liv. 37, 26, 11, aider le consul à faire passer les légions en Asie ; **quam ad spem multum eos adjuvabat, quod Liger creverat** Caes. *G*. 7, 55, 10, ce qui les encourageait beaucoup à cet espoir, c'était la crue de la Loire ‖ [abs^t] **Lepido adjuvante** Cic. *Brut*. 97, avec l'aide de Lépidus ; **adjuvante natura** Cic. *Brut*.

111, avec l'aide de la nature ; **reliqua vero etiamsi adjuvant** Cic. *de Or*. 1, 256, quant au reste, même s'il est utile ‖ **adjuvare ut**, aider, contribuer à ce que : Cic. *Att*. 7, 1, 4 ; *Q*. 1, 1, 43 ; *Fam*. 5, 2, 9 ; Liv. 5, 34, 8 ; **adjuvare ne** Catul. 32, 4 ‖ [avec prop. inf.] Plin. 11, 85 ; Don. *And*. 64 ; Tib. 1, 5, 30 (AV) ‖ [impers.] **adjuvat** [avec inf.], il est utile : **nihil adjuvat procedere** Cic. *Fin*. 4, 64, il ne sert à rien de faire des progrès ¶ **2** [au fig.] activer, alimenter [en parl. du feu] Liv. 34, 39, 10 ; [en parl. d'un fleuve] Sen. *Nat*. 4, 2, 26 ; Plin. 3, 53 ¶ **3** [en méd.] aider, activer : Plin. 22, 70 ; 24, 38.

▶ **adiuero** = adjuvero Enn. *An*. 335 ; **adiuerit** Ter. *Phorm*. 537 ; Cic. *Fam*. 10, 15, 4 M ; 13, 67, 2 M ‖ **adjuvavi** Paul. *Dig*. 34, 9, 5 ; 40, 2, 15 ; **adjuvaturus** Petr. 18, 3 [**adjuturus** d. Ter. *Andr*. 522 ; Liv. 34, 37, 5] [tard. part. **adjuvatus**].

adlăbō, *ās*, *āre*, -, -, ▶ adlavo : Grom. 52, 12.

adlābŏr, *ĕrĭs*, *ī*, *lapsus sum*, intr., se glisser vers : **ad exta angues adlapsi** Liv. 25, 16, 2, des serpents qui s'étaient glissés vers les entrailles ; **umor adlapsus extrinsecus** Cic. *Div*. 2, 58, un dépôt d'humidité venu de l'extérieur ; **mare adlabitur** Virg. *En*. 10, 291, la mer arrive en glissant vers le rivage ‖ [avec dat. et acc. de but] [poét.] **oris** Virg. *En*. 3, 131 ; 3, 569, arriver au rivage ; **genibus** Sil. 8, 74, se laisser tomber aux genoux de qqn ; **aures** Virg. *En*. 9, 474, parvenir aux oreilles.

adlăbōrō, *ās*, *āre*, -, -, intr., travailler à [avec ut] : Hor. *Epo*. 8, 20 ‖ ajouter par le travail : Hor. *O*. 1, 38, 5.

adlacrĭmans, *tis*, [part. prés. seul existant] pleurant à (en réponse à) : Virg. *En*. 10, 628 ; Apul. *M*. 10, 3.

adlacto, *ās*, *āre*, -, - (ad, *lacte* ; it. *allatare*), tr., allaiter : M.-Emp. 8, 136.

adlambō, *ĭs*, *ĕre*, -, -, tr., lécher autour : Prud. *Ham*. 135 ‖ effleurer : Aus. *Mos*. 359.

1 **adlapsus**, *a*, *um*, part. de adlabo.

2 **adlapsŭs**, *ūs*, m. (adlabor), fait d'arriver en glissant : Hor. *Epo*. 1, 20 ; Val.-Max. 1, 6, 8 ‖ arrivée [en parl. d'eau] : Apul. *M*. 5, 1.

adlātrō, *ās*, *āre*, *āvī*, *ātum*, tr. ¶ **1** aboyer après [seul^t au fig.] : **aliquem** Quint. 8, 6, 9, invectiver qqn, être aux trousses de qqn ; **magnitudinem Africani** Liv. 38, 54, 1, aboyer après (crier contre) la grandeur de l'Africain ; Mart. 2, 61 ; 5, 60, 1 ; Sil. 8, 290 ¶ **2** aboyer, mugir [en parl. des flots] : Plin. 2, 173 ; 4, 19.

adlātum, **adlātus**, de adfero.

adlaudābĭlis, *e*, louable : Lucr. 5, 158.

adlaudō, *ās*, *āre*, -, -, tr., adresser des éloges à : Pl. *Merc*. 85.

adlectātĭo, *ōnis*, f. (*adlecto*), séduction : Quint. 1, 10, 32.

adlectātŏr, *ōris*, m., qui attire, entraîne : *Col. 8, 10, 1.

adlectĭo, ōnis, f. (2 adlego), choix, élection, admission : Capit. Aur. 11, 7 ; Pert. 6, 10 ; Cod. Just. 10, 40, 7 ‖ promotion à une charge élevée sans avoir passé par les charges inférieures : Cod. Th. 6, 4, 10 ; Symm. Ep. 7, 96, 1.

adlectō, ās, āre, -, - (fréq. de adlicio ; fr. allécher), tr., attirer puissamment, engager à : Cic. CM 57 ; Lae. 99.

adlectŏr, ōris, m. (2 adlego), receveur du fisc : CIL 13, 5072 ‖ qui adjoint par choix [dans un collège] CIL 6, 355.

adlectūra, ae, f., emploi de receveur du fisc : CIL 13, 1688.

1 **adlectus**, a, um, part. de 2 adlego.

2 **adlectŭs**, ūs, m., levée de troupes : Gloss. 2, 438, 50.

adlēgātĭo, ōnis, f. (adlegare) ¶ 1 délégation [à, vers] : Cic. Verr. 1, 44 ; 1, 136 ; Att. 1, 11, 1 ¶ 2 allégation, excuse [qu'on fait valoir devant les juges] : Hermog. Dig. 4, 4, 17 ; Ulp. Dig. 48, 5, 2, 5 ; Apul. M. 10, 6 ¶ 3 perception de l'impôt : Cod. Th. 12, 6, 11 ¶ 4 mémoire, écrit [pour faire valoir qqch.] : Aug. Petil. 2, 97, 224.

adlēgātū (adlegare), [abl., dans l'expr.] *meo adlegatu*, par mon envoi, sur mission de moi : Pl. Trin. 1142 ; Gell. 13, 21, 19.

adlēgātus, a, um, part. de 1 adlego.

1 **adlēgō**, ās, āre, āvī, ātum, tr. ¶ 1 déléguer, envoyer [en mission privée] : *amicos* Cic. Verr. 1, 149, déléguer ses amis ; *ad aliquem* Cic. Verr. 1, 139 ; Phil. 5, 14, déléguer à (vers) qqn ; *patrem adlegando fatigare* Liv. 36, 11, 1, fatiguer un père de délégations (de messages) ‖ [fig.] *philosophiam ad aliquem* Cic. Fam. 15, 4, 16, dépêcher à qqn la philosophie comme porte-parole ; [en mauv. part] Ter. Andr. 899 ¶ 2 alléguer, produire [comme preuve, comme justification] : *rem alicui*, qqch. à qqn : Quint. 3, 18, 46 ; 4, 1, 13 ; Plin. Ep. 3, 4, 4 ; 10, 58, 3 ; Pan. 69 ; Suet. Aug. 47 ‖ *causam ignorantiae* (ou *ignorantiam*) Dig. 42, 6, 1, 17 ; 50, 17, 42, invoquer le motif de l'ignorance ; *ex servitute in ingenuitatem se adlegare* Dig. 40, 12, 27, 1, affirmer que l'on n'est pas esclave, mais de naissance libre.

2 **adlĕgō**, ĭs, ĕre, lēgī, lectum, tr., adjoindre par choix, par élection [en parl. de collèges de prêtres] Liv. 10, 6, 6 ; 10, 6, 9 ‖ *adlecti in senatum*, recrutés sénateurs [en dehors des cercles habituels] : P. Fest. 6, 22 ; Suet. Aug. 2 ; *inter praetorios adlectus* Plin. Ep. 1, 14, 5, admis au sénat au rang des anciens préteurs ; *octo praetoribus adlecti duo* Vell. 2, 89, 3, aux huit préteurs deux autres furent adjoints ‖ [fig.] *caelo adlegi* Sen. Ag. 813, être reçu au ciel, parmi les dieux ‖ [chrét.] appeler [les païens au christianisme] : Tert. Res. 22, 4.

adlĕvāmentum, i, n. (1 adlevo), allégement, soulagement : Cic. Sull. 66.

adlĕvātīcĭus, a, um, élevé : Iren. 1, 30, 2.

adlĕvātĭo, ōnis, f. (1 adlevo), action de soulever : *umerorum* Quint. 11, 3, 83, soulèvement, redressement des épaules ‖ allégement : Cic. Fam. 9, 1, 1 ; Fin. 1, 40.

adlĕvātŏr, ōris, m., qui relève, qui exalte : Tert. Marc. 4, 36, 2.

adlĕvātus, a, um, part. de 1 adlevo.

adlēvī, parf. de adlino.

adlĕvĭō, ās, āre, āvī, ātum (2 levis ; fr. alléger), tr., rendre léger : Vulg. Jon. 1, 5.

1 **adlĕvō**, ās, āre, āvī, ātum (2 levis ; it. allevare), tr. ¶ 1 soulever : *velum* Sen. Ep. 80, 1, soulever un rideau ; *aliquem* Curt. 3, 12, 12 ; 5, 4, 18, soulever qqn ; *supplicem* Tac. An. 12, 19, relever un suppliant ¶ 2 [fig.] alléger, soulager : *onus* Cic. Amer. 10, alléger un fardeau ; *sollicitudines* Cic. Brut. 12, adoucir les peines ; *animum a maerore* Curt. 4, 15, 11, soustraire son âme à la douleur ; *adlevor, cum loquor tecum* Cic. Att. 12, 39, 2, j'éprouve un réconfort, quand je m'entretiens avec toi ; *adlevatur animum* [poét. = adlevat sibi animum] Tac. An. 6, 43, il reprend courage ‖ *notas* Tac. H. 1, 52, adoucir des notes infamantes ‖ *ne adlevasse videretur, impulit ruentem* Tac. H. 2, 63, pour ne pas paraître l'avoir relevé, il précipita sa chute ‖ *de adlevato corpore tuo nuntiavit* Cic. Att. 7, 1, 1, il m'a appris ton retour à la santé.

2 **adlĕvō**, ās, āre, -, - (1 levis), tr., rendre lisse, uni : Col. 3, 15, 3 ; 4, 24, 4.

adlexī, parf. de adlicio.

adlībesco, v. adlubesco.

adlĭcĕfăcĭō (**allĭc-**), ĭs, ĕre, -, -, tr., attirer : Sen. Ep. 118, 8 ; Suet. Vit. 14, 1.

adlĭcĕfăctus, a, um, part. de adlicefacio.

adlĭcĕō, v. adlicio ►.

adlĭcĭō, ĭs, ĕre, lexī, lectum (ad, lacio), tr., attirer à soi : [en parl. de l'aimant] Cic. Div. 1, 86 ; [en parl. des pers. ou des sentiments] *lectorem delectatione* Cic. Tusc. 1, 6, attirer à soi (gagner) le lecteur en le charmant ; *suis officiis benevolentiam alicujus* Cic. Verr. 5, 182, par ses bons offices gagner la bienveillance de qqn ; *ad rem* Cic. Off. 2, 48 ; Pomp. 24 ; *ad recte faciendum* Cic. Phil. 2, 115, amener à qqch., à bien faire, cf. Lae. 28 ; Mur. 76 ; *cum in hunc sensum et adliciar beneficiis hominum et compellar injuriis* Cic. Fam. 1, 9, 21, comme je suis dans ce sentiment et parce que m'y attirent des bienfaits et parce que m'y poussent des injustices ; *Gallias* Tac. H. 1, 61, gagner (s'attacher) les Gaules.

► parf. allicui d. Piso Frugi d'après Prisc. 2, 497, 9 ; de là, chez les gram., la mention de formes de la 2ᵉ conjug. adliceo, es : Char. 244, 17 ; Diom. 367, 11.

adlĭcŭi, v. adlicio ►.

adlīdō, ĭs, ĕre, līsī, līsum (ad, laedo), tr., heurter contre : *ad scopulos adlidi* Caes. C. 3, 27, 2, être heurté contre des rochers ; *solidis locis adlidi* Lucr. 4, 570, se heurter à des points durs de l'espace ‖ [métaph. tirée des navires] *virtutem adlidere* Sen. Tranq. 5, 4, briser son courage contre les récifs [en s'exposant témérairement] ; *in quibus (damnationibus) Sevius adlisus est* Cic. Q. 2, 4 a, 4, (condamnations) au cours desquelles Sévius a été coulé.

adlĭgāmĕn, ĭnis, n., lien : Gloss. 2, 236, 24.

adlĭgāmentum, i, n., lien : Aug. Hept. 7, 37 ‖ bandage [méd.] : Aug. Psalm. 146, 7.

adlĭgātĭo, ōnis, f. (adligo), action de lier : Vitr. 7, 3, 2 ; Col. 11, 2, 16 ‖ lien : Gloss. 2, 236, 24 ; Vitr. 8, 7.

adlĭgātŏr, ōris, m., lieur, qui lie : Col. 4, 13, 1 ; Aug. Civ. 12, 26.

adlĭgātūra, ae, f., lien pour la vigne : Col. Arb. 8, 3 ‖ [chirurg.] ligature : Scrib. 209 ‖ pansement [au pr. et fig.] : Ambr. Ep. 2, 7 ; Vulg. 2 Reg. 16, 1 ‖ bandelette, amulette : Fil. 21, 3.

adlĭgātus, part. de adligo.

adlĭgō, ās, āre, āvī, ātum (fr. allier), tr. ¶ 1 attacher à, lier à : *aliquem ad statuam* Cic. Verr. 4, 90 ; *ad palum* Cic. Verr. 5, 10, attacher qqn à une statue, à un poteau ‖ *beluam* Cic. Sest. 16, lier une bête féroce ; *(voces) quas Ulixes nisi adligatus praetervehi noluit* Sen. Ep. 123, 12 (voix) à portée desquelles Ulysse ne voulut passer qu'attaché ‖ *ancora unco dente adligavit alterius proram* Liv. 37, 30, 9, l'ancre de sa dent recourbée accrocha solidement la proue de l'autre navire ; *unco non adligat ancora morsu* Virg. En. 1, 169, l'ancre n'assujettit pas [les navires] par la morsure de sa dent recourbée ; *Saturnum Juppiter siderum vinculis adligavit* Cic. Nat. 2, 64, Jupiter emprisonna Saturne dans les liens des astres [l'assujettit au cours des astres] ; *vetuit se adligari* Cic. Tusc. 2, 53, il défendit qu'on le liât [pour une opération] ¶ 2 faire une ligature, mettre un bandeau sur : *vulnus* Cic. Tusc. 2, 39, bander une plaie ; *oculus adligatus* Cic. Div. 1, 123, l'œil bandé ¶ 3 enchaîner, lier : *cum videas civitatis voluntatem solutam, virtutem adligatam* Cic. Att. 2, 18, 1, quand on voit que les citoyens ont leur bonne volonté affranchie d'entraves, mais leur énergie garrottée ; *ne qua mi impediar advorso alliger* Cic. Att. 8, 16, 1, de crainte que quelque événement ne m'entrave et me lie [les mains] ‖ *tristi palus inamabilis unda alligat* Virg. En. 6, 438, un marais odieux enchaîne [les morts](les tient prisonniers) de ses ondes sinistres ‖ *(harenae) quae umore alligantur* Sen. Ep. 55, 2, (les sables) que l'humidité lie [rend compacts] ‖ *lac alligatum* Mart. 8, 64, 9, lait caillé ¶ 4 lier moralement : *stipulatione aliquem* Cic. Com. 36, lier qqn par une stipulation ; *lex omnes mortales adligat* Cic. Clu. 148, la loi astreint tous les mortels ; *beneficio adligari* Cic. Planc. 81, être attaché par un bienfait ‖ *non adligo*

me ad unum aliquem ex Stoicis proceribus Sen. *Vit.* 3, 2, je ne m'enchaîne pas à l'un des maîtres stoïciens ; **ad praecepta se** Quint. 2, 13, 14, se tenir lié à des préceptes ‖ **scelere se** Cic. *Flac.* 41, s'engager dans les liens d'un crime, se rendre coupable d'un crime ; **furti se** Ter. *Eun.* 809, se rendre coupable d'un vol ‖ **cognitionem ad unam probationis speciem adligare** Dig. 22, 5, 3, 2, rendre un jugement en se fondant sur une preuve unique ; **donationem gestis** Cod. Just. 8, 53, 31, soumettre une donation à l'enregistrement ¶ **5** [en parl. du rythme de la prose] **ut verba neque alligata sint quasi certa aliqua lege versus neque ita soluta ut vagentur** Cic. *de Or.* 3, 176, en sorte que les mots, sans être sous la contrainte pour ainsi dire d'une loi précise de la poésie, ne soient pas non plus affranchis de liens, au point d'aller à l'aventure ; **orationem ad rythmos** Quint. 9, 4, 53, assujettir la prose à des rythmes ‖ [en parl. de la place des mots dans la phrase] : **si, ut quodque oritur (verbum), ita proximis adligetur** Quint. 8, 6, 62, si chaque (mot) comme il se présente se reliait aux précédents ¶ **6** [chrét.] **peccata**, retenir les péchés [oppos. à *solvere*] : Vulg. *Matth.* 18, 18 ; Tert. *Pud.* 21, 9.

adlĭnĭō, *īs*, *īre*, -, -, adlino : *Pall. 3, 33 ; 6, 8, 1.

adlĭnō, *ĭs, ĕre, lēvī, lĭtum*, tr., étendre en enduisant sur ou à côté : **quidquid pingue secum tulit (Nilus), arentibus locis adlinit** Sen. *Nat.* 4, 2, 9, tout l'engrais qu'il traîne dans ses eaux (le Nil) il le dépose comme un enduit sur le sol aride ; **versibus incomptis atrum signum** Hor. *P.* 446, aux vers négligés accoler un signe noir [l'obélos, indice de faute] ‖ [fig.] **nulla nota, nullus color, nullae sordes videbantur his sententiis allini posse** Cic. *Verr. prim.* 17, aucune marque, aucune couleur, aucune souillure ne paraissait pouvoir entacher ces votes (s'imprimer sur les tablettes de vote) ; **alicui vitium** Sen. *Ep.* 7, 2, imprégner qqn de ses vices.

adlīsĭo, *ōnis*, f. (*adlido*), action de presser, de broyer : Hier. *Is.* 25, 1.

adlīsus, *a, um*, part. de *adlido*.

adlīvescit (*ad, livesco* ; it. *allibbire*), il devient livide : P. Fest. 26, 6.

adlŏcūtĭo, *ōnis*, f., allocution : Plin. *Ep.* 2, 20, 7 ; Suet. *Tib.* 23 ‖ **obliquae adlocutiones** Quint. 9, 2, 37, discours indirects ‖ paroles d'exhortation : Sen. *Helv.* 1, 3 ; Catul. 38, 5.

adlŏcūtīvus, *a, um*, qui sert de harangue : An. Helv. 161, 13.

adlŏcūtŏr, *ōris*, m., qui harangue, qui console : Isid. 10, 38.

adlŏcūtus, *a, um*, part. de *adloquor*.

adlŏquĭum, *ĭi*, n. (*adloquor*), paroles adressées à, allocution, exhortation : **alloquio leni hostes pellicere ad dedendam urbem** Liv. 25, 24, 15, par des paroles conciliantes engager l'ennemi à rendre la ville ‖ conversation, entretien : **longis producere noctem adloquiis** Luc. 10, 173-174, prolonger des entretiens bien avant dans la nuit ‖ exhortation, paroles de consolation : **deformis aegrimoniae dulcia adloquia** Hor. *Epo.* 13, 18, douces consolations du chagrin qui enlaidit, cf. Liv. 9, 6, 8 ; Tac. *An.* 4, 8.

adlŏquŏr, *quĕris, quī, lŏcūtus sum*, tr., adresser des paroles à (qqn) ; **aliquem** Cic. *Clu.* 170, parler à qqn, cf. Liv. 1, 28, 1 ; 22, 58, 3 ; 25, 25, 1 ‖ [abs‡] adresser une allocution, haranguer : Tac. *H.* 1, 82 ‖ exhorter : Sen. *Pol.* 14, 2 ; *Ep.* 98, 9 ‖ dire comme réconfort, consolation : Sen. *Ep.* 121, 4.

adlŭbentĭa, *ae*, f. (*ad, lubet*), inclination vers : Apul. *M.* 1, 7.

adlŭbescō (**allŭb-**), *ĭs, ĕre*, -, -, intr. (*ad, lubet*), complaire ; **alicui**, à qqn : Apul. *M.* 7, 11 ‖ [abs‡] commencer à plaire (à être du goût de qqn) : Pl. *Mil.* 1004 ‖ commencer à avoir du goût pour (**alicui rei**), qqch. : Apul. *M.* 9, 3.

adlūcĕō (**allūc-**), *ēs, ēre, lūxī*, -, intr., briller, luire auprès, en outre : Sen. *Ep.* 92, 5 ‖ briller (à), pour ; **alicui**, qqn : Pl. *Pers.* 515 ‖ [impers.] : **nobis adluxit** Suet. *Vit.* 8, la lumière a lui pour nous [nous avons un heureux présage].

adlūcĭn, *hallucin* ▶.

adluctŏr, *āris, ārī*, -, intr., lutter contre : Apul. *M.* 10, 17 ‖ **alicui**, contre qqn : Apul. *M.* 11, 12.

adlūdĭō, *ās, āre*, -, - (*ad, ludius*), jouer avec [abs‡] : Pl. *Poen.* 1234 ; *St.* 382.

adlūdō, *ĭs, ĕre, lūsī, lūsum*, intr. ¶ **1** jouer, badiner, plaisanter [à l'adresse de qqn ou de qqch.] : **Galba adludens** Cic. *de Or.* 1, 240, Galba en plaisantant (par manière de jeu) ; [acc. de qualification] **nec plura adludens** Virg. *En.* 7, 717, sans plaisanter davantage (se bornant à cette réflexion plaisante) ; **accedunt et adludunt** Plin. *Ep.* 9, 33, 6, ils s'approchent et jouent [avec le dauphin] ‖ **ad aliquem** Ter. *Eun.* 424, badiner avec qqn ; **alicui** Phaed. 3, 19, 12, adresser des plaisanteries à qqn ‖ [en parl. des flots] **mare litoribus adludit** Cic. *Nat.* 2, 100, la mer approche en se jouant du rivage ; **extremis adludunt aequora plantis** Stat. *Th.* 9, 336, les flots viennent baigner en se jouant le bout de ses pieds ; [avec acc.] Catul. 64, 67 ; Val.-Flac. 6, 665 ; Minuc. 3, 3 ‖ [métaph.] **prope posita speique nostrae adludentia sequamur** Sen. *Tranq.* 10, 5, recherchons ce qui est à notre portée, ce qui sourit à nos espérances ¶ **2** faire allusion à (qqn, à qqch.) [avec *ad*] : Serv. *En.* 1, 74 ; Schol. Hor. *Ep.* 1, 10, 6 ; Ps. Ascon. *Verr.* 2, 4 ‖ [avec dat.] Val.-Max. 3, 7, 4 ‖ [avec *de*] Schol. Juv. 2, 10 ; 3, 46.

adlŭō, *ĭs, ĕre, lŭī*, - (*ad, 2 lavo*), tr., venir mouiller, baigner : Cic. *Leg.* 2, 6 ; Virg. *G.* 2, 158 ; [au pass.] **urbs mari adluitur** Caes. *C.* 2, 1, 3, la ville est baignée par la mer, cf. Cic. *Verr.* 5, 96 ; Liv. 24, 34, 4 ; 26, 44, 10 ‖ **Massilia barbariae fluctibus adluitur** Cic. *Flac.* 63, Marseille est baignée par les flots de la barbarie.

adlūsĭo (**allūs-**), *ōnis*, f., action de jouer avec : Arn. 7, 23.

adlŭvĭēs, *ĭēī*, f. (*adluo*), eau débordée, débordement : Liv. 1, 4, 5 [mss] ; Col. 3, 11, 8.

adlŭvĭo, *ōnis*, f. (*adluo*), alluvion, atterrissement : Cic. *de Or.* 1, 173 ‖ débordement, inondation : Apul. *Mund.* 23 ‖ **jus alluvionis** Dig. 41, 1, 12 *pr.*, droit de l'alluvion [droit du riverain à l'accroissement du terrain par alluvionnement] ; Inst. Just. 2, 1, 20.

adlŭvĭum, *ĭi*, n., alluvion, limon : Ps. Hier. *Brev. Psalm.* 106, p. 1149 A.

adlŭvĭus, *a, um*, baigné par alluvion : Isid. 15, 13, 1.

adluxī, parf. de *adluceo*.

Admagetobrĭga, *ae*, f., ville des Gaulois : *Caes. *G.* 1, 31, 1.

admănĕō, *ēs, ēre*, -, -, rester auprès : Not. Tir. 30, 4.

admartyrizō, *ās, āre*, -, -, intr., assister les martyrs : Comm. *Instr.* 2, 16, 19.

admātertĕra, *ae*, f., tante au quatrième degré : Isid. 9, 6, 28.

admātūrō, *ās, āre*, -, -, tr., hâter : Caes. *G.* 7, 54, 2 (α) [seul ex.].

Admedera, *Ammaedara*.

admembrātim, adv., par parties : Gloss. 3, 438, 20.

admĕmŏrātĭo, *ōnis*, f., Aug. *Ep.* 59, 1, mention, commémoration.

admĕmordi, *admordeo* ▶.

admensus, *a, um*, part. de *admetior*.

admĕō, *ās, āre*, -, -, intr., approcher : Paul.-Nol. *Carm.* 17, 11.

Admētē, *ēs*, f., une des Océanides : *Hyg. *Fab. pr.* 6.

admētĭŏr, *īris, īrī, mensus sum*, tr., **alicui rem** mesurer à qqn qqch. : Cat. *Agr.* 154 ; Cic. *Verr.* 3, 192 ; Liv. 35, 49, 10.

Admētis, *ĭdis*, f., nom de femme : CIL 10, 1909.

Admētus, *ī*, m. (Ἄδμητος), Admète **a)** roi de Phères en Thessalie : Hyg. *Fab.* 173 ; Val.-Max. 4, 6, 1 ; Ov. *Pont.* 3, 1, 106 **b)** roi des Molosses : Nep. *Them.* 8, 3.

admĭgrō, *ās, āre*, -, -, intr., aller rejoindre, se joindre à [avec *ad*] : Pl. *Pers.* 347.

admĭnĭcŭla, *ae*, f., servante : Fort. *Rad.* 19, 44.

admĭnĭcŭlābundus, *a, um*, qui aide : It. Alex. 9.

admĭnĭcŭlātĭo, *ōnis*, f., appui : Boet. *Cic. Top.* 5.

admĭnĭcŭlātŏr, *ōris*, m., qui aide : Gell. 7, 3, 8.

admĭnĭcŭlātus, *a, um*, part. de *adminiculo*, adj., **adminiculatior memoria** Gell.

adminiculatus *pr. 16*, mémoire mieux secondée, plus sûre.

admĭnĭcŭlō, *ās, āre, āvī, ātum* (adminiculum), tr., étayer; échalasser [en parl. de la vigne]: Cic. *Fin.* 5, 39; Col. 2, 26, 1 ‖ [au fig.] soutenir, appuyer: Varr. *Men.* 105; Gell. 2, 30, 6.

admĭnĭcŭlor, *ārĭs, ārī, -,* dép., intr., [avec dat.] soutenir, aider: Aug. *Gen. imp.* 1, 18, 36.

admĭnĭcŭlum, *i*, n. (ad, mineo) ¶ **1** étai, échalas: Cic. *Nat.* 2, 120; CM 53 ‖ toute espèce d'appui: Liv. 21, 36, 7; Curt. 7, 3, 17; Tac. *An.* 14, 54 ¶ **2** [fig.] aide, appui, secours: Cic. *Lae.* 88; *Off.* 3, 34; Liv. 6, 1, 4; 10, 22, 2; Sen. *Ep.* 59, 6 ‖ accessoire d'un droit [nécessaire à l'exercice de ce droit]: Dig. 7, 6, 1, 1 ‖ assistance: *uti adminiculo ex persona auctoris* Dig. 41, 2, 13, 1, recourir à l'assistance du vendeur.

admĭnister, *tri*, m., celui qui prête son aide, son ministère; aide, agent: *cupiditatum* Cic. *Verr.* 2, 136, agent de ses plaisirs, cf. *Verr.* 3, 76; *Cat.* 1, 7 ‖ *sine administris* Sall. *J.* 74, 1, sans aides; *opus et administros tutari* Sall. *J.* 76, 3, protéger l'ouvrage et les travailleurs.

admĭnistra, *ae*, f. du précédent: Cic. *Pomp.* 36.

admĭnistrātĭo, *ōnis*, f. ¶ **1** action de prêter son aide: *sine administratione hominum* Cic. *Off.* 2, 12, sans l'assistance des hommes ¶ **2** administration, exécution: *rerum magnarum cogitatio atque administratio* Cic. *Inv.* 2, 163, la conception et l'exécution de grandes choses; *exitus administrationesque Brundisini portus impedire* Caes. *C.* 1, 25, 4, entraver les sorties et le service du port de Brindes ¶ **3** administration, gestion, direction: *rei publicae* Cic. *de Or.* 1, 165, l'administration de l'État (des affaires publiques), cf. *Fin.* 4, 68; *Fam.* 1, 9, 2; Liv. 2, 54, 4; *civitatis* Cic. *Rep.* 1, 44; *provinciae* Cic. *Fam.* 2, 13, 2, administration de la cité, d'une province; *belli* Cic. *Div.* 2, 12; *Fam.* 15, 1, 1; Liv. 23, 32, 15; 26, 1, 1, conduite d'une guerre; [en parl. d'un siège] *magnitudo operum, multitudo tormentorum omnem administrationem tardabat* Caes. *C.* 2, 2, 5, la grandeur des travaux, la multitude des machines de guerre retardaient toute la conduite du siège ‖ *navis* Liv. 34, 6, 6, direction (manœuvre) d'un navire; *patrimonii* Sen. *Helv.* 17, 2; *rerum* Dig. 4, 4, 3 pr.; *bonorum* Dig. 13, 7, 12, administration (gestion) d'un patrimoine; *mundi* Cic. *Nat.* 2, 76, gouvernement de l'univers; *officii alicujus* Tac. *D.* 6, gestion (exercice) de quelque charge officielle ‖ [dans Tac. et postérieurement, au pl.] fonctions administratives: *officiis et administrationibus praeponere* Tac. *Agr.* 19, préposer aux emplois et aux fonctions administratives.

admĭnistrātĭuncŭla, *ae*, f. (dim. de administratio), petite fonction: Cod. Th. 8, 4, 10.

admĭnistrātīvus, *a, um*, actif, capable d'agir: Quint. 2, 18, 5.

admĭnistrātŏr, *ōris*, m., qui a la charge de: *belli gerendi* Cic. *de Or.* 1, 210, qui est chargé de la conduite d'une guerre.

admĭnistrātōrĭus, *a, um*, qui sert, agent: Hier. *Is.* 13, 46, 1.

admĭnistrātus, *a, um*, part. de administro.

admĭnistrō, *ās, āre, āvī, ātum*

I intr., prêter son ministère, son aide: *alicui ad rem divinam* Pl. *Ep.* 418, prêter son aide à qqn pour un sacrifice, cf. St. 397.

II tr. ¶ **1** mettre sous la main, présenter: *mel in secundam mensam administratur* Varr. *R.* 3, 16, 5, on présente (on sert) du miel au second service ¶ **2** avoir en main, s'occuper de, diriger, régler: *rem administrandam arbitror sine ulla mora et confestim gerendam censeo* Cic. *Phil.* 5, 31, je pense qu'il faut régler l'affaire sans retard et suis d'avis qu'il faut l'exécuter aussitôt, cf. *Verr.* 3, 193; Liv. 24, 8, 7 ‖ s'occuper de, exécuter: *ad tempus res* Caes. *G.* 4, 23, 5, prendre toutes les mesures au moment opportun; *sic hanc rem totam administrasti, ut* Cic. *Verr.* 3, 164, tu as mené toute cette affaire de telle façon que, cf. Caes. *G.* 2, 20, 4; 5, 6, 6; *inter ceteras sceleris causas quas illi natura administrabat* S. C. Maced. Dig. 14, 6, 1, parmi toutes les dispositions du crime auxquelles sa nature l'avait conduit ‖ [abs¹] mettre la main à l'œuvre: *a quibus (navibus) cum paulo tardius esset administratum* Caes. *G.* 4, 23, 2, comme de la part (des navires) l'exécution avait été un peu lente, cf. *G.* 4, 31, 3; *inter vineas sine periculo administrare* Sall. *J.* 92, 9, travailler (faire leur tâche) sans risques à l'intérieur des mantelets ¶ **3** diriger, administrer: *rem publicam*, administrer les affaires publiques [sens fréquent; mais Liv. 30, 41, 2, "assurer la défense publique", et Liv. 23, 49, 3, "assurer un service public"]; *rem navalem* Cic. *Verr.* 5, 43, diriger les affaires maritimes; *rem militarem* Cic. *Phil.* 5, 45, les affaires militaires; *rem familiarem* Cic. *Inv.* 1, 35, gérer ses affaires, administrer ses biens; *navem* Caes. *C.* 3, 14, 2, diriger (gouverner) un navire ‖ [abs¹] administrer [en parl. d'un gouverneur de province]: Cic. *Att.* 6, 4, 1; Cat. d. Cic. *Fam.* 15, 5, 1, diriger la manœuvre [en parl. d'opérations milit.]: Caes. *G.* 7, 61, 2; *C.* 3, 26 ¶ **4** [chrét.] organiser, distribuer [l'unité divine en une économie trinitaire]: Tert. *Prax.* 3, 1.

admīrābĭlis, *e*, adj., [sans superl.], admirable [en parl. de pers. et de choses]: *in dicendo* Cic. *Brut.* 169, admirable dans l'éloquence (comme orateur); *nulla virtus admirabilior misericordia est* Cic. *Lig.* 37, il n'y a pas de vertu plus admirable que la pitié ‖ étonnant, prodigieux: *cognitio rerum aut occultarum aut admirabilium* Cic. *Off.* 1, 13, l'étude soit des secrets, soit des merveilles de la nature; *o admirabilem impudentiam!* Cic. *Phil.* 3, 18, o prodigieuse impudence! ‖ [n. pl.] *admirabilia* Cic. *Fin.* 4, 74, les paradoxes des Stoïciens [choses étranges, qui heurtent l'opinion].

admīrābĭlĭtās, *ātis*, f., le fait d'être digne d'admiration: *quanta sit admirabilitas caelestium rerum* Cic. *Nat.* 2, 90, combien les choses célestes ont de quoi mériter l'admiration; *magnam admirabilitatem facere* Cic. *Off.* 2, 38, donner de grands titres à l'admiration.

admīrābĭlĭtĕr, adv., d'une manière admirable, admirablement: Cic. *Opt.* 17; *Nat.* 2, 132; *Att.* 5, 14, 2 ‖ d'une manière étrange, bizarre: Cic. *Tusc.* 4, 36 ‖ *admirabilius* Cic. *Part.* 17.

admīrandus, *a, um*, adj., digne d'admiration, admirable: Cic. *de Or.* 1, 76; *Rep.* 3, 44; *Phil.* 2, 69; *admirandum in modum* Nep. *Epam.* 3, 2, d'une manière admirable, cf. Virg. *G.* 4, 3; Liv. 42, 11, 8 ‖ *admirandum*, *i*, subst. n., merveille, chose étonnante: Varr. *R.* 2, 3, 5; pl., Sen. *Ep.* 114, 12; Plin. 31, 32; Gell. 6, 1 ‖ *-dissimus* Salv. *Ep.* 8, 2.

admīrantĕr, adv., en s'étonnant: Greg.-M. *1 Reg.* 3, 2, 5.

admīrātĭo, *ōnis*, f., admiration ¶ **1** *admirationes* Cic. *Or.* 236; *Brut.* 290, marques d'admiration; *admirationem habere* Cic. *de Or.* 2, 344; *Fam.* 5, 12, 5, comporter l'admiration, exciter l'admiration; *admiratione adfici* Cic. *Off.* 2, 37, être l'objet de l'admiration; *maxima est admiratio in judiciis* Cic. *Off.* 2, 49, ce qui procure le plus l'admiration, c'est l'éloquence judiciaire, cf. *Mur.* 25; *non est admirationi una arbor* Sen. *Ep.* 33, 1, on n'admire pas un arbre isolé, cf. Gell. 5, 14, 8; 6, 14, 10; 15, 4, 2; *in admiratione esse* Plin. 34, 41; 35, 145, être admiré ‖ [avec gén. subjectif] *summam hominum admirationem excitare* Cic. *Brut.* 327, exciter au plus haut point l'admiration du public, cf. *Off.* 2, 36; *Att.* 5, 21, 7; *Fam.* 7, 1, 3; Liv. 4, 35, 5; [avec gén. objectif] *magna est admiratio dicentis* Cic. *Off.* 2, 48, on a beaucoup d'admiration pour l'orateur, cf. *Tusc.* 4, 3; Nep. *Iph.* 3, 1; Liv. 21, 39, 7; 25, 11, 18; *divitiarum* Cic. *Off.* 2, 71; *virtutis* Cic. *Lae.* 30, admiration pour les richesses, pour la vertu ¶ **2** admiration, étonnement, surprise: Cic. *Verr.* 4, 27; *Phil.* 10, 4; *quid habet admirationis tali viro obviam prodisse multos* Cic. *Mur.* 68, qu'y a-t-il d'étonnant à ce que beaucoup de personnes se soient portées à la rencontre d'un tel homme, cf. *Phil.* 1, 7; *Or.* 11; *est etiam admiratio non nulla in bestiis aquatilibus* Cic. *Nat.* 2, 124, les animaux aquatiques offrent aussi quelques sujets d'étonnement ‖ [avec gén. subjectif] Cic. *Lae.* 2; *Verr.* 4, 27; [avec gén. objectif] Cic. *Tusc.* 1, 58; Liv. 21, 3, 4 ‖

[tours particul.] : *admiratio (eum) incessit, quod pugnam non inirent* Liv. 7, 34, 12, la stupeur (l') envahit [de voir] qu'ils n'entamaient pas la bataille ; *admiratio orta est non simul regressum Hannibalem* Liv. 26, 12, 3 (cf. Cic. Verr. 5, 106) ils commencèrent à s'étonner qu'Hannibal ne fût pas revenu en même temps ; *et molestia sum adfectus... et admiratione, quidnam accidisset* Cic. Att. 1, 17, 1, j'ai été pris de chagrin... et aussi d'étonnement [me demandant] ce qui était donc arrivé.

admīrātīvus, *a*, *um*, qui marque l'étonnement : Isid. 2, 21, 15.

admīrātŏr, *ōris*, m., qui admire, admirateur : Sen. Contr. 2, 2, 8 ; Sen. Ot. 5, 8 ; Quint. 2, 5, 21 ; 9, 2, 46 ; Tac. D. 19 ; 21.

admīrātus, *a*, *um*, part. de *admiror*.

admīror, *āris*, *ārī*, *ātus sum*, tr., admirer, s'étonner ¶ **1** [abs‘] être dans l'admiration : *admirantibus omnibus* Cic. de Or. 3, 213, tous étant dans l'admiration ‖ être dans l'étonnement : *admiratus quaerit* Caes. G. 7, 44, 2, dans l'étonnement, il s'informe ¶ **2** admirer qqn, qqch. : *hunc ego non admirer ?* Cic. Arch. 18, cet homme, moi, je ne l'admirerais pas ? ; *in hoc eum admirabar quod* Cic. de Or. 1, 47, je l'admirais en ce que ; *alicujus ingenium vehementer* Cic. de Or. 1, 93, admirer vivement le talent de qqn ‖ s'étonner de : *impudentiam alicujus* Cic. de Or. 1, 237, s'étonner de l'impudence de qqn ; *nil* Hor. Ep. 1, 6, 1 ; *nihil* Cic. Tusc. 5, 81, ne s'étonner de rien [ne se laisser déconcerter par rien] ¶ **3** [abs‘ avec *de*] : *quid tu admirere de multitudine indocta* Cic. Mur. 39, pourquoi, de ton côté, aurais-tu de l'étonnement au sujet d'une multitude ignorante ? ; *de diplomate admiraris* Cic. Att. 10, 17, 4, tu marques de l'étonnement au sujet du passeport ‖ [avec *quod*] s'étonner de ce que : Cic. CM 3 ; Dej. 28 ; Att. 6, 9, 1 ; Sen. Ep. 81, 12 ‖ [avec la prop. inf.] *illud admiror te nobis... tribuisse* Cic. de Or. 2, 227, ce qui m'étonne, c'est que tu nous aies accordé... ‖ [avec une interrog. indir.] se demander avec étonnement pourquoi, comment : Cic. Fin. 4, 61 ; de Or. 3, 195 ; *admirantes, unde hoc philosophandi nobis studium extitisset* Cic. Nat. 1, 6, se demandant avec surprise d'où m'était venu ce goût pour la philosophie ‖ [avec *si*] s'étonner, si : Cic. Off. 2, 36 ; Fam. 7, 18, 3 ; Sen. Ep. 60, 1 ; 122, 17.

admiscĕō, *ēs*, *ēre*, *miscŭī*, *mixtum* (*mistum*), tr. ¶ **1** [au pr.] ajouter en mêlant ; *rem rei*, une chose à une autre : *mortiferum vitali* Liv. 6, 40, 12, mélanger la substance mortelle à la substance qui fait vivre ; *aquae admixtum esse calorem* Cic. Nat. 2, 26, [faire voir] que de la chaleur est mêlée à l'eau ‖ *admixto calore* Cic. Nat. 2, 26, par suite du mélange de la chaleur ; *nulla se alia admiscente natura* Cic. Nat. 3, 36, sans mélange d'aucun autre élément ¶ **2** [fig.] mêler à, mélanger à : *his Antonianos milites admiscuit* Caes. C. 3, 4, 2, à ces légions il mêla (incorpora) les soldats d'Antonius ; *versus orationi* Cic. Tusc. 2, 26, entremêler des vers à un exposé [philosophique] ‖ impliquer dans, faire participer : *admisceri ad consilium* Cic. Phil. 12, 16, se mêler à (prendre part à) un conseil ; *Trebatium quod isto admisceas, nihil est* Cic. Q. 3, 1, 9, il n'y a pas de raison pour que tu mêles Trébatius à ces affaires ¶ **3** mélanger avec ; *rem cum re*, mélanger une chose avec une autre : Cat. Agr. 115, 2 ; [au pass.] : *aer calore admixtus* Cic. Nat. 2, 27, air mélangé de chaleur ; *(maritimae urbes) admiscentur novis disciplinis* Cic. Rep. 2, 7, (les villes maritimes) se laissent pénétrer de principes nouveaux ; *hoc Precianum cum iis rationibus, quas..., admisceri nolo* Cic. Att. 7, 1, 9, je ne veux pas que cette succession de Précius se mélange avec les comptes que... ¶ **4** [pass.] avoir des relations conjugales avec [dat.] : Greg.-M. Ep. 11, 56 a, 5. ▶ formes de la 3ᵉ conjug. *admiscis* Pall. 8, 7 ; *Apic. 91 ; *ammiscunt* ; Diosc. 1, 19 ‖ *admiscetur* ou *-itur* Pl. Cas. 222.

admīsī, parf. de *admitto*.

admissārĭus, *i*, m. (*admitto* II ¶ 3 ; roum. *armăsar*), [avec ou sans *equus*, *asinus*] étalon : Varr. R. 2, 8, 3 ; 2, 7, 1 ‖ [en parl. d'un débauché] : Cic. Pis. 69 ; Sen. Nat. 1, 16, 2.

admisse, V. ▶ *admitto* ▶.

admissĭō, *ōnis*, f. (*admitto*), action d'admettre ¶ **1** admission, audience [auprès d'un particulier ou de l'empereur] : Sen. Ben. 6, 33, 4 ; Plin. Pan. 47 ; *quidam ex officio admissionis* Suet. Vesp. 14, un des huissiers du palais ; *cohors primae admissionis* Sen. Clem. 1, 10, 1, le groupe des amis reçus les premiers ¶ **2** monte, saillie : Varr. R. 2, 7, 1 ; 2, 1, 18 ¶ **3** [droit] envoi en possession : Cod. Just. 6, 15, 5.

admissĭōnālis, *is*, m., introducteur, huissier : Lampr. Alex. 4, 3 ; Cod. Th. 6, 35, 7.

admissīvae ăves, f., oiseaux de bon augure : P. Fest. 20, 1.

admissŏr, *ōris*, m., celui qui introduit : Aug. Civ. 7, 3 ‖ celui qui commet : Lact. Epit. 63, 4 ; *criminis* Coll. Mos. 6, 4, 3, auteur d'un crime.

admissum, *i* (n. du part. d'*admitto* pris subst‘), action, acte [au sens péjor.] : *ob admissum foede* Lucr. 5, 1224, pour un acte honteux ; *male* Tac. D. 12, mauvaise action ‖ [pris abs‘] mauvaise action, méfait, crime ; *admissa Popaeae* Tac. An. 11, 4, les crimes de Poppée ; *meum admissum* Ov. H. 11, 110, mon crime.

admissūra, *ae*, f. (*admitto* II ¶3), saillie : Varr. R. 2, 1, 17 ‖ haras : Stat. S. 5, 2, 24.

admissŭs, *ūs*, m., action de commettre : Cassian. Coll. 4, 15, 2.

admittō, *ĭs*, *ĕre*, *mīsī*, *missum* (it. *ammettere*), tr.

I faire aller vers ou laisser aller vers : *in hostem equos* Liv. 25, 19, 3, lancer les chevaux contre l'ennemi ; *equo admisso* Cic. Fin. 2, 61 ; Caes. G. 1, 22, 2, à toute bride, à bride abattue ; *admissi equi* Ov. F. 4, 674, chevaux lancés ‖ [d'où, poét.] *admisso passu* Ov. M. 1, 532, d'un pas pressé, en pressant le pas ; *admissae jubae* Ov. Am. 2, 16, 50, crinière flottante (qu'on laisse aller librement) ‖ [fig.] *quod semel admissum coerceri reprimique non potest* Cic. Fin. 1, 2, une chose qui, une fois qu'on l'a laissée aller, ne peut être maîtrisée et arrêtée.

II laisser venir vers ¶ **1** admettre, permettre l'accès à (qqn) : *admissi auditique sunt* Liv. 21, 10, 1, ils furent reçus en audience et entendus, cf. Cic. Q. 1, 1, 32 ; *salutatum veniebant ; admissus est nemo* Cic. Phil. 2, 105, on venait pour te saluer ; personne ne fut admis, cf. Verr. 5, 93 ; Nep. Con. 3, 3 ‖ *domum ad se aliquem* Nep. Tim. 1, 5, admettre qqn chez soi en sa présence ; *in domum* Cic. Off. 1, 139, admettre dans sa maison ; *in cubiculum* Cic. Phil. 8, 29, dans sa chambre ; *in castra* Liv. 21, 10, 6, admettre dans le camp ; *aliquem ad capsas* Cic. Caecil. 51, laisser qqn s'approcher des coffrets ; *spectatum admissi* Hor. P. 5, admis à voir ¶ **2** admettre à une chose : [avec *ad*] *ad colloquium* Caes. C. 3, 57, 5, admettre à une entrevue ; *ad fastos, ad commentarios pontificum* Liv. 8, 3, 9, admettre à la connaissance des fastes et des livres des pontifes ; [avec *in* acc.] *in rapinam rei publicae* Sen. Ep. 14, 13, admettre (laisser participer) au pillage de l'État ; [avec dat.] *admissus Jovis arcanis* Hor. O. 1, 28, 9, admis aux secrètes pensées de Jupiter ¶ **3** accoupler le mâle : Varr. R. 2, 5, 14 ; 2, 8, 3 ; Just. 1, 10, 7 ¶ **4** admettre (laisser aller) qqch. **a)** [avec *ad*] *manus castas ad sacra* Ov. F. 6, 290, [n'] admettre [que] des mains pures à son culte ; *nihil non modo ad animum, sed ne ad aures quidem* Liv. 25, 21, 7, ne laisser arriver aucun conseil non seulement à leur esprit, mais même à leurs oreilles [non seulement ne suivre..., mais même n'en pas écouter] ‖ [avec *in* acc.] *lucem in thalamos* Ov. A. A. 3, 807, laisser la lumière pénétrer dans la chambre à coucher ; *ira in animum admissa* Sen. Ep. 85, 15, la colère admise dans l'âme ‖ [avec dat.] *longae barbae mucronem cultri* Juv. 14, 217, laisser le tranchant du rasoir entamer sa barbe longue ‖ *auribus* [dat. ou abl. ?] Liv. 23, 13, 6 ; 23, 19, 15, [laisser arriver qqch. aux oreilles, ou admettre qqch. pour l'ouïe] écouter **b)** accueillir : *preces* Tac. H. 4, 60, accueillir des prières ; *solacia* Plin. Ep. 8, 16, 4, des consolations ; *numquam ira admittenda* Sen. Ir. 2, 14, 1, on ne doit jamais admettre (donner accès en soi à) la colère ¶ **5** *in se aliquid*, se permettre qqch., perpétrer qqch. [au sens péjor.] : *in se facinus* Cic. Mil. 103, commettre un crime, cf. Clu. 167 ; Caes. C. 3, 9, 3 ‖ [sans *in se*] *scelus* Cic. Q. 1, 3, 7, commettre un

admitto

crime; Nep. *Epam.* 6, 3; ***dedecus*** Cic. *Amer.* 111, une action déshonorante; ***aliquid scelerate in aliquem*** Liv. 40, 15, 9, se rendre coupable d'une action criminelle à l'égard de qqn ¶ **6** admettre, permettre: ***sacellorum exaugurationes admittunt aves*** Liv. 1, 55, 3, les auspices permettent l'exauguration des chapelles; [abs¹] ***aves admittunt***, les auspices sont consentants: Liv. 1, 36, 6; 4, 18, 6 || ***quaestionem*** Traj. d. Plin. *Ep.* 10, 82, 2, autoriser des poursuites || ***exemplum*** Tac. *H.* 1, 30, admettre un précédent; ***non admittit hoc veritas*** Quint. 6, 1, 43, la réalité ne tolère pas cela.

▶ inf. parf. *admisse* Pl. *Mil.* 1287; inf. pass. *admittier* Virg. *En.* 9, 229.

admixtĭo, ōnis, f. (*admisceo*), mélange, addition: ***animus omni admixtione corporis liberatus*** Cic. *CM* 80, l'âme débarrassée de tout mélange avec le corps || union charnelle: Greg.-M. *Ep.* 11, 56 a, 8, p. 340, 27.

▶ *admistio* parfois dans les mss.

1 **admixtus**, *a*, *um*, part. de *admisceo*.

2 **admixtŭs**, ūs, m., mélange: Macr. *Sat.* 2, 1, 6.

admŏdĕrātē, adv., d'une manière proportionnée: Lucr. 2, 169.

admŏdĕror, ārĭs, ārī, ātus sum, modérer: *Pl. *Mil.* 107.

admŏdŭlantĕr, adv., harmonieusement: Fort. *Carm.* 5, 1, epist. 1.

admŏdŭlō, ās, āre, -, -, intr., ⓒ *admodulor*: Fort. *Carm.* 10, 11, 2.

admŏdŭlor, ārĭs, āri, - (ad, modulor), intr., résonner harmonieusement: Claud. *Fesc.* 2 (12), 15.

admŏdum, adv., jusqu'à la mesure, pleinement ¶ **1** [dans les réponses] tout à fait, parfaitement: Pl. *Ru.* 143; 1081; *Trin.* 421; *Bac.* 1111; Cic. *Part.* 68; *Leg.* 3, 26 ¶ **2** tout à fait: ***admodum adulescens*** Cic. *Lae.* 101, tout jeune, cf. *Phil.* 5, 48; *Cael.* 47; *Brut.* 115; ***juvenis admodum*** Liv. 29, 20, 2, tout jeune; ***puer*** Liv. 29, 29, 7, tout enfant; ***admodum senex*** Cic. *CM* 30, très vieux || ***admodum pauci*** Cic. *Phil.* 3, 36; ***pauci admodum*** Cic. *CM* 46, un très petit nombre; ***nihil admodum*** Cic. *Brut.* 35; ***admodum nihil*** Cic. *Brut.* 210, absolument rien; ***non admodum indocti*** Cic. *Fin.* 1, 1, qui ne manquent pas tout à fait (précisément) de culture; ***id fuit nobis gratum admodum*** Cic. *Verr.* 3, 10, cela nous a été tout à fait agréable; ***paulum admodum*** Cic. *Off.* 1, 1, tout à fait peu; ***admodum diligere*** Cic. *Att.* 1, 13, 4, aimer absolument; ***admodum delectare*** Cic. *Brut.* 265, faire un très grand plaisir; ***admodum gaudere*** Cic. *Brut.* 64, éprouver la plus grande joie; ***exacto admodum mense Februario*** Liv. 43, 11, 9, tout à fait à la fin du mois de février ¶ **3** [avec un nom de nombre, il indique que le chiffre n'est pas exagéré, il est juste, en compte rond] au moins, tout au plus: ***turres admodum centum et viginti*** Caes. *G.* 5, 40, 2, cent

vingt tours au moins [en compte rond], cf. Liv. 21, 36, 2; 27, 30, 2; 31, 37, 12 || ***secuti eum sunt admodum quingenti Cretenses*** Liv. 44, 43, 8, il y eut pour le suivre tout au plus cinq cents Crétois; Curt. 4, 9, 24; 4, 12, 6.

admoenĭō, īs, īre, īvī, - (ad, moenio = munio), tr., appliquer des terrassements, des travaux de siège contre: ***oppidum*** Pl. *Ps.* 384, bloquer une ville || [fig.] dresser des fourberies: Pl. *Cis.* 540.

admōlĭor, īrĭs, īrī, ītus sum ¶ **1** intr., faire des mouvements, des efforts vers: Pl. *Ru.* 599 ¶ **2** tr., mettre en mouvement vers: ***manus alicui rei*** Pl. *As.* 570; Apul. *M.* 1, 40, porter la main sur qqch.

admŏnĕō, ēs, ēre, ŭī, ĭtum, tr. ¶ **1** faire souvenir, rappeler: ***recte admones***; ***Polyclitum esse dicebant*** Cic. *Verr.* 4, 5, tu me le remets bien en mémoire; c'est Polyclète qu'on l'appelait; ***admonitum venimus te, non flagitatum*** Cic. *de Or.* 3, 17, nous venons te rappeler ta promesse et non pas te presser de la tenir; ***cum admoneris*** Cic. *Mur.* 77, quand on te fait souvenir [des noms des électeurs] || ***aliquem de aliqua re*** ou ***aliquem alicujus rei***, faire souvenir qqn de qqch.: Cic. *Pomp.* 45; *Q.* 3, 1, 14 || ***admonitus hujus aeris alieni*** Cic. *Top.* 5, ma dette m'étant rappelée à la mémoire; ***admonebat alium egestatis, alium cupiditatis suae*** Sall. *C.* 21, 4, il rappelait à l'un son dénuement, à l'autre ses convoitises, cf. J. 95, 2; Liv. 23, 18, 7; 24, 22, 8; 31, 43, 6; Sen. *Ben.* 2, 11, 2; *Ep.* 53, 5 || [avec prop. inf.] rappeler que: Cic. *Or.* 88; ***admonebant alios supplicium ex se peti*** Liv. 28, 19, 11, ils rappelaient aux autres que c'était un châtiment qu'on voulait tirer d'eux || [avec interr. indir.] ***meus me sensus, quanta vis fraterni sit amoris, admonet*** Cic. *Fam.* 5, 2, 10, mon propre sentiment me rappelle la force de l'amour fraternel ¶ **2** avertir, faire remarquer, faire prendre garde: ***satis est admonere*** Cic. *Fin.* 1, 30, il suffit de faire constater; ***natura admonente*** Cic. *Tusc.* 1, 29, sur les indications de la nature; ***proximi diei casu admoniti*** Caes. *C.* 2, 14, 6, mis sur leur garde par l'échec du jour précédent; ***prodigiis a dis admonemur*** Cic. *Har.* 44, les dieux nous avertissent au moyen des prodiges || ***admonent quiddam, quod cavebimus*** Cic. *Phil.* 1, 18, ils me signalent [un danger] contre lequel je serai en garde || ***aliquem de aliqua re***, avertir qqn de qqch, attirer l'attention de qqn sur qqch.: Cic. *Nat.* 1, 46; *Div.* 2, 142; *Att.* 2, 7, 5; *Fam.* 4, 10, 2 || [avec acc. n. des pron.] ***ridiculum est istuc me admonere*** Ter. *Haut.* 353, il est ridicule de me faire cette observation; ***multa extis admonemur*** Cic. *Nat.* 2, 166, nous recevons des entrailles des victimes maints avertissements; ***eam rem (= id) nos locus admonuit*** Sall. *J.* 79, 1, le lieu m'y a fait penser || [avec prop. inf.] avertir que, annoncer que: Cic. *Verr.* 2, 36; ***admonitus est hasce tabulas nihil***

profuturas Cic. *Verr.* 5, 103, il fut averti que ce procès-verbal ne lui servirait à rien; ***illud jam non es admonendus neminem bonum esse nisi sapientem*** Sen. *Const.* 7, 2, tu n'as plus besoin d'être averti que le sage seul est bon; ***judicio admonitus*** Cod. Just. 7, 43, 2, cité à comparaître || [avec interrog. indir.] ***cotidie nos ipsa natura admonet quam parvis rebus egeat*** Cic. *Tusc.* 5, 102, chaque jour la nature elle-même nous fait remarquer combien elle a besoin de peu ¶ **3** rappeler à l'ordre: ***admonere verberibus*** Sen. *Clem.* 1, 14, 1, rappeler à l'ordre par des coups, cf. *Const.* 12, 3; *Ep.* 47, 19 || admonester, faire des remontrances, une semonce: Sen. *Clem.* 2, 7, 2; ***bijugos telo*** Virg. *En.* 10, 585, exciter l'attelage du fer de son javelot ¶ **4** engager (à), stimuler **a)** [abs¹] Cic. *Att.* 13, 19, 3; Liv. 6, 4, 6 **b)** [au pass. avec *ad*] ***admoneri ad*** Cic. *Div.* 2, 134, être poussé **c)** [avec *ut*] avertir de, engager à: Cic. *Cael.* 8; *Tusc.* 3, 51; *Mil.* 3; [avec *ne*] Cic. *Att.* 9, 9, 3, engager à ne pas **d)** [avec inf.] Cic. *Verr.* 1, 63; *Cael.* 34; Hirt. *G.* 8, 12, 7; Plin. *Ep.* 1, 2, 4 **e)** [avec le subj.] ***hunc admonet iter caute faciat*** Caes. *G.* 5, 49, 3, il l'avertit d'être sur ses gardes au cours de son voyage, cf. Cic. *Tull.* 17; Nep. *Phoc.* 1, 3; Liv. 39, 27, 2; Plin. *Ep.* 2, 11, 15.

admŏnĭtĭo, ōnis, f. (*admoneo*) ¶ **1** action de faire souvenir, rappel: ***tanta vis admonitionis inest in locis*** Cic. *Fin.* 5, 2, tant les lieux ont le pouvoir d'évoquer les souvenirs, cf. Liv. 29, 16, 2 || rappel de maladie ancienne: Plin. 24, 158; 55, 88 ¶ **2** action de faire remarquer (constater); Cic. *Fin.* 1, 30 ¶ **3** avertissement, représentation: ***admonitio quasi lenior objurgatio*** Cic. *de Or.* 2, 339, les représentations qui sont des reproches adoucis, cf. 2, 282; *Off.* 1, 145; Liv. 44, 36, 1 || [droit] mise en demeure: Dig. 5, 1, 2, 7; instruction: Dig. 26, 1, 6, 1 ¶ **4** châtiment: ***fustium admonitio*** Dig. 48, 19, 7, la peine des verges.

admŏnĭtĭuncŭla, ae, f. (dim. de *admonitio*), petit avertissement: Cassian. *Coll.* 18, 1, 4.

admŏnĭtŏr, ōris, m., qui rappelle au souvenir: Cic. *Top.* 5; *Fam.* 9, 8, 1; ***operum*** Ov. *M.* 4, 664, [l'astre] qui fait songer aux travaux [l'étoile du matin].

admŏnĭtōrĭum, ĭi, n., avis: Cod. Just. 1, 17, 1, 12.

admŏnĭtrix, īcis, f., celle qui donne un avis: *Pl. *Truc.* 501.

admŏnĭtum, i, n., [pris subst¹] ***admonita*** Cic. *de Or.* 2, 64, avertissements.

1 **admŏnĭtus**, *a*, *um*, part. de *admoneo*.

2 **admŏnĭtŭs**, ūs, m., [à l'abl.] [sauf Capel. 9, 896] ¶ **1** rappel du souvenir: ***locorum admonitu*** Cic. *Fin.* 5, 4, parce que les lieux rappellent nos souvenirs ¶ **2** conseil: ***admonitu istius*** Cic. *Verr.* 60, sur son conseil, cf. *Verr.* 3, 8; 4, 148 || avertissement: Cic. *Tusc.* 2, 48; *Att.* 9, 10,

5 ‖ parole d'excitation, d'encouragement : Cic. *Rep.* 2, 67.

admŏnŭī, parf. de admoneo.

admōram, -ōrint, -ōrunt, v.▶ admoveo ▶.

admordĕō, -ēs, -ēre, momordī, morsum, tr., mordre après, entamer par une morsure : Prop. 3, 11, 53 ‖ [fig.] *aliquem* Pl. *Ps.* 1125 ; Pers. 267, dévorer qqn, mordre après qqn à belles dents [lui soutirer son argent].
▶ parf. admemordi Pl. d. Gell. 6, 9, 6.

1 admorsus, a, um (fr. amorce), part. de admordeo.

2 admorsŭs, ūs, m., morsure [fig.] : Symm. *Ep.* 1, 31.

admōtĭō, ōnis, f. (admoveo), action d'approcher : *digitorum* Cic. *Nat.* 2, 150, application des doigts [sur les cordes d'un instrument].

admōtus, a, um, part. de admoveo.

admŏvĕō, -ēs, -ēre, mōvī, mōtum, tr. ¶ 1 faire mouvoir vers, approcher [compl. indir. au dat. ou avec ad] : *reticulum ad nares sibi* Cic. *Verr.* 5, 27, approcher de ses narines un sachet parfumé ; *ferrum jugulo, pectori* Tac. *An.* 11, 38, approcher un poignard de sa gorge, de sa poitrine ; *tu lene tormentum ingenio duro admoves* Hor. *O.* 3, 21, 13, toi [le vin], tu appliques une douce torture aux caractères rigides [tu les fais fléchir] ; *capiti suo cultros* Plin. *Ep.* 7, 27, 12, approcher des ciseaux de sa tête ‖ *admoto igni* Cic. *de Or.* 2, 190, au contact du feu ; *lumen* Sen. *Nat.* 1, pr. 2, (approcher) un flambeau ; *hoc opus ad turrim hostium admovent* Caes. *C.* 2, 10, 7, ils approchent cette machine de la tour des ennemis ; *scalas moenibus* Liv. 7, 16, 6, approcher les échelles des murailles ; *classem ad moenia* Curt. 4, 3, 13, approcher la flotte des remparts ; *in Campaniam exercitum* Liv. 22, 13, 3 ; *Capuam* Liv. 24, 12, 2 ; *ad Hennam* Liv. 24, 39, 10, faire entrer son armée en Campanie, l'approcher de Capoue, d'Henna ; *signa* Liv. 10, 17, 7, approcher les enseignes [s'approcher] ; *castra ad Anienem* Liv. 26, 10, 3, porter son camp sur les bords de l'Anio ; [abs^t] s'approcher avec son armée : Curt. 8, 4, 27 ; Tert. *Jejun.* 7, 1 ‖ *aure admota* Liv. 38, 7, 8, l'oreille appliquée [contre le sol] ; *aurem admovere* Cic. *de Or.* 2, 153, prêter l'oreille, écouter [au fig.] ; *poculis labra* Virg. *B.* 3, 43, approcher ses lèvres d'une coupe ; *fidibus manum* Cic. *Brut.* 200, appliquer ses doigts aux cordes d'une lyre ; *numquam deos ipsos admovere nocentibus manus* Liv. 5, 11, 16, jamais les dieux ne portent eux-mêmes la main sur les coupables [ne les châtient de leurs propres mains] ; *manus vectigalibus populi Romani* Cic. *Agr.* 1 ; 11, porter la main sur les revenus du peuple romain [les accaparer] ; *lanae manus* Curt. 5, 2, 19, mettre la main à la laine [travailler la laine] ‖ *altaribus aliquem* Liv. 10, 38, 9 ; 21, 1, 4, faire approcher qqn des autels ; *admotae hostiae* Tac. *An.* 2, 69, victimes amenées près de l'autel [pour le sacrifice] ; *canes* Curt. 9, 1, 32, faire lancer des chiens [contre un lion] ; *equiti equos* Liv. 2, 20, 12, ramener leurs chevaux aux cavaliers [qui les avaient laissés pour combattre à pied] ‖ *alicui fatum* Sen. *Brev.* 17, 2, hâter pour qqn le destin (l'heure fatale) ; *laeti occasionem exsequendi sceleris admotam* Curt. 8, 6, 16, joyeux que l'occasion d'accomplir leur crime leur soit offerte plus tôt ‖ *in idem fastigium aliquem* Curt. 6, 9, 22, faire monter qqn sur le même faîte [des honneurs] ; *Drusum summae rei* Tac. *An.* 3, 56, faire approcher Drusus du trône impérial ‖ *ad lumen se* Cic. *Lae.* 100, s'approcher d'une lumière ; *alicui se* Curt. 7, 1, 14, s'approcher de qqn ; *studiis admoveri* Sen. *Brev.* 13, 9, se mettre à des études ¶ 2 appliquer, employer : *orationem ad sensus animorum inflammandos* Cic. *de Or.* 1, 60, employer la parole à enflammer les passions de l'auditoire ; *populationibus terror est oppidanis admotus* Liv. 6, 10, 3, [par des dévastations] on sema la terreur chez les habitants de la ville ; *vitiis monitiones* Sen. *Ep.* 94, 24, appliquer des avertissements aux vices [comme remèdes] ; *stimulos alicui* Cic. *Sest.* 12, aiguillonner, stimuler qqn ; *curationem ad aliquem* Cic. *Tusc.* 4, 61, appliquer un traitement à qqn ; *acumina chartis Graecis* Hor. *Ep.* 2, 1, 161, tourner vers les écrits grecs la pénétration de son esprit.
▶ formes du parf. sync. admorunt : Virg. *En.* 4, 367 ; admorint Ov. *Pont.* 3, 7, 36 ; admoram Prop. 3, 2, 5 ; admorat Ov. *Am.* 3, 8, 38 ; admosse Liv. 38, 45, 3.

admūgĭō, -īs, -īre, -īvī, -, intr., mugir, meugler en réponse à, à l'adresse de [avec dat.] : Ov. *A.* 1, 279 ; Claud. *Pros.* 3, 443 ‖ [abs^t] Claud. *IV Cons. Hon.* 576.

admulcĕō, -ēs, -ēre, -, -, tr., flatter : Pall. 4, 12, 2.

admūnĭō, -īs, -īre, -, -, annexer à une enceinte fortifiée : Dosith. 7, 434, 21 ; v.▶ admoenio.

admurmŭrātĭō, ōnis, f., murmure pour approuver : Cic. *Q.* 2, 1, 3 ; *Verr. prim.* 45 ‖ murmure pour blâmer : Cic. *Pis.* 31 ; *Pomp.* 37.

admurmŭrō, -ās, -āre, -āvī, -ātum, intr., faire entendre des murmures [marques de désapprobation] à l'adresse de : Cic. *Verr.* 5, 41 ; *Att.* 1, 32, 2 ; [pass. impers.] *de Or.* 2, 285.

admurmŭrŏr, dép., c.▶ admurmuro : Front. *Caes.* 1, 9, 1, p. 21 N.

admūtĭlō, -ās, -āre, -āvī, -ātum, tr., [fig.] tondre, escroquer : Pl. *Cap.* 269 ; Pers. 829 ; *Mil.* 768.

adnascor, v.▶ agnascor.

adnātō, -ās, -āre, -āvī, -, intr. ¶ 1 nager vers [avec ad] : B.-Alex. 20, 6 ; 31, 6 ; Plin. 9, 86 ‖ [avec dat.] Sil. 10, 610 ‖ [avec acc.] Plin. 9, 38 ¶ 2 nager à côté de [dat.] : Sen. *Ag.* 452 ; Plin. 8, 93 ; Plin. *Ep.* 9, 33, 6.

adnātus, v.▶ agnatus.

adnāvĭgō, -ās, -āre, -āvī, -, intr., naviguer vers : Plin. 35, 81 ; 36, 7.

adnĕcessārĭus, a, um, indispensable : *Cassiod. *Inst.* 2, 5, 10.

adnectō, -ĭs, -ĕre, nexŭī, nexum (ad, necto ; it. annettere), tr., attacher à [avec ad] : *ad linguam stomachus adnectitur* Cic. *Nat.* 2, 136, l'œsophage s'attache à la langue ‖ [avec dat.] *cadavera saxis adnexa* Liv. 33, 29, 6, cadavres attachés à des rochers ; *servitutes rebus soli adnexae* Cod. Just. 3, 34, 13, ces servitudes [droit réel ou la chose d'autrui] annexées au fonds ; *pons ulteriora coloniae adnectit* Tac. *H.* 4, 77, un pont relie à la colonie les régions d'au-delà ; *pars populi magnis domibus adnexa* Tac. *H.* 1, 4, la partie du peuple liée d'intérêt aux grandes familles ; *(exordium) nec sicut aliquod membrum adnexum orationi* Cic. *Inv.* 1, 26, (exorde) et qui ne se rattache pas, comme un membre, au discours ‖ [avec prop. inf.] ajouter que : *adnectebat Cornutum ministravisse pecuniam* Tac. *An.* 4, 28, il ajoutait que Cornutus avait fourni l'argent ‖ [avec subj. = impér. en st. indir.] Tac. *An.* 2, 26.

adnĕpōs, ōtis, m., **adneptis, is**, f. (cf. *nepos* et *neptis, atavus*), petit-fils, petite-fille au 5e degré : Paul. *Sent.* 4, 11, 5.

adnexĭō, ōnis, f., jonction : Pall. 4, 10, 36.

1 adnexus, a, um, part. de adnecto.

2 adnexŭs, ūs, m., rattachement, association : Tac. *H.* 3, 34.

adnictō, -ās, -āre, -, -, intr., [dat.] faire signe (à qqn) du coin de l'œil : Naev. *Com.* 76.

adnĭhĭlātĭō, ōnis, f., mépris absolu : Hier. *Ep.* 106, 67.

adnĭhĭlātŏr, ōris, m., qui réduit à rien : Gloss. 2, 304, 24.

adnĭhĭlō, -ās, -āre, -āvī, -ātum, tr., réduire à néant ; considérer comme rien : Hier. *Ep.* 106, 57.

1 adnīsus, a, um, part. de adnitor.

2 adnīsŭs, ūs, m., effort : Symm. *Ep.* 5, 75.

adnītendus, a, um, adj. verb. de adnitor.

adnītŏr, -tĕrĭs, -tī, nīxus sum (nīsus sum), intr. ¶ 1 s'appuyer à [avec ad] : *ad adminiculum* Cic. *Lae.* 88, s'appuyer sur un étai ; [avec dat.] *columnae adnixa* Virg. *En.* 12, 92, [lance] appuyée contre une colonne ; *oleae adnisa* Tac. *An.* 3, 61, [Latone] appuyée contre un olivier ¶ 2 s'efforcer de, travailler à [avec ut, ne, d. Sall. et Liv.] : *omni ope, summa ope, summis opibus* Liv. 8, 16, 4 ; 4, 43, 5 ; 38, 50, 2 ; *summo studio* Sall. *J.* 43, 4 ; *summis viribus* Virg. *En.* 5, 226, faire tous ses efforts, les plus grands efforts, mettre toute son ardeur, toutes ses forces à ‖ [avec ad] **ad restituendam pugnam** Liv. 10, 36, 12, s'efforcer de rétablir le combat, cf. Sall. J. 43, 4 ‖ [avec inf.] s'efforcer de : Liv. 10, 41, 7 ; Tac. H. 3, 43 ; 4, 8 ‖ [avec de] **de triumpho** Cic. Att. 6, 8, 5, faire des efforts à propos du triomphe, cf. Liv. 5, 25, 13 ‖ [avec dat.] faire des efforts pour qqn : Macr. Sat. 1, 14, 2 ‖ [abs¹] Sall. J. 85, 47 ; Liv. 21, 8, 8, faire des efforts ‖ [avec acc. n. des pron.] **hoc idem** Liv. 5, 25, 3, faire les mêmes efforts ; **se id adniti, ut** Liv. 22, 58, 3, il faisait effort [disait-il] relativement à ceci que, le but de ses efforts était que.

adnixus, part. de *adnitor*.

adnō, *ās, āre, āvī, -*, intr., nager vers [avec ad] : *Cæs. C. 2, 44, 1 ; Gell. 6, 8, 7 ; [avec dat.] Virg. En. 6, 358 ; Liv. 28, 36, 12 ‖ arriver par eau : **ad urbem** Cic. Rep. 2, 9, à la ville ‖ nager à côté de [dat.] : Tac. An. 14, 29.

adnōdō, *ās, āre, āvī, ātum*, tr., raser jusqu'au nœud [des branches] : Col. 4, 11, 4 ; **palmitem** Col. 4, 24, 10, les branches d'un palmier.

adnōmĭnātĭo, *ōnis*, f. [παρονομασία] paronomase [figure de rhét.qui consiste à rapprocher dans le discours, des mots, dits paronymes, de sens différents mais semblables ou proches par la forme ; ex. : *avium* gén. de *avis*, oiseau, et *avium* subst. tiré de *avius*, écarté ; *lenones*, marchands d'esclaves et *leones*, lions] : Her. 4, 29 ; Quint. 9, 3, 66.

adnōmĭnō, *ās, āre, -, -* (ad nomen), tr., admettre au nom, épouser, marier : Aug. Hept. 2, 20, 24.

adnŏtāmentum, *i*, n., annotation, remarque : Gell. 1, 7, 18.

adnŏtātĭo, *ōnis*, f., annotation, remarque : Quint. 10, 7, 31 ; Gell. pr. 3 ; Plin. Ep. 7, 20, 2 ‖ annotation dans un acte : Cod. Just. 9, 51, 10 ; notification : Dig. 48, 17, 4.

adnŏtātĭuncŭla, *ae*, f. (dim. de *adnotatio*), petite remarque, notule : Gell. 17, 21, 50.

adnŏtātŏr, *ōris*, m., qui prend note de : Plin. Pan. 49, 6 ‖ contrôleur : Cod. Th. 12, 6, 3.

1 **adnŏtātus**, *a, um*, part. de *adnoto*.

2 **adnŏtātŭs**, *ūs*, m., remarque : Val.-Max. 9, 12, 1.

adnŏtō, *ās, āre, āvī, ātum*, tr., mettre une note à ; [d'où] noter, remarquer [(*alicui*), qqch. : Quint. 1, 4, 17 ; Plin. Ep. 9, 26, 5 ‖ **eos adnotavi in urbem remittendos** Plin. Ep. 10, 96, 4, je les ai notés comme à renvoyer à Rome ; **ex noxiis laniandos** Suet. Cal. 27, parmi les criminels désigner ceux qui sont destinés à être déchirés [par les bêtes] ‖ [avec prop. inf.] remarquer que : Sen. Nat. 4, 3, 3 ; Tac. Agr. 22 ; H. 3, 37 ; **adnotatus est miles praeriguisse manus** Tac. An. 13, 35, on remarqua qu'un soldat avait eu les mains gelées ‖ [au pass.] se signaler à l'attention : **haec litora pisci nobili adnotantur** Plin. 3, 60, ces rivages se signalent par un poisson renommé ‖ **requirendum adnotare reum** Dig. 48, 17, 1, notifier à un défendeur [absent] la citation à comparaître, intituler : Lact. Inst. 5, 3, 22.

adnūbĭlō, *ās, āre, -, -*, tr., répandre l'obscurité sur : Stat. S. 5, 1, 149.

adnŭĭtūrus, *a, um*, part. fut. de *adnuo*.

adnullātĭo, *ōnis*, f., anéantissement : Hier. Ep. 106, 67.

adnullō, *ās, āre, -, -*, anéantir, annuler : Hier. Ep. 106, 57.

adnŭmĕrātĭo, *ōnis*, f., calcul : Hier. Ruf. 3, 6.

adnŭmĕrātus, *a, um*, part. de *adnumero*.

adnŭmĕrō, *ās, āre, āvī, ātum*, tr. ¶ 1 compter (à), remettre en comptant : **pecuniam alicui** Cic. Verr. 2, 144 ; 5, 60, compter une somme à qqn ‖ [fig.] **verba lectori** Cic. Opt. 14, remettre un décompte des mots au lecteur [faire une traduction mot à mot] ; **adnumerare genus humanum** Sen. Clem. 1, 1, 4, présenter la somme intégrale du genre humain ¶ 2 ajouter au compte de, ajouter [avec dat.] : **his duobus viris adnumerabatur nemo tertius** Cic. Brut. 206, à ces deux hommes ne s'en ajoutait pas un troisième, cf. Div. 2, 3 ; **adnumerabor Numisiis et Herenniis** Tac. H. 4, 77, on ajoutera mon nom à ceux des Numisius et des Hérennius ; **dialogos philosophiae** Sen. Ep. 100, 9, mettre des dialogues au compte de [les rattacher à] la philosophie ‖ [avec in abl.] **Naevium in vatibus** Cic. Brut. 75, compter Naevius au nombre des devins, cf. Amer. 89 ; Ov. Tr. 5, 4, 20 ; H. 15, 328 ¶ 3 présenter un compte de : **vulnera tibi** Plin. Pan. 15, t'énumérer [leurs] blessures ¶ 4 attribuer (à) : **aliquid alicui** Stat. Th. 1, 688, mettre qqch. au compte de qqn ¶ 5 [chrét.] adjoindre en comptant, compter parmi [à propos de la Trinité] : Tert. Prax. 31, 1 ; Aug. Trin. 14, 3, 5.

adnuntĭātĭo, *ōnis*, f., [chrét.] ¶ 1 bonne nouvelle, Évangile : Lact. Inst. 4, 21, 2 ¶ 2 Annonciation [à Marie] : Sacram. Gelas. 2, 14 ¶ 3 annonce, prophétie : Ambr. Off. 1, 2, 6.

adnuntĭātŏr, *ōris*, m., celui qui annonce : Tert. Marc. 4, 7, 3.

adnuntĭātrix, *īcis*, f., celle qui annonce : Ennod. Dict. 2, p. 431, 6.

adnuntĭō, *ās, āre, āvī, ātum*, tr., annoncer : Sen. Vit. 28 ; Curt. 10, 8, 11 ; Plin. 7, 174 ; Apul. M. 3, 15 ; Stat. Th. 7, 457 ‖ [chrét.] annoncer, prédire [en parl. des prophètes] : Lact. Inst. 4, 13, 18 ; annoncer, prêcher [en parl. du Christ, de l'Évangile] : Lact. Inst. 4, 15, 31.

adnuntĭus, *ii*, m., qui annonce : Ambr. Noe 17, 62 ; Off. 2, 10, 5.

adnŭō (annŭō), *ĭs, ĕre, nŭī, nūtum*, intr. et tr. ¶ 1 faire un signe (à), adresser un signe (à) **a) annuentibus ac vocantibus suis** Liv. 1, 12, 10, les siens lui faisant des signes, l'appelant, cf. Quint. 11, 3, 71 ; **alicui**, faire signe à qqn : Pl. As. 784 ; Cic. Quinct. 18 ; Sen. Tranq. 14, 7 ‖ **donec, ut considerem, adnueres, restiti** Curt. 5, 2, 22, je suis resté debout jusqu'à ce que tu me fisses signe de m'asseoir **b)** indiquer par un signe [**aliquem, aliquid**, qqn, qqch.] : Cic. Verr. 1, 158 ; 3, 213 **c)** demander par signes : **Flavo adnuenti an caedem patraret** Tac. An. 15, 58, comme Flavus demandait par signes s'il devait commettre le meurtre ¶ 2 donner par signes son approbation, son assentiment ; **a) quaesivi cognosceretne signum ; adnuit** Cic. Cat. 3, 10, je lui demandai s'il reconnaissait son cachet ; il fit signe que oui **b)** [acc. n. des pron.] **id quoque toto capite adnuit** Cic. de Or. 2, 285, à cela aussi il fit un mouvement d'approbation de toute la tête ; **quod semel annuisset** Nep. Att. 15, 2, pour une chose à laquelle il avait une fois donné son assentiment, cf. Tac. D. 33 **c) falsa** Tac. An. 14, 60, avouer des choses qui ne sont pas ; **deditionem** Curt. 8, 2, 28, approuver la reddition **d) alicui rei**, donner son approbation à qqch. : Sall. Lep. 25 ; Virg. En. 12, 841 ; Ov. Pont. 2, 8, 74 ; Tac. An. 12, 48 ; Plin. Ep. 1, 22, 11 ‖ **alicui**, donner son approbation, son consentement à qqn : Virg. En. 4, 128 ; Ov. M. 4, 539 **e) alicui aliquid**, consentir pour qqn à qqch., daigner accorder à qqn qqch. : **caeli quibus annuis arcem** Virg. En. 1, 250, [nous] à qui tu veux bien accorder le séjour du ciel, cf. Hor. S. 1, 10, 45 ; O. 4, 6, 22 ; **adnuite nutum numenque vestrum invictum Campanis** Liv. 7, 20, 20, faites pour les Campaniens le signe de consentement, le signe qui leur accorde votre protection invincible ‖ [abs¹] **adnueram** Cic. Att. 13, 44, 2, j'avais consenti ‖ [avec prop. inf.] **amicitiam se Romanorum accipere annuit** Liv. 28, 17, 8, il déclara qu'il consentait à recevoir l'amitié des Romains ; **cum adnuisset se venturum** Liv. 32, 39, 3, ayant répondu que oui, qu'il viendrait ‖ [avec inf.] permettre de : Catul. 64, 230 ; Virg. En. 11, 20 ¶ 3 [chrét.] exaucer, accorder [en parl. de Dieu] : **pia vota** Paul.-Nol. Carm. 25, 230, exaucer nos pieuses prières ; **annue martyribus tuis** Sacram. Leon. p. 16, 26, accorde à tes martyrs ! ► au parf., **adnŭĭt** Enn. An. 136 *annūtum* ; Prisc. 2, 504, 29.

adnūtātīvus, *a, um*, affirmatif : Dosith. 7, 422, 20.

adnūtīvus, *a, um*, ⊂> *adnutativus* : Gloss. 2, 8, 24.

adnūtō, *ās, āre, -, -*, intr., faire un signe de consentement : Pl. Merc. 437.

adnūtrĭō, *īs, īre, -, -*, tr., élever auprès : Plin. 17, 202.

ădobrŭō, *ĭs, ĕre, ruī, rŭtum*, tr., recouvrir de terre légèrement : Col. 2, 10, 33.

ădŏbrūtĭo, ōnis, f., action de recouvrir de terre : Cass. Fel. 76, p. 187.

ădŏlēfactus, a, um, brûlé : Frat. Arv. CIL 6, 2107.

Ădŏlenda, ae, f., déesse qui préside à l'action de brûler [honorée par les frères Arvales, ainsi que *Commolenda* (ou *Coinquenda*) et *Deferunda* [comme manifestations d'une divinité unique] : Frat. Arv. (CIL 6, 2099 ; 6, 2107).

1 ădŏlĕō, ēs, ēre, ēvī, ădultum (cf. *altare*), tr., transformer en vapeur ¶ **1 a)** [d. la langue religieuse] faire évaporer, faire brûler [pour honorer un dieu] : *verbenas adole et tura* Virg. B. 8, 65, fais brûler les feuilles de verveine et l'encens ; *Junoni honores* Virg. En. 3, 547, offrir par le feu [en brûlant les entrailles des victimes] des honneurs à Junon (honorer Junon par un sacrifice) **b)** couvrir de vapeur, de fumée, le lieu qu'on honore d'un sacrifice : *sanguine conspergunt aras adolentque altaria donis* Lucr. 4, 1237, ils arrosent de sang les autels et couvrent de la fumée de leurs offrandes les tables de sacrifice ; *flammis penates* Virg. En. 1, 704, répandre sur les pénates la vapeur des victimes embrasées [leur offrir un sacrifice] ; [mais *adolere altaria taedis* Virg. En. 7, 71, mettre le feu à l'autel [allumer ce qui est sur l'autel au moyen d'une torche] **c)** honorer [par l'offrande de qqch.] : *precibus et igne puro altaria* Tac. H. 2, 3, honorer les autels par l'offrande de prières et d'un feu pur ; *cruore captivo aras* Tac. An. 14, 30, par l'offrande du sang des captifs ¶ **2** brûler [en gén.] : *stipulas* Ov. M. 1, 492, faire brûler les chaumes ; *Aeneida* Gell. 17, 10, 7, brûler l'Énéide.
▶ sur la forme *adolui* chez Diom. 373, 18 cf. Prisc. 2, 489, 3 ∥ part. *adultus* Val.-Ant. Hist. 61 ; Apul. M. 11, 24.

2 ădŏlĕō, ēs, ēre, ŭī, - (ad, oleo), intr., sentir : Ps. Apul. Herb. 42, 7.

3 ădŏlĕō, ēs, ēre, ēvī, - (adolesco), intr., grandir : Hier. Ep. 21, 2.

ădŏlescens, -escentĭa, V. *adul*-.

1 ădŏlescō (**ădŭl**) ĭs, ĕre, ēvī, adultum (cf. *aboleo, alo, olesco, exolesco, obsolesco, indoles, suboles*), intr., croître, grandir, se développer ¶ **1** [au pr., en parl. des êtres vivants, des plantes] : *liberi cum adoleverunt, ut munus militiae sustinere possint* Caes. G. 6, 18, 3, quand les enfants ont grandi au point de pouvoir accomplir leur service militaire ; *(viriditas) sensim adulescit* Cic. CM 51, (la pousse verdoyante) grandit peu à peu ∥ [poét.] *ubi robustis adolevit viribus aetas* Lucr. 3, 449, quand avec le progrès de l'âge les forces se sont accrues, cf. Virg. G. 2, 362 ; Liv. 1, 4, 8 ∥ atteindre l'âge de la puberté [compris entre 14 et 25 ans, les jeunes garçons étant alors placés sous l'autorité du curateur qui se substitue au tuteur] : *pupillus adolevit* Dig. 2, 11, 15, le pupille a atteint l'âge de la puberté [il est devenu *adulescens, adultus*] ¶ **2** [fig.] croître, se développer : *postquam res publica adolevit* Sall. C. 51, 40, lorsque l'État eut grandi ; *cupiditas agendi aliquid adulescit una cum aetatibus* Cic. Fin. 5, 55, le désir d'agir croît avec les progrès de l'âge ; *adolescebat lex majestatis* Tac. An. 2, 50, la loi de majesté prenait vigueur ; *adulta nocte* Tac. H. 3, 23, la nuit étant avancée ; *coepta adultaque conjuratio* Tac. An. 15, 73, une conjuration formée et mûrie.
▶ parf. *adolui* Varr. d. Prisc. 2, 489, 3 ; inf. parf. *adolesse* Ov. H. 6, 11.

2 ădŏlescō, ĭs, ĕre, -, - (inchoat. de *adoleo*), se transformer en vapeur, brûler : *Panchaeis adolescunt ignibus arae* Virg. G. 4, 379, les feux de Panchaia [pays de l'encens] couvrent de vapeur les autels [l'encens brûlé couvre les autels de ses vapeurs].

ădŏlesse, **ădŏlēvī**, **ădŏlŭī**, V. ▶ *adolesco* ▶ et 1 *adoleo*.

Ădōn, ōnis, m., ▶ Adonis : Varr. Men. 540 ; Plin. 19, 49.

Ădōnāi, indécl. (hébr.), Adonaï [litt' "mes Seigneurs" qualificatif par lequel la tradition hébraïque nomme Dieu, son vrai nom, représenté par le tétragramme YHWH, étant indicible] : VL. Ezech. 37, 3 d. Tert. Res. 29, 4.

Ădōnēa, ōrum, n. pl., fêtes d'Adonis : Amm. 22, 9, 15.

1 Ădōnēūs, ei, m. (Ἀδωνεύς), ▶ Adonis : Pl. Men. 143 ; Catul. 29, 8.

2 Ădōnēus, a, um, d'Adonis : Aus. 345, 3.

Ădōnis, ĭdis., m. (cf. *Adonai*) ¶ **1** Adonis [célèbre par sa beauté] : Virg. B. 10, 18 ; Ov. M. 10, 532 ; Cic. Nat. 3, 59 ¶ **2** fleuve de Phénicie : Plin. 5, 78.

ădŏnis, m., sorte de poisson : Plin. 9, 70.

ădŏnĭum, ĭi, n., goutte de sang [fleur] : Plin. 21, 60.

ădŏnĭus, a, um, *versus adonius*, *adonium (metrum)*, vers adonique [un dactyle et un spondée] : Serv. Metr. 4, 460, 14 ; 468, 23.

ădŏpĕrĭō, ĭs, īre, pĕrŭī, pertum, tr., couvrir : Col. 8, 6, 1 ∥ [employé surtout au part. parf. pass.] **adopertus**, a, um, adj., couvert : Virg. En. 3, 405 ; Liv. 1, 26, 13 ; [poét.] *adoperta vultum* Ov. M. 4, 93, s'étant couvert le visage ∥ voilé : *adoperta lumina somno* Ov. M. 1, 713, yeux voilés par le sommeil ; *adopertis fenestris* Plin. Ep. 7, 21, 2, les fenêtres étant voilées ; *foribus adopertis* Suet. Oth. 11, les portes étant fermées.

ădŏpĕrŏr, ārĭs, ārī, -, intr., faire un sacrifice : *Solin. 2, 26.

ădŏpertē, adv., obscurément : Capel. 9, 894.

ădŏpertĭō, ōnis, f., action de couvrir, de cacher : Paul.-Nol. Ep. 13, 10.

ădŏpertus, part. de *adoperio*.

ădŏpīnŏr, ārĭs, ārī, -, tr., conjecturer : Lucr. 4, 816.

ădŏppĕrĭŏr, īrĭs, īrī, -, tr., attendre : Heges. 3, 18, 3.

ădoptābĭlis, e, souhaitable : Cod. Just. 11, 12, 1.

ădoptārĭus, a, um, adoptif : Gloss. 5, 589, 27.

ădoptātīcĭus, ĭi, m., adoptif, adopté : Pl. Poen. 1045 ; 1060 ∥ né du fils adoptif : P. Fest. 26, 17.

ădoptātĭō, ōnis, f., [pr., droit] action d'adopter, adoption : Cic. Dom. 77 ; Balb. 57 ; Tusc. 1, 31 ; Gell. 5, 19, 2.

ădoptātŏr, ōris, m., celui qui adopte, père adoptif : Gell. 5, 19, 15.

ădoptātus, a, um, part. de *adopto*.

ădoptĭo, ōnis, f., action d'adopter, adoption [au sens pr. de "adoption d'un fils de famille", par oppos. à l'*adrogatio* cf. Dig. 1, 7, 1, 1] : Cic. Dom. 34 ; 36 ; *eum adsciri per adoptionem a Tiberio jussit* Tac. An. 1, 3, il le fit adopter par Tibère ; *adoptione in imperium et cognomentum Neronis adsciri* Tac. An. 11, 11, être appelé par adoption à hériter de l'empire et à s'appeler Néron ; *in adoptionem alicui filium emancipare* Cic. Fin. 1, 24, émanciper son fils en vue de son adoption par qqn ; *filium in adoptionem dare* Liv. 45, 40, 7 ; 45, 41, 12, donner son fils en adoption ; *in adoptione esse* Dig. 37, 5, 25, être donné en adoption ; *in adoptionem habere* Dig. 45, 1, 107, avoir adopté ∥ [au fig., en parl. de greffe] Plin. 16, 1.

ădoptīvē, adv., par adoption : Iren. 4, 20, 5.

ădoptīvus, a, um, adoptif, qui est adopté : Gell. 5, 19, 16 ; Tac. An. 13, 14 ; Suet. Tib. 52 ∥ qui adopte : Sen. Ben. 3, 32, 5 ; *sacra adoptiva* Cic. Dom. 35, le culte de la famille adoptive ∥ [au fig., en parl. de fruits obtenus par greffe] Ov. A. A. 2, 652 ; Mart. 13, 46, 2.

ădoptō, ās, āre, āvī, ātum, tr. ¶ **1** prendre par choix, choisir, adopter : *aliquem sibi defensorem sui juris* Cic. Caecil. 54, se choisir qqn pour défendre ses droits ; *patronum* Cic. Phil. 6, 13, prendre qqn comme défenseur ¶ **2** [droit] adopter [au sens strict, consiste en l'adoption d'un *sui juris* et se distingue de l'*adrogatio*, cf. Gell. 5, 19, 3 ; Inst. Just. 1, 11, 1 ; au sens large, englobe l'*adrogatio*, cf. Gai. Inst. 1, 90] : *sibi filium* Cic. Dom. 37, adopter comme fils ; *aliquem* Cic. Off. 1, 121 ; CM 35, adopter qqn ; *aliquem ab aliquo* Cic. Brut. 77, adopter le fils de qqn ∥ [abs'] adopter : Cic. Dom. 34 ; 35 ; 36 ∥ *in familiam nomenque aliquem* Suet. Caes. 83, adopter qqn et lui donner son nom ; *in regnum adoptatus* Sall. J. 22, 3, adopté en vue du trône (pour hériter du trône) ∥ [au fig.] *Staienus qui se ipse adoptaverat et de Staieno Aelium fecerat* Cic. Brut. 241, Staiénus qui s'était adopté lui-même et de Staié-

adopto

nus s'était fait Aelius [s'était donné lui-même le nom d'Aelius]; *"frater, pater", adde; ut cuique est aetas, ita quemque facetus adopta* Hor. *Ep.* 1, 6, 55, mets-leur l'épithète de frère, de père, et suivant son âge, adopte chacun aimablement avec l'épithète qui convient; *Baetis provinciam adoptans* Plin. 3, 9, le Bétis, qui donne son nom à la province; *Caesaris libertis se* Plin. 12, 12, se joindre aux affranchis de César ‖ [en parl. de greffe]: Ov. *Rem.* 195 ‖ [chrét., en parl. de Dieu] adopter [les nations païennes]: Tert. *Pud.* 10, 7.

ădoptŭlus, *i*, m., fils adoptif: Eutych. 5, 453, 33.

ădŏr, *ŏris*, n. (cf. ἀθήρ ?, hitt. *hat*-), espèce de froment, épeautre: Hor S. 2, 6, 89; Serv. *En.* 7, 109.
▶ *adōris* Prisc. 2, 237, 8.

ădōrābĭlis, *e*, adorable: Apul. *M.* 11, 18.

ădōrātĭo, *ōnis*, f., action d'adorer, adoration: Plin. 28, 22.

ădōrātīvus, *a, um*, [gram.] *adorativa verba* Prisc. 3, 274, 16, verbes adoratifs, qui expriment l'idée d'adorer.

ădōrātŏr, *ōris*, m., [chrét.] adorateur: [des faux dieux] Tert. *Spect.* 8, 10; [du vrai Dieu] *Or.* 28, 2.

1 **ădōrātus**, *a, um*, part. de *adoro*.

2 **ădōrātŭs**, *ūs*, m., adoration, prières: Greg.-M. *Ep.* 9, 208.

ădordĭnātĭo, *ōnis*, f., arrangement: Iren. 5, 36, 2.

ădordĭno, *ās, āre*, -, -, tr., préparer, assigner: Tert. *Scorp.* 12, 1.

ădōrĕa (ădōrĭa), *ae*, f. (prob^t diff. de *ador*), récompense en blé [?] donnée aux soldats: Pl. *Amp.* 193; Hor. *O.* 4, 4, 41 ‖ gloire militaire: Plin. 18, 14 ‖ gloire [d'un martyr, d'un saint]: Paul.-Nol. *Carm.* 16, 232.

1 **ădōrĕus**, *a, um* (*ador*), de blé: Cat. *Agr.* 34, 2; Varr. *R.* 1, 9, 4 ‖ *adorea liba* Virg. *En.* 7, 109, gâteaux de farine de froment ‖ **ădōrĕum**, *i* (s.-ent. *far*), n., blé-froment: Col. 2, 8, 5; Plin. 18, 191.

2 **Adōrĕus**, *ei*, m., montagne de Phrygie: Liv. 38, 18, 8.

ădōrĭa, v. *adorea*.

ădōrĭo, v. *adorior* ▶.

ădōrĭor, *īris, īri, ortus sum*, tr. ¶ 1 assaillir, attaquer: *aliquem gladiis, fustibus* Cic. *Sest.* 79, assaillir qqn avec des épées, des bâtons; *pagum* Caes. *G.* 1, 13, 5; *navem* Cic. *Verr.* 5, 90; *castra* Caes. *G.* 5, 22, 1, attaquer un bourg, un navire, un camp ‖ *minis aliquem* Tac. *H.* 1, 31, assaillir qqn de menaces; *tumultuosissime* Cic. *Verr.* 2, 37, diriger [contre qqn] une attaque à grand fracas; *transeuntem Apenninum adorta tempestas* Liv. 21, 58, 4, au passage de l'Apennin une tourmente l'assaillit ¶ 2 entreprendre: *aliquid* Cic. *Att.* 13, 22, 4; 16, 2, 6, entreprendre qqch.; *nefas* Virg. *En.* 7,

386, entreprendre (oser) un crime ‖ [avec inf.] *convellere* Cic. *de Or.* 2, 205, entreprendre (essayer) d'arracher, cf. Nep. *Thras.* 2, 5; Liv. 22, 9, 2; 24, 41, 8; 28, 3, 6. ▶ imparf. subj. *adoreretur* Suet. *Cl.* 13 ‖ forme active *adoriant* Naev. *Tr.* 14 ‖ *adortus* sens pass., Aurel. d. Prisc. 2, 381, 9 ‖ forme *adorsus*, Gell. 9, 2, 10; Ambr. *Off.* 1, 35, 117.

ădornātē, adv., avec élégance: Suet. *Gram.* 30, 3.

ădornātĭo, *ōnis*, f., ornement: Adamn. *Loc. sanct.* 2, 7.

ădornātus, *a, um*, part. de *adorno*.

ădornō, *ās, āre, āvī, ātum* (it. *adornare*), tr. ¶ 1 équiper, préparer: *naves onerarias* Caes. *C.* 1, 26, 1, équiper des vaisseaux de transport; *Italiae maria praesidiis* Cic. *Pomp.* 35, munir les mers d'Italie de moyens de protection; *accusationem* Cic. *Mur.* 46, préparer une accusation; *nuptias* Ter. *Eun.* 673, préparer une noce ‖ [abs^t] préparer tout, tenir tout prêt: Pl. *Ep.* 361; *Ru.* 129; Ter. *Eun.* 582 ‖ [avec inf.] se préparer à: Pl. *Ep.* 690 ¶ 2 orner, parer: *gemmis vestem* Curt. 3, 3, 13, orner un vêtement de pierres précieuses; *forum ad speciem magnifico ornatu* Cic. *Verr.* 1, 58, décorer le forum d'ornements somptueux pour l'œil; *si nobilitas ac justi honores adornarent, claris imperatoribus par* Liv. 28, 42, 5, [qui serait], si des titres de noblesse et des fonctions régulières venaient [le] rehausser l'égal des généraux illustres.

ădōrō, *ās, āre, āvī, ātum* (it. *adorare*), tr. ¶ 1 agir en justice: *si adorat furto, quod, nec manifestum erit* L. XII Tab. 8, 16 d. Fest. 158, 32, s'il agit en justice pour dénoncer le vol non flagrant; *apud antiquos adorare significabat agere* P. Fest. 17, 26, les Anciens donnaient à *adorare* le sens d'"agir en justice" ‖ *aliquem* Apul. *M.* 2, 29, adresser la parole à qqn, cf. 3, 3; 10, 12 ¶ 2 adresser des paroles de vénération, de prière à, adorer: *adorati dii, ut* Liv. 21, 17, 4, on adressa aux dieux des prières, pour que ‖ [fig.] Ov. *Pont.* 2, 2, 111; 3, 1, 97; [avec subj.] demander en priant que: Prop. 1, 4, 27 ¶ 3 implorer par des prières: *pacem deum* Liv. 6, 12, 7, implorer la faveur des dieux ¶ 4 adorer, rendre un culte à, se prosterner devant: *Caesarem ut deum* Suet. *Vit.* 2, adorer César comme un dieu; *vulgum* Tac. *H.* 1, 36, témoigner son respect à la foule; *virtutem* Sen. *Vit.* 18, 2, vénérer la vertu.

ădorsus, *a, um*, v. *adorior* ▶.

ădortus, *a, um*, part. de *adorior*.

ădoscŭlŏr, *āris, ārī*, -, tr., baiser: Dict. 2, 51.

ădoxus, *a, um* (ἄδοξος), inconnu, humble: Fort.-Rhet. 2, 13; Aug. *Rhet.* 21.

adp-, v. *app-*.

adpătrŭus, *i*, m. (cf. *atavus*), oncle au 4e degré: Isid. 9, 6, 28.

adpertĭnĕō, *ēs, ēre*, -, - (fr. *appartenir*), intr., être attenant: Grom. 311, 22.

adposcō, *ĭs, ĕre*, -, -, tr., demander en plus: Ter. *Haut.* 838; Hor. *Ep.* 2, 2, 100.

adpostŭlō, *ās, āre*, -, -, tr., demander avec instance: Tert. *Monog.* 10, 4.

1 **adque**, = *ad* -*que*.

2 **adque**, graphie tardive pour *atque*.

adquīro, v. *acquiro*.

adquō, adv. (*ad* II et *quo*), ▶ *quoad*, jusqu'à ce que: Afran. *Com.* 249; 278.

adrādō, *ĭs, ĕre, rāsī, rāsum*, tondre, raser: Hor. *Ep.* 1, 7, 50; Sen. *Ep.* 114, 21 ‖ rogner, tondre des rejetons: Col. 5, 11, 17 ‖ [fig.] trancher, tailler: Plin. *Ep.* 2, 12, 1.

Adrămyttēum, *i*, n., **Adrămyttēos**, *i*, f., Adramytte [ville de Mysie] Atlas VI, B3: Liv. 37, 19, 7; Plin. 5, 122 ‖ **-ēnus**, *a, um*, d'Adramytte: Cic. *Flac.* 31; *Brut.* 316.

Adrăna, *ae*, m., fleuve de Germanie: Tac. *An.* 1, 56.

Adrănum, *i*, n., ville de Sicile [Aderno]: Sil. 14, 250.

adrarrhiza, *ae*, f. (ἀδρὰ ῥίζα), aristoloche [plante]: Ps. Apul. *Herb.* 19, 24.

Adrastēa (-tīa), *ae*, f. (Ἀδράστεια), surnom de Némésis: Amm. 14, 11, 25; 22, 3, 12.

Adrastis, *ĭdis*, f., l'Adrastide [Argie, fille d'Adraste]: Stat. *Th.* 12, 678.

Adrastus, *i*, m., Adraste [roi d'Argos, beau-père de Tydée et de Polynice]: Virg. *En.* 6, 480; Ov. *F.* 6, 433 ‖ **-tēus**, *a, um*, d'Adraste: Stat. *S.* 1, 1, 52.

adrāsus, *a, um*, part. de *adrado*.

adrectārĭa, *ōrum*, n. pl. (*adrectus*), montants verticaux: Vitr. 2, 8, 20; 10, 13, 2.

adrectus (arr-), *a, um* ¶ 1 part. de 2 *adrigo* ¶ 2 [adj^t] **a)** escarpé: *pleraque Alpium ab Italia adrectiora sunt* Liv. 21, 35, 11, la plus grande partie des Alpes du côté de l'Italie sont plus escarpées **b)** [dressé] dans l'attente: *laudum adrecta cupido* Virg. *En.* 5, 138, le désir impatient des louanges; *spes adrectae juvenum* Virg. *G.* 3, 105, les espoirs impatients des jeunes gens.

adrēmĭgō (arr-), *ās, āre, āvī*, -, intr., ramer vers, s'approcher à la rame [avec dat.]: Flor. 1, 18, 4; 3, 7, 3.

adrēpō (arr-), *ĭs, ĕre, repsī*, -, intr., ramper (vers) [*ad aliquid, ad aliquem*, vers qqch., vers qqn]: Varr. *R.* 3, 7, 2; Plin. 35, 98 ‖ [fig.] se glisser: *ad amicitiam alicujus* Cic. *Verr.* 3, 158, se glisser (s'insinuer) dans l'amitié de qqn; *in spem (hereditatis) adrepe* Hor. *S.* 2, 5, 48, insinue-toi en vue (de l'héritage); *occultis libellis saevitiae principis adrepit* Tac. *An.* 1, 74, par des mémoires secrets il trouve accès insensiblement auprès des dispositions cruelles du prince.

adreptīcĭus (arr-), *a, um*, saisi, possédé [du démon]: Aug. *Civ.* 2, 4.

adreptīvus (arr-), *a, um*, en délire : VL. *1 Reg.* 21, 14 d. HIER. *Psalm.* 33.

Adrĭa, Adrĭăcus, v. Hadria, Hadriacus.

adrīdĕō (arr-), *ēs, ēre, rīsī, rīsum*, intr. ¶ **1** rire à (en réponse à) : *ridentibus adridere* HOR. *P.* 101, répondre au rire par son rire, cf. SEN. *Clem.* 2, 6, 4 ¶ **2** sourire [avec marque d'approbation] : CIC. *de Or.* 1, 134 ; 2, 28 ‖ *alicui* TER. *Eun.* 250 ; *Ad.* 864 ; LIV. 41, 20, 3, sourire à qqn ¶ **3** sourire, plaire à : *inhibere illud tuum, quod valde mihi adriserat, vehementer displicet* CIC. *Att.* 13, 21, 3, ton mot *inhibere*, qui m'avait d'abord souri beaucoup, me déplaît vivement.

1 adrĭgō (arr-), *ās, āre, -, -,* tr. (*ad, rigo*), arroser : COL. *Arb.* 8, 5.

2 adrĭgō (arr-), *ĭs, ĕre, rēxī, rectum,* tr. (*ad, rego*) ¶ **1** mettre droit, dresser : *adrectis in hastis* VIRG. *En.* 9, 465, sur les piques dressées ; *adrectis cervicibus* VIRG. *En.* 11, 496, avec la tête dressée ; *comas adrigere* VIRG. *En.* 10, 725, hérisser sa crinière ; *aures* TER. *And.* 933 ; VIRG. *En.* 1, 152, dresser les oreilles [l'oreille] ¶ **2** [fig.] relever, exciter [*animos*, les esprits] : SALL. *C.* 39, 3 ; *J.* 84, 4 ; [poét.] *his animum adrecti dictis* VIRG. *En* 1, 579, ayant l'âme réconfortée par ces paroles ; *adrecti ad bellandum animi sunt* LIV. 8, 37, 2, les cœurs furent soulevés d'une ardeur belliqueuse‖ *adrecta omni civitate quanta fides amicis Germanici (futura esset)* TAC. *An.* 3, 11, toute la cité était dans l'attente [de savoir] quelle (serait) la fidélité des amis de Germanicus. v. *adrectus 2b*.

adrĭpĭō (arr-), *ĭs, ĕre, rĭpŭī, reptum* (*ad, rapio*), tr. ¶ **1** tirer à soi, saisir : *telum* CIC. *Verr.* 4, 95 ; *vexillum* LIV. 25, 14, 4, saisir une arme, l'étendard ; *medium aliquem* TER. *Ad.* 316 ; LIV. 1, 48, 3, saisir qqn par le milieu du corps (par la ceinture) ; *arrepta manu* HOR. *S.* 1, 9, 4, m'ayant pris la main ¶ **2** entraîner [vivement] : *adrepta est familia* CIC. *Sull.* 54, on a ramassé (entraîné) vivement une troupe de gladiateurs ; *cohortes adreptas in urbem inducit* LIV. 34, 20, 8, ayant entraîné vivement les cohortes, il les introduit dans la ville ; *adreptis navibus* TAC. *H.* 1, 41, s'étant saisi de navires ¶ **3** assaillir : *proinde adriperent integri fessos* TAC. *H.* 4, 17, qu'ils assaillent donc, pendant qu'ils ont leurs forces fraîches, des ennemis fatigués ‖ *hanc adripe velis* VIRG. *En.* 3, 477, saisis (aborde) cette terre [d'Ausonie] à la voile ¶ **4** saisir, arrêter : *adripi unum insignem ducem seditionum jussit* LIV. 2, 27, 12, il fit saisir (arrêter) un agitateur notoire, cf. 3, 13, 4 ; 3, 49, 2 ¶ **5** traîner devant les tribunaux : CIC. *Planc.* 54 ; *abeuntes magistratu tribunus plebis adripuit* LIV. 2, 54, 2, au moment où ils sortaient de charge, un tribun de la plèbe les mit en accusation ¶ **6** [fig.] saisir brusquement [avidement] : *haec (praecepta) adripuit* CIC. *Mur.* 62, voilà (les préceptes) dont il s'empara ; *quod iste adripuit* CIC. *de Or.* 2, 89, lui, saisit avec empressement ce conseil ; *adripere maledictum ex trivio* CIC. *Mur.* 13, ramasser une injure dans les carrefours ; *primam quamque occasionem* LIV. 35, 12, 17, saisir vite la première occasion venue ‖ *quod ipse celeriter adripuit, id cum tarde percipi videt, discruciatur* CIC. *Com.* 31, ce qu'il a saisi lui-même rapidement, quand il le voit assimiler lentement [par l'élève], il est au supplice ‖ *non mediocri cupiditate adripuit imperium* CIC. *Lig.* 3, il ne mit pas un médiocre empressement à se saisir du commandement ; *qui cognomen sibi ex Aeliorum imaginibus adripuit* CIC. *Sest.* 69, celui qui s'est approprié un surnom dérobé aux ancêtres des Aelius ‖ [pass.] être atteint d'épilepsie : CONC. AREL. 2, 41.

adrīsĭō (arr-), *ōnis*, f., sourire approbatif : HER. 1, 10.

adrīsŏr (arr-), *ōris*, m., qui sourit en signe d'approbation : SEN. *Ep.* 27, 7.

adrōdō (arr-), *ĭs, ĕre, rōsī, rōsum,* tr., ronger autour, entamer avec les dents : LIV. 30, 2, 9 ; PLIN. 8, 22 ‖ [fig.] CIC. *Sest.* 72.

adrŏgans (arr-), *tis* (part. prés. de *adrogo*), [pris adj¹] arrogant : *homo* CIC. *Verr.* 1, 10 ; *de Or.* 2, 364, personnage arrogant ; *in praeripiendo populi beneficio* CAES. *C.* 3, 1, 5, [se montrer] présomptueux en anticipant [pour ses partisans] sur la faveur [ou les faveurs] du peuple ; *verbum adrogans* CIC. *Brut.* 30, parole arrogante ‖ *adrogans minoribus* TAC. *An.* 11, 21, arrogant envers les inférieurs ‖ *adrogantis est apud vos dicere* CIC. *Agr.* 2, 2, c'est le fait d'un homme arrogant que de parler devant vous, cf. *Off.* 1, 99 ‖ compar., -*tior* CIC. *Div.* 2, 30 ; QUINT. 12, 3, 12 ; superl., -*tissimus* QUINT. *Decl.* 8, 9 ; MACR. *Sat.* 1, 11, 13.

adrŏgantĕr (arr-), avec arrogance : CIC. *Off.* 1, 2 ; *facere* CAES. *G.* 1, 40, 10, agir avec présomption ‖ -*tius* CIC. *Mur.* 78 ; *Phil.* 12, 21 ; -*tissime* OROS. *Hist.* 7, 25, 9.

adrŏgantĭa (arr-), *ae*, f., arrogance, présomption : *suum codicem testis loco recitare adrogantiae est* CIC. *Com.* 5, donner lecture de son propre registre en guise de témoignage, c'est une preuve d'arrogance ; *tantos sibi spiritus, tantam adrogantiam sumpserat, ut...* CAES. *G.* 1, 33, 5, il avait conçu un tel orgueil, une telle présomption que... ; *adrogantia uti* CAES. *G.* 1, 46, 4, se montrer arrogant ; *adfirmandi adrogantia* CIC. *Off.* 2, 8, la présomption qui consiste à affirmer.

adrŏgātĭō (arr-), *ōnis*, f., arrogation, adoption d'une personne *sui juris*, c.-à-d. qui n'est pas sous la puissance paternelle : GELL. 5, 19, 8 ; GAI. *Inst.* 1, 99 ‖ action présomptueuse : COD. TH. 12, 1, 58.

adrŏgātŏr (arr-), *ōris*, m., qui adopte : DIG. 1, 7, 2, 2 ; 1, 7, 22 pr.

adrŏgātus (arr-), *a, um*, part. de *adrogo*.

adrŏgō (arr-), *ās, āre, āvī, ātum*, tr. ¶ **1** *sibi adrogare*, faire venir à soi, s'approprier, s'arroger : *(sapientiam) sibi ipsum detrahere, eis tribuere qui eam sibi adrogant* CIC. *Brut.* 292, se refuser à soi-même (la sagesse) et l'attribuer à ceux qui se l'arrogent ; *quo minus sibi adrogent minusque vos despiciant* CIC. *Verr.* 4, 26, pour qu'ils s'en fassent moins accroire et vous dédaignent moins ; *sibi aliquid derogare, aliquid adrogare* CIC. *Amer.* 89, s'enlever qqch., s'ajouter qqch. [diminuer son mérite, le surfaire] ; *quod ex aliena virtute sibi adrogant* SALL. *J.* 85, 25, ce qu'ils s'approprient en le dérobant au mérite d'autrui ‖ *nihil adrogabo mihi nobilitatis aut modestiae* TAC. *H.* 1, 30, je ne me prévaudrai pas du tout de ma noblesse ou de mes qualités morales ; *nobis nihil ultra adrogabo quam ne post Valentem et Caecinam numeremur* TAC. *H.* 2, 77, pour moi je ne revendiquerai pas autre chose que de n'être pas compté après Valens et Cécina ¶ **2** [poét.] *(aliquid) alicui rei*, faire venir (qqch.) s'ajoutant à qqch., ajouter, attribuer, donner : *peractis imperiis decus adrogavit (fortuna)* HOR. *O.* 4, 14, 40, (la fortune) a donné l'éclat à tes expéditions accomplies ; *chartis pretium* HOR. *Ep.* 2, 1, 35, donner du prix à un ouvrage ; *nihil non adroget armis* HOR. *P.* 122, qu'il n'attribue tout aux armes ¶ **3** associer, ajouter : *cui unico consuli dictatorem adrogari haud satis decorum visum est patribus* LIV. 7, 25, 11, bien qu'il fût seul consul, le sénat ne jugea pas convenable d'adjoindre un dictateur ‖ apporter, introduire : *quod extrinsecus adrogatur* APUL. *Plat.* 1, 17, ce qui est apporté de l'extérieur ¶ **4** [de *rogo*" demander rdquo;] *accededum huc ; Venus haec volo adroget te* PL. *Ru.* 1332, viens donc ici [vers l'autel de Vénus] ; je désire que Vénus ici présente s'engage solidairement avec toi [allusion à l'*adpromissio*, engagement d'un co-débiteur]‖ adroger, procéder à une adoption [d'un *sui juris*] : GAI. *Inst.* 1, 107.

adrōrō (arr-), *ās, āre, -, -* (*ad, roro*; cf. fr. *arroser*), arroser : M.-EMP. 34, 71.

adrōsŏr (arr-), *ōris*, m. (*adrodo*), rongeur : SEN. *Ep.* 27, 7.

adrōsus (arr-), *a, um*, part. de *adrodo*.

adrŏtans (arr-), *tis*, qui tourne autour, hésitant : *SIDON. *Ep.* 6, 1, 5.

Ădrūmētum (Hădr-), *i*, n., Hadrumète [Sousse, ville maritime, entre Carthage et Lepcis] : CAES. *C.* 2, 23, 4 ; SALL. *J.* 19, 1 ; NEP. *Hann.* 6, 3 ‖ -**tīnus**, *a, um*, d'Hadrumète : VULG. *Act.* 27, 2.

adrūmō, *ās, āre, āvī, -,* intr., murmurer sourdement : P. FEST. 9, 7.

adrŭō, *ĭs, ĕre, -, -,* tr., entasser [la terre] : VARR. *R.* 1, 35, 1.

Adryăs, *ădis*, f., Hamadryade : PROP. 1, 20, 12.

ads-, v. *as-, ass-*.

adsălĭo, *īs*, *īre*, -, - (fr. *assaillir*), ⟨C.⟩ *adsilio*: L. Sal. 14, 5.

adsaltŭs, *ūs*, m. (fr. *assaut*), ⟨C.⟩ *adsultus*: *Gloss. 4, 428, 5.

adsălūtō, *ās*, *āre*, -, -, tr., saluer qqn: Paul.-Nol. *Ep.* 34, 10.

adsc-, ⟨V.⟩ *asc-*.

adsecla (ass-), **adsĕcŭla (ass-**, *ae*), m. (*adsequor*), qui fait partie de la suite de qqn: Cic. *Verr.* 1, 65; *Div.* 2, 79; Nep. *Att.* 6, 4 ‖ [en mauv. part] acolyte: Cic. *Verr.* 3, 30, séquelle: Liv. 5, 11, 2.

adsectātĭo (ass-), *ōnis*, f. ¶1 action d'accompagner, de faire cortège à [un candidat]: Cic. *Mur.* 70; Q. Cic. *Pet.* 34 ¶2 observation [caeli, du ciel]: Plin. 2, 82.

adsectātor (ass-), *ōris*, m. ¶1 celui qui accompagne, qui fait cortège à [un candidat], partisan: Q. Cic. *Pet.* 34; 37; Cic. *Verr.* 2, 29; *Balb.* 62 ¶2 poursuivant, prétendant: Plin. *Ep.* 3, 11, 7 ¶3 sectateur, disciple: *Porci Latronis adsectatores* Plin. 20, 160, disciples de Porcius Latro, cf. 24, 167; Gell. 5, 10, 7; *sapientiae* Sen. *Ep.* 65, 18, l'aspirant à la sagesse; *cenarum bonarum* Sen. *Ep.* 122, 12, amateur de bons dîners.

adsectātus (ass-), *a*, *um*, part. de *adsector*.

adsector (ass-), *āris*, *ārī*, *ātus sum*, tr. (fréq. de *adsequor*; esp. *acechar*), suivre partout [continuellement]: Hor. *S.* 1, 9, 6; Sen. *Tranq.* 12, 4 ‖ faire cortège à [aliquem, qqn]: Cic. *de Or.* 1, 239; *Mur.* 70; Q. Cic. *Pet.* 33 ‖ poursuivre de ses assiduités [une femme]: Ulp. *Dig.* 47, 10, 15, 22.

▶ sens pass. d. Enn. d'après Prisc. 2, 383, 8; part. pass.: Tert. *Mon.* 13, 1.

adsĕcŭē (ass-), adv., en suivant de près, pas à pas: Pl. d. Varr. *L.* 6, 73.

adsĕcŭla, ⟨V.⟩ *adsecla*.

adsĕcūtĭo (ass-), *ōnis*, f. ¶1 succession: Chalc. 46, A ¶2 action d'acquérir: Aug. *Jul. op. imp.* 5, 1.

adsĕcūtor (ass-), *ōris*, m., qui accompagne: Capel. 9, 905.

adsĕcūtus (ass-), *a*, *um*, part. de *adsequor*.

adsēdo (ass-), *ōnis*, m., assesseur: Non. 62, 23.

adsellātĭo (ass-), *ōnis*, f., déjection: Cass. Fel. 48, p. 122.

adsellor (ass-), *āris*, *ārī*, - (*ad sellam*), aller à la selle: Veg. *Mul.* 2, 50, 2.

adsĕnescō (ass-), *is*, *ĕre*, -, -, intr., vieillir au service de [dat.]: Tert. *Cast.* 13, 2.

adsensī (ass-), parf. de *adsentio*.

adsensĭo (ass-), *ōnis*, f. (*adsentio*) ¶1 assentiment, adhésion, approbation: *dum lego, adsentior, cum posui librum, adsensio omnis illa elabitur* Cic. *Tusc.* 1, 24, pendant que je lis, j'adhère; le livre posé, toute cette adhésion s'évanouit; *orationis genus exile nec satis populari adsensioni accommodatum* Cic. *Brut.* 114, genre de style grêle et insuffisamment fait pour l'approbation (approprié au goût) du peuple ‖ pl., *assensiones*, marques d'approbation: Cic. *Brut.* 290; *Mil.* 12 ¶2 [phil.] adhésion au témoignage des sens, accord de l'esprit avec les perceptions [συγκατάθεσις]: Cic. *Ac.* 2, 37; Gell. 19, 1, 15; ⟨V.⟩ *2 adsensus* ¶2.

adsensŏr (ass-), *ōris*, m., approbateur: Cic. *Fam.* 6, 21, 1.

1 adsensus (ass-), *a*, *um* (part. de *adsentior*), ayant approuvé, consenti ‖ [rare] qui a été approuvé: *adsensa* Cic. *Ac.* 2, 99, des choses reconnues comme vraies.

2 adsensŭs (ass-), *ūs*, m. (*adsentior*) ¶1 assentiment, adhésion [se manifestant extérieurement]: *aliquid adsensu omnium dicere* Cic. *Nat.* 2, 4; *cum adsensu omnium* Cic. *CM* 62, dire qqch. en obtenant l'assentiment général (tous manifestant leur assentiment); *poema reconditum paucorum adprobationem, oratio popularis adsensum vulgi debet movere* Cic. *Brut.* 191, la poésie, fermée aux profanes, doit entraîner l'approbation d'une élite seulement, l'éloquence, faite pour le public, doit entraîner l'assentiment de la foule; *omnes in adsensum consilii sui traduxit* Liv. 34, 34, 1, il les amena tous à approuver son projet; *clamor cum ingenti adsensu est sublatus* Liv. 24, 14, 9, de grands cris s'élevèrent en même temps que de vifs applaudissements ¶2 [phil.] assentiment au témoignage des sens, accord de l'esprit avec les perceptions: Cic. *Ac.* 2, 108; 2, 141; 2, 145 ‖ pl., Cic. *Ac.* 2, 68 ¶3 [poét.] *vox adsensu nemorum ingeminata* Virg. *G.* 3, 45, voix redoublée par l'écho [l'accord] des bois.

adsentānĕus (ass-), *a*, *um*, ⟨⟩ *consentaneus*: Gloss. 5, 589, 31.

adsentātĭo (ass-), *ōnis*, f. (*adsentor*), action d'abonder dans le sens de qqn par calcul; flatterie: *sic habendum est nullam in amicitiis pestem esse majorem quam adulationem, blanditiam, adsentationem* Cic. *Lae.* 91, de même il faut se persuader qu'il n'y a pas de pire fléau pour les amitiés que l'adulation, la cajolerie, l'approbation systématique, cf. 97; 98; *(Africani cognomen) an coeptum ab adsentatione familiari sit, parum compertum habeo* Liv. 30, 45, 6, ou bien (ce surnom d'Africain) a-t-il eu son point de départ dans la flagornerie des gens de la famille? je n'ai là-dessus qu'une information insuffisante ‖ approbation empressée: Pl. *Bac.* 411; Tac. *An.* 12, 6; Plin. 1, 8, 17.

adsentātĭuncŭla (ass-), *ae*, f. (dim. de *adsentatio*), petite flatterie [mesquine]: Pl. *St.* 228; Cic. *Fam.* 5, 12, 6.

adsentātŏr (ass-), *ōris*, m., flagorneur, flatteur: Cic. *Lae.* 98 ‖ *adsentatores regii* Liv. 31, 25, 10, partisans du roi, cf. 39, 27, 8.

adsentātōrĭē (ass-), adv., en flatteur: Cic. *Q.* 2, 14, 3.

adsentātrix (ass-), *īcis*, f., flagorneuse: Pl. *Most.* 257.

adsentĭae (ass-), f. pl., ⟨⟩ *adsentationes*: Gloss. 5, 4, 14.

adsentĭō (ass-), *īs*, *īre*, *sensī*, *sensum*, [variante à la voix active de *adsentior*, assez peu fréquente, sauf au parf.].

adsentĭŏr (ass-), *īrĭs*, *īrī*, *sensus sum* (*ad*, *sentio*), intr., donner son assentiment, son adhésion (*alicui*, à qqn; *alicui rei*, à qqch.), approuver (*qqn*, *qqch.*): *de horum laudibus tibi prorsus adsentior* Cic. *Brut.* 296, sur les éloges que tu as faits d'eux je suis absolument de ton avis; *harum trium sententiarum nulli prorsus adsentior* Cic. *Lae.* 57, de ces trois opinions je n'approuve absolument aucune; *verbo adsentiebatur* Liv. 27, 34, 7, il se contentait d'approuver d'un mot [sans motiver son avis], cf. 3, 40, 6; Sall. *C.* 52, 1; *voce, vultu alicui adsentiri* Cic. *Phil.* 1, 14, approuver qqn de la voix, du regard ‖ *illud (hoc, id cetera, alterum, utrumque) tibi adsentior* je suis de ton avis en cela (en ceci, sur tout le reste, sur un des deux points, sur les deux points): Cic. *de Or.* 1, 126; *Ac.* 2, 101; *Nat.* 3, 21; *de Or.* 1, 35; 1, 91; 2, 227 ‖ [avec prop. inf.] *adsentior nullum esse de tribus his generibus quod sit probandum minus; illud tamen non adsentior tibi praestare regi optimates* Cic. *Rep.* 3, 47, j'accorde que de ces trois formes de gouvernement il n'y en a pas de moins digne d'approbation [que le gouvernement populaire] mais ce que je ne t'accorde pas, c'est que l'aristocratie vaille mieux que la royauté ‖ [avec *ut*] Cic. *Leg.* 2, 11; [avec idée d'exhortation] *adsentio tibi ut in Formiano commorer* Cic. *Att.* 9, 9, 1, j'approuve ton avis qui est que je reste à Formies (j'approuve l'avis que tu me donnes de rester à Formies), cf. *Att.* 15, 13, 1; ⟨V.⟩ *de Or.* 2, 130 ‖ [avec *ne*] *agri ne consecrentur, Platoni prorsus adsentior* Cic. *Leg.* 2, 45, je suis d'avis, comme Platon, de ne pas consacrer les champs, cf. *Att.* 7, 23, 2.

▶ pass. impers.: subj. prés. *adsentiatur* Cic. *Ac.* 2, 20; 2, 39; parf. *adsensum est* Cic. *Fam.* 1, 2, 1; *Inv.* 1, 52 ‖ variante à la voix active, ⟨⟩ *adsentio* ‖ part. au sens pass. *adsensa* Cic. *Ac.* 2, 99, ⟨V.⟩ *1 adsensus* ¶2.

adsentŏr (ass-), *āris*, *ārī*, *ātus sum* (fréq. de *adsentior*), intr., approuver continuellement: Pl. *Men.* 483; *Mil.* 35; Ter. *Eun.* 253; *si plane a nobis deficis, moleste fero; sin Pansae adsentari commodum est, ignosco* Cic. *Fam.* 7, 12, 2, si tu abandonnes complètement notre parti [philosophique], j'en suis fâché, mais s'il te convient d'abonder dans les idées de Pansa [épicurisme], je te pardonne ‖ [d'où] flatter: *ne me tibi adsentari putes* Cic. *Brut.* 296, pour que tu ne croies pas que je te flatte; *(Baiae) tibi adsentatur* Cic. *Fam.* 9, 12, 1, (Baies) te fait la cour [cherche à te plaire].

adsĕquē, v. *adsecue*.

adsĕquēla, ae, f., ce qui suit, suite : Mar. Vict. *Gram.* 6, 57, 8.

adsĕquŏr (ass-), quĕris, quī, sĕcūtus sum (cf. fr. *assouvir*), tr. ¶ **1** atteindre, attraper : *si es Romae, jam me adsequi non potes ; sin es in via, cum eris me adsecutus, coram agemus quae erunt agenda* Cic. *Att.* 3, 5, si tu es encore à Rome, tu ne peux plus me joindre ; mais si tu es en route, quand tu m'auras joint, nous traiterons ensemble (de vive voix) les choses qui seront à traiter, cf. *Att.* 4, 3, 4 ; *Tusc.* 1, 103 ; Liv. 4, 14, 6 ‖ *in Bruttios raptim, ne Gracchus assequeretur, concessit* Liv. 24, 20, 2, il se retira en hâte dans le Bruttium, pour que Gracchus ne l'atteignît pas, cf. 25, 35, 9 ; 27, 48, 1 ¶ **2** [fig.] atteindre, parvenir à, obtenir : *facultatem dicendi* Cic. *de Or.* 1, 84, parvenir à l'éloquence ; *in dicendo mediocritatem* Cic. *de Or.* 1, 117, arriver à une éloquence moyenne ; *quomodo istam diem adsequitur ?* Cic. *Verr.* 1, 149, comment atteint-il cette date ? [comment est-il prêt pour cette date ?] ; *honores* Cic. *Mil.* 81, obtenir les magistratures ; *immortalitatem* Cic. *Planc.* 90, conquérir l'immortalité ; *impunitatem est illorum sententiis adsecutus* Cic. *Fam.* 1, 9, 15, il obtint l'impunité grâce à la sentence de ces gens-là ; *in summo studio nihil adsequor* Cic. *Q.* 3, 5, 6, malgré le plus grand zèle possible, je n'obtiens aucun résultat ; *quod adsequemur et tacendo et latendo* Cic. *Att.* 13, 31, 3, nous y arriverons à la fois en nous taisant et en nous cachant ‖ atteindre, égaler : *Demosthenem* Cic. *Brut.* 288, égaler Démosthène ; *quae cum faciam, benivolentiam tuam erga me imitabor, merita non adsequar* Cic. *Fam.* 6, 4, 6, ce faisant, j'imiterai le dévouement que tu montres pour moi, mais je n'égalerai pas les services [que tu m'as rendus] ; *alicujus laudes* Liv. 28, 43, 7, égaler la gloire de qqn ‖ atteindre par la pensée, comprendre : *apertis obscura* Cic. *Nat.* 3, 38, arriver par les choses claires à comprendre les choses obscures ; *quae vestra defensio futura sit, conjectura adsequi non queo* Cic. *Verr.* 2, 165, ce que sera votre défense, je ne puis le saisir par conjecture ‖ examiner : Vulg. *Luc.* 1, 3 ‖ [avec *ut, ne*] obtenir que, que ne pas : *his commemorandis illud assequor, ut intellegatis...* Cic. *Brut.* 270, par cette énumération [d'orateurs] j'arrive à vous faire comprendre... ; *hoc adsecuti sunt, ne navem darent* Cic. *Verr.* 5, 51, ils ont obtenu ce résultat de ne pas fournir de vaisseau.
▶ sens passif : Aug. *Civ.* 19, 2.

1 adsĕrō (ass-), ĭs, ĕre, sēvī, sĭtum (*ad, 3 sero*), tr., planter à côté : Cat. *Agr.* 32, 2 ; Hor. *Ep.* 2, 2, 170.

2 adsĕrō (ass-), ĭs, ĕre, sĕrŭī, sertum (*ad, 2 sero*), attacher à, annexer à, joindre à soi, tirer à soi ¶ **1** [t. de droit] amener [*manu*, par la main] (une personne) devant le juge en la déclarant de condition libre ou esclave : *adserere manu in libertatem, cum prendimus* Varr. *L.* 6, 64, amener par la main pour revendiquer la liberté, quand nous tenons [qqn] ; *aliquem in libertatem* Liv. 3, 45, 2 ; *in servitutem* Liv. 3, 44, 5, revendiquer (réclamer) qqn comme homme libre, comme esclave ; *aliquem liberali causa manu adserere* Pl. *Curc.* 491, se faire le défenseur de qqn dans une revendication de liberté, soutenir la revendication de qqn, cf. *Poen.* 905 ; Ter. *Ad.* 194 ‖ [fig.] *armis Latium in libertatem* Liv. 8, 5, 4, revendiquer (assurer) par les armes la liberté du Latium ‖ [par ext.] affranchir : *cui ad manum plura sunt, per quae sese adserat* Sen. *Ep.* 70, 24, celui qui dispose de bien des moyens d'affranchissement, cf. *Tranq.* 17, 8 ; Ov. *Am.* 3, 11, 3 ¶ **2** [en gén.] se faire le défenseur de, défendre, soutenir : *dignitatem alicujus* Suet. *Caes.*, défendre la dignité de qqn, cf. *Cal.* 60 ; *Cl.* 10 ; Flor. 1, 5, 1 ; *auriculas* Mart. 142, 2, défendre (protéger) les oreilles [contre l'audition de méchants vers] ¶ **3** [surtout à partir d'Apulée] soutenir, affirmer : Sen. *Contr. Exc.* 4, 2, 5 ¶ **4** amener de, faire venir de, tirer de : *ex servitute animum in libertatem* Sen. *Ep.* 104, 16, amener l'âme de l'esclavage à l'indépendance ; *a mortalitate se adserere* Plin. *Ep.* 2, 10, 4, se dégager de la condition de mortel [s'assurer l'immortalité] ; *ab injuria oblivionis* Plin. *Ep.* 3, 5, 4, se sauver de l'oubli injurieux ¶ **5** attacher à, attribuer à : *nec lapidis illi duritiam ferrive adserimus* Sen. *Const.* 10, 4, et nous ne lui attribuons pas la dureté de la pierre ou du fer, cf. *Ep.* 90, 7 ; Quint. *pr.* 16 ‖ *aliquid sibi adserere* Sen. *Ben.* 3, 30, 4, s'attribuer qqch. ; *Jovem patrem sibi* Curt. 4, 1, 42, s'attribuer comme père Jupiter [sans *sibi*] *laudes alicujus* Ov. *M.* 1, 462, s'attribuer [s'approprier] la gloire de qqn, cf. Mart. 10, 35, 5.

adsertĭō (ass-), ōnis, f. ¶ **1** action de revendiquer pour qqn la condition de personne libre, ou d'esclave : Quint. 3, 6, 57 ; *adsertionem denegare alicui* Traj. d. Plin. *Ep.* 10, 66, 2, refuser à qqn le droit de revendiquer la condition d'homme libre ¶ **2** affirmation, assertion : Aug. *Ep.* 202, 8 ; Arn. 1, 32.

adsertŏr (ass-), ōris, m. ¶ **1** celui qui affirme devant le juge qu'une personne est de condition libre, ou inversement, qu'elle est esclave : Don. *Ad.* 199 ; Liv. 3, 44, 8 ; 3, 45, 3 ; 3, 47, 8 ; 3, 58, 10 ¶ **2** [en gén.] défenseur : Sen. *Contr.* 9, 1, 4 ; Plin. 20, 160 ‖ libérateur : Tac. *H.* 2, 61 ; Suet. *Caes.* 80 ¶ **3** celui qui professe sa foi : *Nicanae fidei* Cod. Just. 1, 1, 2, 1, en la doctrine du concile de Nicée.

adsertōrĭus (ass-), a, um, relatif à une revendication de liberté : Cod. Just. 7, 17, 1.

adsertrix (ass-), īcis, f., celle qui prend la défense de : Julian.-Aecl. d. August. *Jul. op. imp.* 6, 5.

adsertum (ass-), i, n., assertion, preuve : Capel. 6, 601.

adsertus (ass-), a, um, part. de 2 *adsero*.

adsĕrŭī (ass-), parf. de 2 *adsero*.

adservātus (ass-), a, um, part. de *adservo*.

adservĭō (ass-), īs, īre, -, -, intr., s'asservir à, s'assujettir à [avec dat.] : Cic. *Tusc.* 2, 56.

adservō (ass-), ās, āre, āvī, ātum, tr. ¶ **1** garder, conserver : *tabulas neglegentius* Cic. *Arch.* 9, conserver des registres avec trop peu de soin ; *naves piratarum atque onera diligenter adservanda curabat* Cic. *Verr.* 5, 146, il faisait conserver avec soin les navires des pirates et leur cargaison ‖ garder à vue [qqn] : Cic. *Cat.* 19 ; *Verr.* 5, 68 ¶ **2** garder, avoir sous sa garde [qqn] : Pl. *Bac.* 747 ; *Cap.* 115 ; Cic. *Verr.* 5, 68 ; 5, 168 ; *Cat.* 1, 19 ; *in carcere* [*carcerem mss*] Liv. 8, 20, 7, garder en prison ‖ *portas murosque* Caes. *C.* 1, 21, 2, garder les portes et les murs ; *partem orae maritimae* Caes. *C.* 3, 28, 6, garder une partie du rivage de la mer. ¶ **3** surveiller, observer : Pl. *Curc.* 466 ; *Truc.* 103 ; Cic. *Att.* 10, 16, 2 ; Liv. 4, 55, 3 ; Caes. *C.* 1, 21, 4.

adsessĭō (ass-), ōnis, f. (*adsideo*), présence aux côtés de qqn [pour le consoler] : Cic. *Fam.* 11, 27, 4 ‖ fonction d'assesseur : Aug. *Conf.* 8, 6, 13.

adsessŏr (ass-), ōris, m. (*adsideo*), assesseur, aide [dans une fonction] : Cic. *Div.* 1, 95 ; Sen. *Tranq.* 3, 4 ; Suet. *Galb.* 14, 2.

adsessōrĭus (ass-), a, um, relatif aux assesseurs : Dig. 2, 14, 12.

adsessūra (ass-), ae, f., fonction d'assesseur : Ulp. *Dig.* 50, 14, 3.

1 adsessus (ass-), a, um, part. de *adsideo*.

2 adsessŭs (ass-), ūs, m., fait d'être assis à côté de qqn : Prop. 4, 11, 50.

adsestrix (ass-), īcis, f. de *adsessor* : Non. 73 ; 150.

adseverans (ass-), ntis, part. de *adsevero* pris adj¹ ‖ affirmatif : *-tior* Don. *And.* 100.

adsĕvĕrantĕr (ass-), adv. (*adseverans*), de façon affirmative (catégorique) : Cic. *Att.* 15, 19, 2 ‖ *adseverantius* Cic. *Ac.* 2, 61, de façon plus positive.

adsĕvĕrātē (ass-), adv. (*adseveratus*), avec assurance : Apul. *Apol.* 25 ‖ avec feu, avec passion : Gell. 6, 5, 2.

adsĕvĕrātĭō (ass-), ōnis, f. (*adsevero*), assurance (insistance) dans l'affirmation, affirmation sérieuse : *omni tibi adseveratione adfirmo* Cic. *Att.* 13, 23, 3, je l'affirme tout de bon (très sérieusement) ; *multa adseveratione coguntur pa-*

adseveratio

tres Tac. *An.* 4, 19, avec un grand sérieux le sénat se rassemble ; ***respondit Blaesus specie recusantis, sed neque eadem adseveratione et consensu adulantium haud adjutus est*** Tac. *An.* 3, 35, Blésus répondit en feignant de refuser, mais sans montrer autant d'insistance et sans être appuyé dans son refus par l'approbation des flatteurs ; ***adseveratio in voce*** Plin. *Pan.* 67, 1, assurance dans le ton de la voix ‖ [en gram.] action de fortifier l'affirmation : Quint. 1, 4, 21 ; Don. *And.* 410.

adsēvĕrātīvus (ass-), *a, um*, fortifiant l'affirmation : Don. *And.* 100.

adsēvĕrō (ass-), *ās, āre, āvī, ātum* (*ad, severus*), tr. ¶ **1** [abs¹] parler sérieusement : Cic. *Verr.* 2, 26 ; ***sin adseveramus*** Cic. *Brut.* 293, mais si nous parlons sérieusement ¶ **2** affirmer sérieusement, assurer : ***idque se facturum esse adseveravit*** Cic. *Phil.* 2, 80, et il assura qu'il ferait ainsi ; ***magni interest coram videre me, quemadmodum adversarius de quaque re adseveret*** Cic. *Brut.* 208, il importe beaucoup que je voie sur place comment sur chaque point l'adversaire soutient ses affirmations ; ***ordinem agminis adseverare non ausim*** Tac. *H.* 3, 22, je n'oserais garantir l'ordre de marche de l'armée ‖ ***viri gravitatem adseverantes*** Tac. *An.* 13, 18, des hommes qui faisaient profession d'austérité ‖ ***magni artus Germanicam originem adseverant*** Tac. *Agr.* 11, leur grande membrure atteste une origine germanique ¶ **3** rendre sévère : ***frontem*** Apul. *M.* 3, 13, prendre un front sévère, cf. 8, 6.

adsēvī (ass-), parf. de 1 adsero.

adsībĭlō (ass-), *ās, āre, -, -* ¶ **1** intr., siffler contre (en réponse à) : Aus. *Mos.* 258 ; Claud. *Nupt. Hon.* 68 ¶ **2** tr., ***animam*** Stat. *Th.* 5, 578, rendre l'âme en sifflant.

adsiccēscō (ass-), *ĭs, ĕre*, intr., se dessécher : Col. 12, 9, 1.

adsiccō (ass-), *ās, āre, -, -*, tr., sécher : ***lacrimas*** Sen. *Polyb.* 6, 5, sécher ses larmes ; ***adsiccata tellus*** Sen. *Nat.* 4 a, 2, 28, le sol desséché.

adsĭdēlae (ass-), *ārum*, f. pl., tables auxquelles les flamines étaient assis pour les sacrifices : P. Fest. 18, 8.

adsĭdĕō (ass-), *ēs, ēre, sēdī, sessum* (*ad, sedeo* ; fr. asseoir)
I intr. ¶ **1** être assis (placé)auprès de qqn [*alicui*] : Cic. *Verr.* 2, 83 ; ***non adsidens et attente audiens*** Cic. *Brut.* 200, sans être assis [parmi les auditeurs] et sans écouter attentivement ; ***adsidens aegro collegae*** Liv. 21, 53, 6, au chevet de son collègue malade ; ***adsidere valetudini non contigit*** Tac. *Agr.* 45, il ne nous a pas été donné d'être près de toi dans ta maladie ; ***parcus adsidet insano*** Hor. *Ep.* 1, 5, 14, l'homme économe est assis à côté de l'insensé[fait partie de la même société, lui ressemble] ; ***adsidens implumibus pullis avis*** Hor. *Epo.* 1, 19, l'oiseau qui veille sur ses petits sans plumes ‖ ***adsidet (mihi) recitanti*** Plin. *Ep.* 6, 6, 6, il est parmi (mes) auditeurs, quand (je) fais une lecture publique ¶ **2** être installé, camper : ***Gracchus adsidens Casilino*** Liv. 23, 19, 5, Gracchus se tenant auprès de Casilinum ; ***(gens) segnis intactis adsidebat muris*** Liv. 21, 25, 6, (ce peuple) restait inactif sous les murs de la ville, sans les attaquer, cf. Tac. *H.* 3, 35 ; Plin. *Pan.* 12 ‖ ***statio cohortis adsidere ludis solita*** Tac. *An.* 13, 24, la cohorte de garde qui avait l'habitude d'assister aux jeux ‖ [métaph.] ***gubernaculis*** Plin. *Pan.* 81, être assis au gouvernail de l'État ; ***philosophiae*** Sen. *Ep.* 53, 11, se donner assidûment à la philosophie ; ***litteris*** Plin. *Ep.* 3, 5, 19, aux belles-lettres ‖ ***alicui ut*** Vulg. 1 Macc. 11, 40, demander instamment à qqn de ¶ **3** [droit] assister, siéger comme juge : Cic. *Verr.* 3, 30 ; Tac. *An.* 1, 75 ; 2, 5, 7 ‖ être assesseur : Cod. Just. 1, 51, 14, 1 ; 2, 7, 11 ; Dig. 4, 2, 3, 9 ‖ assister qqn [*alicui*] dans la direction des affaires : Plin. 6, 66.
II tr. [rare] ¶ **1** être assis auprès : ***pedes alicujus*** Apul. *M.* 1, 22 ; ***parentem aegrotum*** Apul. *M.* 8, 11, être assis aux pieds de qqn, au chevet de son père malade ¶ **2** être installé (campé) auprès de, assiéger : ***Amisum adsideri audiebat*** Sall. *H.* 4, 13 d. Prisc. 2, 435, 13, il entendait dire qu'Amisus était assiégé ; ***cum muros adsidet hostis*** Virg. *En.* 11, 304, pendant que l'ennemi assiège nos murailles, cf. Tac. *An.* 6, 43 ; ***assessi Capuae muri*** Sil. 12, 453, les murs de Capoue assiégés.
▶ pour Cic. *Pis. frg.* 22 et Sall. *J.* 11, 3, ▶ *adsido* ‖ l'attribution du parf. *adsedi* à *adsideo* ou *adsido* est parfois douteuse.

adsīdō (ass-), *ĭs, ĕre, sēdī, sessum* (*ad, sido*) ¶ **1** intr., s'asseoir, prendre place : Pl. *Aul.* 606 ; *Bac.* 278 ; 432 ; ***adsedit proximus Laelio*** Cic. *Rep.* 1, 18, il s'assit à côté de Laelius ; ***propter Tuberonem*** Cic. *Rep.* 1, 17, auprès de Tubéron ; ***rogatu magistratus adsedimus*** Cic. *Verr.* 4, 138, sur la prière du magistrat nous prîmes place dans l'assistance ¶ **2** tr., ***adsidere Gabinium*** Cic. *Pis. frg.* 22, s'asseoir à côté de Gabinius ; ***dextera Adherbalem adsedit*** Sall. *J.* 11, 3, il s'assit à la droite d'Adherbal.

adsĭdŭē (ass-), adv. (*adsiduus*), assidûment, continuellement, sans interruption : ***aliquid adsidue audire*** Cic. *Mil.* 93, ne pas cesser d'entendre qqch. ; ***gallos sic adsidue canere coepisse, ut nihil intermitterent*** Cic. *Div.* 1, 74, les coqs s'étaient mis à chanter avec une persistance telle qu'ils ne s'interrompaient pas un instant ; ***adsiduissime mecum fuit Dionysius Magnes*** Cic. *Brut.* 216, celui qui fut le plus constamment à mes côtés, ce fut Dionysius de Magnésie.

adsĭdŭĭtās (ass-), *ātis*, f. (*adsiduus*) ¶ **1** présence constante, assiduité : ***medici*** Cic. *Att.* 12, 33, 2 ; ***amicorum*** Cic. *Pet.* 3, assiduité (soins assidus) du médecin, des amis ; ***adsiduitatis et operarum harum cotidianarum putat esse consulatum*** Cic. *Mur.* 21, à son avis, le consulat exige l'assiduité [auprès des électeurs] et cette activité que nous dépensons journellement [pour autrui] ‖ persévérance : ***urbem adsiduitate, consilio periculis liberavit*** Cic. *Pomp.* 20, il délivra la ville des dangers par sa ténacité, par la sagesse de ses mesures, cf. *Fam.* 7, 6, 1 ; *Amer.* 149 ¶ **2** persistance, durée persistante : ***bellorum*** Cic. *Off.* 2, 74 ; ***molestiarum*** Cic. *Amer.* 154 ; ***exercitationis*** Cic. *Ac.* 1, 20, persistance des guerres, permanence des maux, continuité d'un exercice.

1 **adsĭdŭō (ass-)**, adv., ▶ *adsidue* : Pl. *Cis.* 185 ; *Mil.* 50 ; Plin. 26, 16 ; Apul. *M.* 9, 15.

2 **adsĭdŭō (ass-)**, *ās, āre, -, ātum* (*adsiduus*), tr., employer assidûment : Vulg. *Eccli.* 30, 1 ; Ps. Aug. *Serm.* 64, 12.

adsĭdŭus (ass-), *a, um* (*adsideo*)
I [droit] installé sur un fonds, propriétaire : [par ext. citoyen riche, inscrit dans la première classe censitaire synonyme de *locuples*, par oppos. à *proletarius*] : ***adsiduus vindex adsiduus esto*** L. XII Tab. 1, 4 d. Gell. 16, 10, 5, que le propriétaire ait pour garant un [autre] propriétaire, cf. Cic. *Top.* 10 ; ***cum locupletes assiduos adpellasset ab asse dando*** Cic. *Rep.* 2, 40, ayant appelé les riches des assidus [contribuables], de *assem dare*, f" fournir de l'argent ", cf. Quint. 5, 10, 55 ; Gell. 16, 10, 15 ; P. Fest. 8, 28 ‖ [fig.] de valeur notable : ***scriptor*** Gell. 19, 8, 15, écrivain notable [qui a pignon sur rue].
II ¶ **1** qui est (se tient) continuellement [qq. part] : P. Fest. 8, 26 ; ***adsiduus Romae*** Cic. *Amer.* 81 ; ***in praediis*** Cic. *Amer.* 18, demeurant constamment à Rome, dans ses propriétés à la campagne ; ***fuit adsiduus mecum praetore me*** Cic. *Cael.* 10, il est toujours resté près de moi pendant ma préture ; ***in oculis hominum*** Liv. 35, 10, 6, vivant constamment sous les yeux du public ‖ ***bonus adsiduusque dominus*** Cic. *CM* 56, un maître de maison diligent et toujours présent (vigilant) ; ***flagitator*** Cic. *Brut.* 18, créancier qui réclame avec ténacité, cf. *Verr. prim.* 36 ; *Att.* 1, 11, 1 ; ***hostis adsiduus magis quam gravis*** Liv. 2, 48, 7, ennemi plus opiniâtre que redoutable ¶ **2** qui a une durée persistante (ininterrompue) : ***adsiduus labor*** Caes. *G.* 7, 41, 2 ; Cic. *de Or.* 3, 58, travail incessant ; ***adsidua et perpetua cura alicujus rei*** Cic. *Fam.* 6, 13, 2, le souci constant et ininterrompu de qqch. ; ***adsidui cotidianique sermones*** Cic. *Sest.* 24, propos tenus sans discontinuer tous les jours ; ***adsidua ac diligens scriptura*** Cic. *de Or.* 1, 150, composition écrite faite assidûment et avec conscience ‖ compar. *adsiduior* Varr. *R.* 2, 9, 16 ; 2, 10, 6 ; superl. *adsiduissimus* Suet. *Aug.* 71.

adsiem, adsient, ▶ *adsum* ▶.

adsignātĭō (ass-), *ōnis*, f., assignation, répartition : ***agrorum*** Cic. *Agr.* 2, 84, partage des terres ; ***Sullana*** Cic. *Agr.* 3,

adsignātŏr (ass-), ōris, m., celui qui assigne, qui répartit : Ulp. Dig. 38, 4, 3, 1.

adsignātus (ass-), a, um, part. de adsigno.

adsignĭfĭcātĭo (ass-), ōnis, f., explication ajoutée en plus, expression surabondante : Carm. Fig. 184.

adsignĭfĭco (ass-), ās, āre, āvī, ātum, tr., apporter une démonstration (indication), indiquer, montrer : Varr. L. 6, 36 ; R. 2, 11, 10.

adsignō (ass-), ās, āre, āvī, ātum (ad, signo ; fr. assener), tr. ¶ 1 assigner, attribuer dans un partage : *inferiorem aedium partem alicui* Cic. Dom. 116, destiner à qqn la partie inférieure d'une maison ; *equos publicos* Cic. Rep. 2, 36, affecter (attribuer) les chevaux officiels [= fournis par l'État aux chevaliers] ; *colonis agros* Cic. Agr. 1, 17, attribuer des terres aux colons (*populo* Cic. Agr. 2, 19, au peuple) ; *locum sepulchro* Cic. Phil. 9, 17, donner un terrain pour y ériger un tombeau ‖ *apparitores a praetore adsignati* Cic. Verr. 3, 61, huissiers assignés par le préteur ; *M. Fabio legato adsignat equites* Liv. 4, 27, 9, il attribue au légat M. Fabius le commandement de la cavalerie ; *ordines* Cic. Pis. 88, distribuer les grades de centurion ; *quibus deportanda Romam regina Juno adsignata erat* Liv. 5, 22, 4, [jeunes gens] auxquels avait été confiée la mission d'emporter à Rome la déesse reine, Junon, cf. 42, 37, 4 ; *munus humanum adsignatum a deo* Cic. Rep. 6, 15, tâche assignée par Dieu à l'homme ¶ 2 attribuer, imputer, mettre sur le compte de : *praeceptum deo* Cic. Fin. 5, 44, attribuer un précepte à un dieu ; *mortem Clodii virtuti Milonis* Cic. Mil. 6, attribuer la mort de Clodius au courage de Milon ; *nec vero id homini quisquam, sed tempori adsignandum putavit* Cic. Rab. Post. 27, et tout le monde pensa qu'il fallait imputer la responsabilité du fait, non pas au personnage, mais aux circonstances ‖ *culpae fortunam adsignare* Cic. Verr. 5, 131 [leçon de V], imputer à faute ce qui n'est que du hasard ; *gloriae sibi aliquid* Gell. 11, 9, 2, se faire un titre de gloire de qqch. ‖ *unam potestatem* Minuc. 19, 9, reconnaître une puissance unique ¶ 3 remettre, confier : *aliquem custodibus* Just. 14, 4, 21, remettre qqn aux gardes ; *juvenes famae* Plin. Ep. 6, 23, 2, confier des jeunes gens à la renommée ‖ livrer [une chose vendue] : Dig. 34, 2, 19, 3 ‖ *disciplinam* Tert. Praescr. 6, 4, transmettre l'enseignement ¶ 4 [rare] apposer un cachet, sceller : Pers. 5, 81 ; Dig. 26, 8, 10 ; 30, 92.

adsĭlĭō (ass-), īs, īre, sĭlŭī, -, intr. (ad, salio) ¶ 1 sauter contre ou sur : Phaed. 4, 2, 14 ; Col. 8, 3, 5 ; Curt. 9, 7, 21 ; *moenibus* Ov. M. 11, 526, assaillir les remparts ; *tam improvisi adsiluere, ut...* Tac. H. 4, 77, ils se jetèrent en avant dans une attaque si brusque que... ; *hostes ex occasionibus adsilientes* Sen. Tranq. 1, 1, ennemis qui nous assaillent quand ils en ont l'occasion ‖ *adsiliunt fluctus* Ov. F. 3, 591, les flots se soulèvent à l'encontre ; *(navis) fert adsilientia aequora* Ov. Tr. 1, 10, 7, (le navire) supporte les flots qui l'assaillent ; *(insulae) quas adsilit spumiger Aegon* Stat. Th. 5, 56, (îles) que bat de ses flots l'Égée écumante ¶ 2 [fig.] *ad genus illud orationis adsilire* Cic. de Or. 2, 213, se jeter sur (passer brusquement à) cette manière oratoire.
▶ le supin *adsultum* ne se rencontre pas, v. adsultim, adsultus.

adsĭmĭlātĭo (ass-), ōnis, f., v. adsimulatio : Plin. 11, 262.

adsĭmĭlātus (ass-), a, um, part. de adsimilo.

adsĭmĭlis (ass-), e, dont la ressemblance s'approche de, à peu près semblable à : [avec gén.] Pl. Merc. 957 ; Lucr. 4, 310 ; Ov. Tr. 1, 6, 27 ‖ [avec dat.] Cic. Nat. 2, 136 ; Virg. En. 6, 603 ; Ov. Pont. 2, 2, 85.

adsĭmĭlĭter (ass-), pareillement, semblablement : Pl. Bac. 951.

adsĭmĭlō (ass-), ās, āre, -, -, v. adsimulo : Pl. Bac. 962 ; Ov. M. 5, 6 ; Plin. 3, 43 ; Quint. 10, 2, 12 ; Tac. An. 11, 11 ; 16, 17 ; Suet. Tib. 57.

adsĭmŭlantĕr (ass-), de la même façon : Nigid. d. Non. 40, 25.

adsĭmŭlātīcĭus (ass-), a, um, simulé, à quoi l'on n'a pas droit : Cod. Th. 6, 22, 8.

adsĭmŭlātĭo (ass-), ōnis, f. ¶ 1 reproduction simulée, feinte ; simulation : Frontin. Strat. 2, 7, 13 ; Don. And. 45 ; Cod. Just. 2, 18, 24, 2 ‖ [t. de rhét.] Her. 4, 50 ¶ 2 action de rendre semblable, ressemblance : Plin. 11, 262 ‖ comparaison : *prohibuerat ostentare vanus adsimulatione* Tac. An. 15, 49, il avait défendu [à Lucain] de montrer [ses vers] ayant la vanité de se comparer à lui.

adsĭmŭlātīvus (ass-), a, um, relatif à la comparaison, de comparaison : Virg. Gram. Epist. 6, 3, 3.

adsĭmŭlātor (ass-), ōris, m., simulateur, hypocrite : Don. And. 175.

adsĭmŭlātus (ass-), a, um ¶ 1 feint, simulé : *virtus adsimulata* Cic. Cael. 14, vertu feinte ; *alia vera, alia adsimulata* Liv. 26, 19, 9, [traits] les uns vrais, les autres inventés ; *in illis vera, in his adsimulata materia est* Quint. 10, 2, 12, dans ceux-là [discours], les sujets sont réels, dans celles-ci [déclamations], ils sont fictifs ¶ 2 *litterae adsimulatae* Cic. Verr. 2, 189, lettres [de l'alphabet] reproduites en fac-similé.

adsĭmŭlō (ass-), ās, āre, āvī, ātum (ad, simulo), tr. ¶ 1 reproduire, simuler, feindre : Pl. Poen. 1106 ; *Amphitruonem memet esse adsimulabo* Pl. Amp. 874, je feindrai d'être moi-même Amphitryon, cf. 999 ; Cap. 224 ; *adsimulabo quasi nunc exeam* Ter. Eun. 461, je ferai semblant de sortir à l'instant, cf. Pl. Ep. 196 ; Mil. 1176 ; Amp. 115 ; *venenum, quo paulatim inrepente fortuitus morbus adsimularetur* Tac. An. 4, 8, un poison tel que, se glissant insensiblement, il fit croire à une maladie soudaine, cf. An. 4, 59 ; 6, 25 ; *vaticinatores qui se deo plenos adsimulant* Paul. Sent. 5, 21, les devins qui font croire qu'ils sont possédés par une divinité ¶ 2 rendre semblable, reproduire par l'imitation : *ecquid adsimulo similiter ?* Pl. Men. 146, y a-t-il là de la ressemblance ? ; *litterae adsimulatae* Cic. Verr. 2, 189, lettres reproduites [fac-similé d'écriture] ; *assimulata castrorum consuetudine* Nep. Eum. 9, 4, en imitant les usages de la vie des camps ‖ *in speciem humani oris deos adsimulare* Tac. G. 9, représenter les dieux sous une forme humaine ; *montibus adsimulata nubila* Lucr. 6, 189, nuages en forme de montagnes ; *fabulosa et externis miraculis adsimulata* Tac. An. 11, 11, [récits] fabuleux et forgés en imitation des prodiges de l'étranger ¶ 3 comparer, assimiler : Cic. Inv. 1, 42 ; Ov. M. 5, 6 ; Tr. 1, 6, 28 ; *formam totius Britanniae oblongae scutulae vel bipenni adsimulavere* Tac. Agr. 10, ils ont comparé (assimilé) la configuration d'ensemble de la Bretagne à un plat oblong ou à une hache à deux tranchants.

adsistō (ass-), ĭs, ĕre, stĭtī, -, intr.
I ¶ 1 se placer auprès, s'arrêter auprès : *ad Achillis tumulum* Cic. Arch. 24, s'arrêter près du tombeau d'Achille ; *contra hostes in ponte* Cic. Leg. 2, 10, se placer sur le pont face à l'ennemi ; *in publico in conspectu patris* Caes. G. 6, 18, 3, se montrer en public devant leur père ‖ [dat.] *tabernaculis* Tac. An. 2, 13, s'arrêter auprès des tentes ; *lecto* Ov. F. 5, 457, se dresser près du lit ; *consulum tribunalibus* Tac. An. 13, 4, se présenter devant le tribunal des consuls ¶ 2 s'arrêter en se tenant droit, se tenir debout : *jacere talum, ut rectus adsistat* Cic. Fin. 3, 54, jeter l'osselet de manière qu'il tombe en se tenant droit ; *recto adsistere trunco* Ov. M. 7, 640, s'immobiliser sous la forme d'un tronc qui s'élève tout droit.
II ▶ adstare ¶ 1 se tenir (debout) près de : *ad epulas regis* Cic. Rep. 2, 37, se tenir debout près de la table du roi [pour servir], cf. Quint. 8, 4, 28 ; Tac. H. 2, 80 ; 4, 46 ‖ [dat.] *foribus* Tac. An. 15, 31, se tenir à la porte ; *honores petituri adsistebant curiae foribus* Plin. Ep. 8, 14, 5, ceux qui voulaient briguer les charges se tenaient aux portes de la curie ; *adsistens simulacro Jovis* Suet. Cal. 33, debout près d'une statue de Jupiter ‖ être présent : Minuc. 27, 6 ¶ 2 [fig.] assister en justice [alicui, qqn] : *adsistebam Vareno* Plin. Ep. 7, 6, 3, j'assistais Varénus, cf. Tac. D. 39 ; Plin. Ep. 10, 81, 6 ; [en tant qu'avocat] Dig. 6, 1, 54 ; Cod. Just. 2, 10, 1 ; [en tant que tuteur]

adsisto

adsisto Dig. 26, 7, 25 ; Cod. Just. 5, 44, 1 ‖ [fig.] être attaché à [dat.] : Cypr. Domin. 15.

adsistrix (ass-), v. adsestrix.

adsĭtus (ass-), *a, um* ¶ 1 v. adsero ¶ 2 (situs), placé à côté : Apul. Flor. 2 ; Aus. Mos. 335.

adsŏcĭātus (ass-), *a, um*, part. de adsocio.

adsŏcĭĕtās (ass-), *ātis*, f., association : *Cod. Th. 13, 5, 14, 2.

adsŏcĭō (ass-), *ās, āre, āvī, ātum*, tr., joindre, associer : Stat. Th. 3, 454 ‖ assujettir : Claud. Gild. 482.

adsŏcĭus (ass-), *a, um*, uni à, joint à : Capel. 4, 327 ‖ apparenté à : Cassiod. Var. 3, 47, 4.

adsŏlĕō (ass-), *ēs, ēre, -, -*, intr. ¶ 1 [mode personnel seul[t] à la 3e pers. sg. et pl.], être coutumier, habituel, traditionnel : *ponite hic quae adsolent* Pl. Pers. 759, placez là les choses accoutumées, cf. Ter. And. 481 ; Cic. Inv. 2, 122 ; Liv. 5, 52, 16 ; 9, 14, 3 ; 27, 26, 13 ; *censuerunt ludos magnos tanta pecunia, quanta adsoleret, faciendos* Liv. 34, 44, 2, on décida de consacrer à la célébration des grands jeux la somme accoutumée [adsoleret peut être aussi impers., *quanta* étant alors un abl.] ¶ 2 [impers. dans l'expr.] : *ut adsolet*, suivant l'usage : Cic. Leg. 2, 21 ; Lae. 7 ; Phil. 2, 82 ; Liv. 1, 28, 2 ; 5, 16, 11 ; Tac. H. 2, 6.

adsŏlĭdō (ass-), *ās, āre, -, -*, tr., consolider : Ps. Mar. Vict. Phys. 18.

adsŏlō (ass-), *ās, āre, āvī, -*, tr., détruire de fond en comble : Tert. Nat. 1, 10, 16 ; Apol. 15, 6.

adsŏnātio (ass-), *ōnis*, f., accord de sons : Cassiod. Psalm. 1, 1.

adsŏnō (ass-), *ās, āre, -, -* ¶ 1 intr., répondre par un son [écho] : Ov. M. 3, 507 ; Pers. 1, 102 ¶ 2 tr., faire entendre [des chants] : Apul. M. 11, 7.

adsŏnus (ass-), *a, um*, qui fait accord avec : Cassiod. Psalm. 135, pr.

adsp-, v. asp-.

adsternō (ast-), *ĭs, ĕre, -, -*, tr., étendre auprès ‖ [employé au pass. réfl. *adsternor, adstratus*] : *adsternuntur sepulcro* Ov. M. 2, 343, elles se couchent près du tombeau, cf. Tr. 1, 3, 43.

adstĭpŭlātio, *ōnis*, f., accord d'opinion, confirmation : Plin. 29, 10 ‖ harmonie, concordance : Quint. 11, 3, 175 ‖ recommandation : Cod. Th. 12, 1, 177 pr.

adstĭpŭlātŏr, *ōris*, m., créancier accessoire [dont le droit naît d'une seconde stipulation, par laquelle le débiteur renouvelle son engagement principal] : Gai. Inst. 3, 110-117 ; Cic. Quinct. 58 ; Pis. 18 ‖ [fig.] celui qui partage l'opinion d'un autre, partisan : Cic. Ac. 2, 67.

adstĭpŭlātus, abl. *u*, m., consentement : Plin. 7, 152.

adstĭpŭlŏr, *āris, ārī, ātus sum* (ad, stipulor), intr. ¶ 1 se faire promettre un engagement accessoire [en parl. d'un créancier accessoire, qui reçoit, par une seconde stipulation, l'engagement d'un débiteur identique à l'engagement pris en faveur du créancier principal] : Gai. Inst. 3, 110-117 ; Gall. d. Fest. 336, 11 ; Apul. M. 10, 24 ¶ 2 [fig.] se ranger à l'opinion de [alicui], qqn : Liv. 39, 5, 3 ‖ donner son adhésion à : Plin. 7, 154.

adstĭtī, parf. de *adsisto* ou *adsto*.

adstĭtŭō, *ĭs, ĕre, tŭī, tūtum* (ad, statuo), tr., placer auprès : Pl. Cap. 846 ; *ad lectum* Her. 3, 33, placer près du lit ; *molae adstituor* Apul. M. 9, 11, on m'attache à la meule.

adstō (astō), *ās, āre, stĭtī, -*, intr. ¶ 1 se tenir debout auprès, s'arrêter auprès : *asta atque audi* Pl. Cis. 597, arrête-toi là et écoute ; *quis est quem astantem video ante ostium ?* Pl. Bac. 451, qui est-ce que je vois là debout devant la porte ? ; *ut astat furcifer !* Pl. Most. 1172, quelle attitude il a, le pendard ! ‖ *adstante ipso* Caes. C. 2, 20, 4 ; Cic. Har. 12, en sa présence ; *omnes qui adstabant* Tac. An. 4, 56, tous ceux qui étaient présents ; *cubiculo pauci adstabant* Tac. An. 14, 8, il n'y avait que peu de monde près de l'appartement ; *portis adstare* Virg. En. 12, 133, se tenir près des portes ¶ 2 se dresser : *squamis adstantibus* Virg. G. 3, 545, [l'hydre] avec ses écailles qui se dressent ; *mediis in moenibus adstans (equus)* Virg. En. 2, 328, (le cheval) de Troie se dressant au milieu des remparts ‖ [fig.] *astante ope barbarica* Enn. Tr. 83 ; Cic. Tusc. 1, 85, quand se dressait la puissance des barbares ; *certa finis vitae mortalibus adstat* Lucr. 3, 1078, un terme assuré de la vie se dresse devant les mortels ¶ 3 se tenir aux côtés de qqn, l'assister : Pl. Amp. 993 ; Cas. 567.

► subj. parf. *astasint (astassint) = astiterint* *P. Fest. 24, 10 ‖ supin *astatum* ou *astitum* d'après Prisc. 2, 474, 19 ‖ part. fut. *astiturus* Aem. Porcina d. Prisc. 2, 474, 21.

adstrangŭlō, *ās, āre, -, -*, tr., étrangler : Minuc. 30, 2.

adstrātus, *a, um*, part. de *adsterno*.

adstrĕpō, *ĭs, ĕre, -, -*, intr., frémir à (en réponse à, en écho à) : Sen. Phaed. 1026 ‖ répondre par des manifestations bruyantes : Tac. An. 1, 18 ; *volgus clamore et vocibus adstrepebat* Tac. H. 2, 90, la foule manifestait bruyamment par des cris et des acclamations ; *alicui* Tac. An. 11, 17 ; 12, 34, manifester bruyamment son approbation à qqn ‖ *eadem adstrepere* Tac. H. 4, 49, faire entendre les mêmes cris (faire écho aux cris de qqn), cf. An. 2, 12.

adstrictē (astr-), adv. (*adstrictus*), d'une façon serrée, étroite, stricte : Cic. de Or. 3, 184 ‖ avec concision : *astrictius* Sen. Ep. 8, 10 ; Plin. Ep. 1, 20, 20 ; 3, 18, 10 ; Quint. 10, 1, 106.

adstrictĭō (astr-, ōnis), f., vertu astringente : Plin. 27, 83.

adstrictōrius, *a, um*, astringent, qui resserre : Plin. 24, 115.

adstrictus (astr-), *a, um* ¶ 1 part. de *adstringo* ¶ 2 [adj[t]] **a)** serré : *non adstricto socco* Hor. Ep. 2, 1, 174, avec un brodequin mal ajusté au pied (flottant) ; *corpora adstricta* Quint. 8, pr. 19, corps sveltes ; *adstrictae aquae* Ov. Pont. 3, 3, 26, eaux congelées ‖ *gustu adstricto* Plin. 27, 121, d'un goût astringent ‖ *alvus adstrictior* Cels. 1, 3, 33, ventre constipé **b)** [fig.] serré, regardant : Prop. 3, 17, 18 ; Sen. Brev. 3, 1 [oppos. à *profusus*] **c)** enchaîné, maintenu strictement par une règle : *numerus adstrictus* Cic. de Or. 3, 175, un rythme assujetti par des lois rigoureuses ; *poeta, numeris adstrictior* Cic. de Or. 1, 70, le poète, plus contraint par le rythme, cf. Or. 67 ; *Stoicorum astrictior est oratio et contractior* Cic. Brut. 120, la parole des Stoïciens est plus assujettie [par les règles du syllogisme] et plus ramassée, cf. 309.

adstrīdens, part. prés. de l'inus. *adstrido*, qui siffle contre : Stat. Th. 11, 494.

adstringō (astr-), *ĭs, ĕre, strinxī, strictum* (fr. *astreindre*), tr. ¶ 1 attacher étroitement à : *ad statuam aliquem* Cic. Verr. 4, 90, attacher qqn étroitement à une statue ; *vinctus, adstrictus* Cic. Verr. 4, 92, enchaîné, garrotté ¶ 2 serrer, resserrer : *nihil alligati et adstricti* Sen. Ben. 1, 3, 5, rien de noué ni de serré [pas d'entrave ni de gêne] ; *totum opus bitumine adstringitur* Curt. 5, 1, 29, tout l'ouvrage est lié par de l'asphalte ; *venas (terrae) hiantes* Virg. G. 1, 91, resserrer les veines béantes [trop dilatées] (de la terre) ; *(alvus) tum astringitur, tum relaxatur* Plin. Nat. 2, 136, (le ventre) tantôt se contracte, tantôt se dilate ; *adstrictae fauces* Tac. An. 4, 70, gorge serrée [par une corde] ; *frontem* Sen. Ep. 106, 5, froncer le sourcil ‖ *corpora vis frigoris ita adstringebat, ut* Curt. 7, 3, 13, la violence du froid raidissait les corps au point que ‖ *retremper* Mart. 1, 49, 11 ; *adstringi* Plin. Ep. 5, 6, 25, se retremper ‖ resserrer, constiper : Cels. 1, 3 ; 2, 1 ; Plin. 20, 75 ¶ 3 [fig.] lier, enchaîner : *totam Galliam sempiternis vinculis* Cic. Prov. 34, enchaîner la Gaule entière par des liens indestructibles ; *lingua astricta mercede* Cic. Pis. 30, langue enchaînée par un salaire ; *(Jugurtha) majoribus adstrictus* Sall. J. 70, 2, (Jugurtha) attaché [absorbé] par des affaires plus importantes ‖ *fidem* Cic. Off. 3, 111 ; Ter. Eun. 102, lier (engager) sa parole ; *legibus* Cic. Brut. 40, lier par des lois ; *uno munere ad patientiam injuriarum omnium adstringor* Sen. Ben. 3, 12, 4, un seul bon office m'oblige à supporter toutes les avanies ; *ad temperantiam adstringi* Plin. Ep. 7, 1, 7, s'astreindre à la tempérance ; *sacris adstringi* Cic. Leg. 2, 48 ; 2, 49 ; 2, 53, être astreint aux sacrifices (être tenu de les accomplir) || *se adstringere* [ou *adstringi*] scelere Cic. *Phil.* 4, 9; *Off.* 3, 19; *Sull.* 82, se lier par un crime, se rendre coupable d'un crime; *se adstringere furti* Pl. *Poen.* 737; *Ru.* 1260, se rendre coupable d'un vol || *periculo adstringi* Dig. 25, 7, 40, supporter le risque; *muneribus vel honoribus se adstringi* Dig. 50, 6, 2 pr., se soumettre aux charges administratives ¶ 4 [rhét]. *(orationem, verba) numeris* Cic. *Or.* 187; *de Or.* 3, 173; *Brut.* 274, lier la prose, les mots au moyen du rythme || *argumenta* Cic. *Tusc.* 3, 13, resserrer une argumentation; *hoc artius adstringi ratio non potest* Cic. *Fat.* 32, il n'y a pas de façon plus concise que celle-là de serrer le raisonnement; ▭ *adstrictus* ¶ 2.

adstructĭō, ōnis, f. (*adstruo*), composition [musicale]: Capel. 9, 930 || démonstration logique, raisonnement: Capel. 5, 473.

adstructŏr, ōris, m., qui sait faire des constructions logiques, dialecticien: Fort. *Mart.* 2, 403.

adstructus, *a*, *um*, part. de *adstruo*.

adstrŭō, *ĭs*, *ĕre*, *struxī*, *structum*, tr. ¶ 1 bâtir à côté (contre): *cum veteri adstruitur recens aedificium* Col. 1, 5, 10, quand à côté d'un bâtiment ancien on en construit un nouveau; *gradibus adstructis* Liv. 42, 15, 16, ayant adossé des degrés; *hanc insuper contignationem, quantum tectum plutei passum est, laterĭculo adstruxerunt* Caes. C. 2, 9, 2, au-dessus de ce plancher ils continuèrent à bâtir avec des briques autant que le permit la plate-forme qui les couvrait ¶ 2 [fig.] ajouter [*rem rei*, une chose à une autre]: Sen. *Contr.* 1, 1, 13; Vell. 2, 55, 2; Plin. *Ep.* 3, 2, 5 || donner en plus [*aliquid alicui*qqch. à qqn]: *triumphalibus ornamentis praedito quid aliud adstruere fortuna poterat?* Tac. *Agr.* 44, à un homme pourvu des ornements du triomphe que pouvait donner de plus la fortune?, cf. *H.* 1, 78 ¶ 3 *aliquem falsis criminibus* Curt. 10, 1, 27, munir qqn de fausses accusations [suborner un faux témoin] ¶ 4 [tard.] prouver, garantir (qqch.) [par des arguments, des témoignages]: Macr. *Sat.* 1, 18, 7; *Somn.* 2, 7, 13; Capel. 2, 113; Cod. Just. 6, 23, 20; Cod. Th. 10, 10, 8 || [avec prop. inf.] Macr. *Somn.* 1, 20, 10.

adstŭpĕō, ēs, ēre, -, -, intr., s'étonner à la vue de: *alicui* Ov. *M.* 3, 418; Stat. *Th.* 3, 406, qqn; *alicui rei* Sen. *Tranq.* 8, 5, rester béant devant qqch.

adsubrĭgō, *ĭs*, *ĕre*, -, -, tr., [se] soulever: *Plin. 9, 88.

adsuctus, *a*, *um*, part. de *adsugo*.

adsūdascō, *ĭs*, *ĕre*, -, -, intr., entrer en sueur: Pl. *Cas.* 361.

adsūdescō, *ĭs*, *ĕre*, -, -, intr., commencer à suer, s'échauffer: Varr. *L.* 5, 109.

adsūdō, ās, āre, -, -, intr., entrer en sueur: Claud. *Cons. Stil.* 3, 364.

adsuēfăcĭō (ass-), *ĭs*, *ĕre*, *fēcī*, *factum*, tr., rendre habitué, habituer, dresser: *aliqua re adsuefactus*, habitué à qqch.: Caes. *G.* 4, 1, 9; *C.* 1, 44, 2; Cic. *Cat.* 2, 9; *de Or.* 3, 39; *Brut.* 213 || [*aliqua re* ou *alicui rei*?] Cic. *Fam.* 4, 13, 3; *Brut.* 7; Caes. *G.* 4, 3, 3; Liv. 1, 46, 7 || [*alicui rei*] Liv. 21, 3, 4; 24, 48, 12; Tac. *D.* 29; An. 12, 5 || [*ad rem*] Liv. 3, 52, 11 || [avec inf.] *imperio populi Romani (eas) parere adsuefecit* Cic. *Prov.* 33, il les habitua à se soumettre à la domination du peuple romain, cf. Caes. *G.* 4, 2, 3; Liv. 3, 61, 12; 22, 12, 10; *adsuefacti superari* Caes. *G.* 6, 24, 6, accoutumés à avoir le dessous.

adsuēfactus, *a*, *um*, part. de *adsuefacio*.

adsuēram, ▭ *adsuesco* ▭.

adsuescō (ass-), *ĭs*, *ĕre*, *suēvī*, *suētum* ¶ 1 intr., s'habituer; [au parf.], avoir l'habitude: *adsuescunt animi, neque admirantur neque requirunt rationes earum rerum, quas semper vident* Cic. *Nat.* 2, 96, l'esprit s'habitue, il ne s'étonne pas, il ne recherche pas l'explication de ce que nous avons toujours devant les yeux; *sic adsuevi* Cic. *Fam.* 9, 22, 5, telle est l'habitude que j'ai prise || *adsuescere ad homines non possunt* Caes. *G.* 6, 28, 4, ils [les urus] ne peuvent s'accoutumer à l'homme || [avec abl.] *genus pugnae, quo adsueverant* Liv. 31, 35, 3, le genre de combat dont ils avaient l'habitude, cf. Col. *Arb.* 1, 4; Sen. *Contr.* 2, 1 || [abl. ou dat.?] Liv. 1, 19, 2; 4, 45, 4; 25, 26, 12 || [dat.] *militiae* Liv. 21, 3, 2, s'accoutumer au métier des armes, cf. 2, 1, 5; 24, 18, 11; 38, 34, 9 || [avec *in* acc.] *in hoc adsuescat* Quint. 2, 4, 17, qu'il s'habitue à cela; ▭ *adsuetus* || [avec acc.] Virg. *En.* 6, 832 [mais ¶ 2]; Liv. 21, 33, 4 [mss] [mais *invia ac devia* peut dépendre de *decurrunt*] || [avec inf.] *malitia pervertere urbes adsuevit* Cic. *Inv.* 1, 3, la perversité [des orateurs] s'habitua à bouleverser les villes, cf. *Fin.* 1, 11; 5, 5; Liv. 5, 6, 15; 23, 35, 6 ¶ 2 tr. [rare et poét.] ▭ *adsuefacio*: *qui pluribus adsuerit mentem corpusque superbum* Hor. *S.* 2, 2, 109, celui qui aura habitué à plus de besoins son âme et son corps dédaigneux, cf. *S.* 1, 4, 105; Vell. 2, 79, 1; Luc. 5, 776; *ne tanta animis adsuescite bella* Virg. *En.* 6, 832, ne mettez pas l'habitude de ces guerres dans vos cœurs || [avec in acc.] Flor. 4, 12, 43 || [avec inf.] Prud. *Sym.* 1, 540; ▭ *adsuetus*. ▶ formes sync.: *adsuestis* Liv. 5, 6, 15; *adsuerunt* Luc. 4, 604; Tac. *G.* 4; *adsuerit* Hor. *S.* 2, 2, 109; *adsueram* Liv. 28, 27, 2; *adsuerant* Liv. 25, 26, 12; *adsuessent* Liv. 30, 28, 8; *adsuesse* Liv. 2, 2, 3.

adsuētūdō (ass-), *ĭnis*, f. (*adsuesco*), [employé surtout à l'abl.] habitude: Liv. 26, 4, 6; 27, 39, 7; *adsuetudine mali* Liv. 25, 26, 10, par suite de l'habitude du mal; *succedendi muros* Liv. 27, 18, 13, grâce à l'habitude d'escalader les murailles.

adsuētus (ass-), *a*, *um*, part.-adj. de *adsuesco* ¶ 1 habitué: *aliqua re*, à qqch. Cic. *de Or.* 3, 58; Virg. *En.* 7, 746; Sen. *Contr.* 1, 2, 8; Curt. 6, 3, 8 || [*aliqua re* ou *alicui rei*, cas douteux] Cic. *Rep.* 2, 67; *Planc.* 22; Liv. 6, 9, 6; 24, 24, 8 || [*alicui rei*]: Ov. *Tr.* 1, 11, 31; Liv. 5, 48, 3; 10, 17, 10; 21, 16, 5; 27, 47, 5 || [*ad rem*] Sall. *H.* 3, 17; Sen. *Tro.* 152 || [*in rem*] Liv. 24, 5, 9 || *adsueti inter se hostes* Liv. 10, 19, 16, ennemis habitués à se combattre mutuellement || [avec inf.] *adsueti muros defendere* Virg. *En.* 9, 509, habitués à défendre les remparts, cf. *En.* 11, 495; Hor. *S.* 2, 2, 11; Liv. 2, 3, 2; 2, 6, 11 ¶ 2 habituel: *adsueta arma* Ov. *M.* 2, 603, armes accoutumées; *adsueta portula* Liv. 25, 9, 9, la petite porte accoutumée; *cum adsueto praesidio* Liv. 36, 18, 4, avec le détachement habituel || *longius adsueto* Ov. *H.* 6, 72, plus loin que d'ordinaire; *propior adsueto* Stat. *Th.* 12, 306, plus près que d'ordinaire || *adsuetior* Liv. 22, 18, 3.

adsuēvī, parf. de *adsuesco*.

adsūgō, *ĭs*, *ĕre*, -, *suctum*, tr., attirer en suçant: Lucr. 4, 1194.

adsultātĭō, ōnis, f., action de sauter sur: Dion.-Exig. *Greg. Creat.* 19.

adsultim, adv. (*adsilio*), en sautant, par sauts: Plin. 11, 79.

adsultō (ass-), ās, āre, āvī, ātum (*ad, salto*), sauter contre (vers, sur) ¶ 1 intr.: *feminae adsultabant, ut Bacchae* Tac. *An.* 11, 31, les femmes bondissaient comme des Bacchantes; *sic irritus ingenti scopulo fluctus assultat* Sen. *Ir.* 3, 25, 3, ainsi le flot bondit en vain contre la masse énorme d'un rocher; *adsultare tergis pugnantium* Tac. *Agr.* 26, fondre sur le dos des combattants; *sed eo quoque inrupere ferentarius gravisque miles, illi telis adsultantes, hi conferto gradu* Tac. *An.* 12, 35, mais de ce côté aussi se précipitèrent les soldats de l'infanterie légère et de l'infanterie lourde, les premiers assaillant à coups de traits, les seconds marchant en rangs serrés; *adsultatum est castris* Tac. *An.* 2, 13, il y eut une démonstration [des ennemis] contre le camp ¶ 2 tr. [très rare]: *hostes latera et frontem modice adsultantes* Tac. *An.* 1, 51, les ennemis assaillant légèrement les flancs et le front, cf. Stat. *Th.* 11, 244.

adsultŭs, ūs, m., bond, saut; vive attaque: Virg. *En.* 5, 442; Tac. *An.* 2, 21.

adsum (ass-), *ădĕs*, *ădesse*, *adfŭī*, -, intr., être près de ¶ 1 être là, être présent [oppos. à*absum*]: Cic. *Att.* 5, 18, 2; 16, 13, 1; Caes. *G.* 1, 32, 4; *qui aderant* Cic. *Verr.* 4, 85; Caes. *G.* 1, 32, 1, les personnes qui étaient présentes; *adsum, qui feci* Virg. *En.* 9, 425, me voici, l'auteur de tout || *ades, adeste* Pl. *Bac.* 987; *St.* 220, sois présent, soyez présents = approche, approchez, cf. Cic. *Mil.* 77 || *ad diem adesse* Cic. *Verr.* 2, 99, être présent au jour fixé; *ad tempus* Cic. *Att.* 5, 15, 3, au moment voulu; *Kalendis Decembribus* Cic. *Verr.* 2, 94, aux calendes de décembre || *ad portam* Cic. *Div.* 1, 57; *in Capitolio* Cic. *Phil.*

adsum

3, 20; **in collegio** Cic. *Lae.* 8, se trouver [venir] à la porte de la ville, au Capitole, dans une réunion de collègues [augures]; **Syracusis** Cic. *Verr.* 2, 94, à Syracuse; **Arimini** Liv. 21, 63, 1, à Ariminum ‖ **homines honestissimos huc frequentes adesse voluerunt** Cic. *Clu.* 197, ils ont voulu que les personnes les plus honorables vinssent ici en foule; **adesse in senatum jussit** Cic. *Phil.* 5, 19, il m'ordonna de venir au sénat; **huc ades** Virg. *B.* 2, 45; 7, 9, viens ici; **ne quis aut hinc aut ab laeva aut dextera nostro consilio venator adsit** Pl. *Mil.* 607, [je ferai attention] qu'il ne se présente personne ni d'ici ni de gauche ou de droite pour faire la chasse à nos projets; **generos externis affore ab oris canunt** Virg. *En.* 7, 270, les devins annoncent qu'un gendre se présentera de l'étranger, cf. 7, 454; **simulque coeptus dies, aderant semisomnos in barbaros** Tac. *An.* 4, 25, et, au point du jour, ils se présentaient contre les barbares à moitié endormis ‖ être présent, se présenter sur ordre d'un magistrat: Cic. *Verr.* 2, 94; *Att.* 4, 15, 9; Liv. 2, 35, 6; **Verres adesse jubebat** Cic. *Verr.* 2, 26, Verrès ordonnait de comparaître, cf. *Phil.* 3, 20; *Dom.* 46 ¶ **2 adesse alicui**, être auprès de qqn, se présenter à, devant qqn: **intus dicito Mnesilochum adesse Bacchidi** Pl. *Bac.* 228, dis à l'intérieur que Mnésiloque va se présenter à Bacchis; **tibi adsunt quas me jussisti adducere** Pl. *Mil.* 898, tu as devant toi les femmes que tu m'as dit d'amener, cf. *Truc.* 500; Ter. *Phorm.* 484; *Haut.* 160; *Eun.* 811; Liv. 2, 40, 4 ‖ **ipse dux hostium suis aderat** Caes. *G.* 7, 62, 5, le chef des ennemis en personne était avec les siens [au milieu des siens] dans le combat ‖ **adesse alicui in consilio** Cic. *Lae.* 37, assister qqn dans une délibération, être conseiller de qqn (**esse** Cic. *Verr.* 2, 70, même sens) ‖ [fréquent au sens de] assister qqn, le soutenir [surtout en justice]: **hunc defendunt, huic adsunt** Cic. *Sull.* 13, ils le défendent, ils l'assistent, cf. *Caecin.* 77; *de Or.* 2, 280; *CM* 38; **tuis rebus adero** Cic. *Fam.* 6, 14, 3, je soignerai tes intérêts; **te precor, Alcide, coeptis ingentibus adsis** Virg. *En.* 10, 460, je t'en conjure, Alcide, seconde ma dure entreprise; **adfuit fortuna incepto** Liv. 26, 40, 1, la fortune favorisa l'entreprise; **quae si probatis, adeste, Quirites** Sall. *Lep.* 27, si vous approuvez ces vues, venez à moi (secondez-moi); Romains; **adeste, cives, adeste, commilitones** Liv. 2, 55, 7, à moi, citoyens, à moi, compagnons d'armes ! ‖ **adesse animo (animis)**, être présent d'esprit, faire attention, [ou] être présent de cœur, avoir du courage: **testis non adfuit animo, cum...** Cic. *Caes.* 30, ce témoin avait l'esprit ailleurs, quand...; **adeste omnes animis** Cic. *Sull.* 33, ayez tous l'esprit attentif; **ades animo et omitte timorem** Cic. *Rep.* 6, 10, rassure-toi et bannis ton effroi, cf. *Mil.* 4; *Phil.* 8, 30 ¶ **3 adesse alicui rei**, assister à qqch., y prendre part, y coopérer: **decreto scribendo** Cic. *Flac.* 43, prendre part à la rédaction d'un décret; [formule habituelle en tête des sénatus-consultes] **scribendo adfuerunt...** Cic. *Fam.* 8, 8, 5, assistèrent à la rédaction... [noms énumérés ensuite]; **pugnis** Cic. *Phil.* 2, 75, à des combats, cf. Sall. *C.* 59, 4; Liv. 7, 26, 8; **rei agendae** Liv. 29, 6, 9, participer à l'entreprise ‖ **ad rem divinam** Cat. *Agr.* 83, participer à un sacrifice; **ad suffragium** Liv. 45, 35, 8, prendre part au vote ‖ **in pugna** Cic. *de Or.* 2, 272, prendre part au combat; **in aliqua re decernenda** Cic. *Att.* 1, 17, 8, à un décret, cf. *Rab. Post.* 10; *Att.* 4, 16, 3 ¶ **4** [en parl. de choses] être là, être présent: **aderant unguenta, coronae** Cic. *Tusc.* 5, 62, il y avait là parfums, couronnes; **isto bono utare, dum adsit** Cic. *CM* 33, use de cet avantage tant qu'il est présent (tant que nous l'avons); **his erat rebus effectum, ut Pompeianorum impetum, cum adesset usus, sustinere auderent** Caes. *C.* 3, 84, 4, le résultat en était qu'ils osaient soutenir, quand le besoin se présentait, le choc des Pompéiens ‖ **Cimmeriis ignes tamen aderant** Cic. *Att.* 2, 61, les Cimmériens avaient tout de même le feu à leur disposition; **alicui virtus adest** Cic. *Ac.* 1, 38, qqn possède la vertu; **illis robur aetatis adfuerat** Tac. *An.* 14, 63, elles étaient parvenues à la force de l'âge; **Domitiano aderat animus** Tac. *H.* 3, 59, Domitien avait de l'énergie; **vim affore verbo crediderat** Virg. *En.* 10, 547, il avait cru que l'effet accompagnerait les paroles ‖ **nunc adest occasio bene facta cumulare** Pl. *Cap.* 423, voici l'occasion de couronner les bons offices; **dolor saepe adest** Cic. *Tusc.* 5, 15, la douleur est souvent là; **adsunt Kalendae Januariae** Cic. *Phil.* 3, 2, nous voici aux calendes de janvier; **cum sibi finem vitae adesse intellegeret** Sall. *J.* 9, 4, comme il sentait sa mort (présente) prochaine; **finem bello Punico adesse** Liv. 29, 14, 1, [espoir] que la fin de la guerre punique était imminente ‖ être, exister: Commod. *Instr.* 1, 26, 26; Tert. *Anim.* 9, 1 ‖ [avec inf.] **adest**, il est permis de: Iren. 1, 23, 4.

▶ subj. prés. arch. **adsiet** Pl. *As.* 415; **adsient** Ter. *Phorm.* 313; subj. imparf. **adesent** = adessent S. C. Bac. CIL 1, 581; subj. parf. ? **adessint** = adfuerint CIL 1, 583; parf. **arfuerunt** = adfuerunt CIL 1, 581; inf. parf. **arfuisse** = adfuisse CIL 1, 581.

adsūmentum, *i*, n., morceau de rapiéçage, de raccommodage: Vulg. *Marc.* 2, 21.

adsūmō (ass-), *ĭs*, *ĕre*, *sumpsi*, *sumptum*, tr. ¶ **1** prendre pour soi (avec soi): **legiones quas in Italia assumpsit** Cic. *Att.* 10, 12 a, 3, les légions qu'il a prises avec lui en Italie; **adsumpto aliunde uti bono, non proprio nec suo** Cic. *de Or.* 2, 39, user d'un bien pris à autrui et qui ne vous appartient pas en propre; **sacra Cereris adsumpta de Graecia** Cic. *Balb.* 55, le culte de Cérès emprunté à la Grèce; **numquam committet, ut id quod alteri detraxerit sibi adsumat** Cic. *Off.* 3, 23, il n'y aura jamais de risque qu'il prenne pour lui ce qu'il aura enlevé à un autre ‖ **aliquem socium adsumere** Liv. 35, 46, 5, prendre qqn pour allié; **adsumpto comite Epicyde** Liv. 26, 40, 11, ayant pris Épicyde comme compagnon; **in societatem consilii aliquem** Liv. 2, 4, 2, associer qqn à un projet [complot]; **in societatem armorum** Liv. 2, 22, 3, associer à une prise d'armes [amener (qqn) à prendre les armes avec soi] ¶ **2** s'approprier, se réserver: **(laudem) eamdem hic sibi ex Asiae nomine adsumpsit** Cic. *Mur.* 31, ce dernier a recueilli la même gloire du mot Asie [par le surnom d'Asiaticus]; **conservatoris sibi nomen adsumpsit** Tac. *An.* 15, 71, il se fit appeler sauveur; **potentiam sibi** Cic. *Brut.* 198, s'attirer de la puissance ‖ **ut eorum reprehensionem vos vestrae prudentiae adsumere debeatis** Cic. *Planc.* 56, de telle sorte que vous devez, vous, prendre sur votre sagesse de corriger leurs dires; **mihi nihil adsumo, in quo quispiam repugnet** Cic. *Sull.* 84, je ne prétends à rien qui puisse m'être contesté par quelqu'un; **reliqua non reprehendo, sed mihi ad id quod sentio adsumo** Cic. *Prov.* 45, le reste, je ne le critique pas, mais je le revendique pour appuyer mon opinion; **quod est oratoris proprium, si id mihi adsumo** Cic. *Off.* 1, 2, ce qui est le propre de l'orateur, si je me le réserve ¶ **3** prendre en plus, joindre à ce qu'on avait: **aliam artem sibi** Cic. *de Or.* 1, 217, s'adjoindre la connaissance d'un autre art; **ad reliquos labores etiam hanc molestiam adsumo** Cic. *Planc.* 3, à toutes les autres peines que je prends, j'ajoute encore cette charge [désagréable]; **adsumptis ad eum exercitum, quem habebat, auxiliis** Liv. 44, 30, 10, après avoir recruté des auxiliaires pour renforcer l'armée qu'il avait ¶ **4** poser la mineure d'un syllogisme: Cic. *Inv.* 1, 63; *Div.* 2, 106 ¶ **5** [en rhét.] **(verba) quae assumpta sunt** Quint. 10, 1, 121, mots qui sont pris métaphoriquement ¶ **6** [chrét., en parl. de l'Incarnation] prendre sur soi, assumer [la nature humaine]: Ambr. *Incarn.* 6, 36, 60 ‖ [mystique] exalter, ravir: **assumpsit me spiritus** Vulg. *Ezech.* 3, 12, le souffle de l'Esprit m'emporta ‖ recevoir, accueillir: Vulg. *Eccli.* 23, 38; *Jer.* 9, 20 ‖ entreprendre: Vulg. *2 Macc.* 2, 27.

adsumptĭo (ass-), *ōnis*, f. (*adsumo*) ¶ **1** action de prendre (choisir, emprunter): Cic. *Fin.* 3, 18 ¶ **2** mineure d'un syllogisme: Cic. *Inv.* 1, 64; *Div.* 2, 108 ¶ **3** [droit] action de s'approprier, usurpation [**originis, nominis**, d'origine, de nom]: Ulp. *Dig.* 50, 1, 6 pr.; Cod. Th. 9, 35, 1 ¶ **4** [chrét.] **a)** [en parl. de l'Incarnation] action d'assumer [la nature humaine]: Aug. *Ep.* 139, 2 **b)** action d'être emporté au ciel [dans l'Ascension]: Vulg. *Luc.* 9, 51 ‖ admission [au royaume de Dieu]: Hier. *Ep.* 21, 30 ‖ ravissement, extase: Aug. *Ep. cath.* 11, 30.

adsumptīvus (ass-), *a, um* (2 *adsumo*), qui vient du dehors : *causa adsumptiva* Cic. *Inv.* 2, 71, cause qui se défend par des arguments extérieurs [le fait ne pouvant se prouver], cf. *Inv.* 1, 15 ; 2, 60 ; Quint. 7, 4, 7.

adsumptŏr (ass-), *ōris*, m., celui qui s'approprie : Ambr. *Ep.* 19, 23.

adsumptrix (ass-), *īcis*, f., celle qui s'approprie : Ps. Aug. *Serm.* 246, 1.

1 adsumptus (ass-), *a, um*, part. de *adsumo*.

2 adsumptŭs, *ūs*, m., action de se dégager de : *Boet. Porph. com.* 1, p. 85 A Migne 64.

adsŭō (ass-), *ĭs, ĕre, sŭī, sūtum*, tr., coudre à : Hor. *P.* 16.

adsurgō (ass-), *ĭs, ĕre, surrēxī, surrectum*, intr. ¶ 1 se lever [de la position couchée ou assise] : Cic. *Clu.* 196 ; *assurgentes quidam ex strage media cruenti* Liv. 22, 51, 6, certains se soulevant tout sanglants de la jonchée [de cadavres] qui les environnaient ; *ex morbo* Liv. 3, 24, 4, se relever d'une maladie ; *centena arbore fluctus verberat adsurgens* Virg. *En.* 10, 208, se dressant [sur le banc des rameurs], il frappe les flots [chaque fois] de cent avirons ǁ *alicui*, se lever pour faire honneur à qqn : Cic. *Inv.* 1, 48 ; *Pis.* 26 ; *haec sunt honorabilia decedi, adsurgi* Cic. *CM* 63, voici des choses honorables [pour les vieillards] : on leur fait place, on se lève devant eux ; *firmissima vina, Tmolius adsurgit quibus* Virg. *G.* 2, 98, vins corsés, devant lesquels s'incline le Tmolus [cru réputé] ; *tantis nominibus adsurgo* Sen. *Ep.* 64, 10, je rends hommage à de si grands noms ¶ 2 [fig. et poét.] se dresser : *colles clementer adsurgentes* Tac. *An.* 13, 38, des collines en pente douce ; *terra septem adsurgit in ulnas* Virg. *G.* 3, 355, [avec la neige] la terre s'élève jusqu'à sept coudées [au-dessus de son niveau ordinaire] ; *fremitu adsurgens, Benace, marino* Virg. *G.* 2, 160, Bénacus, qui te soulèves avec les frémissements de la mer ; *adsurgunt irae* Virg. *En.* 12, 494, [sa] colère se soulève ; *raro adsurgit Hesiodus* Quint. 10, 1, 52, rarement Hésiode s'élève (prend de l'essor) ; *nec comoedia in cothurnos adsurgit* Quint. 10, 2, 22, la comédie ne se hausse point sur les cothurnes [réservés à la tragédie] ǁ *in triumphum* Vell. 2, 51, 3, s'élever jusqu'au triomphe.

adsurrectĭō, *ōnis*, f. (*adsurgo*), élévation : Ambr. *Abr.* 2, 7, 39.

adsuspīrans (ass-), *tis*, soupirant avec ou après : Apul. *M.* 4, 27.

adtactŭs, *ūs*, m., action de toucher, contact : Varr. *R.* 2, 5, 8 ; Virg. *En.* 7, 350 ; *sine ullo adtactu viri* Lact. *Inst.* 4, 14, 1, sans aucune relation avec un homme.

adtāmĭnātĭō, *ōnis*, f., contact, souillure : Concil. Carth. d. Aug. *Cresc.* 3, 56, 62 ; 4, 6, 4, 5.

adtāmĭnō, *ās, āre, -, -* (cf. *contamino, tango*), tr., toucher, porter la main sur : Aug. *Civ.* 22, 22, 3 ǁ souiller : Cod. Th. 3, 1, 5.

adtaxat (cf. *dumtaxat*), seulement : Not. Tir. 89, 24 a.

adtĕgrō, *ās, āre, -, -* (cf. *integro*), verser du vin dans les sacrifices : P. Fest. 11, 6.

adtempĕrātē, adv., à point, à propos : Ter. *And.* 916.

adtempĕrō, *ās, āre, -, -*, tr., ajuster : Vitr. 10, 7, 2 ǁ diriger contre [*sibi*, contre soi] : Sen. *Ep.* 30, 8.

adtemptō, v. *adtento*.

adtendō (att-), *ĭs, ĕre, tendī, tentum* (it. *attendere*), tr. ¶ 1 tendre vers : *aurem* Acc. *Tr.* 281, tendre l'oreille ; *manus caelo* Apul. *M.* 11, 13, tendre les mains vers le ciel ǁ [pass.] s'étendre : Apul. *M.* 4, 6 ; 6, 11 ¶ 2 [fig.] tendre (l'esprit) : *animum* Ter. *Eun.* 44 ; Cic. *Verr.* 1, 28 ; *Off.* 3, 35 ; Liv. 10, 4, 9, être attentif (*ad aliquid*, à qqch. Cic. *Agr.* 2, 38 ; Nep. *Alc.* 5, 2) ; *animo* Pacuv. *Tr.* 17 ; Ter. *Hec.* 28 ; Cic. *Frg. phil.* 5, 81 M. ¶ 3 [le plus souvent *adtendere* seul] être attentif, prendre garde, remarquer : *diligenter attendite* Cic. *Verr.* 5, 42, prêtez-moi une attention scrupuleuse, cf. *Com.* 17 ; *Verr.* 3, 196 ǁ [avec acc.] *aliquem*, prêter attention à qqn, l'écouter attentivement : Cic. *Verr.* 1, 27 ; *Sull.* 33 ; *Arch.* 18 ; *stuporem hominis attendite* Cic. *Phil.* 2, 30, remarquez la stupidité du personnage, cf. *Verr.* 3, 196 ; *Clu.* 35 ; *versus prima et media et extrema pars adtenditur* Cic. *de Or.* 3, 192, dans le vers on remarque le début, le milieu et la fin ǁ [chrét.] vénérer : *locum* Eger. 20, 8, vénérer le lieu ǁ observer, célébrer [une fête] : Eger. 27, 1 ; 49, 1 ǁ [avec prop. inf.] *attende bona ejus possideri nullo modo potuisse* Cic. *Quinct.* 60, note que ses biens ne pouvaient d'aucune façon être pris en possession, cf. *Verr.* 3, 61 ; *Caecin.* 90 ǁ [avec interrog. indir.] *cum adtendo, qua prudentia sit Hortensius* Cic. *Quinct.* 63, quand je réfléchis à la prudence ordinaire d'Hortensius, cf. *de Or.* 2, 153 ; *Fin.* 5, 8 ǁ [avec *de*] *de aliqua re*, porter son attention sur qqch. : Cic. *Part.* 84 ¶ 4 [constr. non class.] a) *alicui, alicui rei*, faire attention à qqn, à qqch. : Vitr. 4, 3, 3 ; Plin. 1, 8, 3 ; 7, 26, 2 ; Suet. *Cal.* 53 b) [avec *ut*] *attendimus, ut reficiantur* Plin. *Ep.* 6, 30, 3, nous nous occupons de faire faire les réparations c) [avec *ne*] Cels. 3, 16 ; 5, 27, 3 ; *qua (ultione) ne sit opus attende* Plin. *Ep.* 6, 22, 7, mais prends garde de n'avoir pas besoin (de cette vengeance), cf. 10, 33, 3 ; *ut... neque... neque...* *Gai. Inst.* 4, 52 ; v. 1 *adtentus*.

▶ parf. *attetendit* Apul. *M.* 2, 16.

adtentātĭō (att-), *ōnis*, f., tentative : Symm. *Ep.* 6, 9 ; Cod. Th. 10, 3, 5.

adtentātus (att-), *a, um*, part. de *adtento*.

adtentē (att-), avec attention, avec application ǁ compar., *adtentius* Cic. *Brut.* 306 ; *Fin.* 5, 4 ; superl., *adtentissime* Cic. *Inv.* 1, 23.

adtentĭo (att-), *ōnis*, f. (*adtendo*), attention, application ; *animi*, de l'esprit : Cic. *de Or.* 2, 150 ǁ attention : Quint. 4, 1, 34 ; 4, 1, 42.

adtentō (att-), *ās, āre, āvī, ātum* (*ad, tento*), tr., entreprendre, essayer, attaquer [qqn, qqch.] ; [idée d'hostilité] Pacuv. *Tr.* 60 ; Varr. *L.* 5, 87 ; *omnium inimicos colloqui, attentare* Cic. *Verr.* 2, 135, les ennemis de [tous les habitants], il les abordait, il les sondait ; *suam classem adtemptatam sensit* Cic. *Quir.* 17, il se rendit compte qu'on avait cherché à corrompre sa flotte ; *fidem alicujus* Cic. *Or.* 208, surprendre la bonne foi de qqn ; *quia vi attentantem (eum) acriter reppulerat* Tac. *An.* 13, 25, parce qu'il avait repoussé vivement son entreprise violente ; *alicujus pudicitiam* Sen. *Ir.* 2, 28, 7, attenter à la pudeur de qqn ǁ [sans idée d'hostilité, rare] : *locos laetiores attentavit* Tac. *D.* 22, il [Cicéron] aborda (s'essaya dans) des développements plus brillants, cf. Quint. 12, 8, 14 [Cic. *de Or.* 3, 110 *attactum* mss] ; *vias volucrum* Sil. 12, 27, chercher à atteindre les régions où volent les oiseaux ; *arcum digitis* Claud. *Pros.* 3, 217, chercher à tendre un arc.

1 adtentus (att-), *a, um* ¶ 1 part. de *adtendo* et *adtineo* ¶ 2 adj¹ a) attentif à qqch. ; *ad aliquid* : Ter. *Ad.* 834 ; Cic. *Off.* 1, 131 ; *alicui rei* Hor. *S.* 2, 6, 82 ; Apul. *M.* 7, 15 ; *alicujus rei* Sen. *Clem.* 2, 5, 3 ; Aus. *Caes.* 10 (270), 1 b) attentif, vigilant : Cic. *Verr.* 1, 126 ; *Sest.* 31 c) ménager, regardant : Hor. *Ep.* 1, 7, 91 ǁ -*tior* Cic. *Fam.* 9, 16, 7 ; -*tissimus* Cic. *de Or.* 3, 17.

2 adtentŭs (att-), *ūs*, m., action de porter le regard dans une direction, attention du regard : Cael.-Aur. *Chron.* 3, 1, 3.

adtĕnŭātē (att-), d'une manière mince ǁ [fig.] avec un style simple : Cic. *Brut.* 201.

adtĕnŭātĭō (att-), *ōnis*, f., amoindrissement, affaiblissement : Her. 2, 3 ǁ simplicité du style : Her. 4, 16.

adtĕnŭātus (att-), *a, um* ¶ 1 part. de *adtenuo* ¶ 2 adj¹ a) affaibli, amoindri : Her. 4, 53 b) [style] simple : Her. 4, 16 ; *multa adtenuata* Cic. *Or.* 108, beaucoup de traits du style simple c) [voix] qui va vers l'aigu, dessus de la voix, voix de tête : Her. 3, 21 ; 3, 24 ǁ *adtenuatior* Aug. *Quant.* 22, 38 ; *adtenuatissimus* Her. 3, 25 ; 4, 53.

adtĕnŭō (att-), *ās, āre, āvī, ātum* (*ad, tenuo*), tr. ¶ 1 amincir, amoindrir, affaiblir : *legio proeliis adtenuata* Caes. *C.* 3, 89, 1, légion réduite par les combats ; *attenuatus amore* Ov. *M.* 3, 489, amaigri (consumé) par l'amour ; *vires morbo adtenuatae* Liv. 39, 49, 4, forces physiques affaiblies par la maladie ; *id bellum expectatione Pompei attenuatum est* Cic. *Pomp.* 30, cette guerre décrut du seul fait qu'on attendait la venue de Pompée ;

adtenuo

curas Ov. *Tr.* 4, 1, 16, atténuer les soucis ‖ *sortes adtenuatae erant* Liv. 21, 62, 8 ; 22, 1, 11, les sorts [baguettes] s'étaient rapetissés ¶ **2** [rhét.] abaisser, amoindrir [par la parole] : Her. 3, 6 ‖ réduire [le style] à l'expression la plus simple : Cic. *Brut.* 283 ; ▶ *adtenuatus.*

adtermĭnō (att-), *ās, āre*, -, -, circonscrire, limiter : *Arn. 3, 13.

adtĕrō (att-), *ĭs, ĕre, trīvī, trītum*, tr. ¶ **1** frotter contre : *leniter atterens caudam (Cerberus)* Hor. O. 2, 19, 30, (Cerbère) frottant doucement sa queue (contre toi) ; *nubes adtritae* Sen. *Nat.* 2, 22, 2, frottement des nuages les uns contre les autres ¶ **2** enlever (user) par le frottement : *surgentes herbas* Virg. G. 4, 12, fouler (écraser) sous ses pieds l'herbe naissante ; *dentes usu atteruntur* Plin. 7, 70, les dents s'usent par l'usage ‖ [fig.] user, affaiblir, écraser : *Italiae opes maxime attriverat* Sall. *J.* 5, 4, il avait porté la plus rude atteinte à la puissance de l'Italie ; *et vincere inglorium et atteri sordidum arbitrabatur* Tac. *Agr.* 9, il estimait qu'il n'y avait aucune gloire à vaincre, mais de la honte à être écrasé ; *in regione bello attrita* Tac. *H.* 3, 50, dans une région ruinée par la guerre ; ▶ 1 *adtritus.*

▶ inf. parf. *atteruisse* Tib. 1, 4, 48.

adterrānĕus (att-), *a, um*, qui arrive de la terre : Sen. *Nat.* 2, 49, 2.

adtertiātus (att-), *a, um* (*ad tertiam*), réduit au tiers [par la cuisson] : Plin. Val. 1, 21.

adtĕrŭi, ▶ *adtero* ▶.

adtestātĭo (att-), *ōnis*, f., attestation : Macr. *Somn.* 2, 9, 7.

adtestātŏr (att-), *ōris*, m., celui qui atteste : Aug. *Serm.* 288, 2.

adtestātus (att-), *a, um* [part. pass.] attesté, prouvé : Cod. Just. 2, 55, 5, 4 ; [adj.] *nihil adtestatius* Ambr. *Luc.* 7, 188, rien de plus prouvé.

adtestĭfĭcŏr, *āris, ārī*, -, attester : Vit. Patr.-Jur. 82 [part. prés.].

adtestŏr (att-), *āris, ārī, ātus sum* (*ad, testor*), tr., attester, prouver : Varr. d. Non. 367 ; Phaed. 1, 10, 3 ; Plin. *pr.* 10 ; Gell. 4, 12, 3 ‖ confirmer [un premier présage] : Sen. *Nat.* 2, 49, 2 ; P. Fest. 11, 10 ; ▶ *adtestatus.*

▶ part. *attestatus* avec sens pass., Paul.-Petric. *Mart.* 2, 177.

adtexo (att-), *ĭs, ĕre, texŭī, textum*, tr., joindre en tissant, lier intimement à : *pinnae loricaeque attexuntur* Caes. G. 5, 40, 6, on adapte [à la palissade] des merlons et des parapets ‖ *ita barbarorum agris quasi adtexta quaedam videtur ora esse Graeciae* Cic. *Rep.* 2, 9, ainsi il semble qu'aux terres des barbares ait été pour ainsi dire tissé en bordure un littoral grec, cf. *Tim.* 41 ‖ ajouter : Ambr. *Off.* 1, 41, 201.

adtĭgō (att-), *ĭs, ĕre*, -, -, tr., ▶ *adtingo* : Varr. *Men.* 544 ; Diom. 382, 17 ; *attigas* Pl. *Bac.* 445 ; *Ep.* 723 ; *attigat* Pacuv. *Tr.* 228 ; *attigeret* CIL 1, 583, 21.

adtĭgŭus (att-), *a, um*, contigu, voisin : Apul. *M.* 4, 3.

adtillō (att-), *ās, āre*, -, - (cf. *titillo*), tr., chatouiller : Jul.-Val. 3, 26.

adtĭnae (att-), *ārum*, f. pl. (*adtineo*), mur de pierres sèches formant limite : Sic.-Flac. *Grom.* 139, 1.

adtĭnĕō (att-), *ēs, ēre, tĭnŭī, tentum* (*ad, teneo*)

A tr., tenir [aliquid, qqch.] : Pl. *Cap.* 266 ; *Men.* 730 ‖ retenir [aliquem, qqn] Pl. *Truc.* 837 ; Tac. *An.* 1, 35 ; 12, 12 ; *oblitus Arruntium, ne in Hispaniam pergeret, decumum jam annum attineri* Tac. *An.* 6, 27, oubliant que depuis dix ans il empêchait Arruntius de se rendre en Espagne ; *dum justitio ob amissum Augustum, post discordiis attinemur* Tac. *An.* 1, 50, tandis que nous étions tenus dans l'inaction d'abord par le deuil public en l'honneur d'Auguste, ensuite par les discordes ‖ garder, maintenir : *ad sua conservanda et alterius adtinenda* Cic. *Inv.* 2, 169, pour conserver ses propres avantages et garantir ceux d'autrui ; *ripam Danubii legiones attinebant* Tac. *An.* 4, 5, des légions gardaient la rive du Danube ‖ tenir occupé, amuser, lanterner : *aliquem spe pacis* Sall. *J.* 108, amuser qqn par l'espoir de la paix ‖ [pass.] [droit] être tenu de : *implicitum* Cod. Th. 7, 1, 7 ; *obnoxium* Cod. Th. 8, 2, 5, être tenu d'une obligation, être obligé : *rationibus adtinentur impliciti* Cod. Th. 7, 1, 7, ils sont obligés de rendre des comptes ; *pro alieni territorii debitis* Cod. Th. 12, 1, 186, être tenu des charges grevant les terres d'autrui.

B intr., aboutir jusqu'à, s'étendre jusqu'à : *Scythae ad Tanaim attinent* Curt. 6, 2, 13, les Scythes s'étendent jusqu'au Don ‖ concerner, regarder : *negotium hoc ad me adtinet aurarium* Pl. *Bac.* 229, cette question d'or me regarde, cf. *Pers.* 497 ; Ter. *Ad.* 436 ; Varr. *L.* 10, 64 ; *(studium) quod ad agrum colendum adtinet* Cic. *Amer.* 48, (goût) qui a rapport à la culture des champs, cf. *Fin.* 4, 38 ; Q. 3, 9, 4 ; Liv. 23, 48, 3 ; 26, 16, 1 ‖ [expr.] : *nunc nihil ad me adtinet* Cic. *Verr.* 1, 61, pour le moment cela ne m'intéresse pas ; *quod attinet ad aliquem, ad aliquid*, quant à ce qui concerne qqn, qqch. : Pl. *Ep.* 130 ; Cic. *Off.* 3, 32 ; *quantum ad Carthaginienses duces attinet* Liv. 28, 43, 17, pour tout ce qui concerne les généraux carthaginois, cf. Sen. *Contr.* 7, 1, 1 ; 10, 5, 16 ; *quid adtinet dicere ?* Cic. *Lae.* 39, à quoi bon dire ? ; *quid attinuit te jubere...?* Cic. *Verr.* 5, 169, à quoi bon cet ordre que tu donnais...? ; *medicum adhibere nihil attinet* Cic. *Fat.* 29, il n'est pas besoin de recourir au médecin ; *neque quemquam adtinebat id recusare quod...* Cic. *Quinct.* 60, et il n'appartenait à personne de repousser une chose que ; *judicium de ea re fieri nihil attinet* Cic. *Inv.* 2, 84, il n'importe pas qu'on porte là-dessus un jugement ; *nec eosdem nominari attinebat* Liv. 23, 3, 13, ce n'était pas la peine (il ne servait à rien) de prononcer les mêmes noms.

1 **adtingō (att-)**, *ĭs, ĕre, tĭgī, tactum* (*ad, tango* ; fr. atteindre), tr., toucher à, toucher ¶ **1** *aliquem digito* Pl. *Pers.* 793, toucher qqn du doigt, cf. Ter. *Eun.* 740 ; Cic. *Cael.* 28 ; *priusquam murum aries attigisset* Caes. G. 2, 32, 1, avant que le bélier eût commencé à battre les murs ; *arma* Liv. 3, 19, 8, prendre les armes ; *genua, dextram* Liv. 30, 12, 13, toucher les genoux, la main droite de qqn [en suppliant] ‖ *has tabulas non adtigit* Cic. *Verr.* 4, 122, il ne toucha pas à ces tableaux [pour les prendre] ; *quorum nihil adtingere ausi sunt* Cic. *Verr.* 4, 112, sur aucune de [ces statues] ils n'osèrent porter la main ; *aliquem* Cic. *Pis.* 75, toucher à qqn (s'attaquer à qqn) ; *quem comoedia non adtigit ?* Cic. *Rep.* 4, 11, quel est celui que la comédie a épargné ? ; *si Vestinus adtingeretur* Liv. 8, 29, 4, si l'on touchait aux Vestins (si on les attaquait) ; *Sulla, quem primum hostes adtigerant* Sall. *J.* 101, 4, Sylla, le premier abordé par l'ennemi ‖ *nullos adtingere cibos* Tac. *An.* 4, 54, ne toucher à aucun mets ¶ **2** toucher, atteindre : *sapientem timor non adtingit* Cic. *Tusc.* 5, 17, la crainte n'atteint pas le sage ; *me alia causa delectat, quae te non adtingit* Cic. *Leg.* 2, 3, une autre raison me fait plaisir qui ne te touche pas (qui n'a pas d'effet sur toi) ¶ **3** toucher à, confiner à : *(Gallia) attingit flumen Rhenum* Caes. G. 1, 5, (la Gaule) touche au Rhin, cf. 2, 15, 3 ; 6, 25, 3 ¶ **4** atteindre, aborder (arriver dans, à) : *Asiam* Cic. Q. 1, 1, 24, atteindre l'Asie ; *forum* Cic. *Mur.* 21, mettre les pieds au forum ; *cum per aetatem nondum hujus auctoritatem loci attingere auderem* Cic. *Pomp.* 1, comme en raison de mon âge je n'osais pas encore aborder la majesté de ce lieu [la tribune] ‖ *verum* Cic. *Ac.* 2, 36, atteindre le vrai ; *istam intellegentiam terrae ne suspicione quidem possum attingere* Cic. *Nat.* 3, 64, cette intelligence que vous mettez dans la terre, je ne puis même pas arriver à la soupçonner ¶ **5** se mettre à : *Graecas litteras* Cic. *de Or.* 1, 82, se mettre aux lettres grecques ; *ne primoribus quidem labris aliquid* Cic. *de Or.* 1, 87, ne pas même toucher à (effleurer) qqch. du bout des lèvres ; *causam* Cic. *Mur.* 3, prendre une cause en mains ; *poeticen* Nep. *Att.* 18, 5, s'occuper de poésie ‖ *paucis rem attigit* Pl. *Truc.* 864, elle a touché la chose (elle est allée au fait) en peu de mots ; *historiam* Cic. *Brut.* 44, toucher à l'histoire [parler de l'histoire] ; *timide et diffidenter aliquid* Cic. *Clu.* 1, aborder une question avec timidité et défiance ; *eos (reges) attingere noluimus* Nep. *Reg.* 1, je n'ai pas voulu m'occuper des rois [faire leur biographie]

¶ **6** avoir rapport à: *aliquem cognatione, adfinitate, necessitudine* Cic. *Verr.* 2, 27, toucher à qqn par la parenté, par alliance de famille, par l'intimité; *si posses probare haec lucra nihil te adtigisse* Cic. *Verr.* 3, 91, si tu pouvais prouver que ces gains ne te touchaient pas du tout (ne te concerneraient pas); *illae virtutes bonum virum videntur potius attingere* Cic. *Off.* 1, 46, les autres vertus semblent avoir trait plutôt à l'homme de bien ¶ **7** intr. [très rare, avec *ad*] *quae nihil attingunt ad rem* Pl. *Merc.* 32, des choses qui sont sans intérêt [qui ne touchent pas à...]; *ad fluvium* Mel. 1, 20, toucher au fleuve; [avec dat.]: *foro* CIL 9, 5438, toucher à la place publique, cf. Apul. *Apol.* 100.
▶ fut. arch. *attinge = attingam* Cat. *frg. inc.* 58 (P. Fest. 24, 20).

2 **adtingō (adtinguō)**, *is*, *ĕre*, -, *tinctum* (*ad*, *tingo*), tr., arroser, mouiller: Paul.-Nol. *Ep.* 23, 5; *Veg. *Mul.* 1, 11, 7, cf. Her. 4, 62 (?).

adtĭtŭlātĭo (att-), *ōnis*, f., intitulation [d'un livre]: Rufin. *Orig. Cant. prol.* p. 64.

adtĭtŭlō (att-), *ās*, *āre*, -, - (*ad*, *titulo*), tr., intituler, donner un titre à: Aug. *Serm.* 151, 4 Mai; Cassiod. *Hist.* 9, 40.

adtŏlĕrō (att-), *ās*, *āre*, -, -, tr., soutenir, supporter [une statue]: Apul. *M.* 2, 4.

adtollentĭa (att-), *ae*, f., orgueil: Schol. Luc. 1, 82.

1 **adtollo (att-)**, *is*, *ĕre*, -, -, tr. ¶ **1** élever, soulever: *saepe adtollunt umeris (apes regem)* Virg. *G.* 4, 217, souvent (les abeilles) soulèvent (leur roi) sur leurs épaules; *ab humo attollit amicum* Virg. *En.* 5, 452, il le soulève du sol (relève) son ami; *manus ad caelum* Liv. 10, 36, 11, lever les mains au ciel; *oculos* Liv. 6, 13, 3; 9, 6, 8; Sen. *Ben.* 1, 3, 1, lever les yeux; *globos flammarum* Virg. *En.* 3, 574, pousser [dans les airs] des tourbillons de flammes; *(quercus) caelo attollunt capita* Virg. *En.* 9, 679, (les chênes) élèvent leurs têtes jusqu'au ciel ‖ *ter sese attollens* Virg. *En.* 4, 690, trois fois se soulevant; *attollens se ab gravi casu* Liv. 8, 7, 11, se relevant de cette lourde chute; *attollit in aegrum se femur* Virg. *En.* 10, 855, il se redresse sur sa cuisse blessée; *attolluntur harenae* Virg. *En.* 9, 714, les sables montent à la surface ‖ *prout fluctus attollitur* Tac. *H.* 3, 47, selon que les vagues se soulèvent (suivant la hauteur des vagues) ¶ **2** élever, dresser: *fatales murorum moles* Virg. *En.* 11, 130, élever (dresser) la masse des remparts prédits par le destin; *arcem* Virg. *En.* 3, 134, élever une citadelle; *malos* Virg. *En.* 5, 829, dresser les mâts ‖ *in auras se* Ov. *M.* 4, 722, se dresser dans les airs; *quarto terra die primum se attollere visa* Virg. *En.* 3, 205, le quatrième jour la terre commença à se dresser à nos yeux; *Mausoleum attollitur in altitudinem quinque et viginti cubitis* Plin. 36, 30, le tombeau de Mausole s'élève à une hauteur de vingt-cinq coudées ¶ **3** [fig.] élever: *ad consulatus spem animos* Liv. 22, 26, 3, élever (hausser) ses prétentions jusqu'à l'espoir du consulat; *alicujus progeniem super cunctos* Tac. *An.* 11, 16, élever la descendance de qqn au-dessus de tout le monde (lui donner l'ascendant sur tous) ‖ soulever, exalter: *animos attollit (= se attollit)* Virg. *En.* 12, 4, il s'exalte; *animos non deprimis, sed attollis* Plin. *Pan.* 44, tu ne rabaisses pas les esprits, tu les élèves ‖ grandir, rehausser: *aliquem praemiis* Tac. *H.* 4, 59, honorer qqn de récompenses; *aliquem triumphi insignibus* Tac. *An.* 3, 72, rehausser (décorer) qqn des insignes du triomphe ‖ grandir (exalter) par des paroles: Sen. *Ep.* 94, 72; Tac. *H.* 1, 70; *cuncta in majus attollens* Tac. *An.* 15, 30, grossissant toutes choses, vantant tout avec exagération.

2 **adtollo**, ▶ *adfero*, V.▶ *adtulo* ▶.

adtŏlo, V.▶ *adtulo* ▶.

adtondĕō (att-), *ēs*, *ēre*, *tondī*, *tonsum*, tr., tondre: Cels. 4, 6, 5 ‖ tondre (brouter): Virg. *B.* 10, 7; tondre (émonder): Virg. *G.* 2, 407 ‖ [fig.] *consiliis nostris laus est attonsa Laconum* Cic. poet. *Tusc.* 5, 49, mes mesures (décisions) ont entamé (porté un coup à) la gloire de Sparte ‖ tondre, escroquer: Pl. *Cap.* 268.
▶ inf. parf. *attodisse* Catal. 10, 9 ‖ [tard.] formes de la 3ᵉ conj.: fut. *attondent*, *-entur* Vulg. *Ezech.* 44, 20; *Nah.* 1, 12; inf. pass. *attondi* Veg. *Mul.* 1, 56, 36.

adtŏnĭtē (att-), avec étonnement: Chir. 361 ‖ avec attention: Cassiod. *Var.* 5, 39, 7.

adtŏnĭtus (att-), *a*, *um*, part.-adj. de *adtono* ¶ **1** frappé de la foudre, étourdi: Serv. *En.* 3, 172; Placid. Stat. *Th.* 10, 770; Sen. *Nat.* 2, 27, 3; Curt. 8, 4, 4 ¶ **2** frappé de stupeur: *adtonitis similes* Sen. *Nat.* 6, 29, 1, semblables à des gens frappés de la foudre, cf. Liv. 10, 29, 7; *attonitis haesere animis* Virg. *En.* 5, 529, ils restèrent interdits; *re nova attoniti* Tac. *H.* 3, 13; *metu* Liv. 10, 41, 4, étourdis par la surprise, par la crainte; *attonitos subitus tremor occupat artus* Ov. *M.* 3, 40, un frisson subit gagne leurs membres paralysés par la frayeur; *attoniti vultus* Tac. *H.* 1, 40, physionomies frappées de stupeur ¶ **3** [poét.] *attonito metu* Luc. 8, 591, dans sa frayeur hébétée, dans l'égarement de la frayeur; *rabies effrenata et attonita* Sen. *Ir.* 3, 3, 6, le déchaînement et l'aveuglement (l'égarement) de sa rage, cf. *attoniti clamores* Stat. *Th.* 4, 382, cris épouvantés; *attonitos animi tumultus sentire* Luc. 7, 779, avoir l'âme en proie à des transports d'épouvante ¶ **4** jeté dans l'extase, en proie à l'égarement prophétique: *attonitae Baccho matres* Virg. *En.* 7, 580, femmes en proie au délire de Bacchus, cf. Juv. 6, 316; Hor. *O.* 3, 19, 14; *mulier attonitae mentis* Curt. 8, 6, 16, une femme dont l'esprit était inspiré; *ora attonitae domus* Virg. *En.* 6, 53, les bouches (ouvertures) de la demeure inspirée ¶ **5** béant dans l'attente de qqch., absorbé tout entier par la pensée de qqch., anxieux, attentif: *ad rapinam alterius erecti et adtoniti* Sen. *Ep.* 72, 8, ayant leur esprit tendu anxieusement vers la conquête d'une nouvelle proie; *omnes (candidati) attoniti vocem praeconis exspectant* Sen. *Ep.* 118, 3, tous (les candidats) attendent dans l'anxiété la voix du héraut [proclamant les résultats de l'élection]; Cassian. *Coll.* 9, 30, 2.

adtŏnō (att-), *ās*, *āre*, *tŏnŭī*, *tŏnĭtum*, tr., frapper du tonnerre: Maecen. d. Sen. *Ep.* 19, 9 ‖ frapper de stupeur: Ov. *M.* 3, 532; Liv. 3, 68, 13.

adtonsĭo (att-), *ōnis*, f. (*adtondeo*), action de tondre: Hier. *Mich.* 1, 2 ‖ destruction: Ps. Rufin. *Amos* 2.

adtonsus (att-), part. de *adtondeo*.

adtŏnŭī, parf. de *adtono*.

adtorquĕō (att-), *ēs*, *ēre*, -, -, tr., brandir, lancer [un javelot]: Virg. *En.* 9, 52.

adtorrĕō (att-), *ēs*, *ēre*, -, -, tr., faire griller: Apic. 143; 272.

adtractĭō (att-), *ōnis*, f., action de tirer à soi: Cael.-Aur. *Acut.* 1, 3, 37 ‖ contraction: Pall. 5, 4, 3.

adtractīvus (att-), *a*, *um*, qui a la propriété d'attirer, attractif: Cassiod. *Var.* 10, 29, 4.

adtracto (att-), V.▶ *adtrecto* ▶.

1 **adtractus (att-)**, *a*, *um* ¶ **1** part. de *adtraho* ¶ **2** [adj.] contracté: *attractis superciliis* Sen. *Ep.* 113, 26, avec les sourcils froncés; *cum Pollionis adtractiorem vidisset frontem* Sen. *Ben.* 4, 31, 4, ayant vu le visage de Pollion se renfrogner.

2 **adtractŭs (att-)**, *ūs*, m. (fr. *attrait*), action de tirer: Dict. 5, 11; Cypr.-Gall. *Jud.* 665.

adtrăhō (att-), *is*, *ĕre*, *trāxī*, *tractum* (it. *attrarre*), tr., tirer à soi ¶ **1** : *ferrum* Plin. 36, 128; Cic. *Div.* 1, 86, attirer le fer; *sol partem aeris adtrahit* Sen. *Nat.* 5, 10, 4, le soleil attire à lui une partie de l'air; *attractus ab alto spiritus* Virg. *G.* 3, 505, souffle tiré du fond de la poitrine ¶ **2** tirer violemment (traîner) vers: *adducitur atque adeo adtrahitur* Cic. *Verr.* 3, 61, on l'amène, mieux, on le traîne; *hominem vinctum adtrahi ad sese jussit* Liv. 23, 7, 7, il ordonna de traîner jusqu'à lui cet homme enchaîné ¶ **3** [fig.] attirer: *ea me ad hoc negotium provincia attraxit* Cic. *Verr.* 2, 1, c'est cette province qui m'a entraîné à m'occuper de la présente affaire; *Romam aliquem* Cic. *Fam.* 7, 10, 4, attirer qqn à Rome; *multos in amicitiam adtrahes* Sen. *Tranq.* 3, 6, tu t'attireras de nombreux amis; *aliquem in crimen* Tac. *An.* 15, 68, envelopper qqn dans une accusation ¶ **4** [chrét] être affecté de, contracter [mal, péché]: Aug. *Nupt.* 2, 4; V.▶ *adtractus*.

ad trans (esp. *atras*), locut. prép. avec acc., au-delà de: VL. *Jud.* 11, 29.

adtransĕō, īs, īre, -, -, intr., passer à [ad] : *Aug. Conf. 5, 1.

adtrectābĭlis (att-), e, qu'on peut toucher, palpable : Mir. Steph. 2, 2, 6.

adtrectātĭo (att-), ōnis, f., attouchement : Gell. 11, 28, 23 ‖ hardiesse : Greg.-M. Ep. 4, 16.

adtrectātŏr (att-), ōris, m., celui qui palpe : Hier. Nom. Hebr. p. 14, 4.

1 adtrectātus, a, um, part. de adtrecto.

2 adtrectātŭs (att-), ūs, m., attouchement : Pacuv. Tr. 266 d. Cic. Tusc. 2, 50.

adtrectō (att-), ās, āre, āvī, ātum (ad, tracto), tr. ¶ 1 toucher à, palper, manier : aliquem, qqn : Pl. Ru. 420 ; Cic. Cael. 20 ; Virg. En. 2, 719 ; aliquid, qqch. : Liv. 5, 22, 5 ; *(libri) quos contaminatis manibus attrectas* Cic. Har. 26, (les livres) [sibyllins] sur lesquels tu portes tes mains impures ¶ 2 toucher à, chercher à saisir : *insignia etiam summi imperi adtrectare ausi* Liv. 28, 24, 14, osant étendre la main jusque sur les insignes de l'autorité suprême ‖ [droit] attaquer : *aliquem injuria* Cod. Just. 10, 32, 42, attaquer qqn en lui causant du tort ‖ [fig.] entreprendre (qqch.) : Tac. An. 3, 52.
▶ formes attract- : Acc. Tr. 198 ; Pl. *Ru. 421 ; *Poen. 350.

adtrĕmō, ĭs, ĕre, -, -, intr., trembler à (en réponse à) : alicui Stat. Th. 3, 309 ; 8, 81, devant qqn.

adtrĕpĭdō (att-), ās, āre, -, -, intr., approcher d'un pas tremblant : Pl. Poen. 544.

adtrĭbŭō (att-), ĭs, ĕre, bŭī, būtum, tr. ¶ 1 donner, attribuer, allouer : *iis (gladiatoribus) equos attribuit* Caes. C. 1, 14, 4, à ces (gladiateurs) il fait donner des chevaux, cf. 1, 24, 2 ; *ordines* Liv. 42, 33, 3, donner (décerner) des grades de centurion ‖ *alteram partem vici cohortibus attribuit* Caes. G. 3, 1, 6, la seconde moitié du bourg, il l'attribue aux cohortes, cf. 7, 8, 1 ‖ assigner, allouer [des terres, de l'argent] : Caes. G. 4, 7, 4 ; Cic. Verr. 1, 34 ; Phil. 9, 16 ‖ *aliquem* Liv. 1, 43, 9 ; CIL 1, 593, 41, déléguer qqn, donner une délégation sur qqn, imputer sur qqn le paiement d'une dette : *alicui rei ternos in milia aeris* Liv. 39, 44, 3, imposer à une chose une taxe de 3 as par mille ‖ mettre sous la dépendance de : *Boios Haeduis* Caes. G. 7, 9, 6, annexer les Boïens aux Éduens, cf. 7, 76, 1 ; Cic. Q. 1, 1, 33 ; Fam. 13, 67, 1 ‖ assigner [comme commandement] : *quibus singulae naves erant attributae* Caes. G. 3, 14, 3, qui avaient reçu chacun le commandement d'un navire ; *ei ducentos equites attribuit* Caes. G. 6, 32, 6, il met sous ses ordres deux cents cavaliers, cf. 5, 47, 2 ; 7, 34, 2 ; 70, 4 ; Cic. Cat. 2, 6 ‖ assigner [comme tâche] : *singula latera castrorum singulis attribuit legionibus munienda* Caes. C. 1, 42, 1, il assigne à chacune des légions la tâche de fortifier un côté du camp ; *certas cuique partes ad custodiam urbis attribuit* Caes. C. 1, 17, 3, il assigne à chacun un rôle déterminé pour la défense de la ville ¶ 2 départir, donner en partage : *summus timor, quem mihi natura pudorque meus attribuit* Cic. Amer. 9, une crainte très vive, que je tiens en partage de mon tempérament et de ma réserve naturelle ; *non adtribuere omnibus (corporibus) sonitus et odores* Lucr. 2, 836, ne pas attribuer à tous (les corps) le son et l'odeur ; *aliquid eorum quaeritur, quae fortunae esse attributa intelleguntur* Cic. Inv. 2, 30, on cherche [pour en tirer des arguments] quelqu'un des traits caractéristiques qu'on s'accorde à attacher au mot de fortune ¶ 3 attribuer, imputer ; *aliquid alicui*, mettre qqch. sur le compte de qqn : *aliis causam calamitatis* Cic. Verr. 5, 106, imputer à d'autres la cause (la responsabilité) du désastre ; *alicui culpam* Cic. Verr. 5, 134, faire retomber une faute sur qqn ; *bonos exitus diis immortalibus* Cic. Nat. 3, 89, attribuer les succès aux dieux immortels ; *qui si eruditius videbitur disputare quam consuevit ipse in suis libris, attribuito litteris Graecis* Cic. CM 3, et si tu trouves qu'il disserte [Caton] plus savamment qu'il ne fait d'ordinaire dans ses livres, attribue-le à la culture grecque, cf. de Or. 2, 14.

adtrĭbūtĭo (att-), ōnis, f. ¶ 1 assignation, action de déléguer un débiteur pour l'acquittement d'une dette : CIL 1, 593, 42 ; Cic. Att. 16, 3, 5 ¶ 2 [rhét.] propriété (caractère) afférente à une personne, à une chose : Cic. Inv. 1, 38 ; 2, 42.

adtrĭbūtŏr (att-), ōris, m., celui qui adjuge (attribue) : Hier. Did. 4.

adtrĭbūtum (att-), i, n., fonds alloués sur le trésor public : Varr. L. 5, 181.

adtrĭbūtus, a, um, part. de adtribuo.

adtrītĭo (att-), ōnis, f., frottement : Lampr. Hel. 19, 5 ; Serv. G. 3, 257 ‖ écrasement : Aug. Civ. 11, 22.

1 adtrītus (attr-), a, um ¶ 1 part. de adtero, usé par le frottement : *sulco attritus vomer* Virg. G. 1, 46, soc usé (poli) par le sillon ¶ 2 [adj¹] *mentum paulo attritius* Cic. Verr. 4, 94, le menton [de la statue] un peu usé ; *(cantharus) attrita ansa* Virg. B. 6, 17, (coupe) avec une anse usée ‖ *adtritae partes* Plin. 24, 28, parties écorchées ou aussi pl. n., *adtrita* Plin. 23, 87 ‖ [fig.] *adtrita frons* Mart. 8, 59, 2 ; Juv. 13, 242, front impudent [qui ne rougit plus] ‖ *Calvum Ciceroni visum exsanguem et adtritum* Tac. D. 18, [on peut constater] que pour Cicéron Calvus était [un orateur] dépourvu de sang et épuisé.

2 adtrītŭs (attr-), ūs, m., frottement : Sen. Nat. 2, 22, 2 ‖ inflammation de la peau : Plin. 26, 90.

adtrīvī, parf. de adtero.

adtrŏpō (att-), ās, āre, -, - (ad, tropus), tr., prendre dans le sens figuré : Arn.-J. Psalm. 37.

adtŭbernālis (adti-, att-), ▶ contubernalis : P. Fest. 11, 12.

adtŭlī, parf. de adfero.

***adtŭlō (att-)**, ĭs, ĕre, -, - (ad, cf. tollo), [arch.] apporter : *adtulat* Pacuv. Tr. 228 d. Diom. 382, 18 ; *adtulas* Naev. d. Diom. 382, 18.
▶ sur le subj. adtulas, at, les gram. ont prob¹ imaginé un verbe adtulo, adtolo, enfin adtollo = adfero, ▶ adtollere, adferre Non. 246, 5.

adtŭmŭlō (att-), ās, āre, -, - (ad, tumulo), tr., recouvrir, enfouir : Plin. 9, 14.

adtŭor (att-), tŭĕris, tŭī, -, regarder : Varr. L. 7, 7 ; *7, 11.

adtūrātĭo, ōnis, f. (tus), action de brûler de l'encens en sacrifice : Gloss. 2, 22, 45.

Aduaca, ▶ Aduatuca : Anton. 378.

Aduatŭca, ae, f., place forte des Éburons [auj. Tongres] Atlas I, B3 ; V, C3 : Caes. G. 6, 32, 3.

Aduatŭcī, ōrum, m. pl., les Aduatuques [Belgique] : Caes. G. 2, 4, 9.

ădŭbi (atubi), dès que, lorsque : Chir. 495 ; Eger. 24, 5.

ădŭlābĭlis, e (adulor), accessible à la flatterie : Non. 155, 30 ‖ caressant, insinuant : Amm. 14, 11, 11 ; 31, 12, 7.

ădŭlans, tis, part. prés. pris adj¹, caressant, flatteur : Plin. Pan. 26, 1 ; -tior Tert. Marc. 1, 27, 4.

ădŭlantĕr, adv., d'une manière qui flatte : Aug. Psalm. 78, 13.

Ădŭlās, ae, m., le mont Adule : Avien. Perieg. 431.

ădŭlātĭo, ōnis, f. (adulor) ¶ 1 caresse des animaux qui flattent : Cic. Nat. 2, 158 ; Quint. 11, 3, 66 ; Plin. 10, 104 ¶ 2 caresses rampantes, flatterie basse : *pars altera regiae adulationis erat* Liv. 42, 30, 4, le second parti ne pensait qu'à flatter le roi, cf. Cic. Lae. 91 ; *adversus superiores* Tac. An. 11, 21, basses flatteries envers les grands ; *patrum in Augustam* Tac. An. 1, 14, adulation des sénateurs à l'égard d'Augusta ‖ [pl.] Sen. Ben. 6, 33, 1 ; Tac. Agr. 43 ; H. 1, 47 ; 2, 90 ‖ prosternement [chez les Orientaux] : Curt. 8, 5, 6 ; [pl.] Liv. 9, 18, 4 ‖ adoration [des dieux] : Tert. Apol. 25, 16.

ădŭlātŏr, ōris, m., flatteur, flagorneur, vil courtisan : Sen. Contr. 7, 3 (18), 9 ; Curt. 8, 5, 8 ; Sen. Nat. 6, 13 ; Quint. 2, 15, 11.

ădŭlātōrĭē, adv., en vil flatteur : Non. 42, 26 ; Aug. Ep. 21, 1.

ădŭlātōrĭus, a, um, qui se rattache à l'adulation : *exemplar adulatorii dedecoris* Tac. An. 6, 32, modèle d'adulation honteuse.

ădŭlātrix, īcis, f., flatteuse : Treb. Claud. 3, 7 ; Tert. Anim. 51, 4.

ădŭlātus, a, um, part. de adulor.

ădŭlescens, tis ¶ 1 (part. prés. de adulesco), pris adj¹ : *adulescentior* Ter. Hec. 11 ; Cic. Fam. 9, 8, 1 ; Sall. H. 1, 86, qui est plus jeune ; *cum duobus adulescentibus filiis* Cic. Amer. 64, avec ses fils, deux jeunes gens; *adulescentior Academia* Cic. *Fam.* 9, 8, 1, la nouvelle Académie ¶**2** subst. m. ou f. **a)** [droit] garçon ou fille pubère, mineur de 25 ans [soumis au pouvoir d'un curateur] cf.▸ 1 *adultus*: Dig. 4, 4, 11; v.▸ 1 *adolesco* **b)** [sens courant] jeune homme ou jeune femme [en principe de 17 ans à 30 ans (Cens. 14, 2), mais parfois au-delà]: *honestus adulescens* Cic. *Clu.* 11, jeune homme honorable; *optuma* Ter. *And.* 488, excellente jeune femme ∥ [pour distinguer des pers. du même nom]: *D. Brutum adulescentem... praeficit* Caes. *G.* 3, 11, 5, il met à la tête de ... D. Brutus, le jeune. ▶ gén. pl. *adulescentium* mais *adulescentum* d. Pl. *As.* 133; *Ps.* 364.

ădŭlescenta, *ae*, f., jeune femme: Sor. 89.

ădŭlescentĭa, *ae*, f., jeunesse: *adulescentiae senectus, pueritiae adulescentia obrepit* Cic. *CM* 4, la vieillesse vient insensiblement à la suite de la jeunesse, la jeunesse à la suite de l'enfance ∥ la jeunesse = [les jeunes gens]: Cic. *Arch.* 16; *CM* 25.

ădŭlescentĭor, *āris*, *āri*, -, tr., se comporter en jeune homme: Varr. *Men.* 550.

ădŭlescentŭlus, *a*, *um*, tout jeune homme: Cic. *Phil.* 8, 14 ∥ [qqf. subst.] *adulescentulus, i*, m., un tout jeune homme: Cic. *Caecil.* 68; *de Or.* 2, 117; *adulescentula, ae*, f., une toute jeune femme: Ter. *And.* 118.

ădŭlescentŭrĭo, *īs*, *īre*, -, -, prendre le caractère d'un jeune homme: Laber. *Com.* 137.

ădŭlesco, v.▸ 1 *adolesco*.

Ădūlītōn oppĭdum, n. (Ἀδουλιτῶν = *Adulitarum*), Adulis [ville d'Éthiopie]: Plin. 6, 172 ∥ **-ītae**, *ārum*, m. pl., habitants d'Adulis: Plin. 6, 174.

ădŭlo, *ās*, *āre*, *āvī*, *ātum*, [arch. et rare] v.▸ *adulor*: Acc. *Tr.* 390; Lucr. 5, 1070; Apul. *M.* 5, 14; Auson. *Grat.* (419), 3, 13.

ădŭlor, *āris*, *āri*, *ātus sum* (*ad* et lit. *vālas* queue? peu clair) **I** tr. ¶**1** faire des caresses, flatter [en parl. des animaux]: Ov. *M.* 14, 259; Gell. 5, 14, 12; Sen. *Ir.* 2, 31, 6 ¶**2** flatter, aduler [*aliquem, aliquid*, qqn, qqch.: Cic. *Lae* 99; *Off.* 1, 91; *Pis.* 99; Liv. 23, 4, 2; 45, 31, 4; Tac. *H.* 1, 32; *An.* 16, 19 ¶**3** accorder par complaisance: Tert. *Anim.* 43, 5. **II** intr., [avec dat.] *alicui*, adresser des flatteries à qqn, aduler qqn: Nep. *Att.* 8, 6; Liv. 3, 69, 4; 36, 7, 4; Sen. *Vit.* 12, 3; Curt. 4, 1, 19; *gratiae* Sen. *Vit.* 2, 4, flatter le crédit.

1 **ădulter**, *ĕra*, *ĕrum* (*adultero*; a. fr. *avoutre*) ¶**1** adultère: *adultera mens* Ov. *Am.* 3, 4, 5, pensées adultères ¶**2** altéré, falsifié: *adultera clavis* Ov. *A. A.* 3, 643, fausse clef ¶**3** [chrét.] hérétique, infidèle: Tert. *Pud.* 10, 12; Vulg. *Matth.* 12, 39.

2 **ădulter**, *ĕri*, m., **ădultĕra**, *ae*, f., adultère: Cic. *Cat.* 2, 7; 2, 23; Cael. 49; *Dardanius* Virg. *En.* 10, 92, l'adultère troyen [Pâris]; *Lacaena adultera* Hor. *O.* 3, 3, 25, l'adultère lacédémonienne [Hélène] ∥ [avec gén.] *sororis* Cic. *Sest.* 39, amant de sa sœur; *Agrippinae* Tac. *An.* 15, 50, d'Agrippine ∥ [avec *in* abl.] *in nepti Augusti* Tac. *An.* 3, 24, ayant eu des relations adultères avec la petite-fille d'Auguste ∥ [abs⁺] amant: Sen. *Ep.* 94, 26 ∥ [en parl. d'animaux qui s'accouplent hors de leur espèce]: Stat. *S.* 4, 5, 18; Plin. 7, 43 ∥ falsificateur [de monnaie]: Cod. Th. 9, 21, 5; Cod. Just. 1, 4, 3, 3 ∥ [chrét.] falsificateur [Diable], hérétique, infidèle: Comm. *Apol.* 179; Tert. *Idol.* 1, 2; Vulg. *Jer.* 9, 2.

ădultĕrātĭo, *ōnis*, f., falsification, altération: Plin. 21, 32.

ădultĕrātŏr, *ōris*, m., altérateur (de monnaie), faux-monnayeur: Dig. 48, 19, 16, 9.

ădultĕrātus, *a*, *um*, part. de *adultero*.

ădultĕrīnus, *a*, *um* (*adulter*) ¶**1** falsifié, faux: [en parl. d'un cachet] Cic. *Clu.* 41; Liv. 39, 18, 4; 40, 23, 7; [de monnaie] Cic. *Off.* 3, 91; [de clef] Sall. *J.* 12, 3; [de biens] Sen. *Ep.* 71, 4; [de testament] Dig. 48, 19, 6 pr. ¶**2** qui provient d'adultère, adultérin: Plin. 7, 14; 10, 10 ¶**3** [chrét.] vicié, hérétique: Cypr. *Ep.* 43, 4.

ădultĕrĭo, *ōnis*, f., **ădultĕrītās**, *ātis*, f., adultère: Laber. d. Gell. 16, 7, 1.

ădultĕrĭum, *ĭi*, n. (*adulter*) ¶**1** adultère, crime d'adultère: Cic. *Mil.* 72; *de Or.* 2, 275; *per adulterium Mutiliae* Tac. *An.* 4, 12, par suite de ses relations adultères avec Mutilia ∥ [en parl. des animaux] Plin. 8, 13 ¶**2** altération, mélange: Plin. 9, 139; 17, 8 ¶**3** [chrét.] culte idolâtrique: Vulg. *Jer.* 13, 27.

ădultĕro, *ās*, *āre*, *āvī*, *ātum* (*ad, alter*), tr. ¶**1** commettre un adultère: Cic. *Off.* 1, 128; *adulterari ab aliquo* [en parl. d'une femme] être débauchée par qqn, être entraînée à l'adultère par qqn: Suet. *Caes.* 6; 48 ∥ [en parl. d'animaux] Hor. *Ep.* 16, 32 ¶**2** falsifier, altérer: Cic. *Caecin.* 73; *Lae.* 92; *rationes* Dig. 11, 3, 1, 5, falsifier des comptes ∥ *faciem* Ov. *F.* 1, 373, changer ses traits, sa physionomie ∥ *praecepta divina* Cypr. *Ep.* 63, 18, 1, dénaturer les commandements de Dieu.

ădultĕrŏr, *āris*, *āri*, -, dép. ¶**1** intr., commettre un adultère: Vulg. *Ezech.* 23, 37; *Jer.* 7, 9 ∥ fauter: Priscill. 1, 22 [avec *in* acc.] ¶**2** tr., falsifier: Cassiod. *Hist.* 12, 4; Novel.-Just. 89, 3.

ădultŭlus, *a*, *um*, déjà grand, grandet: Paul.-Nol. *Ep.* 44, 3.

ădultus, *a*, *um*, part.-adj. de *adolesco* ¶**1** qui a grandi: *adulta virgo* Cic. *Brut.* 330, jeune fille déjà grande; *adulta arbor* Plin. 17, 94, arbre devenu grand ∥ *adulta aetate filius* Cic. *Verr.* 5, 30, fils déjà grand ∥ [droit] pubère, mineur de moins de vingt-cinq ans [placé sous l'autorité d'un curateur] *fratres emancipati a patre adulti curatores acceperunt* Dig. 10, 2, 38, un frère et une sœur émancipés par leur père reçurent, mineurs de moins de vingt-cinq ans, des curateurs ¶**2** [au fig.] *haec tam adulta rei publicae pestis* Cic. *Cat.* 1, 30, ce fléau déjà si développé de l'État ∥ *adultior* Plin. 10, 92.

ădumbrātē, adv., obscurément: Vinc.-Ler. 14.

ădumbrātim, adv., d'une manière vague, en contours vagues: Lucr. 4, 363.

ădumbrātĭo, *ōnis*, f. ¶**1** esquisse: Vitr. 1, 2, 2 ¶**2** [fig.] esquisse, ébauche: Cic. *Or.* 103 ∥ feinte, simulation: Val.-Max. 7, 3, 8.

ădumbrātus, *a*, *um*, part.-adj. de *adumbro* ¶**1** esquissé: *istorum adumbratorum deorum liniamenta* Cic. *Nat* 1, 75, les traits de ces dieux simplement esquissés; *adumbrata comitia* Cic. *Agr.* 2, 31, des semblants de comices ¶**2** vague, superficiel: *est enim gloria solida quaedam res et expressa, non adumbrata* Cic. *Tusc.* 3, 3, la gloire en effet est un bien qui a du corps et du relief, ce n'est pas une vaine apparence; *adumbrata imago gloriae* Cic. *Tusc.* 3, 3, un vague fantôme de gloire; *habuit permulta maximarum non expressa signa, sed adumbrata virtutum* Cic. *Cael.* 12, les traits caractéristiques des plus grandes vertus, il les eut en grand nombre, non pas réels, mais apparents ¶**3** fictif, faux: *res fictae et adumbratae* Cic. *Lae.* 97, choses imaginaires et de pure apparence; *adumbrata laetitia* Tac. *An.* 4, 31, joie feinte.

ădumbrō, *ās*, *āre*, *āvī*, *ātum* (*ad, umbro*; it. *adombrare*), tr. ¶**1** mettre à l'ombre, ombrager, masquer: *vineas palmeis tegetibus* Col. 5, 5, 15, mettre à la vigne à l'ombre au moyen de nattes de palmier ¶**2** esquisser: Val.-Max. 8, 11, 7; Quint. 7, 10, 9 ∥ [fig.] *fictos luctus dicendo* Cic. *de Or.* 2, 194, retracer à grands traits par la parole des malheurs imaginaires; *in qua (indole) haec honesta a natura tamquam adumbrantur* Cic. *Fin.* 5, 61, (âme) dans laquelle la nature met comme une esquisse de ces idées honnêtes ∥ imiter, reproduire: *Macedonum morem* Curt. 10, 3, 14, reproduire les mœurs des Macédoniens ¶**3** obscurcir, voiler, cacher: Tert. *Pud.* 17, 18 ¶**4** plonger dans l'obscurité, aveugler: Commod. *Instr.* 1, 36, 4.

Aduna, *ae*, m., fleuve de Perse: Plin. 6, 135.

ădūnātĭo, *ōnis*, f. (*aduno*), assemblage, réunion: Cypr. *Ep.* 63, 13 ∥ union, unité: Cypr. *Ep.* 60, 1.

ădūnātīvus, *a*, *um*, qui regroupe en un ensemble: Boet. *Porph. com.* 2, 3, 9.

ădūnātrix, *īcis*, f., qui réunit: Chalc. 17.

ădūnātus, *a*, *um*, part. de *aduno*.

ăduncĭtās, *ātis*, f. (*aduncus*), courbure: *rostrorum* Cic. *Nat.* 2, 122, courbure du bec.

ăduncō, ās, āre, -, -, tr., recourber [au pass.] : *P. Fest. 10, 13 ; Aug. Psalm. 102, 9.

ăduncus, a, um, crochu, recourbé : [en parl. du nez] Ter. Haut. 1062 ; [dents] Ov. M. 11, 775 ; Plin. 8, 95 ; [ongles] Cic. Tusc. 2, 24 ; Ov. M. 13, 613 ; [main] Virg. G. 2, 365 ‖ [scie] Cic. Clu. 180 ; [bâton] Liv. 1, 18, 7 ; [charrue] Ov. M. 2, 286 ‖ **praepes Jovis adunca** Ov. F. 6, 196, l'oiseau de Jupiter aux serres crochues [aigle].

ădundātōrĭum, ĭi, n., arrosoir : Gloss. 2, 10, 4.

ădundō, ās, āre, -, - (ad undam), arroser : Not. Tir. 76, 56.

Adunicātes, um ou ium, m. pl., peuple de la Narbonnaise : Plin. 3, 35.

ădūnĭō, īs, īre, īvī, ītum, réunir : Iren. 1, 29, 4 ; Avell. 269, 23.

ădūnĭtās, ātis, f., ensemble : Gloss. 2, 469, 13.

ădūnĭtĭō, ōnis, f., réunion, unification : Iren. 4, 33, 11 ; 5, 6, 1.

ădūnō, ās, āre, āvī, ātum (it. adunare), tr., unir, assembler [de manière à faire un] : Ps. Apul. Ascl. 2 ; Just. 7, 1, 12 ; 2, 12, 18.

ădūrens, tis, part. de aduro.

ădurgĕō, ēs, ēre, -, -, tr., presser : Cels. 7, 12, 1 ‖ poursuivre : Hor. O. 1, 37, 17.

Adurni portus, m., Adurnum [port de Bretagne] : Not. Dign. Oc. 28, 11.

ădūrō, ĭs, ĕre, ussī, ustum, tr., brûler à la surface, brûler légèrement : **sibi capillum** Cic. Off. 2, 25, se brûler les cheveux [au lieu de les faire tondre] ; **sine gemitu aduruntur** Cic. Tusc. 5, 77, ils se laissent brûler sans gémir ‖ [en parl. du froid] Virg. G. 1, 92 ; Ov. M. 13, 763 ; Curt. 7, 3, 13 ‖ [de remèdes] Cels. 6, 6, 4, 3 ‖ [fig., en parl. de l'amour] : Hor. O. 1, 27, 14 ; Ov. H. 4, 13.

ădusquĕ ¶ **1** prép. avec acc., jusqu'à : Catul. 4, 23 ; Virg. En. 11, 261 ; Hor. S. 1, 5, 96 ; Tac. An. 14, 58 ¶ **2** adv., entièrement : Apul. M. 2, 28.

ădustĭō, ōnis, f. (aduro) ¶ **1** action de brûler : Plin. 14, 127 ¶ **2** brûlure, plaie : Plin. 20, 61 ‖ action d'enflammer par frottement d'une tarière : Plin. 17, 116 ‖ siriase des enfants : Plin. 30, 135 ¶ **3** flétrissure : Cassiod. Var. 3, 46, 4.

ădustus, a, um ¶ **1** part. de aduro ¶ **2** adj¹, brûlé par le soleil : **adustioris coloris esse** Liv. 27, 47, 2, être d'un teint plus hâlé ; **hominum adustus color** Sen. Nat. 4, 2, 18, le teint brûlé des habitants ‖ pl. n. adusta, brûlures : Cels. 5, 27, 13 ; Plin. 20, 71.

advectīcĭus, a, um (adveho), amené de dehors, importé : Sall. J. 44, 5.

advectĭō, ōnis, f. (adveho), transport : Plin. 9, 169.

advectō, ās, āre, āvī, ātum (adveho), tr., transporter : Tac. An. 6, 13.

advectŏr, ōris, m., qui transporte, porteur : Aug. Ep. 194, 2.

advectus, [seulement à l'abl.] m., action de transporter, transport : Varr. L. 5, 43 ; Tac. H. 4, 84.

advectus, a, um, part. de adveho.

advĕhō, ĭs, ĕre, vēxī, vectum, tr., amener, transporter vers [par chariot, navire, bête de somme] ; [et au pass.] être transporté, amené [d'où] arriver [par eau, en voiture, à cheval] : [avec dat.] **ancillam alicui** Pl. Merc. 261, amener une servante à qqn ; **quasi praeda sibi advecta** Cic. Verr. 5, 64, considérant que c'était comme une proie qu'on lui amenait ; **ad ludos alicui advectae Africanae** Cic. Fam. 8, 8, 10, [bêtes] d'Afrique amenées à qqn pour ses jeux ‖ [avec ad] **ad urbem advectus** Cic. Phil. 2, 77, amené à la ville ‖ [avec acc.] **in fanum** Cic. Tusc. 1, 113 ; **in castra** Liv. 9, 3, 9, amené dans le temple, dans le camp ‖ [avec acc.] [poét.] **advehitur Teucros** Virg. En. 8, 136, il arrive (aborde) chez les Troyens ; **ut quosque advectus erat** Tac. An. 2, 45, à mesure qu'il arrivait devant chacun, cf. An. 3, 1 ; H. 5, 16 ‖ importer : **advecta religio** Tac. G. 9, culte d'importation étrangère ; **indigenae an advecti** Tac. Agr. 11, [on ne sait pas bien] si ce sont des indigènes ou des immigrants.

▶ parf. **advexti** Pl. Merc. 390 ; inf. parf. **advexe** Merc. 333 ‖ inf. prés. pass. **advehei** CIL 1, 593, 58 ‖ forme arch. **arveho** Cat. Agr. 135, 7 ; 138.

advēlans, part. de advelo.

advēlĭtātĭō, onis, f. (ad, velitor), querelle : P. Fest. 26, 11.

advēlō, ās, āre, -, -, tr., voiler : **tempora lauro** Virg. En. 5, 246, ceindre les tempes (le front) de laurier.

advĕna, ae, [peut se rapporter aux 3 genres, mais en gén. m.] (advenio), étranger [venu dans un pays] : **quod (signum) cives atque incolae colere, advenae visere solebant** Cic. Verr. 4, 130, (statue) que les citoyens [Romains] et les habitants avaient l'habitude d'honorer, que les étrangers avaient l'habitude d'aller voir ; **deos advenas habere** Cic. Leg. 2, 19, avoir des dieux étrangers ; **ne in nostra patria peregrini atque advenae esse videamur** Cic. de Or. 1, 249, pour ne pas être considérés comme des étrangers domiciliés et même des étrangers de passage dans notre propre patrie ‖ **advenam gruem captat** Hor. Epo. 2, 35, il prend [au lacet] la grue passagère [venue de l'étranger] ; **advena Thybris** Ov. F. 2, 68, le Tibre venu de l'étranger [d'Étrurie] ‖ [avec gén.] étranger dans : **belli** Stat. Th. 8, 555 ; **studiorum** Apul. M. 1, 1, à qui la guerre, les études sont étrangères ‖ [chrét.] nouveau converti : Fil. 33, 1.

▶ arch. **arvena** Prisc. 2, 35, 3.

advĕnat, v. ▶ advenio ▶.

advĕnĕrŏr, ārĭs, ārī, ātus sum, tr., révérer, vénérer : Varr. R. 1, 1, 6 ; Sil. 13, 704.

advĕnĭentĭa, ae, f., arrivée : *Sisen. d. Non. 161, 26.

advĕnĭō, īs, īre, vēnī, ventum (it. avvenire), intr., arriver ¶ **1** [en parl. de pers.] **rure** Pl. Merc. 814, arriver de la campagne ; **Athenis** Pl. Mil. 239, arriver d'Athènes ‖ [avec ab] **a portu** Pl. Amp. 149 ; **a foro** Pl. Poen. 829 ; **a Roma** Liv. 9, 23, 6, du port, du forum, de Rome ‖ [avec ex] **ex Asia** Pl. Trin. 845 (Curt. 3, 1, 24) ; **ex proelio** Curt. 7, 7, 39 ; Tac. An. 13, 36, d'Asie, du combat ; **ex Hyperboreis Delphos** Cic. Nat. 3, 57, arriver du pays des Hyperboréens à Delphes ‖ [acc. de mouv¹] **Tyriam urbem** Virg. En. 1, 388 ; **Durnium oppidum** Liv. 44, 30, 9 ; **delubra Dianae** Val.-Flac. 2, 301, arriver à la ville des Tyriens, à la ville de Durnium, au sanctuaire de Diane ‖ [dat.] **tectis meis** Val.-Flac. 5, 534, à ma demeure ‖ [avec ad] **ad forum** Pl. Cap. 786 ; **ad Ambraciam** Liv. 38, 4, 1 ; **ad aliquem** Pl. Amp. 466 ; Curc. 144, arriver au forum, à Ambracie, vers qqn ‖ [avec in acc.] **in domum** Pl. Cap. 911 ; Ep. 271 ; **in provinciam** Cic. Phil. 11, 30, dans une maison, dans une province ‖ [abs¹] **pedem jam referentibus suis advenit** Liv. 4, 28, 6, au moment où les siens commençaient à lâcher pied, il arrive, cf. 21, 57, 3 ; 24, 41, 2 ; 31, 41, 10 ; Tac. An. 1, 18 ¶ **2** [en parl. de navires] Pl. Bac. 235 ; Men. 340 ; Liv. 29, 3, 8 ; [d'une lettre] Suet. Vesp. 7 ; [liquide, chaleur, etc.] Lucr. 4, 871 ; 6, 234 ; 6, 165 ¶ **3** [fig.] **cum id advenit** Cic. CM 69, quand ce terme [de la vie] est arrivé ; **dies advenit** Cic. Verr. 2, 37, le jour [fixé] arriva ; **ne advenientem quidem gratiam benigne accipere** Liv. 30, 21, 9, ne pas faire bon accueil à une faveur, même au moment où elle arrive ; **haec frementibus hora advenit** Liv. 9, 5, 11, comme ils faisaient entendre ces murmures, l'heure arriva, cf. Tac. H. 4, 62 ‖ **amicitiam, foedus, Numidiae partem tunc ultro adventuram** Sall. J. 111, 1, [il lui montra] que l'alliance, le traité, la partie de la Numidie [qu'il demandait], tout alors lui arriverait de soi-même ¶ **4** [chrét.] apparaître, naître : Tert. Bapt. 10, 5.

▶ arch. **arvenio** Diom. 452, 29 ‖ subj. **advenat** Pl. Ps. 1030.

adventi, v. ▶ adventus ▶.

adventīcĭus, a, um (advenio) ¶ **1** qui vient du dehors : **nullo adventicio pulsu** Cic. Div. 2, 139, sans impulsion venue du dehors, cf. Nat. 2, 26 ; Div. 2, 120 ; **adsumpta atque adventicia** Cic. Top. 69, les choses acquises et empruntées au-dehors (adventices) ¶ **2** qui vient de l'étranger : **auxilia adventicia** Cic. Pomp. 24, secours venus de l'étranger ; **merces adventiciae** Cic. Rep. 2, 7, marchandises étrangères ; **doctrina transmarina atque adventicia** Cic. de Or. 3, 135, science (culture) d'outre-mer et d'importation ‖ migrateur [oiseau] : Varr. R. 3, 5, 7 ; Ambr. Hex. 5, 14, 18 ¶ **3** qui survient de façon inattendue, accidentel : **pecunia adventicia** Cic. Att. 1, 19, 4, argent imprévu, revenu casuel ; **ex adventicio** Plin. Ep. 5, 7, 3, sur une part d'héritage (sur du casuel) ; **fructus adventicius** Liv. 8, 28, 3, bénéfice accessoire ¶**4** relatif à l'arrivée : *cena adventicia* Suet. *Vit.* 13, repas d'arrivée, de bienvenue ‖ **adventicia**, ae, subst. f., bienvenue : Petr. 90, 5 ¶**5** [droit] qui ne provient pas du patrimoine du *pater* : *dos adventicia* Dig. 23, 3, 11, 5, dot constituée par un étranger à la famille [par oppos. à *dos profecticia*; *adventicium lucrum* Dig. 40, 1, 4, 1, gains du fils, venant de l'extérieur, acquêt.

advento, ās, āre, -, - (fréq. de *advenio*), intr.[usité seul' au prés. et à l'imparf.] approcher ¶**1** *adventare et prope adesse jam debes* Cic. *Att.* 4, 18, 5, ton devoir est d'être sur le point d'arriver et presque d'être déjà là ; *Caesar adventare jam jamque nuntiabatur* Caes. *C.* 1, 14, 1, on annonçait l'arrivée imminente de César ; *ad Italiam* Cic. *Fam.* 2, 6, 1, approcher de l'Italie ; *Romam* Sall. *J.* 28, 2, de Rome ; *propinqua Seleuciae* Tac. *An.* 6, 44, du voisinage de Séleucie ; *portis* Stat. *Th.* 11, 202, des portes ¶**2** [fig.] *quod tempus adventat* Cic. *de Or.* 1, 199, et ce temps se rapproche de plus en plus ; *(onus) jam urgentis aut certe adventantis senectutis* Cic. *CM* 2, (le fardeau) de la vieillesse qui déjà nous presse ou du moins ne cesse d'approcher ; *adventante fatali urbi clade* Liv. 5, 33, 1, le désastre que le destin réservait à la ville se rapprochant ¶**3** [chrét.] apparaître : Iren. 1, 23, 1 ; Sulp. Sev. *Chron.* 2, 27, 1 [parousie].
▶ formes du parf. : Ps. Sall. *Rep.* 1, 5, 2 ; Iren. 1, 23, 1 ; Solin. 10, 15 ; Greg.-T. *Vit. Patr.* 13, 3.

adventor, ōris, m. (*advenio*, it. *avventore*) ¶**1** celui qui vient faire visite, client [d'une courtisane] Pl. *Truc.* 616 ; Apul. *M.* 10, 21 ; [d'un cabaretier] Apul. *M.* 1, 19 ¶**2** visiteur, étranger : Pl. *As.* 359.
▶ arch. *arventores* Prisc. 2, 35, 3.

adventorius, a, um, relatif à l'arrivée ; *adventoria* (s.-ent. **cena**), repas d'arrivée, bienvenue : Mart. 12, pr. [Caper Gram. 7, 107, 11, condamne l'emploi de ce mot substitué à *adventicia*].

adventus, ūs, m. (*advenio*), acte d'arriver et fait d'être arrivé, arrivée ¶**1** *adventu tuo* Cic. *Cat.* 1, 16, à ton arrivée ; *Pythagorae adventus* Cic. *Rep.* 2, 28, l'arrivée de Pythagore ; *Germanos minime aliarum gentium adventibus mixtos* Tac. *G.* 2, [je crois] que les Germains n'ont pas été du tout pénétrés par l'immigration d'autres peuples ‖ *ad Pompeium noster adventus* Cic. *Att.* 10, 8, 2 ; *nocturnus ad urbem* Cic. *Mil.* 49, notre arrivée chez Pompée, l'arrivée de nuit à la ville ; *adventu in Galliam Caesaris* Caes. *G.* 5, 54, 2, à l'arrivée de César en Gaule ; *ipsorum adventus in urbes sociorum* Cic. *Pomp.* 13, l'arrivée [des magistrats] eux-mêmes dans les villes des alliés ‖ *meus adventus appropinquabat* Cic. *Verr.* 4, 141, le moment de mon arrivée approchait ¶**2** [t. milit.] *ubi de ejus adventu certiores facti sunt* Caes. *G.* 1, 7, 3, quand ils furent informés de son arrivée ; *praesidia ad illorum adventum opposita* Cic. *Verr.* 5, 5, forces disposées pour faire obstacle à la descente des pirates ; *Gallicus adventus* Cic. *Rep.* 2, 11, l'arrivée (invasion) des Gaulois ; *uno adventu nostri exercitus deleti sunt* Cic. *Mur.* 74, la simple apparition de notre armée a suffi pour qu'ils soient détruits ¶**3** [fig.] *multo ante lucis adventum* Sall. *J.* 91, 3, bien avant l'arrivée du jour ; *malorum* Cic. *Tusc.* 3, 29, l'arrivée des maux ¶**4** [chrét.] venue [du Christ], nativité ; parousie [retour du Christ à la fin des temps] : Hil. *Psalm.* 118, 16, 15 ; Aug. *Civ.* 18, 35 ; *Ep.* 97, 1 ¶**5** [chrét.] Avent [période de préparation spirituelle à la fête de Noël, d'une durée de quatre semaines et qui commence l'année liturgique] : Ps. Ambr. *Serm.* 1, 1.
▶ gén. *adventi* Ter. *Phorm.* 154.

adverbero, ās, āre, -, -, tr., frapper sur : Stat. *Th.* 9, 686.

adverbialis, e (*adverbium*), adverbial, ayant l'emploi d'un adverbe : Char. 203, 14 ‖ tiré d'un adverbe : Prisc. 2, 117, 6.

adverbialiter, adv., adverbialement : Serv. *En.* 1, 115 ; 3, 241.

adverbium, ii, n. (*ad verbum*), adverbe : Quint. 1, 4, 19.

advergo, is, ere, -, -, intr., tendre vers : Prisc. *Perieg.* 963.

adverro, is, ere, -, -, tr., balayer : Stat. *Th.* 4, 203.

adversa, ōrum, ▶ 2 *adversus*.

adversabilis, e, prompt à tenir tête : *Acc. Tr.* 158.

adversaria, ōrum, n. pl. (*adversarius*), qqch. que la pers. a toujours devant soi, brouillon (registre, main courante) : *quid est quod neglegenter scribamus adversaria ? diligenter conficiamus tabulas ?* Cic. *Com.* 7, quelle raison avons-nous d'écrire nos brouillons sans soin ? de rédiger soigneusement nos registres ?

adversarietas, ātis, f., opposition : Praedest. 3 pr.

adversarius, a, um (2 *adversus* ; a. fr. *aversier*) ¶**1** qui se tient en face, contre, opposé, adverse, contraire [en parl. des pers. et des choses] : *homo alicui*, opposé (contraire) à qqn : Cic. *Clu.* 138 ; *Agr.* 3, 6 ; *alicui rei*, à qqch. : Cic. *Phil.* 7, 4 ; *Att.* 1, 2, 2 ; Liv. 5, 26, 1 ‖ *res adversaria homini* Cic. *Caecil.* 4 ; *de Or.* 2, 156, chose opposée [contraire] à qqn ; *res adversaria rei* : Cic. *Caecin.* 5 ; Caes. *C.* 2, 31, 7 chose opposée à qqch. ¶**2** [subst. pris au m. *adversarius* ou au f. *adversaria*] un(e) adversaire, un(e) rival(e) [peut signifier aussi "ennemi" dans toutes les acceptions du terme] : *adversarii amicorum tuorum* Cic. *Mur.* 9, les adversaires de tes amis ; *ne mons cedentibus advorsariis receptui foret* Sall. *J.* 50, 3, pour empêcher que la montagne ne servît de refuge aux adversaires battant en retraite ; *est tibi gravis adversaria constituta exspectatio* Cic. *Fam.* 2, 4, 2, tu as une ennemie redoutable, toute prête, l'espérance [qu'on fonde sur toi] ‖ [chrét.] impie : Vulg. *Psalm.* 73, 10 ‖ l'Adversaire (cf. a. fr. *Aversier*), le Diable : Cypr. *Ep.* 55, 27, 2 ; ▶ *adversaria*.
▶ arch. *advorsarius* et *arvorsarius* CIL 1, 583, 25 ; 20 ‖ gén. pl. *adversarium* Ter. *Hec.* 22.

adversatio, ōnis, f., opposition : Ps. Sen. *Mon.* 68 ; Hil. *Trin.* 4, 41.

adversativus, a, um, adversatif, qui marque une opposition [en parl. d'une conjonction] : Prisc. 3, 93, 15.

adversator, ōris, m., qui se dresse contre : Apul. *Socr.* 5.

adversatrix, īcis, f., femme qui fait opposition : Pl. *Most.* 257 ; Ter. *Haut.* 1007.

adversatus, a, um, part. de *adversor*.

adverse, adv., d'une manière contradictoire : Gell. 3, 16, 8.

adversim, adv., en face : Mamert. *Anim.* 1, 25.

adversio, ōnis, f. (*adverto*), application de l'esprit, intention, volonté : Tert. *Marc.* 2, 13, 1 ‖ *animi adversio* Cic. *Arch.* 16 ; ▶ *animadversio*.

adversipedes, um, m. pl., antipodes : Gloss. 2, 9, 60.

adversitas, ātis, f. (2 *adversus*), force d'opposition, de réaction [antidote] : Plin. 11, 90 ‖ hostilité : Aug. *Civ.* 2, 1 ‖ adversité : Aug. *Civ.* 17, 23 ‖ opposition [de mots] : Aug. *Cresc.* 1, 12, 15.

adversitor (*advors-*), ōris, m., esclave qui va à la rencontre de son maître : Pl. *St.* 443 ; Don. *Ad.* 2.

adverso (*advorso*), ās, āre, āvī, - (fréq. de *adverto*), tr., diriger continuellement vers : *animum* Pl. *Ru.* 306, être très attentif.

adversor (*advorsor*), āris, ārī, ātus sum, intr., s'opposer, être contraire : *perpaucis adversantibus* Cic. *Fam.* 1, 7, 10, un très petit nombre seulement faisant opposition ; *adversante fortuna* Cic. *Rep.* 2, 30 ; *ratione* Cic. *Tusc.* 4, 14, malgré la fortune, malgré la raison ; *adversante vento* Tac. *H.* 3, 42, le vent étant contraire ‖ [avec dat.] *alicui*, être opposé (hostile) à qqn : Cic. *Phil.* 1, 36 ; *Sest.* 105 ; *Or.* 172 ; *alicui rei*, à qqch. : Cic. *Phil.* 9, 9 ; *Verr.* 5, 178 ; *rogationi* Liv. 45, 21, 3, combattre un projet de loi [avec *quominus*] *non adversatur jus, quominus suum quidque cujusque sit* Cic. *Fin.* 3, 67, le droit ne s'oppose pas à ce qu'à chacun revienne ce qui lui appartient en propre.
▶ inf. *advorsarier* Pl. *Amp.* 703 ; *St.* 513.

1 adversus (**adversum**) [arch.] **advors-**

I adv., contre, vis-à-vis, en face : *clare advorsum fabulabor* Pl. *Amp.* 300, je vais parler à haute voix en face ‖ *advorsum ire (alicui)*, aller à la rencontre (au-devant de qqn) : Pl. *As.* 295 ; *Most.* 897 ; *St.* 607 ; *Amp.* 675 ; *Cas.* 723 ; *(alicui) adversus*

adversus

venire Pl. *Men.* 445; 464; *St.* 299; 437; *Cas.* 461; [avec idée d'hostilité] Lucr. 5, 1319; Nep. *Ages.* 4, 6; Liv. 27, 2, 9; 37, 13, 8.

II prép.[avec acc.] ¶ **1** en face de, en se dirigeant vers, contre : *impetum adversus montem in cohortes faciunt* Caes. *C.* 1, 46, 1, ils s'élancent à l'assaut de la colline contre les cohortes ǁ *porta quae adversus castra Romana erat* Liv. 26, 14, 6, la porte qui se trouvait en face du camp romain ǁ *copias adversus hostem ducere* Caes. *G.* 4, 14, 2, conduire les troupes contre l'ennemi ; *bellum, pugna adversus*, guerre, combat contre : Sall. ; Liv. ; Nep. ; Tac. ¶ **2** [fig.] contre, à l'encontre de : *adversus rem publicam orationem habere* Caes. *C.* 2, 18, 5, tenir des discours contre l'état ; *adversus legem* Cic. *Verr.* 3, 194, contre (contrairement à) la loi ; *adversus nos Aventinum capitur* Liv. 3, 67, 11, c'est contre nous (par hostilité contre nous) qu'on prend l'Aventin ǁ *adversus bella munire Romanum imperium* Liv. 24, 44, 6, fortifier contre les guerres la puissance romaine ǁ [sans idée d'hostilité] en réplique à, en réponse à : *adversus ea consulis oratio haud sane laeta fuit* Liv. 22, 40, 1, en réponse à ce discours les paroles du consul ne montrèrent pas précisément d'allégresse, cf. 4, 10, 2 ; 8, 32, 9 ; 44, 27, 3 ¶ **3** vis-à-vis de, à l'égard de, en s'adressant à : *te adversus me omnia audere gratum est* Cic. *Fam.* 9, 22, 4, je suis content que tu prennes toute liberté de langage avec moi ; *epistula, ut adversus magistrum morum, modestior* Cic. *Fam.* 3, 13, 2, ma lettre est plus réservée, s'adressant au maître des mœurs [censeur] ; *nec gloriandi tempus adversus unum est* Liv. 22, 39, 9, et ce n'est pas le moment de me glorifier, quand je n'ai qu'un seul auditeur ǁ à l'égard de, envers : *pietas adversus deos* Cic. *Fin.* 3, 73, la piété envers les dieux ; *non neglegere quemadmodum nos adversus homines geramus* Cic. *Off.* 1, 98, ne pas perdre de vue la manière dont nous devons nous conduire à l'égard de nos semblables ǁ en comparaison de [rare] : *quid esse duo prospera bella Samnitium adversus tot decora populi Romani ?* Liv. 7, 32, 8, qu'était-ce que deux guerres victorieuses des Samnites en comparaison de tant de succès du peuple romain ?, cf. Tac. *D.* 33 ǁ conformément à : *testari adversus leges civitatis suae* Ulp. *Reg.* 20, 14, faire un testament en conformité avec les lois de sa cité ; *bonorum possessio adversus tabulas* Ulp. *Reg.* 28, 1, demander la possession des biens conformément au testament.

▶ arch. *arvorsum* CIL 1, 581, 24.

2 adversus (advor-), a, um

I part. de *adverto*.

II adj. ¶ **1** qui est en face, à l'opposite, devant : *vides eos qui incolunt terram partim adversos stare vobis* Cic. *Rep.* 6, 20, tu vois que ceux qui habitent sur terre se tiennent en partie à l'opposite de vous [sont antipodes] ; *adversis hostibus occurrebant* Caes. *G.* 2, 24, 1, ils se rencontraient face à face avec les ennemis ; *naves nostris adversae constiterunt* Caes. *G.* 3, 14, 2, les navires s'arrêtèrent en face des nôtres ; *adverso corpore* Cic. *Verr.* 5, 3, [blessures reçues] sur le devant du corps, par devant ; *adversum monumentum* Cic. *Dom.* 146, le devant du monument ; *adversa basis* Cic. *Tusc.* 5, 66, face d'un piédestal ; *collis adversus huic* Caes. *G.* 2, 18, 2, une colline située en face de celle-ci ; *advorso colle*, en gravissant la pente de la colline [qui fait face à ceux qui grimpent], cf. Caes. *G.* 2, 19, 8 ; Sall. *J.* 52, 3 ; Liv. 2, 51, 7 ; *adverso flumine* Caes. 7, 60, 3, en remontant le fleuve [en marchant dans le sens contraire du courant] ǁ [expr. adverbiales] **a)** *ex adverso*, en face, à l'opposé : Liv. 22, 4, 4 ; *urbi* Liv. 45, 10, 4, en face de la ville ; *veniens hostis* Liv. 28, 14, 19, l'ennemi arrivant de face ; [au fig.] du côté opposé, chez la partie adverse : Quint. 4, 2, 22 ; 6, 4, 14 **b)** *in adversum*, du côté de la partie opposée, dans le sens contraire : *nitens* Virg. *En.* 8, 237, poussant dans le sens opposé ; *subiere* Liv. 1, 12, 1, ils se mirent à gravir la pente opposée [à eux] ¶ **2** [avec idée d'obstacle, d'hostilité] *adversa acclamatio populi* Cic. *de Or.* 2, 339, les cris hostiles de la foule [à l'adresse de qqn] ; *Marcellus adverso rumore esse* Liv. 27, 20, 10, Marcellus avait contre lui l'opinion publique ; *alicui* Cic. *Mil.* 3, hostile à qqn, adversaire de qqn, cf. Liv. 30, 42, 12 ; *alicui rei*, hostile à qqch., adversaire de qqch. : Sall. *J.* 66, 2 (*alicujus rei J.* 43, 1) ; Tac. *H.* 5, 13 ; *An.* 15, 63 ; 15, 50 ; *adversa patrum voluntate* Liv. 1, 46, 2, contre la volonté (malgré) des patriciens ǁ *per adversos fluctus* Liv. 30, 24, 8, en allant (en luttant) contre les vagues ; *saevo vento, non adverso* Cic. *Att.* 5, 12, 1, le vent étant violent, sans être contraire ǁ [n. sg. pris subst^t] : *ventus adversum tenet Athenis proficiscentibus* Nep. *Milt.* 1, 5, le vent [venant du nord] (souffle à l'encontre de) est contraire à ceux qui partent d'Athènes ¶ **3** contraire, fâcheux, malheureux : *res adversae*, les événements contraires, le malheur ; *adversa fortuna*, la fortune contraire (adverse), le malheur ; *adversum proelium*, combat malheureux ; *adversa navigatio* Tac. *An.* 2, 53, navigation (traversée) difficile ; *quae nobis aut prospera aut adversa eveniunt* Cic. *Off.* 1, 30, ce qui nous arrive ou d'heureux ou de malheureux ; *nihil adversi* Cic. *Tusc.* 1, 84, rien de malheureux ; *aliquid adversi* Cic. *Tusc.* 3, 32, qqch. de malheureux ; *adversa*, les choses malheureuses, le malheur ; *Fin.* 1, 57 ; *adversa alicujus*, les malheurs, les disgrâces de qqn : Ter. *Hec.* 388 ; Plin. 8, 90 ; Tac. *An.* 14, 38 ; *H.* 4, 52 ¶ **4** [en logique] contraire, opposé [pour le sens] : Tac. *Top.* 47, 48 ; *referunt adversa contrariis* Cic. *Or.* 65, ils rapprochent des termes de sens opposé ǁ compar. *-ior* Plin. 32, 35 ; superl. *-issimus* Caes. *C.* 3, 107, 1 ; Caes. d. Cic. *Att.* 10, 8 b, 1.

advertō (**advortō**), ĭs, ĕre, vertī, versum, tr., tourner vers, diriger du côté de ¶ **1** *sese huc advorterat in hanc nostram plateam* Ter. *Hec.* 342, elle s'était dirigée de ce côté-ci dans notre rue ; *urbi agmen* Virg. *En.* 12, 555, diriger ses troupes vers la ville, cf. Curt. 8, 13, 19 ; *terris proram* Virg. *G.* 4, 117, tourner la proue vers le rivage ; *in portum classem* Liv. 37, 9, 7, faire entrer la flotte dans le port ǁ [au pass.] : *advertuntur harenae* Virg. *En.* 5, 34, ils se dirigent vers la grève ; *Scythicas oras adverti* Ov. *M.* 5, 649, se diriger vers le rivage de Scythie ǁ *oculos* Curt. 5, 11, 4 ; *lumina* Ov. *M.* 6, 180, tourner les yeux ; *aures* Ov. *F.* 1, 179, les oreilles ; *vultus* Ov. *M.* 8, 482, le visage ¶ **2** tourner vers soi, attirer sur soi : *vulgum miseratione* Tac. *An.* 6, 44, attirer sur soi l'attention de la foule en excitant la pitié ; *vetera odia* Tac. *An.* 4, 21, appeler sur soi (réveiller contre soi) de vieilles haines ; *octo aquilae imperatorem advertere* Tac. *An.* 2, 17, huit aigles attirèrent [sur eux] l'attention de l'empereur ; *planctus militum ora advertere* Tac. *An.* 1, 41, les gémissements attirèrent les regards des soldats ¶ **3** *animum, mentem advertere*, tourner son esprit vers : *advertunt animos ad religionem* Lucr. 2, 54, ils tournent leurs pensées vers la religion ; *huc advertite mentem* Virg. *En.* 8, 440, tournez votre esprit (de ce côté-ci) vers ceci, faites attention à mes paroles ; *monitis animos* Ov. *M.* 15, 140, faire attention à des avertissements ; *hoc animum advorte* Pl. *Curc.* 270 ; *Mil.* 766, prends garde à ceci ; [avec *ne*] veiller à ce que ne pas : Cic. *Off.* 2, 68 ; Liv. 4, 45, 4 ǁ *animum advertere*, remarquer, voir, s'apercevoir de ; [même constr. que *animadvertere*] *aliquem* Cic. *Sull.* 9 ; *Tusc.* 3, 48, remarquer qqn ; *aliquid* Caes. *G.* 1, 24, 1, remarquer qqch. ; *columellam* Cic. *Tusc.* 5, 65, remarquer une petite colonne ; [avec prop. inf.] Caes. *G.* 5, 18, 2 ; 7, 44, 1 ; [avec interrog. indir.] Caes. *G.* 2, 31 ; *ut advertatis animum, quam sapienter hoc viderint* Cic. *Rep.* 2, 31, pour que vous remarquiez avec quelle sagesse ils ont vu ceci ¶ **4** *advertere* [seul] = *animum advertere*, faire attention, remarquer : *paucis, adverte, docebo* Virg. *En.* 4, 116, fais attention, je te renseignerai en peu de mots, cf. Tac. *H.* 3, 25 ; *aliquem, aliquid advertere* Tac. *An.* 12, 51 ; 13, 54, remarquer qqn, qqch. ǁ [avec prop. inf.] Liv. 44, 46, 4 ; *advertebatur Pompei familiaris assentire Volcacio* Cic. *Fam.* 1, 1, 3, on voyait que l'ami de Pompée était de l'avis de Volcacius ǁ [avec interrog. indir.] Sen. *Contr. exc.* 4, 5 ¶ **5** intr., *advertere in aliquem*, punir qqn, sévir contre qqn : Tac. *An.* 2, 32 ; 5, 9 [abs^t] punir, sévir : Tac. *An.* 3, 52 ; 4, 35 ¶ **6** [avec *ad*] se tourner vers, pratiquer : Tert. *Marc.* 2, 22, 3.

advespĕrascĭt, *ĕre*, *āvĭt*, impers., le soir vient; il se fait tard : *cum jam advesperasceret* Cic. *Verr.* 4, 147, comme déjà le soir tombait, cf. Ter. *And.* 581; Cic. *Nat.* 3, 94.

advespĕrat, ▣▶ *advesperascit* : Not. Tir. 69, 10.

advexe, ▣▶ *adveho* ▶.

advēxī, parf. de *adveho*.

advextī, ▣▶ *adveho* ▶.

advĭābĭlis, *e*, accessible : Itin. Alex. 45.

advĭgĭlantĭa, *ae*, f., grande vigilance : Ruric. 2, 3.

advĭgĭlō, *ās*, *āre*, -, -, intr., veiller à (auprès de) [au pr. et fig.] : *ut advigiletur facilius ad custodiam ignis* Cic. *Leg.* 2, 39, pour qu'on soit plus facilement de veille à la garde du feu; *alicui* Tib. 2, 5, 93, veiller sur qqn ‖ veiller, être attentif : Pl. *Pers.* 615; Ter. *And.* 673; *Phorm.* 203; Q. Cic. *Pet.* 57.

advīvō, *ĭs*, *ĕre*, *vīxī*, -, intr., continuer à vivre près de [dat.] : Tert. *Marc.* 4, 19, 10 ‖ [abs¹] : Stat. *Th.* 12, 424.

advŏcāta, *ae*, f., protectrice, avocate : Iren. 5, 19, 1.

advŏcātĭō, *ōnis*, f. (*advoco*), action d'appeler à soi ¶**1** appel en consultation [et par ext.] consultation, en justice : *in re militari multo es cautior quam in advocationibus* Cic. *Fam.* 7, 10, 2, tu es beaucoup plus avisé dans le métier des armes que dans les consultations judiciaires, cf. *Verr.* 1, 129; *Sull.* 81 ¶**2** réunion de ceux qui assistent, ensemble des *advocati* : *scio quid haec advocatio postulet* Cic. *Sest.* 119, je sais ce que demande (ce que je dois à) cette réunion des amis qui assistent mon client, cf. *Com.* 15; *Sull.* 81; *Caecin.* 43; *Dom.* 54; *Verginius filiam cum ingenti advocatione in forum deducit* Liv. 3, 47, 1, Verginius emmène sa fille au forum accompagnée d'une foule énorme de défenseurs ¶**3** délai, remise [temps suffisant pour se pourvoir d'un conseil] : Cic. *Fam.* 7, 11, 1 ‖ [en gén.] délai, répit : Sen. *Ir.* 1, 18, 1; *Marc.* 10, 4; *Nat.* 7, 10, 1; *Ep.* 22, 11 ¶**4** [à l'époque impériale] métier d'avocat, plaidoirie : *fructum non ex stipe advocationum, sed ex animo suo petet* Quint. 1, 12, 18, il cherchera sa récompense non pas dans le salaire de ses plaidoiries, mais dans sa conscience; *ducetur in advocationem maxime causa* Quint. 12, 7, 4, ce qui l'amènera à plaider, c'est surtout la nature de la cause, cf. Plin. *Ep.* 1, 7, 2; 1, 9, 2; Tac. *D.* 4; 10 ¶**5** secours, consolation : Tert. *Res.* 26, 13 ¶**6** appel, invocation : Hier. *Lucif.* 8.

advŏcātŏr, *ōris*, m., celui qui console, soulage : Tert. *Marc.* 4, 15, 8.

1 advŏcātus, part. de *advoco*.

2 advŏcātus, *i*, m. (fr. avoué) ¶**1** celui qui a été appelé à assister qqn en justice [il aide par ses conseils, par ses consultations juridiques, par sa seule présence qui peut influer sur le jury; mais il ne plaide pas], conseil, assistant, soutien : *parens tuus reo de pecuniis repetundis Catilinae fuit advocatus* Cic. *Sull.* 81, ton père assista Catilina accusé de concussion ¶**2** [époque impériale] avocat plaidant, avocat : Sen.; Quint.; Plin.; Tac. ¶**3** [fig.] aide, défenseur : *non tam advocati quam moderatores studiorum* Liv. 26, 48, 10, étant moins des soutiens que des modérateurs du zèle [de leur parti respectif], cf. Sen. *Clem.* 1, 9, 7; *Ep.* 94, 28 ¶**4** consolateur : Aug. *Ev. Joh.* 94, 2.

advŏcĭtō (arvoc-), *ās*, *āre*, -, -, tr., appeler souvent à soi : P. Fest. 25, 4.

advŏcō, *ās*, *āre*, *āvī*, *ātum* (fr. avouer), tr., appeler vers soi ¶**1** appeler, convoquer, faire venir; *(complures ordinis senatorii) quos advocaverat* Caes. *C.* 3, 33, 1, (plusieurs personnages de rang sénatorial) qu'il avait convoqués; *contione advocata* Cic. *Dom.* 124; Caes. *G.* 7, 52, 1, l'assemblée ayant été convoquée; *in rem*, convoquer en vue d'une chose; *in consilium*, pour tenir conseil : Liv. 9, 2, 15; Sen. *Ep.* 17, 2; 22, 5; *Clem.* 1, 15, 3; Curt. 3, 8, 6; *ad contionem* Liv. 3, 34, 1; 26, 48, 13, convoquer à une assemblée; *socios in coetum litore ab omni advocat* Virg. *En.* 5, 43, de tous les points du rivage il fait venir ses compagnons au rassemblement; *in contionem advocato populo* Liv. 10, 21, 13, le peuple ayant été réuni en assemblée, cf. 32, 21, 2; *ut tamen noris, quibus advoceris gaudiis* Hor. *O.* 4, 11, 13, afin que tu saches à (pour) quels plaisirs tu es convoqué ‖ [fig.] *animum ad se ipsum advocamus* Cic. *Fin.* 1, 75, nous appelons l'esprit vers lui-même (à sa propre société) ¶**2** [en part.] appeler comme conseil dans un procès : Cic. *Quinct.* 69; 71; *Clu.* 176 ‖ [abs¹] *aderat frequens, advocabat* Cic. *Clu.* 54, il était toujours là, il convoquait ses amis ¶**3** [époque impériale] appeler comme avocat; *(causis) quibus advocamur* Quint. 11, 1, 39, (causes) que nous sommes appelés à défendre, cf. 6, 4, 7; 11, 1, 61; Gell. 1, 22, 1 ¶**4** appeler comme aide, invoquer l'assistance de (qqn) : Sen. *Clem.* 1, 9, 10; [en part.] invoquer les dieux : *deos contra aliquem* Sen. *Ben.* 6, 25, 5, invoquer les dieux contre qqn; *deos ab se duobus proeliis haud frustra advocatos* Liv. 8, 33, 21, les dieux que pour deux combats il n'a pas invoqués en vain ‖ [fig.] *non desiderat fortitudo advocatam iracundiam* Cic. *Tusc.* 4, 52, le courage n'a pas besoin de l'assistance de l'emportement, cf. *Ac.* 2, 86; *Tusc.* 5, 111 ¶**5** faire appel, recourir à : *omnia arma advocat* Virg. *En.* 8, 249, il se fait des armes de tout; *secretas artes* Ov. *M.* 7, 138, faire appel à sa science mystérieuse; *licet omnes in hoc vires suas natura advocet* Sen. *Ben.* 6, 2, 3, la nature peut pour cela faire appel à toutes ses forces; *ingenium* Sen. *Clem.* 1, 25, 2, faire appel à l'imagination; *obliterata jam nomina sacramento advocabant* Tac. *H.* 1, 55, ils faisaient intervenir dans leur formule de serment des noms déjà effacés (oubliés) ¶**6** consoler, secourir : Tert. *Pud.* 13, 2.

▶ arch. *arvoco* Prisc. 2, 35, 3.

advŏlātus, m., [usité seul¹ à l'abl.], arrivée en volant : Cic. poet. *Tusc.* 2, 24.

advŏlĭtans, *tis*, part. prés. du fréq. inusité **advolito*, qui approche en voltigeant : Plin. 11, 65.

advŏlō, *ās*, *āre*, *āvī*, *ātum*, intr., voler vers, approcher en volant ¶**1** : *ad aves* Cic. *Nat.* 2, 124, s'approcher des oiseaux en volant, cf. Liv. 35, 9, 4; *caprarum uberibus* Plin. 10, 115, voler vers les mamelles des chèvres ¶**2** voler, se précipiter, accourir (*ad aliquem, ad aliquid*) : Cic. *Sest.* 11; *Att.* 2, 24, 5; *hostes repente ex omnibus partibus ad pabulatores advolaverunt* Caes. *G.* 5, 17, 2, les ennemis soudain fondirent de toutes parts sur les fourrageurs; *in agros* Cic. *Mur.* 85, fondre sur les campagnes, cf. *Phil.* 2, 103; 11, 27 ‖ *rostra* Cic. *Att.* 1, 14, 5 [mss], voler à la tribune; *ora* Val.-Flac. 4, 300, voler vers le visage; *alicui* Virg. *En.* 10, 511; Val.-Flac. 1, 162; Stat. *Th.* 8, 134, voler vers qqn.

▶ arch. *arvolo* Prisc. 2, 35, 4.

advŏlūtus, *a*, *um*, part. de *advolvo*.

advolvō, *ĭs*, *ĕre*, *volvī*, *vŏlūtum* ¶**1** tr., rouler vers *ingentes montibus ornos* Virg. *En.* 6, 182, faire rouler des montagnes d'énormes frênes; *focis ulmos* Virg. *G.* 3, 377, rouler des ormes dans les foyers ‖ *ad ignem advolutus* Plin. 11, 185, s'étant roulé vers le feu ‖ [fig.] *advolvitur astris clamor* Stat. *Th.* 5, 143, une clameur monte au ciel ¶**2** *advolvi* [ou] *se advolvere*, se jeter (rouler) aux pieds de qqn : *genibus se omnium advolvens* Liv. 8, 8, 9, se jetant aux genoux de tous; *advolutus genibus* Liv. 28, 34, 3, s'étant jeté à ses genoux, cf. 30, 12, 11; 34, 40, 2; Curt. 4, 6, 15; Plin. *Ep.* 1, 18, 3; *pedibus alicujus*, se jeter aux pieds de qqn : Sen. *Ir.* 2, 34, 4; Curt. 3, 12, 17; Plin. *Ep.* 9, 21, 1; Tac. *An.* 1, 23; *genua alicujus*, se jeter aux genoux de qqn : Sall. *H. frg. inc.* 16; Tac. *H.* 4, 81; *An.* 1, 13; 6, 49; 15, 71.

advors-, **advors-**, **advort-**, ▣▶ *advers-*, *advert-*.

ădўnămŏn (*vinum*), vin faible [coupage] : Plin. 14, 100.

Adyrmachidae, *ārum*, f. pl., peuple de Libye : Plin. 5, 39.

ădўtum, *i*, n. (ἄδυτον, "où l'on ne peut pénétrer"), partie la plus secrète d'un lieu sacré, sanctuaire : Caes. *C.* 3, 105, 5 [en grec]; Virg.; Hor.; [en parl. d'un tombeau] *ab imis adytis* Virg. *En.* 5, 84, du fond du mausolée ‖ [fig.] *ex adyto tamquam cordis* Lucr. 1, 737, sortant comme du sanctuaire de l'âme.

▶ *adytus*, *ūs* m. Acc. *Tr.* 624.

adzēlŏr, *ārĭs*, *ārī*, -, tr., s'irriter contre : Vulg. 4 *Esdr.* 16, 49.

Aea, *ae*, f. (Αἶα), nom de la Colchide aux temps mythologiques : Plin. 6, 13 ; Val.-Flac. 1, 742 ‖ **Aeaeus**, *a, um*, d'Aea : Val.-Flac. 1, 451 ; 5, 548.

Aeăcĭdēĭus, **Aeăcĭdēs**, **Aeăcĭdīnus**, **Aeăcĭus**, ◆ *Aeacus*.

Aeăcus, *i*, m., Éaque [roi d'Égine, père de Pélée, de Télamon et Phocus ; grand-père d'Achille ; après sa mort, juge aux enfers avec Minos et Rhadamanthe] : Ov. *M.* 13, 25 ; Cic. *Tusc.* 1, 98‖ **Aeăcĭus**, *a, um*, éacien : *flos* Col. 10, 175, fleur née du sang d'Ajax, fils de Télamon, hyacinthe ‖ **Aeăcĭdēs**, *ae*, voc. *Aeăcĭdā*, m., Éacide, descendant mâle d'Éaque, c.-à-d. soit un de ses fils [par. ext. Pélée Ov. *M.* 12, 365 ; Phocus, 7, 668] soit son petit-fils Achille [Virg. *En.* 6, 58 ; Ov. *F.* 5, 390], soit son arrière-petit-fils, Pyrrhus, fils d'Achille [Virg. *En.* 3, 296], soit enfin un de ses descendants, comme Pyrrhus, roi d'Épire [Enn. *An.* 179], ou Persée, roi de Macédoine, vaincu par Paul-Émile [Virg. *En.* 6, 839 ; Sil. 1, 627] ‖ [d'où] **Aeăcĭdēĭus**, *a, um*, éacidéen : *Aeacideia regna* Ov. *M.* 7, 472, le royaume des Éacides [île d'Égine] ; **Aeăcĭdīnus**, *a, um*, digne de l'Éacide [Achille] : Pl. *As.* 405.

Aeaea, *ae*, **Aeaeē**, *ēs*, f. (Αἰαία), Éaa [île fabuleuse, séjour de Circé] : Virg. *En.* 3, 386‖ [séjour de Calypso] : Mel. 2, 120 ‖ [d'où] **Aeaeus**, *a, um*, d'Éaa [au f. surnom de Circé] : Virg. *En.* 3, 386 ; Ov. *Am.* 2, 15, 10‖ [surnom de Calypso] : Prop. 3, 12, 31.

Aeantĭŏn, *ĭi*, n., île de la mer Égée : Plin. 4, 74 ‖ promontoire de Magnésie : Plin. 4, 32 ‖ ville de la Troade où était le tombeau d'Ajax : Plin. 5, 125.

Aeās, *antis*, m. ¶ **1** fleuve d'Épire : Plin. 3, 145 ; Ov. *M.* 1, 580 ; Luc. 6, 361 ¶ **2** Ajax : Aus. *Ecl.* 2 (325), 12.

Aebura, *ae*, f., ville d'Espagne : Liv. 40, 3, 3.

Aebūtĭus, *ĭi*, m., nom de famille romaine ‖ [d'où] **Aebūtĭus**, *a, um*, d'Aebutius : Cic. *Agr.* 2, 21 ‖ [droit] **Aebutia lex** [loi du 2ᵉ s. av. J.-C. qui généralisa l'emploi des formules dans la procédure civile] : Gai. *Inst.* 4, 30.

Aecae, *ārum*, f. pl., ville d'Apulie Atlas XII, E5 : Liv. 24, 20, 5 ‖ **-cāni**, *ōrum*, m. pl., habitants d'Aeca : Plin. 3, 105.

Aecētĭa, *āī*, f., [ancien latin = *aequitas*], déesse de l'équité : CIL 1, 439.

Aeclānum, **Aecŭlānum**, *i*, n., ville du Samnium Atlas XII, E5 : Cic. *Att.* 7, 3, 1 ; 16, 2, 4 ‖ **-āni**, *ōrum*, m. pl., habitants d'Aeculanum : Plin. 3, 105 ‖ **-ensis**, *e*, d'Aeculanum : Vell. 2, 16, 2.

aecus, *a, um*, ◆ *aequus*.

Aedepsus, *i*, f., ville d'Eubée : Plin. 4, 64.

aedēs, **aedis**, *is*, f. (cf. *aestus*, αἴθομαι, scr. *edha-s*) ¶ **1** temple, sanctuaire : *in aede Castoris* Cic. *Verr.* 1, 129, dans le temple de Castor ; [au pl.] *complures aedes sacrae* Cic. *Verr.* 4, 119, plusieurs temples ¶ **2** chambre : Curt. 8, 6, 3 ; Amm. 16, 8, 10 ; *domus salutantum totis vomit aedibus undam* Virg. *G.* 2, 461, la maison rejette de chambres bondées le flot des clients venus pour saluer le maître ‖ [fig.] *aedes aurium* Pl. *Ps.* 469, les chambres des oreilles [les oreilles]‖ [pl.] **aedes**, *ium*, f., maison, demeure : *male materiatae, ruinosae* Cic. *Off.* 3, 54, maison avec de mauvaises charpentes, qui menace ruine ; *in intimis suis aedibus* Cic. *Verr.* 1, 53, dans la partie la plus reculée de sa maison ‖ ruche des abeilles : *intus clausis cunctantur in aedibus* Virg. *G.* 4, 258, elles s'arrêtent au fond de leur demeure fermée.
► arch. *aide* = *aedem* CIL 1, 9.

Aedēs Fērōnĭae, f., lieu près de Terracine : Plin. 2, 146.

Aedesa, *ae*, m., fleuve de Lycie : Plin. 5, 101.

aedĭcŭla, *ae*, f. (dim. de *aedes*) ¶ **1** [au sg.] chapelle, niche : Cic. *Dom.* 136 ; Liv. 35, 41, 10 ; Petr. 29, 8 ‖ petite chambre : Pl. *Ep.* 402 ¶ **2** [au pl.] petite maison : Cic. *Cael.* 17 ; *Par.* 50.

aedĭcŭlum, *i*, n., ◆ *aedicula* : *Quer. 45.

aedĭfăcĭō, *ĭs*, *ĕre*, -, -, ◆ *aedifico* : Lab. *Dig.* 19, 2, 60, 4.

aedĭfex, *ĭcis*, m., constructeur, architecte : Tert. *Idol.* 12, 1.

aedĭfĭcantĕr, adv. (tiré de *aedificans*), théoriquement : Char. 186, 11.

aedĭfĭcātĭō, *ōnis*, f. ¶ **1** action de bâtir, construction : Vitr. 1, 3, 1 ; *aedificationis tuae consilium* Cic. *Fam.* 13, 1, 3, ton projet de bâtir ; *votum patris Capitolii aedificatione persolvit* Cic. *Rep.* 2, 44, il acquitta le vœu de son père en bâtissant le Capitole ¶ **2** construction, édifice : Cat. d. Gell. 13, 24, 1 ; Cic. *Fam.* 5, 6, 3 ; *Verr.* 4, 117 ¶ **3** [chrét.] édification [de la foi] : Tert. *Res.* 45, 10 ; Vulg. *1 Cor.* 14, 3.

aedĭfĭcātĭuncŭla, *ae*, f. (dim. de *aedificatio*), petite construction : Cic. *Q.* 3, 1, 5.

aedĭfĭcātŏr, *ōris*, m., qui bâtit, constructeur : Cat. *Agr.* 1, 4 ; Cic. *Nat.* 1, 18 ‖ qui a la manie de bâtir, bâtisseur : Nep. *Att.* 13, 1 ; Juv. 14, 66.

aedĭfĭcātōrĭus, *a, um*, qui est constructeur de, cause de : Tert. *Carn.* 17, 5.

aedĭfĭcātus, *a, um*, part. de *aedifico*.

aedĭfĭcĭālis, *e*, adoré dans l'intérieur de la maison [épithète de Jupiter] : Not. Tir. 81, 63.

aedĭfĭcĭŏlum, *i*, n. (dim. de *aedificum*), petit édifice : CIL 6, 10693, 6.

aedĭfĭcĭum, *ĭi*, n., édifice, bâtiment en général : Pl. *Most.* 118 ; CIL 1, 585, 7 ; Var. ; Caes. ; Cic. ; Liv.

aedĭfĭcō, *ās*, *āre*, *āvī*, *ātum* (*aedes*, *facio*), tr. ¶ **1** [abs^t] bâtir, construire un bâtiment, édifier une construction : *ne accuratius ad frigora atque aestus vitandos aedificent* Caes. *G.* 6, 22, 3, pour empêcher qu'ils ne mettent trop de soin à bâtir en vue d'éviter le froid et le chaud ¶ **2 a)** *domum* Cic. *Dom.* 146, construire une maison ; *villam* Cic. *Sest.* 93, une maison de campagne ; *carcerem* Cic. *Verr.* 5, 22, une prison ; *columnas* Cic. *Verr.* 1, 154, des colonnes **b)** garnir de bâtiments : *locum* Cic. *Att.* 4, 19, 2, bâtir sur un emplacement ; *aedificanda loca* Liv. 1, 35, 10, emplacements destinés à recevoir des constructions ; *caput* Juv. 6, 502, bâtir sur la tête un édifice de cheveux **c)** [fig.] *mundum* Cic. *Nat.* 1, 19, créer le monde [l'univers] ; *rem publicam* Cic. *Fam.* 9, 2, 5, fonder, constituer l'État ¶ **3** [chrét.] affermir, confirmer : Vulg. *Psal.* 27, 5 ; *1 Cor.* 8, 1 ‖ inciter, pousser à [*ad*] : Tert. *Virg.* 3, 3.

aedīlātŭs, *ūs*, m., qualité d'édile, édilité : P. Fest. 12, 14.

aedīlīcĭus, *a, um*, qui concerne l'édile : *aedilicia repulsa* Cic. *Planc.* 51, échec dans une candidature à l'édilité ; *aedilicius scriba* Cic. *Clu.* 126, greffier d'un édile ; *aedilicius vir, homo* Cic. *Phil.* 8, 24 ; *Clu.* 79, ancien édile, cf. *Phil.* 13, 30 ; Liv. 22, 49, 16 ‖ *aedilicium edictum*, édit des édiles curules [dressant la liste des *aediliciae actiones*, actions en justice accordées par les édiles et relatives à la vente] : Dig. 21, 1, 48, 3.

aedīlis, *is*, m. (*aedes*), édile [magistrat romain ; au début, deux édiles plébéiens, auxquels furent adjoints (en 366 av. J.-C.) deux édiles curules ; ils ont dans leurs attributions la police municipale, l'approvisionnement de Rome, la surveillance des marchés (*cura annonae*), l'organisation de certains jeux (*cura ludorum*) et la garde des archives plébéiennes ; César créa deux nouveaux édiles, les *aediles cereales*, chargés spécialement des approvisionnements de blé et de l'organisation des jeux de Cérès, *Cerialia*] : Cic. *Verr.* 5, 36 ; Varr. *L.* 5, 158 ; Dig. 1, 2, 2, 32 ‖ magistrat des municipes chargé de la police : Petr. 44, 3 ; CIL 11, 4613 ‖ sacristain : CIL 8, 1225.
► abl. sg. ordin^t : *aedile* Cic. *Sest.* 95 ; Liv. 3, 31, 5 ; mais *aedili* : Tac. *An.* 12, 64 ; Serv. *En.* 5, 4 ‖ nom. sg. arch. *aidilis* : CIL 17 ; 9 ; 38 ; *aidiles* CIL 1, 8 ; *aidile* CIL 1, 22.

aedīlĭtās, *ātis*, f., édilité, charge d'édile [pl. *aedilitates*, référant à plusieurs personnes] : Cic. *Verr.* 4, 133.

Aedipsos, ◆ *Aedepsus*.

aedis, *is*, f., ◆ *aedes*.

aedĭtĭm-, ◆ *aeditum-*.

aedĭtŭa, *ae*, f. (*aedituus*), gardienne d'un temple : CIL 6, 2209 ‖ [fig.] en parl. de la pudicité, gardienne de notre corps : Tert. *Cult.* 2, 1, 1.

aedĭtŭālis, *e*, qui concerne la garde d'un temple : Tert. *Pud.* 16, 2.

aedĭtŭens, *tis*, m. (*aedes*, *tueor*), gardien d'un temple : Lucr. 6, 1275 ; Gell. 12, 10, 8.

aedĭtŭmŏr, *āris*, *ārī*, -, intr., être gardien d'un temple : Pompon. *Com.* 2 (Gell. 12, 10, 7).

aedĭtŭmus (-tĭmus), *i*, m. (aedes, cf. finitumus), gardien d'un temple : Cic. Verr. 4, 96 ‖ **aedĭtŭus**, *i*, m. (aedes, 1 tuor), Pl. Curc. 204 [forme condamnée par Varron au profit de aeditumus, cf. Gell. 12, 10, 1 ; 12, 10, 4 ; Varr. R. 1, 2, 1 ; mais à partir de Cic., aedituus est préféré à aeditumus].

aedĭtŭo, *ās*, *āre*, -, -, intr., être gardien de temple : CIL 6, 8707.

aedĭtŭus, m., v. aeditumus.

ăēdōn, *ŏnis*, f. (ἀηδών), rossignol : Sen. Ag. 671 ; Petr. 131, 8 ‖ **ăēdŏnĭus**, *a*, *um*, du rossignol : Laus Pis. 79.

Aedŭī (Haedui), *ōrum*, m. pl., les Éduens [peuple de la Gaule, entre la Loire et la Saône] : Caes. G. 1, 10 ‖ **Aedŭus**, *a*, *um*, éduen : *civis Aedua* AE 1984, 121, citoyenne éduenne.

aedus, *i*, m., v. haedus.

Aeēta, *ae*, **Aeētēs**, *ae*, m., Éétès [roi de Colchide] : Cic. Nat. 3, 48 ; Ov. H. 12, 51 ‖ **-tēus**, *a*, *um*, éétien, d'Éétès : Catul. 64, 3 ‖ **-tĭas**, *ădis*, f., Ov. M. 7, 9 ; 7, 326, **-tīnē**, *ēs*, f., Ov. H. 6, 103 ; **-tis**, *ĭdis*, f., Val.-Flac. 6, 481 ; 4, 233, fille d'Éétès : [Médée] **-tĭus**, *a*, *um*, éétien, d'Éétès : Val.-Flac. 6, 267.

Aefŭla, *ae*, f., **Aefŭlum**, *i*, n., bourgade du Latium : Hor. O. 3, 29, 6 ; Liv. 32, 29, 2 ‖ **Aefŭlānus**, *a*, *um*, d'Aefula : Liv. 26, 9, 9 ‖ **Aefŭlāni**, *ōrum*, m. pl, habitants d'Aefula : Plin. 3, 69.

aega, acc. de aix.

Aegae, Aegaeae, -gēae, -gīae, *ārum*, f. pl., ville de Macédoine : Just. 7, 1, 10 ; Nep. Reg. 2, 1 ; Plin. 4, 33 ‖ d'Éolide : Plin. 5, 121 ‖ de Cilicie : Luc. 3, 227 ; Plin. 5, 91 ; Tac. An. 13, 8 ‖ **Aegēātēs**, *ae*, Égéate, d'Égée : [en Macédoine] Vell. 2, 70, 4 ; [en Éolide] Tac. An. 2, 47 ‖ **Aegēādēs**, *ae*, m., Égéate, d'Égée [Macédoine] : Just. 7, 1, 10.

Aegaeōn, *ŏnis*, acc. *ŏna*, m., autre nom de Briarée, géant aux cent bras : Virg. En. 10, 565 ‖ nom d'un dieu marin : Ov. M. 2, 10 ; [métaph.] la mer Égée : Stat. Th. 5, 288.

Aegaeum mare (-ēum), la mer Égée Atlas I, D5 ; VI, B2 : Cic. Pomp. 55 ; Liv. 44, 29, 6 ; ou **Aegeum pelagus** Varr. R. 2, 1, 8 ou *mare Aegaeum* Cic. Fin. 3, 45 ou *Aegeum* [seul] Plin. 9, 52 ‖ **Aegaeus (-ēus)**, *a*, *um*, de la mer Égée : Hor. O. 3, 29, 63 ; Virg. En. 3, 74.

Aegălĕōs, m., [Égalée, colline de l'Attique] : Stat. Th. 12, 620.

Aegātēs, *tium*, **Aegātae**, *ārum*, f. pl., îles Égates Atlas XII, G3 : Nep. Ham. 1, 3 ; Liv. 21, 10, 7.

Aegē, *ēs*, f., Égé [reine des Amazones] : P. Fest. 22, 29.

Aegēădēs, Aegēātēs, v. Aegae.

aeger, *gra*, *grum* (peu clair ; cf. toch. A *ekër*) ¶ **1** malade, souffrant : *eum graviter aegrum reliqui* Cic. Att. 6, 7, 2, il était gravement malade quand je l'ai quitté ; *aegro corpore esse* Cic. Tusc. 3, 22, être malade ; *homines aegri morbo gravi* Cic. Cat. 1, 31, les gens souffrant d'une grave maladie ; *vulneribus* Nep. Milt. 7, 5 ; *ex vulnere* Cic. Rep. 2, 38, malade par suite de blessures, d'une blessure ; *pedibus* Sall. C. 59, 4 ; *oculis* Liv. 22, 2, 10, qui a mal aux pieds, aux yeux ; [acc. de relation] *manum* Tac. H. 4, 81 ; *pedes* Gell. 19, 10, 1, ayant mal à la main, aux pieds ‖ [subst¹] *aegro adhibere medicinam* Cic. de Or. 2, 186, appliquer un remède à un malade ; *laborantibus succurrere, aegris mederi* Cic. de Or. 1, 168, venir en aide dans le péril, apporter le remède dans la maladie ‖ [poét.] *seges aegra* Virg. En. 3, 142, blés malades ; *aegri aliquid esse in re publica* Liv. 5, 3, 6, [ils souhaitent] quelque maladie dans la république ; *omnes rei publicae partes aegrae et labantes* Cic. Mil. 68, tout le corps de l'État malade et chancelant ; *aegra civitas* Liv. 22, 8, 4, la cité étant dans le malaise ‖ *nisi infirma atque etiam aegra valetudine fuisset* Cic. Brut. 180, s'il n'eût été d'une santé faible et même maladive ¶ **2** [fig.] *animo magis quam corpore aeger* Liv. 21, 53, 2, malade moralement plutôt que physiquement ; *aeger animi* Liv. 1, 58, 9 ; 2, 36, 4 ; 30, 15, 9 ; Curt. 4, 3, 11, malade dans son esprit, dans son cœur ; *curis* Virg. En. 1, 208 ; *amore* Liv. 30, 11, 3 ; *timore* Tac. H. 2, 40, [malade par suite de] que le souci, l'amour, la crainte rend malade ; *animus* Sall. J. 71, 2 ; Liv. 25, 38, 3, esprit malade, tourmenté ; *mortales aegri* Lucr. 6, 1 ; Virg. En. 2, 268, les malheureux mortels [δειλοὶ βροτοί, expr. homérique] ‖ [avec gén. de cause] : *aeger morae* Luc. 7, 240 ; *timoris* Sil. 3, 72, que le retard, que la crainte rend malade ¶ **3** douloureux, pénible : *vagitus aegri* Lucr. 2, 579, vagissements douloureux ; *anhelitus aeger* Virg. En. 5, 432, respiration pénible ; *morte sub aegra* Virg. G. 3, 512, dans les angoisses de la mort ; *dolores aegri* Lucr. 3, 905 ; *aeger amor* Virg. G. 4, 464, douleur, amour qui tourmente ; *nihil aegrius est quam secernere* Lucr. 4, 467, rien n'est plus pénible que de discerner ‖ **aegrior** Pl. Amp. 910 ; Lucr. 4, 465 ‖ **aegerrimus** Sil. 8, 166 ; Gell. 16, 16, 1 ; Apul. M. 6, 13.

Aegērĭa, v. Egeria.

aegerrĭmē, superl. de aegre.

Aegeta, v. Egeta.

Aegetīnī, *ōrum*, m. pl., habitants d'une ville sur la côte de Calabre : Plin. 3, 105.

1 **Aegeūs** [2 syll.], *eī*, m. (Αἰγεύς), Égée [roi d'Athènes, père de Thésée] : Catul. 64, 213 ; Ov. H. 10, 131.
▶ acc. -ea Ov. M. 15, 856.

2 **Aegeūs**, *a*, *um*, v. Aegaeum.

Aegĭălē, *ēs*, **Aegĭălēa (-lĭa)**, *ae*, f., Égialée [femme de Diomède] : Stat. S. 3, 5, 48.

1 **Aegĭălĕūs**, *eī*, m., Égialée [fils d'Éétès, frère de Médée, nommé aussi Apsyrtos] : Pacuv. d. Cic. Nat. 3, 48 ; Just. 42, 3 ‖ [fils d'Adraste, un des Sept devant Thèbes] Hyg. Fab. 71.

2 **Aegĭălĕus**, *i*, m., montagne de l'Attique : Plin. 4, 24.

Aegĭălŏs (-lus), *ī*, m. ¶ **1** ancien nom de l'Achaïe : Plin. 4, 12 ¶ **2** nom d'homme : Plin. 14, 49 ; Sen. Ep. 86, 21.

Aegĭdēs, *ae*, m., fils ou descendant d'Égée : Ov. M. 8, 174 ; 405.

Aegĭenses, *ĭum*, m. pl., habitants d'Égium [ville d'Achaïe] : Liv. 38, 30, 1.

Aegĭla (-lĭa), *ae*, f., île de la mer Égée : Plin. 4, 57.

Aegĭlĭōn, île près de la Corse : Plin. 3, 81.

Aegĭlōdēs sĭnus, m., golfe d'Égila : Plin. 4, 16.

aegĭlōpĭum, *ii*, n. (dim. de aegilops), fistule lacrymale : Plin. 22, 54.

aegĭlops, *ōpis*, f. (αἰγίλωψ), fistule lacrymale : Plin. 23, 199 ; 25, 146 ‖ égilope [mauvaise herbe] : Plin. 18, 155 ; 25, 146 ‖ espèce de chêne : Plin. 16, 22 ‖ sorte d'oignon : Plin. 19, 95.

Aegĭmĭus, *ii*, m., nom d'homme : Plin. 7, 154.

Aegĭmŭrus (-mŏros), *i*, f., île près de Carthage : B.-Afr. 44, 2 ; Liv. 30, 24, 9 ; Plin. 5, 42.

Aegīna, *ae*, f., Égine ¶ **1** fille d'Asopos : Hyg. Fab. 52 ; Ov. H. 3, 73 ; M. 7, 474 ¶ **2** île en face du Pirée Atlas VI, C2 : Cic. Off. 3 ; 46 ‖ **-ensis**, *e*, d'Égine ; **-enses**, *ium*, **-etae**, *ārum*, m. pl., les Éginètes, habitants d'Égine : Val.-Max. 9, 2, 8 ; Cic. Off. 3, 46 ‖ **-ētĭcus**, *a*, *um*, éginète : Plin. 34, 8.

Aegīnĭum, *ĭi*, n., ville de Macédoine : Caes. C. 3, 79, 7 ; Liv. 32, 15, 4 ‖ **-ienses**, *ium*, m., les habitants d'Éginium : Liv. 44, 46, 3.

Aegĭon (-gĭum), *ĭi*, n., Égium [ville d'Achaïe] Atlas VI, B2 : Liv. 38, 29, 3 ; Lucr. 6, 585 ‖ **Aegius**, *a*, *um* : Plin. 14, 42 ou **Aegiensis**, *e*, Tac. An. 4, 13, d'Egium.

Aegĭpān, *ānos*, m., Egipan [dieu des forêts] : Hyg. Astr. 2, 13, 4 ‖ **Aegipanes**, *um*, m. pl., êtres moitié hommes, moitié boucs [en Afrique] : Mel. 1, 23 ; Plin. 6, 7.

Aegīra, *ae*, f., ville d'Achaïe : Plin. 4, 12 ; 28, 147 ‖ nom de Lesbos : Plin. 5, 139.

aegis, *ĭdis (ĭdos)*, f. ¶ **1** égide [bouclier de Pallas, avec la tête de Méduse] : Hor. O. 1, 15, 11 ; 3, 4, 57 ; Virg. En. 8, 435 ‖ bouclier de Jupiter : Virg. En. 8, 354 ; Val.-Flac. 4, 520 ; Sil. 12, 720 ‖ [fig.] bouclier, défense : Ov. Rem. 346 ¶ **2** cœur du mélèze : Plin. 16, 187.

aegĭsŏnus, *a*, *um*, retentissant du bruit de l'égide : Val.-Flac. 3, 88.

Aegīsos, *ī*, f., ville de Scythie : Ov. Pont. 1, 8, 13 ; 4, 7, 21.

Aegisthus, *i*, m., Égisthe [fils de Thyeste, tué par Oreste] : Cic. Nat. 3, 91 ; Ov. Rem. 161 ‖ [nom injurieux donné par Pompée à

Aegisthus

César] Égisthe [c.-à-d. adultère] : Suet. *Caes.* 50.

aegithus, *i*, m., petit oiseau, mésange ? : Plin. 10, 204 ‖ sorte d'épervier : Plin. 10, 21.

Aegīum, v. *Aegion.*

Aeglē, *ēs*, f., Eglé [une naïade] Virg. *B.* 6, 21 ‖ nom de femme : Mart. 1, 72, 3 ; 1, 94, 1.

aegŏcĕphălŏs, *i*, m., oiseau inconnu : Plin. 11, 204.

aegŏcĕras, *ătis*, n., corne de chèvre, fenugrec [plante] : Plin. 24, 184.

Aegŏcĕrōs, *ōtis*, m., le Capricorne [signe du Zodiaque] : Lucr. 5, 615 ; Luc. 9, 537.
▶ acc. Aegocerōn Luc. 10, 213.

aegŏlĕthron, *i*, n., mort aux chèvres [plante] : Plin. 21, 74.

aegōlios, *i*, m., oiseau de nuit : Plin. 10, 165.

Aegōn, *ōnis*, m. ¶ **1** mer Égée : Val.-Flac. 1, 629 ; Stat. *Th.* 5, 56 ¶ **2** nom de berger : Virg. *B.* 3, 2.

aegŏnўchŏn, plante : Diosc. 3, 153.

aegophthalmos, *i*, m., œil de chèvre [pierre précieuse] : Plin. 37, 187.

Aegŏs flūměn, n., fleuve de la chèvre, Aegos Potamos [fleuve et ville de la Chersonèse de Thrace] : Nep. *Lys.* 1, 4 ; Mel. 2, 26.

Aegosthĕnensēs, *ĭum*, m. pl., habitants d'Egosthène [ville de Mégaride] : Plin. 4, 23.

aegrē, adv. ¶ **1** de façon affligeante, pénible : *hoc aegre est mihi* Pl. *Cap.* 701, cela m'afflige, cf. *Cas.* 421 ; *Cap.* 129 ; *Bac.* 1114 ; Ter. *Hec.* 227 ; *careo aegre* Cic. *Att.* 7, 2, 3, il m'est pénible d'être privé de lui ; *aegre ferre* Cic. *Tusc.* 3, 21, éprouver de l'affliction ¶ **2** avec peine, difficilement : *resistere* Caes. *C.* 3, 63, 8 ; *portas tueri* Caes. *G.* 6, 37, 5, avoir de la peine à tenir bon, à défendre les portes ; *pervincere ut* Liv. 23, 5, 1, obtenir à grand-peine que ; *nihil aegrius factum est multo labore meo quam ut manus ab illo abstinerentur* Cic. *Verr.* 4, 146, j'ai eu toutes les peines du monde à empêcher qu'on portât la main sur lui ; *aegerrime* Caes. *G.* 1, 13, 2, avec la plus grande peine ¶ **3** avec peine, à regret, avec déplaisir : *aegre id passus* Cic. *Att.* 1, 18, 3, ayant trouvé la chose mauvaise ‖ *aegre ferre (aliquid)* [ou prop. inf.], supporter (qqch.) avec peine : Cic. *Tusc.* 4, 61 ‖ *aegre habere aliquid* Sall. *C.* 51, 11, supporter avec peine qqch. ; [avec prop. inf.] Liv. 7, 5, 7.

aegrĕō, *ēs*, *ēre*, -, -, intr., être malade : *Lucr. 3, 106 (d'après Macr. *Exc.* 5, 650, 34) 3, 824.

aegrescō, *ĭs*, *ĕre*, -, -, intr., inchoat. de *aegreo* ¶ **1** devenir malade : Lucr. 5, 349 ; Tac. *An.* 15, 25 ‖ [en parl. de l'âme] Lucr. 3, 521 ‖ se chagriner, s'affliger : *rebus laetis* Stat. *Th.* 2, 18, des événements heureux ; *mentem* Stat. *Th.* 12, 194, s'aigrir l'esprit ¶ **2** s'aigrir, s'irriter, empirer : *violentia*

aegrescit medendo Virg. *En.* 12, 46, on augmente sa violence à la vouloir guérir, cf. Sil. 8, 213 ; Stat. *Th.* 1, 400.

aegrĭmōnĭa, *ae*, f., plus tard **aegrĭmōnĭum**, *ĭi*, n., malaise moral, chagrin, peine morale : Cic. *Att.* 31, 38, 2 ; Hor. *Epo.* 13, 18 ; 17, 73 ; Iren. 2, 18, 2.

aegrĭtās, *ātis*, f., maladie : Ps. Cypr. *Jud.* 5.

Aegritomārus, *i*, m., nom d'homme : Cic. *Verr.* 2, 118.

aegrĭtūdo, *ĭnis*, f. ¶ **1** indisposition, malaise physique [la prose class. emploie *aegrotatio*] : Tac. *An.* 2, 69 ¶ **2** malaise moral, chagrin : *senio et aegritudine confectus* Cic. *Tusc.* 3, 27, accablé par l'épuisement de l'âge et par le chagrin ‖ [cf. définition]d. Cic. *Tusc.* 3, 23 ; 4, 11 ; 4, 14.

aegrŏr, *oris*, m., maladie : Lucr. 6, 1132.

aegrōtābĭlis, *e*, sujet à la maladie : Aug. *Pecc. mer.* 1, 5, 5.

aegrōtātīcĭus, *a*, *um*, maladif : Gloss. 4, 60, 50.

aegrōtātīvus, *a*, *um*, qui produit une maladie : Boet. *Anal. pr.* 1, 40.

aegrōtātĭo, *ōnis*, f., maladie [du corps] : *aegrotationem (appellant) morbum cum imbecillitate* Cic. *Tusc.* 4, 28, (on appelle) *aegrotatio* une maladie accompagnée de faiblesse ‖ [en parl. des arbres] Plin. 17, 231 ‖ [en parl. de l'âme, au fig.] Cic. *Tusc.* 3, 8 ; 4, 79.

aegrōtīcĭus, *a*, *um*, maladif : Not. Tir. 82, 57.

aegrōtō, *ās*, *āre*, -, - (*aeger*), intr., être malade : *graviter* Cic. *CM* 67 ; *periculose* Cic. *Att.* 8, 2, 3, être gravement, dangereusement malade ‖ [d'où le part. prés. pris substᵗ] *leviter aegrotantes leniter curare* Cic. *Off.* 1, 83, aux gens légèrement malades donner un traitement bénin ‖ [comparaison des passions avec une maladie de l'âme] : Cic. *Tusc.* 4, 79 ‖ [fig.] *si in te aegrotant artes antiquae tuae* Pl. *Trin.* 72, si chez toi tous tes anciens principes sont malades ; *aegrotat fama vacillans* Lucr. 4, 1124, leur réputation chancelante est mal en point, cf. *Cic. Caecil.* 70.

aegrōtus, *a*, *um* (*aegroto*), [ni compar. ni superl.], malade : Cic. *Tusc.* 3, 12 ; *Att.* 8, 16, 1 ‖ [substᵗ] **aegrotus**, *i*, m., malade : Cic. *Phil.* 1, 11 ; *Div.* 2, 13 ; *Nat.* 3, 69 ‖ [en parl. de l'âme] Ter. *And.* 559 ; *Haut.* 100 ; [avec inf.] *ut te videre audireque aegroti sient* Pl. *Trin.* 76, au point qu'ils souffrent de te voir et de t'entendre.

Aegūsa, *ae*, f., Éguse [une des îles Égates] Atlas XII, G3 : Plin. 3, 92.

Aegўla, v. *Aegila.*

Aegypta, *ae*, m., affranchi de Cicéron : *Att.* 8, 15, 1 ; *Fam.* 16, 15, 1.

Aegyptiăcē, adv., à la façon égyptienne : Treb. *Tyr.* 30, 21.

Aegyptiăcus, *a*, *um*, d'Égypte : Gell. 10, 10, 2 ‖ *dies Aegyptiacus*, jour égyp-

tiaque [de mauvais augure] : Ambr. *Ep.* 23, 4 ; Aug. *Gal.* 4, 35.

aegyptilla, *ae*, f., pierre précieuse commune en Égypte : Plin. 37, 148.

Aegyptīnī, *ōrum*, m. pl., Éthiopiens : Pl. *Poen.* 1290 ; P. Fest. 26, 10.

Aegyptĭus, *a*, *um*, Égyptien : Cic. *Nat.* 3, 59 ; Virg. *En.* 8, 688 [Cléopâtre] ‖ [substᵗ] un Égyptien [au pl.] ; des Égyptiens : Cic. *Div.* 2, 22 ; *Nat.* 1, 82.

1 **Aegyptus**, *i*, m. (Αἴγυπτος) ¶ **1** frère de Danaüs : Hyg. *Fab.* 168 ¶ **2** nom du Nil : Plin. 5, 54.

2 **Aegyptus**, *i*, f., Égypte [contrée] Atlas I, F6 ; IX, F2 : Cic. *Nat.* 2, 130 ; *Att.* 2, 5, 1 ; *Agr.* 2, 41 ‖ *Aegyptum profugere* Nep. 3, 56 ; *iter habere* Caes. *C.* 3, 106, 1 ; *proficisci* Nep. *Dat.* 4, 1 ; *navigare* Liv. 45, 10, 2, se réfugier, se rendre, partir en Égypte, faire voile vers l'Égypte ‖ *in Aegyptum proficisci* Her. 3, 2 ; *ire* Nep. *Ages.* 8, 2, cf. Cic. *Att.* 9, 19, 3 ; *Pis.* 49 ; Liv. 33, 41, 3, partir, aller en Égypte ‖ [loc.] *Aegypti*, en Égypte : Varr. *L.* 5, 79 ; Val.-Max. 4, 1, 15 ; Plin. 31, 111 ; *in Aegypto* Lucr. 6, 1107 ; Nep. *Chabr.* 2, 1 ; *Dat.* 5, 3 ; Liv. 8, 24, 1 ; 38, 17, 11 ‖ *ex Aegypto*, d'Égypte : Cic. *Verr.* 3, 172 ; *Fam.* 12, 11, 1 ; 12, 12, 1 ; *Phil.* 2, 48 ; Caes. *C.* 3, 3, 1 ; *Aegypto* Pl. *Most.* 440 ; Curt. 4, 9, 1 ; Tac. *An.* 2, 69.

Aelāna, *ae*, f., ville de l'Arabie Pétrée [Élath] Atlas I, F6 ; IX, F3 : Plin. 6, 156 ‖ **-ītĭcus**, *a*, *um*, élanitique : Plin. 5, 65.

Aelĭa Căpĭtōlīna, *ae*, f., Jérusalem [nom officiel de la ville à partir d'Hadrien] : CIL 3, 12088 ; v. *Aelius.*

Aeliae, *ārum*, f. pl., ville d'Afrique : *Anton. 55.

Aeliāna, *ae*, f., nom d'une ville du Pont : Not. Dign. *Or.* 38, 24.

Aeliānus, *a*, *um*, d'Aelius Stilo : Cic. *Brut.* 206 ‖ d'Hadrien : CIL 9, 1095 ; v. *Aelius.*

Aelĭcē, *ēs*, f., v. *Aeliae.*

aelīnon (αἴλινον), exclamation funèbre : Ov. *Am.* 3, 9, 23.

Aelĭus, *ĭi*, m., nom romain ‖ *P. Aelius Hadrianus* CIL 3, 550, le futur empereur Hadrien ‖ *Aelius*, *a*, *um*, *lex Aelia et Fufia* Cic. *Pis.* 10 ; *Sen.* 11, loi Aelia et Fufia [sur le vote des lois, 151 av. J.-C.] ; *lex Aelia Sentia* Gai. *Inst.* 1, 37, loi Aelia Sentia [restreignant les affranchissements, 4 apr. J.-C.].

Aellō, *ūs*, f. (Ἀελλώ), nom d'une Harpye : Ov. *M.* 13, 710 ‖ un des chiens d'Actéon : Ov. *M.* 3, 219.

aelūrus, *i*, m. (αἴλουρος), chat : Juv. 15, 7 ; Gell. 20, 8, 6.

Aemathia, etc., v. *Emathia.*

aemidus, *a*, *um* (cf. οἰδάω, arm. *aytnum*), enflé : P. Fest. 22, 18.

Aemĭlĭa, *ae*, f., *Aemilia (via)*, voie Émilienne Atlas XII, C3 : Cic. *Fam.* 10, 30, 4 ; Liv. 39, 2 ‖ [d'où le nom de la région où se trouve cette voie] Émilie Atlas V, E4; XII, C2 : Mart. 6, 85, 5 ; 10, 12, 1.

Aemĭlĭānus, *a, um*, Émilien, *agnomen* du second Scipion l'Africain, tiré du nom de sa propre famille (il était fils de L. Aemilius Paullus) et ajouté aux noms de son père adoptif : Juv. 8, 1 ‖ **Aemiliāna**, *ōrum*, n. pl., faubourg Émilien à Rome : Varr. R. 3, 2, 6 ; Suet. Cl. 18, 1 ‖ *praedia Tigellini Aemiliana* Tac. An. 15, 40, propriété de Tigellin dans le faubourg Émilien.

1 **Aemĭlĭus**, *ii*, m., [nom de famille, illustré par plusieurs personnages, notamment L. Aemilius Paullus, Paul-Émile, qui vainquit Persée] : CIL 1, 614 ; [au pl.] *imitemur nostros Brutos… Aemilios* Cic. Sest. 143, imitons nos Brutus, nos Émile ‖ martyr africain : Cypr. Laps. 13.

2 **Aemĭlĭus**, *a, um*, Émilien : *ludus* Hor. P. 32, école [de gladiateurs] fondée par un Aemilius Lepidus.

Aemimontus, v. *Haemim-*.

Aemĭnĭum, *ii*, n., ville et fleuve de Lusitanie [Coïmbre] Atlas IV, C1 : Plin. 4, 113 ‖ **-iensis**, d'Aeminium : Plin. 4, 118.

Aemon, v. *Haemon*.

Aemōnensis, v. *Haemonensis*.

Aemōnĭa, -nides, -nius, v. *Haem-*.

aemŭla, *ae*, f., v. *aemulus*.

aemŭlāmentum, *i*, n., [pl.] rivalités : Ps. Tert. Marc. 4, 10.

aemŭlantĕr, adv., avec le désir ardent d'imiter : Tert. Praescr. 40, 7.

aemŭlātĭo, *ōnis*, f. (*aemulor*), émulation [en bonne et en mauvaise part] : Cic. Tusc. 4, 17 ¶ **1** désir de rivaliser, d'égaler : Liv. 1, 48, 8 ; 28, 21, 4 ; *alicujus* Tac. An. 2, 59 ; Suet. Cal. 19, désir de rivaliser avec qqn ; *laudis* Nep. Att. 5, 4, émulation de gloire ; *honoris* Tac. Agr. 21, rivalité d'honneur, cf. An. 2, 44 ; H. 2, 49 ; *cum aliquo* Plin. Ep. 1, 5, 11, désir de rivaliser avec qqn ¶ **2** rivalité, jalousie : *vitiosa aemulatione, quae rivalitati similis est* Cic. Tusc. 4, 56, avec une mauvaise émulation qui ressemble à la rivalité dans l'amour, cf. Liv. 26, 38, 9 ; 28, 40, 9 ; Tac. Agr. 9 ; H. 1, 65 ; 2, 30 ; *cum aliquo* Suet. Tib. 7, rivalité avec qqn ; *alicujus* Suet. Ner. 23, jalousie à l'égard de qqn ‖ [pl.] Cic. Tusc. 1, 44 ‖ haine : Tert. Apol. 2, 17 ¶ **3** ferveur, passion : Vulg. Rom. 10, 2 ¶ **4** imitation, image : Chalc. Tim. 39 E.

aemŭlātŏr, *ōris*, m., qui cherche à égaler, à imiter : *Catonis* Cic. Att. 2, 1, 10, qui se pique d'imiter Caton ; *discipulus dei aemulatorque* Sen. Prov. 1, 5, [le sage] disciple et émule de Dieu ‖ rival : Tac. H. 3, 66 ‖ [chrét.] zélateur, artisan : Vulg. Act. 21, 20 ‖ jaloux : Vulg. Exod. 34, 14.

aemŭlātrix, *īcis*, f., celle qui rivalise : Cassiod. Var. 7, 5, 3.

1 **aemŭlātus**, *a, um*, part. de *aemulor*.

2 **aemŭlātŭs**, *ūs*, m., rivalité : *aemulatus agere* Tac. An. 13, 46, jouer le rôle de rival, se comporter en rival.

aemŭlō, *ās, āre, -, -*, [forme rare] Apul. M. 1, 23 ; v. *aemulor*.

aemŭlor, *āris, ārī, ātus sum* (*aemulus*), être émule [en bonne et mauvaise part] ¶ **1** tr., chercher à égaler, rivaliser avec : *excitare ad aemulandum animos* Liv. 26, 36, 8, exciter les cœurs à l'émulation ; *aliquem* Nep. Ep. 5, 6 ; Curt. 8, 4, 23 ; Quint. 10, 2, 17 ; Tac. An. 3, 30 ; 6, 22, chercher à égaler qqn ; *aliquid* Cic. Flac. 63, rivaliser avec qqch., cf. Liv. 1, 18, 2 ; *ad aemulandas virtutes* Liv. 7, 7, 3, [exciter] à égaler les vertus, cf. 3, 61, 11 ‖ intr., *alicui* Quint. 10, 1, 122 ; Just. 6, 9, 2, rivaliser avec qqn ‖ [chrét.] aspirer à : Vulg. 1 Cor. 14, 1 ‖ entourer de son zèle : Vulg. Gal. 4, 17 ‖ contrefaire, imiter : Tert. Prax. 1, 1 ¶ **2 a)** intr., être jaloux : *alicui* Cic. Tusc. 1, 44, être jaloux de qqn, cf. 4, 56 **b)** rivaliser : *vitiis* Tac. An. 12, 64, rivaliser de vices ; *cum aliquo* Liv. 28, 43, 4, être rival de qqn **c)** tr., *meas aemulor umbras* Prop. 2, 34, 19, je suis jaloux de mon ombre ‖ [avec inf.] chercher à l'envi à : Tac. H. 2, 62.

aemŭlus, *a, um* (cf. *imitor*), [le plus souv. pris subst ᵗ au m. ou au f.] qui cherche à imiter, à égaler [en bonne et mauvaise part] ¶ **1** *alicujus* Cic. Brut. 108 ; Sall. J. 85, 37 ; Liv. 34, 32, 4, émule de qqn ; *alicujus rei*, de qqch. : Cic. Mur. 61 ; Cael. 34 ; Phil. 2, 28 ; Tusc. 4, 7 ; Liv. 7, 26, 12 ; 21, 41, 7 ‖ *mihi es aemula* Pl. Ru. 240, tu es comme moi (tu as les mêmes sentiments que moi) ; *magnis amnibus aemula corpora* Lucr. 1, 296, corps rivaux des grands fleuves [c.-à-d. qui se égalent par leurs effets ; il s'agit des vents] ; *dictator Caesar summis oratoribus aemulus* Tac. An. 13, 3, César le dictateur, rival (égal) des plus grands orateurs ; *tibia tubae aemula* Hor. P. 203, la flûte rivale (égale) de la trompette ¶ **2** rival, adversaire : *Parthi Romani imperii aemuli* Tac. An. 15, 13, les Parthes rivaux de l'Empire romain ; *Civili aemulus* Tac. H. 4, 18, adversaire de Civilis ‖ *aemulus Triton* Virg. En. 6, 173, Triton jaloux ; *aemula senectus* Virg. En. 5, 415, la vieillesse jalouse ‖ rival en amour : Cic. Verr. 5, 82 ; *tuus aemulus* Cic. Verr. 5, 133, ton rival ; *praetoris* Cic. Verr. 5, 110, rival du préteur, cf. Att. 6, 3, 7 ; Catul. 71, 3 ; Hor. O. 4, 1, 18 ; Liv. 30, 14, 1.

Aemus, v. *Haemus*.

Aemyndus, *i*, f., île du golfe Céramique : Plin. 5, 134.

ăēna (ăhēna), *ae*, f., chaudière : Plin. 8, 192 ; 24, 111.

Aenarē, *ēs*, f., île de la mer Égée : Plin. 5, 137.

Aenārĭa, *ae*, f., île de la Méditerranée [actuellement Ischia] Atlas XII, E4 : Cic. Att. 10, 13, 1 ; Liv. 8, 22, 6 ; v. *Inarime*.

ăēnātōres, *um*, m. pl., ➢ *aēneātores* : Amm. 16, 12, 36, joueurs de trompettes.

Aenĕa, Aenīa, *ae*, f., ville maritime de Macédoine : Liv. 40, 4, 9.

Aenĕădae, *ārum* et *ūm*, m.pl, compagnons ou descendants d'Énée : Virg. En. 7, 616 ‖ Romains : Virg. En. 8, 648 ‖ [sg.] **-ădēs**, *ae*, m., fils ou descendant d'Énée : Virg. En. 9, 653.

Aenĕānĭcus, *a, um*, descendant d'Énée : Apul. d. Prisc. Vers. Aen. 3, 482, 3 ‖ v. *Aeneaticus* et *Aenianes*.

Aenēās, *ae*, m. (Αἰνείας), Énée [prince troyen] : Virg. En. 1, 170 ‖ **-as Silvius**, roi d'Albe : Liv. 1, 3.

Aenēātes, *um* ou *ium*, m. pl., habitants d'Aenéa : *Liv. 40, 4, 4.

Aenēātĭcus, *a, um*, d'Aenéa : *Plin. 16, 197 ; v. *Aeneanicus*.

ăēnĕātor (ăhē-), *ōris*, m. (*aeneus*), joueur de trompette, trompette : Sen. Ep. 84, 10 ; Suet. Caes. 32.

Aenĕi, *ōrum*, m. pl., habitants d'Ainos [Thrace] : Liv. 37, 33, 1.

Aenēis, *ĭdos*, f., Énéide [poème de Virgile] : Gell. 17, 10, 7.

Aenēĭus, *a, um*, d'Énée : Virg. En. 7, 1 ; Ov. M. 14, 581.

ăēnĕŏlus, *a, um* (dim. de *aeneus*), de bronze : Petr. 73, 5.

Aenesi-sĭi, *ōrum*, m. pl., les compagnons d'Énée : P. Fest. 18, 25.

ăēnĕus (ăhē-), *a, um* (*aenus*), de cuivre, de bronze : Cic. Off. 3, 38 ‖ de la couleur du bronze : Suet. Ner. 2 ‖ [fig.] dur comme l'airain : Ov. M. 1, 125 [âge d'airain] ‖ **ăēnĕum**, *i*, n., chaudron : Salv. Gub. 7, 58.

Aenīa (-ēa), *ae*, f., ville de Macédoine : Liv. 40, 4, 9.

Aenĭānes, *um*, **Aenĭenses**, *ĭum*, m. pl., peuple de la vallée du Sperchios : Cic. Rep. 2, 8 ; *Aenianum sinus* Liv. 28, 5, 15 ; ➢ *Maliacus sinus*.

Aenīdēs, *ae*, m. ¶ **1** fils ou descendant d'Énée : Virg. En. 9, 653 ¶ **2** [au pl.] habitants de Cyzique : Val.-Flac. 3, 4.

aenigma, *ătis*, n. (αἴνιγμα) ¶ **1** énigme : Quint. 6, 3, 51 ; Gell. 12, 6, 1 ‖ allégorie un peu obscure : Cic. de Or. 3, 167 ; Quint. 8, 6, 52 ¶ **2** énigme, obscurité : Cic. Div. 2, 64 ; Juv. 8, 50 ‖ mystère (païen) : Arn. 3, 15 ‖ [chrét.] mystère : Aug. Catech. 9, 13 ‖ symbole : *in aenigmate* Vulg. 1 Cor. 13, 12, symboliquement.

▶ dat.-abl. pl. *aenigmatis*, cf. Char. 123, 3.

aenigmătĭcē, adv., d'une manière énigmatique : Ps. Sen. Paul. 13.

aenigmătĭcus, *a, um*, mystérieux, symbolique : Cassiod. Hist. 9, 4.

aenigmătista, -tistēs, *ae*, m., celui qui déchiffre des énigmes : Sidon. Ep. 8, 16, 4.

Aenii, *iōrum*, m. pl., habitants d'Ainos [Thrace] : Liv. 37, 33.

Aeningia, *ae*, f., île de l'Océan septentrional : Plin. 4, 96.

ăēnĭpēs (**ăhē-**), *ĕdis*, aux pieds de bronze : Ov. H. 6, 32.

Aēnŏbarbus (**Ahē-**), *i*, m., à la barbe de bronze [surnom] ▶ *Domitius* : Suet. Ner. 1.

Aenona, *ae*, f., ville de Liburnie Atlas XII, C5 : Plin. 3, 140.

Aenŏs, Aenus, *i* ¶ 1 f., ville de Thrace Atlas VI, A3 : Cic. Flac. 32 ; Plin. 4, 43 ¶ 2 m., fleuve de Rhétie [Inn] Atlas XII, A3 : Tac. H. 3, 5 ¶ 3 Âme éternelle [Éon de Valentin] : Iren. 1, 1, 2.

ăēnŭlum, *i*, n., petit vase d'airain : P. Fest. 25, 21.

1 **ăēnum** (**ăhē-**), *i*, n., chaudron : Virg. En. 1, 213.

2 **Aenum**, *i*, n., ville d'Égypte : Plin. 6, 168.

ăēnus (**ăhē-**), *a, um* (*aes*), de cuivre, de bronze, d'airain : Lucr. 1, 316 ǁ [fig.] *aena manu* Hor. O. 1, 35, 19, d'une main de fer ; *aena corda* Stat. Th. 3, 380, cœurs d'airain [inflexibles].

Aenuscabalēs, *is*, m., source en Arabie : Plin. 6, 158.

Aeŏlenses, *ĭum*, m. pl., Serg. 4, 476, 16, **Aeŏles**, *um*, m. pl., Cic. Flac. 27, Eoliens [peuple de l'Asie Mineure].

Aeŏlĭa, *ae*, f., Éolide [contrée d'Asie Mineure] : Cic. Div. 1, 3 ; Nep. Con. 5 ǁ Éolie [résidence d'Éole, dieu des vents] : Virg. En. 1, 52.

Aeŏlĭae insŭlae, Aeŏlĭae, *ārum*, f. pl., îles Éoliennes : Plin. 3, 92.

Aeŏlĭcus, *a, um*, des Éoliens, éolien : Plin. 6, 7 ; Quint. 1, 4, 7 ; 1, 7, 27 ǁ *-cus versus*, vers saphique : Ter.-Maur. 6, 389, 2148.

Aeŏlĭdae, *ārum*, m. pl., Éoliens [anciens habitants de la Thessalie] : Luc. 6, 384.

Aeŏlĭdēs, *ae*, m., fils ou descendant d'Éole : Ov. M. 12, 26 ; Ib. 47, 3.

Aeŏlĭs, *ĭdis*, f. ¶ 1 Éolienne, Thessalienne : Ov. M. 11, 579 ; H. 11, 34 ¶ 2 Éolide [contrée d'Asie Mineure] : Liv. 33, 38, 3 ; 37, 8, 12 ; Plin. 5, 103.

Aeŏlĭus, *a, um* ¶ 1 des Éoliens, et de leurs colonies : Ov. M. 6, 116 ; Plin. 36, 154 ; Sil. 14, 233 ¶ 2 d'Éole [dieu des vents] : Ov. Am. 3, 12, 29 ; Tib. 4, 1, 58.

Aeŏlus, *i*, m. (Αἴολος) ¶ 1 Éole [dieu des vents] : Virg. En. 1, 52 ; Ov. M. 14, 224 ǁ *Aeoli pila*, éolipile [sphère creuse en bronze représentant la tête d'Éole soufflant de la vapeur quand l'objet partiellement rempli d'eau est placé sur un feu] : Vitr. 1, 6, 2 ¶ 2 [roi de Thessalie] : Serv. En. 6, 585.

aeōn, *ōnis*, m. (αἰών), Éon [entité abstraite et éternelle imaginée par les gnostiques] : Tert. Praescr. 33, 8.

Aeopŏlĭum, *ĭi*, n., ville de la Sarmatie : Plin. 4, 49.

Aephītus, ▶ *Aepytus*.

aepŭlum, ▶ *epulum*.

Aepy, n., ville de Messénie : Stat. Th. 4, 180.

Aepўtus, *i*, m., roi d'Arcadie : Ov. M. 14, 613 ǁ *-ўus*, *a, um*, d'Épytus, d'Arcadie : Stat. Th. 9, 847.

aequābĭlis, *e* (*aequo*), [sans superl.] ¶ 1 qui peut être égalé à : *vis hostilis cum istoc fecit meas opes aequabiles* Pl. Cap. 302, la loi de la guerre a rendu ma condition égale à la sienne ¶ 2 égal à soi-même en toutes ses parties, régulier, uniforme : *satio* Cic. Verr. 3, 112, ensemencement régulier ; *motus* Cic. Nat. 2, 23, mouvement uniforme ; *aequabile genus orationis* Cic. Off. 1, 3, style égal ǁ égal, impartial : *praedae partitio* Cic. Off. 2, 40, répartition égale (impartiale) du butin ; *jus aequabile* Cic. Off. 2, 42, droit égal pour tous ǁ [en parl. des pers.] *cunctis vitae officiis* Tac. H. 4, 5, égal à lui-même dans tous les devoirs de la vie ; *in suos* Tac. An. 6, 31, juste envers les siens ǁ [en politique] égal pour tous les citoyens : *(rei publicae status) in omnes ordines civitatis aequabilis* Cic. Rep. 2, 62, (forme de gouvernement) qui maintient les principes d'égalité à l'égard de tous les ordres de l'État ; *aequabilis compensatio et juris et officii et muneris* Cic. Rep. 2, 57, égalité dans la répartition (fixation) des droits, des devoirs, des fonctions.

aequābĭlĭtās, *ātis*, f. (*aequabilis*), égalité, uniformité, régularité : *in omni vita* Cic. Off. 1, 90, unité [du caractère] dans toute la vie ; *motus* Cic. Nat. 2, 15, régularité d'un mouvement ǁ impartialité : *decernendi* Cic. Mur. 41, impartialité des arrêts ; *aequabilitatis conservatio* Cic. de Or. 1, 188, maintien d'une justice égale pour tous ǁ [en politique] égalité [des droits] : *haec constitutio habet aequabilitatem quandam magnam* Cic. Rep. 1, 69, cette constitution comporte l'égalité à un haut degré ; *ipsa aequabilitas est iniqua, cum habet nullos gradus dignitatis* Cic. Rep. 1, 43, l'égalité même est injuste, quand elle ne comporte pas des degrés de mérite (de considération).

aequābĭlĭtĕr, adv., d'une manière égale, uniforme, régulière : Cat. Agr. 103 ; *frumentum aequabiliter emere ab omnibus Siciliae civitatibus* Cic. Verr. 5, 52, acheter le blé également à toutes les villes de Sicile ; *aequabiliter in omni sermone fusum (genus facetiarum)* Cic. de Or. 2, 218, esprit(sorte de plaisanteries) répandu également dans tout le discours ; *aequaliter in rem publicam, in privatos... in suos inruebat* Cic. Mil. 76, il fonçait indistinctement sur le gouvernement, sur les particuliers ..., sur les siens ǁ *aequabilius* Tac. An. 15, 21.

aequaevus, *a, um*, du même âge : Virg. En. 5, 452 ; Plin. 16, 236.

aequālis, *e* (*aequus* ; it. *uguale*) ¶ 1 égal par l'âge **a)** de même âge : Enn. Tr. 44 ; Caecil. Com. 10 ; Pl. ; Ter. ; [avec gén.] *alicujus aequalis* Cic. Balb. 9, du même âge que qqn ; *meus aequalis* Cic. de Or. 1, 117, du même âge que moi ; *temporum illorum* Cic. Div. 1, 39, contemporain de cette époque-là ; [gén. ou dat.] *Themistocli* Nep. Arist. 1, 1, du même âge que Thémistocle ; [dat.] *cui (Ennio)* Cic. Brut. 73, contemporain de lui (Ennius) ; *temporibus illis* Liv. 8, 40, 5, contemporain de cette époque-là ǁ *aequales*, personnes du même âge : Cic. Cael. 39 ; Phil. 5, 47 ; CM 46, ou de la même époque, contemporains : Cic. Brut. 177 ; 182 **b)** de la même durée : *studiorum agitatio vitae aequalis fuit* Cic. CM 23, leur activité studieuse dura autant que leur vie ; *ejus benevolentia in populum Romanum est ipsius aequalis aetati* Cic. Phil. 11, 33, son dévouement à l'égard du peuple romain est aussi vieux que lui-même ; *(sacrificium) aequale hujus urbis* Cic. Har. 37, (sacrifice) aussi vieux que notre ville, cf. Leg. 2, 9 ¶ 2 égal [à un autre objet, sous le rapport de la forme, de la grandeur] : *intervallis aequalibus* Cic. de Or. 3, 185, par des intervalles égaux ; [en métrique] *partem pedis aequalem esse alteri parti (necesse est)* Cic. Or. 188, (nécessairement) une partie du pied est égale à l'autre ; *quod editissimum inter aequales tumulos occurrebat oculis* Liv. 7, 24, 8, ce qui se présentait à leurs regards comme dominant une chaîne de collines de même hauteur ; *paupertatem divitiis esse aequalem* Cic. Leg. 2, 25, [nous voudrions] que la pauvreté fût l'égale de la richesse ; *aequalium intolerans* Tac. H. 4, 80, ne pouvant supporter ses égaux ; *sunt virtutes aequales* Cic. de Or. 3, 55, les vertus sont égales [entre elles], cf. 1, 83 ; Lae. 32 ; Fin. 4, 55 ; *lingua aut moribus aequales* Liv. 40, 57, 7, [peuples] que la langue et les mœurs mettent sur le pied d'égalité ¶ 3 ▶ *aequabilis* : *nil aequale homini fuit illi* Hor. S. 1, 3, 9, dans cet homme, il n'y avait rien d'égal (de constant) ; *aequali ictu* Ov. M. 11, 463, [frapper l'eau] à coups réguliers ; *cursus* Sen. Tranq. 2, 4, cours régulier (égal à lui-même) ; *aequalis fuit in tanta inaequalitate fortunae* Sen. Ep. 104, 28, il fut toujours égal dans de si grandes inégalités du sort ; *aequalis et congruens* Suet. Tib. 68, ayant un corps régulier et bien proportionné ¶ 4 ▶ *aequus* : *per loca aequalia* Sall. J. 79, 6, à travers un terrain uni, cf. Cat. Agr. 162, 2 ; Ov. M. 1, 34 ; Liv. 9, 40, 2 ǁ *aequalior* Liv. 24, 46, 5 ; Plin. 19, 9 ; Quint. 3, 8, 60 ; *aequalissimus* Tert. Anim. 17, 2.

aequālĭtās, *ātis*, f. (*aequalis*), égalité [supposant comparaison avec d'autres objets] ¶ 1 [de l'âge] *aequalitas vestra* Cic. Brut. 156, le fait que vous êtes du même âge ¶ 2 égalité [sous divers rapports], identité : *quis est, qui horum consensum conspirantem et paene conflatum in hac propre aequalitate fraterna noverit, qui...* Cic. Lig. 34, est-il qqn, pour peu qu'il connaisse la manière dont leurs sentiments sont concordants et semblent se confondre, dans cette quasi identité de leurs âmes de frères, qui... ; *virtutibus exceptis atque vitiis cetera in summa aequalitate ponunt* Cic. *Leg.* 1, 38, pour eux, vertus et vices exceptés, tout le reste est absolument identique [indistinct, indifférent, ἀδιάφορα] ¶ **3** [en politique] égalité [des droits, ἰσοτιμία]: *societas hominum et aequalitas et justitia* Cic. *Leg.* 1, 49, la société humaine et l'égalité et la justice, cf. Tac. *H.* 2, 38; *An.* 1, 4; Plin. *Ep.* 9, 5, 3 ǁ esprit d'égalité [qui fait qu'un citoyen ne cherche pas à s'élever au-dessus des autres illégalement et respecte les droits assurés à chacun par la Constitution]: Cic. *Lae.* 19 ¶ **4** égalité de surface [surface unie]: *(maris)* Sen. *Ep.* 53, 2, calme de la mer, cf. *Nat.* 1, 5, 3 ǁ égalité des proportions, harmonie [d'une statue]: Plin. *Ep.* 2, 5, 11 ǁ invariabilité, régularité dans la vie: Sen. *Ep.* 31, 8; *Ir.* 3, 41, 2; *gaudii* Sen. *Ep.* 59, 16, joie toujours égale.

aequālĭtĕr, adv., par parties égales, d'une manière égale: *frumentum aequaliter distributum* Cic. *Verr.* 3, 163, blé assigné [comme contribution] par quantités égales, cf. *Flac.* 89; *Com.* 53; *Nat.* 2, 115; *Lae.* 56; *Q.* 1, 1, 33; *Fam.* 11, 20, 3 ǁ *aequabiliter constanterque ingrediens (oratio)* Cic. *Or.* 198, (style) qui s'avance à pas égaux, qui marche à une cadence égale et constante; *collis ab summo aequabiliter declivis* Caes. *G.* 2, 18, 1, colline en pente régulière depuis le sommet ǁ *Valentis copiae aequalius duci parebant* Tac. *H.* 2, 27, chez les troupes de Valens, l'obéissance au chef était plus régulière.

aequāmĕn, ĭnis, n. (*aequo*), niveau, instrument pour niveler: Varr. d. Non. 9, 18.

aequāmentum, *i*, n., action de rendre la pareille: Non. 3, 26.

aequănĭmis, *e*, indulgent, bienveillant: Herm. *Past.* 2, 51.

aequănĭmĭtās, ātis, f. ¶ **1** sentiments bienveillants: Ter. *Phorm.* 34; *Ad.* 24 ¶ **2** égalité d'âme: Sen. *Ep.* 66, 13; Plin. 18, 123; Lact. *Inst.* 5, 22, 3.

aequănĭmĭtĕr, adv., avec égalité d'âme, avec sérénité: Tert. *Pat.* 8, 4; Amm. 19, 10.

aequănĭmus, *a, um*, dont l'esprit est égal, mesuré: Aus. *Idyl.* 3, 2 (320), 10.

Aequānus, *a, um*, d'Equa, ville de Campanie: Sil. 5, 176.

aequātĭo, ōnis, f., égalisation: *gratiae, dignitatis, suffragiorum* Cic. *Mur.* 47, nivellement du crédit, du rang, des suffrages; *bonorum* Cic. *Off.* 2, 73, répartition égale des biens; *juris* Liv. 8, 4, 3, égalité du droit.

aequātŏr, ōris, m., inspecteur ou essayeur de la monnaie: CIL 13, 1820.

aequātus, *a, um*, part. de *aequo*.

aequē (*aequus*), [avec compar. et superl. seul[t] au sens ¶ 2] également, de la même manière ¶ **1** [en parl. de choses qu'on compare] *duae trabes aeque longae* Caes. *C.* 2, 10, 2, deux poutres de même longueur; *omnes aeque boni viri* Cic. *Planc.* 14, tous également hommes de bien; *numquam dextro (oculo) aeque bene usus est* Nep. *Han.* 4, 3, jamais il ne se servit aussi bien de l'œil droit; *honore non aeque omnes egent* Cic. *Off.* 2, 31, tout le monde n'a pas un égal besoin d'honneur ǁ [avec *et*] *eosdem labores non aeque graves esse imperatori et militi* Cic. *Tusc.* 2, 62, [il disait que] les mêmes fatigues ne pèsent pas d'un poids égal sur le général et sur le soldat, cf. *Clu.* 195; *Mur.* 28; *Fin.* 1, 67; *de Or.* 3, 50 ǁ [avec *ac (atque)*] *aeque ac tu doleo* Cic. *Fam.* 16, 21, 7, je suis aussi affligé que toi, cf. *Cat.* 3, 29; *Fin.* 1, 67; *nihil aeque atque illam veterem judiciorum gravitatem requirit* Cic. *Caecil.* 8, il n'y a rien qu'il réclame autant que cette ancienne gravité des tribunaux; *aeque ac si* Cic. *Sull.* 51; *Fin.* 4, 65; *Fam.* 13, 43, 2; Nep. *Eum.* 5, 6, autant que si ǁ *aeque quam* Pl.; Liv.; Sen.; Tac.; Plin., autant que ou *aeque ut* Ps. Varr. *Sent.* 26; Cic. *Phil.* 2, 94; Plin. *Ep.* 1, 20, 1; Plin. 34, 165 ǁ [avec *cum*] *aeque mecum* Pl. *As.* 332, autant que moi, cf. *Ep.* 648; Ter. *Phorm.* 1032; Quint. 9, 4, 126 ǁ [suivi de l'abl.] *aeque hoc* Pl. *Amp.* 293, autant que lui, cf. *As.* 493; *Curc.* 141; Plin. 35, 17 ǁ [*aeque* ajouté au compar.] *homo me miserior nullust aeque* Pl. *Merc.* 335, personne plus malheureux que moi, il n'y en a pas au même degré ¶ **2** équitablement, à bon droit: *aequissime* Cic. *Verr.* 3, 147, très équitablement; *ferro quam fame aequius perituros* Sall. *H.* 3, 93, il sera mieux de mourir par le fer que par la faim, cf. Plin. 8, 61 ¶ **3** peut-être: Iren. 3, 12, 15.

Aequensis, *is*, m., d'Aequum [ville de Dalmatie]: CIL 13, 1820.

Aequi, ōrum, m. pl., les Èques [peuple voisin des Latins]: Liv. 1, 9; Cic. *Rep.* 2, 20.

aequiangŭlus, *a, um*, équiangle: Ps. Boet. *Geom.* 392, 10.

aequĭclīnātum, *i*, n. (*aequus, clinatus*), figure de grammaire consistant dans la répétition des mêmes cas: Carm. Fig. 103.

Aequĭcŏli, -cŭlāni, -cŭli, ōrum, m. pl., Aequi: Plin. 3, 108; 3, 106; Liv. 1, 32, 5ǁ **-cŭlus**, *a, um*, des Èques: Virg. *En.* 7, 747; Sil. 8, 371.

aequĭcrūrĭus, *a, um* (*aequus, crus*), qui a deux côtés égaux, isocèle: Capel. 6, 712.

Aequĭcus, *a, um*, des Èques: Liv. 3, 4, 3; 10, 1, 7.

aequĭdĭālis, *e* (*aequus, dies*), équinoxial: P. Fest. 22, 19; Chalc. 65.

aequĭdĭānus, *a, um*, équinoxial: *Apul. *Mund.* 11.

aequĭdĭci versūs, m. pl., Diom. 499, 18, vers partagés en deux hémistiches qui se correspondent mot pour mot [ex. Virg. *B.* 2, 18].

aequĭdĭcus, *i*, m. (*aequus, 2 dico*), juge: CIL 6, 3440.

aequĭdĭēs, *ei*, m., équinoxe: Gloss. 2, 565, 29.

aequĭdistans, *tis*, parallèle: Capel. 8, 817.

aequĭformēs versūs, m. pl., vers qui ne présentent que des mots simples: Diom. 499, 6.

aequĭformis, *e*, de même nature: VL. *Philipp.* 3, 21.

aequĭgenus, *a, um*, de même naissance: Gloss. 4, 346, 20.

aequĭlanx, *cis*, qui a les deux bassins égaux: *Fulg. Virg. p. 106.

aequĭlātātĭo, ōnis, f., largeur égale: Vitr. 9, 7, 3.

aequĭlătĕrālis, *e*, **-lătĕrus**, *a, um*, équilatéral: Cens. 8, 6.

aequĭlătĕrus, *a, um*, équilatéral: Capel. 6, 712.

aequĭlătus, ĕris, n. (*aequus, lătus*), Aus. *Idyl.* 11 (336),51, égalité des côtés d'un triangle.

aequĭlăvĭum, *ii*, n. (*aequus, 2 lavo*), déchet de la moitié [en parl. des laines dont la moitié est perdue au lavage]: P. Fest. 22, 24.

aequĭlībrātĭo, onis, f., action de peser exactement: Cassian. *Coll.* 1, 21, 2.

aequĭlībrātus, *a, um*, mis en équilibre: Tert. *Herm.* 41, 2.

aequĭlībris, *e* (*aequus, libra*), de même poids, de même hauteur: Vitr. 5, 12, 4.

aequĭlībrĭtās, ātis, f., juste harmonie (exacte proportion) des parties: Cic. *Nat.* 1, 109.

aequĭlībrĭum, *ii*, n. (*aequilibris*), équilibre, exactitude des balances; niveau: Sen. *Nat.* 3, 25, 6; Col. *Arb.* 5, 2 ǁ talion, compensation: Gell. 20, 1, 15.

aequĭlībrō, ās, āre, āvī, ātum, tr., équilibrer: Grom. 61, 14.

aequĭlŏquus, *a, um*, qui parle juste: Gloss. 4, 19, 38.

aequĭlōtĭum, V. *aequilavium*.

Aequĭmaelium, V. *Aequimelium*.

aequĭmănŭs, ūs, m., qui se sert également bien des deux mains, ambidextre: Aus. *Idyl.* 12 (347), 3; Symm. *Ep.* 9, 110.

Aequĭmēlĭum, *ii*, n., nom d'un quartier de Rome: Varr. *L.* 5, 157; Cic. *Div.* 2, 39.

aequĭmembris, *e*, [rhét.] qui a des membres égaux: Boet. *Top. Arist.* 6, 5.

aequĭmŏdē, adv., avec le même mode: Boet. *Syll. hyp.* 2, 1.

aequĭmŏdus, *a, um*, qui a le même mode: Boet. *Syll. hyp.* 2, 1.

aequinoctĭālis, *e*, équinoxial: Catul. 46, 2; Sen. *Nat.* 3, 28, 6; Plin. 2, 216.

aequinoctium

aequĭnoctĭum, ĭi, n. (*aequus, nox*), équinoxe, égalité des jours et des nuits : Cat. Agr. 144 ; Cic. Att. 12, 28, 3 ; Caes. G. 4, 36, 2 ; Varr. L. 6, 8 ; Plin. 2, 215.

aequĭpār, ăris (*aequiparo*), égal, pareil : Aus. Idyl. 11 (336), 58 ; Apul. Flor. 3, 10.

aequĭpărābĭlis, e, comparable, qu'on peut mettre en parallèle : Plaut. Curc. 168.

aequĭpărō, *v.* aequipero.

aequĭpĕdus, a, um (*aequus, pes*), qui a des pieds égaux, des côtés égaux : Apul. Plat. 1, 7.

aequĭpĕrantĭa, ae, f., égalité, équivalence : Tert. Val. 16, 3.

aequĭpĕrātĭo (aequĭpăr-), ōnis, f., comparaison : Gell. 5, 5, 7.

aequĭpĕrātīvus, a, um, qui exprime la comparaison : Prisc. 3, 272, 27.

aequĭpĕrātŏr, ōris, m., qui fait la comparaison : Virg. Gram. Epist. pr. 2.

aequĭpĕrō (-păro), ās, āre, āvī, ātum (*aequus, 1 paro*) ¶ **1** tr. **a)** égaler, mettre au même niveau : *rem ad rem* Pl. Mil. 12 ; Gell. 20, 1, 34, une chose avec une autre, ou *rem rei* Liv. 5, 23, 6, ou *rem cum re* Gell. 3, 7 lemm. **b)** égaler, atteindre : *aliquid, aliquem*, qqch., qqn : Pl. Trin. 1126 ; Liv. 37, 53, 15 ; Ov. Pont. 2, 5, 44 || *aliqua re*, en qqch. : Nep. Alc. 11, 2 ; Them. 6, 1 ¶ **2** intr., être égal à [avec dat.] : Enn. An. 132 ; Pacuv. Tr. 401.

aequĭpollens, tis, équipollent, équivalent : Ps. Apul. Herm. 5.

aequĭpondĕrus, a, um, de même poids : Rufin. Clem. rec. 3, 11.

aequĭpondĭum, ĭi, n. (*aequus, pondus*) ¶ **1** contrepoids [de la statère] : Vitr. 10, 3, 4 ¶ **2** solstice : Aug. Serm. Mai. 49, 2.

aequĭportĭo, ōnis, f., exacte proportion, juste répartition : Dion.-Exig. 67, 410 Migne.

aequĭrēmus, a, um (*aequus, remus*), homogène : Chalc. Tim. 34 B.

aequĭsŏnantĭa, ae, f., **-sŏnātĭo**, ōnis, f., identité des sons, unisson : Boet. Mus. 5, 11 ; 5, 14.

aequĭsŏnus, a, um, de même son : Boet. Mus. 5, 10.

1 aequĭtās, ātis, f. (*aequus*), égalité ¶ **1** égalité d'âme, calme, équilibre moral : *novi moderationem animi tui et aequitatem* Cic. CM 1, je connais ta pondération et ton égalité d'âme ; *animi aequitas in ipsa morte* Cic. Tusc. 1, 97, égalité de l'âme (sang-froid) en présence de la mort || absence de passion, de parti pris, impartialité : Cic. Font. 23 ; Pis. 27 || absence de convoitise, esprit de modération, désintéressement : Caes. G. 6, 22, 4 ; Nep. Thras. 4, 2 ¶ **2** équité, esprit de justice : *magistratuum* Cic. Verr. 1, 151, l'équité des magistrats [en relation avec l'*aequabilitas*, l'égalité, comme la cause avec l'effet Rep. 1, 53] || *legis* Cic. Vat. 27, justice d'une loi ; *causae* Cic. Att. 16, 16, 9, justice d'une cause ; *condicionum* Caes. G. 1, 40, 3, propositions équitables || équité en jurisprudence [oppos. à la lettre] : *multa pro aequitate contra jus dicere* Cic. de Or. 1, 240, défendre l'équité contre le droit strict ; *aequitatem relinquere, verba ipsa tenere* Cic. Mur. 27, laisser de côté l'équité, s'en tenir à la lettre même ¶ **3** égalité, juste proportion [rare, non class.] : *portionum* Sen. Nat. 3, 10, 3, la juste proportion des parties ; *membrorum* Suet. Aug. 79, exacte proportion des membres.

2 Aequĭtās (cŏlōnĭa Aequĭtās), colonie romaine de Dalmatie : CIL 3, 2026 ; *v.* aussi 2 Aequum.

aequĭter, adv., également : Andr. Tr. 3 ; Acc. Tr. 120 ; Non. 512, 31 ; Pl. d. Prisc. 3, 71, 1.

aequĭternus, a, um (*aeque, aeternus*), de même éternité : Sidon. Ep. 8, 13, 3.

aequĭvŏcātĭo, ōnis, f., équivoque : Boet. Porph. com. 1, 1, 12.

aequĭvŏcātus, a, um, *v.* aequivocus.

aequĭvŏcē, adv., avec équivoque : Boet. Porph. com. 2, 3, 7.

aequĭvŏcō, ās, āre, -, ātum, , [au pass.] prêter à équivoque : Ps. Aug. Dial. 10.

aequĭvŏcus, a, um (*aequus, voco*), équivoque, à double sens : Capel. 4, 339.

aequō, ās, āre, āvī, ātum (*aequus*), tr., rendre égal ¶ **1** aplanir : *locum* Caes. C. 2, 2, 4, aplanir le terrain ; *aequata agri planities* Cic. Verr. 4, 107, une surface aplanie (un plateau) ; *campos* Curt. 4, 9, 10, niveler le sol de la plaine || *aream* Virg. G. 1, 178, faire une aire parfaitement plane ¶ **2** rendre égal à : *tenuiores cum principibus aequari se putant* Cic. Leg. 3, 24, les petits croient devenir les égaux des grands, cf. Caes. G. 6, 22, 4 ; Liv. 28, 40, 10 ; *in his primum cum Graecorum gloria Latine dicendi copiam aequatam* Cic. Brut. 138, [je pense] que c'est avec eux pour la première fois que l'éloquence latine est arrivée au niveau de la renommée grecque ; *numerum cervorum cum navibus* Virg. En. 1, 193, [abattre] un nombre de cerfs égal à celui des navires || [avec dat.] *(de philosophia libri) qui jam orationibus fere se aequarunt* Cic. Off. 1, 3, (mes ouvrages de philosophie) dont le nombre est déjà devenu presque égal à celui de mes discours ; *per somnum vinumque dies noctibus* Liv. 31, 41, 10, passer indistinctement les jours et les nuits dans le sommeil et l'orgie ; *aliquem alicui* Liv. 3, 70, 1 ; 26, 48, 14, égaler un homme à un autre (mettre sur le pied d'égalité un homme avec un autre) ; *solo* Liv. 6, 18, 4 ; 24, 47, 15, raser [une maison] et [au fig.] détruire : Liv. 2, 9, 3 ; *aequata machina caelo* Virg. En. 1, 89, machine qui atteint le ciel ; *caelo aliquem laudibus* Virg. En. 11, 125, porter qqn aux nues ; *Capuae amissae Tarentum captum* Liv. 26, 37, 6, égaler la prise de Tarente à la perte de Capoue, cf. 28, 4, 2 ; *regii nominis magnitudini semper animum aequavit* Liv. 33, 21, 4, il tint toujours ses sentiments à la hauteur du titre de roi ¶ **3** égaler, rendre égal : *si pecunias aequari non placet* Cic. Rep. 1, 49, si l'on ne veut pas qu'il y ait une égalité des fortunes ; *aequato omnium periculo* Caes. G. 1, 25, 1, le péril étant égal pour tous ; *cum aequassent aciem* Liv. 3, 62, 7, [les Sabins] ayant formé un front de bataille de même étendue ; *aequata fronte* Liv. 37, 3, 7, sur un front égal (sur une même ligne) ; *aequato jure omnium* Liv. 2, 3, 3, avec l'égalité de droit pour tous ; *certamen aequare* Liv. 21, 52, 11, équilibrer la lutte, maintenir les chances égales ; *aequat omnes cinis* Sen. Ep. 91, 16, notre cendre nous rend tous égaux ¶ **4** arriver à égaler, être égal : *moenium altitudinem* Curt. 4, 6, 21, atteindre la hauteur des remparts ; *cursum equorum* Curt. 4, 1, 2, égaler la course des chevaux ; *equos velocitate* Liv. 25, 34, 14, égaler les chevaux en vitesse ; *equitem cursu* Liv. 31, 36, 8, égaler un cavalier à la course ; *gloriam alicujus* Liv. 4, 10, 8, atteindre la gloire de qqn ; *odium Appii* Liv. 2, 27, 4, être aussi détesté qu'Appius.

aequŏm, *v.* aequus ►.

aequŏr, ŏris, n. (*aequus*), toute surface unie (plane) ¶ **1** plaine : *in camporum patentium aequoribus* Cic. Div. 1, 93, sur la surface unie de vastes plaines ; *medium procedit in aequor* Virg. En. 10, 45, il s'avance au milieu de la plaine ; *ferro scindere* Virg. G. 1, 50, ouvrir la plaine avec le fer ; *speculorum* Lucr. 4, 187, la surface unie (polie) des miroirs ¶ **2** plaine de la mer, mer : *aequora ponti* Lucr. 1, 8 ; 2, 772 ; Virg. G. 1, 469, les plaines de la mer ; *jactati aequore toto* Virg. En. 1, 29, ballottés sur toute la surface de la mer ; *arare vastum maris aequor* Virg. En. 2, 780, labourer (sillonner) l'immense plaine de la mer ¶ **3** plaine liquide [en parl. de fleuves] : Virg. En. 8, 89 ; *virides secant placido aequore silvas* Virg. En. 8, 96, sur la surface paisible [du fleuve] ils fendent de vertes forêts [qui s'y reflètent] ¶ **4** [fig.] *magno feror aequore* Ov. M. 15, 176, je navigue sur une vaste mer [= je traite un vaste sujet].

aequŏrĕus, a um, marin, maritime : Ov. M. 8, 604 ; Virg. G. 3, 243 ; Mart. 10, 51.

Aequorna, ae, f., déesse locale : CIL 3, 3776.

1 aequum, i, n. pris subst*t*, *v.* aequus.

2 Aequum, i, n., *v.* 2 Aequitas : CIL 3, 1323.

aequus, a, um (*v.* Aequi ; cf. aemulus ?)

¶ **1** "plat, uni" ; *in aequum descendere* ¶ **2** "favorable, avantageux" ¶ **3** "bienveillant" ¶ **4** "calme, tranquille" ; *aequo animo* ¶ **5** "juste" *aequum, i*, n. "équité" ; *aequum bonum* ¶ **6** "égal" "équivalent" *aequo Marte, ex aequo* ¶ **7** [tard.] "complet".

égal ¶ **1** plat, uni, plan: *locus* CAES. *G.* 7, 28, 2, endroit uni, plaine; *dorsum jugi prope aequum* CAES. *G.* 7, 44, 3, [on savait que] la croupe de la montagne était presque unie; *aequiore loco* CAES. *G.* 7, 51, 1, sur un terrain plus plat; *loqui ex inferiore loco, ex superiore, ex aequo* CIC. *de Or.* 3, 23, parler d'un lieu plus bas [devant les tribunaux, les juges siégant plus haut que l'avocat], d'un lieu plus élevé [devant le peuple, l'orateur étant à la tribune aux harangues qui dominait la foule], de plain-pied [devant le sénat, parce qu'on parlait de sa place] || n. pris subst^t: *in aequum descendere* LIV. 22, 14, 11, descendre dans la plaine; *in aequo campi* LIV. 5, 38, 4, en plaine || [au fig.] *in aequum descendere* SEN. *Ben.* 2, 13, 2; *deducere* SEN. *Nat.* 4, 13, 4, descendre, ramener au niveau de qqn ¶ **2** facile, favorable, avantageux: *locus ad dimicandum* CAES. *C.* 3, 73, 5, emplacement favorable pour le combat; *non aequum locum videbat suis* NEP. *Milt.* 5, 4, il voyait que l'endroit n'était pas favorable à ses troupes; *et loco et tempore aequo* CAES. *C.* 1, 85, 2, avec l'avantage à la fois du lieu et des circonstances; *locus aequus agendis vineis* LIV. 21, 7, 6, lieu propice à la manœuvre des (à pousser les) mantelets ¶ **3** [fig.] favorable, bien disposé, bienveillant: *mentibus aequis* VIRG. *En.* 9, 234, avec des dispositions favorables; *meis aequissimis utuntur auribus* CIC. *Fam.* 7, 33, 2, ils ont en moi l'auditeur le mieux disposé; *aequis auribus audire* LIV. 2, 61, 9; 22, 25, 12, écouter d'une oreille favorable; *aequis oculis* VIRG. *En.* 4, 372; CURT. 8, 2, 9; SEN. *Tranq.* 9, 2, d'un œil favorable || [en parl. des pers.] *aequior sibi quam reo* CIC. *Dej.* 4, mieux disposé pour soi-même que pour l'accusé; *nimis aequus aut iniquus* LIV. 38, 55, 4, trop bienveillant ou trop malveillant; *aequiores Lacedaemoniis quam Achaeis* LIV. 39, 35, 6, plus favorables aux Lacédémoniens qu'aux Achéens, cf. TAC. *An.* 3, 8; 4, 4; *quos aequus amavit Juppiter* VIRG. *En.* 6, 129, aimés de Jupiter favorable; *Flavianis aequior a tergo (luna)* TAC. *H.* 3, 23, [la lune] était plus favorable aux Flaviens qui l'avaient dans le dos || [pl. m. pris subst^t] *aequi et iniqui*, gens bien et mal disposés, amis et ennemis: CIC. *Fam.* 3, 6, 6; LIV. 5, 45, 1; 22, 26, 5; PLIN. *Ep.* 9, 1, 3 ¶ **4** égal [en parl. de l'âme], calme, tranquille: *concedo, quod animus aequus est* CIC. *Amer.* 145, j'accorde, parce que je suis résigné; *aequo animo*, avec calme, avec sang-froid, avec résignation: CAES. *C.* 1, 75, 1; CIC. *Cat.* 1, 20; *ut eos aequo placatosque dimittas* CIC. *Or.* 34, [tu parviens] à renvoyer résignés et apaisés ceux [mêmes contre lesquels tu décides]; *adversam fortunam aequus tolerat* TAC. *An.* 5, 8, il supporte avec calme la mauvaise fortune ¶ **5** égal, équitable, juste: *aequa sententia* CIC. *Fin.* 2, 37, sentence équitable; *aequae condiciones* CAES. *C.* 1, 26, 4, conditions équitables; *causa aequa* CIC. *Off.* 3, 38, cause juste; *judex* CIC. *Verr.* 1, 72, juge équitable || *aequum est*, il est juste, il convient; [avec prop. inf.] *quinquaginta annorum possessiones moveri non nimis aequum putabat* CIC. *Off.* 2, 81, à ses yeux, il n'était guère juste de déposséder d'une propriété de cinquante ans; [avec *ut*] *aequum videtur tibi ut... dicam* PL. *Ru.* 1230, il te paraît juste que je dise, cf. SEN. *Contr.* 9, 3 (26), 1; MART. 1, 114, 5; [avec *quin*] PL. *Trin.* 588 || [n. sg. pris subst^t] **aequum**, l'équité: *quid in jure aut in aequo verum esset* CIC. *Brut.* 145, [découvrir] ce qu'il y a de vrai dans le droit écrit et dans l'équité; *in rebus iniquissimis quid potest esse aequi ?* CIC. *Phil.* 2, 75, peut-il être question de justice dans les choses les plus injustes?; *plus aequo* CIC. *Lae.* 58, plus que de raison; *aequum colens animus* SEN. *Ben.* 3, 15, 1, une âme qui a le culte de la justice || *aequum bonum*, l'équitable et le bien: *a quo nec praesens nec absens quicquam aequi boni impetravit* CIC. *Phil.* 2, 94, de qui ni présent ni absent il n'a jamais obtenu rien de juste ni de bien; *si aliquam partem aequi bonique dixeris* TER. *Phorm.* 637, si tu as des prétentions tant soit peu raisonnables; *aequum bonum tutatus est* CIC. *Brut.* 198, il défendit le droit naturel, cf. 143; *aequi boni facere aliquid*, trouver bon qqch., s'en accommoder: TER. *Haut.* 787; CIC. *Att.* 7, 7, 4; LIV. 34, 22, 13; [sans *boni*] *aequi istuc facio* PL. *Mil.* 784, cela m'est égal || *quod (quantum) aequius melius (melius aequius)* CIC. *Off.* 3, 61, comme il est plus équitable et meilleur, en tout bien et toute justice ¶ **6** égal [par comparaison]: *aequa parta cum P. fratre gloria* CIC. *Mur.* 31, ayant acquis une gloire égale à celle de son frère Publius; *aequo jure cum ceteris* LIV. 21, 3, 6, avec les mêmes droits que les autres; cf. 10, 24, 16; 26, 24, 3; *aequa fere altitudine atque ille fuerat* CAES. *C.* 2, 15, 1, de la même hauteur à peu près que l'autre avait été; *condiciones pacis aequas victis ac victoribus fore* LIV. 9, 4, 3, que les conditions de paix seraient égales pour les vaincus et pour les vainqueurs; *aequa Cannensi clades* LIV. 27, 49, 5, défaite égale à celle de Cannes; *aequa divinis* SEN. *Vit.* 16, 2, des avantages égaux à ceux des dieux; *aequo fere spatio ab castris Ariovisti et Caesaris* CAES. *G.* 1, 43, 1, à une distance à peu près égale du camp d'Arioviste et du camp de César || *aequa pars* CAES. *C.* 3, 10, 7, une part égale; *pensionibus aequis* LIV. 30, 37, 5, par paiements égaux; *aequis manibus* LIV. 27, 13, 5; TAC. *An.* 1, 63; *aequa manu* SALL. *C.* 39, 4; *aequo proelio* CAES. *C.* 3, 112, 7; *aequo Marte* LIV. 2, 6, 10, avec des avantages égaux, le succès étant balancé, sans résultat décisif; *aequis viribus* LIV. 7, 33, 5, avec des forces égales; *in aequa causa populorum* CIC. *Verr.* 5, 49, quand la cause des deux peuples était la même; *aequo jure* CIC. *Off.* 1, 124, avec l'égalité de droit, cf. LIV. 3, 53, 9; 6, 37, 4; *aequa libertas* CIC. *Rep.* 1, 47; LIV. 4, 5, 5, liberté égale [pour tous] || [expr. adverbiales] *ex aequo*, à égalité, sur le pied de l'égalité: LIV. 7, 30, 2; SEN. *Ep.* 121, 23; TAC. *H.* 4, 64; *adversam ejus fortunam ex aequo detrectabant* TAC. *H.* 2, 97, ils se désintéressaient à un égal degré de son malheureux sort; *in aequo esse*, être au même niveau, être égal: TAC. *An.* 2, 44; *H.* 2, 20; *in aequo aliquem alicui ponere* LIV. 39, 50, 11, placer une personne sur le même rang qu'une autre; *in aequo utramque ponit repulsam* SEN. *Ben.* 5, 6, 7, il met sur la même ligne les deux refus; *in aequo alicui stare* SEN. *Ben.* 2, 29, 2, se tenir au même niveau que qqn ¶ **7** entier, complet: JUVC. 3, 573.

▶ arch. *aiquom = aequum* S. C. BAC. = *CIL* 1, 581, 26 les mss souv. *aequos = aequus*; *aequom = aequum*; *aecum = aequum*.

āēr, āĕris, m.; acc. *aerem* et *aera* (ἀήρ; fr. air, it. aria) ¶ **1** air, air atmosphérique, [qui enveloppe la Terre et qui est lui-même enveloppé par l'éther]: CIC. *Nat.* 2, 91; 2, 117; LUCR. 5, 500; *in aqua, in aere* CIC. *Nat.* 2, 42, dans l'eau, dans l'air; *crassissimus aer* CIC. *Nat.* 2, 17, la partie la plus épaisse de l'air [qui entoure la Terre] || air [un des éléments]: CIC. *Ac.* 2, 118; *Nat.* 2, 48; 2, 125; *purus ac tenuis* CIC. *Nat.* 2, 42, air pur et léger; *liquidus* VIRG. *G.* 1, 404, air transparent; *aera motus extenuat* SEN. *Nat.* 2, 57, 2, le mouvement raréfie l'air || *quietus* VIRG. *En.* 5, 216, air calme; *placidus, inquietus* SEN. *Nat.* 1, 2, 9, air tranquille, agité || *in aere* CIC. *Verr.* 4, 87, en plein air; *in aere aperto* LUCR. 3, 508, à l'air libre || [poét.] air (atmosphère) d'une région: *in crasso aere natus* HOR. *Ep.* 2, 1, 244, né dans un air épais, cf. JUV. 10, 50 [poét.] *summus arboris* VIRG. *G.* 2, 123, la partie supérieure de l'air qui entoure l'arbre [la cime aérienne de l'arbre], cf. VAL.-FLAC. 6, 261 ¶ **2** [poét.] nuage, brouillard [répandu par les dieux autour de qqn]: VIRG. *En.* 1, 411; HOR. *O.* 2, 7, 13; VAL.-FLAC. 5, 399 ¶ **3** [fig.] air, vide: *aerem verberare* VULG. *1 Cor.* 9, 26, battre l'air; *in aera loqui* VULG. *1 Cor.* 14, 9, parler en l'air.

▶ *aer*, f. dans ENN. d'après GELL. 13, 20, 14 || acc. sg. *aera* le plus usité: CIC.; SEN. || abl. pl. *aeribus* LUCR. 4, 289; 5, 643.

1 aera, ae, f. (αἶρα), mauvaise herbe, ivraie: PLIN. 18, 155; 156.

2 aera, ae, f. (anc. pl. de *aes*; it. era, fr. ère), [tard.] ¶ **1** nombre, chiffre: RUF. *Brev.* 1, 1 ¶ **2** ère, époque: ISID. 5, 36, 4.

▶ *era* CARM. EPIGR. 721, 11.

3 aera, pl. de *aes*.

aerācĭus, a, um (aes), d'airain, de bronze: VITR. 3, 1, 8.

aerāmen, ĭnis, n. (aes; fr. airain, it. rame, esp. alambre), airain, bronze: COMM. *Instr.* 1, 20, 6 || cymbale: COMM. *Instr.* 2, 8, 19.

aerāmentum, *i*, n. (aes), objet d'airain, de bronze, de cuivre : Col. 12, 3, 8 ; Plin. 35, 182 ‖ bronze : Eger. 14, 2.

aerānĕus, v. *aeranis*.

aerānis, *e* (aes), cuivré : *color equi* *Isid. 12, 1, 53, cheval à la robe cuivrée (fauve).

aerārĭa, *ae*, f., mine de cuivre : Caes. G. 3, 21, 3 ‖ fonderie : Varr. L. 8, 62 ; Plin. 34, 128.

aerārĭum, *ii*, n. (aes), Trésor public [placé dans le temple de Saturne, d'où l'expr. *aerarium Saturni* ; le même lieu servait de dépôt des archives : on y déposait les comptes des magistrats, les registres du cens, les textes de lois, les enseignes militaires, etc.] : *in aerarium deferre* Liv. 28, 38, 14 ; *inferre* Liv. 10, 46, 6 ; *referre* Cic. Agr. 1, 12 ; Liv. 37, 57, 12 ; *invehere* Cic. Off. 2, 76 ; *redigere* Liv. 4, 53, 10 ; *condere* Liv. 10, 46, 5 ; *ad aerarium deferre* Cic. Phil. 5, 12 ; Liv. 39, 4, 8 ; *referre* Cic. Pis. 61, porter au Trésor public ; *in aerario ponere* Liv. 39, 5, 8 ; 31, 50, 2, déposer au Trésor public ‖ *aerarium sanctius*, la partie la plus reculée (inviolable, sacrée) du Trésor public, la réserve du Trésor [caisse de réserve], le trésor secret : Cic. Att. 7, 21, 2 ; Caes. C. 1, 14, 1 ; Liv. 27, 10, 11 ‖ archives secrètes : Cic. Verr. 4, 140 ‖ *aerarii praetores* Tac. An. 1, 75 ; *aerarii quaestor* Tac. An. 13, 28 ; *praefectus* Plin. Ep. 9, 13, 11, préteurs, questeur gardien(s) du trésor public, préfet du Trésor ‖ *aerarium militare*, trésor militaire [fonds destinés aux soldats] : Suet Aug. 49 ; Tac. An. 1, 78 ; 5, 8 ‖ [par ext. en parl. du Trésor du roi] Cic. Att. 6, 1, 3 ‖ *aerarium privatum* Nep. Att. 8, 3, trésor particulier [caisse constituée par les contributions des particuliers].

1 aerārĭus, *a*, *um* (aes) ¶ 1 relatif à l'airain (au bronze, au cuivre) : *faber* Liv. 26, 30, 6, fondeur ; *aerarium metallum* Vitr. 7, 9, 6 ; Plin. 33, 86, mine de cuivre ; *aeraria fornax* Plin. 11, 119, fonderie ¶ 2 relatif à l'argent : *aeraria ratio* Cic. Quinct. 17, cours de la monnaie ; *tribuni aerarii* Cic. Cat. 4, 15, tribuns du Trésor ¶ 3 en numéraire, en espèces : *aerariae annonae* Cod. Just. 12, 37, 14, annone versée en numéraire [en principe versée en nature].

2 aerārĭus, *i*, m., éraire, contribuable [citoyen non inscrit dans une tribu, soumis à une capitation (*aes*) fixée arbitrairement et n'ayant pas le droit de vote ; c'était une flétrissure que d'être relégué dans la classe des éraires] : Liv. 4, 24, 7 ; 9, 34, 9 ; 24, 18, 8 ; 24, 43, 3 ; 27, 11, 15 ; 42, 10, 4 ; *aliquem in aerarios referri jubere* Cic. Clu. 122, faire reporter qqn [par le greffier] au nombre des éraires, cf. Liv. 24, 18, 8.

aerātŏr, *ōris*, m., débiteur : Gloss. 7, 577 Mai.

aerātus, *a*, *um* (aes) ¶ 1 garni, couvert d'airain : *naves aeratae* Caes. C. 2, 3, 1, navires à éperon d'airain ; *lecti aerati* Cic. Verr. 4, 60, lits avec garniture de bronze ; *aeratae acies* Virg. En. 7, 703, troupes revêtues d'airain ¶ 2 en airain, d'airain : *aerata securis* Virg. En. 11, 656, hache d'airain ; *aerata cuspis* Ov. M. 5, 9, pointe d'airain ¶ 3 muni de monnaie (d'écus) [jeu de mots] : Cic. Att. 1, 16, 3.

Aerea, f., ville de la Gaule Narbonnaise [Bédoin] : Plin. 3, 36.

aerĕlăvīna, *ae*, f., fonderie de cuivre : Varr. L. 8, 62 [mot forgé].

1 aerĕus, *a*, *um* (aes) ¶ 1 d'airain (de cuivre, de bronze) : *aerea signa* Liv. 34, 52, 4, statues d'airain ; *aereus ensis* Virg. En. 7, 743, épée d'airain ¶ 2 garni d'airain (de cuivre, de bronze) : *temo aereus* Virg. G. 3, 173, timon garni d'airain ; *aerea rota* Virg. En. 5, 274, roue recouverte d'airain ¶ 3 semblable à l'airain : *aerea vox* Serv. En. 6, 625, voix d'airain ; *aereus color* Plin. 37, 58, couleur cuivrée ¶ 4 m. pris subst^t, **aereus**, pièce de monnaie en cuivre : Vitr. 3, 1, 7 ¶ 5 n. pris subst^t, **aereum**, teinte d'airain (de cuivre, de bronze) : Plin. 8, 212.

2 āĕreus, *a*, *um* (aer), c. *aerius* : Ciris 173.

Aërĭa, *ae*, f. ¶ 1 ancien nom de la Crète : Plin. 4, 58, cf. Gell. 14, 6, 4 ¶ 2 ancien nom de Thasos : Plin. 4, 73 ¶ 3 ancien nom donné à l'Égypte : Gell. 14, 6, 4, cf. Isid. 9, 2, 60.

Āĕrĭāni, *ōrum*, m. pl., disciples d'Aerius [secte d'abstinents] : Aug. Haer. 53.

Aērĭās, *ae*, m., roi, constructeur du temple de Vénus à Paphos : Tac. An. 3, 62 ; H. 2, 3.

āĕrĭensis, *e*, relatif à l'air (?) : *Novel.- Val. 3, 5, 4.

aerĭfĕr, *fĕra*, *fĕrum* (aes, fero), porteur d'airain [cymbales d'airain] : Ov. F. 3, 740.

aerĭfĭcē, adv. (aes et facio), en travaillant l'airain : Varr. Men. 301.

1 aerīnus, *a*, *um* (αἴρινος), fait avec de l'ivraie : Plin. 22, 125.

2 āĕrīnus, *a*, *um* (ἀέρινος), d'air, fait d'air : Varr. Men. 473 ‖ couleur d'air, couleur du ciel [cf. couleur du temps] : Tert. Cult. 1, 8, 2.

aerĭpēs, *pĕdis* (aes), aux pieds d'airain : Virg. En. 6, 802 ; Ov. M. 7, 105.

aerĭsŏnus, *a*, *um* (aes), qui retentit du son de l'airain : Val.-Flac. 1, 704 ; Sil. 2, 93.

āĕrĭus, *a*, *um* (aer) ¶ 1 relatif à l'air, aérien : *(animantium genus) aerium* Cic. Tim. 35, (espèce d'animaux) vivant dans l'air ; *aeriae grues* Virg. G. 1, 375, les grues au vol élevé ; *aerium mel* Virg. G. 4, 1, le miel venu du ciel (de l'air), cf. Plin. 11, 12 ¶ 2 aérien, élevé dans l'air, haut : *aeria quercus* Virg. En. 3, 680, chêne aérien ; *aeriae Alpes* Virg. G. 3, 474, les Alpes qui se perdent dans les airs ¶ 3 qui a la couleur de l'air (du ciel), azuré : Tert. Anim. 9, 4 ¶ 4 vain, de vent : Arn. 2, 62.

āĕrĭvăgus, *a*, *um*, qui erre dans les airs : Chalc. 40 A.

āĕrizūsa, *ae*, f. (ἀερίζουσα), pierre précieuse de couleur azurée : Plin. 37, 115.

1 aerō, *ās*, *āre*, -, - (aes), tr., faire avec du cuivre : Prisc. 2, 433, 7.

2 aero, *ōnis*, m., v. *2 ēro*.

āĕrŏīdēs, *ae*, m. (ἀεροειδής), qui a la couleur de l'air (du ciel) : Plin. 37, 77.

āĕrŏmantīa, *ae*, f. (ἀερομαντεία), aéromancie, divination d'après l'état du ciel : Isid. 8, 9, 13.

āĕrŏmantis, *m.*, aéromancien : Varr. d. Serv. En. 3, 359.

aerōnālis, v. *eronalis*.

Āĕrŏpē, *ēs*, **Āĕrŏpa**, *ae*, f. (Ἀερόπη), Aéropé, épouse d'Atrée, mère d'Agamemnon et de Ménélas : Ov. Tr. 2, 391.

āĕrŏphŏbus, *a*, *um* (ἀεροφόβος), aérophobe, qui craint l'air : Cael.-Aur. Acut. 3, 12, 108.

Āĕropus, *i*, m., nom d'homme : Just. 7, 2, 5 ‖ Liv. 29, 12, 11.

aerōsus, *a*, *um* (aes), riche en cuivre, mêlé de cuivre : Plin. 33, 93 ; 34, 143 ‖ *aerosus lapis* Plin. 34, 2, calamine.

aerūca, *ae*, f., vert-de-gris [fait artificiellement] : Vitr. 7, 12, 1.

aerūgĭnō, *ās*, *āre*, *āvī*, - (aerugo), intr., s'oxyder, se rouiller : Vulg. Jac. 5, 3.

aerūgĭnōsus, *a*, *um*, oxydé, rouillé : Sen. Brev. 12, 2 ‖ *aeruginosa manus* Sen. Contr. 1, 2, 21, main couverte de vert-de-gris [à force de manier la monnaie de cuivre].

aerūgo, *ĭnis*, f. (aes ; it. *ruggine*), oxydation du cuivre, vert-de-gris : Cat. Agr. 98, 2 ; *aes Corinthium in aeruginem incidit* Cic. Tusc. 4, 32, le bronze de Corinthe s'oxyde ‖ [fig.] fiel, envie : Hor. S. 1, 4, 101 ; Mart. 2, 61, 5 ; 10, 33, 5 ‖ rouille [cupidité] qui ronge le cœur : Hor. P. 330.

aerumaeruma, n. pl., grands ustensiles de cuivre : *P. Fest. 24, 8.

aerumna, *ae*, f. (cf. αἰρομένη ?, étr. ?), peines, tribulations, misères, épreuve : *aerumna (est) aegritudo laboriosa* Cic. Tusc. 4, 18, l'aerumna est une forme de la tristesse où entre l'idée de peiner ‖ [en part.] les travaux d'Hercule : *Herculis aerumnae* Cic. Fin. 2, 118, les tribulations d'Hercule, cf. Dom. 134 ; Pl. Ep. 179 ; [au sg.] Pers. 2 ‖ *sociorum aerumna* Cic. Prov. 17, les misères des alliés, cf. Sest. 7 ; 49 ; Att. 3, 14, 1 ; 3, 11, 2 ‖ [pl., même sens] Cic. Inv. 2, 102 ; Att. 3, 8, 2 ; Par. 18 ; Sall. C. 51, 20 ; J. 14, 6 ; 14, 23 ; Liv. 29, 16, 7 ‖ cf. Quint. 8, 3, 26.

aerumnābĭlis, *e*, qui cause de la peine, de l'accablement : Lucr. 6, 1231.

aerumnōsus, *a*, *um* (aerumna), accablé de peines, de misères : Cic. Flac. 73 ; Par. 16 ; Verr. 5, 162 ; *aerumnosissimus* Cic. Att. 3, 19, 2 ; 3, 23, 5 ‖ [poét.] *aerumnosum salum* Cic. poet. Tusc. 3, 67, mer pleine d'agitation, tourmentée ; *nihil est aerumnosius sapiente* Sen. Ir. 2, 7, 1, rien n'est plus tourmenté que le sage.

aerumnŭla, *ae*, f. (dim. de *aerumna*), petite fourche à porter les bagages : Plaut. d. P. Fest. 22, 13.

aeruscātŏr, *ōris*, m., mendiant : Gell. 14, 1, 2.

aeruscō, *ās*, *āre*, -, - (cf. *aes* ? ou bien ἵμερος, scr. *icchate*, al. *heischen*, an. *ask* ?), tr., mendier [P. Fest. 22, 23] : Gell. 9, 2, 8.

aes, *aeris*, n. (cf. scr. *ayas-*, an. *ore*, al. *ehern*) ¶ **1** airain, bronze, cuivre : *ex aere* Cic. Verr. 4, 72 ; 94 ; 96, d'airain (de bronze, de cuivre) ¶ **2** objet d'airain (bronze, cuivre) : *aere ciere viros* Virg. En. 6, 165, entraîner les guerriers aux sons de l'airain [trompette] ; *Corybantia aera* Virg. En. 3, 111, l'airain (les cymbales) des Corybantes ‖ *(telum) aere repulsum* Virg. En. 2, 545, (trait) repoussé par l'airain du bouclier ; *aera fulgent* Virg. En. 7, 526, l'airain [les armes] resplendit ‖ *legum aera* Cic. Cat. 3, 19, l'airain des tables des lois ; *in aes incidere* Cic. Phil. 1, 16, graver sur l'airain ‖ *donarem... meis aera sodalibus* Hor. O. 4, 8, 2, je ferais cadeau de bronzes à mes amis ‖ *aera sudant* Virg. G. 1, 480, l'airain des statues se couvre de sueur ¶ **3** cuivre (bronze) servant primit[t] aux échanges, aux achats : *rude, infectum*, métal brut ; *signatum*, lingot d'un poids déterminé portant une empreinte [primit. celle d'une brebis ou d'un bœuf] : Varr. R. 2, 1, 9 ; Plin. 18, 12 ‖ *per aes et libram* Gai. Inst. 2, 104, acte par l'airain et la balance [forme rituelle commune à de nombreux actes juridiques archaïques, dont la mancipation et le testament] ‖ [en gén.], monnaie de cuivre : *grave aes* P. Fest. 87, 8, cuivre en poids, lingot d'une livre [comme *as libralis*] ; *decem milibus aeris gravis damnatur* Liv. 4, 41, 10, on le condamne à dix mille livres pesant de cuivre [dix mille as], cf. 5, 12, 1 ; 5, 29, 7 ; *aeris gravis viginti milia* Liv. 22, 33, 2, vingt mille livres pesant de cuivre [vingt mille as] ‖ [sans *gravis*] *milibus aeris quinquaginta censeri* Liv. 24, 11, 7, être porté sur les listes de recensement pour une somme de cinquante mille as ; *decies aeris* Liv. 24, 11, 8, [s.-ent. *centena milia*] un million d'as ; *argentum aere solutum est* Sall. C. 33, 2, pour un sesterce [pièce d'argent valant alors 4 as] les débiteurs payèrent un as [donc un quart de la somme due] ‖ pièce d'un as : Hier. Ep. 22, 24 ‖ jeton : Ps. Cypr. Aleat. 6 ‖ v. *libra* ¶ **4** argent [comme *pecunia*] : Pl. As. 201 ; Aul. 376 ; Cic. Rep. 6, 2 ; Sall. J. 31, 11 ; Virg. B. 1, 33 ; *prodigus aeris* Hor. P. 164, prodiguant l'argent ; *parvo aere emere* Liv. 26, 35, 5, acheter à peu de frais ¶ **5** argent, fortune, moyens : *meo sum pauper in aere* Hor. Ep. 2, 2, 12, je suis pauvre, mais vivant de mes propres ressources [sans dette] ; *aes alienum*, argent d'autrui, argent emprunté, dette ou *aes mutuum* Sall. J. 96, 2 ; *hominem video non modo in aere alieno nullo, sed in suis nummis multis* Cic. Verr. 4, 11, je vois que cet homme non seulement n'est pas dans les dettes, mais qu'il est dans les écus abondamment [qu'il est très riche] ; *alicujus aes alienum suscipere* Cic. Off. 2, 56, se charger des dettes de qqn ; *habere* Cic. Verr. 4, 11 ; *contrahere* Cic. Cat. 2, 4 ou *conflare* Sall. C. 14, 2, avoir, contracter des dettes ; *solvere, persolvere* Sall. C. 35, 3 ; *dissolvere* Cic. Off. 2, 84, payer une dette ; *aeri alieno alicujus subvenire* Cic. Phil. 2, 36, payer les dettes de qqn ; *ex aere alieno laborare* Caes. C. 3, 22, 1 ; *aere alieno premi* Caes. G. 6, 13, 2, être accablé de dettes ‖ [fig.] *ille in aere meo est* Cic. Fam. 15, 14, 1, cet homme fait partie de mon avoir, il est mon obligé, cf. Fam. 13, 62 ; *virtus suo aere censetur* Sen. Ep. 87, 17, la vertu est évaluée en fonction de sa propre valeur (tire toute sa valeur d'elle-même) ‖ *admonitus hujus aeris alieni* Cic. Top. 5, rappelé au souvenir de ma dette [une promesse non tenue] ¶ **6** argent de la solde : *aes militare* Pl. Poen. 1286 ; Varr. L. 5, 181, paie militaire ; *aera militibus constituta* Liv. 5, 2, 3, solde instituée pour les soldats, cf. 5, 3, 4 ; *omnibus his aera procedere* Liv. 5, 7, 12, [on décide que] pour tous ceux-là une solde coure [qu'ils reçoivent une solde] ; *cognoscentur istius aera* Cic. Verr. 5, 33, on apprendra à connaître ses services militaires (ses campagnes) ; *aere dirutus* (Varr. d. Non. 532) Cic. Verr. 5, 33, privé de sa solde. ▶ dat. abl. *aeribus* Cat. Orat. 85 ; 86 ; Lucr. 2, 637 ‖ dat. arch. *aere* Cic. Fam. 7, 13, 2 ; Liv. 31, 13, 5, cf. A. A. A. F. F., v. *1 A* ¶ *2* ‖ abl. arch. *airid* CIL 1, 38 ; *aired*.CIL 1, 383.

Aesăcŏs, Aesăcus, *i*, m. (Αἴσακος), fils de Priam : Ov. M. 11, 791.

aesălōn, *ōnis*, m. (αἰσάλων), petit oiseau de proie, émerillon (?) : Plin. 10, 205.

Aesar, m. ¶ **1** dieu des Étrusques : Suet. Aug. 97, 2 ¶ **2** rivière de la Grande-Grèce : Ov. M. 15, 23 ‖ **-rĕus, -rĭus**, *a, um*, de l'Ésar : Ov. M. 15, 54.

Aeschĭnēs, *is*, m. ¶ **1** Eschine [disciple de Socrate] : Cic. Inv. 1, 31 ¶ **2** [orateur rival de Démosthène] : Cic. Tusc. 3, 63 ¶ **3** médecin d'Athènes : Plin. 28, 44 ¶ **4** philosophe de la nouvelle Académie, élève de Carnéade : Cic. de Or. 1, 45 ¶ **5** orateur asiatique, contemporain de Cicéron : Cic. Brut. 325.

Aeschrĭo, *ōnis*, m., Aeschrion [écrivain grec] : Varr. R. 1, 1, 9.

aeschrŏlŏgĭa, *ae*, f. (αἰσχρολογία), expression d'ambiguïté obscène : Diom. 450, 32.

Aeschўlus, *i*, m. (Αἰσχύλος) ¶ **1** Eschyle [poète tragique grec] : Cic. de Or. 3, 27 ‖ **-ēus**, *a, um*, eschyléen : Prop. 2, 34, 41 ¶ **2** rhéteur de Gnide, contemporain de Cicéron : Cic. Brut. 325.

aeschynŏmĕnē, *ēs*, f. (αἰσχυνομένη), sensitive [plante qui se replie lorsqu'on la touche] : Plin. 24, 167.

Aescŭlānus, *i*, m., dieu de la monnaie de cuivre : Aug. Civ. 4, 21.

Aescŭlāpīum, *ii*, n. (Ἀσκληπιεῖον), temple d'Esculape : Liv. 38, 5, 2.

Aescŭlāpĭus (Ais-), *ii*, m. (Ἀισκλαπιός), Esculape [dieu de la médecine] : Cic. Nat. 3, 57 ; v. *Asclepius*.

aescŭlātŏr, *ōris*, m. (*aesculor*), qui amasse de la petite monnaie : Gloss. 2, 12, 36.

aescŭlētum, *i*, n., forêt de chênes : Hor. O. 1, 22, 13 ‖ quartier de Rome : Varr. L. 5, 152 ; Plin. 16, 37.

aescŭlĕus, *a, um*, de chêne : Ov. M. 1, 449 ou **aescŭlīnus**, *a, um*, Vitr. 7, 1, 2.

aescŭlŏr, *āris*, *ārī*, - (*aes*), tr., amasser de la petite monnaie : Dosith. 7, 430, 4.

aescŭlus, *ī*, f. (cf. αἴγιλωψ, al. *Eiche*, an. *oak* ; it. *ischio*), chêne farnetto [consacré à Jupiter] : Serv. G. 2, 291 ; Virg. G. 2, 16 ; Hor. O. 3, 10, 17 ; Ov. M. 10, 91 ; Plin. 12, 3 ; 16, 11.

Aesēpus, *i*, m. (Αἴσηπος), Ésèpe [fleuve de Mysie] : Plin. 5, 141 ‖ **-ĭus**, *a, um*, de l'Ésèpe : Val.-Flac. 3, 420.

Aesernĭa, *ae*, f., Isernia [ville du Samnium] : Cic. Att. 8, 11 d, 2 ‖ **-īnus**, *a, um*, d'Isernia : Liv. 10, 31 ‖ [subst. m.] habitant d'Isernia : Liv. 27, 10 ‖ [nom d'un gladiateur célèbre, pris comme type du champion redoutable] : Lucil. 149 ; Cic. Q. 3, 4, 2.

Aesīnās, *ātis*, d'Ésis [ville d'Ombrie] : Plin. 11, 241 ‖ **Aesinates**, m. pl., habitants d'Ésis : Plin. 3, 113.

Aesis, *is*, acc. *im* ¶ **1** m., Esino [fleuve d'Ombrie] Atlas XII, D4 : Liv. 5, 35, 3 ; Plin. 11, 241 ¶ **2** f. [ville située sur l'Ésis] Atlas XII, C4 : *colonia Aesis* CIL 9, 5831.

Aesius, *ii*, m., fleuve de la Bithynie : Plin. 5, 148.

Aesŏla, v. *Aefula*.

Aesōn, *ŏnis*, m., Éson [père de Jason] : Ov. M. 7, 5.

Aesōnenses, *ium*, m. pl., habitants d'Aeso [Isona, ville des Pyrénées, en Hispanie] Atlas IV, B4 ; V, F2 : Plin. 3, 23.

Aesŏnĭdēs, *ae*, m., descendant mâle d'Éson [Jason] : Ov. M. 7, 164.

Aesŏnĭus, *a, um*, d'Éson : Ov. M. 7, 156.

Aesōpēus, -pīus, *a, um*, ésopique : Sen. Polyb. 8, 3 ou **-pĭcus**, Isid. 1, 39, 2.

Aesōpus, *i*, m. (Αἴσωπος) ¶ **1** Ésope [célèbre fabuliste] : Quint. 5, 11, 19 ¶ **2** [tragédien, ami de Cicéron] : Cic. Fam. 7, 1, 2 ; Tusc. 4, 55.

Aesquĭliae, v. *Esqu-*.

aestās, *ātis*, f. (cf. *aestus*, αἴθομαι ; fr. *été*, it. *estate*), été : Cic. Verr. 5, 29 ; Caes. G. 1, 54, 2 ‖ [poét.] année : Virg. G. 3, 190 ; En. 1, 756 ‖ moment de l'été : *ubi apes aestate serena floribus insidunt* Virg. En. 6, 707, quand par un beau jour d'été les abeilles se posent sur les fleurs ‖ air de l'été : *per aestatem liquidam* Virg. G. 4, 59, [les abeilles volent] dans l'air limpide de l'été

aestas

|| chaleur de l'été : *igneam aestatem defendere* Hor. *O.* 1, 17, 3, repousser (protéger contre) les ardeurs brûlantes de l'été.

aesti, v. *aestus* ►.

aestĭfĕr, **fĕra**, **fĕrum** (aestus, fero) ¶ 1 qui apporte la chaleur, brûlant : Lucr. 1, 663 ; Virg. *G.* 2, 353 ¶ 2 qui comporte la chaleur, brûlé par la chaleur : Lucr. 6, 721 ; Luc. 1, 206.

aestĭflŭus, **a**, **um** (aestus, fluere), rempli des bouillonnements de la mer : Anth. 720, 3.

Aestii, **ōrum**, m. pl., Baltes Atlas I, A5 : Tac. *G.* 45.

aestĭmābĭlis, **e**, que l'on peut apprécier (évaluer), qui a de la valeur : Cic. *Fin.* 3, 20.

aestĭmātĭo, **ōnis**, f. (aestimo) ¶ 1 évaluation, estimation [du prix d'un objet] : Cic. *Verr.* 4, 14 ; Caes. *G.* 1, 87, 1 ; *frumenti* Cic. *Verr.* 3, 202, estimation du blé ; *possessionum* Caes. *C.* 3, 1, 2, évaluation des propriétés ; *in aestimationem venire* Liv. 5, 25, 8, être soumis à l'estimation, être évalué ; *poenae* Cic. *de Or.* 1, 232, fixation du montant d'une amende ; *litium* Cic. *Clu.* 116, fixation des dépens d'un procès ; *praedia in aestimationem ab aliquo accipere* Cic. *Fam.* 13, 8, 2, recevoir de qqn en paiement de dette des terres (biens-fonds) conformément à l'évaluation [fixée au plus haut par César après la guerre civile Caes. *C.* 3, 1, 2 ; Suet. *Caes.* 42, 2] ; [d'où] *aestimationes* Cic. *Fam.* 9, 18, 4, biens reçus en paiement ; *aestimationem accipere* Cic. *Fam.* 9, 16, 7, recevoir un paiement de dette réduit (souffrir un dommage) || valeur marchande : Catul. 12, 12 || [archit.] devis : Vitr. 10, pr. 1 || réputation : Aug. *Cresc.* 2, 17, 21 ¶ 2 appréciation, reconnaissance de la valeur d'un objet : *periculi certaminisque* Liv. 37, 59, 2, appréciation du danger et de la lutte ; *aestimatione recta* Tac. *H.* 1, 14, d'après une appréciation saine || *aestimatione*, en considération de, d'après [avec gén.] : Ennod. *Ep.* 5, 13, 2 ¶ 3 [en phil., comme ἀξία] prix attaché à qqch., valeur : Cic. *Fin.* 3, 20 ; 3, 34.

aestĭmātŏr, **ōris**, m., celui qui estime, qui évalue ¶ 1 *frumenti* Cic. *Pis.* 86, taxateur du blé ¶ 2 appréciateur : Plin. *Pan.* 21 ; Liv. 34, 25, 8 ; Curt. 8, 1, 22.

aestĭmātōrĭus, **a**, **um**, estimatoire : *actio aestimatoria* Dig. 21, 1, 18 pr., action [au profit de l'acheteur d'un objet affecté d'un vice caché] en réduction du prix ; Dig. 19, 3 tit., action sanctionnant la convention de colportage [aestimatum].

1 **aestĭmātus**, **a**, **um**, part. de *aestimo*.

2 **aestĭmātŭs**, **ūs**, m., évaluation : Macr. *Sat.* 1, 16, 31.

aestĭmĭa, **ae**, f., évaluation : P. Fest. 24, 15.

aestĭmĭum, **ii**, n., évaluation : Hyg. *Grom.* 169, 10.

aestĭmō (aestŭmō), **ās**, **āre**, **āvī**, **ātum** (cf. *aes*, **tem-* « couper », v. *tem-plum* ; a. fr. *esmer*, it. *stimare*), tr. ¶ 1 estimer, évaluer, priser : *frumentum* Cic. *Verr.* 1, 95 ; *possessiones* Cic. *Off.* 2, 85, estimer le blé, des propriétés || *id quanti aestimabat, tanti vendidit* Cic. *Verr.* 4, 10, il a vendu l'objet au prix qu'il l'évaluait ; *pluris* Cic. *Off.* 3, 62 ; *minoris* Cic. *Att.* 9, 9, 4, estimer plus, moins || *ternis denariis frumentum* Cic. *Verr.* 5, 83, estimer le blé à trois deniers (par boisseau) ; *duodevicenis denariis aestimati* Liv. 21, 41, 6, estimés dix-huit deniers chacun ; *permagno aliquid* Cic. *Verr.* 4, 13, estimer qqch. à très haut prix || *rei pretium* Cic. *Verr.* 5, 23, évaluer le prix d'une chose ; *alicui (alicujus) litem aestimare* Cic. *Verr.* 3, 184 ; 4, 22 [après avoir porté leur sentence de condamnation, les juges, dans une seconde sentence, fixaient le montant de l'amende (cf. *Clu.* 116)] ; *lis ejus aestimatur centum talentis* Nep. *Timoth.* 3, 5, le montant de sa condamnation est fixé à cent talents ; *pugnatum est, uti lis haec capitis aestimaretur* Cic. *Clu.* 116, on bataillait pour que cette affaire fût évaluée comme une affaire capitale [pour que la condamnation fût celle d'un procès capital] ; *lites severe aestimatae* Cic. *Mur.* 42, une taxation sévère des amendes || *litem aestimare* Caes. *G.* 5, 1, 9, évaluer l'objet de la contestation, apprécier le dommage, cf. Liv. 29, 9, 10 ; *noxam pari poena* Liv. 28, 31, 6, taxer un méfait à une peine égale ; *voluntatis nostrae tacitae velut litem aestimari audio* Liv. 45, 24, 2, j'entends dire que nos intentions secrètes sont frappées d'une condamnation ¶ 2 apprécier, estimer : *aliquem* Sen. *Ben.* 2, 28, 1 ; Liv. 40, 20, 3 ; *aliquid* Cic. *Mur.* 10, estimer qqn, qqch. ; *magni* Cic. *Att.* 10, 1, 1 ; *magno* Cic. *Tusc.* 3, 8, estimer beaucoup ; *pluris* Cic. *Fin.* 3, 39 ; *minoris* Cic. *Ac.* 1, 37, davantage, moins ; *levi momento aliquid* Caes. *G.* 7, 39, 3, considérer qqch. comme de peu d'importance ; *Aquitania ex tertia parte Galliae est aestimanda* Caes. *G.* 3, 20, 1, l'Aquitaine doit être évaluée au tiers de la Gaule || *Atheniensium res gestae, sicuti ego aestumo, satis amplae fuere* Sall. *C.* 8, 2, ce qu'ont fait les Athéniens a été, d'après mon appréciation personnelle, vraiment grand, cf. *J.* 110, 5 ; *si quis vere aestimet* Liv. 30, 22, 3, si l'on apprécie les faits exactement ; *nec, quantus numerus sit, aestimari potest* Liv. 10, 33, 2, et il est impossible d'évaluer le nombre [des ennemis] ; *in universum aestimanti plus penes peditem roboris* Tac. *G.* 6, à faire une appréciation d'ensemble, il y a plus de force dans l'infanterie ; *quod carum aestumant* Sall. *J.* 85, 41, ce qu'ils mettent à haut prix ¶ 3 [rare et tard., au lieu de *existimare*], penser, juger **a)** [avec un attribut] Acc. *Tr.* 384 ; Varr. d. Non. 528, 18 ; *ille eo processit, ut nihil gloriosum nisi tutum aestumet* Sall. *Lep.* 8, il en est venu au point de penser qu'il n'y a de glorieux que ce qui est sûr **b)** [avec prop. inf.] : *satis aestimare firmari domum adversum iniquas Agrippinae offensiones* Tac. *An.* 4, 39, il jugeait suffisant que sa maison fût affermie contre les injustes ressentiments d'Agrippine ; *adjuvari se... aestimant* Sen. *Nat.* 1, 1, 13, ils croient être secondés, cf. Plin. 11, 197 ; Phaed. 3, 4, 5 ; 4, 18, 15 **c)** [avec quod, quia, quoniam] Vulg. *Jac.* 1, 7 ; *Luc.* 7, 43 ; *Act.* 21, 29 || concevoir, comprendre : Tert. *Apol.* 17, 3.

aestīva, **ōrum**, n. pl. ¶ 1 camp d'été : Cic. *Att.* 5, 17, 3 ; *aestiva agere* Liv. 27, 8, 19, tenir (avoir) ses quartiers d'été ¶ 2 séjour d'été des troupeaux : Serv. *G.* 3, 472 ; Varr. *R.* 1, 6, 5 ¶ 3 campagne d'été, expédition militaire : *nulla ex trinis aestivis gratulatio* Cic. *Pis.* 97, pas un témoignage officiel d'actions de grâce après trois campagnes ; *aestivis confectis* Cic. *Att.* 5, 21, 6, la campagne étant finie ¶ 4 (s.-ent. *tempora*), été : Tert. *Apol.* 10, 14.

aestīvālis, **e**, d'été : Ps. Hyg. *Mun. Castr.* 45.

aestīvē, adv., à la façon de l'été [avec des vêtements légers] : Pl. *Men.* 255.

aestīvĭtās, **ātis**, f., temps d'été : Fort. *Carm.* 3, 12, 30.

1 **aestīvō**, adv., en été : *Apul. *Mund.* 11.

2 **aestīvō**, **ās**, **āre**, **āvī**, - (aestivus), intr., passer l'été [qq. part] : Varr. *R.* 2, 1, 16 ; Plin. 12, 22 ; Suet. *Galba* 4.

aestīvōsus, **a**, **um**, d'été, qui a la chaleur de l'été : Plin. 34, 116.

aestīvum, **i**, n., été : *in aestivo* Greg.-Tur. *Stell.* 33, en été.

aestīvus, **a**, **um** (aestas), d'été : *tempora aestiva* Cic. *Verr.* 5, 80, la saison d'été ; *aestivi dies* Cic. *Verr.* 5, 81, les jours d'été ; *per aestivos saltus exercitum ducere* Liv. 22, 14, 8, conduire l'armée dans les gorges qui servent de pâturages l'été ; v. *aestiva*.

Aestlănĭa, nom de femme : CIL 10, 5978.

Aestraeum, v. *Astraeum*.

Aestrĭa, **ae**, f., île de l'Adriatique : Mel. 2, 114.

Aestrĭenses, **ium**, m. pl., habitants d'Estréum [ville de Macédoine] : Plin. 4, 35.

aestŭābundus, **a**, **um**, c. *aestuans* : Pall. 11, 17, 2.

aestŭans, **tis**, (part. prés. de *aestuo*), pris adj[t], bouillonnant, écumant : Cic. *Har.* 2 ; Sen. *Ir.* 2, 36, 2.

aestŭārĭum, **ii**, n. (aestus ; fr. *étier*), estuaire [endroit inondé par la mer à la marée montante] : Caes. *G.* 3, 9, 4 || marée montante [fig.] : Tert. *Spect.* 27, 2 || lagune, marécage : Caes. *G.* 2, 28, 1 || *in aestuario Tamesae* Tac. *An.* 14, 32, dans l'estuaire de la Tamise, cf. *Agr.* 22 || piscine près de la mer : Varr. *R.* 3, 17, 8 || soupirail [aération dans les puits de mine] : Vitr. 8, 6, 13 ; Plin. 31, 49.

aestŭātĭo, ōnis, f., agitation, soucis : Cassiod. *Hist.* 3, 8 ; 6, 1.

aestŭō, ās, āre, āvī, ātum (aestus), intr. **I** [en parl. du feu] ¶ **1** s'agiter, bouillonner : *aestuat ut clausis fornacibus ignis* Virg. *G.* 4, 263, telle l'effervescence du feu dans le fourneau fermé ¶ **2** être brûlant : *cum exustus ager morientibus aestuat herbis* Virg. *G.* 1, 107, quand la terre desséchée est toute brûlante avec ses plantes qui meurent ; *homo aestuans* Cic. *Tusc.* 5, 74, un homme qui a très chaud ; *erudire aliquem algendo aestuando* Cic. *Tusc.* 2, 34, façonner qqn en lui faisant souffrir le froid et le chaud ‖ [fig.] *in illa aestuat* Ov. *M.* 6, 491, il est tout brûlant d'amour pour elle. **II** [en parl. de l'eau] ¶ **1** bouillonner, être houleux : *ubi Maura semper aestuat unda* Hor. *O.* 2, 6, 4, où bouillonnent sans cesse les flots de Maurétanie ‖ *umor in ossibus aestuat* Virg. *G.* 4, 309, le liquide fermente dans les os ¶ **2** [fig.] bouillonner sous l'effet d'une passion : *aestuare illi qui pecuniam dederant* Cic. *Verr.* 2, 55, ils étaient en ébullition ceux qui avaient donné de l'argent ; [par inquiétude, embarras] *aestuabat dubitatione* Cic. *Verr.* 2, 74, l'hésitation le mettait dans une violente agitation ; *quae cum aestuans agitaret* Sall. *J.* 93, 2, comme il remuait ces pensées dans l'agitation ‖ *in eo aestuavi diu* Cic. *Att.* 7, 13 a, 1, là-dessus je me suis longtemps cassé la tête.

aestŭor, āris, ārī, ātus sum, dép., intr., brûler ; se tourmenter ; être malade : Vulg. *Eccli.* 51, 6 ; Aug. *Loc. hept.* 1, 203 ; Cassiod. *Inst.* 1, 8, 2.

aestŭōsē, adv., avec les bouillonnements de la mer : Pl. *Bac.* 471 ‖ compar.[adj. ou adv.] *aestuosius* Hor. *Epo.* 3, 18, plus ardent, plus ardemment.

aestŭōsus, a, um ¶ **1** brûlant : *aestuosa via* Cic. *Att.* 5, 14, 1, route brûlante ; *oraclum Jovis aestuosi* Catul. 7, 5, l'oracle de Jupiter brûlant [Jupiter Ammon] ¶ **2** bouillonnant : *freta aestuosa* Hor. *O.* 2, 7, 16, les mers houleuses ‖ compar., aestuose.

aestŭs, ūs, m. (cf. *aestas, aedes*, αἴθομαι) ¶ **1** grande chaleur, ardeur, feu : *aestu magno ducebat agmen* Cic. *Tusc.* 2, 35, il menait ses troupes en marche par une chaleur accablante ; *fontes celeriter aestibus exarescebant* Caes. *C.* 3, 49, 5, la chaleur ardente tarissait promptement les sources ; *propius aestus incendia volvunt* Virg. *En.* 2, 706, l'incendie roule plus près de nous des tourbillons brûlants ; *furit aestus ad auras* Virg. *En.* 2, 759, le tourbillon embrasé s'élance avec furie dans les airs ‖ *aestu febrique jactari* Cic. *Cat.* 1, 31, être tourmenté par une fièvre brûlante ‖ chaleur de l'été, été : Virg. *G.* 1, 297 ; Ov. *M.* 1, 117 ; Sen. *Nat.* 4, 1, 2 ¶ **2** agitation de la mer, flots houleux : *tres naves in fretum avertit aestus* Liv. 21, 49, 2, la violence des flots emporta trois navires dans le détroit ; *furit aestus harenis* Virg. *En.* 1, 107, les flots bouillonnants agitent le sable avec rage ‖ marée : *ventum et aestum nactus secundum* Caes. *G.* 4, 23, 6, ayant trouvé le vent et la marée favorables ; *aestu suo Locros trajecit* Liv. 23, 41, 11, ayant pour lui la marée, il passa à Locres ; *aestus maritimi* Cic. *Nat.* 2, 19 ; 3, 24 ; Caes. *G.* 4, 29, 1, les marées ; *decessum aestus excipere* Caes. *G.* 3, 13, 1, supporter le reflux (les effets du reflux) sans dommage ; *aestus maritimi accedentes et recedentes* Cic. *Nat.* 2, 132, le flux et le reflux ¶ **3** [fig.] bouillonnement des passions, agitation violente ; fluctuations de l'opinion dans les comices : Cic. *Mur.* 35 ; *Planc.* 15 ‖ force entraînante : *hunc absorbuit aestus quidam gloriae* Cic. *Brut.* 282, il a été emporté en quelque sorte par le flot bouillonnant de la gloire, cf. *Leg.* 2, 9 ; *repente te quasi quidam aestus ingenii tui procul a terra abripuit* Cic. *de Or.* 3, 145, soudain, pour ainsi dire, le flot impétueux de ton génie t'a entraîné loin du rivage ‖ *magno irarum fluctuat aestu* Virg. *En.* 4, 532, son âme est ballottée par les violents transports de la colère ; *curarum* Virg. *En.* 8, 19, son esprit est agité par une mer de soucis ‖ *stultorum regum et populorum* Hor. *Ep.* 1, 2, 8, les mouvements (passions) qui agitent dans leur folie les peuples et les rois ; *qui tibi aestus (erit) ?* Cic. *Caecil.* 45, dans quelle incertitude vas-tu t'agiter ? ; *explica aestum meum* Plin. *Ep.* 9, 34, 1, débrouille mon embarras.

▶ gén. arch. *aesti* Pacuv. *Tr.* 97.

Aesŭla, Aesŭlānus, Aesŭlum, v. *Aeful-*.

Aesyros, i, m., fleuve de Bithynie : Plin. 5, 148.

aetās, ātis, f. (*aevitas, aevum* ; a. fr. aé, it. età, esp. edad) **I** ¶ **1** temps de la vie, vie : *exspectemus Tartessiorum regis aetatem* Cic. *CM* 69, attendons le vie aussi longue que celle du roi des Tartessiens ; *in hoc flexu quasi aetatis* Cic. *Cael.* 75, à ce tournant pour ainsi dire de la vie ; *aetatem agere* Cic. *Brut.* 172 ; *degere* Cic. *Fin.* 3, 50, passer sa vie, vivre ; *aetatem in aliqua re terere* Cic. *de Or.* 3, 123 ; *conterere* Cic. *de Or.* 1, 219 ; *consumere* Cic. *Off.* 1, 2, user, consumer sa vie à (dans) une chose ; *cum aetas ejus incidisset in ea tempora quibus...* Nep. *Eum.* 1, 2, comme sa vie avait coïncidé avec l'époque où..., cf. Cic. *Or.* 39 ; *Rep.* 2, 18 ‖ *ut populi Romani aetas est* Cic. *Brut.* 39, par rapport au temps d'existence (à l'âge) du peuple romain ¶ **2** âge de la vie, âge : *aetates vestrae nihil differunt* Cic. *Brut.* 150, vos âges ne diffèrent en rien ; *alicui aetate praestare* Cic. *Brut.* 1, 161, devancer qqn par l'âge ; *id aetatis duo filii* Cic. *Amer.* 64, les deux fils ayant cet âge ; *Ptolemaeus, puer aetate* Caes. *C.* 3, 103, 2, Ptolémée, encore un enfant sous le rapport de l'âge ; *aetas puerilis* Cic. *de Or.* 3, 85, l'enfance ; *confirmata* Cic. *Cael.* 43 ; *constans* Cic. *CM* 76, âge affermi, mûr [âge viril] ; *quaestoria* Cic. *Rep.* 1, 18 ; *consularis* Cic. *Phil.* 5, 48 ; *senatoria* Tac. *H.* 4, 42, âge de la questure, du consulat, âge sénatorial ; *multi ex omni aetate* Cic. *Cael.* 12, beaucoup de personnes de tout âge (*omnis aetatis* Liv. 23, 30, 6) ; *homines omnium ordinum, omnium aetatum* Cic. *Cat.* 4, 14, des gens de tout rang, de tout âge ; *te aetas mitigabit* Cic. *Mur.* 65, les années t'adouciront ; *aetate et usu doctus* Liv. 4, 46, 4, instruit par l'âge et l'expérience ‖ *prima aetate* Cic. *de Or.* 1, 3, au début de la vie ; *ejus prima aetas dedita disciplinae fuit* Cic. *Cael.* 72 ; *Off.* 2, 44, les débuts de son existence [sa jeunesse] furent consacrés à l'étude ¶ **3** [en part.] jeunesse, vieillesse : *dum per aetatem licet* Ter. *Ad.* 108, tant que la jeunesse le permet ; *propter aetatem ejus in procuratione erant regni* Cic. 3, 104, 1, à cause de son jeune âge ils administraient le royaume ; *aetas ejus dare potuit suspicioni locum* Cic. *Cael.* 9, sa jeunesse a pu donner prise aux soupçons ‖ *aetatis excusatio* Caes. *C.* 1, 85, 9, l'excuse de l'âge [vieillesse] ; *labor alienus ab aetate nostra* Cic. *Att.* 16, 3, 4, fatigue qui ne convient pas à mon âge [avancé]. **II** ¶ **1** temps : *ut tropaeis tuis adlatura finem sit aetas* Cic. *Marc.* 11, en sorte que le temps mettra un terme à la durée de tes trophées ; *omnia fert aetas* Virg. *B.* 9, 51, le temps emporte tout ; *nec, si quid lusit Anacreon, delevit aetas* Hor. *O.* 4, 9, 10, et le temps n'a pas effacé non plus les badinages d'Anacréon ¶ **2** époque, siècle, génération : *usque ad nostram aetatem* Cic. *Nat.* 1, 11, jusqu'à notre époque ; *in eodem numero ejusdem aetatis C. Carbo fuit* Cic. *Brut.* 221, c'est encore à l'effectif de la même génération qu'appartient C. Carbo ; *haec extrema fuit aetas imperatorum Atheniensium* Nep. *Timoth.* 4, 4, ce fut la fin de la période des généraux athéniens ; *Herodotus et eadem superiorque aetas* Cic. *de Or.* 186, Hérodote ainsi que ceux de la même génération et de la génération précédente ; *heroicis aetatibus* Cic. *Tusc.* 5, 7, dans les temps héroïques ; *indigne ferebas quod Catonem aetas sua parum intellexisset* Sen. *Const.* 1, 3, tu t'indignais de ce que son siècle avait trop peu compris Caton ; *nec cum aequalibus solum, sed cum vestra aetate atque vobiscum* Cic. *CM* 46, et non seulement avec les gens de mon âge, mais avec ceux de votre génération et avec vous, cf. *Brut.* 201 ; *de Or.* 1, 40 ; *Or.* 18 ‖ [poét.] *nos dura aetas* Hor. *O.* 1, 35, 35, nous, génération sans cœur, cf. *Epo.* 16, 9 ; *aurea* Ov. *M.* 1, 89, la génération de l'âge d'or ; *verborum vetus aetas* Hor. *P.* 61, la vieille génération des mots ¶ **3** [locution adverbiale] *aetatem* Pl. *As.* 21, 274 ; Lucr. 6, 236, pendant la durée des siècles ; *jamdudum, aetatem* Ter. *Eun.* 734, depuis longtemps, il y a un siècle.

aetas

▶ gén. pl.: *aetatum* Cic.; Sen.; Plin.; *aetatium*; Liv.; Sen.; Quint.

aetātŭla, *ae*, f. (dim. de *aetas*), âge tendre: Cic. *Fin.* 5, 55; *Har.* 42.

aeternābĭlis, *e*, éternel: Acc. *Tr.* 264; Ambr. *Virg.* 17, 114.

aeternālis, *e*, éternel: Aug. *Priscil.* 5; Tert. *Jud.* 6, 1.

aeternālĭter, adv., éternellement: Aug. *Civ.* 10, 15.

aeternĭtās, *ātis*, f. (*aeternus*) ¶ 1 éternité: Cic. *Inv.* 1, 38; *ex omni aeternitate* Cic. *Nat.* 3, 14; *ex aeternitate* Cic. *Fat.* 38; *ab omni aeternitate* Cic. *Div.* 1, 115, de toute éternité ¶ 2 durée éternelle: *animorum* Cic. *Tusc.* 1, 39, la durée éternelle des âmes ‖ *opera non minus aeternitate tua quam gloria digna* Plin. *Ep.* 10, 41, 1, travaux non moins dignes de l'éternité qui t'attend que de ta gloire actuelle; *Archippus per salutem tuam aeternitatemque petit a me ut...* Plin. *Ep.* 10, 59, Archippus m'a prié par ton salut et ton éternité de ....

Aeternĭus, *ii*, m., nom d'homme: CIL 10, 3387.

1 **aeternō**, adv., éternellement: Ov. *Am.* 3, 3, 11; Plin. 2, 240.

2 **aeternō**, *ās*, *āre*, -, -, tr., rendre éternel, éterniser: Hor. *O.* 4, 14, 5.

aeternŏchŏĭcus, *a*, *um* (*aeternus*, χοϊκός), éternel et matériel: *Iren. 2, 5, 1.

aeternum, acc. n.pris adv^t, éternellement, indéfiniment: Virg. *G.* 2, 400; *En.* 6, 617; Tac. *An.* 3, 26; 12, 28.

aeternus, *a*, *um* (*aeviternus*, *aevum*), éternel: Cic. *Nat.* 1, 20; *Cat.* 4, 22 ‖ *aeternior* Plin. 14, 9 ‖ *in aeternum* Lucr. 2, 570; Ov. *Tr.* 1, 3, 63; Liv. 4, 4, 4; Sen. *Ben.* 7, 21, 1; Tac. *Agr.* 32, pour l'éternité, pour toujours ‖ *aeterna Urbs* Cod. Th. 7, 13, 14, la Ville éternelle [Rome].

, **Aethālĭa**, *ae*, f., île près d'Éphèse: Liv. 37, 13, 2 ‖ ancien nom de Chios: Plin. 4, 136 ‖ ancien nom de l'île d'Elbe: Plin. 3, 81.

Aethălĭdēs, *is*, m., nom propre: Val.-Flac. 1, 437; Gell. 4, 11, 14.

Aethălŏs, *i*, m., nom propre: Ov. *Ib.* 621.

aethălus, *i*, m. (αἴθαλος), sorte de raisin [d'Égypte]: Plin. 14, 75.

aethēr, *ĕris*, acc. *ĕra*, m. (αἰθήρ) ¶ 1 éther: [air subtil des régions supérieures, qui enveloppe l'atmosphère = *aer*]; Cic. *Nat.* 2, 91; Sen. *Nat.* 2, 10, 1; Lucr. 5, 1205 ‖ [considéré comme étant de feu] Cic. *Nat.* 1, 37; 2, 41; [il alimente les astres] Lucr. 1, 231; Cic. *Nat.* 2, 42 ¶ 2 [poét.] ciel: *sublatus ad aethera clamor* Virg. *En.* 2, 338, cris qui s'élèvent jusqu'au ciel ‖ séjour des dieux: *rex aetherius* Virg. *En.* 12, 140, le roi du ciel [Jupiter] ¶ 3 air: *secare aethera pennis* Virg. *G.* 1, 406, fendre l'air de ses ailes; *volucres aethera mulcebant cantu* Virg. *En.* 7, 34, les oiseaux mettaient dans l'air la douceur de leur chant ‖ le monde d'en haut [par oppos. aux enfers]: *quam vellent aethere in alto duros perferre labores!* Virg. *En.* 6, 436, combien ils voudraient, dans l'air d'en haut, endurer sans trêve les durs travaux [des vivants]! ¶ 4 Éther: [dieu de l'air, Jupiter] Lucr. 1, 250; Virg. *G.* 2, 325 ‖ [père de Jupiter]: Cic. *Nat.* 3, 53 ¶ 5 [au n. pl.] *aethera* Fort. *Mart.* 3, 424, les cieux.

▶ gén. *aetheros* Stat. *S.* 4, 2, 25; *Th.* 3, 525 ‖ acc. *aetherem* Tert. *Anim.* 54, 2; *Marc.* 1, 13, 3; Serv. *En.* 1, 47-58.

aethĕra, *ae*, f. (néol. pour *aether*), *Apul. *Mund.* 1; Grom. 350, 18.

aethĕrālis, *e*, céleste: Gild. 71.

aethĕrĭus (aethĕrĕus), *a*, *um* (αἰθέριος) ¶ 1 éthéré: *sidera aetherium locum obtinent* Cic. *Nat.* 2, 42, les astres occupent l'espace éthéré (l'éther) ¶ 2 céleste: *sedes aetheriae* Ov. *M.* 2, 512, les demeures éthérées [le ciel]; *arces* Ov. *M.* 15, 858, les hauteurs de l'éther (du ciel) ‖ *aetherii ignes* Ov. *F.* 1, 473, le feu divin, l'inspiration divine ¶ 3 aérien: *quantum (aesculus) vertice ad auras aetherias tendit, tantum...* Virg. *G.* 2, 292, autant (le chêne) élève sa tête vers les souffles de l'air (les airs), autant..., cf. *En.* 4, 446 ¶ 4 relatif au monde d'en haut [par oppos. aux enfers]: *vesci aura aetheria* Virg. *En.* 1, 547, respirer, vivre; *primus ad auras aetherias surget* Virg. *En.* 6, 762, le premier il s'élèvera [des enfers] à l'air d'en haut [il viendra sur la Terre] ¶ 5 [chrét.] céleste: *regnum* Sedul. *Carm.* 4, 308, le royaume des cieux; *janitor aethereus* Drac. *Laud.* 3, 227, le portier du ciel [saint Pierre].

Aethīōn, *ŏnis*, m. (Αἰθίων), nom mythologique: Ov. *M.* 5, 146; Stat. *Th.* 7, 756; 10, 732.

Aethĭōpē, *ēs*, f., ancien nom de l'île de Lesbos: Plin. 5, 139.

Aethĭŏpĕs, *um*, acc. *as*, m. pl., Éthiopiens: Cic. *Div.* 2, 96; Plin. 2, 189.

Aethĭŏpĭa, *ae*, f., Éthiopie: Plin. 6, 187; Ter. *Eun.* 165 ‖ [pl.] *Aethiopiae duae sunt* Serv. *En.* 4, 481, il y a deux Éthiopies, cf. Plin. 5, 43.

Aethĭŏpĭcus, *a*, *um*, éthiopien: *mare Aethiopicum* Plin. 6, 209, la mer d'Éthiopie.

aethĭŏpis, *ĭdis*, f. (αἰθιοπίς), espèce de sauge: Plin. 27, 11.

Aethĭŏpissa, *ae*, f., Éthiopienne: Don. *Eun.* 165.

Aethĭops, *ŏpis*, m. (Αἰθίοψ) ¶ 1 Éthiopien: Catul. 66, 52; Juv. 8, 33 ¶ 2 Aethiops [fils de Vulcain]: Plin. 6, 187.

Aethĭŏpus, ▶ *Aethiops*: Lucil. 159.

Aethōn, *ōnis*, m. (Αἴθων) ¶ 1 un des chevaux du Soleil: Ov. *M.* 2, 153 ‖ un des chevaux du jeune Pallas: Virg. *En.* 11, 90 ‖ un des chevaux de l'Aurore: Claud. *Pros.* 1, 282 ¶ 2 nom d'homme: Mart. 12, 77, 3; 12, 77, 7 ¶ 3 aigle qui rongeait le cœur [sic] de Prométhée: Hyg. *Fab.* 31, 5 ¶ 4 un des Amours: Claud. *Carm. min.* 25, 140.

1 **aethra**, *ae*, f. (αἴθρα), région de l'éther où se trouvent les astres, firmament: Virg. *En.* 3, 585 ‖ limpidité de l'air, pureté du ciel: Enn. *An.* 435 (Virg. *En.* 12, 247); Lucr. 6, 467 ‖ ciel: Prud. *Cath.* 6, 35.

2 **Aethra**, *ae*, f., Éthra [fille de l'Océan et de Téthys]: Ov. *F.* 5, 171 ‖ femme d'Égée, mère de Thésée: Ov. *H.* 10, 131.

aethrālis, *e* (1 *aethra*), céleste: Aldh. *Virg.* 7.

Aethrē, *ēs*, f., île près d'Éphèse: Plin. 5, 137.

Aethrĭa, *ae*, f., ▶ *Thasos*: Plin. 4, 73 ‖ ▶ *Rhodos*: Plin. 5, 132.

Aethūsa, *ae*, f. (Αἴθουσα), ▶ *Aegusa*: Plin. 2, 104.

Aetĭa, *ōrum*, n. pl., titre d'un ouvrage de Callimaque [" les Causes "]: Mart. 10, 4, 12 ‖ titre d'un ouvrage de Varron: Char. 144, 21.

Aetĭāni, *ōrum*, m. pl., tenants de l'hérésiarque Aetius d'Antioche: Aug. *Haer.* 54.

aetĭŏlŏgĭa, *ae*, f. (αἰτιολογία), recherche des causes: Sen. *Ep.* 95, 65; Quint. 1, 9, 3 ‖ apport de preuves: Isid. 2, 21, 39.

Aetĭōn, *ōnis*, m. (Ἀετίων), Aétion [célèbre peintre grec]: Cic. *Brut.* 70.

aetitē, acc. *ēn*, f., liseron des champs: Plin. 24, 139.

āetītēs, *ae*, m. (ἀετίτης), Plin. 30, 130, **āetītīs**, *ĭdis*, f., Plin. 37, 187, pierre d'aigle qui se trouve dans l'aire de l'aigle.

Aetĭus, *ii*, m., vainqueur d'Attila: Sidon. *Carm.* 7, 359.

Aetna, *ae* (cf. *aedes*), f., Etna ¶ 1 volcan de Sicile Atlas XII, G5: Cic. *Div.* 2, 43 ¶ 2 nymphe de Sicile: Serv. *En.* 9, 584 ¶ 3 ville au pied de l'Etna: Cic. *Verr.* 3, 57.

Aetnaeus, *a*, *um*, de l'Etna: Cic. *Nat.* 96 ‖ [par ext.] de Sicile: Sil. 9, 196 ‖ m. pl., habitants des environs de l'Etna: Just. 22, 1, 11.

Aetnensis, *e*, de la ville d'Etna: Cic. *Verr.* 3, 47 ‖ m. pl., habitants de l'Etna: Plin. 3, 91.

Aetōli, *ōrum*, m. pl., Étoliens [peuple de Grèce]: Liv. 37, 4, 6.

Aetōlĭa, *ae*, f., Étolie [province de Grèce] Atlas VI, B1: Cic. *Pis.* 91.

Aetōlĭcus, *a*, *um*, Étolien: Liv. 37, 6, 5.

Aetōlis, *ĭdis*, f., Étolienne: Ov. *H.* 9, 131.

Aetōlĭus, *a*, *um*, ▶ *Aetolicus*, Étolien: Ov. *M.* 14, 461.

Aetōlus, *a*, *um*, d'Étolie: Ov. *M.* 14, 528.

Aetōlus, *i*, m., fils de Mars, héros éponyme de l'Étolie: Plin. 7, 201.

āetōma, *ae*, f. (ἀέτωμα), faîte triangulaire d'une maison, ou fronton d'un temple: CIL 3, 6671.

aevĭtāneus, *a*, *um*, éternel: Gloss. 5, 599, 11.

aevĭtās, *ātis*, f. (*aevum*), temps, durée, âge : Cic. *Leg.* 3, 7 ‖ immortalité : Apul. *Plat.* 1, 120.

aevĭternus, *a*, *um*, [c.]▶ *aeternus* : Varr. *L.* 6, 11.

aevōsus, *a*, *um*, ancien : Gloss. 5, 618, 53.

aevum, *i*, n. (cf. αἰών, αἰεί, scr. *āyu-s*, got. *aiws*, al. *je*, *ewig*) ¶ **1** la durée [continue, illimitée], le temps : Lucr. 1, 1004 ; 5, 306 ‖ *labetur (amnis) in omne volubilis aevum* Hor. *Ep.* 1, 2, 43, il (le fleuve) coulera d'un cours éternel ; *possessio omnis aevi* Sen. *Ep.* 102, 2, la possession de toute la durée [de l'éternité] ¶ **2** temps de la vie, vie : *agitare* Enn. *An.* 307 (Virg. *G.* 4, 154) ; *agere* Pacuv. *Tr.* 262 (Ov. *M.* 10, 243) ; *degere* Lucr. 5, 172 ; *exigere* Lucr. 4, 1235 ; Virg. *En.* 7, 776, passer le temps de la vie, vivre ; *traducere leniter* Hor. *Ep.* 1, 18, 97, couler des jours tranquilles ‖ *primo aevo* Prop. 3, 7, 7, au début de la vie ; *medio aevo* Plin. 7, 28, au milieu de la vie ; *aevo sempiterno frui* Cic. *Rep.* 6, 13, jouir d'une vie éternelle ¶ **3** âge de la vie, âge : *aequali aevo* Virg. *En.* 3, 491, du même âge ; *meum si quis te percontabitur aevum* Hor. *Ep.* 1, 20, 26, si l'on te demande mon âge ; *obsitus aevo* Virg. *En.* 8, 307, chargé d'années ¶ **4** époque, temps, siècle : *omnis aevi clari viri* Liv. 28, 43, 6, les grands hommes de tous les siècles ; *hoc nostrum delapsus in aevum* Hor. *S.* 1, 10, 68, tombé dans notre siècle ; *exemplar aevi prioris* Plin. *Ep.* 2, 1, 7, modèle de l'âge précédent ‖ les gens du siècle : *aevi prudentia nostri* Ov. *M.* 12, 178, la sagesse de notre siècle ; *nulla dies umquam memori vos eximet aevo* Virg. *En.* 9, 447, jamais le temps ne vous arrachera du souvenir des âges [des hommes] ‖ [en gén.] moment de la durée, durée : *intra tam brevis aevi memoriam* Liv. 26, 11, 12, alors que le souvenir porte sur un si court espace de temps ; *sperare perbrevis aevi Carthaginem esse* Liv. 28, 35, 11, il espérait que Carthage serait de bien courte durée.
▶ *aevos* (*-us*), *i*, m. [arch.], Pl. *Poen.* 1187 ; Lucr. 2, 561 ; 3, 605.

aevus, *i*, m., [v.]▶ *aevum* ▶.

Aex, *Aegŏs* ou *Aegis*, f. (Αἴξ) ¶ **1** rocher de la mer Égée, ressemblant à une chèvre : Varr. *L.* 7, 22 ; Plin. 4, 51 ¶ **2** *Aegos flumen* Nep. *Lys.* 1, 4, le fleuve de la chèvre [*Aegos Potamos*], cf. Alc. 8, 1 ; Con. 1, 2.

af [arch.] prép., [c.]▶ *ab* : Cic. *Or.* 158.

ăfannae, *ārum*, f. pl. (cf. *apinae*, εἰς Ἀφάνας ; it. *afannarsi*, fr. *ahanner*), inepties, sornettes ; faux fuyants, balivernes : Apul. *M.* 9, 10, 4 ; 10, 10, 2.

Āfĕr, *fra*, *frum* (afr.), africain : Ov. *F.* 2, 318 ‖ m. pl., les Africains : Cic. *Balb.* 41.

aff-, [v.]▶ *adf-*.

āflŭō, *ĭs*, *ĕre*, -, - (4 *a-*, *fluo*), découler de : Gell. 5, 16, 3 [traduit le t. épicurien ἀπορρεῖν].

Āfrānĭānus, *a*, *um*, d'Afranius : B.-Hisp. 7, 4.

Āfrānĭus, *ĭi*, m. ¶ **1** Lucius Afranius [célèbre poète comique] : Cic. *Fin.* 1, 7 ¶ **2** [général de Pompée en Espagne] : Caes. *C.* 1, 37, 1.

Āfrārĭus, *a*, *um*, d'Afrique : CIL 6, 1620.

ăfrātābŭlum, *i*, n., plat à soufflé : *Gloss. 4, 405, 17.
▶ écrit *afrutabulum*.

ăfrātus, *i*, m. (ἀφρός, ἀφρᾶτος), soufflé de poulet aux blancs d'œufs : Anthim. 34 ‖ **-um**, *i*, n., Isid. 20, 2, 29 ; [v.]▶ *afrutum*, *aphratum* (cf. *defrutum*).

Āfri, *ōrum*, [v.]▶ *Afer*.

Āfrĭca, *ae*, f., Afrique Atlas I, E3 ; VIII, B4 ; XII, H1 ; Sall. *J.* 89, 7 ‖ province d'Afrique : Cic. *Pomp.* 34.

Āfrĭcāna, *ae*, f., (s.-ent. *bestia*), panthère : Cael. *Fam.* 8, 8, 10 ; Liv. 44, 18, 8.

1 **Āfrĭcānus**, *a*, *um*, africain : Cic. *Dej.* 25.

2 **Āfrĭcānus**, *i*, m., surnom des deux grands Scipions, l'un vainqueur d'Hannibal, l'autre [Scipion Émilien] destructeur de Carthage et de Numance : Cic. *Brut.* 77 ; *de Or.* 2, 270.

āfrĭcĭa, *ae*, f. (?), espèce de gâteau sacré : Arn. 7, 24.

Āfrĭcus, *a*, *um* (*Afer* ; esp. *abrego*), africain : Cic. *de Or.* 3, 167 ; *Africus ventus* ou *Africus*, *i*, subst. m., l'Africus [vent du sud-ouest] : Liv. 26, 42, 7 ; Plin. 2, 119.

ăfrūtābŭlum, **ăfrūtum**, [v.]▶ *afra-*.

Aga, *ae*, m., mont d'Arménie : Plin. 5, 33.

ăgăga, *ae*, m. (gr.), entremetteur : Petr. 69, 2.

ăgăgŭla, *ae*, m. (dim. de *agaga*), petit entremetteur : Gloss. 5, 589, 19.

agalma, *ătis*, n. (ἄγαλμα), statue : Capel. 6, 567.

Agamatae, *ārum*, m. pl., peuple voisin du Palus Méotide : Plin. 6, 21.

Ăgămēdē, *ēs*, f., Agamède [fille d'Augée, héroïne du siège de Troie] : Hyg. *Fab.* 157, p. 14 ‖ [ville de Lesbos] : Plin. 5, 139.

Ăgămēdēs, *is*, m., Agamède [architecte] : Cic. *Tusc.* 1, 114.

Ăgămemnōn, **Ăgămemnō**, *ŏnis*, m., Agamemnon [roi de Mycènes, généralissime des Grecs au siège de Troie] : Cic. *Tusc.* 4, 17 ‖ **-nĭus**, *a*, *um*, Virg. *En.* 6, 489, d'Agamemnon ‖ **-nĭdēs**, *ae*, m., fils d'Agamemnon [Oreste] : Juv. 8, 215.

ăgămus, *i*, m. (ἄγαμος), qui ne s'est pas marié : Hier. *Jovin.* 1, 15.

Agandei, *ōrum*, m. pl., peuple de l'Asie septentrionale : Plin. 6, 22.

Ăgănippē, *ēs*, f. ¶ **1** Aganippe [source de l'Hélicon] : Virg. *B.* 10, 12 ‖ **-pēus**, *a*, *um*, Prop. 2, 3, 20 (**-pĭcus**, *a*, *um*, Sidon. *Ep.* 9, 13), de l'Aganippe ‖ **-pis**, *ĭdos*, f., consacrée aux Muses : Ov. *F.* 5, 7

¶ **2** Aganippe [épouse d'Acrisius, mère de Danaé] : Hyg. *Fab.* 63.

ăgăpē, *ēs*, f. (ἀγάπη) ¶ **1** amour, amitié : Tert. *Martyr.* 2, 7 ¶ **2** agape [festin des premiers chrétiens] : Tert. *Apol.* 39, 16 [glosé *dilectio*] ¶ **3** charité : Cassian. *Coll.* 24, 12, 2 ¶ **4** Éon de Valentin [amour] : Tert. *Val.* 8, 2.

Ăgăpēnōr, *ŏris*, m., roi des Tégéates : Hyg. *Fab.* 97, 11.

ăgăpētae, *ārum*, f. pl. (ἀγαπηταί), amies [iron. et péjor.] : Hier. *Ep.* 22, 14.

Āgār, f. indécl., servante d'Abraham : Vulg. *Gen.* 16, 1.

ăgărĭcum (**-on**), *i*, n. (ἀγαρικόν), agaric [champignon] : Plin. 25, 103.

ăgāso, *ōnis*, m. (*ago*), palefrenier, valet d'armée : Liv. 7, 14, 7 ‖ conducteur de chevaux : Liv. 43, 5, 8 ‖ [t.de mépris] Hor. *S.* 2, 8, 72.

Agassae, *ārum*, f. pl., ville de Thessalie : Liv. 44, 7, 5 ; 45, 27, 1.

Ăgătha, *ae*, f., ville de la Narbonnaise [auj. Agde] : Plin. 3, 33.

Ăgătharchĭdēs, *ae*, m., philosophe grec : Plin. 7, 29.

Ăgăthē, *ēs*, f., nom de femme : CIL 6, 35308.
▶ gén. *Agathenis* CIL 6, 5104 ; dat. *Agatheni* CIL 6, 4408

Ăgăthensis, *e*, d'Agatha [Agde] : Greg.-Tur. *Hist.* 9, 24.

Ăgăthōn, *ōnis*, m., Agathon, fils de Priam : Hyg. *Fab.* 90, 1.

Ăgăthŏcles, *is* et *i*, m., Agathocle ¶ **1** [roi de Sicile] : Cic. *Verr.* 4, 122 ‖ **-clēus**, *a*, *um*, d'Agathocle : Sil. 14, 652 ¶ **2** [écrivain babylonien] : Cic. *Div.* 1, 50.

ăgăthŏdaemōn, *ŏnis*, m. (ἀγαθοδαίμων), bon génie : Lampr. *Hel.* 28, 3.

Ăgăthūsa, *ae*, f., autre nom de l'île de Télos : Plin. 4, 69.

Ăgăthyrna, *ae*, f., Liv. 26, 40, 17, **Ăgăthyrnum**, *i*, n., Plin. 3, 90 ville de Sicile.

Ăgăthyrsi, *ōrum*, m. pl., peuple de Scythie : Virg. *En.* 4, 146.

Āgaunensis, *e*, [v.]▶ *Acaunensis*.

Ăgāvē, *ēs* (Ἀγαυή), f. ‖ Agavé [fille de Cadmus] : Ov. *M.* 3, 725 ‖ [l'une des Néréides] : Hyg. *Fab. pr.* 8 ‖ [l'une des Amazones] : Hyg. *Fab.* 163.

Ăgāvi, *ōrum*, m. pl., Agaves [peuple scythe] : Prisc. *Perieg.* 299.

Agbătănă, *ae*, f., [v.]▶ *Ecbatana*.

Agbĭensis, *e*, d'Agbium [ville d'Afrique] : CIL 8, 1550.

agceps, [c.]▶ *anceps*, [cf.]▶ *agma*.

Agchīsēs, arch. pour **Anchises** : Prisc. 2, 30, 14.

Agdei, *ōrum*, m. pl., Agdes [peuple d'Asie] : Plin. 1, 21.

Agdestis

Agdestis (Ἀγδίστις), être hybride de la légende phrygienne : Arn. 5, 5.

Agdestĭus, *a, um*, d'Agdestis : Arn. 5, 11.

Agdus, *i*, f., rocher de Phrygie : Arn. 5, 5.

ăgĕ, ăgĭtĕ, ăgĕdum, ăgĭtĕdum (*ago*), [anc. impér. de *ago* devenus de pures interj.] eh bien !, allons !, or çà ! [les formes du sg. *age, agedum* sont employées même quand elles s'adressent à une pluralité : Pl. *Mil.* 928 St. 221 *As.* 828 ; Cic. n'emploie jamais *agite*] ‖ [avec impér.] *age vero, responde* Cic. *Caecin.* 48, allons, voyons, réponds ; *age, esto* Cic. *Att.* 9, 9, 3, eh bien, soit ; *age nunc comparate* Cic. *Mil.* 55, voyons maintenant, comparez ‖ [avec subj.] *age nunc consideremus* Cic. *Amer.* 93, eh bien donc, examinons maintenant ; *age, age, exponamus...* Cic. *Fin.* 5, 8, allons ! allons ! (soit) exposons... ‖ [avec interrog.] *age porro, tu cur imperasti ?* Cic. *Verr.* 5, 56, et maintenant voyons, toi, pourquoi as-tu commandé ? ; *age porro, custodiri ducem placuit ; quae sunt istae custodiae ?* Cic. *Verr.* 5, 68, soit, continuons : il a décidé de garder ce chef en prison ; or quelle est-elle, cette prison ? ‖ [avec indic.] *age, ut... omittamus, possum nominare* Cic. *CM.* 24, hé ! sans parler de..., je puis nommer... ; *nunc age, expediam...* Lucr. 2, 62 ; Virg. *G.* 4, 149, eh bien ! maintenant, j'expliquerai... ‖ [ellipse du verbe] *"quin conscendimus equos ?" "age sane" omnes* Liv. 1, 57, 7, "que ne montons-nous à cheval ?" "allons, soit !" s'écrièrent-ils tous.

ăgĕa, *ae*, f. (ἄγυια), passage conduisant vers les rameurs [dans un navire] : Enn. *An.* 492 (P. Fest. 9, 24 ; Isid. 19, 2, 4).

Agedincum, *i*, n., capitale des Sénons, sur l'Yonne [auj. Sens] Atlas V, D2 : Caes. *G.* 7, 10, 4.

ăgĕdum, V. *age*.

Ăgĕlastus, *a, um*, qui ne rit pas : Quer. 86 ‖ [surnom de M. Crassus, grand-père du triumvir] : Plin. 7, 79, cf. Lucil. 1300 ; Cic. *Tusc.* 3, 31.

ăgellŭlus, *i*, Priap. 2, 3, **agellus**, *i*, m., Cic. *Verr.* 3, 85 ; *Nat.* 1, 72, tout petit champ.

ăgēma, n. (ἄγημα), agéma [corps d'élite, garde du corps, chez les Macédoniens] : Liv. 42, 51, 4 ; 42, 58, 9 ; Curt. 4, 13, 26 ; 5, 4, 21.

ăgenda, *ōrum*, n. pl., [chrét.] office liturgique : Conc. Carth. an. 390, c. 9 ‖ **agenda**, *ae*, f., Bened. *Reg.* 13, 12.

ăgĕnĕălŏgētus, *a, um* (ἀγενεαλόγητος), sans généalogie : Ps. Tert. *Haer.* 8, 3.

ăgĕnĭtus, *a, um* (cf. le suivant et *genitus*), [chrét.] non engendré : Prud. *Apoth.* 895.

Ăgennētos (-us), *i*, m. (ἀγέννητος), Éon de Valentin [le non-engendré] : Tert. *Val.* 35, 2.

Agennum, V. *Aginnum*.

Ăgēnōr, *ŏris*, m. (Ἀγήνωρ), ancêtre de Didon : *Agenoris urbs* Virg. *En.* 1, 338, Carthage ‖ **-nŏrĕus**, *a, um*, d'Agénor : Ov. *F.* 6, 172 ; de Phénicie : Sil. 7, 642 ; carthaginois : Sil. 1, 14 ‖ **-nŏrĭdēs**, *ae*, m., Cadmus, fils d'Agénor : Ov. *M.* 3, 8 ; Persée, descendant d'Agénor : Ov. *M.* 4, 771 ‖ **-nŏrĭdae**, *ārum*, m. pl., descendants d'Agénor [Carthaginois] : Ov. *Pont.* 1, 3, 77.

Ăgēnōrĭa, *ae*, f., déesse de l'activité : Aug. *Civ.* 4, 11.

ăgens, *entis* ¶ 1 part. prés. de *ago* pris adj[t], V. *ago* II A ¶ 4, II B ¶ 2 et III ¶ 5 ¶ 2 pris subst[t], plaidant, demandeur : Quint. 6, 2, 27 ; 7, 3, 15 ‖ arpenteur : Grom. 192, 13 ‖ *agentes in rebus*, commissaires informateurs [agents de surveillance en mission, créés par Constantin] : Amm. 15, 3, 8 ; Cod. Th. 6, 35, 3 ; Cod. Just. 12, 20-21 ‖ [gram.] agent [oppos. à *patiens*," le patient"] : Pomp.-Gr. 5, 228, 2 ‖ [tard.] *agens (domus)*, majordome : Greg.-Tur. *Hist.* 9, 35 ‖ sacristain : Greg.-Tur. *Hist.* 7, 42.

ăgĕr, *ăgri*, m. (cf. *ago*, ἀγρός, scr. *ajra-*, al. Acker, an. *acre* ; cf. fr. *débonnaire*) ¶ 1 champ, fonds de terre : *agri arvi et arbusti et pascui* Cic. *Rep.* 5, 3, des champs labourables, d'autres plantés d'arbres, d'autres destinés au pâturage ; *agrum colere* Caes. *G.* 5, 12, 2, cultiver un champ ¶ 2 les champs, la campagne : *permulti et ex urbe et ex agris se in illa castra conferre dicuntur* Cic. *Cat.* 2, 21, en très grand nombre, et de la ville et des campagnes, ils se rendent, paraît-il, dans ce camp ¶ 3 territoire, contrée, pays : *ager Campanus* Cic. *Verr.* 1, 82, le territoire campanien ; *agros Remorum depopulati* Caes. *G.* 2, 7, 3, ayant ravagé le territoire des Rèmes ; *ager publicus* Cic. *Agr.* 2, 56, territoire (domaine) de l'État ‖ intérieur des terres [par oppos. à la mer] : *pars muri versa in agros* Liv. 34, 9, 5, partie des murs tournée vers l'intérieur des terres ¶ 4 [t. d'arpentage] *in agrum* [oppos. à *in fronte*], en profondeur : Hor. *S.* 1, 8, 12 ; Petr. 71 [d. les inscriptions on trouve aussi *in agro*].

► nom. pl. arch. *agrei* CIL 1, 585, 93 ; abl. pl. *agreis* CIL 1, 585, 20.

ăgērāton, *i*, n. (ἀγήρατον), espèce d'achillée [plante] : Plin. 27, 13.

Ăgērătŏs, *i*, m. (ἀγήρατος), Agératos, un des Éons de Valentin [litt[t] "qui ne vieillit pas"] : Tert. *Val.* 8, 2.

Ăgērĭus, *ii*, m., (*Aulus*), nom conventionnel utilisé par les juristes romains pour qualifier le demandeur ou créancier [*Agerius*, de *agere*, "celui qui agit en justice"] : Gai. *Inst.* 4, 34.

Ăgēsĭlāus, *i*, m. (Ἀγησίλαος), Agésilas ¶ 1 [roi de Sparte] : Nep. *Ages.* 1, 1 ¶ 2 [de ἄγω] surnom de Pluton : Lact. *Inst.* 11, 31.

Ăgēsimbrŏtus, *i*, m. (Ἀγησίμβροτος), amiral rhodien : Liv. 32, 16, 7.

Ăgēsĭpŏlis, *is*, m., nom d'un Lacédémonien : Liv. 34, 26, 14.

ăgēsīs, = *age, si vis*, allons, voyons, de grâce : Pl. *As.* 679.

Agessinātēs, *um* ou *ĭum*, m. pl., Agessinates [peuple de l'Aquitaine] : Plin. 4, 108.

agg-, V. *adg-*.

Aggar, n. indécl., ville du nord de l'Afrique Atlas VIII, A3 ; XII, H2 : B.-Afr. 67, 1 ; 76, 2 ‖ **-ītānus**, *a, um*, d'Aggar : Plin. 5, 30.

Aggasus, *i*, m., port d'Apulie : Plin. 3, 103.

Aggenus Urbīcus (*Age-*), écrivain latin qui s'est occupé de questions relatives à l'agriculture : Grom. 59, 1 ; 403, 23.

aggĕr, *ĕris*, m. (*adgero* ; it. *argine*) ¶ 1 amoncellement de matériaux de toute espèce : *fossam aggere explent* Caes. *G* 7, 79, 4, ils comblent le fossé d'un amas de matériaux ; *aggerem petere* Caes. *G.* 2, 20, 1 ; *comportare* Caes. *C.* 2, 15, 1, faire venir, transporter des amas de matériaux ; *(trabes) aggere vestiuntur* Caes. *G.* 7, 23, 2, (ces traverses) sont revêtues d'une couche de déblais ¶ 2 levée de terre [pour fortifier un camp] : *aggerem ac vallum exstruere* Caes. *G.* 7, 72, 4, établir une levée de terre et une palissade ; *ejus valli agger* Caes. *G.* 3, 63, 1, la levée qui supportait cette palissade ‖ [en part.] le talus de Servius, agrandi par Tarquin, protégeant Rome entre l'Esquilin et le Quirinal : Cic. *Rep.* 2, 11 ; Liv. 1, 44, 3 ; *aggere in aprico spatiari* Hor. *S.* 1, 8, 15, se promener sur le talus ensoleillé de Servius ¶ 3 chaussée, terrasse [pour un siège] : *aggerem jacere* Caes. *G.* 2, 12, 5 ; *exstruere G.* 2, 30, 3, construire une terrasse ; *cotidianus agger* Caes. *G.* 7, 24, 4, travail journalier de la terrasse ; *aggerem interscindere* Caes. *G.* 7, 24, 1, couper la terrasse ; *cum agger promotus ad urbem esset* Liv. 5, 7, 2, la chaussée étant menée jusqu'à la ville ¶ 4 [en gén.] chaussée, remblai, digue : Varr. *R.* 1, 14, 2 ; Virg. *En.* 2, 496 ; *inchoatum a Druso aggerem coercendo Rheno absolvit* Tac. *An.* 13, 53, il acheva la digue commencée par Drusus pour contenir le Rhin ‖ chaussée d'une route : *in aggere viae* Virg. *En.* 5, 273, sur la chaussée, cf. Serv. *En.* 5, 273 ; 12, 446 ; Isid. 15, 16, 7 ; *aggerem viae obtinere* Tac. *H.* 2, 24, occuper la chaussée de la route ‖ chaussée, levée formant route : *pontes et aggeres humido paludum imponere* Tac. *An.* 1, 61, établir des ponts et des chaussées sur l'humidité des marécages, cf. *An.* 2, 7 ; 4, 73 ‖ *agger publicus* Amm. 18, 8, 2, voie publique ¶ 5 [poét.] monceau, amas, élévation : *tumuli ex aggere* Virg. *En.* 5, 44, de l'amoncellement d'un tertre [= du haut d'un tertre de gazon] ; *aggeres nivei* Virg. *G.* 3, 354, monceaux de neige ; *aggeribus Alpinis descendens* Virg. *En.* 6, 830, descendant des hauteurs des Alpes ¶ 6 tombeau : Arn. 1, 46.

▶ arch. *arger* pour *agger*, Prisc. 2, 35, 7.

aggĕrātim, adv., en monceau, par tas : Apul. M. 4, 8.

aggĕrātio, *ōnis*, f., amoncellement, entassement ; levée : Vitr. 10, 16, 9.

aggĕrātus, *a*, *um*, part. de 2 *aggero*.

aggĕrĕus, *a*, *um* (*agger*), en forme de tas : Anth. 483, 28.

1 **aggĕrō**, *ās*, *āre*, *āvī*, *ātum* (*agger*) ¶1 amonceler, accumuler : *cadavera* Virg. G. 3, 556, amonceler les cadavres ; *ossa disjecta vel aggerata* Tac. An. 1, 61, ossements épars ou amoncelés ‖ *trames inter paludes aggeratus* Tac. An. 1, 63, piste élevée sur une chaussée au milieu des marais ‖ *arbores aggerare* Col. 11, 2, 46, rechausser des arbres ; *convalles spinetis aggeratae* Apul. M. 4, 6, vallons couverts d'une accumulation d'épines ¶2 [fig.] développer, grossir : *iras* Virg. En. 4, 197, développer la colère [chez qqn] ; *promissum* Stat. Th. 2, 198, grossir (exagérer) une promesse.

2 **aggĕrō**, v. *adgero*.

Ăgĭleius, *ii*, m., (**-eia**, *iae*), f., noms romains : CIL 10, 6423 ; 6, 4737.

Agilimundus, *i*, m., Agilimond [roi des Quades] : Amm. 17, 12, 21.

ăgĭlis, *e* (*ago*) ¶1 que l'on mène facilement : *qui restituissent agili classi ?* Liv. 30, 10, 3, comment auraient-ils tenu tête à une flotte pleine de souplesse (facile à manœuvrer) ? ; *esseda nos agili rota tulere* Ov. Pont. 2, 10, 34, le char nous emporta d'une roue légère ¶2 qui se meut aisément, agile, preste, leste : *agilis dea* Ov. H. 4, 169, la déesse agile [Diane] ; *agilis Cyllenius* Ov. M. 2, 720, le Cyllénien au vol rapide [Mercure] ; *parum in legendo agilis oculus* Sen. Clem. 1, 16, 3, œil insuffisamment agile dans la lecture ‖ *aer agilior* Sen. Nat. 2, 10, 1, air plus mobile ¶3 actif, agissant : *nunc agilis fio* Hor. Ep. 1, 1, 15, tantôt je me lance dans la vie active ; *agilem (oderunt) remissi* Hor. Ep. 1, 18, 90, les nonchalants (n'aiment pas) l'homme actif ; *humanus animus agilis est* Sen. Tranq. 2, 11, l'esprit humain est agissant.

▶ superl. : *agillimus* d'après Char. 114, 11 ; Prisc. 2, 96, 14 ; *agilissimus* d'après Char. 182, 18, mais aucune des deux formes ne se trouve dans les textes.

ăgĭlĭtās, *ātis*, f., facilité à se mouvoir : *agilitas mollitiaque naturae* Cic. Att. 1, 17, 4, la vivacité et la flexibilité des sentiments ; *membrorum agilitas* Liv. 44, 34, 8, agilité des membres ; *agilitatem navium experiri* Liv. 26, 51, 6, éprouver la vitesse des navires [la facilité de manœuvrer], cf. 35, 26, 2 ; 37, 30, 2 ; *rotarum* Curt. 4, 6, 9, vitesse des roues.

ăgĭlĭter, adv., agilement : Frontin. Strat. 2, 5, 47 ; Amm. 14, 2, 15 ‖ *agilius* Col. 2, 2, 27 ; *agilissime* Char. 182, 18 [sans ex.].

Agilo, *ōnis*, m., nom propre germanique : Amm. 14, 7, 8 ; 21, 12, 16.

ăgīna, *ae*, f. (*ago*), châsse, trou dans lequel se meut le fléau d'une balance : P. Fest. 9, 12.

Aginātius, *ii*, m., nom d'homme : Amm. 28, 1, 30.

ăgīnātŏr, *ōris*, m. (*agina*), celui qu'un faible gain fait pencher (pousse, met en branle) : P. Fest. 9, 13.

Aginnum, *i*, n., Agen [ville d'Aquitaine] Atlas IV, A4 ; V, F2 : CIL 5, 7615.

ăgīnō, *ās*, *āre*, -, - (*agina*), intr., s'agiter, se démener, se remuer : Petr. 61, 9.

ăgĭos, v. *hagios*.

ăgĭpēs, *pĕdis*, m. (*ago*, *pes*), suiviste [sénateur qui vote avec les pieds, cf. *pedarius*] : *Lucil. 1102 (P. Fest. 232, 7).

Agipsium, *ii*, n., surnom d'une ville d'Égypte : Plin. 6, 167.

Āgis, *ĭdis*, m., roi de Sparte : Cic. Off. 2, 80 ‖ frère d'Agésilas : Nep. Ages. 1, 4 ‖ un Lycien : Virg. En. 10, 751.

ăgĭtābĭlis, *e*, facilement mobile : Ov. M. 1, 75.

ăgĭtans, *tis*, part. de *agito*.

ăgĭtātĭo, *ōnis*, f. (*agito*) ¶1 action de mettre en mouvement, agitation : *agitatio anceps armorum* Liv. 1, 25, 5, entrechoquement des armes sans résultat décisif, cf. 7, 10, 8 ; *vix lecticae agitationem patiens* Liv. 27, 29, 2, supportant à peine les mouvements imprimés à la litière ; *agitatio terrae* Col. 2, 2, 6, remuement (labourage) de la terre ‖ [fig.] action de pratiquer qqch. : *studiorum agitatio* Cic. CM 23, la pratique des études ; *plurimarum rerum agitatio frequens* Plin. Ep. 8, 14, 11, la pratique constante d'une multitude d'affaires ¶2 action de se mouvoir, de s'agiter, mouvement, agitation : *agitationes fluctuum* Cic. Mur. 35, agitation des flots ; *aer in aliqua est agitatione* Sen. Nat. 5, 1, 1, l'air est toujours qq. peu en mouvement ; *fluctus est maris in unam partem agitatio* Sen. Nat. 5, 1, 3, le flot est une agitation de la mer dans un sens unique ‖ *mentis agitatio* Cic. Off. 1, 17, activité de l'esprit, cf. Off. 1, 19 ; Nat. 1, 45.

ăgĭtātīvus, *a*, *um*, en action : Boet. Top. Arist. 4, 6.

ăgĭtātŏr, *ōris*, m. (*agito*) ¶1 cocher [conducteur de quadriges dans les jeux publics] : Cic. Ac. 2, 94 ; Sen. Ep. 30, 13 ; Plin. Ep. 9, 6, 2 ; [conducteur d'un char de guerre] Virg. En. 2, 476 ¶2 celui qui pousse devant lui du bétail : *tardi agitator aselli* Virg. G. 1, 273, le paysan qui pousse son âne à la marche lente ‖ [tard.] instigateur : Macr. Somn. 2, 15, 6.

Ăgĭtātōria, *ae*, f., titre d'une comédie de Névius : Char. 197, 10.

ăgĭtātrix, *īcis*, f., celle qui agite ; qui met en mouvement : Arn. 4, 22.

1 **ăgĭtātus**, *a*, *um* ¶1 part. de *agito* ¶2 [adj'] mobile, agile, remuant, actif : Cic. Tim. 9 ; *agitatiorem mihi animum esse credebam* Sen. Ep. 108, 22, je croyais avoir l'esprit plus actif (alerte) ‖ animé, passionné : *actio paulo agitatior* Quint. 11, 3, 184, une action oratoire un peu plus animée.

2 **ăgĭtātŭs**, *ūs*, m. (*agito*), état de mouvement, d'agitation, mouvement : Varr. L. 5, 11 ; 5, 12 ; 6, 41 ; Macr. Sat. 7, 8, 12.

ăgĭtĕdum, v. *age*.

ăgĭtō, *ās*, *āre*, *āvī*, *ātum* (fréq. de *ago*), tr.

I idée de mouvement ¶1 "pousser vivement" ¶2 "mettre en mouvement" ¶3 "remuer", "agiter" ¶4 "tenir en haleine" ¶5 "tourmenter" ¶6 "critiquer" ¶7 *agitari* "se déplacer".
II idée d'occupation ¶1 "s'occuper de" ¶2 "agiter dans son esprit", avec interrog. indir., avec prop. inf., avec inf. "réfléchir, méditer" ¶3 avec *de* "penser à".
III idée de temps ¶1 "passer" [le temps] ¶2 "vivre".

I [idée de mouvement] ¶1 pousser vivement : *jumenta* Varr. R. 1, 52, 1, faire avancer les bêtes de somme ; *equum* Cic. Brut. 192, presser un cheval ; *aquila aves agitans* Cic. Div. 2, 144, aigle qui pourchasse les oiseaux ; *terris agitare vel undis Trojanos potuisti* Virg. En. 12, 803, tu as pu poursuivre les Troyens sur terre ou sur mer ¶2 mettre en mouvement : *quod motum adfert alicui quodque ipsum agitatur aliunde* Cic. Rep. 6, 27, ce qui donne le mouvement à qqch. et ce qui tire soi-même son mouvement d'autre chose ; *navem agitare in portu* Nep. Dion 9, 2, faire manœuvrer un vaisseau dans le port ; *quadrijugos currus* Virg. G. 3, 18, pousser (lancer) des quadriges ; *corpora huc et illuc agitare* Sall. J. 60, 4, remuer le corps de-ci de-là ; *digitos* Plin. Ep. 2, 20, 3, agiter les doigts ; *hastam* Ov. M. 3, 667, agiter (brandir) une lance ; *vicibus annorum requietum agitatumque alternis arvum* Col. 2, 9, 4, terre laissée au repos et remuée (cultivée) une année alternativement ; *totam infusa per artus mens agitat molem* Virg. En. 6, 727, répandue dans les veines du monde une intelligence en fait mouvoir la masse entière ‖ [acc. de qualification] *motum agitare*, provoquer des mouvements : *qui motus cogitationis celeriter agitatus per se ipse delectat* Cic. Or. 134, et ce mouvement de la pensée mis en branle promptement est un plaisir par lui-même ; *ceteros animorum motus dicendo miscere atque agitare* Cic. de Or. 1, 220, troubler par la parole, remuer et déchaîner les autres mouvements de l'âme (les autres passions) ¶3 remuer, agiter : *maria agitata ventis* Cic. Nat. 2, 26, les mers agitées par les vents ; *diu agitata fastigia concidunt* Sen. Nat. 6, 9, 3, le faîte après avoir vacillé longtemps s'écroule ¶4 [fig.] remuer, tenir en haleine, exercer : *his curis cogita-*

agito

tionibusque animum agitaverat Liv. 35, 28, 7, à ces soucis et ces pensées il avait occupé l'activité de son esprit ; *hoc tempus idoneum (est) agitandis per studia ingeniis* Sen. Ep. 108, 27, ce temps [la jeunesse] (est) fait pour tenir en haleine (exercer) l'esprit par l'étude ¶ 5 agiter, poursuivre, tourmenter, persécuter : *eos agitant Furiae* Cic. Leg. 1, 40, les Furies les poursuivent, cf. Amer. 66 ; Virg. En. 3, 331 ; *agitavit in tribunatu C. Gracchum* Cic. Brut. 109, au cours de son tribunat il pourchassa (malmena) C. Gracchus, cf. Att. 14, 18, 1 ; *eum agitare coepit* Liv. 22, 12, 6, il se mit à le harceler ; *suum quemque scelus agitat* Cic. Amer. 67, c'est son propre crime qui persécute [le coupable] (ne lui laisse aucun repos) ‖ remuer, exciter : *tribuni plebem agitare suo veneno, agraria lege* Liv. 2, 52, 2, les tribuns remuent le peuple avec leur poison habituel, la loi agraire, cf. 3, 11, 9 ; *inritando agitandoque* Liv. 4, 49, 12, en [le] piquant et [le]harcelant ; *agitabatur magis magisque in dies animus ferox inopia rei familiaris* Sall. C. 5, 7, son caractère farouche était remué (excité) de plus en plus chaque jour par le délabrement de sa fortune ; *ea tempestate seditionibus tribuniciis atrociter res publica agitabatur* Sall. J. 37, 1, à cette époque les séditions causées par les tribuns mettaient l'État dans une effroyable agitation ¶ 6 [en part.] poursuivre (attaquer) en paroles, critiquer : *agitat rem militarem* Cic. Mur. 21, il poursuit de ses critiques le métier militaire, cf. Balb. 57 ; de Or. 2, 229 ¶ 7 agitari, se remuer, se déplacer : *(Camilla) fugiens magnumque agitata per orbem* Virg. En. 11, 694, (Camille) fuyant et décrivant un large cercle [autour de l'adversaire] ; *Fama finitimis agitatur agris* Stat. Th. 2, 206, la Renommée parcourt les territoires voisins ‖ se mettre en mouvement : *aether semper agitatur* Cic. Nat. 2, 42, l'éther ne cesse pas d'être en mouvement ; *tum animus agitatur ipse per sese* Cic. Div. 2, 139, alors l'âme se meut par elle-même (trouve en elle-même son principe d'activité).

II [idée d'occupation] ¶ 1 s'occuper de, s'acquitter de : *diurna nocturnaque munia in armis agitabantur* Tac. An. 11, 18, les services de jour et de nuit se faisaient en armes ; *praesidium agitare* Liv. 27, 15, 17, monter d'ordinaire la garde ; *mutas artes* Virg. En. 12, 397, exercer une profession obscure ; *imperium* Sall. C. 9, 4, exercer le pouvoir ; *(Jugurtha) cuncta agitare* Sall. J. 66, 1, (Jugurtha) s'occupait de tout ; *rem publicam* Sall. C. 28, 3, s'occuper des affaires publiques ; *venisse quaesitum ab eo pacem an bellum agitaturus foret* Sall. J. 109, 2, [il dit] qu'il était venu lui demander s'il voulait la paix ou la guerre ; *laeti pacem agitabamus* Sall. J. 14, 10, nous jouissions d'une paix heureuse ; *indutiae agitabantur* Sall. J. 29, 4, on observait une trêve ; *dies festos agitare* Cic. Verr. 2, 51, célébrer des jours de fête, cf. 2, 114 ; Tac. H. 3, 78 ‖ [abs^t] *agitare*, se comporter, agir : *postremo ferocius (coepit) agitare quam solitus erat* Sall. J. 23, 3, enfin il commença à se montrer plus fier que de coutume ; *consul dum inter primores incautus agitat* Liv. 7, 24, 3, le consul en donnant de sa personne avec imprudence au premier rang [dans le combat] ; *in potestatibus eo modo agitabat ut...* Sall. J. 63, 5, dans ses différentes fonctions il se comportait de telle sorte que... ‖ se tenir : *equitatum pro castris agitare jubet* Sall. J. 59, 1, il ordonne à la cavalerie de se poster devant le camp ¶ 2 agiter (dans son esprit) : *rem in mente* Cic. Nat. 1, 114 ; *mente* Cic. CM 41 ; *animo* Cic. Fam. 6, 1, 2 (*animis* Cic. Font. 22) ; Sall. J. 63, 1 ; Liv. 8, 25, 2 ; *in animo* Liv. 21, 2, 2 ; *secum* Ter. Phorm. 615 ; Hor. S. 1, 4, 138 ‖ agiter (une chose), l'examiner, la discuter : *res agitata in contionibus* Cic. Clu. 4, affaire agitée dans les assemblées du peuple ; *sententia agitata in senatu* Cic. Dom. 9, avis débattu dans le sénat ; *his rebus agitatis* Caes. G. 7, 2, 1, ces choses ayant été débattues ; *non agitanda res erit?* Cic. Verr. 5, 179, l'affaire ne devra pas être soumise à l'examen ? ‖ [avec interrog. indir.] *quaerere ipse secum et agitare cum suis coepit, quibusnam rebus maximam pecuniam facere posset* Cic. Verr. 2, 17, il se mit à chercher en lui-même et à examiner avec ses amis par quels moyens il pourrait faire le plus d'argent possible ; *agitatum in senatu quanti daretur plebi frumentum* Liv. 2, 34, 7, on discuta au sénat à quel prix le blé serait cédé à la plèbe ‖ [avec prop. inf.] *quod si ille hoc unum agitare coeperit, esse aliquod genus cogendae pecuniae senatorium* Cic. Verr. 3, 224, et s'il entreprend d'agiter ce seul point, savoir qu'il y a une façon sénatoriale de ramasser de l'argent ; *hoc animo agitavi te... discissurum* Liv. 1, 36, 4, j'ai eu cette pensée dans l'esprit que tu couperais... ‖ [avec inf.] songer à, méditer de : *ita ut mente agitaret bellum renovare* Nep. Ham. 1, 4, si bien qu'il roulait dans son esprit la pensée de recommencer la guerre, cf. Curt. 4, 13, 16 ; Tac. An. 1, 18 ¶ 3 [abs^t] *de te ipso est tuum sic agitare animo, ut...* Cic. Fam. 6, 1, 2, ton devoir est de penser à toi-même de telle sorte que... ; *longe aliter animo agitabat* Sall. J. 11, 1, il avait au fond de lui-même des pensées toutes différentes ; *interdum Hannibal de fuga in Galliam dicitur agitasse* Liv. 22, 43, 4, on dit qu'Hannibal eut plusieurs fois la pensée de fuir en Gaule, cf. 25, 36, 5 ; Tac. Agr. 13 ; H. 1, 39.

III [idée de temps] ¶ 1 *aevum agitare* Virg. G. 4, 154 (Enn. An. 307), passer sa vie, vivre : *vita hominum sine cupiditate agitabatur* Sall. C. 2, 1, les hommes vivaient sans passion ; *pro muro dies noctesque agitare* Sall. J. 94, 6, passer les jours et les nuits devant les remparts ¶ 2 [abs^t] *Libyes propius mare Africum agitabant* Sall. J. 18, 9, les Libyens vivaient plus près de la mer d'Afrique, cf. 19, 5 ; Tac. An. 1, 50 ; 4, 46 ; [pass. impers.] *paucorum arbitrio belli domique agitabatur* Sall. J. 41, 7, on vivait en paix comme en guerre sous le bon plaisir de quelques-uns.

▶ v. 1 *agitatus*, *satagito* [= *satis agito*].

Āglăĭa, *ae*, **Aglaĭē**, *ēs*, f., Aglaé [une des Grâces] : Sen. Ben. 1, 3, 6.

Agla minor, f., ville de la Bétique : Plin. 3, 10.

Āglăŏphōn, *ontis*, m. (Ἀγλαοφῶν), célèbre peintre grec : Cic. de Or. 3, 26.

āglăŏphōtis, *ĭdis*, f. (ἀγλαοφῶτις), herbe magique aux brillantes couleurs : Plin. 24, 160.

Āglăosthĕnēs, *is*, m., historien grec : Plin. 4, 66.

Āglaurŏs (-rus, *i*), f., Aglaure [fille de Cécrops] : Ov. M. 2, 560.

Āglāŭs, *i*, m., nom d'homme : Plin. 7, 151.

Āglostĕnēs, v. ▶ *Aglaosthenes*.

agma, *atis*, n. (ἄγμα), nom grec du *g* nasalisé, comme dans *agceps* = *anceps* : Varr. d. Prisc. 2, 30, 15.

agmĕn, *ĭnis*, n. (*ago*)

I [en gén.] ¶ 1 marche, cours : *agmine certo Laocoonta petunt* Virg. En. 2, 212, ils marchent droit sur Laocoon ; *leni fluit agmine Thybris* Virg. En. 2, 782, le Tibre coule d'une allure paisible ; *agmine remorum celeri* Virg. En. 5, 211, grâce à la vive allure des rames ; *agmina caudae* Virg. G. 3, 423, les replis de la queue [de la couleuvre] ¶ 2 file, bande, troupe : *agminibus comitum qui modo cinctus erat* Ov. Tr. 1, 5, 30, lui à qui naguère des troupes de compagnons faisaient escorte ; *dictator stipatus agmine patriciorum* Liv. 6, 38, 5, le dictateur escorté d'une foule de patriciens ‖ *longum pascitur agmen (cervorum)* Virg. En. 1, 185, (les cerfs) paissent en longue file ; *agmine magno corvorum exercitus* Virg. G. 1, 381, des légions (une armée) de corbeaux en longue file ; *agmen apium* Virg. G. 4, 59, essaim d'abeilles ; *it nigrum campis agmen (formicarum)* Virg. En. 4, 404, la noire colonne (des fourmis) chemine dans la plaine.

II [langue milit., emploi le plus fréquent dans la prose class.] ¶ 1 marche d'une armée : *in agmine adoriri* Caes. G. 3, 24, 3, attaquer pendant la marche ; *lentum agmen* Tac. H. 2, 99, marche lente ; *citato agmine* Liv. 2, 20, 4 d'une marche vive ; *concitato agmine* Liv. 28, 22, 11, avec impétuosité ; *praecipiti agmine* Liv. 3, 10, 12, précipitamment ; *fugae simili agmine* Liv. 6, 32, 10, d'une marche qui ressemblait à une fuite ¶ 2 [sens le plus ordinaire] armée en marche, colonne de marche : *ordo agminis* Caes. G. 2, 19, 1, disposition de la colonne de marche, ordre de marche ; *primum agmen* Caes. G. 1, 15, 5, avant-garde ; *medium* Caes. C. 1, 64, 4, le centre de la colonne ; *novissimum* Caes. G. 1, 15, 2, arrière-garde ; *extremum* Caes. G. 2,

11, 4; *C.* 1, 64, 1, la fin de la colonne, les dernières lignes de l'arrière-garde ; *quadrato agmine, agmine quadrato* Cic. *Phil.* 2, 108 ; Liv. 2, 6, 6, marche en carré (= en ordre de bataille) ; *agmen claudere* Caes. *G.* 2, 19, 3 ; *cogere* Liv. 22, 2, 3 (au fig. Cic. *Att.* 15, 13, 1, former l'arrière-garde, fermer la marche) ; *agmen constituere* Sall. *J.* 49, 5 ; Liv. 38, 25, 12, arrêter les troupes, faire halte ‖ [poét.] *agmina*, troupes, armée, bataillons, escadrons : Virg. *En.* 1, 490 ; 2, 267 ; 6, 814 ; Hor. *S.* 2, 1, 14 ‖ [par ext.] *impedimentorum agmen* Hirt. *G.* 8, 8, 3, la colonne des bagages, le train des équipages ; *agmen jumentorum* Hirt. *G.* 8, 35, 2, la colonne des bêtes de somme ; *navium* Liv. 21, 27, 8, la file des navires ; *agmine facto* Liv. 5, 30, 4 ; 38, 33, 6 ; Virg. *En.* 1, 82, en rangs serrés, en colonne compacte.

agmentum, v. *amentum*.

agmĭnālis, *e*, qui appartient au convoi d'une armée : Dig. 50, 4, 18.

agmĭnātim, adv., en troupe, par bande : Solin. 25, 4 ; Apul. *M.* 4, 20 ‖ en quantité, en masse : Apul. *M.* 4, 8.

1 agna, *ae*, f. (*agnus*), agnelle, jeune brebis : Varr. *R.* 2, 2, 2 ; Tib. 1, 1, 31 ‖ [offerte en sacrifice] Virg. *En.* 5, 772 ; Hor. *Epo.* 10, 24 ; Tib. 1, 1, 22 ; Ov. *F.* 1, 56.

2 agna, *ae*, f. (cf. 1 *acus*), épi : Carm. Sal. (P. Fest. 231, 5).

Agnālĭa, *ĭum*, n. pl., ⇨ *Agonalia*: Ov. *F.* 1, 325.

Agnānĭus, *ii*, m., nom romain : CIL 10, 3699, 1, 11.

agnăphus, v. *acnafus*.

agnascŏr (**adgn-**), *scĕris, scīs, scī, nātus sum* (*ad, nascor*), intr. ¶ 1 naître après le testament du père : Cic. *de Or.* 1, 241 ; *Caecin.* 72 ¶ 2 naître (pousser) sur, à côté de : *quicquid adgnascatur illis, e caelo missum putant* Plin. 16, 249, tout ce qui pousse sur ces [chênes sacrés], ils le croient d'origine céleste ; *adgnatum, i,* n., surcroît, excroissance : Plin. 21, 102 ‖ [fig.] Gell. 7, 1, 9 ; 6, 14, 4.

agnātīcĭus, *a, um*, qui concerne les agnats : Cod. Just. 6, 58, 15.

agnātĭo, *ōnis*, f. (*agnascor*) ¶ 1 parenté du côté paternel, agnation : Cic. *de Or.* 1, 173 ¶ 2 naissance après le testament du père [ou après la mort du père] : Ulp. *Reg.* 23, 2 ; Julian. *Dig.* 40, 5, 47 ¶ 3 excroissance [d'une plante] : Ps. Apul. *Herb.* 60.

1 agnātus, *a, um*, part. de *agnascor*.

2 agnātus, *i*, m. ¶ 1 agnat [parent du côté paternel] : L. XII Tab. 5, 4 ; Cic. *Inv.* 2, 148 ; Gaius *Inst.* 1, 156 ¶ 2 enfant en surnombre [venu au monde quand il y a déjà les héritiers établis, naturels ou par adoption] : Tac. *H.* 5, 5.

▶ gén. pl. *a(d)gnatum* L. XII Tab. (Her. 1, 23 ; Cic. *Inv.* 2, 148).

agnella, *ae*, f. (dim. de 1 *agna*), Ennod. *Carm.* 2, 100, 6.

agnellīnus, *a, um*, d'agneau : Anthim. 5.

agnellus, *i*, m. (dim. de *agnulus* ; fr. *agneau*), petit agneau : Prisc. 2, 109, 15 ‖ [t. d'affection] Pl. *As.* 667.

Agnēs, *is* (*ētis*), f. (ἁγνή), sainte Agnès : Prud. *Perist.* 14, 1, 31.

agnĕus, *a, um*, d'agneau : Greg.-Tur. *Vit. Patr.* 8, pr.

agnĭcŭla, *ae*, f. (dim. de 1 *agna*), petite agnelle : Ambr. *Inst. virg.* 16, 103.

agnĭcŭlus, agnĭcellus, agnĭcellŭlus, *i*, m., petit agnelet : Pomp.-Gr. 5, 143, 29.

agnīle, *is*, n. (*agnus*), bergerie : Gloss. 2, 245, 36.

agnīna, *ae*, f., (⇨ *agnina caro*), chair d'agneau : Pl. *Cap.* 819 ; Hor. *Ep.* 1, 15, 35.

agnīnus, *a, um* (*agnus* ; esp. *añino*), d'agneau : Pl. *Ps.* 319.

agnĭtĭo, *ōnis*, f. (*agnosco*) ¶ 1 connaissance : *quaestio ad agnitionem animi pulcherrima* Cic. *Nat.* 1, 1, question des plus belles pour la connaissance de l'âme ¶ 2 action de reconnaître, reconnaissance : Plin. 10, 194.

agnĭtĭōnālis, *e* (*agnosco*), connaissable, reconnaissable : Tert. *Val.* 27, 3.

agnĭtor, *ōris*, m., qui reconnaît : Quint. 12, 8, 13.

1 agnĭtus, *a, um*, part. de *agnosco*.

2 agnĭtŭs, *ūs*, m., connaissance : Paul.-Nol. *Ep.* 16, 9.

Agnŏīta, *ae*, m. (Ἀγνοήτης), hérétique niant l'omniscience du Christ : Greg.-M. *Ep.* 10, 14.

agnōmĕn, *ĭnis*, n. (*ad, nomen*), surnom supplémentaire : *praenomen, nomen, cognomen, agnomen, ut Publius Cornelius Scipio Africanus* Char. 152, 22, [on distingue] le prénom, le nom, le surnom qui fait corps avec le nom, le surnom qui s'y ajoute, par ex. Publius Cornélius Scipion l'Africain.

▶ non attesté chez les écrivains classiques ; se trouve chez les grammairiens.

agnōmĭnātĭo, *ōnis*, v. *adnominatio*.

agnōmĭnātīvus, *a, um* (*agnomen*), relatif au surnom : Serg. 4, 536, 5.

agnŏs, *i*, m. (ἄγνος), gattilier [arbuste] : Plin. 24, 59.

agnoscĭbĭlis, *e*, reconnaissable : Tert. *Res.* 55, 10.

agnoscĭbĭlĭtĕr, adv., en connaissance de cause : Eus.-Em. *Serm.* 9, 16.

agnoscō (**adgn-**), *ĭs, ĕre, nōvī, nĭtum* (*ad, nosco*), tr. ¶ 1 reconnaître, percevoir, saisir : *deum ex operibus ejus* Cic. *Tusc.* 1, 70, reconnaître Dieu à ses œuvres ; *(genus hoc orationis) quale sit, etiam ab imperitis agnoscitur* Cic. *Or.* 209, la nature (de ce genre de style) est reconnue même par ceux qui ne sont pas du métier ‖ [avec prop. inf.] *mihi tantum dignitatis adjunxeris, ut eumdem te facile agnoscam fuisse in laude mea qui fueris in salute* Cic. *Fam.* 2, 6, 4, tu me donneras un surcroît de considération assez grand pour que je reconnaisse que tu t'es montré dans la question de mon prestige le même que dans celle de mon retour d'exil ¶ 2 reconnaître [qqn, qqch. de déjà vu, déjà connu] : *Gabinium si vidissent duumvirum, citius agnovissent* Cic. *Pis.* 25, s'ils avaient vu Gabinius comme duumvir, ils l'auraient plus vite reconnu ; *fuit non nemo qui agnosceret Thuym* Nep. *Dat.* 3, 3, il se trouva des gens pour reconnaître Thuys ; *vestitum, habitum civium agnosco ; facta, dicta, animos hostium video* Liv. 28, 27, 4, au costume, à la tenue, je reconnais des concitoyens ; aux actes, aux propos, aux sentiments, je vois des ennemis ; *agnosco tuum morem istum* Cic. *Rep.* 3, 47, je reconnais bien là ton goût habituel ‖ [part. pass.] *agnitus alicui*, reconnu de qqn : Plin. 8, 208 ; 10, 207 ; Stat. *Th.* 5, 185 ¶ 3 reconnaître, admettre : *quod mihi tantum tribui dicis, quantum ego nec agnosco nec postulo, facis amice* Cic. *Lae.* 9, quand tu dis qu'on m'attribue tous ces mérites, et pour mon compte, je suis aussi loin de les reconnaître que de les revendiquer, tu agis en ami ; *id ego agnovi meo jussu esse factum* Cic. *Fam.* 5, 20, 5, j'ai reconnu que cela s'était fait par mon ordre ; *cum agnoscas odium omnium justum* Cic. *Cat.* 1, 17, du moment que tu reconnais que cette haine générale est légitime ‖ [en part.] *filium reliquerat (Agis) quem ille natum non agnorat* Nep. *Ages.* 1, 4, (Agis) avait laissé un fils qu'il n'avait pas reconnu à sa naissance, cf. Liv. 45, 19, 11 ; Plin. *Ep.* 10, 72 ; 10, 73 ; Suet. *Caes.* 52 ‖ [droit] se charger, prendre à son compte : *onus aeris alieni* Dig. 28, 5, 35, 1, se charger d'une dette ; *periculum* Dig. 50, 1, 13, assumer un risque ; *tutelam* Dig. 26, 1, 7, accepter de gérer la tutelle ‖ [part. pass.] *spreta exolescunt ; si irascare, agnita videntur* Tac. *An.* 4, 35, [ces traits satiriques], méprisés, s'évanouissent dans l'oubli ; si l'on s'en fâche, on a l'air d'en reconnaître le bien fondé.

▶ *agnōtus est = agnitus est* : Pacuv. *Tr.* 484 ; *agnōturus = agniturus* : Sall. *H.* 2, 61 (cf. Diom. 388, 7 ; Prisc. 2, 511, 12 ; Serv. *En.* 4, 23) ‖ formes syncopées : *agnorat* Nep. *Ages.* 1, 4 ; *agnorunt* Ov. *M.* 4, 55 ; *F.* 5, 90 ; *agnosse* Ov. *M.* 4, 613.

agnōtĭnus, *a, um*, [mot très suspect, donné sans explication par Diom. 388, 7], reconnu.

agnŭa, v. *acnua*.

agnŭlus, *i*, m. (dim. de *agnus*), petit agneau : Diom. 325, 32 ; Ps. Cassiod. *de Orat.* 70, 1221.

agnus, *i*, m. (cf. *avillus*, ἀμνός ; it. *agno*) ¶ 1 agneau [sens collectif] *villa abundat agno* Cic. *CM* 56, la ferme a de l'agneau

agnus

(des agneaux) en abondance ; [prov.] **lupo agnum eripere postulant** Pl. *Poen.* 776, ils veulent enlever l'agneau de la gueule du loup [ils tentent l'impossible] ¶ **2** [chrét.] agneau pascal : Vulg. *Exod.* 12, 3 ‖ Agneau divin, Messie : *ecce agnus Dei* Vulg. *Joh.* 1, 29, voici l'Agneau de Dieu ‖ [au pl.] ouailles, troupeau du Christ : Vulg. *Joh.* 21, 16.

▶ dans l'anc. langue, le mot était des deux genres, m. et f. (P. Fest. 6, 13) ; il s'était conservé ainsi dans la langue des sacrifices (Fest. 364, 7).

agnus castus, c. *agnos*.

agnus Phrixēus, l'agneau de Phrixos, le Bélier [constellation] : Mart. 10, 51, 1.

ăgō, *ĭs*, *ĕre*, *ēgī*, *actum* (cf. *ager*, ἄγω, scr. *ajati*), tr.

> **I** mettre en mouvement ¶ **1** "faire avancer" *quo agis ?* ¶ **2** "pousser" ¶ **3** "emmener" ¶ **4** "chasser" ¶ **5** "poursuivre" ¶ **6** "pousser à" ¶ **7** "faire sortir" ¶ **8** "pousser, mener".
> **II** faire **A** ¶ **1** *quid agam ?* ¶ **2** *rem agere* "régler une affaire" ¶ **3** "s'occuper de" ¶ **4** "obtenir un résultat" ¶ **5** *(id) agere ut* ¶ **6** *agere gratias, honores, sacramenta* ¶ **7** *apud populum (in senatu) agere* ¶ **8** *agitur* "il s'agit de" ¶ **9** *actus* "passé" **B** [abst] ¶ **1** "être actif" ¶ **2** *bene agere cum aliquo* ; *praeclare agitur si ...* ; *satis agere* ; [gram.] "voix active" ¶ **3** [t. officiel] "prendre des mesures" *de aliqua re in senatu* ¶ **4** [langue commune] "parler à, discuter avec".
> **III** exprimer ¶ **1** *agere fabulam* ; [abst] "jouer" ¶ **2** *agere causam* ¶ **3** [abst] "soutenir une action" ¶ **4** "plaider".
> **IV** "passer (la vie, le temps)".

I mettre en mouvement ¶ **1** faire avancer : *capellas* Virg. *B.* 1, 13, pousser devant soi ses chèvres, cf. Cic. *Caecin.* 54 ; *equo temere acto* Liv. 21, 5, 14, le cheval étant poussé au hasard ; *potum capellas* Virg. *B.* 9, 24, mener boire les chèvres ; [avec inf.] [poét.] *pecus egit visere montes* Hor. *O.* 1, 2, 7, il mena son troupeau visiter les montagnes [il le poussa au sommet des montagnes] ; *praedam* Caes. *G.* 6, 43, 2, pousser devant soi le butin ; *vinctum ante se regem agebat* Nep. *Dat.* 3, 2, il poussait devant lui le roi enchaîné ; *copias* Liv. 27, 42, 1, mettre des troupes en marche ; *magnum agmen* Virg. *En.* 7, 707, conduire une colonne [une armée] nombreuse ‖ [réfléchi et pass. à sens réfléchi] se mouvoir : *quo te agis ?* Pl. *Tri.* 1078 ; *quo agis ?* Pl. *Pers.* 216, où vas-tu ? ; *sese Palinurus agebat* Virg. *En.* 6, 337, Palinure s'avançait ; *retro se agere* Sen. *Ben.* 6, 2, 3, revenir sur ses pas ; *in summum cacumen aguntur* Sen. *Tranq.* 12, 3, [les fourmis] montent au sommet [de l'arbre] ; *quo multitudo agebatur* Liv. 10, 29, 14, où se précipitait la multitude ‖ [fig.] pousser : *te discus agit* Hor. *S.* 2, 2, 13, le disque t'entraîne, cf. Cic. *Arch.* 16 ¶ **2** *turbinem* Virg. *En.* 7, 380, faire tourner une toupie ; *turres* Caes. *G.* 2, 12, 5, faire avancer des tours ; *naves* Liv. 24, 34, 7, faire avancer (manœuvrer) des vaisseaux ; *per patris corpus carpentum* Liv. 1, 48, 7, faire passer son char sur le corps de son père ; *carmine quercus* Virg. *G.* 4, 510, mettre en mouvement les chênes par ses accents mélodieux ‖ [réfléchi et pass. à sens réfléchi] *ad auras palmes se agit* Virg. *G.* 2, 364, la tige (se pousse) monte dans les airs ; *agitur motu suo* Cic. *Nat.* 2, 23, [ce qui est chaud] se meut d'un mouvement spontané ; *(stellae) aguntur* Sen. *Ben.* 4, 23, 4, les étoiles se meuvent ; *duplex agitur per lumbos spina* Virg. *G.* 3, 87, une double épine dorsale court entre ses reins ‖ pousser, enfoncer : *sublicas* Caes. *G.* 4, 17, 9, enfoncer des pilotis ; *per corpus stipitem* Sen. *Marc.* 20, 3, enfoncer un pieu dans le corps ¶ **3** pousser devant soi, emmener : *praeda ex omnibus locis agebatur* Caes. *G.* 6, 43, 2, de tous les points on emmenait du butin ‖ *agere et portare*, emmener et transporter : Caes. *G.* 2, 29, 4 ; *C.* 2, 25, 2 ; Liv. 34, 16, 14 ‖ *agere et ferre*, emmener et emporter : Liv. 3, 37, 7 ; 10, 34, 4, piller, faire main basse [ἄγειν καὶ φέρειν] ‖ [fig.] *principes in amicitia Caesaris agunt feruntque cuncta* Tac. *D.* 8, les premiers dans l'amitié de César, ils disposent de tout comme en pays conquis ¶ **4** pousser dehors, chasser : *lapidibus aliquem* Cic. *Att.* 11, 21, 2, chasser qqn à coups de pierres ; *praecipitem aliquem*, chasser avec précipitamment, précipiter qqn : Cic. *Verr.* 1, 7 ; *Clu.* 171 ; Caes. *G.* 5, 17, 3 ; *prae se formidinem ac fugam, caedem et cruorem* Liv. 10, 28, 16, pousser devant soi l'effroi et la panique, le carnage et le sang ; *membris atra venena* Virg. *G.* 2, 130, chasser des membres le noir poison ‖ exhaler : *gemitus* Virg. *En.* 6, 873, exhaler des gémissements ; *animam*, rendre l'âme, être à l'agonie : Cic. *Com.* 24 ; *Tusc.* 1, 19 ; Cael. *Fam.* 8, 13, 2 ; Liv. 26, 14, 5 ‖ pousser en avant, faire sortir : *cruentas spumas ore* Virg. *G.* 3, 203, faire sortir une écume sanglante de [sa] bouche ; *spumas in ore* Cic. *Verr.* 4, 148, avoir l'écume à la bouche ¶ **5** poursuivre, traquer, talonner : *apros* Virg. *G.* 3, 412, poursuivre des sangliers [à la chasse] ; *diris agam vos* Hor. *Epo.* 5, 89, je vous poursuivrai de mes imprécations ; *acerba fata Romanos agunt* Hor. *Epo.* 7, 17, des destins cruels poursuivent les Romains ; *agentia verba Lycamben* Hor. *Ep.* 1, 19, 25, les mots qui harcèlent Lycambe ¶ **6** pousser à, faire aller, conduire à : *in crucem* Cic. *Verr.* 5, 163, faire aller au supplice de la croix ; *in exilium* Liv. 1, 49, 4, en exil ‖ *in arma* Liv. 6, 15, 7, pousser à prendre les armes ; *in mortem* Sen. *Ir.* 2, 36, 5, à se donner la mort ; *in praecipitia consilia* Liv. 2, 51, 7, à des résolutions brusques ; *ad certamen* Liv. 9, 41, 15, au combat ; *ad scelus* 39, 15, 3, au crime ‖ [avec inf.] [poét.] *nova quaerere tecta* Virg. *En.* 7, 393, pousser à chercher de nouvelles demeures, cf. *En.* 3, 4 ; Stat. *Th.* 3, 626 ¶ **7** pousser, faire sortir : *radices* Varr. *R.* 1, 37, 5, pousser des racines ; *gemmas* Varr. *R.* 1, 30, 1, des bourgeons ; *vera gloria radices agit* Cic. *Off.* 2, 43, la vraie gloire jette des racines ¶ **8** pousser, faire aller, mener : *fundamenta* Cic. *Mil.* 75, faire aller les fondations [dans un sens déterminé] ; *cuniculos* Cic. *Off.* 3, 90, mener des galeries souterraines, creuser des mines ; *cloacam maximam sub terra* Liv. 1, 56, 2, percer sous terre le grand égout ; *per hostes limitem* Virg. *En.* 10, 513, se frayer un chemin à travers les ennemis.

II faire [expression de l'activité, cf. Varr. *L.* 6, 77].

A tr. ¶ **1** [avec pron. n.] *aliquid, nihil*, faire qqch., ne rien faire [être oisif] : *omnia quae fiunt quaeque aguntur* Cic. *de Or.* 2, 317, tout ce qui se produit [dans la nature], tout ce qui se fait [dans le domaine de l'activité humaine] ; *quid agam ?* Cic. *Att.* 7, 12, 3, que faire ? ‖ [dans la conversation] *quid agis ?* que fais-tu ? ; *quid agitur ?* comment cela va-t-il ? ‖ *aliquid de aliquo, de aliqua re*, faire qqch. à propos de qqn, de qqch. : Cic. *Verr.* 2, 155 ; 4, 41 ; *Att.* 1, 15, 2 ; Liv. 36, 10, 6 ‖ [avec *res*] *rem (res)* Cic. *de Or.* 2, 153, accomplir une chose (des choses) ; *ante rem, acta re* Liv. 21, 28, 6, avant, après l'accomplissement de la chose ; *quo in loco res acta est* Liv. 1, 36, 5, à l'endroit où l'action fut accomplie ; *principia rerum agendarum* Cic. *Fin.* 4, 47, les principes de nos actions ; *utrum natura tua agendis rebus an otioso studio aptior sit* Sen. *Tranq.* 7, 2, [demande-toi] si, par ta nature, c'est à l'action ou aux loisirs studieux que tu es le plus apte ; *tempus agendae rei* Liv. 1, 47, 8, le moment d'agir ‖ *quod actum est*, ce qui a été fait [au sens de la conduite révélatrice de l'intention] : *potius, quod actum, quam id, quod dictum sit, aequandum* Dig. 18, 1, 6, il faut plutôt suivre ce qui a été fait que ce qui a été dit ; *quid actum sit* Dig. 34, 5, 26, quelle fut l'intention ? ¶ **2** *rem agere* Cic. *Amer.* 110, traiter, régler une affaire, cf. Quint. 2, 14, 1 ; *cum aliquo* Caes. *G.* 1, 47, 1, avec qqn ; *tui Bruti rem ago* Cic. *Att.* 5, 18, 4, je m'emploie pour ton cher Brutus ; *suam rem agere* Nep. *Att.* 15, 2, faire ses propres affaires ¶ **3** faire une chose, s'occuper d'une chose : *non id ago* Cic. *Quinct.* 42, ce n'est pas de cela que je m'occupe ; *omissis ceteris studiis unum id egit* Cic. *Brut.* 249, ayant laissé de côté toutes les autres études, c'est uniquement à l'[art oratoire] qu'il s'est consacré ; *etiamsi id non agas* Cic. *Or.* 175, sans même qu'on se le propose ‖ [expr. fréquente chez les comiques] *hoc age (agite)*, attention ! : Pl. *Cas.* 401 ‖ *aliud (alias res) agere*, s'occuper d'autre chose, être distrait, indifférent : Cic. *Clu.* 179 ; *Brut.* 233 ; *de Or.* 3, 51 ‖ s'occuper de, traiter [par écrit], exposer : *bella quae... agimus* Liv.

10, 31, 10, les guerres dont nous poursuivons l'exposé..., cf. Lucr. 1, 138 ; 4, 29 ¶ **4** faire qqch., obtenir un résultat ; *nihil*, n'obtenir aucun résultat (n'aboutir à rien) : Cic. *Amer.* 130 ; *Planc.* 83 ; *Phil.* 13, 43 ; *Tusc.* 2, 61 ; *si quid agere vis* Cic. *Caecil.* 39, si tu veux obtenir un résultat ‖ [d'où le part. adj.] **agens**, qui produit de l'effet, expressif : Cic. *de Or.* 2, 358 ¶ **5 agere (id, hoc) ut** [et subj.], mettre son activité à faire qqch., se proposer de, viser à : *secum ipse certat ; id agit, ut semper superius suum facinus novo scelere vincat* Cic. *Verr.* 5, 116, il rivalise avec lui-même ; son but est de toujours surpasser par un nouveau crime son forfait précédent ; *ego id semper egi, ne interessem (rebus gerendis)* Cic. *Fam.* 4, 7, 2, moi, j'ai toujours visé à ne pas me mêler (à l'activité politique) ; *cum id agam, ne putemus...*; Cic. *Tusc.* 1, 83, comme je me propose d'empêcher que nous ne croyions... ; *legio Martis nihil egit aliud nisi ut aliquando liberi essemus* Cic. *Phil.* 5, 23, la légion de Mars n'a pas eu d'autre objet (visée) que de nous assurer un jour la liberté, cf. Nep. *Att.* 11, 1 ‖ **agere nihil aliud nisi**, ne faire rien d'autre que : *ego quoque hoc tempore nihil aliud agerem, nisi eum defenderem* Cic. *Sull.* 35, moi aussi en ce moment je ne ferais rien d'autre que le défendre, cf. *Tusc.* 1, 75 ; *nihil aliud egit quam regem armavit* Nep. *Hann.* 10, 1, il ne fit que pousser le roi à prendre les armes ; [et avec ellipse du verbe] *nihil aliud quam bellum comparavit* Nep. *Ages.* 2, 4, il ne fit que préparer la guerre ¶ **6** [avec des compl. divers] **negotium** Cic. *Verr.* 3, 149, s'occuper d'une affaire ; *aliam curam* Liv. 2, 48, 1, prendre soin d'une autre chose ; *joca et seria* Sall. *J.* 96, 2, plaisanter et parler sérieusement ; *paenitentiam* Tac. *D.* 15, se repentir ; *gratias*, remercier : *laudes* Liv. 26, 48, 3, glorifier ‖ *vigilias, stationem, delectus, censum, forum, triumphum*, v. ces mots ; *honores* Liv. 3, 35, 3 ; 8, 26, 7, exercer des magistratures ; *augurium* Cic. *Off.* 3, 66, s'acquitter des fonctions d'augure ; *consulatum* Liv. 3, 69, 3, exercer le consulat ‖ [chrét.] célébrer : *aguntur sacramenta* Eger. 26, on accomplit les mystères ¶ **7** [en parl. de magistrats et d'actes officiels] *omnia, quae C. Caesar egit* Cic. *Dom.* 40, tout ce qu'a fait César [les actes de César] v. 2 acta, cf. *Phil.* 1, 18 ; *Att.* 14, 22, 1 ; *nihil de me actum esse jure* Cic. *Sest.* 73, qu'aucune des mesures prises à mon égard n'était conforme au droit ‖ traiter [des affaires] : *apud populum haec et per populum agi convenire* Cic. *Inv.* 2, 134, il convient que ces affaires se traitent devant le peuple et par le peuple ; *cum ageretur ea res in senatu* Cic. *Verr.* 2, 88, comme on traitait cette question au sénat ¶ **8** [au pass. indic.] être en question, être en jeu : *in quo bello agitur populi Romani gloria, agitur salus sociorum* Cic. *Pomp.* 6, dans cette guerre, il s'agit de la gloire du peuple romain, il s'agit du salut des alliés, cf. *Quinct.* 9 ; *Verr.* 1, 74 ; 2, 57 ; *Lae.* 61 ; Nep. *Att.* 15, 2 ¶ **9** [au part.] **actus**, a, um, accompli, c.-à-d. passé : *vulgo dicitur "jucundi acti labores "* Cic. *Fin.* 2, 105, on dit communément "les peines passées sont agréables ", cf. Liv. 10, 31, 11 ; Tac. *An.* 3, 59 ; [expr. proverbiale] *acta agere*, revenir sur le fait accompli, perdre sa peine : Cic. *Lae.* 85 ; *Att.* 9, 18, 3 ou *rem actam agere* Liv. 28, 40, 3.

B [abs¹] ¶ **1** agir, être actif [surtout au gér.] : *aliud agendi tempus, aliud quiescendi* Cic. *Nat.* 2, 132, un temps pour agir, un autre pour se reposer ; *ad agendum natus* Cic. *Fin.* 2, 40, né pour l'action ; *vigilando, agundo prospera omnia cedunt* Sall. *C.* 52, 29, par la vigilance, par l'activité tout réussit heureusement ; *se non interfuisse, sed egisse dicit* Cic. *Arch.* 8, il dépose qu'il n'a pas seulement été spectateur, mais acteur ‖ [avec détermin. adverbiale] *agite ut voltis* Cic. *de Or.* 2, 367, agissez à votre guise ; *perge ut agis* Cic. *Fam.* 10, 2, 5, continue d'agir comme tu fais ; *bene agis, cum... jussisti* Liv. 8, 33, 10, tu as raison d'avoir ordonné... ‖ *agere lege*, agir conformément à la loi [c.-à-d. frapper de la hache] ; *lictor, in eum primum lege age* Liv. 26, 16, 3, licteur, commence par lui l'application de la loi, cf. Liv. 26, 15, 9 ; Sen. *Contr.* 10, 3, 6 ¶ **2** *agere cum aliquo bene, male*, se comporter bien, mal à l'égard de qqn, traiter qqn bien, mal : Cic. *Quinct.* 84 ; *Verr.* 3, 204 ; *Off.* 3, 38 ; *sic par est agere cum civibus* Cic. *Off.* 2, 83, voilà comment il convient d'agir à l'égard de ses concitoyens ‖ [au pass. impers.] *secum male actum putat* Cic. *Verr.* 3, 119, il pense qu'on s'est mal comporté à son égard ; *cum illo quis neget actum esse praeclare?* Cic. *Lae.* 11, qui pourrait dire que la destinée n'a pas été belle pour lui ? ; *optime actum cum eo videtur esse, qui...* Cic. *Fam.* 5, 18, 1, il semble avoir eu un sort heureux celui qui... ; *bene agitur cum senectute, si... pervenit* Sen. *Ep.* 124, 12, c'est un bonheur pour la vieillesse, si elle parvient... ; [avec le dat.] *Catonem si mare devorasset, nonne illi bene actum foret?* Sen. *Marc.* 20, 6, si la mer avait englouti Caton, n'aurait-ce pas été pour lui un bonheur ? ‖ [expr.] *praeclare agitur si... possumus* Cic. *Fam.* 4, 14, 1, c'est bien beau, si nous pouvons... ; *quoniam vivitur... cum iis, in quibus praeclare agitur si sunt simulacra virtutis* Cic. *Off.* 1, 46, puisque notre existence se passe... avec des gens chez lesquels c'est déjà bien beau s'il se trouve des apparences de vertu ‖ *satis agere*, se donner bien du mal, avoir bien assez à faire : *cum Pyrrhus prospere pugnasset satisque agerent Romani* Gell. 3, 8, 1, comme Pyrrhus avait eu l'avantage dans les combats et que les Romains étaient dans une situation difficile, cf. Cat. *Orat.* 38 ; Gell. 9, 11, 4 ; *satis agentes rerum suarum* Apul. *M.* 8, 17, inquiets de leurs affaires ‖ [dans les sacrifices, le sacrificateur demande au prêtre *agone ?* "est-ce que j'agis (j'opère) ?"] *dies agonales dicti ab "agone"* Varr. *L.* 6, 12, les *agonalia* tirent leur nom de la formule *agone ?* cf. Ov. *F.* 1, 322 ; Sen. *Contr.* 2, 3, 19 ‖ [gram.] *agendi modus* Gell. 18, 12 tit., voix active ; *(verba) agentia* Gell. 18, 12, 1, verbes actifs ; *(genus) agens* Char. 164, 27, voix active ¶ **3** [t. officiel] agir, prendre des mesures : *qui agent, auspicia servanto* Cic. *Leg.* 3, 11, que ceux qui feront acte de magistrats, observent les auspices ‖ [surtout avec *cum*] *agere cum populo, cum patribus, cum plebe*, s'adresser au peuple, aux sénateurs, à la plèbe, leur faire des propositions, des motions : *jus cum populo agendi aut cum senatu* Cic. *Leg.* 3, 40, le droit de faire une motion au peuple ou au sénat ; [d'où simpl¹] parler : *is (Licinius Crassus) primus instituit in forum versus agere cum populo* Cic. *Lae.* 96, c'est lui (Lucinius Crassus) qui le premier introduisit l'habitude de parler au peuple en se tournant vers le forum ‖ *per populum, per senatum* Cic. *Att.* 15, 4, 1, s'adresser au peuple, au sénat [pour régler une affaire] ‖ *de aliqua re in senatu* Cic. *Mur.* 51, traiter une affaire au sénat ; *de me agendi dies* Cic. *Sest.* 75, le jour du débat qui me concernait ; *non agitur de vectigalibus* Sall. *C.* 52, 6, il ne s'agit pas (nous n'avons pas à délibérer sur) des revenus de l'État ; *numquam ante de triumpho per populum actum* Liv. 3, 63, 9, jamais jusque-là la question du triomphe n'a été réglée par le peuple [jamais il n'a décerné le triomphe] ‖ *saepissime actum in senatu, ut* Cic. *Verr.* 1, 157, il y eut souvent débat au sénat en vue de ‖ [avec prop. inf.] soutenir (au sénat) que : Cic. *Att.* 1, 12, 1 ¶ **4** [langue commune] *agere cum aliquo*, traiter avec qqn, avoir affaire avec qqn, parler à qqn : *is ita cum Caesare egit* Caes. *G.* 1, 13, 3, il s'expliqua avec César de la manière suivante ; *pluribus verbis tecum agerem, nisi pro me apud te res ipsa loqueretur* Cic. *Att.* 3, 1, je t'entreprendrais plus longuement, si la chose ne te parlait d'elle-même en ma faveur ; *tamquam ex syngrapha cum populo* Cic. *Mur.* 35, s'adresser au peuple comme aux termes d'un contrat [avoir les mêmes exigences que si un contrat était passé avec lui] ; *plebeio sermone cum aliquo* Cic. *Fam.* 9, 21, 1, s'adresser à qqn dans un style populaire ‖ [avec *ut* subj.] entreprendre qqn pour obtenir qqch., demander que : *agit mecum et cum fratre meo, ut adiremus* Cic. *Verr.* 4, 137, il nous entreprend, mon frère et moi, pour que nous allions [à la séance] ; *cum saepe mecum ageres, ut de amicitia scriberem aliquid* Cic. *Lae.* 4, comme tu me demandais souvent d'écrire sur l'amitié ‖ *agere de aliqua re* Cic. *Clu.* 160, traiter une affaire ; *de obsessione* Caes. *G.* 7, 36, 1, s'occuper de la question du blocus ; *de paupertate agitur* Cic. *Tusc.* 3, 57, il s'agit de la pauvreté [la pauvreté est en question]

∥ *sedentes agamus* Cic. *Tusc.* 2, 9, asseyons-nous pour discuter (causer) ; *de patre coram agemus* Cic. *Att.* 15, 3, 2, nous parlerons du père quand nous serons ensemble.

III exprimer par le mouvement, par la parole ¶ **1** [en parl. des acteurs] *fabulam*, jouer une pièce ; Pl. ; Ter. ; Cic. ; *versus (versum)* Cic. *Sest.* 120 ; *de Or.* 3, 102, débiter des vers (un vers) avec les gestes ; *gestum* Cic. *Quinct.* 77 ; *de Or.* 2, 223, faire les gestes à la manière d'un acteur ; *partes*, tenir un rôle [au pr. et au fig.] : Cic. *Mur.* 6 ; *Cael.* 8 ; *Brut.* 308 ; *Chaeream* Cic. *Com.* 20, jouer le personnage de Chaeréa ∥ [d'où] *mirificum civem agis* Caes. *Fam.* 8, 17, 1, tu fais le merveilleux patriote ; *lenem senatorem agit* Liv. 45, 25, 2, il joue le rôle d'un sénateur clément (il se montre sénateur clément) ; *laetum convivam* Hor. *S.* 2, 6, 111, il se montre joyeux convive ; *agamus bonum patrem familiae* Sen. *Ep.* 64, 7, jouons le rôle d'un bon père de famille ; *amicum imperatoris* Tac. *H.* 1, 30, jouer le rôle d'ami de l'empereur ∥ *se agere*, se comporter : Sen. *Ben.* 2, 20, 2 ∥ [abs¹] jouer : *noluit hodie agere Roscius* Cic. *de Or.* 1, 124, Roscius aujourd'hui n'a pas voulu jouer [avec tout son art] ¶ **2** [en parl. des orateurs], *causam*, plaider une cause ; *pro aliquo*, pour qqn : Cic. *Verr.* 2, 103 ; *causas amicorum* Cic. *de Or.* 1, 170, défendre ses amis ; [d'où fig.] *senatus causam* Cic. *de Or.* 1, 225, soutenir la cause du sénat [le parti du sénat] ∥ *res agitur apud praetorem* Cic. *Arch.* 3, l'affaire est portée (se plaide) devant le préteur, cf. *Tusc.* 1, 10 ∥ *acta res est* Pl. *Ru.* 683 ; Ter. *Haut.* 564 ; *actum est* Don. *Eun.* 54, l'affaire est jugée, c'est fini ∥ [d'où au fig.] c'en est fait : Cic. *Amer.* 150 ; *Att.* 5, 15, 1 ; *actum est de exercitu* Liv. 2, 48, 5, c'en est fait de l'armée ¶ **3** [abs¹] soutenir (intenter) une action ; *cum aliquo*, contre qqn : Cic. *de Or.* 1, 179 ou *contra aliquem* Cic. *Sest.* 112 ; *lege agere* [expr. consacrée], faire un procès dans les formes : *ex sponso* Cic. *Quinct.* 32 ; *ex jure civili* Cic. *Caecin.* 34, poursuivre en vertu du droit civil ; *furti* Cic. *Clu.* 163, poursuivre pour vol ; *in hereditatem* Cic. *de Or.* 1, 175, faire un procès en vue d'héritage, en revendication d'héritage ∥ *de bonis et caede agitur* Cic. *Amer.* 103, le procès porte sur une affaire de biens et de meurtre ; "*qua de re agitur*" *illud* Cic. *Brut.* 275, ce fameux " point en question ", " point à juger " [formule des jurisconsultes], cf. *Mur.* 28 ; *agitur de parricidio ; apud homines prudentissimos agitur* Cic. *Amer.* 73, l'objet de l'action est un parricide ; c'est devant des hommes pleins de sagesse que l'action se présente ¶ **4** plaider [comme défenseur] *argumentis agemus* Cic. *Cael.* 22, je plaiderai avec preuves à l'appui ; *si acrius egero aut liberius* Cic. *Sest.* 4, si je plaide avec plus de vivacité ou de liberté ¶ **5** parler (plaider) avec l'action

oratoire : : *cum dignitate et venustate* Cic. *de Or.* 1, 142, avoir de la noblesse et de la grâce dans son action oratoire ; *agere ac promuntiare* Cic. *de Or.* 2, 79, l'action et le débit ∥ *orator incensus et agens* Cic. *Brut.* 317, orateur plein de feu, d'une action oratoire puissante.

IV passer la vie, le temps : *aetatem, vitam* Cic. *Tusc.* 5, 77 ; *Clu.* 195, passer sa vie, vivre ; *octingentesimum annum* Cic. *CM* 4, vivre sa huit-centième année ; *supremum diem vitae* Cic. *Fin.* 2, 96, être au dernier jour de sa vie ; *pleraque tempora in venando* Sall. *J.* 6, 1, passer la plus grande partie de son temps à la chasse ; *laudator temporis acti* Hor. *P.* 173, panégyriste du passé ; *hiemem sub tectis* Liv. 5, 2, 6, passer l'hiver dans les maisons ; [d'où] *hiberna agere* Liv. 9, 28, 2 ; *aestiva* Liv. 27, 8, 19, tenir les quartiers d'hiver, les quartiers d'été ; *otia* Virg. *G.* 3, 377, vivre dans l'oisiveté ; *pacem* Liv. 2, 49, 2, être en paix ; *regnum* Liv. 1, 32, 3, passer son règne (sa vie de roi) ∥ [chez Sall. Liv. Tac. et les poètes, *agere* est pris abs¹ au sens de *vivere*] : *civitas trepida antea laeta agere* Sall. *J.* 55, 2, la cité, auparavant agitée, était dans la joie ; *incerta pace* Liv. 9, 25, 6, vivre dans un état de paix équivoque ; *velut inter temulentos agebat* Tac. *H.* 2, 41, il vivait pour ainsi dire au milieu de gens ivres ; *sermone... ut Germani agunt* Tac. *G.* 46, sous le rapport de la langue... ils vivent comme les Germains = ils ont la langue des Germains ∥ [avec des sens très variés] être, se trouver, se tenir : *Marius apud primos agebat* Sall. *J.* 101, 6, Marius se tenait au premier rang des combattants ; *ad opprimendam stationem navium incaute agentem* Liv. 30, 9, 6, pour couler les vaisseaux au mouillage qui n'étaient pas sur leurs gardes ; *in stationibus neglegenter* Liv. 23, 37, 6, se tenir dans les postes d'une manière insouciante.

▶ *axim = egerim* Pacuv. *Tr.* 297 ∥ *agier*, inf. arch., d. les formules juridiques : Cic. *Top.* 66 ; *Off.* 3, 61 ∥ sur divers sens du verbe, v. Mart. 1, 79, 🔲▶ *2 acta, agenda, agens, satis ago* [*satago*].

Agocis, *is*, f., ville sur les confins de l'Éthiopie : Plin. 6, 179.

ăgōgae, *ārum*, f. pl. (ἀγωγαί), conduits disposés dans les mines pour l'écoulement des eaux : Plin. 33, 74.

ăgōgē, *ēs*, f. (ἀγωγή), suite de sons en musique : Capel. 9, 958.

ăgōgĭma, *ōrum*, n. pl. (ἀγώγιμα), philtres amoureux : Iren. 1, 23, 4.

ăgŏlum, *i*, n. (*ago*), houlette : P. Fest. 27, 7.

ăgōn, *ōnis*, m. (ἀγών) ¶ **1** lutte dans les jeux publics : Plin. *Ep.* 4, 22, 1 ; Suet. *Ner.* 21 ¶ **2** [chrét.] lutte, combat spirituel [Aug. *Agon.*] : Tert. *Spect.* 29, 5 ; Cypr. *Ep.* 8, 1, 1.

▶ acc. sg. *agona*, mais *agonem* Tert. *Spect.* 3, 2 ; acc. pl. *agonas* Plin. *Ep.* 10, 75, 2.

Ăgōnālĭa, *ĭum* et *ĭōrum*, n. pl. (🔲▶ *ago* IIB ¶2), Agonalia [fêtes célébrées en l'honneur de Janus] : Ov. *F.* 1, 319.

1 ăgōnālis, *e* (ἀγών), relatif aux jeux : Serv. *En.* 5, 296.

2 Ăgōnālis, *e*, qui appartient aux Agonalia : Varr. *L.* 6, 12.

Ăgōnenses, *ĭum*, m. pl., surnom des prêtres Saliens : Varr. *L.* 6, 14.

Ăgōnensis porta, porte à Rome [nommée aussi *Salaria, Collina, Quirinalis*] : P. Fest. 9, 20.

1 ăgōnĭa, *ae*, f. (*ago*), victime sacrée : P. Fest. 9, 16.

2 Ăgōnĭa, *ōrum*, n. pl., 🔲▶ *Agonalia* : Ov. *F.* 5, 721.

3 ăgōnĭa, *ae*, f. (ἀγωνία), angoisse : Iren. 1, 2, 2.

4 ăgōnĭa, *orum*, n. pl., combat : Commod. *Instr.* 2, 8, 10.

ăgōnĭcus, *a, um* (ἀγωνικός), qui a rapport aux jeux (concours) : Ps. Acr. *O.* 3, 12, 8.

ăgōnĭŏr, *ārĭs, ārī*, - (*3 agonia*) ; it. *agognare*), dép., intr., se tourmenter : Sort. Sang. 67, 8.

Ăgōnis, *ĭdis*, f., île près de la Lusitanie : Avien. *Or.* 213 ∥ nom de femme : Cic. *Caecil.* 55.

ăgōnista, *ae*, m. (ἀγωνιστής), athlète, combattant dans les jeux : Aug. *Serm.* 343, 10 ∥ [chrét.] athlète [du Christ] : Iren. 4, 37, 7.

ăgōnistĭcus, *a, um* (ἀγωνιστικός), relatif aux jeux : Tert. *Spect.* 17, 6.

ăgōnĭthĕta, m., 🔲▶ *agōnotheta*.

ăgōnĭum, *ĭi*, n. (*1 agonia*), jour où le roi du sacrifice immolait la victime : P. Fest. 9, 15.

Ăgōnĭus, *ĭi*, m. (*ago*), dieu qui présidait aux entreprises humaines ; surnom de Janus : P. Fest. 9, 16.

ăgōnizātĭo, *ōnis*, f., combat : Greg.-Tur. *Vit. Patr.* 7, pr.

ăgōnizō, *ās, āre*, -, - (ἀγωνίζομαι), intr., lutter : VL. *1 Cor.* 9, 25.

ăgōnizŏr, *ārĭs, ārī*, -, 🔲▶ *agonizo* : Vulg. *Eccli.* 4, 33.

ăgōnothĕsĭa, *ae*, f. (ἀγωνοθεσία), fonction d'agonothète : Cod. Th. 12, 1, 109.

ăgōnothĕta, agōnothētēs, *ae*, m. (ἀγωνοθέτης), agonothète, président des jeux : Spart. *Hadr.* 13, 1 ∥ [fig.] qui préside au combat : Tert. *Mart.* 3, 3.

ăgōnothĕtĭcus, *a, um* (ἀγωνοθετικός), qui appartient aux jeux : Cod. Just. 11, 70, 5.

Ăgōnus, *i*, m., autre nom du mont Quirinal : P. Fest. 9, 20.

ăgŏrănŏmus, *i*, m. (ἀγορανόμος), magistrat chargé de surveiller les marchés à Athènes : Pl. *Cap.* 824 ; *Curc.* 285.

Agra, *ae*, f., ville d'Arabie : Plin. 6, 156.

Agrae, *ārum*, f. pl., ville d'Arcadie : PLIN. 4, 20.

Agraei, *ōrum*, m. pl., habitants d'Agra [peuple d'Arabie] : PLIN. 6, 159.

Ăgrăgantīnus, ▣ Acragantinus.

Ăgrăgas, ▣ Acragas.

ăgrālis, *e* (*ager*), ▣ agrarius : GROM. 240, 18.

ăgrammătus, *a, um*, m. (ἀγράμματος), illettré : VITR. 1, 1, 13.

Agranis, *is*, f., ville sur l'Euphrate : PLIN. 6, 120.

ăgrārĭae, *ārum*, f. pl. (*ager*), postes militaires dans la campagne : VEG. *Mil.* 1, 3 ; 2, 19 ; 2, 22 ; 3, 8.

ăgrārĭenses naves, bateaux à destination des postes militaires : COD. TH. 7, 17, 1.

ăgrāris, *is*, m., agriculteur : PS. AUR.-VICT. *Epit.* 41, 9.

ăgrārĭus, *a, um* (*ager*), relatif aux champs ; *lex agraria*, loi agraire : *agrariam rem temptare* CIC. *Off.* 2, 78, aborder la question agraire [la question du partage des terres] ; *triumvir agrarius* LIV. 27, 21, 10, triumvir [commissaire] chargé de la répartition des terres ‖ **agrarii**, *orum*, m. pl., partisans du partage des terres : CIC. *Cat.* 4, 4 ; *Phil.* 7, 18 ; *Att.* 1, 19, 4.

ăgrātĭcum, *i*, n., impôt établi sur les terres : COD. TH. 7, 20, 11.

Agravonītae, *ārum*, m. pl., Agravonites [peuple de l'Illyrie] : LIV. 45, 26, 15.

Ăgrēcĭus, ▣ Agroecius.

ăgrēdŭla, ▣ acredula.

Ăgrei, ▣ Agraei.

ăgrestīnus, ▣ agrestivus.

ăgrestis, *e* (*ager*) ¶ **1** relatif aux champs, champêtre, agreste : *in bestiis volucribus, nantibus, agrestibus* CIC. *Lae.* 81, dans les animaux qui habitent les airs, les eaux, la terre [les champs] ; *radices palmarum agrestium* CIC. *Verr.* 5, 87, des racines de palmiers agrestes (sauvages) ; *agrestis praeda* LIV. 22, 16, 7, butin fait dans la campagne [sur le territoire ennemi] ; *vita agrestis* CIC. *Amer.* 74, vie des champs [paysanne] ; *Numidae agrestes* SALL. *J.* 18, 8, les Numides paysans [attachés à la terre] ‖ **agrestis**, *is*, m., paysan : CIC. *Cael.* 54 ; *agrestes* CIC. *Cat.* 2, 20, des paysans, cf. *Mur.* 61 ¶ **2** agreste, grossier, inculte, brut : *dominus agrestis ac furiosus* CIC. *CM* 47, maître grossier et exalté ; *homo ferus atque agrestis* CIC. *Amer.* 74, homme sauvage et rustre ; *a fera agrestique vita homines deducere* CIC. *de Or.* 1, 33, tirer les hommes de leur vie farouche et grossière ; *quae barbaria India vastior aut agrestior ?* CIC. *Tusc.* 5, 77, quel pays étranger est plus sauvage ou plus barbare que l'Inde ?

ăgrestĭus, adv.[seul^t au compar.] un peu trop gauchement : SPART. *Hadr.* 3, 1.

ăgrestīvus, *a, um*, de champs : *COMMOD. *Instr.* 2, 22 (26), 7.

Ăgrĭānes, *um*, m. pl., peuple de Thrace ou de Pannonie : CIC. *Pis.* 91 ; LIV. 28, 5, 12.

ăgrīcĭor, adj.[seul^t au compar.] plus agreste : *ITIN. ALEX. 26.

Ăgrīcĭus, ▣ Agroecius.

1 **ăgrĭcŏla**, *ae*, m. (*ager, colo*), qui cultive les champs (la terre), cultivateur, agriculteur [au sens le plus étendu] : *ut (Dejotarus) diligentissimus agricola et pecuarius haberetur* CIC. *Dej.* 27, en sorte qu'il (Déjotarus) était considéré comme le plus consciencieux des agriculteurs et des éleveurs ; *o fortunatos nimium, sua si bona norint, agricolas !* VIRG. *G.* 2, 459, trop heureux l'homme des champs, s'il connaissait son bonheur ‖ *deus agricola* TIB. 1, 1, 14 ; 1, 5, 27 ; *caelites agricolae* TIB. 2, 1, 36, dieu(x) des travaux champêtres, dieu(x) rustique(s).

▶ gén. pl. *agricolum* LUCR. 4, 586.

2 **Ăgrĭcŏla**, *ae*, m., général romain, beau-père de Tacite : TAC. *Agr.* 4.

ăgrĭcŏlārīs, *e*, relatif à l'agriculture : PALL. 14, 3.

ăgrĭcŏlātĭo, *ōnis*, f., agriculture : COL. 1, 1, 1.

ăgrĭcŏlor, *āris*, *ārī*, -, intr., cultiver : AUG. *Gen. litt.* 8, 4, 8 ; SALV. *Eccl.* 2, 46.

ăgrĭcŭla, ▣ 1 agricola : NOT.-TIR. 37, 24.

ăgrī cultĭo, *ōnis*, f., agriculture : CIC. *CM* 56 ; *Verr.* 3, 226.

ăgrī cultŏr, *ōris*, m., agriculteur : LIV. 26, 35, 5 ; CURT. 8, 12, 12 (*cultoribus agrorum* LIV. 4, 25, 4 ; *cultoribus agri* LIV. 27, 12, 6).

ăgrī cultūra, *ae*, f., agriculture, culture des terres : CIC. *CM* 59 ; *Off.* 2, 12 (*cultura agri CM* 54) ; CAES. *G.* 4, 1, 6.

Ăgrĭgentum, *i*, n. (Ἀκράγας), Agrigente [ville de Sicile] : CIC. *Verr.* 4, 93 ‖ **Ăgrĭgentīnus**, *a, um*, d'Agrigente Atlas I, D4 ; XII, G4 ; *Agrigentini* CIC. *Verr.* 4, 73, habitants d'Agrigente, Agrigentins.

ăgrĭmensŏr, *ōris* (cf. γεωμέτρης), m., arpenteur : AMM. 19, 11, 8.

ăgrĭmensōrĭus, *a, um*, d'arpenteur : FIL. 153, 1.

ăgrĭmōnĭa, *ae*, f., ▣ argemonia : GLOSS. 3, 580, 19.

Ăgrĭŏpās, *ae*, m., père de l'inventeur de la tuile (Cinyra) : PLIN. 7, 195.

Ăgrĭŏpē, ▣ Argiope.

Ăgrĭŏphăgi, *ōrum*, m. pl., les Agriophages [peuple fabuleux d'Éthiopie] : PLIN. 6, 195.

ăgrĭŏphyllŏn, *i*, n., peucédan [plante] : PS. APUL. *Herb.* 95, 9.

ăgrĭŏs (-us), *a, um* (ἄγριος), sauvage : [en parl. des plantes] PLIN. 12, 45 ; 23 ; 19 ; [en parl. du nitre] PLIN. 31, 106.

▶ acc. *agrion* PLIN. 26, 94 ; acc. f. *agrian* PLIN. 25, 162.

ăgrĭpĕta, *ae*, m. (*ager, peto*), détenteur d'un lot [dans le partage des terres aux vétérans] : CIC. *Att.* 15, 29, 3 ; 16, 1, 2 ‖ [trad. de κληροῦχος] CIC. *Nat.* 1, 72, colon (qui a reçu un lot de terres par le sort).

Ăgrippa, *ae*, m., Agrippa ¶ **1** ▣ Menenius ¶ **2** M. Vipsanius [gendre d'Auguste] : TAC. *An.* 4, 40 ¶ **3** Postumus : SUET. *Aug.* 64 ; TAC. *An.* 1, 3 ¶ **4** nom de deux rois de Judée : TAC. *An.* 12, 23 ; *H.* 2, 2.

▶ étym.] " qui vient au monde les pieds les premiers " : PLIN. 7, 45 ; GELL. 16, 16, 1 (cf. scr. *agra-m* " pointe ").

Ăgrippenses, *ĭum*, m. pl., peuple de Bithynie : PLIN. 5, 149.

Ăgrippĭāna saepta, n. pl., l'enclos d'Agrippa [à Rome] : LAMPR. *Alex.* 26, 7.

Ăgrippīna, *ae*, f., Agrippine ¶ **1** femme de Germanicus : TAC. *An.* 2, 54 ¶ **2** femme de l'empereur Tibère : SUET. *Tib.* 7 ¶ **3** fille de Germanicus et mère de Néron : TAC. *An.* 4, 75.

Ăgrippīnensis cŏlōnĭa, f. (*Agrippina* ¶ 3), colonie d'Agrippine [Cologne, sur le Rhin] Atlas I, B3 ; V, C3 : TAC. *H.* 1, 57.

Ăgrippīnensēs, *ĭum*, m. pl., habitants de Cologne : TAC. *H.* 1, 57.

Ăgrippīnensis, *e*, de Cologne : GREG. *Hist.* 10, 15, p. 425.

Ăgrippīnĭānus, *a, um*, d'Agrippine : *CIL* 14, 3958.

Ăgrippīnus, *i*, m., surnom romain : TAC. *An.* 16, 28.

1 **ăgrĭus**, *a, um*, ▣ agrios.

2 **Ăgrĭus**, *ii*, m., nom d'homme [en part. père de Thersite] : OV. *H.* 9, 153.

1 **ăgrō**, *ās*, *āre*, -, -, tr., ▣ peragro, parcourir : PS. MAR. VICT. *Verb. Script.* 6.

2 **Ăgro**, *ōnis*, f., ville d'Éthiopie : PLIN. 6, 193.

Ăgroecĭus, **Ăgrēcĭus**, **Ăgrīcĭus**, *ii*, m., surnom d'homme : SIDON. *Ep.* 5, 10, 2.

ăgrōsĭus, *a, um*, riche en terres : *VARR. *L.* 5, 13.

Ăgrospi, *ōrum*, m. pl., ville d'Éthiopie : PLIN. 6, 193.

ăgrostis, *is* ou *ĭdis*, f. (ἄγρωστις), chiendent : PS. APUL. *Herb.* 78.

Ăgrypnĭa, *ae*, f. (ἀγρυπνία), l'insomnie personnifiée : CAPEL. 2, 112.

Agugo, *onis*, f., ville sur les bords du Nil : PLIN. 6, 180.

Aguntum, *i*, n., ville du Norique Atlas XII, A3 : PLIN. 3, 146.

Ăgyĭeūs, *eī* ou *eōs*, m. (Ἀγυιεύς), surnom d'Apollon [qui préside aux rues] : HOR. *O.* 4, 6, 28.

Ăgylla, *ae*, f., ville d'Étrurie [Caere] Atlas XII, D3 : PLIN. 3, 51.

Ăgyllē, *ēs*, f., nymphe du lac Trasimène : SIL. 5, 17.

Ăgylleūs, m. (Ἀγυλλεύς), nom d'homme : STAT. *Th.* 6, 837.

Agyllinus

Ăgyllīnus, *a*, *um*, d'Agylla : Virg. *En.* 7, 652.

Ăgўrĭum, *ĭi*, n., ville de Sicile [Argiro] Atlas XII, G4 : Cic. *Verr.* 4, 50 ‖ **Ăgўrĭnensis**, *e*, d'Agyrium : **Agyrinensis civitas** Cic. *Verr.* 4, 17, la cité d'Agyrium ‖ **Ăgўrĭnenses**, m. pl., les habitants d'Agyrium : Cic. *Verr.* 2, 156 ‖ **Ăgўrīnus**, *a*, *um*, d'Agyrium : Sil. 14, 207 ; Plin. 3, 91.

ăh, **ā**, interj., [exprime la douleur, la joie, l'inquiétude, la colère] ah!, oh! : Pl. ; Ter. ; Virg. ; Catul. ; Ov. ; *a te infelicem, quem necassem jam verberibus nisi iratus essem!* Cic. *Rep.* 1, 59, ah ! malheureux que tu es ! je t'aurais déjà tué de coups, si je n'étais pas en colère !

ăhă, [C.] ah.

Ăhāla, *ae*, m. (1 *ala*), surnom des Servilius : Cic. *Cat.* 1, 3.

Aharna, *ae*, f., ville d'Étrurie [auj. Bargiano] : Liv. 10, 25, 4.

ăhēn-, [V.] *ăēn-*.

ăhōrus, *i*, m. (ἄωρος), mort avant l'âge : Tert. *Anim.* 57, 1.

1 **ai** (αἶ), interj., [marquant la douleur] hélas ! hélas ! : Ov. *M.* 10, 215.

2 **ăī**, [V.] *āio* ▶.

āiam, [V.] *āio* ▶.

Aiathuri, *ōrum*, m. pl., ville d'Arabie : Plin. 6, 158.

ăĭbant, [V.] *āio* ▶.

ăĭdēs (Ἀίδης), obscur : Chalc. 134.

āiens, *entis*, part.-adj. de *aio*, affirmatif : Cic. *Top.* 49 ; Capel. 4, 342.

āientĭa, *ae*, f. (*aio*), affirmation : Capel. 4, 384.

āĭĕre, **āĭĕret**, **āĭĕrunt**, [V.] *aio* ▶.

ăīgleucŏs, n. (ἀεὶ γλεῦκος), vin doux, moût [préservé de la fermentation] : Plin. 14, 83.

āīn, sync. pour *aisne*, [V.] *aio* ¶ 3.

Ainōs, *i*, m., source près de la mer Rouge : Plin. 6, 168.

Ăīnus (**Ainos, Aenus**), *i*, m. (αἴενους), un des Éons de Valentin [" éternel esprit "] : Tert. *Val.* 8, 2.

āĭō (**ăiio**), *ăĭs* [pour les autres formes cf. ▶ ci-dessous] (cf. *axo, adagio,* ἦ), verbe défectif ¶ 1 dire oui : *Diogenes ait, Antipater negat* Cic. *Off.* 3, 91, Diogène dit oui, Antipater dit non, cf. Ter. *Eun.* 252 ¶ 2 dire, affirmer, soutenir : [a pour compl. soit un pronom neutre] *quid ait? se daturum...* Cic. *Verr.* 1, 117, que dit-il ? qu'il donnera... ; [soit les mots mêmes que l'on cite] *pro "deum" "deorum" aiunt* Cic. *Or.* 155, au lieu de *deum* ils disent *deorum* ; *nam quod aiunt "minima de malis"* Cic. *Off.* 3, 105, quant à leur maxime " de deux maux choisir le moindre "... [alors *ait* est souvent intercalé ou mis après la citation] : *Ennio delector, ait quispiam, quod* Cic. *Or.* 36, c'est Ennius que j'aime, dit qqn, parce que... ; *" duc age, duc ad nos; fas illi limina divum tangere " ait* Virg. *G.* 4, 359, " eh bien ! amène-le, amène-le vers moi, il a droit de fouler le seuil des dieux ", dit-elle ‖ [prop. inf.] *aiunt hominem respondisse...* Cic. *Amer.* 33, on affirme que cet homme répondit... ; [*esse* souvent s.-ent.] *(Pherecratem quemdam) quem ait a Deucalione ortum* Cic. *Tusc.* 1, 21, (un certain Phérécrate) qu'il fait descendre de Deucalion ‖ [à noter] *vir bonus ait esse paratus* Hor. *Ep.* 1, 7, 22, l'homme de sens se déclare prêt..., cf. Catul. 4, 2 ‖ [tard., avec *quia*] Hier. *Orig. Ezech.* 5 ‖ [tour le plus fréquent, *ut ait, ut aiunt* intercalé] *se Massiliam, ut aiunt, conferet* Cic. *Cat.* 2, 14, il se retirera, d'après le bruit qui court, à Marseille ; *ut ait Homerus* Cic. CM 31, comme dit Homère, selon l'expression d'Homère ; *sicut ait Ennius* Cic. *Rep.* 1, 64, comme dit Ennius ‖ [dans les expr. proverbiales] *ut aiunt, quod aiunt, quemadmodum aiunt*, comme dit le proverbe, suivant l'expression proverbiale : Cic. *Cat.* 1, 15 ; *Lae.* 19 ; CM 21 ; *Fam.* 7, 25, 2 ; *Pis.* 69 ; *sedere compressis, quod aiunt, manibus* Liv. 7, 13, 7, rester, comme on dit, les bras croisés ‖ [rar[t] avec le dat.] : *Datami venienti ait se animadvertisse* Nep. *Dat.* 11, 4, à Datame qui arrivait il dit qu'il avait remarqué..., cf. *Eum.* 11, 3 ; Ov. *M.* 3, 289 ; Sen. *Ep.* 12, 1 ‖ [tard., avec *ad*] *ait ad me* Eger. 19, 16, il me dit ¶ 3 *ain* : *ain pro aisne* Cic. *Or.* 154, *ain* est pour *aisne* (Don. *And.* 875) ; [suivi le plus souvent d'un point d'interrogation] vraiment ? : Pl. *Cap.* 551 ; Ter. *Phorm.* 510 ; *ain vero ?* Pl. *Amp.* 344 ; Ter. *Eun.* 803 ; *ain tandem ?* Pl. *Truc.* 608 ; Ter. *And.* 875 ; Cic. *Planc.* 49 ; *ain tu ?* Pl. *Amp.* 1098 ; Ter. *Eun.* 392 ; Cic. *de Or.* 1, 165 ; *Brut.* 152.

▶ formes usitées : *aio, ais, ait* ; subj. *aiam, aias, aiat, aiant* ; impér. *ai* Naev. *Com.* 125 ; imparf. *aibam* pour *aiebam* Pl. ; Ter. ; subj. imparf. *aieret* [tard.] ; inf. *aiere* Aug. *Trin.* 9, 10 ; [lat. impérial et tard.] parf. *aisti* Ov. *H.* 11, 59 ; Aug. *Ep.* 73, 9 ; *aierunt* Tert. *Fug.* 6, 6.

āisti, [V.] *aio* ▶.

ăīthălēs, n. (ἀειθαλές), joubarbe : Ps. Apul. *Herb.* 124.

Āius Lŏquens, *tis*, m., Aius Loquens [divinité qui annonça aux Romains l'arrivée des Gaulois] : Cic. *Div.* 1, 101 ; 2, 69 ‖ **Āius Lŏcūtĭus** Liv. 5, 50, 5 ; 5, 52, 11.

aix, acc. *aega*, f. (αἴξ), chèvre : Solin. 11, 2.

ăīzōon (**-ōum**), *i*, n. (ἀείζωον), joubarbe : Plin. 10, 159 ; 25, 160.

Ājax, *ācis*, m. (Αἴας) ¶ 1 fils de Télamon : Cic. *Tusc.* 1, 71 ¶ 2 fils d'Oïlée : Cic. *de Or.* 2, 265.

Ājūtŏr, *ōris*, [C.] Adjutor : CIL 14, 871.

1 **āla**, *ae*, f. (*akslā, cf. axilla* ; fr. aile) ¶ 1 aile [en tant que membre formant en qq. sorte l'aisselle, l'épaule de l'oiseau, tandis que *pennae* est l'aile en tant que plumage] : *meae alae pennas non habent* Pl. *Poen.* 871, mes ailes n'ont point de plumes ; *alis se levare* Liv. 7, 26, 5, se soulever sur ses ailes ‖ *seu mors atris circumvolat alis* Hor. *S.* 2, 1, 58, soit que la mort me frôle de ses noires ailes ; *fulminis alae* Virg. *En.* 5, 319, les ailes de la foudre ‖ nageoire : Ambr. *Hex.* 5, 14, 45 ¶ 2 aisselle : *sub ala fasciculum librorum portare* Hor. *Ep.* 1, 13, 12, porter un paquet de livres sous le bras ¶ 3 [sens métaph. divers, par ex. en parl. de la partie creuse formée à l'emboîtement du rameau, de la feuille sur une tige] : Plin. 16, 22 ; 16, 29 ; 22, 45 ‖ aile de bâtiment : Vitr. 4, 7, 2 ; 6, 3, 4 ‖ pan [vêtement] : Hier. *Orig. Ez.* 6, 8 ¶ 4 [le plus usuel] aile d'une armée : *ala dextra* Liv. 27, 2, 6 ; *sinistra* Liv. 27, 1, 8, aile droite, aile gauche ; [avant la guerre sociale les ailes étaient occupées par les troupes alliées, infanterie et cavalerie] Liv. 26, 14, 6 ; 31, 21, 7 ; Cat. *Orig.* 99 ; *duae alae* Liv. 27, 1, 7 ; 27, 2, 6, les deux ailes de la légion [= le contingent allié] ; [mais *ala* a fini par s'appliquer plus spécialement à la cavalerie] *ala equitum* Liv. 26, 38, 14, corps de cavalerie alliée [chaque *ala* comportait cinq *turmae*, escadrons de 60 cavaliers] ‖ [après la guerre sociale, la cavalerie auxiliaire fournie par les pays étrangers occupe les ailes ; *ala* désigne alors un corps de cavalerie auxiliaire] : Cic. *Off.* 2, 45 ; Tac. *H.* 1, 54 ; [*cohortes*, cohortes = infanterie, *alae* = cavalerie, le tout formant les *auxilia*, troupes auxiliaires] Tac. *H.* 1, 60 ‖ en dehors de Rome : *ala Numidarum* Liv. 21, 45, 2, corps de cavaliers numides, cf. 22, 47, 7 ; 26, 38, 14 ‖ [poét.] *alae*, escadrons : Virg. *En.* 11, 604 ; [en gén.] troupe à cheval [chasseurs] : Virg. *En.* 4, 121.

2 **ala**, *ae*, f. (cf. *alum* ; esp. *ala*), aunée [plante] : Isid. 17, 11, 9.

Āla nŏva, ville de la Pannonie : Anton. 248.

Ălăbanda, *ae*, f., Plin. 5, 109, **Ălăbanda**, *ōrum*, n. pl., Alabanda [ville de Carie] Atlas VI, C3 : Liv. 33, 18, 7 ‖ **-densis**, *e*, d'Alabanda : Cic. *de Or.* 1, 126 ‖ **-denses**, *ĭum*, m. pl., Cic. *Nat.* 3, 50 ‖ **-dēus**, *a*, *um*, Cic. *Brut.* 325 ; *Nat.* 3, 39 ‖ **-dīs**, *ĭum*, m. pl., Cic. *Fam.* 13, 56, 1, habitants d'Alabanda ‖ **-dĭcus**, *a*, *um*, d'Alabanda : Plin. 19, 174 et **-dīnus**, *a*, *um*, *Alabandina*, (s.-ent. *gemma*), almandin : Isid. 16, 14, 6.

Ălăbandus, *i*, m., héros éponyme d'Alabanda : Cic. *Nat.* 3, 50.

Alabānenses, *ĭum*, m. pl., peuple de la Tarraconaise : Plin. 3, 26.

ălăbarchēs, [V.] *arabarches*.

ălăbaster, *tri*, m. (ἀλάβαστρος), vase d'albâtre où l'on enfermait les parfums : Cic. *Ac. fr.* 11 ; Plin. 13, 19 ‖ bouton de rose [en forme de vase à parfum] : Plin. 21, 14.

ălăbastrītēs, *ae*, m., pierre d'albâtre : Plin. 36, 182.

ălăbastrītis, f., pierre précieuse qui se trouvait dans la région d'Alabastron : Plin. 37, 143.

Ălăbastrŏn, ville d'Égypte : Plin. 37, 143.

Ălăbastrŏs, *i*, m., fleuve de l'Éolie : Plin. 5, 122.

ălăbastrum, *i*, n. ¶ 1 ▣ alabaster : Mart. 11, 8, 9 ¶ 2 ▶ stibi : Plin. 33, 101.

alabēta, *ae*, f. (?), poisson du Nil non identifié : Plin. 5, 51.

Alabi, *ōrum*, m. pl., peuple d'Éthiopie : Plin. 6, 190.

Ălăbis, *is*, **Ălăbōn**, *ōnis*, m., fleuve de Sicile : Sil. 14, 228 ; *Vib. 17.

ălăbrum, *i*, n. (obscur), dévidoir : Isid. 19, 29, 2 ; ▶ alibrum.

ălăcĕr (ălăcris), *is*, *e* (cf. *ambulo* ; fr. *allègre*), alerte, vif, bouillant ; allègre, dispos, gaillard : **Catilinam interea alacrem atque laetum (videbant)** Cic. Mur. 49, (on voyait) cependant Catilina plein d'entrain et de gaieté ; **ad bella suscipienda Gallorum alacer ac promptus est animus** Caes. G. 3, 19, 6, les Gaulois ont le cœur vif et prompt pour entreprendre la guerre ; *quo sis alacrior ad tutandam rem publicam* Cic. Rep. 6, 13, pour que tu aies encore plus d'empressement à défendre la chose publique ; *alacri clamore* Liv. 6, 24, 7, avec des cris pleins d'entrain ; *equum alacrem aspexit* Cic. Div. 1, 73, il aperçut son cheval tout pétulant ; *cum alacribus saltu certabat* Sall. H. 2, 19, il luttait au saut avec les plus lestes ; **miles alacer animis corporibusque** Liv. 21, 55, 1, le soldat dispos moralement et physiquement ; *alacres et erecti, quocumque res tulerit, intrepido gradu properemus* Sen. Helv. 8, 5, allons vivement d'un pas assuré, le cœur allègre et la tête haute, partout où les événements le voudront ; *alacris voluptas* Virg. B. 5, 58, une heureuse allégresse.
▶ le nom. m. *alacris* est rare Enn. Tr. 111 ; Ter. Eun. 304 ; Virg. En. 5, 380 ; 6, 685 ; *alacer* nom. f. Apul. M. 10, 31 [Serv. En. 6, 685] ǁ [pas de superlatif].

Alăchrŏēs, *um*, m. pl., peuple d'Afrique, appelé aussi Lotophages : Plin. 5, 28.

ălăcrĭmōnĭa, *ae*, f., joie : Gloss. 4, 14, 1.

ălăcrĭtās, *ātis*, f. (*alacer*), vivacité, feu, ardeur, entrain : *alacritas defendendae rei publicae* Cic. Phil. 4, 1 ; **ad litigandum** Cic. Att. 2, 7, 2, ardeur à défendre la chose publique, à plaider ; *canum alacritas in venando* Cic. Nat. 2, 158, ardeur des chiens à la chasse ; *quantam mihi alacritatem populi Romani concursus adferret !* Cic. Dej. 6, quel entrain me donnerait l'affluence du peuple Romain ! ǁ [sens péjor.] *inanis alacritas, id est laetitia gestiens* Cic. Tusc. 4, 36, une gaîté exubérante (pétulante) sans objet, c'est-à-dire une joie aux transports excessifs, cf. 5, 42 ; 5, 48.

ălăcrĭtĕr, adv., vivement, avec ardeur : Frontin. Strat. 2, 7, 9 ; Apul. M. 9, 7 ; *alacrius* Just. 1, 6, 10.

Alaea, *ae*, f., île d'Arabie : Plin. 6, 150.

Alaebaecē, *ēs*, f., ville de la Narbonnaise : Plin. 3, 36.

Alaenitĭcus, *i*, m., golfe d'Arabie : Plin. 6, 156.

Alagabalus, ▶ Elagabalus.

Ălalcŏmĕnē, *ēs*, f., ville de Béotie : Placid. Th. 7, 330 ǁ **-naeus**, *a*, *um*, d'Alalcomène : Stat. Th. 7, 330.

Ălămani, **Ălămanni**, **Ălĕmanni**, *ōrum*, m. pl., Alamans : Claud. Cons. Stil. 3, 17 ; Arn. 1, 16.

Ălămannĭa, *ae*, f., pays des Alamans : Amm. 20, 4, 1 ǁ **-nĭcus**, *a*, *um*, Alamannique : Amm. 27, 2, 9 ǁ vainqueur des Alamans [surnom de Justinien] : Cod. Just. rubr. prooem. ǁ **-nus**, *a*, *um*, alamannique : Amm. 14, 10, 6.

Alana, *ae*, f., ville d'Éthiopie : Plin. 6, 179.

Alander, **Alandrus**, *i*, m., fleuve de Phrygie : Liv. 38, 18, 1.

Ălānī, *ōrum*, m. pl. (cf. *Iran*), Alains [peuple de la Sarmatie européenne] Atlas I, B7 : Plin. 4, 80 ǁ **-nus**, *a*, *um*, des Alains : Claud. Get. 581 ǁ **-nĭcus**, *m*, Alanique [vainqueur des Alains, surnom de Justinien] : Cod. Just. 1, 27, 1.

Ălānĭa, *ae*, f., pays des Alains : Oros. Hist. 1, 2, 53.

ălăpa, *ae*, f. (obscur ; roum. *aripă*, fr. *(roue à) aubes*), soufflet : *alapam sibi ducere* Phaed. 5, 3, 2, se donner un soufflet ǁ soufflet donné pour affranchir un esclave : *est sub alapa* Petr. 38, 9, il a la joue encore chaude (c'est un affranchi de fraîche date) ; Phaed. 2, 5, 25.

ălăpātŏr, *ōris*, m. (*alapor*), vantard : Gloss. 3, 372, 56.

ălăpĭzō, *ās*, *āre*, -, - (*alapa*), tr., gifler : Lib. Geneal. 450, p. 184, 3.

ălăpō, *ās*, *āre*, -, - (*alapa*), tr., gifler : Gloss. 2, 427, 31.

ălăpŏr, *ārīs*, *ārī*, - (cf. *halapanta* ; esp. *alabar*), intr., fanfaronner : Commod. Apol. 457.

ălăpus, *i*, m. (*alapa*), tête à claques (?) : Gloss. 5, 589, 24.

Alărĭcus, *i*, m., Alaric [roi des Goths] : Claud. Get. 431.

ălāris, *e* (*ala*), qui fait partie des ailes d'une armée : Liv. 10, 41, 5 ǁ [pris subst^t] *alares*, les troupes des ailes [= les cavaliers auxiliaires] : Tac. H. 2, 94 ; An. 15, 10.

ālārĭus, *a*, *um*, qui fait partie des ailes : Caes. C. 1, 73, 3 ; Liv. 10, 40, 8 **a)** [pris subst^t] *alarii*, troupes auxiliaires à pied : Caes. G. 1, 51, 1 **b)** cavaliers auxiliaires : Cic. Fam. 2, 17, 7 ; Liv. 35, 5, 10.

Alasit, ville de la Lybie : Plin. 5, 37.

Alassenses, *ĭum*, m. pl., peuple de la Galatie : Plin. 5, 147.

Ălastŏr, *ŏris*, m., l'un des compagnons de Sarpédon, tué par Ulysse : Ov. M. 13, 257 ǁ un des chevaux de Phaéton : Claud. Pros. 1, 286.

ălāternus, *i*, f. (?), nerprun [arbrisseau] : Plin. 16, 108.

Alatheus, m., nom d'un chef des Goths : Amm. 31, 3, 3.

ălātŏr, *ōris*, m. (*ala*), rabatteur de gibier : Serv. En. 4, 121.

Alātrīnās, ▶ Aletrinas.

ālātus, *a*, *um* (*ala*), ailé : Virg. En. 4, 259 ; Ov. F. 5, 666.

ălauda, *ae*, f. (gaul ; fr. *alouette*), alouette : Plin. 11, 121 ǁ nom d'une légion romaine équipée aux frais de César : Suet. Caes. 24 [d'où] **alaudae**, *arum*, m. pl., les alaudes, soldats de cette légion : Cic. Phil. 13, 3 ; 1, 20 ; Att. 16, 8, 2.

Alauna, *ae*, f., ville de la Gaule [auj. Valognes] Atlas V, C2 : Anton. 386.

ălausa, *ae*, f. (gaul. ; fr. *alose*), alose [poisson de la Moselle] : Aus. Mos. 127.

Alavivus, *i*, m., nom d'un chef des Goths : Amm. 31, 4, 1.

Alazōn, *ŏnis*, m. (ἀλάζων) ¶ 1 le Fanfaron [titre d'une pièce grecque] : Pl. Mil. 86 ¶ 2 fleuve entre l'Albanie et l'Ibérie : Plin. 6, 29.

1 Alba, *ae*, f. ¶ 1 **Alba Longa**, Albe [premier emplacement de Rome] : Virg. En. 1, 277 ; Liv. 1, 3, 3 ¶ 2 **Alba** ou **Alba Fucentia**, ville des Èques ou des Marses Atlas XII, D4 : Caes. C. 1, 15, 7 ; Cic. Att. 9, 6, 1 ¶ 3 **Alba Pompeia**, ville de Ligurie Atlas XII, C1 : Plin. 3, 49 ¶ 4 **Alba Helvia** ou **Alba Helviorum**, ville de la Narbonnaise [auj. Alba] : Plin. 2, 36 ; 14, 43.

2 Alba, *ae*, m. ¶ 1 nom d'un roi d'Albe la Longue : Ov. M. 14, 612 ; Liv. 1, 3, 8 ǁ **Alba Aemilius**, confident de Verrès : Cic. Verr. 3, 145 ¶ 2 **Alba**, rivière d'Espagne : Plin. 3, 22.

3 alba, *ae*, f. (fr. *aube*), vêtement blanc [des élus] : Tert. Scorp. 12, 8 ǁ perle blanche : Lampr. Hel. 21, 3 ; 21, 4.

albāmĕn, *ĭnis*, n., partie blanche, blanc [de poireau] : Apic. 64.

ălbāmentum, *i*, n., blanc [d'œuf] : Apic. 189.

Albāna, *ae*, f., route conduisant à Capoue : Cic. Agr. 2, 94.

Albānensis, *e*, d'Albe : Greg.-M. Ep. 5, 57, p. 366, 9.

Albāni, *ōrum*, m. pl. ¶ 1 Albains [hab. d'Albe la Longue] : Liv. 1, 29 ¶ 2 Albaniens [hab. de l'Albanie] : Plin. 6, 38 ; Tac. An. 2, 68.

Albānĭa, *ae*, f., Albanie [contrée de l'Asie sur les côtes de la mer Caspienne, Daghestan] Atlas I, C8 : Plin. 6, 36.

Albānus, *a*, *um* ¶ 1 d'Albe : Cic. Mil. 85 ; Liv. 1, 28 ; *Albanus lacus* Liv. 5, 15, 4, lac albain [près d'Albe] ; **Albanum**, *i*, n., maison d'Albe [maison de campagne de Pompée] Cic. Att. 4, 11, 1 ; [maison de Clodius] Cic. Mil. 46 ; 48 ¶ 2 d'Albanie : Plin. 6, 38.

albārĭus, *a*, *um* (*albo*), relatif au crépi : Vitr. 5, 5, 2 ǁ *albarium opus*, crépissure, stuc : Vitr. 5, 10, 3 ; ou seul^t *albarium*, n. :

albarius

Plin. *35, 194* ‖ subst. m., **albarius** crépisseur : **Cod. Théod.** *13, 4, 2.*

albātus, *a, um* (*albus*), vêtu de blanc : **Cic.** *Vatin. 31* ; **Plin.** *8, 160.*

albēdo, *ĭnis*, f. (*albus*), blancheur : **Cassiod.** *Var. 12, 4, 6.*

albens, part. prés. de *albeo*.

Albenses, *ĭum*, m. pl., Albains : **Plin.** *3, 69.*

albĕō, *ēs, ēre, -, -* (*albus*), intr., être blanc : **Virg.** *En. 12, 36* ; **Ov.** *F. 1, 558* ; *M. 11, 501* ; **Sen.** *Ep. 122, 4* ; **Curt.** *3, 3, 11* ‖ [plus employé au part. prés.] *albens*, blanc : *albente caelo* **Caes.** *C. 1, 68, 1*, à l'aube ; *albentes equi* **Curt.** *3, 3, 11*, chevaux blancs ; *albentia ossa* **Tac.** *An. 1, 61*, ossements blanchis.

albescō, *ĭs, ĕre, -, -* (inch. d'*albeo* ; roum. *albi*), intr., devenir blanc, blanchir : **Cic.** *Ac. 2, 105* ; *ut primum albescere lucem vidit* **Virg.** *En. 4, 586*, dès qu'elle vit l'aube blanchir.

Albi montes, m. pl., les monts Blancs [en Crète] : **Plin.** *16, 142.*

Albĭānus, *a, um*, d'Albius : **Cic.** *Caecin. 28* ; *82.*

albĭcantĭus, adv. (*albico*), [seul[t] au compar.] en tirant un peu trop sur le blanc : **Solin.** *30, 32.*

albĭcăpillus, *i*, m. (*albus, capillus*), vieillard aux cheveux blancs : **Pl.** *Mil. 631.*

albĭcascō, *ĭs, ĕre, -, -* (inch. d'*albico*), intr., commencer à blanchir : **Mat. d. Gell.** *15, 25, 1.*

albĭcēra ŏlĕa, f., sorte d'olive blanche : **Plin.** *15, 20.*

albĭcērāta ficus, f., sorte de figue blanche : **Plin.** *15, 70.*

albĭcēris, *is*, f., ▶ *albicera olea* : **Cat.** *Agr. 6, 1.*

Albicī, *ōrum*, m. pl., peuple voisin de Massilia [Marseille] : **Caes.** *C. 1, 34, 4.*

albĭcō, *ās, āre, -, -* (*albus*) ; it. *albicare*) ¶ **1** tr., rendre blanc : **Varr.** *Men. 75* ¶ **2** intr., être blanc : **Hor.** *O. 1, 4, 4* ; **Plin.** *27, 40.*

albĭcŏlŏr, *ōris*, m. (*albus, color*), la couleur blanche : **Corip.** *Just. 1, 329.*

albĭcōmus, *a, um* (*albus, coma*), aux cheveux blancs : **Fort.** *Mart. 4, 2.*

albĭdŭlus, *a, um* (dim. de *albidus*), **Pall.** *3, 25, 12.*

albĭdus, *a, um* (*albus*), blanc : **Ov.** *M. 3, 74* ‖ *-ior* **Plin.** *Ep. 8, 20, 4* ; *-issimus* **Cels.** *5, 26, 20.*

Albīga, *ae*, f., ▶ *Albigensis Urbs* Atlas IV, A4 ; V, F2 : **Paul.-Nol.** d. **Greg.-Tur.** *Hist. 2, 13.*

Albĭgensis urbs, **Albĭgensis cīvĭtās**, f., Albiga, ville d'Aquitaine [auj. Albi] : **Greg.-Tur.** *Hist. 2, 37* ‖ **Albĭgenses**, *ĭum*, m. pl., habitants d'Albiga, Albigeois : **Greg.-Tur.** *Hist. 8, 22.*

albĭnĕus, *a, um*, blanchâtre : **Pall.** *4, 13, 3.*

Albingaunum, *i*, n., ville de Ligurie [auj. Albenga] Atlas V, F4 ; XII, C1 : **Mel.** *2, 72* ‖ *-ni*, *ōrum*, m. pl., habitants d'Albingaunum : **Liv.** *29, 5, 2.*

Albĭnĭa, *ae*, m., fleuve de l'Étrurie [auj. Albegna] : **Anton.** *500.*

Albīnĭus, *ĭi*, m., nom d'homme : **Cic.** *Sest. 6* ‖ *-ĭānus*, *a, um*, d'Albinius : **Spart.** *Sev. 10.*

Albĭnŏvānus, *i*, m., nom de différents pers. romains ¶ **1** accusateur de Sestius : **Cic.** *Vat. 3* ¶ **2** *Celsus Albinovanus*, contemporain d'Horace : **Hor.** *Ep. 1, 8, 1* ‖ *Pedo Albinovanus*, ami d'Ovide : **Ov.** *Pont. 4, 10, 4.*

Albintĭmĭlĭum, *ĭi*, n., ville de Ligurie [auj. Vintimille] Atlas V, F4 ; XII, C1 : **Tac.** *H. 2, 13.*

1 **Albīnus**, *i*, m., nom de famille rom., branche principale des *Postumii*, not[t] ¶ **1** *A. Postumius Albinus*, auteur d'une histoire romaine en grec : **Cic.** *Brut. 81* ; **Gell.** *11, 8, 4* ¶ **2** *Sp. Postumius Albinus* et son frère *Aulus*, qui figurèrent dans la guerre contre Jugurtha : **Sall.** *J. 35, 2* ; *36, 4* ¶ **3** *Clodius Albinus*, empereur romain [196-197] : **Capit.** *Alb. 1.*

2 **albīnus**, *i*, m., **Cod. Just.** *10, 64, 1*, ▶ *albarius*.

Albĭōn, *ōnis*, f., Albion, ancien nom de la Grande-Bretagne : **Plin.** *4, 102* ‖ **Albiones**, *um*, m. pl., les habitants d'Albion : **Avien.** *Or. 112.*

Albĭōna ager, territoire au-delà du Tibre : **P. Fest.** *4, 14.*

albĭplūmis, *e* (*albus, pluma*), qui a les plumes blanches : **Anth.** *729, 3.*

Albis, *is*, m., Elbe [fleuve de Germanie] Atlas I, B4 ; V, B4 : **Tac.** *G. 41.*

albiscō, *ĭs, ĕre, -, -*, ▶ *albesco*.

albĭtūdo, *ĭnis*, f. (*albus*), blancheur : **Pl.** *Trin. 874.*

Albĭus, *ĭi*, m., nom de plusieurs personnages : **Cic.** *Clu. 10* ; *Att. 13, 14, 1* ‖ *Albius Tibullus*, le poète Tibulle : **Hor.** *Ep. 1, 4, 1.*

albō, *ās, āre, -, -*, tr., blanchir : **Prisc.** *Perieg. 431.*

albŏgălērus, *i*, m., bonnet blanc du flamen Dialis : **P. Fest.** *9, 27.*

albŏr, *ōris*, m. (*albus* ; it. *albore*) ¶ **1** blancheur : **Non.** *73, 2* ¶ **2** blanc d'œuf : **Pall.** *11, 14, 9.*

Albrīnĭa, **Albrūna**, *ae*, f., prophétesse germaine : *Tac. G. 8* ; ▶ *Auriniа*.

albūcĭum, *ĭi*, n., (*-ĭus*, *ĭi*) m. (*albus*), asphodèle : **Isid.** *17, 9, 84.*

Albūcĭus, *ĭi*, m., nom d'homme : **Cic.** *Brut. 131* ; **Hor.** *S. 2, 2, 67.*

Albucrarensis, *e*, d'Albucrare [Galice] : **Plin.** *33, 80.*

albūcum, *i*, n., bulbe d'asphodèle : **Plin.** *21, 109.*

albūcus, *i*, m., asphodèle : **Ps. Apul.** *Herb. 32.*

Albūdīnus fons, m., source dans la Sabine : **Frontin.** *Aq. 14* ‖ *-dignus*, **Suet.** *Cl. 20.*

albŭēlis, *is*, f. (*albus* ; it. *albiglio*), sorte de raisin : **Plin.** *14, 31.*

albūgō, *ĭnis*, f. (*albus*), taie blanche sur l'œil : **Plin.** *32, 70* ‖ squames sur la tête : **Plin.** *26, 160.*

1 **albŭla**, *ae*, f. (*albulus* ; fr. *ablette*), ablette : **Gloss.** *3, 355, 76.*

2 **Albŭla**, *ae*, m., ancien nom du Tibre : **Virg.** *En. 8, 332* ; **Liv.** *1, 3, 5* ‖ **Albŭla**, *ae*, f., **Mart.** *1, 12, 2*, **Albŭlae**, *ārum*, f. pl., sources sulfureuses près de Tibur : **Plin.** *31, 10* ; **Sen.** *Nat. 3, 20, 4.*

albŭlus, *a, um* (dim. de *albus*), blanc : **Catul.** *29, 8.*

album, *i*, n. de *albus* pris subst[t] ¶ **1** blanc : : *(bos) maculis insignis et albo* **Virg.** *G. 3, 56*, (la génisse) mouchetée à robe blanche ; *sparsis pellibus albo* **Virg.** *B. 2, 41*, avec des peaux semées de taches blanches ; *album oculorum* **Cels.** *2, 6, 8*, blanc des yeux ¶ **2** couleur blanche : *columnas albo polire* **Liv.** *40, 51, 3*, donner du lustre aux colonnes avec un enduit blanc ; *album in vestimentum addere* **Liv.** *4, 25, 13*, ajouter du blanc à la robe ¶ **3** tableau blanc [blanchi au plâtre, exposé publiquement, pour que tout le monde pût lire ce qu'il portait écrit] : [album du grand pontife] **Cic.** *de Or. 2, 52* ; **Liv.** *1, 32, 2* ; [album du préteur] **Gai.** *Inst. 4, 46* ; [d'où] *ad album sedentes* **Sen.** *Ep. 48, 10*, ceux qui sont au courant des édits des préteurs, des formules du droit, les jurisconsultes ; *se ad album ac rubricas transferre* **Quint.** *12, 3, 11*, se porter à l'étude du droit et des lois ¶ **4** liste, rôle : *album senatorium* **Tac.** *An. 4, 42*, liste des sénateurs [création d'Auguste cf. **Dion. Cass.** *55, 3*] ; *album judicum* **Suet.** *Cl. 16, 2* ; **Sen.** *Ben. 3, 7, 7*, liste des juges [établie par le préteur ; cf. *lecti, selecti judices*] ; *album profitentium citharaedorum* **Suet.** *Ner. 21, 1*, liste des musiciens qui voulaient concourir.

Album Ingaunum, n., ▶ *Albingaunum* : **Plin.** *3, 48.*

Album Intĭmĭlĭum, *i*, n., ▶ *Albintimilium* : **Plin.** *3, 48.*

Album prōmuntŭrĭum, promontoire d'Afrique en face de l'Espagne : **Plin.** *3, 3.*

albūmĕn, *ĭnis*, n. (*albus* ; it. *albume*), **Anthim.** *35*, **albŭmentum**, *i*, n., **Veg.** *Mul. 2, 57, 1*, blanc d'œuf.

Albūnĕa, *ae*, f. ¶ **1** source jaillissant près de Tibur : **Hor.** *O. 1, 7, 12* ; **Virg.** *En. 7, 83* ¶ **2** sibylle honorée dans les bois de Tibur : **Lact.** *Inst. 1, 6, 12.*

alburnum, *i*, n. (*albus* ; esp. *alborno*, fr. *aubier*), aubier : **Plin.** *16, 182.*

1 **alburnus**, *i*, m., ablette : **Aus.** *Mos. 126* ‖ aurore : **Fulg.** *Aet. 9, p. 163, 14 H.*

2 Alburnus, *i*, m. [Alburno]: Virg. G. 3, 147 ‖ adorée comme divinité: Tert. Marc. 1, 18, 4.

albus, *a*, *um* (cf. ἀλφός, ἄλφι, al. Elbs, Elbe, fr. Aube; it. alba, fr. aube) ¶ **1** blanc mat [opposé à *ater*; *candidus* "blanc éclatant" opposé à *niger*]: *alba et atra discernere* Cic. Tusc. 5, 114, discerner le blanc du noir; *amnis sulphurea albus aqua* Virg. En. 7, 517, fleuve que ses eaux sulfureuses rendent blanc; *albi equi* Cic. Nat. 2, 6, chevaux blancs ‖ *plumbum album* Caes. G. 5, 12, 5, étain ‖ *albus Notus* Hor. O. 1, 7, 15, le blanc Notus [vent qui éclaircit le ciel en chassant les nuages] ¶ **2** pâle, blême: *albus urbanis in officiis* Mart. 1, 5, 6, qui a pâli dans les services (emplois) urbains; *timor albus* Pers. 3, 115, la peur blême ¶ **3** clair: *albae sententiae* Sen. Contr. 7, pr. 2, pensées limpides, claires ¶ **4** favorable: *alba stella* Hor. O. 1, 12, 27, la blanche étoile [annonçant un ciel serein, clair] ¶ **5** [expr. proverbiales]: *equis albis praecurrere aliquem* Hor. S. 1, 7, 8, devancer à toute allure qqn [les chevaux blancs étant réputés les plus rapides]; *aliquis albus aterne fuerit ignorare* Cic. Phil. 2, 41, ignorer si qqn était blanc ou noir, ne pas l'avoir connu du tout; *avem albam videre* Cic. Fam. 7, 28, 2, voir un merle blanc; *album calculum rei adjicere* Plin. Ep. 1, 2, 5, donner un caillou blanc à qqch. [approuver]; *Genius voltu mutabilis, albus et ater* Hor. Ep. 2, 2, 189, le génie au visage changeant, blanc et noir [bon, mauvais].
▶ compar. et superl. seul[t] d. Varr. L. 8, 75; superl. d. Cassiod. Var. 9, 34.

Alcaeus, *i*, m., Alcée [poète lyrique]: Cic. Tusc. 4, 71; Hor. O. 2, 13, 27 ‖ **-căĭcus**, *a*, *um*, d'Alcée, alcaïque [vers, strophe]: Diom. 510, 1.

Alcămĕnēs, *is*, m., nom d'un statuaire célèbre: Cic. Nat. 1, 82; Plin. 34, 72.

Alcandĕr, *dri*, m., nom d'un Troyen: Ov. M. 13, 258 ‖ nom d'un des compagnons d'Énée: Virg. En. 9, 767.

Alcānŏr, *ŏris*, m., nom d'un Troyen: Virg. En. 10, 338.

Alcăthŏē, *ēs*, f., nom donné à Mégare: Ov. M. 7, 443.

Alcăthŏus, *i*, m. (Ἀλκάθοος), fils de Pélops, et fondateur de Mégare: Ov. M. 8, 8.

1 Alcē, *ēs*, f., ville de la Tarraconaise: Liv. 40, 48.

2 alcē, *ēs*, f. (germ. ἄλκη, al. Elch, an. elk), élan: Calp. 7, 59; Plin. 8, 39; Solin. 20, 6.
▶ pl. *alces* Caes. G. 6, 27, 1.

alcĕa, *ae*, f. (ἀλκέα), espèce de mauve: Plin. 27, 21.

alcēdo, *ĭnis*, f., alcyon [martin-pêcheur?]: Pl. Poen. 356; Varr. L. 5, 79; 7, 88; P. Fest. 7, 8.

alcēdōnĭa, *ōrum*, n. pl., jours calmes [pendant lesquels les alcyons couvent]: Pl. Cas. 26.

1 alcēs, ▶ *2 alce*.

2 Alcēs, *is*, m., fleuve de Bithynie: Plin. 5, 149.

Alcestē, *ēs*, f., **Alcestis**, *is* (*idis*), f., Alceste [femme d'Admète]: Mart. 4, 75; Juv. 6, 652 ‖ une pièce de Laevius: Gell. 19, 7, 2.

Alceūs, *ei*, m. (Ἀλκεύς), Alcée [père d'Amphitryon]: Serv. En. 6, 392.

Alci, *ōrum*, m. pl., nom de deux divinités chez les Germains: Tac. G. 43.
▶ peut-être nom. *Alcis*.

Alcĭbĭădēs, *is*, m. ¶ **1** Alcibiade [général athénien]: Cic. de Or. 2, 93; Div. 2, 143; Nep. Alc. 1 ‖ **-dīus**, *a*, *um*, d'Alcibiade: Arn. 6, 13 ¶ **2** Lacédémonien qui prit part à la guerre contre Rome: Liv. 39, 35.

alcĭbĭum, *ii*, n. (ἀλκίβιον), espèce de vipérine [plante]: Plin. 27, 39.

Alcĭdămās, *antis*, m., nom d'un rhéteur grec d'Élée, disciple de Gorgias: Cic. Tusc. 1, 116; Quint. 3, 1, 10 ‖ autre personnage: Ov. M. 7, 368.

Alcĭdēmos, *i*, f. (Ἀλκίδημος), surnom de Minerve: Liv. 42, 51, 2.

Alcĭdēs, *ae*, m., Alcide, descendant d'Alcée [Hercule]: Virg. En. 10, 460; 6, 123.

Alcĭmĕdē, *ēs*, f., Alcimède [femme d'Éson]: Ov. H. 6, 105.

Alcĭmĕdōn, *ontis*, m., nom d'homme: Virg. B. 3, 37.

Alcĭmus, *i*, m. (Ἄλκιμος), nom d'homme: Mart. 1, 88, 1 ‖ rhéteur: Aus. Prof. 3 (192), 2 ‖ *Alcimus Avitus*, saint Avit: Fort. Mart. 1, 25.

Alcĭnŏus, *i*, m., Alcinoüs [roi des Phéaciens]: Ov. Pont. 2, 9, 42.

Alcippē, *ēs*, f., nom de femme: Virg. B. 7, 14; Plin. 7, 34.

Alcis, m., ▶ *Alci*.

Alcĭthŏē, *ēs*, f., une des filles de Minyas: Ov. M. 4, 1; 4, 274.

Alcmaeo (Ἀλκμαίων), Cic., **Alcmeō** (Ἀλκμέων), Hyg. Fab. 71, **Alcŭmaeōn**, *ŏnis*, Mar. Vict. Gram. 6, 8, 6; Prisc. 2, 29, 7, **Alcŭmĕus**, *i*, m., Pl. Cap. 562, Alcméon ¶ **1** fils d'Amphiaraüs: Cic. Ac. 2, 52 ‖ **-maeōnĭus**, *a*, *um*, d'Alcméon: Prop. 3, 5, 41 ¶ **2** philosophe, disciple de Protagoras: Cic. Nat. 1, 27 ¶ **3** archonte athénien: Vell. 1, 8, 3.

Alcmān, *ānis*, m., Alcman, poète lyrique: Vell. 1, 18, 3; Plin. 11, 114 ‖ **-ānĭcus**, *a*, *um*, Mar. Vict. Gram. 6, 73, 13, **-ānius**, *a*, *um*, Serv. Gram. 4, 458, 16, d'Alcman.

Alcmēna, *ae*, f., Cic. Nat. 3, 42, **Alcmēnē**, *ēs*, f. (Ἀλκμήνη), Alcmène, mère d'Hercule: Ov. M. 9, 276.
▶ *Alcumena* Pl..

Alcō (**Alcōn**), *ōnis*, m. (Ἄλκων) ¶ **1** fils d'Astrée: Cic. Nat. 3, 53 ¶ **2** artisan sicilien: Ov. M. 12, 683 ¶ **3** fondeur en bronze: Plin. 34, 141 ¶ **4** esclave: Hor. S. 2, 8, 15 ¶ **5** habitant de Sagonte: Liv. 21, 12, 4.

Alcŭmaeōn, ▶ *Alcmaeo*.

Alcŭmēna, *ae*, f., ▶ *Alcmena* ▶: Pl. Amp. 99; 364; Merc. 690; Rud. 86.

Alcŭmĕus, ▶ *Alcmaeon*.

1 alcyŏn (**halcyŏn**), *ŏnis*, f. (ἀλκυών), alcyon [oiseau de mer fabuleux]: Virg. G. 1, 399 ‖ martin-pêcheur: Plin. 10, 89.

2 Alcyŏn, *ŏnis*, m., mont de Macédoine: Plin. 4, 38.

Alcyŏnē (**Halcyŏnē**), *ēs*, f. (Ἀλκυόνη) ¶ **1** fille d'Éole: Ov. M. 11, 384 ¶ **2** fille d'Atlas [une des Pléiades]: Ov. H. 19, 133.

alcyŏnēus (**-nĭus**), *a*, *um* (ἀλκυόνειος), relatif aux alcyons: Col. 11, 2, 22 ‖ **alcyoneum** (**medicamen**), *i*, n., **-nium**, *i*, n., écume de la mer employée comme remède: Plin. 32, 86.

alcyŏnĭdēs dĭēs, Plin. 10, 90, (**alcyōnēi**, **-nĭi dĭēs**, Cels. 11, 2; Varr. L. 7, 88), f. pl., **alcyŏnĭa**, n. pl., Hyg. Fab. 65, ▶ *alcedonia*.

Aldescus, ▶ *Ardiscus*.

Alē, *ēs*, f., ville de Cilicie: Plin. 5, 92.

1 ālĕa, *ae*, f. (cf. scr. *akṣa-s*?; it. *aliosso*) ¶ **1** dé, jeu de dés, jeu de hasard; hasard: *alea ludere* Cic. Phil. 2, 56 (*aleam* Suet. Claud. 32; Ner. 30) jouer aux dés; *aleam exercere* Tac. G. 24, pratiquer les jeux de hasard; *in vino et alea* Cic. Cat. 2, 10, dans le vin et le jeu; *aleae indulgens* Suet. Aug. 70, ayant un faible pour le jeu; *jacta alea esto* Suet. Caes. 32, que le sort en soit jeté ¶ **2** hasard, risque, chance: *aleam quamdam esse in hostiis deligendis?* Cic. Div. 2, 36, [ne vois-tu pas que] c'est une sorte de jeu de hasard que le choix des victimes?; *in dubiam imperii servitiique aleam imus* Liv. 1, 23, 9, nous allons courir la chance douteuse d'une domination ou d'un esclavage; *periculosae plenum opus aleae* Hor. O. 2, 1, 6, œuvre pleine de hasards dangereux; *aliquem committere in aleam casus* Liv. 40, 21, 6 (*dare* Liv. 42, 50, 2) exposer qqn au hasard d'un accident.
▶ *ālĭa* CIL 4, 2119.

2 Alĕa, *ae*, f., ville d'Arcadie: Plin. 4, 20 ‖ surnom de Minerve: Stat. Th. 4, 288.

ālĕāris, *e*, Cael.-Aur. Chron. 2, 1, 25, **ālĕārĭus**, *a*, *um*, Pl. Mil. 164 (*alea*), qui concerne les jeux de hasard.

ālĕātŏr, *ōris*, m., joueur de dés; celui qui joue aux jeux de hasard: Cic. Cat. 2, 23; Verr. 5, 33.

ālĕātōrĭus, *a*, *um*, qui concerne le jeu: Cic. Phil. 2, 67 ‖ **ālĕātōrĭum**, *ii*, n., maison de jeu: Sidon. Ep. 2, 2, 15.

ālĕātrix, *īcis*, adj. f., qui joue aux dés: Ps. Cypr. Aleat. 5.

ālĕātum, ▶ *aliatum*.

Alebece

Alebecē (Alaebaecē), ville de la Gaule Narbonnaise : Plin. 3, 36.

Ălēbĭōn, ŏnis, m., fils de Neptune : Mel. 2, 78.

ălēbrĭa, ōrum, n. pl. (alo), aliments substantiels : P. Fest. 23, 17.

Ălēbus, i, m., rivière de la Bétique : Avien. Or. 466.

ālēc, ālēcātus, ▽ all-.

Ālectō, f. indécl. ⓒ Allecto, une des Furies : Virg. En. 7, 341 ; 7, 415, cf. Serv. G. 2, 98.

ălectŏria, (s.-ent. gemma), pierre de coq : Plin. 37, 144.

ălectŏrŏlŏphus, i, **ălectŏrŏs lophos**, i, f. (ἀλέκτορος λόφος), crête de coq [plante] : Plin. 27, 23 ; 27, 40.

ālēcŭla, ▽ allecula.

Ālĕī, ōrum, m. pl., Eléens : Pl. Cap. 24, 59.

Ălĕii campi, m. pl. (cf. Ἀλήϊον πεδίον et ἄλη), plaine d'Alé où erra Bellérophon après avoir été jeté à bas de Pégase et aveuglé par un éclair de Jupiter : Cic. poet. Tusc. 3, 63 ; Plin. 5, 91 ∥ **Aleia arva** Ov. Ib. 257, même sens.

Alelē, ēs, f., ville d'Afrique, près de la petite Syrte : Plin. 5, 36.

Ălĕmāni, Ălĕmanni, etc., ▽ Alamani.

Ălĕmōn, ŏnis, m. (Ἀλήμων), père du fondateur de Crotone : Ov. M. 15, 18.

Ălĕmōna, Ălĭmōna, ae, f., déesse qui protège les enfants dans le sein de leur mère : Tert. Anim. 37, 1.

Ălĕmŏnĭdēs, ae, m., fils d'Alémon : Ov. M. 15, 26.

Alentīnus, ▽ Haluntinus.

ālĕo, ōnis, m. (alea), joueur : Naev. Com. 118 ; Catul. 29, 2 ; 6, 11.

Alĕŏs, m., **Alĕōn**, n., fleuve d'Ionie : Plin. 31, 14 ; 5, 117.

aleph, indécl., première lettre de l'alphabet hébreu : Hier. Ep. 20, 3.

Ălĕrĭa, ae, f. (Ἀλαλία), ville de Corse Atlas I, D3 ; V, F4 ; XII, D2 : Plin. 3, 80.

ālĕs, ĭtis, adj. (ala) ¶ 1 qui a des ailes, ailé : **angues alites** Pacuv. Tr. 397, serpents ailés, dragons ; **ales equus** Catul. 66, 54, cheval ailé [Pégase] ; **puer** Hor. O. 3, 12, 4, l'enfant ailé [l'Amour] ∥ léger, rapide : **passu alite volare** Ov. M. 10, 587, s'élancer d'un vol ailé (rapide) ¶ 2 **ālĕs**, ĭtis, subst. m. et f. [poét.] oiseau : Lucr. 5, 801 ; Virg. En. 8, 27 ; **Maeonii carminis ales** Hor. O. 1, 6, 2, aigle de la poésie homérique ∥ [en part., dans la langue augurale] oiseau dont le vol est un présage [aves oscines, oiseaux dont le chant est un présage] : Cic. Nat. 2, 160 ; Div. 1, 120 ; Fam. 6, 6, 7 ; [d'où] **secunda alite** Hor. Epo. 16, 2 ; **mala** Hor. Epo. 10, 1, avec de bons, de mauvais présages ; **potiore** Hor. O. 4, 6, 24, sous de meilleurs auspices.
▶ gén. pl. **alituum** Lucr. 2, 928 ; Virg. En. 8, 27 [f. plus fréquent que le m.].

Ălēsa, ▽ Halaesa.

ălescō, ĭs, ĕre, -, - (alo), intr., pousser, augmenter : Lucr. 2, 1130 ; Varr. R. 1, 44, 4.

Alesĭa, ae, f., Alésia, ville de la Gaule, capitale des Mandubii [auj. Alise-Ste-Reine] Atlas I, B3 ; V, D3 : Caes. G. 7, 68 ; Plin. 34, 162.
▶ emplacement discuté.

Ălēsus, ▽ Halaesus.

Ălētēs, ae, m., nom d'un compagnon d'Énée : Virg. En. 1, 121 ∥ Thébain : Stat. Th. 3, 176 ∥ fils d'Égisthe : Hyg. Fab. 122.

Ălēthĭa, ae, f. (ἀλήθεια), un des Éons de Valentin [Vérité] : Iren. 1, 1, 1.

Ălētīni, ōrum, m. pl., habitants d'Aletium [Calabre] Atlas XII, F6 : Plin. 3, 105.

Ălētrĭum, ii, n., ville des Herniques [auj. Alatri] : Grom. 230, 7 ∥ **Alētrīnās**, ātis, m., f., n., d'Aletrium : Cic. Clu. 46 ; Liv. 9, 42, 11 ∥ **-nātes**, m. pl., habitants d'Aletrium : Cic. Clu. 49 ; Plin. 3, 63.

ălētūdo, ĭnis, f. (alo), embonpoint : P. Fest. 25, 10.

ālĕum, ▽ alium.

Ālĕus, a, um (Ἀλεῖος), ⓒ Eleus : Pl. Cap. 24 ; 59 ; ▽ Alei.

Ălēvās, ae, m. (Ἀλεύας), tyran de Larisse, tué par ses soldats : Ov. Ib. 323 ; 511 ∥ un statuaire : Plin. 34, 86.

Alexander, dri, m. (Ἀλέξανδρος) ¶ 1 Alexandre le Grand, conquérant de l'Asie, fils de Philippe II, roi de Macédoine : Hor. Ep. 2, 1, 232 ; **magnus** Liv. 26, 19, 7 ¶ 2 Alexandre, fils de Persée roi de Macédoine : Liv. 42, 52, 5 ¶ 3 tyran de Phères : Cic. Div. 1, 53 ; Off. 2, 25 ¶ 4 roi d'Épire : Liv. 8, 3 ¶ 5 autre nom de Pâris : Enn. d. Varr. L. 7, 5, 96 ; Cic. Fat. 34 ¶ 6 Alexandre Sévère [empereur 222-235] : CIL 3, 3731 ; ▽ Alexanter, Alixentros.

Ălexandrēa (-īa), ae, f., Alexandrie, nom de différentes villes, not^t ¶ 1 ville d'Égypte Atlas I, E6 ; IX, E2 : Plin. 5, 62 ; Cic. Fin. 5, 54 ¶ 2 ville de la Troade : Cic. Ac. 2, 11 ¶ 3 ville de Syrie [Alexandrette] Atlas IX, C3 : Plin. 6, 91 ∥ **-drīnus**, a, um ¶ 4 d'Alexandrie d'Égypte : Caes. C. 3, 110 ; Suet. Aug. 98 ¶ 5 d'Alexandrie de la Troade : Plin. 15, 131 ∥ **-drīni**, ōrum, m. pl., habitants d'Alexandrie : Cic. Rab. Post. 14 ; Pis. 49.

Alexandrĭānus, a, um, d'Alexandre Sévère : Lampr. Alex. 40, 6.

Alexandrŏpŏlis, is, f., ville des Parthes : Plin. 6, 113.

Alexanter, ⓒ Alexander : Quint. 1, 4, 16.

Alexĭcăcus, i, m. (ἀλεξίκακος), qui éloigne les maux [surnom d'Hercule] : Varr. L. 7, 82 ; Lact. Inst. 5, 3, 14 ∥ épith. d'Apollon : Macr. Sat. 1, 17, 15.

Alexīnus, i, m., philosophe de Mégare : Cic. Ac. 2, 75.

Alexĭōn, ōnis, m. (Ἀλεξίων), médecin du temps de Cicéron : Cic. Att. 7, 2, 3 ; 15, 1, 1.

ălexĭpharmăcŏn, i, n. (ἀλεξιφάρμακον), contrepoison : Plin. 21, 146.

Ălexĭrhŏē, ēs, f., nymphe, fille du Granique : Ov. M. 11, 763.

Alexis, is ou ĭdis, m., poète comique grec : Gell. 2, 23, 1 ; 4, 11, 8 ∥ affranchi d'Atticus : Cic. Att. 5, 20, 9.

alfă, ▽ alpha.

alfăbētum, ▽ alphabetum.

Alfaterni, ōrum, m. pl., habitants de Nuceria [Nocera, en Campanie] : Plin. 3, 108.

Alfellāni, ōrum, m. pl., habitants d'une ville des Hirpins : Plin. 3, 105.

Alfēnus, qqf. **Alphēnus**, i, m., Alfénus Varus [jurisconsulte romain] : Hor. S. 1, 3, 130.

Alfius, qqf. **Alphius**, ĭi, m., nom de plus. Romains [par ex. C. Alfius Flavus] : Cic. Planc. 104.

alga, ae, f. (? ; it. aliga), algue : Plin. 32, 66 ; Hor. O. 3, 17, 10 ; Virg. En. 7, 590 ∥ [fig., pour désigner qqch. de peu de valeur] : Hor. S. 2, 5, 8 ; Virg. B. 7, 42.

Algae, ārum, f. pl., ville d'Étrurie [auj. Torre Valdaliga] : Anton. 498.

algensis, e (alga), qui se nourrit d'algues : Plin. 9, 131.

algĕō, ēs, ēre, alsī, *alsus (cf. ἄλγος), intr., avoir froid : **erudire juventutem algendo aestuando** Cic. Tusc. 2, 34, façonner la jeunesse en lui faisant supporter le froid et le chaud ; **algere et esurire consuerunt (nostri)** Cael. Fam. 8, 17, 2, (les nôtres) ont l'habitude de souffrir le froid et la faim ; **probitas laudatur et alget** Juv. 1, 74, l'honnêteté reçoit des louanges et meurt de froid [on la laisse se morfondre].

algescō, ĭs, ĕre, -, - (algeo), intr., se refroidir, devenir froid ; se calmer : Prud. Apoth. 142.

Algĭāna ŏlĕa, f., sorte d'olive : Col. 5, 8, 3.

Algĭdum, i, n., ville du Latium : Liv. 26, 9, 11.

1 **Algĭdus**, i, m., mont près de Tusculum : Liv. 26, 9, 12 ; Hor. O. 1, 21, 6 ∥ **-dus**, a, um, du mont Algide : Ov. F. 6, 722 ; ou **-densis**, e, Plin. 19, 81.

2 **algĭdus**, a, um (algeo), froid : Naev. d. Cic. Or. 152 ; Catul. 63, 70.

algĭfĭcus, a, um (algeo, facio), qui glace : Gell. 19, 4, 4.

algĭōsus, ▽ alsiosus ▶ : Ps. Acr. S. 2, 3, 5.

algŏr, ōris, m. (algeo), le froid : Varr. R. 2, 7, 10 ; Tac. H. 3, 22 ∥ sensation de froid : Pl. Ru. 215.

algōsus, a, um (alga), couvert d'algues : Plin. 32, 95.

algŭs, ūs, m., ⓒ algor : Pl. d. Prisc. 2, 235, 4 ; Pl. Ru. 582 ; Lucr. 3, 732.

1 **ālĭa**, ▽ 1 alea ▶.

2 **ălĭā**, adv. (alius), par un autre endroit : Pl. Mil. 337 ; Liv. 38, 40, 8 ; **alius alia** Liv. 30, 4, 2, l'un par un côté, l'autre par un autre.

3 Ălĭa, v. *Allia*.

Ălĭacmōn, v. *Haliacmon*.

ălĭae, gén. et dat., v. *alius* ▶.

Ălĭāna regio, région de la Gaule cisalpine : Plin. 19, 9.

ălĭās, adv. (*alius*) ¶ **1** une autre fois, d'autres fois, à un autre moment, à une autre époque : *quod cum saepe alias, tum nuper egimus* Cic. Tusc. 4, 7, c'est ce que nous avons fait bien d'autres fois et naguère encore notamment ; *et alias et in consulatus petitione* Cic. Planc. 18, dans d'autres circonstances et en particulier pendant ma candidature au consulat ; *neque tum solum, sed saepe alias* Nep. Hann. 11, 7, non seulement dans cette circonstance-là, mais bien d'autres fois : *sed haec alias pluribus* Cic. Fam. 7, 30, 2, mais sur ce point je t'écrirai plus longuement une autre fois ; *jocabimur alias* Cic. Fam. 9, 25, 2, nous badinerons une autre fois ; *recte secusne alias viderimus* Cic. Ac. 2, 135, à tort ou à raison ? nous le verrons une autre fois ; *alias... nunc* Cic. Fin. 5, 77, une autre fois..., maintenant... ‖ *alias... alias*, tantôt... tantôt : Cic. Verr. 1, 20 ; de Or. 1, 244 ; Caes. G. 2, 29, 5 ; 3, 21, 3 ‖ *alius alias : alias aliud isdem de rebus sentiunt* Cic. de Or. 2, 30, ils ont sur le même sujet un jour une opinion, un jour une autre (tantôt une opinion, tantôt une autre), cf. Or. 74 ; 200 ; Div. 2, 111 ; Rep. 3, 18 ¶ **2** [sens local, non classique] ailleurs, à un autre endroit : Gai. Dig. 40, 1, 7, 5 ; Ulp. Dig. 30, 41, 12 ; Paul. Dig. 10, 3, 19, 1 ; Apul. Plat. 1, 13 ¶ **3** [sens conditionnel, à partir de Pline l'Ancien] autrement, sans quoi : Plin. 9, 162 ; Quint. 12, 10, 30 ‖ d'ailleurs, sous un autre point de vue, d'une autre manière : *ne reges, et alias infensi, cupidine auri ad bellum accenderentur* Tac. An. 16, 1, pour éviter que les rois (numides), déjà par ailleurs hostiles, ne fussent encore attirés à la guerre par la soif de l'or ‖ [chez les jurisconsultes et les auteurs tard.] *non alias nisi* Dig. 28, 5, 69, non autrement que ; *non alias quam simulatione mortis* Curt. 8, 1, 24, par aucun autre moyen que par la feinte de la mort (seulement en simulant la mort) ; *non alias quam si* Dig. 29, 7, 6, 2, pas autrement que si.

ālĭātum (ālĕātum), *i*, n. (*alium*), mets à l'ail : Pl. Most. 47 ; Gloss. 3, 315, 5.

ālĭātus, *a, um* (*alium*), préparé à l'ail : Don. Phorm. 318.

ălĭbī (*alius, ibi*) ¶ **1** dans un autre endroit : *nec usquam alibi* Cic. Att. 13, 52, 2, nulle part ailleurs ; *Romae... alibi* Liv. 27, 19, 4, à Rome... ailleurs ; *plus ibi... quam alibi* Tac. G. 19, plus là... qu'ailleurs ‖ dans un autre endroit d'un écrit : Cic. Att. 13, 12, 3 ; Quint. 9, 2, 21 ; *alibi... alibi* Liv. 26, 49, 1, dans certains auteurs... dans d'autres [sans répétition d'*alibi* ; Liv. 27, 1, 13, P] ‖ *alibi... alibi*, ici... là ; Liv. 3, 28, 3 ; 22, 48, 5 ; 26, 45, 8 ‖ *alius alibi : alios alibi resistentes interficit* Sall. C. 60, 5, il massacre les ennemis qui tenaient bon, les uns ici, les autres là, cf. Liv. 9, 2, 2 ; 29, 37, 3 ; *torrens alibi aliter cavatus* Liv. 44, 35, 17, torrent ayant un fond creusé inégalement ¶ **2** [fig.] = *in alia re, in aliis rebus* : *ne alibi quam in armis animum haberent* Liv. 10, 20, 16, afin qu'ils n'eussent d'attention qu'à leurs armes ; *nusquam alibi spem quam in armis ponebant* Liv. 2, 39, 8, ils ne plaçaient leur espoir nulle part ailleurs que dans leurs armes ¶ **3** [sens temporel] parfois : Tert. Anim. 57, 5 ‖ *alibi... alibi* Tert. Res. 42, 11, tantôt... tantôt.

ălĭbĭlis, *e* (*alo*), nourrissant : Varr. R. 2, 11, 2.

ălĭbrum, *i*, n., v. *alabrum*.

ălĭca, *ae*, f. (de ἄλιξ ; esp. *alaga*), semoule : Cat. Agr. 76, 1 ‖ plat de semoule : Mart. 12, 81, 3 ; 13, 6.

ălĭcăcăbum, *i*, n. (ἁλικάκαβον), coqueret [plante] : Theod.-Prisc. Phys. 6 ; v. *halicacabum*.

ălĭcārĭus (**hălĭc-**), *a, um* (*alica*), relatif à la balle de blé : Pl. Poen. 266 (P. Fest. 7, 11).

Ălĭcarnassŏs, etc., v. *Halicarnassos*.

ălĭcastrum, *i*, n., espèce de blé semblable à l'épeautre [blé de mars] : Col. 2, 6, 3.

ălĭcĕ, *is*, n., v. *alica* : Char. 32, 8.

Alicodra, *ae*, f., ville de Bactriane : Amm. 23, 6, 58.

ălĭcŭbī, adv. (*ali-cubi*), quelque part, en quelque endroit : Cic. Flac. 71 ; Att. 9, 10, 7. ▶ forme *aliquobi* Caesel. d. Cassiod. Orth. 7, 203, 2.

ălĭcŭla, *ae*, f. (de ἄλλιξ), espèce de manteau léger : Mart. 12, 81, 2 ‖ léger vêtement de chasse : Petr. 40, 5 ‖ vêtement d'enfant : Ulp. Dig. 34, 2, 23, 2.

ălĭcum, *i*, n., c. *alica* : Char. 32, 8.

ălĭcundĕ, adv. (*ali-cunde*), de quelque endroit, de quelque part : Cic. Caecin. 46 ; 82 ; Verr. 2, 48 ‖ [fig.] = *ex aliqua re* : Cic. de Or. 2, 318 ; *ab (ex) aliquo* : Cic. Att. 10, 1, 3. ▶ forme *aliquonde* Pl. Ps. 317, cf. Caesel. d. Cassiod. Orth. 7, 202, 28.

ălĭd, v. *1 alis*.

Ālĭdensis, *e*, c. *Elidensis* : Pl. Cap. 880.

ălĭēnātĭo, *ōnis*, f. (*alieno*) ¶ **1** aliénation, transmission (transport) d'une propriété à un autre : Sen. Ben. 5, 10, 1 ; Pompon. Dig. 18, 1, 67 ; *sacrorum* Cic. Or. 144, transmission des sacrifices (du culte) d'une famille dans une autre, cf. Leg. 3, 48 ¶ **2** éloignement, désaffection : *tua a me alienatio* Cic. Phil. 2, 1, ton éloignement de moi (ta rupture avec moi) ; *alienatio disjunctioque* Cic. Lae. 76, rupture et séparation [entre amis] ; *alienatio exercitus* Caes. C. 2, 31, 4, fait d'aliéner l'esprit de l'armée ; *in Vitellium* Tac. H. 2, 60, désaffection pour Vitellius ; *percontari causam repentinae alienationis* Liv. 35, 19, 2, demander la cause d'un refroidissement soudain ¶ **3** *alienatio mentis* Cels. 4, 2, 1, aliénation mentale, cf. Plin. 21, 155 ; *TAc. An. 24 ; alienatio* [seul] Sen. Ep. 78, 9 ‖ [chrét.] extase : Aug. Psalm. 103, 3, 2.

ălĭēnātŏr, *ōris*, m., celui qui vend, qui aliène : Cod. Just. 1, 5, 10.

ălĭēnātus, *a, um*, part. de *alieno*.

Ălĭēni (Forum Alĭēni), n., Forum d'Alienus [ville de la Gaule transpadane] : Tac. H. 3, 6.

ălĭēnĭgĕna, *ae*, m. (*alienus, geno*), né dans un autre pays, étranger : Cic. Font. 32 ; Liv. 1, 50, 6 ‖ f., étrangère : Tac. H. 5, 5 ‖ *vinum alienigena* Gell. 2, 24, 2, vin étranger ‖ [chrét.] étranger à la foi, païen, Gentil : Cypr. Ep. 67, 6.

ălĭēnĭgĕnus, *a, um*, étranger : Sen. Ep. 108, 22 ‖ hétérogène : Lucr. 1, 860 ; 1, 865 ‖ [chrét.] c. *alienigena*.

ălĭēnĭgĕrō, *ās, āre,* -, -, aliéner, vendre : CIL 6, 18385, 1.

ălĭēnĭlŏquĭum, *ii*, n. (*alienus, loquor*), allégorie : Isid. 1, 36, 22.

ălĭēnĭtās, *ātis*, f. (*alienus*) ¶ **1** corps étranger déterminant un état morbide : Cael.-Aur. Acut. 2, 39, 227 ¶ **2** aliénation mentale : Cael.-Aur. Chron. 5, 4, 63.

ălĭēnō, *ās, āre, āvī, ātum* (*alienus*), tr. ¶ **1** aliéner, transporter à d'autres son droit de propriété : *(lege caverent) ne quis quem civitatis mutandae causa suum faceret neve alienaret* Liv. 41, 8, 12, (qu'ils défendissent par une loi) d'adopter ou de retrancher de sa famille aucun allié en vue d'un changement de cité [pour qu'il pût devenir citoyen romain] ; *vectigalia alienare* Cic. Agr. 2, 33, aliéner les revenus publics ‖ [d'où] *alienari*, passer au pouvoir d'autrui : *urbs alienata* Sall. J. 48, 1, ville tombée aux mains d'autrui, cf. Liv. 24, 28, 7 ¶ **2** éloigner (détacher), rendre étranger (ennemi) : *aliquem a se* Cic. Sest. 40, s'aliéner qqn ; *quaedam pestes hominum laude aliena dolentium te nonnumquam a me alienarunt* Cic. Fam. 5, 8, 2, les fléaux que sont certaines gens qui s'affligent du mérite d'autrui t'ont parfois détaché de moi ; *aliquem alicui* Liv. 30, 14, 10 ; 44, 27, 8, aliéner qqn à qqn ; *animos ab aliqua re* Cic. Sull. 64, rendre les esprits hostiles à qqch. ‖ [d'où] *alienari*, se détacher, s'éloigner, avoir de l'éloignement, devenir ennemi : *alienatus est a Metello* Cic. Lae. 77, il rompit avec Métellus ; *(animal) alienari ab interitu iisque rebus quae interitum videantur afferre* Cic. Fin. 3, 16, [selon les Stoïciens] (l'animal) a de l'aversion pour la mort et pour tout ce qui peut amener la mort ‖ [d'où] **ălĭēnātus**, *a, um*, qui a rompu avec qqn, adversaire, ennemi : Cic. Pis. 96 ; Sall. J. 66, 2 ; Liv. 29, 3, 14 ; *(urbes) quae bello alienatae fuerant* Liv. 30, 24, 4, (les villes) qui avaient été rebelles (qui avaient fait défection) pendant la guerre ; *alienato erga Vespasia-*

alieno

num animo Tac. *H.* 4, 49, [les soldats] mal disposés pour Vespasien ‖ [chrét.] qui s'est détaché [de la foi] : *alienatus a Deo* Minuc. 26, 8, révolté contre Dieu ¶ **3** [en part.] **mentem alienare** Liv. 42, 28, 12, aliéner l'esprit, ôter la raison ; *alienata mente* Caes. *G.* 6, 41, 3, avec l'esprit égaré ; *alienatus ad libidinem animo* Liv. 3, 48, 1, égaré dans le sens de [par] sa passion ; *alienatus* Sen. *Ep.* 85, 24, égaré, qui n'est pas en possession de soi ¶ **4** *alienatus ab sensu* Liv. 2, 12, 3, étranger à toute sensation ; *alienatis a memoria periculi animis* Liv. 7, 15, 3, ayant perdu tout souvenir du danger ; *velut alienati sensibus* Liv. 25, 39, 4, étrangers pour ainsi dire aux impressions des sens ‖ [pass.] être ravi en extase : Aug. *Gen. litt.* 12, 23 ¶ **5** [en méd., en parl. du corps humain] **alienari**, perdre tout sentiment, être en léthargie, être paralysé : Cels. 7, 16, 2 ; *in corpore alienato* Sen. *Ep.* 89, 19, dans un corps en léthargie.

1 ălĭēnus, *a*, *um* (*alius*), qui appartient à un autre

> **I** idée d'autrui ¶ **1** "d'autrui" ; *aes alienum* ¶ **2** "étranger", "païen", "différent" ¶ **3** "de patrie étrangère" ¶ **4** [rhét.] *verbum alienum*.
> **II** idée de séparation ¶ **1** "étranger à, hostile" ¶ **2** "étranger à", "déplacé" ¶ **3** "désavantageux", "préjudiciable".

I idée d'autrui ¶ **1** d'autrui : *suos agros colebant, non alienos appetebant* Cic. *Amer.* 50, ils cultivaient leurs propres champs, loin de convoiter ceux d'autrui ; *(stella) luce lucebat aliena* Cic. *Rep.* 6, 16, (cette étoile) brillait d'une lumière empruntée ; *cito exarescit lacrima, praesertim in alienis malis* Cic. *Part.* 57, les larmes se sèchent vite, surtout quand il s'agit du malheur d'autrui ; *suo alienoque Marte pugnare* Liv. 3, 62, 9, combattre avec leurs méthodes propres et celles des autres ‖ *aes alienum*, dette, v. *aes* ‖ [droit] *alieni juris esse* Dig. 1, 6 tit., dépendre de la puissance d'autrui [situation des individus placés sous la *patria potestas*, par opposition à *sui juris esse*] ; *in aliena potestate esse* Gai. *Inst.* 1, 51, être sous puissance d'autrui ‖ pris subst[t], **alienum**, *i*, n., le bien d'autrui, ce qui appartient aux autres : *ex alieno largiri* Cic. *Fam.* 3, 8, 8, faire des largesses avec le bien d'autrui ; *exstruere aedificium in alieno* Cic. *Mil.* 74, construire sur la propriété d'autrui ; *quicquam nec alieni curare nec sui* Cic. *Div.* 2, 104, ne s'occuper en rien ni des affaires des autres ni des leurs ¶ **2** étranger : *quem hominem ? familiarem ? immo alienissimum* Cic. *Com.* 49, quel homme est-ce ? un ami intime ? non, au contraire, un étranger au premier chef ; *per Staienum, hominem ab utroque alienissimum* Cic. *Clu.* 87, par l'intermédiaire de Staiénus, qui est complètement étranger à l'un et à l'autre ; *alienus alicui* Cael. *Fam.* 8, 12, 2 ;

Liv. 1, 20, 3, étranger à qqn ‖ [pris subst[t]] *aequabiliter in alienos, in suos inruebat* Cic. *Mil.* 76, il fonçait indistinctement sur les étrangers et sur les siens ; *alienissimos defendimus* Cic. *de Or.* 2, 192, nous défendons les personnes qui nous sont le plus étrangères [des gens tout à fait inconnus] ‖ [chrét.] étranger à la foi, païen : Tert. *Paen.* 3, 13 ¶ **3** étranger [de patrie] : *aliena religio* Cic. *Verr.* 4, 114, culte qui vient de l'étranger ; *aliena instituta imitari* Sall. *C.* 51, 37, copier les institutions étrangères ‖ [pris subst[t]] *non advenam nescio quem nec alienum, sed civem Romanum* Cic. *Verr.* 5, 156, [il dépose que tu as fait frapper de la hache] non pas je ne sais quel étranger domicilié (métèque) ou étranger de passage, mais un citoyen romain ¶ **4** [rhét.] *verbum alienum*, terme qui n'est pas le mot propre : *in propriis usitatisque verbis...*; *in alienis...* Cic. *Or.* 80, parmi les mots propres et usuels...; parmi ceux qui ne le sont pas...; *(res) quam alieno verbo posuimus* Cic. *de Or.* 3, 155, (l'idée) que nous avons exprimée avec un mot qui n'est pas le sien.

II idée de séparation, d'éloignement ¶ **1** éloigné de, étranger à, hostile : *ab aliquo* Cic. *Mur.* 56 ; *ab aliqua re* Cic. *Amer.* 46, éloigné de qqn, de qqch. ; *ab aliquo alienos animos habere* Cic. *Lae.* 28, avoir de l'éloignement (de l'aversion) pour qqn ; *alieno esse animo in Caesarem* Caes. *C.* 1, 6, 2, avoir des sentiments hostiles contre César ; *neque solum illis aliena mens erat qui conscii conjurationis fuerant* Sall. *C.* 37, 1, et les dispositions hostiles ne se trouvaient pas seulement chez ceux-là, qui avaient été complices de la conjuration ‖ *alienus alicui* Tac. *H.* 2, 74 ; Suet. *Tib.* 12, mal disposé pour qqn ‖ *neque aliena consili (domus)* Sall. *C.* 40, 5, et elle [la maison de Brutus] n'était pas hostile à l'entreprise [les conjurés y avaient accès] ¶ **2** étranger à, impropre, déplacé : *homo sum, humani nihil a me alienum puto* Ter. *Haut.* 77, je suis homme et je considère que rien de ce qui concerne l'homme ne m'est étranger ; *nihil est tam alienum ab eo quam...* Cic. *Sull.* 31, rien ne lui convient moins que...; *oratio aliena ab judiciorum ratione* Cic. *Verr.* 4, 109, discours qui s'écarte de la pratique ordinaire des tribunaux ‖ *alienum mea natura videbatur... dicere* Cic. *Tull.* 5, il répugnait visiblement à mon caractère de parler de...; *mercatura aliena dignitate populi Romani* Cic. *Agr.* 2, 65, trafic incompatible avec (indigne de) la dignité du peuple romain, cf. *Or.* 88 ; *Vat.* 28 ; *utrumque homine alienissimum* Cic. *Off.* 1, 41, les deux choses également sont très indignes de l'homme ‖ *quis alienum putet ejus esse dignitatis, quam mihi quisque tribuat..., exquirere* Cic. *Fin.* 1, 11, qui croirait incompatible avec la dignité que chacun me concède de rechercher..., cf. *Ac.* 1, 42 ; *Tim.* 22 ‖

non alienum esse videtur... proponere Caes. *G.* 6, 11, 1, il semble qu'il ne soit pas hors de propos d'exposer... ‖ [tard.] différent de : [avec *ab*] Tert. *Prax.* 18, 3 ; [absque] Tert. *Prax.* 18, 3 ; [de] Anim. 25, 3 ¶ **3** désavantageux, préjudiciable : *hujus iter necessarium, illius etiam potius alienum* Cic. *Mil.* 52, le voyage de l'un était indispensable, celui de l'autre était plutôt même contraire à ses intérêts ; *ille sensim dicebat, quod causae prodesset, tu cursim dicis aliena* Cic. *Phil.* 2, 42, lui, il disait posément des choses capables de servir sa cause, toi, tu dis au galop des choses qui vont contre toi ; *alienum tempus ad committendum proelium* Caes. *G.* 4, 34, 2, moment désavantageux pour engager le combat, cf. Cic. *Verr. prim.* 5 ; *alieno tempore* Cic. *Mil.* 41, dans des circonstances désavantageuses (inopportunes) ; *alieno loco* Caes. *G.* 1, 15, 2, dans un lieu défavorable ; *omnium rerum nec aptius est quicquam ad opes tuendas quam diligi nec alienius quam timeri* Cic. *Off.* 2, 23, il n'y a rien au monde de plus propre à la conservation de la puissance que d'inspirer l'affection, rien de plus contraire que d'inspirer la crainte ‖ *non aliena rationi nostrae fuit illius haec praepostera prensatio* Cic. *Att.* 1, 1, 1, cet acte de candidature intempestif de mon rival est loin d'avoir été préjudiciable à mon intérêt, cf. *Caecin.* 24 ; *alienissimo sibi loco conflixit* Nep. *Them.* 4, 5, il livra bataille dans un endroit qui lui était particulièrement défavorable.

2 Ālĭēnus, *i*, m., v. *Allienus*.

ălĭĕŭs, v. *halieus*.

ălĭĕŭtĭcus, *a*, *um*, v. *halieuticus*.

Ālīfae, v. *Allifae*.

ālĭfĕr, *fĕra*, *fĕrum* (*ala*, *fero*), qui porte des ailes, ailé : Ov. *F.* 4, 562.

Alifēra, **Alifira**, v. *Aliphera*.

ālĭgĕr, *gĕra*, *gĕrum* (*ala*, *gero*), ailé, qui a des ailes : Virg. *En.* 1, 663 ; Plin. 12, 85 ‖ **Āligĕri**, m. pl., les Amours : Sil. 7, 458.

Aligildus, *i*, m., nom d'homme : Amm. 22, 2, 1.

1 Ălĭī, v. *Aleii*.

2 ălĭī, dat. d'*alius*, gén., v. *alius* ▶.

ălĭīmŏdī, arch. pour *aliusmodi*.

ălĭmentārĭus, *a*, *um* (*alimentum*), adj., alimentaire, concernant l'alimentation : Cael. *Fam.* 8, 6, 5 ; Dig. 2, 15, 8, 21 ‖ **ălimentārĭus**, *ii*, subst. m., légataire d'une pension alimentaire : Dig. 2, 15, 8, 6 ; [en part.] celui qui est nourri aux frais de l'État : CIL 9, 5700 ; 14, 4003 ; Capit. *Anton.* 8, 1.

ălĭmentum, *i*, n. (*alo*), d'ord. au pl., *alimenta*, aliments : *corporis* Cic. *Tim.* 18, aliments du corps ; *tridui* Curt. 5, 4, 17, subsistances pour trois jours ; *sufficere alimentis* Liv. 29, 31, 9, suffire à l'alimentation ‖ aliments (entretien, nourriture) dus aux parents par les enfants [θρεπτήρια] :

Cic. *Rep.* 1, 8 ‖ tout ce qui est nécessaire à l'entretien [nourriture, logement] : Dig. 34, 1, 6 ‖ [fig.] *addidit alimenta rumoribus adventus Attali* Liv. 35, 23, 10, l'arrivée d'Attale fournit un nouvel aliment aux rumeurs.

Ălĭmentus, *i*, m., surnom dans la famille Cincia : Liv. 26, 23, 2.

ălimma, *ătis*, n. (ἄλειμμα), onguent : Capel. 2, 110.

Alimmē, *ēs*, f., ville de Phrygie : Liv. 38, 14.

ălĭmō, *ōnis*, m. (*alo*), nourrisson : Gloss. 5, 6, 17 ; Anth. 19, 9.

ălĭmŏdī, pour *aliusmodi* : P. Fest. 25, 20.

Alimōn, ville de Thessalie : Plin. 4, 29.

ălĭmōn, v. *alimos*.

ălĭmōnĭa, *ae*, f., **ălĭmōnĭum**, *iī*, n. (*alo*), nourriture, aliment : Varr. *Men.* 260 ; Gell. 17, 15, 5 ‖ Varr. *R.* 3, 16, 15 ; Tac. *An.* 11, 16 ‖ [chrét.] *alimoniae spiritales* Ambr. *Luc.* 6, 9, nourritures spirituelles.

ălĭmŏs (**hăl-**), (**-mus**), *i*, m. (ἄλιμος), pourpier de mer [arbrisseau] : Plin. 17, 239 ; 22, 73.

Ālindĭenses, *ĭum*, m. pl., habitants d'Alinda [ville de Carie] : Plin. 5, 109.

ălĭō, adv. (*alius*, cf. *quo* II), vers un autre lieu, ailleurs [avec mouvement] : *alio me conferam* Cic. *Fam.* 14, 1, 7, je me transporterai (j'irai) ailleurs ; *ceteri alius alio* Cic. *Off.* 3, 80, les autres s'en allèrent chacun de son côté ; *ne alio usquam quam Romam mitterent legatos* Liv. 30, 38, 3, [interdiction] d'envoyer des ambassadeurs nulle part ailleurs qu'à Rome ‖ [fig.] *nusquam alio quam ad vos querellas detulimus* Liv. 29, 17, 8, nous n'avons porté nos plaintes nulle part ailleurs (devant nul autre) que devant vous ; *sermonem alio transferamus* Cic. *de Or.* 1, 133, portons la conversation sur un autre objet, cf. *Clu.* 6 ; *de Or.* 2, 177 ; *Cael.* 74 ; *hoc longe alio spectabat atque videri volebant* Nep. *Them.* 6, 3, cela avait une portée tout autre que celle qu'ils voulaient laisser voir ; *alio ratus spectare Pythicam vocem* Liv. 1, 56, 12, pensant que le mot de la Pythie avait un autre sens.

ălĭōquī (**ălĭōquīn**), adv. (abl.) ¶ 1 sous d'autres rapports, du reste : *Asiana gens tumidior alioqui et jactantior, vaniore etiam dicendi gloria inflata est* Quint. 12, 10, 17, la nation asiatique déjà, à d'autres égards, assez gonflée et pleine de jactance, s'est en outre enorgueillie d'une gloire oratoire plus creuse ; *mors Marcelli cum alioqui miserabilis fuit, tum quod...* Liv. 27, 27, 11, la mort de Marcellus déplorable à d'autres égards le fut surtout parce que ... ‖ *triumphatum de Tiburtibus, alioquin mitis victoria fuit* Liv. 7, 19, 2, il y eut célébration du triomphe sur les Tiburtes, mais au demeurant la victoire fut clémente ; *si vitiis mediocribus ac mea paucis mendosa est natura, alioqui recta* Hor. *S.* 1, 6, 66, si seulement quelques défauts véniels entachent mon naturel, droit au demeurant ; *rem atrocem Larcius a servis suis passus est, superbus alioqui dominus et saevus* Plin. *Ep.* 3, 14, 1, Larcius a subi de ses esclaves un traitement affreux, c'était d'ailleurs un maître despotique et cruel ; *tumulum tutum commodumque alioqui, nisi quod longinquae aquationis erat, cepit* Liv. 30, 29, 10, il occupa un tertre, par ailleurs sûr et commode, mais éloigné des approvisionnements d'eau ‖ [tard.] car : Hier. *Jovin.* 1, 34 ¶ 2 autrement, sans quoi : *bellorum civilium furor intra coloniam meam me continuit ; alioqui potui illud ingenium cognoscere* Sen. *Contr.* 1 pr. 11, la fureur des guerres civiles me retint dans ma colonie ; sans cela j'aurais pu connaître cet illustre génie [Cicéron], cf. 1, 8, 4 ; Sen. *Polyb.* 18, 5 ; *Ep.* 94, 17 ; Quint. 10, 6, 6 ; Plin. *Ep.* 1, 20, 2.

ălĭorsum, adv. (*aliovorsum* ; fr. *ailleurs*), dans une autre direction, vers un autre endroit : Pl. *Truc.* 403 ; Scaev. *Dig.* 33, 7, 20, 6 ; Gell. 6, 15, 1 ‖ [fig.] *vereor ne aliorsum atque* (= *in aliam partem atque*) *ego feci (illud) acceperit* Ter. *Eun.* 82, j'ai peur qu'il n'ait pris cela autrement que je ne l'ai fait.

ălĭōversūs, adv., autrement : Lact. *Inst.* 1, 17, 1.

ălĭōvorsum, c. *aliorsum* : Pl. *Aul.* 287.

ălĭpēs, *ĕdis* (*ala, pes*), qui a des ailes aux pieds, aux pieds ailés [Mercure] : Ov. *F.* 5, 100 ; *M.* 11, 312 ‖ rapide : Lucr. 6, 766 ; Virg. *En.* 12, 484.

Ālĭphae, **Alīphānus**, v. *Allifae*.

Aliphēra, *ae*, f., ville d'Arcadie : Cic. *Att.* 6, 2, 3 ; Liv. 28, 8, 6 ‖ **-phīraei**, *ōrum*, m. pl., habitants d'Aliphéra : Plin. 4, 22.

ălĭpĭlārius, *iī*, m., épilateur : Gloss. 2, 565, 52.

ălĭpĭlus, *i*, m. (*ala, pilus*), qui ôte le poil des aisselles : Sen. *Ep.* 56, 2.

ălipta, **ăliptēs**, *ae*, m. (ἀλείπτης), celui qui frotte ou parfume les athlètes et les baigneurs, masseur : Cic. *Fam.* 1, 9, 15.

ălĭquā, adv. (*aliquis,* 2 *qua*), par quelque endroit : *iste cupere aliqua evolare, si posset* Cic. *Verr.* 1, 67, lui, il ne désirerait que s'envoler par quelque issue, si c'était possible ; *evadere aliqua* Liv. 26, 27, 12, sortir par quelque ouverture ‖ [fig.] par quelque moyen : *si non aliqua nocuisses, mortuus esses* Virg. *B.* 3, 15, si tu n'avais trouvé quelque moyen de lui nuire, tu serais mort.

ălĭquam, adv. (*aliquis, quam*), [jamais isolé, ne se trouve que devant *multus* et *diu*], passablement.

ălĭquamdĭū (**ălĭquandĭū**), adv., passablement longtemps : *Aristum Athenis audivit aliquamdiu* Cic. *Ac.* 1, 12, il suivit assez longtemps les leçons d'Ariste à Athènes, cf. *Rep.* 2, 44 ; *Lae.* 70 ‖ [idée de lieu, tard.] sur un assez grand espace : Mel. 1, 74 ; 3, 8.

ălĭquam multi, *ae*, *a*, [rare] passablement nombreux : Cic. *Verr.* 4, 56 ; Gell. 3, 10, 17 ; Apul. *Flor.* 16 ; *Apol.* 4.

ălĭquam multum, adv., une quantité passablement grande : *temporis* Apul. *M.* 1, 24, passablement de temps.

*ălĭquam plūres, passablement plus nombreux : *Tert. *Apol.* 12, 6.

ălĭquandō, adv. (*aliquis*) ¶ 1 un jour, une fois, quelque jour : *illucescet aliquando ille dies* Cic. *Mil.* 69, elle viendra un jour cette heure-là [m. à m., " il brillera un jour ce jour-là "] ; *si aliquando* Cic. *Cat.* 4, 20, si jamais, si quelque jour, cf. *Verr.* 4, 142 ; *aliquando, idque sero..., concessi* Cic. *Or.* 160, puis, un beau jour, mais tardivement, j'ai accordé... ; *et hic aliquando fuit meus* Cic. *Phil.* 11, 10, et cet homme est entré un jour dans ma famille ¶ 2 enfin, une bonne fois : *ut ille aliquando impudentiae suae finem faciat* Cic. *Verr.* 3, 144, pour qu'il mette enfin, une bonne fois, un terme à son impudence ; *ut tandem aliquando timere desinam* Cic. *Cat.* 1, 18, pour qu'un jour enfin je cesse d'avoir peur ; *expulsus regno tandem aliquando (Mithridates)* Cic. *Mur.* 33, (Mithridate) un jour enfin chassé du royaume ; *peroravit aliquando* Cic. *Amer.* 60, à la fin il s'est décidé à conclure ¶ 3 quelquefois (= il arrive que), parfois : *dolorem fortasse aliquando, dedecus vero certe numquam afferre* Cic. *Scaur.* 22, apporter parfois peut-être la douleur, le déshonneur à coup sûr jamais ; *sitne aliquando mentiri boni viri ?* Cic. *de Or.* 3, 113, [se demander] si l'homme de bien peut mentir quelque fois ; *(constantia) si modo fuit aliquando in nobis* Cic. *Fam.* 9, 11, 1, (la fermeté) si seulement il m'est arrivé d'en avoir [jamais] ; *aliquando id opus est ; sed saepe obest* Cic. *de Or.* 2, 326, c'est quelque fois utile, mais souvent nuisible ‖ [tard.] *aliquando... aliquando* Tert. *Apol.* 13, 4, tantôt ... tantôt.

ălĭquantillus, *a*, *um* (dim. de *aliquantulus*), *aliquantillum quod gusto* Pl. *Cap.* 137, si peu que soit ce que je déguste (la moindre bouchée).

ălĭquantispĕr, adv. (cf. *parumper*), pendant passablement de temps, qq. temps : Pl. *Ps.* 571 ; Caecil. *Com.* 45 ; Ter. *Ad.* 639 ; *aliquantisper pugnato* Quadr. 60, après un assez long combat.

ălĭquantō, v. *aliquantum*.

ălĭquantorsum, adv. (cf. *aliorsum*), assez loin dans une direction, assez avant : Amm. 22, 8, 48.

ălĭquantŭlum, adv. et subst. n. (dim. de *aliquantum*) ¶ 1 [adv.] un petit peu, tant soit peu : Pl. *Merc.* 640 ; Ter. *Haut.* 163 ; Her. 4, 13 ; Gell. 1, 1, 2 ¶ 2 [subst.] *aliquantulum quae adferret qui dissolverem quae debeo* Ter. *Phorm.* 50, [j'avais besoin d'une femme] qui m'apportât tant

aliquantulum

soit peu de bien pour acquitter ce que je dois.

ălĭquantŭlus, *a, um*, si petit soit-il, tant soit peu de : Tert. *Test.* 1, 7 ; Aug. *Civ.* 1, 10.

ălĭquantum, n. (*alis, quantum*), [employé souvent comme adv.] ¶ **1** une assez grande quantité, une quantité notable : *facere aliquantum lucri* Pl. *Most.* 354, faire un gain honnête ; *aliquantum itineris progressi* Caes. *G.* 5, 10, 2, s'étant avancés à une assez grande distance ; *secum aliquantum nummorum ferens* Cic. *Inv.* 2, 14, portant sur lui une assez forte somme ¶ **2** *aliquantum commotus* Cic. *Clu.* 140, assez fortement ému ; *aliquantum retardati sunt* Nep. *Epam.* 9, 2, ils furent passablement ralentis ‖ [avec compar.] [rare] *frater aliquantum ad rem est avarior* Ter. *Eun.* 131, son frère aime qq. peu l'argent ; *opus aliquantum opinione ejus celerius creverat* Liv. 25, 11, 9, les travaux avaient avancé notablement plus vite qu'il n'aurait cru, cf. 1, 7, 9 ; 5, 21, 14 ; 40, 40, 1 ‖ abl., *aliquantum* [avec compar.] : Pl. *As.* 592 ; Cic. *Brut.* 73 ; Liv. 1, 13, 7 ; 1, 51, 1 ; 2, 16, 9 ; *aliquanto post* Cic. *Verr.* 4, 85, assez longtemps après (*post aliquanto* Cic. *Or.* 107) ; *aliquanto ante* Cic. *Verr.* 1, 149, assez longtemps avant (*ante aliquanto* Cic. *Att.* 3, 8, 1).

ălĭquantus, *a, um* (de *aliquantum* ; it. *alquanto*), assez grand, d'une grandeur notable : *aliquantum numerum frumenti congesserat* B.-Afr. 21, 1, il avait amassé une assez grande quantité de froment, cf. Sall. *J.* 74, 3 ; *timor aliquantus* Sall. *J.* 105, 4, une crainte assez forte ; *aliquantum emensus est iter* Liv. 25, 35, 7, il fit passablement de chemin, cf. 29, 35, 13 ; 38, 27, 5 ‖ [tard.] [au pl.] ➨ *aliquot*, quelques, quelques-uns : Ampel. 13, 4 ; Aur.-Vict. *Caes.* 33, 25.

ălĭquātĕnŭs, adv., jusqu'à un certain point : Sen. *Nat.* 7, 27, 2 ; Quint. 10, 1, 74.

ălĭques, ⓥ *aliquis* ►.

1 ălĭquī, *quă, quŏd*, adj.-pron. indéf. (*alis, qui III*), quelque [pour les acceptions de *aliqui* v. *aliquis*] ¶ **1** m., *aliqui* [adj. mais plus rare que *aliquis*] : *aliqui morbus* Cat. *Agr.* 157, 7, quelque maladie, cf. Cic. *Inv.* 2, 49 ; *de Or.* 3, 138 ; *Fam.* 7, 1, 1 ; *Ac.* 2, 19 ; *Tusc.* 1, 23 ; *Rep.* 1, 68 ‖ [subst.] quelqu'un : Pl. *St.* 67 ; Cic. *Sull.* 39 ; *Part.* 101 ; *Planc.* 31 ; Cael. *Fam.* 8, 7, 2 ; Caes. *G.* 5, 26, 4 ; Liv. 4, 35, 9 ¶ **2** f., *aliqua* [rarᵗ subst.] quelque forme : Ov. *Am.* 2, 4, 11 ; 2, 4, 13 ; Sen. *Contr.* 2, 2, 11 ‖ [adj.] Pl. *Aul.* 522 ; Cic. *Inv.* 1, 94 ; Varr. *L.* 7, 1 ¶ **3** n., *aliquod* [touj. adj.].

► la forme *aliquae* nom. sg. f. ne se trouve que dans Lucr. 4, 263 ; Cic. *Fam.* 6, 20, 2 (M) ; les formes du pl. sont rares à l'époque classique.

2 ălĭquī, ⓥ *aliquis* ►.

ălĭquīcumque, *quaecumque, quodcumque*, n'importe quel autre : Aquil. *Fig.* 42.

ălĭquid, ⓥ *aliquis* ¶ 9.

ălĭquīlĭbĕt, *quaelibet, quodlibet*, quelconque : Cael.-Aur. *Chron.* 1, 4, 70 ; Cod. Th. 13, 1, 9.

ălĭquis, *quă, quĭd* (*alis* et *quis* ; esp. *alguien*), adj. pron. indéf.[le m. *aliquis* est tantôt adj., tantôt subst. ; pour le f. *aliqua*, ⓥ *aliqui* ; le n. *aliquid* est touj. subst.] ¶ **1** [pron.] quelqu'un [indéterminé, mais existant], un tel ou un tel : *quisquis est ille, si modo est aliquis* Cic. *Brut.* 255, celui-là quel qu'il soit, si seulement il y a qqn (s'il existe) ; *quivis licet, dum modo aliquis* Cic. *Att.* 10, 15, 3, n'importe qui, pourvu qu'il y ait qqn ; *si canes latrent, cum deos salutatum aliqui venerint* Cic. *Amer.* 56, si les chiens aboyaient, quand tels ou tels viennent saluer les dieux… ‖ adj., quelque, tel ou tel : *sive illa arte pariatur aliqua sive exercitatione quadam sive natura* Cic. *Brut.* 25, qu'elle [l'éloquence] provienne soit de tel ou tel système théorique, soit d'exercices spéciaux, soit de dispositions naturelles ; *verba adligata quasi certa aliqua lege versus* Cic. *de Or.* 3, 176, mots liés pour ainsi dire par quelque loi métrique déterminée ; *est aliqua mea pars virilis* Cic. *Verr.* 4, 81, j'ai là pour une part [si petite qu'elle soit, elle existe] mon lot personnel ; *excutiendum est quid sit "carere", ne relinquatur aliquid erroris in verbo* Cic. *Tusc.* 1, 88, il faut définir nettement le mot *carere* pour qu'il ne reste pas en lui qq. principe d'erreur ; *in aliquo judicio* Cic. *Verr.* 5, 176, dans tel ou tel procès ¶ **2** [joint ou non à *alius*] quelque [n'importe lequel], tel ou tel : *non alio aliquo, sed eo ipso crimine* Cic. *Sest.* 53, non pas pour tel ou tel autre grief, mais précisément pour celui-là, cf. *Inv.* 2, 74 ; *de Or.* 2, 36‖ *cum mercaturas facerent aut aliquam ob causam navigarent* Cic. *Verr.* 5, 72, en faisant du commerce ou en naviguant pour un motif quelconque ; *misericordia, odio, motu animi aliquo perturbatos (judices)* Cic. *Brut.* 200, [s'il voit les juges] remués par la pitié, par la haine ou par une passion quelconque ; *tuam culpam non modo derivare in aliquem, sed communicare cum altero* Cic. *Verr.* 2, 49, je ne dis pas détourner ta culpabilité sur quelqu'un [n'importe qui], mais la partager avec un autre ; *quamvis amplum sit, id est parum tum, cum est aliquid amplius* Cic. *Marc.* 26, si considérable que ce soit, c'est encore trop peu, quand il y a qqch. [quoi que ce soit] de plus considérable ¶ **3** quelque (de qq. importance) : *nemo vir magnus sine aliquo afflatu divino unquam fuit* Cic. *Nat.* 2, 166, personne n'a jamais été un grand homme sans quelque inspiration divine ; *nihil umquam fecit sine aliquo quaestu* Cic. *Verr.* 5, 11, il n'a jamais rien fait sans tirer qq. profit ; *quod Italiam sine aliquo vulnere cepissent* Caes. *C.* 3, 73, [remercier la fortune] de ce qu'ils avaient pris l'Italie sans trop de pertes (sans perte de qq. conséquence) ‖ *si aliquid modo esset viti* Cic. *de Or.* 1, 129, s'il y avait seulement le moindre défaut ; *si alicujus injuriae sibi conscius fuisset* Caes. *G.* 1, 14, 2, s'il avait eu quelque injustice (une injustice réelle) à se reprocher ; *sero facturos cum aliquid calamitatis esset acceptum* Caes. *G.* 5, 29, 1, [il disait] qu'il serait trop tard pour eux de prendre cette mesure quand on aurait essuyé quelque grave échec ¶ **4** [avec une négation] : *difficile est non aliquem, nefas quemquam praeterire* Cic. *Sen.* 30, il serait difficile de n'en pas oublier qqn, et ce serait criminel d'en omettre un seul ; *qui neque exercitationis ullam viam neque aliquod praeceptum artis esse arbitrarentur* Cic. *de Or.* 1, 14, en hommes qui ne pensaient pas qu'il existât ni une seule méthode d'exercice ni le moindre précepte théorique ; *non enim declamatorem aliquem de ludo, sed doctissimum quaerimus* Cic. *Or.* 47, car ce n'est pas quelque déclamateur d'école, c'est un homme du plus grand savoir que nous avons en vue dans cette enquête ¶ **5** [ironique] *gravis auctor, Calatinus credo aliquis aut Africanus* Cic. *Pis.* 14, caution de poids, comme un [Attilius] Calatinus, je crois, ou comme un [Scipion l'] Africain ; *Phormionem alicui* Cic. *Phil.* 2, 14, à quelque Phormion ¶ **6** [avec noms de nombre] quelque, environ : *elleborum potabis aliquos viginti dies* Pl. *Men.* 950, tu boiras de l'ellébore pendant quelque vingt jours, cf. Cat. *Agr.* 156, 1 ; *Orig.* 4, 7 a, 6 (Gell. 3, 7, 6 ; Cic. *Fin.* 2, 62) ; mais *velim mittas de tuis librariolis duos aliquos* Cic. *Att.* 4, 4 b, 1, je voudrais que tu m'envoies deux de tes copistes [indéterminés, ceux que tu voudras] ; [souvent] *unus aliquis* ou *aliquis unus*, ⓥ *unus* ¶ **7** [formules] : *dicet aliquis* Cic. *Tusc.* 3, 46 ; *quaeret aliquis* Cic. *Verr.* 5, 180, qqn dira, demandera ; *inquiet aliquis* Cic. *Verr.* 2, 45, dira qqn ¶ **8** [noter] *exite aliquis* Pl. *Epid.* 399, sortez, qqn ; *aperite aliquis* Pl. *Merc.* 131, ouvrez, qqn ‖ *exoriare aliquis nostris ex ossibus ultor* Virg. *En.* 4, 625, puisses-tu sortir de mes cendres qui que tu sois comme un vengeur ¶ **9** *aliquid* : *aliquid posse in dicendo* Cic. *de Or.* 1, 91, avoir qq. valeur comme orateur, cf. *Brut.* 54 ; *est hoc aliquid, tametsi non est satis* Cic. *Caecil.* 47, c'est là qqch., mais ce n'est pas assez, cf. *CM* 8 ; *ego quoque aliquid sum* Cic. *Fam.* 6, 18, 3, moi aussi, je suis qqch. ; *quos singulos sicut operarios contemnas, eos aliquid putare esse universos* Cic. *Tusc.* 5, 104, des gens que l'on méprise individuellement comme des manœuvres [c'est une sottise] de croire qu'ils sont qqch. en bloc ; *si modo sit aliquid esse beatum* Cic. *Fin.* 2, 86, si du moins c'est qqch. que le bonheur ‖ [pris advᵗ] *aliquid differre* Cic. *Tusc.* 3, 84, différer en qqch. (qq. peu) ; *aliquid obesse* Cic. *Flac.* 103, porter qq. préjudice, faire qq. tort ¶ **10** [tard.] ➨ *quis* : *si aliquis exstiterit* Cypr. *Ep.* 39, 2, 3, si quelqu'un se trouve.

▶ dat. sg. arch. aliquoi Sen. Contr. 9, 5, 11 ; abl. n. arch. aliqui Pl. Aul. 24 ; Mil. 1181 ; Most. 174 ; Truc. 922 ; nom. pl. arch. aliques d'après Char. 159, 7 ; dat.-abl. pl. aliquis Liv. 24, 22, 14 ; 26, 15, 3 ; 26, 49, 6 ; 45, 32, 6.

*ălĭquispĭam, aliquapiam *Cic. Sest. 63 [donné par G et P] ; **aliquorumpiam** Mamert. Anim. 3, 12, quelqu'un, n'importe qui.

ălĭquō, adv. (1 alis, quo) ¶ 1 quelque part [avec mouvement] : *aliquo concedere* Cic. Cat. 1, 17, se retirer qq. part ; *aliquo deducere* Cic. CM 66, emmener qq. part ; *migrandum Rhodum aut aliquo terrarum* Brut. Fam. 11, 1, 3, il faut émigrer à Rhodes ou en qq. endroit du monde ¶ 2 [fig.] ▷ *ad aliquam rem* : *studia perveniendi aliquo* Cic. de Or. 1, 135, le désir d'atteindre un but ; *omnis labor aliquo referatur* Sen. Tranq. 12, 5, que tout travail se rapporte à une fin.

ălĭquŏbī, v. alicubi ▶.

ălĭquoi, v. aliquis ▶.

ălĭquondĕ, v. alicunde ▶.

ălĭquŏt, indécl.[employé comme adj. et qqf. comme subst.] (1 alis, quot), quelques, un certain nombre de : *aliquot anni* Cic. Mur. 32, un certain nombre d'années ; *aliquot saeculis post* Cic. Verr. 4, 73, quelques siècles après ; *aliquot de causis* Caes. G. 3, 2, 2, pour plusieurs raisons ǁ *aliquot ex veteribus* Cic. Brut. 181, un certain nombre parmi les anciens ; *occisi aliquot* Cic. Phil. 8, 6, il y eut quelques tués, cf. Amer. 100 ; Pis. 38 ; Liv. 23, 44, 4 ; 27, 47, 9.

ălĭquotfārĭăm, adv., en quelques endroits : Cat. d. Varr. R. 1, 2, 7.

ălĭquŏtĭens, adv., quelquefois : Cat. Agr. 88 ; 152 ; Cic. Brut. 217.
▶ la forme aliquoties est mal autorisée : CIL 3, 3980, 53.

ălĭquōvorsum, adv., vers qq. endroit : Pl. Cas. 297.

1 **ălĭs**, **ălĭd**, gén. **alis**, dat. **ali** ou **alei** (ancienne forme de alius), Lucr. 1, 263 ; 1107 ; 4, 635 ; Catul. 66, 28 ; 29, 15 : Sall. d. Char. 159, 31.
▶ gén. alis Prisc. 3, 8, 1.

2 **Ălĭs**, **ĭdis**, f., v. Elis : Pl. Cap. 379.

ălisma, **ătis**, n. (ἄλισμα), plantain d'eau : *Plin. 25, 124.

Alīso, **Alīsōn**, **ōnis**, m., forteresse sur la Lippe [Germanie] : Tac. An. 2, 7 ; Vell. 2, 120.

Ălĭsontĭa, **ae**, f., rivière qui se jette dans la Moselle [auj. Alzette] : Aus. Mos. 371.

ălĭtĕr, adv. (alis) ¶ 1 autrement : *tu aliter decernere eadem in causa non potuisti* Cic. Verr. 5, 56, pour toi, avoir une décision différente dans une cause identique, c'était impossible ; *cum omnia aliter offendisset ac jusserat* Cic. Rep. 1, 59, ayant trouvé toutes choses autrement qu'il n'avait ordonné ; *aliter ac superioribus annis* Caes. G. 5, 24, 1, autrement que les années précédentes ; *quod iste aliter atque ut edixerat decrevisset* Cic. Verr. 1, 119, parce que cet individu avait rendu ses décisions d'une manière différente de celle qu'avait fixée son édit ; *quod de puero aliter ad te scripsit et ad matrem de filio, non reprehendo* Cic. Att. 10, 11, 1, ce fait d'avoir écrit à toi sur l'enfant autrement qu'à la mère sur son fils, je ne le blâme pas, cf. Fin. 5, 89 ; Att. 11, 23, 1 ; *ne aliter quam ego velim meum laudet ingenium* Cic. Verr. 1, 24, pour qu'il ne loue pas mon talent autrement que je ne le voudrais moi-même, cf. Inv. 2, 66 ; Quinct. 84 ; Liv. 5, 30, 1 ; 6, 41, 6 ; 8, 7, 20 ǁ *non aliter nisi*, non autrement que si, par aucun autre moyen que : *aliter obsistere fato fatetur se non potuisse nisi ad has commenticias declinationes confugisset* Cic. Fat. 48, il [Épicure] reconnaît qu'il n'avait pas d'autre moyen pour s'opposer au destin que de recourir à cette chimérique déclinaison des atomes, cf. Fat. 27 ; Fam. 1, 9, 21 ; *negat aliter urbem se acceptarum, nisi decreto accersitus esset* Liv. 32, 38, 4, il déclare qu'il n'acceptera la ville qu'à la condition d'être appelé par décret, cf. 35, 39, 4 ; 37, 54, 8 ǁ *aliter cum tyranno, aliter cum amico vivitur* Cic. Lae. 89, les relations sont d'une nature différente avec un tyran et avec un ami ; *aliter Diodoro, aliter Philoni, Chrysippo aliter placet* Cic. Ac. 2, 143, Diodore est d'une opinion, Philon d'une autre, et d'une autre Chrysippe ǁ *aliter atque aliter*, autrement et encore autrement : *aliter atque aliter exprobrans mollitiam* Sen. Const. 18, 3, lui reprochant ses mœurs efféminées en termes sans cesse renouvelés (de mille manières), cf. Nat. 6, 16, 1 ; Ep. 27, 9 ; 89, 5 ǁ *alius aliter* : *aliter cum aliis loqui* Cic. Att. 7, 8, 1, parler aux uns d'une manière, aux autres d'une autre, cf. de Or. 2, 79 ; Div. 2, 46 ; *reditus Demetrii aliter aliorum adfecerat animos* Liv. 39, 53, 1, le retour de Démétrius avait produit des impressions diverses ¶ 2 [expr.] : *longe aliter est* Cic. Amer. 138, il en est tout autrement, cf. de Or. 2, 365 ; *etsi aliter apud te est de Coriolano* Cic. Brut. 42, quoique chez toi il y ait une autre version à propos de Coriolan ; *est longe aliter in versibus* Cic. Or. 198, il en va tout autrement en poésie ¶ 3 autrement, sans quoi : *di mentem illi dederunt, ut huic faceret insidias ; aliter perire pestis illa non potuit* Cic. Mil. 88, ce sont les dieux qui lui ont inspiré la pensée de dresser des embûches à mon client ; autrement ce fléau n'aurait pas pu périr, cf. de Or. 2, 252 ; 3, 106 ; Lae. 74 ; *id sibi contendendum aut aliter non traducendum exercitum existimabat* Caes. G. 4, 17, 2, il devait, pensait-il, faire cet effort ou, à défaut, renoncer à faire traverser son armée, cf. G. 5, 29, 2.

ălĭtis, gén. de ales.

ălĭtŏr, v. altor.

ălĭtūdo, v. aletudo : Gloss. 2, 460, 15.

ălĭtūra, **ae**, f. (alo), nourriture : Gell. 12, 1, 20.

1 **ălĭtus**, **a**, **um**, part. de alo.

2 **ălĭtŭs**, **ūs**, m., v. alitura : *Ps. Don. Verg. 13 (p. 57, 15 R).

3 **ālĭtŭs**, v. halitus.

ālĭtŭum, v. ales ▶.

ălĭŭbī, adv. (alius, ubi), ailleurs : Sen. Ep. 99, 29 ; 104, 8 ǁ *aliubi... aliubi* Varr. R. 1, 44, 1, à un endroit... à un autre, cf. Sen. Contr. 2, 5, 8 ; Sen. Ben. 1, 5, 5 ; *aliubi atque aliubi* Sen. Ben. 3, 6, 2, ailleurs et encore ailleurs, en cent endroits divers.
▶ aliubei CIL 1, 585, 86.

ālĭum (all-), **i**, n. (cf. osq. ἄλλη, gr. ἀλλᾶς ; fr. ail), ail : Pl. Most. 39 ; Cat. Agr. 48, 3.
▶ on date alliumforme plus récente,du 1er siècle apr. J.-C. ; *aleum* est considéré comme vulgaire par Porph. Hor. Epo. 3, 3.

ălĭundĕ, adv. (alius, unde) ¶ 1 d'un autre lieu : *aliunde aliquid arcessere* Cic. Tusc. 4, 2, faire venir qqch. d'ailleurs ¶ 2 [fig.] = *ab (ex) alio, ab (ex) alia re* : *non aliunde mutuatus est laudem* Cic. Off. 2, 47, il n'a pas emprunté sa gloire à autrui, cf. Tusc. 4, 4 ; Nat. 3, 64 ; *non aliunde pendere* Cic. Fam. 5, 13, 1, ne pas dépendre des choses extérieures ; *agitari aliunde* Cic. Rep. 6, 27, recevoir son mouvement d'un autre corps ; *gigni aliunde* Cic. Rep. 6, 27, tirer d'une autre chose son origine.

ălĭus, **a**, **ŭd**, gén. **ălĭūs** ou ordin^t **alterius**, dat. **ălĭī** (alienus, alter, cf. ille, ultra, ἄλλος, gaul. allo- ; a. fr. el), autre, un autre [en parl. de plusieurs ; différent de alter, " autre, un autre " en parl. de deux]

¶ 1 *a)* alio die *b)* si nihil aliud *c)* alia [n. pl.] *d)* alius ac (atque) *e)* alius et *f)* alius quam *g)* nihil aliud nisi *h)* quid est aliud ? *i)* aliud praeter *j)* [avec abl.] *k)* alius (alii) répété [au même cas] "les uns... les autres" *l)* alius alium [réciprocité] ¶ 2 " différent " ¶ 3 alii ▷ ceteri ¶ 4 alius ▷ alter ¶ 5 " et en outre ".

¶ 1 *a)* *alio incredibili scelere hoc scelus cumulasti* Cic. Cat. 1, 14, tu as mis le comble à ce dernier crime par un autre crime incroyable ; *erat surdaster M. Crassus, sed aliud molestius quod...* Cic. Tusc. 5, 116, M. Crassus était un peu sourd ; mais il y avait une autre chose plus fâcheuse, c'est que... ; *aliud esse causae suspicamur* Cic. Flac. 39, je soupçonne qu'il y a une autre raison ; *"alio die" inquit* Cic. Phil. 2, 83, " à un autre jour ", dit-il [formule des augures pour renvoyer une affaire, les auspices étant défavorables] ; *alio loco* Cic. Verr. 1, 61, ailleurs, cf. Verr. 2, 15 ; Or. 203 ; *alio loco antea* Cic. Verr. 5, 58, ailleurs précédemment, cf. Fam. 1, 9, 7 ; Att. 9, 10, 6 ; *alia ratione ulla* Cic. Cat. 2, 18, par aucun autre moyen *b)* [expr. où il faut suppléer l'idée de *facio*]

alius

venit in judicium ; si nihil aliud, saltem ut... videret Cic. Verr. 1, 152, il est venu devant le tribunal ; [s'il ne pouvait rien faire d'autre] à défaut d'autre chose, du moins pour voir..., cf. Att. 2, 15, 2 ; Liv. 30, 35, 8 **c)** [pl. n.] *ut alia omittam, hoc satis est* Cic. Quinct. 70, pour ne pas parler d'autre chose, voici qui suffit, cf. Phil. 2, 38 ; *ut alia obliviscar* Cic. Amer. 87, pour passer d'autres traits sous silence (pour ne pas citer d'autres faits) ; *haec et alia* Cic. Verr. 2, 87, ces objets et d'autres encore ; *idque erat cum aliis, cur* Cic. Att. 11, 15, 1, c'est la raison entre autres pour laquelle ; *haec et mille alia* Liv. 29, 18, 7, cela et mille autres choses ‖ [emploi adv. très rare] *juvenis et alia clarus* Tac. An. 12, 3, jeune homme déjà illustre sous d'autres rapports (par ailleurs), cf. Gell. 9, 10, 5 ‖ *sunt et haec et alia in te falsi accusatoris signa permulta* Cic. Caecil. 29, il y a pour montrer ta mauvaise foi d'accusateur non seulement ces indices-là, mais bien d'autres ‖ [tour inverse] *et in aliis causis et in hac* Cic. Quinct. 3, et dans d'autres causes, et en particulier dans celle-ci ; *libri cum aliorum, tum in primis Catonis* Cic. Brut. 298, les ouvrages des anciens et surtout ceux de Caton ; *cum aliis de causis, tum etiam ut* Cic. Q. 1, 1, 26, pour plusieurs raisons et en particulier pour que ; *ut alia, sic hoc vel maxime tuae benevolentiae permitto* Cic. Att. 11, 3, 2, comme pour bien d'autres choses, pour celle-ci en particulier, plus peut-être que jamais, je m'en remets à ton dévouement **d)** *alius ac (atque)* : *alio mense ac fas erat* Cic. Verr. 2, 128, dans un autre mois que celui que la religion exigeait **e)** *alius... et* : *alia bona videntur Stoicis et ceteris civibus* Cic. de Or. 3, 66, ce sont des choses différentes qui constituent le bien pour les Stoïciens et pour les autres citoyens ; *alia causa est ejus... et ejus...* Cic. Off. 2, 61, différent est le cas de celui... et de celui... ; *aliud sentire et loqui* Cael. Fam. 8, 1, 3, penser et dire des choses différentes (penser une chose et en dire une autre) **f)** *alius quam* [avec nég.] : *hominem natum ad nihil aliud esse quam honestatem* [seul exemple] Cic. Ac. frg. 20, que l'homme est fait uniquement pour la vertu, cf. Pl. As. 236 ; Planc. Fam. 10, 18, 2 ; Sall. Lep. 4 ; Nep. Arist. 2, 2 ; Virg. En. 11, 169 ; Hor. S. 2, 4, 66 ; Liv. 1, 49, 5 ; Tac. G. 5 ; *nihil aliud egit quam ut quam plurimis esset auxilio* Nep. Att. 11, 1, il ne se proposa rien d'autre que de venir en aide au plus grand nombre possible ; *feci nihil aliud quam laudavi* Sen. Contr. 10, 2, 15, je n'ai pas fait autre chose que de louer (je me suis borné à louer) ; *nihil aliud quam via impediti* Liv. 27, 18, 11, embarrassés uniquement par la nature du chemin, cf. 2, 29, 4 ; 2, 49, 9 ; 23, 3, 13 ; *quid aliud faciunt quam suadent ?* Liv. 34, 2, 12, que font-elles d'autre que de parler en faveur de... ; *quid aliud quam admonendi essetis ut... servaretis ?* Liv. 22, 60, 6, qu'aurait-il fallu d'autre que vous rappeler de conserver... ? [il aurait suffi de], cf. 4, 3, 3 ; 6, 41, 7 ; Tac. H. 4, 74 ‖ [sans négation] *aliud conficere quam causae genus postulat* Cic. Inv. 1, 26, produire un autre effet que celui que réclame le genre de cause, cf. Inv. 1, 87 ; Dom. 31 ; Sall. J. 82, 3 ; Liv. 1, 56, 7 **g)** *nihil aliud nisi* : *est amicitia nihil aliud nisi omnium divinarum humanarumque rerum cum benevolentia et caritate consensio* Cic. Lae. 20, l'amitié n'est pas autre chose qu'un accord complet sur toutes les choses divines et humaines joint au dévouement et à l'affection ; *nihil aliud nisi de judicio cogitare* Cic. Verr. prim. 26, consacrer ses pensées uniquement au procès ; V. *nisi II ¶ 1 fin* ; *nullam aliam ob causam nisi quod...* Cic. Fin. 2, 73, sans autre raison que parce que (uniquement parce que) ; *quid petunt aliud nisi injungere ?* Caes. G. 7, 77, 15, [les Romains] quel autre but ont-ils que d'imposer ? **h)** [la 2ᵉ prop. est juxtaposée au lieu d'être unie par *et*] : *quid est aliud furere, non cognoscere homines, non cognoscere leges !* Cic. Pis. 47, n'est-ce pas être fou que de ne pas connaître les hommes, ne pas connaître les lois ? [quelle chose différente est-ce, être fou, et ne pas connaître... ?] ; *quid est aliud tollere ex vita vitae societatem, tollere amicorum colloquia absentium ?* Cic. Phil. 2, 7, n'est-ce pas supprimer de la vie humaine la société humaine que de supprimer les communications d'amis absents [quelle chose différente est-ce enlever... et enlever... ?] **i)** *alius praeter* : *nec quidquam aliud est philosophia praeter studium sapientiae* Cic. Off. 2, 5, et la philosophie n'est pas autre chose que l'étude de la sagesse, cf. Arch. 28 ; Clu. 62 ; *nullo remedio alio praeter intercessionem invento* Liv. 6, 35, 6, n'ayant pas trouvé d'autre remède que l'opposition tribunicienne, cf. 38, 21, 5 **j)** [avec abl.] *quod est aliud melle* Varr. R. 3, 16, 24, ce qui est différent du miel, cf. Brut. et Cass. Fam. 11, 2, 2 ; Hor. S. 2, 3, 208 ; Ep. 1, 16, 20 ; 2, 1, 240 ; Sen. Ep. 74, 22 **k)** *alius*, surtout *alii* [répété deux ou plusieurs fois], l'un... un autre... ; les uns (d'aucuns)... les autres... (d'autres) : *qui discedere animum censent, alii statim dissipari, alii diu permanere, alii semper* Cic. Tusc. 1, 18, quant à ceux qui sont d'avis que l'âme se sépare du corps, selon les uns, elle se dispense aussitôt, selon d'autres elle subsiste encore longtemps, selon d'autres, elle subsiste toujours ; *erant exitus ejus modi, ut alius... auferretur, alius tamquam occisus relinqueretur, plerique... jacerent* Cic. Verr. 5, 28, la fin de ces banquets était celle-ci ; on emportait l'un, un autre était laissé comme mort, la plupart restaient gisants... ; *illi ad deprecandum periculum proferebant, alii purpuram Tyriam, thus alii atque odores, gemmas alii et margaritas, vina nonnulli Graeca* Cic. Verr. 5, 146, eux pour détourner le danger, ils étalaient, les uns de la pourpre de Tyr, les autres de l'encens et des parfums, d'autres des pierres précieuses et des perles, quelques-uns des vins grecs ; *alius... alius... plerique* Caes. G. 6, 37, 7, l'un... un autre... la plupart ; *aliud* [six fois] Cic. Verr. 4, 31 ; *bonorum alia... alia autem... alia* Cic. Fin. 3, 51, parmi les biens les uns..., d'autres... d'autres ; *esse corpuscula quaedam levia, alia aspera, rotunda alia, partim autem angulata* Cic. Nat. 1, 66, qu'il y a des corpuscules, certains lisses, d'autres rugueux, d'autres ronds, quelques-uns anguleux ‖ [*alius* seulᵗ dans le second membre] : *ut cum scutis homines... alios cum accensis facibus adduxerit* Cic. Att. 4, 3, 3, si bien qu'il amena des gens armés de boucliers, d'autres tenant des torches enflammées, cf. Ter. Haut. 125 ; Caes. G. 1, 8, 4 ; Liv. 3, 37, 8 ; 4, 33, 11 ; 5, 21, 5 ; 36, 15, 11 ‖ *sunt officia, quae aliis magis quam aliis debentur* Cic. Off. 1, 59, il y a des devoirs tels qu'on les doit aux uns plutôt qu'aux autres ; *alii melius quam alii* Cic. de Or. 2, 32, les uns mieux que les autres ‖ *alio atque alio colore* Lucr. 2, 776, d'une autre et encore d'une autre couleur (de diverses couleurs) ; *alio atque alio verbo* Cic. Or. 72, par un mot ou par un autre ; *alio atque alio loco* Sall. J. 72, 2, tantôt à un endroit, tantôt à un autre **l)** *alius alium* [marquant réciprocité ou alternative] : *cum alius alium timet* Cic. Rep. 3, 23, quand on se craint mutuellement ; *alios alii deinceps excipiebant* Caes. G. 5, 16, 4, ils se remplaçaient entre eux à tour de rôle ; *cum alius alii subsidium ferret* Caes. G. 2, 26, 2, portant secours l'un à l'un, l'autre à un autre [à des endroits divers] ; *alii aliam in partem ferebantur* Caes. G. 2, 24, 3, ils se portaient les uns d'un côté, les autres d'un autre ; *alius ex alio causam tumultus quaerit* Caes. G. 6, 37, 6, l'un demande à l'autre (ils se demandent l'un à l'autre) la cause du tumulte ¶ **2** différent : *homines alii facti sunt* Cic. Fam. 11, 12, 2, les hommes sont devenus différents ; *velut alii repente facti* Liv. 24, 16, 1, comme métamorphosés soudain ; *aliud est gaudere, aliud non dolere* Cic. Fin. 2, 9, c'est une chose que d'être en joie, une autre que de ne pas souffrir ; *alia causa Staieni fuit, alia nunc tua est* Cic. Clu. 86, le cas de Staiénus était bien différent du tien aujourd'hui ‖ *alias res agere* Cic. de Or. 3, 51 ; Brut. 234, être distrait, indifférent ; *in alia omnia discedere* Cic. Fam. 10, 12, 3, se ranger à un avis différent ¶ **3** [quelquefois *alii* = *ceteri*], les autres, tous les autres [dans Cic. *omnes* est alors adjoint] : Verr. 4, 44 ; Font. 1 ; CM. 85 ; [se trouve dans Sall. ; Liv. ; Tac. ; Plin.]. ¶ **4** [qqf. au lieu de *alter*] : *duas leges promulgavit : unam... aliam* Caes. C. 3, 21, 2, il promulgua deux lois, l'une... une autre (l'autre), cf. Cic. Brut. 325 ; Liv. 1, 21, 6 ; 1, 25, 5 ; 26, 5, 6 ; 28, 6, 11 ; [dans une énumération] d'autres, une autre [au lieu de " les secondes, la seconde " :

Cic. *Verr.* 4, 29; Caes. *G.* 1, 1, 1 ‖ *alium peperi Sosiam* Pl. *Amp.* 785, j'ai engendré un autre Sosie, cf. Virg. *En.* 6, 89; Curt. 9, 8, 5; 10, 5, 22; Tac. *H.* 4, 73; *pater alius* Plin. *Ep.* 2, 13, 4, un second père ¶ 5 et en outre: *eo missa plaustra jumentaque alia* Liv. 4, 41, 8, on y envoya des chariots et en outre des bêtes de somme [= " et d'autres choses, à savoir des bêtes de somme "; cf. le grec οἱ πολῖται καὶ οἱ ἄλλοι ξένοι, cf. 5, 39, 3; 21, 27, 5; 21, 46, 9; 24, 30, 14; 25, 13, 10.
▶ formes rares: gén. *alii* Varr. *R.* 1, 2, 19; *L.* 9, 67; Cat.; Cael.; Macer d. Prisc. 2, 226, 20-227, 1 ‖ gén. f. *aliae* Cic. *Div.* 2, 30; Lucr. 3, 918; Gell. 2, 28, 1; 4, 10, 8; dat. m. *alio* Her. 2, 19; Sen. *Ben.* 4, 32, 3; Quint. 9, 4, 23 ‖ dat. f. *aliae* Pl. *Mil.* 802 ‖ dat. abl. pl. *alis* Col. 3, 6, 4; Carm. Epigr. 1329, 4; *alieis* Carm. Epigr. 248, 6 ‖ [arch.] *alis*, ⓥ *1 alis.*

ălĭusmŏdī, adv., d'une autre manière: Caes. d. Prisc. 2, 227, 3.

ălĭŭtă, adv. (ali-, cf. *utinam, 1 utique*), ⓒ *aliter*: P. Fest. 5, 15.

Ălixentrŏs, ⓥ *Alexander*: CIL 1, 557.

allab-, ⓥ *adlab-*.

Allaba, Allava, ae, m., station navale de Sicile: Anton. 88.

allact-, allamb-, ⓥ *adl-*.

Allantenses, ĭum, m. pl., habitants d'Allante [Macédoine]: Plin. 4, 35.

allapsus, ⓥ *adlapsus*.

allassōn, ontis, adj. (ἀλλάσσων), de couleur changeante: Hadr. d. Vop. *Tyr.* 8, 10.

allat-, allaud-, ⓥ *adl-*.

allēc (hallēc, allex, hallex), ēcis, n. (ⓥ *allecula*; cf. ἁλυκόν) ¶ 1 préparation culinaire à base de poisson décomposé: Hor. *S.* 2, 4, 73; Plin. 31, 95 ¶ 2 poisson décomposé: Isid. 12, 6, 39.

allēcārĭī, ōrum, n. pl., marchands d'allec: CIL 13, 8498.

allēcātus (hallēc-), assaisonné d'allec: Apic. 286.

allect-, ⓥ *adl-*.

allectātĭo, allectĭo, ⓥ *adlect-*.

1 **Allectō (Alectō)**, f., Alecto [une des trois Furies]: Virg. *En.* 7, 324; 341.
▶ acc. *Allecto*; abl. *Allecto* Serv. *G.* 2, 98.

2 **allectō**, ās, āre, -, -, ⓥ *adl-*.

allēcŭla (hallēcŭla), dim. de *allec*, fretin: Col. 6, 8, 2; 8, 17, 12.

alleg-, ⓥ *adleg-*.

allēgŏrĭa, ae, f. (ἀλληγορία), allégorie: Quint. 8, 6, 14 ‖ [chrét.] interprétation symbolique: *juxta allegoriam* Hier. *Ephes.* 3, 5, 33, symboliquement.

allēgŏrĭcē, adv., allégoriquement: Porph. Hor. *S.* 2, 3, 284.

allēgŏrĭcus, a, um, allégorique, symbolique: Tert. *Res.* 19, 2.

allēgŏrista, ae, m., interprète des allégories: Theod.-Mops. *Gal.* 4, 29.

allēgŏrīzō, ās, āre, -, -, employer l'allégorie: Tert. *Res.* 27, 1.

allēgŏrūmĕnŏs, on, adj., allégorique: Hil. *Psalm.* 62, 8.

allēlūia, hallēlūia, [mot hébreu signifiant "louez Dieu"]: Vulg. *Psalm.* 104, 1 ‖ alléluia [chant]: Aug. *Ep.* 36, 18.

allēlūiātĭcus, a, um, qui loue Dieu: Aug. *Psalm.* 105, 1.

allēnīmentum, i, n. (*lenio*), adoucissement, manière de calmer: Amm. 27, 3, 9.

allev-, ⓥ *adlev-*.

1 **allex (hallex)**, ēcis, f., ⓒ *allec*, poisson pourri: *hallex viri* Pl. *Poen.* 1310, pourriture d'homme.

2 **allex (allux)**, ĭcis, m. (cf. *allus, pollex*), gros orteil: Gloss. 5, 591, 10.

allexi, ⓥ *adl-*.

Allĭa, ae, f., rivière de la Sabine, où les Romains furent battus par les Gaulois en 390 av. J.-C.: Liv. 5, 37; Luc. 7, 409.

Allĭāna rĕgĭo, f., pays situé entre le Pô et le Tessin: Plin. 19, 9.

Allĭātōrĭus, ii, m., nom d'homme: CIL 6, 2545.

allic-, allid-, ⓥ *adl-*.

allĭcĕfac-, ⓥ *adlicefac-*.

Allĭensis, e, de l'Allia: Cic. *Att.* 9, 5; Liv. 5, 38.

Allĭēnus, i, m., nom d'homme: Cic. *Fam.* 12, 11, 1.

Allīfae (Allīphae), f. pl., Liv. 8, 25, **Allīfē**, ēs, f., Sil. 8, 535, Allifes [ville du Samnium] ‖ **-ānus**, a, um, d'Allifes: Hor. *S.* 2, 8, 39; Plin. 3, 63.

allig-, allin-, ⓥ *adl-*.

Allĭphae, ⓥ *Allifae*.

allis-, alliv-, ⓥ *adl-*.

allĭum, ⓥ *alium*.

Allŏbrŏges, um, m. pl., peuple du nord de la Narbonnaise: Cic. *Div.* 1, 21 ‖ **-brox**, ŏgis, acc. ŏga, Juv. 7, 214, m. sg., Allobroge: Hor. *Epo.* 16, 6 ‖ **-gĭcus**, a, um, adj., des Allobroges: Plin. 14, 3.

alloc-, ⓥ *adloc-*.

Allonē, ēs, f., ville de Tarraconaise: Mel. 2, 93.

allŏphȳlus, a, um (ἀλλόφυλος), étranger, non hébreu: Tert. *Jud.* 4, 10.

allŏq-, allŭb-, allŭc-, allŭd-, allŭo, ⓥ *adl-*.

allus (hallus), i, m., ⓒ *2 allex*, gros orteil: P. Fest. 7, 15; 91, 1.

allūsĭo, ⓥ *adl-*.

allūtĭo, ōnis, f., ⓒ *ablutio*: Cael.-Aur. *Acut.* 2, 9, 51.

alluv-, allux-, ⓥ *adl-*.

Alma, ae, fleuve d'Étrurie: Anton. 500 ‖ mont de Pannonie: Vop. *Prob.* 18, 8.

Almana, ae, f., ville de Macédoine: Liv. 44, 26, 7.

almĭfĭcus, a, um (*almus, facio*), qui rend bienheureux: Ps. Fort. *Carm.* 3, 2.

almĭtas, ātis, f., ⓒ *almities* [titre honorifique]: * Vit. Patr.-Em. 7, 14.

almĭtĭēs, ēī, f., grâce, beauté: Char. 39, 24; P. Fest. 7, 14.

Almo, ōnis, m., ruisseau près de Rome: Ov. *F.* 4, 337; Mart. 3, 47 ‖ le dieu de la rivière: Ov. *F.* 2, 601.

Almŏpī, ōrum, m. pl., Almopiens [peuple de Macédoine]: Plin. 4, 35.

1 **Almus**, i, m., fleuve de Pannonie: Anton. 219.

2 **almus**, a, um (*alo*), nourrissant, nourricier; [d'où] bienfaisant, maternel, libéral, doux, bon: Lucr. 2, 992; Hor. *O.* 3, 4, 42 ‖ [chrét.] vénérable, auguste, sacré: Paul.-Nol. *Carm.* 6, 315; *alma Urbs* Cod. Just. 2, 52, 7 pr., la Ville auguste [Constantinople].

alnĕus, a, um, de bois d'aune: Vitr. 5, 12, 6.

alnus, i, f. (cf. al. *Erle*; fr. *aune*) ¶ 1 aune [arbre]: Plin. 16, 218; Virg. *G.* 2, 110 ¶ 2 qui est fait en bois d'aune [en part. les bateaux]: Virg. *G.* 1, 136.

ălō, ĭs, ĕre, ălŭī, altum ou ălĭtum (ἀλδαίνω, got. *alan*, al. *alt*, an. *old*), tr. ¶ 1 nourrir, alimenter, sustenter: *(nutrix) quae illam aluit parvolam* Ter. *Eun.* 892, (la nourrice) qui l'a nourrie toute petite, cf. Pl. *Mil.* 698; Varr. *R.* 2, 10, 8; *pulli aluntur ab iis ut a matribus* Cic. *Nat.* 2, 124, les petits [canards] sont nourris par elles [les poules] comme par leurs mères, cf. 2, 137 ‖ *exercitum alere* Cic. *Dej.* 24, nourrir (entretenir) une armée, cf. *Verr.* 5, 80; *canes aluntur in Capitolio* Cic. *Amer.* 56, on nourrit (entretient) des chiens au Capitole; *cum agellus eum non satis aleret* Cic. *Nat.* 1, 72, comme son petit coin de champ ne suffisait pas à son entretien ‖ nourrir, élever: *cum in agresti cultu laboreque Romulum aluissent* Cic. *Rep.* 2, 4, [des bergers] ayant élevé Romulus dans les mœurs et les travaux de la campagne; *omnem pueritiam Arpini altus* Sall. *J.* 63, 3, élevé pendant toute son enfance à Arpinum (*alitus* Cic. *Planc.* 81) ‖ alimenter, faire se développer: *terra stirpes alit* Cic. *Nat.* 2, 83, la terre nourrit (alimente) les racines; *imbres amnem aluere* Hor. *O.* 4, 2, 5, les pluies ont alimenté (grossi) le fleuve; *cum sol Oceani alatur umoribus* Cic. *Nat.* 2, 40, le soleil étant alimenté par les vapeurs de l'Océan ¶ 2 [fig.] nourrir, développer: *spem Catilinae mollibus sententiis alere* Cic. *Cat.* 1, 30, nourrir les espérances de Catilina par la mollesse des décisions; *quae res vires alit* Caes. *G.* 4, 1, 9, cette vie développe les forces; *eorum furor alitur impunitate* Cic. *Sest.* 82, leur folie est nourrie par l'impunité; *si diutius alatur controversia* Caes. *G.* 7, 32, 5, si le débat était entretenu plus longtemps; *quem per annos decem alui-*

alo

mus contra nos Cic. *Att.* 7, 5, 5, un homme que nous avons pendant dix ans aidé à grandir contre nous; *civitas quam ipse semper aluisset* Caes. *G.* 7, 33, 1, une cité qu'il avait lui-même toujours soutenue (aidée à se développer) ¶ 3 [passif sens réfléchi], se nourrir: *radicibus palmarum ali* Cic. *Verr.* 5, 87, se nourrir de racines de palmiers, cf. *Verr.* 3, 102; *Agr.* 2, 95; Caes. *C.* 2, 22, 1; *lacte* Cic. *Nat.* 2, 128, se nourrir de lait; *hominis mens discendo alitur* Cic. *Off.* 1, 105, l'intelligence humaine se nourrit (se développe) par l'étude ‖ cf. *se alere*: Caes. *G.* 4, 1, 5; 4, 4, 7; Cic. *Tim.* 18; Liv. 26, 30, 10.

ălŏa, *ae*, f. (ἀλόη), aloès [plante]: Isid. 17, 8, 9.

ălōdis, *is*, m. (germ.; fr. *alleu*), pleine propriété: L. Sal. 59, 5; Not. Tir. 59, 93.

ălŏē, *ēs*, f. (ἀλόη), aloès [plante]: Cels. 1, 3, 25; Plin. 27, 14; Vulg. *Prov.* 7, 17 ‖ [fig.] amertume: Juv. 6, 181.

Ălŏeūs, *ĕī* ou *ĕŏs*, m., Aloée [nom d'un géant]: Luc. 6, 410; Hyg. *Fab.* 28.

Ălŏgi, *ōrum*, m. pl., secte d'hérétiques niant la divinité du Logos: Isid. 8, 5, 26.

ălŏgĭa, *ae*, f. (ἀλογία) ¶ 1 acte ou parole déraisonnable, sottise: Sen. *Apoc.* 7, 1 ¶ 2 repas immodéré, trop plantureux: Aug. *Ep.* 36, 11.

ălŏgĭŏr, *āris*, *ārī*, - (*alogia*), intr., déraisonner: Dosith. 7, 430, 4.

ălŏgus, *a*, *um* (ἄλογος), privé de raison: Aug. *Ep.* 36, 11 ‖ dont on ne peut rendre raison: Capel. 9, 992.

Alōīdae, *ārum*, m. pl., Aloïdes [nom patronymique des fameux géants Ottus et Éphialte]: Virg. *En.* 6, 582; Ov. *M.* 6, 117.

Alŏnē (Allonnē), *ēs*, f., île voisine de l'Ionie: Plin. 2, 202 ‖ île de la Propontide: Plin. 5, 151 ‖ ville de la Bretagne: Anton. 481 ‖ colonie de Massilia dans la Tarraconaise Atlas IV, D3: Mel. 2, 93.

Alōni, *ōrum*, m. pl., peuple de Mésopotamie: Plin. 6, 118.

Ălŏpē, *ēs*, f. ¶ 1 Alopé [fille de Cercyon]: Hyg. *Fab.* 187 ¶ 2 ville de Locride: Liv. 42, 56; Plin. 4, 27; Mel. 2, 45 ‖ ancien nom d'Éphèse: Plin. 5, 115; Hyg. *Fab.* 14, 3.

Ălōpĕcē, *ēs*, Plin. 4, 87, **Ălōpĕcēa**, *ae*, Prisc. *Perieg.* 564, f., Alopèce [île du Pont-Euxin].

ălōpĕcĭa, *ae*, f. (ἀλωπεκία), alopécie, chute des cheveux et de la barbe: Plin. 20, 41.

ălōpĕcĭōsus, *a*, *um*, qui a une alopécie, qui perd ses cheveux: Ps. Theod.-Prisc. *Diaet.* 16.

ălōpĕcis, *ĭdis*, f. (ἀλωπεκίς), sorte de vigne: Plin. 14, 42.

Ălōpĕconnēsus, *i*, f., Alopéconnèse [ville de la Chersonèse de Thrace]: Liv. 31, 16, 5.

ălōpĕcūrus, *i*, f. (ἀλωπέκουρος), queue de renard [plante]: Plin. 21, 101.

ălōpēx, *ĕcis*, f. (ἀλώπηξ) ¶ 1 sorte de poisson de mer: Plin. 32, 145 ¶ 2 renard [acc. *-ēca*] Cass. Fel. 5, p. 12, 16.

Alōrŏs (-us), *i*, f. (Ἄλωρος), ville de Macédoine: Mel. 2, 35 ‖ **-ītae**, m., habitants d'Aloros: Plin. 4, 34.

ălōsa, *ae*, f., alausa.

Alounae, *ārum*, f. pl., déesses adorées en Germanie: CIL 3, 5581.

ăloxĭnum, *i*, n. (celt.?; esp. *aloja*), absinthe: Anthim. 15.

Alpes, *ĭum*, f. pl. (cf. *albus*), les Alpes Atlas I, C3; V, E3; XII, A1: Virg. *G.* 3, 474; Luc. 1, 183; Ov. *A. A.* 3, 150 ‖ [se dit en parl. de tous les hauts sommets]: Sidon. *Carm.*, 5, 594; Sil. 2, 333.

alphă, n. indécl. (ἄλφα), alpha [α, première lettre de l'alphabet grec]: Juv. 14, 209 ‖ [fig.] *alpha paenulatorum* Mart. 2, 57, 4, le premier des gueux ‖ [chrét.] commencement [fig.]: *ego sum alpha et omega, principium et finis* Vulg. *Apoc.* 1, 8, c'est moi l'alpha et l'oméga, le commencement et la fin; Prud. *Cath.* 9, 11.

alphăbētum, *i*, n. (ἀλφάβητος), alphabet: Hier. *Ep.* 30, 3.

Alphēĭăs, *ădis*, f., fille d'Alphée [Aréthuse]: Ov. *M.* 5, 487.

Alphēnŏr, *ŏris*, m., un des fils de Niobé: Ov. *M.* 6, 248.

Alphēnus, V. *Alfenus*.

Alphĕsĭboea, *ae*, f. (ἀλφεσίβοιος), Alphésibée [femme d'Alcméon]: Prop. 1, 15, 19.

Alphĕsĭboeus, *i*, m. (ἀλφεσίβοιος), Alphésibée [nom d'un berger]: Virg. *B.* 5, 63.

Alphēus, -ĕōs, *i*, m. (Ἀλφειός), l'Alphée [fleuve de l'Élide] Atlas VI, C1: Ov. *M.* 2, 250; *Am.* 3, 6, 29 ‖ **-ēus**, *a*, *um*, de l'Alphée: Virg. *En.* 10, 179; Claud. *Get.* 575.

alphĭta (alfī-), *ae*, f. (ἄλφιτα n. pl.), farine de blé, vivres: Itin.-Alex. 19.

Alphīus, Alfīus, *ĭī*, m. (Ἀλφειός), nom d'homme: CIL 6, 2120.

alphus, *i*, m. (ἀλφός), maladie de peau, grattelle: Cels. 5, 28, 14.

Alpĭcus, *a*, *um*, des Alpes: Nep. *Hann.* 3, 4.

1 Alpīnus, *a*, *um*, des Alpes: Virg. *B.* 10, 47.

2 Alpīnus, *i*, m., nom d'un poète: Hor. *S.* 1, 10, 36; 2, 5, 41.

Alpis, *is*, f., V. *Alpes*, les Alpes: Ov. *A. A.* 3, 150; Juv. 10, 152.

alpus, *a*, *um* (cf. *albus*), blanc [en sabin]: P. Fest. 4, 9.

Alsa, *ae*, m., fleuve de Vénétie: Plin. 3, 126.

alsī, parf. de *algeo*.

Alsĭensis, *e*, d'Alsium: Liv. 27, 38, 4 ‖ **Alsiense**, *is*, n., domaine [de Pompée] à Alsium: Cic. *Mil.* 54; *Fam.* 9, 6, 1.

Alsĭētīnus lăcŭs, m., lac près de Rome: Frontin. *Aq.* 11.

alsĭnē, *ēs*, f. (ἄλσος), chou de chien [plante]: Plin. 27, 23.

alsĭōsus, *a*, *um*, Varr. *R.* 2, 3, 6, **alsĭus**, *a*, *um*, Lucr. 5, 1015 (*algeo*), frileux, qui craint le froid.
► forme postér. *algiosus*.

alsĭtō, *ās*, *āre*, -, -, fréq. de *algeo*: Max.-Vict. 6, 200, 3.

Alsĭum, *ii*, n., port d'Étrurie Atlas XII, E3: Cic. *Att.* 13, 50, 4 ‖ **-sĭus**, *a*, *um*, d'Alsium: Rutil. 1, 223 ‖ **-sĭensis**, V. ce mot.

alsĭŭs (compar. n. de l'inus. **alsus*), plus frais: Cic. *Att.* 4, 8, 1; *Q.* 3, 1, 5 ‖ V. *alsiosus*.

Altaba, *ae*, f., ville de Numidie Atlas IV, E3: Anton. 27.

altānus ventus, vent qui souffle de la mer: Plin. 2, 114; Vitr. 1, 6, 10; Serv. *En.* 7, 27.

altăr, *āris*, n., V. *altare*.

altăre, *is*, n. (cf. *adoleo* ¶ 1; fr. *autel*), autel: [hébreu] Vulg. *Gen.* 33, 20; [chrétien] Tert. *Or.* 11, 1; Cod. Th. 16, 2, 27, 1 ‖ cabinet particulier de l'empereur: Cod. Th. 14, 4, 8 pr. ‖ [ordin¹ au pl.] **altārĭa**, autel où l'on sacrifie: Cic. *Cat.* 1, 24; *Har.* 9; Liv. 12, 13.

Alta Ripa, *ae*, f., ville de Pannonie: Peut. 5, 5.

altārĭum, *ĭī*, n., V. *altare*: Hier. *Ep.* 69, 9.

altē, adv. (2 *altus*) ¶ 1 en haut, de haut: *alte spectare* Cic. *Tusc.* 1, 82; *Rep.* 6, 25, regarder en haut (vers les hauteurs); *cruentum alte extollere pugionem* Cic. *Phil.* 2, 28, lever en l'air un poignard ensanglanté; *alte cadere* Cic. *Or.* 98, tomber de haut; *servitus altius non tollendi* Dig. 8, 2, 1, servitude [urbaine] limitant la hauteur des maisons ¶ 2 profondément: *sulcus altius impressus* Cic. *Div.* 2, 50, sillon creusé un peu profondément; *ferrum haud alte in corpus descendisse* Liv. 1, 41, 5, [elle dit] que le fer n'a pas pénétré profondément dans le corps; *quod verbum in pectus Jugurthae altius descendit* Sall. *J.* 11, 7, cette parole pénétra dans l'âme de Jugurtha plus profondément; *altius animis maerebant* Tac. *An.* 2, 82, la douleur était plutôt au fond des âmes ¶ 3 de loin: *rem alte repetere* Cic. *Or.* 11, reprendre une chose de loin; *altius initium rei demonstrandae petere quam...* Cic. *Caecin.* 10, commencer sa démonstration en remontant plus haut que...; *cum verbum aliquod altius transfertur* Cic. *Or.* 82, quand on emploie une métaphore un peu hardie ‖ *altissime* Plin. *Ep.* 5, 15, 5; 8, 4; Suet. *Aug.* 94 ‖ *altius* Cic.; Dig.; Mar. Vict. *Eph.* 5, 31.

altēgrădĭus, *a*, *um*, qui marche la tête haute: Tert. *Virg.* 17, 4.

Altellus, *i*, m., surnom de Romulus: P. Fest. 6, 29.

altĕr, *ĕra*, *ĕrum*, gén. **altĕrīus**, dat. **altĕrī** (*alius*; fr. *autre*) ¶ **1** l'un des deux; [en parl. de deux] l'un, l'autre; [dans une énumération] second: *uti C. Pansa A. Hirtius consules, alter ambove... cognoscerent* Cic. Phil. 5, 53, [décider] que les consuls C. Pansa et A. Hirtius, soit un seul, soit les deux ensemble, recherchent...; *necesse est sit alterum de duobus* Cic. Tusc. 1, 97, nécessairement, de deux choses l'une; *ad alteram fluminis ripam* Caes. G. 5, 18, 2, près de (sur) l'autre rive du fleuve [la rive opposée]; *claudus altero pede* Nep. Ages. 8, 1, boiteux d'une jambe ‖ *proximo, altero, tertio, reliquis consecutis diebus* Cic. Phil. 1, 32, le jour qui venait immédiatement après, le second, le troisième, et tous les autres qui ont suivi; *(tria Graecorum genera) quorum uni sunt Athenienses..., Aeoles alteri, Dores tertii nominabantur* Cic. Flac. 64, (trois sortes de Grecs) dont les premiers sont les Athéniens, les seconds les Éoliens, et les troisièmes avaient nom Doriens, cf. *Clu.* 178; *Cat.* 2, 18; *de Or.* 2, 235; Caes. G. 5, 24, 2; C. 1, 38, 1; *quod est ex tribus oratoris officiis alterum* Cic. Brut. 197, ce qui des trois devoirs de l'orateur est le second; [d'où] *alter Themistocles* Cic. Brut. 43, un second Thémistocle; *tua altera patria* Cic. Verr. 4, 17, ta seconde patrie; *(verus amicus) est tanquam alter idem* Cic. Lae. 80, (le véritable ami) est comme un autre nous-même ‖ *centesima lux est haec ab interitu P. Clodii et Altera* Cic. Mil. 98, voici le 102e jour écoulé depuis la mort de Clodius; *anno trecentesimo altero quam condita Roma erat* Liv. 3, 33, 1, trois cent deux ans après la fondation de Rome ‖ *alterum tantum*, une seconde fois autant: Pl. Bac. 1184; Cic. Or. 188; Nep. Eum. 8, 5; *numero tantum alterum adjecit* Liv. 1, 36, 7, il doubla le nombre, cf. 8, 8, 14 ‖ [poét.] *tu nunc eris alter ab illo* Virg. B. 5, 49, toi, tu seras le second après lui; *alter ab undecimo annus* Virg. B. 8, 40, une seconde année après la onzième [la douzième année] ‖ *alter... alter*, l'un... l'autre, le premier... le second; *alteri... alteri* [sens collectif]: *quibus ex generibus (= quorum ex generibus) alteri se populares, alteri optimates haberi voluerunt* Cic. Sest. 96, parmi ces catégories de citoyens, les uns ont aspiré au titre de démocrates, les autres à celui d'aristocrates, cf. *Phil.* 5, 32; *Or.* 143; *Rep.* 2, 9; Caes. G. 1, 26, 1 ‖ *unus... alter*: Cic. Verr. 1, 90; 5, 27; Mur. 30; *unae decumae... alterae* Cic. Verr. 3, 227, une première dîme... une seconde ‖ *unus aut alter, unus alterve*, un ou deux: Cic. Mur. 43; Fin. 5, 74; Att. 7, 8, 2 ‖ *unus et alter*, un, puis un autre: *dicit unus et alter breviter* Cic. Verr. 2, 75, un, deux témoins déposent brièvement, cf. *Clu.* 38; *Att.* 14, 18, 1 ‖ *alter alterum*: *alter ab altero adjutus* Cic. Brut. 3, s'étant tous deux aidés mutuellement;

alter alterius judicium reprehendit Cic. Clu. 122, tous deux blâment réciproquement leur jugement; *duae res maximae altera alteri defuit* Cic. Brut. 204, à chacun des deux fit défaut l'une des deux qualités les plus importantes [l'un manqua de l'une, l'autre de l'autre]; *quorum (numerorum) uterque plenus alter altera de causa habetur* Cic. Rep. 6, 12, ces nombres [7, 8] sont considérés comme parfaits tous deux, l'un pour une raison, l'autre pour une autre ¶ **2** autrui: *qui nihil alterius causa facit* Cic. Leg. 1, 41, celui qui ne fait rien pour autrui; *nihil alteri incommodare* Cic. Quinct. 51, ne causer aucun désagrément à son prochain; *contemnuntur ii qui "nec sibi nec alteri", ut dicitur* Cic. Off. 2, 36, on méprise ceux qui, comme on dit, ne font rien, pas plus pour eux que pour autrui ¶ **3** [tard.] ➥ *alius*: *in alteros respuunt* Tert. Spect. 15, 1, ils rejettent sur les autres ‖ différent: *alter sensus* Hier. Eccles. 5, un autre sens.

▶ formes rares: dat. m. *altero* Carm. Epigr. 192, 3 ‖ dat. f. *alterae* Pl. Ru. 750; Ter. Haut. 271; Phorm. 928; Caes. G. 5, 27, 5 (α); Nep. Eum. 1, 6; Col. 5, 11, 10; Gell. 7, 7, 1.

2 **altĕr**, *ēris*, ➥ *halter*.

altĕrās, ➥ *alias* (P. Fest. 24, 22), une autre fois: Pl. Most. 270; Cat. d. Char. 215, 10.

altĕrātĭo, *ōnis*, f., changement, différence: Boet. Porph. com. 4, p. 118 B.

altĕrātus, *a*, *um*, part. de 2 *altero*.

altercābĭlis, *e* (*altercor*), de discussion, de controverse: Arn. 5, 3.

altercātĭo, *ōnis*, f. (*altercor*), altercation, dispute [en gén.]: Liv. 1, 7, 2 ‖ prises oratoires [échange d'attaques et de ripostes entre les avocats des parties adverses]: Cic. de Or. 2, 255; Brut. 164; *(Cicero) et in altercationibus et in interrogandis testibus plura quam quisquam dixit facete* Quint. 6, 3, 4, et dans les passes oratoires et dans les interrogations des témoins il (Cicéron) usa plus que personne de la plaisanterie ‖ [même chose au sénat, voir un récit d'*altercatio* Cic. Att. 1, 16, 8, entre Clodius et Cicéron] ‖ dispute entre philosophes: Cic. Nat. 1, 15 ‖ discussion doctrinale, controverse: *in altercatione Judaeorum* Tert. Prax. 22, 6, dans son débat avec les Juifs ‖ contradiction: Tert. Pud. 2, 13.

altercātŏr, *ōris*, m., interpellateur, preneur à partie: Quint. 6, 4, 10; 6, 4, 15.

altercātōrĭus, *a*, *um*, qui sent l'altercation, la dispute: Boet. Top. Arist. 8, 4.

altercō, *ās*, *āre*, *āvī*, -, intr., être en altercation, en dispute: Pacuv. Tr. 210; Ter. Andr. 653; [pass. impers.] *altercatur*, on discute: Just. Inst. 4, 13, 10; ➥ *altercor*.

altercŏr, *ārĭs*, *ārī*, *ātus sum* (1 *alter*), intr. ¶ **1** échanger des propos, prendre à partie, disputer: *altercari cum aliquo*

Caes. C. 3, 19, 6, discuter avec qqn; *mulierum ritu inter nos altercantes* Liv. 3, 68, 8, nous querellant comme des femmes ¶ **2** [au tribunal] échanger attaques et ripostes avec l'avocat adverse: *in altercando invenit parem neminem* Cic. Brut. 159, dans les prises à partie (les passes oratoires) il [Crassus] ne rencontra pas son pareil, cf. Quint. 6, 4, 5; 6, 4, 14; Plin. Ep. 3, 9, 24 ¶ **3** [fig.] lutter avec [dat.]: Hor. S. 2, 7, 57.

altercŭlum, Ps. Apul. Herb. 5, **altercum**, *i*, n. (1 *alter*, *altercor*?), Plin. 25, 35, jusquiame [plante].

altĕrĭtās, *ātis*, f. (*alter*), diversité, différence: Boet. Arith. 2, 27, 2.

altĕrīus utrīus, ➥ *alteruter* ▶.

alternābĭlis, *e*, variable: *Acc. Tr. 264; ➥ *aeternabilis*.

alternāmentum, *i*, n., alternance, succession: Mamert. Anim. 3, 8.

alternans, part. prés. de *alterno*.

alternātim, adv. (*alterno*), alternativement, tour à tour: Quadr. d. Non. 76, 12; Amm. 29, 2, 28.

alternātĭo, *ōnis*, f. (*alterno*), action d'alterner, succession: Aug. Civ. 12, 18 ‖ alternative [ceci ou cela]: Dig. 47, 10, 7, 4.

alternātus, part. de *alterno*.

alternē, adv., alternativement: Cassian. Coll. 4, 12, 3.

alternis (abl. pl. de *alternus* pris advt), alternativement, à tour de rôle: Lucr. 4, 790; Varr. R. 1, 20, 3; Virg. G. 1, 71; Liv. 2, 2, 9; 22, 41, 3; 27, 9, 13; Sen. Ep. 37, 4 ‖ *alternis... alternis...*, tantôt... tantôt: Vitr. 10, 8, 6; Sen. Ep. 120, 19; Plin. Ep. 5, 6, 35.

alternĭtās, *ātis*, f., variation: Prisc. 2, 137, 1.

alternō, *ās*, *āre*, *āvī*, *ātum* (*alternus*) ¶ **1** tr., faire tantôt une chose, tantôt l'autre, faire tour à tour: *miscenda ista et alternanda sunt* Sen. Tranq. 17, 3, il faut mêler et alterner ces deux modes d'existence ¶ **2** intr., alterner, aller en alternant: *alternantes proelia miscere* Virg. G. 3, 220, combattre tour à tour; *arborum fertilitas fere alternat* Plin. 16, 18, la fertilité des arbres se manifeste un an sur deux; *cum aliqua re* Plin. 10, 84, alterner avec qqch. ‖ hésiter: Virg. En. 4, 287 ‖ [avec l'inf.] réussir tour à tour à: Tert. Anim. 29, 3.

alternus, *a*, *um* (*alter*) ¶ **1** l'un après l'autre, alternant: *alternis trabibus ac saxis* Caes. G. 7, 23, 5, avec l'alternance des poutres et des pierres; *ut singulis consulibus alternis mensibus lictores praeirent* Cic. Rep. 2, 55, [de lui vint l'usage] que chaque consul avait un mois sur deux les licteurs pour le précéder dans sa marche; *alternae voces "ad arma" et "hostes in urbe sunt" audiebantur* Liv. 3, 15, 6, on entendait alternativement le cri "aux armes!" et "les ennemis sont dans la ville"; *alternis*

alternus

versibus Cic. *Arch.* 25, en distiques ; *alterna Fortuna...* Virg. *En.* 11, 426, la Fortune alternativement... ‖ subst. n. pl., *alterna*, les choses qui alternent : *amant alterna Camenae* Virg. *B.* 3, 59, les Muses aiment les chants alternés ; *alterna loqui* Hor. *S.* 1, 8, 40, dialoguer ; *alterna* [adv¹] alternativement : Stat. *Th.* 7, 640 ; 12, 387 ; Apul. *M.* 10, 17 ‖ *in alternum* Manil. 3, 53, alternativement ¶ **2** qui se rapporte à l'un et à l'autre, à chacun des deux successivement : *ex duabus orationibus capita alterna inter se contraria* Cic. *Clu.* 140, passages pris tantôt à l'un tantôt à l'autre des deux discours et contradictoires entre eux ; *rejectio judicum alternorum* Cic. *Planc.* 36, récusation de juges alternativement par chacune des parties ; *cum alternae civitates rejectae sunt* Cic. *Verr.* 2, 32, quand chacune des parties a fait sa récusation parmi les cités [appelées à juger] ; *in hoc alterno pavore* Liv. 23, 26, 11, dans cette crainte éprouvée tour à tour par les deux adversaires [réciproque].

1 **altĕrō**, adv., en second lieu : Fest. 502, 17.

2 **altĕrō**, ās, āre, -, - (alter), tr., changer, altérer : *Cael.-Aur. *Chron.* 2, 8, 115.

alterplex, ĭcis, ▶ *duplex*, rusé : P. Fest. 7, 6 ; Gloss. 5, 7, 45.

alterplĭcĭtās, ātis, f., ▶ *duplicitas* : Gloss. 5, 592, 14.

altertra, pour *alterutra* : *P. Fest. 7, 7.

altĕrŭtĕr, tra, trum, gén. *alterutrius*, dat. *alterutri* ¶ **1** l'un des deux, l'un ou l'autre : *horum* Cic. *Brut.* 143, l'un ou l'autre d'entre eux (*ex his* Cels. 2, 20, 2 ; Sen. *Polyb.* 9, 2 ; *de his* Cael. *Fam.* 8, 6, 3) ; *neque (se) rem publicam alterutro exercitu privare voluisse* Caes. *C.* 3, 90, 2, (il déclare) qu'il n'a pas eu l'intention de priver l'État de l'une ou l'autre armée ; *video esse necesse alterutrum* Cic. *Caecil.* 58, je vois que l'une ou l'autre de ces alternatives s'impose nécessairement ¶ **2** [tard., réciprocité] *alterutro ardore* Aug. *Ep.* 211, 10, d'une ardeur réciproque ‖ *alterutro*, *alterutrum* [pris adv¹] réciproquement : Tert. *Uxor.* 2, 8, 7 ; Flor. *Verg.* 1, 5 ‖ *ab (de, ex) alterutro* Aug. *Ep.* 127, 9 ; Tert. *Monog.* 10, 5 ; *Tert. *Apol.* 9, 9, réciproquement.

▶ la décl. des deux éléments séparés existe aussi : *altera utra* Cic. *Rep.* 3, 62 ; Liv. 28, 41, 10 ; *alterum utrum* Cic. *Fam.* 4, 4, 5 ; *Nat.* 1, 70 ; *alterius utrius* Cic. *Att.* 10, 1, 2 ; *Fam.* 9, 6, 3 ; *alteram utram* Cic. *Div.* 2, 62 ; *altero utro* Cic. *Brut.* 143 ; *alterā utrā* Varr. *L.* 8, 41 ; Liv. 8, 5, 6 ‖ gén. et dat. f. arch. *alterutrae* Char. 159, 2 ; Gell. 2, 11, 1.

altĕrŭterque, trăque, trumque, l'un et l'autre : Plin. 20, 64.

altescō, ĭs, ĕre, -, - (2 altus), intr., s'élever : Cassiod. *Psalm.* 91, 5.

1 **althaea**, ae, f., guimauve [plante] : Plin. 20, 222.

2 **Althaea**, ae, f., Althée [mère de Méléagre] : Ov. *M.* 8, 446.

althēa, ae, ▶ *althaea* : Cael.-Aur. *Chron.* 1, 1, 13.

altĭbŏans, tis (alte, 1 boo), criard : Gloss. 5, 7, 18.

altĭcinctus, a, um (alte, cinctus), haut-troussé = actif : Phaed. 2, 5, 11.

altĭcŏmis, e (2 altus, coma), à la haute crinière : CIL 11, 258, 16.

altĭfĭcō, ās, āre, -, - (2 altus, facio), tr., élever : VL *Joh.* 12, 34.

altĭfrons, ontis (2 altus, frons), au front élevé, [c.-à-d. aux bois élevés, en parl. du cerf] : Carm. Epigr. 1526 C, 1.

altĭjŭgus, a, um (2 altus, jugum), dont la cime est élevée : Paul.-Nol. *Carm.* 21, 713.

altĭlāneus, a, um (2 altus, lana), dont la laine est très épaisse : Serv. *En.* 12, 170.

altĭlĭārĭus, ii, m., qui engraisse la volaille : Gloss. 3, 371, 36.

altĭlis, e (alo) ¶ **1** engraissé : Varr. *R.* 2, 1, 20 ; Plin. 19, 2 ‖ [fig.] *dos altilis* Pl. *Cist.* 305, grosse dot ¶ **2** nourrissant : Macr. *Sat.* 7, 4, 22 ¶ **3** subst., volaille engraissée : f., Juv. 5, 115 ; 168 ; pl., Hor. *Ep.* 1, 7, 35 ‖ n., Sen. *Ep.* 47, 6 ; pl., Petr. 36, 2 ; 40, 5.

altĭlĭtās, ātis, f., volaille : Gloss. 5, 4, 2.

Altīnās, ātis, m., d'Altinum : Col. 7, 2, 3 ‖ **-ātēs**, um ou ĭum, m. pl., habitants d'Altinum : Plin. *Ep.* 3, 2, 2 ‖ **-nus**, a, um, d'Altinum : Col. 6, 24, 5.

Altīnum, i, n., Altinum, ville de Vénétie Atlas XII, B3 ; Plin. 3, 118.

altĭpendŭlus, a, um (alte, pendulus), qui pend en haut : Nov. *Com.* 110.

altĭpĕta, ae, adj., qui se porte en haut : *Paul.-Nol. *Ep.* 12, 9.

altĭpĕtax, ācis (alte, petax), qui vise haut : Aug. *Faust.* 12, 36.

altĭpŏtens, entis, de très grand pouvoir, très puissant : Carm. Epigr. 1562, 3.

altĭsŏnus, a, um (alte, sono), qui résonne fort, tonnant de haut : Enn. *Tr.* 82 ; 177 ; Cic. poet. *Div.* 1, 106 ‖ [fig.] sublime : Juv. 11, 181.

altĭthrŏnus, a, um, assis sur un trône élevé : Juvc. *pr.* 24 ; Fort. *Mart.* 1, 1.

altĭtŏnans, antis (alte, tono), qui tonne dans les hauteurs : Enn. *An.* 541 ; Cic. poet. *Div.* 1, 19 ‖ retentissant dans le ciel : Lucr. 5, 745.

altĭtŏnus, a, um, ▶ *altitonans* : Varr. *Men.* 92, 2.

altĭtūdo, ĭnis, f. (2 altus) ¶ **1** hauteur : *muri* Caes. *G.* 7, 23, 4, hauteur du mur ; *murum in altitudinem pedum sedecim perducit* Caes. *G.* 1, 8, 1, il mène tout du long un mur de seize pieds de haut ; *(colles) pari altitudinis fastigio* Caes. *G.* 7, 69, 4, (collines) avec un sommet de même hauteur ; *tantae altitudinis machinationes* Caes. *G.* 2, 31, 2, machines d'une si grande hauteur ‖ [fig.] *altitudo animi* Cic. *Off.* 1, 88, grandeur d'âme, sentiments élevés ¶ **2** profondeur : *fluminis* Caes. *G.* 1, 5, 4, d'un fleuve ; *maris* Caes. *G.* 4, 25, 3, de la mer ; *scrobes tres in altitudinem pedes fodiebantur* Caes. *G.* 7, 73, 5, on creusait des fosses de trois pieds de profondeur ; *spelunca infinita altitudine* Cic. *Verr.* 4, 107, caverne d'une profondeur immense ‖ [fig.] *altitudo ingenii incredibilis* Sall. *J.* 95, 3, une profondeur d'esprit incroyable (*animi* Tac. *An.* 3, 44, une profonde réserve, sentiments cachés profondément) ¶ **3** [chrét.] mystère : Vulg. *Rom.* 11, 33 ‖ [fig.] profondeur, perfidie cachée : *altitudines Satanae* Vulg. *Apoc.* 2, 24, les abîmes de Satan.

altiusculē, adv., un peu en haut : Apul. *M.* 2, 7.

altiuscŭlus, a, um (dim. de *alius*), un peu élevé : Suet. *Aug.* 73.

altĭvăgus, a, um (alte, vagus), qui erre dans les airs : Chalc. 76.

altĭvŏlans, tis, Lucr. 5, 433 ; Cic. *Div.* 1, 107, **altĭvŏlus**, a, um (alte, 1 volo), Plin. 10, 42, qui vole haut.

altō, ās, āre, -, - (2 altus), tr., rendre haut, élever : Sidon. *Ep.* 2, 2, 1.

altŏr, ōris, m. (alo), celui qui nourrit, nourricier : Cic. *Nat.* 2, 86 ; Ov. *M.* 11, 101.

altrim sĕcŭs, ▶ *altrinsecus* : Pl. *Ps.* 357.

altrinsĕcŭs (alter, secus), de l'autre côté : Pl. *Mil.* 446 ‖ de côté et d'autre : Lact. *Opif.* 8, 6.

altrĭplex, ĭcis, ▶ *alterplex* : Gloss. 5, 605, 13.

altrix, īcis, f. (altor), celle qui nourrit, nourrice : Cic. *Flac.* 62.

altrorsus, Apul. *M.* 5, 31, **altrōversum, -vorsum**, Pl. *Cas.* 555, de (vers) l'autre côté.

altum, i, n., ▶ 2 *altus* I ¶ 2, II ¶ 2-3.

1 **altus**, part. de *alo*.

2 **altus**, a, um (1 altus ; cf. al. *alt*, an. *old* ; it. *alto*, fr. *haut*)

> **I** "haut, élevé" ¶ **1** sens propre ¶ **2** emplois figurés, *altum* "les hauteurs".
> **II** "profond" ¶ **1** sens propre ¶ **2** emplois figurés [chrét.] "mystérieux" *altum* "profondeur" ¶ **3** "qui s'étend au loin, reculé" *altum* "la haute mer".

I haut, élevé ¶ **1** [au pr.] *ex altissimo muro* Cic. *Scaur.* 4, du haut d'un mur très élevé ; *aggerem altum pedes octoginta exstruxerunt* Caes. *G.* 7, 24, 1, ils élevèrent une terrasse de 80 pieds de haut ; *sub alta Albunea* Virg. *En.* 7, 82, au pied de la haute Albunée [source] ; *est animus ex altissimo domicilio depressus* Cic. *CM.* 77, l'âme a été précipitée des régions d'en haut où elle habitait ; *altior illis dea est* Ov. *M.* 3, 181, la déesse est plus grande qu'elles ¶ **2** [fig.] *altus gradus* *dignitatis* Cic. *Lae.* 12, haut degré d'honneur ; *in altiorem locum pervenire* Cic. *Amer.* 83, arriver à une situation plus élevée ; *iste vir altus et excellens* Cic. *Fin.* 3, 29, cet homme à l'esprit élevé et supérieur aux contingences ; *altiores spiritus gerere* Tac. *H.* 3, 66, avoir des sentiments plus élevés (une âme plus haute) ; *alto voltu* Hor. *O.* 4, 9, 42, avec une mine hautaine ; [épithète des dieux et des héros] *altus Apollo* Virg. *En.* 10, 873, le grand Apollon ; *altus Caesar* Hor. *O.* 3, 4, 37, le grand César ‖ *litterae altiores* Sen. *Ben.* 5, 13, 3, culture littéraire un peu relevée ‖ **altum**, n. sg. ou pl. pris subst[t], *altum petere* Virg. *G.* 2, 210, gagner les hauteurs de l'air ; *super alta tenentes* Virg. *En.* 6, 787, occupant les hauteurs de l'Olympe ; *altiora murorum* Tac. *H.* 2, 22, les parties les plus élevées des murs ‖ [fig.] *nimis alta semper cupiebat* Sall. *C.* 5, 5, [son âme] n'avait que des désirs (trop hauts) chimériques ; *optumos mortalium altissima cupere* Tac. *An.* 4, 38, [on disait] que les meilleurs des mortels ont les visées les plus hautes ‖ *ab alto* Virg. *En.* 1, 297, des hauteurs [du ciel] ; *ex alto* Sen. *Clem.* 1, 21, 2, des hauteurs du pouvoir ; *sic est hic ordo quasi... editus in altum ut* Cic. *Verr.* 3, 98, notre ordre est en quelque sorte si haut placé que... ; *in alto* Lucr. 4, 133, dans les hauteurs ‖ [chrét.] *Altissimus* Vulg. *Psal.* 90, 1, le Très-Haut.

II profond ¶ **1** *fossae quinos pedes altae* Caes. *G.* 7, 73, 2, fossés profonds chacun de cinq pieds ; *flumen latissimum atque altissimum* Caes. *G.* 1, 2, 3, fleuve très large et très profond ; *valle altissima munita (spatii pars)* Caes. *C.* 2, 1, 3, (partie de l'espace) protégée par une vallée très profonde ; *altissimis defixus radicibus* Cic. *Phil.* 4, 13, fixé par les plus profondes racines ; *altum vulnus* Virg. *En.* 10, 856, blessure profonde ¶ **2** [au fig.] profond : [en parl. du sommeil] Liv. 7, 35, 11 ; [du repos] Virg. *En.* 6, 522 ; [du silence] *En.* 10, 63 ; [de la paix] Luc. 1, 249 ; [de la nuit] Sen. *Marc.* 26, 3 ‖ *alta mente repostum* Virg. *En.* 1, 26, [le jugement de Pâris] gravé au fond du cœur ; *premit altum corde dolorem* Virg. *En.* 1, 209, il enfouit sa douleur profondément dans son cœur ; *altiorem iracundiam ejus verebantur* Tac. *H.* 2, 91, ils craignaient qu'il n'eût un ressentiment plus profond ; *altior cupido* Tac. *H.* 4, 82, un désir plus profond ‖ [chrét.] mystérieux : Vulg. *Is.* 33, 19 ‖ n. pris subst[t], **altum** [au pr. et fig.], profondeur : *latum funda verberat amnem alta petens* Virg. *G.* 1, 142, de son épervier il frappe le large fleuve, cherchant les profondeurs ; *in alto vitiorum omnium sum* Sen. *Vit.* 17, 4, je suis dans un abîme de tous les vices ; *ex alto corporis extrahere* Plin. 20, 238, extirper du fond du corps ‖ *non solum ex alto penitusque, verum de summis* Lucr. 4, 73, [émettre] non seulement du fond et de l'intérieur, mais encore de la surface ;

non in alto latet spiritus Sen. *Prov.* 6, 9, le souffle de vie ne se tient pas caché dans les profondeurs ; *putei in altum acti* Sen. *Nat.* 3, 7, 3, puits menés en profondeur [creusés] ¶ **3** profond en étendue, qui s'étend au loin, reculé : *altos recessus habere* Curt. 7, 11, 3, avoir des retraites profondes [en parl. de grottes] ; *navis portu se condidit alto* Virg. *En.* 5, 243, le navire s'abrita au fond du port ; *(cohortes) altis ordinibus* Tac. *H.* 2, 24, (cohortes) avec leurs rangs en profondeur ; *ad altiorem memoriam Oedipodis* Cic. *Fin.* 5, 3, au souvenir reculé d'Œdipe ; *alto a sanguine Teucri* Virg. *En.* 4, 230, [provenant] du sang lointain de Teucer ; *altiore initio aliquid repetere* Tac. *H.* 2, 27, reprendre qqch. assez loin à ses débuts ; *ex alto rem repetere* Cic. *Fam.* 3, 5, 1, reprendre les choses de loin ‖ [n. sg. pris subst[t]] **altum, i**, la haute mer : *naves in altum provectae* Caes. *G.* 4, 28, 3, navires entraînés dans la haute mer ; *in alto jactari* Cic. *Inv.* 2, 95, être ballotté en pleine mer ; *in portum ex alto invehi* Cic. *Mur.* 4, arriver de la haute mer dans le port ; [par anal. en parl. d'un fleuve] Liv. 21, 28, 10 ; ▶ *alo*, 1 *altus*.

3 **altŭs, ūs**, m. (*alo*), nourriture, produit : Macr. *Sat.* 1, 20, 18.

ālūcĭn-, ▶ *hallucin-*.

alucita, ae, f. (?), moucheron, moustique : Petr. *Frg.* 12 d. Fulg. *Serm.* 52.

alucus, i, m., ▶ *uluccus* : *Ps. Serv. Buc.* 8, 55.

ălŭī, parf. de *alo*.

alum, i, n. (gaul.) ¶ **1** consoude officinale : Plin. 27, 41 ¶ **2** espèce d'ail : Plin. 19, 116.

ălūmĕn, ĭnis, n. (obscur, cf. *alum* ? ; fr. alun), alun : Plin. 35, 183.

Alumento, m., [arch.] ▶ *Laomedon* : P. Fest. 16, 28.

ălūmĭnārius, ii, m. (*alumen*), fabricant ou marchand d'alun : CIL 6, 9142.

ălūmĭnātus, ălūmĭnōsus, a, um, mêlé d'alun, [ou] ayant le goût de l'alun : Vitr. 8, 2, 8 ; Plin. 31, 59 ; 31, 48.

ălumnŏr, ārĭs, ārī, - (*alumnus*), tr., élever, nourrir : Apul. *M.* 8, 17 ; 10, 23 ‖ [part. au sens pass.] Apul. *M.* 9, 36.

ălumnus, a, um (*alo, almus*, cf. *femina*) **I** [sens passif] **1** m., nourrisson, enfant : Cic. *Verr.* 5, 169 ; [fig.] Cic. *Phil.* 7, 8 ‖ disciple, élève : Cic. *Fin.* 4, 72 ‖ serviteur : Prud. *Perist.* 5, 137 ¶ **2** f., Cic. *Brut.* 45 ¶ **3** n., Ov. *M.* 4, 421

II [sens actif] nourricier : Capel. 1, 86 ; 1, 28.

Aluntĭum, ▶ *Haluntium*.

1 **Alus, i**, m., nom d'une divinité celtique : CIL 5, 4197.

2 **ālus** (**hālus**), **i**, f., ▶ *alum* : Plin. 26, 42.

ălūta, ae, f. (*alumen* ; esp. *luda*), cuir tendre [préparé avec de l'alun] : Cat. *Orig.* 7, 7 ; Caes. *G.* 3, 13, 6 ‖ soulier : Ov. *A. A.* 3, 271 ; Juv. 7, 192 ‖ porte-monnaie, bourse : Juv. 14, 282 ‖ bande de cuir [porte-documents] : Aug. *Ep.* 88, 2 ‖ mouche [posée sur le visage comme ornement] : Ov. *A. A.* 3, 202.

ălūtācĭus, a, um, fait de cuir tendre : M.-Emp. 23, 77.

Alutae, ārum, f. pl., peuple de Liburnie : Plin. 3, 139.

ălūtĭae, ārum, f. pl. (celt. ?), nom de certaines mines d'or : Plin. 34, 157.

Alutrenses, ĭum, m. pl., habitants d'Alutra [ville d'Istrie] : Plin. 3, 130.

alvārĭum, ĭi, n. (*alvus*), ruche d'abeilles : Cic. d. Char. 107, 2 ; Varr. *R.* 3, 2, 11 ; Plin. 12, 98 ; 21, 80.

alvĕāre, is, n. (*alveus* ; it. *alveare*), ruche d'abeilles : Col. 9, 11, 1 ; 9, 14, 10 ; Quint. 1, 12, 7.

alvĕārĭum, ĭi, n., ruche d'abeilles : Pall. 7, 7, 8.

alvĕātus, a, um (*alveus*), creusé en forme d'alvéole : Cat. *Agr.* 43, 1.

alvĕŏlātus, a, um, creusé en forme de ruche : Vitr. 3, 4, 5.

alvĕŏlum, i, n., table à jouer, ▶ *alveolus* : P. Fest. 7, 17.

alvĕŏlus, i, m. (dim. de *alveus*) ¶ **1** petit vase, petit baquet : Phaed. 2, 5, 15 ; Col. 8, 5, 13 ‖ panier à terre : Liv. 28, 45, 17 ‖ plat : Vulg. *Dan.* 14, 32 ¶ **2** table de jeu : Cic. *Fin.* 5, 56 ; Arch. 13 ¶ **3** lit étroit de rivière : Curt. 6, 4, 4 ¶ **4** navette de tisserand : Hier. *Ep.* 130, 15.

alvĕum, i, n. (*alveus* ; fr. *auge*), sorte de baquet : Isid. 20, 6, 8 ; P. Fest. 169, 8.

alvĕus, i, m. (*alvus*) ¶ **1** cavité : Virg. *G.* 2, 453 ¶ **2** baquet, auge : Cat. *Agr.* 11, 5 ; Liv. 1, 4, 6 ; Plin. 11, 22 ¶ **3** coque d'un navire : Liv. 23, 34, 17 ; [d'où] pirogue, canot : Liv. 21, 26, 9 ¶ **4** table de jeu : Plin. 37, 13 ¶ **5** baignoire : Cic. *Cael.* 67 ¶ **6** lit de rivière : Virg. *En.* 7, 33 ¶ **7** ruche : Col. 9, 4, 3.

alvīnus, a, um (*alvus*), qui a le flux de ventre : Plin. 21, 172.

Alvona, ae, f., ville de Liburnie Atlas XII, B4 : Plin. 3, 140.

alvus, i, f. (cf. αὐλός) ¶ **1** ventre, intestins : Cic. *Nat.* 2, 136 ¶ **2** flux de ventre : Col. 6, 7, 2 ‖ déjections, excréments : Cels. 2, 6 ¶ **3** matrice, utérus : Cic. *Div.* 1, 39 ¶ **4** estomac : Cic. *N. D.* 2, 136 ¶ **5** ruche : Plin. 21, 73 ¶ **6** coque d'un navire : Tac. *H.* 3, 47.

▶ m. d. la langue arch. Pl. *Ps.* 823 ; Cat. *Frg.* = *Fil.* 4 ; Acc. *Tr.* 700.

Alyattes, is, m., Alyatte [roi de Lydie] : Plin. 2, 53 ‖ gén. *-tei* Hor. *O.* 3, 16, 41.

Alyatti, ōrum, m. pl., Alyattes [ville de Galatie] : Liv. 38, 18, 3.

ălўpŏn, i, n. (ἄλυπον), sorte de bette : Plin. 27, 22.

ălyssŏn, i, n. (ἄλυσσον), garance sauvage [plante qui préserve de la rage] : Plin. 24, 95.

alytarcha

ălytarcha, *ae*, m. (ἀλυτάρχης), alytarque [magistrat préposé aux jeux publics] : Cod. Th. 10, 1, 12.

ălytarchĭa, *ae*, f., fonction d'alytarque : Cod. Just. 1, 36, 1.

ălytis, *is*, f., pariétaire [plante] : Ps. Apul. Herb. 81.

Alyzia, *ae*, f., ville de l'Acarnanie : Cic. Fam. 16, 2 ; Plin. 4, 5.

am ¶ 1 (ancienne prép. qui correspond à ἀμφί, gaul. ambi-, al. *um*), [avec acc.] de part et d'autre de : Cat. d. *Macr. Sat.* 1, 14, 5 ; Char. 231, 11 ; P. Fest. 4, 22 ¶ 2 [employée surtout en compos., sous les formes amb-, ambi-, ambe-, am-, an-] **a)** double, des deux côtés : *ambiguus, anceps* **b)** autour, de part et d'autre : *ambio, amicio, amplector*.

ăma, *ae*, f., v. *hama*.

ămābĭlis, *e* (*amo*), digne d'amour, aimable : Pl. St. 737 ; Lucr. 1, 23 ; Hor. O. 3, 4, 5 ; Cic. Att. 5, 19, 2 ‖ **-bilior** Cic. Fam. 7, 20, 1 ; Off. 1, 56 ‖ **-issimus** Cic. Lae. 51.

ămābĭlĭtās, *ātis*, f., amabilité : Pl. Poen. 1174.

ămābĭlĭtĕr, adv., avec amour : Anton. d. Cic. Att. 14, 13, 2 ‖ agréablement : Hor. Ep. 2, 1, 148 ‖ *amabilius* Ov. A. A. 3, 675.

Ămădrўas, v. *Hamadryas*.

Amafinĭus, *ĭi*, m., philosophe épicurien : Cic. Tusc. 4, 6.

Amalaberga, *ae*, f., nièce de Théodoric : Jord. Get. 299.

Amalafrida, *ae*, f., sœur de Théodoric : Cassiod. Var. 9, 1, 1.

Amalchĭus Ōcĕănus, m., partie de la mer Baltique : Plin. 4, 94.

amalocia, amalusta, *ae*, f., camomille : Ps. Apul. Herb. 24.

Ămalthēa, *ae*, f. (Ἀμάλθεια), Amalthée ¶ 1 chèvre [ou nymphe ?] qui nourrit Jupiter de son lait : Ov. F. 5, 115 ¶ 2 **-thēa**, *ae*, f., **-thēum (-thīum)**, *i*, n., sanctuaire élevé à Amalthée dans la maison de campagne d'Atticus en Épire, puis dans celle de Cicéron à Arpinum : Cic. Leg. 2, 7 ; Att. 2, 1, 11 ¶ 3 une sibylle : Tib. 2, 5, 67.

āmandātĭo, *ōnis*, f. (*amando*), éloignement, exil : Cic. Amer. 44.

āmandātus, *a, um*, part. de *amando*.

āmandō, āmendō, *ās, āre, āvī, ātum*, tr. (4 a-, mando), éloigner : *amendat hominem, quo?* Cic. Verr. 5, 69, il éloigne le personnage, où ? ; *me expulso, Catone amandato* Cic. Dom. 66, moi expulsé, Caton éloigné ; *Labeo, quem amendatum in Frisios diximus* Tac. H. 4, 56, Labéon, dont nous avons dit qu'il avait été relégué chez les Frisons ‖ enlever, faire disparaître : Ambr. Off. 1, 18, 77.

ămandus, *a, um*, part.-adj., aimable : Hor. O. 4, 11, 34.

āmănĕō, *ēs, ēre, mansī*, - ¶ 1 intr., découcher : Gloss. 4, 308, 10 ¶ 2 tr., attendre : Gloss. 4, 405, 35.

Amănĭcae Pўlae, f. pl., défilé du mont Amanus : Curt. 3, 8, 13.

Amănĭenses, *ĭum*, m. pl., habitants du mont Amanus : Cic. Fam. 2, 10, 3.

ămans, *tis* ¶ 1 part. prés. de *amo* ¶ 2 adj[t] : *amans patriae* Cic. Att. 11, 28, 7, qui aime sa patrie ; *tui amantior* Cic. Q. 1, 1, 15, plus affectionné pour toi ; *amantissimus otii* Cic. Cat. 4, 14, très épris de repos ; *amantissimum consilium* Cic. Att. 1, 17, 6, conseil très affectueux, cf. Fam. 5, 15, 1 ‖ subst. m. ou f., amant, amante : Pl. Truc. 80 ; Ter. And. 555 ; Cic. Part. 112 ; Tusc. 4, 27 ‖ [tard.] *amantissimus*, bien-aimé : Hier. Ep. 65, 8 ‖ délicieux : Vulg. Am. 5, 11 [vignes].

ămantĕr, adv., en ami, d'une façon affectueuse : Cic. Fam. 5, 19, 1 ; Att. 2, 4, 1 ; *amantius* Cic. Rep. 1, 6 ; *amantissime* Cic. Att. 6, 1, 20 ; Lae. 2.

Amantĭa, *ae*, f., ville d'Épire : Cic. Phil. 11, 26 ; Caes. C. 3, 40, 5 ‖ **-tīni**, *ōrum*, m. pl., habitants d'Amantia : Caes. C. 3, 12, 4 ; Plin. 4, 35 ou **-tēs**, *ĭum*, Plin. 3, 145.

āmănŭensis, *is*, m. (*a manu*), secrétaire : Suet. Ner. 44.

Amanum portus, m., ville maritime de la Tarraconaise : Plin. 4, 110.

Āmānus, *i*, m., mont situé entre la Syrie et la Cilicie Atlas IX, C3 : Cic. Fam. 2, 10, 2 ; Plin. 2, 80.

ămārăcĭnus, *a, um* (ἀμαράκινος), de marjolaine : Plin. 21, 163 ‖ n. pris subst[t], essence de marjolaine : Lucr. 2, 847.

ămărăcion, ⇒ amethystus : Isid. 17, 5, 24.

ămărăcum, *i*, n., **-cus**, *i*, m. f. (ἀμάρακος ; it. *maggiorana*, fr. *marjolaine*), marjolaine : Plin. 21, 67.

ămărantus, *i*, m. (ἀμάραντος), amarante [plante] : Plin. 21, 47 ; Ov. F. 4, 439.

Amarbi, *ōrum*, m. pl., peuple de Scythie : *Plin. 6, 36 ; v. Amardi.

Amardi, *ōrum*, m. pl., peuple des bords de la Caspienne : Mel. 3, 39.

Amardus, *i*, m., fleuve de Médie Atlas I, D8 : Amm. 23, 6, 40.

ămārē, adv., amèrement, avec amertume : Sen. Ben. 5, 23, 2 ; *amarius* Macr. Sat. 7, 5, 3 ; *amarissime* Suet. Aug. 70 ‖ sévèrement : Tert. Marc. 2, 10, 6.

ămārĕfăcĭo, *ĭs, ĕre*, -, -, tr., rendre amer : VL Apoc. 10, 9.

ămārescō, *ĭs, ĕre*, -, - (*amarus*), intr., devenir amer : Pall. 2, 15, 9 ; Aug. Serm. 203, 3.

ămārĭcātĭo, *ōnis*, f., action d'aigrir : Aug. Psalm. 104, 31.

ămārĭcō, *ās, āre*, -, - (*amarus* ; esp. *amargar*), tr., rendre amer ‖ [passif] devenir amer : Vulg. Apoc. 10, 9 ‖ [tard.] *amaricans*, plein d'amertume : Aug. Conf. 13, 24, 37.

ămārĭfĭcō, *ās, āre*, -, - (*amarus, facio*), tr., rendre amer : Isid. 17, 8, 6.

ămārĭtās, *ātis*, f. (*amarus*), amertume : Vitr. 2, 9, 14.

ămārĭtĕr, adv., amèrement : Hier. Ep. 23, 1.

ămārĭtĭa, *ae*, f., amertume : Gloss. 2, 407, 50.

ămārĭtĭēs, *ei*, f., amertume : Catul. 68, 18.

ămārĭtōsus, *a, um* (*amaritas*), plein d'amertume : Gargil. Pom. 3, 7.

ămārĭtūdo, *ĭnis*, f. (*amarus*), amertume, aigreur : Plin. 21, 160 ; 24, 105 ‖ [fig.] Plin. Ep. 4, 11, 2 ; 6, 8, 8.

ămārĭzō, *ās, āre*, -, - (*amarus*), intr., devenir amer : Plin. Val. 2, 17.

ămārō, *ās, āre*, -, - (*amarus*), tr., rendre amer : Avien. Flav. 21.

ămārŏr, *ōris*, m. (*amarus*), amertume : Lucr. 4, 224 ; Virg. G. 2, 247.

ămārŭlentus, *a, um*, très amer, très piquant : Gell. 3, 17, 4 ; Macr. Sat. 1, 7, 2.

ămārus, *a, um* (cf. ὠμός, scr. *amla-s*, al. *Ampfer* ; fr. *amer*) ¶ 1 amer : Cic. Fin. 2, 36 ‖ aigre, criard : Stat. Th. 10, 553 ‖ [odeur] aigre, désagréable : Plin. 18, 122 ¶ 2 **a)** amer, pénible : *amarissimae leges necessitatis* Val.-Max. 7, 6, les lois si amères de la nécessité ‖ pl. n., *amara*, les choses amères, l'amertume : Hor. O. 2, 16, 26 ; 4, 12, 19 **b)** amer, mordant, âpre, sarcastique : Ov. Tr. 3, 11, 31 ; P. 4, 14, 37 ; Quint. 10, 1, 117 **c)** amer, aigre, morose, acariâtre : Cic. Att. 14, 21, 3 ‖ *amarior* Cic. Att. 14, 21, 3 ; *amarissimus* Cic. Fin. 1, 44.

Ămăryllis, *ĭdis*, f. (Ἀμαρυλλίς), nom de bergère : Virg. B. 1, 36.

Ămărynceūs, *ĕi*, m. (Ἀμαρυγκεύς), nom de héros : Hyg. Fab. 97, 11.

Ămărynthis, *ĭdis*, f., surnom de Diane honorée à Amarynthe [en Eubée] : Liv. 35, 38, 3.

ămascō, *ĭs, ĕre*, -, - (*amo*), intr., commencer à aimer : Naev. Com. 138 ; Prisc. 2, 428, 12.

Ămăsēnus, *i*, m., Amaseno [fleuve du Latium] : Virg. En. 11, 547 ‖ habitant d'Amasia [ville du Pont] Atlas I, D6 : Cod. Just. 11, 48, 10.

Amāsīa, *ae*, f., Amasie [ville du Pont] : Plin. 6, 8.

ămāsĭo, *ōnis*, m., ⇒ amasius : Apul. M. 3, 22 ; 7, 21.

Ămāsis, *is*, m., roi d'Égypte : Luc. 9, 155 ; Plin. 5, 60.

ămāsĭuncŭla, *ae*, f. (dim. de *amasia*), amante : Petr. 75, 6.

ămāsĭuncŭlus, *i*, m. (dim. de *amasius*), amant : Petr. 45, 7.

ămāsĭus, *ĭi*, m. (*amo*), amoureux, amant : Pl. Cas. 590 ; Truc. 658.

ămasso, v. *amo* ►.

Ămastra, ae, f., c. *Amestratus*: Sil. 14, 267.

Ămastris, ĭdis, f., ville du Pont Atlas I, D6 : Plin. 6, 5 ‖ **-rĭăcus**, *a*, *um*, d'Amastris : Ov. Ib. 331 ‖ **-rĭāni**, ōrum, m. pl., habitants d'Amastris : Plin. Ep. 10, 99.

1 **Ămāta**, ae, f. (obscur ; cf. *amita* ?) ¶ 1 femme de Latinus : Virg. En. 7, 343 ¶ 2 nom d'une Vestale : Gell. 1, 12, 19.

2 **ămāta**, ae, f. du part. de *amo* pris subst., amante : Liv. 30, 14, 1.

ămăthīa, ae, f. (ἀμαθία), ignorance : Paul.-Pell. Euch. 66.

Ămăthūs, untis (Ἀμαθοῦς) ¶ 1 m., Amathus, fondateur d'Amathonte : Tac. An. 3, 62 ¶ 2 f., Amathonte [ville de Chypre, avec un temple d'Aphrodite] Atlas IX, D3 : Virg. En. 10, 51 ‖ **-thūsia**, ae, f., Vénus : Catul. 68, 51 ; Ov. Am. 3, 15, 15 ; Tac. An. 3, 62 ‖ **-thūsĭăcus**, *a*, *um*, d'Amathonte : Ov. M. 10, 227.

ămātĭo, ōnis, f. (*amo*), manifestation de l'amour : Pl. Cas. 328 ; Cap. 1030 ; Poen. 1096 ‖ au pl., Pl. Merc. 793.

ămātŏr, ōris, m. (*amo*), qui aime, qui a de l'amour, de l'affection : Cic. Att. 1, 20, 7 ‖ [en mauv. part] débauché, libertin : Cic. Cael. 50 ‖ [pris adjᵗ] amoureux : Apul. M. 5, 24.

ămātorcŭlus, *i*, m., petit amant : Pl. Poen. 236, cf. Prisc. 2, 105, 7.

ămātōrĭē, adv., en amoureux, en passionné : Pl. Merc. 581 ; Cic. Phil. 2, 77.

ămātōrĭus, *a*, *um* (*amator*), d'amour, qui concerne l'amour : Cic. Tusc. 4, 73 ‖ **ămātōrĭum**, ii, n., philtre amoureux : Plin. 13, 142 ; Sen. Ep. 9, 6 ‖ chanson amoureuse : Cypr. Hab. virg. 11.

ămātrix, īcis, f., amoureuse, amante : Pl. As. 511 ; Poen. 1304.

ămātŭrĭō, īs, īre, -, - (*amo*), intr., avoir le désir d'aimer : Prisc. 2, 429, 13.

ămātus, *a*, *um*, part. de *amo* ‖ m. pris substᵗ, amant : Gell. 16, 19, 4.

ămaxa, v. *hamaxa*.

ămaxītēs (**hăma-**), ae, m. (ἁμαξίτης), soldat du train : CPL 303.

Ămazōn, ŏnis, f. (Ἀμαζών), Virg. En. 11, 648 ; Plin. 7, 201, Amazone ‖ **Ămazŏnĕs**, **Ămazŏnĭdĕs**, *um*, f. pl., les Amazones [femmes guerrières de Scythie] : Virg. En. 11, 659 ; En. 1, 490 ‖ [fig.] héroïne d'amour : Ov. A. A. 2, 743.

Ămazŏna, ae, f., Amazone : Hyg. Fab. 30, 10.

Ămazŏnĭcus, *a*, *um*, Plin. 3, 43, **Ămazŏnĭus**, *a*, *um*, d'Amazone : Hor. O. 4, 4, 20 ; Ov. Pont. 3, 1, 95.

amb-, v. *am*.

ambactus, *i*, m. (gaul. ; cf. fr. *ambassade*), esclave : Enn. d. P. Fest. 4, 20 ; Caes. G. 6, 15, 2.

ambădĕdō, *is*, *ĕre*, -, - (amb-, adedo), tr., ronger autour, manger : *Pl. Merc. 239 ; 241.

ambāgēs, *is*, f. (amb-, ago)

I [sg. rare] ¶ 1 détours, sinuosités : abl. *ambage*, Ov. M. 8, 161, cf. H. 7, 149 ; Plin. 2, 41 ; Apul. M. 9, 11 ¶ 2 ambiguïté, obscurité : [nom.] Tac. H. 5, 13 ; [abl.] Tac. An. 12, 63

II pl., **ambāgēs**, *um* ¶ 1 détours, circonlocutions, ambages : Virg. G. 2, 46 ; Liv. 9, 11, 12 ; Hor. Ep. 1, 7, 82 ¶ 2 ambiguïté, obscurité, caractère énigmatique : **per ambages** Liv. 1, 56, 9, de façon énigmatique, par des voies détournées.

ambāgĭōsus, *a*, *um* (*ambages*), plein d'ambiguïté, d'obscurité : Gell. 14, 1, 33.

ambāgo, ĭnis, f. (amb- et ago), ambiguïté, caractère énigmatique : Manil. 4, 304.

ambăr, ăris, n. (mot arabe ; fr. *ambre*), parfum : Carm. Epigr. 796, 3.

Ambarri, ōrum, m. pl., peuple de la Gaule Lyonnaise : Caes. G. 1, 11, 4.

Ambarvālĭa, ĭum, n. pl. (amb-, arvum), Ambarvales [fête en l'honneur de Cérès] : Vop. Aur. 20, 3.

Ambarvālis, *e*, qui concerne la fête des Ambarvales : Serv. B. 3, 77 ; **Ambarvalis hostia** Macr. Sat. 3, 5, 7, victime ambarvale [qu'on promenait autour des champs avant de l'immoler].

ambaxĭum, ii, n. (amb-, ago), tas, monceau, troupe : P. Fest. 24, 11.

ambĕ-, v. *am*.

ambĕcīsŭs, ūs, m. (ambe, caedo), action de couper autour : Varr. L. 7, 43.

ambĕdō, *is*, *ĕre*, ēdī, ēsum (amb-, 1 edo), tr., manger, ronger autour : Pl. Merc. 239 ; Virg. En. 5, 752 ; Tac. A. 15, 5 ‖ 3ᵉ pers. indic. prés. *ambest* P. Fest. 4, 24.

ambegnus, *a*, *um*, v. *ambiegnus* : P. Fest. 4, 26.

ambestrix, īcis, f. (*ambedo*), celle qui dévore, qui dissipe : Pl. Cas. 778.

ambēsus, *a*, *um*, part. de *ambedo*.

ambĭ-, v. *am*.

Ambĭāni, ōrum, m. pl. (fr. *Amiens*), peuple de la Belgique : Caes. G. 2, 4, 8.

Ambĭātīnus vīcus, m., village du Rhin : Suet. Cal. 8.

ambībam, v. *ambio* ►.

Ambibarĭi, ōrum, m. pl., peuple de l'Armorique [cf. Ambrières] : Caes. G. 7, 75, 4.

ambĭdens, *tis*, f., brebis qui a les dents du haut et du bas : P. Fest. 4, 28.

ambĭdextĕr, tri, m., ambidextre : VL Jud. 3, 15.

ambiectum esse, ▷ *circumjectum esse*, être jeté autour : Varr. L. 5, 132.

ambĭegnus, *a*, *um*, f. (ambi, agnus), victime flanquée de deux agneaux : Varr. L. 7, 31 ; v. *ambegnus*.

ambĭendus, *a*, *um*, adj. verbal de *ambio*.

ambĭens, *tis* (de *ambio*), Plin. 37, 166.

ambĭentĕr, adv., avidement : Sidon. Ep. 7, 9, 3.

ambĭfārĭam, adv., de deux manières : Apul. Flor. 18, 23.

ambĭfārĭē, adv., d'une manière équivoque : Mamert. Anim. 1, 3.

ambĭfārĭus, *a*, *um* (*ambi, fari*), ambigu, à double sens : Arn. 5, 35.

ambĭformĭtĕr, adv. (*ambi, forma*), d'une manière équivoque : Arn. 5, 36.

ambĭgentĕr, adv. (*ambigo*), en hésitant : Hier. Pelag. 2, 14.

ambĭgĕnus, *a*, *um*, qui a une double nature : Eugen.-Tol. Carm. 42, 1.

ambĭgō, *is*, *ĕre*, -, - (amb-, ago) ¶ 1 **a)** intr., discuter, être en controverse : *qui ambigunt* Cic. Fin. 2, 4, ceux qui se livrent à une discussion ; *omnis res eandem habet naturam ambigendi* Cic. de Or. 3, 111, tout sujet comporte le même caractère de discussion ; *haud ambigam hicine fuerit Ascanius an...* Liv. 1, 3, 2, je ne discuterai pas la question de savoir si cet enfant était Ascagne ou si... ‖ [surtout pass. impers.] : *illud ipsum de quo ambigebatur* Cic. Nat. 1, 69, le point précisément sur lequel portait la discussion ; *in eo genere in quo, quale sit quid, ambigitur* Cic. de Or. 2, 110, dans le genre de causes où la controverse porte sur la qualification d'un fait **b)** tr., [seulᵗ au passif] *in eis causis, quae propter scriptum ambiguntur* Cic. de Or. 2, 110, dans les causes où la controverse roule sur un écrit (sur un texte) ; *in eo jure, quod ambigitur inter peritissimos* Cic. de Or. 1, 242, à propos de la partie du droit qui est matière à contestation entre les plus compétents ; *id unum non ambigitur consulatum cum Apuleio Pansa gessisse* Liv. 10, 5, 14, un seul point n'est pas en contestation, c'est qu'il fut consul avec Apuléius Pansa ‖ [rare] *non ambigitur quin...* Liv. 2, 1, 3, il est hors de discussion que... ¶ 2 intr. **a)** être en discussion (en procès) : *ambigunt adgnati cum eo qui...* Cic. Inv. 2, 122, les parents entrent en discussion (en procès) avec celui qui... ; *si de hereditate ambigitur* Cic. Verr. 1, 116, s'il y a contestation sur une question d'héritage **b)** être entraîné dans deux directions, être dans l'incertitude, hésiter : *de aliqua re* Col. 2, 2, 15, être dans l'incertitude sur qqch. ; *quaenam post Augustum militiae condicio ambigentes* Tac. An. 1, 16, dans l'incertitude de ce que seraient après Auguste les conditions du service militaire ‖ douter que [prop. inf.] : Hier. Ep. 2, 2.

ambĭgŭē, adv. (*ambiguus*), à double entente, d'une manière ambiguë (équivoque) : Cic. de Or. 1, 140 ; 2, 110 ; Or. 115 ‖ d'une manière incertaine, douteuse : *haud ambigue* Liv. 22, 23, 5, d'une façon manifeste ; *pugnabatur ambigue* Tac. H. 4, 66, le combat était indécis.

ambiguitas

ambĭgŭĭtās, ātis, f. (*ambiguus*), ambiguïté [double sens], équivoque, obscurité : Cic. *Inv.* 1, 74 ; *Part.* 19 ; 108 ; *ambiguitatem solvere* Quint. 7, 2, 49, détruire une équivoque.

ambĭgŭō, adv., ▶ *ambigue* : Ambr. *Off.* 3, 4, 43.

ambĭgŭōsus, a, um, incertain, indécis : Non. 28, 1.

ambĭgŭus, a, um (*ambigo*) ¶1 entre deux, variable, douteux, incertain, flottant : *adgnovit prolem ambiguam* Virg. *En.* 3, 180, il reconnaît l'incertitude de notre origine [à cause d'une double descendance] ; *ambigui viri* Ov. *Am.* 1, 4, 8, les Centaures ; *ambigui lupi* Ov. *M.* 7, 271, loups-garous [tantôt loups, tantôt hommes] ; *per ambiguum favorem* Liv. 21, 52, 3, par une faveur partagée [en favorisant tantôt l'un, tantôt l'autre] ¶2 douteux, incertain : *victoria ambigua* Liv. 4, 42, 10, victoire douteuse ; *certamen ambiguum* 7, 26, 8, bataille incertaine (indécise) ; *(specus) natura factus an arte, ambiguum* Ov. *M.* 11, 236, est-elle (cette caverne) naturelle ou artificielle ? c'est une question indécise ; *in ambiguo est, quid ea re fuat* Pl. *Trin.* 594, on ne voit pas bien ce qui en adviendra ; *spes et praemia in ambiguo* Tac. *H.* 2, 45, les espérances et les récompenses étaient incertaines ǁ [en parl. des pers.] *quid vitarent, quid peterent ambigui* Tac. *An.* 15, 38, ne sachant pas ce qu'il fallait éviter ou chercher, cf. 6, 1 ; 11, 10 ; *ambiguus consilii* Tac. *H.* 2, 83, ne sachant quel parti prendre ; *ambiguus imperandi* Tac. *An.* 1, 7, hésitant à exercer le pouvoir ¶3 à double entente, ambigu, équivoque : *ambiguum nomen* Cic. *Tusc.* 3, 20, mot équivoque, cf. *de Or.* 3, 49 ; *Or.* 102 ; *oracula ambigua* Cic. *Div.* 2, 115, oracles ambigus ǁ n. pris subst[t], *ambiguum*, l'équivoque, l'ambiguïté : *ex ambiguo controversia* Cic. *de Or.* 2, 110 (*de ambiguo* Cic. *Or.* 121) contestation venant de [portant sur] l'équivoque ; *ambiguorum plura genera sunt* Cic. *de Or.* 2, 111, il y a un assez grand nombre de genres d'équivoques ¶4 douteux, peu sûr : *ambigua fides* Liv. 6, 2, 3, fidélité douteuse, cf. 24, 45, 12 ; Tac. *An.* 13, 34 ; *secundarum ambiguarumque rerum sciens* Tac. *An.* 1, 64, connaissant les faveurs et les incertitudes de la fortune ; *ambiguae domi res* Tac. *H.* 2, 7, situation personnelle embarrassée.

ambĭī, parf. de *ambio*.

Ambilatri, ōrum, m. pl., peuple de l'Aquitaine : Plin. 4, 108.

Ambiliati, ōrum, m. pl., peuple de la Belgique : Caes. *G.* 3, 9, 10.

ambĭlustrum, i, n., ambilustre [nom d'un sacrifice] : Ps. Serv. *En.* 1, 283.

ambĭmănus, a, um, ambidextre : Gloss. 2, 16, 5.

ambĭō, īs, īre, ĭī (īvī), ītum (amb-, *eo*), tr. ¶1 aller à l'entour : *curru vectus ambibat Siculae fundamina terrae* Ov. *M.* 5, 361, porté par son char il faisait le tour des fondements de la terre de Sicile ; *ut terram lunae cursus proxime ambiret* Cic. *Tim.* 29, en sorte que la Lune se rapprochait le plus de la Terre dans sa révolution autour d'elle ; *ambiens patriam et declinans* Tac. *An.* 6, 15, tournant autour de sa patrie et l'évitant ǁ [fig.] *vicatim ambire* Cic. *Att.* 4, 3, 2, faire le tour quartier par quartier [parcourir les quartiers de la ville à la ronde, successivement] cf. *circum* ¶2 [fig.] entourer : *Tiberis amnis ambit urbem* Varr. *L.* 5, 28, le Tibre entoure la ville ; *silvas palus ambibat* Tac. *An.* 2, 19, un marais entourait les forêts ǁ *oras (clipei) ambiit auro* Virg. *En.* 10, 243, il [Vulcain] a entouré d'or les bords (du bouclier) ¶3 entourer qqn [pour le prier, le solliciter] [surtout en parl. du candidat qui sollicite les suffrages] : *populus facit eos a quibus est maxime ambitus* Cic. *Planc.* 9, le peuple élit ceux qui l'ont le plus assiégé de sollicitations ; *ambiuntur, rogantur* Cic. *Rep.* 1, 47, on s'empresse autour d'eux, on les sollicite ǁ [abs[t]] solliciter, briguer : Cic. *Phil.* 11, 19 ǁ *magistratum* Pl. *Amp.* 74, briguer une magistrature [*sibi alterive*, pour soi ou pour autrui], cf. 69 ǁ [en gén.] *ille unus ambiri, coli* Tac. *H.* 4, 11, c'était lui seul qu'on entourait, qu'on honorait ; *plurimis nuptiis ambiuntur* Tac. *G.* 17, on les assiège de propositions de mariage nombreuses ; *o diva, te pauper ambit prece ruris colonus* Hor. *O.* 1, 35, 5, ô déesse, c'est toi que le pauvre colon des campagnes assiège de ses prières ǁ *donec ambiretur consulatum accipere* Tac. *An.* 2, 43, jusqu'à ce qu'on le sollicitât d'accepter le consulat ¶4 désirer, rechercher : Prud. *Perist.* 12, 14 ǁ demander, s'efforcer de [inf., *ut, ne*] : Stat. *S.* 1, 2, 254 ; Suet. *Jul.* 18 ; *Aug.* 31 ¶5 [intr. avec *ad*] avoir recours à : Tert. *Apol.* 39, 2.

▶ imparf. *ambiebam* Vell. 2, 101, 1 ; Curt. 4, 2, 9 ; Apul. M. 4, 6 ; *ambibam* Ov. *M.* 5, 361 ; Liv. 27, 18, 6 ; Tac. *An.* 2, 19 ; Plin. *Ep.* 6, 33, 3 ; fut. *ambiet* Sen. *Oed.* 505 ; *ambibunt* Plin. 18, 345 ǁ subj. pqp. *ambissent* Pl. *Amp.* 69 ; subj. parf. *ambissit* (?), Pl. *Amp.* 71 (*ambisset* mss).

Ambĭŏrix, īgis, m., chef des Éburons : Caes. *G.* 5, 41, 4.

ambĭsĭnistĕr, adj., qui a deux mains gauches [Satan] : Rufin. *Jud.* 3, 5.

Ambisontes, ĭum, m. pl., peuple des Alpes : Plin. 3, 137.

ambĭtĭō, ōnis, f. (*ambio*) ¶1 tournées (démarches) des candidats pour solliciter les suffrages, par des voies légitimes [oppos. à 2 *ambitus* § 2 brigue, c.-à-d. emploi de moyens illégitimes] : *ambitio et forensis labor* Cic. *Sull.* 11, les démarches pour parvenir aux magistratures et le travail du barreau, cf. *de Or.* 1, 94 ; *Mil.* 42 ; Liv. 7, 39, 12 ¶2 [en gén.] ambition : *miserrima est ambitio honorumque contentio* Cic. *Off.* 1, 87, il n'y a rien de plus misérable que l'ambition et la lutte pour les honneurs ; *me ambitio quaedam ad honorum studium duxit* Cic. *Att.* 1, 17, 5, un sentiment d'ambition m'a conduit à la recherche des magistratures ; *ambitio mala* Sall. *C.* 4, 2, une ambition funeste (*misera* Hor. *S.* 1, 6, 129) ǁ désir de popularité : *in Scipione ambitio major* Cic. *Off.* 1, 108, dans Scipion il y avait un plus grand désir de popularité, cf. Liv. 22, 42, 12 ǁ désir de se faire bien venir, complaisances intéressées : *non puto existimare te ambitione me labi, quippe de mortuis* Cic. *Brut.* 244, je n'imagine pas que tu me juges entraîné par l'esprit de complaisance, puisque c'est de morts que je parle, cf. *Verr.* 2, 98 ; *Clu.* 76 ; *officii potius in socios quam ambitionis in cives rationem ducere* Cic. *Verr.* 2, 154, se préoccuper de remplir son devoir envers les alliés plutôt que de se faire bien voir des citoyens romains ; *ambitio scriptoris* Tac. *H.* 1, 1, les complaisances [désir de plaire] d'un écrivain ; *tanta temperantia inter ambitionem saevitiamque moderatus* Sall. *J.* 45, 1, tant il gardait un juste milieu entre la complaisance et la sévérité excessive ǁ partialité [en parl. d'un juge] : Dig. 40, 5, 24, 17 ǁ *ambitio gloriae* Tac. *An.* 15, 53, l'ambition (la poursuite) de la gloire ¶3 pompe, faste : *funerum nulla ambitio* Tac. *G.* 27, dans les funérailles pas de faste ; *Dionysius Platonem magna ambitione Syracusas perduxit* Nep. *Dion*, 2, 2, Denys le tyran fit amener Platon à Syracuse avec grande pompe ¶4 [au pr.] action d'entourer, d'aller autour, de se répandre : Macr. *Scip.* 1, 17, 16 ; 1, 20, 26 ; Tert. *Nat.* 1, 7, 5.

ambĭtĭōsē ¶1 en faisant les démarches d'un candidat, d'un solliciteur : Cic. *Att.* 7, 3, 2 ; Liv. 1, 35, 2 ; *ambitiosissime provinciam petere* Quint. 6, 3, 68, briguer une province en multipliant les démarches ¶2 avec désir de plaire, avec complaisance : *orationem non ambitiose corrigere* Cic. *Att.* 15, 1a, 2, corriger un discours sans complaisance [pour l'auteur] ; *cum in isto genere multo etiam ambitiosius facere soleam quam honos meus postulat* Cic. *Fam.* 3, 7, 4, alors que dans ces cas-là je vais d'ordinaire dans la complaisance beaucoup plus loin même que ne le comporte mon rang ¶3 par ambition : *insignes amicitias ambitiose colere* Tac. *H.* 1, 10, cultiver par ambition des amitiés illustres ¶4 par ostentation : Tac. *Agr.* 29 ; *H.* 4, 40.

ambĭtĭōsus, a, um ¶1 [au pr.] qui va autour, qui entoure, qui enveloppe : *Damalis hederis ambitiosior* Hor. *O.* 1, 36, 20, Damalis qui étreint (enlace) plus étroitement que le lierre ; *amnis ambitiosus* Plin. 5, 71, fleuve qui entoure les terres (faisant des circuits) ¶2 celui qui poursuit les honneurs, les charges : *omitto quae patiantur ambitiosi honoris causa* Cic. *Tusc.* 5, 79, je laisse de côté ce que supportent pour une magistrature les aspirants aux honneurs ǁ avide de popularité : *ambitiosus imperator* Cic. *Mur.* 20, un général avide de popularité ‖ désireux de se faire bien voir : **putarem te ambitiosum esse, si ei quos jam diu colligis viverent** Cic. *Brut.* 269, je te taxerais de complaisance intéressée, si ceux que tu énumères depuis longtemps étaient encore en vie ; ***ambitiosus in aliquem*** Cic. *Q. 1, 2, 4*, désireux de plaire à qqn (complaisant envers qqn), cf. Liv. 2, 41, 8 ; ***ambitiosae rogationes*** Cic. *Fam.* 6, 12, 2, sollicitations de complaisance ; ***ambitiosi rumores*** Tac. *H.* 1, 12, bruits intéressés ; ***decreta ambitiosa*** Dig. 50, 9, 4 pr., décisions partiales ‖ intrigant, qui use de brigue : ***quae si opposita sunt ambitiosis, non reprehendo*** Cic. *Leg.* 3, 39, si ces mesures vont à l'encontre de la brigue, je ne les critique pas, cf. Cic. *Inv.* 1, 91 ; *Flac.* 42 ‖ ambitieux, avide de gloire, prétentieux : Sen. *Ben.* 5, 17, 3 ; *Clem.* 1, 3, 5 ; Tac. *Agr.* 30 ; ***effigie numinum sacrari ambitiosum, superbum*** Tac. *An.* 4, 37, être consacré sous la figure d'une divinité, c'est de la vanité, de l'orgueil ; ***plerique ambitiosa morte inclaruerunt*** Tac. *Agr.* 42, un bon nombre s'illustrèrent par une mort de parade ; ***ambitiosa recidet ornamenta*** Hor. *P.* 447, il retranchera les ornements ambitieux (prétentieux).

ambītŏr, ōris, m. (*ambio*), qui brigue : Serv. *En.* 4, 283.

Ambitrebius pāgus, *i*, m., bourg à côté de la Trebbia : CIL 11, 1147.

ambĭtūdo, ĭnis, f. (*ambitus*), circuit : Ps. Apul. *Ascl.* 31.

Ambĭtŭi (-tuti), ōrum, m. pl., peuple de la Galatie : Plin. 5, 146.

1 **ambītus**, *a*, *um*, part. de *ambio*.

2 **ambĭtŭs**, ūs, m. (*ambio*) ¶ 1 [au pr.] mouvement circulaire : Cic. *Tim.* 26 ; 31 ; 33 ‖ circuit, détour : ***quamvis longo ambitu circumducere agmen*** Liv. 21, 36, faire contourner l'obstacle par les troupes en effectuant un détour aussi long qu'il le faudra ; ***ambitus aquae*** Hor. *P.* 17, méandres de l'eau ‖ [fig.] ***multos circa unam rem ambitus fecerim, si ... exsequi velim*** Liv 27, 27, 12, je ferais de nombreux détours autour d'un seul fait [= ce serait m'attarder en de longs développements autour d'un seul fait] si je voulais passer en revue [que de vouloir...] ‖ pourtour : ***ambitus litorum*** Liv. 27, 8, 17, le pourtour du rivage ; ***muris ambitum destinare*** Curt. 4, 8, 2, fixer aux murs un pourtour déterminé ; ***castrorum*** Tac. *G.* 37, enceinte d'un camp ; ***aedium*** Cic. *Top.* 24 (P. Fest. 5, 6 ; 15, 20) pourtour d'une maison [espace de cinq pieds, inconstructible, aménagé entre deux maisons contiguës] ‖ [fig.] ***verborum ambitus*** Cic. *Or.* 38 ; 168, période [περίοδος] ¶ 2 brigue [recherche des magistratures par des démarches et moyens illégitimes] : Cic. *Brut.* 245 ; *Mur.* 67 ; ***lex ambitus*** Cic. *Mur.* 46 ; ***lex de ambitu*** Cic. *Mur.* 5, loi sur le brigue ; ***damnatus est ambitūs*** Cic. *Brut.* 180, il fut condamné pour brigue ; ***de ambitu postulatus*** Cic. *de Or.* 2, 274, accusé de brigue (corruption électorale) ; ***ambitu absolutus*** Cic. *Cael.* 78, absous d'une accusation de brigue ‖ [en gén.] intrigue, manœuvres pour avoir la faveur : ***per uxorium ambitum*** Tac. *An.* 1, 7, grâce aux intrigues d'une épouse ; ***quorum ambitu evaserat*** Tac. *An.* 13, 52, ceux dont les manœuvres intéressées l'avaient tiré d'affaire ; ***novum officii genus et ambitu ac numero onerosum*** Tac. *H.* 1, 20, office (emploi) d'un genre nouveau sur lequel pesait l'intrigue et le nombre [le nombre de ceux sur qui il y avait à exercer des reprises et les intrigues (les démarches intéressées) auxquelles ils avaient recours pour s'y soustraire] ‖ ambition : Quint. 1, 3, 7 ; Plin. *Ep.* 3, 2, 4 ‖ parade, montre : Flor. 1, 11, 7 ; Serv. *En.* 10, 213.

Ambĭvarēti, ōrum, m. pl., peuple de la Gaule : Caes. *G.* 7, 75, 2.

Ambĭvarīti, ōrum, m. pl., peuple de la Gaule Belgique : Caes. *G.* 4, 9, 3.

ambĭvĭum, *ii*, n. (*ambi* et *via*), double voie : Varr. *Men.* 276.

Ambĭvĭus, *ii*, m., Ambivius Turpio [acteur de l'époque de Térence] : Cic. *CM* 14 ; Tac. *D.* 20 ‖ un cabaretier de la voie Latine : Cic. *Clu.* 163.

ambix, ῑcos (ἄμβιξ ; fr. *alambic*), f., vase employé pour la distillation : Cael.-Aur. *Chron.* 4, 7, 94.

amblўgōnĭus, *a*, *um* (ἀμβλυγώνιος), qui a un angle obtus : Grom. 297, 1.

1 **ambō**, *ae*, ō (cf. ἄμφω ; a. fr. *ambes*, it. *ambedue*), deux en même temps, tous deux ensemble, les deux [on dit *Eteocles et Polynices ambo perierunt*, "Étéocle et Polynice périrent tous deux ensemble" ; mais on ne dit pas *Romulus et Africanus ambo triumphaverunt*, on dit *uterque* "Romulus et l'Africain remportèrent tous deux (chacun de leur côté) le triomphe" : Char. 55, 26] : ***duae res quae ambae in consulatu multum Murenae profuerunt*** Cic. *Mur.* 37, deux choses qui pour l'élection au consulat ont été toutes deux fort utiles à Muréna ; ***quorum extant amborum orationes*** Cic. *Brut.* 94, il nous reste des discours de tous deux ; ***hoc unum esse tempus de pace agendi, dum sibi uterque confideret et pares ambo viderentur*** Caes. *C.* 3, 10, 7, c'est par excellence le moment de traiter de la paix, pendant que chacun d'eux a confiance en soi et que tous deux apparaissent égaux en forces.

2 **ambō**, ōnis, m. (ἄμβων), c. *umbo* : Varr. *L.* 5, 115 ‖ [chrét.] ambon, tribune : Cassiod. *Hist.* 10, 4.

Ambrăcia, *ae*, f., Ambracie [ville d'Épire] Atlas VI, B1 : Cic. *Pis.* 91 ‖ **-cĭensis**, *e*, d'Ambracie, Ambracien : Liv. 38, 43, 2 ou **-cĭus**, *a*, *um*, Liv. 38, 4, 3 ; Plin. 4, 4 ; **-cĭōtēs**, *ae*, m., Cic. *Tusc.* 1, 84 ; Plin. 14, 76, Ambraciote, d'Ambracie.

ambrĭcēs, f. pl. (cf. *imbrex*), lattes portant les tuiles : P. Fest. 15, 16.

Ambrōnēs, *um*, m. pl., Ambrons [ancien peuple gaulois vivant du brigandage] : P. Fest. 15, 29 ; Liv. *Epit.* 68, 2 ‖ brigands : P. Fest. 16, 2.

1 **ambrŏsĭa**, *ae*, f. (ἀμβροσία) ¶ 1 ambroisie [nourriture des dieux] : Cic. *Tusc.* 1, 65 ‖ [servant à oindre le corps] Virg. *G.* 4, 415 ¶ 2 *botrys* [plante] : Plin. 27, 28 ¶ 3 nom d'un contre-poison : Cels. 5, 23, 2.

2 **Ambrŏsĭa**, C. *Ambrosie*.

Ambrŏsĭa vītis, sorte de raisin : Plin. 14, 40.

ambrŏsĭālēs dĭi, m. pl., dieux qui présentent l'ambroisie : CIL 11, 2095.

Ambrŏsĭē, *es*, f., Ambroisie [fille d'Atlas, une des Hyades] : Hyg. *Fab.* 182.

1 **ambrŏsĭus (-ĕus)**, *a*, *um*, d'ambroisie : Mart. 4, 8, 8 ‖ suave comme l'ambroisie : Col. 10, 408 ‖ parfumé d'ambroisie : Virg. *En.* 1, 403 ‖ digne des dieux : ***ambroseum corpus*** Apul. *M.* 8, 9, corps divin (admirable).

2 **Ambrŏsĭus**, *ii*, m. ¶ 1 nom d'homme : Juv. 6, 77 ¶ 2 saint Ambroise, évêque de Milan : Aug. *Civ.* 22, 8 ‖ **-sĭus**, *a*, *um*, Ambr. *Ep.* 55, 1, **-sĭānus**, *a*, *um*, Ambr. *Ep.* 22, 1, d'Ambroise ‖ **-sianum**, *i*, n., hymne [ambrosien] : Bened. *Reg.* 9, 4.

Ambrussum, *i*, n., ville de la Narbonnaise [cf. auj. Pont Ambroix] : Anton. 389.

Ambrysus, *i*, f., Ambryse [ville de Phocide] : Plin. 4, 8.

ambūbāia, *ae*, f. (syr. *abbūb*, flûte) ¶ 1 courtisane syrienne, joueuse de flûte : Hor. *S.* 1, 2, 1 [v. Porph.] ; Suet. *Ner.* 27 ¶ 2 chicorée sauvage : Plin. 20, 73 ; Cels. 2, 30, 3.

ambūbĭa, C. *ambubaia* : Gloss. 2, 16, 17.

ambŭlābĭlis, *e*, qui peut se déplacer en marchant : Boet. *Top. Cic.* 3, p. 332, 2.

ambŭlācrum, *i*, n. (*ambulo*), promenade plantée d'arbres devant une maison : Pl. *Most.* 756 ; Gell. 1, 1, 2 ; Porph. Hor. *O.* 2, 15, 4.

ambŭlātĭlis, *e*, qui fait un va-et-vient : Vitr. 10, 8, 1 ; ➡ *ambulabilis* : Aug. *Civ.* 1, 20.

ambŭlātĭō, ōnis, f. (*ambulo*), promenade : Cic. *Off.* 1, 144 ; ***unius ambulationis sermone*** Cic. *Att.* 1, 18, 1, grâce aux propos échangés en une seule promenade ‖ lieu de promenade : Cic. *Tusc.* 4, 7 ‖ va-et-vient de l'orateur [qui se déplace en parlant à la tribune] : Quint. 11, 3, 126 ‖ [chrét.] marche, parcours [spirituel] : Aug. *Pecc. mer.* 2, 13, 20.

ambŭlātĭuncŭla, *ae*, f., petite promenade : Cic. *Fam.* 2, 12, 2 ‖ petit emplacement de promenade : Cic. *Att.* 13, 29, 2.

ambŭlātŏr, ōris, m. (*ambulo*), promeneur : Cat. *Agr.* 5, 2 ‖ colporteur : Mart. 1, 42, 3.

ambŭlātŏrĭus, *a*, *um* (*ambulo*) ¶ 1 fait pendant la promenade : Apul. *M.* 1, 2 ¶ 2 qui va et vient, mobile : Plin. 21, 80 ; ***turris ambulatoria*** Vitr. 10, 13, 3, tour

ambulatorius

mobile [engin de siège] ¶ **3** qui sert à la promenade : Ulp. *Dig.* 8, 5, 8.

ambŭlātrix, *īcis*, f., celle qui aime à se promener : Cat. *Agr.* 143, 1.

ambŭlātūra, *ae*, f., l'amble [allure de chevaux] : Veg. *Mul.* 3, 5, 3 ; 6, 6, 6.

ambŭlātŭs, *ūs*, m. (*ambulo*), faculté de marcher : Arn. 1, 48.

ambŭlō, *ās*, *āre*, *āvī*, *ātum* (amb-; cf. *alacer*, *exul*, ἦλθον ; roum. *umbla*, fr. *aller*), intr.

I [abs^t] ¶ **1** aller et venir, marcher, se promener : [oppos. à *cubare*] Pl. *Bac.* 896 ; [à *sedere*] Cic. *Fin.* 5, 47 ; [à *stare*] Quint. 11, 3, 44 ; [à *jacere*] Plin. *Ep.* 9, 36, 3 ; **in sole** Cic. *de Or.* 2, 60, se promener au soleil, cf. *Leg.* 2, 1 ; *Ac.* 2, 51 ‖ marcher, avancer : *si recte ambulaverit* Cic. *Att.* 9, 4, 3, si [le porteur de la lettre] marche bien ; *eo modo ambulat Caesar ut...* Cic. *Att.* 8, 14, 1, César marche d'une telle allure que..., cf. Cael. *Fam.* 8, 15, 1 ¶ **2** [en parl. de choses] *mare aut amnis qua naves ambulant* Cat. *Agr.* 1, 3, une mer ou un fleuve où circulent des navires ; *Nilus... ambulans* Plin. 5, 51, le Nil qui se promène... ; *emptio ambulat per plures personas* Dig. 4, 4, 15, l'achat se promène entre plusieurs mains ¶ **3** [chrét.] marcher, se comporter [fig.] : Cypr. *Unit. eccl.* 23.

II [avec acc.] ¶ **1** [acc. de l'objet intérieur] *cum maria ambulavisset, terram navigasset* Cic. *Fin.* 2, 112, [Xerxès] après avoir marché sur la mer, navigué sur la terre ; *perpetuas vias* Ov. *F.* 1, 22, cheminer sans arrêt ¶ **2** [acc. de l'espace parcouru] *biduo aut triduo septingenta milia passuum* Cic. *Quinct.* 79, en deux ou trois jours faire une marche de sept cent mille pas ; *si statim bina stadia ambulentur* Plin. 23, 26, si l'on parcourait aussitôt deux stades.

amburbāle, *is*, ▶ *amburbium* : Serv. *B.* 3, 77.

amburbĭālis, *e*, qu'on promène autour de la ville : P. Fest. 5, 3.

amburbĭum, *ii*, n. (amb- et *urbs*), sacrifice dans lequel on portait la victime autour de la ville : Serv. *B.* 3, 77.

ambūrō, *ĭs*, *ĕre*, *ussī*, *ustum* (amb-, *uro*), tr. ¶ **1** brûler autour, brûler : Pl. *Mil.* 835 ¶ **2** [employé surtout au part.] *ambustus*, brûlé tout autour, roussi : Cic. *Mil.* 12 ‖ atteint par le feu, brûlé : Cic. *Sest.* 143 ; *Verr.* 1, 70 ‖ n. pris subst^t, *ambustum*, brûlure : Plin. 20, 217.

ambustĭō, *ōnis*, f. (*amburo*), action de brûler : Plin. 23, 87.

ambustŭlātus, *a*, *um*, dim. de *ambustus*, qq. peu rôti : Pl. *Ru.* 770.

ambustum, *i*, n. (1 *ambustus*), clématite : Ps. Diosc. 4, 180 ; ▶ *amburo*.

1 ambustus, *a*, *um*, part. de *amburo*.

2 Ambustus, *i*, m., surnom d'un Fabius : Liv. 5, 35, 5.

Amelās, ville de Lycie : Plin. 5, 101.

ămellus, *i*, m. (gaul.), amelle [fleur] : Virg. *G.* 4, 271 ‖ **amella**, *ae*, f., Serv. *G.* 4, 278.

āmēn, indécl. (hébr., par le gr. ἀμήν), amen, ainsi soit-il : Hier. *Gal.* 1, 1, 4 ‖ assurément : *amen dico vobis* Vulg. *Matth.* 6, 2, en vérité je vous le dis.

Ămĕnānus, *i*, m., fleuve de Sicile : Ov. *M.* 15, 279 ‖ **-us**, *a*, *um*, de l'Aménane : Ov. *F.* 4, 467.

āmendo, ▶ *amando*.

āmens, *tis* (*a mente*) ¶ **1** [en parl. des pers.] qui n'a pas sa raison, qui est hors de soi, égaré, éperdu, fou : Cic. *Phil.* 5, 37 ‖ -*tior* Caes. *d. Fam.* 12, 13, 4 ; -*tissimus* Cic. *Sest.* 73 ¶ **2** [pers. et choses] extravagant, insensé, stupide : Cic. *Verr. prim.* 7 ‖ *nihil amentius* Cic. *R. Post.* 1, rien de plus fou ; *amentissimum consilium* Cic. *Att.* 7, 10, la résolution la plus insensée.

āmentātĭo, *ōnis*, f. (1 *amento*), action de lancer un trait ‖ [fig.] pl., les traits lancés : Tert. *Nat.* 1, 10, 2.

āmentātus, *a*, *um*, part. de *amento*, garni d'une courroie ; [d'où] *hastae amentatae* Cic. *Brut.* 271 ; *de Or.* 1, 242, javelines en état, prêtes à être lancées (décochées).

āmentĭa, *ae*, f. (*amens*), absence de raison, démence, égarement : Cic. *Tusc.* 3, 10 ‖ [chrét.] extase : Tert. *Anim.* 45, 5.

1 āmentō, *ās*, *āre*, *āvi*, *ātum* (*amentum*), tr. ¶ **1** garnir d'une courroie : Cic. *Brut.* 271 ¶ **2** lancer un javelot au moyen d'une courroie : Luc. 6, 221 ; [d'où] projeter violemment [en parl. du vent] : Sil. 14, 422 ‖ décocher [une réplique] : Tert. *Marc.* 4, 33, 2.

2 āmentō, *ās*, *āre*, -, - (*amens*), n'avoir pas sa raison : Gloss. 2, 239, 26.

āmentum (**ammentum**), *i*, n. (cf. *apiscor*, *aptus*) ¶ **1** courroie (lanière) adaptée aux javelots : Caes. *G.* 5, 48, 5 ; Liv. 37, 41, 4 ; P. Fest. 11, 3 ¶ **2** [rare] courroie pour les chaussures : Plin. 34, 31.

Ămĕrĭa, *ae*, f., Amérie [ville d'Ombrie] Atlas XII, D3 : Cic. *Amer.* 18 ; Plin. 3, 114 ‖ -*rīnus*, *a*, *um*, d'Amérie : Cic. *Amer.* 15 ‖ -*rīni*, *ōrum*, m. pl., habitants d'Amérie : Cic. *Amer.* 17 ; Plin. 3, 113 ‖ -*rīna*, *ōrum*, n. pl., espèce de fruit : Stat. *S.* 1, 6, 18.

ămĕrimnŏn, *i*, n. (ἀμέριμνον), joubarbe [plante] : Plin. 25, 160.

Ămĕrĭŏla, *ae*, f., ville du Latium : Liv. 1, 38, 4 ; Plin. 3, 68.

ămĕs, *ĭtis*, m. (obscur; esp. *andas*), perche ¶ **1** bâton d'oiseleur : Hor. *Epod.* 2, 33 ¶ **2** traverse de clôture : Col. 9, 1, 3 ¶ **3** pl., brancards d'une litière fermée (*basterna*) à l'usage des femmes : *amites basternarum* Pall. 7, 2, 3 ‖ brancards d'un autel portatif : Vulg. *Exod.* 30, 4.

▶ nom. sg. inusité.

Amestrātus, *i*, f., ville de Sicile [Mistretta] : Cic. *Verr.* 3, 101 ‖ -*tīni*, *ōrum*, m.

pl., habitants d'Amestratus : Cic. *Verr.* 3, 89.

ămĕtăbŏlus, *a*, *um* (ἀμετάβολος), constant, inaltérable : Mar. Vict. *Gram.* 6, 38, 12.

ămĕthystĭna, *ōrum*, n. pl., vêtements couleur d'améthyste : Juv. 7, 136.

ămĕthystĭnātus, *a*, *um*, revêtu d'habits couleur d'améthyste : Mart. 2, 57, 2.

ămĕthystĭnus, *a*, *um*, couleur d'améthyste : Mart. 1, 96, 7 ‖ orné d'améthyste : Mart. 10, 49, 1.

ămĕthystizōn, *ontis*, m., ressemblant à l'améthyste par la couleur : Plin. 37, 93.

ămĕthystus (-**ŏs**), *i*, f. (ἀμέθυστος) ¶ **1** améthyste : Plin. 37, 121 ¶ **2** muflier [plante] : Ps. Apul. *Herb.* 86.

Ametini, *ōrum*, m. pl., peuple du Latium : CIL 10, 6440.

ămētōr, *ŏros*, m. (ἀμήτωρ), sans mère : Ps. Tert. *Haer.* 8, 3.

ămĕtrŏs, *ŏn* (ἄμετρος), sans mesure, en prose : Char. 288, 2.

amfiscius, ▶ *amphiscius*.

amfŏra, ▶ *amphora* : App.-Prob. 4, 199, 17.

amfractus, ▶ 2 *anfractus* : Liv. 32, 11, 2 ; 38, 7, 3 ; 38, 45, 9.

ămī (**ammī**), n. indécl. (ἄμμι, ἄμι), ammi [sorte de cumin] : Plin. 20, 163 ‖ gén. *ameos* Theod.-Prisc. *Log.* 94 ; Cass. Fel. 44, p. 112, 1 ; *ammeos* Apic. 29.

ămĭantus, *i*, m. (ἀμίαντος), amiante [substance minérale incombustible] : Plin. 36, 139.

ămĭās, *ae*, acc. *an*, f. (ἀμίας), sorte de thon : Lucil. *d.* Varr. *L.* 7, 47 ; Plin. 9, 49.

ămīca, *ae*, f. (2 *amicus* ; fr. *amie*), amie, maîtresse : Cic. *Cael.* 32 ; *Phil.* 2, 58.

▶ dat. abl. pl. *amicabus* Prob. *Inst.* 4, 82, 17 [sans ex.].

ămīcābĭlis, *e* (*amico* ; fr. *amiable*), amical : Novell.-Just. 86, 2 ‖ -**bĭlĭter**, amicalement : Aug. *Serm. Mai.* 72, 1.

ămīcālis, *e*, amical : Apul. *Mund.* 37 ; Aug. *Civ.* 19, 8 ‖ -**lĭter**, amicalement : Fort. *Carm. pr.* 6.

ămīcārĭus, *ii*, m. (*amica*), ▶ *leno* : Diom. 326, 13.

ămīcē, adv., amicalement : Cic. *Lae.* 9 ‖ *amicissime* Cic. *Caecil.* 29 ; *de Or.* 2, 13 ; *amicius* Front. *Caes.* 1, 7, 1, p. 18 N.

Amĭcenses, m., peuple sarmate : Amm. 17, 13, 19.

ămīcĭbŏr, ▶ *amicio* ▶.

ămīcīmen, *ĭnis*, n., ▶ 2 *amictus* : Apul. *M.* 11, 9.

ămĭcīnus, -*um*, *i*, m. ou n. (cf. *amicio* ?), ouverture de l'outre par où est versé le vin : P. Fest. 14, 8.

ămĭcĭō, *īs*, *īre*, *mĭcŭī* et *mixī*, *ictum* (amb-, *jacio*), tr., mettre autour, envelopper [opp. *induo*] ; [employé surtout au pass.]

pallio amictus Cic. *de Or.* 3, 127, couvert d'un manteau, cf. *Cat.* 2, 22 ; *Brut.* 56 ‖ abs[t], *amiciri*, s'habiller ; se draper, s'ajuster, mettre de l'ordre dans son vêtement : Pl. *Cas.* 723 ; Pers. 307 ; Prop. 3, 21, 8 ; Suet. *Vesp.* 21 ‖ [en part.] se draper dans sa toge [en parl. de l'orateur], cf. Plin. *Ep.* 2, 3, 2 ‖ [poét.] *nube amictus* Virg. *En.* 1, 516, enveloppé dans un nuage ; [acc. de relation] *nube umeros amictus* Hor. *O.* 1, 2, 31, ayant les épaules enveloppées d'un nuage ; [fig.] *quidquid chartis amicitur ineptis* Hor. *Ep.* 2, 1, 270, tout ce qu'on enveloppe dans les feuilles de livres insipides ; *nive amicta loca* Catul. 63, 70, lieux couverts d'un manteau de neige.
▶ fut. *amicibor* Pl. *Pers.* 307.

ămĭcircŭlus, *i*, m., C.▶ *hēmĭ*-, demi-cercle : Grom. 250, 17.

ămĭcĭtĕr, C.▶ *amice* : Pacuv. *Tr.* 131 ; Pl. *Pers.* 255.

ămīcĭtĭa, *ae*, f. ¶ 1 amitié : Cic. *Lae.* 6 ; *amicitiam contrahere* Cic. *Lae.* 48, former une amitié ; *conglutinare* Cic. *Lae.* 32, sceller une amitié, V.▶ *jungere, gerere* ; *aliquem in amicitiam recipere* Cic. *Att.* 2, 20, 1, recevoir qqn dans son amitié ; *est mihi amicitia cum aliquo* Cic. *Clu.* 117, je suis lié d'amitié avec qqn ; *amicitiam evertere, dissociare, dimittere, dissuere, discindere, dirumpere* Cic. *Fin.* 2, 80 ; *Lae.* 74 ; 76 ; 85, détruire l'amitié, la desceller, y renoncer, la dénouer, la trancher, la briser ¶ 2 [entre peuples] amitié, bons rapports, alliance : *amicitiam facere* Caes. *G.* 4, 16, 5, lier d'amitié, cf. Sall. *J.* 8, 2 ; 14, 5 ; Liv. 22, 37 ‖ 3 [en parl. de plantes] : Plin. 19, 156.
▶ gén. arch. *amicitiai* Lucr. 3, 83.

ămīcĭtĭēs, *ēi*, f., C.▶ *amicitia* : Lucr. 5, 1019.

ămīcō, *ās*, *āre*, -, -, tr., rendre favorable : Stat. *Th.* 3, 470.

ămīcŏr, *āris*, *ārī*, -, agir en ami : Verec. *Cant.* 9, 53.

ămīcōsus, *a*, *um*, qui a une quantité d'amis : Diom. 326, 17.

ămictŏr, *āris*, *ārī*, -, tr., mettre, endosser (un vêtement) : Dosith. 7, 433, 10.
▶ f. l. pour *amicior*.

ămictōrĭus, *a*, *um*, propre à couvrir quelqu'un ou quelque chose : Cod. Th. 8, 5, 48, 1 ‖ [d'où] **amictōrĭum**, *ii*, n., vêtement à l'usage des femmes, écharpe : Cod. Th. 8, 5, 48 ; Isid. 19, 25, 7.

amictum, *i*, n., C.▶ 2 *amictus* : Isid. 19, 24, 15 ; Gloss. 4, 308, 33.

1 **ămictus**, *a*, *um*, part. de *amicio*.

2 **ămictŭs**, *ūs*, m. (*amicio*) ¶ 1 enveloppe, ce qui recouvre : Cic. *Tusc.* 5, 90 ‖ vêtement de dessus : Cic. *Att.* 6, 1, 17 ‖ [fig.] air ambiant : Lucr. 6, 1133 ¶ 2 façon de s'envelopper (de se draper) de la toge : Cic. *de Or.* 2, 91.

ămīcŭla, *ae*, V.▶ *amiculus*.

ămĭcŭlātus, *a*, *um* (*amiculum*), couvert, voilé : Solin. 52, 19.

ămĭcŭlum, *i*, n. (*amicio*), vêtement, manteau : Cic. *Nat.* 3, 83 ; *Div.* 2, 143.

ămĭcŭlus, *i*, m. (dim. de 2 *amicus*), petit ami : Cic. *Verr.* 3, 79 ‖ **amīcŭla**, *ae*, f., petite amie : Cic. *de Or.* 2, 240.

1 **ămīcus**, *a*, *um*, adj. (*amo*), ami : *ut intellegat te et sibi amicum esse et multo amiciorem his meis litteris esse factum* Cic. *Fam.* 13, 55, 2, [faire en sorte] qu'il comprenne que tu es son ami, mais que tu l'es devenu bien davantage encore grâce à cette lettre que je t'envoie ; *homines mihi amicissimi* Cic. *de Or.* 2, 15, des gens qui me sont très attachés ; *amico animo* Cic. *Sest.* 121, avec les sentiments d'un ami (avec un cœur d'ami) ‖ *amicus dignitati meae* Cic. *Balb.* 2, attaché à la défense de ma dignité ; *rei publicae* Cic. *Sest.* 29, dévoué à l'intérêt public ‖ *secundum te nihil est mihi amicius solitudine* Cic. *Att.* 12, 15, après toi, rien ne me plaît plus que la solitude ; *fortuna amica varietati constantiam respuit* Cic. *Nat.* 2, 43, la fortune amie du changement rejette la constance ‖ [relations politiques] : *ab amicissimis civitatibus legationes* Cic. *Verr. pr.* 7, délégations envoyées par les cités les plus amies de Rome ‖ [poét.] *nec dis amicum est nec mihi te prius abire* Hor. *O.* 2, 17, 2, il n'est agréable ni aux dieux ni à moi que tu meures avant moi.

2 **ămīcus**, *i*, m. (1 *amicus* ; fr. *ami*), ami : *paria amicorum* Cic. *Lae.* 15, paires (couples) d'amis ; *amicus bonus* Cic. *Fam.* 2, 15, 3 ; *firmus, fidelis* Cic. *Cael.* 14 ; *verus* Cic. *Lae.* 23 ; *intimus* Cic. *Mur.* 45, bon ami, ami sûr, fidèle, sincère, intime ; *amicissimi vestri* Cic. *Sull.* 49, vos plus grands amis ‖ *amicus veritatis* Cic. *Off.* 1, 63, ami de la vérité ; *ex Antoni amicis, sed amicioribus libertatis* Cic. *Phil.* 5, 44, parmi des amis d'Antoine, mais amis encore plus de la liberté ‖ ami, confident [d'un roi] : Cic. *Dej.* 41 ; *Div.* 2, 135 ; Caes. *C.* 3, 104 ; Sall. *J.* 9, 4 ; Nep. *Eum.* 2, 4 ‖ ami, allié : [du peuple romain] Cic. *Caecil.* 64 ; *Verr.* 4, 67 ; *Fin.* 5, 65 ; Caes. *C.* 1, 6, 4 ; [avec gén. ou dat.] Cic. *Verr.* 4, 26 ; 5, 171 ; Caes. *G.* 1, 3, 4 ; Cic. *Scaur.* 44 ; *Font.* 44 ; Caes. *G.* 4, 7, 4 ‖ *amici nostri* Dig. 37, 14, 17 pr., nos conseillers privés [à la tête de l'administration impériale].
▶ arch. *ameicus* : CIL 1, 588, 7 ; Pl. *Poen.* 1213 ; *amecus* P. Fest. 14, 13 ‖ gén. pl. *amicum* Ter. *Haut.* 24.

Amida, *ae*, f., ville d'Arménie Atlas I, D7 ; IX, C4 : Amm. 18, 6, 17.

ămīlum, V.▶ *amylum*.

Ămilcăr, m., V.▶ *Hamilcar*.

Amilus, *i*, m., fleuve de Maurétanie : Plin. 8, 2.

Ămīnaeus (-nēus), *a*, *um*, d'Aminéa [canton de la Campanie, renommé pour ses vins] : Virg. *G.* 2, 97 ; Cat. *Agr.* 6, 4 ; Plin. 14, 8.

Ămīnĭās, *ae*, m., frère du poète Eschyle : Amm. 24, 6, 14.

ămĭo, V.▶ *hamio*.

Amīsēnus, *ii*, m., V.▶ *Amisus*.

ămīsī, parf. de *amitto*.

Amīsĭa, *ae*, m., rivière de Germanie [l'Ems] Atlas I, B3 ; V, B4 : Tac. *An.* 1, 60.

Ămīsŏs, *i*, V.▶ *Amisus*.

āmissĭbĭlis, *e* (*amitto*), qui peut se perdre : Aug. *Trin.* 5, 4, 5.

āmissĭo, *ōnis*, f. (*amitto*), perte : Cic. *Pis.* 40 ‖ [au pl.] Sen. *Ep.* 98, 11.

Amissis, *is*, m., C.▶ *Amisia* : Mel. 3, 30 ; Plin. 4, 100.

1 **āmissus**, *a*, *um*, part. de *amitto*.

2 **āmissŭs**, *ūs*, m., perte : Nep. *Alc.* 6, 2.

āmisti, V.▶ *amitto* ▶.

Ămīsum, *i*, C.▶ *Amisus* : Plin. 6, 7.

Ămīsus (-ŏs, *i*), f., ville du Pont [Samsoun] Atlas I, C6 : Cic. *Pomp.* 21 ‖ **-sēni**, *ōrum*, m. pl., habitants d'Amisus : Plin. *Ep.* 10, 93.

ămĭta, *ae*, f. (cf. 2 *amma* ; fr. *tante*, an. *aunt*), sœur du père, tante du côté paternel : Cic. *Clu.* 30 ‖ *magna* Tac. *An.* 2, 27, sœur de l'aïeul, grand-tante.

Ămĭternum, *i*, n., ville des Sabins Atlas XII, D4 : Varr. *L.* 6, 5 ; Liv. 10, 39, 2 ‖ **-nus**, *a*, *um*, d'Amiternum : Virg. *En.* 7, 710 ‖ **-nīnus**, *a*, *um*, d'Amiternum : Liv. 21, 62, 5 ‖ **-nīni**, *ōrum*, m. pl., habitants d'Amiternum : Liv. 28, 45, 19.

Ămĭthāōn, V.▶ *Amyth*-.

Amithoscatta (-cutta), *ae*, f., région de l'Arabie : Plin. 6, 152.

Ămĭtīnensēs, *ium*, m. pl., peuple d'Étrurie : Plin. 3, 52.

ămĭtīni, *ōrum*, m. pl. (*amita*), cousins nés de la sœur du père : Dig. 38, 10, 1, 6.

Ămĭtīnum, *i*, n., ville du Latium : Plin. 3, 68.

ămĭtīnus, V.▶ *amitini*.

āmittō, *ĭs*, *ĕre*, *mīsī*, *missum* (abs, *mitto*), tr. ¶ 1 envoyer loin de soi (renvoyer), ou laisser partir : *ab se filium amittere* Ter. *Haut.* 480, renvoyer son fils loin de soi ; *cur eum de manibus amiserunt ?* Cic. *Cael.* 64, pourquoi l'ont-ils laissé échapper de leurs mains ? ¶ 2 [fig.] laisser partir, perdre volontairement, abandonner : *classes amissae et perditae* Cic. *Verr. prim.* 13, des flottes laissées à l'abandon et perdues ; *amittenda fortitudo est aut sepeliendus dolor* Cic. *Tusc.* 2, 32, il faut ne pas prétendre au courage (y renoncer) ou ensevelir sa douleur ; *patriae causa patriam ipsam amittere* Cic. *Dom.* 98, pour l'amour de sa patrie renoncer à sa patrie elle-même ; *amittere fidem* Nep. *Eum.* 10, 2, trahir sa parole ¶ 3 laisser s'échapper, perdre [involontairement] : *praeda de manibus amissa* Cic. *Verr.* 4, 44, la proie s'étant échappée de tes mains ; *occasionem* Cic. *Caecin.* 15 ; Caes. *G.* 3, 18, 5 ;

amitto

tempus Cic. *Fam.* 7, 17, 3, perdre l'occasion, le moment favorable (manquer le moment); *etiam qui natura mitissimi sumus adsiduitate molestiarum sensum omnem humanitatis ex animis amittimus* Cic. *Amer.* 154, ceux même d'entre nous qui ont le plus de douceur naturelle finissent sous la continuité des événements pénibles par laisser partir de leurs âmes tout sentiment d'humanité ¶ **4** perdre (faire une perte): *aliquem* Cic. *Brut.* 2, perdre qqn [par la mort], cf. *Tusc.* 3, 70; *Off.* 2, 2; *amissus* Tert. *Fug.* 10, 2, mort, tué; *clientelas* Cic. *Phil.* 8, 26, perdre une clientèle (des clients); *vitam* Cic. *Mil.* 37; *fortunam* Cic. *Pomp.* 19, perdre la vie, sa fortune; *lumina* Cic. *Dom.* 105, la vue; *fructum* Cic. *Verr.* 3, 198, le fruit de la récolte; *civitatem* Cic. *de Or.* 1, 182, les droits de citoyen; *mentem* Cic. *Har.* 33, la raison; *sensum* Cic. *Lae.* 14, le sentiment; *exercitum* Cic. *Pis.* 46, perdre son armée; *impedimenta* Caes. *G.* 3, 20, 1, ses bagages; *classem* Cic. *Off.* 1, 84, une flotte; *oppidum* Caes. *C.* 3, 101, 3, une ville.
▶ parf. sync. *amisti* Ter. *Eun.* 241; *Hec.* 251; *amissis* = *amiseris* Pl. *Bac.* 1188.

ămixī, parf. de *amicio*.

1 **amma**, *ae*, f. (2 *amma*), chouette [oiseau de nuit]: Isid. 12, 7, 42.

2 **amma**, *ae*, f. (mot enfantin, cf. *amo*; esp. *ama*), maman: Isid. 12, 7, 42 ‖ [chrét.] mère (moniale): Pall. *Mon.* 1, 21.

3 **Amma**, *ae*, f., ville de Judée: Vulg. *Jos.* 19, 30.

Ammaedăra (Ammēd-, Admēd-), *ae*, f., ville d'Afrique [auj. Haïdra] Atlas VIII, A3; XII, H1: Cypr. *Sent.* 32 ‖ **-dărensis**, *e*, de Haïdra: CIL 8, 11532.

Ammaeensis (Ammai-), *e*, d'Ammaea [ville de Lusitanie] Atlas IV, C1: Plin. 37, 24.

Ammanītēs, (-ītis), V.▷ Ammon-: Vulg. *Esd.* 2, 2, 19; *Gen.* 19, 38.

ammentum, V.▷ *amentum*.

ammĭ, V.▷ *ami*.

Ammĭānus Marcellīnus, *i*, m., Ammien Marcellin [historien latin du 4e s.]: Symm. *Ep.* 10, 36, 2.

Ammiensis, V.▷ *Ammaeensis*.

Ammīnĕus, V.▷ *Amineus*.

ammīror, V.▷ *admiror*.

ammitto, V.▷ *admitto*.

ammītēs, *ae*, m., V.▷ *hammitis*: Isid. 16, 15, 5.

ammŏchrȳsus, *i*, m. (ἀμμόκρυσος), pierre précieuse dont la couleur ressemble à un mélange de sable et d'or: Plin. 37, 188.

Ammōdēs, m. (ἀμμώδης), contrée d'Afrique: Hyg. *Astr.* 2, 20.

ammŏdum, V.▷ *admodum*: Jord. *Get.* 15, 85.

ammŏdy̆tēs (hamm-), *ae*, m. (ἀμμοδύτης), nom d'un serpent d'Afrique qui se cache dans le sable: Luc. 9, 716; Solin. 27, 33.

1 **Ammōn (Hammōn)**, *ōnis*, m., nom de Jupiter chez les Libyens: Curt. 4, 7, 5; Cic. *Nat.* 1, 82 ‖ *Ammonis cornu* Plin. 37, 167, ammonite [pierre] ‖ **-nĭăcus**, *a*, *um*, d'Ammon: Plin. 31, 79 ‖ **-nĭăcum**, *ĭ*, n., gomme ammoniaque: Plin. 12, 107.

2 **Ammōn**, indécl., fils de Loth, qui a donné son nom aux Ammonites: Vulg. *Gen.* 19, 38.

ammŏnĕo, V.▷ *admoneo*.

ammŏnītrix, V.▷ *admonitrix*.

Ammōni, *ōrum*, m. pl., Ammoniens [peuple de l'Arabie Heureuse]: Plin. 6, 159.

ammōnĭăcus, *a*, *um*, V.▷ 1 *Ammon*.

Ammōnītēs, *ae*, m., Ammonite **Ammōnītae**, *ārum*, pl., Ammonites [Arabie Pétrée]: Vulg. *Gen.* 19, 38 ‖ **-nītĭdes**, *um*, f. pl., femmes Ammonites: Vulg. 3 *Reg.* 11, 1.

ammŏnītrum (-ŏn), *i*, n. (ἀμμόνιτρον), mélange de sable et de nitre dont on tire le verre: Plin. 36, 194.

Ammudātēs, *is*, m., nom d'une divinité syrienne: Comm. *Instr.* 1, 18, 3.

amnăcus, *i*, m., **amnăcum**, *i*, n., ▷ *parthenium*: Plin. 21, 176.

Amnamethus, *i*, f., île de l'Arabie: Plin. 6, 150.

amnensis (-ēsis), *e*, situé sur le bord d'un fleuve: P. Fest. 16, 5.

amnestĭa, *ae*, f. (ἀμνηστία), amnistie: Val.-Max 4, 1, 4.

amnĭcŏla, *ae*, m. (*amnis*, *colo*), qui habite ou croît au bord de la rivière: Ov. *M.* 10, 96.

amnĭcŭlus, *i*, m. (*amnis*), petite rivière: Liv. 36, 22, 8.

amnĭcus, *a*, *um* (*amnis*), de rivière: Plin. 16, 166.

amnĭgĕna, *ae*, m., né d'un fleuve: Val.-Flac. 5, 585 et **-gĕnus**, *a*, *um* (*amnis*, *geno*), né dans une rivière: Aus. *Mos.* 116.

amnis, *is*, m. (cf. osq. *aapam*, scr. *ap-*, ▷ *Interamna*) ¶ **1** cours d'eau rapide, fleuve [au fort courant]: Lucr. 1, 288; Cic. *Div.* 1, 38; *Or.* 39 ‖ rivière: Cic. *Nat.* 2, 68; *Fam.* 7, 20, 1 ‖ torrent: Virg. *En.* 4, 164 ¶ **2** courant: *secundo amni* Virg. *G.* 3, 447, en suivant le courant [en aval]; *adverso amne* Curt. 10, 1, 16, contre le courant [en amont]; *Oceani amnes* Virg. *G.* 4, 233, les courants de l'Océan [fleuve pour les Anciens] ¶ **3** [poét.] eau: Virg. *En.* 7, 465; 12, 417 ¶ **4** [poét.] constellation de l'Éridan: Cic. *Arat.* 145.
▶ f.: Pl. *Merc.* 859; Varr. *Men.* 415; *R.* 3, 5, 9 ‖ abl. *amne* et *amni*.

Amnīsus, *i*, m., port et fleuve de Crète: Avien. *Perieg.* 668.

Amnum, *i*, m., fleuve de l'Arabie Heureuse: Plin. 6, 151.

ămo, *ās*, *āre*, *āvī*, *ātum* (cf. 2 *amma*; fr. *aimer*), tr. ¶ **1** aimer, avoir de l'affection pour [sens plus fort que *diligo*, v. Non. 421, 28; Isid. *Diff.* 1, 17; cf. Cic. *Fam.* 9, 7, 1; *Att.* 14, 17, 5]: *omnibus iste ceteris Siculis odio est, ab his solis amatur* Cic. *Verr.* 4, 15, tous les autres Siciliens détestent cet homme, il n'y a que ceux-ci pour l'aimer; *se ipsum amare* Cic. *Lae.* 10, être égoïste, cf. *Tusc.* 1, 111 ‖ *in eo me valde amo* Cic. *Att.* 4, 18, 2, sur ce point je suis content de moi ‖ *deos et amo et metuo* Pl. *Poen.* 282, les dieux, je les aime et je les crains; *(deus) colitur et amatur* Sen. *Ep.* 47, 18, on a pour Dieu le respect et l'amour; *patriam* Cic. *Cat.* 3, 10, aimer sa patrie ¶ **2** se plaire à: *amare epulas* Cic. *Mur.* 76; *divitias* Cic. *Off.* 1, 68; *litteras, philosophiam* Cic. *Ac.* 2, 5, aimer les festins, les richesses, les lettres, la philosophie; *non omnes eadem mirantur amantque* Hor. *Ep.* 2, 2, 58, tout le monde n'a pas les mêmes admirations, les mêmes goûts ‖ *aures meae non amant redundantia* Cic. *Or.* 168, mon oreille n'aime pas ce qui est de trop [dans la phrase]; *natura solitarium nihil amat* Cic. *Lae.* 88, la nature n'aime pas la solitude; *ea quae res secundae amant* Sall. *J.* 41, 2, les choses qu'aime la prospérité (compagnes ordinaires de la prospérité) ‖ [poét.] [avec prop. inf. ou inf.] *quae ira fieri amat* Sall. *J.* 34, 1, les choses que la colère aime à voir se faire [auxquelles se livre volontiers la colère]; *hic ames dici pater* Hor. *O.* 1, 2, 50, prends plaisir à recevoir ici le nom de père [de la patrie]; *aurum perrumpere amat saxa* Hor. *O.* 3, 16, 10, l'or aime à percer les rochers ‖ [t. d'agric.] *lens amat solum tenue* Plin. 10, 123, la lentille aime un sol maigre, cf. 10, 138; Col. 2, 10, 3 ¶ **3** aimer, être amoureux **a)** [avec compl. dir.] *quae me amat, quam contra amo* Pl. *Amp.* 655, elle qui m'aime comme je l'aime moi-même, cf. Ter. *Eun.* 96; Cic. *Verr.* 5, 82; *Cat.* 2, 8 **b)** [abst] *qui amant* Ter. *And.* 191, les amoureux, cf. Hor. *S.* 2, 3, 250; *insuevit exercitus amare, potare* Sall. *C.* 11, 6, l'armée prit l'habitude de l'amour et de la boisson ¶ **4** [expr.] *amabo*, je t'aimerai, je t'en prie, de grâce: *noli amabo irasci Sosiae* Pl. *Amp.* 540, ne t'emporte pas, de grâce, contre Sosie [*amabo te*, même sens]: Pl. *Bac.* 44; Cic. *Att.* 2, 2, 1; 2, 4, 1 ‖ *si me amas*, si tu m'aimes, par amitié pour moi, de grâce: Cic. *Att.* 5, 17, 5; Hor. *S.* 1, 9, 38 ‖ *ita me di ament (amabunt) ut...*, que les dieux m'aiment (les dieux m'aimeront) aussi vrai que...: *ita me di ament, ut numquam sciens commerui ut* Ter. *Hec.* 579, pour l'amour du ciel, je n'ai rien fait sciemment afin que; *ita me di amabunt, ut me tuarum miseruitumst fortunarum* Ter. *Haut.* 462, j'aurai la faveur des dieux, aussi vrai que ton sort ne me fait pitié [= que les dieux m'abandonnent, si ton sort ne me fait pas pitié]; [sans *ut*] *ita me di ament, credo* Ter. *And.* 947, que les dieux m'en soient témoins, je le crois ‖ *multum*

te amo quod Cic. *Att. 1, 3, 2*, je te sais grand gré de ce que ; *in (de) aliqua re aliquem amare*, être content de qqn à propos de qqch. lui en savoir gré : Cic. *Fam. 9, 16, 1* ; *13, 62, 1* ; *Att. 4, 16, 10*.
▶ arch. *amasso* = *amavero* Pl. *Cas. 1001* ; *Mil. 1007* ; *Curc. 578* ∥ 2ᵉ pers. pl. impér. pass. *ameminor* cité par Diom. *353, 24* sans ex.

Amocensis, *e*, d'Amoca (?) [ville des Cantabres] : CIL 2, 4233.

Amodata, *ae*, f., ville sur le Nil : Plin. *6, 179*.

āmŏdŏ, adv. (*II a, modo*), dorénavant : Vulg. *Is. 9, 7* ; Paul.-Nol. *Carm. 8, 28*.

ămoebaeus, **ămoebēus**, *a*, *um* (ἀμοιβαῖος), alternatif : *amoebaeum carmen* Serv. *B. 3, 28*, chant alterné ; *amoebaeus pes* Diom. *481, 25*, pied amébée [2 longues, 2 brèves, une longue].

Ămoebeūs, *ĕi*, m., joueur de harpe athénien : Ov. *A. A. 3, 399*.

ămoenātus, *a*, *um*, part. de *amoeno*.

ămoenē, adv. (*amoenus*), agréablement : Pl. *Mil. 412* ∥ *amoenius* Gell. *14, 1, 32* ; *-issime* Plin. *Ep. 4, 23, 1*.

ămoenĭfĕr, *fĕra*, *fĕrum* (*amoenus*, *fero*), charmant : Fort. *Mart. 4, 4*.

ămoenĭtās, *ātis*, f. (*amoenus*), agrément, charme, beauté [en parl. d'un lieu, d'un paysage] : Cic. *Q. 3, 1, 4* ; *3, 1, 1* ; *Nat. 2, 100* ∥ [fig., en parl. de l'esprit, d'un discours, d'études, etc.] : Pl. *St. 278* ; Tac. *An. 5, 2* ; Gell. *12, 1, 24* ∥ [t. d'affection] Pl. *Cas. 229* ; *Poen. 365*.

ămoenĭtĕr, adv., joyeusement, agréablement : Gell. *20, 8, 1*.

ămoenō, *ās*, *āre*, -, *ātum* (*amoenus*), tr., rendre agréable : Ps. Acr. Hor. *O. 3, 4, 15* ∥ réjouir : Cypr. *Ep. 2, 1* ; Cassiod. *Var. 2, 40*.

ămoenus, *a*, *um* (cf. *amo*), agréable, charmant ¶1 [à la vue] *locus* Cic. *de Or. 2, 290*, lieu agréable ; *hac insula nihil est amoenius* Cic. *Leg. 2, 6*, rien n'est plus agréable que cette île ; *tuae aedes amoenissimae* Cic. *Att. 3, 20, 1*, ta demeure si plaisante ; *cultus amoenior* Liv. *4, 44, 11*, mise trop recherchée ∥ [pl. n. pris subst¹] lieux agréables : Tac. *An. 3, 7* ¶2 [en gén.] : *amoena vita* Tac. *An. 15, 55*, vie agréable ; *amoenissima verba* Gell. *2, 26, 21*, expressions pleines de charme.

amoletum, C.▶ *amuletum* : Gloss. *2, 16, 39*.

āmōlīmentum, *i*, n. (*amolior*), talisman, amulette : Gloss. *2, 473, 49*.

āmōlĭŏr, *īrĭs*, *īrī*, *ītus sum* (*IV a, molior*), tr. ¶1 écarter, éloigner [avec idée d'effort, de peine] : *impedimentum de cunctis itineribus amoliri* Sisenna *Hist. 74*, débarrasser tous les chemins ; *objecta onera* Liv. *25, 36, 11*, déplacer (écarter) les fardeaux entassés comme obstacle ¶2 [fig.] éloigner : *amoliri juvenem specie honoris statuit* Tac. *An. 2, 42*, il résolut d'écarter le jeune homme [Germanicus] sous couleur de l'honorer ; *amolior et amoveo nomen meum* Liv. *28, 28, 10*, j'écarte, j'enlève mon nom du débat ; *crimen ab aliquo* Tac. *H. 3, 75*, détourner de qqn une accusation ¶3 [chez les comiques] *se amoliri*, se déplacer, se transporter ailleurs, décamper, déguerpir : Pl. *Merc. 384* ; *Ps. 557* ; Ter. *And. 707* ¶4 [tard.] abolir, supprimer (une loi) : Tert. *Marc. 5, 3, 6*.
▶ inf. *amolirier* Pl. *Most. 371* [part. avec sens pass Apul. *Socr. 9 ; 23*].

āmōlītĭo, *ōnis*, f. (*amolior*), action d'éloigner : Gell. *12, 1, 22* ∥ suppression, abrogation [loi] : Tert. *Marc. 5, 4, 7*.

āmōlītus, *a*, *um*, part. de *amolior*.

ămŏlo, **ămŏlum**, v.▶ *amyl-*.

ămōmis, *ĭdis*, f. (ἀμωμίς), plante semblable à l'amome : Plin. *12, 49*.

ămōmum (-ŏn), *i*, n. (ἄμωμον), amome [plante odoriférante] : Plin. *12, 48* ; Virg. *B. 4, 25*.

ămŏr, *ōris*, m. (*amo* ; fr. *amour*) ¶1 amour, affection : *in aliquem* Cic. *Flac. 105* ; *erga aliquem* Cic. *Pis. 76* ; *alicujus* Cic. *Att. 1, 13, 5*, affection pour qqn ; *amor in patriam* Cic. *Flac. 103*, (*patriae* Cic. *de Or. 1, 247*, amour pour la patrie ; [avec gén. subj.] *amor multitudinis* Cic. *Off. 2, 32*, affection de la foule ; *in amore esse* Cic. *Flac. 18*, être aimé ¶2 amour : *ex amore insanit* Pl. *Merc. 325*, l'amour lui fait perdre la raison ; *in amore atque in voluptatibus adulescentiam suam conlocare* Cic. *Cael. 39*, consacrer sa jeunesse à l'amour et aux plaisirs ∥ [dans la poésie élégiaque] *amores*, les amours ; *Amor*, Amour [Éros], le dieu Amour ∥ objet d'amour : *primus amor Phoebi Daphne* Ov. *M. 1, 452*, Daphné, premier amour de Phébus ; *amores ac deliciae tuae, Roscius* Cic. *Div. 1, 79*, Roscius, tes amours et tes délices, cf. *Phil. 13, 26* ¶3 amour, vif désir : *consulatus* Cic. *Sull. 73* ; *gloriae* Cic. *Arch. 28* ; *cognitionis et scientiae* Cic. *Fin. 5, 48*, passion du consulat, de la gloire, d'apprendre et de savoir ; *otii et pacis* Cic. *Rep. 2, 26*, amour de la tranquillité et de la paix ; *amore senescit habendi* Hor. *Ep. 1, 7, 85*, il vieillit à force de vouloir posséder ∥ [poét.] *si tantus amor casus cognoscere nostros* Virg. *En. 2, 10*, si telle est ton envie d'apprendre nos infortunes, cf. *En. 12, 282* ¶4 [chrét.] amour, charité, dévotion : Aug. *Civ. 14, 7* ; *14, 28* ; Hier. *Ep. 48, 15*.
▶ *ămōr* Pl. *Merc. 590* ; *Most. 142* ; *Trin. 259* ; Virg. *En. 11, 323*.

ămōrābundus, *a*, *um* (*amor*), disposé à l'amour : Laber. d. Gell. *11, 15, 1*.

ămōrātus, *a*, *um* (*amor*), plein d'affection : CIL 6, 10185.

Ămorgē, *ēs*, f., anc. nom d'Éphèse : Plin. *5, 115*.

Ămorgŏs, *i*, f., une des îles Sporades Atlas VI, C3 ; IX, C1 : Plin. *4, 70* ; Tac. *An. 4, 30*.

ămōrĭfĕr, *fĕra*, *fĕrum* (*amor*, *fero*), qui inspire l'amour : Drac. *Romul. 6, 110* ; *7, 15*.

ămōrĭfĭcus, *a*, *um* (*amor*, *facio*), aphrodisiaque : Ps. Apul. *Herb. 123*.

Amorĭŏn (-um), *ĭi*, n., Amorium [ville de la Grande Phrygie] : Peut. *9, 4*.

Ămorrhaei, *ōrum*, m. pl., Amorrhéens [peuple de la Judée] : Isid. *9, 2, 23*.

Ămorrhaeus, *i*, m., descendant de Chanaan : Vulg. *Gen. 10, 16*.

āmōtĭo, *ōnis*, f. (*amoveo*), action d'éloigner, éloignement : Cic. *Fin. 1, 37* ; *2, 9*.

āmōtus, *a*, *um* ¶1 part. de *amoveo* ¶2 [adj¹] éloigné : *locus a conspectu amotus* Liv. *25, 16, 14*, lieu éloigné de la vue.

āmŏvĕō, *ēs*, *ēre*, *mōvī*, *mōtum* (*IV a, moveo*), tr. ¶1 éloigner, détourner, écarter : *aliquem ex loco* Cic. *Att. 1, 12, 2* ; *ab urbe* Liv. *5, 32, 7*, éloigner qqn d'un endroit, de la ville ; *Porcia lex virgas ab omnium civium Romanorum corpore amovit* Cic. *Rab. perd. 12*, la loi Porcia a écarté les verges de la personne de tous les citoyens romains [a interdit d'appliquer les verges à…] ; *sacra amovimus ab hostium oculis* Liv. *5, 51, 9*, nous avons dérobé aux yeux des ennemis les objets sacrés ∥ détourner, soustraire : *frumentum* Cic. *Verr. 3, 20* ; *3, 119*, du blé ; *claves portarum* Liv. *27, 24, 8*, les clefs des portes [d'une ville] ¶2 [fig.] détourner, écarter : *Saturninum quaestorem a sua frumentaria procuratione senatus amovit* Cic. *Har. 43*, le sénat écarta le questeur Saturninus de la charge [lui enleva la charge] d'approvisionner Rome en blé ∥ *ab se culpam enixe amovens* Liv. *4, 41, 9*, faisant effort pour se disculper ∥ écarter, bannir : *cupiditates omnes* Cic. *Clu. 159*, écarter toutes les passions ; *adsentatio procul amoveatur* Cic. *Lae. 89*, que la flatterie soit écartée au loin ; *amoto ludo* Hor. *S. 1, 1, 27*, la plaisanterie étant mise à l'écart.
▶ forme sync. *amorim* Sil. *17, 223*.

ampĕlīnus, *a*, *um* (ἀμπέλινος), qui se rapporte à la vigne : Caecil. *Com. 138*.

ampĕlĭo, *ōnis*, m. (ἀμπελίων), oiseau (grive ?) : Diocl. *4, 34*.

ampĕlītis, *ĭdis*, f. (ἀμπελῖτις), terre bitumineuse utilisée pour écarter les vers de la vigne : Plin. *35, 194*.

Ampĕlĭus, *ĭi*, m. ¶1 auteur d'un *liber memorialis* : Symm. *Ep. 5, 54, 2* ¶2 préfet de Rome en 371 apr. J.-C. : Cod. Th. *2, 4, 3*.

ampĕlŏdesmŏs, *i*, m. (ἀμπελόδεσμος), plante souple qui sert à lier la vigne : Plin. *17, 209*.

Ampĕlŏessa, *ae*, f., ville de Syrie : Plin. *5, 74*.

Ampĕlŏmē, ville de l'Arabie : Plin. *6, 159*.

ampĕlŏprăsŏn, *i*, n. (ἀμπελόπρασον), sorte d'ail qui pousse dans les vignes : Plin. *24, 136*.

ampelos

1 ampĕlŏs, *i*, f. (ἄμπελος), vigne : PLIN. 23, 19 ‖ **ampelos leuce**, acc. *ampelon leucen* : PLIN. 23, 21 ▶ *vitis alba*, couleuvrée [plante].

2 Ampĕlŏs, *i* ¶ **1** f., ville de Macédoine : PLIN. 4, 37 ‖ promontoire et ville de Crète : PLIN. 4, 59 ¶ **2** m., jeune homme aimé de Bacchus : OV. *F.* 3, 409.

Ampĕlūsia, *ae*, f., promontoire d'Afrique : MEL. 1, 25 ; PLIN. 5, 2.

ampendix, ▶ *appendix* : P. FEST. 19, 18.

amphēmĕrĭnŏs, *ŏn* (ἀμφημερινός), qui revient tous les jours : PLIN. 28, 228.

Amphĭărāus, *i*, m. (Ἀμφιάραος), devin d'Argos : CIC. *Div.* 1, 88 ‖ **-rēus**, *a*, *um*, d'Amphiaraüs : PROP. 2, 34, 39 ‖ **-rēĭădēs**, *ae*, m., descendant mâle d'Amphiaraüs : OV. *F.* 2, 43.

amphĭbălum, *i*, n. (ἀμφιβάλλω), manteau : SULP. SEV. *Dial.* 2, 1, 5.

amphĭbĭŏn, *i*, n., amphibie : ISID. 12, 6, 3 ; COL. 8, 13, 1.

amphĭbŏlē, adv., d'une manière équivoque : PS. ACR. *O.* 3, 25, 20.

amphĭbŏlĭa, *ae*, f. (ἀμφιβολία), amphibologie, double sens, ambiguïté : CIC. *Div.* 2, 116.
▶ les mss donnent souv. *amphibologia*.

amphĭbŏlĭcē, adv., d'une façon équivoque : PORPH. HOR. *S.* 2, 1, 48.

amphĭbŏlŏgĭa, ▶ *amphibolia* ▶.

amphĭbŏlus, *a*, *um* (ἀμφίβολος), amphibologique : CAPEL. 5, 462.

amphĭbrăchus, *i*, m., AUG. *Mus.* 2, 8, 15, **amphĭbrăchўs**, *yos*, m. (ἀμφίβραχυς), amphibraque [pied composé d'une longue entre deux brèves] : QUINT. 9, 4, 81 ; 9, 4, 105.

amphĭcŏchlus, *i*, m. (ἀμφίκοχλος), variété d'améthyste : AVELL. p. 755, 2.

amphĭcŏmos, *i*, m., pierre précieuse inconnue : PLIN. 37, 160.

Amphictyŏn, *ŏnis*, m., roi légendaire d'Athènes : JUST. 2, 6, 9.

Amphictyŏnes, *um*, m. pl. (ἀμφικτύονες), les amphictyons [magistrats qui représentaient au congrès de la Grèce les différentes villes de ce pays] : CIC. *Inv.* 2, 69 ; PLIN. 35, 59.

amphĭcyrtŏs lūna (ἀμφίκυρτος), état de la Lune ayant deux cornes, c-à-d. au premier quartier : FIRM. *Math.* 4, 1, 10.

Amphĭdămās, *antis*, m., un des Argonautes : VAL.-FLAC. 1, 375.

amphĭdănēs, *ae*, m., sorte de pierre précieuse : PLIN. 37, 147.

amphĭdŏxus, *a*, *um* (ἀμφίδοξος), ambigu : ISID. 2, 21, 26.

Amphĭgĕnīa, *ae*, f., ville de Messénie : STAT. *Th.* 4, 178.

Amphĭlŏchĭa, *ae*, f., contrée de l'Épire : CIC. *Pis.* 96 ‖ **-chĭus** (**chĭcus**), *a*, *um*, d'Amphilochie : LIV. 38, 10, 1 ; PLIN. 4, 5 ‖ **-chi**, *ōrum*, m. pl., habitants d'Amphilochie : CAES. *C.* 3, 55, 1 ; LIV. 38, 3, 3.

Amphĭlŏchus, *i*, m. (Ἀμφίλοχος) ¶ **1** fils d'Amphiaraüs : CIC. *Div.* 1, 88 ¶ **2** écrivain grec : VARR. *R.* 1, 1, 8 ; PLIN. 18, 144.

amphĭmăcrus pēs (ἀμφίμακρος), amphimacre [pied composé d'une brève entre deux longues] : QUINT. 9, 4, 81.

amphĭmallum, *i*, VARR. *L.* 5, 167, **amphĭmallĭum**, *ii*, n. (ἀμφίμαλλον), étoffe dont les deux côtés sont laineux : PLIN. 8, 193.

Amphĭmĕdōn, *ontis*, m., nom d'un Libyen tué par Persée : OV. *M.* 5, 75.

Amphĭnŏmus, *i*, m. (Ἀμφίνομος), Amphinome [qui avec son frère Anapis sauva ses parents des flammes de l'Etna] : VAL. MAX. 5, 4, ext. 4.

Amphīōn, *ŏnis*, m. (Ἀμφίων), Amphion [qui bâtit Thèbes en faisant mouvoir les pierres aux sons de sa lyre] : HOR. *P.* 394 ‖ **-īŏnĭus**, *a*, *um*, d'Amphion : PROP. 1, 9, 10.
▶ *Ampĭo* QUINT. 12, 10, 57.

Amphĭōrāvus, ▶ *Amphiaraus* : CIL 3, 5060.

Amphĭpŏlis, *is*, f., ville de Macédoine Atlas VI, A2 : CAES. *C.* 3, 102, 2 ; NEP. *Cim.* 2, 2 ; LIV. 45, 9, 1 ‖ **-pŏlītēs**, *ae*, m., habitant d'Amphipolis : VARR. *R.* 1, 1, 8 ‖ **-pŏlītānus**, *a*, *um*, d'Amphipolis : LIV. 44, 45, 9.

amphĭprostўlŏs, *i*, m. (ἀμφιπρόστυλος), édifice qui a des colonnes par devant et par derrière : VITR. 3, 2, 1.

Amphīsa, *ae*, f., ▶ *Amphissa* : PLIN. 4, 8.

amphisbaena, *ae*, f. (ἀμφίσβαινα), espèce de serpent pouvant marcher en avant et en arrière : PLIN. 8, 85.

amphiscii, *ōrum*, m. pl. (ἀμφίσκιος), qui ont de l'ombre des deux côtés [en parl. des habitants de l'Équateur] : AMBR. *Hex.* 4, 5, 23.

Amphissa, *ae*, f., Amphissa [ville de Locride] Atlas VI, B1 : LIV. 37, 5, 4.

Amphissŏs (**-us**), *i*, m., fils d'Apollon et de Dryopé : OV. *M.* 9, 356.

amphĭtăpŏs, *ŏn* (ἀμφίταπος), **amphitapoe (vestes)**, LUCIL. 13 ; NON. 540, 26, **amphitapa**, n. pl., ULP. *Dig.* 34, 2, 23, 2, ▶ *amphimallum*.

amphĭthălămus, *i*, m. (ἀμφιθάλαμος), antichambre ? : *VITR. 6, 7, 2.

amphĭthĕātĕr, *tri*, m., ▶ *amphitheatrum*, l'amphithéâtre [l'ensemble des spectateurs] : PETR. 45, 6.

amphĭthĕātrālis, *e*, **amphĭthĕātrĭcus**, *a*, *um*, d'amphithéâtre : PLIN. 11, 84 ; 13, 76.

amphĭthĕātrum, *i*, n. (ἀμφιθέατρον), amphithéâtre : VITR. 1, 7, 1 ; PLIN. 19, 24 ; TAC. *An.* 4, 62.

Amphĭtrītē, *ēs*, f., Amphitrite [déesse de la mer] : OV. *M.* 1, 14.

Amphĭtruo arch., **Amphĭtryo**, **-tryōn**, *ōnis*, m. (Ἀμφιτρύων), Amphitryon [mari d'Alcmène, roi de Thèbes] : PL. *Amp.* 98 ; 100 ; SERV. *En.* 8, 103 ; OV. *M.* 6, 112 ‖ **-ōnĭădēs**, *ae*, m., Hercule : CATUL. 68, 112 ; VIRG. *En.* 8, 214.

amphŏdŏn, *i*, n. (ἄμφοδον), rue bordée de maisons : HIER. *Marc.* p. 353, 38.

Amphomala, *ae*, f., ville de Crète : PLIN. 4, 59.

amphŏra, *ae*, f. (ἀμφορεύς), amphore [récipient utilisé surtout pour les liquides] : CAT. *Agr.* 113, 2 ; HOR. *Epo.* 2, 15 ; COL. 12, 49, 7 ‖ [mesure pour les liquides équivalant à 26, 263 l] : CIC. *Font.* 9 ; PLIN. 9, 93 ‖ tonnage d'un navire : LENTUL. *Fam.* 12, 15, 2 ; PLIN. 6, 82.
▶ gén. pl. *amphorum* LENTUL. ; ▶ *amfora*, *ampora* (cf. *ampulla*).

amphŏrālis, *e*, qui contient une amphore : PLIN. 37, 27.

amphŏrārĭus, *a*, *um*, contenu dans une amphore : DIG. 33, 6, 16.

amphŏrŭla, *ae*, f., petite amphore : ISID. 19, 31, 12.

amphŏrum, ▶ *amphora* ▶.

Amphrȳsŏs (**-sus**), *i*, m., Amphryse [fleuve de Thessalie, où Apollon fut berger du roi Admète] : VIRG. *G.* 3, 2 ; OV. *M.* 1, 580 ‖ **-sĭăcus**, STAT. *S.* 1, 4, 150, **-sĭus**, *a*, *um*, VIRG. *En.* 6, 398, de l'Amphryse ; d'Apollon.

Ampĭa, *ae*, f., **Ampĭus**, *ii*, m., nom de femme, nom d'homme : CIC. *Fam.* 6, 12, 3 ; 6, 12, 1.

ampla, *ae*, f. (cf. *amplus*, ansa ; fr. *hampe*), anse, poignée : AMM. 21, 2, 1 ; SERV. *En.* 7, 796.

amplē adv. (*amplus*), amplement, largement : CIC. *Verr.* 4, 62 ‖ [fig.] avec l'ampleur du style : CIC. *Tusc.* 5, 24 ; *Brut.* 201 ‖ **amplissime**, de la manière la plus large, la plus grandiose, la plus généreuse : CIC. *Verr.* 2, 112 ; *Mur.* 15 ; *Phil.* 5, 53 ; CAES. *G.* 1, 43, 4 ‖ ▶ *amplius*.

amplectĭbĭlis, *e*, agréable, adorable : AVELL. p. 109, 15.

amplectŏr, *tĕris*, *tī*, *plexus sum* (*am*, *plecto*), tr. ¶ **1** embrasser, entourer : *corpore serpens arboris amplexus stirpem* LUCR. 5, 34, le serpent entourant de son corps le tronc de l'arbre ; *germanam amplexa* VIRG. *En.* 4, 686, tenant sa sœur embrassée ; *vir virum amplexus* LIV. 22, 47, 3, se saisissant l'un l'autre à bras le corps ; *saxa manibus* LIV. 5, 47, 5, agripper des mains les rochers (se cramponner aux rochers) ; *genua, dextram* LIV. 30, 12, 17, embrasser (saisir) les genoux, la main de qqn [pour le supplier] ; *quindecim milia passuum circuitu amplexus* CAES. *C.* 3, 44, 3, ayant encerclé un espace de quinze mille pas ; *aera amplectitur immensus aether* CIC. *Nat.* 2, 91, l'éther sans fin enveloppe l'air ; *ignis proxima quaeque amplexus* LIV. 30, 5, 7, la flamme enveloppant de proche en proche les objets ¶ **2** [fig.] embrasser, enfermer [par la pensée, par la parole [d'où] traiter, développer : *quae si judex non amplectetur omnia consilio* Cic. *Font.* 25, si [ces considérations] le juge ne les embrasse pas toutes par la réflexion ; *argumentum pluribus verbis amplecti* Cic. *Com.* 37, développer un argument plus longuement ; *oratores amplecti* Cic. *de Or.* 3, 34, (passer en revue) tous les orateurs ; *communiter omnia amplectar* Liv. 29, 17, 17, j'embrasserai tous les faits en bloc ‖ embrasser, comprendre : *quod idem interdum virtutis nomine amplectimur* Cic. *Tusc.* 2, 30, ce qu'aussi parfois nous comprenons sous le nom de vertu, cf. *Fin.* 5, 22 ; *Ac.* 2, 21 ; *quos lex majestatis amplectitur* Tac. *An.* 4, 34, ceux que comprend la loi de lèse-majesté ‖ embrasser, étendre sa possession sur : *ambiguam victoriam Volscorum pro sua amplexi fuerant* Liv. 4, 42, 10, ils avaient revendiqué, comme leur appartenant, la douteuse victoire des Volsques ; *aviditas plura amplectendi* Liv. 36, 32, 8, l'avidité d'embrasser plus de territoire ; *Graeciam omnem amplexa (Macedonum gens)* Liv. 45, 9, 4, (la Macédoine) ayant absorbé toute la Grèce dans sa domination ‖ prendre, recevoir : *hereditatem, legatum* Dig. 31, 5 pr., recevoir une succession, un legs ‖ suivre : *voluntatem parentis* Cod. Just. 6, 42, 23, suivre la volonté de son père ¶3 entourer de son affection, choyer : *aliquem* Cic. *Att.* 1, 13, 4, entourer qqn de prévenances ; *nimis amplecti plebem* Cic. *Mil.* 73, s'attacher trop à la plèbe (avoir trop de prévenances pour…) ; *omne animal, simul est ortum, duas (partes) in primis amplectitur, animum et corpus* Cic. *Fin.* 2, 33, tout être vivant, dès sa naissance, affectionne en premier lieu les deux parties dont il est composé, l'âme et le corps ¶4 s'attacher à qqch. [que l'on aime, que l'on approuve], s'y tenir fermement : *suas possessiones amplexi* Cic. *Sull.* 59, s'attachant à leurs propriétés ; *artem* Cic. *de Or.* 1, 110, s'attacher à l'art (être un tenant de l'art) ; *jus civile vehementer amplecti* Cic. *de Or.* 1, 234, s'attacher vivement à la défense du droit civil, cf. *Sest.* 93 ; *Flac.* 43 ; *Sejani amicitiam amplecti* Tac. *An.* 6, 8, s'attacher à l'amitié de Séjan [ne pas la renier] ; *inclementiam* Tac. *An.* 4, 42, s'attacher à la rigueur ¶5 accueillir qqch. avec empressement [en qq. sorte lui ouvrir ses bras] : *libenter amplector talem animum* Cic. *Fam.* 5, 19, 2, j'accueille avec joie de tels sentiments ; *nobilitatem et dignitates hominum amplectitur* Cic. *Fam.* 4, 8, 2, il a tous les égards pour la noblesse et le rang, cf. *Phil.* 10, 18 ; *Fam.* 16, 21, 3.

▶ arch. *amploctor* Andr. d. Diom. 384, 9 ‖ forme active *amplecto* : impér. *amplectitote* Pl. *Ru.* 816 ‖ [emploi pass.] : Lucil. 937 ; [surtout au part. parf.] : Petr. *Frg* 5 ; Hyg. *Astr.* 2, 8 ; Manil. 2, 412 ‖ inf. *amplectier* Lucr. 5, 728.

amplexābundus, *a*, *um* (*amplexor*), qui embrasse : Jul.-Val. 2, 32.

amplexātĭo, *ōnis*, f. (*amplexor*), embrassement : Cassiod. *Var.* 8, 26, 3.

amplexātus, *a*, *um*, part. de *amplexor*.

amplexĭo, *ōnis*, f. (*amplector*), combinaison [de mètres] : Mar. Vict. *Gram.* 6, 63, 12.

amplexo, ▶ *amplexor* ▶.

amplexŏr, *āris*, *ārī*, *ātus sum* (fréq. de *amplector*) ¶1 embrasser, serrer dans ses bras : Cic. *Fam.* 1, 9, 10 ¶2 s'attacher à qqch. [avec prédilection] : *otium* Cic. *Mur.* 83, aimer la tranquillité, cf. *de Or.* 3, 62 ; *Fin.* 2, 28 ; *Tusc.* 2, 30 ¶3 choyer, cajoler qqn : Cic. *Q.* 2, 10, 3.

▶ formes actives *amplexo*, *avi* Quadrig. d. Prisc. 2, 393, 6 ; Petr. 63, 8 ; *amplexato* Cic. *Clu.* 124 ‖ inf. *amplexarei* Pl. *Poen.* 1301 ; *amplexarier* Pl. *Amp.* 465 ; *Truc.* 925.

1 **amplexus**, *a*, *um*, part. de *amplector*.

2 **amplexŭs**, *ūs*, m., action d'embrasser, d'entourer, embrassement : Lucr. 5, 319 ; Cic. *Div.* 1, 79 ‖ étreinte, caresse : Virg. *En.* 1, 687 ‖ [chrét.] union : Faust.-Rei. *Spir.* 2, 4.

amplĭātĭo, *ōnis*, f. (*amplio*), augmentation, extension : Arn. 7, 46 ; Tert. *Or.* 6, 4 ‖ remise d'un jugement [pour effectuer un supplément d'enquête] : Sen. *Contr.* 1, 3, 9 ; Ascon. Cic. *Verr.* 1, 26.

amplĭātŏr, *ōris*, m., bienfaiteur : Aug. *Serm. Mai.* 109, 2.

amplĭātus, *a*, *um*, part. de *amplio*.

amplĭfĭcātĭo, *ōnis*, f. (*amplifico*), accroissement, augmentation : Cic. *Div.* 2, 33 ‖ [rhét.] amplification : Cic. *Part.* 27 ; *Or.* 102.

amplĭfĭcātŏr, *ōris*, m., celui qui augmente : Cic. *Tusc.* 5, 10 ; *Fam.* 10, 12, 5 ‖
amplĭfĭcātrīx, *īcis*, f., celle qui augmente : Pacat. *Theod.* = Paneg. 12, 8, 5.

amplĭfĭcātus, *a*, *um*, part. de *amplifico*.

amplĭfĭcē, adv. (*amplificus*), magnifiquement : Catul. 64, 265.

amplĭfĭcō, *ās*, *āre*, *āvī*, *ātum* (*amplus*, *facio*), tr. ¶1 élargir, accroître, augmenter : Cic. *Cat.* 3, 2 ; *Rep.* 3, 24 ; Caes. *G.* 2, 14 ¶2 [rhét.] amplifier : [un sujet] Cic. *de Or.* 3, 104 ; [le discours lui-même] Cic. *de Or.* 3, 105 ; *Part.* 67 ‖ glorifier : Vulg. *Eccli.* 49, 13 ¶3 [tard.] intr., exagérer : Vulg. *Eccli.* 33, 30.

amplĭfĭcus, *a*, *um*, magnifique : Front. *Eloq.* 4, p. 150 N. ‖ spacieux : Pacian. *Ep.* 3, 4.

amplĭō, *ās*, *āre*, *āvī*, *ātum* (*amplus* et *amplius*), tr. ¶1 augmenter, élargir : Hor. *S.* 1, 4, 32 ; Plin. *Pan.* 54, 4 ; Suet. *Aug.* 18 ; Tac. *H.* 2, 78 ‖ [fig.] rehausser, illustrer : Quint. 8, 4, 20 ‖ *ampliatus*, glorifié : Tert. *Val.* 8, 3 ¶2 [droit] prononcer le renvoi d'un jugement [à plus ample informé, v. *amplius* § 6] : Cic. *Caecin.* 29 ; *Verr.* 1, 26 ‖ *aliquem* Her. 4, 48 ; Liv. 4, 44, 12, ajourner qqn, ajourner son affaire.

amplĭtĕr, ▶ *amplē* : Pl. *Bac.* 677.

amplĭtūdō, *ĭnis*, f. (*amplus*) ¶1 grandeur des proportions, ampleur : *corporis* Plin. *Ep.* 6, 16, 13, corpulence, embonpoint ; *simulacrum modica amplitudine* Cic. *Verr.* 4, 109, statue de dimensions moyennes ¶2 [fig.] grandeur : *honoris* Cic. *Mur.* 8, grandeur (importance) considérable d'une magistrature ; *amplitudo Marcellorum* Cic. *Verr.* 4, 89, le prestige des Marcellus ; *ad summam amplitudinem pervenire* Cic. *Brut.* 281, parvenir au plus haut rang ; *amplitudo animi* Cic. *Tusc.* 2, 64, grandeur d'âme ‖ [tard.] Grandeur [titre] : Alcim. *Ep.* 34 ¶3 [rhét.] ampleur du style : Cic. *Or.* 5.

amplĭus (compar. de *ample*) ¶1 avec plus d'ampleur, en plus grande quantité, plus longtemps, davantage : *amplexus animo sum aliquanto amplius* Cic. *Verr.* 2, 1, j'ai embrassé dans mon esprit un sujet sensiblement plus vaste ; *amplius quod desideres nihil erit* Cic. *Tusc.* 1, 24, tu n'auras rien à désirer de plus ; *non luctabor tecum amplius* Cic. *de Or.* 1, 74, je ne lutterai pas davantage avec toi ¶2 en plus de ce qui est déjà, en outre : *multitudinem hominum amplius traducere* Caes. *G.* 1, 35, 3, faire passer encore une masse d'hommes de plus, cf. 1, 43, 9 ; Sall. *J.* 44, 5 ; *et hoc amplius* Cic. *Verr.* 2, 123, et de plus ceci, cf. *Fin.* 5, 11 ; *Fam.* 9, 25, 1 ; Nep. *Alc.* 11, 2 ; *et hoc amplius censeo…* Cic. *Phil.* 13, 50, et en plus j'émets cette proposition de décret, savoir que… ¶3 [avec les noms de nombre, à l'abl.] *amplius quinis milibus passuum* Caes. *G.* 1, 15, 5, plus de cinq mille pas chaque fois, cf. Cic. *Or.* 224 ‖ sans influence sur le cas [plus ordin.] *horam amplius* ; Cic. *Verr.* 4, 95, depuis plus d'une heure ; *spatium, quod est non amplius pedum sescentorum* Caes. *G.* 1, 38, 5, espace qui n'est pas de plus de six cents pieds, cf. Cic. *Verr.* 5, 155 ; *Phil.* 2, 40 ; Caes. *G.* 2, 29, 3 ; 3, 5, 1 ; 4, 12, 1 ; *cum ducentis haud amplius equitibus* Liv. 29, 29, 4, avec deux cents cavaliers, pas davantage ‖ [avec *quam*] *non amplius quam terna milia aeris* Nep. *Att.* 13, 6, pas plus de trois mille as chaque mois, cf. Cic. *Verr.* 2, 77 ; 3, 114 ; *de Or.* 1, 216 ¶4 [avec abl. du dém.] *hoc amplius si quid poteris* Cic. *de Or.* 1, 44, si tu peux qqch. de plus que cela ; *his amplius* Quint. 9, 3, 15, plus que cela ¶5 [expr.] : *nihil dico amplius* Cic. *Brut.* 333, je n'en dis pas davantage (je n'ajoute pas un mot) ; *virtutem inchoavit, nihil amplius* Cic. *Fin.* 5, 59, elle [la nature] a ébauché en nous la vertu, rien de plus [elle n'a rien fait de plus] ; *quibus natura nihil tribuit amplius quam ut ea alendo tueretur* Cic. *Nat.* 2, 33, [plantes] auxquelles la nature n'a rien accordé de plus que de les sauvegarder en les nourrissant ¶6 [t. de droit] supplément d'information (d'instruction), plus ample informé, : "*amplius*" *pronuntiare* Cic. *Brut.* 86, décider un supplément d'information, renvoyer à plus ample informé, cf. *Verr.* 1, 26.

ampliuscule

amplĭuscŭlē, adv., avec assez d'étendue : Sidon. *Ep.* 8, 16, 3.

amplĭuscŭlus, *a, um*, assez grand : Apul. *Apol.* 75.

amplō, *ās, āre, -, -*, ▣ amplio : Pacuv. *Tr.* 339.

amploctor, ▣ amplector ►.

amplus, *a, um* (cf. *ampla, ansa, manus* ?; it. *ampio*, esp. *ancho*, fr. *ample*) ¶ **1** ample, de vastes dimensions : **ampla domus** Cic. *Off.* 1, 139, maison spacieuse ; **amplum signum** Cic. *Verr.* 4, 74, statue de grandes proportions ; **collis castris parum amplus** Sall. *J.* 98, 3, colline offrant un espace insuffisant pour un camp ; **amplus portus** Liv. 26, 42, 4, port vaste ¶ **2** grand, vaste, important : **ampla civitas** Cic. *Verr.* 4, 96, cité importante ; **patrimonium tam amplum** Cic. *Amer.* 6, patrimoine si vaste ; **praemiis amplioribus commoveri** Cic. *de Or.* 1, 13, être poussé par de plus belles récompenses ; **amplissimas fortunas amittere** Cic. *Verr.* 5, 18, perdre des biens immenses ; **in amplissimis epulis** Caes. *G.* 6, 28, 6, dans les plus grands festins ¶ **3** [en parl. de choses] grand, magnifique, imposant : **amplissimum munus** Cic. *Mur.* 37, les jeux les plus magnifiques ; **amplissima dignitas** Cic. *CM* 68, le plus haut rang [les plus hautes dignités] ; **aliquid sibi amplum putare** Cic. *Verr.* 2, 107, estimer glorieux pour soi qqch. ‖ **genus dicendi amplissimum** Cic. *Or.* 82, le style sublime [qui a le plus d'ampleur, de magnificence] ¶ **4** [en parl. des pers.] grand, considérable, notable, influent : **suos omnes per se esse ampliores volebat** Cic. *Lae.* 69, il voulait que grâce à lui tous les siens eussent un plus grand prestige ; **homines amplissimi** Cic. *Amer.* 102, les hommes les plus considérables ; **amplissimo genere natus** Caes. *G.* 4, 12, 4, de la plus illustre naissance ‖ **(orator) amplus** Cic. *Or.* 97 ; *Brut.* 202, (orateur) au style ample [large, riche] ¶ **5** compar. n. pris subst^t avec gén. : **amplius negotii** Cic. *Cat.* 4, 9, une plus grande quantité d'embarras (de plus grands embarras), cf. *Verr.* 3, 49 ; Caes. *G.* 6, 9, 7 ¶ **6** *amplissimus*, titre honorifique attaché à plusieurs ordres ou fonctions : **amplissimus ordo** Dig. 14, 6, 9, 2, l'ordre magnifique [le sénat] ; **amplissimi judices** Cod. Just. 7, 64, 3, les juges magnifiques [les préfets du prétoire] ; **amplissima sedes** Cod. Just. 3, 24, 3 pr., le siège magnifique [la préfecture de la ville].

ampŏra, ▣ amphora [orth. condamnée par l'App.-Prob. 4, 199, 17] ; ▣ ampulla.

ampōtis, *is*, f. (ἄμπωτις), le reflux : Ambros. *Hex.* 4, 7, 30.

Amprentae, *ārum*, m. pl., peuple de la Colchide : Plin. 6, 12.

Ampsācus, *i*, m., **Ampsāga**, *ae*, f., fleuve de Numidie : Mel. 1, 30 ; Plin. 5, 21.

Ampsanctus, (**Ams-**, Serv., *i*), m. (*amb-, sanctus*), lac d'Italie [très dangereux par ses émanations pestilentielles ; auj. Ansancto] : Virg. *En.* 7, 565 ; Cic. *Div.* 1, 79 ; Plin. 2, 208.

Ampsivarĭi, *ōrum*, m. pl., nom d'une peuplade germanique : Tac. *An.* 13, 55.

amptermĭnī (amter-), *ōrum*, m. pl., peuples limitrophes de la province : P. Fest. 16, 8.

amptrŭō (antrŭō, antrŏō, andrŭō), *ās, āre, -, -* (*amb-, truo* ?), tourner, danser comme les prêtres saliens : Lucil. 320 ; Fest. 334, 20 ; P. Fest. 9, 1 ; Gloss. 2, 21, 20.

ampulla, *ae*, f. (dim. de *ampora, amphora* ; fr. *ampoule*) ¶ **1** petite fiole à ventre bombé : Pl. *Merc.* 927 ; Cic. *Fin.* 4, 30 ¶ **2** [fig.] terme emphatique, style ampoulé : Hor. *P.* 97.

ampullācĕus, *a, um*, fait en forme de fiole : Plin. 15, 55.

ampullāgĭum, *ii*, n., fleur de grenadier : Cael.-Aur. *Chron.* 4, 3, 52.

ampullārĭus, *ii*, m., fabricant de fioles : Pl. *Ru.* 756.

ampullŏr, *āris, ārī, -* (*ampulla*), intr., s'exprimer en un style emphatique : Hor. *Ep.* 1, 3, 14.

ampullŭla, *ae*, f., petit flacon : Sulp. Sev. *Dial.* 3, 3, 2.

ampŭtātĭo, *ōnis*, f. (*amputo*) ¶ **1** action d'élaguer, de retrancher : Cic. *CM* 53 ‖ la partie coupée : Plin. 12, 118 ¶ **2** mutilation : **digitorum** Cod. Th. 7, 13, 4, mutilation des doigts [faite volontairement pour échapper au service militaire] ; **capitis** Dig. 48, 19, 28 pr., peine capitale ¶ **3** [chrét.] suppression : Arn. 1, 27.

ampŭtātŏr, *ōris*, m., celui qui coupe : Gloss. 2, 566, 26.

ampŭtātōrĭus, *a, um*, qui a la vertu de couper : Ps. Theod.-Prisc. *Diaet.* 10.

ampŭtātrix, *īcis*, f., celle qui supprime : Ambr. *Job* 4, 3, 2.

ampŭtātus, *a, um*, part. de *amputo*.

ampŭtō, *ās, āre, āvī, ātum* (*am, puto*), tr., couper, élaguer : Cic. *CM* 52 ; Plin. 16, 132 ‖ [fig.] retrancher : Cic. *Fin.* 1, 44 ; *de Or.* 2, 88 ‖ pl. n. pris subst^t [rhét.] **amputata** Cic. *Or.* 170, phrases mutilées, hachées [où les mots n'ont pas une liaison harmonieuse] ‖ châtrer : Tert. *Nat.* 2, 7, 16.

Ampÿcus, *i*, m., prêtre de Cérès : Ov. *M.* 5, 110 ‖ père du devin Mopsus : Hyg. *Fab.* 14 ; 128 ‖ **-pўcĭdēs**, *ae*, acc. *en*, m., fils d'Ampycus [devin Mopsus] : Ov. *M.* 12, 456.

Ampyx, *ўcis*, acc. *ўca*, m., un des Lapithes : Ov. *M.* 12, 450 ‖ guerrier pétrifié par Persée : Ov. *M.* 5, 184.

Amsāga, ▣ Ampsaga.

Amsanctus, ▣ Ampsanctus.

amsĕdentes, m. pl. (*am, sedeo*), qui sont assis autour : Gloss. 5, 6, 33.

amsĕgētēs, *um*, m. pl. (*am, seges*), possesseurs de champs qui sont de part et d'autre d'un chemin : P. Fest. 19, 16.

amtermĭni, ▣ ampt-.

Amtorgis, *is*, f., ville de Bétique : Liv. 25, 32, 9.

Amudis, *is*, f., ville de Mésopotamie : Amm. 18, 6, 13.

ămŭla, *ae*, f., bassin [vase] : Vulg. 3 *Reg.* 7, 40 ; ▣ hamula.

amuletum, *i*, n. (obscur), amulette, talisman : Plin. 28, 38.

Ămūlĭus, *ii*, m., roi d'Albe [qui ordonna de jeter Rémus et Romulus dans le Tibre] : Ov. *F.* 4, 53 ; Liv. 1, 3.

ămŭlum, ▣ amylum : Cat. *Agr.* 86.

ămŭlus, *i*, m. (gaul. ; fr. *omble*), omble-chevalier [poisson] : Pol.-Silv. 544, 18.

Ămunclae, *ārum*, f. pl., Solin. 2, 32, **-clānus**, Tac. *An.* 4, 59, ▣ 2 Amyclae.

ămurca, *ae*, f. (de ἀμόργη ; esp. *morga*), amurque [eau de pression des olives] : Cat. *Agr.* 64, 2 ; Virg. *G.* 3, 448.

ămurcārĭus, *a, um*, d'amurque : Cat. *Agr.* 10, 4.

Amurĭum, ▣ Amorion.

ămūsĭa, *ae*, f. (ἀμουσία), ignorance de la musique : Varr. *Men.* 179, 8.

ămūsos, *i*, m. (ἄμουσος), qui ne sait pas la musique : Vitr. 1, 1, 13.

ămussim, adv., régulièrement : P. Fest. 6, 1.

ămussis, *is*, f. (obscur), règle, cordeau, équerre : Varr. d. Non. 9, 17 ‖ [fig.] **ad amussim** ou **adamussim**, au cordeau, exactement : Varr. *R.* 2, 1, 26 ‖ ▣ *examussim*, véritablement : Pl. *Amp.* 843.

ămussĭtātus, *a, um*, tiré au cordeau parfait : Pl. *Mil.* 632.

ămussĭum, *ii*, n., règle, niveau : Vitr. 1, 6, 6.

Ămӯclae, *ārum*, f. pl. ¶ **1** Amyclées, ville de Laconie : Mart. 9, 104 ; Ov. *M.* 8, 314 ¶ **2** ville du Latium détruite par des serpents : Plin. 8, 104 [Serv. *En.* 10, 564 donne aussi une autre tradition] ; Virg. *En.* 10, 564 ‖ **-claeus**, *a, um*, d'Amyclées [Laconie] : Virg. *G.* 3, 345 ‖ **-clānus**, *a, um*, d'Amyclées [Latium] : Suet. *Frg.* p. 243 ; ▣ Amunclae.

Ămӯclās, *ae*, m., nom d'homme : Luc. 5, 520.

Ămӯclē, *ēs*, f., nom de femme : Prop. 4, 5, 32.

Ămӯclīdēs, *ae*, m., fils d'Amyclas [Hyacinthe] : Ov. *M.* 10, 162.

ămyctĭcus, *a, um* (ἀμυκτικός), qui cautérise : Theod.-Prisc. *Eup.* 2, 21 ; Cael.-Aur. *Chron.* 2, 6, 93.

Ămӯcus, *i*, m. (Ἄμυκος) ¶ **1** fils de Neptune : Val.-Flac. 4, 148 ¶ **2** nom d'un Centaure : Ov. *M.* 12, 245 ¶ **3** nom d'un Troyen : Virg. *En.* 10, 704.

Ămӯdōn, *ōnis*, f., ville de Macédoine : Juv. 3, 69.

ămygdăla, *ae*, f. (ἀμυγδάλη ; fr. *amande*, it. *mandorla*) ¶ **1** amande : PLIN. 12, 36 ¶ **2** amandier : PLIN. 16, 103.
▶ nombreuses altérations : *amiddula, amyndala, amandola*.

ămygdălĕus, *a, um*, **amygdălĭnus**, *a, um* (ἀμυγδάλινος), d'amande ou d'amandier : PALL. *Insit.* 157 ; PLIN. 15, 26.

ămygdălītēs, *ae*, m. (ἀμυγδαλίτης), sorte d'euphorbe : PLIN. 26, 70.

ămygdălŏīdēs, acc. *ēn*, m. (ἀμυγδαλοειδής), espèce d'euphorbe : PS. APUL. *Herb.* 108.

ămygdălum, *i*, n. (ἀμύγδαλον) ¶ **1** amande : OV. *A. A.* 3, 183 ¶ **2** amandier : COL. *Arb.* 25, 1.

ămygdălus, *i*, f. (ἀμύγδαλος), amandier : PALL. 2, 15, 6.

ămylātus, *a, um*, part. de *amylo*.

ămylō, *ās, āre*, -, -, mêler avec de l'amidon : CAEL.-AUR. *Chron.* 2, 13, 177.
▶ **ămŭlō**, APIC. 280.

ămylum, *i*, n. (ἄμυλον ; it. *amido*), amidon, empois : PLIN. 18, 76 ‖ **ămŏlum**, ISID. 20, 2, 19.

Amymnaei, *ōrum*, m. pl., peuple de Thrace : SERV. *En.* 1, 317.

Ămȳmōnē, *ēs*, f. (Ἀμυμώνη), une des Danaïdes : PROP. 3, 26, 47 ‖ fontaine près d'Argos : OV. *M.* 2, 240 ‖ **-mŏnĭus**, *a, um*, d'Amymoné : HYG. *Fab.* 169.

Amynandĕr, *dri*, m., roi d'Athamanie : LIV. 31, 28, 1.

Ămynclae, **Ămynclānus**, **Ămyncles**, V. ▶ 2 *Amyclae* : PLIN. 8, 104 ; 3, 59 ; 14, 61.

Ămȳnŏmăchus, *i*, m., philosophe épicurien : CIC. *Fin.* 2, 101.

Ămyntās, *ae*, m. (Ἀμύντας), roi de Macédoine, père de Philippe II : NEP. *Reg.* 2 ; JUST. 7, 4 ‖ **-tĭădēs**, *ae*, m., fils d'Amyntas : OV. *Ib.* 297 ‖ nom d'un berger : VIRG. *B.* 3, 66.

ămyntĭcus, V. ▶ *amycticus*.

Ămyntōr, *ŏris*, m., roi des Dolopes : OV. *M.* 8, 307 ‖ **-tŏrĭdēs**, *ae*, m., fils d'Amyntor [Phœnix] : OV. *Ib.* 257.

Ămȳrus, *i*, m., fleuve de Thessalie : VAL.-FLAC. 2, 11.

ămystis, *ĭdis*, f. (ἄμυστις), action de vider un verre d'un seul trait : HOR. *O.* 1, 36, 14 ‖ coupe : ISID. 20, 5, 4.

Ămȳthāōn, *ŏnis*, m., père de Mélampe : OV. *M.* 15, 325 ‖ **-āŏnĭus**, *a, um*, d'Amithaon : VIRG. *G.* 3, 550.

Ămyzōn, *ŏnis*, f., ville de Carie : PLIN. 5, 109.

1 **an** (arch. **annĕ**) (*ăt, -nĕ*), conj. interrogative.

I [interrog. directe] **A** interrog. simple ¶ **1** (pour demander une confirmation) "mais est-ce que ?" ¶ **2** (pour protester, réponse non) ¶ **3** (pour confirmer) "est-ce que vraiment ?" ¶ **4** (pour exprimer une réserve) "ou bien par hasard est-ce que ?" **B** [interrog. double] ¶ **1** *(-ne ... an ...)* ¶ **2** interrogative entre parenthèses *an quis alius*.
II [interrog. indir.] ¶ **1** simple a) *nescio an* b) *temptas an sciamus* c) *nescio an* "peut-être" ¶ **2** interr. indir. double *-ne ... an , num ... an , utrum ... an ,* [tard.] *an ... an*, seulement *an, anne*.

I interrog. directe.
A [simple] ¶ **1** [pour reprendre qqch. qui vient d'être dit et en demander une confirmation] mais est-ce que ? : *vin appellem hunc Punice ? — an scis ?* PL. *Poen.* 990, veux-tu que je l'interpelle en carthaginois ? — mais est-ce que tu le sais ?, cf. *Amp.* 963 ; *As.* 837 ; *adeone me delirare censes, ut ista esse credam ? — an tu haec non credis ?* CIC. *Tusc.* 1, 10, me juges-tu assez extravagant pour croire à tout cela ? — mais n'y crois-tu donc pas ?, cf. *Tusc.* 5, 35 ‖ [pour interroger sur la réalité d'une chose] est-ce que vraiment ? est-il vrai que ? [alors chez les comiques, *an* est souv. accompagné de *eho*, de *dic* ou *obsecro*, "dis-moi", "je te prie"] : PL. *Mil.* 303 ; 822 ; *Bac.* 197 ; *Trin.* 986 ; *Most.* 445 ; 1064 ; *As.* 894 ; *Merc.* 145 ; CIC. *Quinct.* 81 ; *Verr. prim.* 27 ; [qqf., on trouve *anne*] PL. *Truc.* 666 ; TER. *And.* 851 ¶ **2** [pour opposer une protestation et solliciter une réponse négative] mais est-ce que ? : CIC. *de Or.* 2, 366 ; 3, 18 ; *Brut.* 184 ; *Fin.* 2, 93 ; *Leg.* 3, 33 ; *Off.* 3, 105 ; *Phil.* 2, 38 ; *Att.* 14, 11, 1 ; *nam quod rogas, ut respiciam generum meum, an dubitas quin ea me cura sollicitet* CIC. *Fam.* 2, 16, 5, quant à la prière que tu m'adresses, d'avoir égard à mon gendre, est-ce que vraiment tu doutes que je ne sois pour lui en souci ? ; *flagitium facimus — an id flagitium est, si ... ?* TER. *Eun.* 383, nous faisons un scandale — hé ! est-ce un scandale que de ... ; *contra rem suam me venisse questus est ; an ego non venissem contra alienum pro familiari et necessario ?* CIC. *Phil.* 2, 3, il s'est plaint que je sois intervenu contre ses intérêts ; mais ne devais-je pas intervenir contre un étranger en faveur d'un ami et d'un parent ? ¶ **3** [pour fortifier, appuyer ce qu'on vient de dire] est-ce que vraiment : *nescio ecquid ipsi nos fortiter in re publica fecerimus ; si quid fecimus, certe irati non fecimus ; an est quicquam similius insaniae quam ira ?* CIC. *Tusc.* 4, 52, je ne sais si j'ai accompli moi-même quelque acte courageux dans ma vie politique ; si j'en ai accompli, à coup sûr il n'y entrait nulle colère ; d'ailleurs est-il rien vraiment qui ressemble plus à la folie que la colère ? ; *oratorem irasci minime decet, simulare non dedecet ; an tibi irasci tum videmur, cum quid in causis acrius dicimus ?* CIC. *Tusc.* 4, 55, se mettre en colère ne sied pas du tout à l'orateur, mais le feindre ne lui messied point ; par exemple, crois-tu vraiment que je sois en colère toutes les fois que dans une plaidoirie je parle avec plus de vivacité que d'ordinaire ?, cf. *Leg.* 2, 5 ; *Pis.* 10 ; *Div.* 1, 24 ; LIV. 1, 50, 3 ¶ **4** [pour exprimer une réserve] ou bien par hasard est-ce que ? : *mane : turbast nunc apud aram ; an te ibi vis inter istas vorsarier prosedas ?* PL. *Poen.* 265, attends, il y a foule maintenant auprès de l'autel ; ou bien par hasard veux-tu te mêler à toutes ces prostituées ?, cf. *As.* 524 ; *Amp.* 1027 ; *Men.* 961 ; TER. *And.* 621 ; *Haut.* 505 ; *nisi hoc indignum putas quod ... ; an quod diligenter defenditur, id tibi indignum facinus videtur ?* CIC. *Amer.* 148, peut-être trouves-tu indigne le fait que ... ou bien par hasard est-ce le soin qu'on met à le défendre qui te paraît un crime indigne ? ; *an censes ?* CIC. *Brut.* 186 ; *Att.* 8, 11, 2, ou bien par hasard estimes-tu ? ; *an existimas ?* CIC. *Att.* 10, 11, 2, ou bien par hasard crois-tu ? ; *an vero* CIC. *Arch.* 30 ; *Font.* 23, 30 [même sens] ‖ [surtout fréquent après une interrog.] ou bien alors est-ce que : CIC. *Amer.* 44 ; *Sest.* 80 ; *Tusc.* 1, 112 ; 4, 56 ; 5, 26 ; *Verr.* 1, 102 ; 2, 119 ; *Nat.* 1, 77 ; *Fin.* 2, 60 ; *an vero* CIC. *de Or.* 1, 37 ; *Font.* 33 ; *Pomp.* 33 ; 44 ; *an potius* TER. *Eun.* 382 ¶ **5** [pour fournir la réponse à une interrog.] serait-ce que ... ? ne serait-ce pas que ? [= c'est sans doute que] : *nolo me in via cum hac veste videat — quamobrem tandem ? an quia pudet ? — id ipsum* TER. *Eun.* 907, je ne veux pas qu'il me voie dans la rue avec cet accoutrement — pourquoi donc ? serait-ce parce que tu as honte ? — précisément, cf. PL. *Amp.* 690 ; *Epid.* 223 ; *Men.* 496 ; *quando ista vis evanuit ? an postquam homines minus creduli esse coeperunt*, quand cette propriété (vertu) s'est-elle évanouie ? ne serait-ce pas depuis que les hommes sont devenus moins crédules ? ; *quid ad se venirent ? an speculandi causa ?* CAES. *G.* 1, 47, 6, pourquoi venaient-ils vers lui ? n'était-ce pas pour espionner ? ; *cujum pecus ? an Meliboei ?* VIRG. *B.* 3, 1, à qui le troupeau ? n'est-ce pas à Mélibée (?, cf. CIC. *Quinct.* 68 ; *Phil.* 2, 10 ; *Ac.* 1, 10 ; *Tusc.* 3, 1 ; *Off.* 1, 48 ; *C M* 15 ; *de Or.* 3, 18 ; [avec ironie] *quid exspectas ? an dum ab inferis exsistat ?* CIC. *Verr.* 1, 94, qu'attends-tu ? qu'il sorte des enfers ?, cf. *Phil.* 3, 19 ; *Verr.* 3, 186 ¶ **6** [*an* suivi de la parataxe, c.-à-d. portant sur deux prop. juxtaposées dont la première s'oppose à la seconde] : *an Scythes Anacharsis potuit pro nihilo pecuniam ducere, nostrates philosophi facere non poterunt ?* CIC. *Tusc.* 5, 90, est-ce que, tandis que le Scythe Anacharsis a pu considérer l'argent comme rien, les philosophes de chez nous ne pourront le faire ? [= eh

an

quoi ! le Scythe A. a pu... et les philosophes...], cf. *Tusc.* 5, 42 ; 5, 104 ; *Prov.* 12 ; *Arch.* 30 ; *Fin.* 1, 5 ; *Or.* 31 ; [*an vero*, même emploi] *Cat.* 1, 3 ; *Dom.* 79 ; *Sull.* 32 ; *Planc.* 41 ; *Font.* 26.
B [interrog. double] ¶ **1** [1er membre *ne*, suivi de *an*] est-ce que... ou bien... ? : *visne totum hunc locum accuratius etiam explicemus quam illi ipsi qui et haec et alia nobis tradiderunt, an iis contenti esse, quae ab illis dicta sunt, possumus ?* Cic. *Or.* 174, veux-tu que nous traitions ce point entièrement avec plus de soin encore même que ceux-là mêmes qui nous ont transmis ces idées parmi d'autres, ou pouvons-nous nous contenter de ce qu'ils ont dit ?, cf. *Verr.* 3, 106 ; *Mur.* 89 ; *Clu.* 82 ; *Fin.* 2, 102 ; *Tusc.* 4, 46 ; *Fam.* 2, 4, 1 ; *Brut.* 294 ‖ **num... an**, même sens : Pl. *Poen.* 1315 ; Cic. *de Or.* 1, 249 ; *Mur.* 76 ; [souv. le second membre introduisant l'idée la plus probable, *an* = "est-ce que... ne... pas", "au contraire, bien plutôt"] : *num... Cleanthem aut Diogenem Stoicum coegit in suis studiis obmutescere senectus ? an in omnibus his studiorum agitatio vitae aequalis fuit ?* Cic. *CM* 23, est-ce que Cléanthe ou Diogène, le Stoïcien, ont été forcés par la vieillesse de renoncer à leurs études ? chez tous ces gens-là au contraire l'activité intellectuelle n'a-t-elle pas duré autant que leur vie ?, cf. *Leg.* 2, 5 ‖ **utrum... an...**, est-ce que... ou bien... ? : Cic. *Caecin.* 30 ; *Amer.* 73 ; *Com.* 16 ; *Verr.* 1, 147 ; 2, 107 ; *Clu.* 60 ; *Sull.* 72 ; *Ac.* 2, 95 ; *Fin.* 1, 28 ; *Tusc.* 3, 5 ; **utrum... an vero** Cic. *Verr.* 3, 194, est-ce que... ou bien... ? ; **utrum... an non ?** Cic. *Com.* 9, est-ce que... ou non ? ‖ [le pron. *uter* annonçant l'interrog. double] *uter tandem rex est, isne, cui... an is qui... ?* Cic. *Sull.* 22, lequel des deux enfin agit en roi, celui à qui..., ou celui qui... ? ; *Caecil.* 65 ; *Sest.* 109 ; *Verr.* 3, 84 ; *Clu.* 106 ; *Phil.* 13, 12 ‖ [aucune partic. au 1er membre] *etiam redditis nobis filios et servom ? an ego experior... ?* Pl. *Bac.* 1167, nous rendez-vous enfin nos fils et mon esclave ou vais-je avoir recours... ? ; Cic. *Amer.* 74 ; *Verr.* 3, 45 ; 3, 168 ; *Caecil.* 33 ; *Flac.* 85 ; *Mil.* 53 ¶ **2** [interrog. formant parenthèse] *obtrectatum esse Gabinio dicam anne Pompeio an utrique* Cic. *Pomp.* 57, on a dénigré, dirai-je, Gabinius ou Pompée ou tous les deux ; *Hortensius me quoque, jocansne an ita sentiens, coepit hortari ut* Cic. *Ac.* 2, 63, Hortensius se mit aussi, par badinage ou sérieusement ? à m'exhorter à : *ego utrum nave ferar magna an parva, ferar unus et idem* Hor. *Ep.* 2, 2, 199, pour moi, que je sois porté sur un grand ou sur un petit navire [riche ou pauvre] je serai toujours le même ‖ *cum ei Simonides an quis alius artem memoriae polliceretur* Cic. *Fin.* 2, 104, comme Simonide ou qqn d'autre lui promettait une mnémotechnie ; *paucis ante quam mortuus est an diebus an mensibus* [mss] Cic. *Brut.* 89, ou peu de jours ou peu de mois avant sa mort, cf. *Att.* 11, 6, 6 ; Virg.

En. 1, 328 ; **Cn. Octavius est an Cn. Cornelius quidam** Cic. *Fam.* 7, 9, 2, il y a un certain Cn. Octavius ou Cn. Cornelius, cf. *Att.* 1, 3, 2 ; 1, 17, 16 ; 2, 7, 3 ; 7, 1, 9 ; Liv. 28, 43, 3 ; Tac. *An.* 1, 13.
II [interrog. indir.] ¶ **1** [simple] **a)** après *nescio, haud scio* "je ne sais pas" ; *qui scio ?* "comment sais-je ?" ; *dubito* "je doute" ; *incertum est* "il n'est pas sûr", *an*, dans la langue classique, signifie, si... ne... pas : *qui scis an tibi istuc eveniat prius quam mihi ?* Pl. *Most.* 58, comment sais-tu si cela ne t'arrivera pas plus tôt qu'à moi ?, cf. *Pers.* 717 ; [ces expr. peuvent souv. se traduire par] peut-être : *qui scis an quae jubeam sine vi faciat* Ter. *Eun.* 790, il se pourrait qu'il fasse sans contrainte ce que j'ordonne ; *haud scio an aliter sentias* Cic. *de Or.* 1, 263, peut-être bien as-tu une autre opinion ; *de L. Bruto dubitarim an propter odium tyranni ecfrenatius in Aruntem invaserit* Cic. *Tusc.* 4, 50, touchant L. Brutus, je serais porté à croire qu'il s'est jeté sur Aruns avec plus d'emportement à cause de sa haine du tyran, cf. Sen. *Ep.* 108, 22 ‖ [suivi d'une nég.] *nescio an* [en lat. class.] peut-être ne... pas : *haud scio an nulla beatior (senectus) possit esse* Cic. *CM* 56, il se pourrait qu'il n'y ait pas (de vieillesse) plus heureuse ; *haud scio an nihil* Cic. *Lae.* 20, peut-être rien ; *id haud scio an non possis* Cic. *Ac.* 2, 81, peut-être ne le peux-tu pas, cf. *de Or.* 2, 18 ; *Off.* 3, 50 ; *Lae.* 51 [les mss ont *haud scio an umquam* ; Cic. *Or.* 7 ; *ulli* Cic. *Fam.* 9, 9, 2 ; *Att.* 4, 3, 2 M ; *ulli* Nep. *Tim.* 1, 1, les éditeurs rétablissent la négation **b)** *temptas an sciamus* Pl. *Poen.* 557, tu essaies de voir si nous savons ; *quid refert an alia mutis dissimilia habeat* Sen. *Ir.* 3, 27, 2, qu'importe qu'il ait [s'il a] d'autres points de différence avec les animaux ; *an accincti forent rogitantes* Tac. *H.* 2, 88, leur demandant s'ils avaient leurs épées ; *spectare an* Liv. 31, 48, 6, rechercher si ; *consulti an darent* Liv. 45, 20, 6, consultés sur le point de savoir s'ils accordaient ; *quaerere an* Liv. 40, 14, 7, demander si ; *M. Curtium castigasse ferunt dubitantes, an ullum magis Romanum bonum quam arma virtusque esset* Liv. 7, 6, 3, M. Curtius leur reprocha, dit-on, leurs hésitations [en demandant] si pour les Romains il y avait un bien avant les armes et le courage **c)** [*nescio an* a pris l'acception adverbiale et souvent il n'a aucune influence sur le verbe] : *Verr.* 1, 125 ; *Or.* 7 ; *de Or.* 2, 72 ; *Leg.* 1, 56 ; *Att.* 14, 11, 2 ; Liv. 23, 16, 16 ; 26, 42, 4 ; [*incertum an*, de même] Cic. *CM* 74 ¶ **2** [interrog. indir. double] *ne... an*, si... ou si... : *si a natura deus aliqui requirat, contentane sit suis integris sensibus an postulet melius aliquid...* Cic. *Ac.* 2, 19, en supposant que qq. dieu demande à la nature si elle se contente des sens comme elle les possède, mais en bon état, ou si elle réclame qqch. de mieux..., cf. *Fin.* 5, 12 ; *Att.* 10, 4, 11 ; *Mil.* 31 ; *Phil.* 2, 99 ; Caes. *G.* 4, 14, 2 ; *C.* 1, 25, 3 ; Liv. 4, 35, 9 ; 8, 40, 2 ; *rectene*

an secus, nihil ad nos Cic. *Pis.* 68, ont-ils raison ou non, cela ne nous importe pas, cf. *Off.* 3, 11 ‖ **num... an**, si... ou si : Ov. *Pont.* 2, 2, 57 ‖ [tard.] *an... an* Pass. Perp. 4, 1 ; Cassiod. *Var.* 11, 10, 11, si... ou si ‖ **an necne** Tert. *Jud.* 6, 3, si... ou non ‖ **utrum... an**, si... ou si... : Cic. *Clu.* 26 ; *Sull.* 48 ; *Att.* 4, 15, 7 ; Caes. *G.* 1, 40, 14 ; 1, 53, 7 ; [**utrum... anne**, même sens] : Cic. *Or.* 206 ; *Att.* 12, 51, 2 ; [**utrum** suivi de *ne... an*, même sens] Quinct. 92 ; *Tusc.* 4, 59 ; *Nat.* 2, 87 ; **utrum... an contra** Cic. *Nat.* 1, 2 ‖ [*uter* pron. annonçant l'interrog. double] : *utrum esset utilius suisne servire an...* Cic. *Verr.* 4, 73, [se demander] laquelle des deux situations était la plus avantageuse, être sous le joug de leurs compatriotes, ou..., cf. *Div.* 2, 129 ; *Ac.* 2, 71 ; *Fam.* 9, 4 ; Nep. *Att.* 5, 4 ; Liv. 29, 17, 19 ; 38, 47, 11 ‖ [aucune partic. dans le 1er membre] *nihil interest nostra vacemus an cruciemur dolore* Cic. *Fin.* 4, 69, pour nous, il n'y a pas d'importance (si nous sommes exempts ou si...) que nous soyons exempts ou accablés de douleur, cf. *Phil.* 3, 18 ; *non crediderit factum an tantum animo roboris fuerit, non traditur certum* Liv. 2, 8, 8, ne crut-il pas à l'événement ou eut-il une telle force d'âme, la tradition est incertaine sur ce point, cf. 4, 55, 8 ; 6, 27, 8 ; [*an non* ou non] : *nescio tu ex me hoc audiveris an non* Pl. *Mil.* 1265, je ne sais si tu m'as entendu dire ceci ou non, cf. 1336 ; Cic. *Inv.* 2, 60 ‖ [*anne* au lieu de *an*] : *nec aequom anne iniquom imperet, cogitabit* Pl. *Amp.* 173, il ne songera pas si ses ordres sont justes ou injustes ; *rogitando sanus sim anne insaniam* Ter. *Eun.* 556, à force de demander si je suis de bon sens ou insensé, cf. Cic. *Ac.* 2, 48 ; 2, 93 ; *Fin.* 4, 23 ; *quid de consulatu, loquar, parto vis anne gesto ?* Cic. *Pis.* 3, que dire du consulat ? parlerai-je de l'acquisition ou de la gestion ? à ton choix.
▶ *anne* arch. est toujours placé devant voyelle ; plus tard *anne* est un renforcement de *an*, cf. *nonne*.

2 an-, v. *am*.

1 ănă (ἀνά), prép. avec acc., [à partir de Végèce] : *ana tres uncias* Veg. *Mul.* 4, 2, 6, par trois onces.

2 Ăna, v. 3 *Anas*.

ănăbăsis, *is*, f. (ἀνάβασις), éphèdre [plante] : Plin. 26, 36.

ănăbăsius, *ii*, m. (ἀνάβας), courrier : Hier. *Ruf.* 3, 1.

ănăbathmus, *i*, m. (ἀναβαθμός), montée, degrés : Aug. *Psalm.* 38, 2.

ănăbăthrum, *i*, n. (ἀνάβαθρον), estrade pour lecture publique : Juv. 7, 46.

ănăbībăzōn, *ontis*, m. (ἀναβιβάζων), lune montante : Tert. *Marc.* 1, 18, 1.

ănăbŏlădium, *ii*, n. (ἀναβολάδιον), écharpe : VL. *Gen.* 49, 11 ; Isid. 19, 25, 7.

ănăbŏlĭcārĭus, *ii*, m., importateur : Fragm. Vat. 137.

ănăbŏlĭcus, *a, um* (ἀναβολικός), soumis à la taxe prélevée sur les importations égyptiennes : Vop. *Aur.* 45, 1.

ănăbŏlĭum, *ii*, n. (ἀναβάλλω), instrument de chirurgie : CIL 12, 354 ‖ vêtement : Not. Tir. 97, 81.

Anabucis, *is*, f., ville d'Afrique : Anton. 65, 7.

Ănăbūra, *ōrum*, n. pl., ville de Pisidie : Liv. 38, 15, 14.

ănăcampsĕrōtē, *ēs*, f. (ἀνακαμψέρως), plante employée dans les philtres pour retrouver un amour perdu : Plin. 24, 167.

ănăcamptŏs, *on* (ἀνακάμπτω), retourné : Capel. 9, 958.

ănăcĕphălaeōsis, *is*, f. (ἀνακεφαλαίωσις), récapitulation : Capel. 5, 564.

Ănăcharsis, *ĭdis*, m. (Ἀνάχαρσις), philosophe scythe : Cic. *Tusc.* 5, 90.

ănăchōrēsis, *is*, f. (ἀναχώρησις), retraite, vie d'anachorète : Sidon. *Ep.* 7, 9, 9.

ănăchōrēta, *ae*, m. (ἀναχωρητής), anachorète, solitaire : Sulp. Sev. *Dial.* 1, 18.

ănăchōrētĭcus, *a, um* (ἀναχωρητικός), d'anachorète : Cassian. *Coll. pr.* 3, 1.

ănăchȳlis, *is*, f., consoude [plante] : Ps. Apul. *Herb.* 60.

ănăclĭtērĭum, *ii*, n. (ἀνακλιντήριον), coussin : Spart. *Hel.* 5, 7.

ănăclĭtŏs, *ŏn* (ἀνάκλιτος), adj., muni d'un dossier : Schol. German. 399, 2 E.

ănăclōmĕnŏn, *i*, n. (ἀνακλώμενον), recourbé en arrière [sorte de mètre] : Fortun. 6, 290, 14.

ănăcoelĭasmus, *i*, m. (ἀνακοιλιασμός), remède laxatif, détergent : Cael.-Aur. *Chron.* 2, 14, 213.

ănăcoenōsis, *is*, f. (ἀνακοίνωσις), [rhét.] communication : Isid. 2, 21, 28.

ănăcollēma, *ătis*, n. (ἀνακόλλημα), cataplasme astringent : Veg. *Mul.* 3, 17, 4.

ănăcŏlūthŏn, *i*, n. (ἀνακόλουθον), anacoluthe : Serv. *En.* 3, 541.

Ănăcrĕōn, *ontis*, m. (Ἀνακρέων), poète lyrique : Cic. *Tusc.* 4, 71 ‖ **-tēus**, *a, um*, Diom. 520, 21, **-tīus**, *a, um*, Quint. 9, 4, 78, **-tĭcus**, *a, um*, Fulg. *Myth.* 1, pr. 10, d'Anacréon.

Ănactes, *um*, m. pl. (ἄναξ), surnom des Dioscures : Cic. *Nat.* 3, 53.

Ănactŏrĭa, *ae*, f., ancien nom de Milet : Plin. 5, 112.

Ănactŏrĭē, *ēs*, f., jeune fille de Lesbos : Ov. *H.* 15, 17.

ănactŏrĭŏn, *ii*, n., **-ĭŏs**, *ii*, m. (ἀνακτόριον, ἀνακτόριος), glaïeul [fleur] : Ps. Apul. *Herb.* 79 ‖ armoise [plante] : Ps. Apul. *Herb.* 10.

Ănactŏrĭum, *ii*, n., ville d'Acarnanie : Pl. *Poen.* 87 ‖ **-tŏrĭus**, *a, um*, d'Anactorium : Plin. 4, 4 ; Sil. 15, 299.

ănădēma, *ătis*, n. (ἀνάδημα), ornement de tête : Lucr. 4, 1129.

ănădendrŏmălăchē, *ēs*, f. (ἀναδενδρομαλάχη), guimauve : Ps. Apul. *Herb.* 38.

ănădesmus, *i*, m. (ἀνάδεσμος), lien, bande : Theod.-Prisc. *Log.* 104.

ănădĭplōsis, *is*, f. (ἀναδίπλωσις), répétition du même mot : Char. 281, 11 [ex. Virg. *En.* 10, 181].

ănădĭplūmĕnŏn, *i*, n. (ἀναδιπλούμενον), redoublé [en parl. d'un mètre] : Fortun. *Carm.* 6, 290, 1.

Ănădyŏmĕnē, *ēs*, f. (ἀναδυομένη), Anadyomène [surnom de Vénus] : Plin. 35, 87-91.

Anaetica, *ae*, f., petite contrée d'Arménie : Plin. 5, 83.

anaetĭus, *a, um* (ἀναίτιος), innocent : VL. *Act.* 16, 37 ; v. *anetius*.

ănăgallis, *ĭdis*, acc. *ĭda*, f. (ἀναγαλλίς), mouron : Plin. 25, 144.

ănăglyphārĭus, *ii*, m., ciseleur : Schol. Juv. 9, 146.

ănăglyphus, *a, um* (ἀνάγλυφος), ciselé, en relief : Hier. *Is.* 15, 54, 11 ‖ [pl. n. pris subst*t*] ciselures, bas-reliefs : Isid. 20, 4, 8.

ănăglyptārius, *a, um*, qui s'occupe de ciselures : CIL 2, 2243.

ănăglyptĭcus, *a, um*, ciselé en bas-relief : Sidon. *Ep.* 9, 13, 5, v. 55.

ănăglyptus, *a, um*, sculpté en bas-relief : Mart. 4, 39, 8 ‖ [pl. n. pris subst*t*] : Plin. 33, 139.

Ănagnĭa, *ae*, f., Anagni [ville du Latium] : Cic. *Att.* 16, 8, 1 ; Liv. 27, 4, 12 ‖ **-gnīnus**, *a, um*, d'Anagni : Cic. *Dom.* 81 ; *Phil.* 2, 106 ‖ **-gnīnum**, *i*, n., propriété de Cicéron près d'Anagni : Cic. *Att.* 12, 1, 1.

Anagnōrizŏmĕnē, *ēs*, f. (ἀναγνωριζομένη), la Reconnue [pièce attribuée à Térence] : Fest. 384, 23 (cf. P. Fest. 385, 2).

ănagnostēs, *ae*, acc. *ēn*, m. (ἀναγνώστης), lecteur : Cic. *Att.* 1, 12, 4 ; Nep. *Att.* 13, 3.

ănagnostĭcum, *i*, n. (ἀναγνωστικόν), ce qu'on lit, lettre, écrit : Ennod. *Ep.* 1, 4.

Anagnutes, m. pl., peuple d'Aquitaine : Plin. 4, 108.

ănăgōgē, *ēs*, f. (ἀναγωγή) ¶ 1 allégorie : Gloss. 4, 472, 42 ‖ sens spirituel de l'Écriture : Hier. *Ep.* 120, 8 ¶ 2 crachement de sang : Cael.-Aur. *Chron.* 2, 9, 120.

ănăgōgĭcus, *a, um* (ἀναγωγικός), mystique : Hier. *Is.* 1, 1.

ănăgōn, *ōnis* (ἀν- priv., ἀγών), qui n'a pas pris part aux courses : CIL 6, 10047b.

ănăgȳrŏs, *i*, f. (ἀνάγυρος), bois puant [sorte d'arbrisseau] : Plin. 27, 30.

Anāĭtis (**Anăē-**), *ĭdis*, f., divinité des Arméniens : Plin. 33, 82 ‖ **-tĭcus**, *a, um*, d'Anaitis : Plin. 16, 157.

ănălecta, *ae*, m. (ἀναλέκτης), esclave qui ramasse les restes, les débris d'un repas : Mart. 7, 20, 17 ; 14, 82 ‖ [plais*t*] ramasseur de phrases, de mots : Sen. *Ep.* 27, 7.

ănălectrĭdes, v. *analeptrides*.

ănălemma, *atos*, n. (ἀνάλημμα), épure (du cadran solaire) : Vitr. 9, 1, 1 ; 9, 6, 1 ; 9, 7, 6.

ănăleptĭcus, *a, um* (ἀναληπτικός), nourrissant, fortifiant : Theod.-Prisc. 2, 11.

ănăleptrĭdĕs, *um*, f. pl. (ἀναληπτρίδες), rembourrage, épaulettes : Ov. *A. A.* 3, 273.

ănălŏgĭa, *ae*, f. (ἀναλογία), ressemblance ou conformité de plusieurs choses entre elles, analogie : Varr. *L.* 8, 32 [en grec d.Cic. *Tim.* 13] ‖ [gram.] analogie : Varr. *L.* 10, 74 ; Quint. 1, 5, 13 ‖ traité de César, *de Analogia* : Suet. *Caes.* 56 ; Gell. 19, 8, 3 ‖ [chrét.] correspondance des deux Testaments : Aug. *Util. cred.* 3, 5.

ănălŏgĭcē, adv., d'une manière analogue : Prob. *Inst.* 4, 88, 24.

ănălŏgĭcus, *a, um*, qui traite de l'analogie : Gell. 4, 16, 9 ‖ analogue : Mamert. *Anim.* 1, 8.

ănălŏgĭum, *ii*, n. (ἀναλογεῖον), pupitre, lutrin : Isid. 15, 4, 17.

ănălŏgus, *a, um*, analogue : Varr. *L.* 10, 37.

1 **ănălȳtĭcē**, *ēs*, f. (ἀναλυτική), analyse [t. de log.] : Boet. *Top. Cic.* 1, p. 276.

2 **ănălȳtĭcē**, adv., analytiquement : Boet. *Herm. pr.* 2, 10.

ănălȳtĭcus, *a, um* (ἀναλυτικός), analytique : Boet. *Herm. pr.* 2, 10.

ănămartētŏn, n. (ἀναμάρτητον), innocence [= *impeccantia*] : Cassian. *Coll.* 23, 7, 1.

ănamnēsis, *is*, f. (ἀνάμνησις), rappel d'une chose prétendument oubliée : Isid. 2, 21, 37.

ănancaeum, *i*, n. (ἀναγκαῖον), grande coupe que l'on était obligé de vider d'un trait : Pl. *Ru.* 363.

ănancĭtēs, *ae*, m. (ἀναγκίτης), surnom du diamant employé pour dissiper la tristesse et les troubles mentaux : Plin. 37, 61.

ănancītis, *ĭdis*, f. (ἀναγκῖτις), sorte de pierre précieuse : Plin. 37, 192.

Ananis, *is*, fleuve de Carmanie : Plin. 6, 107.

Anaōn, *ōnis*, m., port de Ligurie : Anton. 504.

ănăpaestĭcus, *a, um*, anapestique : Serv. *B.* 8, 78.

ănăpaestum, *i*, n., vers anapestique ou poème anapestique : Cic. *Tusc.* 3, 57 ; *Or.* 190.

ănăpaestus, *i*, m. (ἀνάπαιστος), anapeste [pied composé de deux brèves et d'une longue] : Cic. *Tusc.* 2, 37 ‖ vers anapestique : Cic. *Or.* 190.

Ănăpauŏmĕnē, *ēs*, f. (ἀναπαυομένη), celle qui repose [peinture du Thébain Aristide représentant Byblis endormie] : Plin. 35, 99.

Anapauomenos

Ănăpauŏmĕnŏs, *i*, m. (ἀναπαυόμενος), celui qui repose [peinture de Protogène représentant un satyre appuyé contre un arbre] : Plin. 35, 106.

Ănăphē, *ēs*, f. (Ἀνάφη), île de la mer de Crète : Ov. *M.* 7, 461.

ănăphōnēsis, *is*, f. (ἀναφώνησις), déclamation à haute voix : Fort.-Rhet. 3, 15.

ănăphŏra, *ae*, f. (ἀναφορά) ¶ **1** ascension des étoiles : Plin. 7, 160 ¶ **2** [rhét.] répétition du même mot, anaphore : Diom. 445, 13 [ex. d. Cic. *Verr.* 2, 26] ǁ accord par synésis, sorte de syllepse : Diom. 445, 12.

ănăphŏrĭcus, *a*, *um* ¶ **1** [en parl. d'une horloge] qui marque le lever des étoiles : Vitr. 9, 8, 8 ¶ **2** qui crache le sang : Firm. *Math.* 3, 11, 1.

anaphus, *i*, m. (germ., cf. al. *Napf* ; fr. *hanap*), récipient à vin : Gloss. 5, 583, 8.
▶ autres formes : *annapum*, *annepum*.

ănăphysēma, *atis*, n. (ἀναφύσημα), souffle qui surgit brusquement des entrailles de la terre : Apul. *Mund.* 12.

Ănāpis, *is*, m., frère d'Amphinome : Claud. *Carm. min.* 17, 41 ǁ fleuve de Sicile : Liv. 24, 36, 2.

ănăplērōtĭcus, *a*, *um* (ἀναπληρωτικός), qui remplit : Veg. *Mul.* 3, 26, 2.

ănăpŏrĭcus, v. *anaphoricus*.

Ănāpus, *i*, m., rivière de Sicile [Anapo] Atlas XII, H5 : Ov. *Pont.* 2, 10, 26 ; v. *Anapis*.

ănarchŏs, *ŏn* (ἄναρχος), sans commencement : Ambr. *Hex.* 1, 3, 8.

Anariaci, *ōrum*, m. pl., peuple de l'Hyrcanie : Plin. 6, 46.

ănarrhīnŏn, *i*, n. (ἀνάρρινον), muflier [plante] : Plin. 25, 129 ; v. *antirrhinon*.

Anartes, *um*, m. pl., peuple de la Dacie septentrionale : Caes. *G.* 6, 25, 2 ǁ **-arti**, *ōrum*, CIL 3, 8060.

1 **ănās**, *ĭtis* (*ătis*), f. (cf. νᾶσσα, al. *Ente* ; esp. *anade*, fr. *bédane*), canard, cane : *anites* Pl. *Cap.* 1003, canards ; *anitum ova* Cic. *Nat.* 2, 124, œufs de canes.
▶ *anates* Varr. *R.* 3, 3, 3 ; gén. *anatum* Plin. 25, 6 ; 29, 104 ; *anatium* Varr. *R.* 3, 5, 14.

2 **ănās**, *ātis*, f. (*anus*), maladie des vieilles femmes : P. Fest. 26, 24.

3 **Anas**, *ae*, m., fleuve de Bétique [auj. Guadiana] Atlas I, D1 ; IV, D1 : Caes. *C.* 1, 38, 1 ; Mel. 2, 87 ; Plin. 3, 4 ; v. 2 *Ana*.

ănasceua, *ae*, f. (ἀνασκευή), réfutation : Isid. 2, 12, 1.

ănasceuastĭcus, *a*, *um*, propre à réfuter : Fort.-Rhet. 1, 13.

Anasi, *ōrum*, m. pl., peuple de l'Asie septentrionale : Plin. 1, 22.

Anassum, *i*, n., rivière de Vénétie : Plin. 3, 126.

Ănastăsia, *ae*, f., nom de femme : Inscr. Chr. *Diehl* 1959 α6 ǁ **Ănastăsĭus**, *ii*, m., Anastase : Inscr. Chr. *Diehl* 982 ǁ empereur d'Orient [491-518] : Jord. *Rom.* 46, 3 ǁ **-sĭānus**, *a*, *um*, anastasien : Amm. 26, 6, 14.

ănastăsis, *is*, f. (ἀνάστασις), résurrection : Lact. *Inst.* 7, 23, 2.

ănastŏmōsis, *is*, f. (ἀναστόμωσις), ouverture : Cael.-Aur. *Chron.* 2, 121.

ănastŏmōtĭcus, *a*, *um* (ἀναστομωτικός), capable d'ouvrir : Cels. 5, 18, 25 ; Cael.-Aur. *Chron.* 3, 5, 73.

ănastrŏphē, *ēs*, f. (ἀναστροφή), anastrophe, inversion : Char. 275, 8.

ănātārĭa, *ae*, f., (s.-ent. *avis*), aigle criard, "tueur de canards" : Plin. 10, 7.

Anatha, acc. *ān*, f., ville de Mésopotamie : Amm. 24, 1, 6.

1 **ănāthēma**, *ătis*, n. (ἀνάθημος), don, offrande, ex-voto : Prud. *Psych.* 540.

2 **ănāthēma**, *ătis*, n. (ἀνάθεμα), anathème, excommunication : Tert. *Scorp.* 1, 9 ǁ la personne maudite, excommuniée : Tert. *Marc.* 4, 4, 5 ; Hier. *Ep.* 15, 3.

ănāthēmābĭlis, *e*, qui mérite l'anathème : Arn.-J. *Psalm.* 110.

ănāthēmātĭo, *ōnis*, f., excommunication : Aug. *Psalm.* 41, 12.

ănāthēmātismus, *i*, m., excommunication : Cassiod. *Hist.* 2, 17.

ănāthēmātĭzātus, *a*, *um*, part. de *anathematizo*.

ănāthēmātĭzō, *ās*, *āre*, -, -, frapper de l'anathème, excommunier : Hier. *Ep.* 75, 4 ǁ maudire, rejeter : Vulg. *Marc.* 14, 71.

ănāthēmō, *ās*, *āre*, -, -, maudire : Aug. *Serm.* 117, 6.

Anathoth ¶ **1** m. indécl., nom d'homme : Vulg. *1 Par.* 7, 8 ¶ **2** f., ville de la tribu de Benjamin : Vulg. *1 Par.* 6, 60 ǁ **-thītēs**, *ae*, m., d'Anathoth : Vulg. *1 Par.* 11, 28 ǁ **-thia**, *ae*, f., pays d'Anathoth : Vulg. *1 Par.* 8, 24.

ănăthȳmĭāsis, *is*, f. (ἀναθυμίασις), gaz [de l'intestin] : Petr. 47, 6 ǁ renvoi : Theod.-Prisc. *Eup.* 2, 42.

ănātĭcŭla, *ae*, f. (1 *anas*), petit canard : Cic. *Fin.* 5, 42 ǁ [terme d'affection] **ănĭt-**, Pl. *As.* 693.

ănātĭcus, *i*, m., caneton : Greg.-M. *Ep.* 4, 31.

Anatilia, *ae*, f., ville de la Narbonnaise : Plin. 3, 36 ǁ **-lĭī**, *ōrum*, m. pl., habitants d'Anatilia : Plin. 3, 34.

ănātīna, *ae*, f. (1 *anas*), chair de canard [ou "eau d'aneth" ; = *anethina* ?] : Petr. 56, 3.
▶ *anetinus* Pl. *Ru.* 533.

Anatis, *is*, m., fleuve de la Maurétanie Tingitane Atlas IV, F1 : Plin. 5, 9.

ănātŏcismus, *i*, m. (ἀνατοκισμός), intérêt composé : Cic. *Att.* 5, 21, 11 ; 5, 21, 12.

1 **ănātŏlē**, *ēs*, f. (ἀνατολή), le Levant : Aug. *Ev. Joh.* 10, 12.

2 **Ănătŏlē**, *ēs*, f. (Ἀνατολή), une des Heures : Hyg. *Fab.* 36.

ănătŏlĭcus, *a*, *um* (ἀνατολικός), de l'Orient : Theod.-Prisc. *Eup.* 1, 10.

Ănātŏlĭus, *ii*, m., nom d'homme : Hier. *Vir.* 73.

ănătŏmē, *ēs*, f. (ἀνατομή), dissection : Gloss. 5, 339, 23.

ănătŏmĭa, **-mĭca**, *ae*, f., anatomie, dissection du corps : Macr. *Sat.* 7, 15, 1 ; Cael.-Aur. *Acut.* 1, 8, 57 ǁ **-mĭcus**, *i*, m., anatomiste : Macr. *Sat.* 7, 13, 8.

ănătŏnus, *a*, *um* (ἀνάτονος), [méc.] *anatonum capitulum*, cadre anatone [cadre plus haut que large dans une machine de jet] : Vitr. 10, 10, 6.

ānātus, *a*, *um* (?), malheureux : Gloss. 4, 472, 10 ǁ enchaîné : Gloss. 2, 17, 6.

Ănaurŏŏs (**-us**), *i*, m., fleuve de Thessalie : Luc. 6, 370.

Anausis, *is*, m., roi des Albaniens, prétendant de Médée : Val.-Flac. 6, 43.

Ănaxăgŏrās, *ae*, m. (Ἀναξαγόρας), célèbre philosophe de Clazomènes : Cic. *de Or.* 3, 138 ; *Brut.* 44 ; *Ac.* 1, 44 ǁ **-rēus**, *a*, *um*, d'Anaxagore : Plin. 1, 2, 59 ǁ **-rastēs**, *ae*, m., disciple d'Anaxagore : Not. Tir. 115, 3.

Anaxander, *dri*, m., peintre : Plin. 35, 146.

Anaxandrĭdēs, *is*, m., poète comique : Macr. *Sat.* 5, 21, 8.

Anaxarchus, *i*, m., philosophe d'Abdère : Cic. *Tusc.* 2, 52.

Ănaxărĕtē, *ēs*, f., jeune fille changée en rocher : Ov. *M.* 14, 699.

Ănaxĭlāus, *i*, m. ¶ **1** tyran de Rhégium : Just. 4, 2, 4 ¶ **2** philosophe et médecin de Larissa : Plin. 19, 20.

Ănaxĭmander, *dri*, m. (Ἀναξίμανδρος), Anaximandre, philosophe de Milet : Cic. *Div.* 1, 112.

Ănaxĭmĕnēs, *is*, m. (Ἀναξιμένης) ¶ **1** Anaximène, philosophe de Milet : Cic. *Nat.* 1, 26 ¶ **2** rhéteur de Lampsaque : Quint. 3, 4, 9.

ănaxō, *ās*, *āre*, -, -, tr., nommer : Gloss. 2, 17, 2 ; v. *anxo*.

Ănaxum, *i*, n., rivière de Vénétie : Plin. 3, 126.

Ănazarbus, *i*, f., Anazarbe [ville de Cilicie] Atlas IX, C3 : Amm. 14, 8, 3 ǁ **-bēni**, *ōrum*, m. pl., habitants d'Anazarbe : Plin. 5, 93.

ănazētēsis, *is*, f. (ἀναζήτησις), consoude [plante] : Ps. Apul. *Herb.* 59.

ancaesa, *ōrum*, n. pl. (*am, caedo*), vases ciselés : P. Fest. 18, 19.

Ancaeus, *i*, m., Ancée [Arcadien tué par le sanglier de Calydon] : Ov. *M.* 8, 315 ; 8, 401.

ancăla, *ae*, **ancălē**, *ēs*, f. (ἀγκάλη), jarret : Cael.-Aur. *Chron.* 5, 1, 3.

Ancalĭtēs, *um*, m. pl., peuple de Grande-Bretagne : Caes. *G.* 5, 21.

ancărĭus, v. *angarius* : Lucil. 262.

anceps, *cĭpĭtis* (*ambo*, *caput*) ¶ **1** à deux têtes : *(Janus) ancipite imagine* Ov. F. 1, 95, Janus à la double face ¶ **2** qui a double front (double face), double : *securis anceps* Pl. Men. 858, cf. Ov. M. 8, 397, hache à double tranchant ‖ *ancipiti contentione districti* Cic. Pomp. 9, partagés dans une double lutte ; *ancipiti proelio* Caes. G. 1, 26, 1, dans un combat sur un double front, cf. 7, 76, 6 ; C. 3, 63, 3 ; *anceps terror intra extraque munitiones* Caes. C. 3, 72, 2, terreur double, au dedans et au dehors des fortifications ; *cum anceps hostis et a fronte et a tergo urgeret* Liv. 6, 33, 12, comme de part et d'autre, et devant et derrière, l'ennemi faisait pression ‖ *bestiae quasi ancipites* Cic. Nat. 1, 103, des animaux en quelque sorte à double nature [amphibies] ; *(elephanti) ancipites ad ictum* Liv. 30, 33, 15, (les éléphants) exposés doublement aux coups [sur leurs deux flancs] ¶ **3** incertain, douteux : *proelii certamen anceps* Cic. Rep. 2, 13, lutte douteuse au cours d'une bataille ; *ancipiti pugna* Liv. 8, 38, 10 ; *ancipiti proelio* Liv. 7, 25, 4 ; *ancipiti Marte* Liv. 7, 29, 2, dans un combat douteux ‖ *animus anceps inter ...* Liv. 1, 28, 9, esprit hésitant (partagé) entre ... ; [avec l'inf.] Front. Eloq. 1, 3 p. 114 N. ¶ **4** douteux, ambigu, équivoque : *in ancipiti causa* Cic. de Or. 2, 186, dans une cause douteuse [où les sentiments des juges sont incertains entre les deux parties] ; *anceps responsum* Liv. 8, 2, 12 ; *oraculum* Liv. 9, 3, 8, réponse équivoque, oracle ambigu ‖ [gram.] ambivalent : *vocales apud Latinos omnes sunt ancipites* Prisc. 2, 9, 30, chez les Latins toutes les voyelles ont une quantité double ; *syllaba anceps* An. Helv. = *Gram.* 8, XXXIII, syllabe de quantité indifférente (dichrone) ¶ **5** incertain, dangereux : Cic. Or. 98 ; Off. 1, 83 ; *oppugnatio* Liv. 6, 22, 3, siège incertain (dangereux) ; *Galbae vox, ipsi anceps* Tac. H. 1, 5, ce mot de Galba, dangereux pour lui-même ‖ [avec inf.] : *quia revocare aut vi retinere eos anceps erat* Liv. 21, 23, 5, parce qu'il était dangereux de les rappeler ou de les maintenir par force ‖ [n. pris subst^t au sg. et au pl.], situation critique, danger : *in ancipiti esse* Tac. An. 1, 36 ; *in anceps tractus* Tac. An. 4, 73, être en danger, mis en péril ; *inter ancipitia* Tac. G. 14 ; H. 3, 40 ; An. 11, 26, parmi les dangers, dans les moments hasardeux ‖ hésitation : Paul.-Nol. Carm. 20, 326.
▶ abl. sg. *ancipiti* Cic. ; Caes. ; Liv. ; *ancipite* Ov. ; n. pl. *ancipitia* Liv.

Anchărĭa, *ae*, f., déesse des habitants d'Asculum : Tert. Apol. 24, 8.

Anchārĭus, *ii*, m., nom d'une famille romaine : Cic. Sest. 113 ; Pis. 89 ‖ **Anchārĭānus**, *a*, *um*, de la famille Ancharia : Cic. d. Quint. 4, 1, 74.

Anchĕmŏlus, *i*, m., fils du roi des Marrubiens Rhétus : Virg. En. 10, 389.

Anchĭălē, *ēs*, f. ¶ **1** nymphe de Crète : Varr.-Atac. 3 ¶ **2** port de Cilicie : Plin. 5, 91.

Anchĭălēa, *ae*, f., port de Cilicie : Avien. Perieg. 1040.

Anchĭălŏs (-us, i), f., **-um**, *i*, n., ville maritime de Thrace : Mel. 2, 22 ; Ov. Tr. 1, 10, 36 ; Plin. 4, 45 ‖ **Anchĭălītānus**, *a*, *um*, d'Anchiale : Jord. Get. 109.

Anchīsa, *ae*, **Anchīsēs**, *ae*, m., Anchise, père d'Énée : Virg. En. 1, 617 ; Ov. M. 9, 425 ‖ **-chīsēus**, *a*, *um*, d'Anchise : Virg. En. 5, 761 ‖ **-chīsĭădēs**, *ae*, m., fils d'Anchise [Énée] : Virg. En. 6, 348.

anchŏmănēs, *is*, f., serpentaire [plante aromatique] : Ps. Apul. Herb. 15.

anchŏra, v. *ancora*.

anchūsa (ancūsa, Gloss.), *ae*, f. (ἄγχουσα), orcanette [plante employée comme cosmétique] : Plin. 22, 48.

ancīle, *is*, n., **ancilia**, *ium*, Tac. H. 1, 89 et *iorum*, Hor. O. 3, 5, 10, pl. (*amb-*, *caedo* ; cf. *ancisus*) ¶ **1** bouclier sacré [tombé du ciel sous le règne de Numa, qui en fit faire onze semblables, confiés à la garde des prêtres Saliens] : Liv. 1, 20, cf. Varr. L. 7, 43 ¶ **2** bouclier ovale : Virg. En. 7, 188.

ancilla, *ae* (dim. de *ancula*, cf. -*ae* ; it. *ancella*), f., servante, esclave : Cic. Mil. 55 ‖ [chrét.] dévote, servante [de Dieu] : Vulg. Luc. 1, 38 ‖ moniale : Greg.-M. Ep. 9, 114.

ancillārĭŏlus, *i*, m. (*ancilla*), amouraché des servantes : Mart. 12, 58, 1 ; Sen. Ben. 1, 9, 4.

ancillāris, *e* (*ancilla*), de servante : Cic. Tusc. 5, 58 ‖ servile, bas : Amm. 26, 6, 16.

1 **ancillātus**, *a*, *um*, part. de *ancillo* ou *ancillor*.

2 **ancillātŭs**, *ūs*, m., service, domesticité : Arn. 7, 13.

ancillō, *ās*, *āre*, -, - (*ancilla*), tr., , [fig.] assujettir : Ps. Cypr. Sing. cler. 40.

ancillŏr, *ārĭs*, *ārī*, *ātus sum*, être esclave, servir [avec dat.] : Acc. Tr. 442 ; Titin. Com. 72 ‖ [fig.] Plin. 2, 213.

ancillŭla, *ae*, f. (dim. de *ancilla*), petite servante, petite esclave : Pl. Cas. 193 ; Cic. de Or. 1, 236.

ancĭpĕs, arch. pour **anceps** : Pl. Ru. 1158.

ancīsĭo, *ōnis*, f., découpure : Isid. 18, 12, 3.

ancistrum, *i*, n. (ἄγκιστρον), scalpel recourbé : Cael.-Aur. Chron. 5, 1, 19 ; Isid. 4, 11, 3.

ancīsus, *a*, *um* (*amb-*, *caedo* ; cf. *ancaesa*, *ancile*), coupé autour, échancré : Lucr. 3, 660.

anclābris, adj. (plutôt *anclo* que *anculo*), destiné au service du culte : P. Fest. 10, 18 ; 67, 28.

Anclacae, *ārum*, m. pl., peuple voisin du Palus Méotide : Plin. 6, 21.

anclātŏr, *ōris*, m., serviteur qui puise l'eau : *Gloss. 2, 25, 46.

anclō, *ās*, *āre*, -, -, **anclŏr**, *ārĭs*, *ārī*, - (ἀντλέω), tr., puiser : Andr. Tr. 30 ; P. Fest. 10, 16.

1 **ancōn**, *ōnis*, acc. *ōna*, m. (ἀγκών ; esp. *ancon*) ¶ **1** coude : Fort.-Rhet. 3, 4 ¶ **2** branche d'une équerre : Vitr. 3, 5, 14 ‖ pièce du chorobate [instrument servant à mesurer le niveau de l'eau] : Vitr. 8, 5, 1 ¶ **3** [archit.] console : Vitr. 4, 6, 4 ¶ **4** [méc.] tige, bielle [dans l'orgue hydraulique] : Vitr. 10, 8, 1 ¶ **5** [méc.] équerre [pièce d'assemblage] : Vitr. 10, 15, 4 ¶ **6** perche fourchue : Gratt. 87 ; v. *ames* ¶ **7** bras d'une chaise : Cael.-Aur. Chron. 2, 1, 46 ¶ **8** vase à boire : Paul. Dig. 33, 7, 13.

2 **Ancōn**, *ōnis*, Cic. Att. 7, 11, 1 ; Catul. 36, 13, **Ancōna**, *ae*, f., Ancône [port d'Italie sur l'Adriatique] Atlas I, C4 ; XII, C4 : Cic. Phil. 12, 23 ; Caes. C. 1, 11, 4 ‖ **-nĭtānus**, *a*, *um*, d'Ancône : Cic. Clu. 40.

3 **Ancōn**, *ōnis*, f., port et ville du Pont : Val.-Flac. 4, 600.

Ancōna, *ae*, v. 2 *Ancon*.

ancōniscus, *i*, m. (ἀγκωνίσκος), support, tenon : Vl. Exod. 26, 17.

ancŏra, *ae*, f. (ἄγκυρα ; fr. *ancre*, an. *anchor*) ¶ **1** ancre : Caes. G. 4, 29, 2 ‖ fer recourbé en forme d'ancre : Pall. 1, 40, 5 ¶ **2** [fig.] refuge, soutien : Ov. Tr. 5, 2, 42 ‖ [chrét.] ancre, point fixe : Aug. Serm. 177, 8.

ancŏrāgo, *inis*, f. (*ancora*), poisson du Rhin : Cassiod. Var. 12, 4, 1.

ancŏrālis, *e* (*ancora*), d'ancre : Apul. M. 11, 16 ‖ **-rāle**, *is*, n., câble de l'ancre : Liv. 37, 30, 10 ; Plin. 16, 34.

1 **ancŏrārĭus**, *a*, *um* (*ancora*), d'ancre : Caes. C. 2, 9, 4.

2 **Ancŏrārĭus**, *ii*, m., montagne de Maurétanie Atlas IV, E4 ; VIII, A1 : Plin. 13, 95.

ancŏrātus, *a*, *um*, muni d'une ancre : Fav. 17.

ancrae (antr-), angrae, *ārum*, f. pl. (cf. ἄγκος, al. *Anger* ; esp. *angra*), vallon ou intervalle entre des arbres : P. Fest. 10, 22 ; Gloss. 5, 6, 11.

anctus, *a*, *um*, v. *ango* ▶.

ancŭlae, *ārum*, f. pl., **ancŭli**, *ōrum*, m. pl. (*am-*, *colo* ; cf. ἀμφίπολος), divinités du second rang au service de celles du premier : P. Fest. 18, 18.

1 **ancŭlō**, *ās*, *āre*, -, - (ἀντλέω), v. *anclo* : Andr. Tr. 30.

2 **ancŭlō**, *ās*, *āre*, -, - (*anculus*), servir [une divinité] : P. Fest. 18, 17.

ancŭlus, v. *anculi*.

ancŭnŭlentae, *ārum*, f. pl., les femmes pendant leurs règles : P. Fest. 10, 20.

1 **ancus**, *a*, *um* (cf. *uncus*, ἄγκος), recourbé ; qui ne peut étendre le bras : P. Fest. 18, 13.

2 **Ancus**, *i*, m., Ancus Marcius, quatrième roi de Rome : Virg. En. 6, 815.

ancyla

ancy̆la, *ae*, f. (ἀγκύλη), jarret : Ambr. *Hex.* 6, 5, 31.

ancy̆lŏblĕphăron, *i*, n., adhérence des paupières : Cels. 7, 7, 6 *lemm.*

Ancy̆ra, *ae*, f., Ancyre ¶ **1** capitale de la Galatie [auj. Ankara] Atlas I, D6 : Liv. 38, 24 ; Plin. 5, 146 ¶ **2** ville de Phrygie Atlas VI, B4 : Plin. 5, 145 ‖ **-ānus**, *a*, *um*, d'Ancyre : Claud. *Eutrop.* 2, 416.

ancy̆rŏmăchus (ancy̆rŏmăgus), *i*, m. (gr.), chaloupe transportant les agrès : Isid. 19, 1, 16.

Andabalis, *is*, f., ville de Cappadoce : Anton. 145.

andăbătă, *ae*, m. (gaul.), gladiateur qui combattait les yeux couverts : Cic. *Fam.* 7, 10, 2 ‖ **Andăbătae**, titre d'une satire de Varr. *Men.* 25.

Andănĭa, *ae*, f., ville de Messénie : Liv. 36, 31, 7.

Andarae, *ārum*, m. pl., peuple de l'Inde : Plin. 6, 67.

Andaristensis, *e*, d'Andariste, V.▷ *Audaristenses.*

Andarta, *ae*, f., déesse chez les Voconces : CIL 12, 1554.

Andatis, *is*, f., ville d'Éthiopie : Plin. 6, 193.

Andautŏnĭa, *ae*, f., ville de Pannonie : CIL 3, 3679.

Andĕcāvi (-gāvi), *ōrum*, m. pl., Andécaves [peuple de la Lyonnaise, auj. Anjou] : Plin. 4, 107 ; Tac. *An.* 3, 41 ‖ **-cāvensis (-gāvensis)**, Greg.-Tur. *Hist.* 6, 6 ; Mart. 9, 18, **-cāvīnus (-gāvīnus)**, Angevin : Greg.-Tur. *Mart.* 1, 22.

Andelonensis, *e*, d'Andélona (Espagne) : Plin. 3, 24.

Andemantunnum (-mat-), *i*, n., capitale des Lingons [auj. Langres] Atlas V, D3 : Anton. 385.

Andera, *ōrum*, n. pl., ville de Mysie : Plin. 5, 126.

Anderae, *ārum*, m. pl., peuple d'Afrique : Plin. 6, 190.

Andĕrĭtum, *i*, n., ville d'Aquitaine Atlas IV, A4 ; V, E3 : Peut. 2, 3.

1 **Andēs**, *ĭum*, f. pl., Andes [village près de Mantoue, patrie de Virgile] : Don. *Verg.* 1 ‖ **-dĭcus**, *a*, *um*, d'Andes : Prob. *Verg.* p. 323.

2 **Andēs**, *ĭum*, m. pl., habitants de l'Anjou : Caes. *G.* 2, 35, 3 ; V.▷ *Andecavi.*

Andetrĭum, *ii*, n., ville de Dalmatie : Plin. 3, 142.

Andicāvi, C.▷ *Andecavi* : Plin. 4, 107.

Andiseni, *ōrum*, m. pl., peuple de l'Inde : Plin. 6, 78.

Andĭum, *ii*, n., île entre la Bretagne et la Gaule : Anton. 509.

Andizetes, *um*, m. pl., peuple de la Pannonie : Plin. 3, 147.

Andŏcĭdēs, *is*, m. (Ἀνδοκίδης), orateur athénien : Nep. *Alc.* 3, 2.

Andologenses, *ĭum*, m. pl., peuple de la Tarraconaise : Plin. 3, 24.

Andomatunum, V.▷ *Andematunnum.*

andrăchlē (-chnē), *ēs*, f. (ἀνδράχλη, ἀνδράχνη), arbousier : Plin. 13, 120 ‖ pourpier : Col. 10, 376 ; Plin. 13, 120.

Andraemōn, *ŏnis*, m. (Ἀνδραίμων) ¶ **1** père d'Amphissos, changé en lotus : Ov. *M.* 9, 333 ¶ **2** père de Thoas : Ov. *M.* 13, 357.

andrāgo, *ĭnis*, f. (de ἀνδράχνη, cf. *porcillago*), pourpier : Gloss. 3, 587, 13 ; V. *andrachle.*

Andrēās, *ae*, m. (Ἀνδρέας) ¶ **1** médecin : Vitr. 9, 8, 1 ¶ **2** apôtre : Paul.-Nol. *Carm.* 19, 78.

andrĕmas, f., Ps. Apul. *Herb.* 103, ▷ *andrachle.*

andrĕnŏgŏnŏn, n. (ἀρρενογόνος), qui engendre des mâles : Diosc. 3, 135.

Andretium, C. *Andetrium.*

1 **Andrĭa**, *ae*, f., ville de Phrygie : Plin. 5, 145 ‖ ville de Lycie : Plin. 5, 100.

2 **Andrĭa**, f., V.▷ *Andrius.*

Andrĭcus, *i*, m., nom d'homme : Cic. *Fam.* 16, 14, 1.

Andriscus, *i*, m., nom d'un esclave qui se fit passer pour le fils de Persée roi de Macédoine et provoqua la 3ᵉ guerre macédonienne : Liv. *Epit.* 49 ; Flor. 2, 14, 3.

Andrĭus, *a*, *um*, né à Andros : Ter. *And.* 906 ‖ **Andrĭa**, *ae*, f., l'Andrienne, comédie de Térence : Ter. *And.* 85.

Andrŏcalis, *is*, f., ville d'Éthiopie : Plin. 6, 179.

andrŏclas, *ădis*, m. (ἀνήρ, κλάω), année climatérique [soixante-troisième année] : Firm. *Math.* 4, 20, 3.

Andrŏclēs, *is*, m., chef des Acarnaniens : Liv. 33, 16, 4.

Andrŏclus, *i*, m., esclave épargné par un lion qu'il avait soigné : Sen. *Ben.* 2, 19, 1 ; Gell. 5, 14, 10.

Androcus, *i*, m., fleuve de Cilicie : Plin. 5, 91.

Andrŏdămās, *antis*, acc. *antem* et *anta*, m. (ἀνδροδάμας) ¶ **1** sorte de pierre fort dure : Plin. 36, 146 ¶ **2** pyrite, marcassite : Plin. 37, 144.

Andrŏgĕōn, *ōnis*, m., Androgée : Prop. 2, 1, 62 ‖ **-gĕōnēus**, *a*, *um*, d'Androgée : Catul. 64, 77.

Andrŏgĕōs, *ō*, Virg. *En.* 2, 371, **-gĕus**, *i*, m., Androgée [fils de Minos] : Ov. *M.* 7, 458.

andrŏgy̆nēs, *is*, f. (ἀνδρογύνης), femme qui a le courage d'un homme : Val.-Max. 8, 3, 1.

andrŏgy̆nus, *i*, m. (ἀνδρόγυνος), hermaphrodite, androgyne : Cic. *Div.* 1, 98 ; Liv. 27, 11, 5 ; Plin. 7, 34.

Androllĭtĭa, *ae*, f., ancien nom de Magnésie : Plin. 5, 114.

Andrŏmăcha, *ae*, **Andrŏmăche**, *ēs*, f. (Ἀνδρομάχη), Andromaque : Virg. *En.* 3, 303 ; 3, 297 ‖ tragédie d'Ennius : Cic. *Div.* 1, 23.

Andrŏmĕda, *ae*, f., **Andrŏmĕdē**, *ēs* (Ἀνδρομέδη), Andromède : Ov. *M.* 4, 671 ; Cic. *Nat.* 2, 111.

andrōn, *ōnis*, m. (ἀνδρών) ¶ **1** appartement des hommes : P. Fest. 20, 17 ¶ **2** passage entre deux murs : Vitr. 6, 7, 5 ; Plin. *Ep.* 2, 17, 22.

Andrōna, *ae*, f., ville de Syrie [Andéroun] : Anton. 195, 2.

Andrŏnīcus, *i*, m. (Ἀνδρόνικος) ¶ **1** Livius Andronicus, poète latin : Cic. *Brut.* 72 ; *Tusc.* 1, 3 ¶ **2** grammairien de Syrie : Suet. *Gram.* 8 ¶ **3** nom d'un ami de Cicéron : Cic. *Att.* 5, 15, 3.

andrōnītis, *tĭdis*, acc. *tin*, f. (ἀνδρωνῖτις), C. *andron* : Gell. 17, 21, 33 ; Vitr. 6, 7, 4.

Andrōnĭus, *a*, *um*, d'Andron [médecin grec] : Cels. 6, 14 ‖ n., **Andronium = Andronium medicamentum** : Scrib. 232.

Andrŏphăgoe, m. pl. (ἀνδροφάγοι), Androphages [peuple scythe] : Mel. 3, 59.

1 **Andrŏs (-us)**, *i*, f., île d'Andros [une des Cyclades] Atlas VI, B2 : Ter. *And.* 222 ; Liv. 31, 15, 8 ; Ov. *M.* 7, 469.

2 **Andrŏs**, *i*, f., île entre la Bretagne et l'Irlande : Plin. 4, 103.

andrŏsăcēs, *is*, n. (ἀνδρόσακες), coralline [espèce d'algue] : Plin. 27, 25.

andrŏsaemōn, *i*, n. (ἀνδρόσαιμον), espèce de millepertuis [plante] : Plin. 27, 26.

Androsthĕnēs, *is*, m., Androsthène [nom d'homme] : Caes. *C.* 3, 80, 3 ; Liv. 33, 14, 5.

Androtiōn, *ōnis*, m., un agronome : Varr. *R.* 1, 1, 9.

andruncŭlus, *i*, m., petit *andron* : Not. Tir. 100, 27.

andruō, V.▷ *amptruo.*

Andrus, C.▷ *Andros.*

Andura, *ae*, f., ville sur le Nil : Plin. 6, 178.

Andurensis, *e*, d'Andure [Andorre ?] : CIL 2, 1693.

Andus, *a*, *um*, des Andécaves : Luc. 1, 439.

ănĕclŏgistus, *a*, *um* (ἀνεκλόγιστος), qui n'est pas tenu de rendre compte : Ulp. *Dig.* 26, 7, 5, 7.

ānellārĭus, *ii*, m., fabricant d'anneaux : Not. Tir. 99, 57.

ānellus, *i*, m. (dim. de *anulus* ; fr. anneau), petit anneau : Hor. *S.* 2, 7, 8.

Anemo, m., fleuve de la Gaule cispadane Atlas XII, C3 : Plin. 3, 115.

ănĕmōnē, *ēs*, f. (ἀνεμώνη ; it. anemolo), anémone : Plin. 21, 65 ; 21, 164.

Ănĕmōrīa, *ae*, f., ville de Phocide : STAT. *Th.* 7, 347.

Ănĕmūrĭum, *ĭi*, n., promontoire et ville de Cilicie Atlas IX, D2 : LIV. 33, 20, 4 ; PLIN. 5, 93 ‖ **-rĭensis**, *e*, d'Anémurium : TAC. *An.* 12, 55.

Anennŏētus, *i*, m. (ἀνεννόητος), l'Incompréhensible [un des Éons de Valentin] : TERT. *Val.* 35, 1.

ănĕō, *ēs*, *ēre*, -, -, **ănescō**, *ĭs*, *ĕre*, **anuī**, - (2 *anus*), intr., être vieille, devenir vieille : PL. *Merc.* 755 ; PS. CAPER 7, 93, 18.

ănĕpĭgrăfus, *a*, *um* (ἀνεπίγραφος), non inscrit : HIER. *Psalm.* 92.

Ănepsĭa, *ae*, f., nom de femme : AMM. 28, 1, 34.

ănēsum, *i*, n., V. *ănīsum* : CAT. *Agr.* 121.

ănēthātus, *a*, *um*, assaisonné d'aneth : APIC. 237.

ănēthĭnus (-tĭnus), *a*, *um*, d'aneth : THEOD.-PRISC. *Eup.* 2, 11.

ănēthum (-tum), *i*, n. (ἄνηθον ; it. *aneto*), aneth [plante odoriférante] : VIRG. *B.* 2, 48 ; PLIN. 19, 167.

ănēthus, *i*, m., V. *anethum* : CASSIOD. *Inst.* 1, 1, 8.

ănētĭcus, *a*, *um* (ἀνετικός), où il y a relâche [maladie] : THEOD.-PRISC. *Gyn.* 11.

ănētĭus, *a*, *um*, V. *anaetius*.

ăneurysma, *ătis*, n. (ἀνεύρυσμα), anévrisme, dilatation d'une artère : VEG. *Mul.* 2, 30, 1.

anfārĭam, **amfārĭam**, adv. (*amb-*, *bifariam*), des deux côtés : GLOSS. 5, 339, 41.

anfractārĭus, *ĭi*, m., qui fait des tours et des détours, qui prend des biais : NOT. TIR. 81, 29.

anfractum, *i*, n., courbe, contour : VARR. *L.* 7, 15.

anfractŭōsus, *a*, *um*, plein de détours, tortueux : AUG. *Petil.* 3, 20, 23.

1 anfractus, *a*, *um*, sinueux, tortueux : AMM. 29, 5, 37.

2 anfractŭs (amfr-), *ūs*, m. (*amb-* et *frango*, plutôt que *amfr* et *actus* ; it. *affratto*) ¶ 1 courbure, sinuosité : **figura quae nihil incisum angulis, nihil anfractibus (habere potest)** CIC. *Nat.* 2, 47, une figure [celle du cercle] qui ne peut avoir aucune entaille par des angles ou par des sinuosités ; *anfractus solis* CIC. *Rep.* 6, 12, la course incurvée du soleil ‖ courbe d'une route : **viae latitudo in anfractum sedecim pedes habet** L. XII TAB. 7, 6, la largeur d'une route est de seize pieds dans les courbes ¶ 2 détours d'un chemin : CAES. *G.* 7, 46, 1 ; NEP. *Eum.* 8, 5 ; TAC. *H.* 3, 79 ‖ sinuosités d'une montagne : LIV. 29, 32, 5 ¶ 3 [fig.] détours, biais, circonlocution : CIC. *Div.* 2, 127 ‖ période : CIC. *Part.* 21.

angărĭa, *ae*, f. (ἀγγαρεία ; it. *angheria*), corvée de charroi : CHAR. *Dig.* 50, 4, 18, 29.

angărĭālis, *e*, qui a trait aux corvées de charroi : COD. TH. 8, 5, 4.

angărĭō (-ĭzō), *ās*, *āre*, *āvī*, -, tr., réquisitionner pour les corvées de transport : ULP. *Dig.* 49, 18, 4 ‖ obliger, forcer : VULG. *Matth.* 5, 41.

Angaris, *is*, m., montagne de Palestine : PLIN. 5, 68.

angărĭum, *ĭi*, n., V. *angaria* : PAUL. *Dig.* 50, 5, 10.

angărĭus, *ĭi*, m. (de ἄγγαρος), courrier, messager : NIGID. d. GELL. 19, 14, 7 ; LUCIL. 262.

angărizo, V. *angario*.

Angĕa, *ae*, f., ville de Thessalie : LIV. 32, 13, 10.

angĕla, *ae*, f., ange du sexe féminin : TERT. *Val.* 32, 3.

angĕlĭcē, adv., d'une manière angélique : HIER. *Ep.* 107, 13.

Angĕlĭci, *ōrum*, m. pl., secte d'hérétiques : AUG. *Haer.* 39.

angĕlĭcus, *a*, *um* (ἀγγελικός) ¶ 1 qui a rapport aux messagers ; [d'où] mètre employé par les messagers = mètre dactylique : DIOM. 512, 23 ¶ 2 [chrét.] angélique, des anges : HIER. *Ep.* 100, 10 ‖ ascétique : RUFIN. *Mon.* 16.

angĕlĭfĭcō, *ās*, *āre*, -, *ātum*, tr., faire ange : TERT. *Res.* 26, 7.

angellus, *i*, m. (dim. de *angulus*), petit angle : LUCR. 2, 428.

angeltĭcē, *ēs*, f. (ἀγγελτική), poésie gnomique : DIOM. 482, 31.

angĕlus, *i*, m. (ἄγγελος ; fr. *ange*), [tard.] messager, envoyé : TERT. *Pud.* 13, 17 ; VULG. *Luc.* 1, 11 ‖ [chrét.] ange [bon ou mauvais] : AUG. *Civ.* 5, 9.

Angĕrōna, **-ōnĭa**, *ae*, f., déesse : PLIN. 3, 65 ; MACR. *Sat.* 1, 10, 7 ‖ **-rōnālia**, *ĭum*, n. pl., Angeronalia, fêtes d'Angérona : VARR. *L.* 6, 23 ; P. FEST. 16, 13.

angīna, *ae*, f. (ἀγχόνη, cf. *ango*), angine, esquinancie : PL. *Trin.* 540 ; PLIN. 23, 61 ‖ [fig.] TERT. *Anim.* 48, 2.

angĭportum, *i*, n., V. *angiportus*.

angĭportŭs, *ūs*, m. (*ango*, *portus*), ruelle, petite rue détournée : PL. *Ps.* 971 ; *Most.* 1045 ; TER. *Ad.* 578 ; CIC. *Div.* 1, 69 ; HOR. *O.* 1, 25, 10.

Angitia, *ae*, f., fille d'Éétès, sœur de Médée, devenue divinité des Marses : VIRG. *En.* 7, 759 ; SOLIN. 2, 28.

angĭtūdo, *ĭnis*, f. (*ango*), angoisse, chagrin : GLOSS. 4, 309, 11.

Angli, *ōrum*, m. pl., Angles [établis en Grande-Bretagne] : GREG.-M. *Ep.* 11, 65.

Angliī, *ōrum*, m. pl., Angles [peuple de Germanie] : TAC. *G.* 40.

angō, *ĭs*, *ĕre*, -, - (cf. ἄγχω, V. *angor*), tr. ¶ 1 serrer, étrangler : **guttur angere** VIRG. *En.* 8, 260, serrer la gorge ¶ 2 [fig.] serrer le cœur, faire souffrir, tourmenter, inquiéter : CIC. *Tusc.* 1, 83 ; LIV. 24, 2, 4 ‖ passif, *angi*, se tourmenter : CIC. *Tusc.* 1, 22 ; 4, 27 ; **aliqua re** CIC. *Fin.* 5, 32 ; **de re** CIC. *Att.* 2, 18, 4 ; **propter rem** CIC. *Tusc.* 4, 61, se tourmenter à propos de qqch., à cause de qqch. ‖ **angi animi** CIC. *Verr.* 2, 84 ; **animo** CIC. *Fam.* 16, 14, 2, se tourmenter dans l'esprit, avoir l'âme tourmentée ‖ [avec prop. inf.] : *angor animo non auctoritatis armis egere rem publicam* CIC. *Brut.* 7, j'ai le cœur serré en pensant que ce ne sont pas les armes du prestige personnel dont la république éprouve le besoin ‖ [avec *quod*] CIC. *Att.* 12, 4, 12 ; LIV. 26, 38, 1 ¶ 3 [tard.] intr., être dans l'angoisse : FORT. *Mart.* 1, 164.

▶ le parf. *anxi* se trouve dans GELL. 1, 3, 8 ; part. parf. *anctus* P. FEST. 26, 23.

angŏbătae, V. *angubatae*.

angol-, V. *angul-*.

angŏr, *ōris*, m. (cf. *ango*, *angustus*, scr. *aṁhas-*, al. *Angst*) ¶ 1 esquinancie : PLIN. 8, 100 ‖ oppression : LIV. 5, 48, 3 ¶ 2 [fig.] tourment, angoisse : CIC. *Tusc.* 4, 18 ; *ut differt anxietas ab angore* CIC. *Tusc.* 4, 27, de même qu'il y a une différence entre *anxietas* [inquiétude permanente] et *angor* [tourment passager] ‖ pl., **angores**, amertumes, chagrins, tourments : CIC. *Phil.* 2, 37.

angrae, *ārum*, f. pl., V. *ancrae*.

Angrivarii, *ĭōrum*, m. pl., peuple germain : TAC. *An.* 2, 8 ; 2, 19 ; 2, 22.

angŭbătae, *ārum*, m. pl. (ἄγγος, -βάτης), ludions : VITR. 10, 7, 4.

anguĕn, *ĭnis*, n., V. *anguis* : JUL.-VAL. 1, 29.

anguĕus, *a*, *um* (*anguis*), de serpent : SOLIN. 24, 4.

anguĭcŏmus, *a*, *um* (*anguis* et *coma*), qui a des serpents pour cheveux : OV. *M.* 4, 699 ; STAT. *Th.* 1, 544.

anguĭcŭlus, *i*, m. (dim. de *anguis*), petit serpent : CIC. *Fin.* 5, 42.

anguĭfĕr, *fĕra*, *fĕrum* (*anguis* et *fero*) ¶ 1 qui porte des serpents : PROP. 2, 2, 8 ‖ [subst. m.] constellation : COL. 11, 2, 49 ¶ 2 qui nourrit (produit) des serpents : STAT. *S.* 3, 2, 119.

anguĭgĕna, *ae*, m., f. (*anguis* et *geno*), né d'un serpent : OV. *M.* 3, 531.

anguĭgĕr, *ĕri*, m., constellation, V. *anguifer* : ANTH. 761, 49.

anguilla, *ae*, f. (*anguis*, cf. ἔγχελυς ; fr. *anguille*) ¶ 1 anguille : PLIN. 9, 74 ¶ 2 lanière faite en peau d'anguille : PLIN. 9, 77.

anguĭmănŭs, *ūs*, adj. m. et f. (*anguis* et *manus*), qui a une trompe flexible comme un serpent [l'éléphant] LUCR. 2, 537 ; 5, 1303.

anguĭnĕus, V. *anguinus* : OV. *Tr.* 4, 7, 12.

anguīnum, *i*, n., (s.-ent. *ovum*), œuf de serpent : PLIN. 29, 52.

anguīnus, *a*, *um*, de serpent : PACUV. *Tr.* 3 ; CAT. *Agr.* 73 ; CATUL. 64, 193 ‖ semblable

anguinus

au serpent : VARR. *R.* 1, 2, 25 ‖ fourbe : PRUD. *Perist.* 5, 176.

anguĭpēs, *ĕdis*, m. (*anguis, pes*), qui se termine en serpent : OV. *M.* 1, 184.

anguis, *is*, m. (cf. ὄφις, scr. *ahi-s*) ¶1 serpent, couleuvre : CIC. *Verr.* 5, 124 ; *femina anguis* CIC. *Div.* 2, 62, serpent femelle ¶2 constellation [le Dragon] VIRG. *G.* 1, 244 ; [l'Hydre] VITR. 9, 5, 2 ; [le Serpentaire] CIC. *Nat.* 2, 109 ; OV. *M.* 8, 182 ‖ étendard [dragon] : SIDON. *Carm.* 4, 402 ¶3 [chrét.] diable [serpent] : PRUD. *Cath.* 9, 88.

▶ qqf. f., CIC. *Nat.* 1, 101 ; NON. 191, 21 ; CHAR. 90, 13 ‖ abl. ordinaire *angue* CIC. *Div.* 2, 65 ; qqf. *angui* CIC. *Div.* 2, 66 ; PRISC. 2, 346, 3.

Anguĭtĕnens, *tis*, m., le Serpentaire [constellation] : CIC. *Nat.* 2, 108.

Anguĭtĭa, 🄫 *Angitia* : GLOSS. 2, 370, 43.

angŭlāris, *e*, qui a des angles : CAT. *Agr.* 14, 1 ‖ *-āris*, *is*, m., moule de forme angulaire : APIC. 187 ‖ *lapis angularis* : VULG. *Job* 38, 6, pierre d'angle [qui maintient deux murs] ‖ [fig.] pierre angulaire, fondement : VULG. *Is.* 28, 16.

angŭlārĭter, adv., en angle : PS. BOET. *Geom.* 417.

angŭlārĭus, *a, um*, qui se met aux angles : PROC. *Dig.* 18, 1, 69.

angŭlātĭlis, seul[t] dans le composé *quattuorangulatilis*.

angŭlātim, adv., de coin en coin : SIDON. *Ep.* 7, 9, 3.

angŭlātus, *a, um*, qui a des angles : *corpuscula angulata* CIC. *Nat.* 1, 66, des corpuscules (atomes) anguleux ‖ fait à la règle : TERT. *Nat.* 2, 4, 14.

angŭlō, *ās, āre*, -, -, tr., [pass.] se tortiller : AMBR. *Ep.* 45, 10.

angŭlōsus, *a, um*, plein d'angles : PLIN. 16, 86 ‖ sinueux [serpent] : ISID. 12, 4, 1.

Angŭlum, *i*, n., **Angŭlus**, *i*, m., ville du Samnium : ANTON. 313 ‖ *-lānus, a, um*, d'Angulum : PLIN. 3, 107.

angŭlus, *i*, m. (cf. 1 *ancus*, ἀγκύλος ; fr. *angle*) ¶1 angle, coin : LUCR. 4, 355 ; CIC. *Tusc.* 1, 40 ; CAES. *G.* 5, 13, 1 ‖ tour d'angle : VULG. *Sap.* 1, 16 ‖ pierre angulaire : VULG. *Sap.* 3, 6 ¶2 lieu écarté, retiré : CIC. *Cat.* 2, 8 ; *Verr.* 4, 193 ¶3 golfe : CAT. d. CHAR. 207, 27 ¶4 [fig.] salle d'études, salle d'école : CIC. *Caecin.* 84 ; *de Or.* 1, 57.

angustātus, *a, um*, part. de *angusto*.

angustē (*angustus*) ¶1 de façon étroite, resserrée : *angustius pabulari* CAES. *C.* 1, 59, 2, fourrager dans un espace un peu resserré ; *ut quam angustissime Pompeium contineret* CAES. *C.* 3, 45, 1, pour tenir Pompée enfermé le plus étroitement possible ¶2 [fig.] de façon restreinte : *frumentum angustius provenerat* CAES. *G.* 5, 24, 1, le blé était venu avec moins d'abondance ; *mediocriter a doctrina instructus, angustius etiam a natura* CIC. *Brut.* 233, médiocrement pourvu du fait de l'instruction, plus chichement encore du fait de la nature ‖ [rhét.] d'une façon resserrée : *anguste concludere* CIC. *Nat.* 2, 20 ; *definire* CIC. *Or.* 117, présenter un raisonnement, une définition sous une forme ramassée ; *anguste et exiliter dicere* CIC. *Brut.* 289, avoir un style étriqué et sec.

augustĭa, 🄫 *angustiae* ¶4.

angustĭae, *ārum*, f. pl. (*angustus* ; fr. *angoisse*) ¶1 étroitesse : *loci* CAES. *C.* 3, 49, 3 ; *locorum* CIC. *Fam.* 2, 10, 2 ; CAES. *C.* 1, 17, 1, espace étroit (resserré) ; *pontis, itinerum* CAES. *G.* 7, 11, 8, étroitesse du pont, des chemins ‖ [abs[t]] espace étroit : CIC. *Har.* 22 ; *Rep.* 6, 22 ; passage étroit, défilé : CIC. *Agr.* 2, 87 ; CAES. *G.* 1, 11, 1 ; LIV. 9, 2, 8 ‖ [en parl. du temps] *angustiae temporis* CIC. *Verr.* 1, 148, étroitesse des délais [étroites limites de temps] ; *in his angustiis temporis* CIC. *de Or.* 1, 3, malgré le peu de temps dont je dispose [malgré ces loisirs étroitement mesurés] ‖ [fig.] *angustiae animi* CIC. *Nat.* 1, 88, étroitesse de l'esprit (*pectoris* CIC. *Pis.* 24) ¶2 état de gêne : *angustiae aerarii* CIC. *Verr.* 3, 182 ; *rei frumentariae* CAES. *C.* 2, 17, 3, gêne du trésor public, état précaire de l'approvisionnement ‖ [abs.] *necessitas inopia coacta et angustiis* CIC. *de Or.* 3, 155, nécessité imposée par la pauvreté et l'état de gêne [de la langue] ¶3 difficultés, situation critique : *cum in his angustiis res esset* CAES. *C.* 1, 54, 1, la situation étant ainsi difficile ; *in summas angustias adduci* CIC. *Quinct.* 19, être amené à la situation la plus critique ¶4 au sg., *angustia* CIC. *Nat.* 2, 20, resserrement, concision.

▶ le sg. *angustia* est très rare : un seul ex. dans Cicéron ; autres références : SALL. *H.* 4, 26 ; VITR. 5, 3, 6 ; PLIN. 14, 61 ; TAC. *D.* 8 ; *An.* 4, 72 ; APUL. *M.* 10, 26.

angusticlāvĭus, *ii*, m., qui porte l'angusticlave [tribun plébéien] : SUET. *Oth.* 10.

angustĭō, *ās, āre, āvī, ātum* (*angustia* ; it. *angosciare*), tr., rendre étroit, rétrécir : PS. MAX. *Hom.* 108 ‖ [fig.] mettre dans l'embarras ; troubler, inquiéter VULG. *Jon.* 2, 8 [pass.].

angustĭportum, 🄫 *angiportum* : GLOSS. 2, 437, 20.

angustĭtās, *ātis*, f., 🅥 *angustia* : ACC. *Tr.* 81 ; 504 ; NON. 73, 25.

angustō, *ās, āre, āvī, ātum* (*angustus*), tr., rendre étroit, rétrécir : CATUL. 64, 359 ; PLIN. 17, 45, cf. CIC. *Rep.* 6, 21 [mss] ‖ restreindre, circonscrire : SEN. *Tranq.* 8, 9 ; POLYB. 10, 3.

angustum, *i*, n. de *angustus* pris subst[t] ¶1 espace étroit : *exercitus in angustum coartatur* SEN. *Vit.* 4, 1, une armée se concentre sur un étroit espace (*in angusto* LIV. 27, 46, 2) ¶2 [fig.] *in angustum rem adducere* CIC. *Lae.* 20, restreindre une chose, la resserrer dans un cercle étroit ¶3 *res in angusto est* CAES. *G.* 2, 25, 1, les affaires sont dans une situation critique ¶4 [poét.] *angusta viarum* VIRG. *En.* 2, 332 ; TAC. *H.* 3, 82 ; 4, 35, chemins étroits, rues étroites ; [mais] *angusta corporis* SEN. *Ep.* 78, 9, parties peu étendues du corps.

angustus, *a, um* (*angor* ; esp. *angosto*) ¶1 étroit, resserré : *angusta domus* CIC. *Fin.* 1, 65 ; *castra angusta* CAES. *G.* 4, 30, 1 ; *angustus aditus* CAES. *C.* 2, 25, 1, maison peu spacieuse, camp de faible étendue, entrée étroite ¶2 [en parl. du temps] étroit, limité : VIRG. *G.* 4, 197 ; SEN. *Contr.* 2, 3, 7 ; QUINT. 11, 1, 46 ; SEN. *Ep.* 17, 9 ; PLIN. *Ep.* 2, 7, 4 ¶3 [fig.] étroit, limité, étroitement mesuré : *nostra (liberalitas) angustior* CIC. *Fam.* 3, 8, 8, ma générosité se limite davantage ; *angusta re frumentaria utebatur* CAES. *C.* 3, 43, 2, il avait un approvisionnement restreint ¶4 [rhét.] *angusta oratio* CIC. *Or.* 187, style à phrases courtes, resserré ; *in angustissimam formulam sponsionis aliquem concludere* CIC. *Com.* 12, enfermer qqn dans la très étroite formule de l'engagement réciproque ¶5 [en parl. de l'esprit] étroit, mesquin, borné : CIC. *Pis.* 57 ; *Off.* 1, 68 ; *alii minuti et angusti* CIC. *Fin.* 1, 61, d'autres à l'esprit pusillanime et étriqué ‖ [en parl.] étroit [= où l'on est à l'étroit, gêné] : *in rebus tam subitis tamque angustis* CIC. *Fam.* 10, 16, 3, dans des circonstances si soudaines et si pressantes ; *unde angusta et lubrica oratio* TAC. *An.* 2, 87, ce qui faisait que la parole était à l'étroit et sur un terrain glissant.

ănhēlābundus, *a, um*, 🄫 *anhelans* : CHAR. 49, 4.

ănhēlans, *tis*, haletant, hors d'haleine : VIRG. *En.* 10, 837.

ănhēlātĭō, *ōnis*, f. (*anhelo*), respiration difficile, essoufflement : PLIN. 9, 18 ‖ asthme : PLIN. 23, 47 ‖ [fig.] irisation : PLIN. 37, 89.

ănhēlātŏr, *ōris*, m., qui respire difficilement : PLIN. 22, 105.

ănhēlātus, *a, um*, part. de *anhelo*.

ănhēlĭtŭs, *ūs*, m. (*anhelo*) ¶1 exhalaison : CIC. *Sen.* 16 ; *Div.* 1, 115 ¶2 respiration, souffle : PL. *Ep.* 205 ; SEN. *Ep.* 30, 14 ¶3 respiration pénible : CIC. *Off.* 1, 131 ‖ asthme : PLIN. 20, 140.

ănhēlō, *ās, āre, āvī, ātum* (cf. *anima*, scr. *anila-s*, plutôt que *an, halo* ; fr. *haleine*)

I intr. ¶1 respirer difficilement, être hors d'haleine : LUCR. 3, 489 ; VIRG. *En.* 5, 425 ¶2 émettre des vapeurs : VIRG. *En.* 8, 421 ; PLIN. 5, 55 ¶3 aspirer à [dat.] : AUG. *Conf.* 10, 27.

II tr., exhaler : CIC. *de Or.* 3, 41 ; OV. *M.* 7, 115 ‖ [fig.] *scelus anhelans* CIC. *Cat.* 2, 1, respirant le crime ‖ proférer : AUG. *Jul.* 1, 1, 1.

ănhēlōsus, *a, um* (*anhelo*), qui a l'haleine courte : CAEL.-AUR. *Acut.* 2, 28, 148.

ănhēlus, *a, um* (*anhelo*) ¶1 essoufflé, haletant : VIRG. *G.* 2, 135 [avec gén.] : *longi*

laboris Sil. 15, *718*, essoufflé à la suite d'un long effort ¶ **2** qui rend haletant : Lucr. 4, *875*; Virg. G. 3, *496*; Ov. M. 11, *347*.

ănhŏmŏeūsĭŏs, ▶ anomoeusios.

ănhȳdrŏn, *i*, n. (ἄνυδρον), narcisse [fleur] : Ps. Apul. Herb. *75*.

Ănhȳdrŏs, *i*, f., île de la mer Égée : Plin. 5, *137*.

ănĭātrŏlŏgētŏs, *i*, m. (ἀνιατρολόγητος), qui n'a aucune connaissance de la médecine : Vitr. 1, *1, 13*.

Ănīcātus, *i*, m., nom d'un affranchi d'Atticus : Cic. Att. 2, *20, 1*.

ănīcētum, *i*, n., anis [plante] : Plin. 20, *186*.

Ănīcētus, *i*, m. (ἀνίκητος), nom d'un affranchi romain : Tac. An. 14, *3*.

Anichĭae, *ārum*, f. pl., ville de Béotie : Plin. 4, *26*.

ănĭcilla, *ae*, f. (dim. de *anicula*), petite vieille : Varr. L. 9, *74*.

Ănĭcĭus, *ii*, m., nom de famille : Cic. Brut. *287* ‖ **Ănĭcĭānus**, *a*, *um*, d'Anicius : Plin. 15, *54*‖ remontant au consulat d'Anicius [L. Anicius Gallus, 160 av. J.-C.] : Cic. Brut. *287*.

ănĭcŭla, *ae*, f. (dim. de *anus*), petite vieille : Ter. And. *231*; Cic. Div. 2, *36*; Nat. 1, *55*.

ănĭcŭlāris, *e* (*anicula*), digne d'une vieille femme, à la manière d'une vieille femme : Aug. Psalm. 38, *11*.

Anidus, *i*, m., montagne de Ligurie : Liv. 40, *38, 3*.

Ănĭēn, *ēnis*, **Ănĭo**, *ōnis*, **Ănĭēnus**, *i*, m., l'Anio [affluent du Tibre] Atlas II : Cat. d. Prisc. 2, *208, 3* ‖ Cic. Brut. *54*; Serv. En. 7, *683* ‖ Prop. 5, *7, 86*; Stat. S. 1, *3, 70* ‖ **-ĭensis**, *e*, de l'Anio : Cic. Planc. *54*; Liv. 10, *9, 14* ou **-ĭēnus**, *a*, *um*, Virg. G. 4, *369*.

Ănĭēnĭcŏla, *ae*, m., habitant des rives de l'Anio : Sil. 4, *225*.

Ănĭgrŏs (**-us**), *i*, m., l'Anigre [fleuve de Thessalie] : Ov. M. 15, *282*.

ănīlis, *e* (*anus*), de vieille femme : Virg. En. 7, *416*; Ov. M. 13, *533* ‖ à la manière d'une vieille : Cic. Tusc. 1, *93*; Div. 2, *125*; Nat. 2, *70*.

ănīlĭtās, *ātis*, f., vieillesse de la femme : Catul. 61, *155*.

ănīlĭtĕr, adv., à la manière des vieilles femmes : Cic. Nat. 3, *92*.

ănīlĭtŏr, *āris*, *ārī*, - (*anus*), devenir une vieille femme : Apul. Mund. *23*.

ănĭma, *ae*, f. (*animus*; fr. âme, esp. fort *alma*), souffle ¶ **1** air : **quae spiritu in pulmones anima ducitur** Cic. Nat. 2, *138*, l'air que la respiration amène dans les poumons; **(animus) ex inflammata anima constat** Cic. Tusc. 1, *4, 2*, (l'âme) est formée d'un air enflammé ‖ **reciprocare animam** Liv. 21, *58, 4*, aspirer et expirer l'air (respirer); **quiddam ex igni atque anima temperatum** Cic. Nat. 3, *36*, un composé de feu et d'air ‖ souffle de l'air : **quaesit animas secundas** Lucr. 5, *1229*, il implore des souffles favorables; **impellunt animae lintea Thraciae** Hor. O. 4, *12, 2*, les souffles de Thrace gonflent les voiles ¶ **2** souffle, haleine : **continendā animā** Cic. de Or. 1, *261*, en retenant (ménageant) son souffle; **animas et olentia Medi ora fovent illo (malo)** Virg. G. 2, *134*, les Mèdes parfument de cette (pomme) leur haleine et leurs bouches fétides ¶ **3** âme [souffle vital], vie : **animam edere, efflare, emittere, exhalare, expirare** Cic. Sest. *83*, rendre l'âme, exhaler son âme (sa vie), mourir; **animam agere** Cic. Tusc. 1, *19*, être à l'agonie; **tantum in unius anima posuit, ut** Cic. Mur. *34*, il mit à si haut prix l'existence d'un seul homme que; **satis habebatis animam retinere** Sall. J. 31, *20*, il vous suffisait de garder la vie; **animam debere** Ter. Phorm. *661*, devoir jusqu'à son souffle de vie [être criblé de dettes] ‖ [en parl. des animaux] **dulces animas reddunt (vituli)** Virg. G. 3, *495*, (les jeunes taureaux) exhalent le doux souffle de la vie ‖ [en parl. des plantes] **quaedam animam habent nec sunt animalia** Sen. Ep. 58, *10*, il y a des choses qui sont animées sans être des animaux ‖ âme [terme de tendresse] : **vos, meae carissimae animae** Cic. Fam. 14, *14, 2*, vous, mes très chères âmes ‖ âme (être, créature) : **Plotius et Varius Vergiliusque animae quales neque candidiores terra tulit neque...** Hor. S. 1, *5, 40*, Plotius et Varius et Virgile, âmes (êtres) comme la terre n'en a jamais porté de plus pures, cf. Virg. En. 11, *24*; **vos, Treveri ceteraeque servientium animae** Tac. H. 4, *32*, vous, Trévires et tous les autres êtres (peuples) esclaves; **nos animae viles** Virg. En. 11, *372*, nous autres, viles créatures ¶ **4** âme [par oppos. au corps] : **numquam vidi animam rationis participem in ulla alia nisi humana figura** Cic. Nat. 1, *87*, jamais je n'ai vu d'âme raisonnable dans une autre forme que la forme humaine; **de immortalitate animae** Cic. Rep. 6, *3*, sur l'immortalité de l'âme; **non interire animas** Caes. G. 6, *14, 5*, [les druides enseignent] que les âmes ne meurent pas, cf. Sall. C. 2, *8*; 2, *9*; J. 2, *1* ‖ âme [en tant que principe vital, distinct du corps, mais opposé à *animus*, siège de la pensée, comme dans Épicure τὸ ἄλογον s'oppose à τὸ λογικόν] : Lucr. 3, *35*; 3, *136*; 3, *166*; Sall. J. 2, *1*; 2, *3* ‖ les âmes des morts : Cic. Vat. *14*; Lucr. 3, *627*; Virg. En. 4, *242* ‖ [chrét.] âme [après la mort] : Tert. Mon. 1, *4*.

▶ gén. arch. **ănĭmāī** Lucr. 1, *112*; dat. abl. pl. **ănĭmābus** [tard.] Hier. Gal. 3, *6, 1*.

ănĭmābĭlis, *e* (*animo*), vivifiant : Cic. Nat. 2, *91*.

ănĭmābus, ▶ *anima* ▶.

ănĭmadversĭo, *ōnis*, f. (*animadverto*) ¶ **1** attention de l'esprit, application de l'esprit : **crebra animadversione perspectum est** Cic. Div. 1, *109*, une fréquente attention de l'esprit a permis de voir nettement; **hanc animadversionem humanissimam ac liberalissimam judicaretis** Cic. Arch. *16* [mss], vous estimeriez que cette occupation de l'esprit est la plus digne d'un être humain, la plus digne d'un homme libre; **ex quibus illud intellegitur excitandam esse animadversionem et diligentiam, ut ne quid temere ac fortuito, inconsiderate neglegenterque agamus** Cic. Off. 1, *103*, d'où l'on comprend qu'il faut tenir en éveil notre activité d'esprit, notre attention, pour ne rien faire à l'aventure et au hasard, avec légèreté et insouciance ‖ observation : **notatio naturae animadversio peperit artem** Cic. Or. *183*, l'étude et l'observation de la nature ont fait naître la science théorique ‖ **mediocris animadversio atque admonitio** Cic. Fin. 1, *30*, appel à un peu d'observation et d'attention ‖ observation, remontrance, blâme : **animadversionem effugere** Cic. Or. *195*, éviter le blâme ¶ **2** punition, châtiment : **genus animadversionis videte** Cic. Verr. 1, *45*, voyez la manière dont on a sévi; **notiones animadversionesque censorum** Cic. Off. 3, *111*, les blâmes et les punitions des censeurs; **animadversionem constituere** Cic. Verr. 1, *70*, instituer des poursuites [pour punir un délit]; **quaestio animadversioque** Cic. Leg. 2, *37*, enquête (instruction de l'affaire) et châtiment, cf. Liv. 21, *18, 7*; **animadversio vitiorum** Cic. Clu. *128*, la répression des vices; **capitis animadversio** Dig. 1, *2, 2, 18*, le pouvoir d'infliger la peine de mort.

ănĭmadversŏr, *ōris*, m. (*animadverto*), observateur : **acres ac diligentes animadversores vitiorum** Cic. Off. 1, *146*, observateurs pénétrants et zélés des défauts.

1 ănĭmadversus, *a*, *um*, part. de *animadverto*, qui a subi la peine de mort, supplicié : Dig. 48, *24, 3*.

2 ănĭmadversŭs, *ūs*, m., châtiment : Lampr. Alex. 25, *2*.

ănĭmadvertō, *is*, *ĕre*, *vertī*, *versum*, tr. (*animum adverto*), tourner son esprit vers ¶ **1** faire attention, remarquer : **si animadvertistis** Cic. Amer. *59*, si vous avez pris garde, **rem** Cic. Fam. 11, *27, 7*, remarquer qqch. ‖ [avec *ad*] faire attention à : Gell. 7, *2, 2* ‖ [avec *ne*] prendre garde que... ne (de) : Cic. Lae. *99*; Fin. 4, *18*; Liv. 4, *30, 11* ‖ [avec interrog. indir.] : **animadverte rectene hanc sententiam interpreter** Cic. Fin. 2, *20*, considère si je traduis fidèlement cette maxime, cf. Fin. 1, *62*; Off. 2, *69*; Clu. *159* ¶ **2** reconnaître, constater, remarquer, voir : **sic minime animadvertetur delectationis aucupium** Cic. Or. *197*, c'est ainsi qu'on s'apercevra le moins que l'auteur cherche à plaire; **terrore equitum animadverso** Caes. C. 3, *69, 3*, ayant vu la panique de la cavalerie; **animadverti paulo te hilariorem** Cic. Brut. *18*, j'ai constaté que tu étais d'humeur un peu plus gaie ‖ [avec *ab*, "d'après"] **boni seminis sues animadver-**

animadverto

tuntur a facie Varr. R. 2, 4, 4, on reconnaît les porcs de bonne race à leur aspect ‖ [avec prop. inf.] voir que, constater que, remarquer que : Cic. de Or. 1, 154; Phil. 14, 3; Caes. G. 1, 32, 2 ‖ [avec interrog. indir.] Cic. Com. 30; Att. 1, 20, 4; Caes. C. 2, 14, 2; Liv. 4, 3, 2 ¶ 3 blâmer, critiquer : in notandis animadvertendisque vitiis prudentissimus Cic. Brut. 316, très habile à saisir et à critiquer les défauts, cf. de Or. 1, 109; Att. 16, 11, 2 ¶ 4 infliger un châtiment : in aliquem animadvertere, sévir contre qqn, châtier qqn : Cic. Cat. 1, 30; Mil. 71; Verr. 5, 105; Caes. G. 1, 19, 1; Sall. C. 51, 21; in aliquem servili supplicio Liv. 24, 14, 7, punir qqn du châtiment des esclaves [la croix]; in caput civis animadvertere Dig. 1, 2, 2, 16, punir un citoyen de la peine capitale; dominus in familiam suam potest animadvertere Dig. 29, 5, 6, 5, le maître peut châtier ses esclaves.

ănĭmaequĭtās, ātis, f., C.▸ aequanimitas : CIL. 6, 11259.

ănĭmaequus, a, um (animaequitas), patient, résigné : Vulg. Marc. 10, 49 [compar.]

ănĭmăl, ālis, n. (anima; esp. alimaña) ¶ 1 être vivant, être animé, créature : cum inter inanimum et animal hoc maxime intersit, quod animal agit aliquid Cic. Ac. 2, 37, comme la plus grande différence entre un être inanimé et un être animé consiste en ce que l'être animé agit, cf. Tusc. 1, 59; Fin. 2, 31 ¶ 2 animal, bête : Cic. Nat. 2, 122; [terme injurieux] Cic. Verr. prim. 42; Pis. 21 ‖ [chrét.] mouton, ouaille : Greg.-M. Ev. 17, 9.

ănĭmālis, e (anima) ¶ 1 formé d'air : (natura) vel terrena vel ignea vel animalis vel umida Cic. Nat. 3, 34, (substance) ou de terre ou de feu ou d'air ou d'eau, cf. Tusc. 1, 40 ¶ 2 animé, vivant : animale genus Lucr. 1, 227, la race des êtres vivants; vim quamdam dicens ... eamque animalem Cic. Nat. 1, 32, disant que c'est [que Dieu est] une force particulière ..., une force animée; exemplum animale Cic. Inv. 2, 2, modèle vivant ¶ 3 matériel, physique [opposé à spiritalis] : Vulg. 1 Cor. 2, 14; Tert. Res. 22, 1.

ănĭmālĭtās, ātis, f., animalité : Myth. 3, 6, 16.

ănĭmālĭtĕr, adv., à la manière des animaux : Aug. Job 14.

1 ănĭmans, antis (de animatus), adj., animé, vivant : Cic. Nat. 2, 78.

2 ănĭmans, antis, subst. m., f. ou n., être vivant, animal : f., Cic. Fin. 4, 28 ‖ m., Cic. Tim. 12 ‖ n., Cic. Nat. 2, 28.

ănĭmātĭo, ōnis, f. (animo) ¶ 1 la qualité d'un être animé : Cic. Tim. 35 ¶ 2 [fig.] animation, ardeur : VL. Act. 17, 11 ‖ animosité : Tert. Val. 9, 4 ‖ fait d'animer : Tert. Anim. 19, 5.

ănĭmātŏr, ōris, m. (animo), qui donne la vie, qui anime : Capel. 1, 36; Tert. Herm. 32, 2.

ănĭmātrix, īcis, f., celle qui donne de la force pour qqch. : Tert. Scorp. 12, 5.

1 ănĭmātus, a, um, part.-adj. de animo ¶ 1 animé : animata inanimis anteponere Cic. Top. 69, préférer les êtres animés aux choses inanimées ¶ 2 disposé : bene Nep. Cim. 2, 4, bien (favorablement) disposé; infirme Cic. Fam. 15, 1, 3, ayant des dispositions chancelantes; erga aliquem Cic. Att. 15, 12, 2; in aliquem Cic. Lae. 57; Verr. 4, 151, disposé à l'égard de qqn ‖ [en part.] animé, plein de courage, déterminé : Pl. Bac. 942 ‖ disposé à, prêt à [avec ad] : Amm. 14, 11, 3; Macr. Sat. 1, 4, 10; [avec in] Macr. Sat. 1, 11, 21 ‖ [avec inf.] animatus facere Pl. Truc. 966, disposé à faire; Macr. Somn. 1, 2, 15.
▸ -tissimus Itin. Alex. 5 (13).

2 ănĭmātŭs, ūs, m., respiration, vie : Plin. 11, 7.

ănĭmescō, ĭs, ĕre, -, -, intr., s'animer, s'irriter : Gloss. 2, 329, 60.

ănĭmĭtŭs, adv. (animus), cordialement : Non. 147, 27.

ănĭmō, ās, āre, āvī, ātum (anima et animus), tr. ¶ 1 animer, donner la vie : Cic. Nat. 1, 110; [poét.] classem in nymphas Ov. M. 14, 566, transformer des vaisseaux en nymphes ‖ emplir d'air : duas tibias uno spiritu Apul. Flor. 3, jouer de deux flûtes à la fois ‖ [jeu de mots] avi et atavi nostri, cum alium et caepe eorum verba olerent, tamen optume animati erant Varr. Men. 67, nos aïeux et nos quadrisaïeux avaient beau parler en sentant l'ail et l'oignon, ils ne laissaient pas d'avoir un bon souffle [d'être déterminés, énergiques] ‖ raviver, renforcer : Tert. Cult. 2, 6 ‖ stimuler, encourager : Aug. Acad. 2, 2, 3 ¶ 2 [au pass.] être disposé de telle ou telle façon, recevoir tel ou tel tempérament : Cic. Div. 2, 89; terrae suae solo et caelo acrius animantur Tac. G. 29, ils [les Mattiaques] tiennent du sol et du climat de leur pays un tempérament plus ardent; V.▸ animatus, animans.

ănĭmōsē (animosus) ¶ 1 avec cœur, avec courage, avec énergie : Cic. Phil. 4, 6; Tusc. 4, 51 ‖ magnifice, graviter animoseque vivere Cic. Off. 1, 92, vivre noblement, dignement, l'âme haute ¶ 2 avec passion, avec ardeur : animosius a mercatore quam a vectore solvitur votum Sen. Ep. 73, 5, le marchand met plus d'empressement (de cœur) que le passager à acquitter son vœu; gemmas animosissime comparare Suet. Caes. 47, mettre une incroyable passion à rechercher les pierres précieuses.

ănĭmōsĭtās, ātis, f., ardeur, énergie : Macr. Sat. 1, 11, 27; Amm. 16, 12, 42 ‖ animosité, colère : Aug. Civ. 3, 18; Vulg. Hebr. 11, 27.

ănĭmōsus, a, um (animus) ¶ 1 qui a du cœur, courageux, hardi : Cic. Mil. 92; Tusc. 2, 57; 2, 65; Liv. 3, 20, 1 ‖ qui a de la grandeur (de la force) d'âme : animosior senectus est quam adulescentia Cic. CM 72, la vieillesse a plus de force d'âme que la jeunesse; non sane animosa sententia Cic. Tusc. 3, 51, opinion où il n'entre pas précisément de la grandeur d'âme; vox animosa Sen. Prov. 5, 5, parole pleine de grandeur d'âme ¶ 2 fier : ego vestra parens, vobis animosa creatis Ov. M. 6, 206, moi, votre mère, fière de vous avoir donné le jour, cf. Sen. Vit. 20, 3 ¶ 3 passionné, ardent : corruptor Tac. H. 1, 24, corrupteur passionné ‖ [poét., en parl. du vent] impétueux : Virg. G. 2, 441; Ov. Am. 1, 6, 51 ‖ coléreux : Tert. Anim. 19, 9.

1 Anĭmŭla, ae, f., petite ville d'Apulie : Pl. Mil. 648; P. Fest. 23, 14.

2 ănĭmŭla, ae, f. (dim. de anima), petite âme : Sulp. Fam. 4, 5, 4; Hadr. d. Spart. Hadr. 25, 9 ‖ quae (litterae) mihi quiddam quasi animulae instillarunt Cic. Att. 9, 7, 1, (une lettre) qui a fait pénétrer en moi comme un petit souffle de vie ‖ papillon : Gloss. 2, 481, 25.

ănĭmŭlus, i, m. (dim. de animus), petit cœur : mi animule Pl. Cas. 134, mon cher petit cœur, cf. Pl. Men. 361.

ănĭmus, i (cf. anima, ἄνεμος, scr. anila-s, aniti " il respire "), m., âme, esprit ¶ 1 principe de l'être vivant ¶ 2 facultés de l'âme, meo quidem animo, in animo habere ¶ 3 siège de la volonté, " intention " animi causa ¶ 4 " âme ", " cœur " magnus animus, " courage ", " énergie ", [pl.] " orgueil ", " humeur " ¶ 5 mi anime.

¶ 1 [en gén., principe distinct du corps, qui préside à l'activité d'un être vivant, homme ou animal] : bestiarum animi sunt rationis expertes Cic. Tusc. 1, 80, l'âme des bêtes est privée de raison, cf. Fin. 5, 38; mundi animus Tert. Nat. 2, 2, 19, l'âme du monde ¶ 2 [siège de la pensée, ensemble des facultés de l'âme] : aut sensibus aut animo aliquid percipere Cic. de Or. 3, 67, percevoir qqch. soit par les sens soit par l'intelligence; perfectae eloquentiae speciem animo videmus Cic. Or. 9, nous voyons par la pensée une image de l'éloquence idéale; ab aliqua re animos avertere Cic. Or. 138, détourner les esprits de qqch.; animis attentis Cic. Or. 197, les esprits étant attentifs; numquam ex animo meo discedit illius viri memoria Cic. Rep. 6, 9, jamais le souvenir de cet homme ne sort de ma pensée; si nihil animus praesentiret in posterum Cic. Arch. 29, si l'âme n'avait aucun pressentiment de l'avenir; ita factus est animo et corpore, ut Cic. Verr. 4, 126, il est fait de telle sorte au moral et au physique, que... ‖ animum, mentem quam saepe vocamus Lucr. 3, 94, l'esprit, ou la pensée, comme on l'appelle souvent; animum atque animam dico conjuncta teneri inter se Lucr. 3, 136, je dis que l'esprit [animus = λογικόν] et l'âme [anima = ἄλογον] se tiennent unis ensemble étroitement ; Tert. *Anim.* 12, 1 ‖ **relinquit animus Sextium** Caes. *G.* 6, 38, 4, l'âme (le sentiment, la connaissance) abandonne Sextius [il s'évanouit] ‖ **meo quidem animo**, à mon avis du moins, selon moi : Pl. *Aul.* 478 ; *Cas.* 570 ; Cic. *Inv.* 1, 5 ; *Sest.* 49 ; **ex animi mei sententia** Cic. *Off.* 3, 108, en mon âme et conscience ‖ **habere aliquid cum animo** Sall. *J.* 11, 8 ; **in animo** Sen. *Beat.* 15, 5 ; Quint. 1, 3, 13, avoir qqch. dans l'esprit, dans la pensée, méditer qqch. ; **in animo habere aliquem** Sall. *J.* 24, 1, songer à qqn ; **in animo habere** [avec prop. inf.] : Cat. *Agr.* 1, 1 ; Cic. *Fam.* 12, 62, penser que ; **animi** [gén. partitif] : **excruciari animi** Pl. *Mil.* 720, se tourmenter en son cœur ; **animi dubius** Virg. *G.* 3, 289, hésitant intérieurement, cf. **aeger animo** Plin. *Ep.* 9, 22, 3, moralement malade ¶ 3 [siège du désir et de la volonté] : **animum vincere** Cic. *Marc.* 8, se vaincre soi-même ; **a scribendo prorsus abhorret animus** Cic. *Att.* 2, 6, 1, je répugne tout à fait à écrire ; **quo cujusque animus fert, eo discedunt** Sall. *J.* 54, 4, chacun s'en va où le porte sa volonté ; **impotens animus** Cic. *Phil.* 5, 22, âme qui ne se maîtrise pas ; **animi sui causa** Cic. *Pis.* 65, pour son plaisir ; **animi causa** Cic. *Phil.* 7, 18 ; Caes. *G.* 5, 12, 6 ; Arn. 7, 4, par goût, par amusement ‖ [sorte de périphrase] : **Divitiaci animum offendere** Caes. *G.* 1, 19, 2, blesser Divitiacus ; **animi totius Galliae** Caes. *G.* 1, 20, 4, toute la Gaule ‖ intention : **quo animo et quo consilio ad causam publicam accesserim** Cic. *Verr.* 3, 164, [je me rappellerai] dans quel esprit, dans quelle vue je me suis chargé de cette cause publique ; **eo ad te animo venimus, ut de re publica esset silentium** Cic. *Brut.* 11, notre intention en venant te voir était de faire le silence sur les questions politiques ; **hoc animo, ut** Caes. *G.* 7, 28, 1, avec l'intention de ‖ **mihi erat in animo ire in Epirum** Cic. *Att.* 3, 21, j'avais l'intention d'aller en Épire ; **in animo habeo facere aliquid**, j'ai l'intention de faire qqch. : Cic. *Verr.* 2, 69 ; 4, 68 ; Caes. *G.* 6, 7, 5 ; **animum inducere, in animum inducere**, v. *inducere* ¶ 4 [siège du sentiment et des passions] âme, cœur : **curae animi** Cic. *Verr.* 4, 137, les soucis de l'âme ; **iratus animus tuus** Cic. *Sull.* 47, ton âme irritée, ta colère ; **omnes animi cruciatus et corporis** Cic. *Cat.* 4, 8, tous les tourments physiques et moraux ; **ex animo**, de cœur, sincèrement : **tranquillo animo esse** Cic. *CM* 74, avoir l'âme tranquille ; **imago animi voltus** Cic. *de Or.* 3, 221, le visage est le miroir de l'âme ; **gratus animus** Cic. *de Or.* 2, 182, la reconnaissance ; **magnus animus** Cic. *Rep.* 1, 9, la grandeur d'âme ‖ disposition d'esprit, sentiments : **alieno animo esse in aliquem** Caes. *C.* 1, 6, 2 ; **bono animo esse in aliquem** Caes. *G.* 1, 6, 3, avoir des sentiments hostiles, dévoués à l'égard de qqn ; **pro mutuo inter nos animo** Cic. *Fam.* 5, 2, 1, en raison des sentiments que nous avons l'un pour l'autre (en raison de notre mutuelle amitié) ; **quo tandem animo sedetis, judices ?** Cic. *Verr.* 5, 123, quelles sont enfin vos dispositions d'esprit en ce moment, juges ? ; **cum istum animum habes** Brut. *Fam.* 11, 2, 1, disposé comme tu l'es ; **ut ad bella suscipienda Gallorum alacer ac promptus est animus, sic mollis ac minime resistens ad calamitates perferendas mens eorum est** Caes. *G.* 3, 19, 6, si pour entreprendre la guerre les Gaulois ont le cœur vif et prompt, en revanche ils ont pour supporter les revers un moral insuffisamment ferme et solide ; **toto animo se dare rei** Cic. *Tusc.* 5, 115, se donner de tout son cœur (tout entier) à qqch. ; **totus et mente et animo** Caes. *G.* 6, 5, 1, tout entier et d'intelligence et de cœur ; **uno animo atque una voce** Cic. *Font.* 46, d'une seule âme et d'une seule voix ‖ cœur, courage, énergie : **alicui animum adferre** Cic. *Phil.* 8, 22 (**animum addere** Pl. *Amp.* 250 ; **facere** Sen. *Ben.* 6, 16, 6) donner du courage à qqn ; **animum frangere, debilitare** Cic. *Sen.* 36, briser, affaiblir le courage ; **confirmare militum animos** Cic. *Phil.* 5, 4, affermir le courage des soldats ; **firmiore animo** Caes. *C.* 3, 86, 2, avec plus de résolution ; **praesidio legionum addito nostris animus augetur** Caes. *G.* 7, 70, 3, l'appui des légions raffermit le moral des nôtres ‖ au pl., **libros laudando animos mihi addidisti** Cic. *Att.* 7, 2, 4, en louant l'ouvrage tu m'as redonné du cœur ; **accendere militi animos** Liv. 44, 3, 8 ; **militum animos** Liv. 2, 47, 4, allumer l'ardeur des soldats ; **ferro et animis fretus** Liv. 9, 40, 4, confiant dans ses armes et son courage ‖ [au pl., en part.] fierté, audace : **remittant spiritus, comprimant animos suos** Cic. *Flac.* 52, qu'ils abattent leur orgueil, qu'ils répriment leur fierté ; **insolentiam noratis hominis, noratis animos ejus ac spiritus tribunicios** Cic. *Clu.* 109, vous connaissiez l'insolence du personnage, vous connaissiez son audace et ses prétentions de tribun ; **pone animos** Virg. *En.* 11, 366, laisse là ton ressentiment ‖ disposition, humeur : **ex animo** Vulg. *Eph.* 6, 6, de bon cœur ¶ 5 [terme de cajolerie] **mi anime** Pl. *As.* 664, ma chère âme, mon cœur, cf. *As.* 941 ; *Bac.* 81 ; *Curc.* 99 ¶ 6 [poét.] caractère, nature [en parl. de plantes] : **exuere silvestrem animum** Virg. *G.* 2, 51, dépouiller sa nature sauvage.

Ănĭō, v. *Anien*.

ănīsātum, *i*, n. (*anisum*), vin d'anis : Plin. Val. 5, 34.

ănīsŏcўcli, *ōrum*, m. pl. (ἀνισόκυκλος), engrenages : Vitr. 10, 1, 3.

ănīsum, *i*, n. (ἄνησον), anis [plante] : Plin. 20, 185 ; v. *anesum*.

ănĭtās, *ātis*, f., v. *anilitas* : Anth. 19, 4 ; Gloss. 2, 265, 3.

ănĭtes, v. 1 *anas*.

ănĭtĭcŭla, v. *anat-*.

Ănĭus, *ĭi*, m., roi et prêtre de Délos : Virg. *En.* 3, 80 ; Ov. *M.* 13, 632.

1 **Anna**, *ae*, f. (cf. hébr. *Hannah*), Anne, sœur de Didon : Virg. *En.* 4, 9 ; Ov. *H.* 7, 91 ‖ mère de Samuel : Vulg. 1 *Reg.* 1, 2.

2 **Anna Pĕrenna**, *ae*, f. (3 *anna*, p.-ê. 2 *anus*), déesse [fête le 15 mars] : Macr. *Sat.* 1, 12, 6.

3 **anna**, *ae*, f. (express. *Anna Perenna*, *amma, mamma, nonna* ; cf. ἀννίς, hit. *annas*), nourrice : CIL 3, 2012 ; 2160 ; 2450.

Annaea, *ae*, f., nom de femme : Cic. *Verr.* 1, 111.

Annaeus, *i*, m., nom d'une famille romaine : Cic. *Verr.* 3, 93 ; [en part.] famille des Sénèques et de Lucain.

1 **annālis**, *e* (*annus*) ¶ 1 relatif à l'année : **tempus annale, menstruum** Varr. *R.* 1, 27, 1, [il y a deux divisions du temps] l'année, le mois ; **clavus annalis** P. Fest. 49, 7, clou marquant l'année ‖ droit que l'on doit faire valoir dans un délai d'un an : **actio annalis** Dig. 15, 2, 1, 10, action annale ¶ 2 **leges annales (lex annalis)**, lois annales, lois d'âge, lois concernant l'âge exigé pour chaque magistrature : Cic. *Phil.* 5, 47 ; *de Or.* 2, 261 ¶ 3 m. pris subst^t, **annālis**, *is*, = *annalis liber*, livre d'annales ; employé surtout au pl., **annāles**, *ĭum*, annales, cf. Cic. *de Or.* 2, 52 ; *Mur.* 16 ; Liv. 4, 7, 10 ; 4, 20, 8 ; [sous ce mot sont désignés : a) les Annales (*Annales Maximi*) sorte de registres des événements principaux de l'année tenus par les grands pontifes ; b) les œuvres particulières des premiers historiens latins, comme Fabius Pictor, Cincius Alimentus, qui écrivent en grec, Cassius Hémina, Claudius Quadrigarius, Valérius Antias, qui écrivent en latin ; c) enfin c'est le titre de l'épopée d'Ennius : cf. *Ennius in nono Annali* Cic. *Brut.* 58 " Ennius dans le neuvième livre des Annales " ; d) chez Tacite, les modernes appellent Annales le récit des temps que l'auteur n'a pas vus et Histoires le récit des temps contemporains de l'auteur] ‖ **annales nostrorum laborum** Virg. *En.* 1, 373, la chronique de nos épreuves.

2 **Annālis**, *is*, m., surnom des Villius : Liv. 40, 44, 1 ; Cic. *Fam.* 8, 8, 5.

Annamatia, *ae*, f., ville de la Basse-Pannonie : Anton. 245.

annārĭus, *a*, *um*, ▷ 1 *annalis* : **annaria lex** P. Fest. 25, 5 [loi concernant l'âge exigé pour chaque magistrature].

annātō, v. *adn-*.

annĕ, adv. interr. qui introduit en général le second membre d'une interr. double ; même sens que *an*, v. *an* ‖ dans l'interr. indir. simple : Plin. 2, 95 ; 24, 129 ; 30, 104.

annectō, v. *adn-*.

Annēĭus, nom de famille romain : Cic. *Fam.* 15, 4, 2.

annell-, v. *anell-*.

annex-, v. *adnex-*.

Annĭădae, *ārum*, m. pl., membres de la famille Annia : Claud. *Prob.* 1, 9.

Annianus

Anniānus, *a, um* ¶1 d'Annius: Cic. *Att.* 4, 3, 3 ¶2 **-nus**, *i*, m., nom d'un poète romain: Gell. 6, 7, 1.

Annĭbal, v.> Hannibal.

Annĭcĕris, m. (Ἀννίκερις), philosophe cyrénéen: Lact. *Inst.* 3, 25, 16 ‖ **Annĭcĕrĭi**, ōrum, m. pl. (Ἀννικέρειοι), disciples d'Annicéris: Cic. *Off.* 3, 116.

annictō, v.> adnicto.

annĭcŭlus, *a, um* (annus), d'un an, âgé d'un an: Cat. *Agr.* 17, 2; Nep. *Att.* 19, 4.

annĭfĕr, ĕra, ĕrum (annus et fero), qui porte des fruits toute l'année: Plin. 16, 107 ‖ qui renouvelle sa tige tous les ans: Plin. 19, 121.

annĭhīl-, annis-, annit-, v.> adn-.

Annĭus, *ĭi*, m., nom d'une famille romaine, ex. Milon: Cic. *Mil.* 1.

annĭversālis, *e*, c.> anniversarius: Aug. *Faust.* 19, 6.

annĭversārĭē, adv., tous les ans: Aug. *Ep.* 54, 10.

annĭversārĭus, *a, um* (annus, verto), qui revient (qui se fait, qui arrive) tous les ans: Cic. *Verr.* 5, 84.

annix-, v.> adnix-.

1 **annō**, v.> adno.

2 **annō**, *ās, āre, -, -* (annus), intr., passer l'année: Macr. *Sat.* 1, 12, 6; v.> 2 Anna perenna.

3 **Anno**, v.> Hanno.

annōm-, v.> adnom-.

annōn, an nōn, v.> an.

1 **annōna**, *ae*, f. (annus ¶2) ¶1 production de l'année, récolte de l'année: *vectigal ex salaria annona statuere* Liv. 29, 37, 3, établir un impôt sur la production annuelle de sel; *vini, lactis* Col. 3, 3, 10; 8, 17, 13, la récolte en vin, en lait ¶2 [surtout] la production en blé et en denrées alimentaires, le ravitaillement en denrées: *difficultas annonae* Cic. *Dom.* 12, les difficultés de l'approvisionnement, cf. Liv. 7, 31, 1; 35, 44, 7 ‖ [d'où] le cours [en fonction de la récolte]: *vilitas annonae, quantam vix ex summa ubertate agrorum diuturna pax efficere potuisset* Cic. *Pomp.* 44, une baisse du cours des denrées, comme aurait à peine pu la produire une longue paix avec la plus féconde production des champs, cf. *Verr.* 3, 195; *Dom.* 11; *Fam.* 14, 7, 3; Caes. *C.* 1, 52, 2 ‖ [fig] *vilis amicorum est annona* Hor. *Ep.* 1, 12, 24, le cours des amis n'est pas cher, on acquiert des amis à peu de frais ‖ *cura annonae*, la charge du ravitaillement de la Ville: Liv. 2, 9, 6; *praefectus annonae* Dig. 48, 2, 13, préfet de l'annone ¶3 [en part.] cours élevé, cherté des cours: Pl. *Trin.* 484; Cic. *Agr.* 2, 80; *Phil.* 8, 26; *Dom.* 10; Liv. 27, 5, 5 ‖ *annonam adtentare et vexare* Dig. 47, 11, 6 pr., attaquer et perturber les cours de l'approvisionnement [par un accaparement spéculatif]; *contra annonam facere* Dig. 48, 12, 2 pr., exercer des pressions spéculatives sur les cours de l'annone ¶4 impôt foncier en nature, l'annone: Cod. Just. 10, 16, 7 ¶5 [tard.] solde, salaire [en nature], ration: Hier. *Vit. Paul.* 10; Cassiod. *Var.* 9, 21, 1; Bened. *Reg.* 31, 16 ‖ blé: Greg.-Tur. *Hist.* 4, 34.

2 **Annōna**, *ae*, f., déesse des denrées: Stat. *S.* 1, 6, 38.

annōnārĭus, *a, um* (annona), qui concerne les vivres: Veg. *Mil.* 3, 3 ‖ m., approvisionneur: Cod. Th. 8, 1, 3.

annōnō, *ās, āre, -, -* (annona), tr., approvisionner: Aug. *Serm. Mai.* 29, 2.

annōnŏr, *āris, ārī, -*, amasser des provisions: Capitol. *Gord.* 29, 2.

annōsĭtās, *ātis*, f., vieillesse: Aug. *Ep.* 269; *Civ.* 15, 15 ‖ longue suite d'années: Cod. Th. 13, 6, 10.

annōsus, *a, um* (annus), chargé d'ans: Col. 6, 28, 1; Virg.; Hor.; Ov. ‖ *annosior, -issimus* Aug. *Conf.* 1, 7; *Civ.* 1, 15.

annōta-, v.> adnota-.

annōtĭnus, *a, um* (annus, cf. diutinus; roum. noatin), d'un an, qui est de l'année précédente: Caes. *G.* 5, 8, 6; Col. 4, 24, 7; Plin. 16, 107.

annōtō, v.> adnoto.

annŭālis, *e* (annus), de l'année: Paul. *Sent.* 3, 7.

annŭātim, adv. (annus), annuellement: Schol. Luc. 1, 179.

annūbĭlo, v.> adnubilo.

annŭcŭlus, CIL 3, 3858, **annŭclus**, *a, um*, CIL 3, 2319, âgé d'un an.

annŭĭtūrus, *a, um*, v.> adnuo.

annŭla, annŭlo-, v.> anul-.

annullātĭo, v.> adnullatio.

annullō, v.> adnullo.

annŭlus, v.> anulus.

annŭm-, annunt-, v.> adn-.

annŭo, v.> adnuo.

annus, *i*, m. (*atnos, cf. ombr. acnu, scr. atati* "il va"; fr. *an*) ¶1 année: Varr. *L.* 6, 8; *annum vivere* Cic. *CM* 24, vivre un an; *nondum centum et decem anni sunt, cum...* Cic. *Off.* 2, 75, il n'y a pas encore cent dix ans que... ¶2 [poét.] saison: Virg. *B.* 2, 57 ‖ produit de l'année: Luc. 9, 437 ¶3 *annus meus, tuus...*, l'année voulue par la loi pour moi, pour toi [en vue d'une candidature]: *reliquit annum suum* Cic. *Mil.* 24, il abandonna l'année où il pouvait poser sa candidature, cf. *Agr.* 2, 2; *Att.* 1, 1, 2 ¶4 *annus magnus*, la grande année, période dans laquelle les constellations reviennent à leur place première [= environ 25.800 années ordinaires] Cic. *Nat.* 2, 20 ¶5 expressions **a)** [arch.] *anno*, il y a un an: Pl. *Amp.* 91; *Men.* 205; *Truc.* 393; Lucil. 781 **b)** *anno*, chaque année, annuellement: *bis anno* Cic. *Pomp.* 31, deux fois par an, ou; *in anno* Cic. *Nat.* 2, 102 **c)** *annum*, pendant une année: Caes. *G.* 7, 32, 3 **d)** *ad annum*, dans un an, l'année suivante (prochaine, à venir): Cic. *de Or.* 3, 92; *Fin.* 2, 92; *Att.* 12, 46; 5, 2, 1 ‖ *in annum prorogare imperium* Liv. 37, 2, 11, proroger pour un an un commandement; *in illum annum, in hunc annum* Cic. *Verr.* 2, 128; *Agr.* 3, 4, pour cette année ‖ *ante annum* Plin. *Ep.* 8, 23, 7, une année avant; v.> ante.

annūt-, v.> adnut-.

annŭum, *i*, Sen. *Ben.* 1, 9, 4, n., plus fréquemment **annŭa**, *ōrum*, pl., revenu annuel, pension: Plin. *Ep.* 10, 40; Suet. *Vesp.* 18.

annŭus, *a, um* (annus) ¶1 annuel, qui dure un an: Cic. *Sest.* 137 ¶2 qui revient chaque année: Cic. *Inv.* 1, 34; *Nat.* 1, 21; 2, 49.

ănōdynŏs, *ŏn* (ἀνώδυνος), qui calme la douleur: Cael.-Aur. *Chron.* 2, 4, 79.

ănōmălē, adv., irrégulièrement: Prob. *Inst.* 4, 82, 7.

ănōmălĭa, *ae*, f. (ἀνωμαλία), irrégularité: Varr. *L.* 8, 23; Gell. 2, 25, 1.

ănōmălus, *a, um*, **ănōmălŏs**, *ŏn* (ἀνώμαλος), irrégulier: Diom. 327, 1; Capel. 1, 36.

ănōmoeŏs, *ŏn* (ἀνόμοιος), dissemblable: Prosp. *Chron.* 1, 730.

ănōmoeūsĭŏs, *ŏn* (ἀνομοιούσιος), de nature dissemblable: Hil. *C. Const.* 12.

ănōnis, *ĭdis*, f. (ἀνωνίς), arrête-bœuf [plante]: Plin. 21, 98.

ănōnŏmastŏs, *ŏn* (ἀνονόμαστος), innommé [Éon]: Tert. *Val.* 35, 2.

ănōnўmŏs, *i*, f. (ἀνώνυμος), plante inconnue: Plin. 27, 31.

ănōnўmus, *a, um* (ἀνώνυμος), dont on ne sait pas le nom, anonyme: Cassiod. *Inst.* 1, 8, 2.

ănōrectus, *i*, m. (ἀνόρεκτος), sans appétit: Pelag. 34, 2.

anquīla, c.> ancyla: Soran. 102.

Anquillārĭa, *ae*, f., ville de la côte africaine: Caes. *C.* 2, 23, 1.

anquīna, *ae*, f. (ἄγκοινα; it. *anchini*), cordage pour l'antenne: Cinna. d. Isid. 19, 4, 7.

anquīrō, *ĭs, ĕre, quīsīvī, quīsītum* (am, quaero) ¶1 chercher de part et d'autre (autour), être en quête de, rechercher: *omnia quae sunt ad vivendum necessaria* Cic. *Off.* 1, 11, rechercher toutes les choses nécessaires à la vie ¶2 rechercher, s'enquérir: Cic. *de Or.* 1, 151; *Off.* 1, 105; *quid quamque rem sequatur, anquiritur* Cic. *de Or.* 3, 113, on recherche les conséquences de chaque chose ‖ *nec diu anquirendum, quin Agrippina anteiret* Tac. *An.* 12, 6, il n'y avait pas à se demander longtemps si = il n'était pas douteux un instant qu'Agrippine tînt le premier rang ¶3 [droit] mettre en accusation, poursuivre [un crime]: *duumviros qui de perduellione anquirerent creatos* Liv. 6, 20, 12, des duumvirs nommés pour

poursuivre le crime de haute trahison ; *aliquem pecunia, capitis anquirere* Liv. 26, 3, 7, poursuivre pour haute trahison, en réclamant une amende, la peine capitale ; *de morte alicujus anquiritur* Tac. An. 3, 12, il y a procédure accusatoire sur la mort de qqn.
▶ les formes dérivées du parf. sont toujours syncopées : *anquisissent* Liv. 2, 52, 5.

anquīrŏmăcus, ▶ *ancyromachus* : Gloss. 5, 166, 26.

anquīsītĭo, *ōnis*, f. (*anquiro*), procès criminel : Varr. L. 6, 90.

ansa, *ae*, f. (cf. *ampla*, ἡνία, v. pr. *ansis*, al. *Öse* ; esp. *asa*), anse, poignée, prise : Virg. B. 3, 45 ; Ov. M. 8, 653 ‖ attache d'une chaussure : Tib. 1, 8, 14 ; Plin. 35, 85 ‖ [fig.] occasion : *ad aliquid ansas dare* Cic. Lae. 59, fournir l'occasion, donner le moyen de faire qqch. ; *si locus habet reprehensionis ansam aliquam* Cic. Planc. 84, si c'est le pays qui prête qq. peu le flanc à la critique.

ansārĭum, *ĭi*, n. (*ansa* ?), droit d'entrepôt : CIL 6, 1016.

ansātus, *a*, *um* (*ansa*), qui a une anse : Varr. L. 5, 121 ‖ *ansatae (hastae)* Enn. An. 172, lances à crochets ‖ *(homo) ansatus* Pl. Pers. 308, (homme) qui a les poings sur les hanches

1 **ansĕr**, *ĕris*, m. (cf. *ganta*, χήν, al. *Gans*, an. *goose*, scr. *haṁsa-s*), oie : Cic. Amer. 56 ; Liv. 5, 47, 4.
▶ f., Varr. R. 3, 10, 3 ; Col. 8, 14, 4 ; *Hor. S. 2, 8, 88.

2 **Ansĕr**, *ĕris*, m., Anser [poète latin] : Ov. Tr. 2, 435 ‖ ami d'Antoine : Cic. Phil. 13, 11.

ansĕra, *ae*, f., ▶ 1 *anser* : Gloss. 3, 17, 35.

ansĕrārĭus, *ĭi*, m., celui qui élève des oies : Gloss. 2, 18, 16.

ansĕrātim, adv., à la manière des oies : Char. 182, 22.

ansercŭlus, *i*, m. (1 *anser*), petite oie, oison : Col. 8, 14, 7.

ansĕrīnus, *a*, *um*, d'oie : Col. 8, 5, 10.

ansŭla, *ae*, f. (*ansa*) ¶ **1** petite anse : Apul. M. 11, 4 ¶ **2** petite bague : Apul. M. 4, 3, 9 ¶ **3** courroie de soulier : Val.-Max. 8, 12, 3 ‖ cordon, attache : Vulg. Exod. 26, 4.

Antacati, m. pl., peuple scythe : Plin. 6, 50.

antăchātēs, *ae*, m. (ἀνταχάτης), fausse agathe : Plin. 37, 139.

1 **antae**, *ārum*, f. pl. (cf. scr. *ātās*, pl.), [archit.] antes, avancées des murs de la *cella* encadrant l'entrée : Vitr. 3, 2, 2 ; [dans la maison grecque] Vitr. 6, 7, 1.

2 **Antae**, ▶ 2 *Antes*.

Antaeŏpŏlis, *is*, f., ville de la Haute-Égypte ‖ **-lītēs nŏmŏs** Plin. 5, 49, nome Antéopolite.

Antaeus, *i*, m. (Ἀνταῖος), Antée [géant tué par Hercule] : Ov. M. 9, 184.

antăgōnista, *ae*, m. (ἀνταγωνιστής), antagoniste : Hier. Vit. Hil. 43.

antămoebaeus, *a*, *um*, opposé de l'amébée [2 brèves, 2 longues, une brève] : Diom. 481, 30.

Antămoenĭdēs, m. (Ἀνταμυνίδης " qui repousse l'attaque "), personnage de soldat : Pl. Poen. 1322.

antănăclăsis, *is*, f. (ἀντανάκλασις), emploi du même mot dans deux sens : Isid. 2, 21, 10.

antănăpaestus, *a*, *um*, opposé de l'anapeste [2 longues et une brève] : Diom. 481, 29.

Antandrŏs (-us), *i*, f. ¶ **1** ville de Mysie : Plin. 5, 123 ‖ **-drĭus**, *a*, *um*, d'Antandros : Cic. Q. 1, 2, 4 ¶ **2** autre nom de l'île d'Andros : Plin. 4, 65.

antăpŏcha, *ae*, f. (ἀνταποχή), attestation, émanant du débiteur, qu'il a reçu quittance du créancier : Cod. Just. 4, 21, 19.

antăpŏdŏsis, *is*, f. (ἀνταπόδοσις), antapodose : Quint. 8, 3, 77.

Antărădŏs (-us), *i*, f., ville de Phénicie : Anton. 148.

antarctĭcus, *a*, *um* (ἀνταρκτικός), antarctique : Hyg. Astr. 1, 6, 3.

Antarĭāni, *ōrum*, m. pl., peuple de la Scythie asiatique : Plin. 6, 50.

1 **antārĭus**, *a*, *um* (*ante*), *antarii funes* Vitr. 10, 2, 3, câbles qui soutiennent une machine en avant.

2 **antārĭus**, *a*, *um* (*ante*), qui est devant [la ville] : *antarium bellum* Serv. En. 11, 156, guerre toute proche des murs.

antĕ (*anti-*, cf. ἀντί, scr. *anti*, al. *ant-* ; esp. *antes*)
I adv. ¶ **1** [lieu] devant, en avant, en face : *innumerabiles supra, infra, ante, post... mundos esse* Cic. Ac. 2, 125, [peut-on croire] qu'il y ait une infinité de mondes au-dessus, au-dessous, devant, derrière... ; *ante aut post pugnare* Liv. 22, 5, 8, se battre en avant ou en arrière ; *ante missis equitibus* Caes. C. 1, 51, 4, des cavaliers étant envoyés en avant ; *ingredi non ante, sed retro* Cic. Fin. 5, 35, marcher non pas en avant, mais à reculons ¶ **2** [temps] avant, auparavant, antérieurement : Cic. Tusc. 1, 99 ; Caes. C. 3, 105, 2 ; Liv. 5, 20, 1 ‖ *paulo, multo, aliquanto ante*, peu, beaucoup, assez longtemps auparavant ; *paucis annis ante* Cic. Phil. 2, 102 ; *aliquot diebus ante* Caes. G. 4, 9, 3 ; *tertio anno ante* Liv. 2, 46, 4 ; *biduo ante* Cic. Pis. 61 ; *anno ante* Cic. Flac. 6, peu d'années auparavant, un certain nombre de jours avant, trois années avant, deux jours, une année avant ; *paucis ante diebus* Cic. Cat. 3, 3 ; *multis ante annis* Cic. Com. 64 ; *annis ante paucis* Cic. Sest. 28, peu de jours, plusieurs années, peu d'années auparavant ; *paucis ante versibus* Cic. Div. 1, 132, quelques vers avant ‖ *ignari non sumus ante malorum* Virg. En. 1, 198, nous n'oublions pas nos maux anté-

rieurs (nos anciennes infortunes) ; *ne proderent patriam tyranni ante satellitibus et tum corruptoribus exercitus* Liv. 24, 32, 5, [ils les conjuraient] de ne pas livrer la patrie aux anciens satellites du tyran, aujourd'hui corrupteurs de l'armée ; *cruor paulo ante convivae* Curt. 8, 2, 3, le sang de celui qui venait d'être un convive ‖ *ante dictus* Amm. 14, 3, 4 ; *ante fatus* Jord. Get. 7, 54, dessus dit ; ▶ *antedictus, antefatus*.

II prép. avec acc. ¶ **1** [lieu] devant, en face de : *ante oppidum considere* Caes. G. 7, 79, 4, prendre position devant la place ; *cum ante se hostem videret* Caes. C. 1, 70, 3, voyant l'ennemi devant lui ; *ante oculos ponere*, placer devant les yeux ‖ *aliquem ante currum suum ducere* Cic. Verr. 5, 67, conduire qqn devant son char [de triomphe] ; *equitatum ante se misit* Caes. G. 1, 21, 3, il envoya devant lui sa cavalerie ; *aliquem ante urbem producere* Liv. 5, 27, 2, conduire qqn devant la ville ; *provectus ante stationes equo* Liv. 23, 47, 2, s'étant avancé à cheval en avant des postes ¶ **2** [temps] avant : *ante horam decimam* Cic. Verr. 1, 41, avant la dixième heure ; *perpaucis ante mortem diebus* Cic. Brut. 324, très peu de jours avant sa mort ; *ante primam confectam vigiliam* Caes. G. 7, 3, 3, avant la fin de la première veille ; *ante Romam conditam* Cic. Tusc. 1, 3, avant la fondation de Rome ; *novus ante me nemo* Cic. Agr. 2, 3, aucun homme nouveau avant moi ; *ante istum praetorem* Cic. Verr. 1, 115, avant sa préture ; *(cohors) quae temere ante ceteras procurrerat* Caes. C. 1, 55, 3, (une cohorte) qui avait fait une charge inconsidérée avant les autres ; *ante tubam* Virg. En. 11, 424, avant que sonne la trompette ; *ante lunam novam* Cic. Att. 10, 5, 1, avant la nouvelle lune ‖ *diem statuo, quam ante si solverint...* Cic. Att. 6, 1, 16, je fixe un jour (un terme) et s'ils s'acquittent avant... ‖ *ante omnia* [= *primum*] : Val.-Max. 3, 8, 1 ; Quint. 2, 15, 1, avant tout, d'abord ; *ante omnia est ut* subj., Tert. Marc. 3, 24, 13, il faut avant tout que ‖ au lieu de *die tertio ante*, de *paucis ante diebus*, on trouve : *ante diem tertium, ante paucos dies* Liv. 23, 45, 1, trois jours, peu de jours auparavant ; *ante dies paucos* Liv. 33, 36, 9 ; *paucos ante dies* Liv. 23, 17, 11 ; *dies ante paucos* Liv. 33, 24, 5, peu de jours auparavant, cf. Cic. Tusc. 1, 4 ; Nep. Dat. 11, 2 ; *ante quadriennium* Tac. Agr. 45, quatre ans avant ‖ au lieu de *die quinto ante Idus Quinctiles*, les Latins disaient : *ante diem quintum Idus Quinctiles* Cic. Fam. 5, 9, 2, le cinquième jour avant les ides de juillet [écrit en abrégé a. d. V. Id. Quinct.] ; *data a. d. IV. K. Nov.* Cic. Fam. 7, 29, 2, [lettre] remise [au courrier] le quatrième jour avant les calendes de novembre ; *in ante diem VI. Kal. Novembris* Cic. Cat. 1, 7, pour le sixième jour avant les calendes de novembre ; *ex ante diem III. Non. Jun. usque ad prid. Kal. Sept.* Cic. Att. 3, 17, 1,

depuis le troisième jour avant les nones de juin jusqu'à la veille des calendes de septembre ¶**3** [idée de précellence] avant, plus que : *facundia Graecos, gloria belli Gallos ante Romanos fuisse* SALL. *C. 53, 3*, [je savais] que les Grecs par l'éloquence, les Gaulois par la gloire guerrière avaient surpassé les Romains ; *quem ante me diligo* BALB. *Att. 8, 15 a, 2*, que j'aime plus que moi-même, cf. LIV. *35, 14, 11* ; *40, 11, 5* ; *41, 28, 11* ; TAC. *H. 4, 55* ; *longe ante alios acceptissimus* LIV. *1, 15, 8*, de beaucoup le plus aimé ; VIRG. *En 1, 347* ; *ante omnia* VIRG. *B. 2, 62* ; LIV. *30, 30, 9*, avant (plus que) tout ; *scelere ante alios immanior omnes* VIRG. *En 1, 347*, le plus monstrueux scélérat de tous les hommes.
▶ *ante* après son régime [chez les poètes] : LUCR. *3, 67* ; TIB. *2, 5, 66* ; OV. *F 1, 503* ‖ en composition *ant-, anti-, antid-,* V.▶ *abante, inante*.

antĕā, adv. (*ante, eā*, cf. *antehāc*), auparavant : CIC. *Dej. 22* ; POMP. *13* ‖ *antea quam* ou *anteaquam*, avant que : CIC. *Fam. 3, 6, 2* ; *Dej. 30* ; LIV. *35, 25, 3* ; V.▶ *antequam*.

antĕactus, *a, um*, part. de *anteago*.

antĕaedĭfĭcĭālis, *e*, bâti devant : DICT. *5, 12*.

anteăgō, = *ante ăgō*, V.▶ *ago*.

antĕambŭlo, *ōnis*, m., qui marche devant [son maître ou son patron] : MART. *2, 18, 5* ; SUET. *Vesp. 2*.

antĕăquam, V.▶ *antea*.

antĕbellō, *ās, āre, -, -*, faire la guerre avant : GLOSS. *2, 420, 5*.

Antĕcănem, indécl., [προκύων], Procyon [astre] : CIC. *Arat. 222* ; *Nat. 2, 114*.

antĕcantāmentum, *i*, n. (*ante, canto*), prélude : APUL. *M. 11, 9*.

antĕcantātĭo, *ōnis*, f., prélude : SCHOL. HOR. *Epo. praef.*

antĕcantātīvus, *a, um*, qui se chante avant : MAR. VICT. *Gram. 6, 57, 18*.

antĕcăpĭō (*ante căpĭō*), *ĭs, ĕre, cēpī, captum* et *ceptum*, tr., prendre avant : *locum* SALL. *J. 50, 1*, prendre le premier un emplacement ; *non loco castris ante capto* LIV. *5, 38, 1*, sans avoir choisi d'avance l'emplacement du camp ‖ *noctem* SALL. *C. 55, 1*, devancer (prévenir) la nuit ; *non famem aut sitim opperiri, sed ea omnia luxu antecapere* SALL. *C. 13, 3*, on n'attendait pas la faim ou la soif, on devançait tous ces besoins par sensualité (par raffinement) ‖ *antecepta animo rei quaedam informatio* CIC. *Nat. 1, 43*, idée conçue *a priori* [πρόληψις].

antĕcăpō, *ās, āre, -, -*, devancer : GREG.-TUR. *Hist. 4, 26*.

antĕcaptus, *a, um*, part. de *antecapio*.

antĕcăvĕō, *ēs, ēre, -, -*, prendre des précautions : GRAT. *50*.

antĕcēdens, *entis*, part. prés. de *antecedo* pris adj[t], précédent : PLIN. *36, 122* ‖ [en phil. et rhét.] *causa* CIC. *Fat. 24*, cause antécédente ; n. pris subst[t], *antecedens* [opposé à *consequens*] CIC. *Top. 88*, antécédent [opposé à conséquent] ; [plus souvent au pl.] *antecedentia, consequentia* CIC. *Top. 53* ; QUINT. *5, 10, 45*, antécédents, conséquents.

antĕcēdō, *ĭs, ēre, cessī, cessum*, intr. et tr. ¶**1 a)** intr., marcher devant, précéder : *lictores antecedebant* CIC. *Phil. 2, 58*, les licteurs marchaient devant ; *ipse cum equitatu antecedit ad castra exploranda* CAES. *C. 2, 24, 2*, lui-même part en avant avec la cavalerie pour observer le camp **b)** tr., *(Pompeius) expeditus antecesserat legiones* CIC. *Att. 8, 9, 4*, (Pompée) était parti sans bagages avant les légions ; *agmen* CAES. *G. 4, 11, 2*, précéder le gros de la colonne (former l'avant-garde) ; *duae Punicae naves antecedebant Romanam classem* LIV. *36, 44, 5*, deux navires carthaginois précédaient la flotte romaine ¶**2** devancer (arriver avant), gagner de vitesse : *neque consequi potuit, quod multum expedito itinere antecesserat Caesar* CAES. *C. 3, 75, 3*, et il [Pompée] ne put l'atteindre, parce que, grâce à une marche sans bagages, César l'avait beaucoup devancé, cf. *3, 79, 7* ‖ *nuntios famamque* CAES. *C. 3, 80, 7*, devancer les messagers et la renommée, cf. *2, 6, 1* ¶**3** [fig.] **a)** tr., devancer, l'emporter sur, avoir le pas sur : *scientia atque usu nauticarum rerum reliquos antecedunt* CAES *G. 3, 8, 1*, ils l'emportent sur les autres par la science et la pratique des choses navales, cf. *C. 3, 82, 4* ; NEP. *Eum. 2, 2* ; SEN. *Ep. 15, 10* ; *in aliqua re* NEP. *Alc. 9, 3* ; *Epam. 2, 2*, l'emporter en qqch. **b)** intr., *alicui (aliqua re)* avoir le pas sur qqn (en qqch.) : PL. *Ps. 532* ; CIC. *Nat. frg. 4* ; *Off. 1, 105* ; *Ac. 1, 3* ; *aetate paulum his antecedens* CIC. *Brut. 82*, les dépassant un peu par l'âge ‖ [abs[t]] *incipit is loqui, qui et auctoritate et aetate et usu rerum antecedebat* CIC. *Verr. 4, 138*, alors commence à parler celui à qui tout à la fois l'autorité, l'âge, l'expérience donnaient la primauté, cf. *Brut. 109* ; *CM 64* ; CAES. *G. 6, 12, 3* ; *6, 27, 1* ; *C. 3, 108, 4*.

antĕcellō, *ĭs, ĕre, -, -* (*ante, -cello*, cf. *celsus*), s'élever au-dessus de ; [d'où au fig.] se distinguer, l'emporter sur ¶**1** intr., [abs[t]] : *qui militari laude antecellunt* CIC. *Mur. 24*, ceux qui se distinguent par la gloire militaire, cf. *Div. 1, 91* ‖ [avec dat.] *alicui (aliqua re)* l'emporter sur qqn (en qqch.) : *Off. 1, 107* ; *Arch. 4* ; *Agr. 2, 49* ; *Mur. 29* ¶**2** tr. [non class.] *qui his omnibus rebus antecelluntur* HER. *2, 48*, ceux qui sont surpassés en tout cela ; *nondum omnes fortuna antecellis* TAC. *An. 14, 55*, tu ne dépasses pas encore tout le monde par la fortune, cf. SEN. *Apoc. 9, 5* ; TAC. *H. 2, 3*.

antĕcēnĭum, *ĭi*, n. (*ante, cena*), collation [précédant le repas principal] ➡ *merenda* : ISID. *20, 2, 12* ‖ [fig.] APUL. *M. 2, 15*.

antĕcēpī, parf. de *antecapio*.

antĕceptus, part. de *antecapio*.

antĕcessĭo, *ōnis*, f. (*antecedo*) ¶**1** action de précéder, précession : CIC. *Tim. 37* ¶**2** fait qui précède, antécédent : CIC. *Off. 1, 11* ; *Top. 53*.

antĕcessīvus, *a, um*, qui précède : TERT. *Virg. 4, 5*.

antĕcessŏr, *ōris*, m. (*antecedo* ; fr. *ancêtre*) ¶**1** éclaireur, avant-coureur : B.-AFR. *12, 1* ; SUET. *Vit. 17* ¶**2** prédécesseur [dans un emploi] : APUL. *Flor. 9, 31* ; PAUL. *Dig. 5, 1, 55* ‖ devancier, maître, guide [des études] : *antecessores* COD. JUST. *1, 17, 1*, les professeurs de droit [qui ont collaboré à la compilation du Digeste].

1 antĕcessus, *a, um*, part. de *antecedo*.

2 antĕcessŭs, *ūs*, m., [usité dans l'expr.] *in antecessum*, par avance, par anticipation : SEN. *Ben. 4, 32, 4* ; *Ep. 7, 10*.
▶ *in anticessum* SEN. *Ep. 118, 1*.

3 antĕcessus, adv., en avance : EGER. *24, 8*.

Antĕchristus, V.▶ *Antichristus*.

antĕcŏlumnĭum, *ĭi*, n. (*ante columnas*), emplacement devant des colonnes : PS. ASCON. *Verr. 1, 51*.

antĕcurrō, *ĭs, ĕre, -, -,* tr., précéder dans sa course : VITR. *9, 1, 7*.

antĕcursŏr, *ōris*, m. (*ante, curro*) ¶**1** qui court en avant ; [pl.] éclaireurs d'avant-garde : CAES. *G. 5, 47, 1* ; *C. 1, 16, 3* ¶**2** précurseur, avant-coureur : TERT. *Res. 22, 8* ; *Bapt. 6, 1*.

antĕdīcō, *ĭs, ĕre, dīxī, -*, tr., prédire : GLOSS. *2, 418, 47*.
▶ CIC. *Div. 2, 17 ante dicunt*.

antĕdictus, C.▶ *antefatus* ; V.▶ *ante I* ¶2.

antĕĕō, *ĭs, īre, ĭi, ĭtum*, intr. et tr., aller devant, en avant.
I intr. ¶**1** *anteibant lictores* CIC. *Agr. 2, 93*, devant marchaient les licteurs, cf. *Off. 2, 25* ; LIV. *24, 44, 10* ‖ [avec dat.] *alicui* CIC. *Agr. 2, 93* ; *Rep. 2, 31*, marcher devant qqn ¶**2** [au fig.] être avant, être supérieur : *aetate* CIC. *Lae. 69*, dépasser en âge, être plus âgé ‖ [avec dat.] *alicui (aliqua re)*, surpasser qqn [en qqch.] : PL. *Amp. 649* ; PERS. *778* ; CIC. *Tusc. 1, 5* ; *Off. 2, 37* ; TAC. *An. 5, 3*.
II tr. ¶**1** *aliquem*, précéder qqn : HOR. *O. 1, 25, 19* ; OV. *M. 11, 54* ; CURT. *3, 3, 15* ; TAC *H. 2, 5* ; PLIN. *Pan. 10* ‖ devancer : TAC. *An. 12, 27* ; *H. 1, 45* ¶**2** [fig.] devancer : *aetatem meam honoribus vestris anteistis* LIV. *38, 51, 11*, vous m'avez conféré vos honneurs en devançant mon âge ‖ prévenir : *periculum* TAC. *An. 5, 6* ; *damnationem* TAC. *An. 6, 29*, prévenir un danger, une condamnation ‖ pressentir, deviner : SIL. *14, 455* ‖ surpasser, dépasser : *aliquem (aliqua re)*, surpasser qqn (en qqch.) : PL. *Cas. 225* ; *Ps. 933* ; TER. *Phorm. 247* ; CIC. *Brut. 229* ; *Sull. 23* ; *Phil. 9, 1* ; *Ac. 1, 35* ; SALL. *J. 6, 1* ; NEP. *Thras. 1, 3* ; LIV. *6, 30, 3* ; TAC. *An. 3, 30*.
▶ chez les poètes et prosateurs de l'époque impériale, chute de *e* de *ante* : *anteat* OV. *Am. 2, 276* ; *antibo* TAC. *An. 5, 6* ; *antissent*

Tac. *An.* 3, 69; **antisse** Tac. *An.* 4, 40 ‖ au prés., synizèse: **anteis** Hor. *Ep.* 1, 2, 70, **anteit** Hor. *O.* 1, 35, 17 comptent pour deux syll. ‖ arch. **antideo = anteeo** Pl. *Cist.* 205; **antidit = anteit** Pl. *Trin.* 546.

antĕfāna, *ae*, f., ▣ *antiphona*: Bened. *Reg.* 9, 3; Greg.-Tur. *Hist.* 8, 31.

antĕfātus, *a*, *um* (*ante*, *fari*), [tard.] susdit: Cassiod. *Inst.* 1, 2, 8; ▣ *ante* I ¶ 2.

antĕfĕrō, *fers*, *ferre*, *tŭlī*, *lātum*, tr. ¶ **1** porter devant: ***fasces*** Caes. *C.* 3, 106, 4; ***imagines*** Tac. *An.* 3, 76, porter en avant les faisceaux, les portraits d'ancêtres ¶ **2** placer devant (au-dessus), préférer: ***aliquem alicui*** Cic. *Brut.* 173; *Or.* 23; Caes. *G.* 5, 44, 2; Nep. *Them.* 1, 1, préférer qqn à qqn; ***rem rei*** Cic. *Balb.* 21; *Pis.* 13, 49; *Tusc.* 3, 3; Nep. *Epam.* 5, 3, préférer qqch. à qqch. ‖ ***nostrorum hominum prudentiam Graecis*** (= ***Graecorum prudentiae***) Cic. *de Or.* 2, 3, préférer le savoir de nos compatriotes à celui des Grecs; [rarᵗ] ***rem re***: *Sall. *J.* 16, 3 ¶ **3** ▣ *praecipio*: Cic. *Fam* 5, 16, 6.

antĕfīxum, *i*, n. ¶ **1** antéfixe [façade du couvre-joints d'égout sur un toit; reçoit ordinairement un décor peint, sculpté ou moulé]: ***antefixa, quae ex opere figulino tectis adfiguntur sub stillicidio*** P. Fest. 8, 3, antéfixes, ouvrages en terre cuite fixés aux toits sous le versant; ***antefixa fictilia deorum Romanorum ridentes*** Liv. 34, 4, 4, se moquant des antéfixes d'argile de nos dieux romains [des temples de nos dieux], cf. 26, 23, 4 ¶ **2** pièce de catapulte: Vitr. 10, 10, 4.

antĕfīxus, *a*, *um* (*ante*, *fixus*), fixé en avant: ***truncis arborum antefixa ora*** Tac. *An.* 1, 61, des têtes fixées aux troncs des arbres.

antĕgĕnĭtālis, *e*, avant la naissance: Plin. 7, 190.

antĕgĕrĭō (**antĭg-**), adv. (*ante*, *gero*), beaucoup, tout à fait [mot arch. signalé par Quint. 1, 6, 40; 8, 3, 25; P. Fest. 7, 23].

antĕgestum, *i*, n. (*gero*), fait antérieur, précédent: Dig. 15, 1, 47.

antĕgrădātĭō, *ōnis*, f., marche devant, action de précéder: Isid. 3, 68.

antĕgrĕdĭor, *dĕris*, *dī*, *gressus sum* (*ante* et *gradior*), tr., marcher devant, devancer, précéder [au pr. et au fig.]: ***stella Veneris, cum antegreditur solem*** Cic. *Nat.* 2, 53, l'étoile de Vénus, quand elle précède le Soleil...; ***cum antegressa est honestas*** Cic. *Off.* 1, 94, quand l'honnêteté a pris le pas (marche la première).

antĕgressus, *a*, *um*, part. de *antegredior*.

antĕhăbĕō, *ēs*, *ēre*, -, -, tr., préférer: ***vetera novis*** Tac. *An.* 1, 58, préférer l'ancien état de choses au nouveau.

antĕhāc, (**antĭdhāc**, Pl. *Amp.* 711; *Aul.* 396), avant ce temps-ci, auparavant, jusqu'à présent: Cic. *Fam.* 12, 23, 3; Lucr. 1, 541; Sall. *C.* 25, 4; Tac. *An.* 3, 25.

▶ *antehac* deux syllabes: Hor. *O.* 1, 37, 5.

Antēius, m., nom d'homme: Tac. *An.* 2, 6; 13, 22; 16, 14.

antēla, **antĕlēna**, (**antĭl-**), f. (*ante*, cf. *postela*), poitrail [partie du harnais couvrant la poitrine du cheval]: Gloss. 2, 21, 26; Isid. 20, 16, 4.

antēlātus, *a*, *um*, part. de *antefero*.

Antēlĭi, *ōrum*, m. pl. (ἀντήλιοι), divinités placées en face du soleil, devant les portes et gardiennes de la maison: Tert. *Idol.* 15, 6; *Cor.* 13, 9.

antēlīmĭnāre, *is*, n. (*ante*, *liminaris*), avant-seuil: Hier. *Ezech.* 40, 6.

antĕlŏgĭum, *ii*, n. (*ante*, πρόλογος), avant-propos, prologue: Pl. *Men.* 13, cf. Aus. *Epist.* 16 (405), 1.

antĕlongus, *a*, *um*, en parl. d'un nombre qui est le produit de deux facteurs dont le premier est le plus grand, ex.: 27 = 9 × 3: Boet. *Arith.* 2, 27, 1 ‖ compar. *antelongior*.

antĕlŏquĭum, *ii*, n. (*ante*, *loquor*), droit de parler le premier: Macr. *Sat.* 1, 24, 21 ‖ avant-propos: Symm. *Ep.* 1, 77.

antĕlūcānō, adv., avant le jour: VL. *Jon.* 4, 7.

antĕlūcānus, *a*, *um* (*ante lucem*), avant le jour, jusqu'avant le jour, matinal: Cic. *Fam.* 15, 4; *Cat.* 2, 22 ‖ **-lūcānum**, *i*, n., l'aube: Sen. *Ep.* 122, 1; Macr. *Sat.* 1, 17, 41.

antĕlūcĭō, **antĕlūcŭlō** (cf. *antelucanus*), adv., avant le jour: Apul. *M.* 1, 11; 1, 14.

antĕlūcō, -, *āre*, -, - (*ante lucem*), intr., se lever avant le jour: Quer. 68.

antĕlūdĭum, *ii*, n. (*ante ludos*), prélude: Apul. *M.* 11, 8.

antĕmātūtīnus, *a*, *um*, avant le jour: Julian.-Aecl. *Psalm.* 62, 2.

antĕmĕrīdĭālis, *e*, d'avant midi: Capel. 6, 600.

antĕmĕrīdĭānus, *a*, *um*, (*ante meridiem*), d'avant midi: ***antemeridianis tuis litteris heri statim rescripsi*** Cic. *Att.* 13, 23, 1, j'ai répondu hier sur-le-champ à ta lettre du matin; ***sermo antemeridianus*** Cic. *de Or.* 3, 22, entretien d'avant midi.

antĕmĕrīdĭē, **antĕmĕrīdĭem**, avant midi: Not. Tir. 44, 74; Char. 187, 34.

antĕmissus, *a*, *um*, part. de *antemitto*.

antĕmittō (**antĕ mittō**), *ĭs*, *ĕre*, -, -, tr., [mieux en deux mots], envoyer devant.

Antĕmĭus, ▣ *Anthemius*.

1 **antemna**, *ae*, f. (obscur; fr. *antenne*), antenne de navire, vergue: Caes. *G.* 3, 14; Liv. 30, 10 ‖ [chrét., fig.] ***antemna (crucis)*** Tert. *Marc.* 3, 18, 4, les bras (de la croix).

2 **Antemna**, **Antemnae**, *ārum*, f. pl., ville des Sabins: Varr. *L.* 5, 28; Plin. 3, 68 ‖ **-ātes**, *ĭum*, m. pl., habitants d'Antemnae: Liv. 1, 9, 10.

antĕmūrāle, *is*, n. (*ante muros*), glacis, avant-mur: Hier. *Is.* 8, 26, 1; Vulg. *Thren. Jer.* 2, 8.

antĕmūrānus, *a*, *um* (*ante muros*), ce qui est devant un mur: Amm. 21, 12, 13.

antenna, ▣ *antemna*: Isid. 19, 2, 7.

Antēnŏr, *ŏris*, m. (Ἀντήνωρ), prince troyen, fondateur de Padoue: Ov. *M.* 13, 201 ‖ **-nŏrĕus**, *a*, *um*, d'Anténor: Mart. 1, 76, 2 ‖ **-nŏrĭdēs**, *ae*, m., descendant d'Anténor: Virg. *En.* 6, 484.

antĕnŏvissĭmus, *a*, *um*, avant-dernier: Max.-Vict. 6, 218, 25.

antĕnuptĭālis, *e* (**antĕ nuptias**), d'avant le mariage: Novel.-Just. 5, 5.

antĕoccŭpātĭō (**antĕ occŭpātĭō**), *ōnis*, f., antéoccupation [devancer une objection]: Cic. *de Or.* 3, 205; Quint. 9, 1, 31.

antĕpaenultĭmus, *a*, *um*, antépénultième: Diom. 431, 13.

antĕpagmentum (**antĭp-**), *i*, n. (*ante*, *pago*), revêtement, chambranle de porte: Cat. *Agr.* 14, 2; Vitr. 4, 6, 1; CIL 1, 698.

antĕparta, *ōrum*, n. pl. (*ante* et *pario*), biens acquis antérieurement: Naev. *Com.* 84; Pl. *Trin.* 643.

antĕpassĭō, *ōnis*, f. (*ante*, *patior*), trouble préalable à la passion: Hier. *Ep.* 79, 9.

antĕpendŭlus, *a*, *um*, qui pend par devant: Apul. *M.* 2, 23, 7.

antĕpēnultĭmus, ▣ *antepaen-*.

antĕpēs, *pĕdis*, m., pied de devant: Cic. *Arat.* 454.

antĕpīlānus, *i*, m., soldat qui combattait devant les *pilani* ou *triarii*: Liv. 8, 8, 7 ‖ qui combat au premier rang: Amm. 16, 12, 20 ‖ [fig.] champion: Amm. 28, 1, 46.

antĕpollĕō, *ēs*, *ēre*, -, -, surpasser: ***alicui*** Apul. *M.* 1, 5; ***aliquem*** Apul. *M.* 7, 5, surpasser qqn.

antĕpōnō, *ĭs*, *ĕre*, *pŏsŭī*, *pŏsĭtum*, tr. ¶ **1** placer devant: ***equitum Romanorum locos sedilibus plebis*** Tac. *An.* 15, 32, donner aux chevaliers romains des places en avant des sièges du peuple; ***non antepositis vigiliis*** Tac. *An.* 1, 50, sans avoir placé d'avant-postes ¶ **2** [fig.] mettre avant, préférer: ***neminem Catoni*** Cic. *Brut.* 68, ne mettre personne au-dessus de Caton, cf. *de Or.* 1, 7; *Mur.* 32 ‖ ***hominum nostrorum prudentiam Graecis*** (= ***prudentiae Graecorum***) Cic. *de Or.* 1, 197, mettre la sagesse de nos compatriotes au-dessus de celle des Grecs [compar. *antefero* ¶ 2] ‖ [tmèse]: ***mala bonis ponit ante*** Cic. *Off.* 3, 71, elle [la ruse] préfère le mal au bien.

antĕpŏsĭtus, *a*, *um*, part. de *antepono*.

antĕpŏtens, *entis*, qui l'emporte: Pl. *Trin.* 1116.

antĕquăm (**antĕ quăm**), conj., avant que ¶ **1** [avec indic. marque un pur rapport temporel], ***antequam pro Murena dicere instituo, pro me ipso pauca dicam*** Cic. *Mur.* 2, avant de commencer à parler pour Muréna, je parlerai un peu pour moi-même; ***antequam opprimit lux, erumpamus*** Liv. 22, 50, 8, avant que le

antequam

jour nous surprenne, faisons une sortie; *ante occupatur animus ab iracundia, quam providere ratio potuit, ne occuparetur* Cic. *Q.* 1, 1, 38, l'emportement envahit l'âme avant que la raison ait pu prévenir l'envahissement; *vereri non ante desinam, quam... cognovero* Cic. *CM* 18, je ne cesserai pas de craindre avant d'avoir appris...; *nec ante violavit agrum Campanum quam jam altae in segetibus herbae pabulum praebere poterant* Liv. 23, 48, 1, il ne dévasta le territoire campanien qu'au moment où le blé déjà haut pouvait fournir du fourrage ‖ *hic Livius fabulam docuit anno ipso ante quam natus est Ennius* Cic. *Brut.* 72, ce Livius donna une pièce de théâtre juste un an avant la naissance d'Ennius; *(fortuna) te ante tertium diem, quam perculsus sum, digredi voluit* Sen. *Hel.* 15, 2, (la fortune) a voulu que ton départ se produisît trois jours avant le coup qui m'a frappé; *ante duodecim annos quam...* Plin. 7, 213, douze ans avant que... ¶ 2 [avec subj. nuances logiques] : *antequam veniat in Pontum, litteras mittet* Cic. *Agr.* 2, 53, en attendant qu'il vienne dans le Pont, il enverra une lettre; *(statuae) quas tu paulo ante quam ad Urbem venires poni jussisti* Cic. *Verr.* 2, 167, (statues) que toi, peu avant l'époque où tu devais venir à Rome, tu as fait ériger; *ducentis annis ante quam Clusium oppugnarent transcenderunt* Liv. 5, 33, 5, ils franchirent les Alpes deux cents ans avant l'époque où ils devaient assiéger Clusium; *antequam verbum facerem, abiit* Cic. *Verr* 4, 147, avant qu'il prisse la parole [sans que j'eusse pris la parole], il partit; *ante omnia veneunt, quam gleba una ematur* Cic. *Agr.* 2, 71, tout est vendu avant qu'une seule motte de terre soit achetée [sans qu'une seule motte de terre ait été achetée]; *qui antequam de meo adventu audire potuissent, in Macedoniam perrexi* Cic. *Planc.* 98, sans attendre qu'ils pussent être informés de mon arrivée, je me dirigeai en Macédoine ¶ 3 [pas de verbe personnel avec quam] : *locus ejusmodi est, ut ante Syracusani in moenibus suis hostem armatum quam in portu ullam hostium navem viderint* Cic. *Verr.* 5, 97, telle est la situation de ce lieu que les Syracusains ont vu dans l'enceinte de leurs murs l'ennemi en armes avant de voir dans leur port un seul vaisseau des ennemis; *qui nullum ante finem pugnae quam morientes fecerunt* Liv. 21, 14, 4, qui ne cessèrent de combattre qu'en mourant; *insignes ante milites quam duces* Liv. 9, 17, 12, illustres comme soldats avant de l'être comme généraux; *paucis ante gradibus quam qui eum sequebantur, in aedem Minervae confugit* Nep. *Paus.* 5, 2, n'ayant que quelques pas d'avance sur ceux qui le poursuivaient, il se réfugia dans le temple de Minerve ‖ [inversion, *quam... ante*] Varr. *L.* 8, 13; Lucr. 3, 973; 4, 884; Prop. 2, 25, 25; Mart. 9, 35, 6 ‖ [pléonasme] : *prius... ante quam* Virg. *En.* 4, 27; Prop. 2, 25, 25.

antĕrĭdĕs, *ōn*, f. pl. (ἀντηρίς), contreforts [d'un mur de soutènement] : Vitr. 6, 8, 6 ‖ étais [dans la baliste] Vitr. 10, 11, 9.

antĕrĭor, *ōris* (ante, cf. *superior*), qui est devant : Amm. 16, 8, 8 ‖ [temps] antérieur : Tert. *Marc.* 1, 9, 5 ‖ **-tĕrĭus**, adv., plus tôt : Sidon. *Ep.* 2, 9, 3.

1 **antĕrōs**, *ōtis*, acc. pl. *-ōtas*, m. (ἀντέρως), espèce d'améthyste : Plin. 37, 123.

2 **Antĕrōs**, *ōtis*, m. (Ἀντέρως) ¶ 1 dieu de l'amour réciproque : Cic. *Nat.* 3, 60 ¶ 2 esclave d'Atticus : Cic. *Att.* 9, 14, 3.

1 **antēs**, *ĭum*, m. pl. (ante), rangs [de ceps de vigne] Virg. *G.* 2, 417 ‖ [de plantes, de fleurs] Col. 10, 376 ‖ [de soldats] Cat. d. Serv. *G.* 2, 417.

2 **Antēs**, *ĭum*, m. pl., Antes [nation scythe] : Jord. *Get.* 35.

antĕschŏlānus, *i*, m. (ante, schola), répétiteur, sous-maître : Petr. 81, 1.

antĕschŏlārĭus, *ii*, m. (ante, scholarius), = anteschŏlānus : CIL 6, 14672, 8.

antĕsignānus, *i*, m. (ante signa) ¶ 1 qui est en avant du drapeau, soldat de première ligne : Liv. 22, 5, 7; 27, 48, 10 ¶ 2 [pl. dans Caes.] soldats armés à la légère attribués à chaque légion : C. 1, 43, 3; 3, 75, 5 ¶ 3 [fig.] qui est au premier rang, chef : Cic *Phil.* 2, 29 ¶ 4 [adj.] signe avant-coureur : Ps. Aug. *Quaest. test.* 64, 2.

antestāmĭno, V. *antestor* ▸.

antestātus, *a*, *um*, V. *antestor*.

antestō (antistō), *ās*, *āre*, *stĭtī*, - (anti, sto), surpasser ¶ 1 intr., *alicui aliqua re*, surpasser qqn en qqch. : Cat. *Agr.* 156; Cic. *Inv.* 2, 2; Nep. *Arist.* 1, 2; *in aliqua re* : Enn. *Tr.* 197 ¶ 2 tr., *aliquem in aliqua re* : Metell. Numid. d. Gell. 12, 9, 4 ¶ 3 [abst] être au premier rang : Cic. *Rep.* 3, 28; Lucr. 5, 22.
▸ orth. *antisto* plus fréquente.

antestŏr, *ārĭs*, *ārī*, *ātus sum* (am, testor), tr., appeler comme témoin : L. XII Tab. 1, 1; Pl. *Curc.* 623; Cic. *Mil.* 68.
▸ *antestatus*, [sens pass.] pris comme témoin : cf. Prisc. 2, 382, 2; impér. *antestamino* L. XII Tab. d. Porph.; Hor. *S.* 1, 9, 76.

antĕtempŏrāneus, *a*, *um* (ante tempus), [chrét.] qui a précédé le temps [notion théologique] : Mamert. *Anim.* 2, 12.

antĕtŭlī, parf. de *antefero*.

antĕurbānus, *a*, *um* (ante urbem), proche de la ville, suburbain : P. Fest. 7, 25.

antĕvĕnĭō, *īs*, *īre*, *vēnī*, *ventum* ¶ 1 intr., venir avant, prendre les devants : Pl. *Most.* 1061; Sall. *J.* 3, 70; Liv. 42, 66, 4; [avec dat.] *alicui* Pl. *Trin.* 911, venir avant qqn, devancer qqn ‖ [au fig.] être supérieur : [avec dat.] *omnibus rebus amorem credo antevenire* Pl. *Cas.* 217, je crois que l'amour est supérieur à tout ¶ 2 tr., *aliquem, rem*, devancer qqn, qqch. : Sall. *J.* 48, 2; 56, 2; 88, 2; Tac. *An.* 1, 63 ‖ [fig.] *nobilitatem* Sall. *J.* 4, 7, surpasser la noblesse, cf. 96, 3.

antĕventŭlus, *a*, *um*, qui vient par devant [en parl. de cheveux] : Apul. *M.* 9, 30.

antĕversĭo, *ōnis*, f. (anteverto), action de prévenir (devancer) : Amm. 21, 5, 13.

Antĕverta (-vorta), ae, f., V. *Postverta* : Macr. *Sat.* 1, 7, 20.

antĕvertō (antĕvorto), *ĭs*, *ĕre*, *vertī* (*vortī*), *versum* (*vorsum*) ¶ 1 intr. **a)** devancer, prendre les devants : *alicui* Ter. *Eun.* 738, devancer qqn ‖ *maerores mi antevortunt gaudiis* Pl. *Cap.* 840, pour moi, les sujets d'affliction prennent le pas sur les sujets de joie **b)** [abst] prendre les devants, prévenir : Cic. *Mil.* 45; *Lae.* 16 ¶ 2 tr., devancer, prévenir : *aliquem, aliquid* Apul. *M.* 1, 10, prévenir (devancer) qqn, qqch. ‖ faire passer avant, préférer : Caes. *G.* 7, 7, 3; [pass.] Pl. *Cis.* 781; *Bac.* 526.

antĕvĭdĕo, = *ante video*, V. *video*.

antĕvĭō, *ās*, *āre*, -, -, tr., devancer : Fort. *Carm.* 4, 26, 94.

antĕvŏlō, *ās*, *āre*, -, -, tr., devancer en volant : Sil. 12, 600; St. *Th.* 3, 427.

Antĕvorta, V. *Anteverta*.

anthălĭum, *ii*, n. (ἀνθάλιον), espèce de souchet comestible : Plin. 21, 88.

Anthēa, *ae*, f., Anthée [ville de Laconie] : Plin. 4, 16.

Anthēdĭus, *ii*, m., Anthedus : Sidon. *Ep.* 8, 11, 2.

1 **anthēdōn**, *ŏnis*, f. (ἀνθηδών), espèce de néflier : Plin. 15, 84.

2 **Anthēdōn**, *ŏnis*, f. ¶ 1 ville de Béotie : Ov. *M.* 13, 905 ‖ **-dŏnĭus**, *a*, *um*, d'Anthédon : Stat. *Th.* 9, 291 ¶ 2 ville de Palestine : Plin. 5, 68.

Anthēdus, *i*, m., port du golfe Saronique : Plin. 4, 18.

anthēlē, *ēs*, f. (ἀνθήλη), passicule [plante] V. *calamanthele*.

Anthēlius, V. *Antelii*.

anthĕmis, *ĭdis*, f. (ἀνθεμίς), camomille [plante] : Plin. 22, 53.

Anthĕmĭus, *ii*, m., nom d'homme : CIL 6, 9297.

1 **Anthĕmūs**, *untis*, m., fleuve de Colchide : Plin. 6, 15.

2 **Anthĕmūs**, *untis*, f. ¶ 1 région de la Macédoine : Plin. 4, 36 ¶ 2 ville de Mésopotamie : Plin. 6, 118.

Anthĕmūsa, *ae*, f., ancien nom de l'île de Samos : Plin. 5, 135.

Anthĕmūsĭa, *ae*, f., ville de Mésopotamie : Plin. 5, 86.

Anthĕmūsĭas, *ădis*, f., V. *Anthemusia* : Tac. *An.* 6, 41.

Anthĕmūsĭum, *ii*, n., V. *Anthemusia* : Eutr. 8, 3.

anthēra, *ae*, f. (ἀνθηρός), remède composé de fleurs : Plin. 24, 69.

anthĕrĕōn, *ōnis*, m. (ἀνθερεών), cou : Cael.-Aur. Acut. 3, 3, 20.

anthĕrĭcus, *i*, m. (ἀνθέρικος), tige de l'asphodèle : Plin. 21, 109.

Antheūs, *ĕi* (*ĕos*), m., compagnon d'Énée : Virg. En. 12, 443.

anthĭās, *ae*, m. (ἀνθίας), poisson inconnu : Plin. 9, 180.

Anthīnae, *ārum*, f. pl., îles Anthines [près d'Éphèse] : Plin. 5, 137.

anthĭnum mel (ἄνθινός), miel tiré des fleurs : Plin. 11, 34.

Anthĭum, *ii*, n., ville de Thrace : Plin. 4, 45.

anthŏlŏgĭca, Plin. 21, 13, **anthŏlŏgūmĕna**, Plin. 20, 77, *ōrum*, n. pl. (ἀνθολογικά, ἀνθολογούμενα), anthologie.

anthŏphŏrŏs, *ŏn* (ἀνθοφόρος), qui porte des fleurs : Plin. 24, 82.

anthŏristĭcus, *a*, *um* (ἀνθορίζω), apportant une définition contradictoire : Fort.-Rhet. 1, 13.

anthrăcĭās, *ae*, m. (ἀνθρακίας), escarboucle : Solin. 37, 24.

anthrăcĭnus, *a*, *um* (ἀνθράκινος), de couleur de charbon : Varr. d. Non. 550, 5.

anthrăcītēs, *ae*, m. (ἀνθρακίτης), espèce de sanguine [pierre précieuse] : Plin. 36, 148.

anthrăcītis, *ĭdis*, f. (ἀνθρακῖτις), ⇒ *anthracias* : Plin. 37, 189.

1 **anthrax**, *ăcis*, m. (ἄνθραξ) ¶ **1** minium brut : Vitr. 7, 8, 1 ¶ **2** ulcère : M.-Emp. 7, 21.

2 **Anthrax**, *ăcis*, m. (Ἄνθραξ), nom d'un cuisinier : Pl. Aul. 287.

anthriscum, *i*, n. (ἄνθρισκον), sorte de plante : Plin. 21, 89.

anthrōpĭāni, *ōrum*, m. pl. (ἄνθρωπος), hérétiques qui niaient la divinité du Christ : Lact. Inst. 4, 30, 10.

anthrōpŏgrăphus, *i*, m. (ἀνθρωπογράφος), peintre de figures humaines : Plin. 35, 113.

anthrōpŏlătra, *ae*, m. (ἀνθρωπολάτρης), hérétique qui rend un culte aux hommes : Cod. Just. 1, 1, 5.

anthrōpŏmantīa, *ae*, f., évocation des hommes : Gloss. 2, p. XII.

anthrōpŏmorphĭāni, *ōrum*, m. pl., ⇒ *anthropomorphitae* : Novat. Tract. 1.

anthrōpŏmorphītae, *ārum*, m. pl. (ἀνθρωπομορφῖται), hérétiques qui donnaient à Dieu la forme humaine : Cassian. Coll. 10, 2, 2.

anthrōpŏmorphŏs, *ŏn* (ἀνθρωπόμορφος), anthropomorphique : Cassian. Coll. 10, 3, 4 ∥ cf. ⇒ *anthropomorphitae* : Gennad. Dogm. 4.

anthrōpŏpăthōs, adv. (ἀνθρωποπαθῶς), anthropomorphiquement : Ps. Hier. Job 20.

anthrōpŏphăgĭa, *ae*, f. (ἀνθρωποφαγία), anthropophagie : Mercat. Nest. serm. 9.

anthrōpŏphăgus, *i*, m. (ἀνθρωποφάγος), anthropophage : Plin. 4, 88.

anthus, *i*, m. (ἄνθος), oiseau indéterminé : Plin. 10, 116.

Anthusiāni, m. pl., peuple scythe : Plin. 6, 50.

anthyllĭŏn (**-um**), *ii*, n., ⇒ *anthyllum* : Plin. 21, 175.

anthyllis, *ĭdis*, f. (ἀνθυλλίς), anthyllis [plante] : Plin. 26, 160.

anthyllum, *i*, n., ive [plante] : Plin. 21, 175.

anthўpŏphŏra, *ae*, f. (ἀνθυποφορά), espèce d'anticipation : Sen. Contr. 1, 7, 17 ; Fort.-Rhet. 2, 27.

anti-, ⇒ *ante* ►.

Antĭa lex, f., loi Antia [contre le luxe des repas] : Gell. 2, 24, 13.

Antiadalei, m. pl., peuple d'Arabie : Plin. 6, 154.

antĭădes, *um*, f. pl. (ἀντιάδες), amygdales : Cels. 7, 12, 2 ; Cass. Fel. 35.

antĭae, *ārum*, f. pl. (*ante*), cheveux tombant en avant : Apul. Flor. 3, 10, cf. P. Fest. 16, 3 ; Char. 33, 7 ∥ crinière [lion] : Tert. Pall. 4, 3.

Antĭāna, *ae*, f., ville de Pannonie : Peut. 5, 1. ∥ **-ānae**, *ārum* f. pl. : Anton. 232.

Antĭānīra, *ae*, f., fille de Ménélas : Hyg. Fab. 14.

Antĭānus, **Antĭās**, **Antĭātīnus**, etc., ⇒ *Antium*.

Antĭbacchĭas, *ădis*, f., île du golfe arabique : Plin. 6, 173.

antĭbacchīus, *ii*, m. (ἀντιβάκχειος) ¶ **1** pied [une brève et deux longues] Mar. Vict. Gram. 6, 207, 18 ¶ **2** vers composé de ces pieds : Diom. 513, 25.

antĭbacchus, *i*, m. (ἀντίβακχος), c. le précédent : Ter.-Maur. 6, 367, 1411 [en grec] ; Aus. Epist. 4 (393), 93.

antĭbăsis, *is*, f. (ἀντίβασις), pièce horizontale, reposant sur le sol, en avant de la base de la baliste : Vitr. 10, 11, 9.

antĭbĭblĭum, *ii*, n. (ἀντιβιβλίον), gage d'un livre : Gloss. 4, 406, 2.

antĭbŏrĕum, *i*, n., sorte de cadran solaire orienté vers le nord : Vitr. 9, 8, 1.

Antĭcārĭa, *ae*, f., ville de la Bétique [auj. Antequera] : Anton. 412.

Antĭcārĭensis, *e*, ⇒ *Antikariensis*.

antĭcătēgŏrĭa, *ae*, f. (ἀντικατηγορία), accusation en retour : Capel. 5, 469 ; Aug. Cresc. 3, 26.

Antĭcăto, *ōnis*, m., Anticaton [titre de deux ouvrages de César] : Quint. 1, 5, 68 ; Gell. 4, 16, 8 ; *duo Caesaris Anticatones* Juv. 6, 337, les deux Anticatons de César, cf. Suet. Caes. 56.

antĭchrēsis, *is*, f. (ἀντίχρησις), antichrèse [convention par laquelle les fruits de l'objet remis en gage au créancier compenseront les intérêts dus par le débiteur] : Dig. 20, 1, 11, 1.

Antĭchristus, *i*, m. (ἀντίχριστος), l'Antéchrist : Tert. Praescr. 4, 4 ∥ ennemi du Christ : Cypr. Ep. 74, 3.

antichthŏnes, *um*, m. pl. (ἀντίχθονες), les antipodes : Plin. 6, 81.

antĭcĭpālis, *e*, préliminaire : Grom. 64, 22.

antĭcĭpātĭo, *ōnis*, f. (*anticipo*) ¶ **1** connaissance anticipée : Cic. Nat. 1, 43 ¶ **2** premier mouvement du corps qui se met en marche : Arn. 3, 13 ¶ **3** [rhét.] action de prévenir une objection : Jul.-Ruf. Rhet. 1.

antĭcĭpātŏr, *ōris*, m., qui existe avant : Aus. Ephem. 3 (153), 9.

antĭcĭpātus, *a*, *um*, part. de *anticipo*.

antĭcĭpō, *ās*, *āre*, *āvī*, *ātum* (*ante*, *capio*), tr., prendre par avance, anticiper : Cic. Att. 8, 14, 2 ∥ prévenir, réfuter : Cassian. Coll. 2, 13, 10 ∥ [abs¹] prendre les devants : Varr. Men. 48.

Antĭclēa (**-īa**), *ae*, f., Anticlée, mère d'Ulysse : Pacuv. d. Cic. Tusc. 5, 46 ; Apul. Socr. 24, 177.

Antĭclīdēs, *ae*, m. (Ἀντικλείδης), écrivain grec : Plin. 7, 193.

1 **antĭcus**, *a*, *um* (*ante* cf. P. Fest. 244, 4), qui est devant : Cic. Tim. 10 ∥ qui regarde le midi : Varr. L. 7, 7.

2 **antīcus**, ⇒ *antiquus* ►.

antĭcyprĭos, *ii*, m., pied opposé au cyprios [– ⏑ – ⏑] : Diom. 482, 5.

Antĭcyra, *ae*, f., Anticyre : trois villes de ce nom *a)* en Phocide, sur le golfe de Corinthe : Liv. 32, 18, 4 *b)* en Locride, sur le même golfe : Liv. 26, 25, 1 *c)* près du Mont Œta sur le Sperchios : Plin. 25, 52 ; toutes trois réputées pour leur ellébore : Hor. P. 300 ; S. 2, 8, 83 ∥ [fig.] *Antĭcyrae* Pers. 4, 16, les Anticyres = l'ellébore ∥ **-rensēs**, *ium*, m. pl., habitants d'Anticyre : CIL 3, 567, 5.

Antĭcyrĭcŏn, *i*, n., réséda blanc : Plin. 22, 133.

antĭdactўlus, *i*, m., contraire du dactyle, anapeste : Mar. Vict. Gram. 6, 45, 22.

antĭdĕā, ⇒ *antea* : Liv. 22, 10, 6.

antĭdĕō, *īs*, *īre*, -, -, ⇒ *anteeo* ►.

antĭdĭcōmărītae, *ōrum*, m. pl. (grec), hérétiques niant la virginité de Marie : Isid. 8, 5, 46.

antĭdhāc, ⇒ *antehac*.

antĭdōrum, *i*, n. (ἀντίδωρον), don réciproque : Novel.-Just. 120, 11.

antĭdŏtum, *i*, n. (ἀντίδοτον), Cels. 5, 23, 1 A, **antĭdŏtus**, *i*, f., Gell. 17, 6, 6, contrepoison ∥ [fig.] Suet. Cal. 29.

Antĭdŏtus, *i*, m., peintre grec : Plin. 35, 130.

Antĭensis, ⇒ *Antium*.

antĭfĕr, *ĕri*, m. (*anti-*, cf. *lucifer*), étoile du soir : Fulg. *Myth.* 2, 13.

antĭfrăsis, v. *antiphrasis*.

Antĭgĕnēs, *is*, m., nom d'homme : Virg. *B.* 5, 89 ; Nep. *Eum.* 7, 1.

Antĭgĕnĭdās, *ae*, m., célèbre musicien : Cic. *Brut.* 187.

antĭgĕrĭō, v. *antegerio* : Gloss. 5, 589, 36.

Antignōtus, *i*, m., sculpteur grec : Plin. 34, 86.

Antĭgŏnē, *ēs* (*-ŏna*, *ae*), f. ¶ 1 fille d'Œdipe : Prop. 2, 8, 21 ; Hyg. *Fab.* 72 ¶ 2 fille du roi Laomédon : Ov. *M.* 6, 93.

Antĭgŏnēa, *ae*, f. ¶ 1 ville d'Épire Atlas VI, A1 : Liv. 32, 5, 9 ‖ **-nensis**, d'Antigonée : Liv. 43, 23 et **-nenses**, *ium*, m. pl., habitants d'Antigonée : Plin. 4, 2 ¶ 2 ville de Macédoine Atlas VI, A2 : Liv. 44, 10, 8 ¶ 3 d'Arcadie : Plin. 4, 20 ¶ 4 de Troade : Plin. 5, 124.

Antĭgŏnīa, v. *Antigonea*.

Antĭgŏnus, *i*, m., nom de plusieurs rois de Macédoine : Cic. *Off.* 2, 48 ; Nep. *Eum.* 5 ‖ écrivain : Varr. *R.* 1, 1, 8 ‖ affranchi : Cic. *Fam.* 13, 33.

antĭgrădus, *i*, m., degré par devant : CIL 8, 7994.

antĭgrăphum, *i*, n. (ἀντίγραφον), copie d'un acte : Not. Tir. 95, 71.

1 **antĭgrăphus**, *i*, m. (ἀντίγραφος), signe attirant l'attention sur le sens d'une métaphore [Υ] : Isid. 1, 20, 6.

2 **antĭgrăphus**, *i*, m. (ἀντιγραφεύς), chancelier : Cassiod. *Hist.* 9, 45.

Antĭkārĭensis, *e*, d'Anticaria : CIL 2, 2034.

antĭlēna, c. *antela* : Gloss. 2, 21, 26.

Antĭlĭbănus, *i*, m., l'Antiliban [montagne en Syrie] : Cic. *Att.* 2, 16, 2 ; Plin. 5, 80.

Antĭlŏchus, *i*, m. (Ἀντίλοχος), fils de Nestor : Hor. *O.* 2, 9, 14.

Antĭmăchus, *i*, m. (Ἀντίμαχος) ¶ 1 poète grec : Cic. *Brut.* 191 ¶ 2 centaure : Ov. *M.* 12, 460 ¶ 3 fils d'Égyptus : Hyg. *Fab.* 170 ¶ 4 statuaire : Plin. 34, 86 ¶ 5 personnage : Pl. *Aul.* 779.

antĭmĕtăbŏlē, *ēs*, f. (ἀντιμεταβολή), conversion [fig. de rhét.] : Isid. 2, 21, 11, cf. Quint. 9, 3, 85.

Antīnās, *ātis*, m., n., d'Antinum : Plin. 3, 106.

Antĭnŏēus, **Antĭnŏītae**, v. *Antinous*.

antĭnŏmĭa, *ae*, f. (ἀντινομία), antinomie : Quint. 7, 7, 1.

Antĭnŏum, *i*, n., Hier. *Chron.* 129, **Antĭnŏus**, *i*, f., Hier. *Jov.* 2, 7, **Antĭnŏo**, Gloss. 5, 430, 58, Antinoé [ville d'Égypte fondée en l'honneur d'Antinoüs] Atlas IX, F2 ‖ **-nŏītae**, *ōn*, m. pl., habitants d'Antinoé : Hier. *Eccl.* 6, 9.

Antĭnŏus, *i*, m., Antinoüs ¶ 1 prétendant de Pénélope : Prop. 4, 5, 8 ¶ 2 jeune homme divinisé par Hadrien : Spart. *Hadr.* 14, 5 ‖ **-nŏēus**, *a*, *um*, d'Antinoüs : Hier. *Vir. ill.* 22 ‖ **-nŏītae**, *ōn*, m. pl., adorateurs d'Antinoüs : CIL 6, 1851.

Antīnum, *i*, n., ville des Marses [Antino] : CIL 9, 3839.

Antĭŏchēa, v. *Antiochia*.

Antĭŏchensis, v. *Antiochia* et *Antiochus*.

Antĭŏchēnus, v. *Antiochia*.

Antĭŏchēus, v. *Antiochus*.

Antĭŏchīa (*-ēa*), *ae*, f. ¶ 1 Antioche [capitale de la Syrie] Atlas I, D7 ; IX, D3 : Cic. *Arch.* 4 ; Caes. *C.* 3, 102 ; Tac. *H.* 2, 79 ‖ **-chensis**, *e*, Amm. 14, 7, d'Antioche et **-chenses**, *ĭum*, m. pl., habitants d'Antioche : Tac. *H.* 2, 80 ‖ **-chēnus**, *a*, *um*, d'Antioche : Ps. Fort. *Carm.* 1, 282 ¶ 2 **a)** ville de Carie : Plin. 5, 108 **b)** de Mésopotamie : Plin. 5, 86 **c)** province de la Syrie [Édesse] : Plin. 5, 66.

Antĭŏchīnus, v. *Antiochus*.

Antĭŏchis, *ĭdis*, f., nom donné à la mer Caspienne : Plin. 2, 167.

Antĭŏchīus, v. *Antiochus*.

Antĭŏchus, *i*, m. ¶ 1 nom de plusieurs rois de Syrie : Liv. 31, 14 ; Cic. *de Or.* 2, 75 ; *Verr.* 4, 61 ; Tac. *An.* 2, 42 ¶ 2 nom d'un philosophe académicien (Antiochus d'Ascalon), maître de Cicéron et de Brutus : Cic. *Ac.* 2, 132 ; *Nat.* 1, 6 ¶ 3 **-chensis**, *e*, d'Antiochus [le Grand] : Val.-Max. 3, 7, 1 ‖ **-chīus**, **-chēus**, *a*, *um*, d'Antiochus [le philosophe] ; **Antĭŏchīa**, *ōrum*, n. pl., Cic. *Ac.* 2, 115, opinions d'Antiochus ; **Antĭŏchīī**, *ōrum*, m. pl., *Ac.* 2, 70, les disciples d'Antiochus ‖ **-chīnus**, *a*, *um* **a)** d'Antiochus [le Grand] : Cic. *Phil.* 11, 7 ; Gell. 4, 18, 7 **b)** [du philosophe] : Cic. *Fam.* 9, 8, 1.

Antĭŏpa, *ae*, **Antĭŏpē**, *ēs*, f. (Ἀντιόπη), Antiope ¶ 1 fille de Nyctée : Hyg. *Fab.* 7 ; Prop. 3, 13, 21 ‖ titre d'une tragédie de Pacuvius : Cic. *Fin.* 1, 4 ¶ 2 épouse de Piérus [mère des Piérides] : Cic. *Nat.* 3, 54.

antipagmentum, c. *antepagmentum*.

Antĭpăter, *tri*, m. (Ἀντίπατρος) ¶ 1 général d'Alexandre : Liv. 31, 14 ; Cic. *Off.* 2, 48 ¶ 2 nom de plusieurs philosophes : Cic. *Tusc.* 5, 107 ¶ 3 contemporain de Cicéron : Cic. *Off.* 2, 86 ¶ 4 Cœlius Antipater, historien, v. *Coelius*.

antĭpăthēs, m., f., **-thēs**, n. (ἀντιπαθής), qui protège contre les enchantements : **gemma** Plin. 37, 145, sorte de pierre précieuse ‖ subst. n., philtre qui protège contre les enchantements : Laev. 27, cf. Apul. *Apol.* 30.

antĭpăthīa, *ae*, f. (ἀντιπάθεια), antipathie [naturelle de choses entre elles] : Plin. 37, 59 ‖ antidote : Plin. 20, 28.

Antĭpătrĕa, *ae*, f., ville d'Illyrie près de la Macédoine Atlas VI, A1 : Liv. 31, 27, 2.

antĭpĕlargōsis, f. (ἀντιπελάργωσις), reconnaissance [à la façon de cigognes] : Eustath. 8, 5.

antĭpharmăcŏn, **-cum**, *i*, n. (ἀντιφάρμακον), remède : Serv. Virg. *G.* 2, 299.

Antĭphătēs, *ae*, m. (Ἀντιφάτης) ¶ 1 roi des Lestrygons : Hor. *P.* 145 ; Ov. *M.* 14, 234 ¶ 2 fils de Sarpédon : Virg. *En.* 9, 696.

Antĭphellŏs (**-us**), *i*, f., ville de Lycie : Plin. 5, 100.

antĭpherna, *ōrum*, n. pl. (ἀντίφερνα), donation nuptiale faite par le mari à l'épouse en contrepartie de la dot apportée par la femme : Cod. Just. 5, 3, 20, 2.

Antĭphĭlus, *i*, m. (Ἀντίφιλος) ¶ 1 nom d'homme : Liv. 33, 1 ; 43, 51 ¶ 2 peintre athénien du temps d'Alexandre : Quint. 12, 10, 6.

Antipho, *ōnis*, **Antĭphōn**, *ontis*, m. ¶ 1 le premier des orateurs attiques : Cic. *Brut.* 47 ¶ 2 nom d'un interprétateur de rêves : Cic. *Div.* 1, 39 ¶ 3 histrion : Cic. *Att.* 4, 15, 6 ¶ 4 personnage de la comédie latine : Pl. *St.* 508 ; Ter. *Phorm.* 101.

antĭphōna, *ae*, f. (ἀντιφωνή ; fr. *antienne*), antienne, refrain intercalé dans les psaumes : Isid. 6, 19, 7 ‖ cantique : Eger. 24, 1 ; 3 ; 8 ; 12 ; v. *antefana*.

antĭphōnum, *i*, n., c. *antiphona* : Cassian. *Inst.* 2, 2, 8.

antĭphŏra, *ae*, f. (ἀντιφορά), réplique : Julian.-Tol. *Gram.* 5, 320, 11.

antĭphrăsis, *is*, f. (ἀντίφρασις), antiphrase : Diom. 462, 14 ; Char. 276, 13 ‖ ironie : Hier. *Ep.* 82, 8.

antĭpŏdae, *ārum*, m. pl., antipodes : Isid. 9, 2, 133.

antĭpŏdes, *um*, acc. *as*, m. pl. (ἀντίποδες), les antipodes : Lact. *Inst.* 3, 24, 4 ; Aug. *Civ.* 16, 9 ‖ gens qui font de la nuit le jour et du jour la nuit : Sen. *Ep.* 122, 2.

antĭpŏdus, *a*, *um*, qui est aux antipodes : Capel. 6, 608.

Antĭpŏlis, *is*, f. ¶ 1 ville de la Narbonnaise [auj. Antibes] Atlas XII, C1 : Plin. 3, 35 ‖ **-lĭtānus**, *a*, *um*, d'Antipolis : Mart. 13, 103 ¶ 2 ancienne colonie du Latium : Plin. 3, 68.

antiprŏsōpŏn, *i*, n. (ἀντιπρόσωπον), personnage antithétique substitué ironiquement : Cassiod. *Psalm.* 78, 8.

antiptōsis, *is*, f. (ἀντίπτωσις), antiptose [gram., emploi d'un cas pour un autre] : Serv. *En.* 1, 120.

Antīquārĭa, v. *Anticaria*.

antīquārĭus, *a*, *um* (*antiquus*) ¶ 1 d'antiquité, relatif à l'antiquité : **antiquaria ars** Hier. *Ep.* 5, 2, art de lire et transcrire les manuscrits ¶ 2 subst. m. **a)** partisan de l'antiquité : Tac. *D.* 21 **b)** copiste : Cod. Th. 14, 9, 2 ¶ 3 f., femme qui aime l'antiquité : Juv. 6, 454.

antīquātĭo, *ōnis*, f. (*antiquo*), abrogation : Cod. Just. 6, 56, 4, 1.

antīquātus, *a*, *um*, part. de *antiquo*.

antīquē, adv., à l'antique : Hor. *Ep.* 2, 1, 66 ‖ *antiquius* Tac. *G.* 5 ; *antiquissime* Solin. 11, 16, de toute antiquité.

antīquĭtās, *ātis*, f. (*antiquus*) ¶ **1** temps d'autrefois, antiquité : *fabulae ab ultima antiquitate repetitae* Cic. *Fin.* 1, 65, récits remontant à la plus haute antiquité ‖ événements d'autrefois, histoire des temps anciens : *Varro investigator antiquitatis* Cic. *Brut.* 60, Varron fouilleur du passé, cf. *de Or.* 1, 18 ; *CM* 12 ‖ [pl.] *antiquitates*, antiquités, faits antiques : Varr. *Men.* 505 ; Sen. *Ot.* 5, 2 ; Tac. *H.* 2, 4 ; [titre d'un ouvrage de Varron] les Antiquités : Varr. *L.* 6, 13 ; Cic. *Ac.* 1, 8 ; Plin. *Praef.* 24 ; Gell. 5, 13, 3 ‖ les gens de l'antiquité : *antiquitas recepit fabulas fictas* Cic. *Rep.* 2, 19, l'antiquité a admis des récits imaginaires, cf. *Div.* 2, 20 ; *Tusc.* 1, 26 ; *Leg.* 2, 27 ‖ caractère antique, mœurs antiques : *exempla plena dignitatis, plena antiquitatis* Cic. *Verr.* 3, 209, exemples pleins d'honneur, pleins d'un caractère antique ; *gravitas plena antiquitatis* Cic. *Sest.* 130, noblesse de sentiments pleine d'une beauté antique, cf. *Rab. Post.* 27 ; Plin. *Ep.* 1, 22, 2 ; 3, 1, 6 ‖ [sens péjor.] : *orationes redolentes antiquitatem* Cic. *Brut.* 82, discours sentant le vieux temps, cf. Quint. 2, 5, 21 ¶ **2** ancienneté (antiquité) de qqch. ➡ *vetustas* : *fani religio atque antiquitas* Cic. *Verr.* 1, 46, la sainteté et l'ancienneté du temple ; *generis* Cic. *Font.* 41, antiquité de la race ‖ [en parl. d'une pers.] *virum tantae antiquitatis* Cassian. *Coll.* 10, 3, 4, un homme d'un si grand âge.

antīquĭtŭs, adv. (*antiquus*) ¶ **1** depuis l'antiquité : *quorum antiquitus erat in fide civitas* Caes. *G.* 6, 4, 2, dont la cité était fidèle depuis l'antiquité, cf. 6, 12, 2 ; 7, 32, 3 ; *jam inde antiquitus* Liv. 9, 29, 8, de toute antiquité ¶ **2** dans l'antiquité, dans les temps anciens : Caes. *G.* 2, 4, 1 ; 2, 17, 4 ; Tac. *An.* 4, 65.

antīquō, *ās, āre, āvī, ātum* (*antiquus*), tr., [t. de droit] rendre caduc, rejeter [une proposition de loi] : *tribus omnes praeter Polliam antiquarunt legem* Liv. 8, 37, 11, toutes les tribus, à l'exception de la tribu Pollia, refusèrent de voter la loi ; Cic. *Leg.* 3, 38 ; *Off.* 3, 27 ; *Att.* 1, 13, 3 ; Liv. 27, 21, 4 ‖ supprimer, faire disparaître : Non. 76, 20 ; Sym. *Ep.* 3, 9 ; 6, 28.

antīquus, *a, um* (*$*H_2$enti-H_3k^wos*, cf. *anti-* et *oculus* ; it. *antico*) ¶ **1** [sens local " celui qui est en avant " conservé au compar. et au superl. métaphoriquement] plus important, le plus important : *nihil vita antiquius existimare* Cic. *Phil.* 13, 6, ne rien mettre avant (au-dessus) de la vie, cf. *Off.* 1, 155 ; *Inv.* 2, 143 ; *antiquiorem sibi fuisse possessionibus suis gloriam* Cic. *Div.* 1, 27, [il disait] qu'il avait préféré la gloire à tous ses domaines ‖ *nihil antiquius habere quam ut...* Cic. *Fam.* 11, 5, 1, n'avoir rien de plus à cœur (de plus pressant) que de... ; *nihil antiquius duxit quam... eximere* Suet. *Claud.* 11, il n'eut rien de plus pressé que d'enlever... ; *longe antiquissimum ratus sacra publica facere* Liv. 1, 32, 2, estimant que le devoir de beaucoup le plus pressant était d'accomplir les sacrifices publics ¶ **2** [sens temporel] d'autrefois, d'auparavant, précédent : *in antiquum locum honoris restitutus* Caes. *G.* 1, 18, 8, rétabli dans son ancien rang ; *Diana in suis antiquis sedibus reponitur* Cic. *Verr.* 4, 74, on replace Diane dans son ancienne demeure ¶ **3** qui appartient aux temps d'autrefois (au passé), ancien, antique : *(deus) antiquo artificio factus* Cic. *Verr. prim.* 14, (statue d'un dieu) d'un art ancien ; *antiqua philosophia* Cic. *Tusc.* 5, 10, la philosophie antique [avant Socrate] ; *Xenophanes paulo antiquior* Cic. *Ac.* 2, 118, Xénophane un peu plus ancien ; *antiqui*, les Anciens : Cic. *Or.* 218 ‖ [avec idée d'éloge] *antiqua religio* Cic. *Verr.* 4, 10, les scrupules d'autrefois ; *homines antiqui* Cic. *Amer.* 26, ces gens d'un caractère antique ‖ [sens péjor.] *antiquior est hujus sermo* Cic. *Brut.* 68, son style a un caractère trop antique ¶ **4** qui remonte loin dans le passé : *antiquum signum, templum* Cic. *Verr.* 1, 46, 47, statue ancienne, temple antique ; *antiquus amicus* Cic. *Fam.* 11, 27, 2, vieil ami ; *tuus antiquissimus amicus* Cic. *Verr.* 3, 148, un de tes plus anciens amis ; *ludi antiquissimi* Cic. *Verr.* 5, 36, les jeux qui remontent le plus loin dans le passé ; *simulacrum multo antiquissimum* Cic. *Verr.* 4, 109, statue de beaucoup la plus antique.

➤ *anticus* Varr. *R.* 1, 13, 6 ; 2, 11, 11 ; 3, 12, 1 ; *Pl. Bac.* 711 ; Liv. 38, 17, 20 ; 43, 13, 2.

antirrhīnŏn, *i*, n. (ἀντίρρινον), muflier [plante] : Plin. 25, 129.

Antirrhĭum, *i*, n., promontoire d'Étolie : Plin. 4, 6.

Antisa, ➡ *Antissa*.

antīsăgōgē, *ēs*, f. (ἀντεισαγωγή), sorte de correction [fig. de rhét.] : Capel. 5, 524.

antiscia, *ōrum*, n. pl. ➡ *antiscii*, lieux à égale distance des quatre points cardinaux : Firm. *Math.* 2, pr. 2.

antiscĭī, *ōrum*, m. pl. (ἀντίσκιοι), antisciens [habitants de l'autre hémisphère dont l'ombre est dans une direction opposée à la nôtre] : Amm. 22, 15, 31.

antiscŏrŏdŏn, *i*, n., sorte d'ail : Plin. 19, 112.

antĭsigma, *ătis*, n. (ἀντίσιγμα) ¶ **1** double sigma [adossé, que l'empereur Claude voulait introduire en latin pour remplacer le Ψ] : Prisc. 2, 33, 4 ¶ **2** sigma retourné, indice d'un passage douteux : Isid. 1, 20, 11.

Antisiodorum, ➡ *Autesiodurum*.

antĭsōphista (**-ēs**), *ae*, m. (ἀντισοφιστής), antisophiste, grammairien de principes opposés : Quint. 11, 3, 126 ; Suet. *Tib.* 11.

antispastĭcus, *a, um*, composé d'antispastes : Diom. 505, 12.

antispastus, *i*, m. (ἀντίσπαστος), antispaste [pied composé d'un iambe et d'un trochée] : Diom. 481, 17.

antispectō, *ās, āre, -, -*, être dirigé en sens contraire : *Gell. 9, 4, 6.

antispŏdŏs (**-us**), *i*, m. (ἀντίσποδος), cendre qui tient lieu de la spode [oxyde de zinc] : Plin. 34, 133.

Antissa, *ae*, f., ville (et île) qui touche Lesbos : Liv. 45, 31, 14 ‖ **-tissaei**, *ōrum*, m. pl., habitants d'Antissa : Liv. 45, 31, 14.

antistăsis, *is*, f. (ἀντίστασις), antistase [fig. de rhét.] : Jul.-Ruf. *Rhet.* 24 p. 54 [en grec].

antistathmēsis, *is*, f. (ἀντιστάθμησις), [rhét.] compensation : Cassiod. *Psalm.* 125, 6.

1 antistătus, *a, um* (ἀντίστατος), symétrique : Mamert. *Anim.* 1, 25.

2 antistătŭs, *ūs*, m. (*antisto*), prééminence : Tert. *Valent.* 13, 1.

antistĕs, *ĭtis*, m. et f. (*ante, stare*) ¶ **1** chef, préposé : Col. 3, 21, 6 ‖ maître : Cic. *de Or.* 1, 202 ‖ magistrat, dignitaire : Tert. *Apol.* 1, 1 ‖ [fig.] tenant, champion : *veritatis* Minuc. 6, 1, de la Vérité ¶ **2** *a)* prêtre : Cic. *Dom.* 104 ‖ f., prêtresse : Liv. 1, 20 *b)* [chrét.] prêtre : Tert. *Fug.* 2, 1 ‖ évêque [à la tête d'un diocèse] Aug. *Retract.* 2, 1, 1 ; Cod. Th. 16, 2, 11 ; Cod. Just. 1, 3, 28, 2.

Antisthĕnēs, *is*, m. (Ἀντισθένης), philosophe, disciple de Socrate, fondateur de l'école cynique : Cic. *Nat.* 1, 32 ; [pl.] **Antisthenae** Gell. 14, 1, 29.

Antistĭa, *ae*, f., nom d'une Romaine : Tac. *An.* 14, 22.

Antistĭāna, *ae*, f., ville de la Tarraconaise : Anton. 398.

antistīchon, ➡ *antistoechon*.

antistĭta, *ae*, f., prêtresse : Pl. *Ru.* 624 ; Cic. *Verr.* 4, 99.

antistĭtĭum, *ii*, n., dignité de prêtre : Capel. 9, 893.

Antistĭus, *ĭi*, m., nom de plusieurs Romains, entre autres Antistius Labéon, jurisconsulte : Liv. 45, 17.

antisto, ➡ *antesto*.

antistoechŏn, n. (ἀντίστοιχον), correspondance de sons (lettres) : Serv. *B.* 1, 2.

antistrĕphōn, *ŏntos*, m. (ἀντιστρέφων), argument qui peut se retourner : Gell. 5, 10 ; 11.

1 antistrŏphē, *ēs*, **antistrŏpha**, *ae*, f. (ἀντιστροφή), antistrophe : Macr. *Somn.* 2, 3, 5 ‖ [fig. de rhét.] Capel. 5, 534.

2 antistrŏphē, adv., en réponse : Schol. Juv. 15, 174.

antistrŏphŏs, *i*, f., antistrophe : Mar. Vict. *Gram.* 6, 59, 19.

antistrŏphus, *a, um* (ἀντίστροφος), réciproque : Isid. 1, 36, 5.

antithesis

antĭthĕsis, *is*, f. (ἀντίθεσις), permutation de lettres : Char. 279, 16 ; Diom. 442, 28 ‖ contradiction : Tert. Marc. 1, 19, 4.

antĭthĕtĭcus, *a*, *um* (ἀντιθετικός), formant antithèse : Fort.-Rhet. 1, 13 ; 2, 10.

antĭthĕton (-um), *i*, n. (ἀντίθετον), antithèse : Aug. Civ. 11, 18 ‖ opposition : Pers. 1, 86.

antĭthĕus, *i*, m. (ἀντίθεος), qui prétend être un dieu : Arn. 4, 12 ‖ le diable [ennemi de Dieu] : Lact. Inst. 2, 9, 13.

antĭtўpus, *a*, *um* (ἀντίτυπος), symétrique : Iren. 1, 24, 3 ‖ **-um**, *i*, n., image, réplique : Didasc. 74, 6.

Antĭum, *ii*, n., ville du Latium [auj. Anzo] Atlas XII, E3 : Cic. Att. 2, 8, 2 ‖ **-ĭānus**, *a*, *um*, d'Antium : Cic. d. Non. 284, 1 ‖ **Antianum**, *i*, n., le territoire d'Antium : Plin. 3, 81 ‖ **-ĭās**, *tis*, Liv. 5, 46 ; 27, 38, **-ĭātes**, *ium*, m. pl., les habitants d'Antium : Liv. 6, 6 ‖ **-ĭātinus**, Suet. Cal. 57, 3, **-ĭensis**, *e*, Val.-Max. 1, 8, 2, d'Antium.

Antĭus, *ii*, m., nom d'homme : Liv. 4, 17 ‖ **-tĭus**, *a*, *um*, d'Antius : *lex Antia* Gell. 2, 24, 13, loi [somptuaire] d'Antius Restio.

antlĭa, *ae*, f. (ἀντλίον), machine à tirer de l'eau, pompe : Mart. 9, 18, 4 ‖ corvée de la pompe : Suet. Tib. 51.

antlo, v. anclo : Gloss. 4, 309, 44.

Antōnācum, v. Antonnacum.

antōnescō, *ĭs*, *ĕre*, -, -, devenir semblable à Antoine : Consent. 5, 377, 6.

Antōnĭa, -nĭānus, v. Antonius.

Antōnĭastĕr, *tri*, m., imitateur d'Antoine [orateur] : Cic. d. Quint. 8, 3, 22.

Antōnīnĭăs, *ădis*, f., poème de Gordien Ier : Capit. Gord. 3, 3.

Antōnīnus, *i*, m., Antonin [nom de plusieurs empereurs, notamment Antonin le Pieux 138-161 ou T. Aurelius Antoninus, devenu T. Aelius Hadrianus Antoninus Pius après son adoption par Hadrien. Le surnom *Antoninus* se retrouvera chez d'autres empereurs, entrés par adoption réelle ou fictive dans la famille d'Antonin : Marc Aurèle, Lucius Verus, Commode, les Sévères : Capit. Hadr. 1 ; Lampr. Hel. 1 ‖ **-nĭānus**, *a*, *um*, d'Antonin : Eutr. 8, 20, 1.

Antōnĭŏpŏlītae, *ārum*, m. pl., habitants d'Antoniopolis [Asie Mineure] : Plin. 5, 111.

Antōnĭus, *ii*, m., Marc Antoine : l'orateur : Cic. Brut. 139 ‖ le triumvir, petit-fils du précédent : Cic. Phil. 1, 1, et L. Antonius, son frère ‖ **-tōnĭa**, *ae*, f., fille du triumvir : Plin. 35, 16 ‖ **-tōnĭus**, *a*, *um*, d'Antoine : Lentul. Fam. 12, 14, 16 ‖ **-tōnĭānus**, *a*, *um* **a)** Antonien, d'Antoine [triumvir] d'où **Antōnĭāni**, *ōrum*, m. pl., partisans d'Antoine : Lepid. Fam. 10, 34, 1 et **Antōnĭānae**, *ārum*, f. pl., discours de Cicéron contre Antoine [Philippiques] : Gell. 6, 11, 3 **b)** de l'orateur Antoine : Cic. Verr. 5, 32.

Antonnācum (Antunn-), *i*, n., ville de la première Belgique [auj. Andernach] : Anton. 254 ‖ **-censis**, *e*, d'Antonnacum.

antŏnŏmăsĭa, *ae*, f. (ἀντονομασία), antonomase [fig. de rhét.] : Quint. 8, 6, 29 ; Char. 273, 22.

antŏnŏmăsīvus, *a*, *um*, employé par antonomase : Serv. En. 2, 171 ; 5, 704.

Antōrēs, *ae* ou *is*, m., compagnon d'Hercule : Virg. En. 10, 177.

Antorĭdēs, *ae*, m., peintre grec : Plin. 35, 111.

Antrōnĭa, *ae*, f., ville de Magnésie : Mel. 2, 40.

antrŏō, *ās*, *āre*, -, -, v. amptruo : P. Fest. 9, 3.

Antrōres, acc. *as*, f. pl., ville de la Phthiotide : Liv. 42, 67.

Antrŏs, *i*, f., île à l'embouchure de la Garonne [auj. Jau] : Mel. 3, 22.

antrum, *i*, n. (ἄντρον), grotte, caverne : Virg. En. 5, 19 ; Ov. M. 1, 121 ‖ creux dans un arbre : Virg. G. 4, 44 ‖ [pl.] fosses (nasales) : Sidon. Ep. 1, 2, 2.

antrŭō, v. amptruo.

Antunnācum, v. Antonnacum.

antura, *ae*, f. (obscur ; cf. tura), mouron : M.-Emp. 8, 143.

Ănūbĭăcus, *i*, m., prêtre d'Anubis : CIL 14, 352.

Ănūbis, *is* et *ĭdis*, m., dieu égyptien à tête de chacal : Virg. En. 8, 698 ; Ov. M. 9, 690.

Ănūbŏfŏrus, *i*, m. (Ἀνουβοφόρος), prêtre d'Anubis : CIL 12, 1913.

ănucla, ănucŭla, ănuncŭla, c. anicula : Gloss. 2, 534, 11.

ănŭĭs, v. 2 anus ▶.

ănŭlāris, *e*, qui concerne l'anneau : *digitus* Isid. 11, 1, 71, annulaire ‖ subst. n., **ănŭlāre**, blanc [de craie pilée avec le verre des chatons de bagues communes] : Plin. 35, 48 ; Isid. 19, 17, 22.

ănŭlārĭus, *a*, *um* (anulus), d'anneau : Vitr. 7, 14, 2 ‖ subst. m., fabricant d'anneaux : Cic. Ac. 2, 86.

ănŭlātus, *a*, *um* (anulus), portant un anneau : Pl. Poen. 981 ; Apul. M. 9, 12.

ănŭlŏculter, *tri*, m. (anulus, culter), instrument de chirurgie à forme recourbée, forceps : Tert. Anim. 25, 5.

ănŭlus, *i*, m. (1 anus) ¶ **1** bague, anneau : Cic. Off. 3, 38 ; [servant de sceau, de cachet] Cic. Ac. 2, 85 ; Q. 1, 1, 13 ¶ **2** anneau d'or [d'abord signe du rang de chevalier] : *jus aurei anuli* Cic. Verr. 3, 176, droit de porter l'anneau d'or ; Suet. Caes. 33 ‖ [à partir du 3e s., signe de l'ingénuité, mais en sauvegardant les droits du patron sur l'affranchi : Fragm. Vat. 226 ; Dig. 40, 10 tit. ¶ **3** anneau de rideau : Plin. 31, 62 ‖ boucle de cheveux : Mart. 2, 66 ; Sen. Brev. 12, 3 ‖ baguette courbée en cercle : Plin. 15, 124 ‖ vrille de la vigne : Cael.-Aur. Acut. 3, 8, 150 ‖ [archit.] annelet [filet du chapiteau dorique, séparant le gorgerin de l'échine] : Vitr. 4, 3, 4 ; v. annulus.

1 ānŭs, *i*, m. (v. irl. *anne*) ¶ **1** anneau : Varr. L. 6, 8 ; Isid. 5, 36, 1 ; [anneau pour le pied] Pl. Men. 85 ¶ **2** anus, fondement : Cic. Fam. 9, 22, 2 ; Cels. 5, 20, 5 ; Col. 6, 6, 4.

2 ănŭs, *ūs*, f. (cf. ἀννίς, hitt. *hannas*, al. *Ahn*) ¶ **1** vieille femme : Cic. Tusc. 1, 48 ‖ vieille sorcière : Hor. S. 1, 9, 30 ¶ **2** [adj.] vieille, vieux : *anus matrona* Suet. Ner. 11, vieille dame ; *anus terra* Plin. 17, 35, vieux sol ; *anus charta* Catul. 68, 46, vieil écrit.

▶ gén. arch. *anuis* Ter. Haut. 287 ; Varr. d. Non. 494, 22 ; dat. *anu* Lucil. 280 cf. Gell. 4, 16, 6.

Anxa, *ae*, f., ville de Calabre : Plin. 3, 100.

Anxānum, *i*, n., ville du Samnium [Lanciano] Atlas XII, D4 : CIL 9, 278 ‖ **-āni, -ātĕs**, *ĭum*, m. pl., habitants d'Anxanum : Plin. 3, 106 ; CIL 6, 3314.

1 anxĭa, *ae*, f. (anxio ; it. *ansia*), angoisse : Drac. Orest. 558.

2 Anxĭa, *ae*, f., ville de Lucanie [Anzi] : Peut. 6, 5.

anxĭănĭmus, *a*, *um* (anxius, animus), d'humeur inquiète : *Alcim. Ep. 34 (31).

anxĭē (anxius) ¶ **1** avec peine, avec amertume : *anxie ferre* Sall. J. 82, 3, supporter avec amertume ¶ **2** avec anxiété, avec un soin inquiet : *se anxie componere* Sen. Tranq. 9, 17, 1, avoir le souci anxieux de composer son personnage.

▶ compar. *anxius* Gargil. Arbor. 2, 2.

anxĭĕtās, *ātis*, f. (anxius) ¶ **1** disposition habituelle à l'inquiétude, caractère anxieux (inquiet) : Cic. Tusc. 4, 37 ; v. angor ‖ pl., angoisses : Lucif. Athan. 1, 40 ¶ **2** soin inquiet, souci méticuleux : Quint. 1, 7, 33 ; Tac. D. 39.

anxĭĕtūdo, *inis*, f., c. anxietas : Aug. Conf. 9, 3.

anxĭfĕr, *ĕra*, *ĕrum* (anxius, fero), qui tourmente : Cic. poet. Div. 1, 22 ; Tusc. 2, 21.

anxĭō, *ās*, *āre*, -, - (anxius ; it. *ansare*), intr., être triste : VL. Jac. 5, 13 ‖ tr., tourmenter : Ps. Aug. Serm. 223, 2.

anxĭor, *ārĭs*, *ārī*, -, -, dép., intr., se tourmenter : Vulg. Psal. 60, 30 ; Sedul. Op. 3, 2 ; Chir. 368.

anxĭōsus, *a*, *um*, inquiet, tourmenté : Cael.-Aur. Chron. 3, 7, 95.

anxĭtūdo, *ĭnis*, f., c. anxietas : Pacuv. Tr. 164 ; Acc. Tr. 154 ; Cic. Rep. 2, 68.

anxĭus, *a*, *um* (ango, cf. noxius) ¶ **1** anxieux, inquiet, tourmenté : Cic. CM 65 ; Off. 1, 72 ; *anxius animi* Sall. H. 4, 68, ayant au cœur de l'inquiétude ‖ [avec abl.] *ira et metu anxius* Sall. J. 11, 8, tourmenté par la colère et la crainte, cf. Liv. 21, 2, 1 ; 23, 15, 9 ; *anxius gloria ejus* Liv. 25, 40, 12, inquiet (jaloux) de sa gloire ‖ [avec gén.] *animus futuri anxius* Sen. Ep. 98, 6, âme inquiète de l'avenir ; *sui anxius* Tac. H. 3, 38, tourmenté pour soi-même ‖

anxius pro salute alicujus Plin. *Ep.* 4, 21, 4, inquiet pour la vie de qqn ; *non sum de nominibus anxius* Quint 5, 10, 75, je ne m'inquiète pas des termes ; *nimis anxius circa verba* Sen. *Ep.* 115, 1, trop tourmenté pour le choix des mots ; *anxii erga Sejanum* Tac. *An.* 4, 74, anxieux d'aborder Séjan ‖ [avec interrog. indir.] *Galba anxius quonam exercituum vis erumperet* Tac. *H.* 1, 14, Galba se demandant avec inquiétude jusqu'où se déchaînerait la violence des armées, cf. *An.* 11, 23 ; 14, 13 ¶ **2** sans repos, aux aguets, vigilant : Val.-Max. 8, 7, 7 ; Sen. *Brev.* 12, 2 ; Tac. *Agr.* 5 ¶ **3** pénible, qui tourmente : *aegritudines anxiae* Cic. *Tusc.* 4, 34, les peines qui tourmentent ; *timor anxius* Virg. *En.* 9, 88, crainte pénible ; *anxiae curae* Liv. 1, 56, 4, soucis cuisants.

anxō, ▶ *axo.*

1 Anxŭr, *ŭris* ¶ **1** n., ville du Latium, plus tard Terracine : Plin. 3, 59 ‖ **-ŭrus**, m., Jupiter, dieu adoré à Anxur : Virg. *En.* 7, 799 ‖ **-urnās**, *ātis*, m., d'Anxur : Liv. 27, 38, 4 ¶ **2** m., source du voisinage : Mart. 10, 51, 8 (Vitr. 8, 3, 15 ; Serv. *En.* 7, 799) ; 5, 1, 6.

2 Anxur, *ŭris*, m., guerrier Rutule : Virg. *En.* 10, 154.

ănydrŏn, ▶ *anhydron.*

Ănystrus, *i*, m., rivière des Pyrénées : Avien. *Or.* 540.

Ănȳtus, *i*, m. (Ἄνυτος), un des accusateurs de Socrate : Hor. *S.* 2, 4, 3.

Anzăbās, *ae*, m., fleuve d'Afrique : Amm. 18, 6, 19.

Aodi, m. pl., peuple des bords de l'Ister : Plin. 4, 41.

Āoedē, *ēs*, f. (Ἀοιδή), une des quatre Muses primitives : Cic. *Nat.* 3, 54.

Āōn, *ŏnis*, m. (Ἄων), fils de Neptune : Placid. *Th.* 1, 34.

Āŏnes, *um*, m. pl., habitants d'Aonie : Serv. *B.* 6, 64 ‖ [adjᵗ] d'Aonie : [acc. -as] Virg. *B.* 6, 65.

Āŏnĭa, *ae*, f., Aonie [nom myth. de la Béotie] : Serv. *B.* 6, 65 ; Gell. 14, 6, 4 ‖ **-nĭdēs**, *ae*, m., Aonien : Stat. *Th.* 9, 95 ‖ **Āŏnĭdae**, *ūm*, pl., Stat. *Th.* 2, 697 = Béotiens ‖ **-nĭs**, *ĭdis*, f., Béotienne : Stat. *Th.* 6, 17 ‖ **Āŏnĭdes**, *um*, f. pl., les Muses : Ov. *M.* 5, 333 ‖ **-nĭus**, *a*, *um*, d'Aonie : Ov. *M.* 3, 339.

ăŏrātŏs, *i*, m. (ἀόρατος), l'Invisible [Éon] : Tert. *Valent.* 35, 1.

ăŏristŏs, *ŏn* (ἀόριστος), aoriste [gram.] : Macr. *Exc.* 5, 615, 8.

Āornis, acc. *in*, f. (Ἄορνις), rocher dans les Indes [sans oiseaux] : Curt. 8, 11, 2.

Āornŏs, *i* (ἄορνος " sans oiseaux ") ¶ **1** m., lac à l'entrée des Enfers, ▶ *Avernus* : Virg. *En.* 6, 242 ¶ **2** f., ville d'Épire : Plin. 4, 2.

Aorsi, m. pl., peuple sarmate Atlas I, B7 : Plin. 4, 80 ; Tac. *An.* 12, 15.

Aōus, *i*, m., fleuve d'Illyrie : Liv. 32, 5 ; Plin. 3, 145.

ăpaetēsis, *is*, f. (ἀπαίτησις), réclamation [fig. de rhét.] : Isid. 2, 21, 38.

ăpăgĕ (ἄπαγε), ôte, éloigne, dégage [avec acc.] : *apage te a me* Pl. *Amp.* 580, éloigne-toi de moi, cf. *Most.* 438 ; Ter. *Eun.* 904 ; *istius modi salutem* Pl. *Merc.* 144, foin de ce que tu appelles mon bien ‖ [absᵗ] *apage* Pl. *Amp.* 310, arrière, loin d'ici, cf. *Ru.* 826 ; *apage sis* Pl. *Poen.* 225, va-t'en, de grâce, cf. Ter. *Eun.* 756.

ăpălāni, *ōrum*, m. pl., terrines à œufs mollets : Grauf. 96.

ăpăla ōva, **hăp-** (ἁπαλός), œufs mollets : Apic. 329 ; Cael.-Aur. *Acut.* 3, 37, 208.

ăpălāre, ▶ *aplare.*

Ăpămēa, *ae*, f. (Ἀπάμεια), ville de la grande Phrygie Atlas I, D6 ; VI, B4 ; IX, C2 : Cic. *Att.* 5, 16 ‖ de Cœlé-Syrie Atlas I, D7 ; IX, D3 : Plin. 5, 16 ‖ de Bithynie Atlas VI, A4 : Plin. 5, 143 ‖ **-ēensis**, **-ensis**, *e*, d'Apamée [Phrygie] : Cic. *Att.* 5, 21, 9 ; *Fam.* 5, 20, 2 ; ou **-ēnus**, *a*, *um*, Plin. 5, 113, **-ēus**, *a*, *um*, substᵗ, **-ēi**, *ōrum*, m. pl., habitants d'Apamée : Traj. d. Plin. *Ep.* 10, 57.

Apămestīni, *orum*, m., peuple de la Calabre : Plin. 3, 105.

Ăpămīa, ▶ *Apamea.*

ăpangeltĭcŏs, *ŏn* (ἀπαγγελτικός), qui raconte : Bed. *Metr.* 7, 259, 17.

ăparctĭās, *ae*, m. (ἀπαρκτίας), vent du nord : Plin. 2, 119.

ăpăremphătum, *i*, n. (ἀπαρέμφατος), infinitif : Macr. *Exc.* 5, 621, 27.

ăpărĭnē, *ēs*, f. (ἀπαρίνη), gratteron [plante] : Plin. 27, 32.

Apartaei, m. pl., peuple d'Asie : Plin. 6, 21.

Apartāni, *ōrum*, m. pl., peuple sarmate : Just. 41, 1, 10.

ăparthĕnus, *a*, *um* (ἀπάρθενος), qui n'est point chaste : *Gloss.* 4, 404, 12.

Ăpătē, *ēs*, f., ville d'Arabie : Plin. 6, 155.

ăpăthīa, *ae*, f. (ἀπάθεια), absence de passion : Gell. 19, 12, 10.

ăpătōr, *ŏris*, m. (ἀπάτωρ), qui est sans père : Iren. 1, 5, 1.

Ăpătūrĭa, *ōrum*, n. pl. (Ἀπατούρια), les Apaturies [fêtes grecques célébrées par les phratries] : Tert. *Apol.* 39, 15.

Ăpătūrĭus, *ii*, m., peintre célèbre d'Alabanda : Vitr. 7, 5, 5.

Ăpătūros, *i*, f., ville du Bosphore : Plin. 6, 18.

Apavortēnē, *ēs*, f., contrée de la Parthie : Plin. 6, 46.

ăpĕ (apio), [arch.], arrête, empêche : P. Fest. 21, 4.

▶ *apet, apĕre* Gloss. 2, 21, 41 ; 46.

Apĕlaurus, *i*, m., ville ou canton d'Arcadie : Liv. 33, 14.

Apelenārĭae, *ārum*, f. pl., ville sur le Nil : Plin. 6, 180.

ăpēlĭōtēs, **ăphēlĭōtēs**, *ae*, m. (ἀπηλιώτης), vent d'est : Plin. 2, 119 ; 18, 337.

Ăpella, *ae*, m., nom d'affranchi : Cic. *Att.* 12, 19 ; *Fam.* 7, 25, 2 ; 10, 17, 3 ‖ nom d'un juif : Hor. *S.* 1, 5, 100 [v. Lejay note].

Ăpellās, *ae*, m., statuaire grec : Plin. 34, 86.

Ăpellēs, *is*, m. (Ἀπελλῆς), célèbre peintre grec : Plin. 35, 10 ; Cic. *Brut.* 70 ‖ **-lēus**, *a*, *um*, d'Apelle : Mart. 7, 83.

Ăpellĭnem, ▶ *Apollo* ▶.

Ăpellītae, *ārum*, m. pl., Apellites [hérétiques] : Isid. 8, 5, 12.

āpellō, *ĭs*, *ĕre*, -, - (cf. *aspello*), tr., expulser : VL. Joh. 6, 37 ; Gloss. 2, 21, 44.

ăpemphaenontă, n. pl. (ἀπεμφαίνοντα), sorte de mètre poétique : *apemphaenonta carmina = inmanifesta* Rufin. *Gram.* 6, 559, 25.

ăpēnārĭus, ▶ *apinarius* : Treb. *Gall.* 8, 3.

Āpēnīnus, ▶ *Appenninus.*

Āpenn-, ▶ *Appenn-*.

1 ăpĕr, *apri*, m. (cf. al. *Eber*) ¶ **1** sanglier : *Erymanthius* Cic. *Verr.* 4, 95, sanglier d'Érymanthe ‖ *uno in saltu duos apros capere* Pl. *Cas.* 476, faire d'une pierre deux coups ‖ enseigne romaine : Plin. 10, 16 ¶ **2** sorte de poisson : Plin. 11, 267.

2 Ăpĕr, *pri*, m., nom d'homme ; en part. interlocuteur du Dialogue des Orateurs de Tacite : Tac. *D.* 2, 1.

Apĕrantĭa, *ae*, f., petite province de Thessalie : Liv. 36, 33 ‖ **-rantī**, *ōrum*, m. pl., habitants de l'Apérantie : Liv. 43, 22, 11.

ăpĕrantŏlŏgia, *ae*, f. (ἀπεραντολογία), bavardage intarissable : Varr. *Men.* 144.

ăpĕrībō, ▶ *aperio* ▶.

ăpĕrīlis, [fausse étymologie d'*Aprilis* (*aperio*)] : Aug. *Faust.* 18, 5 ; Macr. *Sat.* 1, 12, 14.

ăpĕrĭō, *īs*, *īre*, *pĕrŭī*, *pertum* (ap-, cf. *ab* et **verio*, cf. osq. *veru*, scr. *vṛṇoti*, ▶ *operio* ; it. *aprire*, fr. *ouvrir*), tr. ¶ **1** ouvrir, découvrir : *alicui portas* Cic. *Phil.* 3, 32, ouvrir à qqn les portes de la ville ; *litteras* Cic. *Cat.* 3, 7 ; *oculos* Cic. *Mil.* 85, ouvrir une lettre, les yeux ; *caput, partes corporis* Cic. *Phil.* 2, 77 ; *Off.* 1, 129, découvrir sa tête, des parties du corps ‖ *vomicam* Cic. *Nat.* 3, 70 ; *corpora hominum* Cic. *Ac.* 2, 122, ouvrir un abcès, le corps humain ‖ [réfléchi et médio-passif] : *valvae se ipsae aperuerunt* Cic. *Div.* 1, 74, les portes s'ouvrirent d'elles-mêmes, cf. 2, 67 ; *ubi aliud os amnis aperitur* Curt. 6, 4, 7, où s'ouvre une autre bouche du fleuve, cf. Sen. *Nat.* 6, 9, 2 ; [en parl. d'étoiles] *se aperire* Cic. *Nat.* 2, 52 ou *aperiri* Cic. *Nat.* 2, 51, se découvrir, se montrer ¶ **2** ouvrir, creuser [= faire en ouvrant, en creusant] : *fundamenta templi*

aperio

Liv. 1, 55, 2, creuser les fondations du temple; **subterraneos specus** Tac. G. 16, creuser des retraites souterraines ‖ **viam, vias, iter**, ouvrir, frayer, creuser une route, des routes, un chemin : Sall. C. 58, 7 ; Liv. 7, 33, 11 ¶ 3 [fig.] ouvrir mettre à découvert : **viam** Lucr. 1, 373 ; Virg. En. 11, 884 ; Liv. 26, 45, 9, ouvrir, laisser libre une route ; **immissi cum falcibus purgarunt et aperuerunt locum** Cic. Tusc. 5, 65, envoyés avec des faucilles, ils nettoyèrent et dégagèrent l'emplacement ; **populus Romanus aperuit Pontum** Cic. Arch. 21, le peuple romain ouvrit le royaume du Pont ; **fontes philosophiae** Cic. Tusc. 1, 6, ouvrir les sources de la philosophie ‖ **locum suspicioni, crimini** Cic. Verr. 5, 181, donner le champ libre au soupçon, à une accusation ‖ [t. de finances] ouvrir un crédit : **quod DCCC aperuisti** Cic. Att. 5, 1, 2, [c'est bien à toi] de lui avoir ouvert le crédit de 800 000 sesterces, cf. **exposuisti** Att. 5, 4, 3 ‖ mettre en vente : Vulg. Am. 8, 5 ¶ 4 mettre au grand jour [des projets, des sentiments, des actions, etc.] : **omnia quae in diuturna obscuritate latuerunt, aperiam** Cic. Clu. 66, tous les faits, qui sont restés longtemps enveloppés de ténèbres, je les découvrirai ; **aperiebatur causa insidiarum** Cic. Clu. 50, la cause de l'attentat était mise au jour ‖ montrer, exposer, expliquer : **libri Tusculanarum disputationum res ad beate vivendum maxime necessarias aperuerunt** Cic. Div. 2, 2, les Tusculanes [le traité des dissertations de Tusculum] ont dévoilé ce qui est le plus nécessaire au bonheur ; **perspicuis dubia aperiuntur** Cic. Fin. 4, 67, les choses évidentes servent à éclaircir les points douteux ‖ [avec prop. inf.] : **aperire se non fortunae... solere esse amicum** Nep. Att. 9, 5, montrer que ce n'était pas à la fortune (à la situation) qu'il donnait son amitié ‖ [avec interrog. ind] : **non dubitavit aperire quid cogitaret** Cic. Mil. 44, il n'hésita pas à découvrir ce qu'il méditait ‖ expliquer : Ambr. Isaac 8, 77.
▶ fut. arch. **aperibo** Pl. Truc. 763 ‖ imparf. **aperibat** Fort. Carm. 5, 5, 100, v. **apertum, apertus**.

ăpĕrītĭo, ⒸⒺ ▶ *apertio* : Cael.-Aur. Chron. 3, 8, 111.

Ăpērŏpĭa, *ae*, f., île près de l'Argolide : Plin. 4, 56.

Aperrae, f., ville de Lycie : Plin. 5, 100.

Ăperta, *ae*, m. (*aperio* ? cf. *moneta*), surnom d'Apollon, parce qu'il donne des oracles : P. Fest. 21, 1.

ăpertē (*apertus*) ¶ 1 ouvertement, à découvert : **rem publicam aperte petere** Cic. Cat. 1, 12, attaquer ouvertement l'état ¶ 2 clairement : **planius atque apertius dicam** Cic. Com. 43, je parlerai plus nettement et plus clairement ; **apertissime planissimeque aliquid explicare** Cic. Verr. 2, 156, exposer qqch. de la manière la plus claire et la plus nette.

ăpertĭbĭlis, *e*, apéritif : Cael.-Aur. Acut. 3, 24 ; 3, 34.

ăpertīcĭus, *a*, *um*, qui ouvre : Gloss. 5, 346, 5.

ăpertĭlis, *e*, qui s'ouvre : Gloss. 2, 228, 19.

ăpertĭo, *ōnis*, f. (*aperio*) ¶ 1 ouverture : Varr. R. 1, 63 ; Apul. M. 11, 22 ¶ 2 [tard.] dévoilement : Aug. Serm. 292, 6 ‖ explication : Ambrosiast. 1 Cor. 14, 19 ‖ libération : Vulg. Is. 61, 1 ‖ [chrét.] rite précédant le baptême [*epheta*] : Ambr. Myst. 1, 1, 3.

ăpertīvus, *a*, *um*, apéritif : Cael.-Aur. Acut. 3, 4, 40.

ăpertō, *ās*, *āre*, -, - (*aperio*), tr., ouvrir : Pl. Men. 910 ; Arn. 2, 2.

ăpertŏr, *ōris*, m. (*aperio*), initiateur : Ps. Tert. Marc. 2, 108.

ăpertŭlārĭus, *ii*, m. ¶ 1 celui qui ouvre avec effraction : Gloss. 4, 309, 51 ¶ 2 portier : Gloss. 2, 21, 48.

ăpertum, *i*, part. n. de *aperio* pris subst^t ¶ 1 **in aperto** Liv. 23, 46, 10, dans un lieu découvert ; **aperta populatus** Tac. An. 1, 56, ayant ravagé la rase campagne ; **mare ex aperto reductum** Sen. Nat. 6, 1, 1, la mer ramenée du large ‖ [fig.] **in aperto esse**, être libre, ouvert à tous, facile : Tac. Agr. 1 ; H. 3, 56 ¶ 2 **in aperto**, à l'air libre : Lucr. 3, 603 ; Liv. 43, 18, 8 ; Sen. Nat. 3, 24, 1 ¶ 3 **in aperto esse**, être à découvert, au grand jour : Tac. H. 4, 4 ; **ut ex aperto vim facturus** Liv. 21, 32, 10, comme avec l'intention de forcer le passage ouvertement.

ăpertūra, *ae*, f. (*aperio* ; fr. ouverture), ouverture : Vitr. 4, 6, 6 ; **tabularum** Dig. 28, 5, 3, ouverture du testament.

ăpertus, *a*, *um*
I part. de *aperio*
II adj ¶ 1 ouvert, découvert : **aperto ostio** Cic. Amer. 65, avec la porte ouverte ; **domus nostris hominibus apertissima** Cic. Verr. 4, 3, maison largement ouverte à nos compatriotes ; **apertum pectus videre** Cic. Lae. 97, voir le cœur ouvert [lire à cœur ouvert] ‖ **in loco aequo atque aperto** Caes. C. 1, 71, 1, sur un terrain égal et découvert, cf. Cic. Verr. 4, 110 ; **caelum apertum** Cic. Div. 1, 2, ciel découvert ‖ [fig.] ouvert, libre : **multis est apertus cursus ad laudem** Cic. Phil. 14, 17, la carrière de l'honneur est ouverte à un grand nombre ; **in magno impetu maris atque aperto** Caes. G. 3, 8, 1, étant donné la violence de la mer qui se déchaîne librement ‖ **aperta navis**, navire non ponté : Cic. Verr. 5, 104 ; Liv. 37, 16, 1 ; Ⓥ *tectus* ‖ dévêtu : Arn. 6, 12 ¶ 2 découvert (sans défense) : **a latere aperto** Caes G. 7, 50, 1, sur le flanc découvert de l'armée ; **umerum apertum gladio adpetit** Caes. C. 2, 35, 2, il vise de son épée l'épaule découverte [l'épaule droite] ; **apertiora sunt ad reprehendendum** Cic. Nat. 2, 20, ces choses offrent plus le flanc à la critique ¶ 3 découvert, qui a lieu au grand jour : **apertum scelus** Cic. Amer. 97, crime perpétré au grand jour ; **apertus inimicus** Cic. Dom. 29, ennemi déclaré ‖ ouvert, loyal : **apertus animus** Cic. Fam. 1, 9, 22, âme ouverte ; **homo** Cic. Off. 3, 57 ; Rep. 3, 26, homme ouvert (droit, franc) [sens péjor.] **quis apertior in judicium adductus est ?** Cic. Clu. 48, quel homme plus manifestement coupable fut traduit en justice ? ; **apertus in corripiendis pecuniis** Cic. Verr. prim. 5, commettant des rapines ouvertement ¶ 4 manifeste, clair : **verbis apertissimis** Cic. Fam. 9, 22, 5 ; Gell. 6, 14, 6, en termes très clairs ; **sententiae apertae** Cic. Brut. 66, pensées claires ; **in re praesertim aperta ac simplici** Cic. Caecin. 5, surtout dans une affaire claire et simple ‖ **apertum est**, il est clair que : [avec prop. inf.] Cic. Fin. 5, 34 ; Leg. 3, 18 ; [avec interrog. indir.] **quid intersit utro modo scriptum sit, est apertum** Cic. Clu. 148, combien il importe de savoir si la rédaction est de l'une ou de l'autre manière, on le voit nettement.

ăpĕrŭī, parf. de *aperio*.

ăpēs, Ⓥ ▶ *apis*.

Apĕsantus, Ⓒ ▶ *Aphesas* : Plin. 4, 17.

ăpex, *ĭcis*, m. (cf. *apio* ?) ¶ 1 pointe, sommet : Virg. En. 4, 246 ; 7, 66 ; Varr. R. 1, 48, 1 ¶ 2 [d'où] petit bâton enroulé de laine que les flamines portaient à la pointe de leur bonnet : Serv. En. 2, 683 ‖ le bonnet lui-même : Liv. 6, 41, 9 ¶ 3 tiare, couronne : Cic. Leg. 1, 4 ¶ 4 aigrette : Virg. En. 10, 270 ; 12, 492 ; Plin. 10, 3 ; = aigrette de feu, langue de feu : Virg. En. 2, 682 ; Ov. F. 6, 636 ; M. 10, 279 ¶ 5 signe des voyelles longues : Quint. 1, 7, 2 ; 1, 4, 10 ¶ 6 pl. **apices**, forme des lettres (linéaments) : Gell. 13, 30, 10 ‖ un écrit : Sidon. Ep. 6, 8, 1 ‖ un rescrit impérial : Cod. Just. 2, 7, 25, 4 ‖ **Christi apex** Prud. Sym. 2, 714, monogramme du Christ ¶ 7 [fig.]
a) couronne, fleuron : Cic. CM 60
b) subtilité, pointe d'aiguille, vétille : Ulp. Dig. 17, 1, 29, 4.

ăpexăbo, ăpexăo, *ōnis*, f. (obscur), sorte de boudin employé dans les sacrifices : Varr. L. 5, 111 ; Arn. 7, 24.

ăphăca, *ae*, f. (ἀφάκη), vesce : Plin. 27, 38.

ăphăcē, *ēs*, f. (ἀφάκη), espèce de pissenlit : Plin. 21, 89.

Aphaea, *ae*, f., nom d'une nymphe chez les Éginètes : Ciris 303.

ăphaerēma, *ătis*, n. (ἀφαίρεμα), épeautre mondé : Plin. 18, 112.

ăphaerĕsis, *is*, f. (ἀφαίρεσις), aphérèse : Serv. En. 1, 546.

ăphantĭcĭus, *a*, *um* (*aphanticum*), inculte, stérile [en parl. d'un sol] : Cod. Th. 5, 11, 9.

ăphantĭcum, *i*, n. (ἀφαντικόν), terre inculte : Cod. Th. 13, 11, 4.

Ăphărĕūs, *ĕi* (*ĕos*), m. (Ἀφαρεύς) ¶ 1 roi de Messénie ‖ **-rēius**, *a*, *um*, d'Apharée : Ov. M. 8, 304 ¶ 2 un centaure : Ov. M. 12, 341.

Aphas, *antis*, m., fleuve de Molosside [Épire] : Plin. 4, 4.

ăphĕdrus, *i*, f. (ἀφεδρος), menstrues : VL. Lev. 12, 5.

ăphēliōtēs, v. *apeliotes* : Catul. 26, 3 ; Sen. Nat. 5, 16, 4.

Ăphēsās, *antis*, m., montagne de l'Argolide : Stat. Th. 3, 460.

Ăphīdās, *ae*, m., nom d'un centaure : Ov. M. 12, 317.

Ăphidnae, *ārum*, f. pl., bourg de l'Attique : Sen. Phaed. 23 ǁ **-na**, *ae*, f., Ov. F. 5, 708.

Aphlē, *ēs*, bourg de la Susiane : Plin. 6, 134.

ăphŏrismus, *i*, m. (ἀφορισμός), aphorisme : Cael.-Aur. Acut. 3, 1, 5.

ăphŏrus, *i*, m. (ἀφορος), tout petit poisson, fretin [que l'hameçon ne saisit pas] : Isid. 12, 6, 40.

ăphractus, *i*, f. (ἀφρακτος), vaisseau non ponté : Cic. Att. 6, 8, 4 ǁ **ăphracta**, *ōrum*, n. pl., Cic. Att. 5, 11, 4 ; 5, 12, 1.

ăphrātum, v. *afratum*.

ăphrissa, *ae*, f., serpentaire [plante] : Ps. Apul. Herb. 14.

ăphrōdēs, m. et f. (ἀφρώδης), écumeux : **mecon aphrodes** Plin. 27, 119 ; **aphrodes herba** Ps. Apul. Herb. 53, silène enflé [plante].

Ăphrŏdīsĭa, *ōrum*, n. pl., Aphrodisies [fêtes en l'honneur d'Aphrodite] : Pl. Poen. 191.

ăphrŏdīsĭăca, *ae*, f. (ἀφροδισιακή), sorte de pierre précieuse : Plin. 37, 148.

aphrŏdīsĭăcum mĕtrum, sorte de mètre choriambique : Mar. Vict. Gram. 6, 86, 34.

1 **ăphrŏdīsĭăs**, *ădis*, f., iris jaune : Ps. Apul. Herb. 6.

2 **Ăphrŏdīsĭăs**, *ădis*, f., partie de l'Éolide : Plin. 5, 122 ǁ ville de Cilicie : Liv. 33, 20, 4 ǁ ville et promontoire de Carie Atlas VI, C4; IX, C1 : Liv. 37, 21, 5 ; Plin. 5, 104 ǁ ville de Scythie : Plin. 4, 44 ǁ île près de Gadès : Plin. 4, 120 ǁ île du golfe Persique : Plin. 6, 111.

Ăphrŏdīsĭensis, *e*, d'Aphrodisias : Plin. 5, 109 ǁ **-enses**, habitants d'Aphrodisias : Tac. An. 3, 62.

Ăphrŏdīsĭum, *ii*, n., ville de la côte du Latium renommée pour son temple de Vénus : Plin. 3, 57 ǁ promontoire de Carie : Mel. 1, 84 ǁ fleuve de Carie : Plin. 31, 10.

Ăphrŏdīta, *ae*, **Ăphrŏdītē**, *ēs*, f., Aphrodite [Vénus] : Aus. Ecl. 3 (377), 8 ; Capel. 1, 7.

Ăphrŏdītēs, ville de la Basse-Égypte : Plin. 5, 64.

Ăphrŏdītŏpŏlītēs nomos, le nome d'Aphroditopolis en Thébaïde : Plin. 5, 49.

1 **ăphrōn**, *i*, n., sorte de pavot sauvage : Plin. 20, 207.

2 **ăphrōn** (ἀφρων), qui est sans raison : Gloss. 5, 490, 37.

ăphrŏnitrum, *i*, n. (ἀφρόνιτρον), écume ou fleur de nitre, salpêtre : Plin. 31, 113.

aphthae, *ārum*, f. pl. (ἀφθαι), aphtes : Cels. 6, 11, 12.

ăphўē, *ēs*, **ăpŭa**, *ae*, f. (ἀφύη ; esp. *anchoa*), anchois : Plin. 31, 95.

Āpĭa, *ae*, f., ancien nom du Péloponnèse : Plin. 4, 9.

ăpĭăcōn, *i*, n., sorte de chou frisé : Cat. Agr. 157, *2.

ăpĭăcus, *a*, *um* (1 *apium*), qui tient de l'ache : Plin. 19, 136.

ăpĭāgo, *ĭnis*, f. (1 *apis*), plante recherchée des abeilles, mélisse : Isid. 17, 9, 80.

ăpĭānus, *a*, *um* (1 *apis*), d'abeille ǁ **apiana uva**, raisin muscat [aimé des abeilles] : Plin. 14, 3 ; Col. 3, 2, 18 ǁ **apiana** (s.-ent. **herba**), camomille : Ps. Apul. Herb. 23.

ăpĭārĭa, *ae*, f., mélisse [plante] : Aug. Gen. litt. 12, 25, 52.

ăpĭārĭum, *ii*, n. (1 *apis*), ruche [où sont les abeilles] : Col. 9, 5, 1 ; Gell. 2, 20, 8.

ăpĭārĭus, *ii*, m. (1 *apis*), apiculteur, éleveur d'abeilles : Plin. 21, 56.

ăpĭastellum, *i*, n. (*apiastrum*, dim.) ¶ 1 renoncule : Ps. Apul. Herb. 8 ¶ 2 bryone [plante] : Ps. Apul. Herb. 67.

ăpĭaster, *tri*, m., Prisc. 2, 127, 10 ; 223, 19, **ăpĭastrum**, *i*, n. (1 *apis*), mélisse [plante] : Varr. R. 3, 16, 10 ; Plin. 21, 53.

ăpĭastra, *ae*, f. (*apis*), guêpier [oiseau] : Serv. G. 4, 14.

ăpĭātus, *a*, *um* (1 *apium*) ¶ 1 moucheté [bois] : Plin. 13, 97 ¶ 2 parfumé d'ache : Theod.-Prisc Log. 2, 2 ǁ subst. f., tisane d'ache : Cass. Fel. 42, p. 103, 14.

ăpĭca, *ae*, f. (ἀποκος), brebis sans laine sur le ventre : Varr. R. 2, 2, 3 ; Plin. 8, 198.

ăpĭcātus, *a*, *um* (*apex*), coiffé du bonnet des flamines : Ov. F. 3, 397.

Ăpĭcĭānus, *a*, *um*, v. 2 *Apicius*.

ăpĭcĭō, *īs*, *īre*, -, - (*apio, apex*), lier : Gloss. 5, 589, 24.

ăpĭcĭōsus, *a*, *um* (1 *apicius* ?), chauve : Gloss. 5, 589, 29.

1 **ăpĭcĭus**, *a*, *um* (cf. *apica*), **uva apicia** Cat. Agr. 24, 1, sorte de plant de vigne, cf. Plin. 14, 46 ; **apicium (vinum)**, vin apicien (vin de ce plant particulier) : Cat. Agr. 6, 4 ; Varr. R. 1, 58.

2 **Ăpĭcĭus**, *ii*, m. (cf. *Appius*), M. Gavius Apicius [gastronome célèbre ; livre de cuisine] : Plin. 10, 133 ; Sen. Helv. 10, 2 ; Tac. An. 4, 1 ǁ **-cĭānus**, *a*, *um*, d'Apicius : Plin. 19, 143.

ăpĭcŭla, *ae*, f. (dim. d'1 *apis* ; fr. *abeille*), petite abeille : Plin. 7, 85.

ăpĭcŭlum, *i*, n. (*apex*), fil de laine qui entourait l'apex du bonnet des flamines : P. Fest. 21, 10.

Āpĭdănēus, *a*, *um*, Arcadien : Prisc. Perieg. 412.

Āpĭdănus, *i*, m., rivière de Thessalie : Ov. M. 1, 580.

Apiennātes, *um* ou *ium*, m. pl., peuple de l'Ombrie : Plin. 3, 114.

Apilās, *ae*, m., fleuve de Macédoine : Plin. 4, 34.

Apina, *ae*, f., nom d'un bourg d'Apulie : Plin. 3, 104.

ăpīnae, *ārum*, f. pl. (cf. *afannae*), bagatelles, sornettes : Mart. 1, 113, 2 ; 14, 1, 7, cf. Plin. 3, 104.

ăpĭnārĭus, *ii*, m., bouffon : Treb. Gall. 8, 3.

ăpĭnŏr, *ārīs*, *ārī*, -, faire le bouffon : Char. cf. Keil 7, 430, n. l.

ăpĭō, *īs*, *ĕre*, -, - (cf. *aptus, apiscor, coepi* ; hit. *epzi, appanzi*, scr. *āpnoti*), lier, attacher : P. Fest. 17, 7 ; Serv. En. 10, 270 ; Isid. 19, 30, 5 ; v. *ape*.

Apiŏlae, *ārum*, f. pl., ville du Latium : Liv. 1, 35, 7.

Ăpĭōn, *ōnis*, m. ¶ 1 rhéteur du temps de Tibère, professant à Alexandrie : Plin. 30, 18 ¶ 2 surnom d'un Ptolémée, roi de Cyrène : Cic. Agr. 2, 51 ; Tac. An. 14, 18.

ăpĭŏs ischas, c. *raphanos agria* : Plin. 26, 72.

ăpĭōsus, *a*, *um* (*apium*), pris de vertige [maladie des chevaux] : Veg. Mul. 1, 25, 2.

ăpīrŏcălus, *i*, m. (ἀπειρόκαλος), qui n'a pas de goût : Gell. 11, 7, 7.

1 **ăpis**, *is*, f. (cf. *apio*?, a. fr. *ef*, it. *ape*), abeille [surtout au pl.] **apes**, *apium* ou *apum* : Varr. ; Cic. ; Virg., etc.
▶ nom. sg. *ăpēs* dans Fort. Carm. 3, 9, 25.

2 **Āpis**, *is*, acc. *im*, m. ¶ 1 Apis [le bœuf adoré en Égypte] : Cic. Rep. 3, 14 ; Nat. 1, 82 ¶ 2 localité de Libye : Plin. 5, 39.
▶ acc. *Apin* Plin. 8, 184 ; Tac. H. 5, 4 ; abl. *Apide* Suet. Tit. 5, 3.

ăpiscŏr, *scĕrīs*, *scī*, *aptus sum* (*apio*), tr. ¶ 1 atteindre : Pl. Ep. 668 ; Cic. Att. 8, 14, 3 ¶ 2 [fig.] **a)** saisir [en parl. de maladies] : Lucr. 6, 1235 **b)** saisir par l'intelligence : Lucr. 1, 448 ; Tac. An. 6, 20 ¶ 3 gagner, obtenir : Pl. Cap. 775 ; Ter. Haut. 693 ; Cic. Leg. 1, 52 ǁ [avec gén.] Tac. An. 6, 45.
▶ inf. arch. *apiscier* Ter. Phorm. 406 ǁ sens passif : Pl. Trin. 367 ; Fann. d. Prisc. 2, 380, 9.

Apitāmi, *ōrum*, m. pl., peuple d'Arabie : Plin. 6, 150.

1 **ăpĭum**, *ii*, n. (*apis* ; fr. *ache*), ache, persil, céleri : Plin. 19, 124 ; v. *apius*.

2 **ăpĭum**, gén. pl., v. *apis*.

ăpĭus, *ii*, m., c. *apium* : Apic. 71 ; Pall. 5, 3, 2.

ăplănēs, *is* (ἀπλανής), fixe : Chalc. 87.

ăplāre, *is*, n. (*apala*), cuiller à œufs : Gloss. 5, 589, 1.

Aplē, ēs, f., bourg près de la Chaldaïque : Plin. 6, 134.

ăplestĭa, ae, f. (ἀπληστία), goinfrerie : Vulg. Eccli. 37, 34.

āplūda, applūda, ae, f. (obscur) ¶ 1 menue paille, balle : Plin. 18, 99 ‖ son : Gell. 11, 7, 3 ¶ 2 espèce de gargarisme [autre sens donné par P. Fest. 10, 3].

ăplustrĕ, is, n. (ἄφλαστον, -τρον), Luc. 3, 586 ; Juv. 9, 10, 136, ordin¹ pl., **ăplustrĭa**, um, **ăplustra**, ōrum, n. aplustre [ornement de la poupe d'un vaisseau] : Sil. 14, 422 ; Lucr. 4, 438, cf. P. Fest. 9, 10.

ăplўsĭae, ārum, f. pl. (ἀπλυσίαι), espèce d'éponge : Plin. 9, 150.

ăpŏbaptizo (-tĭdĭo), are (ἀποβαπτίζω), tr., tremper, plonger [dans un liquide] : *Apic. 138.

ăpŏca, ▼ apocha.

ăpŏcălō, ās, āre, -, - (ἀποχαλάω, ▼ 2 calo), tr., [vulg.] *se apocolare* Petr. 67, 3, se tirer, mettre les voiles ; ▼ apoculo.

ăpŏcălypsis, is, f. (ἀποκάλυψις), apocalypse : Tert. Marc. 4, 5, 2 ‖ révélation : Vulg. 1 Cor. 14, 26.

ăpŏcartĕrēsis, is, f. (ἀποκαρτέρησις), action de se laisser mourir de faim : Tert. Apol. 46, 14.

ăpŏcătastăsis, is, f. (ἀποκατάστασις), retour d'un astre à sa position première : Ps. Apul. Asclep. 13 ; Capel. 7, 742.

ăpŏcătastătĭcus, a, um (ἀποκαταστατικός), qui revient à sa position première : Sidon. Ep. 8, 11.

ăpŏcha, ae, f. (ἀποχή), quittance : Dig. 46, 4, 19.

ăpŏchātĭcus, a, um, qui concerne les quittances : Not. Tir. 93, 10.

ăpŏchō, ās, āre, -, -, intr., exiger de l'or à la place de contributions en nature : Cod. Th. 11, 2, 1 ; ▼ apocor.

ăpŏchȳma, ătis, n., ▣ zopissa : Veg. Mul. 2, 54, 4.

ăpŏclēti, ōrum, m. pl. (ἀπόκλητοι), apoclètes [magistrats d'Étolie] : Liv. 35, 34, 2.

ăpŏclĭsis, is, f. (ἀπόκλισις), action d'appuyer sur [gram.] : Char. 286, 17.

Ăpŏcŏlŏcynthōsis, is, f. (ἀπό et κολοκύνθη), titre d'un pamphlet de Sénèque " La Métamorphose en coloquinte " [cf. *apotheosis*].

ăpŏcŏpa, ae, **-cŏpē**, ēs, f. (ἀποκοπή), apocope [retranchement d'une lettre ou d'une syllabe finale] : Prisc. 2, 20, 1 ; Char. 278, 21.

apŏcōpus, i, m. (ἀπόκοπος), eunuque : Firm. Math. 8, 30, 11.

ăpŏcŏr, ārĭs, ārī, -, - (apocha), intr., servir de garant : Aug. Serm. 319, 7 ; ▼ apocho.

ăpŏcrĭsĭārĭus, ii, m. (ἀπόκρισις et -arius), mandataire : Vict.-Ton. p. 202, 28 ‖ apocrisiaire, légat : Greg.-M. Ep. 6, 61.

ăpŏcrūsis, is, f. (ἀπόκρουσις), ▶ depulsio : Gloss. 4, 18, 49.

ăpŏcrustĭcus, a, um (ἀποκρουστικός), propre à chasser, à faire évacuer [remède] : Orib. Syn. 7, 33.

ăpŏcryphĭcus, a, um, apocryphe : Aug. Ep. 237, 3.

ăpŏcrȳphus, a, um (ἀπόκρυφος), caché, inconnu : Comm. Apol. 830 ‖ apocryphe, non canonique : Aug. Civ. 15, 23, 4.

ăpŏcŭlō, ās, āre, -, -, f. l. pour *apocalo* : Petr. 62, 3.
▶ *apocalo* Petr. 67, 3.

ăpŏcȳnŏn, i, n. (ἀπόκυνον) ¶ 1 petit os de grenouille : Plin. 32, 51 ¶ 2 cynanque [plante fatale aux chiens] : Plin. 24, 98.

ăpŏdecta, ae, m. (ἀποδέκτης), percepteur d'impôts : CIL 11, 316.

ăpŏdes, pl. de *apus*.

ăpŏdictĭcus, a, um (ἀποδεικτικός), péremptoire : Gell. 17, 5, 3.

ăpŏdixis, is, acc. *in*, f. (ἀπόδειξις ; it. *polizza*), preuve évidente : Quint. 5, 10, 7.

Ăpŏdōti, ōrum, m. pl., peuple d'Étolie : Liv. 32, 34.

ăpŏdȳtērĭum, ii, n. (ἀποδυτήριον), vestiaire des bains : Cic. Q. 3, 1, 3 ; Plin. Ep. 5, 6, 25 ; Isid. 15, 2, 41.

ăpŏfŏrēta, ▣ *apophoreta*.

ăpŏgēus, a, um (ἀπόγειος), qui vient de la terre : Plin. 2, 114.

ăpŏgrăphŏn, i, n. (ἀπόγραφον), copie, apographe : Plin. 35, 125.

ăpŏlactĭzō, ās, āre, -, - (ἀπολακτίζω), tr., lancer des ruades contre : Pl. Ep. 678.

Ăpŏlaustus, i, m., nom d'un affranchi : Spart. Ver. 8, 10.

ăpŏlectus, i, m. ou f. ? (ἀπόλεκτος), morceau de choix : Plin. 9, 48 ‖ **apolectum**, i, n., le choix [nom donné à la plus grosse espèce de thon] : Plin. 32, 150.

ăpollĭnārĭa, ae, f., morelle [plante] : Ps. Apul. Herb. 74.

1 **Ăpollĭnāris**, e ¶ 1 adj., d'Apollon : Hor. O. 4, 2, 9 ; *ludi Apollinares* Cic. Att. 2, 19, jeux Apollinaires ¶ 2 subst. **a)** **-āris**, is, f., jusquiame : Plin. 26, 140 ‖ espèce de solanées : Ps. Apul. Herb. 22 **b)** **-āre**, n., lieu consacré à Apollon : Liv. 3, 63, 7.

2 **Ăpollĭnāris**, ▣ *Sidonius*.

ăpollĭnārĭstae, ārum, m. pl., sectateurs d'Apollinaire [hérésiarque] : Isid. 8, 5, 45.

Ăpollĭnēus, a, um, d'Apollon : Ov. M. 13, 631.

Ăpollŏ, ĭnis, m. (Ἀπόλλων), Apollon : Cic. Tusc. 1, 114 ‖ *Apollinis urbs* ; [ville d'Égypte] Plin. 5, 60 ; [de Maurétanie] Plin. 5, 20 ; [d'Éthiopie] Plin. 6, 189 ‖ *promunturium Apollinis* Liv. 30, 24, 8, promontoire d'Apollon [en Afrique, au N. d'Utique].

▶ gén. *Apolones* CIL 1, 37 ; dat. *Apoloni* Liv. 29, 10, 6 ‖ acc. *Apellinem* P. Fest. 20, 27 ‖ gén. pl. *Apollinum* Cic. Nat. 3, 67.

Ăpollŏdōrēi, ōrum, m. pl., imitateurs du rhéteur Apollodore : Quint. 2, 11, 2 ; 3, 1, 18.

Ăpollŏdōrus, i, m. (Ἀπολλόδωρος) ¶ 1 rhéteur de Pergame, maître du futur Auguste : Suet. Aug. 80 ¶ 2 grammairien d'Athènes : Cic. Att. 12, 23, 2 ¶ 3 philosophe : Cic. Nat. 1, 93 ¶ 4 tyran de Cassandrée : Cic. Nat. 3, 82 ¶ 5 poète comique grec : Ter. Phorm. didasc. ; Gell. 2, 23, 1.

Ăpollōnĭa, ae, f. (Ἀπολλωνία), Apollonie, nom de plus. villes : [en Crète] Plin. 4, 59 ; [en Thrace] Atlas I, C5 Plin. 34, 39 ; [en Macédoine] Atlas VI, A1 Liv. 45, 28, 8 ; [en Illyrie] Cic. Phil. 11, 26 ‖ **-nĭātēs**, ae, m., natif d'Apollonie : Cic. Nat. 1, 29 ‖ **-nĭātae**, ārum, m. pl., habitants d'Apollonie : Cic. Pis. 86 ou **-nĭātes**, ĭum, m. pl., Liv 24, 40, 10 ‖ **-nĭensis**, e, d'Apollonie : Cic. Verr. 3, 103 et **-nĭenses**, ĭum, m. pl., habitants d'Apollonie : Just. 15, 2, 2 ‖ **-nĭātĭcus**, a, um, d'Apollonie : Plin. 35, 178.

Ăpollōnĭdēs, ae, m., sculpteur grec : Plin. 37, 8 ‖ autres pers. : Curt. 4, 5, 16 ; Liv. 24, 28.

Ăpollōnĭhĭĕrītae, arum, m. pl., habitants d'Apollonihiéron [en Lydie] : Plin. 5, 111.

Ăpollōnis, ĭdis, f., ville de Lydie : Cic. Flac. 51.

Ăpollōnĭus, ĭi, m. (Ἀπολλώνιος), nom de plus. pers. grecs : Apollonius d'Alabanda [rhéteur] : Cic. de Or. 1, 75 ‖ Apollonius Molon, d'Alabanda lui aussi, mais établi à Rhodes [rhéteur, maître de Cicéron] : Cic. Brut. 307 ; 316 ‖ Apollonios de Rhodes [auteur des Argonautiques] : Quint. 10, 1, 87 ‖ Apollonius de Pergame [agronome] : Varr. R. 1, 1, 8 ; Col. 1, 1, 9 ‖ Apollonius de Myndos [astronome] : Sen. Nat. 7, 4, 1 ; 7, 17, 1 ‖ Apollonius de Tyane [philosophe et thaumaturge] : Amm. 21, 14, 5 ; Aug. Ep. 136, 1 ; 138, 18 ‖ Apollonios Dyscole [grammairien] : Prisc. 2, 1, 9.

Ăpollōnŏpŏlītēs nŏmŏs, m., le nome Apollonopolite [Haute Égypte] : Plin. 5, 49.

Ăpollŏphănēs, is, m., médecin grec : Plin. 22, 59.

Ăpollўōn, m. (Ἀπολλύων), l'Exterminateur : Vulg. Apoc. 9, 11.

ăpŏlŏgātĭo, ōnis, f. (ἀπόλογος), récit en forme d'apologue : mot condamné par Quint. 5, 11, 20.

apŏlŏgētĭcŏn (-um), i, n. (ἀπολογητικόν), apologie : Isid. 6, 8, 6.

ăpŏlŏgētĭcus, a, um (ἀπολογητικός), de défense [contre les Païens] : *Apologeticus (liber)* Tert., l'Apologétique, cf. Test. 1, 1.

ăpŏlŏgĭa, ae, f. (ἀπολογία), justification : Hier. Ruf. 2, 1.

ăpŏlŏgismŏs, *i*, m., développement des arguments : CHAR. 285, 9.

ăpŏlŏgō, *ās*, *āre*, -, - (de ἀπολέγω), tr., repousser : SEN. *Ep.* 47, 9.

apŏlŏgus, *i*, m. (ἀπόλογος), récit fictif : PL. *St.* 538 ‖ apologue, fable : CIC. *de Or.* 2, 264.

ăpŏlўtērĭum, ▻ *apodyterium* : GLOSS. 4, 207, 19.

ăpŏmĕli, *ĭtis*, n. (ἀπόμελι), sorte d'hydromel : ORIB. *Syn.* 6, 9.

Ăpōnĭāna, *ae*, f., île près de Lilybée : B.-AFR. 2, 2.

Ăpōnus, *i*, m., source d'eau chaude près de Padoue : PLIN. 2, 227 ‖ **-nus**, *a*, *um*, d'Aponus : MART. 1, 62, 3.

ăpŏphăsis, *is*, f. (ἀπόφασις), négation : ISID. 2, 27, 3.

ăpŏphlegmătismŏs, *i*, m., remède contre la pituite : CAEL.-AUR. *Acut.* 1, 15, 116 ; THEOD.-PRISC. *Log.* 45.

ăpŏphlegmătizō, *ās*, *āre*, -, - (ἀποφλεγματίζω), donner un remède contre la pituite : THEOD.-PRISC. *Log.* 15.

ăpŏphōnēma, *ătis*, n. (ἀποφώνημα), apophonème [fig. de rhét.] : JUL-RUF. 19.

1 ăpŏphŏrēta, *ae*, f. (ἀποφόρητος), assiette plate : ISID. 2, 4, 12.

2 ăpŏphŏrēta, *ōrum*, n. pl. (ἀποφόρητα), présents offerts aux convives le jour des Saturnales ou d'autres fêtes, cadeaux à emporter [MART. 14] : PETR. 56, 7 ; 60, 4 ; SUET. *Cal.* 55 ; *Vesp.* 19.

ăpŏphŏrēticum, *i*, n., cadeau à emporter : SYMM. *Ep.* 9, 119.

ăpŏphŏrētus, *a*, *um*, donné pour être emporté : PETR. 40, 5.

ăpŏphysis, *is*, f. (ἀπόφυσις), apophyse [partie supérieure ou inférieure du fût de la colonne] : VITR. 4, 7, 3.

ăpŏpīrās, *ătis*, n. (ἀπό πείρας), traitement, médicament : PELAG. 18.

ăpŏplănēsis, *is*, f. (ἀποπλάνησις), ▻ *anticipatio* [figure de rhétorique] : GLOSS. 4, 19, 31 ; JUL-RUF. 13.

ăpŏplectĭcus, **ăpŏplectus**, *a*, *um* (ἀποπληκτικός, ἀπόπληκτος), frappé d'apoplexie, apoplectique : CAEL.-AUR. *Acut.* 3, 5, 54-55.

ăpŏplexĭa, *ae*, **ăpŏplexis**, *is*, acc. *in*, f. (ἀπόπληξις), apoplexie : ISID. 4, 6, 10 ; TERT. *Anim.* 53, 4.

ăpŏpompaeus, *i*, m. (ἀποπομπαῖος), bouc émissaire : VL. *Lev.* 16, 8.

ăpŏprŏēgmĕna, *ōrum*, n. pl. (ἀποπροηγμένα), choses à repousser comme moins estimables [dans la morale stoïcienne] : CIC. *Fin.* 3, 15.

ăpopsis, *is*, f.(ἄποψις), belvédère : FRONT. *Als.* 3, p. 225 n.

ăpor, [arch.] pour *apud* : P. FEST. 24, 12.

ăpŏrēma, *ătis*, n. (ἀπόρημα), objet de controverse : BOET. *Top. Arist.* 8, 4.

ăpŏrĭa, *ae*, f., embarras, doute : VULG. *Eccli.* 27, 5 ; *Jer.* 1, 5, 4.

ăpŏrĭātio, *ōnis*, f., chagrin : *PS. TERT. *Haer.* 4, 4.

Ăpŏrĭdŏs cōmē, f., village de la Grande Phrygie : *LIV. 38, 15, 12 ; ▻ *Acoridos come*.

ăpŏrĭor, *āris*, *ārī*, *ātus sum* (aporia), intr., être dans l'embarras, douter : PS. AMBR. *Serm.* 85 ; VULG. *Eccli.* 18, 6.

ăporrīa, *ae*, f. (ἀπόρροια), écoulement : GLOSS. 5, 4, 19.

ăporroea, *ae*, f., rayonnement : VL. *Sap.* 7, 26 ; ▻ *aporria*.

Ăposcŏpeuōn, *ontis*, acc. *onta* (ἀποσκοπεύων), m., tableau d'Antiphile représentant un satyre en observation : PLIN. 35, 138.

ăpŏsiōpēsis, *is*, f. (ἀποσιώπησις), réticence : QUINT. 9, 2, 54.

ăposphrăgismă, *ătis*, n. (ἀποσφράγισμα), figure gravée sur le chaton d'un anneau : PLIN. *Ep.* 10, 16.

ăposplēnŏs, *i*, f. (ἀπό, σπλήν), romarin [plante] : PS. APUL. *Herb.* 79.

ăpostăsĭa, *ae*, f. (ἀποστασία), apostasie, abandon de la religion : IREN. 1, 3, 3.

ăpostăta, *ae*, m. (ἀποστάτης), dissident, apostat : COD. TH. 16, 7, 7 *pr.*; VULG. *Prov.* 6, 12 ; AUG. *Civ.* 5, 21.

ăpostătātĭo, *ōnis*, f., **ăpostătātŭs**, *ūs*, m., apostasie : SALV. *Gub.* 6, 31 ; GREG.-M. *1 Reg.* 5, 3, 20.

ăpostătĭcus, *a*, *um*, d'apostat : TERT. *Marc.* 4, 5, 3.

ăpostătō, *ās*, *āre*, -, -, intr., se détourner de (Dieu) : AUG. *Gen. litt.* 11, 24 ‖ apostasier : CYPR. *Ep.* 57, 3, 1.

ăpostatrix, *īcis*, f., celle qui apostasie : VULG. *Ezech.* 2, 3.

apostēma, *ae*, f., ISID. 4, 7, 19, **apostēma**, *ătis*, n., PLIN. 20, 16 (ἀπόστημα ; esp. *postema*), apostume, abcès.

ăpostŏla, *ae*, f., femme apôtre : AUG. *Serm. Mai.* 132, 1.

ăpostŏlātŭs, *ūs*, m., apostolat [apôtres, évêques] : TERT. *Marc.* 5, 1, 3 ; SIDON. *Ep.* 6, 4, 1.

ăpostŏli, *ōrum*, m. pl. (ἀπόστολος) ¶ **1** rapport d'un juge à l'autorité supérieure en cas d'appel [doit être produit par la partie appelante] : DIG. 50, 16, 106 ¶ **2** ▻ *apostolus*.

ăpostŏlĭcē, adv., apostoliquement : AVELL. p. 591, 11.

ăpostŏlĭcus, *a*, *um*, des apôtres, apostolique : TERT. *Or.* 15, 1 ‖ saint : PAUL.-NOL. *Carm.* 27, 448 ‖ épiscopal : PAUL.-NOL. *Ep.* 3, 1 ‖ pontifical : AUG. *Ep.* 43, 37 ‖ **-tŏlĭci**, *ōrum*, m. pl. **a)** disciples des apôtres : TERT. *Carn.* 2, 3 ; *viri* TERT. *Praescr.* 32, 1 **b)** secte chrétienne rigoriste : ISID. 8, 5, 19.

ăpostŏlus, *i*, m. (ἀπόστολος ; fr. *apôtre*) ¶ **1** messager : VULG. *Joh.* 13, 16 ¶ **2** envoyé du Christ, apôtre : LUC 6, 13 ¶ **3** l'Apôtre [s. Paul] : TERT. *Res.* 49, 13 ¶ **4** *Apostoli* EGER. 23, 9, l'église des Apôtres [Constantinople] Atlas X ; ▻ *apostoli*.

ăpostrŏpha, *ae*, f., **ăpostrŏphē**, *ēs*, f., apostrophe [fig. de rhétorique par laquelle l'orateur, se détournant du juge, se tourne vers l'adversaire et l'interpelle] : CAPEL. 5, 523 ; QUINT. 4, 1, 69 [ailleurs QUINT. 4, 2, 106 ; 4, 1, 67 *sermo aversus*, *oratio aversa*].

ăpostrŏphŏs (-us), *i*, f. (ἀπόστροφος), apostrophe [signe d'écriture] : DIOM. 372, 3.

ăpŏtactītae, *ārum*, m. pl., nom d'une secte rigoriste : COD. TH. 16, 5, 11.

ăpŏtămĭa, *ae*, f. (ἀποταμιεύεσθαι), garde-manger : CAEL.-AUR. *Acut.* 3, 21, 204.

ăpŏtelesmă, *ătis*, n. (ἀποτέλεσμα), influence des astres sur la destinée humaine : FIRM. *Math.* 1, 3, 1.

ăpŏtelesmătĭcē, *ēs*, f., astrologie : FULG. *Myth.* 3, 10.

ăpŏtelesmătĭcus, *a*, *um*, relatif à l'astrologie : FULG. *Myth.* 3, 10.

ăpŏthēca, *ae*, f. (ἀποθήκη ; fr. *boutique*), lieu où l'on garde les provisions, office, magasin : CIC. *Vat.* 12 ; VITR. 6, 5, 2 ‖ cellier, cave [chambre où le vin se bonifiait dans la fumée] : CIC. *Phil.* 2, 67 ; HOR. *S.* 2, 5, 7.

ăpŏthēcārĭus, *ĭi*, m., magasinier : COD. JUST. 12, 57, 12, 3.

ăpŏthēcō, *ās*, *āre*, -, -, tr., emmagasiner : FORT. *Carm.* 5, 6, *pr.* 2.

ăpŏthĕōsis, *is*, f. (ἀποθέωσις), apothéose : TERT. *Apol.* 34, 4.

ăpŏthermum (-ter-), *i*, n. (ἀπόθερμον), plat froid [gâteau de semoule au vin cuit] : APIC. 58.

ăpŏthĕsis, *is*, f. (ἀπόθεσις), ▻ *apophysis* : VITR. 4, 1, 11.

ăpŏtŏmē, *ēs*, f. (ἀποτομή), incise musicale : BOET. *Mus.* 2, 30.

Ăpoxyŏmĕnŏs, *i*, m. (ἀποξυόμενος), l'homme au strigile [nom d'une statue de Lysippe] : PLIN. 34, 62.

ăpŏzēma, *ătis*, n. (ἀπόζεμα ; it. *bozzima*), décoction : THEOD.-PRISC. *Log.* 61.

appāgĭnēcŭli, *ōrum*, m. pl. (ad et *pango*, *pagina*), frontons en accolade [ornements fantaisistes à tiges cannelées et ornés de feuillages en volutes, substitués au fronton architectonique dans la peinture fantaisiste] : VITR. 7, 5, 3.

app-, ▻ *adp-*.

appalpo, *ās*, *āre*, -, - (ad, *palpo*), tr., encourager : CASSIAN. *Coll.* 7, 23, 2.

appārātē, adv. (*apparatus*), avec appareil, somptueusement : CIC. *Att.* 13, 52, 1 ; LIV. 31, 4, 5 ‖ *apparatius* PLIN. *Ep.* 1, 15, 4.

appārātĭo, *ōnis*, f. (*apparo*) ¶ **1** préparation, apprêt : *popularium munerum* CIC. *Off.* 2, 56, préparation des jeux donnés au peuple ¶ **2** [fig., en parl. du travail de

apparatio

l'orateur] apprêt, recherche : Cic. *Inv.* 1, 25.

appărātŏr, *ōris*, m., ordonnateur : Tert. *Val.* 32.

appărātōrĭum, *ĭi*, n., endroit couvert près d'un tombeau où l'on donnait les repas anniversaires en l'honneur du mort : CIL 3, 3960.

appărātrix, *īcis*, f., préparatrice : Hier. *Ep.* 18, 14.

1 **appărātus**, *a, um* ¶ 1 part. de *apparo* ¶ 2 adj^t, préparé, disposé, [d'où] **a)** bien pourvu : *domus apparatior* Cic. *Inv.* 1, 58, maison mieux pourvue **b)** plein d'appareil, d'éclat : *ludi apparatissimi* Cic. *Sest.* 116, jeux les plus richement organisés, cf. *Pis.* 65 ; *Phil.* 1, 36 **c)** [rhét.] apprêté : Her. 1, 11.

2 **appărātŭs**, *ūs*, m. ¶ 1 action de préparer, préparation, apprêt : *belli* Cic. *Phil.* 5, 30 ; *triumphi* Cic. *Att.* 6, 9, 2 ; *sacrorum* Cic. *Rep.* 2, 27, préparatifs de guerre, du triomphe, d'un sacrifice ; [en gén.] préparatifs : Caes. *C.* 2, 15, 1 ; Liv. 37, 8, 1 ¶ 2 ce qui est préparé, appareil [meubles, machines, instruments, bagages, etc.] : *omnem commeatum totiusque belli apparatum eo contulit* Caes. *C.* 3, 41, 3, il transporta là tous les approvisionnements et le matériel de toute la guerre ; *apparatum et munitiones Antigoni incendit* Nep. *Eum.* 5, 7, il incendia les machines de guerre et les travaux de siège d'Antigone ; *disjicere apparatus sacrorum* Liv. 25, 1, 10, disperser l'appareil des sacrifices ; *dimissus auxiliorum apparatus* Liv. 9, 7, 7, on renvoya ces troupes de secours || *non ad hominum apparatum, sed ad amplissimi templi ornatum factum (candelabrum)* Cic. *Verr.* 4, 65, (candélabre) destiné non pas à l'ameublement d'un mortel, mais à l'ornement du plus auguste des temples ¶ 3 somptuosité, pompe : *prandiorum* Cic. *Phil.* 2, 101 ; *ludorum* Cic. *Tusc.* 5, 9, somptuosité des festins, des jeux ; *apparatu regio* Cic. *Rep.* 6, 10, avec un faste royal, cf. Nep. *Paus.* 3, 2 ; *sine apparatu* Cic. *Tusc.* 5, 91, sans recherche || [rhét.] éclat, pompe du style : Cic. *de Or.* 1, 229 ; 2, 333 ; 2, 355 ; 3, 124.

appārens, *entis*, visible : Lact. *Ir.* 10, 27.

appārentĕr, adv. (*appareo*), évidemment : Boet. *Elench.* 1, 7.

appārentĭa, *ae*, f. (*appareo*), apparition : Tert. *Marc.* 1, 19, 5 || apparence : Aug. *Ep.* 147, 5.

appārĕō (adpārĕō), *ēs, ēre, ŭī, ĭtum* (cat. *aparer*), intr., apparaître ¶ 1 être visible : *nisi cruor appareat, vim non esse factam* Cic. *Caecin.* 76, prétendre que si on ne voit pas de sang, il n'y a pas eu violence ; *(illa vis) non apparet nec cernitur* Cic. *Mil.* 84, (cette puissance) n'est pas apparente et ne se discerne pas || se montrer : *piratae apparere dicuntur* Cic. *Att.* 16, 2, 4, les pirates se montrent, dit-on ; *nec apparuit hostis* Liv. 21, 25, 11, et l'ennemi n'apparut pas ; *(anguis) Sullae apparuit immolanti* Cic. *Div.* 2, 65, (un serpent) apparut à Sylla pendant un sacrifice ¶ 2 se montrer manifestement, être clair : *id quo studiosius absconditur, eo magis apparet* Cic. *Amer.* 121, cette chose, plus on s'applique à la cacher, plus elle se manifeste ; *in tantis descriptionibus divina sollertia apparet* Cic. *Nat.* 2, 110, dans ces arrangements admirables se manifeste le savoir-faire divin ; *res apparere non poterunt* Nep. *Timoth.* 4, 5, les faits ne pourront pas être vus clairement || *rebus angustis fortis appare* Hor. *O.* 2, 10, 21, montre-toi fort dans les moments difficiles ; *de industria factum apparet* Cic. *Or.* 195, [ce genre de prose] apparaît comme une œuvre artificielle || [constr. personnelle avec prop. inf.] [rare] *membra ad quandam rationem vivendi data esse apparent* Cic. *Fin.* 3, 23, les membres nous ont été donnés visiblement en vue d'une façon de vivre déterminée, cf. Varr. *R.* 1, 6, 2 ; Suet. *Ner.* 1 ; Scaev. *Dig.* 33, 7, 27 ¶ 3 impers., *apparet*, il est clair, il est manifeste ; [avec prop. inf.] : *ex quibus apparet vos officium sequi* Cic. *Fin.* 2, 58, [actes] d'après lesquels on voit manifestement que vous obéissez au devoir ; V.> ¶ 2 fin || [avec interrog. indir.] : *tamen appareret, uter esset insidiator* Cic. *Mil.* 54, pourtant on verrait clairement qui des deux est l'auteur d'un guet-apens || *omnibus apparet* Nep. *Ages.* 6, 1, il est clair pour tout le monde que ; *fuit, ut apparet ex orationibus, scriptor sane bonus* Cic. *Brut.* 95, il fut, comme cela ressort manifestement de ses discours, un très bon écrivain ¶ 4 être près de qqn pour le servir, être au service de, être appariteur [avec dat.] : *aedili curuli* Calp. *Hist.* 27, 2, être appariteur de l'édile curule, cf. Liv. 9, 46, 2 ; *lictores consulibus apparent* Liv. 2, 55, 3, les licteurs sont au service des consuls || *Eumenes Philippo apparuit* Nep. *Eum.* 13, 1, Eumène fut secrétaire de Philippe || [abs^t] *hae (Dirae) Jovis ad solium apparent* Virg. *En.* 12, 850, elles (les Furies) font fonction d'appariteurs près du trône de Jupiter.

appārescō, *ĭs, ĕre*, -, - (*appareo* ; esp. *aparecer*), intr., apparaître soudain : Hier. *Ep.* 12.

appărĭō, *ĭs, ĕre*, -, - (*ad, 2 pario*), tr., acquérir : Lucr. 2, 1110.

appărĭtĭo, *ōnis*, f. ¶ 1 (*appareo* ¶ 4), action de servir : *in longa apparitione fidem cognovi* Cic. *Fam.* 13, 54, j'ai reconnu sa fidélité pendant le long temps où il a été à mon service || gens de service : Cic. *Q.* 1, 1, 12 ¶ 2 (*appareo* ¶ 1), apparition [épiphanie] : Leo-M. *Serm.* 34, 1.

appărĭtŏr, *ōris*, m. (*appareo*), appariteur, huissier attaché au service d'un magistrat [p. ex. les licteurs, les scribes, les hérauts, etc.] : Cic. *Verr.* 3, 86 ; Liv. 1, 40, 5 ; 8, 33, 2.

appărĭtōrĭum, *ĭi*, n., C.> *auditorium* : Gloss. 5, 418, 20.

appărĭtūra, *ae*, f. (*appareo*), fonctions d'appariteur : Suet. *Gram.* 9.

appărō (adpărō), *ās, āre, āvī, ātum* (*ad, 1 paro* ; it. *apparare*), tr., préparer, apprêter, disposer, faire les apprêts, les préparatifs de : [en parl. de repas] Cic. *Verr.* 4, 44 ; *Cat.* 2, 20 ; [de jeux] *Phil.* 10, 7 ; [de guerre] *Pomp.* 35 ; [de travaux de guerre] Caes. *G.* 7, 17, 1 ; *C.* 2, 7, 4 ; *qui iter illud ad caedem faciendam apparasset* Cic. *Mil.* 28, lui qui avait, vous dit-on, apprêté ce voyage pour commettre un assassinat || [avec inf.] *haec facere noctu apparabant* Caes. *G.* 7, 26, 3, ils s'apprêtaient à exécuter de nuit ce projet, cf. Pl. *As.* 434 ; Virg. *En.* 9, 144 ; 10, 452 || [avec ut] Pl. *Aul.* 827 || *se apparare* se préparer [avec inf.] : Pl. *As.* 601.

appārŭī, parf. de *appareo*.

appectŏrō, *ās, āre*, -, - (*ad, pectus* ; esp. *apretar*), tr., presser contre la poitrine : Solin. 26, 5.

appellassīs, V.> 1 *appello* ▶.

appellātĭo, *ōnis*, f. (1 *appello*) ¶ 1 action d'adresser la parole : *hanc nactus appellationis causam* Caes. *C.* 2, 28, 2, ayant trouvé cette occasion d'adresser la parole ¶ 2 appel : *tribunorum* Cic. *Quinct.* 65, appel aux tribuns ; *appellatio provocatioque adversus injuriam magistratuum* Liv. 3, 56, 13, le recours et l'appel au peuple contre l'injustice des magistrats || *ut omnes appellationes a judicibus ad senatum fierent* Suet. *Ner.* 17, [il fut décidé] que tous les appels des jugements se feraient au Sénat ¶ 3 prononciation : *lenis litterarum* Cic. *Brut.* 259, prononciation douce, cf. Quint. 11, 3, 35 ¶ 4 appellation, dénomination, nom : Cic. *Dom.* 129 ; *Part.* 42 ; *Att.* 5, 20, 4 ; Quint. 8, 3, 30 ; Sen. *Ben.* 2, 34, 2 ; Curt. 4, 7, 30 || [gram.] nom commun : Quint. 1, 4, 19.

appellātīvus, *a, um* (1 *appello*), appellatif : Char. 152, 20 || de nom [opp. à *verus*] : Ambr. *Psalm.* 118, 8, 58.

appellātŏr, *ōris*, m. (1 *appello*), appelant, qui fait appel : Cic. *Verr.* 4, 146.

appellātōrĭus, *a, um*, qui concerne l'appel : *libellus appellatorius* Dig. 49, 1, 1, 4, demande en appel ; cf.> *apostoli*.

appellātus, *a, um*, part. de 1 *appello*.

appellĭtātus, *a, um*, part. de *appellito*.

appellĭtō, *ās, āre, āvī, ātum* (fréq. de 1 *appello*), tr., appeler souvent : *sic me appellitabat* Gell. 17, 20, 4, c'est ainsi qu'il avait l'habitude de m'appeler [c'est le nom qu'il me donnait d'habitude] ; *mox Caelium appellitatum a Caele Vibenna* Tac. *An.* 4, 65, [on rapporte que ce mont] dans la suite fut habituellement appelé Caelius du nom de Caeles Vibenna.

1 **appellō (adp-)**, *ās, āre, āvī, ātum* (cf. *ad* et *-pello* ; fr. *appeler*), tr., appeler ¶ 1 adresser la parole, apostropher : *centurionibus nominatim appellatis* Caes. *G.*

2, 25, 2, s'adressant nommément à chaque centurion ; **ille appellatus respondit** Caes. G. 5, 36, 2, lui, interpellé, répondit ; **milites benigne** Sall. J. 96, 2, adresser la parole avec bienveillance aux soldats ; **aliquem comiter** Cic. Phil. 13, 4, s'adresser à qqn avec affabilité ‖ **crebris litteris** Cic. Fam. 15, 20, 2, s'adresser à qqn dans de nombreuses lettres [lui adresser de nombreuses lettres] ‖ prier, invoquer : **te nunc appello, P. Scipio** Cic. Amer. 77, je m'adresse à toi [je t'invoque], P. Scipion, cf. Mil. 67 ; 101 ; Verr. 5, 188 ¶ 2 faire appel à : **tribunos** Cic. Quinct. 29 ; Liv. 2, 55, 4, faire appel aux tribuns ; **in aliqua re** Cic. Verr. 14, 46 ; **de aliqua re** Caes. C. 3, 20, 1, faire appel au sujet de qqch. ; **a praetore tribunos** Cic. Quinct. 64, appeler du préteur aux tribuns ; **ad principem** Dig. 49, 10, 1, auprès de l'empereur ; **a sententia appellare** Dig. 49, 1, 1, 4, faire appel d'une décision ¶ 3 adresser une réclamation [pour de l'argent], mettre en demeure, sommer [de payer] : **appellatus es de pecunia quam pro domo debebas** Cic. Phil. 2, 71, tu as reçu sommation de payer l'argent que tu devais comme adjudicataire de la maison, cf. Quinct. 41 ; Att. 12, 13, 2 ; **debitorem ad diem** Sen. Ben. 4, 39, 2, assigner le débiteur en paiement ; **creditores in solidum appellabant** Tac. An. 6, 17, les créanciers mettaient en demeure pour la totalité (assignaient en paiement de la totalité de la créance) ¶ 4 désigner [en accusant], inculper : **ne isdem de causis alii plectantur, alii ne appellentur quidem** Cic. Off. 1, 89, [éviter] que pour les mêmes raisons certains soient punis, tandis que d'autres ne seraient même pas inculpés, cf. Dej. 3 ¶ 5 appeler (donner un nom) : **te sapientem appellant** Cic. Lae. 6, on te donne le nom de sage ; **nomine aliquem** Cic. Ac. 2, 13 ; Off. 1, 37, appeler qqn d'un nom ; **cognomine Justus appellatus** Nep. Arist. 1, 2, surnommé le Juste ‖ [dans les étymologies] : **ab nomine uxoris Lavinium appellat (oppidum)** Liv. 1, 1, 11, il appelle (la ville) Lavinium du nom de sa femme, cf. Cic. Rep. 2, 40 ; Liv. 1, 3, 3 ; **appellata ex viro virtus** Cic. Tusc. 2, 43, le mot *virtus* qui tire son nom de *vir*, cf. Caes. G. 7, 73, 8 ‖ mentionner : **aliquem** Cic. Sest. 108, mentionner qqn, cf. Fin. 2, 102 ; **aliquid** Cic. de Or. 2, 146 ; Caec. 54, mentionner qqch. ¶ 6 prononcer : **suavitas appellandarum litterarum** Cic. Brut. 133, douceur dans la prononciation, cf. Gell. 12, 13, 7 ¶ 7 intr., [tard.] en appeler à [avec *ad*] : Vulg. Act. 25, 25.

▶ arch. appellassis = appellaveris Ter. Phorm. 742 ; impér. pl. pass. *appellamino* Cic. Leg. 3, 8.

2 **appellō (adp-)**, *is, ĕre, appŭlī, appulsum*, tr. ¶ 1 pousser vers diriger vers : **turres ad opera Caesaris** Caes. C. 1, 26, 1, faire approcher les tours des retranchements de César ; **quo numquam pennis appellunt corpora cornices** Lucr. 6, 751, où les corneilles ne se dirigent jamais dans leur vol ‖ **ad me adpellere pecus** Acc. Tr. 19, pousser vers moi le troupeau ; **ad bibendum oves** Varr. R. 2, 2, 11, mener boire les brebis ¶ 2 [en part.] pousser vers le rivage, faire aborder : **classem, navem ad locum** Cic. Phil. 2, 26 ; Caes. C. 2, 43, 1, faire aborder une flotte, un navire à un endroit ; **adpulsa ad litus trireme** Caes. C. 2, 43, 1, la trirème ayant abordé au rivage ; **classem (navem) in portum** Liv. 30, 10, 9 ; **in Italiam** Liv. 8, 3, 6 ; **in sinum** Liv. 30, 19, 2 ; **in locum eumdem** Plin. Ep. 8, 20, 7, aborder dans le port, en Italie, dans le golfe, au même endroit ; **ad Delum** Cic. Verr. 1, 48 ; **Messanam** Caes. C. 2, 3, 2 ; **ad Emathiam** Liv. 44, 44, 5 ; **Cumas** Liv. 23, 38, 3, à Délos, à Messine, en Émathie, à Cumes ; **litori** Liv. 25, 26, 4 ; 28, 36, 10 ; Curt. 4, 2, 24, au rivage ‖ **magno numero navium adpulso** Caes. G. 3, 12, 3, un grand nombre de navires ayant abordé ; **post famam adpulsae Punicae classis** Liv. 23, 40, 6, après avoir appris que la flotte carthaginoise avait abordé ‖ **Uticam adpulsi** Sall. J. 25, 5, ayant abordé à Utique ; **ut eos, qui essent appulsi navigiis, interficere possent** Cic. Verr. 5, 145, afin de pouvoir tuer ceux que les navires auraient mis au rivage ‖ [abs¹] **adpellit ad eum locum** Caes. C. 2, 23, 1, il aborde là ; **ad insulam adpulerunt** Liv. 37, 21, 7, ils abordèrent à l'île ; **oneraria nave Puteolos** Suet. Tit. 5, aborder à Pouzzoles avec un vaisseau de transport.

appendĕō, *ēs, ēre*, -, -, ◯ ▶ appendo : Cael.-Aur. Acut. 2, 38, 222 ; Apic. 382.

appendĭcĭum, *ii*, n. (*appendix*), supplément : Hier. Ep. 54, 8 ; Cael.-Aur. Chron. 4, 8, 118.

appendĭcŭla, *ae*, f. (*appendix*), petit appendice : Cic. Rab. Post. 8.

appendĭcŭlum, *i*, n., poids : Hier. Ezech. 14, 45, 10.

appendĭum, *ii*, n., poids attaché aux pieds des gens mis en croix : Cassiod. Var. 10, 29, 4.

appendix, *īcis*, f. (*appendo*) ¶ 1 ce qui pend : Apul. M. 8, 22, 5 ¶ 2 addition, supplément, appendice : Varr. R. 1, 16, 1 ; Cic. Hortens. 86 ; Liv. 9, 41, 16 ; 21, 5, 9 ‖ [pl.] accessoires, escorte, dépendances : Tert. Res. 8, 4 ; Anim. 55, 4 ; Greg.-M. Ep. App. 1, p. 437, 20 ¶ 3 épine-vinette : Plin. 24, 114.

appendō (adp-), *is, ĕre, pendī, pensum* (it. *appendere*), tr. ¶ 1 suspendre, pendre : **pallium** Pl. Frg. inc. 64 (178), un manteau ‖ [tard.] : Vulg. Esther 2, 23 ; Capit. Anton. 3, 5 ¶ 2 peser, payer : Cic. Verr. 4, 56 ; Aug. Virg. 55, 54 ; Lact. Inst. 3, 25, 17 ‖ [fig.] **non ea (verba) me annumerare lectori putavi oportere, sed tamquam appendere** Cic. Or. 14, ces mots j'ai pensé qu'il me fallait les livrer au lecteur, non pas en numéraire [en détail], mais pour ainsi dire au poids [en gros] ¶ 3 ajouter [à la pesée] : Tert. Anim. 24, 2.

Appennīnĭcŏla, *ae*, m., f., habitant de l'Apennin : Virg. En. 11, 700.

Appennīnĭgĕna, *ae*, m., f., né sur l'Apennin : Ov. M. 15, 432.

Appennīnus, *i*, m., l'Apennin Atlas XII, C2 : Cic. Cat. 2, 23 ; Virg. En. 12, 703.

appensē, adv., soigneusement : Avell. 101, 12.

appensĭō, *ōnis*, f. (*appendo*), pesage [fig.] : Aug. Jul. op. imp. 2, 141.

appensŏr, *ōris*, m. (*appendo*), qui pèse : Aug. Cresc. 3, 73, 85.

1 **appensus**, part. de *appendo*.

2 **appensŭs**, *ūs*, m., poids : Theod.-Mops. Psalm. 1, p. 6, 1.

appĕtens (adp-), *tis* ¶ 1 part. de *appeto* ¶ 2 adj¹ *a)* [abs¹] convoiteux, qui a des désirs (avide, ambitieux, etc.) : Cic. Agr. 2, 20 ; de Or. 2, 182 ; Tusc. 3, 17 *b)* [avec gén.] avide de, qui recherche : **gloriae** Cic. Pomp. 7, épris de gloire ; Cic. de Or. 2, 135, convoiteux du bien d'autrui ; **nihil est adpetentius similium sui** Cic. Lae. 50, rien n'est plus à la recherche de tout ce qui lui ressemble ‖ **adpetentissimus honestatis** Cic. Tusc. 2, 58, le plus épris de l'honnête.

appĕtentĕr (adp-) (*appetens*), avec avidité : Cic. Off. 1, 33.

appĕtentĭa (adp-), *ae*, f. (*appetens*), recherche de qqch., envie, désir : **fuga turpitudinis, adpetentia laudis** Cic. Rep. 1, 2, la fuite de la honte, la recherche de la gloire ‖ **effrenatam adpetentiam efficere** Cic. Tusc. 4, 15, provoquer un désir effréné.

appĕtībĭlĭs, *e* (*appeto*), désirable : Apul. Plat. 2, 13.

appĕtissō, *ĭs, ĕre*, -, - (*appeto*), tr., vouloir à toute force faire revenir : Acc. Tr. 160.

appĕtītĭō (adp-), *ōnis*, f. (*appeto*) ¶ 1 action de chercher à atteindre, désir : **principatus** Cic. Off. 1, 13, désir d'avoir la primauté, cf. Tusc. 4, 12 ; 4, 34 ‖ désir passionné, convoitise : **alieni** Cic. Off. 3, 30, convoitise du bien d'autrui ¶ 2 *appetitio (animi)*, penchant naturel [ὁρμή] : Cic. Fin. 3, 23 ; Ac. 2, 24 ‖ pl., Nat. 2, 58.

appĕtītŏr, *ōris*, m., qui désire ardemment : P. Fest. 80, 2 ; Hier. Ep. 108, 3 ‖ adultère : Cod. Th. 9, 38, 6.

appĕtītōrĭus, *a, um*, qui recherche : Dion.-Exig. Creat. 31.

appĕtītrix, *īcis*, adj. f., qui recherche : Aug. Contin. 3, 6.

1 **appĕtītus (adp-)**, *a, um*, part. de *appeto*.

2 **appĕtītŭs (adp-)**, *ūs*, m. ¶ 1 *appetitus (animi)* [au sg. ou au pl.], penchant naturel, instinct [ὁρμή] : [chez les hommes] Cic. Fin. 2, 32 ; 5, 41 ; Off. 1, 101 ; Nat. 2,

appetitus

34; [chez les animaux] Fin. 5, 42; Nat. 2, 122 ¶2 désir de qqch. [avec gén.]: Cic. Off. 1, 11; 1, 105; Tusc. 4, 62; *(animalia) quae habent suos impetus et rerum appetitus* Cic. Off. 2, 11, (les animaux) qui ont leurs instincts et leurs désirs.

1 appĕtō (adp-), *ĭs*, *ĕre*, *īvī* ou *ĭi*, *ītum*

I intr., [en parl. du temps] approcher: *dies adpetebat septimus* Caes. G. 6, 35, 1, le septième jour approchait; *cum lux adpeteret* Caes. G. 7, 82, 2, comme le jour approchait, cf. Pl. Most. 651; Cat. Agr. 84; Liv. 22, 1, 1; 25, 2, 3; 38, 40, 15; Tac. Agr. 10; H. 2, 19; Curt. 7, 8, 3.

II tr., chercher à atteindre ¶1 *mare terram appetens* Cic. Nat. 2, 100, la mer gagnant sur la terre ‖ [fig.] *crescebat urbs munitionibus alia atque alia adpetendo loca* Liv. 1, 8, 4, la ville s'agrandissait, son enceinte gagnant chaque jour de nouveaux terrains ¶2 *aliquem* Cic. Frg. B. 3, 1; Sen. Clem. 1, 25, 3; Curt. 8, 14, 40, attaquer, assaillir qqn; *lapidibus* Cic. Dom. 13, à coups de pierres; *humerum apertum gladio appetiit* Caes. C. 2, 35, 2, il lui porta un coup d'épée du côté de son épaule découverte; *oculos hostis rostro et unguibus* Liv. 7, 26, 5, attaquer du bec et des griffes les yeux de l'ennemi; *adpetitum morsu Pisonis caput* Tac. H. 4, 42, la tête de Pison déchirée de morsures; *procul missilibus adpetebatur* Curt. 6, 1, 15, de loin on le criblait de traits; *ignominiis adpetitus* Cic. Quinct. 98, en butte aux opprobres ‖ *Europam* Cic. ad Brut. 1, 2, 1, entreprendre qqch. contre l'Europe; *Veios fata adpetebant* Liv. 5, 19, 1, les destins visaient Véies ‖ [droit] attaquer en justice [par une action civile ou une accusation criminelle]: Cod. Just. 1, 29, 2; *aliquem judicio appetere* Dig. 38, 2, 14, 3, intenter une action contre qqn ¶3 *mammas adpetunt* Cic. Nat. 2, 128, [les petits animaux] vont prendre les mamelles de leurs mères; *ter Cyrum scribit adpetivisse (solem) manibus* Cic. Div. 1, 47, il raconte que trois fois Cyrus chercha à saisir (le soleil) de ses mains [en songe] ‖ *aliquem*, rechercher qqn [= chercher ses bonnes grâces, son amitié]: Cic. Fam. 15, 14, 6; Pis. 68; Q. Cic. Pet. 29; Liv. 7, 30, 5; 30, 14, 5; 39, 9, 6 ¶4 [fig.] chercher à atteindre qqch., désirer, convoiter: *voluptatem* Cic. Fin. 1, 30; *amicitias* Cic. Lae. 46; *vacuitatem doloris* Cic. Fin. 4, 36, rechercher le plaisir, les amitiés, l'absence de douleur; *regnum* Cic. Lae. 36; CM 56, aspirer à la royauté ‖ [avec inf.]: *animus appetit agere semper aliquid* Cic. Fin. 5, 55, l'âme veut être toujours active ¶5 faire venir à soi: *ut vocabulo ipso appetita religio externa declaretur* Cic. Har. 24, en sorte que le nom lui-même montre que c'est un culte étranger que nous avons fait venir à nous; *num ex eo bello partem aliquam laudis appetere conaris?* Cic. Verr. 5, 5, essaies-tu de tirer à toi de cette guerre quelque part de gloire; *aliquid sibi de aliqua re* Cic. de Or. 3, 128, tirer à soi qqch. de qqch. ‖ [sens voisin du ¶4] *non alienam mihi laudem adpeto* Cic. Verr. 4, 80, je ne cherche pas à prendre pour moi (à accaparer) la gloire d'autrui; *inimicitias potentium pro te appetivi* Cic. Mil. 100, pour toi j'ai attiré sur moi la haine de gens puissants.

2 appĕto, *ōnis*, ▻ *appetitor*: Laber. Com. 96, cf. Non. 74, 5.

appĕtŭlantĭa (adp-), *ae*, f., effronterie: Gloss. 4, 404, 36.

1 Appĭa vĭa, f., **Appĭa**, *ae*, f., la voie Appienne [commencée par Appius Claudius Caecus] Atlas II; XII, E4-6: Cic. Mil. 15.

2 Appĭa aqua, f., l'eau Appia [amenée par l'aqueduc d'Appius] Atlas II: Plin. 36, 121.

Appĭădae, *ārum* et *ūm*, m. pl., descendants d'Appius: CIL 10, 1688.

appĭāna māla, n., pommes appiennes [du nom d'un certain Appius]: Plin. 15, 49.

Appĭāni, *ōrum*, m. pl., habitants d'Appia en Phrygie Atlas VI, B4: Cic. Fam. 3, 7, 2; 3, 9, 1; Plin. 5, 105.

appĭānum, *i*, n., variété de vert: Plin. 35, 48.

Appĭānus, *a*, *um*, d'Appius: Liv. 3, 51, 12; 10, 19, 1.

Appĭārĭa, *ae*, f., ville de la Mésie: Peut. 7, 2.

Appĭăs, *adis*, f. **a)** Appias [sg. collectif dans Ov. A. A. 1, 82; Rem. 660] = *Appiades*, les Appiades [groupe de nymphes ornant une fontaine située devant le temple de Vénus Genetrix: Ov. A. A. 3, 452; Plin. 36, 33] **b)** nom donné par Cic. à une Minerve d'Appius Claudius: Cic. Fam. 3, 1, 1.

Appĭĕtās, *ātis*, f., [mot forgé ironiquement par Cicéron]: *etiam ne tu... ullam Appietatem aut Lentulitatem valere apud me plus quam ornamenta virtutis existimas?* Fam. 3, 7, 5, vas-tu jusqu'à croire que quelque descendance des Appius ou des Lentulus (quelque filiation Appienne ou Lentulienne) compte plus pour moi que la parure du mérite?

1 appingō (adp-), *ĭs*, *ĕre*, *pinxī*, *pictum* (ad, pingo), tr., peindre sur, à, dans [avec datif]: Hor. P. 30 ‖ [fig.] ajouter: Cic. Att. 2, 8, 2.

2 appingo (ad, pango), attacher à, fixer à: P. Fest. 8, 1 [s. v. *antipagmenta*: *adpinguntur, id est adfiguntur*].

Appĭŏlae, ▻ *Apiolae*.

Appĭus, *ii*, m., prénom romain, surtout dans la gens Claudia; ▻ *Appia via*.

applānō (adpl-), *ās*, *āre*, -, -, aplanir: Gloss. 4, 304, 53.

applaudō (applōdō, adpl-), *ĭs*, *ĕre*, *plausī*, *plausum* ¶1 tr., frapper contre: Ov. M. 4, 352; [avec dat.] *terrae* Apul. M. 6, 27, jeter à terre violemment ¶2 intr., applaudir à: Pl. Bac. 1211; Pers. 791; [avec dat.] Pl. Men. 1162; Apul. M. 3, 9 ‖ *sibi* Hier. Is. 10, 33, 13, se vanter.

1 applausus, *a*, *um*, part. de *applaudo*.

2 applausŭs, *ūs*, m., choc bruyant: Stat. Th. 2, 515.

applectŏr (adpl-), *ĕrĭs*, *ī*, -, intr., applaudir à: Gloss. 5, 163, 12.

applēnē, adv., complètement: Greg.-Tur. Hist. 4, 12.

applĭcātĭo (adp-), *ōnis*, f. (*applico*) ¶1 action d'attacher, attachement: Cic. Lae. 27 ¶2 droit permettant au patron d'hériter d'un client mort ab intestat: Cic. de Or. 1, 177.

applĭcātūrus (adp-), *a*, *um*, part. fut. de *applico*.

applĭcātus (adp-), *a*, *um*, part. de *applico*.

applĭcĭtūrus (adp-), *a*, *um*, ▻ *applico* ▶.

applĭcĭtus, *adp-*, *a*, *um*, ▻ *applico*.

applĭcō (adp-), *ās*, *āre*, *āvī* ou *ŭī*, *ātum* (esp. *allegar*), tr., appliquer, mettre contre ¶1 *ad eas (arbores) se adplicant* Caes. G. 6, 27, 3, ils [les élans] s'appuient contre eux (les arbres); *arboris stipiti se adplicuit* Curt. 8, 2, 38, il s'appuya contre le tronc d'un arbre; *ratis applicata* Liv. 21, 28, 8, le radeau accolé; *ut latus lateri adplicaretur* Liv. 24, 34, 6, [navires accouplés deux par deux] en sorte qu'ils fussent joints flanc à flanc; *Leucas colli adplicata* Liv. 33, 17, 7, Leucade adossée à une colline; *flumini castra* Liv. 32, 30, 5, adosser son camp au fleuve; *moenibus scalas* Curt. 4, 2, 9, appuyer des échelles contre les murs; *terrae aliquem* Virg. En. 12, 303, maintenir qqn à terre ‖ *ad flammam se* Cic. Tusc. 5, 77, s'approcher au contact du feu; *applicat hunc (asellum) ulmo* Ov. F. 3, 750, il pousse l'ânon contre l'orme; *sudarium ad os* Suet. Ner. 25, appliquer un mouchoir contre la bouche; *capulo tenus ensem* Virg. En. 10, 535, enfoncer son épée jusqu'à la garde ¶2 diriger vers [en parl. de vaisseau]: *navem ad eum applicarunt* Cic. Inv. 2, 153, ils dirigèrent vers lui le vaisseaux ‖ [d'où] faire aborder: *adplicatis ad terram navibus* Caes. C. 3, 101, 5, après avoir fait aborder les navires au rivage; *terrae naves* Liv. 28, 17, 13; Curt. 7, 9, 5; *in Erythraeam classem* Liv. 37, 12, 20, faire aborder les navires (la flotte) au rivage, dans le territoire d'Érythrée ‖ *adplicant classem* Curt 9, 9, 8, ils abordent ‖ [abs¹] *ad terram adplicant* B.-Hisp. 37, 3, ils abordent; *cum istuc adplicuisset* Sen. Ep. 40, 2, ayant abordé dans tes parages; *dum adplicant* Liv. 26, 44, 11, en abordant ‖ *quae vis (te) immanibus adplicat oris?* Virg. En. 1, 616, quelle puissance te jette sur ces côtes sauvages?; *Chiae telluris ad oras adplicor* Ov. M. 3, 597, j'aborde aux rives de la terre de Chios; *in terras tuas* Ov. H. 15, 128, dans ton pays ¶3 [au fig.] appliquer à, attacher à: *se ad aliquem* Cic. Brut. 316; de Or. 1, 177, s'attacher à qqn (suivre assidûment les leçons de qqn); ***externo se*** Liv. 34, 49, 10, se donner à un étranger (se soumettre); ***ille nepotem suum adplicat sibi*** Sen. Marc. 25, 2, il prend son petit-fils à ses côtés ‖ ***ad munera se applicare*** Dig. 50, 6, 2 pr., se soumettre à des charges; ***quaestioni applicari*** Dig. 48, 18, 19, être mis à la torture ‖ ***ad historiam scribendam se*** Cic. de Or. 2, 55, s'attacher (se consacrer) à écrire l'histoire; ***ad amicitiam populi Romani se*** Cic. Verr. 2, 2, s'attacher à l'amitié du peuple romain; ***juventam frugalitati*** Sen. Ben. 6, 24, 1, assujettir la jeunesse à la frugalité; ***animum ad frugem*** Pl. Trin. 271, appliquer son esprit au bien ‖ ***nihil esse voluptati loci... ut ad honestatem applicetur*** Cic. Fin. 2, 37, il n'y a pas de place pour le plaisir... pour qu'il s'associe à l'honnêteté; ***priora sequentibus adplicando*** Quint. 5, 7, 27, en rattachant les débuts à la suite; ***quamvis ei talia crimina adplicarentur*** Plin. Ep. 10, 58, 4, quoique de telles accusations s'attachassent à lui ‖ ***fortunae consilia*** Liv. 32, 21, 34, lier ses décisions à la fortune (les faire dépendre de) ‖ ***in rem finitionem*** Quint. 7, 3, 19, appliquer une définition à une chose ¶4 [tard.] attribuer: Aug. Civ. 18, 8; ***summae applicare usuras*** Dig. 2, 14, 9, 2, ajouter les intérêts à une somme.

▶ le parf. *applicui* se trouve une fois dans Cic. Flac. 82, les formes du supin *applicitum* et du part. *applicitus* ne se recontrent qu'à partir de Columelle et de Pétrone: *applicitior* *Apul. M. 10, 22, 4 " plus serré ".

applōdo, v. *applaudo*: Apul. M. 6, 27.

applōrō (adp-), *ās, āre, āvī*, -, intr., pleurer à propos de, adresser ses larmes à: Sen. Nat. 4, 2, 6 ‖ pleurer à côté de (dans le sein de) qqn [avec dat.]: Hor. Epo. 11, 12.

applōsus, v. *1 applausus*.

applūda, v. *apluda*.

applumbātus (adp-), *a, um*, plombé: M.-Emp. 35, 9; Scrib. 271.

appōnō (adp-), *ĭs, ĕre, pŏsŭī, pŏsĭtum* (it. *apporre*), tr.

I placer auprès ¶1 ***machinā appositā*** Cic. Verr. 1, 145; ***scalis appositis*** Liv. 37, 5, 1, ayant dressé (contre) une machine, des échelles; ***manus ad os*** Cael. Fam. 8, 1, 4, mettre la main devant la bouche [pour communiquer un secret]; ***statio portae adposita*** Liv. 34, 15, 7, le poste placé à côté de la porte ‖ appliquer sur: ***aliquid ad morsum*** Cat. Agr. 102; ***ad vulnus*** Suet. Ner. 49, appliquer qqch. sur une morsure, sur une blessure ‖ ***ad malum versum notam*** Cic. Pis. 73, mettre une marque à côté d'un vers mauvais; ***epistulis notam*** Cic. Fam. 13, 6, 2, mettre une marque à des lettres; ***vitiis modum*** Cic. Tusc. 4, 42, fixer une limite aux vices ¶2 présenter, mettre sur la table, servir: Pl. Men. 212; Mil. 753; Amp. 804; ***apposita secunda mensa*** Cic. Att. 14, 6, 2, au second service; ***legatis apposuit tantum, quod satis esset*** Cic. Tusc. 5, 91, il servit aux ambassadeurs des mets à suffisance; ***argentum purum*** Cic. Verr. 4, 49, servir de l'argenterie sans ornements ¶3 [en parl. de pers.] placer auprès: ***aliquem alicui***, mettre qqn aux côtés d'une personne; ***custodem alicui aliquem*** Cic. Caecin. 51, mettre qqn comme gardien (surveillant) auprès de qqn; ***appositus custodiae alicujus rei*** Liv. 23, 29, 4, attaché à la garde de qqch., cf. Tac. An. 1, 6; 2, 68 ‖ [souvent en mauv. part] aposter: ***calumniatores apposuit, qui dicerent*** Cic. Verr. 1, 27, il aposta des calomniateurs pour déclarer; ***non illicitatorem venditor apponet*** Cic. Off. 3, 61, le vendeur n'enverra pas sous main un enchérisseur; ***adponitur eis accusator Naevius Turpio quidam*** Cic. Verr. 5, 108, on aposte pour être leur accusateur un certain Naevius Turpio.

II placer en outre ¶1 ***ad rem aliquid***, ajouter qqch. à qqch.: Pl. Mil. 905; Cic. Inv. 2, 117; ***cantat et apponit...*** Hor. S. 1, 2, 107, il chante et ajoute... ‖ ***aetas illi, quos tibi dempserit, adponet annos*** Hor. O. 2, 5, 15, le temps lui apportera en plus les années qu'il t'aura ravies ‖ ajouter une épithète à un nom: Quint. 8, 6, 29; 8, 6, 40 ‖ ***quem fors dierum cumque dabit, lucro appone*** Hor. O. 1, 9, 15, toute journée que le destin t'accordera, ajoute-la au compte des bénéfices ¶2 [avec idée d'ordre]: ***appositumque ut teneretur insula*** Tac. An. 3, 38, et il fut décidé en outre qu'il serait détenu dans une île ‖ recommencer à: ***loqui ad eam*** Vulg. 4 Esdr. 10, 19, à lui parler.

▶ parf. *adposivi* Pl. Mil. 905 [mss *adposui*]; Apul. d. Prisc. 2, 528, 25.

apporrectus (adp-), *a, um*, étendu auprès: Ov. M. 2, 561.

apportātĭo, *ōnis*, f., transport: Vitr. 2, 9, 16.

apportātus (adp-), *a, um*, part. de *apporto*.

apportō (adp-), *ās, āre, āvī, ātum* (fr. *apporter*), tr., amener, transporter: Cic. Verr. 4, 121; Caes G. 5, 1, 4 ‖ [fig.] apporter avec soi [une nouvelle, un malheur]: Pl. Most. 466; Ter. Ad. 856; Lucr. 5, 220 ‖ rapporter [un gain]: Greg.-M. Ev. 9, 1.

appŏsĭtē, adv. (*appositus*), de façon appropriée: Cic. Inv. 1, 6; Quint. 2, 15, 5.

appŏsĭtĭo, *ōnis*, f. (*appono*) ¶1 action d'appliquer, application: Cael.-Aur. Acut. 3, 2, 25 ¶2 action de servir à manger: Hier. Eccles. 30, 18 ¶3 action d'ajouter, addition: Quint. 5, 11, 1; Gell. 7, 1, 4.

appŏsĭtīvus, *a, um*, qui s'ajoute à un autre: Prisc. 3, 179, 25.

appŏsĭtum, *i*, n., qui qualifie [ἐπίθετον], épithète: Quint. 2, 14, 3; 8, 6, 40.

1 appŏsĭtus (adp-), *a, um* ¶1 part. de *appono* ¶2 adj *a)* placé auprès, attenant, voisin: ***regio urbi apposita*** Curt. 4, 1, 26, contrée attenante à la ville; ***castellum flumini adpositum*** Tac. An. 2, 7, fortin adossé au fleuve ‖ [fig] ***audacia non contrarium, sed appositum est ac propinquum*** Cic. Inv. 2, 165, l'audace n'est pas le contraire [de la confiance en soi], mais un sentiment attenant (qui confine) et voisin, cf. Sen. Ep. 4, 10; 71, 4; [rhét.] Quint. 5, 10, 86 *b)* placé pour, approprié: ***homo bene appositus ad istius audaciam*** Cic. Verr. 5, 188, homme bien fait pour servir son audace; ***multo appositior ad ferenda quam ad auferenda signa*** Cic. Verr. 4, 126, bien plus propre à porter des statues qu'à les emporter; ***adpositissimus*** Cic. Inv. 1, 19.

2 appŏsĭtus, abl. *ū*, m., application [d'un remède]: Plin. 23, 164 ‖ action de servir [un mets]: Samm. 409.

appŏsīvi, v. *appono* ▶.

appostŭlō, v. *adpostulo*.

appōtus (adp-), *a, um*, qui a bien bu: Pl. Ru. 566.

appraesens, *entis*, adj., présent: Greg.-Tur. Martyr. 5.

apprĕcŏr (adp-), *ārĭs, ārī, ātus sum*, tr., prier, invoquer: Hor. O. 4, 15, 28.

apprĕhendō (adp-), *ĭs, ĕre, hendī, hensum* (fr. *apprendre*), tr. ¶1 prendre, saisir: Cic. Nat. 1, 54 ‖ [fig.] Cic. Clu. 52 ¶2 faire rentrer dans un cas déterminé, embrasser: Dig. 28, 2, 10 ¶3 s'emparer de [langue milit.]: Cic. Att. 10, 8 ‖ surprendre, fondre sur, assaillir qqn [en parl. d'une maladie]: Cat. Agr. 156, 4 ¶4 atteindre: Vulg. Lev. 26, 5 ‖ chercher à atteindre, aspirer à: Vulg. 1 Macc. 10, 23 ¶5 comprendre: Tert. Val. 11, 3.

▶ en poésie souvent *apprendo*.

apprĕhensībĭlis, *e* (*apprehendo*), compréhensible: Tert. Val. 11, 4.

apprĕhensĭo, *ōnis*, f. (*apprehendo*), action de saisir: Macr. Sat. 3, 2, 9 ‖ connaissance: Cael.-Aur. Acut. 1, 8, 57.

apprĕhensus, *a, um*, part. de *apprehendo*.

apprendo, v. *apprehendo* ▶.

apprensō, *ās, āre*, -, -, s'emparer avec vigueur de: Grat. 239.

apprensus, ⇒ *apprehensus*, v. *apprehendo*.

appressus, *a, um*, part. de *apprimo*.

apprĕtĭātĭo, *ōnis*, f., estimation: VL Lev. 27, 19.

apprĕtĭātus, *a, um*, part. de *appretio*.

apprĕtĭō, *ās, āre*, -, - (*ad, pretium*), tr., évaluer: Tert. Res. 9, 1.

apprīmē (adp-) (*apprimus*), en première ligne, avant tout, entre tous, supérieurement: Pl. Trin. 373; Varr. R. 3, 2, 17; Nep. Att. 13, 4; Gell. 18, 5, 10.

apprīmō (adp-), *ēs, ĕre, pressī, pressum*, tr., presser, serrer contre: ***aliquid ad rem, rei***, serrer qqch. contre qqch.: Plin. 26, 7; Tac. An. 2, 21 ‖ ***dextram*** Tac. An. 16, 15, serrer contre soi la main droite de qqn.

apprimus

apprīmus (adp-), *a, um*, tout premier : ANDR. d. GELL. 6, 7, 11.

approbābilis, *e*, digne d'approbation : PS. CYPR. *Sing. cler.* 6.

approbāmentum, *i*, n., preuve : PS. AMBR. *Dign. sacerd.* 5.

approbātĭo (adp-), *ōnis*, f. (*approbo*) ¶ 1 approbation : CIC. *Brut.* 185 ¶ 2 preuve, confirmation : CIC. *Inv.* 1, 67 ; 70.

approbātīvus, *a, um*, qui marque l'assentiment : PRISC. 3, 93, 14.

approbātŏr (adp-), *ōris*, m., approbateur : CIC. *Att.* 16, 7, 2.

approbātus (adp-), *a, um*, part. de *approbo*.

approbē (adp-), très bien : PL. *Trin.* 957.

approbō (adp-), *ās, āre, āvī, ātum* (fr. *approuver*) ¶ 1 approuver : CIC. *Pis.* 7 ǁ [avec prop. inf.] reconnaître que, être d'avis avec qqn que : CIC. *Verr.* 4, 142 ; *Phil.* 4, 2 ; SEN. *Ep.* 87, 1 ¶ 2 démontrer : CIC. *Inv.* 1, 58 ; [avec prop. inf.] *Div.* 1, 29 ¶ 3 faire admettre, faire approuver, rendre acceptable ; *aliquid alicui*, qqch. à qqn : SEN. *Contr.* 10, 3, 7 ; VITR. 9, *pr.* 8 ; TAC. *An.* 15, 59 ; SEN. *Ep.* 70, 12 ǁ [abs^t] *sibi non approbans* PLIN. 35, 103, ne se donnant pas satisfaction ǁ [droit] réception [par le maître d'œuvre] des travaux accomplis par l'entrepreneur : *opus approbatur* DIG. 19, 2, 36, le travail est reçu ; *bonitas operis locatori a conductore approbatur* DIG. 19, 2, 51, 1, le maître reçoit l'ouvrage comme conforme au contrat de louage.

approbus (adp-), *a, um*, excellent : CAECIL. d. GELL. 7, 7, 9.

appromissŏr (adp-), *ōris*, m. (*adpromitto*), qui se rend caution : DIG. 45, 1, 5.

appromittō (adp-), *ĭs, ĕre, -, -,* tr., [avec prop. inf.] se porter garant (être garant) que : CIC. *Amer.* 26.

apprōnō (adp-), *ās, āre, -, -,* tr., pencher en avant, baisser : APUL. *M.* 1, 19.

apprōnuntĭātĭo (adp-), *ōnis*, f., parole : VL. *Deut.* 32, 2.

appropĕrātus (adp-), *a, um*, part. de *appropero*.

appropĕrō (adp-), *ās, āre, āvī, ātum* ¶ 1 tr., hâter : LIV. 4, 9, 13 ; 26, 15, 10 ; TAC. *An.* 16, 14 ¶ 2 intr., se hâter : PL. *Cas.* 213 ; CIC. *Q.* 2, 8, 4 ; *Att.* 4, 3, 6 ; *ad facinus* CIC. *Mil.* 45, se hâter vers l'accomplissement d'un crime.

appropinquātĭo (adp-), *ōnis*, f., approche : CIC. *Fin.* 5, 32 ; *CM* 66.

appropinquō (adp-), *ās, āre, āvī, ātum*, intr., s'approcher de [avec *ad*] : CIC. *Fin.* 4, 64 ǁ [avec le dat.] CAES. *G.* 2, 10, 5 ; 6, 37, 2 ; 4, 25, 2 ; *C.* 3, 69, 1 ; CIC. *Fin.* 5, 64 ǁ [en parl. du temps, etc.] approcher : CIC. *Sull.* 54 ; *Cat.* 3, 19 ǁ [fig.] *primis ordinibus* CAES. *G.* 5, 44, 1, approcher du premier grade ǁ aider [dat.] : EUGIP. *Sev.* 43.

appropĭō, *ās, āre, āvī, ātum* (*ad, propius, approximo*), intr., s'approcher [dat.] : VULG. *Exod.* 3, 5.

appropriātĭo, *ōnis*, f., appropriation : CAEL.-AUR. *Chron.* 2, 13, 151.

appropriō, *ās, āre, āvi, ātum* (*ad, proprius*), tr., approprier : CAEL.-AUR. *Chron.* 4, 3, 22.

approxĭmātĭo, *ōnis*, f., relations sexuelles : DIDASC. 56, 26.

approxĭmō (adp-), *ās, āre, -, -,* intr., s'approcher : [avec *ad*] VULG. *Psal.* 31, 9.

appugnō (adp-), *ās, āre, -, -,* tr., assaillir, attaquer : TAC. *An.* 2, 81 ; 15, 13.

Appŭlēius, Appŭlus, V. *apul-*.

appŭli (adp-), parf. de 2 *appello*.

1 appulsus (adp-), *a, um*, part. de 2 *appello*.

2 appulsŭs (adp-), *ūs*, m. ¶ 1 droit de faire approcher [p. ex. un troupeau d'une source en traversant le fonds d'autrui] : *appulsus pecoris ad aquam* DIG. 8, 3, 1, 1, servitude d'abreuvage ¶ 2 abordage, accès : LIV. 27, 30, 7 ǁ approche [du soleil] : CIC. *Nat.* 1, 24 ǁ influence causée par une approche, atteinte : *deorum appulsu* CIC. *Div.* 1, 64, sous l'action des dieux ; pl., *frigoris et caloris adpulsus* CIC. *Nat.* 2, 141, les atteintes du froid et du chaud.

appunctus (adp-), *a, um*, part. de *appungo*, marqué d'un point : SERV. *En.* 1, 21.

appungō (adp-), *ĭs, ĕre, -, -,* piquer : SOR. 76 ǁ marquer d'un point ou d'un signe critique : HIER. *Quaest.* 19, 35 ; ISID. 1, 21, 4.

ăpra, *ae*, f. (*aper*), laie : PLIN. d. PRISC. 2, 233, 12.

Ăprāgŏpŏlis, *is*, f. (ἀπραγία, πόλις), la ville de l'Oisiveté [île près de Capri] : SUET. *Aug.* 98, 6.

ăprārĭus, *a, um* (*aper*), qui concerne le sanglier : PAUL. *Dig.* 33, 7, 22.

ăprīcātĭo, *ōnis*, f. (*apricor*), exposition au soleil : CIC *Att.* 7, 11, 1 ; *CM* 57.

ăprīcĭtās, *ātis*, f. (*apricus*), température tiède : PLIN. 6, 46.

ăprīcō, *ās, āre, -, -* (*apricus* ; esp. *abrigar*), tr., chauffer par la chaleur du soleil : PALL. 1, 38, 2 ǁ [fig.] restaurer : PAUL.-NOL. *Carm.* 13, 312.

ăprīcŏr, *ārĭs, āri, -, -* (*apricus*), intr., se chauffer au soleil : CIC. *Tusc.* 5, 92.

ăprĭcŭlus, *i*, m. (*aper*), poisson inconnu : ENN. *Var.* 38 [frg. des *Hedyphagetica*] ; APUL. *Apol.* 34.

ăprīcus, *a, um* (cf. *Aprilis* ?) ¶ 1 exposé au soleil : CIC. *Part.* 36 ; *Rep.* 1, 18 ¶ 2 qui aime le soleil : VIRG. *En.* 5, 128 ; OV. *M.* 4, 331 ¶ 3 ensoleillé = clair, pur : COL. 11, 3, 27 ǁ chaud : COL. 1, 5, 8 ¶ 4 *apricum*, *i*, n., place ensoleillée : PLIN. 16, 71 ǁ [fig.] grand jour : HOR. *Ep.* 1, 6, 24.

▶ *apricior* COL. 11, 3, 24 ; *-issimus* COL. 9, 14, 13.

Ăprīlis, *is*, m. (peu net, cf. *apricus* ? ; fr. *avril*), avril : OV. *F.* 4, 901 ǁ adj., *mensis Aprilis* CIC. *Fam.* 6, 3, 6, mois d'avril ; *nonis Aprilibus* CIC. *Att.* 10, 2, 1, aux nones d'avril.

ăprīnĕus, *a, um*, C. *aprinus* : HYG. *Fab.* 69.

ăprīnus, *a, um* (*aper*), de sanglier : PLIN. 18, 222.

ăprŏcŏpus, *a, um* (ἀ- privatif et προκόπω), qui ne progresse pas, inerte : *FIRM. *Math.* 3, 12, 13.

ăprōnĭa, *ae*, f., bryone [plante] : PLIN. 23, 27.

Aprōnĭus, *ĭi*, m., nom d'homme : CIC. *Verr.* 3, 22 ǁ **-nĭānus**, *a, um*, d'Apronius : CIC. *Verr.* 3, 28.

Ăpros, *i*, f., ville de Thrace Atlas VI, A3 : PLIN. 4, 47.

ăproxis, *is*, f., plante merveilleuse : PLIN. 24, 158.

ăprūco, *ōnis*, f., saxifrage [fleur] : *PS. APUL. *Herb.* 97.

ăprūgĭnĕus, *a, um*, C. *aprinus* : *PS. APIC. 264.

ăprugnus, PL. *Poen.* 579 ; *Pers.* 305, **ăprūnus**, *a, um*, de sanglier : PLIN. 8, 210 ; 28, 167 ǁ **ăprūna**, *ae*, f., chair de sanglier : CAPIT. *Maxim.* 28, 2.

ăprunculus, *i*, m., marcassin : NOT. TIR. 108, 26.

ăprūnus, C. *aprugnus*.

Ăprūsa, *ae*, m., fleuve de l'Ombrie : PLIN. 3, 115.

Ăprustāni, *ōrum*, m. pl., habitants d'Aprustum [Bruttium] : PLIN. 3, 98.

aps, V. *3 a*.

apsinthĭum, V. *absinthium*.

apsis (absis), *īdis*, f. (ἁψίς), arc, voûte : PLIN. *Ep.* 2, 17, 8 ǁ course d'une planète : PLIN. 2, 63 ǁ assiette : DIG. 34, 2, 19 ǁ chœur d'une église [d'où] siège épiscopal : AUG. *Ep.* 126, 11.

Apsŏrŏs (-us), *i*, f., île de l'Adriatique : MEL. 2, 114.

apsumo, V. *absumo*.

Apsus, *i*, m., rivière d'Illyrie : CAES. *C.* 3, 13, 5.

apsyctŏs, *i*, f. (ἄψυκτος), pierre précieuse inconnue : PLIN. 37, 148.

Apta Jūlĭa, f., ville de la Narbonnaise [auj. Apt] : PLIN. 3, 36.

aptābĭlis, *e* (*apto*), approprié, capable : IREN. 2, 13, 10.

aptābĭlĭtās, *ātis*, f., utilité, aptitude : IREN. 1, 4, 5.

aptābĭlĭtĕr, adv., convenablement : IREN. 1, 16, 3.

aptātūra, *ae*, f. (*apto*), action d'approprier [art vétérinaire] : DIOCL. 7, 20.

aptātus, *a, um*, part. de *apto*.

aptē, adv. (*aptus*) ¶ 1 de telle façon que tout se tient, avec une liaison parfaite : CIC.

Tim. 15; *Frg. F.* 5, 95 ‖ [en parl. du style] avec une liaison harmonieuse des mots: *Or.* 149; ***composite et apte dicere*** Cic. *Or.* 236, s'exprimer en phrases bien agencées et liées; ***apte et numerose*** Cic. *Or.* 219, en phrases bien liées et rythmées; ***concluse apteque*** Cic. *Or.* 177, en phrases périodiques et bien liées ¶ 2 de façon appropriée, d'une manière qui s'ajuste, convenablement: ***illa ita apte in scaphis includebat, ut...*** Cic. *Verr.* 4, 54, ces ornements, il les incrustait dans les coupes en les ajustant si habilement que...; ***palpebrae aptissime factae ad claudendas pupillas*** Cic. *Nat.* 2, 142, paupières admirablement disposées pour recouvrir la prunelle des yeux ‖ ***casum apte et quiete ferre*** Cic. *Tusc.* 4, 38, supporter les malheurs [en s'ajustant] avec soumission et avec calme; *(oculis) motus animorum significare apte cum genere ipso orationis* Cic. *de Or.* 3, 222, traduire (par le regard) ses sentiments en conformité avec le ton même du discours; ***ad rerum dignitatem apte loqui*** Cic. *de Or.* 1, 144, adapter l'expression à la dignité du sujet ‖ ***aptius*** Col. *4*, 17, 8; Ov. *Am.* 1, 12, 23.

Aptensis, e, d'Apta Julia: CIL 12, 3275.

Aptĕron, i, n., ville de Crète: Plin. 4, 59.

aptĭfĭcō, āre, adapter: Not. Tir. 32, 83.

aptĭtūdo, ĭnis, f., propriété, aptitude: Boet. *Anal. post.* 752 D.

aptō, ās, āre, āvī, ātum (*aptus*; esp. *atar*), tr. ¶ 1 adapter, attacher: ***arma*** Liv. 5, 49, 3; [avec dat.] ***arma corpori*** Liv. 44, 34, 8, s'armer; ***vincula collo*** Ov. *M.* 10, 381, mettre un lien à son cou ¶ 2 préparer, disposer: ***ad transeundum omnia aptare*** Curt. 7, 8, 8, préparer tout pour la traversée, cf. Liv. 33, 5, 5; ***arma pugnae*** Liv. 22, 5, 3, préparer les armes pour le combat ‖ [avec abl.] munir de: ***classem velis*** Virg. *En.* 3, 472, appareiller; ***se armis*** Liv. 9, 31, 9, prendre ses armes ‖ [fig.] ***aptatus, a, um, ad aliquid*** Cic. *de Or.* 3, 162, approprié à qqch. ‖ [fig.] accommoder, rosser: Vict.-Vit. 3, 22 ‖ prouver: Iren. 1, 20, 3.

aptōtē, adv. (ἀπτώτως), d'une manière indéclinable: Prob. *Inst.* 4,120, 29.

aptōtum, n. (ἄπτωτος), nom indéclinable: Diom. 308, 19.

aptra, ōrum, n. pl., feuilles de vigne: Titin. *Com. inc.* XX; Gloss. 2, 18, 34.

Aptugensis, e, d'Aptuge [ville d'Afrique]: Aug. *Cresc.* 3, 69.

aptus, a, um (part. de *apio, apiscor*)

I [part.] ¶ 1 "attaché, joint" ¶ 2 [emplois figurés] ¶ 3 "formant un tout", *oratio apta* ¶ 4 [poét.] [avec abl.] "pourvu de".
II [adj.] ¶ 1 "propre, approprié" ¶ 2 "adapté à", "complaisant" *aptus ad, in* etc., avec inf., avec une relative au subjonctif.

I part. ¶ 1 attaché, joint: ***cum aliqua re*** Cic. *Tim.* 45, attaché à qqch.; ***gladium e lacunari saeta equina aptum*** Cic. *Tusc.* 5, 62, épée suspendue au plafond au moyen d'un crin de cheval ‖ lié dans ses parties, formant un tout bien lié: ***ita esse mundum undique aptum, ut*** Cic. *Ac.* 2, 119, le monde est si bien lié en toutes ses parties que, cf. *Tim.* 15; Lucr. 5, 557 ¶ 2 [fig.] ***res inter se aptae*** Cic. *Nat.* 3, 4, choses (idées) liées entre elles; ***rerum causae aliae ex aliis aptae*** Cic. *Tusc.* 5, 70, causes liées les unes aux autres; ***ex honesto officium aptum est*** Cic. *Off.* 1, 60, le devoir découle de l'honnête; ***cui viro ex se ipso apta sunt omnia quae...*** Cic. *Tusc.* 5, 36, l'homme pour qui tout ce qui [mène au bonheur] dépend de lui-même (l'homme qui tient de son propre fonds tout ce qui...) ‖ [avec l'abl. seul]: ***rudentibus apta fortuna*** Cic. *Tusc.* 5, 40, une fortune qui tient à des cordages, cf. *Leg.* 1, 56 ¶ 3 lié en ses parties, formant un tout [en parl. du style]: ***apta dissolvere*** Cic. *Or.* 235, rompre (mettre en morceaux) un tout articulé; ***apta oratio*** Cic. *Brut.* 68, style bien lié; ***verborum apta et quasi rotunda constructio*** Cic. *Brut.* 272, des phrases bien ajustées et, pour ainsi dire, arrondies ‖ préparé complètement, en parfait état: ***ire non aptis armis*** Sall. *H.* 3, 25, marcher avec des armes qui ne sont pas en bon état, cf. Liv. 44, 34, 3; ***omnia sibi esse ad bellum apta ac parata*** Caes. *C.* 1, 30, 5, il avait tout en parfait état et prêt en vue de la guerre; ***quinqueremes aptae instructaeque omnibus rebus ad navigandum*** Caes. *C.* 3, 111, 3, des quinquérèmes parfaitement équipées et munies de tout le nécessaire en vue de prendre la mer ¶ 4 [poét.] muni de, pourvu de [avec abl.]: ***nec refert ea quae tangas quo colore praedita sint, verum quali... apta figura*** Lucr. 2, 814, ce qui importe pour les objets soumis au toucher, ce n'est pas la couleur qu'ils ont, mais la forme dont ils sont pourvus; ***vestis auro apta*** Lucr. 5, 1428, vêtement garni d'or, cf. Enn. *Tr.* 380; *An.* 339; Acc. *Tr.* 660; ***Tyrio apta sinu*** Tib. 1, 9, 70, vêtue d'une robe de pourpre tyrienne, cf. Virg. *En.* 4, 482; 6, 797; 11, 202; ***qui restituissent nautico instrumento aptae et armatae classi?*** Liv. 30, 10, 3, comment résister à une flotte pourvue et armée de tout le matériel naval?

II adj¹ ¶ 1 propre, approprié: ***aptissima sunt arma senectutis artes exercitationesque virtutum*** Cic. *CM* 9, les armes les mieux appropriées de la vieillesse, ce sont la science et la pratique des vertus; ***aptior dicendi locus*** Cic. *Rep.* 2, 48, occasion plus convenable de parler; ***alius alio melior atque aptior (numerus)*** Cic. *Or.* 203, suivant les cas, (un rythme) est meilleur et mieux adapté qu'un autre; ***neminem nec motu corporis neque ipso habitu atque forma aptiorem mihi videor audisse*** Cic. *de Or.* 1, 132, je ne crois pas avoir entendu d'orateur ayant une meilleure appropriation des mouvements du corps, du maintien même ou de l'extérieur ‖ [en parl. du style] exactement approprié aux idées, précis: Cic. *Brut.* 145; *de Or.* 2, 56 ¶ 2 fait pour, approprié à [avec dat.]: ***res apta auribus*** Cic. *Or.* 25; ***moribus*** Cic. *Att.* 5, 10, 3; ***naturae*** Cic. *Fin.* 5, 24; ***aetati*** Cic. *Brut.* 327; ***adulescentibus*** Cic. *Brut.* 326, chose appropriée aux oreilles, aux habitudes, à la nature, à l'âge, aux jeunes gens; ***Ofella contionibus aptior quam judiciis*** Cic. *Brut.* 178, Ofella mieux fait pour la tribune que pour le barreau; ***o hominem semper illum quidem mihi aptum, nunc vero etiam suavem*** Cic. *Fam.* 12, 30, 3, quel homme! toujours complaisant pour moi, mais maintenant, même exquis!, cf. Hor. *S.* 2, 5, 43 ‖ ***gens novandis quam gerendis aptior rebus*** Curt. 4, 1, 30, nation mieux faite pour l'innovation que pour l'exécution; ***apta portandis oneribus jumenta sunt*** Sen. *Brev.* 18, 4, les bêtes de somme sont propres à porter des fardeaux, cf. Tac. *An.* 5, 2; ***vis venti apta faciendo igni*** Liv. 21, 37, 2, violence du vent propre à activer la flamme, cf. 21, 47, 1; 23, 4, 3; 25, 36, 5 ‖ [avec *ad*] ***(calcei) apti ad pedem*** Cic. *de Or.* 1, 231, (chaussures) adaptées au pied; ***ad tempus aptae simulationes*** Cic. *Mil.* 69, faux-semblants accommodés aux circonstances; ***res apta ad naturam*** Cic. *Fin.* 5, 39; ***ad consuetudinem*** Cic. *Opt.* 14, chose appropriée à la nature, à l'usage; ***natura sumus apti ad coetus*** Cic. *Fin.* 3, 63, nous sommes par nature faits pour la vie de société; ***habebat flebile quiddam aptumque cum ad fidem faciendam, tum ad misericordiam commovendam*** Cic. *Brut.* 142, il avait un accent touchant, propre à inspirer la confiance et surtout à remuer la pitié; ***homo non aptissimus ad jocandum*** Cic. *Nat.* 2, 46, l'homme le moins fait du monde pour la plaisanterie ‖ ***res contra morsus apta*** Plin. 21, 58, chose bonne contre les morsures ‖ [avec *in* acc.] ***in quod minime apti sunt*** Liv. 38, 21, 8, [genre de combat] auquel ils sont le moins propres, cf. Plin. 16, 174; Quint. 10, 3, 22 ‖ [avec inf.] ***silva occulere apta feras*** Ov. *F.* 2, 216, forêt propre à cacher les bêtes sauvages; ***dux fieri quilibet aptus erat*** Ov. *F.* 2, 200, n'importe lequel était bon pour faire un chef ‖ [avec une rel. au subj.] [rare]: ***nulla videbatur aptior persona, quae de illa aetate loqueretur*** Cic. *Lae.* 4, aucun personnage ne me paraissait mieux fait pour parler de cet âge-là; ***eam urbem aptissimam ratus, unde mitti commeatus possent*** Liv. 44, 13, 11, pensant que cette ville était la plus propre à servir de point de départ à l'envoi des ravitaillements.

ăpŭa, v. *aphye*.

Apŭāni Lĭgŭres, m. pl., Ligures d'Apua: Liv. 39, 2, 5.

ăpŭd, prép. avec acc. (cf. *apio*; a. fr. *o(d)*)

apud

I [sens local] ¶ **1** auprès de, à : *apud focum* CIC. *Rep.* 3, 40 ; *apud Hypanim fluvium* CIC. *Tusc.* 1, 94 (Mur. 84 ; Att. 16, 7, 5) auprès du foyer, auprès du fleuve Hypanis ‖ [en parl. de batailles, de sièges] : *apud Dyrrachium* CAES. *C.* 3, 57, 1 ; *Numantiam* CIC. *de Or.* 2, 267 ; *Mantineam* CIC. *Fin.* 2, 97 ; *Salamina* NEP. *Them.* 3, 4, à Dyrrachium, à Numance, à Mantinée, à Salamine ‖ [arch., rare en latin class.] [= *in* et abl. comme au ¶ 2] *apud villam* PL. *Cist.* 225 ; TER. *Ad.* 517 ; CIC. *Verr.* 4, 48 ; *apud forum* PL. *As.* 328 ; *Aul.* 280, dans sa maison de campagne, au forum [v. *Amp.* 1012, mélange de *apud* et *in*] ¶ **2** [au lieu de *in* abl. ou du locatif, avec noms de villes et de pays] : *apud Thebas* PL. *Ep.* 53 ; *apud Rhodum* TAC. *An.* 6, 20 ; *apud Memphim* SUET. *Tit.* 5, à Thèbes, à Rhodes, à Memphis ; *apud Pannoniam* TAC. *An.* 1, 34 ; *apud Delmatiam* TAC. *An.* 4, 5, en Pannonie, en Dalmatie ‖ *apud cunctas Asiae insulas* TAC. *An.* 4, 14, dans toutes les îles d'Asie.

II [avec des noms de pers.] près de, chez ; [en gén.] : *apud aliquem commorari* CIC. *Pomp.* 13, séjourner chez qqn ; *dum haec apud Caesarem geruntur* CAES. *G.* 7, 57, 1, tandis que ces événements se passent auprès de César, cf. *C.* 3, 112, 11 ; LIV. 29, 23, 1 ; *apud inferos* CIC. *Cat.* 4, 8, chez les gens d'en bas, aux enfers ; *juris civilis magnum usum et apud Scaevolam et apud multos fuisse, artem in hoc uno* CIC. *Brut.* 152, [je pense] que, pour le droit civil, la pratique s'en est trouvée à un haut point chez Scévola comme chez bien d'autres, mais la connaissance théorique, lui seul l'a eue ; *apud animum tuum* (= *apud te*) CIC. *Fam.* 2, 3, 1, en toi, cf. SULP. *Fam.* 4, 5, 5 ; SALL. *J.* 110, 3 ; *qui judicia manere apud ordinem senatorium volunt* CIC. *Caecil.* 8, ceux qui veulent que le pouvoir judiciaire demeure dans l'ordre sénatorial, cf. LIV. 7, 19, 6 ; *furere apud sanos* CIC. *Or.* 99, délirer devant des gens sensés ‖ chez, dans la maison de qqn : CIC. *Verr.* 4, 4 ; 4, 33 ; SALL. *C.* 36, 1 ; NEP. *Att.* 10, 2 ; LIV. 3, 33, 10 ‖ chez, près de [un professeur] : CIC. *Brut.* 315 ; *de Or.* 1, 126 ; 1, 244 ; QUINT. 3, 1, 14 ‖ *apud Romanos, apud majores nostros*, chez les Romains, chez nos ancêtres : CIC. *Verr.* 4, 108 ; *Cael.* 40 ; CAES. *G.* 1, 50, 4 ‖ *apud exercitum*, à l'armée : CIC. *Mur.* 21 ; *Arch.* 11 ; CAES. *C.* 3, 59, 3 ; 3, 91, 1 ; NEP. *Dat.* 1, 1 ; LIV. 30, 42, 4 ‖ *apud Platonem*, dans Platon : CIC. *Brut.* 292 ; *Tusc.* 4, 67 ‖ devant [un magistrat, le peuple, etc.] : CIC. *Verr.* 5, 173 ; *Arch.* 3 ; CAES. *G.* 5, 27, 1 ; *C.* 3, 107, 2 ; LIV. 3, 56, 3 ; 36, 35, 5 ; *apud aliquem queri*, v. *queror* ‖ *apud se esse*, être en possession de soi-même : PL. *Mil.* 1345 ; TER. *Hec.* 707 ; *Haut.* 920 ; *Phorm.* 204 ; SEN. *Ep.* 83, 26 ‖ [avoir de l'influence, etc.]. *apud aliquem*, auprès de qqn : CIC. *Tusc.* 2, 11 ; *Brut.* 193 ; *de Or.* 2, 153 ; *Font.* 36 ; *Phil.* 2, 94 ; *Arch.* 31 ; CAES. *G.* 1, 9, 3 ; 4, 13, 3 ; *C.* 3, 59, 3 ‖ [tard.] avec : *apud aliquem loqui* SULP. SEV. *Mart.* 23, 3, parler avec qqn ; QUER. 41 ‖ [avec le pass.] par : VULG. 2 *Macc.* 1, 36.

▶ *aput* arch. et tard. ‖ *apur* CIL 1, 5 ‖ *apor* P. FEST. 24, 12 ‖ postposé : *Misenum apud et Ravennam* TAC. *An.* 4, 5 " à Misène et à Ravenne " ; *Cumas apud* LUCR. 6, 747 " près de Cumes ".

Āpŭlēiānus, *a, um*, d'Apuléius : CIC. *Phil.* 13, 32.

Āpŭlēius (App-), *i*, m., nom d'hommes **a)** le tribun L. Apuleius Saturninus : CIC. *Brut.* 224 ‖ adj., *lex Apuleia* CIC. *Balb.* 48, loi Apuléia **b)** Apulée, de Madaure, écrivain du 2ᵉ s. apr. J.-C. : AUG. *Civ.* 8, 14, 2.

Āpŭlensis, *e*, d'Apulum : CIL 3, 1213.

Āpŭlĭa, *ae*, f., (fr. Pouilles) Apulie Atlas XII, E5 : CIC. *Div.* 1, 97 ‖ **Āpŭlus**, *a, um*, d'Apulie : HOR. *O.* 1, 33, 7 ; LIV. 8, 37, 3 ‖ **Āpŭlī**, *ōrum*, m. pl., les Apuliens : LIV. 8, 25, 3 ; *in Apulis natus* PL. *Mil.* 648, né en Apulie [= stupide] ‖ **-lĭcus**, *a, um* [forme contestée] : HOR. *O.* 3, 24, 3.

āpŭlĭae, *ārum*, f. pl. (*Apulia* ?), toiles servant à protéger du soleil au théâtre : *TERT. *Spect.* 20, 5.

ăpūs, *ŏdis*, m. (ἄπους), hirondelle des rochers (?) : PLIN. 10, 114.

Apuscidamus, *i*, m., lac d'Afrique : PLIN. 31, 22.

Apustĭus, *ii*, m., nom d'hommes : LIV. 23, 38 ; 31, 4.

ăpŭt, v. *apud* ▶.

Apyrē, *ēs*, f., ville de Lycie : PLIN. 5, 100.

ăpўrēnus, v. *apyrinus*.

ăpўrētus, *a, um* (ἀπύρετος), qui est sans fièvre : THEOD.-PRISC. *Log.* 77.

Apyri, *ōrum*, m. pl., peuple voisin de l'Hyrcanie : AVIEN. *Perieg.* 908.

ăpўrīnus (-rēnus), *a, um* (ἀπύρηνος), dont le pépin du noyau n'est pas dur : COL. 5, 10, 15 ‖ **-rēnum**, *i*, n., espèce de grenade : PLIN. 13, 112.

ăpўrŏs, *ŏn* (ἄπυρος), sans feu ‖ *apyron sulphur* PLIN. 35, 175, soufre vierge [préparé sans feu] ‖ *apyron aurum* PLIN. 21, 66, minerai d'or qui n'a pas été au feu.

1 ăqua, *ae*, f. (cf. vha. *aha*, al. *Rot-ach, Fuld-a*, fr. *Aa* ; eau) ¶ **1** eau : CIC. *Nat.* 1, 19 ; *aquae ductio* VITR. 8, 6, 9, conduite d'eau ‖ pl., *aquae perennes* CIC. *Verr.* 4, 107, des eaux intarissables ¶ **2** eau de rivière : SALL. *J.* 75 ; 6 ; LIV. 1, 27, 11 ‖ *aqua Albana* CIC. *Div.* 2, 69, lac d'Albe ‖ la mer : CIC. *Verr.* 2, 86 ; *Fam.* 12, 15, 2 ‖ eau de pluie : CIC. *de Or.* 3, 180 ‖ [au pl.] eaux thermales, eaux pour les baigneurs, etc. : *ad aquas venire* CIC. *Planc.* 65, venir aux eaux, cf. *Att.* 14, 12, 2 ‖ *aqua intercus*, v. *intercus* ¶ **3** [expressions] : *praebere aquam* HOR. *S.* 1, 4, 88, offrir l'eau pour les ablutions avant le repas, [d'où] inviter qqn ‖ *aquam dare* PLIN. *Ep.* 6, 2, 7, fixer le temps de parole à un avocat [clepsydre] ; *aquam perdere* QUINT. 11, 3, 52, mal employer son temps de parole ‖ *mihi aqua haeret* CIC. *Q.* 2, 6, 2, je suis dans l'embarras, cf. *Off.* 3, 117 ‖ *aqua et igni interdicere*, v. *interdico* ‖ *aquam et terram ab aliquo petere* LIV. 35, 17, 7, demander l'eau et la terre = demander la soumission de l'ennemi, cf. CURT. 3, 10, 2 ¶ **4** droit de l'eau : *actio aquae pluviae arcendae* DIG. 39, 3 [action contre le propriétaire voisin qui, modifiant l'écoulement naturel de l'eau de pluie, cause un dommage] action pour détournement des eaux pluviales ; *servitus aquae ducendae* DIG. 39, 3, 10, 1, servitude d'eau [passage d'une conduite à travers le fonds d'autrui], cf. *aquae ductio, iter aquae* ; *aquae haustus* [= *servitus aquae hauriendae*] DIG. 8, 3, 1, 1, servitude de puisage ¶ **5** [chrét.] eau baptismale : TERT. *Bapt.* 4, 4 ; *Paen.* 6, 18.

▶ gén. arch. *ăquāī* PL. ; LUCR. 1, 284 ; VIRG. *En.* 7, 464 ‖ *aquae* 3 syll. LUCR. 6, 552 ; *aquai* 4 syll. LUCR. 6, 1072.

2 Ăqua, [dans les expr. comme *Aqua Appia*, *Aqua Marcia*, *Aqua Claudia*, *Aqua Virgo*] aqueduc Atlas II ; VII ; XI.

3 Ăqua, *ae*, f., l'Eau [nom d'une constellation] : CIC. *Arat.* 179.

Ăquae, *ārum*, f. pl., nom de villes qui avaient des eaux minérales ‖ **Ăquae Sextiae**, **Aquae Statiellae**, etc., Atlas V, F3 ; XII, C1, v. *Sextius, Statiellus*.

ăquaeductŭs (ăquae ductŭs), *ūs*, m. (it. *acquadotto*), aqueduc : CIC. *Att.* 13, 6, 1 ‖ droit d'amener l'eau en un certain endroit : CIC. *Caecin.* 26.

ăquaelĭcĭum, v. *ăquilicium* : P. FEST. 2, 24.

ăquaemănālis, *is*, m., aiguière : VARR. d. NON. 547, 9.

ăquaemănīle, v. *aquimanile*.

ăquăgĭum, *ii*, n. (*aqua, ago*), conduite d'eau : P. FEST. 2, 23.

ăquāle, *is*, n., aiguière : PLIN. d. CHAR. 118, 31.

ăquālĭcŭlus, *i*, m. (*aqualis*), ventre : PERS. 1, 57 ‖ **-um**, *i*, n., GLOSS. 5, 167, 44.

ăquālis, *e*, chargé d'eau : VARR. *Men.* 270 ‖ **-lis**, *is*, m., aiguière : VARR. *L.* 5, 119 ; PL. *Curc.* 312.

ăquālĭum, *ii*, n., jarre : PLIN. d. CHAR. 118, 33.

ăquămānāle, v. *aquimanile*.

ăquărĭŏlus, *i*, m. (dim. de *aquarius*), porteur d'eau, homme à tout faire, entremetteur : APUL. *Apol.* 78 ; P. FEST. 20, 24.

ăquărĭum, *ii*, n. (fr. évier), abreuvoir : CAT. *Agr.* 1, 3.

ăquărĭus, *a, um*, qui concerne l'eau : CAT. *Agr.* 11, 3 ; *aquaria provincia* CIC. *Vat.* 12, intendance des eaux ; *libra aquaria* VITR. 8, 5, 1, niveau d'eau ‖ **-rĭus**, *ii*, m. **a)** porteur d'eau : JUV. 6, 332 **b)** inspecteur chargé de la surveillance des eaux : CAEL. *Fam.* 8, 6, 4 **c)** le Verseau [signe du zodiaque] : CIC. *Arat.* 56 ‖ **Ăquărĭi**, *ōrum*, m. pl., [chrét.] hérétiques qui utilisaient l'eau au lieu du vin pour le sacrifice eucharistique : Aug. *Haer.* 64.

ăquātē, adv., avec de l'eau : *aquatius* Plin. Val. 1, 10 ; *-issime* Cael.-Aur. *Chron.* 1, 4, 94.

ăquātĭcus, *a, um*, aquatique : Plin. 8, 101 ‖ humide, aqueux : Plin. 16, 165 ‖ couleur de l'eau : Solin. 30, 32.

ăquātĭlis, *e* ¶ **1** aquatique : Cic. *Nat.* 2, 151 ‖ aqueux : Plin. 19, 186 ¶ **2 -tĭlĭa**, *ĭum*, n. pl. **a)** animaux aquatiques : Plin. 31, 1 **b)** tumeurs aqueuses [maladie du bétail] : Veg. *Mul* 2, 49, 1.

ăquātĭo, *ōnis*, f. ¶ **1** action de faire provision d'eau : Cic. *Off.* 3, 59 ; Caes. G. 4, 11, 4 ; Liv. 30, 29, 9 ¶ **2** lieu où se trouve de l'eau : Col. 7, 5, 2 ‖ pluie Plin. 32, 76.

ăquātŏr, *ōris*, m. (*aquor*), celui qui va faire provision d'eau : Caes. *C.* 1, 73, 2 ; Liv. 22, 44, 2.

ăquātus, *a, um*, aqueux, mêlé d'eau : Cat. *Agr.* 156, 6 ‖ *aquatior* Plin. 28, 124, renfermant plus d'eau ; *-issimus* Aug. *Conf.* 6, 2, 2.

Ăquenses, m. pl., surnom des *Taurini* en Étrurie : Plin. 3, 52 ‖ [en gén. nom des habitants d'une ville ayant des eaux, *aquae*] d'*Aquae Sextiae* [Aix-en-Provence] : CIL 12, 2560 ; d'Aix-les-Bains [Savoie] : CIL 12, 2461.

Ăquĭcaldenses, *ĭum*, m. pl., peuple d'Espagne : Plin. 3, 23.

ăquĭdūcus, *a, um* (*aqua, duco*), qui absorbe l'eau : Cael.-Aur. *Chron.* 3, 8, 119.

Ăquĭflāvĭensis, *e*, d'Aquae Flaviae [ville de Lusitanie] : CIL 2, 2477.

ăquĭfŏl-, V. *acrifol-*.

ăquĭfŭga, *ae*, m., f. (*aqua, fugio*), hydrophobe : Cael.-Aur. *Acut.* 3, 15.

ăquĭgĕnus, *a, um* (*aqua, geno*), né dans l'eau : Tert. *Marc.* 2, 12, 2.

ăquĭla, *ae*, f. (cf. *aquilus* ; fr. aigle) ¶ **1** aigle : Plin. 10, 6 ; Cic. *Div.* 1, 26 ¶ **2** [poét., portant l'éclair de Jupiter] : Cic. *Tusc.* 2, 24 ¶ **3** enseigne romaine : Cic. *Cat.* 1, 24 ‖ porteur de l'enseigne : Juv. 14, 197 ‖ légion romaine : B.-Hisp. 30, 1 ¶ **4** l'Aigle [constellation] : Cic. *Arat.* 372 ¶ **5** aigle de mer [poisson] : Plin. 9, 78 ¶ **6** [chrét.] symbole de s. Jean : Aug. *Ev. Joh.* 36, 1.

Ăquĭla, *ae*, m., nom d'homme : Cic. *Phil.* 11, 6 ; Tac. *An.* 12, 15.

Ăquĭlārĭa, *ae*, f., ville d'Afrique : Caes. *C.* 2, 23, 1.

ăquĭlĕgus, *a, um* (*aqua*, 2 *lego*), qui sert à tirer de l'eau : Tert. *Anim.* 33, 7 ‖ *-lĕgus*, m., sourcier : Cassiod. *Var.* 3, 53.

Ăquĭlēia, *ae*, f., Aquilée [ville de l'Istrie] Atlas I, C4 ; XII, B4 : Liv. 40, 34 ; Plin. 3, 127 ‖ *-ēiensis*, d'Aquilée : Liv. 39, 45, 6 ‖ *-ēienses*, *ĭum*, m. pl., habitants d'Aquilée : Liv. 43, 17, 1.

ăquĭlentānus, *a, um* (*aquilo*), septentrional : Chalc. 67 ‖ pl. n., régions du nord, contrées boréales : Chalc. 69.

ăquĭlentus, *a, um*, plein d'eau, humide : Varr. *Men.* 400.

ăquĭlex, *ĕgis* (*aquilegus*) ou *ĭcis* (cf. *aquilicium*), m., sourcier : Varr. *Men.* 444 ; Plin. 26, 30.

Ăquĭlĭānus, *a, um*, V. *Aquilius*.

ăquĭlĭcĭum, *ii*, n. (*aqua, lacio*), sacrifice en vue d'obtenir de la pluie : Tert. *Apol.* 40, 14.

ăquĭlĭfĕr, *fĕri*, m. (*aquila, fero*), légionnaire qui porte l'aigle, porte-enseigne : Caes. G. 5, 37, 5.

ăquĭlīnus, *a, um* (*aquila*), d'aigle, aquilin : Pl. *Ps.* 852.

1 **ăquĭlĭus**, *a, um*, C. aquilus : Arn. 3, 14.

2 **Ăquīlĭus**, *ii*, m., nom de famille rom. ; not[t] M. Aq. Gallus et C. Aq. Gallus : Cic. *Ac.* 3, 125 ; *Brut.* 154 ‖ *-lia lex*, loi Aquilia [loi du 3e s. av. J.-C. sur la réparation des dommages causés aux biens] : Cic. *Brut.* 131 ; Dig. 9, 2 tit. ‖ *-lĭānus*, *a, um*, d'Aquilius : Cic. *Off.* 3, 61.

Ăquillĭtāni, V. *Achillitani*.

Ăquillĭus, V. *Aquilius*.

ăquĭlo, *ōnis*, m. (*aquila*), vent du nord : Virg. G. 2, 404 ; Ov. *M.* 2, 132.

Ăquĭlo, *ōnis*, m., époux d'Orithye, père de Calaïs et de Zétès : Cic. *Leg.* 1, 3 ; Prop. 3, 7, 13 ; Ov. *M.* 7, 3.

ăquĭlōnālis, *e*, septentrional : Vitr. 9, 6, 3.
▶ *aquilonaris* *Aug. *Job* 37.

ăquĭlōnĕus, *a, um*, septentrional : Adamn. *Loc. sanct.* 1, 2.

Ăquĭlōnĭa, *ae*, f., ville des Hirpins Atlas XII, E5 : Liv. 10, 38 ‖ *-lōni*, *ōrum*, m. pl., les habitants d'Aquilonia : Plin. 3, 105.

ăquĭlōnĭānus, *a, um*, boréal, septentrional : Chalc. 67.

ăquĭlōnĭgĕna, *ae*, m., f. (*aquilo, geno*), enfant du nord : Aus. *Mos.* 407.

ăquĭlōnĭus, *a, um*, du nord : Cic. *Nat.* 2, 50.

ăquĭlus, *a, um* (cf. *aqua* ?), brun : P. Fest. 20, 7 ; Pl. *Poen.* 1112 ; Suet. *Aug.* 79.

ăquĭmănīle, **ăquĭmĭnāle**, **ăquaemānāle**, *is*, n. (*aquae manale*, cf. *mano* ; esp. *aguamanil*), **ăquĭmānārĭum**, **ăquĭmĭnārĭum**, *ii*, n., bassin pour laver les mains : Paul. *Dig.* 33, 10, 3 ; Ulp. *Dig.* 24, 2, 19, 12.

Ăquīnās, V. *Aquinum*.

Ăquincum, *i*, n., ville de la basse Pannonie [auj. Budapest III] Atlas I, C4 ; XII, A6 : CIL 3, 6466.

Ăquīnĭus, *ii*, m., nom d'un poète : Cic. *Tusc.* 5, 63.

Ăquīnum, *i*, n., ville du Latium [auj. Aquino, fr. Aquin] Atlas XII, E4 : Cic. *Phil.* 2, 105 ; Juv. 3, 310 ‖ *-nās*, *ātis*, d'Aquinum : Cic. *Planc.* 22 ; Hor. *Ep.* 1, 10, 27 et *-nātes*, *um* ou *ĭum*, m. pl., habitants d'Aquinum : Cic. *Clu.* 192.

ăquĭpĕdum, V. *acupes*.

ăquĭpenser, V. *acipenser*.

Ăquītānĭa, *ae*, f. (fr. Guyenne), l'Aquitaine Atlas I, C3 ; IV, A3 ; V, E2 : Caes G. 1, 1, 7 ; 3, 11, 3 ‖ *-tānus*, *a, um*, d'Aquitaine : Tib. 1, 7, 3 et *-tāni*, *ōrum*, m. pl., les Aquitains : Caes. G. 1, 1, 1 ‖ *-tānĭcus*, *a, um*, d'Aquitaine : Plin. 4, 108.

ăquĭvergĭum, *ii*, n. (*aqua, vergere*), mare : Grom. 315, 17.

ăquŏla, *ae*, f. ¶ **1** V. aquila : *Pl. *Pers.* 759 ¶ **2** V. aquula et acula : Pl. *Curc.* 160.

ăquŏr, *āris*, *ārī*, *ātus sum* (*aqua*), intr., faire provision d'eau : Caes. *C.* 1, 78 ; Sall. *J.* 93, 2 ; Liv. 35, 28, 10 ‖ supin *-atum* : Cat. *Orig.* 2, 6.

ăquōsĭtās, *ātis*, f. (*aquosus*), humeur aqueuse : Cael.-Aur. *Acut.* 2, 35, 185.

ăquōsus, *a, um* (*aqua* ; esp. *aguoso*), aqueux, humide : Cat. *Agr.* 34 ; Plin. 18, 243 ; Virg. ; Hor. ‖ clair, limpide : Prop. 4, 3, 52 ‖ *aquosior* Plin. 18, 163 ; *-issimus* Cat. *Agr.* 34 ; Sen. *Nat.* 3, 11, 4.

ăquŭla, *ae*, f., filet d'eau : Cic. *de Or.* 1, 28 ; 2, 162.

ăr-, forme archaïque et dialectale du préfixe *ad-*.

1 **āra**, *ae*, f. (cf. *areo*, osq. *aasas*, hit. *hassas*, scr. *āsa-s*, al. *Asche*) ¶ **1** autel : Pl. *Curc.* 71 ; *Ru.* 846 ; Cic. *Div.* 1, 101 ; Chrysolog. *Serm.* 51 ‖ *arae et foci* Cic. *Phil.* 8, 8, autels et foyers ‖ *ara sepulcri* Virg. *En.* 6, 177, bûcher [jouant le rôle d'autel] ‖ autel [chrétien] : Cod. Th. 9, 45, 4 ¶ **2** l'Autel [constellation] : Cic. *Nat.* 2, 114 ¶ **3** rochers élevés de la Méditerranée : Varr. d. Serv. *En.* 1, 109 ¶ **4** monument honorifique : Cic. *Phil.* 14, 34 ¶ **5** [fig.] asile, protection, secours : Cic. *Mil.* 90 ; *Verr.* 1, 8 ; *Com.* 30 ; Sen. 11 ¶ **6** [méc.] cuve en bronze [pièce de l'orgue hydraulique] : Vitr. 10, 8, 1.
▶ arch. *asa* Varr. d. Macr. *Sat.* 3, 2, 8.

2 **ăra**, *ae*, V. *hara*.

3 **āra**, sg., **ārae**, pl., suivi d'un déterminatif, désigne des localités diverses : *ara Ubiorum* Tac. *An.* 1, 39, ville sur le Rhin ; *arae Alexandri* Cic. *Fam.* 15, 4, 8, ville de Cilicie, etc.

Arăba, *ae*, f., ville d'Éthiopie : Plin. 6, 193.

ărăbarchēs (**ălăbarchēs**), *ae*, m. (ἀραβάρχης, ἀλαβάρχης), arabarque [percepteur des droits de douane] : Cic. *Att.* 2, 17, 3 ; Juv. 1, 130.

ărăbarchĭa, *ae*, f., espèce de droit de douane en Égypte : Cod. Just. 4, 61, 9.

Arabastrae, *ārum*, m. pl., peuple de l'Inde : Plin. 6, 75.

Ărăbes, **Ărăbi**, V. *Arabs, Arabus*.

Arabeta, *ae*, f., ville sur le Nil : Plin. 6, 178.

Arabia

Ărăbĭa, *ae*, f., l'Arabie Atlas I, F7; IX, F4: Plin. 5, 65; Cic. Att. 9, 11, 14; ***Arabia Felix*** Arabie Heureuse [Yémen]: Plin. 5, 87 (-*Beata* 5, 65‖ **-bĭus**, Prop.; Plin., **-bĭcus**, Curt.; Plin., **-bĭānus**, *a*, *um*, Spart. *Sev.* 13, 7, d'Arabie ‖ **-bĭca**, *ae*, f., pierre précieuse: Plin. 37, 145 ‖ **-bĭcē**, adv., *Arabice olere* Pl. d. Diom. 383, 16, sentir les parfums d'Arabie, cf. P. Fest. 25, 27.

ărābĭlis, *e* (*aro*), labourable: Plin. 17, 41.

Ărăbis, *is*, m., fleuve de Carmanie [Perse]: Plin. 6, 109.

Ărăbissus, *i*, f., ville de la petite Arménie: Anton. 181.

Ărăbītae, *ārum*, m. pl., peuple de Gédrosie [Perse]: Curt. 9, 10, 5.

Ărăbrīgensis, *e*, d'Arabriga [Lusitanie]: CIL 2, 760.

Ărabs, *ăbis*, adj., arabe et **Ărăbes**, *um*, m. pl., Arabes: Cic. *Fam.* 3, 8, 10; Virg. *G.* 2, 115‖ **-bus**, *a*, *um*, Plin. 36, 153, arabe, arabique; subst. m., Arabe: Virg. *En.* 7, 605.

Arabus, *i*, m. ¶ **1** fleuve de Gédrosie: Curt. 9, 10, 5 ¶ **2** V. *Arabs*.

Ăraccaei campi, région babylonienne: *Paneg. Messal.* 142.

Aracelitani, m. pl., peuple de la Tarraconaise: Plin. 3, 24.

Araceni, m. pl., peuple d'Arabie: Plin. 6, 157.

Arach, f. indécl., ville de Mésopotamie: Vulg. *Gen.* 10, 10 ‖ **-chītēs**, *ae*, m., habitant d'Arach: Vulg. *2 Reg.* 15, 32.

Arācha, *ae*, f. ¶ **1** ville de la Susiane: Amm. 22, 6, 26 ¶ **2** île en face de la Perse: Plin. 6, 111.

ărăchidnē, f. (ἀράχιδνα), gesse [plante]: Plin. 21, 89.

1 ărachnē, *ēs*, f. (ἀράχνη), sorte de cadran solaire: Vitr. 9, 8, 1.

2 Ărachnē, *ēs*, f., Arachné [jeune fille changée en araignée par Minerve]: Ov. *M.* 6, 5 ‖ **-naeus**, **-nēus**, *a*, *um*, imité d'Arachné: Anth. 732, 48 ‖ **-nēa**, *ae*, f., Manil. 4, 135, Arachné.

Ărăchōsĭa, *ae*, f., province perse [Afghanistan]: Plin. 6, 92‖ **-chōsĭi**, *ōrum*, m. pl., Curt. 4, 5, 5, **-chōti**, *ōrum*, Just. 13, 4, 22, **-chōtae**, *ārum*, m. pl., Plin. 6, 92 Arachosiens.

Ărăchōtos crēnē, *ēs*, f., lac d'Arachosie: Amm. 23, 6, 72.

Arachtus, V. *Aratthus*.

1 ărăcĭa, *ae*, f., espèce de figuier blanc: Plin. 15, 70.

2 Ărăcĭa, *ae*, f., île du golfe Persique: Plin. 6, 111.

Ărăcillum, *i*, n., ville de la Tarraconaise: Oros. *Hist.* 6, 21.

Ărăcinthus, V. *Aracynthus*: Serv. B. 2, 24.

ărăcŏs, *i*, m. (ἄρακος), sorte de gesse: Plin. 21, 89.

Ărăcynthus, *i*, m. (Ἀράκυνθος), mont d'Étolie: Plin. 4, 6 ‖ de Béotie: Virg. *B.* 2, 24; Prop. 3, 15, 41.

Ărădŏs, -dus, *i*, f., ville et île près de la Phénicie [Ruad] Atlas IX, D3: Cic. *Att.* 9, 9, 2; Curt. 4, 1, 5 ‖ **-dĭus**, *a*, *um*, d'Aradus et **-dĭi**, *ōrum*, Liv. 35, 48, 6, habitants d'Aradus.

ārae, f. pl., V. *3 ara*.

Ărĕgĕnŭa, *ae*, f., ville de la Gaule [auj. Vieux]: Peut. 1, 2.

ăraeostȳlŏs, *on* (ἀραιόστυλος), aréostyle [qualifie un temple ayant des colonnes trop espacées]: Vitr. 3, 3, 1.

Ărămaei, *ōrum*, m. pl., Araméens: Plin. 6, 50.

Arandĭtāni, m., peuple de Lusitanie: Plin. 4, 118.

ărānĕa, *ae*, f. (cf. ἀράχνη; a. fr. *araigne*), araignée: Lucr. 4, 727; Virg. *G.* 4, 247; Ov. *M.* 6, 145‖ toile d'araignée: Pl. *Aul.* 87‖ fil très fin: Plin. 24, 56 ‖ herpès [maladie de peau]: Cass. Fel. 25.

ărānĕans, *antis*, plein d'araignées; [fig.] *araneantes fauces* Apul. *M.* 4, 22, gosier où rien n'a passé depuis longtemps.

ărānĕŏla, *ae*, f. (dim. de *aranea*; esp. *arañuela*), Cic. *Nat.* 2, 123, **ărānĕŏlus**, *i*, m., Culex 2, petite araignée.

ărānĕōsus, *a*, *um*, plein de toiles d'araignées: Catul. 25, 3 ‖ semblable à une toile d'araignée: Plin. 11, 65.

ărānĕum, *i*, n. ¶ **1** toile d'araignée: Phaed. 2, 8, 23; Plin. 11, 84 ¶ **2** sorte de maladie des oliviers et de la vigne: Plin. 17, 229.

1 ărānĕus, *i*, m. (it. *ragno*), araignée: Lucr. 3, 383; Pl. *St.* 348; Sen. *Ep.* 121, 22‖ vive [poisson de mer]: Plin. 32, 145.

2 ărānĕus, *a*, *um*, d'araignée, qui concerne les araignées: Plin. 18, 156; *araneus mus* Col. 6, 17, 1, musaraigne.

Aranga, *ae*, f., ville de l'Arménie Mineure: Peut. 11, 2.

arapennis, arepennis, *is*, m. (mot gaulois; fr. *arpent*), mesure agraire = la moitié du *jugerum*: Col. 5, 1, 6; Isid. 15, 15, 4.

Ărăr, *ăris*, Caes., **Ărăris**, *is*, Claud. *Ruf.* 2, 111, m., l'Arar [la Saône] Atlas V, D3: Caes. *G.* 1, 12; Plin. 3, 33 ‖ **-rĭcus**, *a*, *um*, de l'Arar: *Sidon. Ep.* 1, 8, 1.

Ararath, Ararat, m. indécl., montagne d'Arménie: Vulg. *Is.* 37, 38.

Ararauceles, *ĭum*, m. pl., peuple d'Afrique: Plin. 5, 33; V. *Acrauceles*.

Arasmi, m., peuple de l'Asie: Plin. 6, 48.

ărāter, V. *aratrum* ▶.

Ărātĭa ficus, f., sorte de figue [figue d'Aratus]: Plin. 15, 70.

ărātĭo, *ōnis*, f. (*aro*), labour: Plin. 18, 180; Cic. *Tusc.* 5, 86 ‖ terre cultivée: Sen. *Ep.* 89, 20 ‖ [en part. terres que le peuple romain donnait à cultiver dans les provinces]: Cic. *Verr.* 3, 43; 3, 69.

ărātĭuncŭla, *ae*, f., petit champ labourable: Pl. *Truc.* 148 ‖ petit sillon, saignée: Vulg. *3 Reg.* 18, 32.

1 ărātŏr, *ōris*, m. (*aro*), laboureur: Cic. *Phil.* 3, 22 ‖ fermier des terres de l'État: Cic. *Verr.* 3, 124‖ nom d'une constellation: Varr. d. Serv. *G.* 1, 19.

2 Ărātŏr, *ōris*, m., poète chrétien: Cassiod. *Var.* 8, 12.

ărātōrĭus, *a*, *um*, de labour: Cod. Th. 2, 30, 1 ‖ pl. n., terres de labour: Cod. Th. 9, 42, 7.

ărātrix, f. d'*arator*: Not. Tir. 68, 42.

ărātrō, artrō, *ās*, *āre*, -, -, labourer de nouveau: Plin. 18, 182.

ărātrum, *i*, n. (*aro*), araire: Cic. *Amer.* 50; Varr. *R.* 1, 22, 2; Virg. *G.* 1, 98; Plin. 7, 199‖ [fig.] *inducere aratrum in civitate* Dig. 7, 4, 21, labourer le sol d'une cité [la raser de fond en comble].
▶ m. *arater, tri* Grom. 112, 24.

Aratthus, *i*, m. (Ἄρατθος), fleuve d'Épire: Liv. 43, 21, 9.

ărātūra, *ae*, f. (it. *aratura*), labour: Gloss. 2, 245, 41.

1 ărātus, *a*, *um*, part. de *aro*.

2 ărātŭs, *ūs*, m., labourage: Dict. 2, 41.

3 Ărātus, *i*, m. ¶ **1** poète grec, auteur des *Phénomènes*, trad. par Cicéron: Cic. *de Or.* 1, 69‖ **-tēus, tīus**, *a*, *um*, d'Aratos: Cic. *Div.* 2, 14; *Leg.* 2, 7 ¶ **2** général grec, fondateur de la ligue achéenne: Cic. *Off.* 2, 81 ¶ **3** fleuve des Molosses: Plin. 4, 4.

Araura, *ae*, f., ville de la Narbonnaise [auj. Cessero]: Anton. 389.

Araurăca, *ae*, f., ville d'Arménie Mineure: Anton. 208.

Arauris, *is*, m., fleuve de la Narbonnaise [l'Hérault]: Plin. 3, 32.

Arausa, *ae*, f., ville d'Illyrie: Anton. 272.

Arausĭo, *ōnis*, f., ville de la Narbonnaise [Orange] Atlas I, C3; V, F3: Plin. 3, 36 ‖ **-sensis, -sĭensis**, *e*, **-sĭcus**, *a*, *um*, d'Arausio: CIL 12, 1567.

Aravi, *ōrum*, m. pl., peuple de Lusitanie: CIL 2, 429.

aravicelus, *i*, m., (f. ?) (fr. *arolle*), fruit du pin arolle: *Plin. 15, 36.

Aravisci, *ōrum*, m. pl., peuple de Pannonie: Tac. *G.* 28.

Ăraxătēs, *is*, m., fleuve de la Sogdiane: Amm. 23, 26.

Ăraxēs, *is*, m. ¶ **1** fleuve de l'Arménie Atlas I, C8: Virg. *En.* 8, 728 ‖ **-ēus**, *a*, *um*, de l'Araxe: Avien. *Perieg.* 29 ¶ **2** fleuve de Perse: Curt. 4, 5, 4.

Ăraxus (-ŏs), *i*, m., promontoire du Péloponnèse: Plin. 4, 13.

Arba, *ae*, f., île de l'Adriatique: Plin. 3, 140.

Arbaca, *ae*, f., ville d'Arachosie [Perse]: Amm. 13, 6.

Arbăcēs, *is*, **Arbactus**, *i*, m., premier roi des Mèdes: Vell. 1, 6; Just. 1, 3.

Arbălo, *ōnis*, f., ville des Chérusques: Plin. 11, 55.

Arbēia, *ae*, f., ville de Bretagne: Not. Dign. Oc. 40, 7.

1 **Arbēla**, *ae*, f., ville de Sicile: *Sil. 14, 271.

2 **Arbēla**, *ōrum*, n. pl., Arbèles [ville d'Assyrie] Atlas I, D7: Curt. 4, 9, 9.

Arbēlītis, *ĭdis*, f., l'Arbélitide, contrée d'Arbèles: Plin. 6, 41.

Arbēlum, *i*, n., ▷ 2 Arbela: Itin. Alex. 23; 27.

Arbethusĭi, m. pl., ville de Syrie: Plin. 5, 82.

Arbĭi, *iōrum*, m. pl., peuple de l'Inde: Plin. 6, 95.

Arbīla, ▷ 2 Arbela: *Plin. 2, 180.

Arbis, *is*, m., ville de Gédrosie: Plin. 6, 97.

arbĭta, ▷ arbutum.

arbĭter, *tri*, m. (*ar-, baeto*?, cf. ombr. *arputrati*) ¶ **1** témoin oculaire ou auriculaire: Pl. Cap. 219; Merc. 1005; *ab arbitris remoto loco* Cic. Verr. 5, 80, dans un lieu éloigné de tout témoin, cf. Rep. 1, 28; Att. 15, 16 B; *remotis arbitris* Cic. Off. 3, 112; Liv. 2, 4, 5, ayant écarté tout témoin ‖ *decisionis arbiter* Cic. Flac. 89, témoin qui préside à un arrangement, cf. Liv. 9, 1, 7; 21, 10, 3; 29, 24, 3; *arbitri sermonis* Tac. An. 13, 21, témoins de l'entretien ‖ confident: *secretorum omnium* Curt. 3, 12, 16, confident de tous les secrets, cf. 6, 8, 11 ¶ **2** [t. de jurispr.] arbitre, juge qui apprécie la bonne foi entre les deux parties avec des pouvoirs d'appréciation illimités [différence entre les *actiones bonae fidei* et les *actiones stricti juris*, v. Cic. Com. 10; 11; Off. 3, 61; 62; 70; 71; Gai. Inst. 4, 62]: *arbitrum adigere aliquem* Cic. Com. 25, citer qqn devant l'arbitre, cf. Top. 43; Off. 3, 66 ¶ **3** [en gén.] arbitre, juge: *arbitrum inter Academiam et Zenonem dare aliquem* Cic. Leg. 1, 53, désigner qqn comme arbitre entre l'Académie et Zénon; *arbiter rei* Cic. Att. 15, 1 A, 2, arbitre d'une chose ‖ expert, désigné par le juge pour évaluer un dommage, estimer un bien à partager: Dig. 10, 1, 7 ¶ **4** [par suite] maître: *solus arbiter rerum* Tac. An. 2, 73, seul arbitre des affaires, seul maître; *arbiter bibendi* Hor. O. 2, 7, 25, le roi du festin [symposiarque]; *elegantiae* Tac. An. 16, 18, [Pétrone] arbitre du bon goût; **(notus) arbiter Hadriae** Hor. O. 1, 3, 14, (le Notus) souverain de l'Adriatique.

arbĭtĕrium, ▷ arbitrium: Ulp. Dig. 4, 8, 7, 1; 4, 8, 21, 9; Paul. Dig. 4, 8, 19, 1.

arbitra, *ae*, f. ¶ **1** témoin, confidente: Hor. Epo. 5, 50 ¶ **2** arbitre, qui juge, qui décide: Sen. Ep. 66, 35; Gell. 7, 2, 5.

arbitrālis, *e*, d'arbitre: Macr. Sat. 7, 1, 7.

arbitrāriō, adv., d'une façon douteuse: Pl. Poen. 787.

arbĭtrārĭus, *a*, *um* (*arbiter*) ¶ **1** arbitral: Ulp. Dig. 13, 4, 2; P. Fest. 14, 10 ¶ **2** voulu, volontaire: Gell. 10, 4, 3; 19, 1, 15 ¶ **3** arbitraire, douteux: Pl. Amp. 372.

arbitrātio, *onis*, f. (*arbitror*), arbitrage: Cod. Th. 2, 26, 4 ‖ opinion: Boet. Herm. 6, 14, p. 471, 24.

arbitrātŏr, *ōris*, m., arbitre maître souverain: Gloss. 2, 868, 12.

arbitrātrix, *īcis*, f., celle qui règle: Tert. Marc. 2, 12.

1 **arbitrātus**, *a*, *um*, part. de *arbitror*.

2 **arbitrātŭs**, *ūs*, m. ¶ **1** sentence de l'arbitre: Pl. Ru. 1004; Cat. Agr. 144, 3; *ostenderunt Bulliones se Lucceio Pompei arbitratu satis facturos* Cic. Fam. 13, 42, 1, les Bullions ont témoigné qu'ils s'en rapporteraient à l'arbitrage de Pompée pour donner satisfaction à Luccéius ¶ **2** pouvoir, liberté: [nom.] Pl. Asin. 756; Rud. 1355; [abl.] *meo (tuo, suo) arbitratu*, à ma (ta, sa) guise, à mon (ton, son) gré: Cic. de Or. 1, 101; Dom. 8 ‖ *arbitratu alicujus*, au gré de qqn, suivant le bon plaisir de qqn: Verr. 1, 119; 1, 140.

▶ n'est employé qu'à l'abl. à la période classique.

arbĭtrĭum, *ii*, n. (*arbiter*) ¶ **1** jugement de l'arbitre, arbitrage, ▷ *arbiter*: *in arbitrio rei uxoriae* Cic. Off. 3, 61, l'action en restitution de la dot ‖ *arbitria funeris*, frais de funérailles fixés par arbitre, prix des funérailles: Cic. Dom. 98; Pis. 21; *solvere arbitria funeris* Cic. Sen. 18, payer les funérailles ¶ **2** jugement, décision: *ad arbitrium alicujus conferre aliquid* Cic. Fam 1, 9, 23, soumettre qqch. au jugement de qqn; *in arbitrium alicujus venire* Cic. Brut. 92, être exposé au jugement de qqn [en parl. d'écrits] ¶ **3** pouvoir de faire qqch. à sa guise, bon plaisir: *in ejus arbitrium ac potestatem venire nolebant qui...* Cic. Verr. 1, 150, ils ne voulaient pas se mettre à la discrétion et sous le pouvoir d'un homme qui...; *(Juppiter) cujus nutu et arbitrio caelum, terra mariaque reguntur* Cic. Amer. 131, (Jupiter) qui d'un signe de tête, à son gré, gouverne le ciel, la terre et les mers; *quid ille umquam arbitrio suo fecit?* Cic. Phil. 6, 4, qu'a-t-il jamais fait de sa libre volonté? ‖ *libera de quoque arbitria agere* Liv. 24, 45, 4, exercer son libre pouvoir à propos de chaque chose ‖ [expr.]: *vixit ad aliorum arbitrium, non ad suum* Cic. Mur. 19, sa vie a été soumise au gré des autres, non au sien; *multitudinis arbitrio* Cic. Lae. 41, selon les fantaisies de la foule; *optimatium arbitrio regi* Cic. Rep. 1, 42, être gouverné par la volonté des aristocrates (avoir un gouvernement aristocratique); *si meo arbitrio memini* Sen. Ben. 2, 11, 1, si je suis maître de mon souvenir (si je me souviens quand je veux); *ex tuo arbitrio diem disponere (non licet)* Sen. Pol. 6, 4, (tu n'a pas le droit) de disposer de tes journées à ta fantaisie ‖ [chrét.] *liberum arbitrium* Hier. Pelag. 3, 7, libre arbitre, cf. Tert. Anim. 21, 6.

arbĭtrix, *īcis*, f., femme arbitre: CIL 6, 10128.

arbĭtrō, *ās*, *āre*, -, -, ▷ *arbitror* ▶.

arbĭtrŏr, *āris*, *ārī*, *ātus sum* (*arbiter*), tr. ¶ **1** être témoin de, entendre ou voir: Pl. Aul. 607; Capt. 220; Apul. M. 1, 18; 2, 29; 3, 21, cf. Cic. Font. 29 ¶ **2** arbitrer, apprécier (juger) comme arbitre: Varr. d. Non. 519, 29; Dig. ¶ **3** [sens courant] penser, juger, croire, être d'avis [avec prop. inf.]: Caes. G. 1, 2, 5; Cic. Verr. 5, 147 ‖ [avec deux acc.]: *me arbitratur militem* Pl. Bac. 845, il me prend pour un soldat; *totius mundi se incolam et civem arbitrabatur* Cic. Tusc. 5, 108, il se regardait comme habitant et citoyen du monde; *non quo istum ullo honore dignum arbitrarentur* Cic. Verr. 2, 172, non pas qu'ils crussent cet homme digne d'aucun honneur, cf. Clu. 143; Phil. 8, 16; *hunc ad egrediendum nequaquam idoneum locum arbitratus* Caes. G. 4, 23, 4, trouvant que ce point n'était pas du tout favorable à un débarquement ‖ *quod non arbitror* Cic. Att. 13, 32, 3, chose que je ne crois pas, cf. Fam. 5, 21, 1; 10, 25, 1; Nep. Alc. 6, 2 ‖ [abs¹, entre parenth.]: *ut arbitror*, à ce que je crois: Cic. Phil. 12, 28; de Or. 1, 4; *ut Helvetii arbitrantur* Caes. G. 1, 4, 4, comme le croient les Helvètes ‖ [avec *quia, quod*]: Vulg. Matth. 10, 34; 20, 10 ‖ désirer [avec inf.]: Cassian. Incarn. 5, 14, 2.

▶ ¶ **1** impér. arch. *arbitramino* Pl. Ep. 695 ‖ inf. *arbitrarier* Pl. Amp. 932; Bac. 570 ¶ **2** actif *arbitrō*, *ās*, *āre*, *āvī*, *ātum*: Pl. Merc. 902; Ps. 1014; St. 144; impér. *arbitrato* Cic. Nat. 2, 74 ¶ **3** passif [d'après Prisc. 2, 379, 8, c'est le déponent qui a le sens passif]: Coel.-Antip. 2; Pl. Epid. 267; Gell. 1, 13, 2; Ulp. Dig. 11, 7, 12, 5; 7, 1, 13, 1 ‖ *arbitrabantur* passif Caes. C. 3, 6, 3 [β]; Cic. Mur. 34; Verr. 5, 106 [*arbitraretur RS*].

Arbŏcăla, *ae*, f., ville de la Tarraconaise: Liv. 21, 5, 6.

Arbogastēs, *is*, m., Arbogast général de l'armée de Théodose: Oros. Hist. 7, 35, 12.

arbŏr (**-bōs**, poètes, surtout Virg.), *ŏris*, f. (cf. *arduus*?; fr. *arbre*), arbre: Cic. CM 59 ¶ **1** *arbor fici* Cic. Flac. 41, le figuier, cf. Suet. Aug. 94 ¶ **2** [poét.] *arbor Jovis* Ov. M. 1, 106, l'arbre de Jupiter [le chêne]; *Phoebi* Ov. F. 3, 139, le laurier; *Palladis* Ov. A. A. 2, 518, l'olivier; *arbos Herculea* Virg. G. 2, 66, le peuplier ¶ **3** [objets en bois]: *arbos mali* Virg. En. 5, 504, le bois du mât, le mât; [ou sans *mali*] Luc. 9, 332 ‖ *arbore fluctum verberare* Virg. En. 10, 207, frapper les flots de l'aviron ‖ *Pelias arbor* Ov. H. 12, 8, le navire Argo ‖ [l'arbre du pressoir] Cat.

arbor

Agr. 18, 4 ‖ [le javelot] Stat. *Th.* 12, 769 ‖ **arbor infelix** Cic. *Rab. perd.* 13, gibet, potence ¶ 4 animal marin inconnu: Plin. 9, 8; 32, 144.
▶ arch. acc. *arbosem* P. Fest. 14, 9; *arboses* Fest. 280, 9.

Arbor fēlix, ville et château de Rhétie [auj. Arbon] Atlas XII, A2: Amm. 31, 10, 20.

arbŏrācia, *ae*, f., [καρδία δένδρου] moelle: Gloss. 2, 19, 9.

arbŏrārĭus, *a*, *um*, qui concerne les arbres: *falx arboraria* Cat. *Agr.* 3, 21, 4, serpe à émonder les arbres; *picus arborarius* Plin. 30, 47, le pivert.

arbŏrātŏr, *ōris*, m. (*arbor*), émondeur [des arbres]: Plin. 18, 330; Col. 11, 1, 12.

arbŏrescō, *is*, *ĕre*, -, - (*arbor*), intr., devenir arbre: Plin 19, 62.

arbŏrētum, *i*, m., verger: Quadrig. d. Gell. 17, 2, 25.

arbŏrĕus, *a*, *um* (*arbor*), d'arbre: Virg. *G.* 1, 55; Ov. *M.* 8, 379 ‖ [fig.] *cornua arborea* Virg. *En.* 1, 190, bois du cerf.

Arbŏrĭus, *ii*, m., aïeul d'Ausone: Aus. *Parent.* 5 (162), 2.

arbōs, ▶ *arbor*.

1 **arbuscŭla**, *ae*, f. (dim. de *arbos*) ¶ 1 arbuste, arbrisseau: Varr. *R.* 3, 15; Col. 5, 10, 7 ¶ 2 [fig.] *arbuscula crinita* Plin. 11, 121, aigrette du paon ‖ [méc.] chape [pour loger les axes de roues de machines] ▶ *hamaxopodes*: Vitr. 10, 14, 1.

2 **Arbuscŭla**, *ae*, f., nom d'une comédienne contemporaine de Cicéron: Cic. *Att.* 4, 15, 6; Hor. *S.* 1, 10, 77.

arbuscŭlar, *āris*, n., lieu planté d'arbustes: Not. Tir. 72, 94.

arbuscŭlōsus, *a*, *um* (*arbuscula*), planté d'arbres: Gloss. 2, 444, 39.

arbusta, *ae*, f. (*arbos*), arbre: Greg.-Tur. *Vit. Patr.* 10, 3.

arbustĭcŏla, *ae*, m. (*arbustum, colo*), pépiniériste: Anth. 682, 9.

arbustīvus, *a*, *um* (*arbustum*) ¶ 1 planté d'arbres: Col. 3, 13, 6 ¶ 2 [en part.] (vigne) mariée à un arbre: Col. 4, 1, 8.

arbustō, *ās*, *āre*, -, - (*arbustum*), tr., planter d'arbustes: Plin. 17, 201.

arbustŭlum, *i*, n. (*arbustum*), petit arbuste: Aug. *Corrept.* 14, 43.

arbustum, *i*, n. ¶ 1 plantation, lieu planté d'arbres: Cic. *CM.* 54; Virg. *B.* 3, 10 ¶ 2 [poét.] au pl., arbres: Lucr. 5, 671; Stat. *Th.* 2, 472.

arbustus, *a*, *um* (*arbos*), planté d'arbres: Cic. *Rep.* 5, 3 ‖ [en part.] *arbusta vitis* Plin. 17, 207, vigne mariée à des arbres ‖ [fig.] *res arbustiores* Tert. *Marc.* 2, 29, 4, choses plus solides.

arbūtĕus, *a*, *um* (fr. *arbouse*), d'arbousier: Virg. *G.* 1, 166; *En.* 11, 65; Ov. *M.* 1, 104.

arbūtum, *i*, n. ¶ 1 arbouse: Virg. *G.* 1, 148 ¶ 2 arbousier: Virg. *G.* 3, 300; Rutil. 1, 32 ¶ 3 [en gén.] arbre: Rutil. 1, 31.

arbūtus, *i*, f. (peu net; it. *albatro*), arbousier: Virg. *G.* 2, 69.

1 **arca**, *ae*, f. (cf. *arceo*; fr. *arche*) ¶ 1 **a)** coffre, armoire: Cat. *Agr.* 11, 3; Cic. *Div.* 2, 86 **b)** [en part.] coffre où l'on dépose de l'argent: Cic. *Att.* 1, 9, 2; *arcam communem habere* Dig. 3, 4, 1, 1, faire caisse commune ‖ comptes du Trésor: *arca frumentaria, olearia* Dig. 50, 4, 1, 2, caisse pour l'achat de blé, d'huile ‖ Trésor impérial [par opp. au *fiscus*]: *arca sublimium potestatum* Cod. Th. 11, 28, 6, la caisse du pouvoir suprême ¶ 2 cercueil: Hor. *S.* 1, 8, 9 ¶ 3 prison étroite, cellule: Cic. *Mil.* 60 ¶ 4 [archit.] chéneau: Vitr. 6, 3, 2 ¶ 5 coffrage [pour une maçonnerie]: Vitr. 5, 12, 3 ¶ 6 coffre, cadre [dans une machine]: Vitr. 10, 8, 3; 10, 15, 7 ¶ 7 borne de délimitation: Grom. 227, 14 ¶ 8 [chrét.] arche [de Noé]: Vulg. *Gen.* 6, 14 ‖ *arca foederis* Vulg. *Deut.* 10, 8, arche d'alliance.

2 **Arca**, *ae*, f., Plin. 5, 74, **Arcae**, *ārum*, f. pl., Anton. 148, ville de Phénicie ‖ ville de Cappadoce: Anton. 178 ‖ **-cēnus**, *a*, *um*, d'Arca [en Phénicie]: Lampr. *Alex.* 1.

Arcădēs, *um*, m. pl., Arcadiens: Cic. *Nat.* 3, 57; Virg. *B.* 7, 4; ▶ 2 *Arcas*.

1 **Arcădĭa**, *ae*, f., Arcadie [Péloponnèse] Atlas VI, C1 ‖ **-dĭcus**, *a*, *um*, arcadien: Liv. 1, 5, 1 ‖ **-dĭus**, *a*, *um*, arcadien: Ov. *F.* 1, 462.

2 **Arcădĭa**, *ae*, f. (Ἀρκαδία), ville de Crète: Sen. *Nat.* 3, 11, 5.

Arcădĭus, *ii*, m., empereur d'Orient ‖ **-dĭānus**, *a*, *um*, de l'empereur Arcadius: Cod. Th. 6, 4, 25.

arcānō, adv. (*arcanus*), en secret, en particulier: Cic. *Att.* 16, 3, 1; Caes. *C.* 1, 19, 2.

1 **arcānum**, *i*, n. (*arcanus*), secret: Hor. *O.* 1, 18, 16; Ov. *M.* 7, 192 ‖ [chrét.] mystère [religieux]: Tert. *Praescr.* 22, 3; *Val.* 8, 4 ‖ archive: Tert. *Apol.* 21, 19.

2 **Arcānum**, *i*, n., villa de Quintus Cicéron près d'un certain bourg (*Arx*) entre Arpinum et Aquinum: Cic. *Att.* 5, 1, 3.

arcānus, *a*, *um* (*arca*) ¶ 1 discret, sûr: Pl. *Trin.* 518; Plin. 7, 178 ‖ [poét.] *arcana nox* Ov. *H.* 9, 40, nuit discrète ¶ 2 caché, secret, mystérieux: Cic. *Fin.* 2, 85; Liv. 35, 18, 2.

1 **arcārĭus**, *a*, *um* (*arca*), relatif à la caisse contenant les espèces [argent]: *nomina arcaria* Gai. *Inst.* 3, 131, inscriptions [sur le livre de comptes] relatant des mouvements de caisse.

2 **arcārĭus**, *ii*, m., caissier: Dig. 40, 5, 41, 17 ‖ [en part.] contrôleur du fisc: Lampr. *Alex.* 43.

3 **arcārĭus**, *ii*, m. (*arcus*; fr. *archer*), archer: Cassiod. *Jos. Ap.* 1, 201; ▶ *arcuarius*.

1 **Arcăs**, *ădis*, m., fils de Jupiter et de Callisto: Ov. *F.* 1, 470.

2 **Arcăs**, *ădis* ou *ădos*, m., Arcadien; [en part.] Mercure: Mart. 9, 35, 6.

arcāta, *ae*, f. (*arcuatus, arcus* ¶ 3), (s.-ent. *porta*), arche, arc [porte monumentale]: Bu Njem *Carm.* 12.

arcātūra, *ae*, f. (*arca*), borne de délimitation: Cassiod. *Var.* 3, 52, 1.

arcebĭŏn, *ii*, n., vipérine [plante]: Plin. 22, 51.

arcelaca (**vītis**), *ae*, f. (?), sorte de vigne: Col. 3, 7, 1; ▶ *arceraca*.

arcella, *ae*, f. (dim. de *arcula*) ¶ 1 cassette: Diom. 326, 6 ¶ 2 cachette, secret, tréfonds: *conscientiae* Caes.-Arel. *Serm.* 39, 2; *animae* Caes.-Arel. *Serm.* 160, 1 ¶ 3 cercueil: CIL 3, 9546 ¶ 4 petite borne: Grom. 227, 5.

arcellŭla, *ae*, f. (dim. de *arcella*), coffret: Greg.-Tur. *Hist.* 10, 16 [docum.].

Arcens, *tis*, m., nom d'homme: Virg. *En.* 9, 581.

Arcēnus, *a*, *um*, ▶ *Arca*.

arcĕō, *ēs*, *ēre*, *ŭī*, - (cf. *arca, arx*, ἀρκέω), tr. ¶ 1 contenir, enfermer, retenir: *flumina* Cic. *Nat.* 2, 152, maintenir les fleuves dans leur lit; *alvus arcet et continet quod recepit* Cic. *Nat.* 2, 136, l'estomac enferme et retient ce qu'il a reçu ¶ 2 tenir éloigné, détourner, écarter: *ille scit ut hostium copiae, tu, ut aquae pluviae arceantur* Cic. *Mur.* 22, il sait, lui, comment on détourne les troupes ennemies, toi, comment on détourne les eaux de pluie ‖ détourner de: *aliquem ab aliqua re* Cic. *Cat.* 1, 33; *Phil.* 6, 6; *Off.* 1, 122; *aliquem aliqua re* Cic. *Phil.* 2, 104; 5, 37; *Tusc.* 1, 89; *Leg.* 2, 25 ‖ [avec le dat.] [poét.]: *hunc* (*asilum*) *arcebis gravido pecori* Virg. *G.* 3, 154, tu écarteras cet insecte (le taon) pour les (dans l'intérêt des) femelles pleines ‖ *arcere ne* Liv. 27, 48, 8, empêcher que; *non arcere quin* Liv. 26, 44, 9, ne pas empêcher que ‖ avec prop. inf. [poét.]: *plagam sedere cedendo arcebat* (*draco*) Ov. *M.* 3, 58, (le dragon) en reculant empêchait le coup de porter, cf. *Pont.* 3, 3, 56; *nec Augustus arcuerat Balbum hostiles exuvias ornatum ad urbis et posterum gloriam conferre* Tac. *An.* 3, 72, et Auguste n'avait pas détourné Balbus de faire servir les dépouilles ennemies à orner la ville et à illustrer sa postérité ¶ 3 interdire: Tert. *Nat.* 1, 6, 2.

arcĕra, *ae*, f. (*arca*), sorte de chariot couvert: Varr. *Men.* 188; Gell. 20, 1, 29.

arceraca, ▶ *arcelaca*: Plin. 14, 35.

Arcĕsĭlās, *ae*, m. (Ἀρκεσίλας) ¶ 1 philosophe académicien: Cic. *de Or.* 3, 67 ¶ 2 sculpteur: Plin. 36, 33.

Arcĕsĭlāus, *i*, m. ¶ 1 nom d'un peintre et d'un sculpteur: Plin. 35, 122; 36, 41 ¶ 2 ▶ *Arcesilas*: Sen. *Ben.* 2, 21, 4; Gell. 3, 5, 1.

Arcēsĭus, *ĭi*, m. (Ἀρκείσιος), fils de Jupiter, père de Laerte : Ov. *M.* 13, 144.

1 arcessĭo, *ōnis*, f., v. *accersio* : Char. 44, 32.

2 arcessĭō, *īs*, *īre*, -, -, v. *arcesso* ▶.

accessītĭo, *ōnis*, f. (*accesso*), rappel [à Dieu], mort : Cypr. *Ep.* 22, 2.

arcessītŏr, *ōris*, m. (*arcesso*), celui qui mande, qui appelle : Plin. *Ep.* 5, 6, 45 ǁ accusateur : Amm. 29, 1, 44.

arcessītu, abl. m. de l'inus. **arcessītŭs* : *alicujus rogatu arcessituque* Cic. *Nat.* 1, 15, sur la prière et l'invitation de qqn.

arcessītus, *a*, *um* ¶ 1 part. de *arcesso* ¶ 2 adj^t, tiré de loin, cherché, peu naturel : Cic. *de Or.* 2, 256 ; Quint. 9, 4, 147.

arcessō (accersō), *ĭs*, *ĕre*, *īvī*, *ītum* (*ar-*, *-cesso*, cf. *incesso* ; ou bien désidératif de *arceo* ?), tr. ¶ 1 faire venir, appeler, mander : **(rex) venit vel rogatus ut amicus, vel arcessitus ut socius, vel evocatus ut is qui senatui parere didicisset** Cic. *Dej.* 13, (le roi) vint ou sur une prière, comme un ami, ou sur un appel, comme un allié, ou sur un ordre, comme un homme accoutumé à obéir au sénat ǁ **hinc, inde, undique**, faire venir d'ici, de là, de partout : ***Athenis*** Nep. *Dion* 3, 1, faire venir d'Athènes ; ***Teano*** Cic. *Clu.* 27, de Téanum ; ***a Capua*** Liv. 26, 33, 4, des environs de Capoue ; ***auxilia a Vercingetorige*** Caes. *G.* 7, 33, 1, demander des secours à Vercingétorix ; ***a villa in senatum arcessebatur Curius*** Cic. *CM* 56, c'est de sa maison de campagne qu'on mandait Curius au sénat ; ***ex Britannia*** Caes. *G.* 3, 9, 9 ; ***ex longinquioribus locis*** Caes. *G.* 4, 27, 6, faire venir de Bretagne, d'endroits plus éloignés ǁ [avec dat.] ***auxilio arcessiti*** Caes. *G.* 3, 11, 2, appelés au secours ǁ [chrét.] [pass.] être rappelé à Dieu, mourir : Cypr. *Ep.* 66, 5 ¶ 2 [droit] citer (appeler) en justice, accuser : ***aliquem capitis*** Cic. *Rab. perd.* 26 ; Sall. *J.* 73, 5, intenter une action capitale à qqn ; ***pecuniae captae*** Sall. *J.* 32, 1, poursuivre qqn pour argent reçu [pour corruption] ; ***judicio capitis innocentem*** Cic. *Off.* 2, 51, intenter une accusation capitale contre un innocent ¶ 3 [fig.] faire venir de, tirer de : ***artes, quas arcessivisti ex urbe ea quae domus est semper habita doctrinae*** Cic. *Brut.* 332, les connaissances que tu as tirées de la ville [Athènes] qui a toujours passé pour la demeure de la science ǁ amener, procurer : ***illae (translationes) orationi splendoris aliquid arcessunt*** Cic. *de Or.* 3, 156, ces métaphores apportent au style de l'éclat ; **(quies) neque molli strato neque silentio accersita** Liv. 21, 4, 7, (repos) qui n'était procuré ni par la mollesse de la couche ni par le silence.

▶ ¶ 1 inf. arch. *arcessier* (*accersier*) Caecil. *Com.* 263 ; Ter. *Eun.* 510 ¶ 2 formes syncopées dans Cic. : *arcessierunt, arcessierim, arcessierit, arcessieram* ¶ 3 la forme *accerso* est moins employée et sans différence de sens ¶ 4 les formes d'une 4e conjug. *accersire* ou *arcessire* se trouvent surtout à partir de Trajan ; pass. *accersiri* Tac. *H.* 1, 14 (*Med.*) ; *arcessiri* Frontin. *Strat.* 1, 9, 3 ; *arcessiendum* Cassian. *Inst.* 5, 41.

arceuthĭnus, *a*, *um* (ἀρκεύθινος), de genévrier : Vulg. *2 Par.* 2, 8.

archa, c. *arca* : CIL 5, 6207.

Archaeŏpŏlis, *is*, f., ville de Lydie : Plin. 5, 117.

archaeus, *a*, *um* (ἀρχαῖος), ancien : Diom. 485, 31.

Archăgăthus, *i*, m., médecin grec : Plin. 29, 12.

archaismŏs, *i*, m. (ἀρχαϊσμός), archaïsme : Serv. *En.* 1, 3.

archangĕlĭcus, *a*, *um* (ἀρχαγγελικός), d'archange : Hier. *Ep.* 12.

archangĕlus, *i*, m. (ἀρχάγγελος), archange : Hier. *Ruf.* 1, 23 ǁ archange [= Éon gnostique] : Tert. *Val.* 19, 1.

archārĭus, v. *arcarius*.

Archē, *ēs*, f. ¶ 1 une des quatre muses, filles du second Jupiter : Cic. *Nat.* 3, 54 ¶ 2 un des Éons de Valentin : Tert. *Val.* 35, 2.

archebĭŏn, *ii*, n., orcanète [plante] : Plin. 22, 51.

archĕbūlīum metrum, vers inventé par Archébule : Diom. 514, 1.

Archĕbūlus, *i*, m., poète grec : Ter.-Maur. 6, 382, 1919.

archĕgŏnŏs, *ŏn* (ἀρχέγονος), adj., primordial : Iren. 2, 12, 5.

Archĕlāis, *ĭdis*, f., ville de Cappadoce Atlas IX, C3 : Plin. *6, 8* ǁ contrée de Palestine : Plin. 13, 44.

Archĕlāus, *i*, m. (Ἀρχέλαος) ¶ 1 Archelaos de Milet [philosophe] : Cic. *Tusc.* 5, 10 ¶ 2 roi de Macédoine : Cic. *Tusc.* 5, 34 ¶ 3 roi de Cappadoce : Plin. 37, 46.

Archĕmăchus, *i*, m., historien grec : Plin. 7, 207.

Archĕmŏrus, *i*, m., fils de Lycurgue : Stat. *Th.* 4, 718.

Archēnē, *ēs*, f., contrée près du Tigre : Plin. 6, 128.

Archēnŏr, *ŏris*, m., fils d'Amphion et de Niobé : Hyg. *Fab.* 11.

archēōtēs, *ae*, m. (ἀρχειώτης), archiviste : Char. *Dig.* 50, 4, 18, 10.

Archĕsĭlās, v. *Arcesilas* [mss].

archĕtўpum, *i*, n. (ἀρχέτυπον), original, modèle : Varr. *R.* 3, 5, 8 ; Plin. *Ep.* 5, 10.

archĕtўpus, *a*, *um*, original, qui n'est pas une copie : Juv. 2, 7.

archezostis, *ĭdis*, f., couleuvrée [plante] : Plin. 23, 21.

Archĭa, *ae*, f., fille d'Océanus : Hyg. *Fab.* 143.

Archĭas, *ae*, m. ¶ 1 poète grec, défendu par Cicéron : Cic. *Arch.* 1 ¶ 2 ciseleur ; [d'où] **-ĭacus**, *a*, *um*, Hor. *Ep.* 1, 5, 1, d'Archias.

archĭāter, -trus, *tri* m. (ἀρχιατρός ; al. *Arzt*), premier médecin à la Cour impériale : Aug. *Ep.* 227 ; Cod. Th. 13, 3, 2.

archĭātrĭa, *ae*, f., charge de premier médecin à la Cour impériale : Cod. Th. 13, 3, 8.

archĭbūcŏlus (-cŭlus), *i*, m. (ἀρχιβουκόλος), chef des prêtres de Bacchus : CIL 6, 510.

Archĭdāmus, *i*, m., notable étolien : Liv. 35, 48, 10.

Archĭdēmia, *ae*, f., source de Syracuse : Plin. 3, 89.

Archĭdēmĭdēs, *is*, m. (Ἀρχιδημίδης), fils d'Archidème : Pl. *Bac.* 284.

Archĭdēmus, *i*, m., philosophe de Tarse : Cic. *Ac.* 2, 143.

archĭdendrŏphŏrus, *i*, m. (ἀρχιδενδροφόρος), chef des dendrophores [prêtres de Cybèle] : CIL 3, 763.

archĭdĭācōn, *ŏnis*, **-cŏnus**, *i*, m. (ἀρχιδιάκονος), archidiacre : Cassiod. *Hist.* 5, 48 ; Fort. *Mart.* 3, 38 ; Hier. *Ep.* 125, 15 ; 146, 1.

archĭdĭācōnātŭs, *ūs*, m., dignité de l'archidiacre : Greg.-M. *Ep.* 2, 14.

archĭēpiscŏpus, *i*, m. (ἀρχιεπίσκοπος), archevêque : Cod. Just. 1, 1, 7.

archĭĕreūs, *i*, m. (ἀρχιερεύς), grand prêtre : Lampr. *Alex.* 28, 7.

archĭĕrōsynē, *ēs*, f. (ἀρχιερωσύνη), dignité de grand prêtre : Cod. Th. 12, 1, 112.

archĭgallus, *i*, m. (ἀρχι-, *gallus*), chef des prêtres de Cybèle : Plin. 35, 70.

Archĭgĕnēs, *is*, m. (Ἀρχιγένης), médecin de l'époque de Trajan : Juv. 6, 235.

archĭgĕrōn, *ontis*, m. (ἀρχιγέρων), chef des vieillards : Cod. Th. 14, 27, 1.

archĭgŭbernus, *i*, m., chef des pilotes : Dig. 36, 1, 48.

Archĭlăchītae, *ārum*, m. pl., peuple de la Chersonnèse Taurique : Plin. 4, 85.

Archĭlŏchus, *i*, m. (Ἀρχίλοχος), Archiloque, poète grec de Paros : Cic. *Tusc.* 1, 3 ; Hor. *Ep.* 1, 19, 24 ǁ **-īus**, *a*, *um*, archiloquien [vers] : Serv. *Gram.* 4, 460, 1 ǁ = injurieux, satirique : Cic. *Att.* 2, 21, 4.

archĭmăgīrus, *i*, m. (ἀρχιμάγειρος), chef des cuisiniers : Juv. 9, 109.

archĭmandrīta, *ae*, m. (ἀρχιμανδρίτης), archimandrite, abbé : Sidon. *Ep.* 8, 14 ; Vit. Patr.-Jur. 3, 21.

archĭmandrītissa, *ae*, f. (cf. *abbatissa*), abbesse : Julian. *Epit.* 7, 32.

archĭmartyr, *yris*, m. (ἀρχιμάρτυρ), premier martyr (en parl. de s. Étienne) : Aug. *Ep.* 16, 2.

Archĭmēdēs, *is*, m. (Ἀρχιμήδης), Archimède, géomètre de Syracuse : Cic. *Tusc.* 1, 62 ǁ **-dēus, -īus**, *a*, *um*, d'Archimède : Capel. 6, 585.

archimimus

archĭmīmus, *i*, m. (ἀρχίμιμος), Suet. *Vesp.* 19, **archĭmīma**, *ae*, f., *CIL* 6, 10107, acteur ou actrice à la tête d'une troupe.

archĭnĕăniscus, *i*, m., prince de la jeunesse : *CIL* 6, 2180.

archĭōtes, v. *archeotes*.

archĭōtĭpa (-tēpa), *ae*, f. (ἀρχαῖος et *archetypum*), statue, portrait : Eger. 19, 6 ; 15.

archĭphĕrĕcītae, *ārum*, m. pl. (ἀρχιφερεκῖται), chefs d'une école juive : Novel.-Just. 146, 1, 2.

archĭpīrāta, *ae*, m. (ἀρχιπειρατής), chef des pirates : Cic. *Off.* 2, 40 ; *Verr.* 5, 64.

archĭpīrātĭcus, *a*, *um*, qui appartient au chef des pirates : Not. Tir. 48, 48.

archĭpontĭfex, *ĭcis*, m. (*archi-, pontifex*), souverain pontife : Avell. p. 614, 3.

archĭpōsĭa, *ae*, f. (ἀρχιποσία), royauté du festin : Porphyr. Hor. *S.* 2, 2, 123.

Archippē, *ēs*, f., ville des Marses : Plin. 3, 108.

Archippus, *i*, m., roi des Marses : Virg. *En.* 7, 750 ∥ général d'Argos : Liv. 34, 40, 6.

archĭpresbyter, *ĕri*, m. (ἀρχιπρεσβύτερος), archiprêtre : Hier. *Ep.* 125, 15.

archĭsăcerdōs, *ōtis*, m., évêque : Fort. *Carm. app.* 34, 1.

Archisarmi, m. pl., peuple d'Éthiopie : Plin. 6, 192.

archĭsўnăgōga, *ae*, m., chef de la synagogue : Ambr. *Luc.* 6, 9 ∥ **-gicus**, *a*, *um*, Not. Tir. 6, 38, de la grande synagogue ∥ **-gus**, *i*, m., c. *archisynagoga* : Lampr. *Alex.* 28, 7.

architectātus, *a*, *um*, part. d'*architector*.

architectĭcus, *a*, *um*, d'architecte : *Cassiod. *Var.* 3, 52.

architectĭo, *ōnis*, f., architecture : VL. *Exod.* 35, 35.

architectōn, *ŏnis*, m. (ἀρχιτέκτων), architecte : Pl. *Most.* 760 ; v. *architectus*.

architectōnĭa, *ae*, VL. *Exod.* 35, 32, **architectōnĭcē**, *ēs* (ἀρχιτεκτονική), f., Quint. 2, 21, 8, architecture.

architectōnĭcus, *a*, *um*, qui concerne l'architecture : Vitr. 9, 1, 1.

architectōnĭzō, *ās*, *āre*, -, - (cf. ἀρχιτεκτονέω), tr., faire construire : VL. *Exod.* 38, 1.

architectōnŏr, *āris*, *ārī*, -, c. 1 *architector* : VL. *Exod.* 31, 4 d. Aug. *Quaest. Hept.* 2, 138.

1 **architectŏr**, *āris*, *ārī*, - (*architectus*), tr., bâtir : Vitr. 1, 1, 12 ∥ [fig.] Her. 3, 32 ∥ inventer, procurer : Cic. *Fin.* 2, 52.
▶ pass. *architectatus*, *a*, *um* " construit " : Nep. d. Prisc. 2, 383, 4.

2 **architectŏr**, *ōris*, m., architecte : *Jul.-Val. 1, 26.

architectūra, *ae*, f. (*architectus*), architecture : Cic. *Off.* 1, 151 ; *partes ipsius architecturae sunt tres : aedificatio, gnomonice, machinatio* Vitr. 1, 3, 1, l'architecture elle-même comprend trois parties ; la construction des bâtiments, la gnomonique et la mécanique.

architectus, *i*, m. (cf. *architectus*), architecte, ingénieur : Pl. *Truc.* 3 ; Cic. *de Or.* 1, 62 ; Vitr. 1, 1, 1 ∥ inventeur, auteur, artisan : Cic. *Clu.* 60 ; *Fin.* 1, 32.

Archītis, *ĭdis*, f., nom de Vénus chez les Assyriens : Macr. *Sat.* 1, 21, 1.

architrĭclīnium, *ĭi*, n., salle à manger principale : Not. Tir. 100, 51.

architrĭclīnus, *i*, m., maître d'hôtel : Vulg. *Joh.* 2, 8.

archīum, *ĭi*, Ulp. *Dig.* 48, 9, 9, 6, **archīvum**, *i*, n. (ἀρχεῖον), Tert. *Apol.* 19, 5, archives.

archōn, *ontis*, m. (ἄρχων), archonte, magistrat grec : Cic. *Fat.* 19 ∥ haut magistrat, chef de la synagogue : Tert. *Marc.* 3, 13, 9 ; *Cor.* 9, 1.

Archontĭci, *ōrum*, m. pl., sectateurs de Valentin : Isid. 8, 5, 13.

Archōus, *i*, m., fleuve de Babylonie : Plin. 6, 132.

Archўta, *m*., Sidon. *Carm.* 2, 176, c. *Archrytas*.

Archўtās, *ae*, m. (Ἀρχύτας), philosophe pythagoricien de Tarente : Cic. *Tusc.* 4, 78.

arci, v. *arcus* ▶.

Arcĭāca, *ae*, f., ville des Sénons en Gaule [auj. Arcis-sur-Aube] : Anton. 361.

Arcĭdāva, *ae*, f., ville de Dacie Atlas I, C5 : Peut. 7, 3.

arcĭfer, *ĕri*, m. (*arcus, fero*), archer : Gloss. 2, 457, 15.

arcĭfīnālis, *e* (*arca* ¶5, *finalis*), [terrain] délimité naturellement : Grom. 138, 3.

arcĭfīnĭus, *a*, *um*, c. *arcifinalis* : Grom. 5, 6.

arcĭō, *īs*, *īre*, -, -, c. *accio* : Prisc. 2, 35, 6.

arcĭon, *i*, n. (ἄρκειον), bardane [plante] : Plin. 25, 113.

arcĭpŏtens (arquĭ-), *tis* (*arcus, potens*), habile à manier l'arc [surnom d'Apollon] : Val.-Fl. 5, 17.

arcirma, *ae*, f. (cf. *arcera*), petit chariot : P. Fest. 14, 21.

arcis, gén. sg. d'*arx*.

arcĭsellĭum, *ĭi*, n. (*arcus, sella*), siège à dossier cintré : *Petr. 75, 4.

arcĭsŏlĭum, *ĭi*, n. (cf. *arcisellium* et *solium*), enfeu : Carm. Epigr. 656, 1 ; v. *arcosolium*.

arcĭtĕnens (arquĭ-), *tis*, m. (*arcus, teneo*), porteur d'arc [surnom de Diane et d'Apollon] : Ov. *M.* 1, 441 ∥ = Apollon : Virg. *En.* 3, 75 ∥ le Sagittaire [constellation] : Cic. *Arat.* 182.
▶ *arquitenens* Naev. ; Acc. ; Virg.

arcites, *um*, v. *arcuites*.

arcĭtŭs, *ūs*, m. (*arceo*), action d'écarter : Prisc. 3, 445, 2.

arcīvus, *a*, *um*, qui écarte : Gloss. 2, 357, 32.

Arcobrigensis, *e*, d'Arcobriga [ville des Celtibères] : Plin. 3, 24.

arcŏlĕōn, *ontis*, m. (ἄρκος, λέων), sorte de lion : Capit. *Gord.* 33, 1.

Arconnēsus, *i*, f., île près d'Halicarnasse : Plin. 5, 133.

arcŏsŏlĭum, *ĭi*, n. (cf. *arcisolium*), renfoncement voûté, enfeu : Inscr. Chr. Diehl 2132.

arctātĭo, **arcte**, **arcto**, **arctum**, **arctus**, v. *art-*.

arctĭcus, *a*, *um* (ἀρκτικός), arctique : Hyg. *Astr.* 1, 6.

Arctīnus, *i*, m. (Ἀρκτῖνος), nom d'un poète grec : Diom. 477, 9.

arctĭon, *ĭi*, n. (ἄρκτιον), celsia [plante] : Plin. 27, 33.

Arctoe, forme grecque pour **Arcti** (ἄρκτοι), Cic. *Arat.* 441 ; v. *Arctos*.

Arctonnēsos, *i*, f., ancien nom de Cyzique : Plin. 5, 142.

arctŏphўlax, *ăcis*, m. (ἀρκτοφύλαξ), le Bouvier [constellation] : Cic. *Nat.* 2, 96.

arctŏphyllum, *i*, n. (ἀρκτόφυλλον), cerfeuil : Ps. Apul. *Herb.* 105.

Arctŏs, **Arctus**, *i*, f. (ἄρκτος), l'Ourse [la grande ou la petite] : Ov. *M.* 3, 45 ; pl., **Arcti** Virg. *En.* 6, 16, les deux Ourses ∥ le pôle nord : Ov. *M.* 2, 132 ∥ la nuit : Prop. 3, 15, 25 ∥ le pays et les peuples du Nord : Luc. 3, 74 ∥ le nord : Hor. *O.* 2, 15, 16.

arctōus, *a*, *um* (ἀρκτῷος), arctique : Mart. 5, 68, 1.

Arctūrus, *i*, m. (ἀρκτοῦρος) ¶1 Arcturus [étoile du Bouvier] : Cic. *Arat.* 99 ∥ la constellation entière : Virg. *G.* 1, 204 ¶2 une plante, v. *arction* : Plin. 27, 16 ; 27, 33.

1 **arctus**, *a*, *um*, [orth. vicieuse pour *artus*].

2 **Arctus**, v. *Arctos*.

arcŭārĭus, *a*, *um* (*arcus*), qui concerne les arcs : Veg. *Mil.* 2, 11 ∥ subst. m., faiseur d'arcs : Dig. 50, 6, 6 ; v. *arcarius*.

arcŭātĭlis, *e*, voûté : Sidon. *Ep.* 2, 2, 11.

arcŭātim, adv., en forme d'arc : Plin. 29, 136.

arcŭātĭo, *ōnis*, f. (*arcuo*), arcade, arche : Frontin. *Aq.* 18 ; 121.

arcŭātūra, **arquātūra**, *ae*, f., c. *arcuatio* : Frontin. *Aq.* 5 ; Not. Tir. 100, 80.

arcŭātus, **arquātus**, *a*, *um* ¶1 courbé en arc : Liv. 1, 21, 4 ; Plin. *Ep.* 10, 37, 2 ∥ **-cŭāta**, pl. n., lieux voûtés : Isid. 10, 110 ¶2 [ordᵗ] arquatus, qui a la couleur de l'arc-en-ciel : *arquatum jubar* Avian. *Fab.* 15, 8 ∥ *arquatus morbus* Cels. 2, 4, 6, jaunisse [couleur d'arc-en-ciel]; d'où *arquatus*, (celui) qui a la jaunisse; [adj.] COL. 7, 5, 18; [subst.] LUCR. 4, 308; PLIN. 20, 115.

arcŭballista, *ae*, f. (*arcus, ballista*; fr. arbalète, al. *Armbrust*), arbalète: VEG. Mil. 2, 15.

arcŭballistārĭus, *ii*, m., soldat armé d'une arbalète: VEG. Mil. 4, 21.

arcŭbĭus, *ii*, m. (cf. *ar-, cubo*), sentinelle: P. FEST. 23, 19.

arcŭĭtes, arcītes, arquĭtes, *um*, m. pl. (*arcus*, cf. *eques*), archers: P. FEST. 19, 10; GLOSS. 5, 591, 15.

arcŭla, *ae*, f. (dim. de *arca*), coffret: CIC. Off. 2, 25 ‖ petite cassette [pour l'argent]: AFRAN. Com. 410 ‖ boîte à couleurs: VARR. R. 3, 17, 4 ‖ boîte à fard ou à parfums: CIC. Att. 2, 1, 1 ‖ coffre: [contenant les flèches] QUINT. 12, 3, 4; [les vêtements] SEN. Ep. 92, 13 ‖ sommier d'un orgue hydraulique: VITR. 10, 8, 2 ‖ urne funéraire: MARCIAN. Dig. 11, 7, 39.

arcŭla ăvis, f. (*arceo*), oiseau de mauvais augure: P. FEST. 23, 15.

arcŭlārĭus, *ii*, m., faiseur de coffrets: PL. Aul. 519.

arcŭlāta, *ōrum*, n. pl. (*arculus*), gâteaux de farine offerts dans les sacrifices: P. FEST. 15, 10.

arcŭlum, *i*, n. (*arcus*), couronne faite d'une branche de grenadier: SERV. En. 4, 137, ▼ *inarculum*: P. FEST. 101, 5.

arcŭlus, *i*, m. (dim. de *arcus*), coussinet qu'on place sur la tête pour porter les vases sacrés: P. FEST. 15, 10; GLOSS. 5, 441, 3.

Arcŭlus, *i*, m. (*arceo*), dieu des coffres-forts: P. FEST. 15, 9.

arcūmen, *ĭnis*, n. (*arcus*), iris [fleur]: ISID. 17, 9, 9.

arcŭō, *ās, āre, āvī, ātum* (*arcus*), tr., courber en arc: LIV. 1, 21, 4; PLIN. 29, 137.
▶ *arquare* NOT. TIR. 100, 79.

arcŭpŏtens, ▼ *arcipotens*.

arcŭs, arquŭs, *ūs*, m. (cf. an. *arrow*; fr. *arc*) ¶ 1 arc: CIC. Nat. 1, 101 ¶ 2 arc-en-ciel: CIC. Nat. 3, 51 ¶ 3 voûte, arc de triomphe: TAC. An. 2, 41 ¶ 4 toute espèce d'objet courbé en forme d'arc: VIRG. G. 2, 26; En. 3, 533; TAC. An. 15, 57 ‖ arc de cercle: SEN. Nat. 1, 10; COL. 5, 2, 9 ¶ 5 [fig.] = puissance [hébr.]: VULG. Jer. 49, 35.
▶ gén. arch. *arqui* LUCR. 5, 526; CIC. Nat. 3, 51; nom. pl. *arci* VARR. d. NON. 77, 12 ‖ f. ENN. An. 409.

Ardabae, m. pl., peuple de l'Inde: PLIN. 6, 77.

ărdālĭo, *ōnis*, m. (de ἄρδαλος, cf. Ἀρδαλίων), agité, homme qui fait l'empressé: PHAED. 2, 5, 1; MART. 2, 7, 7 ‖ goinfre: GLOSS. 5, 491, 66.

ardĕa, *ae*, f. (cf. ἐρῳδιός, esp. *garza*), héron: VIRG. G. 1, 364.

Ardĕa, *ae*, f., ville des Rutules Atlas XII, E3: VIRG. En. 7, 411 ‖ **-dĕās**, *ātis*, d'Ardée: CIC. Nat. 3, 47 ‖ **-dĕātes**, *ĭum*, m. pl., habitants d'Ardée: LIV. 4, 11, 3 ‖ **-dĕātīnus**, *a, um*, d'Ardée: NEP. Att. 14, 3; LIV. 4, 7, 12.

Ardĕātis, m., ▼ *Ardeas*: CAT. Orig. 2, 28.

ardĕlĭo, ▼ *ardălio*: GLOSS. 5, 605, 10.

Ardenna, ▼ *Arduenna*.

ardens, *tis* ¶ 1 part. prés. de *ardeo* ¶ 2 adj^t **a)** brûlant: *ardentior animus quam est hic aer* CIC. Tusc. 1, 42, l'âme est un principe igné plus brûlant que cet air; *sol ardentissimus* SEN. Ep. 80, 3; PLIN. Ep. 2, 17, 19, soleil très ardent **b)** étincelant: *ardentes clipei* VIRG. En. 2, 734, boucliers étincelants **c)** [fig.] brûlant, ardent: *ardentes amores* CIC. Fin. 2, 52, amour ardent; *habuit studia suorum ardentia* CIC. Planc. 20, il a eu l'ardent dévouement de ses concitoyens ‖ *ardens oratio* CIC. Or. 132, discours brûlant ‖ *ardentes in eum litteras ad me misit* CIC. Att. 14, 10, 4, il m'a envoyé une lettre toute brûlante de colère contre lui.

ardentĕr, adv., d'une façon ardente: *ardenter cupere* CIC. Tusc. 3, 39, désirer ardemment; *ardentius* CIC. Fin. 4, 4; de Or. 2, 35; *ardentissime* PLIN. Ep. 1, 14, 10.

ardĕō, *ēs, ēre, arsī, arsum* (*aridus*; a. fr. *ardre*), intr. ¶ 1 être en feu, brûler: *ardentes faces* CIC. Tusc. 5, 76, torches en feu; *domus ardebat* CIC. Dom. 62, la maison brûlait; [poét.] *ardet Ucalegon* VIRG. En. 2, 311, Ucalégon [le palais d'Ucalégon] est en feu ‖ *ardentes laminae* CIC. Verr. 5, 163, lames de fer rougies ‖ *caput arsisse Servio Tullio dormienti* CIC. Div. 1, 121, [on raconte] que la tête de Servius Tullius, pendant qu'il dormait, fut entourée de flammes ¶ 2 briller, resplendir, étinceler: *campi armis ardent* VIRG. En. 11, 602, la plaine flamboie de l'éclat des armes; *ardet apex capiti* VIRG. En. 10, 270, le cimier étincelle sur sa tête ‖ *ardebant oculi* CIC. Verr. 5, 161, ses yeux étincelaient (flamboyaient); *cum oculis arderet* CIC. Verr. 4, 148, ayant les yeux étincelants (flamboyants) ¶ 3 [fig.] être en feu, être transporté par un sentiment violent: *ardere Galliam* CAES. G. 5, 29, 4, [il disait] que la Gaule était en feu [que les passions étaient allumées en Gaule]; *ut non solum incendere judicem, sed ipse ardere videaris* CIC. de Or. 2, 188, tellement que tu parais non seulement enflammer les juges, mais être toi-même embrasé du même feu ‖ *cupiditate libertatis ardere* CIC. Phil. 10, 14, brûler du désir de la liberté; *odio* CIC. Phil. 4, 4, brûler de haine; *dolore, ira* CIC. Att. 2, 19, 5, être transporté de dépit, de colère ‖ [mais] *ardere invidia* CIC. de Or. 3, 8; LIV. 5, 11, 4, être en butte à la haine, à la malveillance; *infamia* PLIN. 4, 11, 4, être en butte à la réprobation ‖ *podagrae doloribus* CIC. Fin. 5, 94, être tourmenté par les douleurs de la goutte ‖ [en part.] brûler de désir: *animi ad ulciscendum ardebant* CAES. G. 6, 34, 7, les esprits brûlaient de se venger; *ardet in arma* VIRG. En. 12, 71, il brûle de combattre; [avec inf.] VIRG.; OV.; *persequi Jugurtham animo ardebat* SALL. J. 39, 5, il brûlait de poursuivre Jugurtha ‖ [poét.] brûler d'amour: *arsit Atrides virgine rapta* HOR. O. 2, 4, 7, le fils d'Atrée brûla pour une vierge prisonnière (*in virgine* OV. M. 9, 725) ‖ [tr. avec acc.]: *Corydon ardebat Alexin* VIRG. B. 2, 1, Corydon brûlait d'amour pour Alexis, cf. HOR. O. 4, 9, 13; MART. 8, 63, 1; GELL. 6, 8, 3 ¶ 4 être en feu, se développer avec violence: *cum arderet acerrime conjuratio* CIC. Sull. 53, alors que la conjuration était dans son feu le plus vif; *cum maxime furor arderet Antoni* CIC. Phil. 3, 3, alors que la démence d'Antoine était à son paroxysme; *omnium in illum odia civium ardebant desiderio mei* CIC. Mil. 39, la haine de tous les citoyens était allumée contre lui par le regret de mon absence; *dolor ossibus ardet* VIRG. En. 9, 66, le dépit porte son feu jusque dans la moelle de ses os.
▶ part. fut. *arsurus* VIRG. En. 11, 77; TIB. 1, 1, 61; OV. M. 2, 245; LIV. 25, 24, 14 ‖ part. pass. *arsus* PLIN. VAL. 2, 9 ‖ parf. *arduerint* CIL. 6, 2107, ▼ *assus*.

ardĕŏla, *ae*, f., ▼ *ardea*: PLIN. 10, 164.

ardescō, *ĭs, ĕre, arsī* (*ardeo*), intr. ¶ 1 s'enflammer, prendre feu: LUCR. 6, 670; 6, 903; OV. M. 15, 351; TAC. An. 4, 67; 15, 43 ‖ [au fig.] *voce, voltu, oculis* TAC. An. 16, 29, avoir une voix, un visage, des yeux enflammés ¶ 2 s'enflammer, se passionner: *animi pariter ardescebant* TAC. An. 1, 32, les esprits prenaient feu tous également; *libidinibus ardescit (animus)* TAC. An. 3, 54, les passions embrasent l'âme ‖ *indomitas ardescit vulgus in iras* OV. M. 5, 41, la multitude s'enflamme d'une colère aveugle ‖ *in nuptias* TAC. An. 11, 25, s'enflammer pour un mariage ¶ 3 prendre feu, se développer: *ardescente pugna* TAC. H. 5, 18, le combat s'échauffant; *in eam secreti questus ardescebant* TAC. H. 3, 17, les récriminations se développaient secrètement contre elle.

Ardiaei, *ōrum*, m. pl., peuple d'Illyrie: LIV. 27, 30.

Ardĭcēs, *is*, m., peintre de Corinthe: PLIN. 35, 16.

ardĭfētus, *a, um* (*ardeo, fetus*), ardent: VARR. Men. 204.

Ardiscus, *i*, m., fleuve de Scythie: PRISC. Perieg. 306; ▼ *Aldescus*.

Ardoneae, *ārum*, f. pl., ville d'Apulie: LIV. 24, 20.

ardŏr, *ōris*, m. (*ardeo*; fr. *ardeur*) ¶ 1 feu, embrasement: *cum mea domus ardore suo deflagrationem urbi minaretur* CIC. Planc. 95, alors que l'incendie de ma maison menaçait d'embraser la ville ‖ *solis ardor* CIC. Rep. 6, 21; *ardores* CIC. CM 53, l'ardeur, les feux du soleil ¶ 2 *oculorum* CIC. Nat. 2, 107, l'éclat des yeux; *Sirius ardor* VIRG. En. 10, 273, l'éclat de Sirius ¶ 3 [fig.] feu, ardeur,

ardor

passion : ***vidi in Aesopo tantum ardorem vultuum atque motuum, ut*** Cic. *Div.* 1, 80, j'ai vu chez Esope un tel feu dans les jeux de physionomie et dans les gestes que ; ***senatus populique Romani*** Cic. *Phil.* 13, 15, l'ardeur du sénat et du peuple romain ; ***animi*** Cic. *Brut.* 93, la chaleur de l'âme, de l'émotion ‖ [avec gén. obj.] : ***in Africam trajiciendi*** Liv. 29, 24, 11, ardeur à (désir ardent de) passer en Afrique ‖ [avec *ad*] : ***ardor mentis ad gloriam*** Cic. *Cael.* 76, ardeur pour la gloire ; ***ad hostem insequendum*** Liv. 26, 6, 7, ardeur à poursuivre l'ennemi ¶ 4 [poét.] ardeur de l'amour, les feux de l'amour : Hor. *Epo.* 11, 27 ; Ov. *M.* 9, 101.

ardŭē, adv., avec peine, avec difficulté : Hier. *Lucif.* 15 ; Cassiod *Var.* 8, 11, 3 ; Greg.-M. *Ep.* 7, 126, 2.

Ardŭenna, ae, f., les Ardennes Atlas V, C3 : ***Arduenna silva*** Caes. *G.* 5, 3, 4, la forêt des Ardennes, cf. 6, 29, 4 ; Tac. *An.* 3, 42.

ardŭĕrint, ardeo ▶.

Ardŭinna, ae, f., surnom de Diane dans la Gaule : CIL 6, 46.

ardŭĭtās, atis, f. (*arduus*), escarpement : Varr. *R.* 2, 10, 3.

ardŭum, i, n. (*arduus*), hauteur, montagne : [au sg. seul* avec prép.] ***pedites, ut per arduum leni gradu ducuntur*** Liv. 38, 21, 3, l'infanterie, en raison de la raideur de la pente, s'avance au petit pas ; ***ardua terrarum*** Virg. *En.* 5, 695, les montagnes.

ardŭus, a, um (cf. ὀρθός, gaul. *Arduenna* ; *arbor*) ¶ 1 haut, élevé, abrupt : ***ardua cervix*** Hor. *S.* 1, 2, 87, une haute encolure ; ***arduus ascensus*** Cic. *Verr.* 4, 51, montée abrupte, cf. *Rep.* 2, 11 ; Caes. *G.* 2, 33, 2 ‖ la tête haute : Virg. *En.* 9, 53 ¶ 2 [fig.] ***a)*** difficile : ***opus arduum*** Cic. *Or.* 33, entreprise difficile ; [subst. n.] ***nec (iis) fuit in arduo societas*** Tac. *An.* 12, 15, et l'alliance ne (leur) fut pas difficile à conclure ***b)*** défavorable : ***rebus in arduis*** Hor. *O.* 2, 3, 1, dans l'adversité ‖ ***arduior, -issimus*** Cat. d. Prisc. 2, 87, 17 ; 18.

Ardyaei, Ardiaei.

ārĕ, dans *facit are* tmèse pour *arefacit*, arefacio : Lucr. 6, 962.

ārĕa, ae, f. (cf. *areo* ; fr. *aire*) ¶ 1 surface, sol uni ; [en part.] emplacement pour bâtir : Cic. *Rep.* 2, 21 ‖ cour de maison : Plin. *Ep.* 2, 17, 4 ‖ divers espaces libres dans Rome, places : Hor. *O.* 1, 9, 18 ; ***area Capitoli*** Liv. 25, 3, 14, la place du Capitole [devant le temple de Jupiter Capitolin], cf. Ov. *F.* 6, 478 ‖ large espace pour jeux, arène : Liv. 33, 32, 4 ‖ [fig.] carrière, théâtre, époque [de la vie] : ***area scelerum*** Cic. *Att.* 9, 18, théâtre des crimes ; ***vitae tres areae*** Mart. 10, 24, 9, les trois âges de la vie ¶ 2 [en part.] aire à battre le blé : Cat. *Agr.* 129 ; Cic. *Verr.* 3, 20 ; Hor. *S.* 1, 1, 45 ‖ [fig., chrét.] aire [où le grain est séparé de la balle] : Tert. *Fug.* 1, 4 ‖ [fig.] moisson, blé : Vulg. *4 Esdr.* 4, 30 ; *Os.* 9, 2 ¶ 3 [fig.] halo : Sen. *Nat.* 1, 2, 3 ‖ parterre, bordure [en parl. des jardins] : Col. 11, 3, 13 ‖ aire aménagée pour prendre les oiseaux (pipée) : Pl. *As.* 216, 220 ; *Poen.* 676 ‖ cimetière : Tert. *Scap.* 3, 1 ‖ calvitie : Cels. 6, 4, 1 ; Petr. 109, 9 ; Mart. 5, 49, 6 ¶ 4 aire, superficie : Vitr. 3, 1, 3 ; Quint. 1, 10, 40.

ārĕālis, e, relatif à l'aire : Serv. *G.* 1, 166.

Arĕātae, ārum, m. pl., peuple de la Sarmatie : Plin. 4, 41.

Arĕcŏmĭci, ōrum, m. pl., peuple de la Narbonnaise : Caes. *G.* 1, 35, 4 ; Plin. 3, 37.

Arectai, Araccaei : Paneg.-Messal. 142.

ārĕfăcĭō, *is*, *ere*, *fēcī*, *factum* (*areo*, *facio*), tr., faire sécher, dessécher : Varr. *L.* 5, 38 ; Plin. 18, 116 ; ***terram sol facit are*** Lucr. 6, 962, le soleil dessèche la terre ‖ tarir : Gell. 12, 1, 8 ‖ [fig.] flétrir, briser : Vulg. *Eccli.* 10, 18.

ārĕfactus, a, um, part. de *arefacio*.

ārĕfīō, *fīs*, *fĭĕrī*, *factus sum*, se sécher, se dessécher : Plin. 32, 82.

Arĕgĕnŭa, ae, f., ville de la Lyonnaise [Vieux] : *Peut.* 1, 2.

Arĕi, ōrum, m. pl., Aréens [peuple d'Afrique] : Liv. 33, 18.

Arĕlās, ātis, f., Aus. *Urb.* (292, 2), 74, **Arĕlātē**, n. indécl., Caes. *C.* 1, 35, 4 ; 2, 5, 1, Arles Atlas I, C3 ; V, F3 ‖ **-ātensis**, e, d'Arles : Plin. 10, 116.

Arĕlātum, i, n., **Arĕlātus**, i, f., Arelas : Anton. 289 ; Cassiod. *Var.* 8, 10.

Arellĭus, ii, m., Arellius Fuscus, rhéteur romain : Sen. *Contr.* 3, pr. 1.

Arĕmŏrĭca, ae, f., l'Armorique [province occidentale de la Gaule] Atlas V, D1 : Plin. 4, 105 ‖ **-cus**, a, um, de l'Armorique : Caes. *G.* 5, 53, 6 ‖ **-cānus**, a, um, CIL 3, 1919.

ărēna (**hăr-**), ae, f. (fr. *arène*), sable ¶ 1 ***bibula arena*** Virg. *G.* 1, 114, le sable qui absorbe l'eau ; ***arenae semina mandare*** Ov. *H.* 5, 115, semer dans le sable [perdre sa peine] ¶ 2 terrain sablonneux : ***arenam emere*** Cic. *Agr.* 2, 71, acheter un terrain sablonneux ¶ 3 [en part.] ***a)*** désert de sable : ***Libycae arenae*** Ov. *M.* 4, 617, les sables de Libye ***b)*** rivage : ***hospitium arenae*** Virg. *En.* 1, 540, l'hospitalité du rivage ***c)*** l'arène : Cic. *Tusc.* 2, 46 ; Suet. *Tib.* 72 ‖ [fig.] Flor. 4, 2, 18 ; Plin. *Ep.* 6, 12, 2 ‖ [d'où] les combats du cirque : ***arenae devotus*** Suet. *Calig.* 30, passionné pour les combats du cirque ‖ les combattants du cirque, gladiateurs : ***juris idem arenae*** Juv. 6, 127, les gladiateurs ont le même droit ¶ 4 ***arena urens*** Sen. *Nat.* 2, 30, 1, la lave. ▶ *fasena* Varr. d. Vel. 7, 69, 8.

ărēnācĕus, a, um, **-cĭus**, a, um (*arena*), sablonneux, sec : Plin. 17, 43 ; 21, 98.

Ărēnācum, i, **-nācĭum**, ii, Peut. 2, 4, n., ville de la Belgique [auj. Ryndern] : Tac. *H.* 5, 20.

ărēnārĭus, a, um (*arena*) ¶ 1 de sable : Serv. *G.* 2, 348 ¶ 2 qui concerne le cirque : ***arenaria fera*** Amm. 29, 1, 27, bête destinée au cirque. ¶ 3 **ărēnārĭus**, ii, m. ***a)*** combattant du cirque, gladiateur : Petr. 126, 6 ***b)*** maître de calcul [les chiffres étant tracés sur le sable] Tert. *Pall.* 6, 2 ¶ 4 **ărēnārĭa**, ae, f., carrière de sable : Cic. *Clu.* 37 ou **ărēnārĭum**, ii, n., Vitr. 2, 4, 2 ; 2, 6, 5.

ărēnātĭo, ōnis, f. (*arena*), mélange de chaux et de sable, crépissage : Vitr. 7, 3, 9.

ărēnātus, a, um (*arena*), mêlé de sable : Cat. *Agr.* 18, 7 ‖ **ărēnātum**, i, n., mortier de sable : Vitr. 7, 3, 5.

ărēnĭfŏdīna, ae, f. (*arena*, *fodina*), arenaria : Ulp. *Dig.* 7, 1, 13.

ărēnĭvăgus, a, um (*arena*, *vagus*), qui erre dans les sables : Luc. 9, 941.

ărēnōsus, a, um (*arena*), plein de sable, sablonneux : Virg. *En.* 4, 257 ; Ov. *M.* 14, 82 ; ***arenosior, -issimus*** Plin. 33, 101 ; 27, 20 ‖ subst., **ărēnōsum**, i, n., terrain sablonneux : Sall. *J.* 48, 3.

ārens, tis, part. adj. de *areo* ¶ 1 desséché, aride : Virg. *G.* 2, 377 ; 3, 555 ‖ ***per arentia*** Sen. *Ir.* 3, 20, 2, à travers les lieux arides ¶ 2 desséché, altéré : Hor. *Epo.* 14, 4 ; ***arens sitis*** Prop. 2, 17, 6, soif brûlante.

ărēnŭla, ae, f. (dim. de *arena*), grain de sable, sable fin : Plin. 30, 24.

ārĕō, *ēs*, *ēre*, *ŭī*, - (cf. *ara*), intr. ¶ 1 être sec : ***tellus aret*** Ov. *M.* 2, 211, la terre est sèche ¶ 2 être desséché, fané : ***aret ager*** Virg. *B.* 7, 57, le champ est desséché ‖ [fig.] ***Tantalus aret*** Ov. *A. A.* 2, 606, Tantale brûle de soif, cf. Pl. *Ru.* 533.

ārĕŏla, ae, f. (dim. d'*area*), petite cour : Plin. *Ep.* 5, 6, 20 ‖ planche [dans un jardin], parterre : Col. 10, 362.

Ărĕŏpăgītēs (**-ta**), ae, m., Aréopagite, membre de l'Aréopage : Cic. *Phil.* 5, 14 ; *Off.* 1, 75 ‖ **-tĭcus**, a, um, de l'Aréopage : Sidon. *Ep.* 9, 9 ‖ subst. m., l'Aréopagitique [titre d'un discours d'Isocrate] : Prisc. 3, 310, 2.

Ărĕŏpăgus (**-ŏs**), i, m. (Ἄρειος πάγος), Aréopage [tribunal d'Athènes] Atlas VII : Cic. *Nat.* 2, 74.

▶ nom. *Areos pagos* Sen. *Tranq.* 5, 1 ; acc. *Arium pagum* Cic. *Div.* 1, 54 M. ; Val.-Max. 5, 3, 3 ; *Areon pagon* Varr. d. Aug. *Civ.* 18, 10.

arepennis, is, m., arapennis : Col. 5, 1, 6.

arepo, mot figurant sur le "carré magique" [*opera* à l'envers ?] : CIL 12, 202.

1 ăres, [arch.] ▶ *aries* : Varr. *L.* 5, 98.

2 Ărēs, is, m., nom d'un guerrier : Val.-Flac. 3, 203.

ărescō, *ĭs*, *ĕre*, *ărŭī*, - (*areo*), intr., sécher, se dessécher : Lucr. 6, 841 ; Pl. *Ru.* 575 ; Cic. *Rep.* 6, 8 ; ***arescit lacrima*** Cic. *Inv.* 1, 109, les larmes se sèchent ‖ avoir soif : Amm. 18, 7, 9 ‖ [fig.] languir, dépérir, se consumer : Aug. *Ep.* 102, 25 ; Vulg. *Luc.* 21, 26.

Ărestŏrĭdēs, ae, m., fils d'Arestor [Argus] : Ov. *M.* 1, 624.

ărětălŏgus, *i*, m. (ἀρεταλόγος), hâbleur, charlatan : Juv. 15, 16.

1 Ărētē, *ēs*, f., fille de Denys l'ancien, tyran de Syracuse : Nep. *Dion* 1, 1.

2 Ărētē, *ēs*, f., Arété [femme d'Alcinoüs, roi des Phéaciens] : Hyg. *Fab.* 23.

Arētho, *ontis*, m., Aréton, [fleuve de l'Épire, auj. Arta] : Liv. 38, 3, 11.

Ărēthūsa, *ae*, f., Aréthuse [nymphe de la suite de Diane, aimée par Alphée] : Ov. *M.* 4, 494 **a)** fontaine près de Syracuse : Cic. *Verr.* 1, 4, 118 **b)** fontaine d'Eubée : Plin. 4, 64 **c)** ville de Macédoine : Plin. 4, 38 **d)** ville de Syrie sur l'Oronte : Anton. 188 ‖ **-saeus**, *a*, *um*, d'Aréthuse : Claud. *Pros.* 2, 60 ou **-sĭus**, *a*, *um*, Sil. 14, 356, **-sis**, *ĭdos*, f., Ov. *F.* 4, 873.

Ărēthūsĭlī, *ōrum*, m. pl., habitants d'Aréthuse [en Macédoine] : Plin. 4, 35 ‖ en Syrie : Plin. 5, 82.

Aretissa, *ae*, f., lac où se jette le Tibre : Plin. 6, 127.

Ārētĭum (Arrē-), *ĭi*, n., Arétium [ville d'Étrurie, auj. Arezzo] Atlas I, C4 ; XII, D3 : Cic. *Fam.* 16, 12, 2 ; Caes. *C.* 1, 11, 4 ; Plin. 35, 160 ‖ **-tīnus**, *a*, *um*, d'Arezzo : *Arretina vasa* Isid. 20, 4, 5, vases d'Arezzo [en céramique rouge arétine] ‖ **-tīnī**, *ōrum*, m. pl., habitants d'Arétium : Cic. *Att.* 1, 14, 9.

Aretrebae (Arro-), *ārum*, m. pl., peuple de la Tarraconaise : Plin. 4, 114.

1 ărēus, *a*, *um* (ἄρειος), de l'Aréopage : *areum judicium* Tac. *An.* 2, 55, l'Aréopage.

2 Ărēus, *i*, m., nom d'un philosophe : Sen. *Marc.* 4, 2 ; Suet. *Aug.* 89 ‖ fleuve de Bithynie : Plin. 5, 148.

Arēva, *ae*, f., rivière de la Tarraconaise : Plin. 3, 27.

Arēvāci, *ōrum*, m. pl., peuple de la Tarraconaise : Plin. 3, 19 ‖ sg., Sil. 3, 362.

arfăcĭo, sync. pour arefacio : Cat. *Agr.* 69 ; 125.

arfāri, adfari ►.

Arfērĭa ăqua (ar- et fero, cf. ombr. arfertur ; inferiae), eau pour libations aux divinités infernales : P. Fest. 10, 23.

arfīnes, [arch.] adfines : Prisc. 2, 35, 4.

arfŭi, adsum ►.

Argaeus, *i*, m., Argée, montagne de la Cappadoce : Plin. 6, 8 ‖ **-us**, *a*, *um*, du mont Argée : Claud. *Carm. min.* 48, 6.

Arganthōnĭus, *ĭi*, m. (Ἀργανθώνιος), roi des Tartessiens qui parvint à un âge fort avancé : Cic. *CM* 69 ‖ **-ĭăcus**, *a*, *um*, Sil. 3, 396, d'Arganthonius.

Arganthus, *i*, m., montagne de la Bithynie : Prop. 1, 20, 33.

Argantŏmăgus, *i*, f., ville d'Aquitaine [auj. Argenton] Atlas V, E2 : Peut. 2, 3.

Argaris, *is*, m., montagne de l'Idumée : Plin. 5, 68.

Argēi, *ōrum*, m. pl., endroits de Rome destinés à certains sacrifices : Varr. *L.* 5, 45 ; Liv. 1, 21, 5 ; Ov. *F.* 3, 791 ‖ mannequins en jonc que les prêtres jetaient tous les ans, aux ides de mai, dans le Tibre du haut du pont Sublicius [image des anciens sacrifices humains] : Varr. *L.* 7, 44 ; Ov. *F.* 5, 621.

Argelĭus, *ĭi*, m., nom d'un architecte : Vitr. 7, pr. 12.

argĕma, *ătis*, n. (ἄργεμα), [méd.] ulcération du cercle de l'iris : Plin. 20, 40.

argĕmōn, *i*, n. (ἄργεμον), aigremoine [plante] : Plin. 24, 176.

argĕmōnē, *ēs*, f. (ἀργεμώνη), pavot argémone : Plin. 26, 92.

argĕmōnĭa, *ae*, f. (fr. aigremoine). argemone : Plin. 25, 102.

argennŏn, *i*, n. (ἀργεννόν), argent très blanc : P. Fest. 14, 5.

Argennŏs, *i*, f., île près de l'Ionie : Plin. 5, 135.

Argennūsae, Arginusae : Plin. 5, 140.

argentālis, *e*, argentarius : *Cass. Fel.* 17.

Argentānum, *i*, n., ville du Bruttium : Liv. 30, 19, 10.

1 argentārĭa, *ae*, f. ¶ **1** mine d'argent : Liv. 34, 21, 7 ¶ **2** banque : Pl. *Truc.* 66 ; Liv. 40, 51, 9 ‖ négoce d'argent : *argentariam facere* Cic. *Caecin.* 10, exercer le métier de banquier, cf. *Off.* 3, 58 ; *Verr.* 5, 155.

2 Argentārĭa, *ae*, f., ville de la Gaule [auj. Horbourg] : Amm. 31, 10, 8 ‖ ville d'Illyrie : Peut. 7, 1 ‖ femme de Lucain : Stat. *S.* 2, praef. 25 ; Sidon. *Ep.* 2, 10, 6.

1 argentārĭum, *ĭi*, n., armoire à ranger l'argenterie : Ulp. *Dig.* 34, 2, 19.

2 Argentārĭum, *ĭi*, n., 2 Argentaria : Jord. *Rom.* 312.

1 argentārĭus, *a*, *um* (argentum) ¶ **1** d'argent, qui concerne l'argent : *argentaria metalla* Plin. 33, 86, mines d'argent ; *argentarius faber* Dig. 34, 2, 39, ouvrier en argent ‖ [monnaie] : *inopia argentaria* Pl. *Ps.* 300, disette d'argent ; *taberna argentaria* Liv. 26, 11, 8, boutique de changeur ‖ *coactor argentarius* Dig. 40, 7, 40, 8, encaisseur [préposé à l'encaissement des recettes pour le compte d'une banque] ‖ *mensae argentariae exercitor* Dig. 2, 13, 4 pr., banquier ¶ **2** subst. m. **a)** ouvrier en argent : Cod. Th. 13, 4, 2 **b)** banquier : Pl. *Curc.* 679 ; Cic. *Off.* 3, 58.

2 Argentārĭus, *ĭi*, m., promontoire de la côte d'Étrurie [auj. Monte Argentaro] : Rutil. 1, 315 ‖ montagne de Bétique : Avien. *Or.* 291.

argentātus, *a*, *um*, argenté, garni d'argent : *argentati milites* Liv. 9, 40, 3, soldats aux boucliers recouverts d'argent ‖ fourni d'argent : *argentata querimonia* Pl. *Ps.* 312, plainte argentée = accompagnée d'argent.

argentĕŏlus (-tĭolus), *a*, *um*, d'argent : Pl. *Ru.* 1169 ; Front. *Orat.* 4, p. 157 N. ‖ subst. m., petite pièce d'argent : Schol. Juv. 14, 291.

1 argentĕus, *a*, *um* ¶ **1** d'argent : *argentea aquila* Cic. *Cat.* 1, 24, aigle d'argent ‖ orné d'argent : *scaena argentea* Cic. *Mur.* 40, scène avec décorations en argent ¶ **2** blanc comme l'argent : *crinis argenteus* Plin. 2, 90, chevelure d'argent ‖ de l'âge d'argent : *argentea proles* Ov. *M.* 1, 114, les hommes de l'âge d'argent ‖ [fig.] *facta est argentea* Pl. *Ps.* 347, elle a été transformée en argent [on en a fait de l'argent] ‖ (s.-ent. *siclus*), m., pièce d'argent : Vulg. *Jud.* 16, 5.

2 Argentĕus, *a*, *um*, épithète d'une rivière de la Narbonnaise [auj. Argens] : Lepid. *Fam.* 10, 34 ; *a Ponte Argenteo* Lepid. *Fam.* 10, 35, 2, de Pont d'Argent, pont et bourg sur cette rivière.

Argentĭa, *ae*, f., ville entre Milan et Bergame : Itin.-Burdig. p. 558, 3.

argentĭcŭlum, *i*, n., un petit peu d'argent : Caes.-Arel. *Serm.* 154, 2.

argentĭfex, *ĭcis*, m. (argentum, facio), ouvrier en argent : Varr. *L.* 8, 62.

argentĭfŏdīna, *ae*, f. (argentum, fodina), mine d'argent : Cat. *Orig.* 5, 2 ; Vitr. 7, 7, 1.

Argentīnī, *ōrum*, m. pl., peuple de l'Apulie : Plin. 3, 105.

Argentīnus, *i*, m., le dieu de l'argent : Aug. *Civ.* 4, 21.

Argentŏrātus, *i*, f., Argentoratus [Strasbourg, ville de la Gaule] Atlas I, B3 ; V, D4 : Amm. 15, 11, 8 ‖ **-ensis**, *e*, d'Argentoratus : Amm. 17, 1, 1.
► Argentorate Peut. 3, 4.

argentōsus, *a*, *um*, mêlé d'argent, riche en argent : Plin. 33, 93.

Agentŏvărĭa, *ae*, f., 2 Argentaria, Argentarium : Anton. 354.

argentum, *i*, n. (cf. arguo, ἄργυρος, ἀργός, scr. rajata-m, gaul. Arganto- ; fr. argent) ¶ **1** argent [métal] : Cic. *Nat.* 2, 98 ; *argentum infectum* Liv. 26, 47, 7, argent brut ; *argentum factum* Cic. *Verr.* 5, 63, argent ciselé ¶ **2** objets en argent, argenterie : *in suo argento aliquid habere* Cic. *Verr.* 4, 32, faire figurer un objet dans son argenterie ¶ **3** argent monnayé, monnaie en général : Nep. *Hann.* 9, 3 ; Liv. 26, 35, 5 ; *argentum signatum* Plin. 33, 42, argent monnayé ‖ *argentum adnumerare* Ter. *Ad.* 369, compter une somme d'argent ; *mutuum argentum quaerere* Pl. *Pers.* 5, chercher à emprunter de l'argent ¶ **4** *argentum vivum* Plin. 33, 100, vif-argent, mercure.

argentumextĕrĕbrōnĭdēs, [mot forgé, argentum et exterebro] escroqueur d'argent : Pl. *Pers.* 703.

Argenussae, Arginusae.

argĕr, agger ►.

Argerŭus, *i*, m., port de la Gédrosie [Perse] : Plin. 6, 97.

Argestaeus campus

Argestaeus campus, m., plaine d'Argos d'Orestide [Macédoine]: Liv. 27, 33, 1.

1 argestēs, *ae*, m. (ἀργέστης), vent du nord-ouest: Plin. 2, 119.

2 Argestēs, *is*, m., fils d'Astrée et de l'Aurore: Serv. En. 1, 136.

Argēus, Argīus, Argi, ▣▶ *Argos*.

Argīa, *ae*, f. (Ἀργεῖα), fille d'Adraste et femme de Polynice: Stat. Th. 2, 226 ‖ femme d'Inachus et mère d'Io: Hyg. Fab. 145.

Argīae insulae, f., îles sur la côte de Carie: Plin. 5, 33.

Argīlētum, *i*, n., quartier de Rome, près du Mont Palatin Atlas II: Cic. Att. 12, 32, 2 ‖ **-tānus**, *a, um*, de l'Argilète: Cic. Att. 1, 14, 17 ‖ [étymologie] *argilla Argilletum* Varr. L. 5, 157; Serv. En. 8, 345; [ou par tmèse] *Argi letum* Mart. 1, 117, 9; 2, 17, 3 [un certain Argos ayant été tué là par Evandre].

argilla, *ae*, f. (ἄργιλος; fr. *argile*), de potier: Cat. Agr. 40, 2; Cic. Pis. 59; Caes. G. 5, 43, 1.

argillācĕus, *a, um* (*argilla*), argileux: Plin. 17, 43.

argillōsus, *a, um*, riche en argile: Varr. R. 1, 9, 2.

Argĭlŏs, *i*, f., ville de Macédoine: Nep. Paus. 4, 4; 4, 5; 5, 1 ‖ **Argĭlĭus**, *a, um*, d'Argilos: Nep. Paus. 4, 1.

argĭmōnia, ▣▶ *argemonia*.

Argĭnūsae, *ārum*, f. pl., Arginuses, îles de la Mer Égée, célèbres par la victoire navale de Conon sur les Spartiates: Cic. Off. 1, 84 ‖ sg., **Argĭnūsa**, île près de Chios: Plin. 5, 137; région de Phrygie: Plin. 8, 225.

Argĭnussae, ▣▶ *Arginusae*.

Argĭŏpē, *ēs*, f., femme d'Agénor, mère de Cadmos: Hyg. Fab. 178, 1.

Argĭphontēs, *ae*, m. (Ἀργειφόντης), surnom de Mercure [meurtrier d'Argus]: Arn. 6, 25.

Argĭrĭpa, ▣▶ *Argyrĭpa*.

Argĭthea, *ae*, f., ville d'Athamanie: Liv. 38, 1.

argītis, *is*, f. (de ἀργός), vigne à raisin blanc: Col. 3, 2, 21.

Argīus, Argīvus, ▣▶ *Argos*.

Argō, *ūs*, acc. *Argo*, Cic. Nat. 3, 40, f. ¶ 1 navires des Argonautes: Virg. B. 4, 34; Cic. Top. 16; 61 ‖ **-gŏus**, *a, um*, d'Argo: Hor. Epo. 16, 57 ¶ 2 constellation: Cic. Arat. 126.
▶ acc. *Argon* Prop. 1, 20, 17.

Argŏlās, *ae*, m., nom d'un Grec: Varr. L. 5, 157.

argŏlĕōn, m., ▣▶ *arcoleon*.

Argŏlĭcus, Argŏlĭs, ▣▶ *Argos*.

Argŏnautae, *ārum*, m. pl., les Argonautes: Plin. 36, 99; Cic. Nat. 2, 89 ‖ **-tĭca**, *ōrum*, n. pl., Argonautiques [poème de Valérius Flaccus]: Serv. En. 4, 1.

Argŏs, n., [seul^t au nom. et à l'acc.]; **Argi**, *ōrum*, m. pl. ¶ 1 Argos Atlas VI, C2: Plin. 4, 18; Hor. O. 1, 7, 9 ‖ Pl. Amp. 98; Hor. P. 118; Liv. 31, 25, 2 ¶ 2 en parl. de toute la Grèce: Luc. 10, 60 ‖ **-ēus**, *a, um*, Hor. O. 2, 6, 5; Ov. A. 3, 6, 46, **-īus**, *a, um*, Cic. Nat. 1, 82; Tusc. 1, 113, **-īvus**, *a, um*, Cic. Brut. 50; Virg. En. 2, 393, d'Argos, argien, grec; [d'où] **Argīvi**, *ōrum*, m. pl., les Argiens [ou poét.] les Grecs ‖ **-ŏlĭcus**, *a, um*, Virg. En. 5, 52, d'Argos, argien; **-ŏlĭs**, *ĭdis*, subst. f., Argolide: Ov. M. 9, 276 **a)** Argienne, grecque: acc. pl. *-idas*, Ov. H. 6, 81; dat. pl. *-isin*, Ov. Ib. 576 **b)** d'Argolide: Plin. 4, 1.

Argŏus, *a, um*, ▣▶ *Argo*.

argŭĭtĭo, *ōnis*, ▣▶ *Argutio*.

arguĭtūrus, *a, um*, ▣▶ *arguo* ▶.

argūmentābĭlis, *e* (*argumentor*), qui peut être prouvé: Boet. Ar. top. 8, 2.

argūmentālis, *e* (*argumentum*), qui contient une preuve: Ascon. Cic. Caecil. 1, 2.

argūmentālĭtĕr, adv., avec preuve: Grom. 29, 24.

argūmentātĭo, *ōnis*, f. (*argumentor*) ¶ 1 argumentation: Cic. Part. 45; Nat. 3, 9 ¶ 2 arguments: Cic. Amer. 97 ¶ 3 sophisme, ruse, tromperie: Ambr. Off. 1, 29, 140; Vict.-Vit. 2, 45.

argūmentātīvus, *a, um* (*argumentor*), qui fait l'exposition [d'une pièce]: Don. Com. 7, 2.

argūmentātŏr, *ōris*, m., argumentateur: Tert. Anim 38, 3.

argūmentātrix, *īcis*, f., ergoteuse: Tert. Spect. 2, 2.

argūmentātus, *a, um*, part. pass. de *argumentor*.

argūmentŏr, *ārĭs*, *ārī*, *ātus sum* (*argumentum*) ¶ 1 intr., apporter des preuves, raisonner sur des preuves, argumenter: *sed quid ego argumentor? quid plura disputo?* Cic. Mil. 44, mais à quoi bon raisonner? à quoi bon discuter davantage?; *de aliqua re* Cic. Inv. 2, 88, argumenter sur qqch. (*in aliqua re* Cic. Scaur. 14) ‖ ergoter sur qqch.: Tert. Prax. 26, 3; Spect. 4, 1 ¶ 2 tr., produire comme preuve: *illa non argumentabor quae sunt gravia vehementer* Cic. Clu. 64, je ne ferai pas état dans mon argumentation de ces considérations qui sont d'un très grand poids [suivent des prop. inf.], cf. Liv. 33, 28, 8; 38, 45, 5 ‖ [avec prop. inf.]: *es argumentatus amoris esse hoc signum* Cic. Dom. 22, tu as voulu prouver que c'était une marque d'amitié ‖ [avec interrog. ind]: *argumentaris, quid sit sperandum* Cic. Att. 3, 12, 1, tu me démontres avec preuves à l'appui ce que je dois espérer, cf. Liv. 39, 36, 16 ‖ argumenter sur qqch., discuter: Tert. Pud. 9, 21 ‖ [avec inf.] méditer de: Iren. 1, 30, 7.

▶ part. parf. sens passif: Her. 4, 53; Aufustius d. Prisc. 2, 383, 9.

argūmentōsē, adv., avec des arguments abondants: Gloss. 4, 22, 12.

argūmentōsus, *a, um* (*argumentum*) ¶ 1 riche en arguments, chicaneur: Ps. Acr. S. 2, 3, 70 ¶ 2 d'une matière riche, soignée: Quint. 5, 10, 10; ▣▶ *argumentum* ¶ 3 ¶ 3 controversé: Sidon. Ep. 9, 9, 10.

argūmentum, *i*, n. (*arguo*) ¶ 1 argument, preuve: *argumentis philosophorum credere* Cic. Ac. 2, 117, croire aux arguments des philosophes; *argumenta criminis* Cic. Verr. 2, 104, preuves à l'appui d'une accusation; *Siculorum erga te voluntatis argumenta* Cic. Verr. 2, 157, preuves des dispositions des Siliciens à ton égard ‖ *praetereo illud quod mihi maximo argumento ad hujus innocentiam poterat esse* Cic. Amer. 75, je laisse de côté le trait suivant qui pouvait me fournir un argument très fort en faveur de son innocence; *quod idem maestitiam meam reprehendit, idem jocum, magno argumento est me in utroque fuisse moderatum* Cic. Phil. 2, 39, le fait qu'il me reproche en même temps ma tristesse et mon enjouement est une bonne preuve que sur les deux points j'ai gardé la mesure ‖ *id satis magnum argumentum esse dixisti, cur esse deos confiteremur* Cic. Nat. 1, 62, tu as dit c'était un argument suffisant pour nous faire reconnaître l'existence des dieux; *philosophorum exquisita quaedam argumenta, cur esset vera divinatio, collecta sunt* Cic. Div. 1, 5, on a recueilli certains arguments de choix des philosophes destinés à prouver pourquoi il y a vraiment une divination ¶ 2 la chose qui est montrée [en gén.]: *tabulae novae quid habent argumenti, nisi ut emas...* Cic. Off. 2, 84, l'abolition des dettes, que montre-t-elle (signifie-t-elle) sinon que tu achètes... ‖ signe, présage: Vulg. Sap. 19, 12 ¶ 3 la chose qui est montrée, matière, sujet, objet: *argumentum comoediae* Pl. Amp. 95, argument (sujet) d'une comédie, cf. Cic. Inv. 1, 27; Cael. 64; Quint. 5, 10, 9; *contionis* Cic. Har. 8, thème d'une harangue; *epistulae* Cic. Att. 10, 13, 2 (9, 4, 1) matière d'une lettre; *ex ebore diligentissime perfecta argumenta erant in valvis* Cic. Verr. 4, 124, il y avait sur les portes des sujets en ivoire du travail le plus accompli ‖ [fig.] *notam judici fabulam, quippe apud ipsum auctorem argumenti, peragit* Liv. 3, 44, 9, il joue jusqu'au bout sa comédie connue du juge, puisqu'il la joue devant celui précisément qui en a fourni la donnée ‖ conte, histoire: Tert. Nat. 1, 10, 46 ‖ parabole: Tert. Pud. 7, 23 ‖ énigme: Vulg. Sap. 8, 8 ¶ 4 ruse: Ambr. Hex. 5, 8, 22.

argūmentŭōsē, adv., avec beaucoup d'arguments: Ps. Asp. d. Anecd. Helv. 55, 15.

argŭō, *ĭs*, *ĕre*, *ŭī*, *ūtum* (cf. hit. *arguwai*-), tr. ¶ **1** montrer, prouver : *si arguitur non licere* Cic. *Par.* 20, si l'on prouve que ce n'est pas permis ; *Flavium desisse scriptum facere arguit Licinius tribunatu ante gesto* Liv. 9, 46, 3, Licinius prouve (cherche à prouver) que Flavius avait cessé d'être greffier par ce fait qu'il avait déjà été tribun ; *degeneres animos timor arguit* Virg. *En.* 4, 13, la peur décèle un cœur bas ‖ [pass.] : *virtus arguitur malis* Ov. *Tr.* 4, 3, 80, la vertu se montre dans le malheur ¶ **2** dévoiler, mettre en avant [avec idée de reproche, d'inculpation], dénoncer : *ego (sum), ut tute arguis, agricola* Cic. *Amer.* 94, moi, je suis, comme tu le mets en avant toi-même, un cultivateur ; *retentos non queror; spoliatos ferendum puto ; in vinclis cives Romanos necatos esse arguo* Cic. *Verr.* 5, 149, qu'ils aient été détenus, je ne m'en plains pas, dépouillés, je l'estime tolérable, mais que des citoyens romains aient été mis à mort dans les fers, voilà ce que je dénonce ; *quid accusas, Cato ? quid affers in judicium ? quid arguis ?* Cic. *Mur.* 67, sur quoi porte ton accusation, Caton ? qu'apportes-tu aux débats ? que dénonces-tu ? ; *multa sunt falsa, quae tamen argui suspiciose possunt* Cic. *Amer.* 76, il y a beaucoup d'accusations fausses, mais qui peuvent être mises en avant de manière à créer des soupçons ¶ **3** inculper avec preuve (faire la démonstration d'une culpabilité) : *earum rerum nullam sibi iste neque infitiandi rationem neque defendendi facultatem reliquit ; omnibus in rebus arguitur a me* Cic. *Verr.* 4, 104, sur ces griefs cet individu ne s'est laissé ni un moyen de nier ni une possibilité de défense ; sur tous les points, je démontre sa culpabilité ; *id erat certi accusatoris officium, qui tanti sceleris argueret, explicare...* Cic. *Amer.* 53, c'était le devoir d'un véritable accusateur, voulant faire la preuve d'un tel crime, d'exposer... ‖ [en gén.] inculper, accuser : *occidisse patrem Sex. Roscius arguitur* Cic. *Amer.* 37, Sex. Roscius est accusé d'avoir tué son père ; *jus amicitiae deserere arguerentur* Cic. *Lae.* 35, ils seraient accusés de trahir les droits de l'amitié ; *non dubitavit id ipsum, quod arguitur, confiteri* Cic. *Caecin.* 2, il n'a pas craint d'avouer cela même dont on l'accuse ; *pessimi facinoris aliquem arguere* Cic. *Caecin.* 25, accuser qqn de l'acte le plus criminel ; *adulterium arguere in uxorem* Dig. 48, 5, 38, accuser son épouse d'adultère ; *crimine argui* Dig. 48, 8, 4, 2, être accusé d'un crime ; *furti argui* Dig. 40, 12, 24, 4, être accusée de vol ‖ apostropher : Eugipp. *Sev.* 3 ‖ punir : Vulg. *Psal.* 6, 2 ¶ **4** [sujet nom de choses] convaincre d'erreur [une personne] : *Plinium arguit ratio temporum* Suet. *Calig.* 8, le calcul des temps réfute l'opinion de Pline ‖ [avec prop. inf.] : *titulus spoliis inscriptus illos meque arguit, consulem ea Cossum cepisse* Liv. 4, 20, 6, l'inscription que portent les dépouilles prouve contre eux et contre moi que Cossus était consul quand il les conquit, cf. Tac. *An.* 1, 12 ‖ convaincre d'erreur, de défectuosité : *mihi tradendi arguendique rumoris causa fuit ut...* Tac. *An.* 4, 11, j'ai tenu à rapporter ce bruit et à en dénoncer la fausseté pour que... ; *(leges dedit) quas ne usus quidem, qui unus est legum corrector, experiendo argueret* Liv. 45, 32, 7 , (il donna des lois) telles que l'usage même, qui est par excellence le réformateur des lois, malgré l'épreuve ne les fit pas voir en défaut.

▶ 3ᵉ pers. pl. prés. arch. *arguont* Pl. *Bac.* 308 ; part. *argutus* Pl. *Amp.* 883 ; *Merc.* 629 ; part. *arguiturus* Sall. *H.* 2, 71 ; *arguturus* est sans ex., quoique donné par Prisc. 2, 505, 5.

1 Argus, *a*, *um*, d'Argos : Pl. *Amp.* 98.

2 Argus, *i*, m. ¶ **1** fils d'Arestor [avec cent yeux] : Ov. *M.* 1, 625 ¶ **2** constructeur du navire Argo : Val.-Flac. 1, 93.

argūtātĭō, *ōnis*, f. (*argutor*), [fig.] *tremuli cassa lecti argutatio* Catul. 6, 11, le bavardage disloqué du lit branlant [le lit disloqué et branlant bavarde assez, est assez révélateur].

argūtātŏr, *ōris*, m., ergoteur : Gell. 17, 5, 13.

argūtātrix, *īcis*, f., ergoteuse : P. Fest. 104, 4.

argūtē, adv., d'une façon fine, piquante, ingénieuse : *argutius* Cic. *Brut.* 42 ; *-tissime* Cic. *de Or.* 2, 18.

argūtĭa, *ae*, ▣ ▶ *argutiae* ▶.

argūtĭae, *ārum*, f. pl. (*argutus*) ¶ **1** tout ce qui en général est expressif, vivant, parlant : *argutiae vultus* Plin. 35, 67, le caractère expressif d'un visage ‖ vivacité piquante dans les propos : *contractum sollicitudine animum illius (pueri) argutiae solvunt* Sen. *Helv.* 18, 5, les gentillesses de cet enfant dilatent le cœur serré par les soucis, cf. *Const.* 11, 3 ; Pl. *Bac.* 127 ; *Most.* 1 ; Phaed. 4, epil. 3 ‖ [en parl. de l'orateur] gestes mimant la pensée : *nullae argutiae digitorum* Cic. *Or.* 59, pas de jeu expressif des doigts [cherchant à mimer l'idée], ▣ *argutus* ¶ **2** *Demosthenes nihil argutiis et acumine Hyperidi (cedit)* Cic. *Or.* 110, Démosthène ne le cède en rien à Hypéride pour la finesse et la pénétration, cf. *Brut.* 167 ; *Leg.* 1, 7 ¶ **3** subtilité : *nihil est quod illi non persequantur argutiis* Cic. *Lae.* 45, il n'y a pas de sujet que ces gens-là [les Grecs] ne traitent avec subtilité.

▶ le sg. *argutia* se trouve dans Apul. *M.* 1, 1 ; Gell. 3, 1, 6.

argūtĭō (**argŭĭ-**), *ōnis*, f. (*arguo*), action de blâmer : Aug. *Psalm.* 72, 14.

argūtĭŏla, *ae*, f., petite subtilité : Gell. 9, 14, 26.

argūtō, *ās*, *āre*, -, - (*argutus*), tr., ressasser, jacasser, bavarder : Prop. 1, 6, 7.

argūtŏr, *āris*, *ārī*, - (fr. *arguer*), tr., ▣ *arguto* : Enn. *Tr.* 263 ; Pl. *Amp.* 349 ; Non. 245 ‖ [fig.] *pedibus* Titin. *Com.* 28, bavarder avec ses pieds = sautiller ‖ expliquer : Char. 286, 15 ‖ ergoter : Hier. *Lucif.* 13.

argūtŭlus, *a*, *um*, assez piquant : Apul. *M.* 2, 6 ‖ quelque peu subtil : Cic. *Att.* 13, 18.

argūtūrus, *a*, *um*, ▣ *arguo*.

1 argūtus, *a*, *um* (*arguo*) ¶ **1** expressif, parlant : *manus minus arguta, digitis subsequens verba, non exprimens* Cic. *de Or.* 3, 220, que la main de l'orateur n'ait pas de mouvements aussi expressifs [que ceux de l'acteur] qu'elle accompagne tout juste les paroles, mais ne les traduise pas ; *litteras quam argutissimas de omnibus rebus mittere* Cic. *Att.* 6, 5, 1, envoyer des lettres le plus détaillées possible sur tous les sujets ; *nimium arguta sedulitas* Cael. *Fam.* 8, 1, 1, empressement trop minutieux ‖ fin, pénétrant, ingénieux : *quis in sententiis argutior ?* Cic. *Brut.* 65, qui eut plus de finesse dans les pensées ? ; *orationis genus sententiis argutum* Cic. *Or.* 42, style plein de pensées ingénieuses ‖ rusé, fine mouche : Hor. *S.* 1, 10, 40 ; *Ep.* 1, 14, 42 ‖ *argutum caput* Virg. *G.* 3, 80, tête fine (expressive) du cheval. ¶ **2** [poét.] *arguta hirundo* Virg. *G.* 1, 377, hirondelle aux cris aigus ; *sub arguta ilice* Virg. *B.* 7, 1, sous un chêne au feuillage sonore ; *arguta fistula* Virg. *B.* 7, 24, flûte harmonieuse ; *serra* Virg. *G.* 1, 143, la scie stridente ‖ *arguta Neaera* Hor. *O.* 3, 14, 21, Nééra à la voix claire ; *Thalia* Hor. *O.* 4, 6, 25, l'harmonieuse Thalie.

2 argūtus, *a*, *um*, ▣ *arguo* ▶.

Argyna, *ae*, f., ville de Locride : Plin. 4, 7.

Argynnus, *i*, m., jeune enfant à qui Agamemnon éleva un tombeau : Prop. 4, 6, 22.

argyranchē, *ēs*, f. (ἀργυράγχη), argyrancie [mot forgé pour jouer avec συνάγχη, synanche, esquinancie], mal de gorge causé par l'argent : Gell. 11, 9, 1.

argyraspĭdes, *um*, m. pl. (ἀργυράσπιδες), argyraspides, soldats qui portaient des boucliers d'argent : Liv. 37, 40, 7 ; Curt. 4, 13, 15 ; Just. 12, 7.

Argyrē, *ēs*, f., île de l'Inde : Plin. 6, 80.

Argўrĭpa, Virg. *En.* 11, 246, **Argўrippa**, *ae*, f., Plin. 3, 104, ▣ *Arpi*.

argўrītis, *ĭdis*, f. (ἀργυρῖτις), litharge d'argent : Plin. 33, 106.

argyrŏaspĭdes, ▣ *argyraspides* : Lampr. *Alex.* 50, 5.

argyrŏcŏrinthus, *a*, *um*, fait en airain de Corinthe : CIL 6, 327.

argyrŏdămās, *antis*, m. (ἀργυροδάμας), sorte de pierre précieuse : Plin. 37, 144.

argyrŏprăta, *ae*, m. (ἀργυροπράτης), qui fait le change de l'argent, changeur : Julian. *Epit.* 118, 500.

argyros

argўrŏs, *i*, f. (ἄργυρος), mercuriale [plante] : Ps. Apul. *Herb.* 82.

argўrŏtoxus, *i*, m. (ἀργυρότοξος), qui porte un arc d'argent : Macr. *Sat.* 1, 17, 47.

Argyruntum, *i*, n., ville de la Liburnie : Plin. 3, 140.

argўrus, *i*, m. (ἀργυροῦς), denier d'argent : Epiph. *Mens.* 2, 104, 30.

arhythmus, arythmĭa, V.> arrhythmus, arrythmia.

1 ārĭa, V.> area : Gloss. 4, 310, 42.

2 Ărĭa, *ae*, f., contrée de la Parthie : Mel. 1, 12 ‖ île du Pont-Euxin : Plin. 6, 32 ; Mel. 2, 98.

Ariacē, *ēs*, f., ville sur l'Hellespont : Plin. 5, 142.

Ărĭadna, *ae*, **Ărĭadnē**, *ēs*, f., Ariane [fille de Minos] : Ov. *A. A.* 3, 35 ; Prop. 3, 17, 8 ; Mel. 2, 112 ‖ constellation : Hyg. *Astr.* 2, 5 ‖ **-naeus**, *a*, *um*, d'Ariane : Ov. *F.* 5, 346.

Ărĭagnē (Ἀριάγνη), V.> Ariadne : CIL 6, 29303.

Arialbinnum, *i*, n., ville de Belgique : Peut. 3, 4.

Arialdūnum, *i*, n., ville de la Bétique : Plin. 30, 1.

Ărĭāna, *ae*, **Ărĭānē**, *ēs*, f., l'Ariane [l'Asie centrale] : Plin. 6, 95 ; Mel. 1, 12 ‖ **-nus**, *a*, *um*, de l'Ariane : Plin. 6, 113 et **-ni**, *ōrum*, m. pl., habitants de l'Ariane : Plin. 24, 162.

Ărĭāni, Arrĭānī, *ōrum*, m. pl. (Ἀρειανοί), les Ariens [sectateurs d'Arius] : Cod. Th. 16, 5, 8 ‖ **-ānus**, *a*, *um*, d'Arius : Hier. *Vir. ill.* 94.

ărĭānis, *ĭdis*, f. (ἀριανίς), herbe inconnue : Plin. 24, 162.

ărĭānizō (arrĭ-), *ās*, *āre*, -, -, intr., passer à l'arianisme : Avell. 210, 16.

Ărĭărăthēs, *is*, m., roi de Cappadoce : Liv. 42, 19, 3 ; Just. 35, 1, 6 ‖ autres du même nom : Cic. *Fam.* 15, 2, 6 ; *Att.* 13, 2, 2.

Ariarathīa, *ae*, f., ville de Cappadoce : Anton. 181.

Arias, *ae*, m., C.> 1 Arius : Amm. 23, 6, 69.

Ariates, m., ancien peuple de l'Italie : Plin. 3, 114.

Aribes, *um*, m. pl., peuple voisin de l'Indus : Prisc. *Per.* 1003.

Arica, *ae*, f., île entre la Gaule et la Bretagne : Anton. 510 [f. l. pour *Iga*].

Ărĭcĭa, *ae*, f., Aricie ¶ 1 épouse d'Hippolyte : Virg. *En.* 7, 762 ¶ 2 village près de Rome Atlas XII, E3 : Cic. *Agr.* 2, 96 ; *Mil.* 51 ‖ **-cīnus**, *a*, *um*, d'Aricie : Cic. *Phil.* 3, 15 ; Ov. *M.* 15, 488 ‖ **-cīnum nĕmus**, le bois sacré d'Aricie [consacré à Diane] : Stat. *S.* 3, 1, 56 ‖ **-cīni**, *ōrum*, habitants d'Aricie : Liv. 2, 14.

Ariconium, *ii*, n., ville de Bretagne : Anton. 485.

ārĭda, *ae*, f., terre ferme : Aug. *Civ.* 18, 35 ; Vulg. *Gen.* 1, 9 ; cf.> aridum.

Aridaeus, V.> Arrhidaeus.

ārĭdē, adv., sèchement : Sen. *Contr.* 2, pr. 1.

ārĭdĭtās, *ātis*, f. (*aridus*), aridité, sécheresse : Plin. 11, 117 ‖ *ariditas fimi = fimus aridus* Pall. 3, 4, fumier sec ‖ [fig.] *cordis* Paul.-Nol. *Ep.* 44, 1, sécheresse du cœur ‖ famine, disette : Ambr. *Hel.* 2 ‖ régime sec, xérophagie : Salv. *Gub.* 1, 14.

ārĭdŭlus, *a*, *um* (dim. de *aridus*), un peu sec : Catul. 64, 317.

ārĭdum, *i*, n. (*aridus*), terre ferme : Caes. *G.* 4, 29 ; pl., Plin. 24, 134.

ārĭdus, *a*, *um* (*areo*) ¶ 1 sec, desséché : Lucr. 2, 881 ; Cic. *Pis.* 97 ; Plin. 12, 46 ¶ 2 [fig.] décharné, maigre, mince, pauvre : Ov. *A. A.* 3, 272 ; Hor. *Epo.* 8, 5 ; Mart. 10, 87, 5 ‖ frugal : Cic. *Amer.* 75 ; *Quinct.* 93 ‖ sec [style], non orné : Cic. *de Or.* 2, 159 ; Quint. 2, 4, 3 ‖ avare : Pl. *Aul.* 295 ‖ paralysé, atrophié : Vulg. *Joh.* 5, 3.

1 ariel, m. indécl. (hébr.), lion : Vulg. *1 Par.* 11, 22.

2 Ariel, m. indécl., nom d'homme : Vulg. *Num.* 26, 17 ‖ **-ītae**, *ārum*, m. pl., descendants d'Ariel : Vulg. *Num.* 26, 17 ‖ [surnom de Jérusalem] : Vulg. *Is.* 29, 1.

ariena, V.> ariera.

Arienei, *ōrum*, m. pl., peuple d'Asie : Plin. 5, 127.

Ărĭēni, C.> Ariani, V.> Ariana : Avien. *Perieg.* 1295.

ariera, *ae*, f. (ind.), fruit du jaquier, V.> *pala* : Plin. 12, 24.

ărĭēs, *ărĭĕtis*, m. (cf. ἔριφος) ¶ 1 bélier : Varr. *R.* 2, 1, 24 ; Cic. *Tusc.* 5, 115 ¶ 2 bélier [machine de guerre] : Caes. *G.* 2, 32 ; Cic. *Off.* 1, 35 ; Liv. 21, 12 ; 31, 32 ¶ 3 étançon : Caes. *G.* 4, 17, 9 ¶ 4 poisson de mer : Plin. 9, 145 ¶ 5 constellation : Vitr. 9, 3, 1 ; Plin. 18, 221 ; Cic. *Arat.* 230. ▸ Virg. *ărjĕtis, ărjĕtĕ* ; nom. *ărĭēs* Virg. *B.* 3, 95 ; *G.* 3, 446.

Arietae, m. pl., peuple d'Asie : Plin. 6, 94.

ărĭĕtārĭus, *a*, *um* (*aries*), de bélier [machine] : *testudo arietaria* Vitr. 10, 13, 2, tortue bélière.

ărĭĕtātĭo, *ōnis*, f. (*arieto*), choc : Sen. *Nat.* 5, 12, 5.

ărĭĕtātus, *a*, *um*, part. de *arieto*.

ărĭĕtillus, *a*, *um* (dim. de *arietinus*) ¶ 1 [subst.] m. pl., *gens cornus = retors* : Petr. 39, 5 ¶ 2 n., **-tillum**, pois chiche : Col. 2, 10, 20.

ărĭĕtīnus, *a*, *um* (*aries*) ¶ 1 de bélier : Plin. 29, 88 ¶ 2 qui ressemble au bélier : *arietinum cicer* Plin. 18, 124, sorte de pois chiche.

ărĭĕtō, *ās*, *āre*, *āvī*, *ātum* (*aries*) ¶ 1 intr. **a)** jouer des cornes : Acc. d. Cic. *Brut.* 24 **b)** choquer, heurter : Sen. *Ep.* 103, 4 ; Plin. 2, 198 ; [avec *in* acc.] heurter contre : Virg. *En.* 11, 890 **c)** [fig.] broncher, trébucher : Sen. *Ep.* 107, 2 ¶ 2 tr., heurter, ébranler, secouer : Pl. *Truc.* 256 ;

Curt. 9, 7, 22 ; Sen. *Ep.* 56, 13 ‖ [fig.] Sen. *Tranq.* 1, 11.

ārĭfĭcus, *a*, *um* (*arefacio*), qui fait maigrir le corps : Cael.-Aur. *Chron.* 4, 1, 9.

Ărĭi, *ōrum*, m. pl. ¶ 1 habitants de l'Arie : Plin. 6, 113 ¶ 2 peuple de Germanie : Tac. *G.* 43.

ărillātŏr, *ōris*, m. (cf. *arra* ?), revendeur : P. Fest. 19, 1 ; Gell. 16, 7, 12 ; Gloss. 2, 368, 44.

Arilicensis, *e*, d'Arilica : CIL 5, 4016.

Arĭmanius, *ii*, m., Arimane [Ahriman, dieu du mal chez les Perses] : CIL 6, 47.

Ărĭmaspa, *ae*, **Ărĭmaspus**, *i*, m., **Ărĭmaspi**, *ōrum*, m. pl., peuple de la Sarmatie européenne : Prisc. *Perieg.* 40 ; Luc. 3, 280 ; Plin. 7, 10.

Ărĭmăthaea (-ia), *ae*, f., Arimathie [ville de Palestine] : Vulg. *Matth.* 27, 57.

Ărĭmĭnum, *i*, n., Ariminum [ville de l'Ombrie ; auj. Rimini] Atlas XII, C3 : Cic. *Fam.* 16, 5, 2 ; Liv. 21, 51, 7 ‖ **-ensis**, *e*, d'Ariminum : Plin. 10, 50 et **-enses**, habitants d'Ariminum : Cic. *Caecin.* 102.

Ărĭmĭnus, *i*, m., fleuve d'Italie : Plin. 3, 115.

Arimphaei, *ōrum*, m. pl., Arimphéens [peuple scythe] : Plin. 6, 19.

Ārĭn, Āris, *inis*, m., nom d'homme : Prisc. 2, 219, 8.

arinca, *ae*, f. (gaul.), petit épeautre : Plin. 18, 121.

Arinē, *ēs*, f., île dans le golfe d'Argolide : Plin. 4, 56.

aringus, *i*, m. (germ., cf. al. *Hering* ; fr. *hareng*), hareng : Garg. *Med.* 62.

Ărĭŏbarzănēs, *is*, m., roi de Cappadoce : Cic. *Att.* 5, 20 ; *Fam.* 2, 17 ; 15, 2.

1 ārĭŏla, V.> areola ; **ărĭŏla**, V.> hariola.

2 Ariola, *ae*, f., ville des Remi en Gaule : Anton. 365.

ărĭŏlor, -us, V.> har-.

Ărĭŏmănīta, *ae*, m. (Ἄρειος, μανία), Arien fanatique : Hil. *Tri.* 7, 7.

Ărīōn, Ărīo, *ōnis*, m. (Ἀρίων) ¶ 1 poète lyrique sauvé par un dauphin : Gell. 16, 19 ; Ov. *F.* 2, 79 ; Cic. *Tusc.* 2, 67 ¶ 2 cheval que Neptune fit sortir de terre : Prop. 3, 32, 37 ; Stat. *Th.* 11, 443 ; St. 1, 1, 52 ¶ 3 philosophe pythagoricien : Cic. *Fin.* 5, 87 ‖ **-nĭus**, *a*, *um*, d'Arion [poète] : Ov. *F.* 2, 93 ; Prop. 3, 21, 18.

ariopagita, -pagus, etc., V.> areop-.

Ariovistus, *i*, m., roi des Germains : Caes. *G.* 1, 31.

1 aris, *ĭdis*, f., capuchon [plante] : Plin. 24, 151.

2 Āris, *ĭnis*, m., nom d'homme : Cic. *Scaur.* 9 ; 10 ; 11 ; 12 ; Sil. 15, 232 ; acc. *Arinem* Liv. 26, 49, 5 ; V.> Arin.

Ărisba, *ae*, **Ărisbē**, *ēs*, f. ¶ **1** ville de la Troade : Virg. *En.* 9, 264 ; Plin. 5, 125 ¶ **2** ville de Lesbos : Plin. 5, 139.

ărista, *ae*, f. (obscur ; fr. arête) ¶ **1** barbe, pointe de l'épi : Varr. *R.* 1, 48 ; Cic. *CM* 51 ‖ épi : Virg. *G.* 1, 8 ; 1, 111 ; Ov. *F.* 5, 357 ‖ été : Claud. *IV. Cons. Hon.* 371 ¶ **2** arête de poisson : Aus. *Mos.* 85 ‖ poil : Pers. 3, 115 ‖ [en parl. de différ. sortes de plantes] : Ov. *M.* 15, 398 ; Plin. 12, 42 ; Val.-Flac. 7, 365.

Ăristaeum, *i*, n., ville de Thrace : Plin. 4, 45.

Ăristaeus, *i*, m., Aristée [fils d'Apollon et de Cyrène, qui introduisit l'élevage des bestiaux, la récolte de l'huile, l'apiculture, etc.] : Cic. *Verr.* 4, 128 ; *Nat.* 3, 45 ; Virg. *G.* 4, 317.

Ăristăgŏrās, *ae*, m., historien grec : Plin. 36, 78.

Ăristander, *dri*, m., devin de Telmesse : Curt. 4, 2, 14.

Ăristandrŏs, *i*, m., agronome : Varr. *R.* 1, 18.

Ăristarchus, *i*, m. (Ἀρίσταρχος), Aristarque ¶ **1** célèbre critique alexandrin qui révisa les poèmes d'Homère : Cic. *Fam.* 3, 11 ; Ov. *P.* 3, 9, 24 ‖ [en gén.] un critique : ***mearum orationum tu Aristarchus es*** Cic. *Att.* 1, 14, 3, tu es l'Aristarque [= le sévère critique] de mes discours ‖ **-chēi**, *ōrum*, m. pl., les Aristarques, les critiques à la façon d'Aristarque : Varr. *L.* 8, 63 ¶ **2** poète tragique : Pl. *Poen.* 1 ¶ **3** mathématicien : Vitr. 9, 4, 3.

Ăristărētē, *ēs*, f., fille du peintre Néarque : Plin. 35, 147.

ăristātus, *a*, *um* (arista), possédant des épis : P. Fest. 353, 6.

ăristē, *ēs*, f., pierre précieuse : Plin. 37, 159.

Ăristĕās, *ae*, m., poète de l'île de Proconnèse [Propontide] : Plin. 7, 174.

Ăristēra, *ae*, f., île de la mer Égée : Plin. 4, 56.

ăristĕrĕōn, *ōnis*, m. (ἀριστερέων), verveine [plante] : Ps. Apul. *Herb.* 4 ‖ crapaudine : Ps. Apul. *Herb.* 72.

Ăristeūs, *ei*, m., nom d'homme : Cic. *Verr.* 5, 110.

Ăristīdēs, *is* et *i*, m. (Ἀριστείδης), Aristide ¶ **1** Athénien célèbre par sa vertu : Cic. *Sest.* 1, 141 ; *Tusc.* 5, 105 ; Ov. *P.* 1, 3, 71 ¶ **2** nom d'un peintre : Plin. 35, 98 ¶ **3** poète de Milet : Ov. *Tr.* 2, 413 ; 2, 443 ¶ **4** sculpteur célèbre : Plin. 34, 50.

ăristĭfĕr, *ĕra*, *ĕrum* (arista, fero), fertile en épis, en blé : Prud. *Cath.* 3, 52.

Ăristippus, *i*, m. (Ἀρίστιππος), Aristippe [philosophe de Cyrène] : Cic. *Fin.* 2, 18 ; Hor. *Ep.* 1, 1, 18 ‖ **-pēus**, *a*, *um*, d'Aristippe : Cic. *Fin.* 2, 20.

Ăristĭus, *ii*, m., Aristius Fuscus [grammairien et orateur, ami d'Horace] : Hor. *Ep.* 1, 10 ; *Od.* 1, 22.

Ăristo, *ōnis*, m. ¶ **1** philosophe de Chios : Cic. *Nat.* 3, 77 ‖ **-tōnēus**, *a*, *um*, d'Ariston : Cic. *Fin.* 4, 40 ¶ **2** Titius Aristo [jurisconsulte du 1ᵉʳ s. apr. J.-C.] : Plin. *Ep.* 1, 22 ; Gell. 11, 18, 16.

Ăristŏbūlus, *i*, m. (Ἀριστόβουλος) ¶ **1** Aristobule, peintre : Plin. 35, 146 ¶ **2** prince de Judée : Flor. 1, 40, 30 ¶ **3** roi de Syrie : Tac. *An.* 13, 7.

Ăristŏclēs, *is*, m., grammairien grec : Varr. *L.* 10, 10.

Ăristŏclīdēs, *is*, m. (Ἀριστοκλείδης), peintre grec : Plin. 35, 138.

Ăristŏcrătēs, *is*, m., nom d'homme : Lucil. 512.

ăristŏcrătĭa, *ae*, f. (ἀριστοκρατία), aristocratie : Heges 2, 13, 1.

Ăristŏcrĕōn, *ontis*, m., historien grec : Plin. 5, 59.

Ăristŏcrĭtus, *i*, m., historien grec : Plin. 5, 135.

Ăristŏcȳdēs, *is*, m., peintre grec : Plin. 35, 146.

Ăristŏdēmus, *i*, m. (Ἀριστόδημος), roi de Cumes : Liv. 2, 21, 5 ‖ pers. divers : Cic. *Verr.* 5, 15 ; *Att.* 2, 7, 5.

Ăristŏgĕnēs, *is*, m., médecin grec : Plin. 1, 29.

Ăristŏgītōn, *ŏnis*, m. (Ἀριστογείτων) ¶ **1** Athénien qui conspira contre les Pisistratides : Cic. *Tusc.* 1, 116 ¶ **2** orateur attique, adversaire de Démosthène : Quint. 12, 10, 22.

Ăristŏlāus, *i*, m., peintre grec : Plin. 35, 137.

ărĭstŏlŏchĭa, *ae*, f. (ἀριστολοχία), aristoloche [plante] : Plin. 25, 95.

Ăristŏmăchē, *ēs*, f., femme de Denys le Tyran : Cic. *Tusc.* 5, 59.

Ăristŏmăchus, *i*, m., auteur grec : Plin. 11, 19.

Ăristŏmĕnēs, *is*, m. ¶ **1** célèbre chef Messénien : Plin. 11, 184 ¶ **2** pers. divers : Vitr. 3, pr. 2 ; Varr. *R.* 1, 1, 9 ; Curt. 4, 1, 36.

Ăristōn, *ōnis*, m., nom d'un peintre et d'un statuaire : Plin. 33, 156 ; 35, 111.

Ăristŏnīcus, *i*, m. (Ἀριστόνικος) ¶ **1** roi de Pergame : Cic. *Agr.* 2, 90 ; Flor. 1, 35, 4 ; Vell. 2, 4 ¶ **2** tyran de Lesbos : Curt. 4, 5, 19.

Ăristŏnīdās, *ae*, m., statuaire grec : Plin. 34, 14.

Ăristŏphănēs, *is*, m. (Ἀριστοφάνης), Aristophane ¶ **1** le célèbre poète comique d'Athènes : Cic. *Leg.* 2, 37 ; Hor. *S.* 1, 4, 1 ‖ **-nēus**, *a*, *um*, d'Aristophane : Cic. *Or.* 190 ou **-nīus**, *a*, *um*, Serv. *Gram.* 4, 458, 5 [métr.] **-nīcus**, *a*, *um*, Sacerd. 6, 534, 1 ¶ **2** grammairien alexandrin [né à Byzance] : Cic. *de Or.* 3, 132 ; *Fin.* 5, 50.

Ăristŏphōn, *ontis*, m., peintre grec : Plin. 35, 138.

Ăristŏphontēs, *m.*, nom d'homme : Pl. *Cap.* 527.

ăristŏphŏrum, *i*, n. (ἀριστόφορον), vase dans lequel on porte à manger : P. Fest. 25, 13.

Ăristŏrĭdēs, v. Arestorides.

ăristōsus, *a*, *um* (arista), qui a des barbes d'épis : Fort. *Carm.* 10, pr. 3, 1.

Ăristŏtĕlēs, *is*, m. (Ἀριστοτέλης), Aristote ¶ **1** célèbre philosophe de Stagire, précepteur d'Alexandre : Cic. *Tusc.* 1, 22 ; 3, 69 ‖ **-lēus**, **-līus**, *a*, *um*, d'Aristote : Cic. *Att.* 7, 19, 1 ; *Fin.* 3, 10 ; *Att.* 2, 1, 1 ou **-ĭcus**, *a*, *um*, Macr. *Somn.* 2, 14, 7 ; Aug. *Conf.* 4, 16 ¶ **2** un invité de Cicéron : Cic. *Fam.* 13, 52.
▶ gén. Aristoteli Cic. *Att.* 13, 28, 3 ; acc. -en Quint. 3, 6, 60.

Ăristoxĕnus, *i*, m. (Ἀριστόξενος), Aristoxène [philosophe et musicien] : Cic. *Tusc.* 1, 20.

Ăristrătus, *i*, m., tyran de Sicyone : Plin. 35, 109.

Ăristus, *i*, m., philosophe académicien, ami de Cicéron : Cic. *Att.* 5, 10, 5 ; *Ac.* 1, 2.

ărithmētĭca, v. arithmeticus.

ărithmētĭcus, *a*, *um* (ἀριθμητικός), d'arithmétique : Vitr. 10, 16 ‖ **-tĭcus**, m., arithméticien : Cassiod. *Anim.* 4 ‖ **-tĭca**, *ae*, **-cē**, *ēs*, f., Vitr. 1, 1, 4 ; Plin. 35, 76, **-tĭca**, *ōrum*, n. pl., Cic. *Att.* 14, 12, 3, arithmétique.

ărithmus, *i*, m. (ἀριθμός), nombre ‖ pl., les Nombres, troisième partie du Pentateuque : Tert. *Marc.* 4, 23, 10.

ārĭtūdō, *ĭnis*, f. (areo), aridité, sécheresse : Pl. *Ru.* 524 ; Varr. *R.* 1, 12, 3 ; *Men.* 424.

1 **Ărĭus**, *ii*, m., fleuve qui traverse l'Arie [Parthie] : Plin. 6, 93.

2 **Ărĭus** (**Arrīus**), *ii*, m. (Ἄρειος), célèbre schismatique : Prud. *Psych.* 794.

3 **Ărĭus pagus**, v. Areopagus.

Ărĭūsĭus, *a*, *um*, d'Ariusium [promontoire de l'île de Chios] : Virg. *B.* 5, 71 ; Plin. 14, 73.

Arīvātes, *um* ou *ĭum*, m. pl., peuple de Pannonie : Plin. 3, 148.

Arlăpē, *ēs*, f., ville du Norique : Anton. 234 ‖ **-pensis**, *e*, d'Arlape : Not. Dign. *Oc.* 34, 42.

arma, *ōrum*, n. pl. (cf. armus, armo ; fr. arme) ¶ **1** ustensiles, instruments : Virg. *En.* 1, 177 ; 5, 15 ; Hor. *P.* 379 ¶ **2** armes [en gén.] : Cic. ; Caes. ; Liv., etc. ‖ hommes armés, troupe : Cic. *Prov.* 33 ; *Mil.* 3 ‖ les combats, la guerre : Cic. 3, 3, 5 ; *Brut.* 308 ; *Mil.* 10 ‖ [fig.] ***armis et castris rem tentare*** Cic. *Off.* 2, 24, essayer une chose par tous les moyens possibles ; ***arma prudentiae*** Cic. *de Or.* 1, 172, les armes de la prudence, cf. *Cat.* 2, 14 ; *CM* 9.
▶ gén. pl. *armum* Pacuv. *Tr.* 34 ; Acc. *Tr.* 319 cf. Cic. *Or.* 155.

armamaxa

armămaxa, *ae*, f. (ἁρμάμαξα), litière fermée : Curt. 3, 3, 23.

armāmenta, *ōrum*, n. pl. (*arma*), outils de toutes espèce, ustensiles : Plin. 17, 152 ; 16, 170 ‖ [surtout] agrès, équipement d'un navire : Caes. G. 4, 29, 3 ; Liv. 21, 49, 9 ‖ armes : Prud. Ham. 560 ‖ armure : Aug. Conf. 3, 7, 13.
▶ sg. rare, Col. 12, 2, 5 ; Quint. 7, 9, 4 ‖ gén. pl. *armamentum* Pacuv. Tr. 335.

armāmentārĭum, *ĭi*, n. (*armamenta*), arsenal : Cic. Rab. perd. 20 ; Liv. 26, 43, 8 ; Plin. 7, 125 ‖ **-tārĭus**, *a*, *um*, de l'arsenal : CIL 6, 999.

armārĭŏlum, *i*, n. (dim. de *armarium*), petite armoire : Pl. Truc. 55 ‖ petite bibliothèque : Sidon. Ep. 8, 16, 3.

armārĭum, *ĭi*, n. (*arma* ; fr. armoire), armoire : Cic. Clu. 179 ; Cael. 52 ‖ buffet : Pl. Men. 531 ‖ bibliothèque : Vitr. 7, pr. 7 ; Plin. Ep. 2, 17, 8 ‖ liste officielle, canon : Tert. Cult. 1, 3, 1 ‖ caveau sépulcral : CIL 6, 1600.
▶ f. *armaria*, *ae* Sch. Juv. 3, 2198 ; 7, 118.

armātĭo, *ōnis* (*armo*), armement : Prisc. Vers. Aen. 1, 17 = 3, 463, 21.

armātŏr, *ōris* (*armo*), celui qui équipe : Prisc. Vers. Aen. 1, 16 ; 3, 463, 11 ‖ **-trix**, *īcis*, f., celle qui arme : Prisc. Vers. Aen. 1, 16.

armātūra, *ae*, f. (*armo* ; fr. armure) ¶ 1 armure, armes : Cic. Fam. 7, 1, 2 ¶ 2 soldats en armes, troupes : Cic. Fam. 9, 25, 1 ; Liv. 42, 58, 7 ; [surtout] **levis armatura**, troupes légères, infanterie légère : Caes. G. 2, 10, 1 ; Cic. Brut. 139 ¶ 3 exercice militaire : Veg. Mil. 1, 13 ; 2, 23 ¶ 4 ▶ *armamenta navis*, gréement : Fort. Mart. 4, 411.

1 **armātus**, *a*, *um* ¶ 1 part. de *armo* ¶ 2 adj¹, armé : **armatissimus** Cic. Caecin. 61 ; *armatior* Aug. Ep. 73, 10 ‖ **armāti**, *ōrum*, m. pl., gens armés : Cic. Marc. 18.

2 **armātŭs**, abl. *ū* ; m. ¶ 1 armes : Liv. 33, 3, 10 ; 37, 40, 13 ¶ 2 soldats en armes, troupes : Liv. 26, 5, 3 ; 37, 41, 3.

Armedon, V. *Harmedon*.

Armĕnē, *ēs*, f., V. Armine : Mel. 1, 104.

Armĕnĭa, *ae*, f. (Ἀρμενία ; cf. fr. *hermine*), l'Arménie Atlas I, D7 ; IX, C4 : Plin. 6, 25 ; Cic. Div. 2, 79 ‖ **-ĭăcus**, *a*, *um*, d'Arménie : Plin. 7, 129 ; 36, 164 ‖ **-ĭăcum**, *n.*, abricot : Col. 5, 10, 19 ; Plin. 21, 41 ‖ **-ĭăca**, *ae*, f., abricotier : Col. 11, 2, 96 ‖ **-nĭus**, *a*, *um*, Arménien : Cic. Att. 5, 20, 2 ; Ov. Tr. 2, 227 ; Mart. 5, 59 ‖ **-nĭum**, *ĭi*, n., couleur bleue : Varr. R. 3, 2, 4 ; Plin. 35, 30.

Armenita, *ae*, m., fleuve d'Étrurie : Peut. 3, 5.

Armĕnŏchălybes, *um*, m. pl., peuple d'Ibérie : Plin. 6, 12.

armenta, *ae*, f., V. *armentum*.

armentālis, *e* (*armentum*) ¶ 1 de gros bétail : Virg. En. 11, 571 ¶ 2 qui soigne le bétail : Prud. Cath. 7, 166 ¶ 3 pastoral : Sidon. Ep. 2, 2, 14.

armentārĭus, *a*, *um* (*armentum*), de bétail : Solin. 5, 21 ; Apul. M. 7, 15 ‖ **-ārĭus**, *ĭi*, m., bouvier : Lucr. 6, 1252 ; Varr. R. 2, 5, 18 ; Virg. G. 3, 344.

armentīcĭus, *a*, *um*, ▶ *armentalis* ¶ 1 : Varr. R. 2, 5, 16.

armentīvus, *a*, *um*, de troupeau : Plin. 28, 232 ; Veg. Mul. 1, 18, 1.

armentōsus, *a*, *um*, riche en bestiaux ‖ **-sissimus** Gell. 11, 1, 2.

armentum, *i*, n. (cf. 1 *artus* ; it. *armento*) ¶ 1 troupeau [de gros bétail] : Cic. Att. 7, 7, 7 ; Virg. G. 3, 540 ; Plin. 8, 165 ¶ 2 bête de labour : Lucr. 5, 228 ; Varr. R. 2, 5, 7 ; Cic. Phil. 3, 31 ¶ 3 troupeau [d'animaux quelconques] : Virg. G. 4, 395 ; En. 1, 185.
▶ f. *armenta* Enn. An. 598 ; Pacuv. Tr. 349, cf. P. Fest. 4, 6.

armĭcustŏs, *ōdis*, m. (*arma*, *custos*), gardien des armes : CIL 11, 67.

armĭdoctŏr, *ōris*, m. (*arma*, *doctor*), celui qui montre l'exercice des armes : Not. Tir. 45, 81.

armĭfactŏr, *ōris*, m. (*arma*, *factor*), armurier : Cassiod. Var. 7, 18.

armĭfactūra, *ae*, f. (*arma*, *factura*), manufacture d'armes : Novel.-Just. 85, 1.

armĭfĕr, *ĕra*, *ĕrum* (*arma*, *fero*) ¶ 1 guerrier, belliqueux : Ov. F. 3, 681 ; Sil. 4, 45 ¶ 2 qui produit des hommes armés : Sen. Med. 468.

armĭgĕr, *ĕra*, *ĕrum* (*arma*, *gero*) ¶ 1 qui porte des armes : Acc. Tr. 547 ; Sil. 7, 87 ‖ qui produit des hommes armés : Prop. 3, 11, 10, cf. *armifer* ¶ 2 [subst¹] **-gĕr**, *ĕri*, m. *a*) qui porte les armes d'un autre, écuyer : Cic. Dom. 13 ; Virg. En. 2, 477 ; Ov. M. 5, 148 ‖ **-gĕra**, *ae*, f., Ov. M. 5, 619 *b*) oiseau [aigle] qui porte les armes de Jupiter [la foudre] : Virg. En. 5, 255 *c*) satellite : Curt. 3, 12, 7.

armĭlausa, **-lausĭa**, *ae*, f. (germ., cf. al. *Ärmellos*), espèce de blouse ouverte en avant et en arrière, fermée seulement sur les épaules : Isid. 19, 22, 28 ; Paul.-Nol. Ep. 17, 1.

armilla, *ae*, f. (*armus*), bracelet : Cic. Frg. 4, 14 ; Quadr. d. Gell. 9, 13, 7 ; Nep. Dat. 3, 1 ; Ov. M. 2, 323 ‖ anneau de fer : Cat. Agr. 21, 4 ; Vitr. 10, 2, 11.

armillārĭus, *ĭi*, m., fabricant de bracelets : Gloss. 2, 25, 33.

armillātus, *a*, *um* (*armilla*), qui porte des bracelets : Suet. Calig. 52 ; Ner. 20 ‖ qui porte un collier : Prop. 4, 8, 24.

armillum, *i*, n. (peu clair), vase à mettre du vin : Varr. d. Non. 547, 13 ; P. Fest. 2, 5 ; [prov.] **ad armillum reverti** Apul. M. 6, 22, revenir à son broc, à sa bouteille (= à ses habitudes), cf. Lucil. 767.

armĭlustrĭum, *ĭi*, n. (*arma*, *lustro*), purification de l'armée : Varr. L. 6, 22 ; P. Fest. 17, 28 ‖ lieu où l'on faisait cette purification Atlas II : Liv. 27, 37, 4 ; Varr. L. 5, 153 ; 6, 22.

▶ la forme *armilustrum* dans ms. P. Liv. 27, 37, 4.

Arminē, *ēs*, f., ville de Paphlagonie : Plin. 6, 6.

Armĭnĭus, *ĭi*, m., célèbre chef germain : Tac. An. 1, 55 ; 1, 60 ; Vell. 2, 118.

armĭportātŏr (**-tĭtŏr**), ▶ *armiger* : Gloss. 4, 20, 30.

armĭpŏtens, *tis* (*arma*, *potens*), puissant par les armes, redoutable, belliqueux : Lucr. 1, 32 ; Virg. En. 6, 500 ‖ [fig.] Mars [planète] : Chalc. 72.

armĭpŏtentĭa, *ae*, f. (*armipotens*), puissance des armes : Amm. 18, 5, 7.

armĭsŏnus, *a*, *um* (*arma*, *sono*) ¶ 1 dont les armes retentissent : Virg. En. 3, 544 ¶ 2 où les armes retentissent : Claud. Pros. 3, 67.

Armistae, *ārum*, m. pl., peuple de la Dalmatie : Plin. 3, 143.

armita, *ae*, f. (cf. *armus*), nom donné à la Vestale qui sacrifiait, parce qu'elle avait un des pans de sa robe rejeté sur l'épaule : P. Fest. 4, 1.

armĭtes, *um*, m. pl. (*arma*, cf. *eques*), triaires [soldats de la dernière ligne] : Gloss. 2, 23, 15.

armō, *ās*, *āre*, *āvī*, *ātum* (*arma* ; fr. *armer*), tr. ¶ 1 armer : Cic. Caecin. 20 ; Caes. G. 3, 19, 1 ; Liv. 9, 35 ‖ armer, équiper un vaisseau : Cic. Verr. 5, 50 ; Caes. G. 3, 13 ‖ armer une place forte, fortifier : Cic. Agr. 2, 87 ; Liv. 30, 9, 4 ¶ 2 [fig.] = munir, pourvoir : **aliquem aliqua re** Cic. Mil. 2 ; Phil. 13, 32, armer qqn de qqch. ; **se imprudentia alicujus** Nep. Dion 8, 3, se faire une arme de l'imprudence de qqn.

armŏn, *i*, n., ▶ *armoracea* : Plin. 19, 82.

armŏnĭa, etc., V. *harmonia*.

armŏrācĕa, **-rācĭa**, *ae*, f., **-rācĭum**, *ĭi*, n. (pas clair ; cf. *armon* ; it. *ramolaccio*), raifort, ravenelle : Col. 6, 17, 8 ; 12, 9, 3 ; Plin. 19, 82.

Armŏrĭc-, V. *Aremor-*.

Armua, *ae*, m., fleuve de Numidie : Plin. 5, 22.

armus, *i*, m. (cf. *armo*, 2 *artus*, ἁρμός, al. an. *arm*), jointure du bras et de l'épaule, épaule [des animaux] : Plin. 11, 234 ; Ov. M. 10, 700 ‖ flanc : Virg. En. 6, 881 ‖ épaule [de l'homme] : Virg. En. 11, 644 ; P. Fest 25, 8 ‖ bras : Tac. H. 1, 36 ; Luc. 9, 831.

Armysĭa, *ae*, f., partie de la Carmanie : Plin. 6, 107.

Arna, *ae*, f., ville d'Ombrie : Sil. 8, 458 ‖ **-ātes**, *um* ou *ĭum*, m. pl., habitants d'Arna : Plin. 3, 113.

arnăcis, *ĭdis*, acc. pl. *ĭdas*, f. (ἀρνακίς), vêtement de jeune fille : *Varr. d. Non. 543, 1.

Arnē, *ēs*, f. (Ἄρνη) ¶ 1 fille d'Éole : Ov. M. 7, 465 ¶ 2 ville de Béotie : Stat. Th. 7, 331 ¶ 3 ville de Thessalie : Plin. 4, 28.

Arnĭensis, *e*, de l'Arno [nom d'une tribu de Rome] : Cic. *Agr.* 2, 79 ; Liv. 6, 5, 8.

arnĭŏn, *ĭi*, n. (ἀρνίον), ⓒ *arnoglossa* : Ps. Apul. *Herb.* 1.

Arnŏbĭus, *ĭi*, m., Arnobe [apologiste chrétien, contemporain de Dioclétien] : Hier. *Vir. ill.* 79.

arnŏglossa, *ae*, M.-Emp. 15, 48, **-glossŏs**, *i*, f. (ἀρνόγλωσσον), Isid. 17, 9, 50, plantain.

Arnŏs, *i*, f., île de la Chersonnèse : Plin. 4, 74.

Arnum, *i*, n., fleuve d'Espagne : Plin. 3, 22.

Arnus, *i*, m., Arno [fleuve d'Étrurie] Atlas XII, C2 : Liv. 22, 2, 2.

ărō, *ās*, *āre*, *āvī*, *ātum* (cf. ἀρόω ; it. *arare*), tr., labourer : *agrum* Cic. *de Or.* 2, 131, labourer un champ ; *aranti L. Quinctio Cincinnato nuntiatum est eum dictatorem esse factum* Cic. *CM* 56, L. Quinctius Cincinnatus était en train de labourer quand on lui annonça qu'il était nommé dictateur ; *litus* Ov. *Tr.* 5, 4, 48, labourer le rivage [perdre sa peine] || *arborem* Col. 5, 7, 4, labourer autour d'un arbre, cf. Plin. 17, 214 || [en gén.] cultiver : *publicos agros* Cic. *Verr.* 5, 53, cultiver le domaine public, cf. 3, 93 ; Liv. 43, 6, 3 || [abs⁺] être cultivateur, faire valoir : *cives qui arant in Sicilia* Cic. *Verr.* 3, 11, les citoyens romains qui font valoir en Sicile, cf. 3, 71 ; 3, 108 ; *quae homines arant, navigant, aedificant, virtuti omnia parent* Sall. *C.* 2, 7, tout ce que font les hommes, que ce soit en agriculture, en navigation, en architecture, est soumis au mérite || [poét.] *aequor maris* Virg. *En.* 2, 780, labourer (sillonner) la plaine liquide de la mer, cf. Ov. *Tr.* 1, 2, 76 ; *frontem rugis* Virg. *En.* 7, 417, sillonner son front de rides, cf. Ov. *Pont.* 1, 4, 2 || [fig.] cultiver : Vulg. *Os.* 10, 13 ; *Eccli.* 7, 13.

Arogās, *ae*, m., fleuve du Bruttium : Plin. 3, 96.

ărōma, *ătis*, n. (ἄρωμα), aromate, épice : Col. 12, 25, 4 ; Apul. *M.* 3, 17 || onguent parfumé : Vulg. *Marc.* 16, 1 || parfum : Prud. *Apoth.* 758 || encens : Heges. 1, 17, 2. ▶ dat.-abl. pl. *aromatis*.

ărōmātārĭus, *ĭi*, m. (*aroma*), parfumeur : CIL 6, 384.

ărōmătĭcus, *a*, *um* (*aroma*), aromatique : Sedul. *Carm.* 5, 324 || pl. n., **-ĭca**, épices : Spart. *Had.* 19.

ărōmătis, ⓥ *aroma* ▶.

ărōmătītēs, *ae*, m., vin aromatique : Plin. 14, 92 ; 37, 145.

ărōmătītis, *ĭdis*, f., espèce d'ambre : Plin. 37, 145.

ărōmătĭzō, *ās*, *āre*, -, - (ἀρωματίζω), intr., dégager un parfum, sentir : Vulg. *Eccli.* 24, 20.

1 **ărŏn**, *i*, n., **ărum**, *i* (ἄρον), gouet [plante] : Plin. 8, 129 || colocase : Plin. 19, 96.

2 **Arŏn**, ⓥ *Aaron*.

Arosapēs, *ae*, m., fleuve de l'Inde : Plin. 6, 93.

Arpānus, *a*, *um*, ⓥ *Arpi*.

Arpi, *ōrum*, m. pl., Arpi ou Argyrippe, ville d'Apulie Atlas XII, E5 : Cic. *Att.* 9, 3, 2 ; Plin. 3, 104 || **-ānus**, *a*, *um*, d'Arpi : Varr. *R.* 1, 8, 2.

Arpīnās, -ātis, ⓥ *Arpinum*.

Arpīnum, *i*, n., ville des Volsques [patrie de Marius et de Cicéron, auj. Arpino] : Cic. *Att.* 2, 8 || **-nās** (**-nātis**, Cat. *Orig.* 2, 31), *ātis*, adj. m. f. n., d'Arpinum : Cic. *Agr.* 3, 8 || subst. n., maison de campagne d'Arpinum : Cic. *Tusc.* 5, 74 ; *Q.* 3, 1 ; *Att.* 5, 1 || **-nātes**, *ĭum*, m. pl., habitants d'Arpinum : *Att.* 4, 7, 3 ; *Off.* 1, 21 || subst. m., **Arpinas**, l'Arpinate = Marius ou Cicéron : Cic. *Planc.* 20 ; Symm. *Ep.* 1, 1, 5.

1 **Arpīnus**, *a*, *um*, d'Arpi : Liv. 24, 45, 1 || **-pīnī**, *m.* pl., habitants d'Arpi : Liv. 34, 45, 3.

2 **Arpīnus**, *a*, *um*, d'Arpinum = de Cicéron : Mart. 10, 19, 17.

Arpŏcrătēs, ⓥ *Harpocrates*.

arquātūra, **arquātus**, ⓥ *arcu-*.

arquĭtenens, ⓥ *arcit-*.

arquĭtes, ⓥ *arcuit-*.

arquō, *ās*, *āre*, -, -, ⓥ *arcuo*.

arquus, *i*, m., ⓥ *arcus*.

arr-, ⓥ *adr-*.

arra, *ae*, f. (réduction de *arrabo* ; fr. *arrhes*), gage, arrhes : Plin. 29, 21, cf. Gell. 17, 2, 21 || *arra sponsalicia* Cod. Just. 5, 2, 1 pr., gage de fiançailles [somme remise par l'un des fiancés, destinée à sanctionner la rupture de l'engagement].

Arrăbĭa, **Arrăbĭus**, ⓥ *Ara-*.

arrăbo, *ōnis*, m. (ἀρραβών), ⓒ *arra*, arrhes : Pl. *Ru.* 44 ; Plin. 33, 28, cf. Gell. 17, 2, 21.

arrādo, ⓥ *adrado*.

Arraei, *ōrum*, m. pl., peuple sarmate : Plin. 4, 41.

arrālis, *e* (*arra*), relatif aux arrhes : *arrale pactum* Cod. Just. 4, 49, 3, convention d'arrhes.

arrect-, ⓥ *adrect-*.

arrēmĭgo, ⓥ *adremigo*.

Arreni, m., peuple d'Arabie : Plin. 6, 157.

arrĕnĭcum, ⓥ *arrhenicum*.

arrep-, ⓥ *adrep-*.

Arrēt-, ⓥ *Aret-*.

arrexi, ⓥ *adrigo*.

arrha, **arrhăbo**, **arrhālis**, ⓥ *arra*, etc.

arrhĕnĭcum, *i*, n. (ἀρρενικόν), arsenic [métalloïde] : Plin. 6, 98.

arrhĕnŏgŏnon, *i*, n. (ἀρρενογόνον), crucianelle [plante] : Plin. 26, 99.

arrhētŏs, *i*, m. (ἄρρητος), inexprimable [Éon de Valentin] : Tert. *Val.* 35, 2.

Arrhĭdaeus, *i*, m. (Ἀρριδαῖος), frère d'Alexandre : Curt. 10, 7, 2 ; Sen. *Ben.* 4, 31, 1.

arrhythmĭa, *ae*, f. (ἀρρυθμία), manque de rythme : Mar. Vict. *Gram.* 6, 43, 5.

arrhythmŏs, *ŏn* (ἄρρυθμος), mal cadencé : Capel. 9, 970.

Arrĭa, *ae*, nom de femme : Tac. *An.* 16, 34 ; Mart. 1, 14.

Arrĭāni, ⓥ *Ariani*.

Arrĭdaeus, ⓥ *Arrhidaeus*.

arrid-, arrig-, arrip-, arris-, ⓥ *adr-*.

Arrĭus, *ĭi*, m., nom d'homme : Fest. 484, 9 ; ⓥ *2 Arius*.

arro-, ⓥ *adro-*.

Arrotrebae, *ārum*, m. pl., peuple d'Espagne : Plin. 4, 111 ; 114 ; 119.

Arrubium, ⓥ *Arubium*.

arrŭgĭa, *ae*, f. (cf. *ad*, *ruga*, ⓥ *corrugus* ; esp. *arrugia*), galerie d'une mine d'or : Plin. 33, 70.

Arruns, *tis*, m., fils de Tarquin : Liv. 1, 56, 7 ; 2, 14, 5.

Arruntĭus, *ĭi*, m., nom d'homme : Stat. *S.* 1, 2, 71.

arrūrābĭlĭtĕr, adv. (*ad*, *ruro*), à la campagnarde [obsc.] : CIL 4, 4126.

Arrybas, *ae*, m., roi des Molosses : Just. 7, 6, 11.

ars, *artis*, f. (cf. *armus*, 1-2 *artus*, ἄρμενος ; fr. *art*)

¶ 1 "talent, savoir-faire" ; **artes** **a)** "talents, qualités" **b)** *bonae artes* **c)** "procédés, ligne de conduite"
¶ 2 "métier, profession" *liberales artes*
¶ 3 "théorie, système", "traité", "art".

¶ 1 talent, savoir-faire, habileté, art : *ars et malitia alicujus* Cic. *Verr.* 2, 135, savoir-faire et malignité de qqn ; *arte quadam praeditus ad libidines adulescentulorum excitandas accommodata* Cic. *Clu.* 36, ayant une adresse toute spéciale pour éveiller les passions de la première jeunesse ; *plus artis quam fidei adhibere* Liv. 3, 10, 10, mettre en œuvre plus d'habileté que de bonne foi ; *arte Punica* Liv. 25, 39, 1, avec l'habileté des Carthaginois || **artes**, *ium*, pl. **a)** [en gén.] talents, qualités : Cic. *Pomp.* 36 ; *Fin.* 2, 115 ; Sall. *C.* 9, 3 ; *in consule nostro multae bonaeque artes animi et corporis erant* Sall. *J.* 28, 5, notre consul avait beaucoup de qualités intellectuelles et physiques ; *artes militares, imperatoriae* Liv. 25, 19, 12, qualités qui font le soldat, le général **b)** [sens moral] : *bonae artes* Sall. *C.* 11, 2 ; *J.* 4, 7, les bonnes qualités, les vertus, les bons principes d'action, le bien ; *bonarum artium magistri* Cic. *CM* 29, ceux qui enseignent les vertus ; *malae artes*, les mauvaises qualités, les manifestations d'une habileté mauvaise, mauvaise ligne de conduite, les vices, le mal : SALL. *C.* 3, 4 ; *J.* 41, 1 ; LIV. 2, 9, 7 ; 23, 2, 2 ; *(Mucianus) malis bonisque artibus mixtus* TAC. *H.* 1, 10, (Mucien) mélange de mauvaises et de bonnes qualités **c)** manifestations du savoir-faire, moyens, procédés, ligne de conduite : *imperium facile eis artibus retinetur, quibus initio partum est* SALL. *C.* 2, 4, la puissance se conserve aisément par les moyens (les pratiques) qui ont servi dans le principe à l'acquérir ; *artibus Fabii bellum gerebat* LIV. 22, 24, 10, il guerroyait suivant la tactique de Fabius ; *nec Hannibalem fefellit suis se artibus peti* LIV. 22, 16, 5, il n'échappa pas à Hannibal qu'on l'attaquait avec ses propres armes, cf. CIC. *Verr.* 4, 81 ; *Fam.* 2, 4, 2 ¶ **2** ce à quoi s'applique le talent, le savoir faire ; métier, profession ; art, science : *opifices omnes in sordida arte versantur* CIC. *Off.* 1, 150, tous les artisans pratiquent un métier bas ; *minime artes eae probandae, quae ministrae sunt voluptatem " cetarii, lanii, coqui... "* CIC. *Off.* 1, 150, les métiers les moins louables sont ceux qui se mettent au service des plaisirs, tels les poissonniers, les bouchers, les cuisiniers... ; *pictura et fabrica ceteraeque artes* CIC. *Nat.* 2, 35, la peinture, l'architecture et tous les autres arts ; *ars dicendi* CIC. *de Or.* 1, 66, l'art de la parole, de l'éloquence ; *divinationis* CIC. *Nat.* 2, 166, l'art de la divination ; *eruditissimorum hominum artibus eloquentiam contineri statuo* CIC. *de Or.* 1, 5, je suis d'avis que l'éloquence repose sur l'ensemble des connaissances que possèdent les hommes les plus instruits ; *artes honestae* CIC. *Brut.* 213 ; *ingenuae* CIC. *de Or.* 1, 73 ; *liberales* CIC. *Inv.* 1, 35, connaissances libérales, culture libérale, beaux-arts, belles-lettres ; *artem profiteri* CIC. *Tusc.* 2, 12 ; *Planc.* 62, faire profession d'un art, d'une science ; *in arte se exercere* CIC. *Tusc.* 1, 41, s'exercer dans un art, une science ; *artem scire* CIC. *Tusc.* 5, 8 (LIV. 30, 37, 9) ; *nosse* CIC. *de Or.* 1, 215, savoir un art ; *discere* CIC. *CM* 78 ; *Rep.* 1, 33, apprendre un art, une science ; *tractare* CIC. *de Or.* 3, 86, exercer un art, pratiquer une science ¶ **3** connaissances techniques, théorie, corps de doctrine, système, art : *ceterarum rerum studia et doctrina et praeceptis et arte constare* CIC. *Arch.* 18, [nous savons] que toutes les autres études supposent un enseignement, des leçons, un art ; *etiamsi ingeniis atque arte valeant* CIC. *de Or.* 1, 115, quand même ils seraient remarquables par les dons naturels et les connaissances théoriques ‖ [en part.] traité : *ars rhetorica* CIC. *Or.* 114, traité de rhétorique, rhétorique, cf. *Fin.* 4, 7 ; *rhetorum artes* CIC. *Fin.* 3, 4, les traités des rhéteurs ; *scriptores artis* CIC. *de Or.* 1, 91 ; 1, 113, auteurs de traités [de rhétorique] ; *ars grammatica* VARR. *Frg.* 234, grammaire ; *ars* SERV. *Gram.* 4, 417, 6, grammaire ; *ars amatoria* OV. *A. A.* tit., traité d'érotisme ; *quicumque artem sacrificandi conscriptam haberet* LIV. 25, 1, 12, quiconque aurait un traité rédigé concernant les sacrifices ‖ art, habileté technique : *ars cum copia certat* CIC. *Verr.* 4, 65, [œuvre dans laquelle] l'art le dispute à la richesse ; *Victoriae summa arte perfectae* CIC. *Verr.* 4, 103, des Victoires, œuvre d'un art consommé ‖ au pl., productions de l'art, œuvres d'art : CIC. *Leg.* 2, 4 ; HOR. *O.* 4, 8, 5 ; *Ep.* 1, 6, 17 ; 2, 1, 242.

▶ un nom. *artis* d'après VIRG. GRAM. *Epit.* 5, 12, 4.

Arsa, *ae*, f., ville de la Bétique : PLIN. 3, 14.

Arsăcē, *ēs*, f., ville des Parthes : PLIN. 6, 113.

Arsăcēs, *is*, m. (Ἀρσάκης), roi des Parthes : JUST. 41, 5 ‖ **-cĭdae**, *ārum*, m. pl., Arsacides [descendants d'Arsacès] : LUC. 1, 108 ; 8, 217 ; 8, 306 ‖ **-cĭus**, *a*, *um*, des Arsacides, des Parthes : MART. 9, 35, 3.

Arsagalitae, *ārum*, m. pl., peuple de l'Inde : PLIN. 6, 78.

Arsămōsăta, *ae*, f., ville d'Arménie : TAC. *An.* 15, 10.

Arsaniās, *ae*, m., fleuve de la Grande Arménie Atlas I, D7 : PLIN. 6, 128.

Arsanus, *i*, m., ▶ *Arsanias* : PLIN. 5, 84.

arsella, *ae*, f., ▶ *argemonia* : PS. APUL. *Herb.* 31.

arsēn, *ĕnis*, m. (ἄρσην), mâle [surnom de la mandragore] : PLIN. 25, 148.

arsĕnĭcum, *i*, n. (ἀρσενικόν), ▶ *arrhenicum*, arsenic : ISID. 19, 17, 12.

Arsennāria, *ae*, f., ville de Maurétanie Césarienne : PLIN. 5, 19.

arsĕnŏgŏnon, ▶ *arrhenogonon*.

Arsēs, *is*, m., fils d'Artaxerxes : SULP. SEV. *Chron.* 2, 16, 8.

arse verse, ▶ *averte ignem*, détourne le feu [inscription étrusque mise comme protection sur les portes des maisons] : P. FEST. 17, 16 ; AFRAN. *Com.* 415.

1 arsī, parf. de *ardeo*.

2 Arsi, *ōrum*, m. pl., peuple de l'Arabie Heureuse : PLIN. 6, 155.

1 Arsĭa, *ae*, m., fleuve de l'Istrie : PLIN. 3, 129, 139, 150.

2 Arsĭa silva, f., forêt d'Étrurie : LIV. 2, 7 ; VAL.-MAX. 1, 8, 5.

arsībĭlis, *e*, qui peut prendre feu, inflammable : GLOSS. 3, 346, 60.

arsĭnēum, *i*, n. (cf. *Arsinoeum*), ornement de tête à l'usage des femmes : CAT. *Orig.* 7, 9 cf. P. FEST. 19, 7.

Arsinna, ▶ *Arsennaria* : MEL. 1, 31.

1 Arsĭnŏē, *ēs*, **-sĭnōa**, *ae*, f. (Ἀρσινόη) ¶ **1** une des Hyades : HYG. *Fab.* 182, cf. CIC. *Nat.* 3, 57 ¶ **2** nom de plusieurs reines d'Égypte : PLIN. 34, 148.

2 Arsĭnŏē, *ēs*, f., nom de plusieurs villes d'Égypte et de Cilicie Atlas I, E5 ; I, F2 : PLIN. 5, 61 ; 5, 92 ; MEL. 1, 40 ‖ **-ŏïtĭcus**, *a*, *um*, d'Arsinoé : PLIN. 35, 165.

Arsĭnŏēum, *i*, n., monument élevé à Arsinoé par son frère Ptolémée Philadelphe : PLIN. 36, 68.

Arsĭnŏītēs nŏmŏs, m., nome d'Arsinoé : PLIN. 5, 50.

Arsippus, *i*, m., père du troisième Esculape : CIC. *Nat.* 3, 57.

arsis, *is*, f. (ἄρσις), temps levé de la mesure [opp. à *thesis*], élévation de la voix, temps fort : PRISC. 3, 521, 27 ; CAPEL. 9, 974.

arsō, *ās*, *āre*, -, - (onomat.), intr., crier [en parl. de la grue] : ISID. *Diff.* 1, 225 (607).

arsūra, *ae*, f. (*ardeo*), chaleur : *arsura stomachi* *PS. APUL. *Herb.* 118, inflammation de l'estomac.

arsūrus, arsus, ▶ *ardeo* ▶.

artăba, *ae*, f., mesure égyptienne pour les matières sèches : ISID. 15, 26, 16.

Artăbănus, *i*, m. (Ἀρτάβανος) ¶ **1** général de Xerxès : NEP. *Reg.* 1, 5 ; JUST. 3, 1 ¶ **2** roi des Parthes : JUST. 42, 2 ; TAC. *An.* 2, 3 ; 2, 58.

Artabatytae, ▶ *Arthabatitae* : ISID. 11, 3, 20.

Artabazus, *i*, m., satrape perse : CURT. 3, 13, 13.

Artabrus, *i*, m., **-brum promunturium**, n., cap Artabre [dans la Galice] : PLIN. 4, 113 ‖ **-bri**, *ōrum*, m. pl., habitants du cap Artabre : MEL. 3, 13.

Artacabenē, *ēs*, f., ville de l'Ariane : PLIN. 6, 93.

Artacaeōn, *onis*, f., île et ville de la Propontide : PLIN. 5, 151.

Artacana, ▶ *Artacoana* : AMM. 23, 6, 43.

Artacē, *ēs*, f., port de la Propontide : PLIN. 5, 141.

Artăcĭē, *ēs*, f., fontaine des Lestrygons : TIB. 4, 1, 59.

Artacoana, *ōrum*, n. pl., ville de l'Ariane : PLIN. 6, 93 ; CURT. 6, 6, 33.

artaena, ▶ *arytaena*.

Artăgēra, *ae*, f. (Ἀρτάγειρα), ville d'Arménie : VELL. 2, 102.

Artamis, *is*, m., fleuve de Bactriane : AMM. 23, 6, 57.

Artaphernēs, *is*, m., général perse : NEP. *Milt.* 4, 1 ; PLIN. 35, 57.

1 artātus, *a*, *um*, part. de *arto*.

2 Artātus, *i*, m., fleuve d'Illyrie : LIV. 43, 19.

Artavasdēs, *is*, m., nom d'un roi d'Arménie : CIC. *Att.* 5, 20, 2.

Artaxăta, *ōrum*, n. pl., **Artaxăta**, *ae*, f., capitale de l'Arménie Atlas I, C7 : JUV. 2, 170 ; TAC. *An.* 2, 5, 6.

Artaxerxēs, *is*, m. (Ἀρταξέρξης), nom de rois perses : NEP. *Dat.* 1, 1 ; 8, 6 ; CURT. 6, 6, 13 ; JUST. 3, 1.

▶ acc. *-em* et surtout *-en*.

Artaxĭās, *ae*, m., roi d'Arménie : VELL. 2, 94, 2.

1 artē, adv. (*1 artus*) ¶ **1** étroitement, d'une manière serrée : *aliquem artius complecti* Cic. *Div.* 1, 103, embrasser qqn plus étroitement ; *saxis arte continentur (trabes)* Caes. *G.* 7, 23, 3, (les poutres) sont maintenues solidement entre elles par des pierres ; *aciem arte statuere* Sall. *J.* 52, 6, disposer ses troupes en rangs serrés ; *pedites quam artissime ire jubet* Sall. *J.* 68, 4, il ordonne que les fantassins marchent en ordre le plus serré possible ¶ **2** [fig.] étroitement, sévèrement : *aliquem arte colere* Sall. *J.* 85, 34, traiter qqn sévèrement, cf. 45, 2 ‖ étroitement, rigoureusement, strictement : *illud arte tenent Epicurei* Cic. *Par.* 14, les Épicuriens se tiennent étroitement à cette opinion ; *artissime diligere aliquem* Plin. *Ep.* 6, 8, 1, avoir pour qqn la plus étroite affection.

2 artĕ, abl. sg. de *ars*.

artĕmēdĭōn, *ii*, n., dictame [plante] : Ps. Apul. *Herb.* 62.

Artĕmĭdōrus, *i*, m., Artémidore, géographe d'Éphèse : Plin. 2, 242 ‖ autres du même nom : Cic. *Verr.* 1, 79 ; 3, 69 ; Sen. *Nat.* 1, 4, 3.

Artĕmis, *ĭdis*, f., nom grec de Diane : Macr. *Sat.* 1, 15, 20 ; Plin. 25, 73.

1 artĕmĭsĭa, *ae*, f. (ἀρτεμισία ; fr. *armoise*), armoise : Plin. 25, 73.

2 Artĕmĭsĭa, *ae*, f. (Ἀρτεμισία) ¶ **1** Artémise [femme de Mausole, reine de Carie] : Cic. *Tusc.* 3, 75 ; Gell. 10, 18 ¶ **2** île de la mer Tyrrhénienne : Plin. 3, 81.

Artĕmīsĭum, *ii*, n., Artémision [promontoire et ville de l'Eubée] : Nep. *Them.* 3, 2 ; Plin. 4, 64.

Artĕmīta, *ae*, f., ville d'Assyrie : Plin. 6, 117 ; Tac. *An.* 6, 41.

1 artĕmo (-ōn), *ŏnis*, m. (ἀρτέμων) ¶ **1** mât ou voile d'artimon [poupe] : Isid. 19, 3, 3 ; Dig. 50, 16, 242 ; Schol. Juv. 12, 69 ¶ **2** [méc.] chape de renvoi [au pied du mât d'une machine de soulèvement] : Vitr. 10, 2, 9.

2 Artĕmō (-ōn), *ōnis*, m., nom d'homme : Cic. *Verr.* 2, 128.

1 artēna, v. *arytaena*.

2 Artēna, *ae*, f., ville des Volsques : Liv. 4, 61.

1 artērĭa, *ae*, f. (ἀρτηρία) ¶ **1** trachée-artère : Plin. 11, 175 ou *aspera arteria* Cic. *Nat.* 2, 136 ¶ **2** artère : Cic. *Nat.* 2, 138 ; Sen. *Nat.* 3, 15, 1.

2 artērĭa, n. pl., trachée-artère : Lucr. 4, 529.

artērĭăcē, *ēs*, f. (ἀρτηριακή), remède pour la trachée-artère : Plin. 23, 136 ; Cels. 5, 25, 17.

artērĭăcus, *a*, *um* (ἀρτηριακός), de la trachée-artère : Vitr. 1, 6, 3 ; Isid. 4, 9, 8.

artērĭăsis, *is*, f., extinction de voix : Isid. 4, 7, 14.

artērĭōsus, *a*, *um*, où il y a des artères : Cass. Fel. 71.

artērĭŏtŏmĭa, *ae*, f. (ἀρτηριοτομία), artériotomie, action d'ouvrir une artère : Cael.-Aur. *Chron.* 1, 1, 45.

artērĭum, *ii*, n., trachée-artère : Lucr. 4, 527 ; v. *arteria*.

Arthabatītae, *ārum*, m. pl., peuple d'Éthiopie : Plin. 6, 195.

Arthēdōn, *ŏnis*, f. (Ἀρθηδών), île de la Troade : Plin. 5, 138.

Arthītae, *arum*, m. pl., peuple de la Dalmatie : Plin. 3, 143.

arthrīsis, *is*, f., c. *arthritis* : M.-Emp. 25, 11.

arthrītĭcus, *a*, *um* (ἀρθριτικός), goutteux : Cic. *Fam.* 9, 23 ; Cael.-Aur. *Chron.* 5, 2, 28.

arthrītis, *ĭdis*, acc. *in*, f. (ἀρθρῖτις), goutte [maladie] : Cael.-Aur. *Chron.* 5, 2, 27.

arthrum, *i*, n. (ἄρθρον), c. *articulus* : M.-Emp. 36, 51.

Artĭăca, *ae*, f., c. *Arciaca*.

Artĭcŭla, *ae*, f., île du Nil : Plin. 6, 184.

artĭcŭlāmentum, *i*, n. (*articulo*), articulation : Scrib. 206 ; 214.

artĭcŭlāris, *e* (*articulus*) ¶ **1** articulaire : *articularis morbus* Plin. 20, 195, la goutte, cf. Suet. *Galb.* 21 ¶ **2** à la manière de l'article [gram.] : *pronomen articulare* Prisc. 2, 592, 16, pronom démonstratif ¶ **3** articulé [en parl. de la voix] : Boet. *Arith.* 2, 1, 1.

artĭcŭlārĭus, *a*, *um* (*articulus*), *morbus articularius* Cat. *Agr.* 157, 7, arthrite, cf. Plin. 20, 81.

artĭcŭlātē, adv. (*articulatus*), en articulant : Gell. 5, 9, 2.

artĭcŭlātim (*articulatus*) ¶ **1** par morceaux : Poet. d. Cic. *Nat.* 3, 67 ; Pl. *Ep.* 488 ¶ **2** fragment par fragment, distinctement : Cic. *Leg.* 1, 36 ; Lucr. 4, 554.

artĭcŭlātĭo, *ōnis*, f. (*articulo*) ¶ **1** maladie des bourgeons de la vigne : Plin. 17, 226 ¶ **2** articulation nette [des mots] : Fulg. *Myth.* 3, 10.

artĭcŭlātŏr, *ōris*, m., qui démembre : Gloss. 2, 23, 39.

artĭcŭlātus, *a*, *um*, articulé, distinct, analysable : *vox* Don. *Gram.* 4, 367, 6, voix articulée, langage [opp. à *confusa*, " cri "] ; v. *articulo*.

Artĭcŭlēĭānus, *a*, *um*, d'Articuleius Paetus, consul [sous Trajan] : Dig. 40, 5, 51, 7.

artĭcŭlo, *ās*, *āre*, *āvī*, *ātum* (*articulus*), tr. ¶ **1** donner des articulations : Iren. 1, 24, 1 ¶ **2** partager, séparer, distinguer : Aug. *Mus.* 2, 4, 5 ‖ articuler, prononcer distinctement : Lucr. 4, 549.

artĭcŭlōsus, *a*, *um* (*articulus*) ¶ **1** noueux : Plin. 24, 150 ¶ **2** morcelé : Quint. 4, 5, 24.

artĭcŭlus, *i*, m. (dim. de *2 artus* ; fr. *orteil*) ¶ **1** articulation, jointure des os : Cic. *de Or.* 2, 359 ; Caes. *G.* 6, 27 ; Liv. 27, 49, 1 ; Plin. 11, 217 ‖ articulation (nœud) des sarments de la vigne : Cic. *CM* 53 ; Col. 2, 11, 9 ‖ membre : Lucr. 3, 697 ‖ doigt : Prop. 2, 34, 80 ; Ov. *H.* 10, 140 ‖ [prov.] *molli articulo tractare aliquem* Quint. 11, 2, 70, toucher qqn d'une main légère ; cf. *bracchium* ¶ **2** [fig.] **a)** membre de phrase, partie, division : Cic. *de Or.* 3, 96 ; 3, 186 ; Her. 4, 26 ‖ passage, endroit [texte] : Tert. *Marc.* 2, 24, 5 **b)** [gram.] le pronom *hic* et *quis* : Varr. L. 8, 45 ‖ l'article : Quint. 1, 4, 19 ‖ [un mot isolé] Pompon. *Dig.* 28, 5, 29 **c)** moment, instant, point précis : Cic. *Quinct.* 19 ; Plin. 2, 216 ; *in articulo* Cod. Just. 1, 33, 3, immédiatement ‖ moment critique, décisif : Ter. *Ad.* 229 ; Curt. 3, 5, 11 **d)** point : *per eosdem articulos et gradus* Suet. *Cl.* 4, passer par les mêmes points [la même filière] et les mêmes degrés **e)** article, point dans un exposé : Aug. *Civ.* 9, 1.

artĭfex, *ĭcis*, m. (*ars*, *facio*)

I subst. ¶ **1** qui pratique un art, un métier, artiste, artisan : Cic. *Rep.* 1, 35 ; *Fin.* 5, 7 ; Liv. 5, 3, 6 ; 42, 3, 11 ‖ maître dans un art, spécialiste : Cic. *de Or.* 1, 51 ; 1, 111 ; 1, 248 ; *Brut.* 185 ; *dicendi artifices* Cic. *de Or.* 1, 23, maîtres d'éloquence ¶ **2** [en gén.] ouvrier d'une chose, créateur, auteur : *mundi* Cic. *Tim.* 6, l'artisan de l'univers ‖ *negotii* Sall. *J.* 35, 5, artisan d'une affaire ; *comparandae voluptatis* Cic. *Fin.* 1, 42, maître dans l'art de procurer le plaisir.

II adj. ¶ **1** habile, adroit : Cic. *Brut.* 96 ; *Or.* 172 ; Ov. *Am.* 3, 2, 52 ; M. 15, 218 ¶ **2** fait avec art : Prop. 2, 31, 7 ; Plin. 10, 85 ; 12, 115.

artĭfĭcālis, *e*, c. *artificialis* : Consent. 5, 343, 27.

artĭfĭcē, adv., avec art : Adamn. *Loc. sanct.* 1, 2.

artĭfĭcĭālis, *e* (*artificium*) ¶ **1** fait avec art, selon l'art : Quint. 5, 1, 1 ; 5, 9, 1 ; 12, 8, 19 ‖ *artificialia*, *ium*, n. pl., principes de l'art : Quint. 1, 8, 4 ¶ **2** insidieux : Ps. Cypr. *Sing. cler.* 19.

artĭfĭcĭālĭtĕr, adv. (*artificialis*), avec art : Quint. 2, 17, 42.

artĭfĭcīna, *ae*, f. (*ars*, *facio*), atelier : Gloss. 5, 590, 51.

artĭfĭcĭŏlum, *i*, n. (dim. de *artificium*), Not. Tir. 53, 90.

artĭfĭcĭōsē, adv. (*artificiosus*), avec art, artistement : Cic. *Fin.* 3, 32 ; *de Or.* 1, 186 ; *artificiosius* Cic. *Nat.* 2, 57 ; *-issime* Her. 4, 7.

artĭfĭcĭōsus, *a*, *um* (*artificium*) ¶ **1** fait suivant les règles, obtenu par l'art : Cic. *Inv.* 1, 6 ; *Top.* 69 ‖ fait avec art : Cic. *Ac.* 2, 50 ; *Fin.* 2, 15 ¶ **2** qui a de l'art, adroit : Cic. *Inv.* 1, 61 ; *Nat.* 2, 57 ‖ *artificiosior* Cic. *Inv.* 1, 99 ; *-issimus* Cic. *Inv.* 1, 61.

artĭfĭcĭum, *ii*, n. (*artifex*) ¶ **1** art, profession, métier, état : *pictorum* Cic. *Verr.* 4, 123, l'art des peintres ; *necessaria artificia* Cic. *Tusc.* 1, 62, métiers nécessaires

artificium

[opp. aux arts libéraux], cf. *Off.* 1, 150; Caes. *G.* 6, 17, 2 ¶ **2** art, travail artistique : ***simulacrum singulari artificio perfectum*** Cic. *Verr.* 4, 72, statue, chef d'œuvre d'un travail unique, cf. 2, 87 ; 4, 4 ; 4, 38 ¶ **3** art, connaissances techniques, science, théorie : Cic. *Inv.* 1, 77 ; *de Or.* 1, 93 ; 1, 146 ; 4, 10 ; *Ac.* 2, 114 ¶ **4** art, habileté, adresse : Cic. *Verr.* 1, 64 ; *Clu.* 58 ‖ [en mauv. part] artifice : Cic. *Verr.* 5, 174 ; *Planc.* 22 ; *Att.* 7, 1, 7 ; Caes. d. Cic. *Att.* 9, 7 C, 2.

Artigi, *ōrum*, m. pl., ville de la Bétique : Plin. 3, 10.

artĭgrăphĭa, *ae*, f. (*artigraphus*), grammaire : An. Helv. 174, 3.

artĭgrăphus, *i*, m. (*ars*, γράφω), auteur de grammaire, de traité : Serv. *En.* 1, 104 ; 5, 522 ; Isid. 2, 9, 8.

artĭō, *īs*, *īre*, -, -, ⬛ *arto* ▶.

artĭŏs, *ŏn* (ἄρτιος), proportionné : Char. 288, 4.

artĭsellĭum, f. l. ⬛ *arcisellium*.

artītus, *a*, *um* (*ars*), formé par de bons principes : P. Fest. 19, 5.

artō, *ās*, *āre*, *āvī*, *ātum* (*artus*), tr., serrer fortement, étroitement : Lucr. 1, 576 ; Plin. 17, 209 ‖ [fig] resserrer, raccourcir, amoindrir : Liv. 45, 36, 4.

▶ sur *artus* s'est formé aussi *artio* : impér. *artito* Cat. *Agr.* 40, 3 ; 41, 2 ; parf. *artivit* Nov. *Com.* 16 ; 41 ; cf. Non. 505.

artŏcrĕas, *ătis*, n. (ἀρτόκρεας), pâté de viande : Pers. 6, 50.

artŏlăgănus, *i*, m. (ἀρτολάγανος), pain-gâteau : Plin. 18, 105.

artŏlăgўnŏs, *i*, m. (ἀρτολάγυνος), panier-repas : Cic. *Fam.* 9, 20, 2.

artopta, *ae*, f. (ἀρτόπτης), sorte de tourtière pour cuire le pain, moule à pain : Pl. *Aul.* 400 ; Juv. 5, 72, cf. Plin. 18, 107.

artoptĭcĭus pānis, m., pain moulé : Plin. 18, 88 ; 18, 105.

Artŏtrōgus, *i*, m. (ἄρτος, τρώγω), Rongeur de pain [nom d'un parasite] : Pl. *Mil.* 9.

Artŏtyrītae, *ārum*, m. pl. (Ἀρτοτυρῖται), secte d'hérétiques : Aug. *Haer.* 28.

artro, *ās*, *āre*, -, -, ⬛ *aratro*.

artŭ, **artŭa**, ⬛ 2 *artus* ▶.

artŭātim, adv. (*artuatus*), par morceaux : Firm. *Math.* 7, 2, 8.

artum, *i*, n. de *artus* pris subst[t] ¶ **1** espace étroit : *in arto pugna Romano aptior futura videbatur* Liv. 28, 33, 9, il apparaissait que le combat dans un espace resserré serait plus à l'avantage du Romain ; *in artum compulsi* Liv. 23, 27, 7, refoulés à l'étroit ¶ **2** [fig.] *in arto esse* Liv. 26, 17, 5, être dans une situation critique ; *nobis in arto et inglorius labor* Tac. *An.* 4, 32, pour moi le travail est borné et sans gloire ; *in arto commeatus* Tac. *H.* 3, 13, le ravitaillement est réduit.

artŭō, *ās*, *āre*, -, -, disséquer, découper : Firm. *Math.* 6, 31, 75.

1 **artus**, *a*, *um* (cf. *ars*, *arma*, 2 *artus* ; ἄρμενος) ¶ **1** serré, étroit : *artioribus laqueis tenere aliquem* Cic. *Verr.* 1, 13, maintenir qqn dans des liens plus serrés ; *artissimum vinculum* Cic. *Rep.* 2, 69, le lien le plus étroit ; *arta toga* Hor. *Ep.* 1, 18, 30, toge étroitement serrée ¶ **2** étroit, resserré : *in artiores silvas carros abdiderunt* Caes. *G.* 7, 18, 3, ils cachèrent leurs chariots dans des forêts suffisamment épaisses ; *artae viae* Liv. 5, 26, 5, routes resserrées ; *fauces artae* Liv. 22, 15, 1, gorges étroites ; *artissimum inter Europam Asiamque divortium* Tac. *An.* 12, 63, point où l'intervalle de séparation [le bras de mer] entre l'Europe et l'Asie est le plus étroit ‖ *arta convivia* Hor. *Ep.* 1, 5, 29, festins où l'on est à l'étroit ¶ **3** [fig.] *me artior, quam solebat, somnus complexus est* Cic. *Rep.* 6, 10, un sommeil plus profond que d'habitude me saisit ¶ **4** serré, mesuré, limité : *in tam artis commeatibus* Liv. 2, 34, 5, avec des approvisionnements si restreints ; *in hostico laxius rapto suetis vivere artiores in pace res erant* Liv. 28, 24, 6, pour eux qui étaient habitués à vivre largement de rapines en territoire ennemi, avec la paix la vie était plus serrée (plus à l'étroit).

2 **artŭs**, *ūs*, m. (cf. *armus*, 1 *artus* ; ἄρθρον), plus souv[t] pl. **artŭs**, *ŭŭm*, dat.-abl. *ŭbŭs*, articulations : Cic. *Nat.* 2, 150 ; Plin. 11, 248 ; Tac. *H.* 4, 81 ‖ membres [du corps] : Cic. *Nat.* 3, 67 ; Ov. *M.* 2, 620 ; Virg. *En.* 2, 173 ‖ [poét.] le corps entier : Ov. *M.* 15, 166 ‖ rameaux d'un arbre : Plin. 14, 13.
▶ n. sg. *artu* Prisc. 2, 262, 1 ‖ pl. *artua* Pl. *Men.* 855 ; cf. Non. 191 ‖ dat.-abl. pl. *artubus* mais *artibus* Lucr. 5, 1077 ; Apul. *M.* 2, 17 ; Tert. *Anim.* 10, 7.

artūtus, *a*, *um*, trapu : Pl. *As.* 565.

Artynĭa, *ae*, f., marais de Mysie : Plin. 5, 142.

Arūbĭum, *ĭi*, n., ville de la Mésie inférieure : Peut. 8, 4 ‖ **-ĭānus**, *a*, *um*, d'Arubium : CIL 3, 5185.

Arucci, **Arunci**, m. pl., [Aroche] ville de la Bétique : Anton. 427 ; Plin. 3, 14 ‖ **-ccītānus**, *a*, *um*, d'Aruc : CIL 2, 963.

ārŭi, parf. de *areo*.

ārŭla, *ae*, f. (dim. de *ara*), petit autel : Cic. *Verr.* 4, 5 ‖ petit foyer : Vulg. *Jer.* 36, 22 ‖ terre amassée au pied des arbres : Plin. 17, 77.

ărum, ⬛ 1 *aron*.

Arunci, ⬛ *Arucci*.

āruncus, *i*, m. (dor. ἄρυγγος), barbe de chèvre [plante] : Plin. 8, 203.

Arunda, *ae*, f., ville de la Bétique : Plin. 3, 14 ‖ **-ensis**, *e*, d'Arunda : CIL 2, 1359.

ărundĭfĕr, *ĕra*, *ĕrum* (*arundo*, *fero*), qui porte des roseaux : Ov. *F.* 5, 637.

ărundĭnācĕus, *a*, *um* (*arundo*), semblable au roseau : Plin. 18, 58.

ărundĭnārĭus, *ĭi*, m., marchand de roseaux à écrire : CIL 6, 9456.

ărundĭnātĭo, *ōnis*, f., étayage avec des roseaux : Varr. *R.* 1, 8, 3.

ărundĭnētum, *i*, n. (*arundo*), lieu planté de roseaux : Cat. *Agr.* 6, 3 ; Suet. *Ner.* 48.

ărundĭnĕus, *a*, *um* (*arundo*), de roseaux : Virg. *En.* 10, 710 ; *arundineum carmen* Ov. *Tr.* 4, 1, 2, chant pastoral sur la flûte.

ărundĭnōsus, *a*, *um*, fertile en roseaux : Catul. 36, 13.

ărundo (**harundo**), *ĭnis*, f. (cf. ἄρον ?) ¶ **1** roseau : Plin. 16, 156 ; Virg. *G.* 2, 414 ; *fera arundinis* Vulg. *Psal.* 67, 31, la bête des roseaux [crocodile] ¶ **2** [objet en roseau] : chalumeau de pâtre, flûte : Virg. *B.* 6, 8 ; Ov. *M.* 11, 154 ‖ tige de la flèche : Ov. *M.* 1, 471 ‖ flèche : Virg. *En.* 4, 73 ; 5, 544 ‖ ligne de pêcheur : Pl. *Ru.* 294 ; Tib. 2, 6, 23 ‖ gluau : Petr. 40, 6 ‖ canne [bâton] : Hor. *S.* 2, 3, 248 ; Petr. 134, 3 ‖ perche d'arpenteur : Prud. *Psych.* 826 ‖ mesure de longueur [six coudées] : Vulg. *Apoc.* 21, 16 ‖ balai : Pl. *St.* 347 ‖ roseau pour écrire : Pers. 3, 11 ; Mart. 9, 13, 3 ‖ traverse pour les tisserands : Ov. *M.* 6, 55.

Aruns, **Aruntius**, ⬛ *Arruns*.

Arūpĭum, *ĭi*, n., ville d'Istrie : Anton. 274 ‖ **-īnus**, *a*, *um*, d'Arupium : Tib. 4, 1, 110.

ărūra, *ae*, f. (ἄρουρα), champ ensemencé : M.-Emp. 8, 90.

Arūsīni campi, m. pl., canton de Lucanie : Flor. 1, 13, 11.

arusĭōn, *ĭi*, n., guède, pastel : Ps. Apul. *Herb.* 69.

Arusnātes, *ĭum*, m. pl., habitants d'un bourg près de Vérone : CIL 5, 3915.

ăruspex, **ăruspĭcĭna**, ⬛ *har-*.

ărŭtaena, ⬛ *arytena* : Char. 118, 29.

Arva, *ae*, f., ville de Bétique : Plin. 3, 11 ‖ **Arvensis**, *e*, d'Arva : CIL 2, 1065.

Arvae, *ārum*, f. pl., ville d'Hyrcanie : Curt. 6, 4, 23.

arvālis, *e* (*arvum*), qui concerne les champs ; *arvales fratres*, frères arvales, prêtres romains : Varr. *L.* 5, 85 ; Gell. 7, 7, 8.

arvectus, **arvĕho**, **arvĕna**, **arvenĭo**, ⬛ *adv-*.

Arverni, *ōrum*, m. pl., Arvernes [Auvergne] : Caes. *G.* 1, 31 ; 1, 45 ‖ **-us**, *a*, *um*, **-ensis**, *e*, des Arvernes : Sidon. *Ep.* 4, 21, 2 ; Greg.-Tur. *Conf.* 5.

Arviates, *ĭum*, m. pl., peuple de Pannonie : Plin. 3, 148.

arvīga, *ae*, f. (cf. *haruspex* ?), victime ayant ses cornes : *Varr. *L.* 5, 98.
▶ *harviga* P. Fest. 89, 9 ; *haruga* Don. *Phorm.* 4, 4, 28 ; *ariuga* Vel. 7, 73, 9.

arvignus, *a*, *um*, de bélier : *Varr. *L.* 5, 98.

arvilla, *ae*, f. (dim. de *arvina*), embonpoint : P. Fest. 19, 11.

1 arvīna, *ae*, f. (obscur), lard ¶ **1** saindoux : Virg. En. 7, 627 ; Plin. 11, 127 ¶ **2** embonpoint, graisse : Isid. 11, 1, 81 ; Serv. En. 7, 627.

2 Arvīna, *ae*, m., surnom romain : Liv. 8, 38 ; 9, 48.

arvīnŭla, *ae*, f. (*arvina*), un peu de graisse : Vulg. Lev. 8, 16.

arvĭpendĭum, *ĭi*, n. (*arvum, pendo*), arpent : Gloss. 2, 19, 6.

Arvĭrăgus, *i*, m., roi de Bretagne : Juv. 4, 126.

Arvīsĭus, v. *Ariusius*.

arvŏcĭtō, *ās*, *āre*, -, -, c. *advocito*, appeler : P. Fest. 25, 4.

arvŏco, arvŏlo, v. *advoco* ▶, *advolo* ▶ : Prisc. 2, 35, 3-4.

arvum, *i*, n. (n. de *arvus*) ¶ **1** terre en labour, champ : Cic. Nat. 1, 122 ; Tac. G. 26 ; Ov. M. 1, 598 ; *arva virum* Virg. En. 2, 782, campagnes peuplées ¶ **2** moisson : Virg. G. 1, 316 ; En. 7, 721 ¶ **3** rivage : Virg. En. 2, 209 ¶ **4** pré, champ : Virg. G. 3, 75 ; Prop. 4, 9, 19 ; Ov. F. 1, 546 ¶ **5** plaine : Virg. En. 8, 604 ; Ov. M. 1, 533 ; *arva Neptunia* Virg. En. 8, 695, plaines de Neptune, la mer ¶ **6** sein maternel : Lucr. 4, 1107.

arvus, *a*, *um* (*aruus, aro*, cf. *pascuus*), labourable : Pl. Truc. 149 ; Varr. L. 5, 39 ; Cic. Rep. 5, 3 ‖ f. pl., *arvae* ▶ *arvum* : Naev. Tr. 22 ; Pacuv. Tr. 396.

arx, *arcis*, f. (*arceo*, cf. Varr. L. 5, 151) ¶ **1** citadelle, forteresse : Cic. de Or. 2, 273 ; Caes. C. 2, 19, 5 ; Sall. J. 67, 1 ; Nep. Pel. 1, 2 ‖ = le Capitole : Cic. Off. 3, 66 ; Fam. 1, 9, 8 ¶ **2** [poét.] place forte, ville : Virg. En. 3, 291 ; 4, 260 ¶ **3** [fig.] citadelle, défense, protection : *utitur hac lege, communi arce sociorum* Cic. Verr. 4, 17, il invoque cette loi, citadelle commune des alliés, cf. Verr. 5, 126 ; Sest. 85 ¶ **4** [poét.] lieu élevé, hauteur **a)** Virg. G. 1, 240 ; *beatae arces* Hor. O. 2, 6, 22, les hauteurs fortunées ; *arces igneae* Hor. O. 3, 3, 10, les hauteurs de l'Empyrée **b)** les collines de Rome : Virg. G. 2, 535 ; En. 4, 234 ; 6, 783 **c)** cime, faîte : **Parnasi** Ov. M. 1, 467, le sommet du Parnasse, cf. Prop. 3, 15, 25 ‖ [fig.] Tac. D. 10 ; Quint. 12, 11, 28 ‖ sommet : *cerebri* Prud. Ham. 312, de la tête ‖ principe : *linguae* Hier. Ep. 72, 2, de la langue.

Arycanda, *ae*, f., ville de Lycaonie : Plin. 5, 95.

Arycandus, *i*, m., fleuve de Lycie : Plin. 5, 100.

Arypĭum, v. *Arupium* : Peut. 5, 2.

ărўtēna, ărŭtaena, artēna, *ae*, f. (ἀρύταινα), vase à puiser de l'eau : Lucil. 17 ; P. Fest. 19, 15.

arythmus, v. *arrhythmos*.

Arzănēna, *ae*, f., contrée de l'Arménie : Amm. 25, 7, 9.

¶ **as**, *assis*, m. (cf. *assis* ?), as ¶ **1** unité pour la monnaie, le poids, les mesures **a)** = douze onces [prim* = une livre, *as librarius* Gell. 20, 1, 31 ; devenu synonyme d'une valeur insignifiante, cf. un sou] : Cic. Quinct. 19 ; Off. 2, 58 ; *perdere omnia ad assem* Hor. Ep. 2, 2, 27, perdre tout jusqu'au dernier sou, cf. Plin. Ep. 1, 15, 1 ; *assis facere, aestimare* Catul. 42, 13 ; 5, 3, ne pas faire cas de (estimer à la valeur d'un as) ; *ab asse crevit* Petr. 43, 1, il est parti de rien ; *assem habeas, assem valeas* Petr. 77, 6, un sou vous avez, un sou vous valez **b)** poids d'une livre : Ov. Med. 60 **c)** [mesure] = un pied : Col. 5, 3, 3 ‖ un arpent : Col. 5, 1, 9 ¶ **2** [unité opposée à n'importe quelle division] : Varr. L. 9, 84 ; Hor. P. 325 ; Vitr. 3, 1, 6 ¶ **3** [d'où l'expr.] *ex asse* ou *in assem* [opp. à *ex parte*], en totalité : *heres ex asse* Quint. 7, 1, 20, héritier pour le tout ; *in assem fundum vendere* Dig. 20, 6, 9, vendre un fonds en entier ; *totus as meus* Dig. 36, 1, 77 pr., tout mon patrimoine.

▶ gén. pl. ord* *assium* mais *assum* Varr. L. 5, 180.

2 as-, v. *ads-*.

Asa Paulini, lieu de Gaule, près de Lyon : Anton. 359, 2.

Asachae, *ārum*, **Asachaei**, *ōrum*, m. pl., peuple de l'Éthiopie : Plin. 6, 191 ; 8, 35.

Asampatae, *ārum*, m. pl., peuple scythe : Plin. 6, 22.

Asamum, *i*, n., ville de Dalmatie : Peut. 6, 1.

Asamus, *i*, m., fleuve qui prend sa source dans l'Hémus : Plin. 3, 129.

Asana, *ae*, m., fleuve de la Maurétanie : Plin. 5, 13.

Asara, *ae*, f., ville d'Éthiopie : Plin. 6, 193.

ăsărī, *ĕōs*, n. (de ἄσαρ), c. *asarum* : Apic. 271.

ăsărōtĭcus, *a*, *um*, de mosaïque : Sidon. Carm. 23, 58.

ăsărōtŏs, *ŏn* (ἀσάρωτος), en mosaïque : Plin. 36, 184 ‖ **ăsărōta**, n. pl., ouvrages de mosaïque : Stat. S. 1, 3, 56.

Asarri, *ōrum*, m. pl., peuplade arabe : Plin. 6, 168.

ăsărum (-ŏn), *i*, n. (ἄσαρον ; it. *asaro*), asaret [plante] : Plin. 21, 30 ; 12, 47.

Asbamaeus, *i*, m., surnom de Jupiter, en Cappadoce : Amm. 23, 6, 19.

asbestĭnum, *i*, n., fil d'asbeste : Plin. 19, 20.

asbestŏn, *i*, n. (ἄσβεστον), tissu incombustible : Varr. L. 5, 131.

asbestŏs, *i*, m. (ἄσβεστος), minéral incombustible : Plin. 37, 146 ‖ *lapis asbestos* Aug. Civ. 21, 7, 1, amiante.

Asbŏlus, *i*, m., nom d'un chien d'Actéon : Ov. M. 3, 218.

asc-, v. *adsc-*.

ascălăbōtēs, *ae*, m. (ἀσκαλαβώτης), sorte de lézard : Plin. 29, 90.

Ascălăphus, *i*, m. ¶ **1** fils de l'Achéron : Ov. M. 5, 539 ¶ **2** fils de Mars : Hyg. Fab. 159.

ascălĭa, *ae*, f. (ἀσκαλία), fond d'artichaut : Plin. 21, 97.

Ascălō, *ōnis*, f. (Ἀσκάλων), Ascalon [ville de Palestine] Atlas IX, E3 : Plin. 5, 68 ‖ **-nensēs**, *ĭum*, m. pl., habitants d'Ascalon : Sulp. Sev. Chron. 1, 31, 3 ou **-nītae**, *ārum*, m. pl., Vulg. Jos. 13, 3 et **-nĭus**, *a*, *um*, Cass. Fel. 42, d'Ascalon.

ascălōnĭa (cēpa), *ae*, f. (Ἀσκαλωνία ; fr. *échalote*), oignon d'Ascalon, oignon-échalote : Col. 12, 10, 1 ; Plin. 19, 101.

ascalpō, *ĭs*, *ĕre*, -, - (*ad, scalpo*), tr., gratter : Apul. M. 6, 9.

Ascandiandalis, *is*, f., ville de Lycie : Plin. 5, 101.

Ascănĭa, v. 2 *Ascanius*.

1 Ascănĭus, *ĭi*, m., Ascagne, fils d'Énée : Virg. En. 1, 271 ; Liv. 1, 1, 11.

2 Ascănĭus, *a*, *um* ¶ **1** *lacus* Plin. 5, 148, lac de Bithynie ¶ **2** *flumen Ascanium* Plin. 5, 144, rivière sortant du lac Ascagne, cf. Virg. G. 3, 270 ¶ **3** *portus* Plin. 5, 121, port de Troade ¶ **4** **Ascania**, *ae*, f., Ascanie [région avoisinant le lac Ascagne] : Plin. 5, 144 ‖ île de la mer Égée : Plin. 4, 71 ; au pl., **Ascaniae**, *ae*, Plin. 5, 138.

Ascapŏs, *i*, f., île déserte près de la Chersonnèse : Plin. 4, 74.

ascărĭda, *ae*, **ascăris**, *ĭdis*, f. (ἀσκαρίς), ascaride, sorte de ver du corps humain : Cael.-Aur. Chron. 4, 8, 117 ; Isid. 12, 5, 13.

ascărĭī, *ōrum*, m. pl. (de ἀσκός ?), soldats barbares auxiliaires, supplétifs : Amm. 27, 2, 9.

ascaulēs, *ae*, m. (ἀσκαύλης), joueur de cornemuse : Mart. 10, 3, 8.

ascĕa, v. *ascia*.

ascella, *ae*, v. *axilla* : Gloss. 3, 248, 6.

ascendentes, *ĭum*, m. pl., ascendants : Paul. Dig. 23, 2, 68.

ascendĭbĭlis, *e* (*ascendo*), par où l'on peut monter : Pompon. d. Placid. Stat. Th. 10, 841.

ascendō (adsc-), *ĭs*, *ĕre*, *scendī*, *scensum* (*ad, scando*), intr. et tr.

I intr. ¶ **1** monter : *in oppidum* Cic. Verr. 4, 51 ; *in Capitolium* Cic. de Or. 2, 195 ; *in equum* Cic. CM 34 ; *in caelum* Cic. Mil. 97, monter à la place forte, au Capitole, à cheval, au ciel ; *ad templum* Liv. 42, 15, 5, monter au temple ; *in trierem* Nep. Alc. 4, 3, dans une trirème ; *in murum* Cic. de Or. 2, 100, sur les remparts ¶ **2** [fig.] *ad regium nomen* Cic. Dej. 27 ; *ad honores* Cic. Brut. 241, s'élever au titre de roi, aux magistratures ; *in altiorem locum* Cic. Clu. 110 ; Sull. 5, s'élever à une situation plus haute ; *(fortuna) in quam postea ascendit* Curt. 9, 8, 24, (la fortune) à laquelle il s'éleva plus tard ; *super ingenuos* Tac. G. 25, s'élever au-dessus des hommes de naissance libre ; *supra tri-*

ascendo

bunatus TAC. *D.* 7, au-dessus des tribunats ¶3 [chrét.] monter au ciel [Ascension] : TERT. *Anim.* 55, 2 ¶4 [tard.] aller : VULG. *Gen.* 26, 23 ‖ venir à l'esprit : **in cor** AUG. *Conf.* 9, 4, 12
II tr. ¶1 **jugum montis** CAES. *G.* 1, 21, 2 ; **murum** CAES. *G.* 7, 27, 2 ; 7, 47, 7, gravir le sommet d'une montagne, escalader un mur ; **navem** SALL. *J.* 25, 5 ; NEP. *Hann.* 7, 6 ; LIV. 23, 11, 5, monter sur un vaisseau ; **equum** SUET. *Jul.* 61, monter un cheval ; **si mons erat ascendendus** CAES. *C.* 1, 79, 2, s'il fallait gravir une montagne ‖ saillir : **oves** VULG. *Gen.* 30, 41, des brebis ¶2 [fig.] **unum gradum dignitatis** CIC. *Mur.* 55 ; **altiorem gradum** CIC. *Off.* 2, 62 ; **summum locum civitatis** CIC. *Clu.* 150, monter un seul degré dans les honneurs, à un degré plus élevé, au rang le plus considérable dans la cité.

ascensĭbĭlis, e (*ascendo*) ¶1 montant [en parl. d'un chemin] : CAEL.-AUR. *Chron.* 3, 1, 4 ¶2 où l'on peut monter : ARN.-J. *Confl.* 2, 14.

ascensĭo (**adsc-**), ōnis, f. (*ascendo*), action de monter, ascension : **ascensionem facere** PL. *Ru.* 599, monter ‖ **oratorum** CIC. *Brut.* 137, montée graduelle des orateurs [vers l'éloquence] ‖ [chrét.] **die decima post ascensionem Salvatoris** HIER. *Ep.* 120, 9, neuf jours après l'Ascension du Sauveur ‖ [tard.] degré, palier : VULG. *Psal.* 83, 6 ‖ trône [à degrés] : VULG. *Am.* 9, 6.

ascensŏr, ōris, m., qui monte : HIER. *Ruf.* 1, 32 ‖ **equi** VULG. *Exod.* 15, 1, cavalier.

1 ascensus (**adsc-**), *a*, *um*, part. de *ascendo*.

2 ascensŭs (**adsc-**), ūs, m. ¶1 action de monter, escalade : **in Capitolium** CIC. *Sest.* 131, la montée au Capitole (**Capitolii** CIC. *Dom.* 101) ; **agger ascensum dat Gallis** CAES. *G.* 7, 85, 6, l'amoncellement des matériaux donne aux Gaulois la possibilité d'escalader ; **partim scalis ascensus temptant** LIV. 36, 24, 4, une partie tente des escalades au moyen d'échelles ¶2 chemin par lequel on monte, montée : **in oppidum noluit accedere, quod erat difficili ascensu** CIC. *Verr.* 4, 51, il ne voulut pas pénétrer dans la ville, parce qu'on y montait par une pente difficile ; **qua minime arduus ad nostras munitiones ascensus videbatur** CAES. *G.* 2, 33, 2, par où la montée vers nos travaux paraissait la moins rapide [raide] ¶3 [fig.] accès, accession : **ad civitatem** CIC. *Balb.* 40, ascension au droit de cité ; **in virtute multi sunt ascensus** CIC. *Planc.* 60, le mérite donne une quantité de moyens de s'élever ¶4 [chrét.] Ascension : CYPR. *Ep.* 3, 3, 1 ‖ coussin : VULG. *Cant.* 3, 10.

ascēnus, *a*, *um* (ἄσκηνος), qui est sans tente, sans abri, sans asile : ENNOD. *Ep.* 9, 20.

ascētēs, ae, m. (ἀσκητής), ascète : AVELL. 200, 21.

▶ pl. *ascites* EGER. 10, 9.

ascētērĭum, *ii*, n. (ἀσκητήριον), couvent : COD. JUST. 1, 3, 34.

ascētĭca, ae, f. (ἀσκητικός), vie ascétique : EVAGR. *Anton.* 91.

ascētrĭae, ārum, f. pl. (ἀσκήτριαι), femmes qui ont prononcé des vœux, religieuses : NOVEL.-JUST. 59, 2.

Aschĕtŏs, *i*, m. (ἄσχετος), nom d'un cheval : STAT. *Th.* 6, 463.

ascia (**ascěa**), ae, f. (cf. ἀξίνη, al. *Axt* ; it. *ascia*) ¶1 herminette : CIC. *Leg.* 2, 59 ; PLIN. 7, 198 ; **sibi asciam in crus impingere** PETR. 74, 16 ; **asceam cruribus suis inlidere** APUL. *M.* 3, 22, se donner de la hache dans les jambes [se faire tort à soi-même] ¶2 binette, croc : ISID. 19, 19, 12 ; PALL. 1, 42, 3 ¶3 rabot de maçon [pour gâcher la chaux] : VITR. 7, 2, 2 ; PALL. 1, 14 ¶4 marteau du tailleur de pierre : HIER. *Ep.* 106, 86 ; **sub ascia esse** CIL 13, 2494, être sous le marteau, être aux mains des maçons ; **sub ascia fieri** CIL 12, 137, être confié aux maçons ; **sub ascia dedicare** CIL 12, 2041, [prob'] faire la consécration d'un monument neuf juste à la fin du travail de finition.

Ascĭburgĭum, *ii*, n., ancienne ville de la Gaule Belgique, sur le Rhin : TAC. *G.* 3 ; *H.* 4, 33.

ascĭcŭlus, *i*, m., ⇨ *asciola* : GLOSS. 5, 590, 25.

ascilla, ⇨ *axilla* : ISID. 11, 1, 65.

ascīnus, ⇨ *ascenus* [mss].

1 ascĭō, ās, āre, āvī, ātum (*ascia*), tr., doler, dégrossir à l'herminette : AUG. *Manich.* 1, 8, 13 ‖ racler avec un rabot de maçon : VITR. 7, 2, 2 ‖ gâcher [la chaux] : VITR. 7, 2, 2.

2 ascĭō (**adscĭō**), īs, īre, -, - (*ascisco*, cf. *scio*), tr., faire venir à soi, s'adjoindre, recevoir : **(Trojanos) socios** VIRG. *En.* 12, 38, recevoir (les Troyens) comme alliés ; **neque Antonium Primum adsciri inter comites a Domitiano passus est** TAC. *H.* 4, 80, d'autre part, il ne souffrit pas que Domitien fît venir Antonius Primus parmi les gens de sa suite ; **adsciri in societatem Germanos** TAC. *H.* 4, 24, [ils disaient] que les Germains étaient appelés à une alliance [à s'associer à la révolte] ‖ [chrét.] **adscitur in signum crucis** PRUD. *Perist.* 2, 526, il est appelé à devenir chrétien [au signe de la croix].

▶ les formes du parf. *ascivi* et du part. *ascitus* se confondent avec celles de *ascisco*.

ascĭŏla, ae, f. (dim. de *ascia*), petite herminette : ISID. 19, 19, 12.

ascīscō (**adsc-**), *is*, *ěre*, *īvī*, *ītum* (*ad, scisco*), tr., appeler à soi ¶1 **sibi oppidum societate** CIC. *Verr.* 4, 21, s'associer une ville par une alliance ; **Boios socios sibi adsciscunt** CAES. *G.* 1, 5, 4, ils s'adjoignent les Boiens comme alliés ; **Hasdrubal gener ascitus** LIV. 21, 2, 4, Hasdrubal pris comme gendre [par Hamilcar] ; **aliquem ad hoc incredibile sceleris foedus** CIC. *Cat.* 2, 8, faire entrer qqn dans cette alliance incroyable du crime ; **aliquem in civitatem** CIC. *Rep.* 2, 13, admettre qqn au droit de cité, cf. 2, 33 ; **adsciti simul in civitatem et patres** LIV. 6, 40, 4, admis en même temps au nombre des citoyens et des patriciens ; **inter patricios aliquem** TAC. *Agr.* 9, admettre qqn au nombre des patriciens ‖ **adscitus caelo** SEN. *Pol.* 17, 1 ; **superis** OV. *P.* 4, 9, 127, admis au ciel, au rang des dieux ¶2 prendre pour soi, emprunter, adopter : **sacra a Graecis ascita et accepta** CIC. *Verr.* 5, 187, culte emprunté et recueilli des Grecs ; **consuetudinem** CIC. *Brut.* 209, adopter une coutume, cf. LIV. 1, 20, 6 ; **amitti civitatem Romanam alia ascita** NEP. *Att.* 3, 1, [on explique] que le titre de citoyen de Rome se perd, quand on a adopté celui d'une autre ville ; **adsciscet nova (vocabula rerum)** HOR. *Ep.* 2, 2, 119, il adoptera des termes nouveaux ; **sibi mortem** HEGES. 1, 29, 8, s'infliger la mort ‖ s'attribuer, s'arroger : **prudentiam sibi** CIC. *de Or.* 1, 87, s'attribuer une science ; **regium nomen** LIV. 33, 21, 3, prendre le titre de roi, cf. TAC. *An.* 14, 52 ¶3 adopter, admettre, approuver : **aliquid adsciscere et comprobare incognitum** CIC. *Ac.* 2, 138, adopter et approuver qqch. d'inconnu, cf. *Tusc.* 2, 30.

Ascītae, ārum, m. pl. ¶1 nom donné aux Arabes : PLIN. 6, 176 ¶2 secte d'hérétiques [ἀσκός] : AUG. *Haer.* 62.

ascītēs, ae, m. (ἀσκίτης), ascite [espèce d'hydropisie] : CAEL.-AUR. *Chron.* 3, 8, 102.

ascītis, ⇨ *ascetes*.

ascītus (**adsc-**), *a*, *um* ¶1 part. de *ascisco* ¶2 adjᵗ, tiré de loin, emprunté : **nativus lepos, non ascitus** NEP. *Att.* 4, 1, une grâce native et non pas empruntée ; **ascitas dapes petere** OV. *F.* 6, 172, rechercher des mets étrangers ; **adsciti milites** CURT. 10, 3, 13, des soldats enrôlés au dehors.

ascĭus, *a*, *um* (ἄσκιος, " sans ombre "), **ascia loca** PLIN. 2, 185, pays sous l'équateur.

Asclēpĭădēs, ae, m. (Ἀσκληπιάδης), Asclépiade ¶1 célèbre médecin de Bithynie, ami de Crassus : CIC. *de Or.* 1, 62 ¶2 philosophe aveugle d'Érétrie : CIC. *Tusc.* 5, 113 ¶3 poète grec, inventeur d'un mètre : FORTUN. 6, 295, 19 ‖ **Asclēpĭădēus** (**-dĭcus**, MAR.-VICT. *Gram.* 6, 51, 2), *a*, *um*, d'Asclépiade : **metrum Asclepiadeum** DIOM. 508, 5, vers asclépiade.

asclēpĭăs, ădis, f. (ἀσκληπιάς), domptevenin [plante] : PLIN. 27, 35.

Asclēpĭŏdōrus, *i*, m., nom d'un peintre : PLIN. 35, 107.

Asclēpĭŏdŏtus, *i*, m. ¶1 biographe de Dioclétien : VOP. *Aur.* 44, 2 ¶2 **Cassius Asclepiodotus** : TAC. *An.* 16, 33.

asclēpĭŏn, *ii*, n., plante médicinale [du grec Ἀσκληπιός, Esculape] : PLIN. 25, 30.

Asclēpĭus, *ĭi*, m. (Ἀσκληπιός), V.> *Aesculapius* : Hyg. *Fab.* 14, 21.

Asclētārĭo, *ōnis*, m., mathématicien de l'époque de Domitien : Suet. *Dom.* 15.

Asclĭa, *ae*, f., île du Golfe Persique : Plin. 6, 148.

Asclum, V.> *Asculum* : Sil. 8, 440.

Ascodrogītae, *ārum*, m. pl., nom d'une secte d'hérétiques : Cod. Th. 16, 5, 65.

Ascōnĭus, *ĭi*, m., Q. Asconius Pedianus [grammairien du 1er siècle apr. J.-C., dont il reste les commentaires sur cinq discours de Cicéron] : Hier. *Chron.* 2092.

ascōpa, *ae*, f. (de ἀσκοπήρα), sac de cuir : Suet. *Ner.* 45 ; Gloss. 5, 343, 6.
► f. l. pour *ascopera*.

ascŏpēra, *ae*, f., C.> *ascopa* : *Vulg. Judith* 10, 5.

Ascordus, *i*, m., fleuve de la Macédoine : Liv. 44, 7, 6.

Ascra, *ae*, f. (Ἄσκρα), village de Béotie, près de l'Hélicon, patrie d'Hésiode : Ov. *P.* 4, 14, 31 ‖ **-aeus**, *a*, *um* ¶ 1 d'Ascra, ascréen : *poeta* Prop. 2, 34, 77, le poète d'Ascra [Hésiode](subst. m., *Ascraeus* Ov. *Am.* 1, 15, 11) ; *senex* Virg. *En.* 6, 70, le vieillard d'Ascra [Hésiode] ¶ 2 relatif à Hésiode, d'Hésiode : *Ascraeum carmen* Virg. *G.* 2, 176, poésie à la façon du poète d'Ascra [relative aux travaux des champs] ¶ 3 d'Ascra = de l'Hélicon : Prop. 2, 13, 3.

ascrībō (adsc-), *ĭs*, *ĕre*, *scrīpsī*, *scrīptum*, tr. ¶ 1 ajouter en écrivant, écrire en sus : *in epistula diem* Cic. *Att.* 3, 23, ajouter la date dans une lettre ; *adscribi jussit in fastis ad Lupercalia...* Cic. *Phil.* 2, 87, il fit ajouter dans les fastes au jour des Lupercales cette mention... ; *salutem tibi plurimam adscribit* Cic. *Att.* 1, 5, 8, il ajoute à sa lettre mille compliments pour toi ; *non credo ascripturum esse "Magno"* Cic. *Agr.* 2, 53, [au nom de Pompée], je ne crois pas qu'il ajoutera "le Grand" ; *in eo monumento Sthenii Thermitani nomen adscriptum est* Cic. *Verr.* 2, 115, sur ce monument a été inscrit en outre le nom de Sthénius de Thermes ; *aliquid ad legem* Cic. *Inv.* 1, 55 ; *foederibus* Cic. *Balb.* 20, inscrire en plus dans une loi, dans les traités (*in lege* Cic. *Inv.* 2, 133 ; *in foedere* Liv. 38, 38, 18) ‖ *ad judicium alicujus suam sententiam* Cic. *Post.* 1, ajouter sa propre opinion au jugement de qqn ; *tu ejus perfidiae voluntatem tuam adscripsisti* Cic. *Phil.* 2, 79, toi, tu as joint ton consentement à sa perfidie (tu as souscrit à...) ¶ 2 ajouter à une liste : *ascribi se in eam civitatem voluit* Cic. *Arch.* 6, il voulut être inscrit sur la liste des citoyens de cette ville ; *ascriptus Heracliae* Cic. *Arch.* 8 ; *in aliis civitatibus* Cic. *Arch.* 10, inscrit comme citoyen à Héraclée, dans d'autres cités ‖ *colonos novos adscribi posse rescripsi* Cic. *Phil.* 2, 102, je t'ai dit dans ma réponse qu'on pouvait inscrire de nouveaux colons [sur la liste existante] ; *Cosanis postulantibus, ut sibi colonorum numerus augeretur, mille adscribi jussi* Liv. 33, 24, 8, les habitants de Cosa demandant un supplément de colons, on leur en assigna mille nouveaux ; *colonos Venusiam adscripserunt* Liv. 31, 49, 6, ils enrôlèrent de nouveaux colons pour Venouse, cf. 6, 30, 9 ; 9, 20, 5 ; 34, 42, 6 ; Tac. *An.* 14, 27 ‖ *milites* Varr. *L.* 7, 56, enrôler des soldats en surnombre [comme remplaçants éventuels] ; *urbanae militiae adscribi* Tac. *H.* 2, 94, être inscrit sur les rôles de la milice urbaine ; *ut male sanos adscripsit Liber Satyris Faunisque poetas* Hor. *Ep.* 1, 19, 4, depuis que Bacchus a enrôlé dans la troupe des Satyres et des Faunes les poètes atteints de délire ¶ 3 assigner : *aliquem alicui collegam* Cic. *Agr.* 2, 24, assigner à qqn comme collègue ; *aliquem tutorem liberis* Cic. *Clu.* 34, donner qqn comme tuteur à ses enfants ; *bonis viris paupertatem* Sen. *Prov.* 5, 9, assigner aux bons [comme lot] la pauvreté ‖ mettre au compte de, attribuer : *statuam Polyclito* Plin. 34, 64, attribuer une statue à Polyclète ; *hoc incommodum Scipioni ascribendum videtur* Cic. *Inv.* 1, 91, ce malheur doit, à ce qu'il semble, être rapporté à Scipion (mis au compte de Scipion) ‖ imputer : Ambr. *Parad.* 6, 31 ¶ 4 faire figurer parmi, inscrire au nombre de : *ad eum numerum clarissimorum hominum tuum quoque nomen adscripsit* Cic. *Verr.* 2, 110, dans ce nombre d'hommes si illustres il a fait figurer ton nom aussi, cf. Q. 1, 1, 15 ; *adscribe me talem in numerum* Cic. *Phil.* 2, 33, inscris-moi au nombre de ces gens-là ; *petivit ut se ad amicitiam tertium ascriberent* Cic. *Off.* 3, 45, il leur demanda de l'admettre en tiers dans leur amitié, cf. *Tusc.* 5, 63 ; *ad hoc genus ascribamus etiam narrationes apologorum* Cic. *de Or.* 2, 264, rapportons encore à ce genre les récits d'apologues ‖ *Peucinorum et Fennorum nationes Germanis an Sarmatis adscribam, dubito* Tac. *G.* 46, les tribus des Peucins et des Fennes, dois-je les rattacher aux Germains ou aux Sarmates, je ne sais pas au juste, cf. Curt. 6, 2, 13 ; Plin. 6, 79.

ascriptīcĭus (adsc-), *a*, *um* (*ascribo*), récemment inscrit sur les rôles : *novi et ascripticii cives* Cic. *Nat.* 3, 39, des citoyens nouveaux et ajoutés sur les listes ‖ *servi ascripticii* Cod. Just. 11, 47, 6, esclaves attachés au fonds et cédés avec lui à chaque acquéreur.

ascriptĭo (adsc-), *ōnis*, f. (*ascribo*), addition [par écrit] : Cic. *Caecin.* 95 ‖ inscription sur la liste des citoyens : Oros. *Hist.* 6, 22, 7.

ascriptīvus (adscr-), *a*, *um* (*ascribo*), surnuméraire, supplémentaire [soldat] : Pl. *Men.* 183 ; Varr. *L.* 7, 56.

ascriptŏr (adsc-), *ōris*, m. (*ascribo*), celui qui ajoute sa signature en signe d'approbation, qui contresigne : *collegae ascriptores legis agrariae* Cic. *Agr.* 2, 22, ses collègues, cosignataires de la loi agraire ; Sen. 9 ; 26 ; Dom. 49.

Ascrīvĭum, *ĭi*, n., ville de Dalmatie [auj. Cattaro] : Plin. 3, 144.

Ascua, *ae*, f., ville d'Espagne : Liv. 23, 27, 2.

Ascŭlum, *i*, n. ¶ 1 ville du Picénum [Ascoli] Atlas I, C4 ; XII, D4 : Cic. *Brut.* 169 ; Caes. *C.* 1, 15, 3 ; *Asclum* Sil. 8, 440 ‖ **-lānus**, *a*, *um*, d'Asculum : Cic. *Brut.* 169 ‖ **Asculani**, *ōrum*, m. pl., habitants d'Asculum : Cic. *Font.* 41 ¶ 2 ville d'Apulie : Flor. 1, 18, 9 ‖ **Asculinus**, *a*, *um*, d'Asculum : Grom. 210 ; 260 ; 261.

Ascuris, *ĭdis*, f., lac de Thessalie : Liv. 44, 2.

Ascurum, *i*, n., ville de Maurétanie : B.-Afr. 23.

Ascyltŏs, *i*, acc. *ŏn*, m. (Ἄσκυλτος), personnage de roman : Petr. 7, 4.

ascyrōīdēs, *is*, n. (ἀσακυροειδές), millepertuis : Plin. 27, 37.

ascўrŏn, *i*, n. (ἄσκυρον), C.> *ascyroides* : Plin. 27, 26.

Asdrŭbal, V.> *Hasdrubal*.

Asel, n., ville d'Éthiopie : Plin. 6, 193.

ăsella, *ae*, f. (dim. de *asina*), petite ânesse : Ov. *A. A.* 3, 290.

Ăsellĭfĕr, *ĕra*, *ĕrum*, qui porte l'âne [surnom de la constellation du Cancer] : Anth. 761, 57.

1 **ăsellĭo**, *ōnis*, m., ânier : Ennod. *Carm.* 2, 24.

2 **Ăsellĭo**, *ōnis*, m., Sempronius Asellio [historien latin] : Cic. *Leg.* 1, 6 ; Gell. 2, 13, 3.

Asellĭus, *ĭi*, m., nom de différents personnages : Liv. 4, 42 ; Suet. *Tib.* 42.

ăsellŭlus, *i*, m. (dim. de *asellus*), misérable petit âne : Arn. 3, 16.

1 **ăsellus**, *i*, m. (dim. de *asinus*) ¶ 1 petit âne, ânon : Cic. *Att.* 1, 16, 12 ¶ 2 poisson de mer : Varr. *L.* 5, 77 ¶ 3 *aselli*, deux étoiles du Cancer : Plin. 18, 353.

2 **Asellus**, *i*, m., surnom romain : Cic. *de Or.* 2, 258 ; Liv. 27, 41, 7.

ăsēmus, *a*, *um* (ἄσημος, " sans signe "), *tunica asema*, tunique qui n'a pas la bande pourpre : Lampr. *Alex.* 33, 4.

1 **ăsēna**, *ae*, f., C.> *arena* : Varr. *L.* 7, 27.

2 **Asena**, *ae*, f., ville de l'Hispanie ultérieure : Liv. 23, 27.

ăseptus, *a*, *um* (ἄσηπτος), imputrescible : VL. *Exod.* 37, 4.

Aseria, *ae*, f., ville de Liburnie : Peut. 4 / 5.

Asēus, *a*, *um*, d'Aséa [ville d'Arcadie] : Prisc. *Perieg.* 409.

asf-, V.> *asph-*.

1 **ăsĭa**, *ae*, f. (gaul.), seigle : Plin. 18, 141.
► p.-ê. *sasia* (bret. *heiz*).

Asia

2 **Ăsĭa**, *ae*, f. (Ἀσία), Asie ¶ **1** [partie du monde] SALL. *J.* 17, 3 ou ***Asia major*** [par opp. à *Asia minor*] JUST. 15, 4, 1 ¶ **2** [Asie antérieure, Asie Mineure] : CIC. *Brut.* 51 ; LIV. 38, 39, 15 (***Asia minor*** OROS. *Hist.* 1, 2) ¶ **3** [royaume de Pergame] : LIV. 26, 24, 9 ¶ **4** [province romaine d'Asie] Atlas I, D6 ; VI, B4 ; IX, C1 : CIC. *Flac.* 65 ; *Pomp.* 14 ; PLIN. 5, 102.

Asiacēs, *ae*, m., rivière du Pont : MEL. 2, 7 ‖ **Asiacae**, *arum*, m. pl., les Asiatiques : MEL. 2, 11.

Ăsĭăcus, *a*, *um*, d'Asie : AMPEL. 18, 18.

Ăsĭăgĕnēs, *is*, m., surnom de Scipion l'Asiatique : LIV. 39, 44, 1 ou **Asĭăgĕnus**, *i*, m., CIL 6, 1291.

ăsĭānē, adv., dans le style asiatique : QUINT. 12, 10, 18.

Ăsĭānus, *a*, *um*, d'Asie, Asiatique : CIC. *Phil.* 5, 20 ‖ **Asĭāni**, *ōrum*, m. pl., habitants de l'Asie : CIC. *Att.* 1, 17, 9 ; [en part.] orateurs asiatiques : QUINT. 8, *pr.* ; 17.

Ăsĭarcha, *ae*, m. (Ἀσιάρχης), Asiarque, grand prêtre et surveillant des jeux et du théâtre dans la province romaine d'Asie : COD. TH. 15, 9, 2.

Ăsĭātĭcĭānus, *a*, *um*, d'Asie, asiatique : CIL 12, 1929.

Ăsĭātĭcus, *a*, *um* (Ἀσιατικός) ¶ **1** asiatique, d'Asie : CIC. *Pomp.* 19 ‖ ***Asiatica Persica***, n. pl., PLIN. 15, 39, espèce de pêches (ou abs¹ ***Asiatica*** COL. 10, 412) ‖ **Ăsĭātĭci**, *ōrum*, m. pl., les orateurs du genre asiatique : CIC. *Brut.* 325 ; *Or.* 27 ¶ **2** surnom de L. Cornelius Scipion, vainqueur d'Antiochus : LIV. 37, 58, 6.

Asido, **-dōn**, *ōnis*, ville de la Bétique [Sidonia] Atlas IV, E2 : PLIN. 3, 11 ‖ **-ōnensis**, *e*, CIL 2, 2249, d'Asidon.

asĭfŏlĭum, ▶ *assefolium*.

asignae, *ārum*, f. pl. (osq. *asignas*, cf. *an-* et *seco*, *signum* ?), quartiers de viande : GLOSS. 2, 24, 6.

Ăsīlās, m., nom de guerrier : VIRG. *En.* 9, 571 ; 10, 175.

Asīli, *ōrum*, m. pl., peuple du Picénum : SIL. 8, 445.

ăsīlus, *i*, m. (obscur), taon : VIRG. *G.* 3, 147 ; PLIN. 11, 100.

1 **ăsĭna**, *ae*, f. (*asinus*), ânesse : VARR. *R.* 2, 8, 1 ; PLIN. 8, 171 ‖ dat. abl. pl. *asinabus* d'après PRISC. 7, 10 mais pas d'exemple.

2 **Ăsĭna**, *ae*, m., surnom dans la gens Cornelia : LIV. 22, 34, 1.

ăsĭnālis, *e* (*asinus*), d'âne : APUL. *M.* 4, 23 ou **-nārĭcĭus**, *a*, *um*, VL. *Marc.* 9, 42 ‖ **-nārĭus**, *a*, *um*, CAT. *Agr.* 10, 4 ; 11, 4 ‖ subst. m., ânier : CAT. *Agr.* 10, 1 ; VARR. *R.* 1, 18, 1 ‖ [chrét.] sobriquet des chrétiens : TERT. *Apol.* 16, 5 ‖ **Asīnārĭa**, *ae*, f., Asinaire [le Prix des ânes], pièce de Plaute : PL. *As. prol.* 12.

ăsĭnastra fīcus, f. (*asinus*), espèce de figue : MACR. *Sat.* 3, 20, 1.

Asinē, *ēs*, f., ville de Messénie : PLIN. 4, 15 ‖ **-aeus**, *a*, *um*, d'Asinè : PLIN. 4, 15.

Ăsīnēs, *ae*, m., fleuve de Sicile Atlas XII, G5 : PLIN. 3, 88.

Asini, *ōrum*, m. pl., peuple de l'Inde : PLIN. 6, 77.

ăsĭnīnus, *a*, *um* (*asinus*), d'âne : VARR. *R.* 2, 8, 2 ‖ ***asinina pruna***, n. pl., PLIN. 15, 41, espèce de prunes.

Ăsĭnĭus, *ii*, m., nom d'une famille romaine ; [en part.] C. Asinius Pollion [l'ami d'Auguste, protecteur de Virgile, etc.] : CIC. *Fam.* 10, 31 ; VELL. 2, 125 (cf. HOR. *O.* 2, 1 ; VIRG. *B.* 4) ‖ **-niānus**, *a*, *um*, d'Asinius (un inconnu) : FRONTIN. *Aq.* 21.

ăsĭnus, *i*, m. (cf. ὄνος ; fr. *âne*, al. *Esel*), âne : CAT. *Agr.* 10, 1 ; VARR. *R.* 2, 1, 14 ; PLIN. 8, 167 ‖ [fig.] âne, homme stupide : CIC. *Pis.* 73 ; *Att.* 4, 5, 3 ‖ [prov.] ***asino lyra superflue canit*** HIER. *Ep.* 27, 1, pour l'âne la lyre chante inutilement (cf. VARR. *Men.* 349).

ăsĭnusca ūva, f. (*asinus*), sorte de raisin : PLIN. 14, 42 ; MACR. *Sat.* 3, 20, 7.

ăsĭo, ▶ *axio*.

Ăsis, *ĭdis*, acc. *ĭda*, f., asiatique : ***Asis terra*** OV. *M.* 5, 648 ; 9, 448, Asie.

Ăsīsĭum, *ii*, n., ville d'Ombrie [Assise] Atlas XII, D3 : *PROP. 4, 1, 125 ‖ **Ăsīsĭnātes**, *ĭum*, m. pl., habitants d'Asisium : PLIN. 3, 113.

Asĭum, *ii*, n., ville de la Crète : PLIN. 4, 59.

1 **Ăsĭus**, *a*, *um*, d'Asie [région de la Lydie] : VIRG. *En.* 7, 701 ; *G.* 1, 383.

2 **Ăsĭus**, *ii*, m., nom d'homme : VIRG. *En.* 10, 123.

asma, *ătis*, n. (ᾆσμα), chant : MAR. VICT. *Gram.* 6, 119, 10.

Asmagi, *ōrum*, m. pl., peuple de l'Inde : PLIN. 6, 73.

Asmŏdaeus, *i*, m., le démon de la débauche : VULG. *Tob.* 3, 8.

Asmōnĭus, *ii*, m., grammairien sous Constantin : PRISC. 2, 516, 16.

Asnaus, *i*, m., montagne de Macédoine : LIV. 32, 5.

ăsōmătŏs, *ŏn* (ἀσώματος), incorporel : CAPEL. 3, 222.

Asōpĭădēs, *ae*, m., descendant d'Asopus, Éaque : OV. *M.* 7, 484.

Ăsōpis, *ĭdis*, f. ¶ **1** de l'Asopus : STAT. *Th.* 4, 370 ¶ **2** fille d'Asopus, Égine : OV. *M.* 6, 113 ; 7, 616 ¶ **3** ancien nom de l'île d'Eubée : PLIN. 4, 64.

Ăsōpus (**-ŏs**), *i*, m. (Ἀσωπός) ¶ **1** fils de l'Océan et de Téthys, changé en fleuve par Jupiter : OV. *Am.* 3, 6, 41 ¶ **2** fleuve près de Thèbes : PROP. 3, 15, 27 ¶ **3** fl. de Thessalie : LIV. 36, 22, 7 ¶ **4** fl. de Carie : PLIN. 5, 105.

ăsōtĭa, *ae*, f. (ἀσωτία), prodigalité, amour du plaisir : GELL. 19, 9, 8.

ăsōtĭcŏs, *ŏn*, ▶ *asotus* : *GELL. 10, 17, 3.

ăsōtus, *a*, *um* (ἄσωτος), dissolu : GLOSS. 4, 22, 14 ‖ subst. m., homme adonné aux plaisirs, voluptueux, débauché : CIC. *Fin.* 2, 22 ; 70 ; *Nat.* 3, 77.

Aspagani, *ōrum*, m. pl., peuple de l'Inde : PLIN. 6, 79.

aspălăthus (**-ŏs**), *i*, m. (ἀσπάλαθος), astragale [plante] : PLIN. 12, 110.

aspălax, ▶ *spalax*.

Aspar, *ăris*, m., ami de Jugurtha : SALL. *J.* 108, 1 ; 112, 1.

Aspărăgĭum, *ĭi*, n., ville d'Illyrie : CAES. *C.* 3, 30 ; 3, 41 ; 3, 76.

aspărăgus, *i*, m. (ἀσπάραγος ; fr. *asperge*) ¶ **1** asperge : CAT. *Agr.* 6, 3 ; PLIN. 19, 145 ; COL. 11, 3, 45 ¶ **2** tige de plante ressemblant à l'asperge : PLIN. 23, 27 ; 23, 21.

1 **aspargō**, *ĭs*, *ĕre*, -, -, ▶ 1 *aspergo*.

2 **aspargo**, *ĭnis*, ▶ 2 *aspergo*.

asparsĭo, ▶ *aspersio*.

Aspăsĭa, *ae*, f. (Ἀσπασία), Aspasie [courtisane célèbre de Milet] : CIC. *Inv.* 1, 51 ; QUINT. 5, 11, 27 ‖ autre femme : JUST. 10, 2.

Aspavia, *ae*, f., ville de la Bétique : B.-HISP. 24, 2.

aspectābĭlis, *e* (*aspecto*) ¶ **1** visible : CIC. *Tim.* 12 ¶ **2** digne d'être vu : ***-bilior*** APUL. *Apol.* 14.

aspectāmen, *ĭnis*, n., vue, aspect : MAMERT. *Anim.* 2, 12, 7.

aspectĭo, *ōnis*, f. (*aspicio*), action de regarder : FEST. 446, 16.

aspectō (**adsp-**), *ās*, *āre*, *āvī*, *ātum* (fréq. de *aspicio*), tr. ¶ **1** regarder à différentes reprises, regarder avec attention : ***quid me aspectas ?*** CIC. *Planc.* 101, pourquoi tiens-tu tes regards tournés vers moi ? ¶ **2** [fig.] être attentif à qqch. : ***jussa principis*** TAC. *An.* 1, 4, observer avec soin les ordres du prince ¶ **3** regarder vers [topographiquement] : ***(collis) qui aspectat arces*** VIRG. *En.* 1, 420, (colline) qui fait face à la citadelle, cf. TAC. *An.* 12, 32.

aspectŏr, *ōris*, m. (*aspicio*), celui qui regarde : AUG. *Serm.* 117, 12.

1 **aspectus** (**adsp-**), *a*, *um*, part. de *aspicio*.

2 **aspectŭs** (**adsp-**), *ūs*, m. (*aspicio*) I ¶ **1** action de regarder, regard : ***uno aspectu intueri*** CIC. *Sest.* 1, embrasser d'un seul coup d'œil ; ***praeclarus ad aspectum*** CIC. *Verr.* 4, 117, beau à voir, cf. *Or.* 228 ; ***terribilis aspectu*** CIC. *Sest.* 19, terrible à regarder, cf. *Phil.* 5, 18 ; *Nat.* 2, 47 ‖ regards, présence : ***aspectum hominum vitare*** CIC. *Cat.* 1, 17, éviter les regards du monde, cf. *Sull.* 74 ¶ **2** sens de la vue, faculté de voir : ***aspectum amittere*** CIC. *Tusc.* 1, 73, perdre le sens de la vue ; ***aspectus judicium*** CIC. *de Or.* 2, 357, le jugement de la vue ; ***aspectus oculorum*** CIC. *Tusc.* 5, 114, la vision [des yeux] ; ***quae sub aspectum veniunt*** CIC. *de Or.* 2, 358, les choses qui tombent sous le sens de la vue (***cadunt*** CIC. *Tim.* 11 ; ***sub***

oculorum aspectum cadunt Cic. *Tim.* 52); *in aspectum aliquid proferre* Cic. *Arch.* 12, présenter qqch. sous les yeux (aux regards); *aspectu aliquid percipere* Cic. *Tusc.* 5, 111, percevoir qqch. par la vue ‖ œil: Bened. *Reg.* 7, 63 ¶ 3 vue, regards, champ de la vue (de la vision): *templum in oculis cotidianoque aspectu populi Romani positum* Cic. *Verr.* 1, 129, temple placé sous les yeux, dans l'horizon visuel journalier du peuple romain; *portus prope in aedificatione aspectuque urbis inclusi* Cic. *Verr.* 4, 117, ports presque renfermés dans les constructions et sous les regards de la ville ‖ *ea, quae in re dispersa videntur esse, sub uno aspectu ponere* Q. Cic. *Pet.* 1, 1, placer (rassembler) sous un seul point de vue des choses qui dans la pratique semblent sans liaison entre elles

II [rare] fait d'être vu (d'apparaître), [d'où] aspect: *pomorum jucundus non gustatus solum, sed odoratus etiam et aspectus* Cic. *Nat.* 2, 158, ce que les fruits ont d'agréable non seulement comme goût, mais encore comme odeur et comme aspect; *aspectus deformis* Cic. *Off.* 1, 126, laideur d'aspect; *auctionis miserabilis aspectus* Cic. *Phil.* 2, 73, vente d'aspect lamentable; Vitr. 1, 2, 3.

▶ gén. arch. *aspecti* Acc. *Tr.* 80; 188; dat. arch. *aspectu* Virg. *En.* 6, 465; abl. pl. *aspectibus* Apul. *M.* 5, 19; Capel. 1, 20.

Aspelia, *ae*, f., ancien nom de l'île de Chypre: Plin. 5, 129.

aspellō, *ĭs*, *ĕre*, (*pulī*), pulsum (*abs, pello*), tr., repousser, chasser, éloigner: Pl. *Merc.* 115; *Amp.* 1000; *Capt.* 519.

aspendĭos, *ii*. f. (ἀσπένδιος), sorte de raisin dont le vin ne pouvait servir aux libations: Plin. 14, 117.

Aspendŏs, *i*, f., (**Aspendum**, *i*, n., Plin. 5, 96), ville de Pamphylie Atlas IX, C2: Cic. *Verr.* 1, 53 ‖ **-dĭus**, *a*, *um*, d'Aspendos: Cic. *Verr.* 1, 53 ‖ **-dĭi**, *ōrum*, m. pl., Liv. 37, 23, 3, habitants d'Aspendos.

aspĕr, *ĕra*, *ĕrum* (*ab, sper-*, cf. *aspernor*; fr. âpre, gr. mod. ἄσπρος blanc)

I rugueux, âpre, raboteux ¶ 1 [opposé à *lēvis*, " poli, lisse "]: Cic. *Tusc.* 5, 83; *Fin.* 2, 36; [en parl. de plantes] Cic. *Div.* 1, 75; [de rochers] Cic. *Agr.* 2, 67; [de collines] Caes. *C.* 3, 43, 1; [de terrains] Cic. *Planc.* 22 ‖ *cymbia aspera signis* Virg. *En.* 5, 267, coupes que les ciselures couvrent de rugosités (coupes chargées de reliefs); *nummus asper* Suet. *Ner.* 44, pièce neuve (qui a encore son relief); *in aspero accipere* Sen. *Ep.* 19, 10, recevoir (être payé) en monnaie neuve ¶ 2 *maria aspera* Virg. *En.* 6, 351, mer âpre, hérissée, orageuse; *hieme aspera* Sall. *J.* 37, 3, pendant les rigueurs de l'hiver; *asperrimo hiemis* Tac. *An.* 3, 5, au plus âpre (au plus fort) de l'hiver; *Germania aspera caelo* Tac. *G.* 2, la Germanie dure de climat ‖ *vinum asperum* Cat. *Agr.* 109, vin âpre, cf. Sen. *Ep.* 36, 3; Plin. 17, 250 ‖ [en parl. de la voix] rauque: Cic. *de Or.* 3, 216 ‖ [du style] âpre, rude [où l'arrangement des mots présente des sons heurtés, des hiatus]: Cic. *Or.* 20; 150; *de Or.* 3, 171; *Att.* 2, 6, 2 ¶ 3 n. pl., *horum (collium) asperrima pascunt* Virg. *En.* 11, 319, ils font paître sur les parties les plus âpres de ces collines; *in inviis et asperis saxorum* Curt. 7, 11, 18, sur un sol que les rochers rendaient impracticable et raboteux; *per aspera* Curt. 7, 11, 16, à travers (sur) un terrain raboteux; *asperis maris obviam ire* Tac. *An.* 4, 6, remédier aux difficultés de la navigation

II [fig.] ¶ 1 âpre, dur, pénible: *res asperae* Sall. *J.* 7, 6, les choses (les entreprises) difficiles; *periculosis atque asperis temporibus* Cic. *Balb.* 22, dans les circonstances dangereuses et difficiles; *doctrina asperior* Cic. *Mur.* 60, doctrine philosophique un peu trop sévère; *sententia asperior* Liv. 3, 40, 7, avis plus rigoureux; *bellum asperrumum* Sall. *J.* 48, 1, guerre menée avec acharnement; *aspera mea natura* Cic. *Vat.* 8, mon caractère est dur; *nihil esse asperum nisi dolorem* Cic. *Fin.* 1, 71, [ils disent] qu'il n'y a de pénible que la douleur; *multo asperioribus verbis quam cum gravissime accusabat* Cic. *Att.* 11, 13, 2, [il se justifie] en employant des termes beaucoup plus durs (amers) que quand il faisait les plus graves accusations; *verbum asperius* Cic. *Q.* 1, 2, 7, parole un peu blessante; *in rebus asperis* Cic. *Off.* 1, 80, dans le malheur, dans l'épreuve, cf. *de Or.* 2, 34, 6; *Fin.* 5, 78; Liv. 22, 27, 3 ¶ 2 [en parl. des pers.] âpre, dur, sévère, farouche: *Panaeti praeceptis asperior non est factus* Cic. *Mur.* 66, les leçons de Panétius ne l'ont pas rendu plus dur [moins indulgent, moins humain]; *in patrem ejus fuisti asperior* Cic. *Q.* 1, 2, 6, tu t'es montré un peu dur envers son père; *asperrimi ad condiciones pacis* Liv. 22, 59, 7, [nos pères] si intraitables sur les conditions de la paix; *aspera Pholoe* Hor. *O.* 1, 33, 5, l'intraitable (insensible) Pholoé ‖ [en parl. des animaux] farouche, violent: *(bos) interdum aspera cornu* Virg. *G.* 3, 57, (la génisse) qui menace parfois de la corne; *(anguis) asper siti* Virg. *G.* 3, 434, (serpent) que la soif rend farouche [redoutable[.

▶ formes syncopées: *aspro* Scrib. 180; *aspros* Stat. *Th.* 1, 622; *aspris* Virg. *En.* 2, 379.

2 Asper, *ĕrī*, m., surnom romain; par ex. de Trebonius: Liv. 3, 65, 4; de Sulpicius: Tac. *An.* 15, 49.

aspĕrātĭo, *ōnis*, f. (*aspero*), action d'irriter, d'augmenter [la souffrance] Cael.-Aur. *Acut.* 2, 7, 33.

aspĕrātus, *a*, *um*, part. de *aspero*.

aspĕrē, adv. (*asper*) ¶ 1 de façon rugueuse: *vestitus* Cic. *Sest.* 19, vêtu de façon hirsute ¶ 2 de façon rude, dure [à l'oreille]: *loqui* Cic. *de Or.* 3, 45, parler avec des rencontres de sons désagréables ¶ 3 avec âpreté, dureté, sévérité: *eum nimis aspere tractat* Cic. *Q.* 2, 4, 5, il le traite trop durement; *aspere dicta* Cic. *Planc.* 33, choses dites durement (paroles dures); *aspere et vehementer loqui* Cic. *de Or.* 1, 227, prononcer des paroles âpres et véhémentes; *asperrime* Cic. *Att.* 2, 22, 2, avec la plus grande violence ¶ 4 *aliquid aspere accipere* Cic. *Att.* 9, 2 A, 1, recevoir (accueillir) qqch. mal, avec irritation; *admoneri bonus gaudet, pessimus quisque rectorem asperrime patitur* Sen. *Ir.* 3, 36, 4, l'homme de bien aime les avertissements, tous les plus pervers souffrent très difficilement un directeur.

1 aspergō (**adsp-**), *ĭs*, *ĕre*, *spersī*, *spersum* (*ad, spargo*), tr.

I *aliquid*, répandre qqch. ¶ 1 *aspersa temere pigmenta in tabula* Cic. *Div.* 1, 23, des couleurs jetées au hasard sur un tableau; *pecori aspergere virus* Virg. *G.* 3, 419, répandre son venin sur le bétail; *stercus ut semen in agro* Varr. *R.* 1, 38, 1, répandre sur la terre le fumier comme des semences ¶ 2 [fig.] *huic generi orationis aspergentur etiam sales* Cic. *Or.* 87, sur ce genre de style on répandra aussi le sel de la plaisanterie; *si illius comitatem tuae gravitati asperseris* Cic. *Mur.* 66, si tu répands son affabilité sur ta gravité (si tu mêles, si tu ajoutes... à); *alicui labeculam aspergere* Cic. *Vat.* 41, imprimer une tache à qqn; *Aebutio sextulam aspergit* Cic. *Caecin.* 17, elle [Césennia] abandonne (lègue) à Ébutius 1/72ᵉ de la succession

II *aliquem (aliquid) aliqua re*, saupoudrer, asperger qqn (qqch.) de qqch. ¶ 1 *aram sanguine* Cic. *Nat.* 3, 88, arroser l'autel de sang; *imbre lutoque aspersus* Hor. *Ep.* 1, 11, 12, couvert de pluie et de boue [mouillé et crotté]; *sale molito aspergi* Fest. 124, 14 (Plin. 15, 21) être saupoudré de sel broyé ¶ 2 [fig.] *jam mihi deterior canis aspergitur aetas* Ov. *P.* 1, 4, 1, déjà ma vie déclinante se poudre de cheveux blancs; *mendaciunculis aliquid aspergere* Cic. *de Or.* 2, 241, saupoudrer qqch. de légers mensonges; *vitae splendorem maculis* Cic. *Planc.* 30, parsemer de taches [ternir] l'éclat d'une vie; *aspergebatur infamia* Nep. *Alc.* 3, 6, il [Alcibiade] était atteint par le discrédit ‖ *quavis adsp. cunctos* Hor. *S.* 1, 4, 87, éclabousser tout le monde n'importe comment, cf. Sen. *Ben.* 7, 30, 2; Curt. 10, 10, 19 ‖ [chrét.] purifier: Vulg. *Hebr.* 10, 22.

▶ la forme *aspargo* se trouve assez souvent dans les mss: Varr. *R.* 1, 38, 1; 1, 57, 2; Cic. *Fam.* 2, 16, 7 (M); Lucr. 1, 719; Stat. *S.* 3, 1, 13.

2 aspergo, aspargo (**adsp-**), *ĭnis*, f., aspersion, arrosement: *salsa spumant adspargine cautes* Virg. *En.* 3, 534, les rochers se couvrent d'écume sous l'aspersion de l'onde amère; *adversa nimborum aspargine contra* Lucr. 6, 525, [le soleil] ayant en face de lui les gouttes de pluie qui tombent des nuages ‖ *parietum aspargines* Plin. 22, 63, les parties humi-

aspergo

des des murs ‖ éclaboussure, souillure: MACR. *Somn.* 1, 8, 9; PRUD. *Apoth.* 937.
▶ la forme *aspargo* se trouve souvent dans les mss: LUCR. 6, 525; VIRG. *En.* 3, 534; STAT. *Th.* 2, 674; 7, 70; *aspergo* CAT. *Agr.* 128; PLIN. 36, 167; PLIN. *Ep.* 5, 6, 20; OV. *M.* 7, 707.

aspĕrĭtas, ātis, f. (*asper*) ¶ 1 aspérité: *saxorum asperitates* CIC. *Nat.* 2, 98, les aspérités des rochers; *asperitas viarum* CIC. *Phil.* 9, 2, le mauvais état des routes; *nihil asperitatis habere* CIC. *Nat.* 2, 47, ne présenter aucune aspérité ¶ 2 *frigorum* TAC. *Agr.* 12, l'âpreté du froid (froid rigoureux); *vini* PLIN. 14, 120, âpreté (dureté) du vin ‖ rencontre désagréable de sons: CIC. *Or.* 158; QUINT. 1, 5, 42; *adfectatur asperitas soni* TAC. *G.* 3, on recherche les sons rauques ¶ 3 [fig.] âpreté, dureté, rudesse: *propter verbi asperitatem* CIC. *Phil.* 8, 1, à cause de la dureté du mot [le mot "guerre"]; *asperitatem Galba habuit* CIC. *de Or.* 3, 28, Galba avait une éloquence âpre (rude); *in his asperitatibus rerum* CIC. *de Or.* 1, 3, dans les difficultés actuelles ‖ *Stoicorum tristitiam atque asperitatem fugiens* CIC. *Fin.* 4, 79, fuyant la philosophie triste et dure des Stoïciens; *si quis asperitate ea est ut* CIC. *Lae.* 87, si qqn a un caractère assez rude (âpre) pour...; *(ferarum) asperitatem excutere* SEN. *Ep.* 85, 41, dépouiller (les bêtes sauvages) de leur caractère farouche ‖ [méd.] inflammation: *asperitas oculorum* SEN. *Ep.* 64, 8, inflammation des yeux.

aspĕrĭtĕr, C. ▶ *aspere*: PL. d. PRISC. 3, 71, 1.

aspĕrĭtūdo, V. ▶ *aspritudo*: APUL. *M.* 1, 2.

aspernābĭlis, e (*aspernor*), méprisable: ACC. *Tr.* 555; GELL. 11, 3, 1; ARN. 6, 17.

aspernāmentum, i, n. (*aspernor*), mépris: TERT. *Marc.* 4, 14, 17.

aspernandus, a, um (*aspernor*), méprisable: GELL. 9, 16, 2 ‖ pl. n., *haud aspernanda precari* VIRG. *En.* 11, 106, adresser des prières bien acceptables, légitimes.

aspernantĕr, adv. (*aspernans*), avec mépris: AMBR. *Ep.* 40, 33; AUG. *Ep.* 100, 2.

aspernātĭo, ōnis, f. (*aspernor*), action d'écarter, d'éloigner: *ex aspernatione rationis* CIC. *Tusc.* 4, 31, du fait qu'on écarte la raison; *ad quosdam tactus aspernatio* SEN. *Ir.* 2, 2, 1, le recul à certains contacts ‖ pl., SEN. *Ep.* 121, 21 ‖ mépris, dédain: AUG. *Util. cred.* 35.

aspernātŏr, ōris, m. (*aspernor*), qui méprise: TERT. *Marc.* 4, 15, 8.

aspernātus, a, um, part. de *aspernor*.

aspernŏr, āris, ārī, ātus sum (*ab, sperno*), tr., repousser: *alicujus amicitiam* CIC. *Pis.* 81, repousser l'amitié de qqn; *alicujus querimonias* CIC. *Verr.* 4, 113, rejeter les plaintes de qqn; *quaedam*

appetere, aspernari contraria CIC. *Fin.* 2, 33, rechercher (se porter vers) certaines choses, rejeter (repousser) les choses contraires; *non sum aspernatus* CIC. *de Or.* 2, 88, je ne l'ai pas rebuté ‖ *ejus furorem deos immortales a suis aris aspernatos esse confido* CIC. *Clu.* 194, j'ai la conviction que les dieux immortels ont détourné sa démence de leurs autels ‖ [avec inf.]: *pati dilectus aspernabantur* TAC. *An.* 4, 46, ils répugnaient à subir les levées de troupes.
▶ sens passif: CIC. *Ad Nep.* 3; (PRISC. 2, 383, 3); B.-AFR. 93, 3; ARN. 5, 25; *aspernandus* VIRG. *En.* 11, 106.

aspĕrō, ās, āre, āvī, ātum (*asper*), tr. ¶ 1 rendre âpre, rugueux: *tabula lapidibus asperata* VARR. *R.* 1, 52, 1, planche hérissée de silex; *apes asperantur* VARR. *R.* 3, 16, 20, les abeilles se hérissent; *terra manum asperare* STAT. *Th.* 6, 671, rendre sa main âpre avec de la terre [pour qu'elle ne laisse pas glisser les objets]; *undas* VIRG. *En.* 3, 285, hérisser (soulever) les flots; *asserculi asperantur* COL. 8, 3, 6, les perches sont recouvertes d'aspérités [pour qu'elles ne soient pas glissantes] ¶ 2 aiguiser, affiler: *(pugionem obtusum) saxo* TAC. *An.* 15, 54, affiler au moyen d'une pierre (un poignard émoussé) ¶ 3 [fig.] rendre plus violent, aggraver, irriter: *iram alicujus* TAC. *H.* 2, 48, irriter la colère de qqn; *crimina* TAC. *An.* 2, 19, aggraver les griefs (les charges) ‖ *aliquem asperare* TAC. *An.* 1, 72, aigrir qqn, cf. 3, 12; *asperatus proelio miles* TAC. *H.* 3, 82, le soldat excité par le combat [le combat ayant déchaîné sa violence].
▶ forme syncopée *aspratus* SIDON. *Ep.* 4, 8, 5.

aspersĭo (**adsp-**), ōnis, f. (*aspergo*), action de répandre sur: *aspersione fortuita* CIC. *Div.* 1, 23, par le fait de répandre au hasard [des couleurs]; *aspersione aquae aliquid tollere* CIC. *Leg.* 2, 24, enlever (effacer) qqch. par une aspersion d'eau.
▶ forme *asparsio* DIDASC. 1, 7.

1 aspersus (**adsp-**), a, um, part. de *aspergo*.

2 aspersŭs (**adsp-**), abl. ū, m., aspersion, arrosage: *aquae adspersu* PLIN. 8, 134, en arrosant d'eau, cf. 13, 82.

aspĕrūgo, ĭnis, f. (*asper*), aparine ou râpette [plante]: PLIN. 26, 102.

asphaltĭŏn, ŭi, n. (ἀσφάλτιον), psoralée bitumineuse [plante]: PLIN. 21, 54.

Asphaltītēs, ae, m., (*lacus*), lac Asphaltite, Mer Morte Atlas I, E7; IX, E3: PLIN. 2, 226; 5, 71.

Asphaltĭus lăcus, (**Asf-**), m., Mer Morte: ADAMN. *Loc. sanct.* 2, 19.

asphaltus (**asf-**), i, m., **-um**, n. (ἄσφαλτος), asphalte, bitume: PELAG. 92, 2.

asphŏdĕlus, i, m. (ἀσφόδελος), asphodèle ou ache royale: PLIN. 12, 31; 21, 108 ‖ **-dĭlus**, M.-EMP. 15, 35.

Aspĭa, ae, m., rivière du Picénum: PEUT. 5, 3.

aspĭcĭālis, e (*aspicio*), visible: GLOSS. 2, 386, 17.

aspĭcĭō (**adsp-**), ĭs, ĕre, spexī, spectum (*ad, specio*), tr. ¶ 1 porter ses regards vers (sur): *aspicite ipsum, contuemini os* CIC. *Sull.* 74, regardez-le lui-même, voyez sa contenance; *aspicere lacertos suos* CIC. *CM* 27, jeter les yeux sur ses bras; *quasi eum aspici nefas esset* CIC. *Verr.* 5, 67, comme si c'eût été un sacrilège de porter vers lui ses regards ‖ [abs¹]: *quocumque adspexisti* CIC. *Par.* 18, partout où tes regards se portent; *aspice ad me* PL. *Cap.* 570; *contra me* PL. *Most.* 1105, regarde-moi, de mon côté; *ad terram* PL. *Cist.* 693, regarde à terre ‖ [suivi d'une exclamation] *quin tu illam aspice, ut placide accubat* PL. *Most.* 855, non, mais regarde-le [ce chien] comme il est tranquillement couché!, cf. VIRG. *B.* 4, 52; 5, 6; *En.* 6, 855 ¶ 2 regarder, examiner: *dum ego tabulas aspicere possim* CIC. *Verr.* 4, 43, en attendant que je puisse regarder les registres; *operibus aspiciendis tempus dare* LIV. 26, 51, 8, consacrer son temps à l'inspection des ouvrages militaires; *signum, tabulam pictam* CIC. *Nat.* 2, 87, regarder une statue, un tableau; *avem* CIC. *Div.* 2, 149, le vol d'un oiseau; *ejus orationes aspiciendas censeo* CIC. *Brut.* 220, ses discours, à mon avis doivent être regardés ¶ 3 regarder [par la pensée], considérer: *aspicite nunc eos homines atque intuemini quorum de facultate quaerimus* CIC. *de Or.* 3, 28, regardez maintenant et contemplez les hommes dont le talent fait l'objet de notre discussion; *cum aspexeris, quot te antecedant* SEN. *Ep.* 15, 10, quand tu auras considéré combien d'hommes te précèdent; *tamen aspice, si quid et nos, quod cures proprium fecisse, loquamur* HOR. *Ep.* 1, 17, 4, prends garde cependant, pour le cas où même dans mes paroles il y aurait qqch. que tu puisses t'approprier ¶ 4 apercevoir, voir: *erumne ego aspicio meum?* PL. *Aul.* 812, est-ce mon maître que j'aperçois?; *si quicquam caelati aspexerat* CIC. *Verr.* 4, 48, s'il apercevait qq. objet ciselé; *si praeteriens aspexerit erectos intuentes judices* CIC. *Brut.* 300, si en passant il apercevait les juges attentifs, les yeux fixés sur l'orateur, cf. *Verr.* 5, 108; *Rep.* 1, 17; *Daphnim aspicio* VIRG. *B.* 7, 8, j'aperçois Daphnis ‖ [avec prop. inf.] *non in species succedere quattuor annum adspicis?* OV. *M.* 15, 200, ne vois-tu pas que l'année prend successivement quatre formes?, cf. PL. *Merc.* 220; TER. *Hec.* 367; TER. *Man.* 457; OV. *M.* 5, 672 ‖ [avec ut indic. v. GAFFIOT *Vrai Latin*]: *hinc aspicitur "ut sese ostendens emergit Scorpios"* CIC. *Nat.* 2, 113, à partir de là on voit "la manière dont le Scorpion se montrant émerge" ‖ [avec interrog. indir.] *aspicis ut veniant ad candida tecta columbae* OV. *Tr.* 1, 9, 7, tu vois comme les

colombes viennent vers les toits blancs ; **nonne aspicis, quae in templa veneris** Cic. *Rep.* 6, 17, ne vois-tu pas dans quels temples tu es venu ? ¶ 5 [poét.] regarder [topographiquement] : **ut veniens dextrum latus adspiciat sol** Hor. *Ep.* 1, 16, 6, en sorte que le soleil naissant regarde le côté droit [de la propriété] ; **pars Britanniae quae Hiberniam aspicit** Tac. *Agr.* 24, la partie de la Bretagne qui regarde l'Hibernie.
▶ arch. *adspexit* = *adspexerit* Pl. *As.* 770.

aspĭdisca, *ae*, f. (ἀσπιδίσκη), rosette [ornement d'or du vêtement sacerdotal juif] : VL. *Exod.* 28, 13 d. Aug. *Hept.* 2, 115.
▶ m. *aspidiscus* : Gloss. 5, 624, 42.

aspīrāmen (adsp-), *ĭnis*, n. (*aspiro*), action de souffler vers : Cassiod. *Anim.* 9 ‖ [fig.] souffle : Val.-Flac. 6, 465.

aspīrāmentum, *i*, n., souffle : Gloss. 3, 426, 38.

aspīrātĭo (adsp-), *ōnis*, f. (*aspiro*) ¶ 1 souffle : **aeris** Cic. *Nat.* 2, 83, ventilation de l'air [pour la respiration] ¶ 2 exhalaison, émanation : Cic. *Div.* 1, 79 ¶ 3 [gram.] " aspiration " (= expiration) : **nusquam nisi in vocali aspiratione uti** Cic. *Or.* 160, ne faire l'aspiration que sur une voyelle ¶ 4 [fig.] inspiration [divine], suggestion : Iren. 1, 15, 6 ‖ souffle favorable, faveur : Amm. 15, 2, 8 ; 26, 1, 5.

aspīrātīvus, *a*, *um* (*aspiro*), [gram.] " aspiré " ; marquant l'"aspiration" [h] : Cassiod. *Orth.* 7, 153, 15.

aspīrātus (adsp-), *a*, *um*, part. de *aspiro*.

aspīrō (adsp-), *ās*, *āre*, *āvī*, *ātum* (*ad*, *spiro*), intr. et tr.
I intr. ¶ 1 [au pr.] souffler vers : **ad quae (granaria) nulla aura umida ex propinquis locis adspiret** Varr. *R.* 1, 57, 1, (greniers disposés) pour que n'y parvienne aucun souffle humide venu des alentours ; **adspirant aurae in noctem** Virg. *En.* 7, 8, une brise légère souffle aux approches de la nuit ; **pulmones se contrahunt adspirantes** Cic. *Nat.* 2, 136, les poumons se contractent en soufflant vers l'extérieur (en expirant) ‖ [poét.] **tibia adspirare choris erat utilis** Hor. *P.* 204, la flûte suffisait à donner le ton aux chœurs ‖ [poét.] **amaracus aspirans** Virg. *En.* 1, 694, la marjolaine exhalant son parfum ¶ 2 [poét.] avoir un souffle favorable, favoriser : **adspirat primo fortuna labori** Virg. *En.* 2, 385, la fortune caresse (seconde) nos premiers efforts, cf. *En.* 9, 523 ; Tib. 2, 3, 71 ; Ov. *M.* 1, 3 ; Val.-Max. 7, 4, 4 ; Sen. *Ben.* 3, 2, 2 ; Curt. 4, 14, 19 ¶ 3 [fig.] diriger son souffle vers, faire effort vers, aspirer à, approcher de : **ad Caesarem ceteri non propter superbiam ejus, sed propter occupationem adspirare non possunt** Cic. *Fam.* 7, 10, 1, les autres ne peuvent prétendre approcher de César, non pas à cause de sa fierté, mais à cause de ses occupations, cf. *Pis.* 11 ; *Tusc.* 5, 27 ; **quo Carthaginiensium gloriosissimae classes numquam aspirare potuerunt** Cic. *Verr.* 5, 97, endroit où les flottes si glorieuses de Carthage n'ont jamais pu prétendre avoir accès, cf. *Tusc.* 5, 13 ; *Att.* 2, 24, 3 ; **quando adspirabit in curiam** Cic. *Verr.* 2, 76, quand prétendra-t-il assister aux séances du sénat ? ‖ **ex bellica laude aspirare ad Africanum nemo potest** Cic. *Brut.* 84, sous le rapport des talents guerriers, personne ne peut songer à atteindre l'Africain ; **ad eam laudem quam volumus aspirare non possunt** Cic. *Or.* 140, on ne saurait aspirer à la gloire que nous ambitionnons ‖ [avec le dat.] [poét.] **nec equis adspirat Achillis** Virg. *En.* 12, 352, et il cesse d'aspirer aux coursiers d'Achille ; **muris aspirare veto** Sil. 6, 605, je défends qu'on aspire à s'approcher des murs.
II tr. ¶ 1 faire souffler : **ventos aspirat eunti** Virg. *En.* 5, 607, elle fait souffler les vents pour aider sa course ¶ 2 [fig.] inspirer, insuffler : **dictis divinum aspirat amorem** Virg. *En.* 8, 373, elle pénètre ses paroles d'un souffle d'amour divin, cf. Quint. 4, pr. 5.
III intr. et tr. [en gram.] " aspirer ", émettre un souffle expiratoire [sur une lettre] : **consonantibus non aspirant** Quint. 1, 5, 20, ils ne font pas l'aspiration sur (ils n'aspirent pas) les consonnes ; **huic nomini heluo aspiratur** P. Fest. 88, 16, sur ce mot *heluo* on fait l'aspiration ; **rusticus fit sermo si adspires perperam** Nigid. d. Gell. 13, 6, 3, on a un parler grossier, si on fait les aspirations de travers ‖ **r in Graecis aspiratur** Prisc. 2, 31, 16, r est aspiré chez les Grecs.

1 aspis, *ĭdis*, f. (ἀσπίς) ¶ 1 aspic : Cic. *Nat.* 3, 47 ¶ 2 bouclier : Novel.-Just. 85, 4.
▶ m., Prud. *Sym.* 2, pr. 36.

2 Aspis, *ĭdis*, f. ¶ 1 île près du promontoire Spirée : Plin. 4, 57 ¶ 2 île de Lycie : Plin. 5, 131.

aspisătis, *is*, f., sorte de pierre précieuse d'Arabie : Plin. 37, 146.

Asplēdōn, *ŏnis*, f., ville de Béotie : Plin. 4, 26.

asplēnŏs, *i*, f. (ἄσπληνος), cétérach, doradille [plante] : Plin. 27, 34.

Aspona, *ae*, f., ville de Galatie : Cassiod. *Hist.* 12, 8.

asportātĭo, *ōnis*, f. (*asporto*), action d'emporter, transport : Cic. *Verr.* 4, 110.

asportātus, *a*, *um*, part. de *asporto*.

asportō, *ās*, *āre*, *āvī*, *ātum* (*abs*, *porto*), tr., emporter, transporter [d'un endroit à un autre] : Cic. *Verr.* 4, 107 ; 4, 111 ‖ [en part.] emmener [par bateau] : Pl. *Merc.* 353 ; Cic. *Verr.* 1, 91 ; Liv. 24, 26, 9 ‖ [fig.] entraîner, enjôler : Cassian. *Inst.* 10, 20.
▶ *asportarier* = *asportari* Pl. *Ru.* 77 ; Ter. *Phorm.* 978.

aspra, forme sync., v. ▶ *asper* ▶.

asprātĭlis, *e* (*aspratus*), rêche, rugueux, à écailles [poisson] : Orib. *Syn.* 4, 1.

asprātūra, *ae*, f. (*aspero*), petite monnaie [rugueuse] : Gloss. 2, 22, 1.

asprātus, forme sync., v. ▶ *aspero*.

asprēdo, *ĭnis*, f., ▶ *asperitas* : Cels. 5, 28, 2.

Asprēnās, *ātis*, m., surnom romain : Quint. 1, 5, 62.

asprēta, *ōrum*, n. pl. (*asper*), lieux raboteux, pleins d'aspérités : Liv. 9, 24, 6 ; 9, 35, 2 ; 35, 28, 9.

aspri, aspris, formes sync., v. ▶ *asper* ▶.

asprĭtūdo, *ĭnis*, f., âpreté, dureté : Cels. 7, 26, 2.

asprōs, sync. pour *asperos*, v. ▶ *asper* ▶.

Aspuna, *ōrum*, n. pl., ▶ *Aspona* : Amm. 25, 10, 14.

aspŭō (adsp-), *ĭs*, *ĕre*, -, -, cracher contre : Plin. 28, 39.

ass-, v. ▶ *ads-*.

1 assa, *ōrum*, n. pl., v. ▶ *2 assum*.

2 assa, *ae*, f., v. ▶ *1 assus*.

3 Assa, *ae*, f., ville de Macédoine : Plin. 4, 38.

Assabinus, *i*, m., divinité chez les Éthiopiens : Plin. 12, 89.

Assacanus, *i*, m., nom d'un Perse : Curt. 8, 10, 22.

assăcrĭfĭcĭum, *ii*, n. (*ad, sacrificium*), le fait d'assister, de participer à un sacrifice : Tert. *Idol.* 16, 3.

assălūto, v. ▶ *ads-*.

Assanītae, *ārum*, m. pl., Assanites [surnom des Sarrazins] : Amm. 24, 2, 4.

Assărăcus, *i*, m. (Ἀσσάρακος), roi de Troie, aïeul d'Anchise : Ov. *M.* 11, 756 ; *Assaraci nurus* Ov. *F.* 4, 123, Vénus ‖ *frater Assaraci* Ov. *F.* 4, 943, Ganymède, une constellation ‖ **gens Assaraci** Virg. *En.* 9, 643, les Romains.

assărātum, *i*, n. (cf. *assyr*), boisson formée d'un mélange de sang et de vin : P. Fest. 15, 13 ; v. ▶ *assyr*.

1 assārĭus, *a*, *um* (*assus*), rôti : Cat. *Agr.* 132, 2.

2 assārĭus, *a*, *um* (*as*), de la valeur d'un as : *Sen. *Apoc.* 11, 2 ‖ subst. m., as : Varr. *L.* 8, 71 ; ou subst. n., Gloss. 2, 24, 7.

assātŏr, *ōris*, m., rôtisseur : Gloss. 2, 22, 7.

assātūra, *ae*, f. (*asso*), viande rôtie : Vop. *Aur.* 49 ; Apic. 268.

assātus, *a*, *um*, part. de *asso*.

assĕc-, v. ▶ *adsec-*.

assĕdo, *ōnis*, v. ▶ *adsedo*.

assĕfŏlĭum (assĭf-), *ii*, n. (*assus, folium* ?), chiendent [plante] : Ps. Apul. *Herb.* 77.

assel-, assenes-, assens-, assent-, assequ-, v. ▶ *ads-*.

assĕr, *ĕris*, m. (cf. *3 assis*) ¶ 1 chevron, poutre : Caes. *C.* 2, 2, 2 ; Liv. 30, 10, 16 ¶ 2 bras d'une litière : Suet. *Cal.* 58.

assercŭlus, *i*, m., **assercŭlum**, *i*, Cat. Agr. 12, n. (dim. de *asser*), petite solive, petit chevron, petit pieu : Col. 12, 52, 4.

Asseriātes, *ĭum*, m. pl., peuple de Vénétie : Plin. 3, 130.

assĕro, **assert-**, **asserv-**, v. ads-.

assess-, **assĕv-**, **assib-**, **assicc-**, v. ads-.

assĭcŭlus, v. axiculus.

assĭdārĭus, c. essedarius : CIL 13, 1997.

assĭd-, **assig-**, **assĭl-**, v. ads-.

assĭfŏlĭum, v. asse-.

assīla, c. assula : Vitr. 7, 6, 6.

assim-, v. ads-.

assĭpondĭum, *ĭi*, n. (*1 as, pondus*), poids d'une livre : Varr. L. 5, 169 ; P. Fest. 63, 23.

assir, v. assyr.

1 assis, gén. de *1 as*.

2 assis, *is*, m., c. 1 as : Plin. 33, 42 ; Don. Phorm. 43.

3 assis, *is*, m., [forme rare] c. *2 axis* : Vitr. 4, 2, 1.

4 assis, = adsis, de adsum.

assisa, *ae*, f. (*ascensa* ?), flux de la mer : Isid. Ord. creat. 9, 7.

Assīsĭum, v. Asisium.

assist-, v. adsist-.

assĭtus, *a, um*, v. adsitus.

Assĭus, *a, um*, d'Assos : Plin. 28, 96.

assō, *ās, āre, āvī, ātum*, tr. (*assus* ; esp. *asar*), faire rôtir : Apul. M. 2, 10 ; Apic. 120.

assŏc-, v. adsco-.

Assōi, *ōrum*, m. pl., peuple de l'Inde : Plin. 6, 78.

assol-, **asson-**, v. ads-.

Assōrum (-us), *i*, n. (m.), ville de Sicile [Asaro] : Cic. Verr. 4, 96 ‖ **-rīni**, *ōrum*, m. pl., habitants d'Assore : Plin. 3, 91 ; Cic. Verr. 4, 96 ; *Assorinus ager* Cic. Verr. 3, 47, territoire d'Assore.

Assŏs, *ī*, f., ville de Mysie Atlas VI, B3 : Plin. 2, 210.

Assotānus, *a, um*, d'Asso [en Tarraconaise] : CIL 2, 3423.

assub-, **assuc-**, **assud-**, **assuef-**, v. ads-.

Assŭērus, *i*, m., roi de Perse [Xerxès ? Artaxerxès ?] : Vulg. Esther 1, 1.

assuesc-, **assuet-**, v. ads-.

assŭla, *ae*, f. (dim. de *assis*), fragments du bois quand on le coupe, éclat, copeau : P. Fest. 75, 1 ; Serv. En. 1, 176 ; *at etiam asto ? at etiam cesso foribus facere hisce assulas ?* Pl. Merc. 130, mais je reste encore planté là ? mais je tarde encore à mettre cette porte en éclats ? ‖ éclat [de marbre] : Vitr. 7, 6, 1 ; v. (h)astula.

assŭlātim, adv. (*assula*), en morceaux : Pl. Men. 859 ; Capt. 832.

assŭlōsē, adv. (*assula*), en morceaux : Plin. 12, 105.

assult-, v. adsult-.

1 assum, v. adsum.

2 assum, *ī*, n. (*assus*), rôti : Cic. Fam. 9, 20, 1 ; Hor. S. 2, 2, 73 ; Cels. 1, 3, 35 ‖ **assa**, n. pl., Cic. Q. 3, 1, 2, étuves.

assūm-, v. adsum-.

assuo, v. adsuo.

Assur, m. indécl., fils de Sem : Vulg. 1 Par. 1, 17 ‖ les Assyriens, les Babyloniens : Vulg. 4 Reg. 15, 29.

Assuras, ville d'Afrique Atlas VIII, A3 ; XII, H1 : Anton. 47 ; Cypr. Ep. 65 tit. ‖ **-ritānus**, *a, um*, d'Assuras : Aug. Bapt. 5, 5, 6.

assurgo, v. adsurgo.

Assŭrĭa, -rius, v. Assyria, -rius.

assurrexi, v. adsur-.

1 assus, *a, um* (*ardeo*, pour *arsus*) ¶ 1 rôti, grillé : Pl. As. 180 ; Cat. Agr. 157, 24 ; Hor. S. 2, 2, 51 ¶ 2 [fig.] sec [= tel quel, dans son état naturel] : *maceriae fiunt de assis, id est, siccis lapidibus* Serv. G. 2, 417, les *maceriae* sont des murs faits de pierres sèches ; *assa voce* Varr. d. Non. 77, avec voix seule [sans accompagnement] ; *assae tibiae* Serv. G. 2, 417, flûtes seules [sans accompagnement du chœur] ‖ *pro isto asso sole, a te nitidum solem unctumque repetemus* Cic. Att. 12, 6, 2, à la place de ce soleil tout sec [que tu as eu chez moi], je te réclamerai un soleil oint et parfumé [au lieu des propos tout simples et sans apprêt que tu as trouvés chez toi, je te demanderai en retour qqch. de soigné, de raffiné] ¶ 3 **assa**, *ae*, f., nourrice sèche [qui se borne à soigner les enfants, sans les nourrir] : Juv. 14, 208.

2 Assus, v. Assos.

assuspirans, v. ads-.

assūtus, *a, um*, v. adsuo.

assyr (cf. ἔαρ, hit. *eshar*, scr. *asrk*), n. arch., = *sanguis* [d'où *assaratum*] : P. Fest. 15, 15.
▶ *aser* Gloss. 2, 23, 56.

Assyrāni, *ōrum*, m. pl., peuple de la Chersonèse Taurique : Plin. 4, 85.

Assўrĭa, *ae*, f., l'Assyrie [province de l'Asie] Atlas I, D7 : Plin. 5, 66 ‖ **-ĭus**, *a, um*, d'Assyrie : Virg. B. 4, 25 ; Luc. 6, 429 ‖ **-ĭi**, *ōrum*, m. pl., Assyriens : Cic. Div. 1, 1 ; Plin. 6, 41.

ast (cf. *at, abs, post* ?) ¶ 1 [conj. de liaison] d'autre part [δέ] **a)** *si parentem puer verberit, ast olle plorassit* Lex Servi d. Fest. 260, 9, si un enfant bat son père et que d'autre part le père crie... ; *si ego hic peribo, ast ille ut dixit non redit...* Pl. Cap. 683, si moi je meurs ici et que lui ne revienne pas, comme il l'a promis... **b)** *divos et eos qui caelestes semper habiti coluntio et ollos..., ast olla, propter quae datur homini ascensus in caelum...* Cic. Leg. 2, 19, que l'on honore comme divinités et celles qui ont toujours été regardées comme habitantes du ciel et les autres [que leurs mérites y ont appelées] et aussi ces vertus qui donnent à l'homme l'entrée du ciel... ¶ 2 [= *at* après une conditionnelle] *Bellona, si hodie nobis victoriam duis, ast ego tibi templum voveo* Liv. 10, 19, 17, Bellone, si aujourd'hui tu nous donnes la victoire, alors, moi (de mon côté, en retour), je te voue un temple ¶ 3 [conj. adversative = *at*] mais [P. Fest. 5, 24] : Cic. Att. 1, 16, 17 ; Hor. S. 1, 6, 125 ; 1, 8, 6 ; Virg. En. 1, 46.

1 asta, v. hasta.

2 asta, n. pl. (osq.), impuretés de la laine cardée : Varr. L. 7, 54.

3 Asta (Ha-), *ae*, f. ¶ 1 ville de Ligurie [Asti] Atlas V, E4 ; XII, C1 : Plin. 3, 49 ¶ 2 ville de la Bétique Atlas IV, D2 : Liv. 39, 21.

Astăbŏrēs, *ae*, m., bras du Nil en Éthiopie : Mel. 1, 50 ; Solin. 32, 7.

Astăcae, *ārum*, m. pl., peuple scythe : Plin. 6, 50.

Astacani, c. Aspagani : Solin. 52, 24.

Astăcēni, *ōrum*, m. pl., peuple parthe : Plin. 2, 235.

Astăcēnus sinus, golfe d'Astaque [Bithynie] : Plin. 5, 148.

Astacēs, m., fleuve du Pont : Plin. 2, 230.

Astăcĭdēs, *ae*, m., fils d'Astacus, Ménalippe : Schol. Ov. Ib. 515 ; Stat. Th. 8, 718.

1 astăcus, *i*, m. (ἀστακός), homard : Plin. 9, 97.

2 Astăcus (-cŏs), *i*, f., **-cum**, *i*, n., Astacos [ville de Bithynie] : Mel. 1, 100 ; Plin. 5, 148 ; Amm. 22, 8, 5.

3 Astăcus, *i*, m., nom du père de Ménalippe : Schol. Ov. Ib. 515.

astăgo, *ĭnis*, f., c. astacus : Plin.-Val. 5, 16.

Astansobas, *ae*, m., c. Astape : Vitr. 8, 2, 6.

Astăpa, *ae*, f., ville de la Bétique : Liv. 28, 22 ‖ **-enses**, *ĭum*, m. pl., habitants d'Astapa : Liv. 28, 22.

Astăpē, *ēs*, f., l'Astape [l'un des bras du Nil] : Mel. 1, 50.

astăphis, *ĭdis*, f. (ἀσταφίς), raisin sec, séché au soleil : Plin. 23, 15.

Astăpus, *i*, m., c. Astape : Plin. 5, 53.

Astaroth, indécl., nom d'une idole : Vulg. Jud. 2, 13 ‖ ville : Vulg. Deut. 1, 4 ‖ **-rothītēs**, *ae*, m., d'Astaroth : Vulg. 1 Par. 11, 44.

Astartē, *ēs*, f., Astarté, divinité de Syrie : Cic. Nat. 3, 59.

astātŏr, *ōris*, m. (*asto*), protecteur : CIL 6, 467.

astātus, v. hastatus.

astĕismŏs, *i*, m. (ἀστεϊσμός), langage poli : Serv. En. 2, 547.

Astĕlĕphus, *i*, m. (Ἀστέλεφος), fleuve de Colchide : Plin. 6, 14.

Astensis, *e*, d'Asta : Liv. 39, 21, 2 ‖ **-ses**, *ium*, m. pl., habitants d'Asta : B.-Hisp. 26.

astĕr, *ĕris*, m. (ἀστήρ), étoile : Macr. *Somn.* 1, 14, 21 [grec] ‖ **aster Atticus** Plin. 27, 36, amelle [plante] ; **aster Samius** Plin. 35, 191, terre blanche de Samos.

astercum, v. *astericum*.

1 astĕrĭa, *ae*, f., astérie [pierre précieuse] : Plin. 37, 131.

2 Astĕrĭa, *ae*, **-rĭē**, *ēs*, f. ¶ **1** sœur de Latone : Cic. *Nat.* 3, 42 ‖ nom d'autres femmes : Hor. O. 3, 7, 1 ; Ov. M. 6, 108 ¶ **2** ancien nom de l'île de Délos : Plin. 4, 66 ¶ **3** ancien nom de Rhodes : Plin. 5, 132.

astĕrĭās, *ae*, m. (ἀστερίας), sorte de héron : Plin. 10, 164.

astĕrĭcum, **astercum**, *i*, n. (ἀστερικός), pariétaire [plante] : Plin. 22, 43.

Astĕrĭē, *ēs*, f., v. *Asteria* : Hor. O. 3, 7, 1.

1 astĕrĭŏn, *ĭi*, n. (ἀστέριον) ¶ **1** sorte d'araignée sillonnée de raies blanches : Plin. 29, 86 ¶ **2** plante : Ps. Apul. *Herb.* 46 ; 61.

2 Astĕrĭōn, *ōnis*, m. (Ἀστερίων) ¶ **1** rivière d'Argolide : Stat. *Th.* 4, 122 ¶ **2** mont d'Argolide : Plin. 4, 17 ¶ **3** nom d'un Argonaute : Val.-Flac. 1, 355.

Astĕris, *ĭdis*, f. ¶ **1** île de la mer Ionienne : Plin. 4, 55 ¶ **2** nom de femme : Stat. S. 1, 2, 197.

astĕriscus, *i*, m. (ἀστερίσκος), astérisque [signe critique] : Suet. *Frg.* p. 139, 1 ; Hier. *Ruf.* 2, 8.

astĕrītēs, *ae*, m. ¶ **1** sorte de basilic : Ps. Apul. *Herb.* 128 ¶ **2** astérie ou girasol [pierre précieuse] : Isid. 16, 10, 3.

Astĕrĭus, *ĭi*, m., nom d'homme : Hyg. *Fab.* 170 ; Hier. *Vir. ill.* 94.

asterno, v. *adsterno*.

astĕrŏplectŏs, *ŏn* (ἀστερόπληκτος), frappé par la foudre : Sen. *Nat.* 1, 15, 3.

astĕroscŏpĭa, *ae*, f. (ἀστεροσκοπία), observation des astres : Ps. Acr. Hor. O. 1, 28, 1.

asthma, *ătis*, n. (ἄσθμα ; it. *asima*), oppression, asthme : Plin. 25, 82.

asthmătĭcus, *a*, *um* (ἀσθματικός), asthmatique : Plin. 26, 34.

Asticē, *ēs*, f., Astique [canton de la Thrace] : Plin. 4, 45.

1 astĭcus, *a*, *um* (ἀστικός), de la ville : Caecil. *Com.* 221 ‖ **astici ludi** Suet. *Tib.* 6, 6 (4), jeux urbains.

2 Astĭcus, m., mont de Thrace : Peut. 8, 4/5.

Astĭgi, acc. *im*, f., ville de Bétique Atlas IV, D2 : Plin. 3, 12 ‖ **-ītānus**, *a*, *um*, d'Astigi : Plin. 3, 7.

Astĭi, *ōrum*, m. pl., peuple de Thrace : Liv. 38, 40, 7 ; 42, 19, 6.

Astĭlus, v. *Astylus*.

astĭpŭl-, v. *adstipul-*.

astismŏs, c. *asteismos* : Diom. 462, 36.

astĭtŭō, **asto**, v. *adst-*.

Astŏbŏrās, c. *Astabores* : Vitr. 8, 2, 6.

Astŏbŏrēs, c. *Astabores* : Plin. 5, 53.

astŏlos, v. *astrobolos* : Plin. 37, 133.

astŏmăchētus, *a*, *um* (ἀστομάχητος), sans colère : CIL 6, 10662.

Astŏmi, *ōrum*, m. pl. (ἄστομος), Astomes [peuple de l'Inde qui n'avait pas de bouche] : Plin. 7, 25.

astrăba, *ae*, f. (ἀστράβη), sorte de voiture [plutôt selle de mule] : Prob. p. 324, 21 ‖ titre d'une pièce de Plaute : Varr. L. 6, 73 ; Gell. 11, 7, 5 ; Fest. 400, 4 ‖ tabouret pour reposer les pieds : Gloss. 5, 591, 16.

Astrabē, *ēs*, f. (Ἀστράβη), autre nom de l'île Casos : Plin. 4, 70.

astrăbĭcŏn, *i*, n., le chant de l'*astraba* [parce que les chanteurs étaient transportés en *astraba*] : Prob. *Verg.* p. 324, 20.

Astraea, *ae*, f., Astrée [déesse de la justice] : Ov. M. 1, 150 ; Juv. 6, 19 ‖ la Vierge [constellation] : Luc. 9, 534.

Astraeum, *i*, n., Astrée [ville de Péonie] : Liv. 40, 84.

Astraeus, *i*, m., l'un des Titans : Ov. M. 4, 545.

Astrăgălizontes, *um*, m. pl. (ἀστραγαλίζοντες), les joueurs de dés [statue de Polyclète] : Plin. 34, 55.

astrăgălus, *i*, m. (ἀστράγαλος) ¶ **1** [archit.] astragale, baguette [moulure à profil convexe] : Vitr. 3, 5, 3 ¶ **2** astragale [plante] : Plin. 26, 46.

Astrăgos, m., **-gon**, n., fort de la Carie : Liv. 33, 18.

Astrăgus, *i*, m., fleuve de l'Éthiopie : Plin. 7, 31.

astrāis, *e* (astrum), relatif aux astres : Aug. *Civ.* 5, 7.

Astramītae, *ārum*, m. pl., peuple de l'Arabie Heureuse : Plin. 12, 52 ‖ **-mīticus**, *a*, *um*, des Astramites : Plin. 12, 69.

astrangŭlo, v. *adstrangulo*.

astrăpaea, *ae*, f. (ἀστραπαῖος), pierre précieuse : Plin. 37, 189.

Astrăpē, *ēs*, f. (ἀστραπή), l'Éclair [tableau d'Apelle] : Plin. 35, 96.

astrĕpo, **astrictus**, v. *adst-*.

astrĭcus, *a*, *um* (ἀστρικός), d'astre : Varr. *Men.* 206.

astrīdens, v. *adstridens*.

astrĭfĕr, *ĕra*, *ĕrum* (astrum fero), qui soutient les astres : Luc. 9, 5 ‖ qui amène les astres : Val.-Flac. 6, 752 ‖ placé dans les astres, divin : Mart. 8, 28, 8.

astrĭfĭcans, *tis* (astrum, facio), formant les astres : Capel. 8, 585 ‖ **-ficus**, *a*, *um*, qui produit la lumière des astres : Capel. 2, 98.

astrĭgĕr, *ĕra*, *ĕrum* (astrum, gero), qui porte les astres : Stat. *Th.* 10, 828 ‖ placé parmi les astres : Claud. *Get.* (26), 245.

astrĭlŏquus, *a*, *um* (astrum, loquor), qui parle des astres : Capel. 8, 808.

astrĭlūcus, *a*, *um* (astrum, luceo), qui brille comme un astre : Capel. 8, 809.

astringo, v. *adstringo*.

astrĭŏs, *ĭi*, f., **astrĭŏn**, *ĭi*, n., sorte de saphir : Plin. 27, 132 ; Isid. 16, 13, 7.

astrĭōtēs, *ae*, m., pierre précieuse inconnue, employée en magie : Plin. 37, 133.

astrĭsŏnus, *a*, *um* (astrum, sono), qui fait résonner, retentir les astres : Capel. 9, 911.

astrītēs, *ae*, m., c. *asterites* ¶ **2** : Capel. 1, 75.

astrŏbŏlŏs, *i*, f. (ἀστήρ et βάλλω), œil-de-chat, calcédoine [pierre précieuse] : Plin. 37, 133.

astrŏlŏgĭa, *ae*, f. (ἀστρολογία) ¶ **1** astronomie : Cic. *Div.* 2, 87 ; *Off.* 1, 19 ¶ **2** astrologie : Hier. *Pelag.* 1, 8 ‖ **-gĭcus**, *a*, *um*, astronomique : Boet. *Cons.* 2, pr. 7.

astrŏlŏgĭcē, *ēs*, f., c. *astrologia* : Mamert. *Anim.* 1, 22.

astrŏlŏgus, *i*, m. (ἀστρολόγος) ¶ **1** astronome : Cic. *Div.* 2, 87 ; Varr. R. 2, 1, 7 ¶ **2** astrologue : Cic. *Div.* 1, 132 ‖ **-lŏgus**, *a*, *um*, de l'astronomie : Fulg. *Verg.* p. 139.

Astrōn, *ōnis*, m., fleuve de l'Éolide : Plin. 5, 122.

astrŏnŏmĭa, *ae*, f. (ἀστρονομία), astronomie : Chalc. 88, 6.

astrŏnŏmĭca, *ōrum*, n. pl. (ἀστρονομικός) ¶ **1** poème de Manilius ¶ **2** traité d'Hygin.

astrŏnŏmus, *i*, m. (ἀστρονόμος), astronome : Hier. *Ep.* 53, 6.

astrŏscŏpĭa, *ae*, f. (ἀστροσκοπία), astrologie : Ps. Acr. Hor. O. 1, 28, 2.

astrōsus, *a*, *um* (astrum ; esp. *astroso*), né sous une mauvaise étoile : Isid. 10, 13 ‖ lunatique : Gloss. 5, 589, 17.

astruct-, v. *adstruct-*.

astrum, *i*, n. (ἄστρον) ¶ **1** astre, étoile : **annum solis, id est unius astri, reditu metiuntur** Cic. *Rep.* 6, 24, on mesure l'année sur le retour du soleil, c'est-à-dire d'un seul astre ; **astris delphina recepit Juppiter** Ov. F. 2, 117, Jupiter reçut le dauphin parmi les astres ‖ constellation : **Canis astrum** Virg. G. 1, 218, la constellation du Chien ‖ **utrumque nostrum incredibili modo consentit astrum** Hor. O. 2, 17, 22, nos deux étoiles sont unies par une incroyable sympathie ¶ **2** pl. [fig.], ciel : **sic itur ad astra** Virg. *En.* 9, 641, voilà comme on monte aux étoiles [comment on s'immortalise] ; **ad astra tollere, ferre aliquem** Virg. B. 5, 51, élever, porter qqn jusqu'aux nues.

astu

1 astu, (**asty**, Vitr. 8, 3, 6), n. indécl. (ἄστυ), la ville par excellence [chez les Grecs] Athènes : Cic. *Leg.* 2, 5 ; Nep. *Them.* 4, 1.

2 astū, abl. de *astus*.

astŭla, *ae*, f., ▶ *assula* : Sen. *Nat.* 2, 31, 2 ; Plin. 16, 54.

astŭlōsus (astl-), *a, um* (*astula*), en copeaux : M.-Emp. 36, 73.

astŭlus, *i*, m. (dim. de *astus*), petite ruse : Apul. *M.* 9, 1.

astŭpeo, ▶ *adstupeo*.

Astur, *ŭris*, m., Luc. 4, 8 ; Mart. 10, 16, 3, d'Asturie ∥ **-tŭres,** *um*, m. pl., Asturiens : Flor. 4, 12, 46 ; Plin. 4, 111.

Astŭra, *ae* ¶ 1 m. **a)** fleuve de la Tarraconaise : Flor. 4, 12, 4 ¶ 2 f. **a)** île et ville du Latium : Cic. *Att.* 12, 40 ; *Fam.* 6, 19, 2 **b)** ville de l'Éolide : Mel. 1, 91.

asturco, *ōnis*, m., cheval d'Asturie, haquenée : Sen. *Ep.* 87, 10 ; Mart. 14, 199, *tit.*

Astŭria, *ae*, f., Asturie [province de la Tarraconaise] Atlas IV, B1 : Plin. 4, 112.

Astŭrius, *a, um,* ▶ *Asturicus*, asturien : *Luc. 4, 298.

Astŭrĭca, *ae*, f., ville de la Tarraconaise [Astorga] Atlas IV, B2 : Plin. 3, 28 ∥ **-cus,** *a, um*, d'Asturie, asturien : Plin. 8, 166 ; Sil. 16, 584.

astŭs, *ūs*, m. (ἄστυ ?), [employé surt. à l'abl. sg.], ruse, astuce, fourberie : Virg. *En.* 11, 704 ; Liv. 28, 21, 10 ; Tac. *An.* 2, 64 ∥ pl., Tac. *An.* 12, 45.

Astusăpēs, *ae* ou *is*, ▶ *Astape* : Plin. 5, 53.

astūtē, adv., avec ruse, avec astuce, adroitement : Pl. *Ep.* 281 ; Ter. *Eun.* 509 ; Cic. *Caecin.* 4 ; *Att.* 10, 6, 1 ∥ *astutius* Varr. *L.* 10, 13 ; Aug. *Civ.* 15, 13 ; *astutissime* Gell. 18, 4, 10 ; Aug. *Civ.* 19, 6.

astūtĭa, *ae*, f. (*astutus*), ruse, machination astucieuse : Pl. *Epid.* 363 ; *Capt.* 530 ; *astutias tollere* Cic. *Off.* 3, 68, supprimer les artifices (les pièges astucieux) ∥ astuce, ruse : Ter. *Haut.* 710 ; *Andr.* 7433 ; Cic. *Clu.* 183 ; *Fam.* 3, 10, 9 ∥ adresse : Sall. *C.* 26, 2 ∥ finesse : Vulg. *Prov.* 1, 4 ; *Eccli.* 1, 6.

astūtŭlus, *a, um*, finaud, passablement rusé : Apul. *M.* 9, 30.

astūtus, *a, um* (*astus*), rusé, astucieux, fourbe : Pl. *Amp.* 268 ; Cic. *Mur.* 8 ; *Off.* 3, 57 ∥ *ratio astuta* Cic. *Verr. prim.* 34, méthode pleine d'astuce ; *nihil astutum (habet oratio philosophorum)* Cic. *Or.* 64, (le style des philosophes ne comporte) aucun piège ∥ fin, habile : Aug. *Conf.* 13, 21, 31 ; *Civ.* 21, 6 ; *astutior* Cic. *Fam.* 3, 8, 6 ; *astutissimus* Aug. *Civ.* 21, 6.

asty, ▶ *astu*.

Astyăgēs, *is*, m. (Ἀστυάγης) ¶ 1 Astyage [roi de Médie] : Just. 1, 4 ¶ 2 ennemi de Persée, métamorphosé en pierre : Ov. *M.* 5, 203.

Astyănax, *actis*, m. (Ἀστυάναξ) ¶ 1 fils d'Hector : Virg. *En.* 2, 457 ; Ov. *M.* 13, 415 ¶ 2 nom d'un tragédien du temps de Cicéron : Cic. *Att.* 4, 15, 6.

astycus, ▶ *asticus*.

Astylĭdēs, *ae*, m., fils d'Astylus : Grat. 215.

Astўlus, *i*, m., nom de berger : Calp. *Ecl.* 6, 7.

Astynŏmē, *ēs*, f., fille d'Amphion : Hyg. *Fab.* 69, p. 77, 16 ∥ fille de Talaüs : Hyg. *Fab.* 70.

Astyŏchē, *ēs*, f. (Ἀστυόχη), mère de Tlépolème : Hyg. *Fab.* 162 ; Stat. *Th.* 3, 170.

Astypălaea, *ae*, f. (Ἀστυπάλαια), Astypalée, une des Cyclades : Ov. *A. A.* 2, 82 ; Plin. 4, 71 ; Mel. 2, 114 ∥ **-laeensis,** *e*, **-laeicus, -lēius,** *a, um*, d'Astypalée : Cic. *Nat.* 3, 45 ; Plin. 30, 32 ; Ov. *M.* 7, 461.

Astyr, ▶ *Astur*.

Astyrē, *ēs*, f., ville de Mysie : Plin. 5, 122.

Astyres, *um*, m. pl., habitants de l'Asturie : Mel. 3, 13.

astytis, *ĭdis*, f. (ἀστυτίς), sorte de laitue : Plin. 19, 127.

āsŭper (a super), prép., ▶ *super* : VL. *Deut.* 6, 9.

āsuprā, adv. (a supra), ▶ *supra* : Ps. Boet. *Grom.* p. 408, 24.

Asūvius, *ii*, m., nom d'homme : Cic. *Clu.* 36.

ăsyla, *ae*, f. (ἀσύλη), herbe inconnue : Plin. 25, 145.

ăsyllŏgistus, *a, um* (ἀσυλλόγιστος), sans force probante : Boet. *Anal. pr.* 1, 4.

ăsўlum, *i*, n. (ἄσυλον), temple, lieu inviolable, refuge [fondé par Romulus] Virg. *En.* 8, 342 ; Liv. 1, 8 ; [en gén.] Cic. *Verr.* 1, 85 ; Virg. *En.* 2, 761.

ăsymbŏlus, *a, um* (ἀσύμβολος), qui ne paie pas son écot : Ter. *Phorm.* 339 ; Gell. 7, 13, 2.

ăsymmĕtĕr, *tra, trum* (ἀσύμμετρος), non symétrique : Boet. *Arist. anal. pr.* 1, 23.

ăsyndĕtŏn, *i*, n. (ἀσύνδετον), suppression des particules de liaison [fig. de rhét.] : Diom. 445, 5 ; Char. 281, 10.

1 ăsyndĕtŏs (-us), *a, um* (ἀσύνδετος), non lié, sans copule : Pomp.-Gr. 5, 264, 23 ∥ sans connexion : Sidon. *Ep.* 8, 11, 9.

2 ăsyndĕtōs, adv. (ἀσυνδέτως), sans liaison : Don. *Eun.* 1057, 5 [en grec].

ăsynthĕtus, *a, um* (ἀσύνθετος), ▶ *asyndetos* : Capel. 9, 949.

ăsyntrŏphŏn, *i*, n., ronce commune : Ps. Apul. *Herb.* 87.

ăsystătŏs (-us), *a, um* (ἀσύστατος), instable, qui n'a pas de stabilité : Lact. *Inst.* 3, 6, 10.

ăt (*atavus* ?, cf. ἀτάρ)

I conj. ¶ 1 oppose des personnages, des idées ¶ 2 dans les imprécations, dans les prières ¶ 3 objection d'un adversaire, réponse à l'objection ¶ 4 "et pourtant" ¶ 5 enchérissement "et qui plus est" ¶ 6 brusque appel à l'attention ¶ 7 restriction "mais du moins" ¶ 8 mineure d'un syllogisme "or" ¶ 9 "d'autre part".
II introduisant la prop. principale après une subordonnée (conditionnelle) "en revanche" ¶ 1 indic. prés. ¶ 2 indic. fut. ; condition négative ; *si minus ... at tamen*.

I [conjonction, qui marque, comme liaison logique, l'opposition] mais, mais au contraire ¶ 1 [elle met en regard ou oppose des personnages, des idées] : *tibi ita hoc videtur, at ego...* Ter. *Andr.* 563, c'est ton avis, mais moi... ; *at ego* Pl. *Amp.* 436 ; *Ru.* 635, moi, de mon côté ; *Remus... ; at Romulus...* Enn. *An.* 80, Rémus..., de son côté, Romulus... ; *Titurius trepidare... ; at Cotta* Caes. *G.* 5, 33, 2, Titurius de s'agiter... ; Cotta, en revanche ; *Graeci... ; at Cimbri* Cic. *Tusc.* 2, 65, les Grecs... ; les Cimbres, au contraire ; *majores nostri Tusculanos, Hernicos in civitatem etiam receperunt ; at Karthaginem funditus sustulerunt* Cic. *Off.* 1, 35, nos ancêtres allèrent jusqu'à donner le droit de cité aux habitants de Tusculum, aux Herniques ; par contre, ils détruisirent Carthage de fond en comble, cf. *Off.* 1, 97 ; 1, 113 ; *Tusc.* 1, 105 ; *Nat.* 1, 24 ∥ *at contra* Cic. *Pis.* 95 ; *Quinct.* 75 ; *Amer.* 131 ; *Verr.* 5, 66 ; *Fin.* 1, 56 ; *Tusc.* 1, 5, mais, au contraire ; ou *at... e contrario* Cic. *Com.* 47 ; Nep. *Eum.* 1, 5 ¶ 2 [détachant la personne, surtout fréquent dans les imprécations] : *at te di perduint !* Pl. *Merc.* 793, toi, que les dieux te confondent, cf. *Most.* 38 ; *Ps.* 836 ; Ter. *Eun.* 431 ; *at tibi di dignum factis escitium duint* Ter. *Andr.* 666, à toi, que les dieux te donnent la fin que mérite ta conduite ! ; *at vobis male sit* Catul. 3, 13, quant à vous, soyez maudites ; *at tibi pro scelere...* Virg. *En.* 2, 535, à toi ! que pour prix de ton crime [les dieux te donnent la récompense que tu mérites !] ∥ [dans les vœux, les prières] : Pl. *Mil.* 231 ; *Men.* 1021 ; *at tu concede mihi...* Cic. *Att.* 12, 31, 2, de ton côté, toi, accorde-moi... ; *at vos, o Superi...* Virg. *En.* 8, 572, et vous, ô dieux d'en haut [ayez pitié...] ; *at tu, nauta...* Hor. *O.* 1, 28, 23, mais toi, marin... ∥ [dans le dialogue, surtout sous la forme *at ille*] lui, de son côté : *quem (Sex. Pompeium) cum Scato salutasset, "quem te appellem" inquit ; at ille "voluntate hospitem, necessitate hostem"* Cic. *Phil.* 12, 27, Scato l'ayant salué "comment faut-il que je t'appelle ?" lui dit-il ; l'autre repartit "ton hôte par les sentiments, ton ennemi par la nécessité", cf. *Tusc.* 2, 61 ; *Div.* 2, 133 ; *at vero ille sapiens* Cic. *Tusc.* 1, 117, tandis que l'autre, le sage, cf. *Caecin.* 56 ;

Sest. 139 ; *Cat.* 1, 4, 10 ¶ **3** [objection d'un adversaire, réelle ou fictive] : **at, inquis, inquies**, mais, dis-tu, diras-tu : Cic. *Att.* 15, 4, 3 ; 7, 9, 3 ; **at, inquit** Cic. *Pis.* 74 ; *Planc.* 33, mais... dit-il ; **at memoria minuitur** Cic. *CM* 21, mais, dit-on, la mémoire diminue ; **"at in Italia fuit" fateor** Cic. *Verr.* 5, 5, " mais elle [la guerre] a été en Italie " ; je le reconnais, cf. *Rab.* 31 ; *Phil.* 1, 21 ; **at enim**, mais diras-tu, mais dira-t-on : Cic. *Mur.* 78 ; *Off.* 3, 105 ; *Sull.* 56 ‖ [réponse à l'objection] **"male judicavit populus ", at judicavit** Cic. *Planc.* 11, " le peuple a mal jugé " ; mais il a jugé, cf. *Phil.* 2, 12 ; *Att.* 7, 11, 3 ; *Amer.* 41 ‖ [réponse à une sorte d'objection] oui (soit), mais : **huic infesta mater, at mater** Cic. *Clu.* 42, sa mère lui était hostile ; mais c'était sa mère ; **parens tuus Catilinae fuit advocatus, improbo homini, at supplici** Cic. *Sull.* 81, ton père a assisté Catilina, un homme pervers, mais suppliant ; **non honestum consilium, at utile** Cic. *Off.* 3, 97, dessein peu honorable, mais utile, cf. *Verr.* 3, 41 ; *Planc.* 67 ; *Dom.* 77 ; *Or.* 104 ; *Brut.* 238 ; **satis, si ita vis, naturae fortasse (vixisti), at patriae certe parum** Cic. *Marc.* 25, oui, si tu veux, tu as assez vécu peut-être pour la nature ; mais pour la patrie à coup sûr pas assez, cf. *Arch.* 22 ; *Dom.* 22 ; *Nat.* 3, 92 ; *Tusc.* 1, 85 ‖ [à la fois dans l'objection et la réponse] **at multi ita sunt imbecilli senes ut...; at id quidem non proprium senectutis vitium est** Cic. *CM* 35, mais, dira-t-on, il y a des vieillards si faibles que... ; mais ce n'est poins là un défaut propre à la vieillesse, cf. *Font.* 21 ; *Fin.* 2, 88 ; *CM* 68 ‖ [objection le plus souvent ironique] **at, credo**, mais, sans doute : *Verr.* 4, 102 ; *Dej.* 16 ; *Rab. perd.* 29 ‖ [réponse à une interrog. oratoire] **quo me miser conferam ? in Capitoliumne ? at fratris sanguine madet** Gracch. d. Cic. *de Or.* 3, 214, où porter mes pas dans mon malheur ? au Capitole ? mais il est tout imprégné du sang de mon frère, cf. Cic. *Verr.* 2, 192 ; *Cat.* 1, 28 ; *Mil.* 15 ; *Scaur.* 45 ; Sall. *C.* 51, 22 ¶ **4** et pourtant : **facinus indignum ! epistulam tibi neminem reddidisse ! at scito...** Cic. *Att.* 2, 13, 1, l'indignité ! que personne ne t'ait remis cette lettre ! et pourtant sache que... ; **quae C. Catonis illius qui consul fuit impedimenta retinuit ; at cujus hominis ! clarissimi ac potentissimi** Cic. *Verr.* 4, 22, cette cité a retenu les bagages de C. Caton, de celui qui fut consul ; et pourtant, quel homme c'était ! des plus illustres, et des plus puissants ; **quis novit omnino ? at quem virum, di boni !** Cic. *Brut.* 65, qui le [Caton] connaît seulement ? et pourtant quel homme, grands dieux !, cf. Ter. *Phorm.* 367 ; **quid hoc levius ? at quantus orator !** Cic. *Tusc.* 5, 103, quelle plus grande marque de faiblesse ? et pourtant quel éminent orateur !, cf. *Verr.* 3, 20 ; *Mil.* 45 ; 102 ¶ **5** [marque l'insistance, l'enchérissement] et (et qui plus est) : **fac ita ut jussi — faciam — at diligenter — fiet — at mature — fiet** Ter.

Eun. 207, fais ce que je t'ai dit — je le ferai — et consciencieusement — ce sera fait — et promptement — ce sera fait ; **quid ? a Tyndaritanis non simulacrum Mercurii sustulisti ? at quemadmodum, dii immortales ! quam audacter !** Cic. *Verr.* 4, 84, quoi ? n'as-tu pas enlevé aux habitants de Tyndaris une statue de Mercure ? et comment, grands dieux ! avec quelle audace ! ; **at quam ob causam !** Cic. *Verr.* 5, 141, et pourquoi ? ; **at illa quanti sunt... !** Cic. *CM* 49, et puis (et, qui plus est) cet autre avantage, quel prix n'a-t-il pas... ? ; **at vero quanta maris est pulchritudo !** Cic. *Nat.* 2, 100, et puis, quelle n'est pas la beauté de la mer !, cf. *Verr.* 2, 160 ; *Cael.* 57 ¶ **6** [brusque appel à la réflexion, à l'attention] : **at vide** Cic. *Fam.* 7, 24, 2, cependant, vois ; **at videte** *Verr.* 4, 151 ; *Phil.* 2, 77, mais voyez (considérez) ‖ [réserve, limitation, sous forme interrogative] mais, attention ! : **praetor appellatur ; at quis appellat ?** Cic. *Verr.* 4, 146, on en appelle au préteur ; mais qui en appelle ? ; **ex tota provincia homines nobilissimi venerunt... ; at quem ad modum venerunt ?** Cic. *Verr.* 2, 11, de la province entière les hommes les plus notables sont venus... mais dans quelles conditions sont-ils venus ?, cf. *Phil.* 5, 24 ¶ **7** [restriction] mais à défaut, mais alors, mais du moins : **Thais te orabat, ut cras redires — rus eo — fac amabo — non possum, inquam — at tu apud nos hic mane, dum redeat ipsa** Ter. *Eun.* 534, Thaïs te priait de revenir demain — je vais à la campagne — de grâce, fais en sorte — impossible, te dis-je — mais alors, attends ici son retour près de nous ; **quid ergo ? audacissimus ego ex omnibus ? minime ; at tanto officiosior quam ceteri ?** Cic. *Amer.* 2, quoi donc ? je suis le plus audacieux de tous ? pas le moins du monde ; alors, je suis à ce point plus serviable que les autres ? ¶ **8** [dans la mineure d'un syllogisme] et : **non cadunt haec in virum fortem ; igitur ne aegritudo quidem ; at nemo sapiens nisi fortis ; non cadet ergo in sapientem aegritudo** Cic. *Tusc.* 2, 14, ces sentiments ne sont pas connus de l'homme courageux ; donc le chagrin non plus ; or pas de sage qui ne soit courageux ; le chagrin donc ne sera pas connu du sage, cf. *Inv.* 1, 72 ; *Nat.* 3, 43 ; *Div.* 2, 50 ; *Fat.* 31 ; *Tusc.* 3, 15 ¶ **9** [opposition très atténuée ; mise en regard de deux personnages, de deux faits, de deux groupes de faits] cependant, d'autre part : Cic. *Div.* 1, 74 ; *Att.* 16, 5, 3 ; Caes. *C.* 2, 7, 3 ; Nep. *Ep.* 2, 3 ; *Them.* 4, 1 ; Tac. *H.* 1, 53. **II** [introduisant la prop. principale après une subordonnée, le plus souvent conditionnelle], du moins, par contre, en revanche ¶ **1** *quod rara vides magis esse animalia quaedam, at regione locoque alio...* Lucr. 2, 534, quant au fait que certaines espèces d'animaux t'apparaissent plus rares que d'autres, en revanche dans une région et un lieu différents... ; *quoniam tuum insanabile ingenium est, at tu tuo supplicio*

doce... Liv. 1, 28, 9, puisque tu as une nature incurable, enseigne du moins par ton supplice..., cf. Caes. *G.* 7, 2, 2 ‖ *quamquam ego vinum bibo, at...* Pl. *Pers.* 170, j'ai beau boire du vin, cependant... (*quamvis... at* Virg. *G.* 4, 208) ¶ **2** *si ego hic peribo, at erit mi hoc factum mortuo memorabile* Pl. *Cap.* 684, si moi je perds la vie ici, du moins en mourant aurai-je accompli une action digne de mémoire, cf. *Bac.* 366 ; Ter. *Eun.* 866 ; Cic. *Prov.* 14 ; *Phil.* 2, 114 ; Liv. 1, 41, 3 ‖ [plus souvent condition négative] : Cic. *Mil.* 93 ; Caes. *G.* 1, 43, 9 ; **liceat haec nobis, si oblivisci non possumus, at tacere** Cic. *Flac.* 61, ces événements, si je ne puis les oublier, qu'il me soit permis du moins de les taire ; **si tibi fortuna non dedit ut..., at natura certe dedit ut...** Cic. *Amer.* 46, si la fortune ne t'a pas donné de..., du moins la nature t'a-t-elle donné de..., cf. *Rep.* 3, 7 ; Caes. *G.* 5, 29, 7 ‖ *si non (si minus)... at tamen* Cic. *Planc.* 35 ; *Font.* 37 ; *Brut.* 15 ; *Phil.* 2, 78, sinon... du moins (cependant).

Ătābŭli, *ōrum*, m. pl., peuple de l'Éthiopie : Plin. 6, 189.

ătābŭlus, *i*, m., atabule [vent de l'Apulie] : Hor. *S.* 1, 5, 78 ; Plin. 17, 232.

Atabyria, *ae*, f., ancien nom de l'île de Rhodes : Plin. 5, 132 ‖ **-us**, *a*, *um*, d'Atabyre : Lact. *Inst.* 1, 22, 23.

Ătăcīni, *ōrum*, m. pl., peuple de la Narbonnaise : Mel. 2, 75 ‖ **Varro Ătăcīnus**, Varron de l'Aude [poète latin] : Hor. *S.* 1, 10, 46 ; Ov. *Am.* 1, 15, 21.

1 **Ătălanta**, *ae*, *-tē*, *ēs*, f. (Ἀταλάντη) ¶ **1** épouse de Méléagre : Ov. *H.* 4, 99 ; 8, 426 ¶ **2** fille de Schénée, roi de Scyros : Ov. *M.* 10, 565 ; 10, 598 ‖ **-taeus**, **-tēus**, *a*, *um*, d'Atalante : Man. 5, 179 ; Stat. *Th.* 7, 267.

2 **Ătălanta**, *ae*, *-tē*, *ēs*, f. (Ἀταλάντη), île voisine de l'Eubée : Liv. 35, 37, 7 ; Sen. *Nat.* 6, 24, 6.

Ătălantĭădēs, *ae*, m., fils d'Atalante [Parthénopée] : Stat. *Th.* 7, 789.

atalla, *ae*, f. (dim., cf. *attanus*), vase employé dans les sacrifices : CIL 6, 32323, 107 ; 132.

ătămussim, pour *ad amussim*, v. *amussis*.

Atanagrum, *i*, n., ville de la Tarraconaise : Liv. 21, 61.

Atandrus, v. *Antandrus*.

atanulus, *i*, m., c. *atalla* : Gloss. 2, 22, 47.

atanuvium, *ĭi*, n. (cf. *atanulus*), vase de terre employé dans les sacrifices : P. Fest. 17, 9.

Ătargătis, acc. *in*, f., déesse des Syriens : Plin. 5, 81 ; Macr. *Sat.* 1, 23, 18.

Ătarnĕa, *ae*, f., Atarnée [ville de Mysie] : Plin. 5, 122 ‖ **-nĕus**, *a*, *um*, d'Atarnée : Plin. 37, 156.

Atarnites

Ătarnītēs, *ae*, m., Hermias, tyran d'Atarnée : Ov. Ib. 319.
ătăt, v. attat.
ătăvĭa, *ae*, f., quatrième aïeule : Dig. 38, 10, 1.
ătăvus, *i*, m. pl. (*at*, ou *2 atta* ?, *avus*), père du trisaïeul : Cic. Cael. 33 ; Dig. 38, 10, 1 ‖ **-vi**, m., ancêtres : Hor. O. 1, 1, 1 ; Virg. En. 7, 56.
Ătax, *ăcis*, m., rivière de la Narbonnaise [auj. Aude] : Plin. 3, 22 ; Luc. 1, 403.
Atĕgŭa, c. Attegua : Plin. 3, 10.
Ateius, Attēius, *i*, m., nom d'homme ; ex. : **Ateius Capito** Plin. 14, 93, jurisconsulte célèbre ; **Ateius Philologus**, grammairien célèbre, ami de Salluste et de Pollion : Suet. Gram. 10.
ătĕlīa, *ae*, f. (ἀτέλεια), exemption de taxe : Heges. 1, 24, 3.
Ātella, *ae*, f., ville des Osques Atlas XII, E4 : Cic. Agr. 2, 86 ; Liv. 26, 16, 5 ; Suet. Tib. 75 ‖ **-ānus**, *a*, *um*, d'Atella : Cic. Q. 2, 14 ; *fabella Atellana* Liv. 7, 2, 11 ; c. *atellana* ‖ **-āni**, m., habitants d'Atella : Plin. 3, 63 ‖ **ātellāna**, *ae*, f., atellane [farce campanienne] : Liv. 7, 2 ; Cic. Fam. 9, 16, 7 ‖ **-ānĭcus**, *a*, *um*, des atellanes : Suet. Tib. 45 ; Petr. 68 ou **-ānĭus**, *a*, *um*, Cic. Div. 2, 25 ; Gell. 10, 24, 5.
ātellānĭŏla, *ae*, f. (dim. de *atellana*), petite atellane : Aur. d. Front. Caes. 2, 5, 2, p. 34 N.
ātellānus, *i*, m., acteur qui joue dans les atellanes : Quint. 6, 3, 47 ; Suet. Galb. 13.
Atenās, c. Atinas.
āter, *tra*, *trum* (cf. *Atella*, *atrium*, v. irl. *aith* ; fr. *airelle*), noir, sombre [terne] ¶ **1** [en parl. de nuage] Virg. En. 4, 248 ; [de la nuit] En. 1, 89 ; [des torches fumantes] En. 9, 73 ; [de caverne] En. 1, 60 ; [de bois ombreux] En. 1, 165 ; [d'une tempête horrible] En. 5, 693 ; [de la mer orageuse] Hor. S. 2, 2, 16 ; O. 3, 27, 18 ; [du sang] Virg. En. 3, 28 ; [des licteurs dans les funérailles] Hor. Ep. 1, 7, 6 ‖ *alba et atra discernere* Cic. Tusc. 5, 114, distinguer le blanc du noir ¶ **2** [fig.] sombre, triste, funeste, cruel [en parl. de la mort] : Hor. O. 1, 28, 13 ; [de l'épouvante] Virg. En. 12, 335 ; Lucr. 4, 173 ; [du souci] Hor. O. 3, 1, 40 ; [des procès] Hor. P. 423 ; [de jours malheureux] Varr. L. 6, 29 ; Gell. 5, 17, 1 ; Ov. F. 1, 58 ; [du jour de la mort] Virg. En. 6, 429 ; [de vers perfides] Hor. Ep. 1, 19, 30 ‖ *atrior* Pl. Poen. 1290 ; Gell. 2, 26, 14 ; 2, 30, 11 ; [superl. inusité].
ătĕrămum, *i*, n., plante : *Plin. 18, 155.
Aterius, v. Atherius.
Āter mons, m., mont d'Afrique : Plin. 5, 35.
Aternius, *ii*, m., nom d'un consul : Cic. Rep. 2, 60.
Aternum, *i*, n., ville du Samnium [Pescara] : CIL 9, 3337 ‖ **Aternensis**, *e*, d'Aternum : Lib. Col. Grom. 226, 13.

Aternus, *i*, m., fleuve d'Italie Atlas XII, D4 : Plin. 3, 44 ; 3, 106.
Atēsis, v. Athesis.
Ătestās, *ātis*, m., nom d'homme : CIL 5, 5292.
Ăteste, *is*, n., ville de Vénétie [auj. Este] Atlas XII, B3 : Plin. 3, 130 ; Tac. H. 3, 6 ‖ **-īnus**, *a*, *um*, d'Ateste : Mart. 10, 93.
Atesui, *ōrum*, m. pl., peuple de la Gaule Narbonnaise : Plin. 4, 107.
Athăcus, *i*, f., ville de Macédoine : Liv. 31, 34.
Athalia, *ae*, f., Athalie, fille d'Achab : Vulg. 2 Par. 22, 11.
Ăthămānes, *um*, m. pl., habitants de l'Athamanie : Cic. Pis. 40 ; Liv. 31, 42 ; Plin. 4, 6 ‖ **Ăthămănĭa**, *ae*, f., l'Athamanie [province de l'Épire] : Liv. 36, 14 ‖ **-mānus**, *a*, *um*, Prop. 4, 6, 15, **-mānĭcus**, *a*, *um*, Plin. 20, 253, de l'Athamanie.
Ăthămās, *antis*, m., roi de Thèbes : Cic. Pis. 47 ; Ov. M. 3, 564 ; 4, 420 ‖ **Ăthămantēus**, *a*, *um*, d'Athamas : Ov. M. 4, 497 ‖ **-tĭădēs**, *ae*, m., fils d'Athamas [Palémon] : Ov. M. 13, 919 ‖ **-tĭcus**, *a*, *um*, d'Athamas : Plin. 20, 253 ‖ **-tis**, *ĭdos*, f., fille d'Athamas [Hellé] : Ov. F. 4, 903.
Ăthāna, *ae*, f. (Ἀθάνα), nom grec [dorien] d'Athéna : Petr. 58, 7.
Athanagĭa, *ae*, f., ville de la Tarraconaise : Liv. 21, 61.
Ăthănăsĭus, *ii*, m., saint Athanase : Hier. Chron. 330.
Ăthēna, *ae*, f. (Ἀθηνᾶ), Athéna : Acc. Poet. 3, 1.
Ăthēnae, *ārum*, f. pl. (Ἀθῆναι) ¶ **1** Athènes Atlas I, D5 ; VI, B2 ; VII : Cic. Off. 1, 1 ; Leg. 2, 36 ¶ **2** ville d'Arabie : Plin. 6, 159 ¶ **3** autres villes : Varr. L. 8, 35 ; Peut. 10, 4 ‖ **-naei**, *ōrum*, m. pl., habitants d'Athènes [hors de l'Attique] ou **-naeŏpŏlītae**, *ārum*, Varr. L. 8, 35.
Ăthēnaeum, *i*, n. (Ἀθηναῖον) ¶ **1** Athénée [temple d'Athéna à Athènes où les poètes et les orateurs venaient lire leurs œuvres] : Lampr. Alex. 35, 2 ‖ édifice analogue construit à Rome par Hadrien : Porph. Hor. Ep. 2, 2, 94 ¶ **2** bourg d'Athamanie : Liv. 38, 1, 11.
Ăthēnaeus, *a*, *um*, d'Athènes [Attique] : Lucr. 6, 749 ‖ **-naeus**, *i*, m., nom d'homme : Cic. Fam. 15, 4, 6 ; Liv. 38, 13, 3 ‖ le rhéteur Athénée : Varr. L. 8, 82 ; Quint. 2, 15, 23 ‖ un sculpteur grec : Plin. 34, 52.
Ăthēnăgŏras, *ae*, m. (Ἀθηναγόρας), nom d'homme : Curt. 4, 5, 18 ; Liv. 31, 40, 8 ; Varr. R. 1, 1, 9.
Ăthēnāis, *ĭdis*, f., nom de femme : Cic. Fam. 15, 4, 6.
Ăthēnĭensis, *e*, d'Athènes [en Attique] : Nep. Milt. 1, 1 ; Cic. Fam. 1, 18 ; Varr. R. 1, 1, 8 ‖ **-ses**, *ĭum*, m. pl., les Athéniens : Cic. Flac. 26 ; Off. 1, 75.

Ăthēnĭo, *ōnis*, m., chef des esclaves révoltés en Sicile : Cic. Verr. 3, 66.
Ăthēnŏdōrus, *i*, m. (Ἀθηνόδωρος), philosophe stoïcien : Cic. Fam. 3, 7, 5 ; Att. 16, 11, 5.
Ăthēnŏdŏtus, *i*, m., nom du maître de Fronton : Front. Caes. 4, 12, 2, p. 73 N.
ăthēnŏgĕron, *ontis* (Ἀθήνη, γέρων), vieillard qui étudie : Hier. Ruf. 3, 6.
Ăthēnŏpŏlis, *is*, f., ville de la Narbonnaise [Saint-Tropez] : Plin. 3, 35.
ăthĕos (-ĕus), *i*, m. (ἄθεος), athée [qui ne croit pas à l'existence des dieux] : Arn. 3, 28 (ἄθεος Cic. Nat. 1, 63).
ăthēra, *ae*, f. (ἀθήρα), décoction de blé dit *arinca* : Plin. 22, 121.
Ăthĕrĭānus, *i*, m., Julius Atherianus [historiographe] : Treb. Tyr. 6, 5.
ăthĕrōma, *atis*, n. (ἀθέρωμα), athérome [t. de méd.] : Cels. 7, 6, 9.
Athĕsis (Atĕsis), *is*, m., fleuve de la Vénétie [l'Adige] Atlas XII, B3 : Virg. En. 9, 680 ; Plin. 3, 121.
ăthĕus, v. atheos.
Athidas, m., fleuve de Thrace : Plin. 4, 47.
Athir, m., huitième mois chez les Égyptiens : Hier. Zach. 1, 1, 1.
Athis, v. Attis.
athisca, *ae*, f., coupe sacrée : Vulg. 3 Esdr. 2, 13.
āthlēta, *ae*, m. (ἀθλητής), athlète [celui qui combat dans les jeux] : Cic. CM 27 ; Or. 228 ‖ [chrét.] *athleta Christi* Aug. Civ. 14, 9, 2, athlète du Christ [appliqué aux saints et aux martyrs].
āthlētĭcē, adv., à la manière des athlètes : Pl. Bac. 248 ; Ep. 20.
āthlētĭcus, *a*, *um*, des athlètes : Cels. 4, 13, 6 ; Gell. 15, 16, 2 ‖ **-tĭca**, *ae*, f., l'athlétique, l'art des athlètes : Plin. 7, 205.
āthlum (-ŏn ?), *i*, n. (ἄθλον) ¶ **1** lutte [dans les jeux] : Hyg. Fab. 91 ¶ **2** pl., *athla* épreuves de la vie : Manil. 3, 162 ‖ travaux d'Hercule : Hyg. Fab. 30.
Athō, Athōn, *ōnis*, c. Athos : Cic. Rep. 3, 49 ; Fin. 2, 112.
Ăthōs, gén., dat., abl. *ō*, acc. *ō* et *ōn*, m. (Ἄθως), mont de Macédoine Atlas VI, A2 : Virg. G. 1, 332 ; Plin. 4, 37 ; Liv. 44, 11.
Athracis, v. Atracis.
Athribis, *is* ou *ĭdis*, f., ville d'Égypte : Plin. 5, 64.
Athrida, *ae*, f., ville d'Arabie : Plin. 6, 159.
Ăthyr, m., un Carthaginois : Sil. 1, 412.
Athyrās, m., fleuve de Thrace : Amm. 22, 8, 8 ‖ **Atyrās** : Mel. 2, 24.
Atia, *ae*, f., mère d'Auguste : Suet. Aug. 4.
Atiaci, m. pl., peuple des bords de la Caspienne : Plin. 6, 36.
Atianŏs, *i*, fleuve de l'Inde : Plin. 6, 55.

Ătiānus, *a*, *um*, d'Atius Varus [officier de Pompée] : Caes. *C. 1, 12, 3*.

Ătīlĭa lex, f., loi Atilia [à propos des tutelles] : Gai. *Inst. 1, 185*.

Ătīlĭāna, *ae*, f., ville de la Tarraconaise : Anton. *450*.

Ătīlĭānus, *a*, *um*, d'Atilius : Cic. *Att. 5, 1* ; Val.-Max. *4, 4*.

Ătīlĭus, *ĭi*, m., nom de famille romaine ; en part. Atilius Regulus : Plin. *3, 138* ; Atilius Calatinus : Cic. *CM 61* ; *Planc. 60*.

Ătīmētus, *i*, m. (ἀτίμητος), nom d'homme : Tac. *An. 13, 22*.

Ātīna, *ae*, f. ¶ 1 ville des Volsques Atlas XII, E4 : Virg. *En. 7, 630* ; Liv. *9, 28* ¶ 2 ville de Vénétie : Plin. *3, 131* ∥ **Ātīnās**, *ātis*, adj. m. f. n., d'Atina : Cic. *Planc. 19* ∥ **-ātes**, *ĭum*, m. pl., Plin. *3, 98*, habitants d'Atina.

1 Ātīnās, ▶ Atina.

2 Ātīnās, m., nom d'homme : Virg. *En. 11, 869*.

1 ătīnĭa, *ae*, f. (*Atina* ¶ 2), espèce d'orme : Plin. *16, 72*.

2 Ātīnĭa lex, f., loi Atinia [2ᵉ s. av. J.-C., sur la prohibition d'usucaper (d'acquérir définitivement) les choses volées] : Cic. *Verr. 1, 109*.

Ātīnĭus, *ĭi*, m., nom d'homme : Cic. *Dom. 123*.

Atintānĭa, *ae*, f., partie de l'Épire : Liv. *27, 30* ; *29, 12*.

Ătĭus, *ĭi*, m., nom de famille romaine ; en part. M. Atius Balbus, grand-père maternel d'Auguste : Cic. *Phil. 3, 16* ; Suet. *Aug. 4*.

ătizŏē, *ēs*, f., sorte de pierre précieuse : Plin. *37, 147*.

Atlantes, *um*, m. pl., nation africaine : Plin. *5, 44*.

Atlantēus, *a*, *um*, d'Atlas : Hor. *O. 1, 34, 11* ; Ov. *F. 3, 105*.

Atlantĭa, *ae*, f., ancien nom de l'Éthiopie : Plin. *6, 187*.

Atlantĭăcus, *a*, *um*, **-tĭcus**, *a*, *um*, Atlantique : Sil. *13, 200* ; Cic. *Rep. 6, 21* ∥ **-tĭci**, m. pl., surnom des Cambolectri : Plin. *3, 36*.

Atlantĭădēs, *ae*, m., fils ou descendant d'Atlas : Ov. *M. 2, 704* ; Hor. *O. 1, 10, 1*.

Atlantĭăs, *ădis*, f., fille ou descendante d'Atlas : Sil. *16, 136* ; Priap. *68, 23*.

Atlantĭcus, ▶ Atlantiacus.

Atlantĭdes, *um*, f. pl., Atlantides, filles d'Atlas : Virg. *G. 1, 221* ; Hyg. *Fab. 192* ; Astr. *2, 21*.

Atlantĭgĕna, *ae*, f. (*Atlas, geno*), fille d'Atlas : Anth. *395, 19*.

atlantĭŏn, *ĭi*, n., atlas [première vertèbre cervicale] : Plin. *28, 99*.

Atlantĭs, *idis*, f. ¶ 1 de l'Atlas : Luc. *10, 144* ¶ 2 fille d'Atlas : Ov. *F. 4, 31* ¶ 3 l'Atlantide [île fabuleuse] : Plin. *6, 199*.

Atlantĭus, *ĭi*, m., descendant d'Atlas : Hyg. *Fab. 271*.

Ătlās (Atlans), *antis*, m. (Ἄτλας) ¶ 1 Titan, qui portait le Ciel sur ses épaules : Cic. *Tusc. 5, 8* ; Virg. *En. 8, 137* ∥ roi de Maurétanie, pétrifié par Persée : Ov. *M. 4, 628-662* ¶ 2 montagne de Maurétanie Atlas IV, F1 : Virg. *En. 4, 247* ; Plin. *5, 11*.

▶ *a* long ou bref devant *tl*.

atnĕpos, atneptis, ▶ adn-.

ătŏcĭum, *ĭi*, n. (ἀτόκιον), contraceptif : Plin. *29, 85*.

ătŏmus, *a*, *um* (ἄτομος), non divisé : Plin. *12, 62* ∥ subst. f., **ătŏmus**, *i*, atome, corpuscule : Cic. *Fin. 1, 17* ; *Tusc. 1, 42* ∥ subst. n., *in atomo* Tert. *Marc. 3, 24, 6*, en un moment.

ătŏnĭa, *ae*, f. (ἀτονία), faiblesse de la vessie : Cass. Fel. *46*.

atquĕ, ac (*at, -que*), et en plus de cela

> **I** conjonction copulative ¶ 1 "et en outre" ¶ 2 simple copule = "et" ¶ 3 marque une opposition entre deux propositions ¶ 4 "sur ces entrefaites" ¶ 5 en tête de phrase "et j'ajoute que".
> **II** particule de comparaison ¶ 1 après *aeque, alius, idem, perinde, simul, statim* "que" ¶ 2 "comme" ¶ 3 après un comparatif accompagné (ou non) d'une négation.

I [conjonction copulative] ¶ 1 [ajoute un second terme qui enchérit] et en outre, et même [= *et quidem*] : *jube prandium accurarier...; atque actutum* Pl. *Men. 208*, dis qu'on prépare à dîner... ; et tout de suite ; *faciam... ac lubens* Ter. *Haut. 763*, je te ferai [du bien pour tout cela], et de grand cœur ; *sine tuo quaestu ac maximo quaestu* Cic. *Verr. 3, 52*, sans que tu aies eu un profit et un très grand profit, cf. *3, 23* ; *Cat. 1, 9* ; *praeclaras duas artes constituere atque inter se pares* Cic. *de Or. 1, 236*, tu constitueras deux arts éminents, et, j'ajoute, égaux entre eux ; *ut viris — ac Romanis dignum est* Liv. *7, 13, 9*, de la manière qui convient à des hommes, à des Romains ; *confitetur atque ita libenter confitetur, ut...* Cic. *Caecin. 24*, il avoue, et il avoue si volontiers que..., cf. *Verr. 3, 53* ; *Font. 40* ; *Mur. 15* ∥ [avec *quidem* ou *equidem*] Pl. *Bac. 974* : *id estne numerandum in bonis? — ac maxumis quidem* Cic. *Leg. 2, 12*, doit-on le compter au nombre des biens ? — et même des plus grands biens, cf. *de Or. 2, 278* ; *Brut. 211* ; *Tusc. 2, 39* ∥ [avec *etiam*] Pl. *Cap. 777* ; *infirma atque etiam aegra valetudine* Cic. *Brut. 180*, d'une santé faible (délicate) et même maladive, cf. *Clu. 111* ; *Mur. 2* ; *Cat. 3, 14* ∥ [avec *adeo*] *respondit mihi paucis verbis atque adeo fideliter* Pl. *Curc. 333*, il m'a répondu en peu de mots, mais aussi avec franchise ; *cum maximo detrimento atque adeo exitio vectigalium* Cic. *Verr. 3, 19*, pour le plus grand dommage, ou mieux, pour la ruine des impôts publics, cf. *Verr. 3, 21* ; *3, 33* ; *Clu. 79* ; *Cat. 2, 27* ; *1, 9* ; *non petentem atque adeo etiam absentem creatum tradidere quidam* Liv. *10, 5, 14*, il fut nommé consul, selon certains historiens, sans faire acte de candidat, et même, mieux que cela, en son absence ∥ *ac prope, ac paene*, et presque : Cic. *Verr. 2, 160* ; *3, 78* ; *Dom. 131* ; *Phil. 2, 39* ; *Div. 1, 124* ; Caes. *G. 3, 12, 5* ; *6, 36, 2* ¶ 2 [simple copule] et : *noctes ac dies* Cic. *Arch. 29*, nuits et jours ; *ad frigora atque aestus vitandos* Caes. *G. 6, 22, 3*, pour éviter le froid et le chaud ; *una atque eadem persona* Cic. *Cael. 30*, une seule et même personne ; *etiam atque etiam* Cic. *Cat. 2, 27*, encore et encore, [le second terme étant souvent le développement ou la définition plus précise du premier] *donum dignum Capitolio atque ista arce omnium nationum* Cic. *Verr. 5, 184*, cadeau digne du Capitole, de cette citadelle de toutes les nations [même emploi de *que, cohortaborque* Cic. *Fam. 2, 4, 2*] ¶ 3 [marquant une opposition entre deux propositions] *atque hodie primum vidit* Pl. *Merc. 532*, et pourtant il l'a vue aujourd'hui pour la première fois ∥ [souvent renforcé par *tamen*] *id sustulit, ac tamen eo contentus non fuit* Cic. *Verr. 4, 190*, il enleva cette statue, mais il ne se tint pas pour satisfait, cf. *Pis. 3* ; *de Or. 1, 240* ∥ [renforcé par *potius*] *lacrumas mitte ac potius... prospice* Ter. *Ad. 335*, cesse de pleurer et plutôt considère..., cf. Cic. *Amer. 110* ; *Verr. 1, 136* ; *de Or. 1, 220* ; *Off. 1, 67* ∥ [opposant une prop. négative, *ac non*] *quasi vero consilii sit res ac non necesse sit* Caes. *G. 7, 38, 7*, comme si vraiment la situation réclamait une délibération et que ce ne fût pas une nécessité de..., cf. Cic. *Amer. 92* ; *Verr. 5, 169* ; *Mil. 92* ; *Cat. 2, 12* ∥ [après une négative] mais plutôt (au contraire) : *ne cupide quid agerent, atque ut... mallent* Cic. *Off. 1, 33*, [les engager] à ne rien faire avec passion, à préférer au contraire, cf. *Off. 2, 3* ; *Leg. 1, 18* ; *de Or. 3, 85* ∥ ou bien : Hier. *Jer. 4, 22, 12* ¶ 4 [marquant un rapport temporel] et alors (sur ces entrefaites, à cet instant) : *quo imus, inquam, ad prandium? atque illi tacent* Pl. *Cap. 479*, où allons-nous, dis-je, pour dîner ? et ils se taisent ; *forte per impluvium despexi in proximum atque ego aspicio* Pl. *Mil. 288*, par hasard j'ai regardé par la gouttière chez le voisin, et (alors) j'aperçois ; *huc mihi caper deerraverat, atque ego Daphnim aspicio* Virg. *B. 7, 6*, mon bouc s'était égaré de ce côté-ci ; et dans ces entrefaites (et voilà que) j'aperçois Daphnis ∥ [dans la principale, après une subord. temporelle] *quom ad portam venio, atque ego illam video praestolarier* Pl. *Ep. 217*, quand j'arrive vers la porte (alors) moi, je la vois qui attend ; cf. *dum... atque* Pl. *Bac. 279* ; *postquam... atque* Pl. *Merc. 256* ; *quoniam... atque* Pl. *Most. 1050* ; *ut... atque* Pl. *Poen. 650* ¶ 5 [en tête d'une phrase, lien logique très lâche et très varié] et j'ajoute que : Cic. *Cat. 2, 28* ; *Brut.*

atque

265 ‖ et pour conclure : *Mur.* 22 ; *Cat.* 3, 10 ‖ et d'ailleurs : *Off.* 1, 5 ; 1, 24 ; 1, 36 ‖ mais (en voilà assez) : *Off.* 1, 27 ‖ [dans un récit, introduisant un fait nouveau] mais alors, ou à ce moment : Caes. *G.* 3, 15, 3 ; 6, 35, 8 ; Cic. *Cat.* 3, 11 ‖ [annonçant la fin d'un développement] or, or donc : *ac de primo quidem officii fonte diximus* Cic. *Off.* 1, 19, or donc nous avons traité de la première source du devoir, cf. *1, 41 ; 1, 46 ; CM 50* ‖ [réflexion, souhait] *atque ut (ne)*, et pour que (pour éviter que) : Cic. *Amer.* 14 ; *Verr.* 2, 108 ; *Caecin.* 62 ; *de Or.* 2, 235 ; *atque utinam*, et fasse le ciel que : Cic. *Verr.* 1, 61.

II [particule de comparaison] ¶ **1** [après *adaeque, aeque, aequus, alius, alio, aliorsum, aliter, consimilis, contra, contrarius, digne, dispar, dissimilis, idem, ita, item, juxta, par, pariter, perinde, pro eo, proinde, pro portione, protinus, secus, sic, similis, similiter, simul, statim*] Ulp. *Dig.* 1, 16, 1 ; v. *talis, totidem* ¶ **2** [sans antécédent marquant l'idée de comparaison] *quem esse amicum ratus sum atque ipsus sum mihi* Pl. *Bac.* 549, [cet homme] dont j'ai cru qu'il était mon ami comme je le suis de moi-même, cf. Hor. *Ep.* 1, 16, 32 ‖ *ac si quasi* : B.-Hisp. 13, 5 ; P. Fest. 68, 7 ; 252, 16 ; 289, 2 ¶ **3** [après un comparatif accompagné d'une négation] Pl. *Cas.* 860 ; *Merc.* 897 ; Ter. *And.* 698 ; Catul. 61, 172 ; Lucr. 2, 350 ; 3, 96 ; Virg. *En.* 3, 561 ; Hor. *S.* 1, 1, 46 ; 1, 2, 22 ‖ [sans négation] Hor. *Epo.* 15, 5 ; 12, 14 ; *S.* 1, 5, 5 ; 1, 6, 130 ‖ au point que [subj.] : Greg.-M. *Ep.* 14, 14.

▶ *ac* devant les consonnes, *atque* écrit souvent *adque* ds les mss.

atquī (*at, 2 qui*), conjonction marquant une opposition atténuée, cf. *at pol qui* Pl. *Ru.* 946 ¶ **1** et pourtant ; eh bien, pourtant : *numquam auferes hinc aurum. — Atqui jam dabis* Pl. *Bac.* 824, jamais tu n'emporteras d'ici mon or. — Pourtant tout à l'heure tu me les donneras ; *o rem, inquis, difficilem et inexplicabilem ! atqui explicanda est* Cic. *Att.* 8, 3, 6, quelle affaire difficile, diras-tu, et embrouillée ! et pourtant il faut la débrouiller ; *te permagnum est nancisci otiosum. — Atqui nactus es* Cic. *Rep.* 1, 14, il est bien difficile de te trouver de loisir. — Et pourtant tu m'as trouvé ainsi, cf. *de Or.* 1, 137 ; 1, 167 ; *Verr.* 2, 144 ; *Mur.* 31 ¶ **2** eh bien, alors (dans ces conditions) : *licet vestro arbitratu percontemini. — Atqui hoc ex te quaerimus* Cic. *de Or.* 1, 102, vous pouvez m'interroger à votre guise. — Alors, voici ce que nous te demandons, cf. *Tusc.* 5, 15 ; 4, 8 ; *sic mihi liceret et isti rei quam desideras et multis majoribus operae quantum vellem dare. — Atqui vereor ne* Cic. *Leg.* 1, 11, voilà comment il me serait permis de consacrer tous les soins que je voudrais et à la tâche que tu désires et à bien d'autres encore plus importantes. — Dans ces conditions (malheureusement) je crains bien que... ; *atqui, si noles sanus, curres hydropicus* Hor. *Ep.* 1, 2, 34, eh bien (alors), si tu ne veux pas courir bien portant, tu courras hydropique ; *praeclaram causam ad me defertis, cum me improbitatis patrocinium suscipere voltis. — Atqui id tibi, inquit Laelius, verendum est ne...* Cic. *Rep.* 3, 8, c'est une belle cause dont vous me chargez, en voulant que je prenne la défense de l'injustice ! — Oui, malheureusement, dit Laelius, tu dois craindre que... [ton plaisant] ¶ **3** eh bien : *tum eum dixisse mirari non modo diligentiam, sed etiam sollertiam ejus, a quo essent illa dimensa ; et Cyrum respondisse "atqui ego ista sum omnia dimensus"* Cic. *CM* 59, alors il avait déclaré qu'il admirait non seulement la conscience, mais encore le savoir-faire de celui par qui avait été fait le tracé de ce jardin, et Cyrus avait répondu : " eh bien, c'est moi qui ai tracé tout cela " ; *atqui, si quaeres ego quid expectem* Cic. *Leg.* 1, 15, eh bien, si tu veux savoir ce que j'attends pour mon compte..., cf. *Rep.* 2, 30 ; *de Or.* 2, 204 ; Liv. 8, 9, 1 ‖ or, eh bien : *itaque illud Cassianum "cui bono fuerit" in his personis valeat ; etsi boni nullo emolumento impelluntur in fraudem, improbi saepe parvo. Atqui Milone interfecto Clodius haec assequebatur...* Cic. *Mil.* 32, aussi que ce mot de Cassius " à qui l'acte a-t-il profité ", nous serve à propos de ces personnes ; si nul profit ne peut pousser au mal les gens de bien, un léger profit suffit souvent à y pousser les méchants. Or, Milon tué, Clodius obtenait les avantages suivants..., cf. *Phil.* 9, 5 ; *Fin.* 5, 34 ; *CM* 81 ; *Nat.* 2, 16 ; *Div.* 2, 9 ; *quis est qui, quoquo modo quis interfectus sit, puniendum putet, cum videat aliquando gladium nobis ad hominem occidendum ab ipsis porrigi legibus ? Atqui, si tempus est ullum jure hominis necandi, certe...* Cic. *Mil.* 9, est-il qqn, de quelque manière qu'un meurtre ait été commis, pour croire qu'il doive y avoir châtiment, quand il voit que parfois les lois nous présentent elles-mêmes le glaive pour tuer ? Eh bien, si jamais il y a des circonstances où le meurtre soit légitime, à coup sûr..., cf. Liv. 6, 37, 2 ‖ [en part. dans la mineure du syllogisme] or : *quod si virtutes sunt pares inter se, paria esse etiam vitia necesse est ; atqui pares esse virtutes facillime potest percipi... ; sequitur ut* Cic. *Par.* 21, si les vertus sont égales entre elles, les vices sont égaux aussi, nécessairement ; or, que les vertus soient égales, rien de plus facile à reconnaître... ; il s'ensuit que, cf. *Fin.* 4, 67 ; *Tusc.* 3, 14 ; *Nat.* 2, 16 ; *Phil.* 2, 31.

atquīn, forme postérieure de *atqui* [mss] : Pl. *Ru.* 760 ; Cic. *Phil.* 10, 17 ; *Tusc.* 2, 43.

Atrăbas, etc., v. *Atre-*.

Ātrăces, *um*, m. pl., peuple d'Étolie : Plin. 4, 6.

Ātrăcĭdēs, *ae*, m., Atracide = Thessalien [Cénée] : Ov. *M.* 12, 209.

Ātrăcĭs, *idis*, f., Thessalienne [Hippodamie] : Ov. *Am* 1, 4, 8.

Ātrăcĭus, *a, um* ¶ **1** Thessalien : Prop. 1, 8, 25 ¶ **2** magique : Stat. *Th.* 1, 106 ; Val.-Flac. 6, 447.

Atractianae, Atrectianae Alpes, f., partie inconnue des Alpes : *CIL* 9, 5357.

atractylis, *ĭdis*, f. (ἀτρακτυλίς), carthame [plante] : Plin. 21, 184.

Atragia, *ae*, f., île des Sporades : Plin. 4, 71.

ātrāmentāle, *is*, n. (*atramentum*), encrier : Gloss. 2, 22, 31.

ātrāmentārĭum, *ii*, n. (*atramentum*), écritoire, encrier : Vulg. *Ezech.* 9, 2 ‖ [fig.] noirceur : Gild. 1, 13.

ātrāmentum, *i*, n. (*ater*) ¶ **1** noir en liquide, noir en couleur : *atramenti effusione sepiae se tutantur* Cic. *Nat.* 2, 127, les sèches se protègent par l'émission d'un liquide noir ; *sutorium* Cic. *Fam.* 9, 21, 3, noir de cordonnier, cf. Plin. 34, 123 ; Cels. 5, 1 ¶ **2** encre : Cic. *Q.* 2, 14, 1 ; Hor. *Ep.* 2, 1, 236 ‖ peinture noire : Vitr. 7, 10, 1 ‖ [fig.] noirceur : Gild. 1, 13.

Atramītae, v. *Astramitae*.

Atrani, *orum*, m., peuple d'Italie : Plin. 3, 105.

Atrapatene, v. *Atropatene*.

Atrātīnus, *i*, m., surnom romain : Cic. *Fam.* 9, 21 ; *Cael.* 2.

1 ātrātus, *a, um* (*ater*), rendu noir, noirci : Caecil. *Com.* 268 ; Prop. 3, 5, 34 ‖ en habit de deuil : Cic. *Vatin.* 30 ; Tac. *An.* 3, 2 ; Suet. *Galb.* 18.

2 Ātrātus, *i*, m., rivière voisine de Rome : Cic. *Div.* 1, 98.

Atrax, *ăcis*, m. ¶ **1** ville de Thessalie : Plin. 4, 29 ¶ **2** fils de Pénée : Schol. Stat. *Th.* 1, 106 ¶ **3** fleuve d'Étolie : Plin. 4, 6.

Atrĕbătes, *um*, m. pl., peuple de Gaule septentrionale [auj. Arras] : Caes. *G.* 2, 4 ; -**tĭcus**, *a, um*, des Atrébates : Treb. *Gall.* 6, 6 ‖ -**bas**, *ătis*, m., Atrébate : Caes. *G.* 4, 35, 1.

1 Ătreūs, *ei*, m. (Ἀτρεύς), Atrée [fils de Pélops, roi de Mycènes] : Cic. *Tusc.* 4, 77 ; Ov. *M.* 15, 855 ; *Am.* 3, 12, 39.
▶ *a* long ou bref devant *tr*.

2 Ātreūs, *a, um* (Ἀτρειος), d'Atrée : Stat. *Th.* 8, 743.

Atria, *ae*, f., ville de Vénétie [Adria] Atlas XII, B3 : Liv. 5, 33, 7 ‖ -**ĭāni**, *ōrum*, m. pl., habitants d'Atria : Plin. 3, 120.

ātrĭārius, *ii*, m. (*atrium*), esclave qui entretient l'atrium : Ulp. *Dig.* 4, 9, 1 ; 7, 1, 15.

ātrĭcăpilla, *ae*, f, mésange à calotte noire : P. Fest. 111, 28.

ātrĭcăpillus, *a, um* (*ater, capillus*), qui a les cheveux noirs : Gloss. 2, 22, 36.

ātrĭcŏlŏr, *ōris* (*ater, color*), de couleur noire : Aus. *Epist.* 7 (396), 2, 52.

Ātrīda, Ātrīdēs, *ae*, m. (Ἀτρείδης), fils d'Atrée : Prop. 2, 14, 1 ; Ov. *M.* 12, 632 ‖

-ae, les Atrides [Agamemnon et Ménélas] : Virg. *En.* 1, 458 ; Hor. *S.* 2, 3, 203 ; Ov. *M.* 12, 623.
▶ a long ou bref devant *tr*.

ātrĭensis, e (*atrium*), de l'atrium : Serv. *En.* 9, 645 ‖ **-sis**, *is*, m., concierge, intendant : Cic. *Par.* 38 ; *Pis.* 67.

ātrĭŏlum, *i*, n. (dim. de *atrium*), petit vestibule : Cic. *Q.* 3, 1, 2 ; *Att.* 1, 10, 3.

ātrĭplex, *ĭcis*, n. (de ἀτράφαξυς ; fr. *arroche*), arroche [plante] : Plin. 19, 99 ; 20, 219.

ātrĭplexum, *i*, n., ⓒ *atriplex* : P. Fest. 26, 16.

ātrĭtās, *ātis*, f. (*ater*), couleur noire : Pl. *Poen.* 1290 ; P. Fest. 26, 9.

ātrītūdo, *ĭnis*, f., ⓒ *atritas* : Gloss. 2, 366, 49.

ātrĭum, *ii*, n. (douteux ; *ater* ?), atrium, salle d'entrée : Cic. *Q.* 3, 1, 2 ; Hor. *Ep.* 1, 5, 31 ; Plin. 34, 55, cf. Serv. *En.* 1, 726 ‖ [poét.] la maison elle-même : Ov. *H.* 16, 184 ; *M.* 13, 968 ‖ salle d'entrée dans la demeure des dieux : Ov. *M.* 1, 172 ; Stat. *Th.* 1, 197 ‖ portique d'un temple : Cic. *Mil* 59 ; Liv. 26, 27, 3 ; Plin. *Ep.* 7, 19, 2 ‖ *atria auctionaria* Cic. *Agr.* 1, 7, salle des ventes ‖ [chrét.] parvis : Eger. 37, 4 ‖ sanctuaire : Hier. *Ep.* 120, 8, 2.

Ātrĭus, *ii*, m., nom de famille romaine : Caes. *G.* 5, 9, 1.

ātro, *ās*, *āre*, -, -, tr., noircir : Julian.-Aecl. *Joel* 2, 6.

ātrōcĭtās, *ātis*, f. (*atrox*) ¶ **1** atrocité, horreur, cruauté, monstruosité : *rei* Cic. *Verr.* 4, 87, horreur d'un fait ; *criminis* Cic. *Verr.* 4, 105, d'une accusation ; *verbi* Cic. *Phil.* 8, 1, ce qu'un mot comporte de cruel (d'odieux) ; *temporis* Cic. *Phil.* 8, 32, conjonctures terribles ¶ **2** caractère farouche, rudesse, dureté, violence : *non atrocitate animi moveor* Cic. *Cat.* 4, 11, ce n'est pas une dureté de sentiments qui me pousse ; *habet atrocitatis aliquid legatio* Cic. *Phil.* 6, 7, [l'envoi de] cette députation a qqch. de dur (rigoureux).

ātrōcĭter (*atrox*) ¶ **1** d'une manière atroce, cruelle : *aliquid atrociter fieri videmus* Cic. *Amer.* 154, nous voyons se faire quelque atrocité ¶ **2** d'une manière dure, farouche : *labores atrocius accipiebantur* Tac. *H.* 1, 23, on acceptait (subissait) les fatigues avec plus d'âpreté (d'irritation) ; *nimis atrociter imperare* Cic. *Verr.* 1, 70, donner des ordres trop rigoureux ‖ *atrociter minitari* Cic. *Verr.* 5, 160, se répandre en menaces terribles ; *aliquid dicere* Cic. *Mur.* 64, dire qqch. avec violence ‖ **-cius** Her. 2, 49 ; Liv. ; Tac. ; **-cissime** Cic. *Q.* 2, 15, 2.

Ătrŏpătēnē, *ēs*, f., contrée de la Médie Atlas I, D8 : Plin. 6, 42 ‖ **-ni**, *ōrum*, m. pl., habitants de l'Atropatène : Plin. 6, 42.

Ātrŏpătos, m., nom d'un satrape de la Perse : Just. 13, 4.

ătrŏphĭa, *ae*, f. (ἀτροφία), consomption : Cael.-Aur. *Chron.* 2, 1, 7 ‖ atrophie : Isid. 4, 7, 27.

ătrŏphus, *a*, *um* (ἄτροφος), étique : Plin. 26, 110 ; 28, 129 ‖ **-pha**, *ōrum*, n. pl., membres atrophiés : Plin. 22, 152.

Ătrŏpŏs [sans gén.] (ἄτροπος), l'une des trois Parques : Mart. 10, 44, 6 ; Stat. *S.* 4, 8, 18.

ătrōtus, *a*, *um* (ἄτρωτος), invulnérable : Hyg. *Fab.* 28.

ătrōx, *ōcis* (cf. *ater* et *oculus* ; cf. *ferox*) ¶ **1** atroce, cruel, affreux : *res tam scelesta, tam atrox, tam nefaria credi non potest* Cic. *Amer.* 62, on ne peut croire à la réalité d'un fait si criminel, si atroce, si impie ; *tempestas* Liv. 21, 58, 3, tempête affreuse ; *caedes* Liv. 7, 15, 7 (Cic. *Tull.* 1) carnage affreux ; *valetudo* Tac. *An.* 3, 64, maladie dangereuse ¶ **2** farouche, dur, inflexible, opiniâtre : *cuncta terrarum subacta praeter atrocem animum Catonis* Hor. *O.* 2, 1, 24, tout l'univers soumis excepté l'âme indomptable de Caton ; *invidia* Liv. 1, 51, 9, animosité violente ; *(Poppaea) odio, metu atrox* Tac. *An.* 14, 61, (Poppée) rendue féroce par la haine, par la crainte ; *atrox odii* Tac. *An.* 12, 22, implacable dans sa haine ; *oratio tristis, atrox* Liv. 28, 29, 5, discours dur, impitoyable ‖ [style] violent : Cic. *de Or.* 2, 200 ; *Or.* 64.

ātrusca, *ae*, f. (*ater*), sorte de vigne : Macr. *Sat.* 3, 20, 7.

att-, ⓥ *adt-*.

1 atta, *ae*, m. (obscurr), qui marche sur le bout des pieds : P. Fest. 11, 17 ; Gloss. 5, 269, 14.

2 atta, *ae*, m. (cf. ἄττα, hit. *attas*, germ. *Attila*, al. *Ätte*), nom donné par respect aux vieillards, père : P. Fest. 11, 20 ; 13, 1.

3 Atta, *ae*, m. (1 *atta*), surnom romain ; en part. C. Quinctius Atta [poète comique latin] : Hor. *Ep.* 2, 1, 79.

4 Atta, *ae*, m. (2 *atta* ou 3 *Atta* ?), prénom sabin de *Atta Claudius* : Suet. *Tib.* 1, 1.
▶ aussi *Attius Clausus* : Liv. 2, 16, 4.

Attacōri, *ōrum*, m. pl., peuple de l'Inde : Plin. 6, 55.

Attacotti, *ōrum*, m. pl., peuple du nord de la Bretagne : Amm. 27, 8, 5.

attactus, ⓥ *adt-*.

attăcus, *i*, m. (ἄττακος), espèce de sauterelle : Vulg. *Lev.* 11, 22.

attăgēn, *ēnis*, m., Hor. *Epo.* 2, 54, **-gēna**, *ae*, f. (ἀτταγήν), francolin [oiseau] : Mart. 2, 37, 3.

1 attăgus, *i*, m. (ἄτταγος), bouc : Arn. 5, 6.
2 Attăgus, *i*, m., ⓒ *Atax* : Avien. *Or.* 587.

Attălēa, f., ⓥ *Attalia*.

Attali, *ōrum*, m. pl., peuplade arabe : Plin. 6, 125.

Attălĭa, Attălēa, *ae*, f., ville d'Éolide : Plin. 5, 126 ‖ ville de Pamphylie Atlas I, D6 ; VI, C4 ; IX, C2 : Vulg. *Act.* 14, 24 ‖ **Attălenses**, *ium*, m. pl., habitants d'Attalie [Éolide] : Plin. 5, 126 ‖ habitants d'Attalie [Pamphylie] : Cic. *Agr.* 1, 5 ; 2, 50.

Attălĭcus, *a*, *um* ¶ **1** du roi Attale : Cic. *Agr.* 2, 50 ; *Verr.* 4, 27 ‖ **-ca**, *ōrum*, n. pl., habits ou tapis brodés en or : Plin. 8, 196 ; 33, 63 ; Prop. 3, 5, 6 ou *vestes Attalicae* Prop. 3, 18, 19 ¶ **2** [fig.] = somptueux, riche : Hor. *O.* 1, 1, 11.

Attălis, *ĭdis*, f., tribu d'Attale [une tribu d'Athènes] : Liv. 31, 15.

Attălus, *i*, m. ¶ **1** Attale [roi de Pergame, célèbre par ses richesses] : Hor. *O.* 2, 18, 5 ; Plin. 8, 196 ; 33, 148 ¶ **2** pers. divers : Cic. *Q.* 1, 2, 14 ; *Verr.* 4, 59 ; Liv. 25, 23, 7 ¶ **3** philosophe stoïcien : Sen. *Ep.* 108, 13.

attămĕn, at tămĕn ¶ **1** [en deux mots] : *at tamen*, mais cependant ; [dans Cicéron surtout après *si, si non, si minus*] du moins : *aliquem remunerare si non pari, at grato tamen munere* Cic. *Brut.* 15, répondre au présent de qqn par un présent sinon égal, du moins qui fasse plaisir, cf. *Or.* 103 ; *Fam.* 9, 6, 3 ; *de Or.* 3, 14 ¶ **2** [en un seul mot] ⇒ *tamen* : Sen. *Contr.* 9, 216 ; Col. 2, 14, 5.

Attana, *ae*, f., ville d'Arabie : Plin. 6, 149.

attanus, *i*, m., ⓒ *atalla* : Nigid. d. Non. 40, 15.

attāt, attātae, interj. (ἀτταταῖ), [marque l'étonnement] : Pl. *Cap.* 661 ; Ter. *And.* 125 ‖ Pl. *Cas.* 468 ; *Ep.* 457.

attĕgĭa, *ae*, f. (gaul. ; fr. *Athis*), hutte, cabane : Juv. 14, 196.

Attĕgŭa, ⓥ *Ategua*.

Attēĭus, ⓥ *Ateius*.

attĕlĕbus, *i*, m. (ἀττέλεβος), sauterelle : Plin. 29, 92.

Attĕlĕbussa, *ae*, f., île de la mer de Lycie : Plin. 5, 131.

attempĕrātē, ⓥ *adt-*.

attempĕrĭes, ⓒ *temperies* : Cod. Th. 9, 3, 2.

attempero, attempto, attendo, ⓥ *adt-*.

Attēnē, *ēs*, f., contrée de l'Arabie Heureuse : Plin. 6, 148.

Attenĭa, *ae*, f., ville d'Éthiopie : Plin. 6, 181.

attent-, attenu-, atter-, attest-, attex-, ⓥ *adt-*.

Atthis, *ĭdis*, f. (Ἀτθίς) ¶ **1** Athénienne : Mart. 11, 53, 4 ; Apul. *M.* 1, 1 ¶ **2** l'Attique : Lucr. 6, 1114 ; Mel. 2, 39 ; 2, 7, 10 ¶ **3** une amie de Sapho : Ov. *H.* 15, 18 ¶ **4** l'Athénienne Philomèle, changée en rossignol, d'où = rossignol : Mart. 1, 54, 9 ‖ ou Procné changée en hirondelle, d'où = hirondelle : Mart. 5, 67, 2 ¶ **5** la langue attique : Diom. 440, 4.

Atthuarii, ⓥ *Attuarii*.

Attĭa, ⓥ *Atia*.

Attica

Attĭca (-cē), *ae*, f. (Ἀττική) ¶ **1** l'Attique Atlas VI, B2 : Cic. *Brut.* 43 ; Plin. *4, 1* ; *18, 214* ; Mel. *2, 49* ¶ **2** fille de Pomponius Atticus : Cic. *Att. 12, 1.*

1 **attĭcē**, *ēs*, f., espèce d'ocre : Cels. *5, 18, 19.*

2 **Attĭcē**, adv., à la manière des Attiques : Cic. *Brut.* 290 ; Quint. *12, 18.*

attĭcismŏs, *i*, m. (ἀττικισμός), atticisme, emploi du style attique : Diom. *440, 23.*

attĭcissō, *ās, āre*, -, -, intr. (ἀττικίζω), se passer à Athènes : Pl. *Men.* 12 ‖ parler le grec d'Athènes : P. Fest. *26, 7* ; Apul. *Flor. 18, 43* ‖ parler en platonicien : Sidon. *Carm. 4, 1, 3.*

Attĭcŭla, *ae*, f. (dim. de *Attica*), fille d'Atticus : Cic. *Att. 6, 5, 4.*

Attĭcurgēs, *ĕs*, adj. (ἀττικουργής), qui est dans le style attique : Vitr. *4, 6, 1.*

Attĭcus, *a, um* (Ἀττικός) ¶ **1** de l'Attique, d'Athènes : **civis Attica** Ter. *And.* 221, citoyenne d'Athènes ; **terra Attica** Liv. *28, 8, 11*, l'Attique ; **Attica fides** Vell. *2, 23, 4*, foi attique (bonne foi) ‖ **noctes Atticae**, nuits Attiques, titre de l'ouvrage d'Aulu-Gelle ¶ **2 -ci**, *ōrum*, m. pl. **a)** les Athéniens ou les Attiques : Cic. *Brut.* 224 ; *Off. 1, 104* **b)** les orateurs Attiques [opp. à *Asiani*] : Cic. *Or.* 23 ; 28 ¶ **3 -cus**, *i*, m., Atticus [surnom de T. Pomponius, l'ami intime de Cicéron] : Nep. *Att. 1, 1.*
▶ gén. sync. *tetrachmum Atticum* Liv. *37, 46, 3.*

Attĭdĭātes, *um* ou *ĭum*, m. pl., habitants d'Attidium Atlas XII, D3 : Plin. *3, 113.*

attĭg-, V. *adtig-.*

Attĭla, *ae*, m. (cf. 2 *atta*), roi des Huns : Eugip. *Sev. 1, 1* ; Jord. *Get.* 209.

attillo, V. *adtillo.*

attĭlus, *i*, m., poisson du Pô : Plin. *9, 44.*

Attin, V. *Attis.*

attin-, V. *adtin-.*

Attinius, V. *Atinius.*

Attis, *ĭdis*, **Attin**, *ĭnis*, m. (Ἄττις), berger phrygien aimé de Cybèle, qui devint prêtre de la déesse et qui se mutila : Catul. 63 ; Ov. *F. 5, 227.*

attĭtŭl-, V. *adtitul-.*

Attĭus, *ii*, m. (cf. 3 *Atta*, 4 *Atta*, *Attus*), gentilice : **P. Attius Varus** Cic. *Att. 7, 13, 7* ; V. *Atia* et *Accius* [le poète tragique].

atto-, **attr-**, V. *adt-.*

attu-, V. *adtu-.*

Attuārii, **Atthuārii**, *ōrum*, m. pl., peuple franc : Vell. *2, 105* ; Amm. *20, 10.*

Attus, *i*, m., prénom romain ; not[t] : **Attus Navius** Cic. *Div. 1, 32* ; Liv. *1, 36, 3*, célèbre augure du temps de Tarquin l'Ancien.

Atuaca, C. *Aduatuca.*

Atuatuca Atuatuci V. *Adua-.*

ātūbus, *a, um*, C. *atypus* : Gloss. *2, 25, 39.*

Ătŭr, *ŭris*, m., Tib. *1, 7, 4* ; Luc. *1, 420*, C. *Aturrus.*

Ătūrenses, *ĭum*, f. pl., habitants d'Atura [Aire sur l'Adour] Atlas IV, A3 ; V, F2 : Not. Gall. *14, 9.*

Aturres, *ium*, C. *Aturenses* : Sidon. *Ep. 2, 1, 1.*

Aturrus (Ătŭrus, Luc. *1, 420*), *i*, m., l'Adour [fleuve] Atlas IV, A3 ; V, F2 : Aus. *Mos.* 468 ‖ **-icus**, *a, um*, de l'Adour : Sidon. *Ep. 8, 12, 7.*

Atussa, *ae*, f., ville de Bithynie : Plin. *5, 142.*

ătypus, *a, um*, qui n'articule pas distinctement : Gell. *4, 2, 5.*

Atyr, C. *Atur* : Vib. 20.

Atȳrās, V. *Athyras.*

Ătys, *ys* ou *ўis*, m. (Ἄτυς) ¶ **1** roi d'Albe : Liv. *1, 3, 8* ¶ **2** fondateur de la gens *Atia* : Virg. *En. 5, 568* ¶ **3** père de Tyrrhenus et Lydus : Tac. *An. 4, 55.*

1 **au**, **hau**, onomat., [interj. féminine marquant le trouble, la surprise, l'impatience ; sert à interpeller] ho ! ha ! holà ! : Pl. *St.* 258 ; Ter. *Eun.* 899.

2 **au-** (cf. *aut, -ve, vē-*, scr. *ava*, αὐ), [remplace *ab-* devant *f*] V. **4** *a-.*

auca, *ae*, f. (*avis, aucella* ; fr. *oie*) ¶ **1** oiseau : πτηνόν Gloss. *2, 25, 45* ¶ **2** [en part.] oie : Ps. Avian. *Apol.* 33 prol. ; Gloss. *3, 608, 25.*

aucella, **aucilla**, *ae*, f. (dim. de *auca*), petit oiseau [ortolan, caille, râle] : Varr. *L. 8, 79* ; Apic. 187 ; Gloss. *4, 312, 1.*

aucellus, *i*, m. (*avis* ; fr. *oiseau*), moineau : Gloss. *2, 25, 42.*

auceps, *aucŭpis*, m. (*avis, capio*), oiseleur : Pl. *Trin.* 408 ; Lucil. 1320 ; Hor. *P.* 458 ‖ [fig.] qui est à l'affût de, qui épie : Pl. *Mil.* 955 ; St. 109 ; **syllabarum** Cic. *de Or. 1, 236*, éplucheur de syllabes.

auceptŏr, *ōris*, m. (*avis, captor* ; a. fr. *autour*), oiseleur : *Gloss. Mai 6, 509.*

auceta (avata ?), *ae*, f. (*augeo, aucto*), ▷ *saepe aucta*, augmentée : *P. Fest. 24, 3.*

Auchātēs, *ae*, **Auchētae**, *ārum*, m. pl., un Auchate, les Auchates [surnom d'une peuplade scythe] : Val.-Flac. *6, 132* ; Plin. *4, 88.*

Auchenĭus, *ii*, m., nom d'un cocher : Amm. *28, 1, 27.*

auctārĭum, *ii*, n. (*augeo*), surplus, ce qui fait la bonne mesure : Pl. *Merc.* 490 ; P. Fest. *14, 1.*

auctĭfĕr, *ĕra, ĕrum* (*auctus, fero*), fécond : Cic. *d. Aug. Civ. 5, 8.*

auctĭfĭcō, *ās, āre*, -, - (*auctus, facio*), tr., augmenter : Arn. *7, 17* ‖ honorer par des sacrifices : Arn. *7, 17-27.*

auctĭfĭcus, *a, um* (*auctus, facio*), qui développe : Lucr. *2, 571.*

auctĭō, *ōnis*, f. (*augeo*) ¶ **1** enchère, vente publique, encan : **auctionem facere** Cic. *Phil. 5, 11* ; **instituere** Cic. *Att. 7, 3, 9* ; **constituere** Cic. *Amer.* 23, faire une vente aux enchères ; **proferre** Cic. *Att. 13, 12, 4*, la différer ; **proscribere** Cic. *Agr. 1, 7*, l'afficher ; **auctio hereditaria** Cic. *Caecin.* 13, vente des biens d'une succession ‖ **auctionem vendere** Cic. *Quinct.* 19, procéder à une vente [en tant que crieur public] ¶ **2** [rare] augmentation, accroissement : *P. Fest. 16, 22* ; Macr. *Sat. 1, 14, 1.*

auctĭōnālia, *ĭum*, n. pl. (*auctio*), affiches de vente : Ulp. *Dig. 27, 3, 1, 3.*

auctĭōnālis, *e*, d'enchère : Ambr. *Ep. 37, 13.*

auctĭōnārĭus, *a, um* (*auctio*), relatif aux enchères : **in atriis auctionariis** Cic. *Agr. 1, 7*, dans les salles de ventes publiques ; **tabulae auctionariae** Cic. *Cat. 2, 18*, listes de biens à vendre aux enchères ‖ **auctionarius**, subst. m., enchérisseur : Gloss. *4, 209, 34.*

auctĭōnātŏr, *ōris*, m., qui vend à l'encan : Hil. Arel. *Honor.* 11.

auctĭōnŏr, *āris, ārī, ātus sum* (*auctio*) ¶ **1** intr., faire une vente à l'encan : Cic. *Quinct.* 23 ; Caes. *C. 3, 20, 3* ¶ **2** tr., acheter à l'encan : Ps. Asc. *Verr. p. 177 B.* ‖ faire enchérir : Ambr. *Off. 3, 6, 41* ‖ vendre aux enchères : Oros. *Hist. 5, 18, 28.*

auctĭtō, *ās, āre*, -, - (fréq. de *augeo*), tr., augmenter (accroître) sans cesse : Tac. *An. 6, 16* ‖ honorer [par un sacrifice] : Arn. *Nat. 7, 13.*

auctĭuncŭla, *ae*, f. (dim. de *auctio*), petite vente à l'encan : Gloss. *5, 269, 43.*

auctĭuscŭlus, *a, um* (*auctus*), un peu grand, un peu haut : Plin.-Val. *2, 25* ; *2, 26.*

auctīvus, *a, um* (*augeo*), propre à augmenter : Fort.-Rhet. *3, 20.*

auctō, *ās, āre*, -, - (*augeo*), tr., augmenter : Lucr. *1, 56* ‖ favoriser : Catul. *67, 2.*

auctŏr, *ōris*, m. (*augeo*), celui qui augmente, qui fait avancer, qui fait progresser

> I celui qui augmente la confiance ¶ **1** "garant, répondant" ¶ **2** "autorité, source" ¶ **3** "modèle" ¶ **4** "source historique".
> II celui qui pousse à agir ¶ **1** "instigateur" ¶ **2** "créateur", "auteur" ¶ **3** "écrivain".

I celui qui augmente la confiance ¶ **1** garant, répondant : **rei** Cic. *Verr. 5, 131*, répondant d'une chose ; **majores nostri nullam, ne privatam quidem rem, agere feminas sine tutore auctore voluerunt** Liv. *34, 2, 11*, nos ancêtres ont voulu que la femme ne pût traiter aucune affaire, même au titre privé, sans un tuteur garant, cf. Cic. *Caecin.* 73 ; *Clu.* 14 ; *Flac.* 84 ‖ garant d'une vente (responsabilité du vendeur au regard de l'acheteur), [d'où] vendeur : **aliquid a malo auctore emere** Cic. *Verr. 5, 56*, acheter qqch. à un mauvais vendeur [qui ne garantit pas l'acheteur contre l'éviction] ; **Caesennius, auctor fundi** Cic. *Caecin. 27,*

Césennius, vendeur du fonds; **auctor beneficii populi Romani** Cic. *Mur.* 3, (comparaison avec un vendeur) garant de la faveur du peuple romain ‖ celui qui a transféré un droit lui appartenant, l'auteur d'une vente: Dig. 50, 17, 175, 1 ‖ qui ratifie: ***ut nemo civis Romanus civitatem possit amittere nisi ipse auctor factus sit*** Cic. *Dom.* 77, que nul citoyen romain ne peut perdre ses droits de citoyen sans être lui-même consentent; [en part. référence à l'*auctoritas senatus*] cf.➤ *auctoritas* II ¶4 **patres auctores** Cic. *Brut.* 55, accord du sénat; ***factum senatus consultum ut patres auctores omnibus comitiis fierent*** Liv. 6, 42, 14, un sénatus-consulte décide que le sénat ratifierait toutes les décisions des comices, cf. Liv. 6, 41, 10; 6, 42, 10; ***ut legum, ante initum suffragium, patres auctores fierent*** Liv. 8, 13, 15, le sénat donnerait son accord aux lois avant que l'on passât au vote ¶2 [en gén.] garant, qui confirme, autorité, source: **audieras ex bono auctore** Cic. *Verr.* 4, 102, tu tenais le renseignement de bonne source; **voces temere ab irato accusatore nullo auctore emissae** Cic. *Cael.* 30, paroles lancées à la légère par un accusateur en colère, sans personne qui en garantisse la vérité; **de duabus legionibus luculentos auctores esse dicebat** Cic. *Att.* 10, 14, 2, il disait que touchant ces deux légions il y avait des sources dignes de foi; **his auctoribus temere credens** Caes. *C.* 2, 38, 2, se fiant imprudemment à la véracité de ces porteurs de nouvelles; **ut suae quisque fortunae domi auctorem expectet** Liv. 22, 55, 7, pour que chacun attende chez soi sur son propre sort des nouvelles sûres; **legati, auctores concilia Etruriae populorum de petenda pace haberi** Liv. 10, 14, 3, des ambassadeurs, confirmant que les peuples d'Étrurie tenaient des assemblées relatives à des propositions de paix; **ejus eloquentiae est auctor Ennius** Cic. *Brut.* 57, pour attester son éloquence, il y a Ennius ‖ qui donne son autorisation, sa permission: **auctore praetore** Dig. 2, 15, 8, pr., avec l'autorisation du préteur; **si tutor auctor fiat** Dig. 26, 8, 3, si le tuteur autorise l'acte ¶3 modèle, maître, autorité: **unum cedo auctorem tui facti** Cic. *Verr.* 5, 67, produis un seul modèle de ta conduite (un seul précédent); **Fabricios mihi auctores et Africanos protulisti** Cic. *de Or.* 2, 290, tu m'as fourni, comme des précédents à invoquer, les Fabricius, les Scipions; **aliquo auctore aliquid facere**, faire qqch. sur l'autorité de qqn, en prenant qqn pour modèle (pour exemple, pour maître), sur la foi de qqn: Cic. *Tusc.* 5, 21; *de Or.* 1, 226; Hor. *S.* 1, 4, 122; **cum Catone omnium virtutum auctore** Cic. *Fin.* 4; 44, avec Caton, modèle de toutes les vertus; **(Caecilius) malus auctor latinitatis est** Cic. *Att.* 7, 3, 10, (Caecilius) est une mauvaise autorité en fait de latin; **quoniam optimus auctor ita censet** Cic. *Or.*

196, puisqu'un si grand maître (une si grande autorité) est de cet avis ¶4 garant, source historique: **Polybius, bonus auctor in primis** Cic. *Off.* 3, 113, Polybe, bon garant des faits, s'il en fut, cf. *Brut.* 47; *Leg.* 2, 15; *Tusc.* 4, 3; Nep. *Them.* 10, 4; Liv. 21, 47, 6; 22, 7, 4; **Herodoto auctore** Cic. *Tusc.* 1, 113, avec Hérodote comme source; **fama cujus Piso auctor est** Liv. 2, 32, 3, la tradition dont Pison se fait garant, cf. 6, 12, 3; 25, 17, 5; **rerum Romanarum auctor religiosissimus** Cic. *Brut.* 44, garant scrupuleux en matière d'histoire romaine (historien d'une exactitude scrupuleuse); **nec vero pauci sunt auctores Cn. Flavium scribam fastos protulisse** Cic. *Att.* 6, 1, 8, et elles ne sont pas en petit nombre les sources qui nous garantissent que le greffier Cn. Flavius publia la liste des jours fastes, cf. Liv. 2, 58, 1; 9, 10, 11.

II celui qui pousse à agir ¶1 conseiller, instigateur, promoteur: **deditionis suasor et auctor** Cic. *Off.* 3, 109, conseiller et instigateur de la reddition; **multarum legum aut auctor aut dissuasor fuit** Cic. *Brut.* 106, il fut ou le promoteur ou l'adversaire de maintes lois; **profectionis** Caes. *G.* 5, 33, 2, conseiller du départ; **auctor et cognitor hujus sententiae** Cic. *Cat.* 4, 9, le promoteur et le défenseur de cet avis; **auctore Pompeio** Cic. *Att.* 1, 19, 4, à l'instigation de Pompée; **te auctorem consiliorum meorum desideravi** Cic. *Att.* 1, 16, 2, j'ai regretté de ne pas t'avoir pour me conseiller dans mes résolutions; **auctor publici consilii** Cic. *Vat.* 24; *de Or.* 1, 211, guide des décisions publiques, conseiller du sénat; **auctorem senatus exstinctum laete tulit** Cic. *Phil.* 9, 7, il apprit avec joie la mort de celui qui avait guidé les résolutions du sénat ‖ **qui et illi semper et senatui pacis auctor fui** Cic. *Att.* 9, 11 A, 2, moi qui ai toujours conseillé la paix et à lui et au sénat; **qui cum ei fuissent auctores redimendae salutis** Cic. *Verr.* 2, 69, comme ces amis lui avaient conseillé de racheter son salut, cf. *Fam.* 11, 27, 8; Nep. *Pel.* 3, 3; Liv. 1, 59, 4; 7, 23, 4; 9, 4, 4 ‖ **auctor est ut quam primum agere incipiant** Cic. *Verr.* 2, 37, il les engage à entamer l'action le plus tôt possible; **ipsis (philosophis) magno opere auctor fuit, ut aliquando controversiarum aliquem facerent modum** Cic. *Leg.* 1, 53, il engagea vivement ces philosophes en personne à mettre enfin un terme à leurs controverses, cf. *Att.* 15, 11, 1; *Dom.* 77; Liv. 23, 36, 5; 26, 41, 18; **illi auctor fui ne** Brut. d. Cic. *ad Brut.* 1, 11, 2, je lui ai conseillé de ne pas ... ‖ **ego quidem tibi non sim auctor, te quoque profugere** Att. d. *Att.* 9, 10, 5, pour moi, je ne te conseillerais pas de t'enfuir aussi, cf. Ov. *M.* 10, 83; Sil. 11, 561 ¶2 promoteur, créateur, initiateur, fondateur, auteur; **praeclarus auctor nobilitatis tuae** Cic. *Tusc.* 4, 2, [Brutus] l'illustre fondateur de ta noble famille; **auctores generis mei** Cic. *Agr.* 2, 100, les fondateurs de ma

race; **Lacedaemonii auctores istius vitae** Cic. *Mur.* 74, les Lacédémoniens créateurs de ce genre de vie ‖ fondateur d'une ville: Virg. *G.* 3, 36; Hor. *O.* 3, 3, 66; Ov. *M.* 15, 9; Liv. 5, 24, 11; [d'un temple] Ov. *F.* 4, 347; Tac. *An.* 3, 62 ‖ auteur d'une statue: Vell. 1, 11, 4; Plin. *praef.* 27 ‖ inventeur, créateur d'un culte: Virg. *En.* 8, 269 ‖ auteur, producteur, être dispensateur de biens: [en parl. d'une divinité] Virg. *G.* 1, 27; Sen. *Nat.* 5, 18, 13; [en parl. de Dieu] **omnium** Tert. *Anim.* 43, 6; **rerum** Aug. *Civ.* 8, 5, créateur de l'univers ¶3 auteur, celui qui fait (compose) un ouvrage, écrivain: **vetustior annalium auctor Piso** Liv. 10, 9, 12, Pison, historien plus ancien; **comoediae auctores** Quint. 10, 1, 66, auteurs comiques ‖ **ista lectio multorum auctorum** Sen. *Ep.* 2, 2, cette lecture de beaucoup d'auteurs; **Graeci auctores** Quint. 10, 5, 3, les écrivains grecs, cf. 1, 8, 8; 10, 1, 48; Tac. *H.* 1, 1; Plin. *Ep.* 7, 9, 15.

➤ *auctor* employé comme féminin Pl. *St.* 129; Cic. *Div.* 1, 27; Virg. *En.* 12, 159; Ov. *F.* 6, 709; *M.* 7, 157; Liv. 40, 4, 14 ‖ orthographes tardives et médiévales: *autor*; *auctor non autor* App.-Prob. 4, 198, 30; *author* CIL 12, 2058 (cf. anglais).

auctōrābĭlis, *e*, répondant: Schol. Luc. 1, 454.

auctōrāmentum, *i*, n. (*auctoro*) ¶1 ce pourquoi on s'engage à un service déterminé [soldat, gladiateur], paiement d'un engagement, émoluments, salaire: **est in illis ipsa merces auctoramentum servitutis** Cic. *Off.* 1, 150, pour ces gens-là [les mercenaires], le salaire même est le prix de leur servitude ‖ [fig.] **nullum sine auctoramento malum est** Sen. *Ep.* 69, 4, pas de vice qui n'offre des avantages ¶2 engagement, contrat [du gladiateur]: Sen. *Ep.* 37, 1.

***auctōrātē**, adv., *auctoratius* Aug. *Jul. op. imp.* 4, 111, avec plus d'autorité; -*tissime* Aug. *Jul. op. imp.* 4, 38.

auctōrātĭcĭus (*auctoro*), authentique: Gloss. 2, 250, 47.

auctōrātĭo, *ōnis*, f. (*auctoro*), engagement d'un gladiateur: Ps. Acr. Hor. *S.* 2, 7, 59.

auctōrātus, *a*, *um*, garanti, autorisé: Tert. *Cor.* 2, 1; ▼➤ *auctoro*.

auctōrĭtās, *ātis*, f. (*auctor*)

| **I** ¶1 "garantie du vendeur contre l'éviction" ¶2 "autorisation d'un tuteur" ¶3 "autorité juridique" ¶4 "prestige" ¶5 "autorité politique" ¶6 "modèle". **II** ¶1 "conseil, impulsion" ¶2 "volontés, opinions personnelles" ¶3 "volonté" [du sénat, des magistrats] ¶4 "ratification", "accord préalable" ¶5 "pleins pouvoirs". |

I ¶1 [droit] garantie du vendeur contre l'éviction [qui renforce, *auget*, la situation de l'acheteur durant le délai d'usucapion]:

auctoritas

usus auctoritas fundi biennum est L. XII Tab. 6, 3 d. Cic. *Top. 23*, l'usucapion et la garantie contre l'éviction sont pour deux ans pour un fonds; ***adversus hostem aeterna auctoritas*** Cic. *Off.* 1, 37, à l'égard de l'étranger, l'obligation de garantie [du vendeur] est éternelle [= pas d'usucapion] ¶ **2** autorisation d'un tuteur : Cic. *Verr.* 1, 144 ¶ **3** autorité : *prudentium* Dig. 1, 1, 7 pr., des juristes ; *judicum* Cic. *Caecil. 63*, des juges ; *rei judicatae* Dig. 27, 9, 3, 3, de la chose jugée ; *auctoritates* Cic. *de Or.* 1, 180, les autorités (les opinions de jurisconsultes faisant autorité) ‖ *publicarum tabularum* Cic. *Arch. 9*, autorité (validité) des registres publics ; *laudationis* Cic. *Verr. 4, 19*, autorité (poids, influence) d'une déposition élogieuse ‖ *divinorum eloquiorum* Aug. *Nat. et orig.* 1, 14, 20, l'autorité des Saintes Écritures ¶ **4** autorité, influence, prestige, importance de qqn : Cic. *Mur. 58* ; Nep. *Milt.* 8, 4 ; ***existimatio atque auctoritas nominis populi Romani*** Cic. *Verr. 4, 60*, la réputation et le prestige du nom romain ; ***magnae habitus auctoritatis (Critognatus)*** Caes. *G.* 7, 77, 3, (Critognat) qui jouissait d'une grande influence ‖ ***auctoritas principis***, autorité [prestige] de l'empereur : ***ex auctoritate principis respondere*** Dig. 1, 2, 7, tenir de l'autorité de l'empereur le droit de donner des consultations [brevet officiel] ; ***auctoritate principis adoptare*** Dig. 1, 7, 2 pr., adopter en vertu d'une autorisation impériale ¶ **5** autorité, force, poids [dans la parole, dans l'action] : Cic. *Verr. prim. 44* ; ***nihil illustriore auctoritate de bellis*** Cic. *Balb. 2*, [je n'ai entendu dire] rien sur la guerre avec une autorité (une compétence) plus éclatante ; ***auctoritatem naturalem quamdam habebat oratio*** Cic. *Brut. 221*, sa parole avait une certaine autorité naturelle ; ***magna cum auctoritate bellum gerere*** Caes. *G.* 3, 23, 4, mener une guerre avec une grande décision ; ***vide quid intersit inter tuam libidinem majorumque auctoritatem*** Cic. *Verr.* 5, 85, vois quelle différence il y a entre tes caprices et la forte conduite de nos ancêtres ‖ une autorité (= une personne influente) : ***ista corruptela servi a tanta auctoritate approbata*** Cic. *Dej. 30*, cette corruption d'un esclave approuvée par une si grande autorité, cf. *Marc. 10* ‖ importance : Tert. *Bapt.* 3, 1 ¶ **6** autorité, exemple, modèle : ***alicujus auctoritatem sequi*** Cic. *Font.* 1, suivre l'exemple de qqn, cf. *Clu. 140* ; Caes. *C.* 1, 35, 1 ; ***horum auctoritate finitimi adducti*** Caes. *G.* 3, 8, 3, les peuplades voisines entraînées par leur exemple ‖ exemple (= personne servant d'exemple) : ***circumstant te summae auctoritates*** Cic. *Verr. prim. 52*, tu as autour de toi les plus beaux exemples
II ¶ **1** conseil, impulsion, instigation : ***eorum auctoritate pax erat facta*** Cic. *Off.* 3, 109, la paix avait été faite sur leurs conseils (ils avaient été les promoteurs de la paix), cf. Cic. *Brut. 86* ; *Att.* 1, 19, 9 ; ***hujus consilio atque auctoritate bellum indixerunt*** Nep. *Alc.* 3, 1, sur ses conseils et à son instigation ils déclarèrent la guerre ‖ cause : Arn. 2, 52 ¶ **2** vues, volontés, opinions (pensées) personnelles : ***verba servire hominum consiliis et auctoritatibus*** Cic. *Caecin. 52*, [démontrer] que les mots sont au service des desseins et des volontés des hommes ; ***ad verba rem deflectere, consilium eorum qui scripserunt et rationem et auctoritatem relinquere*** Cic. *Caecin. 51*, ramener tout à la lettre, laisser de côté les desseins de ceux qui ont rédigé les actes, leurs calculs, leurs volontés, cf. *Clu. 139* ¶ **3** [en part.] la volonté du sénat, dont l'accord est normalement requis pour toute décision d'un magistrat : ***auctoritati senatus paruit*** Cic. *Mur. 47*, il obéit à la volonté du sénat ; ***contra senatus auctoritatem*** Cic. *Phil. 2, 48*, contre la volonté du sénat ; ***injussu populi, sine senatus auctoritate*** Cic. *Verr. 3, 17*, sans ordre du peuple, sans autorisation du sénat, cf. Cic. *Off.* 3, 109 ; Liv. 21, 18, 11 ; ***ex auctoritate senatus*** Cic. *Dom. 94*, avec l'accord du sénat ‖ [en gén.] ***publica auctoritas*** Liv. 9, 7, 7, autorisation officielle [du gouvernement] ; Cic. *Phil.* 3, 12 ; 5, 28 ; ***auctoritatem consulis sequi*** Cic. *Agr.* 1, 27, suivre les vues du consul ‖ ***non jure sed auctoritate*** Greg.-M. *Ep.* 3, 8, non en vertu du droit mais d'autorité ‖ ordre, décret : Greg.-Tur. *Hist.* 9, 41 ¶ **4** ratification, [puis, après 339 av. J.-C.] accord préalable du sénat [ajouté, cf. *augere*, aux décisions du peuple que sont lois et élections] : ***sine auctoritate patrum populi jussu triumphavit*** Liv. 7, 17, 9, par une décision du peuple prise sans l'accord du sénat, il triompha ; ***voluntas senatus pro auctoritate haberi debet, cum auctoritas impeditur metu*** Cic. *Fam.* 11, 7, 2, la volonté du sénat vaut accord, quand la crainte a empêché celui-ci de l'exprimer ‖ [en part.] la volonté du sénat, bloquée par le veto des tribuns de la plèbe ne devient pas sénatus-consulte ; mais, rédigée et conservée, prend le nom d'*auctoritas* : ***de his rebus senatus auctoritas gravissima intercessit ; cui cum Cato et Caninius intercessissent, tamen est perscripta*** Cic. *Fam.* 1, 2, 4, le sénat a pris à ce sujet une résolution très importante ; Caton et Caninius y ont fait opposition, mais on l'a cependant rédigée ; ***quoniam senatus consultum nullum extat, eaque quae de ea scripta est auctoritas*** Cic. *Fam.* 1, 7, 4, puisqu'il n'y a pas de sénatus-consulte, mais puisque la résolution du sénat a été mise par écrit, cf. Cic. *Att.* 5, 2, 3 ; *Mil. 14* ; Cael. *Fam.* 8, 8, 7 ; ***auctoritates perscriptae*** Cic. *de Or.* 3, 5, motions consignées au procès-verbal, cf. Cael. *Fam.* 8, 8, 4 ‖ [dans les provinces] ***publicae auctoritates*** Cic. *Verr. prim.* 7, décisions officielles ‖ décision, volonté, autorité impériale : ***ex auctoritate principis agrum tenere*** Dig. 41, 1, 63, 4, tenir un fonds par volonté impériale ; ***cum ex voluntate auctoritateve ejus senatus habebitur*** Lex de imp. Vesp. = CIL 6, 930, lorsque le sénat sera réuni par la volonté et la décision de l'empereur ; ***sine principis auctoritate*** Dig. 50, 10, 3, 2, sans autorisation de l'empereur ; ***ad rescripti auctoritatem pertinere*** Dig. 48, 22, 6, 10, relever de l'autorité (= de l'application) d'un rescrit ; ***rescripti mei auctoritas*** Cod. Just. 7, 62, 2, l'autorité attachée à mon rescrit ¶ **5** autorité, pouvoirs (pleins pouvoirs), procuration : ***decrevit senatus, ut legati cum auctoritate mitterentur*** Cic. *Att.* 1, 19, 2, le sénat décida d'envoyer des ambassadeurs avec pleins pouvoirs ; ***auctoritas legum dandarum*** Cic. *Verr.* 2, 121, le pouvoir de donner des lois.

auctōrō, *ās, āre, āvī, ātum* (*auctor*), tr., ***se auctorare, auctorari***, se louer, s'engager comme gladiateur : ***inter novos auctoratos*** Sen. *Apoc.* 9, 4, parmi les gladiateurs nouvellement engagés ; ***ferro necari auctoratus*** Hor. *S.* 2, 7, 59, ayant pris l'engagement de se laisser frapper à mort ; ***depugnandi causa auctoratus*** Coll. Mos. 9, 2, 2, qui s'est loué comme lutteur à gages ‖ [fig.] ***magis auctoratus (populus Romanus)*** Plin. 36, 117, (le peuple romain) plus engagé (mis en plus grand danger) [que les gladiateurs] ‖ [fig.] ***eo pignore velut auctoratum sibi proditorem ratus est*** Liv. 37, 10, 8, il crut que par ce gage il lui garantissait sa trahison (il s'engageait à trahir) ‖ ***Romanis certam victoriam, sibi mortem auctorare facinore*** Vell. 2, 30, 1, ménager (préparer) par un crime une victoire certaine aux Romains, à soi-même la mort.

auctōror, *ārĭs, ārī, ātus sum*, pass. tr., engager, donner en location : *se* Porph. Hor. *Ep.* 1, 18, 36 ; Apul. *M.* 9, 19 ; Tert. *Scap.* 1, 6.

auctrix, *īcis*, f. (*auctor*), celle qui produit, créatrice : Tert. *Anim.* 57, 1 ‖ vendeuse tenue de la garantie : Cod. Just. 8, 44, 16 ‖ celle qui augmente : Serv. *En.* 12, 159.

auctumn-, ⇨ autumn-.

1 auctus, *a, um* ¶ **1** part. de *augeo* ¶ **2** adj¹, accru, grandi : ***aegritudo auctior*** Pl. *Cap. 782*, douleur plus grande ; ***res Romana in dies melior atque auctior*** Liv. 25, 16, 11, les affaires romaines de jour en jour meilleures et plus florissantes ; ***gratia, dignitate, honore auctiores esse*** Caes. *G.* 1, 43, 8, grandir en crédit, en considération, en honneur ; ***disciplina auctior*** Tert. *Apol.* 21, 6, une loi plus complète [l'Évangile] ; ***in honoribus auctior*** Cypr. *Zel.* 6, plus avancé dans les honneurs.

2 auctŭs, *ūs*, m. (*augeo*), accroissement, augmentation : ***(semen) in maximos auctus diffunditur*** Sen. *Ep.* 38, 2, (la semence) s'étend avec des développements considérables ; ***fluminum auctus*** Tac. *An.* 1, 56, les crues des fleuves ‖ [fig.] ***maximis auctibus crescere*** Liv. 4, 2, 2, prendre le plus grands développements ; ***auctus imperii*** Tac. *An.* 2, 33, accroissement de l'empire ; ***Civilem immensis auctibus uni-***

versa Germania extollebat Tac. *H.* 4, 28, l'ensemble de la Germanie augmentait à l'infini la force de Civilis.

aucŭpābundus, *a*, *um* (*aucupor*), qui est aux aguets : Tert. *Anim.* 39, 1.

aucŭpālis, *e*, C. *aucupatorius* : P. Fest. 19, 17.

aucŭpātĭo, *ōnis*, f. (*aucupor*), produit de la chasse aux oiseaux : Ps. Quint. *Decl.* 13, 8 ‖ recherche : Caecil. *Com.* 62 ; Oros. *Hist.* 5, 19, 10.

aucŭpātīvus, *a*, *um*, insidieux : Boet. *Elench.* 1, 10.

aucŭpātŏr, *ōris*, m. (*aucupor*), oiseleur, chasseur : Gloss. 4, 485, 57.

aucŭpātōrĭus, *a*, *um* (*aucupor*), qui sert à la chasse aux oiseaux : Plin. 16, 172 ; 16, 169 ; Mart. 14, 218.

1 aucŭpātus, *a*, *um*, part. de *aucupo* et *aucupor*.

2 aucŭpātŭs, *ūs*, m., C. *aucupium* : Capit. *Anton.* 4, 9.

aucŭpēs, *is*, m., C. *auceps* : Prob. *Cath.* 4, 26, 22.

aucŭpex, *ĭcis*, m., C. *auceps* : Not. Tir. 93 ; 17.

aucŭpiāmĕn, *ĭnis*, n., C. *aucupium* : Not. Tir. 93, 19.

aucŭpĭum, *ĭi*, n. (*auceps*) ¶ **1** chasse aux oiseaux : *aucupium atque venatio* Cic. *CM* 56, chasse aux oiseaux et aux bêtes, cf. *Fin.* 2, 23 ‖ produit de la chasse : *peregrina aucupia* Sen. *Prov.* 3, 6, oiseaux, produits de chasses lointaines. ¶ **2** [fig.] chasse, poursuite de qqch. : *delectationis* Cic. *Or* 84, chasse à l'agrément ; *aucupia verborum* Cic. *Caecin.* 65, épluchage des mots (chicanes de mots) ‖ *hoc novomst aucupium* Ter. *Eun.* 247, voici un nouveau moyen d'attraper sa subsistance.

▶ *aucipium* Caes. d'après Vel. 7, 67, 3.

aucŭpō, *ās*, *āre*, *āvī*, *ātum* (*auceps*), tr. [ancienne forme ; employé seulement au figuré] ¶ **1** [abs¹] être à la chasse, être à l'affût : Pl. *Men.* 570 ; *Truc.* 964 ¶ **2** [avec acc.] guetter, épier : Enn. *Tr.* 218 ; Pl. *Most.* 473 ; *Mil.* 995 ‖ prendre au piège : Vict.-Vit. 2, 31.

▶ part. parf. pass., Lact. *Inst.* 5, 22, 22.

aucŭpŏr, *āris*, *ārī*, *ātus sum* (*auceps*), tr. ¶ **1** [au pr.] chasser aux oiseaux : Varr. *R.* 1, 23, 6 ; Col. 11, 1, 24 ; Ulp. *Dig.* 47, 10, 13, 7 ; Gai. *Dig.* 41, 1, 3, 1 ¶ **2** [au fig.] être à la chasse (à l'affût) de, épier, guetter : *tempus* Cic. *Amer.* 22, guetter l'occasion ; *inanem rumorem* Cic. *Pis.* 57, être en quête d'une vaine réputation ; *verba* Cic. *Caecin.* 1, 5, être à l'affût des mots (chicaner sur les mots) ‖ prendre au piège : Vict.-Vit. 2, 31.

audācĭa, *ae*, f. (*audax*), audace ¶ **1** [le plus souv. en mauv. part] : *istius audacia, crudelitas, injuria* Cic. *Verr.* 2, 109, l'audace, la cruauté, l'injustice de cet homme ; *effrenata* Cic. *Cat.* 1, 1 ; *immanis*

Cic. *Phil.* 2, 68, audace sans frein, monstrueuse ‖ fait, acte d'audace : *cum audiat nullum facinus, nullam audaciam, nullam vim in judicium vocari* Cic. *Cael.* 1, quand il apprendrait qu'il ne s'agit dans cette action judiciaire ni d'un attentat, ni d'un trait d'audace, ni d'un acte de violence ; [surtout au pl.] traits d'audace, actes d'audace : Cic. *Cat.* 2, 10 ; *Sull.* 76 ; *Att.* 9, 7, 5 ¶ **2** [sans nuance péjor.] audace (disposition à oser, fait d'oser), hardiesse : *animus paratus ad periculum ... audaciae potius nomen habeat quam fortitudinis* Cic. *Off.* 1, 63, la disposition à braver le danger doit plutôt s'appeler audace que courage ; *insidiandi* Caes. *G.* 6, 34, 6, hardiesse de dresser des embûches ; *audaciam ingrediendi flumen facere alicui* Liv. 21, 56, 5, donner à qqn la hardiesse de passer le fleuve ; *ad pericula capessenda* Liv. 21, 4, 5, audace pour affronter le danger ‖ *alicui audacia est* ; [avec inf.] Sen. *Const.* 11, 2 ‖ [sens favorable] hardiesse, décision : *majores nostri neque consili neque audaciae umquam eguere* Sall. *C.* 51, 37, nos ancêtres n'ont jamais manqué ni de sagesse ni de hardiesse, cf. 9, 3 ; 58, 2 ; Liv. 1, 12, 2 ; 2, 10, 5.

audācĭtĕr, C. *audacter* : Liv. 22, 25, 10.

audactĕr (*audax*) ¶ **1** [en mauv. part] avec audace : Cic. *Amer.* 104 ; *Verr.* 2, 134 ; *Sull.* 67 ¶ **2** [sans nuance péjor.] hardiment : *audacter sua decreta defendere* Cic. *Fin.* 2, 28, défendre hardiment ses opinions ; *audacius paulo disputabo* Cic. *Mur.* 61, je discuterai un peu plus hardiment (librement) ; *(poetae) transferunt verba audacius* Cic. *Or.* 202, (les poètes) font un emploi plus hardi de la métaphore ; *audacissime* Cic. *Verr.* 3, 206 ; Caes. *G.* 2, 10, 3.

audācŭlus, *a*, *um* (dim. de *audax*), qq. peu hardi (audacieux) : Petr. 63, 5 ; Gell. 5, 21, 4.

Audaristenses, *ĭum*, m. pl., ville de Macédoine : Plin. 4, 35.

audāx, *ācis* (*audeo*), [adj. souvent pris subst¹] audacieux ¶ **1** [en mauv. part, plus habituellement] *sceleratissimus et audacissimus* Cic. *Verr.* 4, 111, le plus criminel et le plus audacieux ; *audacior quam Catilina, furiosior quam Clodius* Cic. *Phil.* 2, 1, plus audacieux que Catilina, plus forcené que Clodius ; *consilium tam cupidum, tam audax, tam temerarium* Cic. *Quinct.* 81, un projet où il y a tant de cupidité, tant d'audace tant de témérité ‖ *nemo est in ludo gladiatorio paulo ad facinus audacior qui ...* Cic. *Cat.* 2, 9, il n'y a pas dans une école de gladiateurs d'homme ayant quelque audace pour les coups de main que ... ; *audax ad conandum* Cic. *Verr. prim.* 5, audacieux dans ses entreprises ¶ **2** [sans nuance péjor.] audacieux (qui ose), hardi : *(oculi) fortem, ignavum, audacem timidumque cognoscunt* Cic. *Nat.* 2, 145, (les yeux) savent

reconnaître le courageux, le lâche, le hardi et le timide ; *insiste audax hostium muris* Liv. 5, 16, 10, monte hardiment sur les murailles ennemies ; *tralationes paulo audaciores* Cic. *de Or.* 3, 156, métaphores un peu plus hardies ; *in faciendis verbis audax* Cic. *Or.* 81, audacieux dans les créations de mots ‖ [poét.] *viribus audax* Virg. *En.* 5, 67, confiant dans sa force ; *audax juventa* Virg. *G.* 4, 565, rendu hardi par ma jeunesse, avec l'audace de la jeunesse ; *audax omnia perpeti* Hor. *O.* 1, 3, 25, ayant l'audace de tout affronter.

Audena, *ae*, m., fleuve d'Étrurie : Liv. 41, 19.

audens, *entis* (part. prés. de *audeo*, pris adj¹), qui ose, audacieux, hardi : *tu ne cede malis, sed contra audentior ito* Virg. *En.* 6, 95, pour toi, ne cède pas à l'adversité, mais au contraire marche avec plus d'audace ; *audentes fortuna juvat* Virg. *En.* 10, 283, la fortune aide les audacieux ; *audentissimi cujusque procursu* Tac. *Agr.* 33, au fur et à mesure que s'élançaient en avant les plus audacieux.

audentĕr (*audens*), hardiment : *ceteri audentius circumsistere* Tac. *H.* 2, 78, les autres l'entouraient plus hardiment.

▶ pas de superl.

audentĭa, *ae*, f. (*audens*), hardiesse, audace : Tac. *G.* 31 ; Plin. *Ep.* 8, 4, 4.

audĕō, *ēs*, *ēre*, *ausus sum*, tr. (*avidus*, *aveo* ; V. *ausus*) ¶ **1** [le sens primitif "avoir envie, désirer" s'est conservé surtout dans l'expression *si audes* (Pl. *Mil.* 799) qui est devenue *sodes*, "si tu le juges bon, si tu veux"] ; V. *sodeo* ¶ **2** prendre sur soi de, oser [avec inf.] : *(praeturam) solutam fore videbatis, nisi esset is consul qui eam auderet possetque constringere* Cic. *Mil.* 34, vous voyiez que sa préture serait sans frein, à moins qu'il n'y eût comme consul un homme qui osât et pût l'enchaîner ‖ [avec les pron. neutres, *id*, *nihil*, *quid*, *multum*, *tantum*] Cic. *Quinct.* 69 ; *Amer.* 147 ; *Pis.* 41 ; *Clu.* 183 ; Caes. *G.* 2, 8, 2 ; 6, 13, 1 ‖ [abs¹] *ad audendum projectus* Cic. *Verr.* 1, 2, porté à l'audace, cf. *Clu.* 67 ; *hos novos magistros nihil intellegebam posse docere, nisi ut auderent (adulescentes)* Cic. *de Or.* 3, 94, ces nouveaux maîtres, je ne comprenais pas qu'ils pussent enseigner rien si ce n'est l'effronterie (la présomption) ; *audendo atque agendo res Romana crevit* Liv. 22, 14, 14, c'est l'audace et l'activité qui ont fait grandir la puissance romaine ‖ [avec acc.] *tantum facinus audet ?* Ter. *Eun.* 959, ose-t-il un pareil acte ?, cf. Liv. 8, 24, 9 ; 23, 2, 3 ; *capitalem fraudem* Liv. 23, 14, 3 ; *capitalia* Liv. 26, 40, 17, oser un crime, des crimes dignes de la peine capitale ; *audeantur infanda* Liv. 23, 9, 5, ose un crime abominable.

▶ parf. arch. *ausi*, "j'ai osé" Cat. *Orat.* 207 d. Prisc. 2, 482, 12 ; subj. *ausim*, *ausis* fréquent chez les comiques, les poètes, les prosateurs de l'époque impériale ‖ part. *ausus*

audeo

avec sens passif : Vell. 2, 80, 3 ; Sil. 5, 443, 16, 533 ; Stat. Th. 4, 599 ; Tac. An. 3, 67.

audībam, ▶ audio ►.

audībĭlis, e (audio), qu'on peut entendre : Aug. Ep. 169, 10.

audībo, ▶ audio ►.

audĭens, entis (part. prés. de audio pris adjᵗ, avec compl. au datif), obéissant : *dicto audiens*, obéissant à la parole, aux paroles, aux ordres : Pl. Pers. 399 ; As. 544 ; Cic. Verr. 1, 88 ; Dej. 23 ; Cæs. G. 1, 39, 7 ; *alicui dicto audiens*, obéissant aux ordres, aux volontés de qqn : Pl. Amp. 989 ; Cat. Agr. 142 ; Cic. Verr. 5, 85 ; *respondit se dicto audientem fuisse prætori* Cic. Verr. 4, 28, il répondit qu'il avait été entièrement aux ordres du préteur ‖ pris substᵗ, auditeur : *animos audientium permovere* Cic. Brut. 89, remuer l'âme des auditeurs, cf. 279 ; Tusc. 2, 30 ; Div. 2, 150 ; Off. 1, 137 ‖ [chrét.] catéchumène : Tert. Pæn. 6, 15.

Audĭense castellum, place forte de Maurétanie : Amm. 29, 5, 44.

audĭentĭa, æ, f. (audio), attention donnée à des paroles, action de prêter l'oreille : *facit per se ipsa sibi audientiam diserti senis oratio* Cic. CM 28, la parole d'un vieillard disert se fait écouter d'elle-même ; *audientiam facere præconem jussit* Liv. 43, 16, 8, il ordonna au héraut de faire faire silence ‖ auditoire : Aug. Doctr. 4, 9, 23 ‖ procès, tribunal : Aug. Cresc. 3, 70, 81 ; Greg.-M. Ep. 1, 20 ; *episcopalis audientia* Cod. Just. 1, 4, le tribunal de l'évêque.

audin, ▶ audio ►.

audĭō, īs, īre, īvī (ĭī), ītum (*aus-dio, cf. ausculto, auris et condio ; fr. ouïr), tr.
¶ **1** entendre [sens de l'ouïe] : Cic. Tusc. 1, 46 ; 5, 11 ; *sensu audienti carere* Cic. Rep. 6, 19, être privé de la faculté d'entendre
¶ **2** entendre, percevoir par les oreilles, ouïr : *magna voce, ut Xeno audiret* Cic. Verr. 3, 55, à haute voix, pour que Xénon entendît ; *audite litteras* Cic. Verr. 3, 92 ; *decretum* Cic. Verr. 5, 53, écoutez la lettre, le décret [à la lecture de la lettre, du décret] ; *ad hæc visa auditaque clamor ingens oritur* Liv. 2, 23, 7, à ce spectacle, à ces paroles, de grands cris s'élèvent ‖ [constructions] : *qua de re Charidemum testimonium dicere audistis* Cic. Verr. 1, 52, là-dessus vous avez entendu Charidème déposer ; *cum Heraclito Antiochum sæpe disputantem audiebam* Cic. Ac. 2, 11, j'entendais souvent Antiochus discuter avec Héraclite ; *malim audire Cottam* Cic. Nat. 2, 2, j'aimerais mieux entendre Cotta ; *ut aliquando audiamus, quam copiose mihi ad rogata respondeas* Cic. Vat. 40, pour que nous entendions enfin avec quelle abondance tu réponds à mes questions ; *auditisne, ut pœna mea et supplicium vestrum simul postulentur* Tac. H. 1, 37, entendez-vous comme on réclame en même temps mon châtiment et votre supplice ? ¶ **3** entendre dire, entendre parler de, connaître (savoir) par ouï-dire : *lautumias Syracusanas omnes audistis, plerique nostis* Cic. Verr. 5, 68, les latomies de Syracuse, vous en avez tous entendu parler, la plupart de vous les connaissent ; *paucis diebus aliquid audiri necesse est* Cic. Att. 10, 14, 2, dans quelques jours il y aura forcément des nouvelles ; *nocte una audito perfectoque bello* Liv. 2, 26, 4, la guerre ayant été annoncée et terminée dans la même nuit ; *postulatio ante hoc tempus ne fando quidem audita* Cic. Quinct. 71, une poursuite comme on n'en a même pas entendu parler jusqu'ici ‖ [constr.] *urbem Syracusas maximam esse Græcarum sæpe audistis* Cic. Verr. 4, 117, vous avez souvent entendu dire que Syracuse est la plus grande des villes grecques ; *Cæsar discessisse audiebatur* Cæs. G. 7, 59, 1, on entendait dire que César s'était éloigné ; *eo ipso die auditam esse eam pugnam ludis Olympiæ memoriæ traditum est* Cic. Nat. 2, 6, ce jour même, suivant la tradition, la nouvelle de ce combat fut connue aux jeux Olympiques ; *quemadmodum captæ sint Syracusæ, sæpe audivistis* Cic. Verr. 4, 115, vous avez souvent entendu dire comment Syracuse fut prise ; *hæc audivimus de clarissimorum virorum consiliis et factis, hæc accepimus, hæc legimus* Cic. Sest. 139, voilà ce que nous avons entendu dire touchant la politique et les actes des hommes les plus illustres, voilà ce que nous avons recueilli (ce qui nous a été transmis), voilà ce que nous avons lu ; *re audita de Cæsare* Cic. Att. 14, 9, 3, la nouvelle sur César [la mort de César] étant connue ; *de malis nostris tu prius audis quam ego* Cic. Att. 7, 21, 1, sur nos malheurs, toi, tu es plus tôt renseigné que moi ‖ *ex aliquo audire* Cic. de Or. 2, 22 ; Verr. 4, 66 ; *ab aliquo* Cic. Verr. 4, 29 ; CM 43 ; *de aliquo* Cic. de Or. 3, 133 ; Brut. 100, entendre (apprendre) de qqn, par qqn, de la bouche de qqn ‖ [absᵗ] *audio sero* Cic. Fam. 2, 7, 1, je reçois les nouvelles tardivement ‖ *ab Hispaniis jam audietur* Cic. Att. 10, 12, 2, d'Espagne il viendra bientôt des nouvelles ; *si aliquid a comitiis audierimus* Cic. Att. 3, 14, 2, une fois que j'aurai eu qq. nouvelle provenant des comices ‖ [tard.] *audio quod, quia, quoniam* [subj. ou indic.], entendre que : Vulg. Gen. 21, 7 ; 1 ; Macc. 3, 13 ; Matth. 5, 21 ; Act. 11, 1 ; 21, 21 ¶ **4** écouter : *omnia legant, omnia audiant* Cic. de Or. 1, 256, qu'ils lisent tout, écoutent tout ; *sic fit ut, si quid præterea de me audiat, non audiendum putet* Cic. Fam. 9, 16, 4, il s'ensuit que, s'il entend par ailleurs qqch. sur mon compte, il pense qu'il ne faut pas l'écouter (y prêter attention) ; *alicujus verba audire* Cic. Amer. 9, écouter les paroles de qqn avec attention ‖ [en part.] écouter les leçons d'un maître, être disciple de : *Xenocratem audire* Cic. Nat. 1, 72, suivre les leçons de Xénocrate, cf. de Or. 3, 67 ; Ac. 1, 12 ¶ **5** écouter, accepter d'entendre, accorder audience : *legatos* Cæs. G. 4, 13, 1, recevoir des ambassadeurs ; *hujus condiciones audiamus* Cic. Phil. 13, 16, écoutons ses conditions ; *sociorum querellas* Cic. Fam. 15, 4, 15, écouter les doléances des alliés ‖ *causam audire* Dig. 40, 12, 57, 1, juger un procès ; *crimina audire* Dig. 48, 2, 6, juger un crime
¶ **6** apprendre, recevoir la nouvelle de : *simul ac me Dyrrachium attigisse audivit* Cic. Planc. 1, 98, aussitôt qu'il apprit que j'avais atteint Dyrrachium ; *cum prœlium commissum audissent* Cæs. G. 7, 62, 8, ayant appris que le combat était engagé ; *ut quam celerrime, quid agatur, audiam* Cic. Fam. 14, 3, 4, pour que j'apprenne le plus promptement possible, ce qui se passe ‖ [part. pass. n. à l'abl. absolu] : *audito Marcium in Ciliciam tendere* Sall. H. 5, 14, à la nouvelle que Marcius marchait sur la Cilicie, cf. Liv. 34, 19, 10 ; Curt 5, 13, 1 ; Tac. An. 2, 7
¶ **7** entendre, comprendre : *audio*, oui, j'entends, je comprends : Pl. Cap. 240 ; Curc. 610 ; Ter. Eun. 371 ; Cic. Verr. 5, 69 ; Tusc. 2, 46 ¶ **8** écouter, accueillir, admettre : *si diceres... quis te audiret ?* Cic. Verr. 5, 78, si tu disais... qui t'écouterait (te croirait) ?, cf. Balb. 16 ; Marc. 25 ; *illa perfugia, quæ sumunt sibi ad excusationem, certe minime sunt audienda* Cic. Rep. 1, 9, les recours qu'ils ont pour s'excuser sont à coup sûr inadmissibles
¶ **9** écouter, suivre les conseils de qqn : *si me audiet* Cic. de Or. 1, 68, s'il veut m'en croire, cf. de Or. 2, 89 ; Brut. 280 ; Fin. 1, 42 ‖ [poét.] *neque audit currus habenas* Virg. G. 1, 514, et le char [l'attelage] n'écoute plus les rênes ¶ **10** écouter, exaucer : *di immortales meas preces audiverunt* Cic. Pis. 43, les dieux immortels ont écouté mes prières, cf. Q. 1, 3, 9 ; *nec eorum verba sunt audita* Liv. 4, 30, 14, mais leur réclamation ne fut point écoutée ; *talibus orantem dictis audiit omnipotens* Virg. En. 4, 220, telles étaient les paroles qu'il adressait et le dieu tout puissant l'écouta ¶ **11** *bene, male audire*, avoir une bonne, une mauvaise réputation : Cic. de Or. 2, 277 ; Att. 6, 1, 2 ; *erat surdaster M. Crassus ; sed aliud molestius, quod male audiebat* Cic. Tusc. 5, 116, M. Crassus était un peu sourd ; mais il y avait autre chose de plus pénible, c'est qu'il avait mauvaise réputation ‖ *quid auditurum putas fuisse Ulixem, si...* Cic. Off. 3, 98, quelle réputation, à ton avis, aurait eue Ulysse, si... ‖ *bene, male audire ab aliquo*, être bien, mal apprécié par qqn, être estimé, être décrié : *bene audire a parentibus* Cic. Fin. 3, 57, avoir l'estime de ses parents ; *rursusque Ciceronem a Calvo male audisse tamquam solutum et enervem* Tac. D. 18, [on constate] qu'en revanche Cicéron était décrié par Calvus, comme un écrivain lâche et sans nerf ; *ille tamen non aliter ab ipsis inimicis male audire quam nimiis floribus et ingenii affluentia potuit* Quint. 12, 10, 13, lui pourtant [Cicéron] ne put

recevoir de ces ennemis mêmes d'autre reproche que celui d'un excès d'ornements et d'une imagination surabondante ‖ [poét.]: *rex paterque audisti* Hor. *Ep. 1, 7,* 38, tu as été appelé roi et père; *subtilis veterum judex et callidus audis* Hor. *S. 2, 7,* 101, tu t'entends appeler juge fin et habile des vieilles choses; *tu recte vivis, si curas esse quod audis* Hor. *Ep. 1, 16,* 17, toi, tu as une vie sage, si tu prends soin d'être ce qu'on dit de toi. ▶ fut. arch. *audibo, audibis* Enn. *Tr.* 277; *Com.* 4; Pl. *Cap.* 619; *Poen.* 310‖ imparf. *audibat, audibant* Ov. *F. 3,* 507; Catul. 84, 8 ‖ *audin* = *audisne* Pl. *Mil.* 1313; Ter. *Andr.* 865; *auditin* = *auditisne* Pl. *Ps.* 172‖ parf. *audit* Prop. 4, 9, 39; Sen. *Contr.* 2, 2, 8; 9, 4, 4; 10, 1, 13; Suet. *Vesp.* 19, 2; souvent *audisse*; *audisti* Ter. *Haut.* 685; *audistis* Ter. *Phorm.* 349; *audisset* Ter. *Phorm.* 20; *audivistin* = *audivistine* Pl. *Amp.* 748; 752; ⬛▶ *audiens*.

audissem, audisti, sync., ⬛▶ **audio**▶.

audītin, ⬛▶ **audio** ▶.

audītĭo, ōnis, f. (*audio*) ¶1 action d'entendre, audition: *pueri fabellarum auditione ducuntur* Cic. *Fin. 5,* 42, les enfants sont attirés par le désir d'entendre des contes; *auditione aliquid expetere* Cic. *Verr. 4,* 102, désirer un objet sur ouï-dire ¶2 ce qu'on entend dire, bruit, rumeur: Cic. *Planc.* 56; *Nat. 2,* 95; *Fam. 8, 1,* 2; Cæs. *G. 7,* 422 ¶3 audition [d'une lecture publique, d'une déclamation]: Sen. *Contr. 9, 3,* 14; Gell. *3, 13,* 4 ¶4 [tard.] compréhension: Hier. *Is. 6, 3*‖ instruction [justice]: Tert. *Apol.* 9, 15.

audītĭuncŭla, æ, f. (*auditio*), petite leçon d'un maître, petit cours: Gell. 13, 20, 5.

audītō, ās, āre, āvī, - (fréq. de *audio*), entendre souvent: Pl. *St.* 167; *P. Fest. 26,* 5.

audītŏr, ōris, m. (*audio*), celui qui écoute, auditeur: Cic. *Brut.* 191; *Or.* 24; *Font.* 23 ‖ disciple: *alicujus auditor* Cic. *Tusc. 4,* 3, élève (disciple) de qqn, cf. *de Or. 1,* 15; *Brut.* 114‖ juge: Cod. Th. 11, 31, 7‖ [chrét.] catéchumène: Tert. *Pæn.* 6, 14‖ auditeur [2e niveau chez les Manichéens]: Aug. *Conf. 5, 10,* 18.

audītōrĭālis, e (*auditorium*), d'audience, de tribunal: Aug. *Pelag. 2, 10,* 37.

audītōrĭum, ĭi, n. (*auditor*) ¶1 lieu, salle où l'on s'assemble pour écouter: Quint. *2, 11,* 3; Tac. *D.* 9; 10; 39 ‖ tribunal: Dig. *12, 1,* 40; [en part.] tribunal impérial: *ad majus auditorium vocari* Dig. *42, 1,* 54, 1, évoquer une affaire devant la cour impériale ‖ [chrét.] lieu du sermon, sermon: Ps. Aug. *Serm. 9,* 5 ¶2 assemblée d'auditeurs: Plin. *Ep. 4, 7,* 2; Apul. *Apol.* 73 ¶3 instruction d'un procès: Dig. 4, 8, 41.

audītōrĭus, a, um, qui concerne l'ouïe: Cæl.-Aur. *Chron. 2, 3,* 65.

audītrix, īcis, f. (*auditor*), celle qui écoute: Prisc. *3, 456,* 29 = *Inst.* 71.

1 **audītus**, a, um, part. de *audio*, [employé qqf. comme adj.] connu: *homo, cujus est fere nobis omnibus nomen auditum* Cic. *Flac.* 31, homme, dont le nom nous est presque à tous connu (cf. *nomen ab Siculis auditum* Verr. *3,* 74; *Fam. 10, 28,* 3; *Att. 4, 16,* 2).

2 **audītŭs**, ūs, m. (*audio*) ¶1 le sens de l'ouïe, faculté d'entendre: Cic. *Nat. 2,* 144; *Tusc. 3,* 41 ¶2 action d'entendre: *consultant quonam modo ea plurium auditu acciperentur* Tac. *An. 4,* 69, ils délibèrent pour trouver le moyen de faire entendre ces propos par plus d'une personne ‖ action d'apprendre par ouï-dire: *captivus interrogatus auditune an oculis ea comperta haberet* Curt. *5, 4,* 10, comme on demandait au prisonnier s'il savait tout cela par ouï-dire ou pour l'avoir vu de ses yeux; *quæ (exempla) non auditu cognoscenda, sed oculis spectanda habemus* Tac. *D.* 8, (exemples) que nous pouvons je ne dis pas connaître par ouï-dire, mais contempler de nos yeux ¶3 [tard.] chose entendue, parole: Vulg. *Jer.* 49, 14 ‖ *auditus malus* *Cæs.-Arel. *Serm. 1,* 10, condamnation [cf. male audire]‖ prédication: Vulg. *Is.* 53, 1.

Audurus, i, m., nom d'un lieu où se trouvait une église de Saint-Etienne: Aug. *Civ.* 22, 8.

Aufānĭæ mātrōnae, f., déesses locales: CIL 2, 5413.

Aufēius, a, um, d'Auféius: Plin. 31, 41; Gell. *11, 10,* 1.

Aufentum, i, n., fleuve du Latium: Plin. *3,* 59; ⬛▶ *Ufens*.

aufĕrō, fers, ferre, abstŭlī, ablātum (au-, *fero*), tr. ¶1 emporter: *multa palam domum suam auferebat* Cic. *Amer.* 23, il emportait ouvertement beaucoup de choses chez lui; *e convivio aliquem tamquam e proelio* Cic. *Verr. 5,* 28, emporter qqn d'un banquet comme d'un champ de bataille; *de armario, de sacrario ablatum aliquid* Cic. *Verr. 4,* 27, objet enlevé d'une armoire, d'un sanctuaire; *sacra publica ab incendiis procul auferre* Liv. *5, 39,* 11, emporter les objets du culte public loin de l'incendie; *bona Sejani ablata ærario* Tac. *An. 6, 2,* 1, les biens de Séjan enlevés du trésor public ¶2 emporter, entraîner [au loin]: *illum longius fuga abstulerat* Curt. *3, 11,* 26, la fuite l'avait emporté bien loin; *vento secundo e conspectu terræ ablati sunt* Liv. *29, 27,* 6, entraînés par un vent favorable, ils perdirent de vue la terre; *pavore fugientium auferebantur* Tac. *An. 4,* 73, les cohortes étaient entraînées par la panique des fuyards ‖ [au fig.] *ne te auferant aliorum consilia* Cic. *Fam. 2, 7,* 1, ne te laisse pas entraîner par les conseils des autres; *abstulere me velut de spatio Græciæ res immixtæ Romanis* Liv. *35, 40,* 1, le lien étroit des affaires de la Grèce avec celles des Romains m'a entraîné en quelque sorte hors de la piste ‖ emporter, cesser: *aufer cavillam* Pl. *Aul.* 638, porte au loin (cesse) tes plaisanteries, cf. *Cap.* 964; *Truc.* 861; [avec inf.] [poét.] *aufer me terrere* Hor. *S. 2, 7,* 43, cesse (finis) de m'effrayer ‖ [réfléchi ou pass.] *aufer te hinc* Pl. *As.* 469, ôte-toi d'ici, cf. *Ru.* 1032; Ter. *Phorm.* 559; *pernicitas equorum, quis seque et conjugem abstulit* Tac. *An. 12,* 51, la vitesse des chevaux, grâce auxquels il se déroba, lui et sa femme; *conversis fugax aufertur habenis* Virg. *En. 11,* 713, ayant tourné bride, il s'éloigne en fuyant; *pennis aufertur Olympum* Virg. *En. 11,* 867, elle s'envole vers l'Olympe ¶3 enlever, arracher: *auriculam mordicus* Cic. *Q. 3, 4,* 2, enlever le bout de l'oreille d'un coup de dent; *ex ipsa Diana, quod habebat auri, detractum atque ablatum esse dico* Cic. *Verr.* 1, 54, à Diane elle-même, tout ce qu'elle avait d'or, je dis que tu l'as arraché et enlevé; *hominibus honestis de digitis anulos aureos abstulit* Cic. *Verr. 4,* 57, il a arraché au doigt de personnes honorables leurs anneaux d'or; *bullas aureas ex valvis* Cic. *Verr. 4,* 124, arracher des portes les clous d'or; *ab aliquo candelabrum* Cic. *Verr. 4,* 67, enlever à qqn un candélabre, cf. *Verr. 4,* 37‖ *pulvis elatus lucem ex oculis virorum equorumque aufert* Liv. 4, 33, 8, la poussière soulevée dérobe la lumière aux yeux des hommes et des chevaux, cf. *si se ipsos e conspectu nostro abstulerunt* Cic. *Phil. 2,* 114, s'ils se sont dérobés eux-mêmes à notre vue ‖ *mare Europam auferens Asiæ* Plin. *4,* 75, la mer enlevant l'Europe à l'Asie (= la séparant de l'Asie), cf. *5,* 150; *6,* 25 ‖ [fig.] *ab senatu judicia* Cic. *Verr. 1,* 23, enlever au sénat le pouvoir judiciaire; *clientelam a patronis* Cic. *Verr. 4,* 90, enlever à des patrons leurs clients; *vitam alicui* Cic. *Phil. 9,* 5, enlever la vie à qqn (*spem* Cic. *Verr.* 1, 20, l'espérance); *senectus aufert viriditatem* Cic. *Læ.* 11, la vieillesse enlève la vigueur; *quis tam esset ferreus, cui non auferret fructum voluptatum omnium solitudo?* Cic. *Læ.* 87, serait-il un homme assez dur pour ne pas sentir que l'isolement lui enlève le fruit de tous les plaisirs?, cf. *Tusc. 1,* 97; *CM* 39 ‖ [poét.] emporter, détruire: *abstulit clarum cita mors Achillem* Hor. *O. 2, 16,* 29, une mort rapide a enlevé l'illustre Achille; *quodcumque fuit populabile flammæ, Mulciber abstulerat* Ov. *M. 9,* 263, tout ce que la flamme pouvait détruire, Vulcain [le feu] l'avait consumé ¶4 emporter, obtenir: *responsum ab aliquo* Cic. *de Or. 1,* 239, emporter une réponse de qqn; *per eum, quod volemus, facile auferemus* Cic. *Att. 14, 20,* 5, grâce à lui, nous obtiendrons facilement ce que nous voudrons; *a Scapulis paucos dies aufert* Cic. *Quinct.* 20, il obtient des Scapula un délai de quelques jours; *quis est qui hoc non ex priore actione abstulerit, omnium ante*

aufero

damnatorum scelera vix cum hujus parva parte conferri posse? Cic. Verr. 1, 21, en est-il pour n'avoir point emporté de la première action cette conviction que les crimes de toutes les personnes condamnées jusqu'ici ne pourraient être comparés avec une faible partie de ceux de Verrès ?

Aufĭdēna, ae, f., ville du Samnium [Alfedena] Atlas XII, E4 : Liv. 10, 12, 9 ‖ **-nātes**, ĭum, m. pl., habitants d'Aufidène : Plin. 3, 107.

Aufĭdĭānus, a, um, d'Aufidius [Sext. Auf.] : Cic. Fam. 16, 19.

Aufĭdĭēnus, ĭ, m., nom d'homme : Tac. An. 1, 20.

Aufĭdĭus, i, m., Cn. Aufidius, [auteur d'une histoire en grec] : Cic. Tusc. 5, 112 ; Fin. 5, 54 ‖ autres pers. : Varr. R. 2, 9, 6 ; Cic. Brut. 179 ; Fam. 12, 26 ‖ Aufidius Bassus [historien sous Tibère] : Tac. D. 23 ; Plin. Ep. 3, 5, 6 ; Quint. 10, 1, 103.

Aufĭdus, i, m., l'Aufide [fleuve d'Apulie, Ofanto] Atlas XII, E5 : Hor. O. 4, 9, 2 ‖ **-us**, a, um, de l'Aufide : Sil. 10, 171.

Aufīnātes, um ou ĭum, m. pl., habitants d'Aufina : Plin. 3, 107.

aufŭgĭō, ĭs, ĕre, fūgī, - (au-, fugio) ¶ 1 intr., fuir, se sauver : Pl. Bac. 363 ; Cic. Verr. 1, 35 ; 5, 79 ‖ *domo* Pl. Cap. 875 ; *ex loco* Liv. 1, 25, 8, s'enfuir de la maison, d'un lieu ¶ 2 tr., fuir : *aliquem* Cod. Just. 3, 23, 1, échapper à qqn, cf. Cic. poet. Nat. 2, 111.

aufŭgō, ās, āre, -, - (au-, fugo), tr., chasser, expulser : Vict.-Vit. 1, 14.

Auga, ae, -gē, ēs, f., Augé [mère de Télèphe] : Ov. H. 9, 49 ; Sen. Herc. Oet. 367 ; Serv. B. 6, 72.

Augēās, ▼ Augeus.

augĕō, ēs, ēre, auxī, auctum, Sall. Macr. 16 (cf. uxor, αὐξάνω, scr. ukṣati, al. wachsen), tr. et intr.
I tr. ¶ 1 faire croître, accroître, augmenter : *numerum pugnantium* Caes. G. 7, 48, 2, augmenter le nombre des combattants ; *aucto exercitu* Cic. Fam. 10, 8, 4, l'armée étant accrue ; *res familiaris augeatur parsimonia* Cic. Off. 1, 92, que le patrimoine s'accroisse par l'épargne ; *stipendii augendi causa* Caes. C. 3, 110, 5, en vue d'une augmentation de solde ; *de urbe augenda* Cic. Att. 13, 20, au sujet de l'accroissement de la ville ; **(res) quas natura alit, auget, tuetur** Cic. Fin. 5, 26, (les choses) que la nature nourrit, fait croître et conserve ¶ 2 [fig.] augmenter, développer [rendre plus fort, plus intense] : *nostris animus augetur* Caes. G. 7, 70, 3, chez les nôtres le courage s'accroît ; *suspicionem augere* Cic. Clu. 79, augmenter un soupçon ; *plebis libertatem et commoda tueri atque augere* Cic. Sest. 137, protéger, développer la liberté et le bien-être du peuple ; *hujus dignitas in dies augebatur* Caes. G. 7, 30, 3, son prestige croissait de jour en jour ; *dies non modo non levat luctum, sed etiam*

auget Cic. Att. 3, 15, 2, le temps, bien loin de soulager mon affliction, ne fait même que l'augmenter ; *spem* Cic. Phil. 12, 2 ; *periculum* Caes. G. 5, 31, 5 ; *terrorem* Caes. C. 3, 64, 2, augmenter l'espoir, le danger, l'effroi ; *non verbi neque criminis augendi causa complector omnia* Cic. Verr. 4, 2, ce n'est point par manière de parler ni pour grossir l'accusation que j'embrasse tout cet ensemble ‖ **(aer) humorem colligens terram auget imbribus** Cic. Nat. 2, 101, (l'air) se chargeant d'eau développe [fertilise] la terre par les pluies ; *triumphis auxit nomen populi Romani* Cic. Dom. 19, par ses triomphes il accrut le renom du peuple romain ‖ grandir, grossir par la parole : *ne omnia me nimis augere atque ornare arbitrentur* Cic. Verr. 4, 124, pour qu'ils ne croient pas que je grossis et embellis tout à l'excès ; *rem augere laudando vituperandoque rursus affligere* Cic. Brut. 47, faire valoir une chose en la vantant et inversement, en la critiquant, la déprécier ; *auget adsentator id, quod is, cujus ad voluntatem dicitur, vult esse magnum* Cic. Lae. 98, le flatteur grossit ce que l'homme à qui il veut plaire désire qu'on trouve grand ¶ 3 *aliquem augere*, rehausser qqn, l'aider à se développer, l'honorer, l'enrichir : *quaecumque homines homini tribuunt ad eum augendum atque honestandum* Cic. Off. 2, 21, tout ce que les hommes font pour rehausser et honorer un de leurs semblables, cf. Fam. 7, 12, 2 ; Att. 8, 3, 3 ; *quod ab eo genere celebratus auctusque erat* Sall. J. 86, 3, parce qu'il devait la diffusion de son nom et son élévation à cette catégorie de citoyens ; *auctus adjutusque a Demosthene* Nep. Phoc. 2, 3, poussé et soutenu par Démosthène ‖ *aliquem (aliquid) aliqua re*, faire croître qqn, qqch. par qqch., rehausser par qqch. : *filiolo me auctum scito* Cic. Att. 1, 2, 1, sache que je suis augmenté d'un petit garçon [que ma famille s'est augmentée...] ; *aut honoribus aucti aut re familiari* Cic. Nat. 3, 86, ayant reçu un accroissement ou de dignités ou de biens ; *scientia aliquem augere* Cic. Off. 1, 1, faire faire des progrès à qqn en savoir (l'enrichir de connaissances) ; *quibus non modo non orbari, sed etiam augeri senectus solet* Cic. CM 17, et ces dons, d'ordinaire, non seulement la vieillesse n'en est pas privée, mais encore elle les accroît ; *Sullanos possessores divitiis augere* Cic. Agr. 2, 69, enrichir les propriétaires créés par Sylla ; *veteranos augere commodis* Cic. Phil. 11, 37, améliorer le sort des vétérans ; *spoliis ornati auctique* Cic. Amer. 8, pourvus et enrichis de dépouilles, cf. Verr. 3, 138 ; 4, 21 ; 5, 80 ; *rem publicam augere imperio, agris, vectigalibus* Cic. Off. 2, 85, grandir l'état en domination, en territoires, en tributs.
II intr., croître, se développer : Cat. Orig. 1, 20 d. Gell. 18, 2, 7 ; Sall. Phil. 6 (H. 1, 77).

▶ arch. inf. pass. *augerier* Pl. Merc. 48 ; *auxitis = auxeritis* Liv. 29, 27 ; 3 ‖ [tard.] formes de la 3ᵉ conjug. : *augēre* Commod. Apol. 607.

augĕr, **augĕrātus**, ▼ *augur, auguratus*.

augescō, ĭs, ĕre, -, - (inch. de *augeo*), intr., s'accroître, croître, grandir : [au pr.] Cic. Nat. 2, 26 ; *CM* 53 ; [au fig.] Ter. Haut. 423 ; Lucr. 5, 333 ; Sall. J. 34, 2 ; Tac. H. 4, 1.

Augēus, i, m., Sen. Herc. f. 247 ; Hyg. Fab. 30, **-gēās**, ae, m., Varr. Men. 70 ; Plin. 17, 50 (Αὐγείας), roi d'Élide tué par Hercule : *cloacas Augeae purgare* Sen. Apoc. 7, nettoyer les écuries d'Augias.

augĭfĭcō, ās, āre, -, - (augeo, facio), tr., augmenter, accroître : Enn. Tr. 68.

Augilae, ārum, m. pl., peuple d'Éthiopie : Plin. 5, 26.

augīnŏs, i, m., **augīŏn**, ĭi, n. (αὐγή), serpentaire : *Ps. Apul. Herb. 14.

Auginus, i, m., mont de Ligurie : Liv. 39, 2.

augītēs, ae, m., espèce de pierre précieuse : Plin. 37, 147.

augmĕn, ĭnis, n. (augeo) ¶ 1 augmentation : Lucr. 2, 73 ; 2, 495 ; 3, 268 ¶ 2 ▼ *augmentum* ¶ 2 : Arn. 7, 24.

augmentārĭus, a, um, qui augmente : Gloss. 2, 251, 14.

augmentātĭo, ōnis, f. (augmento), augmentation : Cassiod. Psalm. 87, 14.

augmentātŏr, ōris, m. (augmento), celui qui augmente : Cassiod. Var. 8, 22.

augmentō, ās, āre, -, -, tr., augmenter, accroître : Cod. Just. 1, 27, 2, 5 ; P. Fest. 113, 8.

augmentum, i, n. (augeo) ¶ 1 augmentation : Sen. Suas. 1, 4 ; Gell. 20, 8, 7 ; Dig. 2, 13, 8 ¶ 2 morceau de la victime offerte en sacrifice : Varr. L. 5, 112 ; Arn. 7, 25.

Augoflada, ae, f., seconde femme de Théodoric : Anon. Vales. 12, 63.

augŭmentum, i, n., ▼ *augmentum* : Gloss. 5, 590, 35.

augŭr, ŭris, m. (augeo, augustus, scr. ojas-) ¶ 1 augure [membre d'un collège de prêtres, qui prédit l'avenir par l'observation principalement du vol, de la nourriture ou du chant des oiseaux] : Cic. Leg. 2, 20 ; Phil. 3, 12 ¶ 2 [en gén.] **a)** quiconque prédit l'avenir : *Augur Apollo* Hor. O. 1, 2, 32, Apollon, qui révèle l'avenir **b)** quiconque interprète : *nocturnae imaginis augur* Ov. Am. 3, 5, 31, l'interprète d'un songe ‖ f., *aquae augur cornix* Hor. O. 3, 17, 12, la corneille qui annonce la pluie ; *augur cassa futuri* Stat. Th. 9, 629, prophétesse menteuse ‖ n. pl., *augura* : Acc. Tr. 624.

▶ d'après P. Fest. 2, 6, *augur* remonte à *avis* et *gero*, d'où l'ancien *auger* inventé par Prisc. 2, 27, 17.

augŭra, n. pl., ▼ *augur* fin.

augŭrācŭlum, *i*, n. (*auguro*), ancien nom de la citadelle de Rome, parce que c'était de là que les augures observaient le vol des oiseaux : P. Fest. 17, 14.

augŭrāle, *is*, n. (*auguralis*) ¶ **1** augural [partie droite de la tente du général, où il prend les auspices] : Tac. *An.* 15, 30 ; Quint. 8, 2, 8 ¶ **2** le bâton augural : Sen. *Tranq.* 11, 9.

augŭrālis, *e* (*augur*), augural, relatif aux augures : *augurales libri* Cic. *Div.* 1, 72, les livres auguraux ; *auguralis cena* Cic. *Fam.* 7, 26, 2, le repas offert par l'augure [à son entrée en fonction] ; *auguralis vir* Cic. *Brut.* 267, personnage qui a été augure.

augŭrātĭo, *ōnis*, f. (*auguro*) ¶ **1** action de prendre les augures : Cic. *Div.* 2, 65 ¶ **2** science des augures, divination : Lact. *Inst.* 2, 16, 1.

augŭrātō (n. du part. de *auguro* à l'abl. abs.), après avoir pris les augures, avec l'approbation des dieux : Liv. 1, 18, 6 ; 5, 54, 7 ; Suet. *Aug.* 7.

augŭrātŏr, *ōris*, m., devin : Ambr. *Ep.* 50, 4.

augŭrātōrĭum, *ĭi*, n., ▶ *augurale* : Ps. Hyg. *Mun. Cast.* 11.

augŭrātrix, *īcis*, f., devineresse : Vulg. *Is.* 57, 3.

1 augŭrātus, *a*, *um*, part. de *auguro* et de *auguror*.

2 augŭrātŭs, *ūs*, m. ¶ **1** dignité, fonction d'augure : Cic. *Div.* 1, 107 ; *Phil.* 2, 4 ¶ **2** prédiction, augure : Tert. *Anim.* 26, 2. ▶ arch. *augeratus* d'après Prisc. 2, 27, 17.

augŭrĭālis, Capel. 1, 26, **-rĭōnālis**, *e*, Not. Tir. 55, 84, ▶ *auguralis*.

Augŭrīna, *ae*, f., ville de la Bétique : Plin. 3, 10.

Augŭrīnus, *i*, m., surnom, surtout de plusieurs Minucius : Plin. 18, 15 ; Gell. 6, 19, 2.

augŭrĭor, *āris*, *ārī*, -, pratiquer les augures : VL. 4 *Reg.* 21, 6 d. Didasc. 22, 2 ; Isid. 8, 9, 22.

augŭrĭum, *ĭi*, n. (*augur* ; fr. *heur*) ¶ **1** observation et interprétation des signes [surtout du vol des oiseaux], augure : *augurium agere* Cic. *Div.* 1, 32 ; *capere* Liv. 10, 7, 10, prendre l'augure (les augures) ¶ **2** science augurale : Virg. *En.* 9, 328 ¶ **3** le présage lui-même, le signe qui s'offre à l'augure : *augurium accipere* Liv. 1, 34, 9, accueillir un augure, un présage [comme heureux] ¶ **4** [en gén.] prédiction, prophétie : *o mea frustra semper verissima auguria rerum futurarum !* Cic. *Phil.* 2, 83, ô mes prédictions de l'avenir en vain toujours si véridiques ǁ [¹] pressentiment, prévision : *inhaeret in mentibus quasi saeclorum quoddam augurium futurorum* Cic. *Tusc.* 1, 33, il y a au fond des âmes comme une sorte de pressentiment des siècles à venir.

augŭrĭus, *a*, *um*, ▶ *auguralis* : Cat. d. Gell. 1, 12, 17 ; Cic. *CM* 12.

augŭrō, *ās*, *āre*, *āvī*, *ātum* (*augur*), tr., prendre les augures ¶ **1** *salutem populi* Cic. *Leg.* 2, 21, prendre les augures relativement au salut du peuple ǁ [fig] *astute augura* Pl. *Cist.* 693, montre-toi fin augure ǁ [pass.] être consacré par les augures : *in illo augurato templo* Cic. *Vat.* 10, dans ce temple célèbre consacré par les augures ; ▶ *augurato* ¶ **2** prédire, pressentir, conjecturer : Enn. *Tr.* 245 ; Pacuv. *Tr.* 78 ; Acc. *Tr.* 87 ; Cic. *Ep. frg.* 10, 3 = 9, 3 ; Virg. *En.* 7, 273.

augŭror, *āris*, *ārī*, *ātus sum* (*augur*), tr. ¶ **1** prédire d'après les augures : *belli Trojani annos* Cic. *Div.* 1, 72, prédire la durée de la guerre de Troie, cf. *Nat.* 2, 160 ¶ **2** en gén. **a)** prédire, annoncer, présager : *alicui mortem* Cic. *Tusc.* 1, 96, prédire à qqn sa mort **b)** conjecturer, penser, juger : *quantum ego auguror* Cic. *Mur.* 65, autant que, pour moi, je le puis conjecturer ǁ [avec prop. inf.] *recte auguraris de me...* Caes. d. Cic. *Att.* 9, 16, tu juges bien de moi en pensant que ...

1 Augusta, *ae*, f., titre des impératrices de Rome ; qqf. de la mère, des filles ou des sœurs de l'empereur : Tac. *An.* 1, 8 ; 15, 23.

2 Augusta, *ae*, f., nom de beaucoup de villes : [ville maritime de Cilicie] Plin. 5, 93 ǁ *Augusta Taurinorum* Plin. 3, 123, Turin Atlas I, C3 ; V, E4 ; XII, B1 ; *Treverorum* Mel. 3, 20, Trèves Atlas I, B3 ; V, C3 ; *Augusta Emerita* Plin. 4, 117, ville de Lusitanie [Mérida].

Augustālĭa, ▶ *Augustalis* ¶ 1.

Augustālĭānus, *a*, *um*, relatif au préfet de l'Égypte : *Augustalianum officium* Cod. Th. 11, 5, 3, charge de préfet de l'Égypte.

Augustālis, *e* ¶ **1** d'Auguste : *ludi Augustales* Tac. *An.* 1, 54, jeux en l'honneur d'Auguste ; ou *Augustalia* Mon. Anc. ǁ **Augustāles**, *ĭum*, m. pl. **a)** prêtres d'Auguste : Tac. *H.* 2, 95 ; ou *sodales Augustales* Tac. *An.* 1, 54 ; ou *sacerdotes Augustales* Tac. *An.* 2, 83 **b)** nom donné à certains officiers de la légion [ajoutés par Auguste aux *ordinarii*] : Veg. *Mil.* 2, 7 **c)** fonctionnaires supérieurs du préfet du prétoire : Cassiod. *Var.* 11, 30 ¶ **2** *Augustālis* ou *praefectus Augustalis*, préfet de l'Égypte : Cod. Just. 7, 62, 32.

Augustālĭtās, *ātis*, f., dignité de préfet de l'Égypte : Cod. Th. 13, 11, 12.

Augustamnĭca, *ae*, f. (*Augustus*, *amnis*), partie septentrionale de l'Égypte : Amm. 22, 16, 1 ; Cod. Th. 1, 14, 1.

Augustānus, *a*, *um*, d'Auguste : Dig. 50, 15, 1 ǁ **-tāni**, habitants des villes dénommées Augusta : Plin. 3, 23 ; 4, 119.

augustātus, *a*, *um*, part. de *augusto*.

augustē, selon le rite, religieusement : Cic. *Nat.* 2, 62 ; *augustius* Cic. *Brut.* 83.

Augustensis, *e*, d'Auguste : Cod. Th. 10, 2, 21.

Augustēum, *i*, n., temple d'Auguste : CIL 11, 1420 ǁ sorte de marbre : Plin. 36, 55.

Augustēus, *a*, *um*, d'Auguste : *marmor augusteum* Plin. 36, 55, sorte de marbre ǁ impérial : *charta* Isid. 6, 10, 2, diplôme impérial.

Augustĭānus, *a*, *um*, d'Auguste : Grom. 235, 11 ǁ **-ĭāni**, *ōrum*, m. pl., corps de chevaliers formant la claque de Néron acteur : Tac. *An.* 14, 15 ; Suet. *Ner.* 20 ; 25.

1 Augustīnus, *i*, m., saint Augustin : Hier. *Ep.* 126, 1.

2 Augustīnus, *a*, *um*, d'Auguste : Suet. *Cl.* 11, 2.

augustō, *ās*, *āre*, -, -, tr. (*augustus*), rendre auguste : Arn. 6, 16.

Augustŏbōna, *ae*, f., ville de la Gaule Celtique [auj. Troyes] Atlas V, D3 : Anton. 381.

Augustŏbrĭcenses, *ĭum*, m. pl., habitants d'Augustobriga en Lusitanie Atlas IV, C2 : Plin. 4, 118.

Augustŏbrĭga, *ae*, f., ville des Arvaques [Talavera] : Anton. 442.

Augustŏdūnum, *i*, n., ville de la Gaule Lyonnaise [Autun] Atlas I, C3 ; V, D3 ; Mel. 3, 20 ; Tac. *An.* 3, 43 ǁ **-nenses**, habitants d'Augustodunum : Hier. *Vir. ill.* 82.

Augustŏdivum, *i*, n., capitale des Baiocasses [auj. Bayeux] : Peut. 1, 2.

Augustŏmăgus, *i*, f., ville de Gaule Belgique [auj. Senlis] Atlas V, C2 : Anton. 380.

Augustŏnĕmĕtum, *i*, n., ville des Arvernes [auj. Clermont-Ferrand] Atlas I, C3 ; IV, A4 ; V, E2 : Not. Tir. 87, 7.

Augustŏrĭtum (-ĕtum), *i*, n., ville d'Aquitaine [auj. Limoges] Atlas IV, A4 ; V, E2 : Anton. 462 ; Not. Tir. 87, 16.

1 augustus, *a*, *um* (*augeo*, *augur* ; fr. *août*), saint, consacré : *augustissimum templum* Cic. *Verr.* 5, 186, temple très saint ǁ majestueux, vénérable, auguste : Cic. *Nat.* 1, 119 ; *Tusc.* 5, 37 ; *species viri augustioris* Liv. 8, 6, 9, la forme d'un homme plus majestueux.

2 Augustus, *i*, m. ¶ **1** surnom d'Octave : Hor. *O.* 2, 9, 19 ; *Ep.* 1, 3, 2 ¶ **2** titre des empereurs : Ov. *M.* 15, 860 ; Vell. 2, 91, 1 ; Sen. *Clem.* 1, 14, 2.

3 Augustus, *a*, *um*, d'Auguste : Ov. *M.* 15, 869 ; P. 1, 2, 117 ; Plin. 15, 129 ǁ mois d'août : Suet. *Aug.* 31 ; Macr. *Sat.* 1, 12, 35 ; Juv. 3, 9 ; Plin. 2, 123.

1 aula, *ae*, f. (αὐλή) ¶ **1** cour d'une maison : Hor. *Ep.* 1, 2, 66 ǁ cour d'une bergerie : Prop. 3, 13, 39 ǁ [chrét.] bercail, l'Église : Commod. *Instr.* 1, 25, 5 ¶ **2** ▶ *atrium* : Hor. *Ep.* 1, 87 ; Virg. *En.* 3, 354 ¶ **3** cour, palais : Virg. *G.* 2, 504 ; Hor. *O.* 2, 10, 8 ǁ cour d'un prince, puissance d'un prince : *excubiae, arma, cetera aulae* Tac. *An.* 1, 7, gardes, armes, tout ce que comportait une cour ; *omni auctoritate aulae communita* Cic. *Fam.* 15, 4, 6, toute l'autorité de la cour étant fortifiée ¶ **4** [chrét.] *caelestis aula* Prud. *Perist.* 14, 62, la cour céleste [le ciel] ǁ sanctuaire : Paul.-Nol. *Carm.* 18, 352 ǁ [fig.] Cassian. *Coll.* 17, 5, 2.

▶ gén. arch. *aulāī* Virg. *En.* 3, 354.

aula

2 **aula**, *ae*, f. (αὐλός), employé par jeu de mots au sens de flûte et joueuse de flûte : QUINT. 7, 9, 4.

3 **aula**, *ae*, f. (cf. *1 auxilla*, ἰπνός, scr. *ukhas*, al. *Ofen*, an. *oven*), marmite : PL. *Aul.* 390.

aulaea, *ae*, f., ⟶ *aulaeum* : AUG. *Civ.* 18, 29 ; *Ep.* 105, 15.

aulaeum, *i*, n. (αὐλαία) ¶ 1 rideau [et en part.] rideau de théâtre : *tollitur* CIC. *Cael.* 65, on lève le rideau [à la fin de la pièce ; le contraire chez nous] ; *premitur* HOR. *Ep.* 2, 1, 189, on baisse le rideau [pendant le spectacle] ; *mittitur* PHAED. 5, 7, 23, le rideau tombe [la représentation commence] ‖ [plus tard l'usage changea et les choses se passèrent comme chez nous] : *post depositum aulaeum* AMM. 28, 6, 29, après la chute du rideau [= le spectacle ayant pris fin], cf. 16, 6, 3 ; APUL. *M.* 10, 29 ¶ 2 tapis, tenture : VIRG. *En.* 1, 697 ; HOR. *O.* 3, 29, 15 ‖ [plais. en parl. d'une toge trop ample] : JUV. 10, 39 ‖ tente : JUVC. 3, 329.

aulārĭus, *ii*, m. (*aula*), courtisan : GLOSS. 5, 589, 18.

aulax, *ăcis*, f. (αὖλαξ), sillon : VEG. *Mul.* 1, 56, 38 ; [en grec] AUS. *Epist.* 10 (399), 10.

Aulerci, *ōrum*, m. pl., Aulerques [peuple de la Gaule Lyonnaise] : CAES. *G.* 7, 75 ; LIV. 5, 34, 5.

Aulētēs, *ae*, m., Aulète [flûtiste = surnom de Ptolémée XII, roi d'Égypte] : CIC. *Rab. Post.* 28.

aulētĭcŏs, *ŏn* (αὐλητικός), dont on fait des flûtes : PLIN. 16, 169.

aulĭcoctus, *a*, *um* (*aula*, *coquo*), cuit dans une marmite : CIL 6, 2065, 1, 21 [*Act. Arv.*].

aulicox, *coquis*, ⟶ *aulicoctus* : *auliquoquibus* CIL 1, 2847 ; *aulicocia exta* P. FEST. 22, 1, abats bouillis.
▶ *aulicoqua exta* *VARR. *L.* 5, 104 ne suffit pas à poser *aulicoquus*.

1 **aulĭcus**, *a*, *um* (*aula*) ¶ 1 de la cour, du palais, du prince : SUET. *Dom.* 4 ‖ courtois : ENNOD. *Ep.* 4, 33, 2 ‖ de l'Église : FORT. *Carm.* 3, 21, 15 ¶ 2 **-lĭci**, *ōrum*, m. pl., esclaves de la cour : NEP. *Dat.* 5, 2 ; SUET. *Calig.* 9 ‖ dignitaires : ALCIM. *Ep.* 27 ‖ courtisans : SIDON. *Ep.* 1, 2, 9.

2 **aulĭcus**, *a*, *um* (αὐλός), de flûte : CAPEL. 9, 905.

Aulida, *ae*, ⟶ *Aulis* : DICT. 1, 17.

aulĭo, *ōnis* (αὐλός, cf. Αὐλίων, *mulio*), m., joueur de flûte : GLOSS. 2, 26, 36.

Auliōn, *ii*, n., grotte sur les bords du Pont-Euxin : AMM. 22, 8, 23.

Aulis, *ĭdis*, f., petit port de Béotie, Aulis : CIC. *Tusc.* 1, 116 ; VIRG. *En.* 4, 426 ‖ acc. *Aulida* OV. *M.* 13, 182 et *Aulim* LUC. 5, 236.

auliscus, *i*, m. (αὐλίσκος), canule : CAEL.-AUR. *Acut.* 3, 4, 29.

aulix, ⟶ *aulax*.

Aulŏcrēnē, *ēs*, f., mont de Phrygie : PLIN. 5, 106.

auloedus, *i*, m. (αὐλῳδός), joueur de flûte : CIC. *Mur.* 29 ; QUINT. 8, 3, 79.

1 **aulōn**, *ōnis*, m. (αὐλών), lit de torrent : GLOSS 3, 435, 21 ‖ cour : VL. *Judith* 10, 10.

2 **Aulōn**, *ōnis*, m. ¶ 1 montagne des environs de Tarente : HOR. *O.* 2, 6, 18 ; MART. 13, 125, 1 ¶ 2 ville d'Élide Atlas VI, A1 : PLIN. 4, 14 ¶ 3 *Aulon Cilicius* PLIN. 5, 130, bras de mer entre la Cilicie et l'île de Chypre Atlas IX, D3.

aulōna, *ae*, f., vallon : VL. *Judith* 7, 3.

aulŭla, *ae*, f. (dim. de *aula*), petite marmite : VARR. *R.* 1, 54, 2 ; APUL. *M.* 5, 20.

Aulŭlārĭa, *ae*, f., l'Aululaire [comédie de Plaute] : PLIN. 18, 107.

1 **Aulus**, *i*, m., prénom romain, écrit en abrégé A. : DIOM. 424, 4.
▶ *Olus* CIL 1, 1210.

2 **aulus**, *i*, m. (αὐλός), sorte de peigne [coquillage] : PLIN. 32, 1032.

aumătĭum, *ii*, n. (ὀμμάτιον ?), latrines : PETR. d. FULG. *Serm.* 61.

auncŭlus, ⟶ *avunculus* ▶.

Auniŏs, *ii*, f., île voisine de la Galice : PLIN. 4, 111.

aura, *ae*, f. (αὔρα ; it. *ora*, fr. *orage*) ¶ 1 souffle léger, brise : PLIN. *Ep.* 5, 6, 5 ¶ 2 [en gén.] souffle, vent : *naves usae nocturna aura* CAES. *C.* 3, 8, 2, les navires utilisant la brise nocturne ; *aurae vela vocant* VIRG. *En.* 3, 356, les vents appellent les voiles ; *nulla ne minima quidem aura fluctus commovente* CIC. *Tusc.* 5, 16, pas même le plus léger souffle ne remuant les flots ‖ [fig.] exhalaison : *illi dulcis spiravit crinibus aura* VIRG. *G.* 4, 417, un suave parfum s'exhala de sa chevelure ; *si tantum notas odor adtulit auras* VIRG. *G.* 3, 251, si l'odeur leur a seulement apporté les émanations connues ‖ rayonnement : *auri* VIRG. *En.* 6, 204, rayonnement de l'or ¶ 3 l'air, les airs : *captare naribus auras* VIRG. *En.* 3, 376, humer l'air de ses naseaux ; *superatne et vescitur aura ?* VIRG. *En.* 3, 339, subsiste-t-il et respire-t-il encore ? ; *verberat ictibus auras* VIRG. *En.* 5, 377, il frappe l'air de coups redoublés ‖ les airs, les hauteurs de l'air, le ciel : *(fama) sese attollit in auras* VIRG. *En.* 4, 176, (la renommée) s'élève dans les airs ¶ 4 [fig.] souffle : *dies intermissus aut nox interposita totam opinionem parva commutat aura rumoris* CIC. *Mur.* 35, l'espace d'un jour ou l'intervalle d'une nuit retournent entièrement l'opinion sous un léger coup de vent de la rumeur publique ; *neque periculi tempestas neque honoris aura potuit de suo cursu eum demovere* CIC. *Sest.* 101, ni les tourbillons menaçants du danger ni les souffles caressants de la faveur ne purent le détourner de sa ligne de conduite ; *popularis aura* CIC. *Har.* 43, la faveur populaire, cf. LIV. 3, 33, 7 ; 30, 45, 6.
▶ gén. arch. *auraī* VIRG. *En.* 6, 747.

aurāmentum, *i*, n. (*aurum*), objet en or : VL. *1 Macc.* 11, 58.

aurārĭa, *ae*, f. (*aurarius*) ¶ 1 mine d'or : TAC. *An.* 6, 19 ¶ 2 impôt payé par les marchands : COD. TH. 12, 6, 29.

1 **aurārĭus**, *a*, *um* (*aurum*), d'or : *auraria fornax* PLIN. 34, 132, creuset ; *auraria statera* VARR. *Men.* 419, trébuchet, balance à peser l'or ‖ **aurārĭus**, *ii*, m., ouvrier en or, orfèvre : CIL 6, 196 ‖ percepteur de l'*auraria* : CASSIOD. *Var.* 2, 26, 5.

2 **aurārĭus**, *ii*, m. (*aura*), qui favorise : SERV. *En.* 6, 816.

aurāta, *ae*, f. (fr. *dorade*), dorade [poisson] : MART. 13, 90, 1 ; PLIN. 9, 58.

aurātĭcĭus, *a*, *um* (*auratus*), doré : CIL 2, 6338.

aurātĭlis, *e* (*auratus*), qui a la couleur de l'or : SOLIN. 15, 38.

aurātŏr, *ōris*, m., doreur : GLOSS. 2, 26, 38.

aurātūra, *ae*, f. (*auro*), dorure : QUINT. 8, 6, 28 ; *servus ab auraturis* CIL 6, 8737, esclave doreur.

aurātus, *a*, *um* (*aurum*), doré : CIC. *Sen.* 28 ‖ orné d'or : *aurati milites* LIV. 9, 40, 3, soldats aux boucliers garnis d'or ‖ de couleur d'or : VIRG. *G.* 1, 217 ‖ *auratior* TERT. *Idol.* 6, 3.

aurĕae, ⟶ *oreae* : P. FEST. 8, 5.

aurĕātus, *a*, *um* (*aureus*), couronné : SIDON. *Carm.* 9, 396.

aurĕax (*aureae* et *ago*, cf. *auriga*), cavalier : GLOSS. 2, 26, 38 ‖ cocher : P. FEST 8, 5.

Aurēlĭa, *ae*, f. ¶ 1 ⟶ *Aurelius* : P. FEST. 22, 5 ¶ 2 mère de J. César : TAC. *D.* 28.

Aurēlĭāna cīvĭtās, JORD. *Gt.* 37, 194, *cīvĭtās Aurēlĭāni* (*Auril-*), GREG.-TUR. *Hist.* 2, 7 ; 2, 18 ; FORT. *Germ.* 67, 182, **-nensis urbs**, SIDON. *Ep.* 8, 15, 1, ville de Gaule [auj. Orléans].

Aurēlĭānus, *i*, m., nom d'homme ‖ Aurélien, empereur romain du 3e s. : VOP. *Aurel.* 1 ‖ **-us**, *a*, *um*, d'Aurélien : *Aurelianum balneum* CIL 11, 556, bains d'Aurélien.

Aurēlĭus, *ii*, m., nom d'une famille romaine, not. C. Aurelius Cotta, célèbre orateur, interlocuteur du *de Oratore* de Cicéron : CIC. *Verr.* 1, 130 ‖ **-us**, *a*, *um*, d'Aurélius : *via Aurelia* CIC. *Cat.* 2, 6, la voie Aurélienne Atlas II ; XII, D2 ; *Aurelia lex* CIC. *Phil.* 1, 19, la loi Aurélia [sur l'organisation des tribunaux] ; *forum Aurelium* CIC. *Cat.* 1, 24, ville d'Étrurie, sur la voie Aurélienne ; *Aurelium tribunal* CIC. *Sest.* 34, le tribunal d'Aurélius [sur le forum] ; *gradus Aurelii* CIC. *Clu.* 93, les degrés d'Aurélius = le tribunal.
▶ arch. *Auselius* P. FEST. 22, 7.

1 **aurĕŏlus**, *a*, *um* (dim. de *aureus* ; fr. *loriot*) ¶ 1 d'or : *aureolus anellus* PL. *Ep.* 640, petit anneau d'or ¶ 2 couvert ou orné d'or, doré : *cinctus aureolus* LUCIL. 290, ceinture garnie d'or ‖ de couleur d'or :

VARR. *R.* 3, 9, 5 ¶ **3** [fig.] qui vaut de l'or, précieux: **aureolus libellus** CIC. *Ac.* 2, 135, petit livre d'or, cf. *Nat.* 3, 43; **aureoli pedes** CATUL. 61, 167, petits pieds en or ‖ subst. m., pièce d'or: MART. 5, 19, 14.

2 **Aurĕŏlus**, *i*, m., nom d'homme: TREB. *Gall.* 2, 6.

aurĕōsus, *a*, *um*, C.▶ aurosus: PS. CASSIOD. *Cant.* 5, 11.

aurescō, *is*, *ĕre*, -, - (aurum), intr., prendre la couleur de l'or: VARR. *L.* 7, 83.

aurĕus, *a*, *um* (aurum) ¶ **1** d'or: **simulacra aurea** LUCR. 2, 24, statues d'or, cf. CIC. *Verr.* 4, 124; *de Or.* 3, 129; **imber aureus** TER. *Eun.* 585, pluie d'or ¶ **2** doré, orné d'or, garni d'or: **cingula aurea** VIRG *En.* 1, 492, ceinture dorée, cf. CIC. *Phil.* 2, 85; **aurea unda** VARR. *Men.* 234, flots qui roulent de l'or ¶ **3** de couleur d'or: **color aureus** LUCR. 6, 205, de couleur d'or; **aurea sidera** VIRG. *En.* 2, 488, astres aux rayons d'or ¶ **4** [fig.] d'or, beau, splendide: **aurea Venus** VIRG. *En.* 10, 16, la rayonnante Vénus; **aurea aetas** OV. *M.* 1, 89, l'âge d'or; **aurea mediocritas** HOR. *O.* 2, 10, 5, la médiocrité bienheureuse; **aurea dicta** LUCR. 3, 12, paroles d'or, cf. CIC. *Ac.* 2, 119; *Off.* 3, 70; **aurei mores** HOR. *O.* 4, 2, 23, mœurs pures ‖ subst. m., **aurĕus**, pièce d'or ▶ **nummus aureus**: LIV. 38, 11, 8; 44, 26, 4; CURT. 9, 1, 6; SUET. *Cal.* 42 ‖ [synonyme, à partir de Constantin, de **solidus**, monnaie valant 1/72ᵉ de la livre]: AMM. 25, 8, 15.

Auriāna āla, f., division de cavalerie Auriana (d'Aurius, un inconnu): TAC. *H.* 3, 5.

auricaesŏr, *ōris*, m., tailleur d'or: DIOCL. 28, 4.

aurichalcum (aurum et -chalcum), V.▶ orichalcum: PL. *Curc.* 202; *Mil.* 658; *Ps.* 688; PLIN. 34, 2; 4.

aurichalcus, *a*, *um*, qui est en laiton: FORT. *Rad.* 26, 61.

auricilla (orī-), *ae*, f. (dim. de auricula), le lobe de l'oreille: CATUL. 25, 2.

auriclātum, *i*, n. (auricula), tuyau à raccordement: DIOCL. 15, 93.

auricoctŏr, *ōris*, m. (aurum, coquo), fondeur d'or: GLOSS. 2, 27, 9.

auricŏlŏr, *ōris* (aurum, color), de couleur d'or: JUVC. 1, 356.

auricōmans, *antis*, C.▶ auricomus [fig.] AUS. *Idyl.* 6 (325), 11.

auricōmus, *a*, *um* (aurum, coma), à la chevelure d'or: VAL.-FLAC. 4, 92 ‖ [fig.] VIRG. *En.* 6, 141.

auricŭla, *ae*, f. (dim. de auris; fr. oreille) ¶ **1** oreille [considérée dans sa partie externe] **a)** [chez l'homme] le lobe de l'oreille, le petit bout de l'oreille: PL. *Poen.* 374; CIC. *Q.* 2, 15, 4; 3, 4, 2; HOR. *S.* 1, 9; 77; SUET. *Aug.* 69 ‖ l'oreille [en gén.]: CELS. 2, 1, 7 **b)** [chez les animaux] VARR. *R.* 2, 9, 4; COL. 6, 29; 2; 7, 3, 6, cf. HOR. *S.* 1, 9, 20 ¶ **2** [poét.] petite oreille, oreille délicate:

HOR. *S.* 2, 5, 33; *Ep.* 1, 2, 53; 1, 8, 16 ¶ **3** oreille, ouïe: HER. 4, 14; PERS. 2, 30; MART. 3, 28 ¶ **4** **auricula murina** SCRIB. 153, myosotis.

▶ **oricula**: CIC. *Q.* 2, 15, 4 (M.); P. FEST. 196, 28.

auricŭlāris, *e* (auricula), de l'oreille: ISID. 11, 1, 71.

auricŭlārius, *a*, *um* (auricula) ¶ **1** de l'oreille: **auricularius dolor** ULP. *Dig.* 50, 13, 1, mal d'oreilles ¶ **2** subst. **a)** [fig.] confident, conseiller: VULG. 2 *Reg.* 23, 23 **b)** qui est aux écoutes, espion: GLOSS. 2, 482, 50.

▶ **oric-** CELS. 5, 28, 12.

auricŭlōsus, *a*, *um*, qui est aux écoutes: GLOSS. 3, 251, 75.

auriductŏr, *ōris*, m., tréfileur d'or: DIOCL. 28, 5.

aurifer, *ĕra*, *ĕrum* (aurum, fero), qui produit de l'or, aurifère: PLIN. 4, 115; **aurifera arbor** CIC. *Tusc.* 2, 22, arbre aux pommes d'or [dans le jardin des Hespérides] ‖ qui contient de l'or: **aurifer amnis** TIB. 3, 3, 29, fleuve qui roule de l'or.

aurifex, *ĭcis*, m. (aurum, facio), orfèvre: CIC. *Verr.* 4, 56; *de Or.* 2, 159.

▶ **aurufex** CIL 1, 1840.

aurifīcīna, *ae*, f. (aurifex), boutique d'orfèvre: GLOSS. 2, 568, 43 ‖ orfèvrerie: CASSIAN. *Coll.* 21, 15, 1.

aurifīcus, *i*, m., orfèvre: PS. FULG. *Serm.* 67; CIL 10, 3976.

aurifluus, *a*, *um* (aurum, fluo), qui roule de l'or: PRUD. *Sym.* 2, 604.

aurifŏdīna, *ae*, f. (aurum, fodina), mine d'or: PLIN. 33, 78.

aurifossŏr, *ōris*, m., chercheur d'or: CASSIOD. *Hist.* 11, 15.

auriga, *ae*, m. (aureae, ago, cf. aureax) ¶ **1** cocher, conducteur de char: CIC. *Rep.* 2, 68; CAES. *G.* 4, 33, 2 ‖ f., **auriga soror** VIRG. *En.* 12, 918, la sœur conduisant le char ¶ **2** palefrenier: VIRG. *En.* 12, 85; VARR. *R.* 2, 7, 8; 2, 8, 4 ¶ **3** [poét.] pilote: OV. *Tr.* 1, 4, 16 ‖ [fig.] conducteur: COL. 3, 10, 9 ¶ **4** constellation: CIC. *Arat.* 468.

▶ **origa** VARR. *R.* 2, 7, 8.

aurigābundus, *a*, *um* (aurigo), qui se livre au métier de cocher: JUL.-VAL. 1, 9.

aurigālis, *e* (auriga), de cocher: DIOCL. 10, 19.

aurigans, *tis* (aurum), brillant d'or: JUL.-VAL. 3, 36.

aurigārius, *ii*, m. (auriga), cocher du cirque: SUET. *Ner.* 5.

aurigātio, *ōnis*, f. (aurigo), action de conduire un char: SUET. *Ner.* 35 ‖ course, promenade [sur le dos d'un poisson]: GELL. 7, 8, 4.

aurigātor, *ōris*, m. (aurigo), conducteur: GLOSS. 2, 569, 14 ‖ palefrenier: GLOSS. 2, 26, 49 ‖ le Cocher [constellation]: AVIEN. *Arat.* 405.

Aurigĕna, *ae*, m. (aurum, geno), né d'une pluie d'or [Persée]: OV. *M.* 5, 250.

aurigĕr, *ĕra*, *ĕrum* (aurum, gero), C.▶ aurifer: CIC. poet. *Div.* 2, 63; VAL.-FLAC. 8, 110.

aurigĭnĕus, **aurigĭnōsus**, V.▶ aurugin-.

Aurigis, **Auringis**, *is*, f., ville de la Bétique: LIV. 24, 42, 5.

1 **aurīgō**, *ās*, *āre*, *āvī*, *ātum* (auriga), intr., conduire un char: PLIN. 33, 90; SUET. *Calig.* 54 ‖ [fig.] guider, gouverner: GELL. 14, 1, 23.

2 **aurīgō**, V.▶ aurugo: SCRIB. 110.

aurigŏr, *āris*, *ārī*, -, C.▶ 1 aurigo: VARR. *Men.* 316.

aurilĕgŭlus, *i*, m. (aurum, lego), chercheur d'or: COD. TH. 10, 19, 9.

aurilĕgus, *i*, m., C.▶ aurilegulus: NICET. *Symb. fr.* 3.

aurinectrix, C.▶ aurinetrix: DIOCL. 28, 6.

aurinētrix, *īcis*, f. (aurum, neo), fileuse d'or: CIL 6, 9213.

aurinētum, *i*, n. (aurum, 1 netus), fil d'or: DIOCL. 28, 2.

Auringis, V.▶ Aurigis.

Aurīni, *ōrum*, m. pl., peuple d'Étrurie: PLIN. 3, 52.

Aurīnĭa, *ae*, f., C.▶ Albrinia, prophétesse des Germains: *TAC. *G.* 8.

Aurīnus deus, m., le dieu de l'or: AUG. *Civ.* 4, 21.

auripigmentum, *i*, n. (aurum, pigmentum), orpin, orpiment [colorant jaune]: VITR. 7, 7, 5; CELS. 5, 5, 1; PLIN. 33, 79.

auris, *is*, f. (*ausis, cf. ausculto, audio, οὖς, al. *Ohr*, an. *ear*; fr. ormeau = auris maris) ¶ **1** oreille: **auribus desectis** CAES. *G.* 7, 4, 10, avec les oreilles coupées; **cum in aurem ejus insusurratum (erat)** CIC. *Verr.* 1, 120, quand on lui avait chuchoté à l'oreille; **ad aurem admonere aliquem** CIC. *Fin.* 2, 49, avertir qqn à l'oreille; **Cynthius aurem vellit** VIRG. *B.* 6, 3, le dieu du Cynthe [Apollon] m'a tiré l'oreille [pour m'avertir]; **aliquid auribus accipere** CIC. *de Or.* 1, 218, recueillir au moyen des oreilles, écouter; **ad aures alicujus accidere** CIC. *Sest.* 107, arriver aux oreilles de qqn (**pervenire** CIC. *Cat.* 4, 14; **auribus accidere** PLIN. *Pan.* 92; TAC. *An.* 15, 67); **quoniam tu suscipis, in alteram aurem** CIC. *Att.* 13, 24, 1, puisque toi, tu t'en portes garant, je puis dormir sur mes deux oreilles, cf. **in aurem utramvis dormire** TER. *Haut.* 342 ¶ **2** oreille attentive, attention: **alicui aures suas dare** CIC. *Arch.* 26, prêter à qqn une oreille complaisante (attentive), cf. *Att.* 1, 5, 4; 2, 14, 2; **aurem praebere** HOR. *S.* 1, 1, 22 (**aures** LIV. 38, 52, 11); **commodare** *Ep.* 1, 40, prêter l'oreille; **aures erigere** CIC. *Verr.* 1, 28, dresser l'oreille (être attentif) ‖ **aequis auribus audire** LIV. 2, 61, 9, écouter avec une oreille favorable (se-

auris

cundis auribus Liv. 6, 40, 14 ‖ jugement de l'oreille : **res digna auribus eruditis** Cic. Or. 119, sujet digne d'oreilles savantes ; **ad Atticorum aures teretes et religiosas se accommodare** Cic. Or. 28, se conformer à l'oreille délicate et scrupuleuse des Attiques ; **haec nostra oratio multitudinis est auribus accommodanda** Cic. de Or. 2, 159, notre parole à nous doit s'accommoder aux oreilles de la foule ‖ [fig.] **cordis aures** Juvc. 2, 812, les oreilles du cœur ¶ **3** orillon d'une charrue : Virg. G. 1, 172.

auriscalpĭum, ĭi, n. (auris, scalpo), cure-oreille : Mart. 14, 23 ‖ sonde [chir.] : Scrib. 41.

auriscalpĭus, ĭi, m., surnom malveillant du pape Damase [4ᵉ s.] : **matronarum auriscalpius** Avell. 4, 5, le chatouilleur des oreilles des dames.

aurītŭlus, i, m. (dim. de auritus), âne : Phaed. 1, 11, 6.

aurītus, a, um (auris) ¶ **1** qui a de longues oreilles : Virg. G. 1, 308 ; Ov. Am. 2, 7, 15 ; Mart. 7, 87, 1 ¶ **2** qui entend, attentif : Pl. As. 4 ; Mil. 608 ; Hor. O. 1, 12, 11 ; **auritae leges** Prud. Apoth. 767, lois pourvues d'oreilles, attentives [par oppos. à surdae, inexorables] ¶ **3** fait en forme d'oreille : Plin. 10, 136 ¶ **4** muni d'orillons : Pall. 1, 42, 1.

Aurĭus, ĭi, m., nom d'homme : Cic. Clu. 11.

aurĭvestrix, īcis, f. (aurum, vestio), brodeuse en or : CIL 6, 9214.

aurō, ās, āre, -, - (aurum), tr., dorer : Manil. 4, 515 ; Prisc. 2, 433, 6.

aurŏchalcum, ⓒ aurich- : Suet. Vit. 5 [deux mss] ; Not. Tir. 77, 16 ; Gloss. 3, 325, 7.

aurŏclāvus, a, um, orné de bandes d'or : Schol. Juv. 6, 482.

aurŏlentus, Ⓥ aurulentus : Fort. Germ. 13, 45.

1 **aurōra**, ae, f. (*ausōsā, cf. ἔως, scr. uṣas-, al. Ost, an. east) ¶ **1** l'aurore : Lucr. 2, 578 ; Cic. Arat. 65 ; Liv. 1, 7, 6 ¶ **2** le Levant, les contrées orientales : Virg. En. 8, 686 ; Ov. M. 1, 61.

2 **Aurōra**, ae, f., Aurore [épouse de Tithon, déesse de l'aurore] : Virg. G. 1, 446 ; En. 7, 26.

aurōrescō, ĭs, ĕre, -, - (aurora), intr., **aurorescente die** Arn.-J. Confl. 1, 18, l'aurore arrivant.

aurōrō, ās, āre, -, - (aurora), intr., avoir l'éclat de l'aurore : Varr. Men. 121 ‖ **aurorans** Gloss. 4, 312, 35, éclairant.

aurōsus, a, um (aurum) ¶ **1** ➡ aurifer : Plin. 33, 67 ¶ **2** de couleur d'or : Pall. 1, 5, 1.

aurūgĭnĕus, a, um, de jaunisse : Cael.-Avr. Chron. 2, 11, 132.

aurūgĭnō, ās, āre, -, - (aurugo), intr., avoir la jaunisse : Tert. Anim. 17, 9.

aurūgĭnōsus, aurīgĭnōsus, a, um, qui a la jaunisse, ictérique : M.-Emp. 22, 13 ; Ps. Apul. Herb. 32.

aurūgo (-īgo), ĭnis, f., jaunisse : Scrib. 110, 127 ; Ps. Apul. Herb. 85 ; Isid. 4, 8, 13.

aurŭla, ae, f. (dim. de aura), petite brise : Tert. Marc. 2, 9, 2 ‖ [fig.] souffle léger : Tert. Anim. 28, 5 ; Hier. Ep. 34, 3.

aurŭlentus, a, um (aurum), de couleur d'or : Prud. Perist. 12, 49.

aurum, i, n. (arch. ausum P. Fest. 8, 14 ; cf. aurora, toch. A wäs, v. pr. ausis ; fr. or, bret. aour) ¶ **1** or : **auri venas invenire** Cic. Nat. 2, 151, trouver des filons d'or ; **montes auri** Ter. Phorm. 68, des montagnes d'or ¶ **2** objets faits en or : vaisselle d'or : Cic. Or. 232 ; Tusc. 5, 61 ; Cael. 30 ; 31 ; 32, Ⓥ 2 commodo ¶ 2 ; **libare auro** Virg. G. 2, 195, faire des libations avec des coupes d'or ‖ **onerata auro** Ter. Haut. 452, couverte de bijoux, cf. Cic. Inv. 1, 51 ; **crines nodantur in aurum** Virg. En. 4, 138, ses cheveux sont ramassés en un nœud agrafé d'or ¶ **3** monnaie d'or, ou monnayé, or : Cic. Sest. 93 ; Flac. 69 ; Phil. 3, 10 ; Att. 1, 16, 12 ; 12, 6, 1 ¶ **4** [fig.] or, argent, richesse : Her. 4, 43 ; Cic. Div. 2, 134 ; **auri sacra fames** Virg. En. 3, 56, soif maudite de l'or ‖ l'éclat, la couleur de l'or : Lucr. 2, 27 ; Virg. G. 4, 91 ; Ov. M. 15, 316 ; Juv. 6, 589 ‖ l'âge d'or : Hor. O. 4, 2, 39 ; Ov. M. 1, 115.

Aurunca, ae, f., ancien nom de Suessa en Campanie : Juv. 1, 20 ‖ **-cus**, a, um, d'Aurunca : Virg. En. 7, 206 ; 7, 727 ‖ **-ci**, ōrum, m. pl., les Aurunques : Virg. En. 11, 318 ; Plin. 3, 56.

Auruncŭlēius, i, m., nom de famille rom. : Caes. G. 2, 11 ; Liv. 27, 41.

Ausāfa, ae, f., ville d'Afrique : Cypr. Sent. 73 ‖ **-fensis**, e, d'Ausafa : Aug. Serm. 2, 20 in ps. 36.

Ausarītae, ārum, m. pl., peuplade d'Arabie : Plin. 6, 153.

Ausarītis murra, f., myrrhe des Ausarites : Plin. 12, 69.

Ausci, ōrum, Caes. G. 3, 27, 1 ; Plin. 4, 108, **Auscenses**, ĭum, Sidon. Ep. 7, 6, 7, m. pl., peuple de la Novempopulanie [pays d'Auch] ‖ **-ciensis**, e, Mart. 4, 15, **-cius**, a, um, Aus. Prof. 21, (210), tit., des Ausci.

auscŭlor, Ⓥ oscul-.

auscultātĭo, ōnis, f. (ausculto) ¶ **1** action d'écouter, d'espionner : Sen. Tranq. 12, 7 ¶ **2** action d'obéir : **mihi scelesto tibi erat auscultatio ?** Pl. Ru. 502, moi, je devais obéir à un scélérat de ton espèce ?

auscultātŏr, ōris, m. (ausculto) ¶ **1** auditeur : Cic. Part. 10 ¶ **2** qui obéit : **auscultator mandati** Apul. M. 7, 16, qui exécute un ordre.

auscultātŭs, ūs, m. (ausculto), action d'écouter : Apul. M. 6, 13 ‖ **auscultatus puerilis** Fulg. Virg. p. 86, 6 H, auditoire d'enfants.

auscultō, ās, āre, āvī, ātum (cf. audio, auris et p.-ê. celsus ; fr. écouter), tr. et intr. ¶ **1** dresser l'oreille, écouter avec attention : **jam scies ; ausculta** Ter. Phorm. 995, tu vas savoir ; écoute bien ‖ **aliquem** Pl. Aul. 496 ; Catul. 67, 39, écouter qqn ‖ **alicui** Ter. Ad. 906, prêter l'oreille à qqn ¶ **2** ajouter foi [avec acc.] : **crimina** Pl. Ps. 427, ajouter foi à des accusations ‖ [avec le dat. de la pers.] **cui auscultabant** Vulg. Act. 8, 10, la personne à qui ils croyaient ¶ **3** écouter en cachette : **quid habeat sermonis, auscultabo** Pl. Poen. 822, j'épierai ses paroles ‖ [en parl. des esclaves] veiller à la porte : **ad fores auscultato** Pl. Truc. 95, veille à la porte ¶ **4** [avec le dat.] obéir : **auscultato filio** Pl. Bac. 855, obéis à mon fils, cf. Curc. 223 ; Ter. Ad. 906 ; Cat. Agr. 5, 3 ; **mihi ausculta** Cic. Amer. 104 [ex. unique] écoute-moi, obéis-moi ‖ [pass. impers.] **auscultabitur** Pl. Merc. 465, on obéira [ce sera fait].

▶ orth. vulg. opsculto CIL 4, 2360 ‖ forme dép. auscultor signalée par Char. 293, 24.

auscultor, Ⓥ ausculto ▶.

ausculum, Ⓥ osculum.

Ausĕr, ĕris, m., rivière d'Étrurie Atlas XII, C2 ; Plin. 3, 50.

▶ Ausur Rutil. 1, 566.

Ausētānus, a, um, Ausétain [en Tarraconaise] : Liv. 29, 2, 2 ‖ subst. m. pl., les Ausétains : Caes. C. 1, 60, 2 ; Liv. 21, 23, 2.

ausi, ausim, Ⓥ audeo ▶.

Ausimum, i, n., Ⓒ Auximon : Peut. 5, 3.

Ausōn, ŏnis, m., fils d'Ulysse, éponyme de l'Ausonie : Fest. 16, 23 ; Serv. En. 3, 1714 ; 447 ‖ **-sŏnes**, um, m. pl., les Ausones : Stat. S. 4, 5, 37 ‖ **-sōn**, ŏnis, adj. m., f., d'Ausonie : Avien. Arat. 102 ‖ **Ausōna**, ae, f., ville de l'ancienne Ausonie : Liv. 9, 25, 3 ‖ **Ausōnĭa**, ae, f., Ausonie [ancien nom d'une partie de l'Italie] et [poét.] l'Italie : Virg. En. 10, 54 ; Ov. F. 4, 290.

Ausŏnĭānus, a, um, d'Ausone : Fulg. Myth. 1, pr. ; 13.

Ausŏnĭdae, dūm, m. pl., Ausoniens, habitants de l'Ausonie : Virg. En. 10, 564.

Ausŏnis, ĭdis, f., Ausonienne, Italienne : Ov. F. 2, 98 ; Sil. 9, 187.

1 **Ausŏnĭus**, a, um, Ausonien, d'Ausonie, Romain, Italien : Virg. En. 4, 349 ; Plin. 3, 95 ‖ subst. m. pl., les Ausones : Virg. En. 7, 233.

2 **Ausŏnĭus**, ĭi, m., Ausone, écrivain latin : Aus. Idyl. 8 = 6 (332), 38.

auspex, ĭcis, m. (avis, specio) ¶ **1** celui qui prédit d'après le vol, le chant, la manière de manger des oiseaux ; augure, devin : Cic. Att. 2, 7, 2 ; Plin. 10, 49 ¶ **2** [fig.] chef, protecteur, guide : **dis auspicibus** Virg. En. 4, 45, avec la protection divine, cf. 3, 20 ; Hor. Ep. 1, 3, 13 ¶ **3** [en part.] témoin dans un mariage ; paranymphe :

nuptiarum auspices Cic. *Div.* 1, 28, les témoins aux mariages, cf. Varr. d. Serv. *En.* 4, 45 ; Cic. *Clu.* 14 ; Liv. 42, 12, 4 ¶ **4** [adj.] qui inaugure bien, heureux, favorable, de bon augure : *auspex clamor* Claud. *IV Cons. Hon.* 610, cri de bon augure, cf. *Ep.* 2, 51 ; Sen. *Med.* 58.

auspĭcābĭlis, *e* (*auspicor*), de bon augure : Arn. 4, 7 ; 7, 32.

auspĭcālis, *e* (*auspex*), qui fournit un présage : Plin. 32, 4 ‖ de bon augure, qui inaugure bien, inaugural : Mamertin. *Maxim.* (2), 6, 2.

auspĭcālĭter, C. *auspicato* : Grom. 170, 5.

auspĭcātō (n. du part. de *auspico* à l'abl. abs.) ¶ **1** les auspices étant pris, avec de bons auspices : Cic. *Mur.* 1 ¶ **2** adv., [fig.] heureusement : Ter. *Andr.* 807 ‖ *auspicatius* Plin. 3, 105 ; 7, 47 ; Apul. *Apol.* 88.

auspĭcātus, *a, um* (part. de *auspico* pris adjᵗ), consacré par les auspices : Cic. *Rab. perd.* 11 ; Hor. *O.* 3, 6, 10 ‖ favorable : *quis (vidit) Venerem auspicatiorem ?* Catul. 45, 26, qui (a vu) une Vénus plus favorable [avec des auspices plus favorables] ; *quod erat auspicatissimum* Plin. *Ep.* 10, 17, 2, ce qui était le plus heureux des présages.

auspĭcĭum, *ĭi*, n. (*avis, specio*) ¶ **1** observation des oiseaux [vol, mouvements, appétit, chant], auspice : *optimis auspiciis* Cic. *CM* 11, avec d'excellents auspices ; *nihil publice sine auspiciis gerebatur* Cic. *Div.* 1, 3, il n'y avait pas d'acte officiel sans auspices ; *ementitis ea auspicia* Cic. *Phil.* 2, 83, tu as déclaré de faux auspices ; *auspicia neglegere* Cic. *Att.* 2, 9, 1, ne pas tenir compte des auspices ‖ [en gén.] présage : *alitem auspicium fecisse* Liv. 1, 34, 9, [elle déclare] que l'oiseau a fourni un présage ; *ratum auspicium facere* Cic. *Div.* 2, 80, fournir un bon présage ; *fulmen sinistrum auspicium optumum habemus ad omnes res praeterquam ad comitia* Cic. *Div.* 2, 74, un coup de tonnerre à gauche est maintenant considéré comme un excellent présage pour toutes les affaires sauf pour les comices (cf. Plin. 2, 54) ; *auspicium prosperi transgressus* Tac. *An.* 6, 37, présage d'une heureuse traversée ‖ droit de prendre les auspices : *auspicia habere* Cic. *Agr.* 2, 31 ou *auspicium habere* Cic. *Leg.* 3, 10 ; *omnibus magistratibus auspicia dantur* Cic. *Leg.* 3, 27, à tous les magistrats est donné le droit de prendre les auspices ¶ **2** auspices d'un magistrat [donc symbole du pouvoir, du commandement] : *expugnatum oppidum est imperio atque auspicio eri mei* Pl. *Amp.* 192, la place a été enlevée sous le commandement et les auspices de mon maître ; *ductu Germanici, auspiciis Tiberii* Tac. *An.* 2, 41, sous la conduite de Germanicus et sous les auspices (commandement en chef) de Tibère ; *quoniam eo die ejus forte auspicium fuisset* Liv. 28, 9, 10, [on décida que] puisque ce jour-là il avait eu par hasard les auspices [le commandement] ; *paribus* *auspiciis regamus* Virg. *En.* 4, 103, gouvernons avec un même pouvoir ; *me si fata meis paterentur ducere vitam auspiciis* Virg. *En.* 4, 341, si les destins me laissaient conduire ma vie sous mes propres auspices (à ma volonté) ¶ **3** début, commencement : Just. 26, 2, 2 ; 27, 1, 1.

auspĭcō, *ās, āre, āvī, ātum*, intr., [forme anc.] C. *auspicor*, prendre les auspices ; *alicui rei*, pour une chose : Pl. *Ru.* 717 ; Pers. 689 ; [absᵗ] Cat. *Orat.* 36 ; 73 ; Gell. 13, 14, 5 ; [acc. d'objet intér.] *auspicat auspicium prosperum* Naev. *Poet.* 36, il prend un heureux auspice.

auspĭcŏr, *āris, āri, ātus sum* (*auspex*), tr. ¶ **1** prendre les auspices : *auspicari vindemiam* Varr. *L.* 6, 19 ; *comitia* Liv. 26, 2, 2, consulter les auspices pour la vendange, pour les comices ‖ [absᵗ] Cic. *Div.* 2, 72 ; *Nat.* 2, 11 ; Liv. 4, 6, 3 ¶ **2** commencer : *militiam auspicari* Suet. *Aug.* 38, commencer le service militaire ; *regnum* Tac. *An.* 15, 24, inaugurer sa royauté ; *homo a suppliciis vitam auspicatur* Plin. 7, 3, l'homme inaugure par des douleurs son entrée dans la vie ‖ [absᵗ] *a centumviralibus causis auspicari* Plin. *Ep.* 2, 14, 2, débuter par des causes centumvirales ; *auspicandi gratia tribunal ingressus* Tac. *An.* 4, 36, étant monté sur son tribunal pour son entrée en fonctions ; [avec inf.] *anno novo... auspicabar in Virginem desilire* Sen. *Ep.* 83, 5, j'inaugurais l'année nouvelle par un plongeon dans l'Aqua Virgo ; *recitatione tragoediarum ingredi famam auspicatus sum* Tac. *D.* 11, je me suis ouvert le chemin de la renommée par des lectures publiques de tragédies ; Suet. *Ner.* 22.

▶ arch. *ospicor* Quadr. d. Diom. 383, 10.

austellus, *i*, m. (dim. de *auster*), petit auster : Lucil. 529.

1 austĕr, *tri*, m. (cf. *haurio* ; it. *ostro*), le vent du midi, l'auster : Sen. *Nat.* 5, 16, 6 ; Gell. 2, 22, 14 ; *auster vehemens* Cic. *Att.* 16, 7, un vent du midi violent ; *auster humidus* Virg. *G.* 1, 462, l'auster qui apporte la pluie ; *austrum immisi floribus* Virg. *B.* 2, 58, j'ai déchaîné l'ouragan sur mes fleurs [je me suis perdu moi-même] ‖ [en part.] le sud, le midi : *in austri partibus* Cic. *Rep.* 6, 22, dans les régions méridionales ; pl., Virg. *G.* 1, 241 ; Plin. 2, 43.

2 auster, V. *austerus* ▶.

austĕrālis, *is*, f., menthe [plante] : Ps. Apul. *Herb.* 105.

austĕrē, adv. (*austerus*), sévèrement, rudement : Cic. *Mur.* 74 ‖ *austerius* Vulg. 2 *Macc.* 14, 30.

austĕrĭtas, *tis*, f. (*austerus*) ¶ **1** saveur âpre, âpreté : *vini austeritas* Plin. 14, 24, la saveur âpre du vin ‖ [en parl. des couleurs] ton foncé, sombre : Plin. 35, 97 ; 35, 134 ; 37, 65 ¶ **2** [fig.] sévérité, gravité, sérieux : *austeritas magistri* Quint. 2, 2, 5, la sévérité du maître, cf. Plin. 2, 5, 5 ; Sen. *Pol.* 8, 4.

austĕrŭlus, *a, um* (dim. de *austerus*), qq. peu âpre : Apul. *Flor.* 20.

austĕrus, *a, um* (αὐστηρός) ¶ **1** âpre, aigre : Cat. *Agr.* 126 ; *austerior gustus* Col. 12, 12, 2, goût plus âpre ‖ [en parl. des odeurs] fort : *odore austerus* Plin. 12, 120, à l'odeur forte ‖ [en parl. des couleurs] sombre, foncé : *colores austeri* Plin. 35, 30, des couleurs sombres, cf. 35, 134 ¶ **2** [fig.] sévère, rude, austère [en parl. des pers.] : Cic. *Pis.* 71 ; [des choses] *austero more* Cic. *Cael.* 33, de mœurs sévères, cf. Hor. *S.* 2, 2, 12 ‖ [en parl. du langage, du style] sévère, grave : *suavitas austera* Cic. *de Or.* 3, 103, une douceur grave, cf. 3, 98 ; Hor. *P.* 342.

▶ *auster* Scrib. 188, des mss donnent : nom. m. *austeris* VL. *Matth.* 25, 24 ; pl. *austeres* Cassiod. *Compl.* 1 *Petr.* 6 ; n. *austere* Sor. 1, 84 ; Theod.-Prisc. *Log.* 106.

Austŏrĭāni, *ōrum*, m. pl., peuple de Maurétanie : Amm. 26, 4, 5.

austrālis, *e* (*auster*), du midi, méridional, austral : Cic. *Rep.* 6, 21 ; *Nat.* 2, 50 ; Ov. *M.* 2, 132.

austrĭfer, *fĕra, fĕrum* (*auster, fero*), qui amène le vent du midi ou la pluie : Sil. 12, 2.

austrīnātĭo, *ōnis*, f., vent du sud [considéré comme malsain] : VL. *Deut.* 28, 22.

austrīnus, *a, um* (*auster*), du midi : *calores austrini* Virg. *G.* 2, 271, les souffles chauds du midi ; *vertex austrinus* Plin. 2, 172, le pôle austral ‖ subst. n. pl. : *austrina Cypri* Plin. 6, 213, la partie méridionale de Chypre.

austrŏăfrĭcus, *i*, m., vent du sud-ouest : Isid. 13, 11, 7.

austrŏnŏtus, -*nŏtĭus*, *i*, m. (*auster, notus*), le pôle antarctique, le pôle austral : Isid. 3, 32, 1 ; 13, 5, 5.

ausum, *i*, n. (*ausus, audeo*), entreprise hardie, acte de courage : Ov. *M.* 2, 328 ‖ crime, forfait : *pro talibus ausis* Virg. *En.* 2, 535, pour de pareils forfaits.

Ausŭr, C. *Auser*.

1 ausus, *a, um* (a. fr. *os*, it. *oso*), part. de *audeo*.

2 ausŭs, *ūs*, m., acte d'audace : Petr. 123 v. 184 ; Symm. *Ep.* 2, 33 ; Cod. Th. 16, 4, 2.

aut (cf. *au-*, αὖ, scr. *ava*, al. *auch* ; fr. *ou*), conj., ou, ou bien ¶ **1** [lien entre des mots ou des prop.] *nolebas aut non audebas* Cic. *Quinct.* 39, tu ne voulais ou n'osais pas ; *quid ego vetera repetam ? aut quid eorum scribarum mentionem faciam ?* Cic. *Verr.* 3, 182, à quoi bon remonter à des temps anciens ? ou parler de ces greffiers ? ‖ [*aut* répété] *tuus colonus aut vicinus aut cliens aut libertus aut quivis qui...* Cic. *Caecin.* 57, ton fermier ou ton voisin ou ton client ou ton affranchi ou tout autre qui... ‖ [après négation] *tum neque nomen erat nec honos aut gloria monti* Virg. *En.* 12, 135, ce mont n'avait alors ni un nom ni honneur ou gloire ; *nec excursione nec saltu nec eminus hastis aut cominus*

aut

gladiis uteretur Cic. CM 19, il ne pratiquerait pas la course ni le saut ni le combat de loin avec la lance ou de près avec l'épée ; **neque moribus neque lege aut imperio cujusquam regebantur** Sall. J. 18, 2, ils n'étaient régis ni par des coutumes ni par des lois ou l'autorité de personne ‖ [fortifié par des particules diverses] **quem ego diem vere natalem hujus urbis aut certe salutarem appellare possum** Cic. Flac. 102, ce jour que je puis appeler vraiment le jour de la naissance de cette ville ou du moins celui de son salut ; **consules se aut dictatores aut etiam reges sperant futuros** Cic. Cat. 2, 19, ils espèrent être consuls ou dictateurs ou même rois ; **testis non modo Afer aut Sardus sane, sed...** Cic. Scaur. 15, un témoin, je ne dis pas seulement Africain ou, si vous voulez, Sarde, mais... ; **aut saltem** Caes. C. 1, 6, 2, ou à défaut, ou tout au moins ; **Catonem quis legit ? aut quis novit omnino ?** Cic. Brut. 65, Caton, qui le lit ? ou même qui le connaît seulement ? ; **aut potius** Cic. Verr. 3, 113, ou plutôt ; **aut fortasse** Cic. Agr. 2, 51, ou peut-être ; **aut denique** Cic. Arch. 12, ou enfin ; **aut summum** Cic. Verr. 2, 129, ou tout au plus ¶ **2** ou sinon, ou sans cela, ou autrement : Cic. Clu. 127 ; Agr. 2, 79 ; **et tu argentum huic redde aut, nisi id confestim facis, ego te tradam magistratui** Nep. Epam. 4, 3, et toi, rends l'argent à cet homme, ou alors, si tu ne le fais sur-le-champ, moi, je te livrerai au magistrat ; **nunc manet insontem gravis exitus aut ego veri vana feror** Virg. En. 10, 630, mais, sans qu'il l'ait mérité, une fin cruelle l'attend, à moins que je ne sois le jouet d'une trompeuse erreur ¶ **3** **aut... aut** [avec valeur disjonctive] de deux choses l'une, ou bien... ou bien : **aut secundum naturam aut contra** Cic. Fin. 3, 53, de façon ou conforme ou contraire à la nature ; **aut hoc aut illud ; hoc autem, non igitur illud** Cic. Top. 56, c'est ou ceci ou cela, c'est ceci, donc ce n'est pas cela ; **aut dabis aut contra edictum fecisse damnabere** Cic. Verr. 3, 25, ou tu donneras ou tu seras condamné comme ayant enfreint l'édit ‖ [le 2ᵉ aut restrictif] **quaero... num id injuste aut improbe fecerit** Cic. Off. 3, 54, je demande si sa conduite n'est pas contraire à la justice ou du moins à la probité ; **aut falsa aut certe obscura** Cic. de Or. 1, 92, opinion ou fausse ou du moins certainement obscure ‖ [après négation] **ut a nullius umquam ne tempore aut commodo aut otium meum abstraxerit aut voluptas avocarit aut denique...** Cic. Arch. 12, de telle façon que, quand il s'est agi de tirer qqn du danger ou de défendre ses intérêts, jamais je n'ai été soit détourné par le souci de mon repos, soit distrait par l'appel du plaisir, soit enfin... ; **nemo aut miles aut eques** Caes. C. 3, 61, 2, personne ni fantassin ni cavalier. ¶ **4** [dans les interrog.] et : **interrogatus quid aut qua de causa consilii habuisset** Sall. C. 47, 1, interrogé sur le but et la cause du projet qu'il avait formé ; Liv. 22, 7, 14 ‖ [tard.] ⇒ an : **interrogatus quid sit majus, verum aut veritas** Aug. Ep. 238, 4, 22, interrogé sur ce qui est le plus grand, le vrai ou la vérité ? ; **utrum ... aut** Civ. 3, 6 ‖ **aut si = at si** : Tert. Jejun. 14, 2 ‖ **aut ... aut = et ... et** : Eger. 9, 2.

Autacae, *ārum*, m. pl., peuple du Pont : Plin. 6, 21.

autăchātēs, v. antachates.

Autaei, *ōrum*, m. pl., peuple d'Arabie : Plin. 6, 158.

Autăriātae (Auder-), *ārum*, m. pl., Autariates [peuple de la Macédoine] : Just. 15, 2, 1.

Autaridae, *ārum*, m. pl., peuple d'Arabie : Plin. 6, 153.

autem (aut et cf. quidem, item)

I conj. [marque en général une opposition très faible, et correspond d'ordinaire au grec δέ] ¶ **1** [légère opposition] mais, tandis que : **adulescentes... senes autem** Cic. CM 71, les jeunes gens... tandis que les vieillards ; **huic pauci deos propitios, plerique autem iratos putabunt** Cic. Cael. 42, un tel homme, quelques-un trouveront qu'il jouit de la faveur des dieux, mais la plupart qu'il est l'objet de leur colère ; **ego... tu autem** Cic. de Or. 1, 5, moi..., tandis que toi... ‖ précédé de quidem : **et corpora quidem exercitationum defatigatione ingravescunt, animi autem exercitando levantur** Cic. CM 36, et le corps, il est vrai, par la fatigue des exercices s'alourdit, mais l'esprit... (et, si la fatigue des exercices alourdit le corps, l'esprit qu'on exerce en devient plus léger) ; **Neoptolemus quidem apud Ennium ait... ; ego autem...** Cic. Tusc. 2, 1, Néoptolème il est vrai, déclare dans Ennius... ; mais moi... ¶ **2** [balancement] d'autre part, et d'autre part, quant à : **legati ab Haeduis et a Treveris veniebant : Haedui... ; Treveri autem** Caes. G. 1, 37, 3, des ambassadeurs venaient de la part des Éduens et de la part des Trévires, les Éduens..., les Trévires, eux (quant aux Trévires) ; **qua exspectatione defensa est (causa) ? cum Q. Scaevola... ex scripto testamentum jura defenderet... ; ego autem defenderem...** Cic. de Or. 1, 180, au milieu de quelle attente cette cause fut défendue ? alors que Q. Scévola d'une part... défendait d'après la lettre les droits du testament écrit, et que moi, d'autre part, je soutenais..., cf. de Or. 2, 81 ; 2, 210 ‖ **quod autem plures a nobis nominati sunt** Cic. Brut. 299, quant à cette énumération assez longue d'orateurs ; **nunc autem** Cic. Nat. 1, 24, pour le moment, cf. Or. 160 ; Tusc. 3, 47 ‖ [dans une énumération, après le dernier membre] **instaret Academia... Stoici vero nostri... laqueis te inretitum tenerent. Peripatetici autem...** Cic. de Or. 1, 43, tu serais serré de près par l'Académie... Nos Stoïciens, de leur côté, te tiendraient pris dans leurs filets. Quant aux Péripatéticiens... ; **aliud judicium Protagorae est... ; aliud Cyrenaicorum... ; aliud Epicuri... ; Plato autem...** Cic. Ac. 2, 142, il y a une opinion de Protagoras..., une autre des Cyrénaïques..., une autre d'Épicure... Quant à Platon... ‖ **tum... tum autem**, tantôt... tantôt : Cic. Inv. 1, 98 ; Nat. 2, 51 ; 2, 61 ; 2, 101 ¶ **3** [reprise d'un mot ou d'une idée] or : **admoneri me satis est ; admonebit autem nemo alius nisi** Cic. Pis. 94, il suffit de m'avertir, or, pour m'avertir il n'y aura que... ; **credo vos... gloriam concupivisse. Est autem gloria...** Cic. Phil. 1, 29, je crois que vous désiriez la gloire. Or la gloire, c'est... ‖ [reprise et correction] **num quis testis Postumum appellavit ? testis autem ? num accusator ?** Cic. Rab. Post. 10, est-ce qu'un témoin a prononcé le nom de Postumus ? que dis-je, un témoin ? l'accusateur l'a-t-il nommé ?, cf. Phil. 2, 48 ; Att. 5, 13, 3 ; 6, 2, 1 ; 6, 2, 8 ; Liv. 21, 44, 7 ‖ [entrée dans un développement après un digression ou parenthèse] or, eh bien : **ne nunc quidem solum de orationis modo dicam, sed de actionis, ita praetermissa pars nulla erit... Quomodo autem dicatur, id est in duobus, in agendo et in eloquendo** Cic. Or. 55, maintenant même je traiterai non seulement du style, mais aussi de l'action ; ainsi n'aura été laissée de côté aucune partie de l'éloquence... Or, la manière de s'exprimer par la parole dépend de deux choses, l'action et l'élocution, cf. Nat. 1, 49 ; **princeps omnium virtutum illa sapientia, quam** σοφίαν **Graeci vocant — prudentiam enim... aliam quamdam intellegimus, quae est... illa autem sapientia, quam principem dixi, rerum est divinarum et humanarum scientia** Cic. Off. 1, 153, la première de toutes les vertus est cette sagesse que les Grecs nomment σοφία — car la prudence... c'est pour nous une autre vertu particulière qui consiste... — eh bien ! cette sagesse, que j'ai appelée la première des vertus, est la science des choses divines et humaines ‖ [dans l'intérieur d'une parenthèse] **te, hominem amicissimum (me autem appellabat) non dubitabo monere** Cic. Ac. 2, 61, à toi, mon excellent ami (c'est à moi qu'il s'adressait) je ne craindrai pas de faire une critique ; **si quae praeterea sunt (credo autem esse multa)** Cic. Lae. 24, s'il y a autre chose encore à dire (et je crois qu'il y a beaucoup) ‖ [où l'on croirait trouver enim] **non metuo ne mihi adclametis ; est autem quod sentias dicendi liber locus** Cic. Brut. 256, je ne crains pas [peu m'importe] que vous vous récriiez contre moi, hé ! on a le champ libre pour dire ce qu'on pense ; **saepe interfui querelis aequalium meorum (pares autem vetere proverbio cum paribus facillime congregantur)** Cic. CM 7, j'ai souvent été présent quand des gens de mon âge se plaignaient (comme dit un vieux proverbe, qui se ressemble s'assemble) ; **quanto Stoici melius, qui a vobis reprehenduntur !** Cen-

sent autem... Cic. Nat. 1, 121, combien les Stoïciens, que vous critiquez, sont plus raisonnables ! Leur avis, c'est que... ‖ [mineure du syllogisme] *jus civile est aequitas... ejus autem aequitatis utilis cognitio est ; utilis ergo est juris civilis scientia* Cic. Top. 9, le droit civil, c'est l'équité... ; or, cette équité est utile à connaître ; donc il est utile de posséder le droit civil, cf. Top. 53 ; Rep. 1, 10 ; Tusc. 1, 79 ¶ 4 [addition] et, et puis, mais aussi, mais en outre : *Brutus admirans: tantamne fuisse oblivionem, inquit, in scripto praesertim, ut...? Quid autem, inquam, Brute, stultius quam...* Cic. Brut. 219, avoir commis unoubli, dit Brutus en s'étonnant, surtout dans un ouvrage écrit, au point de... ? Et puis, ajoutai-je, quelle plus grande sottise que de... ; *quid tam regium, tam liberale, tam munificum quam opem ferre supplicibus...? Quid autem tam necessarium quam tenere semper arma...?* Cic. de Or. 1, 32, est-il rien d'aussi royal, d'aussi noble, d'aussi généreux que de porter secours aux suppliants... ? mais en outre est-il rien d'aussi nécessaire que d'avoir toujours des armes... ; *quam brevi tempore quot et quanti poetae, qui autem oratores exstiterunt !* Cic. Tusc. 4, 5, dans quel court espace de temps que de poètes n'y a-t-il pas eu et de quelle valeur, mais aussi quels orateurs ! ¶ 5 [très souvent simple liaison intraduisible] *ea quae Saturni stella dicitur... triginta fere annis cursum suum conficit... Infra autem hanc... stella fertur quae... Huic autem proximum inferiorem orbem tenet stella Martis... Infra hanc autem stella Mercurii est...* Cic. Nat. 2 ; 52, la planète qui a nom planète de Saturne... achève son cours à peu près dans l'espace de trente ans... Au-dessous d'elle... roule la planète qui... Immédiatement au-dessous de celle-ci la planète Mars a son orbite... Au-dessous de cette dernière est la planète Mercure...
II particule [surtout à la période arch.] d'autre part : *et adire lubet hominem et autem nimis ausculto lubens* Pl. Poen. 841, et j'ai envie de l'aborder et, d'autre part, j'ai par trop de plaisir à l'entendre, cf. Mil. 1149 ; Poen. 927 ; *et currendum et pugnandum et autem jurigandumst in via* Pl. Merc. 119, il faut et courir et faire le coup de poing et avec cela se disputer en route ; *abite tu domum et tu autem domum* Pl. Truc. 838, allez-vous en, toi, chez toi, et puis toi, chez toi ; *neque aqua aquae neque lactest lactis similius quam hic tui est tuque hujus autem* Pl. Men. 1090, une goutte d'eau ne ressemble pas plus à une goutte d'eau, une goutte de lait à une goutte de lait que lui te ressemble à toi et toi à lui à ton tour (inversement) ; *adponam hercle urnam hanc in media via ; sed autem quid si hanc hinc abstulerit quispiam* Pl. Ru. 472, par dieu, je vais poser cette cruche au milieu du chemin ; mais d'autre part (mais aussi) qu'arriverait-il si qqn l'emportait d'ici ?, cf. Truc. 335 ; Ter. Phorm. 601 ; *sed quid ego haec autem nequiquam ingrata revolvo* Virg. En. 2, 101, mais pourquoi suis-je là, moi, de mon côté, à vous raconter en pure perte tous ces détails sans intérêt ‖ *neque... neque autem* Cic. Fam. 5, 12, 6 ; Lucr. 1, 857 ; 3, 561 ; 4, 152 ; Gell. 1, 11, 1 ‖ [explicatif, tard.] en effet : *autem... quia* Eger. 3, 2 ‖ alors [après causale] : Greg.-M. Ep. 7, 19.
▶ en règle générale *autem* est à la 2ᵉ place ; il est à la 3ᵉ quand les deux premiers mots font corps ; il est rare de trouver *contra autem omnia* Cic. Off. 2, 8 ; *infra autem hanc* Cic. Nat. 2, 52.

Autesiodurum (Autess-), *i*, n., ville de la Gaule Lyonnaise [auj. Auxerre] Atlas V, D3 : Anton. 361 ; Peut. 2, 4/5.

authādīa, *ae*, f. (αὐθάδεια), arrogance : Iren. 1, 29, 4.

authēmĕrum, *i*, n. (αὐθήμερον), onguent qui est préparé le jour même : CIL 13, 10021 (82) [cachet d'oculiste].

authenta, Not. Tir. 93, 11, **-tenta**, *ae*, m. (αὐθέντης), maître, arbitre souverain : *autenta vatum* Fulg. Virg. 102, 19, prince des poètes.

authentĭcum, *i*, n., original, pièce originale : *in Graeco authentico* Tert. Mon. 11, 11, dans l'original grec, cf. Paul. Dig. 22, 4, 2.

authentĭcus, *a*, *um* (αὐθεντικός), authentique, original : *authenticum testamentum* Ulp. Dig. 29, 3, 12, la minute du testament ‖ subst. m. pl., les apôtres [dépositaires de la tradition authentique] : Sidon. Ep. 7, 9, 1.

authepsa, *ae*, f. (*αὐθέψης), récipient de bronze ou d'argent à foyer, espèce de samovar : Cic. Amer. 133 (cf. Schol.) ; Lampr. Hel. 19.

authŏlŏgrăphus, *a*, *um* (αὐτός, ὁλόγραφος), entièrement autographe : Sidon. Ep. 9, 11, 6.

authŏr, V. *auctor*.

Autŏbūlus, *i*, m., Autobule [peintre grec] Plin. 36, 148 ‖ nom d'un danseur : Cic. Pis. 89.

autochthōn, *ŏnis*, m. (αὐτόχθων), autochtone [né sur le sol qu'il habite] : Apul. M. 11, 5.

autŏcrătōr, *ŏris*, m. (αὐτοκράτωρ), autocrate : Vop. Tyr. 2, 1.

autŏgĕnĭtōr, *ōris*, m., qui s'engendre lui-même : Iren. 1, 14, 3.

autŏgrăphus, *a*, *um* (αὐτόγραφος), autographe, écrit de la propre main de qqn : *litterae autographae* Suet. Aug. 87, lettre autographe ‖ subst. n., un autographe : Symm. Ep. 3, 9, 11.

Autŏlŏles, *um*, m. pl., Plin. 5, 5 ; 6, 201, peuple de la Maurétanie Tingitane ‖ **-ae**, *ārum*, Sil. 13, 145.

Autŏlycus, *i*, m. (Αὐτόλυκος), fils d'Hermès, aïeul d'Ulysse, fameux par ses vols : Ov. M. 11, 113.

autŏmătārĭus, *a*, *um*, d'automate : CIL 6, 9394 ‖ subst. n., un automate : Ulp. Dig. 30, 41, 11.

Autŏmătē, *ēs*, f., île de la mer Égée [une des Sporades] : Plin. 4, 70.

Autŏmătĭa, *ās*, f. (Αὐτοματία), Automatia [déesse qui règle à son gré les événements] : Nep. Timol. 4, 4.

autŏmătismŏs, m. (αὐτοματισμός), création spontanée [Epicuriens] : Rufin. Adam. 2, 19.

autŏmătŏpoeētus, *a*, *um* (αὐτοματοποίητος), qui se meut soi-même : Vitr. 9, 8, 4.

autŏmătum, *i*, n. (αὐτόματον), machinerie, mécanisme [dans les spectacles] : Suet. Cl. 34, 6 (2) ; Petr. 54, 4 ‖ mouvements rythmés [acte sexuel] : Petr. 140, 11.

autŏmătus, *a*, *um* (αὐτόματος), spontané, volontaire : *plausus automati* Petr. 50, 1, applaudissements spontanés.

Autŏmĕdōn, *ontis*, m. (Αὐτομέδων), écuyer d'Achille : Virg. En. 2, 477 ‖ [fig.] conducteur de char : Cic. Amer. 98.

Autŏmōles, *um*, m. pl. (Αὐτόμολοι), peuple de l'Éthiopie : Mel. 3, 85.

Autŏmūla, *ae*, f., ville de l'Inde : Plin. 6, 75.

Autŏnŏē, *ēs*, f. (Αὐτονόη), fille de Cadmos, femme d'Aristée et mère d'Actéon : Ov. M. 3, 720 ‖ une prêtresse de Cumes : Sil. 13, 401 ‖ **-nŏēĭus**, *a*, *um*, d'Autonoé : *Autonoeius heros* Ov. M. 3, 198, le héros, fils d'Autonoé [Actéon].

autŏpătōr, m. (αὐτοπάτωρ), qui est son propre père : Rufin. Clem. 3, 11.

autŏphyēs (αὐτοφυής), qui s'est développé de lui-même [Éon] : Iren. 1, 1, 2.

autŏpracta, *ōrum*, n. pl. (αὐτοπράκτος), choses faites spontanément : Cod. Th. 11, 1, 34.

autŏpyrus, *i*, m. (αὐτόπυρος), pain de farine pure : Plin. 22, 138 ; Petr. 66, 2.

autor et ses dérivés, V. *auctor* ▶.

Autosidorum, *i*, n., C. *Autesiodurum*.

Autrĭgŏnes, *um*, m. pl., peuple de la Tarraconaise : Plin. 3, 27.

Autrōnĭus, *ii*, m., nom de famille rom. : Cic. Sull. 1 ; Brut. 244 ‖ **-ānus**, *a*, *um*, d'Autronius : Cic. Att. 1, 13, 6.

Autūchus, *i*, m. (Αὐτοῦχος), fils d'Apollon et de Cyrène : Just. 13, 7, 7.

autŭmātōr, *ōris*, m. (autumo), celui qui nomme : Gloss. 2, 27, 41.

autumnal, C. *autumnale* : Varr. d. Char. 118, 25.

autumnālis, *e* (autumnus), d'automne : *tempus autumnale* Varr. R. 1, 39, 1, saison d'automne, cf. Cic. Arat. 287 ; Liv. 31, 47, 1.

autumnascĭt, ĕre, ēbăt (autumno), intr., se changer en automne : *aestas autumnascit* Capel 6, 605, l'été fait place à l'automne.

autumnīnus, a, um (autumnus), d'automne : Clem. Cor. 20.

autumnĭtas, ātis, f. (autumnus) ¶ 1 temps de l'automne : *prima autumnitate* Cat. Agr. 155, 1, au commencement de l'automne ¶ 2 productions de l'automne : Varr. Men. 343 ; Arn. 1, 21.

autumnō, ās, āre, -, - (autumnus), intr., caractériser l'automne, annoncer l'automne : *Corus autumnat* Plin. 2, 124, le vent du nord-ouest signale l'automne.

autumnum, ī, n., autumnus : Varr. d. Non. 71, 20 ; Char. 34, 16 ǁ pl., Tert. Res. 12, 4.

1 autumnus, a, um, automnal, d'automne : *imber autumnus* Cat. Agr. 58, pluie d'automne, cf. Plin. 14, 34 ; 19, 108 ; Gell. 19, 7, 2.

2 autumnus, ī, m. (obscur ; étr. ? ; esp. otoño) ¶ 1 automne : Cic. Rep. 4, 1 ; Caes. G. 7, 35, 1 ; C. 3, 2, 3 ; *autumno vergente* Tac. An. 11, 4, à la fin de l'automne ; *autumno adulto* Tac. An. 11, 31, vers le milieu de l'automne ; *septem autumni* Ov. M. 3, 326, sept automnes (sept ans) ¶ 2 [fig.] les productions de l'automne : *senes autumni* Mart. 3, 58, 7, vins vieux, cf. 12, 57, 22.

autŭmō, ās, āre, āvī, ātum (de autem), tr. ¶ 1 dire, affirmer : Pl. Cap. 606 ; 891 ; Men. 760 ǁ [avec prop. inf.] affirmer que : Pl. Cap. 236 ; Ter. Haut. 19 ǁ dire, nommer, appeler : *quam Dido autumant* Vell. 1, 6, 4, qu'ils appellent Didon, cf. Hor. S. 2, 3, 45 ; *se autumare* Cassian. Inst. 7, 12, se prétendre ¶ 2 penser, estimer : Gell. 15, 3, 6 ; Quint. 8, 3, 26.

auxēsis, is, f. (αὔξησις), augmentation, addition : Arn.-J. Psalm. 77.

auxī, parf. de augeo.

auxĭlĭābundus, a, um (auxilior), secourable : *auxiliabunda fratri* Apul. Socr. 11, toujours prête à secourir son frère.

auxĭlĭāris, e (auxilium) ¶ 1 qui secourt : *dea auxiliaris* Ov. M. 9, 699, déesse secourable [Lucine] ; *aera auxiliaria* Ov. M. 4, 333, l'airain secourable [dont les sons, croyaient les anciens, pouvaient conjurer une éclipse de lune] ¶ 2 efficace contre, pour : *oleum auxiliare lethargicis* Plin. 23, 82, huile efficace contre la léthargie ¶ 3 auxiliaire : *auxiliares cohortes* Caes. C. 1, 63, 1 ; Tac. An. 12, 39, cohortes auxiliaires ǁ subst. m., un soldat des troupes auxiliaires : Tac. An. 11, 8 [et surtout au pl.], les troupes auxiliaires : Caes. G. 3, 25, 1 ; C. 1, 78, 2 ; Liv. 21, 26, 5 ǁ qui appartient aux troupes auxiliaires : *auxiliaria stipendia mereri* Tac. An. 2, 52, servir dans les troupes auxiliaires.

auxĭlĭārĭus, a, um (auxilium), de secours, venant au secours : Pl. Truc. 216 ǁ *cohors auxiliaria* Cic. Prov. 15, une cohorte d'auxiliaires, cf. Cass. Fam. 12, 13, 4 ; Sall. J. 87, 1 ; 93, 2 ; Tac. H. 4, 70 ǁ *auxiliarii*, subst. m., les troupes auxiliaires, v. 1 auxilium ¶ 2 : Tac. H. 1, 57.

auxĭlĭātĭo, ōnis, f. (auxilior), aide, secours : Non. 385.

auxĭlĭātŏr, ōris, m. (auxilior), qui aide, qui secourt, soutien : *auxiliator litigantium* Quint. 12, 3, 2, qui défend les plaideurs ; *haud inglorius auxiliator* Tac. An. 6, 37, soutien glorieux ǁ allié : Oros. Hist. 5, 24, 6.

auxĭlĭātrix, īcis, f. (auxiliator), celle qui aide, qui soutient, qui secourt : Cassiod. Var. 2, 40, 3.

1 auxĭlĭātus, a, um, part. de auxilio et de auxilior.

2 auxĭlĭātŭs, ūs, v. auxilium : Lucr. 5, 1038.

auxĭlĭō, ās, āre, -, ātum, [arch.] v. auxilior : C. Gracch. d. Diom. 401, 3 ǁ [part. avec sens pass.] Lucil. 944 ; Vitr. 5, 8, 2, cf. Prisc. 2, 567, 17.

auxĭlĭor, ārĭs, āri, ātus sum (auxilium), intr. ¶ 1 aider, porter secours : *auxiliari alicui* Pl. Trin. 377, porter secours à qqn, cf. Ter. Haut. 923 ; Cic. Fam. 5, 4, 2 ; Caes. G. 7, 50, 6 ¶ 2 soulager, guérir [avec le dat.] : *morbis auxiliari* Plin. 13, 125, guérir des maladies ǁ [avec contra ou adversus] être efficace contre : Plin. 27, 124 ; 19, 180.
▶ sens pass. v. auxilio.

1 auxĭlĭum, ĭi, n. (augeo) ¶ 1 secours, aide, assistance : *alicui ferre* Cic. Cat. 2, 19, porter secours à qqn ; *auxilio esse alicui* Cic. Verr. 4, 78, secourir qqn, donner son appui à qqn, protéger qqn ; *auxilio alicui venire* Caes. G. 2, 29, 1 ; *mittere* Caes. G. 1, 18, 10, venir, envoyer au secours de qqn ; *accessere* Caes. G. 3, 11, 2, appeler au secours ; *ad auxilium convenire* Caes. G. 7, 80, 4, venir ensemble au secours ; *auxilium adventicium* Cic. Verr. 4, 81, secours étranger ǁ protection accordée par un magistrat (intercession) : Cic. Agr. 2, 33 ¶ 2 pl., *auxilia* troupes de secours, troupes auxiliaires, [en gén.] infanterie : Caes. G. 1, 24, 3 ; 3, 20 ; *auxilia peditatus equitatusque* Caes. G. 6, 10, 1, des troupes auxiliaires comprenant infanterie et cavalerie ǁ [tard.] escorte : Eger. 9, 3 ǁ police : Aug. Petil. 3, 39, 45 ¶ 3 moyen de secours, ressource : *extremum auxilium experiri* Caes. G. 3, 5, 2, faire l'essai de la dernière ressource ; *communis salutis auxilium in celeritate ponere* Caes. G. 5, 48, 1, mettre (voir) dans une action rapide le moyen d'assurer le salut commun ; *rei nullum auxilium reperire* Caes. G. 5, 48, 1, ne trouver aucun moyen de remédier à une chose ; *minuisti auxilia populi Romani* Cic. Verr. 5, 50, tu as amoindri les ressources du peuple romain ; *confisus fama rerum gestarum infirmis auxiliis proficisci non dubitaverat* Caes. C. 3, 106, 3, confiant dans le bruit de ses exploits, il n'avait pas hésité à partir avec de faibles moyens d'action ¶ 4 [en médecine] secours, remède : Ov. Rem. 48 ; Cels 1 pr. 1, 6 ; Plin. 23, 31.

2 Auxĭlĭum, ĭi, n., le Secours [déifié] : Pl. Cist. 148 ; 154.

1 auxilla, ae, f. (dim. de aula), petite marmite : P. Fest. 23, 8.

2 auxilla, ae, f. (dim. de ala, f. l.), petite aile : Gloss. 5, 346, 41 ; v. axilla.

auxim, v. augeo ►.

Auxīma, Auxŭma, ae, f., v. Uxama.

Auxĭmum (-mŏn), ī, n., ville du Picénum [Osimo] Atlas XII, C4 : Caes. C. 1, 31, 2 ; Liv. 41, 21, 12 ; Vell. 1, 15 ǁ Luc. 2, 466 ǁ **-ātes**, ĭum, m. pl., habitants d'Auximum : Caes. C. 1, 13, 5 ; Plin. 3, 63.

Auxō, f., une des Heures, fille de Jupiter : Hyg. Fab. 183.

Auzacium, ĭi, n., mont d'Asie orientale : Amm. 23, 6, 64.

Auzĕa, Auzĭa, ae, f., ville de Maurétanie [Aumale] Atlas VIII, A2 : Tac. An. 4, 25 ǁ **-iensis**, e, d'Auzia : CIL 8, 9047.

ăva, ae, f., v. 1 avia ¶ 1 : Fort. Carm. 8, 13, 8.

Avălītes, v. Abalites.

Avar, v. Avares.

ăvārē (avarus), avec avidité, avec cupidité : *avare aliquid facere* Cic. Off. 3, 37, se montrer cupide ; *avarius exigere opus* Col. 1, 7, 1, exiger plus âprement du travail ; *avarissime suas horas servare* Sen. Ot. 5, 7, être très avare de ses instants.

Ăvăres, um, m. pl., v. Abares.

Ăvărĭcum, ī, n., capitale des Bituriges [auj. Bourges] Atlas I, B3 ; V, D2 : Caes. G. 7, 13, 3 ǁ **-censis**, e, d'Avaricum : Caes. G. 7, 47, 7.

ăvărĭtās, v. avaritia : Not. Tir. 40.

ăvārĭtĕr (avarus), avec avidité : *avariter ingurgitare* Pl. Curc. 126, avaler avec avidité ǁ avec avarice : Quadrig. d. Non. 510, 20 ; Prisc. 3, 70, 20.

ăvārĭtĭa, ae, f. (avarus) ¶ 1 vif désir, convoitise, avidité [en gén.] Pl. Ru. 1239 ; Sen. Const. 12, 2 ; Curt. 9, 2, 9 ¶ 2 [en part.] avidité d'argent, cupidité : *omnes avaritiae* Cic. Fin 4, 75, toutes les formes de la convoitise ; *per avaritiam* Cic. Com. 21, par cupidité, cf. Pomp. 39 ; Mur. 20 ; Phil. 2, 97 ; *avaritia inhians* Cic. Verr. 2, 134, convoitise toujours béante, insatiable ǁ avarice : Pl. Cap. 287 ; Ter. Phorm. 358 ; Her. 4, 50 ; Cic. Flac. 85 ; **CM** 66 ; Off. 2, 64 ǁ bien acquis par cupidité : Vulg. Hab. 2, 9.

ăvărĭtĭēs, ēi, f., v. avaritia : Lucr. 3, 59 ; Liv. 24, 32, 1.

ăvārus, a, um (aveo ; it., esp. avaro) ¶ 1 qui désire vivement, avide : *Acheron avarus* Virg. G. 2, 492, l'avide Achéron ; *laudis avarus* Hor. Ep. 2, 1, 179, avide de gloire ¶ 2 [en part.] avide de fortune, d'argent, cupide : *homo avarissimus* Cic.

Verr. prim. 41, le plus cupide des êtres; **avarior** Cic. *Cael.* 13, ayant plus de convoitise ∥ **factum avarum** Cic. *Inv.* 2, 32, acte de cupidité ∥ avare : Pl. *Cap.* 408; Cic. *Par.* 52; *Phil.* 2, 113; *CM* 65.

Avatici, *ōrum*, m. pl., peuple de la Narbonnaise : Plin. 3, 37.

1 ăvĕ, un des abl. de *avis*.

2 ăvĕ, voc. de *avus*.

3 ăvē, hăvē (empr. sém. *hw'*, cf. *avo* et *salve*) ¶ **1** [formule de salutation, = χαῖρε, χαίροις Gloss.] bonjour, salut : Cic. *Fam.* 8, 16, 4, cf. Gell. 15, 7, 3; Suet. *Cl.* 21 ou **haveto**, Sall. *C.* 35, 5; Mart. 1, 108, 10 ∥ inf., **Marcus havere jubet** Mart. 3, 5, 10, Marcus vous envoie le bonjour, cf. 9, 7, 2 ¶ **2** [sur les tombeaux] salut, adieu, cf. Catul. 101, 10 ¶ **3** [chrét.] **ave, rex Judaeorum** Vulg. *Marc* 15, 18, salut, roi des Juifs; **ave, gratia plena** Vulg. *Luc.* 1, 28, salut, pleine de grâce; **ave, maris stella** Ps. Fort. *Carm.* 9, 1, salut, étoile de la mer.

▶ Char. 254, 20 atteste les formes *ave, avete, aveto tu, aveto ille, avere te volo*; plus tard *aveo, avebo, averem* Mamertin. *Julian.* (11), 29, 3; *haveas* Treb. *Claud.* 18, 2 ∥ punique *avo* Pl. *Poen.* 994, 998; 1001 [sg. et pl.], ailleurs *salve*.

āvĕhō, *ĭs, ĕre, vēxī, vectum* (abs, *veho*), tr., emmener, transporter de (loin de) : **domum** Liv. 45, 33, 4, emmener chez soi; **in alias terras** Tac. *H.* 5, 3, emmener dans un pays étranger; **alias avexerat oras** Virg. *En.* 1, 512, elle les avait jetés sur des rivages différents; **frumentum navibus** Caes. *G.* 7, 55, 8, emmener du blé par bateaux, cf. Liv. 5, 40, 9 ∥ [pass. avec sens réfléchi] s'en aller, se retirer [à cheval, en voiture] : Liv. 27, 16, 3; 34, 20, 8; Virg. *En.* 2, 43.

Avēia, *ae*, f., ancienne ville près d'Aquilée [Fossa] : Sil. 8, 518 ∥ **-iātes**, *ĭum*, m. pl., habitants d'Avéia : CIL 9, 4208.

Ăvĕlis, *is*, m., nom d'un roi de Numidie : Aus. *Epist.* 19 (403), 22.

Ăvella, v. *Abella*.

ăvellāna, v. *abellana*.

āvellō, *ĭs, ĕre, vulsī* (*volsī*) et *vellī, vulsum* (*volsum*) (abs, *vello*), tr. ¶ **1** arracher, détacher : **sigillis avolsis argentum reddidit** Cic. *Verr.* 4, 48, ayant arraché les reliefs, il rendit l'argenterie ∥ [avec *ex*] *Verr.* 4, 110; *Div.* 1, 112; [avec *ab*] *Tusc.* 3, 12; *Planc.* 54; [avec *de*] *Font.* 46, arracher de (à) ∥ [avec abl.] [poét.] Lucr. 3, 563; Virg. *En.* 2, 608 ∥ [avec dat.] Curt. 5, 12, 8; Sen. *Ben.* 5, 8, 5, enlever à, arracher à ¶ **2** [fig.] arracher, séparer : **ab errore aliquem** Cic. *Off.* 3, 83, arracher qqn à l'erreur; **(incendium belli) a portis hujus urbis avolsum** Cic. *Rep.* 1, 1, (l'incendie de la guerre) écarté des portes de cette ville; **liberalitas Augusta avulsa** Tac. *An.* 4, 20, les libéralités d'Auguste furent enlevées (reprises) ∥ [chrét.] exclure, excommunier : Sulp. Sev. *Chron.* 2, 42, 5.

▶ parf. *avelli* Curt. 5, 6, 5 Plin. 2, 204; *avulsi* Sen. *Helv.* 5, 4; Luc. 5, 594; 9, 765 ∥ inf. pass. *avellier* Hor. *S.* 1, 2, 104.

ăvēna, *ae*, f. (cf. rus. *ovĕs*; fr. *avoine*) ¶ **1** avoine [sauvage], folle avoine : Cat. *Agr.* 37, 5; Cic. *Fin.* 5, 91; Virg. *G.* 1, 226 ∥ pl., **steriles avenae** Virg. *B.* 5, 37; *G.* 1, 154, les folles avoines ∥ **avena agrestis** Veg. *Mul.* 2, 79, 14, ivraie ∥ avoine [cultivée] : Virg. *G.* 1, 77; Plin. 18, 149 ¶ **2** chaume, tuyau de paille d'avoine : Plin. 6, 188 ∥ [poét.] chalumeau, flûte pastorale : Virg. *B.* 1, 2; Tib. 2, 1, 53; Prop. 2, 34, 75 ∥ pl., chalumeaux réunis = flûte de Pan : Ov. *M.* 1, 677; *Tr.* 5, 10, 25.

ăvēnācĕus, *a, um* (*avena*), d'avoine : **farina avenacea** Plin. 22, 137, farine d'avoine.

ăvēnārĭus, *a, um* (*avena*), relatif à l'avoine : **avenaria cicada** Plin. 11, 94, cigale des avoines.

Avendo, *ōnis*, f., ville de Liburnie : Anton. 274.

Avennĭo, (qqf. **-ēnĭo**), *ōnis*, f., Avignon [ville de la Narbonnaise] Atlas V, F3 : Mel. 2, 75; Plin. 3, 36 ∥ **-ĭcus**, *a, um*, d'Avignon : **urbs Avennica** Greg.-Tur. *Hist.* 4, 30, Avignon.

1 ăvens, *tis*, part. de *aveo* ∥ adj^t, v. *libens* : Laev. d. Gell. 19, 7, 9.

2 Ăvens, *tis*, m., rivière du Latium qui donna son nom à l'Aventin : Varr. d. Serv. *En.* 7, 657.

ăventĕr, adv. (*avens*), avec empressement : Sidon. *Ep.* 2, 2, 2.

Aventĭa, *ae*, f., nom d'une déesse des habitants d'Aventicum : CIL 13, 5073.

Aventĭcum, *i*, n., ville des Helvètes [Avenches] Atlas I, C3; V, D4; XII, A1 : Tac. *H.* 1, 68; Amm. 15, 11, 12 ∥ **-censis**, *e*, d'Aventicum : CIL 13, 5072.

1 Ăventīnus, *i*, m. ¶ **1** un fils d'Hercule : Virg. *En.* 7, 657 ¶ **2** un roi d'Albe : Liv. 1, 3, 9; Ov. *F.* 4, 51; *M.* 14, 619.

2 Ăventīnus mons, Cic. *Rep.* 2, 33 [ou abs^t] **Aventīnus**, *i*, m., P. Fest. 17, 24; Gell. 13, 14, 4, **Aventīnum**, *i*, n., Liv. 1, 32, 2; 1, 33, 5; 3, 67, 11, le mont Aventin [une des sept collines de Rome] Atlas II ∥ **Aventinum occupare** Cic. *Rep.* 2, 58, occuper l'Aventin, cf. *Mur.* 15; *Phil.* 8, 14; *Div.* 1, 98 ∥ **-us**, *a, um*, de l'Aventin : Ov. *F.* 1, 551; 3, 884 ∥ **-ensis**, *e*, Val.-Max 7, 3, 1, **-iensis**, *e*, Fest. 496, 10.

1 ăvĕo, *ēs, ēre, -, -* (cf. *volo, audeo*; scr. *avati*), tr., désirer vivement, cf. P. Fest. 13, 17; [avec acc.] désirer qqch. : Lucr. 3, 1080; Hor. *S.* 1, 1, 94; Cic. *Att.* 15, 11, 4 ∥ [d'ordin. avec inf.] **aveo scire quid agas** Cic. *Att.* 1, 15, 2, je désire savoir ce qe tu fais, cf. 7, 2, 7; 13, 35, 2 ∥ [avec prop. inf.] Lucr. 2, 216.

▶ d. les mss confusion fréq. avec *abeo* et *habeo*.

2 ăvĕo (**hăvĕo**), v. *avē*.

Ăverna, *ōrum*, n. pl., v. 2 *Avernus* : Virg. *En.* 3, 442.

1 Ăvernus, *a, um* (ἄορνος), sans oiseaux, de l'Averne : Lucr. 6, 738.

2 Ăvernus, *i*, m., Averne [lac de Campanie où les poètes placent une entrée des Enfers] : Virg. *En.* 6, 126; Cic. *Tusc.* 1, 37; Liv. 24, 12, 4 ∥ [poét.] = les Enfers : Ov. *Am.* 3, 9, 27 ∥ l'enfer des chrétiens : Prud. *Ham.* 128 ∥ **-us**, *a, um*, de l'Averne, des Enfers : Virg. *En.* 6, 118 ou **-ālis**, *e*, Hor. *Epo.* 5, 26; Ov. *M.* 5, 340.

āverrō, *ĭs, ĕre, verrī, -* (abs, *verro*), tr., emporter, enlever : **aliquid alicui** Macer. d. Prisc. 2, 532, 25, enlever qqch. à qqn; **pisces mensa** Hor. *S.* 2, 4, 37, enlever les poissons du comptoir [du marchand].

āverruncassint, -cassere, v. *averrunco* ▶.

āverruncō, *ās, āre, -, -* (*averro*), tr., [formule religieuse] détourner [un malheur] : **calamitates** Cat. *Agr.* 141, 1, détourner les fléaux; **iram deum** Liv. 8, 6, 11, détourner la colère des dieux ∥ [abs^t] **di averruncent !** Cic. *Att.* 9, 2, 1, que les dieux nous épargnent ce malheur !

▶ arch. *averruncassint = averruncent* : Pacuv. *Tr.* 112; Lucil. 653 ∥ inf. fut. *averruncassere* Pacuv. *Tr.* 236.

Averruncus, *i*, m., divinité qui détournait les malheurs : Varr. *L.* 7, 102; Gell. 5, 12, 14.

āversābĭlis, *e* (*aversor*), abominable : Lucr. 6, 390 ∥ repoussant : Arn. 7, 45.

āversātĭo, *ōnis*, f. (*aversor*), éloignement, dégoût : Quint. 8, 3, 65; **alienorum processuum** Sen. *Tranq.* 2, 11, jalousie haineuse des succès d'autrui.

āversātrix, *īcis*, f. (*aversor*), celle qui se détourne de : Tert. *Anim.* 51, 4.

āversātus, *a, um*, part. de *aversor*.

āversĭo, *ōnis*, f. (*averto*), action de détourner ¶ **1** [dans les locutions adverbiales seul^t] **ex aversione** B.-Hisp. 22, 3, par derrière ∥ **aversione**, **per aversionem**, en bloc : **vino per aversionem vendito** Dig. 18, 6, 4, 2, vin vendu en bloc [sans compter ni mesurer]; **insulam aversione locare** Dig. 19, 2, 35 pr., louer tout un immeuble ¶ **2** fig. de rhét. par laquelle l'orateur détourne l'attention des auditeurs du sujet traité : Quint. 9, 2, 38 ¶ **3** éloignement, dégoût : Arn. 7, 25 ¶ **4** [chrét.] action de se détourner, infidélité, égarement : Aug. *Civ.* 8, 24, 2; Vulg. *Jer.* 14, 7; *Prov.* 1, 32.

āversō, *ās, āre, -, -*, v. *aversor* ▶.

1 āversŏr, *āris, ārī, ātus sum* (fréq. de *averto*) ¶ **1** [abs^t] se détourner, détourner la tête (le visage) : Pl. *Trin.* 627 ¶ **2** tr., se détourner de : **filium aversatus** Liv. 8, 7, 14, s'étant détourné de son fils; **aspectum ejus** Tac. *An.* 14, 51, s'étant dérobé à son regard (ayant esquivé son regard) ∥ [fig.] se détourner de, dédaigner, repousser : **judex aversatur dicentem** Tac. *D.* 20, le juge se désintéresse de l'orateur; **non aversatus honorem** Ov. *F.* 1, 5, sans te détourner de cet hommage (sans le

dédaigner); *aversabantur preces* Liv. 3, 12, 9, ils refusaient d'écouter les prières; *aversari scelus* Curt. 6, 7, 9, repousser un crime (ne pas vouloir s'en faire complice) ‖ [avec 2 acc.] *Philippum patrem aversaris* Curt. 8, 7, 13, tu ne veux pas de Philippe pour père ‖ [avec inf.] *aversati sunt proelium facere* B.-Hisp. 14, 4, ils se refusèrent à livrer bataille.
▶ part. avec sens pass. : Ps. Aur.-Vict. *Epit.* 28, 3 ‖ forme active *aversare* Hier. *Am.* 1, 1, 5 " détourner " ‖ *aversare se a* Vulg. *Tit.* 1, 14 " se détourner de ".

2 **āversŏr**, *ōris*, m. (*avertere*), celui qui détourne à son profit : *pecuniae publicae* Cic. *Verr.* 5, 152, qui détourne les deniers publics.

āversum, **āversa**, n., ▣▶ *aversus* ¶ 1.

āversus, *a*, *um*, part. de *averto*, pris adjᵗ ¶ 1 détourné, qui est du côté opposé, placé derrière : *et adversus et aversus* Cic. *de Or.* 2, 256, et par devant et par derrière, des deux côtés à la fois ; *ne aversi circumvenirentur* Caes. *G.* 2, 26, 2, par crainte d'être assaillis par derrière ; *aversum hostem videre* Caes. *G.* 1, 26, 2, voir l'ennemi tournant le dos, en fuite, cf. Virg. *En.* 11, 871 ; 12, 464 ; Ov. *M.* 13, 229 ; Liv. 33, 8, 11 ; *porta aversissima ab hoste* Liv. 2, 11, 5, la porte la plus opposée à l'ennemi ; *per aversam portam* Liv. 26, 40, 11, par la porte opposée ; *aversos boves caudis in speluncam traxit* Liv. 1, 7, 5, il traîna les bœufs à reculons par la queue dans sa caverne ; *in aversa charta* Mart. 8, 62, 1, sur le revers des pages ‖ *aversa oratio*, ▣▶ *apostropha* ‖ n. pris subst., *aversum* le côté opposé : Sen. *Ep.* 79, 13 ; *per aversa urbis* Liv. 5, 29, 4, par derrière la ville ¶ 2 [fig.] détourné, hostile, qui a de la répugnance (de l'éloignement) pour : *aversus a vero* Cic. *Cat.* 3, 21 ; *a Musis* Cic. *Arch.* 20, ennemi du vrai, des Muses ; *Quintus aversissimo a me animo fuit* Cic. *Att.* 11, 5, 4, Quintus a montré les sentiments les plus hostiles à mon égard ‖ *aversissima illis Hispania* Planc. *Fam.* 10, 24, 6, l'Espagne qui leur est absolument hostile.
▶ *aversior* Sen. *Ir.* 2, 24, 1.

ăverta, *ae*, f. (de ἀορτή), sac de voyage : Cod. Th. 8, 5, 47.

ăvertārĭus, *ii*, m., cheval qui porte les bagages : Cod. Th. 8, 5, 22.

āvertentes dii, m., ▣▶ *averruncus* : Tarquitius d. Macr. *Sat.* 3, 20, 3.

āvertō (**āvortō**), *ĭs*, *ĕre*, *vertī* (*vortī*), *versum* (*vorsum*) (abs, *verto*), tr. ¶ 1 détourner : *flumina* Cic. *Nat.* 2, 152, détourner des cours d'eau ; *laqueis falces avertebant* Caes. *G.* 7, 22, 2, ils détournaient les crochets au moyen de nœuds coulants ‖ *iter ab Arare averterant* Caes. *G.* 1, 16, 3, ils avaient détourné leur chemin (ils s'étaient détournés) de la Saône ; *Caesarem Apollonia a derecto itinere averterat* Caes. *C.* 3, 79, 2, l'occupation d'Apollonie avait détourné César de son trajet direct ; *Magonem in Hispaniam avertere* Liv. 23, 32, 7, détourner Magon sur l'Espagne ; *bestias ad opem suis ferendam* Liv. 26, 13, 12, détourner les bêtes sauvages en les poussant à la défense de leurs petits ‖ *ab aliqua re oculos avertere* Liv. 1, 28, 11, détourner ses regards de qqch. ; *averterat in se a curru dictatoris civium ora* Liv. 4, 20, 3, il avait attiré sur lui tous les yeux, les détournant du char du dictateur ‖ *se avertere* Cic. *Phil.* 5, 38, se détourner, se tourner d'un autre côté, cf. *Balb.* 11 ; Liv. 26, 12, 12 ; *eo se averterant Romani ab Aetolorum auxilio* Liv. 29, 12, 4, les Romains s'étaient portés là au lieu de secourir les Étoliens ; *eo itinere sese avertit* Caes. *C.* 3, 21, 5 [mss] , il se détourna de ce chemin ‖ [passif à sens réfléchi] : *cum viderem a Cappadocia Parthorum copias aversas non longe a finibus esse Ciliciae* Cic. *Fam.* 15, 4, 7, voyant que les Parthes qui s'étaient détournés de la Cappadoce, n'étaient guère éloignés des frontières de la Cilicie, cf. Caes. *C.* 2, 12, 1 ; Sall. *J.* 101, 9 ; Liv. 1, 50, 8 ; [poét.] *fontes avertitur* Virg. *G.* 3, 499, il se détourne des sources, cf. Stat. *Th.* 6, 192 ; Petr. 124, 248 ; *mors miseros avertitur* Boet. *Cons.* 1, v. 1, 15, la mort se détourne des malheureux ‖ [chrét.] se détourner [du bien] : Vulg. *3 Reg.* 9, 6 ‖ [pris absᵗ] *avertere*, se détourner : Pl. *Mil.* 203 ; 1074 ; *prora avertit* Virg. *En.* 1, 104, la proue se détourne, cf. *En.* 1, 402 ; Gell. 4, 18, 4 ; Vulg. *Psal.* 88, 47 ‖ [fig.] *haec (fama) civitates nonnullas ab ejus amicitia avertebat* Caes. *C.* 3, 79, 4, ce bruit détachait maintes cités de l'amitié de César, cf. 3, 9, 1 ¶ 2 [fig.] détourner l'esprit, l'attention : *tu velim a me animum parumper avertas* Cic. *Lae.* 5, je voudrais que tu détournes un instant de moi ton esprit ; *qui mentem Pompei fictis terroribus a defensione meae salutis averterant* Cic. *Sest.* 67, gens qui, en semant de fausses terreurs, avaient détourné Pompée de prendre ma défense ; *aversae curae hominum sunt a bello* Liv. 6, 6, 4, les préoccupations furent détournées de la guerre ‖ *Antonii furorem a pernicie rei publicae* Cic. *Phil.* 4, 3, détourner la démence d'Antoine de consommer la ruine de l'État ; *avertit ab consciis in insontes indicium* Liv. 24, 5, 11, il détourne de ses complices les révélations et les fait porter sur des innocents ¶ 3 détourner, éloigner, écarter : *pestem ab Aegypto* Cic. *Nat.* 1, 101, écarter un fléau de l'Égypte ; *avertendae suspicionis causa* Caes. *C.* 3, 102, 3, pour écarter les soupçons ; *quod Juppiter omen avertat* Cic. *Mur.* 88, et que Jupiter éloigne ce présage, cf. *Flac.* 104 ; *Phil.* 3, 35 ; Liv. 23, 13, 4 ; 28, 41, 13 ; *retrorsum* Vulg. *Psal.* 43, 11, mettre en fuite ‖ faire cesser : Vulg. *Psal.* 84, 2 ¶ 4 détourner, dérober, soustraire : *pecuniam publicam* Cic. *Verr.* 1, 11, détourner les deniers publics ; *pecuniam domum* Cic. *Verr.* 2, 143, détourner de l'argent et l'emporter chez soi ; *avertere aliquid de publico per magistratum* Cic. *Verr.* 4, 53, dérober aux villes par l'intermédiaire d'un magistrat [par intimidation] ‖ *avertens causam doloris* Cic. 6, 34, 8, comme elle dérobait (cherchait à dissimuler) la cause de son chagrin ‖ [avec dat. ou abl. ?] [poét.] *auratam Colchis avertere pellem* Catul. 64, 5, enlever à (de) la Colchide la toison d'or, cf. Val.-Flac. 5, 630.

ăvēte, **ăvēto**, ▣▶ *ave*.

āvexī, parf. de *aveho*.

1 **ăvĭa**, *ae*, f. (*avus*) ¶ 1 grand-mère [paternelle ou maternelle] : Pl. *Truc.* 808 ; Cic. *Verr.* 1, 92 ; *Clu.* 40 ‖ [fig.] préjugé de grand-mère : *veteres aviae* Pers. 5, 92, vieux préjugés ¶ 2 séneçon [plante] : Col. 6, 14, 3.

2 **ăvĭa**, *ōrum*, n. pl. (*avius*), lieux où il n'y a pas de chemins frayés, lieux impraticables : Tac. *An.* 2, 68.

Ăvĭānĭus, *ii*, m., nom de famille rom. : Cic. *Fam.* 13, 79.

Ăvĭānus, *i*, m., nom d'un fabuliste latin du 5ᵉ s. : Avian. *tit.*

ăvĭārĭum, *ii*, n. **a)** poulailler, colombier, volière : Cic. *Q.* 3, 1, 1 **b)** bocages [où nichent les oiseaux] : Virg. *G.* 2, 430.

ăvĭārĭus, *a*, *um* (*avis*), relatif aux oiseaux : *aviaria retia* Varr. *R.* 3, 5, 13, filets à prendre les oiseaux ‖ subst. m., celui qui prend soin de la volaille : Apic. 367.

ăvĭātĭcus, *a*, *um* (*avus*), qui relève des grands-parents : L. Burg. 22, 3 ‖ relatif à l'aïeul : Consult. Zacch. 7 a 4 ‖ subst. m., petit-fils : CIL 5, 5902.

Ăvĭcantus, *i*, m., nom d'une divinité chez les Gaulois : CIL 12, 3077.

ăvĭcŭla, *ae*, f. (dim. de *avis*), petit oiseau : *aviculae nidulus* Gell. 2, 29, 2, le petit nid d'un oiselet, cf. Apul. *M.* 11, 7.

ăvĭdē, adv. (*avidus*), avidement : Cic. *CM* 26 ; 72 ; *Tusc.* 4, 36 ‖ *avidius* Sall. *J.* 60, 1 ; Liv. 23, 18, 11 ; *-issime* Cic. *Phil.* 14, 1.

ăvĭdentĭa, *ae*, f. (*a-*, *video*, opp. à *evidentia* ; cf. ἀορασία), aveuglement : Aug. *Hept.* 1, 43.

ăvĭdĕō, *ēs*, *ēre*, -, - (*audeo*, *avidus*), [avec inf.] oser : Itin. Alex. 50 ‖ être insatiable : Gloss. 2, 235, 23.

ăvĭdĭtās, *ātis*, f. (*avidus*) ¶ 1 avidité, désir ardent : *legendi aviditas* Cic. *Fin.* 3, 7, passion de la lecture, avidité de lecture, cf. *CM* 46 ; *gloriae* Cic. *Q.* 1, 1, 45, soif de gloire ¶ 2 [en part.] **a)** cupidité, convoitise : Cic. *Phil.* 5, 20 ; *Off.* 2, 38 **b)** désir de nourriture, appétit : *aviditatem incitare* Plin. 20, 64 ; *excitare* Plin. 23, 12 ; *facere* Plin. 23, 144, exciter l'appétit.

ăvĭdĭtĕr (*avidus*), avec avidité : Apul. *M.* 4, 7.

Ăvĭdĭus, *ii*, m., Avidius Cassius, empereur romain : Vulc.-Gall. *Avid.* 1, 1.

ăvĭdō, *ās, āre,* -, - (*avidus*), intr., être avide (*in aliquid*, de qqch.): Virg.-Gram. *Epit.* 4, 10, 1.

ăvĭdus, *a, um* (*aveo*) ¶ **1** qui désire vivement, avide: [avec gén.] *gloriae avidior* Cic. *Fam.* 9, 14, 2, plus avide de gloire; *avidus belli gerundi* Sall. *J.* 35, 3, impatient de guerroyer; -*issimus* Cic. *Att.* 1, 15, 1; Sall. *J.* 111, 4 ‖ [avec inf.] *avidi committere pugnam* Ov. *M.* 5, 75, impatients d'engager la bataille, cf. Virg. *En.* 12, 290 ‖ [avec *in* abl.] Cic. *Phil.* 5, 22; Val.-Max 7, 2, 6; Sen. *Nat.* 2, 5, 2 ‖ [avec *in* acc.] *avida in novas res ingenia* Liv. 22, 21, 2, esprits avides de nouveauté, cf. 5, 20, 6; Tac. *H.* 2, 56 ‖ [avec *ad*] Ter. *Eun.* 131; Liv. 7, 23, 6 ‖ *manus subitis avidae* Tac. *H.* 1, 7, mains que l'occasion soudaine rendait avides ¶ **2** [en part.] **a)** âpre au gain, avare, cupide: *animus avidus* Cic. *de Or.* 2, 182, cupidité; *avidae manus heredis* Hor. *O.* 4, 7, 19, les mains cupides d'un héritier ‖ subst. m., un avare: Cic. *Com.* 21 **b)** affamé, gourmand, vorace, glouton [métaph.]: Cic. *Top.* 25; *convivae avidi* Hor. *S.* 1, 5, 75, convives affamés; *aures avidae* Cic. *Or.* 104, oreilles avides, insatiables; [poét.] *avidum mare* Lucr. 1, 1031, la mer insatiable.

Ăvĭēnus, *i,* m., Rufus Festus Avienus, poète latin, traducteur des *Phénomènes* d'Aratos: Macr. *Sat.* 1, 4, 1.

ăvillus, *i,* m. (*agnus*), agneau nouvellement né: P. Fest. 13, 14; Gloss. 5, 492, 17.

Avinense oppidum, n., ville de la Zeugitane: Plin. 5, 30.

Ăvĭŏla, *ae,* m., surnom romain: Val. Max. 1, 8, 12; Plin. 7, 173.

Aviones, *um,* m. pl., Avions [peuple germain]: Tac. *G.* 40.

ăvĭpēs, *ĕdis* (*avis, pes*), rapide: Sept.-Seren. d. Capel. 5, 518.

ăvis, *is,* f. (cf. οἰωνός, αἰετός, scr. *ve-s*; cf. fr. *outarde*) ¶ **1** oiseau: Cic. *Nat.* 2, 160 ‖ [servant aux auspices] *Leg.* 2, 32; *Div.* 1, 28 ‖ [en parl. des abeilles] Varr. *R.* 3, 16, 1 ¶ **2** [fig.] présage, auspice: *avis sinistra* Pl. *Ps.* 762, mauvais augure; *secundis avibus* Liv. 6, 12, 9, avec de bons présages ‖ [proverbes] *avis alba* Cic. *Fam.* 7, 28, 2, un merle blanc [une chose rare]; *rara avis* Pers. 1, 46; Juv. 6, 145; Jovin. 1, 47, oiseau [expression] rare; *rara avis est ista quam loquor* Aug. *Ev. Joh.* 28, 7, c'est d'un oiseau rare que je parle.
► abl. *ave* ou *avi*.

Ăvīsĭo, *ōnis,* m., port de la Ligurie: Anton. 503.

Ăvītăcus, *i,* f., Sidon. *Carm.* 18, 1, bourg dans la Lyonnaise [auj. Aydat]: Sidon. *Ep.* 2, 2, 3.

ăvītē, adv. (*avitus*), ancestralement, en vertu de son grand-père: Tert. *Val.* 39, 1.

Ăvītĭānus, *i,* m., un frère d'Ausone: Aus. *Parent.* 15 (172), 1.

ăvĭtĭum, *ii,* n. (*avis*), gent ailée: Apul. *Socr. prol.* 4.

1 ăvītus, *a, um* (*avus*), appartenant au grand-père, qui vient de l'aïeul, des aïeux, ancestral: Cic. *Agr.* 2, 81; *Pomp.* 21; *Tusc.* 1, 45; *Brut.* 126 ‖ [en parl. des animaux]: *avita celeritas* Col. 6, 37, 4, la vitesse ancestrale.

2 Ăvītus, *i,* m., surnom romain; not[t] A. Cluentius Avitus, défendu par Cicéron: Cic. *Clu.* 11 ‖ empereur [455-456]: Sidon. *Carm.* 6, 35 ‖ s. Avit [5e-6e s. apr. J.-C.]: Greg.-Tur. *Hist.* 2, 34.

āvĭum, *ii,* n. (*avius*), lieu non fréquenté, écarté: Her. 4, 29 [employé surtout au pl.] **V.** *2 avia*.

1 āvĭus, *a, um* (*a via*) ¶ **1** où il n'y a point de chemin frayé; impraticable, inaccessible: Lucr. 2, 145; Sall. *J.* 54, 9; Liv. 9, 19, 16; 25, 32, 6; *avia commeatibus loca* Liv. 9, 19, 16, lieux impraticables pour le ravitaillement ¶ **2** [en parl. des pers.] errant, égaré: *in montes sese avius abdidit* Virg. *En.* 11, 810, il s'enfonça, errant, dans les montagnes ‖ [fig.] éloigné de, fourvoyé: *avius a vera ratione* Lucr. 2, 82, fourvoyé loin de la vérité; *avia coepto consilia* Sil. 12, 493, projets qui s'écartent du but.

2 ăvĭus, *ii,* m. (cf. *1 avia*), **C.** *avus*: CIL 6, 16845.

ăvo, **V.** *ave*. ►

āvŏcāmentum, *i,* n. (*avoco*), ce qui détourne, distraction, diversion, délassement, détente, repos: Plin. *Ep.* 8, 5, 3; 8, 23, 1; *Pan.* 82, 8.

āvŏcātĭo, *ōnis,* f. (*avoco*), action de détourner, de distraire, diversion: Cic. *Tusc.* 3, 33; *sine avocatione* Sen. *Ep.* 56, 4, sans causer de distraction.

āvŏcātŏr, *ōris,* m., qui détourne: Tert. *Carn.* 5, 10.

āvŏcātrix, *īcis,* f., celle qui détourne de [avec gén.]: Tert. *Anim.* 1, 5.

āvŏcō, *ās, āre, āvī, ātum* (*abs, voco*), tr. ¶ **1** appeler de, faire venir de: *parte exercitus ad Volscum avocata bellum* Liv. 4, 61, 3, une partie de l'armée ayant été rappelée [de Véies à Rome] pour combattre les Volsques; *Fulvium avocare a Capua* Liv. 26, 33, 5, faire revenir Fulvius de Capoue ‖ faire s'en aller de, éloigner de: *cum pubem Albanam in arcem obtinendam avocasset* Liv. 1, 6, 1, alors qu'il avait éloigné la jeunesse albaine en lui assignant de tenir la citadelle ¶ **2** [fig.] détourner, écarter, éloigner: *quos aetas a proeliis avocabat* Cic. *Amer.* 90, gens que leur âge éloignait des combats; *cum a contuendis nos malis avocat* Cic. *Tusc.* 3, 35, quand il veut nous détourner de la contemplation de nos maux; *ab industria ad desidiam plebem* Cic. *Sest.* 103, détourner le peuple de l'activité pour l'amener à la paresse; *te ne metus quidem a foedissimis factis potest avocare?* Cic. *Phil.* 2, 115, la crainte même ne peut-elle pas te détourner des actes les plus honteux?; *a rebus occultis avocare philosophiam* Cic. *Ac.* 1, 15, détourner la philosophie des questions obscures ‖ *negotia, quae avocant animum* Plin. *Ep.* 9, 2, 1, affaires, qui détournent l'esprit de son application (qui dissipent l'esprit) ¶ **3** [droit] détourner, enlever: *aquam* Ulp. *Dig.* 39, 2, 26; *hereditatem* Gai. *Inst.* 2, 148, détourner l'eau, enlever un héritage ¶ **4** divertir, distraire: Lact. *Inst.* 3, 16, 3; *quibus avocare se* Arn. 7, 8, se divertir avec; *in quiete avocari* Tert. *Spect.* 28, 4, se délasser dans le repos.

āvŏlātĭo, *ōnis,* f. (*avolo*), action de s'envoler: Aug. *Psalm.* 54, 8.

āvŏlō, *ās, āre, āvī, ātum,* intr. (*a, volo*) ¶ **1** s'envoler loin de: Titin. *Com.* 126; Col. 8, 6, 6; Suet. *Galb.* 18; Catul. 66, 55 ¶ **2** [fig.] s'envoler, partir précipitamment: *experiar ut hinc avolem* Cic. *Att.* 9, 10, 3, je tenterai de m'envoler d'ici; *citatis equis avolant Romam* Liv. 1, 57, 8, ils partent pour Rome à toutes brides; *voluptas avolat* Cic. *Fin.* 2, 106, le plaisir s'envole; *infantia avolat in pueritiam* Aug. *Psalm.* 62, 6, le bas âge s'en va au bénéfice de l'enfance ‖ être en transes: *oculi tui me avolare fecerunt* Vulg. *Cant.* 6, 4, tes yeux m'ont mise hors de moi.

āvŏls-, **V.** *avuls-*.

Ăvŏna, *ae,* m., rivière de Bretagne [auj. l'Avon]: Tac. *An.* 12, 31.

ăvoncŭlus, **V.** *avunculus*. ►

ăvŏnōmĭcus, *a, um* (*avus, patronymicus*), formé d'après le nom du grand-père: Explan. 4, 537, 7.

ăvŏs, **V.** *avus*.

āvulsī, parf. de *avello*.

āvulsĭo (**āvŏl-**), *ōnis,* f. (*avello*), action d'arracher, de détacher: Plin. 17, 58; 17, 98 ‖ [fig.] arrachement [par la mort]: *de uxore* Cypr. *Mort.* 12, arrachement à son épouse.

āvulsŏr, *ōris,* m., celui qui arrache: Plin. 9, 148.

āvulsus, *a, um,* part. de *avello*.

ăvunclus (*avonclus*), sync. pour *avunculus*: CIL 5, 2395.

ăvuncŭlus, *i,* m. (*avus*, cf. al. *Oheim*, bret. *eontr*; fr. *oncle*) ¶ **1** oncle maternel: *avunculus magnus* Cic. *Brut.* 222, grand-oncle maternel ‖ *avunculus major* Dig. 1, 1, arrière-grand-oncle maternel; [ou aussi] grand-oncle maternel: Vell. 2, 59, 3; Suet. *Aug.* 7; *Cl.* 3 ‖ *avunculus maximus* Dig. 1, 1, frère de la trisaïeule ¶ **2** (qqf.) **a)** oncle, mari de la sœur de la mère: Sen. *Helv.* 17 **b)** ➙ *avunculus magnus*: Tac. *An.* 2, 43; 2, 53; 4, 75.
► forme *avonculus* Pl. *Aul.* 35; 685; 778; *aunculus* CIL 2, 713; 827.

ăvus (**ăvŏs**), *i,* m. (cf. *au-*, hit. *huhhas*, arm. *haw*; irl. *o*', "petit-fils"), aïeul, grand-père: Cic. *Cat.* 3, 10 ‖ pl., les aïeux: Liv. 4, 44, 2; 7, 40, 11 ‖ [en part.] un ancêtre: Eleg. Maecen. 1, 4.

Axabricenses, m. pl., peuple de Lusitanie: Plin. 4, 118.

axamenta

axāmenta, *ōrum*, n. pl. (*axo*), hymnes religieux chantés par les prêtres saliens : P. Fest. 3, 12.

Axanthŏs, *i*, f., île au n.-ouest de la Gaule [auj. Ouessant] : Plin. 4, 103.

Axatis, *is*, f., ville de Bétique : Plin. 3, 11 ‖ **-tĭtānus**, *a*, *um*, d'Axatis : CIL 2, 1055.

axĕārĭus, *ii*, m. (1 *axis*), fabricant d'essieux : CIL 6, 9215.

axēdo, *ōnis*, m. (2 *axis*), ais, petite planche : M.-Emp. 33, 65.

Axĕnus Pontus, et abs^t **Axĕnus**, *i*, m. (ἄξενος), ancien nom du Pont-Euxin : Ov. Tr. 4, 4, 56 ; Plin. 6, 1 ‖ *axena freta* Incert. d. Ps. Cens. 6, 614, 3, les flots inhospitaliers.

Axia, *ae*, f., place forte d'Étrurie [auj. Castel d'Asso] : Cic. Caecin. 20.

Axiānus, *i*, m., surnom romain : Cic. Att. 19, 29.

axĭcĭa, *ae*, f., ciseaux : Pl. Curc. 578.

1 axĭcŭlus, *i*, m. (dim. de 1 *axis*), axe, rouleau : Vitr. 10, , 2, 1 ; 10, 15, 4.

2 axĭcŭlus, *i*, m. (dim. de 2 *axis*), petit ais, petite planche : Amm. 21, 2.

1 axilla, *ae*, f. (dim. de *āla* ; fr. *aisselle*), aisselle : Isid. 11, 1, 65 ; v.▸ *ascella, ascilla*.

2 Axilla, *ae*, m., surnom romain : Cic. Or. 153.

axim, v.▸ *ago* ▸.

Axima, *ae*, f., ville de la Narbonnaise [auj. Aime] : Peut. 3, 3.

axĭnŏmantīa, *ae*, f. (ἀξινομαντεία), divination par le moyen d'une hache : Plin. 36, 142.

Axīnus, *i*, m., c.▸ *Axenus* : Cic. Rep. 3, 15.

axĭo, *ōnis*, m. (?), hibou, moyen-duc [oiseau] : Plin. 10, 68.

axĭōma, *ătis*, n. (ἀξίωμα), proposition [quelconque] : Don. Eun. 563 ‖ axiome, proposition évidente : Apul. Plat. 3.

Axĭōn, m., fils de Priam : Hyg. Fab. 90.

Axĭŏpŏlis, *is*, f., ville de la Mésie Atlas I, C5 : Anton. 224.

1 axis, *is*, m. (cf. ἄξων, ἅμαξα, scr. *akṣa-s*, al. *Achse* ; esp. *eje*) ¶ **1** axe, essieu : Cat. Agr. 97 ; Pacuv. Tr. 398 ; Virg. G. 3, 172 ; *ab axibus rotarum deligabantur falces* Liv. 37, 41, 7, aux essieux des roues étaient attachées des faux ¶ **2** char : Prop. 3, 4, 13 ; Ov. F. 4, 562 ¶ **3** axe [de machines diverses] : Varr. R. 1, 52, 1 ; 3, 5, 15 ¶ **4** axe du monde : *versari circum axem caeli* Cic. Nat. 1, 52, tourner autour de l'axe du monde (Ac. 2, 123) ‖ [d'où] pôle, [et en part.] pôle nord : *flabra, quae gelidis ab stellis axis aguntur* Lucr. 6, 720, les souffles qui proviennent des étoiles glacées du pôle arctique, cf. Virg. G. 2, 271 ¶ **5** la voûte du ciel, le ciel : *jam medium trajecerat axem (Aurora)* Virg. En. 6, 536, déjà le Jour avait parcouru la moitié du ciel ; *nudo sub aetheris axe* Virg. En. 2, 512, sous la voûte nue du ciel, en plein air ‖ région du ciel : *axe sub Hesperio* Ov. M. 4, 214, sous la partie occidentale de la voûte du ciel (à l'Occident) ‖ [chrét.] ciel, paradis : Paul.-Nol. Carm. 11, 59 ¶ **6** fiche, agrafe [servant à la penture des portes] : Stat. Th. 1, 349.

▶ abl. ordin. *axe* mais *axi* Cic. Tim. 37 ; Vitr. 9, 8, 8.

2 axis, *is*, m. (cf. *asser, assis* ; fr. *ais*), ais, planche : *eas (trabes) axibus religaverunt* Caes. C. 2, 9, 2, et ils les relièrent (ces poutres) par des planches, cf. Vitr. 7, 1, 2 ; Col. 6, 19, 1 ; 6, 30, 2 ; *Athenis axibus ligneis incisae sunt (leges Solonis)* Gell. 2, 12, 1, à Athènes (les lois de Solon) sont gravées sur des planches en bois ‖ [archit.] plaquette [bordure plate qui cerne la tranche des volutes dans le chapiteau ionique] : Vitr. 3, 5, 7.

▶ forme *asses* Vitr. 4, 2, 1 ‖ *axis* f. Pall. 1, 9, 2.

3 axis, *is*, m. (?), sorte de bœuf sauvage dans l'Inde : Plin. 8, 76.

axĭtĭōnes, *um*, f. pl., factions conspirations : Gloss. 5, 6, 32.

axĭtĭōsus, *a*, *um* (obscur), factieux : Varr. L. 7, 66 ; P. Fest. 3, 6.

Axius, *ii*, m. ¶ **1** fleuve de Macédoine [Vardar] Atlas VI, A2 : Liv. 39, 24 ; 44, 26, 7 ; Plin. 4, 34 ¶ **2** nom romain : Varr. R. 3, 2, 1 ; Suet. Caes. 9.

axō, *ās*, *āre*, -, - (*aio*), tr., nommer : P. Fest. 7, 27.

1 axōn, *ōnis*, m. (ἄξων) ¶ **1** axe [de l'analemme] : Vitr. 9, 7, 5 ¶ **2** arbre [du treuil de la baliste] : Vitr. 10, 11, 7 ¶ **3** tablettes de bois [sur lesquelles étaient gravées les lois de Solon] : Porph. Hor. P. 399 ; Amm. 16, 5, 1, cf. Gell. 2, 12, 1.

2 Axōn, *ōnis*, m., fleuve de Carie : Plin. 5, 103.

Axōna, *ae*, m., rivière de la Gaule Belgique [Aisne] Atlas V, C3 : Caes. G. 2, 5, 4 ; Aus. Mos. 461.

axungĭa, *ae*, f. (*axis, ungo* ; it. *sugna*), axonge, graisse de porc : Plin. 28, 145 ; Pall. 1, 17, 3.

Axur, v.▸ *Anxur*.

Axylŏs, f. (s.-ent. *terra*, ἄξυλος), canton de la Galatie : Liv. 38, 18.

Aza, *ae*, f., ville de l'Arménie : Plin. 6, 22.

Azali, Azalĭi, *ōrum*, m. pl., peuple de la Pannonie : Plin. 3, 148 ; CIL 9, 5363.

Azān, *ānis*, m., héros éponyme d'un peuple d'Arcadie : Stat. Th. 4, 292 ‖ **Azāni (-nes)**, m. pl., peuple d'Arcadie : Serv. En. 11, 31.

azănĭae nŭces, f. pl. (de ἀζάνω, ἄζα), pommes de pin desséchées : Plin. 16, 107.

Azānĭus, *a*, *um*, de l'Azanie, en Éthiopie : Plin. 6, 108 ; 6, 153.

Azarĭās, *ae*, m., nom d'homme chez les Juifs : Vulg. 4 Reg. 15, 1.

Azibintha, *ae*, f., île [une des Sporades] : Plin. 4, 71.

Azochis, *is*, f., ville de Mésopotamie : Plin. 6, 118.

azōni dĭi, m. pl. (ἄζωνος), dieux qui n'ont pas dans le ciel de place déterminée et n'ont pas un culte particulier : Capel. 1, 61, cf. Serv. En. 12, 118.

Azōrus, *i*, f., ville de Thessalie : Liv. 42, 53, 6 ; 44, 2, 8.

Azōtĭcē, adv., à la façon des habitants d'Azot : Vulg. Nehem. 13, 24.

Azōtus, -tŏs, *i*, f., ville de Judée : Plin. 5, 68 ; Mel. 1, 10 ‖ **-tis**, *idis*, acc. pl. *idas*, f., **-tĭus**, *a*, *um*, d'Azot : Vulg. 2 Esdr. 13, 23 ; 1 ; Reg. 5, 7.

azȳmŏphăgĭa, *ae*, f., consommation de pain azyme : Aug. Faust. 6, 1.

azȳmus, *a*, *um* (ἄζυμος), qui est sans levain : Isid. 20, 2, 15 ; Scrib. 133 ; Vulg. Lev. 2, 4 ‖ [fig.] sans ferment, pur : Vulg. 1 Cor. 5, 7 ‖ **-mŏn**, n., Prud. Apoth. 353, **azȳma**, pl., pain(s) sans levain : Vulg. Gen. 19, 3.

B

b, f., n., indécl., deuxième lettre de l'alphabet latin, prononcée *bē* : Varr. *Frg.* 241 ; Ter. Maur. 6, 330, 186 ; βη *CPL* 58 ǁ [abrév.] *B = bonus* ou *bene* Inscr. ; *B. D. = bona dea* ; *B. M. = bene merenti* ; *bonae memoriae* ; *B. M. P. = bene merenti posuit* ; *B. D. S. M. = bene de se merito* ou *meritae,* v. 1 *beta*. ▶ *b* devant voyelle alterne souvent avec *v* sur les inscriptions, à partir du 1ᵉʳ s., et sur les mss : *bixit, Flabius, ferbui,* cf. Cassiod. *Gram.* 7, 167.

Bāāl (Bahal), indécl. ou gén. *alis*, m., Baal [idole des Assyriens et des Phéniciens] : Vulg. *Jud.* 2, 13 ǁ nom de plusieurs personnages : Vulg. 1 *Par.* 5, 5.

Baba, ae, m., individu quelconque : Sen. *Ep.* 15, 9.

băbae, interj. (βαβαί), [marque l'admiration et l'approbation] oh ! ah ! fort bien ! à merveille ! : Pl. *Cas.* 906 ; *Ps.* 365 ; Pers. 806 ; Petr. 37, 9.

băbaecălus, i, m. (βαβαί, καλός !), fat, freluquet : Petr. 37, 10.

Babba, ae, f., ville de la Maurétanie Tingitane [nommée aussi Julia Campestris] : Plin. 5, 5.

Babel, ēlis, f., ➡ *Babylon* : Vulg. *Gen.* 11, 9.

Babĭa, ae, f., ville de l'Italie méridionale : Plin. 14, 69.

băbĭgĕr, ĕra, ĕrum (cf. *babio*), sot : Gloss. 4, 487, 24.

Babilus, i, m., astronome du temps de Néron : Suet. *Ner.* 36.

băbĭo, īs, īre, -, - (onomat.), intr., se vanter : Gloss. 2, 27, 52.

Babrĭus, ii, m., fabuliste grec : Avian. *Praef.*

Babullĭus, ii, m., riche Romain, ami de César : Cic. *Att.* 13, 48, 1.

Băbŭlōnĭcus, a, um, c. *Babylonicus* : Diocl. 9, 17.

băbŭlus, i, m. (cf. *babio*), hâbleur : Apul. *M.* 4, 14.

băburrus, a, um (cf. *babio*), sot, niais : Isid. 10, 31.

Băbўlō, ōnis, m., un Babylonien, un nabab : Ter. *Ad.* 915.

Băbўlōn, ōnis, acc. ōna, f. (Βαβυλών), Babylone [ancienne capitale de la Chaldée, sur l'Euphrate] Atlas I, E8 ; IX, F2 : Cic. *Div.* 1, 47 ǁ *Babylon magna* Vulg. *Apoc.* 14, 8, la grande Babylone [Rome] ǁ *civitas diaboli Babylon* Aug. *Civ.* 17, 16, 2, la cité du diable, Babylone ǁ **-nĭăcus**, Manil. 4, 580 ou **-nĭcus**, Plin. 8, 196 ou **-nĭus**, a, um, Pl. *Truc.* 472 ou **-niensis**, e, Pl. *Truc.* 84, de Babylone, babylonien ǁ **-nĭi**, ōrum, m. pl., les Babyloniens : Cic. *Div.* 2, 97 ǁ **-nĭca**, ōrum, n. pl., tapis babyloniens ; étoffes brodées : Pl. *St.* 378 ; Lucr. 4, 1026.

Băbўlōnĭa, ae, f. ¶ 1 la Babylonie [contrée d'Assyrie] Atlas I, E8 : Mel. 1, 62 ¶ 2 Babylone : Liv. 38, 17 ; Curt. 4, 6, 2.

1 bāca, ae, f. (cf. *Bacchus* ; fr. *baie*) ¶ 1 baie [en gén.], fruit rond de n'importe quel arbre, fruit : Cat. *Agr.* 101 ; Cic. *Tusc.* 1, 31 ǁ [en part.] olive : Cic. *Div.* 2, 16 ¶ 2 [fig.] perle : Hor. *Epo.* 8, 14 ; *S.* 2, 3, 241 ; Ov. *M.* 10, 116 ǁ olive [servant de fermeture à une chaîne] : Greg.-Tur. *Martin.* 1, 23.

2 Bāca, v. 1 *Baccha*.

băcālĭa, ae, f. (*baca*), laurier à baies : Plin. 15, 129.

băcālis, e (*baca*), porteur de baies : Plin. 17, 60.

bacalūsiae, ārum, f. pl. (?, -'υσία ?), folles conjectures, exégèses gratuites, faribles : Petr. 41, 2.

Bācanal, v. *Bacchanal*.

Bacānālia, v. *Bacch-*.

băcar (cf. *2 bacca*), vase à vin : P. Fest. 28, 3.

băcărĭo (bacrio, P. Fest. 28, 1), sorte de vase : Gloss. 4, 488, 11.

băcărĭum, ii, n., vase à eau : Gloss. 4, 487, 41 ǁ vase à vin : Gloss. 4, 599, 2.

Bacaschami, ōrum, m. pl., peuple de l'Arabie : Plin. 6, 158.

bācātus, a, um (*baca*), fait avec des perles : Virg. *En.* 1, 655.

Bacaudae, v. *Bag-*.

1 bacca, v. 1 *baca*.

2 bacca (cf. *bacar* ; fr. *bac*), ➡ *vinum* [en Espagne] : Varr. *L.* 7, 87.

Baccanae, ārum, f. pl., ville d'Étrurie : *Anton.* 286.

baccār, ăris, n. et **baccăris**, is, f. (βάκκαρις), baccar [plante dont on tirait un parfum] : Virg. *B.* 4, 19 ; 7, 17 ǁ nard sauvage : Plin. 12, 45 ; 21, 29.

Baccāra, nom d'esclave : Mart. 6, 59, 2 ; 7, 92, 2.

baccātus, v. *bacatus*.

1 Baccha (arch. **Baca**, CIL 1, 581 ; 10, 104), ae et **Bacchē**, ēs, f., **Bacchae**, ārum, pl. (βάκχη), Bacchante ; Bacchantes [femmes qui célébraient les mystères de Bacchus, nommés Bacchanales] : Pl. *Amp.* 703 ; *Aul.* 408 ; *Bacchis initiare aliquem* Liv. 39, 9, 4, initier qqn aux mystères de Bacchus ; v. 2 *Bacchia*.

2 baccha, v. 2 *bacca*.

bacchābundus, a, um (*bacchor*), qui se livre à tous les excès de la débauche : Curt. 9, 10, 27 ǁ criant, se démenant : Apul. *Apol.* 82.

Bacchaeus, a, um ¶ 1 v. *Bacheius* ¶ 2 v. 1 *Baccha*.

Bacchānăl (arch. **Bacānal**, CIL 1, 581 ; 10, 104), ālis, n. ¶ 1 lieu de réunion des femmes qui célèbrent les mystères de Bacchus : Pl. *Aul.* 408 ; *Bac.* 53 ¶ 2 [au sg. Pl. *Mil.* 858 mais surt. au pl.] **Bacchānālia**, ĭum (ĭōrum), n., Bacchanales, mystères de Bacchus : Cic. *Leg.* 3, 37 ; Liv. 39, 9, 3 ǁ [fig. et poét.] *bacchanalia vivere* Juv. 2, 3, mener une vie de débauches.

Bacchānālis, e, qui concerne Bacchus : Macr. *Sat.* 1, 4, 9.

bacchans, v. *bacchor*.

bacchar, v. *baccar*.

Bacchārĭa, ae, f., titre d'une pièce de Plaute : Macr. *Sat.* 3, 16, 1.

bacchātim, adv., à la manière des Bacchantes : Apul. *M.* 1, 13.

bacchātĭo, ōnis, f. (*bacchor*), célébration des mystères de Bacchus : Hyg. *Fab.* 4, 8 ǁ [rare] orgie, débauche : *nocturnae bacchationes* Cic. *Verr.* 1, 33, orgies nocturnes.

bacchātŏr, ōris, m. (*bacchor*), débauché : Consult. Zacch. 3, 8.

bacchātus, a, um, part. de *bacchor*.

Bacchē, ēs, v. 1 *Baccha* : Ov. *Tr.* 4, 1, 41 ; *Am.* 1, 14, 21.

Bacchēĭs, ĭdis, adj. f., de Bacchis [roi de Corinthe] ; d'où = Corinthienne : Stat. *S.* 2, 2, 34.

Bacchēĭus, a, um, de Bacchus : Virg. *G.* 2, 454.

Bacchēus, a, um (βακχεῖος) ¶ 1 de Bacchus : Stat. *Th.* 12, 791 ¶ 2 des Bacchantes : Ov. *M.* 11, 17 ; *Baccheus sanguis* Stat. *Th.* 1, 328, sang répandu par les Bacchantes.

1 bacchĭa, ae, f., v. *baccia*.

2 Bacchĭa, ōrum, n. pl. (βακχεῖα), c. *Bacchanalia* : Isid. 1, 16, 11.

bacchĭăcus, a, um, bacchiaque [métrique] : Ter.-Maur. 6, 403, 2608 ; v. 3 *bacchius*.

Bacchiadae

Bacchĭădae, ārum, m. pl., les Bacchiades [famille corinthienne issue de Bacchis, et établie en Sicile] : Ov. M. 5, 407.

Bacchĭās, ādis, f., île du golfe Arabique : Plin. 6, 173.

1 Bacchĭcus, a, um, de Bacchus [bachique] : Mart. 7, 63, 4.

2 bacchĭcus, a, um (-ŏs, ŏn), bacchiaque : Bass. 6, 264, 2 [autre nom du choriambe].

bacchĭgĕnus, a, um, de Bacchus, de la vigne : Anth. 117, 3.

Bacchina, ae, f., île près de Smyrne : Plin. 5, 138.

bacchīnon (cf. 2 bacca, bacar ; fr. bassin, al. Becken), jatte de bois, baquet : Greg.-Tur. Hist. 9, 28.
▶ forme restituée *baccinum.

1 Bacchis, ĭdis, f., nom de femme ‖ pl., **Bacchides**, titre d'une comédie de Plaute : Pl. Bac. 371.

2 Bacchis, is, m., roi de Corinthe : Hier. Chron. 1060 ; ▣ Bacchiadae.

Bacchīum, ĭi, n., île près de l'Ionie : Liv. 37, 21, 7.

1 Bacchĭus, a, um, de Bacchus : Ov. M. 3, 518 ‖ subst. n. pl., ▣ 2 Bacchia.

2 Bacchĭus, ĭi, m. ¶ **1** auteur de Milet, qui a écrit sur l'agriculture : Varr. R. 1, 1, 8 ¶ **2** nom d'un gladiateur : Hor. S. 1, 7, 20.

3 bacchīus pes (Βακχεῖος), bacchée, pied bacchiaque [composé d'une brève et de deux longues] : Quint. 9, 4, 82.

baccho, ās, āre, -, -, se livrer à la débauche : Commod. Instr. 1, 32, 7.

bacchor, ārĭs, ārī, ātus sum (Bacchus), intr. ¶ **1** avoir le délire inspiré par Bacchus, être dans les transports bachiques : Pl. Amp. 703 ; Cic. Ac. frg. 20 ; Catul. 64, 60 ; Hor. O. 2, 7, 29 ¶ **2** [poét.] [sens passif] être parcouru (foulé) par les Bacchantes : *virginibus bacchata Lacaenis Taygeta* Virg. G. 2, 487, le Taygète foulé par les vierges de Sparte aux fêtes de Bacchus, cf. En. 3, 125 ¶ **3** [fig.] être dans des transports, dans le délire [sous l'effet d'une passion violente] : *quanta in voluptate bacchabere* Cic. Cat. 1, 26, à quelle joie délirante seras-tu en proie ; *furor (Cethegi) in vestra caede bacchantis* Cic. Cat. 4, 11, la démence (de Céthégus) se baignant avec ivresse dans votre sang ‖ se démener, s'agiter : *bacchatur vates* Virg. En. 6, 77, la prêtresse se débat dans le délire ¶ **4** errer en s'agitant, s'ébattre : Lucr. 5, 823 ‖ se déchaîner : Virg. En. 10, 41 ‖ se répandre à grand bruit : Virg. En. 4, 666 ¶ **5** part. prés., **Bacchantes**, ium (poét. um), f. pl., ▷ **Bacchae**, Bacchantes : Ov. M. 3, 702 ; 7, 257 ; Curt. 8, 10, 15 ; 9, 10, 24.

1 Bacchus, i, m. (Βάκχος), dieu du vin [surnom de Dionysos] : Enn. Tr. 107 ; Cic. Flac. 60.

2 bacchus, i, m., sorte de poisson de mer : Plin. 9, 61.

Bacchȳlĭdēs, is, m. (Βακχυλίδης), poète lyrique grec : Amm. 25, 4, 3 ‖ **-lĭdīus**, a, um, de Bachylide : Serv. Gram. 4, 459, 19.

baccĭa (-ĕa) ou **bachĭa**, ae, f. (cf. bacar), vase à vin, puis pot à eau : Isid. 20, 5, 4.

baccĭballum (-us), i, n., m. ? (cf. bacar et ἀρύβαλλος), vase pansu ‖ [fig.] femme rebondie, [arg.] nana : Petr. 61, 6.

baccina, ae, f. (?), plante de l'Inde : Ps. Apul. Herb. 22.

băcellus, ▣ bacillus : Hier. Reg. Pach. 81.

Băcēnis, f., forêt en Germanie : Caes. G. 6, 10, 5.

bacĕŏlus, i, m. (βάκηλος), imbécile : Aug. d. Suet. Aug. 87.

bachĭa, ▣ baccia.

Bachylitae, m. pl., peuple de l'Arabie : Plin. 6, 158.

bācĭfĕr, ĕra, ĕrum (baca, fero), qui porte des baies : Plin. 16, 50 ‖ qui porte des olives : Ov. Am. 2, 16, 8.

băcillum, i, n. (dim. de baculum), baguette : Cic. Fin. 2, 33 ; Div. 1, 30 ; Varr. R. 1, 50, 2 ‖ verge portée par les licteurs : Cic. Agr. 2, 93.

băcillus, i, m., ▣ bacillum : Isid. 20, 13, 1.

Bacis, ĭdis, m. ¶ **1** devin de Béotie : Cic. Div. 1, 34 ¶ **2** taureau adoré en Égypte : [acc. -in] Macr. Sat. 1, 21, 20.

Baclanaza, ville d'Arabie : Plin. 6, 157.

Băcŏris, ▣ Pacoris.

bacrĭo, ōnis, m. (cf. bacar), vase à grand manche ; [suivant d'autres = trulla] : P. Fest. 28, 1.

bactērĭum, ĭi, n. (βακτήριον), bâton : Gloss. 5, 442, 26.

bactra (-thra, bacithra), ▣ ursa rabida : Gloss. 5, 442, 39.

Bactra, ōrum, n. pl., Bactres [capitale de la Bactriane] : Virg. G. 2, 138 ; Hor. O. 3, 29, 28 ; Curt. 7, 4, 31.

Bactrēnus, Avien. Perieg. 913 et **Bactrīnus**, a, um, Apul. M. 7, 14, de la Bactriane.

Bactri, ōrum, m. pl., Bactriens, habitants de Bactres ou de la Bactriane : Plin. 6, 43 ; Mel. 1, 13.

Bactrĭa (Bactrĭāna), ae, f., la Bactriane : Plin. 8, 67.

Bactrĭānus, a, um, ▣ Bactrenus : Curt. 6, 6, 18 ‖ **-i**, ōrum, m. pl., ▣ Bactri : Curt. 5, 8, 4 ; Sen. Const. 13, 4.

Bactrīnus, ▣ Bactrenus.

Bactrĭnus, a, um, ▣ Bactrenus : Ov. M. 5, 135.

bactrŏpērita, ae, m. (βακτροπηρίτης), qui porte le bâton et la besace [philosophe cynique] : Hier. Matth. 1, 10, 9.

Bactrŏs (-us), i, m., fleuve de la Bactriane : Luc. 3, 267 ; Curt. 7, 4, 31.

Bactrum, i, n., ▣ Bactra : Plin. 6, 48.

bacucei, ōrum, m. pl. (gaul. ?), ▣ daemones : Cassian. Coll. 7, 32, 2.

bācŭla, ae, f., petite baie : Plin. 25, 96.

băcŭlum, Ov. M. 15, 655, n. et tard. **băcŭlus**, i, Aus. Epigr. 49 (53), 1, m. (cf. βάκτρον ; fr. bâcler) ¶ **1** bâton : Cic. Verr. 5, 142 ; Plin. 30, 129 ¶ **2** sceptre : Flor. 2, 7, 10 ; Curt. 9, 1, 30 ¶ **3** [usages divers] : [bâton d'augure] Liv. 1, 18, 7 ; [des philosophes cyniques] Mart. 4, 53, 3 ; [des aveugles] Hier. Ep. 60, 10 ; **senectutis** Vulg. Tob. 5, 23, bâton de vieillesse [leur fils].

Bacuntĭus, ĭi, m., rivière de Pannonie : Plin. 3, 148.

Bacurdus, i, m., divinité des Germains : CIL 13, 8166 ; 8167.

Badanatha, ae, f., ville de l'Arabie Heureuse : Plin. 6, 157.

Badĭa, ae, f., ville de la Bétique : Val.-Max. 3, 7, 1.

baditis, ĭdis, f. (gaul. ?), ▣ nymphaea : M.-Emp. 33, 63.

bădĭus, a, um (gaul. ; fr. bai), bai : Varr. Men. 358 ; Isid. 12, 1, 48 ; Pall. 4, 13, 3 ‖ couleur d'hirondelle : Gloss. 2, 27, 60.

bădizō, ās, āre, -, - (βαδίζω), intr. avancer [en parlant d'un cheval] : Pl. As. 706.

bădō, ās, āre, -, - (cf. 2 bat ; fr. béer, bayer), intr., bâiller : Gloss. 5, 601, 18.

Badua, ▣ Badia : Anton. 419.

Baduhennae lūcus, i, m., forêt de Baduhenne [en Germanie] : Tac. An. 4, 73.

Baebĭāna, ae, f., lieu en Étrurie : Peut. 5, 5.

Baebĭāni Lĭgŭres, m. pl., peuplade des Hirpins : Plin. 3, 105.

Baebĭus, ĭi, m., nom de famille rom. : Cic. Pis. 88 ; Liv. 40, 17, 8 ; Sall. J. 33, 2 ‖ **-us**, a, um, de Baebius : Liv. 40, 44, 2.

Baebro, ōnis, f., ville de la Bétique : Plin. 3, 10.

Baecŭla, ae, f., ville de la Bétique : Liv. 27, 18 ; 28, 13 ‖ **-ōnenses**, ĭum, m. pl., habitants de Baecula : Plin. 3, 23.

Baelo, ōnis, f. (Βελών), ville de la Bétique [Belonia] Atlas IV, E2 : Plin. 3, 7.

Baesippo, ōnis, f., ville de la Bétique [Barbate] Atlas IV, E1 : Plin. 3, 15.

Baeterrae (Bēt-, Bīt-), ārum, f. pl., ville de la Narbonnaise [auj. Béziers] Atlas V, F3 : Plin. 3, 36 ‖ **-ensis**, e, de Béziers : CIL 12, 985.

Baetĭca, ae, f., la Bétique Atlas I, D2 ; IV, D24 : Plin. 3, 7 ; Tac. H. 1, 78 ; Mel. 2, 87.

baetĭcātus, a, um, revêtu de laine de Bétique : Mart. 1, 96, 5.

Baetĭcŏla, ae, f., habitant de la Bétique : Sil. 1, 146.

Baetĭgĕna, ae, m., né sur les bords du Bétis : Sil. 9, 234.

Baetis, *is*, m., fleuve d'Espagne [Guadalquivir] Atlas I, D2; IV, D2 : Plin. *2, 219* ‖ **-ĭcus**, *a*, *um*, du Bétis, de la Bétique : Juv. *12, 40* ‖ **Baetici**, m. pl., les habitants de la Bétique : Plin. *Ep. 1, 7*.

baetō (**bētō**), *ĭs*, *ĕre*, -, -, ■> *bito* : Varr. *Men. 553* ; Non. *77* ; Gloss. *5, 638, 38*.

Baetōn, *onis*, m., historien grec : Plin. *6, 61*.

Baetŭlo, *ōnis*, f., ville de la Tarraconaise [auj. Badalona] : Mel. *2, 90* ; Plin. *3, 22* ‖ **-onenses**, *ium*, habitants de Baetulo : CIL 2, 4606.

baetŭlus, *i*, m. (βαίτυλος), bétyle [pierre surnaturelle] : Plin. *37, 135*.

Baetūrĭa, *ae*, f. (Βαιτουρία), Béturie, partie de la Bétique : Liv. *39, 30, 1*.

Băga, *ae*, m., roi des Maures : Liv. *29, 30* ‖ guerrier : Sil. *2, 111* ; *5, 235*.

Bagācum, *i*, n., ville des Nerviens [auj. Bavay] Atlas V, C3 : Anton. *380*.

Bagada, *ae*, f., ville d'Éthiopie : Plin. *6, 178*.

băgărĭo, ■> *bacario* : Gloss. *5, 632, 40*.

Băgaudae (**Băc-**), *ārum*, m. pl. (gaul.), Bagaudes [insurgés qui ravagèrent la Gaule] : Eutr. *9, 20* ; Aur.-Vict. *Caes. 39*.

Băgenni, ■> Bagienni : Sil. *8, 605*.

Băgĭenni, *ōrum*, m. pl., Ligures du Tanaro supérieur : Varr. *R. 1, 51, 2* ; Plin. *3, 37* ; ■> Vagienni.

Bagistanēs, *is*, m., nom d'un Babylonien : Curt. *5, 13*.

Bagōās, *ae*, m. et **-gōus**, *i*, m., nom d'homme chez les Perses [= eunuque] : Quint. *5, 12, 21* ‖ Ov. *Am. 2, 2, 1* ; Plin. *13, 41*.

Bagophănēs, *is*, m., nom d'un Perse : Curt. *5, 1*.

Băgrăda, *ae*, m., le Bagrada [fleuve de Numidie, auj. Medjerda] Atlas I, D3; VIII, A3; XII, H1 : Caes. *C. 2, 24, 1* ; *2, 26, 1* ; Liv. *30, 25, 4* ; Plin. *5, 24* ; *8, 36*.

Bahal, ■> Baal.

bahis, *is*, f. (βαΐς, égypt.), palme : Vulg. *1 Macc. 13, 37*.

bāia, *ae*, f. (ibér. ; fr. baie, esp. bahia), baie, port : Isid. *14, 8, 40*.

baia, *ae*, f. (cf. *bahis*), palme : Hier. *Jovin. 2, 13*.

Bāiae, *ārum*, f. pl. ¶ 1 Baïes [ville d'eaux de Campanie] : Cic. *Fam. 9, 12, 1* ¶ 2 bains, thermes : Cic. *Cael. 38* ‖ **-ānus**, *a*, *um*, de Baïes : Cic. *Att. 14, 8, 1*.

Bāĭŏcasses, *ĭum*, m. pl., peuple de la 2ᵉ Lyonnaise [> Bayeux] : Aus. *Prof. 5 (194), 7* ‖ **-ssīnus**, *a*, *um*, Baïocasse : Greg.-Tur. *Hist. 9, 13*.

bāĭolus, ■> bajulus, baiulus : Pl. *Poen. 1301*.

Bāius, *a*, *um*, de Baïes ; de bains : Prop. *1, 11, 30*.

2 **Bāius**, m., un des compagnons d'Ulysse : Serv. *En. 3, 441*.

bājŏnŏla (**-nŭla**), *ae*, f. (*bajulo*), lit portatif, litière : Isid. *20, 11, 2*.

bājŭla, *ae*, f. (*bajulus*), nourrice : Greg.-Tur. *Vit. Patr. 6, praef.*.

bājŭlātĭo, *ōnis*, f., port d'un fardeau : Gloss. *2, 494, 40*.

bājŭlātŏr (**bājŏl-**), *ōris*, m., portefaix : Gloss. *2, 256, 35* ‖ **-tōrĭus**, *a*, *um*, que l'on porte, portatif : Cael.-Aur. *Acut. 1, 11, 83*.

bājŭlō (**bāiulō**), *ās*, *āre*, -, - (*bajulus* ; fr. *bailler*), tr., porter sur le dos : Pl. *As. 660* ; Quint. *6, 1, 47* ‖ **baiiolare** Pl. *Merc. 508* ‖ supporter, endurer : Bened. *Reg. 2, 20* ‖ porter dans son sein : Sedul. *Hymn. 3, 11*.
▶ *bajulor* P. Fest. *32, 2*.

bājŭlus (**bāĭŭlus**), *i*, m. (cf. *Baiae* ?; it. *bailo*, fr. *bailli*), porteur, portefaix : Cic. *Brut. 257* ; Gell. *5, 3, 1* ; P. Fest. *32, 1* ‖ messager : Hier. *Ep. 6, 1* ; Cod. Th. *2, 27, 1, 2* ‖ celui qui porte les morts : *Fulg. *Serm. 2* ; Sidon. *Ep. 3, 12, 1* ‖ qui porte, soigne les enfants : Hier. *Ep. 3, 5* ; ■> *bajula*.

Bāl, ■> Baal.

bala, *anis* (germ. ; cf. φαλιός), adj., taché de blanc [cheval] : Ennod. *Carm. 2, 136, tit.*

bălābundus, *a*, *um* (*balo*), bêlant : Cypr. *Ep. 45, 3*.

Balacrus, *i*, m., nom d'homme : Curt. *4, 513*.

bălaena, ■> ballaena.

Balanaea ou **-nēa**, *ae*, f., ville de Syrie Atlas IX, D3 : Plin. *5, 79*.

bălănātus, *a*, *um* (*balanus*), parfumé d'huile de balanus : Pers. *4, 37* ; Prisc. *2, 442, 4*.

bălănĭnus, *a*, *um* (βαλάνινος), qui vient du balanus : Plin. *13, 8*.

bălănītēs, *ae*, m. (βαλανίτης), pierre précieuse en forme de gland : Plin. *37, 149*.

bălănītis, *idis*, f. (βαλανῖτις), qui a la forme d'un gland : Plin. *15, 93*.

bălans, *tis*, part. de *balo* ‖ subst. f., brebis : Lucr. *6, 1131* ; Virg. *G. 1, 272*.

bălănus, *i*, f. (βάλανος) ¶ 1 gland du chêne : Plin. *13, 42* ; *16, 21* ‖ châtaigne : Plin. *15, 93* ‖ datte : Plin. *13, 48* ¶ 2 arbrisseau odoriférant [le balanus] : Plin. *13, 61* ¶ 3 gland de mer : Plin. *32, 145* ; Col. *8, 16, 7* ; Pl. *Ru. 297* ¶ 4 suppositoire [t. de méd.] : Plin. *20, 43* ; Cael.-Aur. *Acut 2, 12*.

Bălări, *ōrum*, m. pl., Balares [peuple de la Sardaigne] : Liv. *41, 6*.

bălastrum, *i*, n., bain : Gloss. *4, 487, 43*.

bălātĭo, *ōnis*, ■> *ballatio*.

bălātro, *ōnis*, m. (obscur), hâbleur, charlatan, vaurien : Hor. *S. 1, 2, 2* ; Vop. *Car. 21*.

bălātŭs, *ūs*, m. (*balo*), bêlement : Virg. *En. 9, 62* ; Ov. *M. 7, 319*.

bălaustĭum, *ĭi*, n. (βαλαύστιον), fleur du grenadier sauvage : Col. *10, 297* ; Plin. *13, 113*.

balbē, adv. (*balbus*), en balbutiant, en bégayant : Lucr. *5, 1022* ‖ confusément : Varr. d. Non. *80, 7*.

Balbilius, *ii*, m., nom d'homme : Cic. *Att. 15, 13, 4*.

Balbillus, *i*, m., nom d'homme : Sen. *Nat. 4, 2* ; Tac. *An. 13, 22*.

Balbīnus, *i*, m., nom d'homme : Hor. *S. 1, 3, 40*.

balbō, *ās*, *āre*, -, - (*balbus*), bégayer : Isid. *10, 29*.

Balbūra, *ae*, f., ville de Galatie : Plin. *5, 101*.

1 **balbus**, *a*, *um* (onomat., cf. βάρβαρος ; fr. *ébaubi*), bègue, qui bégaye : Cic. *Fam. 2, 10, 1* ; Hor. *S. 2, 3, 274*.

2 **Balbus**, *i*, m. ¶ 1 surnom romain : Cic. *Att. 8, 9, 4* ; Cael. *27* ¶ 2 mont d'Afrique : Liv. *29, 31*.

balbūtĭō (**-buttĭō**), *īs*, *īre*, *īvi*, - (*balbus*), intr. et tr
I intr. ¶ 1 bégayer, balbutier, articuler mal : Cels. *5, 26, 31* ¶ 2 parler obscurément : Cic. *Tusc. 5, 75* ¶ 3 gazouiller : Plin. *10, 80*.
II tr., dire en balbutiant : **Stoicus perpauca balbutiens** Cic. *Ac. 2, 137*, un Stoïcien bégayant quelques rares mots ‖ [avec prop. inf.] Hor. *S. 1, 3, 48*.

Balcēa, *ae*, f. (Βάλκεια), ville de Mysie : Plin. *5, 126*.

Balcĭa, *ae*, f., ■> Baltia.

Bălĕāres insŭlae et **Bălĕāres**, *ĭum*, f. pl., îles Baléares Atlas I, D3; IV, C4 : Plin. *3, 77* ; Cic. *Att. 12, 2, 1* ; Liv. *28, 37, 4* ‖ **-ārĭcus**, *a*, *um* et **-āris**, *e*, des îles Baléares : Plin. *3, 74* ; Ov. *M. 2, 727* ; **funditores Baleares** Caes. *G. 2, 7, 1* ; Sall. *J. 105, 2*, frondeurs baléares.

bălēna, ■> *balaena*.

Balesĭum, *ĭi*, n., ville de Calabre Atlas XII, E6 : Plin. *3, 101*.

Baletum, *i*, n., rivière du Bruttium : Plin. *3, 72*.

Bălĭāres, etc., ■> *Baleares*, etc. [meilleurs mss de Cic., Liv., Plin.].

bălĭnĕae, *ārum*, f. pl. (βαλανεῖα, n. pl.), bains publics : Pl. *As. 357* ; *Merc. 127* ; *Ru. 383*.

bălĭnĕātŏr, *ōris*, ■> *balneator* : Pl. *Ru. 527*.

bălĭnĕum, *i*, ■> *balneum* : Cic. *Att. 15, 3, 5* ; *Fam. 14, 20*.

Balinienses, *ĭum*, m. pl., peuple du Latium : Plin. *3, 64*.

balis, acc. *im*, f., plante miraculeuse : Plin. *25, 14*.

balisca, *ae*, f., *vitis* cépage de Dyrrachium : *Plin. *14, 29* ; ■> *basilica*.

bălĭscus, *i*, m., bain : Petr. *42, 1*.

1 **bălista**, etc., ■> *1 ballista*.

Balista

2 Bālista, *ae*, m., ℣. *2 Ballista*.

bālĭtans, f. l., ℣. *palitans*.

ballaena, *ae*, f. (de φάλαινα; fr. *baleine*), baleine : Plin. 9, 12 ; Ov. M. 2, 9 ; Juv. 10, 14 ‖ **-nācĕus**, *a*, *um*, de baleine : Petr. 21, 2.

ballātĭo, *ōnis*, f., danses : Ps. Aug. Serm. app. 265, 4 ; Gloss. 5, 595, 42.

ballātŏr, *ōris*, m., danseur : CIL 6, 2265.

ballātrix, *īcis*, f., danseuse : Not. Tir. 93, 32.

ballēmātĭa, *ae*, f., danse : Isid. 3, 22, 11.

ballēmātĭcus, *a*, *um*, de la danse : Isid. 3, 22, 11.

ballēna, ℣. *ballaena*.

Ballĭo, *ōnis*, m., Ballio [nom d'un entremetteur] : Pl. Ps. 255 ‖ [fig.] = un vaurien : Cic. Phil. 2, 15 ‖ **-ōnĭus**, *a*, *um*, de Ballion : Pl. Ps. 1064.

1 ballista (bālista), *ae*, f. (βάλλω, *βαλλιστής, it. *balestra*) ¶ **1** baliste [lanceur de pierres à torsion et à deux bras] : Pl. Bac. 709 ; *ballistas quattuor talentarias* Sisen. Hist. 92, quatre balistes d'un talent [c.-à-d. lançant des pierres d'un talent] ; Cic. Tusc. 2, 57 ; Vitr. 10, 11, 1 ; Liv. 26, 6, 4 ; *nec torta clausas fregerat saxo gravi ballista portas* Sen. Phaed. 535, la baliste bandée n'avait pas encore brisé les portes closes sous le poids d'une pierre ; Tac. H. 3, 23, 4 ‖ [utilisée pour lancer des poutres] Caes. C. 2, 2, 2 ; [des javelots] Luc. 3, 465 ¶ **2** baliste [lanceur de flèches à torsion, construit en métal à partir du 1er s. apr. J.-C.] : Amm. 23, 4, 1 ; Veg. Mil. 4, 22 ¶ **3** projectile lancé par la baliste : Pl. Cap. 796 ; Trin. 668 ‖ ℣. *ballistra*.

2 Ballista, *ae*, m., mont de Ligurie : Liv. 39, 2, 7.

ballistārĭus, *a*, *um* (*ballista*), de baliste : Veg. Mil. 3, 24 ‖ **-rĭus**, *ĭi*, m., soldat qui sert la baliste : Veg. Mil. 2, 2 ; Amm. 16, 2, 5 ‖ constructeur de baliste : Dig. 50, 6, 6 ‖ **-rĭum**, *ĭi*, n., arsenal : Pl. Poen. 202.

ballistĭa, *ōrum*, n. pl. (βαλλίζω), chants accompagnant la danse : Vop. Aur. 6, 4.

ballistra, ℂ. *1 ballista* : Gloss. 2, 28, 12.

ballistrārĭus, ℣. *ballistarius*.

ballō, *ās*, *āre*, -, - (πάλλω, βαλλίζω ; it. *ballare*), intr., danser : Aug. Serm. 106, 2 Mai.

Ballŏnĭti, *ōrum*, m. pl., peuple scythe : Val.-Flac. 6, 161.

Ballōtē, *ēs*, f. (βαλλωτή), marrube noir [plante] : Plin. 27, 54.

ballūca (bālūca), *ae*, Veg. Mul. 1, 20, 2 et **ballux (bālux)**, *ūcis*, f. (ibér. ; cf. esp. *baluz*), sable aurifère, poudre d'or : Mart. 12, 57, 9 ; Plin. 33, 77.

balnĕae, *ārum*, f. pl. (βαλανεῖα, n. pl., ℣. *balineae*), bains publics : *balneae Seniae* Cic. Cael. 62, bains de Senia.

balnĕāris, *e*, de bain, relatif au bain : Dig. 34, 2, 32, 7 ‖ *fures balneares* Tert. Idol. 5, 2, voleurs des thermes ‖ **-rĭa**, *ĭum*, n. pl., ustensiles de bain : Apul. M. 3, 12.

balnĕārĭus, *a*, *um*, de bain : Catul. 33, 1 ; Dig. 47, 17 ‖ **-rĭa**, *ōrum*, n. pl., bains, local de bains : Cic. Att. 13, 29, 2 ; Col. 1, 6, 2 ; Sen. Nat. 4, 9.

balnĕātĭcum, *i*, n., prix du bain : Schol. Juv. 2, 152.

balnĕātŏr, *ōris*, m. (fr. *baigneur*), baigneur, maître de bain : Cic. Cael. 62 ; Phil. 13, 26 ; Plin. 18, 156.

balnĕātōrĭus, *a*, *um*, de bain, qui sert au bain : Marcian. Dig. 33, 7, 17 ; Paul. Sent. 3, 6, 65.

balnĕātrix, *īcis*, f., baigneuse : Petr. d. Serv. En. 12, 159.

balnĕō, *ās*, *āre*, -, - (fr. *baigner*), intr., se baigner : Schol. Vind. Hor. P. 145.

balnĕŏlae, *ārum*, f. pl. (fr. *Bagnoles*), petits bains : Aug. Acad. 3, 4, 9 ‖ **-ĕŏlum**, *i*, n. (fr. *Bagneux*), petit bain : Sen. Ep. 86, 3 ; Cic. Hortens. frg. 73 (76).

balnĕum, *i*, n. (βαλανεῖον ; fr. *bain*, it. *bagno* > fr. *bagne*), salle de bains d'un particulier : Cic. Att. 13, 52, 1 ; Dej. 17 ; Plin. 13, 22 ‖ bain chaud, eau du bain : Cic. Att. 2, 3, 3 ; Tac. An. 15, 64, 5 ‖ pl., bains publics : Hor. Ep. 1, 1, 92.

balneus, *i*, m., ℂ. *balneum* : Petr. 41, 11.

balnĭa, ℂ. *balnea* : CIL 14, 914.

balnĭtor, *ōris*, m., maître de bain : Gloss. 3, 440, 12.

1 bālō, *ās*, *āre*, *āvi*, *ātum* (onomat. cf. *bee* ; fr. *bêler*), intr., bêler : Quint. 1, 5, 72 ; Ov. F. 4, 710 ‖ [plaist] Varr. R. 3, 2, 1 ‖ dire des absurdités : Arn. 3, 39 ; ℣. *balans*.

2 balō, *ās*, *āre*, -, -, ℣. *ballo*.

Balsa, *ae*, f., ville de Lusitanie [Tavira] : Mel. 3, 7 ; Plin. 4, 117 ‖ **-enses**, *ĭum*, m. pl., habitants de Balsa : Plin. 4, 118.

balsămārĭus, *a*, *um*, balsamique : Plin.-Val. 3, 15.

balsămĕus, *a*, *um*, Lact. Phoen. 119 et **balsămĭnus**, *a*, *um*, balsamique : Plin. 23, 92.

balsămōdēs cāsĭa, f. (βαλσαμώδης), cannelle qui a l'odeur du baume : Plin. 12, 97.

balsămum, *i*, n. (βάλσαμον ; fr. *baume*) ¶ **1** baumier [arbrisseau] : Tac. H. 5, 6 ; Plin. 12, 115 ¶ **2** suc du baumier, baume, parfum : [qqf. sg.] Apul. M. 10, 21 ; Cels. 6, 6, 34 ; [surt. au pl.] *balsama* Virg. G. 2, 119 ; Tac. G. 45 ; Apul. M. 2, 8.

Balsĭo, *ōnis*, f., ville de Tarraconaise : Anton. 443.

baltĕa, n. pl., ℣. *balteus*.

baltĕārius, *ĭi*, m., qui fait des baudriers : CIL 6, 31075.

baltĕātus, *a*, *um*, part. de *balteo*.

baltĕō, *ās*, *āre*, -, - (*balteus*), tr., ceindre : Gloss. 4, 313, 10.

baltĕŏlus, *i*, m. (dim. de *balteus*), petit baudrier : Capit. Maxim. 2, 4.

baltĕus, *i*, m. (étr. ? ; roum. *balț*, it. *balza*), baudrier, ceinturon : Caes. G. 5, 44, 7 ; Virg. En. 12, 942 ‖ [poét.] ceinture : Luc. 2, 362 ‖ ceinture du grand prêtre hébreu : Vulg. Exod. 28, 4 ‖ sous-ventrière : Claud. Op. min. app. 4 (71), 2 ‖ étrivières : Juv. 9, 112 ‖ [fig.] le zodiaque : Manil. 1, 677 ‖ le bord, la croûte d'une pâtisserie : Cat. Agr. 76, 3 ‖ l'écorce [coupée en bandes] des osiers : Plin. 16, 164 ‖ listel du chapiteau ionique : Vitr. 3, 5, 7 ‖ gradin pour permettre au spectateurs de circuler : Tert. Spect. 3, 6.
▶ pl. *baltei* Tac. H. 1, 57 ‖ n. *balteum* Varr. L. 5, 116 ; pl. *baltea* Prop. 4, 10, 22 ; Plin. 33, 152 ; Non. 194, 21.

Balthasar (-ssar, -zar), indécl. ou gén. *aris*, m., Balthasar, dernier roi de Babylone : Vulg. Dan. 5, 1.

Baltĭa (-cĭa), *ae*, f., ancien nom de la Scandinavie : Plin. 4, 95.

Bălūca, ℣. *balluca*.

bālux, ℣. *balluca*.

Bambălĭo, *ōnis*, m. (Βαμβαλίων), le Bègue [sobriquet donné au beau-père de Marc-Antoine] : Cic. Phil. 3, 16.

bambĭlĭum, *ĭi*, n. (βομβυλίον), flûte grave : Anth. 742, 61.

bambŏrĭum, *ĭi*, n., dispositif pour rendre plus grave le son d'un instrument à vent : Explan. 4, 532, 2.

bambălo, *ōnis*, m. (cf. *bambalio*, *balbus*), bègue : Gloss. 2, 569, 31.

Bambotum, *i*, n., fleuve de Maurétanie : Plin. 5, 10.

Bambycē, *ēs*, f. (Βαμβύκη), ville de Syrie Atlas IX, C4 : Plin. 5, 23, 81 ‖ **-cĭus**, *a*, *um*, de Bambycé : Avien. Arat. 542.

Banasa, *ae*, f., ville de la Maurétanie Tingitane Atlas IV, E2 : Plin. 5, 5.

Banata, *ae*, f., ville de la Mésopotamie : Peut. 11, 3.

bancālis, *is*, m. (germ. ; esp. *bancal*), couverture de lit : Gloss. 5, 624, 14.

bancus, *i*, m. (de βάκχος), merlu (?) [poisson de mer] : Cael.-Aur. Acut. 2, 210.

bandus, *i*, m. (germ. ; it. *banda*, fr. *bannière*), étendard : Gloss. 5, 505, 7.

Bandŭsĭa, *ae*, f., Bandusie [source chantée par Horace] : Hor. O. 3, 13, 1.

Bangēni, *ōrum*, m. pl., race de Troglodytes d'Éthiopie : Plin. 6, 176.

Banĭenses, *ĭum*, m. pl., peuple de la Lusitanie : CIL 2, 760.

Banjūrae, *ārum*, m. pl., peuple de la Maurétanie : Plin. 5, 17.

bannānĭca (bana-), f., *vitis*, sorte de vigne d'un rapport incertain : Plin. 14, 37.

Bannaventa, *ae*, f., ville de Bretagne : Anton. 470.

bannus, *i*, m. (germ., al. *Bann* ; fr. *ban*), amende : Greg.-Tur. Hist. 5, 26.

Bantĭa, *ae*, f., ville d'Apulie [Banzi] Atlas XII, E5 : Liv. 27, 25, 13 ‖ **-īnus**, *a*, *um*, Hor. O. 3, 4, 15, de Bantia ‖ **-tīni**, *ōrum*, m. pl., Plin. 3, 98, habitants de Bantia.

băphīum, *ĭi*, n. (βαφεῖον), atelier de teinture: Cod. Th. 10, 20, 18; Cod. Just. 11, 7, 2.

Baphyrus, *i*, m., fleuve de Macédoine: Liv. 44, 6, 15.

Baptae, *ārum*, m. pl. (Βάπται), les Baptes, prêtres de Cotytto: Juv. 2, 92.

baptēs, *ae*, m., pierre précieuse inconnue [tendre et odoriférante]: Plin. 37, 149.

baptisma, *ătis*, n. (βάπτισμα; fr. *baptême*), ablution, immersion: Prud. Psych. 103 ‖ baptême [sacrement]: Vulg. Eph. 4, 5.

baptismus (-um), *i*, m., n. (βαπτισμός), ablution: Vulg. 2 Esdr. 4, 23 ‖ baptême: Tert. Bapt. 10, 1; 15, 1 ‖ [fig.] *baptismo secundo* Pass. Perp. 18, 3, par un second baptême [le martyre].

Baptista, *ae*, m. (βαπτιστής), baptiseur: *Joannes Baptista* Vulg. Matth. 3, 1, Jean Baptiste.

baptistērĭum, *ĭi*, n. (βαπτιστήριον) ¶ 1 piscine [pour se baigner et nager]: Plin. Ep. 5, 6, 25 ¶ 2 fonts baptismaux, baptistère, lieu où l'on baptise: Sidon. Ep. 4, 15, 1.

baptizātĭo, *ōnis*, f. (*baptizo*), action de baptiser: VL. Marc. 10, 38.

baptizātŏr, *ōris*, m., celui qui baptise: Tert. Anim. 50, 4.

baptizō, *ās*, *āre*, -, - (βαπτίζω), tr., baigner: *baptizari* Vulg. Luc. 11, 38; *baptizare se* Vulg. Judith 12, 7, se laver, faire ses ablutions ‖ [chrét.] baptiser, administrer le baptême: Vulg. Matth. 3, 11; Luc. 3, 16 ‖ [fig.] purifier: Hier. Ep. 38, 3.
▶ *baptidio* Eger. 38, 1.

Bărabbās, *ae*, m., meurtrier juif à qui le peuple donna la liberté plutôt qu'à J.-C.: Vulg. Matth. 27, 16.

Baracum, *i*, n., ville d'Afrique: Plin. 5, 37.

Baragaza, *ae*, f., ville d'Éthiopie: Plin. 6, 175.

Barasasa, *ae*, f., ville d'Arabie: Plin. 6, 155.

bărăthrum, *i*, n. (βάραθρον), gouffre où l'on précipitait les condamnés à Athènes Atlas VII; gouffre, abîme [en parl. de la mer]: Virg. En. 3, 421 ‖ les enfers: Pl. Ru. 570; Bac. 149; Lucr. 6, 606 ‖ [fig.] *barathro donare* Hor. S. 2, 3, 166, perdre, jeter à l'eau; *effunde in barathrum* Pl. Curc. 121, verse dans ton gouffre [ventre]; [en parl. d'un h. insatiable] *barathrum macelli* Hor. Ep. 1, 15, 31, abîme du marché [des victuailles]; *barathrum concupiscentiae* Cassian. Inst. 9, 6, abîme de la concupiscence ‖ [chrét.] l'enfer: Prud. Cath. 11, 40.

Baraxmalcha, *ae*, f., ville de Mésopotamie: Amm. 24, 2, 3.

barba, *ae*, f. (cf. al. *Bart*, an. *beard*, rus. *boroda*; fr. *barbe*) ¶ 1 barbe [de l'homme et des animaux]: *barbam abradere* Plin. 6, 162, épiler; *tondere* Cic. Tusc. 5, 58, se raser; *barbam submittere* Suet. Caes. 67, laisser croître sa barbe; *barbam sapientem pascere* Hor. S. 2, 3, 35, entretenir une barbe de philosophe (faire profession de philosophie); *barbam vellere alicui* Hor. S. 1, 3, 133, tirer la barbe à quelqu'un (l'insulter); *barbam auream habere* Petr. 58, 6, avoir une barbe d'or, être dieu; *dignus barba majorum* Juv. 16, 31, homme de mœurs antiques ¶ 2 [fig.] jeunes branches, feuilles tendres, duvet: Plin. 15, 89 ‖ *barba Jovis* Plin. 16, 76, la joubarbe [plante].

2 **Barba**, *ae*, m., surnom romain: Cic. Att. 13, 52, 1.

Barbāna, *ae*, m., rivière d'Illyrie [auj. Bojana]: Liv. 44, 31, 3.

barbăra, *ae*, f., ⓒ▶ *barbarum*: Scrib. 207; Theod.-Prisc. Log. 64.

barbărē, adv. ¶ 1 de façon barbare [= de pays étranger par rapport aux Grecs]: *vortere barbare* Pl. As. 11, traduire en langue barbare [= en latin], cf. Trin. 19 ¶ 2 d'une façon barbare, grossière: Hor. O. 1, 13, 14 ¶ 3 de façon barbare: *loqui* Cic. Tusc. 2, 12, parler en faisant des fautes, cf. Quint. 1, 5, 9; 1, 6, 45; Gell. 3, 18, 10; 18, 6, 2 ¶ 4 cruellement: Vulg. 2 Macc. 15, 2.

barbări, *ōrum*, m. pl. (βάρβαρος), les barbares ¶ 1 [pour les Grecs] = les Romains, les Latins: Cat. d. Plin. 29, 14; Cic. Rep. 1, 58 ¶ 2 [pour les Romains] = tous les peuples sauf les Grecs et les Romains: Cic. Verr. 4, 112; 5, 147 ¶ 3 gens barbares, incultes: Cic. Mil. 30; Tusc. 5, 104; Fam. 9, 3, 2.
▶ gén. pl. *barbarum* Nep. Milt. 2, 1; Alc. 7, 4; Phaed. 4, 7, 11; Sen. Clem. 1, 26, 5; Tac. An. 14, 39; 15, 25, ⓥ▶ *barbarus*.

barbarĭa, *ae*, f. ¶ 1 pays barbare [pour les Grecs, = l'Italie]: Pl. Poen. 598 ‖ [plus souv.] pays étranger, nation étrangère [tous les pays en dehors de la Grèce et de l'Italie]: Cic. Dom. 60; Phil. 13, 18; Fin. 5, 11; Tusc. 5, 77 ¶ 2 barbarie, manque de culture; mœurs barbares, incultes, sauvages: Cic. Balb. 43; Phil. 2, 108; 11, 6 ‖ langage barbare (vicieux): Cic. Brut. 258.

Barbārĭāna, *ae*, f., nom d'un lieu dans la Bétique: Anton. 406.

barbărĭca, *ōrum*, n. pl. (βαρβαρικά), broderies d'or: Gloss. 4, 24, 17.

barbărĭcārĭus, *ĭi*, m. (*barbarica*), brodeur en or: CIL 13, 1945; Don. En. 11, 777 ‖ doreur: Cod. Th. 10, 22, 1.

barbărĭcē, adv., à la manière des barbares: Capit. Ver. 10, 6.

barbărĭcum ¶ 1 [n. pris advᵗ] à la manière des barbares: Sil. 12, 418 ¶ 2 subst. n., ⓥ▶ *barbaricus*.

barbărĭcus, *a*, *um* (βαρβαρικός) ¶ 1 barbare, étranger ⓒ▶ *barbarus* dans Pl.: Plin. 15, 56 ‖ [en part.] Phrygien: Lucr. 2, 500; Virg. En. 2, 504 ¶ 2 sauvage: Claud. Eutr. 2, 226 ‖ *-rĭcum*, n. **a)** pays étranger: Eutr. 7, 9; Lampr. Alex. 47, 1 **b)** cri de guerre des barbares: P. Fest. 28, 16 **c)** sauvagerie, barbarie: Caes.-Arel. Serm. 61, 4 ‖ ⓥ▶ *barbarica*.

barbărĭēs, ⓒ▶ *barbaria*: [plus. mss] Cic. Cat. 3, 25; Brut. 258.
▶ plus. mss ont aussi acc. *-em* Ov. M. 15, 829; Tr. 5, 1, 46; abl. *-ie* Ov. A. A. 2, 552.

barbărismus, *i*, m., barbarisme: Her. 4, 17; Quint. 1, 5, 5; Gell. 5, 20, 4; 13, 6, 4 ‖ [fig.] *morum* Sidon. Ep. 9, 3, 3, barbarisme moral [discordance].

barbărīzō, *ās*, *āre*, -, - (βαρβαρίζω), intr., faire des barbarismes, parler comme un barbare: Boet. Elench. 1, 3.

barbărŏlexis, *is*, f. (βάρβαρος, λέξις), emploi, introduction d'un mot étranger [dans la langue latine]: Isid. 1, 31, 2.

barbărŏstŏmus, *a*, *um* (cf. βαρβαροστομία), qui profère des barbarismes: Gloss. 4, 210, 37.

barbărum, *ī*, n. ¶ 1 sorte d'emplâtre: Cels. 5, 19, 1 ¶ 2 barbarie, ⓒ▶ *barbaries*: Tac.; ⓥ▶ *barbarus* ¶ 2.

barbărus, *a*, *um* (βάρβαρος) ¶ 1 barbare, étranger [= Latin, pour les Grecs]: Pl. Curc. 150; Mil. 211; Most. 828; St. 193 ¶ 2 barbare, étranger [= venant de tous les pays sauf les Grecs et les Romains]: Cic. Pomp. 23; Marc. 8; Pis. 91; Verr. 5, 160; Font. 23; Caes. G. 1, 40, 9 ‖ [n. pris substᵗ] *in barbarum* Tac. An. 6, 42; H. 5, 2, à la manière barbare ¶ 3 barbare, inculte, sauvage: Cic. Amer. 146; Verr. 4, 148; Flac. 24; Phil. 3, 15; Tusc. 2, 52 ¶ 4 [en parl. du langage] barbare, incorrect: Cic. Or. 157; Att. 1, 19, 10; Quint. 1, 6, 30; Gell. 5, 21, 11 ¶ 5 [chrét.] païen: Prud. Perist. 2, 4; Marc. ‖ *barbari* ‖ *barbarior* Ov. Pont. 3, 2, 78; Tr. 5, 1, 2.

barbascŭlus, *i*, m. (dim. de *barbarus*?), peu cultivé, balourd: *Gell. 15, 5, 3; ⓥ▶ *barunculus*.

Barbatĭa, *ae*, f., ville sur le Tigre: Plin. 6, 146.

Barbatĭus, *ĭi*, m., nom d'homme: Cic. Phil. 13, 2.

barbātōrĭa, *ae*, f. (*barba*), action de se faire la barbe pour la première fois [vulg.]: *barbatoriam facere* Petr. 73, 6, se faire la barbe pour la première fois.

barbātŭlus, *i*, m. (dim. de *barbatus*), à la barbe naissante (au poil follet): Cic. Att. 1, 14, 5 ‖ *mullus* Cic. Par. 38, rouget-barbet [poisson].

1 **barbātus**, *a*, *um* (*barba*; it. *barbato*, roum. *barbat*, fr. *barbet*, Barbey), barbu, qui a de la barbe, qui porte barbe: Cic. Nat. 1, 83 ‖ ancien, du vieux temps [époque où on ne se rasait pas]: Cic. Cael. 33 ‖ = philosophe: Pers. 4, 1; Juv. 14, 12 ‖ couvert de poils [en parl. des animaux]: Priap. 86, 16, cf. Catal. 3 ‖ subst. m., bouc: Phaed. 4, 9, 10 ‖ laineux, couvert de duvet: Plin. 19, 14.

2 **Barbātus**, *i*, m., surnom romain: Liv. 4, 7, 10.

barbescō, *ĭs*, *ĕre*, -, -, intr., commencer à avoir de la barbe: Gloss. 2, 262, 17.

Barbesula

Barbēsŭla, *ae*, f., ville de la Bétique, sur un fleuve du même nom : Plin. 3, 8.

barbĭgĕr, *ĕra*, *ĕrum* (*barba, gero*), barbu : Lucr. 6, 970.

barbĭō, *īs*, *īre*, -, - (*barba*), intr., devenir barbu : Chalc. 156.

Barbitacē, *ēs*, f., ville sur le Tigre : Plin. 6, 133.

barbĭtĭum, *ii*, n. (*barba*), barbe ; Apul. M. 5, 8 ; 11, 8.

barbĭtŏn (-tum), *i*, n. (βάρβιτον), ◆ *barbitos* : Aus. Epigr. 40 (44), 3.

barbĭtondĭum, *ii*, n., action de se raser : Schol. Pers. 1, 15.

barbĭtŏs, *i*, m. (βάρβιτος), instrument de musique à plusieurs cordes, luth : Hor. O. 1, 32, 4 ‖ [fig.] chant : Ov. H. 15, 8. ► f. Ov. H. 15, 8.

Barbosthĕnēs, *is*, m., montagne de Laconie : Liv. 35, 27, 30.

1 **barbŭla**, *ae*, f. (dim. de *barba*), petite barbe : Cic. Cael. 33 ‖ duvet des plantes : Plin. 27, 98.

2 **Barbŭla**, *ae*, m., surnom romain : Liv. 9, 20, 7.

barbŭlus, *i*, m. (dim. de *barbus*), phagre [poisson] : Gloss. 2, 28, 21.

barbus, *i*, m. (*barba*), barbeau [poisson] : Aus. Mos. 94.

1 **barca**, *ae*, f. (de *baris* ; fr. *barque*), barque : Isid. 19, 1, 19 ; Paul.-Nol. Carm. 24, 95.

2 **Barca**, *ae*, m. (phén. cf. *Barce, Barcino, Baruch*), surnom d'Hamilcar, père d'Hannibal : Nep. Ham. 1, 1 ; Sil. 1, 72 ‖ **-cīnus**, *a, um*, de Barca, de la famille des Barcides : Liv. 23, 13, 6 ; ***Barcina factio*** Liv. 21, 9, 4, la faction des Barcides ‖ [poét.] ***Barcina clades*** Sidon. Carm. 2, 532, la défaite d'Hasdrubal [sur le Métaure] ‖ **-cīni**, *ōrum*, m. pl., les Barcides : Liv. 21, 3, 3 ‖ **-caeus**, *a, um*, des Barcides : Sil. 10, 354 ; 12, 200.

Barcaei, v. *Barce*.

barcala, *ae*, m. (cf. *bargus, bargina*), homme de rien, imbécile : Petr. 67, 7.

Barcāni, *ōrum*, m. pl., Barcaniens [peuple de l'Hyrcanie] : Curt. 3, 2, 5.

barcārĭus, *ii*, m., conducteur de barque : CIL 7, 285.

Barcās, v. 2 *Barca*.

Barcē, *ēs*, f. ¶ 1 Barcé [nourrice de Sichée] : Virg. En. 4, 632 ¶ 2 ville de la province de Libye [postérieurement Ptolemaïs] : Plin. 5, 32 ‖ **-caei**, *ōrum*, m. pl., habitants de Barcé : Virg. En. 4, 34.

barcella et **-cŭla**, *ae*, f. (dim. de *barca*), petite barque : Not. Tir. 110, 17.

Barch-, v. *Barc-*.

Barcĭno (-nōn), *ōnis*, f., ville de la Tarraconaise [auj. Barcelone] Atlas IV, B4 : Plin. 3, 22 ; Aus. Epist. 25 (417), 69 ‖ **-inōnensis**, *e*, de Barcino : Aus. Epist. 21 (411), 1.

► postér[t] *Barcilo, Barcilona, Barcinona* et même *Barcilo* Avien. Or. 520, " habitant de Barcilo " ‖ *Barcelona* Hier. Vir. ill. 106 ; *Barcelonensis* Gennad. Vir. 35.

Barcīnus, *a*, *um*, v. 2 *Barca*.

Bardaei (-ēi), *ōrum*, m. pl., les Bardéens [peuple d'Illyrie] : Capit. Pert. 8, 3 ; v. *Vardaei*.

bardăĭcus, *a*, *um*, *calceus* Juv. 16, 13, chaussure de soldat ; [ou abs[t]] *bardaicus* Mart. 4, 4, 5.

bardala, *ae*, f. (gaul., cf. 2 *bardus*), alouette huppée : Gloss. 2, 28, 25.

bardĭa, *ae*, f. (gaul. ?, cf. *forda*), jument pleine : Gloss. 3, 432, 9.

Bardili, *ōrum*, m. pl., peuple de la Tarraconaise : Plin. 4, 118.

bardĭtŭs, *ūs*, m. (germ. ?), bardit [cri de guerre des Germains] : *Tac. G. 3, 1 ; v. *barritus*.

Bardo, *ōnis*, f., ville de l'Hispanie ultérieure : Liv. 33, 21, 8.

bardŏcŭcullus, *i*, m. (gaul. ?), sorte de manteau d'étoffe grossière avec un capuchon, cape : Mart. 1, 53, 5.

1 **bardus**, *a*, *um* (empr., cf. *gurdus* et βραδύς), lourd, stupide : Cic. Fat. 10, cf. Non. 10 ‖ *bardior* Tert. Herm. 36, 2 ; *bardissimus* Aug. Jul. op. imp. 3, 145.

2 **bardus**, *i*, m. (gaul., cf. v. irl. *bard*), barde, chanteur et poète chez les Gaulois : P. Fest. 31, 13 ; Luc. 1, 449 ; Amm. 15, 9, 8 ; Prud. Apoth. 296.

Bardylis, *is*, m., roi d'Illyrie : Cic. Off. 2, 40 ; Frontin. Strat. 2, 5, 19.

1 **Bărĕa**, *ae*, f., ville de la Tarraconaise [auj. Vera] Atlas IV, D3 : Cic. Att. 16, 4, 2.

2 **Barĕa**, *ae*, m., surnom romain : Tac. An. 16, 23.

Barēnē, *ēs*, f., ville de Médie : Just. 1, 7, 7.

Bargēi, *ōrum*, m. pl., peuple d'Afrique, chez les Troglodytes : Plin. 6, 176.

bargĭna (-inna), *ae*, m. (empr. cf. *barcala,* 1 *bargus*), homme grossier [d'origine étrangère], malotru : Ps. Caper 7, 103, 8.

barginus, *i*, m., v. *bargina* : Gloss. 5, 492, 24.

Bargŭllum (-lum), *i*, n., ville d'Épire : Liv. 19, 12, 13.

1 **bargus**, *a*, *um* (cf. *bargina*), imbécile : Gloss. 2, 254, 6.

2 **bargus**, *i*, m. (germ.), poteau, gibet : L. Sal. 1, 2 app.

3 **Bargus**, *i*, m., fleuve de Thrace : Plin. 4, 50.

Bargūsĭi, *ōrum*, m. pl., peuple de la Tarraconaise : Liv. 21, 19, 7.

Bargylĭa, *ōrum*, n. pl., Plin. 5, 107 et **Bargyliae**, *ārum*, f. pl., Liv. 32, 33, 7, ville de Carie ‖ **-liētae**, *ārum*, m. pl., habitants de Bargylies : Cic. Fam. 13, 56, 2 ‖ **-liētĭcus**, *a, um*, de Bargylies : Liv. 37, 17, 3.

Bargylus, *i*, m., montagne de Phénicie Atlas IX, D3 : Plin. 5, 78.

Barīa, *ae*, f., v. 1 *Barea*.

Baricĭāni, *ōrum*, m. pl., c. *Barcaei* : Hier. Ep. 129, 4.

Bārīnē, *ēs*, f., nom de femme : *Hor. O. 2, 8, 2.

barĭnŭlae, *ārum*, m. pl. (?), sondeurs qui cherchent des sources, sourciers : Serv. Virg. G. 1, 109.

baripe, c. *baroptenus* : Plin. 37, 150.

bāris, *idos*, f. (βᾶρις), barque, toue [dont on se sert sur le Nil] : Prop. 3, 11, 44.

barītus, v. *barritus*.

Bārĭum, *ii*, n., ville d'Apulie [auj. Bari] Atlas XII, E6 : Liv. 40, 18, 8 ‖ **-īnus**, *a, um*, de Bari : CIL 9, 287.

Barnăba (-bās), *ae*, m., saint Barnabé : Tert. Pud. 20, 2.

bāro, *ōnis*, m. (empr., cf. 1 *bardus*, *bargus* et βαρύς ; fr. *baron*, esp. *varón*) ¶ 1 lourdaud, imbécile : Cic. Fin. 2, 76 ¶ 2 colosse : Petr. 53, 11 ; 63, 7 ; Isid. 9, 4, 31 ¶ 3 soldat mercenaire : Isid. 9, 4, 31 ; Gloss. 2, 569, 29 ¶ 4 homme [opposé à *mulier*] : Def. Tab. Bath [3e s.]. ► *bārō* Lucil. 1121 ; Pers. 5, 138.

baroptenus, *i*, f., pierre noire tachetée de rouge et de blanc : Plin. 37, 150.

bārōsus, *a*, *um*, c. *baro* ¶ 1 : Gloss. 3, 372.

Barpāna, *ae*, f., île près de l'Étrurie : Plin. 3, 81.

Barra, *ae*, f., île près de Brindes : P. Fest. 30, 6.

barrīnus, *a*, *um* (*barrus*), d'éléphant : Sidon. Ep. 3, 13, 6.

barrĭō, *īs*, *īre*, -, - (onomat.), intr., barrir [crier comme l'éléphant] : P. Fest. 27, 19 ; Spart. Get. 5, 5.

barrītŭs, *ūs*, m. (*barrio*) ¶ 1 barrissement [cri de l'éléphant] : Apul. Flor. 17 ¶ 2 v. *barditus* : Veg. Mil. 3, 18.

1 **barrus**, *i*, m. (*barrio*), éléphant : Hor. Epo. 12, 1.

2 **Barrus**, *i*, m., surnom romain : Cic. Brut. 169.

Barsa, *ae*, f., île située entre la Gaule et la Bretagne : Anton. 509.

Barthŏlŏmaeus, *i*, m., saint Barthélémy, apôtre : Vulg. Matth. 10, 3.

Baruch, m. indécl. (cf. *Barca*), prophète : Vulg. Jer. 32, 12 ‖ autres du même nom : Vulg. 2 Esdr. 3, 20 ; 10, 6 ; 11, 5.

bārunculus, *i*, m. (dim. de *baro*), v. *barbasculus*.

Barus, *i*, f., île voisine de l'Arabie : Plin. 6, 147.

bărўcĕphălus, *a*, *um*, f. (βαρυκέφαλος), à la tête trop lourde [à propos du temple aréostyle qui, par ses proportions, ressemblerait à un homme à la tête trop lourde] : Vitr. 3, 3, 5.

bărўpicrŏn, *i*, n. (βαρύπικρον), absinthe [herbe]: Ps. Apul. *Herb.* 100.

bărўthōn, *ōnis*, m., herbe aussi appelée sabine: Ps. Apul. *Herb.* 85.

bărўtŏnus, *a, um* (βαρύτονος), baryton [qui a l'accent aigu sur l'avant-dernière syllabe]: Macr. *Exc.* 5, 602, 30; 603, 18; 607, 27.

Barzalo, *ōnis*, f., place forte de Syrie: Amm. 18, 7, 10.

Barzimerēs, *is*, m., nom d'un tribun des scutaires: Amm. 30, 1, 11.

Basa, *ae*, f., île voisine de l'Arabie: Plin. 6, 151.

Basaboiātes, *um* (*ium*), m. pl., peuple de l'Aquitaine: Plin. 4, 108.

băsaltēs, f. l. pour **basanites**: Plin. 36, 58 (cf. fr. *basalte*).

băsănītēs, acc. *en*, m. (βασανίτης), basalte noir: Plin. 36, 58; Isid. 16, 5, 6 ǁ pierre de touche: Plin. 36, 157.

bascanus, *i*, m. (βάσκανος), ➡ *fascinum*: Gell. 16, 12, 4.

bascauda, *ae*, f. (gaul.), cuvette [où on lave la vaisselle]: Juv. 12, 46; Mart. 14, 99.

bascināre, ➡ *fascinare*: Gell. 1, 21, 46.

Bascŭlus, *i*, m., ⓒ▶ *Bastuli*: Varr. *R.* 2, 10, 4.

băsella, *ae*, f. (dim. de *basis*), petite base: Pall. 1, 18, 2.

băsēlus, ⓥ▶ 1 *phaselus*: Isid. 19, 1, 17.

bāsĭātĭo, *ōnis*, f. (*basio*), action de baiser, baiser: Catul. 7, 1; Mart. 2, 23, 4.

bāsĭātŏr, *ōris*, m. (*basio*), embrasseur, donneur de baisers: Mart. 11, 98, 1.

bāsĭātus, *a, um*, part. de *basio*.

băsĭcŭla, ⓒ▶ *basella*: Not. Tir. 100, 64.

1 **băsĭlēa**, *ae*, f., ➡ *regina*: Gloss. 4, 210, 19.

2 **Băsĭlēa** (**-īa**), *ae*, f., ville des Rauraci, sur le Rhin [auj. Bâle]: Amm. 30, 3, 1.

băsĭlēum (**-ĭum**), *i*, n. (βασίλειον) ¶ 1 diadème royal: CIL 2, 3386, 6 ¶ 2 [méd.] onguent royal: CIL 13, 10021, 100, cf. Plin. 13, 18 ¶ 3 plante: Ps. Apul. *Herb.* 82.

1 **Băsĭlia**, *ōn*, n. pl. (βασίλεια), les livres des Rois [dans la Bible]: Cypr. *Test.* 2, 11.

2 **Băsĭlīa**, *ae*, f. ¶ 1 ➡ *Baltia*: Plin. 4, 95 ¶ 2 ⓥ▶ 2 *Basilea*.

Băsĭlīae, *arum*, f., ⓒ▶ 1 *Basilia*: Tert. *Marc.* 4, 14, 6.

băsĭlĭca, *ae*, f. (βασιλική; fr. *basoche*) ¶ 1 basilique [grand édifice avec portiques intérieurs et extérieurs; servant de tribunal, de bourse de commerce, de lieu de promenade; garni de boutiques extérieurement] Atlas III: Cic. *Verr.* 4, 6; *Att.* 2, 14, 2 ¶ 2 basilique [église principale] Sulp. Sev. *Chron.* 2, 33, 5; *basilica aurea* Greg.-M. *Ep.* 2, 1, basilique du Latran ǁ église: Greg.-Tur. *Martyr.* 49.

băsĭlĭcāris, *e*, qui a trait à une basilique: Greg.-Tur. *Jul.* 16.

băsĭlĭcārĭus, *ii*, m. (*basilica*) ¶ 1 qui prend soin des basiliques, bedeau: Isid. *Ep.* 1, 14 ¶ 2 désœuvré, fainéant: *Gloss. 2, 28, 39.

1 **băsĭlĭcē**, adv. (*basilicus*), royalement, magnifiquement: Pl. *Ep.* 56; Pers. 462.

2 **băsĭlĭcē**, *ēs*, f., espèce d'emplâtre noir: Scrib. 238.

3 **băsĭlĭcē**, *ēs*, f., ⓒ▶ *basilica*: CIL 14, 352 B 15.

băsĭlĭcŏn, *i*, n. (βασιλικόν) ¶ 1 espèce de collyre ou d'emplâtre: Scrib. 210 ¶ 2 espèce de noix: Plin. 15, 87.

băsĭlĭcŭla, *ae*, f. (dim. de *basilica*), chapelle, petite église: Paul.-Nol. *Ep.* 32, 17.

băsĭlĭcus, *a, um* (βασιλικός), royal, magnifique, princier: Pl. *Cap.* 811; Pers. 30; *basilica vitis* *Plin. 14, 29, espèce de vigne; ⓥ▶ *balisca* ǁ **băsĭlĭcus**, *i*, m., le coup du roi [le coup de dés le plus heureux]: Pl. *Curc.* 359 ǁ **băsĭlĭcum**, *i*, n., vêtement royal, magnifique: Pl. *Ep.* 232.

Băsĭlĭcus sinus, m., golfe Basilique entre la Carie et l'Ionie: Plin. 5, 112.

Băsĭlīdae, *ārum*, m. pl., Basilides [peuple de la Sarmatie d'Europe]: Plin. 4, 84; 88; Mel. 2, 4.

Băsĭlīdēs, *ae*, m., Basilide [hérésiarque d'Alexandrie, chef de la secte des Basilidiens]: Tert. *Res.* 2, 3.

băsĭlisca, *ae*, f. (βασιλίσκη), basilic [plante]: Ps. Apul. *Herb.* 128.

băsĭliscus, *i*, m. (βασιλίσκος) ¶ 1 basilic [serpent venimeux]: Plin. 8, 78 ¶ 2 surnom de Cn. Pompée: Cic. *Verr.* 4, 25.

Băsĭlissa, *ae*, f., nom de femme: Anth. 458, 1 ǁ nom d'une sainte: Fort. *Carm.* 8, 3, 35.

băsĭlĭum (**-ēum**), *ĭi* (βασίλειον), diadème, couronne royale: CIL 2, 3386.

Băsĭlĭus, *ii*, m., nom d'homme: CIL 6, 13519 ǁ saint Basile [un des pères de l'Église]: Cassiod. *Hist.* 6, 37.

Băsĭlus, *i*, m., surnom romain: Cic. *Off.* 3, 73.

băsĭō, *ās, āre, āvi, ātum* (*basium*; fr. *baiser*), tr., baiser, donner un baiser: *quem basiabis?* Catul. 8, 18, à qui tes baisers?, cf. 48, 2; Petr. 18, 4; Mart. 1, 94, 2 ǁ [avec acc. de la pers. et d'objet intér.] *aliquem basia multa basiare* Catul. 7, 9, donner à qqn mille baisers.

bāsĭŏlum, *i*, n. (dim. de *basium*), petit baiser: Petr. 85, 6.

băsis, *is*, f. (βάσις) ¶ 1 base, piédestal: *haec erat posita sane excelsa in basi* Cic. *Verr.* 4, 74, celle-ci était placée sur un piédestal très élevé ǁ [prov.] *metiri aliquem cum sua basi* Sen. *Ep.* 76, 31, mesurer qqn avec sa base, le surfaire ǁ fondement: *bases virtutis* Vulg. *Eccli.* 6, 30, les bases de la vertu ¶ 2 base [d'une colonne], soubassement, stylobate: Vitr. 4, 1, 6 ǁ base [d'une machine]: Vitr. 10, 10, 4 ¶ 3 base [d'un triangle]: Cic. *Nat.* 2, 125 ¶ 4 corde [d'un arc]: Col. 5, 2, 9 ¶ 5 racine [d'un mot]: Varr. *Men.* 362 ¶ 6 [métrique] base, groupe de deux pieds: Mar. Vict. *Gram.* 6, 47, 3; Diom. 505, 14 ¶ 7 plante du pied: [des animaux] Veg. *Mul.* 1, 25, 6; [des hommes] Vulg. *Act.* 3, 7.

▶ gén. *-is* mais aussi *-eos* Vitr. 10, 15, 2; acc. *-im*; mais *-in* Diom. 505, 14 et *-em* Vitr. 9, 4, 2; Grom. 297, 17 et *-idem* Fort. *Carm.* 8, 12 *a*; abl. *-i*, mais *-e* Treb. *Gall.* 18, 4 ǁ dat. abl. pl. *basibus* Plin. 34, 17.

bāsĭum, *ii*, n. (onomat.; it. *bacio*), baiser: Catul. 5, 7; *jactare basia* Phaed. 5, 8, 28, envoyer des baisers.

Bassānĭa, *ae*, f., ville de l'Illyrie [auj. Elbassan]: Liv. 44, 30, 7 ǁ **-nītae**, *ārum*, m. pl., habitants de Bassania: Liv. 44, 30, 13.

Bassăreus, *ĕi* (*ĕos*), m. (Βασσαρεύς), Bassarée [un des noms de Bacchus]: Hor. *O.* 1, 18, 11 ǁ **-ĭcus**, *a, um*, de Bacchus: Prop. 3, 17, 30.

Bassăris, *ĭdis*, f., bacchante: Pers. 1, 101.

Bassi, *ōrum*, m. pl., peuple de Belgique: Plin. 4, 106.

Bassĭāna, *ae*, f., ville de la Basse-Pannonie: Anton. 262.

Bassīnus, *i*, m., surnom romain: Ter.-Maur. 6, 334, 283; CIL 12, 2339.

Bassuertae, m. pl., peuple de l'Inde: Plin. 6, 77.

1 **bassus**, *a, um* (osq.?; fr. *bas*), qui a de l'embonpoint: Gloss. 5, 591, 60.

2 **Bassus**, *i*, m., surnom romain [Campanie]; L. Aufidius Bassus: Tac. *D.* 23, 2 ǁ [en part.] un poète ami de Martial: Mart. 3, 76, 1.

3 **bassŭs**, *ūs*, m., embonpoint [mot de grammairien]: Prob. *Inst.* 4, 115, 31.

Basta, *ae*, f., ville de Calabre [auj. Vaste] Atlas XII, F6: Plin. 3, 100.

bastăga (**-gĭa**), *ae*, f. (βασταγή), action ou obligation de transporter ce qui appartient aux princes, à l'État, à l'armée: Cod. Th. 8, 4, 11.

bastăgārĭus, *ii*, m., celui qui préside aux transports publics: Cod. Th. 10, 20, 4.

Bastarnae, *ārum*, m. pl., Bastarnes [peuple germain de la Dacie] Atlas I, C5: Liv. 40, 5, 10.

Basterbīni, *ōrum*, m. pl., peuple de l'Italie inférieure [chez les Salentins]: Plin. 3, 105.

basterna, *ae*, f. (cf. *bastum*), litière fermée, à l'usage des femmes: Pall. 7, 2, 3.

Basternae, *ārum*, m. pl., ⓒ▶ *Bastarnae*: Plin. 4, 100.

basternārĭus, *ii*, m., conducteur des mulets attelés à la *basterna*, muletier: Symm. *Ep.* 6, 15.

Basternīni, *ōrum*, m. pl., habitants de Basta [ville de Calabre]: Plin. 3, 105.

Basti

Basti, *ōrum*, m. pl., ville de la Tarraconaise [Baza] : Anton. 401.

Bastĭtāni (-tetāni), *ōrum*, m. pl., C.▶ *Bastuli* : Liv. 37, 46, 7 ∥ **-ānĭa**, *ae*, f., pays habité par les Bastitani [Bétique] : Plin. 3, 10.

Bastŭli (-cŭli), *ōrum*, m. pl., peuple de la Bétique : Plin. 3, 8.

bastum, *i*, n. (cf. βαστάζω ; fr. *bât* et *bâton*), bâton : Lampr. *Comm.* 13, 3.

1 **băt**, mot de la langue comique pour parodier la conjonction *at* : *at... bat* Pl. *Ps.* 235 ; *at enim... bat enim* Pl. *Ep.* 95.

2 **băt** (cf. *bado*), syllabe imitant le bruit produit quand un joueur de trompette retire son instrument de sa bouche : Char. 239, 21.

3 **bat** (mot hébreu), lin : Aug. *Hept.* 7, 41 ; Eucher. *Instr.* 2, p. 156, 23.

bătāclo, *ās*, *āre*, -, - (cf. *bat, bado* ; fr. *bâiller*), bâiller : Gloss. 4, 545, 31.

bătălārĭa, *ae*, f. (forme douteuse), vaisseau de guerre [proprement : qui vogue avec bruit] : Juv. 7, 134.

Bătāva Castra, n. pl., ville de Vindélicie [Passau] : Not. Dign. *Oc.* 35, 24.

Bătāvi, *ōrum*, m. pl., Bataves [auj. Hollandais] : Tac. *H.* 4, 12 ∥ **-us**, *a*, *um*, du pays des Bataves : Mart. 8, 33, 20.

Bătāvĭa, *ae*, f., Batavie [pays des Bataves] : Eum. = Paneg. 5, 21, 2.

Bătāvĭcus, *a*, *um*, batave, des Bataves : Eum. = Paneg. 5, 4, 1.

Bătāvŏdŭrum, *i*, n., ville des Bataves : Tac. *H.* 5, 20.

Bătāvus, v.▶ *Batavi*.

Bătēni, *ōrum*, m. pl., peuple d'Asie, au-delà de la mer Caspienne : Plin. 6, 48.

bătĕnim, v.▶ 1 *bat*.

Băternae, *ārum*, m. pl., C.▶ *Bastarnae* : Val.-Flac. 1, 96.

Batha, *ae*, f., ville d'Éthiopie : Plin. 6, 179.

Bathīnus, *i*, m., fleuve de Pannonie : Vell. 2, 114, 4.

Băthyllus, *i*, m. ¶ 1 Bathylle, [jeune homme chanté par Anacréon] : Hor. *Epo.* 14, 9 ¶ 2 pantomime célèbre d'Alexandrie, favori de Mécène et rival du non moins célèbre Pylade : Tac. *An.* 1, 54 ; Sen. *Nat.* 7, 32, 3.

Bathymi, *ōrum*, m. pl., peuple d'Arabie : Plin. 6, 149.

Băthynĭās, *ae*, m., fleuve de Thrace : Plin. 4, 47.

Băthys, m., fleuve de Colchide : Plin. 6, 12.

bătĭa, *ae*, f. (βάτις), poisson inconnu : Plin. 32, 77 ; 145.

bătillum (văt-), *i*, n. (obscur ; it. *badile*), pelle à braise, réchaud : Plin. 33, 127 ; Varr. *R.* 3, 6, 5 ; Hor. *S.* 1, 5, 36.
▶ la forme *vatillum* semble préférable ∥ m. *batillus* M.-Emp. 27, 119.

Batinum, *i*, n., fleuve du Picenum : Plin. 3, 110.

bătĭōca, *ae*, f. (βατιάκη), coupe à vin : Pl. *St.* 694 ; Arn. 2, 23.

bătĭōla, *ae*, f., C.▶ *batioca* : Pl. d. Non. 545, 20 ; Gloss. 2, 496, 31 ; Greg.-M. *Ep.* 1, 42, p. 66, 14.

bătis, *is (-ĭdis)*, f. (βατίς), fenouil de mer [plante] : Plin. 21, 86 ; Col. 12, 7, 2.

Batnae, *ārum*, f. pl. et **Batnē**, *ēs*, f., ville de la Mésopotamie Atlas IX, C4 : Amm. 14, 3, 3 ; 23, 2, 7.

Bāto, *ōnis*, m. ¶ 1 chef germain, fait prisonnier par Germanicus : Ov. *Pont.* 2, 1, 46 ¶ 2 fils de Longarus : roi des Dardaniens : Liv. 31, 28.

batrăchĭŏn, *ii*, n. (βατράχιον), renoncule [plante] : Plin. 25, 172.

batrăchītēs, *ae*, m. (βατραχίτης), crapaudine [sorte de pierre précieuse] : Plin. 37, 149.

Batrăchŏmyŏmăchĭa, *ae*, f., Batrachomyomachie [titre d'un poème héroï-comique attribué à Homère] : Stat. *S.* 1, praef.

1 **bătrăchus**, *i*, m. (βάτραχος), grenouille de mer, baudroie, lotte [poisson] : Plin. 32, 145.

2 **Bătrăchus**, *i*, m., architecte grec qui vécut à Rome à l'époque du grand Pompée : Plin. 36, 42.

Batrasavaves, m. pl., peuple d'Arabie : Plin. 6, 149.

Batta, *ae*, f., île située dans le Nil : Plin. 6, 179.

Battara, *ae*, m., Romain dont la mort est signalée par Cicéron : Cic. *Fam.* 7, 9, 2.

Battĭădēs, *ae*, m. ¶ 1 descendant ou fils de Battus [en parl. de Callimaque] : Catul. 65, 16 ¶ 2 habitant de Cyrène [ville fondée par Battus] : Sil. 2, 61.

1 **battis**, C.▶ *batis*.

2 **Battis**, *ĭdis*, f., femme de Cos, chantée par le poète Philétas : Ov. *Tr.* 1, 6, 2.

battĭtūra, *ae*, f. (*battuo*), mâchefer : Veg. *Mul.* 2, 26, 3.

batto, C.▶ *battuo* : Front. *Caes.* 3, 17, 5, p. 55N.

Battōn, *ōnis*, m., nom d'un statuaire grec : Plin. 34, 73.

battŭālĭa (-tālĭa), *ōrum*, n. pl. (*battuo* ; fr. *bataille*), escrime, v.▶ *battuo* ¶ 2 : Adamant. d. Cassiod. *Orth.* 7, 178, 4.

battŭārĭum, *ii*, n., instrument pour piler, pilon : Gloss. 2, 353, 16.

battŭātor, *ōris*, m., frappeur, tortionnaire, bourreau : Adamant. d. Cassiod. *Orth.* 7, 178, 6.

battŭō (bātŭō), *is*, *ĕre*, -, - (gaul., cf. *futuo* ; fr. *battre*) ¶ 1 tr. **a)** battre, frapper : Pl. *Cas.* 496 ; Don. *Eun.* 381 **b)** battre [des soles, pour les attendrir] : Apic. 155 ¶ 2 [abs^t] **a)** faire des armes, s'escrimer : ***rudibus cum aliquo*** Suet. *Cal.* 32, s'escrimer avec qqn avec les baguettes [= au fleuret], cf. *Cal.* 54 **b)** [dans un sens obscène] Cic. *Fam.* 9, 22, 4.

Battus, *i*, m. ¶ 1 nom donné à Aristote de Théra, fondateur de Cyrène : Ov. *Ib.* 586 ; Just. 13, 7, 1 ; Sil. 8, 57 ¶ 2 berger témoin du meurtre d'Argus : Ov. *M.* 2, 688.

Bătŭlum, *i*, n., château fort de la Campanie [auj. Baja] : Virg. *En.* 7, 739.

bătŭlus, *a*, *um* (cf. *bat*), bègue : Martyr. 7, 167, 10.

bătuo, v.▶ *battuo*.

bătus (-tŏs), *i*, f. (βάτος) ¶ 1 f., ronce : P. Fest. 27, 30 ; Ps. Apul. *Herb.* 87 ¶ 2 m., mesure pour les liquides en usage chez les Juifs [38 l.] : Vulg. *Ezech.* 45, 10.

1 **baubō**, *ās*, *āre*, -, -, C.▶ *baubor* : Gloss. 5, 170, 36.

2 **Baubo**, *ōnis*, f., femme d'Éleusis, qui donna l'hospitalité à Cérès : Arn. 5, 25.

baubŏr, *āris*, *ārī* - (onomat. ; cf. βαΰζω), intr., aboyer, hurler : Lucr. 5, 1071.

baucălis, *is*, m. (βαύκαλις ; it. *boccale*), vase en terre pour rafraîchir, gargoulette : Cassian. *Inst.* 4, 16, 1.

Baucĭdĭās, île de la mer Égée : Plin. 4, 56.

Baucis, *ĭdis*, f., femme de Philémon : Ov. *M.* 8, 631 ∥ [fig.] une vieille femme : Pers. 4, 21.

Baucŏnĭca, *ae*, f., C.▶ *Bonconica*.

Baudŏbrĭga, *ae*, f. ¶ 1 ville de Germanie supérieure [Boppard] : Anton. 254 ¶ 2 camp du pays Trévire : Anton. 374.

baudus, *i*, m. (germ., cf. al. *-bold* ?), hardi : Anth. 307, 5.

Bauli, *ōrum*, m. pl., Baules [ville de Campanie, près de Baïes] : Cic. *Ac.* 2, 125 ∥ **-ānus**, *a*, *um*, de Baules [esclaves impériaux] : CIL 10, 1746.

Bauma, *ae*, f., ville d'Éthiopie : Plin. 6, 179.

Baunonĭa, *ae*, f., île située en face de la Scythie : Plin. 4, 94.

Bautis, *is*, m., fleuve de l'Inde : Amm. 23, 6, 65.

Bauxare, n., ville de Rhétie : Cod. Th. 6, 30, 3.

Bavilum, *i*, n., ville d'Espagne : Plin. 20, 199.

Băvĭus, *ii*, m., mauvais poète, ennemi de Virgile et d'Horace : Virg. *B.* 3, 90.

baxa, *ae*, f. (πάξ), C.▶ *baxea* : Tert. *Idol.* 8, 4.

baxĕa, *ae*, f., espèce de sandale [plus particulièrement à l'usage des philosophes] : Pl. *Men.* 391 ; Apul. *M.* 11, 8.

baxĕārĭus (-ĭārĭus), m., ouvrier qui fabrique la chaussure appelée *baxea*, cordonnier : CIL 6, 9404.

Bazāira, *ae*, f., contrée de la Scythie d'Asie : Curt. 8, 1, 10.

bdellĭum, *ii*, n. (βδέλλιον), sorte de palmier : Plin. 12, 35 ∥ la gomme précieuse qu'on en extrait : VEG. *Mul.* 3, 14, 1, cf. PL. *Curc.* 101.

bĕābĭlis, *e* (*beo*), capable de rendre heureux : FORT. *Carm.* 2, 4, 18.

bĕātē, adv., heureusement, à souhait : CIC. *Ac.* 1, 33 ‖ *beatius* CIC. *Rep.* 1, 32 ; *-issime* CIC. *Fin.* 5, 81.

bĕātĭfĭcātĭo, *ōnis*, f., bénédiction : LEO-M. *Ep.* 98, 1.

bĕātĭfĭcātŏr, *ōris*, m. (*beatifico*), qui rend heureux : AUG. *Psalm.* 99, 3.

bĕātĭfĭco, *ās*, *āre*, -, - (*beatus, facio*), tr., rendre heureux : AUG. *Civ.* 7, 30 ; *Trin.* 14, 14 ‖ croire, dire heureux : VL. *Eccli.* 11, 30 d. CASSIAN. *Coll.* 6, 16, 2.

bĕātĭfĭcus, *a*, *um*, qui rend heureux : APUL. *Plat.* 1, 5 ; AUG. *Conf.* 2, 5, 11.

bĕātĭtās, *ātis*, f., bonheur [mot formé par Cicéron sur *beatus*] : CIC. *Nat.* 1, 95 (cf. QUINT. 8, 3, 32) ; APUL. *Plat.* 2, 10 ; AUG. *Civ.* 10, 30 ‖ [chrét.] béatitude : AUG. *Ep.* 18, 2.

bĕātĭtūdo, *ĭnis*, f., bonheur [mot formé par Cicéron sur *beatus*] : CIC. *Nat.* 1, 95 (cf. QUINT. 8, 3, 32) ; PETR. 38, 6 ; APUL. *Plat.* 2, 22 ; AUG. *Civ.* 9, 12 ‖ [chrét.] béatitude : AUG. *Civ.* 20, 1, 2 ; HIER. *Lucif.* 22 [les huit Béatitudes du Sermon sur la Montagne] ‖ (Votre) Béatitude [titre honorifique des évêques : HIER. *Ep.* 99, 1.

Bĕātrix, *īcis*, f., Béatrice [nom de femme] : CIL 6, 25146.

bĕātŭlus, *a*, *um* (dim. de *beatus*), pauvre bienheureux (ou heureux d'un instant) : PERS. 3, 103.

bĕātum, subst., ▶ *beatus*.

bĕātus, *a*, *um* (*beo*, cf. *bonus* ?) ¶ 1 bienheureux, heureux : CIC. *Tusc.* 5, 29 ; *beata vita* CIC. *Fin.* 1, 32, la vie heureuse, le bonheur, la félicité ; *vita qua nihil beatius* CIC. *Nat.* 1, 51, une vie, dont le bonheur dépasse tout ; *quo beatius esse mortali nihil potest* CIC. *Par.* 16, destinée dont rien ne peut surpasser le bonheur pour un mortel ; *parvo beati* HOR. *Ep.* 2, 1, 139, heureux de peu ‖ *sedes beatae* VIRG. *En.* 6, 639, le bienheureux séjour [= les champs Élysées] ‖ *novistine locum potiorem rure beato ?* HOR. *Ep.* 1, 10, 14, connais-tu endroit préférable à une délicieuse campagne ? ‖ n. pris subst', *ex bonis, quae sola honesta sunt, efficiendum est beatum* CIC. *Tusc.* 5, 45, ce sont seulement les biens honnêtes qui doivent constituer le bonheur, cf. *Fin.* 5, 84 ¶ 2 comblé de tous les biens, riche, opulent : *hi dum aedificant tamquam beati* CIC. *Cat.* 2, 20, ces gens-là, en voulant bâtir comme les riches (les heureux du monde) ; *qui tam beati quam iste est, non sumus* CIC. *Verr.* 4, 126, nous qui ne sommes pas comblés de tous les biens, comme lui ; *tyrannus opulentissimae et beatissimae civitatis* CIC. *Nat.* 3, 81, tyran de la ville la plus riche et la plus fortunée ; *beatis nunc Arabum invides gazis* HOR. *O.* 1, 29, 1, tu envies maintenant les riches

trésors de l'Arabie ‖ [rhét.] riche, abondant : *beatissima rerum verborumque copia* QUINT. 10, 1, 61, l'abondance si riche des idées et des mots ¶ 3 m. pris subst' : *in beatorum insulis* CIC. *Fin.* 5, 53, dans les îles des bienheureux ¶ 4 [chrét.] bienheureux, béni, saint : HIER. *Ep.* 51, 7 ; *Verbum* AUG. *Civ.* 9, 15, 2 ; *Spiritus* ALCIM. *Ep.* 13 ; *Maria* ADAMN. *Loc. sanct.* 2, 26, le Verbe, l'Esprit, Marie.

Bebasē, *ēs*, f., ville de Mésopotamie : AMM. 18, 7, 9.

bĕber, *bri*, m. (empr. gaul., cf. *fiber*, al. *Biber*, an. *beaver*, fr. *Bièvre*), castor : PRISC. 2, 150, 13 ; SCHOL. *Juv.* 12, 34.

Bebiāna, Bebiāni, ▶ *Baebian-*.

bēbō, *ās*, *āre*, -, - (onomat.), intr., crier bê bê ; bêler [chevreau] : SUET. *Frg.* 161, p. 249, 3R.

bebra, *ae*, f. (gaul., v. irl. *bir* ; cf. *veru*), sorte de lance ou de javelot : VEG. *Mil.* 1, 20.

Bĕbrĭăcum, Bĕbrĭăcensis, ▶ *Bedriac-*.

bebrīnus, *a*, *um* (*beber*), du castor : SCHOL. *Juv.* 2, 106.

Bebryces, *um*, m. pl. (Βέβρυκες), Bébryces, habitants de la Bébrycie : PLIN. 5, 127 ‖ colonie des Bébryces établie dans la Narbonnaise : SIL. 3, 423.

Bebrycĭa, *ae*, f., Bébrycie [contrée de l'Asie Mineure, postérieurement la Bithynie] : VAL.-FLAC. 5, 502 ‖ **Bebrycĭus**, *a*, *um*, de Bébrycie : VIRG. *En.* 5, 373 ‖ de la colonie bébrycienne établie dans la Narbonnaise : SIL. 3, 443 ; *Bebrycia virgo* SIL. 3, 420, Pyrène, fille du chef de cette colonie.

Bebryx, *ycis*, m. (Βέβρυξ) ¶ 1 roi des Bébryces, appelé aussi Amycus, qui sacrifiait les étrangers qu'il avait vaincus au ceste, et qui fut à son tour vaincu et tué par Pollux : VAL.-FLAC. 4, 261 ¶ 2 habitant de la colonie bébrycienne [dans la Narbonnaise] : SIL. 3, 423.

Becare, n., port de l'Inde : PLIN. 6, 105.

beccus, *i*, m. (gaul., bret. *beg* ; fr. *bec*), bec [particulièrement d'un coq] : SUET. *Vit.* 18.

bēchĭcus, *a*, *um* (βηχικός), béchique, contre la toux : CAEL.-AUR. *Acut.* 1, 17, 172.

bēchĭŏn, *ii*, n. (βήχιον), tussilage ou pas-d'âne [herbe] : PLIN. 26, 30.

Bechīres, *um* ou *-ri*, *ōrum*, m. pl., peuple du Pont : PLIN. 6, 11 ; MEL. 1, 107.

Bedaium (Bid-), *ii*, n., ville du Norique [Chieming] : ANTON. 236 ; PEUT. 4, 3.

Bedaius, *i*, m., nom d'une divinité des Germains : CIL 3, 5572.

bĕdella, ▶ *bidella*.

Bedesis, *is*, m., rivière de l'Italie supérieure, qui passe à Ravenne [Ronco] : PLIN. 3, 115.

bedox, *ocis*, m. ou f. (celt.), couverture : VINDOL. 192.

Bĕdrĭăcum, Bĕdrĭăcensis, ▶ *Betriacum* : PLIN. 10, 135 ; TAC. *H.* 2, 23.

bee, indécl., onomatopée reproduisant le bêlement des moutons : VARR. *R.* 2, 1, 7.

Beelphegor, m. indécl., Béelphégor ou Belphégor [dieu des Moabites] : VULG. *Num.* 25, 3.

Beelzĕbūb, m. indécl. ou **-būl**, *ūlis*, m., Béelzébuth, Béelzébub ou Belzébuth, le prince des démons : VULG. *Matth.* 12, 24.

Bĕgerri, *ōrum*, m. pl., peuple d'Aquitaine : PLIN. 4, 188 ; ▶ *Bigerri*.

Bĕgorra, *ae*, f., ville d'Aquitaine [Tarbes] : GREG.-TUR. *Hist.* 9, 20, p. 437, 8 K.

Begorrītēs lacus, m., lac de Macédoine : LIV. 42, 53, 5.

Behemoth, indécl., bête énorme [hippopotame] : VULG. *Job* 40, 10.

Bēl, indécl. et **Bēl**, *ēlis*, m., ▶ *Baal* : VULG. *Dan.* 14, 2 ; PAUL.-NOL. *Carm.* 19, 251.

Belatucadrus, *i*, m., dieu des anciens Bretons, le même que Mars : CIL 7, 369.

Belbīna, *ae*, f., île de la mer Égée : PLIN. 4, 56.

Belbīnātēs, *m.*, (*ager*) territoire de Belbine [ville d'Arcadie] : LIV. 38, 34, 8.

Belendi, *ōrum*, m. pl., peuple de l'Aquitaine : PLIN. 4, 108.

Bĕlēnus (-lĭnus), *i*, m., dieu des habitants du Norique : TERT. *Apol.* 24, 7.

Belga, *ae*, m. et **Belgae**, *ārum*, pl., Belge, Belges, habitants de la Gaule Belgique (au N. de la Gaule Celtique) Atlas I, B3 ; V, D3 : LUC. 1, 426 ; CAES. *G.* 1, 1, 1 ‖ **-ĭcus**, *a*, *um*, des Belges, belge : VIRG. *G.* 3, 204.

Belginum, *i*, n., ville de la Belgique [Heinzerath] : PEUT. 3, 2.

Belgites, *um*, m. pl., peuple de la Pannonie : PLIN. 3, 148.

Belgĭum, *ii*, n., Belgium [partie de la Gaule Belgique, entre l'Oise et l'Escaut] : CAES. *G.* 5, 12, 2.

Bĕlīa, ▶ *Belial* : *PRUD. *Psych.* 714 ; *Ham.* 520.

Bĕlīal, m. indécl., Bélial [idole des Ninivites] : *filii Belial* VULG. 1 *Reg.* 2, 12, fils de Bélial [malfaiteurs, impies] ; 2 *Cor.* 6, 15.

1 **Bĕlĭās**, *ădis*, f., petite-fille de Bélus [une Danaïde] : SEN. *Herc. Oet.* 960.

2 **Bĕlĭās**, *ae*, m., fleuve de Mésopotamie : AMM. 23, 3, 7.

1 **Bĕlĭdēs**, *ae*, m, fils de Bélus [Danaüs et Égyptus] : STAT. *Th.* 6, 291 ‖ petit-fils de Bélus [Lyncée] : OV. *H.* 14, 73 ‖ un descendant de Bélus [Palamède] : VIRG. *En.* 2, 82.

2 **Bĕlĭdes**, *um*, f. pl., les Danaïdes [petites-filles de Bélus] : OV. *Tr.* 3, 1, 62.

belinuntĭa (bele-, bili-), *ae*, f. (gaul.), jusquiame : PS. APUL. *Herb.* 4, 26, adn.

belĭŏn, *ii*, n., polium [plante] : PS. APUL. *Herb.* 58.

Belippo, *ōnis*, f., ville de la Bétique : PLIN. 3, 15.

Belisama

Belisăma, *ae*, f., déesse des Gaulois [la même que Minerve chez les Romains]: CIL 13, 8.

Bĕlĭsārĭus, *ĭi*, m., Bélisaire [général de Justinien]: Cod. Just. 1, 27, 2.

Belitae, *ārum*, m. pl., peuple d'Asie: Curt. 4, 12, 10.

bellārĭa, *ōrum*, n. pl. (*bellus*), friandises, dessert [de toute espèce = πέμματα ou τραγήματα v. Gell. 13, 11, 7]: Pl. *Truc.* 480; Suet. *Ner.* 25; Gell. 13, 11, 7.

bellārĭum, *ĭi*, n. (*bellum*), attirail de guerre, tout ce qui sert à la guerre: P. Fest. 32, 4.

bellātŏr, *ōris*, m. (*bello*), guerrier, homme de guerre, combattant: Cic. *Balb.* 54; *Tusc.* 4, 53; *primus bellator duxque* Liv. 9, 1, 2, sans égal comme soldat et comme chef ‖ [adjᵗ] belliqueux, de guerre: *bellator equus* Virg. G. 2, 145 ou *bellator* [seul] Juv. 7, 127, cheval fougueux; *bellator ensis* Ov. M. 15, 368, épée de combat; *bellator campus* Stat. *Th.* 8, 378, champ de bataille ‖ pion de damier: Ov. A. A. 3, 359 ‖ [chrét.] soldat (du Christ): Hier. *Ep.* 3, 5.

bellātōrĭus, *a, um* (*bello*), propre à la guerre: Amm. 23, 5, 13; *bellatorius stilus* Plin. *Ep.* 7, 9, 7, style polémique.

bellātrix, *īcis*, f. (f. de *bellator*), guerrière: Virg. En. 1, 393 ‖ adjᵗ, belliqueuse, de guerre: *bellatrices aquilae* Claud. *Nupt. Hon.* 192, les aigles guerrières; *bellatrix belua* Sil. 9, 516, l'animal de combat [l'éléphant] ‖ [fig.] *bellatrix iracundia* Cic. *Tusc.* 4, 54, colère de combattant.

bellātŭlus ou **bellĭātŭlus**, *a, um* (dim. de *bellus*), joli, mignon: Pl. *Cas.* 854.

bellax, *ācis* (*bellum*), belliqueux: Luc. 4, 406.

bellē, adv. (*bellus*), joliment, bien, délicieusement: *belle se habere* Cic. *Att.* 12, 37, se bien porter; *bellissime navigare* Cic. *Fam.* 16, 9, 1, faire une traversée fort agréable; *belle facere* Cat. *Agr.* 157, être efficace [en parl. d'un remède].

bellĕāris (**vell-**), *e*, avec la toison: Diocl. 8, 15.

Bellĕrŏphōn (**Bellĕrŏphontēs**), *ontis*, m., Bellérophon, fils de Poséidon [ou, selon d'autres, de Glaucus], vainqueur de la Chimère: Cic. *Tusc.* 3, 63; Sen. *Ep.* 115, 15 ‖ [en parl. de quiconque porte un message qui lui est défavorable]: Pl. *Bac.* 810 ‖ **-tēus**, *a, um*, de Bellérophon: Prop. 3, 2, 2.

bellĭātŭlus, v. *bellatulus*.

bellĭātus, *a, um* (*bellus*, cf. *amplus, ampliatus*), c. *bellulus*: Pl. *Ru.* 463.

bellĭca cŏlumella, f., colonne érigée devant le temple de Bellone, contre laquelle on lançait un javelot quand on voulait déclarer la guerre: P. Fest. 30, 15.

bellĭcōsus, *a, um* (*bellicus*), belliqueux, guerrier, vaillant: *bellicosissimae nationes* Cic. *Pomp.* 28, nations extrêmement belliqueuses; *quod bellicosius erat* Liv. 9, 6, 13, ce qui dénotait une plus grande valeur guerrière; *bellicosior annus* Liv. 10, 9, 10, année plus remplie de guerres.

bellĭcrĕpus, *a, um* (*bellum, crepo*), qui fait entendre un bruit guerrier: *bellicrepa saltatio* P. Fest. 31, 22, danse pyrrhique.

bellĭcō, *ās, āre, -, -* (*bellicus, bello*), intr., faire la guerre: VL. *Is.* 2, 4 d. Rufin. *Adamant.* 1, 10.

bellĭcum, *i*, n. (*bellicus*), signal de l'appel aux armes [sonné par la trompette], signal du combat: *bellicum canere* Cic. *Mur.* 30, sonner le combat ‖ [fig.] *me bellicum cecinisse dicunt* Cic. *Phil.* 7, 3, ils prétendent que j'ai poussé à la guerre; *canit bellicum* Cic. *Or.* 39, il embouche la trompette guerrière.

bellĭcus, *a, um* (*bellum*) ¶ 1 de guerre, à la guerre: *bellica virtus* Cic. *Mur.* 22, mérite guerrier; *res bellicae* Cic. *Off.* 1, 74, les faits de la vie guerrière; *bellicis rebus praeesse* Cic. *de Or.* 3, 138, diriger les affaires de la guerre; *bellica nomina* *Flor. 2, 43, 1, surnoms mérités à la guerre ‖ n. pris substᵗ, v. ➤ *bellicum* ¶ 2 [poét.] guerrier, valeureux: *bellica virgo* Ov. M. 4, 754, la vierge guerrière [Pallas].

Bellĭēnus, *i*, m., nom d'homme: Cic. *Font.* 18; *Brut.* 175.

bellĭfĕr, Sidon. *Carm.* 9, 74 et **bellĭgĕr**, *ĕra, ĕrum* (*bellum, fero, gero*) ¶ 1 qui porte la guerre, belliqueux, guerrier: *belligerum numen* Stat. *Ach.* 1, 504, la divinité guerrière [Mars]; *belligera fera* Sil. 8, 261, l'animal guerrier [l'éléphant] ¶ 2 [en parlant des choses] *hasta belligera* Mart. 5, 24, 11, la lance guerrière.

bellĭfĭcō, *ās, āre, -, -* (*bellum, facio*), tr., attaquer, combattre: *Vindic. *Med.* 7.

Bellĭgĕr, *ĕri*, m., le Guerrier [la planète Mars]: Germ. 4, 32.

bellĭgĕrātŏr, *ōris*, m. (*belligero*), guerrier: Avien. *Perieg.* 55; Vulg. 1 *Macc.* 15, 13.

bellĭgĕrō, *ās, āre, āvi, ātum* (*bellum gero*), intr., faire la guerre: *cum Gallis belligerare* Liv. 21, 16, 4, faire la guerre aux Gaulois; *adversum accolas belligerare* Tac. *An.* 4, 46, faire la guerre à ses voisins ‖ [fig.] lutter: *cum fortuna belligerare* Cic. *Quir.* 19, lutter contre la fortune; *qui belligerant cum geniis suis* Pl. *Truc.* 184, gens en lutte avec eux-mêmes.

bellĭgĕrŏr, *ārĭs, ārī, ātus sum*, dép., Hyg. *Fab.* 274, c. *belligero*.

bellĭo, *ōnis* (*bellus?*), m., plante inconnue: Plin. 21, 49.

bellĭpŏtens, *entis* (*bellum, potens*), puissant dans la guerre: Enn. *An.* 181 ‖ subst. m., le dieu des combats [Mars]: Virg. *En.* 11, 8.

bellis, *ĭdis*, f., pâquerette [fleur]: Plin. 26, 26.

bellĭsŏnus, *a, um* (*bellum, sono*), qui retentit d'un bruit guerrier: Paul.-Nol. *Carm.* 23, 424.

bellĭtūdo, *ĭnis*, f. (*bellus*), beauté, grâce: P. Fest. 32, 5.

Bellĭus, *ĭi*, m., nom d'homme [forme évoluée de *Duellius*]: Cic. *Or.* 153.

bellō, *ās, āre, āvī, ātum* (*bellum*), intr., faire la guerre ¶ 1 *longe a domo bellare* Cic. *Pomp.* 32, faire la guerre loin de son pays ‖ *cum diis bellare* Cic. *CM* 5, faire la guerre aux dieux; *adversum patrem* Nep. *Them.* 9, 2, contre son père ‖ [poét.] *alicui* Sil. 9, 503 ‖ [pass. impers.] *bellatum cum Gallis* Liv. 29, 26, 4, on combattit contre les Gaulois ‖ [avec acc. d'objet intér.] *bellum hoc bellare* Liv. 8, 39, 16, diriger cette guerre ¶ 2 [en gén.] lutter, combattre: *eum prohibent anni bellare* Ov. M. 5, 101, les ans l'empêchent de se battre; *ense bellare* Sil. 3, 235, combattre avec l'épée.

Bellōna, *ae*, f., Bellone [déesse de la guerre et sœur de Mars]: Virg. *En.* 8, 703. ▶ arch. *Duellona*.

bellōnārĭa, *ae*, f. (*Bellona*), morelle: Ps. Apul. *Herb.* 74.

Bellōnārĭus, *ĭi*, m., Bellonaire [prêtre de Bellone]: Schol. Juv. 6, 105.

Bellōnē, v. ➤ 2 *Belone*.

bellŏr, dép. arch., c. ➤ *bello*: *bellantur Amazones* Virg. *En.* 11, 160, les Amazones combattent, cf. Non. 472; Prisc. 3, 364, 11.

bellōsus, *a, um*, c. ➤ *bellicosus*: Caecil. d. Non. 80, 33.

Bellŏvăci, *ōrum*, m. pl., peuple de la Belgique [habitants du Beauvaisis]: Caes. G. 2, 4, 5.

Bellovesus, *i*, m., Bellovèse [roi des Celtes]: Liv. 5, 34, 3.

bellua, bellualis, belluatus, etc., v. ➤ *belu-*.

bellŭlē, adv. (dim. de *belle*), joliment: Pl. d. P. Fest. 32, 18; Apul. M. 10, 16.

bellŭlus, *a, um* (dim. de *bellus*), joliet, gentillet: Pl. *Cas.* 848; *Poen.* 347.

bellum, *i*, n. (*duellum*; cf. *indutiae*) ¶ 1 guerre [au pr. et au fig.]: *vel belli vel domi* Cic. *Off.* 2, 85, soit en temps de guerre, soit en temps de paix; *Veienti bello* Cic. *Div.* 1, 100, pendant la guerre contre Véies; *bellis Punicis* Cic. *Verr.* 5, 124, pendant les guerres puniques; *in civili bello* Cic. *Phil.* 2, 47, pendant la guerre civile; *bellum navale* Cic. *Pomp.* 28 ou *maritimum* Sall. *C.* 39, 1, la guerre des pirates; *bellum adversus Philippum* Liv. 31, 1, 8, la guerre contre Philippe; *cum improbis suscipere bellum* Cic. *Sull.* 28, entreprendre la guerre contre les méchants ‖ v. ➤ *paro, gero, indico, duco, traho* ¶ 2 combat, bataille: Sall. *C.* 9, 4; Liv. 8, 10, 7 ¶ 3 [au pl.] [fig.] armées: Ov. M. 12, 24; Plin. *Pan.* 12, 3 ‖ la Guerre, divinité : **Belli portae** Virg. En. 1, 294, les portes du temple de Janus.

Bellūnum (Belū-), *i*, n., ville de Vénétie [auj. Belluno] Atlas XII, B3 : Plin. 3, 130.

bellŭōsus, ▣▶ beluosus.

bellus, *a*, *um* (dim. de *duenos*, ▣▶ *bonus* : **duenelos* ; fr. *beau*) ¶ **1** joli, charmant, élégant, aimable délicat : **homo bellus** Cic. Fin. 2, 102, homme aimable ; **bellissimus** Cic. Att. 6, 4, 3 ¶ **2** en bon état, en bonne santé : **fac bellus revertare** Cic. Fam. 16, 18, 1, tâche de revenir en bonne santé ‖ bon : **belliores quam Romani** Varr. d. Non. 77, 30, supérieurs aux Romains ¶ **3 bellum (bellissimum) est** [avec inf.] : Cic. de Or. 1, 247, il est bien (très bien) de.

bellūtus, bellŭus, ▣▶ belu-.

bēlo, ▣ **1** balo : Varr. R. 2, 1, 7.

Belo, ▣▶ Baelo.

bĕlŏăcŏs et **bĕlŏtŏcos**, *i*, f. (?), dictame [plante] : Ps. Apul. Herb. 62 ; ▣▶ dipsacos.

bēlŏcŭlus, *i*, m., ▣▶ Beli oculus, nom d'une pierre précieuse : Isid. 16, 10, 9 ; ▣▶ **1** Belus ¶ 4.

Bĕlŏna, ▣▶ 2 Belone.

1 bĕlŏnē, *ēs*, f. (βελόνη), aiguille [poisson de mer] : Plin. 9, 166.

2 Bĕlŏnē, *ēs*, f., nom de l'inventrice de l'aiguille : Hyg. Fab. 274, 3.

bĕlŏtŏcŏs, ▣▶ beloacos.

belsa, *ae*, f. (gaul., fr. *Beauce*), prairie : Virg. Gram. Epit. 4, 10, 6.

bēlŭa (bellŭa), *ae*, f. (cf. *bestia* ; it. *belva*), gros animal : Cic. Nat. 1, 97 ‖ bête [en gén.] : Cic. Off. 1, 30 ; 2, 29 ‖ brute : Cic. Verr. 5, 109 ‖ chose monstrueuse : Suet. Tib. 24.

bēlŭālis, *e* (*belua*), de bête : Macr. Sat. 5, 11, 15.

bēlŭātus, *a*, *um* (*belua*), avec des formes de bêtes [brodées] : Pl. Ps. 147 ‖ semblable aux bêtes [hérétique] : Alcim. Ep. 28.

bĕlŭēs, ▣▶ egestas : *Gloss. 5, 591, 58.

bēlŭīlis, *e* (*belua*), de bête : Jul.-Val. 1, 7.

bēlŭīnus, *a*, *um* (*belua*), de bête, bestial : Gell. 19, 2, 2.

Belūnum, ▣▶ Bellunum.

bēlŭōsus, *a*, *um* (*belua*), peuplé de monstres : Hor. O. 4, 14, 47.

1 Bēlus, *i*, m. (Βῆλος) ¶ **1** premier roi des Assyriens, père de Ninus : Virg. En. 1, 729 ‖ le précédent, mis au rang des dieux : Cic. Nat. 3, 16, 42 ; ▣▶ Bel, Baal ¶ **2** père de Danaüs, aïeul des Danaïdes : Hyg. Fab. 168, 1 ¶ **3** père de Didon : Virg. En. 1, 621 ¶ **4 Bēlus** ou **Bēli oculus**, œil de Bélus [nom d'une pierre précieuse] : Plin. 37, 149.

2 Bēlus, *i*, m., fleuve de Phénicie : Plin. 36, 190 ; Tac. H. 5, 7.

bēlūtus, *a*, *um* (*belua*), semblable aux bêtes : P. Fest. 31, 16.

bēlŭus, *i*, m. (*belua*), bestial : Cic. d'après Aug. Gram. 5, 520, 28.

Belzebub, ▣▶ Beelzebub.

bēma, *ătis*, n. (βῆμα), fête manichéenne : Aug. Faust. 18, 5.

Bembinădĭa, *ae*, f., (s.-ent. *regio*) partie de l'Argolide : Plin. 4, 20.

Bemmaris, *is*, f., ville de Syrie : Anton. 185.

Bēnācus, *i*, m., le lac Bénacus [auj. lac de Garde] Atlas XII, B2 : Virg. G. 2, 160 ‖ **-censes**, *ĭum*, m. pl., habitants des bords du Bénacus : CIL 5, 4866.

Bendĭdĭus, *a*, *um* (Βενδίδειος), de Bendis [nom de Diane chez les Thraces] : Liv. 38, 41, 1.

bĕnĕ, adv. (**duĕnē*, ▣▶ *bonus* ; fr. *bien*) ¶ **1** bien [au sens le plus général du mot] ; [joint à des verbes, adj. et adv.] **bene colere agrum** Cic. CM 57, bien cultiver un champ ; **tabulae bene pictae** Cic. Brut. 261, bons tableaux ; **talis optime ludere** Cic. de Or. 3, 88, être excellent joueur aux dés ; **bene olere** Cic. Att. 2, 1, 1, avoir une bonne odeur ; **bene emere** Cic. Att. 1, 13, 6, acheter dans de bonnes conditions ; **bene existimare** Cic. de Or. 2, 322, avoir une bonne opinion ; **bene et re publica judicare** Cic. Phil. 11, 11, juger sagement et conformément à l'intérêt public ; **aliquem bene nosse** Cic. Verr. 1, 17 (**cognosse** Cic. Brut. 150) bien connaître qqn ; **bene vivere** Cic. Lae. 19, bien vivre [avoir une vie droite, honnête] ; **bene evenire** Cic. Mur. 1, avoir une heureuse issue ; **bene sperare** Cic. Dej. 38, avoir bon espoir ‖ **habetis sermonem bene longum** Cic. de Or. 2, 361, voilà un développement d'une bonne longueur, cf. Fin. 5, 76 ; Att. 14, 7, 2 ; **bene peritus** Cic. Brut. 81, ayant une bonne compétence ; **quos aut imberbes aut bene barbatos videtis** Cic. Cat. 2, 22, que vous voyez ou imberbes ou avec une belle barbe ; **bene nummatus, bene capillatus** Cic. Agr. 2, 59, bien fourni d'écus et de cheveux ; **cum bene magna caterva** Cic. Mur. 69, avec une troupe d'une bonne importance ; **homo bene sanus** Cic. Sest. 23, un homme parfaitement sain d'esprit, cf. Fin. 1, 52 ; 1, 71 ; **bene longinqui dolores** Cic. Fin. 2, 94, des douleurs d'une bonne durée ‖ **bene ante lucem** Cic. Verr. 2, 259, bien avant le jour ; **bene penitus** Cic. Verr. 2, 169, bien à fond ; **bene mane** Cic. Att. 4, 9, 2, de bon (de grand) matin ; **bene plane magnus dolor** Cic. Tusc. 2, 44, douleur vraiment tout à fait grande ‖ [tard.] **bene minus** Cypr. Ep. 27, 1, bien moins ; **bene Christianus** Aug. Civ. 22, 8, 10, bon chrétien ¶ **2** [tournures particulières] **bene agis** Cic. Marc. 3, 135, tu agis bien (c'est bien) ; **qua in re senatus optime cum aratoribus egisset, in ea...** Cic. Verr. 3, 204, (on trouvait révoltant) que, dans une affaire où le sénat avait traité les cultivateurs avec la plus grande bonté... ‖ **bene audio**, ▣▶ *audio* ‖ **bene et loqui et dicere** Cic. Brut. 212, bien parler dans la conversation comme dans les discours ; **alicui bene dicere** Cic. Sest. 110, dire du bien de qqn. ▣▶ *bene dico, dico* ‖ **bene facis** Ter. Eun. 186, c'est bien à toi [je te remercie] ; **nostri omnino melius multo, quod...** Cic. de Or. 1, 253, chez nous, on a en thèse générale bien mieux procédé en ce que... ; ▣▶ *facio*, ▣▶ *bene facio* ‖ **bene est**, cela va bien, tout va bien : Pl., Ter. ; [formule en tête de lettres] : **si vales bene est, ego valeo** [en abrégé s. v. b. e. e. v.], si ta santé est bonne, tout va bien ; la mienne est bonne ; **bene vero, quod... Fides consecratur manu** Cic. Leg. 2, 28, il est bien que la Foi soit consacrée par la main de l'homme [par des temples] ; **bene habet** Cic. Mur. 14, tout va bien, ▣▶ *habeo* ‖ **bene sit tibi** Pl. Merc. 327, bonne chance ; **improbo et stulto et inerti nemini bene esse potest** Cic. Par. 19, il n'est pas de méchant, d'insensé, de lâche qui puisse être heureux ; **jurat bene solis esse maritis** Hor. Ep. 1, 1, 89, il jure qu'il n'y a de bonheur que pour les gens mariés ‖ **tibi melius est** Cic. Fam. 16, 22, 1, tu vas mieux ; [en buvant à la santé de qqn] **bene mihi, bene vobis** Pl. Pers. 773 (775, 776), à ma santé et à la vôtre ; **bene vos, bene nos** Pl. Pers. 709, à votre santé, à la nôtre, cf. Ov. F. 2, 637 ; Tib. 2, 1, 31 ‖ compar. *mĕlius*, superl. *optimē*.

bĕnĕdĭcē, adv., avec de bonnes paroles : Pl. As. 206.

bĕnĕdīcībĭlis, *e*, qui bénit : Ps. Aug. Serm. app. 120, 6.

bĕnĕ dīco (bĕnĕdīco), *is*, *ĕre*, *dīxī*, *dictum* (fr. *bénir*) ¶ **1** intr., dire du bien de qqn ; **alicui** : Cic. Sest. 110 ; Ov. Tr. 5, 9, 9 ‖ bien parler de qqn ; **alicui** : Pl. Trin. 924 [bien parler à qqn : Pl. Ru. 640] ¶ **2** [chrét., cf. εὐλογέω] donner sa bénédiction, rendre gloire **a)** [dat.] **benedixit eis** Vulg. Gen. 1, 22 ; **benedic Domino** Vulg. Psal. 65, 8, bénis le Seigneur **b)** [acc.] bénir, exalter, célébrer : **benedixit eum** Vulg. Gen. 28, 1 ; **iniquus benedicitur** Vulg. Psal. 9, 24, l'injuste est béni ; **benedictus Deus qui** Tert. Marc. 5, 11, 1, béni Dieu qui ; **et benedicens nos episcopus profecti sumus** Eger. 16, 7, puis, avec la bénédicion de l'évêque, nous sommes partis.

▶ *benedico*, en un seul mot, est tardif ; surtout employé dans la langue de l'Église.

bĕnĕdĭctĭo, *ōnis*, f. (*benedico* ¶ 2, cf. εὐλογία) ¶ **1** louange **a)** [d'un point de vue civil] remerciement : Tert. Fug. 13, 1 ‖ salut : Vulg. Is. 36, 16 ‖ compliment : Vulg. Rom. 16, 18 **b)** [d'un point de vue religieux] action de grâces [à Dieu] : Vulg. Apoc. 5, 12 ; pl., Ps. Apul. Ascl. 26 ; Tert. Test. 2, 2 ¶ **2** bénédiction **a)** [faite par l'homme] Vulg. Gen. 27, 36 [Isaac] ; Eger. 24, 6 [évêque] **b)** [faite par Dieu] Vulg. Exod. 32, 29 ‖ protection divine : Vulg. Gen. 26, 29 ¶ **3** produit de la bénédiction **a)** prospérité : Vulg. Is. 44, 3 **b)** bonheur : Hier. Gal. 3, 5, 22 [les huit béatitudes] **c)** consécration : Avell. 64, 10 ¶ **4** chose bénite

benedictio

a) eucharistie : VULG. *1 Cor.* 10, 16 **b)** eulogie : PAUL.-NOL. *Ep.* 7, 3 **c)** cadeau : GREG.-M. *Ep.* 13, 29 **d)** relique : SULP. SEV. *Dial.* 2, 8, 9 ; PAUL.-NOL. *Ep.* 32, 8 ¶ **5** [titre honorifique] : ALCIM. *Ep.* 74.

běně dictum, *i*, n., bonne parole, bon propos : PL. *Pers.* 495 ǁ **běnědictum**, bénédiction : LACT. *Inst.* 2, 3, 5.

běnědictus, *a, um* (fr. benoît, benêt), part. de *benedico*.

běnědǐcus, *a, um* (benedico), affectueux : ALCIM. *Ep.* 8, p. 40, 17.

běně făcĭō (běněfăcĭō), *ǐs, ěre, fēcī, factum*, intr. ¶ **1** faire du bien, rendre service : PL. *Bac.* 402 ; *Cap.* 941 ; SEN. *Ben.* 1, 2, 2 ǁ *in aliquem aliquid bene facere*, rendre un service à qqn : PL. *Amp.* 184 ; *Cap.* 416 ǁ *alicui bene facere*, faire du bien à qqn, l'obliger : PL. *Men.* 1021 ; LIV. 36, 35, 4 (mais *pulchrum est bene facere rei publicae, etiam bene dicere haud absurdum* SALL. *C* 3, 1, s'il est beau de bien agir dans l'intérêt de l'État, bien dire aussi n'est pas malséant) ǁ [passif] *bonis quod bene fit, haud perit* PL. *Ru.* 939, le service qu'on rend aux braves gens n'est pas perdu, cf. *Cap.* 358 ; *Poen.* 1216 ¶ **2** tr., VL. *Deut.* 30, 5.

▶ l'orth. en un seul mot est sans doute due à l'infl. de *beneficium* ; l'ancienne latinité séparait les deux mots.

běnefactĭō, *ōnis*, f. (benefactio), bienfait : TERT. *Marc.* 4, 12.

běnefactŏr, *ōris*, m. (benefacio), bienfaiteur : CORIP. *Just.* 1, 215.

běnefactum, *ī*, n., [d'ordin. au pl.] bonne action, service, bienfait : CIC. *de Or.* 2, 208 ; *Par.* 22 ; *CM* 9 ; SALL. *J.* 85, 5.

▶ écrit en un ou deux mots.

běnefǐcē, adv., avec bienfaisance : GELL. 17, 5, 13.

běnefǐcentĭa, *ae*, f. (beneficus), disposition à faire le bien, bienfaisance : CIC. *de Or.* 2, 343 ; *Off.* 1, 20 ǁ clémence : TAC. *An.* 12, 20.

běnefǐcĭālis, *e* (beneficium), généreux : CASSIOD. *Var.* 2, 30, 1.

běnefǐcĭārius, *a, um* (beneficium) ¶ **1** qui provient d'un bienfait (d'un don) : SEN. *Ep.* 90, 2 ¶ **2** [pris substᵗ] *beneficiarii*, soldats exempts des corvées militaires, bénéficiaires : CAES. *C.* 3, 88, 4 ; P. FEST. 30, 9 ǁ attachés à la personne du chef : CAES. *C.* 1, 75, 2 ; PLIN. *Ep.* 10, 21.

běnefǐcĭentĭa, *ae*, f., ▶ beneficentia : VAL. MAX. 5, 2, 4.

běnefǐcĭōsus, *a, um*, bienfaisant : PS. FULG.-R. *Serm.* 53.

běnefǐcĭum, *ǐi*, n. (bene facio) ¶ **1** bienfait, service, faveur : *monumentum scelerum, non beneficiorum* CIC. *Verr.* 4, 139, un monument qui rappelait des crimes, non des services rendus ; *accipere beneficium* CIC. *Off.* 1, 56, recevoir un bienfait ; *dare, reddere, referre* CIC. *Off.* 1, 48 ; *Mur.* 70, accorder, rendre un bienfait ; *apud aliquem ponere* CIC. *Fam.* 13, 26, 4 (13, 54) ; *collocare* CIC. *Off.* 2, 71, placer un bienfait sur qqn, obliger qqn ; *in aliquem conferre* CIC. *Off.* 1, 45, rendre un service à qqn, obliger qqn ; *aliquem beneficio obligare* CIC. *Q.* 3, 1, 16, lier qqn par un bienfait ; *beneficio adligari* CIC. *Planc.* 81, être lié par un bienfait ; *complecti* CIC. *Planc.* 82, s'attacher qqn par des bienfaits ; *adficere* CIC. *Off.* 2, 63, obliger qqn ; *beneficio alicujus uti* CIC. *Att.* 15, 10 (15, 12, 1), accepter les bienfaits (les services) de qqn, profiter des faveurs de qqn ǁ *beneficium erga aliquem* CIC. *Cael.* 7 ; *in aliquem* CIC. *Flac.* 25, bienfait (service) à l'égard de qqn ǁ *in beneficio aliquid petere* CIC. *Verr.* 3, 44, demander qqch. à titre de faveur ; *hoc vix ab Apronio in summo beneficio impetratum est* CIC. *Verr.* 3, 115, on l'obtint à peine d'Apronius comme une insigne faveur ǁ *meo beneficio* CIC. *Cat.* 2, 18, grâce à moi ; *beneficio populi Romani* CIC. *Verr.* 5, 163, par la faveur du peuple romain ; *anuli beneficio* CIC. *Off.* 3, 38, à la faveur de l'anneau (grâce à l'anneau) ; *sortium* CAES. *G.* 1, 53, 7, grâce aux sorts ¶ **2** [officielᵗ] faveur, distinction : *beneficium populi Romani* CIC. *Mur.* 2, la faveur du peuple romain [= le consulat] ; *summis populi beneficiis usus* CIC. *Par.* 38, ayant obtenu les plus hautes faveurs du peuple ; *conservate populi Romani beneficium, reddite rei publicae consulem* CIC. *Mur.* 90, ne détruisez pas l'effet de la faveur du peuple romain, rendez à la république son consul ; *cooptatio collegiorum ad populi beneficium transferebatur* CIC. *Lae.* 96, au droit des collèges sacerdotaux de se compléter par cooptation se substituait la nomination par la faveur du peuple ; *beneficia petere* CIC. *Off.* 2, 67, solliciter les faveurs (les places) ; *commeatus a senatu peti solitos beneficii sui fecit* SUET. *Cl.* 23, il fit dépendre de sa faveur l'octroi des congés, qu'on demandait d'habitude au sénat ǁ faveurs, gratifications, avancement : *in beneficiis ad aerarium delatus est* CIC. *Arch.* 11, au titre des gratifications, son nom fut envoyé au trésor, cf. *Fam.* 5, 20, 6 ; *huic ego neque tribunatum neque praefecturam neque ullius beneficii ornatum peto* CIC. *Fam.* 7, 5, 3, ce que je te demande pour lui, ce n'est ni un grade de tribun militaire ni un commandement ni aucune faveur spécifiée ǁ faveur, privilège : *beneficia principalia* DIG. 1, 4, 3, privilèges de l'empereur ; *beneficium principale* CASSIOD. *Var.* 9, 4, 3, le privilège du prince ¶ **3** droit résultant de l'application d'une loi, bénéfice : *legis Falcidiae* DIG. 35, 2, 18 pr., invoquer le bénéfice de la loi Falcidia ǁ *beneficio*, grâce à, par l'effet de, du fait de, à cause de : *aetatis beneficio* DIG. 4, 4, 7, 5, au bénéfice de l'âge ; *beneficio liberorum se excusare* DIG. 49, 8, 1, 2, obtenir une dispense du fait de ses enfants ; *beneficio furis res abest* DIG. 47, 2, 46 pr., la chose a disparu à cause d'un voleur ; *turbarum beneficio* PASS. PERP. 3, 6, à cause de la foule ; *mei beneficio* PASS. PERP. 3, 8, à cause de moi.

▶ la forme *benificium* se trouve dans des inscriptions et chez certains auteurs, par ex. SALL. *C.* 9, 5 ; 31, 7 ; 54, 2.

běnefǐcō, *ās, āre, -, -*, ▶ benefacio : CHAR. 293, 33.

běnefǐcus, *a, um* (bene, facio), bienfaisant, obligeant, disposé à rendre service : CIC. *Mur.* 70 ; *Mil.* 20 ; *beneficentior* SEN. *Ben.* 1, 4, 5 ; 5, 9, 2 ; *beneficentissimus* CIC. *Nat.* 2, 64 ; *Lae.* 51 ; *in aliquem* CIC. *Off.* 1, 42 ; *adversus aliquem* SEN. *Ben.* 1, 4, 5, obligeant à l'égard de qqn ǁ *voluntate benefica benevolentia movetur* CIC. *Off.* 2, 32, la seule volonté de rendre service entraîne le dévouement.

▶ superl. *beneficissimus* CAT. *Orat.* 180 ǁ *benificus* VEL. 7, 76, 12.

běnefǐo, ▶ benefacio.

běnefrăgantĭa, *ae*, f., bonne odeur : VL. *2 Cor.* 2, 15.

Beneharnum, *i*, n., ville de l'Aquitaine [Béarn] : ANTON. 452 ; 453.

běnelŏquĭus, *a, um*, bien disant : CAES.-AREL. *Serm.* 10, 3.

běnemerěor, ▶ mereor.

Běnēnātus, *i*, m., nom d'homme [Bien né] : GREG.-M. *Ep.* 4, 27.

běneŏdōrus, *a, um*, qui sent bon : CIL 6, 13528.

běneŏlentĭa, *ae*, f., bonne odeur : HIER. *Didym.* 11.

běneplăcens, *entis*, agréable : VULG. *Rom.* 12, 2.

běneplăcěō, *ēs, ēre, ǔī, ǐtum* (εὐδοκέω), intr., plaire : VULG. *1 Cor.* 16, 2 ǁ [impers.] *beneplacitum est Deo habitare in eo* VULG. *Psal.* 67, 17, il a plu à Dieu d'y habiter.

běneplăcǐtum, *i*, n. (εὐδοκία), bon plaisir, volonté [de Dieu] : VULG. *Ephes.* 1, 9.

běneplăcǐtus, *a, um*, agréable : VULG. *Eccli.* 40, 26.

běnesentĭō, *īs, īre, sensi, sensum*, intr., être bienveillant ; *in aliquo... ut...*, accorder à qqn ... de ... : IREN. 3 ; 6, 4 ; ▶ *sentio*.

běnestăbǐlis, *e*, assidu : VL. *1 Cor.* 7, 35.

běnesuādus, *a, um*, qui donne de bons conseils : APUL. *Apol.* 18.

Běněventum, *i*, n., Bénévent [ancienne ville du Samnium] Atlas I, D4 ; XII, E5 : CIC. *Verr.* 1, 38 ; PLIN. 3, 105 ; 32, 59 ǁ **-tānus**, *a, um*, de Bénévent : CIC. *Verr.* 1, 38.

běněvŏlē, adv. (benevolus), avec bienveillance : CIC. *Fin.* 1, 34 ; *Fam.* 13, 21, 2 ǁ compar., superl., ▶ *benevolenter*.

běněvŏlens ou **běnivŏlens**, *tis*, qui veut du bien, favorable ; *alicui*, à qqn : CIC. *Fam.* 3, 3, 1 ; 3, 12, 4 ǁ **-entior, -entissimus** CIC. ǁ subst. m., f., *meus benevolens* PL. *Trin.*

1148, mon ami dévoué ; *suam benevolentem convenire* Pl. *Cis.* 586, s'entretenir avec une de ses amies.

běněvŏlentěr, adv., avec bienveillance, affectueusement : Pont. 5 ‖ *-entius, -entissime* : Aug. *Civ.* 8, 3 ; 18, 45 ; ▶ *benevole*.

běněvŏlentia (běnǐv-), *ae*, f., bienveillance, disposition à vouloir du bien (à obliger), dévouement : *eorum benevolentiam erga se diligentiamque collaudat* Cic. *Verr.* 5, 160, il loue leur dévouement et leur empressement à son égard ; *benevolentia civium* Cic. *Lae.* 61, les dispositions favorables des citoyens ; *benevolentiam adjungere* Cic. *Mur.* 41, se concilier les bonnes grâces ; *benevolentiam ad odium, odium ad benevolentiam deducere* Cic. *de Or.* 2, 72, changer la bienveillance en haine, la haine en bienveillance ; *vita, quae non in amici mutua benevolentia conquiescit* Cic. *Lae.* 22, la vie, qui loin de se reposer sur le dévouement mutuel de l'amitié ... ‖ [chrét., titre honorifique] : *benevolentia tua* Aug. *Ep.* 223, 6, Votre Bienveillance.

▶ la forme *benivolentia* est assez fréquente dans les meilleurs mss.

běněvŏlentiěs, *ēi*, f., ▶ *benevolentia* : Char. 118, 20.

běněvŏlus (běnǐv-), *a, um* (*bene, volo*), bienveillant, dévoué : Cic. *de Or.* 2, 82 ; *Phil.* 11, 34 ; *sane benevolo animo me praemonebat* Cic. *Verr. prim.* 23, avec les meilleures intentions il m'avertissait à l'avance.

¶ compar., superl., ▶ *benevolens*.

Beni, *ōrum*, m. pl., peuple de Thrace : Plin. 4, 40.

běnǐf-, běnǐv-, ▶ *bene-*.

běnignē, adv. (*benignus*) ¶ 1 avec bonté, bienveillance : *comiter, benigne et non gravate* Cic. *Balb.* 36, avec obligeance, c'est-à-dire avec bonté, et bien volontiers ¶ 2 avec bienfaisance, obligeamment : *benigne facere alicui* Cic. *Dej.* 36, faire du bien à qqn, bien traiter qqn ; *aut opera benigne fit indigentibus aut pecunia* Cic. *Off.* 2, 52, on oblige ceux qui sont dans le besoin soit par de bons offices soit pécuniairement ¶ 3 [formule de remerciement] *benigne* Hor. *Ep.* 1, 7, 16, tu es bien aimable, grand merci, cf. 1, 7, 61 ¶ 4 largement, généreusement : *circa viam expositis benigne commeatibus* Liv. 26, 9, 5, des vivres offerts généreusement le long de la route, cf. 9, 6, 5 ; 28, 37, 4 ‖ *benignius* ; *benignissime*.

běnignǐfǐcus, *a, um*, bienveillant : *Hil. *Const.* 1, 1.

běnignǐtās, *ātis*, f. (*benignus*) ¶ 1 bonté, bienveillance : *summa cum benignitate aliquem audire* Cic. *Sest.* 31, écouter qqn avec une extrême bienveillance ; *si ... in eum benignitatis plurimum conferetur* Cic. *Off.* 1, 50, si on lui accorde le plus de bienveillance ¶ 2 obligeance, bienfaisance, générosité : *largitio, quae fit ex re familiari, fontem ipsum benignitatis exhaurit* Cic. *Off.* 2, 52, les largesses, qui se puisent dans le patrimoine, tarissent la source même de la bienfaisance ; *beneficentia, quam eandem vel benignitatem vel liberalitatem appellari licet* Cic. *Off.* 1, 20, la bienfaisance que l'on peut appeler aussi ou obligeance ou générosité ; *in aliquem* Cic. *Clu.* 196, générosité à l'égard de qqn ¶ 3 [fig.] générosité : *terrae* Col. 4, 24, 12, du sol ; *naturae* Plin. 1, 29, 30, de la nature ¶ 4 [chrét., titre honorifique] *tua benignitas* Aug. *Ep.* 33, 2, votre Bonté.

běnignǐtěr, ▶ *benigne*, avec bonté : Titin. d. Non. 510, 13.

běnignŏr, *ārǐs, ārī,* - (*benignus*), intr., se réjouir : Vulg. 3 Esdr. 4, 39.

běnignus, *a, um* (*bene, -gnus,* cf. *malignus, gigno*) ¶ 1 bon, bienveillant, amical : *comes benigni, faciles, suaves homines esse dicuntur* Cic. *Balb.* 36, on appelle *comes* (obligeants), les hommes bienveillants, complaisants, agréables ; *homines benigno vultu ac sermone* Liv. 28, 26, 6, des hommes ayant un air et des propos bienveillants ‖ *alicui* Pl. *Pers.* 583 ; Hor. *O.* 3, 29, 52 ; *erga aliquem* Pl. *Mil.* 1230 ; *adversus aliquem* Sen. *Ep.* 120, 10, bienveillant à l'égard de qqn ¶ 2 bienfaisant, libéral, généreux : *qui benigniores esse volunt quam res patitur* Cic. *Off.* 1, 44, ceux qui veulent être plus généreux que leurs moyens ne le permettent ; [avec gén.] Hor. *S.* 2, 3, 3, prodigue de ¶ 3 qui donne (produit) généreusement, abondant : *ingeni benigna vena* Hor. *O.* 2, 18, 10, une veine généreuse de talent ; *benigna materia gratias agendi* Liv. 42, 38, 6, abondante matière de remerciements ¶ 4 heureux, favorable : Stat. *S.* 5, 1, 108 ; Commod. *Instr.* 1, 24, 20 ‖ *benignior* ; *benignissimus*.

běnǐv-, ▶ *benev-*.

Benjamin, m. indécl., le plus jeune fils du patriarche Jacob : Aug. *Civ.* 17, 21.

Benjāmītae, *ārum*, m. pl., Benjamites, Juifs de la tribu de Benjamin : Sulp. Sev. *Chron.* 1, 29, 5.

benna, *ae*, f. (gaul. ; fr. *banne, benne*), chariot à caisse d'osier : P. Fest. 29, 24.

Bennaventa, ▶ *Bannaventa*.

běō, *ās, āre, āvī, ātum* (cf. *beatus, bonus*), tr., rendre heureux : Pl. *Amp.* 641 ; Ter. *Eun.* 279 ‖ gratifier de : *caelo Musa beat* Hor. *O.* 4, 8, 29, la Muse gratifie du ciel ; *Latium beabit divite lingua* Hor. *Ep.* 2, 2, 121, il dotera le Latium d'un riche langage ‖ [tard.] dire heureux : Fort. *Mart.* 2, 376 ‖ sanctifier : Sedul. *Carm.* 2, 160.

Beorrītāna urbs, f., ville d'Aquitaine [auj. Tarbes] : Greg.-Tur. *Martyr.* 73 ‖ *-nus, a, um*, de Bigorre : Concil. Matisc. 585.

berbēna, berbex, ▶ *verbe-*.

berber, [sens inconnu] : Carm. Arv. = CIL 1, 2.

Berconum, *i*, n., ville située dans une île de Lérins : Plin. 3, 79.

Bercorcātes, *um* ou *ǐum*, m. pl., peuple de l'Aquitaine [auj. Bergerac] : Plin. 4, 108.

Berdrigae, *ārum*, m. pl., peuple de l'Asie : Plin. 6, 47.

Běrěcyntes, *um*, m. pl. et **Běrěcytae**, *ārum*, m. pl., peuple de Phrygie ; **Běrěcyntus**, *i*, m., mont de Phrygie consacré à Cybèle : Serv. *En.* 6, 784 ‖ *-tǐācus, a, um*, de Cybèle : Prud. *Sym.* 2, 51 ‖ *-tǐādēs, ae*, m., Bérécyntiade, habitant du Bérécynte [Attis] : Ov. *Ib.* 508 ‖ *-tǐus, a, um*, qui appartient aux montagnes du Bérécynte : Plin. 5, 108 ; *Berecyntia mater* Virg. *En.* 6, 785, Cybèle ; *Berecyntia tibia* Hor. *O.* 3, 19, 18, la flûte phrygienne [recourbée à l'extrémité, cf. Ov. *F.* 4, 181].

Beregrāni, *ōrum*, m. pl., habitants de Beregra [ville du Picenum] : Plin. 3, 111.

Berelis (Beleris), *ǐdis*, f., île voisine de la Sardaigne : Plin. 3, 85.

Běrěnīcē, *ēs*, f. (Βερενίκη) ¶ 1 Bérénice ‖ [en part.] fille de Ptolémée Philadelphe et d'Arsinoé et femme de son propre frère, Ptolémée Évergète ; sa chevelure fut placée comme constellation dans le ciel [*coma* ou *crinis Berenices*] : Plin. 2, 178 ‖ *-caeus* ou *-cēus, a, um*, de Bérénice : Catul. 66, 8 ¶ 2 nom de plus. villes. Atlas I, E5 : Plin. 5, 31 ; Mel. 3, 80.

Běrěnīcǐs, *ǐdis*, f., région entourant Bérénice [ville] : Luc. 9, 524 ; Sil. 3, 249.

Bergae, *ārum*, f. pl., ville du Bruttium : Liv. 30, 19, 10.

Bergē, *ēs*, f., ville d'Afrique : Anton. 64.

Bergi, *ōrum*, m. pl., île près de la Bretagne : Plin. 4, 104.

Bergǐdum, *i*, n., ville d'Asturie Atlas IV, B1 : Anton. 425.

Bergǐmus, *i*, m., divinité gauloise : CIL 5, 4200.

Bergǐnē, *ēs*, f., ancienne ville près de Marseille : Avien. *Or.* 700.

Bergistāni, *ōrum*, m. pl., Bergistanes [peuple de la Tarraconaise] : Liv. 34, 16, 9 ; 34, 17, 5 ‖ sg., *-ānus*, Liv. 34, 21, 2.

Bergium, *ǐi*, n., ville de la Tarraconaise [Berga] : Liv. 34, 21, 1.

Bergŏmum, *i*, n., ville de la Gaule transpadane [Bergame] Atlas XII, B2 : Plin. 3, 124 ; Just. 20, 5, 8 ‖ **Bergŏmātes**, *um* et *ǐum*, m. pl., habitants de Bergomum : Plin. 3, 125 ; Cat. *Orig.* 2, 10.

Bergulae, *ārum*, f. pl., ville de Thrace : Anton. 137.

Bergusia, *ae*, f., ville de Gaule [Bourgoin] : Anton. 346 ‖ *-ītānus, a, um*, de Bergusia : CIL 12, 4529.

Běrŏa, *ae*, f., nom de femme : Just. 17, 3, 19.

Běrŏē, *ēs*, f. (Βερόη) ¶ 1 nourrice de Sémélé : Ov. *M.* 3, 278 ¶ 2 une des

Beroe

Océanides: Virg. G. 4, 341 ¶ **3** une Troyenne, épouse de Doryclus d'Épire: Virg. En. 5, 620.

Beroea, *ae*, f. (Βέροια), Bérée ¶ **1** ville de Macédoine Atlas VI, A1: Cic. *Pis.* 89 ‖ **-roeaeus**, *a*, *um*, de Bérée: Liv. 40, 24, 7; 42, 58, 7 ¶ **2** ville de Syrie [Alep] Atlas IX, D4: Plin. 5, 89 ‖ **-roeensis**, *e*, de Bérée: Plin. 5, 82.

Bērōnes, *um*, m. pl., peuple de la Tarraconaise: B.-Alex. 53, 1.

Běrŏnīcē (Βερονίκη), v. *Berenice*: CIL 4, 2198.

Berosus, *i*, m., astrologue de Babylone: Plin. 7, 123; Sen. *Nat.* 3, 29, 1.

Beroth (-tha), indécl., villes de Palestine et de Syrie: Vulg. *Deut.* 10, 6; *2 Reg.* 4, 2 ‖ **-thītēs**, *ae*, m., de Béroth: Vulg. *2 Reg.* 4, 2.

Berressa, *ae*, f., ville d'Éthiopie: Plin. 6, 180.

Berrĭcē, *ēs*, f., grande île au nord de l'Europe: Plin. 4, 104.

Bērŭa, *ae*, f., ville de Rhétie: CIL 6, 1058, 13 ‖ **-enses**, *ium*, m. pl., habitants de Bérua: Plin. 3, 130.

bĕrŭla, *ae*, f. (gaul.; fr. *berle*), cresson: M.-Emp. 36, 51.

bĕrullus ou **bēryllus**, *i*, m. (βήρυλλος; fr. *bésicles*, al. *Brille*), béryl ou aigue-marine: Plin. 37, 76.

Bērytŭs (-ŏs), *i*, f., port de la Phénicie [auj. Beyrouth] Atlas I, E6; IX, D3: Plin. 5, 78; Tac. *H.* 2, 81 ‖ **-tĭus**, *a*, *um*, Plin. 17, 74 ‖ **-tensis**, *e*, Dig. 50, 15, 1, de Beyrouth.

bēs, *bessis*, m. (cf. *binus*, *as*), les 2/3 d'un tout de 12 parties [8/12] ¶ **1** [héritage]: *heres ex besse* Plin. *Ep.* 7, 24, 2, héritier des 2/3 ¶ **2** [poids] les 2/3 d'une livre, huit onces: Plin. 18, 102 ¶ **3** les 2/3 d'un arpent: Col. 5, 1, 11 ¶ **4** [intérêt] 2/3 de 1 % par mois = 8 % par an: Cic. *Att.* 4, 15, 7 ¶ **5** = huit: *bessem bibamus* Mart. 11, 36, 7, buvons huit coupes ¶ **6** [math.] 2/3 de 6 [nombre parfait] = 4: Vitr. 3, 1, 6.

Bēsa, *ae*, m. (Βησᾶς), divinité égyptienne: Amm. 19, 12, 3.

bēsālis, *e*, v. *bessalis*.

Bĕsăra, *ae*, f., ville de Narbonnaise [auj. Béziers]: Avien. *Or.* 591.

Besaro, f., ville de la Bétique: Plin. 3, 15.

Besbĭcos (-cus), *i*, f., île de la Propontide: Plin. 5, 151.

Besidĭae, *ārum*, f. pl., ville du Bruttium: Liv. 30, 19, 10.

Bĕsīlus, *i*, m., fleuve de Lusitanie: Avien. *Or.* 320.

Bēsippo, v. *Baesippo*.

Bessa, *ae*, f., ville des Locriens Opontins: Sen. *Tro.* 848.

bessālis, *e* (*bes*; βήσαλον), renfermant le nombre 8; longueur de 8 pouces: Vitr. 5, 10, 2 ‖ poids de 8 onces: Mart. 8, 71, 7.

Bessapara, *ae*, f., ville de Thrace: Anton. 136.

Bessi, *ōrum*, m. pl., peuple de Thrace: Plin. 4, 40; Cic. *Pis.* 84 ‖ **-ĭcus**, *a*, *um*, des Besses, appartenant aux Besses: Cic. *Pis.* 84.

bessis (bēsis), arch. pour *bes*: P. Fest. 30, 1.

Bessus, *i*, m. ¶ **1** un Besse, v. *Bessi* ¶ **2** un satrape de la Bactriane: Curt. 5, 8, 4; Just. 12, 5, 10.

1 **bestĭa**, *ae*, f. (cf. *belua*, al. *Tier*, an. *deer*?; fr. *biche*), [en gén.] bête [opposée à l'homme]: Cic. *Tusc.* 2, 21; 5, 28 ‖ [en part.] pl., bêtes destinées à combattre les gladiateurs ou les criminels: Cic. *Pis.* 89; *ad bestias depugnare* Tert. *Pud.* 22, 4; *pugnare* Vulg. *1 Cor.* 15, 32, combattre les bêtes féroces (dans l'amphithéâtre); *bestiarum damnatio* Dig. 48, 13, 6 pr., condamnation aux bêtes ‖ constellation [le Loup]: Vitr. 9, 5, 1.

2 **Bestĭa**, *ae*, m., surnom de la famille Calpurnia: Cic. *Brut.* 128.

bestĭālis, *e* (*bestia*), de bête: Prud. *Cath.* 7, 153 ‖ *bestialis natio* Sidon. *Ep.* 4, 1, 4, nation sauvage.

bestĭālĭtĕr, adv., en bête, comme une bête: Aug. *Nupt.* 1, 4, 5.

bestĭārĭus, *a*, *um* (*bestia*), de bête féroce: *bestiarius ludus* Sen. *Ep.* 70, 22, jeu où combattent hommes et bêtes sauvages ‖ m. pris subst^t, bestiaire, gladiateur combattant contre les bêtes féroces: Cic. *Sest.* 135.

bestĭŏla, *ae*, f. (dim. de *bestia*), insecte, petite bête: Cic. *Nat.* 2, 123; Plin. 11, 17.

bestis, v. *vestis*: Diocl. 7, 48.

bestĭus (-tĕus), *a*, *um*, semblable à la bête: Comm. *Instr.* 1, 34, 17.

Bestĭus, *ii*, m., nom d'homme: Pers. 6, 37.

1 **bēta**, n. indécl., bêta [deuxième lettre de l'alphabet grec]: Juv. 14, 209 ‖ [fig.] le second partout: Mart. 5, 26 ‖ **-ta**, *ae*, Aus. *Techn.* 12 (348), 13.

2 **bēta**, *ae*, f. (gaul.), bette, poirée [plante]: Plin. 19, 132; Cic. *Fam.* 7, 26, 2.
▶ *betis* Samm. 974.

bētācĕus ou **-cĭus**, *a*, *um*, de bette, de poirée: Varr. *R.* 1, 2, 27 ‖ subst. m., bette: Plin. *Ep.* 1, 15, 2; Apic. 69; Gloss. 2, 29, 25.

bētācŭlus, *i*, m., petite rave: Serv. *Gram.* 4, 432, 17.

Betasi, Betasii, Baet-, *ōrum*, m. pl., peuple de la Belgique [auj. Beetz]: Tac. *H.* 4, 56.

Bēterrae, v. *Baeterrae*.

Bethanĭa, *ae*, f., Béthanie [ville de Judée]: Ambr. *Ep.* 71, 6.

Bĕthlĕĕm, Bĕthlĕchĕm, Bĕthlĕm, n. indécl., **Bĕthlĕhĕmum**, *i*, n., ville de la tribu de Juda, ville natale de David et du Christ: Tert. *Jud.* 13, 1; Hier. *Ep.* 108, 10 ‖ **-mītēs**, *ae*, Vulg. *1 Reg.* 16, 1, **-mītĕus**, *a*, *um*, Hier. *Ep.* 108, 33 et

Bethlaeus, *a*, *um*, Sedul. *Carm.* 2, 73, de Bethléem.

Bethleptephenē, *ēs*, f., toparchie de Judée: Plin. 5, 70.

Bethsaida, *ae*, f., ville de Galilée: Vulg. *Luc.* 10, 13.

Bethsamēs, f., ville de la tribu de Juda: Vulg. *1 Reg.* 6, 9 ‖ **-mītae**, *ārum*, m. pl., Bethsamites: Vulg. *1 Reg.* 6, 13.

Bethulia, *ae*, f., Béthulie [ville de Galilée]: Vulg. *Judith* 6, 7.

1 **bētis**, *is*, f., v. 2 *bēta*, bette.

2 **Bĕtis**, c. *Baetis*: Paul.-Nol. *Carm.* 10, 236.

bētizō, *ās*, *āre*, -, - (2 *bēta*, cf. *lachanizo*), être mou: Suet. *Aug.* 87, 2.

bēto, v. *bito*.

bētŏnĭca (vētŏnĭca, vettonĭca), *ae*, f., bétoine [plante]: Plin. 25, 84.

Bĕtrĭăcum (Bēdrĭă-), *i*, n., ville près de Vérone, où Othon fut vaincu par Vitellius: Tac. *H.* 2, 23 ‖ **-ăcensis**, *e*, de Bedriacum: Suet. *Oth.* 9.

bĕtulla, *ae*, f. (gaul.; a. fr. *boule*, fr. *bouleau*), bouleau: Plin. 16, 176.

Bētulōnensis, v. *Baetulo*.

Bēturia, v. *Baeturia*.

Betūtĭus, *ii*, m., nom d'homme: Cic. *Brut.* 169.

Beudos vĕtus, n., ville de la Phrygie: Liv. 38, 15, 14.

Bēvus, *i*, m., fleuve de Macédoine: Liv. 31, 33.

Bezabdē, *ēs*, **Bezabda**, *ae*, f., ville de Mésopotamie: Amm. 20, 7, 1.

bĭā (βία), excl., *o bia* Aug. *Jul. op. imp.* 4, 106, ô violence!

bĭaeothănătŏs, *i*, m., v. *biothanatus*: Tert. *Anim.* 57, 1; 3.

Bĭānōr (Bĭē-), *ŏris*, m. (Βιάνωρ, Βιή-), nom d'un Centaure: Ov. *M.* 12, 345 ‖ fondateur de Mantoue: Serv. Virg. *B.* 9, 60.

Bĭantēs, *ae*, m., fils de Priam: Hyg. *Fab.* 90.

bĭarchĭa, *ae*, f., charge de biarchus: Cod. Just. 1, 31, 1.

bĭarchus, *i*, m. (βίαρχος), commissaire des vivres: Hier. *Joh.* 19.

Bĭās, *antis*, m., l'un des sept sages de la Grèce: Cic. *Par.* 8.

1 **bĭbăcŭlus**, *i*, m. (dim. de *bibax*), buveur déterminé: Plin. praef. 24.

2 **Bĭbăcŭlus**, *i*, m., surnom des Furius et des Sextius: Liv. 22, 49, 16.

Bibaga, *ae*, f., île près de la Gédrosie: Plin. 6, 80.

Biballi, *ōrum*, m. pl., peuple de la Tarraconaise: Plin. 3, 28.

bĭbārĭa, f. ou n. pl.?, buvette (ou boissons?): Not. Tir. 104, 71.

bĭbax, *ācis* (1 *bibo*), grand buveur: Gell. 3, 12, 2 ‖ *bibacior* Sidon. *Ep.* 8, 3, 2.

bĭbĕr ¶1 ► *bibere*, ► *bibo* ► **¶2** [tard.] subst., **bĭbĕr**, *ĕris*, f., boisson : Caes.-Arel. *Mon.* 22 ; Bened. *Reg.* 35, 12 ; Gloss. 5, 412, 36.

bĭbĕrārĭus, *ii*, m., marchand de boissons : *Sen. Ep.* 56, 2.

Bĭbĕrĭus, *ii*, m. (1 *bibo*), surnom donné à Tibère : Suet. *Tib.* 42 ; ► *Mero*.

Bĭbĕsĭa, *ae*, f. (1 *bibo*), pays du boire, Picolerie : *Pl. *Curc.* 444 d. Fest. 236, 24 ; ► *Peredia*.

bĭbĭlis, *e* (1 *bibo*), potable : Cael.-Aur. *Acut.* 2, 11, 81.

bĭbĭo, *ōnis*, m. (1 *bibo*), moucheron du vin : *Afran. *Com.* 407 ; *Isid. 12, 8, 16 ; ► 2 *bibo*, *vibio*.

bĭbĭtĭo, *ōnis*, m. (1 *bibo*), action de boire : Eucher. *Hom.* 9.

bĭbĭtŏr, *ōris*, m. (1 *bibo*), buveur : Sidon. *Ep.* 1, 8, 1.

bĭbĭtus, *a*, *um*, part. tard. de *bibo*.

bĭblĭnus, *a*, *um* (βίβλινος), de papyrus : Hier. *Ep.* 51, 1.

bĭblĭŏn, *ii*, n. (βιβλίον), livre : **biblia et apostoli** Clem. *2 Cor.* 14, 2, la Bible (les Livres) et les Apôtres [l'Ancien et le Nouveau Testament].

bĭblĭŏpōla, *ae*, m. (βιβλιοπώλης), libraire : Plin. *Ep.* 1, 2, 6 ; Mart. 4, 72, 2.

bĭblĭŏthēca, *ae*, f. (βιβλιοθήκη), bibliothèque [salle] : Cic. *Fam.* 7, 28, 2 ; Quint. 10, 1, 104 ‖ [meuble] : Plin. *Ep.* 2, 17, 8.
► acc. *bibliothecen* Cic. *Fam.* 13, 77, 3.

bĭblĭŏthēcālis, *e*, de bibliothèque : Sidon. *Ep.* 8, 4, 1 ; Capel. 2, 139.

bĭblĭŏthēcārĭus, *ii*, m., bibliothécaire : Aur. d. Front. *Caes.* 4, 5, 2, p. 68N.

bĭblĭŏthēcē, *ēs*, f., ► *-theca* ►.

bĭblĭŏthēcŭla, *ae*, f. (dim. de *bibliotheca*), petite bibliothèque : Symm. *Ep.* 4, 18, 5.

Bĭblis, ► *Byblis*.

bĭblos (-us), *i*, f. (βίβλος), papyrus : Luc. 3, 222 ; Plin. 13, 71.

bĭbō, *ĭs*, *ĕre*, *bĭbī*, *pōtum* (cf. sic. *pibe* bois !, scr. *pibati*, πίνω et *poculum*, 1-2 *potus*, *poto*, *peH₃-/*pH₃-*; fr. *boire*), tr. **¶1** boire : **negavit umquam se bibisse jucundius** Cic. *Tusc.* 5, 97, il déclara n'avoir jamais bu avec plus de plaisir ; **alicui bibere ministrare** Cic. *Tusc.* 1, 65, servir à boire à qqn ; **ab hora tertia bibebatur** Cic. *Phil.* 2, 104, à partir de la 3ᵉ heure, on buvait ‖ **aquam** Cic. *Tusc.* 5, 97 ; **mulsum** Cic. *de Or.* 2, 282 ; **venenum** Cic. *Clu.* 166, boire de l'eau, du vin mêlé de miel, du poison ; **quot cyathos bibimus** Pl. *St.* 706, combien nous avons bu de coupes ‖ **nomen alicujus** Mart. 8, 57, 26, boire le nom de qqn = autant de coupes que le nom a de lettres, cf. 1, 71 ; 8, 6, 16 ; 11, 36, 7 ‖ **eodem poculo** Pl. *Cas.* 933 ; **gemma** Virg. *G.* 2, 506 (**e gemma** Prop. 3, 3, 4) ; **in calathis** Mart. 8, 6, 16, boire dans la même coupe, dans les pierres précieu-

ses (coupes enrichies de ...), dans des coupes ‖ **Graeco more bibere** Cic. *Verr.* 1, 66, boire à la manière grecque [en portant des santés successives] ; **lex, quae in Graecorum conviviis obtinetur "aut bibat, aut abeat "** Cic. *Tusc.* 5, 118, la loi qui règne dans les festins grecs " qu'il boive ou qu'il s'en aille " ‖ [poét.] **qui profundum Danuvium bibunt** Hor. *O.* 4, 15, 21, ceux qui boivent les eaux du Danube profond [= qui habitent sur les bords du Danube] **¶2** [fig.] **pugnas bibit aure vulgus** Hor. *O.* 2, 13, 32, la foule absorbe d'une oreille avide les récits de bataille ; **Dido longum bibebat amorem** Virg. *En.* 1, 749, Didon buvait l'amour à longs traits ‖ **sat prata biberunt** Virg. *B.* 3, 111, les prés ont assez bu [sont assez arrosés] ; **bibit ingens arcus** Virg. *G.* 1, 380, l'arc immense (l'arc-en-ciel) boit l'eau de la mer ; **amphorae, fumum bibere institutae** Hor. *O.* 3, 10, 11, d'une amphore, instruite à boire la fumée [= soumise à l'action de la fumée ; cf. Col. 1, 6, 20].
► inf. arch. *biber* (cf. Char. 124, 1) Titin. *Com.* 78 ; Cat. *Orig. inc.* 2 ; Fann. *H.* 2 ‖ les formes *bibitum*, *bibiturus*, *bibitus* ne se trouvent qu'à partir du 3ᵉ s. apr. J.-C. en remplacement de *potum*, *poturus*, *potus*.

2 bĭbō, *ōnis*, m. (1 *bibo*), plante de Bretagne [parelle] : Ps. Apul. *Herb.* 30 ; ► *bibio*.

bĭbōnĭus, ► *bibosus* : Gloss. 2, 29, 29.

bĭbōsus, *a*, *um* (1 *bibo*), ivrogne : Laber. 80 ; Gell. 3, 12, 1.

Bĭbractĕ, *is*, n., Bibracte [ville de la Gaule, chez les Éduens, auj. Autun] Atlas I, C3 ; V, D3 : Caes. *G.* 1, 23.

Bibrax, *actis*, f., ville de la Gaule, chez les Rèmes : Caes. *G.* 2, 6, 1.

bĭbrĕvis, *e* (*bis brevis*), **pes bibrevis** Diom. 475, 9, pied de deux brèves, pyrrhique.

Bibrŏci, *ōrum*, m. pl., peuple de la Bretagne : Caes. *G.* 5, 21, 1.

Bĭbŭla, *ae*, f., nom de femme : Juv. 6, 142.

1 Bĭbŭlus, *i*, m., surnom romain ; en part. dans la *gens* Calpurnia : Cic. *Att.* 1, 17, 11.

2 bĭbŭlus, *a*, *um* (1 *bibo*), qui boit volontiers : **Falerni** Hor. *Ep.* 1, 14, 34, qui sable le Falerne ‖ qui s'imbibe, s'imprègne : **bibula charta** Plin. *Ep.* 8, 15, 2, papier qui boit ; **bibulus lapis** Virg. *G.* 2, 348, pierre poreuse ‖ [fig.] avide d'entendre : **bibulae aures** Pers. 4, 50, oreilles assoiffées.

bĭcămĕrātus, *a*, *um* (*bis*, *camera*), qui a deux compartiments ou deux étages : Aug. *Civ.* 15, 26, 2 ‖ subst. n. : Hier. *Jovin.* 1, 17.

bĭcăpĭtis et *-tus*, ► *biceps* : CIL 6, 532 ; Cass. Fel. 35.

Bĭcē, *ēs*, f., ► *Byce*.

bĭceps, *cĭpĭtis* (*bis*, *caput*), qui a deux têtes : Cic. *Div.* 1, 121 ; **biceps Janus** Ov. *F.* 1, 65, Janus au double visage ‖ [poét.]

Parnassus Ov. *M.* 2, 221, le Parnasse à la double cime ‖ [fig.] **biceps civitas** Varr. d. Non. 454, 23, cité partagée en deux factions ; **argumentum** Apul. *Flor.* 18, dilemme ‖ **gladius biceps** Vulg. *Prov.* 5, 4, épée à deux tranchants ; **biceps hamus** Sidon. *Ep.* 7, 9, 11, hameçon à deux pointes.

bĭcessis, ► *vicessis*.

Bĭcheres, ► *Bechires*.

bĭcĭa, ► *vicia* : Diocl. 1, 30.

bĭcĭnĭum, *ii*, n. (*bis*, *cano*), chant à deux voix, duo : Isid. 6, 19, 6.

bĭcĭpĕs, arch. pour *biceps* : Prisc. 2, 280, 16.

bĭclīnĭum, *ii*, n. (*bis*, κλίνη), lit pour deux convives : Pl. *Bac.* 720 ; 754.

bĭcōdŭlus, *a*, *um* (*bis*, *cauda*), qui semble avoir une double queue [en l'agitant avec rapidité] : Laev. d. Apul. *Apol.* 20.

bĭcŏlŏr, *ōris*, Virg. *En.* 5, 566 et *-lōrus*, *a*, *um*, Vop. *Aur.* 13, 3 (*bis*, *color*), de deux couleurs.

bĭcŏmis, *e* (*bis*, *coma*), avec une crinière pendant des deux côtés : Veg. *Mul.* 1, 56, 36.

bĭcŏris, *e* (*bis*, *cora*), qui a double prunelle : Chalc. 243.

bĭcornĭgĕr, *ĕra*, *ĕrum* (*bis*, *corniger*), qui a deux cornes : Ov. *H.* 13, 33.

bĭcornis, *e* (*bi-*, *cornu*), it. *bigornia*), qui a deux cornes : Ov. *M.* 15, 304 ‖ [poét.] **furca** Virg. 1, 264, fourche à deux dents ; **luna** Hor. *Saec.* 35, le croissant de la lune ‖ à deux bras, à deux embouchures : **Granicus** Ov. *M.* 11, 763, le Granique aux deux embouchures ‖ à double cime : **bicorne jugum** Stat. *Th.* 1, 63, le Parnasse ‖ m. pl., **bicornes**, bêtes à cornes [pour les sacrifices] : CIL 6, 504.

bĭcorpŏr, *ōris*, m. et f. (*bis*, *corpus*), qui a deux corps : **bicorpor manus** Cic. poet. *Tusc.* 2, 22, la troupe des Centaures [trad. de Sophocle].

bĭcors, *cordis* (*bis*, *cor*), sournois, fourbe : Commod. *Instr.* 1, 11, 8.

bĭcostis, *e* (*bi-*, *costa*), à deux tranchants : VL. *Jud.* 3, 16.

bĭcoxum, *i*, n. (*bis*, *coxa*), objet à deux branches : Gloss. 2, 29, 39.

bĭcŭbĭtālis, *e*, **bĭcŭbĭtus**, *a*, *um* (*bis*, *cubitus*), de deux coudées : Plin. 20, 253 ; Ps. Apul. *Herb.* 72.

Bida, ville de Maurétanie Césarienne : Anton. 39 ; ► *Bidil*.

Bidaium, ► *Bedaium*.

bĭdella, *ae*, f., ► *bdellium*, gomme extraite du bdellium : M.-Emp. 7, 17 ; Isid. 17, 8, 6 ; ► *bedella*.

bĭdens, *tis* (*bis*, *dens*) **¶1** adj., qui a deux dents, ne conservant plus que deux dents : Priap. 2, 26 ‖ qui a sa double rangée de dents [en parl. des brebis, bœufs, etc.] : P. Fest. 4, 28 ; 30, 17 ; 31, 21 ; Plin. 8, 206 ; Nigid. d. Gell. 16, 6, 12 ; Serv. *En.* 4, 57 ;

POMPON. *Com.* 52 ‖ [fig.] qui a deux branches, deux bras : **bidens ferrum** CIRIS 213, ciseaux ¶ **2** subst. m., hoyau, croc : VIRG. *G.* 2, 400 ‖ subst. f., brebis de deux ans [propre à être sacrifiée] : VIRG. *En.* 4, 57 ‖ toute victime âgée de deux ans : GELL. 16, 6, 7 ‖ brebis [en gén.] : PHAED. 1, 17, 8.

bĭdentăl, ālis, n. (bidens), petit temple où l'on sacrifie les brebis de deux ans : P. FEST. 30, 17 ‖ monument élevé [avec le sacrifice d'une brebis bidens] sur un endroit frappé par la foudre : HOR. *P.* 471.

bĭdentālis, is, m. (bidental), prêtre attaché à un bidental : CIL 5, 567.

bĭdentātĭo, ōnis, f. (bidento), action de fouir avec le hoyau : GLOSS. 2, 432, 42.

bĭdentō, ās, āre, -, - (bidens), fouir avec le hoyau : GLOSS. 4, 25, 47.

Bidil, v. *Bida*.

Bidis, is, f., ville de Sicile, près de Syracuse Atlas XII, H4 : CIC. *Verr.* 2, 53 ‖ -**dīnus**, a, um, CIC. *Verr.* 2, 54, de Bidis.

bĭdŭāna, ae, f., (s.-ent. *inedia*) jeûne de deux jours : EGER. 28, 3.

bĭdŭānus, a, um (biduum), qui dure deux jours : *inedia* CASSIAN. *Inst.* 5, 5, 2 ; *jejunium* HEGES. 5, 24, 2, jeûne de deux jours ‖ -**ānum**, i, n., c. *biduum* : FORT. *Mart.* 1, 301.

bĭdŭbĭum, c. *vidubium*.

bĭdŭum, i, n. (bi-, *diwom, cf. 1 dius), espace de deux jours : **biduum abesse (a Brundisio)** CIC. *Att.* 8, 14, 1 ; **bidui spatio abesse** PLANC. *Fam.* 10, 17, 1 ; **abesse bidui** CIC. *Att.* 5, 17, 1, être à deux journées de distance : **biduum morari** CAES. *G.* 7, 9, 1, s'arrêter deux jours ; **per biduum** CIC. *Nat.* 2, 96, dans l'espace de deux jours ; **hoc biduo** CIC. *Phil.* 14, 10, pendant ces deux jours ; **biduo, quo** CAES. *C.* 1, 48, 1, deux jours après cela, cf. LIV. 40, 53, 1 ; v. *quadriduo* à *quadriduum*.

bĭdŭvĭum, ii, n., [tard.] c. *vidubium* : SCHOL. PERS 4, 49.

bĭennālis, e, de deux ans : COD. JUST. 5, 37, 27.

bĭennis, e, c. *biennalis*, mot forgé : NIGID. d. GELL. 16, 6, 13.

bĭennĭum, ii, n. (bis, annus), espace de deux ans : CIC. *Phil.* 5, 7 ; **biennio postquam abii** PL. *Bac.* 170, deux ans après mon départ.

bĭfārĭam, adv. (bi- et 3 -do, cf. scr. *dvidhā*), en deux directions, en deux parties : CIC. *Tusc.* 3, 24 ; *Tim.* 31 ; *Div.* 3, 23, 7 ‖ [fig.] de deux manières, en deux acceptions : DIG. 38, 10, 2.

bĭfārĭē, c. *bifariam* : ISID. *Diff.* 1, 314 (522) ; GLOSS. 2, 29, 48.

bĭfārĭus, a, um, double : AMM. 19, 9, 4 ‖ changeant : COMMOD. *Instr.* 1, 24, 11.

bĭfax, ācis (bis, facies), qui a deux visages : GLOSS. 2, 30, 26.

bĭfĕr, ĕra, ĕrum (bis, fero), qui porte deux fois dans l'année [arbre] : VIRG. *G.* 4,

119 ‖ double : **biferum corpus** MANIL. 4, 230, corps moitié homme, moitié animal.

bĭfestus, a, um (bis, festus), qui est doublement un jour de fête : PRUD. *Perist.* 12, 66.

bĭfĭdātus, PLIN. 13, 30, **bĭfĭdus**, a, um, OV. *M.* 14, 303 (bis, findo), fendu ou partagé en deux, séparé ou divisé en deux parties.

bĭfĭdō, ās, āre, -, - (bifidus, bifidatus), tr., fendre en deux : POTAM. *Tract.* 2, p. 1415 B.

bĭfīlum, i, n. (bis, filum), fil double : SERV. *En.* 12, 375.

bĭfissus, a, um (bis, fissus), c. *bifidus* : SOLIN. 52, 38.

bĭfŏris, e (bis, foris), qui a deux ouvertures : **bifores valvae** OV. *M.* 2, 4, portes à deux battants ; **biforis cantus** VIRG. *En.* 9, 618, sons de la flûte [phrygienne] à deux branches.

bĭformātus, a, um (bis, forma), à double forme : CIC. poet. *Tusc.* 2, 20 ‖ et **bĭformis**, e, *Janus biformis* OV. *F.* 1, 87, Janus au double visage ; **biformes partus** TAC. *An.* 12, 64, enfants monstrueux.

bĭfŏrus, a, um, c. *biforis* : VITR. 4, 6, 6.

bifrons, ontis (bis, frons), qui a deux fronts, deux visages [Janus] : VIRG. *En.* 7, 180.

bĭfurcis, e, c. *bifurcus* : COMMOD. *Instr.* 1, 19, 11.

bĭfurcum, i, n., chose fourchue, qui fait la fourche ; bifurcation : **bifurcum pastini** COL. 4, 24, 10, le fer fourchu de la houe ; **venarum** VEG. *Mul.* 2, 40, 2, endroit où deux artères se réunissent ‖ fesses : PETR. 62, 10.

bĭfurcus, a, um (bis, furca), fourchu : LIV. 35, 5, 9 ‖ bifurqué : COL. 3, 18, 6.

bīga, ae, f., -**gae**, ārum, pl. (bi-, jugum, cf. *bijuga* ; it. *bighe*), char à deux chevaux : TAC. *H.* 1, 86 ; VIRG. *En.* 2, 272 ‖ **biga olorina** STAT. *S.* 3, 4, 46, char attelé de deux cygnes.

bĭgămus, i, m. (bi-, δίγαμος), qui se remarie : AMBR. *Dign.* 4.

bĭgārĭus, ii, m. (bigae), conducteur d'un char à deux chevaux : CIL 6, 10078.

bĭgātus, a, um (bigae), **bigatum argentum** LIV. 33, 23, 7, pièce de monnaie dont l'empreinte est un char attelé de deux chevaux ‖ subst. m. pl., **bigati** (s.-ent. *nummi*), pièces de cette monnaie : LIV. 23, 15, 15 ; PLIN. 33, 46.

bĭgĕmĭnus, a, um (bi-, geminus, cf. *tergeminus*), double : POET. d. MAR. VICT. *Gram.* 6, 133, 19.

bĭgemmis, e (bis, gemma), qui a deux pierres précieuses : TREB. *Claud.* 14, 5 ‖ qui a deux yeux ou deux boutons [en parlant des plantes] : COL. 5, 3, 11.

bĭgĕnĕr, ĕra, ĕrum (bis, genus), engendré de deux espèces différentes [comme le mulet], hybride : P. FEST. 30, 23 ; VARR. *R.* 2, 8, 1.

Bĭgerra, ae, f., ville de la Tarraconaise [auj. Bogara] : LIV. 24, 41, 11.

Bĭgerri, ōrum, m. pl., PAUL.-NOL. *Carm.* 10, 246, **Bĕg-**, PLIN. 4, 108, peuple d'Aquitaine [auj. Bigorre] ‖ -**ĭcus**, a, um, des Bigerres : SIDON. *Ep.* 8, 12, 1 ; -**ĭtānus**, a, um, AUS. *Epist.* 11 (400), 26 ‖ v. *Beorritanus*.

Bĭgerrĭca vestis, f. (Bigerri), habit d'étoffe velue : SULP. SEV. *Dial.* 2, 18.

Bĭgerrĭōnes, um, m. pl., peuple d'Aquitaine [auj. Bigorre] : CAES. *G.* 3, 27, 1.

Bĭgerrus, i, m., nom d'homme : SIDON. *Ep.* 1, 11, 3.

bĭgibbis, e et -**gibbĭus**, a, um (bi-, 2 gibbus), à deux bosses : DIOCL. 30, 8 ; **camelus** 30, 7, chameau.

bĭginti, v. *viginti* : DIOCL. 12, 7.

bignae, ārum, f. pl. (bi-, gigno, cf. *benignus*), jumelles : P. FEST. 30, 22.

bĭgrădum, i, n. (bis, gradus), double degré : GLOSS. 2, 276, 5.

bĭjŭgis, e et -**gus**, a, um (bis, jugum) ¶ **1** attelé de deux chevaux : **curriculum bijuge** SUET. *Cal.* 19, char à deux chevaux ; **leones bijugi** VIRG. *En.* 10, 253, couple de lions attelés ‖ subst., **bĭjŭgi**, ōrum, m. pl., char attelé de deux chevaux : VIRG. *En.* 10, 453 ; 10, 587 ¶ **2** qui concerne les chars, les jeux du cirque : **bijugo certamine** VIRG. *En.* 5, 144, dans une course de chars ‖ [fig.] **bijuges fasces** CLAUD. *Prob.* 233, faisceaux réunis [de deux consuls].

bĭlamna, ae, f. (bis, lamna), mot de sens inconnu : GROM. 352.

bĭlanx, ancis, adj. (bi-, lanx ; fr. *balance*), à deux plateaux [balance] : CAPEL. 2, 180.

Bilbĭlis, is ¶ **1** f., petite ville de la Tarraconaise, patrie de Martial [auj. Calatayud] Atlas IV, B3 : MART. 10, 103, 1 ¶ **2** c. *Birbilis*.

Bilbĭlĭtānōrum ăquae, f. pl., bains près de Bilbilis [auj. Alhama] : ANTON. 437.

bilbĭo, īs, īre, -, - (onomat.), intr., faire le bruit d'un liquide s'échappant d'un vase : **bilbit amphora** NAEV. *Com.* 124, la bouteille fait glouglou, cf. GLOSS. 6, 141 B ; P. FEST. 31, 3.

bĭlībra, ae, f. (bis, libra), poids de deux livres : LIV. 4, 15, 6.

bĭlībrālis, e, de deux livres : GLOSS. 2, 277, 53.

bĭlībris, e (bis, libra), qui a le poids ou qui contient la mesure de deux livres : PLIN. 18, 103 ; HOR. *S.* 2, 2, 61 ‖ subst. f., poids de deux livres : VEG. *Mul.* 2, 6, 6.

bĭlinguis, e (bis, lingua), qui a deux langues : PL. *Ps.* 1260 ‖ [fig.] qui parle deux langues : HOR. *S.* 1, 10, 30 ‖ qui a deux paroles, de mauvaise foi, perfide, hypocrite : VIRG. *En.* 1, 661 ‖ à double sens : **bilingues fabulae** ARN. 5, 35, récits allégoriques.

bĭlinguĭtās, ātis, f., langage double, ambiguïté : Cassiod. *Psalm. pr.* 15.

bĭlĭōsus, *a*, *um* (*bilis*), bilieux : *biliosa rejicere* Scrib. 168, vomir des matières bilieuses ‖ subst. m., bilieux, qui a un tempérament bilieux : Cels. 1, 3, 17 ‖ [fig.] triste, morose, hypocondriaque : Isid. 10, 30.

bĭlis, *is*, f. (cf. bret. *bestl*), bile : *bilis suffusa* Plin. 22, 54, jaunisse ; *bile suffusus* Plin. 22, 49, qui a la jaunisse, ictérique ‖ [fig.] mauvaise humeur, colère, emportement, indignation : *bilis atra* Cic. *Tusc.* 3, 11, humeur atrabilaire ; *bilem commovere* Cic. *Att.* 2, 7, 2, échauffer la bile ; *effundere* Juv. 5, 159, exhaler sa bile.
▶ abl. *bili* Pl., Lucr., Cic., ; *bile* Hor., Plin., Juv.

bĭlix, *īcis* (*bis*, *licium*), à double fil : *lorica* Virg. *En.* 12, 375, cotte d'armes à doubles mailles.

Billis, *is*, m., fleuve du Pont : Plin. 6, 4.

Bĭlŭbĭum, *ii*, n., ville de Dalmatie : Anton. 338.

bĭlustris, *e* (*bis*, *lustrum*), qui dure deux lustres [dix ans] : Ov. *Am.* 2, 12, 9.

bĭlustrum, *i*, n., double lustre [dix ans] : Gild. *Excid.* 12.

bĭlychnis, *e* (*bis*, *lychnus*), qui a deux lumignons : Petr. 30, 3.

bĭmammĭae vites, f. (*bis*, *mamma*), vignes qui produisent des grappes jumelles : Plin. 14, 40.

Bīmarcus, *i*, m., double Marcus [titre d'une satire ménippée de Varron] : Varr. *Men.* 45.

bĭmăris, *e* (*bis*, *mare*), qui est entre deux mers, baigné par deux mers : Hor. *O.* 1, 7, 2 ; Ov. *M.* 5, 407.

bĭmărītus, *i*, m. (*bis*, *maritus*), bimari [bigame] : Cic. *Planc.* 30 [mot forgé par l'accusateur, Laterensis] ‖ remarié : Hier. *Jovin.* 1, 49.

bĭmātĕr, *ātris*, adj., qui a eu deux mères : Ov. *M.* 4, 12.

¹ bĭmātus, *a*, *um*, âgé de deux ans : Plin. Val. 5, 28 ; Gloss. 5, 271, 27.

² bĭmātŭs, *ūs*, m. (*bimus*), âge de deux ans : Plin. 9, 89.

Bimbelli, m. pl., peuple d'Italie : Plin. 3, 47.

bĭmembris, *e* (*bis*, *membrum*), à deux membres [en parl. d'une phrase] : Aug. *Doctr.* 4, 20 ‖ qui a une double nature : Juv. 13, 64 ‖ subst. m., **bimembres**, les Centaures : Ov. *M.* 12, 240.

bĭmenstrŭus, *a*, *um* (*bis*, *mensis*), [διμηναῖος] qui a une durée de deux mois : Gloss. 2, 277, 57.

bĭmestris, **bĭmenstris**, *e* (*bis*, *mensis*), de deux mois : Hor. *O.* 3, 17, 15 ; Planc. *Fam.* 10, 24, 7 ; Liv. 9, 43, 6.

bĭmētĕr, *tra*, *trum* (*bis*, *metrum*), qui a deux sortes de vers [de mètres] : Sidon. *Ep.* 9, 13, 5, v. 89.

bīmŭlus, *a*, *um* (dim. de *bimus*), âgé de deux ans : Suet. *Cal.* 8, 10 (5).

bīmus, *a*, *um* (*dwi-himos*, cf. *bis*, *hiems* et *trimus*), de deux ans, qui a deux ans : Cat. *Agr.* 47 ; *bima legio* Planc. *Fam.* 10, 24, 3, légion levée depuis deux ans ; *bimum merum* Hor. *O.* 1, 19, 15, vin de deux années ; *bima die* Dig. 33, 1, 3, à deux ans de délai ‖ qui dure deux ans : *bima sententia* Cic. *Fam.* 3, 8, 9, avis décidant de proroger pour deux ans le commandement d'une province ; *bima planta* Pall. 3, 25, 2, plante bisannuelle.

bīnārĭus, *a*, *um* (*binus*), double : *binaria forma* Prob. *Cath.* 32, 30, double forme [en t. de gram.] ; *forma binaria* Lampr. *Alex.* 39, 9, pièce de deux *aurei*.

bīnātim, adv. (*bimus*), deux par deux : Facund. *Def.* 9, 1, cf. Capel. 3, 325.

Bingĭo, *ōnis*, f., ☞ *Bingium* : Amm. 18, 2, 4.

Bingĭum, *ii*, n., ville de Gaule sur le Rhin [auj. Bingen] : Tac. *H.* 4, 70 ‖ **-genses**, *ium*, m. pl., soldats [romains] stationnés à Bingium : Not. Dign. *Oc.* 41, 22.

1 bīnī, *ae*, *a* (*bis*) ¶ 1 [distributif] chaque fois deux : *singulas binae ac ternae naves circumsteterant* Caes. *G.* 3, 15, 1, ils se mettaient deux et même trois navires pour en cerner un chaque fois ; *trabes distantes inter se binos pedes* Caes. *G.* 7, 23, 1, les poutres étant séparées chaque fois par un intervalle de deux pieds ; *si unicuique vestrum bini pedes (campi Martii) adsignentur* Cic. *Agr.* 2, 85, si l'on attribuait à chacun de vous une part (du champ de Mars) de deux pieds ; *describebat censores binos in singulas civitates* Cic. *Verr.* 2, 133, il fixait deux censeurs pour chaque cité ; *binae tunicae in militem exactae* Liv. 9, 41, 7, on exigea la fourniture de deux tuniques par homme ‖ *si, bis bina quot essent, didicisset Epicurus* Cic. *Nat.* 2, 49, si Épicure avait appris combien font deux fois deux ; *binae quinquagesimae* Cic. *Verr.* 3, 165, deux cinquantièmes, deux centièmes ¶ 2 [avec des noms usités seulement au pl.] *bina castra* Cic. *Phil.* 12, 27 ; *binae litterae* Cic. *Att.* 5, 3, 1, deux camps, deux lettres ; *binae hostium copiae* Cic. *Pomp.* 9, deux forces ennemies ¶ 3 deux objets formant paire, couple : *binos (scyphos) habebam* Cic. *Verr.* 4, 32, j'avais une paire (de coupes).

2 bīnī (βινεῖ), ☞ *futuit* : Cic. *Fam.* 9, 22, 3 ; ☞ *bino*.

bīnĭo, *ōnis*, m. (*bini*) ¶ 1 le coup de dé qui amène deux : Isid. 18, 65 ¶ 2 ☞ *binarius* : Heges. 5, 24, 3.

bīno, *ĭs*, *ēre* (βινέω), ☞ *futuo* : CIL 4, 8767 ; ☞ *2 bini*.

bĭnoctĭum, *ii*, n. (*bis*, *nox*), espace de deux nuits : Tac. *An.* 3, 71.

bĭnōmĭnis, *e* (*bis*, *nomen*), qui est pourvu de deux noms : Ov. *M.* 14, 609 ; *Pont.* 1, 8, 11.

bĭnūbus, *i*, m. (*bis*, *nubo*), marié deux fois : Cassiod. *Hist.* 9, 38.

bīnus, *a*, *um* (sg. de *bini*), double : Lucr. 5, 879.

bĭŏcōlyta, *ae*, m. (βιοκωλύτης), protecteur des existences, sorte de gendarme réprimant les violences : Novel.-Just. 15, 60.

Bĭŏn (**Bĭo**), *ōnis*, m. (Βίων) ¶ 1 philosophe satirique : Cic. *Tusc.* 3, 62 ‖ **-ōnēus**, *a*, *um*, de Bion [spirituel, satirique, mordant] : Hor. *Ep.* 2, 2, 60 ¶ 2 Bion de Soles [agronome] : Varr. *R.* 1, 1, 8.

bĭŏs, acc. *on*, m. (βίος), nom d'un vin vivifiant de la Grèce : Plin. 14, 77.

bĭŏthănātus, *a*, *um* (βιοθάνατος), qui meurt de mort violente : Lampr. *Hel.* 33 ; Serv. *En.* 4, 386 ; ☞ *biaeothanatos*.

bĭŏtĭcus, *a*, *um* (βιωτικός), qui appartient à la vie ordinaire, de la vie commune : Serv. *En.* 3, 718.

bĭpālĭum, *ii*, n. (*bis*, *pala*), labour à deux fers de bêche : Cat. *Agr.* 6, 3 ; Plin. 17, 159 ‖ bêche : Gloss. 4, 25, 60.

bĭpalmis, *e* (*bis*, *palmus*), qui a deux palmes [de large ou de long] : Liv. 42, 65, 9 ; Varr. *R.* 3, 7, 3 ‖ **bĭpalmus**, *a*, *um*, Ps. Apul. *Herb.* 7.

bĭpartĭō (**bĭpertĭō**), *īs*, *īre*, *īvī*, *ītum* (*bis*, *partio*), tr., partager, diviser en deux parties : Col. 11, 2, 36.

bĭpartītē, ☞ *bipartito* : Boet. *Top. Arist.* 6, 3.

bĭpartītĭo (**bĭpertītĭo**), *ōnis*, f., division en deux parties : Grom. 65, 20.

bĭpartītō (**bĭpertītō**), en deux parts, par moitié : Cic. *Flac.* 32 ; *Phil.* 10, 13 ; Caes. *G.* 5, 32 ; Liv. 40, 32, 6.

bĭpartītus (**bĭpertītus**), *a*, *um*, part. de *bipartio* : Cic. *Inv.* 1, 67.

bĭpătens, *entis* (*bis*, *pateo*), qui s'ouvre en deux, à deux battants : Virg. *En.* 2, 330.

bĭpĕda, *ae*, f. (*bis*, *pes*), brique de deux pieds : Pall. 1, 19, 1.

bĭpĕdālis, *e*, Caes. *G.* 4, 17, 6, **-dānĕus**, *a*, *um*, Col. 4, 1, 2 (*bis*, *pes*), de deux pieds ‖ subst. n., **-pedale**, *is*, ☞ *bipeda* : CIL 15, 362.

Bipedimui, *ōrum*, m. pl., peuple d'Aquitaine : Plin. 4, 108.

bĭpĕdĭa, *ōrum*, n. pl. (*bis*, *pes*), bipèdes : Aug. *Man.* 2, 9, 14.

bĭpĕdus, *a*, *um* (*bis*, *pes*), mesurant deux pieds : Gloss. 2, 30, 11.

bĭpennĭfĕr, *ĕra*, *ĕrum* (*bipennis fero*), armé d'une hache à deux tranchants : Ov. *M.* 4, 22.

1 bĭpennis, *e* (*bis*, *penna*), qui a deux ailes : Plin. 11, 96 ‖ qui a deux tranchants, bipenne : *bipenne ferrum* Virg. *En.* 11, 135, hache à double tranchant.

2 bĭpennis, *is*, f., hache à deux tranchants : Virg. *En.* 2, 479.

bipensilis

bĭpensĭlis, *e*, à deux branches [en parl. d'un instrument à l'usage des médecins] : Varr. d. Non. 99, 24.

bĭpert-, ⓥ *bipart-*.

bĭpēs, *ĕdis* (*bis, pes*), qui a deux pieds, bipède : Cic. *Nat.* 1, 95 ; *bipes equus* Virg. *G.* 4, 389, cheval marin : *asellus* Juv. 9, 92, âne à deux pieds [un imbécile] ‖ subst. m., bipède, animal à deux pieds : Cic. *Dom.* 48.

bĭpinnis, ⓒ *bipennis* : Varr. *Men.* 441.

biplex, *ĭcis*, double : Gloss. 2, 278, 41.

biplĭcĭtās, *ātis*, f., qualité d'un objet double : Gloss. 5, 592, 14.

bĭpŏtens, *tis*, qui a double pouvoir : Mar. Vict. *Ar.* 1, 32.

bĭprōrus, *a, um* (*bis, prora*), qui a deux proues : Hyg. *Fab.* 168.

bĭprŏsōpus, ⓒ *duprosopus* : Grauf. 100.

Birbĭlis, *is*, m., fleuve de Tarraconaise [auj. Salo] : Just. 44, 33, 8 ; ⓥ *Bilbilis* ¶ 2.

bĭrēmis, *e* (*bis, remus*), qui a deux rangs de rames : Liv. 24, 40, 2 ‖ mû par deux rames : Hor. *O.* 3, 29, 62 ‖ subst. f., birème, navire à deux rangs de rames : Cic. *Verr.* 5, 59 ; Tac. *An.* 4, 27.

Biriciana, *ae*, f., ville de Vindélicie : Peut. 4, 3.

bĭrĭdis, ⓥ *viridis* : Diocl. 6, 21.

bĭrŏtus, *a, um* (*bis, rota*), qui a deux roues : Non. 86, 30 ‖ subst. f., voiture à deux roues, cabriolet : Cod. Th. 6, 29, 2.

birrātus, *a, um* (*birrus*), encapuchonné : Aug. *Serm. Dolbeau* 4, 8.

Birrĭus, *i*, m., nom d'homme : Hor. *S.* 1, 4, 69.

birrus (**burr-, byrrh-**), *i*, m. (gaul., cf. bret. *berr* ; fr. *béret*), cape courte à capuchon : Diocl. 19, 44 ; Gloss. 2, 257, 45 ‖ **birrum**, *i*, n., Gloss. 5, 271, 52.

bĭs, adv. (arch. *duis* cf. δίς, scr. *dvis*), deux fois : *bis in die* Cic. *Tusc.* 5, 100, deux fois par jour (*bis die* Varr. *R.* 2, 4, 17) ; *in una civitate bis improbus fuisti cum et... et* Cic. *Verr.* 5, 59, à propos d'une seule ville tu as agi malhonnêtement deux fois et en... et en... ‖ [multiplicatif avec les distrib.] *bis bina* Cic. *Nat.* 2, 49, deux fois deux ; *bis deni (ae, a)*, deux fois dix : *bis deni dies* Varr. *R.* 3, 9, 10, deux fois dix jours ; *bis denae naves* Virg. *En.* 11, 326, deux fois dix navires ; *bis quini viri* Ov. *F.* 2, 54, les décemvirs ; *sestertium bis milliens* Cic. *Rab. Post.* 21, deux cents millions de sesterces ‖ [poét.] [avec les adj. numéraux cardinaux] : *bis mille* Lucr. 4, 408, deux mille ; *bis centum* Virg. *En.* 8, 518, deux cents ‖ *bis terve summum litteras accepi* Cic. *Fam.* 2, 1, 1, j'ai reçu des lettres deux ou trois fois au plus, cf. Hor. *P.* 358 ; *stulte bis terque* Cic. *Q.* 3, 8, 6, c'est une double, une triple sottise ‖ [prov.] *bis ad eumdem (ad eumdem lapidem bis offendere)* Aus. *Epist.* 11 (400) ; Cic. *Fam.* 10, 20, 2, se heurter deux fois à la même pierre, faire deux fois la même faute.

▶ noter la forme *bĭ*- en composition.

bĭsaccĭum, *ĭi*, n., **-cia**, *ae*, f. (*bi-, saccus* ; fr. *besace*), bissac : Petr. 31, 9 ; Gloss. 4, 114, 24.

bĭsăcūtus, *a, um* (*bis, acutus* ; fr. *besaiguë*), à double tranchant : Hier. *Ep.* 18, 14.

Bīsaltae, *ārum*, m. pl., Bisaltes [habitants de la Bisaltie] : Virg. *G.* 3, 461 ‖ [au sg.] *Bisalta* : Sidon. *Carm.* 5, 477.

Bīsaltĭa, Gell. 16, 15, **Bīsaltĭca**, *ae*, f., Liv. 45, 29, 6, Bisaltie [contrée de la Macédoine].

Bīsaltis, *ĭdis*, f., nymphe aimée de Poséidon : Ov. *M.* 6, 117.

Bisambrĭtae, *ārum*, m. pl., peuple de l'Inde : Plin. 6, 78.

Bīsanthē, *ēs*, f., ville de Thrace sur la Propontide [auj. Rodosto] : Plin. 4, 43.

Biscargītāni (-gargītāni), *ōrum*, m. pl., habitants de Biscargis ou Bisgargis [dans la Tarraconaise] : Plin. 3, 23.

bisdĭăpāsōn, indécl., double octave [t. de musique] : Boet. *Mus.* 1, 16.

bĭsellĭărĭus, *ĭi*, m., qui a eu les honneurs du *bisellium* : CIL 10, 1217.

bĭsellĭātŭs, *ūs*, m., honneurs du *bisellium* : CIL 11, 1355 a, 17.

bĭsellĭum, *ĭi*, n. (*bis, sella*), siège à deux places [donné par honneur à une pers.] : Varr. *L.* 5, 128.

bĭsēta (-saeta), *ae*, f. (*bis, seta*), truie dont les soies sur le cou se divisent en deux parties, s'allongent des deux côtés : P. Fest. 30, 20.

bĭsextĭālis, *e* (*bisextium*), qui contient deux setiers : M.-Emp. 15, 63.

bĭsextīlis, *e* (*bisextus*), bissextile : Isid. 6, 17, 25.

bĭsextĭum, *ĭi*, n. (*bis, sextus*), double setier : M.-Emp. 29, 41.

bĭsextus, *a, um* (*bi-* et *sextus* ; it. *bisesto*), ⓒ *bisextilis* : Isid. *Nat.* 6, 7 ‖ subst. m., le jour intercalaire des années bissextiles [répétition du 6e jour avant les calendes de mars] : Isid. 6, 17, 25 ; Dig. 50, 16, 98.

bĭsŏlis, *e* (*bis, solea*), qui a deux semelles : Diocl. 9, 12.

bĭsōmum, *i*, n. (*bis, σῶμα*), sarcophage pour deux corps : CIL 6, 8984.

bĭsōn, *ontis*, m. (gaul. ou germ., al. *Wisent*), bison [sorte de bœuf sauvage] : Plin. 8, 38 ; Mart. *Spect.* 23, 4.

Bĭsontĭi, *ĭorum*, m. pl., Bisontins, habitants de Vesontio [auj. Besançon] : Amm. 15, 11.

bĭsŏnus, *a, um* (*bis, sonus*), qui fait entendre un double son : Serv. *En.* 9, 618.

bisp-, ⓥ *visp-*.

bis quīni (bisquīni), *ae, a*, [poét.] deux fois cinq = dix : Virg. *En.* 2, 126.

bis sēni (bissēni), *ae, a*, [poét.] deux fois six = douze : Ov. *M.* 8, 243 ‖ [au sg.] *bisseno die* Stat. *Th.* 2, 307, pendant douze jours.

bissextĭālis, ⓥ *bisextialis*.

Bissŭla, f., nom de femme : Aus. *Biss.* 25, 2 (326), 1.

bĭssyllăbus, ⓥ *bisyllabus*.

Bistŏnes, *um*, m. pl. (Βίστονες), nom des Thraces : Plin. 4, 42.

Bistŏnĭa, *ae*, f., la Bistonie ou la Thrace : Val.-Flac. 3, 159 ‖ **Bistŏnis**, *ĭdis*, adj. f., de Thrace : Ov. *Pont.* 2, 9, 54 ‖ **-ĭdes**, *um*, f. pl., les Bacchantes : Hor. *O.* 2, 19, 20 ‖ **Bistŏnĭus**, *a, um*, de Thrace : Ov. *M.* 13, 430 ‖ d'Orphée : Claud. *Pros.* 2, 8.

bĭsulcus, *a, um* (*bis, sulcus*), fendu en deux, fourchu : Plin. 11, 254 ; *bisulcum aliquid ferri* Tert. *Paen.* 11, 2, un ciseau de fer ‖ subst. n. pl., **-sulca**, fissipèdes [par opp. aux solipèdes], animaux dont le pied est fendu : Plin. 11, 212 ‖ **bĭsulcis**, *e*, Pl. *Poen.* 1034 ; Pacuv. *Tr.* 229.

bĭsyllăbus, *a, um* (*bis, syllaba*), de deux syllabes : Varr. *L.* 9, 91.

bĭtempŏris, *e* (*bis, tempus*), qui peut être longue ou brève [syllabe, = δίχρονος] : Prisc. 2, 323, 4.

bĭtātus, *a, um* (*vitus*), à jante : Diocl. 15, 35a.

Bīterr-, ⓥ *Baeterr-*.

bĭthălassus, *a, um* (*bi-*, διθάλασσος), baigné par deux mers : Rufin. *Clem.* 14 ; ⓥ *dithalassus*.

Bithiae, *ārum*, f. pl., Bithies [femmes de Scythie, qui, dit-on, tuaient de leur regard] : Plin. 7, 17.

Bīthȳnĭa, *ae*, f., Bithynie [contrée de l'Asie Mineure, sur le Pont] Atlas I, D6 ; VI, A4 : Cic. *Verr.* 5, 27 ‖ **-nĭcus**, *a, um*, de Bithynie : Cic. *Fam.* 13, 9, 2 ‖ Pompée le Bithynique [surnom] : Cic. *Brut.* 240 ‖ subst. m., le fils du précédent : Cic. *Fam.* 16, 23, 1 ‖ **-nĭus**, *a, um*, de Bithynie : Col. 1, 1, 10 ou **-nus**, *a, um*, Tac. *An.* 2, 60 ; Hor. *Ep.* 1, 6, 33 ‖ **-nis**, *ĭdis*, f., Bithynienne : Ov. *Am.* 3, 6, 25.

Bīthȳnĭŏn, *i*, n., ville de Bithynie : Plin. 5, 149.

Bĭtĭās, *ae*, nom d'homme : Virg. *En.* 1, 738.

bĭtĭenses, m. pl., ceux qui sont toujours en voyage : P. Fest. 31, 28.

Bitĭus, *ĭi*, m., nom d'homme : CIL 2, 2984.

bĭtō, *ĭs, ĕre*, -, - (cf. *arbiter*, p.-ê. βαίνω), intr., aller, marcher : Pl. *Curc.* 141 ; *Merc.* 465 ; Varr. *Men.* 553 ; ⓒ *baeto, beto*.

Biton, *ōnis*, m., Biton [Argien qui, avec son frère Cléobis, traîna sa mère Cydippe jusqu'au temple de Junon] : Cic. *Tusc.* 1, 113.

Bittis, *ĭdis*, f., ⓥ *Battis*.

Bītŭĭtus, *i*, m., nom d'un roi des Arvernes : Val.-Max. 9, 6, 3.

bĭtŭlus, *i*, ⓒ *vitulus* : Diocl. 8, 37.

bĭtūmĕn, ĭnis, n. (gaul., cf. *betulla*; fr. *béton*), bitume, goudron : Cat. Agr. 95, 1 ; Virg. G. 3, 451 ‖ goudron de bouleau [obtenu par distillation de l'écorce] : Plin. 16, 75.

bĭtŭmĭnālis, e, bitumineux : Cassiod. Jos. Ap. 1, 174.

bĭtūmĭnĕus, a, um, de bitume : Ov. M. 15, 350.

bĭtūmĭnō, ās, āre, -, - (*bitumen*), tr., couvrir, imprégner de bitume : Plin. 31, 59 ; Ambr. Hex. 6, 9, 72.

bĭtūmĭnōsus, a, um (*bitumen*), bitumineux : Vitr. 8, 3, 4 ; Tert. Val. 15, 3.

Bĭtŭrīcensis (-rīg-), e, adj., de Bituricum : Not. Dign. Or. 5, 34.

Bĭtŭrīcum (-rīg-), i, n., ville principale des Bituriges [Bourges] : Greg.-Tur. Hist. 5, 39.

Bĭtŭrīcus (-rīg-), a, um, des Bituriges : *Biturica vitis* Col. 3, 2, 19, sorte de vigne, de raisin ‖ **-rīci (-rīgi)**, ōrum, m. pl., Bituriges ou habitants de Bourges : Greg.-Tur. Hist. 5, 49.

Bĭtŭrīgae, ārum, f. pl., ville des Bituriges [auj. Bourges] : Amm. 15, 11, 11.

Bĭtŭrīges, um, m. pl. ¶ **1** Bituriges [peuple de la Gaule centrale, entre la Loire et la Garonne (Berry)] : Caes. G. 7, 5, 1 ; *Bituriges Cubi* Plin. 4, 109 ‖ sg., *Biturix*, subst. m. et adj., Luc. 1, 423 ; Rutil. 1, 353 ¶ **2** *Bituriges Vivisci*, peuple d'Aquitaine, sur l'Océan [Bordelais] : Plin. 4, 108.

Bĭtŭrīgĭācus, 🅒 Bituricus : Plin. 14, 27.

bĭumbris, e (*bis*, *umbra*), 🅒 amphiscius : Eustath. Bas. 6, 8.

bĭūrus, i, m. (*bis*, οὐρά, queue), animal [en Campanie] qui ronge la vigne : Cic. d. Plin. 30, 146.

bĭvertex, ĭcis (*bis*, *vertex*), à deux sommets : Stat. Th. 1, 628.

bĭvĭra, ae, f. (*bis*, *vir*), femme ayant un second mari : Varr. Men. 239 ; Aug. Vid. 15.

bĭvĭum, ii, n. (*bis*, *via*) ¶ **1** lieu où deux chemins aboutissent : Virg. En. 9, 238 ¶ **2** [fig.] double voie, deux moyens : Varr. R. 1, 18, 7 ‖ doute : Ov. Rem. 486.

bĭvĭus, a, um (*bis*, *via*), qui présente deux chemins : Virg. En. 11, 516 ; *bivii dii* CIL 13, 56, 21, dieux adorés au croisement de deux chemins.

Bīzac-, 🅥 Byz-.

Bīzanthē, 🅥 Bisanthe.

Bizōnē, ēs, f., ville de la Mésie inférieure : Mel. 2, 22.

Bizȳē, ēs, f., ville de Thrace Atlas I, D5 ; VI, A3 : Plin. 4, 47.

blachnŏn, i, n., sorte de fougère : Plin. 27, 78.

blactĕrō, ās, āre, -, -, intr., variante pour 1 *blatero* : Sidon. Ep. 2, 2, 14.

Blaesĭus, ii, m., nom propre romain : Mart. 8, 38, 10 ‖ **-iānus**, a, um, de Blésius : Mart. 8, 38, 14.

bladona, 🅥 blandonia.

1 blaesus, a, um (onomat., cf. *balbus*), bègue, qui balbutie : Juv. 15, 48.

2 Blaesus, i, m., surnom des Junius, des Sempronius : Tac. An. 1, 16 ; 6, 40.

Blanda, ae, f. ¶ **1** ville de Lucanie Atlas XII, F5 : Mel. 2, 69 ‖ pl., **-ae**, ārum, Liv. 24, 20, 5 ¶ **2** ville de la Tarraconaise [Blanes] Atlas IV, B4 : *Blande* Mel. 2, 90 ‖ pl., **-ae**, ārum, Plin. 3, 22.

blandē, adv. (*blandus*), d'une manière flatteuse, en caressant, en cajolant ; avec douceur, agréablement : Cic. Com. 49 ; Lucr. 5, 1368 ‖ *blandius* Cic. de Or. 1, 112 ; *-issime* Cic. Clu. 72.

Blandenonne, abl., ville d'Italie, près de Plaisance : Cic. Q. 2, 13, 1.

blandĭcellus, a, um (dim. de *blandus*), caressant : *blandicella verba* P. Fest. 32, 3, paroles flatteuses.

blandĭcŭlē, adv. (dim. de *blande*), Apul. M. 10, 27.

blandĭdĭcus, a, um (*blandus*, *dico*), ayant des paroles caressantes : Pl. Poen. 138.

blandĭfĭcus, a, um (*blandus*, *facio*), qui rend caressant : Capel. 9, 888.

blandĭflŭus, a, um (*blandus*, *fluo*), qui se répand avec douceur agréablement : Fort. Carm. 11, 10, 10.

blandĭlŏquens, entis (*blandus*, *loquor*), insinuant : Laber. d. Macr. Sat. 2, 7, 3.

blandĭlŏquentĭa, ae, f., Enn. d. Cic. Nat. 3, 26, **blandĭlŏquĭum**, ii, n., Aug. Ep. 3, 1, douces paroles.

blandĭlŏquentŭlus, a, um, qui a des paroles enjôleuses : Pl. Trin. 239.

blandĭlŏquus, a, um, Pl. Bac. 1173 ; Sen. Ag. 289, 🅒 blandidicus.

blandīmentum, i, n. et [ordin.ᵗ] **-menta**, ōrum, n. pl. (*blandior*) ¶ **1** caresses, flatterie : Cic. Tusc. 5, 87 ; Liv. 2, 9, 6 ‖ gentillesse : Hil. Const. 11 ‖ [fig.] agréments, douceurs : Cic. Cael. 41 ; *vitae* Tac. An. 15, 64, les charmes de la vie ¶ **2** assaisonnement, condiments : Tac. G. 23 ‖ baumes, remèdes : Plin. 26, 14 ‖ soins délicats [à une plante] : Plin. 17, 98.

blandĭor, īrĭs, īrī, ītus sum (*blandus*), intr. ¶ **1** flatter, caresser, cajoler ; *alicui*, qqn : Cic. Flac. 92 ; de Or. 1, 90 ; *blandiendo ac minando* Liv. 32, 40, 11, par des flatteries et des menaces : *blandiens patri, ut duceretur in Hispaniam* Liv. 21, 1, 4, cajolant son père pour être emmené en Espagne ‖ *blandiri sibi*, se flatter, se faire illusion : Plin. Ep. 1, 1, 11 ; 8, 3, 2 ¶ **2** flatter, charmer : *video, quam suaviter voluptas sensibus nostris blandiatur* Cic. Ac. 2, 139, je vois comme le plaisir caresse (chatouille) agréablement nos sens ; *ignoscere vitiis blandientibus* Tac. Agr. 16, pardonner aux vices attrayants ; *blandiente inertia* Tac. H. 5, 4, la paresse étant pleine de charmes ; *opportuna sua blanditur populus umbra* Ov. M. 10, 555, un peuplier nous offre à propos la caresse de son ombre ‖ [avec le subj.] *(voluptas) res per Veneris blanditur saecla propagent* Lucr. 2, 173, (le plaisir) par l'attrait des œuvres de Vénus amène les mortels à perpétuer la race ‖ **blanditus**, a, um [au sens de *blandus*], agréable, charmant : Plin. 9, 35 ; 10, 67 ¶ **3** être indulgent : Cypr. Ep. 55, 29.

▶ la forme active *blandirem* dans *Apul. Apol. 87 F ; *blandire* Commod. Instr. 2, 8, 7 ‖ part. passif *blanditus* Verr. d. Prisc. 2, 383, 13.

blandĭōsus, a, um, affable, plein d'attention : Gloss. 4, 314, 21.

blandĭtĕr [arch.] 🅒 blande : Pl. As. 222 ; Ps. 1290.

blandĭtĭa, ae, f. (*blandus*) ¶ **1** caresse, flatterie : *nullam in amicitiis pestem esse majorem quam adulationem, blanditiam, adsentationem* Cic. Lae. 91, (on doit tenir pour certain) qu'en amitié il n'y a pas de plus grand fléau que l'adulation, la flatterie, l'approbation systématique ; *blanditia popularis* Cic. Planc. 29, flatteries à l'égard du peuple ¶ **2** pl., *blanditiae*, caresses, flatteries : *minae, blanditiae* Cic. Mur. 44, les menaces, les flatteries ¶ **3** attraits, séductions : *blanditiae praesentium voluptatum* Cic. Fin. 1, 33, l'attrait des plaisirs du moment, cf. CM 44 ; Leg. 1, 47 ‖ *rerum talium blanditia* Quint. 10, 1, 27, le charme de tels objets [lectures poétiques].

▶ la forme *blandities* se trouve dans Caecil. Com. 66 ; Apul. M. 9, 28 ; Ps. Acr. Hor. S. 2, 5, 47.

blandītĭo, ōnis, f., flatterie, caresse : Gloss. 2, 264, 25.

blandītŏr, ōris, m., flatteur, courtisan : Itin. Alex. 40.

blandītōrĭus, a, um, flatteur : Fulg. Theb. p. 180, 5H.

blandītus, a, um ¶ **1** part. de *blandior* ¶ **2** adjᵗ, ➡ *blandus* ; 🅥 *blandior*.

Blandona, ae, f., ville de Bithynie : Anton. 272.

blandonia, bladona (bladonna), ae, f. (gaul.), molène [plante] : Gloss. 3, 590, 55.

blandŭlus, a, um (dim. de *blandus*), câlin, caressant : Hadr. d. Spart. Hadr. 25, 9.

blandum, adv., 🅒 blande : Petr. 127, 1.

blandus, a, um (onomat., cf. *blatero* ?; a. fr. *blant*) ¶ **1** caressant, câlin, flatteur : *secerni blandus amicus a vero potest* Cic. Lae. 95, on peut séparer l'ami qui flatte de l'ami véritable ‖ *an blandiores alienis quam vestris estis ?* Liv. 34, 2, 10, ou bien êtes-vous plus caressantes pour des étrangers que pour vos maris ? ; *mihi blandissimus* Quint. 6, praef. 8, si caressant pour moi ; *adversus aliquem* Cic. *Att.* 12, 3, 1, flatteur (complimenteur) à l'égard de qqn ‖ [constructions poét.] *blanda genas vocemque* Stat. *Th.* 9, 155, ayant la caresse (le charme) sur ses joues et dans sa voix (12, 532) ; *blandus precum* Stat. *Ach.* 1, 911, employant de douces prières ; *blandus... ducere quercus* Hor. *O.* 1, 12, 11, dont la séduction sait entraîner les chênes ¶ 2 caressant, attrayant, séduisant : *(securitas) specie blanda* Cic. *Lae.* 47, (sérénité, absence de soucis) en apparence séduisante ; *otium consuetudine in dies blandius* Liv. 23, 18, 12, l'inaction, que l'habitude rend plus attrayante (plus douce) de jour en jour ; *blandis vocibus* Virg. *En.* 1, 670, par de flatteuses paroles ; *blandi flores* Virg. *B.* 4, 23, fleurs exquises ‖ *blanda dicere* Sen. *Nat.* 4, praef. 12, faire un éloge flatteur ; *asperis blandisque pariter invictus* Sen. *Ep.* 66, 6, inaccessible aux duretés comme aux caresses du sort.

Blannovĭi, *ōrum*, m. pl., peuple celtique : Caes. *G.* 7, 75, 2.

blanx, ◼ *blax*.

blapsĭgŏnĭa, *ae*, f. (βλαψιγονία), maladie des abeilles qui les rend stériles : Plin. 11, 64.

Blasco (-ōn), *ōnis*, f., petite île de la Méditerranée, près d'Agde [auj. Brescou] : Avien. *Or.* 599 ; Plin. 11, 79.

Blasĭo, *ōnis*, m., surnom romain : Liv. 33, 27, 1.

Blasĭus, *ĭi*, m., chef des Salapiens : Liv. 26, 38, 6.

blasphēmābĭlis, *e* (*blasphemo*), digne de blâme : Tert. *Cult.* 2, 12, 1.

blasphēmātĭo, *ōnis*, f. (*blasphemo*), action d'outrager, de blasphémer : Tert. *Cult.* 2, 12, 1.

blasphēmātŏr, *ōris*, m., **-trix**, *īcis*, f. (*blasphemo*), celui, celle qui outrage ; blasphémateur, -\rice ; sacrilège, impie : Aug. *Serm.* 48, 7 ; Cassian. *Inc.* 7, 3, 1.

blasphēmĭa, *ae*, f. (βλασφημία), parole outrageante, calomnie : Vulg. *Is.* 51, 7 ; Cassiod. *Jos. Ap.* 1, 2 ‖ blasphème : Aug. *Man.* 2, 11.

blasphēmĭtĕr, adv., avec blasphème : Mar. Vict. *Ar.* 1, 16.

blasphēmĭum, *ĭi*, n., ◼ *blasphemia* : Prud. *Psych.* 715.

blasphēmō, *ās, āre, -, -* (*blasphemus*), fr. *blâmer*), tr. et intr., outrager : Greg.-Tur. *Hist.* 5, 46‖ calomnier : Cassiod. *Jos. Ap.* 1, 59 ‖ blasphémer : Tert. *Jud.* 13, 26 ; Vulg. *Matth.* 9, 3 ; Hier. *Ep.* 112, 11.

blasphēmum, *i*, n., ◼ *blasphemia* : Salv. *Gub.* 7, 34.

blasphēmus, *a, um* (βλάσφημος), qui outrage, qui blasphème : Hier. *Ruf.* 1, 24 ‖ blasphématoire : Aug. *Faust.* 32, 20‖ subst. m., blasphémateur : Tert. *Res.* 26, 8.

blastēma (fr. *blâme*), ◼ *blasphemia* : Inscr. Chr. Diehl 1970 Md.

blătĕa, ◼ *blatt-*.

blătĕrātĭo, *ōnis*, ◼ 2 *blateratus* : Gloss. 2, 540, 6.

1 **blătĕrātus**, *a, um*, part. de 1 *blatero*.

2 **blătĕrātŭs**, *ūs*, m., bavardage, babillage : Sidon. *Ep.* 9, 11, 10.

1 **blătĕrō (blatt-, blact-)**, *ās, āre, āvi, ātum* (onomat., cf. *blatio*, *blato* ; fr. *blabla*) ¶ 1 intr., babiller, bavarder : Afran. *Com.* 13 ; 195 ; Hor. *S.* 2, 7, 35 ‖ tr., dire (laisser échapper) en bavardant : Afran. *Com.* 195 ; Gell. 1, 15, 17 ; Apul. *M.* 4, 24 ¶ 2 intr., blatérer [cri du chameau] : P. Fest. 30, 28‖ coasser [cri de la grenouille] : Sidon. *Ep.* 2, 2, 14.

2 **blătĕro**, *ōnis*, m., bavard, parlant pour ne rien dire : Gell. 1, 15, 20 ; Ps. Acr. Hor. *S.* 2, 7, 35.

blătĭō, *īs, īre, -, -* (cf. *blatero*), tr., dire, débiter (en bavardant) : Pl. *Amp.* 626 ; *Curc.* 452, cf. Non. 44, 11.

1 **blăto**, *ōnis*, m. (cf. *blatio*), diseur de niaiseries, bavard : Gloss. 2, 30, 47.

2 **blăto (blasto)**, *ōnis*, m., valet de chambre : Gloss. 5, 593, 5.

Blatobulgĭum, *ĭi*, n., ville de Bretagne : Anton. 467.

1 **blatta**, *ae*, f. (onomat.), blatte, cafard : Virg. *G.* 4, 243 ; Hor. *S.* 2, 3, 119 [indûment groupées avec les mites].

2 **blatta**, *ae*, f. (empr. orient., cf. βλάττα), pourpre rouge foncée : Lampr. *Hel.* 33, 3 ; Gloss. 4, 211, 1 ‖ étymologie erronée par 1 *blatta* : Sidon. *Ep.* 9, 13, 5, v. 15 ; Isid. 12, 8, 7.

blattārĭus, *a, um*, qui concerne les blattes : *blattaria balnea* Sen. *Ep.* 86, 8, bains à blattes = sombres, obscurs‖ subst. f., herbe aux mites : Plin. 25, 108.

blattĕa (-ĭa), *ae*, f. (2 *blatta*) ¶ 1 pourpre : Aug. *Serm.* 69, 1 Mai ; Fort. *Carm.* 2, 3, 19 ¶ 2 éclaboussure : [*blatea*] P. Fest. 31, 1 ‖ caillot de sang : Gloss. 2, 30, 49.

blattĕārĭus (-ĭārĭus), *ĭi*, m., teinturier en pourpre : Cod. Th. 13, 4, 2.

blattĕro, ◼ 1 *blatero*.

blattĕus, *a, um*, de pourpre : Vop. *Aur.* 46, 4‖ royal : Cassiod. *Var.* 8, 5, 2.

blattia, ◼ *blattea*.

blattĭfĕr, *ĕra, ĕrum* (2 *blatta*, *fero*), vêtu de pourpre : Sidon. *Ep.* 9, 16, 3.

blattĭnus, *a, um* (2 *blatta*), couleur de pourpre : Eutr. 7, 14.

blattĭo, ◼ *blatio*.

Blaundēnus, *a, um*, de Blaundos [ville de Phrygie] Atlas VI, B4 ; IX, C2 : *Cic. *Q.* 1, 2, 42.

Blāvĭa, *ae*, f., **-vĭum**, *ĭi*, n., ville et port d'Aquitaine [auj. Blaye] : Aus. *Epist.* 10 (399), 16 ; *Anton. 458.

blax (bălax, blanx, blas), *cis*, m. (βλάξ), naïf, niais : Gloss. 2, 507, 6 ; 5, 541, 13.

blēchōn, *ōnis*, m. (βλήχων), pouliot [plante] : Plin. 20, 156.

blechrŏn, *i*, n. (βλῆχρον), sorte de fougère : Diosc. 4, 179 ; ◼ *blachnon*.

Blemmyes, ◼ *Blemyes* : Avien. *Perieg.* 329.

Blĕmȳes (-yae, -mmyae), *ārum*, **-yi**, *ōrum*, m. pl., peuple d'Éthiopie : Plin. 5, 46 ; Solin. 31, 6 ; Vop. *Prob.* 17, 2 ; Prisc. *Perieg.* 209.

Blendĭum, *ĭi*, n., port de la Tarraconaise : Plin. 4, 111.

blendĭus, *ĭi*, m. (cf. βλεννός), baveuse, blennie [poisson] : Plin. 32, 102.

Blenna, *ae*, f., ville de Crète : Peut. 9, 2.

blennus, *a, um* (βλεννός), stupide, niais, benêt : Pl. *Bac.* 1088 ; P. Fest. 32, 10.

Blĕphărŏ, *ōnis*, m. (cf. βλέφαρον), nom d'un personnage de l'Amphitryon de Plaute : 951 ; 968.

Blēra, *ae*, f., ville d'Étrurie Atlas XII, D3 : Peut. 5, 1 ‖ **-āni**, *ōrum*, m. pl., habitants de Bléra : Plin. 3, 52 ‖ **-ānus**, *a, um*, Greg. M. *Ep.* 9, 96.

Blēsenses, *ĭum*, m. pl., habitants de Blois [Blésois] : Greg.-Tur. *Hist.* 7, 2.

Blestĭum, *ĭi*, n., ville de Bretagne : Anton. 485.

Bletisa, *ae*, f., ville de Lusitanie [Ledesma] : CIL 2, 859.

blĭtĕus, *a, um* (*blitum*), fade [comme la blette], insipide, méprisable : Pl. *Truc.* 854.

blĭtum, *i*, n., **-tus**, *i*, m. (βλίτον ; fr. *blette*), blette [plante] : Plin. 20, 252 ; Pall. 4, 9, 17, cf. P. Fest. 31, 8.

Blossĭus, *ĭi*, m., C. Blossius Cumanus, Blossius de Cumes [philosophe stoïcien, partisan de Tibérius Gracchus] : Cic. *Lae.* 37 ; *Agr.* 2, 93.

1 **bŏa (bŏva, bŏas**), *ae*, f. (obscur) ¶ 1 serpent boa : Plin. 8, 37 ¶ 2 enflure des jambes par suite d'une marche pénible : P. Fest. 27, 29‖ rougeole [maladie] : Plin. 24, 53.

2 **Bŏa**, *ae*, f., île de l'Adriatique, près de la Dalmatie : Amm. 22, 3, 6.

boaca, ◼ 1 *bōca*.

Boăgrĭus, *ĭi*, m., petite rivière des Locriens Épicnémidiens [Grèce] : Plin. 4, 27.

Boaris, *ĭdis*, f., île près de la Sardaigne : Peut. 3, 5.

bŏārĭus (bŏv-), *a, um* (*bos* ; it. *boaro*, fr. *Boyer*), qui concerne les bœufs : *boarium forum* Cic. *Scaur.* 23 ; *boarium forum* Liv. 10, 23, 3, marché aux bœufs ‖ *lappa boaria* Plin. 26, 105, herbe inconnue ‖ subst. m., marchand de bœufs : Novel.-Val. 35, 1, 8.

bŏas, ◼ *boa* : Isid. 12, 4, 28 ; Gloss. 5, 272, 8.

bŏātim, ◼ *bovatim*.

bŏātus, *ūs*, m. (*boo*), mugissement : Gloss. 4, 26, 37 ‖ [fig.] cri bruyant : Apul. *M.* 3, 3 ; Capel. 2, 98.

bŏaulia, *ae*, f. (βοαύλιον), étable à bœufs : Serv. *En.* 7, 662 ; Symm. *Ep.* 1, 1.

boba, C.▶ *bova*, V.▶ *1 boa* : Gloss. 5, 8, 9.

bōbus, dat. et abl. pl. de *bos*.

1 bōca, *ae*, m. (βῶξ, acc. βῶκα ; it. *boga*), bogue [poisson] : Plin. 32, 145 ; P. Fest. 27, 17.

2 bōca, *ae*, f., ▶ *phoca*, phoque : Isid. 12, 6, 9.

Boccăr, *ăris*, m. ¶ **1** nom d'Africain : Juv. 5, 90 ¶ **2** V.▶ *2 Bucar*.

Bocchis, *is*, f., ville d'Éthiopie : Plin. 6, 181.

Bocchŏris, m., roi d'Égypte : Tac. H. 5, 3.

Bocchŏrum, *i*, n., chef-lieu d'une des îles Baléares [Majorque, auj. Campo de Bocar] : Plin. 3, 77 ∥ **-ĭtānī**, *ōrum*, m. pl., habitants de Bocchorum : CIL 2, 3695.

1 bocchus, *i*, m. (*Bocchus* ?), nom d'une plante : Culex 406.

2 Bocchus, *i*, m., roi de Maurétanie, beau-père de Jugurtha : Sall. J. 19, 7.

bŏcula, V.▶ *bucula*.

Bŏdincŏmăgus, *i*, m., ville de Ligurie [auj. Industria] : Plin. 3, 122 ∥ **-gensis**, *e*, de Bodincomagus : CIL 5, 7464.

Bŏdincus, *i*, m., nom donné au Pô par les Ligures : Plin. 3, 122.

Bodĭocasses, m. pl., C.▶ *Baiocasses* : Plin. 4, 107.

Bodiontĭci, *ōrum*, m. pl., peuple de la Narbonnaise [auj. Digne] : Plin. 3, 37.

Bŏdotrĭa, *ae*, f., nom d'un golfe sur les côtes de Grande-Bretagne [Forth] Atlas V, A1 : Tac. Agr. 23.

Boduognātus, *i*, m., nom d'un Nervien : Caes. G. 2, 23, 4.

Boea, *ae*, f., ville de Laconie [Vatika] : Plin. 4, 17.

Boebē, *ēs*, Liv. 31, 41, 4, **Boebēis**, *ĭdos*, f., Prop. 2, 2, 11 ; Luc. 7, 176, lac de Thessalie ∥ **-bēius**, *a*, *um*, du lac Bébé, thessalien : Val.-Flac. 3, 543.

Boedās, acc. *an*, nom d'un statuaire : Plin. 34, 66.

boeōtarchēs, *ae*, m. (βοιωτάρχης), béotarque [premier magistrat des Béotiens] : Liv. 33, 27, 8.

Boeōti, V.▶ *1 Boeotia*.

1 Boeōtĭa, *ae*, f., Béotie [province de la Grèce] Atlas VI, B2 : Cic. Nat. 3, 49 ∥ **-tĭcus** ou **-tĭus** ou **-tus**, *a*, *um*, de Béotie, béotien : Liv. 42, 44, 6 ; Cic. Div. 1, 74 ; Stat. Th. 4, 360 ∥ **-ti**, *ōrum*, m. pl., Varr. ; Nep. Epam. 8, 3 ; Liv. ou **-tii**, Cic. Pis. 86 ∥ 96, Béotiens.

2 Boeōtĭa, *ae*, f., épouse d'Hyas, mère des Pléiades : Hyg. Astr. 2, 21.

Boeōtis, *ĭdis*, f., la Béotie : *Mel. 2, 39.

Bŏēthĭus (-tĭus), *ĭi*, m., Boèce [écrivain latin] : Isid. 2, 25, 9.

Bŏēthuntes, *ĭum*, m. pl. (βοηθοῦντες), les Auxiliaires, titre d'une comédie de Turpilius : Non. 23, 5.

1 bŏethus, *i*, m. (βοηθός), aide d'un commis aux écritures : Cod. Just. 10, 69, 4.

2 Bŏēthus, *i*, m. ¶ **1** ciseleur et statuaire carthaginois : Cic. Verr. 4, 32 ¶ **2** philosophe stoïcien : Cic. Div. 1, 13.

Bogud, *ŭdis*, m., roi de la Maurétanie Tingitane : Cic. Fam. 10, 32, 1 ∥ **-iāna**, *ae*, f., = la Maurétanie Tingitane : Plin. 5, 19.

bŏia, *ae*, f. et **bŏiae**, *ārum*, pl. (βοείη), entrave(s) pour esclaves et criminels : Pl. As. 550 ; Cap. 888, cf. P. Fest. 32, 6.

Bŏihēmum, *i*, n., pays des Boïens en Germanie [Bohême] : Tac. G. 28 ∥ **Boiohaemum**, Vell. 2, 109.

1 Bōii, Bōi, *ōrum*, m. pl., Boïens [peuple celtique] : Caes. G. 1, 5, 4 ∥ Boïens de la Gaule transpadane : Liv. 5, 35, 2 ∥ sg., **Bŏius** et **Bŏia** [avec jeu de mots sur *boia*] Pl. Cap. 888, Boïen, Boïenne ∥ **-ĭcus**, *a*, *um*, des Boïens : P. Fest. 33, 1.

2 Bōii, *ōrum*, m. pl., ville des Tarbelles [Aquitaine] : Anton. 456 ; Paul.-Nol. Carm. 10, 241.

Boiŏn, ville de la Doride : Plin. 4, 28.

Bŏiŏrix, *īgis*, m., roi des Boïens : Liv. 34, 46, 4.

Bōla, *ae*, f., **-lae**, *ārum*, f. pl., Liv. 4, 49, 6, ancienne ville du Latium : Virg. En. 6, 775 ∥ **Bōlānus**, *a*, *um*, de Bola : Liv. 4, 49, 11 ∥ **Bōlāni**, m. pl., habitants de Bola : Liv. 4, 49, 3.

Bōlānus, m. ¶ **1** nom d'homme : Cic. Fam. 13, 77, 2 ; Hor. S. 1, 9, 11 ¶ **2** V.▶ *Bola*.

bŏlārĭum, *ĭi*, m. (βωλάριον), petite motte : *Sept.-Ser. d. Diom. 518.

Bolbĭtĭcum ou **-tĭnum**, adj. n., *ostium*, bouche Bolbitine [de Rosette], une des bouches du Nil : Mel. 1, 60 ; Plin. 5, 64.

bolbĭtŏn, *i*, n. (βόλβιτον), bouse de bœuf : Plin. 28, 232.

Bolbŭlae, *ārum*, f. pl., île près de Chypre : Plin. 5, 137.

bolbus, *i*, V.▶ *bulbus* : Ov. Rem. 797.

Bolecasgum, *i*, n., ville de Galatie : Anton. 203.

bŏlētăr, *āris*, n., plat destiné aux champignons, plat [en gén.] : Mart. 14, 101 ; Apic. 184.

bŏlētārĭum, *ĭi*, C.▶ *boletar* : VL. Marc. 14, 20.

bŏlētus, *i*, m. (βωλίτης), bolet [champignon] : Sen. Nat. 4, 13, 10 ; Plin. 22, 92.

Bolingae, *ārum*, m. pl., peuple de l'Inde : Plin. 6, 77.

bŏlis, *ĭdis*, f. (βολίς) ¶ **1** météore igné ayant la forme d'un trait : Plin. 2, 96 ¶ **2** sonde marine : Vulg. Act. 27, 28.

bŏlītēs, m. (βολίτης), racine de la nielle des blés : Plin. 21, 171.

bōloe, pl. (βῶλοι), sorte de pierres précieuses : Plin. 37, 150.

bŏlōnae, *ārum*, m. pl. (βόλος, ὠνεῖσθαι), marchands de poisson [du tout-venant, c.-à-d. pris dans un coup de filet] : Arn. 2, 38 ∥ vente de poisson : Don. Eun. 257.

1 bŏlus, *i*, m. (βόλος), coup de dés : Pl. Ru. 360 ∥ coup de filet, capture : **bolo tangere aliquem** Pl. Poen. 101, faire sa proie de qqn ; Suet. Gram. 25, 9 ∥ prise, gain, profit : Pl. Truc. 724 ; Ter. Haut. 673 ; **hoc te multabo bolo** Pl. Truc. 844, je ferai ce gain sur toi pour te punir.

2 bŏlus, *i*, m. (βῶλος), boulette : Chir. 441. ▶ en grec dans Plin. 37, 150 [pierre précieuse].

bŏlŭtātĭo, *ōnis*, f. (*boluto*), crottin : Chir. 139.

bŏlŭtō, *ās*, *āre*, -, - (de βόλιτον), intr., fienter : Chir. 148.
▶ indûment confondu avec *voluto*.

Bomarci, *ōrum*, m. pl., peuple de la Bactriane : Plin. 6, 47.

bombax !, interj. (βομβαξ), [exprime l'étonnement] peste ! diantre ! : Pl. Ps. 365.

bombĭcō, *ās*, *āre*, -, -, intr., résonner : Fort. Carm. praef. 5.

bombĭcum, *i*, n., bourdonnement : Fort. Mart. 4, 535.

bombĭlō (-nō), *ās*, *āre*, -, -, intr., bourdonner [en parl. des abeilles] : *Suet. Frg. 254, 1 ; Anth. 762, 36.

bombĭō, *īs*, *īre*, -, - (βομβεῖν), intr., bourdonner [en parl. des abeilles] : Suet. Frg. 254, 1.

bombĭsŏnus, *a*, *um*, bourdonnant : Schol. Pers. 1, 99.

bombĭzātĭo, *ōnis*, f., bourdonnement des abeilles : P. Fest. 27, 12.

bombĭzō, *ās*, *āre*, -, -, V.▶ *bombilo* : *Suet. Frg. 254, 1.

Bombŏmăchĭdēs (Bumb-), *ae*, m. (βόμβος, μάχομαι), guerrier qui se contente de bourdonner [mot forgé par Plaute] : Pl. Mil. 14.

Bombŏs, *i*, m., fleuve de Cilicie : Plin. 5, 93.

bombōsus, *a*, *um* (*bombus*), qui résonne : Aldh. Virg. 20 ; Gloss. 4, 407, 10.

bombŭlĭo, C.▶ *bombylis* : Eustath. Hex. 8, 8.

bombus, *i*, m. (βόμβος ; it. *bomba*), bourdonnement des abeilles : Varr. R. 3, 16, 32 ∥ bruit résonnant, retentissant, grondant : Lucr. 4, 544 ; Suet. Ner. 20.

bombȳcĭae hărundĭnes, f. pl. (βομβυκίας κάλαμος), roseaux pour faire des flûtes : Plin. 16, 170.

bombȳcĭnātŏr, *ōris*, m., qui travaille la soie : Gloss. 5, 593, 1.

bombȳcĭnō, *ās*, *āre*, -, -, tr., travailler la soie : Gloss. 5, 593, 2.

bombȳcĭnus, *a*, *um*, de soie : Plin. 11, 76 ∥ subst. n., étoffe de soie : Isid. 19, 22, 13 ; subst. pl., *bombycina* Mart. 8, 68, 7, vêtements de soie.
▶ *bombic-* d. plus. mss.

bombȳlis, *is*, f. (βομβυλίς), stade précédant la formation de la chrysalide : Plin. 11, 76 ∥ **-bylĭus**, *ĭi*, m., Ambr. Hex. 5, 23, 77.

bombyx

bombyx, *ȳcis*, m. et f. (βόμβυξ) ¶ **1** ver à soie : PLIN. 11, 75 ; MART. 8, 33, 11 ; TERT. *Pall.* 3, 6 ¶ **2** vêtement de soie : PROP. 2, 3, 15 ‖ duvet des graines : PLIN. 19, 14.

Bŏmilcăr, *ăris*, m., général carthaginois : JUST. 22, 7, 8 ‖ général d'Hannibal : LIV. 23, 41, 10 ‖ officier de Jugurtha : SALL. *J.* 35.

bōmiscus, *i*, m. (βωμίσκος), petit autel : BOET. *Arithm.* 2, 25, 8.

Bomītae, f. pl., ville de Syrie : PLIN. 5, 80.

bōmŏnīcae, *ārum*, m. pl. (βωμονεῖκαι), bomoniques [jeunes Spartiates luttant sur l'autel de Diane à qui endurerait le plus de coups] : HYG. *Fab.* 261 ; SERV. *En.* 2, 116.

bŏna, *ōrum*, n. pl. (*bonum*) ¶ **1** les biens : *fortunae bona ; ea sunt generis, pecuniae, propinquorum...* CIC. *de Or.* 2, 46, les biens (les avantages) de la fortune (du sort), c'est-à-dire la naissance, les richesses, les parents ... ‖ [philos.] *bona, mala* CIC. *de Or.* 3, 36, les biens, les maux ; *aliquid in bonis numerare* CIC. *Ac.* 1, 35, compter qqch. parmi les biens ; *cui (Zenoni) praeter honestum nihil est in bonis* CIC. *Ac.* 2, 135, pour lui (Zénon) il n'y a pas de bien en dehors de l'honnête ‖ qualités, vertus : *cum mea compenset vitiis bona* HOR. *S.* 1, 3, 70, qu'il mette en balance mes défauts et mes qualités ; *bona juventae senectus flagitiosa obliteravit* TAC. *An.* 6, 32, une vieillesse chargée d'opprobre a fait oublier les vertus de la jeunesse ‖ bonnes choses, prospérité, bonheur : *una tecum bona mala tolerabimus* TER. *Phorm.* 556, nous supporterons avec toi le bon et le mauvais (la bonne comme la mauvaise fortune) ; *bonis inexpertus* LIV. 23, 18, 10, inaccoutumé au bien-être ; *bona malaque hostium aspicere* LIV. 28, 44, voir le bon et le mauvais des ennemis (le fort et le faible) ; *bonis publicis maestus* TAC. *An.* 16, 28, affligé du bonheur public ‖ bonnes choses, bienfaits : *quae bona vobis fecerunt dei* PL. *Amp.* 43, la bien que les dieux vous ont fait, cf. *Men.* 558 ; *Poen.* 208 ¶ **2** biens, avoir : *jussit bona ejus proscribi* CIC. *Quinct.* 25, il fit afficher la mise en vente de ses biens ; *bona vendere* CIC. *Caecin.* 56, vendre des biens ; *proscribit auctionem publicorum bonorum* CIC. *Agr.* 1, 2, il annonce (par affiche) la vente aux enchères des domaines publics ; *bona alicujus publicare* CAES. *G.* 5, 56, 3, confisquer les biens de qqn ¶ **3** [droit] *bona, in bonis esse*, être objet de, ou avoir la propriété prétorienne (ou bonitaire) [placée sous la protection du préteur, par opp. à la propriété civile, *ex jure Quiritium*] : *si servus in bonis tuis, ex jure Quiritium meus erit* GAI. *Inst.* 1, 35, si un esclave est dans ta propriété prétorienne, il m'appartiendra selon le droit civil ; *bonorum possessio* DIG. 37, 1, succession universelle prétorienne [par opp. à *bonorum hereditas*, succession civile] ; *bonorum possessor* DIG. 50 17, 2, successeur prétorien [par opp. à *heres*] ;

missio in bona DIG. 50, 16, 49, envoi en possession [ordre de saisie, émanant du préteur].

bonācus, *i*, m., ⓒ *bonasus* : SOLIN. 40, 10.

Bŏna Dĕa (Dīva), f., la Bonne Déesse [déesse de la fécondité, de l'abondance ; honorée par les femmes romaines] : CIC. *Pis.* 95 ; *Att.* 2, 4, 2, cf. SERV. *En.* 8, 314.

bŏnāsus, *i*, m. (βόνασος), taureau sauvage : PLIN. 8, 40.

bŏnātus, *a, um* (*bonus*), de bonne pâte : PETR. 74, 16.

Bonconĭca (Buc-, Bauc-), *ae*, f., ville sur le Rhin, dans le pays des *Vangiones* [Oppenheim] : PEUT. 3, 3.

bŏnĕmĕmŏrĭus, *a, um* (*bonus, memoria*), d'heureuse mémoire : CIL 5, 1707.

bŏni, *ōrum*, m. pl., ⓥ *bonus*.

bŏni consulo, ⓥ *consulo*.

bŏnĭfăcĭēs (*bona, facies*), qui a une belle mine : GLOSS. 2, 319, 15.

Bŏnĭfātĭus, *ii*, m. (*bonum, fatum*), Boniface [nom de plusieurs laïcs, papes ou évêques] : SIDON. *Carm.* 9, 279 ; CASSIOD. *Var.* 9, 15, 3.

bŏnĭfātus, *a, um* (*bonum, fatum*), qui a une heureuse destinée : GLOSS. 2, 318, 35.

bŏnĭfĭcus, *a, um*, qui fait le bien : GLOSS. 5, 443, 35.

bŏnĭlŏquĭum, *ii*, n., beau langage : CASSIOD. *Hist.* 1, 14.

bŏnĭlŏquus, *a, um* (*bonus, loquor*), qui parle bien, éloquent : PS. AUG. *Serm.* 244, 3.

bŏnĭtās, *ātis*, f. (*bonus* ; fr. *bonté*), bonté, bonne qualité : *agrorum* CIC. *Agr.* 2, 95, l'excellence des terres ; *vocis* CIC. *Or.* 59, qualité de la voix ; *ingenii* CIC. *Off.* 3, 14, bon naturel ; *verborum* CIC. *Or.* 164, mots remplissant bien leur office ‖ bonté, bienveillance, affabilité : CIC. *Nat.* 2, 60 ‖ bonté des parents, tendresse : *in suos* CIC. *Lae.* 11, sa tendresse envers les siens ‖ humanité, vertu : CIC. *Off.* 3, 77.

Bonna, *ae*, f., ville de Germanie sur le Rhin [auj. Bonn] Atlas I, B3 ; V, C3 : FLOR. 4, 12, 26 ‖ **-nensis**, *e*, de Bonn : TAC. *H.* 4, 20.

Bŏnōnĭa, *ae*, f., ville de l'Italie cispadane [auj. Bologne] Atlas I, C4 ; XII, C3 : CIC. *Fam.* 12, 5, 2 ‖ ville de Pannonie [Vidin] : AMM. 21, 9, 6 ‖ ville de Gaule Belgique [auj. Boulogne-sur-Mer] : EUTR. 9, 21 ; AMM. 20, 1, 3 ‖ **-nĭensis**, *e*, de Bologne : CIC. *Brut.* 169 ‖ de Boulogne [Oceanensis] : PANEG. CONSTANT. (7), 5, 2.

Bŏnōsĭaci, *ōrum*, m. pl., sectateurs de Bonose [hérésiarque] : ISID. 8, 5, 52.
▶ *Bonosiani* GENNAD. *Vir.* 14.

Bŏnōsus, *i*, m., usurpateur [sous Probus] : VOP. *Tyr.* 14, 1.

Bontobrĭcĕ, f., ⓒ *1 Baudobriga* : PEUT. 3, 2.

bŏnum, *i*, n. (n. de *bonus* pris subst[t], ⓥ *bona*), [en gén.] bien : *summum bonum* CIC. *de Or.* 1, 222, le souverain bien ; *quia, nisi quod honestum est, nullum est aliud*

bonum CIC. *Fin.* 5, 79, parce qu'il n'y a pas d'autre bien que l'honnête ; *Curtium castigasse ferunt dubitantes, an ullum magis Romanum bonum quam arma virtusque esset* LIV. 7, 6, 3, Curtius, dit-on, leur reprocha de se demander (dans le doute), s'il n'y avait pas quelque bien plus romain que les armes et le courage (= de n'avoir pas l'assurance que le bien des Romains par excellence, c'étaient les armes et le courage) ; *non tantum bonum non sunt divitiae, sed malum sunt* SEN. *Ep.* 87, 29, non seulement les richesses ne sont pas un bien, mais elles sont un mal ‖ *bonum est valere* CIC. *Fin.* 4, 62, c'est un bien que la santé ‖ *utemur bono litterarum* CIC. *Fam.* 15, 14, 3, nous userons de l'avantage qu'offre la correspondance ‖ *bonum publicum*, le bien public, le bien de l'État : SALL. *C.* 38, 3 ; *J.* 25, 3 ; LIV. 9, 38, 11 ; 28, 41, 1 ‖ *boni aliquid adtulimus juventuti* CIC. *Brut.* 123, j'ai apporté quelques avantages (j'ai rendu qq. service) à la jeunesse ‖ *hoc vitium huic uni in bonum convertebat* CIC. *Brut.* 141, ce défaut pour lui seul devenait un avantage (une qualité) ; *in bonum vertere* CAES. *C.* 3, 73, 6, tourner à bien, cf. LIV. 2, 31, 6 ; 10, 49, 7 ; 42, 20, 4 ‖ *res alicui bono est* LIV. 7, 12, 4, une chose est avantageuse pour qqn ; *iis patrem occidi bono fuit* CIC. *Amer.* 13, ils ont profité du meurtre du père ; [d'où l'expr. jurid.] *cui bono fuit ?* CIC. *Mil.* 32, à qui le crime a-t-il profité ?

bŏnus, *a, um* (a. lat. *duenos, duonus*, cf. *beo* et *1 do* ; fr. *bon*)

> ¶ **1** [personnes] "bon", *boni cives, boni*, "bienveillant" *di boni !* ¶ **2** [choses] "de bonne qualité", *bonae artes, bona ratio, bona pars*, "prospère" *quod bonum faustum felixque sit !* ; *bonae res* ¶ **3** constructions **a)** dat. **b)** avec *ad* **c)** *in* acc. **d)** infinitif.

¶ **1** [en parl. des pers.] bon [au sens le plus général du mot] : *bonus imperator* CIC. *Verr.* 5, 2 ; *miles* CIC. *Clu.* 108, bon général, bon soldat ; *orator* CIC. *de Or.* 1, 8 ; *poeta* CIC. *de Or.* 2, 194 ; *comoedus* CIC. *Com.* 30 ; *medicus* CIC. *Clu.* 57, bon orateur, poète, acteur, médecin ; *dominus* CIC. *CM* 56, bon maître de maison (propriétaire) ‖ *boni cives*, les bons citoyens = patriotes, respectueux des lois, [ou, souvent dans Cicéron] ceux qui suivent la bonne politique, le parti des honnêtes gens, le parti des optimates, le parti du sénat, des conservateurs : CIC. *Rab. perd.* 3 ‖ *vir bonus*, l'homme de bien : [dans la vie politique = *bonus civis*], cf. CIC. *Sest.* 98 ; *Cael.* 77 ; *Cat.* 1, 32 ; [dans la vie ordinaire], cf. HOR. *Ep.* 1, 16, 40 ; CIC. *Off.* 3, 77 ; *Leg.* 1, 49 ; *Fin.* 3, 64 ; [comme le grec ἀνὴρ καλὸς κἀγαθός] *orator est vir bonus dicendi peritus* CAT. *Frg.* 14, l'orateur est un homme de bien qui sait manier la parole, cf. CIC. *Tusc.* 5, 28 ; [pris subst[t] *bonus* et surtout le pl. *boni*] *ut inter bonos bene agier oportet* CIC. *Off.* 3, 70, il faut bien agir comme il convient entre gens de bien ; ***boni, improbi*** Cic. *Lae.* 74, les bons, les méchants ‖ ***homo bonus, optimus***, brave homme, excellent homme : Pl. *Cap.* 333 ; *Most.* 719 ; ***homines optimi non intellegunt*** Cic. *Fin.* 1, 25, ces braves gens ne comprennent pas que... ; ***nosti optimos homines*** Cic. *Leg.* 32, tu connais cet excellent peuple ‖ [dans les allocutions] : ***carissime frater atque optime*** Cic. *de Or.* 2, 10, ô mon très cher et excellent frère ; ***optime Quincti*** Hor. *Ep.* 1, 16, 1, cher Quinctius ; ***o bone*** Hor. *S.* 2, 3, 31, mon cher ‖ [en parl. des dieux] : ***(o) di boni !***, grands dieux ! dieux bons ! ; ***Jovis Optimi Maximi templum*** Cic. *Verr.* 4, 69, le temple de Jupiter très bon, très grand ; ***bona Juno*** Virg. *En.* 1, 734, Junon favorable ‖ bon, bienveillant ; ***alicui***, bon pour qqn : Pl. *Amp.* 992 ; *Cap.* 939 ; ***vicinis bonus esto*** Cat. *Agr.* 4, aie de bons rapports de voisinage ; ***in aliquem*** Cic. *Att.* 10, 8, 10 ¶ **2** [en parlant des choses] bon, de bonne qualité : ***bonus ager*** Cic. *Verr.* 5, 125, bon champ, champ fertile ; ***terra bona*** Varr. *R.* 1, 40, 3, bonne terre, bon sol ; ***adulterini, boni nummi*** Cic. *Off.* 3, 91, faux, bons écus ; ***optimum argentum*** Cic. *Verr.* 1, 91 ; *Phil.* 2, 66, très belle argenterie ; ***optima navis*** Cic. *Verr.* 5, 134, très bon navire ; ***optima signa*** Cic. *Verr.* 1, 53, très bonnes statues ; ***meliores fetus edere*** Cic. *de Or.* 2, 131, produire de plus belles moissons ; ***aqua bona*** Cat. *Agr.* 73, bonne eau ; ***bonum vinum*** Cat. *Agr.* 96, bon vin ‖ ***oratio bona*** Cic. *Brut.* 99, un bon discours ; ***optimi versus*** Cic. *Arch.* 18, vers excellents ; ***verba bona*** Cic. *Brut.* 233, bons termes, expressions heureuses, justes ; ***hoc, quod vulgo de oratoribus ab imperitis dici solet "bonis hic verbis" aut "aliquis non bonis utitur"*** Cic. *de Or.* 3, 151, cette appréciation sur les orateurs que l'on entend couramment dans la bouche des personnes non spécialistes : "en voilà un qui s'exprime en bons termes" ou " un tel s'exprime en mauvais termes " ; ***bonae artes***, ars ‖ ***bono genere natus*** Cic. *Mur.* 15, d'une bonne famille, bien né ; ***optimo ingenio*** Cic. *Off.* 1, 158, avec d'excellentes dispositions naturelles (très bien doué) ‖ ***bonae partes***, pars ‖ ***causa bona, optima, melior*** Cic. *Amer.* 42 ; *de Or.* 1, 44, une bonne cause, une cause excellente, meilleure ‖ ***bona ratio*** Cic. *Cat.* 2, 25, de bons sentiments politiques ; ***bona ratione aliquid emere*** Cic. *Verr.* 4, 10, acheter qqch. honnêtement ; ***bona ratio*** Cic. *Nat.* 3, 70, droite raison, raison bien réglée ; ***bona fama*** Cic. *Fin.* 3, 57, bonne renommée ; ***bonum judicium*** Caes. *G.* 1, 41, 2, jugement favorable ‖ ***in bonam partem aliquid accipere*** Cic. *Amer.* 45, prendre qqch. en bonne part ; ***in meliorem partem*** Cic. *Inv.* 2, 158, en meilleure part ‖ ***bona pars sermonis*** Cic. *de Or.* 2, 14, une bonne (grande) partie de l'entretien, cf. Ter. *Eun.* 123 ; Hor. *S.* 1, 1, 61 ; Quint. 12, 7, 5 ; 12, 11, 19 ; Sen. *Ep.* 49, 4 ‖ ***bonā formā*** Ter. *Andr.* 119, d'un bon (beau) physique, cf. *And.* 428 ; *Haut.* 524 ; Hor. *S.* 2, 7, 52 ; ***bonā naturā*** Ter. *Eun.* 316, d'une bonne constitution ; ***vinum bono colore*** Cat. *Agr.* 109, vin d'une bonne couleur ; ***vir optimo habitu*** Cic. *Cael.* 59, homme d'une excellente complexion ‖ bon, heureux, favorable : ***quod bonum, faustum felixque sit populo Romano*** Liv. 1, 28, 7, et puisse ce dessein être bon, favorable, heureux pour le peuple romain ; ***bona fortuna*** Cic. *Phil.* 1, 27, bonne fortune, prospérité, bonheur ; ***bona spes*** Cic. *Verr. prim.* 42, bon espoir ; ***temporibus optimis*** Cic. *Caecil.* 66, aux temps les meilleurs, aux époques les plus heureuses ; ***bona navigatio*** Cic. *Nat.* 3, 83, une bonne (heureuse) navigation ; ***boni exitus*** Cic. *Nat.* 3, 89, des morts heureuses ; ***boni nuntii*** Cic. *Att.* 3, 11, 1, de bonnes nouvelles ‖ ***bonae res***, richesses, biens : Pl. *Pers.* 507 ; Lucr. 1, 728 ; situation heureuse, prospérité : Pl. *Trin.* 446 ; Cic. *Fam.* 12, 3, 3 ; *Att.* 12, 12, 5 ; Hor. *O.* 2, 3, 2 ; le bien : ***bonae res, malae*** Cic. *de Or.* 1, 42, le bien, le mal, cf. 2, 67 ; *Or.* 118 ; *Brut.* 31 ; *Ac.* 1, 15 ‖ ***mores boni, optimi*** Cic. *Off.* 1, 56 ; *Verr.* 3, 210, bonnes mœurs, mœurs excellentes ‖ ***bonum animum habere, bono animo esse***, ▼ animus ‖ [droit] ***bonum (et) aequum*** Dig. 21, 1, 42, l'équité ; ***actio in bonum et aequum concepta*** Gai. *Inst.* 3, 137, action en équité [accordant au juge de larges pouvoirs d'appréciation] ¶ **3** [constructions] **a)** [avec dat.] bon pour, propre à : Cat. *Agr.* 6, 2 ; 6, 4 ; ***pecori bonus alendo (mons)*** Liv. 29, 31, 9, (montagne) propre à nourrir les troupeaux, cf. Sall. *J.* 17, 5 **b)** [avec ad] Cat. *Agr.* 157, 5 ; Varr. *R.* 1, 9, 1 ; Liv. 9, 19, 9 **c)** [avec in acc.] Cat. *Agr.* 157, 5 ; 2 **d)** [avec inf.] [poét.] ***bonus dicere versus*** Virg. *B.* 5, 1, habile à dire les vers ; ***Anticyras melior sorbere meracas*** Pers. 4, 16, mieux fait pour absorber les Anticyres toutes pures [= ellébore] ¶ **4** n. pris subst*ᵗ*, ▼ ***bonum*** et ***bona*** ‖ compar. ***melior*** ; superl. ***optimus***.

bŏnuscŭla, *ōrum*, n. pl. (dim. de *bona*), petit biens : Sidon. *Ep.* 9, 6, 2.

1 bŏō, *ās, āre, āvī*, - (βοάω), intr., mugir, retenir : Pl. *Amp.* 232 ; Ov. *A. A.* 3, 450 ‖ crier : Apul. *Flor.* 17 ‖ [avec acc. de l'exclamation, cf. *clamo*] Apul. *M.* 9, 20 ; [avec exclamation au st. direct] Apul. *M.* 5, 29 ; 7, 3.

2 bŏō, *īs, ēre*, -, -, intr., ▶ 1 *boo* : Varr. *Men.* 386 ; Pacuv. *Tr.* 223.

bŏōpĕs, *is*, n. (βοώπες), cerfeuil [plante] : Ps. Apul. *Herb.* 104.

bŏōpis, *is*, f. (βοῶπις), qui a des yeux de vache, c.-à-d. aux grands yeux : Varr. *R.* 2, 5, 4.

Bŏōtēs, *ae*, m. (Βοώτης), le Bouvier [constellation] : Virg. *G.* 1, 229.
▶ gén. *Bootis* Avien. *Arat.* 273 ; dat. *-ti* Cic. *Nat.* 2, 110 ; acc. *-ten* Catul. 66, 67 ; Ov. *F.* 5, 733 ; abl. *-te* Plin. 18, 202.

Booz, m. indécl., époux de Ruth et bisaïeul de David : Vulg. *Ruth* 2, 1.

Bora, *ae*, m., montagne de Macédoine : Liv. 45, 29, 8.

Borbetomagus (Borbi-), *i*, m., ville du pays des *Vangiones* [Worms] Atlas V, C4 : Anton. 355.

borbŏr, *ŏris*, m. (βόρβορος), boue : *Ambr. *Luc.* 9, 25.

Borbŏrĭāni, *ōrum*, m. pl. (*borbor*), hérétiques qui se couvrent de boue : Fil. 73, 1.

Borcāni, *ōrum*, m. pl., peuple d'Apulie : Plin. 3, 105.

Borcobē, *ēs*, f., ville des Scythes : Plin. 4, 44.

bŏrĕālis, *e* (*boreas*), boréal, du Nord, septentrional : Avien. *Perieg.* 84.

1 bŏrĕās, *ae*, m. (βορέας ; roum. *bură*, it. *burrasca*), borée, aquilon, vent du Nord : Virg. *G.* 1, 93 ‖ le septentrion : Hor. *O.* 3, 24, 38.

2 Bŏrĕās, *ae*, m., Borée [un dieu du vent, fils d'Astrée, enleva Orithye] : Ov. *M.* 6, 682.

bŏrĕōtis, *ĭdis*, f. (βορεῶτις), septentrional : Prisc. *Perieg.* 577.

bŏrĕus, *a*, *um* (βόρειος), boréal, septentrional : Ov. *Tr.* 4, 8, 41 ‖ **bŏrĕus**, Prisc. *Perieg.* 271.

Borgodi, *ōrum*, m. pl., peuple de l'Arabie Heureuse : Plin. 6, 148.

bŏrīa, *ae*, f. (βόρεια), sorte de jaspe : Plin. 37, 116.

borīcus, *a*, *um*, **borīnus** (βορεινός), ▶ *boreus* : Prisc. 3, 508, 6 ; Fort. *Mart.* 1, 290.

Bŏrīŏn, *ii*, n. (βόρειον), ville et promontoire de la Cyrénaïque : Plin. 5, 28.

bŏrĭth, n. indécl. (hébr.), saponaire [plante] : Vulg. *Jer.* 2, 22.

Bormani, *ōrum*, m. pl., ville et peuple de la Narbonnaise [Bormes les Mimosas] : Plin. 3, 36.

Bormĭae Ăquae, f. pl., Cassiod. *Var.* 10, 29 ou **Aquae Bormōnis**, Peut. 2, 4, eaux de Bourbon [l'Archambault].

Borni, *ōrum*, m. pl., petite ville de Thrace : *Nep. *Alcib.* 7, 4.

Boron, n., ville d'Éthiopie : Plin. 6, 178.

borrās, *ae*, m., ▶ 1 *boreas* : Prud. *Psych.* 847 ; Paul.-Nol. *Carm.* 17, 245.

borrĭō, *īs, īre*, -, - (onomat.), intr., fourmiller : Apul. *M.* 8, 22.

Borsippa, *ae*, f., ville de Babylonie : Just. 12, 13.

Bŏrysthĕnēs, *is* ¶ **1** m., le Borysthène, grand fleuve de la Sarmatie européenne [auj. Dniepr] Atlas I, B6 : Plin. 4, 82 ‖ **-thĕnĭus**, *a*, *um*, du Borysthène : Ov. *Pont.* 4, 10, 53 ¶ **2** f., ▶ *Borysthenis* : Amm. 22, 8, 40.

Bŏrysthĕnĭdae, *ārum*, m. pl., peuples riverains du Borysthène : Prop. 2, 7, 18.

Bŏrysthĕnis, *ĭdis*, f., ville située sur le Borysthène : Mel. 2, 6.

Bŏrysthĕnītae, ▶ *Borysthenidae* : Macr. *Sat.* 1, 11, 33.

bōs, *bŏvis*, m., f. (cf. βοῦς, scr. *gau-s*, al. Kuh, an. cow ; fr. bœuf), pl. *boves*, *boum*, *bōbus* et *būbus*, bœuf ; vache : *bovi clitellas imponere* Cic. *Att.* 5, 15, 3, mettre le bât à un bœuf [demander à qqn ce dont il n'est pas capable] ; *bos lassus fortius figit pedem* Hier. *Ep.* 102, 2, un bœuf fatigué assure plus fortement son pied ‖ poisson de mer inconnu : Plin. 9, 78 ‖ ***Lucae boves***, V.▶ *Luca*.
▶ nom. *bovis* Varr. *Men.* 3 ; Petr. 62, 13 ‖ gén. pl. *bovum* d. qqs mss Cic. *Rep.* 2, 16 ; Varr. *R.* 2, 5, 6 ; *boverum* Cat. *Agr.* 62, cf. Varr. *L.* 8, 74 ; *bubum* Ulp. *Dig.* 32, 55, 6.

boscĭs, *ĭdis*, f. (de βοσκάς), sorte de canard : Col. 8, 15, 1.

Bosphŏrānus (-rĕus), (-rĭcus), (-rĭus), *a*, *um*, du Bosphore : Tac. *An.* 12, 63 ; Sidon. *Carm.* 2, 55 ; Ov. *Tr.* 2, 298 ; Gell. 17, 8, 16 ‖ **Bosphŏrāni**, Cic. *Pomp.* 9 et **Bosphŏrenses**, m. pl., Cassiod. *Hist.* 10, 19, habitants du Bosphore.

Bosphŏreum jŭgum, n. (βοῦς, φορέω), la Grande Ourse (Chariot) : Prud. *Cath.* 5, 147.

Bosphŏrus (-rŏs), *i*, m. (βόσπορος), Bosphore, nom de deux détroits communiquant avec le Pont-Euxin : le Bosphore de Thrace Atlas VI, A4 ; X, et le Bosphore cimmérien : Cic. *Mur.* 34 ; Hor. *O.* 2, 13, 14 ; Plin. 4, 76.

Bospŏr-, V.▶ *Bosphor-*.

Bosra, indécl., nom de plusieurs villes de Judée et d'Idumée : Vulg. *Gen.* 36, 33.

1 bostăr (bust-), n. (empr. ; esp. *bostar*), étable à bœufs : Gloss. 2, 259, 33.

2 Bostăr, *ăris*, m., nom carthaginois : Liv. 22, 22, 9.

Bostra, *ae*, f., ville de l'Arabie Pétrée [Bosra] Atlas I, E7 ; IX, E3 : Amm. 14, 8, 13 ‖ **-trēnus**, *i*, m., habitant de Bostra : Cic. *Q.* 2, 10, 3 ‖ **-trensis**, *e*, de Bostra : Cassiod. *Hist.* 6, 28.

Bostrēnus, *i*, m. ¶ 1 fleuve de Phénicie : Avien. *Or.* 1072 ¶ 2 V.▶ *Bostra*.

bostrychītis, *is*, f. (βοστρυχίτης), pierre précieuse inconnue [qui ressemble à une chevelure frisée] : Plin. 37, 150.

bostrychus, *a*, *um* (βόστρυχος), frisé : Firm. *Math.* 4, 19, 17.

bŏtănĭcum, *i*, n. (βοτανικόν), herbier : Isid. 4, 10, 4.

bŏtănismŏs, *i*, m. (βοτανισμός), sarclage des herbes : Plin. 18, 169.

bŏtellus, *i*, m. (fr. boyau), C.▶ *botulus* : Mart. 5, 78, 9.

Bōterdum, *i*, n., ville des Celtibères : Mart. 1, 49, 7 ; 12, 18, 11.

bŏthynus, *i*, m. (βόθυνος), sorte de comète : Apul. *Mund.* 3, cf. Sen. *Nat.* 1, 14, 1.

botontīnī, *ōrum* **(-tōnes**, *um*), m. pl. (cf. *Butunti*), levées de terre faisant bornage entre les terrains : Grom. 315, 29 ; 361, 22.

Botontīnus, V.▶ *Butunti*.

bŏtrax, *ăcis*, m. (cf. *batrachus*), lézard ressemblant à une grenouille : Isid. 12, 4, 35.

bŏtrĭo, V.▶ *botryo*.

bŏtrōnātŭs, *ūs*, m., disposition des cheveux en forme de grappe : Tert. *Cult.* 2, 10, 4.

bŏtrōsus (-truōsus), *a*, *um* (*botrus*), qui est en forme de grappe : Isid. 17, 11, 8.

bŏtrus (-truus), *i*, m. (βότρυς) ¶ 1 grappe de raisin : Hier. *Os.* 2, 10, 1 ¶ 2 [fig., en parl. d'étoiles formant comme une grappe] : Isid. *Nat.* 26, 6.

bŏtryītēs, *ae*, m. (βοτρυΐτης), sorte de pierre précieuse : Plin. 37, 150.

bŏtryītis, *ītĭdis* et *ītis*, f. (βοτρυΐτις) ¶ 1 sorte de cadmie : Plin. 34, 101 ¶ 2 pierre précieuse : Plin. 37, 5.

bŏtryo, *ōnis*, m. (cf. *botryon*), grappe de raisin : Pall. 3, 33 ; Mart. 11, 27, 4 ‖ [symbole chrétien] Ambr. *Fid.* 1, 20, 135 ; Cassiod. *Inst.* 1, 3, 1.

bŏtryŏn, n. (βότρυον ?), sorte de médicament : Plin. 28, 44.

1 bŏtrys, *yos*, f. (βότρυς), armoise [plante] : Plin. 27, 28 ; 55.

2 Botrys, acc. *yn*, f., ville de Phénicie [Batroun] : Mel. 1, 67.

Bottĭaea, f., la Bottiée [partie de la Macédoine] : Liv. 26, 25, 4 ‖ **-aei**, *ōrum*, m. pl., habitants de la Bottiée : Plin. 4, 40.

bŏtŭlārĭus, *ii*, m. (*botulus*), faiseur de boudins : Sen. *Ep.* 56, 2.

bŏtŭlus, *i*, m. (empr. osq., cf. al. *Kutteln*), boudin, saucisson, [en gén.] boyau farci : Gell. 16, 7, 11 ; Mart. 14, 72 ‖ [fig.] boyaux : Tert. *Jejun.* 1, 3.

Bouconica, V.▶ *Bonconica*.

Boudicca, *ae*, f., reine des Icènes : Tac. *An.* 14, 31 ; *Agr.* 16.

boustrŏphēdŏn, adv., en écrivant alternativement dans un sens, puis en sens opposé [comme les bœufs au labourage] : *Mar. Vict. *Gram.* 6, 55, 25.

1 bŏva, C.▶ *1 boa* : Varr. *Men.* 329 ; P. Fest. 27, 27.

2 Bova, *ae*, f., île de la mer Adriatique : Plin. 3, 152.

bŏvārĭus, V.▶ *boarius*.

bŏvātim, adv. (*bos*), à la façon des bœufs : Nigid. d. Non. 40, 23.

Bovenna, *ae*, f., île voisine de la Sardaigne : Peut. 3, 5.

bŏvĕrum, V.▶ *bos* ▶.

Bŏvĭānum, *i*, n., ville des Samnites [Bojano] Atlas XII, E4 : Cic. *Clu.* 197 ‖ **-ānensis**, *e* et **-ānĭus**, *a*, *um*, de Bovianum : CIL 9, 2448 ; Sil. 9, 566.

Bovĭātes, m. pl., peuple d'Aquitaine : Plin. 4, 108.

bŏvĭcīdĭum, *ii*, n. (*bos*, *caedo*), immolation d'un bœuf : Solin. 1, 10.

bŏvīlĕ, *is*, n. (*bos*), étable à bœufs : Cat. d. Char. 104, 29, cf. Varr. *L.* 8, 54.

bŏvīlis, *e*, de bœuf : Hyg. *Fab.* 30.

1 bŏvilla, *ae*, f. (*bovillus*), étable à bœufs : Gloss. 2, 31, 2.

2 Bŏvillae, *ārum*, f. pl., ancienne ville du Latium : Tac. *An.* 2, 41 ‖ **-ānus**, *a*, *um*, de Bovillae : Cic. *Planc.* 23 ‖ **-enses**, *ĭum*, m. pl., habitants de Bovillae : CIL 14, 2409.

bŏvillus, *a*, *um* (*bos*), de bœuf : Liv. 22, 10, 3.

bŏvīnātŏr, *ōris*, m., chicanier : Non. 79, 27 ; Gloss. 5, 8, 11 ‖ qui tergiverse : Lucil. d. Gell. 11, 7, 9.

bŏvīnŏr, *ārĭs*, *ārī*, - (cf. *bos* ?), dire des injures : P. Fest. 27, 26 ; Gloss. 5, 492, 69.

bŏvīnus, *a*, *um* (*bos*), de bœuf : Orib. *Syn.* 1, 19.

bŏvis, V.▶ *bos* ▶.

Bovium, *ii*, m., petite ville de Bretagne : Anton. 469.

bŏvō, *ās*, *āre*, -, -, [arch.] C.▶ *1 boo* : Enn. *An.* 585.

brăbēum (-bīum), brăvīum, *i*, n. (βραβεῖον), prix de la victoire dans les jeux publics : Capit. *Ver.* 6, 5 ‖ [fig.] Tert. *Mart.* 3, 3.

brăbeuta, *ae*, m. (βραβευτής), arbitre dans les jeux entre les combattants : Suet. *Ner.* 53.

brabilla (-byla), *ae*, f. (βράβυλον), prune sauvage : Plin. 27, 55.

brăbīum, V.▶ *brabeum*.

1 brāca, *ae*, f. (gaul. ; fr. braie), Ov. *Tr.* 5, 10, 34, [plus souvent **brācae**, *ārum*, f. pl., braies [chausses plus ou moins larges serrées par le bas, portées par les barbares] : Tac. *H.* 2, 20 ; Ov. *Tr.* 5, 7, 49 ; Prop. 4, 10, 43.
▶ *brax*, *-ācis* Not. Tir. 97, 7 ; pl. *braces* Diocl. 7, 46.

2 Braca, *ae*, m., montagne de Maurétanie : Plin. 5, 10.

Brācăra, *ae*, f., Aus. *Urb.* 9 (293), 5, **Brācăra Augusta**, **Brācăraugusta**, *ae*, f., ville de la Tarraconaise [auj. Braga] Atlas IV, B1 : CIL 2, 4773 ‖ **-raugustānus**, *a*, *um*, de Bracara : CIL 2, 2426.

Brācărensis, *e*, de Bracara : Isid. *Goth.* 31.

Brācares, *um* (**-ri**, *ōrum*), m. pl., peuple de la Tarraconaise : Plin. 3, 28 ; 4, 112.

brācārĭus, *ii*, m., qui fait les *bracae* : Lampr. *Alex.* 24, 3.

brācātus, *a*, *um* (*1 braca*), qui porte des braies : Cic. *Font.* 53 ; *bracata Gallia* Plin. 3, 31, la Gaule Narbonnaise ‖ qui porte de larges vêtements : Mel. 2, 10 ‖ subst., **Bracati**, m. pl., les Gaulois : Juv. 8, 234.

bracch-, V.▶ *brach-*.

1 brācēs, V.▶ *bracis*.

2 brāces, V.▶ *1 braca* ▶.

brācha, *ae*, f., ▶ 1 braca : Cod. Th. 14, 10, 2.

brāchĭālis, *e* (*brachium*), de bras : Pl. Poen. 1269 ‖ subst., **-lis**, *is*, f. et **-le**, *is*, n., bracelet : Treb. Claud. 14, 5 ; Plin. 28, 82.

brāchĭāti, *ōrum*, m. pl., porteurs de bracelets (soldats) : Amm. 15, 5, 30 ; 16, 12, 43 ; CIL 5, 8740, 2.

brāchĭātus, *a*, *um* (*brachium*), branchu : Plin. 16, 123 ; Col. 5, 5, 9.

brāchīlis, *is*, m. pl., forme vulgaire de *bracile* : Isid. 19, 33, 5.

brāchĭŏlāris, *e* (*brachiolum*), relatif aux muscles de la cuisse du cheval : Veg. Mul. 1, 25, 5.

brāchĭŏlum, *i*, n. (dim. de *brachium*) ¶ 1 petit bras, bras mignon : Catul. 61, 181 ‖ bras d'un siège, d'un trône : Vulg. 2 Par. 9, 18 ‖ bras d'une baliste : Veg. Mil. 4, 22 ¶ 2 pl., muscles de la cuisse du cheval : Veg. Mul. 1, 25, 4.

brāchĭōnārĭum, *ii*, n., bracelet : Gloss. 2, 480, 13.

brāchĭum (bracch-), *ii*, n. (de βραχίων ; fr. *bras*) ¶ 1 bras [depuis la main jusqu'au coude] : Cels. 8, 1, 19 ; Tac. G. 17 ¶ 2 bras [en gén.] : Cic., Caes., Liv. ; *brachia remittere* Virg. G. 1, 202, laisser tomber ses bras [cesser de ramer] ; *brachia ferro exsolvere* Tac. An. 15, 63, s'ouvrir les veines ‖ [prov.] *dirigere brachia contra torrentem* Juv. 4, 89, nager contre le courant ‖ [fig.] *levi, molli brachio* Cic. Att. 4, 16, 6 ; 2, 1, 6, mollement, légèrement ; *sceleri brachia praebere* Ov. H. 7, 126, prêter la main au crime ‖ *brachia polypi* Plin. 9, 85, les tentacules du poulpe ‖ les pinces de l'écrevisse : Plin. 9, 97 ‖ *vitis* Virg. G. 2, 368, les bras de la vigne ‖ bras d'une baliste : Vitr. 1, 1, 8 ‖ bras de mer : Ov. M. 1, 13 ‖ *montium* Plin. 5, 98, chaîne de montagnes ‖ [poét.] antennes de navire : Virg. En. 5, 829 ‖ [milit.] ligne de communication : Liv. 22, 52, 1 ; [en part.] [τὰ σκέλη] Liv. 31, 26, 8, les Longs Murs [entre Athènes et le Pirée] ‖ [fig.] force, bras : Vulg. 2 Par. 32, 8.

brachmānae, *ārum*, **-ni**, *ōrum*, m. pl. (de βραχμάνες), brahmanes [philosophes de l'Inde] : Tert. Apol. 42, 1 ; Amm. 23, 6, 33. ▶ gén. sg. *-anūm* Apul. Flor. 15.

brāchўcătălectus -lecticus versus, m. (βραχυκατάληκτος, βραχυκαταληκτικός), vers brachycatalectique [auquel il manque un pied] : Serv. Gram. 4, 457, 14 ; Diom. 502, 8.

brāchўpōta, *ae*, m. (βραχυπότης), qui boit peu, homme sobre, petit buveur : Cael.-Aur. Acut. 3, 15, 120.

brāchўsyllăbus pēs, m. (βραχυσύλλαβος), pied de trois brèves, tribraque : Diom. 479, 1.

brăcīle, *is*, n. (*braca*), ceinture : Isid. 19, 33, 55.

brăcis, *is*, m. (gaul., cf. *fraces*, *marceo* ; a. fr. *brais*, fr. *brasser*), blé malté [pour la fabrication de la bière] : Plin. 18, 62 ; Vindol. 191.

bractāmentum, *i*, n. (*bractor*), breuvage : Fulg. Virg. p. 85, 13 H.

bractĕa, ▶ *brattea*.

bractŏr, *ārĭs*, *ārī*, - (cf. *bracis*), pass., *mero* Fulg. Mund. 9, p. 162, 17 H, être imprégné, imbibé de vin.

Bradanus, *i*, m., rivière du Picénum [Bradano] Atlas XII, E5 : Anton. 104.

brādo, *ōnis*, m. (germ., cf. al. *Braten* ; a. fr. *braon*), jambon : Anthim. 14.

brădys (βραδύς), lent : Enn. An. 423.

Bragae, *ārum*, f. pl., nom de quelques îles voisines de l'Arabie : Plin. 6, 150.

Brana, *ae*, f., ville de la Bétique : Plin. 3, 15.

branca, *ae*, f. (gaul. ; fr. *branche*, al. *Pranke*), patte [d'animal féroce] : Grom. 309, 2.

branchĭa, *ae*, f., plus souvent **-ĭae**, *ārum*, f. pl. (βράγχια), branchies, ouïes des poissons : Plin. 9, 16 ‖ gorge de l'homme : Isid. 4, 7, 13.

Branchĭădōn, *i*, n., le temple de Branchus : Myth. 1, 80, 7.

Branchĭdae, *ārum*, m. pl., Branchides, descendants de Branchus [prêtres d'Apollon Didyméen] : Plin. 5, 112 ‖ **Branchĭădae**, Placid. Stat. Th. 3, 479.

branchŏs, *i*, m. (βράγχος), enrouement : Isid. 4, 7, 13.

Branchus, *i*, m. (Βράγχος), nom d'un fils d'Apollon : Stat. Th. 3, 479.

Brancus, *i*, m., roi des Allobroges : Liv. 21, 31, 6.

brandĕum, *i*, n. (empr., cf. πράνδιον), sorte de ceinture enveloppant les reliques : Greg.-M. Ep. 4, 30.

Brangōsi, *ōrum*, m. pl., peuple de l'Inde, en deçà du Gange : Plin. 6, 76.

Brannācum (Brinn-), *i*, n., villa en Gaule Belgique [Berny-Rivière, Aisne] : Greg.-Tur. Hist. 4, 46 ‖ **-censis**, *e*, de Brannacum : Hist. 5, 50.

Brannodūnum, *i*, n., ville de Bretagne [Brancaster] : Not. Dign. Oc. 28, 6.

Brannovices, *um*, m. pl., nom d'une partie des *Aulerci* : Caes. G. 7, 75, 2.

brasae, *ārum*, f. pl. (germ. ; fr. *braise*, *brésil*), braises : Gloss. 3, 598, 7.

brasmătiae, *ārum*, m. pl. (βρασματίαι), fermentation, bouillonnement du globe ; tremblement de terre : Amm. 17, 7, 13.

brassĭca, *ae*, f. (obscur), chou [légume] : Plin. 19, 136.

brassĭcum, *i*, n., ▶ *brassica* : Paul.-Nol. Carm. 28, 278.

brastae, *ārum*, m. pl. (βράσται), ▶ *brasmatiae* : Apul. Mund. 18.

brăthĕus, ▶ *bratteus*.

brăthў, *ўs*, n. (βράθυ), sabine [arbrisseau] : Plin. 24, 102.

brattĕa (bract-), *ae*, f. (empr.), feuille de métal : *auri* Lucr. 4, 729, feuille d'or ; [sans *auri*, même sens] Virg. En. 6, 209 ; Plin. 33 ; 62 ‖ [poét.] *viva* Mart. 9, 61, 4, toison d'or [blonde toison des brebis de l'Hespérie] ‖ *ligni* Plin. 16, 232, tablette de bois, feuillet ‖ [fig.] pl., clinquant, faux brillants du style : Solin. praef. 2.

brattĕālis, *e*, de feuille de métal d'or : Prud. Perist. 10, 1025.

brattĕārĭa (brattĭ-), *ae*, f., batteuse de métaux : CIL 6, 9211.

brattĕārĭus (brattĭārĭus), *ii*, m., batteur de métaux, et surtout d'or : Firm. Math. 4, 21, 6.

brattĕātŏr, *ōris*, m., ▶ *brattearius* : Firm. Math. 8, 16, 3.

brattĕātus (bract-), *a*, *um*, couvert d'une feuille d'or, doré : Sidon. Ep. 8, 8, 3 ; Sen. Ep. 41, 6 ‖ [fig.] *bratteata felicitas* Sen. Ep. 115, 9, bonheur de façade, de clinquant ; *bratteatum dictum* Aus. Grat. (419), 17, parole dorée.

brattĕŏla, *ae*, f. (dim. de *brattea*), petite feuille ou lame d'or : Juv. 13, 152.

brattĕus, *a*, *um*, d'or : Fort. Germ. 13, 45.

Brattĭa, *ae*, f., île de l'Adriatique [auj. Brazza] Atlas XII, D5 : Plin. 3, 152.

bratus, *i*, f. (empr.), arbre semblable au cyprès : Plin. 12, 78.

Bratuspantĭum, *ii*, n., ville de Gaule chez les Bellovaques [Breteuil] : Caes. G. 2, 13, 2.

Braurōn, *ōnis*, m., ville de l'Attique : Stat. Th. 12, 675 ‖ **Braurōnia**, *ae*, f., Mel. 2, 46.

brăvīum, ▶ *brabeum*.

brax, ▶ 1 *braca* ▶.

brecta, *ōrum*, n. pl. (βρεκτόον), sorte de nourriture pour les chevaux en Cappadoce : Pelag. 24.

Bregĕtĭo (-ĭtio), *ōnis*, f., ville de la Basse Pannonie [O-Szöny] : Anton. 246 ; Amm. 30, 5, 15.

1 **bregma**, n. (mot indien), avortement (de la graine du poivre) : Plin. 12, 27.

2 **bregma**, *ătis*, n. (βρέγμα), partie supérieure de la tête [sinciput] : M.-Emp. 1, 20.

Bregmēni, *ōrum*, m. pl., peuple de Mysie : Plin. 5, 126.

Bremenĭum, *ii*, n., ville de Bretagne [High Rochester] : Anton. 464.

Bremetonnăcum, *i*, n., ville de Bretagne [Overborough] : Anton. 481.

Brenda, *ae*, f., [poét.] ▶ *Brundisium* : P. Fest. 30, 7.

Brennus, *i*, m. ¶ 1 chef gaulois qui s'empara de Rome : Liv. 5, 38, 3 ‖ **Brennĭcus**, *a*, *um*, de Brennus : Sidon. Carm. 7, 561 ¶ 2 un autre qui envahit la Grèce : Cic. Div. 1, 81.

brenthŏs, *i*, m., oiseau marin indéterminé : Plin. 10, 204.

Breones

Breones, *um*, m. pl., ¶ Breuni : Cassiod. *Var.* 1, 11.

brĕphŏtrŏphīum, *ĭi*, n. (βρεφοτροφεῖον), hospice pour nouveau-nés : Cod. Just. 1, 2, 22 pr.

brĕphŏtrophus, *i*, m., celui qui nourrit des nouveau-nés : Cod. Just. 1, 3, tit.

Breuci, *ōrum*, m. pl., peuple de la Pannonie : Plin. 3, 147.

Breuni, *ōrum*, m. pl., peuple de la Rhétie : Hor. O. 4, 14, 11.

brĕvĕ, *is*, n. (1-2 brevis ; fr. *bref*), sommaire, liste : Greg.-M. *Ep.* 9, 112.

Breves, m. pl., peuple sur les bords du Nil : Plin. 6, 179.

brĕvī, abl. n. de 1 brevis employé adv^t ¶ 1 brièvement : **comprendam brevi** Cic. *de Or.* 1, 34, je conclurai en peu de mots ; **percurrere** Cic. *Caecin.* 94 ; **definire** Cic. *Sest.* 97 ; **explicare** Cic. *Fin.* 1, 55 ; **respondere** Cic. *Att.* 14, 9, 1, passer en revue, définir, exposer, répondre brièvement ¶ 2 sous peu, dans peu de temps : **brevi… recuperabit** Cic. *Verr.* 173, bientôt il recouvrera…, cf. *Div.* 1, 68 *Tusc.* 1, 96 ; CM 31 ¶ 3 pendant peu de temps, en peu de temps : **cunctactus brevi** Ov. *M.* 5, 32, ayant hésité un moment, cf. Curt. 10, 7, 11 ; Tac. *An.* 13, 51 ; **mirantur tam brevi rem Romanam crevisse** Liv. 1, 9, 9, ils s'étonnent que Rome se soit développée si rapidement, cf. 5, 53, 9 ; 21, 4, 2 ǁ **brevi post** Liv. 24, 3, 14 (33, 24, 5 ; 33, 37, 9) peu après ; **brevi postquam** Liv. 6, 20, 15, peu de temps après que ; **brevi deinde** Tac. *Agr.* 8, peu après (Curt. 6, 6, 17) ; **brevi ante** Sen. *Suas.* 6, 19, peu auparavant (Gell. 1, 15, 18) ; **non brevi antiquior** Gell. 13, 19, 4, notablement plus ancien.

brĕvĭa, *ĭum*, n. pl. de 1 brevis pris subst^t, bas-fonds [mer] : Virg. *En.* 1, 111 ; 10, 288 ; Tac. *An.* 1, 70 ; 6, 33.

brĕvĭālis, *e*, bref : Rufin. *Symb.* 3.

brĕvĭārĭus, *a*, *um* (1-2 brevis), abrégé : Scaev. *Dig.* 33, 8, 26 ǁ subst. n., abrégé, sommaire : Sen. *Ep.* 39, 1 ǁ **breviarium imperii** Suet. *Aug.* 101, inventaire de l'empire ǁ subst. m., **breviarius totius evangelii** Tert. *Or.* 1, 6, l'essence de tout l'Évangile.

brĕvĭātim, adv., en abrégé : Isid. *Eccl.* 2, 23, 5.

brĕvĭātĭō, *ōnis*, f. (brevio), accourcissement, diminution : Aug. *Ep.* 199, 20 ǁ résumé : Aug. *Ep.* 139, 3.

brĕvĭātŏr, *ōris*, m., abréviateur : Oros. *Hist.* 1, 8 ǁ rédacteur de sommaires, d'inventaires : Novel.-Just. 105, 2, 4.

brĕvĭātus, *a*, *um*, part. de brevio.

brĕvĭcŭlus, *a*, *um* (dim. de 1-2 brevis), courtaud [de taille] : Pl. *Merc.* 639 ǁ court, de peu de durée : Apul. *M.* 6, 25 ǁ subst. m., petit mémoire : Aug. *Retract.* 2, 39.

brĕvĭgĕrŭlus, *i*, m. (2 brevis, gero), courrier : Gloss. 5, 592, 40.

brĕvĭlŏquens, *entis* (1 brevis, loquor), qui parle en peu de mots, concis, serré : Cic. *Att.* 7, 20.

brĕvĭlŏquentĭa, *ae*, f., Cic. *Rep.* 5, 11, **-lŏquĭum**, *ĭi*, n., Prisc. 2, 325, 8, brièveté, concision, laconisme.

brĕvĭlŏquus, *a*, *um*, ¶ breviloquens : Gloss. 2, 260, 5.

brĕvĭō, *ās*, *āre*, *āvī*, *ātum* (1 brevis), tr., abréger, raccourcir : Quint. 11, 3, 83 ; **gradus** Sidon. *Ep.* 2, 2, 11, les pas ; **horas** Paul.-Nol. *Carm.* 27, 13, les heures ǁ amoindrir, diminuer : **dignitatem** Cypr. *Ep.* 61, 2, 3, le mérite ǁ rendre brève [une syllabe] : Quint. 12, 10, 57.

1 brĕvis, *e* (cf. 1 bruma, βραχύς, toch. B mrakwe, an. *merry* ; fr. *bref*), court ¶ 1 [quant à l'espace] **magna, parva, longa, brevia** Cic. *Ac.* 2, 92, objets grands ou petits, longs ou courts ; **breviore itinere** Caes. *C.* 1, 43, 4, par un chemin plus court ; **inde erat brevissimus in Britanniam trajectus** Caes. *G.* 4, 21, 3, de là la traversée était la plus courte pour aller en Bretagne ; **via brevior** Cic. *Or.* 180, voie (méthode) plus courte ǁ **brevis aqua** [poét.] Ov. *H.* 17, 174, une nappe d'eau étroite ; **brevi spatio dijunctus** Liv. 42, 59, 4, séparé par un étroit espace ; **brevia vada** Virg. *En.* 5, 221, bas-fonds, ¶ brevia ; **puteus brevis** Juv. 3, 226, puits peu profond ; **(naves) adversus breve et incertum** Tac. *An.* 14, 29, (navires faits) en prévision d'endroits peu profonds et incertains ǁ court [en hauteur] : **judex brevior ipse quam testis** Cic. *de Or.* 2, 245, le juge de plus petite taille lui-même que le témoin ; **valens an imbecillus, longus an brevis** Cic. *Inv.* 1, 35, bien portant ou faible, grand ou petit ; **statura brevis** Suet. *Aug.* 79, petite taille ; **hasta brevis** Nep. *Iph.* 1, 3, lance courte ; **parmae breviores** Liv. 26, 4, 4, boucliers plus courts ; **brevis murus** Ov. *Tr.* 5, 2, 70, mur peu élevé ǁ [en parl. d'écrits, de discours] court, bref : **oratio longior… brevior** Cic. *Off.* 2, 20, développement (exposé) un peu trop long… un peu trop court ; **brevis defensio** Cic. *Cael.* 9, courte (brève) défense ; **dicta brevia** Cic. *de Or.* 2, 221, mots à l'emporte-pièce, boutades satiriques ; **(genus facetiarum) peracutum et breve** Cic. *de Or.* 2, 218, (genre de plaisanterie) acéré et bref (fait de traits piquants et brefs) ; **versus syllaba una brevior aut longior** Cic. *Par.* 26, vers trop court ou trop long d'une seule syllabe ; **(ista fuerunt) non solum non larga, sed etiam breviora quam vellem** Cic. *Brut.* 52, (ces détails loin d'avoir été) longs, ont même été plus brefs que je n'aurais souhaité ; **hoc breve dicam** Cic. *Sest.* 12, je ferai cette courte remarque ǁ n. pris subst^t, **breve faciam** Cic. *Att.* 11, 7, 6, je ferai court, je serai bref ; **scis in breve te cogi** Hor. *Ep.* 1, 20, 8, tu sais qu'on te réduit en un petit volume ; **erant in breve coactae causae** Liv. 39, 46, 5, les justifications étaient ramassées en un court exposé ǁ [en parl. des écrivains ou orateurs eux-mêmes] bref, concis : Cic. *de Or.* 2, 93 ; *Brut.* 29 ; *Q.* 2, 11, 4 ; **sol me admonuit ut brevior essem** Cic. *de Or.* 3, 209, le soleil m'a averti d'être plus bref, cf. *Att.* 1, 14, 4 ; 2, 25, 2 ; **brevis esse laboro, obscurus fio** Hor. *P.* 25, je m'efforce d'être bref, et je deviens obscur ¶ 2 court [quant au temps] : **brevi spatio interjecto** Caes. *G.* 3, 4, 1, après un court intervalle de temps ; **breve tempus** Cic. *Cat.* 2, 11, court espace de temps ; **breviores noctes** Caes. *G.* 5, 13, 4, nuits plus courtes ; **ad breve quoddam tempus** Cic. *Cat.* 1, 31, pour un court espace de temps ǁ **brevi tempore a)** sous peu, dans peu de temps : Cic. *Tusc.* 3, 69 ; *Off.* 3, 79 ; Caes. *G.* 1, 40 ; 11 **b)** pendant peu de temps, en peu de temps : Cic. *Tusc.* 4, 31 ; *Nat.* 1, 6 ; *Off.* 3, 4 ; **tam brevi tempore** Cic. *Verr.* 5, 11, en si peu de temps, cf. Pomp. 33 ; 34 ; 46 ; *Phil.* 5, 11 ; ¶ **tempore, spatio, brevi** ǁ [en parl. des choses elles-mêmes] court, bref, passager : **omnia brevia tolerabilia esse debent** Cic. *Lae.* 104, tout ce qui est passager doit être supportable ; **dolor brevis** Cic. *Fin.* 2, 93, douleur de courte durée ; **ira brevis furor est** Hor. *Ep.* 1, 1, 62, la colère est une courte folie [poét.] ; **breve lilium** Hor. *O.* 1, 36, 16, le lis fugitif (éphémère) ; **nulla brevem dominum sequetur** Hor. *O.* 2, 14, 24, aucun [de ces arbres] ne suivra son maître d'un moment (d'un jour) ǁ [métr.] **syllaba brevis** Cic. *Or.* 217, syllabe brève ; **tres breves** Cic. *de Or.* 3, 183, trois brèves [syllabes] ; **creticus est ex longa et brevi et longa** Cic. *de Or.* 3, 183, le crétique se compose d'une longue, d'une brève et d'une longue ; ¶ **breve, brevi, brevia**.

2 brĕvis, *is*, m. (1 brevis, s.-ent. *liber*, *libellus* ; fr. *bref*), sommaire, liste, inventaire : Hier. *Ep.* 5, 2 ; Greg.-M. *Ep.* 3, 41 ; Bened. *Reg.* 32, 3 ; ¶ breve.

brĕvĭtās, *ātis*, f. (1 brevis), brièveté ¶ 1 [quant à l'espace] **spatii brevitas** Caes. *C.* 1, 82, 3 ; **loci** Liv. 8, 19, 8, la faible étendue de l'espace ; **brevitas nostra** Caes. *G.* 2, 30, 4, notre petite taille (stature) ; **gladii brevitate habiles** Liv. 22, 46, 5, épées maniables à cause de leur faible longueur ǁ [en parl. d'écrits, de discours] **brevitas orationis** Cic. *Verr.* 1, 42, brièveté d'un discours ; **celeritas et brevitas et respondendi et lacessendi** Cic. *de Or.* 1, 17, la promptitude et la concision à la fois dans la riposte et dans l'attaque ; **(sequetur) brevitatem, si res petet** Cic. *Or.* 139, (il recherchera) la brièveté, si le sujet la demande ; **brevitati litterarum ignoscere** Cic. *Fam.* 9, 11, 2, pardonner à la brièveté de ma lettre ¶ 2 [quant au temps] **diei brevitas** Cic. *Verr.* 5, 26, la brièveté du jour ; **temporis** Cic. *Tusc.* 2, 44, brièveté du temps, court laps de temps ; **vitae** Cic. *Mil.* 97, brièveté de la vie ; **imperii** Tac. *H.* 1, 47, brièveté du règne ǁ **brevitas** [seul], courte durée : Cic. *Fin.* 3, 47 ǁ [métr.] **omnium longitudinum et brevitatum in**

sonis judicium Cic. *Or.* 173, l'appréciation de toutes les quantités longues et brèves dans les sons.

brĕvĭtĕr, adv., brièvement ¶ 1 [employé surtout en parl. d'écrits, de discours] *exponere breviter* Cic. *Cat.* 3, 2, exposer brièvement ; *breviter et presse* Cic. *Brut.* 197, d'une façon brève et précise ; *breviter strictimque* Cic. *Clu.* 29, d'une façon brève et rapide ; *summatim breviterque* Cic. *Or.* 51, en gros et brièvement ‖ pour parler brièvement, bref : Plin. 3, 31 ; 3, 39 ‖ [métr.] *breviter dicitur* Cic. *Or.* 159, la quantité est brève ¶ 2 [temps] *breviter confectus est* Sen. *Contr.* 1, 7, 9, il a succombé en peu de temps, il a vite succombé ‖ [espace] *nanus suos breviter concretus in artus* Prop. 4, 8, 41, un nain ramassé dans ses membres à l'étroit ; *(patet Mausoleum) brevius a frontibus* Plin. 36, 30, (le mausolée s'étend) un peu moins en façade ‖ compar. *brevius* Cic. *Inv.* 1, 25 *Nat.* 2, 20 ; superl. *brevissime* Cic. *Verr.* 5, 140.

brĭa, *ae*, f. (gaul. ? ; cf. *ebrius*, ou *ferveo* ?), espèce de vase à vin : Arn. 7, 29.

Brĭărĕūs, *ĕi* ou *ĕos*, m. (Βριαρεύς), Briarée [géant qui avait cent bras] : Virg. *En.* 6, 287 ‖ **-rēĭus**, *a, um*, de Briarée, des géants : Claud. *Pros.* 3, 187.

brĭcumus (-um), m. (n.) (gaul.), armoise [plante] : M.-Emp. 26, 41.

brīdus (-um), *i*, m. (n.) (germ.), brochette : Anthim. 43.

Brĭĕtĭum, *ii*, n., nom d'un temple en Bithynie : Plin. 31, 23.

Brĭĕtĭus, *ii*, m., dieu adoré en Bithynie : Plin. 31, 23.

Brīgaecum (Brĭgēcum), *i*, n., ville d'Asturie Atlas IV, B2 : Anton. 440 ‖ **-cĭni**, *ōrum*, m. pl., habitants de Brigécum : Flor. 2, 55.

brĭgantes, *um*, m. pl. (gaul.), petits vers qui attaquent les cils : M.-Emp. 8, 127.

Brĭgantes, *um*, m. pl., Brigantes, peuple de la Bretagne : Tac. *An.* 12, 32 ‖ acc. *-as* Sen. *Apoc.* 12.

Brĭgantĭa, *ae*, f. ¶ 1 ville de la Gallécie Atlas IV, B1 : Oros. *Hist.* 1, 2, 71 ¶ 2 ville de Rhétie [Bregenz] Atlas I, C4 ; V, D4 ; XII, A2 : Amm. 15, 4, 3 ¶ 3 ville des Alpes Cottiennes [Briançon] : Amm. 15, 10, 6.

Brĭgantīnus lacus, m., grand lac de la Rhétie [lac de Constance] Atlas V, D4 ; XII, A2 : Plin. 9, 63.

Brĭgantĭum, *ii*, n., ville des Alpes Cottiennes [auj. Briançon] Atlas V, E3 : CIL 11, 3281 ‖ **Brĭgantĭo**, *ōnis*, Anton. 341.

Brĭgĭāni, *ōrum*, m. pl., peuple des Alpes : Plin. 3, 137.

Brigobanna, *ae*, f., ville de Vindélicie [Hüfingen] : Peut. 3, 5.

Brilessus, *i*, m., montagne de l'Attique : Plin. 4, 24.

Brīmō, *ūs*, f., autre nom d'Hécate : Prop. 2, 2, 12.

Brĭnĭātes, *um* ou *ĭum*, m. pl., peuple de Ligurie : Liv. 39, 2 ; 41, 23.

Brinnĭus, *ii*, nom de famille rom. : CIL 6, 448 ‖ **-ĭānus**, *a, um*, de Brinnius : Cic. *Att.* 13, 12, 4.

Brinta, *ae*, m., rivière qui passe à Padoue [Brenta] Atlas XII, B3 : Fort. *Carm. pr.* 4 ; *Mart.* 4, 677 ‖ **-tesia**, Peut. 4, 5.

brīsa, *ae*, f. (celt., cf. *briso* ; esp. *brisa*), raisin foulé, marc de raisin : Col. 12, 39, 2.

Brīsaeus (-ēus), *i*, m., surnom de Bacchus : Pers. 1, 76, cf. Schol.

Brisari, *ōrum*, m. pl., peuple d'Asie : Plin. 6, 55.

Brīsēis, *ĭdis* ou *ĭdos*, f. (Βρισηΐς), fille de Brisès, devenue esclave d'Achille : Hor. *O.* 2, 4, 3 ; Prop. 2, 8, 35 ‖ **Brīsēida**, *ae*, f., Hyg. *Fab.* 106.

Brīsēus, v. Brisaeus.

brīsō, *ās*, *āre*, -, - (*briso* ; fr. *briser*), fouler (le raisin) : Schol. Pers. 1, 76 ; v. *brisa*.

Brisoāna, *ae*, m., fleuve de la Perse : Amm. 23, 6, 41.

Brĭtanni, *ōrum*, m. pl. ¶ 1 Bretons [habitants de la Bretagne (Angleterre)] : Caes. *G.* 4, 21, 5 ; sg., *Britannus* Hor. *Epo.* 7, 7 ¶ 2 Sidon. *Ep.* 1, 7, 5 ; c. *Britones*.

Brĭtannĭa, *ae*, f., Bretagne [Angleterre] Atlas I, A3 ; V, B1-2 : Caes. *G.* 4, 21 ; Cic. *Nat.* 2, 88 ‖ **-ĭcus**, *a, um*, de Bretagne : Cic. *Nat.* 3, 24 ‖ **-ĭcĭānus**, *a, um*, de Bretagne : CIL 13, 8164 a.

brĭtannĭca, *ae*, f., (avec ou sans *herba*), sorte de patience [herbe] : Plin. 25, 20 ‖ **-annĭcē**, *ēs*, M.-Emp. 19, 26.

Brĭtannĭcus, *i*, m., fils de Claude et de Messaline, empoisonné par Néron : Tac. *An.* 11, 4.

Brĭtannis, *ĭdis*, adj. f., de Bretagne : Prisc. *Perieg.* 577.

Brĭtannus, *a, um*, de Bretagne : Prop. 2, 1, 76 ; v. Britanni.

Brĭtōmartis, *is*, f., nom d'une nymphe de Crète : Claud. *Cons. Stil.* 3, 251.

Brĭtōnes (Brittōnes), *um*, m. pl. ¶ 1 Bretons, Brittons [nation celtique établie en Angleterre] : Juv. 15, 124 ‖ sg., **Britto**, *ōnis*, Mart. 11, 21, 9 ¶ 2 Bretons [établis dans l'Armorique] : Greg.-Tur. *Hist.* 5, 21.

▶ Juvénal est le seul à scander *Brĭtŏnĕs* à la manière grecque.

Brittānĭa, *ae*, f., v. Britannia.

Brittannus, *a, um*, c. *Britannus* : Lucr. 6, 1106.

Brittĭi, m., c. *Bruttii* : Cic. *Caecin.* 54.

brittola, *ae*, f. (gaul.), ciboulette : Gloss. 3, 587, 49.

Brittuncŭli, *ōrum*, m. pl. (dim. de *Brittones*), [péj.] les petits Bretons (Brittons) : Vindol. 164.

Brĭūlitae, *ārum*, m. pl., habitants de Briula [ville de Lydie] : Plin. 5, 120.

Brīva Curretia, f., ville d'Aquitaine [auj. Brive-la-Gaillarde] : Greg.-Tur. *Hist.* 7, 10.

Brīvās, *ātis*, f., ville des Arvernes [auj. Brioude] : Sidon. *Carm.* 24, 16 ‖ **-tensis**, *e*, de Brioude : Greg.-Tur. *Hist.* 7, 10.

Brīxa, *ae*, m., fleuve d'Asie, dans l'Élymaïde : Plin. 6, 136.

Brixellum (Brixil-), *i*, n., ville de la Gaule transpadane [auj. Brescello] Atlas XII, C2 : Plin. 3, 115 ‖ **-ānus**, *a, um*, de Brixellum : CIL 11, 6658.

Brixenetes, *um*, m. pl., peuple de Rhétie : Plin. 3, 137.

Brixĭa, *ae*, f., Liv. 5, 35, 1 et **-ae**, *ārum*, f. pl., Char. 35, 8, ville de la Gaule transpadane [auj. Brescia] Atlas V, E4 ; XII, B2 ‖ **-ĭānus**, *a, um*, de Brixia : Tac. *H.* 2, 27 ‖ subst. m. pl., habitants de Brixia : Liv. 21, 15, 14 ‖ **-ĭēnsis**, *e*, de Brixia : Aug. *Ep.* 222, 2.

Brixillum, v. Brixellum.

Brocavum, *i*, n., ville des Brigantes [Brougham] : Anton. 476.

brocchĭtas, *ātis*, f. (*brocchus*), proéminence, saillie de la bouche ou des dents : Plin. 11, 169.

1 brocchus, v. *brochus*.

2 Brocchus, *i*, m., surnom romain : Cic. *Lig.* 32.

brŏchŏn, *i*, n., autre nom de la résine appelée *bdellium* : Plin. 12, 35.

brŏchus (-cchus, -ccus) ou **bronch-, bronc-**, *a, um* (gaul. ; fr. *broche, brochet*), celui dont la bouche avance : Plin. 11, 159 ‖ proéminent : *dentes brochi* Varr. *R.* 2, 7, 3, dents saillantes, cf. Non. 25 ; Gloss. 5, 443, 28.

Brocomăgus, *i*, f., ville de Germanie Supérieure [auj. Brumath, Bas-Rhin] : Peut. 3, 3.

brŏcus, *i*, m. (*brochus* ; fr. *broc*), broc : Grauf. 12.

Brodĭonti, *ōrum*, m. pl., peuple des Alpes : Plin. 3, 137.

brodĭum, *ii*, n. (germ., al. *Brodem*, an. *broth* ; it. *brodo*, fr. *brouet*), bouillon, jus : Gaud. *Serm.* 2, p. 860 B.

brŏgae, f. pl. (gaul., cf. bret. *bro*), champ, terre : Schol. Juv. 8, 234.

Brogĭtărus, *i*, m., gendre de Déjotarus : Cic. *Sest.* 56.

Brŏmē (-mĭē), *ēs*, f., nourrice de Bacchus : Hyg. *Fab.* 182.

Brŏmĭaeus, *i*, m., mont de Phthiotide : Plin. 4, 29.

Brŏmĭa, *ae*, f. (Βρομία, *Bromius*), nom de servante : Pl. *Amp.* 1077.

Brŏmĭālis, *e*, de Bacchus, bachique : Capel. 8, 804.

Brŏmĭus, *ii*, m. (βρόμιος), surnom de Bacchus : Pl. *Men.* 835 ; Ov. *M.* 4, 11 ‖ **-ĭus**, *a, um*, de Bacchus : Varr. *Men.* 443, 2.

bromos

brŏmŏs, *i*, m. (βρόμος), avoine, folle avoine : Plin. 18, 93 ; 22, 161.

brōmōsus, *a*, *um* (βρῶμος), nauséabond : Gloss. 4, 489, 15 ; Cael.-Aur. Chron. 1, 6, 182.

brōmus, *i*, m. (βρῶμος), odeur fétide : M.-Emp. 20, 119 ; Gloss. 5, 563, 41.

bronchĭa, *ōrum*, n. pl. (βρόγχια), bronches : Cael.-Aur. Acut. 2, 28, 147.

bronchus (-cus), V.> *brochus*.

Brontē, *ēs*, f. (Βροντή) ¶ **1** le tonnerre personnifié [doit plutôt s'écrire en grec] : Plin. 35, 96 ¶ **2** un des chevaux du Soleil : Hyg. Fab. 183.

brontĕa (-ĭa), *ae*, f., pierre qu'on croyait tombée avec le tonnerre : Plin. 37, 150 ; Isid. 6, 15, 24.

Brontēs, *ae*, m. (Βρόντης), un des Cyclopes : Virg. En. 8, 425.

Brontōn, *ontis*, m. (Βροντῶν), tonnant [surnom de Jupiter] : CIL 6, 432.

Brŏtĕās, *ae*, m. ¶ **1** nom d'un Lapithe : Ov. M. 12, 262 ¶ **2** nom d'un fils de Vulcain : Ov. M. 5, 107 ¶ **3** nom d'un guerrier : Val.-Flac. 3, 152.

Brotomagus, *i*, f., C.> *Brocomagus*.

Brovonacae, *ārum*, f. pl., C.> *Brocavum* : Anton. 467.

Brūchīōn, *ii*, n., quartier d'Alexandrie : Amm. 22, 16, 15.

brūchus, *i*, m. (βροῦχος ; it. *bruco*), espèce de sauterelle : Prud. Ham. 228.

brūcōsus, *a*, *um* (*bruchus*), plein de sauterelles : Adamn. Loc. sanct. 1, 21.

Bructĕri, *ōrum*, m. pl., Bructères [peuple de la Germanie] : Tac. G. 33 ǁ sg., **Bructerus** : Suet. Tib. 19 ǁ **-us**, *a*, *um*, Tac. H. 4, 61, bructère.

Brŭges, arch. pour *Phryges* : Quint. 1, 4, 15.

1 **brūma**, *ae*, f. (*brevima*, superl. de 1 *brevis* ; fr. *brume*) ¶ **1** le solstice d'hiver : Cat. Agr. 17 ; Caes. G. 5, 13, 3 ; Cic. Div. 2, 52 ¶ **2** l'hiver : Virg. G. 3, 443 ; En. 2, 472 ¶ **3** [poét.] l'année : Mart. 4, 40, 5.

2 **brūma**, *ae*, f. (βρῶμα), appétit : Isid. 5, 35, 6 ; V.> *imbrumarius*, *brumatus*.

Brūmae, *ārum*, f. pl. (1 *bruma*), fête païenne du 24 novembre : Tert. Idol. 10, 3.

brūmālis, *e* (1 *bruma*) ¶ **1** qui se rapporte au solstice d'hiver : Cic. Nat. 3, 37 ; Plin. 2, 119 ¶ **2** d'hiver : **brumale tempus** Cic. Arat. 61 ; Mart. 14, 136, 1, le temps de l'hiver.

brūmārĭa, *ae*, f., léontice [plante] : Ps. Apul. Herb. 7.

brūmātĭcus, *a*, *um* (cf. *bromus*), carié : Chir. 775.

brūmātus, *a*, *um* (2 *bruma*), repu, dégoûté : Gloss. 5, 616, 16.

brūmōsus, *a*, *um* (1 *bruma*), d'hiver : Gloss. 4, 489, 44.

1 **brunda**, *ae*, f. (messap., cf. *Brundisium*), tête de cerf : Isid. 15, 1, 49.

2 **Brunda**, V.> *Brenda* : Arn. 2, 12.

Brundĭsĭum (Brundŭsĭum), *ĭi*, n., ville et port de Calabre [auj. Brindisi] Atlas I, D4 ; XII, E6 : Cic., Caes., Hor. ǁ **-ĭsīnus**, *a*, *um*, de Brundisium : Cic. Sest. 131 ǁ **-ĭsīni**, m. pl., habitants de Brundisium : Cic. Att. 4, 1, 4 ǁ **Brundĭsīnum**, *n*., territoire de Brundisium : Varr. R. 1, 8, 2.

Brundŭlus, *i*, m., port de la Gaule transpadane : Plin. 3, 121.

Brunichildis, *is*, f. (germ.), Brunehaut [reine d'Austrasie, suppliciée en 613] : Greg.-Tur. Hist. 4, 51.

brunicus, *i*, m. (gaul. ou esp.), petit cheval : Gloss. 5, 221, 3 ; V.> *buricus*.

bruscum, *i*, n. (gaul.), nœud de l'érable : Plin. 16, 68.

brūta, *ae* (**-tēs**, *is*), f. (germ., al. *Braut*, an. *bride*, fr. *bru*), bru : CIL 3, 4746 ; 12666 ; Gloss. 5, 314, 32.

brūtescō (-iscō), *is*, *ĕre*, -, - (*brutus*), intr., s'abrutir : Fort. Carm. 5, 6, praef. 1 ; Gloss. 4, 489, 39 ǁ devenir insensible (inerte) : Lact. Inst. 2, 5, 40.

1 **Brūtĭānus**, *a*, *um*, de Brutus : Vell. 2, 72.

2 **Brūtĭānus (Brutt-)**, *i*, m., poète latin du temps de Trajan : Mart. 4, 23.

Brūtīnus, *a*, *um*, de Brutus : Cic. ad Brut. 1, 15, 6.

Bruttāces, *um*, m. pl., habitants du Bruttium Atlas XII, F5 : Enn. An. 496 ; P. Fest. 31, 25.

bruttĭa pix ou abs[t] **bruttĭa**, *ae*, f., poix du Bruttium : Plin. 16, 53.

Bruttĭi (Britt-), *ōrum*, m. pl., Bruttiens, habitants du Bruttium Atlas XII, F5 : Cic. Amer. 132 ; Liv. 22, 61, 11 ǁ **-ttĭus**, *a*, *um*, du Bruttium : Sall. C. 42, 1 ; Plin. 16, 53 ǁ ou **-tĭānus**, *a*, *um*, Plin. 19, 141.

brūtum, *i*, n., [surt. au pl.] bête brute : Sen. Ep. 121, 4.

1 **brūtus**, *a*, *um* (osq., cf. *gravis*) ¶ **1** lourd, pesant : Lucr. 6, 105 ; Hor. O. 1, 34, 9 ¶ **2** qui n'a pas la raison : **bruta animalia** Plin. 8, 207, bêtes brutes ǁ **bruta fulmina** Plin. 2, 113, foudres qui frappent au hasard ¶ **3** [fig.] stupide, déraisonnable : Naev. Poet. 55 (53) ; Cic. Att. 6, 1, 25 ; 14, 14, 2.

2 **Brūtus**, *i*, m., surnom romain ; L. Junius Brutus, premier consul de Rome : Liv. 1, 56, 7 ǁ M. Junius Brutus, un des chefs de la conjuration contre César : Cic. Phil. 1, 8 ǁ autres du même nom : Cic. Brut. 107 ; 175 ; 222 ǁ titre d'un traité de rhétorique de Cicéron : Tac. D. 30, 3.

brya, *ae*, f., C.> *myrica* : Plin. 24, 69.

Bryălĭon, *ii*, n., ville de l'Hellespont : Plin. 5, 144.

Bryanĭum, *ii*, n., ville de Macédoine : Liv. 31, 39, 5.

Bryaxis, *is*, m., nom d'un statuaire : Plin. 36, 30.

Bryazon, m., fleuve de Bithynie : Plin. 5, 148.

Bryetēs, *is*, m., peintre de Sicyone : Plin. 25, 123.

bryŏn, *i*, n. (βρύον) ¶ **1** mousse de chêne : Plin. 12, 108 ¶ **2** grappe du peuplier blanc : Plin. 12, 131 ¶ **3** sorte de plante marine : Plin. 13, 137.

bryŏnĭa, *ae* (**-nĭas**, *ădis*), f. (βρυωνία), bryone, couleuvrée [plante] : Plin. 23, 25 ; Col. 10, 250.

Brysae, *ārum*, m. pl., peuple de la Thrace : Plin. 4, 40.

1 **bū-** [en compos.], élément senti comme augmentatif (= de bœuf) : Varr. R. 2, 5, 4 ; P. Fest. 29, 18 ; V.> *bulimus*, etc.

2 **bu**, C.> *bua* : P. Fest. 96, 31.

bŭa, *ae*, f., mot dont se servent les enfants pour demander à boire : Varr. d. Non. 81, 1.

Bubacenē, *ēs*, f., la Bubacène [province d'Asie] : Curt. 8, 5, 2.

Bŭbālĭa, *ae*, f., camp d'Arménie : Peut. 11, 1.

būbălĭon, *ii*, n. (βουβάλιον), concombre sauvage : Ps. Apul. Herb. 113.

1 **būbălus**, *a*, *um*, C.> *bubulus* : *P. Fest. 29, 23 ǁ de bubale : Hier. Am. 3, 6, 12.

2 **būbălus**, *i*, m. (βούβαλος) ¶ **1** antilope bubale [d'Afrique] : Plin. 8, 38 ¶ **2** aurochs [bœuf sauvage de Germanie] : Mart. Spect. 23, 4.

Būbastis, *is*, f. ¶ **1** nom de Diane chez les Égyptiens : Ov. M. 9, 691 ǁ **-ĭus**, *a*, *um*, de Bubastis ou Diane : Grat. 42 ¶ **2** Bubaste [ville de la Basse-Égypte] : Mel. 1, 60.

Būbastītēs nŏmŏs, m., nome de Bubaste : Plin. 4, 49.

Būbăsus, *i*, f., ville de Carie : Plin. 5, 104 ǁ **-băsis**, *ĭdis*, adj. f., de Bubase : Ov. M. 9, 644 ǁ **-băsĭus (-baesĭus)**, *a*, *um*, Mel. 1, 84.

Bubeīum, peuple ou ville d'Afrique : Plin. 5, 37.

bŭbella, *ae*, f. (dim. de *bubula*), Not. Tir. 103, 71.

Bubetāni, *ōrum*, m. pl., habitants de Bubetum [ancienne ville du Latium] : Plin. 3, 69.

Būbetĭus, *a*, *um*, relatif à Bubona : Plin. 18, 12.

būbīle, *is*, n. (*bos*), étable à bœufs : Pl. Pers. 319 ; Cat. Agr. 4.

būbīnō, *ās*, *āre*, -, - (osq., cf. scr. *gūthas*, al. *Kot*), tr., salir avec les menstrues : P. Fest. 29, 2.

bublĕum (-blīnum), *i*, n. (βίβλινος), sorte de vin : *P. Fest. 29, 21.

būblĭo-, V.> *biblio-*.

būblus, V.> *bubulus* : Petr. 44.

1 būbō, ōnis, m. f. (onomat., cf. βύας ; fr. *hibou*), hibou grand-duc : VARR. L. 5, 75 ; VIRG. En. 4, 462.

2 būbo, ōnis, m. (βουβών), bubon : DUB. NOM. 5, 575, 16.

Būbōn, ōnis, f., ville de Lycie : PLIN. 5, 101.

Būbōna, ae, f., déesse protectrice des bœufs : AUG. Civ. 4, 24.

būbōnăcĭum, ii, n. (2 *bubo*), tumeur : CHIR. 649.

būbōnĭon, ii, n. (βουβώνιον), amelle [plante] : PLIN. 27, 36.

bŭbulcārĭus, ii, m. (*bubulcus*), bouvier : GLOSS. 2, 259, 44.

bŭbulcĭto, ās, āre, -, - et **-tŏr**, āris, ārī, -, dép. ¶ 1 être bouvier : PL. Most. 53 ¶ 2 [fig.] crier, hurler comme un bouvier : VARR. Men. 257.

bŭbulcus, i, m. (*bos* et φύλαξ ; cf. it. *bifolco*), bouvier [qui a le soin, la conduite des bœufs], vacher : CIC. Div. 1, 57.

bŭbŭlīnus, a, um (*bubulus*), de bœufs : VEG. Mul. 1, 13, 3.

bŭbŭlō (būbĭlō), ās, āre, -, -, intr. (1 *bubo*), huer [cri du hibou] : PHILOM. 37.

bŭbŭlus, a, um (*bos*), de bœuf, de vache : *corii bubuli* PL. Poen. 139, lanières en cuir ; *casei bubuli* VARR. R. 2, 11, 3, fromages de vache ; *bubula lingua* PLIN. 17, 112, buglosse [plante]‖ subst. f., **-la**, ae, viande de bœuf : PL. Aul. 374 ; PETR. 35, 3.

būbum, V.▶ *bos* ▶.

būbus, dat abl. pl. de *bos*.

būca, V.▶ *bucca*.

Būca, ae, f., ville d'Italie chez les Frentani [Termoli] : PLIN. 3, 106.

Būcānus, i, m., surnom d'homme : CIL 12, 3943.

būcaeda, ae, m. (*bos, caedo*), tueur de bœufs [à force d'user des lanières en recevant des coups] : PL. Most. 284.

būcāle, is, n., muselière en fer : DIOCL. 10, 4.

1 bucar, n. (f. l. de *bacar* ?), vase : P. FEST. 32, 20.

2 Būcar, āris, m., officier au service de Syphax : LIV. 29, 32.

būcardĭa, ae, f. (βουκαρδία), pierre précieuse qui ressemble à un cœur de bœuf : PLIN. 37, 150.

bucca, ae, f. (onomat., cf. φυσάω ; fr. *bouche*) ¶ 1 cavité de la bouche, bouche : *garrimus quidquid in buccam* CIC. Att. 12, 1, 2, nous débitons tout ce qui nous vient à l'esprit, cf. 1, 12, 4 ‖ joue : JUV. 6, 516 ; PETR. 70, 3 ; *buccis fluentibus* CIC. de Or. 2, 266, aux joues pendantes ; *buccas inflare* HOR. S. 1, 1, 21, gonfler les joues [de colère] ¶ 2 [fig.] braillard : JUV. 11, 34 ‖ goinfre : PETR. 64, 12 ‖ **homo durae buccae** PETR. 43, 3, une méchante langue ‖ bouchée : MART. 7, 20, 8.

▶ *būca* GLOSS. 2, 563, 29.

buccĕa, ae, f., bouchée : AUGUST. d. SUET. Aug. 76.

buccella, ae, f. (dim. de *bucca*), petite bouche : NOT. TIR. 78, 32 ‖ petite bouchée : MART. 6, 75, 3 ‖ petit pain pour les pauvres : COD. TH. 14, 17, 5 ‖ [chrét.] pain eucharistique : TERT. Mon. 11, 2.

▶ *buccilla, bucella, bucilla, bocella* GLOSS. 3, 7, 39 ; 3, 164, 60 ; 3, 440, 41.

buccellāgō, ĭnis, f., sorte de farine : PLIN. VAL. 1, 20 ; cf.▶ *buccellatum*.

buccellāris, e, de biscuit : PLIN. VAL. 1, 6.

buccellārĭus, ii, m. (*buccella*), qui mange du biscuit, (satellite), soldat d'un particulier : COD. JUST. 2, 12, 10 ; GREG.-TUR. Hist. 2, 8.

buccellātum, i, n. (*buccella*), biscuit, pain de munition : AMM. 17, 8, 2 ‖ [chrét.] pain bénit, eulogie : AUG. Ep. 32, 2.

buccĭfer, a, um (*bucca, fero*), qui a de grosses joues : NOT. TIR. 78, 34.

buccilla, V.▶ *buccella*.

buccĭn-, V.▶ *bucin-*.

bucco, ōnis, m. (*bucca*), grande bouche, bavard : ISID. 10, 30 ‖ joufflu [personnage d'atellane] : VARR. L. 6, 68 ‖ sot, imbécile : PL. Bac. 1088 ; P. FEST. 32, 11.

buccŏnĭātis vītis, f., espèce de vigne qu'on ne vendange qu'après la première gelée : PLIN. 14, 39.

buccōsus, a, um (*bucca*), joufflu : NOT. TIR. 78, 33.

buccŭla (būcŭla), ae, f. (dim. de *bucca* ; fr. *boucle*) ¶ 1 petite bouche : SUET. Galb. 4 ‖ petite joue : APUL. M. 3, 19 ¶ 2 [fig.] **a)** bosse du bouclier : LIV. 44, 34, 8 **b)** mentonnière du casque : JUV. 10, 134 ; COD. TH. 10, 22, 1 **c)** [méc.] joue [nom donné à deux pièces différentes de la catapulte] : VITR. 10, 10, 3 **d)** timon : VITR. 10, 2, 11.

buccŭlāre, is, n. (*buccula*), vase à mettre sur le feu : M.-EMP. 8, 127 ; 23, 17.

buccŭlentus, a, um (*bucca*), qui a de grosses joues, ou une grande bouche : PL. Merc. 639.

buccus, i, m. (gaul., cf. al. *Bock* ; fr. *bouc*), bouc : L. SAL. 5, 3 add. ; [surnom] GREG.-TUR. Hist. 9, 23.

bucella, etc., V.▶ *buccella* ▶.

Būcĕphăla, ae (-ē, ēs, -ŏs, i), f., Bucéphale [ville de l'Inde] : PLIN. 6, 77 ; JUST. 12, 8, 8 ; GELL. 5, 2, 5.

Būcĕphălās, ae (-us, i), m., Bucéphale [nom du cheval d'Alexandre le Grand] : PLIN. 8, 154 ; P. FEST. 29, 22.

bŭcĕrăs, ătis, n. (βούκερας), fenugrec [plante] : PLIN. 24, 184.

būcĕrĭus, a, um, qui a des cornes de bœuf ; de bœuf : LUCR. 2, 663.

būcĕrus, a, um (βούκερως), cf.▶ *bucerius* : LUCR. 5, 866 ; OV. M. 6, 395.

Bucēs, is, m., lac et fleuve de la Chersonèse taurique : PLIN. 4, 84.

būcētum, i, n. (*bos*), pacage pour les bœufs : LUC. 9, 185 ; GELL. 11, 1, 1.

būcilla, V.▶ *buccella* ▶.

būcĭna, ae, f. (*bos* et *cano* ; a. fr. *buisine*, al. *Posaune*), cornet de bouvier : VARR. R. 2, 4, 20 ; CIC. Verr. 4, 96 ‖ trompette : CIC. Mur. 22 ; VIRG. En. 11, 475 ‖ **prima, secunda bucina** LIV. 26, 15, 6, première, seconde veille [annoncée par la trompette]‖ [poét.] la corne de Triton : OV. M. 1, 335.

būcĭnātŏr, ōris, m. (*bucino*), trompette, celui qui sonne de la trompette : CAES. C. 2, 35, 6 ‖ [fig.] panégyriste : CIC. FIL. Fam. 16 ; 21, 2.

būcĭnō, ās, āre, āvī, ātum (*bucina*), intr., sonner de la trompette, sonner du cor : VARR. R. 2, 4, 20 ; SEN. Contr. 7, pr. 1 ; APUL. M. 4, 31.

Bucinobantes, m. pl., peuple de Germanie [près de Mayence] : AMM. 29, 4, 7.

būcĭnum, i, n. ¶ 1 son de la trompette : ISID. 18, 4, 1 ¶ 2 trompette : PLIN. 9, 130 ¶ 3 buccin [coquillage] : PLIN. 9, 129 ‖ suc du coquillage : PLIN. 9, 134.

būcĭnus, i, m., cf.▶ *bucinator* : PETR. 74, 2.

Bucĭōn, ii, n., île voisine de la Sicile : PLIN. 3, 92.

būcītum, i, n., cf.▶ *bucetum* : VARR. L. 5, 164.

Būcŏlĭca, ōrum et ōn, n. pl. (Βουκολικά), Bucoliques [poèmes de Virgile] : GELL. 9, 9, 4.

Būcŏlĭci milites, m., soldats en garnison dans certains endroits d'Égypte nommés *Bucolia* [HIER. Vit. Hil. 43] : CAPIT. Anton. 21, 2.

būcŏlĭcon pănăcĕs, n., panacée sauvage [plante] : PLIN. 25, 31.

būcŏlĭcus, a, um et **-ŏs**, ē, ŏn (βουκολικός), pastoral, bucolique, qui concerne les bœufs ou les pâtres : COL. 7, 10, 8 ‖ **bucolice tome** AUS. Epist. 4 (393), 90, coupe bucolique [après le 4ᵉ pied de l'hexamètre qui alors est un dactyle].

būcŏlista, ae, m. (βουκολιστής), poète bucolique : DIOM. 487, 5.

Būcŏlĭum, ii, n., ville d'Arcadie : PLIN. 4, 20.

Buconica, V.▶ *Bonconica*.

būcrānĭum, ii, n. (βουκράνιον), tête de bœuf coupée : CIL 13,1751 ‖ muflier [plante] : PS. APUL. Herb. 86.

bucrĭus, ii, m. (βούκριος), animal sauvage inconnu : JUL.-VAL. 3, 19.

būcŭla, ae, f. (dim. de *bos*), génisse : **ex aere Myronis** CIC. Verr. 4, 135, la génisse de Myron en bronze.

būcŭlus, i, m. (dim. de *bos*), jeune bœuf, bouvillon : COL. 6, 2, 4.

Bucures, um, m. pl., rois de Maurétanie honorés comme des dieux : ARN. 1, 36.

bŭda, ae, f. (empr. afr.), laîche [sorte de jonc que l'on peut tresser] : AUG. Ep. 88, 6.

Budalia

Budălĭa, *ae*, f., village de la Basse Pannonie : EUTR. 9, 5.

bŭdĭnārĭus, *ĭi*, m. (*buda*), fabricant de nattes de laîche : CYPR. *Ep. 42*.

Budīni, *ōrum*, m. pl., peuple de la Sarmatie : PLIN. *4, 88*.

Budroe, f. pl., nom de deux îles voisines de la Crète [auj. Turluru] : PLIN. *4, 61*.

Budua, *ae*, f., ville de la Lusitanie [Botoa] : ANTON. *419*.

būfălus, *i*, m. (osq. ; it. *bufalo*), ⊳ 2 *būbalus* [à tort *būfa-*] : FORT. *Carm. 7, 4, 21*.

būfō, *ōnis*, m. (onomat., cf. *1 bubo*), crapaud : VIRG. *G. 1, 184*, cf. SERV.

bŭgillo, *ōnis*, m. (gaul., fr. *bouillon-blanc*), bouillon-blanc [plante] : M.-EMP. *8, 115*.

bŭglossa, *ae* et **-ssos**, *i*, f. (βούγλωσσος), buglosse [plante] : Ps. APUL. *Herb. 42* ; PLIN. *25, 81*.

bŭgŏnĭa, *ae*, f. (βοῦς, γονή), origine des abeilles [d'après la fable d'Aristée] : VARR. *R. 2, 5, 5*.

bŭlăpăthum, *i*, n. (βουλάπαθον), grande oseille [plante] : PLIN. *20, 235*.

Būlarchus, *i*, m., Boularque [peintre grec] : PLIN. *7, 126*.

bulba, ⊳ *vulva* : MACR. *Sat. 3, 18, 6*.

bulbācĕus, *a*, *um*, ⊳ *bulbosus* : PLIN. *21, 170*.

bulbātĭo, ⊳ *bullatio* ▶.

bulbīnē, *ēs*, f. (βολβίνη), espèce d'oignon, ciboule : PLIN. *20, 107*.

bulbōsus, *a*, *um* (*bulbus*), bulbeux, tubéreux : PLIN. *21, 102*.

bulbŭlus, *i*, m., dim. de *bulbus* : PALL. *3, 21, 3*.

bulbus, *i*, m. (βολβός), bulbe, oignon de plante : PLIN. *19, 61* ‖ oignons d'espèces diverses : CAT. *Agr. 8, 2* ; COL. *10, 106* ; APIC. *175*.
▶ qqf. *bolbus*, *bulvus*, *vulvus*, *volvus* d. les mss.

būlē, *ēs*, f. (βουλή), le sénat : PLIN. *Ep. 10, 81, 1*.

Būlenses, *ĭum*, m. pl., habitants de Bulis [ville de Phocide] : PLIN. *4, 8*.

Būlēphŏrus, *i*, m. (βουληφόρος), nom propre : COD. JUST. *3, 26, 7*.

būleuta, *ae*, m. (βουλευτής), sénateur : PLIN. *Ep. 10, 39, 5*.

būleutērĭŏn, *ĭi*, n. (βουλευτήριον), lieu où s'assemble le sénat : PLIN. *36, 100*, cf. CIC. *Verr. 2, 50*.

bulga, *ae*, f. (gaul., cf. al. *Balg* ; fr. *bouge*, an. *budget*) ¶ **1** bourse de cuir : P. FEST. *31, 20* ; VARR. *Men. 343* ¶ **2** ⊳ *vulva* : LUCIL. *73* ; *623*.

Bulgares, *um* (**-ri**, *ōrum*), m. pl. (fr. *bougre*), Bulgares [peuple voisin de la Pannonie] : MARCEL. *Chron. 2, p. 95* ; JORD. *Rom. 388* ; *Get. 37*.

būlīmō, *ās*, *āre*, *āvi*, - (*bulimus*), intr., être malade de la boulimie : THEOD.-PRISC. *Log. 90*.

būlīmōsus, *a*, *um* (*bulimus*), atteint de boulimie : PELAG. *188*.

būlīmus, *i*, m. (βούλιμος), boulimie, fringale [maladie] : NOT. TIR. *103, 5* ‖ en grec d. GELL. *16, 3, 9*.

Būlīni, *ōrum*, m. pl., peuple de Liburnie : PLIN. *3, 139*.

Buliones, *um*, m. pl., peuple de Macédoine : PLIN. *3, 145*.

bulla, *ae*, f. (express., cf. βολβός ; fr. *boule*) ¶ **1** bulle d'eau : PLIN. *31, 12* ‖ [fig.] = un rien : VARR. *R. 1, 1, 1* ; PETR. *42, 4* ¶ **2** tête de clou pour l'ornement des portes : CIC. *Verr. 4, 124* ¶ **3** bouton de baudrier : VIRG. *En. 12, 942* ¶ **4** clou qui sert à marquer les jours heureux ou malheureux : PETR. *30, 4* ¶ **5** bouton ou bille mobile dans une horloge à eau : VITR. *9, 8, 9* ¶ **6** bulle [petite boule d'or, que les jeunes nobles portaient au cou jusqu'à l'âge de dix-sept ans] ; cf. P. FEST. *32, 33* ; CIC. *Verr. 1, 152*, cf. ASCON. ; *bulla senior dignissimus* JUV. *13, 33*, vieillard bien digne de porter la bulle [aussi simple qu'un enfant] ¶ **7** bulle que les triomphateurs portaient sur leur poitrine après y avoir renfermé des amulettes contre l'envie : MACR. *Sat. 1, 6, 9* ¶ **8** bulle suspendue au cou d'animaux favoris : OV. *M. 10, 114*.

Bulla Rēgĭa, f., ville de Zeugitane Atlas VIII, A3 ; XII, H1 : PLIN. *5, 22*.

bullātĭo, *ōnis*, f., forme de bulle : *lapis sparsa bullatione* PLIN. *34, 148*, pierre (qui naît) sous la forme de bulles éparses, de globules disséminés.
▶ *bulbatione* ms. B [peut-être " formation en bulbe " ?].

bullātus, *a*, *um* (*bulla*), orné de clous, de boutons : VARR. *L. 5, 116* ‖ *bullata statua* VAL.-MAX. *3, 1, 1*, statue portant la bulle d'or ‖ [fig.] *bullatus aether* FULG. *Myth. 1, pr. 24, p. 13, 14 H*, ciel étoilé.

bullescō, *ĭs*, *ĕre*, -, - (*bulla*), intr., se former en globules : AMPEL. *8, 1*.

Bullĭdenses (Byll-), **Bullĭenses (Byll-)**, *ĭum*, **Bullīni (Byll-)**, *ōrum*, **Bullĭōnes**, *um*, m. pl., habitants de Bullis ou Byllis : PLIN. *4, 35* ; CAES. *C. 3, 12, 4* ‖ CIC. *Pis. 96* ‖ LIV. *36, 7, 19* ; *44, 30, 10* ‖ CIC. *Fam. 13, 42, 1*.

bullĭō, *īs*, *īre*, *īvi* et *ĭi*, *ītum* (*bulla* ; fr. *bouillir*) ¶ **1** intr., bouillonner, bouillir : CELS. *7, 4, 2* ; SEN. *Nat. 6, 31, 3* ‖ [fig.] *bullire indignatione* APUL. *M. 10, 24*, être bouillant d'indignation ; *demersus summa rursus non bullit in unda* PERS. *3, 34*, noyé en eau profonde il ne renvoie pas de bulle d'air à la surface ¶ **2** tr., faire bouillir : THEOD.-PRISC. *Eup. faen. 12* ; ⊳ *1 bullitus*.

Bullis (Byl-), *ĭdis*, f., Bullis ou Byllis, ville d'Épire [Gradica] Atlas VI, A1 : CIC. *Phil. 11, 27* ; CAES. *C. 3, 40*.

bullītĭo, *ōnis*, f. (*bullio*), formation de bulles, bouillonnement : SERV. *G. 1, 110*.

1 bullītus, *a*, *um*, part. de *bullio*, qui a bouilli : *VEG. Mul. 1, 45, 5.

2 bullītŭs, *ūs*, m., bouillonnement : VITR. *8, 3, 3*.

bullō, *ās*, *āre*, -, - (*bulla*), intr., bouillonner, bouillir : CAT. *Agr. 105, 1* ‖ se couvrir de bulles : CELS. *7, 4, 2 B* ; PLIN. *28, 68*.

bullŭga, *ae*, f. (gaul. ; fr. dial. *blue*), myrtille : JON. *Col. 1, 9*.

bullŭla, *ae*, f. (dim. de *bulla*), petite bulle [produite à la surface d'un liquide] : CELS. *2, 5, 3* ‖ [ornement porté au cou] : HIER. *Is. 2, 3, 18*.

Bulotus amnis, m., le Bulote [cours d'eau dans le voisinage de Locres] : LIV. *29, 7, 3*.

Buluba, *ae*, f., ville d'Afrique : PLIN. *5, 37*.

Būmādus (Būmelus), *i*, m., fleuve d'Assyrie : CURT. *4, 9, 10*.

būmammus, *a*, *um* (*bos* et *mamma*, cf. *bumastus*), espèce de raisin à gros grains : VARR. *R. 2, 5, 4* ; MACR. *Sat. 2, 16, 7*.

būmastus, *a*, *um* (βούμαστος), ⊳ *bumammus* : VIRG. *G. 2, 202* et SERV. ; COL. *3, 2, 1* ; PLIN. *14, 15*.

Bumbŏmăchĭdēs, ⊳ *Bombomachides*.

būmĕlĭa, *ae*, f. (βουμελία), sorte de frêne : PLIN. *16, 63*.

būnĭăs, *ădis*, f. (βουνιάς), navet : PLIN. *20, 21*.

būnĭŏn, *ĭi*, n. (βούνιον), terre-noix [plante] : PLIN. *20, 11*.

būnītum vīnum, n. (βουνίτης οἶνος), vin fait avec du *bunion* : CAEL.-AUR. *Chron. 4, 3, 52*.

*bŭo, *ĭs* ..., ⊳ *butus*.

būpaes, *dis*, m. (βούπαις), grand garçon : VARR. *R. 2, 5, 4* ; **būpaeda**, *ae*, m., CAPEL. *1, 31*.

Būpălus, *i*, m., Bupale [célèbre sculpteur] : HOR. *Epo. 6, 14* ; PLIN. *36, 11*.

buphtalmŏs, *i*, m. (βούφθαλμος), chrysanthème : PLIN. *25, 82* ‖ joubarbe [plante] : PLIN. *25, 60*.

būpleurŏn, *i*, n. (βούπλευρον), buplèvre [plante] : PLIN. *22, 77*.

Būporthmŏs, f., île des Sporades : PLIN. *4, 70*.

Būprăsĭum, *ĭi*, n., ville d'Élide : PLIN. *4, 13*.

būprestis, *is*, f. (βούπρηστις), bupreste [insecte] : PLIN. *30, 30* ‖ espèce de plante toxique : PLIN. *22, 78*.

1 būra, *ae*, f. (empr. osq. cf. γυρός), manche de charrue : VARR. *R. 1, 19, 2* ; L. *5, 135*.

2 Būra, *ae*, **Būris**, *is*, f., ville d'Achaïe : PLIN. *4, 12* ; OV. *M. 15, 295* ; SEN. *Nat. 6, 23, 4*.

Burbŭlēius, *i*, m., nom d'un acteur : SALL. *H.* 2, 25 ; VAL.-MAX. 9, 14, 15.

Burcāna, *ae*, f., île de la Germanie septentrionale [Borkum] Atlas V, B3 : PLIN. 4, 97.

burdātĭo, *ōnis*, f. (*burdus*), taxe agraire : GREG.-M. *Ep.* 1, 42.

Burdĕgăla (Burdĭgăla), *ae*, f., ville d'Aquitaine, sur la Garonne [auj. Bordeaux] Atlas I, C2 ; IV, A3 ; V, E1 : MART. 9, 32, 6 ‖ **-ensis**, *e*, de Bordeaux : AUS. *Epist.* 9 (398), 19.

Burdĕgālis, *is*, f., ⓒ *Burdegala* : ISID. 15, 1, 64.

1 **burdo**, *ōnis*, m. (gaul. cf. p.-ê. *buricus* ; fr. *bourdon*), bardot [produit d'un cheval et d'une ânesse] : ISID. 12, 1, 61 ‖ **burdus**, *i*, m., PS. ACR. HOR. *Epo.* 4, 14.

2 **Burdo**, *ōnis*, m., surnom romain : TAC. *H.* 1, 58.

burdōnārĭus, *ĭi*, m. (*burdo*), qui garde ou soigne les mulets, muletier : DIOCL. 7, 17.

burdubasta, *ae*, m. (cf. *burdo* et *bastum*), mule accablé par un fardeau [gladiateur éreinté] : PETR. 45, 11.

burduncŭlus, *i*, m. (dim. de 1 *burdo*) ¶ 1 petit mulet : NOT. TIR. 112, 43 ¶ 2 langue de bœuf [herbe] : M.-EMP. 5, 17.

burgārĭi, *ōrum*, m. pl. (*burgus* ; al. *Bürger*), garnison des châteaux forts : COD. TH. 7, 14 ‖ habitants des bourgs : ISID. 9, 4, 28.

Burgĭnācĭum, *ĭi*, n., ville des Bataves : ANTON. 256.

Burgundĭa, *ae*, f., pays conquis par les Burgondes [l'est de la Gaule] : CASSIOD. *Var.* 1, 46.

Burgundĭi, *iōrum* (**-dĭōnes**, *um*), m. pl., Burgondes [peuple germain d'Europe du N. venu s'établir en Gaule (Bourguignons)] Atlas I, B4 : AMM. 18, 2, 15 ; PLIN. 4, 99 ‖ sg. *Burgundio* CASSIOD. *Var.* 11, 1, 13 ‖ adj., bourguignon [en parl. de chevaux] : VEG. *Mul.* 3, 6, 3.

burgus, *i*, m. (germ., al. *Burg* ; fr. *bourg*), château fort : VEG. *Mil.* 4, 10 ‖ bourg : ISID. 9, 2, 99.

Būri, *ōrum*, m. pl., peuple de la Germanie : TAC. *G.* 43 ‖ **-rĭcus**, *a*, *um*, des Buriens : CIL 3, 5937 ‖ **-ricus**, *i*, m., surnom d'homme : CIL 12, 2525.

1 **būrĭcus (burrīcus, burriccus)**, *i*, m. (2 *Buricus*? plutôt 1 *burrus* ; fr. *bourrique*, esp. *borrico*, it. *bricco*), petit cheval, bourrique : PORPH. HOR. *O.* 3, 27, 7 ; ISID. 12, 1, 55 ; VEG. *Mul.* 3, 2, 2.

2 **Būrĭcus**, ⓒ *Buri*.

būris, *is*, f., ⓒ 1 *bura* : VIRG. *G.* 1, 170 et SERV.

Burnum, *i*, n., ville de la Dalmatie Atlas XII, C5 : PLIN. 3, 142 ‖ **Burnistae**, m., habitants de Burnum : PLIN. 3, 139.

burra, *ae*, f. (1 *burrus*, mais cf. *reburrus* ; fr. *bourre* et *bure*) ¶ 1 bure, étoffe grossière en laine : ANTH. 390, 5 ¶ 2 ⓒ 1 *burrus*.

burrae, *ārum*, f. pl. (*burra*?), niaiseries, fadaises : AUS. 23 (471, Drep.), 5.

burrānĭca pōtĭo, f. (1 *burrus*), boisson composée de lait et de vin cuit (*sapa*) : P. FEST. 33, 4.

burrānĭcum, *i*, n. (1 *burrus*), sorte de vase : P. FEST. 32, 20.

burrhīnŏn, *i*, n. (βούρρινον), tête de chien [plante] : PS. APUL. *Herb.* 86.

Burrĭēnus, *i*, m., nom d'homme : CIC. *Quinct.* 25.

Burrĭum, *ĭi*, n., ville de Bretagne : ANTON. 484.

1 **burrus**, *a*, *um* (πυρρός), roux : P. FEST. 28, 9 ‖ rouge [après avoir bu ou mangé] : P. FEST. 28, 11 ‖ subst. f., vache à museau roux : P. FEST. 28, 10.

2 **burrus**, ⓒ *birrus*.

3 **Burrus** ¶ 1 arch. pour *Pyrrhus* : CIC. *Or.* 160, cf. SERV. *En.* 2, 469 ¶ 2 Burrus [gouverneur de Néron] : TAC. *An.* 13, 2.

1 **bursa**, *ae*, f., ⓒ 1 *byrsa*.

2 **Bursa**, *ae*, m., surnom romain : CIC. *Fam.* 9, 10, 2.

3 **Bursa**, ⓒ 2 *Byrsa* : LIV. 34, 62, 12.

Bursaonenses, *ĭum*, m. pl., peuple celtibère : PLIN. 3, 24 ‖ **Bursaones**, m. pl., LIV. 91, frg. 21, 12.

Buruncum, *i*, n., ville de la Belgique : ANTON. 255.

Busa, *ae*, f., nom d'une femme d'Apulie : LIV. 22, 52, 7.

būsĕlīnŏn, *i*, n. (βουσέλινον), espèce d'ache [plante] : PLIN. 20, 118.

būsĕqua, *ae*, m. (*bos*, *sequor*), bouvier : APUL. *M.* 8, 1 ; GLOSS. 5, 657 ‖ **buss-**, APUL. *Apol.* 10.

Būsīris, *is* ou *ĭdis* ¶ 1 m., roi d'Égypte : CIC. *Rep.* 3, 15 ; VIRG. *G.* 3, 5 ¶ 2 f., ville d'Égypte : PLIN. 5, 64.

Būsīrītēs nŏmŏs, m., le nome Busirite, en Égypte : PLIN. 5, 49.

Bussenĭus, *ĭi*, m., nom de famille : CIC. *Att.* 8, 12c, 1.

Busta Gallĭca, n. (*bustum*), lieudit dans Rome [où furent enterrés les Gaulois morts pendant le siège de Rome, 390 av. J.-C.] : VARR. *L.* 5, 157 ; LIV. 5, 48, 3 ; SEN. *Ben.* 5, 16, 1.

bustans, *tis*, part. de l'inusité *busto*, qui brûle les corps : GLOSS. 4, 27, 6.

bustăr, *āris*, n., endroit où les cadavres sont brûlés : CHAR. 38, 19.

bustĭcētum, *i*, n. (*bustum*), entassement de bûches, bûcher : ARN. 7, 15 ; 1, 41.

bustĭo, *ōnis*, f. (*bustum*), combustion : SCHOL. BERN. VIRG. *G.* 1, 170.

bustĭrăpus, *i*, m. (*bustum*, *rapio*), détrousseur de bûchers [mot forgé] : PL. *Ps.* 361.

bustrophēdon, adv. (βουστροφηδόν), ⓒ *boustr-*.

bustŭālis, *e* (*bustum*), de bûcher, de tombe : PRUD. *Cath.* 9, 52 ; SIDON. *Ep.* 3, 12, 1.

bustŭārĭus, *a*, *um* (*bustum*), qui est relatif aux bûchers, aux tombeaux : *bustuarius gladiator* CIC. *Pis.* 19, gladiateur qui combat à des funérailles ; *bustuaria altaria* TERT. *Pall.* 4, 3, autels où l'on pratique des sacrifices humains [Busiris] ‖ qui fréquente les lieux de sépulture (les cimetières) : MART. 3, 93, 15 ‖ subst. m., celui qui brûle les corps : AMM. 29, 2, 15 ‖ subst. n., lieu où l'on brûle les morts : GLOSS. 2, 346, 61.

bustum, *i*, n. (*uro*, cf. *amburo*, *comburo* ; it. *busto*), lieu où l'on brûle et où l'on ensevelit un mort : SERV. *En.* 3, 22 ; P. FEST. 29, 7 ‖ bûcher : CIC. *Leg.* 2, 64 ; VIRG. *En.* 11, 201 ‖ tombeau, sépulture : CIC. *Att.* 7, 9, 1 ‖ monument funéraire : CIC. *Tusc.* 5, 101 ‖ [fig.] *bustum reipublicae* CIC. *Pis.* 9, tombeau de l'État ‖ cadavre consumé, cendres : *egena sepulcri busta* STAT. *Th.* 12, 247, cadavres sans sépulture ‖ *bustum arae* HIER. *Ep.* 14, 5, feu de l'autel [païen].

bustus, m., ⓒ *bustum* : CIL 5, 6295.

būsȳcŏn, *i*, n. (βούσυκον), grosse figue : VARR. *R.* 2, 5, 4.

Būta, *ae*, m., nom d'homme : SEN. *Ep.* 122, 10.

Būtădēs, *ae*, m., modeleur de Sicyone : PLIN. 35, 151.

Butae, *ārum*, m. pl., peuple de l'Inde : PLIN. 6, 76.

1 **būtĕo (-tĭo)**, *ōnis*, m. (onomat. ; fr. *buse*), busard, buse [oiseau de proie] : PLIN. 10, 21 ; P. FEST. 29, 12.

2 **Būtĕo**, *ōnis*, surnom d'un Fabius : LIV. 30, 26, 6.

Būtēs, *ae*, m., nom d'homme : VIRG. *En.* 5, 372 ; OV. *M.* 7, 500.

Būthrōtum, *i*, n. et **-tos**, OV. *M.* 13, 720, f., Buthrote [ville maritime d'Épire, Butrint] Atlas VI, B1 : CIC. *Att.* 2, 6, 2 ; CAES. *C.* 3, 16, 1 ‖ **-ĭus**, *a*, *um*, de Buthrote : CIC. *Att.* 14, 10, 3 ‖ subst. m. pl., habitants de Buthrote : CIC. *Att.* 14, 11, 2.

būthysĭa, *ae*, f. (βουθυσία), sacrifice de bœufs, hécatombe : SUET. *Ner.* 12.

būthȳtes, *tis*, m. (βούθυτης), bœuf sacrifié : PLIN. 34, 78.

bŭtĭcŭla, *ae*, f. (dim. de *buttis*), petit récipient : MISC. TIR. 51, 3.

1 **būtĭo**, *īs*, *īre*, -, -, intr., crier "bu" [comme le butor] : ANTH. 762, 42.

2 **būtĭo**, *ōnis*, m. (onomat., 1 *butio*), butor : ANTH. 762, 42 ; ⓒ *buteo*.

Būtŏa, *ae*, f., île près de la Crète : PLIN. 4, 61.

būtŏmŏs, *i*, jonc [coupant] : VL. *Job* 40, 16 d. PRISCILL. 1, 29.

Būtŏrĭdās, *ae*, m., écrivain grec : PLIN. 36, 79.

Butos

Būtŏs, *i*, f., ville d'Égypte : Plin. 5, 64 ‖ **-tĭcus**, *a*, *um*, de Butos : Plin. 19, 14.

Butrĭum, *ĭi*, n., ville d'Ombrie [près de Ravenne] : Plin. 3, 115.

Butrōtus, *i*, m., fleuve de la Grande-Grèce [auj. Bruciano] : Liv. 29, 7, 3.

buttĭcella, *ae*, f. (dim. de *buticula* ; fr. *bouteille*), petit récipient : Pap. Rav. 8 (80), 2, 14.

buttis, *is*, f. (gaul. ; it. *botte*), récipient à vin : Gloss. 3, 197, 69.

buttuti, interj., Pl. d. Char. 242, 11.

Butŭa, *ae*, f., ville de Dalmatie : Rav. 4, 16, p. 208, 6 P. ; **Butuānum**, *i*, n., Plin. 3, 144.

butubatta (butt-), interj. (cf. βατταρίζω), faribboles ! : Naev. d. P. Fest. 32, 21 ; Pl. d. Char. 242, 10.

Bŭtunti, *ōrum*, m. pl., ville d'Apulie [Bitonto] : Mart. 4, 55 ‖ **-tīnus**, *a*, *um*, de Butonte : Grom. 262, 9 ‖ **-tīnenses**, *ĭum*, m. pl., habitants de Butonte : Plin. 3, 105.

būtūrum, Varr. R. 2, 2, 16, **bŭ-**, Fort. Carm. 11, 22, 2, ⓥ *butyrum*.

būtus, *a*, *um*, part. de l'inus. **buo*, ⓒ *imbutus* : Gloss. 4, 596, 20.

būtȳrum, *i*, n. (βούτυρον ; fr. *beurre*, al. *Butter*, an. *butter*), beurre : Plin. 28, 133.

bŭvīle, variante de *bovile*.

buxa, *ae*, f. (*buxus* et *pyxis*), boîte en buis : Paul.-Diac. Vit. Greg. 24.

buxans, *tis* (*buxus*), ayant la couleur du buis : Apul. M. 8, 21.

Buxentum, *i*, n. (de Πυξοῦς, -οῦντος), ville de Lucanie [auj. Policastro] Atlas XII, F5 : Liv. 32, 29, 4 ‖ **-tīnus (-tĭus)**, *a*, *um*, de Buxentum : Greg.-M. Ep. 2, 42 ‖ Sil. 8, 583.

Buxēri, *ōrum*, m. pl., peuple du Pont, ⓒ *Byzeres* : Plin. 6, 11.

buxētum, *i*, n. (*buxus*), lieu planté de buis : Mart. 3, 58, 3.

buxĕus, *a*, *um* (*buxus*), de buis : Col. 8, 15, 5 ‖ de la couleur du buis, jaune : Mart. 2, 41, 6.

buxĭārĭus, *a*, *um* (*buxus*), relatif au buis (ou à des tablettes ?) : CIL 4, 3340, 5, 2.

buxĭfĕr, *ĕra*, *ĕrum* (*buxus, fero*), qui produit du buis : Catul. 4, 13.

buxis, f., ⓥ *pyxis*.

buxōsus, *a*, *um* (*buxus*), qui ressemble au buis : Plin. 12, 119.

buxŭla (buxtŭla), *ae*, f. (dim. de *buxa* ; it. *bussola*), petite boîte : Paul.-Diac. Vit. Greg. 24.

buxum, *i*, n. et **buxus**, *i* ou *ūs*, f. (de πυξός ; fr. *buis*) ¶ **1** buis [arbrisseau] : Plin. 16, 70 ; Plin. Ep. 5, 6, 32 ; Virg. G. 2, 437 ; [bois] Virg. G. 2, 449 ; En. 10, 136 ¶ **2** [objets en buis] flûte : Virg. En. 9, 619 ‖ toupie, sabot : Virg. En. 7, 382 ‖ peigne : Juv. 14, 194 ‖ tablettes à écrire : Prop. 3, 23, 8 ; Ps. Acr. Hor. S. 1, 6, 74 ‖ damier, échiquier : Aus. Prof. 2 (191), 28.
▶ sur le genre cf. Serv. En. 9, 616 ; Non. 194, 22 ; Diom. 327, 14 ‖ acc. pl. -*us* Claud. Pros. 3, 130 ; Grom. 303, 14.

Buzēri, ⓒ *Buxeri* : Avien. Perieg. 945.

Buzȳgaeus, *i*, m., montagne de Thessalie : Plin. 4, 29.

Būzȳgēs, *ae*, m., le même que Triptolème : Plin. 7, 199.

bȳblĭo-, ⓥ *bĭblĭo-*.

Bȳblis, *ĭdis* (*ĭdos*), f., Byblis [fille de Milétus et de Cyanée] : Ov. M. 9, 452 ; A. A. 283.

Bȳblus (-blos), *i*, f., Byblos [ville de Phénicie] Atlas IX, D3 : Plin. 5, 78 ‖ **-ĭus**, *a*, *um*, de Byblos : Capel. 2, 192.

Bȳcē, *ēs*, f. (Βύκη), lac de la Chersonèse taurique : Val.-Flac. 6, 68 ‖ **Bucēs**, *is*, m., Plin. 4, 84.

Bylazōra, n. pl., ville de Péonie [auj. Bilias] : Liv. 44, 26, 8.

Byllidenses, Byllini, ⓥ *Bullidenses*.

Byllis, ⓥ *Bullis*.

Byrrhĭa (-ās), *ae*, m., nom d'esclave : Ter. And. 301.

byrrhus (-rrus), ⓥ *birrus*.

1 byrsa (bursa), *ae*, f. (βύρσα ; fr. *bourse*), peau, cuir : Serv. En. 1, 367 ; Gloss. 4, 315, 5.

2 Byrsa, *ae*, f. (Βύρσα), citadelle de Carthage, bâtie par Didon : Virg. En. 1, 367 ; Liv. 34, 62, 12 ‖ **-sĭcus**, *a*, *um*, de Byrsa : Sidon. Ep. 7, 17, 2, v. 18.

byssĭcus, Marcian. Dig. 39, 4, 16, ⓒ *byssinus*.

byssĭnus, *a*, *um* (βύσσινος ; fr. *guigne*), de lin fin, de batiste : Plin. 19, 21 ; Apul. M. 11, 24 ‖ subst. f., étoffe ou vêtement de lin : Aug. Ep. 29, 5 ‖ subst. n. : *vestite vos serico probitatis, byssino sanctitatis* Tert. Cult. 2, 13, 7, vêtez-vous de la soie de la probité, du lin de la pureté.

byssum, *i*, n., Isid. 19, 27, 4, ⓒ *byssus*.

byssus, *i*, f. (βύσσος), lin très fin, batiste : Apul. M. 11, 3 ; *amicta erat bysso et purpura* Vulg. Apoc. 18, 6, elle était vêtue de lin et de pourpre.

Bȳthĭŏs, m. (βύθιος), Profond [Éon de Valentin] : Tert. Val. 8, 2.

Bȳthōn, acc. *ōna*, m., Éon de Valentin : Hil. Trin. 6, 9 ; ⓥ *Bythos*.

Bȳthŏs, m. (βυθός), Abîme [Éon suprême de Valentin] : Tert. Val. 7, 6.

Byzăcēna prōvincĭa, f., la Byzacène : Cod. Th. 8, 7, 12 ; ⓥ *Byzacium*.

Byzăcēnus, *a*, *um*, de la Byzacène : Isid. 14, 5, 7.

Byzăcĭum, *ĭi*, n., la Byzacène [région côtière de l'Afrique] : Liv. 33, 48, 1 ; Plin. 5, 24 ‖ **-cĭus**, *a*, *um*, de la Byzacène : Sil. 9, 204.

Byzantĭum (-tĭŏn), *ĭi*, n. (Βυζάντιον), Byzance [postérieurement Constantinople, ville sur le Bosphore de Thrace] Atlas I, D5 ; VI, A4 ; X : Cic. Sest. 56 ; Dom. 52 ; Liv. 38, 16, 3 ‖ **-tĭăcus**, Stat. S. 4, 9, 13, **-tīnus**, Tert. Scap. 3, 4 ‖ **-tĭus**, *a*, *um* (a. fr. *besant*), de Byzance, byzantin : Cic. Dom. 129 ; Hor. S. 2, 4, 66 ‖ **Byzantĭi**, *ōrum*, m. pl., habitants de Byzance : Cic. Verr. 2, 76.

Byzās, *ae*, m., fondateur de Byzance : Avien. Perieg. 973.

Byzēres, *um*, m. pl. (Βύζηρες), Byzères [peuple du Pont] : Val.-Flac. 5, 152.

C

c, n., f. indécl., troisième lettre de l'alphabet latin, prononcée cē, ▶ b, employée aussi pour G dans les inscriptions archaïques., C'est le gamma (Γ) grec, affecté à la sourde en étrusque comme K et Q ‖ abréviation de **Gaius** [quand il est retourné (Ɔ), il signifie *Gaia*]; **Cn** est de même l'abréviation de **Gnaeus** ‖ abréviation de *centurio*, *civis*, *civitas*, *cohors*, *colonia*, *conjux* : INSCR. ‖ sur les tablettes de vote des juges, il signifie **condemno** [d'où son nom de *littera tristis* par opposition à A (*absolvo* appelé *littera salutaris*] ‖ signe numérique **C** = cent.

Cabalaca, ae, f., ville d'Albanie [en Asie] : PLIN. 6, 29.

Cabalia, ae, f., petite contrée méridionale de la Pamphylie : PLIN. 5, 101.

căballa, ae, f. (*caballus*), jument : ANTH. 148, 7.

căballārĭus, ĭi, m. (*caballus*), palefrenier, écuyer : GLOSS. 3, 467, 51.

căballātĭo, ōnis, f. (*caballus*), ration pour la nourriture d'un cheval : COD. TH. 7, 4, 34.

căballĭcō, ās, āre, -, - (*caballus*; fr. *chevaucher*), intr., chevaucher, aller à cheval : ANTHIM. pr. p. 3, 1.

căballīnus, a, um (*caballus*), de cheval : PLIN. 28, 265 ; *caballinus fons* PERS. prol. 1, fontaine d'Hippocrène.

căballĭo, ōnis, m. (*caballus*), petit cheval : VEG. Mul. 1, 20, 2.

căballĭŏn, ĭi, n., cynoglosse [plante] : PS. APUL. Herb. 96.

Caballŏdūnum (**Cabillŏ-**), i, n., ◉ Cabillonum : NOT.DIGN. Oc. 42, 21.

căballus, i, m. (gaul. ; fr. *cheval*), cheval hongre : GLOSS. 5, 51, 5 ; MART. 1, 41, 20‖ cheval de fatigue, bidet : HOR. Ep. 1, 7, 88 ; SEN. Ep. 87, 10 ; PETR. 117, 12.

Căballus, i, m., surnom romain : MART. 1, 41.

căbanna, ▶ *capanna*.

Cabardĭăcensis, e (-**ăcus**, a, um), d'une ville ou d'un canton de la Gaule Cisalpine : CIL 11, 1301.

Cabasītēs, ae, m., de Cabasa [ville d'Égypte] : PLIN. 5, 49.

căbātŏr, ōris, m. (pour *cavator*), graveur sur pierre : CIL 6, 1239.

Căbellĭo, ōnis, f., ville de la Gaule, chez les Cavares [auj. Cavaillon] : PLIN. 3, 36.

căbenses, ĭum, m. pl. (*Cab(i)um*), prêtres des Féries latines sur le mont Albain : CIL 6, 2174.

Cabĭenses, m. pl., peuple du Latium : PLIN. 3, 63.

Căbillo, ōnis, f. AMM. 14, 10, 3, **Căbillōna**, ae, f. AMM. 15, 11, 11, **-ōnum**, i, n. CAES. G. 7, 42, 5, Cabillonum [ville des Éduens, auj. Chalon-sur-Saône] Atlas V, E3 ‖ **-ōnensis**, e, de Cabillonum : EUM. *Pan. Const.* 18 ; ▶ *Cab-*.

Cabīra, ōrum, n. pl., Cabires [ville du Pont] : EUTR. 6, 8, 3.

Căbīrus, i, m. (Κάβειρος) ¶ 1 divinité adorée surtout en Macédoine et dans l'île de Samothrace : CIC. *Nat.* 3, 58, pl., **Cabiri** ACC. *Tr.* 526 ¶ 2 fleuve voisin de l'Indus : PLIN. 6, 94.

căbo, ōnis, m. (cf. *căballus*), cheval hongre : GLOSS. 5, 51, 5.

Caburrenses, ĭum, m. pl., habitants de Cabure [ville de la Gaule transpadane, auj. Cavour] Atlas XII, C1 : CIL 5, 7836.

Caburus, i, m., surnom d'un Gaulois : CAES. G. 1, 47, 4.

căbus, i, m. (κάβος) ¶ 1 mesure hébraïque : VULG. 4 Reg. 6, 25 ¶ 2 ▶ *caballus* : ISID. 12, 8, 4.

Cabylē, ēs (-**la**, ae), ville de Thrace : EUTR. 6, 8 ‖ **-ētae**, ārum, m. pl., habitants de Cabyle : PLIN. 4, 40.

Cāca, ae, f., sœur de Cacus, mise au nombre des déesses parce qu'elle avait dénoncé à Hercule le vol commis par son frère : LACT. *Inst.* 1, 20, 36 ; SERV. *En.* 8, 190.

cacalĭa, ae, f. (κακαλία), léontice [plante] : PLIN. 25, 135.

căcātŏr, ōris, m. (*caco*), chieur : CIL 4, 3832 ‖ **căcātrix**, f. *CIL 4, 2125.

căcātŭrĭō, īs, īre, -, - (*caco*), intr., avoir envie d'aller à la selle : MART. 11, 77, 3.

căcātus, a, um, part. de *caco*.

caccăbācĕus, a, um (*caccabus*), de marmite : TERT. *Herm.* 41, 2.

caccăbātus, a, um (*caccabus*), noirci comme une marmite : PAUL.-NOL. *Ep.* 32, 9.

caccăbīna, ae, f. (*caccabus*), marmitée [ragoût cuit dans un *caccabus*] : APIC. *Exc.* 1 a.

caccăbĭus, a, um (*caccabus*), cuit en cocotte : *APIC. 125.

caccăbō (**cācăbō**), ās, āre, -, -, intr. (κακκαβίζω), cacaber [cri ou chant de la perdrix] : ANTH. 762, 19.

caccăbŭlus, i, m. (dim. de *caccabus*), casserole : TERT. *Apol.* 13, 4 ; APIC. 125.

caccăbus, i, m. (κάκκαβος ; esp. *cacho*, al. *Kachel*), marmite, chaudron : VARR. L. 5, 127 ; ISID. 20, 8, 3 ; COL. 12, 42, 1.

caccītus, i, m. (?), mignon [sens incertain] : PETR. 63, 3.

căcemphăton, i, n. (κακέμφατον), expression évoquant qqch. d'obscène : PRISC. 2, 594, 20 ; DIOM. 270, 26, cf. QUINT. 8, 3, 44 ; ISID. 1, 33, 5.

căchectēs, ae, m. (καχέκτης), cachectique, qui est d'une santé précaire : PLIN. 28, 125.

căchectĭcus, a, um (καχεκτικός), ◉ *cachectes* : CAEL.-AUR. *Chron.* 3, 6, 81.

căchexĭa, ae, f. (καχεξία), cachexie ; constitution affaiblie, délabrée : CAEL.-AUR. *Chron.* 3, 6, 80.

Cachinna, ae, f., ville d'Arabie : PLIN. 1, 150.

căchinnābĭlis, e (*cachinno*), qui a la faculté de rire : PS. APUL. *Herm.* 6 ; p. 271 ‖ en forme d'éclats de rire : *cachinnabilis risus* APUL. *M.* 3, 7, éclats de rire.

căchinnātĭo, ōnis, f. (*cachinno*), action de rire aux éclats, rire fou : CIC. *Tusc.* 4, 66.

1 căchinnō, ās, āre, āvī, - (*cachinnus*) ¶ 1 intr., rire aux éclats : CIC. *Verr.* 3, 62 ; LUCR. 4, 1176 ‖ [fig.] faire du bruit, retentir [en parl. des flots] : ACC. *Tr.* 573 ¶ 2 [avec acc.] dire en riant : JUVC. 4, 696‖ se moquer de : APUL. *M.* 3, 7.

2 căchinno, ōnis, m., grand rieur : SCHOL. PERS. 1, 12.

căchinnōsus, a, um (*cachinnus*), qui a le fou rire facile : CAEL.-AUR. *Acut.* 21, 41.

căchinnus, i, m. (onomat., cf. καχάζω), rire bruyant, éclat de rire : *cachinnum alicujus commovere* CIC. *Brut.* 219, faire rire qqn aux éclats, exciter un rire fou ; *tollere* CIC. *Fat.* 5 ; *edere* SUET. *Cal.* 57 ; *effundi in cachinnos* SUET. *Cal.* 32, rire aux éclats ‖ [poét.] murmure, mugissement des flots : CATUL. 64, 273.

cachla, ae, f. (κάχλα), ◉ *buphthalmos* : PLIN. 25, 82.

căchry, ўos, n. et **-chrys**, yos, acc. **ym**, abl. **y**, f. (κάχρυς) ¶ 1 graine de romarin : PLIN. 24, 101 ¶ 2 bourgeon hivernal qui pousse sur le sapin, le noyer, le tilleul, le platane : PLIN. 16, 30 ¶ 3 petite

cachry

amande qu'on trouve dans la graine du pourpier marin : Plin. 26, 82.

căcillō, *ās*, *āre*, -, - (onomat.), intr., glousser : Anth. 762, 25.

căcizŏtechnŏs, *i*, m., C.▶ catatexitechnos.

căcō, *ās*, *āre*, *āvī*, *ātum* (mot enfantin, cf. κακκάω, rus. *kakat'*; fr. *chier*) ¶ 1 intr., aller à la selle : Catul. 23, 20 ; Hor. S. 1, 8, 38 ¶ 2 tr., rendre par le bas : Mart. 3, 89, 2 ‖ embrener : Catul. 36, 1.

căcŏdaemōn, *ŏnis*, m., [astrol.] lieu dit du Mauvais Génie : Firm. *Math.* 2, 29, 12 ; V.▶ *daemon*.

1 căcŏēthēs, *ēs*, adj. (κακοήθης), pernicieux, malin [méd.] : Plin. 24, 78 ; Cass. Fel. 17.

2 căcŏēthēs, *is*, n. (κακόηθες), mauvaise habitude, fâcheuse manie : Juv. 7, 52 ‖ tumeur difficile à distinguer du carcinome : Cels. 5, 28, 2 C.

căcŏlŏgĭa, *ae*, f. (κακολογία), injure : Gloss. 3, 496, 12.

Căcomnēmōn, *ŏnis*, m. (κάκος, μνήμων), qui se souvient mal [pièce de Labérius] : Gell. 16, 7, 8.

căcŏphēmĭa, *ae*, f. (κακοφημία), [contr. d'euphémisme] action de donner une désignation mauvaise à une chose qu'on veut présenter comme bonne : Sacerd. 6, 461, 11.

căcŏsynthĕtŏn, *i*, n. (κακοσύνθετον), mauvaise construction d'une phrase : Lucil. 377 ; Char. 271, 22.

căcŏsystătus, *a*, *um* (κακοσύστατος), qui manque de solidité : Fort.-Rhet. 1, 3.

căcŏzēlĭa, *ae*, f. (κακοζηλία), imitation de mauvais goût (grotesque) : Sen. *Suas.* 7, 11 ; Quint. 2, 3, 9.

căcŏzēlŏn, *i*, n., C.▶ cacozelia : Ps. Asc. Cic. *Caecil.* 21.

căcŏzēlus, *a*, *um* (κακόζηλος), imitateur affecté (ridicule) : Quint. 8, 3, 56 ; Suet. *Aug.* 86.

cactŏs (-us), *i*, m. (κάκτος), cardon : Plin. 21, 97 ‖ [fig.] épine : Tert. *Pall.* 2, 7.

căcŭla, *ae*, m. (étr. ?), valet d'armée : Pl. *Trin.* 721, cf. P. Fest. 39, 29.

căcŭlātum, *i*, n., état de valet d'armée : P. Fest. 40, 24.

căcŭlŏr, *ārĭs*, *ārī*, - (cacula), être au service : Gloss. 5, 29, 6.

căcūmen, *ĭnis*, n. (cf. scr. *kakubh-*) ¶ 1 sommet, extrémité, pointe : Cat. *Agr.* 6, 3 ; Varr. R. 1, 40, 6 ; *ramorum cacumina* Caes. G. 7, 73, 2, les extrémités des branches ; *in acutum cacumen fastigatus* Liv. 37, 27, 2, dont le sommet se termine en pointe aiguë ‖ cime [d'une montagne, d'un arbre, etc.] : Lucr. 6, 464 ; Virg. B. 2, 3 ‖ sommet d'un angle : Vitr. 10, 11, 4 ¶ 2 [fig.] comble, faîte, perfection, apogée : Lucr. 2, 1130 ‖ accent sur les syllabes : Diom. 433, 21 ; Capel. 3, 273.

căcūmĭnō, *ās*, *āre*, *āvī*, *ātum* (cacumen), tr., rendre pointu, terminer en pointe : Ov. M. 3, 195 ; Plin. 10, 145.

Căcūnus, *i*, m., surnom de Jupiter chez les Sabins : CIL 9, 4876.

Cacurĭus, *ii*, m., nom d'homme : Cic. *Verr.* 4, 37.

1 Cācus, *i*, m., brigand qui vomissait des flammes, tué par Hercule : Virg. En. 8, 190 ; Liv. 1, 7, 5 ; Ov. F. 1, 543.

2 căcus, *i*, m. (*cacula*, cf. κάκος), un domestique, un serviteur : CIL 6, 1058, 7.

Cacyrīni, *ōrum*, m. pl., habitants de Cacyre [ville de Sicile] : Plin. 3, 91.

Cadara, *ae*, f., presqu'île du golfe Arabique : Plin. 9, 6.

cădāvĕr, *ĕris*, n. (cf. *cado*), corps mort, cadavre [au pr. et au fig.] : Cic. *Tusc.* 5, 97 ; *Pis.* 19 ; Caes. G. 7, 77, 8 ; Sulp.Ruf. *Fam.* 4, 5, 4.

cădāvĕrīnus, *a*, *um* (*cadaver*), de cadavre : Aug. *Civ.* 9, 16, 1 ‖ subst., **-rīna**, *ae*, f. (s.-ent. *caro*) charogne : Tert. *Anim.* 32, 6.

cădāvĕrōsus, *a*, *um* (*cadaver*), cadavéreux : Ter. *Hec.* 441.

cădax, *ācis*, qui cloche souvent : Gloss. 5, 494, 15 ; V.▶ *catax*.

cădescō, *ĭs*, *ĕre*, -, - (*cado*), intr., menacer de tomber : Theo.-Prisc. 2, 47.

cădĭālis, *e* (*cadus*), de tonneau : *cadialis resina* Cael.-Aur. *Chron.* 2, 7, résine conservée en tonneau.

Cadistus, *i*, m., mont de Crète : Plin. 4, 59.

cădīvus, *a*, *um* (*cado*), qui tombe de soi-même [en parl. de fruits] : Plin. 15, 59 ‖ qui tombe du mal caduc, épileptique : M.-Emp. 20, 93.

Cadmaeus, V.▶ *Cadmeus*.

1 cadmēa, **-mīa** ou **-mĭa**, *ae*, f. (καδμεία, καδμία), calamine ou oxyde de zinc natif : Plin. 34, 2 ‖ cadmie, oxyde de zinc artificiel, ou blanc d'arsenic, résidu qui s'attache aux parois des hauts fourneaux : Plin. 33, 94 ; 34, 113.

2 Cadmēa, *ae*, f., V.▶ *Cadmeius*.

Cadmēis, *ĭdis*, adj. f., de Cadmus, de Thèbes : Ov. M. 4, 545 ‖ subst., fille de Cadmus [Sémélé, Ino, Agavé] : Ov. M. 3, 287.

Cadmēĭus (-ēus), *a*, *um* ¶ 1 de Cadmus, de Thèbes : Stat. *Th.* 1, 376 ; Prop. 1, 7, 1 ¶ 2 des Carthaginois [descendants des Tyriens] : Sil. 1, 6 ‖ **-mēa**, *ae*, f., la Cadmée [citadelle de Thèbes] : Nep. *Epam.* 10, 3.

cadmītis, *is*, f. (gr.), pierre précieuse : Plin. 37, 151.

Cadmŏgĕna, *ae*, f., descendante de Cadmus : Acc. Tr. 642, cf. Non. 111, 35.

Cadmus, *i*, m. (Κάδμος) ¶ 1 fils d'Agénor, frère d'Europe, fondateur de la Cadmée : Cic. *Tusc.* 1, 28 ; Ov. M. 1, 15 ; F. 1, 490 ¶ 2 nom d'un bourreau à Rome : Hor. S. 1, 6, 39 ¶ 3 Milésien qui le premier a écrit l'histoire en prose : Plin. 5, 112 ¶ 4 montagne de Phrygie : Plin. 5, 118.

cădō, *ĭs*, *ĕre*, *cĕcĭdī*, *cāsum* (cf. κεκάδοντο ; fr. *choir*), intr., tomber

> ¶ 1 "tomber" ¶ 2 "succomber", "mourir" ¶ 3 [fig.] *in judicio cadere* "perdre son procès" ¶ 4 "disparaître" ¶ 5 [rhét. et gram.] : "se terminer par" ¶ 6 "arriver" [avec adverbe ou adjectif attribut], *cadit ut* "il arrive que", *in cassum cadere* ¶ 7 "s'exposer à" ¶ 8 "se rapporter à", "convenir", *in consuetudinem*, *in disceptationem cadere* ¶ 9 [chrét.] "pécher".

¶ 1 [en parl. des choses et des êtres animés] tomber, choir : *homini ilico lacrumae cadunt* Ter. *Ad.* 536, aussitôt les larmes lui tombent des yeux ; *cadentes guttae* Cic. *de Or.* 3, 186, gouttes d'eau qui tombent ; *puto saxum tamen casurum fuisse* Cic. *Fat.* 6, je pense que le rocher serait tombé quand même ; *in terram cadentibus corporibus* Cic. *Tusc.* 1, 36, les corps tombant à terre ; *si de caelo cadit (ignis)* Sen. *Nat.* 2, 13, 1, si ce feu tombe du ciel (*caelo* Virg. G. 1, 487) ; *cadunt de montibus umbrae* Virg. B. 1, 83, l'ombre tombe des montagnes ‖ *omnibus istis latronibus de manibus arma cecidissent* Cic. *Phil.* 14, 21, les armes seraient tombées des mains de tous ces brigands (*de manibus audacissimorum civium* Cic. *Off.* 1, 77, des mains des citoyens les plus audacieux) ; *cum offa cecidit ex ore pulli* Cic. *Div.* 2, 72, quand une miette de nourriture est tombée du bec du poulet sacré ; *vela cadunt* Virg. En. 3, 207, les voiles tombent ; *cecidere a pectore vestes* Stat. *Ach.* 1, 878, le vêtement tomba de sa poitrine ; *(tecta) si aut vi tempestatis aut terrae motu aut vetustate cecidissent* Cic. *Off.* 2, 13, (les maisons) si elles étaient tombées ou sous l'effort de la tempête ou par suite d'un tremblement de terre ou par l'effet de la vétusté ‖ *ex equo* Cic. *Fat.* 5 ; *de equo* Cic. *Clu.* 175, tomber de cheval ‖ [métaph.] *minime in lubrico versabitur... numquam cadet* Cic. *Or.* 98, [l'orateur du genre simple] ne s'aventurera guère sur un terrain glissant... il ne tombera jamais ; *alte cadere non potest* Cic. *Or.* 98, il ne peut tomber de haut ¶ 2 tomber, succomber, mourir : *in proelio cadere* Cic. *Fin.* 2, 61, tomber dans la bataille ; *pro patria* Cic. *Tusc.* 1, 89, pour la patrie ‖ *referes, telo cecidisse Camillae* Virg. En. 11, 689, tu leur rapporteras que tu es tombé sous le fer de Camille ; *Hectoreā hastā* Ov. M. 12, 68, tomber sous la lance d'Hector ; *non armis telisque Romanis ceciderunt* Tac. G. 33, ce n'est pas sous nos armes et nos traits qu'ils sont tombés ; *multa tibi ante aras nostra cadet hostia dextra* Virg. En. 1, 334, de nombreuses victimes seront immolées de notre main en ton honneur devant les autels ‖ [avec *ab*] *ab aliquo cadere*, tomber sous les coups de qqn : Ov.

M. 5, 192 ; *F. 6*, 564 ; Tac. *An.* 16, 9 ; Suet. *Oth.* 5 ¶ **3** [fig.] tomber : **labentem et prope cadentem rem publicam fulcire** Cic. *Phil.* 2, 51, soutenir le gouvernement en train de glisser et presque de tomber ; **cecidi sciens, ut honestissime exsurgere possem** Cic. *Phil.* 12, 24, je suis tombé sciemment, pour pouvoir me relever avec honneur ; **non debemus cadere animis** Cic. *Fam.* 6, 1, 4, nous ne devons pas nous laisser abattre ‖ [en part.] **causa cadere** Cic. *de Or.* 1, 167 ; **in judicio cadere** Cic. *Mur.* 58, perdre son procès ; **repetundarum criminibus ceciderant** Tac. *H.* 1, 77, ils avaient été condamnés du chef de concussion ¶ **4** [fig.] tomber, disparaître : **mundis aliis nascentibus, aliis cadentibus** Cic. *Nat.* 1, 67, les mondes, les uns naissant, les autres disparaissant ; **ea tua laus pariter cum re publica cecidit** Cic. *Off.* 2, 45, cette gloire que tu acquérais est tombée avec la république ; **cecidere illis animi** Ov. *M.* 7, 347, leur courage tomba, cf. Liv. 1, 11, 3 ; 2, 65, 7 ; **non tibi ira cecidit ?** Liv. 2, 40, 7, ta colère n'est pas tombée ? ; **pretia militiae casura in pace aegre ferebant** Liv. 34, 36, 7, ils voyaient avec peine que la solde disparaîtrait avec la paix ; **venti vis omnis cecidit** Liv. 26, 39, 8, toute la force du vent tomba ; **cadente jam Euro** Liv. 25, 27, 11, comme l'Eurus [le vent d'est] commençait à tomber ; **postquam cecidit superbum Ilium** Virg. *En.* 3, 2, quand fut tombée la superbe Troie ¶ **5** [rhét. et gram.] tomber, se terminer, finir : **verba eodem pacto cadentia** Cic. *Or.* 84, mots ayant la même désinence casuelle = ὁμοιόπτωτα [*Or.* 135 *similiter desinentia* "ayant la même terminaison" = ὁμοιοτέλευτα Her. 4, 28 Cic. *de Or. 3, 206*]‖ [chute de la phrase] : Cic. *Or.* 38 ; 219 ; **sententia cadit numerose** Cic. *Brut.* 34, la phrase (l'expression de la pensée) a une fin rythmique, cf. *Or.* 175 ; 199 ¶ **6** arriver [surtout avec un adverbe ou un adjectif attribut] : **hoc cecidit mihi peropportune, quod... venistis** Cic. *de Or.* 2, 15, fort heureusement pour moi, vous êtes venus... ; **intellexi nihil mihi optatius cadere posse, quam ut me quam primum consequare** Cic. *Att.* 3, 1, j'ai compris que rien ne pourrait être plus désirable pour moi que de te voir me rejoindre le plus tôt possible ; **a te mihi omnia semper honesta et jucunda ceciderunt** Cic. *Q.* 1, 3, 1, de ton fait, tout ce qui m'est arrivé a toujours été honorable et agréable (de toi je n'ai jamais eu qu'honneur et agrément) ; **si non omnia caderent secunda** Caes. *C.* 3, 73, 4, si tout n'arrivait pas heureusement ; **si minus fortissimi viri virtus civibus grata cecidisset** Cic. *Mil.* 81, si le courage de cet homme si énergique n'avait pas l'heur de plaire à ses concitoyens ‖ **valde optanti utrique nostrum cecidit, ut in istum sermonem delaberemini** Cic. *de Or.* 1, 96, conformément à ce que chacun de nous deux souhaitait vivement, il s'est trouvé que vous êtes tombés sur ce sujet d'entretien ; **sed ita cadebat ut** Cic. *Brut.* 149, mais il arrivait que... cf. *Fam.* 3, 12, 2 ; *Att.* 3, 7, 1 ; **cecidit belle** Cic. *Att.* 13, 33, 4, cela est joliment bien tombé ‖ **sortes ductae, ut in rem apte cadant** Cic. *Div.* 1, 34, sorts tirés avec une exacte appropriation à l'objet ‖ aboutir à : **nimia illa libertas in nimiam servitutem cadit** Cic. *Rep.* 1, 68, cette liberté excessive aboutit à une excessive servitude ; **in irritum** Tac. *An.* 15, 39 ; **ad irritum** Liv. 2, 6, 1 ; **in cassum** Lucr. 2, 1165, n'aboutir à rien, avorter, être sans effet ¶ **7** tomber, venir à, s'exposer à : **sub imperium alicujus** Cic. *Att.* 8, 3, 2 (**sub potestatem alicujus** Cic. *Verr.* 5, 144) tomber sous le pouvoir, la domination de qqn ; **in eandem suspicionem** Cic. *Phil.* 11, 24, être exposé au même soupçon ; **in offensionem Atheniensium** Cic. *Nat.* 1, 85, s'exposer à l'hostilité des Athéniens ; **in vituperationem** Cic. *Att.* 14, 13, 4, s'exposer au blâme ‖ tomber, coïncider : **in id saeculum Romuli cecidit aetas, cum...** Cic. *Rep.* 2, 18, l'époque de Romulus coïncide avec un siècle où..., cf. *Fam.* 15, 14, 4 ; **scribis in eam diem cadere nummos qui a Quinto debentur** Cic. *Att.* 15, 19, 4, tu écris que c'est le jour d'échéance de la dette de mon frère Quintus ¶ **8** tomber sur [**in aliquem, in aliquid**], se rapporter à, cadrer, convenir : **si cadit in sapientem animi dolor** Cic. *Lae.* 48, si le sage est susceptible de souffrance morale ; **de hac dico sapientia, quae videtur in hominem cadere posse** Cic. *Lae.* 100, je parle de cette sagesse qui paraît accessible à l'homme ; **cadit ergo in virum bonum mentiri emolumenti suī causa ?** Cic. *Off.* 3, 81, alors, cela cadre avec un homme de bien de mentir pour son intérêt ? ; **non cadit in hunc hominem ista suspicio** Cic. *Sull.* 75, ce soupçon ne convient pas à un tel homme (n'est pas de mise avec un tel homme) ; **quod facinus nec in hominem imprudentem caderet, nec in facinerosum...** Cic. *Dej.* 16, un forfait qui ne s'expliquerait ni d'un imprudent ni d'un scélérat ; **dictum cadit in aliquem** Cic. *Tusc.* 5, 40, un mot s'applique bien à qqn [une plaisanterie Cic. *de Or.* 2, 245] ‖ **id verbum in consuetudinem nostram non cadit** Cic. *Tusc.* 3, 7, ce mot n'est pas conforme à l'usage de notre langue ; **sustinendi muneris propter imbecillitatem difficultas minime cadit in majestatem deorum** Cic. *Nat.* 2, 77, avoir de la peine par faiblesse à soutenir cette tâche est incompatible avec la grandeur divine ‖ tomber sur, sous, dans : **omnia, quaecumque in hominum disceptationem cadere possunt** Cic. *de Or.* 2, 5, tout ce qui peut venir en discussion [être l'objet de] ; **in cernendi sensum** Cic. *Tim.* 9, tomber sous le sens de la vue ; **sub aspectum** Cic. *Tim.* 11 ; **sub oculos** Cic. *Or.* 9, tomber sous la vue, sous les yeux ; **sub aurium mensuram aliquam** Cic. *Or.* 67, être susceptible d'une mesure (d'une appré-ciation) de l'oreille ‖ **quoniam plura sunt orationum genera neque in unam formam cadunt omnia** Cic. *Or.* 37, comme il y a plus d'un genre d'éloquence et qu'ils ne rentrent pas tous dans le même type ¶ **9** [chrét.] tomber moralement, pécher : **sine gratia cadit homo** Aug. *Grat.* 6, 13, sans la grâce, l'homme tombe dans le péché.

Cadra, *ae*, f., colline de l'Asie Mineure : Tac. *An.* 6, 41.

Cadrūsi, *ōrum*, m. pl., Cadrusiens [peuple d'Arachosie, Perse] : Plin. 6, 92.

cădūca, *ae*, f. (*caducus*), épilepsie : Isid. 4, 7, 5 ; Chir. 490.

cădūcārĭus, *a*, *um* (*caducus*) ¶ **1** qui tombe du haut mal, épileptique : Aug. *Beat.* 2, 16 ¶ **2** **caducaria lex**, loi(s) frappant certaines personnes d'incapacité de recevoir par testament : Ulp. *Reg.* 28, 7.

cădūcĕātŏr, *ōris*, m. (*caduceus*), envoyé, parlementaire [porteur d'un caducée] : Cat. *Frg. p.* 85, 8 ; Liv. 26, 17, 5 ‖ héraut dans les mystères : Arn. 5, 25.

cădūcĕātus, *i*, m. (*caduceus*), qui porte un caducée, envoyé : *Gloss.* 5, 275, 8.

cădūcĕus, *i*, m., **-cĕum**, *i*, n. (κηρύκειον), caducée [baguette que portaient Mercure et les envoyés, les hérauts, etc.] : Cic. *de Or.* 1, 202 ; Liv. 44, 45, 1 ; Plin. 29, 54.

▶ m. Varr. d. Non. 528 ; n. Gell. 10, 27, 1.

cădūcĭa, *ae*, f. (*caducus*), épilepsie : Gloss. 4, 40, 17.

cădūcĭfĕr, *ĕra*, *ĕrum* (*caduceus, fero*), qui porte un caducée [Mercure] : Ov. *M.* 8, 627.

cădūcĭtās, *ātis*, f., épilepsie : Chir. 330.

cădūcĭtĕr, adv. (*caducus*), en se précipitant : Varr. *Men.* 576.

cădūcum, *i*, n. (*caducus*), un bien caduc : Juv. 9, 88.

cădūcus, *a*, *um* (*cado*), qui tombe, qui est tombé, qui tombera ¶ **1 vitis natura caduca est** Cic. *CM* 52, la vigne tombe naturellement, cf. *CM* 5 ; **ab legendo ligna, quod ea caduca legebantur in agro** Varr. *L.* 6, 66, *ligna* (bois) vient de *legere* parce qu'on le ramassait tombé sur le sol dans la campagne [pour faire le feu] ; **bacae glandesque caducae** Lucr. 5, 1363, les baies et les glands tombés sur le sol ; **videbis frondes volitare caducas** Virg. *G.* 1, 368, tu verras voltiger les feuilles tombées des arbres ; **bello caduci Dardanidae** Virg. *En.* 6, 481, les Troyens tombés du fait de la guerre (dans la guerre) ; **qui statuit te triste lignum, te caducum in domini caput immerentis** Hor. *O.* 2, 13, 11, celui qui t'a planté, bois fâcheux, fait pour tomber sur la tête du maître innocent ; **caduco juveni** Virg. *En.* 10, 622, pour ce jeune guerrier voué à la mort ‖ qui tombe du mal caduc [du haut mal, de l'épilepsie] : Apul. *Apol.* 43 ; Isid. 10, 61 ¶ **2** [fig.] caduc, périssable, fragile : **corpore caduco et infirmo** Cic. *Nat.* 1, 98,

caducus

d'un corps caduc et faible ; *res humanae fragiles caducaeque sunt* Cic. *Lae.* 102, les choses humaines sont fragiles et périssables ; *spes caducae* Ov. *M.* 9, 597, espoirs fragiles ¶ **3** [jct.] *caduca possessio* Cic. *de Or.* 3, 122, bien sans maître ; *caducae hereditates* Cic. *Phil.* 10, 11, héritages vacants [en part., par suite des lois caducaires d'Auguste, *lex Julia* et *Papia Poppaea*, qui privaient du droit d'héritage total les célibataires ou partiel les *orbi*, mariés sans enfant, il restait souvent des parts d'hérédité vacantes, *caducae* Gai. *Inst.* 2, 206].

Cădurci, *ōrum*, m. pl., peuple d'Aquitaine [Quercy], V. 2 *Cadurcum* : Caes. *G.* 7, 64 ∥ sg. *Cadurcus*, Caes. *G.* 7, 5, 1.

1 cădurcum, *i*, n. ¶ **1** drap ou couverture de lit [fabrication des Cadurques, d'où l'appellation] : Juv. 7, 221 ¶ **2** lit : Juv. 6, 537.

2 Cădurcum, *i*, n., ville d'Aquitaine [auj. Cahors] : Greg.-Tur. *Hist.* 3, 12 ∥ **-cus**, *a*, *um* (**-censis**, *e*), des Cadurques : Aus. *Prof.* 18 (207), 15 ; Greg.-Tur. *Hist.* 5, 42.

cădus, *i*, m. et **cădum**, *i*, n. (κάδος) ¶ **1** récipient de terre dans lequel on conserve le vin [qqf. l'huile, le miel], jarre : Pl. *Amp.* 429 ; *Aul.* 571 ; Virg. *En.* 1, 195 ; Hor. *O.* 1, 35, 26 ; Plin. 36, 158 ∥ vase en airain ; urne funéraire : Virg. *En.* 6, 228 ¶ **2** mesure [attique] pour les liquides, valant 3 urnes ou 12 *congii* ou 72 *sextarii* ; gén. pl. *cadum* : Varr. d. Plin. 14, 96.

Cădūsia, *ae*, f., le pays des Cadusiens : Plin. 6, 36 ∥ **Cădūsĭi (-si)**, *ōrum*, m. pl., Cadusiens [peuple d'Asie, près de la mer Caspienne] : Liv. 35, 48, 5 ; Avien. *Perieg.* 910.

cādytās, *ae*, m. (καδύτας), plante de Syrie : *Plin. 16, 244.

Caea, V. *Cea*.

caecātĭo, *ōnis*, f. (*caeco*), action d'aveugler, aveuglement : Gloss. 3, 190, 9.

caecātŏr, *ōris*, m. (*caeco*), qui bouche, qui obstrue : Paul.-Nol. *Carm.* 27, 619.

caecātus, *a*, *um*, part. de *caeco*.

Caeciae, *ārum*, f. pl., nom de deux îles du golfe Saronique : Plin. 4, 57.

caeciās, acc. *an*, m. (καικίας), vent du nord-est : Gell. 2, 22, 24.

caecĭgĕnus, *a*, *um* (*caecus*, *geno*), aveugle de naissance : Lucr. 2, 741.

1 caecĭlĭa, *ae*, f. ¶ **1** sorte de laitue : Col. 10, 190 ¶ **2** sorte de lézard, V. *caecula* : Veg. *Mul.* 4, 21, 1.

2 Caecĭlĭa, *ae*, f., nom de femme : Cic. *Div.* 1, 99 ∥ adj., V. *Caecilius*.

Caecĭlĭus, *ĭi*, m., Caecilius Statius, poète comique de Rome : Cic. *de Or.* 2, 50 ∥ nom d'une *gens* à laquelle appartenait la famille de Métellus : Cic. *Flac.* 36 ∥ **-us**, *a*, *um*, de Caecilius : *Caecilia Didia lex* Cic. *Phil.* 5, 8 loi Caecilia Didia [proposée par Caecilius et Didius] ∥ **Caecĭlĭānus**, *a*, *um*, de Caecilius : Cic. *Tusc.* 3, 56 ; *Caeciliana cerasa* Plin. 15, 102, sorte de cerises rondes ;

lactuca Plin. 19, 127, laitue pourprée ∥ subst. m., nom d'homme : Tac. *An.* 3, 37.

Caecīna, *ae*, m., nom d'une branche de la *gens* Licinia ; not[t] A. Licinius Caecina défendu par Cicéron : Cic. *Caecin.* 1 ∥ **-ĭānus**, *a*, *um*, qui a trait à Caecina : Capel. 5, 527.

caecĭtās, *ātis*, f. (*caecus*) ¶ **1** cécité : Cic. *Tusc.* 5, 113 ∥ [fig.] aveuglement : *Tusc.* 3, 11 ¶ **2** obscurité, ténèbres : Ps. Quint. *Decl.* 6, 4.

caecĭtūdo, f., G. *caecitas* : Aurel. Opil. d. Fest. 176, 17.

caecō, *ās*, *āre*, *āvī*, *ātum* (*caecus*), tr. ¶ **1** aveugler, priver de la vue : Lucr. 4, 325 ∥ [fig.] aveugler, éblouir : Cic. *Sest.* 139 ¶ **2** obscurcir : Avien. *Or.* 504 ∥ [fig.] *oratio caecata* Cic. *Brut.* 264, discours rendu obscur, inintelligible.

Caecŭbus ager, plaine du Latium, célèbre par ses vins : Plin. 2, 209 ∥ **Caecubus**, *a*, *um*, de Cécube : Hor. *S.* 2, 8, 15 ∥ subst. n., vin de Cécube, le cécube : Hor. *O.* 1, 20, 9 ; Mart. 13, 115.

caecŭla, *ae*, f., sorte de serpent [sans yeux] : Isid. 12, 4, 33.

caecultō, *ās*, *āre*, -, - (*caecus*), intr., voir trouble, avoir la berlue : Pl. d. P. Fest. 54, 13.

Caecŭlus, *i*, m., fils de Vulcain et fondateur de Préneste : Virg. *En.* 7, 678.

caecum intestinum, n., le caecum [intestin] : Cels. 4, 1, 28.

1 caecus, *a*, *um* (cf. v. irl. *caech* ; it. *cieco*) ¶ **1** aveugle : *qui caecus est factus* Cic. *Dom.* 105, qui est devenu aveugle ; *Appius et caecus et senex* Cic. *CM* 37, Appius, à la fois aveugle et vieux ; *nudum et caecum corpus ad hostes vertere* Sall. *J.* 107, 1, tourner vers l'ennemi la partie du corps qui est nue et aveugle, (cf. Xen. *Cyr.* 3, 3, 3, 45 = le dos) ∥ [m. pris subst[t]] un aveugle : *apparet id etiam caeco* Liv. 32, 34, 3, la chose est claire même pour un aveugle ; *caecis hoc satis clarum est* Quint. 12, 7, 9, ce serait clair pour des aveugles ¶ **2** [fig.] aveugle, aveuglé : *non solum ipsa Fortuna caeca est, sed eos etiam plerumque efficit caecos, quos complexa est* Cic. *Lae.* 54, non seulement la Fortune elle-même est aveugle, mais elle frappe d'aveuglement ceux auxquels elle s'attache ; *caecus cupiditate* Cic. *Quinct.* 83, aveuglé par la passion ; *caecus animo* Cic. *Fin.* 4, 64, l'esprit aveuglé ; *caeca futuri mens hominum fati* Luc. 2, 14, l'esprit humain aveugle en ce qui concerne l'avenir ; *caecus animi* Quint. 1, 10, 29 (Gell. 12, 13, 4) ayant l'esprit aveuglé ∥ *caeca avaritia* Cic. *Phil.* 2, 97, aveugle cupidité ; *caeco quodam timore salutis* Cic. *Lig.* 3, par une sorte de crainte aveugle pour leur salut ¶ **3** privé de lumière, obscur, sombre : *in caecis nubibus* Cic. *Dom.* 24, dans de sombres nuages ; *caecae latebrae* Lucr. 1, 408, retraites obscures ; *caeco pulvere, campus miscetur* Virg. *En.* 12, 444, la plaine

se couvre d'une sombre poussière ∥ *cubiculum si fenestram non habet dicitur caecum* Varr. *L.* 9, 141, d'une chambre sans fenêtre, on dit qu'elle est aveugle ¶ **4** qu'on ne voit pas, caché, dissimulé : *res caecae* Cic. *de Or.* 2, 357, choses obscures ; *vallum caecum cavere* Caes. *C.* 1, 28, 4, prendre garde aux trous de loup [pieux dissimulés en terre] ; *caecae fores* Virg. *En.* 2, 453, porte dissimulée (secrète) ; *caecum dare vulnus* Virg. *En.* 10, 733, porter un coup par–derrière ∥ *caeca pericula* Cic. *Rep.* 2, 6, dangers imprévus ¶ **5** incertain, douteux : *cur hoc tam est obscurum atque caecum ?* Cic. *Agr.* 2, 36, pourquoi cette expression aussi obscure et imprécise ? ; *caeca exspectatione pendere* Cic. *Agr.* 2, 66, être en suspens dans une attente vague ; *caecos volutat eventus animo secum* Virg. *En.* 6, 157, il médite sur cet événement mystérieux ; *in Achaeis caecum erat crimen* Liv. 45, 31, 11, à propos des Achéens, l'accusation était sans preuve ; *caeci ictus* Liv. 34, 14, 11, coups portés à l'aveugle ∥ *caeca murmura* Virg. *En.* 10, 98, bruits sourds (indistincts) ; *caeca die emere* Pl. *Ps.* 301, acheter à crédit [avec date de paiement incertaine.] ∥ compar. *caecior* Hor. *S.* 1, 2, 91.

2 Caecus, *i*, m., surnom d'Appius Claudius qui était aveugle : Cic. *CM* 16.

caecūtĭō, *īs*, *īre*, -, - (*caecus*, cf. *balbutio*), intr., voir trouble : Varr. *Men.* 193.

caedēs, *is*, f. (*caedo*), action de couper, d'abattre ¶ **1** massacre, carnage : *orbem terrae caede atque incendiis vastare* Cic. *Cat.* 1, 3, dévaster le monde par le meurtre et l'incendie ; *magna caede nostrorum* Caes. *C.* 3, 65, 1, après avoir fait un grand carnage des nôtres ; *caedem facere* Cic. *Flac.* 88, commettre un meurtre ; *magistratuum privatorumque caedes effecerat* Cic. *Mil.* 87, il avait perpétré le meurtre de magistrats et de particuliers ; *fit magna caedes* Caes. *G.* 7, 70, 5, il se fait un grand carnage ; *jam caedi perpetratae Romani supervenerunt* Liv. 28, 23, 3, le massacre était déjà consommé quand les Romains arrivèrent ¶ **2** [dans les sacrifices] *temptare deos multa caede bidentium* Hor. *O.* 3, 23, 14, solliciter les dieux par un grand sacrifice de victimes, cf. Ov. *M.* 15, 129 ¶ **3** sang versé : *abluta caede* Virg. *En.* 9, 818, les souillures du carnage étant lavées ; *mixta hominum pecudumque caede respersus* Liv. 10, 39, 16, éclaboussé du sang mêlé des hommes et des animaux ¶ **4** corps massacrés : *crastina lux ingentes Rutulae spectabit caedis acervos* Virg. *En.* 10, 245, la lumière de demain verra des monceaux de Rutules égorgés ; *equitum acies caede omnia replet* Liv. 8, 39, 1, ce corps de cavaliers remplit tout de carnage, cf. Tac. *An.* 6, 24 ; *H.* 3, 29 ; *stratam innocentium caedibus celeberrimam urbis partem* Tac.

H. 3, 70, [il disait] que le quartier le plus fréquenté de la ville était jonché de cadavres innocents ¶5 [retour au sens premier] action de couper, d'abattre : *ligni atque frondium caedem facere* Gell. 19, 12, 7, faire un abattage de bois et de feuillages ; *capilli caede cultrorum desecti* Apul. M. 3, 16, cheveux tombés sous le tranchant des ciseaux ‖ coups violents, voies de fait : Papin. 29, 5, 21, 2.
▶ arch. *caedis* Liv. 1, 98, 10 ; 3, 5, 9 ; gén. pl. poét. *caedum* Sil. 4, 351 ; 4, 422.

Caedĭci, *ōrum*, m. pl., peuple du Samnium : Plin. 3, 108.

Caedĭciānus, *i*, m., nom d'homme : Mart. 10, 32.

Caedĭcĭus, *a*, *um*, *Caedicius campus* Plin. 11, 241, territoire chez les Vestins [dans le Samnium] ‖ *Caediciae tabernae* P. Fest. 39, 24, lieu-dit sur la voie Appienne.

Caedĭcĭus, *ii*, m., nom d'homme : Liv. 5, 45, 7.

caedis, nom., v.▶ *caedes* ▶.

caedō, *is*, *ĕre*, *cĕcīdī*, *caesum* (cf. *scindo*), tr., frapper, battre, abattre ¶1 *loris aliquem caedere* Pl. Merc. 1002, frapper qqn du fouet, donner les étrivières ; *virgis ad necem* Cic. Verr. 3, 69, battre de verges jusqu'à ce que mort s'ensuive ; *lapidibus duo consules ceciderunt* Cic. Frg. A. 14, 7, ils attaquèrent les deux consuls à coups de pierres ; *eum caedere destiterunt* Cic. Sest. 79, ils cessèrent de le frapper ; *Etruscis terga caedit* Liv. 2, 11, 9, il frappe (attaque) de dos les Etrusques ‖ *caedit calcibus arva* Virg. En. 10, 404, il frappe le sol de ses talons ¶2 abattre : *arbores* Cic. Div. 2, 33 ; *silvas* Caes. G. 3, 29, 1, abattre des arbres, des forêts ; *ripis fluvialis harundo caeditur* Virg. G. 2, 415, on coupe sur les rives le roseau de rivière ‖ *materiam* Caes. G. 3, 29, 1 ; C. 1, 36, 5 ; Liv. 21, 27, 5, couper le bois de construction ‖ [prov.] *vineta sua caedere* Hor. Ep. 2, 1, 220, couper ses propres vignes [jeter des pierres dans son propre jardin, se faire du tort à soi-même] ¶3 briser, fendre : *silicem* Cic. Div. 2, 85, fendre une pierre ; *montes* Sen. Nat. 5, 15, 2, fendre les montagnes ; *murum* Liv. 21, 11, 9, saper un mur ‖ [en part.] tailler : *lapis aliqui caedendus et apportandus fuit* Cic. Verr. 1, 147, il y avait quelques pierres à tailler et à porter en place ; *cum caedendum esset saxum* Liv. 21, 37, 2, comme il fallait tailler le rocher ; *ut nec virgulta vallo caedendo nec terra caespiti faciendo apta inveniri posset* Liv. 25, 36, 5, en sorte qu'on ne pouvait trouver ni broussailles propres à façonner (tailler) des pieux ni de terre propre à faire des mottes de gazon ¶4 abattre, tuer, massacrer : *tot legionibus caesis* Cic. Phil. 14, 12, tant de légions étant massacrées ; *ille dies, quo Tib. Gracchus est caesus* Cic. Mil. 14, ce jour où Tib. Gracchus fut assassiné ‖ [avec idée de vaincre] *legiones nostras cecidere* Liv. 7, 30, 14, ils ont taillé en pièces nos légions ‖ [poét.] *caesi corporum acervi* Catul. 64, 359, monceaux de cadavres ; *caeso sparsuri sanguine flammas* Virg. En. 11, 82, victimes destinées à arroser de leur sang répandu les flammes du bûcher ¶5 égorger [des animaux] : *caedit greges armentorum* Cic. Phil. 3, 31, il égorge les troupeaux de bétail ; *(cervos) rudentes caedunt* Virg. G. 3, 275, ils égorgent (les cerfs) malgré leurs bramements ‖ immoler, sacrifier : Cic. Leg. 2, 57 ; Virg. En. 5, 96 ; *caesis hostiis placare (mentes deorum)* Cic. Clu. 194, apaiser (les dieux) par l'immolation des victimes ¶6 [poésie érotique] posséder [faire l'amour] : Catul. 56, 7 ; Priap. 26, 10.

caedrus, v.▶ *cedrus*.

caedŭus, *a*, *um* (*caedo*), qu'on peut couper, bon à couper : *caedua silva* Cat. Agr. 1, 7 ; Varr. R. 1, 7, 9, bois taillis ; *caedua fertilitas salici* Plin. 16, 175, la coupe abondante du saule.

cael, par apocope pour *caelum* : Enn. An. 575.

caelāmĕn, *ĭnis*, n. (*caelo*), gravure : *caelamine excudere* Apul. Flor. 7, 6, graver au burin.

caelātŏr, *ōris*, m. (*caelo*), graveur, ciseleur : Cic. Verr. 4, 54 ‖ ciseleur de la maison impériale : CIL 2, 2243.

caelātūra, *ae*, f. (*caelo*), ciselure, art de ciseler [ou] ouvrage de ciselure : Quint. 2, 21, 9 ; 2, 17, 8 ; Plin. 35, 156 ; 33, 157.

caelātus, *a*, *um*, part. de *caelo*.

caelebs, *ĭbis*, m. (obscur), célibataire : Cic. Leg. 3, 7 ; Hor. O. 3, 8, 1 ; Liv. 1, 46, 7 ‖ [poét.] *melius nil caelibe vita* Hor. Ep. 1, 1, 88, rien ne vaut le célibat ‖ [en parl. d'animaux] : Plin. 10, 104 ‖ arbres non mariés à la vigne : Hor. O. 2, 15, 4 ; Ov. M. 14, 663 ; Plin. 17, 204.

*****caelĕs**, *ĭtis* [inus. au nom.] adj., du ciel, céleste : Ov. F. 1, 236 ‖ divin : Paul.-Nol. Carm. 21, 507 ‖ subst. [surtout usité au pluriel], habitant du ciel, dieu : Pl. Ru. 2 ; Cic. Rep. 6, 9.

1 Caelestīnus, *i*, m., nom d'un historien romain : Treb. Valer. 8, 1.

2 caelestīnus, *a*, *um*, C.▶ *caelestis* : CIL 6, 404.

caelestis, *e* (*caelum* ; it. *cilestro*) ¶1 du ciel, céleste : Cic. Rep. 6, 17 ; Nat. 2, 120 ¶2 d'origine céleste, qui se rapporte aux dieux d'en haut : Cic. Har. 20 ‖ [fig.] divin, excellent, merveilleux : Cic. Phil. 5, 28 ; Quint. 10, 2, 18 ‖ *caelestis*, *is* [subst. m. ordinᵗ au pl.] habitant du ciel, dieu : Cic. Off. 3, 25 ; f., déesse : Tert. Apol. 24, 8 ‖ [chrét.] Dieu, le Christ : *concipiet virgo et pariet Caelestem* Commod. Apol. 406, la vierge concevra et enfantera Dieu ‖ *caelestia*, *ium*, n. pl., choses célestes : Cic. CM 77 ‖ les cieux, séjour de Dieu et des bienheureux : Vulg. Eph. 2, 6.
▶ compar. *-tior* Sen. Ep. 66, 11 ; superl. *-tissimus* Vell. 2, 66, 3 ‖ abl. *-te* au lieu de *-ti* Ov. M. 15, 743 ; gén. pl. *-tum* au lieu de *-tium* Varr. L. 6, 53 ; Lucr. 6, 1272.

caelĭa, *ae*, f. (empr.), boisson tirée du blé et réduite par cuisson, en usage chez les Celtibères : Oros. Hist. 5, 7, 13.

Caelĭānus, *a*, *um*, de Caelius : Tac. D. 21 ; v.▶ *Coeliana*.

caelĭbāris, *e*, qui concerne les célibataires : *caelibaris hasta* Arn. 2, 67, aiguille avec laquelle on séparait les cheveux de la nouvelle mariée.

1 caelĭbātŭs, *ūs*, m. (*caelebs*), célibat : Sen. Ben. 1, 9, 4.

2 caelĭbātŭs, *ūs*, m. (*caelum*), vie céleste : *Jul.-Val. 3, 42.

caelĭcŏlae, *ūm* (*ārum*), m. (*caelum*, *colo*), habitants du ciel, dieux : Enn. An. 491 ; Catul. 30, 4 ; Virg. En. 2, 641 ‖ adorateurs du ciel : Cod. Th. 16, 5, 43 ‖ [chrét.] anges : Isid. 10, 34 ; chrétiens fidèles : Vulg. Act. 17, 4 ‖ sg. *caelicola*, Sil. 7, 174 ; Aug. Civ. 18, 16.

Caelĭcŭlus, *i*, m., partie du mont Caelius : Cic. Har. 32, cf.▶ *Caelius minor* ; Mart. 12, 18, 6.

caelĭcus, *a*, *um* (*caelum*), du ciel : Stat. S. 2, 3, 14.

caelĭfĕr, *ĕra*, *ĕrum* (*caelum*, *fero*) ¶1 qui porte le ciel : Virg. En. 6, 796 ¶2 qui porte au ciel : *caeliferae laudes* Capel. 6, 637, louanges qui portent aux nues.

caelĭflŭus, *a*, *um* (*caelum*, *fluo*), qui coule du ciel : Paul.-Nol. Carm. 21, 833.

caelĭgĕna, *ae*, m. (*caelum*, *geno*), né du ciel : Apul. Mund. 1 ‖ **Caelĭgĕna**, *ae*, m., fils du Ciel [Saturne] : Aus. Ecl. 16 (385), 36.

caelĭgĕnus, *a*, *um*, né dans le ciel : Varr. L. 5, 62.

caelĭlŏquax (*caelum*, *loquor*), inspiré : Commod. Instr. 2, 19, 3.

Caelĭmontāna porta, f., porte Caelimontane [une des portes de Rome, au pied du mont Caelius] : Cic. Pis. 55.

Caelĭmontānus, *i*, m., surnom romain : Liv. 3, 65, 2.

Caelĭmontĭum, *ii*, n., nom d'un quartier de Rome Atlas II : Reg. Urb. p. 75, 1.

Caelīna, *ae*, f., ville de Vénétie : Plin. 3, 131.

Caelĭŏlus, C.▶ *Caeliculus* : Varr. L. 5, 46.

caelĭpŏtens, *tis* (*caelum*, *potens*), maître du ciel : Pl. Pers. 755 ; Prud. Apoth. 660.

caelispex, *pĭcis*, m. (*caelum* ou *Caelius*, *specio*), qui regarde le ciel ou le mont Caelius [épithète d'Apollon] : Reg. Urb. 91, 12.

caelītes, *um*, v.▶ *caeles*.

caelĭtŭs, adv. (*caelum*) ¶1 venant du ciel : Lact. Inst. 4, 2, 6 ¶2 [fig.] venant d'en haut [de l'empereur] : Cod. Th. 6, 32, 2.

Caelĭus, *ii*, m. ¶1 (*mons* exprimé ou s.-ent.) le Caelius [une des sept collines de

Caelius

Rome] Atlas II : Cic. *Rep.* 2, 33 ; **ⓥ** *Caeliculus* ¶ **2** L. Caelius Antipater, historien et juriste du temps des Gracques : Cic. *Brut.* 102 ; **ⓥ** *Coelius* ¶ **3** M. Caelius Rufus, défendu par Cicéron : Cic. *Brut.* 273.

caelō, *ās*, *āre*, *āvī*, *ātum* (1 *caelum*), tr. ¶ **1** graver, ciseler, buriner : *caelare argento* Cic. *Div.* 1, 79 ; *in auro* Virg. *En.* 1, 640, ciseler dans l'argent, dans des objets d'or ; *caelatum aurum* Cic. *Tusc.* 5, 61, or ciselé ∥ [fig.] Hor. *Ep.* 2, 2, 92 ¶ **2** orner : *auro calvam caelavere* Liv. 23, 24, 12, ils montèrent le crâne en or ¶ **3** broder : Sil. 14, 558.

1 **caelum**, *i*, n. (*kaid(s)lom*, cf. *caedo*), ciseau, burin, instrument du ciseleur, du graveur : Cic. *Ac.* 2, 85 ; Quint. 2, 21, 24 ∥ *caelum figuli* Mart. 6, 13, 1, roue du potier.

2 **caelum**, *ī*, n. (cf. *caedo* ? ; fr. *ciel*), ciel ¶ **1** ciel, voûte céleste : *rotundum ut caelum terraque ut media sit... sol ut circumferatur* Cic. *de Or.* 3, 178, à savoir que le ciel soit rond, que la terre soit au centre, que le soleil tourne autour ; *in caelum ascendere naturamque mundi et pulchritudinem siderum perspicere* Cic. *Læ.* 88, monter dans le ciel et contempler la nature de l'univers, la beauté des astres ; *sidera infixa caelo* Cic. *Nat.* 1, 34, astres fixés à la voûte du ciel ∥ phénomènes célestes, signes du ciel : *de caelo servare* Cic. *Div.* 2, 74, observer le ciel [chercher à voir des signes dans le ciel] ; *de caelo apud Etruscos multa fiebant* Cic. *Div.* 1, 93, en Étrurie, il se produisait dans le ciel beaucoup de phénomènes ; *de caelo percussus* Cic. *Cat.* 3, 19 (*tactus* Liv. 22, 36, 8) ; *e caelo ictus* Cic. *Div.* 1, 16 frappé, atteint de la foudre ; *caelo albente* Cæs. *C.* 1, 68, 1 ; *vesperascente* Nep. *Pel.* 2, 5, au point du jour, à la tombée de la nuit ; *eodem statu caeli et stellarum nati* Cic. *Div.* 2, 92, nés avec le même état du ciel et des astres ∥ [prov.] *caelum ac terras miscere* Liv. 4, 3, 6, soulever (remuer) ciel et terre ; *toto caelo errare* Macr. *Sat.* 3, 12, 10, se tromper lourdement ∥ [séjour de la divinité] *de caelo delapsus* Cic. *Pomp.* 41, tombé (envoyé) du ciel (*de caelo demissus* Liv. 10, 8, 10) ; *Herculem in caelum sustulit fortitudo* Cic. *Tusc.* 4, 50, son courage a porté au ciel Hercule ∥ [poét.] *caelo gratissimus* Virg. *En.* 8, 64, chéri du ciel ; *me adsere caelo* Ov. *M.* 1, 761, admets-moi au ciel (au rang des dieux) ¶ **2** ciel, hauteur des airs : *ad caelum manus tendere* Cæs. *C.* 2, 5, 3, tendre ses mains vers le ciel ; *ad caelum extruere villam* Cic. *Dom.* 124, élever jusqu'au ciel une maison ; *aer natura fertur ad caelum* Cic. *Nat.* 170, l'air monte naturellement vers le ciel ∥ [fig.] *in caelum Cato tollitur* Cic. *Arch.* 22, on porte aux nues Caton (*aliquem ad caelum ferre* Cic. *Verr.* 4, 12 ; *efferre* Cic. *Marc.* 29] ; *in caelo sum* Cic. *Att.* 2, 9, 1, je suis au septième ciel [je triomphe], cf. *digito caelum adtingere* Cic. *Att.* 2, 1, 7, toucher du doigt le ciel ; *Bibulus in caelo est* Cic. *Att.* 2, 19, 2, on élève Bibulus jusqu'aux cieux ; *de caelo detrahere aliquem* Cic. *Phil.* 2, 107, faire descendre qqn du ciel [de son piédestal] ¶ **3** air du ciel, air, atmosphère : *omnes naturae, caelum, ignes, terrae, maria* Cic. *Nat.* 1, 22, tous les éléments, le ciel, le feu, la terre, les mers ; *repente caelum, solem, aquam terramque adimere alicui* Cic. *Amer.* 71, enlever soudain à qqn le ciel, le soleil, l'eau et la terre (les 4 éléments) ∥ climat, atmosphère d'une contrée : *quae omnia fiunt ex caeli varietate* Cic. *Div.* 1, 79, tout cela résulte de la diversité des climats ; *crasso caelo atque concreto uti* Cic. *Nat.* 2, 42, vivre dans une atmosphère épaisse et dense ; *Athenis tenue caelum... crassum Thebis* Cic. *Fat.* 7, à Athènes l'atmosphère est subtile... épaisse à Thèbes ; *ubi se caelum, quod nobis forte alienum, commovet* Lucr. 6, 1119, quand l'atmosphère d'une contrée, qui se trouve nous être contraire, se déplace ; *palustre caelum* Liv. 22, 2, 11, air (atmosphère) des marais ∥ ciel, état du ciel : *caelo sereno* Cic. *Fam.* 16, 9, 2, par un ciel serein ; *dubio caelo* Virg. *G.* 1, 252, avec un ciel incertain ¶ **4** voûte, dôme d'un édifice, voussure : Vitr. 7, 3, 3 ∥ *capitis* Plin. 11, 134, voûte du crâne ¶ **5** [chrét.] le ciel, demeure de Dieu, des bienheureux : Vulg. *Matth.* 6, 9.

▶ l'orth. *coelum* est défectueuse ; pour le pl. *caeli*, **ⓥ** *caelus*.

caelus, *i*, m. ¶ **1** ciel : Enn. *An.* 546 ; Petr. 39, 5 ; 45, 3 ; Vitr. 4, 5, 1 ; pl., *caeli* Lucr. 2, 1097 ; Serv. *En.* 1, 331 ¶ **2** Ciel, fils d'Ether et de Dies : Cic. *Nat.* 3, 44 ∥ père de Saturne : Enn. *An.* 27 ; Cic. *Nat.* 2, 63.

caementa, *ae*, f., Enn. d. Non. p. 196, 30, **ⓒ** *caementum*.

caementārĭus, *ĭi*, m. (*caementum*), maçon : Hier. *Ep.* 53, 6.

caementātus, *a*, *um* (*caementum*), assemblé avec du mortier : Primas. *Cor.* 1, 3 ; p. 513 B.

caementīcĭus, *a*, *um* (*caementum*), de moellons (*paries structura*) : Vitr. 2, 4, 1.

caementum, *i*, n. (*kaidmentom*, cf. *caedo* ; fr. *ciment*), moellon, pierre brute : Cat. *Agr.* 14, 1 ; Cic. *Mil.* 74 ∥ *caementa marmorea* Vitr. 7, 6, 1, éclats de marbre ∥ mortier : Vulg. *Gen.* 11, 3.

caena, etc., **ⓥ** *cena*.

Caenē, *ēs*, f., île voisine de la Sicile : Plin. 3, 92.

Caeneūs, *ěi* ou *ěos*, m. (Καινεύς), fille du Lapithe Elatus, appelée alors *Caenis* fut ensuite changée en homme par Neptune : Virg. *En.* 6, 448 ∥ nom d'un guerrier troyen : Virg. *En.* 9, 573.

Caeni, *ōrum*, m. pl., peuple de Thrace : Liv. 38, 40, 7 ∥ **-ĭcus**, *a*, *um*, des Caeni : Plin. 4, 47 ∥ subst. m. pl., **ⓒ** *Caeni* : Plin. 4, 40.

Caenĭa, *ae*, f., montagne des Alpes Maritimes : Plin. 3, 35.

Caenicenses, **ⓥ** *Ceni-*.

Caenīna, *ae*, f., ville du Latium : Plin. 3, 68 ∥ **-nīnensis**, *e*, CIL 6, 1598 et **-nīnus**, *a*, *um*, de Caenina : Prop. 4, 10, 9 ∥ **Caenīnenses**, *ĭum*, m. pl., habitants de Caenina : Liv. 1, 9, 8.

Caenis, *ĭdis*, f. ¶ **1** Caenis [fille du Lapithe Elatus, elle fut appelée ensuite *Caeneus*] **ⓥ** *Caeneus* : Ov. *M.* 12, 189 ¶ **2** une concubine de Vespasien : Suet. *Vesp.* 3, 23.

caeno, etc., **ⓥ** *ceno*.

Caenomani, **ⓥ** *Cenomani*.

Caenŏphrŭrĭum, *ĭi*, n., ville de Thrace [auj. Bivados] : Eutr. 9, 15.

caenōsĭtās, *ātis*, f. (*caenosus*), bourbier : Aug. *Fund.* 33 ; au pl., Fulg. *Virg.* p. 98, 22 H.

caenōsus, *a*, *um* (*caenum*), bourbeux, fangeux : Juv. 3, 266 ∥ **-sior** Solin. 49, 11.

caenŭlentus, *a*, *um* (*caenum*), couvert de boue : Tert. *Pall.* 4, 7 ; Ambr. *Psalm.* 118, s. 10, 46.

caenum (**cē-**, rar[t] **coe-**), *i*, n. (cf. *cunio* ; esp. *cieno*), boue, fange, ordure : Cic. *Tusc.* 4, 54 ∥ [fig.] *e caeno emersus* Cic. *Vat.* 17, sorti de la fange ∥ ordure [terme d'injure] : Pl. *Ps.* 366 ; Cic. *Sest.* 20.

Caenus, promontoire du Bruttium, sur le détroit de Sicile : Plin. 3, 73.

caepa, etc., **ⓥ** *cepa-*.

Caepārĭus, *ĭi*, m., nom d'homme : Cic. *Cat.* 3, 14.

Caepāsius, *i*, m., C. et L. Caepasius, deux orateurs : Cic. *Brut.* 242 ; *Clu.* 57.

Caepĭo, *ōnis*, m., surnom des Servilius : Cic. ; Liv. ∥ au pl., *Caepiones* Cic. *Font.* 27.

Caerātēus, *a*, *um*, du Caeratus [fleuve de Crète] : Ciris 113.

Caerĕ, n. indécl. et **Caeres**, *ĭtis* (*ētis*), f., Caeré [ville d'Étrurie, antérieurement nommée Agylla, auj. Cerveteri] : Liv. 1, 60, 2 ∥ **Caerĕs**, *ētis* (*ĭtis*), adj., de Caeré : Liv. 7, 19, 6 ∥ **-ĭtes**, *ĭtum*, m. pl., Caerites, habitants de Caeré : Liv. 7, 19, 8 ; [ils avaient obtenu le droit de cité romaine sans le droit de voter] Gell. 16, 13, 7 ∥ **-ētānus**, *a*, *um*, de Caeré : Plin. 3, 51 ∥ **-tānum**, *i*, n., maison de campagne près de Caeré : Col. 3, 3, 3 ∥ **-tāna**, *ōrum*, m. pl. (s.-ent. *vina*), vins de Caeré : Mart. 13, 124 ∥ **-tāni**, *ōrum*, m. pl., les habitants de Caeré : *Val. Max.* 1, 1, 1.

caerĕfŏlĭum, *ĭi*, n. (de χαιρέφυλλον ; fr. *cerfeuil*), cerfeuil : Plin. 19, 170.

Caerellĭa, *ae*, f., nom de femme : Cic. *Fam.* 13, 72, 1.

caerĕmōnĭa, **ⓥ** *caerimonia*.

Caeres, *ĭtis*, **ⓥ** *Caere* : *caerites tabulae* Gell. 16, 13, 74, tables écrites [liste sur laquelle les censeurs portaient les citoyens privés du droit de suffrage] ∥ [fig.] *caerite cera digni* Hor. *Ep.* 1, 6, 62, dignes de blâme [d'être notés par les censeurs].

caerĭmōnĭa (caerĕ-), ae, f. (étr.?) ¶ **1** [sens rare] caractère sacré : *legationis* Cic. *Amer.* 113, caractère sacré d'une députation (*deorum* Caes. d. Suet. *Caes.* 6); Tac. *An.* 4, 64; 3, 61; 14, 22 ¶ **2** vénération, respect religieux : *summa religione caerimoniaque sacra conficere* Cic. *Balb.* 55, accomplir des sacrifices avec le plus grand scrupule, le plus grand respect religieux ; *superioris cujusdam naturae, quam divinam vocant, cura caerimoniaque* Cic. *Inv.* 2, 161, le culte et la vénération d'une nature supérieure qu'on appelle divine ; *religionem eam, quae in metu et caerimonia deorum sit, appellant* Cic. *Inv.* 2, 66, ce qui constitue la religion, c'est la crainte et la vénération des dieux, cf. *Verr.* 5, 36 ; *Har.* 21 ; Nep. *Them.* 8, 4 ; Liv. 29, 18, 2 ; 40, 4, 9 ¶ **3** manifestation de la vénération, culte : *caerimoniae sepulcrorum* Cic. *Tusc.* 1, 27, le culte des tombeaux ‖ [surtout au pl.] cérémonie : *quo more eorum gravissima caerimonia continetur* Caes. *G.* 7, 2, 2, ce qui dans leurs coutumes constitue la cérémonie la plus solennelle ; *caerimonias polluere* Cic. *Dom.* 105, profaner les cérémonies religieuses ; *institutas caerimonias persequi* Cic. *Dom.* 141, achever une cérémonie selon les rites établis ; *caerimonias retinere* Cic. *Div.* 2, 148, garder (maintenir) les cérémonies religieuses ; *colere* Cic. *Mil.* 83, les observer, les pratiquer ‖ [chrét.] abstinence : Aug. *Spir.* 21, 36 ; ▶ carimonia.
▶ n. *caerimonium* et pl. *caerimonia*, ōrum Fort. *Mart.* 3, 53 ; CIL 11, 3933 ‖ orth. *cerem-* tardive.

caerĭmōnĭālis, e, **-nĭōsus**, a, um (*caerimonia*), qui concerne les cérémonies religieuses, religieux, consacré par la religion : Arn. 7, 13 ; Amm. 22, 15, 17.

caerĭmōnĭŏr, āris, ārī, - (*caerimonia*), tr., honorer par des cérémonies religieuses : Aug. *Serm.* 309, 5.

caerimonium, ▶ caerimonia.

Caeroesi, ōrum, m. pl., peuple de la Gaule Belgique [Chiers] : Caes. *G.* 2, 4, 10.

caerŭla, ōrum, n. pl. (*caerulus*) ¶ **1** la mer (les plaines azurées) : Cic. poét. *Fin.* 5, 49 ; Virg. *En.* 4, 583 ¶ **2** l'azur du ciel : Lucr. 1, 1090 ‖ l'azur des sommets des montagnes : Ov. *M.* 11, 158.

caerŭlans (cer-), tis, qui tire sur le bleu : Fulg. *Myth.* 1, praef. p. 14, 11.

caerŭlĕātus, a, um, peint de couleur bleue : Vell. 2, 83, 2.

caerŭlĕus, a, um (*caerulus*) ¶ **1** bleu, bleu sombre : Cic. *Ac.* 2, 105 ; *Nat.* 1, 83 ; Caes. *G.* 5, 14, 2 ‖ foncé, sombre, noirâtre : Cic. *Frg. H.* 4 a, 448 ; Virg. *En.* 8, 622 ; Ov. *A. A.* 2, 518 ‖ subst. n., **caerŭlĕum**, azur, couleur bleue : Vitr. 7, 11, 1 ¶ **2** subst. m., bleu ou peau bleue [poisson] : Isid. 12, 6, 10.

caerŭlōsus, a, um, d'un azur très sombre : Sedul. *Op.* 3, 19, 1.

caerŭlus, a, um (**caelulus*, de *caelum*), ▶ *caeruleus* : Cic. poét. *Div.* 1, 41 ; Hor. *Epo.* 13, 16 ‖ subst. n. pl., ▶ *caerula*.

caesa, ae, f. (*caedo*), taillade, coup de tranchant : Veg. *Mil.* 1, 12.

caesālis, e (*caedo*), de taille, propre à être taillé : Grom. 306, 21.

caesăpŏn, i, n., sorte de laitue : Plin. 20, 59.

1 caesăr, ăris, m., ▶ *caeso* : Isid. 9, 3, 12.

2 Caesăr, ăris, m. (cf. *1 caesar* ?; al. *Kaiser*, rus. *tsar*), nom de famille dans la *gens* Julia; dont le personnage le plus important fut Jules César : Caes. *G.* 1, 7, 1 ‖ titre porté par les empereurs et même à partir d'Hadrien par les héritiers présomptifs de l'empire : Tac. *H.* 1, 30 ‖ **-rĕus**, a, um [poét.] ou **-rīnus**, a, um ou **-rĭānus**, a, um, de César, césarien : Cic. *Att.* 16, 10, 1 ; 6, 8, 2 ‖ **Caesărĭāni**, ōrum, m. pl., partisans de César : B.-Afr. 13 ; ou agents du fisc au service de l'empereur dans les provinces : Cod. Th. 10, 7 ‖ **-rĭānum**, i, n., espèce de collyre : Cels. 6, 27 B.

Caesăraugusta, ae, f., ville de la Tarraconaise [auj. Saragosse] Atlas I, C2 ; IV, B3 ; V, F1 : Mel. 2, 88 ‖ **-tānus**, a, um, de Césarauguste : Plin. 3, 18.

Caesărēa, ae, f. ¶ **1** nom de diverses villes de Palestine Atlas I, E6 ; IX, E3, Cappadoce Atlas I, D6, Pisidie, Arménie, Maurétanie, Lusitanie : Plin., Tac., etc. ¶ **2** nom d'une île située entre la Bretagne et la Gaule [auj. Jersey] : Anton. 509 ‖ *Caesarea Augusta*, ▶ *Caesaraugusta* ‖ **-iensis**, e, de Césarée : Tac. *H.* 2, 58 ; pl., habitants de Césarée : Plin. 5, 120.

Caesărēănus, a, um, ▶ *Caesarianus* : Serv. *En.* 1, 177.

Caesărĭa, ae, f., nom de femme : Greg.-Tur. *Hist.* 4, 13 ‖ ville, ▶ *Caesarea* : CIL 6, 1057, 18.

Caesărĭānus, ▶ *Caesar*.

caesărĭātus, a, um (*caesaries*) ¶ **1** chevelu : Pl. *Mil.* 768 ‖ *equis caesariati* Tert. *Pall.* 4, 1, qui ont le casque orné d'une crinière de cheval ¶ **2** [fig.] orné de feuillage, de feuilles : Apul. *Mund.* 23.

caesărĭēs, ĭēi, f. (cf. scr. *kesara-s* ?), chevelure : [de l'homme] Pl. *Mil.* 64 ; Virg. *En.* 1, 590 ; [de la femme] Catul. 66, 8 ; Virg. *G.* 4, 337 ; Ov. *M.* 4, 493 ; Am. *A. A.* 3, 132 ‖ *caesaries barbae* Ov. *M.* 15, 656, le poil de la barbe ‖ poil de chiens : Grat. *Cyn.* 272.
▶ mot poét. toujours employé au sg.

Caesărīnus, ▶ *Caesar*.

Caesărĭo, ōnis, m., Césarion [fils de César et de Cléopâtre] : Suet. *Aug.* 17.

Caesărĭus, ii, m., saint Césaire, évêque d'Arles : Fort. *Carm.* 5, 2, 68 ‖ autres du même nom : Amm. 26, 7, 4 ; Greg-Tur. *Hist.* 1, 48.

Caesărŏbrĭgenses, ium, m. pl., peuple de Lusitanie [Talavera] Atlas IV, C2 : Plin. 4, 118.

Caesărŏmăgus, i, f., ville de Bretagne Atlas V, B2 : Anton. 474 ‖ ville de Belgique [Beauvais] Atlas V, C2 : Anton. 380.

Caesellĭus, ii, m., nom de famille romaine : Tac. *An.* 16, 1.

Caesēna, ae, f., ville de la Gaule cispadane Atlas XII, C3 : Cic. *Fam.* 16, 27, 2 ‖ **-nas**, ātis, adj., de Céséna : Plin. 14, 67.

Caesennĭus, ii, m., nom de famille romaine : Cic. *Phil.* 12, 23.

Caesia silva, ae, f., forêt de Germanie : Tac. *An.* 1, 50.

caesīcĭus, a, um, blanc [ou] bien peigné, cf. Non. 539 ; Pl. *Ep.* 230.

caesim, adv. (*caedo*), en tranchant ¶ **1** *caesim petere hostem* Liv. 22, 46, 5, frapper l'ennemi de taille, cf. 7, 10, 9 ; Suet. *Cal.* 58 ¶ **2** [rhét.] par incises : Cic. *Or.* 225 ; Quint. 9, 4, 126.

caesĭo, ōnis, f. (*caedo*), taille, coupe : Col. 4, 33, 1 ‖ [pl. concret] assassins : Tert. *Apol.* 39, 19.

1 caesĭus, a, um (peu net), tirant sur le vert : *caesii oculi* Cic. *Nat.* 1, 83, yeux pers, cf. Gell. 2, 26, 19 ; P. Fest. 339, 3 ‖ *virgo caesia* Ter. *Haut.* 1062, jeune fille aux yeux pers ‖ *caesissimus* Varr. *L.* 8, 76.

2 Caesĭus, ii, m., nom d'homme : Cic. *Verr.* 1, 130 ‖ [en part.] *Caesius Bassus*, ▶ *Bassus*.

1 caeso, ōnis, m. (*caedo*), tiré du sein de sa mère par l'opération césarienne : Isid. 9, 3, 12.

2 Caeso (Kaeso), ōnis, m., Caeso [prénom des Fabius, des Quinctius, des Duilius] : Liv. 2, 43, 2 ; 3, 11, 6 ; 8, 15, 1.

Caesōnĭa, ae, f., épouse de Caligula : Juv. 6, 616.

Caesōnīnus, i, m., surnom romain : Cic. *Sen.* 13 ; *Prov.* 7.

Caesōnĭus, ii, m., nom de famille romaine : Cic. *Att.* 1, 1, 1 ; Tac. *An.* 14, 29 ‖ **-ĭānus**, a, um, de Caesonius : Col. 1, 4, 1.

caesŏr, ōris, m. (*caedo*), qui taille, qui coupe : Hier. *Is.* 14, 7 ‖ bourreau : Greg.-Tur. *Hist.* 5, 49.

Caesŏrĭăcum, ▶ *Gesoriacum*.

caespĕs, cēspĕs, ĭtis, m. (obscur; esp. *cesped*) ¶ **1** motte de gazon [en forme de brique : P. Fest. 39, 6] : *obstruere portas singulis ordinibus caespitum* Caes. *G.* 5, 51, 4, boucher les portes chacune avec un seul rang de mottes de gazon ; *primum caespitem posuit* Tac. *An.* 1, 52, il posa la première motte ¶ **2** [fig.] hutte : Hor. *O.* 2, 15, 17 ‖ autel de gazon : Tac. *H.* 4, 53 ‖ [chrét.] tombeau : Hier. *Ep.* 1, 13 ¶ **3** touffe, bourgeon : Plin. 17, 153 ¶ **4** terre couverte de gazon, sol : *caespes gramineus* Virg. *En.* 11, 566, pelouse ¶ **5** contrée, pays : Avien. *Perieg.* 227.

caespĭtātor, ōris, m. (*caespito*), (cheval) qui trébuche : Serv. *En.* 11, 671.

caespĭtĭcĭus, a, um (*caespes*), fait en mottes de gazon : Vop. *Prob.* 10, 5.

caespito

caespĭtō, *ās*, *āre*, -, - (*caespes*), intr., trébucher sur le gazon, tomber : Gloss. 5, 177, 32.

caespōsus, *a*, *um* (*caespes*), couvert de gazon : *Col. 10, 130.

caestĭcillus, v. *cesticillus*.

1 **caestus**, *i*, m., Varr. *Men.* 89, v. 2 *caestus*.

2 **caestŭs**, *ūs*, m. (cf. *caedo*), ceste, gantelet [bandes de cuir garnies de plomb] : *caestus jactare* Cic. *Tusc.* 2, 56, projeter les cestes [pour frapper].

caesullae, *ārum*, f. pl. (dim. de *caesius*), aux yeux tirant sur le vert : Fest. 340, 31.

caesūra, *ae* (*caedo*) ¶ 1 action de couper, coupe : *caesura silvae* Plin. 17, 150, coupe d'un bois ¶ 2 coupure, endroit où une chose est coupée : Plin. 8, 96 ‖ césure [terme de métrique] : Diom. 497, 6.

caesūrātim, adv. (*caesura*), de façon coupée, par incises : Sidon. *Ep.* 4, 3, 3.

1 **caesus**, *a*, *um*, part. de *caedo* ‖ m. pl. pris subst^t : *caesorum spolia* Liv. 5, 39, 1, les dépouilles des cadavres (des tués), cf. Liv. 37, 44, 3 ; Tac. *H.* 1, 87 ‖ n. pl. *caesa*, v. *ruta* ‖ [rhét.] *oratio caesa* Her. 4, 19, 26, style coupé.

2 **caesŭs**, abl. *u* (*caedo*), action de couper : Itin. Alex. 45.

caetera, caeterum, v. *cet-*.

caetra et ses dérivés, v. *cetra*.

Caetriboni, m. pl., peuple de l'Inde : Plin. 6, 73.

Caeus, v. *Ceus* et *Coeus*.

Caeyx, v. *Ceyx*.

Cafaues, m. pl., peuple d'Afrique : Amm. 29, 5, 33.

1 **cāia**, *ae*, f. (cf. *caedo*), bâton : Isid. 18, 7, 7.

2 **Cāia**, *ae*, f., prénom de femme : Cic. *Mur.* 12 ; v. *Gaius*.

Cāiānus ās, m., l'as réduit par Caligula ; monnaie de très faible valeur : Stat. *S.* 4, 9, 22.

Caiātĭa, *ae*, f., ville du Samnium [Caiazzo] : Liv. 9, 43, 1 ‖ **-tīnus**, *a*, *um*, de Caiatia : Liv. 22, 13, 6.

cāiātĭo, *ōnis*, f., correction, fouet donné aux enfants : Fulg. *Virg.* p. 103, 17.

Caici, v. *Cauci*.

Căīcus, *i*, m. ¶ 1 fleuve de Mysie : Cic. *Flac.* 72 ¶ 2 un des compagnons d'Énée : Virg. *En.* 1, 183.

Cāiēta, *ae*, **-ētē**, *ēs*, f., Caiète ¶ 1 nourrice d'Énée : Virg. *En.* 7, 2 ¶ 2 ville et port du Latium [auj. Gaète] : Cic. *de Or.* 2, 22 ‖ **-ētānus**, *a*, *um*, de Caiète : Val.-Max. 1, 4, 5.

Caīn, m. indécl., fils aîné d'Adam, meurtrier de son frère Abel : Vulg. *Gen.* 4, 1.
▶ aussi *Cāīn*.

Cāīnus, *a*, *um*, qui se rapporte à Caïn : Tert. *Bapt.* 1, 2 ; Hier. *Ep.* 69, 1 ; *Caina haeresis*, hérésie caïnite [secte qui rendait un culte aux réprouvés, comme Caïn, Judas] : Tert. *Praescr.* 33, 10.

Cāīnĭgĕnae, *ārum*, m., descendants de Caïn : Victor. *Aleth.* 2, 348.

Cainnās, *ae*, m., fleuve de l'Inde : Plin. 6, 64.

cāĭō, *ās*, *āre*, -, - (*caia*), tr., fouetter, corriger : Pl. *Cis.* 252 d'après Fulg. *Virg.* 103, 19.

Cāĭphās, *ae*, m., Caïphe [grand-prêtre des Juifs du temps de J.-C.] : Vulg. *Matth.* 26, 3 ‖ **Caiphaeus**, *a*, *um*, de Caïphe : Juvc. 4, 405.

Cāĭpŏr (G-), m. (pour *Caii puer*), esclave de Caius : Fest. 306, 20.

Cāius, *i*, m., prénom romain, v. *Gaius*.

căla, *ae*, f. (κᾶλον), bois, bûche : Lucil. 966.

Călăbĕr, *bri*, m., habitant de la Calabrie : Sil. 8, 573 ; Plin. 3, 105 ‖ **-bĕr**, *bra*, *brum*, de Calabrie : Virg. *G.* 3, 425 ; Ov. *F.* 5, 162.

Călābra curia, *ae*, f. (1 *calo*, *calendrae*), lieu couvert sur le Capitole où était convoqué le peuple pour entendre proclamer les jours fastes et néfastes, les dates des jeux et des sacrifices, etc. : Varr. *L.* 5, 13 ; Serv. *En.* 8, 654.

Călābrĭa, *ae*, f., la Calabrie [province méridionale de l'Italie] Atlas XII, E6 : Hor. *O.* 1, 31, 5 ; Liv. 23, 34, 3 ‖ **-brĭcus**, *a*, *um*, de Calabrie, calabrien : Col. 12, 51, 3.

călăbrĭca, *ae*, f. (*Calabricus*), sorte de lien pour les ligatures chirurgicales : Cass. Fel. 53.

călăbrix, *īcis*, f. (obscur), aubépine : Plin. 17, 75.

Călactē, Călĕactē, *ēs*, f., ville maritime de la Sicile septentrionale [Caronia] : Cic. *Verr.* 3, 101 ; Anton. 94 ‖ **-tīni**, *ōrum*, m. pl., habitants de Calactè : Cic. *Verr.* 3, 101 ; 4, 49.

Călactĭcus sinus, m., golfe Calactique [sur la côte O. de l'Hispanie] : Avien. *Or.* 424.

Călăgurris (-gorris), *is*, f., ville de la Tarraconaise [auj. Calahorra] Atlas I, C2 ; IV, B3 ; V, F1, patrie de Quintilien : Aus. 191, 7 ; *Prof.* 2 (191), 7 ‖ autre ville, dans la Tarraconaise [auj. Loharra] : Liv. 39, 21, 8 ‖ **-urrĭtāni**, *ōrum*, m. pl., de Calagurris : Plin. 3, 24 ; Caes. *C.* 1, 60.

Călăis, *is*, m., fils de Borée et d'Orithye, frère de Zéthès : Ov. *M.* 6, 716 ‖ nom d'un jeune homme : Hor. *O.* 3, 9, 14.

Călăma, *ae*, f., ville de Numidie [auj. Guelma] Atlas VIII, A3 : Aug. *Civ.* 22, 8 ‖ **-menses**, m. pl., habitants de Calama : Aug. *Civ.* 14, 24, 2.

călămanthēlē, *ēs*, f. (καλαμανθήλη), panicule de roseau : Diocl. 18, 6.

călămārĭus, *a*, *um* (*calamus* ; it. *calamaio*), de roseaux à écrire : *calamaria theca* Suet. *Cl.* 35, boîte à roseaux pour écrire.

călămatus (-maucus, Gloss. 4, 283, 28), *i*, m. (empr.), sorte de bonnet, de casque : Cassiod. *Hist.* 7, 16.

călămaulēs, *ae*, m. (καλαμαύλης), qui joue du chalumeau : Not. Tir. 107, 12.

Calamea, v. *Calarnaea*.

călămellus, *i*, m. (dim. de *calamus* ; fr. *chalumeau*), petit roseau : Arn.-J. *Psalm.* 150, p. 570 A.

călămentum, *i*, n. (κᾶλον), bois mort : Col. 4, 27, 1.

călăminthē, *ēs*, f. (καλαμίνθη), calament, herbe aux chats : Ps. Apul. *Herb.* 70.

călămīnus, *a*, *um* (καλάμινος), formé de roseaux : Varr. *R.* 3, 17 ; *Calaminae insulae* Plin. 2, 209, îles flottantes de Lydie.

Călămis, *ĭdis*, m., nom d'un sculpteur célèbre : Cic. *Brut.* 70.

călămiscus, *i*, m. (καλαμίσκος), petite branche creuse d'un candélabre : Iren. 2, 24, 3.

călămistĕr, *tri*, m. (cf. *calamistrum*), fer à friser : Cic. *Sen.* 16 ‖ [fig.] faux ornements du style, afféterie : Cic. *Brut.* 262 ; *Or.* 78.

călămistrātōrĭum, *ii*, n., aiguille de tête, épingle de cheveux : Gloss. 5, 589, 8.

călămistrātus, *a*, *um*, frisé au fer : Cic. *Sest.* 18.

călămistrum, *i*, n. (cf. *calamus*), c. *calamister* : Pl. *Curc.* 577 ; Varr. *L.* 5, 129.

Călămisus, *i*, f., ville des Locriens Ozoles : Plin. 4, 7.

călămĭtās, *ātis*, f. (cf. *incolumis*, *clades*), tout fléau qui endommage la moisson sur pied : Pl. *Cas.* 913 ; Ter. *Eun.* 79, cf. Don. ; Cic. *Verr.* 3, 227 ‖ [fig.] calamité, malheur, désastre, fléau : *calamitates accipere* Cic. *Verr.* 4, 132, essuyer des malheurs ; *calamitati esse alicui* Cic. *Verr.* 4, 76, être un fléau pour qqn ‖ malheur à la guerre, défaite, désastre, ruine : *clades atque calamitas* Sall. *C.* 39, 4, défaite et désastre.
▶ au gén. pl. qqf. *calamitatium* : Sen. *Contr.* 1, 1, 11 ; Plin. 7, 87 ; Just. 16, 4, 5.

călămītēs, *ae*, m. (καλαμίτης), grenouille verte : Plin. 32, 122.

călămĭtōsē, adv. (*calamitosus*), malheureusement : Cic. *Off.* 3, 105.

călămĭtōsus, *a*, *um* (*calamitas*) ¶ 1 qui fait du dégât, des ravages, ruineux, désastreux, pernicieux, funeste [au pr. et au fig.] : Cic. *Verr.* 1, 96 ; *Mur.* 33 ¶ 2 exposé à la grêle, au ravage : Cat. *Agr.* 35, 1 ; Cic. *Agr.* 2, 81 ‖ malheureux, accablé par le malheur : Cic. *Mur.* 50 ; *Lae.* 46 ; *Tusc.* 4, 82 ‖ **-tosior** Cic. *Quinct.* 95 ‖ **-tosissimus** Cic. *Phil.* 11, 34.

călămochnus, *i*, m. (κάλαμος, χνόος), c. *adarca*, espèce d'écume des roseaux : Plin. 32, 140.

Calamōs, ville de Phénicie : Plin. 5, 78.

călămus, *i*, m. (κάλαμος ; fr. *chaume*), canne, roseau : Plin. 16, 159 ; Col. 3, 15, 1 ‖ roseau à écrire : *calamum sumere* Cic. *Att.*

6, 8, 1, prendre la plume ‖ chalumeau, flûte : Lucr. *4, 590* ‖ flèche : Virg. *B. 3, 13* ‖ canne à pêche : Prop. *4, 2, 37* ; Ov. *M. 3, 587* ‖ gluau [pour la pipée] : Prop. *3, 13, 46* ; Mart. *13, 68* ‖ perche, baguette : Col. *3, 15, 1* ‖ [pour mesurer] aune : Vulg. *Ezech. 40, 5* ‖ chaume [de plantes] : Virg. *G. 1, 76* ‖ surgeon à enter : Plin. *17, 102* ‖ poteau indicateur en Égypte : Plin. *6, 166* ‖ roseau odorant : Cat. *Agr. 105* ; Pl. *Pers. 88* ; Plin. *12, 105* ‖ branche creuse d'un candélabre : Vulg. *Exod. 25, 32* ‖ **pulmonis calamus** Cael.-Aur. *Chron. 2, 12, 143*, trachée-artère.

Călănus (Call-), *i*, m., nom d'un philosophe indien : Cic. *Tusc. 2, 52*.

Călăris, Călărītānus, ▶ *Caral-*.

Calarnaea turris, f., nom d'un lieu de la Macédoine : *Mel. *2, 30*.

călăsis, *is*, f., espèce de tunique, ou nœud qui attache la tunique des femmes autour du cou : P. Fest. *44, 28*.

calastĭcus, ▶ *chalasticus*.

Călătēs, *ae*, m., peintre grec : Plin. *35, 113*.

Călăthana, *ōrum*, n. pl., bourg de Thessalie : Liv. *32, 13*.

călăthiscus, *i*, m. (dim. de *calathus*), petit panier : Catul. *64, 319* ; Petr. *41, 6*.

călăthŏīdēs, *ĕs* (καλαθοειδής), qui a la forme d'une corbeille : Chalc. *90*.

călăthus, *i*, m. (κάλαθος), panier, corbeille : Virg. *En. 7, 805* ‖ coupe : Virg. *B. 5, 71* ; *G. 3, 402* ‖ [fig.] calice [d'une fleur] : Col. *10, 99*.

Călăthūsa, *ae*, f., île de la mer Égée : Plin. *4, 74*.

Călātia, *ae*, -**tiae**, *ārum*, pl., Plin. *3, 63*, f., ville de la Campanie [auj. Le Galazze] : Cic. *Att. 16, 8, 1* ; Liv. *9, 2, 2* ‖ -**īni**, *ōrum*, m. pl., habitants de Calatia : Liv. *22, 61, 11* ‖ **Călātīnus**, surnom des Atilius : Cic. *Sest. 72* ; *Planc. 60*.

Călătiāna vĭŏla (-tīna vĭŏla), f., digitale jaune [plante] : Plin. *21, 27*.

călātĭo, *ōnis*, f. (*calo*), appel, convocation du peuple : Varr. *L. 5, 13*.

Călătis, Callatis, *ĭdis*, f., ville de Thrace [auj. Kollat] : Amm. *27, 4, 12* ; Mel. *2, 22*.

călātŏr, *ōris*, m. (*calo*) ¶ **1** crieur, héraut au service de prêtres divers : Suet. *Gram. 12* ¶ **2** esclave de magistrats [Gloss. *2, 95, 42*] ou de particuliers : Pl. *Merc. 852* ; *Ps. 1009* ‖ peut-être le même que le *nomenclator*, cf. Char. *126, 20*.

călātus, *a, um*, part. de *calo*.

Călaurĕa, Ov. *M. 7, 384*, -**rĭa**, Plin. *4, 56*, *ae*, f. (Καλαύρεια, Καλαυρία) Calaurie [île du golfe Saronique].

călautĭca, *ae*, f. (de καλαυδάκη) sorte de coiffe pour les femmes : Cic. *Frg. A. 13, 24* ; Serv. *En. 9, 613*.

Călavĭus, *ii*, m., nom d'une famille de Capoue : Liv. *9, 26, 7* ; *26, 27, 7*.

calbĕus, calbĕum, ▶ *gal-*.

Calbis, *is*, m., fleuve de Carie : Mel. *1, 83*.

calcābĭlis, *e* (*calco*), sur lequel on peut marcher : Sidon. *Ep. 1, 5, 3*.

calcānĕum, *i*, n. (1 *calx* ; it. *calcagno*), talon : Tert. *Cult. 2, 7, 3* ‖ sabot du chameau : Lampr. *Hel. 20*.

calcānĕus, *i*, m., ▶ *calcaneum* : Ambr. *Psalm. 48, 10*.

calcăr, *āris*, n. (1 *calx*), éperon : **subdere equo calcaria** Liv. *2, 20, 2*, éperonner un cheval ‖ [fig.] **calcar admovere** Cic. *Att. 6, 1, 5* ; **calcar adhibere alicui** Cic. *Brut. 204* ; **calcaribus uti in aliquo** Cic. *de Or. 3, 36*, éperonner = stimuler qqn ‖ éperon, ergot de coq : Col. *8, 2, 3*.

calcārĭa, *ae*, f., ▶ *calcarius*.

calcārĭārĭus, *a, um*, relatif au chaufournier : CIL *6, 9384*.

calcārĭensis, *is*, m. (*calcarius*), chaufournier : Cod. Th. *12, 1, 37*.

calcārĭus, *a, um* (2 *calx* ; roum. *kalekara*), qui concerne la chaux : Cat. *Agr. 38, 1* ‖ subst. m., chaufournier : Cat. *Agr. 16* ‖ subst. f., four à chaux : **de calcaria in carbonariam pervenire** Tert. *Carn. 6, 1*, [prov.], tomber de mal en pis.

Calcās, ▶ *Calchas*.

calcātae, *ārum*, f., fascines (?) : *B.-Hisp. *16*.

calcātĭo, *ōnis*, f. (*calco*), action de fouler : Cypr. *Ep. 63, 7*.

calcātĭus, adv., d'une manière plus ramassée : Boet. *Syll. cat. 2, p. 830 D*.

calcātŏr, *ōris*, m. (*calco*), celui qui foule [le raisin] : Calp. *4, 134*.

calcātōrĭum, *ii*, n. (*calco* ; it. *calcatoio*), lieu où l'on foule la vendange, pressoir : Pall. *1, 18, 1*.

calcātrix, *īcis*, f. (*calcator*), celle qui foule aux pieds : Prud. *Psych. 587*.

calcātūra, *ae*, f. (*calco* ; fr. *chaussure*), action de manœuvrer avec les pieds [une roue pour élever l'eau] : Vitr. *10, 5, 1* ; Aug. *Psalm. 55, 7*.

1 **calcātus**, *a, um*, part. de *calco* ‖ adj^t, commun, rebattu : Sen. *Contr. 4 pr. 9* ; *10, 3, 7*.

2 **calcātŭs**, *ūs*, m., action de fouler, de presser avec les pieds : Pall. *7, 13, 17*.

calcĕāmĕn (-cĭāmĕn), *ĭnis*, Plin. *15, 34*, **calcĕāmentum (-cĭāmentum)**, *i*, n. (it. *calzamento*), chaussure, soulier : Cat. *Agr. 97* ; Cic. *Tusc. 5, 90* ; Plin. *28, 38* ; Gell. *13, 22, 7*.

calcĕāmentārĭus, *ii*, m., cordonnier : Gloss. *2, 466, 3*.

calcĕārĭa (-cĭārĭa), *ae*, f. (*calceus*), cordonnerie : Varr. *L. 8, 55*.

calcĕārĭum (-cĭārĭum), *ii*, n. (*calceus*), indemnité allouée pour l'achat de la chaussure : Suet. *Vesp. 8*.

calcĕātŏr (-cĭā-), *ōris*, m., cordonnier : CIL *6, 3939 a*.

1 **calcĕātus, calcĭātus**, *a, um*, part. de *calceo*.

2 **calcĕātŭs (-cĭā-)**, *ūs*, m. (*calceo* ; esp. *calzado*), chaussure : Suet. *Cal. 52*.

Calcēd-, ▶ *Calch-*.

calcĕō (-cĭō), *ās, āre, āvi, ātum* (*calceus* ; fr. *chausser*), tr., chausser : Suet. *Vesp. 21* ; **calceatus** Cic. *Cael. 62*, chaussé [sens pr.] ‖ **mulas calceare** Suet. *Vesp. 23*, chausser les mules [et non pas "ferrer"] ‖ [fig.] **calceati dentes** Pl. *Cap. 187*, dents bien chaussées.

calcĕŏcălĭga, *ae*, f. (*calceus, caliga*), soulier montant : Not. Tir. *99, 37*.

calcĕŏlārĭus, *ii*, m. (*calceolus* ; it. *calzolaio*), cordonnier : Pl. *Aul. 512*.

calcĕŏlus, *i*, m., dim. de *calceus* : Cic. *Nat. 1, 82*.

1 **calcēs**, f. pl. (cf. 2 *calx* ?), bouteilles de plomb (?) : P. Fest. *41, 1*.

2 **calces**, ▶ *1, 2 calx*.

calcesta, *ae*, f. (2 *calx* ?), trèfle blanc : Gloss. *5, 353, 37*.

calcĕus, *i*, m. (1 *calx* ; cf. it. *calza*, fr. *chausse*), chaussure, soulier : Cic. *de Or. 1, 231* ; **calceus laevus praepostere inductus** Plin. *2, 24*, soulier du pied gauche chaussé du pied droit [ce qui était de mauvais augure] ‖ **calceos poscere** Plin. *Ep. 9, 17, 3*, s'apprêter à se lever de table [on quittait ses chaussures pour manger] ‖ **calceos mutare** Cic. *Phil. 13, 28*, devenir sénateur [les sénateurs portaient une chaussure particulière, rouge (v. *mulleus*) avec des cordons en cuir souple (v. *aluta*), cf. Cat. *Orig. 7, 7*, et marquée d'un croissant, cf. Isid. *19, 34, 4*].

Calchădon, ▶ *Calchedon*.

Calchās, *antis*, m. (Κάλχας), Calchas [devin grec au siège de Troie] : Cic. *Div. 1, 87* ; Virg. *En. 2, 122*.

▶ formes de la 1re décl. : gén. -*ae* Prisc. *2, 239, 10* ; acc. -*am* Pacuv. et Pl. d. Char. *66, 22* ; abl. -*a* Pl. *Men. 748*.

1 **Calchēdōn (Calcē-, Chalcē-)**, *ōnis* et *ŏnos*, acc. *ŏnem* et *ŏna*, f., Chalcédoine, ville de Bithynie, sur le Bosphore, vis-à-vis de Byzance Atlas VI, A4 : Mel. *1, 101* ; Plin. *5, 149* ; Liv. *42, 56* ‖ -**dŏna**, *ae*, f., Amm. *22, 9, 3* ‖ -**dŏnĭus**, *a, um*, de Chalcédoine : Cic. *Brut. 30* ; -**dŏnii**, *ōrum*, m. pl., Chalcédoniens : Tac. *An. 2, 63* ‖ -**dŏnensis**, *e*, de Chalcédoine : Cassiod. *Hist. 7, 21* ; Cod. Th. *11, 16, 3*.

2 **calchēdōn (-calcē-)**, *ōnis*, m. (Καλχηδών), Prud. *Psych. 857* et **calchēdŏnĭus smăragdus**, Plin. *21, 19*, calcédoine [pierre].

calcĭă-, ▶ *calcea-*.

calcĭfrăga, *ae*, f. (2 *calx, frango*), perce-pierre [herbe] : Plin. *27, 75*.

calcĭo-, ▶ *calceo-*.

calcis, gén. de 1 *calx* et 2 *calx*, ▶ aussi 2 *calx* ▶.

calcitrātus, ūs, m. (1 calcitro), ruade, coup de pied : Plin. 8, 174.

1 calcitrō, ās, āre, āvī, ātum (1 calx), intr., ruer, regimber : Plin. 30, 149 ‖ [fig.] se montrer récalcitrant : Cic. Cael. 36 ‖ [prov.] *calcitrare contra stimulum* Amm. 18, 5, 1, regimber contre l'aiguillon.

2 calcitrō, ōnis, m., qui rue, qui regimbe : Varr. Men. 479 ‖ qui frappe (les portes), à coups de pieds : Pl. As. 391.

calcitrōsus, a, um (1 calcitro), rueur : Col. 2, 2, 26.

calcius, ▶ calceus.

calcō, ās, āre, āvī, ātum (1 calx ; it. *calcare*, fr. *côcher*), tr., fouler, marcher sur qqch. ¶ **1** *herba in pratis non calcanda* Varr. R. 1, 47, 1, il ne faut pas fouler l'herbe dans les prés ; *eo deliciarum pervenimus, ut nisi gemmas calcare nolimus* Sen. Ep. 86, 7, nous en sommes venus à ce point de délicatesse (de raffinement) que nous ne voulons plus fouler que des pierres précieuses ; *calcanda semel via leti* Hor. O. 1, 28, 16, on ne doit fouler qu'une fois le chemin de la mort ¶ **2** piétiner, comprimer en foulant : [la terre] Cat. Agr. 61, 2 ; Virg. G. 2, 243 ; [les raisins pour extraire le jus] Cat. Agr. 112 ; Varr. R. 1, 54, 2 ‖ faire entrer en foulant : *oleas in orculam* Cat. Agr. 117, comprimer des olives dans une jarre, cf. Col. 12, 15, 2 ; Varr. L. 5, 167 ‖ *morientum acervos* Ov. M. 5, 88, piétiner les monceaux de mourants ¶ **3** [fig.] fouler aux pieds : *libertas nostra obteritur et calcatur* Liv. 34, 2, 2, notre liberté est écrasée et foulée aux pieds, cf. Sen. Ben. 4, 1, 2 ; Ep. 12, 10 ¶ **4** actionner avec les pieds [une roue pour élever l'eau] : Vitr. 10, 4, 2.

calculārius, iī, m. (calculus), qui concerne un compte : Modest. Dig. 50, 8, 8.

calculātiō, ōnis, f. (calculus) ¶ **1** la pierre [calculs dans la vessie] : Cael.-Aur. Chron. 5, 4, 60 ¶ **2** calcul, compte : Cassiod. Var. 1, 10, 4.

calculātŏr, ōris, m. (calculo), calculateur : Mart. 10, 62, 4 ‖ celui qui dresse, qui tient les comptes : Dig. 38, 1, 5 ‖ qui enseigne à compter : Isid. 1, 3, 1.

calculātōrius, a, um, qui sert à compter : Schol. Juv. 7, 73.

calculensis, e (calculus), relatif aux graviers, aux cailloux : *calculense purpurarum genus* Plin. 9, 131, sorte de pourpre.

1 calculō, ās, āre, -, -, tr., calculer, supputer : Prud. Perist. 2, 131 ‖ évaluer, estimer : Sidon. Ep. 7, 9, 12.

2 calculō, ōnis, m., calculateur : Aug. Ord. 2, 12, 35.

calculōsus, a, um (calculus), caillouteux, plein de cailloux : Plin. 35, 170 ‖ qui a la gravelle, la pierre : Cels. 7, 26, 2.

calculus, i, m. (dim. de 2 calx ; cf. aussi scr. *śarkara-s*), petite pierre ¶ **1** caillou : *conjectis in os calculis* Cic. de Or. 1, 261, s'étant mis des cailloux dans la bouche ; *dumosis calculus arvis* Virg. G. 2, 180, des graviers dans un sol hérissé de buissons ‖ calcul de la vessie, pierre, gravelle : Isid. 4, 7, 32 ; Cic. Div. 2, 143 ; Vitr. 8, 3, 17 ; Cels. 2, 7, 14 ¶ **2** caillou pour voter : Ov. M. 15, 44 ; Apul. M. 10, 8 [d'où] vote, suffrage : *album calculum adjicere alicui rei* Plin. Ep. 1, 2, 5, accorder un vote favorable à qqch. (cf. Ov. M. 15, 41, donner une approbation à qqch.) ‖ caillou blanc [pour marquer les jours heureux] : Plin. Ep. 6, 11, 3 (cf. Hor. O. 1, 36, 10 ; Plin. 7, 131) ¶ **3** caillou, pion [d'une espèce de jeu de dames ou d'échecs] : *calculum reducere* Cic. Frg. F. 5, 60, ramener un jeton en arrière ; *promovere* Quint. 11, 2, 38, le pousser en avant, cf. Ov. A. A. 2, 207 ; 2, 478 ; 3, 358 ; Sen. Tranq. 14, 7 ; *ut sciat, quomodo alligatus exeat calculus* Sen. Ep. 117, 30, pour savoir comment un pion bloqué pourra se dégager ¶ **4** caillou de la table à calculer (Isid. 10, 43), [d'où] calcul, compte : *ad calculos aliquem vocare* Liv. 5, 4, 7, inviter qqn à calculer (à faire un compte) ; *ad calculos aliquid vocare* Cic. Lae. 58, mettre qqch. en calcul, calculer qqch. ; *calculos ponere* Sen. Polyb. 9, 1 (Plin. Ep. 2, 19, 9) établir un calcul ; *utrosque calculos ponere* Sen. Ep. 81, 6, faire des comptes en partie double ‖ [fig.] *voluptatum calculis subductis* Cic. Fin. 2, 60, après avoir fait un calcul des plaisirs ; *ad calculos amicitiam vocare* Cic. Lae. 58, soumettre l'amitié à un calcul exact ¶ **5** cailloux des prestidigitateurs : Sen. Ep. 45, 8 ¶ **6** poids le plus faible possible : Grom. 373, 21.

calcus, ▶ chalcus.

calda, ae, f. (calida), eau chaude : Sen. Ep. 77, 9 ; 83, 5.

caldāmentum, i, n. (calidus), fomentation chaude : M.-Emp. 5, 18.

caldāriŏla, f., ▶ calvariola.

caldārius, călĭdārius, a, um (cal(i)dus ; cf. fr. *chaudière*), relatif à la chaleur ¶ **1** chaud, chauffé : Plin. Ep. 5, 6, 26 ¶ **2** qui se travaille à chaud : Plin. 34, 94 ¶ **3** subst. f. **a)** étuve : M.-Emp. 25, 14 **b)** chaudron : Ps. Apul. Herb. 60, 4 ¶ **4 caldārĭum**, iī, n., étuve, chaudière, chaudron : Sen. Ep. 86, 11 ; Cels. 1, 4, 6 ‖ bains chauds [salle des thermes] : Vitr. 5, 10, 1.

caldātiō, ▶ calidatio.

caldellus, i, m. (dim. de caldus), verre d'eau : Caes.-Arel. Virg. 16.

caldĭcĕrebrĭus, iī, n. (caldus, cerebrum), tête chaude, tête brûlée : Petr. 45, 5.

Caldĭus, iī, m. (caldum), nom donné par plaisanterie (au lieu de Claudius), à Tibère, parce qu'il s'enivrait : Suet. Tib. 42.

caldō, ās, āre, -, -, tr., faire chauffer : Anthim. 38.

caldŏr, ōris, m., chaleur : Varr. R. 3, 9, 15 ‖ au pl., Arn. 7, 34.

caldum, ▶ calidum.

1 caldus, sync. de calidus, cf. Quint. 1, 6, 19 ‖ comp., *caldior* Hor. S. 1, 3, 53, trop bouillant, emporté.

2 Caldus, i, m., surnom romain : Cic. Inv. 2, 28.

Calĕ, ēs, f., bourg de l'Ombrie : Serv. En. 7, 728 ‖ port de Galice Atlas IV, B1 : Serv. En. 7, 728.

călĕco, ▶ calico.

Călēdŏnes, um, m., Calédoniens [habitants de la Calédonie] : Flor. 3, 10, 18 ‖ -ĭcus et -ĭus, a, um, de Calédonie : Solin. 22, 1 ; Plin. 4, 102.

Călēdŏnĭa, ae, f., Calédonie [partie septentrionale de la Bretagne, Écosse] Atlas I, A3 ; V, A1 : Tac. Agr. 10 ; 11 ‖ **Călīd-** : Tac. Agr. 25 ; 27 [mss inférieurs].

călĕfăcĭō, ĭs, ĕre, fēcī, factum (caleo, facio ; fr. *chauffer*), tr., échauffer, chauffer, faire chauffer : Cic. Nat. 2, 151 ‖ [fig.] tenir en haleine, ne pas laisser de répit : Cic. Q. 3, 2, 1 ; Fam. 16, 18, 2 ; Suet. Aug. 71 ‖ [poét.] échauffer, émouvoir, enflammer, exciter : Virg. En. 12, 269 ‖ pass. *calefacior*, Vitr. 5, 10, 1 ; ▶ *calefio*.
▶ formes : *calface* Cic. Fam. 16, 18, 2 (cf. Quint. 1, 6, 21) ; *calfacias* Cic. Fam. 9, 16, 9 ; *calficiunt* Cael. Fam. 8, 6, 4 (M) ; *calficiendum* Cic. Nat. 2, 151 ; *calficimur* Cic. Frg. E. 6, 23.

călĕfactĭbĭlis, e, facile à échauffer : Boet. Herm. pr. 2, 13.

călĕfactĭō, ōnis, f., l'action d'échauffer : Dig. 50, 4, 1.

călĕfactō, ās, āre, -, - (calefacio), tr., chauffer souvent ou fortement : Pl. Ru. 411 ; Hor. Ep. 2, 2, 169 ‖ *calefactare virgis* Pl. Cas. 400, chauffer les épaules à coups de verges.

călĕfactōrĭus, a, um (calefacio), qui a la propriété d'échauffer : M.-Emp. 20, 26.

1 călĕfactus, a, um, part. de calefacio.

2 călĕfactŭs, abl. ū, m., action d'échauffer, échauffement : Lact. Opif. 14, 5.

călĕfīō, fīs, fīĕrī, factus sum, pass. de calefacio, devenir chaud : Cic. Att. 2, 3, 3 ; *fauces calefiunt* Her. 3, 21, la gorge s'enflamme.

călendae (kăl-), ārum, f. pl. (calo ; καλάνδαι, prov. *calendo*, bret. *kalanna*), calendes [premier jour du mois chez les Romains] : Cic. Att. 2, 2, 3 ; [prov.] *ad calendas Graecas* Suet. Aug. 87, aux calendes grecques [c.-à-d. jamais] ‖ *intra septimas calendas* Mart. 10, 75, 7, avant six mois ou dans six mois ‖ *calendae Martiae* Hor. O. 3, 8, 1, calendes de Mars [*Matronalia*, fête célébrée à cette date en l'honneur de Junon par les matrones romaines].

călendāris, e (calendae), relatif aux calendes : Macr. Sat. 1, 15, 18 ‖ subst. m. pl., magistrats qui, dans les colonies et les municipes, tiennent les livres de comptes de la ville : CIL 2, 4468.

călendārĭum (kă-), *ĭi*, n., registre, livre de compte : Sen. *Ben.* 1, 2, 3 ; *Ep.* 14, 18 ‖ [fig.] la fortune d'une maison : Tert. *Cult.* 1, 9 ‖ calendrier : Isid. 1, 44, 2.

călendārĭus (kă-), *a*, *um*, qui a lieu aux calendes : Hier. *Ephes.* 3, 6, 4.

calens, *entis*, part.-adj. de *caleo* ¶ **1** chaud, brûlant : Cic. *Nat.* 2, 25 ; Hor. *O.* 2, 6, 22 ¶ **2** [fig.] *calentibus ingeniis vinum subtrahere* Sen. *Ir.* 2, 20, 2, interdire le vin aux tempéraments bouillants ; *jam calentibus (animis)* Quint 4, 1, 59, quand les esprits sont déjà échauffés [préparés].

Calentum, *i*, n., ville de la Bétique : Plin. 35, 171.

Călēnum, *i*, n., ville de Campanie [la même que Calès] : Plin. 3, 63 ‖ **-nus**, *a*, *um*, de Calès : Cic. *Fam.* 9, 13, 3 ; *Calenum (vinum)* Juv. 1, 69, vin de Calès ‖ **-ni**, *ōrum*, m. pl., habitants de Calès : Gell. 10, 3, 3 ‖ n. sg., *Calenum* Cic. *Att.* 8, 3, 7, propriété près de Calès.

Călēnus, *i*, m., surnom romain : Cic. *Phil.* 8, 13.

călĕō, *ēs*, *ēre*, *ŭī*, *ĭtūrus* (cf. lit. šìlti, scr. śarad-, gall. *clyd*, al. *lau* ; a. fr. *chaloir*), intr. ¶ **1** être chaud, être brûlant : *sentiri haec putat, ut calere ignem* Cic. *Fin.* 1, 30, il pense que ces choses-là se sentent, comme on sent que le feu est chaud ‖ [passif impers.] *cum caletur* Pl. *Cap.* 80, quand il fait chaud ; *Truc.* 65 ; Apul. *M.* 4, 1 ‖ *Sabaeo ture calent arae* Virg. *En.* 1, 417, les autels sont brûlants de l'encens de Saba [l'encens brûle sur les autels] ; *caliturae ignibus arae* Ov. *M.* 13, 590, autels destinés à être brûlants du feu des sacrifices ¶ **2** [fig.] être sur les charbons, être embarrassé : *velim me juves consilio : etsi te ipsum istic jam calere puto* Cic. *Att.* 7, 20, 2, je voudrais que tu m'aides de tes conseils ; et pourtant toi-même là-bas tu commences à être, je crois, sur les charbons ‖ être échauffé, être agité : *clamant, calent, rixant* Varr. *Men.* 454, ils crient, sont échauffés, se battent ; *an ego, cum omnes caleant, ignaviter aliquid faciam ?* Hirt. *Att.* 15, 6, 2, eh quoi ! quand tout le monde est en feu, resterais-je engourdi ? ; *amore* Ov. *A.* 3, 571, brûler d'amour ; *spe* Curt. 4, 1, 29, être enflammé d'espérance ; *Romani calentes adhuc ab recenti pugna* Liv. 25, 39, 9, les Romains encore tout échauffés du combat qu'ils venaient de livrer ; *calebat in agendo* Cic. *Brut.* 234, il était tout feu dans l'action [oratoire] ‖ *ad nova lucra calere* Prop. 4, 3, 62, brûler pour de nouveaux profits (brûler de faire de nouveaux profits) ‖ [avec inf.] brûler de, désirer vivement : Stat. *Th.* 4, 261 ‖ [chrét.] être fervent : Paul.-Nol. *Carm.* 14, 11 ¶ **3** [fig.] être chauffé, être à point : *posteaquam satis calere res Rubrio visa est* Cic. *Verr.* 1, 66, quand il eut paru à Rubrius que l'affaire était chauffée à point ‖ être dans tout son feu (en pleine activité) : *calebant in interiore aedium parte totius rei publicae nundinae* Cic. *Phil.* 5, 11, c'était dans tout son feu, à l'intérieur de sa maison, un marché où l'on trafiquait de l'État entier ; *indicia calebant* Cic. *Att.* 4, 18, 3, les dénonciations battaient leur plein ‖ *illi rumores Cumarum tenus caluerunt* Cael. *Fam.* 8, 1, 2, ces bruits se sont développés à Cumes seulement et pas au-delà ; *illud crimen de nummis caluit re recenti, nunc refrixit* Cic. *Planc.* 55, cette accusation à propos des écus a produit son effet dans la nouveauté, maintenant il est éteint ‖ [prov.] *nil est nisi, dum calet, hoc agitur* Pl. *Poen.* 914, rien ne va si on ne profite pas de ce qu'une chose est à point pour la faire.

Călēs, acc. *es*, dat.-abl. *ibus*, f. pl., Calès [ville de Campanie renommée pour la qualité de ses vins, auj. Calvi] Atlas XII, E4 : Cic. *Agr.* 2, 96 ; Hor. *O.* 4, 12, 14 ‖ à l'acc. sg. *Calen* : Sil. 8, 514 ‖ V. *Calenum.*

călescō, *ĭs*, *ĕre*, -, - (*caleo*), intr. s'échauffer : Ter. *Eun.* 85 ; Cic. *CM* 57 ‖ [fig.] *agitante calescimus illo* Ov. *F.* 6, 5, sous son action [d'un dieu] nos cœurs brûlent.

Calētes, *um* (**-ti**, *ōrum*), m. pl., peuple de la Gaule [Caux] : Caes. *G.* 7, 75, 4 ; 2, 4, 9.

Caletrānus ager, m., territoire de Calétra [ancienne ville d'Étrurie] : Liv. 39, 55, 9.

calfăcĭō, sync. pour *calefacio.*

calfacto, V. *calefacto.*

1 **calfactus**, *a*, *um*, sync. pour 1 *calefactus.*

2 **calfactŭs**, *ūs*, m., sync. pour 2 *calefactus*, action d'échauffer : Plin. 29, 48.

calfĭō, *fīs*, *fĭĕrī*, sync. pour *calefio* : Char. 248, 13.

căliandrum, Porph. Hor *S.* 1, 8, 48 ; **-drĭum**, Arn. 6, 26, V. *caliendrum.*

călĭcāta aedĭfĭcĭa, n., bâtiments blanchis à la chaux : P. Fest. 41, 8 ; 51, 19.

călĭcellus, *i*, m. (dim. de 1 *caliculus*, *calix*), petite coupe : Antid. Brux. 1.

călĭclārĭum, *ĭi*, n. (*calix*), buffet sur lequel on place des coupes : Gloss. 2, 414, 46.

călĭcō, *ās*, *āre*, -, *ātum*, tr., blanchir à la chaux, V. *calicata* ‖ *caleco* CIL 10, 5807.

călĭcŭlāris, V. *calycularis.*

1 **călĭcŭlus**, *i*, m. (dim. de *calix*), petite coupe : Cat. *Agr.* 108, 1 ; Aug. *Conf.* 9, 8, 8 ‖ petit encrier : Cassiod. *Var.* 11, 36, 4.

2 **călĭcŭlus**, *i*, m. (*calyx*), V. *calyculus.*

călĭda, *ae*, f., V. *calda* : Cat. *Agr.* 156, 3 ; Plin. 23, 34.

Călĭdae Aquae, f., lieu de la Zeugitane [auj. Hammam Gurbos] : Liv. 30, 24, 9.

călĭdārĭum, **-dārĭus**, V. *cald-.*

călĭdātĭo, *ōnis*, f. (*caldo*), action de chauffer : Ps. Aug. *Categ.* 12 ; V. *caldatio.*

călĭdē, adv. (*calidus*), chaudement : Hier. *Ep.* 43, 3 ‖ avec feu, avec ardeur : Pl. *Ep.* 285 ‖ *calidissime* Pelag. 23.

călĭdĭtās, *ātis*, f., chaleur : Iren. 2, 19, 2.

Călĭdĭus, *ĭi*, m., nom d'homme : Cic. *Brut.* 274 ; *Verr.* 4, 42 ; 3, 63 ‖ **-ānus**, *a*, *um*, de Calidius : Cic. *Verr.* 4, 43.

călĭdō, *ās*, *āre*, -, - (*calidus*), tr., chauffer : Pelag. 7.

Călĭdōnes, **Călĭdōnĭa**, V. *Caled-.*

călĭdum, *i*, n. (*calidus*), chaleur : Lucr. 3, 295 ‖ vin coupé d'eau chaude : Pl. *Curc.* 293 ‖ *caldum* Mart. 14, 113.

1 **călĭdus**, *a*, *um* (*caleo* ; fr. *chaud*), chaud : *omne quod est calidum* Cic. *Nat.* 2, 23, tout ce qui est chaud ; *calidissimae hiemes* Vitr. 2, 1, hivers très chauds ; *calida*, subst. f., V. *calda* et *calida* ; *calidum*, subst. n., V. *calidum* ‖ [fig.] ardent, bouillant, emporté : *eques calidus animis* Virg. *G.* 3, 119, cheval de guerre plein d'ardeur ‖ tout chaud, immédiat : *opus est quadraginta minis celeriter calidis* Pl. *Ep.* 141, il faut quarante mines à l'instant même ; *calidum consilium* Pl. *Mil.* 226, un expédient sur l'heure ‖ bouillant, inconsidéré, téméraire : *consilia calida* Cic. *Off.* 1, 82, conseils inconsidérés, cf. Liv. 22, 24, 2 ; 35, 32, 13 ‖ *calidior* Cic. *Tusc.* 1, 42 ; V. *caldus* ; *-issimus* Cat. *Agr.* 34, 1.

2 **călĭdus**, *a*, *um* (ombr. *kaleŕuf*, v. irl. *caile*), qui a une tache blanche sur le front [cheval] : Chir. 795 ; Isid. 12, 1, 52.

3 **Călĭdus**, *i*, m., surnom romain : Nep. *Att.* 12, 4.

călĭendrum, *i*, n. (cf. κάλανδρος), ornement de tête, relevant la chevelure des femmes (cf. Gloss. 2, 96, 20 ; 4, 29, 38 et les div. schol. à Hor.) : Hor. *S.* 1, 8, 48 ; Tert. *Pall.* 4, 9 ; V. *caliandrum.*

călĭga, *ae*, f. (1 *calx*, *ligo*), brodequin, godillot [sorte de soulier, chaussure de soldat romain] : Cic. *Att.* 2, 3, 1 ‖ sandale de moine : Bened. *Reg.* 55, 6 ‖ [fig.] profession de soldat : Plin. 7, 135.

călĭgāris, *e* (**-rĭus**, *a*, *um*), relatif à la chaussure nommée *caliga* : Plin. 9, 69 ; 34, 143 ‖ subst. m., **caligarius**, qui fait des *caligae*, cordonnier militaire : Lampr. *Alex.* 33.

călīgātĭo, *ōnis*, f. (1 *caligo*), obscurcissement [de la vue] : Plin. 29, 123.

călīgātus, *a*, *um* (*caliga*), qui porte le soulier de soldat : Suet. *Vit.* 7 ‖ subst. m., simple soldat : Suet. *Aug.* 25.

călīgĭnĕus, *a*, *um* (1 *caligo*), épais, noir [en parlant de la fumée] : Grat. 56.

călīgĭnō, *ās*, *āre*, -, - (1 *caligo*) ¶ **1** [intr.] s'obscurcir : Ps. Cypr. *Abus.* 2 ¶ **2** [pass.] s'obscurcir : VL. 3 Reg. 14, 4 d. Lucif. *Reg. apost.* 16, 7.

călīgĭnōsus, *a*, *um* (1 *caligo*), sombre, ténébreux : Cic. *Tusc.* 1, 43 ‖ [fig.] obscur, incertain : Hor. *O.* 3, 29, 30 ‖ **-sissimus** Aug. *Ep.* 143, 7.

caligo

1 cālīgō, ĭnis, f. (cf. caleo, calius; esp. calina) ¶ **1** tout état sombre de l'atmosphère : **nox obruit ingenti caligine terras** Lucr. 5, 650, la nuit couvre la terre d'un immense voile sombre; **caliginis aer** Lucr. 4, 313, couche d'air obscure ; **(ventus) crassa volvit caligine fumum** Lucr. 6, 691, (le vent) pousse en tourbillon une fumée d'un noir épais (les noirs tourbillons d'une fumée épaisse) ; **picea caligine** Virg. G. 2, 309, d'un noir de poix ; **nubis caligo crassa** Lucr. 6, 461, l'épaisseur sombre d'un nuage ‖ obscurité, ténèbres : **taetris tenebris et caligine** Cic. Agr. 2, 44, par des ténèbres et une obscurité affreuses ; **pandere res alta terra et caligine mersas** Virg. En. 6, 266, dévoiler les secrets enfouis dans les profondeurs de la terre et dans les ténèbres (dans les sombres profondeurs de la terre) ‖ brouillard, vapeur épaisse, nuage : **solum densa in caligine Turnum vestigat lustrans** Virg. En. 12, 466, Turnus est le seul qu'il cherche des yeux dans l'épais nuage de la bataille ; **noctem insequentem eadem caligo obtinuit** Liv. 29, 27, 7, la nuit suivante, le même brouillard persista ; **densa caligo occaecaverat diem** Liv. 33, 7, 2, un brouillard épais avait obscurci le jour ; **discussa caligine** Curt. 4, 12, 22, le brouillard s'étant dissipé ; **videre quasi per caliginem** Cic. Phil. 12, 3, voir comme à travers un nuage, cf. Fin. 5, 43 ; **discussa est illa caligo, quam paullo ante dixi** Cic. Phil. 12, 5, il s'est dissipé ce nuage dont je parlais tout à l'heure ‖ brouillard qui s'étend sur les yeux : **cum altitudo caliginem oculis offudisset** Liv. 26, 45, 3, comme la hauteur leur causait le vertige (étendait un brouillard sur leurs yeux) ; **cervix ejus saxo ita icta est, ut oculis caligine offusa collaberetur** Curt. 7, 6, 22, il fut frappé d'une pierre à la tête de telle sorte qu'un brouillard s'étant étendu sur ses yeux, il s'écroula [sans connaissance] ¶ **2** [fig. métaph. diverses] ténèbres [= époque troublée] : **vide nunc caliginem temporum illorum** Cic. Planc. 96, voir maintenant les ténèbres [le malheur] de ces temps-là (Sen. 5, Verr. 3, 177) ‖ nuit, détresse : **illa caligo bonorum** Cic. Prov. 43, cette nuit dans laquelle se trouvaient les gens de bien ‖ nuit, brouillards de l'intelligence, ignorance : **philosophia ab animo tamquam ab oculis caliginem dispulit** Cic. Tusc. 1, 64, la philosophie a dispersé loin de l'esprit, comme on le ferait des yeux, les nuages qui l'enveloppaient ; **hic error, haec indoctorum animis offusa caligo est, quod...** Cic. Tusc. 5, 6, cette erreur, ces ténèbres sont répandues sur les esprits des ignorants, parce que...

2 cālīgō, ās, āre, āvī, ātum (cf. 1 caligo), intr. et tr. ¶ **1** intr., être sombre, obscur, couvert de brouillard : Cic. Arat. 205 ; 246 ; **caligantem nigra formidine lucum ingressus** Virg. G. 4, 468, pénétrant dans le bois qu'enveloppe une effroyable nuit ‖ [fig.] **lucem caliganti reddere mundo** Curt. 10, 9, 4, rendre la lumière au monde plongé dans la nuit ; **(nubes) quae circum caligat** Virg. En. 2, 606, (le nuage) épaissit autour de toi ‖ **(videmus) caligare oculos** Lucr. 3, 156, (nous voyons) que les yeux se couvrent d'un brouillard ‖ [méd.] avoir les yeux brouillés, obscurcis, faibles : Cels. 6, 6, 32 ; Gell. 14, 1, 5 ¶ **2** intr., [fig.] avoir la vue obscurcie, être ébloui, être aveuglé : **ad pervidendum, quid sit quod beatam vitam efficiat, caligant** Sen. Vit. 1, 1, quant à voir pleinement ce qui est capable d'assurer le bonheur, ils sont dans la nuit ; **non aliter caligabis quam quorum oculi in densam umbram ex claro sole redierunt** Sen. Nat. 3, praef. 11, tu n'y verras plus, exactement comme ceux dont les yeux passent d'un clair soleil à une ombre épaisse ; **(utraque materia) ad quam cupiditas nostra caligat** Sen. Ben. 7, 10, 1, (les deux métaux, or, argent) devant lesquels notre cupidité reste éblouie ; **ad cetera caligant** Curt. 10, 7, 4, pour le reste ils sont aveugles ; **caligant vela carinae** Stat. S. 5, 3, 238, les voiles du vaisseau vont à l'aveuglette (ne savent où se tourner) ; **caligare in sole** Quint. 1, 2, 19, n'y pas voir en plein jour ¶ **3** tr. [tardif] obscurcir : Fulg. Virg. p. 103, 7.

3 Cālīgō, ĭnis, f., l'Obscurité [déesse] : Hyg. Fab. praef.

cālīgōsus, a, um, ▶ caliginosus : *Vulg. Jer. 13, 16.

1 călĭgŭla, ae, f. (dim. de caliga), petit brodequin : Ps. Ambr. Ep. 2, 2.

2 Călĭgŭla, ae, m., Gaïus, surnommé Caligula, empereur romain [37-41 apr. J.-C.] : Tac. An. 1, 41 ; Suet. Cal. 9 ; ▶ Gaius.

călim, adv., arch. pour clam, ▶ callim.

Calingae, ārum, m. pl., peuple de l'Inde en deçà du Gange : Plin. 6, 64.

Calingi, ōrum, m. pl., peuple de l'Arabie Heureuse : Plin. 6, 159.

Caliordi, m. pl., ville de Taurique : Plin. 4, 85.

călĭptra, ▶ calyptra : P. Fest. 41, 9.

Cālisto, ▶ Callisto.

călĭtūrus, a, um, ▶ caleo.

călix, ĭcis, m. (cf. κύλιξ, κάλυξ, scr. kalaśa-s ; al. Kelch), coupe, vase à boire : Pl. Cap. 916 ; Cic. Pis. 67 ‖ [chrét.] calice eucharistique : Cypr. Ep. 63, 11 ‖ [fig., le contenu] : Catul. 27, 2 ; Hor. Ep. 1, 5, 19 ‖ vase de pierre, marmite : Cat. Agr. 39, 1 ; Ov. F. 5, 509 ‖ tuyau d'aqueduc : Frontin. Aq. 36 ‖ [chrét., fig.] lot, destinée : Vulg. Psal. 10, 7 ; ▶ calyx.

calla, ▶ callis : Gloss. 5, 353, 9.

Callaecia, ▶ Callaecia : CIL 11, 1183.

Callaecus (-ăĭcus), a, um, de la Gallécie [Galice] : Grat. 514 ; Sil. 2, 397 ; ▶ Galaeci, Gallaecus ‖ **Callaicum aurum** Sil. 2, 602 ; Mart. 4, 39, 7, or callaïque ‖ **Callăĭcus**, Vell. 2, 5, Callaïque [surnom de D. Junius Brutus, vainqueur des Callaïques], cf. Ov. F. 6, 461.

callăĭca, ae, f., Plin. 37, 151, ▶ callais ‖ **gallăĭca**, Solin. 20, 14.

Callăĭcus, ▶ Callaecus.

callaina, ae, f., pierre d'un bleu verdâtre : Plin. 37, 110.

callăĭnus, a, um, d'un vert pâle [couleur d'une pierre précieuse nommée callais] : Mart. 14, 139 ‖ subst. n., **callainum**, Plin. 37, 151, couleur vert pâle.

callais, ĭdis, f. (κάλλαϊς), pierre précieuse imitant le saphir, mais d'un vert pâle : Plin. 37, 151.

callărĭās, ae, m. (καλλαρίας), poisson de mer du genre des morues : Plin. 9, 61.

Callatis, ▶ Calatis.

callens, tis, part. de calleo ‖ pris adjt, habile, connaisseur : Col. 4, 27 ; [avec gén.] Gell. 17, 5, 3.

Callenses, ium, m. pl., habitants d'une ville de la Bétique : Plin. 3, 14.

callentĕr, adv., adroitement, habilement : Apul. M. 4, 16.

callĕō, ēs, ēre, ŭī, - (callum), intr. et tr. **I** [au pr.] intr., avoir la peau dure : Plin. 11, 211 ‖ avoir des callosités, des durillons : Pl. Pers. 305 ; Ps. 136. **II** [fig.] intr. et tr. ¶ **1** intr., être endurci : Sulp. Fam. 4, 5, 2 (cf. percallesco) ‖ être rompu à, être façonné, être au courant : Pl. Pers. 176 ; **alicujus rei usu callere** Liv. 35, 26, 10, être rompu à la pratique d'une chose ; **fallendo callere** Acc. Tr. 475, être passé maître en tromperies ; **in re rustica** Col. 3, 17, 3, être versé dans l'art de la culture ; **ad suum quaestum** *Pl. Truc. 932, être expert en vue de son profit ¶ **2** tr., être expert en qqch., savoir à fond : **Poenorum jura callere** Cic. Balb. 32, être versé dans la connaissance du droit carthaginois (**jus civile** Gell. 16, 10, 3, du droit civil) ; **urbanas rusticasque res pariter callebat** Liv. 39, 40, 5, (Caton) était également rompu à tout ce qui concerne la vie de la ville et de la campagne [droit civil, économie rurale] ; **legitimum sonum digitis callemus et aure** Hor. P. 274, nous savons reconnaître du doigt [en battant la mesure] et de l'oreille un son conforme aux règles ‖ [avec inf.] savoir parfaitement : Lucr. 2, 978 ; Hor. O. 4, 9, 49 ; Curt. 3, 2, 14 ‖ [avec prop. inf.] Sisen. Hist. 44 d. Non. 258, 8 ; Apul. M. 1, 3 ‖ [avec interrog. indir.] Ter. Haut. 548 ; Apul. Plat. 2, 23.

callesco, ▶ callisco.

Callet, n. indécl., ville de la Bétique : Plin. 3, 15.

Calleva, ae, f., ville des Atrébates [en Bretagne ; Silchester] : *Anton. 478.

callĭandrum, ▶ caliandrum.

Callĭăros, i, f., ville de Locride : Mel. 2, 40.

Callĭās, ae, m., nom d'homme : Nep. Cim. 1, 3 ‖ nom d'un architecte : Vitr. 10, 16, 3.

callĭblĕphărātus, *a, um*, qui a de beaux cils = bien frangées [en parl. de certaines huîtres] : *PLIN. 32, 61.

callĭblĕphărum, *i*, n. (καλλιβλέφαρον), fard pour colorer les paupières : VARR. *Men.* 370 ; PLIN. 21, 123.

Callichŏrum, *i*, n., fleuve de Paphlagonie : PLIN. 6, 4.

Callĭcĭās, *ae*, m., nom d'homme : PL. *Trin.* 916.

Callĭcīnus, *i*, m., colline de Thessalie : LIV. 42, 58, 5.

Callĭclēs, *is*, m. (Καλλικλῆς), peintre grec : VARR. d. CHAR. 126, 6 ‖ sculpteur grec : PLIN. 34, 87 ‖ personnage du Trinummus de Plaute : PL. *Trin.* 49.

Callĭcŏlōnus, *i*, m., belle colline : ANTH. 369, 7.

Callĭcrătes, *is*, m., Callicrate, [sculpteur de Lacédémone] : PLIN. 7, 85 ‖ autres du même nom : NEP. *Dion* 8, 1 ; LIV. 41, 23, 5.

Callĭcrătīdās, *ae*, m., général lacédémonien : CIC. *Off.* 1, 84.

Callĭcŭla, *ae*, f., montagne de la Campanie [auj. Cajanello] : LIV. 22, 15, 3.

callĭcŭlus, *i*, m. (dim. de *callis*), petit sentier : *PS. AUG. *Cons. mort.* 1, 6.

Callĭdămātes, *is*, m. (*καλλι-δαμάτης), nom d'homme : PL. *Most.* 340.

Callĭdămē, *ēs*, f., nom grec de femme : CIC. *Verr.* 2, 89.

callĭdē, adv. (*callidus*), à la façon de qqn qui s'y connaît ; habilement, adroitement : *fecit perite et callide* CIC. *Verr.* 1, 97, il agit en homme d'expérience et exercé ; *improbe, verum callide* CIC. *Verr.* 1, 141, de façon malhonnête, mais adroite ; *istius omnia decreta peritissime et callidissime venditabat* CIC. *Verr.* 2, 135, il mettait en vente tous ses décrets de la manière la plus habile et la plus adroite ; *callidius* CIC. *de Or.* 2, 32, avec plus de savoir-faire ‖ très bien, parfaitement : *callide novisse aliquem* PL. *As.* 349, connaître parfaitement qqn ; *intellegere aliquid* TER. *And.* 201, comprendre très bien qqch..

Callĭdēmĭdēs, *ae*, m., nom d'homme : TER. *Hec.* 432.

Callĭdēmus, *i*, m., Callidème [écrivain grec] : PLIN. 4, 64.

Callĭdēs, *ae*, m., statuaire grec : PLIN. 34, 85.

callĭdĭtas, *ātis*, f. (*callidus*), habileté, savoir-faire, finesse [en bonne et mauvaise part] : CIC. *Part.* 76 ; *Nat.* 3, 75 ; *Off.* 1, 63 ; 3, 113 ; *Part.* 137 ; *Har.* 19.

Callĭdrŏmŏs, *i*, m. (Καλλίδρομος), nom d'un sommet du mont Œta : LIV. 36, 15, 10.

callĭdŭlus, *a, um* (dim. de *callidus*), assez ingénieux : ARN. 2, 68.

callĭdus, *a, um* (*calleo*), qui s'y connaît ¶ 1 [en mauv. part] rusé, roué, madré : *considera, quis quem fraudasse dicatur ; Roscius Fannium !... callidum imperitus* CIC. *Com.* 21, examine qui l'on nous présente comme l'auteur de la fraude et comme sa victime : Fannius victime de Roscius ! la ruse victime de l'inexpérience ! ; *callida assentatio* CIC. *Lae.* 99, flatterie habile (astucieuse) ¶ 2 [en bonne part] qui a le savoir-faire, l'expérience, habile : **Chrysippus, homo versutus et callidus (versutos eos appello, quorum celeriter mens versatur, callidos autem, quorum tamquam manus opere, sic animus usu concaluit)** CIC. *Nat.* 3, 25, Chrysippe, esprit souple et exercé (j'appelle *versuti*, souples, ceux dont l'intelligence se meut promptement ; *callidi*, exercés, ceux dont l'esprit s'est fait (s'est durci) par l'exercice, comme la main par le travail) ; [en parl. d'un orateur] CIC. *Clu.* 140 ; *de Or.* 1, 109 ; 1, 218 ; *Brut.* 178 ; [d'un général] CIC. *Off.* 1, 108 ; NEP. *Hann.* 5, 2 ; [en gén.] **homines prudentes natura, callidi usu, doctrina eruditi** CIC. *Scaur.* 24, gens que la nature a faits prudents, l'expérience avisés, la culture éclairés ‖ *callidissimo artificio* CIC. *Tusc.* 1, 47, avec un art souverainement habile ; **versutum et callidum factum Solonis** CIC. *Off.* 1, 108, l'acte retors et habile de Solon ¶ 3 [constr.] **qui ad fraudem callidi sunt** CIC. *Clu.* 183, ceux qui excellent dans la ruse ; **in dicendo callidus** CIC. *Clu.* 140, habile orateur ; **rei militaris callidus** TAC. *H.* 2, 32, habile dans la science militaire, cf. *H.* 4, 33 ; OV. *F.* 1, 268 ; **accendendis offensionibus callidi** TAC. *An.* 2, 57, habiles à attiser les ressentiments ‖ [avec inf.] HOR. *O.* 1, 10, 7 ; 3, 11, 4 ; PERS. 1, 118.

Callīfae, *ārum*, f. pl., ville du Samnium : LIV. 8, 25, 4.

Callĭgĕnes, m., nom d'un médecin : LIV. 40, 56, 11.

callim, adv., [arch.] ⓒ▶ *clam* : *P. FEST. 41, 6.

Callĭmăchus, *i*, m. (Καλλίμαχος) ¶ 1 Callimaque [poète élégiaque de Cyrène] : CIC. *Tusc.* 1, 84 ‖ **-chīus**, *a, um* (Καλλιμάχειος), de Callimaque : SERV. *Cent.* 5, 4 ¶ 2 sculpteur célèbre : PLIN. 34, 92 ¶ 3 médecin : PLIN. 21, 12.

callĭmus, *i*, m. (κάλλιμος), sorte de pierre d'aigle : PLIN. 36, 150.

Callĭnīcum, *i*, n., ville de Mésopotamie : EUTR. 9, 24 ; AMM. 23, 3, 7.

Callĭnīcus, *i*, m., nom d'homme : PL. *Trin.* 917.

Callinipaza, *ae*, f., ville de l'Inde : PLIN. 6, 63.

Callīnŏus (-nus), *i*, m., poète grec, d'Éphèse, auquel on attribue l'invention du vers élégiaque : TER.-MAUR. 6, 376, 1722 ; SCHOL. BOB. 164, 14 H.

calliomarcus, *i*, m. (gaul.), tussilage [plante] : M.-EMP. 16, 101.

callĭŏn, *ii*, n., vésicaire [plante] : PLIN. 21, 177.

calliōnymus, *i*, m. (καλλιώνυμος), sorte de poisson de mer : PLIN. 32, 69.

Calliŏpē, *ēs*, f., Calliope [muse de l'éloquence et de la poésie héroïque] : LUCR. 6, 94 ; HOR. *O.* 3, 4, 2 ; [muse en gén., poésie] VIRG. *En.* 9, 523 ; OV. *Tr.* 2, 568 ‖ **-pēa**, *ae*, f., VIRG. *B.* 4, 57 ‖ **-ēius**, *a, um*, ANTH. 941, 77, de Calliope.

callĭpĕtălŏn, *i*, n. (καλλιπέταλον), quintefeuille [herbe] : PS. APUL. *Herb.* 2.

Callipeucē, *ēs*, f., défilé de Thessalie : LIV. 44, 5, 11.

Calliphăna, *ae*, f., nom de femme : CIC. *Balb.* 55.

Calliphănēs, *is*, m., Calliphane [historien grec] : PLIN. 7, 15.

1 **Callĭpho**, *ōnis*, m., personnage de comédie : PL. *Ps.* 458 ; TURPIL. *Com.* 54.

2 **Callĭpho**, *ontis*, m., nom d'un philosophe grec : CIC. *Fin.* 5, 21 ; *Ac.* 2, 131 ; 139.

Callĭpĭa, *ae*, f., nom d'une fontaine d'Éphèse : PLIN. 5, 115.

Callĭpĭdae, *ārum*, m. pl., peuple de la Scythie d'Europe : MEL. 2, 7.

Callĭpĭdēs, *is*, m., acteur grec qui se démenait sur la scène : CIC. *Att.* 13, 12, 3 ; SUET. *Tib.* 38.

callĭplŏcămŏs, adj. f. (καλλιπλόκαμος), aux belles tresses : LUCIL. 540.

Callĭpŏlis, *is*, f., nom de diverses villes de Chersonèse, d'Étolie Atlas VI, A3, d'Italie Atlas XII, F6, de Sicile, etc. : LIV. 31, 16 ; 6 ; 36, 30, 4 ; PLIN. 3, 100 ; SIL. 14, 249.

Callippĭa, ⓥ▶ *Callipia.*

Callippus, *i*, m., Callippe [général macédonien] : LIV. 44, 28, 1 ‖ nom d'homme : PL. *Trin.* 916.

Callĭrhŏē (-rŏē), *ēs*, f. ¶ 1 Callirhoé [fille d'Achéloüs] : OV. *M.* 9, 414 ¶ 2 fontaine près d'Athènes : STAT. *Th.* 12, 629 ¶ 3 fontaine d'eau chaude de Palestine : PLIN. 5, 72 ¶ 4 autre nom d'Edessa en Arabie : PLIN. 5, 86.

callis, *is*, m., VIRG. *En.* 4, 404, et f., LIV. et prosateurs (cf. *callum* ? ; it., esp. *calle*), sentier foulé par les troupeaux : VARR. *R.* 3, 17, 9 ; LIV. 22, 14, 8 ; CIC. *Clu.* 161 ‖ sentier : LIV. 31, 42, 8.

callisco, *ĭs*, *ĕre*, -, -, intr. (*calleo*), s'endurcir : *calliscerunt* CAT. d. NON. 89, 28.

callisphŭrŏs, *ŏn*, f. (καλλίσφυρος), aux belles chevilles : LUCIL. 540.

Callistē, *ēs*, f., autre nom de l'île de Théra : PLIN. 4, 70.

Callisthĕnēs, *is*, m., Callisthène [philosophe grec] : CIC. *Tusc.* 3, 21.

Callistō, *ūs*, f., Callisto [fille de Lycaon changée en ourse par Junon] : OV. *F.* 2, 156 ; *M.* 2, 401 ‖ constellation de la Grande Ourse : PROP. 2, 28, 23.

Callistrătus, *i*, m., Callistrate [orateur athénien] : NEP. *Epam.* 6, 1 ; GELL. 3, 13, 2 ‖ autres du même nom : PLIN. 34, 52 ; 37, 51.

callistrŭthĭa, *ae* (**-this**, *ĭdis*), f. (καλ-λιστρούθιον), sorte de figue : Plin. 15, 69 ; Col. 10, 416.

Callistus, *i*, m., nom d'homme : Sen. Ep. 47, 9.

Callĭthēra, *ōrum*, n. pl., ville de Thessalie : Liv. 32, 13, 11.

callĭthrix, *ĭcis*, f. (καλλίθριξ) ¶ **1** capillaire [plante] : Plin. 26, 160 ¶ **2** espèce de singe d'Éthiopie : Plin. 8, 216.

callĭtrĭchon, *i*, n., Plin. 22, 62 et **callĭtrĭchŏs**, *i*, f., M.-Emp. 6, 1, capillaire [plante].

callĭtrix, v. *callithrix*.

Callixĕnus, *i*, m., statuaire grec : Plin. 34, 52.

Callŏdē, *ēs*, f., petite île près de la Sardaigne : Plin. 3, 85.

Callōn, *ōnis*, m. (Κάλλων) ¶ **1** statuaire de l'île d'Égine : Quint. 12, 10, 7 ¶ **2** statuaire d'Élis : Plin. 34, 49.

Callōnĭāna, *ae*, f., ville de Sicile : *Anton. 94.

callōsĭtas, *ātis*, f. (*callosus*), callosité, cal, calus, durillon : Scrib. 36 ‖ endurcissement : Tert. Nat. 2, 1, 5.

callōsus, *a*, *um* (*callum*), calleux, qui a des durillons : Cels. 6, 3 ‖ dur, épais : *callosa ova* Hor. S. 2, 4, 14, œufs dont la coque est dure, épaisse ‖ [tard.] entêté : Alcim. Carm. 5, 196 ‖ *callosior* Plin. 11, 226 ; -*issimus* Sor. p. 9, 15.

callum, *i*, n. (cf. *calva*, gaul. *Caletes*, al. *Held*; it., esp. *callo*), cal, peau épaisse et dure : Cic. Tusc. 5, 98 ‖ peau coriace, couenne : Pl. Poen. 579 ; Pers. 305 ‖ callosité, durillon : Plin. 32, 127 ‖ peau ou chair épaisse (dure) de certains fruits : Plin. 14, 14 ; 16, 120 ‖ enveloppe dure, croûte : Plin. 17, 33 ‖ [fig.] rudesse, insensibilité : *obducere callum dolori* Cic. Tusc. 2, 36, endurcir contre la douleur.

callus, *i*, m. arch., c. *callum* : Naev. Com. 65 ; Cels. 5, 18, 36.

1 **călō**, *ās*, *āre*, *āvī*, *ātum* (cf. *clamo*, καλέω, hit. *kales-*, al. *hallen*, *hell*), tr., appeler, convoquer : Lab. d. Gell. 15, 27, 2 ; Varr. L. 6, 27 ; Macr. Sat. 1, 15, 10, [d'où *calata comitia*, comices calates, réunis pour la consécration des prêtres officiels, pour l'abjuration d'un culte d'une famille avant l'entrée dans une autre, pour la ratification des testaments : Gell. 15, 27, 1].

2 **călō**, *ās*, *āre*, -, *ātum* (χαλάω, v. *apo-calo* ; it. *calare*), tr. ¶ **1** [sens nautique] ▶ *ponere*, faire descendre, suspendre : Isid. 6, 14, 4 ; Vitr. 10, 8, 1 ; Veg. Mil. 4, 23 ¶ **2** [sens sexuel] ▶ *futuere* : CIL 4, 8715 ; v. *chalo*.

▶ les mss portent *cal-* et non *chal-*.

3 **călō**, *ōnis*, m. (peu net, cf. 4 *calo* ?) ¶ **1** valet d'armée : Caes. G. 2, 24, 2 ; 6, 36, 3 (cf. P. Fest. 54, 19 ; Ps. Acr. Hor. S. 1, 2, 44) ‖ palefrenier, valet : Cic. Nat. 3, 11 ; Hor. S. 1, 6, 103 ; Sen. Ep. 110, 17 ¶ **2** [les anciens croyaient que le mot venait de *cala* : P. Fest. 54, 20 ; Porph. Hor. Ep. 1, 14, 42 ; Non. 62 ; Serv. En. 1, 39] [d'où le sens] bateau portant le bois : Isid. 19, 1, 15.

4 **călō**, *ōnis*, m. (*cāla*, κᾶλον), chaussure à semelle de bois des soldats et des comédiens, socque : P. Fest. 40, 25 ; Isid. 19, 34, 6.

călŏbătărĭus, *ii*, m. (de καλοβάτης), qui marche sur des échasses : *Gloss. 3, 172, 44.

calocatanŏs, *i*, m. (gaul., cf. *catanus*), pavot sauvage : M.-Emp. 20, 68.

Caloenus, v. *Calenus*.

Calōn, *ōnis*, f., ville de la Belgique : Anton. 370.

călŏpēta (**călŏpēcta**), *ae*, m. (de καλοπαίκτης), danseur de corde, acrobate : *Expos. Mund. 32.

călŏpŏdĭa, *ae*, f., Ps. Acr. Hor. S. 2, 3, 106 et **călŏpŏdĭon**, *ii*, n. (καλοπόδιον), Serv. En. 1, 39, forme de cordonnier.

1 **călŏr**, *ōris*, m. (*caleo* ; fr. *chaleur*), chaleur [en gén.] : Cic. Nat. 2, 27 ; de Or. 1, 265 ‖ pl. *calores*, Cic. Nat. 2, 101 ; 2, 151 ; Off. 2, 13 ; Q. 2, 15, 1 ; 3, 1, 1 ; Sen. Ep. 90, 17 ‖ fièvre : Tib. 4, 11, 2 ‖ [fig.] ardeur, zèle, impétuosité : Cic. Q. 3, 9, 3 ; Sen. ; Quint. ; Plin. ; Ov. ; Sil. ; Stat. ‖ [fig.] feu de l'amour, amour : Hor. O. 4, 9, 11 ; Prop. 1, 12, 17 ; Ov. M. 11, 305.

2 **Călŏr**, *ōris*, m., fleuve du Samnium [*Calore*] : Liv. 24, 14, 2 ; 25, 17, 1.

călōrātus, *a*, *um* (*calor*), ardent, bouillant [au fig.] : Apul. M. 6, 425 ; -*issimus* Porph. Hor. S. 1, 6, 126.

călōrĭfĭcus, *a*, *um* (*calor*, *facio*), qui échauffe : Gell. 17, 8, 12.

călōs, adv. (καλῶς), bravo ! [acclamation, suivie du vocatif] : *calos Acti* CIL 4, 4567, bravo Actius !

calpăr, *āris*, n. (empr., cf. κάλπις) ¶ **1** broc, cruche où l'on conserve le vin : Non. 546, 28 ; P. Fest. 40, 27 ¶ **2** vin nouveau : P. Fest. 57, 16.

Calpās, *ae*, m., port de Bithynie : Plin. 6, 4.

Calpē, *ēs*, f. (Κάλπη), montagne de Bétique [auj. Gibraltar] Atlas I, D2 ; IV, E2 : Poll. Fam. 10, 32, 1 ; Mel. 1, 27 ‖ **Calpis**, *is*, f., Sidon. Ep. 8, 12, 2, abl. n. pl. -*ē* Juv. 14, 279.

Calpētānus, *a*, *um*, de Calpé : Avien. Arat. 1622.

Calpētus, *i*, m., Calpétus Silvius [ancien roi du Latium] : Ov. F. 4, 46.

Calpis, v. *Calpe*.

Calpurnius, *ii*, m., nom d'une famille romaine où se trouvaient les surnoms de Piso, Bestia, Bibulus : Cic. ; Caes. ; Liv. ; Hor. ‖ -*nius*, *a*, *um*, de la famille Calpurnia, de Calpurnius : Sisen. Hist. 120 ; Cic. Mur. 46 ; Pis. 53 ‖ -*niānus*, *a*, *um*, de Calpurnius : Liv. 39, 31, 7.

Calpus, *i*, m., fils de Numa : P. Fest. 41, 5, [la famille Calpurnia prétendait descendre de ce prince].

caltha (**calta**), *ae*, f. (empr.), souci [plante] : Virg. B. 2, 50 ; Plin. 21, 28.

calthŭla (**caltŭla**), *ae*, f. (dim. de *caltha*), souci [fleur] : Ps. Fulg.-R. Serm. 69, 942 A ‖ vêtement de femme couleur de souci : Pl. Ep. 231 ‖ petit manteau court : Varr. d. Non. 548.

calthum, *i*, n., c. *caltha* : Prud. Cath. 5, 114.

Calubrigensis, *e*, de Calubriga [ville de l'Asturie] : CIL 2, 2610.

Calucones, *um*, m. pl., peuple de la Rhétie : Plin. 3, 137.

cālum, *i*, n. (κᾶλον), bois : Isid. 19, 34, 2 ; v. *cala*.

călumnia, *ae*, f. (de *calumnus*, anc. part. de *calvor* ; a. fr. *chalonge*, an. *challenge*), tromperie ¶ **1** accusation fausse, calomnieuse [devant les tribunaux], chicane en justice : *causam calumniae reperire* Cic. Verr. 2, 21, trouver prétexte (matière) à chicane ; *mirantur omnes improbitatem calumniae* Cic. Verr. 2, 37, tout le monde apprend avec étonnement cette chicane malhonnête (cette action intentée malhonnêtement, par mauvaise chicane) ; *calumniam jurare* Cael. Fam. 8, 8, 3, jurer qu'on n'accuse pas de mauvaise foi, cf. Liv. 33, 47, 5 ‖ condamnation et punition pour accusation fausse : *calumniam non effugiet* Cic. Clu. 163, il n'évitera pas le châtiment de son injuste accusation [poursuite] ; *calumniam ferre* Cael. Fam. 8, 8, 1, encourir la condamnation pour accusation fausse ; *accusare propter calumniae metum non est ausus* Cic. Dom. 49, il n'a pas osé intenter l'accusation par crainte d'une condamnation pour chicane ¶ **2** [en gén.] accusation injuste, chicane : *in hac calumnia timoris* Caecin. Fam. 6, 7, 4, dans ces accusations qu'on se forge contre soi-même par crainte ; *de deorum immortalium templis spoliatis in capta urbe calumniam ad pontifices afferre* Liv. 39, 4, 11, porter devant les pontifes de vaines chicanes sur le pillage des temples effectué dans une ville prise d'assaut ; *nimiā contra se calumniā* Quint. 10, 1, 115, par excès de sévérité envers soi-même (en se chicanant trop) ¶ **3** emploi abusif de la loi, chicane du droit, supercherie, manœuvres, cabale : *exsistunt saepe injuriae calumnia quadam et nimis callida, sed malitiosa juris interpretatione* Cic. Off. 1, 33, il se produit souvent des injustices par une sorte d'emploi abusif de la loi, par une interprétation trop subtile et même frauduleuse du droit ; *calumnia litium* Cic. Mil. 74, procès intentés par pure chicane ; *senatus religionis calumniam comprobat* Cic. Fam. 1, 1, 1, le sénat approuve le prétexte imaginaire d'un obstacle religieux ; *Metellus calumnia dicendi tempus exemit* Cic. Att. 4, 3, 3, Métellus, usant par manœuvre du droit de parole, empêcha de rien faire [épuisa la séance] ; *res ab adversariis nostris extracta est variis ca-*

lumniis Cic. *Fam.* 1, 4, 1, nos adversaires firent traîner la discussion par des manœuvres diverses ; *Academicorum calumniam effugere* Cic. *Nat.* 2, 20, échapper aux subtilités (aux chicanes) des Académiciens (*Ac.* 2, 14) ; *ne qua calumnia, ne qua fraus, ne quis dolus adhibeatur* Cic. *Dom.* 36, à condition de n'employer aucune manœuvre, aucune supercherie, aucun subterfuge ; *calumniam coercere* Cic. *Ac.* 2, 65, réprimer la chicane ¶ **4** [chrét.] supplice : Hil. *Trin.* 10, 28 ‖ blasphème hérétique : Hil. *Trin.* 2, 23.
▶ orth. *kal-* : Gloss. 5, 29, 33 ; 5, 79, 19.

călumnĭātĭo, *ōnis*, f. (*calumnior*), chicanes, subtilités, arguties : P. Fest. 39, 26.

călumnĭātor, *ōris*, m. (*calumnior*), chicaneur, celui qui fait un emploi abusif de la loi : *dicemus calumniatoris esse officium verba et litteras sequi, neglegere voluntatem* Her. 2, 14, nous dirons que c'est le fait d'un chicaneur que de s'attacher à la lettre et au texte, et de laisser de côté les intentions, cf. Cic. *Caecin.* 65 ‖ faux accusateur : *calumniatores ex sinu suo apposuit* Cic. *Verr.* 1, 27, il aposta de faux accusateurs tirés de son entourage intime ‖ *calumniator sui* Plin. 34, 92, qui se cherche chicane à soi-même, critique trop sévère de soi-même.
▶ orth. *kal-*, v. Cic. *Amer.* 57.

călumnĭātrix, *īcis*, f. (*calumniator*), celle qui accuse faussement : Ulp. *Dig.* 37, 9, 1 ; Hier. *Ep.* 74, 4, 1.

călumnĭo, ⓥ *calumnior*.

călumnĭor, *āris*, *ārī*, *ātus sum* (*calumnia*), tr. ¶ **1** intenter de fausses accusations devant les tribunaux : Cic. *Amer.* 7 ; *Verr.* 3, 38 ‖ *aliquem* Ps. Quint. *Decl.* 269 ; Ulp. *Dig.* 47, 2, 27, intenter de fausses actions judiciaires contre qqn ¶ **2** [en gén.] accuser faussement, élever des chicanes, se livrer à des manœuvres, à des intrigues : *jacet res in controversiis isto calumniante biennium* Cic. *Quinct.* 67, l'affaire se traîne dans les débats pendant deux ans grâce aux chicanes de cet individu ; *calumniabar ipse* Cic. *Fam.* 9, 2, 3, je soulevais moi-même des chicanes sans objet (je me créais des inquiétudes chimériques) ; *se calumniari* Quint. 10, 3, 10, se chercher des chicanes, se corriger trop sévèrement, cf. 8, prooem. 31 ; *quod antea te calumniatus sum* Cic. *Fam.* 9, 7, 1 [M ; *ante a te* HD], quant aux accusations que j'ai portées faussement contre toi auparavant ; *dicta factaque quorumdam calumniari* Suet. *Aug.* 12, incriminer faussement les paroles et les actes de certaines personnes ; *non calumniatur verba nec vultus ; quicquid accidit, benigne interpretando levat* Sen. *Ep.* 81, 25, il n'incrimine pas méchamment (avec malveillance) les paroles ou les airs du visage ; tout ce qui arrive, il l'atténue par une interprétation bienveillante ‖ [avec prop. inf.] Apul. *M.* 1, 17 [avec *quod*] Phaed. 1, prol. 5 ¶ **3** emploi intr. avec dat. [tard.] : Ambr. *Inc.* 8, 33.

▶ la forme active *calumnio, ās, āre, āvī* est tardive ; par ex. Greg.-Tur. *Jul.* 53 ‖ sens passif, Staber. d. Prisc. 2, 385, 2.

călumnĭōsē, adv. (*calumniosus*), par esprit de chicane, sans fondement : Dig. 46, 5, 7 ‖ en accusant : Aug. *Retract.* 2, 61 ‖ *-sissime* Symm. *Ep.* 10, 76.

călumnĭōsus, *a*, *um* (*calumnia*), qui chicane, plein de ruses, d'artifices : Paul. *Sent.* 1, 5, 1 ; *-sissimus* Aug. *Ep.* 141, 11 ‖ subst. m., calomniateur : Dig. 48, 16, 3.

1 calva, *ae*, f. (cf. *callum* et *calvus*, al. *Schale*), crâne, boîte crânienne : Liv. 23, 24, 12.

2 calva, *ae*, f., ⓥ *calvus*.

3 Calva, *ae*, f., surnom de Vénus : Lact. 1, 20, 27.

4 Calva, *ae*, m., surnom : Cic. *Att.* 15, 3, 1.

1 calvārĭa, *ae*, f. (*calva* ; esp. *calavera*), crâne [de l'homme et des animaux] : Cels. 7, 7, 15.

2 calvārĭa, n. pl. (*calva*), sorte de poisson : Enn. d. Apul. *Apol.* 39 ; Apul. *Apol.* 34.

Calvārĭae lŏcus (trad. de *Golgotha*), calvaire [lieu où J.-C. fut crucifié] : Vulg. *Matth.* 27, 33.

calvārĭŏla, *ae*, f., petite coupe ayant la forme du crâne : Schol. Juv. 5, 48.

Calvārĭum, *ii*, n., ⓒ *Calvariae locus* : VL. *Luc.* 23, 33.

calvastĕr, *tri*, m., qui devient chauve (?) : *Gloss. 3, 252, 42 ‖ ⓥ 1 *canaster*.

calvātus, *a*, *um* (*calvus*), rendu chauve : Isid. *Diff.* 1, 130 ‖ [fig.] *vinea a vite calvata* Cat. d. Plin. 17, 196, vigne peu garnie de ceps.

Calvena, *ae*, m., surnom du chauve Matius, ami de César : Cic. *Att.* 14, 5, 1 ; 14, 9, 3.

Calventĭus, *ii*, m., nom de famille romain : Cic. *Pis.* 53.

calvĕō, *ēs*, *ēre*, -, - (*calvus*), intr., être chauve : Plin. 11, 130.

calvescō, *ĭs*, *ĕre*, -, - (*calveo*), intr., devenir chauve : Plin. 10, 78 ‖ [fig.] devenir clairsemé : Col. 4, 33, 3.

Calvīna, *ae*, f., nom de femme : Juv. 3, 133.

Calvīnus, *i*, m., surnom des Domitius, Veturius, etc. : Suet. *Ner.* 1 ; Liv. 9, 1, 1 ; Cic. *Brut.* 130.

calvĭō, *īs*, *īre*, -, - ⓥ *calvor* ▶.

Calvĭsĭāna, *ōrum*, n. pl., ville de Sicile : Anton. 89 ; 95.

Calvĭsĭus, *ii*, m., nom de famille romain : Caes. *C.* 3, 34, 2 ‖ *-ānus*, *a*, *um*, de Calvisius : Dig. 38, 5, 3.

calvĭtĭēs, *ēi*, f. (*calvus*), calvitie : Petr. 108, 1.

calvĭtĭum, *ii*, n., ⓒ *calvities* : Cic. *Tusc.* 3, 62 ‖ [fig.] nudité, stérilité d'un lieu : Col. 4, 29, 11.

calvo, ⓥ *calvor*.

calvŏr, *vĕrĭs*, *vī*, -, - (cf. *calumnia*, *cavilla*, κηλέω, got. *hōlōn*), tr., chicaner, tromper [abs[t]] L. XII Tab. d. Fest. 408, 37, cf. Non. 6 ; [avec acc.] Pacuv. *Tr.* 137 ; 241 ; Acc. *Tr.* 382 ; *sopor manus calvitur* Pl. *Cas.* 167, l'assoupissement me brouille les mains [me fait faire du mauvais travail].
▶ forme active *calvo* Prisc. 2, 506, 9 ‖ sens passif *calvi*, « être trompé » : Pacuv. *Tr.* 240 ; Sall. *H.* 3, 109 ‖ forme *calvio* Serv. *En.* 1, 720.

1 calvus, *a*, *um* (cf. *calva*, scr. *kulva-s* ; it., esp. *calvo*), chauve, sans cheveux : Pl. *Amp.* 462 ; Sen. *Ep.* 95, 21 ‖ [fig.] lisse : *calvae nuces* Cat. *Agr.* 8, 2, noix à la coquille lisse ‖ dénudé, dégarni : Mart. 12, 32, 20 ‖ subst. f., noix à la coquille lisse : Petr. 66, 4 ‖ *calvior* Apul. *M.* 5, 9.

2 Calvus, *i*, m., surnom, en part. des Licinius [not[t]] Licinius Calvus [poète et orateur romain, ami de Catulle] : Catul. 14, 2.

1 calx, *calcis*, f. (cf. *calceus*, étr. ? ; it. *calce*) ¶ **1** talon : *pugnis et calcibus uti* Cic. *Sull.* 71, se servir des poings et des talons [des mains et des pieds] ; *iam Graeculis calcem impingit* Petr. 46, 5, il donne déjà du pied au derrière des Grécaillons [= il abandonne l'étude du grec] ¶ **2** [fig.] [archit.] patin d'escalier : Vitr. 9, praef. 8 ‖ pied d'un mât : Vitr. 10, 3, 5 ‖ [agric.] *cum sua calce (malleolus avulsus)* Plin. 17, 156, rameau (scion) détaché de l'arbre avec son talon [avec le bois adhérant à la base].
▶ m. dans Gratt. 278 ; v. Char. 93, 2

2 calx, *calcis*, f. (cf. χάλιξ ; fr. *chaux*, al. *Kalk*) ¶ **1** petite pierre, caillou servant à jouer (P. Fest. 40, 9 ; Pl. *Poen.* 908 ; Lucil. 458) ¶ **2** chaux : Cat. *Agr.* 14, 1 ; Cic. *Mil.* 74 ; *caementa non calce durata erant* Liv. 21, 11, 8, les moellons n'étaient pas assujettis par de la chaux ; *calx ex aqua liquida* Vitr. 7, 4, 3, lait de chaux ; *calx viva* Vitr. 8, 6, 8, chaux vive ; *extincta* Vitr. 2, 5, 1, chaux éteinte ¶ **3** [fig.] extrémité de la carrière marquée prim[t] par de la chaux : *quasi decurso spatio ad carceres a calce revocari* Cic. *CM* 83, après avoir en quelque sorte parcouru toute la carrière être ramené de la borne au point de départ, cf. *Lae.* 101 ‖ couleur blanche : Ennod. *Carm.* 1, 9, 148 ‖ [en gén.] fin, terme : Cic. *Rep. frg.* 5 ; *Tusc.* 1, 15 ; Quint. 8, 5, 30 ; Gell. 14, 3, 10.
▶ m. très rare : Varr. *Men.* 288 ; Cat. *Agr.* 18, 7 ‖ nom. *calcis* [tard.] : Fort. *Carm.* 11, 11, 12 ; Isid. 16, 3, 10 ‖ pl. *calces* Greg.-Tur. *Vit. Patr.* 2, 4.

Călўbē, *ēs*, f., nom de femme : Virg. *En.* 7, 419.

călўbīta, *ae*, m. (καλυβίτης), habitant d'une cabane : Copa 25.

Călўcadnus, *i*, m. ¶ **1** fleuve de Cilicie Atlas IX, C2 : Amm. 14, 2, 15 ¶ **2** promontoire de Cilicie : Liv. 38, 38, 9.

călўcŭlārĭa, *ae*, f., pariétaire : Cael.-Aur. *Chron.* 2, 159 ; **călўcŭlāris**, *is*, f.,

calycularia

jusquiame: Ps. Apul. *Herb.* 4; Isid. 17, 9, 41.

călÿcŭlus (cali-), *i*, m., dim. de *calyx*, corolle: Plin. 20, 205 ‖ [fig.] écaille de crustacés: Apul. *Apol.* 35.

Călydna, *ae* (**-nae**, *ārum*), île près de la côte de Carie: Plin. 5, 133; 11, 32.

Călÿdōn, *ōnis*, f. (Καλυδών), Calydon [ancienne ville d'Étolie]: Ov. *M.* 8, 495; Caes. *C.* 3, 35 ‖ **-ōnēus**, Manil. 5, 180 et **-ōnĭus**, *a*, *um*, Pl. *Poen.* 1181, **Calydonius heros** Ov. *M.* 8, 324, le héros calydonien [Méléagre] ‖ **-dōnis**, *ĭdis*, f., Ov. *M.* 9, 112, la Calydonienne [Déjanire].

călymma, *ătis*, n. (κάλυμμα), sorte de voile: Capel. 1, 67.

Călÿmnē, *ēs* (**-nĭa**, *ae*), f., île de la mer Égée: Ov. *M.* 8, 222; Mel. 2, 111.

Calynda, f. ou n. pl., ville de Carie: Plin. 5, 103.

Călypsō, *ūs*, f., Calypso [nymphe qui retint sept ans Ulysse dans son île]: Tib. 4, 1, 77; Cic. *Off.* 1, 113 ‖ **Calypsōnis**, **Calypsōnem** Andr. *Poet.* 15; Pacuv. *Tr.* 403; Caes. d. Quint. 1, 5, 63 [qui le blâme].

călyptra, *ae*, f. (καλύπτρα), cape, voile de femme: *P. Fest. 41, 9.

călyx, *ycis*, m. (κάλυξ), corolle des fleurs: Plin. 21, 25 ‖ écorce [de fruits]: Plin. 15, 92 ‖ coque d'œuf: Plin. 28, 19 ‖ coquille, carapace: Plin. 9, 100; 32, 39 ‖ enduit de cire pour préserver les fruits: Plin. 15, 64 ‖ plante [peut-être l'aconit]: Plin. 27, 36.

cama, *ae*, f. (empr.; esp. *cama*), lit bas et étroit: Isid. 20, 11, 2.

Camacae, *ārum*, m. pl., peuple de la Scythie d'Asie: Plin. 6, 50.

Camactulīci, *ōrum*, m. pl., peuple de la Narbonnaise: Plin. 3, 34.

Camae, *ārum*, m. pl., peuple scythe: Plin. 6, 50.

cămaelĕon, 🅒 *chamaeleon*.

Camalodūnum, 🅒 *Camulodunum*: Plin. 2, 187.

cămăra, *ae*, 🆅 *camera*: Char. 58, 23; P. Fest. 38, 14.

Camarācum, *i*, n., ville de Belgique [auj. Cambrai] Atlas V, C3: Anton. 377.

cămărārĭus, 🆅 *camerarius*.

Camari, n., île près de l'Arabie: Plin. 6, 151.

Cămărīna (-ĕrīna), *ae*, f. ¶ 1 ville de la côte sud-ouest de la Sicile: Plin. 3, 89 ‖ **-nus**, *a*, *um*, Virg. *En.* 3, 701; Prisc. *Perieg.* 489, de Camarina ¶ 2 marais près de Camarina: Claud. *Pros.* 2, 69.

Cămărītae, *ārum*, m. pl., peuple voisin de la mer Caspienne: Prisc. *Perieg.* 680.

Cămars, *tis*, f., ville d'Étrurie [nommée ensuite Clusium]: Liv. 10, 25, 11.

camarus, 🆅 *cammarus*.

Cămăsēna, 🆅 *Cameses*.

Cambalĭdus, *i*, m., montagne de la Perse: Plin. 6, 134.

cambĭgĭnātus, *a*, *um* (*cambigo*), constitué de quarts de jante: Diocl. 15, 36.

cambĭgo, *ĭnis*, f. (gaul., *cambo*-courbe), quart de jante: Diocl. 15, 32.

cambĭō, *ās*, *āre*, *āvī*, - (gaul., cf. v. irl. *camm*; fr. *changer*), tr., échanger, troquer: Apul. *Apol.* 17.
▶ 4ᵉ conj. *cambire*, *campsi* Char. 247, 9; 262, 5; Prisc. 2, 541, 14.

Cambodūnum, *i*, n., ville de Rhétie [Kempten]: Anton. 250 ‖ ville de la Bretagne Atlas V, D4; XII, A2: Anton. 468.

Cambolectri, *ōrum*, m. pl. ¶ 1 peuple de la Narbonnaise: Plin. 3, 36 ¶ 2 de l'Aquitaine: Plin. 4, 108.

Cambŏrīcum, *i*, n., ville de Bretagne: Anton. 474.

Cambūnĭi montes, m. pl., chaîne de montagnes qui sépare la Macédoine de la Thessalie: Liv. 42, 53, 6.

Cambūsis, *idis*, f., ville de l'Éthiopie: Plin. 6, 181.

Cambȳsēs, *is* (*ae*), m. ¶ 1 Cambyse [mari de Mandane et père du premier Cyrus]: Just. 1, 4, 4 ‖ le fils du premier Cyrus: Just. 1, 9 ¶ 2 fleuve d'Albanie: Mel. 3, 41 ¶ 3 fleuve de Médie: Amm. 23, 6, 40.

căměla, *ae*, f. (*camelus*), chamelle: Treb. *Claud.* 14.

cămělae virgĭnes, f. pl. (γαμήλιος), déesses qui président au mariage: P. Fest. 63.

cămělārĭus, *ĭi*, m. (*camelus*), chamelier: Dig. 50, 4, 18.

cămělăsĭa, *ae*, f. (καμηλασία), entretien des chameaux [propriété de l'État]: Dig. 50, 4, 18.

Cămělīdae insŭlae, f. pl., nom de deux îles de la mer Égée: Plin. 5, 135.

cămělīnus, *a*, *um* (*camelus*), de chameau: Plin. 28, 123.

Căměllĭus, *ĭi*, m., meurtrier de D. Brutus: Vell. 2, 64, 1.

cămělla, *ae*, f. (dim. de *camera*; it., esp. *gamella*), écuelle, bol: Ov. *F.* 4, 779; Petr. 135, 3.

căměllus, 🅒 *camelus*: Pompon. *Com.* 112.

cămělŏpardălis, *is*, f., **-lus**, *i*, m., **-pardus**, *i*, m. (καμηλοπάρδαλις), girafe: Varr. *L.* 5, 100; Vop. *Aur.* 33; Isid. 12, 2, 19.

cămělŏpŏdĭŏn, *ĭi*, n. (καμηλοπόδιον), pied de chameau ou marrube [herbe]: Ps. Apul. *Herb.* 45.

cămělus, *i*, m. (κάμηλος; fr. *chameau*), chameau: Cic. *Nat.* 2, 123; Liv. 37, 40, 12 ‖ f., Plin. 8, 67; 11, 164; Paul.-Nol. *Ep.* 29, 2.

Căměna, *ae*, f.; surtout au pl., **-nae**, *ārum*, Camènes [nymphes aux chants prophétiques, plus tard identifiées avec les Muses]; Muses: Liv. 1, 21, 3; Ov. *M.* 15, 482; *F.* 3, 275; Virg. *B.* 3, 59 ‖ [fig.] poésie, poème, chant: Hor. *O.* 1, 12, 39 ‖ **-nālis**, *e*, des muses: Avien. *Arat.* 496.
▶ anc. forme **Casmena**: Varr. *L.* 7, 26; P. Fest. 59, 5; Fest. 222, 25.

căměra (-ăra), *ae*, f. (καμάρα; fr. *chambre*) ¶ 1 toit recourbé, voûte, plafond voûté: Cic. *Q.* 3, 1, 1; Sall. *C.* 55, 4 ¶ 2 barque à toit voûté: Tac. *H.* 3, 47.

1 **cămĕrārĭus (căma-)**, *a*, *um*, de tonnelle: Plin. 19, 70.

2 **cămĕrārĭus**, *ĭi*, m. (*camera*; esp. *camarero*), camérier: Greg.-Tur. *Hist.* 4, 7.

cămĕrātĭo, *ōnis*, f. (*camero*), construction en voûte: Spart. *Carac.* 9, 5.

cămĕrātus, *a*, *um*, part. de *camero*.

Cămĕrē, *ēs*, f., petite ville de Grande-Grèce, près de Sybaris: Ov. *F.* 3, 581.

Cămĕrĭa, *ae*, f., ville du Latium: Liv. 1, 38, 4.

Cămĕrīna, 🆅 *Camarina*.

Cămĕrīnum, *i*, n., ville de l'Ombrie sur les limites du Picénum [auj. Camerino] Atlas XII, D4: Cic. *Att.* 8, 12 B, 2 ‖ subst. m. pl., **Cămĕrīni**, *ōrum*, habitants de Camérinum: Val.-Max. 6, 1 C ‖ **Cămers**, *tis*, de Camérinum: Cic. *Sull.* 53 ‖ **Cămertes**, *ium*, m. pl., habitants de Camérinum: Cic. *Balb.* 47; sg., Sall. *C.* 27, 1 ‖ **-tīnus**, *a*, *um*, de Camérinum: Cic. *Balb.* 46.

1 **Cămĕrīnus**, *i*, m., surnom romain, dans la gens Sulpicia: Liv. 3, 31, 8 ‖ représentant la haute noblesse: Juv. 8, 38; pl., Juv. 7, 90.

2 **Cămĕrīnus**, *a*, *um* ¶ 1 🆅 *Camerinum* ¶ 2 🆅 *Camarina*.

Cămĕrĭum, *ĭi*, n., 🅒 *Cameria*: Tac. *An.* 11, 24.

Cămĕrĭus, *ĭi*, m., nom d'homme: Catul. 56, 29.

cămĕrō, *ās*, *āre*, -, *ātum* (*camera*), tr., construire en forme de voûte: Plin. 10, 97 ‖ [fig.] faire avec art: Cassiod. *Eccl.* 1, 1.

Cămers, 🆅 *Camerinum*.

cămĕrus, 🆅 *camur*: Non. 30, 7.

Căměses, *is*, m., ancien roi, qui régna sur le Latium avec Janus: Macr. *Sat.* 1, 7, 19 ‖ d'où, **Camasena**, f., pour désigner la région: Serv. *En.* 8, 330.

1 **cămilla**, *ae*, f. (*camillus*), jeune fille de bonne famille, aide dans les sacrifices: Macr. *Sat.* 3, 8, 7; Serv. *En.* 11, 558.

2 **Camilla**, *ae*, f., Camille [reine des Volsques, alliée de Turnus]: Virg. *En.* 7, 803.

Cămillānus, *a*, *um*, de Camille [pas le dictateur]: Sidon. *Ep.* 1, 11, 15.

1 **cămillus**, *i*, m. (étr., cf. *Ganymedes* et *Catamitus*), enfant noble, aide dans les sacrifices: P. Fest. 82, 16; Serv. *En.* 11, 543; Varr. *L.* 7, 34; Macr. *Sat.* 3, 8, 7 ‖ [fig., pour désigner un vase de sacrifices]: P. Fest. 55, 25.

2 **Cămillus**, *i*, m., surnom des Furius; not[t] Camille [célèbre dictateur qui sauva

Rome des Gaulois] : Liv. 5, 19, 2 ‖ [au pl.] les Camilles, les gens comme Camille : Cic. Sest. 143.

cămīnātus, *a, um*, part. de *camino*.

cămīnō, *ās, āre, -, ātum* (*caminus*), tr., construire en forme de four : Plin. 16, 23 ‖ creuser en forme de cheminée : Plin. 17, 80.

cămīnum, *i*, n., ⓒ *caminus* : Aug. Serm. Mai. 2, 1 ; Not. Tir. 102, 71.

cămīnus, *i*, m. (κάμινος ; it. *camino*, al. *Kamin*) ¶ 1 fourneau, fournaise : Cat. Agr. 37, 5 ; Plin. 33, 69 ; Ov. M. 7, 106 ‖ [poét.] forge [de Vulcain et des Cyclopes sous l'Etna] : Virg. En. 3, 580 ¶ 2 cheminée, âtre : Hor. Ep. 1, 11, 19 ¶ 3 foyer, feu [d'une cheminée] : *caminus luculentus* Cic. Fam. 7, 10, 2, foyer bien garni ‖ [prov.] *camino oleum addere* Hor. S. 2, 3, 321, jeter de l'huile sur le feu ¶ 4 [chrét.] creuset, épreuve : Vulg. Is. 48, 10 ; Vl Eccli. 2, 5.

Camīrus (-rŏs), *i*, m. (Κάμειρος), fils d'Hercule, donna son nom à une ville de l'île de Rhodes : Cic. Nat. 3, 54 ‖ ville de l'île de Rhodes : Mel. 2, 101 ‖ **-renses**, *ĭum*, m. pl., habitants de Camiros : Macr. Sat. 1, 17, 35.

Camisarēs, *is*, m., nom d'un satrape perse : Nep. Dat. 1.

cămīsĭa, *ae*, f. (gaul., al. *Hemd* ; fr. *chemise*), chemise : P. Fest. 407, 7 ; Isid. 19, 22, 29.

Cammanēni, *ōrum*, m. pl., contrée de la Cappadoce : Plin. 6, 9.

cammărŏn, *i*, n. (κάμμαρον), herbe ressemblant à l'aconit : Plin. 27, 2.

cammărus, *i*, m. (κάμμαρος ; it. *gambero*), crevette : *Phaed. App., 22 (20), 4 ‖ écrevisse : Col. 8, 15, 6.

Cămoena, mauv. orth. de *Camena*.

cămŏmilla, *ae*, f. (χαμαίμηλον), camomille : Plin. Val. 1, 38.

cămŏmillīnus, *a, um*, de camomille : Plin. Val. 2, 4.

cămox, *ōcis*, m. (gaul. ; fr. *chamois*, al. *Gams*), chamois : Pol.-Silv. 1 ; p. 543, 10.

campa, ⓥ *campe*.

campae, *ārum*, f. pl. (κάμπη ; cf. fr. *jambe*), chevaux marins : *P. Fest. 38, 15 ; Gloss. 4, 213 ‖ [fig.] sinuosité, courbure : *campas dicere* Pl. *Truc. 942, prendre des détours, des échappatoires ; ⓥ *campe*.

campāgus, *i*, m. (empr.), espèce de brodequin qui laisse une partie du pied à découvert : Treb. Gall. 16.

campāna, *ae*, f. (*Campanus* ; it. *campana*) ¶ 1 sorte de peson, balance romaine : Isid. 16, 25, 6 ¶ 2 cloche : Dig. 41, 1, 12.

campānella, *ae*, f. (dim. de *campana*), clochette : An. Helv. 182, 29.

Campānenses, *ium*, m. pl., peuple de la Gaule [Champenois] : Greg.-Tur. Hist. 5, 14.

campānēus (-nĭus), *a, um* (*campus*), de la campagne, champêtre : Grom. 331, 20

‖ **campānĭa**, *ōrum*, n. pl. et **-ĭa**, *ae*, f. (fr. *Champagne*), les champs, la plaine : Grom. 332, 22 ; Greg.-Tur. Hist. 4, 17.

Campānĭa, *ae*, f., la Campanie [région d'Italie] Atlas XII, E4 : Liv. 2, 52, 1 ‖ **-nus** (**-nĭcus**), *a, um*, de Campanie : Cic. Agr. 1, 20 ; Pl. Ps. 146 ; *Campanus morbus* Hor. S. 1, 5, 62, la maladie campanienne [envahissement des tempes par des verrues : Schol.] ; *Campanus pons* Hor. S. 1, 5, 45, pont sur le Savo formant la limite entre le Latium et la Campanie ‖ subst. m. pl., **-ni**, *ōrum*, les Campaniens : Cic. Agr. 2, 94 ‖ **-nienses**, CIL 470.

Campans, ⓥ *Campas*.

Campās (-pans), *ātis*, ⓒ *Campanus* : Pl. Trin. 545.

campē, *ēs* (**-pa**, *ae*), f. (κάμπη), chenille : Col. 10, 324 ; Pall. 1, 35, 6.

campensis, *e* (*campus*), champêtre : Vl. Luc. 6, 17 ‖ [subst. pl.] campagnards [secte hérétique] : Hier. Ep. 15, 3 ‖ surnom d'Isis, qui avait un temple au Champ de Mars : Apul. M. 11, 25.

campestĕr (rar[t] **-tris**), *tris, tre* (it. *campestre*, fr. *champêtre*) ¶ 1 de plaine, uni, plat : Caes. G. 7, 72, 3 ; 7, 86, 4 ; *campestre iter* Liv. 21, 32, 6, chemin de plaine ; *campester hostis* Liv. 22, 18, 3, ennemi qui recherche les combats en plaine ; *Scythae campestres* Hor. O. 3, 24, 9, les Scythes qui habitent les plaines ‖ **-trĭa**, *ĭum*, n. pl., ⓥ *campestria* ¶ 2 qui a rapport au Champ de Mars, du Champ de Mars ; exercices ; comices, élections : Cic. Cael. 11 ; Hor. Ep. 1, 18, 54 ‖ *gratia campestris* Liv. 7, 1, 2, influence dans les comices ; *temeritas campestris* Val.-Max. 4, 1, 14, le caprice des élections ‖ **-tres**, *ium*, m. pl., les dieux qui président aux luttes du Champ de Mars : CIL 7, 1114. ▶ nom. m. *-tris* Cat. Orig. 1, 5 ; Col. 3, 13, 8.

campestrātus, *a, um*, qui porte le *campestre* : Aug. Civ. 14, 17.

campestre, *is*, n., espèce de caleçon que portent ceux qui s'exercent au Champ de Mars : Ps. Acr. Hor. Ep. 1, 11, 18 ‖ cache-sexe : Aug. Civ. 14, 17.

campestrĭa, *ium*, n. pl., lieux plats, plaines : Sen. Nat. 3, 27, 9 ; Tac. G. 43.

campĭcellum, *i*, n. (dim. de *campus* ; it. *campicello*), petit champ : Grom. 312, 9.

campĭcursĭo, *ōnis*, f. (*campus, cursio*), exercice au Champ de Mars : Veg. Mil. 3, 4.

campĭdoctŏr, *ōris*, m., maître d'exercices militaires, instructeur : Veg. Mil. 3, 6.

campĭgĕnus, *i*, m., soldat, entraîneur dans les exercices militaires : Veg. Mil. 2, 7.

Campŏdūnum (Cambŏ-), *i*, n., ville de Rétie [Kempten] : *Anton. 237.

Campōni, *ōrum*, m. pl., peuple de l'Aquitaine : Plin. 4, 108.

campsa, ⓒ *capsa* : Gloss. 2, 338, 13.

campsănēma, *ătis*, n., romarin [plante] : Ps. Apul. Herb. 79.

campsārĭum, ⓥ *capsa-* : Ps. Acr. Hor. S. 2, 7, 110.

campsō, *ās, āre, āvī, -* (κάμπτω, ἔκαμψα ; it. *cansare*), tr., tourner, doubler [term. de marine] : Enn. An. 328 ; courber : Gloss. 4, 315, 55.

camptēr, *ēris*, m. (καμπτήρ), détour, tournant d'une lice : Pacuv. Tr. 48 ; Plin. 36, 25.

campŭlus, *i*, m. (dim. de *campus*), petit coin de terre : Greg.-M. Ep. 9, 71.

campus, *i*, m. (empr., cf. *Campania* ; fr. *champ*, al. *Kampf*) ¶ 1 plaine [v. l'étym. de Varr L. 5, 36] : *erat ex oppido despectus in campum* Caes. G. 7, 79, 3, on avait de la ville une vue plongeante sur la plaine ‖ plaine cultivée, champs : *molli flavescet campus arista* Virg. B. 4, 28, la campagne jaunira sous les souples épis ; *is Divum, qui vestros campos pascit placide* Liv. 25, 12, 10, le dieu qui nourrit (protège) vos champs dans la paix ‖ plaine, rase campagne : Caes. G. 3, 26, 6 ; C. 1, 65, 2 ; *numquam in campo sui fecit potestatem* Nep. Ages. 3, 6, jamais il n'accepta le combat en rase campagne ‖ *campi Macri* Varr. R. 2, pr. 6 [plaine d'Émilie, Magreda] ‖ *insistere Bedriacensibus campis* Tac. H. 2, 70, fouler les plaines de Bédriac [le sol du champ de bataille] ‖ *campi Elysii* Virg. G. 1, 38, champs-Élyséens, Champs-Élysées (*campi* seul) Virg. En. 6, 640 ; 887) ‖ [en gén.] plaine ; [de la mer] Pl. Trin. 834 ; Lucr. 5, 488 ; Virg. G. 3, 198 ; [du ciel] Ov. M. 6, 694 ‖ [fig.] *campus cereus* Titin. Com. 160, tablette à écrire ¶ 2 place [dans la ville de Rome] : *campus Esquilinus* Cic. Phil. 9, 17 ; *campus Agrippae* Gell. 14, 5, 1, champ Esquilin, champ d'Agrippa Atlas II ‖ [mais surtout] *campus Martius* [ou abs[t] *campus*] le Champ de Mars [lieu des comices] Atlas II ; *non in cunabulis, sed in campo consules facti* Cic. Agr. 2, 100, consuls élus non pas au berceau, mais en plein Champ de Mars ; *dies campi* Cic. Mil. 43, le jour du Champ de Mars [le jour des comices] ; *campum appellare pro comitiis* Cic. de Or. 3, 167, dire Champ de Mars au lieu de comices ; [lieu de promenade, de jeu, d'exercices militaires] Cic. Fin. 1, 69 ; Fat. 34 ; Off. 1, 104 ; Hor. O. 1, 8, 4 ; Ep. 1, 7, 58 ¶ 3 [fig.] champ libre, large espace (carrière, théâtre] : *nullum vobis sors campum dedit, in quo excurrere virtus posset* Cic. Mur. 18, le sort ne vous a pas donné un champ d'action où pût se déployer votre talent ; *magnus est in re publica campus* Cic. Phil. 14, 17, il est vaste le champ qui s'offre dans la vie politique ; *hinc rhetorum campus de Marathone, Salamine, Plataeis...* Cic. Off. 1, 61, de là le vaste champ qu'offrent aux orateurs Marathon, Salamine, Platées...

camter, ⓥ *campter* : Pacuv. Tr. 48.

Camulŏdūnum, *i*, n., ville de Bretagne [auj. Colchester] Atlas I, B3 ; V, B2 : Tac. An. 12, 32 ; ⓥ *Camalodunum*.

Camulus

Camulus, *i*, m., le dieu de la guerre chez les Gaulois : CIL 6, 46 ‖ surnom de Mars : CIL 13, 8701.

cămum, *i*, n. (celt.), sorte de bière : ULP. Dig. 33, 6, 9.

Camuni, *ōrum*, m. pl., peuple des Alpes Euganéennes [Val Camonica] : PLIN. 3, 134.

cămŭr, *a, um* (empr. ; cf. fr. *cambré*), recourbé, tourné en dedans : **camura cornua** VIRG. G. 3, 55, cornes recourbées en dedans ; **camuri arcus** PRUD. Perist. 12, 53, voûtes ‖ nom. sg. *camur* dans ISID. 12, 1, 35.

cāmus, *i*, m. (καμός), muselière : VL. 1 Cor. 9, 9 ; VULG. Psal. 31, 9 ‖ carcan : *ACC. Tr. 302.

1 **căna**, *ōrum*, n. pl. (κανοῦν, pl. κανᾶ), corbeille : P. FEST. 40, 5.

2 **Cana**, *ae*, f., ville de Palestine : VULG. Joh. 2, 1.

3 **Cāna**, *ae*, f., nom de femme : CIC. Att. 13, 41, 1.

Cănăān, C. Chăn-.

cănăba (**cann-**), *ae*, f. (cf. κάνναβος, *capanna* ; it. *canova*), baraque : CIL 3, 1100 ‖ cellier, entrepôt : AUG. Serm. 121, 2.

cănăbensis, *is*, m., tenancier de baraque, de boutique : CIL 3, 1008 ; 1093.

cănăbētum, V. *cannebatum*.

cănăbis, V. *cannabis*.

cănăbŭlae, *ārum*, f. pl. (cf. 2 *canalis* ; a. fr. *chanole*), canal de drainage : GROM. 227, 14.

Cănăcē, *ēs*, f., fille d'Éole, aima son frère, et se donna la mort : OV. H. 11 tit.

cănăchēnus, *i*, m. (obscur), voleur (?), filou (?) : ARN. 6, 23.

Cănăchus, *i*, m. (Κάναχος), nom de deux artistes de Sicyone : CIC. Brut. 70 ; PLIN. 34, 50.

Canae, *ārum*, f. pl., ville d'Éolide : LIV. 36, 45, 8.

Canaitis, m., fleuve d'Éolide : PLIN. 5, 121.

cănălĭcĭus, *a, um* (*canalis*), en forme de canal : **aurum canalicium** PLIN. 33, 68, filon d'une mine d'or.

cănălĭclārĭus, *a, um* (*canaliculus*), qui fait des tuyaux ou des conduits : CIL 6, 23.

cănălĭcŏlae, *ārum*, m. pl., hommes pauvres ou paresseux qui flânaient sur le Forum près du Canalis, V. Canalis : P. FEST. 40, 8.

cănălĭcŭla, *ae*, f. (*canalis*), petit conduit : VARR. R. 3, 5, 14.

cănălĭcŭlātim, adv., avec des cannelures : *PLIN. 9, 103.

cănălĭcŭlātus, *a, um*, cannelé, à cannelures : PLIN. 19, 119.

cănălĭcŭlus, *i*, m. (dim. de *canalis*) ¶ 1 petit canal ou conduit : VARR. R. 3, 5, 14 ; VITR. 10, 9, 3 ¶ 2 [archit.] feuillure [sur la face jointive des tuiles] : VITR. 7, 1, 7 ‖ glyphe [moulure concave verticale dans un triglyphe] : VITR. 4, 3, 5 ¶ 3 canon [de la catapulte appelé par les Grecs σῦριγξ] : VITR. 10, 10, 3 ¶ 4 éclisse : CELS. 8, 8, 1 C.

cănălĭensis, *e*, C. *canalicius* : PLIN. 33, 80.

1 **cănālis**, *e* (*canis*), de chien : PETR. 56, 9.

2 **cănālis**, *is*, m. (*canna* ; it. *canale*, esp. *canal*, fr. *chenal*), tube, tuyau, conduit d'eau ; canal [ouvert ou couvert] : CAT. Agr. 18, 2 ; CAES. C. 2, 10, 6 ; VIRG. G. 3, 330 ; LIV. 23, 31, 9 ; PLIN. 6, 82 ‖ [en part.] à Rome, sur le forum, caniveau qui se déversait dans la Cloaca Maxima : PL. Curc. 479 ‖ filon d'une mine : PLIN. 33, 69 ‖ **canalis animae** PLIN. 8, 29, le canal de la respiration [la trachée-artère] ‖ filet creusé dans la volute ionienne : VITR. 3, 5, 7 ‖ canal de la catapulte : VITR. 10, 10, 3 ‖ éclisses [pour contenir les os fracturés] : CELS. 8, 10, 65 ‖ ustensile de ménage de forme et d'usage inconnus : DIG. 33, 7, 21 ‖ le chalumeau [instrum. de musique] : CALP. 4, 76 ‖ [fig.] **canale directo** APUL. M. 6, 18, en droite ligne ; **pleno canali** QUINT. 11, 3, 167, à pleins bords.

Canama, *ae*, f., ville de Bétique : PLIN. 3, 11 ‖ **-ensis**, *e*, de Canama : CIL 2, 1074.

Cananaeus, *i*, m., Cananéen, de Cana : VULG. Matth. 10, 4.

Cănărĭa, *ae*, f., une des îles Fortunées : PLIN. 6, 205.

cănărĭa herba, f., chiendent : PLIN. 24, 176.

Cănărĭae insulae, f. pl., les îles Canaries, dans l'Océan, près de la côte d'Afrique : ARN. 6, 5.

Cănărĭi, *ōrum*, m. pl., Canariens [peuple d'Afrique] : PLIN. 5, 15.

cănārĭus, *a, um*, de chien : **canarium augurium** PLIN. 18, 14, augure tiré du sacrifice d'une chienne [rousse, cf. P. FEST. 358, 28].

Canās, *ae*, m., ville de Lycie : PLIN. 5, 101.

1 **cānaster** (*canus*), grison [μιξοπόλιος] : GLOSS. 2, 371, 60.

2 **cānaster** (**-trus**), *tri*, m., C. *canistrum* : GRAUF. 1.

Cănastraeum, *i*, n., promontoire de Macédoine : LIV. 31, 45, 16 ; PLIN. 4, 36.

Cănātha, *ae*, f., ville de Palestine Atlas IX, E3 : PLIN. 5, 74.

cănātim, adv., à la manière des chiens : NIGID. d. NON. 40, 26.

Cănauna regio, f., contrée de l'Arabie : PLIN. 6, 150.

cānăvărĭa, *ae*, f., sommelière de couvent : CAES.-AREL. Virg. 28.

cancămum, *i*, n. (κάγκαμον), gomme d'Arabie utilisée dans la fabrication de l'encens : PLIN. 12, 98.

1 **cancellārĭus**, *ii*, m. (*cancellus* ; fr. *chancelier*, al. *Kanzler*), huissier [gardien de la porte, litt^t préposé à la grille] : VOP. Car. 16, 3 ‖ sorte de scribe, de greffier : COD. TH. 6, 27 ‖ CASSIOD. Var. 11, 6 ‖ chancelier : GREG.-TUR. Martin. 4, 28.

2 **cancellārĭus**, *a, um*, engraissé derrière un grillage : SCHOL. PERS. 6, 24.

cancellātē, C. *cancellatim* : SCHOL. BERN. G. 1, 98.

cancellātim, adv. (*cancellatus*), en forme de treillis : PLIN. 7, 81 ; 9, 103 ; 11, 201.

cancellātĭo, *ōnis*, f. (*cancello*), nom donné à la délimitation d'un champ : GROM. 154, 17.

cancellātus, *a, um* (*cancello*), qui a l'aspect d'un treillis : **cancellata cutis** PLIN. 8, 30, peau [de l'éléphant] sillonnée de rides.

cancellō, *ās, āre, āvī, ātum* (*cancellus* ; fr. *chanceler*), tr. ¶ 1 disposer en treillis : COL. 4, 2, 2 ¶ 2 biffer : ULP. Dig. 28, 4, 2 ‖ délimiter : GROM. 118, 25.

cancellōsus, *a, um*, muni de barreaux : CASSIOD. Var. 5, 42, 9.

cancellus, *i*, m., ULP. Dig. 43, 24, 9, surtout pl., **cancelli**, *ōrum* (dim. de 2 *cancer* ; fr. *chancel*), barreaux, treillis, balustrade : CIC. Sest. 124 ; COL. 8, 17, 6 ‖ rides [de la peau des éléphants] : PLIN. 8, 30 ‖ [fig.] bornes, limites : **extra cancellos egredi** CIC. Quinct. 36, dépasser les limites, cf. Verr. 3, 135.

1 **cancer**, *cri*, m. (cf. καρκίνος, scr. *karkaṭa-s* ; fr. *chancre*) ¶ 1 crabe, écrevisse : PLIN. 9, 97 ¶ 2 le Cancer, signe du zodiaque : CIC. Arat. 263 ; LUCR. 5, 617 ‖ [poét.] le sud : OV. M. 4, 625 ¶ 3 chaleur violente : OV. M. 10, 127 ¶ 4 cancer, chancre : CELS. 5, 26, 31 ; [dans ce sens g. n.] PRISC. 2, 232, 14 ‖ [fig.] **Orci cancri** APUL. M. 6, 8, les griffes de Pluton.

▶ qqf. gén. *canceris* et pl. *-eres* au sens de maladie : CAT. Agr. 157, 3 ; ARN. 1, 50.

2 **cancer**, *cri*, m. (cf. *carcer* ?), treillis : P. FEST. 40, 8.

cancĕrătĭcus, *a, um* (*cancero*), de chancre, de cancer : VEG. Mul. 2, 43, 1.

cancĕrātĭo, *ōnis*, f., formation de cancer : SOR. p. 101, 9.

cancĕrātus, *a, um* (*cancer*), cancéreux : GARG. Med. 33.

cancĕrō, *ās, āre, āvī, -* (*cancer*), intr., se gangrener, s'ulcérer : M.-EMP. 9, 1.

cancĕrōma, *tis*, n. (cf. καρκίνωμα), ulcère : M.-EMP. 10, 62.

cancĕrōsus, *a, um* (*cancer*), cancéreux : CASS. FEL. 32.

Canchlēi, *ōrum*, m. pl., peuple d'Arabie : PLIN. 5, 65.

cancrōma, C. *canceroma* : VEG. Mul. 2, 22, 15.

cancrōsus, C. *cancerosus* : VEG. Mul. 3, 28, 5.

Candăcē, *ēs*, f., reine d'Éthiopie [temps d'Auguste] : PLIN. 6, 186.

Candaulēs, *is*, m., roi de Lydie : PLIN. 35, 55.

Candāvĭa, *ae*, f., région montagneuse d'Illyrie : CIC. Att. 3, 7, 3.

candĕfăcĭō, *ĭs, ĕre, fēcī, factum* (*candeo, facio*), tr. ¶ 1 blanchir [un objet] :

PL. *Most.* 259 ; GELL. 6, 5, 9 ¶ **2** chauffer à blanc : PLIN. 33, 64 ‖ **candĕfīō**, *fīs*, *fĭĕrī*, *factus sum*, pass., devenir chaud, être chauffé : PLIN. 34, 96.

Candei, *ōrum*, m. pl., peuple de la mer Rouge : PLIN. 6, 169.

candēla, *ae*, f. (*candeo* ; fr. chandelle) ¶ **1** chandelle, cierge [de suif, de cire ou de poix] : PLIN. 16, 178 ; 33, 122 ; VITR. 7, 9, 3 ¶ **2** corde enduite de cire [pour la conservation] : LIV. 40, 29, 6 ; HEMIN. *Hist.* 37.

candēlābĕr, *bri*, m., C. *candelabrum* : ARN. 1, 59 ‖ **-brus**, PETR. 75, 10.

candēlābrărĭus, *ii*, m., celui qui fait des candélabres : CIL 6, 9227.

candēlābrum, *i*, n. (*candela*), candélabre : CIC. *Verr.* 4, 64.

Candēlĭfĕr, *ĕra*, *ĕrum* (*candela*, *fero*), qui porte un cierge [épithète donnée à Diane-Lucine] : TERT. *Nat.* 2, 11, 5.

candens, *tis*, part. et adj. (*candeo* ; it. *candente*) ¶ **1** blanc brillant [lait] LUCR. 1, 258 ; [marbre] LUCR. 2, 767 ; [soleil] LUCR. 6, 1197 ; [lune] CIC. *Rep.* 1, 23 ¶ **2** ardent : *carbone candente* CIC. *Off.* 2, 25, avec un charbon ardent ; *aqua candens* COL. 6, 5, 2, eau bouillante ‖ **candentior** VAL.-FLAC. 3, 481 ; **-issimus** SOLIN. 52, 25.

candentĭa, *ae*, f. (*candens*), blancheur éclatante : VITR. 9, 2, 2.

candĕō, *ēs*, *ēre*, *ŭī*, - (cf. scr. *candra-s*, alb. *hënë* ; cat. *candirse*), intr., être d'une blancheur éclatante : CATUL. 64, 45 ‖ être blanc par suite de la chaleur, brûler, être embrasé : LUC. 1, 214 ; OV. *M.* 1, 120 ‖ être brillant, éclatant : HOR. *S.* 2, 6, 103 ‖ être enflammé de colère : CLAUD. *Mall. Theod.* 226.

candescō, *ĭs*, *ĕre*, *dŭī*, - (*candeo*), intr., blanchir, devenir d'un blanc éclatant : OV. *M.* 6, 49 ‖ se chauffer à blanc, s'embraser : LUCR. 1, 490 ; OV. *M.* 2, 230 ‖ resplendir : AUG. *Ep.* 150.

candētum, *i*, n. (celt. *cant* " cent "), mesure gauloise variable, représentant cent pieds carrés à la ville, cent cinquante à la campagne : COL. 5, 1, 6 ; ISID. 15, 5, 6.

candĭcō, *ās*, *āre*, -, - (*candeo*, cf. *albico*), intr., blanchir, devenir blanc, tirer sur le blanc : PLIN. 11, 51 ; 37, 200 ; APUL. *M.* 5, 22.

candĭda, *ae*, f. (*candidus*) ¶ **1** robe blanche du candidat : SPART. *Sept.* 3, 3 ¶ **2** spectacle [combat de gladiateurs] donné par un candidat : *candidam edere* PS. AMBR. *Serm.* 81, donner des jeux ¶ **3** attente, espérance : TERT. *Anim.* 58, 2 ; *Marc.* 4, 34, 14 ¶ **4** autorité, prestige : TERT. *Ux.* 1, 7, 4 ; *Scorp.* 12, 9.

candĭdārĭus pistor, m., boulanger qui fait du pain blanc : CIL 14, 2202.

candĭdātĭo, *ōnis*, f. (*candido*), couleur blanche, blancheur : AUG. *Psalm.* 71, 18.

candĭdātōrĭus, *a*, *um* (*candidatus*), relatif à la candidature : CIC. *Att.* 1, 1, 2.

1 candĭdātus, *a*, *um* ¶ **1** part. de *candido*, vêtu de blanc : PL. *Cas.* 446 ; *Ru.* 270 ; SUET. *Aug.* 98 ¶ **2 candĭdātus**, *i*, m., candidat [vêtu d'une toge blanche] : CIC. *Verr.* 4, 37 ; *Mur.* 43 ; *praetorius* CIC. *Mur.* 57 ; *consularis* CIC. *Mur.* 62 ; *tribunicius* CIC. *Att.* 4, 15, 7 ; *quaesturae* SUET. *Tib.* 42, candidat à la préture, au consulat, au tribunal, à la questure ‖ *candidatus Caesaris*, candidat de César [recommandé par César] : VELL. 2, 124, 4 (QUINT. 6, 3, 62, candidat de César = sûr du succès) ‖ [en gén.] prétendant, aspirant à : *candidatus non consulatus tantum, sed immortalitatis et gloriae* PLIN. *Pan.* 63, candidat (aspirant) non seulement au consulat, mais à l'immortalité et à la gloire ; *eloquentiae* QUINT. 6, praef. 13, aspirant à l'éloquence, candidat orateur ; *candidatus socer* APUL. *Apol.* 99, aspirant au titre de beau-père ‖ *genimina sua daemoniorum candidata* TERT. *Anim.* 39, 2, leurs rejetons destinés aux démons ¶ **3** [chrét.] nouveau baptisé : COMMOD. *Instr.* 2, 24, 10.

▶ f. *candidata*, *ae* candidate : Ps. QUINT. *Decl.* 252.

2 candĭdātus, *ūs*, m., candidature : COD. TH. 6, 4, 21, 1.

candĭdē, adv. (*candidus*) ¶ **1** de couleur blanche : *candide vestitus* PL. *Cas.* 767, de blanc vêtu ¶ **2** avec candeur, de bonne foi, simplement : CAEL. *Fam.* 8, 6, 1 ; QUINT. 12, 11, 8.

candĭdō, *ās*, *āre*, *āvī*, *ātum* (*candidus*), tr., blanchir, rendre blanc : VL. *Apoc.* 7, 14 ‖ part. prés. *candidans*, d'un blanc éclatant : ISID. 14, 8, 21.

candĭdŭlē, adv. (*candidulus*), tout simplement : ARN. 2, 11.

candĭdŭlus, *a*, *um*, dim. de *candidus* : CIC. *Tusc.* 5, 46.

candĭdum, *i*, n. (*candidus*) ¶ **1** couleur blanche : PLIN. 30, 121 ; JUV. 3, 30 ; OV. *M.* 11, 314 ¶ **2** le blanc de l'œuf : PLIN. 29, 39.

candĭdus, *a*, *um* (*candeo*) ¶ **1** blanc éclatant, éblouissant : [en parl. de la neige] *candidum Soracte* HOR. *O.* 1, 9, 1, le Soracte éblouissant [de la neige qui le recouvre] ; [des lis] VIRG. *En.* 6, 708 ; [du peuplier] VIRG. *B.* 9, 41 ; [de pierres] CAT. *Agr.* 38, 2 ; [de la cigogne] VIRG. *G.* 2, 320 ; [d'un agneau] TIB. 2, 5, 38 ; [de la barbe] VIRG. *B.* 1, 28 ; [des cheveux] PLIN. 7, 28 ; [du corps] LIV. 38, 21, 9 ; [du cou] VIRG. *G.* 4, 337 ; [du vêtement] *toga candida* LIV. 27, 34, 12 ; 39, 39, 2 (ISID. 19, 24, 6) toge blanche du candidat ; *candida turba* TIB. 2, 1, 16, foule vêtue de blanc (OV. *F.* 2, 654 ; 4, 906) ; [du sel] CAT. *Agr.* 88, 1 ; [du pain] VARR. *R.* 3, 7, 9 ; PLIN. 22, 139 ¶ **2** d'une lumière claire (éclatante, éblouissante) : [en parl. des astres] ENN. *An.* 90 ; PL. *Amp.* 547 ; LUCR. 5, 1210 ; VIRG. *En.* 7, 8 ; SEN. *Nat.* 1, 17, 2 ; [du jour] OV. *F.* 5, 548 ; *Tr.* 2, 142 ; *candidus Zephyrus* COL. 18, 78, le clair Zéphyre [= qui rend le ciel clair] ‖ d'une blancheur éclatante, d'une beauté radieuse [épithète de dieux, de héros, d'héroïnes, etc.] : *candida Dido* VIRG. *En.* 5, 571, la radieuse Didon ; *(Galatea) candidior cycnis* VIRG. *B.* 7, 38, (Galatée) plus blanche que les cygnes ; *candide Bacche* OV. *F.* 3, 772, ô radieux Bacchus ¶ **3** [fig.] radieux, heureux, favorable : [en parl. d'un jour anniversaire] TIB. 1, 7, 64 ; [de la paix] TIB. 1, 10, 45 ; [de présages] PROP. 4, 1, 67 ‖ clair, franc, loyal : *Plotius, Varius, Vergilius, animae quales neque candidiores terra tulit* HOR. *S.* 1, 5, 41, Plotius, Varius, Virgile, chères âmes, les plus pures que la terre ait jamais portées ; *Albi, nostrum sermonum candide judex* HOR. *Ep.* 1, 4, 1, Albius (Tibulle), juge sincère de mes satires ‖ clair, net, sans détours, sans apprêt : *elaborant alii in puro quasi quodam et candido genere dicendi* CIC. *Or.* 53, d'autres s'attachent à une sorte de style, pour ainsi dire limpide et transparent ; *dulcis et candidus Herodotus* QUINT. 10, 1, 73, le doux (l'agréable) et limpide Hérodote ; *candidissimus* QUINT. 2, 5, 19 ‖ (voix) claire [oppos. à *fusca*, sourde] : PLIN. 28, 58 ; QUINT. 11, 3, 15 V. *candida*, *candidum*.

candĭfĭcō, *ās*, *āre*, -, - (*candeo*, *facio*), tr., blanchir, rendre blanc : AUG. *Civ.* 21, 7.

candĭfĭcus, *a*, *um* (*candeo*, *facio*), qui blanchit : APUL. *Apol.* 6.

candŏr, *ōris*, m. (*candeo*) ¶ **1** blancheur éclatante : *solis candor* CIC. *Nat.* 2, 40, la blancheur éclatante du soleil ‖ [en parl. des personnes] éclat, beauté : CIC. *Cael.* 36 ¶ **2** chaleur brûlante : *candor aestivus* CLAUD. *Prob.* 219, la chaleur brûlante de l'été ¶ **3** [fig.] clarté, limpidité : *Livius clarissimi candoris* QUINT. 10, 1, 101, Tite-Live, écrivain de la plus limpide clarté ‖ bonne foi, franchise, innocence, candeur : PLIN. *Pan.* 84 ; *Ep.* 3, 21, 1.

▶ pl. *candores* PL. *Men.* 181.

candosoccus, *i*, m. (gaul.), marcotte de vigne : COL. 5, 5, 16.

Candragori, m., ville d'Éthiopie : PLIN. 6, 193.

Candyba, *ōrum*, n. pl., ville de Lycie : PLIN. 5, 101.

Canē, *ēs*, f., ville d'Arabie : PLIN. 6, 104.

1 cānens, *tis*, part. et adj. (*caneo*), qui tire sur le blanc, grisonnant : *canens senecta* VIRG. *En.* 10, 192, la vieillesse grisonnante.

2 Cănens, *tis*, f. (*cano*), qui chante [surnom d'une nymphe] : OV. *M.* 14, 333.

canentae, *ārum*, f. pl., ornements de tête : P. FEST. 40, 11.

cănĕō, *ēs*, *ēre*, *ŭī*, - (*canus*), intr., être blanc : VIRG. *En.* 5, 416 ; *G.* 3, 325 ; OV. *M.* 1, 110.

Cănēphŏros, *i*, f. (κανηφόρος), pl., **Canephoroe** (κανηφόροι), Canéphores (porteuses de corbeilles) : CIC. *Verr.* 4, 5 ; *tibi habe Canephoros* CIC. *Verr.* 4, 18, garde pour toi les Canéphores [statue].

▶ acc. *Canephoram* PLIN. 34, 70 ‖ *Canifera* P. FEST. 57, 8.

cănĕrit, V. *cano*.

cănēs, *is*, ⓒ *canis* : PL. *Men.* 718 ; *Most.* 41.

cānescō, *ĭs*, *ĕre*, *canŭī* (caneo), intr., blanchir : Ov. *F.* 3, 880 ; *H.* 3, 65 ‖ [de vieillesse] Ov. *M.* 9, 422 ; PLIN. 30, 134 ‖ [fig.] vieillir : **(quercus) canescet** CIC. *Leg.* 1, 2, le chêne vieillira ; **cumque oratio jam nostra canesceret** CIC. *Brut.* 8, et mon éloquence étant déjà grisonnante, prenant déjà de l'âge.

Cangi, *ōrum*, m. pl., peuple de Bretagne [dans le pays de Galles] : TAC. *An.* 12, 32.

cāni, *ōrum*, m. pl. (canus), cheveux blancs, vieillesse : CIC. *CM* 62 ; TIB. 1, 10, 43 ; SEN. *Nat.* 3, 29, 3.

cănīcae, *ārum*, f. pl. (gaul.), son de froment : LUCIL. 711 ; P. FEST. 40, 7.

cănīcŭla, *ae*, f. (dim. de canis ; fr. *chenille*), chien de mer (roussette) : PLIN. 9, 151 ; 32, 79 ‖ [fig.] femme hargneuse : PL. *Curc.* 598 ‖ la Canicule [constellation] : HOR. *O.* 3, 13, 9 ‖ coup du chien [coup de dés malheureux] : PERS. 3, 49.

cănīcŭlāris, *e* (canicula), de la canicule, caniculaire : **inclementia canicularis** SIDON. *Ep.* 2, 2, 2, la chaleur excessive de la canicule.

cănīcŭlāta uva, f., espèce de raisin inconnue : M.-EMP. 14, 64.

cănīcum, *i*, n. (cf. *cănīcae*), ortie : ORIB. *Syn.* 4, 28.

Cānĭdĭa, *ae*, f., Canidie [nom d'une sorcière] : HOR. *Epo.* 3, 8.

Cānĭdĭus, *ĭi*, m., nom d'homme : CIC. *Fam.* 10, 21, 4.

cănĭfĕra, ⓥ *canephoros*.

cănĭfĭcō, *ās*, *āre*, -, - (canus, facio), tr., rendre blanc, blanchir : POET. d. ATIL. *Gram.* 6, 285, 11.

cănĭformis, *e* (canis, forma), qui a la forme d'un chien : PRUD. *Apoth.* 195.

1 **cănīna**, *ae*, f., chair de chien : **canis caninam non est** VARR. *L.* 7, 31, [prov.] les loups ne se mangent pas entre eux.

2 **cănīna urtica**, f., espèce d'ortie sauvage : PLIN. 21, 92.

3 **Cănīna**, *ae*, m., surnom d'homme : VELL. 1, 14, 7.

Caninifati, ⓒ *Canninefates* : VELL. 2, 105.

Cănīnĭus, *ĭi*, m., nom de famille romaine ; not[t] : Caninius Rébilus [lieutenant de César dans les Gaules] : CIC. *Att.* 12, 37, 4 ‖ Caninius Gallus [accusateur d'Antoine, plus tard son beau-fils] : CIC. *Fam.* 1, 2, 1 ; VAL.-MAX. 4, 2, 6 ‖ **-nĭānus**, *a*, *um*, de Caninius : CIC. *Fam.* 1, 7, 3.

cănīnus, *a*, *um* (canis ; it. *canino*), de chien : **canini dentes** VARR. *R.* 2, 7, 3, canines ; **scaeva canina** PL. *Cas.* 973, augure favorable tiré de la rencontre d'un chien ‖ [fig.] **caninum prandium** VARR. d. GELL. 13, 30, 12, repas de chien [où l'on ne boit que de l'eau claire] ; **canina littera** PERS. 1, 109, la lettre R [qu'on retrouve dans le grognement du chien] ; **canina eloquentia** QUINT. 12, 9, 9, éloquence agressive ; **canina verba** Ov. *Ib.* 230, paroles mordantes ; **caninam pellem rodere** MART. 5, 60, rendre coup pour coup ; **caninus philosophus** AUG. *Civ.* 14, 20, philosophe cynique ‖ ⓥ *canina*.

1 **cănis**, *is*, m. f. (cf. κύων, v. irl. *cú*, scr. *śvā*, al. *Hund*, an. *hound* ; fr. *chien*) ¶ 1 chien, chienne : **canes venatici** CIC. *Verr.* 4, 31, chiens de chasse ‖ [fig.] chien [terme injurieux] : HOR. *Epo.* 6, 1 ‖ limier, agent, créature : CIC. *Verr.* 4, 40 ‖ **terge-minus canis** Ov. *Am.* 3, 322, le chien aux trois têtes [Cerbère] ; **infernae canes** HOR. *S.* 1, 8, 35, les chiennes de l'enfer [qui accompagnent les Furies] ; cf. les chiens qui selon la fable entourent Scylla : LUCR. 5, 892 ; CIC. *Verr.* 5, 146 ; VIRG. *B.* 6, 77 ‖ [prov.] **cane pejus vitare** HOR. *Ep.* 1, 17, 30, fuir comme la peste ; **cave canem** PETR. 29, 1, prenez garde au chien ¶ 2 la Canicule [constellation] : HOR. *S.* 1, 7, 26 ‖ chien de mer : PLIN. 9, 110 ‖ coup du chien [aux dés, amener tous les as] : Ov. *Tr.* 2, 474 ; **tam facile quam canis excidit** SEN. *Apoc.* 10, 3, aussi facilement qu'on amène un as [un mauvais coup] aux dés ‖ philosophe cynique : LACT. *Epit.* 39, 4 ‖ chaîne, collier : PL. *Cas.* 389 ; P. FEST. 39, 21 ‖ **sentis canis** COL. 11, 3, 4, aubépine, poil à gratter.

2 **Cănis**, *is*, m., fleuve d'Arabie : PLIN. 6, 148.

cānisco, ⓥ *canesco*.

cănistella, *ōrum*, n. (dim. de canistra), SYMM. *Ep.* 2, 81 ‖ **-us**, *i*, m., NOT. TIR. 108, 96.

cănistra, *ōrum*, n. (κάναστρον ; esp. *canasta*), paniers, corbeilles : CIC. *Att.* 5, 13 ; VIRG. *G.* 4, 280 ; HOR. *S.* 2, 6, 105 ‖ **-tri**, *ōrum*, m. pl., PALL. 12, 17, 1 ‖ sg. *canistrum*, HIER. *Ep.* 31, 3 ‖ ⓥ *canaster*.

cănistrĭfĕr, *ĕra*, *ĕrum* (canistrum, fero), qui porte des corbeilles : CARM. EPIGR. 1233, 19.

cānĭtĭa, *ae*, f., ⓒ *canities* : PLIN. 31, 91.

cānĭtĭēs, *ĭēi*, f. (canus), blancheur : Ov. *F.* 6, 134 ; PLIN. 6, 54 ‖ blancheur des cheveux, de la barbe = vieillesse : TAC. *G.* 38 ; *An.* 14, 57 ; VIRG. *En.* 10, 549.

cānĭtūdo, *ĭnis*, f., ⓒ *canities* : PL. d. FEST. 54, 8.

cānĭtūrus, *a*, *um*, ⓥ *cano* ▶.

Cānĭus, *ĭi*, m., nom d'homme : CIC. *Off.* 3, 58.

1 **canna**, *ae*, f. (κάννα ; it. *canna*) ¶ 1 [au pr.] canne, jonc mince plus petit que le roseau : Ov. *M.* 8, 337 ; COL. 4, 32, 3 ; Ov. *F.* 2, 465 ¶ 2 roseau, flûte pastorale : Ov. *M.* 2, 682 ; 11, 171 ‖ barque (en roseau) : JUV. 5, 89 ¶ 3 **canna gutturis** CAEL.-AUR. *Acut.* 2, 16, 97, trachée-artère.

2 **canna**, *ae*, f. (germ., al. *Kanne* ; cf. fr. *canne*), récipient, vase : FORT. *Rad.* 19, 44.

3 **Canna**, *ae*, m., fleuve voisin de Cannes, en Apulie : LIV. 25, 12, 4.

cannăba, ⓒ *canaba*.

cannăbētum, *i*, n. (cannabis), chènevière : CIL 5, 3072.

cannăbĭnus, *a*, *um*, de chanvre : VARR. *R.* 3, 5, 11.

cannăbis, *is*, f. (κάνναβις ; fr. *chanvre*), chanvre : COL. 2, 10, 21 ; PLIN. 19, 28. ▶ abl. *-bi* ; mais *-be* PERS. 5, 146.

cannăbĭus, *a*, *um*, GRAT. 47, ⓒ *cannabinus*.

cannăbum, *i*, n., ⓒ *cannabis* : ISID. 19, 27, 2.

cannăbus, ⓒ *cannabis* : DIOSC. 3, 158.

Cannae, *ārum*, f. pl., Cannes [village d'Apulie, célèbre par la victoire qu'Hannibal y remporta sur les Romains] Atlas XII, E5 : LIV. 22, 44, 1 ; CIC. *Tusc.* 1, 89 ‖ **-ensis**, *e*, de Cannes : CIC. *Brut.* 12 ; LIV. 23, 18, 13.

cannālis, *e* (canna), de roseau : SCHOL. PERS. 3, 14.

Cannenĕfātes, ⓥ *Canninefates*.

cannētum, *i*, n. (canna ; it. *canneto*), lieu couvert de roseaux, roselière : PALL. 3, 22, 2.

cannĕus (**-nĭcĭus**), *a*, *um*, de canne, de roseau : AMM. 23, 4, 14 ; PALL. 1, 13 tit..

cannĭcĭa (**-nŭcĭa**), *ae*, f., ⓒ *cannetum* : AUG. *Psalm.* 63, 40 ; GROM. 315, 16.

Canninefātes, TAC. *H.* 4, 15 ; **Cannenef-**, PLIN. 4, 101, **tum** (**tium**), m. pl., peuple de la presqu'île Batave ‖ sg. **-ninefas**, *ātis*, Canninéfate : TAC. *An.* 11, 18 ; adj., TAC. *H.* 4, 16.

cannŏphŏrŏs, *i*, m. (καννοφόρος), porteur de roseaux [dans le culte de *Magna Mater*] : CIL 10, 24.

cannŭcĭae, *ārum*, f., ⓒ *cannicia*.

cannŭla, *ae*, f. (dim. de canna), APUL. *M.* 4, 6 ‖ **cannula pulmonis** CAEL.-AUR. *Chron.* 2, 13, 152, la trachée-artère.

cănō, *ĭs*, *ĕre*, *cĕcĭnī*, *cantum* (cf. v. irl. *canim*, ϊ̈ϊ-κᾰνός, al. *Hahn*)

> I intr. ¶ 1 "chanter" [hommes] ¶ 2 [animaux] ¶ 3 "résonner, retentir" [instruments] ¶ 4 "jouer de" [avec abl.].
> II tr. ¶ 1 "chanter, célébrer", "écrire en vers" ¶ 2 "prédire, prophétiser" [avec prop. infin.] ¶ 3 "jouer d'un instrument", **classicum**.

I intr. ¶ 1 [en parl. d'hommes] chanter : **canere ad tibicinem** CIC. *Tusc.* 1, 3, chanter avec accompagnement de la flûte ; **absurde** CIC. *Tusc.* 2, 12, chanter faux ‖ [diction chantante des orateurs asiatiques] *Or.* 27 ¶ 2 [animaux] : [chant de la corneille, du corbeau] CIC. *Div.* 1, 12 ; [du coq] CIC. *Ac.* 1, 74 ; [des grenouilles] PLIN. 8, 227 ¶ 3 [instruments] résonner : **modulate canentes tibiae** CIC. *Nat.* 2, 22, flûtes rendant un son mélodieux ; **cum symphonia caneret** CIC. *Verr.* 3, 105, alors que résonnaient les concerts ; **tubae cornuaque ab Romanis cecinerunt** LIV. 30, 33, 12, les trompettes et les clairons

sonnèrent dans le camp romain ; *ut attendant, semel bisne signum canat in castris* Liv. 27, 47, 3, qu'ils observent si le signal de la trompette retentit une fois ou deux fois dans le camp, cf. *1, 1, 7 ; 24, 15, 1 ; 28, 27, 15* ; [fig.] *neque ea signa audiamus, quae receptui canunt* Cic. *Rep. 1, 3*, et n'écoutons pas le signal de la retraite ¶ **4** avec abl., jouer de : *fidibus* Cic. *Tusc. 1, 4*, jouer de la lyre ; *ab ejus litui, quo canitur, similitudine nomen invenit* (*bacillum*) Cic. *Div. 1, 30*, (le bâton augural) a tiré son nom *lituus* de sa ressemblance avec le *lituus* dont on joue, le clairon ; *cithara* Tac. *An. 14, 14*, jouer de la cithare.
II tr. ¶ **1** chanter : *carmen* Cic. *de Or. 2, 352*, chanter une poésie ; *versus* Enn. *An. 214*, chanter des vers ; *nec tam flebiliter illa canerentur...* Cic. *Tusc. 1, 85*, et l'on n'entendrait pas les chants si plaintifs que voici... || chanter, commémorer, célébrer : *ad tibiam clarorum virorum laudes* Cic. *Tusc. 4, 3*, chanter au son de la flûte la gloire des hommes illustres ; *quae* (*praecepta*) *vereor ne vana surdis auribus cecinerim* Liv. *40, 8, 10*, (mes préceptes) que j'ai bien peur d'avoir donnés vainement, comme si je les avais chantés à des sourds || chanter = écrire en vers, exposer en vers : *ut veteres Graium cecinere poetae* Lucr. *5, 405*, comme l'ont chanté les vieux poètes grecs ; *Ascraeum cano Romana per oppida carmen* Virg. *G. 2, 176*, chantant à la manière du poète d'Ascra, je fais retentir mes vers à travers les bourgades romaines ; *arma virumque cano* Virg. *En. 1, 1*, je chante les combats et le héros... ; *motibus astrorum quae sit causa canamus* Lucr. *5, 509*, chantons la cause des mouvements des astres ; *canebat uti magnum per inane coacta semina... fuissent* Virg. *B. 6, 31*, il chantait comment dans le vide immense s'étaient trouvés rassemblés les principes (de la terre, de l'air, etc.) ¶ **2** prédire, prophétiser : *ut haec, quae nunc fiunt, canere di immortales viderentur* Cic. *Cat. 3, 18*, en sorte que les événements actuels semblaient prophétisés par les dieux immortels, cf. *Sest. 47* ; *Div. 2, 98* ; Virg. *En. 3, 444* ; *8, 499* ; Hor. *O. 1, 15, 4* ; *S. 1, 9, 30* ; Tib. *2, 5, 16* || [avec prop. inf.] *fore te incolumem canebat* Virg. *En. 6, 345*, il prédisait que tu serais sain et sauf, cf. *7, 79* ; *8, 340* ; Liv. *1, 7, 10* ; *26, 5, 14* ; *nec ei cornix canere potuit recte eum facere, quod populi Romani libertatem defendere pararet* Cic. *Div. 2, 78*, une corneille ne pouvait lui annoncer qu'il faisait bien de se préparer à défendre la liberté du peuple romain ; *hoc Latio restare canunt* Virg. *En. 7, 271*, les devins annoncent que cette destinée est réservée au Latium ¶ **3** jouer d'un instrument, faire résonner (retentir) : *omnia intus canere* Cic. *Verr. 1, 53*, jouer tout à la sourdine [en parl. d'un joueur de luth qui se contente de toucher les cordes de la main gauche, c.-à-d. en dedans, de son côté tandis que les faire vibrer de la main droite avec le *plectrum*, c'est *foris canere* : Ps. Ascon. *Verr. 1, 53*] || *classicum apud eum cani jubet* Caes. *C. 3, 82, 1*, il donne l'ordre que les sonneries de la trompette soient faites près de lui [marque du command^t] ; *tubicines simul omnes signa canere jubet* Sall. *J. 99, 1*, il donne l'ordre que les trompettes exécutent tous ensemble leurs sonneries [*signa canere jubet* Sall. *C. 59, 1*, *signa* peut être ou sujet ou compl. direct] || *bellicum me cecinisse dicunt* Cic. *Phil. 7, 3*, ils disent que j'ai donné le signal de la guerre (*Mur. 30*) ; *ubi primum bellicum cani audisset* Liv. *35, 18, 6*, aussitôt qu'il aurait entendu retentir le signal de la guerre ; (*Thucydides*) *de bellicis rebus canit etiam quodam modo bellicum* Cic. *Or. 39*, (Thucydide) dans les récits de guerre semble même faire entendre des sonneries guerrières || *tuba commissos canit ludos* Virg. *En. 5, 113*, la trompette annonce l'ouverture des jeux ; *ut* (*bucina*) *cecinit jussos inflata receptus* Ov. *M. 1, 340*, quand (la trompe) dans laquelle il a soufflé a sonné l'ordre de la retraite.
▶ parf. arch. *canui* Serv. *G. 2, 384* ; *canerit* = *cecinerit* Fest. *270, 32* || impér. *cante* pour *canite* Carm. Sal. d. Varr. *L. 6, 75* || forme *caniturus* [tard.] Vulg. *Apoc. 8, 13*.

Cănōbus, v. *2 Canopus*.

cănōn, *ŏnis*, m. (κανών) ¶ **1** loi, règle, mesure : Plin. *34, 55* ¶ **2** tuyau de bois dans une machine hydraulique : Vitr. *10, 8, 3* ¶ **3** *canon patrimonialis*, redevance annuelle [due par l'occupant d'un fonds appartenant à l'empereur] : Cod. Just. *11, 59, 7* ; *canon aurarius* Cod. Just. *10, 48, 10*, [cette redevance] perçue en monnaie ; *canon frumentarius* Cod. Just. *11, 23*, perçue en grain || recettes fiscales annuelles : Spart. *Sept. 8, 5* ¶ **4** [chrét.] **a)** règlement ecclésiastique : Hier. *Ep. 69, 10* **b)** canon des Écritures [liste des livres admis comme inspirés] : Aug. *Ep. 93, 36* **c)** canon de la messe [partie des prières de la messe qui ne change pas quelle que soit la fête célébrée] : Greg.-M. *Ep. 14, 2*.

cănŏnĭcărĭa, *ae*, f. (*canonicus*), lettre donnant les instructions pour la levée des taxes : Cassiod. *Var. 3, 8, 2*.

cănŏnĭcārĭi, *ōrum*, m. pl. (*canonicus*), collecteurs des taxes : Cassiod. *Var. 6, 8*.

cănŏnĭcē, adv. (*canonicus*), régulièrement : Char. *237, 7* || canoniquement, selon les lois de l'Église : Cassian. *Coll. 21, 5*.

1 cănŏnĭcus, *a*, *um* (κανονικός) ¶ **1** qui concerne une règle, une mesure, régulier : *canonica ratio et mathematica* Vitr. *1, 1, 8*, le système des relations harmoniques et mathématiques ; *canonicae defectiones solis* Aug. *Civ. 3, 15*, les éclipses (dans l'ordre) régulières du soleil || n. pl., *canonica*, *orum*, théorie : Plin. *Ep. 1, 2, 12* ¶ **2** relatif à une redevance, à une contribution : *canonici equi* Cod. Th. *11, 17, 3*, chevaux donnés pour se conformer à une contribution ¶ **3** [chrét.] canonique, conforme aux règles de l'Église : Aug. *Civ. 18, 36*.

2 cănŏnĭcus, *i*, m. (cf. *1 canonicus* ; fr. *chanoine*) ¶ **1** théoricien : Plin. *2, 73* ¶ **2** [chrét.] prêtre appartenant régulièrement au clergé d'une église, chanoine : Silvest. *Ep. p. 157*.

cănŏnīzō, *ās*, *āre*, -, -, tr., mettre au nombre des livres canoniques : Orig. *Matth. 18, 28, 3*.

cănōpĭca, *ōrum*, n. pl., sorte de gâteaux : Anth. *199, 48*.

Cănōpĭcum (**-bĭcum**), *i*, n., ville de la province d'Afrique : Plin. *5, 29*.

1 Cănōpus, *i*, m., étoile qui fait partie de la constellation Argo : Manil. *1, 215* ; Plin. *1, 178*.

2 Cănōpus (**-pos**), *i*, m. (Κάνωβος et Κάνωπος), Canope [ville de la Basse-Égypte] : Tac. *An. 2, 60* || [poét.] Basse-Égypte, Égypte : Prop. *3, 11, 39* || **-ĕus**, **-ĭus**, **-ĭcus**, *a*, *um*, de Canope, canopique : Ambr. *Ep. 18, 35* ; Isid. *14, 3, 28* ; Plin. *5, 62* || **-ītae**, *ārum*, m. pl., habitants de Canope : Cic. d. Quint. *1, 5, 13* || sg., **-ītēs**, *ae*, Cels. *6, 6, 25* || **-ītānus**, *a*, *um*, de Canope : Solin. *32, 42*.

3 Cănōpus, *i*, m., amiral de la flotte d'Osiris, divinisé après sa mort : Rufin. *Hist. 11, 26*.

cănŏr, *ōris*, m. (*cano*), son, son mélodieux, ensemble de sons harmonieux : *cycni* Lucr. *4, 181*, chant du cygne ; *Martius aeris rauci canor* Virg. *G. 4, 71*, les accents guerriers du rauque clairon.

cănŏrē, adv. (*canorus*), mélodieusement, harmonieusement : Apul. *Plat. 1, 9*.

cănōrus, *a*, *um* (*canor*) ¶ **1** sonore, mélodieux, harmonieux : *vox canora* Cic. *Brut. 234*, voix harmonieuse ; *profluens quiddam habuit Carbo et canorum* Cic. *de Or. 3, 28*, Carbo avait qqch. de coulant et d'harmonieux ; *canorum illud in voce* Cic. *CM 28*, cette sonorité dans la voix || [en mauvaise part] *sine contentione vox nec languens nec canora* Cic. *Off. 1, 133*, ton de voix naturel ni languissant ni chantant ¶ **2** qui fait entendre des sons harmonieux : *canorus orator* Cic. *Brut. 105*, orateur à la voix harmonieuse (bien timbrée) || *animal* (*gallus*) *canorum sua sponte* Cic. *Div. 2, 57*, animal (coq) qui chante spontanément ; *aves canorae* Virg. *G. 2, 328*, ramage des oiseaux || *fides canorae* Virg. *En. 6, 120*, lyre mélodieuse ; *aes canorum* Virg. *En. 9, 503*, airain sonore [trompette].

cānōsus, *a*, *um* (*canus*), qui a les cheveux blancs : Vop. *Prob. 5, 6*.

Cantabās, *ae*, m., fleuve de l'Inde : Plin. *6, 71*.

cantābĭlis, *e* (*canto*), digne d'être chanté : Vulg. *Psal. 118, 54*.

cantăbrārĭus, *ii*, m., qui porte l'étendard appelé *cantabrum* : Cod. Th. *14, 7, 2*.

Cantabri

Cantăbri, ōrum, m. pl., les Cantabres [peuple de la Tarraconaise, près des Pyrénées et sur l'océan] : Caes. G. 3, 26, 6 ; Plin. 4, 110, sg., **Cantaber** Hor. O. 2, 6, 2 ‖ **-bĕr, bra, brum**, des Cantabres : Claud. Seren. 74.

Cantăbria, ae, f., Cantabrie : Plin. 34, 148 ‖ **-ĭcus, a, um**, du pays des Cantabres : Hor. Ep. 1, 18, 55.

cantăbrica, ae, f. (*Cantabricus*), herbe inconnue : Plin. 25, 85.

1 **cantăbrum**, i, n. (obscur, cf. *camicae*), son [de céréale] : Cael.-Aur. Chron. 3, 4, 63.

2 **cantăbrum**, i, n. (*Cantaber*), bannière, étendard : Tert. Apol. 16, 8.

cantăbundus, a, um (*canto*), qui chante, chantant : Petr. 62, 4.

cantāmĕn, ĭnis, n. (*canto*), charme, enchantement : Prop. 4, 4, 51 ; Prud. Sym. 2, 176.

cantātĭo, ōnis, f. (*canto*), chant, chanson : Varr. L. 6, 75 ‖ enchantement : Firm. Math. 3, 5, 32.

cantātŏr, ōris, m. (*canto*), musicien, chanteur : **cantator fidibus** Gell. 16, 19, 2, joueur de lyre [= fidicen, V. canere fidibus] ; **cantator cycnus funeris sui** Mart. 13, 77, le cygne qui chante sa propre mort.

cantātrix, īcis, f. (*cantator*), musicienne, chanteuse, cantatrice : Vulg. 2 Reg. 19, 35 ‖ adj., **cantatrices choreae**, Claud. Gild. 448, danses mêlées de chants ‖ enchanteresse, magicienne, sorcière : Apul. M. 2, 20.

1 **cantātus**, a, um, part. de *canto*.

2 **cantātŭs**, ūs, m., chant : Prisc. 3, 467, 5.

cantĕ, V. *cano*.

Canteci (**-tici**), ōrum, m. pl., peuple d'Asie, au-delà du Palus-Méotide : Plin. 6, 22.

cantĕrĭātus (**-thĕr-**), a, um, soutenu par des échalas : Col. 5, 4, 1.

cantĕrīnus (**-thĕ-**), a, um, de cheval hongre, de cheval : **canterino ritu somniare** Pl. Men. 395, rêver à la manière des chevaux [qui dorment debout] ; **canterinum hordeum** Col. 2, 9, 14, orge pour les chevaux ; **canterinum lapathum** Plin. 20, 231, vinette, oseille sauvage.

cantĕrĭŏlus, i, m., petit échalas : Col. 11, 3, 58.

1 **cantĕrĭus** (**-thĕ-**), ĭi, m. (gaul., cf. aussi κανθήλιος ; it. *canteo*, fr. *chantier*) ¶ 1 cheval hongre : Varr. R. 2, 7, 15 ; P. Fest. 40, 15 ‖ [en part.] cheval de main ou cheval monté : Pl. Cap. 814 ; Cic. Nat. 3, 11 ; Sen. Ep. 87, 9 ¶ 2 [archit.] arbalétrier : Vitr. 4, 2, 1 ‖ sorte de joug où l'on fixe la vigne : Col. 4, 12, 1 ‖ appui pour soutenir le pied malade d'un cheval : Veg. Mul. 2, 47, 2.

2 **Cantĕrĭus**, ĭi, m., nom d'homme : Varr. R. 2, 1, 8.

Canthăra, ae, f., nom de femme : Ter. And. 766.

canthărĭās, ae, m. (κάνθαρος), pierre qui représente un escarbot : Plin. 37, 187.

canthărĭda, ae, f. (κανθαρίς), mouche cantharide : Isid. 12, 5, 5.

Canthărĭdae, ārum, m. pl., nom des adversaires d'Hermotimos : Plin. 7, 174.

canthăris, ĭdis, f. (κανθαρίς), cantharide [insecte venimeux] : Cic. Tusc. 5, 117 ‖ charançon : Plin. 18, 152 ‖ insecte qui nuit à la vigne : Pall. 1, 35, 6.

canthărītēs, ae, m. (κανθαρίτης οἶνος), vin précieux qui vient d'outre-mer : Plin. 14, 75.

Canthărŏlĕthrus, i, m., endroit de la Thrace : Plin. 11, 99.

canthărŭlus, i, m. (dim. de *cantharus*), petite coupe : Arn. 6, 26.

canthărum, i, m., [C.] 1 *cantharus* : CIL 8, 6982.

1 **canthărus**, i, m. (κάνθαρος ; it. *cantero*), coupe à anses : Pl. Bac. 69 ; Men. 177 ; Ps. 1280 ; Virg. B. 6, 17 ‖ bassin en forme de coupe : Dig. 30, 41, 11 ‖ bénitier : Paul.-Nol. Ep. 32, 15 ‖ espèce de poisson de mer : Plin. 32, 146 ‖ nœud sous la langue du bœuf Apis : Plin. 8, 184.

2 **Canthărus**, i, m., nom d'un statuaire : Plin. 34, 85.

canthērĭus et ses dérivés, V. *canterius*.

1 **canthus**, i, m. (gaul. ; κανθός, fr. *chant*), cercle de fer, bande qui entoure la roue : Quint. 1, 5, 8 ‖ roue : Pers. 5, 71 ; V. 2 *cantus*.

2 **Canthus**, i, m., nom d'homme : Hyg. Fab. 14.

canthyll-, V. *anthyll-*.

Cantĭa, ae, f., V. *Cantium* : Greg.-Tur. Hist. 4, 26.

cantĭca, ae, f., [C.] *canticum* : Fort. Rad. 36, 82.

cantĭcŭlum, i, n., dim. de *canticum* : Septim. d. Ter.-Maur. 6, 385, 1981.

cantĭcum, i, n. (*cano* ; roum. *cîntec*), chant, chanson : Sen. Ep. 114, 1 ; Quint. 1, 2, 8 ; 1, 10, 23 ‖ [au théâtre] morceau chanté avec accompagnement de flûte par un chanteur debout à côté du musicien, tandis que l'acteur en scène exécute la mimique : Liv. 7, 2 ; Cic. Fam. 2, 22, 1 ‖ récitatif : Cic. Or. 57 ; Quint. 11, 3, 167 ; Plin. Ep. 2, 14, 13 ‖ chant religieux, cantique : Greg.-M. Ep. 2, 2 ‖ chanson, vers satiriques : Paul. Sent. 5, 4, 15 ‖ chant magique, enchantement : Apul. Apol. 42.

cantĭcus, a, um (*cano*), de chant, musical : Macr. Somn. 2, 3, 7 ‖ subst. m., cantique : Eger. 10, 7.

cantĭlātrix, īcis, f. (*cantilo*), [C.] *cantatrix* : Sor. p. 48, 14.

cantĭlēna, ae, f. (*cantilo*) ¶ 1 chant, chanson : Gell. 9, 4, 14 ; 10, 19, 2 ; 19, 9, 8 ‖ air rebattu, refrain, rabâchage : Cic. Att. 1, 19, 8 ; **neque ex scholis cantilenam requirunt** Cic. de Or. 1, 105, ils ne recherchent pas les refrains de l'école ; **cantilenam eamdem canis** Ter. Phorm. 495, tu chantes toujours le même refrain [la même chanson] ; **totam istam cantilenam ex eo pendere, ut** Brut. Fam. 11, 20, 2, que tout ce bavardage dérive de l'intention de ‖ vers satiriques, pamphlet : Vop. Aur. 7, 2 ¶ 2 musique [d'instruments] : Chalc. 44 ‖ accord : Chalc. 45 ; 46.

cantĭlēnōsus, a, um (*cantilena*), qui renferme des chants, lyrique : Sidon. Ep. 3, 14, 1.

Cantilĭus, ĭi, m., secrétaire d'un pontife, battu de verges jusqu'à la mort : Liv. 22, 57, 3.

cantĭlō, ās, āre, āvī, - (dim. de *cano*), intr., chanter, fredonner : Apul. M. 4, 8.

cantĭo, ōnis, f. (*cano* ; fr. *chanson*), chant, chanson : Pl. Bac. 38 ; St. 707 ‖ incantation, enchantement, charme : Cat. Agr. 160 ; Cic. Brut. 217.

Cantiocaptae, ārum, m. pl., peuple d'Asie, au-delà du Palus-Méotide : Plin. 6, 21.

cantĭtō, ās, āre, āvī, ātum (fréq. de *canto*), tr., chanter souvent : Cic. Brut. 75.

Cantĭum, ĭi, n., partie de la Bretagne [auj. le pays de Kent] : Caes. G. 5, 13, 1.

cantĭunculă, ae, f. (dim. de *cantio*), petite chanson : Cic. Fin. 5, 49.

cantō, ās, āre, āvī, ātum (fréq. de *cano* ; fr. *chanter*)

I intr. ¶ 1 chanter : **saltare et cantare didicerunt** Cic. Cat. 2, 23, ils ont appris à danser et à chanter, cf. *de Or.* 3, 86 ; *Off.* 1, 145 ; **cantare ad chordarum sonum** Nep. Epam. 2, 1, chanter en s'accompagnant sur la lyre ; **cantare et psallere jucunde scienterque** Suet. Tit. 3, savoir chanter et jouer d'un instrument à cordes avec de l'agrément et du talent ; **inde ad manum cantari histrionibus coeptum** Liv. 7, 2, 11, dès lors le chant commença à soutenir l'acteur en se réglant sur ses gestes ¶ 2 [chant du coq] Pl. Mil. 690 ; Cic. Div. 2, 56 ; [du cygne] Virg. B. 2, 29 ; [des oiseaux] Prop. 4, 1, 68 ; 4, 9, 30 ¶ 3 : **bucina cantat** Prop. 4, 10, 30, la trompe retentit ; **cantabat tibia ludis** Ov. F. 6, 659, la flûte résonnait pour les jeux ¶ 4 jouer de [avec abl.] : **fidibus cantare seni** Pl. Ep. 500, jouer de la lyre pour le vieillard ; **scienter tibiis** Nep. praef. 1, jouer de la flûte avec art ; **cithara** Varr. R. 3, 13, 3, de la cithare ; **calamo** Sen. Ben. 4, 6, 5, jouer du chalumeau ; **lituo** Gell. 20, 2, 2, jouer du clairon.

II tr. ¶ 1 chanter : **incondita cantare** Varr. Men. 363, chanter des choses informes ; **hymenaeum** Pl. Cas. 809, chanter le chant de l'hyménée ; **Niobam** Suet. Ner. 21, chanter le rôle de Niobé ¶ 2 chanter, célébrer : **cantabimus Neptunum et virides Nereidum comas** Hor. O. 3, 28, 9, nous chanterons Neptune et la verte chevelure des Néréides ; **cantant laudes**

tuas Ov. *F.* 2, 658, ils chantent tes louanges ¶ **3** déclamer, seriner : **nil praeter Calvum et doctus cantare Catullum** Hor. *S.* 1, 10, 19, habitué à ne fredonner que du Calvus et du Catulle, cf. Mart. 5, 16, 3 ; 11, 3, 5 ; Plin. *Ep.* 4, 19, 4 ¶ **4** chanter, raconter, prêcher, avoir sans cesse à la bouche : Pl. *Most.* 980 ; *Trin.* 289 ; Ter. *Haut.* 260 ; **jam pridem istum canto Caesarem** Cic. *Q.* 2, 11, 1, depuis longtemps je chante ton César [j'ai toujours son éloge à la bouche] ; **insignis tota cantabitur urbe** Hor. *S.* 2, 1, 46, désigné par moi à l'attention, il sera bafoué dans toute la ville ¶ **5** chanter, exposer en vers : **carmina non prius audita canto** Hor. *O.* 3, 1, 4, ce sont des vers comme on n'en a pas encore entendu que je chante ; **nova cantemus Augusti tropaea Caesaris** Hor. *O.* 2, 9, 19, chantons les nouveaux trophées de César Auguste, cf. 1, 6, 19 ; 2, 19, 11 ; *P.* 137 ; Prop. 2, 12, 21 ¶ **6** prononcer des paroles magiques, frapper d'incantation : **cantando rumpitur anguis** Virg. *B.* 8, 72, par les chants magiques on fait périr les serpents ; **cantato densetur carmine caelum** Ov. *M.* 14, 369, par l'effet du chant magique le ciel s'épaissit ; **cantatae herbae** Ov. *M.* 7, 98, herbes enchantées, cf. *F.* 2, 575.

cantŏr, *ōris*, m. (*cano* ; fr. *chantre*) ¶ **1** chanteur, musicien : Hor. *S.* 1, 3, 1 ∥ [fig.] qui répète, qui rabâche : **cantor formularum** Cic. *de Or.* 1, 236, qui rabâche des formules ∥ panégyriste : **cantores Euphorionis** Cic. *Tusc.* 3, 45, les panégyristes d'Euphorion ¶ **2** le chanteur dans une pièce de théâtre : **canticum** : Nov. *Com.* 37 ∥ l'acteur qui harangue le public et à la fin de la pièce crie "*plaudite*" : Hor. *P.* 155 ; Cic. *Sest.* 118 ¶ **3** [chrét.] chantre d'une église : Greg.-M. *Ep.* 5, 57.

cantrix, *īcis*, f. (*cantor*), chanteuse : Pl. *Trin.* 253 ∥ adj., **aves cantrices**, Varr. *R.* 3, 5, 14, oiseaux chanteurs.

cantŭla, *ae*, f., nom d'un oiseau inconnu : Plin. Val. 5, 25 ; *v.* **gattula**.

cantŭrĭō, *īs*, *īre*, -, - (*cano*), intr., chantonner, fredonner : Petr. 64, 2.

cantŭs, *ūs*, m. (*cano* ; fr. *chant*), chant [de l'homme et des oiseaux] : Cic. *Cael.* 35 ; *Div.* 1, 94 ∥ son (accents) d'un instrument : Cic. *Mur.* 22 ; *Verr.* 5, 31 ; *Tusc.* 1, 4 ∥ enchantement, charme, cérémonie magique : Tib. 1, 8, 19 ; Ov. *M.* 7, 195 ∥ vers, poésie, poème : Val.-Max. 3, 2, 22.

cantus, *i*, m., *v.* **canthus**.

cānŭa, *ae*, f. (κανοῦν, *v.* 1 *cana*), *v.* **qualum**, corbeille : P. Fest. 57, 8.

cānŭī, parf. de *caneo*.

cānŭi, *v.* **cano** ►.

Cănŭlēĭus, *i*, m., tribun de la plèbe : Liv. 4, 1, 1 ∥ **-ēĭus**, *a*, *um*, **Canuleium plebiscitum** Cic. *Rep.* 2, 63, plébiscite de Canuléius.

cānus, *a*, *um* (cf. *cascus*, pél. *casnar*, al. *Hase*) ; esp. **cana**, blanc, d'un blanc brillant [en parl. des choses] : **cani fluctus** Cic. *Arat.* 34, 71, flots argentés ; **cana pruina** Hor. *O.* 1, 4, 4, gelée blanche ∥ blanc [en parl. des cheveux, de la barbe] ; dont le poil, le duvet est blanc [en parl. des animaux, des fruits] : Pl. *Bac.* 1101 ; Hor. *O.* 2, 11, 15 ; Virg. *B.* 2, 51 ; **canus lupus** Ov. *M.* 6, 527, loup au poil cendré ∥ [fig.] vieux, vénérable : **cana veritas** Varr. *Men.* 141, l'auguste vérité ; **cana Fides** Virg. *En.* 1, 292, l'antique loyauté ∥ subst., *v.* **cani**.

2 **Cānus** (**Kā-**), *i*, m., surnom romain : Cic. *Att.* 13, 31, 4.

cănŭsīna, *ae*, f. (*Canusium*), vêtement en laine de Canusium : Mart. 14, 127.

cănŭsīnātus, *a*, *um*, habillé en laine de Canusium : Mart. 9, 22, 9 ; Suet. *Ner.* 30.

Cănŭsĭum, *ii*, n., ville d'Apulie [auj. Canosa] Atlas XII, E5 : Cic. *Att.* 8, 11 D, 1 ∥ **-sīnus**, *a*, *um*, de Canusium : Cic. *Att.* 1, 13, 1 ∥ subst., **-sīni**, *ōrum*, m. pl., habitants de Canusium : Hor. *S.* 1, 10, 30 ∥ subst. f., *v.* **canusina**.

cānūtus, *a*, *um* (fr. *chenu*), *c.* **canus** : Pl. *Frag. inc.* 16 (19) ; Gloss. 2, 412, 3.

căpābĭlis, *e* (*capio*), capable de, susceptible de : Cassiod. *Hist.* 1, 14 ∥ qui peut être reçu [en particulier par l'esprit] : Aug. *Maxim.* 2, 9, 2 ; Hier. *Didym.* 5.

căpācĭtas, *ātis*, f. (*capax*), capacité, faculté de contenir : Col. 12, 45, 2 ∥ réceptacle : **capacitatem aliquam in animo esse...?** Cic. *Tusc.* 1, 61, croyons-nous que l'âme ait qq réceptacle ... ? ∥ capacité, aptitude à : Aug. *Nat. bon.* 18 [en part.] habileté à hériter : Gai. d. Dig. 31, 55, 1.

căpācĭter, adv. (*capax*), avec capacité, aptitude à : Aug. *Trin.* 11, 2, 5 ∥ **-cius** Aug. *Ep.* 130, 17.

Căpănĕūs, *ĕi* ou *ĕos*, m., Capanée [un des sept chefs devant Thèbes] : Ov. *M.* 9, 404 ∥ **-ēĭus**, **-ēus**, *a*, *um*, de Capanée : Stat. *Th.* 12, 545 ; 10, 811.

căpanna, *ae*, f. (empr., cf. *canaba*. it. *capanna*), cabane : Isid. 15, 12, 2.

Capara, *ae*, f., ville de Lusitanie : Anton. 433.

căpax, *ācis* (*capio*), capable, qui peut contenir, qui contient, spacieux, ample, étendu : **capaciores scyphi** Hor. *Epo.* 9, 33, des coupes plus profondes ; **flumen onerariarum navium capax** Plin. 6, 99, fleuve navigable pour les vaisseaux de transport ; **vini capacissimus** Liv. 9, 16, 13, qui absorbe plus de vin que personne ; **villa usibus capax** Plin. *Ep.* 2, 17, 4, villa qui se prête largement à tous les besoins ∥ [fig.] **aures capaces** Cic. *Or.* 104, oreilles insatiables ; **capax secreti** Plin. *Ep.* 1, 12, 7, capable de garder un secret ; **capax imperii** Tac. *H.* 1, 49, digne de l'empire ; **capax doli** Dig. 43, 4, 1, capable de dol, de fraude ∥ habile à succéder, qui peut hériter : Paul. d. Dig. 34, 3, 29.

1 **căpēdo**, *ĭnis*, f. (*capis*), vase à anse [employé dans les sacrifices] : Gloss. 4, 487, 27 ; *v.* **capudo**.

2 **căpēdo**, adv. (*capio*), espace entre des murs : Gloss. 4, 316, 18.

căpēdum [arch.] (*cape*, *dum*), prends donc : Pl. *Ru.* 1177.

căpēduncŭla, *ae*, f. (dim. de *capedo*), petit vase à anse : Cic. *Nat.* 3, 43.

1 **căpella**, *ae*, f. (dim. de *capra*), petite chèvre [ordin¹] chèvre : Lucr. 6, 970 ; Virg. *B.* 7, 3 ∥ [terme injurieux] Amm. 17, 11 ∥ la Chèvre [étoile de la constellation du Cocher] : Plin. 18, 248 ; [annonce la saison pluvieuse] Ov. *F.* 5, 113.

2 **Căpella**, *ae*, m., nom d'un poète du siècle d'Auguste : Ov. *Pont.* 4, 16, 36 ∥ surnom d'un Statilius : Suet. *Vesp.* 3 ∥ Martianus Capella, savant grammairien de Madaure, en Afrique, au 5ᵉ siècle : Fulg. *Serm.* 45 ∥ **-llĭānus**, *a*, *um*, relatif à un Capella : Mart. 11, 31, 17.

căpellō, *ās*, *āre*, -, - (cf. *capo* ; a. fr. *chapler*), tr., couper en morceaux : Anthim. 43.

căpellus, *i*, m., dim. de 1 *caper* : Prisc. 2, 112, 17.

Căpēna, *ae*, f., Capène [ville d'Étrurie sur le Tibre] Atlas XII, D3 : Liv. 22, 1, 10 ∥ **-nas**, *ātis*, adj., de Capène : **Capenati bello** Liv. 5, 16, 2, dans la guerre contre Capène ; **in Capenati** Cic. *Flac.* 71, dans le territoire de Capène [abl. -e Liv. 27, 4, 14] ∥ **-nātis**, *e*, adj., Cat. *Orig.* 1, 26 ∥ subst., **-nātes**, m. pl., les habitants de Capène : Liv. 26, 11, 9 ∥ **-pēnus**, *a*, *um*, de Capène : Virg. *En.* 7, 697 ; **porta Capena** Cic. *Tusc.* 1, 13, la porte Capène.

Capēnas, *ātis*, m. ¶ **1** rivière d'Étrurie : Sil. 13, 85 ¶ **2** *v.* **Capena**.

1 **căpĕr**, *pri*, m. (cf. κάπρος, ἔπερος, v. irl. *caera*) ¶ **1** bouc : Virg. *B.* 7, 7 ∥ odeur forte des aisselles : Catul. 69, 6 ∥ le Capricorne [constellation] : Manil. 2, 178 ¶ **2** espèce de poisson : *Plin. 11, 267.

2 **Căpĕr**, *pri*, m., Flavius Caper, grammairien latin : Prisc. 2, 85, 6.

Căpĕrenses, *ium*, m. pl., peuple de la Lusitanie : Plin. 4, 118.

Căpĕrēus, *v.* **Caphareus**.

căpĕrrō, *ās*, *āre*, *āvī*, *ātum* (peu net, *caper* ?) ¶ **1** tr., rider, froncer [le sourcil] : **caperrata frons** Naev. d. Varr. *L.* 7, 107 ; **caperratum supercilium** Apul. *M.* 9, 16, sourcil froncé ¶ **2** intr., se rider, se renfrogner : Pl. *Ep.* 609.

căpessō, *īs*, *ĕre*, *īvī* (*ĭī*), *ītūrus* (désid. de *capio*), tr. ¶ **1** prendre [avec de l'empressement], saisir : **cibum dentibus** Cic. *Nat.* 2, 122, saisir la nourriture avec les dents ; **sociis, arma capessant, edico** Virg. *En.* 3, 234 (Ov. *M.* 11, 378 ; Liv. 4, 53, 1) j'ordonne à mes compagnons de saisir leurs armes ¶ **2** tendre vers un lieu, chercher à atteindre : **Melitam capessere** Cic. *Att.* 10, 9, 1, gagner Malte, cf. Virg. *En.* 4, 346 ; 5, 703 ; 11, 324 ; **omnes partes mundi medium locum capessentes nituntur aequaliter** Cic. *Nat.* 2, 115, toutes les

capesso

parties du monde tendent vers le centre avec une force égale ; *is animus superiora capessat necesse est* Cic. *Tusc.* 1, 42, cette âme [formée d'un air enflammé] doit forcément gagner les régions supérieures ‖ [arch.] *se capessere*, se porter, se rendre vivement qq. part. : *domum* Pl. *Amp.* 262, se rendre vite à la maison, cf. *As.* 158 ; *Bac.* 113 ; *Ru.* 172 ; Titin. *Com.* 180 ; [ou abs¹] *saxum, quo capessit* Pl. *Ru.* 178, le rocher où elle cherche à parvenir ¶ 3 se saisir de, embrasser, entreprendre : *capessere rem publicam* Cic. *Off.* 1, 71, embrasser la carrière politique, entrer dans la vie politique ; *libertatem* Cic. *Phil.* 10, 19, se saisir de la liberté ; *juvenum munia* Liv. 44, 41, 1, assumer le rôle des jeunes gens ; *obsidia urbium* Tac. *An.* 12, 15, se charger du siège des villes ; *pericula* Liv. 21, 4, 5, affronter les dangers ‖ *fugam* Liv. 1, 27, 7, prendre la fuite ; *pugnam* Liv. 2, 6, 8, engager la lutte ; *bellum* Liv. 26, 25, 5, entreprendre la guerre ; *viam* Liv. 44, 2, 8, adopter (prendre) une route, un itinéraire ‖ embrasser par la pensée, comprendre : Gell. 12, 1, 11.

▶ arch. *capissam* = *capessam* Pacuv. *Tr.* 52 ; parf. *capessi* donné par Diom. 370, 12 et Prisc. 2, 535, 13 ‖ formes contr. *capessisse* Liv. 10, 5, 4 ; *capessisset* Tac. *An.* 13, 25.

căpĕtum, v. *capitum*.

Căpĕtus, *i*, m., Capétus Silvius, roi d'Albe : Liv. 1, 3, 8.

Capĕus sinus m., golfe de l'Arabie Heureuse : Plin. 6, 147.

Caphāreūs (-phĕreūs), *ĕi* ou *ĕos*, m. (Καφηρεύς), Capharée [promontoire de l'Eubée, où se brisa la flotte des Grecs en revenant de Troie] : Ov. *M.* 14, 472 ; Virg. *En.* 11, 260 ‖ **-reūs**, *a, um*, de Capharée : Ov. *Tr.* 5, 7, 36 ; **-ĕus**, Prop. 3, 7, 39 ‖ **-ris**, *ĭdis*, adj. f., de Capharée : Sen. *Herc. Oet.* 804.

Căpharnaum, *i*, n., Capharnaüm [ville de Galilée] : Vulg. *Matth.* 4, 13 ‖ **-naeus**, *a, um*, de Capharnaüm : Sedul. *Carm.* 4, 82.

Capheris, *is*, f., île de la mer Égée : Plin. 4, 74.

Caphrena, *ae*, f., ville de Mésopotamie : Plin. 6, 119.

Caphya, *ae*, f., forêt d'Arcadie : Plin. 16, 238.

Capĭdăva, *ae*, f., ville de la Mésie inférieure : Anton. 224.

căpĭdŭla, *ae*, f. (dim. de *capis*), petite coupe : Prisc. 2, 251, 12.

căpĭdŭlum, *i*, n. (*caput* ?), capuchon, cape : P. Fest. 42, 6.

căpĭens, *tis*, part. de *capio* ‖ adj., *animal rationis capiens* Gell. 4, 1, 12, animal capable de raison.

căpillācĕus, *a, um* (*capillus*) ¶ 1 comme un cheveu : Plin. 12, 114 ¶ 2 fait avec des cheveux : Aug. *Civ.* 22, 8.

căpillāgo, *ĭnis*, f. (*capillus*), chevelure : Tert. *Anim.* 51, 3.

căpillāmentum, *i*, n. (*capillus*), chevelure : Plin. 16, 38 ‖ faux cheveux, perruque : Suet. *Cal.* 11 ‖ tigelle de plantes, filaments : Col. 4, 11, 1 ‖ rayures imitant les cheveux sur des pierres précieuses : Plin. 37, 28.

căpillāre, *is*, n., pommade pour les cheveux : Mart. 3, 82, 28.

căpillāris, *e* (*capillus*), qui concerne les cheveux : *capillaris arbor* P. Fest. 50, 12, arbre auquel était attachée la chevelure des vestales après leur consécration à Vesta ; *capillaris herba* Ps. Apul. *Herb.* 47, capillaire [plante].

căpillascō, *ĭs, ĕre, -, -* (*capillus*), intr., se couvrir de cheveux : Gloss. 4, 27, 27.

căpillātĭo, *ōnis*, f. (*capillatus*) ¶ 1 chevelure : Paul.-Nol. *Ep.* 23, 23 ¶ 2 trichiase, maladie de la vessie : Cael.-Aur. *Chron.* 5, 4, 60.

căpillātūra, *ae*, f. (*capillatus* ; fr. *chevelure*), arrangement de la chevelure : Tert. *Cult.* 2, 7, 2 ‖ rayures imitant les cheveux sur les pierres précieuses : Plin. 37, 190.

căpillātus, *a, um* (*capillus*), qui a des cheveux longs : *adulescens bene capillatus* Cic. *Agr.* 2, 59, jeune homme à la belle chevelure ; *vinum capillato diffusum consule* Juv. 5, 30, vin du temps des consuls à longue chevelure [vin très vieux] ; *capillata arbor* Plin. 16, 235, ⒞ capillaris ‖ fin, délié comme un cheveu : Plin. 19, 98 ‖ *capilliatior* Cic. *Agr.* 2, 13 ‖ subst. m. **a)** prêtre de Cybèle : CIL 6, 2262 **b)** pl., jeunes nobles : Cassiod. *Var.* 4, 49 ‖ **Capillāti**, *ōrum*, m. pl., les Chevelus (Ligures des Alpes-Maritimes) : Plin. 3, 135.

căpillĭtĭum, *ii*, n. (*capillus*), chevelure : Apul. *M.* 2, 2 ; Capel. 2, 181.

căpillor, *ōris*, m., sorte d'augure tiré d'un arbre consacré à Jupiter tonnant : Serv. *En.* 10, 443.

căpillōsus, *a, um* (*capillus*), garni de cheveux : Cass. Fel. 5 ‖ rempli de filaments, filamenteux : Cael.-Aur. *Chron.* 5, 4, 67.

căpillus, *i*, m. (cf. *caput* ? ; fr. *cheveu*), cheveu, chevelure : [sg. collectif] *capillus promissus* Caes. G. 5, 14, cheveux longs ; [pl.] *compti capilli* Cic. *Pis.* 25, cheveux bien peignés ‖ poil de la barbe : Suet. *Ner.* 1 ‖ poil des animaux : Col. 9, 10, 1 ‖ filet de l'étamine : Plin. 21, 33 ‖ *capillus Veneris* Ps. Apul. *Herb.* 47, capillaire [plante].

1 **căpĭō**, *ĭs, ĕre, cēpī, captum* (cf. κάπτω, alb. *kam*, al. *heben, haben, heften*, an. *have* ; it. *capire*), tr.

I ¶ 1 "prendre, saisir", *locum* "atteindre" ¶ 2 "percevoir" ¶ 3 "choisir" ¶ 4 "s'emparer de, s'approprier", "capturer", *captus* "prisonnier", "dérober", "captiver" ¶ 5 "s'emparer de [sentiment] ¶ 6 [pass.] "être saisi", "charmé", "abusé par", *mente captus* "en délire", *oculis captus* "privé de la vue" ¶ 7 "obtenir, recevoir".
II ¶ 1 "contenir, renfermer" ¶ 2 "comporter" ¶ 3 "embrasser, concevoir". ¶ 4 [chrét.] *capit* "il est permis, il est possible".

I ¶ 1 prendre, saisir : *cape saxa manu* Virg. *G.* 3, 420, prends des pierres dans ta main ; *clipeum* Virg. *En.* 10, 242, prendre son bouclier ; *cibum potionemque* Liv. 24, 16, 13, prendre la nourriture et la boisson (= manger et boire) ; *ab igne ignem* Cic. *Off.* 1, 52, prendre du feu au feu ‖ *collem* Caes. *G.* 7, 62, 8, prendre, occuper une colline ; *montem* Caes. 1, 25, 6, une montagne ‖ atteindre : *insulam* Caes. *G.* 4, 26, 5 ; *portus* Caes. 4, 36, 4, atteindre l'île, les ports ; *locum* Caes. *G.* 5, 23, 4, prendre terre ; *terras capere videntur (cycni)* Virg. *En.* 1, 395, (ces cygnes) vous les voyez gagner la terre ‖ acquérir [une propriété par la possession prolongée, ou usucapion] : *per longum tempus dominium (rem) capere* Dig. 39, 2, 15, 16, acquérir la propriété par la possession de longue durée ¶ 2 [fig.] *eum sonitum aures hominum capere non possunt* Cic. *Rep.* 6, 1, ce bruit, les oreilles humaines ne peuvent le percevoir ; *misericordiam* Cic. *Quinct.* 97, prendre pitié [se laisser attendrir] ; *patrium animum virtutemque capiamus* Cic. *Phil.* 3, 29, prenons (ressaisissons) le courage et la vertu de nos pères ; *deorum cognitionem* Cic. *Nat.* 2, 140, prendre une connaissance de la divinité ; *fugam* Caes. *G.* 7, 26, 3, prendre la fuite ; *tempus ad te adeundi capere* Cic. *Fam.* 11, 16, 1, saisir l'occasion de t'aborder, cf. Liv. 3, 9, 7 ; 26, 12, 15 ; Tac. *H.* 4, 34 ; *augurium ex arce* Liv. 10, 7, 10, prendre les augures du haut de la citadelle ; *consilium* Cic. *Verr. prim.* 32, adopter un conseil [mais aussi "prendre une résolution", v. *consilium*] ; *ex aliqua re documentum capere* Cic. *Phil.* 11, 5, tirer d'une chose un enseignement ; *specimen naturae ex optima quaque natura* Cic. *Tusc.* 1, 32, prendre (tirer) le type d'un être dans (de) ce qu'il y a de plus parfait parmi ces êtres ; *conjecturam ex facto ipso* Cic. *Inv.* 2, 16, tirer la conjecture du fait lui-même ; *a Bruto exordium* Cic. *Phil.* 5, 35, commencer par Brutus ‖ *consulatum* Cic. *Pis.* 3, gagner, obtenir le consulat ; *cepi et gessi maxima imperia* Cic. *Fam.* 3, 7, 5, j'ai obtenu et exercé les plus hautes fonctions ; *honores* Nep. *Att.* 6, 2 (Sall. *J.* 85, 18) obtenir les magistratures (mais *lubido rei publicae capiundae* Sall. C. 5, 6, désir de s'emparer du gouvernement) ; *rursus militiam capere* Tac. *H.* 2, 97, reprendre du service ¶ 3 prendre, choisir : *locum castris idoneum* Caes. *G.* 5, 9, 1, choisir un emplacement favorable pour camper ; *anfractum longiorem* Nep. *Eum.* 9, 6, choisir (prendre) un détour plus long ; *tabernaculum vitio captum* Cic. *Nat.* 2, 11, emplacement de la tente augurale mal choisi; **Veios sedem belli capere** Liv. 4, 31, 8, choisir Véies comme siège des opérations; **sedem ipsi sibi circa Halyn flumen cepere** Liv. 38, 16, 13, ils choisirent eux-mêmes pour s'installer les bords du fleuve Halys ¶ **4** prendre, s'emparer de, s'approprier :[avec abl., question *unde*] **signum Carthagine captum** Cic. Verr. 4, 82, statue prise à Carthage (sur les Carthaginois) ‖ [avec prép.] **ex Macedonia** Cic. Verr. 4, 129, prendre en Macédoine; **de praeda hostium** Cic. Verr. 4, 88, prendre sur le butin des ennemis; **capere aliquid ex hostibus** Cic. Inv. 1, 85; Liv. 5, 20, 5; **de hostibus** Cat. Orat. 173, 12; Liv. 26, 34, 12, prendre qqch. aux ennemis (sur les ennemis); **agros ex hostibus** Caes. C. 3, 59, 2, prendre des terres aux ennemis; **Caenonem ab Antiatibus** Liv. 2, 63, 6, prendre Cénon aux Antiates ; **(tabula picta) ab hostibus victis capta atque deportata** Cic. Verr. 5, 127, (tableau) pris et enlevé aux ennemis vaincus (mais **classis a praedonibus capta et incensa est** Cic. Verr. 5, 137, la flotte fut prise et incendiée par les pirates); **urbem vi copiisque capere** Cic. Verr. 4, 120, prendre une ville de vive force, avec des troupes (**vi, copiis, consilio, virtute** Cic. Verr. 1, 56, par la force, avec une armée, en même temps que par l'habileté tactique et la valeur personnelle) ‖ **cotidie capitur urbs nostra** Liv. 29, 17, 16, c'est chaque jour comme une prise de notre ville (= on la traite en ville prise); **sexennio post Veios captos** Cic. Div. 1, 100, six ans après la prise de Véies ‖ prendre, capturer, faire prisonnier qqn : **a praedonibus capti** Cic. Verr. 5, 72, pris par les pirates; [avec abl. question *unde*] **Corfinio captus** Caes. C. 1, 34, 1; **captus Tarento** Cic. Brut. 72, fait prisonnier à Corfinium, à Tarente ‖ **in acie capere aliquem** Cic. Off. 3, 114, faire prisonnier qqn dans la bataille ‖ [fig.] **oppressa captaque re publica** Cic. Dom. 26, en opprimant et asservissant la république, cf. Sest. 52; 112 ‖ [d'où le part. pris subst'] **captus, ī,** m., ▶ *captivus*, prisonnier : Cic. Off. 2, 63; Caes. C. 2, 32, 9; Nep. Alc. 5, 6; Liv. 9, 7, 10‖ [prendre des oiseaux] Cic. Nat. 2, 129; [des poissons] Cic. Off. 3, 58; [les urus au moyen de fosses, de trappes] Caes. G. 6, 28, 3‖ prendre, dérober qqch. : **fures earum rerum quas ceperunt signa commutant** Cic. Fin. 5, 74, les voleurs changent les marques des objets qu'ils ont dérobés ‖ [fig.] prendre qqn, le surprendre, avoir raison de lui, le battre : **cum obsignes tabulas clientis tui, quibus in tabellis id sit scriptum quo ille capiatur** Cic. de Or. 1, 174, du moment que tu signes les actes pour ton client, des actes où figure une clause bonne pour le faire condamner ; **in capiendo adversario versutus** Cic. Brut. 178, habile à envelopper l'adversaire ‖ prendre, captiver, gagner : **magis specie capiebat homines quam dicendi copia** Cic. Brut. 224, par l'allure extérieure il avait prise sur la foule plutôt que par la richesse de son éloquence; **nomine nos capis summi viri** Cic. Brut. 295, c'est par le nom d'un homme éminent que tu forces notre assentiment; **aures capere** Cic. Or. 170, captiver les oreilles; **sensus** Cic. Nat. 2, 146, captiver les sens ¶ **5** qqch. s'empare de qqn :[affection] **qui (eo animo) esse poteris nisi te amor ipse ceperit?** Cic. Fin. 2, 78, comment pourras-tu avoir ces sentiments, si l'affection elle-même ne s'est pas d'abord emparée de toi; [crainte] Sall. J. 85, 47; Liv. 10, 35, 3; [colère, pitié] Liv. 21, 16, 2; [honte] Liv. 24, 42, 9; [crainte religieuse] Liv. 28, 15, 11; [oubli] Cic. Mil. 99; [sommeil] Sall. J. 71, 2 ¶ **6** au pass., être pris (saisi) par qqch. : **misericordia captus** Cic. de Or. 2, 195, saisi de pitié ; **pravis cupidinibus** Sall. J. 1, 4, possédé par des passions mauvaises ; **formidine** Virg. En. 2, 384, en proie à l'effroi; **vana religione** Curt. 4, 10, 7, en proie à de vaines craintes religieuses; **somno** Sall. J. 99, 2, saisi par le sommeil ‖ être séduit, charmé : **facetiis** Cic. Fam. 9, 15, 2, par les plaisanteries (cf. **oculis captus** Cic. Verr. 4, 101, séduit par le moyen des yeux, par la vue, ▶ oculis captus " privé de la vue "); **voluptate** Cic. Leg. 1, 31, par le plaisir; **dignitate hujus sententiae capitur** Cic. Tusc. 5, 31, la beauté de cette pensée le séduit ‖ être gagné, entraîné, abusé : **eodem errore captus** Cic. Phil. 12, 6, abusé par la même erreur; **hac ratione capi** Caes. G. 1, 40, 9, être abusé par ce calcul ; **dolis capiebantur** Sall. C. 14, 5, ils étaient gagnés par ses artifices ‖ [abs'] **cavere, ne capiatur** Cic. Ac. 2, 66, [la supériorité du sage est] de prendre garde de se laisser surprendre ; **uti ne propter te fidemve tuam captus fraudatusve sim** Cic. Off. 3, 70, pour que ni par toi ni par ta garantie je ne sois abusé ni fraudé ‖ **mente captus,** pris du côté de l'intelligence, aliéné, en délire : Cic. Cat. 3, 31; Pis. 47; Off. 1, 94; **captus animi** Tac. H. 3, 73, hébété; **velut mente captā vaticinari** Liv. 39, 13, 12, rendre des oracles comme en proie au délire prophétique ‖ **membris omnibus captus** Cic. Rab. perd. 21, pris de tous ses membres (paralysé); **oculis et auribus** Cic. Tusc. 5, 117, privé de la vue et de l'ouïe ¶ **7** obtenir, recueillir, recevoir : **Olympionicarum praemia** Cic. Inv. 2, 144, recevoir la récompense des vainqueurs aux jeux Olympiques; **donum** Cic. Leg. 3, 11, recevoir un présent; **hereditatem** Cic. Caecin. 102, un héritage; **capit ex suis praediis sescena sestertia** Cic. Par. 49, il retire 600000 sesterces de ses domaines; **stipendium jure belli** Caes. G. 1, 44, 2, percevoir un tribut par le droit de la guerre; **benevolentia capitur beneficiis** Cic. Off. 2, 32, la bienveillance se gagne par les bienfaits; **gloriam** Cic. Lae. 25, recueillir de la gloire; **laetitiam memoria rei** Cic. Fin. 2, 96, trouver de la joie dans le souvenir d'une chose; **utilitatem ex belua** Cic. Nat. 1, 101, tirer parti d'une bête ‖ **dolorem** Cic. Att. 11, 21, 1, éprouver de la douleur; **infamiam** Cic. Verr. 5, 40, encourir le discrédit; **molestiam ex aliqua re** Cic. Sull. 1, ressentir du chagrin de qqch.; **calamitatem** Cic. Div. 1, 29, éprouver un malheur [un désastre]; **desiderium e filio** Cic. CM 54, ressentir du regret de l'absence de son fils ‖ [droit] recevoir qqch. légalement, avoir la capacité juridique pour recevoir [en part. pour les héritages] : **Paetus mihi libros donavit; cum mihi per legem Cinciam licere capere Cincius diceret, libenter dixi me accepturum** Cic. Att. 1, 20, 7, Pétus m'a offert en cadeau des livres ; Cincius me déclarant que la loi Cincia me permettait de les prendre, j'ai répondu que je les recevrais avec plaisir; Cic. Leg. 2, 48; 2, 49; 2, 51; 2, 52; [abs'] **capere non potes** Quint. 5, 14, 16, tu n'as pas capacité d'hériter; **usu capere,** V. ▶ *usus*.

II ¶ **1** contenir, renfermer: **tabulae nomina illorum capere non potuerunt** Cic. Phil. 2, 16, les registres ne purent contenir leurs noms, cf. Agr. 2, 59; Verr. 4, 7; Off. 1, 54; **capere ejus amentiam provinciae, regna non poterant** Cic. Mil. 87, les provinces, les royaumes étrangers ne pouvaient contenir sa démence (fournir à sa démence un théâtre suffisant); **gloriam, quae vix caelo capi posse videatur** Cic. Phil. 2, 114, une gloire telle que le ciel semble à peine pouvoir la contenir; **est ille plus quam capit** Sen. Ep. 47, 2, celui-là mange au-delà de sa capacité; **itaque orientem (fortunam) tam moderate tulit, ad ultimum magnitudinem ejus non cepit** Curt. 3, 12, 20, aussi, après avoir supporté avec tant de modération sa fortune naissante, à la fin il n'en put contenir la grandeur [il en fut grisé] ‖ **nec te Troja capit** Virg. En. 9, 644, Troie ne peut plus te contenir [= ne te suffit plus]; **vires populi Romani, quas vix terrarum capit orbis** Liv. 7, 25, 9, la puissance romaine, que l'univers suffit à peine à contenir ¶ **2** renfermer dans sa capacité, comporter: **capit hoc natura, quod nondum ulla aetas tulit** Sen. Ben. 3, 32, 6, la nature renferme dans ses possibilités ce fait qu'aucun âge encore n'a produit; **metire aetatem tuam; tam multa non capit** Sen. Ep. 88, 41, mesure la durée de ton existence; elle n'est pas faite pour contenir tant de choses; **dum, quicquid mortalitas capiebat, impleret** Curt. 8, 3, 7, jusqu'à ce qu'il eût accompli tout ce dont un mortel était capable; **temet ipsum ad ea serva, quae magnitudinem tuam capiunt** Curt. 9, 6, 14, conserve-toi toi-même en vue des actions qui sont à la mesure de ta grandeur; **(promissa) quanta ipsius fortuna capiebat** Curt. 5, 4, 12, (des promesses) aussi grandes que la position de cet homme les comportait; **aetates nondum rhetorem capientes** Quint. 1, 9, 2, les âges qui ne sont pas encore faits pour l'enseignement du rhéteur ‖ **contio capit om-**

capio

nem vim orationis Cic. de Or. 2, 334, l'assemblée du peuple comporte (admet) tout le déploiement de l'éloquence ¶ **3** embrasser, concevoir: *(ista) non capiunt angustiae pectoris tui* Cic. Pis. 24, ton âme étroite n'est pas à la mesure de ces sentiments; *tam magna, ut ea vix cujusquam mens capere possit* Cic. Marc. 6, de si grandes choses que l'intelligence d'un homme peut à peine les concevoir; *(docet) nostram intellegentiam capere, quae sit et beata natura et aeterna* Cic. Nat. 1, 49, (il montre) que notre intelligence conçoit l'idée d'un être à la fois heureux et éternel; *majus laetiusque quam quod mente capere possent* Liv. 27, 50, 7, [succès] trop important et trop réjouissant pour que l'on pût s'en faire l'idée; *qui ex regibus (senatum) constare dixit, unus veram speciem Romani senatus cepit* Liv. 9, 17, 14, celui qui a dit du sénat romain que c'était une assemblée de rois en a par excellence perçu la véritable image. ¶ **4** [tard.] *capit* [impers.] il est admis, il est permis, il est possible: *intelligi capit* Tert. Marc. 3, 6, 9, on peut comprendre.

▶ arch. *capso = cepero* Pl. Bac. 712; *capsit = ceperit* Pl. Ps. 1022; Acc. Tr. 454 (v. P. Fest. 50, 9); *capsimus = ceperimus* Pl. Ru. 304 ‖ *capsis* est expliqué par *cape si vis* Cic. Or. 154 (v. Quint. 1, 5, 66) ‖ *cepet = cepit* CIL 3, 14203.

2 **căpĭo**, ōnis, f. (*capere*), action de prendre possession: Gell. 5, 10, 3; Dig. 41, 1, 48, 1 ‖ [en part.] ***usus capio***, v. *usucapio*.

căpis, ĭdis, f. (de σκαφίς), coupe à une anse utilisée dans les sacrifices: Varr. L. 5, 121; Liv. 10, 7, 10.

Capisa, ae, f., ville d'Asie, près de l'Indus: Plin. 6, 92.

Capisēnē, ēs, f., pays voisin de Capisa: Plin. 6, 92.

căpissō, ĭs, ĕre, -, -, v. *capesso* ▶.

căpistellum, i, n. (dim. de *capistrum*), licou: Diocl. 10, 6.

căpistērĭum, ĭi, n. (σκαφιστήριον), crible (van) [pour nettoyer les grains]: Col. 2, 9, 11.

căpistrārĭus, ĭi, m. (*capistrum*), fabricant de muselières: CIL 12, 4466.

căpistrō, ās, āre, -, ātum (*capistrum*; esp. *cabestrar*), tr., mettre une muselière, un licou: Ov. H. 2, 80 ‖ lier la vigne, attacher des arbres: Col. 11, 2, 95.

căpistrum, i, n. (de *capio*?; fr. *chevêtre*), muselière, licol, bâillon: Varr. R. 2, 6, 4; Virg. G. 3, 188; Ov. M. 10, 125 ‖ [fig.] *maritale capistrum* Juv. 6, 43, la muselière conjugale ‖ lien à attacher la vigne: Col. 4, 20, 3 ‖ courroie adaptée au pressoir: Cat. Agr. 12.

căpĭtăl, ālis, n. (*capitalis*) ¶ **1** crime capital: *capital facere* Pl. Merc. 611, commettre un crime capital; *capitalia vindicare* Cic. Leg. 3, 6, punir les crimes capitaux ‖ *capital est* [avec inf.] c'est un crime capital de: Liv. 24, 37, 9; Sen. Ben. 4, 38, 2; Curt. 8, 9, 34; Plin. 12, 63; 18, 12; [formules de lois] *si servus... fecerit, ei capital (esto)* Dig. 47, 21, 3, 1, si un esclave a fait..., que ce soit pour lui un crime capital Cic. Inv. 2, 96; *qui non paruerit, capital esto* Cic. Leg. 2, 21, pour qui n'aura pas obéi, crime capital ‖ **căpĭtăle**, Tac. Agr. 2; Quint. 9, 2, 67 [au lieu de *capital*] ¶ **2** bandeau des prêtresses dans les sacrifices: Varr. L. 5, 130; P. Fest. 49, 24.

căpĭtāle, is, n. ¶ **1** v. 1 *capital* ¶ **2** oreiller: Gloss. 5, 353, 23.

Căpĭtālĭa, n. pl., nom donné à une montagne de l'Inde: Plin. 6, 74.

căpĭtālis, e (*caput*; fr. *cheptel*) ¶ **1** qui concerne la tête, capital [c.-à-d., suivant les cas, qui entraîne la mort (peine de mort), ou seulement la mort civile]: *poena capitalis* Liv. 6, 4, 5, peine capitale; *res capitalis* Cic. Verr. 2, 68, affaire capitale; *fraus capitalis* Cic. de Or. 1, 232, crime capital; *crimen capitale* Cic. Verr. 5, 23, accusation capitale; *triumviri capitales* Cic. Or. 156, les triumvirs (commissaires) aux affaires capitales, cf. Liv. 25, 1, 10; 39, 14, 10 ¶ **2** [fig.] mortel, fatal, funeste: *capitalis hostis* Cic. Cat. 2, 3, ennemi mortel; *nulla capitalior pestis quam* Cic. CM 39, pas de fléau plus funeste que; *capitale odium* Cic. Lae. 2, haine mortelle; *capitalis oratio* Cic. Off. 2, 73, discours fatal; *ira* Hor. S. 1, 7, 13, colère mortelle ‖ [chrét.] *capitale delictum* Tert. Pud. 19, 20, péché mortel ¶ **3** capital, qui tient la tête, qui est le principal: *Siculus ille capitalis... paene pusillus Thucydides* Cic. Q. 2, 11, 4, quant au Sicilien [Philistus], c'est un écrivain de premier ordre... presque un Thucydide au petit pied, cf. Ov. F. 3, 839; Plin. 29, 18.

▶ arch. *caputalis res* S. C. Bacch. = CIL 1, 581, 25.

căpĭtālĭtĕr, adv. (*capitalis*), en menaçant la vie: *capitaliter lacessere aliquem* Plin. Ep. 1, 5, 4, intenter à qqn un procès capital ‖ en frappant de mort: *capitaliter animadvertere* Veg. Mil. 2, 22, punir de mort ‖ avec acharnement: Amm. 21, 16, 11.

căpĭtānĕus, a, um (*caput*), *capitaneae litterae* Grom. 362, 30, lettres capitales; *capitanei versus* Cassiod. Psalm. 135 pr., les premières lignes.

căpĭtārĭum aes (*caput*, *aes*; cf. *capitatio*), impôt levé par tête: P. Fest. 57, 22.

căpĭtātim, c. *capitulatim*: Serv. G. 2, 177.

căpĭtātĭo, ōnis, f. (*caput*), capitation, impôt par tête: *capitatio plebeia* Dig. 50, 4, 18, 29, taxe personnelle [sur les non-propriétaires fonciers]; *capitatio humana* Cod. Th. 11, 20, 6 pr., taxe [payée par les propriétaires fonciers] pour chaque tête de travailleur [esclaves et colons]; *capitatio animalium* Cod. Th. 10, 20, 6 pr., taxe sur le cheptel.

căpĭtātus, a, um (*caput*), qui a une grosse tête: Lucil. 72; Varr. R. 2, 9, 15 ‖ [en parl. de plantes] Plin. 19, 105; Col. 5, 5, 9.

căpĭtellum, i, n. (dim. de *capitulum*, cf. Varr. L. 8, 79; it. *capitello*, esp. *caudillo*, fr. *cadeau*), tête, extrémité: Veg. Mul. 2, 17, 2; Cass. Fel. 44 ‖ chapiteau de colonne: Isid. 15, 8, 15 ‖ [chrét.] verset initial [d'un psaume]: Greg.-Tur. Vit. Patr. 6, 7.

căpĭtĭlăvĭum, ĭi, n. (*caput*, *lavo*), lotion de la tête à l'enfant nouveau-né: Isid. 6, 18, 14.

Căpĭtīnus, a, um, de Capitium [Sicile] Atlas XII, G4: Cic. Verr. 3, 103.

căpĭtĭum, ĭi, n. (*caput*; fr. *chevet*), vêtement de femme qui couvre la poitrine: Varr. L. 5, 131 ‖ cape qui couvre la tête: Non. 542, 25 ‖ ouverture supérieure de la tunique: Laber. Com. 62; Gloss. 5, 617, 40.

1 **căpĭto**, ōnis, m. (*caput*; fr. *chevesne*) ¶ **1** qui a une grosse tête: Cic. Nat. 1, 80 ‖ épithète donnée aux parasites: Pl. Pers. 60 ¶ **2** muge ou chabot [poisson de mer]: Cat. Agr. 158, 1 ‖ chevesne [poisson]: Aus. Mos. 85.

2 **Căpĭto**, ōnis, m., surnom des Ateius, des Fonteius: Tac. An. 3, 75; H. 1, 7.

Căpĭtōlĭăs, ădis, f., ville de Coelé-Syrie: Anton. 196 ‖ adj. f., de Capitolias: CIL 6, 210.

1 **Căpĭtōlīnus**, a, um, Capitolin, du Capitole, v. *clivus* Atlas III A; II: *Juppiter Capitolinus* Cic. Verr. 4, 66, Jupiter Capitolin; *ludi Capitolini* Liv. 5, 50, 4, jeux Capitolins [célébrés en l'honneur de Jupiter]; *dapes Capitolinae* Mart. 12, 48, festin servi à Jupiter dans la cérémonie du lectisternium; *Capitolina quercus* Juv. 6, 387, couronne de chêne, prix du vainqueur dans les jeux Capitolins [institués par Domitien] ‖ **-līni**, ōrum, m. pl., prêtres chargés de la célébration des jeux Capitolins: Cic. Q. 2, 5, 2.

2 **Căpĭtōlīnus**, i, m., surnom des Quinctius, des Manlius: Liv. 3, 12, 2; not[t] M. Manlius Capitolinus, qui sauva le Capitole: Liv. 5, 31, 2 ‖ Jules Capitolin, un des auteurs de l'Histoire Auguste.

Căpĭtōlĭum, ĭi, n. (*caput*), le Capitole [une des sept collines de Rome sur laquelle était bâti le temple de Jupiter Capitolin]: Varr. L. 5, 41; Liv. 5, 54, 6; Cic. Verr. 4, 129 ‖ nom donné par d'autres villes à leurs citadelles ou à leurs temples les plus magnifiques: Suet. Tib. 40; Cal. 57.

căpĭtŭlāni, ōrum, m. pl., c. *capitularii*: Symm. Ep. 9, 10, 2.

căpĭtŭlāre, is, n. ¶ **1** coiffure, capuchon, c. 2 *capitulum*: Isid. 19, 31, 3 ¶ **2** [chrét.] écrit important, recueil d'instructions: Greg.-M. Ep. 13, 19.

căpĭtŭlārĭus, a, um (*capitulum*), qui concerne les collecteurs d'impôts: Cod. Th. 11, 16, 14 ‖ **căpĭtŭlārĭi**, ōrum, m. pl. **a)** collecteurs d'impôts: Cass. Var. 10,

28 **b)** officiers recruteurs : Cod. Th. 6, 35, 3.

căpĭtŭlātim, adv. (*capitulum*), sommairement : Nep. *Cat.* 3, 4 ; Plin. 2, 55.

căpĭtŭlātus, *a, um* (*capitulum*), qui a une petite tête : *capitulatus surculus* Plin. 17, 21, 156, crossette, branche qui garde un peu du bois de l'année précédente ; *capitulatae costae* Cels. 8, 1, 14, côtes qui ont une tête [arrondies à l'une des extrémités].

căpĭtŭlum, *i*, n. (dim. de *caput* ; it. *capecchio*) ¶ **1** petite tête, tête : *operto capitulo bibere* Pl. *Curc.* 293, boire la tête couverte ∥ homme, individu [langue de la comédie] : Pl. *As.* 496 ; *capitulum lepidissimum* Ter. *Eun.* 531, la plus délicieuse des créatures ¶ **2** [métaph^t] coiffure, capuchon : Isid. 19, 31, 3 [ou] cape : Non. 542, 30∥ *capitulum cepae* Col. 11, 3, 15, tête d'oignon ∥ [archit.] chapiteau : Vitr. 3, 3, 12 ∥ [méc.] cadre [de la baliste ou de la catapulte, pièce qui renferme les ressorts] : Vitr. 1, 1, 8 ∥ partie saillante arrondie : Varr. *R.* 3, 5, 10 ∥ chapitre, division d'un ouvrage : Tert. *Nat.* 1, 18, 1∥ article, titre d'une loi : Cod. Just. 5, 37, 28∥ recrutement : Cod. Th. 11, 16, 15.
▶ *capitulus* m. Ps. Cypr. *Pasch.* 15.

▶ **Căpĭtŭlum**, *i*, n., ville de Latium [Piglio] : Plin. 3, 63 ∥ **-tŭlenses**, *ĭum*, m. pl., habitants de Capitulum : Dig. 50, 15, 7.

căpītum, *i*, n. (καπητόν), fourrage, nourriture des animaux : Amm. 22, 4, 9 ; Cod. Th. 7, 4, 7.

căplātŏr, sync. pour *capulator* : CIL 10, 5917.

căplŏfurca, *ae*, f. (*capulus, furca*), fourche du timon : Diocl. 15, 24.

căplum, *i*, n., sync. pour *capulum*, corde : Gloss. 5, 614, 8.

apnĭas, *ae* (καπνίας), m., sorte de jaspe brun : Plin. 37, 118 ∥ espèce de chrysolithe enfumée : Plin. 37, 128.

apnĭos, f. (κάπνιος), espèce de vigne aux raisins d'un noir de fumée : Plin. 14, 39.

apnītĭs, *ĭdis*, f. (καπνῖτις), sorte de jaspe brun, ▶ *capnias* : Plin. 37, 151 ∥ tutie ou oxyde de zinc : Plin. 34, 101.

apnŏs, *i*, f. (καπνός), fumeterre [plante] : Plin. 25, 155.

apō, *ōnis*, m. (cf. *capus* ; fr. chapon), chapon : Mart. 3, 58, 38, cf. Char. 103, 26.

Capori, ▶ *Copori* : Plin. 4, 111.

Capotēs, *ae*, m., montagne de la Grande Arménie : Plin. 5, 83.

▶ **cappa**, n. indécl. (κάππα), lettre de l'alphabet grec : Isid. 16, 27.

▶ **cappa**, *ae*, f. (*caput* ?; fr. *chappe*), chappe, capuchon : Isid. 19, 31, 3.

▶ **Cappa**, *ae*, f., ville de Bétique : Plin. 3, 15.

Cappădŏcĭa, *ae*, f., la Cappadoce [province centrale de l'Asie Mineure] Atlas I, D6; IX, C3 : Cic. *Agr.* 2, 55 ∥ **-cĭus (-cus)**, *a*, *um*, de Cappadoce : Col. 11, 3, 26 ; 10, 184.

Cappădox, *ŏcis*, m., rivière d'Asie, qui donne son nom à la Cappadoce : Plin. 6, 9∥ adj. m. f., de Cappadoce : Cic. *Sen.* 14 **Cappadoces**, m. pl., Hor. *Ep.* 1, 6, 39, Cappadociens.

cappae, ▶ *campae* : P. Fest. 38, 15.

cappăra, *ae*, f. (cf. *capparis* ?), pourpier [plante] : Ps. Apul. *Herb.* 103.

cappări, n. indécl. (κάππαρις), câpre, fruit du câprier : Cels. 4, 16, 4 ; Plin. 13, 127.

cappăris, *is*, f. (κάππαρις ; it. *cappero*) ¶ **1** câprier [arbrisseau] : Plin. 15, 117 ¶ **2** fruit du câprier, câpre : Pl. *Curc.* 90 ; Cels. 2, 18, 3 ; Mart. 37, 7.

căpra, *ae*, f. (*caper* ; fr. chèvre), chèvre : Cic. *Lae.* 62 ∥ la Chèvre [étoile de la constellation du Cocher] : Hor. *O.* 3, 7, 6 ∥ surnom d'un homme aux cheveux hérissés : Suet. *Cal.* 50 ∥ *olidae caprae* Hor. *Ep.* 1, 5, 29, l'odeur forte des aisselles [m. à m. les chèvres puantes]∥ **Caprae Palus** Liv. 1, 16, 1, le marais de la Chèvre [endroit où Romulus disparut et où s'éleva plus tard le Cirque Flaminius] ∥ **Căpra**, surnom des Annius : Varr. *R.* 2, 1, 10.

căprāgĭnus (căprūg-), de chevreuil : Macr. *Sat.* 3, 13, 12.

caprāgo, *ĭnis*, f., espèce d'euphorbe : Ps. Apul. *Herb.* 108.

Caprārĭa, *ae*, f. ¶ **1** île de la Méditerranée, près de la Corse : Plin. 3, 81 ¶ **2** île voisine des Baléares Atlas IV, C4 : Plin. 3, 78 ¶ **3** une des îles Fortunées : Capel. 6, 702∥ **-riensis**, *e*, de Caprarie [près des Baléares] : Plin. 34, 164.

caprārĭus, *a, um* (*capra* ; fr. chevrier), de chèvre, qui concerne les chèvres : Solin. 1, 97∥ subst. m., chevrier : Varr. *R.* 2, 3, 10.

1 **Caprāsĭa**, *ae*, f. ¶ **1** île près de la Corse Atlas XII, D2; V, F4 : Varr. *R.* 2, 3, 3 ; ▶ *Capraria* ¶ **2** nom d'une des embouchures du Pô : Plin. 3, 120.

2 **Caprāsĭa**, *ōrum*, n. pl., ville du Bruttium : Peut. 6, 1.

Caprātīnae, ▶ *Caprotinae* : CIL 4, 1555.

căprĕa, *ae*, f. (*capra*), chèvre sauvage, chevreuil : Hor. *O.* 3, 15, 12 ∥ [prov.] *jungere capreas lupis* Hor. *O.* 1, 33, 8, croiser les chèvres avec les loups [pour marquer une chose impossible] ∥ **Capreae palus** Ov. *F.* 2, 491 ; ▶ *Caprae palus*, ▶ *capra*.

Căprĕae, *ārum*, f. pl., Caprée [île de la mer Tyrrhénienne, auj. Capri] Atlas XII, E4 : Tac. *An.* 4, 67 ∥ **-ĕensis** ou **-ensis**, *e*, de Caprée : Suet. *Tib.* 43.

căprĕāgĭnus, *a, um*, de la race des chèvres : Pl. *Ep.* 18.

căpreīda, *ae*, f., chèvrefeuille (?) : Cat. *Agr.* 122.

căprĕŏla, *ae*, f. (dim. de *caprea*), gazelle : Ambr. *Psalm.* 118, 6, 12.

căprĕŏlātim, adv. (*capreolus*), à la manière des tendrons de la vigne : Apul. *M.* 11, 22.

căprĕŏlīnus, *a*, *um* (*capreolus*), de chevreuil : Gloss. 3, 551, 48.

căprĕŏlus (-rĭŏlus, Gloss. 3, 582, 5), *i*, m. (dim. de *caprea* ; it. *capriolo*, fr. *chevreuil*) ¶ **1** jeune chevreuil : Virg. *B.* 2, 41 ¶ **2** binette [instrument de labour] : Col. 11, 3, 46 ¶ **3** vrille de la vigne : Varr. *R.* 1, 31, 4 ¶ **4** [archit., méc.] pièce de bois employée obliquement [arbalétrier ou chevron] : Vitr. 10, 14, 2 ; Caes. *C.* 2, 10, 3 ∥ contrefiche : Vitr. 4, 2, 1 ; 10, 10, 4.

căprĕus, *a, um*, de chèvre : Prisc. 2, 112, 16.

Caprĭcornus, *i*, m. (*caper, cornu*), le Capricorne [signe du zodiaque] : Cic. *Arat.* 91 ; Hor. *O.* 2, 17, 20.

căprĭfĭcātĭō, *ōnis*, f. (*caprifico*), caprification [procédé pour hâter la maturité des figues en les faisant piquer par une espèce de moucherons] : Plin. 15, 81 ; 17, 254.

căprĭfĭcō, *ās*, *āre*, -, - (*caprificus*), tr., faire mûrir les figues par la caprification : Plin. 16, 114.

căprĭfĭcus, *i*, f. (*caper, ficus* ; it. *caprifico*), figuier sauvage : Hor. *Epo.* 5, 17 ∥ les dons naturels qui demandent à se produire au-dehors avec la même force que le figuier sauvage qui pousse n'importe où irrésistiblement : Pers. 1, 25 ∥ figue sauvage : Col. 11, 2, 56.

căprĭgĕnus, *a, um* (*capra, geno*), de chèvre : Pacuv. d. Macr. *Sat.* 5, 6, 5 ; Virg. *En.* 3, 221∥ subst. m. pl., les satyres, gén. pl. *caprigenum* Acc. *Tr.* 544.

căprīlis, *e* (*caper* ; it. *caprile*), de chèvre : Varr. *R.* 2, 3, 3 ∥ **căprīle**, *is*, n., étable à chèvres : Varr. *R.* 2, 3, 8.

căprĭmulgus, *i*, m. (*capra, mulgeo*) ¶ **1** qui trait les chèvres, chevrier : Catul. 22, 10 ¶ **2** engoulevent, oiseau nocturne qui passait pour téter les chèvres : Plin. 10, 115.

Căprīnĕus, *i*, m., nom donné à Tibère, parce qu'il affectionnait l'île de Caprée : Suet. *Tib.* 43.

căprīnus, *a, um* (*caper* ; it. *caprina*), de chèvre : Cat. *Agr.* 36 ; Varr. *R.* 2, 3, 1 ; Cic. *Nat.* 1, 82 ; *rixari de lana caprina* Hor. *Ep.* 1, 18, 15, se quereller pour des riens ∥ subst., **caprīna**, *ae*, f., chair de chèvre : Vop. *Prob.* 4, 6.

căprĭō, *ās*, *āre*, -, - (*caper*), tr., faire macérer : Anthim. 23.

căprĭŏla, căprĭŏlus, ▶ *capreo-*.

căprĭpēs, *ĕdis* (*capra, pes*), qui a des pieds de chèvre : Lucr. 4, 578 ; Hor. *O.* 2, 19, 4.

1 **căprĭus**, *a, um*, de chèvre : *caprius ficus* Grom. 352, 3, ▶ *caprificus*.

2 **Căprĭus**, *ĭi*, m., nom d'homme : Hor. *S.* 1, 4, 66.

capronae

căprōnae et **căprōneae**, *ārum*, f. pl. (*caper*), cheveux qui tombent sur le front : P. Fest. 42, 4 ; Apul. *Flor.* 3, 10.

Căprōtīna, *ae*, f., surnom de Junon : Macr. *Sat.* 1, 11, 36.

Căprōtīnae Nōnae, f., nones de juillet, pendant lesquelles se célébrait la fête de Junon Caprotine : Varr. *L.* 6, 18.

căprūgĭnus, ▶ *capraginus*.

căprŭlīnus, *a, um*, ▶ *capreolinus*, de chevreuil : Plin. Val. 5, 30.

căprunculum, *i*, n., sorte de vase de terre : P. Fest. 42, 13.

caprūnus, ▶ *caprigenus* : M.-Emp. 8, 198.

1 capsa, *ae*, f. (cf. *capio* ; κάψα, it. *cassa*, fr. *châsse* et *caisse*), boîte à livres, à papiers : Cic. *Caecil.* 51 ; Hor. *S.* 1, 4, 22 ‖ boîte, coffre pour conserver les fruits : Mart. 11, 8, 3.

2 Capsa, *ae*, f., ville de Byzacène [Gafsa] Atlas I, E3 ; VIII, B3 : Sall. *J.* 89, 4 ‖ **-senses**, *ium*, **-sĭtāni**, *ōrum*, m. pl., habitants de Capsa : Sall. *J.* 89, 6 ; Plin. 5, 30.

capsăcēs, *ae*, m. (καψάκης), cruche (fiole) à huile : Hier. *Ep.* 22, 32.

capsārăra, *ae*, f., femme qui garde les vêtements aux bains : CIL 6, 9233.

capsārārĭus, *ii*, m., ▶ 2 *capsarius* : CIL 6, 9232.

capsārīcĭus, *a, um* (*capsarius*), gardé par l'esclave préposé au vestiaire : Schol. Juv. 8, 168.

capsārĭum, *ii*, n. (*capsarius*), armoire à vêtements : Gloss. 3, 306, 17 ; ▶ *campsarium*.

capsārĭus, *ii*, m. (*capsa*) ¶ 1 esclave qui porte la boîte à livres des enfants qui vont à l'école : Suet. *Ner.* 36 ¶ 2 esclave qui garde les habits dans les bains publics : Paul. *Dig.* 1, 15, 5 ¶ 3 le fabricant de *capsae* : Gloss. 2, 338, 14.

capsella, *ae*, f. (dim. de *capsula*), petite boîte, petit coffre : Petr. 67, 9 ; Ulp. *Dig.* 33, 7, 12.

capsĭlāgo, *ĭnis*, f. (*capsa*), sorte de jusquiame [plante] : Plin. Val. 2, 28.

capsis, *it*, etc., ▶ *capio* ▶.

capsŭla, *ae*, f. (dim. de *capsa*), petite boîte, coffret : Catul. 68, 36 ; *de capsula totus* Sen. *Ep.* 115, 2, tiré à quatre épingles [qui a l'air de sortir d'un coffre à vêtements].

capsus, *i*, m. (*capsa* ; it. *casso*), chariot couvert, voiture fermée : Isid. 20, 12, 3 [en part.] la caisse, l'intérieur de cette voiture : Vitr. 10, 9, 2 ‖ sorte de cage : Vell. 1, 16, 2.

Capta, *ae*, f., surnom de Minerve : Ov. *F.* 3, 837.

captābĭlis, *e* (*capto*), ▶ *capax* : Boet. *Categ.* 1, p. 198 D.

captātēla, *ae*, f. (*capto*), action de prendre : Tert. *Pall.* 5, 1.

captātĭo, *ōnis*, f. (*capto*), action de chercher à saisir, à surprendre : *captatio verborum* Cic. *Part.* 81, chicane de mots ‖ recherche : Quint. 8, 3, 57 ‖ action de capter : *captatio testamenti* Plin. 20, 160, captation de testament ‖ feinte [terme d'escrime] : Quint. 5, 13, 54.

captātŏr, *ōris*, m. (*capto*), celui qui cherche à saisir, à surprendre qqch. : *captator aurae popularis* Liv. 3, 33, 7, appliqué à capter la faveur populaire ‖ captateur de testaments : Hor. *S.* 2, 5, 57 ; Juv. 10, 202 ‖ séducteur : Prud. *Perist.* 5, 19 ‖ [en parl. de choses] *captator macellum* Juv. 6, 40, provisions qui servent à séduire.

captātōrĭus, *a, um* (*captator*), captatoire : *captatoriae institutiones, scripturae* Dig. 28, 5, 69 ; 28, 30, 63, dispositions testamentaires par lesquelles on fait héritier celui qui nous prend nous-même comme héritier ‖ destiné à séduire : Aug. *Ord.* 1, 4, 10.

captātrix, *īcis*, f. (*captator*), celle qui recherche, qui poursuit : Apul. *Plat.* 2, 8.

captentŭla, *ae*, f. (*capio, tentus*), souricière : Gloss. 5, 605, 12 ‖ argument captieux, piège : Capel. 4, 423.

captīcĭus, *a, um*, trompeur : Facund. *Def.* 5, 2.

captĭo, *ōnis*, f. (*capio*) ¶ 1 saisie : *pignoris captio* Gai. *Inst.* 4, 26, saisie d'un gage [par certains créanciers] ¶ 2 tromperie, duperie, piège : *captionis aliquid vereri* Cic. *Quinct.* 53, appréhender quelque tromperie ; *ne quid captioni mihi sit, si dederim tibi* Pl. *Most.* 922, pour que je ne me fasse pas prendre, si je te remets l'argent ; *cum magna captione* Gai. *Dig.* 29, 3, 7, en étant bien joué ‖ piège dans les paroles : Cic. *Brut.* 198 ; *nihil captionis habere* Cic. *Part.* 133, ne comporter aucun piège (Gell. 18, 13, 7) ‖ raisonnement captieux, sophisme : *in captiones se induere* Cic. *Div.* 2, 41, se perdre dans des sophismes ; *captiones discutere* Cic. *Ac.* 2, 46 ; *explicare* Cic. *Div.* 2, 41, débrouiller des sophismes, briser les mailles d'un raisonnement captieux.

captĭōsē, adv., d'une manière captieuse : Cic. *Ac.* 2, 94.

captĭōsus, *a, um* (*captio*), trompeur : *o societatem captiosam et indignam !* Cic. *Com.* 29, ô la fourberie, l'indignité de cette association ‖ captieux, sophistique : *nihil captiosius* Cic. *Com.* 52, rien de plus captieux ; *captiosissimo genere interrogationis uti* Cic. *Ac.* 2, 49, employer la forme la plus captieuse d'argumentation [le sorite] ; pl. n., les sophismes : Cic. *Fin.* 1, 22.

captĭto, *ās, āre*, -, -, fréq. de *capto* : Apul. *Socr.* 19.

captĭuncŭla, *ae*, f. (dim. de *captio*), petite finesse, ruse, subtilité : Cic. *Att.* 15, 7.

captīva, *ae*, f. (*captivus*), captive : Acc. *Tr.* 157 ; Pl. *Ep.* 108 ; Virg. ; Liv., etc.

captīvātĭo, *ōnis*, f. (*captivo*), action de prendre, de capturer : Cassiod. *Var.* 10, 30, 4.

captīvātŏr, *ōris*, m., **captīvātrix**, *īcis*, f., celui, celle qui fait prisonnier ; [fig.] qui séduit : Aug. *Ep.* 262, 5 ; Julian.-Aecl. d. Aug. *Jul. op. imp.* 2, 11 ‖ [le diable] Aug. *Serm.* 130, 2.

captīvĭtās, *ātis*, f. (*captivus*), captivité, état de captif, de vaincu : Tac. *An.* 12, 51 ‖ ensemble de captifs : Tac. *An.* 11, 23 ‖ action de réduire en captivité : *captivitates urbium* Tac. *H.* 3, 78, prises de villes ‖ captivité des animaux : Plin. 8, 134 ‖ état de qqn qui est *captus oculis* : Apul. *M.* 1, 6 ‖ [chrét.] esclavage de la nature humaine : Aug. *Civ.* 8, 24.

captīvō, *ās, āre, āvī, ātum* (*captivus*), tr., faire captif : Aug. *Civ.* 1, 7 ; [fig., chrét.] rendre prisonnier du péché : Aug. *Serm.* 145, 5.

captīvus, *a, um* (*captus* ; it. *cattivo*, fr. *chétif*) ¶ 1 captif : *captivi cives* Cic. *Verr.* 5, 69, citoyens captifs ; *naves captivae* Caes. *C.* 2, 5, navires prisonniers ; *captivi agri* Sall. *Mithr.* 8 ; Liv. 2, 48, 2 ; Tac. *An.* 12, 32, territoire conquis ‖ pris à la chasse : Varr. *R.* 3, 13, 1 ; Ov. *M.* 1, 475 ‖ [fig.] *mens captiva* Ov. *Am.* 1, 2, 30, esprit captif [de l'amour] ¶ 2 [poét.] de captif : *captivus sanguis* Virg. *En.* 10, 520, sang des captifs, cf. Tac. *An.* 14, 30 ; Liv. 31, 46, 16 ¶ 3 subst. m., prisonnier de guerre : Caes. ; Liv., etc.

captō, *ās, āre, āvī, ātum*, tr. (fréq. de *capio* ; it. *cattare*), chercher à prendre ¶ 1 chercher à saisir, à prendre, à attraper : *a labris fugientia flumina* Hor. *S.* 1, 1, 68, chercher à saisir l'eau qui fuit loin des lèvres ; *laqueis feras* Virg. *G.* 1, 139, tendre des pièges pour prendre les bêtes sauvages ; *muscas* Suet. *Dom.* 3, attraper des mouches ; *patulis naribus auras* Virg. *G.* 1, 376, humer l'air de ses naseaux largement ouverts ¶ 2 [fig.] *sermonem alicujus* Pl. *Cas.* 44, chercher à surprendre les paroles de qqn (Ter. *Phorm.* 869) ; *aure admota sonitum* Liv. 38, 7, 8, en appliquant l'oreille sur le sol chercher à percevoir le bruit ; *solitudines* Cic. *Tusc.* 3, 63, rechercher la solitude des déserts ; *somnum* Sen. *Ep.* 56, 7, chercher à attraper le sommeil ; *benevolentiam* Cic. *Inv.* 1, 21 ; *misericordiam* Cic. *Inv.* 2, 6, 9 ; *risum* Cic. *Tusc.* 2, 17 ; *alicujus assensiones* Cic. *Inv.* 1, 51 ; *plausus* Cic. *Pis.* 60 ; *occasionem* Cic. *Har.* 55 ; *voluptatem* Cic. *Fin.* 1, 24, chercher à gagner la bienveillance, à exciter la pitié, le rire, à recueillir l'approbation de qqn, les applaudissements, à saisir (épier) l'occasion, rechercher le plaisir ; *quid nunc consili captandum censes ?* Pl. *As.* 358 (Ter. *And.* 170 ; 404) maintenant quelle combinaison es-tu d'avis de tramer ? ‖ [avec inf.] Phaed. 4, 8, 6 ; 5, 3, 2 ; Col. 8, 11, 1 ; Liv. *Per.* 103, 6 ‖ [intr. indir.] *variis ominibus captare an* Suet. *Tib.* 14, 2, par des présages divers chercher à savoir si ‖

[avec *ne*] chercher à éviter de : PETR. 141, 10 ; PS. QUINT. *Decl.* 7, 13 [avec *ut*] PS. QUINT. *Decl.* 2, 5 ¶ **3** chercher à prendre (surprendre) qqn par ruse : *qui te captare vult* CIC. *Ac.* 2, 94, celui qui veut te surprendre (te prendre au piège) ; *insidiis hostem* LIV. 2, 50, 3, chercher à prendre l'ennemi dans une embuscade ; *Minuci temeritatem* LIV. 22, 8, 2, prendre au piège la témérité de Minucius ; *inter se captantes fraude et avaritia certant* LIV. 44, 24, 8, cherchant à s'attraper mutuellement, ils luttent de fourberie et de cupidité ǁ [abs[t]] *docte mihi captandumst cum illo* PL. *Most.* 1069, il faut que je dresse savamment mes batteries avec lui (contre lui) ; *in colloquiis insidiari et captare* LIV. 32, 33, 8, dans les entrevues il ne cherchait qu'à tendre des pièges et à surprendre la bonne foi ǁ *est quiddam, quod sua vi nos adliciat ad sese, non emolumento captans aliquo, sed trahens sua dignitate* CIC. *Inv.* 2, 157, il est certains objets, faits pour nous attirer à eux par leur propre nature, qui, loin de séduire par l'appât de quelque profit, entraînent par leur seul prestige ¶ **4** capter : *testamenta* HOR. *S.* 2, 5, 23, capter les testaments ; SEN. *Ben.* 6, 33, 4) ; *captare aliquem*, circonvenir qqn pour capter son héritage : PLIN. *Ep.* 2, 20, 7 ; 4, 2, 2 ; 8, 18, 2 ; JUV. 16, 56 ; [abs[t]] *captare*, faire des captations d'héritage : SEN. *Brev.* 7, 7 ; MART. 8, 38, 3.

▶ *captor* dépon. AUG. *Serm.* 109, 2 Mai.

captŏr, *ōris*, m. (*capio*), qui prend, qui attrape : AUG. *Psalm.* 80, 14.

captor, v. *capto*.

captōrĭus, *a*, *um* (*captor*), qui sert à prendre : AUG. *Faust.* 20, 17 ǁ subst. n., **captorium**, *ii*, filets : PS. AUG. *Serm.* 205, 1.

captrix, *īcis*, f. (*captor*), celle qui prend ǁ [fig.] celle qui enlève : CAEL.-AUR. *Acut.* 2, 39, 226.

captūra, *ae*, f. (*capio* ; it. *cattura*) ¶ **1** action de prendre : *captura piscium* PLIN. 19, 10, la pêche ¶ **2** la prise : *venatores cum captura* PLIN. 35, 99, les chasseurs et leur chasse ¶ **3** gain, profit [que l'on réalise par qqch. de bas, de vil, de honteux] : *inhonesti lucri captura* VAL.-MAX. 9, 4, 1, l'appât d'un gain malhonnête ǁ salaire : *diurnas capturas exigere* VAL.-MAX. 6, 9, 8, être payé à la journée ǁ gain d'un mendiant : SEN. *Contr.* 10, 4, 7.

captus, *a*, *um*, part. de *capio*.

captŭs, *ūs*, m. ¶ **1** faculté de prendre, capacité [physique ou morale] : *pro corporis captu* SEN. *Clem.* 1, 19, 3, compte tenu de leurs capacités physiques [de leur petitesse] ǁ *ut est captus Germanorum* CAES. *G.* 4, 3, 3, suivant les capacités des Germains, autant que cela est possible chez des Germains, cf. CIC. *Tusc.* 2, 65 ; *pro aestimato captu sollertiae* GELL. 1, 9, 3, d'après l'estimation de leur capacité intellectuelle (de la portée de leur intelligence) ¶ **2** action de prendre, prise, acquisition : VAL.-MAX. 3, 3, 7 ; PLIN. 24, 79.

Căpŭa, *ae*, f., Capoue [ville célèbre de la Campanie] Atlas I, D4 ; XII, E4 : CIC. *Agr.* 1, 18 ǁ **-ānus**, *a*, *um*, de Capoue : SERV. *En.* 10, 145 [VARR. *L.* 10, 16 dit que ce mot n'est pas latin] ǁ **-ŭensis**, *e*, de Capoue : AMBR. 56, 2 ǁ **-ŭenses**, *ĭum*, m. pl., habitants de Capoue : SERV. *En.* 7, 730.

căpūdō, *ĭnis*, f. (cf. *capedo*, *capio*), vase pour les sacrifices, cruche : CIC. *Par.* 11 ; *Rep.* 6, 2.

căpŭla, *ae*, f. (cf. *capio*), vase à anse : VARR. *L.* 5, 121.

căpŭlāris, *e* (*capulus*), de bière, de cercueil : P. FEST. 53, 28 ǁ qui a un pied dans la tombe : PL. *Mil.* 628.

căpŭlātŏr, *ōris*, m. (*capulo*), celui qui transvase le vin ou l'huile : CAT. *Agr.* 66, 1 ; COL. 12, 50, 10.

1 **căpŭlō**, *ās*, *āre*, -, - (*capula*), tr., transvaser : PLIN. 15, 22.

2 **căpŭlō**, *ās*, *āre*, -, - (*capulum*), tr., lier, entourer d'une corde : COL. 6, 2, 4.

3 **căpŭlō**, *ās*, *āre*, -, - (cf. *capus*), tr., couper : GLOSS. 3, 598, 19.

căpŭlum (capl-), *i*, n. (*capio* ; it. *capio*, fr. *câble*) ¶ **1** lasso, corde, longe : ISID. 20, 16, 5 ; GLOSS. 5, 614, 8 ¶ **2** v. *capulus*.

căpŭlus, *i*, m. (*capio*) ¶ **1** bière, cercueil : SERV. *En.* 6, 222 ; NON. 4 ; PL. *As.* 892 ; APUL. *M.* 4, 18 ¶ **2** manche [de charrue] : OV. *Pont.* 1, 8, 67 ǁ poignée [d'une épée] : PL. *Cas.* 909 ; CIC. *Fat.* 5 ; VIRG. *En.* 2, 553.

▶ *capulum* n. P. FEST. 53, 26 ; NON. 4.

cāpus, *ī*, m. (cf. *capo*, κόπτω, σκάπτω), chapon : VARR. *R.* 3, 9, 3 ; COL. 8, 2, 3.

căpŭt, *ĭtis*, n. (scr. *kapucchala-m*, al. *Haupt*, an. *head* ; fr. *chef*)

¶ **1** "tête" [homme ou animal] ¶ **2** [fig.] : "extrémité", "source" ¶ **3** "personne, individu", *capite censeri* ¶ **4** "vie, existence", [jurid.] "personnalité civile" ¶ **5** "personnage principal", *caput rerum* ¶ **6** "partie principale" [d'une chose] ¶ **7** "point capital" [d'un livre], "chapitre" ¶ **8** "lieu principal", "capitale" ¶ **9** "somme capitale" ¶ **10** [gram.] "nominatif".

¶ **1** tête d'homme ou d'animal : *tutari caput et cervices et jugulum ac latera* CIC. *Sest.* 90, mettre à couvert la tête, le cou, la gorge et les flancs ; *belua multorum es capitum* HOR. *Ep.* 1, 1, 76, tu es un monstre aux cent têtes ǁ *capite operto* CIC. *CM* 34 ; *obvoluto* CIC. *Phil.* 2, 77 ; *involuto* CIC. *Pis.* 13 ; *velato* CIC. *Nat.* 2, 10, la tête couverte, enveloppée, voilée ; *caput aperuit* CIC. *Phil.* 2, 77, il se découvrit la tête ; *capite et superciliis semper rasis* CIC. *Amer.* 20, avec la tête et les sourcils toujours rasés ; *caput dolet* PL. *Amp.* 1059, j'ai mal à la tête ; *caput quassare* VIRG. *En.* 7, 292, secouer la tête ; *caput deponere* PL. *Curc.* 360 ; *ponere* VIRG. *En.* 5, 845, laisser reposer sa tête [pour dormir] ; *caput efferre* VIRG. *G.* 3, 553 ; *attollere* LIV. 6, 18, 14, lever haut la tête, redresser la tête (mais *duris caput extulit arvis* VIRG. *G.* 2, 341, éleva sa tête (apparut) sur les dures campagnes) ; *capite demisso* CIC. *Dom.* 83 ; *demisso capite* CIC. *Clu.* 58, la tête baissée ǁ *capita conferre* CIC. *Verr.* 3, 31, rapprocher les têtes = se rapprocher pour conférer, se concerter, cf. *de Or.* 2, 223 ; LIV. 2, 45, 7 ǁ *caput abscidere* CIC. *Phil.* 11, 5 ; *praecidere* CIC. *Tusc.* 5, 55 ; *caedere* OV. *F.* 3, 339 ; *decidere* CURT. 7, 2, 32 ; SEN. *Clem.* 1, 26, 3, couper la tête ǁ *capite in terra statuerem* TER. *Ad.* 316 ms. A, je le planterais debout par la tête sur le sol, je lui ferais donner de la tête par terre ; *(nec quisquamst) quin cadat, quin capite sistat in via de semita* PL. *Curc.* 287, (il n'y a personne) qui ne s'étale, qui ne se donne de la tête sur la route hors de mon chemin ǁ [fig.] *capite agere (aliquid)* SEN. *Ben.* 6, 1, 1, chasser par la tête (jeter dehors la tête la première ; rejeter sans ménagement) ; *pronus volvitur in caput* VIRG. *En.* 1, 116, il roule la tête en avant ǁ [expr. prov.] *in capite atque in cervicibus nostris restiterunt* CIC. *Mur.* 79, ils sont restés sur nos têtes et sur nos nuques (ils sont restés pour nous une menace imminente) ; *ecce supra caput homo levis ac sordidus* CIC. *Q.* 1, 2, 6, voici sur notre dos un adversaire sans importance et misérable ; *dux hostium cum exercitu supra caput est* SALL. *C.* 52, 24, le chef des ennemis avec son armée suspend sa menace sur nos têtes, cf. VIRG. *En.* 4, 702 ; LIV. 2, 17, 2 ; *nec caput nec pes sermonis apparet* PL. *As.* 729, ces propos ne laissent voir ni pied ni tête, ni commencement ni fin, cf. CIC. *Fam.* 7, 31, 2 ; *ut nec pes nec caput uni reddatur formae* HOR. *P.* 8, en sorte que ni la fin ni le commencement ne se rapportent à un ensemble unique [que les parties ne forment pas un tout harmonieux] ; *capita aut navia !* MACR. *Sat.* 1, 7, 22, tête ou navire ! [cf. "pile ou face !", les pièces portant d'un côté la tête d'un dieu, de l'autre un navire] ; *ire praecipitem in lutum per caput pedesque* CATUL. 17, 9, tomber dans la boue tout du long, de la tête aux pieds ¶ **2** [fig.] *caput jecoris* CIC. *Div.* 2, 32 ; *extorum* PLIN. 11, 189 ; *caput* [seul] OV. *M.* 15, 795, tête du foie ǁ tête, extrémité, pointe : *intonsa caelo attollunt capita (quercus)* VIRG. *En.* 9, 679, (les chênes) élèvent vers le ciel leurs têtes chevelues ǁ *capita vitium* CAT. *Agr.* 33, 1 ; *caput vitis* CAT. *Agr.* 41, 4 ; 95, 2, racines de la vigne (VIRG. *G.* 2, 355) ; racines d'arbres : CAT. *Agr.* 36, 1 ; d'oliviers : CAT. *Agr.* 43, 2 ; cep de vigne : COL. 3, 10, 1 ; CIC. *CM* 53 ǁ *castellis duobus ad capita positis (pontem) reliqui* PLANC. d. CIC. *Fam.* 10, 18, 4, j'ai laissé le pont, après avoir établi à la tête deux redoutes ; *opera in capite molis posita* CURT. 4, 3, 3, ouvrages construits à l'extrémité de la jetée ; *capita tignorum* CAES. *C.* 2, 9, 1, les extrémités des poutres ; *(tetendit*

caput

cornu) donec curvata coirent inter se capita Virg. *En.* 11, 861, (elle tendit son arc) jusqu'à ce que les deux extrémités courbées se rejoignissent ‖ *Atlantis piniferum caput* Virg. *En.* 4, 249, la tête de l'Atlas couronnée de pins; *prensans uncis manibus capita aspera montis* Virg. *En.* 6, 360, s'accrochant avec les ongles aux têtes rocheuses (aux aspérités proéminentes) de la rive escarpée ‖ *ad caput amnis* Virg. *G.* 4, 319, près de la source du fleuve, cf. Hor. *O.* 1, 1, 22; Liv. 1, 51, 9; [mais] *multis capitibus in Oceanum influit (Rhenus)* Caes. *G.* 4, 10, 5, (le Rhin) se jette dans l'Océan par plusieurs bouches (embouchures), cf. Hor. *S.* 1, 10, 37; Liv. 33, 41, 7 ‖ [fig.] source, origine: *legum fontes et capita* Cic. *de Or.* 1, 195, source et origine des lois, cf. *Planc.* 28; *de Or.* 1, 42; *Tusc.* 4, 83; *nonne his vestigiis ad caput malefici pervenire solet* Cic. *Amer.* 74, n'est-ce pas en suivant ces traces qu'on arrive à la source (au point de départ) du crime?; *alte et, ut oportet, a capite repetis quod quaerimus* Cic. *Leg.* 1, 18, tu reprends de haut et, comme il convient, à sa source la question que nous traitons, cf. *Top.* 39; Sen. *Ben.* 5, 19, 4; *cum se ad idem caput rettulerunt* Cic. *Tim.* 33, quand ils [les astres] sont revenus au même point de départ ¶ **3** tête = la personne entière, personne, individu, homme: *o lepidum caput!* Pl. *Mil.* 725, ô l'aimable homme!; *desiderium tam cari capitis* Hor. *O.* 1, 24, 2, le regret d'une tête si chère; *duo haec capita nata sunt post homines natos taeterrima, Dolabella et Antonius* Cic. *Phil.* 11, 1, ces deux individus sont les plus infâmes depuis qu'il y a des hommes, Dolabella et Antoine; *capitum Helvetiorum milia CCLXIII* Caes. *G.* 1, 29, 2, deux cent soixante-trois mille Helvètes; *ex reliquis captivis toto exercitui capita singula distribuit* Caes. *G.* 7, 89, 5, il répartit le reste des captifs entre toute l'armée, à raison d'une tête (d'un) par soldat; *sesquimodios frumenti populo Romano in capita describere* Cic. *Verr.* 3, 215, distribuer au peuple romain un boisseau et demi de blé par tête; *quot capitum vivunt, totidem studiorum milia* Hor. *S.* 2, 1, 27, autant de milliers d'êtres vivants, autant de goûts ‖ *eos, qui aut non plus mille quimgentos aeris aut omnino nihil in suum censum praeter caput attulissent, proletarios nominavit* Cic. *Rep.* 2, 40, ceux qui n'avaient déclaré au recensement comme propriété pas plus de quinze cents as ou même rien d'autre que leur personne, il les appela les prolétaires ‖ *capite censeri*, n'être recensé que pour sa personne [les *capite censi* n'appartiennent à aucune des cinq classes établies par Servius Tullius, ils ne paient pas de cens et ne font pas de service militaire] [P. Fest. 253, 6 confond le *proletarius* et le *capite census*, mais Gell. 16, 10, 10 d'après Julius Paulus les distingue]: Sall. *J.* 86, 2; Val. Max. 2, 3, 1; 7, 6, 1; Gell. 16, 10, 11; 16,

10, 14 ‖ [expressions] *capiti vostro istuc quidem* Pl. *Poen.* 645, c'est à vous bien sûr que ce mot s'applique, cf. *Truc.* 819; Ter. *Phorm.* 491; *multa mala eum dixisse; suo capiti, ut aiunt* Cic. *Att.* 8, 5, 1, [j'ai appris] qu'il avait tenu une foule de mauvais propos; c'est sur lui-même qu'ils retombent, comme on dit, cf. Cael. *Fam.* 8, 1, 4 ¶ **4** tête = vie, existence: *si praedonibus pactum pro capite pretium non attuleris* Cic. *Off.* 3, 107, si tu n'apportes pas à des pirates le prix convenu pour ta vie [pour ta rançon]; *capitis poenam iis, qui non paruerint, constituit* Caes. *G.* 7, 71, 6, il décide que seront punis de mort ceux qui n'auront pas obéi; *eorum omnium capita regi Cotto vendidisti* Cic. *Pis.* 44, tu as vendu leurs têtes à tous au roi Cottus ‖ [en justice] soit personnalité civile, soit existence même; un jugement capital = un jugement qui entraîne suivant le chef d'accusation, soit la peine de mort, soit l'exil accompagné généralement de l'interdiction de l'eau et du feu ou encore la qualification d'*homo sacer*: *poena capitis* Cic. *Verr.* 4, 85, peine de mort; *causa de ordine, de civitate, de libertate, de capite hominis* Cic. *de Or.* 1, 182, une affaire où il s'agit du rang, du droit de cité, de la liberté, de l'existence civile tout entière d'un homme; *causa capitis* Cic. *Quinct.* 32; *Brut.* 47; *de Or.* 3, 211, cause capitale; *de capite alicujus judicare* Cic. *Quinct.* 44; *Verr.* 2, 33; *Rab. perd.* 12, prononcer le jugement dans une affaire capitale concernant qqn; *ut de suo capite judicium fieri patiatur* Cic. *Verr.* 3, 135, en sorte qu'il se laisse poursuivre pour crime capital; *judicium capitis* Cic. *Planc.* 31; *de Or.* 1, 231; *Brut.* 136, procès capital; *capitis aliquem arcessere* Cic. *Dej.* 30, intenter à qqn une action capitale; *reus capitis* Cic. *Dej.* 11, accusé d'un crime capital; *capitis absolutus pecunia multatus est* Nep. *Milt.* 7, 6, sauvé de la peine de mort, il fut frappé d'une amende pécuniaire ‖ [en part., chez les juriscons.] état de la personne, comprenant trois éléments essentiels: *libertas*, la liberté, *civitas*, la cité, *familia*, la famille; d'où il résulte que l'individu compte parmi les hommes libres, au rang des citoyens, au sein d'une famille; *capitis deminutio*, V. *deminutio*; *virgo Vestalis sine emancipatione ac sine capitis minutione e patris potestate exit* Gell. 1, 12, 9, la vierge Vestale sort de la puissance paternelle sans émancipation et sans perdre sa personnalité juridique [= ses droits de famille] ‖ [sens large] *caput aut existimatio alicujus* Cic. *Verr.* 2, 173, la personnalité civile ou la considération de qqn ‖ *servus nullum caput habet* Inst. Just. 1, 16, 4, l'esclave n'a pas de personnalité juridique ‖ individu: *servile caput nullum jus habet* Dig. 4, 5, 3, 1, l'être servile n'a pas de droit ¶ **5** tête, personnage principal: *caput est omnium Graecorum concitandorum* Cic. *Flac.* 42,

il est l'âme du soulèvement de tous les Grecs; *qui capita conjurationis fuerant* Liv. 8, 19, 13, ceux qui avaient été les chefs de la conjuration; *caput partis ejus Lucanorum* Liv. 25, 16, 5, à la tête de ce parti des Lucaniens ‖ [en part.] *qui capita rerum sunt* Liv. 5, 27, 4; 26, 16, 5; 26, 40, 13, ceux qui sont à la tête des affaires, les principaux citoyens; *cum caput rerum in omni hostium equitatu Masinissam fuisse sciret* Liv. 28, 35, 12, sachant que Masinissa avait joué au milieu de toute la cavalerie ennemie un rôle prépondérant; *(fama adfertur) caput rerum Antiates esse* Liv. 4, 56, 5, (le bruit court) que les Antiates sont à la tête du mouvement ¶ **6** [en parl. de choses] partie principale, capitale: *id quod caput est* Cic. *Pis.* 47; *Mil.* 53, ce qui est le point capital, essentiel; *hoc esse vis caput defensionis tuae, magno te decimas vendidisse* Cic. *Verr.* 3, 148, tu veux que la partie principale de ta défense soit d'avoir vendu les dîmes à haut prix; *quod cenae caput erat* Cic. *Tusc.* 5, 98, ce qui était l'essentiel du repas; *caput arbitrabatur esse oratoris, ut talis videretur* Cic. *de Or.* 1, 87, l'essentiel, à son avis, pour un orateur, était de se montrer tel ‖ *caput est, ut quaeramus* Cic. *Inv.* 2, 175 (*Fam.* 4, 9, 4) l'essentiel est que nous cherchions; *caput est in omni procuratione muneris publici, ut avaritiae pellatur etiam minima suspicio* Cic. *Off.* 2, 75, un point capital dans toute gestion d'une fonction publique, c'est d'éloigner jusqu'au plus léger soupçon d'avidité; *caput est quam plurimum scribere* Cic. *de Or.* 1, 150, l'exercice fondamental, c'est d'écrire le plus possible; *ad consilium de republica dandum caput est nosse rem publicam* Cic. *de Or.* 2, 337, pour donner un avis sur les affaires publiques, il est capital de connaître les affaires publiques ¶ **7** [en parl. d'écrits] point capital: *quattuor sunt capita quae concludant nihil esse quod nosci, percipi, comprehendi possit* Cic. *Ac.* 2, 83, il y a quatre points principaux dans l'argumentation pour aboutir à la conclusion qu'on ne peut rien connaître, percevoir, saisir de façon certaine; *ex uno Epicuri capite* Cic. *Ac.* 2, 101, à la suite d'un principe posé par Épicure ‖ chapitre, paragraphe: *in illo capite Anniano de mulierum hereditatibus* Cic. *Verr.* 1, 118, dans ce chapitre de l'édit relatif à Annius touchant les hérédités de femmes; *a primo capite legis usque ad extremum* Cic. *Agr.* 2, 15, depuis le premier paragraphe de la loi jusqu'au dernier, cf. 2, 16; 2, 39; *Leg.* 2, 62; *quod ex quibusdam capitibus expositis nec explicatis intelligi potest* Cic. *Brut.* 164, cela peut se constater d'après certains paragraphes indiqués en sommaires, mais non développés ‖ paragraphe d'une lettre: Cic. *Att.* 9, 13, 8; *Fam.* 3, 8, 2 ‖ chapitre d'un livre: *Leg.* 1, 21; *Fam.* 7, 22 ¶ **8** lieu principal, capitale: *templum consilii publici, caput urbis* Cic. *Mil.* 90, le temple du conseil public, le chef-lieu de la ville (= la curie); *(Erana) Amani caput* Cic. *Fam.* 15, 4, 8, (Erana) capitale du mont Amanus; *(Antium) caput Volscorum* Liv. 6, 9, 1, (Antium) capitale des Volsques ¶ **9** [en parl. d'argent] somme capitale, somme principale: Cic. *Verr.* 1, 11; 3, 77; *de illo Tulliano capite libere loquere* Cic. *Att.* 15, 26, 4, tu parleras hardiment de ce principal dû par Tullius; *de capite deducite, quod usuris per numeratum est* Liv. 6, 15, 10, déduisez (retranchez) du capital ce qui a été payé jusqu'ici pour les intérêts ¶ **10** [en gram.] forme principale d'un mot, le nominatif: Varr. *L.* 9, 79; 9, 89; 9, 90 ‖ la 1re pers. de l'indic. prés.: Varr. *L.* 9, 102; 9, 103.

▶ orth. *kaput* Vel. *Gram.* 7, 53, 7; CIL 14, 2112; *capud* CIL 7, 897 ‖ abl. *capiti* Virg. *En.* 7, 668; Catul. 68, 124.

căpŭtalis, v. *capitalis* ▶.

1 **căpys**, acc. pl. *yăs* et **căpus**, Gloss. 5, 493, 51, m. (étr. *Capua*), faucon: Serv. *En.* 10, 145.

2 **Căpys**, *yŏs* (*yĭs*), acc. *yn*, abl. *ye*, Capys [fils d'Assaracus et père d'Anchise]: Ov. *F.* 4, 34 ‖ un des compagnons d'Énée: Virg. *En.* 1, 183 ‖ un des rois d'Albe: Liv. 1, 3, 8 ‖ un fondateur de Capoue: Virg. *En.* 10, 145; Suet. *Caes.* 81 ‖ un roi de Capoue: Liv. 4, 37, 1.

▶ abl. *-y* Serv. *En.* 1, 273; 10, 145.

Cār, *is*, m. ¶ **1** nom du héros éponyme de la Carie, qui inventa la science de tirer des augures du vol des oiseaux: Plin. 7, 203 ¶ **2** Carien: Cic. *Flac.* 65; v. *Cares*.

căra, *ae*, f. (κάρα; esp. *cara*, fr. *chère*), face, visage: Gloss. 4, 587, 8.

cărābus, *i*, m. (κάραβος; esp. *caraba*, port. *caravela*) ¶ **1** langouste: Plin. 9, 97 ¶ **2** canot recouvert de peaux brutes: Isid. 19, 1, 26.

1 **căracalla**, *ae* (*-llis*, *is*), f. (gaul.), *caracallis minor* Diocl. 7, 45, sorte de tunique à manches; *caracalla major* Diocl. 7, 44, vêtement descendant jusqu'aux talons avec capuchon et manches, cf. Spart. *Carac.* 9, 8.

2 **Căracalla**, *ae*, Eutr. 8, 20 et **Căracallus**, *i*, Spart. *Carac.* 9, 7, m., surnom d'un empereur romain, fils de Septime Sévère, M. Aurelius Antoninus Bassianus [211-217 apr. J.-C.].

căractēr, v. *char-*.

căragius (*-gus*), *ii*, m. (obscur; a. fr. *charai*), magicien, sorcier: Ps. Aug. *Serm.* 264, 4; 278, 1.

▶ *caraius* Caes.-Arel. *Serm.* 1, 12.

căragōgŏs, *i*, f. (καραγωγός), espèce de fragon [plante]: Ps. Apul. *Herb.* 28.

căragus, v. *caragius*.

Cărălis, *is*, Plin. 2, 243 et **-les**, *ĭum*, Liv. 23, 40, 8, f. pl., ville principale de la Sardaigne [auj. Cagliari] Atlas I, D3; XII, F1 ‖ **-lītānus**, *a*, *um*, de Caralis: Liv. 27, 6, 14 ‖ **-tāni**, *ōrum*, m. pl., les habitants de Caralis: Caes. *C.* 1, 30, 3; Plin. 3, 85.

Cărălītis, *is*, f., marais de Pisidie [auj. Kaja Goel]: Liv. 38, 15, 2.

Cărambĭcum prōmuntŭrĭum, n., v. *Carambis*: Mel. 2, 3; Plin. 4, 86.

Cărambis, *is* et *ĭdis*, acc. *in* et *im*, f., promontoire et ville de la Paphlagonie: Plin. 2, 246; Val.-Flac. 5, 107.

Carambucis, *is*, m., fleuve de la Scythie, près des monts Riphées: Plin. 6, 34.

Caranītis, *ĭdis*, adj. f., de Caranis [ville de la Grande Arménie]: Plin. 5, 83.

Cărantŏnus, *i*, m., fleuve de la Gaule [auj. la Charente]: Aus. *Mos.* 463.

Cărănus, *i*, m., premier roi de Macédoine: Liv. 45, 9, 3 ‖ un des lieutenants d'Alexandre: Curt. 7, 3, 2.

Carastasei, *ōrum*, m. pl., peuple d'Asie au-delà du Palus-Méotide: Plin. 6, 21.

Caratăcus, *i*, m., roi des Silures de Bretagne: Tac. *An.* 12, 33.

Carausĭus, *ii*, m., gouverneur de la Bretagne à la fin du 3e s.: Aur.-Vict. *Caes.* 39, 20.

Caravandis, *ĭdis*, f., ville d'Illyrie: Liv. 44, 30, 9.

Cărăvantĭus, *ii*, m., nom d'un Illyrien: Liv. 44, 30, 9.

căraxo, v. *charaxo*.

Carbania, *ae*, f., île de la Méditerranée, près de l'Italie: Mel. 2, 122.

Carbantŏrate, v. *Carpentorate*.

carbas, *ae*, m. (κάρβας), le vent du nord-est: Vitr. 1, 6, 10.

carbasēsus (**-sĭnĕus**, **-sĭnus**), *a*, *um*, de lin fin, de toile très fine: Cic. *Verr.* 5, 30; Varr. d. Non. 541, 21; Plin. 17, 23 ‖ subst., **-sĭna**, *ōrum*, n. pl., v. *carbasa*: Caecil. *Com.* 138.

carbăsus, *i*, f., **-sa**, *ōrum*, n. pl. [fréquent à partir d'Ov.] (κάρπασος), espèce de lin très fin [d'où] vêtement de lin: Virg. *En.* 8, 34; Prop. 4, 11, 54 ‖ voile tendue dans les théâtres: Lucr. 6, 109 ‖ voile de navire: *deducere carbasa* Ov. *M.* 6, 233, déployer les voiles; *inflatur carbasus Austro* Virg. *En.* 3, 357, l'Auster enfle la voile ‖ navire: Val.-Flac. 1, 8 ‖ les livres sibyllins [écrits sur du lin]: Claud. *Get.* 232; v. *linteus*.

▶ *carbasus* m. Val.-Max. 1, 1, 7; m. pl. Amm. 14, 8, 14 ‖ *carbasum* n. sg. Paneg. 12, 33 ‖ adjt, *carbasa lina* Prop. 4, 3, 64" lin fin;"

carbătĭnus, v. *carpatinus*.

Carbĭa, *ae*, f., ville de Sardaigne: Anton. 83.

Carbilēsi, *ōrum*, m. pl., peuple de Thrace: Plin. 4, 40.

1 **carbo**, *ōnis*, m. (cf. *cremo*, al. *Herd*; fr. *charbon*), charbon: Cic. *Off.* 2, 25 [fig., une marque au charbon était indice de blâme, oppos. à *creta*]: *impleantur meae fores elegeorum carbonibus* Pl. *Merc.* 409, ma porte serait charbonnée de vers satiriques; *haec carbone notasti* Pers. 5, 108, tu as blâmé cela (marqué avec du charbon), cf. Hor. *S.* 2, 3, 246 ‖ cendre: Cels. 5, 27, 5 ‖ charbon [maladie]: Samm. (38) 718 ‖ [fig.] châtiment, haine: Aug. *Psalm.* 119, 5.

2 **Carbo**, *ōnis*, m., Carbon, surnom des Papirius: Cic. *Fam.* 9, 21, 3; Liv. 44, 15, 5 ‖ **-ōnĭānus**, *a*, *um*, de Carbo: *edictum Carbonianum*, édit de Carbo [du nom d'un préteur; édit relatif à la situation successorale d'un enfant dont la filiation est contestée]: Dig. 37, 10 tit.; Cod. Just. 6, 17.

1 **Carbōnārĭa**, *ae*, f., la charbonnière, titre d'une comédie perdue de Plaute: Fest. 444, 35; et de Naevius: Prisc. 2, 522, 9.

2 **Carbōnārĭa ostia**, n. pl., bouches du Pô: Plin. 3, 121.

carbōnārĭus, *a*, *um* (*carbo*; fr. *charbonnier*), relatif au charbon, de charbon: Ps. Aur.-Vict. *Vir.* 72 ‖ subst., **-rĭus**, *ii*, m., charbonnier: Pl. *Cas.* 438 ‖ **carbōnārĭa**, *ae*, f., fourneau à charbon: Tert. *Carn.* 6, 1.

carbōnescō, *ĭs*, *ĕre*, -, - (*carbo*), intr., devenir charbon: Cael.-Aur. *Chron.* 2, 13, 168.

carbōnĕus, *a*, *um* (*carbo*), noir comme le charbon: Anth. 727, 18.

Carbŭla, *ae*, f., ville de la Bétique: Plin. 3, 10.

carbunculātĭo, *ōnis*, f. (*carbunculo*), brouissure, atteinte portée par la gelée ou la chaleur aux bourgeons naissants des arbres: Plin. 17, 222.

carbuncŭlō, *ās*, *āre*, -, - (*carbunculus*), intr., être broui ou brûlé par le froid ou par la chaleur [en parl. des bourgeons naissants]: Plin. 18, 272 ‖ être atteint du charbon [en parl. des hommes]: Plin. 24, 113.

carbunculōsus, *a*, *um* (*carbunculus*), plein de pierrailles rougeâtres: Col. 3, 11, 9.

carbuncŭlus, *i*, m. (dim. de *carbo*; fr. *escarboucle*) ¶ **1** petit charbon: Her. 4, 9 ‖ [fig.] chagrin dévorant: Pl. *Most.* 986 ¶ **2** [métaph.] escarboucle [pierre précieuse]: Plin. 37, 92 ‖ carboncle [variété de sable de carrière]: Vitr. 2, 4, 1 ‖ brouissure des arbres, des fleurs: Col. 3, 2, 4 ‖ charbon [maladie]: Cels. 5, 28, 1.

carbūnĭca, *ae*, f., sorte de vigne: *Plin. 14, 43.

▶ peut-être *Narbonica*.

carcăr, *ăris*, n., v. *carcer*: VL. *Luc.* 3, 20.

Carcaso, *ōnis*, f., Carcassonne [ville de la Gaule Narbonnaise]: Caes. *G.* 3, 20, 2, [ms. β]; **Carcasum**, *i*, n., Plin. 3, 36.

Carcathiocerta, *ae*, f., ville de l'Arménie: Plin. 6, 26.

carcĕr, *ĕris*, m. (obscur; a. fr. *chartre*, esp. *carcel*, al. *Kerker*) ¶ **1** prison, cachot: *in carcerem conjicere aliquem* Cic. *Nat.* 2, 6, jeter qqn en prison; *in carcerem demissus* Liv. 34, 44, 8; *conditus* Liv. 29, 22, 7, jeté, enfermé dans un cachot ‖ tout endroit où l'on est enfermé: *e corporum vinclis tanquam e carcere evolare* Cic. *Rep.* 6, 14, s'envoler des liens du corps

carcer

comme d'une prison ‖ ce que renferme une prison, prisonniers : *in me carcerem effudistis* Cic. *Pis.* 16, vous avez lâché sur moi les prisons ‖ gibier de prison, de potence : Ter. *Phorm.* 373 ¶ **2** l'enceinte, d'où partent les chars dans une course [au pl. en prose] : Cic. *Brut.* 173 ‖ [fig.] point de départ : *ad carceres a calce revocari* Cic. *CM* 83, être rappelé du terme au point de départ.

carcĕrālis, *e*, Prud. *Perist.* 5, 269, de prison.

1 carcĕrārius, *a, um*, relatif à la prison : Pl. *Cap.* 129.

2 carcĕrārius, *ii*, m. (*carcer*) ¶ **1** gardien de prison, geôlier : CIL 6, 1057, 7 ¶ **2** prisonnier : *Don. *Phorm.* 373 ; Greg.-Tur. *Hist.* 10, 6.

carcĕrĕus, *a, um* (*carcer*), de prison : Prud. *Ham.* 850.

carcĕrō, *ās, āre*, -, - (*carcer*), tr., emprisonner, incarcérer : Fort. *Albin.* 16, 45.

carchărus, *i*, n. (κάρχαρος), chien de mer : Col. 8, 17, 12.

Carchēdōn, *ŏnis*, f., autre nom de Carthage : Hier. *Sit.* 111, 9 ‖ **-ŏnius**, *a, um* (Καρχηδόνιος), Carthaginois, de Carthage : Pl. *Poen.* 53 ‖ **-onius carbunculus**, une espèce de rubis : Plin. 37, 92.

carchēsĭum, *ii*, n. (καρχήσιον) ¶ **1** hune d'un vaisseau : Macr. *Sat.* 5, 21, 5 ; Luc. 5, 418 ¶ **2** coupe à anses : Macr. *Sat.* 5, 21, 4 ; Virg. *G.* 4, 380 ¶ **3** *carchesium versatile*, plate-forme tournante au mât de charge : Vitr. 10, 2, 10 [sur un navire] ; 10, 16, 3 [pour une machine de défense].

Carcinē, *ēs*, f., ville sur le Pont : Plin. 4, 84.

carcinēthron, C. *carcinothron* : Ps. Apul. *Herb.* 19.

carciniās, *ae*, m. (καρκινίας), pierre précieuse de la couleur du crabe : Plin. 37, 187.

Carcinītēs sĭnus, golfe de Carcinè : Plin. 4, 85.

carcinōdĕs, n. (καρκινώδες), tumeur cancéreuse qui s'attaque au nez : Plin. 20, 187.

carcinōma, *ătis*, dat.-abl. pl. *matis*, n. (καρκίνωμα), cancer [maladie] : Cat. *Agr.* 157, 4 ; Cels. 5, 28, 2 ‖ [fig.] *Augustus tria carcinomata sua vocare solebat* Suet. *Aug.* 65, Auguste avait l'habitude de les appeler ses trois cancers [Agrippa et les deux Julie].

Carcinŏs, *-nus*, *i*, m. (καρκίνος), le Cancer [signe du zodiaque] : Ampel. 2, 4 ; Luc. 9, 536.

carcinōsus, *a, um*, cancéreux : M.-Emp. 4, 45.

carcinōthrŏn, *i*, n. (καρκίνωθρον), renouée [plante] : Plin. 27, 113.

1 carcĭnus, *i*, m., (καρκίνος), cancer : Pallad. *Mon.* 1, 6.

2 Carcĭnus, *i*, m. ¶ **1** V. *Carcinos* ¶ **2** fleuve du Bruttium Atlas XII, F5 : Mel. 2, 68 ; Plin. 3, 96.

Carcuvĭum, *ii*, n., ville de la Tarraconaise [Caracuel] : Anton. 445.

Carda, *ae*, f., C. *Cardea* : Tert. *Scorp. 10, 6.

cardăcae, *ārum*, m. pl. (κάρδαξ), milice perse, vaillante, mais pillarde : Nep. *Dat.* 8, 2.

Cardăleon (*regio*), partie de l'Arabie : Plin. 6, 150.

cardămīna, *ae*, f. (καρδαμίνη), cresson alénois : Ps. Apul. *Herb.* 20.

Cardămīnē, *ēs*, f., île voisine de l'Arabie Heureuse : Plin. 6, 169.

cardămōmum, *i*, n. (καρδάμωμον), cardamome ou malaguette [plante] : Plin. 12, 50.

cardămum, *i*, n. (κάρδαμον), C. *cardamina* : Plin. 19, 118.

Cardămylē, *ēs*, f., ville du Péloponnèse Atlas VI, C1 : Plin. 4, 16.

Cardava, *ae*, f., ville de l'Arabie Heureuse : Plin. 6, 154.

Cardĕa ou **-da**, *ae*, f. (*cardo*), déesse qui présidait aux portes : Aug. *Civ.* 4, 8.

cardēlis, C. *carduelis* : Petr. 46, 4.

Cardia, *ae*, f. (Καρδία), ville de la Chersonèse de Thrace : Plin. 4, 48 ‖ **-ānus**, *a, um*, de Cardia : Nep. *Eum.* 1, 1.

cardiăcē, *ēs*, f., affection cardiaque : Isid. 4, 6, 4.

cardiăcus, *a, um* (καρδιακός) ¶ **1** d'estomac : *cardiacus morbus* Plin. 11, 187, maladie d'estomac ‖ **cardiăcus**, *i*, m., malade de l'estomac : Cic. *Div.* 1, 81 ¶ **2** qui concerne le cœur : Cael.-Aur. *Acut.* 2, 30, 162 ‖ **cardiăcus**, *i*, m., qui a une maladie de cœur : Cael.-Aur. *Acut.* 2, 34, 180.

cardimona, *ae*, f. (καρδιωγμός), douleur d'estomac : Cael.-Aur. *Acut.* 2, 35, 187.

cardĭnālis, *e* (*cardo*) ¶ **1** qui concerne les gonds : *scapi cardinales* Vitr. 4, 6, 4, montants des portes ¶ **2** principal : *cardinales venti* Serv. *En.* 1, 131, les principaux vents ; *numeri* Prisc. *Fig.* 4, 19 = 3, 412, 27, les nombres cardinaux ¶ **3** [chrét.] titulaire, cardinal [en parlant des clercs titulaires d'une église] : Greg.-M. *Ep.* 1, 15.

cardĭnālĭtĕr, adv. (*cardinalis*), dans le même point cardinal [astrol.] : Firm. *Math.* 4, 17, 6 ; 4, 17, 8.

cardĭnātus, *a, um* (*cardo*), enclavé, emboîté : Vitr. 10, 15, 4.

cardĭnĕus, *a, um* (*cardo*), de gond : *cardinei tumultus* Septim. d. Ter.-Maur. 6, 382, 1895, bruit de gonds.

cardĭnō, *ās, āre*, -, - (*cardo*, cf. *cardinalis*), tr., attribuer (un clerc) à une église : Greg.-M. *Ep.* 4, 14 ; 6, 11.

1 cardo, *ĭnis*, m. (obscur, cf. κράδη ; it. *cardine*, fr. *charnière*) ¶ **1** gond, pivot : *cardo stridebat* Virg. *En.* 1, 449, le gond grinçait ‖ [dans une machine] tenon ou mortaise : Vitr. 10, 10, 2 ‖ bout, extrémité : Plin. 21, 18 ‖ pôle : Varr. *R.* 1, 2, 4 ; *Eous cardo* Luc. 5, 71, l'Orient ‖ point cardinal, point solstitial : *cardo anni* Plin. 18, 264, solstice d'été ; *cardines temporum* Plin. 18, 218, les quatre saisons ; *cardo extremus* Luc. 7, 381, le point extrême [de la vie] ; *cardo convexitatis* Plin. 31, 43, la partie la plus resserrée [d'un lieu] ‖ ligne du nord au sud [opp. *decimanus*] : Grom. 3, 6 ‖ ligne de démarcation : Liv. 37, 54, 23 ; 41, 1, 3 ¶ **2** [fig.] point sur lequel tout roule, point capital : *tanto cardine rerum* Virg. *En.* 1, 672, en une conjoncture aussi critique ; *ubi litium cardo vertitur* Quint. 12, 8, 2, où se trouve le pivot de chaque affaire, cf. 5, 12, 3.

2 Cardo, *ōnis*, f., ville de l'Hispanie ultérieure : Liv. 33, 21.

Cardūchi, *ōrum*, m. pl., Carduques [peuple habitant la rive gauche du Tigre, Kurdes] : Plin. 6, 44.

cardŭēlis, *is*, f. (*carduus* ; it. *cardello*), chardonneret [oiseau] : Plin. 10, 116.

cardŭētum, *i*, n. (*carduus*), plant d'artichaut : Pall. 4, 9, 4.

cardŭus, *ūs*, m., Capit. *Pert.* 12, 2 ; Diocl. 6, 1, **cardŭus**, *i*, m. (cf. *carex*, 1 *caro* ; it. *cardo*), chardon : Virg. *G.* 1, 151 ‖ cardon : Plin. 19, 54.

cārē, adv. (*carus*), cher, à haut prix : Varr. *R.* 3, 5, 2 ‖ *carius* Cic. *Dom.* 115 ; *constare carius* Lucil. 668 ; *carissime* Sen. *Ep.* 42, 6, coûter plus cher, le plus cher.

cārectum (**caroec-**), *i*, n. (*carex* ; it. *caretto*), lieu rempli de laîches ou carex : Virg. *B.* 3, 20.

cărēnārĭa, *ae*, f., vase dans lequel se fait la boisson appelée *carenum* : Pall. 8, 7.

cărendus, *a, um*, V. *careo*.

Carēnē, *ēs*, f., ville d'Éolie ou de Mysie : Plin. 5, 122.

Cārensis, *e*, de Cara [ville de la Tarraconaise] : Plin. 3, 24.

carēnum (**-oenum**), *i*, n. (κάροινον), vin doux qu'on a réduit d'un tiers par la cuisson : Pall. 14, 8, 2 ; Isid. 20, 3, 15.

cărĕō, *ĕs, ēre, ŭī, ĭtūrus* (cf. 1-2 *castus*, osq. *kasit*), intr., [sur les sens du mot, v. Cic. *Tusc.* 1, 87, 88] [construit avec l'abl.] ¶ **1** être exempt de, libre de, privé de, être sans, ne pas avoir [qu'il s'agisse de bonnes ou de mauvaises choses] : *qui hac virtute caruerit* Cic. *Brut.* 279, celui qui n'a pas eu ce talent ; *suspicione carere* Cic. *Amer.* 144 ; *crimine* Cic. *Lig.* 18 ; *reprehensione* Cic. *Off.* 1, 144 ; *dedecore* Cic. *Off.* 2, 37 ; *periculis* Cic. *Clu.* 154 ; *dolore* Cic. *Phil.* 10, 20 ; *errore* Cic. *Lae.* 10, être à l'abri d'un soupçon, d'une accusation, d'un blâme, du déshonneur, du péril, être exempt de douleur, ne pas tomber dans l'erreur ; *deus carens corpore* Cic. *Nat.* 33 ; *morte* Hor. *O.* 2, 8, 12, un dieu privé de corps, immortel ¶ **2** se tenir éloigné de : *foro, senatu, publico* Cic. *Mil.* 18, ne

carmen

pas paraître au forum, au sénat, en public, cf. Verr. 4, 41; Nep. Epam. 3, 4 ¶ 3 être privé de [malgré soi], sentir le manque de : *quam huic erat miserum carere consuetudine amicorum* Cic. Tusc. 1, 87, quelle triste chose pour lui que d'être privé de la société de ses amis, cf. Att. 3, 15, 2; Sest. 49; Mil. 63; Pomp. 55 ¶ 4 [constr. rares] : [arch., avec acc.] Pl. Curc. 137; Poen. 820; Turpil. Com. 32; Ter. Eun. 223 ‖ [avec gén.] : Ter. Haut. 400; Laev. d. Gell. 19, 7, 7; Plin. 32, 59 ‖ [avec inf.] Capel. 1, 21 ‖ passif : *vir mihi carendus* Ov. H. 1, 50, mari dont je dois être privée; [pass. impers.] *carendum est* Ter. Haut. 400, on doit être privé; *mihi carendum est* Cic. Att. 8, 7, 2; 12, 13, 2, je dois être privé.

▶ part. fut. *cariturus* Ov. M. 2, 222; Sen. Ben. 1, 11, 1; Curt. 10, 2, 27 ‖ dép. *careor* arch., d'après Prisc. 2, 393, 11.

căreor, V.▶ careo ▶.

1 **Cāres**, *um*, m. pl., Cariens, habitants de la Carie : Cic. Flac. 65; Liv. 33, 18, 9 ‖ sg., V.▶ Car.

2 **Cărēs**, *is*, m., Cher [affluent de la Loire] : Greg.-Tur. Hist. 5, 41 ‖ f., Chiers [affluent de la Meuse] : Fort. Carm. 7, 4, 15.

cărescō, *ĭs*, *ĕre*, -, - (inch. de careo), Gloss. 2, 437, 32.

Cărēsus, *i*, m. (Κάρησος), fleuve de la Troade : Plin. 5, 124.

Carētha, *ae*, f., île près de la Lycie [la même que *Dionysia*] : Plin. 5, 131.

cārĕum, *i*, n. (κάρον), carvi [plante] : Plin. 19, 164.

cārex, *ĭcis*, f. (cf. carduus; it. carice), laîche ou carex [plante] : Virg. G. 3, 231.

carfĭathum, *i*, n., sorte d'encens : Plin. 12, 60.

Carfŭlēnus, *i*, m., nom d'un sénateur : Cic. Phil. 3, 23.

Cāria, *ae*, f., la Carie [province de l'Asie Mineure] Atlas I, D6; IX, C1; VI, B3 : Cic. Flac. 65 ‖ -**ĭcus**, *a*, *um*, de Carie : Varr. R. 1, 57.

cărĭans, *tis*, C.▶ cariosus : Capel. 1, 10.

Cariati, m. pl., peuple d'Arabie : Plin. 6, 157.

cārĭca, *ae*, f. (καρική), figue sèche de Carie : Cic. Div. 2, 84 ‖ figue [en gén.] : Plin. 13, 51.

Caricē, *ēs*, f., ville d'Ionie : Plin. 5, 113.

cărĭcĕus, *a*, *um*, C.▶ cariosus : Non. 21, 24.

cārĭcŭla, *ae*, f. (dim. de carica), petite figue sèche : Hier. Am. 8, 14.

cărĭēs, acc. *em*, abl. *ē* [seuls cas], f. (cf. κεράιζω, κήρ, scr. śr̥ṇāti), pourriture : Col. 11, 2, 11; Ov. Tr. 5, 12, 27 ‖ carie [méd.] : Cels. 8, 2, 4 ‖ état ruineux [d'un mur, d'un bâtiment] : Amm. 16, 2, 1 ‖ goût de vieux [en parl. de vins] : Col. 3, 2, 17; Plin. 15, 7 ‖ mauvais goût [en parl. de fruits vieillis] : Mart. 13, 29, 1 ‖ rancissure : Apul. M. 9, 32 ‖ [fig.] charogne, pourriture [termes injurieux] : Afran. Com. 250; Turpil. Com. 104.

Carietes, *um*, m. pl., peuple de la Tarraconaise : Plin. 3, 26.

cărĭmōnĭa, *ae*, f. (careo), privation, abstinence : Aug. Retract. 2, 37.

▶ explication étymologique de *quarumdam escarum carimoniae* Aug. Retract. 2, 37; Spir. 21, 36; Ep. 82, 18 " abstinence de certains aliments ", cf. Isid. 6, 19, 36, V.▶ caerimonia.

1 **cărīna**, *ae*, f. (cf. καρυΐνη; it. carena) ¶ 1 les deux parties creuses qui forment la coque de la noix : Plin. 15, 88; Pallad. 2, 15 ¶ 2 carène d'un vaisseau [qui rappelle la moitié d'une coquille de noix] : Caes. G. 3, 13; Liv. 22, 20, 2 ‖ navire : Virg. G. 1, 303; Catul. 64, 10.

2 **Cărīna**, *ae*, f. ¶ 1 ville de Phrygie : Plin. 5, 145 ¶ 2 montagne de Crète : Plin. 21, 79.

Cărīnae, *ārum*, f. pl., les Carènes, quartier de Rome Atlas II : Cic. Q. 2, 3, 7; Varr. L. 5, 47.

cărīnans, *tis*, part. de 2 carino, qui injurie : P. Fest. 41, 13; Enn. An. 563 ‖ qui se moque : Gloss. 4, 103, 13.

cărīnārĭus, *ĭi*, m. (carinus), teinturier en couleur brou de noix : Pl. Aul. 510 ‖ **cariarius**, Non. 541.

cărīnātŏr, *ōris*, m. (2 carino), qui invective (insulte) : Gloss. 5, 15, 40.

cărīnātus, *a*, *um*, V.▶ 1 carino.

1 **cărīnō**, *ās*, *āre*, -, - (carina), tr., se Plin. 9, 103, se servir de sa coquille comme d'une barque [en parl. des peignes de mer] ‖ *carinata concha* Plin. 9, 94, coquillage fait comme une carène.

2 **cărīnō**, *ās*, *āre*, -, - (cf. κέρτομος, v. irl. caire), V.▶ carinans, injurier : Serv. En. 8, 361 ‖ **cărīnor**, Gloss. 2, 98, 8.

cărīnŭla, *ae*, f. (dim. de carina), petit bateau : Diom. 507, 22.

cărīnus, *a*, *um* (καρύϊνος), de couleur brou de noix : *Pl. Ep. 233.

cărĭōsus, *a*, *um* (caries), carié, pourri : Varr. R. 1, 67; *cariosa terra* Cat. Agr. 5, 6; Col. 2, 4, 5, terrain desséché (en poudre) à demi humecté par la pluie ‖ *cariosum vinum* Mart. 13, 120, vin qui a perdu sa force ‖ [fig.] gâté : *cariosa senectus*; Ov. Am. 1, 12, 29, vieillesse décrépite ‖ -**sior**, Varr. R. 1, 67.

cărĭōta ¶ 1 V.▶ caryota ¶ 2 C.▶ carota : Gloss. 3, 620, 66.

Caripeta, *ae*, f., ville de l'Arabie Heureuse : Plin. 6, 160.

cāris, *ĭdis*, f. (καρίς), sorte de crevette : Ov. Hal. 132.

Carisa, *ae*, f., ville de la Bétique : Plin. 3, 15.

Carīsĭus, V.▶ Charisius.

cărissa (-**īsa**), *ae*, f. (étr. ?), femme rusée : Lucil. d. P. Fest. 38, 18 ‖ servante trompeuse : Gloss. 5, 15, 6.

Căristĭa, *ōrum*, n. pl. (χαρίστια; it. esp. caristia), fête familiale : Ov. F. 2, 617; V.▶ Charistia.

căritās, *ātis*, f. (carus) ¶ 1 cherté [opp. à vilitas] haut prix : *annonae* Cic. Off. 3, 50, cherté du blé ¶ 2 amour, affection, tendresse : Cic. Part. 88; Lae. 27 ‖ [avec gén. obj.] *patriae* Cic. Off. 3, 100, l'amour de la patrie, cf. Phil. 12, 20 ‖ [avec gén. subj.] *hominum* Cic. de Or. 2, 237, l'amour que témoignent les hommes, cf. Nat. 1, 122; Phil. 1, 12 ‖ *caritates*, les personnes chères, aimées : Amm. 18, 8, 14 ¶ 3 [chrét.] charité, amour de Dieu et du prochain : Vulg. 1 Cor. 13, 4 ‖ bonnes œuvres, aumône : Tert. Virg. 14, 2.

cărĭtūrus, V.▶ careo ▶.

Carmaei, *ōrum*, m. pl., peuple d'Arabie : Plin. 6, 157.

Carmāni, *ōrum*, m. pl., C.▶ Carmanii : Plin. 6, 110.

Carmānĭi, *ōrum*, m. pl., habitants de la Carmanie : Mel. 3, 75 ‖ **Carmānĭa**, *ae*, f., la Carmanie [province de Perse] : Plin. 6, 95.

Carmēl, indécl., (-**lus**, *i*), m. ¶ 1 chaîne du mont Carmel [en Judée] : Vulg. Jos. 19, 26 ¶ 2 ville de Judée : Vulg. 1 Reg. 15, 12 [d'où] -**lītes**, *ae*, m. et -**lītis**, *ĭdis*, f., habitant, habitante de Carmel : Vulg. 1 Par. 11, 37; 3, 1.

Carmēlum, *i*, n., cap et ville près du Carmel : Plin. 5, 75.

Carmēlus, *i*, m., C.▶ 1 Carmel ¶ 1 : Tac. H. 2, 78 ‖ Dieu adoré sur le mont Carmel : Tac. H. 2, 78.

1 **carmĕn**, *ĭnis*, n. (cano; fr. charme) ¶ 1 chant, air, son de la voix ou des instruments : *ferale* Virg. En. 4, 462, chant lugubre, funèbre, cf. Virg. G. 4, 514; Ov. M. 11, 317 ¶ 2 composition en vers, vers, poésie : *carmina canere* Cic. Brut. 71, chanter des vers; *contexere* Cic. Cael. 19; *fundere* Cic. Tusc. 1, 64, écrire, composer des vers ‖ [en part., poésie lyrique ou épique] Hor. Ep. 2, 2, 91; Quint. 2, 4, 2 ‖ division d'un poème, chant : *in primo carmine* Lucr. 6, 937, dans le premier chant ‖ inscription en vers : Virg. En. 3, 287 ‖ réponse d'un oracle, prophétie, prédiction : Virg. B. 4, 3; Liv. 1, 45, 5 ‖ incantation, paroles magiques, charme, enchantements : *qui malum carmen incantassit* L. XII Tab. 8, 1 d. Plin. 28, 17, celui qui a jeté un mauvais sort par une formule magique; *carmina vel caelo possunt deducere lunam* Virg. B. 9, 69, les paroles magiques peuvent même faire descendre la lune du ciel ‖ formule [religieuse ou judiciaire] : Cic. Rab. perd. 13; Mur. 26; Liv. 10, 38, 10 ‖ sentences morales [en vers] : Cic. Tusc. 4, 4; de Or. 1, 245 ‖ chanson satirique, épigramme : *carmen famosum* Dig. 22, 5, 21 pr., satire diffamatoire, cf. Cic. Rep. 4, 14; [soldats] Liv. 4, 20, 2.

2 **carmĕn**, *ĭnis*, n. (1 caro), carde, peigne à carder : Claud. Eutr. 2, 458; Fort. Carm. 5, 6, ep.

Carmenta

Carmenta, *ae*, f., Liv. *1, 7, 8* ou **Carmentis**, *is*, f., Virg. *En. 8, 336*, mère d'Évandre, prophétesse réputée ‖ **-mentālis**, *e*, de Carmenta : Cic. *Brut. 56* ‖ **-mentālĭa**, *ium*, n., fêtes de Carmenta : Varr. *L. 6, 12* ; Ov. *F. 1, 585*.

carmĭnābundus, *a*, *um* (*1 carmino*), qui fait des vers : Sidon. *Ep. 8, 11, 6*.

carmĭnātĭo, *onis*, f. (*2 carmen*), cardage : Plin. *11, 77*.

carmĭnātŏr, *ōris*, m., cardeur : CIL *11, 1031*.

carmĭnātus, *a*, *um*, part. de *1-2 carmino*.

1 **carmĭnō**, *ās*, *āre*, -, - (*1 carmen* ; fr. *charmer*), tr., mettre en vers : Sidon. *Ep. 1, 9, 6* [abs*ᵗ*] Aug. *Jul. op. imp. 3, 117*.

2 **carmĭnō**, *ās*, *āre*, -, *ātum* (*2 carmen* ; esp. *carmenar*), tr., carder de la laine : Varr. *L. 7, 54* ‖ peigner du lin : Plin. *19, 18*.

Carmo, *ōnis*, f., Liv. *33, 21, 8* ou **Carmōna**, *ae*, f., B.-Alex. *57, 2*, ville de la Bétique Atlas IV, D2 ‖ **-mōnenses**, *ium*, m. pl., habitants de Carmona : Caes. *C. 2, 19, 5*.

Carna, *ae*, f. (*2 caro*) ¶1 divinité protectrice des organes du corps : Macr. *Sat. 1, 12, 31* ¶2 ⟨V.⟩ Cardea : Ov. *F. 6, 101*.

Carnae, *ārum*, m. pl., peuple de l'Asie : Plin. *6, 21*.

carnālis, *e* (*2 caro* ; fr. *charnel*), de la chair, charnel : *delictorum quaedam sunt carnalia* Tert. *Praescr. 6, 1*, parmi les péchés certains sont charnels ‖ transitoire, mortel : Vulg. *Hebr. 7, 16* ‖ faible : Vulg. *2 Cor. 1, 12* ‖ [subst. n. pl.] les besoins du corps : Lact. *Inst. 4, 17, 21*.

carnālĭtās, *ātis*, f. (*carnalis*), inclination charnelle : Aug. *Ev. Joh. 10, 4* ; [pl.] *Civ. 14, 2*.

carnālĭtĕr, adv., charnellement : Vulg. *Gal. 4, 23* ‖ selon la lettre, littéralement : Tert. *Or. 6, 3*.

carnārĭus, *a*, *um* (*2 caro* ; fr. *charnier*), qui concerne la viande ‖ pris subst*ᵗ* **a) carnārĭus**, *ii*, m., gros mangeur de viande : Mart. *11, 100, 6* **b) carnārĭa**, *ae*, f., boucherie : Varr. *L. 8, 55* **c) carnārĭum**, *ii*, n., croc à suspendre la viande : Pl. *Cap. 914* ‖ garde-manger : Pl. *Curc. 324*.

carnātĭo, *ōnis*, f. (*2 caro*), embonpoint : Cael.-Aur. *Chron. 1, 4, 113*.

carnātus, *a*, *um* (*2 caro*), charnu : Cael.-Aur. *Chron. 1, 4, 95*.

Carnē, *ēs*, f., ville de Syrie : Plin. *5, 79*.

Carnĕădēs, *is*, m., Carnéade [philosophe grec] : Cic. *de Or. 3, 68* ‖ **-dēus**, *a*, *um*, Cic. *Ac. 2, 148* et **-dīus**, *a*, *um*, Cic. *Fin. 5, 16*, de Carnéade.

carnĕus, *a*, *um* (*2 caro*), fait de chair, matériel, corporel : Tert. *Marc. 3, 11, 1* ; Aug. *Conf. 10, 42, 67* ‖ [fig.] charnel : Cassiod. *Psalm. 115, 4* ‖ **carneum**, *i*, n. (τὸ σαρκικόν), Iren. *1, 5, 6*, la chair.

Carnī, *ōrum*, m. pl., peuplade de la Carniole : Plin. *3, 147* ; Liv. *43, 5, 3* ‖ **Carnĭcus**, *a*, *um*, *Alpes Carnicae*, Alpes Carniques Atlas XII, B3 : Plin. *3, 147*.

carnĭcŭla, *ae*, f. (dim. de *2 caro*), petit morceau de viande : Prisc. *2, 209, 5*.

carnĭfex (arch. **carnu-**), *ĭcis*, m. (*2 caro, facio*), le bourreau public [esclave exécuteur des hautes œuvres] : Pl. *Cap. 1019* ; Cic. *Verr. 5, 118* ; Rab. perd. *16* ‖ [fig.] bourreau, homme qui torture : Cic. *Verr. 1, 9* ‖ [injure] bourreau, pendard : Pl. ; Ter. ; Cic. *Pis. 11* ‖ [poét.] *pedes carnifices* Mart. *12, 48, 10*, pieds qui torturent [goutteux].

carnĭfĭcātŏr, *ōris*, m. et **carnĭfĭcātrix**, *īcis*, f., celui ou celle qui fait l'office du bourreau : Char. *50, 4*.

carnĭfĭcātus, *a*, *um*, part. de *carnifico*.

carnĭfĭcīna (arch. **carnu-**), *ae*, f. (*carnifex*), lieu de torture : Liv. *2, 23, 6* ‖ office de bourreau : *carnuficinam facere* Pl. *Cap. 132*, exercer l'office de bourreau ‖ torture, tourment [au pr. et fig.] : Cic. *Tusc. 5, 78* ; *3, 27*.

carnĭfĭcĭus, *a*, *um* (*carnifex*), de bourreau, de supplice : Pl. *Most. 55* ‖ subst. n., **carnĭfĭcĭum**, *ii*, n., torture : *Tert. Pud. 22, 14*.

carnĭfĭcō, *ās*, *āre*, -, - (*carnifex*), tr. ¶1 exécuter [un condamné] : Sisen. d. Prisc. *2, 385, 4* ‖ décapiter : Liv. *24, 15, 5* ¶2 couvrir de chair [σαρκοῦν] : Cass. Fel. *19, p. 29*.

carnĭfĭcor, *āris*, *āri*, -, tr., Prisc. *2, 379, 9*, ⟨C.⟩ *carnifico*.

carnĭgĕr, *ĕra*, *ĕrum* (*2 caro, gero*), revêtu de chair, incarné : Cassiod. *Eccl. 7, 9*.

Carnĭōn, *ōnis*, f., ville de l'Arcadie : Plin. *4, 20*.

carnis, *is*, f., Prisc. *2, 208, 19*, ⟨C.⟩ *2 caro* ; cf. Liv. *37, 3, 4* ; Pl. *Cap. 914*.

carnĭsūmus, *a*, *um* (*2 caro, sumo*), carnivore : Eustath. *Hex. 9, 5*.

carnĭvŏrax, *ācis*, Ps. Fulg.-R. *Serm. 22* et **carnĭvŏrus**, *a*, *um*, qui se nourrit de chair : Plin. *9, 78*.

Carnon, ville de l'Arabie : Plin. *6, 157*.

Carnŏs, f., île près de Leucade : Plin. *4, 53*.

carnōsĭtās, *ātis*, f. (*carnosus*), partie charnue : Cass. Fel. *32*.

carnōsus, *a*, *um* (*2 caro* ; it. *carnoso*), charnu : *carnosae radices* Plin. *16, 127*, racines charnues ; *carnosissimae olivae* Plin. *15, 15*, olives très charnues ‖ *carnosior* Plin. *19, 36*.

carnŭf-, arch. pour *carnif-* : Pl. *Cap. 597*.

carnŭlentus, *a*, *um* (*2 caro*), qui ressemble à de la chair : *frutices tactu carnulento* Solin. *2, 41*, tiges qui au toucher ressemblent à de la chair ‖ charnel, esclave de la chair : Prud. *Perist. 10, 372*.

Carnuntum, *i*, n., Plin. *4, 80*, ville de la Pannonie Atlas I, C4 ; XII, A5 ‖ **-nuntīnus**, *a*, *um*, de Carnuntum : CIL *5, 1117*.

Carnūs, *untis*, f., Liv. *43, 1, 2*, ville d'Illyrie inconnue.

Carnūtes, *um*, Caes. *G. 2, 35, 2*, **Carnūti**, *ōrum*, Plin. *4, 107*, m. pl., les Carnutes [peuple de la Gaule, auj. Chartres] ‖ **-tēnus**, *a*, *um*, Sulp. Sev. *Dial. 3, 2, 3*, des Carnutes.

1 **cărō**, *ĭs*, *ĕre*, -, -, tr. (cf. *carex, carduus*), carder : Pl. *Men. 797* ; Varr. *L. 7, 54*.

2 **căro**, *carnis*, f. (cf. *corium, curtus*, ombr. *karu*, κείρω, al. *scheren* ; fr. *chair*), ¶1 morceau de viande : Enn. *An. 322* ; *carnem petere* Varr. *L. 6, 25*, réclamer sa part de viande ¶2 chair, viande : *eorum victus in lacte, caseo, carne consistit* Caes. *G. 6, 22, 1*, ils se nourrissent de lait, de fromage et de viande ¶3 [métaph.] chair, pulpe des fruits : Plin. *15, 96* ‖ partie tendre intérieure d'un arbre : Plin. *16, 181* ¶4 [en part.] la chair [par opposition à l'esprit] : Sen. *Ep. 65, 22* ; Hier. *Ep. 22, 5* ‖ charogne [en parl. de qqn] : *caro putida* Cic. *Pis. 19*, charogne puante ¶5 [fig., en parl. d'un écrivain] *carnis plus habet, lacertorum minus* Quint. *10, 1, 77*, il a plus de chair, mais moins de muscles.

3 **cărō** (*1 carus*), adv., cher : *caro valere* Aug. *Conf. 11, 2, 1*, valoir cher.

căroen-, ⟨V.⟩ *caren-*.

Caroni, m. pl., peuple de l'Asie : Plin. *6, 22*.

cărōta, *ae*, f. (καρωτόν), carotte : Apic. *122*.

cărōticus, *a*, *um* (καρωτικός), carotide : Chalc. *214*.

carpa, *ae*, f. (germ., al. *Karpfen* ; esp. *carpa*), carpe : Cassiod. *Var. 12, 4, 1*.

carpăsĭă nāvis, sorte de navire grand et spacieux [provenant de l'île de Carpathos ?] : Isid. *19, 1, 11* ; *14, 6, 24*.

Carpasium, *ii*, n., ville de l'île de Chypre : Plin. *5, 130*.

carpăsum, *i*, n., Marcian. d. Dig. *39, 4, 16* ou **carpăthum**, *i*, n., Plin. *32, 58*, plante vénéneuse inconnue.

Carpăthŏs (-us), *i*, f., île de la mer Égée Atlas IX, D1 ; VI, D3 : Mel. *2, 114* ‖ **-thĭus**, *a*, *um*, de Carpathos : Virg. *G. 4, 387* ; *Carpathium mare* Virg. *En. 5, 595*, mer de Carpathos, à l'E. de Rhodes.

carpătĭnus, *a*, *um* (καρβατίνη), en cuir brut, grossier : Catul. *98, 4*.

carpentārĭus, *a*, *um* (*carpentum* ; fr. *charpentier*), relatif à la voiture appelée *carpentum* : Plin. *16, 34* ‖ **carpentārĭus**, *ii*, m., carrossier : Cod. Th. *8, 5, 31*.

Carpentŏrāte (-acte), ville de Narbonnaise [Carpentras] : Not. Gall *11, 12*. ► *Carbantorate* Plin. *3, 36*.

carpentum, *i*, n. (gaul. ; fr. *charpente*), voiture à 2 roues munie d'une capote, char, carrosse : Liv. *5, 25, 10* ‖ voiture de charge, chariot : Pall. *10, 1, 2* ‖ char de guerre [chez

carpĕo, v. *carpo*.

Carpēsii, ōrum, m. pl., peuple de la Tarraconaise : Liv. 23, 26, 5.

Carpetāni, ōrum, m. pl., peuple de l'Ibérie : Liv. 21, 5, 7 ‖ **Carpetania**, ae, f., territoire des *Carpetani* : Liv. 39, 30, 1.

Carphati, m. pl., peuple d'Arabie : Plin. 6, 150.

carphŏlŏgia, ae, f. (καρφολογία), action d'agiter les doigts [signe d'agonie] : Cael.-Aur. Acut. 1, 3, 34.

carphŏs, n. (κάρφος), fenugrec [plante] : Plin. 24, 184.

Carpi, ōrum, m. pl., peuple de la Sarmatie : Amm. 28, 1, 5 ‖ **Carpicus**, adj., vainqueur des *Carpi* [surnom de l'empereur Aurélien] : Vop. Aur. 30, 4.

Carpiliō, ōnis, m., nom d'homme : Cassiod. Var. 1, 4, 11.

carpĭnĕus, a, um (*carpinus*), en bois de charme : Col. Arb. 11, 2, 92.

carpĭnus, i, m. (gaul.; fr. charme), charme [arbre] : Cat. Agr. 31, 2 ; Col. 5, 7, 1.

carpiscŭlum (carpisclum), i, n. (cf. *carpatinus*, κρηπίς, v. irl. *cairem*, v. pr. *kurpe*), sorte de chaussure : Vop. Aur. 30, 4 ; v. *carpusculum*.

carpistēs, ae, m. (καρπιστής), celui qui affranchit [un des Éons de l'hérésiarque Valentin] : Tert. Val. 9, 3.

carpō, ĭs, ĕre, carpsī, carptum (cf. καρπός, lit. *kerpù*, al. *Herbst*, an. *harvest* ; it. *carpire*, fr. *charpie*), tr. ¶ **1** arracher, détacher, cueillir : *vindemiam de palmite* Virg. G. 2, 90, cueillir le raisin sur le cep de vigne ; *arbore frondes* Ov. Am. 2, 19, 32, détacher d'un arbre des rameaux ‖ *alia (animalia) sugunt, alia carpunt* Cic. Nat. 2, 122, parmi les animaux, les uns sucent, les autres broutent ; *edico herbam carpere oves* Virg. G. 3, 296, je veux que les brebis broutent l'herbage [dans les étables] ‖ *Milesia vellera* Virg. G. 4, 335, filer les laines de Milet (déchirer les flocons de laine) ‖ *summas carpens media inter cornua setas* Virg. En. 6, 245, détachant (coupant) entre les cornes l'extrémité des poils ¶ **2** diviser par morceaux, lacérer, déchirer : *nec carpsere jecur volucres* Ov. M. 10, 43, et les vautours cessèrent de déchirer le foie [de Tityus] ‖ [fig.] *saepe carpenda membris minutioribus oratio est* Cic. de Or. 3, 190, souvent il faut diviser [la phrase] en membres plus menus ; *in multas partes carpere exercitum* Liv. 26, 38, 2, morceler l'armée en une foule de détachements [l'émietter] ; *fluvium* Curt. 8, 9, 10, diviser un fleuve en canaux ¶ **3** [fig.] cueillir, recueillir, détacher : *passim licet carpentem et colligentem undique repleri justa juris civilis scientia* Cic. de Or. 1, 191, on peut en faisant la cueillette çà et là et en s'approvisionnant de tous côtés se pourvoir d'une connaissance suffisante du droit civil ; *animum esse per naturam rerum omnem commeantem, ex quo nostri animi carperentur* Cic. Nat. 1, 27, [Pythagore croyait que Dieu] est une âme répandue à travers toute la nature et dont nos âmes se détachent ‖ [poét.] cueillir, prendre, goûter : *carpe diem* Hor. O. 1, 11, 8, cueille le jour présent [jouis-en] ; *molles somnos sub divo* Virg. G. 3, 435, goûter le doux sommeil en plein air ; *auras vitales* Virg. En. 1, 388, respirer, vivre ‖ [poét.] parcourir : *viam* Virg. G. 3, 347, parcourir une route [m. à m. la prendre morceau par morceau] *iter* Hor. S. 1, 5, 95 ; *supremum iter* Hor. O. 2, 17, 12, faire le dernier voyage ; *tenuem aera* Virg. G. 4, 311, gagner l'air léger ; *carpitur acclivis trames* Ov. M. 10, 53, ils gravissent un sentier escarpé ¶ **4** [fig.] déchirer par de mauvais propos : *malo dente* Cic. Balb. 57, déchirer d'une dent mauvaise (médisante) ; *militum vocibus carpi* Caes. G. 3, 17, 5, être l'objet des mauvais propos des soldats ; *Pompeius carpebatur a Bibulo* Cic. Q. 2, 3, 2, Pompée était attaqué (malmené) par Bibulus, cf. Hor. S. 1, 3, 21 ; Liv. 7, 12, 12 ; 44, 38, 2 ; 45, 35, 5 ; Plin. Ep. 1, 9, 5 ¶ **5** [milit.] par des attaques répétées tourmenter, affaiblir l'ennemi ; harceler : *equitatu praemisso qui novissimum agmen carperet* Caes. C. 1, 78, 5, la cavalerie étant envoyée en avant pour harceler l'arrière-garde, cf. C. 1, 63, 2 ; Liv. 6, 32, 11 ; 22, 32, 2 ‖ [poét.] enlever peu à peu, affaiblir : *carpit vires paulatim uritque videndo femina* Virg. G. 3, 215, la vue de la génisse mine insensiblement leurs forces et les consume ; *carpi parvis cotidie damnis vires videbantur* Liv. 9, 27, 6, ils voyaient que ces faibles pertes quotidiennes diminuaient leurs forces ; *regina caeco carpitur igni* Virg. En. 4, 2, la reine se consume d'un feu caché ; *(invidia) carpit et carpitur una* Ov. M. 2, 781, (l'envie) ronge et se ronge tout à la fois. ▶ forme *carpeo* *Apic. 158 ‖ *carpio* Vict.-Vit. 3, 66 ; Greg.-Tur. Conf. 104.

carpŏbalsămum, i, n. (καρποβάλσαμον), fruit du baumier : Isid. 17, 8, 14.

Carpōnĭus, ii, m., nom d'un hérésiarque : Cassiod. Hist. 1, 13.

Carpŏphŏrus, i, m., nom d'un favori de Domitien : Mart. 15, 2.

carpŏphyllon, i, n., espèce de fragon [arbrisseau] : Plin. 15, 131.

carpsī, parf. de *carpo*.

carptim, adv. (*carpo*), en choisissant, par morceaux : *statui res gestas populi Romani carptim perscribere* Sall. C. 4, 2, je me suis proposé d'écrire l'histoire romaine par morceaux détachés ‖ séparément, à plusieurs reprises : *dimissi carptim (milites)* Tac. H. 4, 46, les soldats furent renvoyés par petits paquets ; *carptim pugnare* Liv. 22, 16, 2, faire des attaques partielles.

carptŏr, ōris, m. (*carpo*) ¶ **1** esclave qui découpe les viandes : Juv. 9, 110 ¶ **2** critique malveillant : *subducti supercilii carptores* Laev. d. Gell. 19, 7, 16, censeurs au sourcil froncé.

carptūra, ae, f. (*carpo*), action de butiner : Varr. R. 3, 16, 26.

carptus, a, um, part. de *carpo*.

Carpus, i, m., nom d'homme [écuyer tranchant] : Petr. 36, 8.

carpuscŭlum, i, n., cf. *carpisculum*, socle, soubassement : CIL 3, 9768.

Carra, ville d'Arabie : Mel. 3, 8.

carrăcŭtium, ii, n., char [à roues très hautes] : Isid. 20, 12, 3.

Carrae ou **Carrhae**, ārum, f. pl., Carres [ville d'Assyrie, Harran] Atlas I, D7 ; IX, C4 ; Plin. 5, 86 ; Val.-Max. 1, 6, 11.

carrāgo, ĭnis, f. (*carrus*), barricade formée avec des fourgons : Amm. 31, 7, 7 ‖ convoi de fourgons : Treb. Claud. 6, 6.

carrārĭus, ii, m. (*carrus* ; it. *carraio*), charron : CPL 106 ; Gloss. 5, 500, 19.

Carrea, ae, f., ville de Ligurie : Plin. 3, 49.

Carrēi, ōrum, m. pl., peuple de l'Arabie : Plin. 6, 161.

carrĭco (carco), ās, āre, -, - (gaul., cf. *carrus* ; fr. charger), tr., charger : Gloss. 4, 180, 46 ; L. Sal. 27, 14.

Carrīnās, ātis, m., nom d'un rhéteur : Juv. 7, 205.

Carrinensis ager, territoire de Carrina [dans l'Ibérie] : Plin. 2, 231.

carrĭo, cf. 1 *caro* : Gloss. 5, 595, 27.

carrŏballista, ae, f. (*carrus, ballista*), baliste montée sur roues : Veg. Mil. 2, 25.

carrŏco, v. *corroco*.

1 **carrūca (-cha)**, ae, f. (gaul., cf. *carrus* ; fr. charrue), carrosse : Mart. 3, 62, 5 ; Plin. 33, 140.

2 **Carrūca**, ae, f., ville de la Bétique : B.-Hisp. 27, 5.

carrūcārĭus, a, um, Ulp. Dig. 21, 1, 38 ou **-chārĭus**, a, um, Capit. Max. 30, 6, de carrosse ‖ **carrūcārĭus**, ii, m., cocher : Ulp. Dig. 19, 2, 13.

carrŭlus, i, m. (*carrus*), petite voiture : Ulp. Dig. 17, 2, 52.

carrus, i, m., Caes. G. 1, 26, 3, **carrum**, i, n., Isid. 20, 12, 1 (gaul., cf. *curro* ; fr. *char*), chariot, fourgon.

Carsĕōlī, ōrum, m. pl., Liv. 10, 3, 2 ou **Carsĭōlī**, ōrum, m. pl., Anton. 309, ville du Latium Atlas XII, D4 ‖ **-sĕōlānus**, a, um, de Carseoli : Ov. F. 4, 710.

Carsītāni, ōrum, m. pl., habitants d'une localité près de Préneste : Macr. Sat. 3, 18, 5.

Carsŭlae, ārum, f. pl., ville de l'Ombrie Atlas XII, D3 ; Tac. H. 3, 60 ‖ **-sŭlānum**, i, n., domaine près de Carsulae : Plin. Ep. 1, 4, 1.

carta et ses dérivés, v. *charta*.

Cartāgo, v. *Carthago*.

cartallus, *i*, m. (κάρταλλος), corbeille : VULG. *Jer.* 6, 9.

Cartana, *ae*, f., ville d'Asie : PLIN. 6, 92.

Cartărē, *ēs*, f., île près de la Bétique : AVIEN. *Or.* 255.

Cartēia, *ae*, f., ville de Bétique Atlas IV, E2 : CIC. *Att.* 12, 44, 3 ; LIV. 28, 30, 3 ‖ **-tēiensis**, *e*, B.-HISP. 36, 1, de Cartéia.

Cartenna, *ae*, f., PLIN. 5, 20 ou **Cartinna**, *ae*, f., MEL. 1, 31, ville de Maurétanie [Ténès] Atlas I, D2 ; IV, E4 ; VIII, A1.

Carterĭa, *ae*, f., île de la mer Égée : PLIN. 5, 138.

Carthada, *ae*, f., ancien nom de Carthage : CAT. d. SOLIN. 27, 1.

Carthaea, *ae*, f., ville de l'île de Céos : PLIN. 4, 62 ‖ **-thaeus**, *a*, *um*, OV. *M.* 10, 109 ou **-thēius**, *a*, *um*, OV. *M.* 7, 358, de Carthaea.

Carthāgĭnĭensis (Kar-), *e*, Carthaginois : LIV. 24, 48 ‖ **-thāgĭnĭenses**, *ium*, m. pl., les Carthaginois : CIC. *Agr.* 1, 5.

1 **Carthāgo (Kar-)**, *ĭnis*, f. (phén. qart ḥadašt ville neuve, cf. Καρχαδών, Καρχηδών), Carthage Atlas I, D3 ; VIII, A4 ; XII, H2 : PLIN. 5, 4 ‖ **Carthāgo (Nova)**, f., Carthagène Atlas I, D2 ; IV, D3 : LIV. 21, 5, 4 ; PLIN. 3, 19.
▶ locatif *Carthagini* PL. *Cas.* 71 ; CIC. *Agr.* 2, 90 ; LIV. 28, 26, 1.

2 **Carthāgo**, *ĭnis*, f., nom d'une fille d'Hercule : CIC. *Nat.* 3, 42.

Carthēĭus, V. *Carthaea*.

cartĭbŭlum, *i*, n. (obscur), guéridon de pierre à un seul pied : VARR. *L.* 5, 125.

cartĭlāgĭnĕus, *a*, *um*, PLIN. 9, 78 et **cartĭlāgĭnōsus**, *a*, *um*, PLIN. 12, 126, cartilagineux.

cartĭlāgo, *ĭnis*, f. (obscur, cf. κάρταλος) ¶ 1 cartilage : CELS. 8, 1, 15 ¶ 2 pulpe, chair des fruits : PLIN. 15, 116.

Cartima, *ae*, f., ville de Bétique [Cartama] Atlas IV, D2 : LIV. 40, 47.

Cartinna, V. *Cartenna*.

Cartismandŭa, *ae*, f., reine des Brigantes : TAC. *An.* 12, 36.

carūca, V. *carruca*.

cărŭī, parf. de *careo*.

căruncŭla, *ae*, f. (dim. de *caro*), petit morceau de chair : CIC. *Div.* 2, 52 ; CELS. 2, 7.

1 **cārus**, *a*, *um* (cf. v. irl. *caraim*, al. *Hure*, an. *whore* ; fr. *cher*) ¶ 1 cher, aimé, estimé : CIC. *Off.* 2, 29 ; *carum habere aliquem* CIC. *Fam.* 1, 7, 1, chérir qqn ¶ 2 cher, coûteux, précieux : PL. *Cap.* 494 ‖ **-ior** CIC. *Div.* 2, 59 ; **-issimus** CIC. *Dom.* 14.
▶ souvent écrit *karus*.

2 **Cārus**, *i*, m. ¶ 1 poète de l'époque d'Auguste : OV. *Pont.* 4, 16, 9, [mss] ¶ 2 surnom du poète Lucrèce [mss] ‖ empereur romain [3e s.] : VOP. *Car.* 1.

Carusa, *ae*, f., ville du Pont : PLIN. 6, 7.

Carventāna arx, f., citadelle de Carventum [ville du Latium] : LIV. 4, 53, 9.

Carvilĭus, *ii*, m. ¶ 1 roi breton : CAES. *G.* 5, 22, 1 ¶ 2 nom romain : CIC. *de Or.* 2, 61 ‖ **-liānus**, *a*, *um*, de Carvilius : GELL. 4, 3.

Carvo, *ōnis*, f., ville de la Belgique : ANTON. 369.

Căry̆a, *ae*, f., VITR. 1, 1, 5, V. *Caryae* ‖ *Carya Diana*, Diane qui avait un temple à Caryae : STAT. *Th.* 4, 225.

Căry̆ae, *ārum*, f. pl., bourg de Laconie : LIV. 34, 36, 9.

Căry̆anda, *ae*, f., île sur la côte de Carie : PLIN. 5, 107.

Căry̆ates, *um* ou *ium*, m. pl., habitants de Caryae : VITR. 1, 1, 5.

Căry̆atĭdes, *um*, f. pl. ¶ 1 prêtresses de Diane à Caryae : PLIN. 36, 38 ¶ 2 [fig.] caryatides, statues de femmes qui supportent une corniche : VITR. 1, 1, 5.

Căry̆atĭum, *ii*, n., temple de Diane à Caryae : PLACID. d. STAT. *Th.* 4, 225.

Căry̆bdis, V. *Charybdis*.

căry̆nus, *a*, *um* (καρύϊνος), de noix [huile] : PLIN. 15, 28 ; V. *carinus*.

căry̆ītēs, *ae*, m. (καρυίτης), variété d'euphorbe [plante] : PLIN. 26, 66.

Carynia, *ae*, f., ville d'Achaïe : *PLIN. 14, 116.

căry̆ŏn, *ii*, n. (κάρυον), noix : PLIN. 15, 87.

căry̆ŏphyllŏn, *i*, n. (καρυόφυλλον ; it. *garofano*, fr. *girofle*), clou de girofle : PLIN. 12, 30.

căry̆ōta, *ae*, f. (καρυωτή), VARR. *R.* 2, 1, 27 et **căry̆ōtis**, *ĭdis*, f. (καρυωτίς), MART. 11, 31, 10, variété de datte.

Căry̆stus, *i*, f., ville d'Eubée : LIV. 32, 16 ‖ ville de Ligurie : LIV. 42, 7, 3 ‖ **-rystĭus**, PLIN. *Ep.* 5, 36 et **-rystēus**, *a*, *um*, OV. *F.* 4, 282, de Karystos.

căsa, *ae*, f. (empr. ; fr. *Chaise-Dieu*, *chez* < *casis*, it. *casa*), cabane, chaumière : CIC. *Tusc.* 5, 97 ; *casae humiles* VIRG. *B.* 2, 29, chaumières au toit bas ‖ baraque [de soldats] : *casae stramentis tectae* CAES. *G.* 5, 43, 1, baraques couvertes de paille ‖ [prov.] *ita fugias, ne praeter casam* TER. *Phorm.* 768, quand tu t'enfuis, ne repasse pas par ton logis ‖ propriété rurale, petite ferme : *casa Oppiana* CIL 10, 407, la ferme d'Oppius.

cāsābundus, V. *cassabundus*.

căsālis, *e* (*casa* ; it. *casale*), relatif à la ferme : GROM. 315, 9 ‖ **căsāles**, *ium*, m. pl. ou **căsālia**, *ium*, n. pl., limites de la propriété : GROM. 315, 30 ; 25.

Casandra, *ae*, f., ville sur le golfe Persique : PLIN. 6, 111.

Casani, *ōrum*, m. pl., peuple d'Arabie : PLIN. 6, 150.

căsănĭcus, *a*, *um*, de la ferme : CIL 9, 2100.

căsārĭa, *ae*, f. (*casa*), la gardienne de la ferme : P. FEST. 41, 23.

căsārĭus, *ii*, m. (*casa*), habitant ou gardien d'une ferme : COD. TH. 9, 42, 7.

Căsātius, *ii*, m., nom romain : CIL 6, 14471.

Casca, *ae*, m., surnom dans la *gens* Servilia : CIC. *Att.* 13, 44, 3.

Cascantenses, *ium*, m. pl., habitants de Cascantum [ville de la Tarraconaise] : PLIN. 3, 24.

cascē, adv. (*cascus*), à l'ancienne mode : GELL. 1, 10 tit..

Cascellius, *ii*, m., jurisconsulte célèbre : HOR. *P.* 371 ; PLIN. 8, 144 ‖ **-liānus**, *a*, *um*, de Cascellius : VARR. *L.* 9, 71.

cascus, *a*, *um* (cf. *canus*), ancien, des anciens temps : VARR. *L.* 7, 28 ; *prisci quos cascos Ennius appellat* CIC. *Tusc.* 1, 27, les anciens hommes qu'Ennius appelle *casci*.

cāsĕārĭus, *a*, *um* (*caseus*), relatif au fromage : *taberna casearia* ULP. *Dig.* 8, 5, 8, fromagerie.

cāsĕātus, *a*, *um* (*caseus*), où il y a du fromage : APUL. *M.* 1, 4 ‖ [fig.] gras, fertile : HIER. *Ep.* 66, 10.

cāsella, *ae*, f. (dim. de *casula* ; esp. *casilla*), petite cabane : PS. AUG. *Serm. App.* 75, 3.

cāsellŭla, *ae*, f. (dim. de *casella*), toute petite cabane : ENNOD. *Ep.* 9, 29, 4.

Casentēra, V. *Cassandra* : CIL 1, 566.

cāsĕŏlus, *i*, m. (dim. de *caseus* ; it. *caciolo*), petit fromage : STAT. *S.* 1, 6, 17.

cāsĕum, *i*, n., CAT. *Agr.* 76, 3 et plus souvent **cāsĕus**, *i*, m. (empr., cf. rus. *kvas* ; esp. *queso*, al. *Käse*, an. *cheese*), fromage : CIC. *CM* 56 ; CAES. *G.* 6, 22 ‖ [fig.] terme de caresse : *meus molliculus caseus* PL. *Poen.* 367, fromage tendre de mon cœur ‖ m. pl., VARR. *R.* 2, 11, 3.

căsĭa, *ae*, f. (κασία) ¶ 1 cannelier, lauruscassia : PLIN. 12, 85 ; PL. *Curc.* 103 ¶ 2 daphné [arbrisseau] : VIRG. *G.* 2, 213.

căsignētē, *ēs*, f. (κασιγνήτη), plante inconnue : PLIN. 24, 165.

Căsĭlīnum, *i*, n., ville de Campanie [Capua] : CIC. *Phil.* 2, 102 ‖ **-līnus**, *a*, *um*, de Casilinum : SIL. 12, 426 ‖ **-līnātes**, *ium* ou *um*, VAL.-MAX. 7, 6, 2 et **-nenses**, *ium*, m. pl., CIC. *Inv.* 2, 171, habitants de Casilinum.

Căsĭna, *ae*, f., nom d'une comédie de Plaute : VARR. *L.* 7, 104.

Căsīnum, *i*, n., ville du Latium [Cassino] Atlas XII, E4 : CIC. *Phil.* 2, 103 ‖ **Căsīnās**, *ātis*, de Casinum : CIC. *Agr.* 3, 14 ‖ [subst*t*] *in Casinate (-ti)* VARR. *R.* 2, 3, 11 ; PLIN. 2, 227, dans le territoire de Casinum ‖ **Căsīnus**, *a*, *um*, de Casinum : SIL. 12, 527.

căsĭtō (cassĭtō), *ās*, *āre*, *āvī*, - (fréq. de *cado*), dégoutter : PAUL. *Dig.* 8, 2, 20.

Căsĭus mons, m., montagne de Syrie : PLIN. 5, 80 ‖ montagne d'Égypte : PLIN. 5, 68

‖ **Căsĭus**, *a, um*, du mont Casius [Égypte] : Luc. 10, 434.

casmēna, *ae*, f., Varr. L. 7, 26, ▣ *camena*.

casmillus, *i*, m., Varr. L. 7, 34, ▣ *camillus*.

Casmonātes, *um*, m. pl., peuple d'Italie : Plin. 3, 47.

casnar, m. (osq., cf. *canus*), vieillard : Varr. L. 7, 29 ; Labien. d. Quint. 1, 5, 8.

cāsō, *ās, āre*, -, -, intr., ▣ 2 *casso*.

Căsŏs (-us), *i*, f., île de la mer Égée : Plin. 4, 70.

Caspăsum flumen, n., fleuve de Scythie : Plin. 6, 51.

Caspĕrĭa, *ae*, f., ville de la Sabine : Virg. En. 7, 714.

Caspĕrĭus, *ii*, m., nom d'homme : CIL 3, 6976.

Caspĭăcus, *a, um*, Stat. S. 4, 4, 64, ▣ *Caspius*.

Caspĭădae, *ārum*, m. pl., Val.-Flac. 6, 106 et **Caspĭāni**, *ōrum*, m. pl., Mel. 1, 12, peuples des bords de la mer Caspienne.

Caspĭăs, *ădis*, f., Caspienne, ▣ *Caspium mare*.

Caspingium, *ii*, n., ville de la Belgique : Peut. 1, 2-3.

Caspĭum mare, n., la mer Caspienne Atlas I, C8 : Plin. 6, 39 ‖ **Caspĭus**, *a, um*, de la mer Caspienne : Virg. En. 6, 798 ‖ *Caspiae portae* Plin. 6, 46 ; *Caspiae pylae* Mel. 1, 81 ; *Caspiarum claustra* Tac. H. 1, 6 ; *Caspia claustra* Luc. 8, 222, portes Caspiennes, défilé du mont Taurus.

cassābundus, *a, um* (2 *casso*), prêt à tomber, chancelant : Naev. Com. 120 ; P. Fest. 41, 22.

Cassander, *dri*, m., Cassandre ¶ 1 prince macédonien : Just. 12, 14, 1 ; *-drus*, Nep. Eum. 13, 3 ¶ 2 célèbre astronome : Cic. Div. 2, 88.

Cassandra, *ae*, f. (Κασσάνδρα), Cassandre [fille de Priam, prophétesse dont les prédictions étaient vaines] : Virg. En. 2, 246 ‖ *-tra*, Quint. 1, 4, 16, ▣ *Casentera*.

Cassandrēa, *ae*, f., Liv. 43, 23, 7 et **Cassandrīa**, *ae*, f., Plin. 4, 36, ville de Macédoine Atlas VI, A2 ‖ *-drenses*, *ium*, m. pl., habitants de Cassandrée : Liv. 44, 10, 12 ‖ **Cassandreūs**, *ei*, m., le Cassandréen [Apollodore, tyran de Cassandrée] : Ov. Pont. 2, 9, 43.

cassātus, *a, um*, part. de 1 *casso*.

cassē, adv. (*cassus*), inutilement : Gloss. 5, 273.

Cassĕra, *ae*, f., ville de Macédoine : Plin. 4, 38.

casses, *ium*, m. pl., ▣ 2 *cassis*.

cassescō, *ĭs, ĕre*, -, - (*cassus*), intr., s'anéantir : Solin. 22, 21 ; Amm. 22, 13, 4.

Cassi, *ōrum*, m. pl., peuple de Bretagne : Caes. G. 5, 21, 1.

cassia, ▣ *casia* : Marcian. d. Dig. 39, 4, 16, 7.

Cassia via, f., la voie Cassienne : Cic. Phil. 12, 22 ‖ **Cassia lex**, f., la loi Cassia : Cic. Leg. 3, 35.

Cassiānus, *a, um*, de Cassius [des divers Cassius] : Cic. Mil. 32 ; Att. 5, 21 ; Caes. G. 1, 13.

cassĭcŭlus, *i*, m. (dim. de 2 *cassis*), petit filet : Hier. Ruf. 3, 20 ‖ *-lum*, n., P. Fest. 41, 19.

cassĭda, *ae*, f. (1 *cassis*), casque de métal : Virg. En. 11, 775.

cassĭdārĭus, *ii*, m., fabricant de casques : CIL 6, 1952.

cassĭdīle, *is*, n., sac, havresac : Vulg. Tob. 8, 2.

Cassin-, ▣ *Casin-*.

Cassĭŏdōrus, *i*, m., Cassiodore [ministre de Théodoric et écrivain] : Cassiod. Var. 1, 4, 9.

Cassĭŏpaei, *ōrum*, m. pl., peuple de l'Épire : Plin. 4, 2.

1 **Cassĭŏpē**, *ēs*, f. (Κασσιόπη), Ov. M. 4, 738 et **Cassĭĕpīa**, *ae*, f. (Κασσιέπεια), Cic. poet. Nat. 2, 111, Cassiopée [mère d'Andromède, transformée en constellation].

2 **Cassĭŏpē**, *ēs*, f., Cic. Fam. 16, 9, 1 et **Cassĭŏpa**, *ae*, f., Gell. 19, 1, 1, ville de l'île de Corcyre ‖ *-pĭcus*, *a, um*, de Cassiope : Plin. 27, 80.

1 **cassĭs**, *ĭdis*, f. (empr., cf. al. *Hut*, an. *hat*?), casque en métal [des cavaliers] : *muliones cum cassidibus, equitum specie* Caes. G. 7, 45, 2, muletiers coiffés du casque pour se donner l'air de cavaliers ‖ [fig.] *aetas patiens cassidis* Juv. 7, 33, âge propre à la guerre.

2 **cassis**, *is*, m. (cf. *catena*), Ov. A. A. 3, 554 et **casses**, *ium*, m. pl., Virg. G. 3, 371, rets, filet de chasse : *dama impedita cassibus* Mart. 3, 58, 28, daim pris dans des filets ‖ toile d'araignée : Virg. G. 4, 24 ‖ [fig.] pièges : Tib. 1, 6, 5.

cassīta, *ae*, f. (1 *cassis*), alouette huppée : Gell. 2, 29, 3.

Cassĭtĕrĭdes, *um*, f. pl., Cassitérides, [groupe d'îles à l'O. de la Bretagne] : Mel. 3, 47.

cassĭtĕrīnus, *a, um* (*cassiterum*), d'étain : Pelag. 135.

cassĭtĕrum, *i*, n. (κασσίτερος), étain : Plin. 34, 156 ; Avien. Or. 260.

cassito, ▣ *casito*.

1 **Cassĭus**, *ii*, m., nom romain ; en part. **a)** C. Cassius, meurtrier de César : Cic. Att. 5, 21, 2 **b)** Cassius de Parme, poète : Hor. Ep. 1, 4, 3 **c)** Cassius Longinus, jurisconsulte : Tac. An. 12, 12 **d)** Cassius Severus, rhéteur : Sen. Suas. 6, 11 ; Quint. 10, 1, 116 ‖ **Cassĭus**, *a, um*, de ou des Cassius : Tac. An. 12, 12 ‖ ou **Cassĭānus**, *a, um*, ▣ *Cassianus*.

2 **Cassĭus mons**, m., montagne de la Bétique : Avien. Or. 259.

Cassivellaunus, *i*, m., chef breton : Caes. G. 5, 11 ; 5, 18.

1 **cassō**, *ās, āre, āvī, ātum* (*cassus*), tr., annuler, casser [en t. de droit] : Cod. Th. 14, 4, 8 ‖ détruire, anéantir : Sidon. Ep. 1, 11, 13.

2 **cassō**, *ās, āre*, -, - (fréq. de *cado*), intr., vaciller, être sur le point de tomber : Pl. Mil. 856.

3 **casso**, ▣ *quasso*.

4 **cassō**, adv., inutilement : Greg.-Tur. Andr. 25.

cassum (*cassus*), n. pris adv^t, sans motif : Sen. Herc. Oet. 352.

cassus, *a, um* (cf. *careo*) ¶ 1 vide : *cassa nux* Pl. Ps. 371 ; Hor. S. 2, 5, 36, noix vide ‖ [avec abl.] dépourvu de, privé de : *virgo dote cassa* Pl. Aul. 191, jeune fille sans dot ; *cassum lumine corpus* Lucr. 5, 719, corps privé de lumière ‖ [avec gén.] Cic. Arat. 369 ; Apul. Socr. 1 ¶ 2 [fig.] vain, chimérique, inutile : *omne quod honestum nos, id illi cassum quiddam esse dicunt* Cic. Tusc. 5, 119, tout ce que nous, nous appelons le bien, ils disent eux, que c'est une entité creuse ; *cassa vota* Virg. En. 12, 780, vœux inutiles ‖ [loc. adv.] *in cassum* : *in cassum frustraque* Lucr. 5, 1430, vainement et sans résultat (Virg., Liv., Tac.) ; *in cassum cadere* Pl. Poen. 360, n'aboutir à rien, cf. Lucr. 2, 1165.

cassȳtās, ▣ *cadytas* ►.

Castabala, *ae*, f. ¶ 1 ville de Cilicie : Plin. 5, 93 ¶ 2 ville de Cappadoce : Plin. 6, 8.

Castaecae, *ārum*, f. pl., déesses : CIL 2, 2404.

Castălĭa, *ae*, f., Castalie [fontaine de Béotie consacrée aux Muses] : Virg. G. 3, 293 ‖ *-lĭdes*, *um*, f. pl., les Muses : Mart. 7, 12, 10 ‖ *-tălis*, *ĭdis*, adj. f. : *unda Castalis* Mart. 9, 18, 1, la fontaine de Castalie ‖ **Castălĭus**, *a, um*, Ov. A. A. 1, 15, 36, de Castalie.

Castanaea, *ae*, f., Mel. 2, 35 ou **Castana**, *ae*, Plin. 4, 32, f., ville de Magnésie.

castănĕa, *ae*, f. (κάστανεα ; fr. *châtaigne*, al. *Kastanie*, an. *chestnut*), châtaignier : Col. 5, 10, 14 ‖ châtaigne : Virg. B. 1, 82.

castănētum, *i*, n. (*castanea*), châtaigneraie : Col. 4, 30, 2.

castănĕus, *a, um*, de châtaignier : *castanea nux* Virg. B. 2, 52, châtaigne.

castē, adv. (*castus*) ¶ 1 honnêtement, vertueusement : *caste vivere* Cic. Fin. 4, 63, mener une vie honnête ‖ purement, chastement : *caste tueamur eloquentiam, ut adultam virginem* Cic. Brut. 330, sauvegardons la pureté de l'éloquence comme la pureté d'une jeune fille ¶ 2 religieusement, purement : Cic. Leg. 2, 24 ; Nat. 1, 3 ; *castissime* Cic. Div. 2, 85 ; *castius* Liv. 10, 7, 5 ¶ 3 correctement : *caste pureque lingua Latina uti* Gell. 17, 2, 7, parler un latin châtié et pur.

castellamentum

castellāmentum, *i*, n., [plur.] sorte de boudin : ARN. 2, 42.

castellānus, *a*, *um* (*castellum*), de château fort : *castellani triumphi* CIC. *Brut.* 256, triomphes pour la prise de réduits fortifiés ‖ **castellāni**, *ōrum*, m. pl., garnison, habitants d'un fort : SALL. *J.* 92, 7 ; LIV. 38, 45, 9.

castellārius, *ĭi*, m., garde d'un réservoir : FRONTIN. *Aq.* 117.

castellātim, adv., par places fortes : *hostes castellatim dissipati* LIV. 7, 36, 10, les ennemis partagés en petits détachements ‖ en monceaux, par tas : PLIN. 19, 112.

castellum, *i*, n. (dim. de *castrum* ; fr. *château*) ¶ 1 fortin : *castella communire* CAES. *G.* 1, 8, 2, élever des redoutes ‖ [fig.] asile, repaire : *castellum latrocinii* CIC. *Pis.* 11, repaire de brigands ¶ 2 hameau, ferme dans les montagnes : *castella in tumulis* VIRG. *G.* 3, 475, chalets sur les hauteurs, cf. LIV. 22, 11, 4 ¶ 3 château d'eau, réservoir : VITR. 8, 6, 4.

castellus, *i*, m., ⓒ *castellum* : ULP. *Dig.* 30, 41, 10.

castērĭa, *ae*, f. (σχαστηρία), dépôt des rames pendant l'arrêt de la navigation : PL. *As.* 519 ; NON. 85.

Casthĕnēs sinus, m., golfe près de Byzance : PLIN. 4, 46.

castĭfĭcātĭo, *ōnis*, f. (*castifico*), purification : VL. *Num.* 6, 2 ‖ chasteté : Ps. AUG. *Serm.* 135, 1.

castĭfĭco, *ās*, *āre*, -, - (*castificus*), tr., rendre pur : AUG. *Conf.* 9, 9 ; TERT. *Pud.* 19, 18.

castĭfĭcus, *a*, *um* (*castus*, *facio*), qui purifie : *lavacrum castificum* PAUL.-NOL. *Carm.* 28, 188, le baptême ‖ chaste, pur : SEN. *Phaed.* 169.

castĭgābĭlis, *e* (*castigo*), répréhensible, punissable : PL. *Trin.* 44.

castĭgātē, adv. (*castigatus*) ¶ 1 avec réserve, retenue : SEN. *Contr.* 6, 8 ¶ 2 d'une manière concise : MACR. *Somn.* 1, 6, 10 ‖ -*tius* AMM. 22, 3, 12, avec plus de réserve.

castĭgātim, EXPLAN. 4, 560, 10, ⓒ *castigate*.

castĭgātĭo, *ōnis*, f. (*castigo*) ¶ 1 blâme, réprimande : CIC. *Tusc.* 4, 45 ¶ 2 châtiment : *castigatio fustium* PAUL. d. DIG. 1, 15, 3, bastonnade ‖ mortification : CASSIAN. *Inst.* 5, 8 ¶ 3 taille des arbres : PLIN. 17, 173 ‖ [fig.] *castigatio loquendi* MACR. *Sat.* 2, 4, 12, application à châtier son style.

castĭgātŏr, *ōris*, m. (*castigo*), critique, qui blâme : PL. *Trin.* 187 ; HOR. *P.* 174 ; *castigator inertium querelarum* LIV. 1, 59, 4, qui blâme les plaintes inutiles ‖ celui qui punit : TERT. *Marc.* 5, 12, 9 ‖ celui qui se mortifie : TERT. *Jejun.* 15, 4.

castĭgātōrĭus, *a*, *um* (*castigator*), d'un critique, d'une personne qui réprimande : *castigatoria severitas* SIDON. *Ep.* 4, 1, 3, sévérité rigoureuse ; *solacium castigatorium* PLIN. *Ep.* 5, 16, 10, consolation sur un ton de réprimande.

castĭgātus, *a*, *um* ¶ 1 part. de *castigo* ¶ 2 adj[t] **a)** régulier, de lignes pures : OV. *Am.* 1, 5, 21 ; STAT. *S.* 2, 1, 43 **b)** [fig.] contenu, strict : *luxuria tanto castigatior* AUG. *Civ.* 5, 24, le luxe d'autant plus retenu ; *castigatissima disciplina* GELL. 4, 20, 1, discipline très stricte.

castīgō, *ās*, *āre*, *āvī*, *ātum* (1-2 *castus* ou plutôt *castis et *ago* ; fr. *châtier*), tr. ¶ 1 reprendre, réprimander : *castigare pueros verbis* CIC. *Tusc.* 3, 64, corriger des enfants par des reproches, cf. *Leg.* 1, 62 ; CAES. *C.* 1, 3 ; *in hoc me ipse castigo quod* CIC. *Tusc.* 5, 4, je m'accuse moi-même en ceci que ‖ punir : LIV. 7, 4, 6 ; SEN. *Suas.* 1, 6 ; *quo saepius monuerit, hoc rarius castigabit* QUINT. 2, 2, 5, plus il multipliera les avertissements, moins il punira ¶ 2 [fig.] amender, corriger : CIC. *Tusc.* 4, 66 ; *castigare sua vitia* PLIN. *Pan.* 46, 6, corriger ses défauts ; *castigare verba* JUV. 6, 455, relever des fautes de langage, cf. HOR. *P.* 294 ¶ 3 contenir, réprimer : *castigare equum tenacem* LIV. 39, 25, 13, mater un cheval rétif ; *castigatus animi dolor* CIC. *Tusc.* 2, 50, chagrin réprimé, cf. 4, 66 ; SEN. *Ep.* 21, 11 ‖ [poét.] *insula castigatur aquis* SIL. 12, 353, l'île est pressée par les flots ¶ 4 purifier, sanctifier : Ps. AUG. *Serm.* 135, 2.

castĭmōnĭa, *ae*, f. (*castus*), continence, chasteté du corps : CIC. *Leg.* 2, 24 ‖ pureté des mœurs, moralité : CIC. *Cael.* 11.

castĭmōnĭālis, *e*, relatif à la continence : PALL. 3, 25, 12 ‖ **castĭmōnĭālis**, *is*, f., religieuse, nonne : AUG. *Psalm.* 75, 16.

castĭmōnĭum, *ĭi*, n., APUL. *M.* 11, 19, ⓒ *castimonia*.

castĭtās, *ātis*, f. (*castus* ; it. *castità*), pureté, chasteté : CIC. *Leg.* 2, 29 ; TAC. *An.* 1, 33 ‖ pureté de mœurs : *castitate vitae sanctus* GELL. 15, 18, 2, respectable par la pureté de ses mœurs ‖ désintéressement, intégrité : MACR. *Sat.* 7, 3, 15 ‖ [chrét.] scrupule religieux : AUG. *Conf.* 4, 2, 3 ‖ intégrité de la foi : AUG. *Pelag.* 4, 4, 8.

castĭtūdo, *ĭnis*, f., ⓒ *castitas* : ACC. *Tr.* 585.

1 castor, *ŏris*, m. (κάστωρ ; it. *castore*), castor : PLIN. 32, 26 ; JUV. 12, 34.

2 Castor, *ŏris*, m. (κάστωρ), Castor [fils de Léda, frère de Pollux] : CIC. *Nat.* 2, 6 ; *ad Castoris* CIC. *Mil.* 91, au temple de Castor ‖ **Castōrēs**, *um*, m. pl., Castor et Pollux, les Dioscures : PLIN. 7, 86 ‖ *locus Castorum*, TAC. *H.* 2, 24, localité d'Italie ‖ **Castŏrēus**, *a*, *um*, de Castor : SEN. *Phaed.* 810.

castŏrĕum, *i*, n., LUCR. 6, 794 et **castŏrĕa**, *ōrum*, n. pl., VIRG. *G.* 1, 59, castoréum, médicament tiré du castor.
▶ *castorigium* DIOCL. 34, 77.

castŏrīnātus, *a*, *um* (1 *castor*), qui porte un vêtement en peau de castor : SIDON. *Ep.* 5, 7, 4.

castŏrīnus, *a*, *um* (1 *castor*), de castor : M.-EMP. 35, 3.

1 castra, *ae*, f., arch., ⓒ 2 *castra* : ACC. *Tr.* 16, cf. NON. 200, 30.

2 castra, *ōrum*, n. pl. (cf. *castro*) ¶ 1 camp : *castra ponere* CAES. *G.* 1, 22, 5, camper ; *castra munire* CAES. *G.* 1, 49, 2, construire un camp ; *castra movere* CAES. *G.* 1, 15, 1, lever le camp, décamper ; *castra stativa* CAES. *C.* 3, 30, 3, camp fixe, permanent ; *castra aestiva* TAC. *An.* 1, 16, quartiers d'été ; *castra navalia* CAES. *G.* 5, 22, 1, camp de mer, station de vaisseaux ‖ *castra habere contra aliquem* CAES. *G.* 1, 44, 3, faire campagne contre qqn ¶ 2 [fig.] campement, journée de marche : *quintis castris Gergoviam pervenit* CAES. *G.* 7, 36, 1, il atteignit Gergovie après cinq jours de marche ‖ service en campagne : *qui magnum in castris usum habebant* CAES. *G.* 1, 39, 5, qui avaient une grande expérience de la vie des camps ‖ intérieur de ruche : PALL. 1, 37, 4 ‖ caserne : SUET. *Tib.* 37, 1 ; TAC. *An.* 4, 2 ‖ résidence impériale : SPART. *Hadr.* 13 ‖ parti politique, école philosophique : *Epicuri castra* CIC. *Fam.* 9, 20, 1, le camp d'Épicure ¶ 3 [chrét.] service de Dieu, Église : *Dei castra* CYPR. *Ep.* 63, 8, les soldats de Dieu, l'Église ; Ⓥ *castrum*.

3 Castra, *ōrum*, n. pl. (cf. fr. *La Châtre*, *Castres*), Camp [sert à désigner des localités] : *Castra Hannibalis* AMM. 3, 95, ville du Bruttium ; *Castra Herculis* AMM. 18, 2, 4, ville de Batavie ; *Castra Martis* AMM. 31, 11, 6, Camp de Mars ; *Castra Postumiana* B.-HISP. 8, 6, ville de l'Hispanie ‖ Ⓥ 2 *Castrum*.

castrămētŏr, *āris*, *ārī*, *ātus sum* (Ⓥ *metor*, intr., camper : VULG. *Exod.* 13, 20.

Castrānus, *a*, *um*, de Castrum [chez les Rutules] : MART. 4, 60, 1.

castrātĭo, *ōnis*, f. (*castro*) ¶ 1 castration : COL. 6, 26, 1 ¶ 2 élagage : PLIN. 16, 206.

castrātŏr, *ōris*, m. (*castro*), celui qui châtre : TERT. *Marc.* 1, 1, 5.

castrātōrĭus, *a*, *um*, qui sert à la castration : PALL. 1, 42, 3.

castrātūra, *ae*, f. ¶ 1 ⓒ *castrātio* : PALL. 6, 7, 2 ¶ 2 action d'émonder, de cribler : PLIN. 18, 86.

castrātus, *a*, *um*, part. de *castro*.

castrensĭāni, *ōrum*, m. pl. (*castrum*), officiers du palais : COD. JUST. 12, 36, 14 ; LAMPR. *Alex.* 41.

castrensĭārĭus, *ĭi*, m., qui s'occupe des camps, munitionnaire : CIL 6, 1739.

1 castrensis, *e* (*castra*) ¶ 1 relatif au camp, à l'armée : CIC. *Cat.* 3, 17 ; *Cael.* 11 ; *castrensis jurisdictio* TAC. *Agr.* 9, juridiction exercée dans le camp, justice des camps ; *peculium castrense* DIG. 49, 17,

11, économies faites à l'armée par un fils de famille ; *copiari verbum castrense est* Gell. 17, 2, 9, *copiari* est un mot de la langue militaire ¶ **2** relatif au Palais impérial : Tert. *Cor.* 11, 3 [d'où] **castrensis**, *is*, m., officier du Palais : Cod. Th. 6, 33, 5 ; 12, 1, 38.

2 Castrensis, adj., qui est d'une ville nommée Castra ou Castrum : *Castrensis Morinus* CIL 6, 29632, qui est de Castrum Morinorum.

castriānus, Vop. *Aur.* 38, 4, **castriciānus**, *a*, *um*, campé, en campement : Cod. Th. 7, 1, 10.

1 castricius, *a*, *um*, Not. Tir. 45, 32, ▶ 1 castrensis.

2 Castricius, *ii*, m., nom d'homme : Cic. *Flac.* 54 ‖ **-ciānus**, *a*, *um*, de Castricius : Cic. *Att.* 12, 28, 3.

Castrimoeniensēs, m. pl., habitants de Castrimoenium [Latium] : Plin. 3, 63.

castrō, *ās*, *āre*, *āvī*, *ātum* (cf. *castrum*, *castra*, scr. *śastra-m*, *śasati* ; fr. *châtrer*), tr. ¶ **1** châtrer : Pl. *Merc.* 272 ; Suet. *Dom.* 7, 11 ‖ ébrancher, élaguer : Plin. 17, 144 ; Cat. *Agr.* 33, 2 ‖ rogner, amputer, enlever : *castrare caudas catulorum* Col. 7, 12, 14, courtauder de jeunes chiens ‖ filtrer, cribler, tamiser : *vina castrare* Plin. 19, 53, filtrer du vin ; *siligo castrata* Plin. 18, 86, farine tamisée ¶ **2** [fig.] émasculer, débiliter, affaiblir : cf. Cic. *de Or.* 3, 164 ‖ expurger : *castrare libellos* Mart. 1, 35, 14, purger des vers de ce qu'ils ont d'obscène ¶ **3** [chrét.] [réfl.] s'abstenir, se retenir : *se castrare ab uxoribus suis* Hier. *Ep.* 48, 3, se tenir à l'écart de leurs propres épouses.

1 castrum, *i*, n., fort, place forte : Nep. *Alc.* 9, 3 ; ▶ 2 castra.

2 Castrum, *i*, n. (cf. an. *Chester*, arab. *qaṣr*), Camp [sert à désigner des localités] : *Castrum Inui* Virg. *En.* 6, 775 et absolᵗ ; *Castrum* Ov. *M.* 15, 727, ville du Latium, entre Ardée et Antium ; *Castrum Album* Liv. 24, 41, 3, ville de la Tarraconaise ; *Castrum Julium* Plin. 3, 15, ville de la Bétique ; *Castrum Novum* Liv. 36, 3, 6, ville d'Étrurie Atlas XII, D4 ; XII, D3 ; *Castrum Truentinum* Cic. *Att.* 8, 12 B, 1, ville du Picénum Atlas XII, D4 ; *Castrum Vergium* Liv. 34, 21, 1, ville de la Tarraconaise ‖ ▶ 3 Castra.

castula, *ae*, f., vêtement de femme, sorte de jupon : Varr. d. Non. 548, 29.

Castulō, *ōnis*, f., ville de la Tarraconaise [Cazlona] Atlas I, D2 ; IV, D2 : Liv. 28, 19, 2 ; Sil. 3, 97 ‖ **-lōnensēs**, *ium*, m. pl., habitants de Castulo : Plin. 3, 25 ‖ **Castulōnensis saltus**, m., massif montagneux dans la Bétique : Caes. *C.* 1, 38, 1.

castuōsus, *a*, *um*, Not. Tir. 55, 88, ▶ castus.

1 castus, *a*, *um* (*careo*) ¶ **1** pur, intègre, vertueux, irréprochable : *quis hoc adulescente castior ?* Cic. *Phil.* 3, 15, quoi de plus honnête que ce jeune homme ? ; *castissimum hominem ad peccandum impellere* Cic. *Inv.* 2, 36, pousser au mal le plus vertueux des hommes ; *castissima domus* Cic. *Cael.* 9, maison très vertueuse ‖ [en part.] fidèle à sa parole, loyal : *fraudasse dicatur perjurum castus* Cic. *Com.* 21, c'est l'homme esclave de sa parole qui aurait trompé l'homme sans foi ; *casta Saguntus* Sil. 3, 1, la fidèle Sagonte ¶ **2** chaste, pur : *castum decet esse poetam ipsum* Catul. 16, 5, il faut que le poète soit chaste dans sa personne ; *casta Minerva* Hor. *O.* 3, 3, 23, la chaste Minerve ; *castus vultus* Ov. *M.* 4, 799, air pudique ‖ [fig.] correct [en parl. du style] : *Caesar, sermonis castissimi* Gell. 19, 8, 3, César dont la langue est si pure ¶ **3** pieux, religieux, saint : *casti nepotes* Virg. *En.* 3, 489, descendants pieux ; *casta contio* Cic. *Rab. perd.* 11, assemblée sainte [dans un lieu consacré] ; *castum nemus* Tac. *G.* 40, forêt sainte ; *castae taedae* Virg. *En.* 7, 71, les torches sacrées ; *casta poesis* Varr. d. Non. 267, 14, la divine poésie ‖ **castum**, *i*, n., fête [religieuse] : Fest. 144, 9 ‖ temps d'abstinence : Tert. *Jejun.* 16, 7.

2 castus, *ūs* (*careo*), m., règlement religieux qui défend l'usage de certaines choses : Varr. d. Non. 197, 16 ; Gell. 10, 15, 1 ‖ fête [religieuse] : *Diovos castud (= Jovis castu)* CIL 1, 360 ; 361, à la fête de Jupiter.

Casuaga, *ae*, m., fleuve qui se jette dans le Gange : Plin. 6, 65.

cāsuālis, *e* (*casus*) ¶ **1** accidentel, fortuit, casuel : *casualis condicio* Cod. Just. 6, 51, condition éventuelle ¶ **2** [gram.] relatif aux cas : Varr. *L.* 8, 52 ; Prisc. 3, 460, 18.

cāsuāliter, adv. (*casualis*), fortuitement, par hasard : Sidon. *Ep.* 9, 11, 6 ; Fulg. *Myth.* 1, 6.

casubla, *ae*, f. (de *casula* ; fr. *chasuble*), chasuble : Greg.-Tur. *Vit. Patr.* 8, 5.

Casuentillāni, **Casventillāni**, *ōrum*, m. pl., Plin. 3, 113, ▶ Casventini.

Casuentum, *i*, n., fleuve de la Grande-Grèce Atlas XII, E5 : Plin. 3, 97.

cāsula, *ae*, f. (dim. de *casa*) ¶ **1** cabane : Juv. 14, 179 ‖ [fig.] tombeau : Petr. 111, 5 ¶ **2** vêtement de dessus : Aug. *Civ.* 22, 8, 9 ‖ manteau ecclésiastique : Vit. Caes.-Arel. 2, 15 ; ▶ casubla.

cāsūra, *ae*, f. (*cado*), chute : Solin. 2, 7.

cāsūrus, part. fut. de *cado*.

cāsŭs, *ūs*, m. (*cado*), action de tomber ¶ **1** chute : *casus, ictus extimescere* Cic. *Nat.* 2, 59, redouter les chutes, les coups ; *nivis casus* Liv. 21, 35, 6, chute de neige ‖ [fig.] *ne quis ex nostro casu hanc vitae viam pertimescat* Cic. *Sest.* 140, pour que l'exemple de ma chute ne fasse craindre à personne d'aborder cette ligne de conduite politique ‖ chute, fin : *extremae sub casum hiemis* Virg. *G.* 1, 340, sur la fin de l'hiver ; *casus urbis Trojanae* Virg. *En.* 1, 623, la chute de Troie ; *de casu Sabini et Cottae* Caes. *G.* 5, 52, 4, sur la fin de Sabinus et de Cotta, cf. *C.* 1, 7, 5 ; Sall. *J.* 73, 1 ¶ **2** arrivée fortuite de qqch. : *quarum rerum omnium nostris navibus casus erat extimescendus* Caes. *G.* 3, 13, 9, l'arrivée (la rencontre) de tous ces accidents était à craindre pour nos navires ; *aetas illa multo plures quam nostra casus mortis habet* Cic. *CM* 67, cet âge-là a beaucoup plus de cas (chances) de mort que le nôtre ; *ad omnes casus subitorum periculorum objectus* Cic. *Fam.* 6, 4, 3, exposé à l'arrivée de mille dangers soudains ; *non est sapientiae tuae ferre immoderatius casum incommodorum tuorum* Cic. *Fam.* 5, 16, 5, il n'est pas digne de ta sagesse de supporter sans modération le malheur qui t'est arrivé ¶ **3** ce qui arrive, accident, conjoncture, circonstance, occasion : *novi casus temporum* Cic. *Pomp.* 60, nouvelles conjonctures correspondant aux circonstances ; *saepe in bello parvis momentis magni casus intercedunt* Caes. *C.* 1, 21, 1, souvent dans une guerre sous de petites influences surviennent de grandes vicissitudes ; *communem cum reliquis belli casum sustinere* Caes. *G.* 5, 30, 3, supporter avec tous les autres les hasards communs de la guerre ; *propter casum navigandi* Cic. *Att.* 6, 1, 9, à cause des hasards de la navigation ‖ hasard : *videte qui Stheni causam casus adjuverit* Cic. *Verr.* 2, 98, voyez quelle circonstance fortuite a secondé la cause de Sthénius ; *neque ad consilium casus admittitur* Cic. *Marc.* 7, ni le hasard ne trouve accès auprès de la prudence, cf. *Planc.* 35 ; *Div.* 2, 85 ; *Par.* 52 ; *virtute, non casu gesta* Cic. *Cat.* 3, 29, choses accomplies par l'énergie personnelle et non par le hasard ; *caeco casu* Cic. *Div.* 2, 15, par un hasard aveugle ‖ abl. *casu* employé advᵗ, par hasard, accidentellement : Cic. *Nat.* 2, 141 ; *Div.* 1, 125 ‖ arrivée heureuse de qqch., occasion, bonne fortune, chance : *casum victoriae invenire* Sall. *J.* 25, 9, trouver l'occasion d'une victoire ; *fortunam illis praeclari facinoris casum dare* Sall. *J.* 56, 4, que la fortune leur donnait l'occasion d'un bel exploit ‖ heureux événement : Caes. *C.* 3, 51, 5 ¶ **4** [en part.] accident fâcheux, malheur : *eumdem casum ferre* Caes. *G.* 3, 22, 2, supporter le même malheur ; *casum amici reique publicae lugere* Cic. *Sest.* 29, pleurer le sort malheureux d'un ami et de l'État ; *longe prospicere futuros casus rei publicae* Cic. *Lae.* 40, prévoir de loin les malheurs qui menacent l'État ; *casu civitatis Gomphensis cognito* Caes. *C.* 3, 81, 8, ayant appris le sort de la ville de Gomphi ‖ [droit] charge des risques, risque [cas fortuit qui rend l'exécution de l'obligation impossible] : *casum praestare debet* Dig. 3, 5 ; 10, il doit supporter le risque ; *naufragium, incendia vel alius similis casus* Dig. 50, 17, 23, naufrage, incendie ou toute autre source de risque semblable ; *maior casus* Dig. 44, 7, 1, 4, la

casus

force majeure ‖ [chrét.] chute morale, spirituelle : *casus angelorum voluntarius* Aug. *Civ.* 22, 1, la chute volontaire des anges ¶ **5** [gram.] cas : *sive casus habent (verba) in exitu similes* Cic. *Or.* 165, soit que (les mots) aient des désinences casuelles semblables ; *in barbaris casibus* Cic. *Or.* 160, dans les cas d'un mot latin ‖ *casus rectus* Cic. *Or.* 160 ; Varr. *L.* 5, 4 ; 7, 33, nominatif (Varr. *L.* 9, 103 1ʳᵉ pers. [en parl. du verbe]) ; *casus nominandi* Varr. *L.* 10, 23, nominatif ‖ *sextus casus* Varr. *L.* 10, 62, ablatif.

▶ orth. *cassus* au temps de Cic., d'après Quint. 1, 7, 20.

Casventīni, *ōrum*, m. pl., habitants de Casventum [ville d'Ombrie] : CIL 11, 4209.

Casyponis, f., ville de Cilicie : Plin. 5, 91.

căta, prép. (κατά ; esp. *cada*, fr. *chacun*), *cata mane* Vulg. *Ezech.* 46, 14, tous les matins ‖ ⟶ *secundum* : *evangelium cata Matthaeum* Cypr. *Testim.* 1, 10, évangile selon Matthieu.

Cătăbānes, *um*, m. pl., peuple de l'Arabie : Plin. 5, 65.

Cătăbāni, *ōrum*, m. pl., ⟶ *Catabanes* : Plin. 6, 153.

cătăbăsis, *is*, f. (κατάβασις), descente [d'Attis aux enfers, dans les cérémonies en l'honneur de *Magna Mater*] : Macr. *Sat.* 1, 21, 10.

Cătăbathmōs, *i*, m., mont et place forte en Libye Atlas I, E5 ; Sall. *J.* 17, 4 ; Plin. 5, 32.

cătăbŏlensis (-bŭl-), *is*, m. (*catabolum*), conducteur des animaux du transport public : Cod. Th. 14, 3, 9 ; Cassiod. *Var.* 3, 10, 2.

cătăbŏlĭci spīrĭtŭs, m. pl. (καταβολικός), les esprits malins : Tert. *Anim.* 28, 5.

1 **cătăbŏlum (-bŭlum)**, *i*, n. (κατάβολος), écurie des animaux du transport public : Gloss. 5, 614, 10.

2 **Cătăbŏlum**, *i*, n., ville de Cilicie : Curt. 3, 7, 5.

Cătăcĕcaumĕnē, *ēs*, f. (κατακεκαυμένη, la terre brûlée), contrée de l'Asie Mineure : Vitr. 2, 6, 3 [en grec] ‖ **-mēnī-tēs**, *ae*, de la Catacécaumène [vin] : Plin. 14, 75.

cătăchanna, *ae*, f. (καταχήνη) ¶ **1** arbre qui produit par la greffe des fruits de différentes espèces : Aur. d. Front. *Caes.* 2, 6 ; p. 35 N ¶ **2** pl., écrits mêlés [coq-à-l'âne] : Spart. *Hadr.* 16, 2.

cătăchrēsis, *is*, f. (κατάχρησις), catachrèse : Char. 273, 1.

catachrestĭcōs, adv., par catachrèse : Serv. *En.* 1, 260.

cătăchysis, *is*, f. (κατάχυσις), sorte de vase, aiguière : *Not. Tir. 101, 61.

cătăclista vestis, Tert. *Pall.* 3, 1 et absᵗ **cătăclista**, *ae*, Apul. *M.* 11, 9, 6 (κατάκλειστος), habit de fête [rangé soigneusement].

cătăclistĭcus, *a*, *um*, précieux (littᵗ renfermé) : Fort. *Mart.* 4, 325.

cătăclysmŏs, *i*, m. (κατακλυσμός), déluge : Varr. *R.* 3, 1, 3 ‖ le déluge universel : Tert. *Apol.* 40, 5 ‖ douche : Cael.-Aur. *Chron.* 1, 1, 42.

cătăcumba, *ae*, f. (cf. *cata tumbas* et *cumbo*), catacombe : Greg.-M. *Ep.* 4, 30.

cătădrŏmus, *i*, m. (κατάδρομος), corde raide (de funambule) : Suet. *Ner.* 11, 2.

Cătădūpa, *ōrum*, n. pl., cataracte du Nil : Cic. *Rep.* 6, 19 ‖ **-dūpi**, *ōrum*, m. pl., peuple voisin de cette cataracte : Plin. 5, 54.

căteagis, *ĭdis*, f. (καταιγίς), vent d'orage : Apul. *Mund.* 12 ‖ vent particulier à la Pamphylie : *Sen. *Nat.* 5, 17, 5.

catafract-, v. *cataphract-*.

Cătăfrĭco, *ās*, *āre*, -, - (κατά, *frico*), frotter : Cass. Fel. 1 ; p. 8, 10.

Cătăgĕlăsĭmus, *i*, m. (καταγελάσιμος), le Ridiculisé : Pl. *St.* 631.

cătăgrăphus, *a*, *um* (κατάγραφος), brodé : Catul. 25, 7 ‖ **cătăgrăpha**, *ōrum*, n. pl., dessins de profil : Plin. 35, 56.

Cătăgūsa, *ae*, f. (καταγούσα), statue de Praxitèle qui représente Cérès ramenant Proserpine à Pluton : Plin. 34, 69.

Cătălauni et **Cătĕlauni**, *ōrum*, m. pl., peuple de la Gaule Belgique [Châlons-en-Champagne] : Eutr. 9, 13 ‖ **-launĭcus**, *a*, *um*, des Champs Catalauniques : Paneg. 8, 4 ; Jord. *Get.* 192.

cătălectĭcus, *a*, *um* (καταληκτικός), [vers] catalectique, dont le dernier pied est incomplet : Diom. 502, 6 ; Prisc. 3, 419, 12.

cătălepsis, *is*, f. (κατάληψις), catalepsie, léthargie : Cael.-Aur. *Acut.* 2, 10, 56.

cătălepticus, *a*, *um* (καταληπτικός), cataleptique : Cael.-Aur. *Acut.* 2, 10, 74.

cătălepton, *i*, n. (κατὰ λεπτόν), titre d'un recueil de poésies attribuées à Virgile : Serv. *En.* 1 praef.

▶ *catalecton* d. certains mss.

cătălexis, *is*, f. (κατάληξις), fin d'un vers catalectique : Ter.-Maur. 6, 369, 1469.

Cătăli, *ōrum*, m. pl., peuple des Alpes : Plin. 3, 133.

cătălŏgus, *i*, m. (κατάλογος), énumération : Hier. *Ep.* 47, 3 ‖ liste : Macr. *Sat.* 5, 15, 1.

cătălўsis, *is*, f. (κατάλυσις), clôture des hostilités, paix : Serv. *En.* 5, 484.

Cătămītus, *i*, m. (étr. *catmite*, cf. *Ganymedes*, *camillus*), nom ancien de Ganymède : Pl. *Men.* 144 ‖ [fig.] homme débauché, mignon : Cic. *Phil.* 2, 77.

cătampo (κατ' ἄμφω), sorte de jeu inconnu : P. Fest. 38, 17.

Cătăna, *ae*, Liv. 27, 8 et **Cătănē**, *ēs*, f., Sil. 14, 196 (Κατάνη), Catane, v. *Catina* ‖ **Catanensis**, habitant de Catane : Lact. *Inst.* 2, 4, 28.

cătănancē, *ēs*, f. (κατανάγκη), pied d'oiseau [plante employée dans les philtres] : Plin. 27, 57.

cătănus, *i*, m. (gaul., cf. *calocatanos* ; fr. *cade*), genévrier : Gloss. 5, 179, 6.

Cătăŏnes, *um*, m. pl., habitants de la Cataonie : Curt. 4, 12, 11 ‖ **Cătăŏnĭa**, *ae*, f., province de la Cappadoce Atlas I, D6 : Nep. *Dat.* 4, 1.

cătăphăgās, *ae*, m. (καταφαγᾶς), gros mangeur : Petr. 39, 9.

cătăphăsis, *is*, f. (κατάφασις), affirmation : Isid. 2, 27, 3.

cătăphracta, *ae*, Veg. *Mil.* 1, 20 et **-ractē**, *ēs*, Tert. *Pall.* 4, 6, f. (καταφράκτης), cotte de mailles [pour hommes et pour chevaux] Tac. *H.* 1, 79.

cătăphractārĭus (-frac-), *ĭi*, m., cataphractaire [cavalier cuirassé], cuirassier : Lampr. *Alex.* 56, 5.

cătăphractīs, *ae*, m., Sisen. *Hist.* 81, v. *cataphractus*.

cătăphractus, *a*, *um* (κατάφρακτος), bardé de fer : Liv. 35, 48, 3 ‖ subst. m., Prop. 4, 12, 12 ‖ [fig.] cuirassé, couvert comme d'une armure : Amm. 22, 15, 66.

Cătăphrўgae, *ārum*, m. pl., nom d'une secte d'hérétiques : Hier. *Vir. ill.* 40.

cătăpīrātēs, *ae*, m. (καταπειρατής), sonde marine : Lucil. d. Isid. 19, 4, 10.

cătăplasma, *ae*, f. (κατάπλασμα), Pelag. 230, **cătăplasma**, *ătis*, n., Cat. *Frg.* 4 ; p. 78, 7 J. ; Veg. *Mul.* 2, 25, cataplasme.

cătăplasmō, *ās*, *āre*, -, -, tr., faire un cataplasme, couvrir d'un cataplasme, employer en cataplasme : Cael.-Aur. *Acut.* 2, 24 ; 2, 19 ; Vulg. *Is.* 38, 21.

cataplectātĭo, *ōnis*, f. (καταπλήττω) et *-plectatio*), reproche : VL. *Eccli.* 21, 5.

cătăplexis, *is*, f. (κατάπληξις), beauté stupéfiante : Lucr. 4, 1163.

cătăplūs, *i*, m. (κατάπλους), retour d'un navire au port, débarquement : Cic. *Rab. Post.* 40 ; [fig.] *Niliacus cataplus* Mart. 12, 74, 1, le retour du Nil par mer = la flotte revenant du Nil.

cătăpŏtĭum, *ĭi*, n. (καταπότιον), pilule : Cels. 3, 21, 6 ; Plin. 28, 7.

cătăpsō, *ās*, *āre*, -, - (καταψάω), tr., frapper : Gloss. 5, 633, 9.

cătăpulta, *ae*, f. (καταπέλτης) ¶ **1** catapulte [lanceur de flèches à torsion et à deux bras] : Pl. *Curc.* 690 ; Vitr. 10, 1, 8 ; Liv. 21, 11, 7 ; P. Fest. 504, 14 ‖ [utilisée pour lancer de petites pierres] Caes. *C.* 2, 9, 4 ¶ **2** catapulte [lanceur de pierres = *onager*, *scorpio* ?] : Sidon. *Carm.* 22, 123 ¶ **3** flèche, carreau : Pl. *Cap.* 796 ; *Curc.* 398 ; Non. 552 ; Gloss. 5, 350, 18 ; 616, 36.

cătăpultārĭus, *a*, *um*, lancé par une catapulte : Pl. *Curc.* 689.

cătăracta, *ae*, f., Sen. *Nat.* 4, 2, 4, **-actēs**, *ae*, m., Plin. 5, 54 (καταράκτης ; it. *cateratta*), cataracte [du Nil] ‖ [fig.] réservoir, écluse : Plin. *Ep.* 10, 61, 4 ;

cataractae caeli AMBR. *Serm.* 23, 4, les écluses du ciel ‖ sorte de herse, qui défend la porte d'une citadelle ou l'accès d'un pont : LIV. 27, 28, 10 ‖ oiseau aquatique : PLIN. 10, 126 ‖ cataracte [maladie des yeux] : GREG.-TUR. *Martin.* 2, 41 ‖ cachot : VL. *Jer.* 20, 3.

cătăractārĭus, *ĭi*, m. (*cataracta*), geôlier : PASS. PERP. 15, 5.

cătăractrĭa, *ae*, f., sorte d'épice : PL. *Ps.* 836.

Catarclūdi, *ōrum*, m. pl., peuple de l'Inde : PLIN. 7, 24.

Cătări, *ōrum*, m. pl., peuple de Pannonie : PLIN. 3, 148.

Cătarrhei, *ōrum*, m. pl., peuple d'Arabie : PLIN. 6, 148.

cătarrhōsus, *a*, *um*, catarrheux : THEOD.-PRISC. *Log.* 44.

cătarrhus, *i*, m. (κατάρρους ; it. *catarro*), rhume, catarrhe : M.-EMP. 5, 8.

cătasceua, *ae*, f. (κατασκευή), confirmation par des preuves : ISID. 2, 12, 1 [en grec dans QUINT. 2, 4, 18 et SUET. *Gram.* 25, 8].

cătascŏpĭum, *ĭi*, n. (κατασκόπιον), GELL. 10, 25, 5, **cătascŏpus**, *i*, m. (κατάσκοπος), bâtiment d'observation, patrouilleur : B.-AFR. 26, 3.

cătasta, *ae*, f. (de καταστάσις ; it. *catasta*) ¶ 1 estrade où sont exposés les esclaves mis en vente : TIB. 2, 3, 60 ; SUET. *Gram.* 13 ; [fig.] *mille catastae* MART. 9, 29, 5, mille estrades = le brouhaha de mille estrades de vente ‖ tribune : RUTIL. 1, 393 ¶ 2 gril [instrument de torture] : PRUD. *Perist.* 1, 56.

cătastaltĭcē, *ēs*, f., renoncule scélérate : PS. APUL. *Herb.* 8.

cătastaltĭcus, *a*, *um* (κατασταλτικός), astringent, répressif : VEG. *Mul.* 2, 22, 2 ‖ *catastalticum*, *i*, n., remède astringent : VEG. *Mul.* 3, 28, 2.

cătastēma, *ătis*, n. (κατάστημα), état du ciel : VEG. *Mul.* 1, 17, 5.

cătastrōma, *ătis*, n. (κατάστρωμα), pont d'un navire : ARAT. 347.

cătastrŏpha, *ae*, f. (καταστροφή), retour de fortune : PETR. 54, 3 ‖ péripétie (au théâtre) : DON. *And.* 849 ‖ mouvement de conversion : SIDON. *Ep.* 5, 17, 7 ; SCHOL. JUV. 4, 122.

cătătechnŏs, *i*, m., VITR. 4, 1, 10, **cătătexĭtechnŏs**, *i*, m. (καταπηξίτεχνος), le raffiné [surnom du sculpteur Callimaque] : PLIN. 34, 92.

cătătŏnus, *a*, *um* (κατάτονος), [méc.] *catatonum capitulum* VITR. 10, 10, 6, cadre catatone [cadre plus large que haut dans une machine de jet].

cătax, *ācis* (obscur), boiteux : LUCIL. 77 ; NON. 25, 18 ; P. FEST 39, 10.

cătē, adv. (*catus*), avec finesse : PL. *Poen.* 131 ‖ avec art : CIC. *Arat.* 304.

cătēchēsis, *is*, f. (κατήχησις), instruction sur la religion : HIER. *Ep.* 61, 4.

cătēchismus, *i*, m. (κατηχισμός), catéchisme : AUG. *Fid.* 13, 19.

cătēchista, *ae*, m. (κατηχιστής), catéchiste : HIER. *Ep.* 50, 1.

cătēchĭzātĭo, *ōnis*, f., action de catéchiser : IREN. 4, 24, 1.

cătēchĭzō, *ās*, *āre*, -, *ātum* (κατηχίζω), tr., donner un enseignement : *de idolis* TERT. *Idol.* 10, 6, enseigner la mythologie ‖ catéchiser : TERT. *Cor.* 11, 4.

cătēchūmĕna, *ae*, f. (κατηχουμένη), une catéchumène : AUG. *Ep.* 169, 35, 4.

cătēchūmĕnus, *i*, m. (κατηχούμενος), un catéchumène : TERT. *Praescr.* 41, 2.

cătēgŏrĭa, *ae*, f. (κατηγορία) ¶ 1 accusation : HIER. *Ep.* 82, 9 ¶ 2 catégorie [logique] : SIDON. *Ep.* 4, 1, 3.

cătēgŏrĭcus, *a*, *um*, qui concerne les catégories : CHALC. 319.

cătēia, *ae*, f. (gaul.), arme de jet des Gaulois qui, comme le boomerang, revient à son point de départ (cf. ISID. 18, 7, 7) : VIRG. *En.* 7, 741 ; GELL. 10, 25, 2.

Cătĕlauni, v. *Catalauni*.

1 cătella, *ae*, f. (dim. de *catula*), petite chienne : JUV. 6, 654 ‖ [fig.] terme de caresse : HIER. *Ep.* 22, 29.

2 cătella, *ae*, f. (dim. de *catena*), petite chaîne, chaînette, collier : HOR. *Ep.* 1, 17, 55 ; FEST. 336, 3 ‖ [récompense militaire] LIV. 39, 31, 19.

cătellŭlus, *i*, m., dim. de *catellus* : DIOM. 326, 7.

cătellus, *i*, m. (dim. de *catulus* ; esp. *cadillo*) ¶ 1 petit chien : PL. *St.* 620 ‖ [fig., terme de caresse] *sume*, *catelle* HOR. *S.* 2, 3, 259, prends, mon chéri ¶ 2 jeu de mots avec 2 *catella* [petit chien, petite chaîne] : PL. *Curc.* 691.

cătēna, *ae*, f. (cf. 2 *cassis* ; fr. *chaîne*) ¶ 1 chaîne : *catena firma* LIV. 24, 34, 10, une chaîne solide ; *catena vinctus* TAC. *An.* 4, 28, enchaîné ; *catenis vincire aliquem* PL. *Men.* 3, enchaîner quelqu'un ; *catenas indere alicui* PL. *Cap.* 112 (*injicere* CIC. *Verr.* 5, 106) mettre des chaînes à quelqu'un ; *in catenas conjicere* CAES. G. 147, jeter dans les fers ; *eum in catenis Romam miserunt* LIV. 29, 21, 12, ils l'envoyèrent enchaîné à Rome ‖ [fig.] contrainte, lien, barrière : *legum catenis constrictus* CIC. *Sest.* 16, maintenu par la contrainte des lois ; *animum compesce catena* HOR. *Ep.* 1, 2, 63, enchaîne tes passions ¶ 2 [archit.] clef, entretoise : VITR. 7, 3, 1 ; *catenae ligneae* PALL. 1, 13, 1, chevilles en bois ¶ 3 ceinture de femme : PLIN. 33, 40 ¶ 4 série, enchaînement : GELL. 6, 2, 1 ¶ 5 [rhét.] gradation : ISID 2, 21, 4.

cătēnārĭus, *a*, *um* (*catena*), relatif à la chaîne : *canis catenarius* SEN. *Contr.* 7, 5, 12, chien qui est à la chaîne.

Catenātes, *um* ou *ium*, m. pl., peuple des Alpes : PLIN. 3, 137.

cătēnātim (*catena*), adv., à la suite : AUG. *Spir.* 30, 52.

cătēnātĭo, *ōnis*, f. (*cateno*), ligature [archit.] : VITR. 2, 9, 11 ‖ assemblage : *catenatio mobilis* PETR. 34, 9, assemblage mobile.

cătēnātus, *a*, *um* (*catena*), enchaîné : HOR. *Epo.* 7, 8 ; QUINT. 8, 3, 69 ‖ [fig.] *catenati labores* MART. 1, 15, 7, épreuves qui s'enchaînent ; *catenatae palaestrae* STAT. *S.* 2, 1, 110, palestres où les lutteurs s'enlacent.

cătēnō, *ās*, *āre*, -, *ātum* (*catena*), tr., enchaîner : COL. 6, 19, 2 ; FORT. *Carm.* 2, 17, 3.

cătēnōsus, *a*, *um* (*catena*), formé de chaînes : ALCIM. *Carm.* 5, 508.

cătēnŭla, *ae*, f. (dim. de *catena*), petite chaîne : VULG. *Exod.* 28, 14 ; PAUL.-NOL. *Carm.* 26, 462.

căterva, *ae*, f. (obscur, cf. ombr. *kateramu*) ¶ 1 corps de troupes, bataillon, troupe, [surtout] bande guerrière, troupe de barbares [par opp. aux légions] : *catervae Germanorum* TAC. *An.* 1, 56, bandes de guerriers germains ; *conducticiae catervae* NEP. *Chabr.* 1, 2, bandes de mercenaires, cf. TAC. *An.* 2, 45 ‖ escadron : VIRG. *En.* 8, 593 ¶ 2 [en gén.] troupe, foule : *catervae testium* CIC. *Verr.* 5, 113, foules de témoins, cf. *Cael.* 14 ; *Tusc.* 1, 77 ; *catervae avium* VIRG. *En.* 11, 496, bandes d'oiseaux ‖ troupe d'acteurs ou de chanteurs : CIC. *de Or.* 3, 196 ‖ [fig.] *vilis verborum caterva* GELL. 15, 2, 3, tas de mots grossiers.

cătervārĭus, *a*, *um* (*caterva*), en troupe : CIL 8, 7413 ; *catervarii pugiles* SUET. *Aug.* 45, 2, boxeurs formant équipe.

cătervātim, adv. (*caterva*), par troupes, par bandes : LUCR. 6, 1144 ; SALL. *J.* 97, 4 ; VIRG. *G.* 3, 556.

Catervĭus, *ĭi*, m., nom d'homme : COD. TH. 6, 30, 3.

căthartĭcum, *i*, n. (καθαρτικός), purgatif : HIER. *Ezech.* 7, 23, 28 ‖ [fig.] moyen de purification : TERT. *Pall.* 5, 7.

căthĕdra, *ae*, f. (καθέδρα ; fr. *chaire* et *chaise*) ¶ 1 chaise à dossier, siège : HOR. *S.* 1, 10, 91 ; JUV. 6, 91 ‖ chaise à porteurs : JUV. 1, 65 ¶ 2 chaire de professeur : *sterilis cathedra* JUV. 7, 203, chaire de maigre rapport ‖ chaire d'une église : HIER. *Vir. ill.* 70 ‖ [fig.] siège épiscopal : TERT. *Praescr.* 36, 1.

căthĕdrālĭcĭus, *a*, *um* (*cathedra*), fait pour les fauteuils, efféminé : MART. 10, 13, 1.

căthĕdrārĭus, *a*, *um* (*cathedra*) ¶ 1 relatif au fauteuil ou à la chaise à porteurs : *cathedrarii servi* SIDON. *Ep.* 1, 11, porteurs de litière ¶ 2 relatif à la chaire de professeur : *cathedrarii philosophi* SEN. *Brev.* 10, 1, philosophes en chaire = philosophes de parade.

căthĕdrātĭcum, *i*, n. (*cathedra*), droit d'installation en chaire [payé par tout nouvel évêque] : JULIAN. *Epit.* 115, 5.

Cathei montes, m. pl., monts de la Sarmatie Asiatique : Plin. 6, 21.

căthētēr, ēris, m. (καθετήρ), sonde pour les voies urinaires : Cael.-Aur. Chron. 2, 1, 13.

căthētērismus, i, m. (καθετηρισμός), cathétérisme, application de la sonde : Cael.-Aur. Chron. 2, 1, 23.

căthĕtus, i, f. (κάθετος), [archit.] cathète, ligne verticale [dans le dessin du chapiteau ionique] : Vitr. 3, 5, 5.
▶ nom. pl. *cathetoe*.

căthŏlĭcē, adv. (catholicus), universellement : Tert. Praescr. 26, 9 ‖ de façon orthodoxe : Hier. Ruf. 2, 3.

căthŏlĭcĭāni, ōrum, m. pl., agents impériaux dans les provinces : Cod. Just. 9, 49, 9.

căthŏlĭcus, a, um (καθολικός) ¶ **1** universel : *catholica bonitas Dei* Tert. Marc. 2, 17, la bonté divine qui s'étend à toutes choses ‖ **căthŏlĭca**, ōrum, n. pl., ▶ *universalia, perpetualia* [en grec d. Quint. 2, 13, 14], ensemble de règles générales, universelles, absolues : *catholica nominum* Prob. Cath. 4, 3, 2, règles générales des noms ¶ **2** catholique [adj. et subst.] : Prud. Perist. 11, 24 ; Hil. Matth. 26, 5.

Cătĭa, ae, f., nom de femme : Hor. S. 1, 2, 95.

1 Cătĭānus, a, um, de Catius, philosophe épicurien : Cic. Fam. 15, 16, 1.

2 Cătĭānus, i, m., nom d'homme : Mart. 6, 46, 2.

Cătĭēnus, i, m., Hor. S. 2, 3, 61, **Cătĭēna**, ae, f., Juv. 3, 133, noms d'homme et de femme.

Cătĭlīna, ae, m., L. Sergius Catilina : Cic. Cat. 1, 1 ‖ [fig.] *seminarium Catilinarum* Cic. Cat. 2, 23, une pépinière de conspirateurs ‖ **Cătĭlīnārĭus**, a, um, *Quint. 3, 8, 9 ; Plin. 33, 34, de Catilina.

Cătĭlĭus, ii, m., nom d'homme : Cic. Fam. 5 ; 10, 1.

cătillāmen, ĭnis, n. (catillo), mets friand : Arn. 7, 24.

cătillātĭo, ōnis, f. (catillo), action de lécher les plats ‖ [fig.] pillage des provinces : P. Fest. 39, 2.

1 cătillō, ās, āre, -, ātum (catillus), tr., lécher les plats : Pl. Cas. 552.

2 cătillo, ōnis, m., parasite, écornifleur : Lucil. d. Macr. Sat. 3, 16, 17 ; P. Fest. 39, 1.

cătillum, i, n. (dim. de *catinum*), ▶ **1** *catillus* : Prisc. 2, 30, 22 ; pl., Petr. 50, 6.

1 cătillus, i, m. (dim. de *catinus* ; al. *Kessel*) ¶ **1** petit plat, petite assiette : Hor. S. 2, 4, 77 ¶ **2** partie supérieure d'une meule de moulin : Paul. d. Dig. S 33, 7, 18.

2 Cătillus, i, m., Virg. En. 7, 672 et **Cătĭlus**, i, m., Hor. O. 1, 18, 2, fils d'Amphiaraüs et fondateur de Tibur.

Cătĭna, ae, f. (Κατάνη), Catane [ville de Sicile] Atlas I, D4 ; XII, G5 : Cic. Verr. 4, 50 ‖

Cătĭnensis, e, de Catane : Cic. Verr. 4, 17.

cătīnŭlus, i, m. (dim. de *catinus*), petite écuelle : Varr. d. Char. 80, 3.

cătīnum, i, n., Cat. Agr. 84, 1 et **cătīnus**, i, m. (cf. sicil., κάτινος ; port. *cadinho*), Varr. R. 1, 63, 1 ; Hor. S. 2, 2, 39, plat en terre ‖ creuset : Plin. 33, 107 ; *catinus saxorum* Plin. 34, 125, creux des rochers ‖ pièce creuse de la pompe de Ctésibius : Vitr. 10, 7, 1.

1 Cătĭus, ii, m. (catus), divinité romaine qui inspirait la ruse : Aug. Civ. 4, 21.

2 Cătĭus, ii, m., philosophe épicurien : Cic. Fam. 15, 16, 1.

Catizi, ōrum, m. pl., ▶ *Pygmaei* : Plin. 4, 44.

catlastĕr, tri, m. (sync. pour *catulaster*, de *catulus*, cf. Char. 85, 4), jeune homme [esclave] : Vitr. 8, 3, 25.

catlĭtĭo, ōnis, f. (sync. pour *catulitio*, de *catulio*), temps de la fécondation, chaleur, rut : Plin. 16, 94.

Căto, ōnis, m. (*1 catus*), Caton (surnom des Porcii) ; not¹ : M. Porcius Caton, le célèbre censeur : Cic. CM 3 ‖ [fig.] **Catones** Cic. de Or. 3, 56, des Catons = des modèles de vertu comme Caton l'Ancien ; *contenti simus hoc Catone* Aug. d. Suet. Aug. 87, 1, contentons-nous de notre Caton [= ne cherchons pas mieux] ‖ Caton le Jeune ou d'Utique : Cic. Mur. 3 ‖ Valerius Cato, grammairien et poète : Suet. Gram. 4.

cătōblĕpas, ae, m. (κατωβλέπων, " qui regarde en bas "), animal fabuleux d'Éthiopie [gnou] : Mel. 3, 98 ; Plin. 8, 77.

Catobriga, ae, f., ville de la Bétique : Anton. 417.

cătŏcha, ae, f. (κατοχή), catalepsie : Cael.-Aur. Acut. 2, 10, 57.

cătŏchītēs, ae, m., Prisc. Perieg. 472 et **cătŏchītis**, ĭdis, f., Plin. 37, 152, pierre précieuse inconnue.

cătōmĭdĭō, ās, āre, -, - (κατωμίζω), tr., fesser, fouetter [qqn tenu soulevé sur les épaules d'un autre] : Spart. Hadr. 81, 9.

cătōmum, i, n. (κατμόν), être suspendu aux épaules d'un autre [pour être fouetté, cf. *catomidio*] : *tollere in catomum* Laber. d. Gell. 16, 7, 4, suspendre à l'épaule [pour être fouetté], cf. Cic. Fam. 7, 25, 1 ‖ **cătōmōs** (-ūs) (κατώμους), pris advᵗ, *catomos aliquem caedere* Vict.-Vit. 1, 28, fouetter qqn, cf. Schol. Juv. 2, 142 ‖ [d'où] *catomus* [pris pour un subst.] : *catomus virga nodosa* Gloss. 5, 550, 12, bâton noueux.

Cătōnĭānus, a, um, de Caton : Cic. Q. 2, 4, 5.

Cătōnīnus, i, m., partisan ou admirateur de Caton (d'Utique) : Cic. Fam. 7, 25.

cătoptrītis, ĭdis, f. (κατοπτρῖτις), sorte de pierre précieuse : Plin. 37, 152.

Catoslugi, ōrum, m. pl., peuple de Belgique : Plin. 4, 106.

Catōsus, i, m., nom d'homme : Aug. Civ. 22, 8.

1 catta, ae, f. (cattus), chatte : Mart. 13, 69, 1.

2 Catta, ae, f., une femme Chatte : Suet. Vit. 14, 5 ; ▶ *Chatti*.

cattăbĭus, f. l. pour *caccabius*.

Catthi, Catti, ▶ *Chatti*.

cattīnus, a, um (cattus), comme un chat : Ps. Acr. Epo. 16, 7.

cattus, i, m. (obscur, p.-ê. gaul., cf. v. irl. *catt*, al. *Katze*, an. *cat*, rus. *kot* ; fr. *chat*, it. *gatto*), chat : Pall. 4, 9, 4.

cătŭla, ae, f. (*catulus*), petite chienne : Prop. 4, 3, 55.

Cătŭlārĭa porta, nom d'une porte de Rome : P. Fest. 39, 13.

cătŭlastĕr, ▶ *catlaster* : Prisc. 2, 114, 17.

Cătŭlĭānus, a, um, de Catulus : Plin. 34, 17.

cătŭlĭgĕnus, a, um (catulus, gigno), vivipare : Eustath. Hex. 7, 2.

cătŭlīnus, a, um (catulus), de chien : *caro catulina* Pl. d. Fest. 39, 8, viande de chien ‖ **cătŭlīna**, ae, f., viande de chien : Plin. 29, 58.

cătŭlĭō, īs, īre, -, -, intr. (catulus), être en chaleur [en parl. des chiennes] : Varr. R. 2, 9, 11.

cătŭlītĭo, ▶ *catlitio*.

Cătulla, ae, f., nom de femme : Juv. 2, 49.

Cătullus, i, m., Catulle, poète élégiaque : Tib. 3, 6, 41 ‖ **Cătullĭānus**, a, um, du poète Catulle : Mart. 11, 6, 14.

cătŭlōtĭcus, a, um (κατουλωτικός), cicatrisant : Veg. Mul. 3, 28, 4.

1 cătŭlus, i, m. (ombr. *katel*, cf. *cattus* ? ; it. *cacchio*) ¶ **1** petit chien : Cic. Nat. 2, 38 ; Fin. 3, 48 ‖ petit d'un animal quelconque : [porcelet] Pl. Ep. 579 ; [louveteau] Virg. En. 2, 357 ; [lionceau] Virg. G. 3, 245 ¶ **2** carcan, collier de chien : Lucil. d. Non. 36, 26 ; P. Fest. 39, 21.

2 Cătŭlus, i, m., surnom dans la *gens* Lutatia, ▶ *Lutatius*.

Cătŭmandus, i, m., nom d'un chef gaulois : Just. 43, 5, 5.

Cătŭmārus, i, m., surnom romain d'origine celtique : CIL 3, 4263.

cătŭmĕum, i, n. (?), sorte de gâteau sacré : Arn. 7, 24.

Cătŭrīges, um, m. pl., peuple des Alpes Cottiennes : Caes. G. 1, 10, 4.

1 cătus, a, um (sabin = *acutus* Varr. L. 7, 46, cf. *Cato*, *2 cos*, scr. *śita-s*), aigu : Enn. An. 459 ‖ avisé, fin, habile : *catus Aelius Sextus* Enn. d. Cic. Tusc. 1, 18, le subtil Aelius Sextus, cf. Pl. Mil. 794 ; Cic. Tusc. 2, 45 ; Ac. 2, 97 ; *consilium catum* Pl. Ep. 258, conseil avisé.

2 catus, v. *cattus* ►.

Cauca, *ae*, f., ville de Tarraconaise [Coca] : Plin. 3, 26.

caucălis, *ĭdis*, f. (καυκαλίς), caucalis [plante] : Plin. 21, 89.

Caucăsĭgĕna, *ae*, m., f., enfant du Caucase : Sidon. *Ep.* 4, 1, 4.

Caucăsus, *i*, m. (Καύκασος), le Caucase Atlas I, C7 : Cic. *Tusc.* 2, 23 ‖ **Caucasĭus**, *a*, *um*, Virg. *G.* 2, 440, **Caucasēus**, *a*, *um*, Prop. 2, 25, 14, du Caucase ‖ **Caucasiae Portae**, f. pl., Portes Caucasiennes (défilé du Caucase) : Plin. 6, 30.

Caucenses, *ium*, m. pl., habitants de Cauca [dans la Tarraconaise] Atlas IV, C2 : Plin. 3, 26.

Cauchae Campi, m. pl., région de la Babylonie : Plin. 6, 129.

Cauci, v. *Chauci*.

caucŭla, *ae*, f. (*caucus*), petite coupe : Apul. *M.* 5, 20.

caucus, *i*, m. (καύκη ; roum. *cauc*), sorte de coupe : Hier. *Jov.* 2, 14.

cauda (**coda**, Varr. *R.* 2, 7, 5), *ae*, f. (obscur ; fr. *queue*), queue : Cic. *Fin.* 3, 18 ; *Verr.* 2, 191 ‖ [fig.] *caudam jactare popello* Pers. 4, 15, flatter la populace [comme font les chiens en remuant la queue] ; *caudam trahere* Hor. *S.* 2, 3, 53, traîner une queue derrière soi [prêter à rire] ‖ *cauda caballi, caballina* Gloss. 3, 556, 45 ; 3, 582, 62, prêle [plante].

caudĕus, *a*, *um* (*cauda*), de jonc : Pl. *Ru.* 1109, cf. P. Fest. 40, 19.

1 caudex (**cōdex**), *ĭcis*, m. (obscur, cf. *cauda* ?) ¶ 1 souche, tronc d'arbre : Virg. *G.* 2, 30 ; Plin. 16, 121 ‖ [fig.] homme stupide, bûche : Ter. *Haut.* 877 ¶ 2 ⊂ *codex* : Cat. d. Front. *Ant.* 1, 2, 11 ; p. 99 N., cf. Sen. *Brev.* 13, 4.

2 Caudex, *ĭcis*, m., surnom d'un Appius Claudius : Suet. *Tib.* 2, 1.

caudĭca, *ae*, f. (*caudex* ; fr. *coche* et *coque*), sorte de bateau : Gell. 10, 25, 5 ; Isid. 19, 1, 27 ; v. *caudicarius*.

caudĭcālis, *e* (*caudex*), qui concerne les bûches de bois : *caudicalis provincia* Pl. *Ps.* 158, la mission de fendre du bois.

caudĭcārĭus, P. Fest. 40, 13 et **cōdĭcārĭus**, *a*, *um*, Varr. d. Non. 535, 15 (*caudex*), fait de troncs d'arbre : *caudicariae naves* P. Fest. 40, 13, bateaux ou radeaux grossièrement construits ‖ **caudicarii**, *orum*, m. pl., bateliers : Cod. Th. 14, 3, 2.

caudĭcĕus, *a*, *um* (*caudex*), fait d'un tronc d'arbre : *caudiceus lembus* Aus. *Mos.* 197, canot.

caudilla (**caudŭla**), *ae* (dim. de *cauda*), f., Not. Tir. 96, 30 ; 28.

Caudĭum, *ii*, n., ville du Samnium : Cic. *Off.* 3, 109 ‖ **-īnus**, *a*, *um*, Cic. *CM* 41, de Caudium : *furculae Caudinae* Liv. 9, 2 ; *furcae* Luc. 2, 137, les Fourches Caudines [défilé] ‖ **Caudīni**, *ōrum*, m. pl., habitants de Caudium : Plin. 3, 105.

caulae (**caullae**), *ārum*, f. pl. (cf. *cavea*) ¶ 1 cavités, ouvertures : Lucr. 3, 255 ¶ 2 barrière d'un parc à moutons : ***lupus fremit ad caulas*** Virg. *En.* 9, 60, le loup hurle devant la bergerie ‖ enceinte d'un temple, d'un tribunal : Serv. *En.* 9, 60.

Caularis, *is*, m., fleuve de la Pamphylie : Liv. 38, 15.

caulātŏr (**caullātŏr**), *ōris*, m., ⊂ *cavillator* : *Pl. Truc.* 683.

caules, v. *caulis*.

caulĭās, *ae*, adj. m. (καυλίας), extrait d'une tige : *caulias sucus* Plin. 19, 43, suc exprimé de la tige.

caulĭcŭlātus, *a*, *um*, en forme de tige : Ps. Apul. *Herb.* 90.

caulĭcŭlus, *i*, **cōlĭcŭlus**, *i*, m., Cat. *Agr.* 158, 1 (dim. de *caulis*), petite tige, tigette : Plin. 23, 71 ‖ petit chou : Plin. 23, 119 ; Suet. *Gram.* 11 ‖ [fig.] caulicole, nervure, rinceau du chapiteau corinthien : Vitr. 4, 1, 12.

Caulīnum, *i*, n., vin des environs de Capoue : Plin. 14, 69.

caulis, **cōlis**, Cat. *Agr.* 35, 2, **cōles**, Cels. 6, 18, 2, *is*, m. (cf. καυλός, v. irl. *cuaille* ; fr. *chou*, al. *Kohl*, tige des plantes : Cat. *Agr.* 157, 2 ‖ chou : Cic. *Nat.* 2, 120 ; Hor. *S.* 1, 3, 116 ‖ tuyau de plume : Plin. 11, 228 ‖ ► *penis* : Lucil. 281 ; Cels.

caullae, v. *caulae*.

caulōdēs, *is* (καυλώδης), qui a une grosse tige : Plin. 20, 79.

Caulōn, *ōnis*, m., Virg. *En.* 3, 553, **Caulōnea**, *ae*, f., Liv. 27, 12, 6, ville du Bruttium.

cauma, *ătis*, n. (καῦμα ; it. *calma*, cf. fr. *calme* et *chômer*), forte chaleur : Vulg. *Job* 30, 30.

caumālĭter, adv. (*cauma*), par l'action de la chaleur : Isid. *Ord.creat.* 7, 9.

Caunaravi, *ōrum*, m. pl., peuple de l'Arabie : Plin. 6, 159.

caunĕae, *ārum*, f. pl., figues sèches de Caunos : Cic. *Div.* 2, 84 ; ***aedilis non trium caunearum*** Petr. 44, 13, un édile qui ne vaut pas trois figues.

Caunĕus ou **Caunĭus**, *a*, *um*, de Caunos ‖ **Caunii**, *orum*, m. pl., les gens de Caunos : Cic. *Q.* 1, 1, 33.

Caunītēs, *ae*, adj., de Caunos : Plin. 31, 99.

Caunŏs (**-us**), *i*, f. (Καῦνος), ville de Carie Atlas IX, C1 ; VI, C4 : Plin. 5, 103 ; Mel. 1, 83 ‖ m., héros fondateur de Caunos : Ov. *M.* 9, 452.

caupilus, v. *caupulus*.

caupo (**cōpo**), *ōnis*, m. (obscur, cf. κάπηλος ; al. *kaufen*, an. *cheap*), cabaretier : *copo de via Latina* Cic. *Clu.* 163, aubergiste sur la voie Latine, cf. *Div.* 1, 57 ; 2, 135 ‖ [fig.] *caupones sapientiae* Tert. *Anim.* 3, 1, trafiquants de sagesse.

► forme *cupo* Char. 63, 10.

caupolus, v. *caupulus*.

caupōna (**cōpōna**), *ae*, f. ¶ 1 cabaretière : *quaedam anus caupona* Lucil. 128 ; Apul. *M.* 1, 21, une vieille cabaretière ¶ 2 auberge, taverne : Cic. *Pis.* 53 ; Hor. *Ep.* 1, 11, 12 ; Tac. *An.* 14, 15.

caupōnārius, *ĭi*, m. (*caupona*), aubergiste : Gloss. 2, 238, 38.

caupōnĭcŭla, *ae*, f. (dim. de *caupona*), petite auberge : Gloss. 2, 116, 22.

caupōnĭum, *ii*, n., auberge : Tert. *Apol.* 40, 14.

caupōnĭus, *a*, *um*, d'auberge : *puer cauponius* Pl. *Poen.* 1290, le garçon ; *taberna cauponia* Ulp. *Dig.* 23, 2, 43, cabaret.

caupōnŏr, *āris*, *ārī*, *ātus sum* (*caupo*), tr., traiter une affaire au cabaret, maquignonner : *non cauponantes bellum, sed belligerantes* Enn. d. Cic. *Off.* 1, 38, ne faisant pas la guerre en maquignons, mais en soldats.

caupōnŭla, *ae*, f. (dim. de *caupona*), gargote : Cic. *Phil.* 2, 77.

caupŭlus, *i*, m. (gaul. ? ; esp. *copano*), Gell. 10, 25, 5, **caupillus** (**-ĭlus**), **-ŏlus**, *i*, m., Isid. 19, 1, 25, petite barque.

caupuncŭla, *ae*, f. (dim. de *caupona*), petite auberge : Gloss. 5, 274, 34.

Caura, *ae*, f., ville de la Bétique : Plin. 3, 11.

Caurenses, *ium*, m. pl., peuple de Lusitanie : Plin. 4, 118.

caurĭcrĕpus, *a*, *um* (*caurus*, *crepo*), que le Caurus fait retentir : Avien. *Perieg.* 869.

caurīnus, *a*, *um*, du Caurus : Grat. 296.

caurĭō, *īs*, *īre*, -, - (onomat.), intr., crier [en parl. de la panthère] : Philom. 50.

Caurŏs, *i*, f., ancien nom de l'île d'Andros : Plin. 4, 65.

Caurus, *i*, m., Virg. *G.* 3, 278, **Cōrus**, *i*, m., Caes. *G.* 5, 7, 3, vent du nord-ouest.

causa (**caussa**), *ae*, f. (obscur, cf. *caveo* ? ; fr. *chose*)

I ¶ 1 "cause", "raison, motif", *certa de causa* "pour une raison précise", *ob eam causam* "pour cette raison", *cum causa* "avec raison", *quid est causae cur* ? "quelle est la raison pour laquelle ?", *ea est causa ut* "c'est la raison pour laquelle", *ea causa ut* "pour cette raison que", *nihil (quid) causae quin* ? ¶ 2 "excuse, prétexte", "bonne occasion" ; *causa* [prép. placée après son régime au gén.] "à cause de ; en vue de".

II affaire où sont en cause des intérêts ¶ 1 "procès, cause" ¶ 2 "affaire, question", *in eadem causa esse* "être dans le même cas", "relations, liaison", "cause, parti", [méd.] "cas, maladie".

I ¶ 1 cause [v. une définition Cic. *Fat.* 34] : *quicquid oritur, qualecumque est, cau-*

causa

sam habeat a natura necesse est, si nullam reperies, illud tamen exploratum habeto, nihil fieri potuisse sine causa Cic. Div. 2, 60, tout ce qui naît, quelque forme qu'il affecte, a nécessairement une cause naturelle ; si tu n'en trouves aucune, tiens néanmoins pour assuré que rien n'aurait pu se produire sans cause ; *ut in seminibus est causa arborum et stirpium, sic...* Cic. Phil. 2, 55, de même que dans les semences réside la cause qui produit les arbres et les racines, de même... ; *ejus belli haec fuit causa* Caes. G. 3, 7, 2, voici quelle fut la cause de cette guerre ; *causā morbi inventā* Cic. Tusc. 3, 23, la cause de la maladie une fois trouvée, cf. Varr. R. 2, 1, 21 ; Cic. Div. 2, 62 ; Lucr. 3, 502 ; 3, 1070 ; Virg. G. 3, 440 ; *is mortem attulit, qui causa mortis fuit* Cic. Phil. 9, 7, celui-là a été le meurtrier qui a été cause de la mort ; *hic dolor populi Romani causa civitati libertatis fuit* Cic. Fin. 2, 66, ce ressentiment du peuple romain fut pour la cité la cause de son affranchissement ‖ [poét.] *in seminibus fateare necessest esse aliam causam motibus* Lucr. 2, 285, il faut reconnaître qu'il y a dans les atomes une autre cause [à] de leurs mouvements ; *eam causam multis exitio esse* Tac. An. 16, 14, (il savait) que cette cause est fatale à beaucoup ‖ [en part.] cause, influence physique : *(homo) fluida materia et caduca et omnibus obnoxia causis* Sen. Ep. 58, 24, (l'homme) matière sans consistance, caduque, subissant toutes les influences extérieures ; *ut in affecto corpore quamvis levis causa magis quam in valido gravior sentiretur, ita* Liv. 22, 8, 3, de même que dans un corps éprouvé la moindre atteinte se ressent davantage qu'une plus forte dans un corps robuste, de même... (Liv. 30, 44, 8) ‖ raison, motif : *justa* Cic. Verr. 4, 145, juste raison, raison légitime ; *causam rei proferre* Cic. Amer. 72, produire les raisons d'une chose ; *causa mittendi fuit quod... volebat* Caes. G. 3, 1, 2, le motif de cet envoi fut qu'il voulait... ; *praetermittendae defensionis plures solent esse causae* Cic. Off. 1, 28, les raisons de négliger la défense d'autrui sont d'ordinaire plus nombreuses ; *nec erit justior in senatum non veniendi morbi causa quam mortis* Cic. Phil. 1, 28, pour ne pas venir au sénat la maladie ne sera pas un motif plus légitime que la mort ; *mihi dedit causam harum litterarum* Cic. Fam. 11, 27, 8, il m'a fourni la raison (l'occasion) d'écrire cette lettre ; *si quis ab ineunte aetate habet causam celebritatis* Cic. Off. 2, 44, si qqn dès sa jeunesse a des raisons d'avoir un nom répandu ; *aliud esse causae suspicamur* Cic. Flac. 39, nous soupçonnons qu'il y a un autre motif ; *iste hoc causae dicit, quod* [subj.] Cic. Verr. 5, 106, lui, il déclare que la raison est que... ‖ *qua causa ?* Pl. Bac. 249 ; Mil. 83, pour quelle raison ? ; *ea causa* Pl. Aul. 464 ; Ter. Hec. 190 ; Sall. C. 52, 7, pour cette raison (*hac causa* Cic. Rep. 1, 41) ; *aliis atque aliis causis* Liv. 7, 39, 7, pour un motif ou pour un autre ‖ [avec de] *eadem de causa* Cic. Verr. 2, 160 ; Caes. G. 2, 7, 2 ; *isdem de causis* Cic. Off. 1, 89 ; *qua de causa* Cic. Or. 191 ; Caes. G. 1, 1, 4 ; *quibus de causis* Cic. de Or. 1, 16 ; Caes. C. 2, 30, 1 ; *quacumque de causa* Caes. G. 6, 23, 9, pour la même raison, les mêmes raisons, pour cette raison, ces raisons, pour n'importe quelle raison ; *omnibus de causis existimare...* Caes. G. 3, 7, 1, avoir toute raison de croire que... ; *certa de causa* Cic. Cat. 1, 5, pour une raison précise (*certis de causis* Cic. de Or. 1, 186) ; *justissimis de causis* Cic. Verr. 2, 2, pour les motifs les plus légitimes ; *leviore de causa* Caes. G. 7, 4, 10, pour un motif moins grave ‖ [avec ex] *qua ex causa* Cic. Mur. 26 ; Rep. 2, 13 ; *ex aliis causis* Cic. de Or. 2, 335 ‖ [avec ob] *ob eam causam* Cic. Font. 2 ; Caes. G. 1, 17, 6 ; *ob eas causas* Cic. Phil. 5, 46 ; *ob eam ipsam causam quod* Cic. Fin. 2, 22 ; Nat. 2, 17, précisément pour la raison que... ; *ob eam unam causam quia* Cic. Fin. 2, 45, pour la seule raison que ; *ob eamdem causam* Cic. Dom. 101 ; *aliam ob causam* Cic. de Or. 2, 60 ; *nec ob aliam causam ullam... nisi quod...* Cic. Lae. 74, et le seul motif pour lequel... c'est que... ; *quam ob causam* Cic. Verr. 3, 64 ; Phil. 5, 40 ; Caes. C. 3, 88, 5 ; *ob hanc causam* Cic. Verr. 5, 118 ; Cael. 39 ; *ob has causas* Cic. Sest. 46 ; Caes. G. 4, 24, 2 ‖ [avec per] Varr. d. Prob. Verg. B. 6, 31 ; Ov. H. 18, 214 ; Petr. 123, 217 ‖ [avec propter] Cic. Verr. 3, 110 ; 4, 113 ; 5, 71 ; Prov. 2 ; de Or. 1, 72 ; Brut. 100 ; *propter hanc causam quod* Cic. Verr. 2, 131 ; 3, 109, pour cette raison que... ‖ [avec ab] : *a duobus causis punire princeps solet* Sen. Clem. 1, 20, il y a deux raisons qui inspirent d'ordinaire les sanctions du prince ‖ *cum causa* Cic. Verr. 1, 21 ; Cael. 68, avec raison ; *cum justissima causa* Cic. Att. 7, 1, 5, avec une raison très légitime, très légitimement ‖ *non sine causa* Cic. Verr. 5, 16, non sans raison ‖ *multae sunt causae, quamobrem cupiam...* Ter. Eun. 145, il y a bien des raisons pour que je désire... ; *non est ista causa quam dicis, quamobrem velis* Cic. Brut. 231, ce n'est pas la raison que tu allègues qui fait que tu veux... ; *satis habere causae, quamobrem* Cic. Fin. 3, 51, comporter des raisons suffisantes pour que ‖ [avec cur] : *non justa causa cur...* Cic. Tusc. 1, 65, ce n'est pas une raison légitime pour que ; *quid est causae, cur* Cic. Flac. 5, quel motif y a-t-il pour que ; *causa, cur mentiretur, non erat* Cic. Quinct. 18, il n'avait aucun motif de mentir ; *en causa, cur* Cic. Dej. 17, voilà le motif pour lequel... ‖ [avec quare] Cic. Sest. 52 ; Caes. G. 1, 19, 1 ‖ [avec ut] *an vero non justa causast ut vos servem sedulo ?* Pl. Cap. 257, n'ai-je pas une juste raison de vous faire garder attentivement ? ; *ea est causa ut...* Liv. 5, 55, 5, c'est la raison pour laquelle... ; *verecundiam multis in causa fuisse, ut...* Quint. 12, 5, 2, la timidité a été pour beaucoup la cause que... ; *vim morbi in causa esse, quo serius conficeretur (dilectus)* Liv. 40, 26, 5, la violence de l'épidémie était cause du retard apporté dans l'enrôlement ‖ **eā causā ut** ➡ *idcirco ut, ideo ut*, pour que, afin que : Pl. Men. 893 ; Ps. 55 ; St. 312 ; Ter. Hec. 235 ‖ [ne pas confondre ut consée. (Caes. C. 3, 47, 2 ; Cic. Fin. 5, 29) avec ut final et ne (Cic. Fin. 3, 8 ; Font. 36)] ‖ [avec prop. inf.] [poét.] *quae causa fuit consurgere in arma Europamque Asiamque* Virg. En. 10, 90, quelle raison a fait que l'Europe et l'Asie se dressent pour courir aux armes ‖ [expressions] *nihil causae quin* Cic. Quinct. 32, pas de raison pour empêcher que ; *num quid est causae quin* Cic. Tusc. 1, 78, y a-t-il une raison pour empêcher que (*quominus* Cic. Inv. 2, 132 ; Sall. C. 51, 41 ; Liv. 34, 56, 9) ¶ **2** motif allégué, raison invoquée, excuse, prétexte : *ad populum Romanum confugient ? facilis est populi causa ; legem se sociorum causa jussisse dicet* Cic. Verr. 5, 126, ils auront recours au peuple romain ? la défense du peuple est facile ; il dira qu'il a porté une loi en faveur des alliés ; *hanc causam habere ad injuriam* Cic. Off. 3, 31, avoir ce prétexte pour commettre l'injustice ; *hanc bellandi causam inferebat, quod* Cic. Rep. 3, 15, il alléguait, comme prétexte de faire la guerre, que... ; *(Romulus) muri causam opposuit* Cic. Off. 3, 41, (Romulus) mit en avant pour s'excuser l'incident du mur [franchi par Rémus] ; *ne qua esset armorum causa* Caes. C. 1, 2, 3, pour ôter tout prétexte de guerre ; *per causam equitatus cogendi* Caes. G. 7, 9, 1, sous prétexte de rassembler la cavalerie, cf. C. 3, 24, 1 ; 3, 76, 1 ; 3, 87, 4 ; *per causam inopum* Cic. Dom. 13, sous prétexte de défendre les pauvres, cf. Liv. 2, 32, 1 ; 22, 61, 8 ; 24, 7, 4 ‖ bonne raison, bonne occasion : *causam moriendi nactus est Cato* Cic. Tusc. 1, 74, Caton trouva une bonne occasion de mourir, cf. Pomp. 3 ; Phil. 7, 6 ; Att. 15, 14, 1 ; Caes. C. 2, 28, 2 ‖ **causā** [prép., placée après son régime au gén.] à cause de, en vue de : *honoris causa*, pour honorer, par honneur ; *vestra reique publicae causa* Cic. Verr. 5, 173, dans votre intérêt comme dans l'intérêt général ‖ [rarement avant gén.] Enn. An. 319 ; Ter. Eun. 202 ; Cic. Lae. 59 ; Liv. 40, 41, 11 ‖ [qqf. = propter] Caes. G. 6, 40, 7 ; C. 1, 33, L ; Cic. Leg. 2, 58 ; de Or. 3, 58

II affaire où sont en cause des intérêts ¶ **1** [en part.] affaire judiciaire, procès, cause : *genera causarum* Cic. Part. 70, genres de causes ; *magistratus aliqui reperiebatur apud quem Alfeni causa consisteret* Cic. Quinct. 71, on trouvait quelque magistrat, devant qui la cause d'Alfénus fût évoquée ; *ex quo verbo lege Appuleia tota illa causa pendebat* Cic. de Or. 2, 107, c'est sur l'application de ce mot [lèse-majesté] que, en vertu de la loi Appuléia, toute cette affaire roulait ; *causam accipere* Cic. de Or. 2, 114 ;

aggredi Cic. Fin. 4, 1 ; amplecti Cic. Sest. 93 ; attingere Cic. Mur. 3 ; defendere Cic. Mur. 7, se charger d'une cause, la prendre en main, la défendre ; **causam agere, dicere**, v. *agere, dicere* ; **causam amittere** Cic. de Or. 2, 100, perdre un procès (en laisser échapper le succès) ; **causam perdere** Cic. Com. 10, perdre un procès (en causer l'insuccès) ; **causa cadere** Cic. de Or. 167, perdre son procès ; **in optima causa mea** Cic. de Or. 3, 19, alors que j'avais une cause très bonne (très forte) ; **causas capitis aut famae ornatius (agimus)** Cic. Fam. 9, 21, 1, nous traitons les causes qui intéressent la vie ou la réputation avec plus d'ornement ‖ cause, objet du procès : **ut aliquando ad causam crimenque veniamus** Cic. Mil. 23, pour en venir enfin à l'objet du procès et au chef d'accusation, cf. Planc. 17 ‖ [en gén.] objet de discussion, thème, v. Cic. Top. 79 ; 80 ; Quint. 3, 5, 7 ¶ **2** [en gén.] cause, affaire, question : **qui et causam et hominem probant** Caes. G. 6, 23, 7, ceux qui donnent leur assentiment à la fois à l'affaire et à l'homme ; **cui senatus dederat publicam causam, ut mihi gratias ageret** Cic. Verr. 3, 170, à qui leur sénat avait confié la mission officielle de me remercier ; **haec causa** Cic. Cat. 4, 15, cette affaire ; **causa quae sit, videtis** Cic. Pomp. 6, vous voyez quel est l'état de la question ; **de mea causa omnes di atque homines judicarunt** Cic. Dom. 44, sur mon affaire, tous les dieux et les hommes ont prononcé ; **Tyndaritanorum causa** Cic. Att. 15, 2, 4, l'affaire des Tyndaritains ; **in causa haec sunt** Cic. Fam. 1, 1, 1, dans l'affaire en question voici où en sont les choses ; **de Scipionis causa** Liv. 29, 20, 1, sur le point concernant Scipion ‖ cas, situation, position : **dissimilis est militum causa et tua** Cic. Phil. 2, 59, le cas des soldats est tout différent du tien ; **in eadem causa esse** Cic. Off. 1, 112, être dans le même cas, cf. Caes. G. 4, 4, 1 ; Cic. Sest. 87 ; Marc. 2 ; **eadem nostra causa est** Cic. de Or. 2, 364, ma situation est la même [je puis en dire autant] ; **ad me causam rei publicae periculaque rerum suarum detulerunt** Cic. Pomp. 4, ils m'ont rapporté l'état des affaires publiques et les dangers de leurs propres affaires ; **soluta praedia meliore in causa sunt quam obligata** Cic. Agr. 3, 9, les terres affranchies de charges jouissent d'une condition plus favorable que celles qui en sont grevées ; **mei consilii negotiique totius suscepti causam rationemque proposui** Cic. Verr. 4, 140, j'exposai l'état et l'organisation de mes projets ainsi que de toute l'entreprise ‖ situation (rapports) entre personnes, liaison : **causa necessitudinis intercedit alicui cum aliquo** Cic. Caecil. 6, des rapports (des liens) d'intimité existent entre une personne et une autre, cf. Sull. 23 ; Fam. 13, 49, 1 ; Caes. G. 1, 43, 6 ; **causam amicitiae habere cum aliquo** Caes. G. 5, 41, 1, avoir des relations d'amitié avec qqn (Cic. Fam. 13, 46) ‖ **quicum tibi omnes causae et necessitudines veteres intercedebant** Cic. Quinct. 48, avec lequel tu avais de longue date tous les rapports et toute l'intimité possibles, cf. Fam. 10, 10, 2 ; 13, 4, 1 ; 13, 29, 1 ‖ cause, parti : **causa nobilitatis** Cic. Amer. 135, la cause de la noblesse ; **causam rei publicae legumque suscipere** Cic. Caecil. 9, prendre en main la cause de la chose publique et des lois ; **cur causam populi Romani deseruisti ac prodidisti ?** Cic. Verr. 1, 84, pourquoi as-tu déserté et trahi la cause du peuple romain ? ; **Sullae causa** Cic. Phil. 5, 43, le parti de Sylla ; **causam solum illa causa non habet** Cic. Att. 7, 3, 5, il n'y a qu'une cause qui manque à cette cause, il ne manque à ce parti qu'une (raison justificative) bonne cause ; **causae popularis aliquid attingere** Cic. Brut. 160, soutenir un peu la cause démocratique ‖ [méd.] cas, maladie : **utilissimum est ad omnes causas...** Plin. 28, 218, il est souverain pour tous les cas de... ; **origo causae** Cels. 1, pr. 16, l'origine du cas [de la maladie], cf. Sen. Ir. 3, 10, 3 ‖ domaine, sphère [de recherche, d'études] : **in his ipsis quaestionum naturalium causis** Sen. Nat. 6, 17, 3, en ce domaine précis des recherches sur la nature.

causābundus, *a, um*, qui allègue une excuse : Prisc. 2, 137, 20.

causālis, *e* (*causa*), causal : Aug. Gen. litt. 7, 22 ‖ **causales confunctiones** Char. 224, 30, conjonctions causales [*enim, nam*] ‖ **Causālĭa**, n. pl., Arn. 5, 18, Traité des causes [titre d'un ouvrage].

causālĭtĕr, adv. (*causalis*), en agissant comme une cause posée à l'avance, causativement : Aug. Gen. litt. 5, 4 ; 5, 23.

Causamēla, v. *Gaugamela* : Itin. Alex. 23.

causārĭus, *a, um* (*causa*) ¶ **1** malade, infirme, v. *causa* : **causarium hoc corpus** Sen. Nat. 1, praef. 4, ce corps infirme ; **causarii dentes** Plin. 23, 75, dents malades (gâtées) ‖ [pris subst^t] **causarius faucibus** Plin. 25, 61, celui qui souffre de la gorge ¶ **2** invalide, réformé : **ex causariis scribatur exercitus** Liv. 6, 6, 14, que l'on compose un corps des soldats réformés ‖ qui a pour cause l'invalidité : **missio causaria** Ulp. Dig. 3, 2, 2, congé de réforme.

*****causāte**, adv., compar., **causatius** Plin. Praef. 8, avec plus de raison, plus justement.

causātĭo, *ōnis*, f. (*causor*) ¶ **1** prétexte : **causatio aegri corporis** Gell. 20, 1, 30, excuse de la maladie ‖ indisposition : Pall. 1, 4, 1 ¶ **2** accusation, plainte : Aug. Man. 6, 2.

causātīvus, *a, um* (*causa*) ¶ **1** causal, causatif : Capel. 7, 731 ‖ subst. n., **causativum litis**, fondement juridique de la cause : Fort.-Rhet. 1, 2 ¶ **2** [gram.] **casus causativus**, l'accusatif : Prisc. 2, 185, 25.

causātus, *a, um*, part. de *causor*.

causĕa, causĭa, *ae*, f. (καυσία) ¶ **1** chapeau macédonien : Pl. Mil. 1178 ; Val.-Max. 5, 1 ¶ **2** mantelet [machine de guerre] : Veg. Mil. 4, 15.

causĭdĭcālis, *e* (*causidicus*), d'avocat : Aur. d. Front. Caes. 4, 5, 3 ; p. 68 N ; Gell. 12, 2, 1.

causĭdĭcātĭo, *ōnis*, f. (*causidicor*), plaidoirie : Front. Amic. 2, 7, 2, p. 193 N.

causĭdĭcātus, *ūs*, m., c. *causidicatio* : Gloss. 2, 277, 38.

causĭdĭcīna, *ae*, f. (*causidicus*), profession d'avocat : Symm. Ep. 5, 16, 15.

causĭdĭcŏr, *āris, āri*, - (*causidicus*), intr., exercer la profession d'avocat : Dosith. 7, 430, 12.

causĭdĭcus, *i*, m. (*causa*, 1 *dico*), avocat de profession [souvent péjoratif] : Cic. Or. 30 ; de Or. 1, 202 ; Cod. Just. 2, 6, 6.

causĭfĭcŏr, *āris, āri*, - (*causa, facio*), intr., prétexter : **haud causificor quin eam habeam** Pl. Aul. 755, je ne refuse pas de la prendre [comme femme].

causōn, *ōnis*, m. (καύσων), fièvre ardente : Ps. Sor. Epit. 5.

causor (**caussor**, Rufin. Clem. 1, 55), *āris, āri, ātus sum* (*causa*), tr., prétexter, alléguer : **adversam patris voluntatem causari** Tac. An. 13, 44, alléguer l'opposition de son père ; **numquid causare quin** *Cic. Com. 41, as-tu qqch. à alléguer pour empêcher que... ? ‖ [avec *de*] se plaindre de : **causari de infirmitate carnis** Tert. Fug. 2, 1, se plaindre de la faiblesse de la chair ‖ [avec prop. inf.] **causatus hiemem instare** Liv. 36, 10, 12, prétextant l'approche de l'hiver, cf. 28, 35, 2 [avec *quod*] **causatus quod hic non esset secutus** Suet. Cal. 23, 3, donnant comme prétexte qu'il ne l'avait pas suivi ‖ s'excuser de refuser : Papin. d. Dig. 40, 7, 34 ‖ objecter : Salv. Gub. 3, 2.

▶ actif **causare** *Cassiod. Orth. 7, 149, 13 ‖ sens passif Tert. Marc. 2, 25, 1.

causŏs, *i*, m. (καῦσος), fièvre, chaleur sèche : Theod.-Prisc. Log. 35.

caussa, v. *causa*.

caustērĭum, v. *cauterium* : Not. Tir. 102, 24.

causticē, *ēs*, f., herbe inconnue d'une saveur très âcre : Ps. Apul. Herb. 8.

causticus, *a, um* (καυστικός), qui brûle, caustique : Plin. 27, 77 ‖ **causticum**, *i*, n., caustique, substance caustique : Plin. 26, 65.

caustus, *a, um* (καυστός), brûlé : Ps. Primas. Hebr. p. 749 C.

causŭla, *ae*, f. (dim. de *causa*), petite cause, petit procès : Cic. Opt. 9 ‖ petite occasion : B.-Afr. 54, 1.

cautē, adv. (*cautus*), avec précaution, prudemment : Cic. Clu. 118 ‖ **cautius** Cic. Dej. 18 ; **cautissime** Cic. Att. 15, 26, 3.

cautēla, *ae*, f. (*cautus*) ¶ **1** défiance, précaution : Pl. Mil. 603 ; Apul. M. 2, 6

cautela

¶2 protection, défense : Minuc. 7, 6 ǁ caution : Ulp. Dig. 3, 3, 15 ǁ **cautēlĭtās**, ātis, Ennod. Ep. 8, 8.

cautēr, ēris, m. (καυτήρ) ¶1 fer à cautériser, fer chaud : Pall. 1, 41, 2 ǁ [fig.] *cauterem adigere ambitioni* Tert. Pall. 5, 5, stigmatiser l'ambition ¶2 fer à brûler (torture) : Prud. Perist. 10, 490 ǁ brûlure faite par ce fer : Prud. Perist. 5, 229.

cautērātĭo, ōnis, f., cautérisation : Gloss. 3, 556, 24.

cautērĭātus, part. de *cauterio*.

cautērĭō, ās, āre, -, ātum (*cauterium*), tr., brûler avec un fer chaud, cautériser : Pelag. 180.

cautērĭum, ĭi, n. (καυτήριον) ¶1 fer à cautériser, cautère : Veg. Mul. 1, 14, 3 ǁ moyen de cautériser : Plin. 25, 80 ¶2 réchaud employé pour la peinture à l'encaustique : Marcian. d. Dig. 33, 7, 17.

cautērīzō, ās, āre, -, -, tr., cautériser : Iren. 1, 13, 7.

1 **cautēs**, is, f., Virg En. 5, 163, **cōtēs**, is, f., Cic. Tusc. 4, 33 (cf. *cos*), roche, écueil : *cautibus horrens Caucasus* Virg. En. 4, 366, le Caucase hérissé de rochers ; *stringat palmula cautes* Virg. En. 5, 163, que la rame frôle les écueils.

2 **Cautēs**, is, m. (καύτης), génie portant une torche [culte mithriaque] : CIL 13, 7368.

cautim, adv. (*cautus*), avec précaution : Ter. Haut. 870.

cautĭo, ōnis, f. (*cavitio*, *caveo*) ¶1 action de se tenir sur ses gardes, précaution : *mea cautio et timiditas* Cic. de Or. 2, 300, mes précautions et ma circonspection ; *horum una cautio est ut* Cic. Lae. 78, il n'y a qu'un moyen de se prémunir là contre, c'est de ; *mihi cautio est* Pl. Bac. 597, il faut que je prenne garde ; *mea cautio est* Cic. Att. 5, 4, 4, c'est à moi de veiller à ; *hoc habet multas cautiones* Cic. Off. 1, 42, cela demande sur bien des points de la prudence ; *cautionem non habere* Cic. Fam. 11, 21, 2, ne pas se laisser prévoir ¶2 caution, garantie : *in juris scientia est cautionum praeceptio* Cic. Or. 131, le droit enseigne les garanties légales ; *cautio chirographi mei* Cic. Fam. 7, 18, 1, la garantie de ma signature ǁ cautionnement [engagement accessoire d'un débiteur à titre de sûreté] : *cautio fidejussorum* Dig. 35, 3, 3, 1, l'engagement, à titre de caution, des fidéjusseurs ; *cautio damni infecti* Dig. 39, 2, 13, 2, fournir caution contre dommage menaçant ǁ reconnaissance (écrite) de dette : *cautio depositionis* Dig. 36, 3, 18, 1, titre de dépôt ; *cautio dotalis* Dig. 31, 89, 5, acte dotal (reçu de dot) ; *cautio creditae pecuniae* Dig. 44, 7, 29, reconnaissance de dette ; *cautiones fiebant pecuniarum* Cic. Dom. 129, on faisait signer des reçus ; *hunc Pompeius omni cautione devinxerat* [avec prop. inf.] Cic. Sest. 25, Pompée avait obtenu de lui toutes les promesses possibles garantissant (qu'il ...).

cautĭōnālis, e (*cautio*), qui sert de garantie : Ulp. Dig. 46, 5, 1.

cautis, is, f., Prud. Perist. 10, 701, C. *cautes*.

Cautŏpătēs, is, m., V. 2 *Cautēs* : CIL 13, 7397.

cautŏr, ōris, m. (*caveo*) ¶1 homme de précaution : Pl. Cap. 256 ¶2 celui qui garantit : *cautor alieni periculi* Cic. Sest. 15, celui qui garantit autrui du danger.

cautŭlus, a, um (dim. de *cautus*), assez sûr : Gell. 1, 3 ; 30.

cautum, i, n. (*cautus*), précaution : *legum cauta* Cassiod. Var. 5, 14, les dispositions préventives des lois.

1 **cautus**, a, um
I part. de *caveo*
II pris adj¹ ¶1 entouré de garanties, sûr, qui est en sécurité : *quo mulieri esset res cautior* Cic. Caecin. 11, pour que la fortune de sa femme fût plus en sûreté ; *pars quae est cautior* Cic. Amer. 56, le parti qui est le plus sûr des deux ; *cautus ab incursu belli* Luc. 4, 409, garanti contre les assauts de la guerre ¶2 qui se tient sur ses gardes, défiant, circonspect, prudent : *parum putantur cauti fuisse* Cic. Amer. 117, ils passent pour avoir manqué de prévoyance ; *cautus in verbis serendis* Hor. P. 46, qui crée des mots avec circonspection, cf. Cic. Q. 3, 9, 3 ; *ad malum propius cautior* Liv. 24, 32, 3, se tenant en garde surtout contre le danger immédiat ; *cautus adversus fraudem* Liv. 38, 25, 7, qui se défie d'un piège ; *c. assumere dignos* Hor. S. 1, 6, 51, attentif à ne prendre que des gens méritants ; *c. rei divinae* Macr. Sat. 1, 15, 8, fidèle aux prescriptions religieuses ǁ *cautum consilium* Cic. Phil. 13, 6, conseil prudent ; *cautissima Tiberii senectus* Tac. An. 2, 76, la vieillesse si défiante de Tibère ǁ cauteleux, rusé, fin : *cauta vulpes* Hor. Ep. 1, 1, 73, le renard matois.

2 **cautŭs**, ūs, m., C. *cautum* : Ennod. Ep. 3, 1, 4.

căva, ae, f. (*cavus*), fossé : Grom. 217, 1, 10.

căvaedĭum, ĭi, n. (*cavus, aedes*), cour intérieure d'une maison : Plin. Ep. 2, 17, 5.

căvāmĕn, ĭnis, n. (*cavo*), excavation, grotte : Solin. 9, 9.

căvannus, i, m. (gaul. ; fr. *chouan*), chouette hulotte : Euch. Instr. 2, 9.

Cavares, um, m. pl., peuple de la Narbonnaise : Plin. 3, 34.

Cavarīnus, i, m., nom d'un chef gaulois : Caes. G. 5, 54, 2.

căvātĭcus, a, um (*cavus*), qui vit dans des trous : Plin. 8, 140.

căvātĭo, ōnis, f. (*cavo*), cavité : Varr. L. 5, 20 ; Serv. En. 9, 697.

căvātŏr, ōris, m. (*cavo*), celui qui creuse : Plin. 10, 40 ǁ graveur : CIL 6, 9239.

căvātūra, ae, f. (*cavo*), cavité, creux : *cavaturae dentium* M.-Emp. 1, 42, les alvéoles des dents.

căvātus, a, um ¶1 part. de *cavo* ¶2 pris adjᵗ, creux : *rupes cavata* Virg. En. 3, 229, caverne ; *cavati oculi* Lucr. 6, 1194, yeux caves ǁ *cavatior* Tert. Herm. 29, 3.

căvĕa, ae, f. (obscur ; fr. *cage*) ¶1 cavité : Plin. 11, 3 ǁ intérieur de la bouche : Prud. Cath. 3, 94 ǁ orbite de l'œil : Lact. Mort. 40, 5 ¶2 enceinte où sont enfermés des animaux : [cage pour les fauves] Hor. P. 473 ; Suet. Cal. 27, 3 ; [cage pour les oiseaux] Cic. Div. 2, 73 ; [ruche] Virg. G. 4, 58 ǁ treillage dont on entoure un jeune arbre : Col. 5, 6, 21 ¶3 partie du théâtre ou de l'amphithéâtre réservée aux spectateurs : *qui clamores tota cavea!* Cic. Lae. 24, quelles clameurs sur tous les bancs! ; *servos de cavea exire jubebant* Cic. Har. 26, ils mettaient les esclaves à la porte du théâtre ; *cavea prima, ultima* Cic. CM 48, le premier rang, le fond du théâtre ǁ [fig.] le théâtre, les spectateurs : Sen. Tranq. 11, 8 ; Stat. Th. 1, 423.
▶ la référence à *cavus* est responsable du sens secondaire de cavité.

căvĕālis, f. l. pour *scabialis* : *Veg. Mul. 2, 117, 2.

căvĕātus, a, um (*cavea*) ¶1 emprisonné, enfermé : Plin. 9, 13 ¶2 disposé en amphithéâtre [en parl. d'une ville] : Plin. 4, 30.

căvĕfăcĭō, ĭs, ĕre, -, - (*caveo, facio*), éviter : Fort. Carm. 8, 3, 193.

căvĕō, ēs, ēre, cāvī, cautum (cf. κοέω, -σκοός, scr. *kavi-s*, al. *schauen*, an. *show*), intr. et tr. ¶1 être sur ses gardes, prendre garde : *illum monere, ut caveret* Cic. Amer. 110, il l'avertissait de se tenir sur ses gardes ǁ [avec *ab*] *ab aliquo* Cic. Sest. 133, se défier de qqn ; *hortatur ab eruptionibus caveant* Caes. C. 1, 21, 4, il les exhorte à se tenir en garde contre les sorties des assiégés ǁ [avec *cum*] *mihi tecum cavendum est* Pl. Most. 1142, je dois être sur mes gardes avec toi (Ps. 909) ǁ [avec *de*] *de aliqua re* Cic. Inv. 2, 152 ; Pl. Men. 931, prendre garde à qqch. ǁ [avec abl.] Pl. Bac. 147 ; Ru. 828 ǁ [avec acc.] se garder de, éviter : *inimicitias* Cic. Amer. 17, prendre des précautions contre les haines ; *vallum caecum fossasque* Caes. C. 1, 28, 4, se garder des trous de loup et des fossés ; *caveamus Antonium* Cic. Phil. 11, 10, gardons-nous d'Antoine ; *cavenda est gloriae cupiditas* Cic. Off. 1, 68, il faut se défier de la passion de la gloire ; *huic simile vitium in gestu caveatur* Cic. Off. 1, 130, il faut se garder d'un défaut semblable dans le geste ; *cave canem* Varr. Men. 75, prends garde au chien ǁ [avec subj.] *cave putes* Cic. Rep. 1, 65, garde-toi de croire ; *cave quicquam habeat momenti gratia!* Cic. Mur. 62, prends garde que le crédit n'exerce la moindre influence, cf. Lig. 14 ; *cavete quisquam supersit* Liv. 24, 38, 7, prenez garde de laisser échapper qqn ǁ [avec *ne*] *cavete ne* *spe praesentis pacis perpetuam pacem amittatis* CIC. *Phil.* 7, 25, prenez garde que l'espoir d'une paix présente ne vous fasse perdre une paix indéfinie; *hoc, quaeso, cave ne te terreat* CIC. *Ac.* 2, 63, que cela, je t'en prie, ne t'épouvante pas; *caves ne tui consultores capiantur* CIC. *Mur.* 22, tu prends garde que tes clients ne soient victimes d'une surprise; *nihil magis cavendum est senectuti quam ne languori se desidiaeque dedat* CIC. *Off.* 1, 123, il n'est rien dont la vieillesse doive se garder davantage que de s'abandonner à la langueur et à l'inertie ‖ [avec *ut ne*] CIC. *Q.* 1, 1, 38; SALL. *J.* 64, 2; CATUL. 50, 21; VIRG. *B.* 9, 25; OV. *Pont.* 3, 1, 139; *commisisse cavet quod mox mutare laboret* HOR. *P.* 168, il est attentif à n'avoir rien commis qu'il s'efforce à changer ensuite ¶ **2** avoir soin de, veiller sur; [avec dat.]: *ipse sibi cavit loco* TER. *Eun.* 782, il s'est ménagé lui-même par la place qu'il a choisie; *in Oratore tuo caves tibi per Brutum* CAECIN. *Fam.* 6, 7, 4, dans ton *Orator* tu te mets à couvert à la faveur de Brutus; *Roma, cave tibi* LIV. 35, 21, 4, Rome, prends garde à toi ‖ *veteranis cautum esse volumus* CIC. *Phil.* 2, 59, nous voulons ménager les vétérans; *caves Siculis* CIC. *Verr.* 3, 26, tu prends soin des Siciliens; *minuitur gloria ejus officii, cui diligenter cautum est* SEN. *Ben.* 3, 13, 2, elle s'amoindrit, la gloire d'un service qu'on a entouré avec soin de garanties ‖ [avec *ut*] avoir soin que, prendre ses mesures (précautions) pour que: CIC. *Off.* 1, 141; LIV. 3, 10, 14; 27, 24, 8; *caverat sibi ut* CIC. *Pis.* 28, il avait pris ses précautions dans son intérêt pour que ¶ **3** [droit] prendre toutes les précautions utiles, comme jurisconsulte, au nom du client; veiller à ses intérêts au point de vue du droit: *ad respondendum et ad agendum et ad cavendum peritus* CIC. *de Or.* 1, 212, qui sait à la fois donner des consultations, guider dans une action judiciaire, et prendre toutes sûretés en droit, cf. *Caecin.* 78; *Mur.* 19; *Leg.* 1, 17; *Off.* 2, 65 ‖ prendre des sûretés pour soi-même: *sibi cavere* CIC. *Com.* 35, prendre ses sûretés; *cavere ab aliquo ut* LIV. 24, 2, 5, prendre ses sûretés à l'égard de qqn en stipulant que ‖ [avec prop. inf.] *rogant eum, ut ab sese caveat quemadmodum velit neminem esse acturum* VERR. 2, 55, ils lui demandent de prendre à leur égard telle sûreté qu'il voudra comme garantie que personne n'intentera d'action, cf. *Brut.* 18 ‖ donner des sûretés, des garanties à autrui au moyen de qqch.: *praedibus et praediis populo cautum est* CIC. *Verr.* 1, 142, le peuple a des garanties dans les cautions et les immeubles [est à couvert grâce aux personnes qui se portent caution et grâce aux biens-fonds qui servent de garantie], cf. *Att.* 5, 21, 12; LIV. 22, 60, 4; TAC. *An.* 6, 17; *obsidibus de pecunia cavent* CAES. *G.* 6, 2, 2, au sujet de la somme qu'ils doivent, ils donnent des otages en garantie, cf. SUET. *Cal.* 12; *obsidibus cavere inter se* CAES. *G.* 7, 2, 2, échanger des otages pour se donner une garantie mutuelle ‖ prendre des dispositions pour qqch. au moyen d'une loi [avec dat.]: *his (agris) cavet* CIC. *Agr.* 3, 12, voilà les champs qu'il protège par sa loi (auxquels il veille); *lex altera ipsis sepulcris cavet* CIC. *Leg.* 2, 61, la seconde loi veille sur les sépultures mêmes ‖ *cavere ut*, disposer que, stipuler que: CIC. *Agr.* 2, 62; *Leg.* 2, 51; *cautum est in Scipionis legibus ne plures essent...* CIC. *Verr.* 2, 123, il y a dans les lois de Scipion une disposition qui interdit qu'il y ait un plus grand nombre... ‖ [avec *de*] CIC. *Inv.* 2, 119; 2, 135 ‖ [avec acc.] *non omnia scriptis, sed quaedam, quae perspicua sint, tacitis exceptionibus caveri* CIC. *Inv.* 2, 140, [il dit] que toutes les exceptions ne figurent pas dans les textes, mais que certaines, qui sont évidentes, sont stipulées implicitement ‖ prendre des dispositions par un traité pour qqn, sur qqch.: *si Hiempsali satis est cautum foedere* CIC. *Agr.* 1, 10, si dans le traité il y a eu des dispositions suffisantes en faveur d'Hiempsal; *regi amico cavet (foedus)* CIC. *Agr.* 2, 58, (le traité) garantit les possessions d'un roi ami; *(agri) de quibus cautum est foedere* CIC. *Agr.* 1, 10, (les terres) comprises dans les stipulations d'un traité, cf. *Balb.* 37; LIV. 21, 18, 8; *absurda res et caveri foedere, ut* CIC. *Balb.* 37, il est absurde que dans un traité il y ait un article stipulant que ‖ prendre des dispositions en faveur de qqn au moyen d'un testament: *cavere alicui* CIC. *Inv.* 2, 120; *Verr.* 1, 123; *Clu.* 162; *quid? verbis hoc satis erat cautum?* CIC. *Caecin.* 53, eh quoi! cette clause était-elle exprimée de façon assez explicite?; *id testamento cavebit?* CIC. *Fin.* 2, 102, réglera-t-il, ordonnera-t-il cela dans son testament?; *testamento cavere ut* CIC. *Fin.* 2, 103, ordonner par son testament de ...

▶ *cavitum* = *cautum* CIL 1, 585, 6; *căvĕ* au lieu de *căvē* HOR. *S.* 2, 3, 38.

căvĕŏla, *ae*, f. (dim. de *cavea*; fr. *geôle*), cage: GLOSS. 3, 322, 50.

căverna, *ae*, f. (*cavus*) ¶ **1** cavité, ouverture: *cavernae terrae* LUCR. 6, 597, les cavernes souterraines, cf. CIC. *Nat.* 2, 151; *cavernae navium* CIC. *de Or.* 3, 180, cales des navires; *cavernae arboris* GELL. 15, 16, 3, fentes d'un arbre ‖ pl., bassins, réservoirs: CURT. 5, 1, 28 ‖ [en part.] **a)** trou, tanière d'un animal: PLIN. 22, 72 **b)** orifices du corps: PLIN. 8, 218 ¶ **2** [fig.] la cavité que forme la voûte du ciel: LUCR. 4, 171; 4, 391; CIC. *Arat.* 252; VARR. *Men.* 270, cf. SERV. *En.* 2, 19.

căvernātim (*caverna*), adv., à travers des cavités: SIDON. *Ep.* 5, 14, 7.

căvernō, *ās*, *āre*, -, *ātum* (*caverna*), tr., creuser: CAEL.-AUR. *Chron.* 4, 3, 26.

căvernōsus, *a*, *um* (*caverna*), qui a des cavités, creux: PLIN. 26, 58.

căvernŭla, *ae*, f. (dim. de *caverna*), petite ouverture: PLIN. 27, 98.

căvernum, *i*, n., **-nus**, *i*, m., ⮕ *caverna*: GLOSS. 2, 460, 55; 3, 190, 20.

căvēsis, **căve sis**, prends garde, je te prie: PL. *Amp.* 845; *As.* 43; *Aul.* 584; *Bac.* 402; *Mil.* 1245; TER. *Eun.* 799.

căvĭae, *ārum*, f. pl. (obscur) et **căvĭāres hostĭae**, f. pl., partie des victimes jusqu'à la queue: P. FEST. 50, 16.

Cavĭi, *ōrum*, m. pl., peuple d'Illyrie: LIV. 44, 30.

căvilla, *ae*, f. (cf. *calvor*, *favilla*) ¶ **1** plaisanterie, baliverne: *aufer cavillam* PL. *Aul.* 638, trêve de plaisanterie ¶ **2** sophisme: CAPEL. 4, 423.

căvillābundus, *a*, *um* (*cavillor*), usant de sophismes, captieux: TERT. *Anim.* 34, 5.

căvillātĭo, *ōnis*, f. (*cavillor*) ¶ **1** badinage, enjouement: *cavillatio, genus facetiarum in omni sermone fusum* CIC. *de Or.* 2, 218, l'enjouement est un ton plaisant répandu dans l'ensemble des propos ¶ **2** subtilité, sophisme: *cavillatio verborum infelix* QUINT. 10, 7, 14, stérile chicane de mots, cf. CIC. d. SEN. *Ep.* 111, 1; SEN. *Ben.* 2, 17, 1.

căvillātŏr, *ōris*, m. (*cavillor*) ¶ **1** badin, plaisant: PL. *Mil.* 642; CIC. *Att.* 1, 13, 2 ¶ **2** sophiste: SEN. *Ep.* 102, 20.

căvillātŏrĭus, *a*, *um*, captieux, sophistique: BOET. *Top. Cic.* 1.

căvillātrix, *īcis*, f. (*cavillator*), une sophiste: *verborum* QUINT. 7, 3, 14, qui subtilise sur les mots ‖ la sophistique: QUINT. 2, 15, 25.

1 **căvillātus**, *a*, *um*, part. de *cavillor* et de *cavillo*.

2 **căvillātŭs**, *ūs*, m., taquinerie: APUL. *M.* 8, 25.

căvillis, *is*, f., ⮕ *cavilla*: PL. *Truc.* 686.

căvillō, *ās*, *āre*, -, - (*cavilla*), FORT. *Mart.* 2, 241, ⮕ *cavillor* ‖ [au pass.] être tourné en moquerie: TERT. *Res.* 21, 6 ‖ **căvillātus**, *a*, *um*, qui a été trompé: APUL. *M.* 3, 19.

căvillŏr, *ārĭs*, *ārī*, *ātus sum*, tr. et intr. ¶ **1** plaisanter, dire en plaisantant, se moquer de: *cum eo cavillor* CIC. *Att.* 2, 1, 5, je plaisante avec lui; *cavillans vocare...* LIV. 2, 58, 9, il appelait ironiquement... ‖ *cavillari rem* CIC. *Q.* 2, 10, 2, plaisanter sur qqch.; [avec prop. inf.] dire en plaisantant que: CIC. *Nat.* 3, 83 ¶ **2** user des sophismes: *cavillari tum tribuni* LIV. 3, 20, 4, alors les tribuns de chercher chicane, cf. SEN. *Ben.* 7, 4, 8; *Ep.* 64; 3 ‖ *haec cavillante Appio* LIV. 9, 34, 1, Appius tenant ce raisonnement sophistique; [avec prop. inf.] PLIN. 11, 267.

căvillum, *i*, n., APUL. *M.* 1, 7 et **căvillus**, *i*, m., APUL. *M.* 2, 19, ⮕ *cavilla*.

căvĭtās, *ātis*, f. (*cavus*), cavité: CAEL.-AUR. *Acut.* 3, 2, 9.

cavitio

căvĭtĭo, ōnis, f., P. Fest. 53, 14, [arch.] ᴄ. *cautio*.

căvĭtum, ᴠ. *caveo*.

căvō, *ās*, *āre*, *āvī*, *ātum* (cavus; it. cavare), tr. ¶ **1** creuser : **lapidem cavare** Lucr. 1, 313, creuser la pierre ; **luna cavans cornua** Plin. 8, 63, la lune à son déclin [qui creuse son croissant] ‖ **cavare parmam gladio** Ov. M. 12, 130, percer un bouclier d'un coup d'épée ¶ **2** faire en creusant : **naves ex arboribus** Liv. 21, 26, 8, creuser des navires dans des arbres ; [poét.] **arbore lintres** Virg. G. 1, 262, creuser des cuves dans le bois.

căvōsĭtās, *ātis*, f. (cavus), cavité : Tert. Anim. 55, 1.

căvum, *i*, n. (cavus), trou [seul^t au pl.] : Liv. 24, 34, 9 ; Sen. Nat. 3, 28, 5.

1 căvus, *a*, *um* (cf. *cohum*, κόοι, κῶος, v. irl. *cúa* ; it. *cavo*, port. *covo*) ¶ **1** creux, creusé, profond : **cava ilex** Virg. B. 1, 18, chêne creux ; **cava manus** Tib. 2, 4, 14, le creux de la main ; **cava dolia** Tib. 1, 3, 80, tonneaux sans fond ; **cava flumina** Virg. G. 1, 326, fleuves profonds ¶ **2** [fig.] **a)** qui n'est pas plein : **cavi menses** Cens. 20, 3, mois creux [de 30 jours, par opp. aux mois pleins, de 31 jours] **b)** vide, vain, sans consistance : **cava imago** Virg. En. 6, 293, fantôme sans consistance ; **nubes cava** Virg. En. 1, 516, nuage léger ‖ [fig.] **opibus inflati cavis** Paul.-Nol. Carm. 21, 912, enflés de leurs vaines richesses.

2 căvus, *i*, m., trou, ouverture : Varr. R. 3, 15, 2 ; Hor. S. 2, 6, 116 ; ᴠ. *cavum*.

3 căvus, *i*, m. (1 *cavus* ?), javelle : Ps. Servius G. 2, 517.

Căyci, ᴠ. *Chauci* ▶.

Căystrŏs (-us), *i*, m., fleuve d'Ionie : Virg. G. 1, 384 ‖ **Caystrĭus ales** = le cygne : Ov. Tr. 5, 1, 11.

-cĕ (cf. *cis*, 2 *cedo*), particule qui s'ajoute aux démonstratifs : **hisce** Pl. Amp. 974, ceux-ci ‖ devient *-ci-* quand elle est suivie de l'enclitique interr. *ne* : **hicine** ; **haecine** ; **sicine**.

Cĕa, *ae*, f., Céa ou Céos, île de la mer Égée Atlas VI, C2 : Virg. G. 1, 14 ‖ **Cĕus**, *a*, *um*, de Céos : Hor. O. 2, 1, 38 ‖ **Cĕi**, *ōrum*, m., les Céens : Cic. Div. 1, 130 ‖ **Cīus**, *a*, *um*, *Lucr. 4, 1130.

Cebanus, *a*, *um*, de Ceba [ville de Ligurie] : Plin. 11, 241.

Cĕbenna, f., Caes. G. 7, 8, 2, **Cĕbennae**, f. pl., Mel. 2, 80, **Cĕbennĭci montes**, m. pl., Mel. 2, 74, les Cévennes Atlas V, E3.

Cĕbrēn, *ēnis*, m., dieu d'un fleuve de Troade : *Schol. Luc. Comment. 9, 973 ‖ **-nis**, *īdis*, f., la fille de Cebren : Ov. M. 11, 769.

Cĕbrēnĭa, *ae*, f. (Κεβρηνία), pays de Troade : Plin. 5, 124.

Cebrum, *i*, n., ville de la Mésie Inférieure : Anton. 220.

Cĕcaumĕna, *ōrum*, n. pl (κεκαυμένος), la zone torride : Capel. 1, 17.

1 cĕcĭdī, parf. de *cado*.

2 cĕcĭdī, parf. de *caedo*.

cĕcĭnī, parf. de *cano*.

Cecinna, *ae*, m., fleuve d'Étrurie Atlas XII, D2 : Plin. 3, 50.

cēcis, *ĭdis*, f. (κηκίς), noix de galle : Gloss. 5, 204, 9.

Cecrŏpĭa, *ae*, f. (Κεκροπία), Athènes [la ville de Cécrops] : Catul. 64, 79 ‖ citadelle d'Athènes : Plin. 7, 194.

Cecrŏpĭdēs, *ae*, m., descendant de Cécrops : Ov. M. 8, 550 ‖ [fig.] **ast ego Cecropides** Juv. 8, 46, mais moi, je suis de vieille noblesse ‖ **Cecropidae**, *ārum*, m. pl., les Athéniens : Virg. En. 6, 21.

Cecrŏpis, *ĭdis*, f., descendante de Cécrops : Ov. M. 2, 806 ‖ d'Athènes : **mera Cecropis** Juv. 6, 187, une Athénienne authentique.

Cecrŏpĭus, *a*, *um*, d'Athènes ou de l'Attique : **apes Cecropiae** Virg. G. 4, 177, les abeilles de l'Hymette.

Cecrops, *ŏpis*, m. (Κέκροψ), Cécrops [premier roi d'Athènes] : Ov. M. 2, 555.

Cecryphălŏs, *i*, f., île de la mer Égée : Plin. 4, 57.

cectŏrĭa, *ae*, f. (*cingo* ?), fossé formant limite : Grom. 334, 15.

cectŏrĭālis, *e*, de fossé, relatif au fossé : Grom. 337, 9.

cectūrĭum, *ii*, n., Grom. 333, 19, ᴄ. *cectoria*.

cecuma, ᴠ. *cicuma*.

cecut-, ᴠ. *cicut-*.

Cedar, m. indécl. ¶ **1** second fils d'Ismaël : Vulg. Gen. 25, 13 ¶ **2** ville de l'Arabie Pétrée : Vulg. Jer. 2, 10.

cēdentĕr, adv., en se retirant : Cael.-Aur. Acut. 3, 16, 129.

Cedĭae, *ārum*, f. pl., Cédiae [ville de Numidie] : Cypr. Sent. 11.

Cedĭensis, *e*, adj., de Cédiae : CIL 8, 17655.

1 cēdō, *ĭs*, *ĕre*, *cessī*, *cessum* (*ce-sdo*, cf. ὁδός, rus. *hoditʹ*)

I intr. ¶ **1** "aller, marcher" ¶ **2** "s'en aller, se retirer", [fig.] [avec dat.] "ne pas résister à" **fortunae, tempori cedere**, [avec abl.] **cedere (alicui) aliqua re** "céder quelque chose à quelqu'un", "s'en aller, disparaître" ¶ **3** "arriver, échoir à", **in aliquid cedere** "se changer en", avec adv. de manière "arriver, se passer", [impers.] **male, bene cessit**.
II tr. "céder, concéder", **non cedere quominus** "admettre que".

I intr. ¶ **1** aller, marcher, s'avancer : Enn. An. 93 ; Pl. Aul. 517 ; 526 ; Cas. 446 ; Hor. S. 2, 1, 65 ¶ **2** s'en aller, se retirer : **cedebas, Brute, cedebas, quoniam Stoici nostri negant fugere sapientes** Cic. ad Brut. 1, 15, 5, tu te retirais, Brutus, tu te retirais, puisque nos Stoïciens prétendent que les sages ne fuient pas ; **equites cedunt** Caes. G. 5, 50, 5, les cavaliers se retirent ; **suis cedentibus auxilio succurrere** Caes. G. 7, 80, 3, se porter au secours des leurs quand ils pliaient ; **cedit rerum novitate extrusa vetustas semper** Lucr. 3, 964, le vieux chassé par le nouveau toujours cède la place ‖ *alicui*, se retirer devant qqn, céder, plier : **Viriatho exercitus nostri cesserunt** Cic. Off. 2, 40, nos armées ont plié devant Viriathe, cf. Font. 35 ; Mur. 53 ; Sull. 25 ; Pis. 20 ‖ **loco cedere** Caes. C. 2, 41, 4, abandonner sa position, lâcher pied ; **Italia** Cic. Att. 7, 12, 4, se retirer de l'Italie ; **patria** Cic. Mil. 68, quitter sa patrie ; **ex loco** Liv. 3, 63, 1 ; **ex acie** Liv. 2, 47, 2 ; **ex civitate** Cic. Mil. 81 ; **e patria** Cic. Phil. 10, 8, quitter, abandonner son poste, le champ de bataille, sa cité, sa patrie ; **e vita** Cic. Brut. 4 ; **vita** Cic. Tusc. 1, 35, quitter la vie ‖ [avec *de*] Lucr. 2, 999 ; 3, 223 ; Cic. Att. 7, 22, 2 ‖ [avec *ab*] Virg. En. 3, 447 ; Ov. Pont. 1, 3, 75 ‖ [fig.] céder, ne pas résister : **fortunae** Caes. G. 7, 89, 2, céder à la fortune, s'incliner devant la nécessité ; **tempori** Cic. Mil. 2, céder aux circonstances, cf. Fam. 4, 9, 2 ; Sest. 63 ; Cat. 1, 22 ; **precibus** Cic. Planc. 9, céder aux prières ; **numquam istius impudentiae cessit** Cic. Flac. 50, jamais il n'a plié devant son impudence ‖ céder le pas, se reconnaître inférieur : **cum tibi aetas nostra jam cederet** Cic. Brut. 22, alors que mon âge déjà te cédait le pas ; *alicui aliqua re*, le céder à qqn en qqch. : Cic. Or. 110 ; Nat. 2, 153 ; Caes. C. 2, 6, 3 (*in aliqua re* Cic. Leg. 1, 5 ; Fin. 1, 8) ; **cedant arma togae** Cic. poet. d. Phil. 2, 20, que les armes cèdent à la toge ‖ faire cession (abandon) de, *aliqua re* de qqch. : Cic. Off. 2, 82 ; Liv. 3, 14, 2 ; *alicui aliqua re*, à qqn de qqch. : **utrique mortem est minitatus nisi sibi hortorum possessione cessissent** Cic. Mil. 75, il les menaça de mort l'un et l'autre, s'ils ne lui faisaient cession de leurs jardins, cf. Att. 13, 41, 1 ; Liv. 24, 6, 8 ; 3, 45, 2 ‖ s'en aller, disparaître : **horae cedunt** Cic. CM 69, les heures s'en vont, passent ; **ut primum cessit furor** Virg. En. 6, 102, aussitôt que son délire fut tombé ; **non audaci cessit fiducia Turno** Virg. En. 9, 126, la confiance n'abandonna pas l'audacieux Turnus ; **ut, Postumum Cominium bellum gessisse cum Volscis memoria cessisset** Liv. 2, 33, 9, au point qu'il fût sorti de la mémoire (on eût oublié) que Postumus Cominius avait fait la guerre contre les Volsques ¶ **3** aller, arriver, échoir : **quaestus huic cedebat** Cic. Verr. 2, 170, le bénéfice allait à Verrès ; **praeda ex pacto Romanis cessit** Liv. 26, 26, 3, le butin d'après le traité revint aux Romains ; **urbs regi, captiva corpora Romanis cessere** Liv. 31, 46, 16, la ville échut en partage au roi, les prisonniers aux Romains ; **praedae alia militum cessere** Liv. 43, 19, 12, le reste alla au butin des soldats, devint la proie des soldats ; **cetera armentorum pabulo cedunt** Curt.

7, 4, 26, le reste du sol revient (est affecté) aux pâturages pour les troupeaux ; *aurum in paucorum praedam cessit* Liv. 6, 14, 12, l'or est devenu la proie de quelques hommes, cf. Sen. *Const.* 5, 6 ; Curt. 7, 6, 16 ; Tac. *An.* 15, 45 ; *in imperium Romanum cedere* Liv. 1, 52, 2, passer au pouvoir des Romains ; *omnes in unum cedebant* Tac. *An.* 6, 43, tous se ralliaient au même pouvoir [à lui] ‖ *in aliquid*, se changer en qqch., tourner en : *in deteriores, in meliores partes* Lucr. 2, 508, tourner au pire, au mieux ; *calamitates in remedium cessere* Sen. *Tranq.* 9, 3, des malheurs sont devenus salutaires ; *poena in vicem fidei cesserat* Liv. 6, 34, 2, le châtiment tenait lieu de l'acquittement de la dette [du paiement] ; *temeritas in gloriam cesserat* Curt. 3, 6, 18, la témérité avait abouti à la gloire ; *hoc quoque in tuam gloriam cedet, eos ad summa vexisse, qui et modica tolerarent* Tac. *An.* 14, 54, cela aussi tournera à la gloire (cela deviendra pour toi un titre de gloire d'avoir...) que tu aies amené aux sommets les plus élevés des gens capables de supporter même la médiocrité ‖ *pro aliqua re*, tenir lieu de qqch. : *oves quae non pepererint binae pro singulis in fructu cedent* Cat. *Agr.* 150, 2, deux brebis stériles passeront pour une féconde (seront comptées pour) ; *epulae pro stipendio cedunt* Tac. *G.* 14, les repas tiennent lieu de solde ‖ [avec un adv. de manière] aller, arriver, se passer : *Catilinae neque petitio neque insidiae prospere cessere* Sall. *C.* 26, 5, pour Catilina ni sa candidature ni son attentat n'eurent un heureux résultat ; *secus cedere* Sall. *J.* 20, 5, mal tourner, échouer ; [impers.] *si male cesserat* Hor. *S.* 2, 1, 31, s'il était arrivé qqch. de fâcheux (*cedere* seul = *bene cedere*, réussir : Virg. *En.* 12, 148 ; *cum opinione tardius cederet (venenum)* Suet. *Ner.* 33, comme (le poison) agissait (opérait) plus lentement qu'on ne pensait ; *utcumque cessura res est* Curt. 7, 1, 37, quel que doive être le résultat.

II tr., céder, concéder, abandonner : *in jure cedere* Gai. *Inst.* 2, 24-37, abandonner [un droit : propriété, servitude, usufruit] devant le tribunal [en renonçant à se défendre], v.▸ *in jure cessio* [mode de transfert de droit] ‖ *multa multis de suo jure* Cic. *Off.* 2, 21, abandonner à beaucoup beaucoup de son droit ; *ut gratiosi scribae sint in dando et cedendo loco* Cic. *Brut.* 290, que les scribes se montrent obligeants à donner une place et céder la leur ; *cedebant nocte hospitibus saevis cubilia* Lucr. 5, 986, ils cédaient la nuit leurs couches à ces hôtes farouches ‖ [avec *ut*] concéder que, accorder que : Liv. 9, 42, 3 ; Tac. *An.* 12, 41 ; *non cedere quominus* Quint. 5, 7, 2, ne pas admettre que ne ‖ [avec prop. inf.] Tert. *Idol.* 17, 3.

2 cědō, pl. arch. *cette* (de *ce* et *dō*, date, impér.) ¶ **1** donne, montre, présente : *cedo senem* Ter. *Phorm.* 321, donne-moi le vieux, le bonhomme, cf. 936 ; 730 ; Pl. *Mil.* 355 ; Cic. *Verr.* 3, 96 ; *cedo argentum* Pl. *Pers.* 422, donne l'argent ; *cedo mihi ipsius Verris testimonium* Cic. *Verr.* 1, 84, montre-moi le témoignage de Verrès lui-même, cf. *Verr.* 2, 104 ; 3, 99 ; 3, 117 ; 5, 56 ¶ **2** dis, parle : *cedo, num barbarorum rex Romulus fuit?* Cic. *Rep.* 1, 58, voyons, Romulus était-il roi chez des barbares? ; *cedo, quid postea?* Cic. *Mur.* 26, voyons, qu'y a-t-il ensuite? ‖ [avec interr. indir.] *cedo, cui Siculo civis Romanus cognitor factus umquam sit* Cic. *Verr.* 2, 106, indique à quel Sicilien un citoyen romain a jamais servi de mandataire?, cf. *Vat.* 30 ; *Div.* 2, 146 ‖ [avec acc.] *unum cedo auctorem tui facti* Cic. *Verr.* 5, 67, cite un seul garant (précédent) de ton acte, cf. *Verr.* 3, 29 ; *Fin.* 2, 25 ; *Att.* 9, 18, 3 ¶ **3** [simple exhortation] allons, voyons : *cedo, nuptias adorna* Pl. *Aul.* 157, allons, prépare les noces ; *cedo, consideremus* Gell. 17, 1, 3, allons, considérons ‖ *cedo dum*, donne donc, parle donc, voyons donc : Pl. *Men.* 265 ; *Trin.* 968 ; Ter. *Phorm.* 329.

cědrělătē, *ēs*, f. (κεδρελάτη), cèdre d'une grande espèce : Plin. 13, 53 ; 24, 17.

cědrěus, *a, um*, de cèdre : Vitr. 2, 9, 13.

cědrĭa, *ae*, f., résine de cèdre : Plin. 24, 17.

cědrĭnus, *a, um* (κέδρινος), de bois de cèdre : Plin. 16, 213.

cědris, *ĭdis*, f. (κεδρίς) ¶ **1** fruit du cèdre : Plin. 24, 20 ¶ **2** ▸ *frutex* [en Phrygie] : Plin. 13, 54.

cědrĭum, *ĭi*, n. (κέδριον), huile tirée du cèdre : Vitr. 2, 9, 13 ; Plin. 16, 52.

Cedron, m. indécl., Cédron [torrent et vallée près de Jérusalem] Atlas XI : Vulg. *Jer.* 31, 40.

Cedrosi, v.▸ *Gedrosi*.

cědrōstis, *is*, f. (κεδρωστις), couleuvrée blanche [plante] : Plin. 23, 21.

cědrus, *i*, f. (κέδρος) ¶ **1** genévrier : Plin. 13, 52 ¶ **2** cèdre : Plin. 13, 52 ‖ bois de cèdre : Virg. *G.* 3, 414 ‖ huile de cèdre : Hor. *P.* 332.

Cělădōn, *ontis*, m., nom d'un guerrier : Ov. *M.* 5, 144 ‖ un des Lapithes : Ov. *M.* 12, 250.

Cělădus, *i*, m., rivière de la Tarraconaise : Mel. 3, 10.

Cělădusa, *ae*, f., une des Cyclades : Plin. 4, 67.

Cělădussae, *ārum*, f. pl., îles de la mer Adriatique Atlas XII, C5 : Plin. 3, 152.

Cělaenae, *ārum*, f. pl., ville de Phrygie : Liv. 38, 13, 5 ‖ **-laenaeus**, *a, um*, de Célènes : Stat. *Th.* 2, 666.

Cělaeneūs, *ei* ou *ěos*, m., nom d'un guerrier : Val.-Flac. 3, 406.

Cělaenō, *ūs*, f., l'une des Pléiades : Ov. *H.* 19, 135 ‖ l'une des Harpyes : Virg. *En.* 3, 211.

cēlātē, adv. (*celatus*), en secret, en cachette : Amm. 14, 7, 21.

Celathara, *ōrum*, n. pl., Celathara [bourg] : Liv. 32, 13, 12.

cēlātim, adv. (*celatus*), en cachette, secrètement : *quam maxime celatim* Sisen. d. Gell. 12, 15, 2, le plus secrètement possible.

cēlātĭo, *ōnis*, f. (*celo*), action de cacher : Gloss. 5, 451, 18.

cēlātor, *ōris*, m. (*celo*), celui qui cache : Luc. 10, 286.

cēlātūra, v.▸ *caelatura*.

cēlātus, *a, um*, part. de *celo* ‖ [n. pl. pris subst¹] *celata* : *celatum* [gén. arch.] *indagator* Pl. *Trin.* 241, qui est à l'affût des secrets.

Cělěbandĭcum jŭgum, n., promontoire de la Tarraconaise : Avien. *Or.* 525.

cělěber, *bris, bre* (peu net, cf. κέλομαι ?), nombreux, en grand nombre ¶ **1** [en parl. de lieux] : très fréquenté, très peuplé : *tam celebri loco* Cic. *Mil.* 66, dans un endroit si fréquenté ; *in aede Castoris, celeberrimo clarissimoque monumento* Cic. *Verr.* 1, 129, dans le temple de Castor, ce monument si fréquenté et si illustre ; *Antiochiae, celebri quondam urbe et copiosa* Cic. *Arch.* 4, à Antioche, ville autrefois très peuplée et riche ; *oraculum tam celebre et tam clarum* Cic. *Div.* 1, 37, oracle si consulté et si célèbre ¶ **2** [en parlant de fêtes] célébré (fêté) par une foule nombreuse : *dies festus ludorum celeberrimus et sanctissimus* Cic. *Verr.* 4, 151, le jour de fête célébré par des jeux qui attirait le plus la foule et était le plus vénéré ; *funus magis amore civium quam cura suorum celebre* Liv. 24, 4, 8, funérailles où l'affluence montrait plus l'affection des citoyens que la sollicitude de la famille ; *(dies) quos in vita celeberrimos laetissimosque viderit* Cic. *Lae* 12, (jours) qu'au cours de sa vie il a pu voir les plus fêtés et les plus heureux ; *celeberrima populi Romani gratulatio* Cic. *Phil.* 14, 16, félicitation de la masse du peuple romain ‖ *festos dies agunt celeberrimo virorum mulierumque conventu* Cic. *Verr.* 4, 107, ils célèbrent des jours de fête au milieu d'un concours immense d'hommes et de femmes ¶ **3** cité souvent et par un grand nombre de personnes, très répandu : *clara res est, tota Sicilia celeberrima atque notissima* Cic. *Verr.* 3, 61, le fait est patent, répandu et connu au plus haut point dans toute la Sicile ; *Valerius Antias auctor est rumorem celebrem Romae fuisse...* Liv. 37, 48, 1, au dire de Valérius Antias, une nouvelle s'était répandue à Rome... ‖ [d'où en parl. d'un nom] fêté, célébré, en vogue : *Meneni celebre nomen laudibus fuit* Liv. 4, 53, 12, le nom de Ménénius fut vanté à l'infini ; *cum haud minus tribuni celebre nomen quam consulum esset* Liv. 7, 38, 3, le nom du tribun n'étant pas moins fêté (célébré) que celui des consuls, cf. 6, 9, 8 ; 21, 39, 8 ; 27, 40, 6

celeber

¶ **4** [en parl. de pers.] célèbre, illustre : Liv. 26, 27, 16 ; Curt. 7, 4, 8 ; Sen. *Ep.* 40, 10 ; Plin. 3, 23 ¶ **5** qui se rencontre fréquemment : *lapis celeber trans maria* Plin. 34, 2, pierre très répandue au-delà des mers.

▶ la forme du m. *celebris* se trouve dans Her. 2, 7 ; Mel. 1, 70 ; Tac. *An.* 2, 88 ; Gell. 17, 21, 10 ; Apul. *M.* 2, 12.

cĕlĕbrābĭlis, e (*celebro*), digne d'être célébré : Amm. 29, 5, 6.

cĕlĕbrassīs, v. *celebro* ▶.

cĕlĕbrātio, ōnis, f. (*celebro*) ¶ **1** affluence : *quae domus celebratio cotidiana !* Cic. *Sull.* 73, quelle affluence chez lui tous les jours ! ∥ réunion nombreuse : *hominum coetus et celebrationes obire* Cic. *Off.* 1, 12, aller là où les gens se rassemblent en grand nombre ¶ **2** célébration, solennité : *celebratio ludorum* Cic. *Att.* 15, 29, 1, célébration des jeux ¶ **3** estime, faveur : *equestres statuae Romanam celebrationem habent* Plin. 34, 19, les statues équestres sont en grand honneur à Rome.

cĕlĕbrātor, ōris, m. (*celebro*), celui qui célèbre : Mart. 8, 78, 3.

cĕlĕbrātus, a, um, part. de *celebro* pris adj¹ ¶ **1** fréquenté : *forum rerum venalium totius regni maxume celebratum* Sall. *J.* 47, 1, marché le plus fréquenté de tout le royaume ¶ **2** fêté par une foule nombreuse : *adventus dictatoris celebratior quam ullius umquam antea fuit* Liv. 5, 23, 4, l'arrivée du dictateur rassembla plus de foule que celle d'aucun autre auparavant ; *nullus celebratior illo dies* Ov. *M.* 7, 430, pas de jour plus fêté que celui-là ¶ **3** cité souvent et par beaucoup de personnes, publié, répandu : *scio me in rebus celebratissimis omnium sermone versari* Cic. *Phil.* 2, 57, je sais que je m'occupe de faits qui sont l'objet par excellence de toutes les conversations ; *celebratis versibus laudata (bucula Myronis)* Plin. 34, 57, (la vache de Myron) célébrée dans des vers bien connus ∥ *avus nulla illustri laude celebratus* Cic. *Mur.* 16, aïeul, dont aucun mérite éclatant n'a illustré le nom ¶ **4** honoré, vanté, fameux : *artifices celebratos nominare* Plin. 34, 37, citer des artistes fameux ; *Haterius eloquentiae celebratae* Tac. *An.* 4, 61, Hatérius, d'une éloquence renommée ¶ **5** qui est employé souvent : *celebratior usus anulorum* Plin. 33, 27, l'usage plus répandu des anneaux (mode plus générale) ; *verbum celebratius* Gell. 17, 2, 25, mot plus usité.

cĕlĕbrescō, ĭs, ĕre, -, - (*celeber*), intr., se répandre dans la foule : Acc. *Tr.* 274.

cĕlĕbris, m., v. *celeber* ▶.

cĕlĕbrĭtās, ātis, f. (*celeber*) ¶ **1** fréquentation nombreuse d'un lieu : *propinquitas et celebritas loci* Cic. *Scaur.* 45, la proximité et la fréquentation du lieu ; *propter viae celebritatem* Cic. *Att.* 3, 14, 2, parce que la route est très fréquentée ; *odi celebritatem, fugio homines* Cic. *Att.* 3, 7, 1, je hais les lieux très fréquentés, je fuis le monde ¶ **2** célébration solennelle (en foule), d'un jour de fête : *ludorum celebritas* Cic. *Verr.* 5, 36, la pompe des jeux (*de Or.* 3, 127 ; *spoliatus illius supremi diei celebritate* Cic. *Mil.* 86, privé de la solennité de ce jour suprême [des funérailles]) ¶ **3** extension, diffusion parmi un grand nombre de personnes, fait d'être mentionné souvent par une foule : *quam celebritatem sermonis hominum consequi potes ?* Cic. *Rep.* 6, 20, à quelle diffusion peux-tu atteindre par les propos des hommes ? ; *hac tanta celebritate famae* Cic. *Arch.* 5, avec une renommée à ce point répandue ; *si quis habet causam celebritatis et nominis* Cic. *Off.* 2, 44, si qqn a des raisons d'avoir un nom répandu et glorieux ∥ *celebritas nominis* Tac. *H.* 2, 8 ; Plin. *Ep.* 9, 23, 5, large diffusion d'un nom, notoriété ¶ **4** grande affluence : *celebritas virorum ac mulierum* Cic. *Leg.* 2, 65, affluence des hommes et des femmes (*Dom.* 75) ; *totius Graeciae celebritate* Cic. *Tusc.* 5, 9, au milieu du concours de la Grèce entière ; *solitudo, celebritas* Cic. *Att.* 12, 13, 1, solitude, affluence ; *in maxima celebritate atque in oculis civium vivere* Cic. *Off.* 3, 3, vivre au milieu du plus grand concours de peuple et sous les regards des citoyens ¶ **5** fréquence : *in multitudine et celebritate judiciorum* Cic. *Fam.* 7, 2, 4, au milieu de ces jugements nombreux et répétés ; *celebritas periculorum* Tac. *An.* 16, 29, la fréquence des dangers ¶ **6** célébrité, renommée, notoriété : Cic. *Off.* 2, 44 ; Gell. 6, 17, 1 ; 15, 31, 1.

cĕlĕbrĭter, adv. (*celeber*), souvent : Aug. *Haer.* 81 ; *celeberrime* Suet. *Tib.* 52, très souvent.

cĕlĕbrō, ās, āre, āvī, ātum (*celeber*), tr. ¶ **1** fréquenter en grand nombre un lieu ou une personne : *ab iis si domus nostra celebratur* Cic. *Mur.* 70, si notre maison est fréquentée par eux ; *viae multitudine legatorum celebrabantur* Cic. *Sest.* 131, sur les routes se pressait une foule de députés ; *ideo viam munivi, ut eam tu alienis viris comitata celebrares ?* Cic. *Cael.* 34, ai-je construit une route pour que tu y sois sans cesse avec une escorte d'hommes qui te sont étrangers ? ; *frequentia et plausus me usque ad Capitolium celebravit* Cic. *Att.* 4, 1, 5, la foule et les applaudissements se pressèrent autour de moi (m'accompagnèrent) jusqu'au Capitole ; *senectutem alicujus celebrare et ornare* Cic. *de Or.* 1, 199, entourer (s'empresser autour de) et honorer la vieillesse de qqn ; *sic ejus adventus celebrabantur ut* Cic. *Arch.* 4, ses arrivées attiraient la foule à tel point que ∥ *cujus litteris, nuntiis celebrantur aures cotidie meae novis nominibus gentium* Cic. *Prov.* 22, dont les lettres et les courriers font qu'à mes oreilles se pressent chaque jour de nouveaux noms de nations ; *quorum studio et dignitate celebrari hoc judicium vides* Cic. *Sull.* 4, que tu vois avec leur sympathie et leur prestige assister en foule à ce jugement ¶ **2** assister en foule à une fête, fêter (célébrer) en grand nombre, solennellement : *festos dies ludorum* Cic. *Arch.* 13, participer à la célébration des fêtes avec jeux publics ; *celebratote illos dies cum conjugibus ac liberis vestris* Cic. *Cat.* 3, 23, fêtez en foule ces jours-là avec vos femmes et vos enfants ; *nuptias* Liv. 36, 11, 2, célébrer un mariage ; *hujus in morte celebranda* Cic. *Mur.* 75, dans la célébration solennelle de sa mort ; *alicujus diem natalem* Suet. *Cl.* 11 ; Tac. *H.* 2, 95, célébrer l'anniversaire de qqn ; *alicujus exsequias* Liv. 37, 22, 2, célébrer les funérailles de qqn, rendre les derniers honneurs à qqn ∥ *celebratur omnium sermone laetitiaque convivium* Cic. *Verr.* 1, 66, le festin se célèbre au milieu des conversations et de la gaieté générales (Liv. 40, 14, 2) ¶ **3** répandre parmi un grand nombre de personnes, publier, faire connaître : *ad populi Romani gloriam celebrandam* Cic. *Arch.* 19, pour répandre partout (au loin) la gloire du peuple romain ; *cum jam in foro celebratum meum nomen esset* Cic. *Brut.* 314, comme déjà mon nom était répandu sur le forum ; *factum esse consulem Murenam nuntii litteraeque celebrassent* Cic. *Mur.* 89, [là où] des messages et des lettres avaient publié l'élection de Muréna au consulat ; *quid in Graeco sermone tam tritum atque celebratum est quam ?* Cic. *Flac.* 65, qu'y a-t-il dans la langue grecque d'aussi rebattu, d'aussi commun que ? ; *res celebrata monumentis plurimis litterarum* Cic. *Rep.* 2, 63, fait publié par de très nombreux monuments littéraires ; *Hannibalem litteris nostris videmus esse celebratum* Cic. *Sest.* 142, nous voyons qu'Hannibal est souvent mentionné avec honneur dans nos écrits ; *omni in hominum coetu gratiis agendis et gratulationibus habendis et omni sermone celebramur* Cic. *Mil.* 98, dans toutes les réunions, qu'on me remercie, qu'on me félicite, qu'on échange n'importe quel propos, on ne cesse de parler de moi ; *his sermonibus circumstantium celebratus* Liv. 30, 13 ; 8, faisant ainsi les frais de la conversation des assistants ∥ [avec deux acc.] *ut (eum) socium laborum non modo in sermonibus, sed apud patres et populum celebraret* Tac. *An.* 4, 2, au point que non seulement dans ses entretiens, mais au sénat et devant le peuple, il le proclamait le compagnon de ses travaux ∥ répandre avec éloge, glorifier, célébrer : *ab eo genere celebratus auctusque erat* Sall. *J.* 86, 3, c'est à cette catégorie de citoyens qu'il devait sa notoriété et son élévation ; *Cyrum quem maxime Graeci laudibus celebrant* Liv. 9, 17, 6, Cyrus, que les Grecs vantent le plus ; *aliquem celebrare* Hor. *O.* 1, 12, 2, célébrer, chanter qqn ¶ **4** employer souvent, pratiquer : *artes*

Cic. *de Or.* 1, 2, pratiquer des arts ; *apud Philonem harum causarum cognitio exercitatioque celebratur* Cic. *de Or.* 3, 110, chez Philon, l'étude et la pratique de ces causes se font couramment, cf. *de Or.* 3, 197 ; *Div.* 1, 3 ; *servorum omnium vicatim celebrabatur tota urbe discriptio* Cic. *Dom.* 129, dans toute la ville on pratiquait le classement par quartier de tous les esclaves ; *postea celebratum id genus mortis* Tac. *H.* 2, 49, par la suite ce genre de mort se répandit (se multiplia) ; *hoc ornatus genus Cato in orationibus suis celebravit* Gell. 13, 25, 12, cette figure de style, Caton l'employa souvent dans ses discours ; *cum his seria ac jocos celebrare* Liv. 1, 4, 9, avec eux ils partageaient constamment les occupations sérieuses et les divertissements ; *celebrari de integro juris dictio* Liv. 6, 32, 1, on en revint de plus belle à la pratique des poursuites judiciaires ‖ répandre dans l'usage : *tertius modus transferendi verbi, quem jucunditas celebravit* Cic. *de Or.* 3, 155, une troisième sorte de métaphore, dont l'agrément a répandu l'usage ; *Africani cognomen* Liv. 30, 45, 6, mettre en usage (rendre courant) le surnom d'Africain ¶ 5 accomplir, exécuter, réaliser : *venditionem* Dig. 23, 3, 61, 1, une vente ; *solutionem* Cod. Just. 8, 40, 14, procéder à un paiement ; *contractum* Cod. Just. 4, 38, 15, contracter ; *murum* Cod. Just. 8, 11, 18, construire un mur.
▶ arch. *celebrassit* = *celebraverit* Pl. d. Non. 134, 33.

Celegeri, *orum*, m. pl., peuple de la Mésie : Plin. 3, 149.

Celeia, *ae*, f., ville du Norique [Cilli] Atlas XII, B5 : Plin. 3, 146 ‖ **-ni**, *ōrum*, m. pl., CIL 3, 5197 et **-ienses**, *ium*, m. pl., CIL 3, 5159, habitants de Celeia.

Celeiātes, *ium*, m. pl., peuple de Ligurie : Liv. 32, 29, 7.

Celemna, *ae*, f., ville de Campanie : Virg. En 7, 739.

Cělēnae, V.▶ *Celaenae*.

Cělenděris, *is*, f., ville de Cilicie [Kilindria] : Mel. 1, 77 ; Tac. *An.* 2, 80.

Cělenděrītis, *idis*, f., la région de Celenderis : Plin. 5, 92.

Celendris, *is*, ▶ *Celenderis*.

Celeniae Aquae, ▶ *Cileni*.

cělěr, *ěris*, *ěre* (cf. *celeber*, κέλης) ¶ 1 prompt, rapide, leste : *face te celerem* Pl. *Trin.* 1008, dépêche-toi ; *Fama pedibus celeris* Virg. En. 4, 180, la Renommée aux pieds rapides ; *evadit celer ripam* Virg. En. 6, 425, il franchit lestement la rive ; *celerrimus* Cic. *Tim.* 31, qui a le mouvement le plus rapide ; [avec inf.] *celer sequi* Hor. *O.* 1, 15, 18, prompt à suivre ; [avec gén. gérond.] *celer nandi* Sil. 4, 585, rapide à la nage ; ▶ *Celeres* ¶ 2 [fig.] prompt, rapide, vif ; *mens, qua nihil est celerius* Cic. *Or.* 200, l'esprit, que rien ne surpasse en promptitude ; *oratio celeris et concitata* Cic. *de Or.* 2, 88, style vif et rapide ; [avec inf.] *celer irasci* Hor. *Ep.* 1, 20, 25, prompt à la colère ¶ 3 hâtif : *fata celerrima* Virg. En. 12, 507, le trépas le plus prompt ; *nimis celeri desperatione rerum* Liv. 21, 1, 5, par l'effet d'un désespoir trop prompt ¶ 4 bref [en parl. de syllabes] : *tres celeres* Quint. 9, 4, 111, trois brèves.
▶ [arch.] *celeris* m. Cat. d. Prisc. 2, 334, 16 ; *celer* f. Andr. ibid. ; gén. pl. *celerum* au lieu de *celerium* Cael.-Aur. *Acut.* 2, 1, 1 ‖ *celerissimus* Enn. d. Prisc. 2, 334, 16.

2 **Cěler**, *ěris*, m., Céler [officier de Romulus] : Ov. *F.* 4, 837 ‖ surnom de diverses familles : Cic. *Brut.* 247 ; Mart. 1, 64.

cělěranter, adv. (*celero*), précipitamment : Acc. d. Non. 513, 25.

cělěrātim, Sisen. d. Non. 87, 2, C.▶ *celeranter*.

cělěrātus, *a*, *um*, part. de *celero*.

cělěrē, adv. arch., rapidement : Pl. *Curc.* 283.

Cělěrēs, *um*, m. pl. (étr. ? ou *celer* ?), Célères [300 cavaliers qui formaient la garde de Romulus] : Liv. 1, 15, 8.

cělěripēs, *pědis* (*celer*, *pes*), léger à la course : Cic. *Att.* 9, 7, 1.

cělěrissimus, V.▶ *celer* ▶.

cělěrǐtās, *ātis*, f. (*celer*), célérité, rapidité, agilité : *velocitas corporis celeritas appellatur* Cic. *Tusc.* 4, 31, la vitesse du corps a nom célérité ; *celeritas peditum* Caes. *G.* 1, 48, 6, l'agilité des fantassins ; *navis erat incredibili celeritate velis* Cic. *Verr.* 5, 88, le navire marchait à la voile à une vitesse incroyable ‖ [fig.] promptitude : *celeritas animorum* Cic. *CM* 78, l'agilité de l'esprit ; *celeritas consilii* Nep. *Ages.* 6, 2, rapidité de décision ; *celeritas dicendi* Cic. *Flac.* 48, volubilité de parole ; *veneni* Cic. *Cael.* 60, action prompte d'un poison.

cělěrǐtěr, adv. (*celer*), promptement, rapidement : Cic. *Att.* 15, 27, 1 ‖ *celerius* Cic. *Verr.* 3, 60 ; *celerrime* Cic. *Fin.* 2, 45.

cělěrǐtūdo, *ǐnis*, f. (*celer*), vitesse : Varr. *R.* 3, 12, 6.

cělěrǐuscǔlē, adv. (*celeriusculus*), assez vivement : Her. 3, 24.

cělěrǐuscǔlus, *a*, *um* (dim. de *celer*), mot formé sur le précédent : Prisc. 2, 104, 6.

cělěrō, *ās*, *āre*, *āvī*, *ātum* (*celer*) ¶ 1 tr., faire vite, accélérer, hâter, exécuter promptement : *celerare fugam* Virg. En. 9, 378, fuir précipitamment ; *haec celerans* Virg. En. 1, 656, se hâtant d'exécuter ces ordres ; *celerandae victoriae intentior* Tac. *An.* 2, 5, plus occupé de hâter la victoire ¶ 2 intr., se hâter : Tac. *An.* 12, 64 ; *H.* 3, 5 ‖ se hâter d'aller : Catul. 63, 21 ‖ [avec inf.] *celerant in te consumere nomen* Aus. *Mos.* 353, ils se hâtent d'absorber en toi leur nom.

cělēs, *ētis*, acc. pl. *ētăs*, m. (κέλης, cf. *celox*) ¶ 1 cheval de course : Plin. 34, 19 ¶ 2 bateau rapide, vedette : Plin. 7, 208.

cělētizontes, *um*, m. pl. (κελητίζοντες), monteurs de chevaux de course, jockeys : Plin. 34, 75.

Cěletrum, *i*, n., ville de Macédoine [Kastoria] : Liv. 31, 40, 1.

Cěleus, *i*, m. (Κελεός), Célée [roi d'Éleusis] : Virg. *G.* 1, 165.

cěleusma (**cěleuma**), *ătis*, n., Mart. 3, 67, 4 et **ae**, f., Fort. Mart. 4, 423 (κέλευμα, κέλευσμα ; it. *ciurma*, cf. fr. *chiourme*) ¶ 1 chant rythmé qui donne la cadence aux rameurs : *cani remigibus celeuma per symphoniacos solebat et per assam vocem* Ps. Ascon. Cic. *Caecil.* 55, la mesure était donnée aux rameurs par des musiciens et par la voix seule ¶ 2 chant rythmant divers travaux : Hier. *Is.* 5, 10 ; Aug. *Mon.* 17, 20.

celeustēs, *ae*, m. (κελευστής), chef des rameurs, V.▶ 1 *celeusma* : CIL 12, 5736.

cělia, **caelia**, *ae*, f. (celt.), bière d'Espagne : Plin. 22, 164.

cělībāris, V.▶ *caelibaris*.

cella, *ae*, f. (cf. *celo*, al. *Halle*, an. *hall* ; fr. *Celles*, al. *Zelle*) ¶ 1 endroit où l'on entrepose qqch., grenier, magasin : *cella vinaria, olearia, penaria* Cic. *CM* 56, cellier à vin, à huile, garde-manger ; *emere frumentum in cellam* Cic. *Verr.* 3, 202, acheter du blé pour son approvisionnement personnel ‖ [fig.] *cella penaria rei publicae nostrae (Sicilia)* Cat. d. Cic. *Verr.* 2, 5, la Sicile est le grenier à blé de Rome ¶ 2 petite chambre, chambrette : *concludere se in cellam aliquam* Ter. *Ad.* 552, s'enfermer dans quelque réduit ; *cellae servorum* Cic. *Phil.* 2, 67, réduits des esclaves ; *cella pauperis* Sen. *Ep.* 18, 7 ; 100, 6, le réduit du pauvre [chambre misérable que les riches avaient dans leurs demeures luxueuses pour y faire retraite par raffinement], cf. Sen. *Helv.* 12, 3 ; Mart. 3, 48 ‖ cellule, chambre de moine : Cassian. *Coll.* 6, 15 ¶ 3 salle de bains : Plin. *Ep.* 2, 17, 11 ¶ 4 partie du temple où se trouvait la statue du dieu, sanctuaire : *Jovis cella* Liv. 5, 50, 6, le sanctuaire de Jupiter ‖ chapelle : Paul.-Nol. *Carm.* 23, 119 ¶ 5 logement des animaux : *columbarum* Col. 8, 8, 3, pigeonnier ¶ 6 alvéoles des ruches, cellules : Virg. *G.* 4, 164.

Cellae, *ārum*, f. pl., bourg de Maurétanie Césarienne : Anton. 30.

cellārārǐus, *ǐi*, m. (*cellarium* ; fr. *cellérier*), dépensier, économe d'un monastère : Bened. *Reg.* 31, 1.

cellārǐensis, *e* (*cella*), relatif au grenier, aux provisions : Cod. Th. 7, 4, 32.

cellārǐŏlum, *i*, n. (dim. de *cellarium*), petit grenier : Hier. *Jovin.* 2, 29.

cellāris, *e* (*cella*), de pigeonnier : Col. 8, 8, 1.

cellārītēs, ae, m. (cellarium), dépensier : Cassiod. Var. 10, 28.

cellārĭum, ĭi, n. (cella ; fr. cellier, al. Keller), garde-manger, office : Scaev. d. Dig. 32, 41, 1 ‖ provisions : Lampr. Hel. 26, 8.

cellārĭus, a, um (cella), de l'office : *cellaria sagina* Pl. Mil. 845, l'embonpoint qu'on gagne à l'office ‖ **cellārĭus**, ĭi, m., chef de l'office, dépensier : Pl. Cap. 895.

cellĕrārĭus, 🅲▶ cellararius : *Bened. Reg. 39, 5.

cellĭo, ōnis, m. (cella), sommelier : CIL 2, 5356.

cellŭla, ae, f. (dim. de cella), 🅲▶ 2 cella : Ter. Eun. 310 ‖ cellule de moine : Hier. d. Aug. Ep. 72, 3 ‖ 🅲▶ 1 et 5 cella : Col. 8, 9, 3 ; Cod. Th. 14, 15, 4.

cellŭlānus, i, m., qui vit dans une cellule, moine : Sidon. Ep. 9, 3, 4.

Celmis, is, m. (Κέλμις), nourricier de Jupiter : Ov. M. 4, 282.

1 cēlo, ās, āre, āvī, ātum (*kel-, cf. cella, clam, cilium, occulo ; fr. celer), tr. ¶ **1** tenir secret, tenir caché, ne pas dévoiler, cacher : *sententiam* Cic. Ac. 2, 60 ; *peccatum* Cic. Nat. 2, 11, tenir cachée son opinion, cacher une faute ; *rex id celatum voluerat* Cic. Verr. 4, 64, le roi avait voulu que l'objet fût tenu caché ; *cum quae causa illius tumultus fuerit testes dixerint, ipse celarit* Cic. Verr. 1, 80, les témoins ayant dit, lui-même ayant caché la raison de ces désordres ; *celans quantum vulnus accepisset* Nep. Dat. 6, 1, ne laissant pas voir quelle cruelle blessure il avait reçue ; *cupiebam animi dolorem vultu tegere et taciturnitate celare* Cic. Verr. prim. 21, je désirais que mon visage masquât la peine que je ressentais et que mon silence la tînt secrète ; *primo urbis magnitudo ea (mala) celavit* Liv. 39, 9, 1, au début la grandeur de la ville cacha le mal ¶ **2** cacher à qqn, *celare aliquem* : *si omnes deos hominesque celare possimus* Cic. Off. 3, 37, quand même nous pourrions tenir tous les dieux et les hommes dans l'ignorance ; *cum familiariter me in eorum sermonem insinuarem, celabar, excludebar* Cic. Agr. 2, 12, j'avais beau me mêler familièrement à leurs entretiens, on se cachait de moi, on m'évinçait ; *celari videor a te* Cic. Q. 2, 15, 5, je crois que je suis tenu par toi dans l'ignorance ¶ **3** cacher qqch. à qqn, *celare aliquem aliquam rem* : Cic. Or. 230 ; Fam. 2, 16, 3 ; Liv. 40, 56, 11 ; *indicabo tibi quod in primis te celatum volebam* Cic. Q. 3, 5, 4, je te révélerai ce qu'à toi surtout je voulais cacher ; *celabis homines quid iis adsit commoditatis ?* Cic. Off. 3, 52, tu cacheras à tes semblables l'avantage qui est à leur portée ? ; *quam quidem celo miseram me hoc timere* Cic. Att. 11, 24, 2, et je cache à la malheureuse que j'ai ces craintes ‖ *celare aliquem de aliqua re* Cic. Verr. 4, 29, tenir qqn dans l'ignorance touchant qqch. ; *credo celatum esse Cassium de Sulla uno* Cic. Sull. 39, j'imagine, Cassius était tenu dans l'ignorance touchant le seul Sylla ; **non est profecto de illo veneno celata mater** Cic. Clu. 189, cette mère n'a pas été tenue dans l'ignorance de cette préparation du poison (elle a été dans la confidence de cet empoisonnement) ‖ *celare alicui aliquid* : *B.-Alex. 7, 1 ; *id Alcibiadi diutius celari non potuit* Nep. Alc. 5, 2 [mss ; mais corr. *Alcibiades*] cela ne put être caché bien longtemps à Alcibiade ¶ **4** [chrét.] échapper à la connaissance de : **(Deum) quem celare non potest** Hier. Jer. 5, 29, 23, (Dieu) à la connaissance duquel personne ne peut échapper.

▶ arch. *celassi* = *celaveris* Pl. St. 149 ‖ inf. passif *celarier* Lucr. 1, 905 ‖ gén. pl. *celatum* = *celatorum* Pl. Trin. 241.

2 cēlo, ōnis, m. (κήλων), étalon : Pl. Poen. 1168.

cĕlox, ōcis, m. et f. (de κέλης et *velox*), navire léger : m., Liv. 21, 17, 3 ; 37, 27, 4, f., *celox publica* Pl. Cap. 874, vaisseau de l'État ‖ [fig.] *onusta celox* Pl. Ps. 1305, ventre garni.

1 celsa, ae, f. (celsus), nom latin du sycomore : Isid. 17, 7, 20.

2 Celsa, ae, f., ville de Tarraconaise [Jelsa] : Plin 3, 24.

*****celsē**, adv., en haut : *celsius* Col. 4, 19, 2 ; Amm. 25, 4, 3.

Celsenses, ĭum, m. pl., peuple de la Tarraconaise : Plin. 3, 24.

Celsĭdĭus, ĭi, m., nom de famille romain : CIL 2, 872.

celsĭjŭgus, a, um (celsus, jugum), au sommet élevé : Cypr.-Gall. Gen. 291.

Celsīnus, i, m., surnom romain : CIL 2, 3283.

celsĭtās, ātis, f., Cyp. Ep. 39, 4, 🅲▶ celsitudo.

celsĭthrŏnus, a, um (celsus, thronus), qui a un trône élevé : An. Helv. 185, 6.

celsĭtūdo, ĭnis, f. (celsus), élévation, hauteur : *celsitudo corporis* Vell. 2, 94, 2, haute taille ; *celsitudines montium* Amm. 23, 6, 28, hauts sommets ‖ [fig.] altesse, grandeur [titre honorifique] : Cod. Th. 6, 26, 8.

1 celsus, a, um (cf. (ex)cello, collis, culmen ; fr. Sceaux) ¶ **1** élevé, haut, grand : *deus homines celsos et erectos constituit* Cic. Nat. 2, 140, Dieu a donné à l'homme une taille élevée et droite ; *celsae turres* Hor. O. 2, 10, les hautes tours ¶ **2** qui se redresse, fier, droit, plein d'assurance : *celsus haec corpore dicebat* Liv. 30, 32, 11, il parlait ainsi en redressant sa taille ; *celsus et erectus, qualem sapientem esse volumus* Cic. Tusc. 5, 42, fier, droit et tel que nous nous représentons le sage ‖ *celsior* Ov. M. 1, 178 ; Quint. 1, 3, 30 ; *celsissimus* Col. 3, 8, 2.

2 Celsus, i, m., Celse ¶ **1** médecin célèbre et écrivain encyclopédiste : Quint. 10, 1, 124 ¶ **2** jurisconsulte sous Trajan : Plin. Ep. 6, 5, 4 ¶ **3** Celsus Albinovanus, 🆅▶ *Albinovanus*.

Celtae, ārum, m. pl., les Celtes [en part., habitants de la Gaule centrale] : Caes. G. 1, 1 ; Liv. 5, 34, 1.

celthis, is, f., micocoulier : Plin. 13, 104.

Celtĭbēr, ēri, m., Celtibère : Catul. 39, 17 ‖ **Celtĭbēri**, ōrum, m. pl., les Celtibères [peuple d'Espagne] : Cic. Tusc. 2, 65 ‖ **Celtĭbērĭa**, ae, f., Celtibérie : Cic. Phil. 11, 12 ‖ **Celtĭbērĭcus**, a, um, Celtibère : Liv. 42, 3, 1.

Celtĭcē, adv., *loqui* Sulp. Sev. Dial. 1, 27, 4, parler celtique.

Celtĭcus, a, um, qui a rapport aux Celtes : Plin. 4, 106 ‖ **Celtĭcum**, i, n., pays des Celtes : Liv. 5, 34, 2 ‖ **Celtĭci**, ōrum, m. pl. ou **Celtĭca gens**, Mel. 3, peuple d'Espagne : Plin. 4, 111 ‖ **Celtĭcum promunturium**, ĭi, n., le cap Celtique [auj. cap Finistère] Atlas IV, A1 : Plin. 3, 13.

Celtillus, i, m., chef arverne, père de Vercingétorix : Caes. G. 7, 4, 1.

celtis, is, f. (gaul. ?), scalpel, burin : *Chir. 16 ; *Vulg. Job 19, 24 ‖ poisson inconnu : Gloss. 2, 99, 14.

celtĭum, ĭi, n. (?), écaille de tortue à cornes : *Plin. 9, 38 ; 🆅▶ chelium.

Cĕmĕnĕlensis, e, de Cemenelum [Cimiez, ville voisine de Nice] Atlas V, F4 ; XII, C1 : CIL 5, 7872.

Cĕmĕnĕlum, i, n., Cimiez : CIL 5, 7970.

cēmentum, i, n., 🆅▶ caementum.

Cemmĕnĭcē, ēs, f., région contiguë à la Narbonnaise [tirant son nom d'une montagne appelée *Cemma* ou *Cema*] : Avien. Or. 615.

Cempsi, ōrum, m. pl., peuplade des Pyrénées : Avien. Or. 195.

cēna, ae, f. [arch.] : *cesna*, cf. P. Fest. 222, 26 (osq. *kersnu*, cf. *Ceres*) it., esp. *cena* bret. *koan*). ¶ **1** dîner [repas principal vers 15 h, les affaires étant terminées vers 14 h], cf. Hor. Ep. 1, 7, 47 et 71 ; *cenam coquere* Pl. Aul. 365, faire cuire le dîner ; *cenas facere, obire* Cic. Att. 9, 13, 6, donner des dîners, assister à des dîners ; *ad cenam invitare* Cic. Fam. 7, 9, 3 ; *ad cenam vocare* Cic. Att. 6, 3, 9, prier à dîner ; *dare cenam alicui* Cic. Fam. 9, 20, 2, offrir à dîner à qqn ; *inter cenam* Cic. Q. 3, 1, 19, à table ; *ter super cenam bibere* Suet. Aug. 77, boire à trois reprises pendant le dîner ; *cena comesa venire* Varr. R. 1, 2, 11, arriver après le dessert ¶ **2** service : *cena prima, altera* Mart. 11, 31, 5, le premier, le second service ¶ **3** salle à manger : Plin. 12, 11 ¶ **4** réunion de convives : *ingens cena sedet* Juv. 2, 120, les convives sont nombreux ¶ **5** [chrét.] la Cène, dernier repas du Christ avec ses apôtres : Aug. Ep. 55, 2 ‖ Eucharistie : Tert. Spect. 13, 4.

Cēnăbum, i, n., capitale des Carnutes [Orléans] Atlas I, B3 ; V, D2 : Anton. 367 ; Peut. 1, 3 ‖ **-ensis**, e, d'Orléans : CIL 13, 3067 ; 🆅▶ *Genabum*.

cēnācellum, *i*, n. (*cenaculum*), petite salle à manger : Not. Tir. 92, 3.

cēnācŭlārĭa, *ae*, f., situation de locataire de l'étage supérieur d'une maison : Ulp. *Dig.* 9, 3, 5.

cēnācŭlārĭus, *ii*, m., locataire de l'étage supérieur [avec droit de sous-location] : Ulp. *Dig.* 13, 7, 11.

cēnācŭlātus, *a*, *um* (2 *cenaculum*), voûté, à étages : Alcim. *Hom.* p. 126 ; 142 Peiper.

cēnācŭlum, *i*, n. (*ceno*) ¶1 salle à manger : Varr. *L.* 5, 162 ¶2 étage supérieur [où se trouvait la salle à manger], chambres placées à cet étage : *cenacula dicuntur ad quae scalis ascenditur* Fest. 47, 12, on appelle *cenacula* les pièces où l'on monte par des escaliers, cf. Liv. 39, 14, 2 ; *Roma cenaculis sublata* Cic. *Agr.* 2, 96, Rome où les maisons montent en étages ‖ [fig.] *cenacula maxima caeli* Enn. *An.* 60, les régions supérieures du ciel, cf. Pl. *Amp.* 863.

Cēnaeum, *i*, n., cap. de l'île d'Eubée : Liv. 36, 20, 5 ‖ **Cēnaeus**, *a*, *um*, de Cenaeum : Ov. *M.* 9, 136.

cēnasso, *is*, ▶ *ceno* ▶.

cēnātĭcus, *a*, *um* (*cena*), qui a rapport au dîner : *spes cenatica* Pl. *Cap.* 496, espoir de dîner ‖ **cēnātĭcum**, *i*, n., indemnité de nourriture : CIL 6, 9044.

cēnātĭo, *ōnis*, f. (*ceno*), salle à manger : Sen. *Ep.* 90, 9 ; Plin. *Ep.* 2, 7, 10 ; Suet. *Ner.* 31, 2.

cēnātĭuncŭla, *ae*, f. (dim. de *cenatio*), petite salle à manger : Plin. *Ep.* 4, 30, 2.

cēnātŏr, *ōris*, m. (*ceno*), convive : Gloss. 2, 267, 27.

cēnātōrĭum, *ii*, n. (*cenatorius*), salle à manger : Not. Tir. 103, 14 ‖ **cēnātōrĭa**, *ōrum*, n. pl., habits, tenue de table : Petr. 21, 5.

cēnātōrĭus, *a*, *um*, relatif aux repas, à la table : *cenatoria vestis* Capit. *Max.* 30, 5, vêtements de table.

cēnātŭrĭō, *īs*, *īre*, -, - (désid. de *ceno*), intr., avoir envie de dîner : Mart. 11, 77, 3.

cēnātus, *a*, *um*, part. de *ceno* ¶1 qui a dîné : Pl. *Aul.* 368 ; Cic. *Dej.* 42 ¶2 passé à dîner, passé à table : *cenatae noctes* Pl. *Truc.* 279, nuits passées à dîner, cf. Suet. *Aug.* 70.

Cenchramis, *ĭdis*, m., statuaire grec : Plin. 34, 87.

Cenchrĕae, *ārum*, f. pl., port de Corinthe : Liv. 28, 8, 11 ‖ **Cenchrēus**, *a*, *um*, de Cenchrées : Stat. *Th.* 4, 60.

Cenchrēis, *ĭdis*, f. ¶1 mère de Myrrha : Ov. *M.* 10, 435 ¶2 île de la mer Égée : Plin. 4, 57.

cenchrĭās, m. (κεγχρίας), herpès [dartre] : Cass. Fel. 25, p. 42, 4.

cenchris, *ĭdis* (κεγχρίς) ¶1 f., sorte d'épervier : Plin. 10, 143 ¶2 m., espèce de serpent tacheté : Plin. 20, 245 ; Luc. 9, 712.

cenchrītis, *ĭdis*, f. (κεγχρίτης), pierre précieuse : Plin. 37, 188.

Cenchrĭus, *ii*, m., fleuve d'Ionie : Tac. *An.* 3, 61.

cenchrŏs, *i*, m. (κέγχρος), sorte de diamant : Plin. 37, 57.

Cendē, *ēs*, f., forêt dans l'île de Paros : Plin. 16, 111.

Cendebĕrĭa pălus, f., marais au pied du mont Carmel : Plin. 36, 190 ; **Cendebĭa**, Plin. 5, 75.

Cĕnēta, *ae*, f., ville de Vénétie [Ceneda] : Fort. *Mart.* 4, 767.

Cenicenses, m. pl., peuple de la Narbonnaise : Plin. 3, 36.

Cenimagni, *ōrum*, m. pl., peuple de Bretagne : Caes. *G.* 5, 21, 1.

Cēnīna, **Cēninensis**, ▶ *Caen-*.

cēnĭtō, *ās*, *āre*, *āvī*, - (fréq. de *ceno*), intr., dîner souvent : *si foris cenitarem* Cic. *Fam.* 7, 16, 12, si j'avais l'habitude de dîner en ville ; *solus cenitabat* Suet. *Aug.* 76, 2, il prenait ses repas seul ‖ [pass. impers.] *patentibus januis cenitatur* Macr. *Sat.* 2, 13, 1, on dîne à portes ouvertes.

Cennesseris, *is*, f., ville de l'Arabie Heureuse : Plin. 6, 158.

cēnō, *ās*, *āre*, *āvī*, *ātum* (*cena* ; it. *cenare*) ¶1 intr., dîner : *apud Pompeium cenavi* Cic. *Fam.* 1, 2, 3, j'ai dîné chez Pompée ; *melius cenare* Cic. *Tusc.* 5, 97, mieux dîner ‖ [parf. *cenatus sum*] *cum cenatum forte apud Vitellios esset* Liv. 2, 4, 5, au cours d'un dîner donné par les Vitellius ¶2 tr., manger à dîner, dîner de : *cenare olus omne* Hor. *Ep.* 1, 5, 2, manger des légumes de toutes sortes ; *centum ostrea* Juv. 8, 85, dévorer un cent d'huîtres ‖ [fig.] *cenabis hodie magnum malum* Pl. *As.* 936, tu en avaleras de dures aujourd'hui.

▶ *cenassit = cenaverit* Pl. *St.* 192.

Ceno, *ōnis*, f., Céno [ville des Volsques] : Liv. 2, 63, 6.

cĕnŏdoxia, *ae*, f., vaine gloire : Cassian. *Inst.* 11, 1.

Cĕnŏmāni, *ōrum*, m. pl. (fr. *Le Mans*), Cénomans [peuple de la Celtique] : Caes. *G.* 7, 75, 3 ‖ peuple de la Cisalpine : Liv. 5, 35, 1.

cĕnŏtăphĭŏlum, *i*, n., petit cénotaphe : CIL 6, 13386.

cĕnŏtăphĭum, *ii*, n. (κενοτάφιον), cénotaphe : Lampr. *Alex.* 63, 3.

censēn, ▶ *censeo* ▶.

Censennĭa, *ae*, f., ville du Samnium : Liv. 9, 44.

censĕō, *ēs*, *ēre*, *sŭī*, *sum* (osq. *censaum*, scr. *śaṁsati*), tr.

I "estimer, évaluer" ¶1 "procéder au recensement", [pass.] "être soumis aux opérations du cens", *capite censi*, ▶ *caput* ¶2 [fig.] "recenser, mettre au nombre de" ¶3 [chrét.] "exister" [pass.].

II "juger, être d'avis" ¶1 point de vue en général ¶2 "trouver bon, conseiller" ‖ [assemblée officielle] "exprimer son avis", avec inf., *ut* ou *ne*, avec subj. seul ¶3 [avis du sénat] "décider, estimer" (*senatus censuit*).

III ▶ *suscensere*, "être en colère".

I estimer, évaluer ¶1 en parl. du cens : *censores populi aevitates... pecuniasque censento* Cic. *Leg.* 3, 7, que les censeurs fassent le recensement des âges... et de la fortune dans le peuple ; *quinto quoque anno Sicilia tota censetur* Cic. *Verr.* 2, 139, tous les cinq ans la Sicile entière est soumise aux opérations du cens ; *nullam populi partem esse censam* Cic. *Arch.* 11, qu'il n'y a eu recensement d'aucune partie du peuple ; *domini voluntate census* Cic. *de Or.* 1, 183, [esclave] inscrit au nombre des citoyens sur les registres du cens par la volonté de son maître ; *illud quaero, sintne ista praedia censui censendo* Cic. *Flacc.* 80, je te demande si ces terres se prêtent à l'opération du cens = si elles peuvent être portées [comme étant vraiment ta propriété] sur les listes des censeurs ; *legem censui censendo dicere = formulam censendi dicere* Liv. 43, 14, 5, fixer la règle, le taux pour l'application du cens ; *capite censi*, ▶ *caput* ‖ [pass. avec acc.] *census es mancipia Amyntae* Cic. *Flac.* 80, tu as déclaré au cens les esclaves d'Amyntas ; *census equestrem summam nummorum* Hor. *P.* 383, recensé pour la somme de sesterces qui correspond à la classe des chevaliers ‖ déclarer soi-même sa fortune en se faisant inscrire sur la liste des censeurs : *in qua tribu ista praedia censuisti ?* Cic. *Flac.* 80 (cf. *praedia in censu dedicare* Cic. *Flac.* 79, faire entrer des terres dans le dénombrement de ses biens) dans quelle tribu as-tu fait figurer ces biens pour le cens ? ¶2 [fig.] recenser, mettre au nombre de : *de aliquo censeri* Ov. *Pont.* 2, 5, 73 ; 3, 1, 75, être considéré comme appartenant à qqn ; *nomine aliquo* Val.-Max. 8, 7, 2, être désigné par un nom ‖ évaluer, estimer : Pl. *Poen.* 56 ; Ru. 1271 ; Ter. *Haut.* 1023 ; *si censenda nobis sit atque aestimanda res* Cic. *Par.* 48, si nous devions faire une évaluation, une appréciation de la chose ; *aliqua re censeri*, se faire apprécier par qqch. : Tac. *Agr.* 45 ; Plin. *Pan.* 15 ; Suet. *Gram.* 10 ; *virtus suo aere censetur* Sen. *Ep.* 87, 17, la vertu tire toute sa valeur d'elle-même ¶3 [chrét.] [pass.] se réclamer de : Cypr. *Mort.* 14 ‖ tirer son origine de : *inde censentur dei vestri* Tert. *Apol.* 12, 5, c'est de là que vos dieux tirent leur origine ‖ être censé être, exister : Tert. *Prax.* 29, 2

II juger, être d'avis ¶1 opinion, point de vue de qqn en général : *sic enim ipse censet* Cic. *Or.* 176, car telle est son opinion à lui-même ; *quid censetis ?* Cic.

censeo

Verr. 5, 10, quel est votre avis? ‖ *quid censetis fore si...?* Cic. *Tull.* 40, qu'arrivera-t-il, à votre avis, si...?; *illos censemus in numero eloquentium reponendos* Cic. *de Or.* 1, 58, j'estime qu'il faut les ranger au nombre des gens éloquents; *quid censes ceteros?* Cic. *Att.* 14, 4, 1, que feront les autres, à ton avis?; *an censebas aliter?* Cic. *Att.* 14, 11, 1, ou bien croyais-tu qu'ils agiraient autrement? ‖ [avec deux interr.] *quid censes Roscium quo studio esse?* Cic. *Amer.* 49, et, selon toi, quel est le goût de Roscius?; *quid censes qualem illum oratorem futurum?* Cic. *de Or.* 1, 79, imagines-tu quel orateur ce serait?; *quid censetis nullasne insidias extimescendas?* Cic. *Phil.* 12, 22, croyez-vous qu'il n'y ait pas de pièges à redouter? ‖ *mentem solam censebant idoneam, cui crederetur* Cic. *Ac.* 1, 30, l'intelligence, suivant eux, méritait seule la confiance; *illa num leviora censes?* Cic. *Tusc.* 1, 56, et ces autres preuves, les trouves-tu sans force? ¶ 2 être d'avis, trouver bon, conseiller: *de quo, ut de ceteris, faciam, ut tu censueris* Cic. *Att.* 16, 15, 2, là-dessus, comme sur tout le reste, je me conformerai à tes avis (*quod censueris faciam* Cic. *Att.* 16, 10, 2); *tibi hoc censeo* Cic. *Fam.* 9, 2, 4, voici ce que je te conseille; *quid mihi censes?* Cic. *Att.* 11, 22, 2, que me conseilles-tu? ‖ [dans une assemblée officielle, au sénat] *quarum (sententiarum) pars deditionem, pars eruptionem censebat* Caes. *G.* 7, 77, 2, parmi ces avis, les uns voulaient la reddition, les autres une sortie; *non arma, neque secessionem censebo* Sall. *Macr.* 17, je ne conseillerai pas une prise d'armes ni une retraite du peuple, cf. Plin. 18, 37; Tac. *An.* 12, 53 [avec *ut*]; *censeo (voci) serviendum* Cic. *de Or.* 3, 224, j'estime qu'il faut donner tous ses soins à la voix; *legatorum mentionem nullam censeo faciendam* Cic. *Phil.* 5, 31, je suis d'avis de ne pas parler du tout d'ambassade; *cum legatos decerni non censuissem* Cic. *Phil.* 8, 21, n'ayant pas été d'avis qu'on décrétât une députation; *ita censeo... senatui placere* Cic. *Phil.* 9, 15, je suis d'avis que le sénat décrète... ‖ [avec inf.] *Antenor censet belli praecidere causam* Hor. *Ep.* 1, 2, 9, Anténor est d'avis de supprimer la cause de la guerre; *M. Porcius talem pestem vitare censuit* Col. 1, 3, 7, M. Porcius Caton fut d'avis d'éviter un tel fléau ‖ [avec *ut* ou *ne*] *de ea re ita censeo, uti consules dent operam uti...* Cic. *Phil.* 3, 37, sur ce point mon avis est que les consuls prennent toutes mesures pour que...; *ut celeriter perrumpant, censent* Caes. *G.* 6, 40, 2, ils décident de faire promptement une trouée; *censebat ut Pompeius proficisceretur* Caes. *C.* 1, 2, 3, il opinait pour le départ de Pompée (il réclamait le départ...); *censeo ut eis ne sit ea res fraudi* Cic. *Phil.* 5, 34, je suis d'avis qu'on ne leur en fasse pas un crime; *censere ne* Liv. 3, 18, 2, être d'avis de ne pas, conseiller de ne pas ‖ *censeo desistas* Cic. *Verr.* 5, 174, je te conseille de renoncer à ton projet, cf. *Clu.* 135; *Flac.* 75; *Planc.* 13; *Phil.* 2, 95; *Lae.* 17 ¶ 3 [en part. avis du sénat] décider, estimer, prescrire: Cic. *Phil.* 8, 21; *Lig.* 20; *Agr.* 2, 31; *Flac.* 78; *quemadmodum senatus censuit populusque jussit* Cic. *Planc.* 42, comme le sénat l'a décrété et le peuple ratifié; *cum id senatus frequens censuisset* Cic. *Pis.* 18, le sénat en nombre ayant pris cette décision; *quae patres censuerunt, vos jubete* Liv. 31, 7, 14, ce que le sénat a décidé, vous, confirmez-le par vos suffrages; *bellum Samnitibus et patres censuerunt et populus jussit* Liv. 10, 12, 3, le sénat décréta la guerre contre les Samnites et le peuple ratifia; *quae senatus vendenda censuit* Cic. *Agr.* 2, 36, des biens dont le sénat décréta la vente; *senatus retinendum me in urbe censuit* Cic. *Att.* 1, 19, 3, le sénat voulut que je demeurasse à Rome; *eos senatus non censuit redimendos* Cic. *Off.* 3, 114, le sénat s'opposa à leur rachat ‖ *censentur Ostorio triumphalia insignia* Tac. *An.* 12, 38, on décerne à Ostorius les insignes du triomphe ‖ *nec senatus censuit in hunc annum (Africam) provinciam esse nec populus jussit* Liv. 28, 40, 4, ni le sénat n'a décrété ni le peuple n'a ordonné que l'Afrique soit dans les provinces à répartir cette année; *patres censuerunt placere consules provincias sortiri* Liv. 33, 43, 2, le sénat fut d'avis de décider que les consuls tirassent au sort les provinces ‖ [avec *ut*] Cic. *Cat.* 3, 14; *Phil.* 8, 14; Caes. *G.* 1, 35, 4 [avec *ne*] Suet. *Aug.* 94

III ▻ *suscensere* être en colère: Varr. *Men.* 72; Non. 267, 24.

▶ parf. *censiit* Grom. 231, 1 ‖ inf. pass. *censiri* Grom. 234, 2; *censerier* Pl. *Cap.* 15 ‖ part. parf. *censitus* Chalc. 344; Grom. 211, 8 ‖ *censen* = *censesne* Pl. *Merc.* 461.

censētor, Alcim. *Carm.* 6, 613, ▻ *censitor*.

censĭo, ōnis, f. (*censeo*) ¶ 1 évaluation: Varr. *L.* 5, 81 ‖ dénombrement, recensement: Gell. 10, 28, 2 ‖ action de dire *censeo*, opinion, avis: Pl. *Ru.* 1273 ¶ 3 châtiment infligé par le censeur, amende: P. Fest. 47, 10 ‖ [fig.] *censio bubula* Pl. *Aul.* 601, amende payable en coups de nerf de bœuf.

censĭtĭo, ōnis, f. (*censeo*), répartition de la taxe, imposition: Spart. *Pesc.* 7, 9.

censĭtŏr, ōris, m. (*censeo*), commissaire répartiteur [des impôts]: Cassiod. *Var.* 9, 11; CIL 3, 1463.

censĭtus, a, um, ▻ *censeo* ▸.

censŏr, ōris, m. (*censeo*, osq. *censtur*) ¶ 1 censeur: *censores ab re (a censu agendo) appellati sunt* Liv. 4, 8, 7, on les appela censeurs parce qu'ils étaient chargés du recensement, cf. Cic. *Leg.* 3, 7 ¶ 2 [fig.] censeur, critique: Cic. *Cael.* 25; Hor. *P.* 174 ‖ [chrét.] juge [en parlant de Dieu]: Tert. *Pall.* 2, 4.

▶ arch. *cēsor* CIL 1, 8 et *cessor* Varr. *L.* 6, 92 ‖ f. Ambr. *Ep.* 10, 83.

censōrĭē, adv. (*censorius*), en censeur rigoureux: Aug. *Pelag.* 4, 3, 33.

1 censōrīnus, a, um, qui a été censeur: CIL 1, 1529, cf. Nep. *Cat.* 1, 1 [mss].

2 Censōrīnus, i, m. ¶ 1 surnom de la *gens* Martia: Cic. *Brut.* 311 ¶ 2 grammairien du 3ᵉ s. apr. J.-C.: Cassiod. *Inst.* 2, 6, 1.

censōrĭus, a, um (*censor*) ¶ 1 de censeur, relatif aux censeurs: *censoriae tabulae* Cic. *Agr.* 1, 4 et *censorii libri* Gell. 2, 10, 1, registres des censeurs; *leges censoriae* Cic. *Verr.* 1, 143, règlements, ordonnances des censeurs; *opus censorium* Gell. 14, 7, 8, acte qui tombe sous la réprobation des censeurs ‖ *homo censorius* Cic. *de Or.* 2, 367, ancien censeur; *censoria gravitas* Cic. *Cael.* 35, la gravité d'un censeur ¶ 2 [fig.] qui blâme, qui réprouve: *aliquid censoria quadam virgula notare* Quint. 1, 4, 3, marquer qqch. d'un trait en qq. sorte censorial (réprobateur) ‖ digne d'un censeur: Macr. *Sat.* 2, 2, 16.

censŭāles, ium, m. pl. (*censualis*) ¶ 1 scribes qui tenaient les registres du cens.: Capit. *Gord.* 12, 3 ¶ 2 registres, annales: Tert. *Apol.* 19, 7.

censŭālis, e, relatif au cens: *tabularium censuale* CIL 2, 4248, archives du cens.

censŭī, parf. de *censeo*.

censum, i, n., Cic. d. Non. 202, 22, ▻ 2 *census*.

censūra, ae, f. (*censeo*) ¶ 1 censure, dignité de censeur: *hic annus censurae initium fuit* Liv. 4, 8, 2, cette année-là fut créée la censure; *censuram petere* Cic. *Phil.* 2, 98; *gerere* Cic. *Brut.* 161, briguer, exercer la censure ¶ 2 examen, jugement, critique: *vivorum difficilis censura* et Vell. 2, 36, il est difficile de juger les écrivains de leur vivant; *censuram vini facere* Plin. 14, 72, apprécier le vin ¶ 3 sévérité, mœurs sévères: Capit. *Aur.* 22, 10.

1 census, a, um, part. de *censeo*.

2 censŭs, ūs, m. (*censeo*) ¶ 1 cens, recensement [quinquennal des citoyens, des fortunes, qui permet de déterminer les classes, les centuries, l'impôt]: *censum habere* Cic. *Verr.* 2, 63; *agere* Liv. 29, 15, 9, faire le recensement; *censu prohibere* Cic. *Sest.* 101; *excludere* Cic. *Verr.* 45, 15, 4, ne pas admettre qqn sur la liste des citoyens ‖ [en part.] *census equitum* Liv. 29, 37, 8, revue des chevaliers; *in equitum censu prodire* Cic. *Clu.* 134, comparaître lors du recensement des chevaliers ‖ *censu manumittere (manumissio)* Ulp. *Reg.* 1, 8, affranchir par le cens [à l'occasion d'un recensement, devant le censeur]; Gai. *Inst.* 1, 17 ¶ 2 rôle, liste des censeurs; registres du cens: Cic. *Balb.* 5; *Clu.* 141; *Cael.* 78; *Arch.* 11 ¶ 3 cens, quantité recensée, fortune, facultés: Cic.

Leg. 3, 44 ; 2, 68 ; *Com.* 42 ; Liv. 1, 42, 5 ; **homo sine censu** Cic. *Flac.* 52, homme sans fortune ‖ déclaration de la fortune : **census accipere** Dig. 50, 1, 2, recevoir la déclaration de fortune ¶ **4** impôt afférent à un bien ou à un patrimoine : **sine censu fundum comparari non posse** Cod. Just. 4, 47, défense qu'un fonds puisse être acheté sans être assujetti à l'impôt ¶ **5** [chrét.] origine, race : **census Mariae virginis** Tert. *Marc.* 3, 20, 6, la généalogie de la Vierge Marie ‖ nature première : **de censu animae** Tert. *Anim.* 1,1, sur la nature première de l'âme.

Centaretus, *i*, m., nom d'homme : Plin. 8, 158.

centaurēum, *i*, n., Virg. G. 4, 270, **-rĭum**, *ĭi*, n., Plin. 25, 66 ; **-rĭa**, *ae*, f., Isid. 17, 9, 33 (κενταύρειον, -εια), centaurée [plante].

Centaurēus, *a*, *um*, Hor. O. 1, 18, 8, **Centaurĭcus**, *a*, *um*, Stat. *Ach.* 1, 266, des Centaures.

Centauri, *ōrum*, m. pl., les Centaures [myth.] : Virg. En. 7, 675 ; Hor. O. 4, 2, 15 ‖ **Centaurus**, *i* ¶ **1** m., Hor. *Epo.* 13, 11, le Centaure [Chiron] ‖ le Centaure [constellation] : Cic. *Nat.* 2, 114 ¶ **2** f. [épithète d'un vaisseau] *navis* : Virg. En. 5, 122.

centauris, *ĭdis*, f. (κενταυρίς), triorchis [plante] : Plin. 25, 69.

Centaurŏmachĭa, *ae*, f., combat des Centaures : Pl. *Curc.* 445.

centēmālis, V. *centetalis*.

centēna, *ae*, f. (*centenus*), grade de centenier : Cod. Th. 10, 7, 1.

1 **centēnārius**, *a*, *um*, au nombre de cent, qui compte cent : **grex centenarius** Varr. R. 2, 4, 22, troupeau de cent têtes ; **centenaria aetas** Hier. *Ep.* 10, 1, âge de cent ans ‖ fonctionnaire impérial percevant un salaire de 100 000 sesterces [classe indiciaire] : **procurator centenarius regionis Hadrimetinae** CIL 8, 11174, l'administrateur, d'indice 100 000, chargé de la région d'Hadrumète ‖ qui dispose d'un patrimoine de 100 000 sesterces : Gai. *Inst.* 3, 42.

2 **centēnārius**, *ii*, m. (*centenus*; fr. *centenier*, al. *Zentner*), centenier, centurion : **centuriones, qui nunc centenarii dicuntur** Veg. *Mil.* 2, 13, les centurions, que l'on appelle à présent centeniers.

centēni, *ae*, *a* ¶ **1** [distributif] cent à chacun, cent chaque fois : **sestertios centenos militibus est pollicitus** B.-Alex. 48, il promit aux soldats cent sesterces par tête, cf. Liv. 22, 52, 2 ; **centena sestertia capere** Cic. *Par.* 49, retirer cent mille sesterces de revenu par an ¶ **2** cent [nombre cardinal] : **centenae manus** Virg. En. 10, 566, cent mains.

centēniōnālis nummus, m. (*centenus*), petite monnaie d'argent [valant un centième de la livre de bronze] : Cod. Th. 9, 23, 1, 3.

Centēnĭus, *ĭi*, m., nom d'un préteur : Nep. *Hann.* 4.

centēnōdĭa, *ae*, f. (*centum*, *nodus*), renouée [plante] : M.-Emp. 31, 13.

centēnum, *i*, n., seigle [= qui rapporte cent pour un] : Diocl. 1, 3.

centēnus, *a*, *um* (*centum*), qui est au nombre de cent : **centena arbore fluctus verberat** Virg. En. 10, 207, il frappe les flots avec cent rames ‖ centième : **centeno consule** Mart. 8, 45, 4, sous le centième consul = dans cent ans ‖ V. *centeni*.

centēsĭma, *ae*, f., le centième : **tributum ex centesima collatum** Cic. ad *Brut.* 1, 18, 5, tribut levé dans la proportion du centième ‖ impôt du centième, de un pour cent [p. ex. sur les ventes] : Tac. An. 1, 78 ‖ **centēsĭmae**, *ārum*, f. pl., [en parl. d'intérêt] un pour cent (par mois) : **centesimis binis fenerari** Cic. *Verr.* 3, 165, prêter à deux pour cent par mois (= 24 pour 100 par an) ; **minore centesimis** Cic. *Att.* 1, 12, 1 et **minoris centesimis** Sen. *Ep.* 118, 2, à un taux moindre que un pour cent par mois.

centēsĭmō, *ās*, *āre*, *āvī*, - (*centesimus*), tr., punir un homme sur cent : Capit. *Macr.* 12, 2.

centēsĭmus, *a*, *um* (*centum*) ¶ **1** centième : **centesima lux** Cic. *Mil.* 98, le centième jour ¶ **2** centuple : **secale nascitur cum centesimo grano** Plin. 18, 141, le seigle rapporte cent pour un ‖ **cum centesimo**, au centuple : Varr. R. 1, 44 ; Plin. 18, 94.

centētālis fistŭla, *ae*, f. (κεντητός), sonde de vétérinaire : Veg. *Mul.* 1, 43, 4.

centĭceps, *cĭpĭtis* (*centum*, *caput*), qui a cent têtes : **bellua centiceps** Hor. O. 2, 13, 34 = Cerbère.

centĭens, **centĭēs**, cent fois : **sestertium centies** Cic. *Pis.* 81, dix millions de sesterces (cent fois cent mille) ; **nisi idem dictum est centiens** Ter. *Haut.* 881, si on ne l'a pas répété cent fois.

centĭfĭdus, *a*, *um* (*centum*, *findo*), fendu en cent parties : Prud. *Sym.* 2, 890.

centĭfŏlĭa rŏsa (*centum*, *folium*), rose à cent feuilles : Plin. 21, 17.

centĭgrānĭum trītĭcum, n., blé dont l'épi renferme cent grains : Plin. 18, 95.

centĭmālis, V. *centemalis*.

centĭmănŭs, *ūs*, m. (*centum*, *manus*), qui a cent mains : Hor. O. 2, 17, 14.

centĭmēter, *tri*, m. (*centum*, *metrum*), qui fait usage de cent espèces (= un grand nombre) de mètres : Sidon. *Carm.* 9, 265.

centĭnōdĭa, V. *centenodia*.

centĭpĕda, *ae*, f. (*centum*, *pes*), mille-pattes [insecte] : Plin. 29, 136.

centĭpĕdālis, *e* (*centum*, *pes*), qui mesure cent pieds : Bed. *Arith.* 1, p. 101.

centĭpĕdĭum, *ĭi*, n., C. ▶ *centipeda* : Gloss. 2, 546, 64.

centĭpellĭo, *ōnis*, m. (*centum*, *pellis*), second estomac des ruminants, feuillet : Plin. 28, 150.

centĭpēs, *pĕdis* (*centum*, *pes*), qui a cent pieds ou un grand nombre de pieds : Plin. 9, 145.

centĭplex, V. ▶ *centuplex*.

1 **cento**, *ōnis*, m. (cf. κέντρων) ¶ **1** pièce d'étoffe rapiécée, morceau d'étoffe : Cat. *Agr.* 2, 3 ; Caes. C. 2, 10, 7 ; 3, 44, 7 ‖ [fig.] **centones alicui sarcire** Pl. *Ep.* 455, conter des bourdes à quelqu'un ¶ **2** centon, pièce de vers en pot-pourri [vers ou bribes de vers pris à divers auteurs] : Aus. *Cent. tit.* ; Aug. *Civ.* 17, 15.

2 **Cento**, *ōnis*, m., surnom romain : Cic. de Or. 2, 286.

Centobriga, *ae*, f., ville de Celtibérie : Val.-Max. 5, 1, 5 ‖ **-genses**, *ium*, m. pl., les habitants de Centobriga : Val.-Max. 5, 1, 5.

centŏcŭlus, *i*, m. (*centum*, *oculus*), qui a cent yeux : Hier. *Ezech.* 1, 1, 15.

centōnārĭus, *a*, *um* (*cento*), [fig.] de rapetasseur : Tert. *Praescr.* 39, 5 ‖ subst. m. **a)** chiffonnier, rapetasseur : Petr. 45, 1 **b)** pompier : CIL 2, 1167 ; 13, 1805.

Centōres, *um*, m. pl., peuple voisin de la Colchide : Val.-Flac. 6, 150.

centrālis, *e*, Plin. 2, 86, **centrātus**, *a*, *um*, Fulg. *Myth.* 1, 11, central, placé au centre.

centrĭa, *ae*, f. (cf. κέντριον), aiguillon : Commod. *Apol.* 637 ‖ muscle des chevaux : Chir. 19.

centrīnae, *ārum*, m. pl. (κεντρίναι), sorte de moucherons : Plin. 17, 255.

Centrones, V. ▶ *Ceutrones*.

centrōsus, *a*, *um* (*centrum*), central, qui est au centre : Plin. 37, 98.

centrum, *i*, n. (κέντρον) ¶ **1** la pointe fixe du compas autour de laquelle l'autre pivote : Vitr. 3, 1, 3 ‖ axe : Vitr. 10, 3, 2 ¶ **2** centre du cercle : Plin. 2, 63 ; 18, 281 [en grec d. Cic. *Tusc.* 1, 40] ¶ **3** nœud, nodosité [dans le bois, le marbre] : Plin. 16, 198.

centŭm (*dkm̥tom, cf. ἑκατόν, scr. *satam*, rus. *sto*, al. *Hundert*, an. *hundred*, fr. *cent*), indécl., cent ‖ [fig.] un grand nombre : **Caecuba servata centum clavibus** Hor. O. 2, 14, 26, Cécubes gardés sous cent clefs, cf. Pl. *Ps.* 678 ; *Trin.* 388 ; Cic. *Verr.* 2, 27 ; *Ac.* 2, 85.

Centumālus, *i*, m., surnom romain : Cic. *Off.* 3, 66.

centum căpĭta, *um*, n. pl., panicaut, chardon Roland : Plin. 22, 20.

Centumcellae, *ārum*, f. pl., ville et port d'Étrurie [Civitavecchia] : Plin. *Ep.* 6, 31, 1.

centumgĕmĭnus, *a*, *um*, centuple : **Briareus** Virg. En. 6, 287, Briarée aux cent bras ; **Thebe** Val.-Flac. 6, 118, Thèbes aux cent portes.

centumpĕda, *ae*, m. (*centum, pes*), qui a cent pieds [surnom de Jupiter] : Aug. *Civ.* 7, 11.

centumpondĭum, **centŭpondĭum**, *ĭi*, n. (*centum, pondo*), poids de cent livres : Pl. *As.* 303 ; Cat. *Agr.* 13, 3.

Centumpŭtea, Centum Pŭtea, *ōrum*, n. pl., ville de Dacie : Peut. 6, 3.

centumvĭr, *vĭri*, m., centumvir [membre d'un tribunal qui comprenait au temps de Pline 180 juges, divisés en 4 chambres (*consilia*) siégeant tantôt ensemble (*quadruplex judicium* Plin. *Ep.* 4, 24, 1), tantôt séparément, et qui jugeait des affaires privées, surtout celles d'héritage] : *causam apud centumviros non tenuit* Cic. *Caecin.* 67, il perdit son procès devant les centumvirs.

centumvĭrālis, *e*, des centumvirs : *causae centumvirales* Cic. *de Or.* 1, 173, affaires qui relèvent du tribunal des centumvirs.

centunclum, *i*, n. (*centunculus*), sync. pour *centunculum*, housse de cheval : Diocl. 7, 53.

centuncŭlus, *i* ¶ 1 m. (dim. de *cento*), haillon, loques rapiécées : Liv. 7, 14, 7 ‖ habit d'arlequin : Apul. *Apol.* 13, 7 ¶ 2 f., cotonnière [plante] : Plin. 26, 105.

centŭpĕda, ▶ *centipeda* : Isid. 12, 4, 33.

centŭplex, *ĭcis* (*centum, plico*), centuple : Pl. *Pers.* 560.

centŭplĭcāto, adv., à un prix centuple : Plin. 6, 101.

centŭplĭcātus, part. de *centuplico*.

centŭplĭcĭtĕr, adv. (*centuplex*), au centuple : Aug. *Ev. Joh.* 119, 3.

centŭplĭco, *ās, āre, āvī, ātum* (*centuplex*), tr., centupler, rendre au centuple : Vul. *2 Reg.* 24, 3.

centŭplus, *a, um* (*centum*, cf. *duplus*), centuple : Alcim. *Ep.* 6, 65 ‖ n., *centuplum* le centuple : Aug. *Civ.* 20, 7.

centŭpondĭum, *ĭi*, n., ▶ *centumpondium*.

centŭrĭa, *ae*, f. (*centum*) ¶ 1 superficie de 100 *heredia* ou 200 jugères [= 50 ha] : Varr. *R.* 1, 10, 2 ; *L.* 5, 35 ¶ 2 centurie, compagnie de 100 hommes : Varr. *L.* 5, 88 ; Caes. *C.* 1, 64, 5 ; 3, 91, 3 ; Sall. *J.* 91, 1 ¶ 3 centurie [une des 193 unités regroupées en cinq classes dans lesquelles Servius Tullius répartit le peuple romain], cf. Liv. 1, 43, 1 ; Cic. *Rep.* 2, 39 ; *centuria praerogativa* Cic. *Planc.* 49, la centurie qui vote la première ; *centuriae paucae ad consulatum defuerunt* Cic. *Brut.* 237, il ne lui manqua qu'un petit nombre de centuries pour devenir consul ; *conficere alicui centurias* Cic. *Fam.* 11, 16, 3, procurer à qqn les suffrages de centuries.

centŭrĭālis, *e* (*centuria*), relatif à la centurie, inscrit dans une centurie comme électeur : *centurialis civis* Fest. 184, 15 ‖ *centurialis vitis* Macr. *Sat.* 1, 23, 16, cep du centurion ‖ *centuriales lapides* Grom. 286, 14, bornes des lots de terre.

centŭrĭātim (*centuria*), adv., par centuries : *cum centuriatim populus citaretur* Liv. 6, 20, 10, le peuple étant convoqué par centuries, cf. Cic. *Flac.* 15 ‖ par centuries [militaires] : Caes. *C.* 1, 76, 4 ‖ [fig.] par bandes : Pompon. d. Non. 18, 12.

centŭrĭātĭo, *ōnis*, f., division des terres en centuries : Grom. 117, 24.

1 **centŭrĭātus**, *a, um*, part. de *centurio* ¶ 1 partagé en lots de 200 jugères : P. Fest. 47, 1 ¶ 2 formé par centuries : *centuriati pedites* Liv. 22, 38, 4, fantassins formés par centuries ; [abl. n. absolu] *centuriato* Varr. *L.* 6, 93, après formation en centuries ‖ [fig.] *centuriati manipulares* Pl. *Mil.* 815, soldats bien rangés ‖ qui appartient à une centurie militaire : Vop. *Prob.* 7, 7 ¶ 3 par centuries : *comitia centuriata* Cic. *Phil.* 1, 19, comices centuriates ; *centuriata lex* Cic. *Agr.* 2, 26, loi votée dans les comices par centuries, loi centuriate.

2 **centŭrĭātŭs**, *ūs*, m., division par centuries : Liv. 22, 38, 3.

3 **centŭrĭātŭs**, *ūs*, m., grade de centurion : Cic. *Pis.* 88.

1 **centŭrĭō**, *ās, āre, āvī, ātum* (*centuria*), tr. ¶ 1 former en centuries : *centuriare seniores* Liv. 6, 2, 6, former en centuries le deuxième ban ‖ [absolᵗ] *centuriat Capuae* Cic. *Att.* 16, 9, il constitue ses compagnies à Capoue ¶ 2 diviser par groupes de 200 arpents : Grom. 120, 3.

2 **centŭrĭo**, *ōnis*, m. (*centuria*), centurion, commandant d'une centurie militaire : Caes. *G.* 6, 36, 3 ‖ *centurio classiarius* Tac. *An.* 14, 8, commandant d'une compagnie d'infanterie de marine.

centŭrĭōnātŭs, *ūs*, m. ¶ 1 *centurionatum agere* Tac. *An.* 1, 44, passer la revue des centurions ¶ 2 grade de centurion : Val.-Max. 3, 2, 23.

Centŭrĭōnes, *um*, m. pl., ville de la Narbonnaise : Anton. 397.

centŭrĭōnĭcus, *a, um*, de centurion : CIL 3, 1480.

centŭrĭōnus, *i*, m., [arch.] centurion : P. Fest. 43, 10.

Centŭrĭpa, *ōrum*, n. pl., Anton. 93, 5, **Centŭrĭpae**, *ārum*, f. pl., Centuripe [ville au pied de l'Etna] Atlas XII, G5 : Sil. 14, 204 ‖ **-rĭpīnus**, *a, um*, de Centuripe : Cic. *Verr.* 2, 120 ‖ **-rĭpīni**, *ōrum*, m. pl., les habitants de Centuripe : Cic. *Verr.* 3, 108 ‖ **-rĭpīnum**, *i*, n., Mel. 2, 118 ; ▶ *Centuripae*.

centussis, *is*, m. (*centum, as*), somme de 100 as : *emere centussis* [gén.] Varr. d. Gell. 15, 19, 2, payer cent as ; [abl.] *centusse* Pers. 5, 191 ; *centussibus* Fest. 270, 4.

cēnŭla, *ae*, f. (dim. de *cena*), petit repas : Cic. *Tusc.* 5, 91 ; Suet. *Cl.* 21, 4.

cēnum, ▶ *caenum*.

Cēos, *i*, f., Cic. *Att.* 5, 12, 1, ▶ *Cea*.

cēpa (caepa), *ae*, f. (obscur ; fr. *cive*), oignon : Col. 10, 12, 3 ‖ pl., *cepae* Plin. 19, 107 ‖ *cepe*, n. usité seulᵗ au nom. et à l'acc. sg. : Hor. *Ep.* 1, 12, 21 ; Gell. 20, 8, 7. ▶ gén. *caepis* Char. 59, 6.

cēpaea, *ae*, f. (κηπαία), orpin [plante] : Plin. 26, 84.

cepārĭa (caepārĭa), *ae*, f. (*cepa*), tumeur à l'aine : M.-Emp. 33, 9.

1 **cepārĭus (caepārĭus)**, *ĭi*, m. (*cepa*), marchand d'oignons : Lucil. d. Non. p. 201, 10 ; Gloss. 5, 565, 8.

2 **Cēpārĭus**, ▶ *Caeparius*.

cēpĕ, *is*, n., ▶ *cepa*.

Ceperarĭa, *ae*, f., ville de Judée : Peut. 9, 1.

cepētum (caepētum), *i*, n. (*cepa*), partie du jardin plantée d'oignons (carré d'oignons) : Gell. 20, 8, 7.

cĕphălaea, *ae*, f. (κεφαλαία), céphalée [mal de tête chronique] : Plin. 20, 135 ; Cael.-Aur. *Chron.* 2, 28.

cĕphălaeōta, *ae*, m. (κεφαλαιωτής), percepteur de la capitation ou taxe par tête : Cod. Th. 11, 24, 6.

cĕphălaeum, *i*, n. (κεφάλαιον), la tête : Lucil. 50.

cĕphălalgĭa, cĕphălargĭa, *ae*, f. (κεφαλαλγία), céphalalgie [mal de tête chronique] : Chir. 266.

cĕphălalgĭcus, *a, um*, atteint de céphalalgie : Veg. *Mul.* 1, 25, 2.

cĕphălĭcus, *a, um* (κεφαλικός), spécifique pour les maux de tête : Veg. *Mul.* 2, 43, 2 ‖ **cĕphălĭcum**, *i*, n., emplâtre pour les maux de tête : Veg. *Mul.* 3, 28, 1.

Cĕphălĭo, *ōnis*, m., esclave d'Atticus : Cic. *Att.* 7, 25.

Cĕphallānĭa, *ae*, f., Plin. 4, 54, **Cĕphallēnĭa**, *ae*, f., Céphallénie [île de la mer Ionienne] Atlas VI, B1 : Liv. 38, 28, 6 ‖ **-lēnes**, *um*, m. pl., habitants de Céphallénie : Liv. 37, 13, 12 ‖ **-lēnĭtae**, Serv. *En.* 8, 68.

cĕphălargĭa, ▶ *cephalalgia*.

1 **cĕphălo**, *ōnis*, m., espèce de palmier : Pall. 5, 5, 3.

2 **Cĕphălō**, *ōnis*, m., homme à la grosse tête [surnom] : Lucil. 422.

Cĕphăloedis, *is*, f., Plin. 3, 90, **Cĕphăloedium**, *i*, n., Cic. *Verr.* 2, 128 ; Prisc. 2, 82, 6, ville de Sicile [Cefalu] Atlas XII, G4 ‖ **-dītāni**, *ōrum*, m. pl., habitants de Céphalédis : Cic. *Verr.* 2, 130 ‖ **-dĭas**, *ădis*, f., de Céphalédis : Sil. 14, 252.

Cĕphălonnēsŏs, *i*, f., île située près de la Chersonnèse Taurique et ville du même nom : Plin. 4, 93.

cĕphălōtē, *ēs*, f. (κεφαλωτή), sorte de sarrette [plante] : Samm. 423.

Cĕphălŏtŏmi, *ōrum*, m. pl., peuple voisin du Caucase : Plin. 6, 16.

1 cĕphălus, *i,* m. (κέφαλος), chevesne [poisson]: Ambr. *Hex.* 5, 10, 26.

2 Cĕphălus, *i,* m., Céphale [amant de l'Aurore]: Ov. *M.* 6, 681 ‖ père de l'orateur Lysias: Cic. *Att.* 4, 16, 3 ‖ prince épirote: Liv. 43, 18.

Cēphēis, *ĭdos,* f., Andromède [fille de Céphée]: Ov. *A. A.* 3, 191.

Cēphēius, V. *Cepheus.*

1 cēphēnes, *um,* m. pl. (κηφῆνες), frelons: Plin. 11, 48.

2 Cēphēnes, *um,* m. pl. (Κηφῆνες), Céphènes [peuple de l'Éthiopie]: Ov. *M.* 5, 97 ‖ **Cēphēnus,** *a, um,* des Céphènes: Ov. *M.* 4, 764.

Cēphēnĭa, *ae,* f., pays des Céphènes: Plin. 6, 41.

1 Cēphēus, *a, um,* Prop. 4, 6, 78, **Cēphēius,** *a, um,* Prop. 1, 3, 3, issu de Céphée, de Céphée: *Cepheia arva* Ov. *M.* 4, 669, l'Éthiopie.

2 Cēpheūs, *ei* ou *ĕos,* m. (Κηφεύς), Céphée [roi d'Éthiopie]: *stellatus Cepheus* Cic. *Tusc.* 5, 8, Céphée transformé en constellation.

Cēphīsĭa, *ae,* f., dème de l'Attique, près du Céphise: Gell. 18, 10, 1 ‖ fontaine du même pays: Plin. 4, 24.

Cēphīsĭs, m., lac d'Afrique [près de l'Océan]: Plin. 37, 37.

Cēphīsĭus, *ĭi,* m., fils du Céphise = Narcisse: Ov. *M.* 3, 351.

Cēphīsŏdōrus, *i,* m., Céphisodore [peintre grec]: Plin. 35, 60.

Cēphīsŏdŏtus, *i,* m., Céphisodote [statuaire grec]: Plin. 34, 56.

Cēphīsus, Cēphissus, *i,* m., Plin. 2, 230, **Cēphīssŏs,** *i,* m., Luc. 3, 175, Céphise [fleuve de l'Attique], cf. Ov. *M.* 3, 343 ‖ **Cēphīsĭăs,** *ădis,* f., Ov. *M.* 7, 843 et **Cēphīsĭs,** *ĭdis,* f., Ov. *M.* 1, 369, du Céphise.

Cepi, *ōrum,* m. pl., Mel. 1, 112, **Cepae,** *ārum,* f. pl., Plin. 6, 18, ville d'Asie, près du Bosphore Cimmérien.

Cepĭa, *ae,* f., île près de Chypre: Plin. 5, 130.

cēpĭcĭum (caepĭcĭum), *ĭi,* n. (*cepa*), oignon, tête d'oignon: Arn. 5, 1.

cēpīna (caepīna), *ae,* f. (*cepa*), oignon, semence ou semis d'oignons: Col. 11, 3, 56.

Cepis, *is,* m., statuaire grec: Plin. 34, 87.

cēpītis, cēpŏlătītis, *ĭdis,* f., pierre précieuse inconnue: Plin. 37, 152.

cēpolindrum, *i,* n., sorte d'aromate: Pl. *Ps.* 832.

cēponĭdes, *um,* f. pl., pierre précieuse inconnue: Plin. 37, 156.

cēpŏs Aphrodites (κῆπος Ἀφροδίτης), nombril de Vénus [plante]: Ps. Apul. *Herb.* 43.

cēpŏtăphĭŏlum, *i,* n. (dim. de *cepotaphium*), CIL 6, 2259.

cēpŏtăphĭum, *ĭi,* n. (κηποτάφιον), monument funéraire entouré d'un petit jardin: CIL 6, 3554 ‖ **-ĭus,** m., CIL 6, 21020.

cēpŭla (-lla), *ae,* f. (dim. de *cepa*; fr. mérid. *ciboule*), petit oignon, ciboule: Pall. 3, 24, 2; Apic. 277.

Cēpŭrĭca, *ōn,* n. pl., Traité d'horticulture [titre d'ouvrage]: Plin. 19, 177.

Cēpūrŏs, *i,* m. (κηπουρός), le Jardinier [titre du 3ᵉ livre d'Apicius]: Apic. 66 tit..

cēra, *ae,* f. (cf. κηρός; fr. *cire*) ¶ 1 cire: *cera circumlinere* Cic. *Tusc.* 1, 108, enduire de cire ¶ 2 cire à cacheter: *in illo testimonio ceram esse vidimus* Cic. *Flac.* 37, nous avons constaté que cette pièce était cachetée à la cire ¶ 3 tablette à écrire, page: *scribitur optime ceris* Quint. 10, 3, 31, les tablettes sont très commodes pour écrire; *primae duae cerae* Suet. *Ner.* 17, les deux premières pages; *extrema cera* Cic. *Verr.* 1, 92, le bas de la page ¶ 4 pl., statues en cire: Cic. *Nat.* 1, 71 ‖ portraits en cire: *cerae veteres* Juv. 8, 19, vieilles figures de cire [bustes des aïeux] ¶ 5 [poét.] cellules des abeilles: *cerae inanes* Virg. *G.* 4, 241, cellules vides ¶ 6 peinture à l'encaustique: Plin. 35, 49.

cērăchātēs, *ae,* m. (κηραχάτης), agate jaune: Plin. 37, 139.

Cĕrainē, *ēs,* f., ville de la Grande Phrygie: Plin. 5, 145.

Cĕrambus, *i,* m., nom d'un homme qui échappa au déluge: Ov. *M.* 7, 353.

Cĕrămīcus, *i,* m. (Κεραμικός), le Céramique, quartier d'Athènes Atlas VII: Cic. *Fin.* 1, 39.

Cĕrămīcus sĭnus, m., golfe Céramique [sur la côte de Carie]: Mel. 1, 84.

cĕrămītis, *ĭdis,* f. (κεραμίτης), céramite [pierre précieuse]: Plin. 37, 153.

Cĕrămus, *i,* m. (Κέραμος), ville de Carie: Plin. 5, 107.

Ceranus, *i,* m., fleuve de Cappadoce: Plin. 6, 9.

cērārĭa, *ae,* f. (*cerarius*), la cirière: *Pl. Mil.* 696.

cērārĭum, *ĭi,* n. (*cerarius*), impôt pour la cire [droit du sceau]: Cic. *Verr.* 3, 181.

cērārĭus, *a, um* (*cera*), relatif à la cire: Prisc. 2, 75, 4 ‖ **cērārĭus,** *ĭi,* m., celui qui écrit sur des tablettes de cire, écrivain public: Gloss. 5, 566, 14 ‖ marchand de cire, de bougies: Gloss. 2, 349, 19.

1 cĕrăs, *ătis,* n. (κέρας), panais sauvage: Ps. Apul. *Herb.* 80.

2 Cĕrăs, *ătis,* n., V. *Hesperion Ceras.*

cĕrăsĭnus, *a, um* (*cerasum*), de couleur cerise: Petr. 28, 8; 67, 4.

cĕrăsĭum, *ĭi,* n. (κεράσιον; fr. *cerise,* al. *Kirsche,* an. *cherry*), cerise: Tert. *Apol.* 11, 8; Plin. 23, 141.

cĕrasta, *ae,* f., Alcim. *Carm.* 5, 91, V. *cerastes.*

Cērastae, *ārum,* m. pl., habitants de l'île de Chypre métamorphosés en taureaux: Ov. *M.* 10, 222.

cĕrastēs, *ae,* m. (κεράστης), céraste ¶ 1 vipère à cornes: Plin. 8, 85; Luc. 9, 716 ¶ 2 ver qui ronge les arbres: Plin. 16, 220.

Cērastis, *ĭdis,* f., ancien nom de l'île de Chypre: Plin. 5, 129.

cĕrăsum, *i,* n., cerise: Plin. 15, 102.

1 cĕrăsus, *i,* f. (κέρασος; cf. 2 *cornus*) ¶ 1 cerisier: Varr. *R.* 1, 39, 2; Virg. *G.* 2, 18 ¶ 2 cerise: Prop. 4, 2, 15.

2 Cĕrăsūs, *untis,* f. (Κερασοῦς), Cérasonte [ville du Pont] Atlas I, C7: Plin. 6, 11.

cērātēs, *ae,* m. (κέρας), poids grec = 1/2 obole = 2 *calculi* = 1 1/2 *siliqua*: Isid. 16, 25, 10.

Cērāthēus, V. *Caerateus.*

cērătĭa, *ae,* f. (κερατία), plante qui n'a qu'une feuille: Plin. 26, 52.

cērătĭās, *ae,* m. (κερατίας), comète ayant la forme d'une corne: Plin. 2, 90.

cērătim, n. indécl., C. *cerates*: Isid. 16, 25, 10; Grom. 373, 24.

cērătĭna, *ae,* f. (κεράτινος), argument cornu: Quint. 1, 10, 5 [v. ex. d. Gell. 18, 2, 9]; *discere ceratinas et soritas* Front. *Eloq.* 16, p. 146 N., apprendre les arguments cornus et les sorites.

cērătĭŏn (ĭum), *ĭi,* n. (κεράτιον), C. *cerates*: Isid. 16, 25, 11; Metrol. 144, 6.

cērătītis, *ĭdis,* f. (κερατῖτις), espèce de pavot sauvage: Plin. 20, 205.

cērătĭum, *ĭi,* n. (κεράτιον) ¶ 1 caroubier: Col. *Arb.* 25, 1 ¶ 2 V. *ceration.*

cērātum, *i,* n., Cels. 4, 6, 3, C. *cerotum.*

cērātūra, *ae,* f. (*cera*), enduit de cire: *ceraturam pati* Col. 12, 50, 16, être susceptible de recevoir un enduit de cire.

cērātus, *a, um,* part. de *cero,* enduit de cire: *cerata tabella* Cic. *Caecil.* 24, bulletin de vote des juges; *ceratae pennae* Hor. *O.* 4, 2, 2, plumes jointes avec de la cire ‖ cacheté à la cire: Oros. *Hist.* 2, 9, 1.

cēraula, *ae,* m. (κεραύλης), celui qui joue du cor: Apul. *Flor.* 4, 2.

Cĕrauni, *ōrum,* m., peuple d'Illyrie: Plin. 3, 143.

1 cĕraunĭa, *ae,* f., pierre précieuse couleur de l'éclair: Plin. 37, 134.

2 Cĕraunĭa, *ĭōrum,* n. pl., Virg. *G.* 1, 332, **Cĕraunĭī montes,** Suet. *Aug.* 17, 3, monts Cérauniens, en Épire ‖ **-nus,** *a, um,* Prop. 2, 16, 3, des monts Cérauniens.

cĕraunĭae vītes, f. pl., Col. 3, 2, 1 et **ūvae,** f. pl., Isid. 17, 5, 17, vignes et raisins de couleur rouge.

cĕraunĭum, *ĭi,* n., Claud. *Seren.* 77, **cĕraunus,** *i,* m., Prud. *Psych.* 470, C. *1 ceraunia.*

Ceraunobolia

Cĕraunŏbŏlĭa, *ae*, f. (κεραυνοβολία), la Chute de la foudre [tableau d'Apelle] : Plin. 35, 96.

Cĕraunus, *i*, m. ¶ **1** surnom de Ptolémée II, roi de Macédoine : Nep. *Reg.* 3, 4 ¶ **2** fleuve de Cappadoce : Plin. 34, 142 ¶ **3** ▥▶ *2 Ceraunia*.

Cerbalus, *i*, m., rivière d'Apulie [Cerbaro] Atlas XII, E5 : Plin. 3, 103.

Cerbāni, *ōrum*, m. pl., peuple de l'Arabie Heureuse : Plin. 6, 154.

Cerbĕrion, *ĭi*, n., ville d'Asie [près du Bosphore Cimmérien] : Plin. 6, 18.

Cerbĕrus (-os), *i*, m. (Κέρβερος), Cerbère [le gardien des Enfers] : *triceps Cerberus* Cic. *Tusc.* 1, 10, Cerbère, le chien à trois têtes ∥ **-bĕrĕus**, *a*, *um*, de Cerbère : Lucr. 4, 731.

cerbīnus, ▥▶ *cervinus* : Diocl. 4, 44.

Cercăsōrum, *i*, n., Cercasore [ville d'Égypte] : Mel. 1, 51.

Cercēi, ▥▶ *Circeii*.

cercĕra, ▥▶ *querquerus*.

cercēris, *is*, f. (κέρκηρις), oiseau inconnu : Varr. L. 5, 79.

Cercĕtae, *ārum*, m. pl., Plin. 6, 16, **Cercĕtĭi**, *ōrum*, m. pl., Prisc. *Perieg.* 663, Cercètes [peuple du Bosphore Cimmérien.].

Cercĕtĭus mons, m., montagne de Thessalie : Liv. 32, 14, 7.

Cerciae, *ārum*, f. pl., îles de la mer Égée : Plin. 5, 137.

Cercīna, *ae*, f., Tac. *An.* 1, 53, **Cercinna**, *ae*, f., Mel. 2, 105, île sur la côte d'Afrique [Kerkenna] Atlas VIII, B4 ∥ **-nĭtāni**, *ōrum*, m. pl., habitants de l'île Cercina : B.-Afr. 34, 3.

Cercīnītis, *ĭdis*, f., petite île voisine de Cercina : Plin. 5, 41.

Cercinĭum, *ĭi*, n., ville de Thessalie : Liv. 31, 41.

cercĭnus, *i*, m. (cf. *2 carcinus*), crabe : Eustath. *Hex.* 7, 2.

cercītis, *ĭdis*, f., sorte d'olivier : Col. 5, 8, 3.

cercĭus, ▥▶ *circius*.

Cerco, *ōnis*, m., surnom romain : Liv. 42, 6.

cercŏlōpis, *is*, m. (κέρκος, λώπη, cf. *1 cercops*), espèce de singe à queue touffue : P. Fest. 47, 23.

Cercōnĭcus, *i*, m. (κέρκος νικῶν), nom d'un personnage de comédie : Pl. *Trin.* 1020.

Cercōpes, *um*, m. pl. (Κέρκωπες), les Cercopes [métamorphosés en singes par Jupiter] : Ov. *M.* 14, 90.

Cercōpĭa insŭla, f., le pays des singes : *Pl. *Trin.* 928.

cercōpĭthēcus, *i*, m. (κερκοπίθηκος), singe à longue queue : Juv. 15, 4 ; Plin. 8, 72.

1 cercops, *ōpis*, m. (κέρκωψ), singe à longue queue : Manil. 4, 668.

2 Cercops, *ōpis*, m., philosophe pythagoricien : Cic. *Nat.* 1, 107.

cercūrus, *i*, m., Pl. *St.* 368, **cercȳrus**, *i*, m., Liv. 23, 34, 4 ¶ **1** navire léger ¶ **2** poisson de roche : Ov. *Hal.* 102 ; Plin. 32, 152.

Cercusĭum, *ĭi*, n., ville de Mésopotamie : Amm. 33, 5, 1.

Cercȳo, *ŏnis*, m. (Κερκύων), Cercyon [brigand tué par Thésée] : Ov. *M.* 7, 439 ∥ **-ŏnēus**, *a*, *um*, de Cercyon : Ov. *Ib.* 412.

cercȳrus, ▥▶ *cercurus*.

Cerdicĭātes, *um* ou *ium*, m. pl., peuple de Ligurie : Liv. 32, 29, 7.

cerdo, *ōnis*, m. (κέρδων), artisan, gagne-petit : Juv. 4, 153 ; *cerdo sutor* Mart. 3, 59, 1, savetier.

Cĕre, ▥▶ *Caere*.

cĕrĕa, *ae*, f., ▥▶ *ceria* : Plin. 22, 164.

Cĕrĕāles, *ium*, m. pl. (*Ceres*), édiles préposés à l'approvisionnement des marchés : *aediles Cereales* CIL 3, 678 ∥ prêtres appartenant à des collèges en l'honneur de Cérès : *Cereales* CIL 8, 12300, les dévots de Cérès ∥ [fig.] gens qui errent çà et là [comme Cérès en quête de sa fille] : Hier. *Ruf.* 3, 1.

1 Cĕrĕālĭa (Cĕrĭālĭa), *ium*, n., fêtes de Cérès : Varr. L. 6, 15 ; Cic. *Att.* 2, 12, 2 ; *Cerialia ludi* Liv. 30, 39, 8, jeux en l'honneur de Cérès.

2 cĕrĕālĭa, *ium*, n. pl., céréales : Plin. 23 praef. 1.

1 cĕrĕālis, *e*, relatif au blé, au pain : *cereales herbae* Ov. *F.* 4, 911, les blés en herbe ; *cerealia arma* Virg. *En.* 1, 177, les ustensiles pour faire le pain ; ▥▶ *2 Cerealis*.

2 Cĕrĕālis, *e*, de Cérès : *Cereale nemus* Ov. *M.* 8, 742, bois consacré à Cérès ∥ **Cĕrĕālis**, *is*, m., nom d'homme : Tac. *Agr.* 12 ; Mart. 11, 52.

Cĕrĕālĭtās, *ātis*, f., fonction de *Cereales* : CIL 9, 1655.

Cĕrĕātīni Mărĭāni, m. pl., peuple du Latium : Plin. 3, 63.

cĕrĕbellāre, *is*, n. (*cerebellum*), sorte de coiffe pour la tête : Pelag. 50.

cĕrĕbellum, *i*, n. (dim. de *cerebrum* ; fr. cerveau), petite cervelle : Suet. *Vit.* 13, 2.

cĕrĕbrōsus, *a*, *um* (*cerebrum*), malade du cerveau : *Pl. *Most.* 952 ∥ emporté, violent : Hor. *S.* 1, 5, 21 ∥ rétif : Col. 2, 11, 11.

cĕrĕbrum, *i*, n. (**cerasrom*, cf. *cernuus*, κάρα, scr. *śiras*-, al. *Hirn*) ¶ **1** cerveau : *in cerebro dixerunt esse animo sedem* Cic. *Tusc.* 1, 19, ils ont dit que l'âme était localisée dans le cerveau ; [fig.] *id his cerebrum uritur* [avec prop. inf.] Pl. *Poen.* 770, leur cerveau bout à l'idée que... ¶ **2** tête, cervelle, esprit : *mihi cerebrum excutiunt tua dicta* Pl. *Aul.* 151, tu me casses la tête avec tes discours ; *cerebrum putidum* Hor. *S.* 2, 3, 75, cervelle brouillée ∥ [fig.] sens : Fulg. *Myth.* 3, 9.

cĕrĕfŏlĭum, ▥▶ *caerefolium*.

Cĕrellĭa, *ae*, f., nom de femme : Cic. *Att.* 12, 51, 3.

cĕrĕmōnĭa, ▥▶ *caerimonia*.

cĕrĕŏlus, *a*, *um* (*cereus*) ¶ **1** couleur de cire : Col. 10, 404 ¶ **2** **-lus**, *i*, m., petit cierge : Hier. *Vigil.* 4.

1 Cĕrēs, *ĕris*, f. (cf. *Cerus*, *cresco*, *creo*) ¶ **1** Cérès [déesse de l'agriculture] : *Ceres mortales vertere terram instituit* Virg. *G.* 1, 147, Cérès apprit aux hommes le labourage ; *flava Ceres* Tib. 1, 1, 15, blonde Cérès ; *sacerdos Cererum* CIL 10, 1585, prêtre des deux Cérès [la déesse et sa fille Proserpine] ¶ **2** [fig.] moisson, blé, pain : *Cererem pro frugibus appellare* Cic. *de Or.* 3, 167, dire Cérès au lieu de dire blé ; *Ceres medio succiditur aestu* Virg. *G.* 1, 297, on coupe le blé au moment des grandes chaleurs ; *Cererem canistris expediunt* Virg. *En.* 1, 701, ils tirent le pain des corbeilles, cf. 8, 181.
▶ gén. arch. *Cererus* : CIL 1, 677.

2 Cēres, Cērētānus, ▥▶ *Caer-*.

Cērētes, ▥▶ *Cerretes*.

1 cērĕus, *a*, *um* (*cera*), de cire, en cire : Cic. *Nat.* 3, 30 ; *cerea effigies* Hor. *S.* 1, 8, 30, portrait en cire ; *cerea castra* Virg. *En.* 12, 589, les cellules des abeilles ∥ couleur de cire, blond : *cerea brachia* Hor. *O.* 1, 13, 2, bras blonds ∥ cireux, graisseux : Mart. 4, 53 ∥ [fig.] flexible, maniable [avec inf.] : *cereus in vitium flecti* Hor. *P.* 163, prenant [comme une cire] l'empreinte du vice.

2 cērĕus, *i*, m. (fr. *cierge*), cierge, bougie de cire : Cic. *Off.* 3, 80 ; P. Fest. 47, 27.

cerevīsĭa, *ae*, f., ▥▶ *cervisia*.

Cerfennĭa, *ae*, f., ville des Marses : Anton. 309.

cerĭa, *ae*, f. (celt., cf. *celia*, *cervesia*), boisson de grain, cervoise : Plin. 22, 164.

cĕrĭal-, ▥▶ *cereal-*.

cērĭārĭa, ▥▶ *ceraria*.

cērĭfĭcō, *ās*, *āre*, *āvī*, -, intr. (*cera*, *facio*), produire une matière visqueuse : Plin. 9, 133.

cērĭfŏrus, *i*, m., porteur de cierge : Gloss. 2, 349, 6.

Cĕrillae, *ārum*, f. pl., port du Bruttium : Sil. 8, 579.

cērĭmōn-, ▥▶ *caerimon-*.

cērīnĕus, CIL 8, 212, ▥▶ *cerinus*.

cērintha, *ae*, f., Virg. *G.* 4, 63 et **-thē**, *ēs*, f. (de κήρινθος), Plin. 21, 70, mélinet [plante].

1 cērinthus, *i*, m. (κήρινθος), miel brut : Plin. 11, 17.

2 Cērinthus, *i* ¶ **1** m., nom d'homme : Hor. *S.* 1, 2, 81 ¶ **2** f., ville d'Eubée : Plin. 4, 64.

cērīnum, *i*, n., étoffe jaune : *Pl. *Ep.* 233.

cērīnus, *a*, *um*, couleur de cire, jaune : PLIN. 15, 41.

cĕrĭŏlāre, *is*, n., candélabre : CIL 6, 18, 9.

cĕrĭŏlārĭus, *ĭi*, m., fabricant de cierges : CIL 3, 2112.

cērĭōn, *ōnis*, m. (κηρίων), THEOD.-PRISC. 1, 13, ▶ cerium.

cērītis, *ĭdis*, f. (κηρίτης), cérite [pierre précieuse] : PLIN. 37, 153.

Cērītes, ▶ Caeres.

cērītus, *a*, *um*, ▶ cerritus.

cērium, *ĭi*, n. (κηρίον), teigne faveuse : PLIN. 20, 11.

Cermalus (Germ-), *i*, m., Germal [colline de Rome attenante au mont Palatin] : CIC. Att. 4, 3, 3.

Cermorum, *i*, n., ville de Macédoine : PLIN. 4, 38.

Cernē, *ēs*, f., île de la mer du Sud : PLIN. 6, 198.

cernentia, *ae*, f. (cerno), faculté de voir : CAPEL. 3, 384.

cernĭcŭlum, *i*, n. (cerno) ¶ 1 le jugement : GLOSS. 2, 100, 4 ¶ 2 crible : GLOSS. 3, 197, 49.

cernĭtus, *a*, *um*, passé au crible : CHIR. 848.

cernō, *ĭs*, *ĕre*, *crēvī*, *crētum* (cf. *cribrum*, *crimen*, κρίνω, al. *rein*), tr. ¶ 1 [au pr.] séparer : *per cribrum cernere* CAT. Agr. 107, 1, passer au crible, tamiser ¶ 2 [fig.] distinguer, discerner, reconnaître nettement avec les sens et surtout avec les yeux : *ut (natura deorum) non sensu, sed mente cernatur* CIC. Nat. 1, 49, de telle sorte qu'elle (la nature des dieux) se perçoit non par les sens, mais par l'intelligence ; *ne nunc quidem oculis cernimus ea quae videmus* CIC. Tusc. 1, 46, maintenant même ce ne sont pas nos yeux qui distinguent ce que nous voyons (qui en prennent connaissance) ; *ex cruce Italiam cernere* CIC. Verr. 5, 169, du haut de la croix discerner l'Italie ; *quae cerni tangique possunt* CIC. Top. 27, les choses qui tombent sous les sens de la vue et du toucher ; *se miscet viris neque cernitur ulli* VIRG. En. 1, 440, il se mêle à la foule et n'est visible pour personne ; *Venus nulli cernenda* OV. M. 15, 844, Vénus, invisible pour tout le monde ∥ *Antonius descendens ex loco superiore cernebatur* CAES. C. 3, 65, 1, on apercevait Antoine descendant des hauteurs ; *cum infelicis expeditionis reliquias ad castra venientes cernunt* LIV. 27, 27, 10, quand on voit revenir au camp les débris de cette malheureuse expédition ∥ *ex superioribus locis cernebatur novissimos illorum premi* CAES. C. 1, 64, 1, des hauteurs on voyait que leur arrière-garde était serrée de près ; *cum ex vallo Pompeium adesse et suos fugere cernerent* CAES. C. 3, 69, 4, voyant du haut du retranchement que Pompée était là et que les leurs fuyaient∥ *cerne quam tenui vos parte contingat (alter cingulus)* CIC. Rep. 6, 21, vois combien (cette deuxième zone) vous touche faiblement ; *ipse cernit ex superiore loco in quanto discrimine praesidium esset* LIV. 10, 5, 4, lui-même, il voit d'une éminence la situation critique du détachement ∥ **en cernite** STAT. Th. 5, 124 ; **cerne en** STAT. Th. 7, 386, [parenthèses pour attirer l'attention] voyez, vois ¶ 3 distinguer avec l'intelligence, voir par la pensée, comprendre : *verum cernere* CIC. Leg. 2, 43, discerner le vrai ; *species eloquentiae, quam cernebat animo, re ipsa non videbat* CIC. Or. 18, une forme idéale de l'éloquence, qu'il se représentait bien en imagination, mais qu'il ne voyait pas dans la réalité ; *cerno animo miseros atque insepultos acervos civium* CIC. Cat. 4, 11, je me représente par la pensée les misérables monceaux de cadavres de nos concitoyens sans sépulture ∥ *an non cernimus optimo cuique dominatum ab ipsa natura datum ?* CIC. Rep. 3, 37, ne voyons-nous pas que la nature elle-même a donné partout la suprématie au meilleur ? ; *nonne cernimus vix singulis aetatibus binos oratores laudabiles constitisse ?* CIC. Brut. 333, ne voyons-nous pas que c'est à peine si à chaque génération il s'est rencontré deux orateurs estimables ? ; *ille cernens locum nullum sibi tutum in Graecia* NEP. Alc. 9, 3, lui, voyant qu'aucun lieu n'était sûr pour lui en Grèce ∥ *quis est quin cernat, quanta vis sit in sensibus* CIC. Ac. 2, 20, qui ne voit de quoi les sens sont capables ; *tum vero cerneres quanta audacia fuisset in exercitu Catilinae* SALL. C. 61, 1, alors vraiment on aurait pu reconnaître quelle audace animait l'armée de Catilina ∥ *in aliqua re, aliqua re cerni*, être reconnu (se reconnaître) dans, à qqch. : *amicus certus in re incerta cernitur* ENN. d. CIC. Lae. 64, l'ami sûr se reconnaît dans les circonstances peu sûres (critiques) ; *hae virtutes cernuntur in agendo* CIC. Part. 78, ces vertus éclatent dans l'action ; *fortis animus duabus rebus maxime cernitur* CIC. Off. 1, 66, une grande âme se reconnaît à deux choses principalement ; *cum eo vis oratoris cernatur* CIC. de Or. 1, 219, puisque c'est par là que se reconnaît la puissance de l'orateur ¶ 4 trancher, décider : *quodcumque senatus creverit agunto* CIC. Leg. 3, 6, qu'ils exécutent les décrets du sénat ; *imperia, potestates, legationes cum senatus creverit, populus jusserit...* CIC. Leg. 3, 9, les commandements militaires, les gouvernements de provinces, les lieutenances, une fois que le sénat les aura décrétés et le peuple ratifiés ; *priusquam id sors cerneret* LIV. 43, 12, 2, avant que le sort en eût décidé∥ *armis cernere* ACC. Tr. 326, prononcer par les armes (*ferro*, par le fer : VIRG. En. 12, 709 ; SEN. Ep. 58, 3 ¶ 5 [droit] prononcer la formule par laquelle on déclare son intention d'accepter un héritage : VARR. L. 7, 98 ; GAI. Inst. 2, 164 ; [d'où] **hereditatem cernere** CIC. Agr. 2, 40 ; Att. 11, 2, 1, déclarer qu'on accepte un héritage, accepter un héritage [jeu de mots sur *cernere* HER. 4, 67].

▶ la forme du parf. *crevi* ne se trouve pas avec le sens de " voir " sauf PL. Cis. 1 et TITIN. Com. 50.

cernŏphŏrŏs, CIL 10, 1803 et **-ŏra**, CIL 2, 179 (κερνοφόρος), f., prêtresse qui porte le *cernos*.

cernŏs, *i*, m., sorte de grand vase de terre qui servait dans les sacrifices : CIL 8, 23400, 7.

cernŭālĭa, *ium*, n. pl., VARR. d. NON. 21, 6, ▶ consualia.

cernŭātus, *a*, *um*, part. de *cernuo* et de *cernuor*.

cernŭlō, *ās*, *āre*, -, - (*cernulus*), tr., jeter la face contre terre, culbuter : SEN. Ep. 8, 4.

cernŭlus, *a*, *um* (*cernuus*) ¶ 1 qui fait une culbute : APUL. M. 9, 38 ¶ 2 ▶ *pronus* : HIER. Ruf. 1, 17.

Cernunnos, *i*, m., nom d'une divinité gauloise qui est représentée avec des cornes : CIL 13, 3026.

cernŭō, *ās*, *āre*, -, - (*cernuus*) ¶ 1 intr., tomber la tête la première, faire la culbute : VARR. d. NON. p. 21, 8 ; APUL. M. 1, 19 ¶ 2 tr., courber : *cernuare ora* PRUD. Sym. 1, 350, courber la tête ∥ **cernŭŏr**, *āris*, *ārī*, *ātus sum*, intr., ▶ *cernuo* : SOLIN. 17, 7 ; 45, 13.

1 **cernŭus**, *a*, *um* (**cersnuus*, cf. *cerebrum*), qui se courbe ou tombe en avant : *equus incumbit cernuus* VIRG. En. 10, 894, le cheval s'abat la tête en avant.

2 **cernŭus**, *i*, m., saltimbanque, bateleur : LUCIL. d. NON. 21, 6 ∥ espèce de guêtre : P. FEST. 48, 8 ; ISID. 19, 34, 13.

cērō, *ās*, *āre*, -, *ātum* (*cera*), tr., frotter de cire : COL. 12, 52, 15.

cērŏfĕrārĭum, *ĭi*, n., candélabre : SACRAM. GELAS. 1, 95.

cērŏfĕrārĭus, *ĭi*, m. (*cera*, *fero*), porteur de cierge, acolyte [dans les cérémonies chrétiennes] : ISID. 7, 12, 29.

Ceroliensis locus, m., quartier de Rome, près des Carènes : VARR. L. 5, 47.

cērōma, *ae*, f., ARN. 3, 23, **cērōma**, *ătis*, n. (κήρωμα), onguent composé de cire et d'huile, à l'usage des lutteurs : SEN. Ep. 57, 1 ; JUV. 6, 246 ∥ salle de lutte : SEN. Brev. 12, 2 ∥ [poét.] lutte : MART. 5, 65, 3.

cērōmătĭcus, *a*, *um*, frotté de *ceroma* : JUV. 3, 68.

cērōmătītēs, *ae*, m. (κηρωματίτης), répétiteur dans la palestre : DIOCL. 7, 64.

Cērōn, *ōnis*, m., fontaine de Thessalie : PLIN. 31, 13.

cērōnĭa, *ae*, f. (κερωνία), caroubier [arbre] : PLIN. 13, 59.

cērōsus, *a*, *um* (*cera*), riche en cire : PLIN. 32, 27.

cērōtārĭum, *ĭi*, n., cérat : THEOD.-PRISC. 1, 14.

cērōtum, *i*, n. (κηρωτόν), cérat : Mart. 11, 98 ; Pall. 1, 41, 3.

Cerrētāni, *ōrum*, m. pl., Plin. 3, 22, **Cerrētes**, *um*, m. pl., Avien. *Or.* 550, peuple de la Tarraconaise ǁ **-rētānus**, *a*, *um*, des Cerretani : Mart. 13, 54, 1.

cerrĕus, *a*, *um* (*cerrus*), de cerre : Plin. 16, 25 ; Col. 9, 1, 5.

cerrītŭlus, *a*, *um*, Capel. 8, 806, dim. de *cerritus*.

cerrītus, *a*, *um* (Ceres, Cerus), frénétique, possédé : Hor. *S.* 2, 3, 278 ; Pl. *Amp.* 776 ; *nunquam cerritior fuit quam in hoc negotio* Cic. *Att.* 8, 5, 1, jamais il n'a été plus dément que dans cette affaire.

cerrōnes, v. *gerro* : P. Fest. 35, 15.

cerrus, *i*, f. (empr. ; it. *cerro*), cerre, chêne chevelu : Vitr. 2, 9, 9 ; Plin. 16, 17.

certābundus, *a*, *um*, qui discute avec passion : Apul. *Apol.* 22, 8.

certāmen, *ĭnis*, n. (*certo*) ¶ **1** action de se mesurer avec un adversaire, lutte, joute : *in certamen descendere* Cic. *Tusc.* 2, 62, affronter la lutte ; *certamen saliendi* Quint. 10, 3, 6, concours de saut ; *certamen quadrigarum* Suet. *Claud.* 21, 3, course de quadriges ; *certamen pedum* Ov. *M.* 12, 304, course à pied ; *certamen eloquentiae* Quint. 2, 17, 8, joute oratoire ; *certamina ponere* Virg. *En.* 5, 66, organiser des joutes ¶ **2** combat, bataille, engagement : *proelii certamen* Cic. *Rep.* 2, 13, les engagements (la lutte) au cours de la bataille, cf. *Mur.* 33 ; Caes. *G.* 3, 14, 8 ; *in certamine ipso* Liv. 2, 44, 11, en pleine bataille ¶ **3** lutte, conflit, rivalité : *certamen honestum et disputatio splendida* Cic. *Fin.* 2, 68, lutte honorable et discussion brillante ; *certamen honoris* Cic. *Off.* 1, 38, lutte pour les magistratures ; *dominationis certamen* Sall. *J.* 41, 2, conflit pour la suprématie ; *certamen periculi* Liv. 28, 19, 14, émulation à s'exposer au danger ¶ **4** [fig.] *certamen controversiae* Cic. *Or.* 126, point vif du débat ¶ **5** [chrét.] lutte pour la foi : Cypr. *Ep.* 2, 6.

certāmĭnō, *ās*, *āre*, -, - (*certamen*), ➡ *contendo* : Gloss. 2, 471, 44.

certātim, adv. (*certo*), à l'envi, à qui mieux mieux : *certatim currere* Cic. *Phil.* 2, 118, lutter de vitesse.

certātĭo, *ōnis*, f. (*certo*), combat : Sisen. d. Non. 196, 1 ǁ [en part.] lutte dans les jeux, au gymnase : *corporum certatio* Cic. *Leg.* 2, 38, lutte corps à corps ǁ [fig.] lutte, débat : *virtutis cum voluptate certatio* Cic. *Fin.* 2, 44, conflit de la vertu et de la volupté ǁ action, débat judiciaire : Cic. *Quinct.* 68 ; *omissa multae certatione* Liv. 25, 4, 8, renonçant au débat sur l'amende.

certātīvē, adv. (*certo*), par esprit de contradiction : Cassiod. *Hist.* 1, 11.

certātŏr, *ōris*, m. (*certo*), disputeur : Gell. 12, 10, 3 ; Apul. *Plat.* 1, 2.

1 certātus, *a*, *um*, part. de *certo*, disputé par les armes : Sil. 17, 342 ǁ contesté, qui est l'objet d'un conflit : Ov. *M.* 13, 713 ǁ [n. abl. abs.] *multum certato* Tac. *An.* 11, 10, après un long combat, cf. *H.* 4, 16.

2 certātŭs, *ūs*, m., lutte : Stat. *S.* 3, 1, 152.

certē, adv. (*certus*) ¶ **1** certainement, de façon certaine, sûrement, sans doute : *certe is est* Ter. *Ad.* 53, c'est bien lui ; *est miserum igitur, quoniam malum ? Certe* Cic. *Tusc.* 1, 9, c'est donc un malheur, puisque c'est un mal ? Assurément ¶ **2** du moins, en tout cas : *ut homines mortem vel optare incipiant, vel certe timere desistant* Cic. *Tusc.* 1, 112, pour que les hommes commencent à souhaiter la mort ou du moins cessent de la craindre ; *aut non potuerunt, aut noluerunt, certe reliquerunt* Cic. *Fin.* 4, 7, ils ne l'ont pas pu, ou bien ils ne l'ont pas voulu, en tout cas ils y ont renoncé ǁ *sed certe* Caes. *G.* 6, 31, 2, ce qui est certain, c'est que.

certĭfĭcō, *ās*, *āre*, -, - (*certus, facio*), tr., rassurer, rendre confiant : Vulg. *Act.* 16, 10 ǁ définir : Gram. 6, 646, 21.

certim, adv., avec certitude : Jul.-Val. 1, 30.

Certima, *ae*, f., place forte de Celtibérie : Liv. 40, 47.

certĭōrō, *ās*, *āre*, *āvī*, *ātum* (*certior*), tr., avertir, informer : Ulp. *Dig.* 13, 6, 5.

Certis, *is*, m., autre nom du fleuve Bétis : Liv. 28, 22, 1.

certissō (**certiscō**), *ĭs*, *ĕre*, -, - ou *ās*, *āre*, -, - (*certus*), intr., être renseigné : Pacuv. *Tr.* 107 ; Gloss. 4, 217, 30.

certĭtūdo, *ĭnis* (*certus*), f., certitude : Greg.-M. *Mor.* 1, 44.

1 certō, adv. (*certus*), certainement, sûrement, avec certitude : *perii certo* Pl. *Poen.* 787, c'est fait de moi sans nul doute ; *certo scio* Cic. *Att.* 1, 12, 3, je suis bien sûr ; *nihil ita exspectare quasi certo futurum* Cic. *Tusc.* 5, 81, ne rien attendre comme devant arriver infailliblement ǁ *certo decrevi* Ter. *Hec.* 586, j'ai pris la résolution formelle.

2 certō, *ās*, *āre*, *āvī*, *ātum* (fréq. de *cerno*)
I intr., chercher à obtenir l'avantage sur qqn en luttant, lutter, combattre : *armis, pugnis, dicacitate* Cic. *Off.* 4, 87 ; *Tusc.* 5, 77 ; *Brut.* 172, lutter avec les armes, les poings, faire assaut de verve : *cum aliquo de aliqua re*, contre qqn sur qqch. : Cic. *de Or.* 2, 76 ; *inter se officiis certant* Cic. *Fam.* 7, 31, 1, ils luttent entre eux (rivalisent) de bons offices ǁ [avec interrog. indir.] *certabant quis gubernaret* Cic. *Off.* 1, 87, ils luttaient pour savoir qui tiendrait le gouvernail ǁ [en justice] : *Verr.* 2, 39 ; *de Or.* 1, 77 ǁ [poét., avec dat.] tenir tête à : Virg. *B.* 5, 8 ; *G.* 2, 138 ; Hor. *S.* 2, 5, 19 ǁ [poét., avec inf.] lutter pour, tâcher de : Lucr. ; Virg. ; Hor. ; Curt. 9, 4, 33 ; Plin. *Pan.* 81.
II tr., débattre une chose, **rem** : Volcat. d. Gell. 15, 24 ; *multam* Liv. 25, 3, 14, débattre le taux de l'amende.

certŏr, *ăris*, *ārī*, *ātus sum*, dép., ➡ 2 *certo* : Fort. *Carm.* 3, 12, 8.

certus, *a*, *um* (*cerno*, cf. κριτός ; it. *certo*)

¶ **1** [choses] "décidé, résolu", *mihi certum est* "je suis bien décidé à", [poét.] *certa mori* "décidée à mourir" ¶ **2** "fixé, précis", *certo die* ¶ **3** "certain, sûr" *certus amicus, certus receptus* "refuge assuré" ¶ **4** "sûr, positif, réel", *certum scio* "je sais de façon certaine", *pro certo habeo* "je tiens pour certain" ¶ **5** [personnes] "qui n'est pas douteux, incontestable" ¶ **6** "certain de", [prop. inf.], [avec gén.] *certus victoriae*, "au courant de " ǁ *certiorem facere aliquem* "informer quelqu'un" (*de aliqua re*), *certiorem facere* [prop. inf.], [interr. indir.], [ut].

¶ **1** [en parl. de choses] décidé, résolu : *certumnest tibi istuc ? — non moriri certius* Pl. *Cap.* 732, est-ce là une chose bien arrêtée dans ton esprit ? — aussi arrêtée que notre mort un jour ; *hoc mihi certissimum est* Pl. *Merc.* 658, j'y suis tout à fait décidé ; *quando id certum atque obstinatum est* Liv. 2, 15, 5, puisque c'est une résolution arrêtée et inébranlable ǁ *certa res est* [avec inf.], c'est une chose décidée que de : Pl. *Amp.* 705 ; *Merc.* 857 ; *Mil.* 267 ; *opponere... certa est sententia Turno* Virg. *En.* 10, 240, Turnus est décidé à opposer... ǁ *certum est* [avec prop. inf.] : *me parcere certumst* Enn. *An.* 200, je suis résolu à épargner... (Pl. *St.* 141 ; *Men.* 1058 ; Ter. *Hec.* 454) ǁ *certum est* [avec inf.] même sens : Pl. *Amp.* 265 ; *Cas.* 294 ; *Ru.* 684 ; *certum est deliberatumque dicere* Cic. *Amer.* 31, c'est [pour moi] une décision prise et arrêtée que de dire ǁ [avec dat. de pers.] : *mihi certum est*, je suis bien décidé à : Pl. *Cap.* 772 ; *Ps.* 90 ; Cic. *Verr. prim.* 53 ; *mihi abjurare certius est quam* Cic. *Att.* 1, 8, 3, je suis plus résolu à faire un faux serment qu'à... ; *cum diceret sibi certum esse... discedere* Cic. *de Or.* 2, 144, alors qu'il se disait résolu à quitter... ; *cum illi certissimum sit exspoliare provincia Pompeium* Cic. *Att.* 10, 1, 3, du moment qu'il est parfaitement résolu à dépouiller Pompée de sa province (*Att.* 7, 9, 3) ǁ [en parl. de pers.] [avec inf.] *certa mori* Virg. *En.* 4, 564, décidée à mourir (Ov. *M.* 10, 428 ; 10, 394) ; *certus procul urbe degere* Tac. *An.* 4, 57, décidé à vivre loin de la ville ǁ [avec gén.] *certus eundi* Virg. *En.* 4, 554, décidé à aller (Ov. *M.* 11, 440 ; Tac. *H.* 4, 14) ; *relinquendae vitae* Tac. *An.* 4, 34, résolu à mourir ; *destinationis* Tac. *An.* 12, 32, ferme dans sa résolution ; *sceleris certa* Tac. *An.* 12, 61, décidée au crime (Plin. *Ep.* 6, 16, 12) ¶ **2** fixé, déterminé, précis : *ex certo tempore* Cic. *Verr.* 1, 108, à partir d'une date fixée ; *certo die*

Cɪᴄ. *Cat.* 1, 7, à un jour fixé; ***pecunia certa*** Cɪᴄ. *Com.* 10, somme déterminée; ***certus terminus*** Cɪᴄ. *CM* 72, limite fixe, précise; ***certa dies***, date déterminée (= terme, délai): Cᴀᴇs. *C.* 1, 30, 4; ***sunt pueritiae studia certa, sunt ineuntis adulescentiae*** Cɪᴄ. *CM* 76, il y a des goûts déterminés dans l'enfance, il y en a dans le début de la jeunesse ‖ [n. pris subst^t] ***certo anni*** Tᴀᴄ. *H.* 5, 6, à une époque fixe de l'année; ***linguae tam certa loquentes*** Oᴠ. *M.* 5, 296, des langues qui s'expriment si nettement; ***nihil certi*** Cɪᴄ. *Or.* 180, rien de fixe, de précis ‖ ***est certum quod respondeam*** Cɪᴄ. *Arch.* 15, j'ai une réponse précise à faire, ma réponse sera nette (v. Gᴀꜰꜰɪᴏᴛ *Subj.* p. 194) ‖ [sens analogue à *quidam*] déterminé, à part, particulier: ***ad certam causam tempusque*** Cɪᴄ. *de Or.* 1, 69, pour une certaine cause particulière, pour une occasion déterminée (*de Or.* 1, 141); ***motus non quivis, sed certus quidam*** Cɪᴄ. *Fin.* 3, 24, un mouvement non pas quelconque, mais de nature particulière; ***singularum virtutum sunt certa quaedam officia*** Cɪᴄ. *de Or.* 2, 345, chaque vertu a des devoirs qui lui sont propres; ***certi homines***, certains hommes, (bien connus, mais qu'on ne veut pas désigner plus explicitement): Cɪᴄ. *Sest.* 41; *Marc.* 16; *Agr.* 2, 6; *Flac.* 94; Lɪᴠ. 34, 61, 7 ¶ **3** certain, sûr: ***certus amicus*** Cɪᴄ. *Tull.* 5, ami sûr; ***homo honestissimus et certissimus*** Cɪᴄ. *Verr.* 2, 156, homme très honorable et très sûr; ***certissimis criminibus et testibus fretus*** Cɪᴄ. *Clu.* 10, appuyé sur les accusations les plus certaines et les témoins les plus sûrs; [pl. pris subst^t] ***certi***, des gens sûrs, des hommes de confiance: Nᴇᴘ. *Dion* 9, 1; Sᴀʟʟ. *H.* 2, 58 ‖ ***integra mente certisque sensibus*** Cɪᴄ. *CM* 72, l'intelligence étant intacte et les sens sûrs; ***pede certo*** Hᴏʀ. *P.* 158, d'un pied assuré; ***certa manu*** Oᴠ. *Am.* 3, 10, 26, d'une main sûre ‖ ***certissima populi Romani vectigalia*** Cɪᴄ. *Pomp.* 6, les revenus les plus sûrs du peuple romain; ***certa possessio*** Cɪᴄ. *Lae.* 55, possession assurée; ***quo minus certa est hominum ac minus diuturna vita, hoc magis...*** Cɪᴄ. *Pomp.* 59, moins la vie humaine est sûre et durable, plus...; ***certus receptus*** Cᴀᴇs. *C.* 3, 110, 4, refuge assuré; ***via et certa neque longa*** Cɪᴄ. *Phil.* 11, 4, route à la fois sûre et courte; ***quae pax potest esse certior?*** Cɪᴄ. *Phil.* 8, 5, est-il une paix plus sûre? ‖ [n. pl. pris subst^t] ***certa maris*** Tᴀᴄ. *H.* 4, 81, mer sûre, bon état de la mer ¶ **4** certain [du point de vue de la connaissance], qui n'est pas douteux, sûr, positif, réel: ***cum ad has suspiciones certissimae res accederent*** Cᴀᴇs. *G.* 1, 19, 1, comme à ces soupçons s'ajoutaient les faits les plus précis; ***aliquid certa notione animi praesentire*** Cɪᴄ. *Nat.* 2, 45, avoir, avec une claire conception de l'esprit, une idée anticipée de qqch.; ***quae certissima sunt et clarissima*** Cɪᴄ. *Verr.* 1, 62, les faits qui sont les plus certains et les plus patents ‖ ***certum est***, c'est une chose certaine: ***cum certius tibi sit me esse Romae quam mihi te Athenis*** Cɪᴄ. *Att.* 1, 9, 1, car tu es plus certain de ma présence à Rome que je ne le suis de ta présence à Athènes; ***certum erat Spurinnae non venisse Caecinam*** Tᴀᴄ. *H.* 2, 18, Spurinna avait la certitude que Cécina n'était pas venu; ***qui publicos agros arant certum est quid e lege censoria debeant*** Cɪᴄ. *Verr.* 5, 53, les cultivateurs du domaine public, on sait de façon positive ce qu'ils doivent d'après la loi des censeurs; ***id utrum sua sponte fecerint, an... non tam certum est quam...*** Lɪᴠ. 34, 62, 17, agirent-ils ainsi d'eux-mêmes ou... c'est moins certain que... (*nihil certi* avec interrog. indir., Lɪᴠ. 7, 26, 15); ***mihi non tam de jure certum est quam illud ad tuam dignitatem pertinere...*** Cɪᴄ. *Fam.* 1, 9, 25, je suis moins certain du point de droit que je ne le suis de l'importance qu'il y a pour ta dignité de... ‖ ***certum habeo***, je tiens pour certain, j'ai la certitude: ***certum non habeo, ubi sis*** Cɪᴄ. *Att.* 4, 16, 7, je ne sais pas positivement où tu es (*Fam.* 12, 5, 1; Lɪᴠ. 22, 7, 10) ‖ [avec prop. inf.] Aɴᴛ. d. *Att.* 14, 13; Lɪᴠ. 4, 2, 9; 5, 3, 2; 22, 3, 1 ‖ ***certum scio***, je le sais de façon certaine: Tᴇʀ. *Phorm.* 148; *Eun.* 111; ***quid actum sit scribam ad te, cum certum sciam*** Cɪᴄ. *Att.* 7, 13a, 7, je t'écrirai ce qui s'est passé, quand je le saurai de façon certaine (*Att.* 12, 42, 3, *Fam.* 9, 10, 3) [autre sens] savoir qqch. de certain: ***de cognitione ut certum sciam*** Tᴇʀ. *Eun.* 921, afin que je m'assure de la reconnaissance; ***certum nescio*** Cɪᴄ. *Att.* 12, 23, 2; *Sull.* 38, je ne sais rien de certain ‖ ***certum*** ou ***certius facere (alicui)***, donner la certitude à qqn sur qq.: Pʟ. *Men.* 242; *Ps.* 598, 965; ***nunc fit illud Catonis certius...*** Cɪᴄ. *Rep.* 2, 37, maintenant se reconnaît mieux la vérité de ce mot de Caton, savoir... ‖ ***certum affirmare***, affirmer comme une chose certaine: Lɪᴠ. 3, 23, 7; ***certum inveniri non poterat*** [avec interrog. ind.] Cᴀᴇs. *C.* 1, 25, 3, on ne pouvait trouver avec certitude si ou si; ***certum in Fabio ponitur natum esse eum...*** Cɪᴄ. *Fat.* 12, on pose comme certain à propos de Fabius qu'il est né...; ***nec traditur certum*** Lɪᴠ. 2, 8, 8, et là-dessus la tradition n'est pas certaine; ***certum respondere*** Cɪᴄ. *Ac.* 2, 92, répondre qq. de précis; ***constituere*** Cɪᴄ. *Scaur.* 34, fixer comme une chose certaine (de façon certaine) ‖ ***pro certo habeo*** Cɪᴄ. *Att.* 7, 12, 5, je tiens pour certain; ***illa pro certo habenda in quibus non dissentiunt...*** Lɪᴠ. 4, 55, 8, on doit tenir pour certain ce point sur lequel il n'y a pas entre eux désaccord, savoir...; [avec prop. inf.] Cɪᴄ. *Att.* 10, 6, 3; Sᴀʟʟ. *C.* 52, 17; Lɪᴠ. 4, 35, 8 ‖ ***pro certo affirmare***, affirmer comme certain: Lɪᴠ. 1, 3, 2; 27, 1, 13; 43, 22, 4; ***dicere*** Cɪᴄ. *Brut.* 10; ***negare*** Cɪᴄ. *Att.* 5, 21, 5, dire non catégoriquement; ***polliceri*** Cɪᴄ. *Agr.* 2, 108, promettre positivement; ***pro certo ponere*** Cᴀᴇs. *G.* 7, 5, 6, donner comme certain; ***scire*** Pʟ. *Bac.* 511; Lɪᴠ. 25, 10, 2, savoir de façon certaine; ***res pro certo est*** Cɪᴄ. *Div.* 2, 21; Lɪᴠ. 5, 17, 8, qqch. est certain ‖ ***certum*** [employé adv^t] d'une façon certaine: Hᴏʀ. *S.* 2, 6, 27 ¶ **5** [en parl. de pers.] qui n'est pas douteux, incontestable: ***ecquem tu illo certiorem nebulonem?*** Cɪᴄ. *Att.* 15, 21, 1, connais-tu vaurien plus authentique?; ***si tibi fortuna non dedit ut patre certo nascerere*** Cɪᴄ. *Amer.* 46, si ta mauvaise fortune t'a fait naître de père inconnu; ***certissimus matricida*** Cɪᴄ. *Q.* 1, 2, 4, un homme qui a tué incontestablement sa mère; ***deum certissima proles*** Vɪʀɢ. *En.* 6, 322, vrai rejeton des dieux ¶ **6** certain de qqch., sûr de qqch.:[avec prop. inf.] ***certi sumus perisse omnia*** Cɪᴄ. *Att.* 2, 19, 5, nous sommes sûrs que tout est perdu (Pʀᴏᴘ. 1, 3, 36; Vᴀʟ.-Fʟᴀᴄ. 1, 59; Sɪʟ. 11, 57; Pʟɪɴ. *Pan.* 68); [avec gén.] ***victoriae certi*** *Qᴜᴀᴅ. H.* 13, certains de la victoire; ***certus eventus*** Tᴀᴄ. *An.* 14, 36, assuré du succès; ***triumphi*** Pʟɪɴ. *Pan.* 16, du triomphe; ***spei*** Tᴀᴄ. *H.* 4, 3, assuré dans ses espérances; ***posteritatis*** Pʟɪɴ. *Ep.* 9, 1, sûr de la postérité (= de la gloire future); [avec *de*] Sᴜᴇᴛ. *Vesp.* 45 ‖ [autre sens] au courant de, instruit de: ***futurorum certi*** Oᴠ. *M.* 13, 722, instruits de l'avenir (Lᴜᴄ. 7, 31; 8, 120); ***quot natent pisces aequore, certus eris*** Oᴠ. *Pont.* 2, 7, 28, tu sauras combien de poissons nagent dans la mer ‖ ***certiorem facere aliquem***, informer qqn: Cɪᴄ. *Verr.* 2, 55; Cᴀᴇs. *G.* 5, 49, 4; ***non facto certiore senatu*** Lɪᴠ. 23, 23, 9, sans informer le sénat (45, 21, 4); [avec gén.] ***alicujus rei***, informer de qqch.: Cɪᴄ. *Att.* 3, 10, 3; Cᴀᴇʟ. *Fam.* 8, 1, 1; Bʀᴜᴛ.; Cᴀss. *Fam.* 11, 2, 2 (***certior factus*** Cɪᴄ. *Att.* 8, 11 d, 1; 9, 2 a, 2; Lɪᴠ. 24, 38, 4; Cᴜʀᴛ. 8, 10, 17); [avec *de*] ***de aliqua re*** Cɪᴄ. *Att.* 3, 8, 12; 13, 3, 2; *Cat.* 2, 26; Cᴀᴇs. *G.* 1, 7, 3; [avec prop. inf.] informer que: Cɪᴄ. *Att.* 4, 14, 1; *Verr.* 4, 80; 5, 101; Cᴀᴇs. *G.* 1, 11, 4; [avec interr. indir.] ***eos certiores facit quid opus esset*** Cɪᴄ. *Verr.* 1, 66, il les informe de ce qu'il faut faire (*Att.* 6, 1, 26; Cᴀᴇs. *G.* 7, 87, 5; *C.* 1, 15, 4; mais ***quid velit mihi certius facit*** Pʟ. *Men.* 763, elle m'informe de ce qu'elle veut); [avec idée d'ordre, d'exhortation] ***certiorem facere ut*** Cɪᴄ. *Att.* 2, 24, 2; *Fam.* 9, 5, 3; ***ne*** Cᴀᴇs. *C.* 1, 64, 3; [avec subj.] ***milites certiores facit pauliper intermitterent proelium*** Cᴀᴇs. *C.* 5, 5, 3, il fait savoir aux soldats d'interrompre un moment le combat; Lɪᴠ. 40, 39, 3 ‖ ***certum facere aliquem***, renseigner qqn: Pʟ. *Ps.* 1097; ***rei*** Oᴠ. *M.* 6, 268, informer de qqch..

cĕrūchi (-ci), *ōrum*, m. (κεροῦχοι), cordages qui tiennent la vergue horizontale: Lᴜᴄ. 8, 177; 10, 495; Vᴀʟ.-Fʟᴀᴄ. 1, 469.

cĕrŭla, **ae**, f. (dim. de *cera*), petit morceau de cire: ***miniatula*** Cɪᴄ. *Att.* 15, 14, 4, crayon rouge [avec lequel les Romains marquaient les passages caractéristiques d'un livre] ‖ candélabre: *CIL* 12, 3100.

Cerus manus

Cērus mānus, m. (cf. *cerritus*, *Ceres*), bon créateur : CARM. SAL. d. P. FEST. 109, 7.

cērussa, *ae* (étr. ?), f., céruse [pour le visage] PL. *Most.* 258, 264 ; [pour la peinture] PLIN. 35, 37 ; [pour la méd., poison] CELS. 5, 27, 12 B.

cērussātus, *a*, *um*, blanchi avec de la céruse : MART. 1, 72, 6.

cerva, *ae*, f. (*cervus*), biche, femelle du cerf : CIC. *Nat.* 2, 127 ; CATUL. 63, 72 ; VIRG. *En.* 4, 69.

Cervāria, *ae*, f., ville sur la frontière de l'Hispanie et de la Gaule [auj. Cervera] : MEL. 2, 84.

cervăriolus, *a*, *um*, C. *cervarius* : SCHOL. BERN. *B.* 8, 3.

cervārius, *a*, *um* (*cervus*), qui tient du cerf : *lupus* PLIN. 8, 84, loup-cervier, lynx ; *cervarium venenum* PLIN. 11, 101, herbe vénéneuse inconnue dont on frottait les flèches ; *cervaria ovis* P. FEST. 57, brebis immolée à Diane, à défaut d'une biche.

cervēsa, *ae*, f. (gaul. ; fr. *cervoise*), bière gauloise : VINDOL. 186 ; *cervisa* ANTHIM. 15.

cervēsārius, *ii*, m. (*cervesa*), brasseur : VINDOL. 182.

cervēsia (esp. *cerveza*), C. *cervesa* : PLIN. 22, 164 ; DIOCL. 2, 11 ; FORT. *Carm. app.* 9, 15.

cervīcăl, *ālis*, n. (*cervix*), oreiller, coussin : PLIN. *Ep.* 6, 16, 16 et **cervīcāle**, *is*, n., CASSIOD. *Orth.* 7, 184, 3.

cervīcātus, *a*, *um* (*cervix*), entêté, obstiné : VULG. *Eccli.* 16, 11.

cervīcōsĭtās, *ātis*, f., entêtement, obstination : SIDON. *Ep.* 7, 9, 11.

cervīcōsus, *a*, *um*, entêté, obstiné : HIER. *Psalm.* 128, 8.

cervīcŭla, *ae*, f. (dim. de *cervix*) ¶ 1 petit cou, petite nuque : *cerviculam jactare* CIC. *Verr.* 3, 49, balancer la tête ¶ 2 col d'une machine hydraulique : VITR. 10, 8, 2 ¶ 3 [fig.] [chrét.] orgueil : AUG. *Serm.* 298, 4.

cervīnus, *a*, *um* (*cervus* ; it. *cervino*), de cerf : *cervinum cornu* VARR. *R.* 3, 9, 14, corne de cerf ; *cervina senectus* JUV. 14, 251, longévité de cerf ∥ **cervīna**, *ae*, f., viande de cerf : DIOCL. 4, 44.

cervisca, *ae*, f. (*cervus*), sorte de poire : MACR. *Sat.* 3, 19, 6.

cervīsĭa, C. *cervesia* : GLOSS. 5, 616, 26.

cervix, *īcis*, f. (cf. *cerebrum*, *cervus* ; it. *cervice*), [tj. au pl. d. PL., TER., CIC., SALL.] ¶ 1 nuque, cou : *caput a cervice revulsum* ENN. *An.* 472, la tête détachée du cou ; *cervices securi subjicere* CIC. *Phil.* 2, 51, présenter le cou à la hache ; *cervices frangere* CIC. *Verr.* 5, 110, briser la nuque, étrangler ; *capillis cervicem obtegebat* SUET. *Tib.* 68, 2, les cheveux lui recouvraient la nuque ; *caput et cervices et jugulum tutari* CIC. *Sest.* 90, protéger la tête, le cou, la gorge ¶ 2 [fig.] cou, tête, épaules : *cervicibus suis rem publicam sustinere* CIC. *Sest.* 138, porter sur ses épaules le fardeau du gouvernement ; *etsi bellum ingens in cervicibus erat* LIV. 22, 33, 6, bien qu'on fût sous la menace d'une guerre terrible ; *alta cervice vagari* CLAUD. *Ruf.* 1, 53, circuler la tête haute ∥ hardiesse : *qui tantis erunt cervicibus recuperatores, qui audeant* CIC. *Verr.* 3, 135, où trouvera-t-on des juges qui aient le front de...? ¶ 3 [choses inanimées] *c. cupressi* STAT. *Th.* 6, 855, tête d'un cyprès ; *c. Peloponnesi* PLIN. 4, 8, l'isthme de Corinthe ¶ 4 [fig. ; chrét.] entêtement, orgueil : HIER. *Is.* 22, 12.

▶ sg. *cervix* VARR. *L.* 8, 14 ∥ gén. pl. *cervicium* PLIN. 11, 1 ; 20, 250 ; *cervicum* CIC. *Or.* 59.

cervŭla, *ae*, f. (*cerva*), déguisement en biche [jeu païen] : PS. AUG. *Serm.* 265, 5.

cervŭlus, *i*, m. (dim. de *cervus*), faon : HIER. *Jovin.* 2, 5 ; *cervulum facere* PS. AUG. *Serm.* 129, 2, se déguiser en cerf [jeu païen] ∥ [fig] **cervŭli**, *ōrum*, m. pl., chevaux de frise : FRONTIN. *Strat.* 1, 5, 2.

cervus, *i*, m. (κεραός, cf. *cornu*, *cerebrum*, bret. *karv*, al. *Hirsch* ; fr. *cerf*) ¶ 1 cerf : CIC. *Tusc.* 3, 69 ¶ 2 chevaux de frise : CAES. *G.* 7, 72, 4 ¶ 3 échalas : TERT. *Anim.* 19, 4.

cērȳcēum, *i*, n. (κηρύκειον), caducée : CAPEL. 4, 331 ; **cērȳcĭum**, *ii*, n. (κηρύκιον), MARCIAN. d. *Dig.* 1, 8, 8.

cēryx, *ȳcis*, m. (κῆρυξ), [probablement] ¶ 1 premier magistrat dans qq. ville inconnue, C. *prytanis* et *sufes* : SEN. *Tranq.* 4, 5 ¶ 2 héraut, joueur de trompette [d'un caractère artistique] : TER.-MAUR. 6, 341, 531 ; HIER. *Chron. a. Abr.* 2084.

Cesani, *ōrum*, m. pl., peuple de l'Arabie : PLIN. 6, 159.

Cescum, *i*, n., ville de Cilicie : PLIN. 31, 15.

cesna, *ae*, f., FEST. 222, 26, C. *cena*.

cesp-, V. *caesp-*.

Cessaeus, *a*, *um*, des Ibériens d'Asie : VAL.-FLAC. 6, 130.

cessātĭo, *ōnis*, f. (*cesso*) ¶ 1 retard, lenteur, retardement : *non datur cessatio* PL. *Poen.* 925, il n'y a pas de temps à perdre ¶ 2 arrêt de l'activité, repos : *Epicurus nihil cessatione melius existimat* CIC. *Nat.* 1, 36, Épicure ne trouve rien de préférable au repos ¶ 3 arrêt, cessation : *cessatio pugnae* GELL. 1, 25, 8, cessation du combat ¶ 4 repos donné à la terre, jachère : COL. 2, 1, 3.

cessātŏr, *ōris*, m. (*cesso*), retardataire, fainéant : *cessator in litteris* CIC. *Fam.* 9, 17, 3, qui est paresseux pour écrire des lettres.

cessātrix, *īcis*, f. (*cessator*), celle qui est inactive, négligente : TERT. *Marc.* 1, 24, 2.

cessātus, *a*, *um*, part. de *cesso*.

Cessero, *ōnis*, f., ville de la Narbonnaise : PLIN. 3, 36.

Cessetānĭa, *ae*, f., région de la Tarraconaise : PLIN. 3, 21.

cessī, parf. de *cedo*.

cessīcĭus, *a*, *um*, à qui l'on cède, qui prend la suite : *c. tutor* GAI. *Inst.* 1, 169, celui à qui passe la tutelle ∥ qui est cédé : GAI. *Inst.* 1, 171.

cessim, adv. (*cedo*), en reculant, en cédant : VARR. d. NON. 247, 26 ; SEN. *Ep.* 71, 28.

cessĭo, *ōnis*, f. (*cedo*), action de céder, cession [en t. de droit] : CIC. *Top.* 28 ∥ *diei* ULP. *Dig.* 36, 2, 7, approche d'une échéance.

cessō, *ās*, *āre*, *āvī*, *ātum* (fréq. de 1 *cedo* ; fr. *cesser*), intr. ¶ 1 tarder, se montrer lent, lambiner, ne pas avancer, ne pas agir : *quid cessas?* PL. *Ep.* 684, que tardes-tu ? ; *si tabellarii non cessarint* CIC. *Prov.* 15, si les courriers ne traînent pas en route (s'ils font diligence) ; *quod si cessas aut strenuus anteis, nec tardum opperior nec praecedentibus insto* HOR. *Ep.* 1, 2, 70, que tu tardes ou au contraire que tu partes alerte de l'avant, je n'attends pas plus le lambin que je ne cours aux trousses de ceux qui me précèdent ∥ [avec inf.] tarder à faire qqch. : *cesso huc intro rumpere?* TER. *Eun.* 996, je tarde à entrer ? = ∥ il est temps que j'entre (PL. *Ep.* 342) ; *quid mori cessas?* HOR. *O.* 3, 27, 58, que tardes-tu à mourir ? ∥ [droit] ne pas comparaître au jour dit en justice, faire défaut : *nullo delectu culpane quis an aliqua necessitate cessasset* SUET. *Cl.* 15, sans distinguer si la personne avait fait défaut par sa faute ou par nécessité, cf. ULP. *Dig.* 47, 10, 17, 20 ∥ qui n'a pas d'effet [en parlant d'un moyen de droit], une exception : DIG. 46, 2, 19 pr. ∥ qui ne s'applique pas [une loi, un édit, un sénatus-consulte] : DIG. 23, 5, 1, pr., 14, 6, 1, 1 ∥ qui ne peut avoir lieu [un mariage] : DIG. 25, 2, 17 pr. ; une prescription : DIG. 41, 6, 1, 2 ∥ [fig.] tarder à venir, ne pas être présent : *non deterendum id bonum, si quod ingenitum est, existimo, sed augendum addendumque quod cessat* QUINT. 2, 8, 10, s'il ne faut pas détruire, à mon avis, les bonnes qualités naturelles du futur orateur, par contre, il faut développer et stimuler celles qui sont lentes à venir ∥ ne pas arriver, manquer : *quod cessat ex reditu, frugalitate suppletur* PLIN. *Ep.* 2, 4, 3, ce qui manque à mes revenus, ma frugalité le supplée ¶ 2 suspendre son activité, s'interrompre, se reposer : *et properare loco et cessare* HOR. *Ep.* 1, 7, 57, travailler activement et se reposer à propos ; *strenuum hominem et numquam cessantem!* CURT. 7, 2, 26, quel homme actif et jamais au repos ! ; *cur in lustris tam eximia virtus tam diu cessavit?* CIC. *Sen.* 13, pourquoi ce mérite si éclatant s'est-il reposé si longtemps dans les bouges ? ; *epistulae tuae cessant* PLIN. *Ep.* 3, 17, 1, ta correspondance se ralentit ∥ [avec *in* abl.] *neque umquam in suo studio atque opere cessavit* CIC. *CM* 13, jamais il ne s'interrompt dans ses études et son travail ; *in officio cessare* LIV. 45, 23, 10, se relâcher dans l'accomplissement de ses devoirs ;

in quo quisque cessasset, prodi ab se salutem omnium rebatur Liv. 30, 9, 9, chacun croyait que se ralentir dans sa tâche (s'attarder, perdre son temps), c'était trahir la cause commune ‖ [avec abl.] *muliebri audacia cessare* Liv. 1, 46, 6, manquer de l'audace particulière aux femmes; *se nullo usquam cessaturum officio* Liv. 42, 6, 8, il ne se déroberait en aucune circonstance devant un service à rendre; *prima dies cessavit Marte cruento* Luc. 4, 24, le premier jour se passa sans combat sanglant (sans effusion de sang) ‖ [avec *ab*] s'arrêter de: *ab apparatu operum nihil cessatum* Liv. 21, 8, 1, on n'interrompt en rien les travaux (4, 27, 5; 10, 39, 6; 21, 11, 5); *nec ullum erat tempus, quod a novae semper cladis alicujus spectaculo cessaret* Liv. 5, 42, 6, il n'y avait pas un instant qui cessât d'offrir le spectacle de quelque désastre toujours nouveau ‖ [avec in acc.] *cessas in vota precesque?* Virg. En. 6, 51, tu tardes à offrir tes vœux et tes prières? ‖ *Cyrum urgere non cesso* Cic. Q. 2, 2, 1, je ne cesse pas de presser Cyrus (*Att.* 11, 11, 2, *Pis.* 59, Q. 3, 5, 1) ‖ [fig.] se relâcher, se négliger: *qui multum cessat* Hor. P. 357, l'écrivain qui a beaucoup de négligences; *(imago oratoris perfecti) et nulla parte cessantis* Quint. 1, 10, 4, (l'image de l'orateur parfait) et qui ne bronche sur aucun point ¶ 3 être oisif, ne rien faire: *nisi forte cessare nunc videor, cum bella non gero* Cic. CM 18, à moins que je ne paraisse être oisif maintenant que je ne fais pas la guerre; *pueri, etiam cum cessant, exercitatione aliqua ludicra delectantur* Cic. Nat. 1, 102, les enfants, même dans l'oisiveté, s'exercent (s'occupent) volontiers à quelque jeu; *in militibus vestris non cessat ira deae* Liv. 29, 18, 10, sur vos soldats la colère de la déesse n'est pas inactive (elle se manifeste) ‖ [poét.] consacrer ses loisirs à qqch., s'adonner à; *cessare alicui rei* ➤ *vacare alicui rei* Prop. 1, 6, 21 ‖ être au repos: *cur hic cessat cantharus?* Pl. St. 705, pourquoi cette coupe est-elle au repos?; *cur Berecynthiae cessant flamina tibiae?* Hor. O. 3, 19, 19, pourquoi cesser de souffler dans la flûte phrygienne?; *cessat terra* Ov. Tr. 3, 10, 70, la terre est au repos, reste au repos (Virg. G. 1, 71; Plin. 18, 191; Col. 2, 2, 7) ¶ 4 [poét., emploi trans. au passif] *cessatis in arvis* Ov. F. 4, 617, dans les champs laissés au repos (M. 10, 669; Val.-Max. 5, 10, 3).

cessus, *a*, *um*, part. de *cedo*.

cessŭs, *ūs*, m., action de reculer: Paul. d. Dig. 21, 1, 43.

cesticillus (caest-), *i*, m. (dim. de 1 ou 2 *cestus*), coussinet qu'on met sur la tête pour porter un fardeau: P. Fest. 39, 4.

cestĭfĕr, *ĕri*, m. (*cestus*, *fero*?), magistrat d'ordre inférieur à Rome: Not. Tir. 36; Gloss. 5, 613, 44 peut-être ➤ *cistiber*.

Cestius, *ii*, m. ¶ 1 nom d'un préteur: Cic. Phil. 3, 26 ¶ 2 rhéteur célèbre: Sen. Suas. 7, 12 ‖ **-tĭānus**, *a*, *um*, de Cestius: Sen. Contr. 1, 7, 17.

cestŏs, ➤ 1 *cestus*.

Cestrĭa, *ae*, f., ville d'Épire: Plin. 4, 4.

cestrŏn, *i*, n. (κέστρον), bétoine [plante]: Plin. 25, 84.

1 **cestrŏs**, *i*, m. (κέστρος), style, burin: Plin. 35, 147; 149.

2 **cestrŏs**, f., ➤ *cestron*.

cestrosphendŏnē, *ēs*, f. (κεστροσφενδόνη), machine pour lancer des traits: Liv. 42, 65, 9.

cestrōtus, *a*, *um* (κεστρωτός), travaillé au burin: Plin. 11, 126.

1 **cestus** (**-os**), *i*, m. (κεστός), ceinture, sangle, courroie: Varr. R. 1, 8, 6 ‖ ceinture de Vénus: Mart. 6, 13, 8.

2 **cestŭs**, *ūs*, m., ➤ *caestus*.

cētārĭa, *ae*, f., Plin. 9, 49, **cētārĭum**, *ĭi*, n. (*cetus*), Hor. S. 2, 5, 44, vivier.

Cētārīni, *ōrum*, m. pl., habitants de Cetaria [ville de Sicile] Atlas XII, G4: Cic. Verr. 3, 103.

cētārĭus, *ĭi*, m. (*cetus*), marchand de poissons de mer, mareyeur: Ter. Eun. 257, cf. Don.

cētē (nom. n. pl. de κήτη), cétacés: *immania cete* Virg. En. 5, 822, les monstrueuses baleines; ➤ *cetus*.

cētĕră, acc. n. pl. pris adv[t], quant au reste, du reste: *praeter nomen cetera ignarus populi Romani* Sall. J. 19, 7, à part le nom, quant au reste ne connaissant pas le peuple romain; *virum cetera egregium (ambitio) secuta est* Liv. 1, 35, 6, cet homme, d'ailleurs remarquable, conserva son esprit d'intrigue ‖ désormais: *cetera parce, puer, bello* Virg. En. 9, 656, mais désormais, enfant, cesse de prendre part aux combats.

cētĕrō, adv. (*ceterus*), du reste, d'ailleurs: Plin. 2, 80; 3, 67 ‖ le reste du temps: Plin. 10, 158.

cētĕrōquī, cētĕrōquīn, adv., au surplus, d'ailleurs: Cic. Or. 83; Nat. 1, 60; Att. 14, 16, 1; Fam. 6, 19, 1.

cētĕrum, n. pris adv[t], pour le reste: Cic. Q. 2, 12, 1 ‖ du reste, d'ailleurs: Sall. C. 17, 6; Nep. Eum. 8, 5; Liv. 1, 48, 8 ‖ mais: *verbis... ceterum re* Sall. J. 48, 1, en paroles..., mais en fait (J. 52, 1; Liv. 22, 2, 2) ‖ mais en réalité: Sall. J. 76, 1 ‖ autrement, sans quoi: Ter. Eun. 452; Plin. Ep. 1, 5, 12.

*cētĕrus, *a*, *um* (cf. *iterum*, *ceu*?, ombr. *etru*, alb. *tjetër*), [employé surtout au pl. *ceteri*, *ae*, *a*; le nom. m. *ceterus* n'existe pas] tout le reste de: *ceterae multitudini diem statuit* Sall. C. 36, 2, à toute la foule restante [à part les chefs] il fixe un jour; *ceterum exercitum in provinciam collocat* Sall. J. 61, 2, il dispose le reste de l'armée dans la province; *erat inter ceteram planitiem mons saxeus* Sall. J. 92, 5, dans une région pour le reste en plaine, il y avait une colline rocheuse; *vestem aut ceterum ornatum muliebrem (habere)* Cic. Inv. 1, 51, (avoir) les vêtements ou le reste de l'ajustement féminin; *cetera jurisdictio* Cic. Att. 6, 2, 5, le reste des fonctions de justice; *cetera series* Cic. Ac. 2, 21, le reste de la série; *cetera omnis praeda* Liv. 24, 40, 15, tout le reste du butin ‖ acc. n. sg. pris subst[t], *ceterum*, le reste: Pl. Men. 224; Ru. 1224; v. Cic. Leg. 2, 45 *in cetero* ou *in ceterum*; *pax in ceterum parta* Sen. Ep. 78, 16, paix acquise pour le reste du temps ‖ [m. pl.] les autres, tous les autres: *Haeduos ceterosque amicos populi Romani defendere* Caes. G. 1, 35, 4, défendre les Éduens et les autres amis du peuple romain; *ceteris opitulari, alios servare* Cic. Arch. 1, venir en aide à tous les autres, en sauver certains, (venir en aide à tous en général, sauver quelques-uns) cf. Sull. 87; Liv. 5, 6, 6; *ceteri omnes* Cic. Marc. 12; Balb. 29; Verr. 5, 171 (*omnes ceteri* Cic. Sull. 40; Verr. 4, 15; 4, 111) tous les autres; *redeo ad cetera* Cic. de Or. 2, 272, je reviens au reste; *honores, divitiae, voluptates, cetera* Cic. Tusc. 4, 66, les honneurs, la richesse, les plaisirs et le reste (= etc.), cf. Inv. 2, 177, Fin. 4, 35, Nat. 1, 92; 3, 34; *cum scriptum ita sit "si mihi filius genitur, isque prius moritur" et cetera* Cic. de Or. 2, 141, comme le testament portait "s'il me naît un fils et qu'il meure avant", pour ce qui est du reste: Cic. Fin. 1, 26; Sen. Brev. 7, 9 ‖ dorénavant, à l'avenir: Curt. 4, 1, 14; 8, 3, 7 ‖ *ad cetera*, à tous les autres égards, sous tous les autres rapports: Liv. 27, 15, 8; 30, 29, 9; Curt. 10, 7, 4.

Cĕthēgus, *i*, m., surnom des Cornelii: Cic. Brut. 57, CM 50 ‖ complice de Catilina: Sall. 4, 32, 2 ‖ **Cĕthēgi**, *ōrum*, pl., des Céthégus [des Romains de l'ancien temps]: Hor. P. 50.

cētīnus, *a*, *um* (*cetus*), *cetina cymba* Zen. Tract. 1, 1, 5, la baleine servant de bateau [à Jonas].

cētĭŏnis, *ĭdis*, f. (gr.), pierre précieuse d'Asie Mineure: Plin. 37, 156.

Cetīum, *ĭi*, n., ville du Norique Atlas XII, A5: Anton. 234.

Cētīus, *ĭi*, m., fleuve de Mysie: Plin. 5, 126.

Cētō, *ūs*, f. (Κητώ) ¶ 1 nymphe de la mer, femme de Phorcus, mère des Gorgones: Luc. 9, 646 ¶ 2 une Néréide: Plin. 5, 69.

cētōsus, *a*, *um* (*cetus*), peuplé de cétacés: Avien. Perieg. 1356.

cētra, Virg. En. 7, 732, **caetra**, *ae*, Liv. 28, 5, 11, f. (empr.), petit bouclier de cuir.

cētrātus ou **caetrātus**, *a*, *um*, armé du bouclier nommé *cetra*: Caes C. 1, 39 ‖ **cētrāti**, *ōrum*, m., soldats munis de ce bouclier: Caes. C. 1, 70, 5.

Cetrōnĭus, *ĭi*, m., nom de famille romain: Tac. An. 1, 44.

cette, ➤ 2 *cedo*.

Cetuma

Cetuma, *ae*, f., ville d'Éthiopie : Plin. 6, 180.

cētus, *i*, m. (κῆτος), cétacé, monstre marin : Serv. En. 1, 550 ‖ poisson de mer, marée : Pl. Aul. 375‖ la Baleine [constell.] : Manil. 1, 612.

ceu (cf. *ce(terus)* et *1 -ve* ?) ¶ **1** comme, ainsi que : *ceu quondam petiere rates* Virg. En. 6, 492, comme jadis ils regagnèrent leurs vaisseaux ; *ceu fumus* Virg. En. 5, 740, comme une fumée ; *ceu cum jam portum tetigere carinae* Virg. G. 1, 303, comme lorsque le navire touche au port ¶ **2** comme si **a)** [sans verbe] *gloriosissimas victorias ceu damnosas reipublicae increpabat* Suet. Tib. 52, 2, il lui reprochait les victoires les plus glorieuses comme si elles avaient été des revers pour la patrie **b)** [avec subj.] *ceu cetera nusquam bella forent* Virg. En. 2, 438, comme s'il n'y avait pas ailleurs de combats.

Cēus, *a*, *um*, V. *Cea*.

Ceutrones, *um*, m. pl. ¶ **1** peuple de Belgique : Caes. G. 5, 39, 1 ¶ **2** peuple de la Gaule, dans les Alpes : Caes. G. 1, 10, 4 ‖ **Ceutronicae Alpes**, massif dans les Alpes : Plin. 11, 240.

ceva, *ae*, f. (vén., ou germ.?, cf. al. *Kuh*, an. *cow*), sorte de vache : Col. 6, 24, 5.

cēvĕō, *ēs*, *ēre*, *ēvī*, - (peu net), intr., remuer le derrière : Mart. 3, 95, 13 ; Juv. 2, 21 ‖ faire des avances comme un mignon : Pers. 1, 87.

Cēyx, *ȳcis*, m. (Κήυξ), époux d'Alcyone, métamorphosé en alcyon : Ov. M. 11, 727‖ ceyx, alcyon : Plin. 32, 86.

Chăbrĭās, *ae*, m. (Χαβρίας), général athénien : Nep. Chabr. 1.

Chabura, *ae*, m., fontaine de Mésopotamie : Plin. 31, 37.

Chadaei, *ōrum*, m. pl., peuple de l'Arabie : Plin. 6, 149.

Chadisĭa, *ae*, m., fleuve du Pont : Plin. 6, 3, 9.

chaerĕ (χαῖρε), bonjour : Lucil. d. Cic. Fin. 1, 9.

Chaerĕa, *ae*, m., surnom romain : Cic. Com. 1 ; Suet. Cal. 56, 2.

Chaerĕās, *ae*, m. ¶ **1** statuaire : Plin. 34, 75 ¶ **2** auteur d'un traité d'agriculture : Varr. R. 1, 1, 8.

chaerēmōn, *ŏnis*, m., nom d'homme : Mart. 11, 56, 1.

chaerĕphyllum, *i*, n. (χαιρέφυλλον), cerfeuil : Col. 11, 3, 14 ; V. *caerefolium*.

Chaerestrătus, *i*, m., personnage de comédie : Cic. Amer. 46.

Chaerippus, *i*, m., nom d'homme : Cic. Fam. 12, 22, 4.

Chaeristus, *i*, m., écrivain grec : Plin. 1, 14.

Chaerōnēa, *ae*, f., Chéronée [ville de Béotie] : Liv. 35, 46, 4.

Chalaeŏn, *i*, n., ville de la Phocide : Plin. 4, 7.

chălastĭcus, *a*, *um* (χαλαστικός), lénitif, émollient : Theod.-Prisc. Log. 17.

Chalastra, *ae*, f., ville de Macédoine : Plin. 4, 36‖ **-traeus**, *a*, *um*, Plin. 31, 115 et **trĭcus**, *a*, *um*, Plin. 31, 107, de Chalastra.

chălātōrĭi fūnēs, m. pl. (χαλάω, 2 *calo*), drisses [en t. de marine], cordages pour larguer : Veg. Mil. 4, 15.

chălazĭās, *ae*, m. (χαλαζίας), sorte de pierre précieuse : Plin. 37, 189.

chălazius lapis, m. (χαλάζος), C. *chalazias* : Plin. 36, 157.

chălazŏphylax, *ăcis*, acc. pl. *acas*, m. (χαλαζοφύλαξ), garde chargé de prédire la grêle : Sen. Nat. 4, 6, 2.

chălazōsis, *is*, f., grain d'orge, orgelet [maladie de la paupière] : CIL 13, 10021, 181 c.

chalbănē, *ēs*, f. (χαλβάνη), C. *galbanum* : Marcel. Dig. 39, 4, 16.

Chalbăsĭi, *ōrum*, m. pl., Chalbasiens [peuple de l'Arabie] : Avien. Perieg. 1133.

chalcanthŏn, *i*, n. (χάλκανθον), noir de cordonnier : Plin. 34, 123.

chalcaspĭdes, *um*, m. pl. (χάλκασπις), soldats armés d'un bouclier d'airain : Liv. 44, 41, 2.

Chalcē, *ēs*, f., C. *Chalcia* : Plin. 5, 133.

Chalced-, V. *Calched-*.

chalcĕŏs, *i*, m. (χάλκειος), sorte de chardon : Plin. 21, 94.

Chalcērītis, *ĭdis*, f., île du Pont-Euxin : Plin. 6, 32.

chalcētum, *i*, n., plante médicinale inconnue : Plin. 26, 40.

chalcĕus, *a*, *um* (χάλκεος), d'airain : Mart. 9, 94, 4.

Chalcĭa, *ae*, f., Chalcie [île de la mer Égée] : Plin. 17, 31.

Chalcĭdēna, *ae*, f., région de Syrie : Plin. 5, 81.

Chalcĭdensis, *e*, Liv. 35, 49, 6, **Chalcĭdĭcensis**, *e*, Gell. 10, 16, 8, de Chalcis ‖ **-denses**, *ĭum*, m. pl., habitants de Chalcis : Liv. 35, 38, 10 et **-dienses**, *ĭum*, Solin. 11, 16.

chalcĭdĭcē, *ēs*, f., lézard à dos cuivré : Plin. 29, 102.

Chalcĭdĭcensis, V. *Chalcidensis*.

chalcĭdĭcum, *i*, n., salle aux deux extrémités d'une basilique : Vitr. 5, 1, 4 ‖ chambre spacieuse dans les maisons grecques : Aus. App. 1, 26 (445), 8.

Chalcĭdĭcus, *a*, *um*, de Chalcis, d'Eubée : *Chalcidicus Euripus* Cic. Nat. 3, 10, l'Euripe d'Eubée ; *versus* Virg. B. 10, 50, vers du poète Euphorion de Chalcis ‖ de Cumes [colonie eubéenne] : Virg. En. 6, 17 ; *Chalcidica Nola* Sil. 12, 161, Nole, ville fondée par les Eubéens.

Chalcĭoecŏs, *i*, m. (Χαλκίοικος), nom d'un temple de Minerve à Sparte : Liv. 35, 36, 9.

Chalcĭŏpē, *ēs*, f., Chalciope [sœur de Médée] : Val.-Flac. 6, 479.

1 chalcis, *ĭdis*, f. (χαλκίς) ¶ **1** sorte de sardine : Plin. 9, 154 ¶ **2** sorte de lézard à peau cuivrée : Plin. 32, 30.

2 Chalcis, *ĭdis* ou *ĭdos*, f. ¶ **1** Chalcis [capitale de l'Eubée] Atlas VI, B2 : Liv. 35, 46, 1 ¶ **2** ville de Syrie Atlas IX, D4 : Plin. 5, 89 ¶ **3** ville d'Étolie : Plin. 4, 6.

chalcītēs, *is*, Isid. 16, 15, 9, **chalcītis**, *ĭdis*, Cels. 6, 6, 31, f. ¶ **1** minerai de cuivre ¶ **2** pierre précieuse : Plin. 37, 191.

Chalcītis, *ĭdis*, f., île de la Propontide : Plin. 5, 151.

chalcŏphōnŏs, Plin. 37, 154, **chalcŏphtongŏs**, *i*, Solin. 37, 22, f., sorte de pierre précieuse qui a le son du cuivre.

chalcosmăragdŏs, *i*, f., émeraude veinée de cuivre, malachite : Plin. 37, 74.

Chalcosthĕnēs, *is*, m., statuaire grec : Plin. 34, 87.

chalcus, *i*, m. (χαλκός), chalque [petit poids grec, 1/4 de l'obole] : Isid. 16, 25, 11 ; Metrol. 130, 26.

Chaldaea, *ae*, f., la Chaldée : Plin. 5, 90‖ **Chaldaei**, *ōrum*, m. pl. (Χαλδαῖοι), habitants de la Chaldée, Chaldéens : Lucr. 5, 725 ‖ [fig.] astrologues : *Chaldaeorum promissa* Cic. Tusc. 1, 95, les prédictions flatteuses des astrologues ‖ **-daeus**, *a*, *um*, Chaldéen : *Chaldaeus grex* Juv. 10, 94, troupe d'astrologues ‖ **-dăĭcus**, *a*, *um*, Chaldéen : *Chaldaicum genus praedicendi* Cic. Div. 2, 88, méthode divinatoire des Chaldéens.

Chaldōnē, *ēs*, f., promontoire de l'Arabie Heureuse : Plin. 6, 147.

chalō, *ās*, *āre*, -, - (χαλάω), futuere : CIL 12, 5687, 38 ; V. *2 calo*.

Chălōnītis, *ĭdis* ou *ĭdos*, f., contrée de l'Assyrie : Plin. 6, 122 ‖ **-nītae**, *ārum*, m. pl., habitants de la Chalonitide : Prisc. Perieg. 939.

chălўbēĭus, *a*, *um* (*chalybs*), d'acier : Ov. F. 4, 405.

Chălўbes, *um*, m. pl., Chalybes ¶ **1** peuple du Pont, réputé pour ses mines et la fabrication de l'acier : Virg. G. 1, 58 ¶ **2** peuple de Celtibérie : Just. 44, 3, 9.

1 chălўbs, *ўbis*, m. (χάλυψ), acier : *vulnificus chalybs* Virg. En. 8, 446, l'acier meurtrier ‖ [fig.] objet en acier : *chalybs strictus* Sen. Thy. 364, épée nue.

2 Chălўbs, *ўbis*, m., fleuve de Celtibérie dont l'eau était particul^t bonne pour la trempe de l'acier : Just. 44, 3, 9.

Cham, m. indécl., fils de Noé : Lact. Inst. 2, 13, 5.

1 chāma, *ae*, f., V. *cheme* ¶ **1** : Not. Tir. 92, 5.

2 chāma, n. (?), lynx : Plin. 8, 70.

chămaeactē, ēs, f. (χαμαιάκτη), hièble [plante] : Plin. 24, 51.

chămaecĕrăsus, i, f. (χαμαικέρασος), cerisier nain : Plin. 15, 104.

chămaecissŏs, i, f. (χαμαίκισσος), lierre terrestre : Plin. 16, 152 ‖ espèce de cyclamen : Plin. 25, 116.

chămaecўpărissos, i, f. (χαμαικυπάρισσος), santoline [plante] : Plin. 24, 136.

chămaedaphnē, ēs, f. (χαμαιδάφνη), espèce de fragon [arbrisseau] : Plin. 15, 131.

chămaedrācōn, ontis, m. (χαμαιδράκων), dragon rampant [qui ne peut grimper] : Solin. 27, 33.

chămaedrўs, ўos, f. (χαμαίδρυς), germandrée [plante] : Plin. 14, 112.

chămaelĕōn, ōnis ou ontis (χαμαιλέων), m. ¶ 1 caméléon : Gell. 10, 12, 1 ¶ 2 m. et f., carline [plante] : Plin. 22, 45 ; 30, 30.

chămaeleucē, ēs, f. (χαμαιλεύκη), tussilage [plante] : Plin. 24, 135.

chămaelўcŏs, i, f. (χαμαίλυκος), verveine [plante] : Ps. Apul. Herb. 3.

chămaemēlĭnus, a, um, de camomille : Theod.-Prisc. Log. 5.

chămaemēlŏn (-um), i, n. (χαμαίμηλον), camomille : Plin. 22, 53.

chămaemyrsīnē, ēs, f. (χαμαιμυρσίνη), fragon [arbrisseau] : Plin. 15, 27.

chămaepeucē, ēs, f. (χαμαιπεύκη), plante indéterminée : Plin. 24, 136.

chămaepĭtys, ўos, acc. yn, f. (χαμαιπίτυς), ivette commune [plante] : Plin. 24, 29.

chămaeplătănus, i, f. (χαμαιπλάτανος), platane nain [arbre] : Plin. 12, 13.

chămaerōpes palmae, f. pl. (χαμαίρωψ), sorte de dattiers nains : Plin. 12, 39.

chămaerops, ōpis, f. (χαμαίρωψ), c. chamaedrys : Plin. 24, 130.

chămaestrōtus, a, um (χαμαίστρωτος), qui se courbe vers la terre : *Front. Eloq. 2, 9, p. 148 N.

chămaesўcē, ēs, f. (χαμαισύκη), espèce d'euphorbe : Plin. 24, 134.

chămaezēlŏn, i, n. (χαμαίζηλον), gnaphalium, cotonnière [herbe] : Plin. 27, 88.

Chămāvi, ōrum, m. pl., Chamaves [peuple des bords du Rhin] : Tac. An. 13, 55.

Chambădēs, is, m., massif dans le Taurus : Plin. 5, 98.

chămēdўosmŏs, i, f. (χαμηδύοσμος), romarin [plante] : Ps. Apul. Herb. 79.

chămēlaea, ae, f. (χαμελαία), daphné ou lauréole à feuille d'olivier : Plin. 13, 114.

chămeunĭa, ae, f. (χαμευνία), action de coucher sur la terre : Hier. Ep. 52, 3.

chămŏmilla, ae, f. (de chamaemelon), camomille : Plin. Val. 3, 2.

chămŏmillīnus, a, um, de camomille : Plin. Val. 3, 2.

chămulcus, i, m. (χαμουλκός), chariot bas pour les gros fardeaux : Amm. 17, 4, 14.

Chănāăn, f. indécl., Vulg. Gen. 11, 31 et **Cănān**, f. indécl., Juvc. 2, 128, le pays de Chanaan en Palestine ‖ **-năneus**, a, um, Vulg. Gen. 38, 2 et **-nănītis**, ĭdis, f., Hier. Is. 19, 18, de Chanaan ‖ **-nănaei**, ōrum, m. pl., les Chananéens : Vulg. Gen. 10, 18.

channē, **chānē**, ēs, f. (χάννη, χάνη), poisson hermaphrodite : Ov. Hal. 108 ; Plin. 9, 56.

Chāōn, ŏnis, m., Chaon [fils de Priam] : Virg. En. 3, 335.

Chāŏnes, um, m. pl., habitants de la Chaonie : Liv. 43, 23, 6 ‖ **Chāŏnĭa**, ae, f., Chaonie [région de l'Épire] : Cic. Att. 6, 3, 2 ‖ **Chāŏnis**, ĭdis, f., de Chaonie : Ov. M. 10, 90 ‖ **Chāŏnĭus**, a, um, de Chaonie, d'Épire : Virg. En. 3, 334.

Chăŏs, i, n. (Χάος) ¶ 1 le chaos, masse confuse dont fut formé l'univers : *a Chao* Virg. G. 4, 347, à partir du Chaos [avant même la création du monde] ‖ le Chaos personnifié : Virg. En. 4, 510 ‖ le vide infini, les Enfers : Ov. M. 10, 30 ¶ 2 [fig.] profondes ténèbres : Stat. S. 3, 2, 92 ; *chaos horridum* Prud. Cath. 5, 3, ténèbres effrayantes.

chara, n. (?), chou-rave : Caes. C. 3, 48, 1.

chărăcātus, a, um (χάραξ), échalassé : Col. 5, 4, 1 ‖ [d'où] **chărăcō**, ās, āre, āvī, -, échalasser : Orig. Matth. 17, 7.

Chărăcēnē, ēs, f., la Characène [région de la Susiane] : Plin. 6, 136 ‖ **Chărăcēni**, ōrum, m. pl., habitants de la Characène : Plin. 4, 85.

chărăcĭās, ae, acc. ān, m. (χαρακίας) ¶ 1 sorte de roseau épais et solide : Plin. 16, 168 ¶ 2 espèce d'euphorbe [plante] : Plin. 26, 62.

chărăctēr, ēris, m. (χαρακτήρ) ¶ 1 fer à marquer les bestiaux : Isid. 20, 16, 7 ‖ marque au fer : Col. 11, 2, 14 ¶ 2 [fig.] caractère, particularité d'un style : *Luciliano charactere libelli* Varr. R. 3, 2, 17, satires dans la manière de Lucilius (en grec d. Cic. Or. 134) ¶ 3 [chrét.] marque sacramentelle du baptême : Aug. Bapt. 6, 1, 1 ‖ particularité d'une personne, caractère : Zen. Tract. 1, 13, 5.

chărăctērismus (-ŏs), i, m. (χαρακτηρισμός), caractérisation des vertus et des vices : Sen. Ep. 95, 65 ‖ éthopée [mise en valeur des traits caractéristiques] : Diom. 463, 13.

charadrĭŏs (-ĭus), ĭi, m. (χαραδριός), courlis [oiseau] : Vulg. Lev. 11, 19.

Chărădrŏs (-us), i ¶ 1 m., rivière de Phocide : Stat. Th. 4, 46 ¶ 2 f., ville de Syrie : Plin. 5, 79.

chărăgma, ătis, n. (χάραγμα), signe, trace : VL. Apoc. 19, 20.

Chărax, ăcis, f., Charax [ville d'Arabie] Atlas I, E8 : Plin. 6, 138 ‖ forteresse de la Thessalie : Liv. 44, 6, 10.

chăraxō, ās, āre, -, ātum, tr. (χαράσσω), gratter, sillonner, graver : *charaxare ungulis genas* Prud. Perist. 10, 557, se déchirer le visage avec les ongles.

Chăraxus, i, m., frère de Sapho : Ov. H. 15, 117 ‖ un des Centaures : Ov. M. 12, 272.

Charbānus, i, m., montagne de Médie : Plin. 6, 133.

Charbrusa, ae, f., nom d'une île déserte : Plin. 4, 74.

Charchēdŏnĭus, v. Carchedonius.

Chardălĕōn, ontis, f., région de l'Arabie : Plin. 6, 150.

Chărēs, ētis, m. ¶ 1 statuaire grec : Her. 4, 9 ¶ 2 historien grec : Gell. 5, 2, 1.

Chăribdis, v. Charybdis.

Chăriclō, ūs, f. (Χαρικλώ), épouse de Chiron : Ov. M. 2, 636.

Chărĭdēmus, i, m., nom d'homme : Cic. Verr. 1, 52.

Chărĭen flūmen, n., fleuve de Colchide : Plin. 6, 14.

chărĭentismus, i, m. (χαριεντισμός), adoucissement de l'expression [rhét.] : Char. Dig. 276, 20.

Chărĭmandĕr, dri, m., auteur d'un traité d'astronomie : Sen. Nat. 7, 5, 2.

Chărinda, ae, m., fleuve d'Hyrcanie : Amm. 23, 6, 40.

Charini, ōrum, m. pl., peuple de Germanie : Plin. 4, 99.

Chărīnus, i, m., nom d'homme : Ter. Andr. 345.

Chăris, ĭtos, f., nom grec d'une Grâce : Plin. 36, 32 ; v. Charites.

Chărīsĭānus, i, m., nom d'homme : Mart. 6, 24, 1.

Chărīsĭus, ĭi, m. ¶ 1 orateur athénien : Cic. Brut. 286 ¶ 2 grammairien latin : Serv. En. 9, 329.

chărisma, ătis, n. (χάρισμα), charisme, don de Dieu : Tert. Praescr. 29, 3 ‖ grâce : Prud. Apoth. praef. 1, 11.

Chăristĭa, v. Caristia.

chărĭstĭcŏn, i, n. (χαριστικόν), gratification : Ulp. Dig. 48, 20, 6.

chărĭstĭōn, ōnis, m. (χαριστίων), traverse pour suspendre une balance : CIL 11, 5095 ‖ balance : Not. Tir. 101, 89.

Chărĭta, ae, m., nom d'homme : CIL 6, 975 b, 2, 38 ‖ f., nom de femme : CIL 6, 34421.

chārĭtas, v. caritas.

chărĭtē, ēs, f., nom de femme : Apul. M. 7, 12.

▶ dat. sg. Chariteni CIL 6, 26229.

Chărĭtes, um, f. pl., les Charites, les Grâces : Ov. F. 5, 219 ; v. Charis.

Chărĭtēsĭa, n. pl., philtres d'amour : Iren. 1, 25, 3.

chărĭtōn blĕphărŏn, i, n. (χαρίτων βλέφαρον), herbe magique qui fait naître l'amour : Plin. 13, 142.

Charmadas

Charmădās, *ae*, m., philosophe grec : Cic. *Tusc.* 1, 59.

Charmae, *ārum*, m. pl., peuple de l'Inde : Plin. 6, 75.

Charmantĭdēs, *ae*, m., peintre grec : Plin. 35, 146.

Charmel-, V.> *Carmel-*.

Charmĭdēs, *āi* ou *i*, m., personnage de comédie : Pl. *Trin.* 359 ; 744.

charmĭdor, *āris*, *ārī*, *ātus sum*, intr., devenir un Charmide = se réjouir [χάρμα, joie] : Pl. *Trin.* 977.

Charmis, *is*, m., nom d'un médecin : Plin. 29, 10.

Charmodara, *ae*, f., ville de Syrie dans la Commagène : Peut. 10, 3.

1 Chăron, *ontis*, m. (Χάρων), Charon [le nocher des Enfers] : Cic. *Nat.* 3, 43 ; Virg. *En.* 6, 299.

2 Chărōn, *ōnis*, m., homme d'État thébain : Nep. *Pel.* 2, 5.

Chărondās, *ae*, m. (Χαρώνδας), législateur de Thurium : Cic. *Leg.* 1, 57.

Chărōnēus, *a*, *um* (*Charon*), relatif à Charon, aux Enfers [d'où l'épithète pour désigner une caverne à exhalaisons méphitiques] : Plin. 2, 208.

Chărŏpēĭus, *a*, *um*, de Charops : Stat. *Th.* 5, 159.

Chărops, *ŏpis*, m. (Χάροψ), nom d'homme : Ov. *M.* 13, 260.

Charopus, *i*, m., roi des Molosses : Jul.-Val. 1, 46.

charta, *ae*, f. (χάρτης ; fr. *charte*, it., esp. *carta*, al. *Kerze*), feuille de papyrus préparée pour recevoir l'écriture, cf. Plin. 13, 68 ¶ **1** papier : *charta dentata* Cic. *Q.* 2, 14, 1, papier lustré ; *chartae scabrae bibulaeve* Plin. *Ep.* 8, 15, 2, papier raboteux ou qui boit ; *scribere in charta aversa* Mart. 8, 62, 1, écrire sur le verso d'un feuillet ; *calamum et chartas poscere* Hor. *Ep.* 2, 1, 11, réclamer une plume et du papier ¶ **2** papyrus [plante] : Plin. 13, 69 ¶ **3** [fig.] écrit, livre : *chartae quoque, quae pristinam severitatem continebant, obsoleverunt* Cic. *Cael.* 40, les livres même qui témoignaient de l'austérité des anciennes mœurs sont passés de mode ; *chartae Socraticae* Hor. *P.* 310, les écrits socratiques ‖ volume : *omne aevum tribus explicare chartis* Catul. 1, 6, dérouler toute la suite des temps en trois volumes ¶ **4** feuille de métal : *charta plumbea* Suet. *Ner.* 20, 1, feuille de plomb.

▶ *chartus*, *i* m. Lucil. 709 ; Non. 196, 19.

chartācĕus, *a*, *um*, de papier : Ulp. *Dig.* 32, 52.

chartapōla, *ae*, f., marchand de papier : Schol. Juv. 4, 24.

chartārĭum, *ii*, n. (fr. *chartrier*), archives : Hier. *Ruf.* 3, 20.

1 chartārĭus, *a*, *um* (*charta*), qui concerne le papier : *chartariae officinae* Plin. 18, 89, papeteries ; *chartarius calamus* Apul. *Flor.* 9, roseau à écrire.

2 chartārĭus, *ii*, m., marchand de papier : Diom. 326, 14 ; *CIL* 6, 9255 ‖ archiviste : Cassiod. *Var.* 8, 23, 4.

chartātĭcum, V.> *chartiaticum*.

chartĕus, *a*, *um* (*charta*), de papier : *charteum stadium* Varr. d. Non. 248, 13, le stade de papier, le papier sur lequel la plume court ; Aus. *Epist.* 10 (399), 40.

chartĭātĭcum, *i*, n. (*charta*, cf. *viaticum*), taxe sur le papier : Ulp. *Dig.* 48, 20, 6.

chartĭna, *ae*, f., C.> *charta* : Prisc. 2, 136, 3.

chartĭnācĭus, *a*, *um*, Prisc. 2, 136, 3, C.> *chartaceus*.

chartŏphylăcĭum, *ii*, n. (χαρτοφυλάκιον), archives : Greg.-M. *Ep.* 7, 128.

chartŏpōla, *ae*, m. (χαρτοπώλης), Schol. Juv. 4, 24, **chartŏprātēs**, *ae*, m. (χαρτοπράτης), marchand de papier : Cod. Just. 11, 17, 1.

chartŭla, *ae*, f. (dim. de *charta*) ¶ **1** petit papier, petit écrit : *miror quid in illa chartula fuerit* Cic. *Fam.* 7, 18, 2, je me demande ce qu'il pouvait y avoir sur ce bout de papier ¶ **2** acte, pièce : Cod. Th. 8, 2, 2 ‖ **chartulae**, *ārum*, f. pl., actes des martyrs : Prud. *Perist.* 1, 75.

chartŭlārĭus, *ii*, m., archiviste : Cod. Just. 3, 26, 10.

chartus, V.> *charta*.

chārus, V.> *carus*.

Chărybdis, *is*, f. (Χάρυβδις), Charybde [gouffre de la mer de Sicile, dans le détroit de Messine] : *Charybdis infesta nautis* Cic. *Verr.* 5, 146, Charybde redoutable aux matelots ‖ [fig.] gouffre, abîme, monstre dévorant : *Charybdis bonorum* Cic. *de Or.* 3, 163, Charybde de sa fortune.

Chasamari, m. pl., peuple d'Éthiopie : Plin. 6, 192.

Chasirus, *i*, m., mont d'Élymaïde [Perse] : Plin. 6, 136.

chasma, *ătis*, n. (χάσμα) ¶ **1** gouffre du sol : *tum chasmata aperiuntur* Sen. *Nat.* 6, 9, 2, alors des gouffres s'ouvrent ¶ **2** espèce de météore : Sen. *Nat.* 1, 14, 2 ; Plin. 2, 96.

chasmătĭās, *ae*, m. (Χασματίας), tremblement de terre qui entrouvre le sol : Amm. 17, 7, 13.

Chasŭārĭi, *ōrum*, m. pl., peuple germain : Tac. *G.* 34.

Chatrămis, *is*, f., contrée de l'Arabie : Prisc. *Perieg.* 887 ‖ **-motītae**, *ārum*, m. pl., habitants de la Chatramis : Plin. 6, 154.

Chatti, *ōrum*, m. pl. (al. *Hessen*), Juv. 4, 147 et **Catti**, *ōrum*, m. pl., Frontin. *Strat.* 2, 3, 23, les Chattes [peuple germain] Atlas I, B4 ‖ **Chattus**, *a*, *um*, de la tribu des Chattes [Hessois] : Suet. *Vit.* 14, 5.

Chauci, *ōrum*, m. pl., Tac. *G.* 35, **Chauchi**, *ōrum*, m. pl., Vell. 2, 106, **Căyci**, *ōrum*, m. pl., Luc. 1, 463, les Chauques [peuple germain] Atlas I, B4 ‖ **Chaucĭus**, *ii*, m., le vainqueur des Chauques : Suet. *Cl.* 24, 3.

Chaunus, *i*, m., montagne d'Espagne : Liv. 40, 50, 2.

Chaus, *i*, m., fleuve de Carie : Liv. 38, 14.

chĕlē, *ēs*, f. (χηλή) ¶ **1** pince de l'écrevisse : Ambr. *Hex.* 5, 8, 22 ‖ [surtout au pl.] **chelae**, *ārum*, les pinces du Scorpion, la Balance : Cic. *Arat.* 293 ; Virg. *G.* 1, 33 ¶ **2** [méc.] détente [dans la catapulte = *manucla*] : Vitr. 10, 10, 4 ‖ tiroir [dans la baliste] : Vitr. 10, 11, 7.

1 chĕlīdōn, *ŏnis*, f. (χελιδών), hirondelle : Ps. Asc. *Verr.* p. 188 ; Perv.-Ven. 90.

2 Chĕlīdōn, *ŏnis*, f., Chélidon [courtisane] : Cic. *Verr.* 4, 71.

chĕlīdŏnĭa, *ae*, f. (χελιδονία), chélidoine ou éclaire [plante] : Plin. 25, 89.

chĕlīdŏnĭăcus glădĭus, m., sorte d'épée [recourbée en queue d'hirondelle] : Isid. 18, 6, 7.

Chĕlīdŏnĭae, *ārum*, f. pl., îles près de la côte de Lycie : Prisc. *Perieg.* 126.

chĕlīdŏnĭās, *ae*, m. (χελιδονίας), vent d'ouest qui souffle au printemps : Plin. 2, 122.

1 chĕlīdŏnĭum, *ii*, n. (χελιδόνιος), collyre fait avec le suc de la chélidoine : Plin. 25, 90.

2 Chĕlīdŏnĭum, *ii*, n., cap de la Lycie : Plin. 5, 97.

chĕlīdŏnĭus, *a*, *um* (χελιδόνιος), d'hirondelle : *chelidoniae ficus* Plin. 15, 71, variété de figues ; *chelidonia gemma* Plin. 37, 155, sorte de pierre précieuse ; *chelidonia herba* M.-Emp. 8, 2, chélidoine [plante].

chĕlĭum, V.> *celtium*.

Chĕlōnātēs, *ae*, m., promontoire de l'Éslide : Plin. 4, 13.

Chĕlōnē, *ēs*, f., nom d'une nymphe : Serv. *En.* 1, 505.

chĕlōnĭa, *ae*, f. (χελωνία), nom d'une pierre précieuse, peut-être la même que la suivante, C.> 1 *chĕlōnītīs* : Plin. 37, 155.

1 chĕlōnītīs, *ĭdis*, f., Plin. 37, 156 ou **chĕlōnītēs**, *ae*, m., Isid. 16, 15, 23, pierre précieuse.

2 Chĕlōnītĭs, *ĭdis*, f., île du golfe Arabique : Plin. 6, 151.

chĕlōnĭum, *ii*, n. (χελώνιον) ¶ **1** [méc.] palier, coussinet : Vitr. 10, 2, 8 ‖ tiroir [dans la baliste] : Vitr. 10, 11, 8 ¶ **2** cyclamen [plante] : Ps. Apul. *Herb.* 17.

Chĕlōnŏphăgi, *ōrum*, m. pl. (χελωνοφάγοι), peuple de la Carmanie : Plin. 6, 109.

chĕlydrus, *i*, m., serpent venimeux : Virg. *G.* 2, 214.

chĕlynĭa, *ae*, f. (cf. *chelonia*, *chelys*), nom d'une pierre précieuse : Marcian. *Dig.* 39, 4, 16, 7.

chĕlys, *yis* et *yos*, f. (χέλυς), tortue : Petr. Frg. 26, 5 ‖ [fig.] **a)** lyre : Ov. H. 15, 181 ; Stat. S. 1, 5, 11 **b)** la Lyre [constell.] Avien. Arat. 617.

chēmē, *ēs*, f. (χήμη) ¶ **1** sorte de coquille : Plin. 32, 147 ¶ **2** mesure grecque pour les liquides : Carm. Pond. 78.

Chemmis, *is*, f., île d'Égypte, célèbre par un temple d'Apollon : Mel. 1, 55.

chĕmōsis, *is*, f., maladie de l'œil : Cass. Fel. 29.

chēnălōpex, *ĕcis*, f. (χηναλώπηξ), cravan, espèce d'oie : Plin. 10, 56.

chēnămўchē, *ēs*, f., plante qui effraie les oies : Plin. 21, 62.

chēnĕrōs, *ōtis*, f. (χηνέρως), oie d'une petite espèce : Plin. 10, 56.

chēniscus, *i*, m. (χηνίσκος), extrémité de la poupe d'un vaisseau recourbée à la façon d'un cou d'oie : Apul. M. 11, 16.

Chenneseri, m., peuple d'Arabie : Plin. 6, 158.

chēnŏboscīŏn, *ĭi*, n. (χηνοβοσκεῖον), basse-cour avec bassin pour les oies : Varr. R. 3, 10 ; Col. 8, 14, 1.

chĕrăgra, *ae*, f. (de χειράγρα), Hor. S. 2, 7, 15, **chīrăgra**, *ae*, f., Sen. Ep. 78, 9, chiragre, goutte des mains : *nodosa cheragra* Hor. Ep. 1, 1, 31, la chiragre noueuse.

chernītēs, *ae*, m. (χερνίτης), espèce de marbre couleur d'ivoire : Plin. 36, 132.

chernītīs, *ĭdis*, f., pierre précieuse inconnue : Plin. 37, 191.

chĕrŏgrăphum, *i*, n., Prud. Perist. 1, 61, C.▶ *chirographum*.

Cherrŏnē, *ēs*, f., ville de la Chersonèse Taurique : Mel. 2, 1.

Cherrŏnenses, *ium*, m. pl., habitants de la Chersonèse : Just. 9, 1, 7.

Cherrŏnēsus, *i*, f., Cic. Agr. 2, 50, **Chersŏnēsus**, *i*, f. (Χερρόνησος, Χερσό-), Cic. ad Brut. 1, 2, 1, la Chersonèse de Thrace Atlas VI, A3 ‖ **Chersŏnēsus**, *i*, f., Cic. Att. 6, 1, 19 ; **Cherrŏnēsus Taurica**, Plin. 19, 95, la Chersonèse Taurique Atlas I, C6 ‖ **Chersŏnessus**, *i*, f., promontoire en Argolide, près de Trézène Atlas XII, F1 : Mel. 2, 49.

Chersĭăcus pagus, m., canton de Belgique : Plin. 4, 106.

Chersĭdămās, *antis*, m., nom d'un Troyen : Ov. M. 13, 259.

chersīnae testudines, f. pl. (χερσινός), tortues de terre : Plin. 9, 38.

Chersīphrōn, *ōnis*, m., architecte qui bâtit le temple d'Éphèse : Plin. 7, 125.

Chersŏnēsus, V.▶ *Cherronesus*.

chersŏs, *i*, f. (χέρσος), tortue de terre : Mart. 14, 88.

chersydros (-us), *i*, m. (χέρσυδρος), espèce de serpent amphibie : Luc. 9, 711.

Chĕrub, m. sg. invariable (hébr.), Hier. Ezech. 9, 2, **Chĕrubim**, m. pl. invariable, Prud. Cath. 4, 4, **Chĕrŭbin**, Isid. 7, 5, 22, Chérubin [esprit céleste].

Chĕrusci, *ōrum*, m. pl., les Chérusques [peuple germain] : Caes. G. 6, 10, 5 ; Tac. G. 36.

Chēsippus, *i*, m., nom donné par Zénon au philosophe Chrysippe : Cic. Nat. 1, 93.

Chēsĭus, *ĭi*, m., fleuve de l'île de Samos : Plin. 5, 135.

cheuma, geuma [mss], *ătis*, n. (χεῦμα), flot : *Pl. Poen. 701.

chī, n. indécl., = X : Col. 3, 13, 12 ; Paul.-Nol. Carm. 19, 620.

Chīa, *ae*, f., autre nom de l'île de Chios : Plin. 5, 136.

chiasmus, *i*, m. (χιασμός), désignation en forme de X : Grom. 108, 2.

Childebertus, *i*, m. (fr. *Heudebert*) ¶ **1** Childebert Ier [fils de Clovis, 511-558] : Greg.-Tur. Hist. 3, 1 ¶ **2** Childebert II [roi d'Austrasie, fils de Brunehaut, 575-595] : Greg.-Tur. Hist. 9, 51.

Childericus, *i*, m., Childéric [roi franc, père de Clovis] : Greg.-Tur. Hist. 2, 9.

chīlĭarchēs, *ae*, m. (χιλιάρχης), chiliarque, officier qui commande mille hommes : Curt. 5, 2, 3 ; Cod. Th. 16, 10, 20.

chīlĭarchus, *i*, m. (χιλίαρχος), premier ministre chez les Perses : Nep. Con. 3, 2.

Chīlĭastae, *ārum*, m. pl., Millénaristes [secte qui croyait au règne du Christ pendant mille ans] : Aug. Civ. 20, 7.

chīlĭŏdўnămĭa, *ae*, f. (χιλιοδύναμις), C.▶ *polemonia, philetaeria* [plante] : Plin. 25, 64.

chīlĭŏphyllŏn, *i*, n. (χιλιόφυλλον), millefeuilles [plante] : Ps. Apul. Herb. 18.

Chilmanense oppidum, n., Chilma ou Cilma [ville de la Zeugitane] : Plin. 5, 29.

1 chĭlo, *ōnis*, m. (χείλων), qui a de grosses lèvres, lippu : P. Fest. 38, 4.

2 Chĭlo, Gell. 1, 3, 1, **Chīlōn**, *ōnis*, m., Plin. 7, 119, Chilon [l'un des Sept Sages de la Grèce].

chīlōsus, *a, um* (cf. *chilo*), lippu : Columb. Ep. 1, 5.

chīlōtĕr, V.▶ *ciloter*.

Chilpĕrĭcus, *i*, m., Chilpéric [roi des Francs] : Fort. Carm. 9, 4, 6.

Chĭmaera, *ae*, f. (Χίμαιρα) ¶ **1** monstre fabuleux : Lucr. 5, 902 ; *flammam volvens ore Chimaera* Tib. 3, 4, 86, la Chimère qui vomit des flammes ¶ **2** volcan de Lycie : Plin. 2, 236 ¶ **3** un des vaisseaux d'Énée : Virg. En. 5, 118.

Chĭmaerēus, *a, um*, de la Chimère : Culex 14.

Chĭmaerĭfĕr, *ĕra, ĕrum* (Chimaera, fero), qui a produit la Chimère : Ov. M. 6, 339.

Chimaronē, *ēs*, f., mont de Phthiotide : Plin. 4, 29.

Chimavense oppidum, n., ville de la province d'Afrique : Plin. 5, 29.

Chĭmēra, *ae*, f., ville d'Épire : Plin. 4, 4.

chīmĕrĭnus, *a, um* (χειμέρινος), d'hiver : CIL 1², 1, p. 281.

Chīmĕrĭŏn, *ĭi*, n., mont de Phthiotide : Plin. 4, 29.

Chindrum, *i*, n., fleuve d'Asie : Plin. 6, 48.

Chiōn, *ōnis*, m., Chion [artiste grec] : Vitr. 3 praef. 2.

Chĭŏnē, *ēs*, f., Chioné [fille de Dédalion] : Ov. M. 11, 300 ‖ nom de femme : Juv. 3, 136.

Chĭōnĭdēs, *ae*, m., fils de Chioné : Ov. Pont. 3, 3, 41.

Chĭŏs, Hor. Ep. 1, 11, 1 et **Chĭus**, *ĭi*, Cic. Verr. 5, 127, f. (Χίος), Chios [île de la mer Égée] Atlas I, D5 ; IX, C1 ; VI, B3.

chīragra, V.▶ *cheragra*.

chīragrĭcus, *a, um* (χειραγρικός), chiragre, qui a la goutte aux mains : Petr. 132, 14 ‖ *chiragricae manus* Sidon. Ep. 3, 13, 8, mains goutteuses.

chīrămaxĭum, *ĭi*, n. (χειραμάξιον), voiture à bras : Petr. 28, 4.

chīrĭdōta tŭnĭca, Scip. d. Gell. 6, 12, 5 et **chīrĭdōta**, *ae*, f. (χειριδωτός), Capit. Pert. 8, 2, tunique à longues manches.

chīrīnum oleum, n., huile de violette blanche : Cael.-Aur. Chr. 2, 1.

Chīro, V.▶ *Chiron*.

Chīrocmēta, *ōrum*, n. pl. (χειρόκμητα), les Travaux manuels [titre d'un ouvrage de Démocrite] : Plin. 24, 160.

chīrŏdŷta, *ae*, f., Gell. 6, 12, 1, **-dŷti**, *ōrum*, m. pl., Lucil. 71, manches, V.▶ *chiridota*.

chīrŏgrăphārĭus, *a, um*, manuscrit, chirographaire : *chirographarii creditores* Paul. Dig. 42, 5, 38, créanciers en vertu d'un acte sous seing privé.

chīrŏgrăphum, *i*, n., **-phus**, *i*, m., Quint. 6, 3, 100, **-phŏn**, *i*, n., Sidon. Carm. 46, 56 (χειρόγραφον) ¶ **1** écriture autographe : *quo me teste convincas ? an chirographo ?* Cic. Phil. 2, 8, quelle preuve aurais-tu contre moi ? mon écriture ? ¶ **2** ce qu'on écrit de sa propre main : Cic. Brut. 277 ; Fam. 2, 13, 3 ¶ **3** engagement signé, reçu, obligation, reconnaissance : *chirographi exhibitio* Gell. 14, 2, 7, l'exhibition du reçu, cf. Sen. Contr. 6, 1 ; Sen. Ben. 2, 23, 2.

Chīrŏgўlĭum, *ĭi*, n., île près de la Lycie : Plin. 5, 131.

Chīrōn, *ōnis*, m. (Χείρων), Virg. G. 3, 550, **Chīro**, *ōnis*, m., Andr. Tr. 35, le centaure Chiron ‖ le Sagittaire [constell.] : Luc. 9, 536 ‖ **-ĭcus**, *a, um*, de Chiron : Sidon. Ep. 2, 12, 3.

Chīrōnēum vulnus, n., *Lucil. 802 et **Chīrōnĭum ulcus**, n., Cels. 5, 28, 5, blessure, ulcère inguérissable.

chironia

chīrōnīa, *ae*, f., nom de plante : PLIN. 24, 125.

chīrŏnŏmĭa, *ae*, f. (χειρονομία), l'art du geste [rhét.] : QUINT. 1, 11, 17.

chīrŏnŏmōn, *untis*, m., JUV. 5, 121 et **-mŏs**, *i*, m., JUV. 6, 63 (χειρονομῶν, χειρονόμος), pantomime.

Chīrŭchus, *i*, m., nom d'un personnage de comédie : PL. *Trin.* 1021.

chīrurgĭa, *ae*, f. (χειρουργία), chirurgie : SCRIB. 200 ‖ [fig.] *chirurgiae taedet* CIC. *Att.* 4, 3, 3, je suis las des remèdes violents.

chīrurgĭcus, *a*, *um*, de chirurgie : *medicina chirurgica* HYG. *Fab.* 274, chirurgie.

chīrurgūmĕna, *ōrum*, n. (χειρουργούμενα), les livres de chirurgie : CAEL.-AUR. *Chron.* 2, 12, 146.

chīrurgus, *i*, m. (χειρουργός), chirurgien : CELS. 6, 7, 2.

Chisiotosagi, *ōrum*, m. pl., peuple de l'Inde : PLIN. 6, 64.

Chīum, *ii*, n., vin de Chios : HOR. *S.* 1, 10, 24.

1 Chīus, *a*, *um* (Χῖος), de Chios : *Chium vinum* PL. *Curc.* 79, vin de Chios ; *Chiam vitam gerere* PETR. 63, 3, vivre comme à Chios [dans les fêtes] ‖ **Chīi**, *ōrum*, m. pl., habitants de Chios : CIC. *Arch.* 19 ‖ **Chīum signum**, AVIEN. *Arat.* 1136, le Scorpion [constell.].

2 Chīus, V. *Chios*.

chlaena, *ae*, f. (χλαῖνα), manteau grec : LUCIL. 20, 7.

chlămýda, *ae*, f., APUL. *M.* 10, 30, C. *chlamys*.

chlămýdātus, *a*, *um* (*chlamys*), vêtu d'une chlamyde : CIC. *Rab. Post.* 27 ‖ **-ýdāti**, *ōrum*, m. pl., les gens en chlamyde : SEN. *Vit.* 2, 2.

Chlămýdĭa, *ae*, f., ancien nom de l'île de Délos : PLIN. 4, 66.

chlămýs, *ýdis*, f. (χλαμύς), chlamyde [manteau grec], manteau militaire : PL. *Mil.* 1423 ; CIC. *Rab. Post.* 27 ; VIRG. *En.* 4, 137.

Chlīdē, *ēs*, f., nom de femme : OV. *Am.* 2, 7, 23.

Chlŏdĭo, *ōnis*, m. (germ.), Clodion [roi des Francs] : *GREG.-TUR. *Hist.* 2, 9 ; V. *Cloio*.

Chlŏdŏbertus, *i*, m. (germ., fr. *Flobert*), Clodobert [fils de Chilpéric] : FORT. *Carm.* 9, 4, 3.

Chlŏdŏvēchus, *i*, m. (germ., fr. *Louis*, al. *Ludwig*), Clovis [roi des Francs] : FORT. *Carm.* 9, 4, 5.

Chlŏē, *ēs*, f., Chloé [nom de femme] : HOR. *O.* 1, 23, 1.

chlōrās, *ae*, f. (de χλωρός), surnom d'une émeraude d'Arabie : PLIN. 37, 73.

1 chlōreūs, *ĕi*, m. (χλωρεύς), oiseau inconnu : PLIN. 10, 203.

2 Chlōreūs, *ĕi* ou *ĕos*, m., Chlorée [prêtre de Cybèle] : VIRG. *En.* 11, 768.

chlōrĭon, *ōnis*, m. (χλωρίων), loriot [oiseau jaune] : PLIN. 10, 87.

Chlōrĭs, *ĭdis*, f. (Χλωρίς), déesse des fleurs : OV. *F.* 5, 195 ‖ mère de Nestor : HYG. *Fab.* 10 ‖ nom grec de femme : HOR. *O.* 2, 5, 18.

chlōrītis, *ĭdis*, f. (χλωρῖτις), chlorite [pierre précieuse de couleur verte] : PLIN. 37, 156.

Chlōrus, *i*, m. ¶ **1** fleuve de Cilicie : PLIN. 5, 91 ¶ **2** nom d'homme : CIC. *Verr.* 2, 23.

Chŏāni, *ōrum*, m. pl., peuple de l'Arabie Heureuse : PLIN. 6, 159.

Chŏara, *ae*, f. pl., région de la Parthie : PLIN. 6, 44.

Chŏaspēs, *is*, m. ¶ **1** fleuve de Médie Atlas I, D8 ; TIB. 4, 1, 140 ¶ **2** fleuve de l'Inde : CURT. 8, 10, 22.

chŏaspītēs, *ae*, m., ISID. 16, 7, 16, **chŏaspītis**, *ĭdis*, f., PLIN. 37, sorte de pierre précieuse de couleur verte.

Chŏātrae, *ārum*, m. pl., peuple voisin du Palus-Méotide : LUC. 3, 246.

Chŏātrās, *ae*, m., montagne de Médie : PLIN. 5, 98.

Chŏātrēs, *ae*, m., rivière de Parthie : AMM. 23, 6, 43.

choax, *cis*, m., C. *chus* : DIOSC. 1, 79.

Choba, *ae*, f., ville de la Maurétanie Césarienne [Ziama] : PEUT. 1, 5.

Chōbus, *i*, m., fleuve du Pont : PLIN. 6, 14.

Chodae, *ārum*, m. pl., peuple d'Arabie : PLIN. 6, 158.

choenĭca, *ae*, f., FEST. 45, 26, **choenix**, *ĭcis*, f. (χοῖνιξ, -ίκη), CARM. POND. 69, chénice, mesure attique pour les grains [1, 08 litre].

choerădes, *um*, f. pl. (χοιράδες), tumeurs scrofuleuses : THEOD.-PRISC. 1, 26.

Choerĭlus, *i*, m., poète grec, contemporain d'Alexandre : HOR. *P.* 357 ‖ **-līum** ou **-lēum metrum**, espèce de vers dactylique, inventé par Chérile : MAR. VICT. 6, 70, 18.

choerŏgryllus, *i*, m. (χοιρογρύλλος), porc-épic : VULG. *Lev.* 11, 5.

Choerogyliŏn, *ii*, n., île de la mer de Lycie : PLIN. 5, 131.

chŏĭcus, *a*, *um* (χοϊκός), de terre : TERT. *Val.* 24, 2.

chŏlăgōgus, *a*, *um* (χολαγωγός), qui fait écouler la bile : THEOD.-PRISC. *Log.* 77.

chŏlē, *ēs*, f. (χολή), bile : CASS. FEL. 24.

chŏlĕra, *ae*, f. (χολέρα), bile : LAMPR. *Alex.* 17, 2 ‖ maladie provenant de la bile : CELS. 2, 13, 1 ; 4, 18, 1 ‖ pl., **chŏlĕrae**, PLIN. 20, 150 et **chŏlĕra**, *um*, n. pl., M.-EMP. 40, 64.

chŏlĕrĭcus, *a*, *um*, bilieux, cholérique : PLIN. 24, 116.

chŏlĭambus, *i*, m. (χωλίαμβος), choliambe, scazon, trimètre iambique terminé par un spondée : DIOM. 504, 9.

chŏlĭcus, *a*, *um* (χολικός), relatif à la bile, au choléra : ORIB. *Syn.* 1, 17.

1 chōma, *ătis*, n. (χῶμα), digue : ULP. *Dig.* 47, 11, 10.

2 Chōma, *ătis*, n., ville de Lycie : PLIN. 5, 101.

chommŏdum, au lieu de *commodum* [aspiration vicieuse dont se moque Catulle] : CATUL. 84, 1.

chondrilla, *ae*, f. et **-illē**, *ēs*, f. (χονδρίλη) ou **chondrĭŏn**, *i*, n. (χονδρίον), chondrille [plante] : PLIN. 21, 89 ; 22, 91.

chondris, *is*, f., dictame bâtard [plante] : PLIN. 25, 92.

1 chōra, *ae*, f. (χώρα), district : CIL 5, 7870.

2 Chōra, *ae*, f., nom d'un district de la Basse-Égypte : PLIN. 6, 212.

chŏrăgĭărĭus, *ii*, m., CIL 5, 6795, C. *choragus*.

chŏrăgĭum, *ii*, n. (χορήγιον) ¶ **1** matériel scénique, décors : PL. *Cap.* 61 ; *procurator summi choragii* CIL 3, 348, metteur en scène du théâtre impérial ‖ [fig.] appareil somptueux : APUL. *M.* 2, 20 ¶ **2** ressort : VITR. 10, 8, 4.

chŏrăgus, *i*, m. (χοραγός), chorège, directeur de théâtre, régisseur : PL. *Trin.* 858 ‖ [fig.] celui qui préside à un repas, l'amphitryon : cf. SUET. *Aug.* 70, 1.

Chŏrasmĭi, CURT. 7, 4 et **Chŏrasmi**, *ōrum*, m. pl., AVIEN. *Or.* 923, peuple de la Sogdiane ‖ **-ĭus**, *a*, *um*, des Chorasmiens : PRISC. *Perieg.* 722.

chŏraulē, *ēs*, f., joueuse de flûte accompagnant les chœurs : CIL 6, 10122.

chŏraulēs, *ae*, m., MART. 5, 56, 9, **chŏraula**, *ae*, m., SUET. *Ner.* 54 (χοραύλης), joueur de flûte accompagnant les chœurs.

chŏraulĭcus, *a*, *um*, qui accompagne le chœur : DIOM. 492, 11.

chorda, *ae*, f. (χορδή ; fr. *corde*) ¶ **1** tripe : PETR. 66, 7 ¶ **2** [fig.] *a)* corde d'un instrument de musique : CIC. *de Or.* 3, 216 ; VARR. *L.* 10, 46 ; *impellere pollice chordas* TIB. 2, 5, 3, préluder sur la lyre *b)* corde, ficelle : PL. *Most.* 743.

chordăcista, *ae*, m. (*chorda*), joueur d'instrument à cordes : *CAPEL. 9, 924.

chordapsus, *i*, m. (χορδαψός), chordapse, colique violente : CAEL.-AUR. *Acut.* 3, 17, 144 ; CHIR. 206.

1 chordus (cordus), *a*, *um* (obscur ; cf. χόριον ?), né après terme : VARR. *R.* 2, 1, 29 ‖ tardif [en parl. des plantes] : CAT. *Agr.* 5, 8.

2 Chordus, V. *Cordus*.

chŏrēa, *ae*, f., VIRG. *En.* 9, 615, **chŏrēa**, *ae*, f., VIRG. *En.* 6, 644 (χορεία), danse en chœur ‖ [fig] mouvement circulaire des astres : MANIL. 1, 668.

chŏrĕpiscŏpus, *i*, m. (χωρεπίσκοπος), chorévêque, celui qui supplée l'évêque : COD. JUST. 1, 3, 42.

chŏrēus, *i*, m. (χορεῖος), chorée, trochée : Cic. *Or.* 212 ‖ **chŏrēus**, *i*, m., Cic. *Or.* 217, **chŏrīus**, *ĭi*, m., Diom. 479, 2, tribraque.

Chŏreusae insulae, f. pl., les Îles flottantes [en Lydie] : *Varr. R.* 3, 17, 4.

chŏrĭambĭcus, *a*, *um* (χοριαμβικός), qui concerne le choriambe : *choriambicus versus* Sidon. *Ep.* 9, 13, 2 v. 3, vers choriambique.

chŏrĭambus, *i*, m. (χορίαμβος), choriambe [pied composé d'un trochée et d'un iambe] : Diom. 505, 21 ‖ **chŏrĭambus**, *a*, *um*, Aus. *Epist.* 10 (399), 37, poème en vers choriambiques.

chŏrĭcus, *a*, *um* (χορικός), qui concerne les chœurs : *choricae tibiae* Diom. 492, 11, flûtes qui accompagnent les chœurs ; *choricum metrum* Serv. *Gram.* 4, 462, 1, sorte de mètre anapestique ‖ **chŏrĭci**, *ōrum*, m. pl., choristes : Firm. *Math.* 3, 12, 1.

chŏrĭus, ▶ *choreus*.

chōrŏbātēs, acc. *en*, abl. *e*, m. (χωροβάτης), instrument pour prendre le niveau de l'eau : Vitr. 8, 5, 1.

chŏrŏcĭthăristēs, *ae*, m. (χοροκιθαριστής), musicien qui accompagne le chœur avec la cithare : Suet. *Dom.* 4, 9.

chŏrŏcĭthăristrĭa, *ae*, f. (χοροκιθαρίστρια), joueuse de cithare : *Not. Tir.* 106, 83.

Choroebus, ▶ *Coroebus*.

chōrŏgrăphĭa, *ae*, f. (χωρογραφία), topographie : Vitr. 8, 2, 6 ‖ titre d'un ouvrage de Cicéron : Prisc. 2, 267, 5.

chōrŏgrăphus, *i*, m., topographe : Serv. *En.* 3, 104.

Choromandae, *ārum*, m. pl., peuple de l'Inde : Plin. 7, 24.

Chorranītae, *ārum*, m. pl., peuple d'Arabie : Plin. 6, 159.

chors, Varr. *Men.* 55, **cors**, *tis*, f. (fr. *cour*, an. *court*), Col. 2, 14, 8, cour de ferme, basse-cour, ▶ 1 *cohors*.

Chorsari, *ōrum*, m. pl., nom donné aux Perses par les Scythes : Plin. 6, 50.

chortĭnŏn ŏlĕum, n. (χόρτινος), huile aromatique : Plin. 15, 30.

chŏrus, *i*, m. (χορός) ¶ 1 danse en rond, en chœur : *chorus et cantus* Tib. 1, 7, 44, la danse et le chant ; *leves nympharum chori* Hor. *O.* 1, 1, 31, les danses légères des nymphes ; *choros agitare* Virg. *G.* 4, 533, se livrer à la danse ‖ mouvement harmonieux des astres : Tib. 2, 1, 88 ¶ 2 troupe qui danse en chantant, chœur : *saltatores, citharistas totumque comissationis Antonianae chorum* Cic. *Phil.* 5, 16, danseurs, joueurs de cithare et toute la troupe qui figure aux orgies d'Antoine ; *adit Idam properante pede chorus* Catul. 63, 30, la troupe dansante gravit prestement l'Ida ; *chorus Dryadum* Virg. *G.* 4, 460, le chœur des Dryades ‖ [en part.] le chœur dans la tragédie : Hor. *P.* 193 ¶ 3 troupe [en gén.], cortège, foule : *Catilina stipatus choro juventutis* Cic. *Mur.* 49, Catilina escorté d'une foule de jeunes gens ; *philosophorum chorus* Cic. *Fin.* 1, 26, le chœur des philosophes ; *scriptorum chorus* Hor. *Ep.* 2, 2, 77, la troupe des écrivains.

Chrĕmēs, *mētis* et *mis*, m., Chrémès [vieillard de comédie] : Ter. *And.* 472.

Chrestĭānus, ▶ *Christi*- : Tert. *Apol.* 3, 5.

Chrestilla, *ae*, f., nom de femme : Mart. 8, 43, 1.

chrestŏlŏgus, ▶ *christologus*.

chrestŏn, *i*, n. (χρηστόν), chicorée [plante] : Plin. 20, 74.

Chrestus (-os), *i*, m. (Χρηστός) ¶ 1 nom d'homme : Cic. *Fam.* 2, 8, 1 ¶ 2 le Christ : Suet. *Cl.* 25, 4 ; Lact. *Inst.* 4, 7, 5.

chrīa, *ae*, f. (χρεία), chrie [exposé, avec exemple, d'une pensée, d'un lieu commun] : Sen. *Ep.* 33, 7 ; Quint. 1, 9, 4.

chrisma, *ătis*, n. (χρίσμα ; fr. *chrême*), action d'oindre, onction : Tert. *Jud.* 13, 6.

chrīsmālis, *e* (*chrisma*), d'onction : Lib. Pontif. 1, p. 170.

chrīsmārĭum, *ĭi*, n. (*chrisma*), vase aux reliques : Greg.-Tur. *Martin.* 4, 32.

chrīsmō, *ās*, *āre*, *āvī*, *ātum*, tr., [chrét.] faire une onction [au cours du baptême ou de la confirmation, ou encore de la consécration d'une église] : Greg.-Tur. *Hist.* 2, 31.

christĭānē, adv., chrétiennement : Aug. *Ep.* 157, 39.

christĭānismus, *i*, m. (χριστιανισμός), christianisme : Tert. *Marc.* 4, 33, 8.

christĭānĭtās, *ātis*, f., la religion chrétienne : Cod. Th. 16, 7, 7 ‖ la chrétienté : Cod. Th. 16, 8, 19 ‖ le clergé : Cod. Th. 12, 1, 123.

christĭānīzō, *ās*, *āre*, -, -, intr. (χριστιανίζω), professer le christianisme : Tert. *Marc.* 1, 21, 4.

1 **christĭānus**, *a*, *um* (*Christus* et *-ianus* ; fr. *chrétien* et *crétin*, rus. *krestjanin*), chrétien : *christiana religio* Eutr. 10, 16, la religion chrétienne ; *christianior* Aug. *Faust.* 30, 3 ; *christianissimus* Hier. *Ep.* 57, 12.

2 **Christĭānus**, *i*, m., chrétien : *quos vulgus Christianos appellabat* Tac. *An.* 15, 44, ceux que le peuple appelait les Chrétiens, cf. Suet. *Ner.* 16, 2.

christĭcŏla, *ae*, m. (*Christus, colo*), adorateur du Christ, chrétien : Prud. *Cath.* 3, 56 ‖ **christĭcŏlus**, *a*, *um*, Fort. *Carm.* 2, 8, 12.

christĭfĕr, *ĕra*, *ĕrum* (*Christus, fero*), qui porte le Christ : Aug. *Serm.* 150, 2.

christĭgĕnus, *a*, *um* (*Christus, geno*), de la famille du Christ : Prud. *Ham.* 789.

christĭpŏtens, *entis* (*Christus, potens*), puissant par le Christ : Prud. *Sym.* 2, 709.

christŏlŏgus, *i*, m. (χρηστολόγος), beau parleur [surnom de Pertinax] : Capit. *Pert.* 13, 5.

1 **christus**, *a*, *um* (χριστός), oint, qui a reçu l'onction : Vulg. *2 Macc.* 1, 10 ; Aug. *Civ.* 17, 6.

2 **Christus**, *i*, m. (Χριστός), le Christ : Tac. *An.* 15, 44 ; Plin. *Ep.* 10, 96, 5.

Chrodechildis, *is*, f., Clothilde [épouse de Clovis] : Greg.-Tur. *Hist.* 2, 28.

chrōma, *ătis*, n. (χρῶμα) ¶ 1 teint hâlé : *chroma facere* Porph. Hor. *Ep.* 1, 20, 24, se brunir la peau ¶ 2 la gamme chromatique [musique] : Vitr. 5, 4, 3.

chrōmătĭārĭus, *ĭi*, m. (*chroma*), celui qui se hâle au soleil : Schol. Pers. 4, 18.

chrōmătĭcē, *ēs*, f., théorie de la gamme chromatique : Vitr. 5, 4, 4.

chrōmătĭcus, *a*, *um* (χρωματικός), chromatique : Vitr. 5, 5, 5.

1 **chrŏmis**, *is*, f. (χρόμις), poisson de mer inconnu : Plin. 9, 57 ; Ov. *Hal.* 121.

2 **Chrŏmis**, *is*, m., fils d'Hercule : Stat. *Th.* 6, 346 ‖ centaure : Ov. *M.* 2, 933 ‖ nom d'un berger : Virg. *B.* 6, 13.

Chrŏmĭus, *ĭi*, m., nom d'homme : *CIL* 4, 4292.

chrŏnĭcus, *a*, *um* (χρονικός) ¶ 1 relatif à la chronologie : *chronici libri* Gell. 17, 21, 1 ; **chrŏnĭca**, *ōrum*, n. pl., Plin. 35, 58, chroniques, ouvrages de chronologie ¶ 2 chronique [méd.] : *chronici morbi* Isid. 4, 7, malaises chroniques.

1 **chrŏnĭus**, *a*, *um* (χρόνιος), chronique [méd.] : Cael.-Aur. *Acut.* 2, 28, 148.

2 **Chrŏnĭus**, *ĭi*, m., fleuve de la Sarmatie [Pregel] : Amm. 22, 8, 38.

chrŏnŏgrăphĭa, *ae*, f. (χρονογραφία), chronique, récit par ordre chronologique : Hydat. *Chron.* 2, 13, 2.

chrŏnŏgrăphus, *i*, m. (χροαογράφος), chroniqueur : Sidon. *Ep.* 8, 6, 18.

chrotta (**cr-**), *ae*, f. (a. fr. *rote*), espèce de cithare : Fort. *Carm.* 7, 8, 64.

Chrȳsa, *ae*, f., Plin. 5, 122, **Chrȳsē**, *ēs*, f., Ov. *M.* 13, 174 ¶ 1 ville de Mysie ¶ 2 île près de la Crète : Plin. 4, 61 ¶ 3 île de l'embouchure de l'Indus : Mel. 3, 70.

chrȳsallĭŏn, *ĭi*, n. (χρυσάλλιον), persicaire [plante] : Plin. 25, 140.

chrȳsallis, *ĭdis*, f. (χρυσαλλίς), chrysalide : Plin. 11, 112.

Chrȳsălus, *i*, m. (de χρυσός), Chrysale [nom d'homme] : Pl. *Bac.* 704.

Chrȳsampĕlus, *i*, m., nom d'homme : *CIL* 2, 4151.

chrȳsanthĕmon, *i*, n. (χρυσάνθεμον), chrysanthème : Plin. 21, 168 ‖ ou **chrȳsanthĕs**, *is*, n. (χρυσανθές), Culex 403.

Chrȳsāŏr, *ŏris*, m. (Χρυσάωρ) ¶ 1 fils de Neptune et de Méduse : Hyg. *Fab. praef.* 41 ¶ 2 nom d'homme : *CIL* 6, 10977.

Chrȳsās, Cic. *Verr.* 4, 96, **Chrȳsa**, *ae*, m., Sil. 14, 229, rivière de Sicile Atlas XII, G4.

chrysatticum

chrȳsattĭcum (vīnum), *i*, n. (χρυσαττικόν), vin couleur d'or fait à Athènes : Cass. Fel. *41* ; Corip. *Just. 3, 100*.

Chrȳsē, v. *Chrysa*.

Chrȳsēi, *ōrum*, m. pl., peuple de l'Inde : Plin. *6, 73*.

Chrȳsēĭda, *ae*, f. (Χρυσηίς), Hyg. *Fab. 121* et **Chrȳsēis**, *ĭdis*, f., Ov. *Tr. 2, 373*, fille de Chrysès [Chryséis ou Astynomé].

chrȳsēlectrŏs, *i*, f. (χρυσήλεκτρος), sorte de pierre précieuse : Plin. *37, 127*, [pl.-ae].

chrȳsēlectrum, *i*, n., ambre jaune : Plin. *37, 51* ; Isid. *16, 15, 3*.

chrȳsendĕta, *ōrum*, n. pl., plats ornés de ciselures en or : Mart. *2, 43, 11* ; **chrȳsendĕtae lances**, f. pl., Mart. *14, 97, 1*.

chrȳsēos ou **chrȳsēus basiliscus**, m. (χρύσεος), basilic jaune [plante] : Ps. Apul. *Herb. 128*.

Chrȳsermus, *i*, m., écrivain grec : Plin. *1, 22*.

Chrȳsēs, *ae*, m., grand prêtre d'Apollon : Ov. *A. A. 2, 402* ‖ dat. -i, Hyg. *Fab. 106*.

chrȳsippēa, *ae*, f., l'herbe à Chrysippe [plante] : Plin. *26, 93*.

Chrȳsippus, *i*, m., Chrysippe : philosophe stoïcien : Cic. *Fin. 2, 43* ‖ affranchi de Cicéron : Cic. *Att. 7, 2, 8* ‖ **-ēus**, *a*, *um*, de Chrysippe [le philosophe] : Cic. *Ac. 4, 30*.

Chrȳsis, *ĭdis*, f., Chrysis [personnage de comédie] : Ter. *And. 58* ; Cic. *Tusc. 4, 67*.

chrȳsītēs, *ae*, m. (χρυσίτης), pierre précieuse : Plin. *36, 157*.

chrȳsītis, *ĭdis*, f. (χρυσῖτις), litharge d'or : Plin. *33, 106* ‖ linosyris [plante] : Plin. *21, 50* ‖ pierre précieuse à reflets d'or : Plin. *37, 179*.

chrȳsĭus, *a*, *um* (χρύσεος), d'or ; subst. pl. n., objets en or : Mart. *9, 94, 4*.

chrȳsŏaspĭdes, *um*, m. (χρυσοάσπιδες), soldats armés de boucliers ornés d'or : Lampr. *Alex. 50, 5*.

chrȳsŏbērullus, *i*, m., Plin. *37, 76* ou **-bēryllus**, *i*, m., Solin. *52, 65* (κρυσοβήρυλλος), béryl ou aigue-marine [pierre précieuse].

Chrȳsobora, n. pl., ville de l'Inde : Plin. *6, 69*.

chrȳsŏcălis, *is*, f., pariétaire [plante] : Ps. Apul. *Herb. 23*.

chrȳsŏcanthŏs, *i*, f., Ps. Apul. *Herb. 119*, **chrȳsŏcarpus**, *i*, f., Plin. *16, 147*, sorte de lierre à baies jaunes.

chrȳsŏcĕphălŏs, *i*, m. (χρυσοκέφαλος), basilic d'or [plante] : Ps. Apul. *Herb. 128*.

Chrȳsŏcĕras, *ătis*, m. (Χρυσοκέρας), promontoire sur lequel fut bâtie Byzance Atlas X : Plin. *4, 46*.

chrȳsŏchrūs, *ūn* (χρυσόχρους, ουν), de couleur d'or : Ambr. *Psalm. 118, s. 16, 42*.

chrȳsŏcoccus, *a*, *um* (χρυσόκοκκος), qui a des grains d'or : Ps. Apul. *Herb. 128*.

chrȳsŏcolla, *ae*, f. (χρυσόκολλα), chrysocolle [borax, servant à souder] : Vitr. *7, 5, 8* ‖ sorte de pierre précieuse : Plin. *37, 147*.

chrȳsŏcŏmē, *ēs*, f. (χρυσοκόμη), linosyris [plante] : Plin. *21, 50*.

chrȳsŏcŏmēs, *ae*, m. (χρυσοκόμης), aux cheveux d'or [épithète d'Apollon] : Macr. *Sat. 1, 17, 47*.

Chrȳsŏgŏnus, *i*, m., nom d'homme : Cic. *Amer. 124* ; Juv. *6, 74*.

chrȳsŏgrăphātus, *a*, *um* (χρυσογράφης), orné d'or : Treb. *Claud. 14, 5*.

chrȳsŏlăchănum, *i*, n. (χρυσολάχανον), espèce de laitue sauvage : Plin. *27, 66*.

chrȳsŏlāgō, *ĭnis*, f., arroche [plante] : Plin. Val. *2, 59*.

chrysolampis, *ĭdis*, f. (χρυσόλαμπις), sorte de topaze [pierre précieuse] : Plin. *37, 156*.

Chrȳsŏlāus, *i*, Curt. *4, 8, 11*, m., tyran de Méthymne.

chrȳsŏlĭthŏs, *i*, m., Prop. *2, 16, 44*, **chrȳsŏlĭthus**, *i*, f., Plin. *37, 101* (χρυσόλιθος), chrysolithe ou topaze [pierre précieuse] ‖ **-lĭthus vĭtrĕus**, Plin. *37, 126*, hyacinthe [pierre précieuse].

chrȳsŏlĭthus, *a*, *um*, de chrysolithe : Fort. *Carm. 3, 20, 3*.

chrȳsŏmallus, *i*, m. (χρυσόμαλλος), le bélier à la toison d'or : Hyg. *Fab. 188*.

chrȳsŏmēlĭnum mālum, n., Col. *5, 10, 19*, **chrȳsŏmēlum**, *i*, n. (χρυσόμηλον), Plin. *15, 37*, pomme d'or [probablement le coing].

chrȳsŏphrys, *yos*, f. (χρύσοφρυς), daurade [poisson] : Plin. *32, 152*.

chrȳsŏpis, *ĭdis*, f. (χρυσῶπις), chrysope, espèce de topaze : Plin. *37, 156*.

Chrȳsŏpŏlis, *is*, f., promontoire et ville de Bithynie : Plin. *5, 150* ‖ ville d'Arabie : Pl. *Pers. 506*.

chrysoprăsis, *is*, m., Fort. *Mart. 3, 468*, **chrȳsŏprăsus (-sos)**, *i*, f. (χρυσόπρασος), chrysoprase [pierre précieuse] : Plin. *37, 77* ; *113*.

chrȳsoptĕrŏs, *i*, m. (χρυσόπτερος), sorte de jaspe : Plin. *37, 109*.

Chrȳsorrhŏās, *ae*, m., le Pactole [fleuve d'Asie] : Plin. *5, 110* ‖ autres fleuves : Plin. *5, 74* ; *6, 14* ; *5, 148*.

chrȳsŏs, *i*, m. (χρυσός), or : Pl. *Bac. 240*.

chrȳsŏs mĕlas, m., lierre noir [plante] : Ps. Apul. *Herb. 98*.

chrȳsŏthălĕs, *is*, n. (χρυσοθαλές), sorte de joubarbe [plante] : Plin. *25, 160*.

Chrȳsŏthĕmis, *ĭdis*, f., nom de femme : Hyg. *Fab. 170*.

chrȳsŏvellus, *a*, *um* (χρυσός, *vellus*), à la toison d'or : Schol. Germ. *Arat. 223*.

Chrȳsus, *i*, m., fleuve d'Hispanie : Avien. *Or. 419*.

Chryxus, v. *Crixus*.

Chthŏnĭus, *ii*, m., nom d'un Centaure : Ov. *M. 12, 441* ‖ nom d'un guerrier : Stat. *Th. 2, 538*.

Chullu, indécl., ville de Numidie [Collo] Atlas I, D3 ; VIII, A2 : CIL *8, 6710* ‖ **-tānus**, *a*, *um*, de Chullu : CIL *8, 6, 202*.

Chūni, *ōrum*, m. pl., les Huns : Aus. *Epigr. 1 (1), 8*.

chūs, m. (χοῦς), chus, mesure pour les liquides = un conge : Carm. Pond. *70*.

chȳdaeus, *a*, *um* (χυδαῖος), commun, vulgaire : Plin. *13, 46*.

chȳlisma, *ătis*, n. (χύλισμα), suc tiré d'une plante : Scrib. *23*.

chȳlŏs, *i*, m. (χυλός), suc de plantes : Pelag. *85*.

chȳmĭātus, *a*, *um*, qui est à l'état liquide : Plin. Val. *2, 18*.

Chyrētĭae, *ārum*, f. pl., v. *Cyretiae*.

Chytri, *ōrum*, m. pl., ville de l'île de Chypre Atlas IX, D3 : Plin. *5, 130*.

Chytrŏphŏrĭa, n. pl., îles de la mer Ionienne : Plin. *5, 117*.

chytrŏpūs, *ŏdis*, m. (χυτρόπους), pot de terre à pieds : Vulg. *Lev. 11, 35*.

Chȳtrŏs, *i*, f., ville de l'île de Chypre : Ov. *M. 10, 718*.

Cīa, *ae*, f., v. *Cea* : Liv. *31, 15, 8*.

Cīāni, *ōrum*, m. pl., habitants de Ciéos : Liv. *31, 31, 4*.

Cībălae, *ārum*, f. pl., ville de la Pannonie : Amm. *30, 7, 2* ‖ **-lenses**, *ĭum*, m. pl., les habitants de Cibalae : Jord. *Rom. 307*.

cĭbālis, *e* (*cibus*), relatif à la nourriture : *cibalis fistula* Lact. *Opif. 11, 5*, œsophage.

Cibarci, *ōrum*, m. pl., peuple de la Tarraconaise : Plin. *4, 111*.

cĭbārĭa, *ōrum*, n. pl. (*cibus*) ; it. *civaia*), aliments, nourriture, vivres : Cat. *Agr. 56* ; *60* ‖ vivres du soldat, ration : *dimidiati mensis cibaria* Cic. *Tusc. 2, 16*, ration de la quinzaine, cf. Caes. *G. 1, 5, 3* ; *duplicia cibaria* Varr. *L. 5, 16*, double ration ‖ indemnité de vivres allouée aux magistrats provinciaux : Cic. *Verr. 3, 72*.

cĭbārĭum, *ii*, n. (*cibus*) ¶ 1 nourriture : *cibarium, vestiarium* Sen. *Ben. 3, 21, 2*, la nourriture et le vêtement, cf. Scaev. d. Dig. *34, 1, 15* ¶ 2 farine grossière : Plin. *18, 87*.

cĭbārĭus, *a*, *um* (*cibus* ; fr. *civière*) ¶ 1 qui concerne la nourriture : *summa res cibaria* Pl. *Cap. 901*, la direction du ravitaillement ; *cibaria uva* Plin. *14, 37*, raisin de table ¶ 2 commun, grossier [en parl. des aliments] : *panis cibarius* Cic. *Tusc. 5, 97*, pain grossier ; *vinum cibarium* Varr. *Men. 319*, piquette ‖ [fig.] de la basse classe : Varr. d. Non. *2, 188*.

cĭbātĭo, *ōnis*, f., Solin. *27, 13*, et plutôt **cĭbātŭs**, *ūs*, m., nourriture [de l'homme ou des animaux] : Pl. *Mil. 224* ; Varr. *R. 1, 63* ; *sues sustentare largiore cibatu* Varr. *R. 2, 4*, nourrir les porcs plus abondamment.

cibdēlus, *a, um* (κίβδηλος), malsain : Vitr. 8, 3, 6.

cĭbĭcīda, *ae*, m. (*cibus, caedo*), le tombeau (le tueur) des mets : Lucil. 718.

Cibilītāni, *ōrum*, m. pl., peuplade de Lusitanie : Plin. 4, 118.

cĭbō, *ās, āre, āvī, ātum* (*cibus* ; esp. *cebar*), tr., nourrir : *genera quae intra saepta villae cibantur* Col. 8, 10, 6, les espèces qu'on élève dans l'enceinte de la ferme ; *draconem cibare* Suet. Tib. 72, 2, donner à manger à un serpent.

cĭbor, *āris, āri*, - (pass. réfl. de *cibo*), intr., se nourrir : *scrupulose cibari* Apul. Apol. 26, 8, faire attention à ce qu'on mange.

cĭbōrĭa, *ae*, f., nénuphar rose : Ps. Apul. Herb. 67.

cĭbōrĭum, *ii*, n. (κιβώριον), nénuphar rose : Diosc. 2, 89 ‖ coupe ayant la forme du fruit du nénuphar égyptien : *ciboria exple* Hor. O. 2, 7, 22, emplis jusqu'au bord les coupes.

Cĭbōtŏs, *i*, f., ancien nom d'Apamée de Phrygie : Plin. 5, 105.

Cibotus, *i*, m., montagne de Carie (?) : *Plin. 2, 205.

cĭbulla, *ae*, f. (⬅ *cepula*), ciboule : Gloss. 3, 610, 32.

cĭbus, *i*, m. (cf. κίβισις ? ; esp. *cebo*) ¶ 1 nourriture, aliment [de l'homme, des animaux ou des plantes], mets, repas : *cibus gravis* Cic. Nat. 2, 24, aliment indigeste ; *cibus facillimus ad concoquendum* Cic. Tusc. 2, 64, aliment très facile à digérer ; *plurimi cibi esse* Suet. Galb. 22, être gros mangeur, cf. Cic. Fam. 9, 26, 4 ; *maximi cibi esse* Varr. R. 2, 11, être très nourrissant ; *abstinere se cibo* Nep. Att. 22, s'abstenir de manger ; *cibus arborum imber* Plin. 17, 12, la pluie est la nourriture des arbres ‖ [fig.] aliment, nourriture : *omnia pro cibo furoris accipit* Ov. M. 6, 480, tout sert d'aliment à sa fureur ‖ pl. *cibi*, aliments : Cic. Nat. 2, 146 ¶ 2 suc des aliments, sève : Cic. Nat. 2, 137 ; *cibus per ramos diffunditur* Lucr. 1, 352, la sève se diffuse dans les rameaux ¶ 3 appât : *cum hamos abdidit ante cibus* Tib. 2, 6, 24, quand l'appât a caché l'hameçon.

? cĭbŭs, *ūs*, m. arch., Prisc. 2, 258, 23, ⬅ 1 *cibus* : [tard.] Bened. Reg. 39 tit. [cf. ⬅ *potus*].

Cĭbyra, *ae*, f., Cibyre [ville de Cilicie et de Pamphylie] Atlas IX, C2 ; VI, C4 : Cic. Verr. 4, 30 ; Plin. 5, 92 ‖ **-āta**, *ae*, m. et f., de Cibyre [Cilicie] : *Cibyratae fratres* Cic. Verr. 4, 30, frères de Cibyre ; *Cibyratae pantherae* Cic. Att. 5, 21, 5, panthères de Cibyre ‖ **-ātae**, *ārum*, m. pl., habitants de Cibyre : Liv. 45, 25, 13 ‖ **-āticus**, *a, um*, de Cibyre : Cic. Att. 5, 21 ; Hor. Ep. 1, 6, 33.

cĭcāda, *ae*, f. (onomat. ; it. *cicala*), cigale : Virg. B. 2, 13 ‖ bijou que portaient les anciens Athéniens : Ciris 128.

cĭcăro, *ōnis*, m. (cf. *carus* ?), enfant chéri, chouchou : Petr. 46, 3.

cĭcātrīcātus, *a, um*, part. de *cicatrico*.

cĭcātrīcō, *ās, āre, āvī, ātum* (*cicatrix*), tr., cicatriser : Cael.-Aur. Chron. 4, 8, 118 ‖ [fig.] *ut vulnera conscientiae cicatricentur* Sidon. Ep. 6, 7, 1, pour que se cicatrisent les plaies de la conscience.

cĭcātrīcōsus, *a, um* (*cicatrix*), couvert de cicatrices : Pl. Amp. 446 ; Quint. 4, 1, 61 ; Sen. Ir. 2, 35, 5 ; [fig.] Quint. 10, 4, 3.

cĭcātrĭcŭla, *ae*, f. (dim. de *cicatrix*), petite cicatrice : Cels. 2, 10.

cĭcātrix, *īcis*, f. (pas net) ¶ 1 cicatrice, marque que laisse une plaie : *luculentam plagam accepit, ut declarat cicatrix* Cic. Phil. 7, 17, il a reçu un fameux coup, la cicatrice en fait foi ; *cicatrices adversae* Cic. de Or. 2, 124, cicatrices de blessures reçues de face ; *vulnus venit ad cicatricem* Sen. Ep. 2, 2, la blessure se cicatrise ; *cicatricem ducere* Liv. 29, 32, 12 ; Ov. Pont. 1, 3, 15 (*inducere* Cels. 3, 21 ; *obducere* Curt. 4, 6, 24 ; *glutinare* Plin. 33, 105) cicatriser [une plaie] ; *cicatricem trahere* Plin. 30, 113, se cicatriser ; *emplastrum cicatricem ducit ulceris* Scrib. 214, l'emplâtre cicatrise la plaie ‖ [fig.] *refricare obductam reipublicae cicatricem* Cic. Agr. 3, 4, rouvrir la plaie cicatrisée de l'État ¶ 2 écorchure faite à un arbre : *cicatrix in hac arbore non coit* Plin. 17, 235, la blessure faite à cet arbre ne se ferme pas ¶ 3 égratignure, crevasse : *cicatrices operis* Plin. 34, 63, les parties mutilées d'une statue ¶ 4 reprise [à un soulier] : Juv. 3, 151.

ciccum, *i*, n. (obscur), membrane qui sépare les grains de la grenade : Varr. L. 7, 91 ; P. Fest. 37, 12 ‖ [fig.] peu de chose : *ciccum non interduim* Pl. Ru. 580, je n'en donnerais pas un zeste.

cĭcendŭla, *ae*, f. (cf. *cicindela*), petite lampe de verre : Serv. En. 1, 727.

cĭcĕr, *ĕris*, n. (obscur ; it. *cece*), pois chiche : Cat. Agr. 37, 1 ; Pl. Bac. 767 ; *fricti ciceris emptor* Hor. P. 249, acheteur de pois chiches grillés [l'homme du peuple]. ▸ pl. inusité.

cĭcĕra, *ae*, f. (*cicer*), gesse [légume] : Col. 2, 10, 24.

cĭcercŭla, *ae*, f. (dim. de *cicer* ; it. *cicerchia*), petite gesse : Col. 2, 10, 19.

1 cĭcercŭlum, *i*, n. (dim. de *cicer*), M.-Emp. 16, 27, ⬅ *cicercula*.

2 cĭcercŭlum, *i*, n., terre rouge d'Afrique en usage dans la peinture : Plin. 35, 32.

Cĭcĕrēius, *i*, m., nom d'homme : Liv. 42, 7.

Cĭcĕrō, *ōnis*, m. (*cicer*), M. Tullius Cicéron, l'orateur : Quint. 10, 1, 105 ‖ Quintus Cicéron, son frère : Cic. Q. 1, 1 ‖ Marcus, son fils : Cic. Att. 16, 3, 2 ‖ Quintus, son neveu : Cic. Att. 16, 1, 6 ‖ [fig.] **Cĭcĕrōnes**, Sen. Clem. 1, 10, des Cicérons.

Cĭcĕrōmastix, *īgis*, m. (cf. *Homeromastix*), le Fouet de Cicéron [pamphlet de Largius Licinius] : Gell. 17, 1, 1.

Cĭcĕrōnĭānus, *a, um*, de Cicéron, cicéronien : Sen. Contr. 7, 2, 12 ‖ **-nus**, *i*, m., partisan de Cicéron : Hier. Ep. 22, 30.

cĭchŏrēum (-īum), *i*, n. (κιχόρειον), Hor. O. 1, 31, 16 ; Plin. 20, 74, **cĭchŏrēa (cĭchŏrēa)**, *ae*, f., Plin. Val. 5, 25, chicorée.

cĭci, n. (κίκι), indécl., ricinier [arbre] : Plin. 15, 25.

cĭcĭlendrum, cĭcĭmandrum, *i*, n. (cf. *cici* ?), sorte d'épice : *Pl. Ps. 831 ; 835.

Cicimēni, *ōrum*, m. pl., peuple voisin du Palus-Méotide : Plin. 6, 19.

cĭcindēla, *ae*, f. (redoubl. *candeo*), ver luisant : Plin. 18, 250 ‖ veilleuse : Eger. 25, 8 ‖ ⬅ *cicendula* : Isid. 20, 10, 2 ; *cicindelus*, *i*, m. : Reg. Mag. 29, 5.

cĭcĭnum oleum, n., huile de ricin : Plin. 23, 83.

Cĭcirrus, *i*, m. (onomat.), [le Coq] surnom d'homme : Hor. S. 1, 5, 52.

cīcis, *ĭdos*, f. (⬅ *cecis*), noix de galle : Gloss. 3, 622, 64.

Cĭcŏnes, *um*, m. pl., peuple de Thrace : Virg. G. 4, 520.

cĭcōnĭa, *ae*, f. (onomat. ; it. *cicogna*) ¶ 1 cigogne : Hor. S. 2, 2, 49 ‖ [geste de moquerie] *si respexeris, ciconiarum deprehendes post te colla curvari* Hier. Ep. 125, 18, en te retournant tu verras qu'on imite derrière toi le cou des cigognes, cf. Pers. 1, 58 ¶ 2 espèce d'équerre : Col. 3, 13, 11 ¶ 3 appareil à puiser l'eau [fait d'une longue perche montée sur pivot] : Isid. 20, 15, 3 ; v. *conea*.

cĭcōnīnus, *a, um* (*ciconia*), de cigogne : *adventus ciconinus* Sidon. Ep. 2, 14, 2, l'arrivée des cigognes.

cĭcūma, *ae*, f. (onomat. ; cf. κικυμίς), chouette : P. Fest. 35, 3.

cĭcŭr, *ŭris* (obscur), adj., apprivoisé, privé, domestique : *cicurum vel ferarum bestiarum (genera)* Cic. Nat. 2, 99, (les espèces) d'animaux domestiques ou sauvages (*Lae. 81*) ‖ [fig.] *consilium cicur* Pacuv. Tr. 387, sage conseil, cf. P. Fest. 95, 24.

Cĭcŭrīni, *ōrum*, m. pl., surnom dans la famille des Veturius : Varr. L. 7, 91.

cĭcŭrō, *ās, āre*, -, -, tr. (*cicur*), apprivoiser : Nigid. d. Prisc. 2, 386, 1 ‖ adoucir : Pacuv. Tr. 389, cf. Varr. L. 7, 91.

cīcus, *ciccum*.

1 cĭcūta, *ae*, f. (express.), ciguë : Cat. Agr. 37, 2 ; Plin. 25, 151 ‖ chalumeau, flûte en tuyaux de ciguë : Lucr. 5, 1383 ; Virg. B. 5, 85 ‖ tuyau de paille : Lact. Opif. 8, 14.

2 Cĭcūta, *ae*, m., surnom d'homme : Hor. S. 2, 3, 69.

cĭcūtĭcĕn, *ĭnis*, m. (*cicuta, cano*), joueur de chalumeau : Sidon. Carm. 1, 15.

Cicynēthus (-ŏs), *i*, f., île près de la Thessalie : Mel. 2, 106 ; Plin. 4, 72.

Cidamus

Cĭdamus, *i*, f., ville de la Tripolitaine [Ghadamès] Atlas I, F3 : Plin. 5, 35.

cĭdăr, *ăris*, Fort. *Carm.* 2, 9, 33, n., **cĭdăris**, *is*, Curt. 3, 3, 19, f., diadème des rois de Perse ‖ tiare du grand-prêtre [chez les Hébreux] : Hier. *Ep.* 64, 3.

Cidenās, *ae*, m., nom d'un astrologue : Plin. 2, 39.

cĭĕō, *ēs*, *ēre*, *cīvī*, *cĭtum* (cf. κίω, κινέω, scr. *śyavate*), tr. ¶ **1** mettre en mouvement : *naturae ista sunt omnia cientis et agitantis motibus et mutationibus suis* Cic. *Nat.* 3, 27, tout cela est un effet de la nature qui en se mouvant et se modifiant elle-même communique à toutes choses le branle et l'agitation ; *quod est animal, id motu cietur interiore et suo* Cic. *Tusc.* 1, 54, ce qui est animé se meut par une action intérieure qui lui est propre ; *ignis vento citus* Tac. *An.* 15, 38, flamme poussée par le vent ; [fig.] *ingentem molem irarum ex alto animo* Liv. 9, 7, 3, soulever du fond de l'âme une masse formidable de colères ‖ [au jeu d'échecs] *calcem ciere* Pl. *Poen.* 908, pousser un pion ‖ *herctum ciere* Cic. *de Or.* 1, 237, partager un héritage ‖ *hercto non cito, id est patrimonio vel hereditate non divisa* Serv. *En.* 8, 642, le partage n'étant pas effectué [le patrimoine ou la succession restant dans l'indivision] ; ▶ *herctum* ‖ pousser, faire aller, faire venir, appeler [au combat, aux armes] : *aere ciere viros* Virg. *En.* 6, 165, pousser au combat (animer les guerriers) aux accents de l'airain ; *ad arma ceteros ciens* Liv. 5, 47, 4, appelant les autres aux armes ; *illi, quos cum maxime Vitellius in nos ciet* Tac. *H.* 1, 84, ceux-là même qu'en ce moment Vitellius pousse contre nous ‖ faire venir, appeler [au secours] : *Allecto dirarum ab sede dearum ciet* Virg. *En.* 7, 325, elle fait venir Allecto du séjour des Furies ; *non homines tantum, sed foedera et deos ciebamus* Liv. 22, 14, 7, nous invoquions non seulement les hommes, mais les traités et les dieux ; *locum pugnae testem virtutis ciens* Tac. *H.* 5, 17, invoquant le champ de bataille comme témoin de leur valeur ‖ remuer, ébranler, agiter : *tonitru caelum omne ciebo* Virg. *En.* 4, 122, j'ébranlerai tout le ciel du bruit de la foudre ; *imo Nereus ciet aequora fundo* Virg. *En.* 2, 419, Nérée bouleverse les mers dans leurs profondeurs ‖ [milit.] maintenir en mouvement, animer : *principes utrimque pugnam ciebant* Liv. 1, 21, 2, de part et d'autre les chefs animaient le combat (cf. 2, 47, 1 ; 3, 18, 8) ¶ **2** donner le branle à, provoquer, produire, exciter : *motus ciere* Cic. *Nat.* 2, 81, exciter (provoquer) des mouvements ; *lacrimas ciebat* Virg. *En.* 6, 468, il cherchait à tirer des larmes ; *fletus* Virg. *En.* 3, 344, pousser des gémissements, cf. *G.* 3, 517 ‖ *bella cient* Virg. *En.* 1, 541, ils provoquent la guerre ; *hoste ab Oceano bellum ciente* Liv. 5, 37, 2, un ennemi venant des bords de l'Océan déchaîner la guerre ; *seditiones* Liv. 4, 52, 2, chercher à provoquer des séditions ; *quid vanos tumultus ciemus* Liv. 41, 24, 17, pourquoi provoquons-nous de vaines alarmes ? ‖ [méd.] *alvum* Plin. 20, 96 ; *urinam* Plin. 27, 48 ; *menses* Plin. 26, 151, faire aller à la selle, provoquer les urines, les règles ¶ **3** faire sortir des sons, émettre des sons : *tinnitus cie* Virg. *G.* 4, 64, fais retentir les sons de l'airain ; *voces* Lucr. 5, 1060, émettre des sons, pousser des cris ; *mugitus* Virg. *En.* 12, 104, pousser des mugissements ‖ appeler, nommer : *alternis nomen utrumque ciet* Ov. *F.* 4, 484, elle prononce alternativement les deux noms ; *singulos nomine ciens* Tac. *An.* 2, 81, les appelant chacun par leur nom ; *triumphum nomine cient* (= io triumphe ! exclamant) Liv. 45, 38, 12, ils font retentir le cri "triumphe !" ‖ [droit] *patrem ciere* Liv. 10, 8, 10, désigner son père [= prouver qu'on est de naissance légitime] ; *consulem patrem ciere possum* Liv. 10, 8, 10, je peux désigner pour mon père un consul.

▶ la forme *cio*, *cire*, qui se trouve en compos. (*accio*, *concio*, etc.), est rare : Mart. 4, 90, 4 ; Col. 6, 5, 1 ; Lucr. 1, 212 ; 5, 211.

Cĭĕrĭum, *i*, n., Liv. 36, 10, 2, **Cĭĕros**, Catul. 64, 35, ville de Thessalie [Mataranga].

cignus, *i*, m. (?), cigne [mesure pour les liquides, 8 scrupules] : Grom. 374, 26.

Cilbĭāni, *ōrum*, m. pl., peuple de Lydie : Plin. 5, 120 ‖ **-bĭānus**, *a*, *um*, des Cilbiani : Vitr. 7, 8, 1.

Cilbĭcēni, *ōrum*, m. pl., peuple de Lusitanie : Avien. *Or.* 255.

Cilbus, *i*, m., fleuve de Lusitanie : Avien. *Or.* 320.

Cilēni (-Cel), *ōrum*, m. pl., peuple de la Galice : Plin. 4, 111 ‖ **Celeniae Aquae**, f. pl., eaux thermales qui se trouvaient dans ce pays : Anton. 430.

cīleo, **cīlo**, ▶ *cillo*.

cĭlĭātus, *a*, *um* (*cilium*), qui a de beaux sourcils : Gloss. 2, 318, 48.

cĭlībantum, *i*, n. (κιλλίβας), guéridon : Varr. *L.* 5, 121.

Cĭlĭces, ▶ *2 Cilix*.

Cĭlĭcĭa, *ae*, f., Cilicie [région de l'Asie Mineure] Atlas I, D6 ; IX, C3 : Cic. *Fam.* 15, 1, 2.

1 cĭlĭcĭārĭus, *a*, *um*, relatif aux tissus en poil de chèvre : Diocl. 16, 10.

2 cĭlĭcĭārĭus, *ii*, m. (*cilicium*), marchand d'étoffes en poil de chèvre : CIL 6, 31898.

Cĭlĭcĭensis, *e*, de Cilicie : Cic. *Fam.* 13, 67, 1.

cĭlĭcīnus, *a*, *um* (*cilicium*), en poil de chèvre : Hier. *Vit. Hil.* 44.

cĭlĭcĭŏlum, *i*, n. (dim. de *cilicium*), petite natte en poil de chèvre : Hier. *Ep.* 108, 15 ‖ petit cilice : Hier. *Ep.* 71, 7.

cĭlĭcĭum, *ii*, n. (*Cilicius*), pièce d'étoffe en poil de chèvre [de Cilicie] : Cic. *Verr.* 1, 95 ‖ tenture pour protéger contre les flèches : Veg. *Mil.* 4, 6 ‖ habit de poil de chèvre, cilice : Vulg. *Gen.* 37, 34.

Cĭlĭcĭum mare, n., mer de Cilicie [partie de la Méditerranée] : Plin. 5, 96.

Cĭlĭcĭus, *a*, *um*, de Cilicie : Plin. 5, 92.

Cĭlĭcus, *i*, m., surnom de Servilius Isauricus, vainqueur des Ciliciens : Jord. *Rom.* 228.

cĭlĭo, *ōnis*, m., [tard.] ▶ *caelum*, burin : Isid. 20, 4, 7.

Cĭlissa, *ae*, f. (Κίλισσα, *2 Cilix*), de Cilicie : Prop. 4, 6, 74.

1 cĭlĭum, *ii*, n. (cf. *succilus celo*, al. *Hülle* ; it. *ciglio*), paupière : Plin. 11, 227 ‖ cil : Sidon. *Ep.* 1, 2, 2

2 cĭlĭum, *ii*, n., ▶ *cilio* : Isid. 19, 7, 4.

3 Cĭlĭum (Cill-), *ii*, n., ville d'Afrique [Kasserine] : Anton. 54 ‖ **-ītānus**, *a*, *um*, de Cilium : CIL 8, 210.

1 Cĭlix, *ĭcis*, m. (Κίλιξ), fils d'Agénor, donna son nom à la Cilicie : Hyg. *Fab.* 178 ‖ nom d'homme : Cic. *Fam.* 3, 1, 2.

2 Cĭlix, *ĭcis*, adj. m., de Cilicie, Cilicien : Lucr. 2, 416 ‖ **Cĭlĭces**, *um*, m. pl., Ciliciens, habitants de la Cilicie : Caes. *C.* 3, 101.

Cilla, *ae*, f., ville de la Troade : Ov. *M.* 13, 174.

cillĕō, *ēs*, *ēre*, -, - ou **cillō**, *ĭs*, *ĕre*, -, - (*cio*), mouvoir : Serv. *G.* 2, 389 ; Isid. 20, 14, 11 ; Gloss. 5, 617, 15.

1 Cillĭba, *ae*, f., ville d'Afrique : Plin. 5, 35.

2 cillĭba, *ae*, f. (κιλλίβας), table à manger : Varr. *L.* 5, 118.

cillo, ▶ *2 cilo et cilleo*.

Cilnĭāna, *ae*, f., ville de la Bétique : Anton. 406.

Cilnĭus, *ii*, m., nom d'une famille noble d'Étrurie d'où descendait Mécène : Liv. 10, 3.

1 Cĭlo, *ōnis*, m., surnom romain : Tac. *An.* 12, 21.

2 cīlo, *ōnis*, m. (étr., ou cf. *cilio*), celui dont la tête est longue et étroite : P. Fest. 38, 5 ; Char. 102, 1 ‖ **cillo**, Gloss. 2, 100, 40.

cīlōtēr, *tri*, m. (χιλωτήρ ; v. *1 chilo*), musette d'avoine pour chevaux : Gloss. 2, 573, 11.

cīlōtrum, *i*, n. (*ciloter*), bourse, sac : Nov. *Com.* 35 ; VL. *Luc.* 22, 36.

cĭluncŭlus, *i*, m., dim. de *2 cilo* : Arn. 3, 14.

Cilurnum, *i*, n., ville de Bretagne [Chesters] : Not. Dign. *Oc.* 40, 38.

1 Cimbĕr, *bri*, m. ¶ **1** Tillius Cimber [un des meurtriers de César] : Cic. *Phil.* 2, 27 ¶ **2** un Cimbre : Quint. 8, 3, 29 ; ▶ *Cimbri*.

2 Cimber, adj. m., cimbre : Ov. *Pont.* 4, 3, 45.

Cimbĭi, *ōrum*, m. pl., ville de la Bétique : Liv. 28, 37.

Cimbri, *ōrum*, m. pl., Cimbres [peuple de la Germanie] Atlas I, A4 : Caes. *G.* 1, 33, 4.

Cimbrĭcē, adv., à la manière des Cimbres : *Cimbrice loqui* Ps. Quint. *Decl. 3, 13*, parler le cimbre.

Cimbrĭcus, *a*, *um*, des Cimbres : Cic. *de Or. 2, 266*.

Cīmēlĭarcha, *ae*, m. (κειμηλιάρχης), garde du trésor d'une église : Cod. Just. *7, 72, 10*.

Cīmēlĭarchīum, *ii*, n., chambre du trésor : Cod. Just. *7, 72, 10*.

Cĭmĕnĭcē, *ēs*, f., région de la Narbonnaise : Avien. *Or. 622*.

Cĭmetra, *ae*, f., ville du Samnium : Liv. *10, 15, 6*.

Cīmex, *ĭcis*, m. (obscur; it. *cimice*), punaise : Catul. *23, 2* ‖ [fig.] *cimex Pantilius* Hor. *S. 1, 10, 78*, cette punaise de Pantilius.

Cĭmĭcĭa, *ae*, f., herbe à punaises : Isid. *17, 7, 57*.

Cĭmĭcō, *ās*, *āre*, -, -, débarrasser des punaises : Gloss. *2, 353, 44*.

Cĭmīnum, v. *cuminum*.

Cĭmĭnus, *i*, m., montagne et lac d'Étrurie : Virg. *En. 7, 697* ‖ **Cĭmīnĭus**, *a*, *um*, du Ciminus : Liv. *9, 36*; Flor. *1, 17, 3* ‖ **Cĭmīnĭa**, *ae*, f., la région du Ciminus : Amm. *17, 7, 13*.

Cĭmītērĭum, *ii*, n., v. *coemeterium* : Cypr. *Ep. 80, 1*.

Cimmĕrĭi, *ōrum*, m. pl., Cimmériens ¶ 1 peuple de Scythie : Plin. *6, 35* ¶ 2 peuple fabuleux enveloppé de ténèbres : Cic. *Ac. 2, 61* ‖ -*ius*, *a*, *um*, Cimmérien : Sil. *12, 132* ‖ [fig.] où règne une profonde obscurité : Lact. *Inst. 5, 3, 23*.

Cimmĕris, *ĭdis*, f., Plin. *5, 123*, c. *Antandros*.

Cimmĕrĭum, *ii*, n. ¶ 1 ancienne ville de Campanie : Plin. *3, 61* ¶ 2 ville sur le Bosphore Cimmérien : Plin. *4, 78*.

Cĭmo, v. *Cimon*.

Cĭmōlĭa crēta, *ae*, f., craie de Cimole : Cels. *2, 33, 3*, cf. *Cimolus*.

Cĭmōlis, *ĭdis*, f., ville de Paphlagonie : Plin. *3, 61*.

Cĭmōlus, *i*, f., Cimole [l'une des Cyclades] : Ov. *M. 7, 463*.

Cĭmōn, *ōnis*, Nep. *Cim. 1, 1*, **Cĭmo**, *ōnis*, Val.-Max. *5, 4, 2*, m., Cimon [général athénien].

Cĭmussa, *ae*, f. (?; it. *cimossa*), corde : Gloss. *2, 100, 43*.

Cĭmussātĭo, *ōnis*, f., action d'entourer d'une corde : Dosith. *7, 435, 23*.

Cĭmussātŏr, *ōris*, m., celui qui enduit de céruse : Gloss. *2, 481, 7*.

Cĭmussō, *ās*, *āre*, -, - (*cimussa*), tr., ceindre d'une corde : Dosith. *7, 435, 23*.

Cĭnaedĭa, *ae*, f., Isid. *16, 10, 8*; Plin. *37, 153*, pierre qui se trouve dans la tête du poisson *cinaedus*.

cĭnaedĭcus, *a*, *um*, qui excite à la débauche, lascif, homosexuel : Pl. *St. 760* ‖ m. pris subst^t = *cinaedus* : Pl. *St. 769*.

cĭnaedŏlŏgŏs, *i*, m. (κιναιδολόγος), celui qui est obscène dans son langage : *Varr. d. Non. 56, 30*.

Cĭnaedŏpŏlis, *is*, f., île de l'Asie Mineure : Plin. *5, 134*.

cĭnaedŭlus, *i*, m. (dim. de *cinaedus*), Scip. d. Macr. *Sat. 2, 10, 7*.

1 cĭnaedus, *i*, m. (κίναιδος) ¶ 1 homosexuel, mignon : Pl., Catul., Juv. *2, 10*, cf. Non. *5*; Gloss. *5, 654* ¶ 2 poisson inconnu : Plin. *32, 146*.

2 cĭnaedus, *a*, *um*, débauché, efféminé : *ut decuit cinaediorem* Catul. *10, 24*, comme il convenait à une fière putain.

1 Cĭnăra, **Cynăra**, *ae*, f. (κινάρα, κυνάρα), cardon : Col. *10, 235*.

2 Cĭnăra, *ae*, f., île de la mer Égée : *Mel. 2, 111* ‖ nom de femme : Hor. *Ep. 1, 7, 28*.

cĭnăris, *is*, f., plante inconnue : Plin. *8, 101*.

1 Cincĭa, v. *Cincius*.

2 Cincĭa, pl. n., lieu de Rome : P. Fest. *57, 5*.

Cincĭenses, *ĭum*, m. pl., peuple de Tarraconaise : Plin. *3, 24*.

cincinnālis herba, f. (*cincinnus*), capillaire [plante] : Ps. Apul. *Herb. 51*.

cincinnātŭlus, *a*, *um*, dim. de *cincinnatus* : Hier. *Ep. 130, 19*.

1 cincinnātus, *a*, *um*, celui dont les cheveux sont bouclés : Cic. *Sest. 26* ‖ [fig.] *cincinnata stella* Cic. *Nat. 2, 14*, comète.

2 Cincinnātus, *i*, m., L. Quinctius Cincinnatus [le dictateur] : Liv. *3, 25*; Cic. *CM 56*.

cincinnŭlus, *i*, m. (dim. de *cincinnus*), bouclette : Varr. d. Non. *6, 43*.

cincinnus, *i*, m. (cf. *concinnus*, ou bien de κίκιννος), boucle de cheveux : Cic. *Pis. 25* ‖ [fig.] *poetae cincinni* Cic. *de Or. 3, 100*, les frisures [ornements artificiels] chez un poète.

Cincĭŏlus, *i*, m. (dim. de *Cincius*), le petit Cincius : Cic. *de Or. 2, 286*.

Cincĭus, *ii*, m., L. Cincius Alimentus [historien latin] : Liv. *21, 38, 3* ‖ M. Cincius Alimentus [tribun de la plèbe, auteur de la loi Cincia] : Cic. *de Or. 2, 286* ‖ un ami d'Atticus : Cic. *Att. 1, 1, 1* ‖ **Cincĭus**, *a*, *um*, de Cincius : *Cincia lex* Cic. *CM 10*, la loi Cincia [204 av. J.-C.]; limite la capacité de faire des donations, interdit les honoraires des avocats.

Cinctĭa, *ae*, f. (*2 cinctus*), surnom donné à Junon parce qu'elle présidait aux mariages : *P. Fest. 55, 20*; v. *Cinxia*.

cinctĭcŭlus, *i*, m. (dim. de *2 cinctus*), tunique courte : Pl. *Bac. 432*.

cinctĭo, *ōnis*, f. (*cingo*), action de ceindre : Aug. *Psalm. 92, 3*.

cinctŏr, *ōris*, m., celui qui ceint : Gloss. *2, 323, 13*.

cinctōrĭum, *ii*, n. (*cingo*), baudrier, ceinturon : Mel. *2, 15* ‖ [fig.] ceinture : Vulg. *16, 11, 5*.

cinctum, *i*, n. (*1 cinctus*; it. *cinto*), ceinture : *Scrib. 164*.

cinctūra, *ae*, f. (*cingo*; fr. *ceinture*), ceinture : Quint. *11, 3, 139*; Suet. *Caes. 45, 3*.

1 cinctus, *a*, *um*, part. de *cingo*.

2 cinctŭs, *ūs*, m. ¶ 1 action ou manière de se ceindre : Plin. *28, 64*; *cinctus Gabinus*, manière de porter la toge comme les habitants de Gabies : Virg. *En. 7, 612*; Serv.; Liv. *5, 36, 2* ¶ 2 ceinture d'un vêtement : Suet. *Ner. 51* ¶ 3 sorte de jupe : Porph. Hor. *P. 50* [servait en part. aux gens dans leurs exercices : Isid. *19, 33, 1*], cf. Varr. *L. 5, 114* ¶ 4 la ceinture [partie du corps] : Fulg. *Myth. 3, 7*.

cinctūtus, *a*, *um* (*cinctus*), qui porte un cinctus, cf. *2 cinctus* ¶ 3 : Hor. *P. 50*.

Cīnĕās, *ae*, m. (Κινέας), ambassadeur de Pyrrhus : Cic. *Tusc. 1, 59*.

cĭnĕfactus, *a*, *um* (*cinis*, *factus*), réduit en cendres : Lucr. *3, 904*.

cĭnĕr, *ĕris*, m., Prisc. *2, 169, 9*, c. *cinis*.

cĭnĕrācĕus, *a*, *um* (*cinis*), qui ressemble à de la cendre : Plin. *27, 44*.

cĭnĕrārĭus, *a*, *um* (*cinis*), qui a rapport aux cendres : *cinerarii fines* Grom. *303, 12*, limites marquées par des tombeaux ‖ semblable à la cendre : Varr. *R. 1, 9, 7* ‖ **cĭnĕrārĭi**, *ōrum*, m. pl., nom méprisant donné aux chrétiens qui vénéraient les cendres des martyrs : Hier. *Ep. 109, 1* ‖ **cĭnĕrārĭum**, *ii*, n., caveau mortuaire : *CIL 6, 10241, 8* ‖ **cĭnĕrārĭus**, *ii*, m., celui qui frise au fer [chauffé dans les cendres], coiffeur : Varr. *L. 5, 129*; Catul. *61, 138*; Sen. *Const. 14, 1*.

cĭnĕrescō, *ĭs*, *ĕre*, -, -, intr., tomber en cendres : Tert. *Apol. 40, 7*.

cĭnĕrĕum, *i.*, n. (*cinereus*), collyre ayant la couleur de la cendre : Scrib. *26*.

cĭnĕrĕus, *a*, *um* (*cinis*), cendré : *uva visu cinerea* Plin. *14, 42*, raisin de couleur cendrée.

cĭnĕrīcĭus, *a*, *um* (*cinis*; it. *cenericcio*), qui ressemble à de la cendre : Vl. *Gen. 30, 39*.

cĭnĕrōsus, *a*, *um* (*cinis*), plein de cendre : *canities cinerosa* Apul. *M. 7, 27*, cheveux blancs couverts de cendre ‖ réduit en cendres : Apul. *M. 4, 18*.

cĭnĕrŭlentus, *a*, *um*, couvert de cendre : Heges. *5, 53, 125*.

Cinēthĭi (-nīthĭi), *ōrum*, m. pl., peuple d'Afrique, avoisinant la petite Syrte : Tac. *An. 2, 52*.

Cinga, *ae*, f., rivière de la Tarraconaise : Caes. *C. 1, 48, 3*.

Cingetorix

Cingĕtŏrix, īgis, m., chef des Trévires : Caes. G. 5, 3, 2 ‖ chef breton : Caes. G. 5, 22, 1.

Cingilia, ae, f., ville des Vestini : Liv. 8, 29.

Cingilla, ae, f., ville de la Commagène : Plin. 5, 86.

cingillum, i, n. (dim. de 2 *cingullum*), Varr. Men. 187, **cingillus**, i, m., Gloss. 2, 100, 51, petite ceinture.

cingō, is, ĕre, cinxī, cinctum (ombr. *síhitu* ; pas net ; fr. *ceindre*), tr., ceindre, entourer ¶ **1** *collum resticula* Cic. Scaur. 10, entourer le cou d'une cordelette ; *cingens materna tempora myrto* Virg. G. 1, 28, ceignant ton front du myrte consacré à ta mère ; *frondes tempora cingunt* Ov. F. 3, 481, le feuillage couronne les tempes ; *de tenero flore caput cingere* Ov. F. 3, 254, couronner sa tête de tendres fleurs ‖ [en parl. d'armes, passif sens réfléchi] avec abl. : *cingi gladio, armis, ferro, ense, etc.*, se ceindre d'un glaive, d'une épée, se couvrir de ses armes : Liv. 7, 10, 5 ; 8, 5, 7 ; Virg. En. 2, 749 ; Curt. 6, 10, 21 ; Ov. F. 2, 13 ; [poét.] avec acc. : *(Priamus) inutile ferrum cingitur* Virg. En. 2, 511, (Priam) se ceint d'un fer inutile ; [abs¹] s'armer : *cingitur in proelia Turnus* Virg. En. 11, 486, Turnus s'arme pour le combat [au fig.] *aliqua re cingi*, se munir de qqch. : Val.-Flac. 6, 477 ¶ **2** retrousser, relever par une ceinture : *puer alte cinctus* Hor. S. 2, 8, 10, esclave dont la tunique est retroussée haut ; *alte cincti* Sen. Ep. 33, 2, les peuples à tunique courte [court-vêtus] ; [fig.] *alte cinctus* Sen. Ep. 92, 35, homme au cœur intrépide ; *cinctas resolvite vestes* Ov. M. 1, 386, détachez les ceintures qui retiennent vos vêtements ¶ **3** entourer, environner : *urbem moenibus* Cic. Nat. 3, 94, faire à une ville une ceinture de murailles ; *oppidum vallo et fossa* Cic. Att. 5, 20, 5, entourer une place d'un retranchement et d'un fossé ; *flumen paene totum oppidum cingit* Caes. G. 1, 38, 4, le fleuve entoure presque entièrement la ville ; *flammis cincta* Virg. En. 12, 811, entourée de flammes ; *cinxerunt aethera nimbi* Virg. En. 5, 13, les nuages ont enveloppé le ciel ‖ *non corona consessus vester cinctus est, ut solebat* Cic. Mil. 2, votre assemblée n'est pas entourée de son cercle ordinaire [d'auditeurs] ; *latus cingit tibi turba senatus* Ov. Pont. 4, 9, 17, la foule des sénateurs se presse à tes côtés ; *latera regis duo filii cingebant* Liv. 40, 6, 4, le roi avait à ses côtés ses deux fils ; *(cycni) coetu cinxere polum* Virg. En. 1, 398, (les cygnes) de leur troupe ont investi le ciel ‖ [fig.] *Sicilia multis undique cincta periculis* Cic. Pomp. 30, la Sicile environnée de toutes parts de dangers multiples ‖ [milit.] protéger, couvrir : *equitatus latera cingebat* Caes. C. 1, 83, 2, la cavalerie couvrait les flancs ; *equites cornua cinxere* Liv. 23, 29, 3, les cavaliers couvrirent les ailes ; *murum cingere*, garnir le rempart [de défenseurs] : Caes. G. 6, 35, 9 ; 7, 72, 2 ; Liv. 4, 27, 7.

cingŭla, ae, f. (*cingo* ; fr. *sangle*), sangle, ventrière : Ov. Rem. 236 ; Calp. 6, 41.

1 cingŭlum, i, n. (*cingo*), ceinture : Varr. L. 5, 116 ; Virg. En. 1, 492 ; *cingulo succinctus* Petr. 21, 2, portant ceinture ‖ ceinturon, baudrier : *cingulum militiae sumere* Cod. Th. 6, 30, 18, s'engager dans l'armée ; *cingulo aliquem exuere* Cod. Just. 7, 38, 1, libérer du service militaire ‖ ceinture des prêtres : Hier. Ep. 64, 14 ‖ sangle, ventrière : Flor. 2, 18, 14.

2 Cingŭlum, i, n., ville du Picénum Atlas XII, D4 : Caes. C. 1, 15, 2 ‖ **Cingula saxa**, pl., Sil. 10, 34, la citadelle de Cingulum ‖ **-lānus**, a, um, Lib. Col. 2, p. 254, 25 et **-lāni**, ōrum, m. pl., Plin. 3, 111, de Cingulum, habitants de Cingulum.

1 cingŭlus, a, um, qui a une taille mince : P. Fest. 38, 1.

2 cingŭlus, i, m., ceinture : VL. Is. 23, 10 ‖ zone : Cic. Rep. 6, 21.

cĭnĭfēs, **cĭnĭphēs**, **cĭnyphēs**, V. *scinifes*.

cĭnĭflo, ōnis, m. (*cinis, flo*), coiffeur : Hor. S. 1, 2, 98.

cĭnis, ĕris, m. et qqf. f. Lucr. 4, 924, Catul. 68, 90 (cf. κόνις ; fr. *cendre*) ¶ **1** cendre : *cinis exstinctus* Suet. Tib. 74, cendre refroidie ; *cinere multa obrutus ignis* Lucr. 4, 924, feu caché sous un amas de cendre ‖ cendre [de ville], ruine : Cic. Cat. 2, 19 ; Sull. 19 ¶ **2** cendres des morts, restes brûlés : *obsecravit per fratris sui cinerem* Cic. Quinct. 97, il le supplia par les cendres de son frère ; *jura per patroni tui cineres* Quint. 9, 2, 95, jure par les cendres de ton patron ‖ [fig.] **a)** mort, défunt : *dummodo absolvar cinis* Phaed. 3, 9, 4, pourvu qu'on me rende justice quand je ne serai plus **b)** la mort : *post cineres* Mart. 1, 1, 6, après la mort **c)** néant : *cinerem fieri* Pl. Ru. 1257, être réduit en cendres.

cĭniscŭlus, i, m. (dim. de *cinis*), un peu de cendre : Prud. Cath. 10, 143.

Cinithi, ōrum, m. pl., peuple de la province d'Afrique : Plin. 5, 30.

Cinithii, V. *Cinethii*.

Cĭnĭum, ĭi, n., ville des Baléares : Plin. 3, 77.

1 Cinna, ae, m. ¶ **1** L. Cornelius Cinna [consul avec Marius] : Cic. Tusc. 5, 54 ¶ **2** conspirateur gracié par Auguste : Sen. Clem. 1, 9, 2 ¶ **3** Helvius Cinna [poète, ami de Catulle] : Catul. 10, 31.

2 Cinna, ae, f., ville de la Dalmatie : Anton. 339.

cinnăbăr, ăris, n. (κιννάβαρι), Isid. 19, 23, 7, **-bări**, is, n., Solin. 25, 14, **-băris**, is, f., Plin. 33, 115, cinabre [couleur d'un rouge vif].

cinnămĕus, a, um (*cinnamum*), de cannelle : *cinnamei crines* Apul. M. 5, cheveux qui sentent la cannelle.

cinnămolgus (-gŏs), i, m., oiseau qui construit son nid avec des branches de cannelier : Solin. 33, 15 ; Plin. 10, 97.

cinnămōma, ae, f., Aug. Serm. 37, 1, V. *cinnamomum*.

cinnămōmĭnus, a, um, de cannelle : Plin. 13, 15.

cinnămōmum, i, n. (κιννάμωμον), Plin. 12, 85, **cinnămum**, i, n., Ov. M. 10, 308, **cinnămŏn**, n. (κίνναμον), Luc. 10, 167, cannelier, cannelle ‖ [fig.] terme de flatterie : Pl. Curc. 100.

cinnămus, i, m., cannelle : Gloss. 3, 569, 54.

Cinnānus, a, um, de Cinna : *Cinnanis temporibus* Suet. Calig. 60, au temps des proscriptions de Cinna.

cinnibar, is, n. (germ., cf. al. *Kinn, Bart*), bouc [barbe] : Isid. 19, 23, 7.

1 cinnus, i, m. (pas sûr ; cf. *concinnus* ?), mixtion, breuvage composé : Non. 43 ; 59.

2 cinnus, i, m. (express. ; it. *cenno*), signe (clignement) de l'œil : Fulg. Serm. 46 ; Gloss. 2, 100, 50.

cinxī, parf. de *cingo*.

Cinxĭa, ae, f., Arn. 3, 25, V. *Cinctia*.

Cīnyps, ўpis ou ўphis, m., fleuve de Tripolitaine : Plin. 5, 25 ‖ **Cīnўphĭus**, a, um, du Cinyps : Virg. G. 3, 312.

cĭnўra, ae, f. (κινύρα), instrument à cordes : Vulg. 1 Macc. 4, 54.

Cĭnўrās, ae, m., roi de Chypre, père d'Adonis : Ov. M. 10, 299 ‖ **-aeus**, Luc. 8, 716, **-ēĭus**, Ov. M. 10, 369 et **-ēus**, a, um, Stat. S. 5, 1, 214, de Cinyras.

Cĭnўrīa, ae, f. (Κινύρεια), ville de Chypre : Plin. 5, 130.

cĭo, V. *cieo* ▶.

Cĭos, V. *1 Cius*.

cĭosmis, is, f. (gr. ; peu sûr), sorte de sauge : Ps. Apul. Herb. 201.

Cipĭus, ĭi, m., nom d'homme : Cic. Fam. 7, 24, 1.

cippus, i, m. (obscur, cf. *scipio* ? ; fr. *cep* et *sep*) ¶ **1** cippe, colonne funéraire : Hor. S. 1, 8, 11, cf. Fest. 456, 29 ; Pers. 1, 37 ; Gell. 16, 7, 9 ‖ [fig.] cippes, pieux dans les trous de loups : Caes. G. 7, 73, 4 ‖ cep [instrument de torture destiné à briser les pieds] : Greg.-Tur. Hist. 5, 49 ¶ **2** borne d'un champ : Varr. L. 5, 143 ; Grom.

Ciprĭus, Varr. L. 5, 159 et **Cyprĭus vicus**, m., Liv. 1, 48, 6, rue de Rome.

ciprus, a, um (sab. ; obscur), bon : Varr. L. 5, 159.

Cīpus ou **Cippus**, i, m., personnage légendaire : Ov. M. 15, 565 ; Plin. 11, 123.

1 circā (*circum*)

I adv. ¶ **1** "autour, à l'entour" ¶ **2** "de part et d'autre".

II prép. avec acc. ¶ **1** "autour de", [fig.] "à propos de, au sujet de" ¶ **2** "à la ronde, de tous côtés" ¶ **3** [sens tempo-

Cimbrĭcē, adv., à la manière des Cimbres : *Cimbrice loqui* Ps. Quint. *Decl. 3, 13*, parler le cimbre.

Cimbrĭcus, *a*, *um*, des Cimbres : Cic. *de Or. 2, 266*.

Cīmēlĭarcha, *ae*, m. (κειμηλιάρχης), garde du trésor d'une église : Cod. Just. *7, 72, 10*.

Cīmēlĭarchīum, *ii*, n., chambre du trésor : Cod. Just. *7, 72, 10*.

Cĭmĕnĭcē, *ēs*, f., région de la Narbonnaise : Avien. *Or. 622*.

Cimetra, *ae*, f., ville du Samnium : Liv. *10, 15, 6*.

cīmex, *ĭcis*, m. (obscur; it. *cimice*), punaise : Catul. *23, 2* ǁ [fig.] *cimex Pantilius* Hor. *S. 1, 10, 78*, cette punaise de Pantilius.

cīmĭcĭa, *ae*, f., herbe à punaises : Isid. *17, 7, 57*.

cīmĭcō, *ās*, *āre*, -, -, débarrasser des punaises : Gloss. *2, 353, 44*.

cīmīnum, V. *cuminum*.

Cĭmĭnus, *i*, m., montagne et lac d'Étrurie : Virg. *En. 7, 697* ǁ **Cĭmĭnĭus**, *a*, *um*, du Ciminus : Liv. *9, 36*; Flor. *1, 17, 3* ǁ **Cĭmĭnĭa**, *ae*, f., la région du Ciminus : Amm. *17, 7, 13*.

cīmītērĭum, *ii*, n., V. *coemeterium* : Cypr. *Ep. 80, 1*.

Cĭmmĕrĭi, *ōrum*, m. pl., Cimmériens ¶ 1 peuple de Scythie : Plin. *6, 35* ¶ 2 peuple fabuleux enveloppé de ténèbres : Cic. *Ac. 2, 61* ǁ **-ĭus**, *a*, *um*, Cimmérien : Sil. *12, 132* ǁ [fig.] où règne une profonde obscurité : Lact. *Inst. 5, 3, 23*.

Cĭmmĕris, *ĭdis*, f., Plin. *5, 123*, cf. *Antandros*.

Cĭmmĕrĭum, *ii*, n. ¶ 1 ancienne ville de Campanie : Plin. *3, 61* ¶ 2 ville sur le Bosphore Cimmérien : Plin. *4, 78*.

Cĭmo, V. *Cimon*.

Cīmōlĭa crēta, *ae*, f., craie de Cimole : Cels. *2, 33, 3*, cf. *Cimolus*.

Cīmōlis, *ĭdis*, f., ville de Paphlagonie : Plin. *3, 61*.

Cīmōlus, *i*, f., Cimole [l'une des Cyclades] : Ov. *M. 7, 463*.

Cĭmōn, *ōnis*, Nep. *Cim. 1, 1*, **Cĭmo**, *ōnis*, Val.-Max. *5, 4, 2*, m., Cimon [général athénien].

cīmussa, *ae*, f. (?; it. *cimossa*), corde : Gloss. *2, 100, 43*.

cīmussātĭo, *ōnis*, f., action d'entourer d'une corde : Dosith. *7, 435, 23*.

cīmussātŏr, *ōris*, m., celui qui enduit de céruse : Gloss. *2, 481, 7*.

cīmussō, *ās*, *āre*, -, - (*cimussa*), tr., ceindre d'une corde : Dosith. *7, 435, 23*.

cīnaedĭa, *ae*, f., Isid. *16, 10, 8*; Plin. *37, 153*, pierre qui se trouve dans la tête du poisson *cinaedus*.

cĭnaedĭcus, *a*, *um*, qui excite à la débauche, lascif, homosexuel : Pl. *St. 760* ǁ m. pris subst^t = *cinaedus* : Pl. *St. 769*.

cĭnaedŏlŏgŏs, *i*, m. (κιναιδολόγος), celui qui est obscène dans son langage : *Varr. d. Non. 56, 30.

Cĭnaedŏpŏlis, *is*, f., île de l'Asie Mineure : Plin. *5, 134*.

cĭnaedŭlus, *i*, m. (dim. de *cinaedus*), Scip. d. Macr. *Sat. 2, 10, 7*.

1 **cĭnaedus**, *i*, m. (κίναιδος) ¶ 1 homosexuel, mignon : Pl., Catul., Juv. *2, 10*, cf. Non. *5*; Gloss. *5, 654* ¶ 2 poisson inconnu : Plin. *32, 146*.

2 **cĭnaedus**, *a*, *um*, débauché, efféminé : *ut decuit cinaediorem* Catul. *10, 24*, comme il convenait à une fière putain.

1 **cĭnăra**, **cўnăra**, *ae*, f. (κινάρα, κυνάρα), cardon : Col. *10, 235*.

2 **Cĭnăra**, *ae*, f., île de la mer Égée : *Mel. *2, 111* ǁ nom de femme : Hor. *Ep. 1, 7, 28*.

cĭnăris, *is*, f., plante inconnue : Plin. *8, 101*.

1 **Cincĭa**, V. *Cincius*.

2 **Cincĭa**, pl. n., lieu de Rome : P. Fest. *57, 5*.

Cincĭenses, *ĭum*, m. pl., peuple de Tarraconaise : Plin. *3, 24*.

cincinnālis herba, f. (*cincinnus*), capillaire [plante] : Ps. Apul. *Herb. 51*.

cincinnātŭlus, *a*, *um*, dim. de *cincinnatus* : Hier. *Ep. 130, 19*.

1 **cincinnātus**, *a*, *um*, celui dont les cheveux sont bouclés : Cic. *Sest. 26* ǁ [fig.] *cincinnata stella* Cic. *Nat. 2, 14*, comète.

2 **Cincinnātus**, *i*, m., L. Quinctius Cincinnatus [le dictateur] : Liv. *3, 25*; Cic. *CM 56*.

cincinnŭlus, *i*, m. (dim. de *cincinnus*), bouclette : Varr. d. Non. *6, 43*.

cincinnus, *i*, m. (cf. *concinnus*, ou bien de κίκιννος), boucle de cheveux : Cic. *Pis. 25* ǁ [fig.] *poetae cincinni* Cic. *de Or. 3, 100*, les frisures [ornements artificiels] chez un poète.

Cincĭŏlus, *i*, m. (dim. de *Cincius*), le petit Cincius : Cic. *de Or. 2, 286*.

Cincĭus, *ii*, m., L. Cincius Alimentus [historien latin] : Liv. *21, 38, 3* ǁ M. Cincius Alimentus [tribun de la plèbe, auteur de la loi Cincia] : Cic. *de Or. 2, 286* ǁ un ami d'Atticus : Cic. *Att. 1, 1, 1* ǁ **Cincĭus**, *a*, *um*, de Cincius : *Cincia lex* Cic. *CM 10*, la loi Cincia [204 av. J.-C.] ; limite la capacité de faire des donations, interdit les honoraires des avocats.

Cinctĭa, *ae*, f. (2 *cinctus*), surnom donné à Junon parce qu'elle présidait aux mariages : *P. Fest. *55, 20*; V. *Cinxia*.

cinctĭcŭlus, *i*, m. (dim. de 2 *cinctus*), tunique courte : Pl. *Bac. 432*.

cinctĭo, *ōnis*, f. (*cingo*), action de ceindre : Aug. *Psalm. 92, 3*.

cinctŏr, *ōris*, m., celui qui ceint : Gloss. *2, 323, 13*.

cinctōrĭum, *ii*, n. (*cingo*), baudrier, ceinturon : Mel. *2, 15* ǁ [fig.] ceinture : Vulg. *16, 11, 5*.

cinctum, *i*, n. (1 *cinctus*; it. *cinto*), ceinture : *Scrib. 164.

cinctūra, *ae*, f. (*cingo*; fr. *ceinture*), ceinture : Quint. *11, 3, 139*; Suet. *Caes. 45, 3*.

1 **cinctus**, *a*, *um*, part. de *cingo*.

2 **cinctŭs**, *ūs*, m. ¶ 1 action ou manière de se ceindre : Plin. *28, 64*; *cinctus Gabinus*, manière de porter la toge comme les habitants de Gabies : Virg. *En. 7, 612*; Serv. ; Liv. *5, 36, 2* ¶ 2 ceinture d'un vêtement : Suet. *Ner. 51* ¶ 3 sorte de jupe : Porph. Hor. *P. 50* [servait en part. aux jeunes gens dans leurs exercices : Isid. *19, 33, 1*], cf. Varr. *L. 5, 114* ¶ 4 la ceinture [partie du corps] : Fulg. *Myth. 3, 7*.

cinctūtus, *a*, *um* (*cinctus*), qui porte un *cinctus*, cf. 2 *cinctus* ¶ 3 : Hor. *P. 50*.

Cīnĕās, *ae*, m. (Κινέας), ambassadeur de Pyrrhus : Cic. *Tusc. 1, 59*.

cĭnĕfactus, *a*, *um* (*cinis*, *factus*), réduit en cendres : Lucr. *3, 904*.

cĭnĕr, *ĕris*, m., Prisc. *2, 169, 9*, cf. *cinis*.

cĭnĕrācĕus, *a*, *um* (*cinis*), qui ressemble à de la cendre : Plin. *27, 44*.

cĭnĕrārĭus, *a*, *um* (*cinis*), qui a rapport aux cendres : *cinerarii fines* Grom. *303, 12*, limites marquées par des tombeaux ǁ semblable à la cendre : Varr. *R. 1, 9, 7* ǁ **cĭnĕrārĭi**, *ōrum*, m. pl., nom méprisant donné aux chrétiens qui vénéraient les cendres des martyrs : Hier. *Ep. 109, 1* ǁ **cĭnĕrārĭum**, *ii*, n., caveau mortuaire : *CIL 6, 10241, 8* ǁ **cĭnĕrārĭus**, *ii*, m., celui qui frise au fer [chauffé dans les cendres], coiffeur : Varr. *L. 5, 129*; Catul. *61, 138*; Sen. *Const. 14, 1*.

cĭnĕrescō, *ĭs*, *ĕre*, -, -, intr., tomber en cendres : Tert. *Apol. 40, 7*.

cĭnĕrĕum, *i*, n. (*cinereus*), collyre ayant la couleur de la cendre : Scrib. *26*.

cĭnĕrĕus, *a*, *um* (*cinis*), cendré : *uva visu cinerea* Plin. *14, 42*, raisin de couleur cendrée.

cĭnĕrīcĭus, *a*, *um* (*cinis*; it. *cenericcio*), qui ressemble à de la cendre : Vl. *Gen. 30, 39*.

cĭnĕrōsus, *a*, *um* (*cinis*), plein de cendre : *canities cinerosa* Apul. *M. 7, 27*, cheveux blancs couverts de cendre ǁ réduit en cendres : Apul. *M. 4, 18*.

cĭnĕrŭlentus, *a*, *um*, couvert de cendre : Heges. *5, 53, 125*.

Cĭnēthĭi (-nīthĭi), *ōrum*, m. pl., peuple d'Afrique, avoisinant la petite Syrte : Tac. *An. 2, 52*.

Cinga, *ae*, f., rivière de la Tarraconaise : Caes. *C. 1, 48, 3*.

Cingetorix

Cingĕtŏrix, *īgis*, m., chef des Trévires : CAES. *G.* 5, 3, 2 ‖ chef breton : CAES. *G.* 5, 22, 1.

Cingilĭa, *ae*, f., ville des Vestini : LIV. 8, 29.

Cingilla, *ae*, f., ville de la Commagène : PLIN. 5, 86.

cingillum, *i*, n. (dim. de 2 *cingulum*), VARR. *Men.* 187, **cingillus**, *i*, m., GLOSS. 2, 100, 51, petite ceinture.

cingō, *is*, *ĕre*, *cinxī*, *cinctum* (ombr. *śihitu* ; pas net ; fr. *ceindre*), tr., ceindre, entourer ¶ **1** *collum resticula* CIC. *Scaur.* 10, entourer le cou d'une cordelette ; *cingens materna tempora myrto* VIRG. *G.* 1, 28, ceignant ton front du myrte consacré à ta mère ; *frondes tempora cingunt* OV. *F.* 3, 481, le feuillage couronne les tempes ; *de tenero flore caput cingere* OV. *F.* 3, 254, couronner sa tête de tendres fleurs ‖ [en parl. d'armes, passif sens réfléchi] avec abl. : *cingi gladio, armis, ferro, ense, etc.*, se ceindre d'un glaive, d'une épée, se couvrir de ses armes : LIV. 7, 10, 5 ; 8, 5, 7 ; VIRG. *En.* 2, 749 ; CURT. 6, 10, 21 ; OV. *F.* 2, 13 ; [poét.] avec acc. : *(Priamus) inutile ferrum cingitur* VIRG. *En.* 2, 511, (Priam) se ceint d'un fer inutile ; [abs^t] s'armer : *cingitur in proelia Turnus* VIRG. *En.* 11, 486, Turnus s'arme pour le combat [au fig.] *aliqua re cingi*, se munir de qqch. : VAL.-FLAC. 6, 477 ¶ **2** retrousser, relever par une ceinture : *puer alte cinctus* HOR. *S.* 2, 8, 10, esclave dont la tunique est retroussée haut ; *alte cincti* SEN. *Ep.* 33, 2, les peuples à tunique courte (court-vêtus), [fig.] *alte cinctus* SEN. *Ep.* 92, 35, homme au cœur intrépide ; *cinctas resolvite vestes* OV. *M.* 1, 386, détachez les ceintures qui retiennent vos vêtements ¶ **3** entourer, environner : *urbem moenibus* CIC. *Nat.* 3, 94, faire à une ville une ceinture de murailles ; *oppidum vallo et fossa* CIC. *Att.* 5, 20, 5, entourer une place d'un retranchement et d'un fossé ; *flumen paene totum oppidum cingit* CAES. *G.* 1, 38, 4, le fleuve entoure presque entièrement la ville ; *flammis cincta* VIRG. *En.* 12, 811, entourée de flammes ; *cinxerunt aethera nimbi* VIRG. *En.* 5, 13, les nuages ont enveloppé le ciel ‖ *non corona consessus vester cinctus est, ut solebat* CIC. *Mil.* 2, votre assemblée n'est pas entourée de son cercle ordinaire [d'auditeurs] ; *latus cingit tibi turba senatus* OV. *Pont.* 4, 9, 17, la foule des sénateurs se presse à tes côtés ; *latera regis duo filii cingebant* LIV. 40, 6, 4, le roi avait à ses côtés ses deux fils ; *(cycni) coetu cinxere polum* VIRG. *En.* 1, 398, (les cygnes) de leur troupe ont investi le ciel ‖ [fig.] *Sicilia multis undique cincta periculis* CIC. *Pomp.* 30, la Sicile environnée de toutes parts de dangers multiples ‖ [milit.] protéger, couvrir : *equitatus latera cingebat* CAES. *C.* 1, 83, 2, la cavalerie couvrait les flancs ; *equites cornua cinxere* LIV. 23, 29, 3, les cavaliers couvrirent les ailes ; *murum cingere*, garnir le rempart [de défenseurs] : CAES. *G.* 6, 35, 9 ; 7, 72, 2 ; LIV. 4, 27, 7.

cingŭla, *ae*, f. (*cingo* ; fr. *sangle*), sangle, ventrière : OV. *Rem.* 236 ; CALP. 6, 41.

1 cingŭlum, *i*, n. (*cingo*), ceinture : VARR. *L.* 5, 116 ; VIRG. *En.* 1, 492 ; *cingulo succinctus* PETR. 21, 2, portant ceinture ‖ ceinturon, baudrier : *cingulum militiae sumere* COD. TH. 6, 30, 18, s'engager dans l'armée ; *cingulo aliquem exuere* COD. JUST. 7, 38, 1, libérer du service militaire ‖ ceinture des prêtres : HIER. *Ep.* 64, 14 ‖ sangle, ventrière : FLOR. 2, 18, 14.

2 Cingŭlum, *i*, n., ville du Picénum Atlas XII, D4 : CAES. *C.* 1, 15, 2 ‖ **Cingula saxa**, pl., SIL. 10, 34, la citadelle de Cingulum ‖ **-lānus**, *a*, *um*, LIB. COL. 2, p. 254, 25 et **-lāni**, *ōrum*, m. pl., PLIN. 3, 111, de Cingulum, habitants de Cingulum.

1 cingŭlus, *a*, *um*, qui a une taille mince : P. FEST. 38, 1.

2 cingŭlus, *i*, m., ceinture : VL. *Is.* 23, 10 ‖ zone : CIC. *Rep.* 6, 21.

cĭnĭfēs, **cĭnĭphēs**, **cĭnyphēs**, v. *scinifes*.

cĭnĭflo, *ōnis*, m. (*cinis, flo*), coiffeur : HOR. *S.* 1, 2, 98.

cĭnis, *ĕris*, m. et qqf. f. LUCR. 4, 924, CATUL. 68, 90 (cf. κόνις ; fr. *cendre*) ¶ **1** cendre : *cinis exstinctus* SUET. *Tib.* 74, cendre refroidie ; *cinere multa obrutus ignis* LUCR. 4, 924, feu caché sous un amas de cendre ‖ cendre [de ville], ruine : CIC. *Cat.* 2, 19 ; *Sull.* 19 ¶ **2** cendres des morts, restes brûlés : *obsecravit per fratris sui cinerem* CIC. *Quinct.* 97, il le supplia par les cendres de son frère ; *jura per patroni tui cineres* QUINT. 9, 2, 95, jure par les cendres de ton patron ‖ [fig.] **a)** mort, défunt : *dummodo absolvar cinis* PHAED. 3, 9, 4, pourvu qu'on me rende justice quand je ne serai plus **b)** la mort : *post cineres* MART. 1, 1, 6, après la mort **c)** néant : *cinerem fieri* PL. *Ru.* 1257, être réduit en cendres.

cĭniscŭlus, *i*, m. (dim. de *cinis*), un peu de cendre : PRUD. *Cath.* 10, 143.

Cinithi, *ōrum*, m. pl., peuple de la province d'Afrique : PLIN. 5, 30.

Cinithii, v. *Cinethii*.

Cĭnĭum, *ii*, n., ville des Baléares : PLIN. 3, 77.

1 Cinna, *ae*, m. ¶ **1** L. Cornelius Cinna [consul avec Marius] : CIC. *Tusc.* 5, 54 ¶ **2** conspirateur gracié par Auguste : SEN. *Clem.* 1, 9, 2 ¶ **3** Helvius Cinna [poète, ami de Catulle] : CATUL. 10, 31.

2 Cinna, *ae*, f., ville de la Dalmatie : ANTON. 339.

cinnăbăr, *ăris*, n. (κιννάβαρι), ISID. 19, 23, 7, **-bări**, *is*, n., SOLIN. 25, 14, **-băris**, *is*, f., PLIN. 33, 115, cinabre [couleur d'un rouge vif].

cinnămĕus, *a*, *um* (*cinnamum*), de cannelle : *cinnamei crines* APUL. *M.* 5, cheveux qui sentent la cannelle.

cinnămolgus (**-gŏs**), *i*, m., oiseau qui construit son nid avec des branches de cannelier : SOLIN. 33, 15 ; PLIN. 10, 97.

cinnămōma, *ae*, f., AUG. *Serm.* 37, 1, C.> *cinnamomum*.

cinnămōmĭnus, *a*, *um*, de cannelle : PLIN. 13, 15.

cinnămōmum, *i*, n. (κιννάμωμον), PLIN. 12, 85, **cinnămum**, *i*, n., OV. *M.* 10, 308, **cinnămŏn**, *i*, n. (κίνναμον), LUC. 10, 167, cannelier, cannelle ‖ [fig.] terme de flatterie : PL. *Curc.* 100.

cinnămus, *i*, m., cannelle : GLOSS. 3, 569, 54.

Cinnānus, *a*, *um*, de Cinna : *Cinnanis temporibus* SUET. *Calig.* 60, au temps des proscriptions de Cinna.

cinnibar, *is*, n. (germ., cf. al. *Kinn, Bart*), bouc [barbe] : ISID. 19, 23, 7.

1 cinnus, *i*, m. (pas sûr ; cf. *concinnus*?), mixtion, breuvage composé : NON. 43 ; 59.

2 cinnus, *i*, m. (express. ; it. *cenno*), signe (clignement) de l'œil : FULG. *Serm.* 46 ; GLOSS. 2, 100, 50.

cinxī, parf. de *cingo*.

Cinxĭa, *ae*, f., ARN. 3, 25, V.> *Cinctia*.

Cīnyps, *y̆pis* ou *yphis*, m., fleuve de Tripolitaine : PLIN. 5, 25 ‖ **Cīnȳphĭus**, *a*, *um*, du Cinyps : VIRG. *G.* 3, 312.

cĭnȳra, *ae*, f. (κινύρα), instrument à cordes : VULG. 1 *Macc.* 4, 54.

Cĭnȳrās, *ae*, m., roi de Chypre, père d'Adonis : OV. *M.* 10, 299 ‖ **-aeus**, LUC. 8, 716, **-ēius**, OV. *M.* 10, 369 et **-ēus**, *a*, *um*, STAT. *S.* 5, 1, 214, de Cinyras.

Cĭnȳrīa, *ae*, f. (Κινύρεια), ville de Chypre : PLIN. 5, 130.

cĭo, v.> *cieo* ▸.

Cĭos, v.> *1 Cius*.

cĭosmis, *is*, f. (gr. ; peu sûr), sorte de sauge : PS. APUL. *Herb.* 201.

Cipĭus, *ii*, m., nom d'homme : CIC. *Fam.* 7, 24, 1.

cippus, *i*, m. (obscur, cf. *scipio*? ; fr. *cep* et *sep*) ¶ **1** cippe, colonne funéraire : HOR. *S.* 1, 8, 11, cf. FEST. 456, 29 ; PERS. 1, 37 ; GELL. 16, 7, 9 ‖ [fig.] cippes, pieux dans les trous de loups : CAES. *G.* 7, 73, 4 ‖ cep [instrument de torture destiné à briser les pieds] : GREG.-TUR. *Hist.* 5, 49 ¶ **2** borne d'un champ : VARR. *L.* 5, 143 ; GROM.

Ciprĭus, VARR. *L.* 5, 159 et **Cyprĭus vicus**, m., LIV. 1, 48, 6, rue de Rome.

ciprus, *a*, *um* (sab. ; obscur), bon : VARR. *L.* 5, 159.

Cīpus ou **Cippus**, *i*, m., personnage légendaire : OV. *M.* 15, 565 ; PLIN. 11, 123.

1 circā (*circum*)

I adv. ¶ **1** "autour, à l'entour" ¶ **2** "de part et d'autre".
II prép. avec acc. ¶ **1** "autour de", [fig.] "à propos de, au sujet de" ¶ **2** "à la ronde, de tous côtés" ¶ **3** [sens tempo-

rel] "aux environs de, vers" ¶4 [avec noms de nombres] "environ".

I adv. ¶1 autour, tout autour, à l'entour : *campus ante montibus circa saeptus erat* Liv. 28, 33, 2, la plaine en avant était fermée tout autour par des montagnes ; *montes qui circa sunt* Liv. 1, 4, 6, montagnes qui sont voisines (à l'entour) ‖ *aliquot circa urbes* Liv. 10, 34, 13, plusieurs villes des environs ; *urbes circa subigit* Liv. 30, 9, 2, il soumet les villes voisines ; *omnia contra circaque hostium plena erant* Liv. 5, 37, 8, tout, en face et à l'entour, était plein d'ennemis ¶2 ⟹ *utrubique* : *duabus circa portis* Liv. 23, 16, 8, aux deux portes de part et d'autre ; *binae circa eminebant falces* Liv. 37, 41, 7, des deux côtés sortaient deux faux ; *quattuor legionum aquilae per frontem, totidem circa* Tac. H. 2, 89, les aigles de quatre légions sur le front, autant sur les côtés. **II** prép. avec acc. ¶1 autour de : *circa urbem* Liv. 7, 38, 7, autour de la ville ; *quam circa lacus lucique sunt plurimi* Cic. Verr. 4, 107, autour d'elle [la ville d'Henna] il y a un très grand nombre de lacs et de bois sacrés ; *(canes) quos iste dixerat esse circa se multos* Cic. Verr. 1, 133, (des chiens) qu'il avait en grand nombre, disait-il, dans son entourage ; *circa se habens duos filios* Liv. 42, 52, 5, ayant ses deux fils à ses côtés ‖ dans le voisinage de : *circa montem Amanum* Caes. C. 3, 31, 1, dans les parages du mont Amanus ‖ [fig.] à propos de, par rapport à, à l'égard de, au sujet de [époque impériale] : *omne tempus circa Thyestem consumere* Tac. D. 3, consacrer tout son temps à Thyeste [tragédie] ; *circa eosdem sensus certamen* Quint. 10, 5, 5, lutte (émulation) touchant les mêmes idées ; *circa verba dissensio* Quint 3, 11, 5, dissentiment sur des mots ; *publica circa bonas artes socordia* Tac. An. 11, 15, indifférence publique pour les connaissances utiles ‖ vers : *circa initia primi libri* Quint. 1, 5, 44, vers le (au) commencement du premier livre ; *circa finem* Quint. 4, 3, 5, vers la fin ¶2 à la ronde, de tous côtés, d'un endroit à un autre successivement : *multis circa finitimos populos legationibus missis* Liv. 4, 12, 9, de nombreuses ambassades ayant été envoyées à tous les peuples voisins à la ronde ; *circa domos ire* Liv. 26, 13, 1, parcourir les maisons à la ronde ; *litteras circa praefectos dimittere* Liv. 42, 51, 1, envoyer un message à tous les commandants de garnisons ; *litteris circa Latium missis* Liv. 8, 11, 10, des lettres étant envoyées dans tout le Latium (de tous côtés dans le Latium) ¶3 [sens temporel] aux environs de, vers : *circa eamdem horam* Liv. 42, 57, 10, vers la même heure ; *circa lucis ortum* Curt. 5, 3, 7, vers le lever du jour ; *circa lucem* Sen. Nat. 5, 8, 2, vers le point du jour ‖ *circa captas Carthaginem et Corinthum* Plin. 14, 45, vers l'époque de la prise de Carthage et de Corinthe ; *circa Deme-trium Phalerea* Quint. 2, 4, 41, à peu près du temps de Démétrios de Phalère ¶4 [avec noms de nombres] environ : *oppida circa septuaginta* Liv. 45, 34, 6, places fortes au nombre de soixante-dix environ ; *circa quingentos Romanorum sociorumque victores ceciderunt* Liv. 27, 42, 8, parmi les Romains et les alliés, environ cinq cents tombèrent victorieux.

2 Circa, *ae*, f., Hor. Ep. 1, 2, 23 ; Epo. 17, 17, ⟹ *Circe*.

circaea, *ae*, f. (κιρκαία), dompte-venin [plante] : Plin. 27, 60.

circaeōn, *i*, n. (κιρκαῖον), mandragore [plante] : Plin. 25, 147.

Circaeum, *i*, n., promontoire et ville de Colchide Atlas XII, E3 : Plin. 6, 13.

Circaeus, *a*, *um* ¶1 de Circé : *Circaeum poculum* Cic. Caecil. 57, breuvage magique ; *Circaea moenia* Hor. Epo. 1, 30, remparts Circéens (Tusculum, bâtie par le fils de Circé) ¶2 de Circéi : *Circaea terra* Virg. En. 7, 10, terre de Circé = promontoire de Circéi.

circāmoerīum, *ii*, n., Liv. 1, 44, 4, ⟹ *pomoerium*.

circātŏr, ⟹ *circitor*.

Circē, *ēs*, f. (Κίρκη), Circé [magicienne célèbre] : Cic. Nat. 3, 54 ; Virg. B. 8, 71 ; ⟹ 2 *Circa*.

Circēii, *ōrum*, m. pl., Circéi [ville et promontoire du Latium où se serait établie Circé] Atlas XII, E4 : Liv. 1, 56, 3 ‖ célèbre par ses huîtres : Hor. S. 2, 4, 33 ; Juv. 4, 440 ‖ **-ēiensis**, *e*, adj. : Plin. 32, 62 ‖ **-ēienses**, *ium*, m. pl., habitants de Circéi : Cic. Nat. 3, 48.

▶ forme ancienne *Cercei* Plin. 3, 57.

circelliōnes, **circumcelliōnes**, m. pl. (*circum cellas*), moines vagabonds : Aug. Psalm. 132, 3 ; Cod. Th. 16, 5, 52.

circellus, *i*, m. (dim. de *circulus*) ¶1 petit cercle : Schol. Juv. 6, 379 ¶2 boudin : Apic. 65.

circĕn, *ĭnis*, n. (*circino*), cercle [du soleil], l'année : *Carm. Epigr. 409, 3 ; ⟹ *circinus*.

circenses, *ĭum*, m. pl. (*circensis*), jeux du cirque : Sen. Contr. 1 pr. 24 ; Sen. Ep. 83, 7 ; *panem et circenses* Juv. 10, 81, [le peuple désire seulement] du pain et des jeux ; *circenses edere* Suet. Cal. 18, 3, donner des jeux dans le cirque.

circensis, *e* (*circus*), du cirque : *ludi circenses* Cic. Verr. 4, 33, jeux du cirque [dans le Circus Maximus] ; *circense ludicrum* Liv. 44, 9, 3, représentation dans le cirque ; *circense tomentum* Mart. 14, 160, paillasson rembourré pour s'asseoir aux jeux du cirque.

▶ formes *circiensis*, *circuensis*, *circeiensis* : CIL 1, 583, 64 ; 8, 9052 ; 14, 3625.

circĕs, *ĭtis*, m., cercle : Varr. L. 6, 8 ‖ tour du cirque : Sidon. Carm. 23, 381.

circĭās, *ae*, m., ⟹ 1 *circius* : *Vitr. 1, 6, 10.

circĭnātĭo, *ōnis*, f. (*circino*), cercle, circonférence : Vitr. 1, 1, 9 ‖ [astron.] orbite : Vitr. 9, 1, 6 ‖ [méc.] rotation, mouvement circulaire : Vitr. 10, 3, 3.

circĭnātus, *a*, *um*, part. de *circino*.

circĭnō, *ās*, *āre*, *āvī*, *ātum* (*circinus*), tr., arrondir, former en cercle : *arbores quae ramos in orbem circinant* Plin. 17, 88, les arbres qui arrondissent leurs branches en cercle ‖ parcourir en formant un cercle : Ov. M. 2, 721.

circĭnus, *i*, m. (*circus* ; fr. *cerne*) ¶1 compas : *flumen Dubis, ut circino circumductum* Caes. G. 1, 38, le Doubs, pour ainsi dire mené tout autour à l'aide d'un compas (formant comme un cercle tracé au compas) ; *circino dimetiri* Vitr. 9, 7, 2, mesurer au compas ‖ *ad circinum*, au compas, [d'où] en cercle : Vitr. 3, 5, 8 ; 5, 3, 7 ‖ cercle : Vitr. 1, 2, 2 (bis) ; 10, 3, 9 ¶2 [fig.] sorte d'herpès [maladie] : Plin. Val. 3, 33 tit..

circissārĭus, *ii*, m. (*circus*), amateur de courses : Aug. Psalm. 39, 8.

circĭtĕr (*circum*) ¶1 adv. **a)** à l'entour : *lapis circiter quadratus* Hemin. d. Plin. 13, 85, pierre cubique [carrée en tous sens] **b)** environ, à peu près : *circiter pars quarta* Sall. C. 56, à peu près le quart, cf. Cic. Att. 6, 3, 5 ; Rep. 2, 60 ; Caes. G. 1, 49 ¶2 prép. avec acc. **a)** dans le voisinage de : *circiter haec loca* Pl. Cis. 677, dans le voisinage **b)** vers, environ, à peu près : *circiter meridiem* Caes. G. 1, 50, 2, autour de midi ; *circiter messem hordaceam* Varr. R. 2, 11, vers le temps où on moissonne l'orge, cf. Cic. Verr. 2, 148 ; Att. 2, 4, 6.

circĭtēs ou **circĭtis ŏlĕa**, f. (κερκίς), espèce d'olivier : Col. 5, 8, 3.

circĭtĭo, f., *Vitr. 8, 1, 9, ⟹ *circinatio*.

circĭtis, ⟹ *circites*.

circĭtō, *ās*, *āre*, -, -, tr., faire tourner autour, agiter : Sen. Ep. 90, 19.

circĭtŏr, *ōris*, m., celui qui fait la ronde, gardien : Priap. 17, 1 ‖ employé du service des eaux : Frontin. Aq. 117 ‖ sous-officier de ronde : Veg. Mil. 3, 8 ‖ colporteur : Prisc. 3, 41, 8.

circĭtōrĭus, *a*, *um*, relatif à la ronde militaire : *circitoria dignitas* Cod. Th. 7, 22, 2, grade ou fonction de *circitor*.

circĭtūra, *ae*, f., **circĭtŭs**, *ūs*, m., ronde, tour : Gloss. 2, 403, 32 ; 3, 353, 21.

1 circĭus, *ĭi*, m. (κίρκιος ; esp. *cierzo*), Suet. Cl. 17, 2, **cercĭus**, *ĭi*, m., Cat. d. Gell. 2, 22, 22, vent du nord-ouest dans la Narbonnaise, le cers, le mistral.

2 Circĭus mons, m., chaîne du mont Taurus : Plin. 5, 98.

circlus, sync. pour *circulus* : Virg. G. 3, 166.

circō, *ās*, *āre*, *āvī*, - (*circum*, *circa* ; fr. *chercher*), tr., faire le tour de, parcourir : Grom. 326, 17.

circŏs, *i*, m. (κίρκος) ¶ **1** nom d'une pierre précieuse : Plin. 37, 153 ¶ **2** oiseau de proie : Gloss. 2, 100, 27.

circŭĕo, v. ▶ *circumeo*.

circŭĭtĭo, ōnis, Ter. And. 202; Vitr. 1, 1, 7; 1, 5, 2, **circumĭtĭo**, ōnis, f. ¶ **1** ronde, patrouille : Liv. 3, 6, 9 ‖ tour, pourtour, espace circulaire : Vitr. 4, 8, 2 ‖ courbe : *circumitio fluminis* Amm. 24, 2, 4, courbe d'un fleuve, cf. Vitr. 1, 5, 2 ‖ circonférence : Vitr. 1, 6, 13 ‖ [astron.] orbite : Vitr. 9, 1, 5 ‖ [méc.] giration, révolution : Vitr. 10, 2, 10 [poulie]; 10, 9, 7 [roue dentée] ¶ **2** circonlocution, procédé détourné : *circumitione quadam deos tollens* Cic. Div. 2, 40, supprimant par un certain détour l'existence des dieux, cf. *Div.* 2, 127.

circŭĭtor, ōris, m., c. ▶ *circitor* ‖ secte de gens qui circulaient de tous côtés en exigeant le martyre : Fil. 85.

1 **circŭĭtus**, *a*, *um*, part. de *circueo*.

2 **circŭĭtŭs**, ūs, m. ¶ **1** action de faire le tour, marche circulaire : *circuitus solis orbium* Cic. Nat. 2, 49, les révolutions du Soleil autour de la Terre [les 365 jours de l'année] ‖ détour : *circuitu milium quinquaginta* Caes. G. 1, 41, 4, en faisant un détour de 50 milles ‖ retour périodique [d'une maladie] : *tertianarum febrium certus circuitus* Cels. 3, 5, 2, la fièvre tierce revient à date fixe ¶ **2** circuit, tour, enceinte : *vallum pedum in circuitu XV milium* Caes. G. 2, 30, 1, fossé de 15000 pieds de tour ‖ *minorem circuitum habere* Caes. C. 3, 44, 5, embrasser un moindre pourtour ‖ espace libre laissé autour d'un bâtiment : Varr. L. 5, 22 ¶ **3** [rhét.] **a)** période : Cic. Or. 204 **b)** circonlocution, périphrase : *loqui aliquid per circuitus* Mart. 11, 15, 8, employer des périphrases, cf. Quint. 8, 6, 59 ; 10, 1, 12.

circŭīvī, parf. de *circueo*.

circŭlāris, *e* (*circulus*), circulaire : Capel. 6, 660 ‖ *circularis numerus* Isid. 3, 7, 5, nombre dont le carré se termine par le même chiffre [ex. 6 × 6 = 36].

circŭlātim, adv. (*circulo*), en rond : Cael.-Aur. Acut. 2, 29, 153 ‖ par groupes : Suet. Caes. 84, 5.

circŭlātĭo, ōnis, f. (*circulor*), orbite, circuit [que décrit un astre] : Vitr. 9, 1, 8 ‖ v. ▶ *circumlatio*.

circŭlātor, ōris, m. (*circulor*), charlatan : Cels. 5, 27, 3; Sen. Ben. 6, 11, 2; [en parl. d'un philosophe] Sen. Ep. 29, 7; [d'un rhéteur] Hier. Ep. 53, 7 ‖ *circulator auctionum* Poll. d. Cic. Fam. 10, 32, 3, brocanteur, habitué des ventes ‖ badaud : Sidon. Ep. 1, 14, 4.

circŭlātōrĭum, *ii*, n., métier de charlatan : Gloss. 2, 217, 43.

circŭlātōrĭus, *a*, *um* (*circulator*), de charlatan : *circulatoria jactatio* Quint. 2, 4, 45, vantardise de charlatan.

circŭlātrix, īcis, f. (*circulator*), coureuse : Priap. 19, 1 ‖ adj., *lingua circulatrix* Mart. 10, 3, 2, langue de charlatan.

circŭlātus, *a*, *um*, part. de *circulo* et de *circulor*.

circŭlō, ās, āre, āvī, ātum (*circulus*; it. *cerchiare*), tr., arrondir : *circulare digitos* Apul. Flor. 89, 6, former un cercle avec ses doigts; *circulatus gressus* Cael.-Aur. Chron. 1, 1, 19, la marche en rond.

circŭlor, āris, ārī, ātus sum (*circulus*), intr., former groupe : Caes. C. 1, 64; *videt circulantem judicem* Cic. Brut. 200, il voit les juges converser par petits groupes ‖ réunir un cercle de personnes autour de soi [pour parler devant elles] : Sen. Ep. 40, 3 ‖ faire le charlatan, parader : Sen. Ep. 52, 8, ceux qui dans les réunions privées font les charlatans, cf. Ep. 40, 3.

circŭlum, *i*, n., c. ▶ *circulus* : Gloss. 3, 368, 74.

circŭlus, *i*, m. (dim. de *circus*; fr. *cercle*) ¶ **1** cercle : Cic. Nat. 2, 47 ‖ cercle, zone du ciel : Varr. L. 9, 18; *circulus lacteus* Plin. 18, 230, la Voie lactée ‖ révolution d'un astre : *stellae circulos suos conficiunt* Cic. Rep. 6, 15, les étoiles accomplissent leurs révolutions ‖ cycle de temps : *paschalis circulus* Isid. 6, 17, 3, le cycle pascal ¶ **2** objet de forme circulaire : *circulus corneus* Suet. Aug. 80, anneau de corne; *circulus auri obtorti* Virg. En. 5, 559, collier d'or torsadé ‖ gâteau : Varr. L. 5, 106 ¶ **3** cercle, assemblée, réunion : *sermo in circulis est liberior* Cic. Att. 2, 18, dans les cercles on a la parole plus libre, cf. Balb. 57; de Or. 1, 159; Liv. 3, 17, 10; *circulus pullatus* Quint. 2, 12, 10, réunion de pauvres diables.

circum (*circus*)

I adv. ¶ **1** autour, à l'entour : *quae circum essent opera tueri* Caes. C. 2, 10, 1, voir quels étaient les ouvrages construits à l'entour; *turbati circum milites* Tac. An. 1, 65, tout autour les soldats en désordre; *una undique circum fundimur* Virg. En. 3, 635, tous à la fois nous l'environnons de toutes parts; *circum undique* Gell. 4, 5, 3, de toutes parts, de tous côtés ¶ **2** des deux côtés : *aram amicitiae effigiesque circum Caesaris ac Sejani censuere* Tac. An. 4, 74, on décréta un autel à l'amitié, (entouré) avec de part et d'autre les statues de Tibère et de Séjan.

II prép. avec acc. ¶ **1** autour de : *terra circum axem se convertit* Cic. Ac. 2, 123, la terre tourne autour de son axe ‖ *hunc circum Arctoe duae feruntur* Cic. Nat. 2, 105, autour de lui tournent les deux Ourses ‖ *templa quae circum forum sunt* Cic. Opt. 10, les temples qui entourent le forum (qui forment le pourtour du...) ¶ **2** à la ronde, dans des endroits divers, successivement : *pueros circum amicos dimittit* Cic. Quinct. 25, il dépêche des esclaves à tous ses amis à la ronde; *eos circum omnia provinciae fora rapiebat* Cic. Verr. 4, 76, il les entraînait successivement dans tous les centres d'assises de la province; *concursare circum tabernas* Cic. Cat. 4, 17, courir de boutique en boutique, faire le tour des boutiques; *circum oram maritimam misit ut* Liv. 29, 24, 9, par toute la côte il envoya l'ordre de ¶ **3** à proximité de, dans le voisinage de : *circum haec loca commorabor* Cic. Att. 3, 17, 2, je m'arrêterai près de ces lieux (dans le voisinage); *legiones quae circum Aquileiam hiemabant* Caes. G. 1, 10, 3, les légions qui avaient leurs quartiers d'hiver dans les parages d'Aquilée; *urbes quae circum Capuam sunt* Cic. Agr. 1, 20, les villes qui sont dans les alentours de Capoue (qui avoisinent...) ¶ **4** auprès de qqn, dans l'entourage de qqn : *eos qui circum illum sunt* Cic. Att. 9, 9, 4, ceux qui l'accompagnent (son entourage); *Hectora circum pugnas obibat* Virg. En. 6, 166, aux côtés d'Hector, il prenait part aux combats.

circumactĭo, ōnis, f. (*circumago*), [astron.] mouvement circulaire : Vitr. 9, 8, 15 ‖ [rhét.] tournure périodique : Gell. 17, 20, 4.

1 **circumactus**, *a*, *um*, part. de *circumago*.

2 **circumactŭs**, ūs, m., action de tourner : *ad faciliorem circumactum rotarum* Plin. 28, 141, pour faciliter le mouvement des roues; *circumactum angustiae non capiunt* Plin. 8, 201, l'étroitesse du passage ne permet pas de se retourner ‖ révolution [astron.] : *caeli circumactus* Sen. Nat. 7, 2, 2, la révolution du ciel.

circumadjăcĕo, ēs, ēre, -, -, intr., se tenir autour : Aug. Trin. 12, 15, 24.

circumadsisto, v. ▶ *-assisto*.

circumadspĭcĭo, *is*, *ere*, -, -, tr., regarder autour de soi : Plin. 8, 121.

circumaedĭfĭcō, ās, āre, -, -, tr., entourer de constructions : Vulg. Jer. 3, 2 ‖ [fig.] barrer la vue à, intercepter : Hier. Ezech. 39, 1.

circumaggĕrō, ās, āre, -, ātum, tr., amasser autour, rechausser : *fimo circumaggeratae radices* Plin. 19, 68, racines chaussées de fumier.

circumăgō, *is*, *ere*, ēgī, actum, tr. ¶ **1** mener (pousser) tout autour, faire faire le tour : *impera suovetaurilia circumagi* Cat. Agr. 141, 1, ordonne que les suovétauriles fassent le tour [de la propriété] ‖ *sulcum circumagere* Varr. L. 5, 143, mener (tracer) un sillon tout autour ‖ [avec deux acc.] *fundum meum suovetaurilia circumagi jussi* Cat. Agr. 141, 2, j'ai ordonné qu'on conduise autour de ma propriété les suovétauriles ‖ *se circumagere (circumagi)*, se porter tout autour, effectuer un circuit : *quacumque se classis circumegerat per litorum anfractus* Liv. 38, 7, 3, sur quelque point que se portât la flotte après un circuit le long des sinuosités du rivage; *circumacta inde ad alterum insulae latus* Liv. 27, 6, 14, [la flotte] ayant fait le tour pour se porter de là sur l'autre côté de l'île (sur la côte opposée) ‖ [en parl. des esclaves] *circum-*

agi, être affranchi [parce que le maître, tenant l'esclave par la main droite, le faisait tourner sur lui-même en signe d'affranchissement]: Sen. *Ep.* 8, 7 ¶ **2** faire tourner, retourner: *frenis equos* Liv. 1, 14, 6, tourner bride; *circumacto agmine* Liv. 3, 8, 8, la colonne ayant fait demi-tour; *circumagit aciem* Liv. 42, 64, 5, il fait faire volte-face à son armée; *cum superato promuntorio ad moenia urbis circumagere classem vellent* Liv. 31, 45, 14, alors que, ayant doublé le promontoire, ils voulaient tourner la flotte vers les murailles de la ville; *cervicem* Sen. *Ep.* 74, 4, tourner la tête ‖ *se circumagere (circumagi)*, se tourner, se retourner: *circumagente se vento* Liv. 37, 16, 4, le vent tournant; *vita in contrarium circumacta* Sen. *Ep.* 122, 13, une existence qui se tournait en sens inverse des autres (menée à rebours); *circumagetur hic orbis* Liv. 42, 42, 6, ce cercle des événements tournera en sens inverse (les affaires changeront de face) ¶ **3** [fig.] *se circumagere (circumagi)*, accomplir une révolution: *circum tribus actis annis* Lucr. 5, 883, après trois ans révolus; *circumactis decem et octo mensibus* Liv. 9, 33, 4, après dix-huit mois révolus, cf. 3, 8, 1; 26, 40, 1; *in ipso conatu rerum circumegit se annus* Liv. 9, 18, 14, les opérations étaient dans leur plein développement quand l'année s'est écoulée, cf. 24, 8, 8; *prius se aestas circumegit quam* Liv. 23, 39, 4, l'été se passa sans que... ‖ *cum videamus tot varietates tam volubili orbe circumagi* Plin. *Ep.* 4, 24, 6, quand nous voyons tant d'événements divers se dérouler dans une révolution si rapide ¶ **4** *circumagi*, être poussé de côté et d'autre, [ou] se porter de côté et d'autre: *dux huc illuc clamoribus hostium circumagi* Tac. *H.* 3, 73, le chef était porté tantôt d'un côté tantôt de l'autre par les cris des ennemis (les cris des ennemis le ballottaient...); *nil opus est te circumagi* Hor. *S.* 1, 9, 17, il n'est pas nécessaire que tu te promènes de côté et d'autre; *(spiritus) hoc atque illo circumagitur* Sen. *Nat.* 6, 14, 4, l'air s'agite en tous sens ‖ [fig.] *alieni momentis animi circumagi* Liv. 39, 5, 3, se laisser aller à l'aventure sous l'impulsion d'une volonté étrangère; *rumoribus vulgi* Liv. 44, 34, 4, se laisser mener par les propos de la foule.

circumambĭō, *īs, īre, -, -,* tr., entourer: Hier. *Ep.* 124, 5.

circumambŭlō, *ās, āre, -, -,* tr., faire le tour de: Paul. d. Dig. 41, 2, 3.

circumambŭrō, *ĭs, ĕre, -, -,* tr., brûler tout autour: Hil. *Trin.* 10, 45.

circumămĭcĭō, *īs, īre, -, mictum,* tr., envelopper de toutes parts: Vulg. *Apoc.* 4, 4; Aug. *Ep.* 36, 22.

circumămictus, *a, um,* part. de *circumamicio*.

circum amplectŏr, circumamplectŏr, *tĕrĭs, tī, plexus sum,* tr., embrasser, entourer: *circum est ansas amplexus acantho* Virg. *B.* 3, 45, il entoura les anses d'une acanthe, cf. *En.* 5, 312.

circumăpĕrĭō, *ĭs, īre, -, -,* tr., ouvrir tout autour [chirurg.]: Cels. 6, 19, 3.

circumărō, *ās, āre, āvī, -,* tr., entourer en labourant: Liv. 2, 10, 12.

circumaspĭcĭō, v. *circumadspicio*.

circumassistō, *ĭs, ĕre, -, -,* intr., se tenir autour: Novel.-Just. 18, 7.

circumaufĕrō, *fers, ferre, abstŭlī, -,* tr., supprimer totalement: Aug. *Hept.* 4, 59, 2.

circumcaesūra, *ae,* f., contour [des corps]: Lucr. 3, 219; Arn. 3, 13.

circumcalcō, *ās, āre, āvī, -,* tr., couvrir en foulant: Col. 5, 6, 8; Grom. 141, 16.

circumcellĭo, *ōnis,* c. circellio : Cod. Th. 16, 5, 52.

circumcelliōnĭcus, *a, um,* relatif aux moines ambulants: Aug. *Petil.* 2, 92, 208.

circumcīdănĕum vinum, n. (*circumcido*), vin du deuxième pressurage: Cat. *Agr.* 23, 4, cf. Col. 12, 36.

circumcīdō, *ĭs, ĕre, cīdī, cīsum* (*circum, caedo*; fr. *circoncire*), tr. ¶ **1** couper autour, tailler, rogner: *ars agricolarum, quae circumcidit, amputat* Cic. *Fin.* 5, 39, l'art du cultivateur qui élague, retranche; *circumcidere cespites gladiis* Caes. *G.* 5, 42, 3, découper des mottes de gazon avec l'épée; *ungues* Cels. 7, 26, 2, tailler les ongles ‖ [en part.] circoncire: Petr. 102, 14; Vulg. *Gen.* 17, 10; *circumcidere Judaeis filios suos permittitur* Dig. 48, 8, 11 pr., il est permis [par un rescrit] aux Juifs de circoncire leurs fils ‖ [chrét., fig.] purifier: Hil. *Trin.* 1, 13 ¶ **2** [fig.] supprimer, réduire, diminuer: *circumcisa omni inanitate* Cic. *Fin.* 1, 44, en supprimant toutes les idées vaines; *sumptus circumcisi aut sublati* Liv. 32, 27, 4, les dépenses furent réduites ou même supprimées ‖ [rhét.] élaguer, retrancher: *circumcidat si quid redundabit* Quint. 10, 2, 27, qu'il retranche tout ce qui sera superflu.

circumcingō, *ĭs, ĕre, cinxī, cinctum,* tr., encercler, enfermer de toutes parts: Vitr. 2, 6, 5; 8, 2, 6; Sil. 10, 2.

circumcircā, adv., tout à l'entour: Pl. *Aul.* 468; *regiones circumcirca prospicere* Sulpic. *Fam.* 4, 5, 4, examiner tout le pays d'alentour.

circumcircō, *ās, āre, -, -,* tr., parcourir en tous sens: Amm. 31, 2, 23.

circumcīsē, adv., avec concision: Quint. 8, 3, 81; Suet. *Gram.* 30, 3.

circumcīsīcĭus, *a, um,* Varr. *R.* 1, 54, 3, c. *circumcidaneus,* v. *circumcidaneum vineum*.

circumcīsĭō, *ōnis,* f. (*circumcido*), circoncision: Lact. *Inst.* 4, 17, 1 ‖ [fig.] purification spirituelle: Lact. *Inst.* 4, 17, 10 ‖ l'ensemble des circoncis, les Juifs: Tert. *Praescr.* 23, 9.

circumcīsŏr, *ōris,* m. (*circumcido*), celui qui circoncit: Mercat. *Subn.* 8, 16.

circumcīsōrĭum, *ĭi,* n. (*circumcido*), instrument pour faire des incisions circulaires: Veg. *Mul.* 1, 26, 2.

circumcīsūra, *ae,* f. (*circumcido*), entaille circulaire [faite à un arbre]: Plin. 16, 219.

circumcīsus, *a, um* ¶ **1** part. de *circumcido* ¶ **2** pris adjᵗ, abrupt, escarpé: *collis ex omni parte circumcisus* Caes. *G.* 7, 36, 5, colline à pic de tous côtés, cf. Cic. *Verr.* 4, 107 ‖ [fig.] raccourci, court, concis: *quid tam circumcisum quam hominis vita longissima?* Plin. *Ep.* 3, 7, 11, quoi de plus court que la vie la plus longue?; *orationes circumcisae et breves* Plin. *Ep.* 1, 20, 4, discours concis et brefs.

circumclāmātus, *a, um* (*circum, clamo*), *ora circumclamata procellis* Sidon. *Carm.* 2, 506, rivage enveloppé des clameurs de la tempête.

circumclaudō, *ĭs, ĕre, -, -,* tr., Amm. 15, 11, 3; Cael.-Aur. *Chron.* 4, 7, 103, c. *circumcludo*.

circumclausus, **-clūsus**, *a, um,* part. de *circumclaudo, -cludo*.

circumclūdō, *ĭs, ĕre, clūsī, clūsum,* tr., enclore de toutes parts: *cornua ab labris argento circumcludunt* Caes. *G.* 6, 28, 6, ils garnissent d'argent les bords des cornes; *duobus circumcludi exercitibus* Caes. *C.* 3, 30, 7, se laisser investir par deux armées ‖ [fig.] Cic. *Cat.* 1, 7; 2, 14.

circumclūsĭō, *ōnis,* f., entourage: Cosmogr. 2, 41.

circumcŏla, *ae,* m., f., avoisinant, voisin [en parl. de personnes]: Tert. *Scorp.* 3, 7.

circumcŏlō, *ĭs, ĕre, -, -,* tr., habiter autour, le long de: Liv. 5, 33, 10 ‖ **circumcŏlentes**, *ĭum,* m. pl., riverains: Ulp. *Dig.* 43, 11, 1.

circumcordĭālis, *e* (*circum cor*), qui est autour du cœur: Tert. *Anim.* 15, 5.

circumcŭmŭlō, *ās, āre, -, -,* tr., accumuler autour: Stat. *Th.* 10, 655.

circumcurrō, *ĭs, ĕre, -, -,* intr., faire le tour, le pourtour: Vitr. 4, 6, 3; *linea circumcurrens* Quint. 1, 10, 41, ligne qui termine une surface, périphérie ‖ [fig.] *ars circumcurrens* Quint. 2, 21, 7, art ambulant [qui s'applique à tous les sujets] ‖ [avec acc. d'objet intern.] *circumcurrere circulum suum* Capel. 8, 814, accomplir sa révolution.

circumcursĭō, *ōnis,* f., action de courir çà et là: Apul. *M.* 9, 13.

circumcursō, *ās, āre, āvī, ātum* (fréq. de *circumcurro*) ¶ **1** intr., courir autour: Lucr. 4, 400 ‖ courir de côté et d'autre, à la ronde: *hac illac circumcursa* Ter. *Haut.* 512, cours de tous les côtés ¶ **2** tr., courir autour de (*aliquem,* de qqn): Catul. 68, 133 ‖ parcourir à la ronde: *omnia circumcursavi* Pl. *Ru.* 223, j'ai tout parcouru.

circumdatio

circumdătĭo, ōnis, f. (*circumdo*), action d'entourer: Aug. *Psalm.* 134, 13.

circumdătus, a, um, part. de *circumdo*.

circumdĕdī, parf. de *circumdo*.

circumdō, dās, dăre, dĕdī, dătum, tr. ¶ 1 placer autour: *ligna et sarmenta* Cic. *Verr.* 1, 69, disposer tout autour du bois et des fagots de sarment; *fossa valloque circumdatis* Liv. 36, 45, 8, un fossé et une palissade ayant été établis à l'entour; *turres toto opere circumdedit* Caes. *G.* 7, 72, 4, sur toute l'étendue de l'ouvrage il éleva un cercle de tours ¶ 2 [avec dat.] *rei rem circumdare*: *fossam latam cubiculari lecto* Cic. *Tusc.* 5, 59, établir un large fossé autour de son lit; *murum urbi* Liv. 41, 20, 6, construire un mur autour de la ville; *torquem collo circumdedit suo* Liv. 7, 10, 11, il passa le collier autour de son cou; *contioni satellites armatos* Liv. 34, 27, 5, disposer des satellites armés autour de l'assemblée ‖ *cancellos quos mihi ipse circumdedi* Cic. *Quinct.* 36, les barrières dont je me suis moi-même entouré; *circumdare principi ministeria* Tac. *H.* 2, 59, [mettre autour du prince] constituer au prince ses services; *pavidi supremis suis secretum circumdant* Tac. *An.* 16, 25, les craintifs entourent de mystère leurs derniers moments; *egregiam famam paci circumdedit* Tac. *Agr.* 20, il entoura la paix d'un excellent renom ‖ [poét.] *Sidoniam picto chlamydem circumdata limbo* Virg. *En.* 4, 137, [Didon] s'étant revêtue d'une chlamyde tyrienne avec frange brodée ¶ 3 [avec abl.] *aliquid (aliquem) aliqua re*, entourer qqch. (qqn) de qqch.: *oppidum vallo et fossa circumdedi* Cic. *Fam.* 15, 4, 10, j'ai entouré la place d'une palissade et d'un fossé; *reliquos equitatu circumdederant* Caes. *G.* 4, 32, 5, ils avaient cerné le reste avec leur cavalerie; *aurum circumdatum argento* Cic. *Div.* 2, 134, de l'or avec de l'argent à l'entour (pièces d'or entourées de pièces d'argent); *provincia insulis circumdata* Cic. *Flac.* 27, province environnée d'îles; *urbs prope ex omnibus partibus flumine et palude circumdata* Caes. *G.* 7, 15, 5, ville défendue presque de tous côtés par le cours d'eau et le marais ‖ *ubi Parius lapis circumdatur auro* Virg. *En.* 1, 593, quand le marbre de Paros est entouré d'or; *ipse agresti duplici amiculo circumdatus* Nep. *Dat.* 3, 2, lui-même revêtu d'un mantelet rustique à double étoffe; *circumdata tempora vittis* Ov. *M.* 13, 643, les tempes entourées de bandelettes ‖ [fig.] *quoniam exiguis quibusdam finibus totum oratoris munus circumdedisti...* Cic. *de Or.* 1, 264, puisque tu as enfermé (circonscrit) toute la fonction de l'orateur dans certaines limites bien étroites; *stimulabat Claudium Britannici pueritiam robore circumdaret* Tac. *An.* 12, 25, il pressait Claude de mettre à côté de l'enfance de Britannicus un appui solide ‖ [rare] *Thasius lapis piscinas nostras circumdat* Sen. *Ep.* 86, 6, la pierre de Thasos entoure (revêt) nos piscines, cf. Sil. 12, 506 ‖ [part. pass. avec acc.] *Venus obscuro faciem circumdata nimbo* Virg. *En.* 12, 416, Vénus s'étant enveloppé le corps d'un nuage obscur ¶ 4 [avec deux acc.] *duas partes terrae circumdato radices vitis* Cat. *Agr.* 114, 1, entoure les racines de la vigne de deux tiers de terre; [au pass.] *infula virgineos circumdata comptus* Lucr. 1, 87, la bandelette mise autour de sa coiffure virginale; *collem multa opera circumdata* Sall. *H.* 1, 122, de nombreux ouvrages militaires furent établis autour de cette colline.

circumdŏlātus, a, um, part. de *circumdolo*.

circumdŏlens, tis (*circum, doleo*), causant une douleur générale: Cael.-Aur. *Acut.* 2, 14, 92.

circumdŏlō, ās, āre, -, ātum, tr., tailler tout autour [avec une doloire]: Plin. 16, 133 [fig.] retrancher: Ambr. *Luc.* 3, 2.

circumdūco, ĭs, ĕre, dūxī, ductum, tr. ¶ 1 conduire autour: *aratrum* Cic. *Phil.* 2, 102, mener la charrue autour d'un espace, tracer un cercle [l'enceinte d'une ville] avec la charrue; *flumen Dubis, ut circino circumductum* Caes. *G.* 1, 38, 4, le fleuve du Doubs, comme mené tout autour avec le compas; *portum Ostiae exstruxit, circumducto dextra sinistraque bracchio* Suet. *Cl.* 20, il bâtit un port à Ostie en établissant un môle à droite et à gauche sur tout le pourtour; *rei alicui aliquid*, mener qqch. autour de qqch.: *aetas orbes habet circumductos majores minoribus* Sen. *Ep.* 12, 6, l'existence comporte des cercles concentriques, les plus grands entourant les plus petits ¶ 2 entourer, faire un cercle autour: *oppida quae prius erant circumducta aratro* Varr. *L.* 5, 143, les villes qui autrefois avaient leur enceinte tracée par la charrue; *umbra hominis lineis circumducta* Plin. 35, 15, ombre humaine dont on a tracé les contours ‖ *litteras subjicit circumducitque* Suet. *Aug.* 87, 3, il écrit au-dessous de la ligne les lettres excédentes du mot et les entoure d'un cercle [les rattache par un cercle au mot] ¶ 3 conduire en cercle (par un mouvement tournant), conduire par un détour: *cohortibus longiore itinere circumductis* Caes. *G.* 3, 26, 2, les cohortes étant menées par un assez long détour (C. 1, 28, 4); *imperat Laelio ut per colles circumducat equites* Liv. 28, 33, 11, il commande à Laelius de mener la cavalerie par un mouvement tournant le long des collines; *circumducto cornu* Liv. 23, 40, 11, l'aile ayant opéré un mouvement tournant; *ad latus Samnitium circumducere alas* Liv. 10, 29, 9, porter la cavalerie par un détour sur le flanc des Samnites ‖ [abs¹] *praeter castra hostium circumducit* Liv. 34, 14, 1, il contourne le camp ennemi ‖ emmener par un détour, détourner: *aquam* Frontin. *Aq.* 75, détourner chez soi l'eau d'une propriété ¶ 4 conduire partout à la ronde: *eos qua vellent circumduci jussit* Liv. 30, 29, 2, il ordonna qu'on les conduisît à la ronde partout où ils voudraient, cf. 45, 44, 7; Tac. *H.* 3, 54 ‖ [avec deux acc.] *eos Pompeius omnia sua proesidia circumduxit* Caes. *C.* 3, 61, 1, Pompée les promena dans tous les postes, cf. Pl. *Most.* 843; Frontin. *Strat.* 3, 15, 4 ¶ 5 [emplois figurés]: *aliquem* Pl. *As.* 97, duper, attraper, circonvenir qqn; *aliquem aliqua re* Pl. *Bac.* 311; 1183; *Poen.* 976, escroquer qqch. à qqn ‖ entourer qqch. d'un cercle comme signe d'annulation, annuler, biffer: Dig. 42, 1, 45 pr. ‖ [gram.] allonger une syllabe dans la prononciation: Quint. 12, 10, 33 ‖ [rhét.] développer qqch.: *si quid longius circumduxerunt* Quint. 10, 2, 17, s'ils se sont étendus un peu trop longuement; *cum sensus unus longiore ambitu circum ducitur* Quint. 9, 4, 124, quand une seule pensée est développée en une phrase assez longue ‖ *diem per aliquid circumducere* Suet. *Ner.* 41, passer la journée à s'occuper de qqch..

▶ impér. arch. *circumduce* Pl. *As.* 97; *Mil.* 221; *Most.* 843.

circumductĭo, ōnis, f. (*circumduco*) ¶ 1 action de conduire autour: *circumductiones aquarum* Vitr. 8, 6, 5, conduites d'eau ‖ circonférence [du cercle]: Hyg. *Astr.* 1, 2 ¶ 2 [fig.] escroquerie: Pl. *Cap.* 1031; v. *circumduco* ¶ 5 ‖ période [rhét.]: Quint. 11, 3, 39.

circumductīvus, a, um, formant le cercle: Ps. Boet. *Geom.* 2, p. 423.

circumductŏr, ōris, m., celui qui conduit d'un lieu dans un autre: *Tert. Val.* 10, 4.

circumductum, i, n. (*circumductus*), période [rhét.]: Quint. 9, 4, 22.

1 **circumductus**, a, um, part. de *circumduco*.

2 **circumductŭs**, ūs, m., pourtour, contour: Quint. 1, 10, 43 ‖ mouvement circulaire: Macr. *Somn.* 2, 1, 5.

circumduxī, parf. de *circumduco*.

circumēgī, parf. de *circumago*.

circumĕō (**circŭĕō**), ĭs, īre, ĭī (īvī), circumĭtum (circŭĭtum), intr. et tr., ¶ 1 aller autour (en faisant un cercle), tourner autour **a)** intr., *ut circumit sol* Plin. *Ep.* 5, 6, 31, selon que le Soleil tourne; *ut sciamus, utrum mundus terra stante circumeat an mundo stante terra vertatur* Sen. *Nat.* 7, 2, 3, pour que nous sachions si la Terre étant immobile le monde tourne autour ou si le monde étant immobile, c'est la Terre qui se meut **b)** tr., *equites circumitis hostium castris...* Caes. *G.* 3, 25, 2, les cavaliers ayant tourné autour du camp des ennemis...; *aras* Ov. *M.* 7, 04, tourner autour de l'autel; *cum illi tantum agri decerneretur, quantum arando uno die circumire potuisset* Sen. *Ben.* 7, 7, 5, comme on lui décernait tout le terrain qu'il pourrait embrasser (encercler) dans un jour avec la charrue ; *Alexander, dum circumit muros* Sen. *Ep.* 59, 12, Alexandre, pendant qu'il faisait le tour des murs ; *Arruns Camillam circuit* Virg. *En.* 11, 761, Arruns voltige autour de Camille ¶ **2 a)** intr., faire un mouvement tournant, un détour : *non ante apparuere quam circumiere qui ab tergo intercluderent viam* Liv. 27, 27, 4, ils ne se montrèrent pas avant que n'eût été achevé le mouvement tournant de ceux qui avaient mission de couper la route par-derrière ; *eum parte dextra tumuli circumire, donec... jubet* Liv. 27, 18, 15, il lui ordonne de faire un mouvement tournant par la droite de la hauteur jusqu'à ce que... ; *si rectum limitem rupti torrentibus pontes incidererint, circumire cogemur* Quint. 2, 13, 16, si la rupture des ponts du fait des torrents coupe le chemin direct, nous serons contraints de faire un détour **b)** tr., contourner, tourner [pour prendre à revers] : *cum equites nostrum cornu circumire vellent* Cic. *Fam.* 10, 30, 3, la cavalerie voulant tourner notre aile, cf. Caes. *C.* 3, 93, 6 ; *partem circumire exteriores munitiones jubet* Caes. *G.* 7, 87, 4, il ordonne à une partie de la cavalerie de contourner les fortifications faisant face à l'extérieur ; *equitatus hostium ab utroque cornu circumire aciem nostram incipit* Caes. *C.* 2, 41, 5, la cavalerie ennemie commence à tourner notre ligne de bataille sur les deux ailes, cf. 3, 93, 3 ; 3, 94, 4 ∥ [d'où] entourer, envelopper, cerner : *cohortes circumibant et ab acie excludebant* Caes. *C.* 2, 41, 6, ils cernaient les cohortes et les coupaient du gros de l'armée ; *reliqui ne circumirentur veriti* Caes. *G.* 7, 67, 6, les autres craignant d'être enveloppés ; *totius belli fluctibus circumiri* Cic. *Phil.* 13, 20, être entouré (environné) par tous les flots de la guerre ¶ **3** aller à la ronde, aller successivement d'un endroit à un autre ou d'une personne à une autre **a)** intr., *Furnius et Lentulus una nobiscum circumierunt* Cael. *Fam.* 8, 11, 2, Furnius et Lentulus ont fait avec moi le tour des sénateurs [pour les solliciter] ; *ipse equo circumiens unumquemque nominans appellat* Sall. *C.* 59, 5, lui-même, circulant à cheval, il adresse la parole à chaque soldat en l'appelant par son nom ; *quare circumirent, suas quisque contraheret copias* Nep. *Eum.* 9, 2, qu'ils s'en aillent donc partout à la ronde et que chacun réunisse ses troupes ; *Romulus circumibat docebatque* Liv. 1, 9, 14, Romulus allait de l'une à l'autre et leur montrait... ; *ne ducem circumire hostes notarent* Liv. 7, 34, 15, pour que les ennemis ne remarquent pas que le chef est parti en reconnaissance **b)** tr., *circumire ordines* Caes. *C.* 2, 41, 2, parcourir les rangs des soldats ; *manipulos* Caes. *C.* 1, 71, 1, parcourir les manipules ; *omnia templa deum circumiit* Liv. 38, 51, 13, il entra successivement dans tous les temples des dieux ; *praedia* Cic. *Caecin.* 94 ; *populos utriusque gentis* Liv. 4, 56, 5, visiter (parcourir) des propriétés les peuples des deux nations ; *circuitis omnibus hibernis* Caes. *G.* 5, 2, 2, ayant fait le tour (l'inspection) de tous les camps d'hiver ; *reliquum anni circumeundis Italiae urbibus consumpsit* Liv. 30, 24, 4, il employa le reste de l'année à parcourir les villes de l'Italie ∥ [en part.] faire des démarches de sollicitation : *circumire et prensare patres* Liv. 1, 47, 7, aller voir à la ronde et solliciter les sénateurs ¶ **4** [fig.] exprimer avec des détours : *quod recte dici potest, circumimus amore verborum* Quint. 8, pr. 24, ce qui peut se dire directement, nous l'exprimons avec des détours par amour des mots ; *res plurimae carent appellationibus, ut eas necesse sit transferre aut circumire* Quint. 12, 10, 34, un grand nombre d'idées n'ont pas de termes propres, en sorte qu'il faut les exprimer nécessairement par des métaphores ou par des périphrases ; *Vespasiani nomen suspensi et vitabundi circumibant* Tac. *H.* 3, 37, avec hésitation et précaution on tournait autour du nom de Vespasien [sans le prononcer] ∥ circonvenir, duper : Pl. *Ps.* 899 ; Ter. *Phorm.* 614.

▶ inf. passif *circumirier* Pl. *Curc.* 451.

circŭmĕquĭtō, ās, āre, āvī, ātum, tr., chevaucher autour de, faire à cheval le tour de : Liv. 10, 34, 7 ; 29, 7, 15.

circŭmerrō, ās, āre, -, - ¶ **1** intr., errer autour : *turba lateri circumerrat* Sen. *Contr.* 2, 1, 7, une foule vagabonde autour de lui ¶ **2** tr., circuler autour de (*aliquem*) : Virg. *En.* 2, 599 ∥ *tempora quae Saturnus circumerrat* Apul. *Mund.* 29, temps pendant lequel s'accomplit la révolution de Saturne ¶ **3** [abs^t] *circumerrant Furiae* Sil. 13, 604, les Furies courent çà et là.

circŭmĕundus, a, um, de *circumeo*.

circumfartus, a, um (*circum,. farcio*), garni tout autour : Plin. 17, 98.

circumfĕrens, entis, part. prés. à sens réfléchi, *linea circumferens* Grom. 5, 10, ligne qui va en cercle, circonférence.

circumfĕrentia, ae, f., circonférence, cercle : Apul. *Flor.* 18.

circumfĕrō, fers, ferre, tŭlī, lātum, tr. ¶ **1** porter autour, mouvoir circulairement : *ter Troius heros immanem aerato circumfert tegmine silvam* Virg. *En.* 10, 887, trois fois le héros troyen fait tourner autour de lui, avec son bouclier d'airain, la forêt formidable de traits qui y est enfoncée ; *clipeum ad ictus circumferre* Curt. 9, 5, 1, tourner son bouclier pour l'opposer aux coups ∥ [pass. sens réfléchi] *circumferri*, se mouvoir autour : *sol ut circumferatur* Cic. *de Or.* 3, 178, en sorte que le Soleil se meut autour [de la Terre] ; *non defertur, quod circumfertur* Sen. *Nat.* 7, 29, 3, ce n'est pas descendre que se mouvoir circulairement ∥ [relig.] purifier un champ en portant tout autour les victimes : Cat. *Agr.* 141 [d'où] purifier par aspersion circulaire : Virg. *En.* 6, 229 ¶ **2** porter à la ronde, faire passer de l'un à l'autre, faire circuler : *circumfer mulsum* Pl. *Pers.* 821, fais circuler du vin au miellé ; *codicem* Cic. *Verr.* 2, 104 ; *tabulas* Cic. *Balb.* 11, faire passer de main en main un registre ; *humani corporis sanguinem vino permixtum in pateris* Sall. *C.* 22, 1, faire passer à la ronde (faire circuler) dans des coupes du sang humain mélangé de vin ; *caput ejus praefixum hastae circumtulit* Suet. *Caes.* 85, [le peuple] promena sa tête au bout d'une pique ; *infantem per omnium dearum templa circumferens* Suet. *Cal.* 25, portant l'enfant successivement dans les temples de toutes les déesses ; *nec alia ex causa principiorum libri circumferuntur quam quia...* Plin. *Ep.* 2, 5, 12, et la seule raison pour laquelle on fait circuler les manuscrits de commencements d'ouvrages, c'est que... ; *ad singulas urbes arma circumferre* Liv. 28, 3, 1, porter la guerre dans toutes les villes l'une après l'autre 1, 38, 4 ; *circumferendo passim bello* Liv. 9, 41, 6, en promenant la guerre de tous côtés ∥ [fig.] *huc atque illuc acies circumtulit* Virg. *En.* 12, 558, il promena ses regards de tous côtés ; *terrorem circumferre* Tac. *An.* 2, 52, répandre partout la terreur ∥ colporter, faire connaître partout, publier en tout lieu : *senatus consultum per omnes Peloponnesi urbes circumtulerunt* Liv. 43, 17, 2, ils firent publier le sénatus-consulte dans toutes les villes du Péloponnèse ; *Siculorum querellae domos nobilium circumlatae* Liv. 26, 29, 5, les plaintes des Siciliens colportées dans toutes les maisons des citoyens influents ; *novi aliquam quae se circumferat esse Corinnam* Ov. *Am.* 2, 17, 29, je connais une femme qui se fait passer partout pour Corinne ¶ **3** [chrét.] porter avec soi, posséder, avoir : *homo circumferens mortalitatem suam* Aug. *Conf.* 1, 1, 1, l'homme traînant avec soi sa condition mortelle.

circumfīgō, ĭs, ĕre, -, fixum, tr., enfoncer autour : Cat. *Agr.* 20, 1 ∥ crucifier à droite et à gauche de qqn (*alicui*) : Tert. *Marc.* 4, 42, 4.

circumfingō, ĭs, ĕre, finxī, fictum, tr., faire autour : Tert. *Anim.* 23, 3.

circumfīnĭō, īs, īre, -, -, tr., délimiter : Iren. 2, 1, 4.

circumfirmō, ās, āre, -, -, tr., fortifier tout autour : *Col. 4, 17, 7.

circumflăgrō, ās, āre, -, -, intr., brûler autour, à la ronde : Avien. *Arat.* 274.

circumflectō, ĭs, ĕre, flexī, flexum, tr. ¶ **1** décrire autour [en parl. des chars dans l'arène] : Virg. *En.* 5, 131 ¶ **2** marquer d'un accent circonflexe, prononcer [une syllabe] longue : Gell. 4, 7, 2.

circumflĕō, ēs, ēre, -, -, intr., pleurer tout autour : Aug. *Psalm.* 33, 2, 14.

circumflexē, adv., avec l'accent circonflexe : Gell. 4, 7, 4.

circumflexĭlis, e (circumflecto), marqué de l'accent circonflexe : Macr. Exc. 5, 634, 12.

circumflexio, ōnis, f., action d'entourer : Macr. Somn. 1, 12, 1.

1 **circumflexus**, a, um, part. de circumflecto.

2 **circumflexŭs**, abl. ū, m., ligne circulaire, circonférence : Plin. 2, 1.

circumflō, ās, āre, -, - ¶ 1 intr., souffler autour : *circumflantibus Austris* Stat. Th. 11, 42, tandis que l'Auster souffle tout autour ¶ 2 [fig.] tr., *circumflari ab omnibus ventis invidiae* Cic. Verr. 3, 98, être battu de tous les côtés par les vents de la malveillance.

circumflŭens, tis ¶ 1 part. de circumfluo ¶ 2 pris adj¹ a) surabondant : *circumfluens oratio* Cic. Brut. 203, éloquence débordante b) circulaire : Apul. M. 9, 11.

circumflŭentĭa, ae, f., surabondance : Aug. Lib. 3, 25, 77.

circumflŭō, ĭs, ĕre, flūxī, fluxum, intr. et tr., couler autour.
I intr. ¶ 1 couler tout autour, déborder [rare] : *in poculis repletis addito umore minimo circumfluere quod supersit* Plin. 2, 163, [on voit] que dans les coupes pleines la moindre addition de liquide fait déborder ce qui est en trop ¶ 2 [fig.] être largement pourvu de, regorger de : *omnibus copiis* Cic. Lae. 52, regorger de richesses de toute espèce ; *gloria* Cic. Att. 2, 21, 3, être tout environné de gloire ; *circumfluens colonorum exercitu* Cic. Mur. 49, ayant en abondance des troupes de colons ∥ [rhét.] *circumfluens oratio* Cic. Brut. 203, éloquence débordante.
II tr. ¶ 1 entourer d'un flot (d'un courant) : *utrumque latus circumfluit aequoris unda* Ov. M. 13, 779, la mer baigne les deux côtés ; *Cariam circumfluunt Maeander et Orsinus* Plin. 5, 108, le Méandre et l'Orsinus entourent la Carie ¶ 2 [fig.] entourer en grand nombre : Varr. R. 2, 9, 2 ; 3, 13, 3 ; Luc. 3, 431 ; Petr. 5, 15 ∥ *(secundae res) quae circumfluunt vos* Curt. 10, 2, 22, la prospérité qui vous environne.

circumflŭus, a, um, qui coule autour : Ov. M. 1, 30 ; 15, 739 ; *alicui rei* Stat. Th. 2, 5, autour de qqch. ∥ entouré d'eau : *insula circumflua Thybridis alti* Ov. M. 15, 624, île qu'environne le Tibre profond, cf. Tac. An. 6, 37 ∥ [fig.] entouré, bordé : *chlamys circumflua limbo Maeonio* Stat. Th. 6, 540, manteau bordé d'une frange méonienne ∥ en surabondance : Prud. Ham. 333.

circumfŏdĭō, ĭs, ĕre, fōdī, fossum, tr., creuser autour : Cat. Agr. 161 ∥ *circumfodere arbores* Plin. 17, 248, entourer les arbres d'un fossé.
▶ inf. prés. pass. *circumfodiri* : Col. 5, 9, 12.

circumfŏrānĕus, a, um (circum, forum), qui est à l'entour du forum : *aes circumforaneum* Cic. Att. 2, 1, 11, dettes contractées chez les banquiers qui entourent le forum ∥ qui court les marchés, forain : *pharmacopola circumforaneus* Cic. Clu. 40, apothicaire ambulant, charlatan ∥ qu'on transporte partout, mobile : Apul. M. 4, 13.

circumfŏrātus, a, um (circum, foro), percé autour : Plin. 17, 252.

circumfŏrmō, ās, āre, -, - (circum, formo), tr., délimiter : Mar. Vict. Philipp. 2, 6.

circumfossĭo, ōnis, f., action de creuser autour : Aug. Serm. 72, 3.

circumfossŏr, ōris, m., celui qui creuse autour : Plin. 17, 227.

circumfossūra, ae, f., action de creuser autour : Plin. 17, 247.

circumfossus, a, um, part. de circumfodio.

circumfŏvĕō, ēs, ēre, fōvī, - (circum, foveo), tr., protéger : Max. 98.

circumfractus, a, um, brisé autour : *circumfracti colles* Amm. 29, 4, 5, collines abruptes.

circumfrĕmō, ĭs, ĕre, ŭī, tr. et intr., faire du bruit autour : *aves nidos circumfremunt* Sen. Marc. 7, 2, les oiseaux font grand bruit autour de leurs nids.

circumfrĭcō, ās, āre, -, -, tr., frotter autour : Cat. Agr. 26.

circumfulcĭō, ĭs, īre, -, -, tr., soutenir autour : Tert. Pall. 5, 3.

circumfulgĕō, ēs, ēre, fulsī, -, tr., briller autour : Plin. 2, 101.

circumfundō, ĭs, ĕre, fūdī, fūsum, tr., répandre autour : Cat. Agr. 93 ¶ 1 [surtout au pass. de sens réfléchi] *circumfundi*, se répandre autour, *alicui rei*, de qqch. : *edocent parvae insulae circumfusum amnem* Liv. 21, 27, 4, ils lui apprennent que le fleuve entoure une petite île ; *circumfusum mare urbi* Liv. 30, 9, 12, la mer qui entoure la ville ∥ [avec acc.] *caput circumfuso igni* Liv. 1, 41, 3, par un feu répandu tout autour de la tête ¶ 2 [en parl. des pers.] *se circumfundere*, surtout *circumfundi*, se répandre tout autour : *toto undique muro circumfundi* Caes. G. 7, 28, 2, se répandre de toutes parts pour garnir le pourtour des murs ; *equites magna multitudine circumfusa iter impedire incipiunt* Caes. C. 1, 63, 3, les cavaliers se répandant en foule tout autour commencent à entraver sa marche ∥ [avec dat.] *Hannoni Afrisque se circumfudere (equites)* Liv. 29, 34, 14, (les cavaliers) enveloppèrent Hannon et les Africains ; *circumfundebantur obviis* Liv. 22, 7, 11, elles se pressaient autour des arrivants qu'elles rencontraient ; *circumfusa turba lateri meo* Liv. 6, 15, 9, la foule qui se presse à mes côtés ∥ [abs¹] *circumfudit eques* Tac. An. 3, 46, la cavalerie les enveloppa ∥ [avec acc.] *circumfundi aliquem* B.-Afr. 78, 4 ; Liv. 22, 30, 2, se répandre autour de qqn, entourer qqn ∥ [en parl. d'une seule pers.] *circumfundi alicui* Ov. M. 4, 360, embrasser qqn, enlacer qqn ; *aliquem* Lucr. 1, 39 ∥ [fig.] *undique circumfusis molestiis* Cic. Tusc. 5, 121, les chagrins venant de toutes parts fondre sur moi ; *circumfusae undique voluptates* Liv. 30, 14, 6, les plaisirs qui nous environnent (nous assiègent) de toutes parts ¶ 3 [milit.] *in cornibus circumfudit decem milia equitum* Liv. 21, 55, 2, sur les ailes il étendit (déploya) dix mille cavaliers ¶ 4 entourer : *terram crassissimus circumfundit aer* Cic. Nat. 2, 17, l'air le plus épais entoure la terre ; *terra circumfusa undique est hac animabili spirabilique natura* Cic. Nat. 2, 91, la terre est environnée complètement de cet élément qui fait vivre et qu'on respire ∥ *aliquem cera* Nep. Ages. 8, 7, entourer un mort de cire ; *circumfudit me multo splendore luxuria* Sen. Tranq. 1, 9, le luxe m'a enveloppé de sa splendeur éclatante ∥ entourer, cerner, envelopper : *praefectum castrorum et legionarias cohortes circumfundunt* Tac. An. 12, 38, ils enveloppent un préfet du camp et les cohortes légionnaires (H. 2, 19 ; 4, 20 ; An. 13, 40 ∥ [surtout au pass.]. *illis publicorum praesidiorum copiis circumfusus* Cic. Mil. 71, entouré de ce déploiement de la force publique ; *ut ne magna quidem multitudine munitionum praesidia circumfundi possent* Caes. G. 7, 74, 1, pour empêcher même une grande multitude d'ennemis de cerner les défenseurs des fortifications ; *circumfusus libris* Cic. Fin. 3, 7, entouré de livres ; *circumfusi caligine* Cic. Tusc. 1, 45, enveloppés des ténèbres de l'ignorance.

circumfūsĭo, ōnis, f. (circumfundo), action de se répandre autour, d'envelopper : Firm. Math. 1, praef. 5 ; Oros. Hist. 1, 2, 69.

circumfūsus, a, um, part. de circumfundo.

circumgarrĭens, entis, qui bavarde autour : *falsiloquia circumgarrientia* Mamert. Anim. 2, 9, calomnies qui se débitent autour de nous.

circumgĕlātus, a, um, part. de circumgelo.

circumgĕlō, ās, āre, āvī, ātum, tr., geler, épaissir autour : Tert. Anim. 23, 6 ; Plin. 13, 120.

circumgĕmō, ĭs, ĕre, -, -, intr., gronder autour : Hor. Epo. 16, 51.

circumgestātŏr, ōris, m., colporteur : CIL 2, 3442.

circumgestō, ās, āre, -, -, tr., colporter : *epistulam* Cic. Q. 1, 2, 6, faire circuler une lettre.

circumglŏbātus, a, um, enroulé autour : Plin. 9, 154.

circumgrĕdĭor, dĕrĭs, dī, gressus sum (circum, gradior), tr., faire le tour de : Amm. 16, 12, 59 ∥ faire un mouvement tournant : Tac. An. 2, 17 ‖ [fig.] attaquer de tous côtés, investir : Sall. Mithr. 21 ; Tac. An. 2, 25.

circumgressus, *a, um*, part. de *circumgredior*.

circumgressŭs, *ūs*, m., course, voyage autour : Amm. 22, 2, 3 ‖ [fig.] circonférence, pourtour : Amm. 22, 8, 30.

circumgȳrātĭo, *ōnis*, f., mouvement circulaire : Dion.-Exig. Greg. Nyss. Creat. 24.

circumgȳrō, *ās, āre*, -, -, intr., tourner autour : Veg. Mul. 1, 26, 2.

circumhăbĭtātōres, *um*, m., habitants du voisinage : Gloss. 2, 403, 37.

circumhăbĭtō, *ās, āre*, -, -, intr., habiter dans le voisinage : Cassiod. Psalm. 30, 16.

circumhŭmātus, *a, um*, inhumé autour : Amm. 22, 12, 8.

circumĭcĭo, ▶ *circumjicio*.

circumĭens, *ĕuntis*, part. de *circumeo*.

circumincīdō, *ĭs, ĕre*, -, -, tr., inciser autour : Cass. Fel. 67.

circumincīsĭo, *ōnis*, f., incision circulaire : Cael.-Aur. Chron. 2, 1, 11.

circuminjĭcĭō, *ĭs, ĕre*, -, -, tr., placer autour : Liv. 25, 36, 5 [ms. *P*] ; ▶ *circumjicio*.

circuminsĭdĭor, *ārĭs, ārī*, -, intr., tendre des pièges autour : Aug. Psalm. 139, 11.

circuminspĭcĭo, *ĭs, ĕre*, -, -, tr., examiner tout autour : Aug. Maxim. 1, 3.

circumĭtĭo, ▶ *circuitio*.

circumĭtŏr, ▶ *circitor*.

circumĭtus, *a, um*, part. de *circumeo*.

circumĭtŭs, *ūs*, m. [meilleur mss] Cic. Nat. 1, 29 ; 2, 49 ; Rep. 1, 45 ; Varr. R. 1, 5, 4, ▶ *circuitus*.

circumjăcĕō, *ēs, ēre*, -, -, intr. ¶ 1 être étendu autour : Cael. d. Quint. 4, 2, 123 ¶ 2 être placé auprès, autour : *circumjacentes populi* Tac. An. 2, 72, les peuples voisins, cf. Liv. 35, 23, 9 ; *quaeque Europae circumjacent* Liv. 37, 54, 11, et les régions d'Europe avoisinantes ‖ [avec dat.] Apul. Socr. 23.

circumjăcĭō, *ĭs, ĕre*, -, -, VL. Ezech. 32, 3, ▶ *circumjicio*.

circumjectĭo, *ōnis*, f. ¶ 1 action d'agiter en tous sens : Cael.-Aur. Acut. 1, 2, 31 ¶ 2 enveloppe : Arn. 2, 43.

circumjectus, *a, um* ¶ 1 part. de *circumjicio* ¶ 2 pris subst^t, **circumjecta**, *ōrum*, n., le pays d'alentour : Tac. An. 1, 21.

circumjectŭs, *ūs*, m. ¶ 1 action d'envelopper, d'entourer : Cic. poet. Nat. 2, 65 ¶ 2 enceinte, pourtour : *circumjectus arduus* Cic. Rep. 2, 11, enceinte élevée ; *circumjectus parietum* Plin. 11, 270, pourtour des murs ¶ 3 vêtement : Varr. L. 5, 132.

circumjĭcĭō, *ĭs, ĕre*, *jēcī*, *jectum* (*circum, jacio*), tr. ¶ 1 placer autour : Caes. G. 2, 6, 2 ; *circumjicere vallum* Liv. 25, 36, 5 [mss sauf *P*, ▶ *circuminjicio*] placer un retranchement autour ; *circumjecti custodes* Tac. An. 6, 19, gardes placés autour ; [avec dat.] *alicui rei* Liv. 38, 19, 5, placer autour de qqch. ; [avec acc.] *anguis vectem circumjectus* Cic. Div. 2, 62, serpent enroulé autour d'un verrou de porte ¶ 2 envelopper : Cic. Tim. 26 ; Tac. An. 2, 11.

circumlābens, *tis* (1 *labor*), qui tourne autour : Luc. 6, 484.

circumlambō, *ĭs, ĕre*, -, -, tr., lécher autour : Plin. 11, 171.

circumlăquĕō, *ās, āre*, -, -, tr., tendre autour [un filet] : Grat. 29.

circumlātīcĭus, *a, um*, portatif : Sidon. Ep. 2, 2, 17.

circumlātĭō, *ōnis*, f. (*circumfero*) ¶ 1 action de porter ou de conduire autour : Tert. Marc. 4, 12, 12 ; Serv. En. 6, 229 ¶ 2 action de se mouvoir en cercle : Vitr. 9, 1, 15.

circumlātŏr, *ōris*, m. (*circumfero*), celui qui porte çà et là : Tert. Marc. 1, 19, 1.

circumlātrātŏr, *ōris*, m., qui aboie autour : *Oceanus circumlatrator orbis* Avien. Or. 391, l'Océan qui rugit autour du globe.

circumlātrātŭs, *ūs*, m., aboiement, grondement autour : Juvc. 4, 535.

circumlātrō, *ās, āre*, -, -, tr., aboyer autour : *catulus circumlatrans leonem* Amm. 22, 16, 16, petit chien qui aboie après un lion, cf. Sen. Marc. 22, 5 ; *domus nostra quae circumlatratur injuriis* Symm. Ep. 8, 17, ma famille contre laquelle aboie de toutes parts l'injustice.

circumlātus, *a, um*, part. de *circumfero*.

circumlăvō, *ās, āre*, -, -, et *ĭs, ĕre*, -, -, tr., baigner : *Aegyptus quam Nilus circumlavat* Hyg. Fab. 276, l'Égypte baignée par le Nil ; *quod fluctibus circumlavitur* Sall. d. Non. 10, 2, qui est baigné par les flots.

circumlĕgō, *ĭs, ĕre*, -, -, intr., côtoyer : Vulg. Act. 28, 13.

circumlēvĭgō, *ās, āre*, -, -, tr., adoucir [les bords du dessin d'une pièce mécanique] : Vitr. 10, 11, 4.

circumlĕvō, *ās, āre*, -, -, tr., lever autour : Cael.-Aur. Acut. 2, 37, 194.

circumlĭgātus, *a, um*, part. de *circumligo*.

circumlĭgō, *ās, āre*, *āvī*, *ātum*, tr., lier autour : *(natam) circumligat mediae hastae* Virg. En. 11, 555, il attache sa fille au milieu du javelot ‖ *aliquid, aliquem aliqua re*, entourer qqch., qqn de qqch. : Cat. Agr. 40, 2 ; Cic. Div. 2, 66 ; Liv. 21, 8, 10 ; Stat. Th. 8, 677.

circumlĭnĭō, *īs, īre*, -, -, **circumlĭnō**, *ĭs, ĕre*, -, *lĭtum*, tr., oindre, enduire autour : *circumliniendus erit oculus pice* Col. 6, 17, 9, il faudra enduire de poix le pourtour de l'œil ; *quo* [abl. n.] *labra doliorum circumlines* Cat. Agr. 107, 1, tu enduiras de ce produit tout le bord des tonneaux ; *cera mortui circumliti* Cic. Tusc. 1, 108, cadavres enduits de cire ‖ *aliquid alicui rei*, appliquer qqch. sur le pourtour de qqch. : Ov. M. 3, 373 ; Plin. 22, 103 ; 24, 22 ‖ [fig.] Quint. 12, 9, 8 ; 1, 11, 6 ; 8, 5, 26.

▶ *circumlinio*, *īre* se trouve chez Col. 6, 16, 3 ; 6, 17, 9 ; Quint. 1, 11, 6.

circumlītĭo, *ōnis*, f. (*circumlino*), action d'oindre, d'enduire autour : Plin. 24, 40 ‖ application de vernis sur les statues : *tantum circumlitioni ejus tribuebat* Plin. 35, 133, tant il estimait son talent de coloriste.

circumlĭtus, *a, um*, part. de *circumlino*.

circumlŏcūtĭo, *ōnis*, f., circonlocution, périphrase : *circumlocutio poetica* Gell. 3, 1, 5, périphrase poétique ‖ **circumlŏquĭum**, *Isid. 1, 36, 15.

circumlŏquŏr, *ĕrĭs, lŏquī, lŏcūtus sum*, intr., user de périphrases : Aug. Nupt. 2, 17, 7.

circumlūcens, *tis*, jetant de l'éclat tout autour : Sen. Marc. 2, 5.

circumlŭō, *ĭs, ĕre*, -, -, tr., baigner autour : *pars arcis mari circumluitur* Liv. 25, 11, 1, la citadelle est en partie baignée par la mer.

circumlustrō, *ās, āre*, *āvī*, *ātum*, tr., parcourir : Sil. 1, 298.

circumlŭvĭo, *ōnis*, f., Cic. de Or. 1, 173, **circumlŭvĭum**, *ii*, n., Isid. 14, 8, 42, circonluvion [désagrégation du sol par l'eau et formation d'îlot].

circummĕō, *ās, āre*, *āvī*, - ¶ 1 intr., faire un détour, errer : Tert. Pall. 1, 2 ¶ 2 tr., parcourir : *civitates* Ps. Acr. Hor. P. 136, aller de ville en ville.

circummētĭor, *īrĭs, īrī*, -, -, tr., mesurer autour [pass.] : *si duae columnae circummetientur* Vitr. 4, 4, 3, si on mesure la circonférence de deux colonnes.

circummingō, *ĭs, ĕre*, *minxi*, -, tr., uriner sur, compisser : Petr. 57, 3.

circummissus, *a, um*, part. de *circummitto*.

circummittō, *ĭs, ĕre*, *mīsī*, *missum*, tr. ¶ 1 envoyer par un contour, faire faire un mouvement tournant : *Perseum cum modica manu circummisit* Liv. 40, 22, 13, il chargea Persée avec une faible troupe de tourner la ville ; *jugo circummissus Veiens* Liv. 2, 50, 10, les Véiens ayant contourné le versant de la montagne ¶ 2 envoyer à la ronde : *legationes in omnes partes* Caes. G. 7, 63, 1, envoyer des ambassades de tous côtés ; *scaphas circummisit* Liv. 29, 25, 7, il envoya des chaloupes à tous les navires à la ronde.

circummoenio, [arch.] ▶ *circummunio* : *circummoeniti sumus* Pl. Cap. 254, nous voilà enfermés de tous côtés.

circummoveo

circummŏvĕō, ēs, ēre, -, -, tr., mouvoir autour : *circummovere digitos* Cael.-Aur. *Acut.* 2, 10, 70, agiter les doigts en tous sens.

circummūgĭō, īs, īre, -, -, tr., mugir autour : Stat. *Th.* 7, 753.

circummulcens, *tis*, qui caresse de tous les côtés : Plin. 28, 30.

circummūnĭō, īs, īre, īvī, ītum, tr., entourer d'une clôture, enclore : *pomarium maceria* Col. 5, 10, 1, enclore un verger d'un mur en pierres sèches ǁ entourer d'ouvrages, bloquer : *Uticam vallo* Caes. *C.* 1, 81, 6, établir autour d'Utique une ligne de circonvallation, cf. *G.* 2, 30, 2 ; ▶ *circummoenio*.

circummūnītĭō, ōnis, f., circonvallation, ouvrages de circonvallation : Caes. *C.* 1, 19, 4.

circummūnītus, *a*, *um*, part. de *circummunio*.

circummūrālĕ, *is*, n. (*circum muros*), enceinte de fortifications : Hier. *Is.* 26, 1.

circummūrānus, *a*, *um* (*circum muros*), qui est autour des murs : *perferre bella circummurana* Amm. 14, 6, 4, supporter des guerres à ses portes.

circumnāvĭgō, ās, āre, āvī, -, tr., naviguer autour : Vell. 2, 106, 3.

circumnectō, ĭs, ĕre, -, -, tr., envelopper (d'un réseau) : Amm. 19, 7, 7.

circumnŏtātus, *a*, *um*, peint à l'entour : *circumnotata animalia* Apul. *M.* 11, 24, dessins d'animaux exécutés tout autour.

circumobrŭō, ĭs, ĕre, -, -, tr., couvrir de terre tout autour : Plin. 19, 83.

circumornātus, *a*, *um*, orné tout autour : Vulg. *Psal.* 143, 12.

circumpădānus, *a*, *um* (*circum Padum*), qui avoisine le Pô : Liv. 21, 35, 9 ǁ qui vient des bords du Pô : *lanae circumpadanae* Plin. 8, 190, laines des bords du Pô.

circumpăvītus, *a*, *um* (*circum, pavio*), battu, foulé tout autour : Plin. 12, 58.

circumpĕdes (-pĕdīles), m. pl. (*circum pedes*), vêtement sacerdotal : Vulg. *Eccli.* 45, 10.

circumpendens, adv., suspendu autour : Aug. *Psalm.* 87, 15.

circumpēs, ▶ *circumpedes*.

circumpĕtītus, *a*, *um*, attaqué autour : *Arn. 4, 35.

circumplaudō, ĭs, ĕre, plausī, -, tr., applaudir autour : *manibus circumplaudere tuorum* Ov. *Tr.* 4, 2, 49, tu seras applaudi de tous côtés par les tiens, cf. Stat. *Th.* 10, 201.

circumplectō, ĭs, ĕre, -, *plexum* [arch.], tr., entourer, embrasser : *meum collum circumplecte* Pl. *As.* 696, jette-toi à mon cou, cf. Cat. *Agr.* 21, 2 ; Gell. 15, 1, 6.

circumplectŏr, tĕrĭs, tī, *plexus sum*, tr. ¶ 1 embrasser : *arbor quam circumplecti nemo possit* Plin. 19, 63, arbre que personne ne pourrait embrasser, cf. Cic. *Phil.* 13, 12 ¶ 2 ceindre, entourer : *collem opere circumplecti* Caes. *G.* 7, 83, entourer la colline d'une ligne d'investissement ¶ 3 [fig.] saisir : *animum meum imago quaedam circumplectitur* Gell. 10, 3, 8, une véritable vision frappe mon esprit.

circumplexĭō, ōnis, f. (*circumplecto*), action d'embrasser : Gril. *Rhet.* 601, 12.

circumplexŏr, ārĭs, ārī, -, tr., embrasser : Ps. Fulg.-R. *Serm.* 10.

1 circumplexus, *a*, *um*, part. de *circumplecto* et de *circumplector*.

2 circumplexŭs, abl. *ū*, m., action d'envelopper : Plin. 8, 32.

circumplĭcātus, *a*, *um*, part. de *circumplico*.

circumplĭcō, ās, āre, āvī, ātum, tr. ¶ 1 envelopper de ses replis : *si anguem vectis circumplicavisset* Cic. *Div.* 2, 62, si c'était la barre qui s'était entortillée autour du serpent ; *circumplicatus aliqua re* Cic. *Div.* 1, 49, enlacé de (par) qqch. ¶ 2 rouler autour, *aliquid alicui rei* : Gell. 17, 9, 14.

circumplumbō, ās, āre, -, -, tr., entourer de plomb : Cat. *Agr.* 20, 2.

circumpōnō, ĭs, ĕre, pŏsŭī, pŏsĭtum, tr., mettre autour : Cat. *Agr.* 93 ; Lucr. 6, 1027 ; *nemus quod navali stagno circumposuit* Tac. *An.* 14, 15, le bois qu'il [Auguste] avait planté autour de sa naumachie ǁ servir sur table à la ronde : Hor. *S.* 2, 4, 75.

circumpŏsĭtĭō, ōnis, f. (*circumpono*), action de mettre autour : Aug. *Ep.* 262, 9.

circumpŏsĭtus, *a*, *um*, part. de *circumpono*.

circumpōtātĭō, ōnis, f., action de boire à la ronde : Cic. **Leg.* 2, 60.

circumprōjĭcĭō, ĭs, ĕre, -, -, tr., répandre autour : Cael.-Aur. *Acut.* 2, 37.

circumpulsō, ās, āre, -, -, tr., *lituis aures circumpulsantur* Stat. *Th.* 8, 228, les oreilles sont frappées du bruit des trompettes.

circumpungō, ĭs, ĕre, -, -, tr., piquer tout autour : Mar. Vict. *Gram.* 6, 23, 11.

circumpurgō, ās, āre, āvī, ātum, tr., nettoyer autour : Cels. 7, 12, 1.

circumpurpŭrātus, *a*, *um* (*circum, purpura*), tout entouré de pourpre : Iren. 1, 13.

circumpŭtātus, *a*, *um*, découpé autour : P. Fest. 23, 9.

circumquāquĕ, adv., tout à l'entour : Aug. *Conf.* 3, 10.

circumrādō, ĭs, ĕre, rāsī, rāsum, tr., racler, gratter autour : Cels. 7, 12, 2.

circumrāsĭō, ōnis, f., action de racler autour : Plin. 17, 246.

circumrāsus, *a*, *um*, part. de *circumrado*.

circumrētĭō, ĭs, īre, īvī, ītum, tr., entourer d'un filet, comme d'un filet : Arn. 5, 41 ; Lact. *Opif.* 14, 2 ǁ [fig.] prendre comme dans un filet : Cic. *Verr.* 5, 150.

circumrētītus, *a*, *um*, part. de *circumretio*.

circumrōdō, ĭs, ĕre, rōsī, rōsum, tr., ronger autour : Plin. 35, 12 ǁ [fig.] *circumrodo quod devorandum est* Cic. *Att.* 4, 5, 1, je grignote ce qu'il faudrait avaler [= je tergiverse] ; *dente Theonino circumroditur* Hor. *Ep.* 1, 18, 82, il est déchiré par la dent maligne de Théon.

circumrōrans, *antis* (*circum, roro*), aspergeant à l'entour : Apul. *M.* 11, 23.

circumrŏtō, ās, āre, -, -, tr., faire tourner : *circumrotare machinas* Apul. *M.* 9, 11, tourner la meule.

circumrumpō, ĭs, ĕre, -, -, tr., rompre, arracher autour : Dosith. 7, 434, 29.

circumsaepĭō, ĭs, īre, saepsī, saeptum, tr., clore à l'entour : Cat. *Agr.* 46, 1 ǁ entourer : *armatis corpus circumsaepsit* Liv. 1, 49, 2, il s'entoura de gardes ; *loca circumsaepta parietibus* Col. 1, 6, 4, lieux clos de murs ǁ assiéger : Prud. *Psych.* 753 ǁ [fig.] *circumsaepti ignibus* Cic. *Har.* 45, entourés de feux.

circumsaeptus, *a*, *um*, part. de *circumsaepio*.

circumsaevĭō, īs, īre, -, -, intr., se déchaîner autour : Greg.-M. *Ep.* 12, 32.

circumsaltans, *antis*, qui danse autour : Prud. *Sym.* 1, 135.

circumscalptus, *a*, *um*, gratté, frotté autour : Plin. 20, 32.

circumscărĭphō, ās, āre, -, ātum, tr., scarifier, inciser autour : Plin. 30, 21.

circumscindō, ĭs, ĕre, -, -, tr., déchirer autour : *eo infestius circumscindere lictor* Liv. 2, 55, 5, plus le licteur s'acharnait à lui arracher ses vêtements.

circumscrībō, ĭs, ĕre, scrīpsī, scrīptum, tr., tracer une ligne autour, circonscrire ¶ 1 [au pr.] *orbem* Cic. *Fin.* 5, 23, décrire un cercle ; *lineas extremas umbrae* Quint. 10, 2, 7, tracer les contours d'une ombre ; *virgula aliquem circumscribere* Cic. *Phil.* 8, 23, avec une baguette tracer un cercle autour de quelqu'un ¶ 2 [fig.] enclore, borner, limiter qqch. : *exiguum nobis vitae curriculum natura circumscripsit* Cic. *Rab. perd.* 30, il est étroit, le champ d'existence que nous a tracé la nature ; *illi quibus quasi circumscriptus est habitandi locus* Cic. *Par.* 18, ceux auxquels on a pour ainsi dire délimité un lieu d'habitation ; *mente circumscribitur sententia* Cic. *Or.* 200, l'esprit fixe le contour de la pensée ; *terminis aliquid circumscribere* Cic. *de Or.* 1, 70, entourer qqch. de limites (circonscrire qqch.), cf. *Arch.* 29 ; *de Or.* 2, 67 ; *certi et circumscripti verborum ambitus* Cic. *Or.* 38, périodes aux contours précis ¶ 3 limiter, restreindre : *gulam et ventrem* Sen. *Ep.* 108, 14, se restreindre sur la bouche et les plaisirs sensuels ; *senatus, credo, praetorem eum circumscripsisset* Cic. *Mil.* 88, le sénat, j'imagine, aurait maintenu sa préture dans les bornes, cf. *Att.* 7, 9, 2 ; Caes. *C.* 1, 32, 6 ; *parata de circumscribendo adulescente sententia consularis* Cic. *Phil.* 13, 19, la motion d'un consulaire était toute prête pour fixer des limites au jeune homme [Octave] = pour lui interdire l'accès du territoire de la république en le déclarant *hostis* ; *circumscriptus a senatu Antonius* Cic. *Phil.* 2, 53, les pouvoirs d'Antoine bloqués par le sénat ¶ 4 envelopper, circonvenir, tromper : *captiosis interrogationibus circumscripti atque decepti* Cic. *Ac.* 2, 46, embarrassés et trompés par des questions captieuses ‖ *adulescentulos circumscribere* Cic. *Phil.* 14, 7, circonvenir des jeunes gens [les voler par abus de confiance] ; *ab Roscio HS CCCC circumscriptus* Cic. *Com.* 24, circonvenu de cinquante mille sesterces par Roscius ‖ détourner une loi de son vrai sens (l'interpréter faussement) : Dig. 4, 3, 18 ; [un testament] Plin. *Ep.* 8, 18, 4 ¶ 5 écarter, éliminer [d'un procès, d'une discussion] : *hoc omni tempore Sullano ex accusatione circumscripto* Cic. *Verr.* 1, 43, tout ce temps de Sylla étant retranché de l'accusation ; *uno genere circumscribere habetis in animo genus hoc aratorum* Cic. *Verr.* 2, 149, vous avez l'intention par ce seul moyen juridique d'éliminer cette classe des cultivateurs, cf. *Fin.* 3, 31.

circumscriptē, adv. (*circumscriptus*), avec des limites précises : *singulas res circumscripte complectimur* Cic. *Nat.* 2, 147, nous embrassons chaque idée avec précision ‖ [rhét.] en phrases périodiques : Cic. *Or.* 221 ‖ sommairement : Lact. *Inst.* 5, 14, 8.

circumscriptĭo, ōnis, f. (*circumscribo*) ¶ 1 cercle tracé : Cic. *Phil.* 8, 23 ¶ 2 espace limité, borne : *circumscriptio terrae* Cic. *Tusc.* 1, 45, l'étendue de la terre ; *temporis* Cic. *Nat.* 1, 21, espace de temps ¶ 3 [rhét.] encerclement de mots (περίοδος), phrase, période : Cic. *Or.* 204, cf. *ipsa natura circumscriptione quadam verborum comprendit sententiam* Cic. *Brut.* 34, d'elle-même la nature enferme la pensée dans un cercle de mots déterminé ¶ 4 tromperie, duperie : Sen. *Ep.* 82, 22 ‖ *circumscriptio adulescentium* Cic. *Off.* 3, 61, action de duper (d'abuser) les jeunes gens, cf. *Clu.* 46.

circumscriptŏr, ōris, m., trompeur, dupeur : Cic. *Cat.* 2, 7 ‖ qui revient sur, qui annule : Tert. *Marc.* 1, 27, 1.

circumscriptus, a, um, part. de *circumscribo* ‖ pris adj^t, circonscrit, délimité étroitement : *brevis et circumscripta quaedam explicatio* Cic. *de Or.* 1, 189, une explication courte et concise ‖ *(vis) pressior et circumscriptior et adductior* Plin. *Ep.* 1, 16, 4, (une force) plus resserrée, plus ramassée, plus contenue.

circumsĕcō, ās, āre, -, *sectum*, tr., couper autour : Cat. *Agr.* 114, 1 ; Col. 6, 6, 4 ; 7, 5, 13 ‖ [en parl. de la circoncision] : Suet. *Dom.* 12 ‖ *(serrula) qua illud potuisse ita circumsecari videretur* Cic. *Clu.* 180, (une scie) avec laquelle on voyait que dans l'armoire avait pu être pratiquée une ouverture circulaire.

circumsectus, a, um, part. de *circumseco*.

circumsĕcŭs, adv., tout autour : Apul. *M.* 2, 14.

circumsĕdĕō, ēs, ēre, sēdi, sessum, tr. ¶ 1 être assis autour : *florentes amicorum turba circumsedet* Sen. *Ep.* 9, 9, les amis se pressent en foule autour de l'homme florissant ¶ 2 entourer : Cic. *Cat.* 4, 3 ; Liv. 6, 6, 11 ¶ 3 assiéger, bloquer : *qui Mutinam circumsedent* Cic. *Phil.* 7, 21, ceux qui investissent Modène ‖ [fig.] assiéger, circonvenir : *muliebribus blanditiis circumsessus* Liv. 24, 4, 4, circonvenu par des caresses de femme.

circumsēpărō, ās, āre, -, -, tr., séparer tout autour : Cael.-Aur. *Chron.* 2, 4, 74.

circumsēpĭo, v. *circumsaepio*.

circumseptus, c. *circumsaeptus*.

circumsĕrō, ĭs, ĕre, -, -, tr., semer autour : Plin. 21, 72.

circumsessĭo, ōnis, f. (*circumsedeo*), siège, investissement : Cic. *Verr.* 1, 83.

circumsessus, a, um, part. de *circumsedeo*.

circumsīdō, ĭs, ĕre, -, -, tr., établir un blocus autour de : Liv. 9, 21, 6 ; 36, 13, 7 ; Tac. *An.* 3, 38.

circumsignō, ās, āre, āvi, -, tr., faire une marque autour : Col. 5, 11, 19.

circumsĭlĭō, īs, īre, -, - (*circum, salio*) ¶ 1 intr., sauter tout autour : Catul. 3, 9 ¶ 2 tr., assaillir de toutes parts : Juv. 10, 218.

circumsistō, ĭs, ĕre, stĕtī (stĭtī rare, cf. Tac. *H.* 3, 31) ¶ 1 intr., s'arrêter autour, auprès : Pl. *As.* 618 ‖ se tenir auprès, autour : Cic. *Verr.* 5, 142 ; Caes. *C.* 2, 42 ¶ 2 tr., entourer : *eum omnes Arverni circumsistunt* Caes. *G.* 7, 8, 4, tous les Arvernes s'empressent autour de lui ‖ [en part.] entourer pour attaquer : Caes. *G.* 7, 43 ‖ [fig.] envelopper, envahir : *me circumstetit horror* Virg. *En.* 2, 559, l'épouvante s'empara de moi.
▶ les formes du parf. -*steti* confondues avec celles de *circumsto*.

circumsĭtus, a, um, circonvoisin : Amm. 2, 3, 6.

circumsolvō, ĭs, ĕre, -, -, tr., délier autour : Dosith. 7, 434, 15.

circumsŏnō, ās, āre, ŭī, ātum ¶ 1 intr., retentir autour, retentir de : *locus qui circumsonat ululatibus* Liv. 39, 10, 7, lieu qui retentit de hurlements ; *talibus aures tuas vocibus circumsonare* Cic. *Off.* 3, 5, [il est utile] que tes oreilles retentissent de semblables propos (que de semblables propos retentissent à tes oreilles) ; *circumsonantes loci* Vitr. 5, 8, lieux retentissants [où il y a un écho] ¶ 2 tr., retentir autour de, faire retentir autour de : *clamor hostes circumsonat* Liv. 3, 28, 3, le cri de guerre retentit autour des ennemis ; *Rutulus murum circumsonat armis* Virg. *En.* 8, 474, le Rutule fait retentir ses armes autour des murs ; *Scythico circumsonor ore* Ov. *Tr.* 3, 14, 47, l'accent scythe retentit autour de moi.

circumsŏnus, a, um, qui retentit autour : Ov. *M.* 4, 723 ‖ qui retentit de : Stat. *Th.* 7, 261.

circumspargo, v. *circumspergo*.

circumspectābĭlis, e (*circumspecto*), digne d'être regardé, important : Cassian. *Coll.* 7, 32, 2.

circumspectātŏr, ōris, m., espion : Quer. 76.

circumspectātrix, īcis, f., celle qui regarde autour, qui espionne : Pl. *Aul.* 41.

circumspectē, adv. (*circumspectus*), avec circonspection, avec prudence : Quint. 9, 2, 69 ; Gell. 9, 10, 6 ‖ soigneusement : *circumspecte indutus* Gell. 1, 5, 2, ayant une mise soignée ‖ *circumspectius* Sen. *Ben.* 3, 14, 1 ; *circumspectissime* Gloss. 5, 13, 20.

circumspectĭo, ōnis, f. (*circumspicio*), action de regarder autour : Macr. *Somn.* 1, 15, 17 ‖ [fig.] attention prudente : Cic. *Ac.* 2, 35.

circumspectō, ās, āre, āvī, ātum (fréq. de *circumspicio*) ¶ 1 intr., regarder fréquemment autour de soi : *bestiae in pastu circumspectant* Cic. *Nat.* 2, 126, les animaux en mangeant promènent les yeux autour d'eux ‖ [fig.] être attentif, hésitant : Cic. *Tusc.* 1, 73 ; Liv. 21, 34, 5 ; 25, 36, 5 ¶ 2 tr., considérer, examiner avec défiance, inquiétude : Pl. *Ps.* 912 ; Ter. *Eun.* 291 ; *parietes circumspectabantur* Tac. *An.* 4, 69, on examinait les murs d'un œil inquiet, cf. Cic. *Pis.* 99 ‖ guetter, épier : *circumspectare defectionis tempus* Liv. 21, 39, 5, chercher une occasion de trahir.

circumspectŏr, ōris, m. (*circumspicio*), qui regarde partout : Vulg. *Eccli.* 7, 12.

1 circumspectus, a, um ¶ 1 part. de *circumspicio* ¶ 2 pris adj^t **a)** circonspect, prudent : *circumspectus et sagax* Suet. *Cl.* 15, 1, prudent et avisé, cf. Sen. *Contr.* 7, 5, 11 **b)** discret, réservé : *verba non circumspecta* Ov. *F.* 5, 539, paroles inconsidérées **c)** remarquable : Amm. 14, 6, 6 ‖ *circumspectior* Sen. *Nat.* 5, 1, 5 ; *circumspectissimus* Suet. *Tib.* 21, 3.

2 circumspectŭs, ūs, m., action de regarder autour : *cervix flexilis ad circumspectum* Plin. 11, 177, cou flexible qui permet de porter ses regards de tous côtés ‖ possibilité de voir tout autour : Cic. *Phil.* 12, 26 ; Liv. 10, 34, 30 ‖ [fig.] *in*

circumspectus

circumspectu sui mali Ov. Tr. 4, 6, 44, dans la contemplation de son mal.

circumspergō, *ĭs*, *ĕre*, -, - (*circum*, *spargo*), tr., répandre autour : Col. 11, 2, 87 ‖ asperger : Plin. 8, 2.

circumspexti, v. *circumspicio* ▶.

circumspĭcĭentĭa, *ae*, f., examen, réflexion : Gell. 14, 2, 13.

circumspĭcĭō, *ĭs*, *ĕre*, *spexī*, *spectum* (*circum*, *specio*), tr., regarder autour ¶ **1** regarder autour de soi : [absᵗ] *qui in auspicium adhibetur nec suspicit nec circumspicit* Cic. Div. 2, 72, celui qui est occupé à prendre les auspices ne regarde ni en haut ni autour de lui ; *circumspicedum ne...* Pl. Mil. 955, regarde bien aux alentours, par crainte que... ; [fig.] *non castra ponere pati, non respirare aut circumspicere* Liv. 27, 12, 12, il ne les laisse ni camper, ni respirer ou regarder autour d'eux (se reconnaître) ‖ [avec *se*] *se circumspicere* **a**) regarder autour de soi avec précaution : Pl. Vid. 64 ; Trin. 146 **b**) se contempler, s'observer : Cic. Par. 30 ¶ **2** parcourir des yeux, jeter les regards circulairement sur qqch., embrasser du regard : *cum sua quisque miles circumspiceret, quid secum portare posset* Caes. G. 5, 31, 4, chaque soldat passant en revue ce qu'il possédait pour décider ce qu'il pouvait emporter ; *urbis situ circumspecto* Liv. 9, 28, 5, après avoir examiné la position de la ville ‖ examiner par la pensée : *circumspicite paulisper mentibus vestris hosce ipsos homines* Cic. Sull. 70, considérez un moment par la pensée la vie de ces hommes mêmes ; *circumspicite omnes procellas quae impendent nisi providetis* Cic. Cat. 4, 4, envisagez tous les orages qui nous menacent si vous ne prenez des mesures préventives ; *civibus timidis et omnia pericula circumspicientibus* Cic. Mil. 95, pour des citoyens pusillanimes et passant en revue tous les dangers ‖ regarder attentivement, examiner avec soin, avec circonspection : *circumspiciat qui in eis artibus floruerint quamque multi* Cic. de Or. 1, 8, qu'il examine ceux qui ont brillé dans ces arts et leur grand nombre ; *quid deceat circumspicietur* Cic. Or. 78, on regardera attentivement ce qui convient ; *cum circumspicerent patres, quosnam consules facerent* Liv. 27, 34, 1, comme les sénateurs cherchaient autour d'eux qui nommer consuls ; [avec *ut*, qqf. *ne*] *esse circumspiciendum diligenter, ut... videare* Cic. Q. 1, 1, 10, il faut que tu veilles attentivement à ce qu'on voie bien que tu... [avec. *ne*] Cels. 5, 26, 1 D ‖ [fig.] *Romanus sermo magis se circumspicit* Sen. Ep. 40, 11, le parler romain se surveille davantage (est plus circonspect) ¶ **3** chercher des yeux autour de soi : *ut modo visum ab se Ambiorigem in fuga circumspicerent captivi* Caes. G. 6, 43, 4, à tel point que les prisonniers cherchaient du regard Ambiorix qu'ils venaient de voir en fuite, cf. B.-Afr. 16,

3 ; Ov. M. 5, 72 ; Sen. Contr. 2, 4, 4 ; Stat. Th. 6, 430 ; *tecta ac recessum circumspicere* Liv. 5, 6, 2, chercher un abri et un refuge ; *externa auxilia* Liv. 1, 30, 6, chercher des secours au dehors ; *fugam* Tac. An. 14, 35, songer à la fuite ; *diem bello* Sall. Phil. 8, épier le jour favorable pour faire la guerre ; *circumspiciendus rhetor Latinus* Plin. Ep. 3, 3, 3, il faut chercher à découvrir un rhéteur latin ‖ [fig.] chercher à deviner : *reliqua ejus consilia animo circumspiciebat* Caes. G. 6, 5, 3, il s'efforçait de percer le reste de ses projets.

▶ formes syncopées au parf. *circumspexti* Ter. Ad. 689, à l'inf. parf. *circumspexe* Varr. Men. 490.

circumspūmans, *tis* (*spumo*), qui écume autour : Ps. Cypr. Mart. 4.

circumstagnō, *ās*, *āre*, -, -, intr., se répandre autour : Tert. Pud. 22, 1.

circumstantĭa, *ae*, f. (*circumsto*) ¶ **1** action d'entourer, enveloppement : Gell. 3, 7 ; Sen. Nat. 2, 7, 2 ¶ **2** situation, circonstances : Gell. 14, 1, 14 ‖ [rhét.] *ex circumstantia* (περίστασις), d'après les particularités de la cause : Quint. 5, 10, 104.

circumstătĭo, *ōnis*, f., action d'être rangé autour : *circumstatio militum* Gell. 7, 4, 4, formation de soldats en cercle.

circumstīpātus, *a*, *um*, part. de *circumstipo*.

circumstīpō, *ās*, *āre*, -, *ātum*, tr., entourer en grand nombre : *magna circumstipante caterva* Sil. 10, 453, accompagné d'une troupe nombreuse.

circumstĭtūtĭo, *ōnis*, f. (*circum*, *statuo*), roulement établi, ordre (des fêtes) : Fulg.-R. Serm. 6, 1.

circumstō, *ās*, *āre*, *stĕtī*, - ¶ **1** intr., se tenir autour : *circumstant cum ardentibus taedis* Enn. d. Cic. Ac. 2, 89, ils se tiennent en cercle avec des torches allumées ; *circumstant lacrimis rorantes ora* Lucr. 3, 469, ils se tiennent autour le visage baigné de larmes, cf. Cic. Att. 14, 12, 2 ¶ **2** tr., entourer : *ut me circumsteterint judices* Cic. Att. 1, 16, 4, [tu as appris] comme les juges s'empressèrent autour de moi ; *cives qui circumstant senatum* Cic. Cat. 1, 21, les citoyens qui entourent le sénat [pour le défendre] ; *circumstare tribunal praetoris* Cic. Cat. 1, 32, investir le tribunal du préteur ‖ [fig.] menacer : *nos undique fata circumstant* Cic. Phil. 10, 20, la mort nous menace de toutes parts.

circumstrĕpĭtus, *a*, *um*, part. de *circumstrepo*.

circumstrĕpō, *ĭs*, *ĕre*, *ŭī*, *ĭtum* ¶ **1** intr., faire du bruit autour : *ceteri circumstrepunt, iret in castra* Tac. An. 11, 31, les autres de tous côtés lui crient d'aller au camp ¶ **2** tr., signifier autour avec bruit, assaillir avec des cris : *atrociora circumstrepere* Tac. An. 3, 36, dénoncer à grand bruit des choses plus

révoltantes ; *tot humanam vitam circumstrepentibus minis* Sen. Vit. 11, 1, quand autour de la vie humaine tant de menaces grondent ; *legatus clamore seditiosorum circumstrepitur* Tac. H. 2, 44, le lieutenant est assailli de tous côtés par les cris des séditieux.

circumstrictus, *a*, *um*, part. de *circumstringo*.

circumstrīdens, *entis*, qui gronde autour : Amm. 14, 11, 17.

circumstringō, *ĭs*, *ĕre*, -, *strictum*, tr., serrer autour : Tert. Pall. 5, 1.

circumstructus, *a*, *um*, part. de *circumstruo*.

circumstrŭō, *ĭs*, *ĕre*, -, *structum*, tr., construire autour : Plin. 11, 16 ; *circumstructae lapide ripae* Plin. 19, 163, bords revêtus de maçonnerie.

circumstŭpĕō, *ēs*, *ēre*, -, -, intr., rester immobile autour : Aetna 337.

circumsūdans, *tis*, qui s'évapore de tous côtés : Plin. 14, 16.

circumsurgens, *tis*, qui s'élève autour : Cels. 7, 15, 6.

circumsūtus, *a*, *um* (*circum*, *suo*), cousu autour : *vitilia navigia corio circumsuta* Plin. 4, 104, canots d'osier doublés de cuir.

circumtectus, *a*, *um*, part. de *circumtego*.

circumtĕgō, *ĭs*, *ĕre*, -, *tectum*, tr., couvrir autour, envelopper : Dict. 3, 11 ; Vulg. Hebr. 9, 4.

circumtendō, *ĭs*, *ĕre*, -, *tentum*, tr., envelopper, entourer : Pl. Mil. 235 ; Cael.-Aur. Acut. 3, 17, 174.

circumtĕnĕō, *ēs*, *ēre*, *ŭī*, -, tr., renfermer dans son pourtour : Expos. Mund. 61 ‖ [fig.] assiéger de tous côtés : Vulg. Esdr. 4, 16, 40.

circumtentus, *a*, *um*, part. de *circumtendo*.

circumtergĕō, *ēs*, *ēre*, -, -, tr., essuyer autour : Cat. Agr. 76, 2.

circumtermĭnō, *ās*, *āre*, -, -, tr., délimiter autour : Aug. Adim. 28, 2.

circumtĕrō, *ĭs*, *ĕre*, -, -, tr., frotter autour : Tib. 1, 2, 95.

circumtextum, *i*, n., robe bordée de pourpre : Varr. L. 5, 132.

circumtextus, *a*, *um* (*circum*, *texo*), bordé : Virg. En. 1, 649.

circumtinnĭō, *īs*, *īre*, -, -, tr., faire sonner autour [un métal] : *apes circumtinniendo aere perterritae* Varr. R. 3, 16, 30, abeilles effrayées par l'airain que l'on fait retentir autour d'elles.

circumtollō, *ĭs*, *ĕre*, -, -, tr., enlever autour : Cael.-Aur. Acut. 3, 4, 42.

circumtŏnō, *ās*, *āre*, *ŭī*, -, tr., tonner autour : *circumtonare aulam feralem* Sil. 6, 216, faire retentir la caverne du monstre ; *hunc circumtonuit Bellona*

Hor. S. 2, 3, 223, Bellone a tonné autour de lui (= a égaré sa raison).

circumtōnsus, *a*, *um*, tondu autour : Petr. 131, 8 v. 3 ; Suet. Aug. 45, 4 ‖ [fig.] *oratio circumtonsa* Sen. Ep. 115, 2, style trop élagué, artificiel.

circumtorquĕō, *ēs*, *ēre*, -, -, tr., faire tourner : *retrorsum me circumtorquet* Apul. M. 6, 30, il me fait faire demi-tour.

circumtractus, part. de *circumtraho*.

circumtrăhō, *ĭs*, *ĕre*, -, *tractum*, tr., tirer autour : Cael.-Aur. Chron. 2, 1, 31 ; Dict. 3, 15.

circumtŭĕor, *ēris*, *ērī*, -, -, tr., regarder autour : *circumtuetur aquila* Apul. Flor. 2, 8, l'aigle scrute l'horizon.

circumtundō, *ĭs*, *ĕre*, -, *tūsus*, tr., frapper autour : Aug. Cresc. 3, 46, 50.

circumundique, V.▶ *circum* I ¶ 1.

circumungō, *ĭs*, *ĕre*, -, -, tr., oindre partout : Cael.-Aur. Chron. 3, 3, 13.

circumustus, *a*, *um* (*circum*, *uro*), brûlé autour : Varr. L. 7, 31 ; P. Fest. 5, 5.

circumvādō, *ĭs*, *ĕre*, *vāsī*, -, tr., attaquer de tous côtés : *immobiles naves circumvadunt* Liv. 10, 2, 12, ils assaillent les vaisseaux à l'ancre ‖ [fig.] envahir, s'emparer de : *terror cum circumvasisset aciem* Liv. 9, 40, 13, la terreur s'étant emparée de l'armée.

circumvăgor, *ārĭs*, *ārī*, -, intr., se répandre de tous côtés : Heges. 3, 26 ; 4, 50 ; Vitr. 5, 8, 2.

circumvăgus, *a*, *um*, qui erre autour : *Oceanus circumvagus* Hor. Epo. 16, 41, l'Océan répandu tout autour.

circumvallātĭō, *ōnis*, f., action de bloquer : Hier. Is. 29, 1.

circumvallātus, *a*, *um*, part. de *circumvallo*.

circumvallō, *ās*, *āre*, *āvī*, *ātum*, tr., faire des lignes de circonvallation, cerner, bloquer : *circumvallare Pompeium instituit* Caes. C. 3, 43, 2, il entreprit de bloquer Pompée, cf. G. 7, 44, 4 ; 7, 11 ; Cic. Att. 9, 12, 1 ; *luce prima jam circumvallati erant* Liv. 3, 28, 8, au point du jour ils se trouvaient déjà bloqués ‖ entourer : Col. 11, 3, 4 ‖ [fig.] *tot res circumvallant se* Ter. Ad. 302, tant d'obstacles se dressent de toutes parts.

circumvallum, *i*, n., circonvallation : VL. Is. 54, 12.

circumvectĭō, *ōnis*, f. (*circum*, *veho*), transport de marchandises [à la ronde] : Cic. Att. 2, 16, 4 ‖ mouvement circulaire : Cic. Tim. 29.

circumvector, *ārĭs*, *ārī*, *ātus sum*, tr., se transporter autour, aller autour : *circumvectari Ligurum oram* Liv. 41, 17, 7, longer les côtes de la Ligurie ‖ parcourir successivement : Pl. Ru. 933 ‖ [fig.] exposer dans le détail : Virg. G. 3, 285.

▶ actif *circumvecto*, *ās*, *āre*, Sil. 3, 291.

circumvectus, *a*, *um*, part. de *circumvehor*.

circumvĕhŏr, *hĕrĭs*, *hī*, *vectus sum* (*veho*) ¶ 1 [abs^t] se porter autour, faire le tour : *muliones collibus circumvehi jubet* Caes. G. 7, 45, 2, il ordonne aux muletiers de faire le tour par les hauteurs ; *circumvecti navibus* Caes. C. 3, 63, 6, ayant fait le tour en bateaux ¶ 2 [avec acc.] faire le tour de : *Caesar Pharon classe circumvehitur* B.-Alex. 14, César avec sa flotte fait le tour de Pharos, cf. Liv. 25, 11, 19 ‖ côtoyer : Liv. 23, 38, 1 ‖ [fig.] s'attarder autour de, s'étendre sur un sujet : Ciris 271.

▶ *circumvehens* Nep. Timoth. 2, 1 "se transportant le long de, côtoyant ".

circumvēlō, *ās*, *āre*, -, -, tr., voiler autour : *aurato circumvelatur amictu* Ov. M. 14, 263, elle revêt une robe brodée d'or.

circumvĕnĭō, *ĭs*, *īre*, *vēnī*, *ventum*, tr., venir autour ¶ 1 entourer : *circumventi flamma* Caes. G. 6, 16, 4, entourés par les flammes ; *Rhenus modicas insulas circumveniens* Tac. An. 2, 6, le Rhin qui n'entoure que de petites îles ; *planities locis paulo superioribus circumventa* Sall. J. 68, 2, plaine environnée de points un peu plus élevés ¶ 2 envelopper, cerner : *ex itinere nostros aggressi circumvenere* Caes. G. 1, 25, 6, ayant attaqué les nôtres sans désemparer, ils les enveloppèrent ; *in medio circumventi hostes* Liv. 10, 2, 11, pris des deux côtés, les ennemis furent enveloppés ‖ *cuncta moenia exercitu circumvenit* Sall. J. 57, 2, il investit avec son armée toute l'enceinte ; *vallo moenia* Sall. J. 76, 2, entourer les remparts d'un retranchement ¶ 3 [fig.] assiéger qqn, tendre des filets autour de qqn ; serrer, opprimer : *te non Siculi, non aratores, ut dictitas, circumveniunt* Cic. Verr. 1, 93, ce ne sont pas les Siciliens, les cultivateurs qui, comme tu le répètes, t'assiègent de toutes parts ; *quem per arbitrum circumvenire non posses* Cic. Com. 25, celui que tu n'aurais pu accabler par le moyen de l'arbitre ; *innocens pecunia circumventus* Cic. Clu. 9, l'innocence opprimée par l'argent ; *ei subvenire, qui potentis alicujus opibus circumveniri urguerique videatur* Cic. Off. 2, 51, venir au secours de celui que l'on voit traqué, opprimé par la toute-puissance de quelque grand personnage ; *falsis criminibus circumventus* Sall. C. 34, 2, assiégé par la calomnie ; *fenore circumventa plebs* Liv. 6, 36, 12, le peuple accablé par (succombant sous) l'usure ‖ abuser, circonvenir : *ignorantiam alicujus* Dig. 17, 1, 29, abuser de l'ignorance de qqn ‖ éluder une loi : Dig. 30, 123, 1 ‖ tourner, méconnaître la volonté d'un mort : Dig. 29, 4, 4.

circumventĭō, *ōnis*, f. (*circumvenio*), action de tromper : *adversarii circumventio* Hermog. d. Dig. 4, 4, 17, le fait de tromper l'adversaire ; *circumventiones innocentium* Aug. Civ. 22, 22, pièges tendus aux innocents.

circumventŏr, *ōris*, m. (*circumvenio*), fourbe, fripon : Lampr. Alex. 66, 2.

circumventōrĭus, *a*, *um* (*circumventor*), perfide, trompeur : Aug. Conf. 3, 3, 5.

circumventus, *a*, *um*, part. de *circumvenio*.

circumverrō, V.▶ *circumversus* § 2.

circumversĭō, *ōnis*, f. (*circumverto*), action de retourner [la main] : Quint. 11, 3, 105 ‖ mouvement circulaire : *circumversio cursus annui* Amm. 26, 1, 11, la révolution d'une année.

circumversŏr, *ārĭs*, *ārī*, -, intr., se tourner (tourner) autour : Lucr. 5, 520 ; Avien. Arat. 1530.

circumversūra, *ae*, f. (*circumverto*), duperie : Priscil. Tract. 10, p. 102, 8.

circumversus, *a*, *um* ¶ 1 de *circumverto* ¶ 2 de *circumverro*, balayé autour : Cat. Agr. 143, 2.

circumvertō (**-vortō**), *ĭs*, *ĕre*, *tī*, *sum*, tr., faire tourner : *circumvertens se* Suet. Vit. 2, 5, en se tournant de côté ; *ubi circumvortor* Pl. Ps. 1278, en me retournant ‖ [en part.] *circumvertere mancipium* Ps. Quint. Decl. 342, affranchir un esclave [le faire pivoter sur lui-même] ; V.▶ *circumago* ‖ [fig.] duper, tromper : *circumvertere aliquem argento* Pl. Ps. 541, escroquer de l'argent à quelqu'un.

circumvestĭō, *īs*, *īre*, -, *ītum*, tr., envelopper : Plin. 17, 208.

circumvestītus, *a*, *um*, part. de *circumvestio*.

circumvincĭō, *īs*, *īre*, -, *vinctum*, tr., garrotter : Col. 5, 4, 1 ; *Pl. Ru. 732.

circumvinctus, *a*, *um*, part. de *circumvincio*.

circumvīsō, *ĭs*, *ĕre*, -, -, tr., examiner à l'entour : Pl. Amp. 1110.

circumvŏlātus, *a*, *um*, part. de *circumvolo*.

circumvŏlĭtābĭlis, *e*, qui vole, qui se répand autour : Capel. 6, 584.

circumvŏlĭtō, *ās*, *āre*, *āvī*, -, tr., voltiger autour : *lacus circumvolitare* Virg. G. 1, 377, voltiger autour des étangs, cf. Hor. Ep. 1, 3, 21 ; Tac. H. 2, 50 ‖ [en parl. de cavaliers] Lucr. 2, 329 ; Sen. Ir. 2, 9, 3 ‖ [fig.] *limina* Col. Praef. 1, 9, faire en hâte le tour des maisons.

circumvŏlō, *ās*, *āre*, *āvī*, *ātum*, tr., voler autour : Virg. En. 3, 233 ; Hor. S. 2, 1, 58 ; Quint. 2, 6, 7 ; *aquila eos circumvolavit* Just. 20, 3, un aigle vola autour d'eux ‖ [fig.] *circumvolare ordines exercitus* Vell. 2, 27, 2, voler de rang en rang.

circumvŏlūtātĭō, f. (*circumvoluto*), action de rouler autour : Chalc. Tim. 43 B.

circumvŏlūtŏr, *ārĭs*, *ārī*, - (*voluto*), intr., se rouler autour : *feram coepisse*

circumvolutor

circumvolutari Plin. 8, 59, le fauve se mit à se rouler autour de lui.

circumvŏlūtus, *a, um*, part. de *circumvolvo*.

circumvolvō, *ĭs, ĕre, vī, vŏlūtum*, tr., rouler autour [employé seul[t] au passif *circumvolvi* et au réfléchi *se circumvolvere*] : **herba arboribus circumvolvens se** Plin. 16, 244, plante qui s'enroule autour des arbres ; **serpentes sibi ipsae circumvolutae** Plin. 10, 169, serpents enroulés sur eux-mêmes ; **sol circumvolvitur annum** Virg. En. 3, 284, le Soleil parcourt le cercle de l'année.

circumvorto, ▣▶ *circumverto*.

circus, *i*, m. (cf. κίρκος ; it. *cerco*) ¶ **1** cercle : Cic. Arat. 248 ; Nat. 2, 44 ¶ **2** cirque, [en part.] le grand cirque à Rome : **tunc primum circo, qui nunc maximus dicitur, designatus locus est** Liv. 1, 35, 8, c'est alors qu'on fixa l'emplacement du cirque, appelé de nos jours le grand cirque, cf. Cic. Phil. 2, 110 ; Mil. 65 ‖ [fig.] les spectateurs du cirque : Juv. 9, 144.

cīris, *is*, f. (κεῖρις), l'aigrette [oiseau] : Ov. M. 8, 151 ‖ titre d'un petit poème attribué jadis à Virgile : Don. Verg. 17.

Cirnaba, adv., golfe de la mer Rouge : Plin. 6, 55.

cirrātus, *a, um* (*cirrus*), qui a les cheveux bouclés : Amm. 14, 6, 20 ‖ **cirrāti**, *ōrum*, m. pl., têtes bouclées [en parl. d'enfants] : Pers. 1, 29 ‖ **cirrātae**, *ārum*, f. pl., vêtements bordés d'une frange : Capit. Pert. 8, 2.

Cirrha, *ae*, f. (Κίρρα), ville de Phocide, consacrée au culte d'Apollon : Liv. 42, 15, 5 ; Luc. 3, 172 ‖ **-aeus**, *a, um*, de Cirrha : **Cirrhaea antra** Luc. 5, 95, l'antre de Cirrha = l'oracle de Delphes.

cirris, *ĭdis*, f. (κιρρίς), sorte de poisson de mer : Plin. Val. 5, 26.

cirrĭtūdo, *ĭnis*, f. (*cirritus*), arrangement des cheveux en boucle : Not. Tir. 95, 60.

cirrītus, *a, um*, Not. Tir. 95, 59, ▣▶ *cirratus* ‖ **cirrītum pĭrum**, Cloat. d. Macr. Sat. 3, 19, 6, sorte de poire.

cirrus, *i*, m. (obscur ; it. *cerro*), boucle de cheveux : Juv. 13, 165 ‖ touffe de crins [au front des chevaux] : Veg. Mul. 3, 2, 1 ‖ huppe, aigrette des oiseaux : Plin. 11, 122 ‖ rameau filiforme [botan.] : Plin. 26, 36 ‖ bras de polype : Plin. 25, 70 ‖ frange des vêtements : Phaed. 2, 5, 13 ; frange du lobe de l'huître : Mart. 7, 20, 7.

cirsĭŏn, *ii*, n. (κίρσιον), espèce de chardon : Plin. 27, 61.

Cirta, *ae*, f. (Κίρτα), Cirta [ville de Numidie, auj. Constantine] Atlas I, D3 ; VIII, A2 : Sall. J. 21, 2 ‖ **-tenses**, *ĭum*, m. pl., habitants de Cirta : Liv. 30, 12, 8 ; Tac. An. 3, 74.

cĭs (cf. *citra*, σήμερον, al. *hier, an. here*), prép. avec l'acc. ¶ **1** en deçà : **cis Taurum** Cic. Fam. 3, 8, 5, en deçà du mont Taurus ; Caes. G. 2, 3 ; 4, 4 ¶ **2** avant [en parl. du temps] : **cis dies paucos** Pl. Truc. 348, d'ici peu de jours ¶ **3** dans la limite de : **cis naturae leges** Prisc. 3, 39, 1, dans les limites des lois de la nature.

Cĭsalpĭcus, *a, um*, Not. Tir. 88, 99 a et **Cĭsalpīnus**, *a, um* (*cis Alpes*), cisalpin, qui est en deçà des Alpes : Caes. G. 6, 1, 2.

Cisamŏn, *i*, n., ville de Crète : Plin. 4, 59.

Cisianthi, *ōrum*, m. pl., peuple de la Samartie asiatique : Plin. 6, 35.

cĭsĭānus, ▣▶ *cisiarius* : CIL 14, 409, 16.

cĭsĭārĭum, *ii*, n. (*cisium*), remise pour cabriolets : CIL 6, 9485.

cĭsĭārĭus, *ii*, m. (*cisium*), conducteur de cabriolet : Ulp. Dig. 19, 2, 13 ‖ fabricant de cabriolets : CIL 11, 2615.

Cĭsimbrĭum, *ii*, n., ville de Bétique : Plin. 3, 10.

Cisippadum gens, f., peuple d'Afrique, près des Syrtes : Plin. 5, 27.

cĭsĭum, *ii*, n. (gaul.), voiture à deux roues, cabriolet : Cic. Amer. 19 ; Phil. 2, 77 ; Vitr. 10, 1, 6.

cismontānus, *a, um* (*cis montes*), qui habite en deçà des montagnes : Plin. 3, 106.

Cisori, *ōrum*, m. pl., peuple d'Éthiopie : Plin. 6, 194.

cīsōrĭa, *ae*, f. (*caedo*), instrument tranchant : *Isid. Diff. 1, 262.

cispellō, *ĭs, ĕre*, -, -, tr., pousser en deçà, empêcher de passer outre : *Pl. Amp. 1000.

Cispĭi, *ōrum*, m. pl., peuple d'Éthiopie : Plin. 6, 194.

Cispĭus, *ii*, m ¶ **1** nom d'homme : Cic. Planc. 75 ¶ **2** colline de Rome : Varr. L. 5, 50 ; Gell. 15, 1, 2.

Cisrhēnānus, *a, um* (*cis Rhenum*), cisrhénan, situé en deçà du Rhin : Caes. G. 6, 2, 3.

Cissa, *ae*, f. ¶ **1** ville de Thrace : Plin. 4, 48 ¶ **2** île près de l'Illyrie : Plin. 3, 151.

cissanthĕmŏs, *i*, f. (κισσάνθεμος), chèvrefeuille : Plin. 25, 116.

cissārŏn, *i*, n. (κίσσαρος) ¶ **1** Ps. Apul. Herb. 18 ; ▣▶ *cyclamen* ¶ **2** Ps. Apul. Herb. 98, sorte de lierre.

Cissērussa, *ae*, f., île voisine de la Carie : Plin. 5, 133.

Cisseūs, *ĕi* ou *ĕos*, m., Cissée ¶ **1** [roi de Thrace, père d'Hécube] : Serv. En. 7, 320 ‖ **Cissēis**, *ĭdis*, f., fille de Cissée [Hécube] : Virg. En. 7, 320 ¶ **2** un compagnon de Turnus : Virg. En. 10, 317.

Cissi, *ōrum*, m. pl., peuple de la Babylonie : Prisc. Perieg. 939.

Cissĭi montes, m. pl., montagnes de l'Asie, au-delà du Palus-Méotide : Plin. 6, 21.

cissĭŏn, *ii*, n. (κίσσιον), lierre noir : Ps. Apul. Herb. 98, [al. *cissaron*].

Cissis, *is*, f., ville de Tarraconaise : Liv. 21, 60, 7.

cissītis, *ĭdis*, f. (κισσῖτις), sorte de pierre précieuse, de la couleur du lierre : Plin. 37, 188.

Cissōnĭus, *ii*, m., surnom de Mercure en Gaule : CIL 13, 3659.

cissŏs, *i*, f. (κισσός), lierre [plante] : Plin. 16, 152.

cissūra, *ae*, f., ▣▶ *scissura* : Grom. 360, 17.

Cissūs, *untis*, f. (Κισσοῦς), Cissonte [port des Érythréens] : Liv. 36, 43, 10.

cissўĭum, *ii*, n. (κισσύβιον), coupe en bois de lierre : Macr. Sat. 5, 21, 11.

Cissyrŏs, f., nom d'île : Plin. 4, 74.

cista, *ae*, f. (κίστη ; it., esp. *cesta*, al. *Kiste*), corbeille, coffre : Cic. Verr. 3, 197 ; Hor. Ep. 1, 17, 54 ‖ corbeille pour certains sacrifices : Tib. 1, 7, 48 ‖ urne électorale : Her. 1, 21.

cistārĭus, *ii*, m. (*cista*), gardien des coffres : CIL 6, 5193.

cistella, *ae*, f. (dim. de *cistula* ; it. *cistella*), petite corbeille, coffret : Pl. Ru. 1109 ; Ter. Eun. 753.

Cistellārĭa, *ae*, f., titre d'une comédie de Plaute : Varr. L. 7, 64.

cistellātrix, *īcis*, f. (*cistella*), gardienne des coffrets : Pl. Trin. 253.

cistellŭla, *ae*, f. (dim. de *cistella*), Pl. Ru. 391.

cisterna, *ae*, f. (cf. *cista* et *caverna* ; it. *cisterna*), citerne : Varr. R. 1, 11, 2 ; Sen. Ep. 86, 4.

cisternīnus, *a, um* (*cisterna*), de citerne : Sen. Ep. 86, 21 ; Col. 12, 43, 6.

Cisthēnē, *ēs*, f., **Cisthēna**, *ae*, f., ville d'Éolide : Plin. 5, 122 ; Mel. 1, 91.

cisthŏs, *i*, m. (κίσθος), ciste [arbrisseau] : Plin. 24, 81.

cistĭber, *ĕri* et **cistĭĕbris**, *e* (*cis Tiberim*), qui se trouve en deçà du Tibre ; magistrat d'ordre inférieur à Rome : CIL 6, 420 ; Pompon. d. Dig. 1, 2, 2.

cistĭfĕr, *ĕri* (*cista, fero*), porteur de corbeilles : *Mart. 5, 17, 4.

cistŏphŏrŏs, *i*, m. (κιστοφόρος), cistophore [porteur des corbeilles sacrées] : CIL 6, 2233 ‖ cistophore [pièce de monnaie asiatique qui portait l'empreinte de la corbeille sacrée de Déméter] : Cic. Att. 11, 1, 2.

cistŭla, *ae*, f. (dim. de *cista*), petite corbeille : Pl. Amp. 420.

Cĭtaeis, ▣▶ *Cytaeis*.

cĭtātim, adv. (*citatus*), à la hâte, avec précipitation : B.-Afr. 80, 4 ‖ *citatius* Quint. 11, 3, 112 ; *citatissime* Quint. 1, 1, 37.

▶ *citate* Gloss. 2, 101, 22.

cĭtātĭo, *ōnis*, f. (*citare*), proclamation : Cod. Just. 1, 12, 6 ‖ commandement militaire : Ps. Hyg. Mun. castr. 43.

cĭtātōrĭum, *ii*, n. (*citatus*), citation en justice : Cod. Th. 6, 28, 5.

cĭtātus, *a*, *um*, part. de *cito*, pris adj^t, lancé, ayant une marche rapide, d'une allure vive : *imbribus continuis citatior solito amnis* Liv. 23, 19, 11, le fleuve ayant un courant plus rapide que d'ordinaire par suite des pluies continuelles ; *Rhenus per fines Treverorum citatus fertur* Caes. G. 4, 10, 3, le Rhin a un cours rapide en traversant le pays des Trévires ; *ferunt citati signa* Liv. 41, 3, 8, ils portent à vive allure les enseignes en avant ; *quam citatissimo poterant agmine* Liv. 22, 6, 10, le plus rapidement possible (en accélérant le plus possible la marche) ; *citato gradu* Liv. 28, 14, 17, au pas de course ; *equo citato* Caes. C. 3, 96, 3, à bride abattue, de toute la vitesse de son cheval ‖ [rhét.] *pronuntiatio citata* [oppos. *pressa*] Quint. 11, 3, 111, débit rapide ; *Roscius citatior, Aesopus gravior fuit* Quint. 11, 3, 111, Roscius avait dans son jeu plus de vivacité, Aesopus plus de gravité ; *argumenta acria et citata* Quint. 9, 4, 135, argumentation vive et pressante ‖ [méd.] précipité [pouls] : Plin. 11, 119 ‖ trop libre, relâché [ventre] : Plin. 7, 63.

cĭtĕr, *tra*, *trum* (*cis*, *citimus*), qui est en deçà : Afran. Com. 235 ; Cat. Orat. 90.
▶ formes usitées : compar. *citerior*, superl. *citimus*.

cĭtērĭa, *ae*, f. (étr. ?), sorte de mannequin ridicule promené dans les processions des jeux : Cat. d. P. Fest. 52, 20.

cĭtĕrĭor, n. *citerius*, gén. *citeriōris*, compar. de *citer* ¶ 1 qui est plus en deçà, citérieur [opp. à *ulterior*] : *Gallia citerior* Cic. Prov. 36, Gaule citérieure (cisalpine) ; *Hispania* Cic. Att. 12, 37, 4, Espagne citérieure [en deçà de l'Èbre] ¶ 2 plus rapproché : *ut ad haec citeriora veniam et notiora nobis* Cic. Leg. 3, 4, pour en venir à ces faits qui sont plus près de l'humanité et mieux connus de nous, cf. *Rep*. 1, 34 ; *quanta animi tranquillitate humana et citeriora considerat !* Cic. Tusc. 5, 71, avec quelle tranquillité d'âme il envisage les choses humaines, les choses qui le touchent de plus près (d'ici-bas) ‖ [temps] *citeriora nondum audiebamus* Cic. Fam. 2, 12, 1, je n'avais pas encore de nouvelles sur les faits plus récents ; *consulatus citerior legitimo tempore* Val.-Max. 8, 15, 1, consulat devançant l'âge légal ‖ [degré] plus petit, moindre : Val.-Max. 8, 7, 18 ; Ps. Quint. Decl. 299.

cĭtĕrĭus, adv., plus en deçà : *citerius debito* Sen. Ir. 1, 17, 7, en deçà de ce qu'il faut.

Cĭthaerōn, *ōnis*, m. (Κιθαιρών), Cithéron [mont de Béotie, célèbre par ses troupeaux ; théâtre des orgies des Bacchantes] : Virg. G. 3, 43 ; Ov. M. 3, 702.

cĭthăra, *ae*, f. (κιθάρα ; it. *cetera*), cithare : Virg. En. 6, 120 ; Plin. 7, 204 ; *cithara perite uti* Plin. Ep. 5, 19, jouer habilement de la cithare ; *canere laudes deorum ad citharam* Quint. 1, 10, 13, chanter les louanges des dieux au son de la cithare ‖ [fig.] **a)** chant sur la cithare : Prop. 2, 10, 10 **b)** l'art de jouer de la cithare : Virg. En. 12, 394.

cĭthărĭcĕn, *ĭnis*, m. (*cithara*, *cano*), joueur de cithare : Varr. L. 8, 61.

cĭthărista, *ae*, m. (κιθαριστής), joueur de cithare : Cic. Verr. 2, 1, 53 ‖ poète lyrique : Fort. Carm. 9, 7, 11.

cĭthăristrĭa, *ae*, f. (κιθαρίστρια), joueuse de cithare : Ter. Phorm. 82 ; 144.

cĭthărĭzō, *ās*, *āre*, -, - (κιθαρίζω), intr., jouer de la cithare : Nep. Ep. 2, 1.

cĭthăroeda, *ae*, f., CIL 6, 10125, ⊂. *citharistria*.

cĭthăroedĭcus, *a*, *um* (κιθαρωδικός), qui concerne le jeu de la cithare : *ars citharoedica* Suet. Ner. 40, 2, l'art du citharède.

cĭthăroedus, *i*, m. (κιθαρωδός), citharède [chanteur qui s'accompagne de la cithare] : Cic. Mur. 29 ; *non omnes qui habent citharam sunt citharoedi* Varr. R. 2, 1, 3 [prov.] n'est pas citharède quiconque possède une cithare.

cĭthărus, *i*, m. (κίθαρος), variété de turbot [poisson] : Plin. 32, 146.

Cĭthērōn, ⊂. *Cithaeron* : Aus. Griph. 2 (336), 32.

Cĭtĭensis, **Cĭtĭēus**, ⊽. *Citium*.

*****cĭtĭmē**, adv. inusité, cité par Prisc. 3, 80, 8.

cĭtĭmus, *a*, *um* (*citer*, cf. *intimus*), le plus rapproché : *stella citima terris* Cic. Rep. 6, 16, étoile la plus rapprochée de la terre ; pl. n., *citima Persidis* Plin. 6, 213, les parties de la Perse les plus voisines [de l'Empire romain].

cĭtĭpēs, *pēdis* (*citus*, *pes*), aux pieds rapides : Diom. 476, 3.

cĭtĭrēmis, *e* (*citus*, *remus*), poussé rapidement par les rames : Varr. Men. 15.

Cĭtĭum, *ĭi*, n. (Κίτιον) ¶ 1 Citium [ville de Chypre, Larnaka] Atlas IX, D3 : Plin. 5, 130 ‖ **Cĭtĭēus**, *i*, m., Cic. Tusc. 5, 34 et **Cĭtĭensis**, *e*, Gell. 17, 21, de Citium ‖ -ēi, ōrum, m. pl., habitants de Citium : Cic. Fin. 4, 56 ¶ 2 ville de Macédoine : Liv. 42, 51, 1.

Cĭtĭus, *ĭi*, m., montagne de Macédoine : Liv. 43, 21, 7.

1 **cĭto**, adv. (*citus* ; esp., port. *cedo*) ¶ 1 vite : *cito discere* Cic. de Or. 3, 146, apprendre vite ; *confido cito te firmum fore* Cic. Fam. 16, 20, je suis sûr que tu seras vite rétabli ; *dicto citius* Hor. S. 2, 2, 80, plus promptement qu'on ne pourrait le dire [en un clin d'œil] ¶ 2 aisément : *neque verbis aptiorem cito alium dixerim* Cic. Brut. 264, j'aurais de la peine à citer un orateur qui ait plus de justesse d'expression ¶ 3 *citius*, plutôt : *eam citius veteratoriam quam oratoriam dixeris* Cic. Brut. 238, son habileté, on la dirait plutôt d'un praticien que d'un orateur ‖ *citius quam* [subj.] Liv. 24, 3, 12, plutôt que de ‖ *citissime* Caes. G. 4, 33, 3.

2 **cĭto**, *ās*, *āre*, *āvī*, *ātum* (fréq. de *cio*), tr. ¶ 1 mettre en mouvement (souvent, fortement) : *hastam* Sil. 4, 536, brandir une lance ; *medicamentum quod umorem illuc citat* Cels. 4, 13, 2, remède qui pousse (chasse) là-bas l'humeur ‖ [fig.] provoquer, susciter, (un mouvement de l'âme, une passion) : Cic. Tusc. 3, 24 ¶ 2 faire venir, appeler : *quid, si ego huc servos cito ?* Pl. Men. 844, et si de mon côté je fais venir ici les esclaves ?, cf. Catul. 61, 42 ¶ 3 pousser un chant, entonner à haute voix : Hor. S. 1, 3, 7 ; Cic. de Or. 1, 251 ¶ 4 [surtout] appeler, convoquer : *patres in curiam per praeconem ad regem Tarquinium citari jussit* Liv. 1, 47, 8, il ordonna que par la voix du héraut les sénateurs fussent convoqués à la curie auprès du roi Tarquin ; *in forum citatis senatoribus* Liv. 27, 24, 2, ayant convoqué les sénateurs sur la place publique ‖ convoquer les juges : *quo die primum, judices, citati in hunc reum consedistis* Cic. Verr. 1, 19, le jour où pour la première fois, juges, convoqués à l'occasion de cet accusé, vous êtes venus prendre séance ; *judices citari jubet* Cic. Verr. 2, 41, il donne l'ordre de convoquer les juges ‖ appeler les citoyens pour l'enrôlement militaire : Liv. 2, 29, 2 ‖ citer en justice : *Sthenium citari jubet* Cic. Verr. 2, 97, il fait citer Sthénius ; *omnes abs te rei capitis C. Rabiri nomine citantur* Cic. Rab. perd. 31, tous par toi sont accusés de crime capital dans la personne de C. Rabirius ‖ appeler les parties [devant le tribunal] : *citat reum, non respondit ; citat accusatorem..., citatus accusator non respondit, non adfuit* Cic. Verr. 2, 98, il appelle le défendeur, celui-ci ne répondit pas ; il appelle l'accusateur..., l'accusateur ne répondit pas à l'appel, ne se présenta pas ‖ citer comme témoin : Cic. Verr. 2, 146 [fig.] invoquer [comme témoin, garant, etc.] : Cic. Off. 1, 75 ; Liv. 4, 20, 8 ¶ 5 proclamer : *victorem Olympiae citari* Nep. praef. 5, être proclamé à Olympie athlète vainqueur ‖ appeler, faire l'appel : Col. 11, 1, 22.
▶ inf. pass. *citarier* Catul. 61, 42.

cĭtŏcācĭa, *ae*, f. (*cito* et *caco*), saphaire : Isid. 17, 9, 65 ‖ **cĭtŏcācĭum**, *ii*, n., garou [plante] : Ps. Apul. Herb. 111.

Cĭtomarae, *ārum*, m. pl., peuple d'Asie : Plin. 6, 47.

cĭtrā (*citer*, *cis*), adv. et prép. ¶ 1 adv., en deçà : Plin. 3, 80 ; *nec citra nec ultra* Ov. M. 5, 186, ni d'un côté ni de l'autre ‖ *saepe citra licet* Cic. Top. 39, on peut souvent se tenir en deçà [sans remonter à l'origine] ; *tela citra cadebant* Tac. H. 3, 23, les traits ne portaient pas ¶ 2 prép. avec acc., en deçà de : *citra Rhenum* Caes. G. 6, 32, 1, en deçà du Rhin ; *omnes citra flumen elicere* Caes. G. 6, 8, 2, les attirer tous en deçà du fleuve ‖ [poét.] sans aller jusqu'à : *citra scelus* Ov. Tr. 5, 8, 23, sans aller jusqu'au crime ; *citra quam* Ov. A. A. 3, 757, moins que ‖ [poét.] avant : *citra*

citra

Trojana tempora Ov. M. 8, 365, avant l'époque de Troie ‖ [époque impér.] sans : ***citra usum*** Quint. 12, 6, 4, sans la pratique [ou] abstraction faite de : ***citra personas*** Quint. 2, 4, 22, abstraction faite des personnes ; ***citra senatus populique auctoritatem*** Suet. Caes. 28, en dehors de l'avis, sans prendre l'avis du sénat et du peuple.

cĭtrāgo, ▸ *citreago*.

cĭtrārĭus, *ii*, m., marchand de cédrats : CIL 6, 9258, 9.

1 cĭtrātus, *a, um* (*citrus*), ayant l'odeur du bois de thuya : Cass. Hem. d. Plin. 13, 86.

2 cĭtrātus, *a, um* (*citra*), placé en deçà : Grom. 247, 7.

cĭtrĕa, *ae*, f. (*citreus*), cédratier : Plin. 16, 107.

cĭtrĕăgo, *ĭnis*, f. (*citrus*), herbe de cédrat, mélisse : Pall. 1, 37, 2.

cĭtrētum, *i*, n. (*citrus*), lieu planté de cédratiers : Pall. 3, 24, 14.

cĭtrĕum, *i*, n., cédrat : Plin. 23, 105.

cĭtrĕus, *a, um* (*citrus*), de cédratier : Plin. 15, 110 ‖ de thuya : ***mensa citrea*** Cic. Verr. 4, 37, table en bois de thuya.

cĭtrĭum, *ii*, n., cédrat : Apic. 22.

1 cĭtrĭus, *a, um*, ▸ *citreus* : Scrib. 158.

2 cĭtrĭus, *ii*, f., cédratier : Theod.-Prisc. Log. 3.

cĭtrō, adv. (*citer*) [employé seulement avec *ultro*] : ***ultro citro*** Cic. Nat. 2, 84 ; ***ultro citroque*** Cic. Verr. 5, 170 ; ***ultro et citro*** Cic. Off. 1, 56 ; ***ultro ac citro*** Varr. R. 3, 5, 16, [m. à m.] en allant au-delà et en revenant en deçà, çà et là, d'un côté et de l'autre [avec idée de réciprocité] de part et d'autre, réciproquement, mutuellement.

cĭtrōsus, *a, um* (*citrus*), qui sent le thuya : Naev. d. Macr. Sat. 2, 15, 5.

cĭtrum, *i*, n. (*citrus*), bois de thuya : Plin. 16, 231 ‖ table en bois de thuya : Cat. Orat. 185 ; Mart. 10, 80.

citrus, *i*, f. (de κέδρος ; it. *cedro*) ¶ 1 cédratier : Pall. 4, 10, 11 ; Serv. G. 2, 126 ¶ 2 thuya : Plin. 13, 91 ; Sen. Tranq. 9, 6.

Cittieus, ▸ *Citieus*.

cĭtŭmus, ▸ *citimus*.

cĭtus, *a, um* ¶ 1 part. de *cio* ¶ 2 pris adjᵗ, prompt, rapide : ***vox cita, tarda*** Cic. de Or. 3, 216, voix rapide, lente ; ***citus incessus*** Sall. C. 15, 5, démarche rapide, précipitée ; ***(naves) citae remis*** Tac. An. 2, 6, (navires) rapides à la rame ; ***citus equo Numida*** Tac. H. 2, 40, un Numide arrivé à cheval à vive allure ; ***legionibus citis*** Tac. An. 14, 26, avec des légions faisant marche forcée (An. 11, 1, 1) ; ***citas cohortes rapit*** Tac. An. 12, 31, il entraîne ses cohortes dans une marche rapide ; ***ad scribendum cita (manus)*** Pl. Bac. 738, (main) prompte à écrire ‖ [rôle d'adv.] ***equites parent citi*** Pl. Amp. 244, les cavaliers obéissent sans tarder ; ***solvite vela citi*** Virg. En. 4, 574, mettez vite à la voile ; ***si citi advenissent*** Tac. An. 12, 12, s'ils arrivaient promptement ‖ ***citior*** Pl. d. Fest. 54, 3 ; superl., Solin. 2, 54.

1 Cĭus ou **Cĭos**, *ii*, f. (ἡ Κίος), ville de Bithynie Atlas VI, A4 : Liv. 32, 33, 16 ; Mel. 1, 100.

2 Cĭus, *a, um*, ▸ *Ceus*.

cīvī, parf. de *cieo* ‖ dat. sg. de *civis*.

cīvĭcō, *ās, āre*, -, -, tr., faire citoyen : Gloss. 5, 617, 3.

cīvĭcus, *a, um* (*civis*), relatif à la cité ou au citoyen, civique, civil : ***intra muros civicos*** Pl. d. Char. 201, 21, dans l'enceinte de la cité ; ***civica bella*** Ov. Pont. 1, 2, 126, guerres civiles ; ***corona civica*** Cic. Planc. 72 ; [absᵗ] ***civica*** Sen. Clem. 1, 26, 5, la couronne civique.

1 cīvĭlis, *e* (*civis*), de citoyen, civil ¶ 1 [au pr.] ***odium civilis sanguinis*** Cic. Fam. 15, 15, 1, l'horreur de voir répandre le sang des citoyens ; ***facinus civile*** Cic. Att. 7, 13, 1, acte d'un citoyen ; ***civile bellum*** Cic. Div. 2, 24 ; Att. 7, 13, 1, guerre civile ; ***civilis victoria*** Nep. Epam. 10, 3, victoire remportée sur des concitoyens ; ***ante civilem victoriam*** Sall. J. 95, 4, avant sa victoire dans la guerre civile [sur Marius] ; ***contra morem consuetudinemque civilem*** Cic. Off. 1, 148, contrairement aux mœurs et aux coutumes des concitoyens (du pays) ‖ [poét.] ***civilis quercus*** ▸ *corona civica* : Virg. En. 6, 772 ‖ ***jus civile***, [en gén.] droit civil, droit propre aux citoyens d'une certaine cité : Cic. Top. 2, 9 ; de Or. 1, 188 ; Off. 3, 69 ; [opposé à *jus naturale*] Sest. 91 ; [en part.] droit civil = droit privé : Top. 5, 28 ; Leg. 1, 17 ; Caecin. 34 ‖ le *jus civile* [au sens de droit fondé sur la loi, opposé aux créations plus récentes, fondées sur l'édit du préteur, *jus praetorium* ou *honorarium* Dig. 1, 1, 7] ; [d'où] ***actio civilis***, action civile (opp. à l'interdit, action prétorienne) : ***omnes actiones aut civiles dicuntur aut honorariae*** Dig. 44, 7, 25, 2, toutes les actions sont dites ou civiles ou honoraires = prétoriennes ; ***obligatio civilis*** Inst. Just. 3, 12, 1, obligation sanctionnée par le *jus civile* [opp. aux obligations dont l'efficacité découle de l'édit du préteur] ‖ ***dies civilis*** Varr. R. 1, 28, 1, jour civil [de minuit à minuit] ; ***plus quam civilia agitare*** Tac. An. 1, 12, former des projets qui surpassent ceux d'un simple citoyen ¶ 2 qui concerne l'ensemble des citoyens, la vie politique, l'État : ***oratio civilis*** Cic. Or. 30, discours politique ; ***civilis scientia*** Cic. de Or. 3, 123, science politique ; ***rationes rerum civilium*** Cic. Rep. 1, 13, théories politiques ‖ ***vir vere civilis*** Quint. 1, pr. 10, le véritable homme d'État, homme politique, cf. 12, 2, 7 ; 12, 2, 22 ; ***civilium rerum peritus*** Tac. H. 2, 5, habile politique ‖ ***bellica, civilia officia*** Cic. Off. 1, 122, les devoirs de la vie militaire, de la vie civile ; ***civilia munera*** Liv. 9, 3, 5, charges, fonctions civiles ¶ 3 qui convient à des citoyens, digne de citoyens : ***hoc civile imperium*** Sall. J. 85, 35, voilà le commandement qui convient à des citoyens (Liv. 6, 40, 15 ; 27, 6, 4 ; 45, 32, 5) ; ***quid ordinatione civilius ?*** Plin. Ep. 8, 24, 7, quoi de plus digne d'un vrai citoyen que le soin d'organiser ? ‖ ***civile rebatur misceri voluptatibus vulgi*** Tac. An. 1, 54, il croyait que c'était d'une bonne politique de se mêler aux amusements de la foule ¶ 4 populaire, affable, doux, bienveillant : ***civili animo ferre aliquid*** Suet. Caes. 75, supporter qqch. avec douceur ; ***quam civilis incessu !*** Plin. Pan. 83, 7, quel air affable dans sa démarche !

2 Cīvĭlis, *is*, m., Civilis [chef batave] : Tac. H. 4, 13.

cīvīlĭtās, *ātis*, f. (*civilis*) ¶ 1 qualité de citoyen : Vulg. Act. 22, 28 ¶ 2 sociabilité, courtoisie, bonté : ***clementiae civilitatisque ejus multa documenta sunt*** Suet. Aug. 51, 1, il y a bien des preuves de sa clémence et de sa courtoisie ¶ 3 la politique [trad. de ἡ πολιτική de Platon] : Quint. 2, 15, 25.

cīvīlĭtĕr, adv. (*civilis*) ¶ 1 en citoyen, en bon citoyen : ***vivere civiliter*** Cic. Frg. E. 9, 4, vivre en bon citoyen ; ***vir civiliter eruditus*** Gell. Praef. 13, homme qui a reçu une éducation libérale, cf. Liv. 38, 56, 9 ¶ 2 dans les formes légales : ***quamdiu civiliter sine armis certetur*** Cael. Fam. 8, 14, 3, tant que le conflit se tient dans les formes légales, sans recours aux armes ¶ 3 avec modération, avec douceur : Ov. Tr. 3, 8, 41 ; Tac. An. 3, 76 ¶ 4 selon le droit civil [jus civile : ▸ 1 civilis] : ***actio civiliter moveri potest*** Dig. 47, 10, 37, on peut intenter une action civile ‖ ***civilius*** Plin. Pan. 29, 2 ; ***civilissime*** Eutr. 7, 8, 4.

1 cīvis, *is*, m. (cf. osq. *ceus*, al. *geheuer*, *Heirat*, *Heim*, an. *home*, rus. *semja*, scr. *śeva-*, κεῖμαι), citoyen, concitoyen : ***omnes cives tui*** Cic. Cat. 1, 17, tous tes concitoyens ‖ = sujet : ***imperare corpori, ut rex civibus suis*** Cic. Rep. 3, 37, commander au corps, comme un roi à ses sujets ‖ [au f.] ***civis Romana*** Cic. Balb. 55, citoyenne romaine ; ***defende cives tuas*** Pl. Ru. 742, défends tes concitoyennes.

▸ abl. ordin. *cive* mais on trouve aussi *civi* : Pl. Pers. 475 ; Cic. Fam. 1, 9, 16 ; Att. 7, 3, 4 ; Sest. 29 ‖ nom. arch. *ceivis* : CIL 1, 581 ; gén. *ceivis* CIL 582 ; dat. *ceivi* CIL 583 ; nom. acc. pl. *ceiveis*.

2 Cīvis, *is*, m., nom d'homme : Mart. 3, 38, 5.

cīvĭtās, *ātis*, f. (*civis* ; it. *città*) ¶ 1 ensemble des citoyens qui constituent une ville, un état ; cité, État : ***conventicula hominum quae postea civitates nominatae sunt, domicilia conjuncta quas urbes dicimus...*** Cic. Sest. 91, ces petites réunions d'hommes [à leur début], qui plus tard prirent le nom de cités, les groupements de demeures que nous appelons villes ; ***Syracusana civitas*** Cic. Verr. 2, 145, la cité de Syracuse ; ***omnis civitas Helvetia*** Caes. G. 1, 12, 4, l'État helvète dans son ensemble ; **Ubiorum civitas** CAES. *G.* 4, 3, 3, l'État formé par les Ubiens ; **de optimo civitatis statu** CIC. *Rep.* 1, 70, sur le meilleur gouvernement d'un État ; **de civitatibus instituendis** CIC. *de Or.* 1, 86, sur l'organisation des États ‖ [au sens de *urbs*, rare] **muri civitatis** TAC. *H.* 4, 65, les murs de la ville ; **expugnare civitatem** QUINT. 8, 3, 67, prendre d'assaut une ville ‖ [au sens de *Urbs = Roma*] la ville [et ses habitants] : SEN. *Ben.* 6, 32, 1 ; TAC. *H.* 1, 19, 2 ; 2, 92, 4 ; 4, 2, 2 ¶ **2** droits des citoyens, droit de cité : **ortu Tusculanus, civitate Romanus** CIC. *Leg.* 2, 5, Tusculan par la naissance, Romain par les droits de citoyen ; **in civitatem aliquem recipere** CIC. *Arch.* 22, accueillir qqn comme citoyen [romain] ; **aliquem civitate donare** CIC. *Balb.* 20, gratifier qqn du droit de cité ; **dare civitatem alicui** CIC. *Balb.* 21, accorder le droit de cité à qqn ; **civitatem amittere** CIC. *Caes.* 100, perdre les droits de citoyen ; **retinere aliquem in civitate, ex civitate aliquem exterminare** CIC. *Lig.* 33, maintenir qqn dans ses droits de citoyen, exiler qqn ‖ **civitas sine suffragio data** LIV. 8, 14, 11, la citoyenneté sans suffrage [sans les droits politiques] leur fut donnée, cf. VELL. 1, 14, 6 ‖ [fig.] **verbum civitate donare**, donner droit de cité à un mot : SEN. *Ep.* 120, 4 ; *Nat.* 5, 16, 4 ; GELL. 19, 13, 3 ; QUINT. 8, 1, 3 ¶ **3** [chrét.] la cité du ciel : AUG. *Civ.* 2, 29 ‖ l'Église : AUG. *Civ.* 16, 2.

▶ gén. pl. *civitatium* et *civitatum* ; arch. *ceivitas* CIL 1, 583.

cīvĭtātŭla, *ae*, f. (dim. de *civitas*), petite cité : APUL. *M.* 10, 1 ‖ droit de cité dans une petite ville : SEN. *Apoc.* 9, 4.

cīvĭtō, *ās*, *āre*, -, -, tr., habiter la ville ou donner le droit de cité : GLOSS. 5, 594, 41 ‖ f. l. pour *civico*.

Cīvĭŭlĭtānus, *a*, *um*, de Civiule [ville de la Byzacène] : CIL 6, 1684.

Cizānĭa, *ae*, f., ville d'Afrique : PLIN. 5, 37.

Cizici, *ōrum*, m. pl., peuple voisin du Tanaïs : PLIN. 6, 19.

clābŭlāre, *is*, n. (*clabula = clavula*), fourgon pour le transport des troupes : COD. TH. 6, 29, 2.

clābŭlāris, *e*, AMM. 20, 4, 11 ou **clābŭlārĭus**, *a*, *um*, COD. TH. 8, 5, 62, qui se fait au moyen de fourgons.

Clācendix, claxendix, *īcis*, f. (?), sorte de coquillage : P. FEST. 40, 26.

clādēs, *is*, f. (cf. *percello*) ¶ **1** désastre [de toute espèce], fléau, calamité : PL. *Cap.* 911 ; LUCR. 6, 1125 ; **civitatis** CIC. *Brut.* 332, les malheurs abattus sur la cité ; **mea clades** CIC. *Sest.* 31, mon malheur (exil) ; **clades dextrae manus** LIV. 2, 13, 1, perte de la main droite ; **per sex dies ea clade saevitum est** SUET. *Ner.* 38, 2, le fléau fit rage six jours durant ‖ [fig.] fléau destructeur [en parl. de qqn] : **hae militum clades** CIC. *Prov.* 13, ces fléaux de l'armée ¶ **2** [en part.] désastre militaire, défaite : SALL. *J.* 59, 3 ; LIV. 25, 22, 1 ; **alicui cladem afferre** CIC. *Nat.* 2, 7 ; **inferre** LIV. 29, 3, 8, faire subir un désastre à qqn ; **cladem accipere** CIC. *Div.* 1, 101, essuyer un désastre ; **cladi superesse** LIV. 25, 19, 16, survivre à la défaite.

▶ gén. pl. *cladium* ; qqf. *cladum*, SIL. 1, 41 ; AMM. 29, 1, 14 ; 31, 2, 1.

cladis, *is*, f., ◯▸ *clades* : LIV. 2, 22, 4 ; 10, 35, 3.

Claeōn, *ontis*, m. (Κλαίων), source de Phrygie : PLIN. 31, 19.

clam (cf. *celo*), arch. **calam**, *P. FEST. 41, 6 ¶ **1** adv., à la dérobée, en cachette : CIC. *Agr.* 2, 12 ; *Clu.* 55 ; *Verr.* 4, 134 ; **clam esse** PL. *Truc.* 795 ; LUCR. 5, 1157 ; LIV. 5, 36, 5, demeurer secret ¶ **2** prép., à l'insu de **a)** [avec abl.] **clam vobis** CAES. *C.* 2, 32, 8, à votre insu, cf. PL. *Curc.* 173 ; *Merc.* 821 ; LUCR. 1, 476 ; *CIC. *Att.* 10, 12 ; 2 **b)** [avec acc.] [constr. habituelle de PL. ; TER.] **clam patrem** TER. *Hec.* 396, à l'insu de mon père.

clāmātĭo, *ōnis*, f. (*clamo*), cri, clameur : CAEL.-AUR. *Chron.* 1, 4, 114.

clāmātŏr, *ōris*, m. (*clamo*), criard, braillard : CIC. *Brut.* 182 ; GELL. 19, 9, 7.

clāmātōrĭus, *a*, *um* (*clamator*), qui crie : **avis clamatoria** PLIN. 10, 37, oiseau criard [dont le cri est de mauvais augure].

1 **clāmātus**, *a*, *um*, part. de *clamo*.

2 **clāmātŭs**, *ūs*, m., PAUL.-NOL. *Carm.* 15, 279, ◯▸ *clamor*.

clămis, PL. *Ps.* 735, ▸ *chlamys*.

clāmĭtātĭo, *ōnis*, f. (*clamito*), criailleries : PL. *Most.* 6.

clāmĭtō, *ās*, *āre*, *āvī*, *ātum* (fréq. de *clamo*), intr. et tr.

I intr. ¶ **1** crier souvent, crier fort **a)** [avec l'exclamation au style direct] **clamitas : quousque...** CIC. *Planc.* 75, tu cries : "jusqu'où...", cf. LIV. 2, 55, 7 ; **ad arma clamitans** LIV. 9, 24, 9, criant "aux armes !" **b)** [avec l'exclamation à l'acc.] **Cauneas clamitabat** CIC. *Div.* 2, 84, il criait "figues de Caunos !" **c)** [avec prop. inf.] **clamitans liberum se esse** CAES. *G.* 5, 7, 8, ne cessant de crier qu'il était libre, cf. CIC. *Tusc.* 2, 60 ; SEN. *Ep.* 104, 1 ; TAC. *An.* 12, 7 ; [pass. impers.] **(eam) Talassio ferri clamitatum** LIV. 1, 9, 12, on cria qu'on (la) portait à Talassius ¶ **2** demander à grands cris : **clamitabat audiret...** TAC. *An.* 11, 34, elle demandait à grands cris qu'il écoutât ... [avec *ut*] TAC. *An.* 14, 5 [avec *ut* et prolepse] PL. *Ps.* 1276 ¶ **3** [nom de chose, sujet] crier = proclamer, montrer clairement : **supercilia illa... clamitare calliditatem videntur** CIC. *Com.* 20, ces sourcils ... semblent crier la fourberie.

II tr. [rare] crier qqch. : **quorum clamitant nomina** PLIN. *Ep.* 9, 6, 2, ceux dont ils crient les noms.

clāmō, *ās*, *āre*, *āvī*, *ātum* (1 *calo*, *clarus* ; it. *chiamare*)

I intr. ¶ **1** [abs¹] crier, pousser des cris : **tumultuantur, clamant** TER. *Hec.* 41, on se bouscule, on crie ; **in clamando video eum esse exercitum** CIC. *Caecil.* 48, pour crier, je vois qu'il a de l'entraînement ; **anseres clamant** CIC. *Amer.* 57, les oies crient ; **unda clamat** SIL. 4, 525, l'onde mugit ¶ **2** crier **a)** [avec l'exclamation au style direct] : **clamabit "bene...!"** HOR. *P.* 428, il criera "bien...!", cf. *S.* 2, 3, 62 ; CIC. *Lig.* 14 **b)** [avec acc. de l'exclamation] **clamare triumphum** OV. *Am.* 1, 2, 25, crier "triomphe !", cf. LIV. 21, 62, 2 **c)** [avec prop. inf.] **tum ipsum clamat virtus (eum) beatiorem fuisse** CIC. *Fin.* 2, 65, la vertu crie que même alors il était plus heureux, cf. CIC. *Rep.* 1, 55 ; *Verr.* 5, 17 ; **tabulae praedam illam istius fuisse clamant** CIC. *Verr.* 1, 150, les registres crient que c'était là le butin de Verrès, cf. 2, 104 ¶ **3** demander à grands cris **a)** [avec interr. indir.] TER. *And.* 490 **b)** [avec *ut*] **clamare cooperunt, sibi ut haberet hereditatem** CIC. *Verr.* 2, 47, ils se mirent à crier qu'il gardât l'héritage [avec *ne*] GELL. 5, 9, 2.

II tr. ¶ **1** appeler à grands cris : **janitorem** PL. *As.* 391, appeler à grands cris le portier ; **morientem nomine** VIRG. *En.* 4, 674, appeler à grands cris la mourante par son nom ¶ **2** proclamer [avec deux acc.] **aliquem insanum** HOR. *S.* 2, 3, 130, crier que qqn est un fou ; [au pass.] **insanus clamabitur** CIC. *Ac. frg. M.* 20, p. 23, 27 P., on le proclamera fou.

clāmŏr, *ōris*, m. (*clamo*), [en gén.] cri de l'homme ou des animaux : **clamorem facere** PL. *Bac.* 874, jeter des cris, faire du bruit ; **clamorem profundere** CIC. *Flac.* 15, pousser un cri ; **mergi clamorem ferunt** VIRG. *G.* 1, 362, les plongeons poussent des cris ‖ [en part.] **a)** cri de guerre : LIV. 4, 37, 9 **b)** acclamation : **Hortensius clamores efficiebat adulescens** CIC. *Brut.* 327, Hortensius dans sa jeunesse soulevait les acclamations **c)** cri hostile, huée : CIC. *Q.* 2, 1, 3 ‖ [fig.] bruit : **ter scopuli clamorem dedere** VIRG. *En.* 3, 566, trois fois les rochers retentirent.

clāmōrōsus, *a*, *um* (*clamor*), criard, plaintif : PS. AMBR. *Serm.* 24, 4.

clāmōs [arch.] cf. QUINT. 1, 4, 13 ; ◯▸ *clamor*.

clāmōsē, adv. (*clamosus*), en criant : QUINT. 11, 3, 45.

clāmōsus, *a*, *um* (*clamor*) ¶ **1** criard : **clamosus altercator** QUINT. 6, 4, 15, chicaneur criard ; **clamosus pater** JUV. 14, 191, père grondeur ¶ **2** qui retentit de cris : **clamosae valles** STAT. *Th.* 4, 448, vallées retentissantes ¶ **3** qui se fait avec des cris : **clamosa actio** QUINT. 5, 13, 2, débit criard.

Clampētĭa, *ae*, f., ville du Bruttium : LIV. 29, 38, 1 ; PLIN. 3, 72.

clămўs, ◯▸ *chlamys* [qqs mss].

clancŭlārĭus, *a*, *um* (*clanculum*), caché, anonyme : MART. 10, 3, 5 ‖ avec qui on a un commerce clandestin : TERT. *Pall.* 4, 3.

clancŭlē, ◯▸ *clanculo* : GLOSS. 4, 216, 27.

1 **clancŭlō**, adv. (*clam*), à la dérobée, furtivement : APUL. *M.* 3, 8 ; 9, 9 ; **Vergilius**

clanculo

fuit clanculo doctus Macr. *Sat.* 5, 18, Virgile cache sa science.

2 clancŭlō, ās, āre, -, -, tr., cacher : Gloss. 2, 358, 3.

clancŭlum (dim. de *clam*) ¶ 1 adv., en cachette : Pl. *Amp.* 523 ; Ter. *Eun.* 589 ¶ 2 prép. avec acc., *clanculum patres* Ter. *Ad.* 52, à l'insu des pères.

clandestīnō, adv. (*clandestinus*), clandestinement : Pl. *Mil.* 956.

clandestīnus, a, um (*clam*), qui se fait en cachette : *clandestina colloquia cum hostibus* Cic. *CM* 40, intelligences secrètes avec l'ennemi ‖ qui se fait sans qu'on s'en aperçoive : Lucr. 1, 128 ‖ qui agit en secret : Caes. *G.* 7, 64, 7.

clangō, ĭs, ĕre, -, - (cf. κλάζω) ¶ 1 intr., crier [en parl. de certains oiseaux] : Amm. 28, 4, 34 ‖ sonner de la trompette : Vulg. *Jos.* 6, 4 ‖ retentir : Acc. *Tr.* 573 ¶ 2 tr., faire résonner [en parl. de la trompette] : *tubae clangunt signa* Stat. *Th.* 4, 342, les trompettes donnent le signal.

clangŏr, ōris, m. (*clango*), cri de certains oiseaux : *aquila cum magno clangore volitans* Liv. 1, 34, 8, un aigle qui volait en poussant de grands cris ‖ son de la trompette : Virg. *En.* 2, 313 ‖ aboiement des chiens : Grat. 186.

Clănis, is, m., rivière d'Étrurie [Chiana] : Sil. 8, 455 ‖ personnage mythologique : Ov. *M.* 5, 140.

Clănĭus, ĭi, m., rivière de Campanie : Virg. *G.* 2, 225.

Clanoventa, ae, f., C.▹ *Glannobanta* : Anton. 481.

Clāra, ae, f., nom de femme : CIL 6, 2347.

Clārānus, i, m., nom d'homme : Mart. 10, 21.

clārē, adv. (*clarus*) ¶ 1 clairement [pour les sens] : *clare oculis videre* Pl. *Mil.* 630, avoir bon œil ; *clare, ut milites exaudirent* Caes. *C.* 3, 94, 5, distinctement, de façon à se faire entendre des soldats ¶ 2 clairement [pour l'esprit] : *clare ostendere* Quint. 2, 17, 2, montrer clairement ¶ 3 brillamment, avec éclat : *clarius exsplendescebat* Nep. *Att.* 1, 3, il brillait avec plus d'éclat ‖ *clarius* Cic. *Verr.* 3, 175 ; *clarissime* Plin. 10, 193.

clārēdo, ĭnis, f., C.▹ *claritudo* : Gloss. 5, 594, 14.

clārĕō, ēs, ēre, -, - (*clarus*), intr., briller, luire : Enn. *Tr.* 367 ‖ [fig.] **a)** briller, resplendir : *viri nunc gloria claret* Enn. d. Cic. *CM* 10, la gloire de ce héros resplendit à présent **b)** être évident : *quod in primo carmine claret* Lucr. 6, 937, ce qui ressort de notre premier chant.

clārescō, ĭs, ĕre, rŭī, - (*clareo*), intr., devenir clair, briller : *clarescit dies* Sen. *Herc. f.* 123, le jour commence à luire ‖ devenir illustre, s'illustrer : *ex gente Domitia duae familiae claruerunt* Suet. *Ner.* 1, deux branches de la famille Domitia se rendirent illustres ; *quoquo facinore clarescere* Tac. *An.* 4, 52, se faire un nom à tout prix ‖ devenir distinct [pour l'oreille] : *clarescunt sonitus* Virg. *En.* 2, 301, les bruits se précisent ; *praeclusis, quibus clarescunt (tibiae) foraminibus* Quint. 1, 11, 7, quand on bouche les trous qui donnent un son aigu [à la flûte] ‖ devenir distinct [pour l'esprit] : *alid ex alio clarescet* Lucr. 1, 1115, une chose s'éclairera par une autre.

Clarĭae, ārum, m. pl., peuple de Thrace : Plin. 4, 41.

clārĭcĭto, V.▹ *clarigito*.

clārĭcō, ās, āre, -, - (*clarus*), intr., éclairer vivement : Apul. *Mund.* 15.

clārĭfĭcātĭo, ōnis, f., glorification : Aug. *Quaest.ev.* 83, 62.

clārĭfĭcātus, part. de *clarifico*.

clārĭfĭcō, ās, āre, -, - (*clarus, facio*), tr., donner de l'éclat : Cypr. *Ep.* 59, 11 ‖ glorifier : Aug. *Serm.* 75, 8.

clārĭfĭcus, a, um (*clarus, facio*), qui éclaire, qui célèbre : Paul.-Nol. *Ep.* 4, 1 ‖ glorieux : Sedul. *Carm.* 5, 360.

clārĭgātĭo, ōnis, f. (*clarigo*) ¶ 1 action de réclamer de l'ennemi ce qu'il a pris injustement, sommation solennelle [par les féciaux] : Quint. 7, 3, 13 ¶ 2 droit de représailles : Liv. 8, 14, 6.

clārĭgĕnus, a, um, de haute naissance : Cypr.-Gall. *Hept. Exod.* 1189.

clārĭgĭto, ās, āre, -, - (fréq. de *clarigo*), tr., appeler : *Lucr. 5, 947.

clārĭgō, ās, āre, -, ātum (*clarus, ago*), intr., réclamer à l'ennemi ce qu'il a pris injustement : Plin. 22, 5.

clārimus, a, um, superl. de *clarus* : Gloss. 5, 179, 17

Clārīna, ae, f., nom de femme : CIL 2, 1488.

clārĭsŏnus, a, um (*clarus, sono*), clair, retentissant : Catul. 64, 125.

clārissĭmātŭs, ūs, m., dignité de celui qui avait le titre de *clarissimus* : Amm. 21, 16, 2 ; V.▹ *clarus* 3.

1 clārĭtās, ātis, f. (*clarus*) ¶ 1 clarté, éclat, netteté lumineuse : *claritas matutina* Plin. 9, 107, la clarté du matin ; *asparagi oculis claritatem afferunt* Plin. 20, 108, l'asperge éclaircit la vue ‖ éclat, sonorité [de la voix] : *claritas in voce* Cic. *Ac.* 1, 19, clarté de la voix ¶ 2 [fig.] **a)** clarté, éclat : *pulchritudinem rerum claritas orationis illuminat* Quint. 2, 16, 10, l'éclat de l'éloquence fait ressortir la beauté du sujet **b)** illustration, célébrité : *pro tua claritate* Cic. *Fam.* 13, 68, étant donné l'éclat de ton nom, cf. *Off.* 1, 70 ; *claritas generis* Quint. 8, 6, 7, l'éclat de la naissance ; *claritates ingeniorum* Plin. 37, 201, les esprits les plus brillants.

2 Clārĭtās Jūlĭa, f., C.▹ *Ucubi* : Plin. 3, 12.

clārĭtūdo, ĭnis, f. (*clarus*), clarté, éclat : *claritudo deae* Tac. *An.* 1, 28, l'éclat de la déesse [la Lune] ; *claritudo vocis* Gell. 7, 5, 1, clarté de la voix ‖ [fig.] illustration, distinction : Cat. d. Gell. 3, 7, 19 ; Sisen. d. Non. 82, 7 ; Sall. *J.* 2, 4.

clārĭtŭs, adv. arch., Cels. d. Char. 214, 4, C.▹ *clare*.

Clărĭus, a, um, V.▹ *Claros*.

clarnus, i, m. (étr. ?), table sacrificielle : Schol. Pers. *praef.*

clārō, ās, āre, āvī, ātum (*clarus*), tr. ¶ 1 rendre clair, lumineux : *iter claravit limite flammae* Stat. *Th.* 5, 284, il marqua son trajet par un sillon lumineux, cf. Cic. poet. *Div.* 1, 21 ¶ 2 [fig.] **a)** éclaircir, élucider : *multa nobis clarandum est* Lucr. 4, 776, je dois expliquer bien des choses **b)** illustrer : Hor. *O.* 4, 3, 4.

Clărŏs, i, f., ville d'Ionie, fameuse par un temple d'Apollon : Ov. *M.* 1, 516 ‖ **Clărĭus**, a, um, de Claros : Tac. *An.* 2, 54 ‖ **Clărĭus**, ĭi, m. **a)** Apollon : Virg. *En.* 3, 360 **b)** le poète de Claros (Antimaque) : Ov. *Tr.* 1, 6, 1.

1 clārus, a, um (cf. 1 *calo*, *clamo* ; it. *chiaro*) ¶ 1 clair, brillant, éclatant : *in clarissima luce* Cic. *Off.* 2, 44, au milieu de la plus éclatante lumière ; *clarissimae gemmae* Cic. *Verr.* 4, 62, pierres précieuses du plus vif éclat ‖ [poét.] *clarus Aquilo* Virg. *G.* 1, 460, le clair Aquilon = qui rend le ciel clair ‖ [avec abl.] **(dant) claram auro gemmisque coronam** Ov. *M.* 13, 704, (ils offrent) une couronne que l'or et les pierreries font étinceler ‖ *clara voce* Cic. *Clu.* 134, d'une voix éclatante, sonore ; *clariore voce* Caes. *G.* 5, 30, 1, d'une voix plus éclatante ; *clara, obtusa vox* Quint. 11, 3, 15, voix claire, sourde (*clara, suavis* Cic. *Off.* 1, 133, voix claire, agréable) ¶ 2 [fig.] clair, net, intelligible, manifeste : *luce sunt clariora nobis tua consilia* Cic. *Cat.* 1, 6, tes projets sont pour nous clairs comme le jour ; *res erat clara* Cic. *Verr.* 5, 101, le fait était patent ; *non parum res erat clara* Cic. *Verr.* 4, 29, la chose était assez connue, cf. 4, 27 ; 4, 41 ‖ *clarum est* [avec prop. inf.] Plin. 7, 61, c'est un fait connu que, on sait que ‖ *(T. Livius) in narrando clarissimi candoris* Quint. 10, 1, 101, (Tite-Live) dont les récits ont une limpidité si transparente ¶ 3 brillant, en vue, considéré, distingué, illustre **a)** [en parl. des pers.] *clari et honorati viri* Cic. *CM* 22, hommes en vue et revêtus des charges publiques ; *ex doctrina nobilis et clarus* Cic. *Rab. Post.* 23, que sa science a fait connaître et illustré ; *gloria clariores* Cic. *de Or.* 2, 154, auxquels la gloire a donné plus de lustre ; *populus luxuria superbiaque clarus* Liv. 7, 31, 6, peuple connu pour son faste et sa fierté ‖ *clarissimus artis ejus* Plin. 37, 8, le plus brillant de (dans) cet art ‖ **vir clarissimus**, clarissime [titre honorifique, réservé sous l'Empire aux membres de l'ordre sénatorial] : *clarissima persona, veluti senatoris vel uxoris ejus* Dig. 27, 10, 5, une personne de rang clarissime, comme par exemple un sénateur ou son épouse ; Dig. 1, 9, 8

b) [en parl. des choses] **dies clarissimus** Cic. *Lae.* 12, la journée la plus brillante; **oppidum clarum** Cic. *Verr.* 2, 86 (**urbs clarissima** Cic. *Pomp.* 20) ville illustre; **clarissima victoria** Cic. *Off.* 1, 75, la victoire la plus brillante.

2 **Clārus**, *i*, m., surnom romain: CIL 6, 8420.

classĕus, *a, um* (*classis*), de flotte, flottant: Cassiod. *Var.* 5, 17, 2.

Classĭa, *ae*, f., nom de pays inventé: Pl. *Curc.* 445.

classĭārĭi, *ōrum*, m. pl. (*classis*), matelots: Caes. *C.* 3, 100 ‖ soldats de marine: Nep. *Them.* 3, 2 ‖ matelots venant par roulement d'Ostie et de Putéoli: Suet. *Vesp.* 8, 3 ‖ calfats, ouvriers des arsenaux: CIL 10, 322.

classĭārĭus, *a, um* (*classis*), de la flotte: **classiarius centurio** Tac. *An.* 14, 8, centurion de la flotte.

classĭci, *ōrum*, m. pl., ▶ 2 *classicus*.

classĭcŭla, *ae*, f. (dim. de *classis*), flottille: Cic. *Att.* 16, 2, 4.

classĭcum, *i*, n. (*classicus*), signal donné par la trompette; sonnerie de la trompette: **classicum apud eum cani jubet** Caes. *C.* 3, 82, il ordonne que la sonnerie de la trompette soit faite près de lui [indice du commandement]; **classicum apud eos cecinit** Liv. 28, 27, 15, la trompette a sonné près d'eux ‖ [poét.] trompette guerrière, clairon: **necdum audierant inflari classica** Virg. *G.* 2, 539, on n'avait pas encore entendu souffler dans le clairon.

classĭcus, *a, um* (*classis*) ¶ 1 de la première classe: **classicus** [pris subst¹] Cat. d. Gell. 7, 13, 1, citoyen de la première classe, cf. P. Fest. 100, 22; [fig.] **classicus scriptor** Gell. 19, 8, 15, écrivain de premier ordre, exemplaire, classique ¶ 2 de la flotte, naval: **classici milites** Liv. 26, 48, 12, les soldats de la flotte ‖ **classici**, *orum*, m. pl. pris subst¹: **classicorum legio** Tac. *H.* 1, 36, la légion des soldats de marine, cf. 2, 11; 2, 17 ‖ les matelots: Curt. 4, 3, 18.

classis, *is*, f. (cf. 1 *calo* ?) ¶ 1 division du peuple romain, classe: **tum classes centuriasque descripsit** Liv. 1, 42, 5, alors il répartit les Romains en classes et centuries; **prima classis vocatur** Cic. *Phil.* 2, 82, on appelle la première classe [pour voter] ‖ [fig.] **quintae classis esse** Cic. *Ac.* 2, 73, être de la cinquième classe [au dernier rang] ¶ 2 division [en gén.], classe, groupe, catégorie: **pueros in classes distribuere** Quint. 1, 2, 23, répartir les enfants en classes; **tribus classibus factis pro dignitate cujusque** Suet. *Tib.* 46, les répartissant en trois catégories d'après le rang ¶ 3 [arch.] armée: **classis procincta** Fab. Pict. d. Gell. 10, 15, 4, l'armée en tenue de combat; **Hortinae classes** Virg. *En.* 7, 715, les contigents d'Hortina ¶ 4 flotte: **aedificare et ornare classes** Cic. *Pomp.* 9, construire et équiper des flottes; **Poenos classe devincere** Cic. *Or.* 153, battre les Carthaginois sur mer ‖ [poét.] vaisseau: Virg. *En.* 6, 334.

Clastidium, *ii*, n., ville de la Gaule Cisalpine [Casteggio]: Cic. *Tusc.* 4, 49; Nep. *Han.* 4, 1; Liv. 21, 48, 9.

Claterna, *ae*, f., ville de la Gaule cispadane Atlas XII, C3: Cic. *Fam.* 12, 5, 2.

clātra, *ōrum*, n., ▶ *clatri*: Prop. 4, 5, 74.

clātrātus, *a, um* (*clatro*), fermé par des barreaux: Pl. *Mil.* 379; **fores clatratae** CIL 1, 698, 2, 9, portes à claire-voie.

clātri, *ōrum*, m. pl. (κλᾷθρα), barreaux: Cat. *Agr.* 4; 14, 2; Hor. *P.* 473; Plin. 8, 21.

clātrō, *ās, āre*, -, - (*clatri*), tr., fermer avec des barreaux: Col. 9, 1, 4.

claudaster, *tri*, m., un peu boiteux: Gloss. 2, 573, 29.

claudĕō, *ēs, ēre*, -, - (*claudus*), intr., boiter, clocher: Caecil. *Com.* 32; Cic. *Or.* 170; *Tusc.* 5, 22.

claudĕŏr, *ēris, ēri*, - ou **claudŏr**, *děris, di*, - (*claudus*), intr., boiter: Capel. 8, 804.

Claudĭa, *ae*, f. ¶ 1 nom de femme: Ov. *F.* 4, 305; Suet. *Aug.* 62, 1 ¶ 2 nom de ville: **Claudia Lugdunum**, Lyon: CIL 12, 1782; **Claudia Narbo**, Narbonne: CIL 13, 969 ‖ ▶ 2 *Claudius*.

Claudĭālis, *e*, de Claude [empereur]: Tac. *An.* 13, 2.

Claudĭānistae, *ārum*, m. pl., hérétiques de la secte du donatiste Claudius: Aug. *Cresc.* 4, 9, 11.

1 **Claudĭānus**, *a, um*, qui a rapport à un membre de la famille Claudia: Sen. *Nat.* 7, 29, 3 ‖ **Claudianus mons** [montagne d'Égypte]: C. 14, 3, 25.

2 **Claudĭānus**, *i*, m., Claudien [poète latin]: Oros. *Hist.* 7, 35 ‖ Claudien Mamert [poète chrétien]: Sidon. *Ep.* 4, 11, 6.

Claudĭās, *ădis*, f., ville de Cappadoce: Amm. 18, 4.

claudĭcātĭo, *ōnis*, f. (*claudico*), action de boiter, claudication: Cic. *de Or.* 2, 249.

claudĭcō, *ās, āre, āvī, ātum* (*claudus*), intr. ¶ 1 boiter: **graviter claudicare** Cic. *de Or.* 2, 249, boiter fortement ¶ 2 vaciller, être inégal: **claudicat pennarum nisus** Lucr. 6, 834, les oiseaux battent de l'aile; **libella claudicat** Lucr. 4, 518, le niveau n'est pas d'aplomb ‖ **qua mundi claudicat axis** Lucr. 6, 1107, sur toute l'étendue où s'abaisse l'axe du monde ¶ 3 clocher, faiblir, être inférieur: **actio vitii vocis claudicabat** Cic. *Brut.* 227, l'action clochait, la voix étant mauvaise; **tota res claudicat** Cic. *Nat.* 1, 107, tout le système chancelle; **in comoedia maxime claudicamus** Quint. 10, 1, 99, c'est dans la comédie que nous clochons par-dessus tout ¶ 4 être boiteux, incomplet [en parl. d'un vers]: **claudicat hic versus** Claud. *Epig.* 79, 3, ce vers est boiteux.

claudīgō, *ĭnis*, f., Veg. *Mul.* 1, 26, 1, ▶ *clauditas*.

Claudĭŏpŏlis, *is*, f., ville de Bithynie: Cod. Th. 12, 1, 119 ‖ ville de Cilicie Atlas IX, C3: Amm. 14, 8, 2 ‖ **-pŏlītāni**, *ōrum*, m. pl., habitants de Claudiopolis [en Bithynie]: Plin. *Ep.* 10, 39, 5.

claudĭtās, *ātis*, f. (*claudus*), claudication, action de boiter: Apul. *Flor.* 16, 24.

1 **Claudĭus**, *ii*, m., nom de famille romaine ¶ 1 Appius Claudius Caecus [homme d'État et écrivain]: Cic. *CM* 16; Liv. 10, 22 ¶ 2 M. Claudius Marcellus [général célèbre]: Liv. 23, 15, 7 ¶ 3 l'empereur Claude, fils de Drusus [Tibérius Claudius Nero Germanicus, 41-54 apr. J.-C.]: Suet. *Cl.* 2, 1.

2 **Claudĭus mons**, montagne de Pannonie: Plin. 3, 148.

3 **Claudĭus**, *a, um*, de la famille Claudia, d'un Claudius: **Claudiae manus** Hor. *O.* 4, 4, 73, les mains d'un Claudius ‖ **Claudia via**, f., la voie Appienne: Ov. *P.* 1, 8, 44 ‖ **Claudia aqua**, f., l'aqueduc de Claude: Suet. *Cl.* 20 ‖ **Claudia tribus** Liv. 2, 16, 5, nom d'une tribu rustique.

1 **claudō**, *ĭs, ĕre, clausī, clausum*, **clūdō**, *ĭs, ĕre, clusī, clusum* (cf. *clavis*; fr. *clore*), tr., fermer ¶ 1 fermer, clore: **forem cubiculi** Cic. *Tusc.* 5, 59, fermer la porte de la chambre; **omnes aditus** Cic. *Phil.* 1, 25, fermer toutes les issues; **portas Varroni clausit** Caes. *C.* 2, 19, 3, il ferma les portes de la ville à Varron; [fig.] **clausa domus contra rem, alicui rei** Cic. *Verr.* 5, 39; *Quinct.* 93, maison fermée à qqch.; **claudere pupulas** Cic. *Nat.* 2, 142, clore les pupilles; **aures clausae ad rem** Cic. *Tusc.* 4, 2, oreilles fermées à qqch.; **Janum Quirinum ter clusit** Suet. *Aug.* 22, il ferma trois fois le temple de Janus ‖ **porta castrorum ducis principumque fuga clausa erat** Liv. 27, 18, 20, la porte du camp avait été obstruée après la fuite du général et des principaux chefs ¶ 2 fermer une route, un passage, un pays: **portus custodia clausos tueri** Caes. *C.* 3, 23, 1, tenir l'accès des ports fermé par une garde; **sociis nostris mare clausum** Cic. *Pomp.* 32, la mer fermée à nos alliés; **insula ea sinum ab alto claudit** Liv. 30, 24, 9, cette île ferme le golfe du côté de la haute mer; **clausae hieme Alpes** Liv. 27, 36, 4, les Alpes rendues impraticables par l'hiver ¶ 3 finir, clore: **agmen claudere**, fermer la marche, ▶ *agmen*: **epistulam** Ov. *H.* 13, 165; **opus** Ov. *F.* 3, 384, finir une lettre, un travail; **cum ventum est ad ipsum illud, quo veteres comoediae tragoediaeque cluduntur "plaudite!"** Quint. 6, 1, 52, quand on est arrivé à ce mot même par lequel finissent comédies et tragédies anciennes "applaudissez!"; **octavum lustrum claudere** Hor. *O.* 2, 4, 24, clore le huitième lustre ¶ 4 couper, barrer, arrêter: **fugam** Ov. *M.* 6, 572, couper la fuite; **sanguinem** Plin. 26, 135, étancher le sang; **horum ferocia vocem Evandri clausit** Liv. 44, 45, 12, leur dureté coupa la parole à Évandre; **omnes undi-**

claudo

que clausi commeatus erant Liv. 21, 57, 5, tous les approvisionnements de toutes parts étaient coupés ‖ enfermer : **claudam vos in curia** Liv. 23, 2, 9, je vous enfermerai dans la curie ; **clausus domo** Tac. An. 15, 53, enfermé dans sa maison ; **urbem operibus clausit** Nep. Milt. 7, 2, il enferma la ville dans des travaux de siège ; **ne multitudine clauderentur** Nep. Milt. 5, 3, pour empêcher qu'ils ne fussent enveloppés par la multitude des ennemis ; **non enim portu illud oppidum clauditur** Cic. Verr. 5, 96, ce n'est pas en effet le port qui enferme cette ville (qui en forme la clôture) ; **habere clausa consilia de Verre** Cic. Verr. 3, 63, tenir cachés ses desseins concernant Verrès ‖ [rhét.] **claudere numeris sententias** Cic. Or. 229, enfermer la pensée dans une forme rythmique ; **pedibus verba** Hor. S. 2, 1, 28, enfermer les mots dans la mesure des vers ; **universa comprensio et species orationis clausa et terminata est** Cic. Or. 198, c'est la phrase complète et le type d'énoncé qui a une fin rythmée.
▶ inf. prés. pass. **claudier** : Ter. And. 573 ‖ la forme **cludere** ne se trouve pas dans Cic., Caes., Sall., Liv. ; elle est dans Varr., Lucr., Tac., Quint., Suet.

2 **claudō**, ĭs, ĕre, -, clausūrus (*claudus*), intr., boiter, clocher : **res claudit** Sall. Mac. 25, les affaires clochent, cf. Cic. Tusc. 5, 22 ; Or. 170 ; Brut. 214 ; ▶ **claudico**.

claudor, ▶ claudeor.

claudōsus, a, um, inégal : Gloss. Isid.

1 **claudus**, a, um (obscur, cf. *cloppus*) ¶ 1 boiteux : **altero pede** Nep. Ages. 8, 1, boiteux d'un pied ; **pes claudus** Hor. O. 3, 2, 32, pied boiteux ‖ [navire] qui boite, désemparé : Lucr. 4, 436 ; Liv. 37, 24, 6 ; Tac. An. 2, 24 ¶ 2 fig. **a)** **clauda carmina alterno versu** Ov. Tr. 3, 1, 11, poèmes où chaque second vers boite, a un pied de moins que le premier, poésies composées de distiques **b)** qui cloche, défectueux : Quint. 9, 4, 70 ; 9, 4, 116 ; Ov. Pont. 3, 1, 86.
▶ vulg. **clōdus** Cypr. Test. 3, 1.

2 **Claudus**, i, m., surnom romain : Ascon. Cic. Scaur. 17.

clausa, ae, f., endroit fermé de la maison : Titin. Com. 61 ; Moret. 15.

Clausal, fleuve d'Illyrie : *Liv. 44, 31, 3.

clausē, adv. (*clausus*), d'une manière enveloppée, obscure : Aug. Cons. 3, 1, 2.

Clausentum, i, n., ville de la Bretagne : Anton. 478.

clausī, parf. de *claudo*.

clausībĭlis, e, Gloss. 4, 237, 1 et **clausĭlis**, e, Not. Tir. 50, 84, qui peut être fermé.

clausĭo, ōnis, f. (*claudo*), fermeture : Aug. Serm. Dolbeau 18, 5.

clausŏr, **clūsŏr**, ōris, m., qui enferme : Sidon. Ep. 8, 6, 12 ‖ forgeron, orfèvre : Vulg. 4 Reg. 24, 14 ; 16.

claustellum, i, n. (dim. de *claustrum* ; it. *chiavistello*), verrou, serrure, cloison : Gloss. 5, 564, 38.

claustra, ōrum, n. pl. (*claudo*) ¶ 1 fermeture **a)** d'une porte, verrous : **claustra revellere** Cic. Verr. 4, 52, briser les verrous (**claustra portarum** Liv. 5, 21, 10) ; [fig.] **sub signo claustrisque rei publicae positum vectigal** Cic. Agr. 1, 21, revenu placé sous le sceau, sous les verrous de l'État **b)** fermeture d'un port : chaîne (Curt. 4, 5, 19) ; obstruction de l'entrée (Liv. 37, 14, 6 ; 37, 15, 1) ¶ 2 barrière, clôture : **tui versus invito te claustra sua refregerunt** Plin. Ep. 2, 10, 3, tes vers ont malgré toi rompu les barrières où tu les retenais ; **claustra montium** Tac. H. 3, 2, la barrière formée par les montagnes ; **claustra loci** Cic. Verr. 5, 85, la barrière de ce lieu, cette barrière naturelle ; **Corinthus erat posita in faucibus Graeciae sic ut terra claustra locorum teneret** Cic. Agr. 2, 87, Corinthe était située à l'entrée même de la Grèce, en sorte que par terre elle tenait la barrière fermant la région (elle tenait la clef du pays) ; **apparebat claustra Aegypti teneri** Liv. 45, 11, 5, manifestement il avait en main la clef de l'Égypte cf. 44, 7, 9 ; 9, 32, 1 ; Tac. H. 2, 82 ‖ [fig.] **claustra nobilitatis refringere** Cic. Mur. 17, briser les barrières opposées par la noblesse [pour fermer l'accès au consulat] ‖ **contrahere claustra** Tac. An. 4, 49, resserrer la ligne d'investissement [d'une ville assiégée] ¶ 3 [chrét.] barrière de la pudeur, virginité : Ambr. Inst. 8, 52 ‖ clôture d'un monastère : Bened. Reg. 4, 56.

claustrālis, e, qui ferme, qui sert de barrière : Cassiod. Var. 9, 14, 4.

claustrārĭus, a, um, de serrure : **claustrarius artifex** Lampr. Hel. 12, 2, serrurier.

claustrĭtĭmus, **-tŭmus**, i, m. (*claustrum*), portier : Andr. d. Gell. 12, 10, 5.

claustrum, i, n. (*claudo* ; it. *chiostro*, al. *Kloster*), [rare, employé surtout au pl., ▶ *claustra*] **claustrum evellere** Apul. M. 4, 10, briser la serrure ‖ **claustrum objicere** Curt. 4, 5, 21, étendre une chaîne pour barrer un port (bâcler le port) ‖ **claustrum jam perdomitorum** Curt. 7, 6, 13, barrière pour les peuples déjà domptés.
▶ forme **clostrum** Cat. Agr. 13, 2, 85 ; 135, 2 Sen. Ben. 7, 21, 2 ; cf. Diom. 383, 3.

clausŭla, ae, f. (*claudo*) ¶ 1 fin, conclusion : **epistulae** Cic. Phil. 13, 47, fin d'une lettre ; **(mimus) inquo, cum clausula non invenitur...** Cael. 65, (un mime) dans lequel, quand on ne trouve pas la scène finale (le dénouement)... ¶ 2 [rhét.] clausule, fin de phrase : Cic. Or. 213 ; 215 ¶ 3 [droit] clause [disposition particulière d'un texte normatif (loi, édit), d'un contrat ou d'un testament] : Dig. 4, 6, 21 pr. ; 30, 30, 5-6 ¶ 4 [chrét.] **clausula saeculi** Tert. Apol. 32, 1, la fin du monde.

clausum, i, n. (*clausus* ; fr. *clos*) ¶ 1 endroit fermé : **sub clauso habere** Col. 7, 6, 5, tenir sous clef ¶ 2 fermeture : **clausa domorum** Lucr. 1, 354, les fermetures des maisons, cf. Sall. J. 12, 5.

clausūra, **clūsūra**, ae, f. (*claudo* ; it. *chiusura*), fermeture, porte : Vulg. Bar. 6, 17 ‖ fermoir [d'une chaînette] : CIL 2, 3386 ‖ château fort : Cassiod. Var. 2, 5, 1.

1 **clausus**, a, um, part. de *claudo* ‖ pris adj¹ [fig.], fermé, clos, ne laissant pas voir ses sentiments : Tac. An. 3, 15.

2 **Clausus**, i, m., ancêtre de la *gens* Claudia : Liv. 2, 16, 4.

clāva, ae, f. (cf. *clavus*), massue : Cic. Verr. 4, 94 ; Nep. Dat. 3, 2 ‖ [pour exercices physiques] : Cic. CM 58 ‖ bâton [autour duquel les éphores spartiates enroulaient leur message], scytale : Nep. Paus. 3, 4 ‖ massue d'Hercule : Virg. En. 10, 318 ; Liv. 1, 7, 7 ; Ov. M. 9, 114 ‖ **clava Herculis** M.-Emp. 33, 63, nénuphar (nymphéa) ‖ scion, rejeton d'un arbre : Pall. 4, 10, 11 ‖ [tard.] bâton de philosophe cynique : Aug. Civ. 14, 20 ‖ bâton de l'évêque, signe de sa charge pastorale : Mercat. Subn. 9, 13.

clāvārĭum, ii, n. (*clavus*), indemnité de chaussures [de clous] : Tac. H. 3, 50.

clāvārĭus, ii, m., qui fait des chevilles : CIL 12, 4467.

clāvātŏr, ōris, m. (dim. de *clava*), qui porte une massue : Pl. Ru. 805.

clāvātus, a, um (*clavus*), garni de clous, ferré [en parl. de la chaussure] : Isid. 19, 34, 13 ‖ qui a des rayures : **auro clavatae vestes** Vop. Tac. 11, 6, vêtements à bordure à rayures dorées ‖ garni de piquants [en parl. de coquillages] : Plin. 9, 130 ‖ pl. n., **clavata** P. Fest. 49, 5, souliers ferrés ou vêtements à bandes de pourpre.

clāvellus, i, m. (dim. de *clavulus*, it. *chiavello*), verrue, durillon [méd.] : M.-Emp. 34, 48.

clāvĭcārĭus, ii, m. (*clavis*), serrurier : Cod. Just. 10, 64, 1.

clāvĭcātus, a, um (*clavus*), garni de clous : Grom. 44, 18.

clāvĭcŭla, ae, f. (dim. de *clavis* ; fr. *cheville*) ¶ 1 petite clef : Germ. 195 ¶ 2 [méc.] linguet [empêche un treuil de revenir en arrière] : Vitr. 10, 11, 8 ¶ 3 sorte de fortification : Ps. Hyg. Mun. castr. 55 ¶ 4 vrille de la vigne : Cic. CM 52.

clāvĭcŭlārĭus, ii, m. (*clavicula*), porte-clefs : Firm. Math. 3, 5, 26.

clāvĭcŭlus, i, m. (dim. de *clavus*), enflure en forme de clou : Placit. 15, 3.

1 **clāvĭgĕr**, ĕra, ĕrum (*clava*, *gero*), qui porte une massue : Ov. F. 4, 68.

2 **clāvĭgĕr**, ĕri, m. (*clavis*, *gero*), le porteur de clefs [épith. de Janus] : Ov. F. 1, 228.

clāvis, is, f. (cf. κλαΐς, κλεΐς et *claudo* ; fr. *clef*) ¶ 1 clef : **esse sub clavi** Varr. R. 1, 22, être sous clef ; **claves tradere** Dig. 18, 1, 74, confier la gestion ou la garde de sa fortune; **claves adimere** Cic. *Phil.* 2, 69, retirer les clefs à sa femme, la répudier ‖ [fig.] **clavis agnitionis** Tert. *Marc.* 4, 4, 28, la clef de la science ¶ **2** barre de fermeture, verrou: Tib. *1, 6, 34* ¶ **3** baguette de fer pour faire tourner le cerceau: Prop. 3, 14, 6 ¶ **4** barre du pressoir: Cat. *Agr.* 13, 1. ▶ nom. sg. *claves* Pomp.-Gr. 5, 175, 9 ‖ acc. -vem mais -vim Pl. *Most.* 425; Tib. 2, 4, 31, cf. Char. 126, 4 ‖ abl. -ve et -vi.

clāvō, ās, āre, -, - (*clavus*), tr., clouer, fixer avec des clous: Paul.-Nol. *Carm.* 24, 103.

clāvŏla, clāvŭla, ae, f. (dim. de *clava*), scion, rejeton d'arbre: Varr. *R.* 1, 40, 4.

clāvŭlāre, ▣ *clabulare*.

clāvŭlus, i, m. (dim. de *clavus*), petit clou: Cat. *Agr.* 21, 3; Varr. *R.* 2, 9, 15 ‖ tumeur: M.-Emp. 33, 53.

clāvus, i, m. (cf. *claudo, clavis*; fr. *clou*) ¶ **1** clou: **clavis religare** Caes. *C.* 2, 10, 2, attacher (fixer) avec des clous; **trabali clavo figere aliquid** Cic. *Verr.* 5, 53, fixer qqch. avec un clou à poutres [= fixer solidement]; **clavo clavus ejicitur** Cic. *Tusc.* 4, 75, un clou chasse l'autre ‖ *ex hoc die clavum anni movebis* Cic. *Att.* 5, 15, 1, c'est à partir de ce jour que tu compteras l'année (de mon gouvernement de province); [ancien usage de compter les années au moyen d'un clou que l'on plantait chaque année, le 13 septembre, dans le mur du temple de Jupiter: *figere clavum* Liv. 7, 3, 4; "planter le clou"], *dictator clavi figendi caussa* Fast. Cons. 363 = CIL 1², 1, p. 20, dictateur nommé pour planter le clou ¶ **2** barre, gouvernail: Virg. *En.* 5, 177; **clavum imperii tenere** Cic. *Sest.* 20, tenir le timon du pouvoir; **clavum rectum tenere** Quint. 2, 17, 24, tenir droit le gouvernail = faire son devoir ¶ **3** bande de pourpre cousue à la tunique, large [laticlave] pour les sénateurs, étroite [angusticlave] pour les chevaliers, d'où: **latum clavum impetrare** Plin. *Ep.* 2, 9, 2, obtenir la dignité (les droits) de sénateur ‖ **clavum mutare in horas** Hor. *S.* 2, 7, 10, d'heure en heure changer de tunique [tantôt l'angusticlave, tantôt le laticlave] ¶ **4** [méd.] tumeur, induration, (verrue, poireau, cor): Cels. 5, 28, 14; Plin. 20, 184 ‖ maladie de l'olivier: Plin. 17, 223 ¶ **5** sorte d'avortement des abeilles: Plin. 11, 50.

claxendix, ▣ *clacendix*.

Clāzŏmĕnae, ārum, f. pl., Clazomènes [ville d'Ionie] Atlas VI, B3: Hor. *S.* 1, 7, 5 ‖ **-mĕnĭus, a, um,** Cic. *de Or.* 3, 138, de Clazomènes.

Clĕa, ae, f. (Κλέα), nom de femme: CIL 6, 5010.

Clĕădās, ae, m., nom d'homme: Sil. 7, 637.

Clĕaerĕta, ae, f. nom grec de femme: Pl. *As.* 751.

Clĕander, dri, m., Cléandre [officier d'Alexandre]: Curt. 3, 1, 1.

Cleanthēs, is (Κλεάνθης), m., Cléanthe [philosophe stoïcien]: Cic. *Fin.* 2, 69 ‖ **-ēus, a, um,** de Cléanthe: Pers. 5, 64.

Clĕarchus, i, m., Cléarque [tyran d'Héraclée]: Just. 15, 4 ‖ disciple d'Aristote: Gell. 4, 11, 14 ‖ général lacédémonien: Val.-Max. 2, 7, 2.

Clĕdŏnĭus, ii, m., nom d'un grammairien latin: Gram. 5, 10, 2 tit.

Clĕempŏrus, i, m., écrivain grec: Plin. 24, 159.

clēma, ătis, n. (κλῆμα), renouée [plante]: Plin. 27, 113.

clēmătis, ĭdis, f. (κληματίς), pervenche [plante]: Plin. 24, 141 ‖ clématite: Plin. 24, 84.

clēmătītis, ĭdis, f. (κληματῖτις), aristoloche: Plin. 25, 95.

Clēmătĭus, ii, m., nom d'un évêque: Aug. *Jul.* 1, 5, 19.

1 **clēmens, entis** (peu clair, cf. *vehemens*) ¶ **1** doux, clément, bon, indulgent: **clementes judices et misericordes** Cic. *Planc.* 31, juges humains et compatissants; **vir et contra audaciam fortissimus et ab innocentia clementissimus** Cic. *Amer.* 85, un homme qui montra la plus grande énergie contre l'audace, mais au regard de l'innocence la plus grande douceur ‖ modéré, calme: **clemens in disputando** Cic. *Fin.* 2, 12, modéré dans la discussion ‖ **consilium clemens** Cic. *Verr.* 5, 101, résolution humaine; **clementi castigatione uti** Cic. *Off.* 1, 137, réprimander modérément; **clementior sententia** Liv. 8, 31, 8, une décision plus clémente ¶ **2** [poét., en parl. de l'air, de la température, de la mer] doux, calme, paisible: **clemens flamen** Catul. 64, 272, souffle clément, doux zéphyr; **clemens mare** Gell. 2, 21, 1, mer calme; **clemens amnis** Ov. *M.* 9, 106, cours d'eau paisible; **clementiore alveo** Curt. 5, 3, 2, [le fleuve coule] avec un lit de pente plus doux.
▶ abl. usuel *clementi*; mais *clemente* Liv. 1, 26, 8; Laber. d. Macr. *Sat.* 2, 7, 3.

2 **Clēmens, entis,** m., nom propre: Tac. *An.* 1, 23.

clēmentĕr, adv. (*clemens*), avec clémence, avec douceur, avec bonté, avec indulgence: **clementer et moderate jus dicere** Caes. *C.* 3, 20, 2, rendre la justice avec indulgence et modération; **clementer ab consule accepti** Liv. 27, 15, 2, reçu avec bienveillance par le consul; **aliquem clementius tractare** Plin. *Ep.* 8, 24, 5, traiter qqn avec plus de douceur; **victoria clementissime uti** Sen. *Ir.* 2, 23, 4, montrer la plus grande clémence dans la victoire ‖ avec calme: **aliquid clementer ferre** Cic. *Att.* 6, 1, 3, supporter qqch. avec calme (patiemment); **clementer ductis militibus** Liv. 29, 2, 1, les soldats étant conduits paisiblement [sans exercer de ravages] ‖ [fig.] **clementius tremere** Sen. *Nat.* 6, 31, 1, éprouver des secousses [de tremblements de terre] moins fortes; **colles**

clementer assurgentes Tac. *An.* 13, 38, collines en pente douce; **si qua Apennini juga clementius adirentur** Tac. *H.* 3, 52, pour le cas où l'Apennin aurait des sommets d'un accès plus commode.

1 **clēmentĭa, ae,** f. (*clemens*) ¶ **1** clémence, bonté, douceur: **nihil magno et praeclaro viro dignius placabilitate et clementia** Cic. *Off.* 1, 88, rien n'est plus digne d'une âme grande et noble que la facilité à pardonner et la douceur; **violare clementiam** Nep. *Alc.* 10, 3, manquer à l'humanité ¶ **2** [poét.] **clementia caeli** Luc. 8, 366, la douceur du climat; **aestatis** Plin. *Ep.* 5, 6, 5, douceur de l'été, chaleur modérée de l'été.

2 **Clēmentĭa, ae,** f., la Clémence, déesse: Plin. 2, 14.

Clēmentīnus, i, m., nom d'homme: Aus. *Epist.* 4 (393), 10.

Clenna, ae, m., affluent du Pô: Rav. 4, 36.

Clĕōbis, is, m., frère de Biton: Cic. *Tusc.* 1, 113.

Clĕōbūlus, i, Cléobule ¶ **1** l'un des Sept Sages: Aug. *Civ.* 16, 25 ¶ **2** écrivain grec: Col. 1, 1, 11.

Clĕŏcharēs, ĕtis, m., un des officiers d'Alexandre: Curt. 8, 13.

Clĕŏchus, i, m., père d'Aréa ou Aria, aimée d'Apollon: Arn. 6, 6.

Clĕŏmăchus, i, m. (Κλεόμαχος), nom de soldat: Pl. *Bac.* 589.

Clĕombrŏtus, i, m., Cléombrote ¶ **1** général lacédémonien: Cic. *Off.* 1, 84 ¶ **2** philosophe admirateur de Platon: Cic. *Tusc.* 1, 84.

Clĕŏmēdōn, ontis, m., lieutenant de Philippe de Macédoine: Liv. 32, 21.

Clĕŏmĕnēs, is, m., Cléomène ¶ **1** roi de Sparte: Just. 28, 4 ¶ **2** statuaire grec: Plin. 36, 33 ¶ **3** nom d'un Syracusain: Cic. *Verr.* 2, 36.

Clĕōn, ōnis, m., Cléon ¶ **1** homme d'État athénien: Cic. *Brut.* 28 ¶ **2** statuaire grec: Plin. 34, 87 ¶ **3** géographe grec: Avien. *Or.* 48.

Clĕōna, ae, ville de Chalcidique: Mel. 2, 30.

Clĕōnae, ārum, f. pl., Cléones [ville de l'Argolide]: Ov. *M.* 6, 417 ‖ **-ōnaeus, a, um,** de Cléones: Liv. 33, 14, 7.

clĕōnīcĭŏn, ii, n., Plin. 24, 137, ▣ *clinopodion*.

Clĕōnīcus, i, m., nom d'un affranchi de Sénèque: Tac. *An.* 15, 45.

Clĕōpătĕr, tri, m., nom d'homme: Cod. Th. 6, 28, 8.

Clĕōpătra, ae, f., Cléopâtre ¶ **1** reine d'Égypte: Suet. *Caes.* 35, 1 ¶ **2** l'une des Danaïdes: Hyg. *Fab.* 170.

Clĕōpătrānus, a, um, Treb. *Tyr.* 32, **Clĕōpătrĭcus, a, um,** Sidon. *Ep.* 8, 12, 8, de Cléopâtre.

Cleophantus

Clĕŏphantus, *i*, m., Cléophante ¶ **1** peintre grec : Plin. 35, 16 ¶ **2** médecin grec : Cic. *Clu.* 47.

Clĕŏphis, *ĭdis*, f., reine des Indes : Curt. 8, 10, 22.

Clĕŏphōn, *ontis*, m., philosophe athénien : Cic. *Rep.* 4, 10.

clĕŏpĭcētŏn, *i*, n., Plin. 24, 137, ▶ *clinopodion*.

Clĕostrăta, *ae*, f., nom grec de femme : Pl. *Cas.* 393.

Clĕostrătus, *i*, m., astronome grec : Plin. 2, 31.

clĕpō, *ĭs*, *ĕre*, *psī*, - (cf. *clam*, κλέπτω, got. *hlifan*), tr., dérober : Pl. *Ps.* 238 ; *clepere dolo* Cic. *Tusc.* 2, 23, dérober par ruse [trad. d'Eschyle] ǁ [fig.] *sermonem clepere* Pacuv. *Tr.* 185, épier un entretien ǁ cacher, dissimuler : *levis est dolor, qui potest clepere se* Sen. *Med.* 156, c'est une faible douleur que celle qui peut se dissimuler ǁ soustraire : *se opificio clepere* Varr. *Men.* 342, se dérober au service.
▶ *clepsit* futur arch. : texte de loi dans Cic. *Leg.* 2, 22, cf. Liv. 22, 10, 5.

cleps, *pis*, m. (*clepo*), voleur : Gloss. 5, 349, 51.

clepsydra, *ae*, f. (κλεψύδρα), clepsydre, horloge d'eau : Plin. 7, 215 ; Cic. *de Or.* 3, 138 ǁ temps marqué par l'écoulement de l'eau d'une clepsydre : *invaluit consuetudo binas clepsydras petendi* Plin. *Ep.* 6, 2, 5, l'usage s'est établi de ne demander que deux clepsydres.

clepsydrārĭus, *ĭi*, m. (*clepsydra*), fabricant ou marchand de clepsydres : CIL 7, 332.

cleptēs (**-ta**), *ae*, m. (κλέπτης), voleur : Gloss. 5, 179, 32.

cleptō, *ās*, *āre*, -, - (fréq. de *clepo*), tr., voler, dérober : Cypr.-Gall. *Hept. Exod.* 881.

clērĭcālis, *e* (*clericus*), qui a rapport au clergé : Sidon. *Ep.* 6, 7, 2.

clērĭcātŭs, *ūs*, m. (*clericus* ; fr. *clergé*), cléricature, emploi ou état de clerc : Hier. *Ep.* 60, 10.

clērĭcŭs, *i*, m. (*clerus* ; fr. *clerc*), membre du clergé, clerc : Hier. *Ep.* 60, 10 ; Isid. 7, 12, 2.

Clērūmĕnoe, m. pl. (κληρούμενοι, " ceux qui tirent au sort "), titre d'une comédie de Diphile : Pl. *Cas.* 31.

clērus, *i*, m. (κλῆρος), clergé : *qui sunt in clero* Tert. *Mon.* 12, 1, les membres du clergé ǁ *clēri*, *ōrum*, m. pl., les membres du clergé : Isid. 7, 12, 1.
▶ gén. sg. *-ūs* Fort. *Carm.* 2, 9, 17.

Clesippus, *i*, m., nom d'homme : Plin. 34, 11.

Clĕtăbāni, m. pl., Prisc. *Perieg.* 889, ▶ *Catabani*.

Cleuās, *ae*, m., nom d'un général du roi Persée : Liv. 43, 21.

Clevum, *i*, n., ville de Bretagne [auj. Gloucester] : Anton. 485.

clībănārĭa, *ae*, f., fabrique de cuirasses : Not. Dign. *Or.* 11, 28.

1 **clībănārĭus**, *a*, *um* (1 *clibanus*), de tourtière : *arĭi-*, *ōrum*, m. pl., boulangers [cuisant le pain dans une tourtière] : CIL 4, 677.

2 **clībănārĭus**, *ĭi*, m. (*clibanus*), cavalier couvert d'une cuirasse : Amm. 16, 10, 8 ; Lampr. *Alex.* 56, 5.

clībănĭcĭus, *a*, *um*, de tourtière : *panis clibanicius* Isid. 20, 2, 15, pain cuit dans une tourtière.

clībănītēs (pānis), m., pain cuit dans une tourtière : Orib. *Syn.* 4, 1.

1 **clībănus**, *i*, m. (κλίβανος), tourtière : Plin. 18, 105 ; Apic. 361 ǁ four : Tert. *Marc.* 4, 30, 3.

2 **Clībănus**, m., montagne de la Grande Grèce : Plin. 3, 96.

3 **Clībănus**, f., ville de l'Isaurie : Plin. 5, 94.

Clides, *um*, f. pl., groupe d'îles près de Chypre : Plin. 5, 129.

clīdĭŏn, *ĭi*, n. (κλειδίον), gosier du thon : Plin. 9, 48.

Clīdūchŏs, *i*, m. (κλειδοῦχος), Porte-clefs [nom d'une statue de Phidias] : Plin. 34, 54.

clĭens, *entis*, m. (*cluens*, *clueo*), client [protégé d'un *patronus*] : *testimonium adversus clientem nemo dicit* Cat. d. Gell. 5, 13, 4, un patron ne porte pas témoignage contre son client ǁ celui à qui un avocat apporte assistance : Cod. Just. 2, 7, 20 ǁ *clientes* [cités d'Italie ou des provinces, dont les habitants sont placés sous la protection d'un *patronus* romain] : *adsunt Segestani clientes tui* Cic. *Verr.* 4, 80, les citoyens de Ségeste, qui sont dans ta clientèle, sont présents ǁ client, sorte de vassal [en parl. des individus ou des peuples chez les Gaulois et les Germains] : *Condrusi qui sunt Trevirorum clientes* Caes. *G.* 4, 6, 4, les Condruses qui sont les vassaux des Trévires ǁ [fig.] *cliens Bacchi* Hor. *Ep.* 2, 2, 78, adepte de Bacchus.
▶ arch. *cluens* ; gén. pl. *cluentum* Pl. *Men.* 575 ; abl. pl. *cluentibus* Pl. *Trin.* 471.

clĭenta, *ae*, f., cliente : Pl. *Mil.* 789.

clĭentēla, *ae*, f. (*cliens*) ¶ **1** état, condition de client [individu ou peuple] : *esse in clientela alicujus* Cic. *Amer.* 93, être le client de qqn ; *Thaïs patri se commendavit in clientelam et fidem* Ter. *Eun.* 1039, Thaïs s'est recommandée à notre père pour être sa cliente et sa protégée ¶ **2 a)** au pl., clients : Cic. *Cat.* 4, 23 ; *Fam.* 13, 64, 2 ; Caes. *C.* 2, 17 ; Sall. *J.* 85, 4 ǁ vassaux : Caes. *G.* 6, 12 **b)** au sg., clientèle, suite : Just. 8, 4, 8.

clĭentŭla, *ae*, f. (dim. de *clienta*), Ps. Ascon. *Verr.* 2, 1, 120.

clĭentŭlus, *i*, m. (dim. de *cliens*), petit client : Tac. *D.* 37.

clīma, *ătis*, n. (κλίμα) ¶ **1** inclinaison du ciel, climat [géogr.] : Ps. Apul. *Ascl.* 35 ; Serv. *G.* 1, 246 ǁ région : Tert. *Anim.* 49, 2 ¶ **2** mesure agraire : Col. 5, 1, 5.

clīmăcis, *ĭdos*, f. (κλιμαχις), [méc.] échelle [glissière dans la baliste = *canalis*, *caniculus* dans la catapulte] : Vitr. 10, 11, 8.

clīmactēr, *ēris*, m. (κλιμακτήρ), *climacter annus* Plin. 7, 161, année climatérique [époque où la vie humaine est particulièrement menacée et qui revient tous les sept ans], cf. Gell. 3, 10, 9.
▶ acc. sg. *-ēra* ; pl. *-ēras*.

clīmactērĭcus, *a*, *um*, climatérique : Plin. *Ep.* 2, 20, 3 ; ▶ *climacter*.

clīmătĭae, *ārum*, m. pl. (κλιματίαι), sorte de tremblements de terre : Amm. 17, 7, 13.

1 **clīmax**, *ăcis*, f. (κλῖμαξ), climax, gradation [rhét.] : Capel. 5, 536 [grec d.Quint. 9, 3, 54].

2 **Clīmax**, *ăcis*, f., montagne de Médie : Plin. 6, 115.

Climberrum, *i*, n., ville d'Aquitaine [Auch] : Anton. 550.

clīnāmen, *ĭnis*, n. (*clino*), inclinaison, déviation : Lucr. 2, 292.

1 **clīnātus**, *a*, *um*, part. de *clino*.

2 **clīnātŭs**, *ūs*, m., flexion, déclinaison : Explan. 4, 526, 9.

clīnē, *ēs*, f. (κλίνη), couche, coussin pour les divinités : CIL 12, 8246.

clingō, *ĭs*, *ĕre*, -, - (al. *lenken*, fr. *flanc*), tr., enclore, entourer : P. Fest. 49, 11.

Clīnĭa, *ae*, m., personnage de comédie : Ter. *Haut.* 175.

Clīnĭădēs, *ae*, m., fils de Clinias [Alcibiade] : Ov. *Ib.* 633.

Clīnĭas, *ae*, m., Clinias [père d'Alcibiade] : Nep. *Alc.* 1, 1 ǁ surnom romain : CIL 6, 19908.

clīnĭcē, *ēs*, f. (κλινική), médecine près du lit, clinique : Plin. 29, 4.

1 **clīnĭcus**, *a*, *um* (κλινικός), de lit, de malade : *clinicus medicus* CIL 6, 2532, médecin qui visite les malades ; *clinicus deus* Prud. *Apoth.* 205, Esculape.

2 **clīnĭcus**, *i*, m. ¶ **1** clinicien, médecin qui visite les malades : Mart. 9, 96, 1 ¶ **2** malade alité : Hier. *Ep.* 108, 5 ¶ **3** croque-mort : Mart. 1, 30, 2.

clīnō, *ās*, *āre*, -, - (cf. *clivus*, κλίνω, al. *lehnen* ; it. *chinare*), tr., incliner, faire pencher [existe d. les composés et au part.] : *clinatus* Cic. *Arat.* 287 ; 327.

clīnŏpŏdĭŏn, *ĭi*, n. (κλινοπόδιον), clinopode [plante] : Plin. 24, 137.

clīnŏpūs, *ŏdis*, m. (κλινόπους), pied de lit : Lucil. d. Macr. *Sat.* 6, 4, 18.

Clīō, *ūs*, f. (Κλειώ), muse de l'Histoire : Hor. *O.* 1, 12, 2 ǁ une Néréide : Virg. *G.* 4, 341.

1 **clĭpĕātus**, *a*, *um*, part. de *clipeo*.

clĭpĕātus, *i*, m., soldat pesamment armé : Liv. 44, 41, 2 ; Curt. 7, 9, 2.

clĭpĕō, *ās*, *āre*, -, *ātum* (*clipeus*), tr., armer d'un bouclier : Varr. L. 5, 7 ; Virg. En. 7, 793 ; **chlamyde clupeat brachium** Pacuv. d. Non. 37, 26, il fait sur son bras un bouclier de sa chlamyde ‖ représenter sur un médaillon : Macr. Sat. 2, 3, 4 ; ▣▶ *clipeus* ¶ 2.

clĭpĕŏlārĭum, *ii*, n., dépôt ou magasin de petits boucliers : *Not. Tir. 77, 61 a.

clĭpĕŏlārĭus, *ii*, m. (*clipeolum*), fabricant ou marchand de petits boucliers : *Not. Tir. 77, 62.

clĭpĕŏlum, *i*, n. (dim. de *clipeus*), petit bouclier : Hyg. Fab. 139.

clĭpĕum, *i*, n., Liv. 1, 43, 2 ; Virg. En. 9, 709, ▣▶ *clipeus*.

clĭpĕus (**clŭpĕus**), *i*, m. (obscur, cf. *balteus*) ¶ 1 bouclier [ordinairement en métal] Cic. Fin. 2, 97 ; **clupeus Minervae** Cic. Tusc. 1, 34, le bouclier de Minerve ; **clipeos objicere** Virg. En. 2, 444, se couvrir du bouclier ‖ [fig.] défense, protection : **Stilico, quem clipeum dedisti** Claud. IV Cons. Hon. 432, Stilicon, que tu nous as donné comme un bouclier ¶ 2 médaillon sur lequel les dieux ou les grands hommes sont représentés en buste : Plin. 35, 13 ; Liv. 25, 39, 13 ; Tac. An. 2, 83 ; Suet. Cal. 16, 4 ¶ 3 le disque du soleil : Ov. M. 15, 192 ¶ 4 la voûte du ciel : Enn. d. Varr. L. 5, 3 ¶ 5 sorte de météore : Sen. Nat. 1, 1, 15 ¶ 6 soupape [suspendue au puits de jour ménagé dans la salle des bains de vapeur des thermes ; la hauteur à laquelle on la suspend permet de régler la densité de la vapeur] : Vitr. 5, 10, 5.
▶ l'orth. *clypeus* est moins bonne ; la plus ordin. est *clipeus* ; qqf. *clupeus*.

Clisobora, *ōrum*, n. pl., ville de l'Inde : Plin. 6, 69.

Clisthĕnēs, *is*, m. (Κλεισθένης), Clisthène [orateur athénien] : Cic. Brut. 27.

Clitae, *ārum* ¶ 1 f. pl., ville de la Chalcidique : Liv. 44, 11, 4 ¶ 2 m. pl., peuple de la Cilicie : Tac. An. 6, 41.

Clitarchus, *i*, m. (Κλείταρχος), historien grec : Cic. Brut. 42.

lĭtellae, *ārum*, f. pl. (dim., ombr. *kletram* ; cf. *clino*) ¶ 1 bât : Cic. d. Quint. 5, 13 ; 40 ; Hor. Ep. 1, 13, 8 ¶ 2 instrument de torture : P. Fest. 52, 9 ‖ lieu-dit à Rome : P. Fest. 52, 9.

lĭtellārĭus, *a*, *um* (*clitellae*), qui porte un bât : Cat. Agr. 10, 1 ; Cic. Top. 36 ; **homines clitellarii** Pl. Most. 781, hommes qui servent de bêtes de somme.

Clĭteminestra, **Clĭteministra**, ▣▶ *Clytaemnestra* : Not. Tir. 115, 80.

Clĭternĭa, *ae*, f., ville du Samnium Atlas XII, D4 : Plin. 3, 103.

Clĭternum, *i*, n., ville des Èques : CIL 9, 4169 ‖ **-ernīnus**, *a*, *um*, de Cliternum : Cic. Fam. 9, 22, 4 ‖ **-ernīni**, *ōrum*, m. pl., habitants de Cliternum : Plin. 3, 106.

Clītĭpho, *ōnis*, m., Clitiphon [personnage de comédie] : Ter. Haut. 209.

Clītŏmăchus, *i*, m. (Κλειτόμαχος), Clitomaque [philosohe grec] : Cic. Ac. 2, 98.

Clītōr, *ŏris*, m., Liv. 39, 35, **Clītŏrĭum**, *ii*, n., Plin. 4, 20, ville d'Arcadie ‖ **Clītŏrĭus fons**, m., Ov. M. 15, 322, fontaine de Clitor ‖ **Clitorius lacus** Plin. 31, 16.

clītra, *ōrum*, n. pl. (κλεῖθρα), barres de fermeture : Gloss. 3, 101, 45 ; ▣▶ *clatra*.

Clītumnus, *i*, m., le Clitumne [rivière de l'Ombrie] : Plin. Ep. 8, 8, 5 ‖ **-nus**, *a*, *um*, du Clitumne : Stat. S. 1, 4, 128.

Clītus, *i*, m. (Κλεῖτος), général d'Alexandre : Curt. 8, 1, 28 ; Cic. Tusc. 4, 79.

1 **clīvĭa** (*ăvis*), f. (inus. *clivius*, *a*, *um*, cf. *clivis*), oiseau de mauvais augure : Plin. 10, 37 ; **cliviae** [s.-ent. *aves*] Stat. S. 4, 3, 59, oiseaux de mauvais augure.

Clīvĭcŏla, *ae*, f., nom d'une divinité protectrice des collines de Rome : Tert. Nat. 2, 15, 5.

clīvis, *e* (cf. *clino*, *clivus*), en pente : **clivia loca** Grom. 24, 7 ‖ **clivia auspicia** P. Fest. 56, 19, auspices qui défendent d'entreprendre quelque chose.

clīvos, arch. pour *clivus* : Pl. As. 708 ; Ter. Ad. 574.

clīvōsus, *a*, *um* (*clivus*), qui s'élève en pente, montueux : **clivosum rus** Virg. G. 2, 212, terrain en forte pente ; **clivosus Olympus** Ov. F. 3, 415, l'Olympe escarpé ‖ [fig.] **clivoso tramite vitae** Sil. 6, 120, dans le sentier escarpé de la vie.

clīvŭlus, *i*, m. (dim. de *clivus*), petite pente, petite montée : Col. 6, 37, 10 ; Apul. M. 4, 5.

clīvum, *i*, n., arch. pour *clivus* : Cat. d. Non. 195, 2.

clīvus, *i*, m. (cf. *clivis*, *clino*), pente, montée : **mollis clivus** Virg. B. 9, 8, pente douce ; **clivum mollire** Caes. G. 7, 46, 2, adoucir la pente ‖ **clivus Capitolinus** Cic. Mil. 64 ; Liv. 3, 18, 7 ; [abs‡] **clivus** Petr. 44, 18, le chemin du Capitole [et] la colline du Capitole, Atlas III A ‖ [fig.] **clivo sudamus in imo** Ov. H. 18, 41, nous ne sommes qu'au début de nos peines ; **clivum istum exsupera** Sen. Ep. 31, 4, surmonte cette difficulté.

clŏāca, *ae*, f. (cf. 2 *cluo* ; it. *chiavica*), égout : Cic. Sest. 77 ; Hor. S. 2, 3, 242 ‖ **Cloaca maxima**, le grand égout [à Rome] Atlas II ; III B ; Liv. 1, 56, 2 ‖ [fig.] ventre : Pl. Curc. 121.
▶ autres formes : *clouaca*, *clovaca*, *cluaca*.

clŏācālis, *e* (*cloaca*), d'égout : Cat. d. P. Fest. 52, 14.

clŏācārĭum, *ii*, m. (*cloaca*), local affecté à l'entretien des égouts : Ulp. Dig. 7, 1, 27.

clŏācārĭus, *ii*, m., égoutier, vidangeur : Diocl. 7, 32.

Clŏācīna, **Clŭăcīna**, *ae*, f. (2 *cluo*), Vénus Cloacine (purificatrice) [surnom de Vénus chez les Sabins] : Pl. Curc. 471 ; Liv. 3, 48, 5 ; Plin. 15, 119.

clŏācīnus, *a*, *um* (*cloaca*), d'égout, des égouts : Aug. Faust. 20, 11.

clŏācō, *ās*, *āre*, -, - (*cloaca*), tr., salir, souiller : *P. Fest. 58, 1.

clŏācŭla, *ae*, f. (dim. de *cloaca*), petit égout : Lampr. Hel. 17, 1.

clocca, *ae*, f. (gaul. ; fr. *cloche*, al. *Glocke*), cloche : Gloss. 5, 624, 29.

clŏcĭtō, *ās*, *āre*, -, -, intr., bramer [cri du cerf] : Anth. 762, 53.

Clōdĭa, *ae*, f., ▣▶ *Claudia*.

1 **Clōdĭānus**, *i*, m., fleuve de la Tarraconaise : Mel. 2, 89.

2 **Clōdĭānus**, *a*, *um*, de Clodius : Cic. Dom. 24 ‖ **Clōdĭānus**, *i*, m., nom d'homme : Cic. Att. 1, 19, 3.

clōdĭco, Cic. de Or. 2, 249, ▣▶ *claudico*.

clōdĭgō, ▣▶ *claudigo* : Chir. 22.

1 **Clōdĭus**, *a*, *um*, d'un Clodius ou de la famille Clodia : Cic. Dom. 34 ‖ ▣▶ *Fossa*.

2 **Clōdĭus**, *ii*, m., P. Clodius Pulcher [tribun de la plèbe, ennemi de Cicéron, tué par Milon] : Cic. Att. 2, 21, 6 ‖ **Forum Clodii**, n., ville d'Étrurie : Plin. 3, 116 ‖ ▣▶ *Claudius*.

clōdo, *is*, ▣▶ *claudo*.

clōdus, *a*, *um*, Fort. Carm. 3, 18, 16, ▣▶ *claudus*.

Cloelĭa, *ae*, f., jeune fille romaine dont l'exploit est raconté par Liv. 2, 13, 6 : Virg. En. 8, 651.

Cloelĭi, *ōrum*, m. pl., famille d'Albe qui fut admise dans le patriciat romain : Liv. 1, 30, 2.

Cloelĭus (**Cluīlĭus**), *ii*, m., nom romain : Liv. 4, 17, 2.

Clŏio, Sidon. Carm. 5, 212, ▣▶ *Chlodio*.

Clŏnĭus, *ii*, m., compagnon d'Énée : Virg. En. 9, 574.

clonŏs, *i*, f., renoncule [plante] : Ps. Apul. Herb. 8.

clŏō, *ās*, *āre*, -, -, Serv. En. 1, 720, ▣▶ 2 *cluo*.

cloppus, *a*, *um* (cf. χωλός ; fr. *clopin-clopant*, cf. *clocher*), boiteux : Gloss. 2, 102, 16.

cloras, ▣▶ *chloras*.

clostellum, *i*, n., Petr. 140, 11, ▣▶ *claustellum*.

Clostēr, *ĕris*, m., fils d'Arachné, inventeur des fuseaux : Plin. 7, 196.

clostrum, ▣▶ *claustrum* ▶.

Clōthō, *ūs*, f. (Κλωθώ), l'une des trois Parques : Sil. 5, 404.

clovāca, **cluāca**, ▣▶ *cloaca* : Varr. Men. 290 ; L. 5, 157.

Clŭăcīna, ▣▶ *Cloacina*.

Clŭāna, *ae*, f., ville du Picénum : Plin. 3, 111.

clucidatus

clŭcĭdātus, *a*, *um* (γλυκύς), adouci, suave : Varr. L. 7, 107 ; P. Fest. 48, 13 ; **V.** *glucidatus*.

clūdĕn, **cludo**, *ĭnis*, n. ou f. (obscur ; cf. *gladius* ?), épée de théâtre : Apul. *Apol.* 78, 4.

clūdō, *ĭs*, *ĕre*, -, -, Suet. *Aug.* 22, **C.** *claudo*.

Cludrus, *i*, m., rivière de Carie : Plin. 5, 108.

1 **clŭens**, *tis*, part. de *clueo*.
2 **clŭens**, **V.** *cliens*.

Clŭentĭus, *ĭi*, m., nom romain : Cic. *Clu.* 11 ‖ **Clŭentĭa**, *ae*, f., nom de femme : Cic. *Clu.* 30 ‖ **-tĭānus**, *a*, *um*, de Cluentius : Cic. *Clu.* 125.

clŭeō, *ēs*, *ēre*, -, - (cf. *1 cluo*, *clutus*, κλύω, κλέος, scr. *śṛṇoti*, rus. *slovo*), intr. ¶ **1** s'entendre dire, avoir la réputation de : *victor victorum cluet* Pl. *Trin.* 309, il est réputé le vainqueur des vainqueurs (on dit de lui que...) ; *cluent fecisse facinus maximum* Pl. *Bac.* 925, ils passent pour avoir fait une action d'éclat ¶ **2** être illustre : *facito ut Acherunti clueas gloria* Pl. *Cap.* 589, tâche d'avoir cette gloire dans l'Achéron ¶ **3** être, exister : *videmus inter se nota cluere* Lucr. 2, 351, nous voyons que (les animaux) se connaissent entre eux.

clŭĕor, *ēris*, *ērī*, -, dép., être appelé, passer pour : Pl. *Ps.* 918 ; Varr. *Men.* 356, cf. Non. 88, 3.

Clŭfennĭus, *ĭi*, m., nom de famille romain : CIL 8, 4793.

Clŭīlĭus, *ĭi*, m., chef des Albains : Liv. 1, 22, 4 ‖ **Clŭīlĭus**, *a*, *um*, de Cuilius : Liv. 1, 23, 3.

*****clŭis**, *e* (*1 cluo*), illustre, noble ‖ compar. *clŭior*, *clŭvĭor* Gloss. 5, 627, 10 ; 596, 10.

clūma, *ae*, f., **V.** *gluma* : P. Fest. 48, 15.

clūna, *ae*, f. (*clunis*), singe : *P. Fest. 48, 11.

clūnābŭlum, *i*, n. (*clunis*), Isid. 18, 6, 6, **clūnācŭlum**, **clūnāclum**, *i*, n., couteau de boucher ou de sacrificateur : Gell. 10, 25, 2 ; P. Fest. 43, 23 ; Isid. 18, 6, 6.

clūnālis, *e*, de la croupe, des fesses : Avien. *Arat.* 362.

Clūnĭa, *ae*, f., ville de la Tarraconaise Atlas IV, B2 : Suet. *Galb.* 9, 2 ‖ **-ensis**, *e*, de Clunia : Plin. 3, 18 ; 26.

clūnĭcŭla, *ae*, f. (dim. de *clunis*), culotte [partie de derrière du gibier] : Favorin. d. Gell. 15, 18, 2.

clūnis, *is*, m. Pl. d. Non. 3, 43 et f. Hor. *S.* 1, 2, 89, ordin.^t pl., **clūnes**, *ĭum* (cf. scr. *śroṇi-s*, gall. *clun*, κλόνις), fesse, croupe : *aliquid de clunibus apri* Juv. 5, 167, une tranche d'un cuissot de sanglier ; *sine clune palumbes* Hor. *S.* 2, 8, 91, pigeons étiques, sans croupion.

1 **clŭō**, *ĭs*, *ĕre*, -, - (cf. κλύω), intr., Sen. *Apoc.* 7, 2, **C.** *clueo*.

2 **clŭō**, *ĭs*, *ĕre*, -, - (cf. κλύζω), tr., [arch.] nettoyer : Plin. 15, 119.

clŭŏr, *ōris*, m. (*1 cluo*), réputation : Gloss. 2, 510, 5.

clŭpĕa, *ae*, f. (*clupens* ?; esp. *chopa*), lamprillon [petit poisson] : Plin. 9, 44.

Clŭpĕa, *ae*, f., Luc. 4, 586, **Clŭpĕa**, *ōrum*, n. pl., Caes. *C.* 2, 23, 2, ville de la Zeugitane [Kalibia] Atlas VIII, A4 ; XII, H2 ‖ **-pĕāni**, *ōrum*, m. pl., habitants de Clupea : Schol. Gron. Cic. *Pomp.* 28.

clŭpĕo, **C.** *clypeo* : Pacuv. *Tr.* 186.

clŭpĕus, **V.** *clipeus*.

clūra, *ae*, f. (cf. κόλουρος et *cluna*), singe : Gloss. 2, 102, 14.

clūrīnus, *a*, *um* (*clura*), de singe : Pl. *Truc.* 269 ; Arn. 3, 16.

clūsāris, *e* (*cludo*), qui ferme, qui sert à fermer : *clusaris aqua* CIL 6, 11535, fossé rempli d'eau qui sert de limite ; Grom. 172, 17.

clūsī, parf. de *cludo*.

clūsĭlis, *e* (*cludo*), qui se referme aisément : Plin. 9, 132.

Clūsĭŏlum, *i*, n., ville d'Ombrie : Plin. 3, 114.

Clūsĭum, *ĭi*, n., ville d'Étrurie [Chiusi] Atlas XII, D3 : Virg. *En.* 10, 167 ‖ **Clūsīnus**, *a*, *um*, de Clusium : Liv. 2, 9, 1 ‖ **-sīni**, *ōrum*, m. pl., les habitants de Clusium : Plin. 3, 52 ‖ **Clūsīni fontes**, m., les eaux de Clusium : Hor. *Ep.* 1, 15, 9.

Clūsĭus, *ĭi*, m. (*cludo*), surnom de Janus, dont le temple était fermé en temps de paix : Ov. *F.* 1, 130.

Clūsīvĭus, *ĭi*, m., Macr. *Sat.* 1, 9, 15, **C.** *Clusius*.

clūsŏr, *ōris*, m., Sidon. *Ep.* 8, 6, 12, **C.** *clausor*.

clustellum, *i*, n., Aldh. *Virg.* 42, **V.** *claustellum*.

cluster, *ēris*, m., Scrib. 179, **C.** *clyster*.

clustrum, Not. Tir. 50, 90, **C.** *claustrum*.

clūsūra, *ae*, f., CIL 2, 3386, **C.** *clausura*.

clūsus, *a*, *um*, part. de *cludo*.

Clŭtemnestra, **V.** *Clytaemnestra*.

Clŭtĭdae, **V.** *Clytidae*.

Clŭtŏmestŏrĭdȳsarchĭdēs, *ae*, m., nom d'un personnage de comédie : Pl. *Mil.* 14.

Clŭtōrĭus, *ĭi*, m., nom d'homme : Plin. 7, 124.

clŭtus, *a*, *um* (cf. κλυτός, germ. *hlodo-*, al. *laut*, an. *loud*), illustre, célèbre : P. Fest. 48, 16.

Clŭvĭa, *ae*, f. ¶ **1** ville du Samnium : Liv. 9, 31 ¶ **2** nom de femme : Juv. 2, 49.

Clŭvĭānum, *i*, n., maison de campagne de Cluvius : Cic. *Att.* 14, 10, 3.

Clŭvĭdĭēnus Quĭētus, *i*, m., nom d'homme : Tac. *An.* 15, 71.

Clŭvĭēnus, *i*, m., nom d'un poète : Juv. 1, 80.

Clŭvĭus, *ĭi*, m., ami de Cicéron : Cic. *Att.* 6, 2, 3 ‖ historien romain : Tac. *H.* 4, 39.

clybătis, *is*, f. (κλύβατις), pariétaire [herbe] : Ps. Apul. *Herb.* 81.

Clymĕnē, *ēs*, f. (Κλυμένη) ¶ **1** mère de Phaéton : Ov. *M.* 1, 756 ‖ **-naeus**, *a*, *um*, Stat. *S.* 1, 2, 123 et **-nēius**, *a*, *um*, Ov. *M.* 2, 19, de Clymène ‖ **-nēis**, *ĭdis*, f., fille de Clymène : Cons. Liv. 111 ¶ **2** nom d'une nymphe : Virg. *G.* 4, 345 ¶ **3** nom d'une Amazone : Hyg. *Fab.* 163.

1 **Clymĕnus**, *i*, m., nom d'un roi d'Arcadie : Hyg. *Fab.* 206 ‖ compagnon de Phinée : Ov. *M.* 5, 98 ‖ surnom de Pluton : Ov. *F.* 6, 757.

2 **clymĕnus**, *i*, m., chèvre feuille des bois : Plin. 25, 70.

Clypĕa, **V.** *Clupea*.

clypeatus, **clypeo**, **clypeus**, **V.** *clip-*.

clysmus, *i*, m. (κλυσμός), clystère : Scrib. 155.

clyster, *ēris*, m. (κλυστήρ), clystère, lavement : Cels. 7, 26, 5 E ; Suet. *Ner.* 20, 1 ‖ seringue : Suet. *Cl.* 44, 3.

clystērĭō, *ās*, *āre*, -, -, Pelag. 132, **C.** *clysterizo*.

clystērĭum, *ĭi*, n. (κλυστήριον), clystère : Scrib. 114 ; P. Fest. 69, 1.

clystērĭzō, *ās*, *āre*, -, - (κλυστηρίζω), tr., donner un clystère : Veg. *Mul.* 1, 42, 5 ; Cael.-Aur. *Acut.* 3, 4, 28.

Clytaemnestra, **Clytēmestra**, **Clytē-**, Andr. *Tr.* 11, *ae*, f. (Κλυταιμνήστρα) ¶ **1** Clytemnestre [femme d'Agamemnon] : Cic. *Inv.* 1, 18 ¶ **2** [fig.] femme qui tue son mari : Juv. 6, 656 ‖ femme impudique : Cael. d. Quint. 8, 6, 53.

Clytĭdae, **Clŭtĭdae**, *ārum*, m. pl., nom d'une famille d'Elis : Cic. *Div.* 1, 91.

Clytĭē, *ēs*, f., Océanide, aimée d'Apollon, métamorphosée en héliotrope : Ov. *M.* 4, 206.

Clytĭus, *ĭi*, m., nom d'un Argonaute : Hyg. *Fab.* 14 ‖ nom d'un guerrier : Virg. *En.* 10, 129.

Clytus, *i*, m., nom d'un centaure : Ov. *M.* 5, 88 ‖ nom d'homme : Liv. 36, 11, 8.

Cnaeus, **Cnēus**, *i*, m., prénom romain [en abrégé Cn.] prononcé *Gnaeus* : Quint. 1, 7, 28.
▶ abl. arch. *Gnaivod* CIL 1, 7.

cnāsōnae, *ārum*, f. pl. (de κνάω), aiguilles pour gratter la tête : P. Fest. 46, 1.

cnēcŏs, *i*, f. (κνῆκος), safran bâtard : Col. 7, 8, 1 ; Plin. 21, 90.

cnēdĭnus, **cnīdĭnus**, *a*, *um* (κνίδη), d'ortie : Plin. 15, 30.

Cnēmīdes, *um*, f. pl., Mel. 2, 45 et **Cnēmis**, *ĭdis*, f., Plin. 4, 27, ville de la Phocide.

cnēmis, *ĭdis*, f. (κνημίς), cnémide, bottine militaire : [fig.] **cnemis heroici versus** *Mall.-Th. 6, 591, 12, les deux derniers pieds du vers héroïque.

cnĕōrŏn, *i*, n. (κνέωρον), garou [arbrisseau] : Plin. 13, 114.

cnĕphōsus, v. gnephosus.

cnīcos, c. cnecos : Scrib. 135.

cnīdē, *ēs*, f. (κνίδη), ortie de mer, sorte de polype : Plin. 32, 146.

cnīdĭnus, c. cnedinus.

Cnīdĭus, Gnĭdĭus, *a, um* (Κνίδιος), de Cnide : Cic. Brut. 316 ǁ **-dii**, *ōrum*, m. pl., les habitants de Cnide : Cic. Verr. 4, 135.

Cnĭdus, Cic. Pomp. 33, **Gnĭdus**, *i*, f. (Κνίδος), Catul. 36, 13, Cnide [ville de Carie où Vénus avait un temple] Atlas IX, C1 ; VI, C3.

cnissa, cnīsa, *ae*, f. (κνῖσσα), odeur de chairs rôties, fumet : Arn. 7, 3.

cnōdax, *ācis*, m. (κνώδαξ), boulon de fer, pivot : Vitr. 10, 2, 11.

Cnōsus, Cnossus, Cnossiăcus, Cnossĭus, v. Gnoss-.

co-, forme antévocalique du préfixe *cum* (*com*).

cŏa, *ae*, f., épithète donnée par Caelius à Clodia, de *coeo*, cf. *nola* : Cael. d. Quint. 8, 6, 53.

Cŏa, *ōrum*, n. pl. (Coos), étoffes de Cos [en tissu transparent] : Hor. S. 1, 2, 101 ; Ov. A. A. 2, 298.

cŏaccēdō, *is, ĕre*, -, -, intr., s'ajouter à : Pl. Curc. 344.

cŏacervātim, adv. (coacervo), en masse : Apul. Flor. 9, 30 ; Aug. Jul. 4, 15.

cŏacervātĭo, *ōnis*, f. (coacervo), action d'entasser, d'accumuler : Sen. Vit. 1, 3 ǁ [fig.] accumulation, grand nombre : Dig. 2, 1, 11 ǁ [rhét.] groupement [d'arguments] : Cic. Part. 122.

cŏacervātus, *a, um*, part. de coacervo.

cŏacervō, *ās, āre, āvī, ātum* (cum, acervus), tr., mettre en tas, entasser, accumuler : *coacervantur pecuniae* Cic. Agr. 2, 71, on entasse des sommes d'argent ǁ [rhét.] *(argumenta) coacervata* Cic. Part. 40, (arguments) groupés [opp. à *singula*, "pris isolément"].

cŏacescō, *is, ĕre, ăcŭī*, -, intr., devenir aigre : Varr. R. 1, 65 ; **secunda mensa in stomacho coacescit** Cels. 1, 2, 9, le second service donne des aigreurs ǁ [fig.] **non omnis natura vetustate coacescit** Cic. CM 65, toutes les substances ne s'aigrissent pas avec le temps.

cŏacon, v. choacon.

cŏacta, *ōrum*, n. pl. (cogo), laines ou crins foulés, feutre : Caes. C. 3, 44, 7.

cŏactārĭus, *ii*, m., fabricant de feutre : CIL 10, 1916.

cŏactē, adv. (coactus), vite, bientôt : Gell. 10, 11, 8 ǁ avec précision, exactitude : Hier. Ep. 46, 3, 4 ǁ par force, de force : Tert. Anim. 42, 2 ǁ **coactius** Gell. 19, 2, 2.

cŏactīcĭus, *a, um* (coactus), forcé, contraint : Cassian. Inst. 4, 24, 1.

cŏactĭlĭārĭus, *a, um* (coactilis), relatif au feutre : *coactiliaria taberna* Capit. Pert. 3, 3, boutique où l'on vend du feutre ǁ **cŏactĭlĭārĭus**, *ii*, m., fabricant de feutre : CIL 6, 9494.

cŏactĭlis, *e* (coacta), fait en feutre : Diocl. 7, 52 ǁ **cŏactĭlĭa**, *ium*, n. pl., vêtements de laine feutrée, feutre : Ulp. Dig. 34, 2, 25.

cŏactim, adv. (coactus), en resserrant, brièvement : Sidon. Ep. 9, 16, 2.

cŏactĭo, *ōnis*, f. (cogo) ¶ 1 action de recueillir, encaissement : **coactiones argentarias factitare** Suet. Vesp. 1, 2, faire des recouvrements ¶ 2 abrégé, résumé : **coactio causae in breve** Gai. Inst. 4, 13, exposé sommaire de la cause ¶ 3 courbature, forcement [des chevaux] : Veg. Mul. 1, 38, 1.

cŏactīvus, *a, um* (cogo), forcé : Praedest. 3, 14.

cŏactō, *ās, āre*, -, - (fréq. de cogo), forcer : Lucr. 6, 1120 ; 1159.

cŏactŏr, *ōris*, m. (cogo) ¶ 1 celui qui rassemble : **coactores agminis** Tac. H. 2, 68, l'arrière-garde [ceux qui ramassent les traînards] ¶ 2 collecteur d'impôts : Cic. Rab. Post. 30 ǁ commis de recette : Cat. Agr. 150, 2 ; Cic. Clu. 180 ; Hor. S. 1, 6, 86 ¶ 3 *coactor lanarius* CIL 5, 4504, 3, foulon ¶ 4 [fig.] celui qui force, qui contraint : Sen. Ep. 52, 4.

cŏactrix, *īcis*, f. (coactor), celle qui force, contraint : Aug. Jul. op. imp. 3, 71.

cŏactūra, *ae*, f. (cogo), cueillette [d'olives] : Col. 12, 52, 2.

1 **coactus**, *a, um*, part. de cogo (it. quatto) ǁ pris adj¹, [au fig.] contraint, cherché, non naturel : Gell. 1, 4, 7 ; **lacrimae coactae** Virg. En. 2, 196, larmes hypocrites.

2 **cŏactŭs**, abl. *ū*, m., impulsion : Lucr. 2, 273 ǁ [fig.] **coactu atque efflagitatu meo** Cic. Verr. 5, 75, sous ma pression et sur mes instances, cf. Verr. 2, 34.

cŏācŭla, *ae*, f. (germ., all *Wachtel* ; fr. *caille*), caille : Gloss. 3, 567, 60.

cŏaddō, *is, ĕre*, -, -, tr., joindre à : Cat. Agr. 40, 2.

cŏadimplĕō, *is, ĕre*, -, -, compléter : Rust. Aceph. 1205 A.

cŏadjūtŏr, *ōris*, m. (coadjuvo), aide, auxiliaire : CIL 3, 1099, 4.

cŏadjŭvō, *ās, āre*, -, -, tr., assister : Hier. Gal. 6, 5.

cŏădŏlescō, *is, ĕre, lēvī*, - (cum, adolesco), intr., grandir avec : Tert. Anim. 16, 1.

cŏădōrō, *ās, āre*, -, -, tr., adorer avec : Cod. Just. 1, 1, 4.

cŏadsum, *ēs, esse*, intr., être présent avec : Rust. Aceph. 1218.

cŏădūnātim, adv. (coaduno), en réunissant : Oros. Hist. 7, 27, 6.

cŏădūnātĭo, *ōnis*, f. (coaduno), assemblage, réunion : Cod. Just. 5, 12, 31.

cŏădūnātus, *a, um*, part. p. de coaduno.

cŏădūnō, *ās, āre, āvī, ātum*, tr., réunir : Dict. 4, 13 ; **coadunare brachium statuae** Ulp. Dig. 10, 4, 7, mettre un bras à une statue.

cŏaedĭfĭcātĭo, *ōnis*, f., action d'édifier, de construire ensemble : Aug. Dulc. 4, 2.

cŏaedĭfĭcātus, *a, um*, part. de coaedifico.

cŏaedĭfĭcō, *ās, āre, āvī, ātum* (cum, aedifico), tr., couvrir d'un ensemble de maisons : **coaedificare campum Martium** Cic. Att. 13, 33, 4, couvrir de constructions le Champ de Mars ; **loci coaedificati** Cic. Part. 36, terrains bâtis.

cŏaegrescō, *is, ĕre*, -, -, intr., devenir malade avec : **corpus animae coaegrescit** *Tert. Anim. 5, 5, le corps partage les maux de l'âme.

cŏaegrōtō, *ās, āre*, -, - (cum, aegroto), intr., être malade avec : Hier. Jovin. 1, 47.

cŏaequābĭlis, *e*, égal : Not. Tir. 46, 37.

cŏaequālis, *e* (cum, aequalis) ¶ 1 du même âge : Petr. 136, 1 ǁ **cŏaequāles**, *ium*, m. pl., f. pl., personnes du même âge : **in ludo inter coaequales discens** Just. 23, 4, 9, étant à l'école avec les enfants de son âge ¶ 2 égal, pareil : Vulg. 2 Petr. 1, 1.

cŏaequālĭtās, *ātis*, f., égalisation, part égale : Dig. 27, 1, 8.

cŏaequālĭtĕr, adv., également, semblablement : Cassiod. Psalm. 61, 11 p. 105.

cŏaequātĭo, *ōnis*, f., action d'égaler : Oros. Apol. 16, 2.

cŏaequātus, *a, um*, part. de coaequo.

cŏaequō, *ās, āre, āvī, ātum* (cum, aequo), tr. ¶ 1 rendre égal, de même plan, égaliser : **coaequare montes** Sall. C. 20, 11, aplanir les montagnes ; **aream** Cat. Agr. 129, niveler une aire ¶ 2 égaler, mettre sur le même pied : **aliquem cum aliquo** Lact. Ir. 7, 2, égaler un homme à un autre ; **ad injurias tuas omnia coaequasti** Cic. Verr. 3, 95, en conformité avec tes injustices, tu as tout mis sur le même pied ¶ 3 comparer : **maris fluctibus coaequandus est** Hier. Is. 17, 2, on peut le comparer aux flots de la mer.

cŏaestĭmō, *ās, āre*, -, -, tr., évaluer avec : Cels. Dig. 47, 2, 69.

cŏaetānĕus, *a, um* (cum, aetas), contemporain, qui est du même âge : Apul. M. 8, 7 ; Tert. Herm. 6, 2.

cŏaeternālis, *e*, coéternel : Gennad. Vir. 14.

cŏaeternĭtas, *ātis*, f., coéternité : Aug. Serm. 117, 10, 14.

cŏaeternus, *a, um*, coéternel : Tert. Herm. 11, 1.

cŏaetō, *ās, āre*, -, - (cum, aetas, cf. coaetaneus), intr., être du même âge : Tert. Res. 45, 5.

coaevitas

cŏaevĭtās, *ātis*, f., contemporanéité : Aug. *Serm.* 117, 14.

cŏaevus, *a, um* (*cum, aevum*), contemporain : Aug. *Civ.* 5, 7.

cŏaggĕrātus, *a, um*, part. p. de *coaggero*.

cŏaggĕrō, *ās, āre, -, ātum*, tr., entasser en remblai : Serv. *En.* 5, 273 ‖ couvrir d'un amas : Col. 8, 6, 1.

cŏăgĭtātus, *a, um*, part. p. de *coagito*.

cŏăgĭtō, *ās, āre, āvī, ātum*, tr., remuer ensemble, mélanger en agitant : Apic. 46 ; M.-Emp. 8, 73 ‖ tasser : *mensura coagitata* Vulg. *Luc.* 6, 38, mesure bien tassée.

cŏăglo, C. ▶ *coagulo* : Carm. Epigr. 477, 4.

coagmentātĭo, *ōnis*, f. (*coagmento*), assemblage, réunion de parties ensemble : Cic. *Nat.* 1, 20 ; 2, 119.

cŏagmentātus, *a, um*, part. de *coagmento*.

cŏagmentō, *ās, āre, āvī, ātum* (*coagmentum*), tr., unir ensemble, assembler : *opus coagmentare, dissolvere* Cic. *CM* 72, former un ouvrage [par assemblage des parties], le dissoudre ‖ [fig.] *verba verbis quasi coagmentare* Cic. *Or.* 77, lier en qq. sorte les mots entre eux [de manière à éviter les hiatus] ; *pacem* Cic. *Phil.* 7, 21, cimenter la paix.

cŏagmentum, *ī*, n. (*cogo*), jointure, assemblage, [employé surtout au pl.] : Cat. *Agr.* 18, 9 ; Caes. *C.* 3, 105 ‖ [fig.] *coagmenta syllabarum* Gell. 17, 9, 2, assemblage des lettres en syllabes.

cŏagnĭtus, *a, um*, connu en même temps : Not. Tir. 47, 90 a.

cŏăgŭlāre, *is*, n. (*coagulo*), le côlon [intestin] : Veg. *Mul.* 1, 40, 2.

cŏăgŭlātĭo, *ōnis*, f. (*coagulo*), coagulation : Plin. 23, 30.

cŏăgŭlātus, *a, um*, part. de *coagulo*.

cŏăgŭlō, *ās, āre, āvī, ātum* (*coagulum* ; fr. *cailler*), tr., coaguler, figer, épaissir [un liquide] : *lac coagulatur in caseum* Plin. 23, 117, le lait se transforme en fromage ‖ [fig.] *coagulare pacem* Aug. *Psalm.* 75, 8, établir la paix.

cŏăgŭlum, *ī*, n. (*cum, ago,* cf. *cogo* ; esp. *cuajo*) ¶ **1** présure : Varr. *R.* 2, 11 ‖ [fig.] **a)** ce qui réunit, ce qui rassemble : *hoc continet coagulum convivia* Varr. *Men.* 111, c'est le lien (l'âme) des festins **b)** cause, origine : *Palladius coagulum omnium aerumnarum* Amm. 29, 2, 1, Palladius, la cause de tous les malheurs ¶ **2** lait caillé : Plin. 28, 158 ¶ **3** coagulation : Gell. 17, 8, 15.

cŏălescō, *ĭs, ĕre, ălŭī, ălĭtum* (*cum, alesco*), intr., croître ensemble, s'unir en croissant ¶ **1** s'unir, se lier : *saxa vides sola colescere calce* Lucr. 6, 1068, tu vois que les pierres ne se lient que grâce à la chaux ; *aes et ea arena ab ignis vehementia confervescendo cum coaluerint* Vitr. 7, 11, 1, quand le cuivre et le sable entrant en effervescence sous la violence du feu se sont fondus ensemble ; *brevi spatio novi veteresque coaluere* Sall. *J.* 87, 3, en peu de temps nouveaux et anciens soldats ne firent qu'un (s'amalgamèrent) ; *coalescere cum aliqua re* Liv. 2, 48, 1, se lier avec qqch. ; *multitudo coalescit in populi unius corpus* Liv. 1, 8, 1, cette multitude se fond en un corps de nation ; *animo ad obsequium coalescere* Tac. *An.* 6, 44, avoir une volonté commune d'obéissance ; *brevi tanta concordia coaluerant animi ut* Liv. 23, 35, 9, en peu de temps les esprits s'étaient unis dans une concorde si étroite que ‖ *voces e duobus quasi corporibus coalescunt ut maleficus* Quint. 1, 5, 65, des mots sont formés comme de deux corps distincts qui se soudent, ainsi *maleficus* ‖ *ne prius exarescat surculus quam coalescat* Varr. *R.* 1, 41, 2, pour que le greffon ne se dessèche pas avant de prendre [faire corps et pousser avec l'arbre greffé] ‖ *vulnus coalescit* Plin. 9, 166, la plaie se referme ; *vixdum coalescens foventis (ejus) regnum* Liv. 29, 31, 4, pendant qu'il soigne les blessures de son royaume qui se cicatrisent à peine ¶ **2** se développer, prendre racine : *grandis ilex coaluerat inter saxa* Sall. *J.* 93, 4, une grande yeuse avait poussé entre les rochers ; *sarmentum sic depressum citius coalescit* Col. 3, 18, 5, le sarment ainsi mis en terre prend plus vite racine ‖ [fig.] *dum Galbae auctoritas fluxa, Pisonis nondum coaluisset* Tac. *H.* 1, 21, tandis que l'autorité de Galba était chancelante et celle de Pison encore mal affermie ; *coalita libertate* Tac. *H.* 4, 55, la liberté étant affermie (assurée) ‖ *in tenero, modo coalescente corpusculo* Sen. *Ep.* 124, 10, dans un tendre embryon, seulement en train de se former.

▶ le part. *coalitus* se trouve à partir de Tac. : *An.* 14, 1 ; 13, 26 ‖ la forme *colescere* se trouve dans Varr. *R.* 1, 41, 2 ; Lucr. 2, 1061 ; 6, 1068.

cŏălĭtus, *a, um*, V. ▶ *coalesco* ▶.

*****cŏălĭtu**, abl. de l'inus. **coalitus*, union, réunion : Arn. 4, 33.

cŏălō, *ĭs, ĕre, ălŭī, -* (*cum, alo*), tr., nourrir avec : Hier. *Jovin.* 1, 36.

cŏaltercŏr, *ārīs, ārī, -*, intr., avoir une discussion avec : Boet. *Elench.* 1, 3.

cŏălumna, *ae*, f., camarade d'enfance : Ps. Aug. *Serm.* 294, 6.

cŏămātŏr, *ōris*, m., rival en amour : Aug. *Psalm.* 33, s. 2, 6.

cŏambŭlō, *ās, āre, -, -*, intr., se promener ensemble : Mamert. *Anim.* 1, 3.

cŏangustātĭo, *ōnis*, f., resserrement, retraite : Hier. *Orig. Ez.* 9, 1.

cŏangustō, *ās, āre, āvī, ātum*, tr., rétrécir, resserrer, mettre à l'étroit : *coangustare aditum aedium* Dig. 19, 2, 19, rétrécir l'entrée d'une maison ; *coangustabantur* B.-Hisp. 5, 5, ils s'entassaient ‖ [fig.] *haec lex coangustari potest* Cic. *Leg.* 3, 32, on peut restreindre la portée de cette loi.

cŏangustus, *a, um*, resserré : Cassiod. *Psalm.* 118, 45.

cŏăpostŏlus, *i*, m., compagnon d'apostolat : Cassiod. *Compl. Petr.* 2, 10.

cŏappellō, *ās, āre, -, -*, tr., appeler avec ou en même temps : Rust. *Aceph.* 1213.

cŏaptābĭlis, *e*, qui peut être ajusté : Rust. *Aceph.* 1225.

cŏaptātĭo, *ōnis*, f., ajustement de parties entre elles, harmonie : Aug. *Civ.* 22, 24.

cŏaptātus, *a, um*, part. de *coapto*.

cŏaptō, *ās, āre, āvī, ātum*, tr., attacher avec, ajuster à : Prud. *Psych.* 557 ; Aug. *Civ.* 22, 24.

cŏarct-, V. ▶ *coart-*.

cŏarcŭātĭo, *ōnis*, f., voûte, cintre, arcade : Gloss. 4, 44, 49.

cŏargŭō, *ĭs, ĕre, gŭī, gŭtum, gŭtūrus* (*cum, arguo*), tr. ¶ **1** montrer clairement, démontrer de façon irréfutable : *alicujus errorem* Cic. *Ac.* 1, 13, démontrer l'erreur de qqn ; *Lacedaemoniorum tyrannidem* Nep. *Epam.* 6, 4, la tyrannie des Lacédémoniens ; *sin fuga laboris desidiam coarguit* Cic. *Mur.* 9, si fuir le travail est une preuve manifeste d'indolence ‖ [avec prop. inf.] démontrer que : Cic. *Font.* 2 ; *quod falsum esse pluribus coarguitur* Quint. 4, 2, 4, idée dont la fausseté se démontre par un assez grand nombre d'arguments ‖ *aliquem avaritiae* Cic. *Verr.* 5, 153, démontrer que qqn est coupable de cupidité ; *commutati indicii* Cic. *Sull.* 44, [coupable] d'avoir falsifié une preuve ¶ **2** démontrer comme faux, comme inacceptable : *quam (legem) usus coarguit* Liv. 34, 6, 4, (loi) que l'expérience condamne (31, 25, 9) ; *quod fici coarguunt* Plin. 16, 130, ce dont l'exemple du figuier démontre la fausseté ; *quo decreto maxime et refelli et coargui potest* Liv. 36, 28, 11, c'est ce décret précisément qui peut le réfuter et le condamner ¶ **3** *coarguere aliquem*, démontrer la culpabilité de qqn : Cic. *Mil.* 36 ; *omnibus in rebus coarguitur a me, convincitur a testibus, urgetur confessione sua* Cic. *Verr.* 4, 104, sur tous les points je démontre sa culpabilité, les témoins le convainquent, son propre aveu l'accable.

cŏargūtĭo, *ōnis*, f. (*coarguo*), preuve irréfutable : Hier. *Ep.* 41, 4, 2.

Cŏārĭānus (Cŏārrĭānus), *i*, m., Arien avec, confrère en Arianisme : Lucif. *Athan.* 1, 4, 1.

cŏarmĭus, *ii*, m., compagnon d'armes : CIL 10, 7297.

cŏarmō, *ās, āre, -, -* (*cum, armo*), tr., équiper en même temps : Cassiod. *Eccl.* 5, 45.

cŏartātĭo, *ōnis*, f. (*coarto*), action de resserrer, de réunir : Liv. 27, 46, 2 ; Vitr. 9, 8, 6.

cŏartātus, *a, um*, part. p. de *coarto*.

cŏartĭcŭlō, *ās*, *āre*, -, -, tr., faire émettre des sons articulés à, faire parler : Arn. *1*, 52.

cŏartō, *ās*, *āre*, *āvī*, *ātum* (cum, arto), tr., serrer, presser, resserrer : Liv. 28, 5, 8 ; Cic. *Att.* 7, 10 ‖ abréger, réduire : Suet. *Aug.* 34, 4 (2) ; Tac. *H.* 2, 71 ; Ov. *F.* 5, 546‖ resserrer, condenser [dans un exposé] : Cic. *de Or.* 1, 163‖ contraindre, forcer : Dig. 18, 1, 57.

cŏascendō, *ĭs*, *ĕre*, -, -, intr., monter avec : Orig. *Matth.* 18, 70.

cŏassāmentum, *i*, n., Plin. 16, 210, **cŏassātĭo**, Plin. 36, 186, **cŏaxātĭo**, *ōnis*, f., Vitr. 6, 3, 9, assemblage de planches, plancher, parquet.

cŏassō, cŏaxō, *ās*, *āre*, -, - (cum, axis), planchéier, parqueter : Vitr. 7, 1, 5.

cŏassūmō, *ĭs*, *ĕre*, -, -, adopter en même temps : Boet. *Top. Arist.* 6, 3.

Cŏastrae, Cŏatrae, v. *Choatrae*.

cŏattestŏr, *ārĭs*, *ārī*, -, attester ensemble : Aug. *Rom.* 18.

cŏauctĭo, *ōnis*, f., augmentation : Gloss. 2, 444, 27.

cŏaugĕō, *ēs*, *ēre*, -, *auctum*, tr., augmenter : Gloss. 2, 444, 29.

cŏaxātĭo, v. *coassamentum*.

cŏaxō, *ās*, *āre*, -, - (onomat., cf. κοάξ ; esp. *quejar*), intr., coasser : Suet. *Aug.* 94, 7.

cŏaxō, *ās*, *āre*, -, -, v. *coasso*.

ŏbĭo, v. *gobio*.

Cobiomachus, *i*, m., bourg de la Narbonnaise : Cic. *Font.* 19.

ŏbĭŏn, *ii*, n., espèce d'euphorbe [plante] : Plin. 26, 71.

ŏbĭus, v. *gobius*.

Coboea, *ae*, f., port d'Arabie : Plin. 6, 150.

Coboris, *is*, f., île près de l'Arabie : Plin. 6, 151.

Cobucla (**Cub-**), *ae*, f., ville de la Maurétanie Tingitane : Anton. 10.

Cobulātus, *i*, m., fleuve de l'Asie Mineure : Liv. 38, 15.

Cobum flumen, n., fleuve qui descend du Caucase : Plin. 6, 14.

Cōcălus, *i*, m., roi de Sicile : Ov. *M.* 8, 261 ‖ **-ălĭdes**, *um*, f., les filles de Cocalus : Sil. 14, 42.

Cocanicus, *i*, m., lac de Sicile : Plin. 31, 73.

Coccēius, *i*, m., ami d'Auguste et d'Horace : Hor. *S.* 1, 5, 28.

occētum, v. *cocetum*.

occēus, *a*, *um*, Lampr. *Alex.* 42, c. *coccinus*.

occĭnātus, *a*, *um* (coccinus), vêtu d'écarlate : Suet. *Dom.* 4, 2 ; Mart. 1, 96, 6.

occĭnĕus, *a*, *um*, d'écarlate : Petr. 32, 2.

occĭnus, *a*, *um* (coccum), d'écarlate : Juv. 3, 283 ‖ **coccĭna**, *ōrum*, n. pl., vêtements d'écarlate : Mart. 2, 39, 1 ‖

coccĭnum, *i*, n., Hier. *Ep.* 14, 11, 2 ; c. *coccum*.

coccolobis, v. *cocolobis*.

coccum, *i*, n. (de κόκκος ; it. *cocco*), kermès [espèce de cochenille qui donne une teinture écarlate] : Plin. 16, 32 ‖ écarlate [couleur] : Hor. *S.* 2, 6, 102‖ étoffe teinte en écarlate : Suet. *Ner.* 30, 3 ‖ manteau d'écarlate : Sil. 17, 395.

coccus, *i*, m. (onomat. ; fr. *coq*), coq : L. Sal. 7 add. 2.

coccȳgĭa, *ae*, f. (κοκκυγέα), fustet [arbre] : Plin. 13, 121.

coccȳmēlum, *i*, n. (κοκκύμηλον), prune : Macr. *Sat.* 2, 15, 2 ; Isid. 17, 7, 10.

coccyx, *ygis*, m. (κόκκυξ), coucou [oiseau] : Plin. 10, 25.

cŏcētum, *i*, n. (cf. *cyceon* et *-etum*), mélange de miel et de pavot : P. Fest. 35, 6 ‖ *Nestoris cocetum*, le breuvage de Nestor [le Christ] : Tert. *Val.* 12, 4.

cochlacae (**-cl-**), *ārum*, f. pl. (κόχλαξ), galets, cailloux ronds : P. Fest. 35, 4.

cochlĕa (**coclĕa**), *ae*, f. (κοχλίας ; it. *coccia*) ¶ 1 escargot : Varr. *R.* 3, 14, 4 ; Cic. *Div.* 2, 133 ‖ *cochlea nuda* Plin. 29, 112, limace ¶ 2 coquille d'escargot : Mart. 11, 18, 23 ; *in cochleam* Cels. 8, 10, 1, en spirale ¶ 3 tour avec escalier tournant, escalier tournant : Isid. 15, 2, 38 ¶ 4 écaille de tortue : Stat. *S.* 4, 9, 32 ¶ 5 vis de pressoir : Vitr. 6, 6, 3 ¶ 6 vis d'Archimède, machine à élever les eaux : Vitr. 5, 12, 4 ; 10, 6, 1 ¶ 7 trappe : Varr. *R.* 3, 5, 3.

cochlĕae, *ārum*, f. pl., c. *cochlacae* : Cael.-Aur. *Chron.* 4, 3, 57.

cŏchlĕăr, Cels. 6, 14, 1, **cochlĕāre**, Mart. 14, 121, 2 ou **cocl-**, *is*, n. (cochlea ; fr. *cuiller*), cuiller ‖ cuillerée, mesure pour les liquides : Col. 12, 21, 3.

1 **cŏchlĕārĭs** (**cocl-**), *e*, d'une cuiller : *cochlearis mensura* Plin. 21, 172, une cuillerée.

2 **cŏchlĕārĭs**, *is*, m., cuiller : Fort. *Rad.* 19, 44 ; Greg.-M. *Ep.* 6, 54.

cochlĕārĭum (**cocl-**, *ĭi*), n. (cochlea) ¶ 1 escargotière, lieu où l'on élève des escargots : Varr. *R.* 3, 14, 1 ¶ 2 c. *cochlear* : Plin. 20, 242.

cochlĕātim, adv., en colimaçon, en spirale : Sidon. *Ep.* 4, 15, 3.

cochlĕātus, *a*, *um* (cochlea), en forme d'escargot, en spirale : Cassiod. *Anim.* 9.

cochlĕŏla, *ae*, f. (dim. de *cochlea*), petit coquillage : Hier. *Ep.* 64, 19.

cochlis, *ĭdis*, f. (κοχλίς), sorte de pierre précieuse en forme d'escargot : Plin. 37, 193 ‖ adj., *columna cochlis* Reg. Urb. 104, 6, colonne qui renferme un escalier en colimaçon.

cochlŏs, *i*, m. (κόχλος), escargot de mer : pl., *cochloe* Plin. 32, 147.

cŏcĭbĭlis, *e* (coquo), facile à cuire : Plin. 16, 25.

cŏcīna, *ae*, f., Prisc. 2, 120, 19, c. *coquina*.

cŏcīnar-, v. *coquinar-*.

cŏcīnātōrĭus, v. *coquinatorius*.

Cocinthŏs, *i*, f., Plin. 3, 43, **Cocinthum**, *i*, n., Plin. 3, 95, promontoire du Bruttium.

cōcĭo, cōtĭo, coctĭo, coccĭo, *ōnis*, m. (étr. ? ; a. fr. *cosson*), courtier, colporteur : Laber. d. Gell. 16, 7, 12 ; *P. Fest. 19, 1 ; 44, 15.

cōcĭōnātŏr, *ōris*, m., courtier : Gloss. 2, 368, 44.

cōcĭōnātūra, *ae*, f., courtage : Gloss. 2, 369, 34.

cōcĭōnŏr, *ārĭs*, *ārī*, -, intr., faire le courtage : *Ps. Quint. *Decl.* 12, 21.

cocistrĭo, *ōnis*, m. (cocina ? ; cocio ? ; fr. *cuistre*), esclave chargé de goûter les mets : Gloss. 5, 595, 16 ‖ boutiquier : Gloss. 5, 614, 46.

coclĕa-, v. *cochl-*.

1 **cŏclĕs**, *ĭtis*, m. (de κύκλωψ), borgne : Enn. d. Varr. *L.* 7, 71.

2 **Cŏclĕs**, *ĭtis*, m., Horatius Coclès [guerrier borgne légendaire] : Liv. 2, 10, 2 ‖ **Coclĭtes**, *um*, m. pl., la race des Coclès : Pl. *Curc.* 393.

1 **cŏcō**, *ĭs*, *ĕre*, -, -, Suet. *Aug.* 87, 1, c. *coquo*.

2 **coco coco**, onomat., = cocorico : Petr. 59, 2.

cocolobis, Plin. 14, 30, **-lubis**, *is*, f., Col. 3, 2, 19 (ibér.), espèce de raisin.

Cocondae, *ārum*, m. pl., peuple de l'Inde : Plin. 6, 76.

Cocosātes, *um*, m. pl., Caes. *G.* 3, 27, 1, **Cocossātes**, *um*, m. pl., Plin. 4, 108, peuple de l'Aquitaine.

cocta, *ae*, f. (s.-ent. *aqua*) eau bouillie : Mart. 2, 85, 1.

coctăna, v. *cottana*.

coctĭlĭcĭus, *a*, *um* (coctilis), relatif au bois sec : *coctilicia taberna* Capit. *Pert.* 3, 3, chantier de bois sec.

coctĭlis, *e* (coquo), cuit : *lateres coctiles* Varr. *R.* 1, 14, 4, briques cuites ; *muri coctiles* Ov. *M.* 4, 57, murailles de briques ‖ **coctĭlĭa**, *ĭum*, n. pl., bois séché, sec : Dig. 32, 55, 7.

1 **coctĭo**, *ōnis*, f. (coquo), cuisson : Hier. *Reg. Pach.* 117 ; P. Fest. 34, 24 ‖ calcination : Cassiod. *Var.* 7, 17 ‖ aliment cuit, ragoût : Vulg. *Gen.* 25, 30 ‖ digestion : *coctionem facere* Plin. 20, 101, faire la digestion.

2 **coctĭo**, m., c. *cocio* : P. Fest. 44, 15.

coctĭtō, *ās*, *āre*, -, - (fréq. de *coquo*), tr., P. Fest. 54, 6.

coctīvus, *a*, *um* (coquo), qui cuit ou mûrit vite : Plin. 15, 94 ; Apic. 408.

coctōna, cottōna, *ōrum*, n. pl., Juv. 3, 83, c. *coctana*.

coctor, ōris, m. (*coquo*), celui qui fait cuire : CIL 4, 1658 ; **calcis coctor** DIOCL. 7, 4, chaufournier ‖ banqueroutier : SEN. *Ep.* 81, 2.

coctŭārĭus, ĭi, m., celui qui fait cuire, cuisinier : GLOSS. 2, 574, 6.

coctūra, ae, f. (*coquo* ; it. *cottura*), cuisson : PLIN. 19, 143 ‖ fusion : SEN. *Ep.* 90, 33 ‖ ce qui est cuit : COL. 12, 20, 4 ‖ [fig.] temps convenable à la maturation des fruits : PLIN. 14, 55.

coctus, a, um, part. de *coquo* ‖ [pris adjt] *juris coctiores* PL. *Poen.* 586, plus consommés dans le droit.

1 cŏcŭla, ae, f. (*cocus*), cuisinière : VARR. d. NON. 531, 32.

2 cŏcŭla, ōrum, n. pl. (*coquo*), menu bois pour la cuisine : P. FEST. 34, 24.

cŏcŭlum, i, n. (*coquo*), sorte de vase de cuisine : CAT. *Agr.* 11, 2 ; PL. d. ISID. 20, 8, 1.

cŏcus, PL. *Cap.* 917, ▸ *coquus*.

Cocylĭum, ĭi, n., ville d'Éolide : PLIN. 5, 122.

Cŏcynthum, ▸ *Cocinthum*.

Cōcȳtŭs (-ŏs), i, m., fleuve des Enfers : VIRG. *En.* 6, 132 ‖ **-cȳtĭus**, a, um, du Cocyte : VIRG. *En.* 7, 479.

cōda, ▸ *cauda* : VARR. *R.* 2, 7, 5.

Codāni, ōrum, m. pl., peuple de l'Arabie Heureuse : PLIN. 6, 155.

Codānus sinus, m., golfe de la Baltique Atlas I, A4 : PLIN. 4, 96.

cōdēta, ae, f. (*coda*), terrain où poussent des prêles : P. FEST. 34, 19 [d'où] **Codeta**, ae, f., nom de deux plaines près de Rome : **Codeta (major)** P. FEST. 50, 25 ; **Codeta minor** SUET. *Caes.* 39, 4 ‖ **-ētānus**, a, um, de Codeta : POL.-SILV. 545.

cōdex, ĭcis, m. (cf. *caudex*) ¶ 1 tablette à écrire, livre, registre, écrit : CIC. *Verr.* 1, 119 ; *testamentum duobus codicibus scriptum* SUET. *Aug.* 101, 1, testament fait en double exemplaire ¶ 2 livre de comptes, livre comptable [registre des entrées et sorties : dettes et créances] : *nomen in codicem accepti et expensi relatum* CIC. *Com.* 4, inscrire une obligation sur le livre comptable ¶ 3 code, recueil de lois : COD. JUST. 1, 17, 1, 11 ¶ 4 ▸ *caudex* : OV. *M.* 4, 8, 2 ‖ [en part.] poteau de supplice : PL. *Poen.* 1153 ; PROP. 4, 7, 44.

cōdīa, ae, f. (κώδεια), tête de pavot : PLIN. VAL. 3, 8 ; ISID. 4, 9, 4.

cōdĭcārĭus, SALL. d. NON. 13, 12, ▸ *caudicarius*.

cōdĭcillāris, e, LAMPR. *Alex.* 49, 2, **cōdĭcillārĭus**, a, um, COD. TH. 6, 22, 7, octroyé par un codicille de l'empereur, honoraire.

cōdĭcillus, i, m. (dim. de *codex*) ¶ 1 petit tronc, tigette : CAT. *Agr.* 37, 2 ¶ 2 **cōdĭcilli**, ōrum, m. pl., tablettes à écrire : CIC. *Phil.* 8, 28 ‖ lettre, billet : CIC. *Fam.* 6, 18, 1 ‖ mémoire, requête : TAC. *An.* 6, 9 ‖ diplôme, titre de nomination à un emploi : SUET. *Cl.* 29, 1 ¶ 3 [droit] sg. COD. TH. 8, 18, 7 et pl. TAC. *An.* 15, 64, codicille [rectificatif apporté à un testament].

cōdĭcŭla (cōt-), ae, f., petite queue : *APIC. 256.

Codomannus, i, m., Darius III Codoman [roi de Perse] : JUST. 10, 3, 4.

Codrĭo, Codrĭōn, ōnis, f., ville de Macédoine : LIV. 31, 27.

Codrus, i, m. ¶ 1 roi d'Athènes : HOR. *O.* 3, 19, 2 ¶ 2 nom d'un berger : VIRG. *B.* 5, 11 ¶ 3 nom d'un poète : JUV. 3, 203.

coebus, ▸ *cubus* : AUS. *Griph.* 2 (336), 3 ; 57.

cŏēgī, parf. de *cogo*.

Coela, ae, f., golfe d'Eubée : LIV. 31, 47 ‖ **Coela Euboea**, AMM. 22, 8, 4.

Coelae, ārum, f. pl., îles voisines de la Troade : PLIN. 5, 138.

coelebs et ses dérivés, ▸ *caelebs*.

cŏēlectus, a, um (*cum, eligo*), choisi avec : VULG. 1 *Petr. ep.* 5, 13.

cŏēlēmentātus, a, um, composé d'éléments ou des mêmes éléments : TERT. *Val.* 23, 2.

Coelerni, ōrum, m. pl., peuple de la Tarraconaise : PLIN. 3, 28.

coelestis, etc., ▸ *caelestis*.

Coelē Sȳrĭa, LIV. 33, 19, 8, **Coelē, ēs**, f., AVIEN. *Perieg.* 1057, Coelé Syrie [partie de la Syrie] Atlas IX, D3.

Coelētae, Coelalētae, ārum, m. pl., peuple de la région de l'Hémus : TAC. *An.* 3, 38.

coelĭăcus, a, um (κοιλιακός), relatif à l'intestin : CAT. *Agr.* 125 ; *coeliacae medicinae* PLIN. 20, 201, remèdes contre le flux de ventre ‖ qui a le flux céliaque : VARR. *R.* 3, 16, 22 ‖ **coelĭăcus**, i, m., celui qui a le flux céliaque : PLIN. 28, 204.

Coelĭāna, ōrum, n. pl., les écrits de Coelius Antipater : CIC. *Att.* 13, 8.

coelĭcŏlae, ▸ *caelicolae*.

coelĭōtĭcus, a, um (κοιλιωτικός), qui nettoie l'intestin : CAEL.-AUR. *Chron.* 1, 5, 174.

Coelĭus, ĭi, **Antĭpăter**, tris, m., Coelius Antipater [historien du 2ᵉ s. av. J.-C.] : LIV. 27, 27, 13.

Coelŏs, i, m., port de Thrace : PLIN. 4, 49.

coelum, ▸ *caelum*.

cŏēmendātus, a, um (*cum, emendo*), corrigé ensemble : ARN. 2, 18.

coemēsis, is, f. (κοίμησις), assoupissement, chant qui endort : CAPEL. 9, 996.

coemētērĭum (tard. **cīmī-**), ĭi, n. (κοιμητήριον), cimetière : TERT. *Anim.* 51, 7.

cŏēmittō, ĭs, ĕre, -, -, tr., envoyer avec : IREN. 1, 29, 2.

cŏēmō, ĭs, ĕre, ēmī, emptum (*cum, emo* ; v. *como*), tr., réunir en achetant, acheter en bloc, en masse : CIC. *Verr.* 4, 133 ; CAES. *G.* 1, 3, 1.

cŏemptĭo, ōnis, f. (*coemo*) ¶ 1 achat réciproque ou commun, coemption : COD. TH. 14, 16, 3 ¶ 2 procédé rituel d'acquisition de la *manus* par l'épouse : GAI. *Inst.* 1, 113-115 ; *qui nescit quibus verbis coemptio fiat* CIC. *de Or.* 1, 237, celui qui ignore la formule de la coemption ¶ 3 achat, trafic : VULG. 2 *Macc.* 8, 11.

cŏemptĭōnālis (mss **compt-**), e, (esclave) qu'on donne par-dessus le marché : PL. *Bac.* 976, cf. CURIUS d. CIC. *Fam.* 7, 29.

cŏemptĭōnātŏr, ōris, m., qui use de la coemption : GAI. *Inst.* 1, 115.

cŏemptŏr, ōris, m. (*coemo*), acheteur : APUL. *Apol.* 74, 5.

cŏemptus, a, um, part. de *coemo*.

coena, etc., **coeno**, ▸ *cen-*.

coenŏbĭālis, e (*coenobium*), cénobitique : CASSIAN. *Coll.* 19, 11, 1.

coenŏbūlĭum, ĭi, n. (κοινοβούλιον), conseil, réunion : GLOSS. 4, 321, 27.

coenŏbĭōta, ae, m., ▸ *coenobita* : CASSIAN. *Coll.* 18, 4, 2.

coenŏbīta, ae, m. (*coenobium*), cénobite, moine : BENED. *Reg.* 1, 1 ; CASSIAN. *Coll.* 18, 4.

coenŏbĭum, ĭi, n. (κοινόβιον), couvent, monastère : HIER. *Ep.* 22, 36 ; ISID. 15, 4, 6.

coenŏlexĭa, ae, f. (κοινολεξία), expression banale : SERV. *En.* 8, 31.

coenŏmĭa (cȳnŏ-), ae, f. (κυνόμυια), mouche : HIER. *Is.* 4, 10 ; ▸ *cynomyia*.

coenŏn, i, n. (κοινόν), sorte de collyre : CIL 3, 12032, 2.

coenōnēsis, is, f. (κοινώνησις), notification aux juges ou à l'adversaire : ISID. 2, 21, 28.

coenos-, ▸ *caenos-*.

coenŏtēta, ae, f. (κοινότης, -ητος), propriété commune, analogie : CAEL.-AUR. *Acut.* 3, 16, 136.

coenŭla, ae, f., ▸ *cenula*.

coenum, i, n., ▸ *caenum*.

cŏĕō, cŏīs, cŏīre, cŏĭī (cŏīvī), cŏĭtum (*cum, eo*)

I intr. ¶ 1 aller ensemble, se réunir, se joindre : *heri coimus in Piraeo* TER. *Eun.* 539 (*in Piraeum* CIC. *Att.* 7, 3, 10, hier nous nous sommes réunis au Pirée) ; *apud aram ejus dei, in cujus templo coiretur* SUET. *Aug.* 35, à l'autel du dieu, dans le temple duquel il y aurait réunion ; *coimus in porticum Liviae* PLIN. *Ep.* 1, 5, 9, nous nous rencontrons dans le portique de Livie ; *locus in quem coibatur* TAC. *An.* 4, 69, le lieu où l'on se réunissait ¶ 2 se réunir, se rapprocher, former un tout [un groupe, un corps] : *homines qui tum una coierunt* CAES. *G.* 6, 22, 2, les hommes qui alors se sont réunis en commun ; *reliqui coeunt inter se* CAES. *C.* 1, 75, 3, le reste se groupe (se reforme) ; *neque se conglobandi coeundique in unum datur spatium* LIV. 6, 3, 6, on ne leur donne pas le temps de se rassembler et de se former en corps ; **coire in populos** Quint. 2, 16, 9, se réunir en corps de nation ‖ **dispersos ignes coire globum quasi in unum** Lucr. 5, 665, [on dit] que des feux épars se réunissent comme en un globe unique‖ s'épaissir, se condenser : **ut coeat lac** Varr. R. 2, 11, 4, pour que le lait caille ; **(mihi) gelidus coit formidine sanguis** Virg. En. 3, 30, mon sang glacé se fige d'effroi dans mes veines ‖ **arteria incisa non coit** Cels. 2, 10, 15, l'artère coupée ne se ferme pas ; [fig.] **male sarta gratia nequiquam coit** Hor. Ep. 1, 3, 32, la bonne intelligence mal recousue cherche vainement à se ressouder ‖ s'accoupler (**cum aliquo** ou **alicui**, avec qqn) : Lucr. 4, 1055 ; Quint. 7, 3, 10 ; Ov. H. 4, 129 ; Sen. Marc. 17, 5 ; Ov. M. 9, 733 ; [poét.] **non ut placidis coeant immitia** Hor. P. 12, non pas au point qu'à la douceur s'allie la cruauté ¶ **3** [poét.] en venir aux mains, combattre : Virg. En. 12, 709 (G. 4, 73) ; Ov. M. 3, 236 ; Luc. 2, 225 ¶ **4** s'unir, s'associer, faire alliance : **Caesar cum eo coire per Arrium cogitat** Cic. Att. 1, 17, 11, César songe à s'entendre avec lui par l'entremise d'Arrius ; **cum hoc tu coire ausus es ut...** Cic. Sen. 16, tu as osé te liguer avec cet homme pour... ; **in societatem coire** Tac. An. 12, 47, contracter une alliance ; [poét.] **coeant in foedera dextrae** Virg. En. 11, 292, que vos mains s'unissent pour un traité [faites alliance] ‖ se marier : **nuptiis, conubio** Curt. 9, 1, 26 ; 8, 1, 9, s'unir par le mariage.

II tr., **coire societatem (cum aliquo)**, contracter (former, conclure) une alliance, une association (avec qqn) : **societatem sceleris cum aliquo** Cic. Amer. 96, former avec qqn une association pour le crime ; **de cognati fortunis** Cic. Amer. 87, former avec qqn une association pour s'emparer des biens d'un parent ; **quasi societatem coire comparandi cibi** Cic. Nat. 2, 123, contracter pour ainsi dire alliance en vue de s'alimenter ; **societas coitur** Cic. Amer. 20, l'association se forme‖ parf. pass. Dig. 17, 2, 65, 2.

▶ formes contr. au parf. : **coit** Stat. Ach. 1, 458 ; Th. 8, 332 ; **coisses** Cic. Phil. 2, 24 ; **coisset** citation Cic. Clu. 144 ; **coissent** Ov. M. 4, 60 ; **coisse** Varr. L. 5, 148 ; Liv. 39, 14, 8 ; Ov. F. 6, 94.

coepi, **isti**, **isse**, ▣ *coepio* II.

coepiam, fut. arch. de *coepio* : Cat. d. P. Fest. 52, 3.

coepĭo, **ĕre**, **coepi**, **coeptum** (*cum*, *apĭo*)

I [verbe de la période archaïque] commencer : Pl. Men. 960 ; Truc. 232 ; Pers. 121 ; Ter. Ad. 397.

II [les formes employées à la période classique sont celles du parf. et du supin : *coepī, coepisti, coepisse, coeptum*] j'ai commencé d.Cic. et Caes., on trouve seulement *coepi* avec un inf. actif ou dép. ou avec *fieri*, et *coeptus sum* avec un inf. passif ¶ **1** [avec acc.] : **id quod coepi** Pl. Cas. 701, ce que j'ai commencé ; **hujuscemodi orationem coepit** Tac. An. 4, 37, il commença un discours à peu près en ces termes ; **coepturi bellum** Liv. 42, 47, 3, prêts à commencer la guerre ¶ **2** [avec inf. actif] : **coepi velle** Cic. Fam. 7, 51, le désir m'est venu que ; **cum ver esse coeperat** Cic. Verr. 5, 27, quand le printemps commençait ; **ut coepi dicere** Cic. Amer. 91, comme j'ai commencé à le dire ; **plura fieri judicia coeperunt** Cic. Brut. 106, les actions judiciaires commencèrent à se multiplier (Fam. 14, 18, 1) ; **primo gravari coepit** Cic. Clu. 69, il commença à faire des difficultés ‖ inf. s.-ent. : **repete quae coeperas** Cic. Nat. 1, 17, reprends ce que tu avais commencé à dire ; **istam rationem, quam coepisti, tene** Cic. Leg. 2, 69, suis le plan que tu as commencé [à suivre] ¶ **3** [avec inf. pass.] : **innocentia pro malevolentia duci coepit** Sall. C. 12, 1, l'intégrité commença à passer pour malveillance ; **occidi coepere** Tac. H. 3, 34, on se mit à les tuer ¶ **4** [parf. passif] : **est id quidem coeptum atque temptatum** Cic. Cat. 4, 17, oui, cette mesure a été entreprise et tentée ; **id coeptum esse leniter ferret?** Cic. Cael. 54, il verrait avec indifférence ce crime entrepris ? ; **is cum satis floruisset adulescens, minor haberi coeptus est postea** Cic. Brut. 236, après avoir eu dans sa jeunesse assez d'éclat, il commença par la suite à voir baisser sa réputation ; **coeptum esse in Sicilia moveri aliquot locis servitium suspicor** Cic. Verr. 5, 9, je soupçonne que des mouvements d'esclaves commencèrent en Sicile en nombre d'endroits ; **pons institui coeptus est** Caes. G. 4, 18, 4, on se mit à construire un pont ‖ [avec dépon., rare] **loqui est coeptum** Cael. Fam. 8, 8, 2, on commença à parler ; **cum coeptum (erat) in hostem progredi** Gell. 1, 11, 3, quand on avait commencé l'attaque contre l'ennemi‖ **coepta luce** Tac. An. 1, 65, au commencement du jour ; **nocte coepta** Tac. An. 2, 13, au commencement de la nuit ; **coepta hieme** Tac. An. 12, 31, au début de l'hiver ¶ **5** [pris intrans[t]] commencer, débuter : **sic odium coepit glandis** Lucr. 5, 1416, c'est ainsi qu'on se prit de dégoût pour le gland ; **ubi silentium coepit** Sall. J. 33, 3, quand le silence fut établi ; **quibus ex virtute nobilitas coepit** Sall. J. 85, 17, dont la noblesse a commencé par le mérite ; **civile bellum a Vitellio coepit** Tac. H. 2, 47, la guerre civile est partie de Vitellius.

▶ **cŏēpit** en 3 syll. dans Lucr. 4, 619 [comme parfois chez Plaute]‖ forme contractée **coepsti** = *coepisti* Caecil. d. Non. 134, 15.

cŏēpiscŏpātŭs, **ūs**, m., dignité du coévêque : Aug. Ep. 31, 4.

cŏēpīscŏpus, **i**, m., collègue dans l'épiscopat : Cypr. Ep. 48, 2 ‖ coévêque : Paul.-Nol. Ep. 7, 2.

coeptātus, **a**, **um**, part. de *coepto*.

coeptĭo, **ōnis**, f. (*coepi*), commencement : Char. 167, 11.

coeptō, **ās**, **āre**, **āvī**, **ātum** (fréq. de *coepio*) ¶ **1** tr., commencer, entreprendre : **coeptare hostilia** Tac. H. 3, 70, commencer des hostilités ; **fugam** Tac. H. 73, 7, 3, essayer de fuir ; **quid hic coeptat?** Ter. Phorm. 626, qu'est-ce qu'il veut faire ‖ [avec inf.] **coeptat appetere...** Cic. Fin. 5, 24, il commence à se porter vers..., cf. Lucr. 1, 267 ; 4, 113 ; Tac. H. 2, 29 ¶ **2** intr., commencer, être au début : **coeptante nocte** Amm. 20, 4, 14, au commencement de la nuit.

coeptum, **i**, n. (*coeptus*), entreprise, projet, dessein : Virg. G. 1, 40 ; Liv. 23, 35, 16.

coeptūrus, **a**, **um**, part. fut. de *coepio*.

1 **coeptus**, **a**, **um**, part. de *coepio*.

2 **coeptŭs**, **ūs**, m., début, essai : Cic. Fin. 4, 41 ‖ entreprise : Stat. Th. 12, 644.

cŏĕpŭlōnus, **i**, m. (*cum*, *epulo*), compagnon de table : Pl. Pers. 100.

cŏĕpŭlor, **ārĭs**, **ārī**, - (*cum*, *epulor*), intr., manger avec, être convive de : Ambr. Ep. 19, 15.

Coerănus, **i**, m., philosophe grec : Tac. An. 14, 59.

coerātŏr, [arch.] ▣ ▶ *curator*.

cŏercĕō, **ēs**, **ēre**, **cŭī**, **cĭtum** (*cum*, *arceo*), tr., enfermer complètement ¶ **1** enfermer, resserrer, tenir enfermé : **mundus omnia complexu suo coercet et continet** Cic. Nat. 2, 48, le monde enferme et enserre tout de son étreinte (cf. Cic. Nat. 2, 101) ¶ **2** empêcher de s'étendre librement, contenir, maintenir : **amnis nullis coercitus ripis** Liv. 21, 31, 11, rivière qu'aucune rive ne contient ; **aqua jubetur coerceri** Cic. Top. 39, ordre est donné de contenir l'eau ; **quibus (operibus) intra muros coercetur hostis** Liv. 5, 5, 2, (travaux) qui enferment l'ennemi dans ses murs ; [poét.] **numeris verba** Ov. Pont. 4, 8, 73, enfermer les mots dans le mètre du vers ‖ **vitem serpentem multiplici lapsu et erratico ferro amputans coercet ars agricolarum** Cic. CM 52, quand la vigne pousse en rampant ses jets multipliés et vagabonds, la science de l'agriculteur, en la taillant avec le fer, réprime ses écarts (la ramène à l'ordre) ¶ **3** [fig.] contenir, tenir en bride, réprimer : **cupiditates** Cic. de Or. 1, 194, réprimer les passions ; **fenus** Liv. 32, 27, 3, réprimer l'usure ; **coercere milites in officio tenere** Caes. C. 1, 67, 4, tenir en bride les soldats et les garder dans le devoir ; **orationem rapidam** Cic. Fin. 2, 3, arrêter une parole qui s'épanche (un développement dans son cours rapide) ‖ réprimer, châtier, corriger, faire rentrer dans le devoir : **quam (civium conjunctionem) qui dirimunt, eos morte, exsilio, vinclis, damno coercent (leges)** Cic. Off. 3, 23, ceux qui portent atteinte (à la société civile), les lois les punissent par la mort, par l'exil, par la prison, par des amen-

coerceo

des, cf. Cat. 1, 3 ; Leg. 3, 6 ; **magistratus qui coercere possunt** Dig. 2, 4, 2, les magistrats qui ont le pouvoir de répression ; **coercere aliquem exilio** Dig. 47, 10, 45, punir de l'exil.
▶ orth. *cohercere* Aug. Civ. 5, 26 ; 17, 9.

cŏercĭo, cŏertĭo, cŏerctĭo, contr. de *coercitio* : Aug. Mor. eccl. 1, 30, 63 ; Aug. Ep. 48, 2.

cŏercĭtĭo, ōnis, f. (*coerceo*) ¶ 1 action d'enfermer : Arn. 6, 17 ¶ 2 contrainte, répression : Liv. 26, 36, 12 ; Quint. 9, 2, 2 ; Tac. An. 3, 26 ; **coercitio ambitus** Vell. 2, 47, 3, répression de la brigue ¶ 3 punition, châtiment : Sen. Brev. 3, 2 ; **coercitio capitalis** Dig. 50, 16, 200, peine capitale ; **pecuniaria** Dig. 48, 1, 2, amende ¶ 4 droit de coercition, pouvoir coercitif : **coercitio popinarum** Suet. Cl. 31, police des tavernes.

cŏercĭtŏr, ōris, m. (*coerceo*), celui qui maintient : Eutr. 7, 20 ∥ qui réprime : Aug. Serm. Dom. 1, 21, 29.

cŏercĭtus, a, um, part. de *coerceo*.

cŏerctĭo, ▶ *coercio*.

coero, ▶ *curo* ▶.

cŏerrō, ās, āre, -, -, intr., errer avec : Dig. 1, 15, 3.

cŏertĭo, ▶ *coercio*.

coerŭl-, ▶ *caerul-*.

cŏessentĭālis, e, qui a la même essence : Ps. Aug. Serm. 243, 2 ; Gennad. Vir. 86.

Coetum, i, n., ville sur le Nil : Plin. 6, 180.

coetŭs, ūs, m. (cf. *coitus*, de *coeo*) ¶ 1 jonction, assemblage, rencontre : **stellarum coetus** Gell. 14, 1, 14, conjonctions de planètes ; **mors coetum dissupat ollis** Lucr. 2, 1003, la mort les désagrège ; **eos primo coetu vicimus** Pl. Amp. 657, nous les avons vaincus à la première rencontre ¶ 2 réunion d'hommes, assemblée, troupe : **matronarum coetus** Cic. Fin. 2, 12, réunion de mères de famille ; **sollemnes coetus ludorum** Cic. Verr. 5, 186, assemblées annuelles pour les jeux ; **vixdum coetu vestro dimisso** Cic. Cat. 1, 10, quand vous veniez à peine de vous séparer ; **coetus cycnorum** Virg. En. 1, 398, troupe de cygnes ∥ [fig.] mouvements séditieux, intrigues : **miscere coetus** Tac. An. 1, 16, fomenter des cabales, cf. Suet. Caes. 41, 3 ¶ 3 union, accouplement : Arn. 5, 43.

Coeus, i, m. (Κοῖος), nom d'un Titan : Virg. G. 1, 279.

cŏevangĕlista, ae, m., compagnon d'apostolat : Hier. Philem. 8.

cŏex, ▶ *coix*.

cŏexcĭtō, ās, āre, -, -, tr., réveiller ensemble : Rufin. Orig. Rom. 5, 9.

cŏexercĭtātus, part. de *coexercito*.

cŏexercĭtō, ās, āre, āvī, ātum (*cum, exercito*), tr., exercer simultanément : Quint. 2, 17, 41.

cŏexsistō, ĭs, ĕre, -, -, intr., coexister : Cassiod. Eccl. 1, 15.

cŏexstinctus, a, um (*cum, exstinctus*), éteint en même temps : Rust. Aceph. 12, 13.

cŏexsŭlō, ās, āre, -, -, intr., s'exiler en même temps : Hil. Trin. 10, 4.

cŏexsultō, ās, āre, -, -, intr., se réjouir avec : Paul.-Nol. Ep. 14, 4.

cŏextendō, ĭs, ĕre, -, -, étendre jusqu'à, juger capable : Mercat. Contrad. 2, f. 913 A.

cōfia, ae, f. (obscur ; fr. *coiffe*), coiffe : Fort. Rad. 13, 30.

Cogamus, i, m., fleuve de Lydie : Plin. 5, 111.

Cogedus, ▶ *Congedus*.

cōgĭtābĭlis, e (*cogito*), concevable : Sen. Ep. 58, 16 ; Apul. Apol. 64, 8.

cōgĭtābundus, a, um (*cogito*), qui est pensif, plongé dans ses réflexions : Gell. 2, 1, 2.

cōgĭtāmen, ĭnis, n., Novat. Trin. 6, **cōgĭtāmentum**, i, n., Vulg. 4 Esdr. 13, 37, pensée, réflexion.

cōgĭtātē, adv. (*cogitatus*), avec réflexion : **cogitate meditari** Pl. Mil. 944, méditer mûrement ; **aliquid cogitate scribere** Cic. Arch. 18, écrire (rédiger) qqch. après réflexion.

cōgĭtātim, adv., avec réflexion : P. Fest. 53, 22.

cōgĭtātĭo, ōnis, f. (*cogito*), action de penser ¶ 1 acte de penser, de se représenter, pensée, imagination : **cogitatio in se ipsa vertitur** Cic. Off. 1, 156, la pensée se concentre en elle-même ; **percipere aliquid cogitatione, non sensu** Cic. Nat. 1, 105, percevoir qqch. par la pensée et non par les sens ; **illa vis quae investigat occulta, quae inventio atque cogitatio dicitur** Cic. Tusc. 1, 62, cette force qui cherche à découvrir ce qui est caché et qu'on appelle intelligence inventive, faculté d'imagination ; **cogitatione depingere aliquid** Cic. Nat. 1, 39, se représenter qqch. par l'imagination ; **sive illa cogitatione informantur** Cic. Ac. 2, 51, soit que ces illusions soient des produits de notre imagination ∥ **timoris praeteriti cogitatio** Cic. Sest. 11, la pensée des craintes passées ; **cogitatio cum officii, tum etiam periculi mei** Cic. Fam. 7, 3, 1, la pensée (que tu avais) de mon devoir et surtout des dangers que je courais ; **mihi occurrit multo difficilior cogitatio, multo obscurior, qualis animus in corpore sit quam qualis...** Cic. Tusc. 1, 51, je me représente beaucoup plus difficilement, beaucoup moins nettement comment est l'âme dans le corps que comment elle ... ¶ 2 acte de réfléchir, de méditer ; réflexion, méditation : **tempus in acerrima atque attentissima cogitatione ponere** Cic. de Or. 3, 17, passer son temps à réfléchir très sérieusement, très profondément ; **(homo) solus particeps rationis et cogitationis** Cic. Leg. 1, 22, (l'homme) qui a seul en partage la raison et la réflexion ; **cogitationem de aliqua re suscipere** Caes. d. Att. 9, 7, se mettre à réfléchir sur qqch. ; **ad cogitationem belli sese recepit** Caes. C. 3, 17, 6, il se consacra à la méditation de la guerre ; **cogitatio quantum res utilitatis esset habitura** Cic. Lae. 27, réflexion sur le degré d'utilité que la chose présenterait ; [avec prop. inf.] la pensée que : Cic. Tusc. 3, 74 ¶ 3 le résultat de la pensée (de la réflexion) : **mandare litteris cogitationes suas** Cic. Tusc. 1, 6, consigner par écrit ses pensées ; **posteriores cogitationes, ut aiunt, sapientiores solent esse** Cic. Phil. 12, 5, les secondes pensées, comme on dit, sont d'ordinaire les plus sages (αἱ δεύτεραί πως φροντίδες σοφώτεραι Eur. Hipp. 439) ; **versantur in animo meo multae et graves cogitationes** Cic. Agr. 2, 5, je roule dans mon esprit une foule de réflexions sérieuses ; **cogitatio** Cic. de Or. 1, 150, méditation (= discours médité) ¶ 4 action de projeter (méditer), idée, dessein, projet : **cum ei nihil adhuc praeter ipsius voluntatem cogitationemque acciderit** Cic. Cat. 2, 16, comme jusqu'ici rien ne lui est arrivé de contraire à ses vœux et à ses plans ; **quod si ista nobis cogitatio de triumpho injecta non esset** Cic. Att. 7, 3, 2, si on ne m'avait pas donné cette idée (préoccupation) du triomphe ; **cogitatione rerum novarum abstinere** Tac. H. 1, 7, ne pas avoir l'idée d'une révolution ; **sceleris cogitatio** Tac. H. 1, 23, l'idée du crime.

cōgĭtātŏr, ōris, m., celui qui pense : Gloss. 3, 373, 57.

cōgĭtātōrĭum, ĭi, n., siège de la pensée : Tert. Anim. 14, 3.

cōgĭtātum, i, n. (*cogitatus*) ¶ 1 pensée, réflexion : Nep. Dat. 6, 8 ∥ [surtout au pl.] : **cogitata praeclare eloqui** Cic. Brut. 253, exprimer ses pensées de façon brillante ¶ 2 projet : **cogitata perficere** Cic. Dej. 21, exécuter le complot ; **patefacere** Nep. Paus. 3, 1, dévoiler ses projets.

1 cōgĭtātus, a, um, part. de *cogito*.

2 cōgĭtātŭs, ūs, m., pensée : Apul. M. 4, 5 ; Tert. Idol. 23, 5.

1 cōgĭtō, ās, āre, āvī, ātum (*co, agito* ; a. fr. *cuider*), remuer dans son esprit ¶ 1 penser, songer, se représenter par l'esprit : **eloqui copiose melius est quam vel acutissime sine eloquentia cogitare** Cic. Off. 1, 156, il vaut mieux savoir s'exprimer avec abondance que d'avoir même les plus fines pensées sans le don de l'expression ; **homo cui vivere est cogitare** Cic. Tusc. 5, 111, un homme pour qui vivre, c'est penser ; **sic cogitans... audebit** Cic. Off. 3, 75, ayant cette pensée (en se disant à lui-même cette pensée) ... il osera ∥ **de aliquo, de aliqua re**, songer à qqn, à qqch. : Cic. Brut. 150 ; Font. 22 ; Prov. 33 ; Cael. 29 ; **perspectus est a me toto animo de te ac de tuis commodis cogitare** Cic. Fam. 1, 7, 3, j'ai vu nettement qu'il songeait de tout son cœur (qu'il s'occupait sans réserve de) à toi et à tes intérêts ‖ *ad aliquid*, songer à qqch. [tour rare]: Cic. *Att.* 9, 6, 7 ‖ [avec acc.] *id potestis cum animis vestris cogitare* Cic. *Agr.* 2, 64, cela, vous pouvez l'imaginer; *qui imbecillitatem generis humani cogitat* Cic. *Tusc.* 3, 34, celui qui songe à la faiblesse du genre humain; *Scipionem, Catonem cogitare* Cic. *Fin.* 5, 2, évoquer par la pensée Scipion, Caton, cf. Tac. *Agr. 32*; *deus nihil aliud nisi* "*ego beatus sum* " *cogitans* Cic. *Nat.* 1, 114, un dieu qui ne fait que se dire "je suis heureux" ‖ [avec prop. inf.] *cogitare coeperunt nihilo minus hunc everti bonis posse* Cic. *Verr.* 2, 54, ils se prirent à songer qu'on pouvait aussi bien le déposséder de ses biens; *cogitat deus, inquiunt, assidue beatum esse se* Cic. *Nat.* 1, 114, dieu, disent-ils, ne cesse pas de penser qu'il est bien heureux ‖ [avec interrog. indir.] *cogitare utrum esset utilius...* Cic. *Verr.* 4, 73, songer s'il valait mieux...; *qui, non quid efficere posset cogitavit, sed quid facere ipse deberet* Cic. *Phil.* 1, 15, lui qui a pensé non à ce qu'il pouvait réaliser, mais à ce qu'il devait tenter lui-même ‖ [avec *ne*] prendre garde (en réfléchissant) que..., ne Cic. *Fam.* 15, 14, 4]: Cic. *Fam.* 4, 9, 4 ‖ réfléchir, méditer: *hominis mens discendo alitur et cogitando* Cic. *Off.* 1, 105, l'esprit de l'homme se développe par l'instruction et la réflexion; *spatium sumere ad cogitandum* Cic. *Fin.* 4, 1, prendre du temps pour réfléchir; *cum mecum ipse de immortalitate animorum coepi cogitare* Cic. *Tusc.* 1, 24, quand je me prends à méditer sur l'immortalité de l'âme ‖ *sive quid mecum cogito* Cic. *Leg.* 2, 2, soit je médite; *consilia quieta et cogitata* Cic. *Off.* 1, 82, projets calmes et mûrement médités; *adfero res multum et diu cogitatas* Cic. *CM 38*, j'apporte des propositions longuement et longtemps méditées ¶2 méditer, projeter: *quae contra rem publicam jamdiu cogitarunt* Cic. *Agr.* 1, 22, ce que depuis longtemps ils ont médité contre l'intérêt public; *proscriptiones et dictaturas* Cic. *Cat.* 2, 20, méditer proscriptions et dictatures; *cogitatum facinus* Cic. *Mil.* 45, crime projeté (*Dej.* 15); *cogitata injuria* Cic. *Off.* 1, 27, injustice préméditée ‖ [avec *de*] *numquam de te ipso, nisi crudelissime cogitatum est* Cic. *Att.* 11, 6, 2, jamais à ton sujet on n'a projeté que les plus cruelles mesures; *de nostro omnium interitu cogitant* Cic. *Cat.* 1, 9, ils méditent notre mort à tous; *de altero consulatu gerendo* Cic. *Vat.* 11, songer à exercer un second consulat; *de imponendis, non de accipiendis legibus* Cic. *Phil.* 12, 2, songer à imposer des lois, mais non à en recevoir; *de Homeri carminibus abolendis* Suet. *Cal.* 34, méditer d'anéantir les poèmes d'Homère, cf. Aug. 28 ‖ [avec inf.] *si causas dicere cogitatis* Cic. *Brut.* 287, si vous vous proposez de plaider des causes; *si liberi esse et habere rem publicam cogitaretis* Cic. *Sest.* 81, si vous aviez en vue d'être libres et de maintenir une forme de gouvernement ‖ [tour elliptique] *inde cogito in Tusculanum* Cic. *Att.* 2, 8, 2, de là je songe à me rendre à Tusculum (*Att.* 2, 13, 2; 5, 15, 3); *postridie apud Hirtium cogitabam* Cic. *Att.* 14, 21, 4, je compte être demain chez Hirtius; *Beneventi cogitabam hodie* Cic. *Att.* 5, 3, 3, je serai aujourd'hui à Bénévent ‖ [avec *ut* (*ne*)] se proposer par la pensée de (de ne pas): *neque jam ut aliquid acquireret, sed ut incolumem exercitum Agedincum reduceret, cogitabat* Caes. *G.* 7, 59, 4, ce qu'il avait en vue, ce n'était plus d'obtenir quelque sérieux avantage, mais de ramener son armée intacte à Agedincum, cf. Cic. *Tusc.* 1, 32; Nep. *Dion* 9, 2; *ne quam occasionem rei bene gerendae dimitteret, cogitabat* Caes. *G.* 5, 57, 1, il se proposait de ne pas laisser passer une occasion de remporter un succès ¶3 avoir des pensées, des intentions bonnes, mauvaises à l'égard de qqn: *male de aliquo cogitare* Cael. *Fam.* 8, 12, 1, vouloir du mal à qqn; *si quid amice de Romanis cogitabis* Nep. *Hann.* 2, 6, si tu as des intentions amicales à l'égard des Romains; *si amabiliter in me cogitare vis* Ant. d. *Att.* 14, 13, si tu veux être bien intentionné à mon égard; *Carthagini male jam diu cogitanti* Cic. *CM 18*, à Carthage qui depuis longtemps nourrit de mauvais desseins.

2 **cōgĭtō**, *ās, āre, -, -* (fréq. de *cogo*), tr., rassembler: Treb. *Gall.* 14, 7 ‖ contraindre: Vulg. *3 Esdr.* 3, 24.

cognāta, *ae*, f., V. *cognatus*.

cognātĭō, *ōnis*, f. (*cognatus*) ¶1 lien du sang, parenté de naissance: *cognatio, affinitas* Cic. *Verr.* 2, 27, parenté naturelle, parenté par alliance; *cognatione se excusare* Liv. 6, 39, 4, alléguer des liens de parenté pour s'excuser ‖ [en part.] la parenté paternelle et maternelle [par oppos. à *agnatio*, parenté civile, uniquement paternelle]: Dig. 38, 10, 1, 1 ‖ [fig.] la parenté, les parents: *vir amplissima cognatione* Cic. *Verr.* 2, 106, homme qui a de nombreux parents ¶2 parité de race, d'espèce: *cognatio equorum* Plin. 8, 156, chevaux de même origine; *cognatio arborum* Plin. 16, 61, arbres de même espèce ¶3 rapport, affinité, similitude: *cognatio studiorum et artium* Cic. *Verr.* 4, 81, la communauté des goûts et des talents; *animus tenetur cognatione deorum* Cic. *Div.* 1, 64, l'âme a des affinités avec les dieux; *cognatio dierum ac noctium* Plin. 6, 211, similitude sous le rapport des jours et des nuits.

cognātĭōnālis, *is*, adj., m., f., parent du côté maternel, cousin, allié: Adamn. *Vit. Col.* 2, 27.

cognātīvus, *a*, *um*, de parent: Novel.-Just. 84 pr.

cognātus, *a*, *um* (*cum, gnatus*; it. *cognato*) ¶1 uni par le sang ‖ subst., parent [aussi bien du côté du père que du côté de la mère]: *cognata* Ter. *Hec.* 592, parente; *cognatae urbes* Virg. *En.* 3, 502, villes liées par le sang (villes sœurs) ¶2 apparenté, qui a un rapport naturel avec: *nihil est tam cognatum mentibus nostris quam numeri* Cic. *de Or.* 3, 197, il n'y a rien qui ait des rapports aussi intimes avec notre âme que le rythme; *imponens cognata vocabula rebus* Hor. *S.* 2, 3, 280, donnant aux choses des noms qui leur sont apparentés.

cognĭtĭō, *ōnis*, f. (*cognosco*) ¶1 action d'apprendre à connaître, de faire la connaissance de: [d'une ville] Cic. *Pomp.* 40; [d'une personne] *Arch.* 5; *Fam.* 13, 78, 2 ¶2 action d'apprendre à connaître par l'intelligence, étude: *cognitio contemplatioque naturae* Cic. *Off.* 1, 153, l'étude et l'observation de la nature; *cognitionis amor et scientiae* Cic. *Fin.* 5, 48, le désir d'apprendre et de savoir ‖ connaissance: *causarum cognitio cognitionem eventorum facit* Cic. *Top.* 67, la connaissance des causes entraîne la connaissance des effets; *rerum cognitionem cum orationis exercitatione conjunxit* Cic. *de Or.* 3, 141, [Aristote] unit la connaissance des idées à la pratique du style ‖ connaissance acquise: *quorum ego copiam magnitudinemque cognitionis atque artis admiror* Cic. *de Or.* 1, 219, j'admire l'abondance, l'étendue de leur connaissance et de leur science ‖ *cognitiones deorum* Cic. *Nat.* 1, 36; (1, 44), conception, notion, idée des dieux ¶3 [droit] enquête, instruction, connaissance d'une affaire: *alicujus rei* Cic. *Agr.* 2, 60, enquête sur qqch. (*de aliqua re* Cic. *Verr.* 2, 60); *patrum* Tac. *An.* 1, 75; *praetoria* Quint. 3, 6, 70, instruction faite par le sénat, par le préteur ‖ jugement (procès civil) [après un examen personnel de l'affaire par le magistrat et/ou par un juge]: *causae cognitio* Dig. 45, 1, 1352, connaissance de l'affaire [par le magistrat]; *extraordinaria cognitio, extra ordinem cognitio*, procédure extraordinaire [instruction et règlement de l'affaire par le magistrat lui-même et non selon les principes ordinaires de la procédure]: Dig. 1, 16, 9, 1 ‖ instruction criminelle: Dig. 44, 4, 17, 2 ¶4 action de reconnaître, reconnaissance: Ter. *Hec.* 831; *Eun.* 921.

cognĭtĭōnālis, *e* (*cognitio*), conforme aux règles de la procédure: *sententia cognitionalis* Cod. Just. 7, 42, 1, une décision judiciaire.

cognĭtĭōnālĭtĕr, adv., en respectant les règles de procédure; contradictoirement: Cod. Just. 7, 63, 5, 4.

cognĭtĭuncŭla, *ae*, f. (dim. de *cognitio*), faible connnaissance: Gloss. 4, 319, 55.

cognĭtŏr, *ōris*, m. (*cognosco*) ¶1 celui qui connaît qqn, témoin d'identité, garant, répondant: Cic. *Verr.* 1, 13; 5, 167 ¶2 représentant [d'un plaideur, demandeur ou défendeur, qui remplaçait complètement la partie], procureur: Cic. *Com.* 32; 53; *Verr.* 2, 106; 3, 78 ‖ [en génér.] représen-

cognitor

tant, défenseur : *hoc auctore et cognitore hujusce sententiae* Cic. *Cat.* 4, 9, lui étant le promoteur et le défenseur de cet avis (Liv. 39, 5, 2) ; *Liber dithyramborum cognitor* Front. *Eloq.* 15, p. 146 N., Bacchus, patron du dithyrambe ¶ **3** juge : *eo, qui provinciam regit, cognitore confligere* Cod. Th. 2, 1, 4, trouver secours auprès du juge qui administre la province ; *cognitor sacri auditorii* Cod. Th. 11, 30, 44, juge du tribunal impérial, juge à la Cour.

cognĭtōrĭus, *a*, *um* (*cognitor*), qui concerne le représentant judiciaire : Gai. *Inst.* 4, 124.

cognĭtrix, *īcis*, f., celle qui connnaît : Chalc. 51.

cognĭtū, abl. de l'inus. **cognitus*, m., par l'étude de : Apul. *M.* 9, 13.

cognĭtūra, *ae*, f., office du *cognitor* **a)** représentant d'un plaideur : Quint. 12, 9, 9 ; Gai. *Inst.* 4, 124 **b)** procurateur chargé des recouvrements de l'État qui en retour lui allouait une part des sommes recouvrées : Suet. *Vit.* 2, 1.

cognĭtus, *a*, *um*, part. de *cognosco* (a. fr. *cointe*) ‖ [pris adjᵗ] connu reconnu : Cic. *Caecin.* 104 ; *cognitior* Ov. *Tr.* 4, 6, 28 ; *cognitissimus* Catul. 4, 14.

cognōbĭlis, *e* (*cognosco*), qu'on peut connaître, comprendre : Gell. 20, 5, 9 ; *cognobilior* Cat. d. Gell. 20, 5, 13.

cognōmĕn, *ĭnis*, n. (*cum nomine*, cf. *cognosco*) ¶ **1** surnom [ajouté au gentilice] : *Barbatus, Brutus, Calvus, Cicero*, etc. ‖ surnom individuel : *Africanus, Asiaticus* ; *Cn. Marcius, cui cognomen postea Coriolano fuit* Liv. 2, 33, 5, Cn. Marcius, surnommé plus tard Coriolan ¶ **2** nom : Virg. *En.* 3, 163 ‖ = épithète : Sen. *Ep.* 108, 29.

cognōmentum, *i*, n., ⇨ *cognomen*, surnom : Cic. *Fin.* 2, 15 ; Sall. d. Gell. 18, 4, 4 ‖ [en génér.] nom : Tac. *An.* 2, 60.

cognōmĭnātim, adv. (*cognomen*), avec la même signification, dans le même sens : Prisc. 3, 444, 30.

cognōmĭnātĭo, *ōnis*, f., appellation : Isid. 6, 19, 45.

cognōmĭnātīvus, *a*, *um*, qui désigne le *cognomen* : Consent. 5, 339, 14.

1 **cognōmĭnātus**, *a*, *um*, part. de *cognomino*.

2 **cognōmĭnātus**, *a*, *um* (*cognominis*), synonyme : Cic. *Part.* 53.

cognōmĭnis, *e* (*cognomen*) ¶ **1** qui porte le même nom, homonyme : Pl. *Bac.* 6 ; [avec gén.] *Enetorum cognomines sunt* Plin. 6, 5, neur nom est le même que celui des Énètes ; *illa mea cognominis fuit* Pl. d. Serv. *En.* 6, 383, elle portait le même nom que moi ; [avec dat.] *flumini* Plin. 4, 82, portant le nom d'un fleuve, cf. Liv. 5, 34, 9 ; Suet. *Oth.* 1 ¶ **2** [gram.] synonyme : Gell. 13, 25, 17.

cognōmĭnō, *ās*, *āre*, *āvī*, *ātum* (*cognomen*), tr., surnommer : *quo ex facto Torquati sunt cognominati* Quadrig. d. Gell. 9, 13, 19, telle fut l'origine du surnom de Torquatus ‖ distinguer par un nom : *amaracus quem Phrygium cognominant* Plin. 21, 67, la marjolaine qu'on distingue sous le nom de marjolaine de Phrygie ‖ nommer, appeler : *rex ab exercitu cognominatur* Just. 15, 2, 11, il reçoit de l'armée le titre de roi.

cognōram, ⇨ *cognosco*.

cōgnōscens, *entis*, part. adj. de *cognosco* : *cognoscens sui* Her. 4, 25, qui se connaît lui-même.

cognoscentĕr, adv. (*cognoscens*), clairement, distinctement : Tert. *Marc.* 4, 22, 14.

cognoscĭbĭlis, *e* (*cognosco*), qu'on peut connaître : Aug. *Trin.* 14, 8, 11.

cognoscĭbĭlĭtĕr, adv., de manière à pouvoir être reconnu : Vulg. *Sap.* 13, 5.

cognōscō, *ĭs*, *ĕre*, *gnōvī*, *gnĭtum* (*cum*, *gnosco* ; fr. *connaître*), tr. ¶ **1** apprendre à connaître, chercher à savoir, prendre connaissance de, étudier, apprendre ; au parf. *cognovi, cognovisse*, connaître, savoir : *ea te et litteris multorum et nuntiis cognosse arbitror* Cic. *Fam.* 1, 5b, 1, cela tu l'apprends, j'imagine, et par beaucoup de correspondants et par des messagers (*Tusc.* 5, 105) ; *per exploratores* Caes. *G.* 1, 22, 4 ; *per speculatores* Caes. *G.* 2, 11, 2, apprendre par des éclaireurs, par des espions ; *ab aliquo* Cic. *Fin.* 5, 11 ; *de Or.* 1, 67 ; *ex aliquo* Cic. *Leg.* 1, 56, apprendre de qqn ; *id se a Gallicis armis atque insignibus cognovisse* Caes. *G.* 1, 22, 2, [il déclare] que cela, ce sont les armes des Gaulois et leurs ornements caractéristiques qui le lui ont appris ; *ex aliqua re, ex aliquo*, apprendre d'après qqch., d'après qqn : *paucitatem militum ex castrorum exiguitate cognoscere* Caes. *G.* 4, 30, 1, déduire la faiblesse des effectifs de l'exiguïté du camp ; *satis mihi videbar habere cognitum Scaevolam ex eis rebus quas...* Cic. *Brut.* 147, je croyais avoir de Scévola une connaissance assez exacte d'après ce que... ‖ reconnaître, constater : *aliquem nocentem* Cic. *Clu.* 106, reconnaître la culpabilité de qqn, cf. *Phil.* 13, 13 ; *aliter rem publicam se habentem...* Nep. *Ham.* 2, 1, constater que les affaires publiques sont dans un autre état... ; *ut a te gratissimus esse cognoscerer* Cic. *Fam.* 1, 5a, 1, pour que tu reconnaisses ma profonde gratitude, cf. *Clu.* 47‖ [avec prop. inf.] apprendre que : Caes. *G.* 5, 52, 4 ; 6, 35, 7 ; *Metello cognitum erat genus Numidarum novarum rerum avidum esse* Sall. *J.* 46, 3, Métellus savait déjà que les Numides étaient avides de changements ‖ [avec interrog. indir.] : *cum, quanto in periculo imperator versaretur, cognovissent* Caes. *G.* 2, 26, 5, ayant appris quel danger courait le général ‖ [abl. absolu] : *hac re cognita, his rebus cognitis*, à cette nouvelle (mais *his cognitis* Caes. *G.* 7, 40, 6, ceux-ci ayant été reconnus) ; [abl. n.] *cognito* (= *cum cognitum esset*) *vivere Ptolemaeum* Liv. 33, 41, 5, ayant appris que Ptolémée vivait encore, cf. 37, 13, 5 ; 44, 28, 4 ‖ [avec de] *de ipsis Syracusanis cognoscite* Cic. *Verr.* 4, 136, prenez connaissance de ce qui a trait aux Syracusains eux-mêmes ; *ibi cognoscit de Clodii morte* Caes. *G.* 7, 1, 1, là il est informé du meurtre de Clodius ; *de casu Sabini et Cottae certius ex captivis cognoscit* Caes. *G.* 5, 52, 4, il tient des prisonniers une information plus sûre du sort de Sabinus et de Cotta ; *ab eo de periculis Ciceronis cognoscitur* Caes. *G.* 5, 45, 5, par lui on est informé des dangers que court Cicéron ‖ [supin] *id quod ei facile erit cognitu* Cic. *Inv.* 1, 25, ce qu'il reconnaîtra facilement ; *quid est tam jucundum cognitu atque auditu quam...* ? Cic. *de Or.* 1, 31, qu'y a-t-il d'aussi agréable à connaître et à entendre que... ‖ [en part.] prendre connaissance d'un écrit, d'un écrivain : *ut Pythagoreos cognosceret* Cic. *Tusc.* 1, 39, pour faire la connaissance des Pythagoriciens ; *cognoscite publicas litteras* Cic. *Verr.* 3, 74, prenez connaissance des registres officiels ¶ **2** reconnaître [qqn, qqch., que l'on connaît] : *et signum et manum suam cognovit* Cic. *Cat.* 3, 12, il reconnut et son cachet et son écriture ; *quam legens te ipsum cognosces* Cic. *Lae.* 5, en lisant [cette dissertation] tu te reconnaîtras toi-même ; *pecus quod domini cognovissent* Liv. 24, 16, 5, le bétail que leurs propriétaires auraient reconnu ‖ attester l'identité de qqn : Cic. *Verr.* 1, 14 ; 5, 72 ¶ **3** [droit] connaître d'une affaire, l'instruire : *alicujus causam* Cic. *Scaur.* 24, instruire, étudier la cause de qqn ; *de rebus ab isto cognitis judicatisque* Cic. *Verr.* 2, 118, au sujet des affaires que cet homme a instruites et jugées ; *eorum injurias cognoscebam* Cic. *Verr.* 4, 137, j'étudiais (je relevais) les injustices commises à leur égard ‖ [absᵗ] *Verres adesse jubebat, Verres cognoscebat, Verres judicabat* Cic. *Verr.* 2, 26, Verrès faisait comparaître, Verrès instruisait l'affaire, Verrès jugeait (Liv. 29, 20, 4) ‖ [avec de] *de hereditate cognosce* Cic. *Verr.* 2, 19, instruire une affaire d'héritage ‖ [en part.] connaître une affaire, de la part du magistrat [par un premier examen, avant de la renvoyer devant le juge] : *causa cognita judicium dare* Dig. 2, 4, 11, (le préteur), après examen de l'affaire, accorde l'action ; *ipse praetor debet causa cognita statuere* Dig. 5, 1, 2, 6, le préteur doit se prononcer [confier ou non l'affaire à un juge] après avoir lui-même examiné l'affaire ¶ **4** connaître, avoir commerce (liaison) illicite [γιγνώσκειν] : Ov. *H.* 6, 133 ; Just. 5, 2, 5 ; 22, 1, 13 ; Tac. *H.* 4, 44.

▶ on trouve souvent dans Cic. les formes contr. *cognosti, cognostis, cognorim, cognoram, cognossem, cognoro, cognosse*‖

cognoss-, v. *cognosco* ▶.

cōgō, ĭs, ĕre, cŏēgī, cŏactum (de *co, ago*), tr., pousser ensemble ¶ **1** assembler, réunir, rassembler : *oves stabulis* Virg. B. 6, 85, rassembler les brebis dans l'étable ǁ *multitudinem ex agris* Caes. G. 1, 4, 3, assembler des campagnes une masse d'hommes ; *copias in unum locum* Caes. G. 2, 5, 4, réunir les troupes sur un seul point (en faire la concentration) ǁ *senatum* Cic. Fam. 5, 2, 3, rassembler le sénat ; *cogi in senatum* Cic. Phil. 1, 11, être convoqué au sénat ; *coguntur senatores* Cic. Phil. 1, 12, les sénateurs s'assemblent ǁ recueillir, faire rentrer : *oleam* Cat. Agr. 64, 1 ; *pecuniam* Cic. Verr. 2, 120, récolter les olives, faire rentrer de l'argent ; *navibus coactis contractisque* Caes. G. 4, 22, 3, des navires ayant été rassemblés et concentrés ǁ assembler en un tout, condenser, épaissir : *frigore mella cogit hiems* Virg. G. 4, 36, le froid de l'hiver épaissit le miel ; *lac in duritiam* Plin. 23, 126, faire cailler le lait ǁ [milit.] *cogere agmen* Liv. 34, 28, 7, fermer la marche ; [fig.] Cic. Att. 15, 13, 1 ; *cuneis coactis* Virg. En. 12, 457, en colonnes serrées ¶ **2** [fig.] rassembler, concentrer, condenser, resserrer : *dum haec quae dispersa sunt coguntur* Cic. de Or. 1, 191, en attendant que ces éléments épars soient réunis ; *jus civile, quod nunc diffusum et dissipatum esset in certa genera coacturum* Cic. de Or. 2, 142, [il a promis] de ramasser en chapitres précis les notions du droit civil qui sont actuellement disséminées et éparpillées ǁ *saltus in artas coactus fauces* Liv. 23, 15, 11, défilé resserré en une gorge étroite ǁ [phil.] conclure, c.▶ *colligo* : *ratio ipsa coget ex aeternitate quaedam esse vera* Cic. Fat. 38, la raison d'elle-même conclura qu'il y a des choses vraies de toute éternité ; *ex quibus id quod volumus efficitur et cogitur* Cic. Leg. 2, 33, d'où se dégage la conséquence, la conclusion que nous cherchons ¶ **3** pousser de force qq. part : *vis ventorum invitis nautis in Rhodiorum portum navem coegit* Cic. Inv. 2, 98, la violence du vent a poussé un navire dans le port de Rhodes malgré les efforts des matelots ; *quercum cuneis coactis scindere* Virg. En. 7, 508, fendre un chêne avec des coins enfoncés de force ; G. 2, 62 ǁ [fig.] contraindre, forcer : *magnitudine supplicii dubitantes cogit* Caes. G. 7, 4, 9, par la rigueur du châtiment il force les hésitants (les indécis) ; *si res cogat* Caes. G. 7, 78, 2, si les circonstances l'exigeaient ǁ [avec inf.] *num te emere coegit ?* Cic. Off. 3, 55, t'a-t-il forcé à acheter ? ; *ut id sua sponte facerent quod cogerentur facere legibus* Cic. Rep. 1, 3, [ils arrivaient] à faire d'eux-mêmes ce que les lois les forcent à faire ǁ [avec acc. et inf. pass.] : *di ipsi immortales cogant ab his praeclarissimis virtutibus tot et tanta vitia superari* Cic. Cat. 2, 25, les dieux immortels eux-mêmes assureraient de force le triomphe de ces vertus éclatantes sur tant de vices odieux, cf. Verr. 3, 36 ; Liv. 7, 11, 4 ; 21, 8, 12 ǁ [avec *ut* et subj.] Cic. Tusc. 1, 16 ; de Or. 3, 9 ; Caes. G. 1, 6, 3 ǁ [acc. du pron. n.] *aliquem aliquid* : *civis qui id cogit omnes... quod* Cic. Rep. 1, 3, le citoyen qui oblige tout le monde à faire ce que ... ; *ego hoc cogor* Cic. Rab. Post. 17, moi je suis forcé à cela (CM 34 ; Liv. 3, 7, 8 ; 6, 15, 3 ; 23, 10, 6) ǁ *ad aliquid*, forcer à qqch. : Sall. J. 85, 3 ; Liv. 10, 11, 11 ; *ad depugnandum aliquem* Nep. Them. 4, 4, forcer qqn à combattre ǁ [avec *in*] *in deditionem* Liv. 43, 1, 1, forcer de se rendre, cf. Quint. 3, 8, 23 ; Sen. Clem. 1, 1 ; *in ordinem cogere* Liv. 25, 4, 4, forcer (le tribun) à se soumettre ǁ [souvent] *coactus* = contraint, forcé, sous l'empire de la contrainte.

cŏhăbĭtātĭo, ōnis, f., cohabitation, état de deux personnes qui habitent ensemble : Ps. Aug. Serm. 291, 2.

cŏhăbĭtātor, ōris, m., compagnon de logis : Cassiod. Var. 3, 48, 4.

cŏhăbĭtātrix, īcis, f., compagne de logis : Aug. Hept. 2, 39.

cŏhăbĭto, ās, āre, -, -, intr., demeurer avec : Hier. Ep. 101, 3.

cŏhaerens, entis, part.-adj. de *cohaereo* : *cohaerentior* Gell. 1, 18, 6, plus cohérent.

cŏhaerentĕr, adv. (*cohaerens*), d'une façon ininterrompue : Flor. 2, 17, 5.

cŏhaerentĭa, ae, f. (*cohaereo*), formation en un tout compact, connexion, cohésion : Cic. Nat. 2, 155 ; Macr. Sat. 5, 15, 3 ; Gell. 7, 13, 11.

cŏhaerĕō, ēs, ēre, haesī, haesum, intr., être attaché ensemble ¶ **1** [pr. et fig.] être lié, attaché : *cum aliqua re* Cic. de Or. 2, 325, être attaché à qqch. ; *alicui rei* Curt. 4, 4, 11 ; Ov. M. 5, 125 ; Plin. 5, 21 ; [avec *inter se*] *collocabuntur verba, ut inter se quam aptissime cohaereant extrema cum primis* Cic. Or. 149, on arrangera les mots dans la phrase de manière que les syllabes finales se lient le plus étroitement possible aux syllabes initiales ; *non cohaerentia inter se dicere* Cic. Phil. 2, 18, tenir des propos sans liaison entre eux (sans suite) ¶ **2** être attaché dans toutes ses parties solidement, avoir de la cohésion, former un tout compact : *mundus ita apte cohaeret, ut dissolvi nullo modo queat* Cic. Tim. 15, l'univers forme un tout si bien lié qu'il ne saurait être détruit (Ac. 1, 24 ; 1, 28) ; *alia, quibus cohaerent homines* Cic. Leg. 1, 24, les autres éléments qui constituent l'homme ; *qui ruunt nec cohaerere possunt propter magnitudinem aegritudinis* Cic. Tusc. 3, 61, ceux qui sous le poids du chagrin s'effondrent et se désagrègent ; *vix cohaerebat oratio* Cic. Cael. 15, c'est à peine si son discours se tenait ; *male cohaerens cogitatio* Quint. 10, 6, 6, une préparation de discours inconsistante [qu'on ne tient pas solidement dans sa mémoire].
▶ part. *cohaesus* = *cohaerens* Gell. 15, 16, 4.

cŏhaeres, v.▶ *coheres*.

cŏhaerescō, ĭs, ĕre, haesī, - (inch. de *cohaereo*), intr., s'attacher ensemble : Cic. Nat. 1, 54 ; Fin. 1, 17.

cŏhaerētĭcus, i, m., confrère dans l'hérésie : Hier. Ep. 92, 5.

cŏhaesus, v.▶ *cohaereo* ▶.

cŏhercĕo, v.▶ *coerceo* ▶.

cŏhērēdĭtās, ātis, f., partage d'héritage : Hil. Psalm. 9, 4.

cŏhērēs, ēdis, m. f., cohéritier, cohéritière : Cic. Verr. 1, 127 ; Fam. 13, 46, 1.

cŏhĭbentĭa, ae, f., châtiment : Don. Hec. 552.

cŏhĭbĕō, ēs, ēre, bŭī, bĭtum (*cum, habeo*), tr., tenir ensemble ¶ **1** contenir, renfermer : *universa natura omnes naturas cohibet et continet* Cic. Nat. 2, 35, la nature universelle embrasse et renferme en elle toutes les natures particulières ; *bracchium toga* Cic. Cael. 11, tenir son bras sous sa toge ; *auro lacertos* Ov. H. 9, 59, entourer ses bras d'or [bracelets] ¶ **2** maintenir, retenir : *aliquem in vinculis* Curt. 6, 2, 11 ; *intra castra* Curt. 10, 3, 6, retenir qqn dans les fers, au camp ; *carcere* Ov. M. 14, 224, en prison ; *Pirithoum cohibent catenae* Hor. O. 3, 4, 80, des chaînes retiennent captif Pirithoüs ¶ **3** retenir, contenir, empêcher : *conatus alicujus* Cic. Phil. 3, 5, arrêter les efforts de qqn ; *cohibita aedificiorum altitudine* Tac. An. 15, 43, en limitant (réduisant) la hauteur des maisons ; *(provinciae) quae procuratoribus cohibentur* Tac. H. 1, 11, (provinces) qui sont soumises à des procurateurs ǁ *manus, oculos, animum ab aliqua re* Cic. Pomp. 66, maintenir ses mains, ses regards, ses pensées écartés de qqch. ǁ *non cohibere (vix cohibere) quominus* [avec subj.] ne pas empêcher (empêcher à peine) que : Tac. An. 2, 10 ; 2, 24 ǁ [avec inf.] empêcher de : Calp. 4, 20.
▶ inf. pass. *cohiberier* Lucr. 3, 443.

cŏhĭbĭlis, e (*cohibeo*), [récit] où tout se tient bien, uni, coulant : Gell. 16, 19, 1.

cŏhĭbĭlĭtĕr, adv. (*cohibilis*), d'une façon ramassée : Apul. Socr. Prol. frg. 4 ǁ compar. *-tius* : Apul. Apol. 36, 6.

cŏhĭbĭtĭo, ōnis, f. (*cohibeo*), action de retenir : Lact. Ir. 18, 3.

cŏhĭbĭtus, a, um, part. de *cohibeo* ǁ [pris adj¹] ramassé [style], concis : Gell. 7, 14, 7.

cŏhŏnestō, ās, āre, āvī, ātum (*cum, honesto*), tr. ¶ **1** donner de l'honneur à, rehausser, rendre plus beau : *cohonestare exsequias* Cic. Quinct. 50, honorer de sa présence des obsèques ; *cohonestare statuas* Cic. Verr. 2, 168, mettre en valeur des statues ; *cohonestare res turpes* Arn. 5, 43, maquiller des actions honteuses ¶ **2** [fig.] *defluvia capitis* Plin. 22, 34,

cohonesto

remédier à la chute des cheveux, restaurer la chevelure.
▶ forme contr. cōnestat Acc. Tr. 445.

cŏhorrescō, ĭs, ĕre, horrŭī, - (cum, horresco), intr., se mettre à frissonner de tout son corps, éprouver des frissons [pr. et fig.] : Cic. de Or. 3, 6 ; Rep. 6, 10 ; Att. 5, 21, 12 ; 7, 1, 1.

cŏhors, tis, f. (cum, cf. hortus ; fr. cour) ¶ 1 enclos, cour de ferme, basse-cour : Varr. L. 5, 88 ; Col. 8, 3, 8 ; Ov. F. 4, 704 ¶ 2 [en gén.] troupe : *cohors amicorum* Suet. Cal. 19, 2, cortège d'amis ; *cohors illa Socratica* Gell. 2, 18, 1, l'école de Socrate ; *cohors canum* Plin. 8, 143, meute de chiens ; *cohors febrium* Hor. O. 1, 3, 31, l'essaim des fièvres ¶ 3 [en part.] **a)** la cohorte, dixième partie de la légion : *cum reliquis ejus legionis cohortibus* Caes. G. 3, 1, 4, avec les autres cohortes de la légion ; *cohors praetoria* Caes. G. 1, 40, 15, cohorte prétorienne **b)** troupe auxiliaire : Sall. J. 46, 7 **c)** [fig.] armée : Stat. Th. 5, 672 **d)** état-major, suite d'un magistrat dans les provinces : Cic. Verr. 2, 66 ; Cat. 10, 10 ; Liv. 29, 19, 12. ▶ cors Glaucia d. Cic. de Or. 2, 263 ; Col. 2, 14, 8 ; chors Varr. Men. 55 ; 383 ; Mart. 7, 54, 7 ∥ gén. pl. -tium Caes. G. 2, 25 ; Sall. J. 46, 7 ; Liv. 10, 19, 20.

cŏhortālīnus, a, um (cohortalis), des cohortes prétoriennes : Cod. Th. 16, 5, 48 ∥ **cŏhortālīni**, ōrum, m. pl., les prétoriens : Cod. Th. 12, 1, 184.

cŏhortālis, e (cohors) ¶ 1 de basse-cour, de poulailler : *cohortalis ratio* Col. 8, 2, 6, organisation de la basse-cour ¶ 2 relatif à la cohorte prétorienne : Cod. Th. 8, 4, 30 ∥ **cohortales**, ium, m. pl., les prétoriens : Cod. Th. 8, 4.

cŏhortātĭo, ōnis, f. (cohortor), exhortation, harangue par laquelle on exhorte : *legionis* Caes. G. 2, 25, exhortation à la légion, cf. Cic. Clu. 138 ; *tali cohortatione militum facta* Nep. Hann. 11, 1, après avoir harangué ainsi les soldats.

cŏhortātĭuncŭla, ae, f. (dim. de cohortatio), courte exhortation : Ambr. Ep. 4, 33.

cŏhortātus, a, um, part. de cohortor et de cohortato.

cŏhortĭcŭla, ae, f. (dim. de cohors), petite cohorte, faible corps de troupe : Cael. Fam. 8, 6, 4.

cŏhortō, ās, āre, -, - [arch.] Quadr. d. Non. 472, 19, ■> cohortor ∥ part. cohortatus à sens pass. : Cat. d. Gell 15, 13, 5.

cŏhortŏr, ārĭs, ārī, ātus sum (cum, hortor), tr., exhorter vivement, encourager : Caes. G. 1, 25, 1 ; *ad aliquam rem*, à qqch. : Cic. de Or. 2, 35 ∥ [avec ut et subj.] exhorter à : Caes. G. 7, 27, 2 ; 7, 60, 1 ; Cic. Sest. 135 ; Phil. 7, 24 ; [avec ne et subj.] exhorter à ne pas : Caes. G. 7, 86, 3 ; C. 2, 43, 1 ; [avec subj. seul] Caes. C. 2, 33, 1 ∥ [avec de et abl.] : *cohortatus Haeduos de supportando commeatu* Caes. G. 7, 10, 3, ayant fait ses exhortations aux Éduens à propos du ravitaillement ∥ [avec inf.] Her. 3, 4 ; Tac. An. 12, 49.
▶ cohortatus sens pass. ; ■> cohorto.

cŏhospĕs, ĭtis, m., Paul.-Nol. Carm. 27, 438, **cŏhospĭtans**, tis, m., Paul.-Nol. Ep. 32, 6, qui partage l'hospitalité.

1 **cŏhum**, i, n. (= 2 cohum), voûte du ciel : Enn. An. 545, cf. *Varr. L. 5, 19 ; P. Fest. 34, 28 ; Diom. 365, 18.

2 **cŏhum**, i, n. (cf. cavus) **a)** ■> covum **b)** courroie qui attache le timon : P. Fest. 34, 26.

cŏhūmĭdō, ās, āre, -, -, tr., mouiller entièrement : Apul. M. 8, 9.

cŏhus, i, m., ■> 1 cohum : Isid. Nat. 12, 3.

cŏĭcĭo, Laber. d. Gell. 16, 7, 5, ■> conicio.

cŏĭens, ĕuntis, part. de coeo.

coillum, i, n. (κοῖλον), intérieur de la maison, resserre (?) : *Inscr. d. Tert. Spect 5, 7.

cŏĭmāgĭnō, ās, āre, -, -, tr., se représenter avec : Hil. Trin. 8, 48.

cŏĭmbĭbō, ĭs, ĕre, -, -, tr., [fig.] se mettre ensemble dans la tête de : Arn. 5, 10.

cŏimplĭcĭtus, a, um, embarrassé avec : Tert. Anim. 17, 2.

cŏinnascĭbĭlis, e, qui peut naître avec : Hil. Trin. 9, 57.

Cŏinquenda, ae, f., nom d'une déesse qui présidait à l'élagage et à la taille des arbres sacrés : CIL 6, 2099 ; ■> coinquio.

cŏinquĭlīnus, i, m., qui habite avec un autre : Not. Tir. 13, 55a.

cŏinquĭnābĭlis, e, susceptible de souillure : Aug. Fort. 1, 1.

cŏinquĭnātĭo, ōnis, f. (coinquino), souillure : Sulp. Sev. Ep. 2, 9 ; Vulg. 1 Esdr. 6, 21.

cŏinquĭnātus, a, um, part. de coinquino ∥ adj¹, souillé, contaminé : *coinquinātior* Arn. 7, 16.

cŏinquĭnō, ās, āre, āvī, ātum, tr., souiller : Acc. d. Cic. Nat. 3, 68 ∥ infecter, contaminer : Col. 7, 5, 6.

cŏinquĭō, īs, īre, -, -, Trebat. d. Ps. Serv. En. 11, 316, **cŏinquō**, ĭs, ĕre, -, -, P. Fest. 56, 10 ; 57, 23 ; CIL 6, 2099 (obscur), tr., émonder [des arbres sacrés] ■> colluco.

cŏintellĕgō, ĭs, ĕre, -, -, tr., comprendre en même temps : Facund. Def. 9, 5.

coiro, ■> curo ▶.

Coitae, ārum, m. pl., peuple sur les bords du Tanaïs : Plin. 6, 19.

cŏĭtĭo, ōnis, f. (coeo) ¶ 1 engagement, prise de contact : Ter. Phorm. 346 ¶ 2 coalition, complot : Cic. Q. 2, 14, 4 ; 3, 1, 16 ; *coitionem facere* Cic. Planc. 53, faire une cabale ∥ *societatis coitio* Dig. 17, 2, 10, action de former une société, de s'associer ¶ 3 accouplement : Macr. Sat. 7, 16, 6.

1 **cŏĭtus**, a, um, part. de coeo.

2 **cŏĭtŭs**, ūs, m., action de se joindre, de se réunir : *coitus venae* Cels. 2, 10, 7, la cicatrice de la veine ; *coitus humoris* Cels. 5, 18, 31, amas, dépôt d'humeurs ; *coitus syllabarum* Quint. 9, 4, 59, contraction de syllabes ; *luna morata in coitu soli* Plin. 2, 44, la Lune après être restée en conjonction avec le Soleil ∥ accouplement : Quint. 8, 6, 24 ∥ fécondation des plantes : Plin. 13, 35 ∥ ente, greffe : Plin. 17, 103.

cŏīvī, parf. de coeo.

cŏix, ĭcis, f. (κόϊξ), espèce de palmier d'Éthiopie : Plin. 13, 47.

cōla, ae, f., Fort. Carm. praef. p. 1, ■> colon.

Colabae, ■> Colebae.

cōlaepĭum, ĭi, n., Petr. 70, 2, ■> colyphium.

cŏlăphĭzātŏr, ōris, m., qui donne des coups de poing : Aug. Jul. 4, 3, 28.

cŏlăphĭzō, ās, āre, -, - (κολαφίζω), tr., donner des coups de poing : Tert. Marc. 5, 12, 8.

cŏlăphus, i, m. (κόλαφος), coup de poing : Ter. Ad. 245 ; *colaphum icere* Pl. Pers. 846 [mss], donner un coup de poing ; *colaphum alicui ducere* Quint. 6, 3, 83, donner un coup de poing à qqn (*incutere* Juv. 9, 5) ; *in cerebro colaphos apstrudam tuo* Pl. Ru. 1007, je te bourrerai le crâne de coups de poing ; *colaphos infregit mihi* Ter. Ad. 199, il m'a bourré de coups de poing ; ■> 1 colpus.

Cŏlăpis, is, m., fleuve de Pannonie Atlas XII, B5 : Plin. 3, 148 ∥ **-iāni**, ōrum, m. pl., peuple de Pannonie : Plin. 3, 147.

Colarbasus, i, m., nom d'un hérétique : Ps. Tert. Haer. 5.

Cŏlarni, ōrum, m. pl., peuple de Lusitanie : Plin. 4, 118.

cōlātūra, ae, f. (colare), résidu, ce qui reste d'un liquide filtré à la chausse : Cael.-Aur. Chron. 5, 3, 55.

cōlātus, a, um, part. de colo ∥ [pris adj¹] clair : Tert. Nat. 1, 5 ∥ *colatior* Tert. Anim. 48, 1.

Cŏlax, ăcis, m., le Flatteur, titre d'une comédie d'Ennius et de Plaute : Ter. Eun. 25.

Cŏlaxēs, is, m., nom d'un héros : Val.-Flac. 6, 48.

Colchi, ōrum, m. pl., habitants de la Colchide : Cic. Nat. 3, 54 ∥ **Colchus**, i, m., un Colchidien : Hor. P. 118.

colchĭcum, i, n. (κολχικόν), colchique [plante] : Plin. 28, 129.

Colchĭcus, a, um, de Colchide : Hor. Epo. 5, 24.

Colchĭnĭum, ĭi, n., ville de Dalmatie : Plin. 3, 144.

Colchis, ĭdis (ĭdos), f. (Κολχίς), Colchide [région de l'Asie Mineure où était la Toison d'Or] Atlas I, C7 : Val.-Flac. 2, 423 ∥ **Colchis**, idis, adj. f., de Colchide : Stat.

Th. 3, 418 ‖ femme de Colchide = Médée : Hor. *Epo.* 16, 56.

Colchus, *a*, *um*, de Colchide, de Médée [originaire de la Colchide] : **venena Colcha** Hor. *O.* 2, 13, 8, poisons de Colchide.

cŏlĕātus, *a*, *um* (*coleus*), qui a des testicules : Pompon. *Com.* 40.

Colebae, *ārum*, m. pl., peuple de l'Inde : Plin. 6, 67.

cōlēfĭum, *C.* *colyphium* : Veg. *Mul.* 2, 82, 5.

cŏlena, Isid. 17, 9, 76, *V.* *cunila*.

Cōlentum (Coll-), *i*, n., île près de l'Illyrie : Plin. 3, 140 ‖ **-īni**, *ōrum*, m. pl., habitants de Colentum : Plin. 3, 142.

cōles, *is*, m., Cels. 6, 18, 2, *C.* *caulis*.

cōlesco, Lucr. 6, 1068, *C.* *coalesco*.

cōlĕus, *i*, m. (cf. *culleus* ; fr. *couille*), testicule : Cic. *Fam.* 9, 22, 4 ; Petr. 44, 14.

Cōlĭăcum, *i*, n., Plin. 6, 86, *C.* *2 Colis*.

cŏlĭandrum, *i*, n. (κολίανδρον), Pelag. 307, *V.* *coriandrum*.

1 cŏlĭās, *ae*, m. (κολίας), espèce de thon : Plin. 32, 146.

2 Cōlias, *ădis*, Avien. *Perieg.* 1355 et **Cōlis**, *ĭdis*, f., Mel. 3, 39, promontoire de l'Inde [en face de Taprobane].

Colicāria, *ae*, f., ville de la Gaule cispadane : Anton. 282.

cōlĭcē, *ēs*, f. (κωλική), remède pour la colique : Cels. 5, 25, 12.

1 cōlĭcŭlus, *i*, m., *V.* *cauliculus* : M.-Emp. 14, 15.

2 cōlĭcŭlus, *a*, *um*, qui souffre de la colique : Chir. 449.

cōlĭcus, *a*, *um*, m. (κωλικός), relatif à la colique : M.-Emp. 29, 19 ‖ subst. m., qui souffre de la colique : M.-Emp. 29, 21.

cŏlīna, *ae*, f., Varr. d. Non. 55, 18, *C.* *culina*.

Colinĭa, *ae*, f., ancien nom de l'île de Chypre : Plin. 5, 129.

cōlĭphĭum, *V.* *colyphium*.

1 cōlis, *is*, m., Cat. *Agr.* 35, 2, *C.* *caulis*.

2 Colis, *ĭdis*, *V.* *Colias*.

cŏlisatum, *i*, n. (gaul.), véhicule gaulois : Plin. 34, 163.

cŏlĭtŏr, *ōris*, m. (*colo*), habitant : CIL 6, 406 ‖ cultivateur : Gloss. 4, 320, 16 *V.* *cultor*.

collăbascō (conl-), *ĭs*, *ĕre*, -, -, intr., menacer ruine : Pl. *St.* 522.

collăbĕfactatus, *a*, *um*, part. de *collabefacto*.

collăbĕfactō, *ās*, *āre*, -, *ātum* (*cum*, *labefacto*), tr., ébranler : Ov. *F.* 1, 566.

collăbĕfactus, *a*, *um*, part. de *collabefīo*.

collăbĕfīō, *fīs*, *fĭĕrī*, *factus sum*, pass. de l'inus. *collabefacio*, s'effondrer : Lucr. 3, 599 ; Caes. *C.* 2, 6, 5 ‖ [fig.] être renversé, ruiné : Nep. *Arist.* 1, 2.

collăbellō, *ās*, *āre*, -, - (*cum*, *labellum*), tr., figurer avec les lèvres un baiser : Laber. d. Non. 90, 22.

collăbŏr, *bĕrĭs*, *bī*, *lapsus sum* (*cum*, *labor*), intr., tomber avec ou en même temps ou d'un bloc, s'écrouler : **collabi ante pedes alicujus** Petr. 94, 12, tomber comme une masse aux pieds de quelqu'un ; **collapsa membra** Virg. *En.* 4, 391, corps défaillant ; **ferro collapsa** [dat.] Virg. *En.* 4, 664, retombée sur le glaive ; **fastigium domus collabitur** Suet. *Caes.* 81, 3, le faîte de la maison s'écroule, cf. Liv. 44, 5, 6 ; Tac. *An.* 2, 47 ‖ [fig.] **collabi in suam corruptelam** Pl. *Truc.* 670, se laisser retomber dans sa débauche.

collăbōrō, *ās*, *āre*, -, - (*cum*, *laboro*), intr., travailler de concert : Aug. *Ep.* 139, 4.

Collăbus, *i*, m., nom d'un personnage comique : Pl. *Trin.* 1021.

collăcĕrātus, *a*, *um* (*cum*, *laceratus*), tout déchiré : Tac. *H.* 3, 74.

collăcrĭmātĭo (conl-), *ōnis*, f. (*collacrimo*), action de fondre en larmes : Cic. *de Or.* 2, 190.

collăcrĭmō (conl-), *ās*, *āre*, *āvī*, *ātum* ¶ **1** intr. **a)** pleurer ensemble : Pl. d. Gell. 1, 24, 3 **b)** fondre en larmes : Ter. *And.* 109 ; Cic. *Rep.* 6, 9 ¶ **2** tr., déplorer : Cic. *Sest.* 123 ; Liv. 26, 14, 4.

collactānĕa, Dig. 34, 4, 30 et **collactĕa**, *ae*, f., Juv. 6, 307, sœur de lait.

collactānĕus, *i*, m., Dig. 40, 2, 13, **collactĕus**, *i*, m., Hyg. *Fab.* 224 et **collactĭcĭus**, *ĭi*, m., CIL 8, 3523, frère de lait.

collaetŏr, *ārĭs*, *ārī*, -, intr., se réjouir ensemble : Tert. *Idol.* 14, 5.

collaevo, *V.* *collevo*.

collapsĭo, *ōnis*, f., chute : Firm. *Err.* 20, 1.

collapsus, *a*, *um*, part. de *collabor*.

collāre, *is*, n. (*collaris* ; fr. *collier*), collier : Pl. *Cap.* 357 ; Varr. *R.* 2, 9, 15.

collāris, *e* (*collum*), de cou : Petr. 56, 8.

collārĭum, *ĭi*, n., *C.* *collare* : Prisc. 2, 75, 8.

collătĕrō, *ās*, *āre*, -, - (*cum*, *latus*), tr., flanquer : **vocales utrimque collaterare** Capel. 3, 249, se trouver entre deux voyelles.

Collātĭa, *ae*, f., Collatie [petite ville près de Rome, Castellaccio] : Liv. 1, 38, 1.

collātīcĭus, *a*, *um* (*confero*) ¶ **1** mélangé, formé d'un mélange : Plin. 16, 69 ¶ **2** fourni par plusieurs personnes : **sepultura collaticia** Ps. Quint. *Decl.* 6, 11, sépulture donnée à frais communs ‖ d'emprunt : Sen. *Marc.* 10, 1.

Collātīna, *ae*, f. (*collis*), déesse des collines : Aug. *Civ.* 4, 8.

Collātīni, *ōrum*, m. pl., habitants de Collatie, Collatins : Liv. 1, 38, 1 ‖ habitants d'une ville d'Apulie : Plin. 3, 105.

1 Collātīnus, *i*, m., Collatin, surnom d'un Tarquin : Liv. 1, 57, 6.

2 Collātīnus, *a*, *um*, de Collatie : Virg. *En.* 6, 774.

collātĭo (conl-), *ōnis*, f. (*confero*) ¶ **1** assemblage, réunion : Pl. *Mil.* 941 ‖ rencontre, choc : **signorum conlationes** Cic. *de Or.* 1, 210, engagements [des armées] ¶ **2** contribution, souscription : Liv. 5, 25, 5 ; taxe spéciale, impôt : Dig. 50, 4, 14, 2 ‖ [en part.] offrande faite aux empereurs : Plin. *Pan.* 41, 1 ‖ rapport [successoral] : Dig. 37, 6 ¶ **3** comparaison, rapprochement, confrontation : Cic. *Top.* 43 ; *Nat.* 3, 70 ; **in collatione reliquarum legionum** Hirt. *G.* 8, 8, 2, en comparaison des autres légions ‖ **conlatio** Cic. *Tusc.* 4, 27 ; **conlatio rationis** Cic. *Fin.* 3, 33, analogie ‖ [gram.] degré de comparaison : Fest. 192, 12 ‖ [rhét.] parallèle : Cic. *Inv.* 1, 49 ; Quint. 5, 11, 23 ¶ **4** [chrét.] réunion de tous les points de la doctrine : Cassian. *Inc.* 6, 3, 3.

collātītĭus, *a*, *um*, CIL 10, 411, *C.* *collaticius*.

collātīvum, *i*, n. (*collativus*), contribution, tribut : Cod. Th. 6, 26, 3.

collātīvus, *a*, *um* (*collatus*) ¶ **1** payé par contribution : **sacrificium collativum** P. Fest. 33, 23, sacrifice offert en commun ‖ mis en commun : Macr. *Somn.* 1, 6, 41 ¶ **2** qui reçoit les contributions : **collativus venter** Pl. *Curc.* 231, ventre qui recueille toutes les offrandes, cf. P. Fest. 51, 15.

collātŏr, *ōris*, m. (*confero*), celui qui contribue, souscripteur : Pl. *Curc.* 474 ‖ contribuable : Cod. Th. 7, 6, 5 ‖ celui qui donne, qui confère : Fulg. *Myth.* 1, 1 ‖ celui qui discute : Aug. *Ep.* 33, 3.

collātrix, *īcis*, f. de *collator* : Julian.-Aecl. d. Aug. *Jul. op. imp.* 1, 53.

collātrō, *ās*, *āre*, -, - (*cum*, *latro*), tr., aboyer contre [fig.] : Sen. *Vit.* 17, 1.

1 collātus, *a*, *um*, part. de *confero*.

2 collātŭs, *ūs*, m. (*confero*), combat : B.-Hisp. 31, 2 ‖ conférence, enseignement : Cens. 1, 8.

collaudābĭlis, *e* (*collaudo*), louable : Prud. *Ham.* 694.

collaudātĭo (conl-), *ōnis*, f. (*collaudo*), action de faire l'éloge, panégyrique : Cic. *Inv.* 2, 125 ‖ louange : Vulg. *Psal.* 32, 1.

collaudātŏr, *ōris*, m., celui qui donne des louanges : Aug. *Conf.* 4, 14, 23.

collaudātus, *a*, *um*, part. de *collaudo*.

collaudō (conl-), *ās*, *āre*, *āvī*, *ātum*, tr., combler de louanges : Pl. *As.* 576 ; **uterque conlaudandus est quod** Cic. *de Or.* 1, 30, il faut les louer tous deux de ce que.

collaxō (conl-), *ās*, *āre*, -, -, tr., dilater : Lucr. 6, 233 ; Cael.-Aur. *Chron.* 2, 1, 20.

collecta (conl-), *ae*, f. (*collectus* ; fr. *cueillette*) ¶ **1** écot, quote-part : Cic. *de Or.*

collecta 2, 233 ‖ quête : Hier. *Ep.* 120, 4 ¶ **2** assemblée, réunion : Hier. *Ep.* 108, 19.

collectāculum, *i*, n. (*collectus*), récipient : Cassiod. *Var.* 10, 30, 5.

collectānĕus, *a*, *um* (2 *colligo*), de recueil, recueilli : *dicta collectanea* Suet. *Caes.* 56, 7, choix de sentences [titre d'un ouvrage de César] ‖ **Collectānĕa**, *ōrum*, n. pl., Mélanges [titre d'un ouvrage de Solin] : Prisc. 2, 539, 16.

collectārĭus, *ii*, m. (*collecta*), changeur : Symm. *Ep.* 10, 49 ‖ receveur du fisc : Cod. Th. 4, 2, 16.

collectē, adv. (*collectus*), sommairement : Non. 164, 2.

collectĭbĭlis, *e*, qu'on peut conclure : Boet. *Syll. hyp.* 2, p. 875B.

collectīcĭus (**conl-**), *a*, *um* (*collectus*), ramassé çà et là (sans choix) : *exercitus collecticius* Cic. *Fam.* 7, 3, 2, armée levée à la hâte, armée de fortune ‖ accumulé : *Sen. *Nat.* 3, 7, 3.

collectim, adv. (*collectus*), brièvement : Mamert. *Anim.* 3, 16.

collectĭo (**conl-**), *ōnis*, f. (*colligo*) ¶ **1** action de rassembler, de recueillir : *conlectio membrorum fratris* Cic. *Pomp.* 22, le fait de recueillir les membres de son frère, cf. Petr. 98, 4 ¶ **2** [fig.] réunion, collection, rassemblement : Cod. Th. 16, 5, 36 ; Vulg. *Hebr.* 10, 25 ‖ [en part.] **a)** dépôt d'humeurs, abcès : Plin. 27, 131 **b)** [rhét.] récapitulation, résumé : Cic. *Brut.* 302 **c)** [phil.] argumentation, raisonnement, conclusion : *subtilissima collectio* Sen. *Ep.* 45, 8, argumentation très subtile.

collectīvus, *a*, *um* (*collectus*), recueilli : *collectivus humor* *Sen. *Nat.* 3, 7, 3, eau accumulée ; ⓥ *collecticius* ‖ [gram.] *collectivum nomen* Prisc. 2, 61, 21, nom collectif ‖ [rhét.] fondé sur le raisonnement : Quint. 7, 1, 60.

1 **collectŏr**, *ōris*, m. (*cum*, 2 *lego*), condisciple : Aug. *Conf.* 1, 17, 27.

2 **collectŏr**, *ōris*, m. (2 *colligo*), celui qui amasse : Ps. Rufin. *Amos* 8, 1.

1 **collectus** (**conl-**), *a*, *um* ¶ **1** part. de *colligo* ¶ **2** [pris adj¹] **a)** ramassé, réduit : *astrictum et collectum dicendi genus* Tac. *D.* 31, style serré et concis **b)** réduit, modeste, chétif : *tanto beatior quanto collectior* Apul. *Apol.* 21, 3, d'autant plus fortuné que mon train de vie est plus modeste.

2 **collectŭs**, *ūs*, m., amas : Lucr. 4, 414.

collēga (**conl-**), *ae*, m. (*cum*, 1 *lego*) ¶ **1** collègue [dans une magistrature] : *conlega in praetura* Cic. *Off.* 1, 144, collègue dans la préture ; *destinavit se collegam consulatui ejus* Tac. *An.* 2, 42, il voulut être son collègue dans le consulat ¶ **2** collègue [en génér.], compagnon, camarade, confrère : *conlega sapientiae* Cic. *Nat.* 1, 114, confrère en philosophie ‖ cohéritier : Dig. 46, 3, 101 ‖ compagnon d'esclavage : Pl. *As.* 556 ‖ camarade : Petr. 29, 2 ‖ membre d'une corporation : Dig. 27, 1, 41.

collēgārĭus, *ii*, m., un des collègues : Gloss. 5, 593, 48.

collēgātārĭus, *ii*, m. (*cum*, *legatarius*), colégataire : Dig. 7, 2, 10.

collēgī, parf. de 2 *colligo*.

collēgĭālis, *e*, CIL 6520, 7, **collēgĭārĭus**, *a*, *um*, Tert. *Spect.* 11, 2 (*collegium*), d'une association, d'un collège, d'une communauté.

collēgĭātĭo (**collĭgātĭo**), *ōnis*, f., association : *Ambr. *Fid.* 5, 10, 196.

collēgĭātus, *i*, m. (*collegium*), membre d'une corporation : Cod. Just. 11, 17 ; CIL 5, 4015.

1 **collēgĭum** (**conl-**), *ii*, n. (*collega*) ¶ **1** action d'être collègue : *concors collegium* Liv. 10, 22, 3, bonne entente entre consuls, cf. Serv. d. Cic. *Fam.* 4, 12, 3 ¶ **2** collège [des magistrats, des prêtres] : *conlegium praetorum* Cic. *Off.* 3, 80, le collège des préteurs ; *conlegium augurum* Cic. *Brut.* 1, le collège des augures ; *tribuni pro collegio pronuntiant* Liv. 4, 26, 9, les tribuns prononcent au nom de leur collège ¶ **3** association : *collegia contra leges instituta dissolvere* Tac. *An.* 14, 17, dissoudre les associations illégales.

2 **collēgĭum**, *ii*, n. (2 *colligo*), soutien, appui : Fulg. *Myth.* 1 Praef.

collēma, *ătis*, n. (κόλλημα), ce qui est collé : *Niloticae fruticis collemata* Capel. 3, 225, papier fait par agglutination avec la plante du Nil = papyrus.

colleprōsus, *i*, m. (*cum*, *leprosus*), compagnon de lèpre : Sidon. *Ep.* 6, 1, 2.

collēsis, acc. *in*, f. (κόλλησις), action de coller, de souder : Cass. Fel. 19, p. 29, 19.

collētĭcus, *a*, *um* (κολλητικός), cicatrisant : Veg. *Mul.* 2, 18, 2.

collētis, *is*, f. (κολλητίς), sorte de verveine : Ps. Apul. *Herb.* 3.

collēvī, parf. de *collino*.

collēvīta, *ae*, m., lévite avec d'autres : Bed. *Metr.* 7, 260, 3.

collēvō, *ās*, *āre*, -, - (*cum*, *levo*), tr., lisser entièrement, rendre parfaitement lisse : Plin. 17, 192 ‖ [fig.] réduire une inflammation : Sen. *Ep.* 64, 8.

collĭbĕō (**conlŭb-**), *ēs*, *ēre*, *ŭī*, -, intr., plaire, être du goût de : *omnia quae victoribus conlubuissent* Sall. *C.* 51, 9, 9, tout ce qui plaisait aux vainqueurs.
▶ inus. au prés. ; ⓥ *collibet*.

collīberta, *ae*, f., affranchie d'un même maître : CIL 6, 11125.

collībertus (**conl-**), *i*, m. (a. fr. culvert), affranchi d'un même maître, compagnon d'affranchissement : Cic. *Verr.* 5, 154.

collībescĭt, *bŭĭt*, impers., il plaît : Not. Tir. 22, 2.

collĭbĕt (**conl-**) ou **-lŭbĕt**, *ēre*, *bŭĭt*, *bĭtum est*, impers., il plaît, il vient à l'esprit : Ter. *Eun.* 1056 ; Hor. *S.* 1, 3, 6 ; *simul ac mihi conlibitum sit* Cic. *Fam.* 15, 16, 2, sitôt qu'il m'en prendrait la fantaisie, cf. *Nat.* 1, 108.
▶ inus. au présent ; ⓥ *collibeo*.

collībrātĭo, *ōnis*, f., action de darder ses rayons en masse [soleil] : Rufin. *Orig. Cant.* 2, p. 112A.

collībrō (**conl-**), *ās*, *āre*, -, -, tr., peser : Cat. *Agr.* 19, 2.

collĭcellus, *i* (dim. de *colliculus*), m., colline minuscule : Grom. 335, 16.

collĭcĭae (**collĭquĭae**), *ārum*, f. (*cum*, *liqueo*, cf. *elices*), [archit.] arêtiers de noue : Vitr. 6, 3, 1 ‖ tuiles faisant rigole pour l'écoulement des eaux : P. Fest. 101, 13 ; Plin. 18, 179.

collĭcĭāres tegulae, tuiles faisant rigole : Cat. *Agr.* 14, 4.

collĭcĭō (**conl-**), *ĭs*, *ĕre*, -, - (*cum*, *lacio*), tr., entraîner (amener) à : Ter. *Hec.* 842.

collĭcŭlus, *i*, m. (dim. de *collis*), monticule, tertre : Apul. *Flor.* 1, 4.

collīdō (**conl-**), *ĭs*, *ĕre*, *līsī*, *līsum* (*cum*, *laedo*), tr. ¶ **1** frapper contre : *collidere manus* Quint. 2, 12, 10, battre des mains ; *inter se manus* Sen. *Nat.* 2, 28, battre les mains l'une contre l'autre ; *dentes colliduntur* Sen. *Ep.* 11, 2, les dents s'entrechoquent ¶ **2** briser, broyer : *collidere navigia inter se* Curt. 4, 3, 17, briser des vaisseaux les uns contre les autres ‖ écraser : Cic. *Phil.* 2, 73 ; *Nat.* 3, 31 ¶ **3** [fig.] heurter, mettre aux prises : *collidit gloria fratres* Stat. *Th.* 6, 435, l'ambition met les frères aux prises ; *consonantes si binae collidantur* Quint. 9, 4, 37, si deux consonnes identiques viennent à se heurter ; *leges colliduntur* Quint. 7, 7, 2, on oppose les lois l'une à l'autre ‖ *Graecia barbariae collisa* Hor. *Ep.* 1, 2, 7, la Grèce s'étant heurtée aux pays barbares.

collĭga, *ae*, f. (2 *colligo*), lieu de réunion : Plin. 31, 113.

collĭgātē, adv. (*colligatus*), étroitement : *colligatius* Aug. *Doctr.* 1, 28.

collĭgātĭo (**conl-**), *ōnis*, f. (*colligare*), liaison : Cic. *Fat.* 31 ; *Tim.* 21 ; Val.-Max. 8, 14, 6 ‖ lien : Vitr. 10, 1, 2 ‖ [fig.] jointure : Cic. *Off.* 1, 53.

collĭgātus, *a*, *um*, part. de 1 *colligo*.

collĭgentĭa, *ae*, f. (2 *colligo*), conclusion, conséquence : Boet. *Syll. hyp.* 1, p. 856A.

1 **collĭgō** (**conl-**), *ās*, *āre*, *āvī*, *ātum* (*cum*, *ligo*), tr., lier ensemble ¶ **1** [pr. et fig.] attacher ensemble, réunir : *manus* Cic. *Rab. perd.* 13, lier les mains ; *quae quattuor (genera officiorum) quamquam inter se conligata atque implicata sunt* Cic. *Off.* 1, 15, quoique ces quatre sortes de devoirs soient liées entre elles et se pénètrent ; *id exspectant aures, ut verbis conligetur sententia* Cic. *Or.* 168, ce que

l'oreille demande, c'est que les mots lient bien la pensée [lui donnent une forme périodique]; **vulnera colligare** Plin. 35, 181, fermer (cicatriser) les plaies ¶ **2** [pass.] avoir ses éléments liés ensemble : **omne conligatum solvi potest** Cic. *Tim.* 35, tout ce qui est formé par une liaison d'éléments peut être dissous ¶ **3** [fig.] **annorum septingentorum memoriam uno libro conligavit** Cic. *Or.* 120, il a condensé en un seul volume l'histoire de sept cents ans ‖ **impetum furentis (Antonii) conligavit** Cic. *Phil.* 11, 4, il a enchaîné (entravé, enrayé) l'élan de ce dément ; **ni Brutum conligassemus in Graecia** Cic. *Phil.* 11, 26, si nous n'avions pas enchaîné Brutus en Grèce.

2 collĭgō (conl-), *ĭs, ĕre, lēgī, lectum* (*cum*, 2 *lego* ; fr. *cueillir*), tr., cueillir ensemble ¶ **1** recueillir, réunir, ramasser, rassembler : **radices palmarum** Cic. *Verr.* 5, 87 ; **sarmenta, virgulta** Caes. G. 3, 18, 7, recueillir des racines de palmiers, ramasser des brindilles et des broussailles ; **sarcinas** Sall. *J.* 97, 4, mettre en tas les bagages ; **vasa** Cic. *Verr.* 4, 40, rassembler les bagages, plier bagage (Liv. 21, 47, 2 ; 22, 30, 1) ‖ **naufragium** Cic. *Sest.* 15, recueillir les débris d'un naufrage ; **pecuniam** Hor. *Ep.* 1, 10, 47, ramasser de l'argent ; **aer umorem conligens** Cic. *Nat.* 2, 101, l'air recueillant la vapeur d'eau ¶ **2** rassembler : **milites** Cic. *Verr.* 5, 133, rassembler des soldats ; **ex urbe, ex agris ingentem numerum perditorum hominum** Cic. *Cat.* 2, 8, rassembler de la ville, de la campagne une foule immense de scélérats (**de pagis** Cic. *Fin.* 2, 12, faire venir des bourgades) ; **qui se ex ejus regno conlegarunt** Cic. *Pomp.* 2, 24, ceux qui s'étaient rassemblés en troupe venant de son royaume ; **se conligere** Caes. G. 5, 17, 4, se rallier ‖ [pass. réfl.] **quos in paludes collectos dixeramus** Caes. G. 2, 28, 1, qui, avons-nous dit, s'étaient rassemblés dans les marais ¶ **3** ramasser, relever, retrousser : **librum elapsum** Plin. 2, 1, 5, ramasser un livre échappé des mains ; **togam** Mart. 7, 33, 4, retrousser sa toge ‖ [pass. réfl.] **nodo sinus collecta fluentes** Virg. *En.* 1, 320, ayant relevé sur elle par un nœud les plis ondoyants de sa robe ¶ **4** contracter, resserrer : **cogebantur breviore spatio orbem colligere** Liv. 2, 50, 7, ils étaient forcés de resserrer leur cercle plus étroitement ; **in spiram se colligit anguis** Virg. *G.* 2, 154, le serpent se ramasse en spirale ; **se in sua colligit arma** Virg. *En.* 10, 412, il se ramasse derrière son bouclier ; **collecta in figuram alitis** Virg. *En.* 12, 862, s'étant ramassée sous la forme d'un oiseau, cf. Plin. 8, 45 ; [fig.] Cael. *Fam.* 8, 11, 3 ‖ **hastas protendere, colligere** Tac. An. 2, 21, porter en avant, ramener les piques ; **equos** Ov. *M.* 2, 398, retenir les chevaux, les arrêter ; **gressum** Sil. 6, 399 ; **gradum** Sil. 7, 695, suspendre la marche ¶ **5** [fig.] rassembler, ramasser, réunir [des bons mots] Cic. *Off.* 1, 104 ; [les fragments qui restent des Pythagoriciens] Cic. *Tusc.* 4, 3 ; **civitatum animo calamitates** Cic. *Inv.* 1, 1, passer en revue par la pensée les malheurs des cités ‖ recueillir pour soi, réunir pour soi, acquérir, gagner : **benevolentiam** Cic. *Lae.* 61, la bienveillance ; **auctoritatem** Caes. G. 6, 12, 8, du prestige ; **existimationem** Cic. *Caecil.* 72, de la considération ; **ex aliqua re invidiam crudelitatis** Cic. *Verr.* 5, 19, s'attirer par qqch. une odieuse réputation de cruauté ; **vires ad agendum aliquid** Liv. 29, 30, 5, grouper autour de soi des forces pour tenter qq. action ; **sitim** Virg. *G.* 3, 327, provoquer la soif ; **frigus** Hor. *Ep.* 1, 11, 13, souffrir du froid ‖ **conligere se** Cic. *Tusc.* 4, 78 ; *Div.* 1, 57, se recueillir, recueillir ses forces, se ressaisir, reprendre ses esprits ; **ex timore** Caes. C. 3, 65, 1, se remettre d'une frayeur ‖ [avec le même sens] **colligere animum** Tac. An. 1, 12 ; **animos** Liv. 3, 60, 11 ; **mentem** Ov. *M.* 14, 352 ¶ **6** embrasser numériquement : **ambitus centum duos pedes colligit** Plin. 36, 77, le tour est de cent deux pieds, cf. 12, 23 ; **centum et viginti anni ab interitu Ciceronis in hunc diem colliguntur** Tac. D. 17, de la mort de Cicéron à ce jour, il y a un total de cent vingt ans, cf. G. 37 ¶ **7** conclure logiquement : **bene conligit haec pueris esse grata** Cic. *Off.* 2, 57, il en infère avec raison que ces spectacles plaisent aux enfants ; **ex eo conligere potes quanta occupatione distinear** Cic. *Att.* 2, 23, 1, par là tu peux juger des occupations qui m'accaparent ; **inde colligere** Liv. 7, 37, 9, conclure de là ; [abl. seul] Col. 4, 3, 2 ; **quo quid colligo ?** Sen. *Ben.* 3, 31, 3, quelle conclusion tiré-je de là ? ¶ **8** [chrét.] ensevelir : Vulg. *Num.* 31, 2.

collīmĭnĭum, *ĭi*, n., Solin. 49, 6, ⓒ *collimitium.*

collīmĭtānĕus, *a, um* (*cum limite*), limitrophe : Solin. 40, 9 ; Aug. *Serm.* 46, 17, 41.

collīmĭtĭum, *ĭi*, n. (*collimito*), frontière : Amm. 15, 4, 1.

collīmĭtō, *ās, āre, -, -* (*cum, limito*), intr., confiner à : **Gelonis Agathyrsi collimitant** Amm. 31, 2, 14, les Agathyrses confinent aux Gélons ‖ **collīmĭtŏr**, *ārĭs, ārī, -*, dépon. : Solin. 15, 3.

collīmō, *ās, āre, -, ātum* (*cum* 1 *limis* [*oculis*]), tr., **collimare oculos ad aliquid** Apul. *M.* 9, 42, regarder qqch. du coin de l'œil, à la dérobée.

collīmontĭus, *a, um*, montagneux : CIL 3, 961.

1 collīna, *ae*, f. (*collis* ; fr. *colline*), pays de collines : Grom. 314, 12.

2 Collīna, *ae*, v. *Collīnus.*

collĭnĕātē (-ĭātē) (*collineo*), en ligne droite, exactement : **collineatissime** Jul.-Val. 3, 30, de la façon la plus précise.

collĭnĕō (conl-), *-līnĭō, ās, āre, āvī, ātum* (*cum, lineo*) ¶ **1** tr., diriger en visant : **conlineare sagittam aliquo** Cic. *Fin.* 3, 22, viser un but avec une flèche ¶ **2** intr., trouver la direction juste : Cic. *Div.* 2, 121.

collĭnō, *ĭs, ĕre, lēvī, lĭtum*, tr., **aliquid aliqua re**, joindre avec, enduire de : **tabulas cera** Gell. 17, 9, 17, enduire des tablettes de cire ‖ [fig.] souiller : Pl. *Most.* 291.

1 collīnus, *a, um* (*collis*), de colline, de coteau : Varr. *R.* 1, 6, 2 ; **vina collina** Col. 12, 21, 4, vins de coteau.

2 Collīnus, *a, um*, relatif à un quartier de Rome, la *Collina regio*, cf. Varr. *L.* 5, 45 ‖ **Collīna porta**, f., la Porte Colline : Liv. 5, 41, 4 ‖ **Collīna tribus**, f., nom d'une tribu urbaine : Cic. *Mil.* 25.

Collippo, *ōnis*, m., ville de la Lusitanie Atlas IV, C1 : Plin. 4, 113 ‖ **-ōnensis**, *e*, de Collippo : CIL 6, 16100.

collĭquĕfactus (conl-), *a, um* (*cum, liquefio*), fondu : Varr. *R.* 2, 4, 6 ‖ dissous : Cic. *Clu.* 173.

collĭquēscō, *ĭs, ĕre, lĭquī, -* (*cum, liquesco*), intr., se fondre, se liquéfier : Varr. d. Non. 334, 27 ; **caro in humorem crassum colliquescit** Apul. *Apol.* 50, 1, la chair se résout en une humeur épaisse ‖ [fig.] fondre en larmes : Front. *Nep.* 2, 2, p. 232N.

collĭquĭae, *ārum*, f. pl., Col. 2, 8, 3, ⓒ *colliciae.*

collis, *is*, m. (cf. *celsus, culmen*, κολωνός, an. *hill* ; it. *colle*), colline, coteau : Varr. *L.* 5, 36 ; Cic. ; Caes. ; Liv. ; **colles viridissimi** Cic. *Verr.* 3, 47, collines des plus verdoyantes ‖ [poét.] montagne : Sil. 3, 420.

collīsa, *ōrum*, n. pl. (*collisus*), meurtrissures : Plin. 29, 33.

collīsī, parf. de *collido.*

collīsĭō, *ōnis*, f. (*collido*) ¶ **1** choc, heurt : **collisio armorum** Vulg. 1 *Macc.* 6, 41, choc d'armes ¶ **2** [en part.] écrasement de voyelles, élision : Pomp.-Gr. 287, 26 ; Serv. *En.* 3, 151.

1 collīsus, *a, um*, part. de *collido.*

2 collīsŭs, *ūs*, m., rencontre, choc : Plin. 9, 114 ; Sen. *Nat.* 6, 9, 1.

collĭtĕō, *ēs, ēre, -, -* (*cum, lateo*), intr., être caché avec : *Not. Tir.* 57, 5a.

collĭtēscō, *ĭs, ĕre, ŭī, -*, intr., se cacher avec : Not. Tir. 57, 5b.

collĭtus, *a, um*, part. de *collino.*

collĭvĭārĭum, *ĭi*, n. (*colluvies*), purgeur : Vitr. 8, 6, 6 [mss].

Collocat, n. indécl., ville d'Éthiopie : Plin. 6, 193.

collŏcātĭō (conl-), *ōnis*, f. (*colloco*), arrangement, installation, disposition : **collocatio moenium** Vitr. 5, 3, 1, construction de remparts ; **conlocatio siderum** Cic. *Tim.* 30, la position des astres ; **conlocatio verborum** Cic. *de Or.* 3, 171 (**conlocatio** [seul] Cic. *Or.* 232) arrangement des mots (dans la phrase) ‖ action de

collocatio

donner en mariage : *conlocatione filiae* Cic. *Clu.* 190, en lui donnant sa fille.

collŏcātus, *a*, *um*, part. de *colloco*.

collŏcō (**conl-**), *ās*, *āre*, *āvī*, *ātum* (*cum*, *loco*), tr., donner sa place à qqch. ¶ 1 placer, établir : *omnem materiam conversam ad hostem conlocabat* Caes. G. 3, 29, 1, il faisait disposer tout le bois de manière qu'il fût tourné contre l'ennemi ; *saxa in muro* Caes. G. 2, 29, 3, placer des pierres sur un mur ; *suo quidque in loco* Cic. *de Or.* 1, 162, mettre chaque objet à sa place ; *tabulas in bono lumine* Cic. *Brut.* 261, placer des tableaux en belle lumière ; *aliquem in cubili* Cic. *Tusc.* 2, 39, mettre qqn au lit (*Rep.* 1, 17) ; *impedimenta in tumulo* Caes. G. 6, 8, 3, installer les bagages sur une hauteur (*post legiones* Caes. G. 2, 19, 3, derrière les légions) ; *comites ejus apud ceteros hospites conlocantur* Cic. *Verr.* 1, 63, ses compagnons sont logés chez les autres hôtes ; *ut ante suum fundum Miloni insidias conlocaret* Cic. *Mil.* 27, pour dresser une embuscade à Milon devant sa propriété ; *qui erant in statione pro castris conlocati* Caes. G. 5, 15, 3, ceux qui montaient la garde en avant du camp ; *legiones propius Armeniam* Tac. *An.* 13, 7, établir les légions plus près de l'Arménie ; *cohortes quattuor advorsum pedites hostium* Sall. *J.* 51, 3, disposer quatre cohortes en face de l'infanterie ennemie ‖ *certis locis cum ferro homines conlocati* Cic. *Caecin.* 41, des hommes armés placés à des endroits déterminés ; *eos eodem loco in acie conlocat* Caes. *C.* 2, 33, 3, il les range en bataille au même endroit, cf. Cic. *Phil.* 1, 25 ; *Cael.* 65 ; *se Athenis conlocavit* Cic. *Fin.* 5, 4, il se fixa (s'établit) à Athènes [avec *in* acc.] *in tabernam vasa et servos* Pl. *Men.* 986, installer à l'auberge bagages et esclaves ; *se in arborem* Pl. *Aul.* 706, s'installer sur un arbre ; *exercitum in provinciam quae proxuma est Numidiae hiemandi gratia conlocat* Sall. *J.* 61, 2, il établit son armée en vue des quartiers d'hiver dans la partie de la province la plus rapprochée de la Numidie ¶ 2 [fig.] placer, établir : *scientia rerum earum, quae agentur aut dicentur, loco suo conlocandarum* Cic. *Off.* 1, 142, savoir mettre toutes choses, actions ou paroles, à leur place ; *vocum judicium ipsa natura in auribus nostris conlocavit* Cic. *Or.* 173, la nature même a mis dans nos oreilles la faculté de juger les tons ; *adulescentiam in voluptatibus* Cic. *Cael.* 39, consacrer sa jeunesse aux plaisirs ; *omne suum studium in doctrina* Cic. *Q.* 1, 1, 29, mettre toute son application à la science ; *totum se in cognitione et scientia* Cic. *Off.* 1, 158, se consacrer tout entier à l'étude et au savoir ; *totum se in optimo vitae statu exquirendo* Cic. *Tusc.* 5, 2, s'employer entièrement à la recherche de la meilleure règle de vie ; *de cujus moderatione in prioribus libris satis collocavi* Tac. *An.* 6, 27, à parler de sa modération j'ai consacré assez de développements dans les livres précédents ¶ 3 mettre en place, régler, arranger : *vix ut rebus quas constituissent conlocandis atque administrandis tempus daretur* Caes. G. 3, 4, 1, en prenant à peine le temps de régler et d'exécuter les résolutions prises ; *rem militarem* Cic. *Fam.* 2, 13, 3, régler les affaires militaires ‖ [rhét.] *verba diligenter conlocata* Cic. *Or.* 227, mots placés avec soin ; *ratio collocandi* Cic. *Part.* 11, l'art de bien disposer les mots ; *simplicia, conlocata verba* Cic. *Or.* 80, mots isolés, mots groupés ¶ 4 placer, mettre à un rang déterminé : *aliquem in altissimo gradu dignitatis* Cic. *Sen.* 2, placer qqn au plus haut degré de dignité (*Rep.* 1, 69) ‖ mettre en possession : *aliquem in patrimonio suo* Cic. *Phil.* 13, 12, mettre qqn en possession de ses biens ¶ 5 donner une fille en mariage : *aliquam in matrimonium* Cic. *Div.* 1, 104 ; *aliquam nuptum* Caes. G. 1, 18, 7 ; *nuptui* Col. 4, 3, 6 ; *eas in familiarum amplissimarum matrimoniis conlocavit* Cic. *Rep.* 2, 12, il unit ces jeunes filles par des mariages aux plus illustres familles (*Phil.* 2, 44) ; *Galbae filio filiam suam conlocaverat* Cic. *Brut.* 98, il avait marié sa fille au fils de Galba (Caes. G. 1, 18, 6) ¶ 6 placer de l'argent (sur qqch.) : *dotem in fundo* Cic. *Caecin.* 11, placer une dot (l'asseoir) sur un fonds de terre ; *pecuniam in praediis* Cic. *Caecin.* 16, placer de l'argent en biens-fonds ; *pecunias magnas collocatas habere in ea provincia* Cic. *Pomp.* 18, avoir des sommes considérables placées dans cette province ; *collocare pecuniam* Cic. *Off.* 2, 87, faire un placement d'argent ‖ *bene apud aliquem munera* Cic. *Verr.* 5, 56, faire un bon placement de ses cadeaux auprès de qqn ; *beneficium* Cic. *Off.* 2, 70, bien placer sur qqn ses bienfaits (*Fam.* 13, 28, 3 ; *Verr.* 5, 37).

collŏcŭplētō (**conl-**), *ās*, *āre*, *āvī*, - (*cum*, *locupleto*), tr., enrichir : Ter. *Haut.* 258 ‖ [fig.] Her. 2, 28.

collŏcūtĭo (**conl-**), *ōnis*, f. (*colloquor*), entretien : Cic. *Att.* 12, 1, 2 ; *Phil.* 11, 5 ; *venire in conlocutionem cum aliquo* Her. 1, 25, entrer en pourparlers avec qqn.

collŏcūtor, *ōris*, m. (*colloquor*), interlocuteur : Aug. *Conf.* 9, 6, 14 ‖ [adj^t] *collocutorem pateris sermonem* Tert. *Prax.* 5, 6, tu souffres les propos d'un interlocuteur.

collŏquĭum (**conl-**), *ii*, n. (*colloquor*) ¶ 1 colloque, entrevue : *venire in conloquium* Caes. G. 1, 35, 2, se rendre à une entrevue ¶ 2 conversation, entretien : *conloquia amicorum absentium* Cic. *Phil.* 2, 7, entretiens avec des amis absents [par correspondance].

collŏquŏr (**conl-**), *quĕrĭs*, *quī*, *lŏcūtus sum* (*cum*, *loquor*) ¶ 1 intr., s'entretenir avec : *conloqui cum aliquo* Cic. *Brut.* 218, s'entretenir avec qqn (*de aliqua re* Cic. *de Or.* 1, 26, sur qqch.) ‖ [rare, avec acc. de la chose] : *de rebus quas tecum colloqui volo* Nep. *Them.* 9, 4, sur les objets dont je désire t'entretenir ; [acc. obj. intér.] *cum essent perpauca inter se conlocuti* Cic. *Rep.* 1, 18, ayant échangé seulement quelques propos ¶ 2 tr., [acc. de la pers.] : *te volo colloqui* Pl. *Amp.* 898, j'ai à te parler, cf. *Mil.* 1008 ; *Most.* 783 ; *Trin.* 1135 ; Cic. *Verr.* 2, 135.

collŭbet, v. *collibet*.

collubus, v. *collybus*.

collūceō (**conl-**), *ēs*, *ēre*, -, - (*cum*, *luceo*), intr., briller de toutes parts, resplendir [en parl. du soleil] Cic. *Nat.* 2, 40 ; [des torches] Tac. *An.* 3, 4 ‖ [avec abl.] : *cujus (candelabri) fulgore conlucere atque illustrari templum oportebat* Cic. *Verr.* 4, 71 (candélabre), dont l'éclat devait faire resplendir et illuminer le temple ‖ [avec *ab*] *mare a sole conlucet* Cic. *Ac.* 2, 105, sous les rayons du soleil la mer de toutes parts étincelle ‖ [fig.] *vidi conlucere omnia furtis tuis* Cic. *Verr.* 1, 58, j'ai vu tout resplendir du produit de tes vols.

collūcescō, *ĭs*, *ĕre*, *lūxī*, -, intr., se mettre à briller : Oros. *Hist.* 3, 23, 3 ‖ impers., **collucescit**, il devient clair, évident : Boet. *Top. Cic.* 1, p. 271, 8.

collūcō (**conl-**), *ās*, *āre*, -, - (*cum*, *lucus*), tr., couper, éclaircir un bois : Cat. *Agr.* 139 ‖ tailler, émonder : *arborem collucare* Col. 2, 21, 3, émonder un arbre.

colluctātĭo, *ōnis*, f. (*colluctor*), lutte corps à corps : Col. 6, 2, 4 ‖ [fig.] *est aliis cum verbis suis colluctatio* Quint. 11, 3, 56, d'autres luttent avec les mots.

colluctātor, *ōris*, m. (*colluctor*), antagoniste : Lact. *Opif.* 1, 7.

colluctŏr, *ārĭs*, *ārī*, *ātus sum* (*cum*, *luctor*), intr., lutter avec ou contre, s'affronter corps à corps : Just. 13, 8, 8 ; *colluctari praedonibus* Prud. *Ham.* 521, lutter contre des brigands ‖ [fig.] *philosophus cum petulantia morbi colluctans* Gell. 12, 5, 9, un philosophe qui lutte contre la violence de la maladie.

collūdĭum, *ĭi*, n. (*colludo*), jeu, ébats entre plusieurs : Solin. 9, 17 ; Symm. *Ep.* 3, 5 ‖ collusion, connivence : Amm. 18, 5, 1.

collūdō (**conl-**), *ĭs*, *ĕre*, *lūsī*, *lūsum* (*cum*, *ludo*), intr. ¶ 1 jouer avec, jouer ensemble : *paribus colludere* Hor. *P.* 159, jouer avec ceux de son âge, cf. Virg. G. 1, 369 ¶ 2 s'entendre frauduleusement avec : *nisi tecum conlusisset* Cic. *Verr.* 2, 58, s'il n'y avait pas eu collusion entre vous.

collūgĕō, *ēs*, *ēre*, -, - (*cum*, *lugeo*), intr., pleurer ensemble : Cael.-Aur. *Chron.* 2, 5, 88.

collum, *i*, n. (cf. 2 *colo*, al. *Hals*, κύκλος ; fr. *cou* et *col*), cou : *procerum et tenue collum* Cic. *Brut.* 313, cou long et mince ; *invadere alicui in collum* Cic. *Phil.* 2, 77, sauter au cou de qqn ; *torquere collum* Liv. 4, 53, 8, serrer la gorge [pour traîner en prison] ‖ [fig.] *subdere colla fortunae* Sil. 10, 216, céder au destin, s'avouer vaincu ;

actum est de collo meo Pl. *Trin.* 595, c'en est fait de moi ; *frondea colla Parnassi* Stat. *Th.* 9, 643, les forêts qui entourent la cime du Parnasse ‖ tige [d'une fleur] : Virg. *En.* 9, 436 ‖ col, goulot [d'une bouteille] : Cat. *Agr.* 88, 1 ; Phaed. 1, 26, 10.

collūmĭnō, *ās, āre, -, - (cum, lumino)*, tr., éclairer vivement, illuminer : Prud. *Sym.* 2, 831.

collŭō (conl-), *ĭs, ĕre, lŭī, lūtum (cum, luo)* ¶ **1** laver, nettoyer à fond : Cat. *Agr.* 100 ; *os de oleo* Plin. 23, 77, se gargariser avec de l'huile [fig.] humecter, rafraîchir : Ov. *M.* 5, 447 ¶ **2** couler autour, arroser : Pomp. *Dig.* 41, 1, 30.

collurchĭnātĭo (-lurcĭ-), *ōnis,* f. *(cum, lurchor)*, ripaille : Apul. *Apol.* 75, 9.

collus, *i,* m., arch. pour *collum* : Pl. *Amp.* 445 ; *Cap.* 357 ; 902 ; Calv. d. Quint. 1, 6, 42.

collūsĭo (conl-), *ōnis,* f. *(colludo),* collusion, entente frauduleuse : Cic. *Verr.* 3, 33 ; Apul. *Apol.* 75, 4.

collūsŏr (conl-), *ōris,* m. *(colludo)* ¶ **1** compagnon de jeu : Cic. *Phil.* 2, 101 ; Juv. 9, 61 ¶ **2** coupable de collusion : Cod. Th. 7, 20, 2.

collūsōrĭē, adv. *(collusor)*, par collusion : Dig. 30, 1, 57.

collūstrātus, *a, um*, part. de *collustro*.

collustrĭum, *ii,* m. *(collustro)*, confrérie qui présidait à la purification des champs dans une région : CIL 5, 5005.

collūstrō (conl-), *ās, āre, āvī, ātum (cum, lustro),* tr. ¶ **1** éclairer vivement, illuminer : *sol omnia conlustrans* Cic. *Nat.* 2, 92, le soleil qui éclaire toutes choses ; part. pl. n., *conlustrata in picturis* Cic. *Or.* 36, les parties éclairées dans un tableau ¶ **2** parcourir du regard : Virg. *En.* 3, 651 ; *cum omnia conlustrarem oculis* Cic. *Tusc.* 5, 65, en parcourant des yeux l'ensemble ; *animo* Cic. *Rep.* 3, 7, passer en revue par la pensée.

Collūthus, Colūthus, *i,* m., nom d'homme : Aug. *Haer.* 65.

collūtĭo, *ōnis,* f. *(collos),* action de laver [bouche, dents] : Cael.-Aur. *Chron.* 2, 4, 72.

collūtō, *ās, āre, -, - (cum, lutum),* tr., salir : Ps. Vigil.-Thaps. *Pallad.* 1, p. 447C.

collūtŭlentō, *ās, āre, -, -,* tr. *(cum, lutuleno),* couvrir de boue [fig.] : *Pl. Trin.* 693.

collūtus, *a, um*, part. de *colluo*.

collŭvĭāris porcus, m., porc que l'on nourrit avec les eaux grasses : P. Fest. 48, 27.

collŭvĭēs (conl-), *ēi,* f. *(colluo)* ¶ **1** eaux grasses, immondices, ordures : Col. 1, 5, 6 ; Plin. 24, 176 ¶ **2** [fig.] mélange impur, confusion, chaos : *in ea colluvie regnare* Attic. d. Cic. *Att.* 9, 10, 7, régner sur ce chaos ‖ saleté, ordure : Aug. *Civ.* 2, 18 ‖ v. *colluvio.*

collŭvĭo (conl-), *ōnis,* f. *(colluo)* ¶ **1** mélange impur, confusion, trouble, chaos : Cic. *CM* 84 ; Liv. 4, 25 ; *ex omnium scelerum conluvione natus* Cic. *Sest.* 15, issu d'un cloaque de tous les crimes ; *in conluvione Drusi* Cic. *Vat.* 23, dans l'état de confusion créé par Drusus (le bourbier de Drusus) ; *colluvio verborum* Gell. 1, 15, 17, un flux bourbeux de paroles ¶ **2** souillure : Amm. 31, 9, 5.

collŭvĭum, *ii,* n., accumulation d'ordures : Isid. *Diff.* 1, 439 (40).

collȳbista, *ae,* m. (κολλυβιστής), courtier, changeur : Hier. *Matth.* 21, 12.

collȳbum, *i,* n., Hier. *Matth.* 21, 12, c. *collybus.*

collȳbus (-lŭbus), *i,* m. (κόλλυβος), droit sur le change de la monnaie : Cic. *Verr.* 3, 181 ‖ change : Cic. *Att.* 12, 6, 1.

1 **collȳra**, *ae,* f. (κολλύρα), sorte de pain pour la soupe : Pl. *Pers.* 92.

2 **Collȳra**, *ae,* f., maîtresse du poète Lucilius : Porph. Hor. *O.* 1, 22, 10.

collȳrĭcus, *a, um,* fait avec le pain nommé *collyra* : Pl. *Pers.* 97.

collȳrĭda, *ae,* f., gâteau : Vulg. *Lev.* 7, 12.

collȳris, *ĭdis,* f. (κολλυρίς) ¶ **1** sorte de petit gâteau, de petit pain : Aug. *Gen. litt.* 8, 5 ¶ **2** sorte de chignon : Tert. *Cult.* 2, 7, 2 ¶ **3** mauve sauvage : Ps. Apul. *Herb.* 40 ¶ **4** sorte de poisson : *Plin. 9, 61 ; 32, 146.

collȳrĭum, *ii,* n. (κολλύριον), [en génér.] sorte d'onguent : Cels. 6, 30, 8 ; Scrib. 142 ‖ [en part.] collyre : Hor. *S.* 1, 5, 30 ; Plin. 29, 127.

Colmĭnĭāna (olea), f., Cat. *Agr.* 6, 1, **Colmĭnĭa**, f., Varr. *R.* 1, 24, 1, **Culmĭnĭa**, f., Col. 5, 8, 8, variété d'olive.

1 **cōlō**, *ās, āre, āvī, ātum (colum ;* fr. *couler),* tr., passer, filtrer, épurer : Col. 9, 16, 1.

2 **cŏlō**, *ĭs, ĕre, cŏlŭī, cultum (*kʷelō* " tourner, circuler " ; cf. *anculus, collum, 2 colus,* πέλομαι, βουκόλος, scr. *carati, an. wheel),* tr. ¶ **1** habiter : *urbem* Cic. *Fam.* 2, 12, 2, habiter la ville [Rome] ; *qui has nobiscum terras colunt* Cic. *Nat.* 2, 164, ceux qui habitent la même terre que nous ‖ [en parl. des dieux] *divi divaeque, qui maria terrasque colitis* Liv. 29, 27, 1, dieux et déesses, qui habitez les mers et les terres (Pl. *Poen.* 950 ; Virg. *B.* 2, 62 ; 3, 61 ; Liv. 24, 39, 8 ; 31, 30, 9) ‖ [absᵗ] *colunt circa ultramque ripam Rhodani* Liv. 21, 26, 6, ils habitent sur les deux rives du Rhône (Pl. *Ps.* 202 ; Liv. 24, 49, 6 ; Curt. 9, 9, 2) ; *colunt discreti ac diversi* Tac. *G.* 16, ils ont des habitations séparées, isolées en tous sens ¶ **2** cultiver, soigner : *agrum* Cat. *Agr.* 61 ; *agros* Cic. *Tusc.* 2, 13 ; *vitem* Cic. *Fin.* 4, 38, cultiver un champ, des champs, la vigne ‖ [fig.] *corpora* Ov. *A.A.* 3, 107, soigner, parer son corps ; *lacertos auro* Curt. 8, 9, 21, parer (orner) d'or ses bras ‖ soigner, traiter : *aliquem arte, opulenter* Sall. *J.* 85, 34, traiter qqn durement, royalement ‖ [en parl. des dieux] veiller sur, protéger : *genus hominum* Pl. *Poen.* 1187, protéger le genre humain ; *dum terras hominumque colunt genus* Hor. *Ep.* 2, 1, 7, tandis qu'ils veillent sur les terres et sur le genre humain ; *Pax arva colat* Tib. 1, 10, 45, que la Paix protège nos champs ¶ **3** cultiver, pratiquer, entretenir : *nec vitam illam colere possum* Cic. *Att.* 12, 28, 2, et je ne puis pratiquer ce genre de vie-là ; *colere vitam (= degere vitam)* Pl. *Most.* 731, passer sa vie, vivre (Ter. *Haut.* 136) ; *aevum vi colere* Lucr. 5, 1145, vivre dans la violence ; *virtutem* Cic. *Arch.* 16 ; *justitiam* Cic. *Off.* 1, 149, pratiquer la vertu, la justice ; *studium philosophiae* Cic. *Brut.* 315, cultiver l'étude de la philosophie ; *aequabile et temperatum orationis genus* Cic. *Off.* 1, 3, cultiver un genre de style simple et tempéré ¶ **4** honorer : *deos* Cic. *Nat.* 1, 115, honorer les dieux ; *religione maxima colitur* Cic. *Verr.* 4, 96, [ce dieu] est l'objet du plus grand culte ; *Musarum delubra* Cic. *Arch.* 27, honorer les sanctuaires des Muses ; *sacrarium summa caerimonia* Nep. *Them.* 8, 4, entourer un sanctuaire de la plus grande vénération ‖ honorer, pratiquer avec respect : *colebantur religiones pie magis quam magnifice* Liv. 3, 57, 7, on mettait dans l'exercice du culte plus de piété que de magnificence ; *sacra privata colere* Cic. *Dom.* 105, accomplir les sacrifices domestiques ; *religionum colentes* Cic. *Planc.* 80, ceux qui observent les prescriptions religieuses, les hommes religieux ‖ honorer qqn, l'entourer de respect, de soins, d'égards : *aliquem observare et colere* Cic. *Off.* 1, 149, entourer qqn d'égards et d'attentions (*Mur.* 70, *Fam.* 6, 10, 7) ; *a M. Antonio absens litteris colebatur* Nep. *Att.* 20, 4, absent, il recevait par lettres les marques d'estime d'Antoine ; *aliquem colere donis* Liv. 31, 43, 7, faire sa cour à qqn par des présents ; *semper ego plebem Romanam colo atque colui* Liv. 7, 32, 16, pour moi je suis et j'ai toujours été dévoué aux plébéiens ; *amicos colere* Cic. *Lae.* 85, cultiver ses amis.

cōlŏbathra, *ōrum,* n. pl. (κωλόβαθρον), échasses : Not. Tir. 107, 67.

cōlŏbathrārĭus, *ii,* m., celui qui marche sur des échasses : Non. 115, 20.

cōlŏbĭum, *ii,* n. (κολόβιον), tunique à courtes manches : Serv. *En.* 9, 616 ; Isid. 19, 22, 24.

Colobōna, *ae,* f., ville de la Bétique : Plin. 3, 11.

cŏlŏbŏs, *ŏn* (κολοβός), mutilé : *versus colobos* Aud. 7, 336, 23, vers catalectique.

cŏlŏbum, *i,* n., Cod. Th. 14, 10, 1, c. *colobium.*

cŏlŏbus, c. *colobos* : Diom. 507, 18.

cŏlŏcāsĭa, *ae,* f., colocase : Plin. 21, 87 et **cŏlŏcāsĭum**, *ii,* n., nénuphar : Virg. *B.* 4, 20.

Colocasitis

Cŏlŏcasītis, *ĭdis*, f., île de la Troglodytique : PLIN. 6, 172.

cŏlŏcynthis, *ĭdis*, f. (κολοκυνθίς), gourde, coloquinte [plante] : PLIN. 20, 14 ; ISID. 17, 9, 32.

cōloephĭum, ⮕ *colyphium* : *MART. 7, 67, 12.

cōlŏn, cōlum, *i*, n. (κῶλον) ¶ **1** le côlon [gros intestin] : *coli dolor* SCRIB. 122, colique ‖ colique : PLIN. 20, 162 ¶ **2 a)** partie, portion d'un ouvrage, morceau : AUG. d. DON. Verg. 12 **b)** [gram.] membre de phrase : ISID. Orig. 1, 19, 2 **c)** partie de vers : QUINT. 9, 4, 78.

cŏlōna, *ae*, f. (*colonus*), cultivatrice, paysanne : OV. F. 2, 646.

Cŏlōnae, *ārum*, f. pl. (Κολωναί), Colones [ville de la Troade] : NEP. Paus. 3, 3.

cŏlōnārĭus, *a, um*, relatif au *colonus*, au paysan : SIDON. Ep. 5, 19, 2.

cŏlōnātus, *ūs*, m. (*colonus*), colonat : COD. TH. 12, 1, 33.

Cŏlōnē, *ēs*, f., ville du Péloponnèse : PLIN. 5, 123.

Cŏlōnēus, *a, um*, de Colone [près d'Athènes] : *Oedipus Coloneus* CIC. CM 22, Œdipe à Colone [tragédie de Sophocle].

cŏlōnĭa, *ae*, f. (*colonus*) ¶ **1** propriété rurale, terre : COL. 11, 1, 23 ¶ **2** colonie : *colonias collocare in locis idoneis* CIC. Agr. 2, 73, établir des colonies dans des lieux propices ; *in colonias mittere* LIV. 4, 49, 14, envoyer en colonie [pour fonder des colonies] ‖ les colons : *coloniam mittere in locum aliquem* CIC. Div. 1, 3, envoyer qq. part une colonie ; ⮕ *deduco* ‖ [fig.] séjour : PL. Aul. 576 ‖ *colonia Latina*, colonie latine [de droit latin, fondée par Rome et ses alliés, puis par Rome seule] : CIC. Caecin. 98, [par oppos. aux colonies romaines, de citoyens romains].

cŏlōnĭa Agrippinensis, Trajana, ⮕ *Agrippinensis, Trajana*.

cŏlōnĭārĭus, *a, um* (*colonus*), qui appartient à une colonie : GAI. Inst. 3, 56.

cŏlōnĭca, *ae*, f. (*colonus*), maison de cultivateur, de fermier : AUS. Epist. 4 (393), 7.

cŏlōnĭcus, *a, um* (*colonus*) ¶ **1** de ferme, de métairie : VARR. R. 1, 17, 2 ; *ovium genus colonicum* PLIN. 8, 189, brebis de ferme ¶ **2** de colonie : *cohortes colonicae* CAES. C. 2, 19, 3, cohortes levées dans les colonies.

Cŏlōnis, *ĭdis*, f., île de la mer Égée : PLIN. 4, 56.

1 cŏlōnus, *a, um*, de cultivateur : SEDUL. Carm. 3, 9.

2 cŏlōnus, *i*, m. (*colo*) ¶ **1** cultivateur, paysan : CIC. de Or. 2, 287 ‖ fermier, métayer : CIC. Caecin. 94 ¶ **2** colon, habitant d'une colonie : CIC. Nat. 3, 48 ‖ [poét.] habitant : VIRG. En. 7, 63 ; G. 2, 385.

1 cŏlŏphōn, *ōnis*, m. (κολοφών), sommet, faîte : P. FEST. 33, 24.

2 Cŏlŏphōn, *ōnis*, f., Colophon [ville d'Ionie] Atlas VI, B3 : CIC. Pomp. 33 ‖ **-ōnĭăcus**, *a, um*, CIRIS 64 et **-ōnĭus**, *a, um*, LIV. 37, 26, 5, de Colophon ‖ **-ōnĭi**, *ōrum*, m. pl., habitants de Colophon : CIC. Arch. 19 ‖ **colophōnĭa**, *ae*, f., résine de Colophon, colophane : SCRIB. 137.

Cŏlŏphōna, *ae*, f., FORT. Mart. 2, 83, ⮕ *Colophon*.

cŏlŏr, *ōris*, m. (cf. *celo* ; fr. *couleur*) ¶ **1** couleur : *albus* CIC. Leg. 2, 45, la couleur blanche, le blanc ; *colorem accipere* PLIN. 11, 225 ; *bibere* PLIN. 8, 193, recevoir (prendre) une couleur, l'absorber, s'en imprégner ; *uva ducit colorem* VIRG. B. 9, 49, le raisin prend de la couleur ¶ **2** couleur du visage, teint : *viri percocto colore* LUCR. 6, 1109, hommes au teint tout brûlé ; *isti color immutatus est* CIC. Verr. 1, 141, votre homme changea de couleur ; *color suavis* CIC. Tusc. 5, 46, teint doux (frais) ; *coloris bonitas* CIC. Off. 1, 130, bonne mine ‖ beau teint, beauté : *nimium ne crede colori* VIRG. B. 2, 17, ne te fie pas trop à l'éclat de ton teint ¶ **3** [fig.] couleur, aspect extérieur : *amisimus colorem et speciem pristinam civitatis* CIC. Att. 4, 16, 10, nous avons perdu la couleur et la forme de l'ancienne constitution [= nous n'en avons même plus l'apparence] ; *omnis Aristippum decuit color* HOR. Ep. 1, 17, 23, Aristippe s'arrangeait de toutes les formes de la vie ‖ [en part.] couleur du style, coloris : *color urbanitatis* CIC. Brut. 171, couleur (teint) d'urbanité [littᵗ, propre aux gens de la ville, aux Romains] ⮕ *coloro* ; CIC. Brut. 170, cf. de Or. 3, 95 ; 3, 199 ; QUINT. 6, 3, 110 ; *color tragicus* HOR. P. 236, couleur tragique (ton de la tragédie) ‖ couleur éclatante du style, éclat : CIC. Brut. 298 ; de Or. 3, 100 ‖ couleur, argument de défense [donnant aux faits une couleur favorable] : SEN. Contr. 1, 1, 16 ; QUINT. 4, 2, 88 ; 12, 8, 6 ; JUV. 6, 280.

▶ forme *colōs* PL. Men. 828 ; Mil. 1179 ; LUCR. 6, 208 ; 6, 1072 ; SALL. C. 15, 5 ; LIV. 28, 26, 14.

cŏlōrābĭlis, *e* (*coloro*) ⮕ *chromaticus* : CAPEL. 9, 94.

cŏlōrārĭus, *ii*, m. (*color*) ⮕ *chromatiarius* : SCHOL. PERS. 4, 17.

cŏlōrātē, adv. (*coloratus*), de façon spécieuse : Ps. QUINT. Decl. 285.

cŏlōrātĭo, *ōnis*, f. (*coloro*), coloration : CHALC. 158.

cŏlōrātŏr, *ōris*, m., peintre, teinturier : CIL 6, 3953.

cŏlōrātus, *a, um*, part. de *coloro* ‖ [pris adjᵗ] coloré, nuancé : *coloratae nubes* CIC. Nat. 3, 51, nuages aux teintes diverses ‖ au teint coloré : *corpora colorata* QUINT. 8, pr. 19, corps qui ont le teint (la fraîcheur) de la santé ‖ rouge, bruni, hâlé : QUINT. 5, 10, 81 ; *colorati Indi* VIRG. G. 4, 293, les Indiens basanés ‖ [fig.] fardé : SEN. Ep. 16, 2 ‖ *coloratior* CELS. 2, 2, 1.

Colorbasus, ⮕ *Colarbasus* : AUG. Haer. 15.

cŏlōrĭus, *a, um*, coloré : P. FEST. 102, 6 ; CHAR. 104, 12 ; PAUL. Dig. 34, 2, 32, 7 ; VOP. Aur. 46, 9.

cŏlōrō, *ās, āre, āvī, ātum* (*color*), tr., colorer, donner une couleur : CIC. Nat. 1, 110 ; PLIN. 35, 31 [en part.] brunir, hâler : *cum in sole ambulem, natura fit ut colorer* CIC. de Or. 2, 60, en me promenant au soleil, tout naturellement je me hâle ‖ [fig.] donner une simple teinte : *animum non colorare, sed inficere* SEN. Ep. 71, 31, non pas donner à l'âme une teinte légère, mais l'imprégner profondément ‖ [rhét.] *eloquentia se colorat* CIC. Or. 42, l'éloquence prend les couleurs de la santé, prend de la force ; *sentio illorum tactu orationem meam quasi colorari* CIC. de Or. 2, 60, je sens qu'au contact de ces écrits mon style prend en quelque sorte de la couleur ; *urbanitate quadam quasi colorata oratio* CIC. Brut. 170, style ayant pour ainsi dire un teint spécial, celui des gens de la ville (de Rome) ‖ [fig.] colorer, déguiser : VAL.-MAX. 8, 2, 2.

cŏlōs, ⮕ *color* ▶.

Cŏlossae, *ārum*, f. pl., ville de Phrygie Atlas VI, B4 ; IX, C2 : PLIN. 5, 145 ‖ **-īnus**, *a, um*, de Colossae : PLIN. 21, 51 ‖ **-enses**, *ĭum*, m. pl., habitants de Colossae : TERT. Res. 23, 1.

cŏlossēus (-aeus), SUET. Vesp. 23, 3, **-sĭaeus**, *a, um*, PLIN. 36, 26, colossal.

cŏlossĭcus, *a, um*, **cŏlossĭcŏs**, *ŏn*, colossal : VITR. 10, 2, 3 ‖ compar. grec *colossicoteros* VITR. 3, 5, 9 ; 10, 2, 5.

1 cŏlossus, *a, um*, colossal, gigantesque : SPART. Hel. 7, 1.

2 cŏlossŭs (-ŏs), *i*, m. (κολοσσός), colosse, statue colossale : PLIN. 35, 128 ; SEN. Ep. 76, 31.

cŏlostra, *ae*, f., PLIN. 28, 123, **colostrum**, *i*, n., MART. 13, 38, 2 (pas net ; it. *colostro*), colostrum, premier lait des mammifères ‖ terme de caresse : PL. Poen. 367.

cŏlostrātĭo, *ōnis*, f. (*colostra*), colostration, maladie attribuée à l'action du colostrum : PLIN. 11, 237.

cŏlostrātus, *a, um* (*colostra*), atteint de colostration : PLIN. 28, 123.

cŏlostrĕus, *a, um*, de *colostrum* : CASSIOD. Var. 12, 14.

cŏlostrum, ⮕ *colostra*.

1 cŏlōtēs, *ae*, m. (κωλώτης), lézard tacheté : PLIN. 9, 87.

2 Colotes, *is*, m., statuaire grec : PLIN. 34, 87.

colpa, ⮕ *culpa* ▶.

Colpē, *ēs*, f., ville d'Ionie : PLIN. 5, 117.

1 colpus (fr. *coup*), ⮕ *colaphus* : L. SAL. 17, 6.

2 colpus, *i*, n. (κόλπος ; it., esp. *golfo*) ¶ **1** courbe, golfe : HIER. Os. 8, 1 ¶ **2** partie de l'utérus : Cass. Fel. *78, p. 191, 4*; Vindic. *Gyn. 17* ¶ **3** ulcère : Cass. Fel. *19, p. 28, 9.*

Colpūsa, *ae*, f., ancien nom de Calchedon : Plin. *5, 149.*

cŏlŭber, *bri*, m. (de χέλυδρος), couleuvre, serpent [en gén.] : Virg. *G. 2, 320.*

cŏlŭbra, *ae*, f. (*coluber*; fr. *couleuvre*; port. *cobra*), couleuvre femelle : Hor. *S. 1, 8, 42* ǁ *colubra non parit restem* Petr. *45, 9* [prov.] tel père, tel fils ǁ [au pl.] serpents qui forment la chevelure des Furies : Ov. *M. 4, 474* ǁ *caecae colubrae* Col. *10, 231*, vers intestinaux.

Cŏlŭbrāria, *ae*, f., île de la Méditerranée : Plin. *3, 76.*

cŏlŭbrĭfer, *ĕra*, *ĕrum* (*coluber*, *fero*), qui porte des serpents : Ov. *M. 5, 241*; Luc. *9, 677.*

cŏlŭbrĭmodus, *a*, *um* (*coluber*, *modus*), semblable aux serpents : Corip. *Just. praef. 4.*

colubrīna, *ae*, f. (*colibrinus*), serpentaire [plante] : Ps. Apul. *Herb. 14.*

cŏlŭbrīnus, *a*, *um* (*coluber*), de couleuvre, de serpent : Pl. *Truc. 780.*

colubrōsus, *a*, *um* (*coluber*), de serpent : *Tert. Val. 4, 2.*

cŏlŭcŭla (**cŏnŭc-**), *ae*, f. (dim. de *2 colus* fr. *quenouille*), quenouille : Gloss. *3, 366, 14* ǁ carthame laineux [plante] : Ps. Diosc. *3, 93.*

cŏlŭī, parf. de *2 colo.*

1 **cōlum**, *i*, n. (obscur) ¶ **1** tamis : Cat. *Agr. 11, 2*; Virg. *G. 2, 242* ǁ **colum nivarium**, *ii*, n., passoire contenant de la neige dans laquelle on filtre le vin pour le rafraîchir : Mart. *14, 103* ¶ **2** filtre de sable : Plin. *36, 174* ¶ **3** nasse : Aus. *Ep. 4 (393), 57.*

2 **cōlum**, *i*, n. (κῶλον), ▷ *colon.*

cŏlumba, *ae*, f. (*columbus*), colombe, pigeon : Hor. *Epo. 16, 32*; Ov. *Pont. 3, 3, 19* ǁ terme de caresse : Pl. *As. 693*; Cas. *138.*

cŏlumbar, *āris*, n. (*columba*), pigeonnier ; [fig.] sorte de carcan : Pl. *Ru. 888.*

cŏlumbāres ŏlīvae, ▷ *colymbades* : CIL *15, 4803.*

Cŏlumbāria, *ae*, f., île de la mer Tyrrhénienne : Plin. *3, 81.*

cŏlumbārĭum, *ii*, n. (*columba*; fr. *colombier*) ¶ **1** pigeonnier, colombier : Varr. *R. 3, 7, 4* ¶ **2** boulin, niche pratiquée dans un colombier pour abriter une paire de pigeons : Varr. *R. 3, 7, 4* ¶ **3** niche destinée à recevoir les urnes funéraires : CIL *2, 2002* ¶ **4** boulin, cavité d'un mur destinée à recevoir une pièce de charpente : Vitr. *4, 2, 4* ¶ **5** ouverture pratiquée dans un navire pour le passage de la rame : Isid. *19, 2, 3*; Fest. *168, 13* ¶ **6** boulin, trou pour la sortie de l'eau dans le tympan : Vitr. *10, 4, 2.*

cŏlumbārĭus, *ii*, m. (*columba*), celui qui est préposé au colombier : Varr. *R. 3, 7, 7.*

cŏlumbātim, adv., à la manière des colombes : Anth. *989, 14.*

cŏlumbīnācĕus, *a*, *um* (*columbinus*), de pigeon : Cael.-Aur. *Acut. 2, 18, 111.*

cŏlumbīnus, *a*, *um* (*columba*) ¶ **1** de pigeon : Cat. *Agr. 36*; *pulli columbini* Cic. *Fam. 9, 18, 3* (*columbini* [seul] Mart. *13, 66*) pigeonneaux ¶ **2** couleur de pigeon : *vitis columbina* Plin. *14, 40*, vigne dont les raisins sont gris cendré.

cŏlumbŏr, *ārĭs*, *ārī*, *ātus sum* (*columba*), intr., se becqueter comme les pigeons : Maecen. d. Sen. *Ep. 114, 5.*

cŏlumbŭlātim, Matius d. Gell. *20, 9, 2*, ▷ *columbatim.*

cŏlumbŭlus, *i*, m. (dim. de *columbus*), petit pigeon : Plin. *Ep. 9, 25, 3.*

cŏlumbus, *i*, m. (*columba*, cf. κόλυμβος ; a. fr. *coulon*), pigeon mâle : Varr. *L. 9, 56*; Pl. *Ru. 887*; Catul. *29, 8* ǁ pigeon [en gén.] : Col. *8, 8, 1* ǁ pl. [fig.], tourtereaux : Hor. *Ep. 1, 10, 5.*

1 **cŏlŭmella**, *ae*, f. (dim. de *columna*, cf. Quint. *1, 7, 29*; fr. *coulemelle*), petite colonne : Cat. *Agr. 20*; Cic. *Leg. 2, 66* ǁ [méc.] colonne [base de la catapulte : Vitr. *10, 10, 4* ǁ [fig.] colonne, appui : Lucil. d. Don. *Phorm. 287.*

2 **Cŏlŭmella**, *ae*, m., Columelle [auteur d'un traité d'agriculture] : Plin. *8, 153.*

cŏlŭmellāris, *e* (*columella*), qui a la forme d'une petite colonne : *columellares dentes* Varr. *R. 2, 7, 2*, dents canines [du cheval], crochets.

cŏlŭmĕn, *ĭnis*, n. (cf. *culmen*, *celsus*, *collis*), ce qui s'élève en l'air ¶ **1** cime, sommet : Cic. poet. *Div. 1, 18*; Catul. *63, 71* ǁ faîte, comble [d'un toit], chaperon : Cat. *Agr. 15, 1*; Varr. *R. 3, 7, 1* ǁ [fig.] *columen amicorum Antonii* Cic. *Phil. 13, 26*, (le plus saillant) le coryphée des amis d'Antoine ; *audaciae* Pl. *Amp. 367*, modèle d'effronterie ¶ **2** poutre de support du toit, poinçon : Vitr. *4, 2, 1*; *4, 7, 5* ǁ [fig.] pilier, soutien, colonne : *Timarchides, columen familiae vestrae* Cic. *Verr. 3, 176*, Timarchide, soutien de votre famille ; *rei publicae* Cic. *Sest. 19*, colonne de l'État.

cŏlŭmis, *e* (tiré de *incolumis*), sain et sauf : Gloss. *5, 446, 48*; Isid. *10, 55.*

cŏlumna, *ae*, f. (cf. *columen* et *antemna*) ¶ **1** colonne : Cic. *Verr. 1, 134*; *columnam dejicere, demoliri, reponere*, jeter à bas, renverser, replacer une colonne ; ▷ *dejicio, demolior, repono*; *columna Maenia* Cic. *Caecil. 50*, la colonne Maenia [au pied de laquelle on jugeait et punissait les esclaves, les voleurs et les mauvais débiteurs] [d'où] *columna* [seul] = le tribunal lui-même Cic. *Clu. 39*; *Sest. 18* ǁ *rostrata* Quint. *1, 7, 12*, colonne rostrale [en mémoire de la victoire navale de Duilius, ornée d'éperons de navires] ǁ *columnae Herculis* Mel. *1, 27*, colonnes d'Hercule [Calpé et Abyla, sur le détroit de Gibraltar] ; *Protei* Virg. *En. 11, 262*, les colonnes de Protée [confins de l'Égypte] ǁ *columnae* Hor. *P. 373*, les colonnes des portiques [où les libraires affichaient les nouveautés] ǁ [méc.] colonne [base de la catapulte ou de la baliste] : Vitr. *10, 10, 5* ¶ **2** [fig.] colonne, appui, soutien : Hor. *O. 1, 35, 14* ¶ **3** objets en forme de colonne [colonne d'eau] Lucr. *6, 426* : [colonne de feu] Sen. *Nat. 6, 26, 4*; [membre viril] Mart. *6, 49, 3*; *11, 51, 1.*

cŏlumnăr, *āris*, n., carrière de marbre : CIL *14, 2466, 18.*

cŏlumnāris, *e* (*columna*), qui a la forme d'une colonne : *columnaris lux* Prud. *Ham. 476*, colonne de feu.

cŏlumnārĭum, *ii*, n. (*columna*), impôt sur les colonnes : Cic. *Att. 13, 6, 1*; Caes. *C. 3, 32, 2.*

cŏlumnārĭus, *a*, *um* (*columna*), orné de colonnes : Amm *22, 16, 12* ǁ **cŏlumnārĭi**, *iōrum*, m. pl., habitués de la colonne [Maenia], bas peuple, racaille : Cael. *Fam. 8, 9, 5.*

cŏlumnātĭo, *ōnis*, f. (*columna*), soutien par des colonnes : Apul. *Flor. 18, 3.*

cŏlumnātus, *a*, *um* (*columna*), soutenu par des colonnes : Varr. *R. 3, 5, 12* ǁ [fig.] *columnatum os* Pl. *Mil. 211*, menton appuyé sur la main.

cŏlumnella, *ae*, f., Cat. *Agr. 20, 1* [plus. mss], ▷ *1 columella.*

cŏlumnĭăcus, *a*, *um* (*columna*), en forme de colonne : Grom. *242, 8.*

cŏlumnĭfer, *ĕra*, *ĕrum* (*columna*, *fero*), qui forme une colonne : Prud. *Cath. 9, 51.*

cŏluo, ▷ *colluo* : *Plin. 20, 41.*

cŏlŭri, *ōrum*, m. pl. (κόλουροι), les colures [cercles de la sphère céleste qui se coupent aux pôles] : Macr. *Somn. 1, 15, 14.*

cŏlŭrĭa, *ōrum*, n. pl. (*coluri*), piliers de pierre, pilastres : Sidon. *Ep. 2, 2, 10.*

cŏlurnus, *a*, *um* (*corulus*), de coudrier : Virg. *G. 2, 396.*

cŏlūrum metrum, n. (κόλουρος), vers auquel il manque une syllabe : Sacerd. *6, 530, 3.*

cŏlūrus, *i*, m., section d'une sphère : Capel. *8, 833.*

1 **cōlus**, *i*, m., Samm. *579*, colique, ▷ *colon.*

2 **cŏlŭs**, *ūs*, f., Cic. *de Or. 2, 227*; Val.-Flac. *2, 148*, **cŏlŭs**, *i*, f. (cf. *2 colo*), Prisc. *2, 163, 6*; Virg. *En. 8, 409*, quenouille ǁ quenouille des Parques : Ov. *Am. 2, 6, 45* ǁ [fig.] les fils [de la vie] : Val.-Flac. *6, 645.*

▶ m. Catul. *64, 311*; Prop. *4, 1, 72*; *4, 1, 72*; *4, 9, 48.*

cŏlustra, Laber. *Com. 95*, ▷ *colostra.*

cŏlŭtĕa, *ōrum*, n. pl., sorte de fruits à gousses, baguenaudes : *Pl. Pers. 87*, [texte douteux].

cŏlŭthĭa, *ōrum*, n. pl., sorte de pourpre [coquillage] : Plin. *32, 84.*

Colycantii

Cŏlycantĭi, m. pl., peuple d'Assyrie : Plin. 5, 127.

cōlўfĭa, v. colyphia.

cōlŷma, ătis, n. (κώλυμα), empêchement, obstacle : Pomp.-Gr. 177, 13.

cŏlymbădes olivae, f. (κολυμβάδες), olives confites [nageant dans la saumure] : Plin. 15, 16.

cŏlymbus, i, m. (κόλυμβος), piscine, bassin : Lampr. Hel. 23, 7.

cōlŷphĭum (cōloephĭum, cōloepĭum), ĭi, n. (κωλύφιον), morceau de viande [filet, longe, jambonneau] : Petr. 70, 1 ‖ [pl.] ragoût de viande : Pl. Pers. 92 ; Juv. 2, 53.

com, arch. pour cum : Prisc. 3, 39, 16.

cŏma, ae, f. (κόμη ; roum. coamă) ¶ 1 chevelure [de l'homme] : **calamistrata coma** Cic. Sest. 18, cheveux frisés au fer ‖ toison : Acc. Tr. 211 ‖ crinière : Gell. 5, 14, 9 ; Pall. 4, 13, 2 ‖ panache, aigrette : Stat. Th. 8, 389 ¶ 2 [fig.] chevelure, toison : **comae telluris** Col. 10, 277, les fruits de la terre ; **coma nemorum** Hor. O. 1, 21, 5, la chevelure des bois, les frondaisons ‖ rayons [d'une flamme, du soleil] : Catul. 61, 77 ‖ duvet du papier : Tib. 3, 1, 10.

cōmăcum, i, n. (κώμακον), sorte de parfum : Plin. 12, 135.

Cōmăgēnē, Cōmăgēnus, v. Commagene.

Cŏmāna, ōrum, n. pl., ville de Cappadoce Atlas IX, C3 : Plin. 6, 8 ‖ ville du Pont : Plin. 6, 10 ‖ **-nenses**, ĭum, m. pl., habitants de Comana : Cod. Just. 11, 47, 10.

Cŏmāni, ōrum, m. pl., peuple d'Asie : Plin. 6, 47.

cŏmans, tis ¶ 1 part. de 1 como ¶ 2 [pris adj¹], chevelu, pourvu d'une chevelure ou d'une crinière : Virg. En. 12, 86 ‖ bien fourni [en poils, en herbe] : **galea comans** Virg. En. 2, 391, casque surmonté d'un panache épais ; **comans humus** Stat. Th. 5, 502, terre couverte d'herbe ; **stella comans** Ov. M. 15, 749, comète.

cōmarchus, i, m. (κώμαρχος), comarque [maire d'un bourg] : Pl. Curc. 286.

cŏmărŏn, i, n. (κόμαρον) ¶ 1 arbouse, fruit de l'arbousier : Plin. 15, 99 ¶ 2 sorte de fraisier : Apul. Herb. 37.

Cŏmāta Gallia, f., la Gaule chevelue : Plin. 4, 105.

Cŏmātĭus, ĭi, m., nom de famille romain : CIL 3, 1096.

cŏmātōrĭa acus, f. (coma), épingle à cheveux : Petr. 21, 1.

cŏmātŭlus, a, um (dim. de comatus), à la chevelure abondante et soignée, efféminé : Hier. Ep. 66, 8.

cŏmātus, a, um, part. de 1 como.

combājŭlō, ās, āre, -, -, tr., porter des fardeaux : Fort. Rad. 29, 69.

Combarisius, ĭi, m., nom d'homme : CIL 14, 333.

Combaristum, i, n., station de la Lyonnaise : Peut. 1, 2.

combătŭō (-băttŭō), ĭs, ĕre, -, - (cum, battuo ; fr. combattre), intr., frapper : Not. Tir. 71, 81.

Combē, ēs, f., personnage changé en oiseau : Ov. M. 7, 382.

combennōnes, um, m. (benna), compagnons de voyage dans une voiture appelée benna : P. Fest. 29, 25.

combĭbĭo, i, m. (combibo), compagnon de beuverie : Gloss. 4, 223, 31.

1 combĭbō, ĭs, ĕre, bĭbī, - ¶ 1 intr., boire avec d'autres : Sen. Ep. 123, 15 ¶ 2 tr., boire, absorber, s'imbiber, se pénétrer de : **combibere venenum corpore** Hor. O. 1, 37, 28, faire passer le poison dans ses veines ; **baca salem combibit** Col. 12, 47, 10, l'olive s'imprègne de sel ; **combibitur Erasinus** Ov. M. 15, 175, l'Erasinus s'engouffre dans la terre ‖ [fig.] se pénétrer, s'imprégner de : Cic. Fin. 3, 9 ; Sil. 11, 402.

2 combĭbo, ōnis, m., compagnon de beuverie : Cic. Fam. 9, 25, 2 ; Lucil. 665.

combīnātĭo, ōnis, f. (combino), assemblage, réunion de deux choses : Diom. 504, 5.

combīnātus, a, um, part. de combino.

combīnō, ās, āre, -, ātum, tr. (cum, bini), joindre deux choses, réunir : Aug. Conf. 8, 6, 15.

combrētum, i, n. (gaul.), immortelle (?) [plante] : Plin. 21, 30.

combullĭō, īs, īre, -, -, intr., bouillir ensemble : Apic. 386.

Combultĕrĭa, ae, f., ville du voisinage de Capoue : Liv. 23, 39, 6 ‖ **-rīni**, ōrum, m. pl., habitants de Combulteria : Plin. 3, 63.

combūrō, ĭs, ĕre, ussī, ustum, tr., brûler entièrement : **comburere aedes** Pl. Aul. 361, brûler la maison ; **frumentum, naves** Caes. G. 1, 5 ; C. 3, 101, détruire par le feu du blé, des navires ; **aliquem vivum** Cic. Tusc. 2, 52, faire brûler vif qqn ; [un cadavre] Att. 14, 10, 1 ‖ [fig.] **comburere diem** Pl. Men. 152, passer gaiement la journée ; **comburere aliquem judicio** Cic. Q. 1, 2, 6, ruiner quelqu'un par un jugement ‖ **combustus Semela** Prop. 2, 30, 29, consumé d'amour pour Sémélé.

combussī, parf. de comburo.

combustĭo, ōnis, f. (comburo), combustion : Firm. Math. 4, 19, 13.

combustum, i, n. (combustus), partie brûlée, brûlure : Plin. 20, 17 ; 22, 141.

combustūra, ae, f. (comburo), brûlure : Apic. 173 ; Vulg. Lev. 13, 28.

combustus, a, um, part. de comburo.

1 cŏmē, ēs, f. (κόμη), barbe-de-bouc [plante] : Plin. 27, 142.

2 Cōmē, ēs, acc. ēn, f. (κώμη), villes grecques [près de Magnésie] : Liv. 38, 12, 9 ; 38, 15, 7.

cŏmĕdīm, v. comedo ▶.

1 cŏmĕdō, cŏmĕdĭs ou cŏmĕs, cŏmĕdĭt ou cŏmest, cŏmĕdĕre ou cŏmesse, cŏmĕdī, cŏmĕsum ou cŏmestum (cum, edo ; esp. comer), tr. ¶ 1 manger : Pl., Ter. ; Cic. Clu. 173 ; Nat. 2, 64 ; Brut. 217 ¶ 2 [fig.] **a)** manger, dévorer, ronger : **comedere oculis** Mart. 9, 60, 3, dévorer des yeux ; **ipsus se comest** Pl. Truc. 593, il se consume de chagrin **b)** dissiper, manger : **bona comedere** Cic. Sest. 110, manger son bien, cf. Att. 6, 1, 25 ; **comedere aliquem** Pl. Most. 12, manger quelqu'un (le gruger) ; **nobilitas comesa** Juv. 1, 34, noblesse ruinée.
▶ subj. arch. comedim, īs, it, etc. Pl., Ter. ; Cic. Fam. 9, 20, 3 ; 11, 21, 2 ‖ comestur Lact. Mort. 33, 8.

2 cŏmĕdo, ōnis, m., mangeur, dissipateur : Lucil. 75.

cŏmĕdus, i, m., P. Fest. 50, 29, [arch.]. v. 2 comedo.

Cōmensis, e, de Côme : Liv. 33, 36, 9 ‖ **-enses**, ĭum, m. pl. **a)** habitants de Côme : Liv. 33, 37, 10 **b)** peuple de Galatie : Plin. 5, 147.

cŏmĕs, ĭtis, m. et f. (de cum et eo, cf. comitium ; fr. comte) ¶ 1 compagnon [ou] compagne de voyage ; compagnon, compagne : **confugere sine comite** Ter. Hec. 823, s'enfuir sans compagnon ; **comes meus fuit illo tempore** Cic. Fam. 13, 71, ce fut mon compagnon à cette époque ; **cui it comes** Virg. En. 6, 158, il l'accompagne ‖ [fig.] associé : **me omnium rerum comitem habebis** Cic. Fam. 1, 9, 22, je serai ton associé en toutes choses, cf. Lae. 37 ; Caes. C. 3, 80 ; **in aliqua re** Cic. Fam. 1, 9, 2 ; **pacis est comes otique socia... eloquentia** Cic. Brut. 45, l'éloquence est la compagne de la paix, l'associée du repos ¶ 2 [en part.] **a)** pédagogue, gouverneur d'un enfant : Suet. Cl. 35, 2 **b)** personne de la suite, de l'escorte : Hor. Ep. 1, 8, 2 ; Cic. Verr. 2, 27 **c)** comte [dignité du Bas-Empire] : **comes sacrarum largitionem** Cod. Just. 10, 32, 64, comte des largesses sacrées [ministre des finances].

2 cŏmēs, 2ᵉ pers. du prés. de 1 comedo.

cōmēsătĭo, -ātor, v. comiss-.

cŏmēsŏr, cŏmestŏr, ōris, m., mangeur, consommateur : Gai. Dig. 21, 1, 18 ; Vulg. Sap. 12, 5.

cōmessătĭo, -sātor, -sor, v. comiss-.

cŏmesse, cŏmessem, de 1 comedo.

cŏmestĭbĭlis, e (1 comedo), mangeable : Isid. 17, 7, 9.

cŏmestĭo, ōnis, f. (comedo ; esp. comezon), action de manger : Isid. 20, 2, 21.

cŏmestis, v. comedo.

cŏmestor, v. comesor.

comestur, v. comedo ▶.

cŏmestūra, *ae*, f. (*comedo*), action de manger : Cypr. *Ep.* 57, 4 ‖ rouille [qui ronge] : Aug. *Serm.* 36, 5.

cŏmestūrus, *a, um*, part. fut. de *comedo* : Vulg. *Gen.* 43, 16.

cŏmestus, *a, um*, part. p. de *comedo* : Cic. *Clu.* 173.

1 cŏmēsus, *a, um*, part. de *comedo* : Cat. *Agr.* 58 ; Varr. *R.* 1, 2, 11.

2 cŏmēsus, *ūs*, m., action de manger : Isid. 20, 1, 1.

cŏmēta, *ae*, m., C.> *cometes*, comète : Octav. 237 ; Prud. *Cath.* 12, 21.

cŏmētēs, *ae*, m. (κομήτης), comète : Cic. *Nat.* 2, 14 ; Virg. *G.* 1, 488 ‖ *sidus cometes* Tac. *An.* 14, 22, comète.

cōmĭcē, adv. (*comicus*), comiquement, à la manière de la comédie : Cic. *de Or.* 3, 30 ; Sen. *Ep.* 100, 10.

Cŏmĭcĭus, *ĭi*, m., nom de famille romain : CIL 4, 1321.

cōmĭcus, *a, um* (κωμικός), de comédie : *adulescens comicus* Cic. *Amer.* 47, jeune homme de comédie ; *artificium comicum* Cic. *Com.* 28, talent de comédien ; *res comica* Hor. *P.* 89, sujet de comédie ; *aurum comicum* Pl. *Poen.* 597, or de comédie [lupins, qui servaient de monnaie au théâtre] ‖ **cōmĭcus**, *i*, m., poète comique : Cic. *Or.* 184 ; Quint. 1, 7, 22.

Comillomagus, *i*, m., ville de Ligurie : Anton. 288.

Cominĭānus ou **Comminĭānus**, *i*, m., grammairien latin : Char. 147, 18.

Cŏmĭnĭum, *ĭi*, n., ville du Samnium : Liv. 10, 39, 5 ‖ **-nĭānus**, *a, um*, de Cominium : Plin. 15, 20.

Cŏmĭnĭus, *ĭi*, m., nom d'homme : Cic. *Clu.* 100 ‖ **-ĭus**, *a, um*, de Cominius : *Cominia (oliva)* Plin. 15, 13, espèce d'olive [petite et dure].

cŏmīnum, V.> *cuminum* : Diocl. 1, 32.

cŏmĭnŭs, V.> *comminus*.

cōmis, *e* (*cosmis* CIL 1, 3 ; cf. *co* et *mirus*, μειδάω, an. *smile*), doux, gentil, affable, bienveillant, obligeant : *comis atque humanus* Cic. *Fin.* 2, 80, doux et affable ; *comis atque humanus erga aliquem* Cic. *CM* 59, affable et courtois envers qqn ; *comis in uxorem* Hor. *Ep.* 2, 2, 133, aimable avec sa femme ; *ingenium come* Nep. *Dion* 1, caractère agréable ; *comes oculi* Ov. *A. A.* 3, 510, yeux doux ‖ obligeant, généreux : Pl. *Trin.* 254 ‖ *comior* Cic. *Mur.* 66 ; *comissimus* Suet. *Vesp.* 22.

cōmīsābundus, cōmīsātĭo, cōmīsor, V.> *comiss-*.

cōmīssābundus, *a, um*, en partie de plaisir, en cortège joyeux : Liv. 9, 9, 17 ; Plin. 21, 9.

cōmīssālĭtĕr, adv., gaiement, joyeusement : Sidon. *Ep.* 1, 5, 3.

cōmīssātĭo, *ōnis*, f. (*comissor*), festin avec musique et danse suivi d'une promenade en cortège pour reconduire un des invités et recommencer la fête ; partie de plaisir, orgie : Cic. *Cat.* 2, 10 ; *Mur.* 13 ; Liv. 1, 57, 5 ; 40, 13, 3 ; Suet. *Cal.* 55, 2.

cōmīssātor, *ōris*, m. (*comissor*), celui qui aime les parties de plaisir : *comissator commodus* Ter. *Ad.* 783, compagnon de fête agréable ‖ [fig.] *comissatores conjurationis* Cic. *Att.* 1, 16, 11, les noceurs conjurés ; *comissator libellus* Mart. 5, 16, 9, recueil qu'on lit à table.

cōmīssŏr, *ārĭs*, *ārī*, *ātus sum* (κωμάζω), intr., faire la fête : Pl. *Most.* 989 ; *St.* 686 ; Ter. *Eun.* 442 ; Suet. *Dom.* 21.

cŏmĭtābĭlis, *e* (*comitor*), qui accompagne : Paul.-Nol. *Carm.* 10, 291.

cŏmĭtas, *ātis*, f. (*comis*), douceur, affabilité, bonté, bienveillance : *Scaevolae non deerat comitas* Cic. *Brut.* 148, Scévola ne manquait pas d'aménité ; *comitate condita gravitas* Cic. *CM* 10, sérieux assaisonné d'enjouement ‖ libéralité, générosité : *comitati esse alicui* Pl. *Trin.* 356, se montrer libéral envers quelqu'un, cf. *Ru.* 38.

cŏmĭtātensis, *e* (*comitatus*) ¶ 1 de cour : *comitatensis fabrica* Amm. 18, 4, 2, intrigue de cour ¶ 2 relatif à la dignité de comte : *comitatensis legio* Cod. Th. 12, 36, 14, légion commandée par un comte.

1 cŏmĭtātus, *a, um*, part. de *comitor* et de *comito* ‖ [pris adj¹] *puero uno comitatior* Cic. *Tusc.* 5, 113, ayant en plus la compagnie d'un esclave.

2 cŏmĭtātŭs, *ūs*, m. ¶ 1 accompagnement, cortège, suite : *magno comitatu* Cic. *Cat.* 3, 6, avec une nombreuse escorte ¶ 2 troupe de voyageurs, caravane : Liv. 28, 22, 4 ‖ suite d'un prince, cour, courtisans : Tac. *An.* 13, 46 ; Plin. *Pan.* 20, 3.

cōmĭter, adv. (*comis*), gentiment, avec bienveillance, obligeance : *qui erranti comiter monstrat viam* Enn. d. Cic. *Off.* 1, 51, celui qui avec bonté indique son chemin à un voyageur égaré ; *comiter adjuvare aliquem* Ter. *Phorm.* 537, aider quelqu'un avec bienveillance ‖ avec bonne grâce : Cic. *Balb.* 36 ‖ avec joie, avec entrain : Cic. *Dej.* 19 ; *Cael.* 13 ; Liv. 1, 22, 5 ; 25, 12, 9.

cŏmĭtĭa, *ōrum*, n. pl. (*comitium*), comices, assemblée générale du peuple romain [pour voter] : *comitiis factis* Cic. *Verr. prim.* 17, quand les comices auront eu lieu ; *comitia habere* Cic. *Att.* 4, 2, 6, réunir les comices ; *comitia consulis subrogandi* Liv. 3, 19, 2, comices réunis pour remplacer un consul V.> *curiatus, centuriatus, tributus, consularis, tribunicius* ; *obire comitia Quinti fratris* Cic. *Att.* 1, 4, 1, faire campagne pour mon frère Quintus [en vue de l'édilité] ‖ [fig.] *ubi de capite meo sunt comitia* Pl. *Aul.* 700, là où il y va de ma vie.

cŏmĭtĭăcus, *a, um* (*comes*), officiel, fonctionnaire : Cassiod. *Var.* 5, 6.

cŏmĭtĭae, *ārum*, f. pl., C.> *comitia* : CIL 6, 10213 ; Gloss 4, 320, 23.

cŏmĭtĭālis, *e* (*comitia*), relatif aux comices : *dies comitiales* Cic. *Q.* 2, 2, 3, jours comitiaux [pendant lesquels les comices peuvent être convoqués] ; *comitialis homo* Pl. *Poen.* 584, homme de comices [qui vend sa voix dans les comices] ‖ *comitialis morbus* Cels. 3, 23, 1, épilepsie [on ajournait les comices quand qqn avait une crise d'épilepsie] ‖ **cŏmĭtĭālis**, *is*, m., épileptique : Plin. 20, 31.

cŏmĭtĭālĭter, adv., par le fait de l'épilepsie : Plin. 22, 59.

cŏmĭtĭānus, *a, um*, relatif au comte d'Orient : Cod. Th. 8, 4, 18.

1 cŏmĭtĭātus, *a, um* (*comitia*), nommé dans les comices : Ps. Ascon. Cic. *Verr.* 1, 30.

2 cŏmĭtĭātŭs, *ūs*, m., assemblée du peuple en comices : Cic. *Leg.* 3, 11 ; 27.

cŏmĭtĭō, *ās*, *āre*, *āvī*, *ātum*, intr., convoquer le peuple sur le *comitium* : Varr. *L.* 6, 31.

cŏmĭtĭum, *ĭi*, n. (*cum, eo*, cf. *comes* P. Fest. 34, 13 ; Varr. *L.* 5, 155), comitium, endroit où se tenaient les comices : Liv. 1, 36, 5 ; 27, 36, 8 ‖ partie du forum près de la tribune, où le préteur siégeait pour rendre la justice : Pl. *Poen.* 807 ; Cic. *Brut.* 289 ‖ lieu où se tient l'assemblée du peuple à Sparte : Nep. *Ages.* 4, 2 ‖ [fig.] *os cogitationum comitium* Apul. *Apol.* 7, 5, la bouche est le rendez-vous des idées ‖ V.> *comitia*.

cŏmĭtīva dignitas, Veg. *Mil.* 2, 9 et **cŏmĭtīva**, *ae*, f., Cassiod. *Var.* 2, 28, 4, dignité, fonction de comte.

cŏmĭtō, *ās*, *āre*, *āvī*, *ātum* (*comes*), tr., accompagner : Prop. 2, 7, 15 ; Ov. *Pont.* 2, 3, 43 ‖ [pass.] *comitor ingenio meo* Ov. *Tr.* 3, 7, 47, mon génie ne m'abandonne pas ; *comitatus* Cic. *Cael.* 34, accompagné V.> *comitatus*.

cŏmĭtŏr, *ārĭs*, *ārī*, *ātus sum* (*comes*), tr. ¶ 1 accompagner : *aliquem* Caes. *G.* 6, 8, 8 ; Suet. *Gram.* 23, accompagner qqn ; *ille meum comitatus iter* Virg. *En.* 6, 112, lui qui m'accompagne dans mon voyage ‖ [en part.] suivre le convoi funèbre de qqn : Virg. *En.* 11, 52 ¶ 2 [fig.] être lié à qqch. [avec dat.] : *quae comitantur huic vitae* Cic. *Tusc.* 5, 100, ce qui est lié à ce genre de vie ; *tardis mentibus virtus non facile comitatur* Cic. *Tusc.* 5, 68, la vertu ne va guère avec une intelligence engourdie ‖ [abs¹] *Teucrum comitantibus armis* Virg. *En.* 4, 48, avec l'appui des armes troyennes.

Comium, *ĭi*, n., nom de femme : CIL 3, 3690.

comma, *ătis*, n. (κόμμα), membre de la période : Quint. 1, 8, 6 ; Isid. 2, 18, 1 (en grec d. Cic. *Or.* 211) Don. *Gram.* 4, 372, 23 ‖ partie du vers : Mar. Vict. *Gram.* 74, 8.

commăcĕrātĭō, *ōnis*, f. (*commacero*), extrême maigreur, épuisement : Ambr. *Psalm.* 37, 59.

commăcĕrō, ās, āre, -, -, tr., faire macérer : Fort. Germ. 27, 80 ‖ [fig.] épuiser, amaigrir : Ambr. Psalm. 47, 12.

commăcŭlātio, ōnis, f., souillure : Aug. Un. bapt. 15, 25.

commăcŭlātor, ōris, m., profanateur : Ps. Rufin. Os. 7, 3.

commăcŭlātus, a, um, part. de commaculo.

commăcŭlo, āvi, ātum, āre, tr., souiller, tacher : Cic. Cael. 16 ; Tac. An. 1, 39 ; Virg. B. 8, 49.

commădeō, ēs, ēre, -, -, intr., être bien trempé, délayé : Cat. Agr. 156, 5.

commaereō, ēs, ēre, -, -, intr., prendre part au chagrin de : Hil. Ps. 68, 18.

Commāgēna, ae, f., Amm. 14, 8, 7, **Commāgēnē**, ēs, f., Mel. 1, 62, Commagène [région de la Syrie] Atlas I, D7 ; IX, C4 ‖ **-gēnus**, a, um, de la Commagène : Cic. Fam. 15, 1, 2 ; Caes. C. 3, 4 ‖ **-gēni**, ōrum, m. pl., habitants de la Commagène : Tac. An. 2, 42.

commagnĭfĭcō, ās, āre, -, -, tr., exalter ensemble, glorifier : VL. Rom. 8, 17.

commălaxō, ās, āre, -, -, tr., amollir : Varr. Men. 177.

commallĕŏlō ou **commallĕō**, ās, āre, -, -, tr., s'approprier : Grom. 53, 24.

commandō, ĭs, ĕre, -, mansum, tr., mâcher : Samm. 677 ; Vulg. Prov. 30, 14.

commandūcātio, ōnis, f., action de mâcher : Scrib. 104.

commandūcātus, a, um, part. de commanduco et de commanducor.

commandūcō, ās, āre, āvī, ātum, tr., mâcher, ronger : Plin. 24, 11 ; Scrib. 165.

commandūcŏr, ārĭs, ārī, ātus sum, tr., manger entièrement : Lucil. 180 ; 513.

commăneō, ēs, ēre, -, -, intr., rester, demeurer : Macr. Sat. 6, 8, 21 ; Aug. Civ. 22, 8.

commănĭfestō, ās, āre, -, -, tr., rendre évident ensemble : Boet. Top. Arist. 6, 2.

commănĭpŭlāris, e, qui est du même manipule : Tac. H. 4, 46.

commănĭpŭlārius, a, um, CIL 6, 2625, ▭ commanipularis.

commănĭpŭlātio, ōnis, f., camaraderie de manipule : Spart. Pesc. 10, 6.

commănĭpŭlo, ōnis, m., Spart. Pesc. 10, 5, **commănĭpŭlus**, CIL 6, 2424, **commănĭplus**, i, m., CIL 6, 2436, **commănuplus**, CIL 6, 2552, soldat du même manipule, compagnon d'armes.

commansus, a, um, part. de commando.

commănuplaris, ▭ commanipularis.

commarceō, ēs, ēre, -, -, intr., être languissant : Amm. 31, 12, 13.

commarcescō, ĭs, ĕre, marcŭī, -, intr., devenir languissant : Amm. 17, 10, 1.

commargĭnō, ās, āre, -, -, tr., pourvoir de garde-fous : Amm. 31, 2, 2.

commărītus, i, m., celui qui a la même femme qu'un autre : Pl. Cas. 797.

commartyr, ўris, m., compagnon de martyre : *Tert. Anim. 55, 4.

commascŭlō, ās, āre, -, - (cum, masculus), tr., corroborer, fortifier : Apul. M. 2, 23 ; **frontem** Macr. Sat. 7, 11, 2, faire bonne contenance.

commastĭcātus, a, um, part. de commastico.

commastĭcō, ās, āre, -, -, tr., mâcher : Gloss. 5, 281, 57.

commātĕr, tris, f., commère (marraine) : Greg.-M. Ep. 4, 40.

commătĭcē, adv., brièvement : Arn.-J. Psalm. 104.

1 commătĭcus, a, um (κομματικός), coupé, court : Sidon. Ep. 4, 3, 8 ; Hier. Vir. ill. 131.

2 commătĭcus, i, m., qui se sert de phrases coupées, versificateur : Gloss. 5, 181, 4.

commātrōna, ae, f., Tert. Ux. 2, 8, ▭ matrona.

commātūrescō, ĭs, ĕre, mātūrŭī, -, intr., mûrir complètement : Col. 12, 49, 7.

commĕābĭlis, e (commeo), où l'on peut circuler : Arn. 2, 59 ‖ qui circule facilement : Arn. 7, 28.

commĕātālis, e (commeatus), relatif aux congés militaires : **commeatalis miles** Cod. Just. 1, 27, 2, 9, soldat en congé.

commĕātio, ōnis, f. (commeo), trajet, voyage : Ennod. Ep. 6, 30.

commĕātor, ōris, m. (commeo), messager : Apul. Apol. 64, 1.

commĕātŭs, ūs, m. (commeo ; fr. congé) ¶1 passage (par où on peut aller et venir) : Pl. Mil. 142 ; 468 ; St. 452 ¶2 permission d'aller et de venir ; [d'où] congé militaire, permission : **commeatus totius aestatis** Cic. Verr. 5, 62, congé de tout l'été ; **commeatum sumere** Liv. 3, 46, 10 ; **dare** Liv. 3, 46, 9, prendre, donner un congé ; **in commeatu esse** Liv. 33, 29, 4, être en congé ; **commeatu abfuturus** Suet. Tib. 72, sur le point de partir en congé ; **in commeatu Syracusis remanere** Cic. Verr. 5, 111, rester à Syracuse en congé ‖ [fig.] **(servitus) haec est... sine intervallo, sine commeatu** Sen. Nat. 3, pr. 16, cette servitude pèse sur nous sans trêve ni relâche ¶3 convoi : **duobus commeatibus exercitum reportare** Caes. G. 5, 23, 2, ramener l'armée en deux convois ; **prioris commeatus milites** Caes. G. 5, 23, 4, les soldats du premier convoi ¶4 approvisionnement, vivres : **commeatu nostros prohibere** Caes. G. 2, 9, empêcher les nôtres de se ravitailler ; **commeatum petere** Caes. G. 3, 2, 3 ; **supportare** Caes. G. 1, 48, 2 ; **portare** Caes. G. 2, 5, 5 ; **subvehere** Liv. 28, 4, 7, chercher, transporter les approvisionnements ‖ approvisionnements en dehors du blé : **copia frumenti et reliqui commeatus** Caes. G. 7, 32, 1, l'abondance du blé et des autres approvisionnements, cf. 1, 39, 1 ; 3, 6, 4 ‖ [plais[t]] **in commeatum argentarium proficisci** Pl. Ps. 424, partir pour se ravitailler en argent.

commĕdĭtor, ārĭs, ārī, -, tr., méditer, étudier à fond : Her. 3, 31 ‖ [fig.] s'attacher à imiter, à reproduire : Lucr. 6, 112.

commĕiō, ĭs, ĕre, tr., mouiller d'urine : Char. 294, 14.

commĕlĕtō, ās, āre, -, - (cum, μελετάω), intr., s'exercer : Hyg. Fab. 165.

commembrātus, a, um (cum, membrum), étroitement lié [fig.] : Paul.-Nol. Ep. 44, 4.

commembris, is, m., membre avec, confrère : Aug. Mend. 2, 2.

commembrum, i, n., membre avec, confrère : Aug. Ep. 126, 9.

commĕmĭnī, isse ¶1 intr., se ressouvenir : **si satis commemini** Ter. Phorm. 523, si j'ai bonne mémoire, cf. Pl. Truc. 114 ; Ter. Eun. 564 ; [avec gén.] Pl. Trin. 1027 ‖ [avec gén.] mentionner : **Plato Socratis sectatorum commeminit** Gell. 14, 3, 2, Platon nomme un grand nombre de disciples de Socrate ¶2 tr., se ressouvenir, se rappeler : **quem hominem probe commeminisse se aiebat** Cic. de Or. 1, 227, il en avait, disait-il, un souvenir fort précis ; **aliquid** Cic. de Or. 3, 85 ; Att. 9, 2.

commĕmŏrābĭlis, e (commemoro), mémorable : Pl. Ps. 525 ; Cic. Nat. 2, 131 ; Marc. 18.

commĕmŏrāmentum, i, n. (commemoro), rappel, mention : Caecil. d. Non. 84, 2.

commĕmŏrātio, ōnis, f. (commemoro), action de rappeler, de mentionner : **hac commemoratione civitatis** Cic. Verr. 5, 162, en rappelant ainsi son titre de citoyen ‖ évocation : **commemoratio posteritatis** Cic. Fam. 5, 12, 1, la pensée des générations à venir ‖ [chrét.] commémoration des martyrs dans la liturgie : Cypr. Ep. 12, 2.

commĕmŏrātor, ōris, m. (commemoro), celui qui rappelle : Tert. Marc. 4, 26, 11.

commĕmŏrātōrĭum, ii, n., inventaire [fig.] : Ambr. Off. 1, 25, 116.

commĕmŏrātrix, īcis, f. (commemorator), celle qui rappelle : Hier. Orig. Is. 5, 2.

commĕmŏrātus, a, um, part. de commemoro.

commĕmŏrō, ās, āre, āvī, ātum, tr. ¶1 se rappeler, évoquer : **cotidie commemorabam te... fuisse** Cic. Fam. 6, 21, 1, chaque jour je me rappelais que tu avais été... ; **quid quoque die egerim, commemoro vesperi** Cic. CM 38, ce que j'ai fait chaque jour, je me le rappelle le soir ¶2 rappeler à autrui : **beneficia** Cic. Lae.

71, rappeler les services rendus ¶ **3** signaler à la pensée, rappeler, mentionner : *causae quas commemorari necesse non est* Caes. C. 3, 66, 7, des motifs qu'il n'est pas nécessaire de mentionner ‖ [avec prop. inf.] Cic. de Or. 2, 160 ; Caes. G. 4, 16, 2 ‖ [avec *de*] parler de, faire mention de : *omnes de tua virtute commemorant* Cic. Q. 1, 1, 37, tous parlent de tes mérites (de Or. 3, 75, Verr. 4, 124).

commĕmŏror, *āris, ārī*, -, tr., se rappeler : VL. Exod. 23, 13 d. Tert. Idol. 20, 3 ; Vulg. Sap. 11, 14.

commendābĭlis, *e* (commendo), recommandable, *aliqua re*, par qqch. : Liv. 42, 5, 5 ; [abs^t] Liv. 37, 7, 15 ‖ *-lior* Treb. Tyr. 16.

commendātīcĭus, *a, um* (commendatus), de recommandation : Cic. Fam. 5, 5, 1 ; [abs^t] *commendaticiae (litterae)*, lettre de recommandation : August. d. Macr. Sat. 2, 4, 15.

commendātĭo, *ōnis*, f. (commendo), action de recommander, recommandation : Cic. Fam. 13, 46 ; Fin. 5, 41 ‖ [gén. subjec.] *amicorum* Cic. Fam. 1, 3, 1, recommandation faite par les amis ; *oculorum* Cic. de Or. 2, 357, l'appui de la vue‖ [gén. obj.] *sui* Cic. Or. 124, recommandation de soi-même, cf. de Or. 2, 114 ‖ ce qui recommande, ce qui fait valoir : *ingenii* Cic. Brut. 238, la recommandation du talent ; *oris* Nep. Alc. 1, 2, la recommandation de la beauté ; *prima commendatio* Cic. Off. 2, 46, le premier titre de recommandation ‖ [phil.] *in prima commendatione ponere* Cic. Fin. 2, 35, [litt^t] placer quelque chose au nombre des objets qui se recommandent à nous au premier chef, placer parmi les inclinations naturelles.

commendātīvus cāsus, m., le datif : Prisc. 2, 185, 23.

commendātŏr, *ōris*, m. (commendo), celui qui recommande : Plin. Ep. 6, 23, 4.

commendātŏrĭus, *a, um*, ▶ commendaticius : Sidon. Ep. 9, 10, 2.

commendātrix, *īcis*, f. (commendator), celle qui recommande : Cic. Leg. 1, 58 ; Plin. Ep. 8, 20, 2.

commendātus, *a, um* ¶ **1** part. de commendo ¶ **2** adj^t **a)** recommandé : *quae res commendatior (erit) hominum memoriae sempiternae ?* Cic. Phil. 2, 32, est-il action plus sûrement recommandée au souvenir éternel des hommes ? ‖ superl. *commendatissimus* Cic. Fam. 2, 8, 3 & ; 12, 26, 2 **b)** qui se recommande, agréable, aimable : Plin. 16, 161 ; 25, 130 ; Petr. 110, 5 ; Val.-Max. 3, 8, 1.

commendō, *ās, āre, āvī, ātum* (cum, mando ; port. *comendar*), tr. ¶ **1** confier, *alicui rem*, qqch. à qqn : Cic. Fam. 10, 12, 5, confier son nom à l'immortalité, s'immortaliser ¶ **2** recommander : *vobis me ac meos commendavi* Cic. Dom. 145, je me suis recommandé à

vous, moi et les miens ; *virtute populo Romano commendari* Cic. Verr. 5, 180, être recommandé au peuple romain par ses talents ¶ **3** faire valoir : *vox una maxime eloquentiam commendat* Cic. de Or. 1, 252, la voix plus que tout le reste fait valoir l'éloquence ; *nulla re una magis orator commendatur quam verborum splendore et copia* Cic. Brut. 216, pas une qualité, à elle seule, ne fait plus valoir l'orateur que l'éclat et la richesse du style ; *marmora commendantur coloribus* Plin. 36, 49, ce qui donne du prix au marbre, ce sont les veines nuancées ¶ **4** [tard.] faire savoir, montrer : Aug. Civ. 1, 13.

commensūrābĭlis, *e* (commetior), de mesure égale : Boet. Arith. 1, 18.

commensūrātĭo, *ōnis*, f. (commetior), égalité de mesure : Boet. Mus. 1, 31.

commensūrātus, *a, um*, Boet. Mus. 1, 29, ▶ commensurabilis.

1 **commensus**, *a, um*, part. de commetior.

2 **commensŭs**, *ūs*, m., mesure, commensurabilité : Vitr. 1, 3, 2.

commentārĭensis, *is*, m. (commentarius), greffier, secrétaire : Dig. 49, 14, 45 ‖ gardien de prison : Firm. Math. 3, 5, 26 ‖ secrétaire qui tient les livres (les registres), militaires : Ps. Ascon. Cic. Verr. 2, 1, 71.

commentārĭŏlum, *i*, n., Q. Cic. Pet. 58 ; Quint. 1, 5, 7 et **commentārĭŏlus**, *i*, m., Hier. Ep. 119, 1, petit écrit, petit mémoire.
▶ d. Cic. Phil. 1, 16 ; de Or. 1, 5, incertitude du genre.

commentārĭus, *ĭi*, m., **commentārĭum**, *ĭi*, n. ¶ **1** [en gén.] mémorial, recueil de notes, mémoire, aide-mémoire : *non est oratio, sed orationis commentarium paulo plenius* Cic. Brut. 164, ce n'est pas un discours, mais un canevas assez développé ; *conficiam commentarios rerum omnium* Cic. Fam. 5, 12, 10, je rédigerai des notes de tous les événements ; *commentarium consulatus mei Graece compositum misi ad te* Cic. Att. 1, 19, 10, je t'ai envoyé le mémoire sur mon consulat rédigé en grec ¶ **2** [en part.] **a)** recueil de notes, journal, registre, archives de magistrats : *commentarium M. Sergii quaestoris* Varr. L. 6, 90, le journal du questeur M. Sergius ; *commentarii pontificum* Cic. Brut. 55, les registres des pontifes ; *commentarii senatus* Tac. An. 15, 74, les archives du sénat ; *commentarii diurni* (= *acta diurna*) Suet. Aug. 64, 2, le journal officiel de Rome **b)** *Commentarii Caesaris* Cic. Brut. 262, les Commentaires [notes, rapports, relations] de César **c)** brouillon, projet de discours : Quint. 10, 7, 30 **d)** procès-verbaux d'une assemblée, d'un tribunal : Cic. Verr. 5, 54 ; Tac. An. 6, 47 **e)** commentaire, explication d'un auteur : Gell. 2, 6, 1 **f)** cahier de notes [d'un élève] : Quint. 3, 6, 59.

commentātĭo, *ōnis*, f. (1 commentor), examen réfléchi, préparation [d'un travail dans le cabinet], méditation : Cic. de Or. 2, 118 ; Brut. 272 ; *commentatio et cogitatio* Cic. de Or. 1, 150, la préparation et la méditation (discours préparé et médité)‖ pl., exercices préparatoires : Cic. de Or. 1, 154‖ *mortis* Cic. Tusc. 1, 74, préparation à la mort ‖ traité, dissertation : Plin. 28, 7 ‖ [rhét.] enthymème : Quint. 5, 10, 1.

commentātŏr, *ōris*, m. (1 commentor), celui qui remet en mémoire : *commentator Evangelii* Tert. Res. 33, l'auteur de l'Évangile ‖ commentateur, interprète : Cod. Just. 1, 17, 2 ¶ 20.

commentātrix, *īcis*, f. (commentator), celle qui invente : Arn.-J. Greg. 17, p. 416.

commentātus, *a, um*, part. de commentor et de commento.

commentīcĭus, *a, um* (commentus) ¶ **1** inventé, imaginé : *commenticia spectacula* Suet. Cl. 21, 1, spectacles inédits ¶ **2** imaginaire, de pure imagination : *commenticia civitas Platonis* Cic. de Or. 1, 230, la république idéale de Platon ; *commenticii dii* Cic. Nat. 2, 70, dieux imaginaires ¶ **3** faux, mensonger : *crimen commenticium* Cic. Amer. 42, accusation forgée, calomnieuse.

commentĭor, *īris, īrī, ītus sum*, tr., mentir, dire faussement : Dig. 48, 18, 1 ‖ feindre, simuler : *virum commentitus bonum* Apul. M. 7, 1, s'étant donné pour homme de bien.

commentītĭus, ▶ commenticius.

commentītus, *a, um*, part. de commentior.

commentō, *ās, āre, āvī*, -, ▶ commentor : *Apul. Apol. 87 ; Prisc. 2, 392, 12.

1 **commentŏr**, *ārĭs, ārī, ātus sum* (fréq. de comminiscor), tr., appliquer sa pensée à qqch. ¶ **1** méditer, réfléchir à : *qui multos annos nihil aliud commentaris* Cic. Fam. 7, 1, 5, toi qui ne penses qu'à cela depuis plusieurs années ; *futuras mecum commentabar miserias* Cic. poet. Tusc. 3, 29, j'évoquais par la pensée des malheurs à venir (Pl. Poen. 1) ; *ut commentemur inter nos, qua ratione nobis traducendum sit hoc tempus* Cic. Fam. 4, 6, 3, pour réfléchir ensemble sur la manière dont nous devons nous conduire en ce moment ; *de aliqua re commentari* Cic. Phil. 3, 36, méditer sur qqch. ¶ **2** faire des exercices, étudier, s'exercer [en parl. d'un maître de gladiateurs] Cic. de Or. 3, 86 ; *cum commentandi causa convenissemus* Cic. Lae. 7, nous étant réunis pour étudier des questions de science augurale (Div. 1, 90) ; *commentabar declamitans saepe cum M. Pisone...* Cic. Brut. 310, je faisais souvent des exercices de déclamation avec M. Pison... ; *satisne vobis videor in vestris auribus commentatus ?* Cic. Fin. 5, 75, pensez-vous que je me sois assez exercé [à l'exposé philosophique] en votre présence ? ‖ [avec acc.] préparer qqch. à loisir :

commentor

causam Cic. Brut. 87, préparer une plaidoirie ; *orationem* Cic. Amer. 82, un discours (*Brut.* 301) ∥ [part. sens passif] *commentata oratio* Q. Cic. d. Cic *Fam.* 16, 26, 1, discours préparé (médité) ; *sua et commentata et scripta* Cic. *Brut.* 301, ce qu'il avait et préparé et écrit ¶ **3** composer, rédiger : *mimos* Cic. *Phil.* 11, 13, composer des mimes (Gell. 1, 9, 4) ; *de militari disciplina* Plin. pr. 30, écrire sur la discipline militaire ∥ commenter, expliquer : Suet. *Gram.* 2.

2 **commentŏr**, *ōris*, m., inventeur : Ov. F. 3, 785.

commentum, *i*, n. (*commentus*) ¶ **1** fiction, chose imaginée, imagination : *ipsis commentum placet* Ter. *And.* 225, ils s'applaudissent de leur invention ; *opinionum commenta delet dies* Cic. *Nat.* 2, 5, le temps fait justice des croyances chimériques ; *sine aliquo commento miraculi* Liv. 1, 19, 5, sans une idée de merveilleux ¶ **2** plan, projet : *ut nefanda commenta facilius tegerentur* Just. 21, 4, 3, pour mieux couvrir des projets criminels ¶ **3** [rhét.] enthymème : Quint. 5, 10, 1 ¶ **4** [tard.] commentaire : Isid. *Diff.* 1, 155 (90).

commentus, *a*, *um*, part. de *comminiscor*.

commeō, *ās*, *āre*, *āvī*, *ātum* (*cum*, *meo*), intr., aller d'un endroit à un autre ¶ **1** aller et venir, circuler : Caes. *G.* 7, 36, 7 ; Liv. 5, 47, 11 ; Cic. *Nat.* 2, 84 ; [fig.] Tac. *An.* 2, 28, 5 ¶ **2** aller souvent qq. part : *ad Belgas* Caes. *G.* 1, 1, 3, chez les Belges ; *Delos, quo omnes undique cum mercibus commeabant* Cic. *Pomp.* 55, Délos, où tous les négociants de tous les points du monde se rendaient avec leurs marchandises ; [fig.] Cic. *Cael.* 38 ; *Att.* 8, 9, 3.

commercātor, *ōris*, m., associé de commerce : Gloss. 2, 245, 21.

commercātus, *a*, *um*, [part. de *commercor* sens passif] acheté : Afran. *Com.* 259.

commerciālis, *e* (*commercium*), commercial : Aug. *Ev. Joh.* 13, 14.

commerciārius, *ii*, m., associé pour un achat : Gloss. 2, 448, 49.

commercĭŏr, *ārĭs*, *ārī*, -, intr., faire du commerce : Cassiod. *Var.* 5, 59, 9.

commercĭum, *ii*, n. (*commercor*) I [pr.] ¶ **1** trafic, commerce, négoce : *alicujus* Liv. 28, 18, 12, commerce de qqn (fait par qqn) ; *alicujus rei* Liv. 45, 29, 13, commerce de qqch. ; *commercio aliquem prohibere* Sall. *J.* 18, 6 ; Liv. 4, 52, 6, empêcher qqn de faire du commerce ¶ **2** droit [entre deux parties] de recourir aux actes de commerce juridique : *commercium est emendi vendendique invicem jus* Ulp. *Reg.* 19, 5, le droit de commercer et le droit réciproque d'acheter et de vendre ; *commercio alicui interdicere* Dig. 4, 4, 24, 1, frapper qqn d'incapacité civile [quant aux biens] ; *ceteris Latinis populis commercia inter se ademerunt* Liv. 8, 14, 10, ils (les Romains) privèrent les autres peuples latins du droit d'établir des relations juridiques entre eux ; *nisi arbitramini iis hominibus commercium istarum rerum cum Graecis hominibus non fuisse* Cic. *Verr.* 4, 133, à moins que, selon vous, ces hommes n'aient pu faire le commerce (l'achat) de ces objets avec les Grecs ; *ut denorum equorum iis commercium esset* Liv. 43, 5, 9, [on concéda] qu'ils auraient le droit d'acheter chacun dix chevaux ¶ **3** article de commerce, de trafic, marchandises : Frontin. *Strat.* 2, 5, 14 ; Plin. 35, 168 ; 26, 19 ¶ **4** lieu où se fait le commerce, place de commerce : *commercia et litora peragrare* Plin. 37, 45, parcourir les places de commerce et les points du littoral.

II [fig.] ¶ **1** rapports, relations, commerce : *habere commercium cum aliquo* Cic. *Tusc.* 5, 66, avoir commerce avec qqn (*Lae.* 42) ; *commercium plebis* Liv. 5, 3, 8, relations avec la plèbe ; *loquendi audiendique* Tac. *Agr.* 2, l'échange des propos ; *dandi et accipiendi beneficii* Val.-Max. 5, 3, (relations qui consistent à donner et recevoir des bienfaits) l'échange des bienfaits ; *linguae* Liv. 9, 36, 6, possibilité de converser dans une langue ; *commercio sermonum facto* Liv. 5, 15, 5, des échanges de propos s'étant établis ; *epistularum* Sen. *Ep.* 38, 1, échange de lettres, commerce épistolaire ; *belli commercia* Tac. *H.* 3, 81, rapports entre belligérants ¶ **2** commerce charnel : Pl. *Truc.* 94 ¶ **3** [droit] connivence, collusion : Cod. Th. 8, 1, 15 ; 13, 11, 4.

commercŏr, *ārĭs*, *ārī*, *ātus sum*, tr., acheter en masse : Pl. *Cap.* 27 ; Sall. *J.* 66, 1 ∥ [chrét.] racheter : Paul.-Nol. *Carm.* 21, 401 ∥ pass. v. *commercatus*.

commĕrĕō, *ēs*, *ēre*, *ŭī*, -, Cic. *de Or.* 1, 232 et **commĕrĕŏr**, *ēris*, *ērī*, *rĭtus sum*, Gell. 1, 6, 6 ; Pl. *Aul.* 738 ; Ter. *Hec.* 486, tr., mériter [en mauvaise part] : Cic. *de Or.* 1, 232 ∥ se rendre coupable de : *commerere noxiam* Pl. *Most.* 1178, commettre un délit ; *quid commerui ?* Ter. *And.* 139, qu'ai-je fait ? ; *quid commeruistis ?* Ov. F. 1, 362, quel est votre crime ? ∥ [abs¹] *numquam sciens commerui, ut* Ter. *Hec.* 580, jamais je n'ai rien fait sciemment qui justifiât que.

commergō, *ĭs*, *ĕre*, -, -, plonger ensemble : Not. Tir. 72, 76.

commĕrĭtus, *a*, *um*, part. de *commereor* et de *commereo*.

commers, Pl. *St.* 519, **C.** *commercium*.

commētĭŏr, *īrĭs*, *īrī*, *mensus sum* (esp. *comedir*), tr. ¶ **1** mesurer : Col. 5, 1, 2 ∥ [fig.] *commetiri omnes porticus* Pl. *Most.* 910, arpenter tous les portiques ¶ **2** mesurer ensemble, confronter : Cic. *Inv.* 1, 39 ; *Tim.* 33.

1 **commētō**, *ās*, *āre*, -, - (fréq. de *commeo*), intr., aller ensemble, aller : Nov. *Com.* 7 ; Ter. *Haut.* 444 ∥ [avec acc. de qual.] Pl. *Cap.* 185.

2 **commētō**, *ās*, *āre*, *āvī*, - (*cum*, 1 *meto*), mesurer : Pl. *Men.* 1019.

commi, v. *cummi*.

Commĭădēs, *is*, m., auteur grec qui écrivit sur la viticulture : Plin. 14, 120.

commĭcō, *ās*, *āre*, -, -, intr., s'agiter ensemble : Not. Tir. 67, 12.

commictĭlis, *e* (*commingo*), ["digne d'être souillé d'urine"] méprisable, vil : Pompon. *Com.* 138

commictus ou **comminctus**, *a*, *um*, part. de *commingo*.

commĭgrātĭo, *ōnis*, f. (*commigro*), passage d'un lieu à un autre : Sen. *Helv.* 6, 6 ∥ [chrét.] mort : Ps. Aug. *Serm.* 154, 10.

commĭgrō, *ās*, *āre*, *āvī*, *ātum*, intr., passer d'un lieu dans un autre : *in domum tuam commigrabis* Cic. *Q.* 2, 3, 7, tu iras habiter une maison à toi ; *gens Claudia Romam commigravit* Suet. *Tib.* 1, 1, la famille Claudia vint s'établir à Rome.

commīles, *ĭtis*, m., compagnon d'armes : CPL 145, 17.

commīlĭtĭum, *ii*, n. (*cum*, 1 *milito*), fraternité d'armes [service militaire fait en commun] : *Chauci in commilitium adsciti* Tac. *An.* 1, 60, les Chauques furent admis à servir dans nos rangs ; *uti commilitio alicujus* Quint. 5, 10, 111, avoir quelqu'un pour compagnon d'armes ∥ [fig.] *commilitium studiorum* Apul. *Flor.* 16, 36, camaraderie d'études.

1 **commīlĭtō**, *ās*, *āre*, -, -, intr., être compagnon d'armes : Flor. 3, 5, 23 ; Aug. *Ep.* 101, 4.

2 **commīlĭto**, *ōnis*, m. (*cum*, 1 *milito*, cf. *commilitium*), compagnon d'armes : Cic. *Dej.* 23 ; *milites commilitones appellabat* Suet. *Caes.* 67, 2, il appelait ses soldats compagnons d'armes.

commĭnābundus, *a*, *um* (*comminor*), faisant des menaces : Tert. *Marc.* 4, 15, 10.

commĭnans, *tis*, part. de *comminor* et de *commino*.

commĭnanter, adv., en menaçant : Ps. Rufin. *Amos* 7, 14.

commĭnātĭo, *ōnis*, f. (*comminor*), démonstration menaçante, menace : Cic. *de Or.* 3, 206 ; *comminatio taurorum est in pedibus* Plin. 8, 181, les dispositions menaçantes du taureau se révèlent au mouvement de ses pieds ∥ démonstration [milit.] : Liv. 26, 8, 3 ∥ pl., menaces : Suet. *Tib.* 37, 4.

commĭnātīvus, *a*, *um* (*comminor*), menaçant [en parl. des choses] : Tert. *Marc.* 2, 25, 6.

commĭnātŏr, *ōris*, m., qui menace vivement : Tert. *Scorp.* 9, 7.

commĭnātus, *a*, *um*, part. de *comminor*.

commĭnax, *ācis*, menaçant : Ps. Rufin. *Os.* 10, 5.

comminctus, a, um, part. de commingo.

commingō, ĭs, ĕre, minxī, mictum ou minctum, tr., mouiller d'urine : Hor. S. 1, 3, 90 ‖ souiller : Pl. Pers. 407 ; Catul. 99, 10.

comminiscō, ĭs, ĕre, -, -, tr., [arch.] Apul. M. 4, 11, ▸ comminiscor.

comminiscŏr, scĕrĭs, scī, mentus sum, tr. (cum, *miniscor, cf. memini), imaginer : *comminisci mendacium* Pl. Ps. 689, forger un mensonge ; *nequeo comminisci quid dicam* Pl. Aul. 69, je ne vois pas trop ce que je dois dire ; *Epicurus deos nihil agentes commentus est* Cic. Nat. 2, 59, Épicure a imaginé des dieux oisifs, cf. Fin. 4, 43 ; Att. 6, 1, 8 ; Rep. 3, 25 ‖ inventer : *Phoenices litteras sunt commenti* Mel. 1, 12, les Phéniciens ont inventé l'écriture.
▸ commentus, a, um, avec sens pass." imaginé "Ov. M. 3, 558 ; 6, 565.

comminister, tri, m., confrère dans les fonctions, collègue : Cassiod. Hist. 1, 13.

comminō, ās, āre, -, - (cum, 1 mino), tr., mener ensemble [des troupeaux] : Apul. M. 7, 11.

comminŏr, ārĭs, ārī, ātus sum, intr., adresser des menaces : [avec dat.] *alicui cuspide* Suet. Caes. 62, menacer qqn en lui présentant la pointe de son épée ; *quid comminatus es mihi ?* Pl. Aul. 417, pourquoi me menacer ? ; [avec acc. de la chose] *comminari necem alicui* Suet. Caes. 14, 2, menacer qqn de mort ; *comminanda oppugnatione* Liv. 31, 26, 6, par la menace d'un assaut, cf. 42, 7, 5 ‖ part. *comminatus* avec sens pass., Apul. M. 6, 26 ; 10, 6 ‖ *comminari aliquem* Paul. Dig. 1, 15, 3, 1 ; Ulp. Dig. 1, 16, 9, 3.

comminŭō, ĭs, ĕre, ŭī, ūtum, tr. ¶ 1 mettre en pièces, briser, broyer : *statuam comminuunt* Cic. Pis. 93, ils mettent en pièces la statue ; *comminuere fabas molis* Ov. Med. 72, moudre des fèves ; *comminuere caput* Pl. Ru. 1118, casser la tête ; *comminuere diem articulatim* Pl. d. Gell. 3, 3, 5, découper la journée en tranches ‖ [fig.] *Viriathum Laelius comminuit* Cic. Off. 2, 40, Laelius écrasa Viriathe ¶ 2 diminuer : *comminuere auri pondus* Hor. S. 1, 1, 43, entamer un tas d'or ‖ [fig.] affaiblir, réduire à l'impuissance, venir à bout de : *avaritia comminuit officium* Cic. Quinct. 26, l'avidité ruine tout sentiment du devoir ; *comminuere ingenia* Quint. 1, 7, 33, énerver le talent ; *lacrimis comminuere meis* Ov. H. 3, 134, tu seras vaincu par mes larmes.

commĭnus, adv. (cum manibus, anc. adj.), ▸ eminus, sous la main ¶ 1 de près : *pugnare* Caes. C. 1, 58, 4, combattre de près ; *comminus, eminus petere* Liv. 21, 34, 6, assaillir de près, de loin ; *comminus conserere manus* Liv. 28, 18, 14, combattre corps à corps ; *nunc comminus agamus* Cic. Div. 2, 26, maintenant venons-en aux mains sérieusement ; *ad te comminus accessit* Cic. Att. 2, 2, 2, toi, il t'a serré de près ; *comminus arva insequi* Virg. G. 1, 104, reprendre de près son champ [à la main, avec le hoyau] ¶ 2 ▸ *prope* : *viso comminus armatorum agmine* Tac. H. 1, 41, ayant vu une bande armée toute proche ; *comminus judicare aliquid* Plin. 11, 240, juger qqch. de près (sur place) ‖ tout droit, tout de suite : *non comminus Mesopotamiam petunt* Tac. An. 12, 12, ils ne vont pas tout droit en Mésopotamie.

comminūtio, ōnis, f., broiement : Hier. Reg. Pach. 159.

comminūtus, a, um, part. de comminuo.

comminxi, ▸ commingo.

commis, ▸ cummi.

commiscĕō, ēs, ēre, miscŭī, mixtum ou mistum, tr. ¶ 1 mêler avec : *commiscere amurcam cum aqua* Cat. Agr. 93, délayer du marc d'huile dans de l'eau, cf. Cic. Dom. 144 ; *reliquias Domitiani cineribus Juliae commiscuit* Suet. Dom. 17, 3, elle réunit les restes de Domitien aux cendres de Julie ; *commixtus aliqua re*, mêlé de qqch. : Lucr. 6, 322 ; Virg. En. 3, 633 ; Hor. S. 1, 10, 24 ¶ 2 [fig.] unir, allier, confondre : *nunquam temeritas cum sapientia commiscetur* Cic. Marc. 7, jamais l'irréflexion ne s'allie à la sagesse ; *commiscere aliquid rei cum Neptuno* Pl. Ru. 487, avoir affaire tant soit peu à Neptune ; *commiscere jus accusationis cum jure testimonii* Her. 4, 35, confondre les droits de l'accusateur avec ceux des témoins ¶ 3 [en part.] *commixtus ex aliqua re* ou *aliqua re*, formé de qqch., constitué par qqch. : Quint. 3, 8, 55 ; Virg. En. 6, 762.
▸ formes de la 3ᵉ conj. : -scis Apic. 153 ; fut. -sces Veg. Mul. 1, 34, 5.

commiscĭbĭlis, e, qui peut se mêler : Tert. Anim. 12, 3.

commiscŭlus, a, um, commun : Gloss. 2, 105, 40.

commĭsĕrātio, ōnis, f. (commiseror), action d'exciter la pitié ; pathétique : Cic. de Or. 3, 219 ‖ [rhét.] partie du plaidoyer où l'avocat cherche à exciter la pitié : *commiserationem brevem esse oportet* Her. 2, 50, il faut que l'appel à la pitié soit bref.

commĭsĕrĕŏr, ērĭs, ērī, rĭtus sum, tr., déplorer : Gell. 6, 5, 6.

commĭsĕrescĭt (**commē-**), ĕre, -, -, impers., avoir pitié : *ut ipsam ejus commisereceret* Ter. Hec. 129, pour qu'elle-même eût pitié de lui, cf. Pl. Ru. 1090.

commĭsĕrescō, ĭs, ĕre, -, - ¶ 1 tr., avoir pitié, *aliquem*, de qqn : Enn. Tr. 151 ¶ 2 intr. [avec gén.] Pacuv. Tr. 391 ; Turp. Com. 211.

commĭsĕrĕt (**commē-**), ēre, rĭtum est, impers., avoir pitié : *navitas precum ejus commiseritum est* Gell. 16, 19, 11, les matelots furent touchés de ses prières.

1 **commĭsĕro**, ōnis, m., compagnon d'infortune : Tert. Marc. 4, 9, 3.

2 **commĭsĕrō**, ās, āre, -, -, tr., Acc. Tr. 355, ▸ commiseror.

commĭsĕrŏr, ārĭs, ārī, ātus sum ¶ 1 tr., plaindre, déplorer : *commiserari fortunam Graeciae* Nep. Ages. 5, déplorer le sort de la Grèce ¶ 2 intr., [rhét.] exciter la compassion, recourir au pathétique : *quid cum commiserari coeperit ?* Cic. Caecil. 46, que sera-ce, quand il se sera mis à faire appel à la pitié ?

commīsī, parf. de committo.

commissātio, **commissator**, ▸ comissatio.

commissio, ōnis, f. (committo) ¶ 1 jointure, joint : Ambr. Hex. 2, 5, 21 ¶ 2 action de mettre en contact, de commencer : *ab ipsa commissione ludorum* Cic. Att. 15, 26, 1, dès l'ouverture des jeux ‖ [en part.] représentation [au théâtre, au cirque] : *pantomimi producti in commissione* Plin. Ep. 7, 24, pantomimes qui paraissent en représentation ‖ pièce de concours, morceau d'apparat : Suet. Cal. 53, 2 ; Aug. 89, 3 ¶ 3 action de commettre une faute : Arn. 4, 31.

commissŏr, ōris, m. (committo), coupable : Aug. Psalm. 85, 4.

commissōrĭa lex, Dig. 18, 3, 4 ou absᵗ **commissōrĭa**, ae, f., [droit] pacte commissoire : *commissoriam exercere* Dig. 18, 3, 4, faire jouer le pacte commissoire [= la clause résolutoire, le dédit] ; *venire commissoria* Dig. 43, 23, 11, être vendu avec pacte commissoire.

commissum, i, n. (commissus) ¶ 1 entreprise : Cic. Sull. 72 ; Liv. 44, 4, 8 ; 44, 6, 14 ¶ 2 faute commise, délit, crime : *commissa fateri* Stat. S. 5, 5, 5, avouer ses fautes ; *commissa luere* Virg. En. 1, 136, expier ses crimes ; *per ignorantiam scripturae multa commissa fiebant* Suet. Cal. 41, 1, comme on ne connaissait pas la lettre de la loi, il y avait force délits ¶ 3 objet confisqué, confiscation : *in commissum cadere* Dig. 39, 4, 16, encourir la confiscation ; *tollere onus navis commisso* Dig. 19, 2, 61, confisquer la cargaison d'un navire ¶ 4 secret : *enuntiare commissa* Cic. Tusc. 2, 31, trahir des secrets ; *commissum tegere* Hor. Ep. 1, 18, 38, garder un secret.

commissūra, ae, f. (committo ; it. commessura) ¶ 1 joint, jointure : *commissurae digitorum* Cic. Nat. 2, 150, jointures des doigts ; *ad commissuras pluteorum atque aggeris* Caes. G. 7, 72, 4, aux points de jonction du parapet et de la levée de terre ; *colorum* Plin. 35, 29, art de fondre les couleurs [ne pas laisser voir la transition] ¶ 2 [rhét.] *commissura verborum* Quint. 9, 4, 37, assemblage des mots.

commissūrālis, e, où il y a des jointures : Veg. Mul. 2, 13, 4.

commissus, a, um, part. de committo.

commist-, ▸ commixt-.

commitigo

commītīgō, ās, āre, -, -, tr., amollir : *caput alicui sandalio* Ter. *Eun.* 1028, amollir la tête de qqn avec sa sandale.

committō, ĭs, ĕre, mīsī, missum (fr. *commettre*), tr., mettre plusieurs choses ensemble

> ¶1 "unir, s'assembler" ¶2 "mettre aux prises" ¶3 "entreprendre, commencer" ¶4 "committere un acte coupable", *committere ut* "s'exposer à ce que" ¶5 "se mettre dans le cas de", "encourir une peine" ¶6 "rendre exécutoire" ¶7 "risquer, hasarder", *salutem committere alicui* "confier sa vie à", "faire confiance à", [avec *ut*] "s'en remettre à quelqu'un du soin de ".

¶1 unir, assembler : *commissis suarum turrium malis* Caes. *G.* 7, 22, 5, ayant réuni entre elles les poutres verticales de leurs propres tours [par les poutres transversales] ; *commissis operibus* Liv. 38, 7, 10, les travaux de défense s'étant rejoints ; *per nondum commissa inter se munimenta* Liv. 38, 4, 8, par les endroits où les fortifications ne s'étaient pas encore rejointes ; *orae vulneris suturis inter se committendae* Cels. 7, 19, 8, les lèvres d'une plaie doivent être réunies par des sutures ; *costae committuntur cum osse pectoris* Cels. 8, 1, 14, les côtes se rattachent à l'os pectoral (sternum) ; *viam viae committere* Liv. 39, 2, 10, joindre une route à une route ; *commissa dextera dextrae* Ov. *H.* 2, 31, mains droites jointes ; *moles urbem continenti committit* Curt. 4, 2, 16, une digue relie la ville au continent ¶2 mettre aux prises, faire combattre ensemble : *pugiles Latinos cum Graecis* Suet. *Aug.* 45, faire combattre ensemble des pugilistes latins et grecs ; *camelorum quadrigas* Suet. *Ner.* 11, mettre aux prises dans les jeux du cirque des attelages de chameaux ; *inter se omnes committere* Suet. *Cal.* 56, les mettre tous aux prises entre eux ‖ confronter, comparer : *sua scripta antiquae Corinnae* Prop. 2, 3, 21, comparer ses écrits à ceux de l'antique Corinne ¶3 mettre [pour ainsi dire] qqch. en chantier, donner à exécuter, [d'où] entreprendre, commencer : *proelium* Cic. *Div.* 1, 77 ; Caes. *G.* 2, 21, 3, engager le combat (*cum aliquo* Cic. *Mur.* 34, avec qqn) ; *committere ac profligare bellum* Liv. 21, 40, 11, entreprendre une guerre et en décider l'issue ; *hoc bello prospere commisso* Liv. 8, 25, 6, cette guerre ayant été heureusement entreprise ; *nondum commisso spectaculo* Liv. 2, 36, 1, le spectacle n'étant pas encore commencé ; *quo die ludi committebantur* Cic. *Q.* 3, 4, 6, le jour où commençaient les jeux ; *judicium inter sicarios committitur* Cic. *Amer.* 11, une action pour assassinat s'engage devant la justice ‖ [pass. impers.] : *priusquam committeretur* Suet. *Vesp.* 5, avant le commencement du combat ; [part. n.] : *audacter commissum* Liv. 44, 4, 8, entreprise audacieuse (44, 4, 11 ; 44, 6, 14) ‖ [rare] livrer complètement une bataille : Cic. *Mur.* 33 ; Liv. 23, 44, 5 ; 34, 37, 7 ¶4 mettre à exécution un acte coupable, commettre, se rendre coupable de : *facinus* Cic. *Amer.* 65 ; *scelus* Cic. *Sull.* 6 ; *nefarias res* Cic. *Phil.* 6, 2 ; *majus delictum* Caes. *G.* 7, 4, 10, commettre un forfait, un crime, des crimes abominables, un délit plus grave ; *si quae culpa commissa est* Cic. *Fam.* 16, 10, 1, si une faute a été commise ; *quae tu sine Verre comisisti* Cic. *Caecil.* 35, les actes dont tu t'es rendu coupable, toi, sans Verrès ‖ [absᵗ] se rendre coupable, faillir : *quasi committeret contra legem* Cic. *Brut.* 48, comme s'il commettait une infraction à la loi, cf. *Verr.* 1, 110 ; *lege censoria committere* Varr. *R.* 2, 1, 16 (Quint 7, 1, 9) être coupable au regard de la loi censoriale ; *neque commisum a se quare timeret* Caes. *G.* 1, 14, 2, [il disait] qu'il n'y avait pas eu de sa part une action coupable qui justifiât des craintes (il n'avait rien fait pour craindre) ; *Caedicius negare se commissurum, cur sibi quisquam imperium finiret* Liv. 5, 46, 6, Cédicius déclarait qu'il ne ferait rien pour qu'on lui enlevât le commandement ‖ *committere ut* [et surtout *non committere ut*], se mettre dans le cas de que, s'exposer à ce que : *commisisti ut ex isdem praediis et Apollonide et Romae imperatum esset tributum* Cic. *Flac.* 80, tu t'es exposé à ce que sur les mêmes terres un impôt fût ordonné à la fois à Apollonis et à Rome ; *vide quam temere committant ut, si nulla sit divinatio, nulli sint di* Cic. *Div.* 2, 41, vois avec quelle légèreté ils s'exposent à la conclusion que, s'il n'y a pas de divination, il n'y a pas de dieux ; *sordidum est ad famam committere, ut accusator nominere* Cic. *Off.* 2, 50, c'est une tache pour la réputation que de s'exposer au surnom d'accusateur en titre ; *committendum non putabat ut dici posset...* Caes. *G.* 1, 46, 3, il ne pensait pas qu'il fallût s'exposer à ce qu'on pût dire ... ; *quare ne committeret ut* Caes. *G.* 1, 13, 7, qu'il ne s'exposât donc pas à ce que..., cf. 7, 47, 7 ‖ [même sens avec inf.] : Ov. *M.* 9, 632 ; Col. 2, 4, 3 ¶5 faire se produire, laisser se réaliser qqch., [d'où] se mettre dans le cas de, encourir [une peine] *poenam* Cic. *Verr.* 3, 30 ; *multam* Cic. *Clu.* 103, encourir une peine, une amende ¶6 rendre exécutoire : *committere edictum, stipulationem* Dig. 3, 3, 45, 2, rendre exécutoire un édit, un engagement = se mettre dans le cas que l'édit... soit exécuté = être passible d'un édit, encourir l'exécution d'un engagement ‖ part. passif [droit] : rendu exécutoire, dévolu : *hypothecae commissae sunt* Cic. *Fam.* 13, 56, 2, les hypothèques sont rendues exécutoires [par expiration du délai et non-accomplissement des engagements] ; *hanc fiduciam commissam tibi dicis* Cic. *Flac.* 51, tu dis que ces nantissements te sont acquis (dévolus) ¶7 laisser aller (abandonner) qqn, qqch., risquer, hasarder : *in conspectum alicujus se committere* Cic. *Verr.* 4, 26, s'aventurer sous les regards de qqn (affronter les regards de qqn) ; *se in conclave* Cic. *Amer.* 64, s'aventurer dans une chambre (*se in senatum* Cic. *Q.* 3, 2, 2, au sénat) ; *se aciem* Liv. 23, 11, 10, se hasarder dans la bataille ; *auctor non sum, ut te urbi committas* Cic. *Att.* 15, 11, 1, je ne te conseille pas de te risquer à Rome ; *se populo, senatui* Cic. *Mil.* 61, se présenter devant le peuple, au sénat (*Sest.* 116) ; *se proelio* Liv. 4, 59, 2 ; *se pugnae* Liv. 5, 32, 4, se risquer à une bataille ‖ confier : *alicui salutem, fortunas, liberos* Cic. *Off.* 2, 43, confier à qqn son salut, ses biens, ses enfants ; *quaedam domestica litteris non committere* Cic. *Att.* 4, 1, 8, ne pas confier à une lettre certaines affaires de famille ; *salutem suam Gallorum equitatui committere non audebat* Caes. *G.* 1, 42, 5, il n'osait pas confier sa sécurité à la cavalerie gauloise ; *nihil his committendum existimavit* Caes. *G.* 4, 5, 1, il pensa qu'il devait ne compter sur eux en rien ‖ [absᵗ] s'en remettre, *alicui*, à qqn : *commisi Heio* Cic. *Verr.* 4, 16, j'ai fait confiance à Héius, cf. Pl. *Curc.* 655 ; Cic. *Agr.* 2, 20 ; Caes. *C.* 3, 25, 1 ; *committere alicui, ut videat...* Cic. *Mil.* 70, s'en remettre à qqn du soin de voir (confier à qqn la mission de...) ; *alicui de existimatione sua* Cic. *Verr.* 3, 137, s'en remettre à qqn touchant sa réputation.

Commĭus, ĭi, m., Com, chef des Atrébates : Caes. *G.* 4, 21, 7.

commixtĭcĭus, a, um (*commixtus*), mélangé : Gloss. 4, 117, 23.

commixtim, adv. (*commixtus*), en mêlant tout, pêle-mêle : Vulg. *2 Par.* 35, 8.

commixtĭo, ōnis (*commisceo*), f., action de mêler, de mélanger : Apul. *Apol.* 32, 8 ‖ mélange : M.-Emp. 8, 2 ‖ union charnelle : Greg.-M. *Ep.* 11, 56a, 8.

commixtrix, īcis (*commisceo*), celle qui mêle : Aug. *Nupt.* 2, 13, 26.

commixtūra, ae (*commisceo*), f., mélange : *Cat. *Agr.* 157, 1.

1 **commixtus**, a, um, part. de *commisceo*.

2 **commixtŭs**, ūs, m., mélange : Julian.-Aecl. d. Aug. *Jul. op. imp.* 5, 17.

commōbĭlis, e, qui meut aisément : Cael.-Aur. *Acut.* 2, 9, 48.

commŏdātē, adv. (*commodatus*), convenablement : *commodatius* *Front. *Orat.* 18, p. 162 N., de façon plus appropriée ‖ *commodatissime* Fav. d. Gell. 2, 5.

commŏdātĭo, ōnis, f. (*commodo*), action de prêter : Ps. Apul. *Asclep.* 8.

commŏdātor, ōris, m. (*commodo*), prêteur : Dig. 47, 2, 55.

commŏdātum, i, n. (*commodatus*) ¶1 [en gén.] chose prêtée, prêt [prêt à usage, et gratuit] : *commodatum accipere* Dig. 13, 6, 3, emprunter ¶2 contrat de commodat: ***agere commodati*** Dig. 13, 6, 1, exercer l'action de commodat.

commŏdātus, *a*, *um*, part. de *commodo*.

commŏdē, adv. (*commodus*) ¶ **1** dans la mesure convenable, appropriée au but; convenablement, bien : ***multa breviter et commode dicta*** Cic. *Lae*. 1, maintes paroles pleines de concision et de justesse ; ***orationem commode scriptam esse dixit*** Cic. *de Or*. 1, 231, il déclara que le discours était habilement composé; ***minus commode audire*** Cic. *Verr*. 3, 134, n'avoir pas une bien bonne réputation; ***nos commodius agimus*** Cic. *Fin*. 2, 3, nous, nous faisons mieux ; ***non minus commode*** Caes. *G*. 2, 20, 3, aussi bien ‖ ***commode facis quod*** Cic. *Att*. 11, 7, 7, tu es bien inspiré de ; ***commodius fecissent, si dixissent*** Cic. *Agr*. 3, 1, ils auraient été mieux inspirés, s'ils avaient dit (ils auraient mieux fait de dire) ¶ **2** dans de bonnes conditions : ***explorat quo commodissime itinere vallem transire possit*** Caes. *G*. 5, 49, 8, il recherche le meilleur chemin pour passer la vallée ; ***magis commode quam strenue navigavi*** Cic. *Att*. 16, 6, 1, j'ai fait une traversée facile plutôt que rapide. ▶ *commode cum* *Cic. *Verr*. 3, 61, *commodum cum*.

Commŏdĭānus, **-dĭus**, *a*, *um*, de l'empereur Commode : Lampr. *Comm*. 12, 6.

2 **Commŏdĭānus**, *i*, m., Commodien [poète chrétien] : Gennad. *Vir*. 15.

commŏdĭtās, *ātis*, f. (*commodus*) ¶ **1** mesure convenable, convenance, juste proportion, adaptation des mesures : Cic. *Off*. 1, 138 ; *Nat*. 3, 86 ; Vitr. 1, 2, 2 ¶ **2** avantage : ***plurimas et maximas commoditates amicitia continet*** Cic. *Lae*. 23, l'amitié renferme de très nombreux et très grands avantages *Nat*. 3, 86, *Fin*. 4, 29 ; ***qui ex bestiis fructus, quae commoditas percipi posset ?*** Cic. *Off*. 2, 14, quel fruit, quel avantage pourrait-on retirer des animaux ? ‖ commodité : ***ob commoditatem itineris*** Liv. 1, 33, 6, pour faciliter les communications ‖ opportunité : ***commoditas ad faciendum idonea*** Cic. *Inv*. 2, 40, l'opportunité d'agir ¶ **3** caractère accommodant, bonté, indulgence : Pl. *Mil*. 1383 ; Ter. *Ad*. 710.

1 **commŏdō**, adv., à propos, à point : Pl. d. Char. 193, 15.

2 **commŏdō**, *ās*, *āre*, *āvī*, *ātum* (*commodus*), tr. ¶ **1** disposer convenablement : ***trapetum*** Cat. *Agr*. 135, 7, monter un pressoir ¶ **2** [fig.] ***aliquid alicui***, mettre à la disposition de qqn qqch., prêter à qqn qqch. [qui sera rendu] : ***ut haec a virtute donata, cetera a fortuna commodata esse videantur*** Cic. *Marc*. 19, en sorte que les avantages apparaissent comme un don de la vertu, et le reste comme un prêt de la fortune ; ***aurum alicui*** Cic. *Cael*. 31, prêter à qqn de la vaisselle d'or ; ***alicui aurem patientem*** Hor. *Ep*. 1, 1, 40, prêter à qqn une oreille docile ¶ **3** appliquer à propos, approprier : ***parvis peccatis veniam*** Tac. *Agr*. 19, appliquer à propos l'indulgence aux fautes vénielles ; ***rei publicae tempus*** Liv. 23, 48, 10, accorder à l'État le temps voulu [pour payer] ¶ **4** [abs¹] se montrer complaisant, rendre service (*alicui*) : ***publice commodasti*** Cic. *Verr*. 4, 20, tu (leur) as fait des avantages officiels ; ***alicui omnibus in rebus*** Cic. *Fam*. 13, 32, 2 ; ***omnibus rebus*** Cic. *Fam*. 13, 35, 2, obliger qqn en toutes choses ; ***nec, cum tua causa cui commodes, beneficium illud habendum est*** Cic. *Fin*. 2, 117, quand tu rends service à qqn dans ton propre intérêt, il ne faut pas considérer cela comme un bienfait.

commŏdŭlātiō, *ōnis*, f., symétrie : Vitr. 3, 1, 1.

commŏdŭlē, Pl. *Ru*. 468, **commŏdŭlum**, Pl. *Mil*. 750, convenablement.

1 **commŏdŭlum**, *i*, n. (dim. de 2 *commodum*), petit avantage : ***eventa haec non commodulis nostris pendenda*** Arn. 1, 9, il ne faut pas juger de ces événements d'après nos petits intérêts.

2 **commŏdŭlum**, adv., v. *commodule*.

1 **commŏdum**, adv. (*commodus*), à propos, tout juste, précisément : ***commodum discesseras heri, cum Trebatius venit*** Cic. *Att*. 13, 9, 1, hier, tu venais justement de partir, quand Trébatius est venu.

2 **commŏdum**, *ī*, n. (*commodus*) ¶ **1** commodité : ***cum erit tuum commodum*** Cic. *Att*. 12, 28, 3, quand il te sera commode [à ta convenance] ; ***quod commodo tuo fiat*** Cic. *Fam*. 4, 2, 4, fais-le comme cela t'arrangera le mieux ; ***per commodum*** Liv. 42, 18, 3 ; ***ex commodo*** Sen. *Ep*. 46, 1, en toute commodité, commodément ; ***si commodo valetudinis tuae fieri possit*** Cic. *Fam*. 16, 1, 2, si ta santé le permet ; ***mei commodi causa*** Cic. *Fam*. 5, 20, 1, pour ma commodité ; ***commodo rei publicae facere aliquid*** Cic. *Fam*. 1, 1, 3, faire qqch. sans préjudice pour l'État ¶ **2** avantage, profit : ***dicet pertinere hoc ad commodum senatorium*** Cic. *Verr*. 3, 223, il dira que cela touche aux intérêts des sénateurs ; ***officii rationem, non commodi ducere*** Cic. *Sest*. 23, faire état du devoir et non de l'intérêt ‖ ***commoda pacis*** Cic. *de Or*. 2, 335 ; ***vitae*** Cic. *Tusc*. 1, 87, les avantages de la paix, de la vie ; ***commoda publica*** Cic. *Verr*. 2, 66, avantages dont jouit le public ; ***de alterius commodis detrahere*** Cic. *Off*. 3, 30, empiéter sur les avantages dont jouissent les autres ‖ [en part.] avantages attachés à une fonction, appointements : ***commoda emeritae militiae ad sex milium summam recidit*** Suet. *Cal*. 44, il restreignit la pension de retraite des vétérans à six mille sesterces (Aug. 49, Galb. 12) ; cf. Cic. *Fam*. 7, 8, 1 ; Sen. 35 ¶ **3** [rare] objet prêté, prêt : Cic. *Verr*. 4, 6 ; Isid. 5, 25, 16.

1 **commŏdus**, *a*, *um* (*cum modo*, qui est de mesure) ¶ **1** convenable, approprié : ***commodā staturā*** Pl. *As*. 401, d'une bonne taille ; ***tribus aut novem miscentur cyathis pocula commodis*** Hor. *O*. 3, 19, 12, on fait le mélange des coupes avec les trois ou neuf cyathes qui conviennent ; ***viginti argenti commodae minae*** Pl. *As*. 725, les vingt mines d'argent appropriées (qu'il me faut) ; ***cum urbanas res commodiorem in statum pervenisse intellegeret*** Caes. *G*. 7, 6, 1, comprenant que les affaires de Rome étaient arrivées à un état meilleur ; ***hanc sibi commodissimam belli rationem judicavit, uti...*** Caes. *C*. 3, 85, 2, il jugea que sa meilleure tactique était de... ; ***commodius tempus anni*** Cic. *Att*. 9, 3, 1, saison plus opportune, plus favorable ‖ proportionné : Vitr. 1, 2, 3 ‖ ***commodum (commodius, commodissimum) est***, il est convenable, commode, opportun, avantageux : ***eum judicem, quem commodum erat, dabat*** Cic. *Verr*. 2, 33, il désignait le juge qu'il était à son avantage de désigner ; ***commodissimum esse statuit, omnes naves subduci*** Caes. *G*. 5, 11, 5, il décida que le mieux était qu'on tirât tous les navires à sec sur le rivage ¶ **2** accommodant, bienveillant : Cic. *Mur*. 66 ; Q. 1, 1, 39 ; *Lae*. 54 ‖ plaisant, agréable : ***aliis inhumanus ac barbarus, isti uni commodus ac disertus*** Cic. *Verr*. 3, 23, (il était) pour les autres sauvage et grossier, pour lui seul agréable et disert.

2 **Commŏdus**, *i*, m., Commode [empereur romain, fils de Marc Aurèle, 180-192 ap. J.-C.] : Lampr. *Comm*. 1 ‖ nom donné au mois d'août en l'honneur de Commode : Lampr. *Comm*. 11 ‖ **-modus**, *a*, *um*, du mois de Commode : Lampr. *Comm*. 11.

commoenītus, *a*, *um*, [arch.] communitus : Gell. 17, 11, 5.

commoetācŭlum, *i*, n. (*commuto* ?), baguette du flamine servant à écarter l'assistance : P. Fest. 56, 29.

Commŏlenda, **Conmŏlenda**, Act. Arv., Coinquenda.

commŏlĭŏr, *īrĭs*, *īrī*, *ītus sum*, tr. ¶ **1** mettre en mouvement : Lucr. 6, 255 ¶ **2** inventer, machiner : Caecil. *Com*. 207.

1 **commŏlītus**, *a*, *um*, part. de *commolior*.

2 **commŏlītus**, *a*, *um*, part. de *commolo*.

commollĭō, *īs*, *īre*, -, -, tr., amollir : M.-Emp. 8, 185.

commŏlō, *ĭs*, *ĕre*, *ŭī*, *ĭtum*, tr., écraser, broyer, pulvériser : Col. 12, 28, 1.

Commŏnē, *ēs*, f., île de la mer Égée : Plin. 5, 137.

commŏnĕfăcĭō, *ĭs*, *ĕre*, *fēcī*, *factum* (*commoneo, facio*), tr. ¶ **1** faire souvenir, rappeler : ***commonefacere aliquem beneficii sui*** Sall. *J*. 49, 4, rappeler à qqn le service qu'on lui a rendu ; ***commonefecit***

commonefacio

sanxisse Augustum Tac. *An. 6, 12*, il rappela l'ordonnance d'Auguste ; *commonefacit quae sint dicta* Caes. *G. 1, 19, 4*, il rappelle ce qui a été dit ; [avec prop. inf.] Cic. *Verr. 4, 144* ¶**2** avertir de : *commonefaciunt eum ut utatur instituto suo* Cic. *Verr. 2, 41*, ils l'invitent à respecter sa propre règle.

commŏnĕfīō, *fīs, fĭĕrī, factus sum*, pass. de commonefacio : *alicujus rei* Cic. *Verr. 5, 112*, être rappelé au souvenir de qqch.

commŏnĕō, *ēs, ēre, ŭī, ĭtum*, tr. ¶**1** faire souvenir : *ut hic modo me commonuit Pisonis anulus* Cic. *Verr. 4, 57*, c'est ainsi que l'anneau de Pison vient ici de rappeler mes souvenirs ; *re ipsa modo commonitus sum* Pl. *Trin. 1050*, c'est la réalité qui vient de m'y faire penser ‖ *aliquem alicujus rei*, faire souvenir qqn de qqch. : Pl. *Ru. 743* ; Her. *4, 44* ; Quint. *1, 5, 7* ‖ *quod vos lex commonet* Cic. *Verr. 3, 40*, ce que la loi vous rappelle ‖ *aliquem de aliqa re* Cic. *Verr. 5, 109*, rappeler qqn au souvenir de qqch., cf. *1, 154* ‖ [avec prop. inf.] faire souvenir que : Cic. *Verr. prim. 52* ‖ [avec interrog. indir.] Cic. *Mur. 50* ¶**2** avertir : *non exprobrandi causa, sed commonendi gratia dicere aliquid* Cic. *Amer. 46*, dire qqch. non pas en vue d'un reproche, mais à titre d'avis ; *de periculo aliquem commonere* Cic. *Part. 96*, avertir qqn d'un danger ; *de his te, si qui me forte locus admonuerit, commonebo* Cic. *de Or. 3, 47*, là-dessus, si qq. occasion m'y fait penser, je te donnerai des conseils ‖ [avec prop. inf.] Cic. *Verr. 4, 141*, avertir que ‖ [avec *ut*] avertir de, conseiller de : Ter. *And. 280* ; Quint. *4, 1, 78*.
▶ inf. passif *commonerier* Pl. *Ps. 150*.

commŏnĭtĭo, *ōnis*, f. (commoneo), action de rappeler, rappel : *non inutilis erat commonitio* Quint. *4, 2, 51*, il n'était pas inutile de revenir sur ce point.

commŏnĭtor, *ōris*, m. (commoneo), celui qui rappelle : Symm. *Ep. 7, 105*.

commŏnĭtōrĭŏlum, *i*, n. (dim. de commonitorium), petites instructions : Hier. *Ep. 55, 4, 1*.

commŏnĭtōrĭus, *a, um*, propre à avertir : Cod. Just. *1, 3, 33* ‖ **commonitōrĭum**, *ii*, n., instructions écrites : Amm. *28, 1, 20* ‖ [fig.] *Phoebus commonitorium Thaliae* Sidon. *Ep. 8, 11, 3*, Apollon qui donne ses instructions à Thalie.

commŏnĭtus, *a, um*, part. de commoneo.

commonstrasso, v. *commonstro* ▶.

commonstrātus, *a, um*, part. de commonstro.

commonstrō, *ās, āre, āvī, ātum*, tr., montrer, indiquer : Pl., Ter. ; *commonstrare viam* Cic. *de Or. 1 ; 203*, indiquer le chemin.
▶ *commonstrasso* = -avero Pl. *Ep. 447* ‖ *commostro* Pl. *Merc. 894* ; *Poen. 602* ; *1043*.

1 commōram, v. *commoveo* ▶.

2 comōram (commōram) (*cum, ora*), v. *cōram* : *Gloss. 5, 14, 30* ; *56, 12*.

commŏrātĭo, *ōnis*, f. (commoror) ¶**1** action de séjourner, séjour : Cic. *Fam. 6, 19, 1* ¶**2** retard : Cic. *Q. 3, 1, 23* ¶**3** [rhét.] action de s'attarder sur un point important : Cic. *de Or. 3, 202*.

commordĕo, *ēs, ēre*, -, -, tr., mordre : Sen. *Contr. 9, 6, 2* ‖ [fig.] déchirer : Sen. *Vit. 20, 6*.

Commori, *ōrum*, m. pl., peuple d'Asie : Plin. *6, 47*.

commōrim, v. *commoveo* ▶.

commŏrĭor, *mŏri, mortŭus sum*, intr. ¶**1** mourir avec : *commori alicui* Sen. *Ep. 77, 13*, mourir avec qqn ; *mors misera non est commori cum quo velis* Sen. *Ag. 202*, ce n'est pas un malheur de mourir avec celui qu'on veut tuer ¶**2** [fig.] mourir ensemble, se neutraliser [en parl. de deux poisons] : Plin. *27, 5*.

Commoris, *is*, m., village de Cilicie : Cic. *Fam. 15, 4, 9*.

commŏrō, *ās, āre*, -, -, intr., v. *commoror* : Prisc. *2, 392, 10* ; Sen. *Contr. 2, 6, 10*.

commŏror, *āris, ārī, ātus sum* ¶**1** intr., s'arrêter, s'attarder : *Ephesi sum commoratus* Cic. *Fam. 3, 5, 5*, je me suis arrêté à Éphèse ; *cum in eo commoratus essem* Cic. *Clu. 53*, ayant insisté sur ce point ‖ séjourner habiter : Vulg. *Job 38, 26* ¶**2** tr., arrêter, retenir : *me commoror* Pl. *Ps. 1135*, je me retarde ; *an te auspicium commoratum est ?* Pl. *Amp. 690*, les auspices t'ont-ils retenu ?

commorsĭco, *ās, āre*, -, -, tr. (*cum, morsico*, dim. de commordeo), mettre en pièces : Apul. *M. 7, 16* ‖ [fig] dévorer, être provocant : Apul. *10, 22*.

commorsus, *a, um*, part. de commordeo.

commortālis, *e*, mortel : Col. *3, 20, 4*.

commortĭfĭcō, *ās, āre*, -, -, tr., faire mourir en même temps : Nestor. d. Caelest. *Ep. 6, 2*.

commortŭus, *a, um*, part. de commorior.

commōrunt, v. *commoveo*.

commōsis, *is*, f. (κόμμωσις), sorte de propolis : Plin. *11, 16*.

commossem, *ēs*, v. *commoveo* ▶.

commostro, v. *commonstro* ▶.

commōtātĭo, *ōnis*, f., souffrance, douleur : Theod.-Prisc. *Log. 112*.

commōtĭae lymphae, f. pl. (commotus), eaux agitées : Varr. *L. 5, 71*.

commōtĭo, *ōnis*, f. (commoveo) ¶**1** action d'agiter : Pall. *11, 4, 5* ‖ commotion, mouvement imprimé, secousse : Cael.-Aur. *Acut. 2, 9* ; *commotio terrae* Vulg. *Is. 24, 19*, tremblement de terre ¶**2** [fig.] émotion, ébranlement des sens, de l'âme : *commotio jucunditatis in corpore* Cic. *Fin. 2, 13*, une impression de plaisir dans le corps ; *commotiones animorum* Cic. *Tusc. 4, 61*, les mouvements passionnés de l'âme ¶**3** [tard.] révolte, troubles politiques : Oros. *Hist. 1, 18, 2*.

commōtĭuncŭla, *ae*, f. (dim. de commotio), petit mouvement [de fièvre] : Cic. *Att. 12, 11*.

commōtĭus, adv., avec plus d'émotion : Aug. *Persev. 20, 53*.

commōtor, *ōris*, m. (commoveo), moteur, qui donne le branle à : Aug. *Civ. 7, 3*.

Commōtrĭa, *ae*, f., titre d'une pièce de Naevius : *Varr. L. 7, 54*.

1 commōtus, *a, um*
I part. de *commoveo*.
II [pris adj¹] ¶**1** en branle, en mouvement : *(genus Antonii) commotum in agendo* Cic. *de Or. 3, 32*, (l'éloquence d'Antoine) toujours pleine de mouvement (impétueuse) au cours du plaidoyer ‖ vif, animé, emporté : *Fimbria paulo fervidior atque commotior* Cic. *Brut. 129*, Fimbria, orateur un peu trop échauffé et emporté ; *Drusus animo commotior* Tac. *An. 4, 3*, Drusus d'un caractère un peu impétueux ¶**2** ému, agité : *quid ? ipsa actio potest esse vehemens... nisi est animus ipse commotior ?* Cic. *Div. 1, 80*, eh ! l'action même peut-elle être véhémente, si l'âme de son côté n'est pas qq. peu émue ?

2 commōtŭs, *ūs*, m., ébranlement : Varr. *L. 5, 71*.

commŏvens, *entis*, part. prés. de commoveo [pris adj¹] *castigandi genus commoventius* Sen. *Contr. 2, 6 (14), 11*, genre de remontrance plus efficace.

commŏvĕō, *ēs, ēre, mōvī, mōtum* (it. *commuovere*), tr. ¶**1** mettre en branle, remuer, déplacer : *vectibus simulacrum commovere* Cic. *Verr. 4, 95*, remuer (déplacer) une statue au moyen de leviers ; *ex loco castra* Cic. *Verr. 5, 96*, décamper d'un endroit ; *aciem commovent* Liv. *2, 65, 5*, ils se mettent en mouvement (mais *commota pedestri acie* Liv. *9, 27, 10*, l'infanterie étant ébranlée [fléchissante]) ‖ *se commovere*, se mettre en mouvement, faire un mouvement : *ex loco* Cic. *Fin. 5, 42*, bouger d'un endroit, quitter un endroit ‖ *nummus in Gallia nullus sine civium Romanorum tabulis commovetur* Cic. *Font. 11*, pas un écu ne circule en Gaule sans être porté sur les livres des citoyens romains ‖ *commovere sacra* Virg. *En. 4, 301*, porter les objets sacrés en procession [d'où plais¹] *sua sacra commovere* Pl. *Ps. 109*, jouer le grand jeu ‖ pousser : *cervum commovere canes* Virg. *En. 7, 494*, les chiens lancèrent le cerf ; *hostem* Liv. *9, 40, 9* ; *10, 29, 9*, ébranler (pousser) l'ennemi ; [fig.] *cornua disputationis* Cic. *Div. 2, 26*, rompre les ailes de l'argumentation (l'entamer) ¶**2** [fig.] agiter, remuer : *commovere se non sunt ausi* Nep. *Ages. 6, 3*, ils n'osèrent pas se mettre en mouvement [agir, mettre leur

projet à exécution] ; *si se commoverit* Liv. 2, 54, 6, s'il se remue (s'il veut agir) ; *se commovere contra rem publicam* Cic. *Cat.* 1, 7, se mettre en mouvement (agir) contre l'État ‖ [au pass.] être agité, indisposé : *perleviter commotus* Cic. *Q.* 2, 5, 2, très légèrement indisposé ; *commoveri nervis, capite, mente* Plin. 2, 108, éprouver des troubles de nerfs, de tête, d'esprit ; d'où *commotus* ➡ *mente captus*, fou : Hor. *S.* 2, 3, 209, cf. *commota mens* Hor. *S.* 2, 3, 278 ; Plin. 36, 152, esprit dérangé ¶ 3 émouvoir, impressionner : *judices* Cic. *de Or.* 2, 189, émouvoir les juges ; *aut libidine aliqua aut metu commoveri* Cic. *Off.* 1, 102, être ému soit par quelque passion, soit par la crainte ‖ troubler : *nihil me clamor iste commovet* Cic. *Rab. perd.* 18, ces cris ne me troublent pas du tout (Caes. *G.* 1, 40, 8 ; 3, 23, 2) ‖ agiter : *cum esset ex aere alieno commota civitas* Cic. *Rep.* 2, 58, comme il y avait du trouble dans la cité par suite des dettes ‖ engager, décider : *his nuntiis commotus* Caes. *G.* 2, 2, 1, décidé par ces nouvelles, cf. Cic. *Fam.* 16, 18, 2 ; *nec sane satis commoveor animo ad ea quae vis canenda* Cic. *Q.* 3, 5, 4, l'inspiration ne m'engage vraiment guère à chanter ce que tu veux ; *primis ab his historia commota est, ut auderet uberius dicere* Cic. *Or.* 39, c'est l'impulsion initiale de ces écrivains qui a déterminé l'histoire à oser prendre un style plus riche que par le passé ‖ donner le branle à, exciter, éveiller : *misericordiam alicui* Cic. *de Or.* 2, 195, exciter la pitié chez qqn ; *memoriam alicujus rei* Cic. *de Or.* 2, 20, éveiller le souvenir de qqch. ; *invidiam in aliquem* Cic. *Phil.* 3, 18, provoquer la haine contre qqn ; *bellum* Cic. *Verr.* 5, 20, susciter une guerre ; *Philo autem, dum nova quaedam commovet...* Cic. *Ac.* 2, 18, quant à Philon, tandis qu'il met en avant de nouvelles théories...
▶ formes contractées : *commorunt* Lucr. 2, 766 ; *commorit* Cael. *Fam.* 8, 15, 1 ; Hor. *S.* 2, 1, 45 ; *commorat* Ter. *Phorm.* 101 ; *commossem* Cic. *Planc.* 90 ; *commosset* Cic. *Verr.* 3, 45 ; *commosse* Cic. *Verr.* 5, 96.

commulcĕō, ēs, ēre, -, -, tr., caresser : Apul. *M.* 9, 27 ‖ [fig.] flatter : *commulcere sensus judicum* Tir. d. Gell. 7, 3, 13, se ménager la sympathie des juges.

commulcō, ās, āre, -, -, tr., maltraiter : Apul. *M.* 8, 28.

commultĭplĭcō, ās, āre, -, -, tr., multiplier l'un par l'autre : Ps. Boet. *Geom.* p. 410, 20.

commūnālis, e (*commune*), de la communauté, communal : Grom. 48, 23.

commundō, ās, āre, -, ātum, tr., nettoyer : Col. 12, 18, 3.

commūne, *is*, n. de *communis* pris subst^t
¶ 1 ce qui est en commun, bien commun : *quod jus statues communi dividundo?* Cic. *Fam.* 7, 12, 2, quel droit établiras-tu pour le partage d'une communauté ? ; *privatus illis census erat brevis, commune magnum* Hor. *O.* 2, 15, 14, le dénombrement de leurs biens personnels était court, mais la fortune publique était grande ‖ *communia* Cic. *Off.* 1, 20, biens communs, (mais *communia* Hor. *Ep.* 1, 20, 4, lieux publics = étalage des lieux publics, publicité) ¶ 2 communauté, ensemble d'un pays : *statuae a communi Siciliae datae* Cic. *Verr.* 2, 114, statues offertes par la communauté des Siciliens (*Verr.* 1, 95 ; 2, 145) ¶ 3 *in commune*, pour l'usage général **a)** *in commune conferre* Cic. *Quinct.* 12, mettre en commun ; *in commune consultare* Tac. *H.* 4, 67, délibérer en commun ; *in commune vocare honores* Liv. 6, 40, 18, mettre les charges en commun (à la disposition de tous) **b)** en général : *in commune disputare* Quint. 7, 1, 49, discuter en général, cf. Tac. *G.* 27 ; 38 ; **V.** *communiter* **c)** [exclamation] part à deux ! partageons ! : Sen. *Ep.* 119, 1 ; Phaed. 5, 7, 3.

commūnĭa, **V.** *commune*.

commūnĭcābĭlis, e, qui peut se communiquer : Gennad. *Dogm.* 4 ‖ qui se communique : Rufin. *Orig. Cant.* 2.

commūnĭcābĭlĭter, adv., avec communication réciproque : Boet. *Anal. post.* 1, 5.

commūnĭcārĭus, a, um (*communico*), de partage : *c. dies* P. Fest. 246, 18, jour où l'on sacrifiait en commun à tous les dieux.

commūnĭcātĭo, ōnis, f. (*communico*) ¶ 1 action de communiquer, de faire part : *communicatio utilitatum* Cic. *Fin.* 5, 65, mise en commun (communauté) d'intérêts ; *sermonis communicatio* Cic. *Att.* 1, 17, 6, échange de propos ‖ [rhét.] communication, figure par laquelle on demande l'avis des auditeurs : Cic. *de Or.* 3, 204 ; Quint. 9, 1, 30 ¶ 2 [chrét.] participation à la vie de l'Église [dont on est exclu par l'excommunication] : *per manus impositionem episcopi...jus communicationis accipiant* Cypr. *Ep.* 16, 2, qu'ils reçoivent, par l'imposition des mains de l'évêque, le droit de vivre dans la communauté.

commūnĭcātīvus, a, um (*communico*), propre à communiquer : Schol. Luc. *Comment.* 9, 720.

commūnĭcātŏr, ōris, m. (*communico*), celui qui fait part de : Arn. 4, 36 ‖ celui qui a part à : Tert. *Pud.* 22, 2.

commūnĭcātōrĭus, a, um, qui établit la communion avec (qqn) : Aug. *Ep.* 43, 1.

1 **commūnĭcātus**, a, um, part. de *communico*.

2 **commūnĭcātŭs**, ūs, m. (*communico*), participation à : Apul. *Socr.* 4.

commūnĭceps, *cĭpis*, m., citoyen du même municipe : CIL 3, 3285 ; Aug. *Conf.* 6, 14, 24.

commūnĭcō, ās, āre, āvī, ātum (*communis* ; esp. *comulgar*), tr., mettre ou avoir en commun ¶ 1 mettre en commun, partager : *adversas res partiens communicansque leviores (facit amicitia)* Cic. *Lae.* 22, en divisant et mettant en commun l'adversité, l'amitié la rend plus légère (*Sull.* 9) ; *vobiscum hostium spolia communicavit* Cic. *Verr.* 5, 125, il a partagé avec vous les dépouilles de l'ennemi (il vous a donné une part de) ; *deorum potestas communicata vobiscum* Cic. *Mur.* 2, la puissance des dieux partagée avec vous ; *causam civium cum servis fugitivis communicare* Sall. *C.* 56, 5, associer la cause des citoyens à celle d'esclaves fugitifs ; *cum finitimis civitatibus consilia* Caes. *G.* 6, 2, 3, mettre leurs projets en commun (se concerter) avec les cités limitrophes ; *ea quae didicerant cum civibus suis communicare non poterant* Cic. *Nat.* 1, 8, ils ne pouvaient faire part de leurs connaissances à leurs concitoyens, cf. *Att.* 1, 18, 1 ; Caes. *G.* 6, 20, 2 ‖ *num tibi gloriam cum M. Crasso communicatam putas?* Cic. *Verr.* 5, 5, penses-tu qu'il y ait pour toi un partage de gloire avec M. Crassus (être associé à la gloire de...) ? ; *crimina quae cum iis civitatibus C. Verri communicata sunt* Cic. *Caecil.* 14, accusations qui portent en commun sur ces cités et sur C. Verrès, cf. *Amer.* 144 ; *Brut.* 254 ; Liv. 22, 27, 8 ‖ *communicabo te semper mensa mea* Pl. *Mil.* 51, je te ferai toujours partager ma table ‖ *cum de societate inter se multa communicarent* Cic. *Quinct.* 15, échangeant de nombreuses communications sur la société (association) ; *socii putandi sunt, quos inter res communicata est* Cic. *Verr.* 3, 50, on doit regarder comme associés ceux entre qui les profits sont partagés ; *communicato inter se consilio partes ad rem agendam divisere* Liv. 8, 25, 9, après s'être concertés, ils se partagèrent les rôles pour l'action ‖ [abs^t] *cum aliquo de aliqua re*, entretenir qqn de qqch. : Cic. *Fam.* 4, 4, 5 ; Caes. *C.* 3, 18, 3 ; *Pompeius qui mecum de te communicare solet* Cic. *Fam.* 1, 7, 3, Pompée qui a l'habitude de me parler de toi ‖ *quibus communicare de maximis rebus Pompeius consueverat* Caes. *C.* 3, 18, 3, personnages que Pompée avait l'habitude de consulter sur les questions les plus graves ‖ mettre en commun avec, ajouter : *quantas pecunias ab uxoribus dotis nomine acceperunt, tantas ex suis bonis cum dotibus communicant* Caes. *G.* 6, 19, 1, autant ils ont reçu d'argent de leurs épouses au titre dotal, autant ils en apportent de leurs propres biens pour l'ajouter à la dot, cf. Cic. *Fam.* 12, 2, 1 ; *Ac.* 2, 3 ¶ 2 recevoir en commun, prendre sa part de : *cum mecum inimicitias communicasti* Cic. *Fam.* 15, 21, 2, quand tu as partagé les haines dont j'étais l'objet, cf. Pl. *Trin.* 190 ; *in periculis communicandis* Cic. *Lae.* 24, quand il s'agit de partager les dangers [d'un ami] ; *primo labores modo et discrimina, mox et gloriam communicabat* Tac. *Agr.* 8, ce furent d'abord les fatigues et les dangers qu'il partageait, puis ce fut aussi la gloire

communico

¶ **3** [chrét.] entrer en communion avec les autres fidèles : Cypr. *Ep. 59, 13* ; recevoir la communion : Hier. *Ep. 48, 15*.

commūnĭcŏr, *ārĭs, ārī*, -, déponent : *Liv. 4, 24, 2* ; **C.** *communico*.

commūnĭfĭco, *ās, āre*, -, -, mettre en commun : Rust. *Aceph. 1224*.

1 **commūnĭo**, *īs, īre, īvī* ou *ĭī, ītum* (*cum, moenio*), tr. ¶ **1** fortifier : *communire tumulum* Caes. *C. 1, 43, 2*, fortifier une colline ¶ **2** construire [un fort, un ouvrage] : *communit castella* Caes. *G. 1, 8, 2*, il construit des redoutes ∥ [fig.] renforcer, étayer : Cic. *Com. 43*.
▶ parf. *communit* *Caes. *C. 3, 43, 1* ; *communisset* Caes. *C. 1, 43, 2* ; Liv. 21, 32, 11* ; *communisse* Liv. 8, 15, 4* ∥ fut. arch. *communibo* Pl. *Ru. 934* ∥ imparf. *communibant* Amm. *18, 7, 6*.

2 **commūnĭo**, *ōnis*, f. (*communis*) ¶ **1** [en gén.] communauté, mise en commun [ou participation], caractère commun : *inter quos est communio legis* Cic. *Leg. 1, 23*, ceux qui obéissent aux mêmes lois ; *communio vocum et litterarum* Cic. *Tusc. 5, 5*, langue et écriture communes ; *in communionem tuorum temporum* Cic. *Mil. 100*, pour m'associer à tes épreuves ¶ **2** [chrét.] la communion de l'Église chrétienne : *imperatores nostrae communionis* Aug. *Psalm. 57, 15*, les empereurs de notre communion ; *communione sancti altaris aliquem privare* Aug. *Ep. 54, 6*, excommunier qqn ∥ eucharistie : Hil. *Myst. 1, 3* ¶ **3** [droit] communauté, indivision [mise en commun de droits réels mais n'ayant pas sa source dans un contrat de société] : *cum non affectione societatis incidimus in communionem* Dig. *17, 2, 31*, lorsque nous créons une indivision, mais sans la volonté de constituer une société.

commūnis, *e* (arch. *commoinis* CIL 1, 581 cf. *moenia, munus* ; fr. *commun*) ¶ **1** commun, qui appartient à plusieurs ou à tous : *communis libertas* Cic. *Sest. 1* ; *salus* Cic. *Sest. 15*, la liberté commune, le salut commun ; *locus communis* Pl. *Cas. 19*, le séjour des morts (le commun séjour) [Sen. *Contr. 1, 2, 5*, maison publique] ; *loca communia* Cic. *Verr. 2, 112*, lieux publics ; *loci communes* Cic. *Or. 126*, lieux communs, **V.** *locus* ; *vita communis* Cic. *de Or. 1, 248*, la vie de tous les jours (de tout le monde) ∥ commun à, en commun avec (*res alicui cum aliquo communis*, chose que l'on a en commun avec l'autre, *res hominum communis*, ou *res inter homines communis*, chose commune aux hommes) : *onus, quod mihi commune tecum est* Cic. *CM 2*, fardeau qui nous est commun à tous deux ; *cum rerum natura quid habere potest commune gallinaceum fel* ? Cic. *Div. 2, 29*, qu'est-ce qu'un fiel de coq peut avoir de commun avec la nature universelle ? ∥ *memoria communis est multarum artium* Cic. *Or. 54*, la mémoire est une faculté commune à beaucoup d'arts ; *communis imperatorum fortuna* Cic. *de Or. 2, 196*, sort qui peut échoir à tous les généraux ; *quorum facinus est commune, cur non sit eorum praeda communis ?* Cic. *Phil. 2, 72*, ceux qui ont partagé le crime, pourquoi ne partageraient-ils pas le butin ? ; *multa sunt civibus inter se communia* Cic. *Off. 1, 53*, les citoyens d'une cité ont beaucoup de choses en commun ∥ *nihil interest, cum societate an sine societate res inter aliquos commmunis sit* Dig. *10, 3, 2*, peu importe qu'une chose soit indivise du fait d'un contrat de société ou non [dans les deux cas l'indivision prend fin par l'*actio communi dividundo* Dig. *10, 3, 2*, l'action en division ∥ *in commune*, **V.** *commune* ∥ commun, ordinaire : *communes mimi* Cic. *Fam. 7, 1, 1*, des mimes ordinaires (comme on en voit dans tous les jeux publics) ∥ [gram.] apte à exprimer les contraires : Gell. *12, 9, 1* ; *commune verbum* Gell. *15, 13, 1*, verbe à forme passive (déponent) qui a les deux sens, actif et passif ; *commune genus* Don. *Gram. 4, 375, 18*, de genre masculin et féminin [*sacerdos*] ; *communis syllaba* Don. *Gram. 4, 369, 3*, syllabe commune [longue ou brève, devant un groupe occlusive ou *f* et liquide : *ăgri*] ¶ **2** accessible à tous, affable, ouvert, avenant : *quemquamne existimas Catone communiorem fuisse ?* Cic. *Mur. 66*, y eut-il, à ton avis, qqn d'un commerce plus agréable que Caton ?, cf. *Lae. 65* ; *CM 59* ; *Fam. 4, 9, 2* ; Nep. *Att. 3, 1* ∥ *sensus communis* Sen. *Ep. 105, 4*, sentiment de compréhension [aptitude à comprendre les autres et à créer des relations harmonieuses avec eux], cf. *Ep. 5, 4* ¶ **3** [chrét.] impur : *communibus manibus, id est non lotis* Vulg. *Marc. 7, 2*, avec des mains impures, c'est-à-dire non lavées.

commūnĭtās, *ātis*, f. (*communis*), communauté, état (caractère) commun : Cic. *Fam. 9, 24, 3* ; *Nat. 1, 116* ∥ instinct social, esprit de société : *haec communitas, quae maxime est apta naturae* Cic. *Off. 1, 159*, cet instinct social qui est tout à fait conforme à la nature ∥ affabilité : Nep. *Milt. 8, 4*.

commūnĭtĕr, adv. (*communis*) ¶ **1** en commun, ensemble : Cat. *Orig. 2, 28, 2* ; *communiter cum aliis* Cic. *Att. 11, 5, 1*, en commun avec d'autres ¶ **2** en général : Cic. *Arch. 32* ; Quint. *9, 1, 23*.

commūnītĭo, *ōnis*, f. (1 *communio*) ¶ **1** action de construire un chemin : [fig.] *aditus ad causam et communitio* Cic. *de Or. 2, 320*, entrée en matière et préparation du terrain ¶ **2** ouvrage de fortification : Vitr. *10, 13, 1*.

1 **commūnĭtŭs**, adv. (*communis*), en commun : Varr. d. Non. *510, 5*.

2 **commūnītus**, *a, um*, part. de *communio*.

commurmŭrātĭo, *ōnis*, f., murmure général : Gell. *11, 7, 8*.

commurmŭrō, *ās, āre*, -, -, intr., murmurer à part soi ou ensemble : Sil. *15, 821* ; Plin. *10, 62*.

commurmŭror, *ārĭs, ārī, ātus sum*, intr., murmurer à part soi : *secum ipse commurmuratur* Cic. *Pis. 61*, il murmure à part soi.

commūtābĭlis, *e* (*commuto*) ¶ **1** changeant, sujet au changement : *commutabilis res publica* Cic. *Att. 1, 17, 8*, situation politique précaire ¶ **2** inter-changeable : *exordium commutabile* Cic. *Inv. 1, 26*, exorde que l'adversaire peut exploiter pour sa thèse.

commūtābĭlĭtās, *ātis*, f., changement : Aug. *Psalm. 109, 12*.

commūtābĭlĭtĕr, adv., en changeant : Aug. *Trin. 2, 8, 15*.

commūtātē, adv. (*commutatus*), d'autre manière : Her. *4, 54*.

commūtātĭo, *ōnis*, f. (*commuto*), mutation, changement : *annuae commutationes* Cic. *Inv. 1, 59*, les révolutions des saisons ; *commutatio studiorum* Cic. *Lae. 77*, changement dans les goûts ; *commutatio ordinis* Quint. *9, 1, 6*, interversion ∥ [rhét.] réversion : Her. *4, 39* ∥ échange de vues, entretien : Quadrig. d. Gell. *17, 2, 26*.

1 **commūtātus**, *a, um*, part. de *commuto*.

2 **commūtātŭs**, *ūs*, m., changement : Lucr. *1, 795*.

commūtō, *ās, āre, āvī, ātum*, tr. ¶ **1** changer entièrement : *rerum signa* Cic. *Fin. 5, 74*, changer entièrement les marques des objets ; *commutatis verbis atque sententiis* Cic. *Arch. 18*, en changeant complètement les mots et les phrases ; *ad commutandos animos* Cic. *de Or. 2, 211*, pour changer les dispositions d'esprit ∥ *commutatur officium* Cic. *Off. 1, 31*, le devoir change ; *nihil commutantur animo* Cic. *Fin. 4, 7*, ils ne changent en rien sous le rapport des sentiments ¶ **2** échanger : *captivos* Cic. *Off. 1, 39*, échanger des captifs ∥ *rem cum aliqua re* Cic. *Sest. 37*, échanger une chose contre une autre ∥ *rem re* : *studium belli gerendi agri cultura commutare* Caes. *G. 6, 22, 3*, échanger le goût de la guerre contre la culture des champs (Cic. *Clu. 129* ; *de Or. 3, 167*) ∥ *inter se commutant vestem* Pl. *Cap. 37*, ils changent entre eux de vêtements ∥ *verba cum aliquo* Ter. *And. 410*, échanger des paroles avec qqn ; *tria non commutabitis verba inter vos* Ter. *Phorm. 638*, vous n'échangerez pas trois mots.

1 **cŏmō**, *ās, āre*, -, - (*coma*) ¶ **1** intr., être chevelu : *comare jugis* Paul.-Nol. *Carm. 21, 299*, s'épanouir sur les sommets [en parl. d'un arbre] ¶ **2** se couvrir de duvet : Tert. *Pall. 3, 6*.

2 **cŏmō**, *is, ĕre, compsī, comptum* (*co, emo*, **V.** *coemo*), tr. ¶ **1** arranger, disposer ensemble : Lucr. *3, 258* ; *4, 2* ¶ **2** arranger, disposer ses cheveux, pei-

gner : *comere capillos* Cic. *Pis.* 25, arranger ses cheveux ; **dum comit dumque se exornat** Pl. *St.* 696, pendant qu'elle se peigne et s'attife ¶ **3** [en gén.] mettre en ordre, parer, orner : *comere muliebriter corpora* Quint. 8, pr. 19, se parer comme des femmes ; *comere orationem* Quint. 8, 3, 42, (peigner) parer le style.

cōmoedĭa, *ae*, f. (κωμῳδία) ¶ **1** comédie, le genre comique : Cic. *Off.* 1, 104 ; *Opt.* 1 ¶ **2** comédie, pièce de théâtre : Cic. *Rep.* 4, 11 ; **comoediam facere, exigere** Ter. *And.* 26 ; 27, faire, repousser (mal accueillir) une comédie ; ▣ *docere, edere, dare, agere (fabulam).*

cōmoedĭcē, adv., comme dans la comédie : Pl. *Mil.* 213 ; P. Fest. 53, 24.

cōmoedĭcus, *a*, *um* (κωμῳδικός), qui appartient à la comédie : **ars comoedica** Apul. *Flor.* 16, l'art de la comédie.

cōmoedĭŏgraphus, *i*, m. (κωμῳδιογράφος), poète comique : Prob. *Cathol.* 4, 38, 17.

cōmoedĭsō (cōmoedissō), *ās*, *āre*, -, - (κωμῳδίζω), intr., jouer la comédie : Iren. 2, 14, 1.

1 cōmoedus, *a*, *um*, de comédien : **natio comoeda est** Juv. 3, 100, c'est un peuple de comédiens.

2 cōmoedus, *i*, m. (κωμῳδός), comédien, acteur comique : Cic. *Com.* 30 ; *Or.* 109 ; Juv. 3, 94.

cōmŏpŏlis, *is*, f. (κωμόπολις), ville campagnarde, bourg rural : Gloss. 2, 529, 13.

Comosicus, *i*, m., roi des Goths : Jord. *Get.* 11, 73.

cŏmōsus, *a*, *um* (*coma*), chevelu, qui a de longs cheveux : Phaed. 5, 8, 2 ‖ chevelu, feuillu [en parl. des plantes] : *comosissimum genus* Plin. 26, 71, variété à feuillage très abondant.

Comōtria, *ae*, f., ▣ *Commotria.*

compăciscor, *scĕris*, *scī*, *pactus* ou *pectus sum*, intr., faire un pacte, convenir de : **si sumus compecti** Pl. *Ps.* 543, si nous sommes d'accord entre nous ‖ ▣ *compactus* et *compectus.*

compactīcĭus, *a*, *um*, composite : Tert. *Val.* 31, 1.

compactīlis, *e* (*compingo*) ¶ **1** joint, réuni : *compactiles trabes* Vitr. 4, 7, 4, sablières jumelées ¶ **2** qui a le corps ramassé, trapu : Plin. 8, 46.

compactĭo, *ōnis*, f. (*compingo*) ¶ **1** assemblage, liaison : Cic. *Fin.* 5, 33 ¶ **2** parties liées, assemblées entre elles : Vitr. 10, 15, 3.

compactīvus, *a*, *um* (*compingo*), qui lie, gluant : Isid. 17, 7, 10.

compactum (-pectum), *i*, n. (1 *compingo*), pacte, contrat : *compacto* Cic. *Att.* 10, 12, 2 ; *compecto* Cic. *Scaur.* 8 ; *de compecto* Pl. *Cap.* 484 ; *ex compacto* Suet. *Caes.* 20, après entente, de concert, après convention.

compactūra, *ae*, f. (*compingo*), assemblage, parties liées entre elles : Vitr. 4, 7, 4.

compactus, *a*, *um*, part. de *compaciscor* et de 1 *compingo*.

compaedăgōgīta, *ae*, m. (συμπαιδαγωγίτης), élevé dans le même *paedagogium* [école pour esclaves] : CIL 6, 9760.

compaedăgōgĭus, *ii*, m., CIL 6, 9761, ▣ *compaedagogita.*

compāgānus, *i*, m., habitant du même bourg : CIL 2, 4125, 8.

compāgēs, *is*, f. (*cum* et *pango*, cf. *pagina*), assemblage, jointure, construction formée d'un assemblage de pièces : *compages laxare* Lucr. 6, 1071, laisser se disjoindre les assemblages ; *natura quae compagem hanc mundi fecit* Gell. 6, 1, 7, la nature qui a créé cet étroit assemblage de l'univers ; *in his compagibus corporis* Cic. CM 77, dans cette prison qu'est le corps ; *compages humana* Luc. 5, 119, la charpente humaine, l'édifice du corps humain ; *compages haec coaluit* Tac. *H.* 4, 74, cet édifice s'est fortifié ‖ articulation : Plin. 25, 20.

compāgĭna, *ae*, f. (*compingo*), réunion : Grom. 331, 6.

compāgĭnātĭo, *ōnis*, f. (*compagino*), [tard.] assemblage : Aug. *Trin.* 4, 2, 4 ‖ jointure : Ambr. *Psalm.* 17, 29.

compāgĭnātŏr, *ōris*, m., assembleur : An. Helv. 300, 9.

compāgĭnātus, *a*, *um*, part. de *compagino*.

compāgĭnō, *ās*, *āre*, -, - (*compagina*), tr., joindre, former en joignant : Amm. 21, 2, 1 ; Prud. *Perist.* 10, 889.

compāgo, *ĭnis*, f., Sen. *Ep.* 91, 12 ; Ov. *M.* 1, 711 ; ▣ *compages.*

compāgus, *a*, *um*, relatif au même *pagus* : CIL 1, 682.

compalpō, *ās*, *āre*, -, -, tr., palper : Aug. *Serm.* 4, 13, 3 ‖ [fig.] caresser, gâter : Aug. *Faust.* 19, 1.

compār, *păris* ¶ **1** adj., égal, pareil : *consilium consilio compar* Liv. 28, 42, 20, projet pareil à un autre ; *compar eorum fias* Gell. 6, 11, 1, tu deviendrais leur égal ¶ **2** subst. **a)** m. et f., compagnon, camarade : Pl. *Ps.* 66 ‖ amant, amante : Catul. 68, 126 ; Hor. *O.* 2, 5, 2 ‖ époux, épouse : CIL 5, 1628 **b)** n. [rhét.], égalité des membres de la période : Her. 4, 27. ▶ gén. pl. *comparum* Pl. *Ps.* 66.

compărābĭlis, *e* (*comparo*), comparable, qui peut être mis en parallèle : Cic. *Inv.* 1, 42 ; Liv. 39, 52, 7.

compărassit, ▣ *comparo* ▶.

compărātē, adv., par comparaison : Cic. *Top.* 84.

1 compărātīcĭus, *a*, *um* (1 *comparo*), comparable : Tert. *Val.* 13, 1.

2 compărātīcĭus, *a*, *um* (2 *comparo*), qui est fourni par contribution : Cod. Th. 7, 6, 3.

1 compărātĭo, *ōnis*, f. (1 *comparo*) ¶ **1** action d'accoupler, d'apparier [attelage de bœufs] : Col. 6, 2, 13 ¶ **2** comparaison : *parium* Cic. *Top.* 71, comparaison de choses égales ; *rei cum aliqua re* Cic. *de Or.* 1, 257, comparaison d'une chose avec une autre ; *ex comparatione* Cic. *Part.* 66, par une comparaison (*per comparationem* Cic. *Inv.* 1, 99) ; *cum aliquo in comparatione conjungi* Cic. *de Or.* 3, 32, être associé à qqn en parallèle = être continuellement comparé à qqn (mis en parallèle, confronté avec qqn) ; *aliquam comparationem habere* Cic. *Tusc.* 5, 38, comporter dans une certaine mesure une comparaison ; *in comparationem se demittere* Suet. *Gram.* 30, 2, s'engager dans une comparaison ‖ *provincia sine sorte, sine comparatione data* Liv. 6, 30, 3, province (mission) attribuée sans tirage au sort, sans arrangement préalable, ▣ 1 *comparo* ¶ **3** [rhét.] *comparatio criminis* Cic. *Inv.* 2, 72, confrontation du chef d'accusation (du fait incriminé) avec la fin poursuivie dans l'acte incriminé ¶ **4** [gram.] comparatif : Quint. 1, 5, 45 ¶ **5** [astron.] position comparative d'objets entre eux : Cic. *Nat.* 2, 51 ; [trad. du grec ἀναλογία] *Tim.* 13 ¶ **6** [chrét.] parabole : Hier. *Ep.* 49, 14.

2 compărātĭo, *ōnis*, f. (2 *comparo*), f. ¶ **1** préparation : *novi belli* Cic. *Pomp.* 9, préparation d'une nouvelle guerre ; *criminis* Cic. *Clu.* 191, préparation d'une accusation (action d'en réunir les éléments) ‖ préparatifs [de défense] : Cic. *Q.* 1, 2, 16 ¶ **2** action de se procurer, acquisition : *testium* Cic. *Mur.* 44, action de réunir des témoins ¶ **3** [méc.] construction, montage [de machines] : Vitr. 10, 13, 6.

compărātīvē, adv. ¶ **1** avec le sens du comparatif : Gell. 5, 21, 14 ¶ **2** au comparatif : Char. 113, 1.

compărātīvus, *a*, *um* (1 *comparo*), qui compare, qui sert à comparer ¶ **1** [rhét.] *comparativa judicatio* Cic. *Inv.* 2, 76, cause comparative [où l'on compare le fait incriminé avec la pureté de l'intention] ; *genus comparativum* Quint. 7, 4, 3, genre comparatif ¶ **2** [gram.] *comparativus gradus* Char. 112, 16 ou n., *comparativum* Prisc. 2, 89, 21, le comparatif ; n. pl. *comparativa* Quint. 9, 3, 19, termes au comparatif, comparatifs ‖ *comparativus casus*, ablatif.

compărātŏr, *ōris*, m. ¶ **1** acquéreur, acheteur : Paul. *Sent.* 2, 17, 15 ¶ **2** celui qui compare : Julian. *Epit.* 44, 177.

1 compărātus, *a*, *um*, part. de 1 et 2 *comparo*.

2 compărātus, *ūs*, m., rapport, proportion : Vitr. 7, praef. 17.

comparcō ou **-percō**, *ĭs*, *ĕre*, *parsī* (*persī*), -, tr., mettre de côté, épargner : Ter. *Phorm.* 44 ‖ *comperce* [avec inf.] : Pl. *Poen.* 350, cesse de, cf. P. Fest. 52, 25 ; ▣ *compesco.*

compārĕō, *ēs, ēre, ŭī, -*, intr. ¶ **1** se montrer, apparaître, se manifester : *Pompeius non comparet* Cic. *Att.* 12, 2, 1, Pompée ne se montre pas ; *haec oratio vix jam comparet* Cic. *Brut.* 122, on remarque à peine ce discours ; *in iis libris multa industria comparet* Nep. *Cat.* 3, dans cet ouvrage on reconnaît une grande habileté, cf. Cic. *Or.* 234 ¶ **2** être présent ; *signa comparent omnia* Cic. *Verr.* 1, 132, toutes les statues sont bien là ¶ **3** s'effectuer, se réaliser : *ut quae imperes compareant* Pl. *Amp.* 630, pour que tes ordres s'exécutent.

compărĭlis, *e*, égal, semblable : Aus. *Ecl. 2 (369), 38* ; Arn. 2, 16.

1 compărō, *ās, āre, āvī, ātum* (*compar*), tr. ¶ **1** accoupler, apparier : *labella cum labellis* Pl. *As.* 668, unir les lèvres aux lèvres ; *ea inter se comparare et proportione conjungere* Cic. *Tim.* 15, apparier entre eux ces éléments [eau, air, terre, feu] et les unir dans une proportion déterminée ; *priore consulatu inter se comparati* Liv. 10, 15, 2, ayant été collègues dans un précédent consulat ; *ambo cum simul adspicimus, non possumus non vereri ne male comparati sitis* Liv. 40, 46, 4, en vous regardant tous deux ensemble, nous ne pouvons nous empêcher de craindre que vous ne soyez mal assortis ‖ [d'où] accoupler pour la lutte, opposer comme antagoniste : *verum ita se res habet, ut ego cum patrono disertissimo comparer* Cic. *Quinct.* 2, mais voilà, moi, j'ai comme antagoniste le plus éloquent des orateurs (Q. 3, 4, 2) ; *adversus veterem imperatorem comparabitur* Liv. 24, 8, 7, il sera opposé à un vieux général ; [avec dat.] *aliquem alicui* : Suet. *Cal.* 35 ; *Scipio et Hannibal velut ad supremum certamen comparati duces* Liv. 30, 28, 8, Scipion et Hannibal, chefs opposés l'un à l'autre comme pour un combat suprême ¶ **2** [fig.] apparier, mettre sur le même pied, sur le même plan, assimiler : *neminem tibi anteposuissem aut etiam comparassem* Cic. d. Non. 256, 4, je n'aurais mis personne avant toi, que dis-je ? sur la même ligne que toi (*Fam.* 12, 17, 3 ; Nep. *Iph.* 1, 1) ; *ne se quidem ipsi cum illis virtute comparant* Caes. *G.* 6, 24, 6, ils ne se donnent même pas comme leurs égaux en courage ¶ **3** comparer : *aliquem alicui, rem rei* Cic. *Brut.* 293 ; CM 14, comparer qqn à qqn, une chose à une chose ‖ [surtout] *aliquem cum aliquo, rem cum re* : *conferte Verrem, non ut hominem cum homine comparetis* Cic. *Verr.* 4, 121, mettez Verrès en regard, non pour comparer les deux hommes entre eux, cf. *Dom.* 130 ; *Off.* 3, 2 ‖ *aliquem ad aliquem* Ter. *Eun.* 681, comparer qqn à qqn ‖ *res inter se* Quint. 3, 6, 87 ; 3, 8, 33, comparer des choses entre elles ‖ [avec interrog. indir.] faire voir par comparaison : *comparant quanto plures deleti sint homines...* Cic. *Off.* 2, 16, il montre par une comparaison combien plus d'hommes ont péri ... (Liv. 2, 32, 12)

¶ **4** [en part., en parl. des magistrats] *comparare inter se*, régler à l'amiable, distribuer d'un commun accord : *senatus consultum factum est, ut consules inter se provincias compararent sortirentur ve* Liv. 42, 31, 1, un sénatus-consulte ordonna que les consuls partageaient entre eux les provinces à l'amiable ou par le sort ; *comparant inter se ut... se consul devoveret* Liv. 8, 6, 13, ils décident d'un commun accord que le consul se dévouera ... ; *ut consules sortirentur compararentve inter se, uter comitia haberet* Liv. 24, 10, 2, [on décréta] que les consuls décideraient par le sort ou à l'amiable lequel des deux tiendrait les comices.

▶ inf. pass. *compararier* Catul. 61, 65.

2 compărō, *ās, āre, āvī, ātum* (*cum, 1 paro* ; it. *comprare*), tr. ¶ **1** procurer (faire avoir), ménager, préparer : *vestem atque alia quae opus sunt* Ter. *Haut.* 855, procurer des vêtements et tout ce qu'il faut en outre ; *re frumentaria comparata* Caes. *G.* 4, 7, 1, l'approvisionnement de blé étant fait ; *exercitum contra aliquem comparare* Cic. *Dej.* 22, préparer (recruter) une armée contre qqn ; *nautas gubernatoresque comparari jubet* Caes. *G.* 3, 9, 1, il ordonne qu'on recrute des matelots et des pilotes ; *homini a civitatibus laudationes per vim comparare* Cic. *Verr.* 4, 147, procurer à un homme des témoignages élogieux en les arrachant aux cités par la violence ; *sibi remedia ad tolerandum dolorem* Cic. *Tusc.* 5, 74, se ménager des remèdes pour supporter la douleur ; *sibi auctoritatem* Caes. *G.* 5, 55, 4, se ménager (acquérir) de l'influence ‖ préparer, disposer : *bellum* Cic. *Att.* 10, 4, 3, préparer une guerre ; *insidias alicui* Cic. *Verr. prim.* 52, préparer des intrigues contre qqn ; *his rebus comparatis* Caes. *G.* 7, 8, 1, ces dispositions prises ; *fuga comparata* Caes. *G.* 4, 18, 4, la fuite étant préparée ; *exordium est oratio animum auditoris idonee comparans ad reliquam dictionem* Cic. *Inv.* 1, 20, l'exorde est la partie du discours qui dispose favorablement l'auditeur à entendre le reste ‖ *se comparare*, se préparer : *dum se uxor comparat* Cic. *Mil.* 20, tandis que sa femme se prépare ; *se comparare ad respondendum* Cic. *Nat.* 3, 19, se disposer à répondre ; *ad omnes casus* Caes. *G.* 7, 79, 4, se préparer à toutes les éventualités ; [avec inf.] Titin. 57 ; Turpil. 99 ; Ter. *Eun.* 47 ‖ pass. réfléchi : *ab hoc colloquio legati in Boeotiam comparati sunt* Liv. 42, 43, 4, au sortir de cette conférence les ambassadeurs se disposèrent à partir en Béotie ‖ [abs¹] faire la préparation nécessaire : *tempore ad comparandum dato* Nep. *Thras.* 2, 2, ayant le temps de se préparer (Liv. 35, 45, 5 ; 38, 12, 5 ; 42, 52, 8) ‖ [avec inf.] se préparer à faire qqch. : Ov. *Tr.* 2, 267 ‖ acheter [se procurer par achat] *vina ceteraque quae in Asia facillime comparantur asportavit* Cic. *Verr.* 1, 91, il rafla le vin et toutes ces choses que l'on peut acheter facilement en Asie ; *eam pecuniam, ex qua hordeum equis erat comparandum* Gai. *Inst.* 4, 27, la somme destinée à l'achat de l'orge pour les chevaux ¶ **2** [avec *ut*] disposer, régler : *praetores, ut considerate fieret, comparaverunt* Cic. *Quinct.* 51, les préteurs ont pris des mesures pour que la vente se fît en connaissance de cause ‖ [surtout au pass.] *ita ratio comparata est vitae nostrae, ut alia ex alia aetas oriatur* Cic. *Lae.* 101, les conditions de la vie veulent que les âges se succèdent (Ter. *Haut.* 503) ‖ [ou pass. impers.] *quam inique comparatum est, ii qui minus habent ut semper aliquid addant divitioribus !* Ter. *Phorm.* 41, comme les choses sont mal réglées ! voir ceux qui ont le moins apporter toujours un surcroît aux plus riches ! ; *est ita natura comparatum, ut...* Plin. *Ep.* 5, 19, 5, la nature veut que ... ; *ita comparatum more majorum erat ne...* Liv. 39, 29, 5, la coutume des ancêtres interdisait que ... [avec *quod*, ce fait que] Cic. *Clu.* 57.

▶ arch. *comparassit* = *comparaverit* Pl. *Ep.* 122.

comparsī, parf. de *comparco*.

compartĭceps, *cĭpis*, qui participe avec, qui est copartageant : Vulg. *Eph.* 3, 6.

compartĭcĭpātĭo, *ōnis*, f., action de participer avec : Hier. *Ephes.* 3, 5.

compartĭcĭpō, *ās, āre, -, -*, tr., Ambr. *Ep.* 66, 11, **compartĭcĭpŏr**, *ārĭs, ārī, -*, tr., Arn.-J. *Psalm.* 44, participer à, avoir en commun.

compartĭŏr, *īrĭs, īrī, -*, tr., partager avec : CIL 5, 532.

compartŭrĭō, *īs, īre, -, -*, intr., accoucher en même temps qu'une autre : Ambr. *Hex.* 4, 8, 31.

compascō, *ĭs, ĕre, -, pastum* ¶ **1** intr., faire paître en commun : Cic. *Top.* 12 ; *jus compascendi* Dig. 8, 5, 20, droit de vaine pâture ¶ **2** tr., nourrir : Plin. 32, 61 ‖ faire consommer : *pabulum in fundo compascere* Varr. *R.* 2, praef. 5, faire consommer le fourrage sur place ‖ [fig.] *compascere famem* Plin. 9, 169, apaiser la faim.

compascŭus, *a, um*, qui concerne le pâturage en commun : *compascuus ager* Cic. *Top.* 2, pâturage communal ‖ **compascŭum**, *i*, n., vaine pâture : Dig. 8, 5, 20 ‖ **compascŭa**, *ōrum*, n. pl., **compascŭa**, *ae*, f., Grom. 116, 26, pâturage communal.

compassĭbĭlis, *e*, qui souffre avec : Tert. *Prax.* 29, 5.

compassĭo, *ōnis*, f. (*compatior*), souffrance commune : Tert. *Res.* 40, 12 ‖ communauté de sentiments : *compassio sententiarum* Tert. *Res.* 3, 6, opinions communes ‖ sympathie = συμπάθεια, Prisc. 2, 550, 5.

compassīvus, *a, um*, compatissant : Gelas. *Ep.* 13, 1.

compassus, *a, um*, part. de *compatior*.

compastŏr, ōris, m., compagnon [entre bergers] : Hyg. Fab. 187.

compastōrālis, e, relatif aux compagnons bergers : Eugip. Aug. 2, 11.

compastus, a, um, part. de compasco.

compătĕr, tris, m., qui joue le rôle d'un père : CIL 3, 2027.

compătĭentĭa, ae, f., Theod.-Prisc. Log. 47 ; Ruric. Ep. 2, 59, ⇒ compassio.

compătĭor, tĕrĭs, tī, passus sum, intr. ¶ 1 souffrir avec : *anima compatitur corpori* Tert. Prax. 29, 5, l'âme souffre avec le corps ¶ 2 compatir [avec dat.] : *aliis compati* Aug. Conf. 3, 2, 2, prendre part aux souffrances d'autrui.

compătrĭōta, ae, m., compatriote : CIL 6, 7658.

compătrĭōtĭcus, a, um, compatriote : Vit. Caes.-Arel. 1, 29, p. 468.

compătrōnus, i, m., qui partage avec un autre les droits de patronat sur un affranchi : Dig. 26, 4, 3, 5.

compătruēlis, e, qui descend du même oncle paternel : CIL 8, 2784 ; Aug. Ev. Joh. 10, 2, 2.

compaupĕr, ĕri, m. f., compagnon de pauvreté : Aug. Serm. 14, 2.

compăvescō, ĭs, ĕre, -, -, intr., prendre peur : Gell. 1, 23, 9.

compăvītus, a, um (cum, pavio), brisé de coups : Apul. M. 7, 21.

compeccātŏr, ŏris, m., qui pèche avec d'autres : Hier. Ep. 112, 5.

compeccō, ās, āre, -, -, intr., faillir avec : Cael.-Aur. Chron. 3, 1, 12.

compĕciscor, ⇒ compaciscor.

compectum, ⇒ compactum.

compectus, a, um, part. de compeciscor ou compaciscor.

Compĕdĭa, ae, f., nom de femme : CIL 2, 5035.

compĕdĭō, īs, īre, īvī, ītum (compes), tr., attacher ensemble, lier : Varr. Men. 180 ‖ entraver : *servi compediti* Cat. Agr. 56 [et abs¹] *compediti* Sen. Tranq. 10, 1, esclaves qui portent des entraves ‖ [fig.] lier, gêner : *compeditus vinculis cupiditatum* Paul.-Nol. Ep. 23, 13, prisonnier des entraves du désir.

compĕdītus, a, um, part. de compedio.

compĕdĭum, gén., ⇒ compes ▶.

compĕdus, a, um (compes), qui attache les pieds ensemble : Varr. Men. 385.

compēgī, parf. de compingo.

compellātĭo, ōnis, f. (1 compello) ¶ 1 action d'adresser la parole : Her. 4, 22 ¶ 2 apostrophe violente, attaque en paroles ou par écrit : Cic. Fam. 12, 25, 2 ; Phil. 3, 17.

1 **compellō**, ās, āre, āvī, ātum (cf. 1 appello), tr. ¶ 1 *aliquem*, adresser la parole à qqn, apostropher qqn : Enn. d. Cic. Div. 1, 41 ; Virg. En. 5, 161 ; Ov. M. 14, 839 ‖ appeler qqn par son nom : *(nomine)* Liv. 23, 47, 2 ; *(nominatim)* Tac. An. 16, 27 ¶ 2 s'en prendre à, attaquer, gourmander : *Q. Ciceronem compellat edicto* Cic. Phil. 3, 17, il s'en prend dans un édit à Q. Cicéron ; *(mulieres) compellatae a consule* Liv. 34, 2, 8, (femmes) apostrophées (prises à partie) par le consul, cf. Hor. S. 2, 3, 297 ¶ 3 accuser en justice : Cic. Att. 2, 2, 3 ; Cael. Fam. 8, 12, 3 ; Nep. Alc. 4, 1 ; Suet. Caes. 17.

2 **compellō**, ĭs, ĕre, pŭlī, pulsum (cum, pello), tr. ¶ 1 pousser ensemble (en masse, en bloc), rassembler : *unum in locum homines* Cic. Inv. 1, 2, pousser les hommes en un même lieu ; *omni totius provinciae pecore compulso* Cic. Pis. 87, ayant rassemblé tout le bétail de la province entière ‖ chasser en bloc, refouler : *intra oppida ac muros compelluntur* Caes. G. 7, 65, 2, ils sont refoulés à l'intérieur des places fortes et des endroits fortifiés ; *(incendium belli) intra hostium moenia* Cic. Rep. 1, 1, refouler (l'incendie de la guerre) à l'intérieur des remparts ennemis ; *omni bello Medulliam compulso* Liv. 1, 33, 4 (2, 16, 8) toute la guerre étant ramassée (concentrée) à Médullia ‖ *Pompeium domum suam compulistis* Cic. Pis. 16, vous avez forcé Pompée à se renfermer dans sa maison ¶ 2 [fig.] presser, acculer, réduire : *ceteras nationes conterruit, compulit, domuit* Cic. Prov. 33, les autres nations, il les frappa de terreur, les poussa dans un accul (les traqua), les dompta ; *angustiis rei frumentariae compulsus* Caes. C. 3, 41, 4, contraint par la difficulté des approvisionnements ‖ pousser à, réduire à, forcer à : *ad illa arma compulsi* Cic. Marc. 13, poussés à cette guerre ; *ad mortem aliquem compellere* Suet. Tib. 56, forcer qqn à se donner la mort ; *in hunc sensum compellor injuriis* Cic. Fam. 1, 9, 21, je suis contraint à ce sentiment par les injustices ; *in eumdem metum eos compulere* Liv. 25, 29, 8, ils les jetèrent dans la même crainte [avec ut et subj.] : Tac. D. 4 ; Curt. 8, 8, 2 ; Suet. Caes. 1 ; [avec inf.] : Curt. 5, 1, 35 ; Ov. F. 3, 860 ; Suet. Tib. 62.

compendĭārĭa, ae, f. (s.-ent. via), voie plus courte [fig.], abrégé : Petr. 2, 9 ; Sen. Ep. 119, 1.

compendĭārĭum, ĭi, n., chemin plus court [fig.] : Sen. Ep. 73, 12.

compendĭārĭus, a, um (compendium), abrégé, plus court : Cic. Off. 2, 43.

compendĭātus, a, um, part. de compendio.

compendĭō, ās, āre, -, - (compendium), tr., abréger : Tert. Marc. 4, 1, 6 ‖ [abs¹] *compendiare alicui* Aug. Hept. 7, 56, abréger la vie de qqn [le tuer].

compendĭōsē, adv., en abrégé : Theod.-Prisc. Log. 101 ; Cassiod. Var. 8, 29, 1 ‖ *-sius* Sidon. Ep. 7, 11, 2 ; *-sissime* Cassian. Coll. 10, 14.

compendĭōsus, a, um (compendium) ¶ 1 avantageux, fructueux : Col. 1, 4, 5 ¶ 2 abrégé, raccourci, plus court : Just. 38, 9, 6 ; Apul. M. 11, 22.

compendĭum, ĭi, n. (compendo) ¶ 1 gain provenant de l'épargne, profit : *compendium ligni* Plin. 23, 127, économie de bois ; *facere compendii sui causa quod non liceat* Cic. Off. 3, 63, faire dans son intérêt une chose illicite ‖ [fig.] *aliquid facere compendi* Pl. Poen. 351, faire l'économie de qqch. = s'en dispenser, cf. Bac. 183 ; Most. 60 ¶ 2 gain provenant d'une économie de temps, accourcissement, abréviation : *compendium operae* Plin. 18, 181, économie de travail ; *verba confer ad compendium* Pl. Mil. 774, abrège ton discours ; *compendia viarum* Tac. An. 1, 63, chemins de traverse ; *compendia leti donare* Sil. 10, 475, achever un ennemi ; *compendia ad honores* Plin. Pan. 95, 5, moyens rapides pour arriver aux honneurs.

compendō, ĭs, ĕre, -, -, tr., peser avec : Varr. L. 5, 183.

compensātĭo, ōnis, f. (compenso), compensation [entre dettes et créances] : Dig. 16, 2, 1 ‖ échange, troc : *compensatio mercium* Just. 3, 2, 11, échange de marchandises ‖ [fig.] compensation, équilibre : Cic. Tusc. 5, 95 ; Rep. 2, 33.

compensātīvus, a, um (compenso), qui sert à contrebalancer, qui fait compensation : Mar. Vict. Rhet. 1, 11.

compensātus, a, um, part. de compenso.

compensō, ās, āre, āvī, ātum (cum, penso), tr., *rem cum aliqua re, rem re*, mettre en balance, contrebalancer : *cum maximis curis voluptatem compensare* Cic. Fin. 5, 48, acheter son plaisir au prix des plus durs soucis ; *laetitiam cum doloribus* Cic. Fin. 2, 97, compenser par la joie les douleurs ‖ *hoc vitium compensant copia* Cic. Or. 231, ils rachètent ce défaut par l'abondance [du style] ; *Catonis est dictum "pedibus compensari pecuniam"* Cic. Flac. 72, il y a ce mot de Caton " les jambes paient le bon marché (d'une propriété éloignée) " [on est dédommagé de l'éloignement par le bon marché ; mais peut-être aussi : " à défaut d'argent, il faut avoir des jambes "] ‖ *aliquid rem compensat* Cic. Or. 35, une chose en compense une autre ‖ abl. abs. n., *compensato* Tert. Pall. 4, 3, avec compensation.

comperco, ⇒ comparco.

compĕrĕgrīnus, ī, m., partageant avec un autre la condition d'étranger : Sidon. Ep. 7, 17, 2.

compĕrendĭnātĭo, ōnis, f., ⇒ comperendinatus : Sen. Ep. 97, 5 ; Plin. Ep. 5, 21, 1 ; Tac. D. 38 ; Gell. 14, 2, 1.

compĕrendĭnātŭs, ūs, m. (comperendino), renvoi (remise), au troisième jour pour le prononcé d'un jugement [il y avait donc un jour plein intermédiaire entre

comperendinatus

les deux audiences] : Cic. Verr. 1, 26 ; Brut. 87.

compĕrendĭnō, ās, āre, āvī, ātum, tr. (comperendinus), [droit] renvoyer au surlendemain [= à trois jours] pour le prononcé d'un jugement : **Glaucia primus tulit ut comperendinaretur reus** Cic. Verr. 1, 26, Glaucia est le premier qui ait porté une loi pour faire ajourner le prévenu (Verr. 1, 20 ; 4, 33)‖ [abs^t] **mea (ratio est) ut ante primos ludos comperendinem** Cic. Verr. prim. 34, mon plan est de proposer l'ajournement de l'audience avant le début des jeux.

compĕrendĭnus, a, um (perendie), d'après-demain : **dies comperendinus,** audience fixée au surlendemain : Gai. Inst. 4, 15 ; Macr. Sat. 1, 16, 3.

compĕrĕō, īs, īre, ĭī, -, intr. (cum, pereo), périr avec, ensemble : Diom. 372, 6.

compĕrĭclĭtŏr, ārĭs, ārī, -, intr., courir ensemble des dangers : Aug. Ep. 139, 4.

compĕrĭō, īs, īre, pĕrī, pertum (cum, pario), tr., découvrir, apprendre : **cum indicia mortis se comperisse manifesto diceret** Cic. Brut. 277, disant qu'il avait découvert des preuves certaines de l'attentat ; **aliquid per exploratores comperire** Caes. G. 4, 19, 2 ; **ex captivis** Caes. G. 1, 22, 1 ; **certis auctoribus** Cic. Att. 14, 8, 1, apprendre qqch. par des éclaireurs, par des captifs, par des sources sûres ‖ [avec prop. inf.] : **posteaquam comperit eum posse vivere** Cic. Amer. 33, quand il eut l'assurance qu'il pourrait vivre ‖ **omnia insidiose ficta comperta sunt** Cic. Mil. 67, on a reconnu que tout avait été perfidement inventé ‖ [abs^t] **postquam de scelere filii comperit** Nep. Paus. 5, 3, quand elle eut connaissance du crime de son fils, cf. Sall. J. 68, 1 ‖ part. **compertus, a, um,** reconnu, assuré, certain : **aliquid ab aliquo compertum habere** Caes. G. 1, 44, 12, tenir de qqn un renseignement positif sur qqch. ; **quae comperta habemus** Cic. Font. 29, les choses dont nous sommes certains ; **pro re comperta habere aliquid** Caes. G. 7, 42, 2, tenir qqch. pour certain ; **si compertum est** Caes. G. 6, 19, 3, si c'est une chose sûre ; **pro comperto polliceri** Suet. Ner. 31, promettre formellement ‖ **ex praedatoribus quidam compertum adtulerint T. Quinctium agrum colere** Liv. 7, 39, 11, certains apporteraient ce renseignement recueilli de quelques pillards que T. Quinctius cultivait un champ ‖ **compertum habeo,** je suis assuré, je sais de science certaine [avec prop. infin.] Sall. C. 58, 1 ; Liv. 3, 48, 1 ; 26, 45, 7 (**pro comperto habeo** Liv. 27, 36, 4) ‖ abl. abs. n. **comperto : satis comperto Eordaeam petituros Romanos** Liv. 31, 39, 7, comme il était bien certain que les Romains gagneraient l'Éordée ; **nondum comperto quam regionem hostes petissent** Liv. 31, 39, 4, comme on ne savait pas encore avec certitude la direction prise par l'ennemi ‖ le part. compertus avec le sens de convictus, convaincu de : **nullius probri compertus** Liv. 7, 4, 4, n'étant reconnu coupable d'aucune faute (Liv. 22, 57, 2 ; 32, 1, 8 ; Tac. An. 1, 3) ; [avec in et abl.] Suet. Tib. 35 ; [avec inf.] : **compertus pecuniam publicam avertisse** Tac. H. 1, 53, convaincu d'avoir détourné des deniers publics.
▶ parf. **comperii** Diom. 372, 6 ; **comperui** Gloss. 4, 320, 3.

compĕrĭor, īrĭs, īrī, pertus sum, forme dépon. rare et arch., même sens que comperio : Ter. And. 902 ; Sall. J. 45, 1 ; 108, 3 ; Tac. An. 4, 20 ; Gell. 3, 3, 1 ; Apul. M. 2, 21.

compernis, e (cum, perna), dont les genoux se touchent : P. Fest. 35, 24 ; Varr. L. 9, 10.

comperpĕtŭus, a, um, coéternel : **comperpetuus Patris** Prud. Apoth. 271, coéternel au Père.

compersī, parf. de comperco.

compersōnālis, e, qui est de la même personne : Rust. Aceph. 1175.

compertē, adv. (compertus), de bonne source : Gell. 1, 22, 9 ‖ **compertius** Gell. 1, 11, 12.

compertus, a, um, part. de comperio.

compertūsĭo, ōnis, f. (cum, pertundo), percement : CIL 8, 2728.

1 compēs, Prud. Ham. 848, ĕdis, qqf. acc. ĕdem, abl. ĕde [cas usités au sg.] f. (cum pedibus, cf. pedica), ordin^t **compēdes,** ium, ibus, pl., entraves, liens pour les pieds : **in compedibus aetatem agere** Cat. d. Gell. 1, 18, 18, passer sa vie dans les fers, cf. Cic. Rab. perd. 20 ‖ liens que l'on met aux mains, menottes : Varr. d. Non. 1, 113 ‖ [fig.] chaîne, lien, entrave, empêchement : **compedes corporis** Cic. Tusc. 1, 75, les entraves du corps ; **grata compede vinctus** Hor. O. 4, 11, 24, retenu par une douce chaîne ; **nivali compede vinctus (Hebrus)** Hor. Ep. 1, 3, 3, l'Hèbre enchaîné par la glace ‖ chaînette, ornement de femme : Plin. 33, 151.
▶ gén. pl. **compedium** Pl. Pers. 420 ; **-pedum** à partir de Tert. ‖ m. Lact. Mort. 21, 3.

2 compēs, arch. pour compos : Prisc. 2, 26, 18.

compescō, ĭs, ĕre, cŭī, - (de *comparc-sco, v. comparco), tr., retenir, arrêter, réprimer : **ramos compesce fluentes** Virg. G. 2, 370, arrête le débordement des sarments ; **compescere Istrum** Sil. 3, 617, tenir en respect les riverains du Danube ; **vitem** Col. 4, 21, 2, élaguer la vigne ; **compescere linguam** Pl. Poen. 1035, retenir sa langue ‖ [avec inf.] **compesce in illum dicere** Pl. Bac. 463, cesse de l'attaquer.
▶ sup. **-citum** Prisc. 2, 511, 18.

compĕta, n. pl., place où se rencontrent les villageois : Isid. 15, 16, 12 ; **V.** compitum.

compĕtens, entis, part. prés. de competo pris adj^t, qui convient, compétent : **competens judex** Aug. Ep. 251, juge compétent ‖ qui convient, approprié à : **alicui rei** Apul. Flor. 16 ; **cum aliqua re** Gell. 19, 13, 3, qui s'accorde avec une chose, qui répond à une chose ‖ [chrét.] catéchumène reconnu apte à recevoir le baptême : Aug. Fid. op. 6, 9 ‖ **-tior** Paneg. 7, 7, 2.

compĕtentĕr, adv., convenablement, dûment, comme il faut : Dig. 24, 3, 22.

compĕtentĭa, ae, f. (competens), proportion, juste rapport : Gell. 1, 1, 3 ‖ disposition respective des astres : **nasci ad eamdem competentiam** Gell. 14, 1, 26, naître sous le même aspect du ciel.

compĕtītĭo, ōnis, f. (competo) ¶ 1 accord : Sidon. Ep. 2, 9, 4 ¶ 2 compétition en justice : Cod. Th. 2, 23, 1 ¶ 3 candidature rivale : Ambr. Hel. 21, 79.

compĕtītŏr, ōris, m. (competo), compétiteur, concurrent : Cic. Off. 1, 38 ; Brut. 113 ‖ demandeur [à un procès] : Cod. Th. 10, 10, 30 ; 19, 9, 2.

compĕtītrix, īcis, f. (competitor), concurrente, celle qui brigue en même temps : Cic. Mur. 40 ; Ps. Quint. Decl. 370.

compĕtō, ĭs, ĕre, pĕtīvī et pĕtĭī, petītum (cum, peto)
I intr. ¶ 1 se rencontrer au même point : **ubi viae competunt** Varr. L. 6, 25, au point de rencontre des deux chemins ‖ [fig.] coïncider : **initium finemque miraculi cum Othonis exitu competisse** Tac. H. 2, 50, [on dit] que le début et la fin du prodige coïncidèrent avec la mort d'Othon ; **aestati, autumno competere** Suet. Caes. 40, coïncider avec l'été, avec l'automne ; **in aliquem diem** Plin. 16, 191, tomber un certain jour ‖ [impers.] **si ita competit ut** subj., Sen. Ep. 75, 6, s'il se rencontre que ¶ 2 répondre à, s'accorder avec : **tanto Othonis animo nequaquam corpus competiit** Suet. Oth. 12, Othon avait un physique qui ne répondait pas du tout à sa grande âme ; **si competeret aetas** Suet. Aug. 31, si l'âge s'accordait ‖ être propre à, être en état convenable pour : **ut vix ad arma capienda competeret animus** Liv. 22, 5, 3, au point qu'ils avaient à peine le courage pour prendre les armes ; **neque animo neque auribus aut lingua competere** Sall. H. 1, 136, n'être en pleine possession ni de son esprit ni de l'ouïe ou de la parole, cf. Tac. H. 3, 73 ‖ convenir à, appartenir à : **actionem competere in equitem Romanum negat** Quint. 3, 6, 11, il soutient que cette action judiciaire n'est pas applicable à un chevalier romain ‖ réclamer en justice, revendiquer [au sens de petere] : Cod. Th. 10, 10, 27, 6 ‖ [impers.] il convient : Tert. Marc. 1, 16, 4.
II tr. [rare], chercher à atteindre ensemble, rechercher concurremment : Just. 13, 2, 1 ; Ps. Aur.-Vict. Vir. 59, 2.
▶ inf. parf. contracté **competisse** Tac. H. 2, 50.

compĕtum, V. compitum : Varr. L. 6, 25.

compīlātĭo, ōnis, f. (compilo), pillage, dépouillement [fig.] : Cic. Fam. 2, 8, 1.

compīlātŏr, ōris, m. (1 compilo), pillard, plagiaire : Isid. 10, 44.

compīlātus, a, um, part. de 1 et 2 compilo.

1 compīlō, ās, āre, -, - (cum, pilo), tr., dépouiller, piller : *compilare fana* Cic. Nat. 1, 86, piller les temples ; *malui compilari quam venire* Cic. de Or. 2, 268, j'ai mieux aimé être plumé que vendu ; *compilare scrinia Crispini* Hor. S. 1, 1, 121, piller le coffre (les ouvrages) de Crispinus ; *tanquam copo compilatus* Petr. 62, 12, (courir) comme un aubergiste volé ‖ [droit] détourner, soustraire frauduleusement : Dig. 3, 5, 33.

2 compīlō, ās, āre, -, - (cum, 1 pilum), tr., assommer, rouer de coups : *me membratim compilassent* Apul. M. 9, 2, ils m'auraient mis en pièces.

compingō, ĭs, ĕre, pēgī, pactum (cum, pango), tr. ¶ 1 fabriquer par assemblage : Virg. B. 2, 36, [d'où **compactus**, a, um, bien assemblé, où toutes les parties se tiennent : Cic. Fin. 3, 74 ‖ [fig.] *ex multitudine et negotio verbum unum compingere* Gell. 11, 16, 4, faire un seul mot composé des mots "multitude" et "affaire" ‖ imaginer, inventer : Arn. 1, 57 ¶ 2 pousser en un point, bloquer, enfermer : *aliquem in carcerem* Pl. Amp. 155, jeter qqn en prison ; *se in Apuliam* Cic. Att. 8, 8, se bloquer en Apulie ; [fig.] *de Or. 1, 46* ¶ 3 imaginer, inventer : Arn. 1, 57.

2 compingō, ĭs, ĕre, pinxī, - (cum, pingo), tr., recouvrir d'une peinture : [fig.] *Aristarchi ineptiae, quibus aliena carmina compinxit* *Sen. Ep. 88, 39, les remarques incongrues dont Aristarque a barbouillé les vers d'autrui.

compinguescō, ĭs, ĕre, -, -, intr., se coaguler : Tert. Anim. 25, 2.

Compĭtālĭa, ĭum, Prisc. 2, 309, 16, *ĭōrum*, Cic. Pis. 8, n. pl., Compitalia [fêtes en l'honneur des Lares des carrefours] : Cic. Att. 2, 3, 4 ; Catal. 13, 27 ; Gell. 10, 24, 3.

Compĭtālĭcĭus, a, um, des Compitalia : Cic. Pis. 8 ; Att. 2, 3, 4 ; Suet. Aug. 31, 4.

compĭtālis, e (compitum), de carrefour : Varr. L. 6, 25 ; **Compitales Lares** Suet. Aug. 31, 4, les Lares des carrefours ‖ **-tāles**, ĭum, m. pl., collège de prêtres, chargés de la fête des Compitalia : CIL 11, 4815 ; 4818 ‖ V. Compitalia.

compĭtum, i, n., Cat. Agr. 5, 4 [et ordin^t au pl.] **compĭta**, ōrum, Cic. Agr. 1, 7 (competo), carrefour, croisement de routes ou de rues : Virg. G. 2, 382 ; Hor. S. 2, 3, 26 ‖ [fig.] *ramosa compita* Pers. 5, 35, la croisée des chemins [du vice et de la vertu] ; *compitum stomachi* Tert. Res. 60, 2, le carrefour qu'est l'œsophage ‖ autel élevé dans un carrefour : Grat. 483.

▶ V. competum, competa.

compĭtus, i, m. arch., Caecil. et Varr. d. Non. 196, 9, V. compitum.

complăcentĭa, ae, f., complaisance : Hier. Jer. 3, 14, 10.

complăcĕō, ē, ēre, plăcŭī et plăcĭtus sum, intr., plaire en même temps, concurremment : Pl. Ru. 187 ; Ter. And. 645 ; Gell. 18, 3, 4.

complăcĭtĭo, ōnis, f., bonne volonté, désir de plaire : Hier. Nom. Hebr. 69, p. 30, 27.

complăcĭtus, a, um (complaceo), qui plaît, agréable : Apul. M. 4, 32 ; Apol. 15 ; *-citior* Vulg. Psal. 76, 8, plus favorable.

complăcō, ās, āre, -, -, tr., apaiser : Tir. d. Gell. 7, 3, 13.

complānātĭo, ōnis, f. (complano), action d'aplanir [fig.] Paul.-Nol. Ep. 29, 2.

complānātŏr, ōris, m. (complano), celui qui aplanit : Apul. Apol. 6, 3.

complānātus, a, um, part. de complano.

complānō, ās, āre, āvī, ātum, tr., aplanir : Cat. Agr. 151, 3 ; *complanatus lacus* Suet. Caes. 44, 1, lac comblé ‖ [fig.] **a)** détruire : *complanare domum* Cic. Dom. 101, raser une maison **b)** [moral^t] *aspera* : Sen. Prov. 5, 9, aplanir les aspérités.

complantātĭo, ōnis, f. (complanto), action de planter dans un même terrain : Gloss. 2, 345, 5.

complantātus, a, um, part. de complanto.

complantō, ās, āre, -, ātum, tr., planter ensemble : Hier. Psalm. 1, 5, 8 ‖ [fig.] *complantatus virtutibus* Ambr. Ep. 45, 16, plein de vertus solides.

complasmō, ās, āre, -, -, tr., former avec : Rust. Aceph. 1208.

Complătōnĭcus, i, m., partisan de Platon : Sidon. Ep. 4, 11, 1.

complaudō, ĭs, ĕre, -, -, intr., applaudir ensemble : Paul.-Nol. Carm. 18, 8.

complectĭbĭlis, e (complector), qu'on peut embrasser : Boet. Syll. hyp. 2, p. 863 B.

complectō, ĭs, ĕre, -, -, forme arch. rare, au lieu de la forme dépon. complector : Pompon. Com. 48 ; Vitr. 10, 2, 11 ‖ au passif : Curio d. Prisc. 2, 385, 1 ; **complexus** [sens pass.] V. complector.

complectŏr, tĕrĭs, tī, plexus sum (cum, plecto), tr. ¶ 1 embrasser, entourer : *aliquid manibus* Cic. CM 52, étreindre qqch. avec les mains ; *aliquem* Cic. Att. 16, 5, 2, serrer qqn dans ses bras ; *inter se complecti* Cic. Div. 1, 58, s'embrasser mutuellement ; *quattuordecim milia passuum complexus* Caes. G. 7, 74, 1, ayant englobé [pour faire une enceinte] un espace de quatorze mille pas (G. 7, 72, 2) ; *extimus (orbis caelestis) qui reliquos omnes complectitur* Cic. Rep. 6, 17, le cercle extérieur qui enveloppe tous les autres ‖ *me artior somnus complexus est* Cic. Rep. 6, 10, un sommeil plus profond me saisit ¶ 2 [fig.] saisir : *(vis philosophiae) tum valet multum cum est idoneam complexa naturam* Cic. Tusc. 2, 11, (l'action de la philosophie) est surtout efficace quand elle a trouvé d'heureuses dispositions naturelles ¶ 3 embrasser, entourer de ses soins, de son amitié : *aliquem* Cic. Fam. 2, 6, 4 (2, 8, 2) faire bon accueil à qqn ; *philosophiam* Cic. Brut. 322, embrasser la philosophie ; *causam* Cic. Phil. 5, 44, embrasser une cause (un parti) ‖ *hunc velim omni tua complectare* Cic. Fam. 7, 5, 3, je voudrais que tu lui témoignes toute ta gentillesse ; *aliquem beneficio* Cic. Planc. 82, obliger qqn ; *aliquem honoribus et beneficiis* Cic. Prov. 38, combler qqn d'honneurs et de bienfaits ¶ 4 embrasser, saisir [par l'intelligence, par la pensée, par la mémoire] : *aliquid cogitatione et mente* Cic. Or. 8, saisir qqch. par la pensée (par l'imagination) et par l'intelligence ; *animo* Cic. de Or. 3, 20, par l'esprit ; *memoria* Cic. Div. 2, 146, embrasser par la mémoire, retenir [sans *memoria* : Quint. 11, 2, 36] ‖ [rare] *complecti = complexi mente* : Cic. Ac. 2, 114 ; Tac. Agr. 46 ¶ 5 embrasser (comprendre) dans un exposé, dans un discours : *una comprehensione omnia complecti* Cic. Fin. 5, 26, comprendre tout sous une même proposition (dans une formule unique) ; *complectitur verbis quod vult* Cic. Fin. 1, 15, il exprime pleinement sa pensée ; *omnia alicujus facta oratione complecti* Cic. Verr. 4, 57, présenter dans un exposé tous les actes de qqn ; *libro omnem rerum memoriam breviter* Cic. Brut. 14, ramasser dans un livre l'histoire universelle en abrégé ‖ *complecti* sans abl., embrasser dans une définition : Cic. de Or. 3, 126 ; 1, 64 ; dans un exposé : de Or. 3, 74 ; 75 ; *complecti vis amplissimos viros ad tuum scelus* Cic. Pis. 75, tu veux envelopper dans ton crime (présenter comme tes complices) les citoyens les plus considérables ‖ *causas complectar ipsa sententia* Cic. Phil. 14, 29, je résumerai l'exposé des motifs en formulant mon avis lui-même ‖ [rhét.] conclure : Her. 2, 47 ; Cic. Inv. 1, 73 ¶ 6 part. complexus, a, um, avec sens passif : *(facinus) ejus modi, quo uno maleficio scelera omnia complexa esse videantur* Cic. Amer. 37, (acte) de telle sorte que ce forfait à lui seul semble envelopper tous les crimes à la fois.

complēmentum, i, n. (compleo), ce qui complète, complément : Cic. Or. 230 ; Tac. An. 3, 38.

complĕō, ēs, ēre, plēvī, plētum (cf. impleo, plenus ; it. compiere), tr. ¶ 1 remplir : *fossam* Caes. G. 5, 40, 3, combler un fossé ; *oppidani complent murum* Caes. G. 7, 12, 5, les habitants assiégés garnissent le rempart (mais G. 7, 27, 3 remplir = envahir) ; *paginam complere* Cic. Att. 13, 34, remplir la page ‖ *aliquid aliqua re : fossas sarmentis*

compleo

Caes. G. 3, 18, 8, remplir les fossés de fagots; *Dianam floribus* Cic. Ver. 4, 77, couvrir de fleurs la statue de Diane; *quae res omnium rerum copia complevit exercitum* Caes. C. 2, 25, 7, cette mesure pourvut abondamment l'armée de tout; *multo cibo et potione completi* Cic. Tusc. 5, 100, gorgés d'une quantité de nourriture et de boisson; *naves sagittariis* Caes. C. 2, 4, 2, garnir d'archers les navires; *speculatoria navigia militibus compleri jussit* Caes. G. 4, 26, 4, il ordonna qu'on garnît de soldats les navires-éclaireurs ‖ *aliquid alicujus rei* : Lucr. 5, 1162; *convivium vicinorum cottidie compleo quod...* Cic. CM 46, chaque jour je traite des voisins dans un festin au grand complet que [nous prolongeons...]; *cum completus jam mercatorum carcer esset* Cic. Verr. 5, 147, la prison étant déjà pleine de marchands ¶ 2 compléter [un effectif] : *legiones* Caes. C. 1, 25, 1, compléter les légions (leur donner l'effectif complet); *suum numerum non compleverunt* Caes. G. 7, 75, 5, ils ne fournirent pas leur contingent au complet ¶ 3 remplir un espace de lumière, de bruit : *sol mundum omnem sua luce complet* Cic. Nat. 2, 119, le soleil remplit l'univers de sa lumière; *plangore et lamentatione forum complevimus* Cic. Or. 131, nous avons rempli le forum de sanglots et de larmes ‖ *completi sunt animi auresque vestrae me... obsistere* Cic. Agr. 3, 3, on a rempli vos esprits, vos oreilles de cette accusation, que je m'opposais... ¶ 4 remplir d'un sentiment : [abl.] *milites bona spe* Caes. C. 2, 21, 3, remplir les soldats d'un bon espoir; *gaudio compleri* Cic. Fin. 5, 69, être rempli de joie ‖ [gén. arch.] *aliquem dementiae complere* Pl. Amp. 470, remplir qqn d'égarement (*Men.* 901) ¶ 5 remplir, achever, parfaire : *centum et septem annos* Cic. CM 13, vivre cent sept ans (Nep. Att. 21, 1); *vix unius horae tempus utrumque curriculum complebat* Liv. 44, 9, 4, c'est à peine si ces deux courses remplissaient l'espace d'une seule heure; *ut summam mei promissi compleam* Cic. Verr. 3, 116, pour remplir toute ma promesse; *hujus hanc lustrationem menstruo spatio luna complet* Cic. Nat. 1, 87, ce parcours du Soleil, la Lune l'achève en un mois ‖ rendre complet : *complent ea (bona) beatissimam vitam* Cic. Fin. 5, 71, ces biens mettent le comble à la vie bienheureuse (3, 43, Tusc. 5, 47); *ita ut ante mediam noctem compleretur (sacrum)* Liv. 23, 35, 15, en sorte qu'il (le sacrifice) fût achevé avant minuit; *perfectus completusque verborum ambitus* Cic. Or. 168, une période achevée et complète ¶ 6 *aliquam complere* Lucr. 4, 1249, rendre une femme enceinte, engrosser, cf. Arn. 5, 21.
▶ les formes contractées *complerunt, complerint, complerat, complesse*, etc., se trouvent dans Cic.

complēram, -ērim, -esse, ⓥ *compleo.*

complētĭo, ōnis, f. (*compleo*), accomplissement : Aug. Ep. 49, 2.

complētīve, adv., d'une façon complète : Rust. Aceph. p. 1222 D.

complētīvus, a, um, complétif [gram.] : Prisc. 3, 93, 16.

complētŏr, ōris, m. (*compleo*), celui qui complète, qui achève : Juvc. 2, 568.

complētōrĭum, ii, n., complies [la dernière des heures canoniales] : Bened. Reg. 16, 2.

complētus, a, um, part. de *compleo* (cf. fr. *complies*), [pris adjt] achevé, complet : Cic. Or. 168 ‖ *completior* Gell. 1, 7, 20.

complex, ĭcis (*cum, plico*), adj., uni, joint : *complex honestatis est utilitas* Ambr. Off. 3, 14, 90, l'honnête et l'utile se tiennent; *dii complices* Arn. 3, 40, les douze grands dieux; ⓥ *Consentes* ‖ complice : Sidon. Ep. 8, 11, 12 ‖ qui a des replis, tortueux : Prud. Ham. 614.

complexābĭlis, e (*complexor*), saisissable : Cassiod. Psalm. 39, 15.

complexātĭo, ōnis, f., embrassement : Ps. Euch. Reg. 3, 27.

complexātus, a, um, part. de *complexo* et *complexor*.

complexĭbĭlis, e (*complector*), saisissable : Chalc. 168.

complexĭo, ōnis, f. (*complector*) ¶ 1 embrassement, assemblement, assemblage, union : *complexiones et copulationes et adhaesiones atomorum inter se* Cic. Fin. 1, 19, assemblages, agglomérations, agrégations d'atomes entre eux ‖ [fig.] *cumulata bonorum complexio* Cic. Tusc. 5, 29, la réunion complète de tous les biens ‖ [en part.] *verborum complexio* Cic. Phil. 2, 95, assemblage de mots [rhét.] période : de Or. 3, 182; Or. 85 ¶ 2 exposé : *brevis complexio negotii* Cic. Inv. 1, 37, exposé succinct d'une affaire ¶ 3 [rhét.] conclusion : Her. 2, 28; 2, 40; Cic. Inv. 1, 67; 1, 73; Quint. 5, 14, 5 ‖ dilemme : Cic. Inv. 1, 44 ‖ complexion : Her. 4, 20 ¶ 4 [gram.] synérèse : Quint. 1, 5, 17.

complexīvus, a, um, copulatif [gram.] : Gell. 10, 29; Capel. 3, 272.

complexō, ās, āre, -, -, **complexŏr,** ārĭs, ārī, -, tr., embrasser, enserrer : Corip. Just. 1, 104; Hier. Jovin. 1, 3; Vulg. Marc. 10, 16.

1 complexus, a, um, part. de *complector* et *complecto.*

2 complexŭs, ūs, m. (*complector*) ¶ 1 action d'embrasser, d'entourer, embrassement, étreinte : *mundus omnia complexu suo coercet et continet* Cic. Nat. 2, 58, le monde réunit et contient tout dans son étreinte ‖ étreinte des bras, enlacement : *e complexu parentum abrepti filii* Cic. Verr. 1, 7, fils arrachés des bras de leurs parents; *de matris complexu aliquem avellere* Cic. Font. 46, enlever qqn des bras de sa mère ‖ [rare] étreinte hostile : *complexus armorum* Tac. Agr. 36, combat corps à corps ‖ étreinte charnelle : Scrib. 18 ¶ 2 [fig.] lien affectueux : *complexus gentis humanae* Cic. Fin. 5, 65, le lien qui embrasse la race humaine ‖ liaison, enchaînement : *complexus sermonis* Quint. 9, 3, 18, enchaînement des mots dans le style (*loquendi* Quint. 1, 5, 3) ‖ communauté, indivision : Cod. Th. 8, 4, 8, 1; 10, 20, 10 pr.

complĭcābĭlis, e (*complico*), qui se plie : Isid. 15, 7, 4.

complĭcātĭo, ōnis, f. (*complico*), action de plier, de rouler : Cael.-Aur. Chron. 4, 3, 26 ‖ multiplication : Aug. Mus. 1, 11, 19.

complĭcātus, complĭcĭtus, a, um, part. de *complico.*

complĭcō, ās, āre, āvī ou ŭī, ātum ou ĭtum, tr., rouler, enrouler, plier en roulant : *complicare rudentem* Pl. Ru. 938, rouler une corde; *armamenta* Pl. Merc. 192, plier, serrer les agrès; *epistulam* Cic. Q. 3, 1, 17, plier, (fermer) une lettre; *complicare se* Sen. Ep. 90, 14, se blottir ‖ [fig.] *complicata notio* Cic. Off. 3, 76, idée confuse.

complōdō, ĭs, ĕre, plōsi, ōsum (*cum, plaudo*), tr., frapper deux objets l'un contre l'autre : *complodere manus scaenicum est* Quint. 11, 3, 123, battre des mains ne convient qu'aux comédiens; *complosis manibus* Petr. 18, 7, en battant des mains.

complōrātĭo, ōnis, f. (*comploro*) ¶ 1 action de se lamenter ensemble : *comploratio mulierum* Liv. 3, 47, 6, concert de lamentations féminines ¶ 2 action de se lamenter profondément : *comploratio sui* Liv. 2, 40, 9, action de gémir sur son propre sort; *complorationes edere* Gell. 12, 5, 3, se lamenter.

1 complōrātus, a, um, part. de *comploro.*

2 complōrātus, ūs, m., ⓒ *comploratio* : Liv. 23, 42, 5.

complōrō, ās, āre, āvī, ātum ¶ 1 intr., se lamenter ensemble : *comploratum publice est* Flor. 2, 15, 8, ce fut un deuil général ¶ 2 tr., déplorer, se lamenter sur : *complorare interitum alicujus* Gell. 7, 5, 6, se lamenter sur la mort de qqn; *cum vivi mortuique comploraentur* Liv. 22, 55, 3, comme on pleurait les vivants aussi bien que les morts, cf. Cic. Dom. 98.

complōsus, a, um, part. de *complodo.*

complŭit, ĕre, - ¶ 1 impers., il pleut : Varr. L. 5, 161 ¶ 2 **complŭō,** ĭs, ĕre, ŭi, ūtum, tr., arroser de pluie, arroser : Aug. Psalm. 95, 12; Serm. 4, 31 [surtout au part. *complutus*].

complūres, complūra, rart **complūria,** Cat. Orig. 1, 25; Ter. Phorm. 611, gén. **ium** ¶ 1 adj., assez nombreux, plusieurs : *complures nostri milites*, bon nombre de nos soldats : Caes. G. 1, 52, 5; 4, 12, 2; 7, 47, 7; superl. **complurimi** Gell. 11, 1, 1 ¶ 2 substt, *complures Graecis institutionibus eruditi* Cic. Nat. 1, 8, un bon nombre de personnes formées par les enseignements grecs ‖ [rare avec gén.] **complures hostium** HIRT. *G.* 8, 48, 7, un bon nombre d'entre les ennemis ‖ [avec *ex*] ***e vobis complures*** CIC. *Verr.* 1, 15, plusieurs d'entre vous, cf. CAES. *G.* 2, 17, 2 ; 4, 35, 3 ; 4, 37, 3.

complūrĭens (-plūrĭes), maintes fois, assez souvent : PL. *Pers. 534*, cf. GELL. *5, 21, 15*.

complūrĭmi, v. *complures*.

complusculē, adv., assez souvent : GELL. 17, 2, 15.

complusculi, *ōrum*, m. pl. (dim. de *complures*), assez nombreux : PL. *Ru. 131* ; TER. *Hec. 177* ; GELL. 18, 2, 1.

complūtŏr, *ōris*, m. (*compluo*), celui qui arrose : AUG. *Serm.* 216, 3.

Complūtum, *i*, n., ville de la Tarraconaise [auj. Alcalá de Henares] : PRUD. *Perist. 4, 43* ‖ **-tensis**, *e*, de Complutum : PAUL.-NOL. *Carm.* 31, 607 ‖ **-tenses**, *ĭum*, m. pl., habitants de Complutum : PLIN. 3, 24.

complūtus, *a*, *um*, part. de *compluo*, v. *compluit*.

complŭvĭātus, *a*, *um* (*compluvium*), en forme de *compluvium* : VARR. *R.* 1, 8, 2 ; PLIN. 17, 164.

complŭvĭum, *ĭi*, n. (*cum, pluvia*) ¶ 1 trou carré au centre du toit de l'*atrium*, par où passait la pluie recueillie en dessous dans l'*impluvium* : VARR. *L. 5, 161* ; P. FEST. *96, 10* ‖ [postérieurement, confusion avec *impluvium*] bassin intérieur auprès duquel se trouvaient des *cartibula* : VARR. *L.* 5, 125 ; la chapelle des pénates : SUET. *Aug. 92* ¶ 2 dispositif de forme carrée où l'on attachait la vigne : COL. 4, 24, 14.

compondĕrans, *tis*, qui pèse ensemble : PS. APUL. *Asclep.* 22.

compōnō (conp-), *ĭs*, *ĕre*, *pŏsŭī*, *pŏsĭtum* (it. *comporre*), tr. ¶ 1 placer ensemble : ***in quo loco erant ea composita, quibus rex te munerare constituerat*** CIC. *Dej.* 17, dans ce lieu se trouvaient réunis les objets que le roi se destinait pour récompense ; ***in acervum conponere*** CAT. *Agr.* 37, 5, disposer en tas ; ***amphoras in cuneum conponito*** CAT. *Agr.* 113, 2, range les amphores dans le coin du cellier ; ***uvas in tecto in cratibus*** CAT. *Agr.* 112, 2, dispose les raisins à l'abri sur des claies ‖ réunir : ***genus indocile ac dispersum montibus altis composuit*** VIRG. *En.* 8, 322, il rassembla ce peuple indocile, épars sur les hautes montagnes ; ***componens oribus ora*** VIRG. *En.* 8, 486, joignant les bouches aux bouches [celles des vivants sur celles des morts] ¶ 2 mettre ensemble = mettre aux prises, accoupler (apparier) pour le combat : ***aliquem cum aliquo*** LUCIL. d. NON. 257, 18 etd. CIC. *Opt.* 17 ; SEN. *Nat.* 4, pr. 8 ; HOR. *S.* 1, 7, 20, mettre aux prises qqn avec qqn ; ***duos inter se bonos viros*** QUINT. 2, 17, 34, mettre aux prises entre eux deux hommes de bien ; ***alicui se componere (componi)*** SIL. 10, 70 ; 11, 212, s'affronter avec qqn ‖ confronter en justice : ***Epicharis cum indice composita*** TAC. *An.* 15, 51, Epicharis confrontée avec le délateur ¶ 3 mettre ensemble pour comparer ; rapprocher, mettre en parallèle : ***ubi Metelli dicta cum factis composuit*** SALL. *J.* 48, 1, quand il eut rapproché les paroles de Métellus de ses actes, cf. QUINT. 7, 2, 22 ‖ [avec dat.] ***aliquem alicui*** ACC. *Tr.* 147 ; CATUL. 68, 141, comparer qqn à qqn ; ***si parva licet componere magnis*** VIRG. *G.* 4, 176, si l'on peut comparer les petites choses aux grandes, cf. B. 1, 23 ; OV. *M.* 5, 416 ¶ 4 faire (composer) par une union de parties : ***exercitus compositus ex variis gentibus*** SALL. *J.* 18, 3, armée composée d'éléments de nationalités diverses ; ***liber ex alienis orationibus compositus*** CIC. *Caecil.* 47, livre constitué par la réunion de discours pris à autrui ; ***qui cuncta composuit*** CIC. *Tim.* 47, le créateur de l'univers ; ***mensam gramine*** SIL. 15, 51, constituer une table avec du gazon ‖ ***composita verba*** QUINT. 1, 5, 3, mots composés ‖ [surtout] composer un livre, faire (écrire) un ouvrage : CIC. *de Or.* 2, 224 ; ***artes componere*** CIC. *Brut.* 48, composer des traités théoriques ; ***componit edictum his verbis ut...*** CIC. *Verr.* 1, 116, il rédige l'édit en termes tels que... ; ***carmen*** CIC. *Mur.* 26, rédiger une formule ; ***poema*** *CIC. *Q.* 3, 1, 11 ; ***carmina*** TAC. *D.* 12 ; ***versus*** HOR. *S.* 1, 4, 8, composer un poème, des vers ‖ ***res gestas componere*** HOR. *Ep.* 2, 1, 251, écrire l'histoire, cf. TAC. *An.* 4, 32 ; ***alicujus vitam*** TAC. *D.* 14, écrire la vie de qqn ¶ 5 serrer, carguer les voiles ; LIV. 26, 39, 8 ‖ mettre en tas de côté, déposer [les armes] : HOR. *O.* 4, 14, 52 ‖ mettre en réserve [des provisions] : VIRG. *En.* 8, 317 ; TIB. 1, 1, 77 ; CAT. *Agr.* 162, 12 ; COL. 12, 9, 1 ‖ recueillir les cendres, les ossements d'un mort : OV. *F.* 3, 547 ; PROP. 2, 24, 35 [d'où] mettre le mort dans le tombeau, ensevelir : OV. *M.* 4, 157 ; HOR. *S.* 1, 9, 28 ; TAC. *H.* 1, 47 ‖ serrer, arranger ses membres pour dormir : VIRG. *G.* 4, 437 ; ***se regina aurea composuit sponda*** VIRG. *En.* 1, 698, la reine s'est installée sur un lit d'or, cf. ***componere togam*** HOR. *S.* 2, 3, 77, arranger sa toge = s'installer (pour écouter) ; [en parl. d'un mort] ***alto compositus lecto*** PERS. 3, 104, installé sur un lit élevé ‖ ***ubi thalamis se composuere*** VIRG. *G.* 4, 189, quand les abeilles se sont renfermées dans leurs cellules ¶ 6 mettre en accord, régler, terminer [un différend] : ***si possum hoc inter vos componere*** PL. *Curc.* 701, si je puis arranger cette affaire entre vous (TER. *Phorm.* 622) ; ***controversias regum*** CAES. *C.* 3, 109, 1, régler le différend entre les rois (1, 9, 6) ; ***bellum*** POLL. *Fam.* 10, 33, 3 (SALL. *J.* 97, 2 ; NEP. *Hann.* 6, 2) terminer une guerre par un traité, conclure la paix ‖ pass. impers. : ***fieri non potuit, ut componeretur*** CIC. *Amer.* 136, il était impossible qu'il y eût un accord (CAES. *C.* 3, 16, 4) ‖ mettre en accord, apaiser : ***Campaniam*** TAC. *H.* 4, 3, pacifier la Campanie (3, 53, *An.* 2, 4) ; ***comitia praetorum*** TAC. *An.* 14, 28, ramener le calme dans les élections des préteurs ; ***aversos amicos*** HOR. *S.* 1, 5, 29, faire l'accord entre des amis brouillés ¶ 7 mettre en place, mettre en ordre, disposer, arranger : ***signa*** CIC. *Att.* 4, 9, 1, mettre en place des statues ‖ [rhét.] ***verba*** CIC. *Brut.* 68, bien ranger les mots, bien les agencer (*de Or.* 171 ; *Or.* 149) ; [d'où] ***orator compositus*** CIC. *Or.* 232, orateur au style soigné ‖ ***compositi numero in turmas*** VIRG. *En.* 11, 599, disposés par nombre égal en escadrons ; ***compositi suis quisque ordinibus*** LIV. 44, 38, 11, placés en ordre chacun à son rang ‖ ***composito et delibuto capillo*** CIC. *Amer.* 135, avec les cheveux bien arrangés et parfumés ¶ 8 arranger [= donner une forme déterminée, disposer d'une façon particulière, en vue d'un but déterminé] : ***itinera sic composueram ut...*** CIC. *Att.* 15, 26, 3, j'ai réglé mon voyage de manière à ; ***in consideranda componendaque causa totum diem ponere*** CIC. *Brut.* 87, consacrer un jour entier à étudier et à disposer une plaidoirie (*Or.* 143) ; ***auspicia ad utilitatem rei publicae composita*** CIC. *Leg.* 2, 32, auspices appropriés à l'intérêt de l'État ; ***aliquem in aliquid componere*** QUINT. 9, 4, 114, préparer qqn à qqch. ; ***se componere*** SEN. *Tranq.* 17, 1, se composer (composer son personnage) ; ***vultu composito*** TAC. *An.* 1, 7, en composant son visage ‖ [part. ayant sens réfléchi] ***in maestitiam compositus*** TAC. *H.* 2, 9, se donnant un air affligé (***ad maestitiam*** TAC. *An.* 13, 20) ; ***in securitatem*** TAC. *An.* 3, 44, affectant la sérénité ¶ 9 arranger avec qqn (entre plusieurs), concerter : ***compositis inter se rebus constituunt*** SALL. *J.* 66, 2, les choses étant réglées entre eux, ils fixent l'exécution de leur projet ; ***proditionem componere*** TAC. *H.* 2, 100, concerter une trahison ; ***crimen non ab inimicis Romae compositum*** ; CIC. *Verr.* 3, 141, accusation qui est loin d'avoir été concertée à Rome par des ennemis ‖ [avec interrog. indir.] ***cum summa concordia quos dimitterent composuerunt*** LIV. 40, 40, 14, ils décidèrent ensemble avec un accord parfait quels soldats ils congédieraient ; [avec inf.] ***componunt Gallos concire*** TAC. *An.* 3, 40, ils conviennent de soulever les Gaulois ‖ pass. impers. : ***ut compositum cum Marcio erat*** LIV. 2, 37, 1, selon le plan concerté avec Coriolan [avec *ut*] ***compositum inter eos, ut Latiaris strueret dolum*** TAC. *An.* 4, 68, il fut convenu entre eux que Latiaris tendrait le piège ‖ [d'où] ***composito*** TER. *Phorm.* 756 ; NEP. *Dat* 6, 6 ; ***ex composito*** SALL. *H.* 2, 21 ; LIV. 1, 9, 10 ; 30, 29, 8 ; ***de composito*** APUL. *Apol.* 1, selon ce qui a été convenu (concerté), selon les conventions ‖ [en part.] ***componere pacem (cum aliquo)***, régler, arranger, conclure la paix (avec qqn) : ***pacem componi volo meo patri cum matre*** PL.

compono

Merc. 953, je veux que la paix se règle entre mon père et ma mère (Liv. 30, 40, 13) ¶**10** combiner, inventer : *mendacia* Pl. *Amp.* 366, fabriquer des mensonges ; *si haec fabulosa nimis et composita videntur* Tac. *D.* 12, si tu trouves là-dedans trop de légende et de combinaison fictive.
▶ inf. *componier* Catul. 68, 141 ‖ parf. *composeiverunt* CIL 5, 7749, 2 ‖ part. contr. *compostus* Lucil. d. Cic. *de Or.* 3, 171 ; Varr. Atac. d. Sen. *Ep.* 56, 6 ; Virg. *En.* 1, 249.

comportātĭo, ōnis, f. (*comporto*), transport [de matériaux] : Vitr. 1, 2, 8.

comportātus, *a*, *um*, part. de *comporto*.

comportĭōnālēs termĭnī, Grom. 10, 26 et **comportĭōnālēs**, *ium*, m. pl., Grom. 347, 22 (*cum, portio*), bornes entre les propriétés.

comportō, *ās*, *āre*, *āvī*, *ātum* (fr. *colporter*), tr., transporter dans le même lieu, amasser, réunir : *comportare arma in templum Castoris* Cic. *Pis.* 23, faire un dépôt d'armes dans le temple de Castor ; *frumentum ab Asia comportare* Caes. *C.* 3, 42, 2, faire venir du blé d'Asie ; *comportatae res* Hor. *Ep.* 1, 2, 50, biens amassés.

compŏs, *pŏtis*, adj. (*cum, potis*) ¶**1** qui est maître de : *compos animi* Ter. *Ad.* 310, maître de soi ; *tu mentis compos ?* Cic. *Phil.* 2, 97, es-tu dans ton bon sens ? ; *compos sui* Liv. 8, 18, 12, qui se possède, maître de soi ; *vix prae gaudio compotes* Liv. 4, 40, 3, presque fous de joie ¶**2** qui a obtenu, qui est en possession [d'un bien moral ou matériel] : *compos libertatis* Pl. *Cap.* 41, qui a recouvré la liberté ; *qui me hujus urbis compotem fecerunt* Cic. *Sest.* 146, ceux à qui je dois d'être à Rome, cf. *Att.* 3, 15, 4 ; *compos voti* Ov. *A. A.* 1, 486, dont le vœu s'est réalisé ; [rare] [avec abl.] *praeda ingenti compos exercitus* Liv. 3, 70, 13, armée qui a fait un prodigieux butin ‖ [qqf. en mauvaise part] *compos miseriarum* Pl. *Ep.* 559, malheureux ; *compos culpae* Pl. *Truc.* 835, coupable.

composcō, *ĭs*, *ĕre*, -, -, tr., demander à la fois : *Capel. 5, 136.

composeivi, ▶ *compono* ▶.

compŏsĭtē, adv. (*compositus*), avec ordre, d'une façon bien réglée : Gell. 1, 5, 2 ; Col. 6, 2, 5 ‖ [rhét.] avec des phrases bien agencées, d'une belle ordonnance : Cic. *de Or.* 1, 48 ; *Or.* 236 ; Sall. *C.* 51, 9 ‖ *compositius cuncta quam festinantius agere* Tac. *An.* 15, 3, agir pour tout avec plus de méthode que de hâte.

compŏsĭtīcĭus, *a*, *um* (*compositus*), composé de plusieurs parties : Varr. *L.* 6, 55 ; 8, 61.

compŏsĭtĭo, ōnis, f. (*compono*) ¶**1** action d'apparier, de mettre aux prises [des gladiateurs] : Cic. *Fam.* 2, 8, 1 ¶**2** préparation, composition : [de parfums] Cic. *Nat.* 2, 146 ; [de remèdes] Sen. *Ben.* 4, 28, 4 ‖ [d'où, en méd.] préparation, mixture : Cels. 6, 6, 16 ¶**3** composition d'un ouvrage : Cic. *Leg.* 2, 55 ¶**4** accommodement d'un différend, réconciliation, accord : Cic. *Phil.* 2, 24 ; Caes. *C.* 1, 26, 5 ¶**5** disposition, arrangement : *membrorum* Cic. *Nat.* 1, 47, l'heureuse disposition des membres dans le corps humain ; *varia compositio sonorum* Cic. *Tusc.* 1, 41, combinaison variée des sons ; *magistratuum* Cic. *Leg.* 3, 12, organisation des magistratures ; *admirabilis compositio disciplinae* Cic. *Fin.* 3, 74, l'économie admirable de ce système ¶**6** [rhét.] arrangement, agencement des mots dans la phrase : Cic. *Or.* 182 ; *Brut.* 303.

compŏsĭtīvus, *a*, *um*, qui sert à lier : Capel. 9, 945.

compŏsĭtō, ▶ *compono* ¶9.

compŏsĭtŏr, ōris, m. (*compono*) ¶**1** celui qui met en ordre : *compositor* Cic. *Or.* 61, celui qui sait disposer les idées, les arguments ¶**2** qui compose : *compositor operum* Ov. *Tr.* 2, 356, écrivain.

compŏsĭtōrĭus, *a*, *um*, exemplaire : Eustath. *Hex.* 1, 9.

compŏsĭtūra, ae, f. (*compono*) ¶**1** liaison des parties : *oculorum compositurae* Lucr. 4, 326, l'agencement de l'œil ¶**2** construction [gram.] : Sinn. d. Gell. 5, 20, 2.

compŏsĭtus, *a*, *um* (a. fr. an. *compost*, fr. *compote*)
I part. de *compono*.
II pris adj[t] ¶**1** disposé convenablement, préparé, apprêté : *perficiam ut nemo paratior, vigilantior, compositior ad judicium venisse videatur* Cic. *Verr. prim.* 32, je montrerai que nul ne s'est présenté à une action judiciaire mieux préparé, plus sur ses gardes, en meilleure forme pour la lutte ‖ *composita oratio* Sall. *J.* 85, 26, discours fait avec art ; *composita verba* Sall. *J.* 85, 31, paroles apprêtées (mais v. dans Quint. 1, 5, 3 ; compono ¶4) ; *compositus orator*, ▶ *compono* ¶7 ‖ *litterulae compositissimae et clarissimae* Cic. *Att.* 6, 9, 1, lettres (caractères) très régulièrement et très nettement formées ¶**2** en bon ordre : *composito agmine* Tac. *H.* 2, 89, les troupes étant en ordre de marche ; *composita oratio* Cic. *de Or.* 1, 50, discours bien agencé ; *composita et constituta re publica* Cic. *Leg.* 3, 42, dans un État bien ordonné et réglé (Tac. *D.* 36) ¶**3** disposé pour : *compositus ad carmen* Quint. 2, 8, 7, disposé pour la poésie ; *in ostentationem virtutum* Liv. 26, 19, 3, préparé à faire valoir ses talents ; *natura atque arte compositus adliciendis etiam Muciani moribus* Tac. *H.* 2, 5, préparé par sa nature et par son savoir-faire à séduire même un Mucien ¶**4** disposé, arrangé dans une forme déterminée, [d'où] calme : *compositus ac probus vultus* Sen. *Ep.* 66, 5, une physionomie calme et honnête ; *composito voltu* Plin. *Ep.* 3, 16, 5, avec un visage calme (qui ne laisse voir aucune émotion) ‖ *in adrogantiam compositus* Tac. *Agr.* 42, prenant un air hautain ; ▶ *compono* ¶8.

compossessŏr, ōris, m., qui possède avec un autre : Tert. *Idol.* 14, 5.

compostīle, *is*, n., sorte de boîte à compartiments servant à entreposer des plats, des assiettes : Ennod. *Carm.* 2, 22.

compostūra, *ae*, f., contr. pour *compositura* : Cat. *Agr.* 22, 3.

compostus (a. fr. *compost*, fr. *compote*), ▶ *compono* ▶.

compŏsŭī, parf. de *compono*.

compōtātĭo, ōnis, f. (*cum, poto*), action de boire ensemble : Cic. *CM* 45 ; *Fam.* 9, 24, 3.

compŏtens, *entis*, qui partage la puissance avec un autre : CIL 11, 3198.

compŏtĭo, *īs*, *īre*, *īvī*, *ītum* (*compos*), tr., mettre en possession, rendre possesseur : *compotire aliquem piscatu uberi* Pl. *Ru.* 911, faire faire à qqn une pêche merveilleuse ; *aliquem voti* Apul. *M.* 9, 32, mettre qqn en possession de ce qu'il souhaitait.

compŏtĭor, *īrĭs*, *īrī*, *ītus sum*, intr., être en possession de, jouir de : *his solis locis compotita sum* Pl. *Ru.* 205, je suis maîtresse de cette solitude ; *compotiri visu alicujus* Tert. *Val.* 11, 2, jouir de la vue de qqn.

compŏtŏr, ōris, m., compagnon de bouteille : Cic. *Phil.* 2, 42.

compōtrix, *īcis*, f., compagne de bouteille : Ter. *And.* 232 ‖ adj., *turba compotrix* Sidon. *Ep.* 2, 9, 8, troupe de buveurs.

compŏtus, Grom. 309, 24, ▶ *computus*.

compraecīdō, *ĭs*, *ĕre*, -, -, tr., couper à la fois : Grom. 191, 5.

compraes, *praedis*, m., garant solidaire d'un premier garant : P. Fest. 35, 8.

compransŏr, ōris, m., compagnon de table : Cic. *Phil.* 2, 101.

comprĕcātĭo, ōnis, f. (*comprecor*), prière collective à une divinité : Liv. 39, 15, 2 ; *comprecationes deum* Gell. 13, 22, 1, les prières publiques adressées aux dieux.

comprĕcātus, *a*, *um*, part. de *comprecor*.

comprĕcŏr, *ārīs*, *ārī*, *ātus sum*, tr. et intr. ¶**1** prier : *comprecare deos ut* Ter. *Ad.* 699, prie les dieux de ; *comprecari Jovi ture* Pl. *Amp.* 740, invoquer Jupiter en lui offrant de l'encens ; *mortem comprecari sibi* Sen. *Ep.* 99, 16, invoquer pour soi la mort ¶**2** prier, faire sa prière : *abi intro et comprecare* Pl. *Mil.* 394, entre et fais ta prière.

comprĕhendō (comprendō), *ĭs*, *ĕre*, *endī*, *ensum* (fr. *comprendre*), tr. ¶**1** saisir ensemble **a)** unir, lier : *naves velut uno inter se vinculo comprendit* Liv. 30, 10, 5, il maintient ensemble les vaisseaux comme attachés entre eux par un lien unique ; *oras vulneris suturae comprehendunt* Cels. 7, 4, 3, les sutures maintiennent unies les lèvres de la blessure ; *medicamentum melle* Scrib. 70 ; 88, envelopper de miel un médicament **b)** embrasser, enfermer : *nuces modio comprehendere* Varr. R. 1, 7, 3, enfermer des noix dans un boisseau ; *circuitus rupis triginta et duo stadia comprehendit* Curt. 6, 6, 23, le pourtour du rocher embrasse un espace de trente-deux stades ; *loca vallo* Frontin. Strat. 2, 11, 7, entourer d'un retranchement ; *quantum valet comprehendere lancea* Sil. 4, 102, de la portée d'un trait ǁ *ignis robora comprehendit* Virg. G. 2, 305, le feu embrasse le tronc ; *comprehensa postea privata aedificia* Liv. 26, 27, 3, [le feu] gagna ensuite (enveloppa) des maisons particulières ǁ mais *casae celeriter ignem comprehenderunt* Caes. G. 5, 43, 2, les cabanes prirent feu promptement ; *flamma comprensa* Caes. C. 3, 101, 4, le feu ayant pris, la flamme s'étant communiquée **c)** [abs¹] [C.] concipere, concevoir, devenir enceinte : Cels. 5, 21, 13 ǁ prendre, s'enraciner [en parl. de plantes] : *cum comprehendit ramus* Varr. R. 1, 40, 6 quand la greffe a bien pris ; cf. Col. 5, 5, 5 ¶ **2** saisir, prendre ; *quid manibus opus est, si nihil comprehendendum est ?* Cic. Nat. 1, 92, à quoi bon des mains, s'il n'y a rien à saisir ? ǁ prendre par la main [en suppliant] : *comprehendunt utrumque et orant ne...* Caes. G. 5, 31, 1, ils prennent les mains des deux généraux et les prient de ne pas... ǁ prendre, appréhender, se saisir de : *tam capitalem hostem* Cic. Cat. 2, 3, se saisir d'un ennemi si redoutable (Cat. 3, 16 ; Caes. G. 4, 27, 3) ǁ prendre, s'emparer de : *redis equisque comprehensis* Caes. G. 6, 30, 2, les chars et les chevaux ayant été saisis ; *aliis comprehensis collibus* Caes. C. 3, 46, 6, s'étant emparés d'autres collines ǁ [arrestation d'une pers.] Liv. 3, 48 ǁ surprendre, prendre sur le fait : *nefandum adulterium* Cic. Mil. 72, surprendre un adultère criminel (Clu. 47) ; *in furto comprehensus* Caes. G. 6, 16, 5, surpris à voler ¶ **3** [fig.] entourer de [manifestations d'amitié, de bonté] : *mihi gratum feceris, si hunc humanitate tua comprehenderis* Cic. Fam. 13, 15, 3, tu m'obligeras, si tu le traites avec toute ta bonté ; *omnibus officiis per se, per patrem totam Atinatem praefecturam comprehendit* Cic. Planc. 47, il a entouré la préfecture entière d'Atina de toutes sortes de bons offices par lui-même, par son père ǁ mais *comprehendere aliquem amicitia* Cic. Cael. 13, se faire un ami ¶ **4** embrasser [par des mots, dans une formule] : *rem verbis pluribus* Cic. Att. 12, 21, 1, exprimer une chose en plus de mots ; *breviter comprehensis sententiis* Cic. Fin. 2, 20, en pensées brièvement exprimées ǁ *veterum rerum memoriam comprehendere* Cic. Brut. 19, embrasser l'histoire du passé ; *quae (adversa) si comprehendere coner* Ov. Tr. 5 ; 2, 27, si j'essayais de les (ces malheurs) raconter tous ǁ *numero aliquid comprehendere* Virg. G. 2, 104, exprimer qqch. par des chiffres, supputer ¶ **5** saisir par l'intelligence, embrasser par la pensée : *aliquid animo* Cic. de Or. 2, 136 ; *mente* Cic. Nat. 3, 21 ; *cogitatione* Cic. Tusc. 1, 50 ǁ *si opinionem jam vestris mentibus comprehendistis* Cic. Clu. 6, si vous avez déjà embrassé (adopté) une opinion dans vos esprits ; *aliquid memoria* Cic. Tusc. 5, 121, enfermer qqch. dans sa mémoire, retenir qqch. ǁ *animo haec tenemus comprehensa, non sensibus* Cic. Ac. 2, 21, c'est par l'esprit que nous avons la compréhension de ces objets, non par les sens.

comprĕhensĭbĭlis, e (*comprehendo*) ¶ **1** qui peut être saisi [en parl. d'un corps] : Lact. Inst. 7, 12, 2 ¶ **2** perceptible aux yeux : Sen. Nat. 6, 24, 1 ¶ **3** compréhensible, concevable : *Cic. Ac. 1, 41.

comprĕhensĭbĭlĭtās, ātis, f., faculté de comprendre : Dion.-Exig. Creat. 11.

comprĕhensĭo (**comprensĭo**), ōnis, f. (*comprehendo*) ¶ **1** action de saisir ensemble : *consequentium rerum cum primis conjunctio et comprehensio* Cic. Nat. 2, 147, la faculté de relier et d'unir les idées, celles qui suivent avec celles qui précèdent ¶ **2** action de saisir avec la main : Cic. Nat. 1, 94 ǁ de s'emparer de, arrestation : Cic. Phil. 2, 18 ¶ **3** [rhét.] phrase, période : Cic. Brut. 34 ; Or. 149 ¶ **4** [phil.] = κατάληψις, compréhension : Cic. Ac. 2, 145.

comprĕhensīvus, a, um (*comprehendo*), qui comprend, contient : *nomina comprehensiva* Prisc. 2, 176, 13, noms collectifs.

comprĕhensō, ās, āre, -, - (fréq. de *comprehendo*), tr., prendre dans ses bras, embrasser : Quadr. Hist. 39.

comprehensus (**-prensus**), a, um, part. de *comprehendo*.

comprendo, **comprensio**, v. *compreh-*.

compresbўtĕr, ĕri, m., collègue dans la prêtrise : Cypr. Ep. 48, 2.

compressātus, a, um, part. de *compresso*.

compressē, adv. (*compressus*), d'une manière serrée, concise : *compressius loqui* Cic. Fin. 2, 17, parler avec plus de concision ǁ d'une manière pressante, avec insistance : *compressius quaerere* Gell. 1, 23, 7, insister pour savoir.

compressī, parf. de *comprimo*.

compressĭo, ōnis, f. (*comprimo*) ¶ **1** compression, action de comprimer : Vitr. 7, 8, 4 ; Gell. 16, 3, 4 ǁ embrassement, étreinte : Pl. Ps. 66 ǁ union charnelle : Hyg. Fab. 187 ¶ **2** action de réprimer, répression : Oros. Hist. 7, 6 ǁ resserrement [de l'expression, du style] : Cic. Brut. 29.

compressō, ās, āre, -, - (fréq. de *comprimo*), tr., comprimer à plusieurs reprises : Porph. Hor. S. 2, 3, 273 ; Tert. Scorp. 3, 6.

compressŏr, ōris, m. (*comprimo*), celui qui viole : Pl. Aul. Arg. 2, 7.

1 compressus, a, um ¶ **1** part. de *comprimo* ¶ **2** pris adj¹ **a)** étroit, serré : *os compressius* Cels. 2, 1, 2, ouverture plus étroite **b)** [méd.] constipé : *compressus venter* Cels. 1, 3, 31, ventre constipé ; *compressi morbi* Cels. 1, Praef. 66, maladies qui resserrent.

2 compressŭs, abl. ū, m. ¶ **1** action de comprimer, pression : Cic. CM 51 ǁ étreinte : Ter. Ad. 475 ¶ **2** action de serrer, replier [les ailes] : Plin. 11, 98.

comprĭmō, ĭs, ĕre, pressī, pressum (*cum, premo*), tr. ¶ **1** comprimer, serrer, presser : *digitos comprimere et pugnum facere* Cic. Ac. 2, 145, serrer les doigts et faire le poing ; *compressa in pugnum manus* Quint. 2, 20, 7, main serrée pour faire le poing ; *compressis labris* Hor. S. 1, 4, 138, ayant les lèvres fermées ; *compressis ordinibus* Liv. 8, 812, serrant les rangs ; *compressis, quod aiunt, manibus* Liv. 7, 13, 7, ayant, comme on dit, les bras croisés ǁ *animam compressi* Ter. Phorm. 868, j'ai retenu mon souffle ; *tibi istas posthac comprimito manus* Ter. Haut. 590, une autre fois retiens tes mains ǁ [méd.] resserrer [le ventre] : Cels. 1, 3, 31 ; 1, 10, 2 ǁ *mulierem* Pl. Aul. 30 ; Ter. Phorm. 1018, violer une femme ¶ **2** [fig.] tenir enfermé : *frumentum* Cic. Att. 5, 21, 8 (Dom. 14) ; *annonam* Liv. 38, 35, 5, accaparer le blé ǁ tenir caché : *orationem* Cic. Att. 3, 12, 2, tenir caché un discours ; *famam captae Carthaginis compresserunt* Liv. 26, 41, 11, ils étouffèrent la nouvelle de la prise de Carthage ¶ **3** arrêter : *gressum* Virg. En. 6, 388, arrêter sa marche ; *plausum* Cic. Dej. 34, arrêter les applaudissements ; *ejus adventus Pompeianos compressit* Caes. C. 3, 65, 2, son arrivée arrêta les Pompéiens ; *vix comprimor quin involem...* Pl. Most. 203, c'est à peine si je me retiens de me jeter sur... ǁ comprimer, arrêter : *conatum atque audaciam alicujus* Cic. Phil. 10, 11, arrêter les entreprises et l'audace de qqn ; *animi conscientiam* Cic. Fin. 2, 54, étouffer (faire taire) sa conscience ; *haec cogitatio animum comprimit* Cic. Tusc. 2, 53, cette pensée comprime (apaise) les mouvements de l'âme.

comprŏbābĭlis, e, probable : Cassiod. Psalm. 64, 16.

comprŏbātĭo, ōnis, f. (*comprobo*), approbation : Cic. Fin. 5, 62.

comprŏbātīvē, adv., d'une manière approbative : Prisc. 3, 253, 4.

comprŏbātŏr, ōris, m. (*comprobo*), approbateur : Cic. Inv. 1, 43.

comprŏbātus, a, um, part. de *comprobo*.

comprŏbō, ās, āre, āvī, ātum, tr. ¶1 approuver entièrement, reconnaître pour vrai, pour juste : *tuam sententiam comprobo* CIC. Pomp. 69, j'approuve pleinement ta proposition ; *consensu eruditorum comprobaretur* QUINT. 10, 1, 130, il aurait pour lui l'assentiment de tous les lettrés ; *has comproba tabulas* CIC. Caecin. 72, reconnais ces pièces pour authentiques ¶2 confirmer, faire reconnaître pour vrai, pour valable : *comprobare dictum patris* CARBO d. CIC. Or. 214, justifier la parole de son père ; *hoc vita et factis et moribus comprobavit* CIC. Fin. 1, 65, cette idée, il l'a confirmée par sa vie, par ses actes, par son caractère ; *comprobat consilium fortuna* CAES. G. 5, 58, 6, la chance justifie l'entreprise.

comprōmissārĭus, a, um, choisi en vertu d'un compromis : DIG. 4, 8, 41 ‖ subst. m. : COD. JUST. 2, 55, 5.

comprōmissīvus, a, um, renfermant une promesse : DOSITH. 7, 422, 20.

comprōmissum, i, n. (*compromitto*), compromis : CIC. Verr. 2, 66 ; *compromissum facere* CIC. Com. 12, faire un compromis ; *ex compromisso* DIG. 4, 8, 1, par compromis.

comprōmittō, ĭs, ĕre, mīsī, missum, tr., s'engager mutuellement à s'en remettre sur une question à l'arbitrage d'un tiers, en déposant une caution entre ses mains : CIC. Q. 2, 14, 4 ‖ [en part.] passer un compromis, convenir d'arbitres : *compromittere de aliqua re in arbitrum* DIG. 4, 8, 13, s'en remettre à un arbitrage pour un différend.

comprŏpĕrō, ās, āre, -, -, intr., se hâter ensemble : NOT. TIR. 57, 73.

comprŏphēta, ae, m., confrère en prophétie : HIER. Jon. 1, 2.

comprŏpinquō, ās, āre, -, -, intr., s'approcher ensemble : NOT. TIR. 63, 57.

comprōvincĭālis, is, m., qui est de la même province : SIDON. Ep. 7, 7, 4.

Compsa, ae, f., ville du Samnium [Conza] : LIV. 23, 1, 1 ‖ **-ānus**, a, um, de Compsa : CIC. Verr. 5, 164 ‖ **-āni**, ōrum, m. pl., les habitants de Compsa : PLIN. 3, 105.

compsallō, ĭs, ĕre, -, -, chanter des psaumes avec : PS. CYPR. Abus. 11.

Compsē, ēs, f., nom de femme : CIL 6, 4552.

compsī, parf. de *como*, *is*.

compsissŭmē, adv. (κομψῶς), très joliment : *PL. Mil. 941.

comptē, adv. (*comptus*), d'une manière soignée : SEN. Ep. 75, 6 ‖ d'une manière ornée : GELL. 7, 3, 52 ‖ **comptius** GELL. 7, 3, 53.

comptĭōnālis, v. *coemp-*.

comptŏr, ōris, m. (2 *como*), celui qui orne : CASSIOD. Var. 4, 51, 1.

comptŭlus, a, um (dim. de 1 *comptus*), paré de façon efféminée : HIER. Ep. 128, 4.

comptum, i, n. (1 *comptus*), offrande consistant à saupoudrer de farine : P. FEST. 35, 18.

1 **comptŭs**, a, um ¶1 part. de 2 *como* ¶2 [pris adjᵗ] orné, paré, séduisant : *fuit forma comptus* SPART. Hadr. 26, 1, il était bien fait ‖ [en part.] soigné, orné, élégant [en parl. du style ou de l'écrivain] : *compta oratio* CIC. CM 28, langage soigné ; *Isocrates nitidus et comptus* QUINT. 10, 1, 79, Isocrate est brillant et fleuri ‖ **comptior** TAC. H. 1, 19 ; **comptissimus** AUG. Quant. 33.

2 **comptŭs**, ūs, m., assemblage, union : LUCR. 3, 843 ‖ arrangement de la chevelure, coiffure : LUCR. 1, 87.

compugnantĕr, adv., en combattant : CHALC. Tim. 92.

compugnantĭa, ae, f. (*compugno*), lutte, opposition : ISID. 5, 35, 8.

compugnō, ās, āre, -, - ¶1 intr., se battre ensemble : *compugnantes philosophus et dolor* GELL. 12, 5, 3, un philosophe aux prises avec la souffrance ¶2 tr. [méd.] combattre : VEG. Mul. 1, 13, 6.

compŭlī, parf. de *compello*.

compulsāmentum, i, n. (*compulso*), instigation : FULG. Myth. 3, 6, p. 69.

compulsātĭō, ōnis, f. (*compulso*), heurt, conflit, débat : TERT. Apol. 21, 15 ; FULG. Myth. 1, Praef. 15, 16.

compulsĭō, ōnis, f. (*compello*), contrainte : DIG. 36, 1, 14 ‖ sommation, mise en demeure : CASSIOD. Var. 11, 39, 5 ; de payer : COD. TH. 11, 48, 4.

compulsō, ās, āre, -, - (fréq. de *compello*) ¶1 tr., pousser fort : APUL. M. 7, 21 ¶2 intr., se heurter contre : *regnis regna compulsant* TERT. Apol. 20, 2, les royaumes se heurtent aux royaumes.

compulsŏr, ōris, m. (*compello*) ¶1 celui qui pousse devant soi : *compulsor (pecoris)* PALL. 7, 2, 3, pâtre ¶2 celui qui exige qqch. indûment : COD. TH. 8, 8, 7 ‖ collecteur, percepteur des impôts : AMM. 22, 6, 1.

1 **compulsus**, a, um, part. de *compello*.

2 **compulsŭs**, abl. ū, m., choc : APUL. M. 8 ; AVIEN. Arat. 1427.

Compultĕrĭa, ae, f., ville du Samnium : LIV. 24, 20, 5.

compunctē, adv., avec componction : PS. AUG. Serm. 261, 3.

compunctĭō, ōnis, f. (*compungo*) ¶1 piqûre : AMBR. Psalm. 118, s. 3, 8 ¶2 [chrét., fig.] repentir : SALV. Gub. 6, 5 ‖ douleur, amertume : VULG. Psal. 59, 5.

compunctōrĭus, a, um (*compungo*), qui aiguillonne, qui excite : SIDON. Ep. 6, 6, 2.

compunctus, p. de *compungo*.

compungō, ĭs, ĕre, punxī, punctum, tr. ¶1 piquer fort ou de toutes parts, piquer : *aculeis urticae compungi* COL. 8, 14, 8, être piqué par des orties ; *compunctus notis Thraeciis* CIC. Off. 2, 25, tatoué à la manière des Thraces ; *Aristarchi notae quibus aliena carmina compunxit* *SEN. Ep. 88, 39, les remarques dont Aristarque a lardé les vers d'autrui ‖ [fig.] *dialectici se suis acuminibus compungunt* CIC. de Or. 2, 158, les dialecticiens se déchirent à leurs propres piquants ¶2 blesser, offenser : *colores qui compungunt aciem* LUCR. 2, 420, couleurs qui blessent la vue, cf. 2, 432 ¶3 [au pass.] être saisi de repentir : AUG. Conf. 9, 4 ‖ être affligé : VULG. Act. 2, 37.

compurgō, ās, āre, -, -, tr., purifier, éclaircir : *PLIN. 20, 127.

compŭtābĭlis, e, qu'on peut calculer, évaluer : PLIN. 19, 139.

compŭtātĭō, ōnis, f. (*computo*) ¶1 calcul, compte, supputation : SEN. Ep. 84, 7 ; Ben. 7, 10, 4 ; *Romana computatione* PLIN. 2, 247, en comptant à la romaine ; *ad computationem vocare aliquem* PLIN. Pan. 38, 3, demander des comptes à qqn ¶2 [fig.] manie de calculer, parcimonie : SEN. Ben. 4, 11, 2.

compŭtātŏr, ōris, m., calculateur : SEN. Ep. 87, 5.

compŭtātus, p. de *computo*.

computescō, ĭs, ĕre, ŭī, -, intr., puer, sentir mauvais, pourrir : HEMIN. d. PLIN. 13, 86.

compŭtō, ās, āre, āvī, ātum (fr. *compter* et *conter*), tr. ¶1 calculer, compter, supputer : *computare suos annos* JUV. 10, 245, compter ses années ; *computare quantum...* PLIN. 9, 118, compter combien... ; *computare quid studia referant* QUINT. 1, 12, 17, calculer ce que les études peuvent rapporter ‖ [absᵗ] faire le compte : *computarat* CIC. Phil. 2, 94, il avait fait le compte ; *copo, computemus* CIL 9, 2689, 3, cabaretier, l'addition ! ‖ [fig.] calculer, être cupide : SEN. Ep. 14, 9 ¶2 faire entrer en compte, compter pour : *computare aliquid fructibus* DIG. 23, 3, 10 (*in fructum* DIG. 24, 3, 7) faire entrer en compte dans les revenus ‖ regarder comme [avec deux acc.] : LACT. Inst. 1, 18, 17 ; 5, 17, 24.

compŭtrescō, ĭs, ĕre, trŭī, -, intr., pourrir entièrement, se corrompre : COL. 5, 10, 7 ; PLIN. 32, 67 ; [tmèse] *conque putrescunt* LUCR. 3, 343.

compŭtus, i, m. (*computo* ; it. *conto*), calcul, compte : *discere computos* FIRM. Math. 1, 4, 13, apprendre à compter.

cŏmŭla, ae, f. (dim. de *coma*), petite chevelure : PETR. 58, 5.

Cōmum, i, n., Côme [ville de la Transpadane] Atlas I, C3 ; V, E4 ; XII, B2 : LIV. 33, 36, 14 ; PLIN. Ep 1, 31 ‖ [appelée aussi *Novum Comum*, parce qu'elle avait été colonisée par César] SUET. Caes. 28, 3.

1 **cōmus**, i, m. (κῶμος), bourgade : CASSIOD. Var. 4, 51, 7.

2 **Cōmus**, i, m., nom et surnom romain : CIL 2, 3895.

con, p. *cum*, en composition.

cōnābĭlis, *e* (*conor*), pénible : Cael.-Aur. *Acut.* 3, 1, 4.

cōnābundus, *a*, *um* (*conor*), qui s'efforce : Isid. 10, 198.

Conae, *ārum*, m. pl., peuple d'Asie : Plin. 6, 55.

cōnāmĕn, *ĭnis*, n. (*conor*), élan, effort : **conamen sumit eundi** Lucr. 6, 325, il prend l'élan pour partir ‖ [fig.] appui : Ov. *M.* 15, 224.

cōnāmentum, *i*, n., instrument pour arracher : Plin. 19, 27.

cŏnangusto, ➡ *coangusto* : Varr. *R.* 3, 16, 15 ; *P. Fest. 57, 11.

cōnărachnē, *ēs*, f. (gr.), sorte de cadran solaire : Vitr. 9, 8, 1.

cōnātĭo, *ōnis*, f. (*conor*), effort, essai : Sen. *Nat.* 2, 12, 1 (cf. 2, 56, 1 ; Cael.-Aur. *Chron.* 2, 9, 118).

Conatĭus, *ii*, m., nom d'homme : CIL 7, 1336.

cōnātum, *i*, n. (*conor*), effort, entreprise : Cic. *Cat.* 2, 27 ; Quint. 11, 3, 158 ‖ [surtout au pl.] **conata perficere** Caes. *G.* 1, 3, 6, venir à bout d'une entreprise.

cōnātus, *ūs*, m. (*conor*), effort [physique, moral, intellectuel], entreprise, tentative : **conatus adversariorum infringere** Caes. *C.* 2, 21, 1, briser les efforts des adversaires ; **cum frustra multi conatus ad erumpendum capti essent** Liv. 9, 4, 1, après avoir fait vainement de nombreuses tentatives pour se frayer un passage ; **alicujus conatum comprimere** Cic. *Phil.* 10, 11 ; **refutare** Cic. *Har.* 7, arrêter, repousser les entreprises de qqn ; **perspicua sua consilia conatusque omnibus fecit** Cic. *Verr. prim.* 5, il a montré clairement à tous ce qu'il projette et ce qu'il tente ‖ **alicujus rei si non perfectio, at conatus tamen** Cic. *Or.* 103, à défaut de l'achèvement parfait, du moins l'essai de qqch. ; **conatus, res gesta** Cic. *Fam.* 12, 10, 2, tentatives, réalisations ‖ **conatus exercitus comparandi** Cic. *Phil.* 10, 24, effort pour rassembler une armée ; **in ipso conatu gerendi belli** Liv. 32, 28, 4, au moment du plein effort des opérations de guerre ; **in ipso conatu rerum** Liv. 9, 18, 14, au cœur même des entreprises (des opérations) ‖ poussée instinctive : **ad naturales pastus capessendos conatum habere** Cic. *Nat.* 2, 122, être porté à rechercher les aliments fournis par la nature [avoir une impulsion vers la recherche de ...].

cŏnauditum, ➡ *coauditum* : *P. Fest. 57, 11.

conbibo, ➡ *comb-* : Cat. *Agr.* 91.

conca ►, ➡ *concha*.

concăcō, *ās*, *āre*, -, - (*cum*, *caco* ; fr. *conchier*), tr., salir de matière fécale, embrener : Phaed. 4, 18, 11 ; Petr. 66, 7.

concădō, *ĭs*, *ĕre*, -, -, intr., tomber ensemble : Sen. *Nat.* 6, 1, 8.

concaedes, *is*, f. [seul' à l'abl.] Amm. 16, 12, 15 et **concaedes**, *ium*, f. pl., Tac. *An.* 1, 50, abattis d'arbres.

concălĕfăcĭō (**concalf-**), *ĭs*, *ĕre*, *fēcī*, *factum*, tr., échauffer entièrement : Cic. *de Or.* 2, 316 ‖ [au pass.] **concalefacior** Vitr. 4, 7, 4 ; **concalefio** Varr. *R.* 3, 9, 11 ; **concalfieri** Nep. *Eum.* 5, 4.

concălĕfactĭō, *ōnis*, f., chauffage, échauffement : Aug. *Ord.* 1, 8, 24.

concălĕfactōrĭus, ➡ *concalf-*.

concălĕfactus, *a*, *um*, part. de *concalefacio* : Cic. *Tusc.* 1, 42.

concălĕfīō, pass. de *concalefacio*.

concălĕō, *ēs*, *ēre*, -, -, intr., être très chaud : Pl. *Pers.* 88.

concălescō, *ĭs*, *ĕre*, *călŭī*, -, intr., s'échauffer entièrement : Pl. *Amp.* 513 ; **ne frumentum concalescat** Plin. 18, 304, de peur que le blé ne s'échauffe ; **corpora animi ardore concalescunt** Cic. *Tusc.* 1, 42, nos corps s'échauffent à la chaleur de l'âme ; [fig.] Ter. *Haut.* 349.

concalfăcĭō, etc., ➡ *concalefacio*.

concalfactōrĭus, *a*, *um*, qui réchauffe : Plin. 21, 141.

concallescō, *ĭs*, *ĕre*, *callŭī*, -, intr. ¶ 1 devenir calleux : Cic. *Nat.* 3, 25 ¶ 2 [fig.] devenir habile : Cic. *Nat.* 3, 25 ‖ devenir insensible, s'émousser : Cic. *Att.* 4, 18, 2.

concălō, *ās*, *āre*, -, - (*cum*, 1 *calo*), tr., convoquer : P. Fest. 33, 27.

concambĭo, *ās*, *āre*, -, -, tr., échanger : Not. Tir. 128, 44.

concambĭum, *ii*, n. (*concambio*), échange : Marculf. 1, 3 ; **in concambio** Test. Burg., en échange.

concămĕrātĭō, *ōnis*, f. (*concamero*), voûte : Vitr. 2, 4, 2 ; CIL 6, 543 ‖ **concameratio alvi** Plin. 11, 22, la voûte de la ruche.

concămĕrātus, *a*, *um*, part. de *concamero*.

concămĕrō, *ās*, *āre*, *āvī*, *ātum*, tr., voûter : Vitr. 3, 4, 1 ; Plin. 34, 148 ; **uvae concameratae** Plin. 14, 16, grappes suspendues à une voûte.

Concāni, *ōrum*, m. pl., peuple d'Espagne : Hor. *O.* 3, 4, 34.

concantō, *ās*, *āre*, -, -, tr., chanter avec : Ps. Fulg. *Serm.* 1.

concăpĭō, *ĭs*, *ĕre*, -, *captus*, tr., prendre avec : Hil. *Psalm.* 125, 10.

concapit, [mot inintelligible d'un fragment de la loi des XII Tab.] : Fest. 502, 3.

concapsa, *ae*, f., coffre en renfermant un autre : Not. Tir. 92

concaptīvus, *ī*, m., compagnon de captivité : Hier. *Ezech. praef.* ‖ adj., Vulg. *Tob.* 1, 3.

concarnātĭō, *ōnis*, f. ¶ 1 commerce charnel : Tert. *Mon.* 9, 7 ¶ 2 incarnation : Cypr. *Test.* 2, 2, tit.

concarnō, *ās*, *āre*, -, -, tr. (*cum carne*), couvrir de chair : Veg. *Mul.* 2, 22, 3 ‖ mêler à la chair : Tert. *Carn.* 20, 5.

concastīgō, *ās*, *āre*, -, -, tr., gourmander sévèrement : Pl. *Bac.* 497.

concāsus, *ūs*, m. (1 *concido*), claquement [des dents] : Cael.-Aur. *Acut.* 2, 12, 85.

concătēnātĭō, *ōnis*, f., enchaînement : **concatenatio causarum** Aug. *Civ.* 3, 30, l'enchaînement des causes.

concătēnō, *ās*, *āre*, *āvī*, *ātum* (*cum cateno*), tr., enchaîner ensemble : Aug. *Faust.* 20, 15 ‖ [part. parf. pris adj'] formé de chaînons : **concatenatae loricae** Vulg. *1 Macc.* 6, 35, des cottes de mailles.

concătervātus, *a*, *um* (*cum*, *caterva*), étroitement serré, groupé, tassé : Amm. 29, 5, 38.

concausālis, *e*, qui s'ajoute comme cause à autre chose : Ps. Sor. *Quaest.* 51.

concăvātĭō, *ōnis*, f., convexité [du ciel] : Iren. 1, 17, 1.

concăvātus, *a*, *um* ¶ 1 part. de *concavo* ¶ 2 adj', concave : Col. 8, 5, 11.

concăvĭtās, *ātis*, f., concavité : Cael.-Aur. *Chron.* 2, 1, 16.

concăvō, *ās*, *āre*, *āvī*, *ātum* (esp., port. *carcavar*), tr., rendre creux : **concavare manus** Nemes. *Ecl.* 3, 49, former un creux avec les mains ‖ courber : Ov. *M.* 2, 195.

concăvus, *a*, *um*, creux et rond, concave : Cat. *Agr.* 48, 2 ; Cic. *Nat.* 2, 98 ; *Fat.* 10 ; **concava aera** Ov. *M.* 4, 30, cymbales ; **concava aqua** Ov. *Tr.* 1, 11, 20, la vague ‖ **concăvum**, *i*, n., concavité : Lact. *Opif.* 15, 2 ‖ **concăva**, *ōrum*, n. pl., ravins, abîmes : Claud. *III Cons. Hon.* 45.

concēdendus, *a*, *um*, adj., excusable : Cic. *Part.* 101.

concēdō, *ĭs*, *ĕre*, *cessī*, *cessum*

> **I** intr. ¶ 1 "s'en aller, se retirer" ¶ 2 [fig.] "venir à", **in sententiam alicujus concedere** "se ranger à l'avis de" ¶ 3 [dat.] "céder la place à", **fato concedere**, "s'incliner devant", "faire une concession à".
> **II** tr. ¶ 1 "abandonner" ¶ 2 [avec inf. ou *ut* et subj.] "concéder", "permettre de" ¶ 3 "concéder" ¶ 4 "admettre une opinion, convenir de", [prop. inf.] ¶ 5 "renoncer à", "sacrifier" ¶ 6 "pardonner", "excuser".

I intr. ¶ 1 s'en aller, se retirer, s'éloigner : **ab eorum oculis aliquo concederes** Cic. *Cat.* 1, 17, tu te serais retiré quelque part loin de leurs regards, cf. Pl. *Men.* 158 ; Pers. 50 ; Ter. *Phorm.* 741 ; **ex praetorio in tabernaculum suum concessit** Liv. 30, 5, 2, il se retira de la tente du général dans la sienne propre ; **docere unde fulmen venerit, quo concesserit** Cic. *Div.* 2, 45, montrer d'où vient la foudre, où elle s'en va ‖ part. n. pris subst' : **post Hasdrubalis exercitum deletum cedendoque in angu-**

concedo

lum Bruttium cetera Italia concessum Liv. 28, 12, 6, depuis la destruction de l'armée d'Hasdrubal, depuis l'abandon du reste de l'Italie, résultat de la retraite dans un coin du Bruttium ‖ ***Samnium, quo jam tamquam trans Hiberum agro Poenis concessum sit*** Liv. 22, 25, 7, le Samnium, territoire dont on s'est retiré au profit des Carthaginois comme on s'était retiré de celui qui est au-delà de l'Èbre ‖ ***concedere vita*** Tac. An. 1, 3, quitter la vie, mourir, décéder, ou abs^t, ***concedere*** Tac. An. 4, 38 ; 13, 30 ¶ **2** [fig.] venir à : ***prope in voluntariam deditionem*** Liv. 28, 7, 9, en venir à une reddition presque volontaire ‖ ***postquam res publica in paucorum potentium jus atque dicionem concessit*** Sall. C. 20, 7, depuis que le gouvernement est tombé sous l'autorité et la domination de quelques puissants ; ***in sententiam alicujus*** Liv. 32, 23, 12, se ranger à l'avis de qqn ; ***in partes*** Tac. H. 2, 1, embrasser un parti ‖ [pass. impers.] ***concessumque in condiciones, ut*** Liv. 2, 33, 1, on adopta des conditions portant que ‖ ***victi omnes in gentem nomenque imperantium concessere*** Sall. J. 18, 12, tous les vaincus passèrent dans la nation et prirent le nom de leurs maîtres ¶ **3** [avec dat.] se retirer devant, céder la place à, céder à : ***magnitudini medicinae doloris magnitudo concedit*** Cic. Tusc. 4, 63, la force de la douleur cède à la force du remède (Pis. 73, Fin. 3, 1, Leg. 2, 7) ; ***concedere naturae*** Sall. J. 14, 15 ; ***fato*** Tac. An. 2, 71, céder à la nature, au destin = mourir de mort naturelle ‖ déférer à, se ranger à l'avis de, adhérer à : ***alicujus postulationi*** Cic. Mur. 47, déférer à la demande de qqn ; ***non concedo Epicuro*** Cic. Ac. 2, 101, je ne me range pas à l'avis d'Épicure ; ***(levitas Asiae) de qua nos et libenter et facile concedimus*** Cic. Flac. 37, (la légèreté des Asiatiques) dont nous convenons et volontiers et facilement ‖ le céder à, s'incliner devant : ***concedere nemini studio*** Cic. Dej. 28, ne le céder à personne en dévouement ; ***sese unis Suebis concedere*** Caes. G. 4, 7, 5, [ils déclarent] que c'est aux Suèves seuls qu'ils se reconnaissent inférieurs ; ***magistro de arte concedere*** Cic. Amer. 118, céder au maître la possession de l'art [litt^t se retirer de l'art au profit de] (Verr. 2, 108, Att. 12, 47, 2 ; Liv. 3, 60, 4) ; [avec abl.] ***concedere alicui summo nomine*** Tac. An. 15, 2, céder à qqn le titre souverain ‖ céder à, concéder à, faire une concession à : ***temere dicto concedi non potest*** Cic. Amer. 3, il ne peut être fait de concession à une parole téméraire (on ne peut excuser...) ; ***poetae non ignoscit, nobis concedit*** Cic. de Or. 3, 198, il ne pardonne pas au poète, mais pour nous, il laisse faire ; ***alicui gementi*** Cic. Tusc. 2, 19, excuser les gémissements de qqn ; ***iis forsitan concedendum sit rem publicam non capessentibus qui...*** Cic. Off. 1, 71, peut-être faut-il concéder l'abandon de la politique à ceux qui... ; ***tibi concedetur, qui... remisisti ?*** Cic. Verr. 3, 82, on te pardonnera (on t'excusera), toi qui as fait une remise... ?

II tr. ¶ **1** ***aliquid alicui***, abandonner qqch. à qqn, accorder : ***alteram partem vici Gallis ad hiemandum concessit*** Caes. G. 3, 1, 6, il abandonna une partie du bourg aux Gaulois pour hiverner ; ***libertatem*** Caes. G. 4, 15, 5 ; Cic. Phil. 12, 8 ; ***victoriam*** Cic. Phil. 12, 13, accorder la liberté, la victoire ; ***ea praeda militibus concessa*** Caes. G. 6, 3, 2, ce butin ayant été laissé aux soldats ; ***crimen gratiae*** Cic. Com. 19, accorder une accusation à la complaisance = se faire accusateur par complaisance ‖ ***ei bona diripienda concessit*** Cic. Verr. 1, 38, il lui laissa la faculté de piller des biens ¶ **2** [avec inf. ou ut et subj.] ***mihi concedant homines oportet... non exquirere*** Cic. Prov. 46, il faut qu'on me concède de ne pas rechercher... ; ***de re publica nisi per concilium loqui non conceditur*** Caes. G. 6, 20, 3, on ne permet de parler des affaires publiques que dans une assemblée régulière, cf. Cic. Quinct. 50 ; Or. 152 ; Tusc. 5, 31 ; ***concessum est (= licet)*** Cic. Agr. 2, 54 ; Brut. 42 ; Tusc. 2, 55 ; ***fatis numquam concessa moveri Camarina*** Virg. En. 3, 700, Camarina à laquelle les destins interdisent de jamais toucher ‖ ***concedo tibi ut... praetereas*** Cic. Amer. 54, je te permets de laisser de côté... (Verr. 1, 32 ; 3, 190) ‖ [abs^t] ***consules neque concedebant neque valde repugnabant*** Cic. Fam. 1, 2, 2, les consuls ni ne cédaient ni ne faisaient une forte opposition, cf. Caes. G. 1, 28, 5 ; G. 1, 7, 4 ; Nep. Them. 10, 5 ; ***te reviset cum Zephyris, si concedes*** Hor. Ep. 1, 7, 13, il reviendra te voir avec les Zéphyrs, si tu le permets ¶ **3** concéder : ***alicui primas in dicendo partes*** Cic. Caecil. 49, reconnaître à qqn le premier rang dans l'éloquence ; ***Atheniensibus imperii maritimi principatum*** Nep. Timoth. 2, 2, concéder aux Athéniens la suprématie maritime ¶ **4** admettre [une opinion], convenir de : ***da mihi hoc ; concede, quod facile est*** Cic. Caecil. 23, accorde-moi cela ; fais-moi cette concession, qui ne souffre aucune difficulté (Verr. 2, 141 ; 5, 151 ; Div. 2, 107) ‖ [avec prop. inf.] : ***concedes multo hoc esse gravius*** Cic. Caecil. 54, tu conviendras que ce cas-ci est beaucoup plus grave (Tusc. 1, 25 ; Verr. 3, 218 ; de Or. 1, 36) ; ***haec conceduntur esse facta*** Cic. Caecin. 44, l'on reconnaît que tout cela s'est produit ¶ **5** renoncer à, faire abandon, sacrifier : ***dolorem atque inimicitias suas rei publicae*** Cic. Prov. 44, faire à l'État le sacrifice de son ressentiment et de ses inimitiés ‖ ***aliquem alicui***, renoncer à punir qqn, lui pardonner pour l'amour de qqn : ***Marcellum senatui concessisti*** Cic. Marc. 3, tu as épargné Marcellus par égard pour le sénat (Att. 5, 10, 5 ; Nep. Att. 7, 3) ; ***aliquem alicujus precibus*** Tac. An. 2, 55, accorder aux prières de qqn la grâce d'une personne ; *Montanus patri concessus est* Tac. An. 16, 33, la grâce de Montanus fut accordée à son père ¶ **6** pardonner, excuser : ***omnibus omnia peccata*** Cic. Verr. 1, 128, pardonner à tous tous les méfaits ; *Inv. 2, 107 ; Verr. 5, 22* ‖ ***peccata liberum parentum misericordiae*** Cic. Clu. 195, accorder à la pitié pour les parents le pardon des fautes des enfants = pardonner les fautes des enfants par pitié pour les parents.

concĕlĕbrātus, *a*, *um*, part. de *concelebro*.

concĕlĕbrō, *ās*, *āre*, *āvī*, *ātum*, tr. ¶ **1** fréquenter, assister en grand nombre à : ***variae volucres concelebrant loca*** Lucr. 2, 345, des oiseaux variés peuplent les lieux ‖ ***Venus, quae mare..., terras concelebras*** Lucr. 1, 4, Vénus, qui ne cesses pas d'être présente en tout endroit de la mer..., des terres... ; ***concelebrare convivia*** Q. Cic. Pet. 44, être assidu aux banquets ‖ [fig.] pratiquer avec ardeur, cultiver assidûment : ***concelebrata studia*** Cic. Inv. 1, 4, études assidûment suivies ¶ **2** célébrer, fêter, honorer [avec idée d'empressement, de foule] : Pl. Ps. 165 ; Cic. Pomp. 61 ; Liv. 8, 7, 22 ¶ **3** divulguer, répandre [par les écrits ou par la parole] : Cic. Inv. 2, 70 ; Q. Cic. Pet. 50 ; ***per orbem terrarum fama ac litteris victoriam concelebrabant*** Caes. C. 3, 72, 4, par transmission orale et écrite, ils annonçaient au monde entier une victoire.

concellānĕus, *i*, m., Ennod. Op. 8, c. *concellita*.

concellārĭa, *ae*, f. (*cum, cella*), compagne de cellule : Aug. Hept. 2, 39.

concellīta, *ae*, m. (*cum, cella*), compagnon de cellule : Sidon. Ep. 8, 14, 2.

concēlō, *ās*, *āre*, -, -, tr., cacher soigneusement : Gell. 15, 2, 5.

concēna, *ae*, m. (*cum, ceno*), convive : Gloss. 2, 444, 38.

concēnātĭo, *ōnis*, f. (*cum, ceno*), action de manger ensemble, banquet : Cic. CM 45.

concentĭo, *ōnis*, f. (*concino*), action de chanter ensemble : Cic. Sest. 118 ‖ concert : Apul. Mund. 29.

concentŏr, *ōris*, m. (*concino*), choriste : Isid. 7, 12, 28.

concentŭrĭō, *ās*, *āre*, -, -, tr., assembler par centuries ‖ [fig.] grouper, assembler : ***concenturiare in corde sycophantias*** Pl. Ps. 572, disposer mentalement ses ruses en bon ordre ; ***in corde metum alicui*** Pl. Trin. 1002, amasser la peur dans l'âme de qqn.

concentŭs, *ūs*, m. (*concino*) ¶ **1** accord de voix ou d'instruments, concert : ***centus avium*** Virg. G. 1, 422, concert d'oiseaux ; ***concentus lyrae et vocis*** Ov. M. 11, 11, accord de la voix et de la lyre ; ***concentus efficere*** Cic. Rep. 6, 18, produire des accords ‖ [en part.] concert d'acclamations : Plin. Pan. 2, 6 ¶ **2** [fig.]

accord, union, harmonie : *melior actionum quam sonorum concentus* Cic. *Off.* 1, 145, l'accord dans les actions est supérieur à l'accord dans les sons ; *omnium quasi consensus doctrinarum concentusque* Cic. *de Or.* 3, 21, une sorte d'accord et de concert de toutes les sciences ; *concentum nostrum dividere* Hor. *Ep.* 1, 14, 31, troubler notre harmonie ∥ harmonie des couleurs : Plin. 37, 91.

concēpī, parf. de *concipio*.

conceptăcŭlum, *i*, n. (*concipio*), lieu où une chose est contenue, réservoir, réceptacle, récipient : Gell. 18, 10, 9 ; Plin. 2, 115 ; 11, 138.

conceptē, adv., sommairement : Schol. Bob. Cic. *Quir.* 1, 4 ∥ **conceptim** Chalc. 339.

conceptĭo, *ōnis*, f. (*concipio*) ¶ 1 action de contenir, de renfermer : *mundi conceptio tota* Vitr. 6, 1, 6, l'ensemble, le système du monde ∥ [en part.] prise d'eau : *conceptio aquae* Frontin. *Aq.* 66, contenu d'un réservoir ¶ 2 action de recevoir : Cic. *Div.* 2, 50 ∥ conception : Vitr. 8, 3, 14 ¶ 3 [fig.] *conceptio rei* Gell. 11, 13, 9, expression de l'idée ∥ [en part.] **a)** expression : Arn. 5, 36 **b)** rédaction, formule [droit] : Cic. *Inv.* 2, 58 ; Dig. 24, 3, 56 **c)** [gram.] syllabe : Char. 11, 11 **d)** [rhét.] syllepse : Prisc. 3, 183, 22.

conceptĭōnālis, *e* (*conceptio*), relatif à la conception : Firm. *Math.* 7, 2, 2 ; Aug. *Civ.* 5, 5.

conceptīvus, *a*, *um* (*concipio*), qui est reçu, qui vient du dehors : Tert. *Res.* 40, 5 ∥ qui est annoncé, fixé officiellement : *conceptivae feriae* Varr. *L.* 6, 26, fêtes mobiles.

conceptō, *ās*, *āre*, -, - (*concipio*), tr., concevoir : Arn. 4, 21 ∥ [fig.] concevoir, projeter : Amm. 31, 10, 5.

conceptŏr, *ōris*, m. (*concipio*), celui qui conçoit : *peccati conceptor* Arat. *Act.* 2, 437, l'auteur du péché [le démon].

conceptum, *i*, n. (1 *conceptus*), fruit, fœtus : Suet. *Dom.* 22.

1 **conceptus**, *a*, *um*, part. de *concipio*, *conceptissimis verbis* Petr. 113, 13, avec la formule la plus solennelle ; **cf.** *concipio* II ¶ 4.

2 **conceptŭs**, *ūs*, m. ¶ 1 action de contenir : *novenorum conceptu dierum navigabilis* Plin. 3, 53, navigable chaque fois que ses eaux ont été retenues chaque fois pendant neuf jours ∥ ce qui est contenu : *conceptus aquarum inertium* Sen. *Nat.* 5, 15, 1, étendues d'eaux dormantes ¶ 2 action de recevoir : *ex conceptu camini* Suet. *Vit.* 8, 2, le feu ayant pris par la cheminée ∥ [en part.] **a)** conception : Cic. *Div.* 1, 93 **b)** germination : Plin. 17, 91 **c)** fruit, fœtus : Plin. 28, 248 **d)** conception, pensée : Firm. *Math.* 1, 5, 7.

concernō, *ĭs*, *ĕre*, -, -, tr., cribler ensemble, mêler ensemble : Aug. *Conf.* 5, 10, 20.

concerpō, *ĭs*, *ĕre*, *cerpsī*, *cerptum* (*cum*, *carpo*), tr., déchirer, mettre en pièces : *concerpere epistolas* Cic. *Att.* 10, 12, 3, déchirer des lettres ∥ [fig.] déchirer qqn, médire de lui : *concerpitur* Cael. *Fam.* 8, 6, 5, on le met en pièces ∥ rassembler en cueillant : Plin. *Ep.* 7, 27, 10.

concerptus, *a*, *um*, part. de *concerpo*.

concertātĭo, *ōnis*, f. (*concerto*), bataille : Ter. *Ad.* 212 ∥ dispute, conflit : Cic. *Sest.* 77 ; *Att.* 14, 13 B, 4 ∥ [en part.] discussion, débat philosophique ou littéraire : *concertationis studio* Cic. *Div.* 1, 62, par goût de la discussion ; *jejuna concertatio verborum* Cic. *de Or.* 2, 68, stérile querelle de mots, vaine logomachie.

concertātīvus, *a*, *um* (*concerto*), où l'on se combat mutuellement : *accusatio concertativa* Quint. 7, 2, 9, reconvention [droit].

concertātŏr, *ōris*, m. (*concerto*) ¶ 1 rival : Tac. *An.* 14, 29 ¶ 2 compagnon de lutte : Aug. *Serm.* 297, 4, 6.

concertātōrĭus, *a*, *um* (*concerto*), qui appartient à la dispute : *concertatorium genus dicendi* Cic. *Brut.* 287, genre [d'éloquence] batailleur.

concertō, *ās*, *āre*, *āvī*, *ātum*, intr. ¶ 1 combattre : *concertare proelio* Caes. *G.* 6, 5, livrer bataille ; *concertare nandi velocitate* Col. 8, 15, 4, rivaliser de vitesse à la nage ¶ 2 se quereller : *concertare cum ero* Ter. *Ad.* 211, avoir maille à partir avec le maître, cf. Cic. *Att.* 13, 12, 2 ∥ *cum aliquo de aliqua re*, être en conflit, lutter : Cic. *Pomp.* 28 ; *Nat.* 3, 42 ∥ *quae etiamsi concertata... non sunt* Cic. *Part.* 99, ces moyens, même s'ils n'ont pas été débattus [pass. de l'objet intér.].

concertŏr, *ārĭs*, *ārī*, -, intr., Vulg. *Sap.* 15, 9, **c.** *concerto*.

concessātĭo, *ōnis*, f. (*concesso*), arrêt : Col. 11, 1, 6.

Concessīnĭus, *ĭi*, m., surnom romain : CIL 7, 481.

concessĭo, *ōnis*, f. (*concedo*), action d'accorder, de concéder, concession : *concessio agrorum* Cic. *Agr.* 3, 11, concession de terres ; *concessio praemiorum* Planc. d. Cic. *Fam.* 10, 8, 3, attribution de récompenses ; *concessio ut liceat facere* Varr. *R.* 1, 17, 7, autorisation de faire ∥ concession [rhét.] : Quint. 9, 1, 51 ∥ action de plaider coupable : Cic. *Inv.* 2, 94.

concessīvus, *a*, *um*, de concession [rhét.], concessif : Don. *And.* 643 ; Serv. *En.* 10, 33 ; Isid. 2, 21, 20 ; *concessiva species* Diom. 396, 29, formule de concession.

concessō, *ās*, *āre*, *āvī*, *ātum*, intr., cesser, s'arrêter : *concessare lavari* Pl. *Poen.* 219, cesser de se laver ; *concessare pedibus* Pl. *As.* 290, s'arrêter.

concessum, *i*, n. (1 *concessus*), chose permise : Cic. *Cael.* 48 ; Virg. *En.* 5, 798 ; **v.** 1 *concessus*.

1 **concessus**, *a*, *um*, part. de *concedo*, [pris adj^t], permis, licite : *quaestus honestus atque concessus* Cic. *Verr.* 3, 195, gain honorable et licite, cf. *de Or.* 1, 235 ; *Tusc.* 4, 70 ∥ *pro concesso aliquid putare* Cic. *Tull.* 37 (*sumere* Cic. *Tusc.* 5, 18) regarder qqch. comme concédé (approuvé).

2 **concessus**, *ūs*, m. (*concedo*), [usité d'ordin^t à l'abl.], concession, permission, consentement : *concessu omnium* Cic. *Cael.* 28, de l'assentiment unanime, cf. *de Or.* 3, 7 ; *Or.* 210 ; *populi concessu* Cic. *Rep.* 1, 50, avec le consentement du peuple ; *Caesaris* Caes. *G.* 7, 20, 2, par une concession de César.

3 **Concessus**, *i*, m., nom d'homme : CIL 3, 5848.

concha, *ae*, f. (κόγχη ; it. *conca*) ¶ 1 coquillage : *conchas legere* Cic. *de Or.* 2, 22, ramasser des coquillages ¶ 2 [en part.] **a)** huître perlière : Plin. 9, 107 **b)** coquillage d'où l'on tire la pourpre : Lucr. 2, 501 ∥ [fig.] perle : Tib. 2, 4, 30 **d)** pourpre : Ov. *M.* 10, 267 ¶ 3 coquille : Ov. *F.* 6, 174 ; Col. 10, 324 ¶ 4 petit vase en forme de coquillage : Hor. *S.* 1, 3, 12 ¶ 5 conque marine, trompette des Tritons : Virg. *En.* 6, 171 ¶ 6 marmite de fèves cuites : Scrib. 233.
▶ *conca* Cat. *Agr.* 13, 2 ; 66, 1.

conchātus, *a*, *um* (*concha*), qui est en forme de coquille : Plin. 10, 43.

conchēus, *a*, *um* (*concha*), de coquille : *conchea baca* Culex 68, perle.

conchĭcla (**concĭcla**), *ae*, f. (dim. de *conchis*), purée de fèves sèches : Apic. 195 ∥ **conchĭcŭla** ou **concĭcŭla**, M.-Emp. 33, 1.

conchĭclātus (**concĭclātus**), *a*, *um* (*conchida*), farci d'une purée de pois secs : Apic. 200.

1 **conchis**, *is*, f. (cf. *concha* ¶ 6, κόγχος), purée de fèves sèches : Juv. 3, 293 ; Mart. 5, 39, 10.

2 **Conchis**, *ĭnis*, f., nom de femme : CIL 10, 4396.

conchīta, *ae*, m. (κογχίτης), pêcheur de coquillages : Pl. *Ru.* 310.

conchŭla, *ae*, f. (dim. de *concha* ; it. *concola*), petit coquillage : Cels. 2, 29, 2 ∥ sorte de mesure : Isid. 16, 26, 3.

conchȳlĕgŭlus, **v.** *conchyliolegulus* : Cod. Th. 10, 20, 5.

conchȳlĭārĭus, *ĭi*, m., teinturier en pourpre : CIL 3, 2115.

conchȳlĭātus, *a*, *um*, teint en pourpre : Cic. *Phil.* 2, 67 ∥ **conchȳlĭāti**, *ōrum*, m. pl., Sen. *Ep.* 62, 3, gens habillés de pourpre.

conchȳlĭŏlĕgŭlus, *i*, m. (*conchylium*, *lego*), pêcheur de pourpres : Cod. Th. 13, 1, 9.

conchȳlĭum, *ĭi*, n. (κογχύλιον), [en gén.] coquillage : Cic. *Div.* 2, 33 ∥ [en part.] **a)** huître : Cic. *Pis.* 67 **b)** le pourpre, coquillage d'où l'on tire la pourpre : Lucr. 6, 1074 ∥ [fig.] pourpre [teinture] : Cic. *Verr.*

conchylium

4, 59 ‖ **conchylia**, ōrum, n. pl., Juv 3, 81, vêtements teints en pourpre.
▶ conquilium Gloss. 5, 350, 22.

concĭbo, ōnis, m., ▶ contubernalis: CIL 8, 9060.

concĭcla, concĭcŭla, ▶ conchicla.

concĭdentĭa, ae, f. (concido), accord ou analogie de la forme : Prisc. 3, 183, 23.

concīdēs, ▶ concaedes : Greg.-Tur. Hist. 3, 28.

1 concĭdō, ĭs, ĕre, cĭdī, - (cum, cado), intr., tomber ensemble, d'un bloc ¶ **1** tomber, s'écrouler, s'effondrer : *conclave concidit* Cic. de Or. 2, 353, la salle s'écroula ; *funibus abscisis antemnae concidebant* Caes. G. 3, 14, 7, les câbles une fois coupés, les vergues s'abattaient ; *si quo afflictae casu conciderunt (alces)* Caes. G. 6, 27, 2, si [les élans] s'abattent, renversés par quelque accident ‖ tomber, succomber : *nonnulli in ipsa victoria conciderunt* Cic. Phil. 14, 31, quelques-uns sont tombés au sein même de la victoire, cf. Tusc. 1, 89 ; Caes. G. 6, 40, 7 ; *vulneribus concidere* Cic. Tusc. 3, 66, tomber sous les coups, succomber à ses blessures ‖ [en parl. des victimes immolées] Lucr. 1, 99 ; 2, 353 ; Tib. 1, 2, 62 ; Ov. H. 6, 76 ‖ [moralement] être renversé, démonté, démoralisé : Cic. Phil. 2, 107 ; Cat. 2, 5 ; *mente concidit* Cic. Phil. 3, 24, il perd contenance ; *hostes concidunt animis* Hirt. G. 8, 19, 6, les ennemis perdent courage, sont démoralisés ¶ **2** [fig.] tomber, s'écrouler = perdre sa force, son autorité, sa considération : *victoria Lysandri, qua Athenienses conciderunt* Cic. Div. 1, 75, la victoire de Lysandre qui fit s'écrouler la puissance d'Athènes (Mil. 19, Dom. 96 ; Liv. 30, 44, 7) ; *neque umquam Catilina sine totius Italiae vastitate concidisset* Cic. Sest. 12, et jamais Catilina n'aurait été abattu sans entraîner la dévastation de toute l'Italie ‖ *fides concidit* Cic. Pomp. 19, le crédit tomba, fut ruiné (Ac. 2, 146 ; Att. 1, 16, 7 ; Cat. 3, 16).

2 concīdō, ĭs, ĕre, cīdī, cīsum (cum, caedo), tr. ¶ **1** couper en morceaux, tailler en pièces, couper : *nervos* Cic. Flac. 73, couper les nerfs ; *sarmenta minute* Cat. Agr. 37, 3, couper les sarments en menus morceaux ; *scrobibus concidere montes* Virg. G. 2, 260, couper de fossés les coteaux ; *itinera concisa aestuariis* Caes. G. 3, 9, 4, chemins coupés de flaques d'eau laissées par la mer ‖ [fig.] couper, hacher, morceler : *sententias* Cic. Or. 231, morceler la pensée (Or. 230 ; Ac. 2, 42 ; Sen. Ep. 65, 16 ; 89, 2) ‖ [sens obscène] Lampr. Hel. 10, 5, cf. Cic. Verr. 3, 155 ¶ **2** tailler en pièces, massacrer : *exercitum* Cic. Div. 1, 77 ; *cohortes* Cic. Prov. 9, tailler en pièces une armée, des cohortes (Att. 5, 16, 4, Fam. 11, 14, 1 ; Caes. G. 1, 12, 3) ¶ **3** abattre, terrasser : *decretis vestris Antonium concidistis* Cic. Phil. 5, 28, vous avez terrassé Antoine par vos décrets (Phil. 12, 11 ; Nat. 1, 93) ‖ [droit] casser, annuler [un testament] : Ulp. Dig. 28, 4, 1 ¶ **4** rompre (rouer, déchirer) de coups : *aliquem virgis* Cic. Verr. 1, 122, déchirer qqn à coups de verges ; *pugnis et calcibus concisus* Cic. Verr. 3, 56, roué de coups de poings et de pieds.

concĭens, tis, ▶ inciens, enceinte, grosse : Apul. Mund. 23.

concĭĕō, ēs, ēre, -, cĭtum et plus ordin' **concĭō**, īs, īre, īvī, ītum, tr. ¶ **1** assembler : *ad se multitudinem* Liv. 1, 8, 5, réunir autour de soi la multitude ; *aliquantum voluntariorum ex agris concivit* Liv. 29, 19, 13, il rassembla des campagnes une assez grande quantité de volontaires ¶ **2** mettre en mouvement, exciter, soulever : *amnis concitus imbribus* Ov. M. 3, 79, fleuve au débit accéléré par les pluies ; *freta concita* Virg. En. 3 ; 129, mer agitée ‖ lancer dans un mouvement rapide : *murali concita tormento saxa* Virg. En. 12, 921, rochers lancés par une machine de siège [baliste] ; *concita nervo sagitta* Ov. M. 6, 243, flèche lancée par la corde de l'arc ¶ **3** [fig.] mettre en branle, exciter, soulever, ameuter, passionner : *uni contionibus data nunc detinenda, nunc concienda plebs* Liv. 4, 55, 3, l'un (des tribuns) a la mission tantôt de maîtriser, tantôt de soulever le peuple par ses discours (8, 29, 3 ; 9, 37, 1) ; *Samnium fama erat conciri ad bellum* Liv. 8, 17, 2, le bruit courait qu'on poussait le Samnium à la guerre ; *adlatum erat Etruriam concitam in arma* Liv. 10, 21, 2, la nouvelle était venue que l'Étrurie avait été poussée à prendre les armes (*ad arma* Liv. 31, 3, 5) ; *immani concitus ira* Virg. En. 9, 694, transporté d'une formidable colère ‖ donner le branle à qqch., provoquer, soulever : *seditionem* Liv. 4, 48, 12 ; *bellum* Liv. 10, 18, 1, soulever une sédition, une guerre ; *(simultates) quas sibi ipse caedibus rapinisque conciverat* Liv. 1, 60, 2, (haines) qu'il avait soulevées contre lui-même par ses meurtres et ses rapines.
▶ imparf. *conciebam* Pacuv. Tr. 141 ; *concibant* Tac. H. 5, 19 ‖ part. *concītus* mais *concĭtus* Lucr. 2, 267 ; Luc. 5, 597 ; Val.-Flac. 2, 460 ; 5, 576.

concĭlĭābŭlum (-bŏlum, Pl. Trin. 314), i, n. (concilio), lieu d'assemblée, de réunion, place, marché : *per conciliabula* Tac. An. 3, 40, dans les assemblées ; *conciliabula martyrum* Hier. Ep. 60, 12, endroits où l'on se réunit pour honorer les martyrs ‖ mauvais lieu : Pl. Bac. 80 ‖ [en part. lieu de réunion pour les habitants de divers cantons, d'un même *populus*] : Liv. 7, 15, 3 ; 25, 5, 6 ; 29, 37, 3.

concĭlĭātĭo, ōnis, f. (concilio) ¶ **1** association, union : *communis generis hominum conciliatio* Cic. Off. 1, 149, la solidarité commune du genre humain, cf. Nat. 2, 78 ¶ **2** bienveillance, action de se concilier la faveur : *conciliationis causa* Cic. de Or. 2, 216, pour se concilier la bienveillance ‖ appel à la bienveillance des juges : de Or. 3, 205 ¶ **3** inclination, penchant : *naturae conciliationes* Cic. Fin. 3, 22, inclinations naturelles, instincts ; *prima est conciliatio hominis ad ea...* Cic. Fin. 3, 21, le premier penchant de l'homme le porte vers..., cf. Ac. 2, 131 ¶ **4** action de se procurer ; acquisition : *ad conciliationem gratiae* Cic. Clu. 84, pour ménager une réconciliation ¶ **5** attachement, intérêt porté à qqch. : *conciliatio constitutionis suae* Sen. Ep. 121, 16, l'attachement (de l'être vivant) à sa constitution.

concĭlĭātŏr, ōris, m. (concilio), celui qui procure, ▶ concilio ¶ **4** : *conciliator nuptiarum* Nep. Att. 12, celui qui ménage un mariage ; *conciliator proditionis* Liv. 27, 15, 17, fauteur de la trahison ‖ entremetteur : Vop. Car. 16, 5.

concĭlĭātrīcŭla, ae, f. (dim. de conciliatrix), ▶ conciliatrix ¶ **1** : *nobilitas blanda conciliatricula* Cic. Sest. 21, la noblesse [de naissance] assez bonne enjôleuse [du public].

concĭlĭātrīx, īcis, f. (conciliator) ¶ **1** qui gagne les bonnes grâces : ▶ concilio ¶ **2** : *blanda conciliatrix* Cic. Nat. 1, 77, adroite marieuse ‖ entremetteuse : Pl. Mil. 1410 ¶ **2** qui procure, ▶ concilio ¶ **4** : Cic. Lae. 37 ; Leg. 1, 27.

concĭlĭātūra, ae, f., métier d'entremetteur : Sen. Ep. 97, 9.

1 concĭlĭātus, a, um, part. de concilio ‖ pris adj' ¶ **1** *alicui*, dans les bonnes grâces de qqn, aimé de qqn, cher à qqn : Liv. 21, 2, 4 ; 27, 15, 11 ; Curt. 7, 9, 19 ; Quint. 3, 8, 6 ¶ **2** favorable, bien disposé : *ut judex fiat conciliatior* Quint. 4, 2, 24, pour que le juge devienne mieux disposé ‖ porté (par l'instinct) à : *voluptati* Gell. 12, 5, 8, incliné vers le plaisir.

2 concĭlĭātŭs, ūs, m., union, liaison : Lucr. 1, 575.

concĭlĭcĭātus, a, um (cum, cilicium), revêtu d'un cilice : Tert. Pud. 13, 7.

concĭlĭō, ās, āre, āvī, ātum (concilium), tr. ¶ **1** [au pr.] assembler, unir, associer : Lucr. 1, 611 ; 2, 551 ; Plin. 17, 211 ¶ **2** [fig.] concilier, unir par les sentiments, gagner, rendre bienveillant : *conciliare homines* Cic. de Or. 2, 128, rendre les hommes (les auditeurs) bienveillants (2, 310 ; Or. 122) ; *homines inter se* Cic. Off. 1, 50, rapprocher les hommes entre eux ; *ad conciliandos novos (socios)* Liv. 21, 32, 4, pour gagner de nouveaux (alliés) ; *aliquem aliqua re* Cic. Mil. 95, gagner qqn par qqch. ‖ *ut conciliemus nobis eos qui audiunt* Cic. de Or. 2, 115, pour nous concilier l'auditoire ; *legiones sibi pecunia* Cic. Fam. 12, 23, 2, se concilier les légions par l'argent ; *hos Cingetorigi conciliavit* Caes. G. 5, 4, 3, il les gagna à la cause de Cingétorix ‖ *conciliare animos* Cic. de Or. 3, 104, se concilier les esprits (2, 121, 3, 204 ; Liv. 28, 18, 8 ; Quint. 4, 1, 59) ; *animos hominum* Cic. Off. 2, 17, se concilier les esprits ;

animos eorum, apud quos agetur, conciliari ad benevolentiam Cic. *de Or.* 2, 182, (il est utile) que les esprits de ceux devant qui l'on plaidera soient gagnés à la bienveillance ‖ rapprocher [par un penchant instinctif] : ***natura hominem conciliat homini*** Cic. *Off.* 1, 12, la nature fait sympathiser l'homme avec l'homme ; ***primum sibi ipsum conciliatur animal*** Sen. *Ep.* 121, 17, avant tout l'animal s'attache à lui-même ; ***frui rebus iis, quas primas homini natura conciliet*** Cic. *Ac.* 2, 131, jouir des biens que la nature approprie avant tous les autres à l'instinct de l'homme ; **v.** ▶ *conciliatio* ¶ 3 ¶ **3** se ménager, se procurer : ***pecuniae conciliandae causa*** Cic. *Verr.* 2, 137, pour se procurer de l'argent (2, 142 ; 3, 71 ; 3, 194 ; *Att.* 6, 1, 21) ; ***servus male conciliarius*** Pl. *Ps.* 133, esclave qui est une mauvaise acquisition, cf. Ter. *Eun.* 669 ; ***pulchre conciliare*** Pl. *Ep.* 472, faire un bon marché, acheter dans de bonnes conditions ; ***aliquid de aliquo*** Pl. *Trin.* 856, acheter qqch. à qqn ¶ **4** ménager, procurer : ***filiam suam alicui*** Suet. *Caes.* 50, procurer sa fille à qqn ‖ ***benevolentiam alicujus*** Cic. *Clu.* 7, assurer à qqn la bienveillance de qqn ; ***amicitiam alicui cum aliquo*** Cic. *Dej.* 39, ménager à qqn une amitié avec qqn (lier qqn d'amitié avec qqn) ; ***sibi amorem ab aliquo*** Cic. *Arch.* 17, se concilier l'affection de qqn (se faire aimer de qqn) ; ***pacem inter cives*** Cic. *Fam.* 10, 27, 1, ménager la paix entre les citoyens ; ***alicui regnum*** Caes. *G.* 1, 3, 7, ménager [procurer] le trône à qqn ; ***societas generis humani quam conciliavit natura*** Cic. *Lae.* 20, la société du genre humain, établie par la nature.

concĭlĭum, *ĭi*, n. (*concalo* ; esp. *concejo*) ¶ **1** union, réunion, assemblage [des atomes] : Lucr. 1, 484 ; 1, 1082 ‖ accouplement : Arn. 2, 16 ¶ **2** réunion, assemblée : ***deorum*** Cic. *Tusc.* 1, 72 ; ***pastorum*** Cic. *Off.* 3, 38, assemblée des dieux, des bergers ; ***voluptatem in virtutum concilium adducere*** Cic. *Fin.* 2, 12, introduire la volupté dans le cercle des vertus ‖ [en part.] assemblée délibérante, conseil : ***concilium advocare*** Cic. *Vat.* 15 ; ***convocare*** Cic. *Vat.* 18, convoquer une assemblée (Caes. *G.* 7, 29, 1, un conseil de guerre chez les Gaulois) ; ***concilio coacto*** Caes. *G.* 7, 77, 1, l'assemblée ayant été réunie ; ***concilio habito*** Caes. *G.* 4, 19, 2, ayant tenu un conseil ; ***dare concilium legatis*** Liv. 43, 17, 7 (***praebere*** 42, 44, 7) donner audience aux députés ; ***adire concilium*** Liv. 10, 12, 3, se rendre dans une assemblée ‖ [l. officielle] ***concilium plebis*** Cic. *Inv.* 2, 52, assemblée de la plèbe, conciles plébéiens [en les distinguant, par principe, des comices, centuriats ou tributes] ; ***concilium populi*** Liv. 30, 24, 11, assemblée du peuple [opp. au sénat, à Carthage] ¶ **3** [chrét.] assemblée de plusieurs Églises, concile : Tert. *Jejun.* 13, 6.

▶ confusion fréquente dans les mss avec *consilium*.

concĭnens, *tis*, part. de *concino* ‖ adj^t, en accord : ***nihil concinens dicitur*** Arn. 3, 40, on ne dit rien qui s'accorde.

concĭnentĕr, adv., avec harmonie : Jul. d. Aug. *Jul. op. imp.* 1, 77.

concĭnentĭa, *ae*, f. (*concino*), accord des voix, des sons [dans les instruments], harmonie, unisson : Macr. *Somn.* 1 ; 5, 15 ‖ [fig.] symétrie : Sidon. *Ep.* 8, 4, 1.

concĭnĕrātus, *a*, *um* (*cum*, *cinis*), couvert de cendre : Tert. *Pud.* 13, 7.

concingō, *ĭs*, *ĕre*, -, -, tr., entourer : Not. Tir. 97, 37.

concinnātīcĭus, *a*, *um* (*concinno*), bien agencé, bien servi [repas] : Apul. *M.* 2, 11.

concinnātĭo, *ōnis*, f. (*concinno*) ¶ **1** préparation, apprêt : Cat. *Agr.* 106 ¶ **2** composition [livre, lettre] : Aus. *Epist.* 7 (396), 1 ; 17 (407), 2 ¶ **3** combinaison [métr.] : Mar. Vict. *Gram.* 6, 100, 9.

concinnātŏr, *ōris*, m. (*concinno*), celui qui ajuste : ***concinnator capillorum*** Col. 1 *Praef.* 5, coiffeur ‖ [fig.] celui qui fabrique, qui invente : ***deformitatum tantarum concinnatores*** Arn. 4, 32, les créateurs (artisans) de si grandes laideurs ; ***concinnator causarum*** Ulp. *Dig.* 1, 16, 9, fauteur de procès.

concinnātūra, *ae*, f., action de coller : Gloss. 2, 352, 21.

concinnātus, *a*, *um*, part. de *concinno*.

concinnē, adv. (*concinnus*) ¶ **1** artistement, avec un agencement élégant : ***concinne ornata*** Pl. *Ep.* 222, parée avec goût ‖ [fig.] de façon bien agencée, appropriée, avenante : Cic. *Com.* 49 ; *de Or.* 1, 280 ¶ **2** avec une construction symétrique, avec un plan bien construit : Cic. *de Or.* 2, 81 ‖ avec des expressions symétriques, avec parallélisme dans le style : Cic. *Nat.* 2, 69 ‖ ***concinnius*** Front. *Orat.* 18, p. 162 N.

concinnis, *e*, Apul. *M.* 5, 20, ▶ *concinnus*.

concinnĭtās, *ātis*, f. (*concinnus*) ¶ **1** [rhét.] symétrie, arrangement symétrique [des mots, des membres de phrase] : Cic. *Brut.* 38 ; 287 ; *Or.* 81 (***sententiarum** Brut.* 325 ; 327 ; *Or.* 38 ; ***verborum** Or.* 149 ; 202) ‖ ***concinnitates colorum*** Gell. 2, 26, 4, harmonies de couleurs ¶ **2** [sens péj.] ajustement recherché (étudié) : Sen. *Ep.* 115, 2.

concinnĭter, adv. (*concinnus*), artistement : Gell. 18, 2, 7.

concinnĭtūdo, *ĭnis*, f., ▶ *concinnitas* : Cic. *Inv.* 1, 25.

concinnō, *ās*, *āre*, *āvī*, *ātum* (*concinnus*), tr. ¶ **1** ajuster, agencer : ***aream*** Pl. *As.* 216, agencer une aire [d'oiseleur] ; ***Corinthia*** Sen. *Brev.* 12, 2, disposer artistement des vases de Corinthe ‖ ***varius concinnat id aer*** Lucr. 6, 1116, c'est la diversité de l'air qui produit cette corrélation [des maladies avec les régions] ‖ [fig.] donner une forme convenable : ***ingenium*** Sen. *Ep.* 7, 6, former le caractère ¶ **2** préparer, produire : ***alicui multum negotii*** Sen. *Ep.* 117, 1, attirer (susciter) beaucoup d'embarras à qqn ; ***consuetudo concinnat amorem*** Lucr. 4, 1283, l'habitude prépare (fait naître) l'amour ‖ [avec acc.] ▶ *efficere* : ***aliquem insanum*** Pl. *Cap.* 601, rendre fou qqn (*Amp.* 529 ; 728 ; *Cap.* 818).

concinnus, *a*, *um* (cf. *cinnus* et *cincinnus*) ¶ **1** bien proportionné, régulier, joli, charmant : ***virgo concinna facie*** Pl. *Pers.* 547, jeune vierge d'une jolie figure ; ***folia concinniora*** Plin. 16, 148, feuilles plus régulières ¶ **2** disposé symétriquement, avec parallélisme : Cic. *Or.* 65 ; 20 ‖ ***paulo concinnior versus*** Hor. *Ep.* 2, 1, 74, vers un peu mieux frappés ‖ agencé par rapport à qqch., à qqn ; approprié, ajusté : ***concinnus in brevitate respondendi*** Nep. *Epam.* 5, 1, plein d'à-propos dans les courtes répliques ; ***concinnior*** Lucr. 4, 1276, plus en concordance ; ***non inconcinnus*** Hor. *Ep.* 1, 17, 29, toujours approprié, sans discordance ; ***ut tibi concinnum est*** Pl. *Mil.* 1024, comme il te convient.

concĭnō, *ĭs*, *ĕre*, *cĭnŭī*, - (*cum*, *cano*) **I** intr. ¶ **1** chanter, ou jouer ensemble, former un ensemble de sons [voix, instruments] : ***neque frustra institutum est ut signa undique concinerent*** Caes. *C.* 3, 92, 5, et il n'est pas sans fondement l'usage que les trompettes sonnent à la fois de toutes parts (Liv. 9, 32, 6 ; 30, 5, 2) ‖ ***tragoedo pronuntianti concinere*** Suet. *Cal.* 54, accompagner l'acteur qui déclame ¶ **2** [fig.] s'accorder : ***omnibus inter se concinentibus mundi partibus*** Cic. *Nat.* 2, 19, toutes les parties du monde formant un ensemble harmonieux ; ***videsne ut haec concinant ?*** Cic. *Fin.* 5, 83, vois-tu comme tout cela est bien à l'unisson ? ; ***re cum aliquo concinere*** Cic. *Fin.* 4, 60, être d'accord avec qqn pour le fond. **II** tr. ¶ **1** produire des sons ensemble, chanter, jouer dans un chœur : ***nuptialia concinens carmina*** Catul. 61, 12, chantant l'hymne nuptial ; ***haec cum pressis et flebilibus modis concinuntur*** Cic. *Tusc.* 1, 106, quand ces mots sont chantés sur un mode grave et plaintif ‖ ***tristia omina*** Ov. *Am.* 3, 12, 2, faire entendre des chants de triste présage ¶ **2** chanter, célébrer : ***Caesarem*** Hor. *O.* 4, 2, 33, chanter César.

1 **concĭō**, *īs*, *īre*, -, -, ▶ *concieo*.

2 **concĭo**, *ōnis*, ▶ *contio*.

concĭōn-, ▶ *cont-*.

concĭpĭlō, *ās*, *āre*, *āvī*, *ātum* (*cum*, 2 *capulo* ou *capulum* ?), tr., mettre en pièces : Pl. *Truc.* 621 ‖ Apul. *Apol.* 96, 3 ; P. Fest. 54, 16.

concĭpĭō, *ĭs*, *ĕre*, *cēpī*, *ceptum* (*cum*, *capio* ; fr. *concevoir*), tr.

I [pr.] ¶ **1** "contenir" ¶ **2** "absorber" ‖ "concevoir" ¶ **3** [pass.] "se former", "naître" ¶ **4** [droit] ***conceptum furtum***.

concipio

II [fig.] ¶ 1 "admettre", "comprendre" ¶ 2 "se charger de", *scelus in se concipere* ¶ 3 "concevoir" [l'idée de] ¶ 4 "formuler", *concipere verba*.

I [pr.] ¶ 1 prendre entièrement, contenir : *(nuces) vix sesquimodio* VARR. *R.* 1, 7, 3, avoir de la peine à faire tenir (des noix) dans un boisseau et demi ‖ [techn.] capter (prendre) l'eau [par une canalisation] : *in agro* FRONTIN. *Aq.* 5, dans un champ ; *ex lacu* FRONTIN. *Aq.* 11, dans un lac ¶ 2 prendre sur soi, absorber : *concipit Iris aquas* Ov. *M.* 1, 271, Iris absorbe les eaux (LUCR. 6, 503 ; Ov. *M.* 6, 397) ‖ *flammam* CAES. *C.* 2, 14, 2 ; *ignem* CIC. *de Or.* 2, 190, prendre feu, s'enflammer ; *trullis ferreis multum conceptum ignem (portare)* LIV. 37, 11, 13, (porter) dans des pots de fer de gros feux allumés ‖ *pars (animae) concipitur cordis parte quadam* CIC. *Nat.* 2, 138, une partie de l'air est absorbée par une certaine partie du cœur ‖ [en parl. de la terre] *concipere fruges* CIC. *Rep.* 4, 1 ; *semina* CIC. *Nat.* 2, 26, recevoir dans son sein les céréales, les semences ‖ [en part.] recevoir la fécondation, concevoir : *cum concepit mula* CIC. *Div.* 2, 49, quand la mule a conçu (*Div.* 2, 145, *Nat.* 2, 128) ; *neminem eodem tempore ipso et conceptum et natum quo Africanum* CIC. *Div.* 2, 95, [penser] que personne n'a été ni conçu ni mis au jour juste au même moment que l'Africain ; *conceptus ex aliquo* CIC. *Clu.* 31, conçu de qqn ; *de lupo concepta* Ov. *M.* 3, 214, conçue d'un loup ; *anguis immanis concubitu conceptus* LIV. 26, 19, 7, fruit de l'accouplement d'un serpent monstrueux ¶ 3 pass. *concipi*, se former, naître : *torrens ex alio fonte conceptus* CURT. 6, 4, 5, torrent venu d'une autre source ; *in ea parte nivem concipi* SEN. *Nat.* 4, 12, 1, [on croit] que la neige se forme là ; *ex calore concepta pestis* COL. 7, 5, 2, le fléau issu de la chaleur ¶ 4 [droit] *conceptum furtum* GELL. 11, 18, 9 ; GAI. *Inst.* 3, 186, vol découvert chez qqn devant témoins.

II [fig.] ¶ 1 admettre (recevoir) dans sa pensée, concevoir : *quantalibet magnitudo hominis concipiatur animo* LIV. 9, 18, 8, on peut se former de la grandeur d'Alexandre l'idée qu'on voudra ; *quod nunc ego mente concipio* LIV. 1, 36, 4, ce qu'en ce moment je conçois par la pensée ; *quid mirum, si in auspiciis animi imbecilli superstitiosa ista concipiant ?* CIC. *Div.* 2, 81, quoi d'étonnant si à propos des auspices les esprits faibles se forment ces idées superstitieuses ? ; *haec flagitia concipere animo* CIC. *Nat.* 1, 66, avoir dans l'esprit ces opinions honteuses ; *concipere animo potes quam simus fatigati* PLIN. *Ep.* 3, 9, 24, tu peux imaginer combien nous sommes fatigués ‖ saisir par l'intelligence, comprendre : *habere bene cognitam voluptatem et satis firme conceptam animo atque comprehensam* CIC. *Fin.* 2, 6, avoir du plaisir une connaissance exacte et une idée assez nettement saisie et embrassée par la pensée ; *mens concipit id fieri oportere* CIC. *Off.* 3, 107, l'intelligence comprend que cela doit être fait ¶ 2 prendre sur soi, se charger de, contracter : *sunt graviora ea quae concipiuntur animo, quam illa, quae corpore* CIC. *Phil.* 11, 9, les maux qui atteignent l'âme sont plus pénibles que ceux qui atteignent le corps ; *auribus cupiditatem concepisti* CIC. *Verr.* 4, 101, c'est par les oreilles que le désir a pénétré en toi ; *furor biennio ante conceptus* CIC. *Sull.* 67, folie contractée deux ans auparavant ; *inimicitiae ex aedilitate conceptae* CAES. *C.* 3, 16, 3, inimitié contractée depuis l'exercice de l'édilité ; *spem regni concipere* LIV. 4, 15, 4, concevoir l'espoir de régner ; *macula bello superiore concepta* CIC. *Pomp.* 7, souillure contractée dans la guerre précédente ; *dedecus concipere* CIC. *Off.* 1, 123, se couvrir de honte ; *vitia* CIC. *Leg.* 3, 32, contracter des vices ‖ *scelus in se concipere* CIC. *Verr.* 1, 9, se rendre coupable d'un crime (CAES. *C.* 1, 74, 3) ; *hoc nefario scelere concepto* CIC. *Verr.* 4, 72, ce crime odieux ayant été commis ; *flagitium concipere* CIC. *Sull.* 16, se rendre coupable d'un acte scandaleux ¶ 3 concevoir l'idée (la résolution) de : *quid mali aut sceleris fingi aut cogitari potest, quod non ille conceperit ?* CIC. *Cat.* 2, 7, peut-on imaginer ou évoquer une espèce de méfait ou de crime dont cet homme n'ait eu l'idée ? (*Phil.* 11, 9 ; LIV. 4, 15, 8) ‖ *aliquid spe concipere* LIV. 33, 33, 8, tendre ses espérances vers qqch., avoir telle ou telle visée ; *concipit aethera mente* Ov. *M.* 1, 777, il ambitionne le ciel ‖ *Agrippam ferre ad exercitus non servili animo concepit* TAC. *An.* 2, 39, il conçut le projet, qui n'était pas d'une âme d'esclave, de transporter Agrippa aux armées ¶ 4 assembler les mots en formule (*verba concepta* cf. SERV. *En.* 12, 13) : *verbis conceptis jurare* PL. *Cis.* 98, prononcer un serment en forme (solennel) ; *paucis verbis concipiendi juris jurandi mutatis* LIV. 1, 32, 8, en changeant seulement quelques mots à la formule du serment ; *sicut verbis concipitur more nostro* CIC. *Off.* 3, 108, [jurer] selon la formule en usage chez nous ; *vadimonium concipere* CIC. *Q.* 2, 13, 3, rédiger une assignation suivant les formes (*foedus* VIRG. *En.* 12, 13, un traité) ‖ *concipere verba* ; CAT. *Agr.* 139, prononcer une formule ; *nisi in quae ipse concepisset verba juraret* LIV. 7, 5, 5, s'il ne jurait dans les termes qu'il aurait lui-même formulés ; *cum cetera juris jurandi verba conciperent* TAC. *H.* 4, 31, en prononçant le reste de la formule du serment ‖ [religion] annoncer par certaines formules, d'une manière solennelle : *Latinas non rite concepisse* LIV. 5, 17, 2, n'avoir pas annoncé les Féries latines dans les formes prescrites ; ▶ *conceptivus*.

concīsē, adv. (*concisus*), minute atque concise QUINT. 12, 2, 11, par le menu et dans le détail, [faire un emploi] minutieux et détaillé.

concīsĭō, ōnis, f. (*concīdo*), action de couper, de tailler en pièces : VULG. *Joël* 3, 14 ‖ [rhét.] *concisio verborum* CIC. *Part.* 19, incise ‖ [gram.] syncope : PRISC. 2, 372, 6.

concīsŏr, ōris, m. (*concīdo*), celui qui coupe : *concisor nemorum* CORIP. *Just.* 4, 22, bûcheron.

concīsūra, ae, f. (*concīdo*), coupure, entaille : PLIN. 34, 63 ‖ division : *concisura aquarum* SEN. *Ep.* 100, 6, distribution des eaux.

concīsus, a, um ¶ 1 part. de 2 *concido* ¶ 2 [adj^t] coupé, saccadé : *vox concisior* VULG. *Jos.* 6, 5, son plus saccadé ‖ concis, court, serré : *distincte concisa brevitas* CIC. *de Or.* 3, 202, brièveté où la concision s'allie à la clarté ; *angustae et concisae disputationes* CIC. *de Or.* 2, 61, discussions sèches et subtiles (serrées dans la pensée) ; *brevis et concisa actio* QUINT. 6, 4, 2, plaidoirie courte et serrée ‖ **concīsa**, ōrum, n. pl., courts membres de phrase : QUINT. 11, 3, 170.

concĭtāmentum, i, n. (*concito*), moyen d'excitation : SEN. *Ir.* 3, 9, 2.

concĭtātē (*concitatus*), adv., vivement, rapidement : COL. 6, 6, 4 ‖ avec animation : QUINT. 8, 3, 4 ‖ -*tius* QUINT. 1, 8, 1 ; -*tissime* AUG. *Civ.* 5, 26.

concĭtātĭō, ōnis, f. (*concito*) ¶ 1 mouvement rapide : LIV. 44, 28, 10 ¶ 2 mouvement violent, excitation de l'âme : *concitatio animi quam perturbationem voco* CIC. *Tusc.* 5, 48, l'excitation de l'âme que j'appelle passion ¶ 3 sédition, soulèvement : CIC. *Brut.* 56 ; CAES. *C.* 3, 106, 5.

concĭtātŏr, ōris, m. (*concito*), celui qui excite : *concitator tabernariorum* CIC. *Dom.* 13, celui qui ameute les boutiquiers ; *concitator belli* HIRT. *G.* 8, 38, 3 celui qui excite à la guerre.

concĭtātrix, īcis, f. (*concitator*), celle qui excite : PLIN. 19, 154 ‖ [adj^t] *concitatricem vim habere* PLIN. 26, 96, avoir une vertu excitante.

1 concĭtātus, a, um, part. de *concito* ‖ pris adj^t ¶ 1 prompt, rapide : *(stelliferi cursus) conversio concitatior* CIC. *Rep.* 6, 18, révolution (des étoiles) plus rapide ‖ *concitatissimus* LIV. 35, 5, 8 ¶ 2 emporté, irrité : *concitatum populum flectere* CIC. *Mur.* 24, apaiser le peuple soulevé ¶ 3 emporté, véhément : *adfectus concitati* QUINT. 6, 2, 9, sentiments violents ; *concitatior clamor* LIV. 10, 5, 2, cris plus retentissants ; *oratio concitata* QUINT. 3, 8, 58, éloquence animée, passionnée.

2 concĭtātŭs, ūs, m., impulsion [au propre] : SIDON. *Carm.* 23, 366.

concĭtē, adv. (*concitus*), rapidement : DON. *Eun.* 772.

concĭtō, ās, āre, āvī, ātum (fréq. de *concieo, concio*), tr. ¶ 1 pousser vivement, lancer d'un mouvement rapide : *concitata nave remis* LIV. 37, 11, 10, le navire étant lancé à force de rames; *cum procursu, quo plurimum concinatur (tela)* Liv. 34, 39, 3, avec un élan en avant, qui donne au jet (des traits) sa plus grande force; *equum calcaribus* Liv. 2, 6, 8, presser un cheval de l'éperon; *aciem* Liv. 2, 64, 6, lancer les troupes en avant; *equitatum in pugnam* Liv. 10, 29, 10, lancer la cavalerie dans le combat, faire donner la cavalerie ‖ *se concitare* Virg. En. 7, 476; Liv. 7, 33, 14; 22, 17, 6, se lancer, s'élancer; *magno cursu concitati* Caes. C. 1, 70, 4, s'étant lancés à vive allure ¶ 2 [fig.] exciter, soulever, enflammer: *sive ut concitet (homines) sive ut reflectat* Cic. de Or. 3, 23, soit pour soulever (l'auditoire), soit pour le ramener; *animi quodam impetu concitatus* Cic. Mur. 65, emporté (soulevé) par certaine ardeur naturelle; *omni motu animi concitari* Cic. de Or. 2, 191, être agité par toute espèce d'émotion; *in aliquem concitari* Cic. Verr. 3, 6, être soulevé contre qqn; *ad philosophiam studio* Cic. Brut. 306, être poussé par son goût vers la philosophie; *ad maturandum* Nep. Dion 8, 5, être poussé à se hâter ¶ 3 [fig.] exciter, susciter: *tempestates* Cic. Mur. 36, soulever des tempêtes; *bellum* Cic. Font. 33, susciter la guerre; *invidiam* Cic. Verr. 5, 21, exciter la haine; *misericordiam* Cic. de Or. 1, 227, exciter la pitié; *motus in judicum mentibus* Cic. de Or. 1, 220, soulever des passions dans le cœur des juges ‖ exciter à [avec inf.]: Ov. M. 13, 226.

concĭtŏr, ōris, m., celui qui excite: Liv. 45, 10, 10; Tac. An. 4, 28.

1 concĭtus, a, um, part. de *concieo* ‖ pris adjᵗ ¶ 1 rapide: *concito gradu* Prop. 3, 2, 11, d'une allure rapide; *concitus Mavors* Virg. En. 12, 331, Mars impétueux, déchaîné ¶ 2 excité, ému, troublé: *pars caeca et concita* Virg. En. 11, 889, une partie [des cavaliers] aveuglée et affolée.

2 concĭtus, a, um, part. de *concio*.

concĭuncŭla, V. *cont*-.

concīvis, is, m., concitoyen: VL. Eph. 2, 19 d. Tert. Marc. 5, 17, 16; Aug Ep. 84, 1.

concla, ae, f., C. *conchula*.

conclāmātĭo, ōnis, f. (*conclamo*), cri, clameur d'une foule: Tac. An. 3, 2 ‖ acclamations: Caes. C. 2, 26, 1 ‖ lamentations funèbres et dernier adieu au mort: Serv. En. 6, 218.

conclāmātus, a, um, part. de *conclamo* ‖ adjᵗ, fameux, célèbre: *-tissimus* Sidon. Ep. 6, 1, 3 ‖ mal famé, dangereux: Macr. Sat. 7, 5, 26 ‖ pitoyable, désespéré: Serv. En. 2, 233; V. *conclamo* II 1.

conclāmĭtō, ās, āre, -, - (fréq. de *conclamo*), crier fort: Pl. Merc. 57.

conclāmō, ās, āre, āvī, ātum

I intr. ¶ 1 crier ensemble [avec acc. de l'objet de l'exclamation]: *victoriam conclamant* Caes. G. 5, 37, 3, ils crient "victoire !"; *Italiam primus conclamat Achates* Virg. En. 523, "l'Italie !" crie Achate le premier; *ad arma conclamant* Caes. G. 7, 70, 6, ils crient aux armes; *conclamare vasa* Caes. C. 1, 66, 1, donner le signal de décamper (de plier bagage); [verbe seul au pass. impers.] *conclamari jussit* Caes. C. 3, 75, 2, il fit donner le signal de décamper (C. 1, 67, 2) ‖ approuver à grands cris: *quod Mithridates se velle dixit, id conclamarunt* Cic. Flac. 17, ce que Mithridate déclara vouloir, ils l'approuvèrent à grands cris ‖ [avec prop. inf.] *a me conservatam esse rem publicam esse conclamastis* Cic. Phil. 6, 2, vous avez proclamé que l'État me devait son salut (Caes. G. 3, 18, 5; C. 1, 7, 8) ‖ [avec ut] demander à grands cris que: Caes. G. 5, 26, 4; Liv. 3, 50, 16; [avec subj. seul] Caes. C. 3, 6, 1; Curt. 4, 1, 29 ¶ 2 [en parl. d'une seule pers.] crier à haute voix: Caes. G. 1, 47, 6; Virg. En. 3, 523; Tac. H. 3, 29.

II tr. ¶ 1 crier le nom d'un mort, lui dire le dernier adieu: *suos conclamare* Liv. 4, 40, 3, dire aux siens le dernier adieu; *conclamatus es* Apul. M. 1, 6, tu as reçu le dernier adieu, cf. Luc. 2, 23 ‖ *desine; jam conclamatumst* Ter. Eun. 348, tais-toi; c'est maintenant une affaire réglée (on a crié le dernier adieu) ¶ 2 *homines*, appeler à grands cris des personnes: Virg. En. 7, 504; Ov. M. 13, 73 ‖ acclamer: Sen. Ep. 52, 13 ¶ 3 crier contre qqch., [d'où pass.] recevoir les cris de qqn: *conclamata querelis saxa senis* Mart. 9, 45, 5, rochers retentissant des plaintes du vieillard.

conclausus, a, um, V. *concludo*.

conclāvātĭo, ōnis, f., action de clouer ensemble: Gloss. 2, 446, 19; V. *conclavo*.

conclāvātus, a, um (*cum clavi*), enfermé sous une même clef: P. Fest. 50, 21.

conclāvĕ, is, n. (*cum clavi*) ¶ 1 [en gén.] chambre, pièce fermant à clef: Ter. Haut. 902; *virgo in conclavi sedet* Ter. Eun. 583, la jeune fille est dans sa chambre ¶ 2 [en part.] **a)** chambre à coucher: Cic. Amer. 64 **b)** salle à manger: Cic. de Or. 2, 353 **c)** enclos pour les animaux, étable, volière: Col. 8, 1, 3.

conclāvō, ās, āre, -, - (*cum clavo*), tr., clouer ensemble: Gloss. 2, 446, 18.

conclērĭcus, i, m., clerc avec d'autres: Aug. Ep. 88, 6.

conclūdentĕr, adv., en conclusion, en concluant: Boet. Elench. 1, 14.

conclūdō, ĭs, ĕre, clūsī, clūsum (*cum, cludo = claudo*), tr. ¶ 1 enfermer, enclore, fermer: *bestias* Cic. Fin. 5, 56, enfermer des bêtes; *conclusa aqua* Cic. Nat. 2, 20, eau enfermée (stagnante); *in concluso mari* Caes G. 3, 9, 7, dans une mer enclose [Méditerranée] ‖ *in cellam* Ter. Ad. 552; *in angustum locum* Cic. Leg. 1, 17, enfermer dans un réduit, dans un lieu étroit ‖ [au pass.] *in cavea conclusi* Pl. Curc. 450, enfermés dans une cage (Ter. Phorm. 744); *conclusae follibus aurae* Hor. S. 1, 4, 19, air enfermé dans un soufflet ¶ 2 [fig.] enfermer, resserrer: *omnia fere quae sunt conclusa nunc artibus, dispersa fuerunt* Cic. de Or. 1, 187, presque tout ce qui, réuni en corps, constitue maintenant les différents arts, se trouvait dispersé; *uno volumine vitam excellentium virorum complurium concludere* Nep. Epam. 4, 5, enfermer en un seul volume la vie de bon nombre d'hommes éminents; *in formulam sponsionis aliquem* Cic. Com. 12, enfermer qqn dans la formule de l'engagement réciproque; *orator concludatur in ea quae sunt...* Cic. de Or. 1, 260, que l'orateur se cantonne dans les sujet qui sont... ¶ 3 clore, finir: *epistulam* Cic. Att. 9, 10, 5; *crimen* Cic. Verr. 3, 63, finir une lettre, l'exposé d'un chef d'accusation; *si casus exitu notabili concluduntur* Cic. Fam. 5, 12, 5, si les aventures s'achèvent sur un dénouement remarquable, cf. Verr. 2, 82; Clu. 50; Att. 13, 42, 1 ‖ conclure, donner une conclusion à: *ea concludamus aliquando* Cic. Lae. 100, arrivons enfin à la conclusion de ce sujet; *concludere ac perorare* Cic. de Or. 2, 80, conclure et faire la péroraison ‖ donner en conclusion: *perorationem inflammantem concludere* Cic. Or. 122, donner pour finir une péroraison qui enflamme ¶ 4 [rhét.] enfermer dans une phrase bien arrondie [ou] donner une fin harmonieuse à la phrase: *sententias* Cic. Or. 230, enfermer les pensées dans une forme périodique; *oratio conclusa* Cic. Or. 20, style aux phrases bien arrondies; *quae valde laudantur apud illos, ea fere, quia sunt conclusa, laudantur* Cic. Or. 170, les parties qu'on loue chez eux, on les loue en général parce qu'elles ont un tour périodique ‖ [absᵗ] *hi tres pedes male concludunt* Cic. Or. 217, ces trois pieds font une mauvaise fin de période (clausule) ‖ *concludere versum* Hor. S. 1, 4, 40, faire un vers régulier ‖ [terminaison d'un mot] *verba similiter conclusa* Cic. Or. 84, mots avec même terminaison ¶ 5 [phil.] conclure logiquement, terminer par une conclusion en forme: *argumentum* Cic. Ac. 2, 44; *argumentationes* Cic. Or. 122, conclure un argument, des argumentations ‖ [avec prop. inf.]: *concludebas summum malum esse dolorem* Cic. Fin. 2, 63, tu concluais que la douleur est le plus grand mal; [absᵗ] tirer une conclusion, conclure: Cic. Part. 47; Div. 2, 103; *ex aliqua re* Cic. de Or. 2, 177, tirer une conclusion de qqch. ‖ [abl. abs. n.] *perfecto et concluso amicitiis nusquam locum esse* Cic. Fin. 2, 85, étant acquis et démontré qu'il n'y a place nulle part pour l'amitié. ▶ part. *conclausus* Col. 3, 12, 2.

conclūsē, adv. (*conclusus*), en phrases périodiques: Cic. Or. 177.

conclūsĭo, ōnis, f. (*concludo*) ¶ 1 action de fermer, d'où [milit.] blocus: Caes. C. 2, 22, 1; Nep. Eum. 5, 7 ¶ 2 achèvement, fin: Cic. Q. 1, 1, 46 ¶ 3 [rhét.] fin du discours: Inv. 1, 19; de Or. 2, 80 ¶ 4 art d'enfermer l'idée dans une période, dans une phrase bien arrondie: *conclusio sententiarum* Cic. Or. 169, art d'enfermer la pensée

conclusio

en une période bien arrondie (bien cadencée) ‖ art de terminer la phrase : *verborum quasi structura et quaedam ad numerum conclusio nulla erat* Cic. *Brut.* 33, on ne savait pas au moyen des mots bâtir une phrase ni la terminer, suivant un rythme ; *conclusiones* Cic. *Or.* 212 (*conclusiones verborum Or.* 178) fins de phrase (clausules) ; mais *artificiosa verborum conclusio* Cic. *de Or.* 2, 34, une période faite avec art (3, 174) ¶ **5** [phil.] conclusion [d'un syllogisme, d'un raisonnement] : *Top.* 54 ; *Ac.* 2, 96.

conclūsĭuncŭla, *ae*, f. (dim. de *conclusio*), petit argument : Cic. *Ac.* 2, 75 ; *Tusc.* 2, 42.

conclūsīvē, adv., en forme de conclusion : Cassiod. *Inst.* 1, 1, 8.

conclūsu, abl. de l'inus. *conclusus, ūs*, m., par resserrement : Cael.-Aur. *Chron.* 1, 4, 77.

conclūsūra, *ae*, f. (*concludo*), jointure : Vitr. 6, 8, 3.

conclūsus, *a*, *um*, part. de *concludo* ‖ adj\\[t\\], *conclusior* Hyg. *Astr.* 4, 14, plus fermé.

concoctĭo, *ōnis*, f. (*concoquo*), digestion : *tarda concoctio* Cels. 1, 8, 3, digestion pénible ; *adjuvare concoctiones* Plin. 27, 48, faciliter la digestion.

concoctus, *a*, *um*, part. de *concoquo*.

concoen-, v. *concen-*.

concōgĭto, *ās*, *āre*, -, -, tr., avoir dans la pensée : Aug. *Serm.* 150, 2.

concollĭgo, *is*, *ĕre*, -, -, tr., recueillir, rassembler : Orig. *Matth.* 18, 73.

concŏlō, *is*, *ĕre*, -, -, tr., honorer ensemble : Rust. *Aceph.* 1229.

concŏlōna, *ae*, f., celle qui habite le même lieu : Aug. *Ep.* 35, 2.

concŏlor, *ōris*, adj. ¶ **1** de même couleur : *sus cum fetu concolor* Virg. *En.* 8, 82, truie de même couleur que ses petits ‖ [avec dat.] Ov. *M.* 11, 500 ; Plin. 8, 121 ‖ [fig.] semblable, de même teinte : *error concolor* Prud. *Sym.* 2, 872, erreur pareille ¶ **2** dont la couleur est uniforme : Plin. 10, 67.

concŏlōrans, *tis*, de même couleur : Tert. *Pud.* 8, 2.

concŏlōrus, *a*, *um*, de même couleur : Capel. 6, 659.

concŏmĭtātus, *a*, *um*, v. *concomitor*.

concŏmĭtor, *ārĭs*, *ārī*, *ātus sum*, tr., accompagner : Fort. *Carm.* 8, 6, 158 ‖ part. *concomitatus*, avec sens passif : *Pl. *Mil.* 1103.

concŏquō, *is*, *ĕre*, *coxī*, *coctum*, tr. ¶ **1** faire cuire ensemble : Sen. *Ep.* 95, 28 ; *concoctus* [avec dat.] Plin. 31, 122, cuit avec ¶ **2** digérer, élaborer : Cic. *Nat.* 2, 24 ; 124 ; *cibus facillimus ad concoquendum* Cic. *Fin.* 2, 64, nourriture très digestible ‖ [abs\\[t\\]] faire la digestion : *quamvis non concoxerim* Sen. *Ben.* 4, 39, 3, bien que

ma digestion ne soit pas faite ¶ **3** [méd.] résoudre, mûrir : *juniperus tusses concoquit* Plin. 24, 54, le genièvre réduit le rhume ; *concoquere suppurationes* Plin. 21, 127, mûrir des abcès ¶ **4** [fig.] **a)** digérer [une disgrâce], endurer, supporter : *quem senatorem concoquere civitas vix posset* Liv. 4, 15, 7, que l'État avait de la peine à supporter comme sénateur ; *odia concoquere* Cic. *Q.* 3, 9, 5, être insensible aux haines, cf. *Fam.* 9, 4 **b)** méditer mûrement, approfondir : Cic. *Com.* 45 ; *Har.* 55 ; *concoquamus illa* Sen. *Ep.* 84, 7, assimilons ces enseignements.

concordābĭlis, *e* (*concordo*), facile à accorder : Cens. 10, 4.

concordantĕr, adv. (*concordans*), d'un commun accord : Fort. *Albin.* 9, 24.

concordātĭo, *ōnis*, f. (*concordo*), accord : Vulg. *Eccli.* 27, 23.

concordātus, *a*, *um*, part. de *concordo*.

concordē, adv., en bonne intelligence : CIL 6, 7579.

1 concordĭa, *ae*, f. (*concors*), concorde, accord, entente, harmonie : Pl. *Amp.* 475 ; 962 ; Cic. *Clu.* 152 ; *Dom.* 15 ; *Phil.* 2, 24 ; *Fin.* 2, 117 ; *mediis concordiam copulare* Liv. 4, 43, 11, rétablir la concorde par une transaction ; cf. *conglutinare* ‖ [fig.] accord des voix, des sons : Col. 12, 2, 4 ; Sen. *Ep.* 88, 9 ; Quint. 5, 10, 124 ; *concordia quam magnes cum ferro habet* Plin. 34, 147, l'attraction que l'aimant exerce sur le fer ; *rerum concordia discors* Hor. *Ep.* 1, 12, 19, l'accord discordant des éléments de l'univers, cf. Sen. *Nat.* 7, 27, 4.

2 Concordĭa, *ae*, f., la Concorde, déesse : Ov. *F.* 3, 881.

3 Concordĭa, *ae*, f., ville de Vénétie Atlas XII, B3 : Plin. *3, 126* ‖ ville de Germanie : Amm. 16, 12, 58 ‖ **-Julia**, f., ville de Lusitanie : Plin. 3, 14 ‖ **-ienses**, *ĭum*, m. pl., habitants de Concordia : Plin. 4, 118.

concordĭālis, *e* (*concordia*), de concorde : Firm. *Math.* 6, 32, 29 ‖ subst. m., prêtre de la Concorde : CIL 5, 2865.

Concordĭānus, *i*, m., nom d'homme : CIL 10, 2322.

concordis, *e*, [arch.] c. *concors* : Caecil. *Com.* 109.

concordĭtās, *ātis*, f., [arch.] c. *concordia* : Pacuv. *Tr.* 188.

concordĭtĕr (*concors*), adv., en bonne intelligence, de bon accord : *congruunt inter se concorditer* Pl. *Curc.* 264, ils s'entendent parfaitement bien ‖ **-dius** Liv. 4, 45, 8 ; **-dissime** Cic. *Rab. perd.* 14.

1 concordĭus, *a*, *um*, c. *concors* : CIL 8, 8530.

2 Concordĭus, *ii*, m., nom d'homme : Amm. 28, 6, 22.

concordō, *ās*, *āre*, *āvī*, *ātum* (*concors*) ¶ **1** intr., s'accorder, vivre en bonne intelligence : *si concordabis cum illa* Ter. *Phorm.* 433, si tu t'accordes bien avec elle ‖ [fig.] être d'accord [en parl. des choses] : *ejus judicia opinionesque concordant* Cic. *Tusc.* 4, 30, ses jugements et opinions sont cohérents ; *concordant carmina nervis* Ov. *M.* 1, 518, les chants s'accordent aux sons de la lyre ; *cum gestu concordare* Quint. 11, 3, 69, s'accorder avec le geste ¶ **2** tr., mettre d'accord : Aug. *Ep.* 210, 2.

concorpŏrālis, *e*, qui constitue un même corps de nation : Vulg. *Eph.* 3, 6 ‖ subst. m., soldat du même corps, camarade : Amm. 28, 5, 7.

concorpŏrātĭo, *ōnis*, f. (*concorporo*), accord intime : Tert. *Marc.* 4, 4, 4.

concorpŏrātus, *a*, *um*, part. de *concorporo*.

concorpŏrĭfĭcātus, *a*, *um*, formant un seul corps [en parl. de l'univers] : Tert. *Val.* 23, 2.

concorpŏrō, *ās*, *āre*, -, -, tr. ¶ **1** incorporer : *cum melle concorporatur* Plin. 22, 113, il s'incorpore avec le miel ‖ [fig.] réunir à [dat.] ; *concorporatus Ecclesiae* Tert. *Pud.* 15, 6, devenu membre de l'Église ¶ **2** [méd.] résorber : *concorporare vitiligines* Plin. 27, 112, résorber les taches de rousseur.

concors, *cordis* (*cum*, *cor*), uni de cœur, qui est d'accord, qui a des sentiments concordants avec qqn : *secum ipse concors* Liv. 4, 2, 7, qui est d'accord avec soi-même ; *concordibus animis juncti* Liv. 6, 6, 18, animés d'un esprit de concorde ; *multo fiat civitas concordior* Pl. *Aul.* 481, la cité serait bien plus unie ; *concordi populo nihil est immutabilius* Cic. *Rep.* 1, 49, rien n'est plus stable qu'un peuple où règne la concorde ; *concordissimi fratres* Cic. *Lig.* 5, des frères en si parfait accord ‖ [fig.] où il y a de l'accord, de l'union : *concors regnum duobus regibus fuit* Liv. 1, 13, 8, les deux rois régnèrent dans un parfait accord ; *concordes aquae* Plin. 5, 53, eaux qui ont un même cours ; *concordia frena* Virg. *En.* 3, 542, freins qui jouent en même temps ; *concentus... concors efficitur* Cic. *Rep.* 2, 69, le concert devient concordant, harmonieux.

▶ abl. sg. *concordi* mais *-de* Prisc. 2, 341, 18 ‖ n. pl. *concordia* Virg. *En.* 3, 542 ; Sil. 13, 650.

concoxī, parf. de *concoquo*.

concrassō, *ās*, *āre*, -, -, tr., rendre épais : Cael.-Aur. *Chron.* 4, 3, 62.

concrĕātus, *a*, *um*, créé en même temps : Mamert. *Anim.* 3, 8.

concrēbrescō, *is*, *ĕre*, *brŭī*, -, intr., redoubler de violence : Ciris 25.

concrēdĭdī, parf. de *concredo*.

concrēdĭtus, *a*, *um*, part. de *concredo*.

concrēdō, *is*, *ĕre*, *dĭdī*, *dĭtum*, tr., confier : *concredere rem alicui* Cic. *Quinct.* 62, confier ses intérêts à qqn ; *concredere aliquid fidei alicujus* Pl. *Aul.* 615, confier qqch. à la loyauté de qqn ; *alicui nugas*

Hor. *S.* 2, 6, *43*, faire confidence de bagatelles à qqn.

concrēdŭō, dŭī, fut. ant., parf. de *concredo* arch.: Pl. *Aul. 585*; *Cas. 479*.

concrĕmātĭo, ōnis, f., conflagration: Fulg. *Myth. 1, 15*.

concrĕmātus, *a*, *um*, part. de *concremo*.

concrĕmentum, *i*, n. (*concresco*), concrétion: Apul. *Apol. 49, 5*.

concrĕmō, ās, āre, āvī, ātum, tr., faire brûler entièrement, réduire en cendres : **tecta, domos** Liv. *5, 42, 2*; *21, 14, 4*, réduire en cendres les maisons ; **vivos igni** Liv. *3, 53, 5*, brûler des hommes tout vivants ; **commentarios concremavit** Suet. *Cal. 15, 4*, il fit brûler les procès-verbaux.

concrĕō, ās, āre, -, ātum, tr., [pass.] être inné : Vulg. *Eccli. 1, 16* ‖ produire : **concreari ex nive** Gell. *19, 5*, être produit par la neige.

concrĕpantĭa, ae, f., bruit sonore : Cassiod. *Psalm. 44, 15*.

concrĕpātĭo, ōnis, f., bruit : Arn. *2, 42*.

concrĕpĭtō, ās, āre, -, -, intr. (fréq. de *concrepo*), retentir avec force : Prud. *Perist. 11, 56*.

concrĕpō, ās, āre, pŭī, pĭtum ¶ 1 intr., faire du bruit, bruire : **foris concrepuit** Pl. *Mil. 154*, la porte a fait du bruit ; **(multitudo) armis concrepat** Caes. *G. 7, 21*, (la multitude) fait retentir ses armes ; **exercitus gladiis ad scuta concrepuit** Liv. *28, 29, 9*, les soldats firent résonner les épées contre les boucliers ; **concrepare digitis** Cic. *Off. 3, 75*, faire claquer ses doigts [en part. pour appeler un serviteur et lui donner un ordre] ; **simul ac decemviri concrepuerint** Cic. *Agr. 2, 82*, sur un geste des décemvirs ¶ 2 tr., faire retentir : **concrepare digitos** Petr. *27, 5*, faire claquer ses doigts ; **concrepare aera** Ov. *F. 5, 441*, faire retentir des cymbales, cf. Prop. *3, 18, 6* ‖ annoncer à son de trompe : Hier. *Ep. 52, 10*.

concrescentĭa, ae, f., concrétion [d'un liquide] : Vitr. *8, 3, 18*.

concrescō, ĭs, ĕre, crēvī, crētum, intr. ¶ 1 croître ensemble par agglomération (agrégation), s'accroître : **valles quae fluminum alluvie concreverunt** Col. *3, 11, 8*, les vallées formées par les alluvions ‖ emploi fréquent du part. *concretus, a, um* [avec *ex*] : Cic. *Nat. 3, 30, 34*; *Tusc. 1, 62*; [avec abl.] *Ac. 2, 121*; *Tusc. 1, 60*, formé de ¶ 2 se former par condensation, s'épaissir, se durcir : Cat. *Agr. 88, 2*; Lucr. *6, 495*; **neque aqua concresceret nive** Cic. *Nat. 2, 26*, et l'eau ne se condenserait pas en neige ; **concrevit frigore sanguis** Virg. *En. 12, 905*, mon sang se figea ; **cum lac concrevit** Col. *7, 8, 3*, quand le lait est caillé ; **radix concreta** Virg. *G. 2, 318*, racine durcie par le froid.

▶ *concresse*, contr. pour *concrevisse* : Ov. *M. 7, 416*.

concrētĭo, ōnis, f. (*concretus*) ¶ 1 agré-gation, assemblage : **concretio individuorum corporum** Cic. *Nat. 1, 71*, l'assemblage des atomes ¶ 2 ce qui est formé par agrégation (agglomération), la matière : **mens segregata ab omni concretione mortali** Cic. *Tusc. 1, 66*, l'esprit qui est indépendant de tout agrégat périssable.

1 **concrētus**, *a*, *um*, part. de *concresco* ‖ [pris adj¹] épais, condensé, compact : Cic. *Nat. 2, 59*; *Tusc. 1, 42*; *47*; *71*; *Div. 1, 130* ‖ -tior Lucr. *4, 1244*; Plin. *21, 239*.

2 **concrētus**, ūs, m., condensation, épaississement : Plin. *12, 70*.

concrīmĭnor, ārĭs, ārī, ātus sum, tr., [avec prop. inf.] prétendre en accusant que : Pl. *Mil. 242*.

concrispātus, *a*, *um*, part. de *concrispo* ‖ [pris adj¹] frisé, bouclé : Vitr. *4, 1, 7*.

concrispō, ās, āre, -, -, tr.[usité seulement aux part.] ¶ 1 friser, faire onduler : **humores se concrispantes** Vitr. *8, 1, 1*, vapeurs qui ondulent (moutonnent) dans l'air ¶ 2 brandir : **concrispans telum** Amm. *16, 12, 36*, brandissant un javelot.

concrispus, *a*, *um*, ridé, qui a des plis : Isid. *19, 22, 20*.

concrŭcĭfīgō, ĭs, ĕre, fīxī, fixum, crucifier avec [dat.] : Sidon. *Ep. 6, 1, 6*.

concrŭcĭor, ārĭs, ārī, -, pass. (de l'inus. *concrucio, "torturer"), souffrir totalement : Lucr. *3, 148*.

concrustātus, *a*, *um* (*cum, crusto*), couvert d'une croûte : Amm. *17, 7, 11*.

concŭba, ae, f. (*cum, cubo*), concubine : Isid. *10, 229*.

concŭbans, tis (*cum, cubo*), qui couche avec [dat.] : Sulpicia d. Schol. Juv. *6, 537*.

concŭbātĭo, ōnis, f., arrangement de la couche : **lecti concubatio dura** Cael.-Aur. *Acut. 2, 37, 193*, une couche dure.

concŭbĭa nox, f. (*concumbo*), une des divisions de la nuit chez les Romains [v. Macr. *Sat. 1, 3, 15*], moment du premier sommeil, nuit assez avancée : **concubia nocte** Liv. *25, 9, 8*, avant le milieu de la nuit, cf. Cic. *Div. 1, 57*; [arch.] **noctu concubia** Enn. *An. 165*.

concŭbīna, ae, f., concubine : Pl. *Ep. 466*; Cic. *de Or. 1, 183*; **concubinam ex sola animi destinatione aestimari oportet** Dig. *25, 7, 4*, seule l'intention permet de définir la concubine ; Paul. *Sent. 2, 201*, cf. Dig. *25, 7*.

concŭbīnalis, e, de concubine : Sidon. *Ep. 9, 6, 4*.

concŭbīnātŭs, ūs, m., concubinat : Pl. *Trin. 960*; Suet. *Ner. 28, 1*; ᴠ.▶ *concubina*.

concŭbīnŭla, ae, f., petite concubine : Quer. *33*.

concŭbīnus, *i*, m., compagnon de lit : Catul. *61, 130*; Quint. *1, 2, 8*.

concŭbĭtālis, e, qui concerne l'union charnelle : Tert. *Nat. 2, 11, 3*.

concŭbĭtĭo, ōnis, f., union charnelle : Hyg. *Astr. 2, 12*.

concŭbĭtŏr, ōris, m., Vulg. *1 Cor. 6, 10*, ᴄ.▶ *concubinus*.

concŭbĭtŭs, ūs, m. (*concumbo*) ¶ 1 place sur le lit de table : Prop. *4, 8, 36* ¶ 2 union de l'homme et de la femme : Cic. *Nat. 1, 42* ‖ accouplement des animaux : Virg. *G. 4, 198* ‖ [fig.] entrechoquement des dents : Cael.-Aur. *Acut. 3, 2, 16*.

concŭbĭum, ĭi, n. (*concumbo*) ¶ 1 union charnelle, ᴄ.▶ *concubitus* ¶ 2 : Gell. *9, 10, 4* ¶ 2 **concubium noctis** Pl. *Trin. 886*; ᴄ.▶ *concubia nox*.

concŭbĭus, ᴠ.▶ *concubia*.

concŭbō, ās, āre, -, -, ᴠ.▶ *concubans*.

concŭcurrī, un des parf. de *concurro* : Flor. *4, 2, 33*.

conculcātĭo, ōnis, f., action de fouler avec les pieds : Dig. *3, 34, 14*.

conculcātŭs, ūs, m., action de fouler aux pieds : Tert. *Res. 22, 11*.

conculcō, ās, āre, āvī, ātum (*cum, calco*), tr. ¶ 1 fouler avec les pieds, écraser : Cat. *Agr. 25*; Varr. *R. 2, 2, 15*; Lucr. *5, 1140*; Cic. *Pis. 61* ¶ 2 [fig.] fouler aux pieds, opprimer, maltraiter, tenir pour rien, mépriser : [l'Italie] Cic. *Sest. 81* ; *Att. 8, 11, 4*; [qqn] Cic. *Dom. 110*; [les lois] Cic. *Vat. 23*; [les biens] Sen. *Ep. 23, 6*.

concumbō, ĭs, ĕre, cŭbŭī, cŭbĭtum, intr., se coucher : Prop. *5, 1, 4*; Juv. *6, 406* ‖ coucher avec : [avec *cum*] Ter. *Hec. 393* ; Cic. *Fat. 30* ; [avec dat.] Prop. *2, 15, 16*.

concŭmŭlātus, *a*, *um* (*cumulo*), accumulé : **coma concumulata in verticem** Tert. *Virg. 7, 4*, cheveux ramassés sur le haut de la tête.

concŭpĭens, tis, part. de *concupio* ‖ adj¹, **concupientes regni** *Enn. d. Cic. *Div. 1, 107*, avides de régner.

Concŭpĭenses, ĭum, m. pl., peuple d'Italie : Plin. *5, 113*; ᴠ.▶ *Forojulienses*.

concŭpĭō, ĭs, ĕre, -, -, tr., désirer ardemment : Commod. *Instr. 2, 23, 4*; ᴠ.▶ *concupisco*.

concŭpiscentĭa, ae, f., [chrét.] désir du bien : Vulg. *Sap. 6, 18* ‖ désir du mal, concupiscence : Aug. *Civ. 15, 5*.

concŭpiscentĭālis, e, de concupiscence : Aug. *Civ. 1, 25*.

concŭpiscentĭāliter, adv., avec concupiscence : Aug. *Pecc. mer. 2, 9, 11*.

concŭpiscentīvum, *i*, n., faculté de désirer : Tert. *Anim. 16, 3*.

concŭpiscĭbilis, e, qui peut être convoité, convoitable : Ambr. *Virgin. 18, 113*.

concŭpiscĭbĭlĭter, adv., avec désir ou concupiscence : Pomer. *3, 6, 4*.

concŭpiscītivum, *i*, n., Hier. *Ezech. 1, 1, 7*, ᴄ.▶ *concupiscentivum*.

concŭpiscō, ĭs, ĕre, pīvī ou pĭī, pītum (*concupio*), tr., convoiter, désirer

concupisco

ardemment : Cic. *Tusc.* 3, 19 ; 1, 38 ‖ [avec acc.] *Phil.* 13, 2 ; *Clu.* 27 ; *Cat.* 1, 25 ; [nom de ch. sujet] *Tusc.* 5, 54 ; *Fin.* 1, 53 ‖ [avec inf.] *Clu.* 26 ; *Brut.* 197 ; *Off.* 1, 64 ; **rex populi Romani esse concupivit** Cic. *Off.* 3, 83, il désira avidement régner sur le peuple romain ‖ [avec prop. inf.] Suet. *Cal.* 28.

▶ formes contractes : *concupistis* Liv. 3, 67, 7 ; *concupisset* Cic. *Phil.* 5, 22.

concŭpītŏr, *ōris*, m., celui qui désire violemment : Aug. *Ep.* 147, 29.

concŭpītus, *a, um*, part. de *concupisco* : Cic. *Tusc.* 4, 12.

concūrātŏr, *ōris*, m., celui qui est curateur avec : Dig. 26, 10, 3.

concūrĭālis, *is*, m., celui qui est de la même curie : CIL 9, 1681.

concūrō, *ās, āre*, -, -, tr., bien soigner : Pl. *Bac.* 131.

concurrō, *ĭs, ĕre, currī* (*cŭcurrī*), *cursum*, intr. ¶ 1 courir de manière à se rassembler sur un point : **Agrigentini concurrunt** Cic. *Verr.* 4, 95, les Agrigentins accourent en masse ; **de contione concurrere** Cic. *Verr.* 1, 80, accourir en masse de l'assemblée ; **ad fanum ex urbe tota concurritur** Cic. *Verr.* 4, 95, on accourt en masse au temple de tous les points de la ville ; **ad arma** Caes. *G.* 3, 22, courir aux armes ; **ad me restituendum Romam concurrere** Cic. *Mil.* 39, se porter en foule à Rome pour me rappeler d'exil ; **gratulatum Romam** Cic. *Mur.* 89, se porter en foule à Rome pour féliciter [qqn] ‖ **confestim verba concurrunt** Cic. *Or.* 200, aussitôt les mots accourent, affluent [à la pensée] ¶ 2 se rencontrer, se joindre : **concurrunt labra** Sen. *Ep.* 11, 2, les lèvres se joignent (restent collées l'une à l'autre) ou **os concurrit** Sen. *Ir.* 3, 15, 1 ; *Ben.* 2, 1, 3 ; Quint. 10, 7, 8 ; **litterae obscaenius concurrunt** Cic. *Or.* 154, les lettres en se rapprochant donnent un sens quelque peu indécent (cf. *de Or.* 3, 172, rencontre désagréable de mots) ‖ **res concurrent contrariae** Cic. *Fin.* 5, 28, ce sera la rencontre de choses contraires ; **quae ut concurrant omnia, optabile est** Cic. *Off.* 1, 45, que toutes ces conditions se trouvent remplies à la fois, c'est souhaitable ‖ se cumuler, coïncider : **si quid tale accidisset ut non concurrerent nomina** Cic. *Att.* 16, 3, 5, s'il arrivait à mes créances de ne pas venir à échéance en même temps ; **quotiens concurrunt plures actiones ejusdem rei nomine** Dig. 50, 17, 43, 1 ‖ [tard.] être d'accord, être du même avis : Cypr. *Ep.* 1, 4 ¶ 3 entrer en concours (en conflit, en concurrence) [en part. pour des personnes qui ont le même droit sur la même chose ; pour le concours des créanciers sur le même débiteur] : **in eumdem servum concurrere** Dig. 30, 84, 12, droits [du légataire et de l'héritier] en concours sur le même esclave ; **in pignore** Dig. 20, 4, 7, concours de créanciers sur un même gage ; **si tibi usus, mihi fructus legetur, concurrere nos in usu** Dig. 7, 8, 14, 2, si à toi l'usage et à moi les fruits d'un même bien ont été légués, nous entrons en concurrence pour l'usage [et non pour les fruits : le legs des fruits contient celui de l'usage] ‖ se rencontrer, se heurter, s'entrechoquer : **ne prorae concurrerent** Liv. 37, 30, 4, pour éviter que les proues ne s'entrechoquent ; **concurrunt equites inter se** Caes. *C.* 2, 25, 5, les cavaliers se heurtent (Liv. 26, 51, 4 ; 29, 18, 10) ‖ **cum aliquo** Nep. *Eum.* 4, 1, en venir aux mains avec qqn (Liv. 8, 8, 15) ‖ **adversus fessos** Liv. 35, 1, 6, se porter contre (attaquer) des soldats fatigués ‖ [avec dat.] : **viris** Virg. *En.* 1, 493, lutter contre des hommes, cf. *En.* 10, 8 ; Ov. *M.* 5, 89 ; *Liv. 24, 15, 7 ‖ [abs¹] **cum infestis signis concurrunt** Sall. *C.* 60, 2, enseignes déployées ils se heurtent (ils en viennent aux mains) ; **simul concurreritis** Liv. 6, 7, 6, aussitôt que vous serez aux prises ‖ [pass. impers.] **utrimque concurritur** Sall. *J.* 53, 2, on s'attaque de part et d'autre, cf. Liv. 10, 40, 13 ; Hor. *S.* 1, 1, 7.

concursātio, *ōnis*, f. (*concurso*) ¶ 1 action d'accourir ensemble, affluence : **cum multa concursatione** Cic. *Brut.* 242, au milieu d'une grande affluence ¶ 2 course ici et là, allées et venues : **quid hujus lacrimas et concursationes proferam ?** Cic. *Verr.* 1, 75, qu'ai-je besoin de rappeler ses larmes, ses allées et venues ?, cf. *Agr.* 2, 94 ; *Dom.* 14 ; *Fam.* 1, 1, 3 ; **mulierum concursatio incerta nunc hos nunc illos sequentium** Liv. 5, 40, 3, la course incertaine des femmes qui suivaient tantôt ceux-ci, tantôt ceux-là, [fig.] **concursatio exagitatae mentis** Sen. *Ep.* 3, 5, agitation d'un esprit inquiet ‖ course à la ronde : **concursatio decemviralis** Cic. *Agr.* 1, 3, 8, tournée des décemvirs dans la province ‖ mêlée confuse : Liv. 41, 2, 6 ¶ 3 attaque d'escarmouche, harcèlement : Liv. 30, 34, 2 ; Curt. 8, 14, 24.

concursātŏr, *ōris*, adj. (*concurso*), propre aux escarmouches, aux attaques dispersées et rapides : Liv. 27, 18, 14 ; 31, 35, 6.

concursātōrĭus, *a, um*, ⚭ *concursator* : **concursatoriae pugnae** Amm. 16, 9, 1 ; 21, 13, 1, escarmouches.

concursĭo, *ōnis*, f. (*concurro*) ¶ 1 rencontre : **atomorum** Cic. *Ac.* 1, 6 ; **vocum** Cic. *Or.* 151 ; **fortuitorum** Cic. *Top.* 76, rencontre d'atomes, de voyelles, concours de choses fortuites ¶ 2 [rhét.] = συμπλοκή, répétition fréquente de mêmes mots : Cic. *de Or.* 3, 206, cf. Quint. 9, 1, 33.

concursĭtō, *ās, āre*, -, -, intr., courir à : Fort. *Rad.* 24, 58.

concursō, *ās, āre, āvī, ātum* (fréq. de *concurro*) ¶ 1 intr., courir çà et là : **Titurius trepidare et concursare** Caes. *G.* 5, 33, 1, Titurius s'agitait, courait çà et là (Cic. *Att.* 1, 14, 5 ; *Amer.* 81) ; [pass. imp.] **concursari jubet** Caes. *G.* 5, 50, il ordonne qu'on se démène ‖ **circum tabernas** Cic. *Cat.* 4, 17, courir les tavernes à la ronde ‖ voyager à la ronde, faire une tournée : **cum concursant ceteri praetores** Cic. *Verr.* 5, 29, quand les autres préteurs font des tournées (*Fam.* 7, 1, 5) ‖ courir sur un point et sur un autre, escarmoucher : Liv. 5, 8, 8 ; 28, 2, 7 ; **in novissimum agmen** Liv. 21, 35, 2, harceler l'arrière-garde ¶ 2 tr., visiter à la ronde : **omnes fere domos** Cic. *Mur.* 44, parcourir presque toutes les maisons (*Div.* 2, 129).

concursŭs, *ūs*, m. (*concurro*) ¶ 1 [sg. ou pl.] course en masse vers un point : **c. fit in praetorium** Caes. *C.* 1, 76 ; [pl.] **ad Afranium fiebant** Caes. *C.* 1, 53, 2, on accourt au prétoire, on accourait vers Afranius ‖ **concursus quinque amnium in unum confluens** Plin. 6, 75, réunion de cinq rivières en un seul confluent ‖ [fig.] **honestissimorum studiorum** Cic. *Fin.* 2, 111, concours (réunion) des plus nobles occupations ¶ 2 rencontre, assemblage : **corpusculorum** Cic. *Nat.* 1, 66, rencontre d'atomes ; **lunae et solis** Cels. 1, 4, 1, conjonction de la Lune et du Soleil ; **asper verborum concursus** Cic. *de Or.* 3, 171, rencontre désagréable de mots ‖ rencontre, choc : **navium** Caes. *C.* 2, 6, 5, choc des navires ; [choc des nuages] Lucr. 6, 161 ¶ 3 rencontre, choc des troupes dans la bataille : Caes. *C.* 3, 92, 1 ; Nep. *Cim.* 2, 3 ‖ [fig.] **concursum omnium philosophorum sustinere** Cic. *Ac.* 2, 70, soutenir l'assaut de tous les philosophes ¶ 4 [droit] prétentions rivales, concurrence : **concursu, per concursum**, concurremment, en concurrence : Dig. 39, 2, 15.

concurvō, *ās, āre*, -, - (esp., port. *corcovar*), tr., courber, plier : Laber. *Com.* 118.

concussī, parf. de *concutio*.

concussĭbĭlis, *e*, qui peut être ébranlé : Tert. *Marc.* 1, 25, 4.

concussĭo, *ōnis*, f. (*concutio*) ¶ 1 agitation, secousse : **concussio quae duas suppressit urbes** Sen. *Nat.* 6, 25, 4, tremblement de terre qui a englouti deux villes ¶ 2 concussion, extorsion : Dig. 47, 13 ¶ 3 [fig.] trouble, agitation : Tert. *Anim.* 10, 1 ; Amm. 29, 5, 30.

concussŏr, *ōris*, m., concussionnaire : Tert. *Fug.* 12, 4.

concussūra, *ae*, f., concussion, extorsion : Tert. *Fug.* 13, 1.

1 **concussus**, *a, um*, part. de *concutio* ‖ [tard.] [pris adj¹] inquiet, agité : **concussior** Capel. 4, 332.

2 **concussŭs**, *ūs*, m. (*concutio*), secousse, ébranlement : **caeli** Ov. *M.* 15, 811, ébranlement du ciel ; **quo de concussu** Lucr. 6, 290, à la suite de cette secousse.

concustōdĭō, *īs, īre, īvī, ītum*, tr., garder avec soin : Pl. *Aul.* 724.

concŭtĭō, *ĭs, ĕre, cussī, cussum* (*cum, quatio*), tr. ¶ 1 agiter, secouer : **caput** Ov. *M.* 2, 50 ; **quercum** Virg. *G.* 1, 159, secouer la tête, un chêne ; **arma manu** Ov. *M.* 1, 143, agiter des armes de sa main; *terra ingenti motu concussa est* Liv. 3, 10, 6, la terre fut agitée par une violente secousse ‖ [fig.] *se concutere* Hor. S. 1, 3, 35, se secouer en tous sens [comme un vase dont on explore l'intérieur], s'examiner; *fecundum concute pectus* Virg. En. 7, 338, scrute ton génie fécond [fais sortir ce qu'il renferme] ‖ [droit] *concutere aliquem*, extorquer de l'argent à qqn [cf. expression populaire "faire cracher qqn", "faire cracher de l'argent à qqn"]: Dig. 1, 18, 7; Paul. Sent. 5, 25, 12; Cod. Th. 9, 27, 6; v. *concussio* ¶ 2 ¶ 2 [fig.] faire chanceler, ébranler: *concusso jam et paene fracto Hannibale* Liv. 28, 44, 11, Hannibal étant déjà ébranlé et presque brisé; *concussa fide* Tac. H. 5, 25, la fidélité étant ébranlée; *in hoc concussi orbis motu* Tac. H. 1, 16, dans cette secousse qui a ébranlé le monde ‖ disloquer, renverser, ruiner: *rem publicam* Cic. Phil. 2, 109, bouleverser le gouvernement; *opes Lacedaemoniorum* Nep. Epam. 6, 4, abattre la puissance des Lacédémoniens ¶ 3 ébranler l'âme, troubler: *terrorem metum concutientem definiunt* Cic. Tusc. 4, 19, on définit la terreur, une crainte qui bouleverse; *quod factum populares conjurationis concusserat* Sall. C. 24, 1, cet acte avait ébranlé les conjurés (leur avait porté un coup); [poét.] *casu animum concussus amici* Virg. En. 5, 869, navré en son cœur du sort de son ami (12, 468) ‖ *non concuti* Sen. Tranq. 2, 3, ne pas se troubler (s'affecter), être impassible ¶ 4 exciter, soulever: *tu concute plebem* Petr. 124, 288, toi, soulève la plèbe; *se concussere ambae* Juv. 10, 328, toutes deux se mirent en marche [pour la vengeance] ¶ 5 entrechoquer: *manus concutiuntur* Sen. Nat. 2, 28, 1, les mains s'entrechoquent.

condălĭum, *ĭi*, n. (cf. *condulus*), anneau d'esclave: Pl. Trin. 1014, cf. P. Fest. 34, 17 ‖ titre d'une pièce de Plaute: Varr. L. 7, 77.

condăma, *ae*, f., mesure agraire: Cassiod. Var. 5, 10, 2.

Condătĕ, *is*, n. (gaul., confluent), nom de villes en Gaule et en Bretagne [en part.] ville de Lyonnaise [Cosne] Atlas V, D2: Anton. 367 ‖ ville des Aulerques [Condé-sur-Iton]: Anton. 385 ‖ ville des Redones [Rennes] Atlas V, D1: Anton. 386 ‖ ville de Bretagne: Anton. 469 ‖ **Condās**, *ātis*, Aus. Epist. 5 (394), 32, **Condātīnus**, *a*, *um*, Paul.-Nol. Carm. 10, 259, de Condat [Aquitaine].

Condātensis, *e*, de Candes [ville sur la Loire]: Greg.-Tur. Hist. 1, 48.

Condātŏmăgŏs, *i*, f., ville de Narbonnaise [auj. Condom] Atlas IV, A4; V, F3: Peut. 2, 3.

condĕcens, *tis*, part. de *condecet*, [adj.ᵗ] convenable: Amm. 16, 10, 17 ‖ -*centior* Cassiod. Hist. 4, 25.

condĕcentĭa, *ae*, f. (*condecet*), convenance: *Cic. de Or. 3, 200.

condēcernō, *is*, *ĕre*, -, -, tr., décréter ensemble: Novel.-Just. 42, praef.

condĕcĕt, *ēre*, [mêmes constr. que *decet*], convenir: *me, te condecet aliquid* Pl. Amp. 722; Ps. 935, qqch. me, te convient, cf. Cas. 652; [avec inf.] Aul. 590.

condĕcĭbĭlis, *e* (*condecet*), convenable: Greg.-Tur. Hist. 5, 39.

condēclīnō, *ās*, *āre*, -, -, décliner avec: Prisc. 3, 145, 2.

condĕcŏrātus, *a*, *um*, part. de *condecoro*, [adjᵗ] orné, paré: *genus pennis condecoratum* Enn. d. Varr. L. 5, 10, la gent emplumée.

condĕcŏrē, adv., avec justesse: Gell. 14, 4, 1.

condĕcŏrō, *ās*, *āre*, *āvī*, *ātum*, tr., orner brillamment, décorer: Pl. Cap. 878; Plin. 35, 115 ‖ [fig.] *condecorare ludos scaenicos* Ter. Hec. 45, rehausser les jeux scéniques, cf. Sen. Ep. 66, 8.

condĕcŭrĭālis, *is*, m., celui qui a été décurion avec un autre: Fragm. Vat. 142.

condĕcŭrĭo, *ōnis*, m., décurion avec un autre: CIL 8, 1647.

condēgens, *tis* (*cum*, *dego*), qui vit avec: Garg. Arb. 2, 6.

condēlectātĭo, *ōnis*, f. (*condelector*), action de se complaire à, d'aimer: Aug. Nupt. 1, 30, 33.

condēlectŏr, *ārĭs*, *ārī*, *ātus sum*, pass., prendre plaisir à, aimer: Aug. Serm. 30, 4; Vulg. Rom. 7, 22.

condēlĭquescō, *ĭs*, *ĕre*, -, -, intr., se fondre entièrement: *Cat. Agr. 23, 3.

condemnābĭlis, *e*, condamnable [fig.]: Pall. 14, 11.

condemnātĭo, *ōnis*, f. (*condemno*), condamnation: Cic. Clu. 135; *condemnatio pecuniaria* Dig. 2, 10, 5, peine pécuniaire; *condemnationem facere* Dig. 42, 1, 59, condamner; *condemnationem facere* Cod. Just. 8, 14, 8, obtenir gain de cause [accusateur] ‖ *condemnatio* [avec gén.]: *tanti* Dig. 9, 3, 1, 5, condamnation à payer tant; *quanti intersit possidere condemnatio* Dig. 43, 16, 6, aux dommages-intérêts [à l'intérêt que le défendeur avait à posséder].

condemnātŏr, *ōris*, m., celui qui condamne: Tert. Marc. 2, 9, 9 ‖ celui qui fait condamner: Tac. An. 4, 66.

condemnātus, *a*, *um*, part. de *condemno*.

condemnō, *ās*, *āre*, *āvī*, *ātum* (*cum* et *damno*), tr. ¶ 1 condamner: *aliquem lege aliqua* Cic. Vat. 41, condamner qqn en vertu d'une loi; *omnibus sententiis* Cic. Verr. 4, 100, à l'unanimité des suffrages; *hunc sibi condemnat* Cic. Verr. 2, 22, il le condamne à son profit [il se fait verser l'amende] ‖ [le délit au gén.]: *aliquem ambitus* Cic. Clu. 98; *injuriarum* Cic. Verr. 2, 22; *pecuniae publicae* Cic. Flac. 43; *sponsionis* Cic. Caecin. 91, condamner qqn pour brigue, pour injustices, pour concussion, pour engagement violé ‖ [à l'abl. avec *de*]: *de pecuniis repetundis* Cic. Verr. 3, 222; *de vi* Cic. Phil. 2, 4, pour concussion, pour violence ‖ [la peine au gén.]: *capitis* Cic. Rab. perd. 12, condamner à mort; *de Or. 1, 233*; *dupli, quadrupli* Cat. Agr. praef. 1, condamner à une amende du double, du quadruple; *sponsionis* Cic. Caecin. 91, condamner à exécuter un engagement ‖ [à l'abl.]: *capitali poena* Suet. Dom. 14, condamner à la peine capitale; *quadruplo* Cic. Verr. 3, 34, à une amende du quadruple ‖ [à l'acc. avec *ad*, *in*]: *ad metalla, ad bestias* Suet. Cal. 27; *in antliam* Suet. Tib. 51, condamner aux mines, aux bêtes, à tirer de l'eau ‖ [à l'acc. seul chez les juristes] *certam pecuniam aliquem* Gai. Inst. 4, 51, condamner qqn à verser une somme déterminée ‖ *condemnari arbitrium pro socio* Cic. Quinct. 13, être condamné devant l'arbitre dans une action en matière de société ¶ 2 [fig.] déclarer coupable: *aliquem inertiae* Cic. de Or. 1, 172, déclarer qqn coupable de paresse (Div. 1, 36; Cat. 1, 4) ‖ [en part.] *condemnatus voti* Titin. Com. 153; Turpil. Com. 128; v. *damnatus voti*, v. *damno* ‖ condamner qqch.: *suo silentio audaciam alicujus* Cic. Pis. 39, par son silence condamner l'audace de qqn; *exempla quae condemnat populus Romanus* Cic. Verr. 3, 210, les exemples que condamne le peuple romain ¶ 3 faire condamner: *istum omnium mortalium sententiis condemnavi* Cic. Verr. 5, 177, je l'ai fait condamner par les suffrages de tous les mortels; *aliquem furti* Cic. Clu. 120, faire condamner qqn pour vol; *aliquem per judicem* Cic. Com. 25, faire condamner qqn par l'intermédiaire du juge.

condensātĭo, *ōnis*, f., condensation, épaississement: Cael.-Aur. Acut. 3, 18, 187.

condenseō, *ēs*, *ēre*, -, -, tr., Lucr. 1, 392, v. *condenso*.

condensō, *ās*, *āre*, *āvī*, *ātum* (esp. *condesar*), tr. ¶ 1 rendre compact: Col. 7, 8, 4 ¶ 2 serrer: *oves se congregant ac condensant* Varr. R. 2, 3, 9, les brebis se regroupent et se pressent.

condensus, *a*, *um* ¶ 1 dont les éléments sont serrés, compact, dense: *condensa acies* Liv. 26, 5, 13, formation de combat serrée ¶ 2 garni, couvert de: *vallis condensa arboribus* Liv. 25, 39, 1, vallée couverte d'arbres, cf. B.-Afr. 50 ‖ *condensa saltus* Hier. Is. 10, 34; [subst. n. pl. *condensa*, *ōrum*] endroits fourrés, taillis épais: Ambr. Ep. 63, 67.

condepsō, *ĭs*, *ĕre*, *psŭi*, -, tr., mêler en pétrissant, pétrir: Cat. Agr. 40, 2; 76, 2.

Condercum, *i*, n., ville de Bretagne [auj. Benwell]: Not. Dign. Oc. 40, 350.

condescendĭbĭlis, *e*, qui sait condescendre: Gelas. Ep. 3, 5.

condescendō, *ĭs*, *ĕre*, -, -, intr. [avec *ad* dat.], se mettre au niveau de qqn: Ambr. Is. 7, 57; Greg.-M. Ep. 5, 40.

condescensio

condescensĭo, ōnis, f., affabilité, condescendance : Greg.-M. *Dial.* 1, 25 ; Fil. 93, 8.

condescensōrĭē, adv., avec condescendance : Rust. *Aceph.* 1176.

condescensŭs, ūs, m., condescendance : Novel.-Just. 42, praef.

condēsertŏr, ōris, m., complice d'apostasie : Tert. *Carn.* 1, 3.

condespērātus., *a*, *um*, désespéré avec : Lucif. *Non parc.* 17.

condĭăcŏnus, *i*, m., diacre avec d'autres : Aug. *Ep.* 101, 4.

Condĭānus, *i*, m., nom d'homme : CIL 6, 2004.

condĭcĭo, ōnis, f. (*condico, dĭc-*) ¶ **1** condition, situation, état, sort, qualité, manière d'être [d'une pers. ou d'une chose] : *liberorum populorum* Cic. *Planc.* 11 ; *servorum* Cic. *Off.* 1, 41 ; *humana* Cic. *Tusc.* 1, 15, la condition des peuples libres, des esclaves, la condition humaine ‖ *nascendi condicio* Cic. *Cat.* 3, 2, la situation qui nous est dévolue à notre naissance, notre destinée cf. *eadem condicione nasci* Cic. *Div.* 2, 93, naître avec la même destinée ; *pro mortali condicione vitae immortalitatem estis consecuti* Cic. *Phil.* 14, 33, en échange d'une condition de vie mortelle, vous avez obtenu l'immortalité ; *condicio externae victoriae* Cic. *Cat.* 4, 22, la condition de vainqueur dans une guerre étrangère ; *o condicionem miseram administrandae rei publicae* Cic. *Cat.* 2, 14, le triste lot que celui de tenir les rênes du gouvernement ; *est (senex) meliore condicione quam adulescens* Cic. *CM* 68, la condition du vieillard est meilleure que celle du jeune homme ; *iniqua pugnandi condicio* Caes. *G.* 6, 10, 2, conditions de combat désavantageuses ; *cum esset haec ei proposita condicio, ut aut... aut...* Cic. *Clu.* 42, cette alternative lui étant proposée de... ou de... ; *ea videtur condicio impendere legum, judiciorum, temporum, ut...* Cic. *Fam.* 5, 18, 1, nous sommes menacés d'avoir des lois, des tribunaux, des moments d'une nature telle que... ¶ **2** condition à laquelle est soumis un engagement : *mihi si haec condicio consulatus data est, ut* Cic. *Cat.* 4, 1, si les conditions de mon consulat sont que... ; *iniqua condicio pacis* Cic. *Phil.* 2, 37, mauvaises conditions de paix ; *deditionis nullam esse condicionem nisi armis traditis* Caes. *G.* 2, 32, 1, [il répondit] qu'il ne pouvait y avoir aucune paix si les armes n'étaient pas livrées ; *condiciones dedendae urbis* Liv. 25, 28, 2, les conditions (les clauses) de la reddition de la ville ; *condicionibus hunc producit* Cic. *Quinct.* 30, il l'amuse en lui faisant des propositions (*Verr.* 3, 138 ; *Agr.* 2, 68) ‖ *his condicionibus* Cic. *Verr.* 3, 70 ; *ista condicione* Cic. *de Or.* 1, 101, avec de telles conditions, à cette condition-là ; *nulla condicione* Cic. *Verr.* 1, 137, à aucune condition (*Verr.* 4, 17 ; *Fin.* 5, 55)

‖ *ea condicione ut* [subj.] à condition que : Cic. *Sest.* 38 ; 39 ; *Dom.* 145 ; Liv. 5, 32, 5 ‖ *sub condicione* Liv. 6, 40, 8, sous condition, conditionnellement ‖ *sub condicionibus iis* Liv. 21, 12, 4, sous ces conditions (Ov. *F.* 4, 320 ; Sen. *Ben.* 7, 12, 4) ‖ *sub ea condicione, ne quid postea scriberet* Cic. *Arch.* 25 [mss], sous la condition qu'il n'écrivît plus rien désormais (Plin. *Ep.* 4, 13, 11) ; *sub ea condicione, si...* Plin. *Ep.* 8, 18, 4, à la condition que ... ‖ *per condiciones* Sall. *J.* 61, 5 ; Liv. 3, 10 ; 25, 25, 1, par stipulation, selon des clauses, par une capitulation ; *in eas condiciones* Liv. 29, 12, 14, conformément à ces clauses ¶ **3** [en parl. de mariage] parti : *contentio uxoriae condicionis* Cic. *Lae.* 34, rivalité au sujet d'un mariage ; *aliam condicionem filio suo invenire* Pl. *Truc.* 849, trouver un autre parti pour son fils (Cic. *Phil.* 2, 99) ; *condicionem filiae quaerere* Liv. 3, 45, 11, chercher un parti pour sa fille ; *alicui condicionem ferre* Pl. *Trin.* 488 ; Ter. *Phorm.* 579, présenter un parti à qqn ‖ [en mauvaise part] bonne fortune, maîtresse : Cic. *Cael.* 36 ; Suet. *Aug.* 69.

condĭcĭōnābĭlis, e, *Tert. *Scorp.* 9, 3, **condĭcĭōnālis**, e, conditionnel, soumis à certaines conditions : Serv. *En.* 4, 696 ; Dig. 50, 16, 54 ‖ *condicionalis servus* [ou abst] **condicionalis**, *is*, m., esclave qui ne pouvait sortir de servitude : Cod. Th. 8, 1, 5.

condĭcĭōnālĭter, adv., conditionnellement : Gai. *Dig.* 35, 1, 17.

condīcō, *is*, *ĕre*, *dīxī*, *dictum*, tr. ¶ **1** fixer en accord, convenir de : *tempus et locum coeundi condicunt* Just. 15, 2, 16, ils conviennent du jour et du lieu d'un rendez-vous, cf. Pl. *Curc.* 5 ; Gell. 16, 4, 4 ; *quaedam etiam si non condicantur* Dig. 18, 1, 66, quand même on ne conviendrait pas de certains points ‖ convenir avec soi-même : *cum hanc operam condicerem* Plin. *Praef.* 6, comme je décidais ce travail ¶ **2** notifier : *in diem tertium* Gell. 10, 24, 9, assigner au troisième jour ‖ [en part.] *alicui ad cenam*, s'annoncer, s'inviter à dîner chez qqn : Pl. *St.* 447 ; *Men.* 124 ; *seni cenam condixit* Suet. *Tib.* 42, 2, il prévint le vieillard qu'il irait dîner chez lui ; *cum mihi condixisset* Cic. *Fam.* 1, 9, 20, m'ayant annoncé qu'il dînerait chez moi ¶ **3** [droit] réclamer en justice [une somme d'argent au moyen d'un certain type d'action, la *condictio*] : *ego tibi condicere pecuniam possim* Dig. 16, 1, 19, 5, je pourrais, moi, te réclamer la somme ‖ [avec gén.] *alicujus rei alicui* Liv. 1, 32, 11, à propos de qqch. faire une réclamation à qqn avec entente sur la date d'exécution ¶ **4** s'accorder à dire : *alicui* Tert. *Marc.* 2, 2, 4, avec qqn ; [avec prop. inf.] Tert. *Anim.* 8, 1.

condictīcĭus, *a*, *um*, relatif à la condiction : Dig. 12, 1, 24.

condictĭo, ōnis, f. (*condico*) ¶ **1** fixation d'un jour pour une affaire : P. Fest. 58, 3 ‖ pour une fête religieuse : Serv. *En.* 3, 117 ¶ **2** condition [action de la loi, puis, sous la procédure formulaire, type d'action pour le recouvrement des créances portant sur une somme certaine] : Gai. *Inst.* 4, 5 ; 18 ; 41 ; 50 ; Inst. Just. 4, 6, 15.

condictum, *i*, n. (*condictus*), convention, pacte, chose convenue : Gell. 20, 1, 54 ; *ad condictum venire* Apul. *Flor.* 16, 14, venir au rendez-vous.

condictus, *a*, *um*, part. de *condico*.

condĭdī, parf. de *condo*.

condĭgestōrĭus, *a*, *um*, digestif : Cass. Fel. 42.

condignē, adv. ¶ **1** [avec compl. à l'abl.] d'une manière tout à fait digne : *condigne te* Pl. *Cas.* 131, d'une manière digne de toi, cf. Apul. *M.* 11, 25 ¶ **2** [abst] dignement, convenablement : Pl. *Men.* 906 ; Gell. 1, 6, 4.

condignus, *a*, *um*, tout à fait digne : Pl. *Amp.* 537 ‖ [avec abl.] *aliquo, aliqua re* : Pl. *Mil.* 505 ; Gell. 3, 7, 1 ‖ [avec dat.] Apul. *M.* 10, 12 ; Cod. Th. 9, 28, 1.

condīmentārĭus, *a*, *um*, relatif aux assaisonnements : Plin. 19, 105 ‖ **condīmentārĭus**, *ii*, subst. m. [fig.] *haereticorum condimentarius* Tert. *Anim.* 23, 5, le pourvoyeur des hérétiques ‖ **condīmentārĭa**, *ōrum*, n. pl., salade : Schol. Juv. 3, 293.

condīmentum, *i*, n. (*condio*), ce qui sert à assaisonner, assaisonnement : *condimenta viridia* Col. 12, 8, 1, assaisonnements frais, avec des herbes fraîches ; *condimenta arida* Col. 15, 51, 2, épices ‖ [fig.] *cibi condimentum est fames* Cic. *Fin.* 2, 90, la faim est l'assaisonnement des mets ; *facetiae sunt condimenta sermonum* Cic. *de Or.* 2, 271, la plaisanterie est l'assaisonnement de la conversation ‖ [qqf.] ce qui rend acceptable, adoucissement : Pl. *Ru.* 402 ; Cic. *Q.* 1, 1, 21.

condĭō, *īs*, *īre*, *īvī* ou *ĭī*, *ītum* (de *condo*, cf. *conficio* ; it. *condire*), tr. ¶ **1** confire, mariner : *oleas* Cat. *Agr.* 117, confire des olives ‖ embaumer : *condiunt Aegypti mortuos* Cic. *Tusc.* 1, 108, les Égyptiens embaument les cadavres ¶ **2** assaisonner, accommoder, aromatiser : *condire fungos* Cic. *Fam.* 7, 6, 22, accommoder des champignons ¶ **3** [fig.] relever, assaisonner, rendre agréable : *orationem* Cic. *Or.* 185, relever le style ; *comitate condita gravitas* Cic. *CM* 10, gravité tempérée de bienveillance ; *hilaritate tristitiam temporum* Cic. *Att.* 12, 40, 3, adoucir par la gaîté le malheur des temps.

condiscens, tis, m. (*condisco*, part. pris subst), condisciple : Virg. Gram. *Epist.* 2, 3, 6.

condiscĭpŭla, ae, f., compagne d'études : Mart. 10, 35, 15.

condiscĭpŭlātŭs, ūs, m., état de condisciple, camaraderie d'école : *a condiscipulatu* Nep. *Att.* 5, 3, depuis l'école ; *condiscipulatu familiaris illi* Just. 12, 6,

17, lié avec lui par la camaraderie d'études.

condiscĭpŭlus, *i*, m., condisciple : Cic. *Tusc.* 1, 41 ; Nep. *Att.* 1, 3.

condiscō, *ĭs, ĕre, dĭdĭcī*, - ¶ **1** intr., apprendre avec qqn : *qui mihi Athenis condidicerunt* Apul. *Flor.* 18, 42, mes condisciples d'Athènes ¶ **2** tr., apprendre à fond (de manière à posséder pleinement) : *modos* Hor. *O.* 4, 11, 34, apprendre des mélodies ; *genera plausuum* Suet. *Ner.* 20, 3, différentes manières d'applaudir ; *merum condidicit bibere* Pl. *Curc.* 161, elle a parfaitement appris à boire le vin pur, cf. Cic. *Planc.* 13 ; Quinct. 12 ‖ [fig., en parl. des choses] Plin. 21, 24 ; Col. 3, 10, 6.

condiscumbō, *ĭs, ĕre*, -, -, intr., se mettre à table avec : Aug. *Serm.* 99, 3.

condītānĕus, *a, um* (*condio*), confit, mariné : Varr. *R.* 1, 24, 1 ; Non. 94, 8.

condītārĭus, *a, um* (*condio*), où l'on accommode des aliments : Aug. *Civ.* 22, 8, 10.

1 condītĭo, *ōnis*, f. (*condo*), action de fonder, fondation, création : *in die conditionis tuae* Vulg. *Ezech.* 28, 15, au jour de ta création ‖ chose créée, créature : Tert. *Cult.* 1, 8, 5 ; *Res.* 26, 8.

2 condītĭo, *ōnis*, f. (*condio*), préparation [pour faire des conserves] : Varr. *R.* 1, 61 ; Cic. *Div.* 1, 116 ‖ assaisonnement, préparation des aliments : Cic. *Nat.* 2, 146.

condītĭūs, adv. (*2 conditus*), avec plus d'assaisonnement : Aug. *Man.* 43.

condītīvum, *i*, n. (*condo*), tombeau : Sen. *Ep.* 60, 4.

condītīvus, *a, um*, que l'on garde, que l'on met de côté : *conditiva mala* Cat. *Agr.* 7, 3 ; Varr. *R.* 1, 59, 1, fruits qui se conservent.

1 condītŏr, *ōris*, m. (*condo*) ¶ **1** fondateur : *oppidi* Sall. *J.* 89, 4 ; *templi* Liv. 8, 10 ; *urbis* Liv. 10, 23, 12, fondateur d'une ville, d'un temple, d'une ville ‖ auteur de, créateur de : *Romanae libertatis* Liv. 8, 34, 3, fondateur de la liberté romaine ; *omnium* Sen. *Prov.* 1, 8, le créateur de toutes choses ; *legum* Pl. *Ep.* 523, législateur ; *tantis sim conditor actis* Tib. 4, 1, 4, que je chante de si grands exploits ; *Romani conditor anni* Ov. *F.* 6, 21, chantre de l'année romaine (des Fastes) ‖ organisateur : Cic. *Clu.* 71 [avec jeu de mots sur les deux *conditor*], cf. Cic. *Sen.* 15 ; Liv. 1, 42, 43, 58, 2 ; Plin. 10, 29, 1 ¶ **2** celui qui conserve **a)** dépositaire ; gardien des équipages d'une des factions du cirque : CIL 6, 10046, 6 ; 10072 **b)** *Conditor* [opp. à *Promitor*], le dieu des greniers [qui préside à la conservation des récoltes] : Serv. *G.* 1, 21 ¶ **3** [chrét.] le Créateur, Dieu : Lact. *Epit.* 21, 3.

2 condītŏr, *ōris*, m. (*condio*), celui qui apprête un mets : Porph. Hor. *S.* 2, 2, 49, cf. Cic. *Clu.* 71.

condītōrĭum, *ii*, n. (*condo*), magasin, dépôt : Amm. 18, 9, 1 ‖ cercueil, bière : Suet. *Aug.* 18, 1 ‖ sépulcre, tombeau : Plin. *Ep.* 6, 10, 5.

condītōrĭus, *a, um* (*condio*), d'assaisonnement : M.-Emp. 10, 80.

condītrix, *īcis*, f. (*conditor*), fondatrice : *paupertas, conditrix civitatum* Apul. *Apol.* 18, 6, la pauvreté, fondatrice des États ‖ organisatrice : Macr. *Somn.* 1, 11, 7.

1 condītum, *i*, n. et ordin[t] pl., *condita, ōrum* (*condo*), magasin, dépôt de vivres : Spart. *Hadr.* 11, 1.

2 condītum, *i*, n. (*condio*), vin aromatisé : Plin. 14, 108 ; Isid. 20, 3, 9.

1 condītūra, *ae*, f. (*condo*), confection, fabrication : Petr. 51, 5.

2 condītūra, *ae*, f. (*condio*), manière de confire, de mariner, de conserver des provisions : Col. 12, 11, 2 ‖ assaisonnement, accommodement : Sen. *Ir.* 3, 15, 1.

1 condītus, *a, um*, part. de *condo*.

2 condītus, *a, um*, part. de *condio* ‖ adj[t], assaisonné, relevé : *id, quod dicitur, fit motu conditius* Cic. *Brut.* 110, ce qu'on dit est relevé par le geste ‖ [en parl. des personnes] *nemo urbanitate conditior* Cic. *Brut.* 177, personne n'eut un langage plus relevé d'esprit.

3 condĭtŭs, *ūs*, m. (*condo*) ¶ **1** fondation [d'une ville] : Apul. *Apol.* 25, 8 ¶ **2** action de mettre à l'abri, de cacher : Aus. *Prof.* 15 (205), 17.

4 condītŭs, *ūs*, m. (*condio*), assaisonnement, conserve : Col. 2, 21, 4.

condō, *ĭs, ĕre, dĭdī, dĭtum* (*cum* et *3 -do* ; cf. *addo, facio*), tr.

> ¶ **1** "fonder, établir", "rédiger, composer" ¶ **2** "garder en sûreté", "enfermer qqn", "ensevelir" ¶ **3** "cacher", "achever un certain laps de temps".

¶ **1** placer ensemble, établir en un tout ; [d'où] fonder, établir : *urbem* Cic. *Cat.* 3, 2, fonder une ville ; *post Romam conditam* Cic. *Tusc.* 1, 3, après la fondation de Rome ; *jam a condita urbe* Cic. *Phil.* 3, 9, depuis la fondation de la ville ‖ *civitates* Cic. *Rep.* 1, 12, fonder des cités (des États) ; *in ea republica, quam Romulus condidit* Cic. *Rep.* 2, 51, dans la forme de gouvernement fondée par Romulus ; *condere lustrum*, v. *lustrum* ; *Romanam gentem* Virg. *En.* 1, 33, fonder la nation romaine ; *aurea saecula* Virg. *En.* 6, 791, établir l'âge d'or ‖ rédiger, composer : *nova jura* Liv. 3, 33, 6, rédiger un nouveau code ; *leges* Liv. 3, 34, 1, rédiger des lois ; *carmen* Cic. *Rep.* 4, 12 (*Tusc.* 4, 4) composer une poésie ; *Graecum poema condidit* Cic. *Att.* 1, 16, 15, il a achevé un poème grec ; *qui de moribus eorum memorias condiderunt* Gell. 11, 18, 17, ceux qui ont assemblé (rédigé) des souvenirs historiques sur leurs mœurs ; *praecepta medendi* Plin. 26, 10, rédiger des préceptes de médecine ‖ décrire, chanter : *Cae-*

saris acta Ov. *Tr.* 2, 336, écrire les actes de César ; *tristia bella* Virg. *B.* 6, 7, raconter les tristes guerres ; [abs[t]] *Homero condente* Plin. 13, 38, au temps des poèmes d'Homère ¶ **2** mettre de côté, garder en sûreté, mettre en réserve, stocker : *fructus* Cic. *Nat.* 2, 156, conserver des fruits ; *pecuniam* Cic. *Clu.* 72, tenir caché de l'argent ; *mustum in dolium* Varr. *R.* 1, 65, 1 ; *cineres in urnas* Suet. *Cal.* 15, renfermer le moût dans une jarre, les cendres dans des urnes ; *aliquid proprio horreo* Hor. *O.* 1, 1, 9, mettre qqch. dans son propre grenier ; *ex illa olea arcam esse factam eoque conditas sortes* Cic. *Div.* 2 ; 86, [on dit] que de cet olivier fut fait un coffret et qu'on y renferma les sorts ; *litteras publicas in aerario sanctiore conditas habere* Cic. *Verr.* 4, 140, tenir les registres publics enfermés dans la partie la plus secrète des archives ; *id domi nostrae conditum putabamus* Cic. *Verr.* 2, 5, nous considérions que ces productions étaient placées chez nous (*Mur.* 49) ‖ *nec ex novis fructibus est unde tibi reddam quod accepi nec ex conditis* Cic. *Brut.* 16, je n'ai pas de quoi te rendre ce que j'ai reçu ni en prenant sur la récolte nouvelle ni en prenant sur celle qui est en réserve ‖ remettre au fourreau : *condere gladium* Sen. *Ir.* 1, 18, 4, rengainer son glaive (*Ben.* 5, 16, 5 ; Curt. 10, 9, 5 ; Tac. *H.* 4, 56) ‖ enfermer qqn : *in carcerem* Cic. *Verr.* 5, 76 ; Liv. 26, 16, 6, en prison ; *aliquem vivum in arcam* Liv. 27, 37, 6, enfermer qqn vivant dans un coffre ; *in vincula* Liv. 23, 38, 7, jeter qqn dans les fers ‖ [fig., poét.] *in altitudinem conditus (Domitianus)* Tac. *H.* 4, 86, (Domitien) profondément enfoui au fond de lui-même (avec une dissimulation profonde) ‖ ensevelir : *in sepulcro conditus* Cic. *Leg.* 2, 51, enfermé dans un tombeau ; *sepulcro animam condere* Virg. *En.* 3, 68, enfermer l'âme dans le tombeau (*ossa terra* Virg. *En.* 5, 48, les ossements dans la terre) ; *siti dicuntur ii qui conditi sunt* Cic. *Leg.* 2, 57, "déposés" ne peut se dire que de ceux qui sont ensevelis ; *Persae cera circumlitos (mortuos) condunt* Cic. *Tusc.* 1, 108, les Perses ensevelissent les morts après les avoir enduits de cire ‖ [fig.] renfermer : *omne bonum in visceribus* Cic. *Tusc.* 5, 27, renfermer le souverain bien dans les entrailles, cf. *Cat.* 3, 26 ; *Div.* 1, 128 ; *meo in pectore conditumst consilium* Pl. *Ps.* 575, le conseil est enfermé dans mon cœur ; *(signa) conditamente teneto* Virg. *En.* 3, 388, (ces signes) tiens-les enfermés dans ton esprit ‖ [poét.] *condita praecordia* Hor. *S.* 1, 4, 89, cœurs fermés (qui ne s'ouvrent pas, qui ne laissent pas voir leurs sentiments) ¶ **3** éloigner des regards, cacher : *turmas medio in saltu* Liv. 27, 26, 8, cacher des escadrons au milieu des bois ; *caput inter nubila* Virg. *En.* 4, 177, cacher sa tête au milieu des nues ; *se condere silvis* Virg. *B.* 8, 97, se cacher dans les forêts ; *in tenebras se*

condo

condere Sen. *Marc.* 22, 6, s'ensevelir dans les ténèbres ‖ *sol se condit in undas* Virg. *G.* 1, 438, le soleil se cache dans les ondes ; *(sol) cum referet diem condetque relatum* Virg. *G.* 1, 458, quand le soleil ramènera la lumière, puis, une fois ramenée, la cachera ; *nubes condidit lunam* Hor. *O.* 2, 16, 3, un nuage a caché la lune ; *in mare conditur Ufens* Virg. *En.* 7, 802, l'Ufens se perd dans la mer ‖ enfoncer une épée : *alicui in pectore ensem* Virg. *En.* 9, 348, enfoncer son épée dans la poitrine de qqn (*in pectus* Ov. *M.* 13, 392 ; *pectore* Ov. *M.* 13, 459) ‖ achever un certain laps de temps : *longos cantando condere soles* Virg. *B.* 9, 52, passer de longs jours à chanter ; *condit quisque diem collibus in suis* Hor. *O.* 4, 5, 28, chacun achève le jour sur ses coteaux ; *longissimus dies cito conditur* Plin. *Ep.* 9, 36, 4, la journée la plus longue est vite écoulée ‖ [fig.] *iram condere* Tac. *An.* 2, 28, cacher sa colère ; *condito odio* Tac. *H.* 2, 30, tenant leur haine cachée ; *detegant nequiquam conditas insidias* Liv. 10, 4, 10, qu'ils découvrent leur embuscade dissimulée en vain ‖ [poét.] cacher un lieu à la vue = le perdre de vue, le laisser derrière soi : Val.-Flac. 2, 443 ; 4, 636 ; 5, 106.

condŏcĕfăcĭō, *ĭs*, *ĕre*, *fēcī*, *factum* (*condoceo*, *facio*), tr., dresser, façonner : *tirones gladiatores* B.-Afr. 71, 1, former de jeunes gladiateurs ; *elephantos* B.-Afr. 27, 1, dresser des éléphants, cf. Cic. *Nat.* 2, 161 ‖ [fig.] *animum, ut...* Cic. *Tusc.* 5, 87, façonner son âme à...

condŏcĕfactus, *a*, *um*, part. de *condocefacio*.

condŏcĕō, *ēs*, *ēre*, -, *doctum*, tr., dresser, former : Pl. *Poen.* 480.

Condŏchātēs, *ae*, m., fleuve de l'Inde : Plin. 6, 65.

condoctŏr, *ōris*, m., celui qui enseigne avec : Aug. *Conf.* 1, 9, 15.

condoctus, *a*, *um*, part. de *condoceo* ‖ adj^t, dressé, instruit, façonné : *condoctior sum quam comici* Pl. *Poen.* 581, je sais mon rôle mieux que les comédiens.

condŏlĕō, *ēs*, *ēre*, -, -, intr., souffrir ensemble : Tert. *Paen.* 10, 5 ‖ souffrir vivement : Cic. *Att.* 15, 4, 1 ‖ compatir à [dat.] : Cypr. *Ep.* 17, 1.

condŏlescō, *ĭs*, *ĕre*, *dŏlŭī*, -, intr. ¶ 1 prendre mal, éprouver un malaise, une souffrance : *si dens condoluit* Cic. *Tusc.* 2, 52, s'il nous a pris une rage de dents ; *de vento mihi caput condoluit* Pl. *Truc.* 632, le vent m'a donné mal à la tête ; *latus ei dicenti condoluit* Cic. *de Or.* 3, 6, il fut saisi en parlant d'une douleur de côté ; *(is) cujus latus alieno labore condoluit* Sen. *Ir.* 2, 25, 1, celui à qui le travail d'autrui a fait éprouver une douleur de côté (a donné un point de côté) ‖ [moralement] Cic. *Ac.* 1, 38 ¶ 2 souffrir avec [dat.] : *animus corpori condolescit* Tert. *Anim.* 5, 5, l'âme souffre avec le corps.

condŏma, *ae*, f. (*cum*, *domus*, cf. συνοικία), maison avec ses dépendances : Anton. Plac. *A.* 8 ; 40 ; V. *conduma*.

condŏmĭnŏr, *āris*, *ārī*, -, intr., être le maître avec [dat.] : Mercat. *Theod. ref.* 12.

condŏmō, *ās*, *āre*, -, -, tr., dompter entièrement : Prud. *Cath.* 7, 98.

condōnātĭō, *ōnis*, f. (*condono*), donation : Cic. *Verr.* 1, 12.

condōnātus, *a*, *um*, part. de *condono*.

condōnō, *ās*, *āre*, *āvī*, *ātum*, tr. ¶ 1 donner sans réserve, faire donation, faire cadeau : *hanc pateram tibi condono* Pl. *Amp.* 536, je te fais présent de cette coupe ; *ego illam non condonavi* Pl. *Men.* 657, je ne t'en ai pas fait cadeau, cf. Cic. *Verr.* 3, 85 ; *Agr.* 2, 15 ; *Phil.* 2, 67 ‖ [en part.] abandonner, livrer (à la merci) ; adjuger : *vitam alicujus crudelitati alicujus* Cic. *Clu.* 195, sacrifier la vie de qqn à la cruauté de qqn ; *hereditatem alicui* Cic. *Verr.* 1, 105, adjuger à qqn un héritage ¶ 2 immoler, sacrifier [par renonciation] ; faire l'abandon de : *condonare se reipublicae* Sall. *J.* 79, 9, se sacrifier à l'État ; *suum dolorem alicujus precibus* Caes. *G.* 1, 20, 5, faire l'abandon de son ressentiment aux prières de qqn ¶ 3 faire remise à qqn de qqch. **a)** *pecunias debitoribus* Cic. *Off.* 2, 78, remettre des créances à ses débiteurs **b)** *crimen alicui* Cic. *Mil.* 6, faire remise à un accusé de ce dont on l'accuse ; *scelus alicui* Sall. *J.* 27, 2, faire remise à qqn de son crime, le lui pardonner **c)** *alicui aliquid* = remettre qqch. en considération de qqn : Caes. *G.* 1, 20, 6 ; *supplicium alicujus alicui* Vatin. *Fam.* 5, 10, 2, faire grâce du supplice à qqn pour l'amour de qqn **d)** *alicui aliquem* Cic. *Fam.* 13, 75, 2, faire grâce à qqn en faveur de qqn, cf. Planc. 75 ; *Clu.* 109 ¶ 4 [arch., avec deux acc.] *aliquem aliquam rem*, gratifier qqn par rapport à qqch., de qqch. : *alia multa quae nunc condonabitur* Ter. *Eun.* 17, bien d'autres choses dont il sera gratifié pour le moment = dont on lui fera grâce ; *si quam (rem) debes, te condono ; tibi habe, numquam abs te petam* Pl. *Bac.* 1143, si tu me dois qqch., je t'en fais cadeau ; garde-le, jamais je ne te le réclamerai, cf. Ru. 1354 ; *Pers.* 813 ; Ter. *Phorm.* 947 ; Afran. *Com.* 173.

condormĭō, *īs*, *īre*, -, -, intr., dormir profondément : Curt. 6, 10, 14 ; Suet. *Aug.* 78, 2.

condormiscō, *ĭs*, *ĕre*, *īvī*, -, intr., s'endormir : Pl. *Curc.* 360 ; *Most.* 486.

condormītō, *ās*, *āre*, -, -, intr., sommeiller : Cassian. *Coll.* 2, 22, 2.

Condrūsi, *ōrum*, m. pl., Condruses [peuple de la Belgique, Condroz] : Caes. *G.* 2, 4, 10.

Condrustis pagus, ville ou pays des Condruses : CIL 7, 1073.

condūcentĕr, adv. (*conduco*), utilement : Gell. 16, 12, 5.

condūcĭbĭlis, *e* (*conduco*) ¶ 1 qui rassemble : Cael.-Aur. *Chron.* 2, 13, 164 ¶ 2 utile : Pl. *Ep.* 260 ; *Trin.* 36 ‖ *conducibilius* Her. 2, 21.

condūcĭbĭlĭtĕr, adv., d'une manière profitable : Aug. *Lib.* 3, 8, 23.

condūcō, *ĭs*, *ĕre*, *dūxī*, *ductum* (fr. *conduire*).

> **I** tr. ¶ 1 "conduire ensemble, rassembler" ¶ 2 "prendre à bail, tenir en location", "louer ses services", "engager, louer les services de", *conductus* "à gages".
> **II** intr. "être avantageux".

I tr. ¶ 1 conduire ensemble (en masse, en bloc), rassembler : *omnes clientes obaeratosque suos eodem conduxit* Caes. *G.* 1, 4, 2, il rassembla au même endroit tous ses clients et débiteurs insolvables ; *nuntiaverunt exercitum in unum locum conduci* Caes. *G.* 2, 2, 4, ils annoncèrent qu'on concentrait l'armée sur un même point ; *vineas* Cic. *Phil.* 8, 17, faire avancer les baraques de siège ; *Peneus nubila conducit* Ov. *M.* 1, 572, le Pénée forme des nuages (amoncelle des nuages) ‖ réunir en rapprochant : *partes in unum* Lucr. 1, 397, rassembler ses éléments en un même point (les concentrer) ; *cortice ramos* Ov. *M.* 4, 375, réunir deux rameaux sous la même écorce ; *vulnera cera* Val.-Flac. 1, 479, fermer les blessures (d'un navire) avec de la cire ; [fig.] *propositionem et assumptionem in unum* Cic. *Inv.* 1, 73, réunir la majeure et la mineure d'un syllogisme ‖ resserrer, contracter : *ignis coria conducit in unum* Lucr. 6, 967, le feu contracte le cuir ; *interiores nervi conducunt membra* Plin. 11, 218, les nerfs intérieurs resserrent les membres ; *conduci* Col. 7, 8, 1, se coaguler [lait] ¶ 2 [contrat de *conductio-locatio* : *conducere* s'oppose à *locare*, comme s'opposent vendre et acheter ; en face du *conductor*, il y a toujours un *locator*] **a)** *rem conducere*, louer une chose [dans la situation du locataire ou du fermier] : *in conducto habitare* Dig. 9, 3, 1, 9, habiter en location [le *conductor* prend à bail, paye le loyer (*merces*) = locataire ; le *locator* donne à bail = bailleur] ; *domum* Cic. *Cael.* 18, louer une maison ; *conductum de Caesennia fundum habere* Cic. *Caecin.* 94, tenir de Césennia une terre en location ; *conduxi domum a te* Sen. *Ben.* 7, 5, 2, je t'ai loué une maison ‖ *conductis nummis* Hor. *S.* 1, 2, 9, avec des écus pris à bail (empruntés) ; *conducta pecunia* Juv. 11, 46, argent emprunté ‖ *conducta habere mancipia ad custodienda vestimenta* Dig. 3, 2, 4, 2, prendre en location (louer) des esclaves pour un vestiaire **b)** prendre à ferme : *domum faciendam conducere* Dig. 13, 7, 11, 5, louer ses services pour construire une maison [le *conductor* loue ses services, contre salaire, pour accomplir un travail envers le *locator*] ; *vinum de Campania transportandum conducere* Dig. 19,

2, 11, 3, qui avait loué ses services pour transporter du vin de Campanie ; *mulierem vehendam nave conducere* Dig. 19, 2, 19, 7, pour transporter une femme en bateau ; *servum docendum conducere* Dig. 19, 2, 13, 3, prendre en apprentissage un esclave ; *qui columnam illam de Cotta conduxerat faciendam* Cic. Div. 2, 47, celui qui s'était engagé envers Cotta à édifier cette colonne ; *conducere praebenda quae ad exercitum opus sunt* Liv. 23, 48, 11, prendre en adjudication la fourniture des choses nécessaires à l'armée ; *Asiam de censoribus* Cic. Att. 1, 17, 9, prendre à ferme, des censeurs, les revenus d'Asie **c)** *pictorem magno pretio* Cic. Inv. 2, 1, engager les services d'un peintre à grand prix [louage de services : *conductio operarum* – ou contrat de travail – : le *locator* est celui qui offre ses services ; le *conductor* loue les services du travailleur, donne à ferme] ; *homines* Caes. G. 2, 1, 4, prendre des hommes à solde, les soudoyer ; *qui conducebantur, ut aliquem occiderent* Cic. Amer. 93, ceux qui étaient embauchés pour tuer qqn ; *coctum ego huc, non vapulatum conductus fui* Pl. Aul. 457, j'ai été embauché pour la cuisine, non pour recevoir des coups ‖ **conducti**, *ōrum*, m. pl., gens à gages (Hor. P. 431), mercenaires (Nep. Dat. 8, 2) ; [poét.] *bella conducta* Sil. 5, 196, guerres de mercenaires.

II intr., contribuer utilement à qqch., être utile, être avantageux : *ea maxime conducunt quae sunt rectissima* Cic. Fam. 5, 19, 2, le plus utile, c'est le plus juste ; *conducere arbitror talibus aures tuas vocibus circumsonare* Cic. Off. 3, 5, il est avantageux, je pense, que ces propos retentissent sans cesse à tes oreilles ; *nemini injuste facta conducunt* Cic. Fin. 1, 52, les actes injustes ne sont avantageux pour personne ; *hoc maxime rei publicae conducit, Syriam Macedoniamque decerni* Cic. Prov. 1, c'est au plus haut point l'intérêt de l'État que l'on décrète l'attribution des provinces de Syrie et de Macédoine ; *ad rem conducere* Cic. Off. 1, 9 ; *in rem* Pl. Cis. 634 ; Tac. An. 2, 38, être utile pour qqch.

▶ inf. pass. *conducier* Pl. Merc. 663.

conductēla, *ae*, f. (*conductio*), location, bail, ◐ *conductio* ¶3 : Cod. Th. 4, 12, 1.

conductīcĭus, *a*, *um* (*conduco*), loué, pris à gages : *fidicina conducticia* Pl. Ep. 313, joueuse de flûte prise à gages ; *conducticius exercitus* Nep. Iph. 2, armée de mercenaires.

conductĭō, *ōnis*, f. (*conduco*) ¶1 [rhét.] réunion d'arguments, récapitulation : Cic. Inv. 1, 74 ¶2 [méd.] contraction, convulsion : *nervorum* [σπασμός] Cael.-Aur. Acut. 3, 18, 177, spasme ¶3 location, fermage, bail : Cic. Caecin. 94 ; ◐ *conduco* ¶2bc.

conductŏr, *ōris*, m. (*conduco*) ¶1 locataire, fermier : Pl. Trin. 856 ; *conductores agrorum idonei* Plin. Ep. 7, 30, 3, fermiers qui font l'affaire ; *conductores (histrionum)* Pl. As. 3, ceux qui engagent les histrions = les édiles ¶2 entrepreneur : *conductor operis* Cic. Q. 3, 1, 5, adjudicataire d'un travail.

conductrix, *īcis*, f. (*conductor*), celle qui loue, qui prend à ferme : Cod. Just. 4, 65, 24.

conductum, *i*, n. (1 *conductus*), location, maison louée : Cic. Clu. 175 ; Sen. Ben. 7, 5, 3.

1 conductus, *a*, *um* (fr. *conduit*), part. de *conduco*.

2 conductŭs, *ūs*, m., contraction du corps : Cael.-Aur. Acut. 2, 9, 43 ; 2, 15, 95.

condulcō, *ās*, *āre*, -, - (*cum*, *dulcis*), adoucir, soulager : Vulg. Eccli. 27, 26.

condŭlus, *i*, m. (*condalium*, κόνδυλος), anneau : P. Fest. 34, 16.

condŭma, ◐ *condoma* : Greg.-M. Ep. 9, 71 ; 13, 18.

condŭplĭcātĭō, *ōnis*, f. (*conduplico*) ¶1 doublement, [plaist] = embrassade : Pl. Poen. 1297 ¶2 [rhét.] répétition d'un mot : Her. 4, 38.

condŭplĭcō, *ās*, *āre*, *āvī*, -, tr., doubler : Ter. Phorm. 516 ; Lucr. 1, 712 ‖ *conduplicantur tenebrae* Pacuv. d. Cic. de Or. 3, 157, les ténèbres redoublent ‖ [plaist] *corpora* Pl. Ps. 1261, s'embrasser.

condurdum, *i*, n. (?), saponaire [plante] : Plin. 26, 26.

condūrō, *ās*, *āre*, -, -, tr., rendre très dur : Lucr. 6, 968.

condus, *i*, m. (*condo*), qui garde les provisions, magasinier : Pl. Ps. 608.

condy, indécl., coupe : Gloss. 5, 182, 39.

condy̆lĭzō, *ās*, *āre*, -, - (*condylus*), = *in condylos plico* Gloss. 5, 617, 9, replier comme des articulations.

condy̆lōma, *ătis*, n. (κονδύλωμα), condylome, tumeur dure : Cels. 6, 18, 8 ; Plin. 21, 142.

Condy̆lōn, *i*, n., forteresse de Thessalie : Liv. 44, 6.

condy̆lus, *i*, m. (κόνδυλος) ¶1 jointure, articulation des doigts de la main : Capel. 1, 88 ¶2 nœud de roseau, [d'où] flûte : Mart. 5, 78, 30.

Cōnē (Chōnē), *ēs*, f., île à l'embouchure du Danube : Luc. 3, 200.

cōnĕa, *ae*, f., ◐ *ciconia* [dans le dialecte de Préneste] : Pl. Truc. 691.

cōnectō (connectō), *ĭs*, *ĕre*, *nexŭī*, *nexum* (*cum*, *necto*), tr. ¶1 attacher, (lier) ensemble [pr. et fig.] : *palliolum conexum in umero laevo* Pl. Mil. 1180, un petit manteau attaché sur l'épaule gauche ; *conexi crines* Prop. 2, 5, 23, cheveux attachés ensemble ; *naves validis utrimque trabibus conexae* Tac. H. 2, 34, bateaux reliés entre eux des deux côtés par de solides poutres ; *verba, quae quasi articuli conectunt membra orationis* Cic. de Or. 2, 359, des mots qui, comme des espèces d'articulations, lient entre eux les membres du discours ; *dissipata conectere* Cic. Or. 235, ajuster ensemble des fragments épars ; *videre tam omnia inter se conexa et apta* Cic. Nat. 2, 97, voir toutes les choses si bien liées et ajustées entre elles ; *amicitia cum voluptate conectitur* Cic. Fin. 1, 67, l'amitié est unie au plaisir ; *conexum sit principium consequenti orationi* Cic. de Or. 2, 325, que l'exorde soit lié à la suite du discours ; *persequere conexos his funeribus dies* *Cic. Pis. 11, passe en revue les jours qui ont suivi ces funérailles ; *conectebantur, ut conscii ejus, Cn. Domitius, Vibius Marsus...* Tac. An. 6, 47, on adjoignait, comme ses complices, Cn. Domitius, Vibius Marsus ; *discrimini patris filiam conectebat* Tac. An. 16, 30, il associait la fille au danger de son père ‖ *conectere verba* Hor. Ep. 2, 2, 86, lier des mots entre eux, faire des vers ; *sermonem* Quint. 10, 3, 20, faire un discours qui se tient ‖ [ce qui est en connexion logique] *si quid ita conexum est* Cic. Ac. 2, 143, si des propositions sont liées logiquement de la manière suivante ; *quod ipsum ex se conexum est* Cic. Ac. 2, 98, ce qui est lié de soi-même logiquement [l'antécédent et le conséquent étant identiques ; ex., s'il fait jour, il fait jour] ¶2 former par liaison : *illud ex pluribus continuatis (verbis) conectitur* Cic. de Or. 3, 166, cette autre figure (l'allégorie) découle d'une suite de mots qui se tiennent (Div. 2, 111) ; Gell. 1, 25, 16) ; *conectere amicitias* Plin. Ep. 4, 15, 2, former des amitiés solides ; *alvus sine vinculo ferri conexa* Tac. H. 3, 47, coque de bateau faite d'un assemblage sans attache de fer.

cōnesto, ▣ ▶ *cohonesto* : Acc. Tr. 445.

cōnexē, adv., d'une manière suivie, avec liaison : Capel. 4, 387.

cōnexĭō, *ōnis*, f. (*conecto*), liaison, enchaînement : Cic. Fat. 2 ; Quint. 5, 14, 6.

cōnexīvus, *a*, *um* (*conecto*), qui lie, de liaison : Gell. 10, 29, 1 ; Don. Phorm. 171.

cōnexum, *iī*, n. (*conecto*), enchaînement (connexion) logique : Cic. Ac. 2, 96 ; Fat. 14 ; 15 ; Gell. 16, 8, 9.

1 cōnexus, *a*, *um*, part. de *conecto*, [pris adj.t] ‖ qui forme une continuité : Sen. Const. 1, 2 ; Tac. G. 16 ; Quint. 9, 4, 7 ; *conexum odium* Tac. H. 1, 65, une haine permanente.

2 cōnexŭs, *ūs*, m. (*conecto*), liaison : Lucr. 3, 557 ; Vitr. 10, 1, 5.

confābrĭcŏr, *ārĭs*, *ārī*, *ātus sum*, tr., forger de toutes pièces [fig.] : Gell. 3, 19, 3.

confābŭlātĭō, *ōnis*, f. (*confabulor*), entretien, conversation : Symm. Ep. 9, 89 (84), 2.

confābŭlātŏr, *ōris*, m. (*confabulor*), interlocuteur : Hier. Gal. 2, 4, 8 ; Ambr. Ep. 45, 16.

confābŭlātus, abl. *ū*, m., Sidon. Ep. 9, 11, 9, ◐ *confabulatio*.

confābŭlŏr, *ārĭs, ārī, ātus sum* ¶1 intr., converser, s'entretenir : Pl. *Merc.* 188 ; 571 ; Ter. *Hec.* 182 ¶2 tr., *rem magnam confabulari tecum volo* Pl. *Cis.* 743, je veux t'entretenir d'une question importante.

confaecātus, *a, um* (*cum, faex*), mêlé de lie ; [fig.] *confaecatior* Chalc. 237, moins limpide.

confămŭlans, *tis* (*cum, famulor*), qui est esclave avec un autre : Macr. *Sat.* 1, 17, 69.

confămŭlus, *i*, m. (*cum, famulus*), compagnon d'esclavage : Ennod. *Ep.* 8, 19.

confānenses, *ĭum*, m. (*fanum*), ceux qui ont le même temple : CIL 13, 6378.

confarrĕātĭo, *ōnis*, f. (*confarreo*), confarréation [une des formes d'acquisition de la *manus* (puissance du mari) sur l'épouse] : Plin. 18, 10 ; Gai. *Inst.* 1, 112.

confarrĕātus, *a, um*, part. de *confarreo*.

confarrĕō, *ās, āre, -, ātum* (*cum, far*), tr. ¶1 marier avec confarréation : Serv. *En.* 4, 374 ; *confarreati parentes* Tac. *An.* 4, 16, parents mariés avec confarréation ¶2 célébrer un mariage avec confarréation : Apul. *M.* 10, 29.

confātālis, *e*, soumis à la même fatalité : Cic. *Fat.* 30.

confātĭo, *ōnis*, f. (*cum, fari*), action de s'entretenir, de parler ensemble : Cassiod. *Psalm.* 74, 1.

confectĭo, *ōnis*, f. (*conficio*) ¶1 action de faire entièrement, confection ; achèvement, terminaison : *confectio libri* Cic. *CM* 2, composition d'un ouvrage ; *annalium* Cic. *de Or.* 2, 52, rédaction d'annales ; *memoriae* Cic. *Part.* 26, la formation de la mémoire, l'art de former la mémoire ; *medicamenti* *Cels. 4, 21, 2, préparation du médicament ; *hujus belli* Cic. *Phil.* 14, 1, achèvement de cette guerre ǁ chose préparée, préparation [méd.] : Pall. 11, 17, 2 ¶2 action d'effectuer, de réaliser : *confectio tributi* Cic. *Flac.* 20, recouvrement de l'impôt ¶3 action de réduire : *confectio escarum* Cic. *Nat.* 2, 134, la réduction des aliments (dans la mastication) ǁ [fig.] *confectio valetudinis* Cic. *Frg. F.* 5, 82, affaiblissement de la santé.

confectŏr, *ōris*, m. (*conficio*) ¶1 celui qui fait jusqu'au bout, qui achève : *confector coriorum* Firm. *Math.* 3, 9, 7, corroyeur ; *negotiorum* Cic. *Verr.* 2, 108, homme d'affaires, fondé de pouvoir ; *belli* Cic. *Fam.* 10, 20, 3, celui qui met fin à la guerre ¶2 destructeur : *confectores cardinum* Lucil. 773, enfonceurs de portes ; *confector omnium ignis* Cic. *Nat.* 2, 41, le feu qui détruit tout ; *confectores ferarum* Suet. *Aug.* 43, 2, bestiaires.

confectōrārĭus, ➡ *confecturarius* : CIL 6, 9278.

confectōrĭum, *ii*, n., abattoir : Gloss. 2, 477, 48.

confectrix, *īcis*, f., fabricante [fig.] : Aug. *Jul. op. imp.* 5, 11 ǁ destructrice : Lact. *Inst.* 7, 11, 5.

confectŭārĭus, f. l. pour *confecturarius*.

confectūra, *ae*, f. (*conficio*), confection, préparation : Col. 9, 14, 5 ; Plin. 1, 31, 39 ; 13, 75.

confectūrārĭus, *ii*, m. (*confectura*), abatteur de porcs, charcutier : CIL 6, 1690.

1 **confectus**, *a, um*, part. de *conficio*.

2 **confectŭs**, *ūs*, m., confection : Aug. *Psalm.* 147, 24.

conferbŭī, parf. de *confervesco*.

confercĭo, *īs, īre, fersī, fertum* (*cum, farcio*), tr., entasser en bourrant, accumuler, serrer : Lucr. 6, 158 ; *confercire in folles* Plin. 12, 68, ensacher ; *apes conferciunt se* Varr. *R.* 3, 16, 35, les abeilles se forment en peloton ǁ ➡ *confertus*.

confĕrendus, *a, um*, [adj*ᵗ*], comparable : Cic. *Off.* 1, 78.

confĕrentĭa, *ae*, f., ➡ *collatio* : Gloss. 4, 321, 51.

confermentō, *ās, āre, -, -*, tr., [pass.] fermenter ensemble : *Tert. *Val.* 31, 1.

confĕrō, *fers, ferre, tŭlī, collātum* (*conlātum*), tr.

¶1 "apporter ensemble, réunir" ¶2 "apporter comme contribution", "payer" ¶3 "rapprocher", *arma, signa conferre* ¶4 "échanger des propos" ¶5 "rapprocher, mettre en parallèle" ¶6 "transporter", *se conferre* a) "se réfugier" b) "se consacrer à" ¶7 "reporter à une date déterminée" ¶8 "porter dans un ouvrage" ¶9 "conférer" a) *honores* b) "soumettre au jugement de" ¶10 "employer, appliquer à" ¶11 "imputer à" ¶12 "placer sur qqn des bienfaits".

¶1 apporter ensemble, apporter de tous côtés, amasser, réunir : *urbis ornamenta domum suam* Cic. *Verr.* 4, 121, amasser chez soi les ornements de la ville ; *frumentum conferri, comportari dicere* Caes. *C.* 1, 16, 4, ils disaient qu'on réunissait le blé, qu'on en faisait le transport ; *arma conferre* Caes. *G.* 1, 27, 4, apporter en un même point (livrer) les armes ; *jubet sarcinas conferri* Caes. *G.* 7, 18, 4 (*in unum locum conferri* G. 1, 24, 3) il ordonne de réunir (en un seul endroit) les bagages ; *collatis militaribus signis* Caes. *G.* 7, 2, 2, les étendards étant réunis ǁ *in unum conferre vires suas* Liv. 3, 8, 11, rallier ses troupes, les concentrer (29, 39, 3 ; 32, 30, 2) ǁ *in pauca conferre* Cic. *Caecin.* 17 ; *Off.* 3, 118, résumer en peu de mots ¶2 apporter comme contribution : *in commune aliquid* Cic. *Quinct.* 12, verser une somme à la communauté [= à l'actif de l'association] ; *ad honores alicujus pecunias* Cic. *Verr.* 2, 152 ; *in statuas* Cic. *Verr.* 2, 145, contribuer de son argent à rendre des honneurs à qqn, à lui élever des statues ; *tributum conferre in rem* Liv. 40, 60, 5, payer une taxe (un impôt) comme contribution pour qqch. (Cic. *Off.* 2, 74) ; *auctor conferendi* Liv. 29, 16, 2, qui prend l'initiative de proposer une contribution volontaire ǁ [fig.] *pater Tiberi plurimum ad victoriam contulit* Suet. *Tib.* 4, 1, le père de Tibère contribua beaucoup à la victoire ; *aliquid iram ad magnitudinem animi conferre* Sen. *Ir.* 1, 20, 1, [croire] que la colère contribue à la grandeur d'âme ǁ d'où *conferre* = être utile [συμφέρει] : *multum veteres etiam Latini conferunt* Quint. 1, 8, 8, même les anciens écrivains latins sont d'un grand profit (2, 5, 16 ; 4, 2, 123) ¶3 rapprocher, placer tout près : *capita* Cic. *Verr.* 3, 31 ; Liv. 2, 45, 7, rapprocher les têtes pour conférer, s'entretenir à l'écart, tenir une conférence ǁ [idée d'hostilité] *castra castris conlata* Cic. *Div.* 2, 114, camp rapproché du camp ennemi (deux armées en présence) ; *castris Scipionis castra conlata habere* Caes. *C.* 3, 79, 3, camper à proximité de Scipion (le serrer de près), cf. Hirt. *G.* 8, 9, 2 ; Liv. 8, 23, 9 ; *exercitus cum quo castra conlata habuerit* Liv. 27, 47, 6, l'armée à côté de laquelle il avait campé (26, 12, 14) ǁ surtout *arma, manum, gradum, pedem, signa conferre*, en venir aux mains, engager le combat : *arma cum hominibus necessariis* Caes. *C.* 1, 74, 2, se battre contre des amis ; *manum cum hoste* Liv. 9, 5, 10 (Cic. *Font.* 12 ; *Dom.* 53) en venir aux mains avec l'ennemi ; *gradum cum aliquo* Liv. 7, 33, 11, se rencontrer avec qqn, l'avoir pour adversaire ; *conlato gradu* Tac. *H.* 2, 42, dans un corps à corps ; *pedem conferre* Cic. *Planc.* 48, se mesurer de pied à pied avec qqn ; *collatum pedem non ferre* Liv. 6, 13, 2, ne pas soutenir la lutte corps à corps ; *pes cum pede collatus* Liv. 28, 2, 6, se battant pied contre pied ; *signa conferre* Cic. *Mur.* 20, faire s'affronter les enseignes, en venir aux prises ; *signis collatis* Cic. *Pomp.* 66, en bataille rangée (Liv. 29, 18, 10) ; *signa conferre cum Alexandrinis* Cic. *Pis.* 49 (Liv. 1, 33, 4) livrer bataille aux Alexandrins ; *vires conferre* Liv. 21, 50, 1, en venir aux prises ; 4, 27, 5 ; 42, 47, 8 ; *se viro vir contulit* Virg. *En.* 10, 734, il l'affronta dans un combat d'homme à homme ; [abs*ᵗ*] *mecum confer* Ov. *M.* 10, 603, mesure-toi avec moi ¶4 mettre en commun des propos, échanger des propos : *conferunt sermones inter sese* Pl. *Curc.* 290, ils échangent des propos entre eux ; *sermonem cum aliquo* Cic. *Inv.* 2, 14 ; *Off.* 1, 136 (*sermones* Cic. *Off.* 2, 39 ; *Phil.* 2, 38, s'entretenir avec qqn) ; *inter nos conferre sollicitudines nostras* Cic. *Fam.* 6, 21, 2, nous communiquer nos inquiétudes ; *coram conferre quae volumus licebit* Cic. *Att.* 2, 25, 2, nous pourrons échanger de vive voix les idées que nous voulons ; *id coram inter nos conferemus* Cic. *Att.* 1, 20, 1, nous en parlerons ensemble; *inter se conferre injurias* Tac. Agr. 15, se faire part des injustices subies; *nisi contulerimus inter nos quid sit ipsum bonum* Cic. Fin. 2, 4, sans avoir examiné en commun ce que nous entendons par le bien lui-même (4, 74; Div. 2, 28) ¶ **5** mettre ensemble pour comparer, rapprocher, mettre en parallèle: *conferte Verrem, non ut hominem cum homine comparetis* Cic. Verr. 4, 121, mettez Verrès à côté, non pour faire une comparaison des deux personnages; *vitam inter se utriusque conferte* Cic. Com. 20, mettez la vie de l'un et de l'autre en parallèle; *pacem cum bello* Cic. Verr. 4, 121, rapprocher l'état de paix de l'état de guerre; *cum Lycurgo et Solone nostras leges (= cum legibus Lycurgi...)* Cic. de Or. 1, 197, comparer nos lois à celles de Lycurgue et de Solon; *aliquem cum aliquo aliqua re* Cic. Brut. 272, comparer qqn à qqn sous le rapport de qqch. ‖ [avec dat.] *parva magnis* Cic. Brut. 213, comparer de petites choses aux grandes (Or. 14; Rep. 3, 34); *ne minima quidem ex parte Lycurgi legibus et disciplinae conferendi sunt (Pausanias et Lysander) (= eorum res gestae)* Cic. Off. 1, 76, leurs exploits ne peuvent en aucune façon être mis en parallèle avec les lois et la discipline établies par Lycurgue ‖ *bos ad bovem collatus* Varr. L. 9, 28, un bœuf comparé à un bœuf (10, 37; 10, 45) ‖ collationner: Cic. Verr. 2, 190 ¶ **6** porter en un point, transporter: *suas rationes et copias in illam provinciam contulerunt* Cic. Pomp. 17, ils (les publicains) ont porté dans cette province leurs spéculations et leurs fonds; *nihil umquam domum suam contulit* Nep. Ag. 7, 3, il ne transporta jamais rien (aucun cadeau) chez lui; *iter Brundisium versus contuli* Cic. Att. 3, 4, j'ai dirigé ma route sur Brindes ‖ *se conferre* **a)** se transporter, se réfugier: *se suaque omnia in oppidum contulerunt* Caes. G. 2, 13, 2, ils se transportèrent, eux et tous leurs biens, dans la ville; *cum se Rhodum contulisset* Cic. de Or. 3, 213, s'étant réfugié à Rhodes; *se ad inimicos tuos contulit* Cic. Verr. 1, 77, il s'est joint à tes ennemis **b)** se porter (se tourner), vers une chose, se consacrer à: *ad historiam* Cic. de Or. 2, 57; *ad poetas, ad geometras, ad musicos* Cic. de Or. 3, 58, se consacrer à l'histoire, à la poésie, à la géométrie, à la musique; *ad amicitiam alicujus* Cic. Brut. 281, rechercher l'amitié de qqn; *ad salutem rei publicae defendendam* Cic. Fam. 11, 7, 2, se porter au secours de l'État; *in salutem rei publicae* Cic. Phil. 12, 7, se dévouer au salut de l'État ¶ **7** porter (reporter) à une date déterminée: *aliquid in longiorem diem* Caes. G. 1, 40, 14, reporter qqch. à une date plus éloignée; *caedem optimatium in ante diem quintum Kalendas Novembres* Cic. Cat. 1, 7, fixer au cinquième jour avant les Kalendes de novembre le massacre des citoyens les meilleurs ‖ *supplicia ad tuum, non ad rei publicae tempus conferes* Cic. Verr. 5, 77, ces châtiments, tu les différeras jusqu'au moment opportum pour toi, non pour l'État ¶ **8** porter (faire passer), dans un ouvrage: *dierum quinque scholas in totidem libros contuli* Cic. Tusc. 1, 8, les conférences ayant duré cinq jours, je les ai rédigées en autant de livres (Fam. 6, 18, 3; Att. 13, 13, 1) ¶ **9** conférer **a)** [offic¹] confier (des honneurs) à qqn: *in aliquem honores maximos* Cic. Phil. 13, 9, conférer à qqn les plus grands honneurs (Rep. 3, 27); *curam restituendi Capitoli in Lucium Vestinum confert* Tac. H. 4, 53, il confie à Lucius Vestinus la charge de rebâtir le Capitole (H. 1, 1; An. 3, 71) **b)** soumettre au jugement de qqn: *ad arbitrium alicujus aliquid* Cic. Fam. 1, 9, 23 ¶ **10** consacrer, employer, appliquer à: *praedam in monumenta deorum immortalium* Cic. Agr. 2, 61, consacrer le butin à des monuments aux dieux immortels; *aliquid in rem publicam conservandam* Cic. Pomp. 49, consacrer qqch. au salut de l'État; *quicquid habuit virium, id in eorum libertatem defendendam contulit* Cic. Phil. 10, 16, tout ce qu'il avait de forces, il l'employa à défendre leur liberté; *omnia mea studia in istum unum confero* Cic. Q. 2, 13, 2, je concentre sur lui toutes les marques de mon dévouement; *omne reliquum tempus non ad oblivionem veteris belli, sed ad comparationem novi contulit* Cic. Pomp. 9, il employa tout le reste du temps non pas à oublier l'ancienne guerre, mais à en préparer une nouvelle; *ad hominum utilitatem suam prudentiam conferunt* Cic. Off. 1, 156, ils font servir leur sagesse (clairvoyance) à l'intérêt de leurs semblables; *ad philosophiam suam operam conferre* Cic. Fam. 4, 3, 4, donner tous ses soins à la philosophie; *ad populi Romani gloriam celebrandam omne ingenium conferre* Cic. Arch. 19, consacrer tout son talent à répandre la gloire du peuple romain ¶ **11** faire porter sur, imputer à: *in aliquem culpam* Cic. Or. 137, rejeter la faute sur qqn; *crimina in aliquem* Cic. Cael. 30, faire porter des accusations sur qqn; *(rei) causam in aliquem* Cic. Verr. 1, 83; *in tempus* Cic. de Or. 3, 228, faire retomber la responsabilité (de qqch.) sur qqn, sur le temps [le manque de temps]; *permulta in Plancium, quae ab eo numquam dicta sunt, conferuntur* Cic. Planc. 35, on impute à Plancius un très grand nombre de propos qu'il n'a jamais tenus (Mil. 70; de Or. 2, 182; Sest. 40; Q. 1, 3, 8; Fam. 5, 5, 2) ‖ *qui suum timorem in rei frumentariae simulationem angustiasque itineris conferrent* Caes. G. 1, 40, 10, ceux qui dissimulaient leur peur en prétextant le ravitaillement et même les difficultés de la route ¶ **12** faire porter (placer) sur qqn des bienfaits, des faveurs: *haec beneficia tum in rem publicam, tum in singulos cives conferuntur* Cic. Off. 2, 65, ces bienfaits se dispensent tantôt à l'ensemble de l'État, tantôt à des citoyens individuellement; *mores ejus in quem beneficium conferetur* Cic. Off. 1, 45, les mœurs de celui qui sera l'objet du bienfait; *beneficia, quae in me contulistis* Cic. Mil. 100, les faveurs que vous m'avez prodiguées; *officia meminisse debet is in quem conlata sunt, non commemorare qui contulit* Cic. Lae. 71, c'est le devoir pour celui à qui on a rendu des services de s'en souvenir, pour celui qui les a rendus de ne pas les rappeler.

conferrŭmĭno (**conferŭ-**), ās, āre, -, - (*cum*, *ferrumen*), tr., souder ensemble: Plin. 27, 69.

confersī, parf. de *confercio*.

confertim, adv. (*confertus*), en troupe serrée: Sall. J. 50, 5; Liv. 21, 8, 9 ‖ *confertius* Amm. 24, 7, 7.

confertus, a, um, part. de *confercio* ‖ pris adj¹ ¶ **1** entassé, serré: *conferta moles* Tac. An. 4, 62, édifice absolument plein, bondé; *conferti milites* Caes. G. 2, 25, 1, soldats en rangs serrés; *conferta legio* Caes. G. 4, 32, 3, légion en formation compacte; *confertissima acie* Caes. G. 1, 24, 5, en formation de combat très serrée ¶ **2** plein, absolument plein: *liber confertus voluptatibus* Cic. Tusc. 3, 44, ouvrage rempli de maximes voluptueuses; *confertus cibo* Cic. Cat. 2, 10, gorgé de nourriture ‖ *confertior* Liv. 9, 27, 9.

conferŭmĭno, v.⟩ *conferrumino*.

conferva, ae, f. (cf. 2 *conferveo*) ¶ **1** conferve [plante aquatique]: Plin. 27, 69 ¶ **2** grande consoude [plante]: Ps. Apul. Herb. 59.

confervēfăcĭō, ĭs, ĕre, -, - (*conferveo*, *facio*), tr., fondre, liquéfier: Lucr. 6, 353.

1 **confervĕō**, ēs, ēre, ferbŭī, - (*cum*, *ferveo*), intr., bouillir ensemble: Pall. 1, 36, 13.

2 **confervĕō**, ēs, ēre, -, - (cf. *ferrumen*), intr., se souder [méd.]: *tempus quo quodque os confervet* Cels. 8, 10, 1 L, temps nécessaire à la consolidation de chaque os.

confervēscō, ĭs, ĕre, ferbŭī, -, intr. ¶ **1** s'échauffer en totalité: Vitr. 5, 3; [fig.] s'enflammer: *mea cum conferbuit ira* Hor. S. 1, 2, 71, quand la colère s'est allumée en moi ¶ **2** commencer à fermenter, entrer en fermentation: Col. 12, 23, 1 ¶ **3** commencer à germer: Plin. 18, 302.

confessē, adv., manifestement, v.⟩ *confessus* ¶ 2 (fin): Boet. Categ. 2, p. 226 B.

confessĭō, ōnis, f. (*confiteor*) ¶ **1** aveu, confession: *alicujus rei* Cic. Div. 1, 33, aveu de qqch.; *alicujus* Cic. Verr. 5, 103, l'aveu de qqn; *urgetur confessione sua* Cic. Verr. 4, 104, il est accablé par son propre aveu; *confessio de aliqua re* Cael. Fam. 8, 8, 2; Plin. 9, 18, aveu au sujet de qqch. ‖ [fig. de rhét.] Quint. 9, 2, 17; 12, 1, 33 ¶ **2** action de convenir de, reconnaissance: *ea erat confessio, caput rerum*

confessio

Romam esse Liv. 1, 45, 3, c'était reconnaître que Rome était la capitale (2, 7, 7; 42, 47, 8); *confessionem cedentis ac detrectantis certamen pro victoria habui* Liv. 21, 40, 2, j'ai considéré comme une victoire l'aveu qu'il faisait en se retirant et en refusant le combat ¶3 [chrét.] profession de foi chrétienne: Lact. *Mort.* 1, 1 || confession des péchés: Tert. *Paen.* 8, 9; Lact. *Inst.* 4, 30, 13.

confessŏr, ōris, m., celui qui proclame sa foi chrétienne: Tert. *Scorp.* 11, 3 || celui qui reconnaît ses péchés: Aug. *Serm.* 14, 2, 2.

confessōrĭus, a, um (*confessor*), relatif à l'aveu judiciaire: *actio confessoria* Dig. 8, 5, 2, action pour obtenir la reconnaissance d'une servitude prédiale contestée.

confessus, a, um, part. de *confiteor* ¶1 qui avoue [sa faute, sa culpabilité]: *de confessis sicuti de manufestis supplicium sumere* Sall. *C.* 52, 36, châtier ceux qui ont avoué comme s'ils avaient été pris en flagrant délit; *a nobis ut a confessis res repetuntur* Liv. 21, 18, 5, on nous demande satisfaction comme à des gens qui ont avoué ¶2 [sens passif] avoué: *aes confessum* L. XII Tab. d. Gell. 15, 13, 11; 20, 1, 45, dette reconnue; *ut omnes intellegant quam improbam, quam manifestam, quam confessam rem pecunia redimere conentur* Cic. *Verr.* 3, 130, pour faire comprendre à tous quel crime infâme, manifeste, avoué, on veut racheter à prix d'argent || n. pris subst^t, *in confessum venire* Plin. *Ep.* 10, 81, 7, venir [à l'état de chose manifeste] à la connaissance de tous; *in confesso esse* Sen. *Ben.* 3, 11, 2, être incontesté (5, 17, 5; *Nat.* 2, 21, 1); *dum modo in confesso sit eminentiorem illorum temporum eloquentiam fuisse* Tac. *D.* 25, pourvu qu'on reconnaisse que l'éloquence d'autrefois était supérieure; *ex confesso* Sen. *Ep.* 76, 12, manifestement, incontestablement || n. pl. *confessa*, choses évidentes, incontestables: Sen. *Nat.* 2, 21, 1; Plin. 2, 55; 30, 97; Quint. 5, 10, 95; 5, 14, 14.

confestim, adv. (cf. *cum* et *festino*), à l'instant même, tout de suite, sur l'heure: Cic.; Caes.; Liv., etc.; *ferro extracto, confestim* Nep. *Epam.* 9, 4, le fer arraché, aussitôt...; *confestim a proelio* Liv. 30, 36, 1, aussitôt après le combat; *cum... festim* Nep. *Cim.* 3, 2, alors que... aussitôt...; *postquam... confestim* Cic. *Clu.* 192, après que... aussitôt...; *ut... confestim* Cic. *Off.* 3, 112, quand... aussitôt.

confēta sūs (*cum, fetus*), truie qui était immolée avec sa portée: P. Fest. 50, 19.

confĭbŭlātĭo, ōnis, f. (*confibulo*), lien: Novat. *Trin.* 24.

confĭbŭlo, ās, āre, āvī, ātum (*cum, fibulo*), tr., attacher (lier) ensemble: Novat. *Trin.* 23.

confĭcĭens, tis, part. de *conficio* || adj^t, qui effectue, qui accomplit: *causae conficientes* Cic. *Part.* 93, causes efficientes || [fig.] *civitas conficientissima litterarum* Cic. *Flac.* 44, cité paperassière (qui tient minutieusement les écritures).

confĭcĭō, ĭs, ĕre, fēcī, fectum (*cum, facio*; fr. *confire*)

¶1 "faire intégralement" || "achever"
¶2 "réaliser, constituer" ¶3 "élaborer, façonner" ¶4 "faire périr" ¶5 "affaiblir, accabler", *confici (morbo, angore)* ¶6 [chrét.] "consacrer".

¶1 faire intégralement, faire: *anulum, pallium, soccos se sua manu confecisse* Cic. *de Or.* 3, 127, [il disait] qu'il avait fait de sa main l'anneau, le manteau, les chaussures qu'il portait; *tabulae litteris Graecis confectae* Caes. *G.* 1, 29, registres rédigés avec l'alphabet grec; *tabulas* Cic. *Verr.* 1, 60, tenir les livres de comptes; *orationes* Nep. *Cat.* 3, 3, faire des discours; *sacra per mulieres confici solent* Cic. *Verr.* 4, 99, les sacrifices sont célébrés par les femmes; *facinus* Cic. *Amer.* 76, perpétrer un crime; *in ipsa oratione quasi quendam numerum versumque conficiunt* Cic. *de Or.* 3, 53, dans la prose même ils réalisent comme une sorte de rythme et de vers || achever: *duobus bellis confectis* Caes. *G.* 1, 54, 2, deux guerres étant achevées; *proelio confecto* Caes. *C.* 3, 91, 2, le combat achevé; *confecta frumentatione* Caes. *G.* 6, 39, 1, les approvisionnements de blé étant terminés; *confecta victoria* Cic. *Phil.* 14, 1, victoire consommée; *confectorum ludorum nuntii* Cic. *Att.* 16, 4, 4, nouvelles de l'achèvement des jeux; *annuum munus* Cic. *Fam.* 2, 12, 1; *jurisdictionem* Cic. *Fam.* 2, 13, 3, achever son année de charge (de gouvernement), l'exercice de ses fonctions [de proconsul]; *negotium* Cic. *Att.* 7, 5, 5, mener une affaire à bonne fin; *hoc negotio confecto* Caes. *G.* 5, 7, 62, 10, cette affaire (entreprise) étant terminée; *provincia confecta* Liv. 26, 21, 2, ayant achevé sa mission [la guerre dont il avait été chargé], cf. Cic. *Pomp.* 28 || [abs^t] *conficere cum aliquo (de aliqua re)*, terminer avec qqn [au sujet de qqch.], régler avec qqn (une affaire): Cic. *Fam.* 7, 2, 1; *Att.* 12, 19, 1 || *cursus annuos* Cic. *Nat.* 1, 87, achever ses révolutions annuelles; *eadem spatia* Cic. *de Or.* 3, 178, parcourir le même espace; *viam* Cic. *CM* 6, parcourir une route; *iter reliquum* Cic. *de Or.* 2, 290, effectuer le reste du trajet; *prope centum confecit annos* Cic. *Or.* 176, il a presque achevé les cent ans = vécu cent ans (*Tusc.* 1, 92); *cursum vitae* Cic. *Tusc.* 3, 2, achever le cours de son existence || *jam prope hieme confecta* Caes. *G.* 7, 32, 2, l'hiver étant déjà presque à sa fin; *biennio confecto* Cic. *Quinct.* 40, un espace de deux ans s'étant écoulé; *ante primam confectam vigiliam* Caes. *G.* 7, 3, 3, avant l'achèvement de la première veille; *confecto annorum numero* Tac. *An.* 6, 28, le nombre d'années étant révolu ¶2 venir à bout de, réaliser, constituer: *potestas innumerabilis pecuniae conficiendae* Cic. *Agr.* 2, 33, la faculté de réaliser des sommes immenses; *permagnam ex illa re pecuniam confici posse* Cic. *Verr.* 1, 138, on pouvait retirer de cette affaire beaucoup d'argent; *filiae dotem* Cic. *Quinct.* 98, constituer une dot à sa fille; *bibliothecam* Cic. *Att.* 1, 7, composer (constituer) une bibliothèque; *frumentum* Liv. 43, 6, 2, réunir (constituer) une quantité de blé déterminée; *hortos alicui* Cic. *Att.* 12, 37, 2, procurer à qqn des jardins; *exercitum* Cic. *Pomp.* 61, mettre sur pied (constituer) une armée; *armata milia centum* Caes. *G.* 2, 4, 5, mettre sur pied (réunir) cent mille hommes armés (*C.* 1, 24, 2; 1, 25, 1); *exercitum invictum ex paternis militibus* Cic. *Phil.* 4, 3, former une armée invincible avec les soldats de son père || *conficere necessariis suis suam tribum* Cic. *Planc.* 45, procurer les voix de leur tribu à leurs amis; *ut is nobis eas centurias conficiat* Cic. *Fam.* 11, 15, 2, pour qu'il me procure les suffrages de ces centuries || effectuer: *illa tria justitia conficit et benevolentiam et fidem et admirationem* Cic. *Off.* 2, 38, ces trois conditions [de la gloire] sont réalisées par la justice, savoir la bienveillance, la confiance, l'admiration; *ad motus animorum conficiendos* Cic. *de Or.* 2, 324, pour provoquer des émotions; *suavitas vocis bene loquendi famam confecerat* Cic. *Brut.* 259, le charme de sa voix lui avait ménagé le renom de bien parler; *animum auditoris misericordem conficere* Cic. *Inv.* 1, 106, rendre pitoyable le cœur de l'auditeur; *auditorem benevolum* Cic. *Inv.* 1, 20, rendre l'auditeur bieveillant || [abs^t] produire un effet, être efficient: Cic. *Part.* 93; v. *conficiens* || [surtout au pass.] effectuer par le raisonnement, montrer par le raisonnement, tirer une conclusion: *Socrates ex eo, quod sibi ille dederat quicum disputabat, aliquid conficere malebat* Cic. *Inv.* 1, 53, Socrate préférait tirer des conclusions de ce que lui avait concédé son interlocuteur; *tantum conficietur ex testimoniis civitatum* Cic. *Verr.* 2, 141, tel est le total qui se dégagera des témoignages des cités; *ex quo conficitur ut* Cic. *Inv.* 2, 145, d'où il s'ensuit que; *ex eo hoc conficitur... esse* Cic. *Inv.* 1, 63, d'où cette conclusion qu'il y a. ¶3 réduire, élaborer, façonner: *conficere ligna ad fornacem* Cat. *Agr.* 16, réduire le bois [le fendre] pour le fourneau; *frumenta molere et conficere* Plin. 7, 191, [Cérès enseigna] à moudre et à préparer le grain; *(dentes escas) conficiunt* Cic. *Nat.* 2, 134, il y a des dents qui broient les aliments (*cibum* Liv. 2, 32, 10) || absorber, engloutir: *ibes maximam vim serpentium conficiunt* Cic. *Nat.* 1, 101, les ibis absorbent une grande quantité de serpents [v. la suite: *volucres angues consumunt*], cf. 2, 125; *Fam.* 9, 18, 3 || élaborer: *confectus coctusque cibus* Cic.

Nat. 2, 137, l'aliment élaboré et digéré (*Tim.* 18) ‖ [fig.] réduire, consommer : **patrimonium** Cic. *Flac.* 90, dissiper son patrimoine ; **nihil est manu factum quod non conficiat et consumat vetustas** Cic. *Marc.* 11, il n'y a pas de travail humain que l'âge ne détruise et consume ¶ **4** venir à bout de qqn, le faire périr : **haec sica me paene confecit** Cic. *Mil.* 37, ce poignard a failli me tuer ; **alterum Curiatium conficit** Liv. 1, 25, 10, il tue le second Curiace ; **ut mortui aegros, aegri validos tabe ac pestifero odore corporum conficerent** Liv. 25, 26, 10, au point que les morts faisaient périr les malades, les malades les bien portants par suite de la putréfaction et de l'odeur pestilentielle des corps ‖ venir à bout de, réduire, subjuguer : **confecta Britannia** Cic. *Att.* 4, 18, 5, la Bretagne étant réduite (**provincia** Liv. 28, 24 ; 7 ; 40, 35, 13) ¶ **5** affaiblir, accabler, épuiser [physiquement et moralement] : **meus me maeror cotidianus lacerat et conficit** Cic. *Att.* 3, 8, 2, mon chagrin journellement me déchire et m'accable (11, 4, 2 ; 11, 15, 3 ; *Tusc.* 3, 27) ; **luctus maerore se conficientis** Cic. *Tusc.* 3, 26, lamentations d'un homme qui se ronge de chagrin ‖ [souvent au pass.] **confici angore** Cic. *Fin.* 1, 60 ; **curis** Cic. *Fam.* 4, 13, 2, être accablé par l'angoisse, par les soucis ; **lassitudine** Caes. *C.* 3, 92, 3, être épuisé par la fatigue ; **cum corporis morbo, tum animi dolore confectus** Cic. *Mur.* 85, épuisé à la fois par la maladie et par la douleur ; **plagis** Cic. *Verr.* 5, 140 ; **vulneribus** Cic. *Tusc.* 2, 41, épuisé par les coups, par les blessures ‖ **nemo filium nisi lacrimantem confectumque vidit** Cic. *Dom.* 59, personne n'a vu mon fils autrement qu'en pleurs et abattu de chagrin ; **gladiatori illi confecto et saucio** Cic. *Cat.* 2, 24, à ce spadassin affaibli et blessé ¶ **6** [chrét.] consacrer le pain lors de l'eucharistie : Hier. *Ep.* 14, 8.

▶ ⓥ *confio* les autres formes passives.

confictĭo, *ōnis*, f. (*confingo*), action de forger de toutes pièces : **confictio criminis** Cic. *Amer.* 35, la tâche de forger l'accusation.

confictō, *ās, āre*, -, -, fréq. de *confingo* ; tr., inventer : Naev. d. Varr. *L.* 7, 107.

confictŏr, *ōris*, m. (*confingo*), celui qui forge de toutes pièces : Paul.-Nol. *Ep.* 21, 4.

confictūra, *ae*, f. (*confingo*), invention : Tert. *Idol.* 8, 2.

¹ **confictus**, *a, um*, part. de *configo* ▶.

² **confictus**, *a, um*, part. de *confingo*.

confīdējussŏr, *ōris*, m., confidéjusseur : Ulp. *Dig.* 46, 1, 10.

confīdēlis, *e*, qui a la même foi : Cassiod. *Eccl.* 9, 3.

confīdens, *tis* ¶ **1** part. de *confido* ¶ **2** pris adj[t] **a)** hardi, résolu : **decet innocentem servum confidentem esse** Pl. *Cap.* 666, un esclave qui n'a rien à se reprocher doit avoir de l'assurance **b)** audacieux, insolent, outrecuidant : Ter. *Phorm.* 123, cf. Cic. *Tusc.* 3, 14 ‖ **-tior** Pl. *Amp.* 153 ; **-tissimus** Virg. *G.* 4, 445.

confīdentĕr, adv. (*confidens*) ¶ **1** hardiment, résolument, sans crainte : Pl. *Amp.* 339 ; **-tius** Cic. *Cael.* 44 ¶ **2** audacieusement, effrontément : Ter. *Haut.* 1008 ‖ **-tissime** Her. 2, 8.

confīdentĭa, *ae*, f. (*confido*) ¶ **1** confiance, ferme espérance : Pl. *Most.* 350 ; Cael. *Fam.* 8, 8, 9 ‖ **confidentia est** avec prop. inf. ▶ *confido* : Pl. *Mil.* 239 ; *Ps.* 763 ¶ **2** assurance, confiance en soi : **confidentiam et vocem defuisse** Cic. *Rep.* 3, 43, il lui manqua l'assurance et la voix ¶ **3** audace, effronterie, outrecuidance : **videte qua confidentia dicant** Cic. *Flac.* 10, voyez sur quel ton effronté ils parlent, cf. *Phil.* 2, 104 ; Pl. *Mil.* 189.

confīdentĭlŏquus, *a, um* (*confidens, loquor*), dont le langage est impudent ; **-loquius** Pl. *Trin.* 201.

confīdī, parf. de *confindo*.

confīdō, *ĭs, ĕre, fīsus sum*, intr., se fier à, mettre sa confiance dans [avec dat.] **equitatui** Caes. *C.* 3, 94, 5 ; **legioni** Caes. *G.* 1, 40, 15, avoir confiance dans la cavalerie, dans une légion ; **sibi** Caes., avoir confiance en soi-même ; Cic. *Flac.* 5 ; *Clu.* 63 ; *Ac.* 2, 36 ; *Lae.* 17 ; Caes. *C.* 3, 7, 2 ; 3, 10, 7 ; **virtuti alicujus** Cic. *Phil.* 5, 1, se fier au courage de qqn ; **causae suae** Cic. *Verr.* 2, 69, avoir confiance dans sa propre cause (*Mil.* 61 ; *Sest.* 135) ‖ [avec abl.] **confidere aliquo** Cic. *Att.* 8, 13, 2, avoir confiance en qqn ; **natura loci** Caes. *G.* 3, 9, 3 ; **fortunae stabilitate** Cic. *Tusc.* 5, 40, avoir confiance dans la nature d'une position, dans la stabilité de la fortune ; **tam potenti duce confisi** Liv. 24, 5, 12, confiants dans un chef si puissant ‖ [abl. ou dat., douteux] **confisi viribus** Caes. *G.* 1, 53, confiants dans leurs forces, cf. Cic. *Tusc.* 5, 40 ; Sall. *C.* 52, 28 ‖ [avec acc.] Apul. *Plat.* 2, 20 ‖ [avec *in*] [tard.] Vulg. *Prov.* 1, 28 ; **confidere in Domino** Hier. *Ep.* 52, 11, avoir confiance dans le Seigneur ‖ [abs[t]] avoir confiance : Pl. *Merc.* 856 ; Cic. *Clu.* 156 ; *Mil.* 78 ; *Phil.* 6, 14 ; *Tusc.* 1, 78 ; 3, 14 ; **neque milites alio duce plus confidere aut audere** Liv. 21, 4, 4, et les soldats sous aucun autre chef n'avaient plus de confiance et d'audace ‖ [avec prop. inf.] avoir la ferme confiance, la ferme conviction que, espérer fermement que : Pl. *Amp.* 935 ; *Cap.* 167 ; Cic. *Verr.* 5, 177 ; *Cat.* 1, 8 ‖ [avec *ut*] Plin. *Ep.* 2, 5, 7 ‖ [*quod*] Amm. 30, 8, 1.

configō, *ĭs, ĕre, fīxī, fīxum*, tr. ¶ **1** clouer ensemble : Cat. *Agr.* 21, 3 ; Caes. *G.* 3, 13 ¶ **2** enclouer, mettre des clous dans : Col. 3, 13 ¶ **3** percer : **configere fures sagittis** Pl. *Aul.* 395, percer de flèches les voleurs ; **cornicum oculos configere** Cic. *Mur.* 25, crever les yeux aux corneilles [prov.] ; **confixi ceciderunt** Nep. *Dat.* 9, 5, ils tombèrent percés de coups ‖ [fig.] **confixus senatus consultis** Cic. *Har.* 8, accablé par des sénatus-consultes.

▶ part. arch. *confictus* Scaurus d. Diom. 377, 12.

configūrātĭo, *ōnis*, f., ressemblance : Tert. *Pud.* 8, 4.

configūrātus, *a, um*, part. de *configuro*.

configūrō, *ās, āre, āvī, ātum*, tr., donner une forme, une figure : **configurare vitem ad similitudinem sui** Col. 4, 20, 1, imprimer sa forme au cep de vigne [en parl. de l'étai] ‖ [fig.] **configurare indolem** Gell. 12, 1, 20, façonner le caractère.

confīnālis, *e*, limitrophe : Cassiod. *Var.* 7, 4, 1 ‖ **-nāles**, *ĭum*, m. pl., habitants limitrophes, voisins : Aug. *Civ.* 2, 17.

confindō, *ĭs, ĕre, fīdī, fissum*, tr., fendre : **tellurem ferro confindere** *Tib. 4, 1, 173, fendre le sol avec la charrue, cf. Not. Tir. 74.

confīnĕ, *is*, n. ¶ **1** partie qui avoisine, voisinage : Luc. 6, 649 ; Val.-Flac. 6, 374 ¶ **2** ▶ *homoeoteleuton* : Carm. Fig. 100.

confingō, *ĭs, ĕre, finxī, fictum*, tr. ¶ **1** façonner, fabriquer : **nidos** Plin. 10, 91, bâtir des nids ; **verbum** Varr. *L.* 5, 7, créer un mot ¶ **2** forger de toutes pièces, imaginer, feindre : **dolum inter se** Pl. *Cap.* 35, concerter une ruse ; **aliquid criminis** Cic. *Verr.* 2, 90, forger un délit ; **id vos a viro optimo cogitatum esse confingitis** Cic. *Dej.* 16, vous prêtez pareille idée au plus honnête des hommes.

confīnĭālis, Gloss. 2, 383, 33, ⓒ▶ *confinalis*.

confīnis, *e* (*cum, finis*) ¶ **1** qui confine, contigu, voisin : **in agrum confinem** Liv. 4, 49, 4, sur le territoire voisin ; **confines hi erant Senonibus** Caes. *G.* 6, 3, 5, ceux-ci étaient les voisins des Sénons ¶ **2** [fig.] qui a du rapport avec, qui touche à : **sunt virtutibus vitia confinia** Sen. *Ep.* 120, 8, il y a des vices qui avoisinent des vertus ; **officia virtutum confinia** Gell. 1, 2, 4, les devoirs qui se rattachent aux vertus ‖ **confinis**, *is*, m., voisin de propriété : Mart. 2, 32 ; Dig. 18, 1, 35 ⓥ▶ *confine*.

confīnĭtĭmus, *a, um*, *Gell. 1, 2, 4, ⓒ▶ *confinis*.

confīnĭum, *ii*, n. (*confinis*) ¶ **1** limite commune à des champs, à des territoires : **arbores in confinio natae** Varr. *L.* 5, 10, arbres qui ont poussé sur la limite, cf. Caes. *G.* 5, 24 ¶ **2** proximité, voisinage : **confinium patuit artis et falsi** Tac. *An.* 4, 58, on vit que la science et l'erreur sont limitrophes ; **in exitii confinio esse** Vell. 2, 124, être à deux doigts de sa perte ‖ [fig.] **confinia lucis et noctis** Ov. *M.* 7, 706, les confins du jour et de la nuit.

confīō, *fīs, fĭĕrī*, autre passif de *conficio* [employé rar[t] et seul[t] à l'inf. ou à la 3e pers. sg. et pl.] ¶ **1** être fait, se produire, avoir lieu : Lucr. 4, 291 ; 5, 891 ; Virg. *En.* 4, 116 ; Balb. *Att.* 9, 7a, 1 ; Sulp.-Ruf. *Fam.* 4, 5, 1 ; Tac. *An.* 15, 59 ; *Caes. *G.* 7, 58, 2 ¶ **2** être

confio

épuisé, consumé : Pl. *Trin.* 408 ¶ **3** être constitué [somme d'argent] : Liv. 5, 50, 7.

confirmātē, adv. (*confirmatus*), solidement [fig.] : Her. 4, 16.

confirmātĭo, ōnis, f. (*confirmo*) ¶ **1** action de consolider, d'étayer : *ad confirmationem perpetuae libertatis* Cic. *Fam.* 12, 8, 1, pour assurer à jamais la liberté ¶ **2** action d'affirmer, de redresser, d'encourager : *confirmatione animi* Caes. *C.* 1, 21, 1, par des encouragements ; *neque confirmatione nostra egebat virtus tua* Cic. *Fam.* 6, 3, 1, et ton courage n'avait pas besoin d'être raffermi par nous ¶ **3** affirmation : *confirmatio perfugae* Caes. *G.* 3, 18, 6, les affirmations du transfuge ¶ **4** [rhét.] confirmation [partie du discours] : Cic. *Part.* 27 ; Quint. 4, 4, 9.

confirmātīvē, adv. (*confirmativus*), d'une manière affirmative : Prisc. 3, 253, 9 ; Tert. *Marc.* 4, 41, 5.

confirmātīvus, a, um (*confirmo*), qui sert à affirmer : *confirmativa adverbia* Prisc. 3, 85, 6, adverbes affirmatifs [*profecto, scilicet, quippe*].

confirmātŏr, ōris, m. (*confirmo*), celui qui garantit, garant : Cic. *Clu.* 72 ‖ celui qui corrobore, qui confirme [une opinion] : Lact. *Inst.* 1, 2, 2.

confirmātrix, īcis, f., celle qui consolide : Tert. *Cor.* 4, 1.

confirmātus, a, um, part. de *confirmo* ‖ pris adjᵗ ¶ **1** encouragé, affermi, ferme, solide : *confirmatiorem efficere exercitum* Caes. *C.* 3, 84, 2, raffermir des troupes ¶ **2** confirmé, assuré : *litterae in quibus erat confirmatius illud idem* Cic. *Att.* 10, 15, 1, lettre où cette même nouvelle était donnée avec plus d'assurance ‖ *confirmatissimus* Porph. Hor. *S.* 1, 5, 27.

confirmĭtās, ātis, f. (*confirmo*), entêtement, obstination : Pl. *Mil.* 189a.

confirmō, ās, āre, āvī, ātum, tr. ¶ **1** affermir : *confirmandi et stabiliendi causa* Caes. *G.* 7, 73, 7, pour l'affermissement et la consolidation [des pieux] ‖ [la santé, le corps] *hoc nervos confirmari putant* Caes. *G.* 6, 21, 4, ils pensent que par ce moyen les muscles s'affermissent ; *confirmato corpore* Cic. *Fam.* 16, 1, 1, étant rétabli physiquement ; *numquam te confirmare potuisti* Cic. *Fam.* 16, 4, 3, tu n'as jamais pu te rétablir entièrement ; *plane confirmatus* Cic. *Fam.* 16, 4, 1, tout à fait rétabli, solide ‖ affermir [le courage, les esprits] : *Gallorum animos verbis confirmavit* Caes. *G.* 1, 33, 1, il réconforta les Gaulois par des paroles ; *suos ad dimicandum animo confirmat* Caes. *G.* 5, 49, 4 (*C.* 2, 4, 5) il encourage les siens en vue du combat ; *ipsi sese confirmaverant* Caes. *G.* 2, 19, 6, ils s'étaient réconfortés mutuellement ‖ *eos multa pollicendo confirmat uti Romam pergerent* Sall. *J.* 23, 2, à force de promesses il les détermine à aller jusqu'à Rome ; *alius alium confirmare ne nomina darent* Liv. 2, 24, 2, ils s'encouragent les uns les autres à ne pas se faire inscrire ‖ affermir dans le devoir (dans la fidélité) : Caes. *C.* 1, 15, 4 ; Vell. 2, 120 ; *insulas bene animatas* Nep. *Cim.* 2, 4, affermir dans leurs bons sentiments les îles bien disposées ‖ [fig.] affermir, fortifier, consolider : *suam manum* Cic. *Pomp.* 24, ses troupes ; *pacem et amicitiam cum proximis civitatibus* Caes. *G.* 1, 3, 1, les relations pacifiques et amicales avec les États voisins ; *sese transmarinis auxiliis* Caes. *C.* 1, 29, 1, affermir ses forces au moyen de troupes venues d'outre-mer ; *opinionem* Cic. *Tusc.* 1, 30, confirmer une opinion ; *meum judicium confirmo judicio tuo* Cic. *Brut.* 156, je trouve dans ton jugement la confirmation du mien ; *bellum commotum a Scapula, postea confirmatum est a Pompeio* Cic. *Fam.* 9, 13, 1, la guerre a été excitée par Scapula, puis encouragée par Pompée ; *acta Caesaris confirmata sunt a senatu* Cic. *Phil.* 2, 100, les actes de César ont été ratifiés par le sénat ¶ **2** confirmer, corroborer, prouver : *confirmare nostra argumentis et rationibus, deinde contraria refutare* Cic. *de Or.* 2, 80, établir nos prétentions par des preuves et des raisonnements, puis réfuter celles de l'adversaire ; *divinationem* Cic. *Div.* 1, 71, établir la vérité de la divination ; *exemplis confirmare, quantum auctoritas valeat in bello* Cic. *Pomp.* 44, prouver par des exemples quelle est la puissance du prestige personnel dans la guerre ; *quorum omnium testimoniis de hac Dionis pecunia confirmatum est* Cic. *Verr.* 2, 23, d'après leurs témoignages à tous, la preuve est faite sur l'argent versé par Dion ‖ [avec prop. inf.] démontrer que, faire la preuve que : Lucr. 2, 185 ; confirmer que : Caes. *C.* 3, 67, 1 ¶ **3** affirmer, assurer, garantir : *qualis amicus, ut confirmare possum, nemo certe fuit* Cic. *Lae.* 10, un ami comme, je puis l'affirmer, il n'en a certes pas existé ; *difficile est hoc de omnibus confirmare* Cic. *Arch.* 15, il est difficile de garantir cela à propos de tous ‖ [avec prop. inf.] *talem existere eloquentiam non potuisse confirmo* Cic. *de Or.* 2, 6, je certifie qu'une telle éloquence n'aurait pu exister ; *se suo exercitu illis regna conciliaturum confirmat* Caes. *G.* 1, 3, 7, il assure qu'avec son armée il leur ménagera le trône ; *illud se polliceri et jurejurando confirmare tutum iter per fines daturum* Caes. *G.* 5, 27, 10, il fait la promesse et donne sous serment l'assurance qu'il leur offrira un passage sans danger à travers son territoire ‖ [avec *ne* et subj.] *sanctissimo jurejurando confirmari oportere ne tecto recipiatur qui non bis per agmen hostium perequitasset* Caes. *G.* 7, 66, 7, [ils déclarent] qu'il faut sous le plus sacré des serments prendre l'engagement de ne pas donner un abri au cavalier qui n'aurait pas percé deux fois les rangs des ennemis ¶ **4** [chrét.] donner le sacrement de confirmation : Leo-M. *Ep.* 159, 7.

confiscātĭo, ōnis, f. (*confisco*), confiscation : Flor. 3, 9, 3.

confiscātŏr, ōris, m., receveur : Gloss. 2, 451, 28.

confiscātus, a, um, part. de *confisco*.

confiscō, ās, āre, āvī, ātum (*cum* et *fiscus*), tr. ¶ **1** garder dans une caisse : *pecuniam confiscatam habere* Suet. *Aug.* 101, garder de l'argent en réserve dans sa cassette ‖ *aliquid in confiscato habere* Tert. *Fug.* 12, avoir qqch. en réserve, à sa disposition ¶ **2** faire entrer dans la cassette impériale, confisquer : Suet. *Calig.* 16 ‖ frapper qqn de confiscation : Suet. *Aug.* 15.

confīsĭo, ōnis, f. (*confido*), confiance : Cic. *Tusc.* 4, 80.

confissus, a, um, part. de *confindo*.

confīsus, a, um, part. de *confido*.

confĭtĕŏr, ēris, ērī, fessus sum (*cum, fateor*), tr. ¶ **1** avouer : *quid confitetur, atque ita libenter confitetur, ut non solum fateri, sed etiam profiteri videatur ?* Cic. *Caecin.* 24, qu'avoue-t-il, et même qu'avoue-t-il si volontiers, qu'il paraît non seulement le reconnaître, mais le proclamer hautement ? ; *peccatum suum* Cic. *Nat.* 2, 11, avouer sa faute ; *habes confitentem reum* Cic. *Lig.* 2, tu as un accusé qui avoue ; *ut confitear vobis* Cic. *Phil.* 6, 16, pour que je vous fasse des aveux ; *confessae manus* Ov. *M.* 5, 215, des mains qui avouent la défaite ‖ *se victos confiteri* Caes. *C.* 1, 84, 5, s'avouer vaincus ; *se miseros* Cic. *Tusc.* 3, 73, s'avouer malheureux ; *se hostem* Cic. *Phil.* 3, 21, s'avouer ennemi de son pays ‖ [avec prop. inf.] *ego me fecisse confiteor* Pl. *Trin.* 184, j'avoue que j'ai fait cela ; *scaphia utrum empta esse dicis an confiteris erepta ?* Cic. *Verr.* 4, 37, les coupes, déclares-tu que tu les as achetées ou avoues-tu que tu les as dérobées ? ; *esse igitur deos confitendum est* Cic. *Nat.* 1, 44, il faut donc reconnaître qu'il y a des dieux ; *me abs te cupisse laudari aperte atque ingenue confitebar* Cic. *Fam.* 5, 2, 2, j'avouais sans détour et naïvement que j'avais ambitionné tes éloges ; *hoc confiteatur necesse est nullo modo illam multam cum Clueni causa posse conjungi* Cic. *Clu.* 103, il doit convenir que cette amende ne peut avoir de rapport avec la cause de Cluentius ; *quo facto utrumque confessus est et se desiderare et...* Cic. *Sen.* 4, par là il a fait un double aveu, à la fois qu'il regrettait... et que... ‖ *aliquid de aliqua re*, convenir de qqch. touchant qqch. : *Verr.* 2, 149 ; *Clu.* 183 ; *de Or.* 2, 107 ‖ *confiteri de aliqua re*, faire un aveu touchant qqch. : *ut de me confitear* Cic. *Verr. prim.* 3, pour faire un aveu personnel (*Pomp.* 37 ; *Sull.* 39) ; *qui de meo facto confiteri non dubitem* Cic. *Lig.* 8, moi qui n'hésite pas à faire des aveux sur ma conduite ; *de meo quodam amore gloriae vobis confitebor* Cic. *Arch.* 28, l'amour particulier que j'ai de la gloire,

je vous ferai des aveux ¶ **2** [poét.] faire connaître, révéler, manifester : *confessa vultibus iram* Ov. M. 6, 35, laissant voir sur ses traits sa colère ; *(Venus) confessa deam* Virg. En. 2, 591, (Vénus) laissant voir sa qualité de déesse ; *motum animi suis lacrimis* Quint. 6, 1, 23, trahir son émotion par ses larmes (8, 3, 3 ; 9, 4, 39) ‖ *agitato corpore vivere se confitetur* Plin. Ep. 3, 14, 3, par les mouvements de son corps il laisse voir qu'il est en vie ¶ **3** [chrét.] proclamer sa foi : Aug. Civ. 5, 14 ‖ avouer ses fautes, se confesser : Tert. Paen. 9, 2 ‖ [avec dat.] louer Dieu ou ses œuvres : *confitebor tibi* Aug. Conf. 1, 6, 9, je te louerai.
➤ inf. prés. arch. *confiterier* Pl. Cis. 170.

confixĭlis, *e* (*configo*), fixé (assujetti) dans son ensemble : Apul. M. 4, 13.

confixĭo, *ōnis*, f. (*configo*), action de fixer ensemble : Cael.-Aur. Acut. 2, 3, 18 ‖ action d'atteindre un but : Cassian. Inst. 5, 15 ‖ action de clouer : Aug. Nat. bon. 20.

confixūra, *ae*, f. (*configo*), piqûre [d'une épine] : Greg.-M. 1 Reg. 6, 3.

confixus, part. de *configo*.

conflābellō, *ās*, *āre*, -, -, tr., aviver en soufflant : Tert. Spect. 25, 2.

conflaccescō, *ĭs*, *ĕre*, -, -, intr., mollir, s'apaiser : Gell. 2, 30, 2.

conflāgēs, pl. (cf. *conflo* et *confluges* P. Fest. 35, 21), **confrăgēs**, pl. (*confringo* Isid. 14, 8, 27), lieux exposés à tous les vents.

conflăgrātĭo, *ōnis*, f. (*conflagro*), conflagration : Sen. Nat. 3, 29, 1 ; *conflagratio Vesuvii* Suet. Tib. 8, 3, l'éruption du Vésuve.

conflăgrātus, *a*, *um*, part. de *conflagro*.

conflăgrō, *ās*, *āre*, *āvī*, *ātum* ¶ **1** intr., être tout en feu, se consumer par le feu : *classis praedonum incendio conflagrabat* Cic. Verr. 5, 92, la flotte incendiée par les pirates se consumait ‖ [fig.] *amoris flamma* Cic. Verr. 5, 92, être brûlé des feux de l'amour ; *invidiae incendio* Cic. Cat. 1, 29, être la proie des flammes de la haine (*invidia conflagrare* Cic. Verr. 1, 157) ¶ **2** tr. [rare] *urbs incendio conflagrata* Her. 4, 12, ville consumée par l'incendie (Vitr. 10, 16, 9 ; Apul. Mund. 34).

conflammō, *ās*, *āre*, -, -, tr., [méd.] enflammer : Cael.-Aur. Chron. 4, 7, 98.

conflātĭlis, *e* (*conflo*), fait par fusion = en métal fondu : Prud. Perist. 10, 295 ‖ *-tĭle*, *is*, n., ouvrage en métal fondu : Vulg. Deut. 27, 15.

conflātim, adv., en masse : Gloss. 4, 322, 9.

conflātĭo, *ōnis*, f. (*conflo*), action de souffler, d'attiser : Hier. Jovin. 1, 12 ‖ fusion [d'un métal] : Hier. Hab. 1, 2, 18 ‖ [fig.] ardeur : *conflatio fidei* Tert. Fug. 3, 2, ardeur de la foi ‖ [méd.] enflure : Cael.-Aur. Chron. 5, 2, 36.

conflātŏr, *ōris*, m. (*conflo*), fondeur : Hier. Ep. 29, 3 ; Cod. Th. 11, 21, 1.

conflātōrĭum, *ĭi*, n. (*conflo*), fonderie : Vulg. Prov. 27, 21.

conflātūra, *ae*, f. (*conflo*), fusion des métaux par le feu : Hier. Hab. 2, 18.

1 conflātus, *a*, *um*, part. de *conflo*.

2 conflātus, *ūs*, m., souffle : Ennod. Op. 8, 2.

conflĕō, *ēs*, *ēre*, *ēvī*, -, tr., pleurer ensemble : Hier. Lucif. 5.

conflexus, *a*, *um* (inus. **conflecto*), recourbé : Plin. 2, 115.

conflictātĭo, *ōnis*, f. (*conflicto*) ¶ **1** action de heurter contre, choc : *membra conflictationibus debilitare* Apul. Apol. 43, 9, se meurtrir les membres avec les chocs ‖ choc de deux armées : Gell. 15, 18, 3 ‖ querelle, dispute : Quint. 3, 8, 29 ¶ **2** action de lutter contre : Tert. Pud. 13, 14.

conflictātrix, *īcis*, f., persécutrice : Tert. Marc. 2, 14, 4.

conflictātus, *a*, *um*, part. de *conflicto*.

conflictĭo, *ōnis*, f. (*confligo*) ¶ **1** choc, heurt : Quint. 3, 6, 6 ¶ **2** lutte : Gell. 7, 3 ‖ débat, conflit : Cic. Inv. 1, 10 ; Part. 102.

conflictō, *ās*, *āre*, *āvī*, *ātum* (fréq. de *confligo*) ¶ **1** intr., se heurter contre, lutter contre : *cum aliqua re* Ter. Phorm. 505, lutter contre qqch. ¶ **2** tr., bouleverser : *plura per scelera rem publicam conflictare* Tac. An. 6, 48, déchirer l'État par un plus grand nombre de forfaits (Plin. 8, 59) ‖ [surtout au pass.] être maltraité, tourmenté, subir les assauts de : *tot incommodis conflictati* Caes. G. 5, 35, 5, subissant tous ces désavantages ; *ut nostri magna inopia necessariarum rerum conflictarentur* Caes. C. 1, 52, 3, en sorte que les nôtres pâtissaient d'une grande disette des choses nécessaires ; *gravi pestilentia conflictati* Caes. C. 2, 22, 1, mis à mal par une grave épidémie ; *superstitione conflictari* Cic. Leg. 1, 32, être tourmenté par la superstition ; *conflictatus saevis tempestatibus exercitus* Tac. Agr. 22, armée maltraitée par de cruelles tempêtes ; *molestiis conflictatus ab aliquo* Cic. Fam. 6, 13, 3, en proie aux ennuis du fait de qqn ‖ [abs¹] être mal en point, souffrir : *plebs Cremonensium inter armatos conflictabatur* Tac. H. 3, 32, le peuple de Crémone au milieu des hommes d'armes avait fort à souffrir ; H. 3, 82.

1 conflictŏr, *ārĭs*, *ārī*, *ātus sum*, intr., *cum aliqua re*, *cum aliquo*, se heurter contre, lutter contre : Ter. And. 93 ; Cic. Har. 41 ; Nep. Pelop. 5, 1 ; *inter se* Gell. 12, 8, 5.
➤ pour le sens pass. **V.** ➤ *conflicto* ¶ 2.

2 conflictŏr, *ōris*, m. (*confligo*), adversaire, contradicteur : Mamert. Anim. 3, 18.

1 conflictus, *a*, *um*, part. de *confligo*.

2 conflictus, *ūs*, m. (*confligo*) ¶ **1** [seul¹ à l'abl.] choc, heurt : Cic. Caecin. 43 ; Nat. 2, 25 ; Div. 2, 44 ‖ [fig.] Gell. 7, 2, 8 ¶ **2** lutte, combat : Vop. Car. 10.

conflīgĭum, *ĭi*, n. (*configo*), choc : Solin. 9, 9.

conflīgō, *ĭs*, *ĕre*, *flīxī*, *flictum* ¶ **1** tr., heurter ensemble, faire se rencontrer : Lucr. 4, 1216 ‖ [fig.] mettre aux prises, confronter : *rem cum re* Cic. Inv. 2, 126, une chose avec une autre ¶ **2** intr., se heurter, se choquer : *naves inter se conflixerunt* Caes. C. 2, 6, 5, les navires s'entrechoquèrent ; *adversi venti confligunt* Virg. En. 2, 417, les vents contraires s'entrechoquent ‖ venir aux prises, lutter, combattre : *cum aliquo* Cic. Off. 1, 84, livrer bataille à qqn (Pomp. 28 ; Fin. 1, 11, 13a, 5 ; *adversus classem* Nep. Hann. 8, 4, lutter contre une conspiration, contre une flotte ‖ [abs¹] en venir aux mains, se battre : Cic. Caecin. 46 ; *armis* Cic. Pis. 20, se battre les armes à la main ‖ [fig.] *leviore actione* Cic. Caecin. 8, engager le conflit par un procès moins grave ; *causae inter se confligunt* Cic. Cat. 2, 25, les partis sont en conflit ‖ [pass. impers.] *universa illorum ratione cum tota vestra confligendum puto* Cic. Fin. 4, 3, c'est l'ensemble de leur doctrine qui doit être aux prises avec la totalité de la vôtre, à mon avis.

conflō, *ās*, *āre*, *āvī*, *ātum* (it. *gonfiare*), tr. ¶ **1** exciter (aviver) par le souffle : *ignem* Pl. Ru. 765, allumer du feu ; *alicujus opera conflatum incendium* Liv. 26, 27, 6, incendie allumé par les soins de qqn ‖ [fig.] exciter : *bellum conflatum opera tua* Cic. Phil. 2, 70, guerre excitée par tes soins ; *seditio jure conflata* Cic. de Or. 2, 124, sédition suscitée à bon droit ; *alicui invidiam conflare* Cic. Cat. 1, 23, exciter la haine contre qqn ¶ **2** fondre un métal en lingot, fondre : *argenteas statuas* Suet. Aug. 52 (Ner. 32) fondre des statues d'argent ; *falces in ensem* Virg. G. 1, 508, fondre les faux pour en faire des épées ‖ former par fusion : *lateres argentei atque aurei primum conflati atque in aerarium conditi* Varr. d. Non. 520, 17, des lingots d'argent et d'or fondus pour la première fois et enfermés dans le trésor public ¶ **3** [fig.] former par mélange : *quibus ex rebus conflatur et efficitur honestum* Cic. Off. 1, 14, tels sont les éléments dont l'union forme l'honnête ; *monstrum ex contrariis diversisque cupiditatibus conflatum* Cic. Cael. 12, monstre constitué par le mélange de passions contraires et opposées ‖ former par assemblage, combinaison [de pièces et de morceaux] : *exercitum* Cic. Phil. 4, 15, forger une armée (Sull. 33) ; *ex perditis conflata improborum manus* Cic. Cat. 1, 25, une troupe de scélérats formée d'un ramassis de gens sans foi ni loi ; *qui alienum aes grande conflaverat* Sall. C. 14, 2, celui qui avait accumulé d'énormes dettes ; *pecuniam* Cic. Sest. 66, ramasser (rafler) de l'argent par tous les moyens ‖ fabriquer, machiner, susciter : *injuria novo*

conflo

scelere conflata Cic. *Amer.* 1, injustice forgée par une scélératesse sans précédent ; *accusationem judiciumque conflare* Cic. *Verr.* 2, 116, machiner (susciter) une accusation et une action judiciaire ; *in aliquem crimen invidiamque* Cic. *Verr.* 2, 73, soulever des griefs et de la haine contre qqn (*invidiam alicui* Cic. *Cael.* 29) ; *negotium alicui* Cic. *Verr.* 2, 135, susciter à qqn des embarras ; *judicia domi conflabant, pronuntiabant in foro* Liv. 3, 36, 8, les jugements, c'est chez eux qu'ils les forgeaient et ils les prononçaient au forum.

conflōrĕō, *ēs*, *ēre*, -, -, intr., fleurir ensemble : Aug. *Conf.* 4, 4, 7.

confluctŭō, *ās*, *āre*, -, -, intr., ondoyer, être ondoyant : Apul. *M.* 11, 3.

conflŭens, *tis*, m., confluent [de deux rivières] : Caes. *G.* 4, 15 ; Plin. 6, 122.

1 **conflŭentes**, *ium*, m. pl. (fr. Conflans, al. Koblenz), confluent : Liv. 1, 27, 4 ; 4, 17, 2 ; Plin. 6, 126 ; Tac. *H.* 2, 40.

2 **Conflŭentes**, *ium*, m. pl., Coblence : Suet. *Calig.* 8.

conflŭentĭa, *ae*, f. (*confluo*), afflux du sang, congestion : Macr. *Sat.* 7, 4, 25.

conflŭgēs (*confluo*), confluent : Andr. *Tr.* 18 ; Non. 62, 15 ; ▶ *conflages*.

conflŭō, *ĭs*, *ĕre*, *flūxī*, -, intr. ¶ 1 couler ensemble, joindre ses eaux, confluer : *hi duo amnes confluentes incidunt Oriundi flumini* Liv. 44, 31, 4, ces deux rivières mêlant leur cours se jettent dans le fleuve Oriundus ; *Fibrenus divisus aequaliter in duas partes cito in unum confluit* Cic. *Leg.* 2, 6, le Fibrène partagé en deux bras égaux ne tarde pas à former un courant unique ; *ibi Isara Rhodanusque amnes confluunt in unum* Liv. 21, 31, 4, c'est là que l'Isère et le Rhône se réunissent ; *in Phasin confluunt* Plin. 6, 13, ils se jettent ensemble dans le Phase ǁ *copia materiai confluxet ad imum* Lucr. 1, 987, l'ensemble de la matière se serait ramassé vers le fond ¶ 2 [fig.] arriver en masse, affluer, se rencontrer en foule sur un point : *confluxerunt et Athenas et in hanc urbem multi... ex diversis locis* Cic. *Brut.* 258, accoururent à Athènes comme dans notre ville une foule de gens... venant de points opposés ; *perfugarum magnus ad eum cotidie numerus confluebat* Caes. *G.* 7, 44, un grand nombre de transfuges affluaient vers lui chaque jour ; *quod accidet nostris, si ad haec studia plures confluxerint* Cic. *Tusc.* 2, 6, c'est ce qui arrivera à nos compatriotes, s'ils se portent en trop grand nombre vers ces études ǁ *tot prosperis confluentibus* Suet. *Tib.* 10, malgré ce concours de tant d'événements heureux.

▶ arch. *confluont* (*confluunt*) Pl. *Ep.* 527 et *conflovont* CIL 1, 584, 23 ; subj. pqp. *confluxet* Lucr. 1, 987.

conflŭus, *a*, *um*, qui conflue : Prud. *Cath.* 5, 76 ǁ [fig.] débordant : Paul.-Nol. *Ep.* 18, 113.

conflŭvĭum, *ii*, n., lieu d'écoulement : Varr. *Men.* 532 ; Aetna 121.

confluxĕt, ▶ *confluo* ▶.

confluxī, parf. de *confluo*.

confluxŭs, abl. *ū*, écoulement : Cassian. *Coll.* 12, 9.

confŏdĭō, *ĭs*, *ĕre*, *fŏdī*, *fossum*, tr. ¶ 1 bêcher, creuser, fouiller : *confodiatur terra* Cat. *Agr.* 129, il faut bêcher le sol ; *confodere vineta* Col. 4, 5, donner une façon aux vignes ; *salices confodi jubent* Plin. 17, 142, on prescrit de déchausser les saules ¶ 2 percer de coups : *pugnans confoditur* Sall. *C.* 60, 7, il tombe percé de coups en combattant ; *confodi aliquot vulneribus* Liv. 24, 7, 5, être percé de coups assez nombreux ǁ [fig.] *tot judiciis confossi* Liv. 5, 11, 12, accablés (transpercés) par tant de jugements, cf. Val.-Max. 8, 1 ; *mala quae vos confodiunt* Sen. *Vit.* 27, 6, les maux qui vous assaillent ǁ critiquer : *quaedam ex epistola notis confodere* Plin. *Ep.* 9, 26, 13, marquer de signes critiques certains passages d'une lettre.

confoedĕrātĭō, *ōnis*, f., engagement, pacte : Hier. *Ep.* 22, 35.

confoedĕrō, *ās*, *āre*, *āvī*, *ātum*, tr., unir par un traité ; [fig.] lier, unir : Tert. *Marc.* 4, 5, 2 ǁ associer à [dat.] : Leo-M. *Ep.* 59, 1 ǁ sceller, cimenter : *confoederare nascentem amicitiam* Hier. *Ep.* 4, 1, cimenter une amitié naissante ; *ad confoederandam disciplinam* Tert. *Apol.* 2, 6, pour affirmer la discipline entre tous.

confoedītae, *f. pl.* (*cum*, *foedus*), femmes liées à leur mari par un contrat : Gloss. 5, 14, 31.

confoedō, *ās*, *āre*, *āvī*, -, tr., salir entièrement : Apul. *M.* 7, 28.

confoedusti, *ōrum*, m. pl. (*cum*, *foedus*, cf. *nustus*), liés par traité : P. Fest. 35, 26.

confoeta, ▶ *confeta*.

confŏr, *āris*, *ārī*, -, parler en même temps : Cassiod. *Psalm.* 29, 13.

confŏrānĕus, *a*, *um*, qui est sur la même place publique : Gloss. 2, 108, 24.

confŏre, **confŏret**, ▶ *confuit*.

confŏrĭō, *īs*, *īre*, *ĭī*, -, tr., souiller d'excréments : Pompon. *Com.* 64.

conformālis, *e* (*conformo*), de même forme, semblable : Tert. *Marc.* 5, 20, 7.

conformātĭō, *ōnis*, f. (*conformo*) ¶ 1 conformation, forme, disposition : *conformatio theatri* Vitr. 5, 6, 1, agencement d'un théâtre ; *conformatio lineamentorum* Cic. *Nat.* 1, 47, arrangement des traits ; *conformatio animi* Cic. *Tusc.* 1, 50, forme de l'âme ¶ 2 [fig.] *conformatio vocis* Cic. *de Or.* 1, 18, adaptation de la voix ; *verborum* Cic. *de Or.* 1, 151, arrangement des mots ; *doctrinae* Cic. *Arch.* 15, le façonnement de la science (formation scientifique) ǁ [en part.] **a)** [phil.] *conformatio animi* Cic. *Nat.* 1, 105 et abs[t] *conformatio* Cic. *Top.* 5, vue de l'esprit, concept **b)** [rhét.] tour, figure : *in sententiarum ornamentis et conformationibus* Cic. *Brut.* 140, quand il s'agit d'embellir les pensées et de leur donner un tour figuré ǁ prosopopée : Her. 4, 66.

conformātŏr, *ōris*, m., ordonnateur : Ps. Apul. *Asclep.* 8.

conformātus, *a*, *um*, part. de *conformo*.

conformis, *e* (*cum*, *forma*), exactement semblable : Sidon. *Ep.* 4, 12, 1 ; [avec gén.] Vulg. *Rom.* 8, 29 ; [avec dat.] Aug. *Civ.* 22, 16 ǁ [subst.] *consors et conformis tuus* Ambr. *Off.* 1, 11, 38, ton frère et ton semblable.

conformō, *ās*, *āre*, *āvī*, *ātum*, tr. ¶ 1 donner une forme, façonner : *ad majora nos natura conformavit* Cic. *Fin.* 1, 23, la nature nous a façonnés pour de plus grandes choses ; *ursa fetum lambendo conformat* Gell. 17, 10, 3, l'ourse lèche ses petits pour leur donner leur forme ¶ 2 [fig.] former, adapter, composer, modeler : *mentem meam cogitatione hominum excellentium conformabam* Cic. *Arch.* 14, je façonnais mon intelligence par l'évocation des meilleurs modèles, cf. *de Or.* 1, 86 ; 3, 200 ; *Off.* 1, 7 ; *conformare se ad voluntatem alicujus* Cic. *Fam.* 1, 8, 2, se plier aux désirs de qqn.

confornĭcātĭō, *ōnis*, f. (*confornico*), action de voûter, voûte : Vitr. 5, 6, 5.

confornĭcō, *ās*, *āre*, -, -, tr., voûter : Vitr. 5, 5, 2.

confortātĭō, *ōnis*, f., réconfort : Hier. *Zach.* 2, 8, 13.

confortātīvus, *a*, *um*, fortifiant : Orib. *Eup.* 1, 3, 7.

confortātŏr, *ōris*, m., celui qui réconforte : Aug. *Serm.* 264, 2.

confortātōrĭus, *a*, *um*, fortifiant : Cass. Fel. 42.

confortātus, *a*, *um*, part. de *conforto*.

confortĭō, *ās*, *āre*, -, - (*cum* et *fortis*), raffermir, renforcer : Gloss. 2, 108, 26.

confortō, *ās*, *āre*, *āvī*, *ātum* (*cum*, *fortis*), tr., renforcer : Vulg. *Psal.* 147, 13 ǁ consoler, réconforter : Hier. *Ep.* 7, 4 ; Is. 10, 35, 7.

confossō, *ās*, *āre*, -, -, tr., amonceler en tas : Gloss. 2, 447, 62.

confossus, *a*, *um*, part. de *confodio*, ; *confossior* Pl. *Bac.* 889, mieux transpercé.

confōtus, *a*, *um*, part. de *confoveo*.

confŏvĕō, *ēs*, *ēre*, *fōvī*, *fōtum*, tr., réchauffer, ranimer : *hominem* Afran. d. Non. 12, 21, réchauffer un homme ; *membra cibo* Apul. *M.* 8, 7, restaurer les forces avec de la nourriture.

confrăcescō, *ĭs*, *ĕre*, *frăcŭī*, -, intr., pourrir entièrement : Varr. *R.* 1, 13, 4.

confractĭo, ōnis, f. (confringo), action de briser, de détruire : Aug. Ep. 140, 50 ; Vulg. Is. 24, 19 ‖ contrition : Vulg. Psal. 105, 23.

confractum, ī, n. (confringo), [peint.] présentation de profil [opp. à aequum] : Plin. 35, 127.

1 **confractus**, a, um, part. de confringo.

2 **confractŭs**, abl. ū, m., ⮕ confractio : Prob. App. 4, 193, 9.

confrăgēs, ⮕ conflages.

confrăgōsē, adv., avec des aspérités : Mar.Vict. Gram. 6, 103, 5.

confrăgōsĭtās, ātis, f., âpreté : Chalc. 37.

confrăgōsus, a, um (confringo) ¶ 1 âpre, inégal, raboteux, rude : *confragosa loca* Liv. 28, 2, 1, lieux d'accès difficile, cf. Cic. Frg. F. 9, 17 ‖ **confrăgōsum**, ī, n., Sen. Ep. 51, 9, **confrăgōsa**, ōrum, n. pl., Quint. 5, 8, 1, endroits, régions difficiles ¶ 2 [fig.] **a)** raboteux, inégal : *versus confragosi* Quint. 1, 1, 37, vers rocailleux **b)** embarrassant : *condiciones confragosae* Pl. Men. 591, conditions embarrassantes ‖ *confragosior* Mall.-Th. 6, 596, 4.

confrăgus, a, um, Luc. 6, 126 ; Stat. Th. 4, 494, ⮕ confragosus.

confrēgī, parf. de confringo.

confrĕmō, ĭs, ĕre, frĕmŭī, -, intr., frémir ensemble, murmurer : Ov. M. 1, 199 ; *confremit circus* Sil. 16, 397, le cirque retentit de toutes parts.

confrĕquentātĭo, ōnis, f., assemblée nombreuse : Greg.-Tur. Martyr. 87.

confrĕquentō, ās, āre, -, -, tr., fréquenter en grand nombre : Prud. Perist. 1, 7 ‖ [pass.] être augmenté en nombre : Col. 9, 13, 13.

confrĭcāmentum, ī, n. (confrico), ce qui sert à frotter : Cael.-Aur. Chron. 2, 4, 78.

confrĭcātĭo, ōnis, f. (confrico), frottement : Aug. Conf. 4, 8, 13.

confrĭcātus, a, um, part. de confrico.

confrĭco, ās, āre, -, ātum, tr. ¶ 1 frotter : *caput unguento* Cic. Verr. 3, 62, se frotter la tête avec un onguent ¶ 2 [fig.] *confricare genua* Pl. As. 670, embrasser [en suppliant] les genoux de qqn.
► parf. -avi [tard.] Veg. Mul. 2, 20, 1.

confrictĭo, [f. l.] ⮕ confictio.

*****confrīgō**, ĭs, ĕre, -, -, ⮕ confrixus.

confringō, ĭs, ĕre, frēgī, fractum (cum, frango) ¶ 1 briser : *paene confregi fores* Pl. Most. 453, j'ai failli briser la porte ; *digitos* Cic. Flac. 73, briser les doigts ; *tesseram* Pl. Cis. 503, rompre la tessère = violer les droits de l'hospitalité ¶ 2 [fig.] abattre, rompre, détruire : Cic. Verr. 1, 13 ; Val.-Max. 4, 5, 2 ; *confringere alicujus superbiam* Titin. Com. 141, rabattre l'orgueil de qqn ‖ *confringere rem* Pl. Trin. 108, mettre en miettes, dissiper son patrimoine.

confrĭō, ās, āre, -, -, tr., broyer, écraser : Cat. Agr. 7, 4.

confrixus, a, um (part. de l'inus. *confrigo), rôti, grillé : VL. Psal. 101, 4 ; Not. Tir. 93, 98.

confŭĕrit, Cael.-Aur. Chron. 4, 8, 122, ⮕ confuit.

confŭga, ae, m. f. (confugio), celui ou celle qui se réfugie dans un lieu d'asile : Cod. Th. 1, 3, 22.

confŭgĕla, ae, f., [arch.] refuge : P. Fest. 35, 7.

confŭgĭō, ĭs, ĕre, fūgī, -, intr., se réfugier : *in naves* Caes. C. 3, 9, 7, se réfugier sur les vaisseaux ; *ad aliquem* Cic. Off. 2, 41, chercher un refuge auprès de qqn ‖ [fig.] avoir recours : *confugere ad clementiam alicujus* Cic. Lig. 30, recourir à la clémence de qqn ‖ *illuc confugere* [avec prop. inf.] Cic. Verr. 3, 191 ou [avec ut subj.] Cic. Fin. 2, 28, avoir recours à cette défense, savoir que... ; *confugiet ad imprudentiam* Her. 2, 6, il invoquera comme défense l'irréflexion ‖ chercher asile [droit d'asile] : *in asylum confugere* Dig. 21, 1, 17, 12 ; *ad aedem sacram* Inst. Just. 1, 8, 2, chercher un asile dans un lieu sacré [église] ; *ad statuas principum* Cod. Just. 1, 25, auprès des statues des empereurs.
► parf. vulg. confugivi Vict.-Vit. 3, 29 ; confugiturus Pomer. 3, 12, 1.

confŭgĭtūrus, ⮕ confugio ►.

confŭgĭum, ĭi, n., refuge, asile : Ov. Tr. 4, 5, 6 ; Stat. Th. 12, 504.

confŭit, **confŭtūrum**, **confŏre** (cum et fuit, cf. Consentes), se produire en même temps, arriver : Pl. Mil. 941 ; Ter. And. 167 ‖ être utile : Gloss. 2, 447, 10.

confulcĭō, īs, īre, -, fultum, tr., bien étayer : Lucr. 2, 98.

confulgĕō, ēs, ēre, -, -, intr., briller de tous côtés : Pl. Amp. 1067.

confundō, ĭs, ĕre, fūdī, fūsum (cf. confondre), tr., verser ensemble ¶ 1 mêler, mélanger : *confundere crebroque comiscere mel, acetum, oleum* Plin. 29, 11, mélanger, en remuant souvent le mélange, du miel, du vinaigre, de l'huile ; *cum venenum ita confusum esset (cum pane), ut secerni nullo modo posset* Cic. Clu. 173, le poison étant si intimement mélangé (au pain), qu'on ne pouvait pas du tout le distinguer ‖ pass.[avec dat.] *aes auro argentoque confusum* Plin. 34, 5, airain mêlé à l'or et à l'argent ; *Alpheus Siculis confunditur undis* Virg. En. 3, 696, l'Alphée se mêle aux eaux de la mer de Sicile ¶ 2 [fig.] mélanger, unir : *tanta multitudo confusa* Caes. G. 7, 75, 1, une si grande multitude étant mélangée ; *duo populi in unum confusi* Liv. 1, 23, 2, deux peuples confondus en un seul ; *cuperem utrumque, si posset ; sed est difficile confundere* Cic. Tusc. 1, 23, je désirerais que tu fasses les deux choses, si c'était possible ; mais il est difficile de les mêler (de traiter les deux questions en même temps) ; *philosophia quae confundit vera cum falsis* Cic. Ac. 2, 61, une philosophie qui mêle le vrai au faux ; [dat. poét.] *rusticus urbano confusus* Hor. P. 213, le paysan mêlé au citadin ; [poét.] *confundere proelia cum aliquo* Hor. O. 1, 17, 23, engager un combat contre qqn ‖ part. *confusus*, a, um, formé par mélange : *nec ejus modi est oratio, ut a pluribus confusa videatur* Cic. Brut. 100, et ce discours n'est pas de nature à montrer l'œuvre d'une collaboration ; *res publica ex tribus generibus illis confusa modice* Cic. Rep. 2, 41, gouvernement constitué par la combinaison mesurée de ces trois formes ‖ [droit] confusion [par réunion des qualités de créancier et débiteur] : Dig. 46, 3, 95, 2 ¶ 3 mettre pêle-mêle ensemble : *particulas primum confusas, postea in ordinem adductas a mente divina* Cic. Ac. 2, 118, [d'après Anaxagore] ces corpuscules, d'abord jetés pêle-mêle, ont été ensuite mis en ordre par l'intelligence divine ; *an tu haec ita confundis et perturbas ut...?* Cic. Dom. 127, ou bien est-ce que tu confonds et brouilles ces questions au point que...? ; *signa et ordines peditum atque equitum confundit* Liv. 9, 27, 10, [la cavalerie romaine] jette la confusion dans les enseignes et les rangs de l'infanterie et de la cavalerie ; *jura gentium* Liv. 4, 1, 2, confondre (bouleverser) les droits des familles ‖ brouiller, rendre méconnaissable : *confuderat oris notas pallor* Curt. 8, 3, 13, la pâleur de la mort avait confondu tous les traits du visage ‖ *confusus*, couvert de confusion, de rougeur : Curt. 7, 7, 23 ‖ troubler l'esprit : Liv. 34, 50, 1 ; 45, 42, 1 ; Tac. H. 1, 44 ; Plin. Ep. 5, 5, 1 ‖ brouiller (fatiguer), l'esprit, la mémoire : Plin. 20, 36 ; 21, 117 ; Sen. Ben. 5, 25, 1 ; Quint. 1, 12, 1 ¶ 4 [pass.] se répandre (être répandu) dans un ensemble, pénétrer : *cibus in eam venam quae cava appellatur confunditur* Cic. Nat. 2, 137, l'aliment se répand dans la veine appelée cave ; *est id in totam orationem confundendum* Cic. de Or. 2, 322, ce soin de plaire doit pénétrer (se fondre) dans le discours entier ; *vis divina toto confusa mundo* Cic. Div. 2, 35, un principe divin répandu dans tout l'univers.

confūnĕrō, ās, āre, -, -, tr., anéantir, détruire : Juvc. 4, 96.

confūsānĕus, a, um (confusus), confus : Gell. Praef. 5.

confūsē, adv., sans ordre, pêle-mêle : Cic. Inv. 1, 49 ; Fin. 2, 27 ; Nat. 3, 19 ‖ **confūsim**, Varr. L. 9, 4 ‖ *confusius* Cic. Phil. 8, 1.

confūsĭbĭlis, e, qui induit en erreur : Priscill. 1, 6 ‖ dont on doit être confus : Faust.-Rei. Ep. 6, p. 197, 20.

confūsĭbĭlĭtās, ātis, f., confusion : Virg. Gram. Epit. 4, 4, 2.

confusibiliter

confūsĭbĭlĭtĕr, adv., en confondant, faussement : Faust.-Rei. Spir. 1, 3.

confūsīcĭus, a, um, où tout est confondu : Pl. Cis. 472.

confūsĭo, ōnis, f. (confundo) ¶ 1 action de mêler, de fondre, mélange : *haec conjunctio confusioque virtutum* Cic. Fin. 5, 67, cette union et cette pénétration des vertus entre elles ¶ 2 confusion, désordre : *religionum* Cic. Leg. 2, 25, confusion de religions ; *suffragiorum* Cic. Mur. 47, confusion des votes [vote par tête au lieu du vote habituel par centuries] ; *perturbatio et confusio vitae* Cic. Nat. 1, 3, trouble et désordre dans la vie ‖ confusion, rougeur : Tac. H. 4, 40 ‖ trouble [des sentiments, de l'esprit] : Tac. H. 3, 38 ; Plin. Ep. 1, 22 ; Quint. 12, 5, 3 ‖ [droit] confusion, v. *confundo* ¶ 2.

confūsŏr, ōris, m. (confundo), celui qui bouleverse : Aug. Psalm. 32, s. 2, 5.

confūsus, a, um ¶ 1 part. de *confundo* ¶ 2 [pris adjt] (*confusior* Sen. Ben. 6, 7, 1 ; Ep. 95, 28 ; Tac. An. 4, 63 ; -*issimus* Suet. Aug. 44) **a)** mélangé : *in hac confusa atque universa defensione (= rerum confusarum defensione)* Cic. Sest. 5, dans cette défense qui mélange et embrasse tant d'objets **b)** sans ordre, confus : *oratio confusa, perturbata* Cic. de Or. 3, 50, discours plein de confusion et de désordre ; *homines inconditis vocibus inchoatum quiddam et confusum sonantes* Cic. Rep. 3, 3, les hommes faisant entendre dans des sons inarticulés de confuses ébauches d'idées ; *onusti cibo et vino perturbata et confusa cernimus* Cic. Div. 1, 60, chargés de nourriture et de vin nous n'avons que des visions troubles et confuses [songes] **c)** troublé [moralement] : Liv. 1, 7, 6 ; 6, 6, 7 ; 35, 15, 9 ; 35, 35, 18 ‖ figure troublée (bouleversée) : Liv. 45, 15, 1 ; Curt. 6, 7, 18 ‖ visage défiguré : Tac. An. 4, 63 ‖ *pavor confusior* Plin. 7, pr. 5, crainte plus troublée, qui se traduit par un plus grand trouble.

confūtātĭo, ōnis, f. (confuto), [rhét.] réfutation : Her. 1, 4 ; Mamert. Stat. 3, 14, 2.

confūtātŏr, ōris, m. (confuto), celui qui réfute, adversaire : Hier. Vir. ill. 33.

confūtātus, a, um, part. de *confuto*.

1 **confūtō**, ās, āre, āvī, ātum (cf. *refuto* et *futuo*), tr. ¶ 1 arrêter le bouillonnement d'un liquide : Titin. Com. 128 ¶ 2 arrêter, abattre : *quod nostras secundas res confutet* Cat. d. Gell. 7, 3, 14, chose de nature à arrêter notre prospérité ; *maximos dolores recordatione confutat* Cic. Tusc. 5, 88, il réduit les plus vives douleurs en faisant appel au souvenir ‖ [en part.] contenir un adversaire, réduire au silence, confondre, réfuter, convaincre : *istos qui me culpant, confutaverim* Pl. Truc. 349, je saurais confondre ces gens qui me condamnent, cf. Cic. Nat. 1, 5 ; Tac. An. 15, 51 ; *confutare argumenta Stoicorum* Cic. Div. 1, 8, réfuter les raisonnements des Stoïciens ; *confutans index* Liv. 8, 18, 8, la dénonciatrice tenant tête, soutenant le contraire ‖ *confutatus crimen* Cod. Th. 11, 8, 1, convaincu d'un crime et abst *confutatus* Amm. 14, 9, 6 ‖ *confutatus* [avec prop. inf.], convaincu de : Amm. 17, 9, 5 ¶ 3 déconcerter, décontenancer : *confutare obtutum* Apul. M. 11, 3, éblouir les yeux.

2 **confŭtō**, ās, āre, - [fréq.] cf. *confuit*, intr., se produire, avoir lieu souvent : Cat. d. P. Fest. 79, 6.

confŭtŭō, ĭs, ĕre, -, -, tr., coucher avec : Catul. 37, 5.

confŭtūrus, a, um, v. *confuit*.

congarrĭō, īs, īre, -, -, tr., redire souvent : Front. Amic. 1, 12, 2, p. 182 N.

congaudĕō, ēs, ēre, -, -, intr., se réjouir avec : Tert. Scorp. 13, 9.

Congēdus, i, m., rivière de la Tarraconaise : Mart. 1, 49, 9.

congĕlascō, ĭs, ĕre, -, -, intr., geler : Gell. 17, 8, 10 ; Macr. Sat. 7, 12, 32.

congĕlātĭo, ōnis, f. (congelo), congélation : Plin. 31, 33 ‖ gelée : Col. 4, 8, 2.

congĕlātus, a, um, part. de *congelo*.

congĕlescō, ĭs, ĕre, -, -, intr., Cassiod. Psalm. 147, 6, c. *congelasco*.

congĕlō, ās, āre, āvī, ātum ¶ 1 tr., geler, faire geler : Plin. 18, 277 ; Val.-Flac. 3, 578 ‖ [fig.] geler, donner froid : Mart. 14, 147, 2 ‖ coaguler : *ubi se congelaverit adeps* Scrib. 271, lorsque la graisse sera figée ‖ durcir, rendre dur : *in lapidem aliquid* Ov. M. 11, 61, pétrifier qq. ¶ 2 intr., se geler : *Hister congelat* Ov. Tr. 3, 10, 30, l'Hister se glace ‖ [fig.] s'engourdir : *congelare otio* Cic. Fam. 2, 13, 3, s'engourdir dans le repos.

congĕmescō, c. *congemisco* : *Tert. Spect. 30, 3.

congĕmĭnātĭo, ōnis, f. (congemino), redoublement : Isid. 2, 21, 2 ‖ [fig.] embrassade, embrassement : Pl. Poen. 1297.

congĕmĭnātus, a, um, part. de *congemino*.

congĕmĭnō, ās, āre, āvī, ātum ¶ 1 tr., redoubler : *congeminare crebros ictus* Virg. En. 12, 714, porter des coups redoublés ; *victores paeana congeminant* Val.-Flac. 6, 512, les vainqueurs redisent le péan ¶ 2 intr., se doubler : Pl. Amp. 786.

congĕmĭnus, i, m., frère jumeau : Aug. Psalm. 77, 9.

congĕmiscō, ĭs, ĕre, -, -, intr., gémir profondément, s'affliger : *in aliquo* Aug. Conf. 6, 7, 11, gémir sur le sort de qqn.

congĕmō, ĭs, ĕre, mŭī, - ¶ 1 intr., gémir ensemble [ou] profondément : *congemuit senatus* Cic. Mur. 51, ce fut un gémissement unanime dans le sénat ‖ [poét.] *supremum congemuit ornus* Virg. En. 2, 631, l'orne fit entendre un dernier gémissement ¶ 2 tr., pleurer, déplorer : *congemere aliquem* Val.-Flac. 5, 12, pleurer qqn ; *mortem* Lucr. 3, 932, s'affliger de mourir.

1 **congĕnĕr**, ĕri, m., gendre avec d'autres : Symm. Ep. 8, 40.

2 **congĕnĕr**, ĕris (cum, genus), qui est d'une nature semblable : Plin. 15, 98.

congĕnĕrātus, a, um, part. de *congenero*.

congĕnĕrō, ās, āre, -, -, tr. ¶ 1 engendrer ensemble : Varr. R. 2, 4, 19 ‖ engendrer avec, occasionner : Cael.-Aur. Chron. 4, 3, 21 ¶ 2 ajouter, associer : Acc. Tr. 580.

congĕnĭtus, a, um, né avec : *congenita mundo* Plin. 16, 6, aussi ancienne que le monde ; *pili congeniti* Plin. 11, 230, les premiers poils (venus à la naissance).

congentīlis, e, de la même nation : Gloss. 2, 383, 14 ‖ qui est païen avec d'autres, coïdolâtre : Aug. Faust. 13, 15.

congĕnŭclātus, a, um, tombé sur les genoux : Sisen. d. Non. 57, 32.

congĕnŭclō, ās, āre, -, -, intr. (cum, geniculum), tomber sur les genoux : Coel.-Antip. Hist. 44.

congĕr, gri, m., Pl. Mil. 760, **congrus**, Isid. 12, 6, 44, **gongĕr**, gri, Plin. 32, 148 et **gongrus**, i, Char. 24, 8 (γόγγρος ; it. *congro*), congre [poisson de mer].

congĕrĭa, ae, f., Grom. 211, 10 ; 227, 16, c. *congeries*.

congĕrĭēs, ēi, f. (congero) ¶ 1 amas : *congeries lapidum* Liv. 31, 39, 8, tas de pierres ; *cadaverum congeries* Val.-Flac. 6, 511, monceau de cadavres ‖ [en part.] tas de bois : Quint. 5, 13, 13 ¶ 2 [fig.] le Chaos : Ov. M. 1, 33 ‖ [rhét.] accumulation : Quint. 8, 4, 3.

congermānescō, ĭs, ĕre, -, -, intr. (cum, germanus), s'accorder comme des frères, sympathiser : Quadr. d. Non. 90, 16 ; Apul. M. 2, 10.

congermĭnālis, e, de même germe : *ceteris congerminalis* Aug. Civ. 5, 7, né du même germe que les autres.

congermĭnō, ās, āre, -, -, intr., germer : Gell. 20, 8, 7.

congĕrō, ĭs, ĕre, gessī, gestum, tr., porter ensemble ¶ 1 amasser, entasser, amonceler, accumuler : *saxis congestis* Liv. 1, 51, 9, avec des pierres amoncelées ; *alicui munera congerere* Cic. Att. 5, 9, 1, charger qqn de présents ; *viaticum* Cic. Planc. 26, amasser des provisions de route [pour qqn] ; *in os alicui tritici grana* Cic. Div. 1, 78 (*in os alicujus* Div. 2, 26) entasser des grains de blé dans la bouche de qqn ; *magna vis salis ex proximis erat salinis eo congesta* Caes. C. 2, 37, 5, une grande quantité de sel apportée des salines voisines avait été accumulée là ‖ *tela in aliquem* Curt. 8, 14, 38, cribler qqn de traits ; *congestis telis* Tac. An. 2, 11, sous une grêle de traits ‖ former par accumulation : *aram sepulcri congerere arboribus* Virg. En. 6, 178, faire un autel funéraire en amoncelant des arbres ; *nidamenta* Pl. *Ru.* 889, faire un nid ; [abs[t]] *congerere = congerere nidum* Virg. *B.* 3, 69 ; Gell. 2, 29, 5, faire son nid ∥ [fig.] *quoniam congesta fuit accusatio acervo quodam criminum* Cic. *Scaur.* 4 b, puisque l'accusation a été constituée par une sorte d'amoncellement de griefs ¶ **2** [fig.] rassembler ; accumuler des noms dans une énumération : Cic. *Brut.* 297 ; Quint. 10, 1, 56 ; *(turba patronorum) quam ego congessi in hunc sermonem* Cic. *Brut.* 332, (la foule des avocats) dont j'ai accumulé les noms dans cet entretien ∥ rassembler (accumuler) sur qqn [bienfaits, honneurs] : *ad aliquem* Cic. *Dej.* 12 ; *in aliquem* Cic. *Tusc.* 5, 117 ; *alicui* Tac. *An.* 1, 4 ; [en part.] *in aliquem maledicta* Cic. *Phil.* 3, 15 ; *in aliquem crimina* Cic. *Mil.* 64, entasser contre qqn les injures, les accusations ; *in aliquem causas aliquarum rerum* Liv. 3, 38, 7, faire retomber sur qqn les responsabilités de certaines choses.

congerro, *ōnis*, m. (*cum, gerro*), compagnon d'amusement : Pl. *Most.* 931 ; Pers. 89.

congessī, parf. de *congero*.

congestē, adv. (*congestus*), en bloc : Capit. *Anton.* 19, 12.

congestīcĭus, *a, um* (*congestus*), fait d'amoncellement, rapporté : *locus congesticius* Vitr. 4, 2, terrain formé de terres rapportées, cf. Caes. *C.* 2, 15, 1.

congestim, adv. (*congestus*), en tas : Apul. *Apol.* 35, 2.

congestĭo, *ōnis*, f. (*congero*), action de mettre en tas, accumulation [de terre] Vitr. 6, 8, 5 ; Dig. 19, 2, 57 ∥ comblement [d'un fossé] : Vitr. 10, 14, 1 ∥ [fig.] *congestio enumerationis* Macr. *Sat.* 5, 15, 18, longue énumération.

congestō, *ās, āre*, -, - (*congero*), tr., entasser, amasser : Aug. *Pecc. mer.* 1, 28, 56 ; Commod. *Instr.* 2, 23, 15.

congestus, *a, um*, part. de *congero* ∥ adj[t], *congestior alvo* Aus. *Mos.* 132, plus gros de ventre.

2 **congestŭs**, *ūs*, m., action d'apporter ensemble : *herbam credo avium congestu (extitisse)*, Cic. *Div.* 2, 68, cette herbe s'est trouvée là, sans doute apportée par des oiseaux ∥ entassement, accumulation : Lucr. 6, 724 ; Tac. *An.* 15, 3 ; Sen. *Ben.* 2, 27, 3.

congĭālis, *e* (*congius*), qui contient un conge : Pl. *Aul.* 622.

congĭārĭum, *ĭi*, n. (*congiarius*) ¶ **1** vase qui contient un conge : Dig. 33, 7, 13 ¶ **2** distribution de vin, d'huile, faite au peuple : Plin. 31, 89 ; 14, 96 ¶ **3** distribution d'argent : *congiaria populo frequenter dedit* Suet. *Aug.* 41, 2, il fit au peuple de fréquentes distributions d'argent, cf. Cic. *Phil.* 2, 116 ¶ **4** don, présent [en gén.] : Cic. *Att.* 10, 7, 3 ; Cael. *Fam.* 8, 1, 4 ; Sen. *Ep.* 29, 5.

congĭārĭus, *a, um* (*congius*), qui contient un conge : Varr. d. Plin. 14, 96 ∥ distribué par conge : *vinum congiarium* Cat. *Orat.* 173, distribution de vin faite aux soldats.

congĭum, *ĭi*, n., ⨂ *congius* : Gloss. 3, 325, 27.

congĭus, *ĭi*, m. (κόγχη, κογχίον, cf. *modius* ; it. *cogno*), conge [mesure pour les liquides = 6 *sextarii* = 3 1/4 l] : Cat. *Agr.* 57 ; Liv. 25, 2, 8 ; Plin. 14, 85.

conglăcĭātus, *a, um*, part. de *conglacio*.

conglăcĭō, *ās, āre*, -, *ātum* ¶ **1** intr., se congeler : Cic. *Nat.* 2, 26 ∥ [fig.] *Curioni tribunatus conglaciat* Cael. *Fam.* 8, 6, 3, Curion a un tribunat congelé = ne donne pas signe de vie ¶ **2** tr., geler, faire geler : *conglacientur aquae* Eleg. Maec. 1, 101, les eaux se forment en glace, cf. Plin. 2, 152.

conglisco, *ĭs, ĕre*, -, -, intr., s'étendre, s'accroître : Pl. *Trin.* 678.

conglŏbātim, adv. (*conglobo*), en masse : Aug. *Conf.* 7, 7, 11.

conglŏbātĭō, *ōnis*, f. (*conglobo*) ¶ **1** accumulation en forme de globe, agglomération : Sen. *Nat.* 1, 15, 4 ¶ **2** rassemblement en corps : Tac. *G.* 7.

conglŏbātus, *a, um*, part. de *conglobo*.

conglŏbō, *ās, āre, āvī, ātum*, tr., mettre en boule ¶ **1** [pass.] se mettre en boule, s'arrondir, se ramasser : Cic. *Nat.* 2, 116 ; 2, 98 ; *conglobata figura* Cic. *Nat.* 2, 118, figure sphérique ¶ **2** [fig.] rassembler, attrouper [des soldats] : Sall. *J.* 97, 4 ; Liv. 26, 40, 17 ; *cum se in unum conglobassent* Liv. 8, 11, 5, après s'être reformés en un seul corps de troupes ; *conglobata inter se pars contionis* Tac. *An.* 1, 35, une partie de l'assemblée qui s'était formée en un groupe compact ∥ *in aliquem locum* Liv. 10, 5, 9 ; *in aliquo loco* Tac. *An.* 14, 32, se rassembler dans un lieu ∥ *definitiones conglobatae* Cic. *Part.* 55, définitions accumulées ¶ **3** [en parl. des atomes] former par agglomération (*aliquem*, qqn) : Sen. *Ben.* 4, 19, 3.

conglŏmĕrātĭō, *ōnis*, f. (*conglomero*), rassemblement, attroupement : Cod. Just. 12, 19, 13.

conglŏmĕrātus, *a, um*, part. de *conglomero*.

conglŏmĕrō, *ās, āre, āvī, ātum*, tr., mettre en peloton : Lucr. 3, 210 ∥ [fig.] entasser, accumuler : Enn. *Tr.* 307.

conglōrĭfĭcō, *ās, āre*, -, -, tr., glorifier ensemble : Tert. *Res.* 40, 14.

conglōrĭor, *āris, ārī*, -, intr., être glorifié ensemble : Isid. *Ord.* 15, 1.

conglūtĭnātĭō, *ōnis*, f. (*conglutino*), action de coller ensemble : Cic. *CM* 72 ∥ [fig.] *verborum* Cic. *Or.* 78, assemblage des mots [évitant les hiatus], liaison des mots.

conglūtĭnātus, *a, um*, part. de *conglutino*.

conglūtĭnō, *ās, āre, āvī, ātum*, tr. ¶ **1** coller ensemble, lier ensemble : Varr. *R.* 3, 16, 23 ; Vitr. 7, 4, 3 ; *vulnus* Plin. 23, 3, fermer une blessure ¶ **2** [fig.] former par liaison étroite des éléments ; constituer en un tout compact : *sic hominem eadem optime, quae conglutinavit, natura dissolvit* Cic. *CM* 72, ainsi la nature qui a soudé ce tout qui est l'homme, excelle aussi à le désagréger ; *rem dissolutam conglutinare* Cic. *de Or.* 1, 188, constituer en un tout un objet d'étude morcelé ∥ lier étroitement les éléments d'un tout, cimenter, souder : *si utilitas amicitias conglutinaret* Cic. *Lae.* 32, si l'intérêt scellait les amitiés ; *a me conglutinata concordia* Cic. *Att.* 1, 17, 10, accord cimenté par moi ∥ combiner qqch. : Pl. *Bac.* 693.

conglūtĭnōsus, *a, um*, visqueux : Veg. *Mul.* 1, 40, 2.

conglŭvĭāles dies, m. pl. (cf. *glus* ?), jours où l'on continuait les travaux interrompus : Suet. d. Schol. Luc. *Comment.* 5, 7.

congrădus, *a, um*, qui marche avec [construit avec le dat.] : Avien. *Arat.* 1240.

congraecor, *āris, ārī*, - (*graecor*), tr., dépenser à la grecque = en débauches : *Pl. *Bac.* 743, cf. Non. 83, 24.

congrātŭlātĭō, *ōnis*, f., congratulation, félicitation : Val.-Max. 9, 3, 5.

congrātŭlor, *āris, ārī, ātus sum*, intr. ¶ **1** présenter ses félicitations, féliciter : *conferre dona congratulantes* Pl. *Men.* 129, faire des cadeaux en félicitant ; *complexus hominem congratulatusque* Gell. 12, 1, 4, l'ayant embrassé et le félicitant ¶ **2** se féliciter : *congratulabantur libertatem civitati restitutam* Liv. 3, 54, 7, ils se félicitaient en commun de ce que l'État avait recouvré sa liberté.

congrĕdĭō, *ĭs, īre*, -, - [arch.], ⨂ *congredior* : Pl. *Ep.* 543 d'après Non. 473, 11.

congrĕdĭor, *dĕrĭs, dī, gressus sum* (*cum, gradior*)

I intr. ¶ **1** rencontrer en marche ; aller trouver qqn, aborder qqn, avoir une entrevue avec qqn : *cum aliquo* Cic. *Cael.* 53 ; Caes. *G.* 1, 39, 1 ; *primordia rerum inter se congressa* Lucr. 5, 191, les atomes en se rencontrant ∥ [abs[t]] *si ipse coram congredi poteris* Cic. *Pis.* 59, si tu peux avoir (avec lui) un entretien de vive voix ; *cum erimus congressi* Cic. *Att.* 1, 20, 1, quand nous nous rencontrerons (nous nous trouverons ensemble) ¶ **2** [sens hostile] se rencontrer dans une bataille, combattre : *armis congredi* Caes. *G.* 1, 36, 3, combattre les armes à la main ; *impari numero* Caes. *C.* 1, 47, 3, lutter avec l'infériorité du nombre ; *locus, ubi congressi sunt* Cic. *Mil.* 53, l'endroit où eut lieu la rencontre des adversaires ; *cum finitimis proelio congredi* Caes. *G.* 7,

congredior

65, 2, engager un combat avec les peuples voisins ; **eidem quibuscum saepenumero Helvetii congressi** Caes. *G.* 1, 40, 7, les mêmes avec lesquels les Helvètes ayant eu de nombreux engagements...‖ **alicui,** se mesurer avec qqn, être aux prises avec qqn : Virg. *En.* 1, 475 ; 5, 809 ; Curt. 9, 7, 20 ‖ **contra aliquem,** marcher en armes contre qqn : Cic. *Lig.* 9 ‖ [fig.] se mesurer (combattre) en paroles : Cic. *Ac.* 2, 148 ; **cum Academico** Cic. *Nat.* 2, 1, lutter contre un philosophe académicien ; **congredere mecum criminibus ipsis** Cic. *Mur.* 67, pour me combattre, fais état seulement des griefs.
II tr., *congredi aliquem,* aborder qqn : Pl. *Ep.* 545a ; *Most.* 783 ; Stat. *Th.* 11, 665 ‖ **in congrediendis hostibus** Gell. 1, 11, 2, en abordant les ennemis (au moment de l'attaque).
▶ inf. prés. de la 4ᵉ conj. *congrediri* *Pl. *Aul.* 248.

congrĕgābĭlis, *e* (*congrego*), fait pour le groupement, pour la société : Cic. *Off.* 1, 157 ; Ambr. *Off.* 1, 27, 128.

congrĕgālis, *e* (*congrego*), qui assemble, qui unit : Ter.-Maur. 6, 364, 1317.

congrĕgātim, adv. (*congrego*), en troupe, en foule : Prud. *Cath.* 7, 143.

congrĕgātĭo, *ōnis,* f. (*congrego*) ¶ 1 action de se réunir en troupe : Cic. *Fin.* 2, 109 ¶ 2 réunion d'hommes, société : **nos ad congregationem hominum esse natos** Cic. *Fin.* 3, 65, que nous sommes nés sociables ‖ propension à se réunir, esprit de société : Cic. *Rep.* 1, 39 ; Sen. *Ep.* 5, 4 ‖ assemblée, foule : Vulg. *Exod.* 16, 2 ¶ 3 [en gén.] réunion : **omnis congregatio aquarum** Vulg. *Lev.* 11, 36, toute la masse des eaux ; **congregatio criminum** Quint. 7, 1, 31, la réunion des chefs d'accusation ‖ [rhét.] **congregatio rerum** Quint. 6, 1, 1, récapitulation.

congrĕgātīvē, adv., collectivement : Ps. Asper 5, 552, 14.

congrĕgātīvus, *a, um,* qui exprime la réunion [en parl. des adverbes] : Prisc. 3, 87, 9.

congrĕgātŏr, *ōris,* m., celui qui rassemble : Ambr. *Psalm.* 39, 22 ; Arn. 6, 13.

1 congrĕgātus, *a, um,* part. de *congrego.*

2 congrĕgātus, abl. *ū,* m., réunion [d'hommes] : Jul.-Val. 2, 34.

congrĕgō, *ās, āre, āvī, ātum* (*cum, grex*), tr., rassembler en troupeau ¶ 1 rassembler : **oves** Plin. 8, 72, rassembler des brebis ‖ [pass.] se rassembler : **apium examina congregantur** Cic. *Off.* 1, 157, les essaims d'abeilles se rassemblent (*Nat.* 2, 124) ¶ 2 rassembler [des hommes] : **dissupatos homines** Cic. *Tusc.* 1, 62 (**in unum locum** Cic. *Sest.* 91) rassembler (en un même endroit) les hommes dispersés ‖ **hominem in idem Vettii indicium atque in eumdem hunc numerum congregasti** Cic. *Vatin.* 25, cet homme, tu l'as englobé dans les dénonciations aussi de Vettius et dans le nombre aussi de ces gens qu'il poursuivait ; **quicum te aut voluntas congregasset aut fortuna conjunxisset** Cic. *Quinct.* 52, un homme avec lequel tu as été ou associé par ta volonté ou lié par le hasard ; **quibus me tempus aliquod congregavit** Sen. *Ep.* 62, 2, des gens dont quelque circonstance m'a rapproché ‖ **se congregare cum aliquibus** Cic. *Fin.* 5, 42 ; **unum in locum** Cic. *Phil.* 14, 15, se réunir avec certains, se rassembler en un même lieu ‖ **congregari: pares cum paribus congregantur** Cic. *CM* 7, qui se ressemble s'assemble ; **familiae congregantur** Cic. *Verr.* 5, 29, les familles se rassemblent ; **unum in locum congregentur** Cic. *Cat.* 1, 32, qu'ils se rassemblent en un même lieu ; **congregantur in fano** Cic. *Div.* 1, 90, ils se rassemblent dans un temple ‖ **congregari inter se** Tac. *An.* 1, 30, tenir des réunions entre eux ; **nulli externo congregantur** Plin. 5, 45, ils n'ont de rapport avec aucun étranger ¶ 3 [part. pass.] formé par rassemblement : **hominum coetus quoquo modo congregatus** Cic. *Rep.* 1, 39, une réunion d'hommes formée par un assemblage quelconque ; **multitudo hominum ex servis, ex conductis congregata** Cic. *Dom.* 89, une multitude composée d'un ramassis d'esclaves, de gens à gages (mercenaires) ‖ dont les éléments sont solidement liés : **ex quo judicare potestis quanta vis illa fuerit oriens et congregata, cum haec Cn. Pompeium terruerit jam distracta et exstincta** Cic. *Dom.* 67, ainsi vous pouvez juger quelle était alors cette puissance à sa naissance et dans toute sa cohésion, puisque, désunie et mourante, elle faisait encore trembler Pompée ¶ 4 rassembler [des choses] : **signa unum in locum congregata** Tac. *An.* 1, 28, enseignes rassemblées au même endroit ; **infirmiora argumenta congreganda sunt** Quint. 5, 12, 4, il faut grouper ensemble les arguments les plus faibles ; **turbam tantummodo (verborum) congregat** Quint. 10, 1, 7, il ne fait qu'accumuler une masse de mots [dans sa mémoire].

congrĕgus, *a, um* (*grex*), qui va en troupe : Isid. 12, 7, 1.

congressĭo, *ōnis,* f. (*congredior*) ¶ 1 action de se rencontrer, rencontre [opp. *digressio,* séparation] : Cic. *Q.* 1, 3, 4 ¶ 2 action d'aborder qqn, abord, commerce, entrevue, réunion : Cic. *Clu.* 41 ; *Phil.* 2, 46 ; *de Or.* 1, 192 ; *Off.* 1, 132 ‖ commerce de l'homme et de la femme : *Rep.* 1, 38 ¶ 3 rencontre, combat : Quadr. *Hist.* 10 ; Just. 6, 4, 12 ‖ **congressio navalis proelii** Just. 2, 12, 8, engagement d'une bataille navale.

congressor, *ōris,* m. (*congredior*), lutteur : Ambr. *Ep.* 27, 16.

1 congressus, *a, um,* part. de *congredior.*

2 congressŭs, *ūs,* m. (*congredior*) ¶ 1 action de se rencontrer, rencontre [opp. à *digressus,* séparation] : Cic. *Att.* 9, 18, 4 ; 11, 12, 3 ; *Q.* 1, 3, 4 ¶ 2 entrevue, réunion, commerce : Cic. *Fam.* 6, 4, 5 ; *Sest.* 111 ; *Lae.* 87 ‖ commerce de l'homme et de la femme : Plin. 12, 54 ; Apul. *M.* 1, 7 ¶ 3 rencontre, combat : Cic. *de Or.* 2, 317 ; Caes. *G.* 3, 13, 7 ; *C.* 1, 46, 4 ; 1, 47, 2.

congrex, *grĕgis* ¶ 1 qui appartient au même troupeau : **congrex armentis equinis** Apul. *M.* 7, 16, réuni à des hardes de chevaux ¶ 2 de même compagnie, de la même troupe : **nullis comissationibus congreges** Tert. *Paen.* 11, 5, ne se réunissant pour aucune partie de plaisir ‖ [fig.] étroitement uni, serré : **congrex nexus** Prud. *Sym.* 2, 635, nœud serré.

Congrĭo, *ōnis,* m., nom d'un cuisinier dans Plaute : *Aul.* 280.

congrŭē, adv. (*congruus*), convenablement, de façon congruente : Capel. 6, 601 ; Symm. *Ep.* 1, 12, 1.

congrŭens, *entis,* part. prés. de *congruo,* pris adjᵗ [compar. et superl. tardifs], qui s'accorde avec ¶ 1 convenable, juste, conforme : **genus dicendi aptum et congruens** Cic. *de Or.* 3, 53, un style approprié et convenable (*Part.* 54) ‖ s'accordant, d'accord : **haec duo pro congruentibus sumunt tam vehementer repugnantia** Cic. *Ac.* 2, 44, ils associent, comme étant d'accord, ces deux principes si fortement contradictoires ; **verbis discrepans, sententiis congruens** Cic. *Leg.* 1, 30, avec une différence dans les mots, un accord dans les idées ; **vita congruens cum disciplina** Cic. *Brut.* 117, vie conforme à la doctrine (*Brut.* 141 ; *Fin.* 2,45 ; *Leg.* 1, 38) ; **congruens actio menti** Cic. *de Or.* 3, 222, action oratoire en accord avec les pensées (*Fin.* 5, 58 ; 2, 99 ; *Fam.* 9, 24, 1) ‖ **congruens est, congruens videtur** [avec inf.], il est, il paraît convenable de : Tac. *An.* 4, 2 ; H. 5, 8 ; Plin. *Ep.* 1, 8, 17 ; [avec prop. inf.] Plin. *Pan.* 38, 6 ; [avec *ut* subj.] Gell. 17, 8, 13 ‖ n. pl. pris subst., **congruentia,** des choses concordantes : Liv. 9, 31, 7 ; 42, 17, 1 ; Tac. *An.* 15, 56 ¶ 2 dont les parties sont en accord : **concentus concors et congruens** Cic. *Rep.* 2, 69, un concert où les sons s'accordent et se fondent harmonieusement ; **clamor congruens** Liv. 30, 34, 1, cris poussés à l'unisson ; **Tiberius fuit... aequalis et congruens** Suet. *Tib.* 68, 1, Tibère avait le corps bien fait et bien proportionné.

congrŭentĕr, adv. (*congruens*), d'une manière convenable, conformément à : **ad id, quodcumque agetur, congruenter dicere** Cic. *de Or.* 3, 37, parler d'une façon appropriée au sujet, quel qu'il soit ; **congruenter naturae** Cic. *Fin.* 3, 26, en se conformant à la nature ‖ **-tius** Minuc. 40 ; **-tissime** Tert. *Carn.* 11, 5.

congrŭentĭa, *ae,* f. (*congruens*), accord, proportion, rapport, conformité : **congruentia aequalitasque membrorum** Plin. *Ep.* 2, 5, 11, la proportion et la régularité des membres ; ***congruentia morum*** Suet. *Oth.* 2, 2, conformité de caractère ; ***congruentia pronuntiandi*** Apul. *Apol.* 15, 9, la correction du débit.

congrŭĭtās, *ātis*, f. (*congruus*), [trad. du grec σύμβαμα, terme des Stoïciens] proposition où il y a accord complet, c.-à-d. formée d'un nom et d'un verbe : Prisc. 3, 211, 20.

congrŭō, *ĭs*, *ĕre*, *grŭī*, - (obscur, cf. *2 gruo, ingruo*) ¶ **1** se rencontrer étant en mouvement : ***guttae inter se congruunt*** Vitr. 7, 8, 2, les gouttes tombant se rencontrent, se réunissent ; ***(Zenon) congruere judicat stellas*** Sen. *Nat.* 7, 19, 1, (Zénon) estime que les comètes convergent ‖ être en mouvement concordant : ***cum viderit sidera cum ejus (caeli) ipsius motu congruere*** Cic. *Tusc.* 5, 69, en voyant les astres participer au mouvement du ciel lui-même ¶ **2** [fig.] être d'accord, concorder : ***suos dies mensesque congruere volunt cum solis lunaeque ratione*** Cic. *Verr.* 2, 129, ils veulent que leurs jours et leurs mois soient en accord avec le cours du Soleil et de la Lune ; ***congruere ad aliquid*** Liv. 1, 5, 5 ; 1, 19, 6, concorder avec qq. ‖ être en harmonie, en accord : ***nostri sensus, ut in pace, in bello congruebant*** Cic. *Marc.* 16, nos sentiments [à tous deux] étaient en harmonie pendant la guerre, comme pendant la paix ‖ [avec dat.] ***congruere naturae*** Cic. *Tusc.* 5, 82, être en accord avec la nature (*Fin.* 3, 20 ; 4, 53) ; ***animi corporum doloribus congruentes*** Cic. *Tusc.* 5, 3, des âmes participant aux douleurs physiques (éprouvant en même temps les douleurs du corps) ; ***id perspicuum est non omni causae nec auditori neque personae neque tempori congruere orationis unum genus*** Cic. *de Or.* 3, 210, il est évident qu'un seul et même genre de style ne convient pas à toute espèce de cause, d'auditoire, de rôle (comme avocat), de circonstance ; [avec *cum*] ***gestus cum sententiis congruens*** Cic. *Brut.* 141, geste répondant aux pensées (183 ; *Fin.* 2, 100 ; 5, 19 ; *Div.* 1, 97) ; [avec *inter se*] s'accorder ensemble : *Amer.* 62 ; *Fin.* 3, 62 ; *Tusc.* 4, 30 ; [avec *in unum*] former un accord unanime : Liv. 3, 24, 6 ; 25, 32 ; 2 ‖ ***de aliqua re***, être d'accord au sujet d'une chose : Cic. *Leg.* 1, 53 ; [abl. seul] ***(Academici et Peripatetici) rebus congruentes*** Cic. *Ac.* 1, 17, (Académiciens et Péripatéticiens) étant d'accord pour le fond (*Leg.* 1, 38 ; *Fin.* 2, 45 ; Liv. 8, 6, 15) ¶ **3** [emploi impers.] ***congruit ut*** [et subj.] Plin. *Ep.* 7, 2, 1, il n'est pas contradictoire que, il est logique que ... ‖ ***forte congruerat ut*** [subj.] Tac. *H.* 1, 7, une coïncidence fortuite avait fait que.

congrus, *i*, m., ▶ *conger*.

congrŭus, *a*, *um* (*congruo*), conforme, congruent : ***cum illa congruus sermo tibi*** Pl. *Mil.* 1116, tu sais lui parler comme il faut ; ***verecundiae maternae congrua sententia*** Dig. 39, 5, 32, décision conforme au respect maternel ; ***congruus modus*** Pall. 11, 14, 6, quantité suffisante ; ***congrua tempora*** Claud. *Ruf.* 1, 315, le moment qui convient.

congȳrō, *ās*, *āre*, *āvī*, -, intr., tourner ensemble autour : Vulg. *Judith* 13, 16.

cŏnĭcĭō, *ĭs*, *ĕre*, -, -, ▶ *conjicio* ; sur l'orth. *conjicio*, v. Quint. 1, 4, 11 ; Gell. 4, 17, 7.

conierat, **coierat**, ▶ *conjurat* : Gloss. 4, 322, 33 ; 5, 494, 72.

cōnĭfĕr, Virg. *En.* 3, 680 et **cōnĭgĕr**, *ĕra*, *ĕrum*, Catul. 64, 106 (*conus*, *fero*, *gero*), qui porte des fruits en cône [en parl. de certains arbres, résineux].

cŏnīla, *ae*, f., Ps. Apul. *Herb.* 123, ▶ *cunila*.

Cŏnimbriga (-brica), *ae*, f., ville de Lusitanie [Condeixa] : Plin. 4, 113.

cōnĭptum, **cŏnĭtum**, *i*, f. l. pour *comptum*.

cōnīre, arch. pour *coire*, cf. Quint. 1, 6, 17.

Conisium, *ĭi*, n., ville de Mysie : Plin. 5, 126.

cŏnistērĭum, *ĭi*, n. (κονιστήριον), lieu du gymnase où les lutteurs se frottent de poussière : Vitr. 5, 11, 2.

cōnīsus, *a*, *um*, part. de *conitor*.

cōnītŏr (connītŏr), *tĕris*, *tī*, *nīsus sum (nīxus sum)* (*cum*, *nitor*), intr. ¶ **1** faire des efforts ensemble : ***undique omnes conisi hostem avertunt*** Liv. 3, 63, 4, se précipitant de toutes parts, tous d'un commun effort font plier l'ennemi (22, 47, 5 ; 33, 5, 7) ; ***vix illam (loricam) famuli ferebant conixi humeris*** Virg. *En.* 5, 264, c'est à peine si les deux esclaves unissant leurs efforts pouvaient porter cette cuirasse sur leurs épaules ; ***Galli omni multitudine in unum locum conixi*** Liv. 31, 21, 10, les Gaulois avec toutes leurs forces portant leurs efforts ensemble sur un seul point (Pl. *Mil.* 29) ‖ faire un effort total, tendre tous ses ressorts : ***quantum coniti animo potes*** Cic. *Off.* 3, 6, tout ce que tu peux donner comme effort moral ; ***ratio conixa per se et progressa longius fit perfecta virtus*** Cic. *Tusc.* 2, 47, la raison après avoir fait par elle-même un effort énergique et s'être avancée bien loin dans la voie du progrès devient la vertu parfaite ; ***fert ingens toto conixus corpore saxum*** Virg. *En.* 10, 127, il se raidit de tout son corps pour porter un rocher énorme ; ***omnibus copiis conisus Ancus*** Liv. 1, 33, 5, Ancus donnant tout son effort avec l'ensemble de ses troupes (33, 19, 9) ‖ [avec inf.] ***coniterentur modo uno animo omnes invadere hostem*** Liv. 9, 31, 12, qu'ils fassent seulement tous un effort commun d'un seul cœur pour charger l'ennemi ; ***Nero effodere proxima Averno juga conisus est*** Tac. *An.* 15, 42, Néron fit tous ses efforts pour percer les hauteurs voisines de l'Averne (15, 51) ‖ [avec *ut* et subj.] Curt. 5, 8, 7 ‖ [avec *ad* et gérond.] Tac. *An.* 15, 66 ¶ **2** [en part.] tendre tous les ressorts, se raidir [pour monter, s'élever] : ***equitatus noster summa in jugum virtute conititur*** Caes. *C.* 1, 46, 3, nos cavaliers avec leur plus grande énergie font effort pour atteindre le sommet ; ***(parvi) conituntur, sese ut erigant*** Cic. *Fin.* 5, 42, (les petits) tendent tous leurs muscles pour se mettre debout (Curt. 7, 3, 13) ; ***jactandis gravius in conitendo ungulis*** Liv. 21, 36, 8, [les bêtes de somme] en frappant plus violemment de leurs sabots dans leurs efforts pour marcher ‖ ***Vettius in praealtam arborem conisus*** Tac. *An.* 11, 31, Vettius qui était monté sur un arbre très haut ‖ ***conixus in hastam*** Sil. 10, 251, faisant pression sur sa lance ¶ **3** [poét.] se raidir pour mettre bas : Virg. *B.* 1, 15.

▶ inf. prés. *conitier* Acc. d. Cic. *Div.* 1, 44.

1 cōnĭum, *ĭī*, n. (κώνειον), ciguë : Ambr. *Hex.* 3, 9, 38.

2 Cŏnĭum, *ĭi*, n. (Κόνιον), ville de Phrygie : Plin. 5, 145.

cōnīventĭa, *ae*, f. (*coniveo*), indulgence : Ps. Ascon. *Verr.* 1, p. 152 B ; Lampr. *Alex.* 54, 7 ‖ connivence : Hier. *Jer.* 4, 22, 1.

cōnīvĕō, *ēs*, *ēre*, *nīvī* ou *nīxī*, - (*cum* et cf. *nicto*, *nitor*, al. *neigen*), intr., s'incliner ensemble ¶ **1** se fermer : Gell. 17, 11, 4 ; 16, 3, 3 ¶ **2** [surtout en parl. des yeux] ***oculis somno coniventibus*** Cic. *Nat.* 2, 143, les yeux se fermant sous le sommeil (*Har.* 38) ‖ [en parl. des pers. elles-mêmes] fermer les yeux : Pl. *Most.* 830 ; Cic. *de Or.* 3, 221 ; *Tusc.* 1, 117 ; *Pis.* 11 ; ***altero oculo conivere*** Cic. *Nat.* 3, 8, fermer un œil ; [avec acc. de relation] ***conivere oculos*** Ninn. Crass. d. Prisc. 2, 478, 14 ¶ **3** [fig.] fermer les yeux, laisser faire avec indulgence : ***consulibus si non adjuvantibus, at coniventibus certe*** Cic. *Mil.* 32, les consuls sinon donnant leur aide, du moins fermant les yeux (*Flac.* 25 ; *Cael.* 41) ; ***in aliqua re***, fermer les yeux sur qqch. : Cic. *Cael.* 59 ; *Har.* 52 ; *Phil.* 1, 18.

▶ inf. prés. de la 3e conj. *conivēre* Calvus d. Prisc. 2, 479, 7 ‖ sur les deux formes du parf. v. Prisc. 2, 478, 12 : forme *conivi* Apul. *M.* 4, 25 ; 11, 3 ; forme *conixi* Turpil. *Com.* 173.

cōnīvŏli (*coniveo*), ▶ *contuoli*.

conjăcĕō, *ēs*, *ēre*, -, -, intr., être couché avec : Cypr. *Ep.* 4, 3.

conjēcī, parf. de *conjicio*.

conjectānĕa, *ōrum*, n. pl., conjectures [titre d'ouvrages] : Gell. *Praef.* 9.

conjectārĭus, *a*, *um*, conjectural : Gell. 13, 3, 1.

conjectātĭō, *ōnis*, f. (*conjecto*), action de conjecturer, de présumer : ***unde conjectatio ingens opum est*** Plin. 6, 68, d'où une grande présomption qu'ils sont riches ; ***plana de deo conjectatio est*** Plin. 2, 22, on se fait une idée claire de Dieu ; ***lubrica conjectatione niti*** Gell. 14, 1, 33, s'appuyer sur des conjectures mal assurées ‖ prévision : Plin. 2, 101.

conjectator

conjectātŏr, ōris, m., Itin. Alex. 19; Jul.-Val. 1, 46, C.▶ conjector.

conjectātōrĭus, v.▶ conjectarius.

conjectātus, a, um, part. de conjecto.

conjectĭo, ōnis, f. (conjicio) ¶ 1 action de jeter, de lancer (des traits) : Cic. Caecin. 43 ¶ 2 [fig.] comparaison : *annonae atque aestimationis* *Cic. Verr. 3, 189, comparaison du prix du blé avec son estimation ¶ 3 explication conjecturale, interprétation : *somniorum* Cic. Div. 2, 130, interprétation des songes ¶ 4 [droit] *conjectio causae* Gai. Inst. 4, 15 ; Paul. d. Dig. 50, 17, 1, exposé succinct d'une affaire.

conjectō, ās, āre, āvī, ātum (fréq. de conjicio), tr. ¶ 1 [au pr.] jeter : décret de Ti. Sempr. Gracchus d. Gell. 6, 19, 7 ∥ apporter : Gell. 7, 13, 2 ¶ 2 [fig.] conjecturer (*aliquid*), qqch. : Ter. Eun. 543 ; Liv. 6, 12, 3 ; 29, 14, 9 ; Curt. 4, 9, 11 ∥ *rem aliqua re*, conjecturer une chose par (d'après) une autre : Liv. 5, 21, 16 ; Tac. An. 1, 12 ; ou *de aliqua re* Suet. Ner. 40 ou *ex aliqua re* Tac. An. 12, 49 ; 14, 51 ; Gell. 13, 20, 3 ∥ [avec prop. inf.] conjecturer que : Caes. C. 3, 106, 1 ; Curt. 3, 11, 1 ; Tac. H. 3, 15 ∥ [avec interrog. indir.] Quint. 7, 3, 5 ; Plin. Pan. 26 ; *ex ingenio ducis conjectans in quo tum is pavore esset* Liv. 35, 29, 8, pressentant d'après le caractère du chef quel devait être alors son effroi (22, 9, 2 ; 40, 36, 4 ; 45, 10, 9 ; Curt. 7, 8, 2 ; Plin. Ep. 3, 9, 26) ∥ [abs¹] faire des conjectures, *de aliqua re*, sur qqch. : Tac. H. 2, 97 ¶ 3 pronostiquer, présager : Suet. Ner. 6 ; Aug. 95 ; Cal. 57.
▶ forme déponente *conjector* Tert. Nat. 2, 12, 18.

1 conjectŏr, ōris, m. (conjicio) ¶ 1 qui interprète, qui explique : Pl. Poen. 444 ¶ 2 [en part.] interprète de signes (de songes), devin : Pl. Amp. 1128 ; Cic. Div. 1, 45 ; 1, 72 ; Nat. 1, 55.

2 conjectŏr, ārĭs, ārī, -, v.▶ conjecto ▶.

conjectrix, trīcis, f., devineresse : Pl. Mil. 693.

conjectūra, ae, f. (conjicio) ¶ 1 conjecture : *conjectura mentis divinae* Liv. 10, 39, 15, conjecture sur la pensée divine ; *humani animi* Sen. Ben. 4, 33, 1, conjecture sur le cœur humain, cf. Tac H. 5, 3 ; Quint. 12, 2, 19 ; *consequentium* Cic. Fin. 2, 113, faculté de conjecturer les conséquences ; *ex lucri magnitudine conjecturam furti capere* Cic. Verr. 3, 111, d'après la grandeur du gain conjecturer un vol (*de aliqua re* Cic. Mur. 9, d'après qqch.) ; *conjecturam facere de aliquo (ex aliquo)* Cic. Verr. 1, 125 ; 5, 34, faire une conjecture sur qqn (d'après qqn) ; *ex aliqua re alicujus rei conjecturam facere* Cic. Verr. 4, 34, faire d'après qqch. des conjectures sur qqch. ; *de se conjecturam facere* Cic. de Or. 2, 298, conjecturer d'après soi ; *aliquid conjectura consequi* Cic Cat. 3, 18, se rendre compte d'une chose par conjecture ; *conjectura suspicari* Cic. Rep. 1, 15 ; *augurari* Cic. Att. 2, 9, 1, soupçonner, juger par conjecture ; *ut ego perspicio cum tua conjectura, tum etiam mea* Cic. Att. 9, 23, 5, comme de mon côté je le vois nettement d'après tes présomptions et surtout d'après les miennes ∥ pl., Sen. Marc. 25, 2 ¶ 2 interprétation des songes, prédiction : Pl. Curc. 246 ; Cic. Div. 1, 24 ; 1, 73 ¶ 3 [rhét.] argumentation conjecturale, qui s'appuie sur des conjectures : Cic. Inv. 2, 16 ; Part. 33 ; Div. 2, 55 ; *ex aliqua re conjecturam sumere* Cic. Inv. 2, 47 ; *ducere* Cic. Inv. 2, 41, tirer de qqch. un raisonnement conjectural ; *conjecturam inducere* Cic. Inv. 2, 99, employer le raisonnement conjectural.

conjectūrālis, e (conjectura), fondé sur des conjectures, conjectural : Cels. 1, praef. 2, 6 ∥ [rhét.] *causa conjecturalis* Cic. Inv. 2, 3, cause conjecturale = qui porte sur une question de fait [qu'il faut résoudre par conjecture].

conjectūrālĭter, adv., par conjecture : Sidon. Ep. 8, 11, 10.

conjectūrō, ās, āre, -, -, tr., conjecturer : Boet. Anal. post. 2, 14.

1 conjectus, a, um, part. de conjicio.

2 conjectŭs, ūs, m. (conjicio) ¶ 1 action de jeter ensemble, d'amonceler : Lucr. 5, 416 ; Liv. 7, 6, 2 ∥ concentration sur un point : Lucr. 4, 959 ; 5, 600 ¶ 2 action de lancer [des traits] : Nep. Pelop. 5, 4 ; Liv. 28, 36, 9 ; [des pierres] Cic. Att. 4, 3, 2 ; *ad conjectum teli venire* Liv. 22, 15, 8 ; 26, 4, 7, venir à la distance d'où l'on peut lancer un trait, à laquelle un trait peut porter (à la portée du trait) ∥ possibilité de lancer des traits : Sall. H. 2, 87 D. ; Liv. 25, 16, 22 ∥ action d'abattre le bras sur qqch. : Lucr. 6, 435 ¶ 3 [fig.] action de jeter, de diriger les regards, *in aliquem*, sur qqn : Cic. Sest. 115 ; de Or. 3, 222 ; Planc. 21 ; Curt. 9, 7, 25 ; Plin. Pan. 17 ∥ action de diriger l'esprit : Quint. 3, 6, 30.

conjĕro, ās, āre, -, -, v.▶ conjuro.

conjexit, v.▶ conjicio ▶.

conjĭcĭō (**conĭcĭō** ou **coĭcĭō**), ĭs, ĕre, jēcī, jectum (cum, jacio), tr. ¶ 1 jeter ensemble [sur un point] : *lapides telaque in nostros* Caes. G. 1, 46, 1, faire pleuvoir sur les nôtres une grêle de pierres et de traits (2, 6, 3 ; 3, 4, 1, cf. Cic. Clu. 50 ; Cat. 1, 15 ∥ jeter en tas (en masse) sur un point, réunir en un point : *semina rerum quae conjecta repenta* Lucr. 2, 1061, les éléments des choses, qui, réunis subitement… (2, 1072) ; *in hydriam sortes* Cic. Verr. 2, 127, jeter les sorts ensemble dans une urne ; *nomina in urnam* Liv. 23, 3, 7 ; Plin. Ep. 10, 3, 2, jeter (réunir) les noms dans une urne ; *sarcinas in medium* Liv. 10, 36, 13 ; 28, 2, 3, jeter les bagages en tas au milieu (*in medio* 10, 36, 1 [mss]) ; *agger in munitionem conjectus* Caes. G. 7, 85, 6, des matériaux de toute espèce jetés en masse sur les travaux de défense [de César] ; *domus inflammata conjectis ignibus* Cic. Att. 4, 3, 2, on mit le feu à la maison en y jetant des brandons ∥ [poét.] *spolia igni* Virg. En. 11, 194, jeter dans le feu les dépouilles ; *juveni facem* Virg. En. 7, 456, jeter un brandon contre le jeune homme ¶ 2 jeter, diriger [les yeux] : *oculos in aliquem* Cic. Clu. 54 ; Lae. 9, jeter les yeux sur qqn ; [avec interrog. indir.] : *omnium oculi conjecti sunt in unumquemque nostrum, qua fide ego accusem* Cic. Verr. 5, 175, les yeux de tous les citoyens sont dirigés sur chacun de nous pour voir avec quelle loyauté moi j'accuse… ¶ 3 jeter, pousser, lancer : *aliquem in vincula, in carcerem* Cic. Verr. 5, 107 ; 5, 17 ; *in catenas* Caes. G. 1, 47, 6, jeter dans les fers, en prison ; *navis in portum conjecta est* Cic. Inv. 2, 98, le navire a été lancé [par la tempête] dans le port ; *hostem in fugam* Caes. G. 4, 12, 2, mettre l'ennemi en fuite ∥ *se conjicere in paludem* Liv. 1, 12, 10 ; *in signa manipulosque* Caes. G. 6, 40, 1 ; *in fugam* Cic. Cael. 63, se jeter dans un marais, au milieu des enseignes et des manipules, se mettre à fuir précipitamment ; *se in pedes* Ter. Phorm. 190, prendre la fuite ; *se in noctem* Cic. Mil. 49, se jeter [d'aventure] dans la nuit ; *se in versum* Cic. de Or. 3, 194, s'appliquer à versifier ¶ 4 [fig.] jeter, pousser, faire entrer, faire aller : *aliquem in metum* Liv. 39, 25, 11, jeter qqn dans l'effroi ; *rem publicam in perturbationes* Cic. Fam. 12, 1, 1, jeter l'État dans les troubles ; *tantam pecuniam in propylaea* Cic. Off. 2, 60, mettre (dépenser) tant d'argent dans les propylées ; *legem in decimam tabulam* Cic. Leg. 2, 64, introduire une loi dans la dixième table ; *in hoc genus conjiciuntur proverbia* Cic. de Or. 2, 258, dans ce genre entrent les proverbes ∥ *culpam in aliquem* Caes. G. 4, 27, 4, faire retomber une faute sur qqn ; *oratio improbe in aliquem conjecta* Cic. Sest. 40, propos mis méchamment sur le compte de qqn ; v.▶ confero ¶ 11 : *causam* L. XII Tab. d. Her. 2, 20, présenter une cause (Afran. Com. 216) ; *verba inter se conjicere* Afran. Com. 309, échanger des mots ¶ 5 combiner dans l'esprit, conjecturer : *conjicere quanta religione fuerit signum illud* Cic. Verr. 4, 129, se faire une idée de la vénération qui entourait cette statue ; *conjeci Lanuvii te fuisse* Cic. Att. 14, 21, 1, j'ai présumé que tu étais à Lanuvium ; *quo quid conjicit ?* Col. 4, 3, 6, quelle conjecture tire-t-il de ce fait ? ∥ interpréter des signes, deviner, présager : *de matre savianda ex oraculo Apollinis acute conjecit* Cic. Brut. 53, il a dégagé avec sagacité dans l'oracle d'Apollon le sens des mots " embrasser sa mère " ; *male conjecta* [n. pl.] Cic. Div. 1, 119, les mauvaises interprétations de signes ¶ 6 [méc.] encastrer, loger : Vitr. 10, 2, 2, [loger des têtes de treuil dans des paliers].

▶ arch. *conjexit* = *conjecerit* Pl. Trin. 722.

conjūcundŏr, ārĭs, ārī, -, intr., se réjouir avec : Vulg. Eccli. 37, 4.

conjŭdĭcō, *ās, āre*, -, -, intr., juger avec [avec dat.]: Chrysol. *Serm.* 65.

conjŭga, *ae*, f., épouse: Apul. *M.* 6, 4.

conjŭgābĭlis, *e* (*conjugo*), qui peut être réuni: Chalc. 17.

conjŭgālis, *e* (*conjux*), conjugal: Tac. *An.* 11, 4; *dii conjugales* Tac. *G.* 18, les dieux qui président au mariage ∥ fidèle dans le mariage: CIL 6, 9275.

conjŭgālĭtĕr, adv., conjugalement: Aug. *Ep.* 157, 39.

conjŭgātĭō, *ōnis*, f. (*conjugo*) ¶ 1 alliage, mélange: *conjugatio quaedam mellis et fellis* Apul. *Flor.* 18, 11, mélange déterminé de miel et de fiel ¶ 2 union: *corporum* Arn. 2, 16, union charnelle ∥ [en part.] **a)** [rhét.] parenté, rapport étymologique des mots: Cic. *Top.* 12 **b)** [phil.] enchaînement [des propositions]: Apul. *Plat.* 3 **c)** [gram.] conjugaison: Char. 175, 29; Prisc. 2, 442, 17.

conjŭgātŏr, *ōris*, m. (*conjugo*), celui qui unit: *conjugator amoris* Catul. 61, 45, le dieu qui resserre les liens de l'amour.

conjŭgātus, *a, um*, part. de *conjugo* ∥ adj^t, apparenté, de la même famille: Cic. *Top.* 12; n., *conjugatum* Quint. 5, 10, 85, rapport étymologique ∥ voisin analogue: *conjugatae consonantes* Prisc. 2, 442, 24, consonnes du même ordre.

conjŭgĭālis, *e* (*conjugium*), qui concerne le mariage: *conjugiale foedus* Ov. *M.* 11, 743, le lien conjugal; *conjugialia festa* Ov. *M.* 5, 3, les fêtes de l'hymen.

conjŭgĭum, *ĭi*, n. (*conjugo*) ¶ 1 union: *corporis atque animae* Lucr. 3, 843, union de l'âme et du corps ¶ 2 union conjugale, mariage: Cic. *Off.* 1, 54 ∥ accouplement: Virg. *G.* 3, 275 ¶ 3 [fig.] époux, épouse: Virg. *En.* 2, 579; 3, 296 ¶ 4 couple d'animaux: Plin. 8, 85.

conjŭgĭus, *ĭi*, m., c. *conjugium*: CIL 5, 3996.

conjŭglae, f. pl. (esp. *coyunda*), = ζευκτῆρες, courroies servant à atteler au joug: Gloss. 3, 443, 3.

conjŭgō, *ās, āre, āvī, ātum*, tr. ¶ 1 unir: *amicitia, quam similitudo morum conjugavit* Cic. *Off.* 1, 58, amitié fondée sur la conformité des goûts ¶ 2 marier: *sibi nuptiis alicujus sororem* Apul. *M.* 5, 26, épouser la sœur de qqn ¶ 3 v. *conjugatus*.

conjŭgŭlus myrtus, m., sorte de myrte: Cat. *Agr.* 8, 2; 133, 2.

conjŭgus, *a, um* (*conjugo*), qu'on peut joindre: Prisc. 3, 144, 8.

conjunctē, adv. (*conjugo*) ¶ 1 conjointement [avec], ensemble, à la fois: Cic. *Fam.* 5, 12, 2; *de Or.* 2, 248 ∥ [rhét.] *aliquid conjuncte elatum* Cic. *de Or.* 2, 158, proposition énoncée conjointement (= conditionnelle) [opp. à *simpliciter*, d'une manière indépendante, catégorique] ¶ 2 dans une étroite union (intimité): Nep. *Att.* 10, 3 ∥ *-tius* Cic. *Fam.* 6, 9, 1; *-issime* Cic. *Lae.* 2.

conjunctim, adv., en commun, conjointement: *conjunctim ratio habetur* Caes. *G.* 6, 19, 2, on fait un compte commun.

conjunctĭō, *ōnis*, f. (*conjungo*) ¶ 1 union, liaison: *portuum* Cic. *Verr.* 4, 117, l'union des deux ports; *continuatio conjunctioque naturae quam vocant* συμπάθειαν Cic. *Div.* 2, 142, les liens, les rapports naturels des choses entre elles que les Grecs appellent sympathie (2, 124); *litterarum inter se conjunctio* Quint. 1, 1, 31, action de lier ensemble des lettres [dans la lecture]; *vicinitatis* Cic. *Planc.* 21, liens de voisinage ∥ *consequentium rerum cum primis* Cic. *Nat.* 2, 147, le pouvoir de lier les idées qui suivent avec celles qui précèdent ¶ 2 liens du mariage, union conjugale: Cic. *Off.* 1, 11 ¶ 3 liaison avec qqn, relations amicales: Cic. *Lae.* 71; *Phil.* 2, 23; *Cael.* 35 ∥ liens de parenté: Cic. *Off.* 1, 54; *Fam.* 1, 7, 11 ¶ 4 [rhét.] **a)** conjonction: Her. 4, 38 **b)** liaison harmonieuse des mots dans la phrase: Cic. *Part.* 21 ∥ [phil.] syllogisme conjonctif, proposition conjonctive: Cic. *Ac.* 2, 91; *Top.* 57; *Fat.* 12 ∥ [gram.] conjonction, particule de liaison: Cic. *Or.* 135; Quint. 9, 3, 50.

conjunctīvus, *a, um*, qui sert à lier: *conjunctiva particula* Tert. *Herm.* 26, 3, conjonction ∥ *conjunctivus modus* Capel. 3, 310; [et abs^t] *conjunctivus* Cled. 5, 16, 14, le subjonctif.

conjunctrix, *īcis*, f., celle qui réunit: Aug. *Trin.* 11, 10, 17.

conjunctum, *i*, part. n. de *conjungo*, pris subst^t ¶ 1 propriété cohérente (inhérente), inséparable d'un corps: Lucr. 1, 451 ¶ 2 [pl.] mots de même famille: Cic. *de Or.* 2, 166 ¶ 3 proposition conjointe (συμπεπλεγμένον): Gell. 16, 8, 10.

1 conjunctus, *a, um*, part. de *conjungo*, [pris adj^t] ¶ 1 lié, connexe, concordant: *conjuncta constantia inter augures* Cic. *Div.* 2, 82, accord constant des augures entre eux; *cum omnium nostrum conjunctum esset periculum* Cic. *Fam.* 4, 9, 2, comme nous courions tous le même danger ∥ *conjuncta verba* Cic. *de Or.* 3, 149, mots liés ensemble; *conjunctae causae* Quint. 3, 6, 94, causes complexes (*conjuncta ex pluribus causa* Quint. 6, 1, 54, cause formée du mélange de plusieurs) ∥ *talis simulatio vanitati est conjunctior quam liberalitati* Cic. *Off.* 1, 44, une telle feinte touche plus à la tromperie qu'à la bienfaisance; *officii praecepta conjuncta naturae* Cic. *Off.* 1, 6, préceptes moraux d'accord avec la nature ¶ 2 uni par les liens de l'amitié, du sang: *vir conjunctissimus mecum consiliorum omnium societate* Cic. *Brut.* 2, homme que la communauté complète des idées politiques avait étroitement uni à moi; *conjunctissimo animo cum aliquo vivere* Cic. *Verr.* 4, 93, vivre en relations très cordiales avec qqn; *alicui conjunctissimus* Cic. *Prov.* 38, intimement lié à qqn; *ut inter nos conjunctiores simus* Cic. *Att.* 14, 13 B, 5, pour resserrer encore les liens de notre amitié réciproque ∥ [abs^t] *conjunctus* Quint. 4, 4, 21, parent; Nep. *Att.* 7, 1, ami ¶ 3 uni par le mariage: Varr. *R.* 1, 17, 5; Virg. *B.* 8, 32; [fig., en parl. de la vigne mariée à l'ormeau] Catul. 62, 54.

2 conjunctŭs, abl. *ū*, m., union, assemblage: Varr. *L.* 10, 24.

conjungō, *ĭs, ĕre, junxī, junctum* (fr. *conjoindre*), tr. ¶ 1 lier ensemble, joindre, unir [constr. avec *cum*, avec dat., avec *inter se*]: *boves conjungere* Cat. *Agr.* 138, atteler des bœufs; *dextras* Virg. *En.* 1, 514, unir les mains (se serrer la main); *eam epistulam cum hac epistula conjunxi* Cic. *Fam.* 7, 30, 3, j'ai joint cette lettre à la présente; *eas cohortes cum exercitu suo conjunxit* Caes. *C.* 1, 18, 4, il réunit ces cohortes à son armée; *libido quae cum probro privato conjungeret imperii dedecus* Cic. *CM* 42, une licence [si détestable] qu'elle unissait au déshonneur personnel le discrédit de la fonction officielle; *aliquem cum deorum laude conjungere* Cic. *Pis.* 20, associer qqn à la glorification des dieux, le glorifier comme les dieux; *aliquid cum aliqua re conjungitur* Cic. *Clu.* 103, qqch. se lie à une chose (a du rapport avec elle) ∥ *castra oppido conjuncta* Caes. *C.* 2, 25, 1, camp adossé à la place forte; *huic navi aliam conjunxit* Caes. *C.* 3, 39, 2, à ce navire il en réunit un autre; *noctem diei conjunxerat* Caes. *C.* 3, 13, 2, il avait joint la nuit au jour [marché jour et nuit]; *alicui conjungi* Liv. 42, 47, 3 (*se conjungere* Curt. 8, 13, 4) se joindre à qqn; *dextrae dextram* Ov. *M.* 8, 421, unir sa main droite à celle d'un autre; *castra ad Corbionem castris sunt conjuncta* Liv. 3, 69, 9, ils établirent leur camp près du camp ennemi aux environs de Corbion (4, 32, 6); cf. *confero* ¶ 3 ∥ *corporis atque animi potestas inter se conjuncta* Lucr. 3, 559, les facultés du corps et de l'âme unies entre elles ∥ *laudem alicujus ad utilitatem nostrae causae* Quint. 4, 1, 16, faire servir l'éloge de qqn à notre cause ∥ *cum in tui familiarissimi judicio tuum crimen conjungeretur* Cic. *Fam.* 5, 17, 2, alors que les griefs articulés contre toi se mêlaient dans le procès de ton intime ami ∥ [abs^t] *se conjungere, conjungi*, se joindre, se réunir, faire corps: *ut paulatim sese legiones conjungerent* Caes. *G.* 2, 26, 1, pour que peu à peu les légions fissent leur jonction (Liv. 33, 3, 10; 38, 2, 9); *ne tantae nationes conjungantur* Caes. *G.* 3, 11, 3, pour empêcher que de si puissantes nations se réunissent ∥ [pass.] être formé par liaison, union: *exercitus qui conjunctus est ex duobus* Cic. *Phil.* 12, 8, armée qui est formée de deux autres, cf. *Fin.* 2, 44 ∥ mettre en commun: *bellum conjungunt* Cic. *Pomp.* 26, ils font la guerre en commun; *cum amicis injuriam conjungere* Cic. *Fin.* 3, 71, associer des amis à une injustice ∥ maintenir lié,

conjungo

maintenir une continuité dans qqch. : *abstinentiam cibi conjunxit* Tac. An. 6, 26, il s'abstint de toute nourriture, cf. An. 4, 57 ; Suet. Cal. 17 ‖ [gram.] *verba conjungere* Quint. 8, 3, 36, faire des mots composés ‖ [rhét.] *vocales* Cic. Or. 150, fondre ensemble deux voyelles en hiatus (= élider) ¶ 2 unir par les liens de l'amitié, de la famille : *cognatione cum populo Romano conjunctus* Cic. Verr. 4, 72, uni au peuple romain par des liens de parenté ; *aliquem alicui* Cic. Fam. 15, 11 ; 2, lier qqn à qqn (créer des liens entre eux) ; *aliquem sibi* Caes. C. 3, 21, 4, s'attacher qqn ; *homines scelerum foedere inter se conjuncti* Cic. Cat. 1, 33, hommes associés par une alliance de crimes ‖ constituer [par un lien] : *necessitudinem cum aliquo* Cic. Verr. 4, 145, se lier intimement avec qqn ; *societas inter homines natura conjuncta* Cic. Off. 3, 53, société établie par la nature entre les hommes ‖ [en part.] unir par le mariage, marier : *aliquam matrimonio secum conjungere* Curt. 6, 9, 30 (*sibi* Suet. Ner. 28) prendre une femme pour épouse ; *Poppaeae conjungitur* Tac. An. 14, 60, il se marie avec Poppée ; *Sabinorum conubia conjungere* Cic. de Or. 1, 37, nouer des mariages avec les Sabins (Fin. 4, 17).

conjunx, v. *conjux* ►.

conjūrātĭō, ōnis, f. (*conjuro*) ¶ 1 action de jurer ensemble : Serv. En. 7, 614 ; 8, 5 ¶ 2 conjuration, alliance [de peuples contre Rome] : Caes. G. 3, 10, 2 ; 4, 2, 30 ; Liv. 6, 2, 2 ¶ 3 conspiration, complot : Cic. Verr. 5, 10 ; Cat. 1, 6 ; *conjurationem facere contra rem publicam* Cic. Cat. 2, 6, former une conspiration contre l'État ; *conjuratio deserendae Italiae ad Cannas facta* Liv. 24, 43, 3, le complot formé à Cannes d'abandonner l'Italie ‖ *conjuratio in omne facinus* Liv. 39, 18, 3, association (scellée par serment) en vue de toute espèce de crime, cf. 39, 8, 3 ¶ 4 conjuration = les conjurés : *cetera multitudo conjurationis* Sall. C. 43, 1, le reste des conjurés.

conjūrātŏr, ōris, m., celui qui est engagé par serment : P. Fest. 51, 29.

conjūrātus, a, um, part. de *conjuro*, lié par serment, conjuré : Ov. M. 5, 150 ; 12, 6 ; *testes conjurati* Cic. Font. 21, témoins ligués ensemble ‖ m. pl. pris subst[t] : *conjurati* Cic. Cat. 4, 20, conjurés ‖ v. *conjuro*.

conjūrō, ās, āre, āvī, ātum, intr. ¶ 1 jurer ensemble ; [milit.] prêter le serment en masse [non individuellement] : Caes. G. 7, 1, 1 ; *conjurati* Liv. 45, 2, 1, qui ont prêté en masse le serment de fidélité au drapeau ¶ 2 se lier par serment, se liguer : Virg. En. 8, 5 ; Caes. G. 3, 23, 2 ; *cum ceteris* Liv. 34, 11, 7, se liguer avec les autres peuples ‖ [avec prop. inf.] : *inter se conjurant, nihil... acturos* Caes. G. 3, 8, 3, ils s'engagent entre eux par serment à ne rien faire... ; *conjurant... se non redituros* Liv. 26, 25, 11, ils s'enga-

gent par serment à ne pas revenir... ‖ [avec subj. seul] Pl. Merc. 536 ; [avec *ut* subj.] B.-Hisp. 36, 4 ‖ [avec inf.] *Graecia conjurata tuas rumpere nuptias* Hor. O. 1, 15, 7, la Grèce liguée pour rompre ton mariage ‖ *in facinora* Liv. 39, 16, 3, former une association en vue de crimes ¶ 3 conspirer, former un complot : Cic. Verr. 5, 17 ; Sull. 60 (*inter se* Sall. J. 66, 2) ; *de interficiendo Pompeio* Cic. Mil. 65, comploter le meurtre de Pompée ‖ [avec inf.] comploter de : Sall. C. 52, 24 ; Liv. 27, 3, 4 ‖ [avec *ut* subj.] Liv. 4, 51, 1 ; [avec *quo* subj.] Liv. 39, 14, 8.

conjux, ŭgis (*cum, jugum*, cf. *conjungo*), surtout f., épouse : Cic. Cat. 24 ‖ m., époux : Cic. Cael. 78 ; Tusc. 4, 69 ‖ pl., les deux époux : Catul. 61, 234 ‖ f., femelle des animaux : Ov. F. 1, 451 ; Plin. 10, 161 ‖ l'orme auquel on marie la vigne : Col. 5, 6, 18 ‖ fiancée : Virg. En. 9, 138 ‖ maîtresse : Prop. 2, 8, 29.

► *conjunx* Prisc. 2, 140, 21 ; 166, 15, et très souvent d. les mss ou sur les inscriptions.

conl-, v. *coll-*.

conm-, v. *comm-*.

connascŏr, scĕrĭs, scī, nātus sum, intr., naître avec : [dat.] Cassiod. Var. 3, 6, 1 ; *vitia connata in corpore* Tert. Val. 9, 2, vices innés.

connātūrālis, e, de la même nature : Mar. Vict. Ar. 1, 34 ‖ qui fait partie de la nature d'un être : Boet. Anal. post. 2, 18.

connātūrātĭō, ōnis, f., fait de naître avec un être : Isid. 11, 3, 10.

connātūrŏr, ārĭs, ārī, ātus sum (*cum, natura*), naître avec un être : Isid. 11, 3, 10.

connātus, a, um, part. de *connascor*.

connĕcō, ās, āre, -, -, tuer avec ou ensemble : Not. Tir. 75, 21a.

connect-, **connīt-**, **connīv-**, v. *conec-, conit-, coniv-*.

connōdō, ās, āre, -, -, tr., unir ensemble : Ps. Prosp. Prom. 1, 6, 1.

Connōnĭus, ĭi, m., nom de famille celtique : CIL 3, 5114.

connūb-, v. *conub-*.

connŭmĕrātĭō, ōnis, f., action de compter avec (ensemble) : Prisc. 3, 237, 4.

connŭmĕrō, ās, āre, āvī, ātum, tr. ¶ 1 compter avec (ensemble) : *connumerare aliquem inter liberos* Dig. 1, 5, 14, compter qqn parmi ses enfants ¶ 2 ajouter à [avec dat.] : Ulp. Dig. 23, 2, 43.

connuncŭpō, ās, āre, -, -, tr., appeler du même nom, nommer ensemble : Mercat. Subn. 8, 9 ; Hil. Trin. 5, 5.

connuntĭō, ās, āre, -, -, annoncer ensemble ou avec : Not. Tir. 25, 90.

connŭō, ĭs, ĕre, -, -, intr., faire signe de la tête : Not. Tir. 78, 5.

Connus, i, m., nom d'homme : Cic. Fam. 9, 22, 3.

connūtrĭō, ĭs, īre, -, -, nourrir ensemble ou avec : Not. Tir. 75, 49.

Cōnōn, ōnis, m. ¶ 1 général athénien : Nep. Con. 1, 1 ¶ 2 astronome grec : Catul. 66, 7 ; Virg. B. 3, 40.

Cōnōpās, ae, m., nom d'homme : Plin. 7, 75.

cōnōpēum, *i*, n., Juv. 6, 80 et **cōnōpĭum**, *ĭi*, n., Hor. Epo. 9, 16 (κωνωπεῖον, -ώπιον ; cf. fr. *canapé*), moustiquaire, voile, tente.

Cōnōpōn diabasis, f., nom d'une île située en face d'une embouchure du Nil : Plin. 4, 79.

cōnōps, ōpis, f. (κώνωψ), C. *culex*, cousin [insecte] : Ps. Acr. Hor. Epo. 9, 16.

cono, v. *cuno*.

cōnŏr, ārĭs, ārī, ātus sum (obscur, cf. ἐγκονέω ?) ¶ 1 intr., se préparer : Ter. Haut. 240 ; *ego obviam conabar tibi* Ter. Phorm. 52, je me disposais à aller à ta rencontre ; *conantibus, priusquam id effici posset, adesse Romanos nuntiatur* Caes. G. 6, 4, 1, comme ils se préparaient, avant que la chose pût être exécutée, on leur annonce l'arrivée des Romains ¶ 2 tr., se préparer à qqch., entreprendre qqch. : *magnum opus et arduum conamur* Cic. Or. 33, c'est une œuvre importante et ardue que j'entreprends, cf. Cat. 2, 19 ; Fin. 1, 82 frg. d. Quint. 5, 13, 30 ; Liv. 42, 59, 8 ‖ [surtout avec inf.] Cic. Amer. 54 ; de Or. 2, 61 ; Ac. 1, 35 ; Clu. 57 ; *id quod constituerant facere conantur* Caes. G. 1, 5, 1, ils entreprennent de faire ce qu'ils avaient résolu ; [avec *ut*] B.-Afr. 69 ; Aug. Fid. op. 15, 25 ‖ [avec *si* subj.] faire des tentatives pour le cas où : Caes. G. 1, 8, 4.

conp-, v. *comp-*.

conquadrātus, a, um, part. de *conquadro*.

conquadrō, ās, āre, āvī, ātum ¶ 1 tr., rendre carré, équarrir : Varr. Men. 96 ; Col. 8, 3, 7 ¶ 2 intr., cadrer avec ou ensemble : Sidon. Ep. 2, 2, 4.

conquaero, v. *conquiro* ►.

conquaestĭo, ōnis, f., question : Gelas. Ep. 3.

conquaestŏr, *Varr. L. 6, 79, v. *conquisitor*.

conquassātĭō, ōnis, f. (*conquasso*), ébranlement : *valetudinis corporis* Cic. Tusc. 4, 29, altération de la santé.

conquassātus, a, um, part. de *conquasso*.

conquassō, ās, āre, āvī, ātum, tr. ¶ 1 secouer fortement : Cic. Div. 1, 97 ‖ briser, casser : Cat. Agr. 52, 2 ¶ 2 [fig.] ébranler, bouleverser : *mens conquassatur* Lucr. 3, 600, l'esprit est disloqué ; *provinciae conquassatae sunt* Sulp. d. Cic. Fam. 4, 5, 4, les provinces ont été bouleversées, cf. Cic. Vat. 19 ; Sest. 56.

conquăternātĭo, ōnis, f. (*conquaterno*), attelage à quatre : Gloss. 2, 322, 6.

conquăternō, *ās, āre*, -, -, tr., atteler à quatre : Primas. Apoc. 14, 19.

conquĕror, *ĕris, quĕri, questus sum*, tr., se plaindre vivement de, déplorer : *fortunam adversam* Pacuv. d. Cic. Tusc. 2, 50, déplorer la fortune contraire ; *iniqua judicia* Cic. Verr. 4, 111, se plaindre de jugements iniques ‖ *nihil cum aliquo de alicujus injuria conqueri* Cic. Fam. 5, 2, 6, ne pas faire part à qqn de ses plaintes sur les injustices de qqn ; *ad aliquem aliquid* Cic. Verr. 5, 171, porter une plainte devant qqn (*apud aliquem* Suet. Aug. 51)‖ [avec prop. inf.] se plaindre que : Lucr. 3, 613 ; Liv. 2, 3, 3 ‖ [avec quod] se plaindre de ce que : Cic. Inv. 1, 109 ; Tac. H. 3, 37 ‖ [avec cur] demander en se plaignant pourquoi : Tac. An. 15, 60.

conquestĭō, *ōnis*, f. (*conqueror*) ¶ 1 action de se plaindre vivement, de déplorer : *conquestiones dolorum praeteritorum* Sen. Ep. 78, 14, lamentations sur des maux passés ‖ cri plaintif : Plin. 10, 66 ¶ 2 action de formuler une plainte, un reproche : *nullum auxilium est, nulla conquestio* Cic. Q. 1, 1, 22, il n'y a nulle assistance, nulle possibilité de plainte, cf. Mur. 7 ; 72 ¶ 3 [rhét.] partie de la péroraison où l'on sollicite la compassion des juges : Cic. Inv. 1, 106 ; 2, 51.

1 **conquestus**, *a, um*, part. de *conqueror*.

2 **conquestŭs**, m. (usité seult à l'ablatif, *conquestu*), plainte : Liv. 8, 7, 21.

conquexī, parf. de *conquinisco*.

conquierit, conquiesse, v. ► *conquiesco* ►.

conquĭēscō, *ĭs, ĕre, quĭēvī, quĭētum*, intr., se reposer [pr. et fig.] : *ante iter confectum* Caes. C. 3, 75, 1, se reposer avant l'achèvement du trajet ; *notatur maxime similitudo in conquiescendo* Cic. de Or. 3, 191, on remarque surtout l'uniformité à l'endroit où la voix se repose [dans les finales] ; *quando illius sica conquievit?* Cic. Mil. 37, quand son poignard s'est-il reposé (a-t-il chômé) ? ; *vectigal quod non conquiescit* Cic. Agr. 1, 21, un revenu qui ne chôme pas, ne s'interrompt pas ‖ *ex laboribus* Cic. Att. 1, 5, 7 ; *a continuis bellis* Cic. Balb. 3, se reposer des fatigues, de guerres continuelles (Mil. 68 ; Har. 46) ; *in studiis* Cic. Att. 1, 20, 7 ; Fam. 9, 6, 5 ; *in amici mutua benevolentia* Cic. Lae. 22, trouver le repos dans les études, dans le dévouement réciproque d'un ami ; *in aliqua mensura honorum* Sen. Ben. 2, 27, 4, se contenter (se tenir pour satisfait) d'une certaine mesure d'honneurs.

► formes contr. du parf. : *conquiesti* Cic. Fam. 1, 1, 1 ; *conquierunt* Cels. 1, 3, 4 ; *conquierint* Cels. 6, 6, 34 ; *conquiesse* Afran. Com. 341 ; Liv. 30, 13, 12 ‖ *conquieturus* Cic. Mil. 68.

conquīl-, v. ► *conchyl-*.

conquĭnīscō, *ĭs, ĕre, quexī*, - (cf. *ocquinisco, coxim, incoxo*, al. *hoc-* ken), intr., baisser la tête (cf. Prisc. 2, 509, 1 ; Pl. Cis. 657 ; Ps. 864 ; *ad eum conquexi* Pompon. d. Prisc. 2, 509, 5, je me suis baissé vers lui).

conquĭno, v. ► *coinquino*.

conquīrō, *ĭs, ĕre, quīsīvī, quīsītum* (*cum, quaero* ; fr. *conquérir*), tr., chercher de tous côtés, rassembler en prenant de côté et d'autre : *naves conquiri jubent* Caes. C. 1, 61, 5, ils ordonnent qu'on rassemble des navires ; *haec (cornua) studiose conquisita* Caes. G. 6, 28, 6, ces cornes recherchées avec passion ; *omne argentum* Cic. Verr. 4, 50, rechercher toute l'argenterie ; *undique nequissimos homines* Cic. Verr. 3, 22, recruter partout les hommes les plus pervers ‖ lever, recruter [des soldats] : Caes. G. 7, 31, 4 ‖ *aliquem investigare et conquirere* Cic. Verr. 4, 106, suivre à la trace et rechercher partout qqn (4, 40) ‖ *suavitates undique* Cic. Off. 3, 117, rechercher de tous côtés les plaisirs (Fin. 1, 42 ; Ac. 2, 87) ; *aliquid sceleris* Cic. Agr. 2, 97, être en quête de quelque crime [à commettre].

► formes contr. du parf. : *conquisierunt* Her. 1, 1 ; *conquisierit* Cic. Ac. 2, 87 ; Verr. 4, 1 ; *conquisisset* Cic. Verr. 3, 22‖ formes arch. *conquaero, conquaeisivei*, etc. CIL 10, 6950, 11 ; 1, 583, 34 ; 1, 583, 31 ; 1, 638.

conquīsītē, adv. (*conquisitus*), avec recherche, avec soin : *conquisite scribere* Gell. 3, 10, 16, écrire avec soin, cf. Her. 2, 50.

conquīsītĭō, *ōnis*, f. (*conquiro*), action de rechercher, de rassembler : *conquisitio diligentissima* Tac. Agr. 6, recherche très consciencieuse ; *conquisitio pecuniarum* Tac. H. 2, 84, levée de tributs ‖ [en part.] enrôlement, levée de troupes : Cic. Prov. 5 ; *intentissima conquisitio* Liv. 29, 35, 10, enrôlement très sévère.

conquīsītŏr, *ōris*, m. (*conquiro*), celui qui fouille, scrute : Vulg. 1 Cor. 1, 20 ‖ enrôleur, recruteur : Cic. Mil. 67 ; Liv. 21, 11, 13‖ inspecteur : Pl. Amp. 65 ; 82‖ agent pour faire des recherches : Merc. 665.

conquīsītus, *a, um*, part. de *conquiro* ‖ adjt, recherché, choisi soigneusement, précieux : *mensae conquisitissimis epulis exstruebantur* Cic. Tusc. 5, 62, les tables étaient couvertes des mets les plus recherchés.

conquīsīvī, parf. de *conquiro*.

conr-, v. ► *corr-*.

conrĕgĭōnĕ (*cum, regio*), en face, vis-à-vis : P. Fest. 58, 2.

Consabrum, Consaburum, *i*, n., ville de la Tarraconaise [Consuegra] : Anton. 446, 6 ‖ **-burenses**, *ĭum*, m. pl., habitants de Consaburum : Plin. 3, 25.

consăcerdōs, *ōtis*, m. et f., collègue dans le sacerdoce : Cypr. Ep. 55, 7.

consaepĭō (**consēp-**), *ĭs, īre, saepsī, saeptum*, tr., enclore : Suet. Ner. 33, 1 ; *consaeptus ager* Cic. CM 59, champ enclos, parc ; *locus saxo consaeptus* Liv. 22, 57, 6, endroit fermé par une enceinte de pierre.

► *consiptum* arch. pour *consaeptum* Enn. (P. Fest. 54, 22, cf. 56, 13).

consaeptō, *ās, āre*, -, -, tr., enfermer ensemble : Solin. 32, 37.

consaeptum, *ī*, n. (*consaeptus*), enclos, enceinte : Varr. R. 1, 13, 2 ; Liv. 10, 38, 12.

consaeptus, *a, um*, part. de *consaepio*.

consălūtātĭō, *ōnis*, f. (*consaluto*), action de saluer ensemble [en parl. de la foule] : Cic. Att. 2, 18, 1 ‖ échange de salut entre deux corps de troupe : Tac. An. 15, 16.

consălūtātus, *a, um*, part. de *consaluto*.

consălūtō, *ās, āre, āvī, ātum*, tr., saluer ensemble, saluer : *dictatorem eum consalutant* Liv. 3, 26, 10, ils le saluent tous du titre de dictateur ‖ échanger un salut : *cum inter se consalutassent* Cic. de Or. 2, 13, s'étant salués mutuellement.

consancĭō, *īs, īre*, -, *ītum*, tr., consacrer avec [dat.] : Fulg. Aet. 5, p. 145, 8.

consānēscō, *ĭs, ĕre, sānŭī*, -, intr., revenir à la santé, se guérir : *illa quae consanuisse videbantur recrudescunt* Cic. Fam. 4, 6, 2, ces blessures qui paraissaient guéries se rouvrent.

consanguĭnĕa, *ae*, f., sœur : Catul. 64, 118.

consanguĭnĕus, *a, um* ¶ 1 né du même sang, fraternel, de frères : Ov. M. 8, 476 ; Stat. Th. 11, 61 ¶ 2 m. pris substt, parent, [en part.] frère : Cic. Att. 2, 23, 3 ; *Ambarri, consanguinei Aeduorum* Caes. G. 1, 11, 4, les Ambarres, frères de race des Éduens ‖ [fig.] *consanguineus Leti Sopor* Virg. En. 6, 278, le Sommeil frère de la Mort.

consanguĭnĭtās, *ātis*, f., consanguinité, lien du sang : Dig. 38, 8, 4 ‖ [en gén.] parenté, communauté d'origine : Virg. En. 2, 87‖ [fig.] *consanguinitas doctrinae* Tert. Praescr. 32, 6, conformité de doctrine.

consānō, *ās, āre, āvī*, -, tr., guérir entièrement : Col. 4, 24, 22.

consānŭī, parf. de *consanesco*.

Consānus, *a, um*, v. ► *Compsanus*.

consarcĭnātus, *a, um*, part. de *consarcino*.

consarcĭnō, *ās, āre, āvī, ātum*, tr., coudre ensemble : Amm. 22, 9, 11 ; *indumenta ex pellibus murium consarcinata* Amm. 31, 2, 5, vêtements faits de peaux de rats cousues ensemble ‖ [fig.] *insidias* Amm. 14, 9, 2, ourdir des pièges.

consarcĭō, *īs, īre*, -, -, tr., coudre ensemble : Iren. 2, 14, 2.

consărĭō, *īs, īre*, -, -, tr., sarcler entièrement : Cat. Agr. 48, 1 ; Col. 11, 3, 46.

consătĭō, Tert. Nat. 2, 11, 3, v. ► *consitio* [en parl. de la génération].

consătus, *a, um*, v. ► *consero* ►.

consaucio, ās, āre, āvī, ātum, tr., blesser grièvement : Her. 4, 26 ; Suet. Ner. 26 ; [poét.] *utrumque bracchium consauciatus* Suet. Aug. 20, blessé aux deux bras ‖ [fig.] *ex odoribus morbidis regiones vicinas* Arn. 7, 17, infecter par des miasmes mortels les régions voisines.

consāvĭo, consāvĭor, v. *consuavio*.

conscĕlĕrātus, a, um, part. de *conscelero* ‖ adjᵗ, scélérat, criminel : *pirata consceleratus* Cic. Verr. 1, 90, pirate scélérat ; *vis conscelerata* Cic. Dom. 76, violence criminelle ‖ *consceleratissimus* Cic. Amer. 67.

conscĕlĕrō, ās, āre, āvī, ātum, tr., souiller par un crime : Liv. 40, 8, 19 ; Catul. 67, 24.

conscendō, ĭs, ĕre, scendī, scensum (*cum* et *scando*), monter, s'élever ¶ 1 intr., *in equos* Ov. M. 6, 222 (Lucr. 5, 1297) ; *in montem* Petr. 116, 1 ; *in navem* Pl. Bac. 277 ; Cic. Fam. 14, 17, 2 ; Att. 14, 16, 1, monter sur des chevaux, sur une montagne, sur un navire, cf. *Caes. G. 5, 7, 4 ‖ [fig.] *ad consulatum* Val.-Max. 3, 4, 4, s'élever au consulat ¶ 2 tr., *equos* Virg. En. 12, 736 ; Liv. 25, 18, 6 ; *currum* Lucr. 6, 47 ; *vallum* Caes. G. 5, 39, 3 ; *navem* Pl. Merc. 946 ; Cic. Pis. 93 ; Off. 3, 48 ; Caes. G. 4, 23, 1 ; C. 1, 27, 5, monter sur des chevaux, sur un char, sur un retranchement [pour le défendre], sur un navire ‖ [absᵗ] *conscendere*, s'embarquer : Cic. Vat. 12 ; Att. 9, 2 ; Caes. C. 2, 43, 4 ; Liv. 21, 49, 8 ; *ab aliquo loco* Cic. Phil. 1, 7 ; Att. 9, 14, 3 ; *e Pompeiano* Cic. Att. 16, 3, 6, s'embarquer à un endroit [= partir par mer d'un endroit], s'embarquer au sortir de la maison de campagne de Pompéi ; *Thessalonicae* Liv. 44, 23, 9, s'embarquer à Thessalonique ‖ [fig.] *laudis carmen* Prop. 2, 10, 23, s'élever au ton du panégyrique.

conscensĭo, ōnis, f., action de monter dans : *conscensio in naves* Cic. Div. 1, 68, embarquement.

1 conscensus, a, um, part. de *conscendo*.

2 conscensŭs, ūs, m. (*conscendo*), ascension : Sulp. Sev. Ep. 2, 17.

conscĭdī, parf. de *conscindo*.

conscĭentĭa, ae, f. (*conscius, scientia*) ¶ 1 connaissance de qqch. partagée avec qqn, connaissance en commun **a)** [gén. subj.] *hominum conscientia remota* Cic. Fin. 2, 28, toute possibilité pour le monde d'avoir une connaissance de la chose étant écartée (= sans que le monde puisse en prendre connaissance, à l'insu du public) ; *consilia seducta a plurium conscientia* Liv. 2, 54, 7, des assemblées qui ne sont dans la confidence que d'un petit nombre ; *liberti unius conscientia utebatur* Tac. An. 6, 21, il n'admettait qu'un seul affranchi dans la confidence ; *est tibi Augustae conscientia* Tac. An. 2, 77, tu as la connivence d'Augusta **b)** [gén. obj.] *in conscientiam facinoris pauci adsciti* Tac. H. 1, 25, un petit nombre seulement furent mis dans la confidence du crime ; *consilia conscientiaeque ejus modi facinorum* Cic. Clu. 56, les instigations et la complicité dans de tels forfaits ; *propter conscientiam mei sceleris* Cic. Clu. 81, pour complicité dans mon crime, pour avoir été d'intelligence avec moi dans le crime ¶ 2 claire connaissance qu'on a au fond de soi-même, sentiment intime : *mea conscientia copiarum nostrarum* Cic. Q. 2, 14, 2, le sentiment que j'ai de nos ressources ; *conscientia virium et nostrarum et suarum* Liv. 8, 4, 10, la claire conscience qu'ils ont de nos forces comme des leurs ; *conscientia quid abesset virium* Liv. 3, 60, 6, sentant bien l'infériorité de leurs forces ; *victoriae* Tac. Agr. 27, le sentiment de la victoire ; *praecipitis ut nostram stabilem conscientiam contemnamus, aliorum errantem opinionem aucupemur* Cic. Fin. 2, 71, vous nous engagez à mépriser l'assurance que nous donne notre sentiment intime pour rechercher l'opinion flottante d'autrui ; *salva conscientia* Sen. Ep. 117, 1, sans sacrifier mon sentiment intime (mes convictions) ¶ 3 [sens moral] sentiment intime de qqch., claire connaissance intérieure : *bene actae vitae* Cic. CM 9, la conscience d'avoir bien rempli sa vie ; *fretus conscientia officii mei* Cic. Fam. 3, 7, 6, fort de la conscience de mon dévouement ; *optimae mentis* Cic. Brut. 250, le sentiment d'avoir eu d'excellentes intentions ; *mediocrium delictorum conscientia* Cic. Mil. 64, la conscience d'avoir commis de légères peccadilles ; *cum conscientia scelerum tuorum agnoscas...* Cic. Cat. 1, 17, du moment que, conscient de tes crimes, tu reconnais... ; *satisfactionem ex nulla conscientia de culpa proponere* Catilina d. Sall. C. 35, 2, présenter une justification tirée du fait de n'avoir pas conscience d'une faute (d'un sentiment de son innocence) ¶ 4 sentiment, conscience [avec idée de bien, de mal] : *conscientia animi* Cic. Fin. 2, 54 ; Caes. C. 3, 60, 2, témoignage de la conscience, voix de la conscience ; *recta* Cic. Att. 13, 20, 4 ; *bona* Sen. Ep. 43, 5, bonne conscience ; *mala* Sall. J. 8, mauvaise conscience ‖ [absᵗ] *nihil me praeter conscientiam meam delectavit* Cic. Att. 15, 11, 3 (Att. 12, 28, 2) rien ne m'a fait plaisir à part la conscience d'avoir bien agi Mil. 61 ; 83 ; Clu. 159 ; Tusc. 2, 64 ; *conscientia mille testes* Quint. 5, 11, 41, conscience vaut mille témoins ; *salvā bonā conscientiā* Sen. Nat. 4, pr. 15, en conservant la conscience pure ‖ [absᵗ] mauvaise conscience : *angor conscientiae* Cic. Leg. 1, 40, les tourments qu'inflige la conscience ; *an te conscientia timidum faciebat ?* Cic. Verr. 5, 74, ou bien ta conscience te rendait-elle craintif ?, cf. Cat. 2, 13 ; 3, 10 ; Leg. 2, 43 ; *ex conscientia diffidens* Sall. J. 32, 5, défiant par suite de la conscience qu'il a de ses crimes ; *ne quis modestiam in conscientiam duceret* Sall. J. 85, 26, pour empêcher qu'on n'interprétât ma réserve comme la conscience de mon indignité ‖ [d'où] remords : *animi conscientia excruciari* Cic. Fin. 2, 53, être tourmenté par le remords ; *maleficii conscientia perterritus* Cic. Clu. 38, effrayé par le remords de son crime ; *te conscientiae stimulant maleficiorum tuorum* Cic. Par. 18, les remords de tes crimes t'aiguillonnent, cf. Amer. 67 ; *conscientia mordeor* Cic. Tusc. 4, 45, souffrir des remords de conscience, cf. Off. 3, 85 ; Sall. C. 15, 4.

conscindō, ĭs, ĕre, scĭdī, scissum, tr., mettre en pièces, déchirer : *epistulam tuam conscidi* Cic. Fam. 7, 18, 4, j'ai déchiré ta lettre ; *aliquem pugnis* Cic. Verr. 3, 56, abîmer qqn à coups de poings ‖ [fig.] *curae hominem conscindunt* Luc. 5, 45, les soucis rongent l'homme ; *ait me ab optimatibus conscindi* Cic. Att. 8, 16, 1, il affirme que la noblesse me déchire ; *sibilis conscissus* Cic. Att. 2, 19, 3, déchiré de coups de sifflet, sifflé outrageusement.

conscĭō, ĭs, īre, īvī, ītum, tr., avoir la connaissance de : *consciens Christus quid esset* *Tert. Carn. 3, 3, le Christ sachant bien ce qu'il était, cf.▶ *conscius* ¶ 2 ; *nil conscire sibi* Hor. Ep. 1, 1, 61, n'avoir rien sur la conscience.

conscīscō, ĭs, ĕre, scīvī et scĭī, scītum, tr. ¶ 1 [t. officiel] décider [en commun], arrêter : Cic. Leg. 3, 10 ; Liv. 1, 32, 13 ; 10, 18, 2 ¶ 2 *sibi consciscere*, décider pour soi, se résoudre à : *mortem* Cic. Clu. 171 ; Verr. 3, 129 ; Brut. 43, se donner la mort ; *conscientia sibimet ipsi exsilium consciscentes* Liv. 29, 36, 12, par conscience de leur culpabilité se frappant eux-mêmes d'exil ‖ [sans *sibi*] Pl. Mil. 1241 ; Liv. 9, 26, 7 ; *voluntarium consciverat exsilium* Liv. 24, 26, 1, il s'était infligé un exil volontaire ‖ *facinus in se ac suos foedum consciscunt* Liv. 28, 22, 5, ils se résolvent contre eux-mêmes et les leurs à un acte atroce ¶ 3 se procurer, se ménager qqch. : Decl. Catil. 74.
▶ formes contr. : *consciisset* Cic. Clu. 171 ; *conscisse* Liv. 4, 51, 3.

conscissĭo, ōnis, f. (*conscindo*), schisme : Aug. Psalm. 49, 9.

conscissūra, ae, f. (*conscindo*), schisme : Aug. Psalm. 49, 9.

conscissus, a, um, part. de *conscindo*.

conscītus, a, um, part. de *conscisco*.

conscĭus, a, um (*cum* et *scio*) ¶ 1 ayant connaissance de qqch. avec qqn, partageant la connaissance de, confident : *homo meorum in te studiorum maxime conscius* Cic. Fam. 5, 5, 1, l'homme du monde qui est le plus dans la confidence du dévouement que je te témoigne ‖ [d'où] qui participe à, complice : *maleficii* Cic. Clu. 59, complice du crime ; *interficiendi Agrippae* Tac. An. 3, 30, complice du meurtre d'Agrippa ; *conscios delendae tyrannidis indicare* Cic. Tusc. 2, 52, dénoncer les conjurés qui conspiraient la destruction de la tyrannie ‖ [avec dat.] *facinori* Cic. Cael. 52, complice d'un crime ; *mendacio meo* Cic. Verr. 4, 124, complice de mon mensonge ‖ *conscium esse alicui alicujus rei* Sall. C. 22, 2 (Ter. Phorm. 156 ; Curt. 6, 6, 36 ; Tac. An. 1, 43) être complice avec qqn de qqch. ‖ [avec in abl.] *in privatis omnibus (rebus) conscius* Cic. Att. 1, 18, 1, mon confident dans toutes les affaires privées ‖ [avec de] Cic. Att. 2, 24, 3, qui est dans le secret d'une chose, complice ¶ 2 ayant la connaissance intime de, conscient de [avec sibi] : *cum sibi nullius essent conscii culpae* Cic. Off. 3, 73, conscients de n'avoir aucune responsabilité ; *mens sibi conscia recti* Virg. En. 1, 604, intelligence consciente du bien, cf. Caes. G. 1, 14, 2 ‖ [avec in abl.] *nulla sibi turpi conscius in re* Lucr. 6, 393, qui a conscience de n'avoir trempé dans aucun acte honteux ‖ [avec prop. inf.] *mihi sum conscius numquam me... fuisse* Cic. Tusc. 2, 10, j'ai conscience de n'avoir jamais été... (Ter. Ad. 348 ; Cic. Fam. 6, 21, 1 ; Liv. 1, 49, 2) ‖ [avec interrog. indir.] *cum mihi conscius essem, quanti te facerem* Cic. Fam. 13, 8, 1, ayant conscience de la haute estime que j'ai pour toi ‖ [abs^t] *conscii sibi* Sall. J. 40, 2, se sentant coupables (Liv. 33, 28, 8 ; Ov. H. 20, 47) ‖ [sans sibi] *lupus, conscius audacis facti* Virg. En. 11, 812, le loup, conscient de son acte audacieux ; *conscia mens recti* Ov. F. 4, 311, n'ayant rien à se reprocher ; [poét.] *conscia virtus* Virg. En. 5, 455, courage conscient de lui-même [la conscience de sa valeur] ‖ [en mauvaise part] *conscius animus* Lucr. 4, 1135, âme consciente de sa faute, qui se sent coupable (Pl. Most. 544 ; Sall. C. 14, 3).

conscrĕŏr, āris, ārī, - (cum, screo), intr., tousser pour cracher : Pl. Pers. 308.

conscrībillō, ās, āre, āvī, - (dim. de conscribo), tr., griffonner, décrire en griffonnant : Varr. Men. 76 ; 280 ‖ couvrir de griffonnages = de traces de coups : Catul. 25, 11 (scandé- *scrīb*- par afféterie).

conscrībō, ĭs, ĕre, scrīpsī, scriptum, tr., consigner par écrit ¶ 1 inscrire sur une liste, enrôler : *legiones* Caes. G. 1, 10, 3 ; *exercitum* Cic. Pis. 37, enrôler des légions, une armée ; *centuriae tres equitum conscriptae sunt* Liv. 1, 13, 8, on inscrivit (créa) trois centuries de chevaliers ‖ *Collinam novam* Cic. Mil. 25, enrôler (former) une nouvelle tribu Colline ; *conscribere* Cic. Planc. 45, enrôler = former des cabales ¶ 2 composer, rédiger : *librum* Cic. Brut. 132 ; *legem* Cic. Agr. 1, 1 ; *epistulam* Cic. Att. 13, 50, 1 ; *condiciones* Liv. 26, 24, 8, écrire un livre, rédiger une loi, une lettre, des conditions ; *singularum rerum laudes vituperationesque conscribere* Cic. Brut. 47, composer par écrit sur chaque objet les deux thèses pour et contre ‖ [abs^t] écrire :

alicui Cic. Att. 11, 5, 3 (*ad aliquem* Cic. Att. 12, 19, 2) ; *de aliqua re* Cic. Leg. 1, 13, écrire à qqn, sur qqch. ; [avec prop. inf.] écrire que : Suet. Cl. 38 ¶ 3 [poét.] marquer qqch. de caractères écrits : *mensam vino* Ov. Am. 2, 5, 17, écrire avec du vin sur la table ‖ [plais^t] écrire sur le dos de qqn, le sillonner de coups : Pl. Ps. 545.
▶ parf. contr. *conscripsti* Pl. As. 746.

conscripsti, v. *conscribo* ▶.

conscriptĭō, ōnis, f. (conscribo), rédaction : *falsae conscriptiones quaestionum* Cic. Clu. 191, faux procès-verbaux d'interrogatoires ‖ composition, ouvrage : Vitr. 5, pr. 3.

conscriptŏr, ōris, m. (conscribo), rédacteur, écrivain, auteur : *conscriptor legis* Ps. Quint. Decl. 277, rédacteur d'une loi ; *conscriptor psalmi* Aug. Psalm. 87, 3, le psalmiste ‖ prosateur : Iren. 2, 14, 4.

conscriptus, a, um, part. de conscribo ‖ [en part.] *patres conscripti*, les pères conscrits, sénateurs, cf. Liv. 2, 1, 11 ; P. Fest. 6, 24 ; Cic. Phil. 13, 28 ‖ *conscripti* seul : Hor. P. 314.

consĕcō, ās, āre, sĕcŭī, sectum, tr. ¶ 1 mettre en petits morceaux, hacher : Cat. Agr. 157, 5 ; *membra fratris* Ov. Tr. 3, 9, 34, couper en morceaux le corps de son frère ¶ 2 couper autour, détacher en coupant : *surculos* Plin. 12, 96, couper les scions.

consĕcrānĕus, i, m. (cum, sacrum), celui qui participe au même culte, coreligionnaire : Tert. Apol. 16, 6 ‖ [fig.] *consecranei* Capit. Gord. 14, 1, soldats qui ont prêté serment ensemble.

consĕcrātĭō, ōnis, f. (consecro) ¶ 1 action de consacrer aux dieux : Cic. Dom. 106 ; 125 ; 128 ¶ 2 action de dévouer aux dieux l'infracteur d'une loi : *capitis* Cic. Balb. 33, action d'appeler l'anathème sur la tête de l'infracteur ¶ 3 apothéose des empereurs romains : Suet. Dom. 2 ; Tac. An. 13, 2 ¶ 4 cérémonie magique : Tert. Idol. 15, 5 ‖ protection contre les charmes, amulette : Lampr. Hel. 9, 1 ¶ 5 action de consacrer à Dieu un monument, une personne : Greg.-M. Ep. 8, 25 ‖ consécration de l'hostie : Ambr. Ep. 73, 6.

consĕcrātŏr, ōris, m. (consecro), celui qui consacre, consécrateur : Firm. Math. 4, 19, 19 ; Tert. Pud. 21, 17.

consĕcrātrix, īcis, f., celle qui divinise : Tert. Scorp. 3, 3.

consĕcrātus, a, um, part. de consecro.

consĕcrō, ās, āre, āvī, ātum (cum et sacer ; it. consagrare), tr. ¶ 1 consacrer, frapper d'une consécration religieuse : *alicujus domum* Cic. Dom. 51 ; *possessiones* Cic. Dom. 127 ; *bona* Liv. 43, 16, 10, consacrer aux dieux la maison, les biens de qqn, en faire des objets sacrés, cf. Fest. 424, 19 ‖ [avec dat.] consacrer à : *Martis manubias Musis* Cic. Arch. 27, consacrer aux Muses les dépouilles de Mars (Verr. 4, 67 ; 4, 106) ‖ *consecrātus,*

a, um [souvent] = consacré, saint, enlevé à l'usage profane : Cic. Part. 36 ; Caes. G. 6, 13, 10 ; 6, 17, 4 ¶ 2 dévouer aux dieux infernaux comme rançon d'une infraction à qqch. de consacré : Cic. Balb. 33 ; *te tuumque caput sanguine hoc consecro* Liv. 3, 48, 5, par ce sang je te dévoue toi et ta tête aux dieux infernaux (j'appelle sur toi leur malédiction), cf. Macr. Sat. 3, 9, 10 ¶ 3 consacrer, reconnaître comme ayant un caractère sacré (divin) : *Liber, quem nostri majores consecraverunt* Cic. Nat. 2, 62, Bacchus, que nos ancêtres ont mis au rang des dieux (Leg. 2, 27 ; Nat. 2, 66) ‖ *tuas virtutes consecratas et in deorum numero conlocatas vides* Cic. Q. 1, 1, 31, tu vois tes vertus consacrées et déifiées cf. Leg. 2, 28 ‖ [apothéose des empereurs] diviniser : Tac. An. 13, 14 ; Suet. Tib. 51 ; Cal. 35 ¶ 4 [fig.] = immortaliser : Cic. Verr. 2, 51 ; Nat. 3, 50 ; Tusc. 5, 11 ¶ 5 part. *consecratus, a, um* [qqf.] = imputé (attribué) [comme qqch. de divin] : Cic. Tusc. 3, 1 ; Curt. 8, 5, 17 ‖ *consecratum exemplum* Plin. 32, 5, exemple consacré.

consĕcrŏr, āris, ārī, ātus sum, ⊳ consecro : *Lampr. Diad. 7, 4.

consectānĕus, a, um (consector), conséquent : *consectaneum est credere* Arn. 7, 5, la suite logique est de croire ‖ subst. m., celui qui est de la même secte, sectateur : Aug. Civ. 10, 27.

consectārĭus, a, um (consector), conséquent, logique : Cic. Fin. 4, 50 ‖ **consectārĭa**, ōrum, n. pl., conclusions : Cic. Fin. 3, 26.

consectātĭō, ōnis, f. (consector), poursuite, recherche : *concinnitatis* Cic. Or. 165, recherche de la symétrie, cf. Plin. 14, 70.

consectātŏr, ōris, m., sectateur empressé : Cassiod. Hist. 1, 3.

consectātrix, īcis, f., celle qui poursuit : *libidines consectatrices (sunt) voluptatis* Cic. Off. 3, 117, les passions sont les amies (les suivantes) du plaisir.

1 **consectātus**, a, um, part. de consector.

2 **consectātus**, ūs, m., ⊳ consectatio : Ps. Rufin. Os. 1, 2, 5.

consectĭō, ōnis, f. (consecare), coupe [des arbres] : Cic. Nat. 2, 151 ; Div. 1, 116.

consectŏr, āris, ārī, ātus sum (fréq. de consequor), tr. ¶ 1 s'attacher aux pas de qqn : Ter. Eun. 249 ‖ suivre constamment : Pl. Ps. 1235 ; Cic. de Or. 2, 117 ; Fin. 5, 56 ¶ 2 [fig.] poursuivre, rechercher : *potentiam* Cic. Off. 1, 86, rechercher la puissance ; *verba* Cic. Caecin. 54, s'attacher uniquement aux mots (à la lettre) ; *aliquid imitando* Cic. de Or. 2, 90, chercher à imiter qqch. ; *ne plura consecter* Cic. de Or. 1, 34, pour ne pas rechercher dans mon exposé un plus grand nombre de considérations ¶ 3 [idée d'hostilité] *aliquem clamoribus, sibilis* Cic. Att. 2, 18, 1, poursuivre qqn de cris, de sifflets ;

consector

hostes Caes. G. 3, 26, 6, poursuivre l'ennemi opiniâtrement ; *eos equitatu consectatus* Caes. G. 6, 8, 7, s'étant mis à leurs trousses avec la cavalerie ; *maritimos praedones* Nep. Them. 2, 3, traquer les pirates.

▶ inf. prés. *consectarier* Pl. Ps. 1235 ǁ [sens pass.] "être poursuivi" Laber. Com. 142 ; Prisc. 2, 384, 12.

consectus, *a, um*, part. de *conseco*.

consĕcŭē, adv., en suivant : *Lucr. 5, 679.

consĕcŭī, parf. de *conseco*.

consĕcūtĭo, *ōnis*, f. (*consequor*) ¶ 1 suite, conséquence : *afferre consecutionem voluptatis* Cic. Fin. 1, 37, produire un effet de plaisir, cf. Fin. 2, 45 ; de Or. 3, 313 ǁ [rhét.] **a)** conclusion : Cic. Inv. 1, 45 **b)** liaison appropriée : *consecutio verborum* Cic. Part. 18, construction correcte de la phrase ¶ 2 action d'obtenir, acquisition, obtention : Tert. Bapt. 18, 6 ; Res. 52, 14.

consĕcūtus ou **consĕquūtus**, *a, um*, part. de *consequor*.

consĕcŭus, *a, um*, suivant, qui suit : Sidon. Ep. 7, 14, 9 ǁ qui s'ensuit : Mamert. Anim. 2, 9.

consĕdĕō, *ēs, ēre*, -, -, intr., être assis avec : Vulg. Eph. 2, 6 ǁ être assis ensemble : An. Helv. 169, 17.

consēdī, parf. de *consido*.

1 **consēdō**, *ās, āre, āvī*, -, tr., apaiser entièrement : Cat. d. Char. 205, 14.

2 **consĕdo**, *ōnis*, m. (*cum, sedeo*), celui qui est installé auprès : Hemin. d. Non. 62, 25.

consēmĭnālis, *e*, Col. 12, 45, 6, **consēmĭnĕus**, *a, um* (*cum, semen*), Col. 3, 21, 7, planté d'espèces différentes.

consēmĭnō, *ās, āre*, -, *ātum*, tr., engendrer avec [*cum* et abl. ; ou dat.] : Iren. 1, 5, 6 ; Orig. Matth. 15, 35.

consēmĭnus, *a, um* (*cum, semen*), produit par des germes d'espèces différentes : Plin. 14, 36.

consempiternus, *a, um*, également éternel : Mercat. Cyr. ep. 2, 7.

consĕnescō, *ĭs, ĕre, ŭī*, -, intr. ¶ 1 vieillir, arriver à un âge avancé : Ov. M. 8, 634 ; Suet. Gram. 6, 2 ¶ 2 [fig.] vieillir, languir : Liv. 9, 19, 6 ; 35, 34, 7 ; *in commentariis rhetorum* Quint. 3, 8, 67, vieillir (pâlir) sur les traités des rhéteurs ǁ s'user, dépérir, se consumer : *filia lacrimis consenescebat* Cic. Clu. 13, la fille se consumait dans les larmes ; *quamvis consenuerint vires* Cic. CM 29, quel que soit le degré d'affaiblissement des forces ; *invidia consenescit* Cic. Clu. 5, la haine s'épuise ; *omnes illius partis auctores ac socios consenescere* Cic. Att. 2, 23, 2, [je te dirai] que tous les chefs et les adhérents de ce parti s'affaiblissent (perdent leur importance) ; *noster amicus Magnus, cujus cognomen consenescit* Cic. Att. 2, 13, 2, notre ami Pompée dont le surnom de Grand vieillit (perd de sa signification).

consēnĭor, *ōris*, m. (συμπρεσβύτερος), prêtre avec qqn : Vulg. 1 Petr. 5, 1.

consensĭo, *ōnis*, f. (*consentio*) ¶ 1 conformité dans les sentiments, accord : *omnium gentium* Cic. Tusc. 1, 30, accord de toutes les nations ; *universae Galliae consensio libertatis vindicandae* Caes. G. 7, 76, 2, accord de la Gaule entière pour reconquérir l'indépendance ; *singularis omnium bonorum consensio in me tuendo* Cic. Fam. 1, 9, 13, un accord sans exemple de tous les gens de bien en ma faveur ; *de aliqua re* Cic. Sen. 38, accord sur qqch. ǁ *consensio naturae* Cic. de Or. 3, 20, harmonie de l'univers ¶ 2 [mauvaise part] conspiration, complot : Cic. Verr. 5, 9 ; Planc. 37 ; *globus consensionis* Nep. Att. 8, 4, le noyau de la conjuration.

1 **consensus**, *a, um*, part. de *consentio*.

2 **consensŭs**, *ūs*, m. (*consentio*) ¶ 1 accord : Cic. Phil. 4, 12 ; Tusc. 1, 35 ; *omnium vestrum consensu* Caes. G. 7, 77, 4, d'après votre jugement unanime ; *consensu eorum omnium* Caes. G. 2, 29, 5, à l'unanimité (*ex communi consensu* Caes. G. 1, 30, 4) ; *haud dubio consensu civitatis* Liv. 9, 7, 15, avec l'assentiment sans réserve de la cité ǁ *aliis Germanorum populis usurpatum raro ... apud Chattos in consensum vertit* Tac. G. 31, un usage rare chez les autres peuples germaniques est devenu une règle universelle chez les Chattes ǁ *coetus multitudinis juris consensu sociatus* Cic. Rep. 1, 39, association d'une foule d'hommes fondée sur un droit reconnu par tous ǁ = συμπάθεια : Lucr. 3, 740 ; Cic. Div. 2, 34 ; Nat. 3, 28 ; ▶ *conjunctio* ǁ [droit] accord de volonté [par opp. au rite ou à l'exigence d'une formalité quelconque] : *consensu dicimus obligatorem contrahi, quia sufficit eos, qui negotia gerunt, consentire* Dig. 44, 7, 2, nous disons d'une obligation qu'elle naît de l'accord des volontés parce qu'il suffit à ceux qui contractent qu'ils donnent leur consentement ; *nuptias consensus facit* Dig. 50, 17, 30, c'est l'accord seul qui fait le mariage ¶ 2 [mauvaise part] conspiration, complot : Cic. Sest. 86 ; Liv. 4, 14, 4.

consentānĕē, adv., d'accord : Lact. Inst. 3, 8, 20 ǁ d'une manière plausible : Hier. Ruf. 3, 3.

consentānĕus, *a, um* (*consentire*), d'accord avec, conforme à : *cum aliqua re* Cic. Inv. 2, 20 ; Fam. 3, 6, 2, conforme à qqch. ǁ [ordin^t avec dat.] Cic. Or. 74 ; Off. 1, 16 ; 3, 20 ; Tusc. 5, 22 ǁ [abs^t] qui convient, qui est conséquent (logique) : Cic. Fin. 3, 24 ; 4, 48 ; Tusc. 2, 45 ; *vir vita ac morte consentaneus* Vell. 2, 63, 2, homme conséquent avec lui-même dans sa vie et dans sa mort ǁ *consentaneum est*, il est logique, conséquent, raisonnable, il est dans l'ordre, il convient : [avec inf.] Cic. Fin. 2, 35 ; 2, 70 ; Lae. 47 ; Fat. 33 ; [avec prop. inf.] Pl. Curc. 165 ; Cic. Ac. 2, 28 ; Nat. 2, 42 ; Off. 1, 68 ; Tusc. 5, 32 ; [avec *ut* subj.] Pl. Bac. 139 ; Cic. Fin. 3, 43 ; 3, 68 ǁ **consentānĕa**, *ōrum*, n. pl., circonstances concordantes : Cic. de Or. 2, 170.

Consentes dĭi, m. pl. (*cum, sum*, cf. *confui, absens*), les dieux conseillers [les douze grands dieux formant le conseil de l'Olympe, appelés aussi *dii complices*] : Varr. L. 8, 70 ; R. 1, 1, 4 ; Arn. 3, 40.

1 **consentĭa săcra**, n. pl. (v. *Consentes*), sacrifices communs aux *Dii Consentes* : P. Fest. 57, 14.

2 **Consentĭa**, *ae*, f., ville du Bruttium [Cosenza] Atlas XII, F5 : Mel. 2, 68 ǁ **-tīnus**, *a, um*, de Consentia : Plin. 16, 115 ǁ **-tīnī**, *ōrum*, m. pl., habitants de Consentia : Cic. Fin. 1, 7.

consentĭens, *tis*, ▶ *consentio*.

consentĭentĕr, adv., d'un commun accord : Boet. Herm. sec. 5, 12 ; Cassiod. Psalm. 47, 4.

Consentīnus, ▶ *Consentia*.

consentĭō, *īs, īre, sensī, sensum* I intr. ¶ 1 être de même sentiment, être d'accord : *animi consentientes* Cic. Div. 2, 119, âmes qui sont d'accord ; *re consentientes vocabulis differebant* Cic. Fin. 4 ; 5, d'accord sur le fond, ils différaient sur les termes ; *de amicitiae utilitate omnes uno ore consentiunt* Cic. Lae. 86, tous d'une seule voix s'accordent à reconnaître l'utilité de l'amitié ; *omnes ordines ad conservandam rem publicam mente, voluntate consentiunt* Cic. Cat. 4, 18, tous les ordres de l'État n'ont qu'une âme, qu'une volonté pour le salut public ǁ *cum aliquo*, être d'accord avec qqn : Pl. Cas. 59 ; Cic. Agr. 1, 26 ; Fin. 4, 72 ; Att. 4, 5, 1 ǁ *alicui, alicui rei*, être d'accord avec qqn, avec qqch. : Clu. 60 ; Fin. 2, 34 ; *sibi consentire* Cic. Off. 1, 5, être conséquent avec soi-même ǁ [avec prop. inf.] s'accorder à dire, reconnaître unanimement que : Cic. Fin. 2, 116 ; Rep. 1, 56 ; Phil. 4, 7 (*consentitur* Gell. 10, 7, 1, on est d'accord pour reconnaître) ǁ [avec *ut*] *consensum est ut* Liv. 30, 24, 11, on se mit d'accord pour décider que, cf. 1, 32, 13 ǁ [avec interrog. indir.] décider en commun : Plin. 10, 58 ¶ 2 s'entendre, conspirer, comploter [abs^t] : *Lex Corn. d.* Cic. Clu. 157 ; Caes. C. 1, 30, 3 ; 2, 17, 4 ; Liv. 22, 1, 3 ǁ [avec *cum*] s'entendre (faire cause commune) avec : Caes. G. 2, 3, 2 ; 2, 3, 5 ; 5, 29, 6 ǁ *ad aliquid*, pour qqch. : Liv. 27, 9, 14 ; 39, 50, 6 ǁ [avec inf.] comploter de : Cic. Agr. 1, 15 ; Phil. 2, 17 ; Fam. 6, 18, 2 ǁ [avec *ut*] se mettre d'accord pour que, comploter de : Plin. 14, 64 ; Tac. An. 13, 23 ¶ 3 [en parl. de choses] être d'accord : [abs^t] *ratio nostra consentit, pugnat oratio* Cic. Fin. 3, 10, nos idées sont d'accord, il n'y a de conflit que dans l'expression ǁ [surtout au part. prés.] *consentiens*, d'accord, unanime : *consentiens laus bonorum* Cic. Tusc. 3, 3, l'éloge unanime des gens de bien ; *hominum consentiente auctoritate contenti* Cic. Div. 1, 84, satisfaits de la

garantie unanime de nos semblables ; *in homine non omnia in unum consentientia* Liv. 2, 32, 9, l'harmonie ne régnant pas entre toutes les parties du corps humain ‖ [avec dat.] Cic. *Fin.* 3, 45 ; 5, 66 [avec *cum*] *Mur.* 1 ; *Brut.* 141 ; Caes. *C.* 1, 19, 2 [avec *inter se*] Cic. *Off.* 1, 98 ‖ *de aliqua re* Cic. *Nat.* 1, 44 ; *CM* 61.
II tr., décider en accord : *bellum* Liv. 8, 6, 8, être d'accord pour décider la guerre (1, 32, 12) ; *consensa in posterum diem contio* Liv. 24, 37, 11, l'assemblée fut décidée d'un commun accord pour le lendemain.

Consentĭus, ĭi, m., nom d'homme : Sidon. *Ep.* 9, 15, v. 22.

consentīvus, *a*, *um*, affirmatif : Don. *And.* 205.

consĕnŭī, parf. de *consenesco*.

consĕpĕlĭō, *īs*, *īre*, *īvī* ou *ĭī*, *sĕpultus*, tr., ensevelir avec : Ambr. *Luc.* 6, 7, 30.

consēpio, **-septum**, **-septo**, v. *consaep-*.

consĕpultus, *a*, *um*, part. de *consepelio*, Vulg. *Rom.* 6, 4.

consĕquens, *entis*, part. prés. de *consequor*, [pris adjᵗ] ¶ **1** [gram.] bien construit : *non consequens* Cic. *Part.* 18, contraire à la construction ¶ **2 a)** connexe : *pro verbo proprio subicitur aliud, quod idem significet, sumptum ex re aliqua consequenti* Cic. *Or.* 92, au mot propre on en substitue un autre, qui ait le même sens, pris à qq. idée voisine **b)** ce qui suit logiquement : *quid cuique consequens sit quidque contrarium* Cic. *Or.* 115, (savoir) ce qui se rattache logiquement à un objet et ce qui est en contradiction avec lui (*Fin.* 4, 55) ‖ *consequentia* Cic. *Or.* 16, les conséquences logiques (*de Or.* 2, 166 ; *Leg.* 1, 45) ‖ *consequens est* [avec prop. inf.] Cic. *Tusc.* 5, 18, il s'ensuit logiquement que ‖ *consequens est* [avec *ut* subj.], il est raisonnable, logique que : Cic. *Leg.* 1, 15 ; [avec prop. inf.] Quint. 5, 10, 77.

consĕquentĕr, adv., logiquement, avec raison : Hier. *Is.* 19, 19 ‖ conséquemment : Apul. *M.* 9, 21 ; 10, 2.

consĕquentia, ae, f. (*consequor*), suite, succession : *eventorum* Cic. *Div.* 1, 128 ; [pl.] *consequentiae rerum* Arn. 2, 30, la suite des événements ; *per consequentias*, par voie de conséquence : Dig. 26, 4, 3 pr.

consĕquĭa, ae, f. (*consequor*), suite : *Lucr. 5, 679 ; Apul. *M.* 10, 18.

consĕquĭus, *a*, *um* (*consequor*), qui suit : Apul. *M.* 5, 24.

consĕquŏr, *sĕquĕrĭs*, *sĕquī*, *sĕcūtus sum* (it. *conseguire*)
I tr. ¶ **1** venir après, suivre [*aliquem*, suivre qqn] : Pl. *Amp.* 880 ; Cic. *Verr.* 5, 104 ; *aliquem vestigiis* Cic. *Clu.* 36, suivre qqn à la trace ‖ poursuivre [l'ennemi] : Caes. *G.* 3, 19, 4 ; Liv. 22, 6, 11 ¶ **2** suivre [chronologiquement] : *hunc consecutus est Syra-cusius Philistus* Cic. *de Or.* 2, 57, après lui (Thucydide) vint Philistus de Syracuse (2, 93) ¶ **3** poursuivre, rechercher qqch. : *voluptates* Cic. *Fin.* 1, 48 ; *laudem* Cic. *Part.* 79, rechercher les plaisirs, l'estime ; *exilitatem* Cic. *Brut.* 284, la maigreur du style ¶ **4** suivre comme conséquence : *eorum opinionem magni errores consecuti sunt* Cic. *Tusc.* 1, 36, leur opinion a donné lieu à de grossières erreurs (4, 19 ; *Phil.* 1, 32 ; Nep. *Dion* 6, 4) ¶ **5** atteindre, rejoindre, rattraper [qqn] : Cic. *Tusc.* 1, 103 ; *Att.* 3, 4 ; Caes. *G.* 7, 88, 7 ; *C.* 2, 35, 1 ; Liv. 3, 23, 5 ‖ atteindre un lieu : Cic. *Phil.* 14, 32 ; *Fam.* 7, 28, 2 ‖ [fig.] atteindre, obtenir, acquérir [qqch.] : *honores* Cic. *Planc.* 13, obtenir les magistratures ; *quaestus* Cic. *Pomp.* 34, réaliser des gains ; *aliquid ab aliquo* Cic. *Sest.* 57 ; *Mur.* 71, obtenir qqch. de qqn ; *aliquid ex aliqua re* Cic. *Pomp.* 2 ; *Fin.* 1, 32, retirer qqch. de qqch. ‖ *hoc consequi ut* avec subj., Cic. *de Or.* 1, 130 ; 2, 139, obtenir ce résultat que ; *utrumque consequitur ut et... et...* Cic. *Tusc.* 3, 34, il obtient ce double avantage de... et de... ; *hoc consequi ne* Cic. *Clu.* 51 ; *Fam.* 1, 2, 4 ; 1, 9, 6, obtenir ce résultat d'empêcher que ; [avec inf.] *vere illud dicitur perverse dicere homines perverse dicendo facillime consequi* Cic. *de Or.* 1, 150, le proverbe a raison de dire qu'en parlant mal on arrive vite à mal parler ‖ atteindre, égaler : [qqn] Cic. *Brut.* 228 ; Sen. *Ben.* 5, 5, 3 ; [qqch.] *de Or.* 2, 56 ; *Fam.* 1, 68 ; Quint. 10, 2, 7 ‖ atteindre, réaliser par la parole, exprimer dignement : *verbis laudem alicujus* Cic. *Sest.* 87, exprimer en termes suffisants la gloire de qqn (*Phil.* 5, 35 ; 14, 29 ; *Quir.* 5) ‖ atteindre, embrasser (par la mémoire) : *aliquid memoria consequi* Cic. *Verr.* 4, 57 ; Plin. *Pan.* 75, 1 ‖ atteindre qqn [= lui échoir en partage] : *uti Verrem dignus exitus ejusmodi vita consequatur* Cic. *Verr.* 5, 189, (je demande) qu'une fin digne d'une telle existence atteigne Verrès (*Sest.* 51 ; *Nat.* 1, 26 ; *Fin.* 1, 32 ; Quint. 2, 10, 14)
II intr., venir ensuite : *praemisso Octavio... consecutus est Dolabella* Cic. *Phil.* 11, 5, Octavius ayant été envoyé en avant..., Dolabella vint ensuite ; *Phil.* 10, 8 ; Caes. *G.* 4, 26, 5 ; *C.* 3, 106, 2 ‖ [chronologiquement] *Verr. prim.* 31 ; *Brut.* 12 ; *vilitas annonae ex summa inopia consecuta est* Cic. *Pomp.* 44, le bas prix du blé a succédé à l'extrême disette ‖ [comme conséquence] *Part.* 133 ; *Fin.* 4, 54 ; *ex quo illud natura consequi ut* subj., Cic. *Fin.* 3, 64, (d'après eux) il s'ensuit naturellement que
▶ sens passif, d'après Prisc. 2, 381, 1 ; 384, 6 d. Orbil. et Varr.

consermōnŏr, *ārĭs*, *ārī*, -, intr., *cum aliquo*, s'entretenir avec qqn : Quadr. d. Gell. 17, 2, 17.

1 consĕrō, *īs*, *ĕre*, *sēvī*, *sĭtum* (*cum*, 3 *sero*), tr. ¶ **1** planter, ensemencer : *agros* Cic. *Nat.* 2, 130, ensemencer des champs ; *ager diligenter consitus* Cic. *CM* 59, parc planté avec soin ; *ager arbustis consitus* Sall. *J.* 53, 1, terrain planté d'arbres ‖ [en parl. de la fécondation] Lucr. 4, 1107 ; Arn. 5, 18 ‖ [fig.] *sol lumine conserit arva* Lucr. 2, 211, le soleil parsème les campagnes de sa lumière ; *consitus senectute* Pl. *Men.* 756, accablé de vieillesse ¶ **2** plan-ter : [des oliviers, la vigne] Cat. *Agr.* 6, 1 ; 6, 4 ; Plin. 17, 187 ; [des arbustes] Varr. *R.* 1, 4, 2 ; *arborem* Liv. 10, 24, 5 ; Curt. 6, 5, 14, planter un arbre.
▶ parf. *conseruisti* Cels. *Dig.* 6, 1, 38 (*consevisti* PV) ‖ part. *consatus* Tert. *Res.* 16, 10.

2 consĕrō, *īs*, *ĕre*, *sĕrŭī*, *sertum* (*cum*, 2 *sero*), tr. ¶ **1** attacher ensemble, réunir, joindre : *avium plumae in usum vestis conseruntur* Sen. *Ep.* 90, 16, on attache ensemble les plumes des oiseaux pour s'en vêtir ; *conserta navigia* Curt. 4, 3, 18, navires attachés ensemble ; *vincula quis conserta erant vehicula* Curt. 9, 1, 17, les liens qui attachaient ensemble les chariots ; *sagum fibula consertum* Tac. *G.* 17, saie attachée avec une agrafe ‖ *vir viro, armis arma conserta sunt* Curt. 3, 2, 13, les hommes sont serrés les uns contre les autres, les armes contre les armes [phalange] ‖ [fig.] *virtutes consertae* Sen. *Ep.* 90, 3, vertus enchaînées entre elles ; *nocti diem conserere* Ov. *Am.* 3, 6, 10, lier le jour à la nuit ; *exodia conserta fabellis Atellanis* Liv 7, 2, 11, les exodes rattachés aux Atellanes ¶ **2** [en part.] *conserere manum (manus)*, en venir aux mains : Pl. *Mil.* 3 ; Caes. *C.* 1, 20, 4 ; *cum aliquo*, avec qqn : Sall. *J.* 49, 2 ; Cic. *Att.* 7, 20, 1 ; *inter se* Sall. *Lep.* 19 ; Liv. 7, 40, 14, entre eux ‖ combat fictif pour la revendication de propriété dans l'ancien système de procédure romain : *inde ibi ego te ex jure manum consertum voco* Cic. *Mur.* 26, d'ici (de devant le préteur) je t'invite à en venir aux mains là-bas ; *Mur.* 30 ; *de Or.* 1, 41 ; Gell. 20, 10, 1 ; 20, 10, 8 ‖ [d'où] *conserere pugnam, proelium, certamen* Liv. 21, 50, 1 ; 5, 36, 5 ; 35, 4, 2 ; *acies* Sil. 1, 339, engager le combat, livrer bataille ; *alicui pugnam* Pl. *Bac.* 967, livrer bataille à qqn ; *bellum* Luc. 3, 560, engager les hostilités ‖ *conserta acies* Tac. *An.* 6, 35, combat de près, mêlée ; *sicubi conserta navis esset* Liv. 21, 50, 3, si qq. part un navire était accroché par abordage ; *acerrima pugna conserti exercitus* Val.-Max. 3, 2, 1, armées aux prises dans un violent combat ‖ [absᵗ] *conserere*, être aux prises, se battre : Liv. 44, 4, 6 ¶ **3** former qqch. en attachant des parties entre elles : *lorica conserta hamis* Virg. *En.* 3, 467, cuirasse formée d'un entrelacement de mailles, cf. Tac. *H.* 1, 79 ; *monile gemmis consertum* Suet. *Galb.* 18, un collier formé de pierres précieuses ; *nubem tam arida quam humida conserunt* Sen. *Nat.* 2, 30, 4, l'union d'éléments secs comme d'éléments humides peut former le nuage ‖ *sermonem conserere*, former une conversation par un enchaîne-

consero

ment de propos = converser, s'entretenir : CURT. *8, 12, 9*.

consertē, adv. (*consertus*), avec enchaînement : CIC. *Fat. 32*.

consertim, 🄲 *conserte* : FAVON. *Scip. p. 411, 21 b*.

consertĭo, *ōnis*, f. (2 *consero*), assemblage, réunion : ARN. *3, 13*.

consertus, *a*, *um*, part. de 2 *consero*.

consĕrŭī, parf. de 2 *consero*.

conserva, *ae*, f., compagne d'esclavage : PL. *Cas. 108* ; TER. *Eun. 366* ‖ *conservabus*, dat. et abl. pl. : DIG. *33, 7, 27*.

conservābĭlis, *e* (*conservo*), qui peut être conservé : TERT. *Marc. 2, 13, 2*.

conservans, *antis*, part. de *conservo* ‖ adj^t, conservateur : *quae conservantia sunt ejus status* CIC. *Fin. 3, 16*, ce qui est propre à conserver cet état.

conservātĭo, *ōnis*, f. (*conservo*), action de conserver : *frugum* CIC. *Off. 2, 12*, conservation des produits du sol ; *naturae* CIC. *Off. 1, 100*, respect des lois de la nature ; *aequabilitatis* CIC. *de Or. 1, 188*, maintien de l'équité.

conservātīvē, adv., de manière à conserver : BOET. *Top. Arist. 1, 13*.

conservātŏr, *ōris*, m. (*conservo*), conservateur, sauveur : *conservator Urbis* CIC. *Att. 9, 10, 3*, sauveur de Rome ‖ sauveur, titre donné à certains dieux : TAC. *An. 15, 71* ; *CIL 8, 875*.

conservātrix, *īcis*, f. (*conservator*), celle qui conserve, qui sauve : *omnem naturam conservatricem esse sui* CIC. *Fin. 5, 26*, que tout être tend à se conserver ; *conservatrices ignis* ARN. *4, 35*, [les Vestales] qui entretiennent le feu ‖ épithète de Junon : *CIL 3, 9806*.

conservatus, *a*, *um*, part. de *conservo*.

conservĭtĭum, *ii*, n., esclavage commun : PL. *Cap. 246* ; TERT. *Cult. 2, 1, 1*.

conservō, *ās*, *āre*, *āvī*, *ātum*, tr. ¶ 1 conserver : *ad se conservandum* CIC. *Fin. 3, 16*, pour sa conservation personnelle ; *sese eos conservaturum dixit* CAES. *G. 2, 15, 1*, il dit qu'il les épargnerait ; *cives incolumes* CIC. *Verr. 5, 152*, conserver les citoyens sains et saufs ; *res familiaris conservari debet diligentia et parsimonia* CIC. *Off. 2, 87*, on doit conserver sa fortune par l'activité et l'économie ¶ 2 observer fidèlement : *ordinem (rerum)* CIC. *Com. 6*, observer l'ordre (des faits) ; *fidem datam* CIC. *CM 75*, garder la foi jurée ; *collocationem verborum* CIC. *de Or. 3, 173*, observer avec soin l'arrangement des mots dans la phrase ; *mortui voluntatem* CIC. *Verr. 1, 124*, respecter la volonté d'un mort ; *majestatem populi Romani* CIC. *Balb. 35* (LIV. *38, 11, 2*) respecter la majesté du peuple romain ; *privilegia athletis* SUET. *Aug. 45*, maintenir les privilèges des athlètes.

conservŭla, *ae*, f. (dim. de *conserva*), SEN. *Contr. 21, 8*.

conservŭlus, *i*, m., compagnon d'esclavage : PAUL.-NOL. *Ep. 22, 2*.

1 **conservus**, *a*, *um*, qui partage l'esclavage : *fores conservae meae* PL. *As. 386*, la porte, ma compagne de servitude.

2 **conservus**, *i*, m., compagnon d'esclavage : LACT. *Inst. 5, 15, 4* ; CIC. *Fam. 12, 3, 2*. ▶ *coservus CIL 6, 7532*.

consessĭo, *ōnis*, f., assemblée : HIER. *Soph. 1, 4*.

consessŏr, *ōris*, m. (*consido*), celui qui est assis auprès : *Varius (judex) dicere consessori solebat* CIC. *Fin. 2, 62*, Varius se plaisait à dire au juge qui siégeait à côté de lui ; *modo te consessore spectare liceat* CIC. *Att. 2, 15, 2*, pourvu que je t'aie comme voisin au spectacle.

consessŭs, *ūs*, m. (*consido*) ¶ 1 action de s'asseoir avec : *tam familiariter, ut communis esset ei consessus* LAMPR. *Alex. 4, 3*, si familièrement qu'il prenait place à côté d'eux ; *consessum obtulit senatoribus* LAMPR. *Alex. 18, 2*, il permit aux sénateurs de s'asseoir à côté ¶ 2 foule assise, réunion, assemblée [dans les tribunaux, au théâtre] : CIC. *Mil. 1* ; *Planc. 2* ; *CM 64* ; *nunquam turpior consessus fuit* CIC. *Att. 1, 16, 3*, jamais on ne vit réunion de gens plus tarés.

consēvi, parf. de 1 *consero*.

Consēvĭus, *ii*, m., TERT. *Nat. 2, 11,3*, 🄲 *Consivius*.

consīdĕo, *sĭdēre*, 🄲 *consedeo* : GLOSS. *2, 440, 4*.

consīdĕrantĕr, adv. (*considero*), avec circonspection : VAL.-MAX. *8, 1* ‖ *considerantius* PS. FRONT. *Diff. 7, 522, 11*.

consīdĕrantĭa, *ae*, f. (*considero*), réflexion, considération attentive sur qqch. : VITR. *6, 1, 10*.

consīdĕrātē, adv. (*consideratus*), avec réflexion : *agere quod agas considerate* CIC. *Off. 1, 94*, faire avec soin tout ce qu'on fait ; *bellum consideratius gerere* LIV. *4, 45, 8*, diriger la guerre avec plus de circonspection ‖ *-tissime* CIC. *Att. 9, 10, 2*.

consīdĕrātĭo, *ōnis*, f. (*considero*) ¶ 1 action de considérer : *consideratio naturae* CIC. *Ac. 2, 127*, l'observation de la nature ; *consideratio verborum* GELL. *13, 28, 6*, action de peser les mots ; *considerationem intendere in aliquid* CIC. *Inv. 2, 103*, porter toute son attention sur qqch. ¶ 2 [tard.] égard : SERV. *En. 1, 11*.

consīdĕrātŏr, *ōris*, m., observateur : GELL. *11, 5, 2*.

consīdĕrātus, *a*, *um* ¶ 1 part. de *considero* ¶ 2 [adj^t] réfléchi, pesé, prudent : *nihil feci non diu consideratum* CIC. *Har. 3*, je n'ai rien fait qu'après mûre réflexion ‖ circonspect, prudent : *homo consideratus* CIC. *Caecin. 1*, homme avisé ‖ compar. *-tior* CIC. *Quinct. 11* ; superl. *-tissimus* CIC. *Font. 29*.

consīdĕrō, *ās*, *āre*, *āvī*, *ātum* (*cum* et *sidus* ?), tr., examiner (considérer) attentivement : [un candélabre] CIC. *Verr. 4, 65* ; [de l'argenterie] *Verr. 4, 33* ; [une œuvre d'art] *Off. 1, 147* ; [le visage de qqn] *Com. 20* ‖ [fig.] *in animo* TER. *Haut. 385* ; *secum* CIC. *Off. 1, 153*, considérer par la pensée ; *cum vestris animis considerate ecquem putetis...* CIC. *Verr. 3, 29*, examinez, en réfléchissant bien, s'il y a eu qqn à votre avis... ; *ex Chrysogoni judicio Rosciorum factum consideremus* CIC. *Amer. 108*, considérons la conduite des Roscius d'après l'opinion même de Chrysogonus ; *quae qualia sint in Cn. Pompeio consideremus* CIC. *Pomp. 36*, ces qualités, examinons quelles elles sont chez Cn. Pompée ‖ *considerare ut*, subj., veiller avec circonspection à ce que : *Att. 11, 13, 4* & ; *Off. 1, 73* ‖ [avec *ne*] prendre bien garde d'éviter que : *Off. 1, 82* ; *Att. 12, 43, 2* ‖ [avec *de*] porter ses réflexions, son examen sur : *quippe cum de me ipso ac de meis te considerare velim* CIC. *Att. 7, 13, 3*, puisque je désire que tu consacres tes réflexions à moi-même et à mes intérêts (*Pomp. 58* ; *Phil. 12, 30* ; *Off. 3, 18*).

Consīdĭus, *ii*, m., nom d'homme : CIC. *Verr. 2, 18*.

consīdō, *ĭs*, *ĕre*, *sēdī*, *sessum*, intr. ¶ 1 s'asseoir : *positis sedibus consederunt* LIV. *42, 39, 8*, des sièges étant installés, ils s'assirent ; *in pratulo consedimus* CIC. *Brut. 24*, nous nous assîmes sur une pelouse ; *Platoni dormienti apes in labellis consederunt* CIC. *Div. 1, 78*, des abeilles se posèrent sur les lèvres de Platon endormi ; *ibi considitur* CIC. *de Or. 3, 18*, là on l'assied ; *considite transtris* VIRG. *En. 4, 573*, prenez place sur les bancs [de rameurs] ‖ siéger : *quo die primum, judices, consedistis...* CIC. *Verr. 1, 19*, le jour où pour la première fois, juges, vous êtes venus en séance ‖ prendre place dans sa chaire [en parl. du professeur] : SEN. *Ep. 88, 4* ¶ 2 [milit.] prendre position, se poster, camper : *sub monte* CAES. *G. 1, 48, 1*, prendre position au pied de la montagne (*5, 49, 7* ; *1, 49, 1* ; *C. 2, 20, 4*) ; *in insidiis* LIV. *43, 23, 4*, se poster en embuscade, s'embusquer ¶ 3 se fixer, s'installer, s'établir [qq. part pour un certain temps] : *dubito an hic Antii considam* CIC. *Att. 2, 6, 2*, je me demande si je ne m'établirai pas ici à Antium ; *antequam aliquo loco consedero...* CIC. *Att. 5, 14, 1*, tant que je ne me serai pas fixé qq. part... (CAES. *G. 2, 4, 2* ; *4, 8, 3*) ‖ [fig.] *in otio* CIC. *Att. 2, 4, 2*, se fixer dans le repos [= rentrer dans la vie privée, après l'exercice d'une fonction publique] ; *totam videmus consedisse urbem luctu* VIRG. *En. 11, 350*, nous voyons une ville entière plongée dans le deuil ‖ *ludorum religio in hac urbe consedit* CIC. *Har. 24*, les jeux avec leur caractère sacré se sont fixés dans notre ville ¶ 4 s'abaisser, s'affaisser

Alpes licet considant Cic. *Prov.* 34, les Alpes peuvent s'abaisser ; *terra consedit* Liv. 30, 38, 8, la terre s'affaissa (30, 2, 12) ; *mihi visum considere in ignes Ilium* Virg. *En.* 2, 624, je vis Ilion s'abîmer dans les flammes (Tac. *H.* 3, 33) ‖ [fig.] *ardor animi cum consedit* Cic. *Brut.* 93, quand la chaleur de l'âme s'est apaisée (10 ; *Ac.* 2, 88) ; *consedit utriusque nomen in quaestura* Cic. *Mur.* 18, vos deux noms sont bien restés au repos (dans l'ombre) pendant votre questure ; *quia praesentia satis consederant* Tac. *An.* 1, 30, parce que la situation était devenue assez calme ‖ [rhét.] *ut verborum junctio varie considat* Cic. *de Or.* 3, 191, en sorte que la liaison harmonieuse des mots (la période) se termine de façon variée. ▶ dans les mss on trouve qqf. les formes du parf. *considi* Enn. *Var.* 13 ; Liv. 9, 37, 7 ; 28, 12, 15 ; Tac. *An.* 1, 30 ; Plin. *Ep.* 6, 20, 14 ; Gell. 5, 4, 1.

consignātē, adv. (*consignatus*), avec justesse, précision : *versus consignatissime factus* Gell. 1, 15, 12, vers d'une justesse frappante ‖ *consignatius* Gell. 1, 25, 8.

consignātĭo, ōnis, f. (*consigno*), preuve écrite : Quint. 12, 8, 11 ‖ apposition des sceaux [sur un registre] : Dig. 48, 10, 1, 4.

consignātor, ōris, m., celui qui scelle : Porph. Hor. *S.* 2, 3, 69.

consignātus, *a*, *um*, part. de *consigno*.

consignĭfĭcans, āntis, qui n'a un sens qu'associé à d'autres mots : Prisc. 2, 54, 15.

consignĭfĭcātĭo, ōnis, f., action de signifier avec : Boet. *Herm. pr.* 1, 1, p. 57, 9.

consignĭfĭco, ās, āre, -, -, tr., n'avoir de sens qu'en s'associant à d'autres mots [prépositions, conjonctions] : Prisc. 3, 114, 19.

consigno, ās, āre, āvī, ātum, tr., marquer d'un signe ¶ 1 sceller, revêtir d'un sceau : *tabulae signis hominum nobilium consignantur* Cic. *Quinct.* 15, les actes sont scellés des sceaux de ces gens notables ; *tabellas dotis* Suet. *Cl.* 29 ; *dotem* Suet. *Cl.* 26, sceller (signer) un contrat de mariage ¶ 2 consigner, mentionner avec les caractères de l'authenticité : *isdem litteris tua quaestura consignata est* Cic. *Caecil.* 28, les actes de ta questure sont consignés dans les mêmes documents ; *fundi publicis commentariis consignati* Crass. d. Cic. *de Or.* 2, 224, propriétés, dont mention est faite dans des mémoires livrés au public ; *in orationibus nostris auctoritates nostras consignatas habere* Cic. *Clu.* 139, trouver dans mes discours la consignation de mes opinions personnelles ¶ 3 [chrét.] marquer du signe de la croix : Hil. *Matth.* 17, 10.

consilesco, *is*, *ere*, *silŭī*, -, intr., se taire complètement, faire silence : Enn. *An.* 293 ; Pl. *Mil.* 583 ‖ [fig.] s'affaiblir, s'éteindre : Gell. 12, 1, 22.

consĭlĭāris, *is*, m., assesseur [au tribunal] : Schol. Juv. 3, 46.

1 consĭlĭārĭus, *a*, *um* (*consilium*), qui délibère, qui donne des conseils : *amicus consiliarius magis quam auxiliarius* Pl. *Truc.* 216, ami qui donne des conseils plutôt que du secours ; *consiliarium (fulgur)* Sen. *Nat.* 2, 39, 1, éclair qui porte conseil.

2 consĭlĭārĭus, *ii*, m., conseiller : Cic. *Verr.* 2, 42 ‖ [en part.] **a)** juge assesseur : Suet. *Tib.* 55 **b)** celui qui interprète : *consiliarius Jovis* Cic. *Leg.* 3, 43, interprète de la volonté de Jupiter.

consĭlĭātĭo, ōnis, f. (*consilior*), action de donner conseil : Jul.-Vict. 14.

consĭlĭātor, ōris, m. (*consilior*), conseiller : Phaed. 2, 7, 2 ; *consiliator in gerendis honoribus* Plin. *Ep.* 4, 17, 6, conseiller dans l'exercice des magistratures.

consĭlĭātrix, īcis, f., conseillère : Apul. *M.* 5, 24 ; Hier. *Nom. Hebr.* 59, 13.

consĭlīgo, ĭnis, f. (*cum, sedeo* ?), ellébore noir, pulmonaire [plante] : Plin. 25, 86 ; Veg. *Mul.* 1, 12, 2.

Consĭlīnum, *i*, n., ville de Lucanie : Plin. 3, 95 ‖ **-līnās**, ātis, de Consilinum : Cassiod. *Var.* 8, 33.

consĭlĭor, āris, ārī, ātus sum (*consilium*), intr. ¶ 1 tenir conseil, délibérer : Caes. *C.* 1, 19, 3 ; Cic. *Att.* 15, 9, 2 ¶ 2 [avec dat.] délibérer au profit de, conseiller : Hor. *P.* 196.

consĭlĭōsus, *a*, *um* (*consilium*), qui conseille bien, circonspect : Cat. d. Gell. 4, 9, 12 ; Front. *Ver.* 2, 1, 21, p. 128 N. ‖ **-sior** Sidon. *Ep.* 7, 9, 18 ‖ **-sissimus** Sidon. *Ep.* 1, 1, 1.

consĭlĭum, *ii*, n. (*consulo*)

> I ¶ 1 "délibération, consultation" ¶ 2 [sens abstrait et concret] "assemblée consultative" ¶ 3 "conseil, assemblée" ¶ 4 "résolution, plan", *consilio* "exprès", *consilium capere* "prendre la résolution de", *eo consilio ut* "avec l'intention de", "plan de guerre, stratagème".
> II "conseil, avis".
> III "sagesse", "prudence".

I ¶ 1 délibération, consultation : *cum aliquo consilia conferre* Cic. *Phil.* 2, 38, échanger des vues avec qqn, tenir conseil avec qqn ; *adhibere aliquem in consilium* Cic. *Verr.* 2, 74, appeler qqn en consultation (en conseil) (*sibi in consilium* Cic. *Off.* 2, 82) ; *in consilia publica adhibere* Liv. 1, 54, 1, appeler aux délibérations publiques ; *mittam in consilium* Cic. *Verr.* 1, 26, je laisserai délibérer [les juges] ; *in consilium itur* Cic. *Verr.* 4, 100, on prend une délibération, on passe au vote ; *nullo (= nulli) adhibetur consilio* Caes. *G.* 6, 13, 1, (la plèbe) ne prend part à aucune délibération (*ad consilium* Caes. *G.* 7, 77, 3) ; *haec consilii fuerunt, reliqua necessaria* Cic. *Fam.* 9, 6, 2, sur cela nous pouvions délibérer, le reste était imposé par la nécessité ; *quasi consilii sit res ac non necesse sit nobis...* Caes. *G.* 7, 38, 7, comme si la situation comportait une délibération et comme si bien plutôt ce n'était pas une nécessité pour nous de... ; *quid efficere possis, tui consilii est* Cic. *Fam.* 3, 2, 2, ce que tu peux faire, à toi de le voir ; *vestrum consilium est, non solum meum, quid sit vobis faciendum* Cic. *Fam.* 14, 14, 1, à vous et non point seulement à moi de délibérer sur le parti que vous devez prendre ‖ *consilium habere utrum... an...* Sen. *Ep.* 70, 10, délibérer pour savoir si... ou si... ¶ 2 [sens abstrait et concret à la fois] consultation et assemblée consultative, conseil [juges, magistrats, sénat] : *venire in consilium publicae quaestionis* Cic. *Caecin.* 29, venir siéger pour juger dans une affaire criminelle ; *ire in consilium* Cic. *Verr.* 1, 31, tenir conseil, se réunir pour délibérer [juges] ; *in consilio habebat homines honestos* Cic. *Verr.* 2 ; 70, il avait en consultation (dans son conseil) des hommes honorables [conseil d'un gouverneur de province, cf. *Verr.* 5, 10 ; 5, 114] v. *adesse* ; *consilium habere* Caes. *G.* 4, 14, 2, tenir un conseil de guerre (délibérer) ; *dimissa contione consilium habitum omnibusne copiis Luceriam premerent an...* Liv. 9, 15, 1, l'assemblée dissoute, on tint conseil pour savoir s'il fallait avec toutes les forces accabler Lucérie ou si... ; *ad consilium publicum aliquid deferre* Cic. *Cat.* 3, 7, soumettre qqch. au conseil public [= à la délibération du sénat] ; *publici consilii auctor* Cic. *de Or.* 63 (1, 211 ; 1, 215) l'homme prépondérant dans les conseils de la cité [= au sénat] ; *fit publici consilii particeps* Cic. *Cat.* 1, 2, il a voix délibérante dans le conseil de l'État ‖ [en gén.] toute commission consultative : Liv. 29, 20, 4 ¶ 3 conseil, assemblée : *in eo consilio, in quo ex cunctis ordinibus amplissimi viri judicarent* Cic. *Mil.* 5, dans cette assemblée où sont appelés à juger les personnages les plus considérables de tous les ordres ; *consilium dimittere* Cic. *Verr.* 5, 163, renvoyer le jury ‖ *patrum consilium* Cic. *Tusc.* 4, 1, le sénat [l'assemblée des Pères] ; *in senatu, sapiens enim est consilium* Cic. *de Or.* 2, 333, dans le sénat, car c'est une assemblée sage (3, 2 ; *Sest.* 137) ‖ *consilio convocato* Caes. *G.* 3, 3, 1, ayant convoqué un conseil de guerre (*consilio advocato* Liv. 25, 31, 3) ¶ 4 résolution, plan, mesure, dessein, projet : *ut sunt Gallorum subita et repentina consilia* Caes. *G.* 3, 8, 3, étant donné que les Gaulois ont des résolutions soudaines et inattendues ; *consilium inire* Cic. *Verr.* 5, 103, prendre une résolution ; *consilium capit primo stultum* Cic. *Verr.* 5, 101, il prend sur le premier moment une résolution extravagante ; *ex aliqua re consilium capere* Caes. *C.* 3, 43, 1 ; *trahere* Sall. *J.* 98, 3, prendre une résolution en s'inspirant de

consilium

qqch.; *aedificandi consilium abjicere* Cic. *Att.* 5, 11, 6, renoncer à un projet de construction; *quasi exitus rerum, non hominum consilia legibus vindicentur* Cic. *Mil.* 19, comme si les lois punissaient le fait accompli et non les desseins des hommes; *consociare se in consilia alicujus* Liv. 42, 29, 4, s'associer à la politique de qqn; *communi consilio* Cic. *Verr.* 4, 15, par une mesure prise en commun (officielle); *privato consilio exercitus comparaverunt* Cic. *Phil.* 3, 14, par une mesure privée (de leur chef) ils ont réuni des armées; *id est gestum consilio urbano* Cic. *Off.* 1, 76, cet acte fut le résultat d'une mesure d'ordre civil ‖ *consilio*, à dessein, avec intention: Cic. *Lig.* 34; *Brut.* 276; *Tusc.* 4, 64; *consilio deorum immortalium* Caes. *G.* 1, 12, 6, par la volonté des dieux immortels ‖ former le projet (prendre la résolution) de faire qqch., *consilium capere* [avec gér.]: Cic. *Ac.* 2, 100; Caes. *G.* 3, 2, 2; Cic. *Off.* 3, 40; Caes. *G.* 7, 26, 1; [avec *ut* subj.] Cic. *Verr.* 1, 140; *Clu.* 71 ‖ *consilium inire*: [avec gér.]: Cic. *Mur.* 80; *Cat.* 4, 13; [avec inf.] Nep. *Lys.* 3, 1; [avec *ut*] Cic. *Cat.* 4, 4 ‖ *consilium est*, l'intention est de [avec gér.] Cic. *Fam.* 5, 20, 4; Liv. 33, 6, 8; [avec inf.] Cic. *Att.* 5, 5, 1; Caes. *G.* 7, 77, 12; [avec *ut* subj.] Cic. *Sest.* 31; Caes. *G.* 5, 6, 5 ‖ *hoc (eo) consilio ut*, subj., avec l'intention de: Cic. *Cat.* 3, 8; *Mil.* 47; Caes. *G.* 1, 30, 3; 2, 9, 4; 7, 72, 2 ‖ [en part.] plan de guerre, stratagème: *consilium imperatorium quod Graeci* στρατήγημα *appellant* Cic. *Nat.* 3, 15, l'idée d'un chef que les Grecs appellent stratagème; *consilia cujusque modi Gallorum* Caes. *G.* 7, 22, 1, expédients de toute espèce imaginés par les Gaulois.

II conseil, avis: *fidele consilium dare* Cic. *Clu.* 85, donner un conseil loyal; *consilio alicujus parere* Cic. *Off.* 1, 84, suivre les conseils de qqn; *mihi consiliis opus est tuis* Cic. *Att.* 2, 22, 4, j'ai besoin de tes conseils; *de meo consilio* Cic. *Att.* 6, 3, 8, sur mon avis; *contra meum consilium* Cic. *Att.* 7, 12, 3, contre mon avis; *ex consilio tuo* Cic. *Att.* 9, 18, 1, d'après tes avis (cf. *consilio tuo Att.* 13, 3, 1; *consilio uti* Caes. *G.* 7, 78, 2, adopter un avis; *suo consilio uti* Caes. *C.* 51, 2, agir à sa guise).

III sagesse dans les délibérations, les résolutions, les conseils; réflexion, prudence, habileté: *casu magis et felicitate quam virtute et consilio* Cic. *Sull.* 83, par hasard et par chance plutôt que par une action personnelle et réfléchie; *res virtute et consilio alicujus factae* Liv. 30, 28, 11, exploits accomplis par l'énergie personnelle et par l'initiative prudente de qqn; *mulieres omnes propter infirmitatem consilii...* Cic. *Mur.* 27, toutes les femmes à cause de la faiblesse de leur jugement... (*Off.* 1, 117); *acta illa res est animo virili, consilio puerili* Cic. *Att.* 14, 21, 3, toute l'affaire a été menée avec un courage d'hommes, mais avec une prudence d'enfants.

consĭlŭi, parf. de *consilesco*.

consĭmĭlis, *e*, entièrement semblable **a)** [avec gén.] *causa consimilis earum causarum...* Cic. *de Or.* 1, 149, cause exactement semblable aux causes... **b)** [avec dat.] *cui erus est consimilis* Pl. *Poen.* 823, dont mon maître est tout le portrait; *alicui rei* Cic. *de Or.* 2, 309; *Phil.* 2, 28; Caes. *G.* 5, 12, 3 **c)** [avec *atque*] Pl. *Amp.* 443; *Bac.* 454; Gell. 5, 11, 1; [avec *et*] Lucr. 3, 8 **d)** [avec *quasi*] *consimile est quasi sorbeas* Pl. *Mil.* 820, c'est comme si tu avalais **e)** [abs'] Ter. *Eun.* 586; Cic. *de Or.* 3, 25; *consimili studio* Tac. *An.* 3, 13, avec une égale passion ‖ **consĭmĭlĭa**, *ium*, n. pl., choses semblables: *in omnibus consimilibus* Gell. 2, 17, 6, dans tous les cas analogues.

consĭmĭlĭter, adv., d'une manière entièrement semblable: Gell. 6, 16, 12.

consĭmĭlō, *ās*, *āre*, -, -, tr., rendre semblable, assimiler: Aug. *Civ.* 2, 10.

Consingis, *is*, f., femme de Nicomède, roi de Bithynie: Plin. 8, 144.

consĭpĭō, *ĭs*, *ĕre*, *sĭpŭī*, Ps. Rufin. *Os.* 7, 9, - (*cum*, *sapio*), intr., être dans son bon sens, être maître de soi: Gell. 7, 3, 12; *consipere mentibus* *Liv. 5, 42, 3, se posséder.

consīptum, V. *consaepio* ►.

consistens, *tis*, part. de *consisto*.

consistio, *ōnis*, f. (*consisto*), action de rester immobile (*loci*, dans un lieu): Gell. 16, 5, 10.

consistō, *ĭs*, *ĕre*, *stĭtī*, -, intr. ¶ **1** se mettre, se placer, se poser: *ad mensam* Cic. *Tusc.* 5, 61, se mettre près de la table [pour servir]; *simul cepere aliquid aequi loci, ubi firmo consisterent gradu* Liv. 27, 18, 14, aussitôt qu'ils eurent trouvé du terrain plat où poser solidement le pied; *in pedes consistere* Sen. *Ep.* 121, 8 se mettre sur ses pattes [tortue] ‖ se présenter, se produire: *tota in illa contione Italia constitit* Cic. *Sest.* 107, toute l'Italie s'est présentée à cette assemblée (est venue assister à...); *cum in communibus suggestis consistere non auderet* Cic. *Tusc.* 5, 59, comme il n'osait paraître à la tribune ordinaire; *in causa aliqua* Cic. *Quinct.* 77, se présenter dans une cause [pour la soutenir], cf. *Agr.* 1, 25; *Font.* 14; [d'où] *consistere* seul, comparaître comme accusateur: Cic. *Caecin.* 59; Sen. *Ir.* 2, 7, 3 ‖ [fig.] se présenter: Or. 30; *Brut.* 133 ‖ [milit.] se placer, prendre position: *simul in arido constiterunt* Caes. *G.* 4, 26, 5, aussitôt qu'ils eurent pris pied sur la terre ferme; *naves nostris adversae constiterunt* Caes *G.* 3, 14, 2, les navires prirent position en face des nôtres; *in orbem consistere* Caes. *G.* 5, 32, 3, se former en carré; [fig.] Cic. *de Or.* 2, 294 ‖ [en parl. de dés] se poser, tomber: Cic. *Div.* 2, 48 ‖ [fig.] *in quo non modo culpa nulla, sed ne suspicio quidem potuit consistere* Cic. *Amer.* 152, un homme sur lequel aucune inculpation, que dis-je? aucun soupçon n'a pu trouver prise (*Clu.* 78; 83)

‖ [au parf.] *constiti*, je me trouve placé (établi), [presque synonyme de *sum*]: Sen. *Vit.* 26, 1; *Ben.* 4, 11, 4; Virg. *En.* 3, 681 ¶ **2** s'arrêter: *viatores consistere cogunt* Caes. *G.* 4, 5, 2, ils forcent les voyageurs à s'arrêter; *sine voce constitit* Cic. *Har.* 2, il s'arrêta sans voix ‖ faire halte: Caes. *G.* 7, 67, 3; *a fuga* Liv. 10, 36, 11, s'arrêter dans sa fuite ‖ *cum aliquo*, s'arrêter avec qqn pour causer: Cic. *Verr. prim.* 19; *Att.* 2, 24, 4; Hor. *S.* 1, 9, 62 ‖ séjourner qq. temps dans un lieu: Cic. *Verr.* 5, 28 ‖ se fixer, s'établir dans un lieu: Caes. *G.* 3, 1; [fig.] Cic. *CM* 41; *Quinct.* 5 ‖ [fig.] s'arrêter sur qq., insister sur: *in singulis* Cic. *Part.* 120, insister sur chaque point séparément (*Verr.* 1, 96; *Inv.* 1, 12) ‖ s'arrêter, s'en tenir à (à un rang déterminé): Cic. *Or.* 4; Suet *Aug.* 2 ‖ [en parl. de choses] s'arrêter, rester immobile: *omnis natura consistat necesse est* Cic. *Tusc.* 1, 54, toute la nature (tout l'univers) s'arrête fatalement; *cum mustum constitit* Col. 12, 21, 3, quand le moût a cessé de fermenter ‖ [fig.] s'arrêter, être suspendu, cesser: *omnis administratio belli consistit* Caes. *C.* 2, 12, 1, toute opération de guerre est suspendue (Liv. 21, 49, 1; 35, 4, 1); *consistere usura debuit* Cic. *Att.* 6, 1, 7, le paiement des intérêts devait s'arrêter, cf. *de Or.* 1, 1; *Or.* 199; *Pis.* 48 ¶ **3** se tenir [de façon compacte, solide, par étroite union des éléments]: Lucr. 1, 1028 ‖ [avec *ex*] être composé de, résulter de: Lucr. 1, 235; 1, 636; Cic. *Inv.* 2, 121; Gell. 4, 1, 10 ‖ [avec abl.] Quint. 3, 8, 7; 12, 10, 59 ‖ [avec *in*] [fig.] consister dans: *major pars victus eorum in lacte... consistit* Caes. *G.* 6, 22, 1 (6, 21, 3) la plus grande partie de leur nourriture consiste en lait ‖ se fonder (reposer), sur: *in eo salus optimi cujusque consistit* Cic. *Phil.* 3, 19, sur lui se fonde le salut de tous les meilleurs citoyens (*Verr.* 2, 16; *Marc.* 22; *Ac.* 2, 139); *rhetorice in actu consistit* Quint. 2, 18, 2, la rhétorique consiste en une action ‖ [fig.] se maintenir, rester ferme, en parfait équilibre: *mente consistere* Cic. *Phil.* 2, 68; *animo* Cic. *CM* 74, garder son esprit calme, en équilibre, d'aplomb (*Q.* 2, 3, 2; *Div.* 2, 149) [cf. *mens* sujet *Dom.* 139] ‖ être valide, conforme au droit: *non consistit commodatum sine tutoris auctoritate* Dig. 24, 1, 27, le prêt n'est pas valide sans l'autorité du tuteur; *jure consistit* Dig. 24, 1, 27 [même sens] ¶ **4** [emploi douteux] tr., établir: Gell. 5, 10, 9.

consistōrĭānus, *a*, *um*, relatif au conseil de l'empereur: Cod. Just. 10, 30, 3 ‖ **consistōrĭānus**, *i*, m., conseiller, membre du conseil [de l'empereur]: Amm. 15, 5, 12.

consistōrĭum, *ii*, n. (*consisto*), [en gén.] lieu de réunion: Tert. *Res.* 26, 3 ‖ [fig.] *consistorium libidinum* Tert *Ux.* 2, 6, rendez-vous de la débauche ‖ [en part.] **a)** antichambre: Sidon. *Ep.* 2, 2, 13 **b)** cabinet de l'empereur [conseil privé de l'empereur, pour les affaires de justice, administration et législation]: Amm. 14, 7, 11; Cod. Th. 6, 10, 2.

consĭtĭo, ōnis, f. (*consero*), action de planter, plantation: Cic. *CM* 54; Col. 5, 5, 4.

Consitius, ii, m., nom d'homme: Plin. 7, 36.

consĭtīvus, a, um, où l'on peut planter: Not. Tir. 57, 46.

consĭtor, ōris, m. (*consero*), planteur: Tib. 2, 3, 63; Ov. *M.* 4, 14.

consĭtūra, ae, f. (*consero*), plantation, ensemencement: Cic. *Rep.* 1, 29.

consĭtus, a, um, part. de 1 *consero*.

Consīva (cf. *Consus*), Fest. 202, 19 et **Consīvĭa**, ae, f., Varr. *L.* 6, 21, surnom d'Ops [protectrice des biens de la terre].

Consīvĭus, ii, m., surnom de Janus: Macr. *Sat.* 1, 9, 15.

consōbrīna, ae, f. (*consobrinus*), cousine germaine [du côté maternel]: Dig. 38, 10, 1 ∥ [en gén.] cousine germaine: Cic. *Quinct.* 16.

consōbrīnus, i, m. (*cum* et *soror*, *-swesr-īno-s*; fr. *cousin*), cousin germain [du côté maternel]: Cic. *de Or.* 2, 2 ∥ [en gén.] cousin germain: Cic. *Off.* 1, 54 ∥ cousin: Suet. *Claud.* 26, 2.

consŏcĕr, ĕri, m., le père du gendre ou de la bru: Suet. *Cl.* 29, 1; Dig. 24, 1, 32.

consŏcĭābĭlis, e, convenable: Ambr. *Ep.* 7, 1.

consŏcĭātim, adv., conjointement: Amm. 15, 11, 3.

consŏcĭātĭo, ōnis, f. (*consocio*), action de s'associer: *hominum* Cic. *Off.* 1, 100, la société; *consociatio gentis ejus* Liv. 40, 5, 10, l'alliance de cette nation.

consŏcĭātus, a, um ¶1 part. de *consocio* ¶2 [adj¹] associé, uni intimement: *consociatissima voluntas* Cic. *Fam.* 3, 3, 1, accord parfait des sentiments.

consŏcĭō, ās, āre, āvī, ātum, tr., associer, joindre, unir: *consociare arma cum Gallis* Liv. 8, 14, 9, unir ses armes à celles des Gaulois; *pestis alicujus consilia cum aliquo* Cic. *Sen.* 16, comploter avec qqn la perte de qqn; *rem inter se consociant* Liv. 1, 17, 5, ils se partagent le pouvoir; *consociare se pelago* Mel. 2, 117, se jeter dans la mer [en parl. d'un fleuve]; *consociare se in consilia alicujus* Liv. 42, 29, 4, s'associer à la politique de qqn; *mihi tecum consociare licet* Pl. *Ru.* 551, nous pouvons nous entendre parfaitement; *cum senatu consociati* Cic. *Phil.* 4, 12, unis au sénat ∥ *regnum consociant* Liv. 1, 13, 4, ils mettent en commun l'exercice du pouvoir royal, cf. Lucr. 2, 111; Hor. *O.* 2, 3, 10; *accusatorum atque judicum consociati greges* Cic. *Par.* 46, les troupes côte à côte d'accusés et de juges.

consŏcĭus, a, um, uni, associé: Fulg. *Myth.* 1, 2 ∥ **consŏcĭus**, ii, m., associé, intéressé, copartageant: Cod. Just. 10, 2, 3

∥ **consŏcĭa**, ae, f., compagne: *vitae consocia* Ambr. *Ep.* 9, 10, épouse.

consocrūs, ūs, f., la mère du gendre ou de la bru: Aus. *Parent.* 39 (189), tit.

consōdālis, is, m., compagnon: Greg.-M. *Ep.* 14, 16.

consōlābĭlis, e (*consolor*) ¶1 consolable, qui peut être consolé: *consolabilis dolor* Cic. *Fam.* 4, 3, 2, douleur susceptible de consolation ¶2 consolant: Gell. 16, 19, 12 ∥ **consolabilior** Ambr. *Ep.* 39, 3.

consōlāmĕn, ĭnis, n. (*consolor*), ce qui console, consolation: Ps. Hier. *Ep.* 5, 1.

consōlātĭo, ōnis, f. (*consolor*) ¶1 consolation: *non egere consolatione* Cic. *Tusc.* 3, 77, n'avoir pas besoin de consolation; *consolatio malorum* Cic. *Fam.* 6, 4, 2, consolation dans le malheur; *consolatio litterarum tuarum* Cic. *Fam.* 5, 13, 1, la consolation que m'apporte ta lettre ∥ *illa consolatio* [avec prop. inf.] Cic. *Fam.* 6, 4, 4, cette consolation, à savoir que; [avec *ut* subj.] *Fam.* 5, 16, 2; [avec *quod*] *Mil.* 100 ∥ [fig.] consolation, discours, écrit destiné à consoler: Cic. *de Or.* 3, 211; Quint. 10, 1, 47 ∥ titre d'un traité: *in Consolationis libro* Cic. *Tusc.* 4n 63; *in Consolatione* Cic. *Tusc* 1, 65, dans ma "Consolation" ¶2 soulagement, encouragement: *timoris consolatio tua* Cic. *Att.* 1, 17, 6, tes encouragements dans mes craintes.

consōlātīvus, a, um (*consolor*), qui a pour but de consoler: Cassiod. *Psalm.* 13, 15; Isid. 2, 21, 27.

consōlātŏr, ōris, m. (*consolor*), consolateur: Cic. *Tusc.* 3, 73; Sen. *Helv.* 1, 4 ∥ [chrét.] le Consolateur [l'Esprit saint]: Hier. *Ep.* 120, 9.

consōlātōrĭē, adv. (*consolatorius*), d'une manière propre à consoler: Aug. *Job* 1, 1; Sidon. *Ep.* 6, 9, 1.

consōlātōrĭus, a, um (*consolor*), de consolation: Cic. *Att.* 13, 20, 1; Suet. *Oth.* 10, 2.

consōlātrix, īcis, f. (*consolator*), consolatrice: Aug. *Psalm.* 29, 2, 7.

consōlātus, a, um, part. de *consolor* et de *consolo*.

consōlĭda, ae, f. (*consolido*; fr. *consoude*), grande consoude [plante]: Ps. Apul. *Herb.* 59.

consōlĭdātĭo, ōnis, f. (*consolido*), consolidation; l'usufruit réuni à la propriété: Dig. 7, 2, 3.

consōlĭdātŏr, ōris, m., celui qui consolide: Fort. *Carm.* 1, 20, 22.

consōlĭdātus, a, um, part. de *consolido*.

consōlĭdō, ās, āre, āvī, ātum, tr. ¶1 consolider: Vitr. 2, 8, 7 ∥ [fig.] fortifier, affermir: Vulg. *Ezech.* 34, 4 ¶2 [droit] consolider: Dig. 7, 2, 6; ⟶ *consolidatio*.

consōlō, ās, āre, -, - ¶1 ⟶ *consolor*: Varr. *Men.* 347 (Prisc. 2, 392, 10) ¶2 pass., *consolari* Aug. *Conf.* 6, 1, 1: *consolatus*

Just. 22, 6, 4, encouragé ∥ [sens réfl.] se consoler: Q. Metell. d. Gell. 15, 13, 6; As. Poll. d. Prisc. 2, 383, 15.

consōlŏr, ārĭs, ārī, ātus sum, tr. ¶1 rassurer, réconforter, consoler (*aliquem*, qqn): Caes. *G.* 5, 4, 2; *de aliqua re* Cic. *Tusc.* 3, 71, touchant qqch.; *in aliqua re* Cic. *Cat.* 4, 8, à propos de, dans qqch. ¶2 adoucir, soulager [le malheur, la douleur]: Cic. *Vat.* 28; *Fin.* 1, 40 ∥ compenser, faire oublier: *(gloriam) esse unam quae brevitatem vitae posteritatis memoria consolaretur* Cic. *Mil.* 97, [il dit] que (la gloire) est la seule chose qui dédommage de la brièveté de la vie par le souvenir de la postérité.
▶ sens pass.; ⟶ *consolo*.

consōlūtus, a, um, part. de *consolvo*.

consolvō, ĭs, ĕre, -, sŏlūtum, tr., faire dissoudre ensemble: Cass. Fel. 17; 28.

consomnĭō, ās, āre, āvī, -, tr., rêver, voir en rêve: Pl. *Most.* 757.

consŏna, ae, f., consonne: Ter.-Maur. 6, 342, 555.

consŏnans, tis ¶1 part. de *consono* ¶2 **a)** [adj¹] convenable: Dig. 12, 2, 34 **b)** subst. f., consonne: Quint. 1, 4, 6.

consŏnantĕr, adv., avec accord: *consonantissime* Vitr. 6, 1, 6, avec l'accord le plus parfait.

consŏnantĭa, ae, f. (*consono*), production de sons ensemble, concordance, accord: Vitr. 5, 5, 7 ∥ [dans la phrase] Gell. 13, 20, 5 ∥ [fig.] concordance: Tert. *Jud.* 11, 11.

consŏnātĭo, ōnis, f., parité de son [entre deux mots]: Cassiod. *Anim.* 12.

consŏnē (*consonus*), adv., d'une voix unanime: Apul. *M.* 1, 10.

consŏnō, ās, āre, sŏnŭī, -, intr. ¶1 produire un son ensemble: Varr. *R.* 3, 16, 30; Petr. 78, 5; Sen. *Ep.* 84, 10 ∥ renvoyer le son, retentir: Virg. *En.* 8, 305; Vitr. 5, 8, 1; Tac. *An.* 14, 32 ∥ [rhét.] avoir le même son [terminaison semblable]: Quint. 9, 3, 75 ∥ être en accord, concordance: Quint. 9, 3, 45 ¶2 [fig.] être en accord, en harmonie: *secum* Sen. *Ep.* 88, 9; *sibi* Quint. 2, 20, 5, avec soi-même; Sen. *Ep.* 31, 8.

consŏnus, a, um ¶1 qui sonne ou retentit ensemble, qui est d'accord, harmonieux: *consona fila lyrae* Ov. *Am.* 1, 8, 60, les cordes harmonieuses de la lyre; *vox consona linguae* Sil. 17, 443, un parler proche de leur langage ¶2 [fig.] conforme, convenable: *vix satis consonum fore, si...* Cic. *Att.* 4, 16, 3, [il pensait] qu'il eût été peu convenable de...; *docere consona regno* Claud. *Cons. Stil.* 2, 69, enseigner ce qui convient à un roi ¶3 [gram.] **consona**, ae, f., consonne: Ter.-Maur. 555; *elementa consona*, consonnes: Ter.-Maur. 86.

consōpĭō, īs, īre, īvī, ītum, tr., assoupir, étourdir: Lucr. 6, 792; *somno consopiri sempiterno* Cic. *Tusc.* 1, 117, s'endormir d'un sommeil éternel ∥ [fig.]

consopio

consopiri Gell. 16, 10, 8, tomber en désuétude.

consōpītus, a, um, part. de *consopio*.

Consoranni, ōrum, m. pl., peuple de l'Aquitaine [Couserans]: Plin. 4, 108.

consors, sortis (*cum, sors*) ¶ **1** indivisaire, copartageant, possédant conjointement: *alicujus rei* Cic. Brut. 2; Mil. 102; Flac. 35; *in aliqua re* Cic. Verr. 3, 155; Sen. Ben. 3, 33, 4, copartageant d'une chose, dans une chose; *alicujus* Suet. Tib. 1, collègue de qqn, partageant avec qqn (*cum aliquo* Cic. Mil. 102) || [poét.] qui est en commun: *consortia tecta* Virg. G. 4, 153, habitations communes ¶ **2** en communauté de biens, propriétaire indivis: Varr. L. 6, 65; Cic. Verr. 3, 57; Plin. Ep. 8, 18, 4; *frater germanus et... consors etiam censorius* Liv. 41, 27, 2, frère germain et même... consort [possédant en commun (n'ayant pas encore partagé) l'héritage paternel] du censeur || [poét.] [subst¹] frère, sœur; Tib. 2, 5, 24; Ov. M. 11, 347; Pont. 3, 2, 48; [adj¹] fraternel: Ov. M. 8, 444; 13, 663.

consortālis, e, relatif à une propriété indivise: Lib. Col. 1 d. Grom. 211, 19.

consortĭo, ōnis, f. (*consors*), association, communauté: *consortio humana* Cic. Off. 3, 26, la société humaine; *consortio tribuniciae potestatis* Vell. 2, 99, 1, partage de la puissance tribunicienne || [fig., méd.] relation, sympathie, interdépendance: Cels. 7, 27, 15.

consortĭum, ii, n. (*consors*), participation, communauté: *in consortio reipublicae esse* Liv. 4, 5, 5, avoir part au gouvernement; *consortium regni* Tac. An. 4, 3, partage du trône; *consortium studiorum* Petr. 101, 2, confraternité littéraire || [en part.] communauté de biens: Suet. Cl. 28; Ulp. Dig. 17, 2, 52.

conspar-, ▶ *consper-*.

conspătĭans, tis (*conspatior*), se promenant avec: Petr. 7, 3.

conspectābĭlis, e (*cum, specto*), qui peut être aperçu: Ps. Cypr. Or. 1, 1.

conspectĭo, ōnis, f., Julian. Epit. 57, 201, ▶ 2 *conspectus*.

conspectŏr, ōris, m. (*conspicio*), celui qui voit: *conspector cordis* Tert. Cult. 2, 13, 1, celui qui lit dans les cœurs.

1 **conspectus**, a, um ¶ **1** part. de *conspicio* ¶ **2** [adj¹] **a)** visible, apparent: Liv. 22, 24, 5; 32, 5, 13 **b)** qui attire les regards, remarquable: Virg. En. 8, 588; Liv. 45, 7, 3 || *-tior* Ov. M. 4, 796; Liv. 2, 5, 5; Tac. H. 4, 11.

2 **conspectŭs**, ūs, m. (*conspicio*; it. *cospetto*) ¶ **1** action de voir, vue, regard: *in conspectum alicui se dare* Cic. Verr. 5, 86, s'offrir à la vue de qqn; *in conspectum alicujus se committere* Cic. Verr. 4, 26, oser se présenter (se risquer) aux regards de qqn; *in conspectu multitudinis* Caes. G. 5, 56, 2, sous les yeux de la foule; *eum venire in conspectum suum vetuit* Cic. Fin. 1, 24, il lui interdit de se présenter sous ses yeux || *in conspectu legum mori* Cic. Verr. 5, 170, mourir sous le regard (sous la vue) des lois; *in conspectu Italiae* Cic. Verr. 5, 170, sous les yeux de l'Italie (Dom. 100; Caes. G. 5, 6, 5; C. 3, 75, 2; Liv. 30, 24, 10) || vue de l'esprit, examen: *in conspectu animi aliquid ponere* Cic. de Or. 3, 161, mettre qqch. sous les yeux de l'esprit; *in hoc conspectu et cognitione naturae* Cic. Leg. 1, 61, dans cet examen et cette étude de la nature; *ne in conspectu quidem relinqui* Cic. Fin. 5, 93, ne pas être laissé même à l'examen (= ne pas compter) || vue d'ensemble, coup d'œil d'ensemble: Cic. Leg. 3, 12; Brut. 15; Gell. 17, 21, 1 ¶ **2** apparition, présence: *conspectu suo proelium restituit* Liv. 6, 8, 6 (cf. *oblata species* 6, 8, 5) par sa présence il rétablit le combat (35, 36, 8) || aspect: *vester, judices, conspectus et consessus iste* Cic. Planc. 2, cet aspect, juges, que présente votre réunion dans ce tribunal, cf. Pomp. 1; Fam. 16, 21, 7; Val.-Max. 1, 6, 13; Curt. 6, 9, 2; Plin. Ep. 2, 11, 10.

▶ dat. *conspectui* Amm. 25, 10, 3.

conspergō, ĭs, ĕre, spersī, spersum (*cum, spargo*), tr. ¶ **1** arroser, asperger: *aras sanguine* Lucr. 4, 1233, arroser les autels de sang; *conspergit me lacrimis* Cic. Planc. 99, il me baigne de ses larmes || parsemer: *carnem sale* Col. 12, 55, 3, saupoudrer la viande de sel; *herbas floribus* Lucr. 2, 33, émailler les herbes de fleurs || *oratio conspersa sententiarum floribus* Cic. de Or. 3, 96, style parsemé de figures de pensée, cf. Ac. 1, 8 ¶ **2** verser dessus: *vinum vetus* Col. 12, 39, 3, arroser de vin vieux.

▶ *conspar-* Lucr. 3, 661; Cat. Agr. 91.

conspersĭo, ōnis, f. (*conspergo*), action de répandre sur: Pall. 12, 13, 3 || pâte: Tert. Marc. 4, 24, 1.

conspersus, a, um, part. de *conspergo* || *consparsum*, i, n., pâte: VL. Exod. 8, 3.

conspexī, parf. de *conspicio*.

conspĭcābĭlis, e (*conspicor*), visible: Prud. Perist. 10, 633 || digne d'être vu: Sidon. Ep. 8, 4, 1.

conspĭcābundus, a, um (*conspicor*), qui regarde attentivement: Capel. 8, 803.

conspĭcātus, a, um, part. de *conspicor* et de *conspico*.

conspĭcĭendus, a, um ¶ **1** adj. verbal de *conspicio* ¶ **2** [adj¹] digne d'être remarqué, remarquable: *forma conspiciendus* Ov. F. 5, 170, remarquable par sa beauté.

conspĭcĭentĭa, ae, f., faculté de regarder, vue: Cassiod. Anim. 3.

conspĭcillum, i, n., lieu d'où l'on peut observer, observatoire: Pl. Cis. 91; Non. 81, 7.

1 **conspĭcĭo**, ĭs, ĕre, spexī, spectum (*cum, specio*) **I** intr., porter ses regards: *in caelum* Pl. Cis. 622, vers le ciel, cf. Varr. L. 7, 9; Petr. 140, 14 **II** tr.

¶ **1** apercevoir: *ubi ex litore aliquos singulares ex navi egredientes conspexerant* Caes. G. 4, 26, 2, quand du rivage ils apercevaient des soldats débarquant isolément; *ab decumana porta ac summo jugo nostros victores flumen transisse conspexerant* Caes. G. 2, 24, 2, de la porte décumane et du sommet de la colline ils avaient observé que les nôtres victorieux avaient franchi le fleuve || apercevoir par la pensée, comprendre: Pl. Ps. 769; Trin. 636 || remarquer: Val.-Max. 7, 5, 3; Sen. Nat. 1, 14, 1 ¶ **2** regarder, contempler: Pl. Cap. 91; Curc. 363; *infestis oculis omnium conspici* Cic. Cat. 1, 17, être regardé avec des yeux hostiles par tout le monde || [en part., au pass.] être regardé, attirer les regards (l'attention): Cic. Pis. 60; Sest. 126; Sall. C. 7, 6; Liv. 5, 23, 5; *in neutram partem conspici* Nep. Att. 13, 5, ne se faire remarquer ni dans un sens ni dans l'autre (Ov. Tr. 2, 114).

2 **conspĭcĭo**, ōnis, f., regard attentif de l'augure: Varr. L. 7, 9.

conspĭco, ▶ *conspicor* ▶.

conspĭcŏr, ārĭs, ārī, ātus sum (cf. *conspicio*), tr., apercevoir: Caes. G. 5, 9, 2; *perterritos hostes conspicati* Caes. G. 2, 27, 1, ayant vu l'effroi des ennemis || [avec prop. inf.] Pl. Amp. 1070; Curc. 595; Ter. Haut. 68 || [avec interrog. indir.] *ex loco superiore quae res in nostris castris gererentur conspicatus* Caes. G. 2, 26, 4, ayant vu de la hauteur ce qui se passait dans notre camp.

▶ forme active *conspico* Greg.-Tur. Jul. 9; Martyr. 35 || passif *conspicari*, "être aperçu" Varr. d. Prisc. 2, 384, 2; *Sall. J. 49, 4; Don. Eun. 384; Prop. 4, 4, 34; Apul. Flor. 9, 17.

conspĭcŭō, ās, āre, -, -, intr., être visible: Ps. Aug. Serm. 99, 4.

conspĭcŭus, a, um (*conspicio*) ¶ **1** qui s'offre à la vue, visible: *conspicuus polus* Ov. Tr. 4, 10, 108, le ciel visible, cf. Hor. O. 3, 16, 19; Ov. Pont. 3, 4, 22; Tac. An. 2, 20; 12, 37 || *habere mortem in conspicuo* Sen. Brev. 20, 5, avoir la mort devant les yeux ¶ **2** qui attire les regards, remarquable: *Romanis conspicuum eum divitiae faciebant* Liv. 1, 34, 11, ses richesses le signalaient à l'attention des Romains; *viri laude conspicui* Plin. Ep. 3, 3, 2, hommes d'un mérite éclatant.

conspīrantĕr, adv. (*conspiro*), d'un commun accord: *-tissime* Aug. Hept. 6, 18.

conspīrātē, adv. (*conspiratus*), avec accord, de concert; *-tius* Just. 3, 5, 3.

conspīrātĭo, ōnis, f. (*conspiro*), accord [de sons]: Col. 12, 2, 4 || [fig.] **a)** accord, union: *bonorum omnium* Cic. Cat. 4, 22, unanimité des honnêtes gens **b)** conspiration, complot: Cic. Scaur. 20; Suet. Aug. 19, 2.

conspīrātus, *a*, *um*, part. de 1 *conspiro* **a)** en accord : *milites conspirati...* CAES. *C.* 3, 46, 5, d'un accord commun les soldats... ‖ [fig.] SEN. *Ep.* 84, 10 **b)** ayant conspiré, s'étant conjuré : PHAED. 1, 2, 4 ‖ subst. m. pl. *conspirati*, les conjurés : SUET. *Dom.* 17.

conspīrātŭs, abl. *ū*, m., accord, harmonie : GELL. 1, 11, 8.

conspīrō, *ās*, *āre*, *āvī*, *ātum*, intr., s'accorder, être d'accord **a)** *conspirate nobiscum* CIC. *Agr.* 1, 26, soyez d'accord avec nous, cf. *Phil.* 3, 32 ; 11, 2 ; *Tusc.* 5, 72 ; LUCR. 4, 1216 ; VIRG. *En.* 7, 615 **b)** conspirer, comploter : CAES. *C.* 3, 10, 3 ; *in aliquem* SUET. *Caes.* 80, 4, conspirer contre qqn ; *in caedem alicujus* TAC. *An.* 15, 68, comploter la mort de qqn, cf. LIV. 3, 36, 9 ; *conspirare ut* SUET. *Caes.* 9, s'entendre pour ; *conspirare ne* LIV. 2, 32, 10, s'entendre pour empêcher que ; *conspirare perdere aliquem* SUET. *Cl.* 37, 2, s'entendre pour faire périr qqn.
▶ tard. sens factitif. **a)** " mettre en accord (harmonie) " : MANIL. 1, 251 **b)** " faire s'accorder, s'associer " : ANTH. 727, 9.

conspīrō, *ās*, *āre*, *āvī*, - (*cum, spira*), tr., [se] rouler en spirale : PS. AUR.-VICT. *Vir.* 22, 2.

conspissātĭō, *ōnis*, f., accumulation, tas : THEOD.-PRISC. 1, 19.

conspissātus, *a*, *um*, part. de *conspisso*.

conspissō, *ās*, *āre*, -, *ātum*, tr., condenser, épaissir [employé surtout au part.] : COL. 7, 8, 4 ; 12, 18, 5 ; PLIN. 35, 36.

consplendescō, *is*, *ĕre*, -, -, intr., briller ensemble : JUL.-VAL. 3, 42.

conspŏlĭō, *ās*, *āre*, -, -, tr., dépouiller de : HIER. *Ep.* 98, 21.

conspŏlĭum, *ĭi*, n., sorte de gâteau sacré : ARN. 7, 24.

conspondĕō, *ēs*, *ēre*, *spondī*, *sponsum*, tr., s'engager mutuellement à qqch. ; arranger par accord : *consponsum foedus* AUS. *Epist.* 10 (399), 11, traité par lequel on s'est engagé mutuellement ‖ *consponsi* NAEV. d. VARR. *L.* 6, 70, ceux qui ont pris l'engagement mutuel [*consposi* P. FEST. 36, 18].

consponsŏr, *ōris*, m., celui qui est caution avec d'autres : CIC. *Fam.* 6, 18, 3 ‖ conjuré : P. FEST. 51, 29.

consponsus, *a*, *um*, V. *conspondeo*.

conspōsi, V. *conspondeo*.

conspŭō, *is*, *ĕre*, *spŭī*, *spūtum* ¶ **1** tr., salir de crachat, de bave : SEN. *Vit.* 19, 3 ; PETR. 23, 4 ; APUL. *Apol.* 44, 9 ; *nive conspuit Alpes* BIBAC. d. QUINT. 8, 6, 17 (raillerie d'HOR. *S.* 2, 5, 41) (Jupiter) couvre les Alpes de crachats de neige ‖ [fig.] cracher sur, conspuer : TERT. *Anim.* 50, 2 ¶ **2** intr., cracher : VULG. *Is.* 50, 6.

conspurcātus, *a*, *um*, part. de *conspurco*.

conspurcō, *ās*, *āre*, *āvī*, *ātum*, tr., salir, souiller : LUCR. 6, 22 ; COL. 8, 3, 9 ; SUET. *Ner.* 35, 4.

conspūtātus, *a*, *um*, part. de *consputo*.

conspūtō, *ās*, *āre*, *āvī*, *ātum* (fréq. de *conspuo*), tr., couvrir de crachats : CIC. *Q.* 2, 3, 2.

conspūtum, *i*, n., crachat : CASSIOD. *Psalm.* 68, 11.

conspūtus, *a*, *um*, part. de *conspuo*.

constăbĭlĭō, *īs*, *īre*, *īvī*, *ītum*, tr., établir solidement : PL. *Cap.* 453 ; TER. *Ad.* 771 ‖ [fig.] fortifier : JUVC. 2, 766.

constăbĭlis, *e*, affermi, stable : NOT. TIR. 24, 50.

constăbĭlītus, *a*, *um*, part. de *constabilio*.

constagnō, *ās*, *āre*, -, -, intr., geler : PS. FRONT. *Diff.* 7, 526, 8.

1 **constans**, *antis*, part. prés. de *consto*, [pris adj^t] ¶ **1** qui se tient fermement, consistant : *mellis constantior est natura* LUCR. 3, 191, le miel est d'une nature plus consistante ‖ *constans aetas* CIC. *CM* 76, âge mûr ; *constantissimus motus lunae* CIC. *Div.* 2, 17, le cours si constant (invariable) de la lune ; *constans pax* LIV. 6, 25, 6, paix inaltérable ¶ **2** ferme moralement, constant avec soi-même, conséquent, qui ne se dément pas : CIC. *Mil.* 81 ; *Off.* 1, 80 ; *Flac.* 89 ; *Brut.* 117 ¶ **3** dont toutes les parties s'accordent, où tout se tient harmonieusement : *in oratione constanti* CIC. *Off.* 1, 144, dans un discours bien ordonné ‖ *rumores constantes* CIC. *Fam.* 12, 9, 1, bruits concordants ; *una atque constanti haruspicum voce commotus* CIC. *Har.* 18, impressionné par la parole toujours identique et concordante des haruspices ‖ *credibilia, inter se constantia, dicere* QUINT. 5, 4, 2, dire des choses croyables, qui s'accordent entre elles.

2 **Constans**, *antis*, m., nom de divers pers., not^t Constant, fils de Constantin [empereur avec son frère Constance II de 337 à 350] : EUTR. 10, 9.

constantĕr, adv. (*constans*) ¶ **1** d'une manière continue, invariable : *eosdem cursus constantissime servare* CIC. *Tusc.* 1, 68, accomplir invariablement les mêmes parcours ; *aequaliter, constanter ingrediens oratio* CIC. *Or.* 198, style qui marche d'une allure égale et soutenue ¶ **2** avec constance, fermeté : *constanter ac non timide pugnare* CAES. *G.* 3, 25, 1, combattre avec opiniâtreté et hardiment ; *aliquid constanter ferre* CIC. *Tusc.* 2, 46, supporter avec constance (fermeté) qqch. ‖ avec pondération : *beneficia considerate constanterque delata* CIC. *Off.* 1, 49, services rendus avec réflexion (judicieusement) et posément ¶ **3** en accord, d'une manière concordante : *hi constanter nuntiaverunt...* CAES. *G.* 2, 2, 4, ceux-ci unanimement annoncèrent que ‖ d'une manière conséquente : *haec non constan-* *tissime dici mihi videntur* CIC. *Tusc.* 5, 23, ces propos ne me paraissent pas des plus conséquents (2, 44 ; *Off.* 1, 71) ; *sibi constanter convenienterque dicere* CIC. *Tusc.* 5, 26, être logique et conséquent avec soi-même dans ses propos ‖ *constantius* CIC. *Ac.* 2, 45.

1 **constantĭa**, *ae*, f. (*constans*) ¶ **1** permanence, continuité, invariabilité : *haec in stellis constantia* CIC. *Nat.* 2, 54, cette permanence dans le mouvement des planètes ; *dictorum conventorumque constantia et veritas* CIC. *Off.* 1, 23, la fidélité et la franchise dans les paroles et les engagements ; *testium constantia* CIC. *Verr.* 1, 3, invariabilité des témoins ; *vocis atque vultus* NEP. *Att.* 22, 1, invariabilité de la voix et du visage ¶ **2** fermeté du caractère, des principes, constance : CIC. *Pomp.* 68 ; *Sull.* 62 ; *Dej.* 37 ; *Phil.* 5, 1, 2 ¶ **3** esprit de suite, accord, concordance, conformité : *constantiae causā* CIC. *Tusc.* 2, 5, pour être conséquent avec soi-même (pour être logique) ; *non ex singulis vocibus philosophi spectandi sunt, sed ex perpetuitate atque constantia* CIC. *Tusc.* 5, 31, ce n'est pas sur des maximes isolées qu'il faut juger les philosophes, c'est sur la continuité et l'accord de leurs principes.

2 **Constantĭa**, *ae*, f., nom de femme : AMM. 21, 15, 6.

3 **Constantĭa**, *ae*, f., ville de la Lyonnaise [Coutances] : FORT. *Pat.* 10, 33 ‖ ville d'Helvétie [Constance] : RAV. p. 231 ‖ **Constantia Julia**, f., ville de la Bétique : PLIN. 3, 11 ‖ ville de la Maurétanie Tingitane : PLIN. 5, 2.

Constantĭăcus, *a*, *um*, AMM. 21, 12, 2, **-tĭānus**, *a*, *um*, AMM. 22, 3, 11, **-tĭensis**, *e*, RUF. *Brev.* 27, de Constance [empereur romain].

Constantĭānus, *i*, m., nom d'un officier de l'empereur Julien : AMM. 23, 3, 9.

Constantīna, *ae*, f., nom de femme : AMM. 14, 7, 4 ‖ ville de Numidie [ancienne Cirta] : AUR.-VICT. *Caes.* 40, 28 ‖ ville de Mésopotamie : AMM. 18, 7, 9 ‖ **-nensis**, **-nĭensis**, *e*, de la ville de Constantine [Numidie] : COD. JUST. 1, 17, 2.

Constantīnĭānus, *a*, *um*, de l'empereur Constantin : AMM. 27, 3, 8.

Constantīnŏpŏlis, *is*, f., Constantinople : CASSIOD. *Eccl.* 12, 3 ‖ **-pŏlītānus**, *a*, *um*, de Constantinople : COD. JUST. 1, 2, 6.

Constantīnus, *i*, m., Constantin, empereur romain [306-337] : EUTR. 10, 2.

Constantĭus, *ii*, m., Constance (Chlore) [empereur romain, 305-306, père de Constantin] : EUTR. 10, 6 ‖ Constance II [empereur romain, 337-361, fils de Constantin] : AMM. 21, 16.

constat, V. *consto*.

constātūrus, *a*, *um*, part. fut. de *consto*.

constellātĭō, *ōnis*, f. (*cum, stella*), [astrol.] position des astres, état du ciel :

constellatio

constellationem principis colligere AMM. 29, 2, 27, tirer l'horoscope de l'empereur.

constellātŏr, *ōris*, m., qui observe les étoiles : GLOSS. 3, 499, 67.

constellātus, *a*, *um*, situé dans la même constellation : CHALC. 65.

consternātĭo, *ōnis*, f. (*1 consterno*), bouleversement, affolement : LIV. 28, 25, 5 ; 29, 6, 12 ; TAC. *An.* 13, 16 ‖ agitation, mutinerie : LIV. 34, 2, 6 ; TAC. *An.* 1, 39.

consternātus, *a*, *um*, part. de *1 consterno*.

1 consternō, *ās*, *āre*, *āvī*, *ātum* (*cum*, *sterno*, cf. *aspernor*), tr., effaroucher, épouvanter, bouleverser : ***pecorum in modum consternatos fugant*** LIV. 38, 17, 7, ils les mettent en fuite comme un troupeau frappé de panique ; ***sic sunt animo consternati ut...*** CAES. G. 7, 30, 4, ils furent tellement bouleversés que... ; ***equo consternato*** SUET. *Ner.* 48, le cheval ayant pris peur ‖ ***in fugam consternantur*** LIV. 10, 43, 13, ils s'affolent jusqu'à prendre la fuite, ils prennent la fuite dans leur affolement ; ***multitudo consternata ad arma*** LIV. 7, 42, 3, foule égarée jusqu'à prendre les armes, poussée par l'égarement à ....

2 consternō, *ĭs*, *ĕre*, *strāvī*, *strātum*, tr. ¶ 1 couvrir, joncher : ***forum corporibus civium*** CIC. *Sest.* 85, joncher le forum de cadavres de citoyens ; ***contabulationem summam lateribus lutoque*** CAES. *C.* 2, 9, 3, revêtir le dessus du plancher de briques et de mortier, cf. 2, 15, 2 ‖ ***maria constrata esse*** SALL. *C.* 13, 1, [rappeler] que la mer a été couverte de chaussées ‖ ***navis constrata***, V. *constratus* ‖ [poét.] ***terram consternere tergo*** VIRG. *En.* 12, 543, couvrir la terre de son corps [abattu], cf. ARAT. 433 ; LUCR. 5, 333 ¶ 2 abattre, renverser : ENN. *An.* 189 ; APUL. *Apol.* 45 ¶ 3 aplanir : LACT. *Inst.* 3, 24, 8.

constĭbĭlis lignĕa, f., presse en bois : CAT. *Agr.* 12.

constīpātĭo, *ōnis*, f. (*constipo*), action de resserrer : ***constipatio exercitus*** VOP. *Aur.* 21, 1, concentration de l'armée ‖ foule : AUG. *Serm.* 137, 2.

constīpō, *ās*, *āre*, *āvī*, *ātum*, tr. ¶ 1 presser, serrer : ***se constipaverant*** CAES. G. 5, 43, 5, ils s'étaient entassés, cf. CIC. *Agr.* 2, 79 ¶ 2 bourrer : AUG. *Civ.* 18, 24.

constĭpŭlŏr, *ārĭs*, *ārī*, -, tr., C. *stipulor* : NOT. TIR. 67, 31.

constirpō, *ās*, *āre*, -, -, extirper : NOT. TIR. 79, 72.

constĭtī, parf. de *consisto* et de *consto*.

constĭtĭo, *ōnis*, f. (*consisto*), action de s'arrêter : NON. 53, 15.

constĭtŭō, *ĭs*, *ĕre*, *stĭtŭī*, *stĭtūtum* (*cum* et *statuo*), tr. ¶ 1 placer debout, dresser : ***hominem ante pedes Q. Manilii*** CIC. *Clu.* 38, placer qqn debout devant Q. Manilius (*Verr.* 5, 3) ; ***posteaquam (candelabrum) constituerunt*** CIC. *Verr.* 4, 65, quand ils eurent dressé le candélabre ‖ placer, établir : ***ante oculos aliquid sibi*** CIC. *Cael.* 79, se mettre devant les yeux qqch. ; ***aperto ac plano litore naves constituit*** CAES. G. 4, 23, 6, il établit ses vaisseaux sur une plage nue et plate ; ***legiones pro castris in acie*** CAES. G. 2, 8, 5, établir les légions devant le camp en ligne de bataille ‖ faire faire halte : SALL. *J.* 49, 5 ; LIV. 35, 28, 8 ; ***signa constituere*** CAES. G. 7, 47, 1 ‖ [fig.] CIC. *de Or.* 2, 328 ‖ élever, construire, fonder : ***turres duas*** CAES. G. 7, 17, 1, élever deux tours ; ***castella ad extremas fossas*** CAES. G. 2, 8, 3, élever (établir) des redoutes à l'extrémité du fossé ; [fig.] ***senectus fundamentis adulescentiae constituta*** CIC. *CM* 62, vieillesse reposant sur les fondements de la jeunesse ¶ 2 fixer (établir) qqn à un endroit déterminé : CIC. *Agr.* 2, 10 ; 2, 83 ; CAES. G. 1, 13, 3 ‖ ***aliquem regem apud Senones*** CAES. G. 5, 54, 2, établir qqn comme roi chez les Sénons ; ***aliquem sibi quaestoris in loco*** CIC. *Verr.* 1, 77, placer qqn près de soi comme questeur ; ***Athenaeum maxima apud regem auctoritate constitui*** CIC. *Fam.* 15, 4, 6, j'ai établi Athénée auprès du roi avec [dans] le plus grand crédit ¶ 3 établir, instituer : ***alicui legem, jus*** CIC. *Caecin.* 40, instituer pour qqn une loi, une jurisprudence ; ***eorum causa judicium de pecuniis repetundis est constitutum*** CIC. *Caecil.* 11, c'est à cause d'eux que l'action judiciaire pour concussion a été formée ‖ constituer, fonder : ***si utilitas amicitiam constituet*** CIC. *Fin.* 2, 78, si c'est l'intérêt qui fonde l'amitié ; ***posteaquam victoria constituta est*** CIC. *Amer.* 16, après que la victoire eut été fixée (définitivement acquise) ; ***pacem constituere*** CIC. *Amer.* 22, établir la paix ‖ constituer, organiser, fonder : ***civitates*** CIC. *de Or.* 1, 35, fonder les États (1, 36) ; ***composita et constituta res publica*** CIC. *Leg.* 3, 42, gouvernement bien ordonné et constitué ; ***civitas constituta*** CIC. *Brut.* 7 ; *Agr.* 2, 10, cité ayant sa constitution, ses lois bien établies ; ***rem nummariam*** CIC. *Off.* 3, 80, régler la monnaie (fixer sa valeur) ; ***rem familiarem*** CIC. *Phil.* 11, 4, organiser (remettre en ordre) ses affaires ; ***tribus constitutis legionibus*** CAES. G. 6, 1, 4, trois légions ayant été constituées (organisées), cf. CIC. *Pomp.* 57 ; ***legio constituta ex veteranis*** CIC. *Phil.* 14, 27, légion constituée de vétérans ‖ [pass.] être constitué solidement : ***cum corpus bene constitutum sit*** CIC. *Fin.* 2, 92 (*Tusc.* 2, 17) quand on a une bonne constitution physique ; ***viri sapientes et bene natura constituti*** CIC. *Sest.* 137, les hommes sages et bien constitués moralement ; ***jam confirmata constitutaque vox*** QUINT. 11, 3, 29, voix déjà affermie et complètement formée ‖ ***ineuntis aetatis inscitia senum constituenda et regenda prudentia est*** CIC. *Off.* 1, 122, l'inexpérience de la jeunesse doit trouver un appui et une direction dans la prudence des vieillards ‖ [pass.] ***constitui ex*** ➡ ***constare ex***, résulter de, être formé de : HER. 1, 26 ; 1, 27 ; QUINT. 7, 4, 16 ¶ 4 décider, fixer, établir : ***accusatorem*** CIC. *Caecil.* 10, fixer l'accusateur ; ***praemia, poenas*** CAES. G. 6, 13, 5, établir des récompenses, des châtiments ; ***colloquio diem*** CAES. G. 1, 47, 1, fixer un jour pour une entrevue ; ***pretium frumento*** CIC. *Verr.* 3, 171, fixer un prix au blé ; ***ut erat constitutum*** CIC. *Phil.* 2, 108, comme cela avait été décidé ; ***quid vectigalis Britannia penderet, constituit*** CAES. G. 5, 22, 4, fixa le montant du tribut que devait payer la Bretagne ‖ ***cum aliquo***, décider, fixer avec qqn : ***dies quam constituerat cum legatis*** CAES. G 1, 8, le jour qu'il avait fixé de concert avec les députés (CIC. *Cat.* 1, 24) ; ***constitui cum hominibus, quo die mihi Messanae praesto essent*** CIC. *Verr.* 2, 65, je fixai d'entente avec eux le jour où ils devaient se mettre à ma disposition à Messine ‖ [avec prop. inf.] décider que : TER. *Hec.* 195 ‖ ***alicui constituere*** [avec prop. inf.] fixer (promettre) à qqn que : CIC. *Off.* 1, 32 ; *de Or.* 1, 265 ‖ [avec *ut* subj.] ***constituimus inter nos ut...*** CIC. *Fin.* 5, 1, nous avons décidé entre nous de ... ‖ [abs¹] fixer un rendez-vous à qqn : JUV. 3, 12 ‖ [part.] ***constitutus*** DIG. 8, 6, 19, 1 ; 3, 2, 13, 7, établi par une constitution impériale ¶ 5 définir, établir, préciser une idée : ***quo constituto sequitur...*** CIC. *Nat.* 2, 75, cela établi, il s'ensuit que... ; ***eo (honesto), quale sit, breviter constituto*** CIC. *Fin.* 2, 44, après avoir établi brièvement la nature de l'honnête ; ***primum constituendum est, quid quidque sit*** CIC. *Or.* 116, il faut établir d'abord en quoi consiste chaque point du débat ; ***nondum satis constitui molestiaene plus an voluptatis adtulerit mihi Trebatius noster*** CIC. *Fam.* 11, 27, 1, je ne me suis pas encore rendu compte avec précision si c'est du chagrin ou du plaisir que notre Trébatius m'a le plus causé ; ***bona possessa non esse constitui*** CIC. *Quinct.* 89, j'ai établi qu'il n'y avait pas possession des biens, cf. *Off.* 2, 9 ¶ 6 se déterminer à faire qqch., prendre une résolution : ***ut constituerat*** CAES. G. 1, 49, 4, comme il l'avait décidé ; ***quid in proximam noctem constituisset, edocui*** CIC. *Cat.* 2, 13, j'ai montré ce qu'il avait résolu pour la nuit suivante ; ***constituerunt... comparare*** CAES. G. 1, 3, 1, ils résolurent de rassembler ... ; ***non prius agendum constituit...*** CAES. G. 7, 36, 1 (7, 54, 2) il décida de ne pas agir avant ... ; ***constituere ut*** subj., décider de, décider que : CAES. G. 7, 78, 1 ; *C.* 3, 1, 2 ; CIC. *Clu.* 102 ; *Off.* 3, 80 ‖ [abs¹] ***de aliquo, de aliqua re***, prendre une résolution sur qqn, sur qqch. : CAECIN. *Fam.* 6, 7, 5 ; BRUT. *Fam.* 11, 20, 3 ; CAES. G. 6, 13, 4 ; NEP. *Eum.* 12, 1 ; LIV. 37, 56, 1.

constĭtūtē, adv., d'une manière précise, déterminée : BOET. *Herm. pr.* 1, 9.

constĭtūtĭo, *ōnis*, f. (*constituo*) ¶ 1 [en gén.] état, condition, situation : ***corporis***

CIC. *Off.* 3, 117, complexion ¶ **2** [en part.] **a)** définition : *summi boni* CIC. *Fin.* 5, 45, définition du souverain bien **b)** [rhét.] état de la question, fond de la cause : CIC. *Inv.* 1, 10 ; HER. 1, 18 **c)** arrangement, disposition, organisation : *rei publicae* CIC. *Rep.* 2, 37, l'organisation de l'État **d)** disposition légale, constitution, institution : *justum continetur natura vel constitutione* QUINT. 7, 4, 5, la justice est fondée sur la nature ou une institution, cf. SEN. *Ben.* 4, 38, 2 ; *Nat.* 2, 59, 8 ; QUINT. 7, 4, 6 ‖ constitution [disposition normative émanant de l'empereur : édit, décret, rescrit...] : INST. JUST. 1, 2, 6 **e)** [phil.] constitution, ensemble organisé constituant un être vivant [σύστασις] : SEN. *Ep.* 121, 5 **f)** [chrét.] création du monde : TERT. *Anim.* 39, 2.

cōnstĭtūtĭōnārĭus, *ii*, m., celui qui est affecté à la reproduction des rescrits impériaux : PS. CYPR. *Sing. cler.* 36.

cōnstĭtūtīvus, *a, um*, qui constitue, constitutif : MAR. VICT. *Gen.* 19.

cōnstĭtūtŏr, *ōris*, m. (*constituo*), créateur, fondateur : QUINT. 3, 6, 43 ; LACT. *Inst.* 3, 9, 10.

cōnstĭtūtōrĭa actĭo, f., [droit] action de constitut : DIG. 13, 5, 20.

cōnstĭtūtum, *i*, n. (*constitutus*) ¶ **1** chose convenue, convention : *quid attinuerit fieri in eum locum constitutum* CIC. *Cael.* 61, à quoi bon fixer un rendez-vous dans cet endroit ; *ad constitutum*, à l'époque (à l'heure) convenue, fixée, [ou] au rendez-vous : CIC. *Att.* 12, 1, 1 ; VARR. *R.* 2, 5, 1 ; SEN. *Nat.* 7, 6, 2 ; *aliquod constitutum habere cum aliquo* CIC. *Fam.* 7, 4, avoir qq. rendez-vous avec qqn ¶ **2** constitution, loi, décret : COD. TH. 1, 11, 5 ; 12, 41, 1 ‖ [fig.] loi, règle : SEN. *Nat.* 3, 16, 3 ¶ **3** promesse de payer [sans stipulation] : PAUL. *Dig.* 13, 5, 21 ; ULP. *Dig.* 13, 5, 1.

1 **cōnstĭtūtus**, *a, um*, part. de *constituo*.

2 **Cōnstĭtūtus**, *ī*, m., surnom romain : CIL 2, 3615.

3 **cōnstĭtūtŭs**, *ūs*, m., réunion : P. FEST. 37, 5.

cōnstō, *ās, āre, stĭtī, stātūrus* (fr. *coûter*), intr.

¶ **1** "se tenir arrêté" ¶ **2** "se maintenir", [pass.] *constitui*, [avec abl.] "être constitué par", avec *ex* "être composé de", avec *in* abl. "reposer sur", "dépendre de", [avec abl. ou gén. de prix] "coûter" ¶ **3** "être en équilibre, justifié" ¶ **4** [avec dat.] "s'accorder avec" ¶ **5** [impers.] *constat* [avec prop. inf.] : "c'est un fait établi que", [avec interrog. indir.] "on voit nettement".

¶ **1** se tenir arrêté : *constant, conserunt sermones inter sese* PL. *Curc.* 290, ils restent arrêtés, ils causent ; *in fossis sicubi aqua constat* CAT. *Agr.* 155, si l'eau séjourne quelque part dans les fossés ¶ **2** se tenir par la réunion des éléments constitutifs, se maintenir, être constitué, exister, subsister [dans LUCR. 1, 509 ; 1, 581, souvent voisin de *esse*] : *antiquissimi fere sunt, quorum quidem scripta constent* CIC. *de Or.* 2, 93, presque les plus anciens, du moins de ceux dont nous avons les écrits ; *si ipsa mens constare potest vacans corpore* CIC. *Nat.* 1, 25, si l'intelligence par elle-même peut exister sans le corps (1, 92) ; *adeo ut paucis mutatis centurionibus idem ordines manipulique constarent* CAES. *C.* 2, 28, 1, au point que, quelques centurions seulement étant changés, centuries et manipules restaient les mêmes ; *uti numerus legionum constare videretur* CAES. *G.* 7, 35, 3, pour que le nombre des légions parût n'avoir pas changé ; *litterae constabant* CIC. *Verr.* 2, 187, les lettres (caractères) étaient en parfait état, **V.** *litura*, [avec abl.] être constitué par (avec) : *ceterarum rerum studia et doctrina et praeceptis et arte constare* CIC. *Arch.* 18, (nous savons) que toutes les autres études supposent un enseignement, des leçons, un art (*Inv.* 1, 70) ; NEP. *Att.* 13, 2) ; *nonne fatendumst corporea natura animum constare animamque ?* LUCR. 3, 167, ne doit-on pas reconnaître que l'esprit et l'âme sont d'une nature matérielle ?, [avec *ex*] résulter de, être composé de : *homo constat ex anima et corpore caduco et infirmo* CIC. *Nat.* 1, 98, l'homme est composé d'une âme et d'un corps faible et débile ; *temperantia constat ex praetermittendis voluptatibus corporis* CIC. *Nat.* 1, 38, la tempérance consiste à laisser de côté les plaisirs du corps ; *virtus quae constat ex hominibus tuendis* CIC. *Off.* 1, 157, la vertu qui repose sur la protection de nos semblables, [avec *in* abl.] *monuit ejus diei victoriam in earum cohortium virtute constare* CAES. *C.* 3, 89, 4, il fit observer que la victoire de cette journée reposait sur le courage de ces cohortes ; *suum periculum in aliena vident salute constare* CAES. *G.* 7, 84, 4, ils voient que pour eux le danger est lié au salut des autres [ils échapperont au danger si leurs camarades sont sauvés], cf. *penes eos summam victoriae constare intellegebant* CAES. *G.* 7, 21, 3, ils comprenaient que l'ensemble de la victoire reposait entre leurs mains, [avec *de*] LUCR. 4, 1229 ; APUL. *Mund.* 20, [avec abl. ou gén. de prix] être (se tenir) à tel prix, coûter : *si sestertium sex milibus quingentis tibi constarent ea quae...* CIC. *Verr.* 4, 28, si tu avais payé six mille cinq cents sesterces ce que... ; *parvo* SEN. *Ben.* 6, 38, 1, coûter peu ; *virorum fortium morte victoria constat* CAES. *G.* 7, 19, 4, la victoire se paie par la mort d'hommes vaillants ; *dimidio minoris* CIC. *Att.* 13, 29, 2, coûter moitié moins ; *pluris* SEN. *Nat.* 1, 17, 8, coûter plus ; **V.** *care* (*carius, carissime*) ; *gratis* ; *viliter* (*vilius, vilissime*) ¶ **3** se tenir solidement, se maintenir fermement dans ses éléments constitutifs, être d'aplomb (en équilibre) : *priusquam totis viribus fulta constaret hostium acies* LIV. 3, 60, 9, sans attendre que l'armée ennemie fût en bon ordre de bataille avec toutes ses forces ; *pugna illis constare non potuit* LIV. 1, 30, 10, pour eux le combat ne put se continuer en bon ordre ‖ *in ebrietate lingua non constat* SEN. *Ep.* 83, 27, dans l'ivresse la parole n'est pas assurée ; *ut non color, non vultus ei constaret* LIV. 39, 34, 7, au point qu'il changea de couleur et de visage ; *Vitruvio nec sana constare mens nec...* LIV. 8, 19, 6, Vitruvius d'une part ne gardait pas son sang-froid... ‖ *mente vix constare* CIC. *Tusc.* 4, 39, s'affoler, perdre son sang-froid ; *ne auribus quidem atque oculis satis constare poterant* LIV. 5, 42, 3, ils ne pouvaient même plus disposer vraiment de leurs oreilles et de leurs yeux ‖ *auri ratio constat* CIC. *Flac.* 69, le compte de l'or est juste (*Font.* 3) ; *deparcos esse quibus ratio impensarum constaret* SUET. *Ner.* 30, (il jugeait) sordides ceux qui tenaient un compte exact de leurs dépenses ‖ [fig.] *mihi et temptandi aliquid et quiescendi illo auctore ratio constabit* PLIN. *Ep.* 1, 5, 16, je trouverai dans ses conseils les raisons justificatrices, soit de tenter qqch., soit de me tenir tranquille ; *mihi confido in hoc genere materiae laetioris stili constare rationem* PLIN. *Ep.* 3, 18, 10, je suis convaincu que dans un sujet de ce genre un style fleuri est bien justifié ¶ **4** être d'accord avec, s'accorder avec [avec dat.] : *qui se et sibi et rei judicatae constitisse dicit* CIC. *Clu.* 106, celui qui déclare avoir été d'accord et avec lui-même et avec son premier jugement ; *si humanitati tuae constare voles* CIC. *Att.* 1, 11, 1, si tu veux ne pas déroger à ton affabilité habituelle ; *si tibi constare vis* CIC. *Tusc.* 1, 9, si tu veux être constant (conséquent) avec toi-même ; [avec *cum*] *considerabit, constetne oratio aut cum re aut ipsa secum* CIC. *Inv.* 2, 45, il examinera si le discours ou bien répond au sujet ou bien est conséquent (*Flac.* 5) ‖ [abs[t]] *video constare adhuc omnia* CIC. *Mil.* 52, je vois que jusqu'ici tout se tient (s'accorde) ; *nec animum ejus regis constare satis visum* LIV. 44, 20, 7, (ils déclarèrent) que les dispositions de ce roi ne leur avaient pas paru bien constantes ¶ **5** [emploi impers.] *constat* [avec prop. inf.] c'est un fait établi (reconnu, constant) que, *alicui*, pour qqn, *inter omnes*, pour tout le monde (tout le monde reconnaît que) : *cum caedem in Appia factam esse constaret* CIC. *Mil.* 14, comme il était bien reconnu que le crime avait été commis sur la voie Appienne ; *ubi Caesarem primum esse bellum gesturum constabat* CAES. *G.* 3, 9, 9, où il était sûr que César entamerait les hostilités ; *omnibus constabat hiemari in Gallia oportere* CAES. *G.* 4, 29, 4, il était évident pour tous qu'il fallait hiverner en Gaule ; *ut inter homines peritos constare video* CIC.

consto

de Or. 1, 104, comme je vois que tous les gens compétents le reconnaissent (*de Or.* 3, 3); **constitit fere inter omnes... oportere** Cic. *Fin.* 5, 17, presque tout le monde est d'accord qu'il faut ... ‖ [avec interrog. indir.] **alicui constat quid agat** Cic. *Tusc.* 4, 35; Caes. *G.* 3, 14, 3, qqn voit nettement ce qu'il doit faire; **neque satis constabat animis, tam audax iter consulis laudarent vituperarentne** Liv. 27, 44, 1, (il n'était pas bien net pour les esprits si ...) on ne voyait pas nettement s'il fallait approuver ou blâmer la marche si audacieuse du consul ; **non satis mihi constiterat (-ne... an)** Cic. *Fam.* 13, 1, 1, je ne vois pas clairement si... ou si; **nec satis certum constare apud animos poterat utrum... an** Liv. 30, 28, 1, et il ne pouvait pas être établi une chose bien certaine dans les esprits si ... ou si (on ne voyait pas de façon précise ...).

constrātŏr, *ōris*, m. (*consterno*), qui aplanit : Aus. *Techn.* 7 (343), 12.

constrātum, *i*, n. (*constratus*), plancher: **constrata pontium** Liv. 30, 10, 14, le plancher des ponts ; **constratum puppis** Petr. 100, 6, pont d'un navire.

constrātus, *a*, *um*, part. de *consterno*, **constrata navis** Cic. *Verr.* 5, 89, navire ponté.

constrāvī, parf. de 1 et 2 *consterno*.

constrĕpō, *is*, *ĕre*, **strepŭī**, **strepĭtum** ¶ 1 intr., faire du vacarme : [en parl. d'un orateur] Gell. 4, 1, 4; **ululatibus** Apul. *M.* 8, 27, faire entendre de bruyants gémissements ¶ 2 tr., faire retentir : Apul. *M.* 4, 26.

constrictē, adv. (*constrictus*), étroitement : **constrictius jungi** Aug. *Cresc.* 1, 16, 20, être uni plus étroitement.

constrictĭō, *ōnis*, f. (*constringo*), action de serrer : Pall. 4, 1, 3 ‖ [méd.] resserrement : Macr. *Sat.* 7, 6, 4 ‖ [fig.] **constrictio jejunii** Aug. *Ep.* 36, 25, observation stricte du jeûne.

constrictīvē, adv. (*constrictivus*), d'une manière astringente : Cael.-Aur. *Acut.* 3, 4, 38.

constrictīvus, *a*, *um* (*constringo*), astringent : Cael.-Aur. *Acut.* 2, 18.

constrictō, *ās*, *āre*, -, -, tr. (*constringo*), serrer fortement : Tert. *Marc.* 2, 16, 1.

constrictōrĭus, *a*, *um*, astringent : Cass. Fel. 33, p. 69, 14.

constrictūra, *ae*, f., [méd.] resserrement : Cael.-Aur. *Acut.* 1, 9, 69.

constrictus, *a*, *um*, part. de *constringo* ‖ adj^t, resserré, compact : **folium constrictius** Plin. 21, 58, feuille plus resserrée.

constringō, *is*, *ĕre*, **strinxī**, **strictum** (fr. *contraindre*), tr., lier ensemble étroitement, lier, enchaîner : **corpora constricta vinculis** Cic. *de Or.* 1, 226, corps chargés de chaînes ; **tu non constringendus** Cic. *Phil.* 2, 97, tu n'es pas à lier ! ‖ [rhét.] **(sententia) cum aptis constricta verbis est** Cic. *Brut.* 34, (la pensée) quand elle est enserrée par des mots bien liés ; **constricta narratio** Quint. 2, 13, 5, narration succincte ‖ [fig.] enchaîner, contenir, réprimer : **scelus supplicio** Cic. *de Or.* 1, 202, enchaîner le crime en appelant sur lui le châtiment ‖ [méd.] constiper : Plin. 23, 100.

constructĭō, *ōnis*, f. (*construo*) ¶ 1 construction ; [fig.] structure (**hominis**, de l'homme) : Cic. *Ac.* 2, 86 ¶ 2 assemblage de matériaux pour construire : **lapidum** Sen. *Polyb.* 18, 2, assemblage des pierres ‖ [rhét.] **verborum** Cic. *de Or.* 1, 17, assemblage, arrangement des mots dans la phrase ‖ [gram.] construction syntaxique : Prisc. 3, 139, 25 ¶ 3 disposition des livres dans une bibliothèque : Cic. *Att.* 4, 5, 3 (v. 4, 8, 2).

constructīvē, adv., d'une manière qui construit : Boet. *Anal. pr.* 1, 42.

constructīvus, *a*, *um*, constructif, propre à construire : Boet. *Top. Arist.* 2, 1.

constructŏr, *ōris*, m., constructeur : Greg.-M. *Dial.* 4, 37.

constructus, *a*, *um*, part. de *construo*.

construō, *is*, *ĕre*, **struxī**, **structum**, tr. ¶ 1 entasser par couches (avec ordre), ranger : **dentes in ore constructi** Cic. *Nat.* 2, 134, les dents rangées dans la bouche ; **acervi nummorum apud istum construuntur** Cic. *Phil.* 2, 97, on empile chez lui les écus ‖ garnir : **constructae dape mensae** Catul. 64, 304, tables garnies de mets ¶ 2 bâtir, édifier : **navem** Cic. *CM* 72, construire un navire ‖ [gram.] construire : Prisc. 3, 184, 6.

constŭpescō (**-stip-**), *is*, *ĕre*, **stŭpŭī**, -, intr., être interdit, stupéfait : Juvc. 1, 179; Gloss. 5, 184, 34.

constŭprātĭō, *ōnis*, f. (*constupro*), action de déshonorer : Arn. 2, 42.

constŭprātŏr, *ōris*, m. (*constupro*), celui qui souille : Liv. 39, 15, 9.

constŭprātus, *a*, *um*, part. de *constupro*.

constŭprō, *ās*, *āre*, *āvī*, *ātum*, tr., déshonorer, débaucher, violer : Liv. 29, 17, 15; Curt. 10, 1, 5 ‖ [fig.] **judicium constupratum** Cic. *Att.* 1, 18, 3, jugement immoral.

consuādĕō, *ēs*, *ēre*, -, - ¶ 1 tr., conseiller fortement : Pl. *Merc.* 143 ¶ 2 intr., donner un avis favorable : Pl. *As.* 261 ‖ **alicui** Pl. *Trin.* 527, circonvenir (enjôler) qqn.

Consŭālĭa, *ĭum* ou *ōrum*, n. pl., les Consualia, fêtes en l'honneur de Consus : Varr. *L.* 6, 20.

Consuanētes, *um*, m. pl., ▶ *Cosuanetes*.

Consuarāni, *ōrum*, m. pl., peuple de la Narbonnaise : Plin. 3, 32.

consuāsŏr, *ōris*, m., conseiller pressant : Cic. *Quinct.* 18.

consuāvĭō, **consāvĭō**, *ās*, *āre*, -, -, tr., Apul. *M.* 6, 22, **consuāvĭŏr**, **consāvĭŏr**, *āris*, *ārī*, -, tr., Apul. *M.* 2, 13, baiser, donner un baiser.

consuāvis, *e*, qui a une grande suavité : Not. Tir. 21, 56 ‖ **consuavissimus** Not. Tir. 21, 56.

consŭbĭgō, *is*, *ĕre*, -, -, tr., pétrir ensemble : Garg. *Cur.* 22.

consŭbrīnus, CIL 5, 6313, ▶ *consobrinus*.

consubsīdō, *is*, *ĕre*, -, -, intr., rester [en parl. de plusieurs] : Minuc. 40, 2.

consubstantĭālis, *e*, consubstantiel, de même essence : Aug. *Mus.* 6, 17, 59; Tert. *Herm.* 44, 3.

consubstantĭālĭtās, *ātis*, f., consubstantialité : Cassiod. *Eccl.* 2, 11.

consubstantīvus, *a*, *um*, Tert. *Val.* 12, 5, ▶ *consubstantialis*.

consūcĭdus, *a*, *um*, plein de sève, succulent : Pl. *Mil.* 787.

consūdescō, *is*, *ĕre*, -, -, intr., ressuer : Col. 12, 48, 2.

consūdō, *ās*, *āre*, *āvī*, -, intr., suer abondamment : Pl. *Ps.* 666 ‖ ressuer : Col. 12, 7, 2.

consuēfăcĭō, *is*, *ĕre*, *fēcī*, *factum*, tr., accoutumer : **consuefacit eos ordines habere** Sall. *J.* 80, 2, il les habitue à garder les rangs ; **consuefaciunt ut...** Varr. *R.* 2, 9, 13, ils habituent à ... ; [avec *ne*] Ter. *Ad.* 54, habituer à ne pas ...

consuēfĭō, *fīs*, *fĭĕrī*, pass. de *consuefacio*, s'accoutumer à : Jul.-Val. 3, 11.

consuēmus, **consueris**, ▶ *consuesco* ▶.

consuĕō, *ēs*, *ēre*, -, -, primitif de *consuesco* : Char. d. Prisc. 2, 508, 6.

consuescō, *is*, *ĕre*, **suēvī**, **suētum** ¶ 1 tr., accoutumer : **bracchia consuescunt** Lucr. 6, 397, ils exercent leurs bras ; **consuescere juvencum aratro** Col. 6, 2, 9, habituer un jeune bœuf à la charrue ¶ 2 intr., s'accoutumer, prendre l'habitude : **consuevi** Caes. *G.* 5, 56, 2, j'ai l'habitude **a)** [abs^t] **consuescere multum est** Virg. *G.* 2, 272, il est important de prendre l'habitude ; **ut consuevi** Caes. *Att.* 9, 16, 3, selon mon habitude **b)** [avec inf.] s'habituer à : Cic. *Tusc.* 1, 75; *de Or.* 1, 261 ; Caes. *G.* 1, 33, 3 ‖ [avec inf. pass.] Cic. *Com.* 46 ; Caes. *G.* 1, 44, 4 ; 7, 32, 3 **c)** [avec dat.] **dolori** Plin. *Ep.* 8, 23, 8, s'habituer à la douleur **d)** [avec abl.] **consuescere libero victu** Col. 8, 15, s'habituer à chercher sa nourriture ‖ **consuescere cum aliquo** Ter. *Hec.* 555 ; Pl. *Amp.* 1122, avoir commerce avec qqn ‖ ▶ *consuetus*.

▶ formes contr. du parf. : **consuemus** Prop. 1, 7, 5; **consueris** Cic. *de Or.* 1, 157; **consueram**, **consuesse**.

consuētē, adv. (*consuetus*), suivant l'habitude, comme de coutume : Amm. 23, 2, 8.

consuētĭo, ōnis, f., commerce, liaison : Pl. Amp. 490 ; P. Fest. 53, 15.

consuētū, abl. m. (*consuetus*), ▶ *consuetudine* : Virg. Gram. Epist. 3, 8.

consuētūdĭnārĭē, adv., ordinairement, à l'ordinaire : Cassiod. Var. 12, 2, 6.

consuētūdĭnārĭus, a, um, habituel, ordinaire : Sidon. Ep. 7, 11, 1.

consuētūdo, ĭnis, f. (*consuesco* ; it. *costume*, fr. *coutume*) ¶ 1 habitude, coutume, usage : *ad alicujus consuetudinem moremque deduci* Cic. Off. 1, 118, être amené à prendre les usages et les habitudes de qqn ; *de mea consuetudine (dicturus sum)* Cic. de Or. 1, 208, c'est de ma pratique personnelle (que je vais parler) ‖ *consuetudo eorum est ut... non eant* Caes. C. 1, 48, 7, leur habitude est de ne pas aller... ; *Germanorum consuetudo est... resistere* Caes. G. 4, 7, 3, l'habitude des Germains est de résister (5, 41, 7) ‖ *consuetudo laborum* Cic. Tusc. 2, 35, l'habitude de supporter les fatigues ; *hominum immolandorum* Cic. Font. 21, l'habitude des sacrifices humains ‖ *ex consuetudine sua... exceperunt* Caes. G. 1, 52, 4, d'après leurs habitudes, ils reçurent... ; *pro mea consuetudine* Cic. Arch. 23, suivant mon habitude ; *consuetudine sua... ducebat* Caes. G. 2, 19, 3, suivant sa coutume il conduisait (3, 23, 6 ; 4, 12, 2) ; *praeter consuetudinem* Cic. Div. 2, 60, contre l'habitude (*contra consuetudinem* Cic. Off. 1, 148) ¶ 2 [droit] coutume : Cic. Inv. 2, 67 ; 2, 162 ; de Or. 1, 212 ‖ *consuetudinis jura* Cic. Verr. 4, 122, droit de la coutume, droit des gens ‖ usage prolongé : *longi temporis consuetudinem vicem servitutis obtinere* Cod. Just. 3, 34, 1, acquérir une servitude par un usage prolongé [par prescription] ¶ 3 usage courant de la langue, langue courante : Cic. Or. 76 ; Brut. 258 ¶ 4 liaison, intimité : Cic. Brut. 1 ; Verr. 2, 172 ‖ rapports, relations : Cic. Or. 33 ; Mil. 21 ; Fam. 4, 13, 1 ‖ liaison, amour : Liv. 39, 9, 6 ; Suet. Tib. 7 ; *consuetudo stupri* Sall. C. 23, 3, relations coupables ¶ 5 [chrét.] privilège : Cassiod. Var. 7, 12, 2.

consuētus, a, um ¶ 1 part. de *consuesco* : Pl. Aul. 637 ; Cic. Rep. 3, 8 ; Sall. J. 50, 6 ; Virg. En. 10, 866 ¶ 2 [pris adj^t] habituel, accoutumé : Ter. And. 155 ; Virg. G. 4, 429 ; *consuetissima verba* Ov. M. 11, 637, les paroles les plus habituelles.

consuēvī, parf. de *consuesco*.

consŭl, ŭlis, m. (*consulo, consilium*) ¶ 1 consul : *Mario consule* Cic. Arch. 5, sous le consulat de Marius ; *a Crasso consule et Scaevola usque ad Paulum et Marcellum consules* Cic. Brut. 328, du consulat de Crassus et de Scaevola jusqu'à celui de Paulus et de Marcellus ; *L. Pisone A. Gabinio consulibus* Caes. G. 1, 6, 4, sous le consulat de L. Pison et A. Gabinius ¶ 2 proconsul : Liv. 26, 33, 4 ¶ 3 épithète de Jupiter : Vop. Tyr. 3, 4.

▶ arch. *consol* CIL 1, 7 ; 9 ; 17 ; *cosol* CIL 8 ; 18 ; abréviations : *cos.* sg. ; *coss.* pl.

consŭlāris, e (*consul*), de consul, consulaire : *comitia consularia* Cic. Mur. 53, comices consulaires ; *aetas consularis* Cic. Phil. 5, 48, âge minimum pour être consul (43 ans au temps de Cicéron) ; *exercitus consularis* Liv. 3, 29, 2, armée commandée par un consul ; *consulare vinum* Mart. 7, 79, 1, vin vieux [désigné du nom d'un ancien consul] ‖ *homo (vir) consularis* [ou abs^t] **consularis**, *is*, m., consulaire, ancien consul : Cic. Fam. 12, 4, 1 ; Sall. C. 53, 1 ; Suet. Aug. 33, 3.

consŭlārĭtās, ātis, f., fonction de lieutenant de l'empereur, de gouverneur de province : Cod. Th. 6, 27, 10.

consŭlārĭtĕr, adv., d'une manière digne d'un consul : Liv. 4, 10, 9.

consŭlārĭus, a, um, Julian. Epit. 98, 359, ▶ *consularis*.

consŭlātŭs, ūs, m. (*consul*), consulat, dignité, fonction de consul : *consulatum petere* Cic. Mur. 8, briguer le consulat ; *gerere consulatum* Cic. Sest. 37, exercer le consulat ; *suo toto consulatu* Cic. Fam. 7, 30, 1, pendant tout son consulat ; *in consulatu meo* Cic. Cat. 3, 29, pendant mon consulat ; *ex consulatu* Cic. Brut. 318, au sortir du consulat.

consŭlentĭa, ae, f. (*consulo*), prévoyance, prudence, sagesse : Ps. Rufin. Amos 5, 18 ; 9, 7.

consŭlĕō, ēs, ēre, -, -, Fort. Carm. 9, 2, 89, ▶ *consulo*.

consŭlĭtūrus, a, um, ▶ *consulo* ▶.

consŭlō, ĭs, ĕre, sŭlŭī, sultum (peu net, *cum*, *sel*-, cf. ἑλῶ ?)

> I intr. ¶ 1 "délibérer, réfléchir" ¶ 2 "prendre une résolution" ¶ 3 *alicui (alicui rei)* "s'occuper de".
> II ¶ 1 "examiner" (*rem*) ¶ 2 "consulter" (*aliquem*) ¶ 3 "consulter sur" (*aliquid*), *jus consulere* ¶ 4 *boni consulere aliquid* "trouver bon".

I intr. ¶ 1 délibérer ensemble ou délibérer avec soi-même, se consulter, réfléchir : Pl. Mil. 219 ; Ru. 1036 ; Ter. Ad. 982 ; Sall. C. 1, 6 ‖ *de aliquo, de aliqua re*, sur qqn, sur qqch. : Cic. Agr. 2, 88 ; Sull. 63 ; Sall. C. 51, 5 ; Liv. 3, 41, 3 ; *qui consulunt* Cic. Top. 71, ceux qui tiennent conseil (qui cherchent les décisions utiles) ‖ *in commune* Ter. And. 548, songer à l'intérêt commun (Tac. Agr. 12 ; An. 12, 5) ; *in publicum* Plin. Ep. 9, 13, 21, envisager le bien public ; *in medium* Virg. En. 11, 335, délibérer en vue de l'intérêt général (Tac. H. 2, 5) ; *in unum* Tac. H. 4, 70, se concerter ¶ 2 prendre une résolution, des mesures : *ad summam rerum* Caes. C. 3, 51, 4, prendre des mesures en vue de l'intérêt général ; *aliter mihi de illis ac de me ipso consulendum* Cic. Att. 7, 13, 3, je ne dois pas prendre les mêmes mesures à leur égard qu'en ce qui me concerne ‖ [en part.] prendre une résolution (une mesure) fâcheuse, funeste, cruelle : *graviter de se consulere* Cic. Att. 3, 23, 5, prendre contre soi-même une détermination fâcheuse, cf. Cael. Fam. 8, 16, 1 ; Liv. 28, 29, 8 ; *in aliquem* Ter. Haut. 437 ; Liv. 8, 13, 14 ; Tac. Agr. 16, contre qqn ¶ 3 prendre des mesures pour (qqch.), *alicui (alicui rei)* ; avoir soin de qqn (qqch.), pourvoir à, veiller à, s'occuper de : *parti civium* Cic. Off. 1, 85, s'occuper d'une partie seulement des citoyens ; *alicujus commodis* Cic. Q. 1, 1, 27, veiller aux intérêts de qqn ; *timori magis quam religioni* Caes. C. 1, 67, 3, obéir à la crainte plutôt qu'au respect de son serment militaire ‖ [avec *ut* subj.] veiller à ce que, pourvoir à ce que : Cic. Verr. 1, 153 ; Off. 2, 74 ; Cat. 2, 26 ; [avec *ne*] veiller à ce que ne pas : Ter. Phorm. 469 ; Virg. En. 9, 320 (*quominus* Cic. Verr. 3, 16)

II tr. ¶ 1 *rem*, délibérer sur qqch., examiner qqch. : Pl. Most. 1102 ; Pers. 844 ; *cum ea, quae consulebantur, ad exitum non pervenirent* Cic. Fam. 10, 22, 2, comme sur les questions mises en délibération on n'arrivait pas à une solution ; *re consulta et explorata* Cic. Att. 2, 16, 4, l'affaire étant délibérée et examinée ; *nihil salutare in medium consulebatur* Liv. 26, 12, 7, on ne cherchait aucune mesure salutaire en vue de l'intérêt commun ; *(rem) delatam consulere ordine non licuit* Liv. 2, 28, 2, sur cette affaire soumise au sénat il ne put y avoir de délibération régulière ‖ *quid agant, consulunt* Caes. G. 7, 83, 1, ils délibèrent sur ce qu'ils doivent faire ¶ 2 *aliquem, aliquid*, consulter qqn, qqch. : *senatum* Cic. Phil. 2, 15, consulter le sénat ; *populum* Cic. Rep. 2, 31, le peuple ; *Apollinem* Cic. Leg. 2, 40, Apollon ; [un jurisconsulte] Mur. 25 ; Brut. 155 ; *consulentibus respondere* Cic. Brut. 306, donner des réponses aux consultations des clients (Or. 143 ; Leg. 1, 10) ; *vos consulo quid mihi faciendum putetis* Cic. Verr. prim. 32, je vous demande à titre de consultation ce que vous pensez que je doive faire ; *Themistocles cum consuleretur, utrum... filiam collocaret an...* Cic. Off. 2, 71, comme on demandait à Thémistocle s'il donnerait sa fille en mariage à... ou bien... ‖ *speculum* Ov. A. A. 3, 136, consulter le miroir ; *aures* Quint. 9, 4, 93 ; *vires* Quint. 10, 2, 18, consulter l'oreille, les forces ; *consulere veritatem* Cic. Or. 159, consulter la vérité [= la prononciation régulière] ‖ [abs^t] consulter, recueillir les suffrages : Cic. Att. 12, 21, 1 ¶ 3 *aliquid*, consulter sur qqch. : *quae consuluntur, minimo periculo respondentur* Cic. Mur. 28, aux consultations demandées la réponse se fait avec bien peu de risque ; *rem nulli obscuram consulis* Virg. En. 11, 344, tu nous consultes sur une question qui n'a d'obscurité pour personne ; *si jus consuleres* Liv. 39, 40, 6, si on le consultait sur un point de droit ‖ *consulam hanc rem amicos quid faciendum censeant* Pl.

consulo

Men. 700, je consulterai là-dessus mes amis, en leur demandant ce que je dois faire à leur avis (Stat. *Th.* 7, 6, 29) ¶ 4 [formule] **boni consulere aliquid**, estimer comme bon qqch., trouver bon, agréer, être satisfait de : Pl. *Truc.* 429 ; Varr. *L.* 7, 4 ; Cat. d. Gell. 10, 3, 17 ; Quint. 1, 6, 32 ; *hoc munus rogo, qualecumque est, boni consulas* Sen. *Ben.* 1, 8, 1, ce présent, je te prie, quel qu'il soit, de lui faire bon accueil.
▶ part. fut. *consuliturus* (au lieu de *consulturus*) Fort. *Carm.* 7, 8, 50 et (avec le sens de *consolaturus*) Fort. *Carm.* 8, 3, 254 ‖ forme dépon. *sunt consulti* de *consulor* Commod. *Instr.* 1, 22, 5.

consulta, æ, f. (*consulo*), conseil : Treb. *Gall.* 12, 1.

consultātiō, ōnis, f. (*consulto*) ¶ 1 action de délibérer : Ter. *Hec.* 650 ; Cic. *Off.* 3, 50 ; Sall. *J.* 27, 2 ‖ point soumis à une délibération, question, problème : Cic. *Rep.* 1, 36 ; *de Or.* 3, 109 ; 111 ; *Part.* 4 ; Liv. 35, 42, 4 ¶ 2 question posée à qqn : Cic. *Att.* 8, 4, 3 ; [en part.] **a)** question posée à un juriste : Cic. *Top.* 66 **b)** question soumise à un chef : Plin. *Ep.* 10, 96, 9.

consultātor, ōris, m. (*consulto*), consultant, celui qui demande conseil à un juriste : Quint. 6, 3, 87 ; Pompon. *Dig.* 1, 2, 2, 35.

consultātōrius, a, um (*consulto*), qui a trait à une consultation : *consultatoriae hostiae* Macr. *Sat.* 3, 5, 5, victimes dont on consulte les entrailles ; *consultatoria disputatio* Aug. *Ep.* 169, 13, discussion consultative.

consultātum, i, n., décision : Sil. 6, 455.

consultātus, a, um, part. de *consulto*.

consultē, adv. (*consultus*), avec examen, avec réflexion : Pl. *Ru.* 1240 ; Liv. 22, 38, 11 ‖ -tius Liv. 22, 24, 3 ; -tissime Capit. *Pert.* 7.

1 **consultō** (*consultus*), adv., exprès, à dessein, de propos délibéré : Cic. *Off.* 1, 27 ; Caes. *G.* 5, 16, 2.

2 **consultō**, ās, āre, āvī, ātum (fréq. de *consulo*) ¶ 1 intr., délibérer mûrement [ou] souvent : *de bello* Caes. *G.* 5, 53, 3, débattre la question de la guerre ; *consultare utrum... an* Cic. *Att.* 16, 8, 2, débattre la question de savoir si... ou si, cf. *Off.* 1, 9 ; Sall. *C.* 52, 3 ‖ s'occuper sans cesse de [dat.] : *rei publicae* Sall. *C.* 6, 6, veiller sans cesse au bien de l'État ¶ 2 tr. **a)** délibérer fréquemment (*rem*, sur qqch.) : Pl. *Bac.* 1154 ; Liv. 1, 55, 6 ; 28, 26, 1 ; Gell. 1, 23, 5 **b)** consulter, interroger : *quid me consultas quid agas ?* Pl. *Mil.* 1097, pourquoi me demander ce que tu dois faire ? ; *consultare aves* Plin. *Pan.* 76, 7, consulter les augures.

1 **consultŏr**, āris, ārī, -, tr., consulter : VL. *Rom.* 11, 34 d. Tert. *Herm.* 17, 1 ; Aug. *Civ.* 2, 20.

2 **consultŏr**, ōris, m. (*consulo*) ¶ 1 conseiller : Sall. *J.* 64, 5 ; 85, 47 ; Tac. *An.* 6, 10 ¶ 2 celui qui consulte, qui demande conseil : Cic. *Mur.* 22 ; *Balb.* 45 ¶ 3 jurisconsulte : Sen. *Ep.* 90, 6.

consultrix, īcis, f., celle qui pourvoit : Cic. *Nat.* 2, 58.

consultum, i, n. (*consulo*) ¶ 1 résolution, mesure prise : *facta et consulta* Cic. *Leg.* 1, 62, les actions et les desseins (Liv. 10, 39, 10 ; 25, 16, 4) ; *mollia consulta* Tac. *An.* 1, 40, mesures sans énergie ‖ [en part.] décret du sénat : *de senatus consulto certior factus ut...* Caes. *G.* 7, 1, informé du sénatus-consulte ordonnant que... ¶ 2 réponse d'un oracle : Virg. *En.* 6, 151.

1 **consultus**, a, um, part. de *consulo*, [pris adj᪼] ¶ 1 réfléchi, étudié, pesé : *omnia consulta ad nos et exquisita deferunt* Cic. *de Or.* 1, 250, (les parties en cause) nous apportent toutes les questions étudiées et épluchées ‖ *consultius est* Dig. 2, 15, 15, il est plus prudent, il vaut mieux ¶ 2 qui est avisé dans, versé dans : *juris* Cic. *Phil.* 9, 10, versé dans le droit ; *juris atque eloquentiae* Liv. 10, 22, 7, versé dans le droit et dans l'art de la parole ; *consultissimus vir omnis divini atque humani juris* Liv. 1, 18, 1, profondément versé dans tout le droit divin et humain ‖ *jure consulti* Cic. *Mur.* 27, jurisconsultes (*juris consultus dici debet, non jure consultus, licet Cicero pro Murena ita dixerit* Char. 82, 5) ‖ *consultior* Tert. *Marc.* 2, 2, plus avisé ¶ 3 m. pris subst᪼, **consultus**, i, jurisconsulte : Cic. *Caecin.* 79 ; *Brut.* 148 ; Hor. *S.* 1, 1, 17.

2 **consultŭs**, ūs, m., *senatus consultus* Isid. 9, 4, 9, sénatus-consulte.

consŭlŭī, parf. de *consulo*.

*consum, v. *confuit*.

consummābĭlis, e (*consummo*), qui peut s'achever, se parfaire : Sen. *Ep.* 92, 27 ; Prud. *Psych.* 846.

consummātē, adv., parfaitement : Porph. Hor. *S.* 1, 10, 46.

consummātiō, ōnis, f. (*consummo*) ¶ 1 action de faire la somme : Col. 12, 13, 7 ¶ 2 ensemble, accumulation : Cels. 1, 3, 38 ‖ [rhét.] accumulation [d'arguments] : Quint. 9, 2, 103 ‖ récit d'ensemble : Plin. 4, 121 ¶ 3 accomplissement, achèvement : *consummatio operis* Quint. 2, 18, 2, exécution d'un ouvrage ; *maximarum rerum* Sen. *Brev.* 1, 3, accomplissement des plus grandes choses ; *alvi* Plin. 26, 43, dernier produit du ventre ; *gladiatorum* Plin. 8, 22, expiration de l'engagement des gladiateurs ; *primi pili* CIL 6, 3580a, 11, expiration du temps de service dû par un centurion primipile ¶ 4 [chrét., abs᪼] fin du monde : Lact. *Epit.* 65, 7.

consummātor, ōris, m., celui qui accomplit, qui achève : Tert. *Marc.* 4, 22, 3.

consummātōrius, a, um, destiné à achever : Eustath. *Hex.* 2, 3.

consummātrix, īcis, f., celle qui consomme, accomplit : Iren. 4, 16, 1.

consummātus, a, um ¶ 1 part. de *consummo* ¶ 2 [adj᪼] achevé, accompli : *vir consummatae sapientiae* Sen. *Ep.* 72, 7, homme d'une sagesse accomplie ; *consummatus orator* Quint. 2, 19, 1, orateur parfait ‖ -tissimus Plin. *Ep.* 2, 7, 6.

consummō, ās, āre, āvī, ātum (*cum, summa*), tr. ¶ 1 additionner, faire la somme : Col. 5, 3, 4 ‖ former un total de : Col. 3, 5, 4 ¶ 2 accomplir, achever : *ad eam rem consummandam* Liv. 29, 23, 4, pour mener à bonne fin ce projet ‖ [abs᪼] finir son temps de service : Suet. *Cal.* 44, 1 ‖ [fig.] parfaire, porter à la perfection : *eum consummari mors non passa est* Quint. 10, 1, 89, la mort ne lui permit pas de développer tout son talent, cf. 10, 5, 14 ; Sen. *Ep.* 88, 28.

consūmō, ĭs, ĕre, sumpsī, sumptum, tr., absorber entièrement (faire disparaître) qqch. en s'en servant ¶ 1 employer, dépenser : *pecuniam in aliqua re* Cic. *Verr.* 2, 141, dépenser de l'argent à qqch. ; *in his rebus dies decem consumit* Caes. *G.* 5, 11, 6, il emploie dix jours à cela ; *aetatem in aliqua re* Cic. *Off.* 1, 2, consacrer sa vie à qqch. ; *multam operam frustra consumpsi* Cic. *Tusc.* 1, 103, j'ai dépensé beaucoup d'activité en pure perte ; *quantum Aristoxeni ingenium consumptum videmus in musicis !* Cic. *Fin.* 5, 50, combien Aristoxène n'a-t-il pas dépensé de son intelligence dans l'étude de la musique ! ‖ *omne id aurum in ludos* Liv. 35, 5, 9, consacrer tout cet or aux jeux, cf. Val.-Max. 3, 1, 1 ; Quint. 3, 11, 13 ¶ 2 consommer, épuiser : *consumptis omnibus telis* Caes. *C.* 1, 46, 1 ; *consumptis lacrimis* Cic. *Phil.* 2, 64, ayant consommé tous les traits, les larmes étant épuisées ; *frumenta a tanta multitudine consumebantur* Caes. *G.* 6, 43, 3, les récoltes étaient consommées par cette foule énorme (*G.* 7, 77, 1) ‖ dissiper [les biens, la fortune] : Cic. *Amer.* 6 ; Caes. *G.* 1, 11, 6 ; Sall. *C.* 12, 2 ‖ passer le temps [avec idée de dépense complète] : *horas multas suavissimo sermone consumere* Cic. *Fam.* 11, 27, 5, passer bien des heures dans les plus agréables entretiens ; *tempus dicendo* Cic. *Verr.* 2, 96, consumer le temps en discours ; *frustra diebus aliquot consumptis proficiscitur* Caes. *C.* 1, 33, 4, ayant laissé vainement s'écouler un bon nombre de jours, il part ; *consumitur vigiliis reliqua pars noctis* Caes. *G.* 5, 31, 4, le reste de la nuit se passe à veiller ‖ mener à bout, épuiser : *prope omnem vim verborum ejusmodi, quae scelere istius digna sint, aliis in rebus consumpsi* Cic. *Verr.* 5, 159, j'ai presque épuisé pour d'autres faits toute la masse des expressions capables de rendre dignement sa scélératesse ; *risus omnis paene consumitur* Cic. *Fam.* 15, 21, 2, tout le rire dont on est capable est presque épuisé ; *qui misericordiam consumpserunt* Curt. 6, 8, 6, ceux qui ont épuisé la pitié ; *ignominiam consumpsistis* Tac. *H.* 3, 24, vous avez toute honte bue ¶ 3 venir à bout de,

consumer, détruire : **cum eam (quercum) vetustas consumpserit** Cic. Leg. 1, 2 (Marc. 11) quand le temps aura fait disparaître ce chêne ‖ [pass.] être consumé, détruit par le feu : Caes. C. 2, 14, 2 ; Liv. 25, 7, 6 ‖ faire périr : **si me vis aliqua morbi consumpsisset** Cic. Planc. 90, si quelque attaque d'une maladie m'avait enlevé (Rep. 1, 4 ; Har. 39 ; Off. 2, 16 ; Font. 42 ; Caes. C. 3, 87, 3) ‖ [pass.] être exténué, usé par qqch., succomber : **exercitus fame consumptus** Caes. G. 7, 20, 12, armée épuisée par la faim ; **inedia et purgationibus et vi ipsius morbi consumptus es** Cic. Fam. 16, 10, 1, la diète, les purgations, la force même du mal ont épuisé tes forces ; **maerore consumptus** Liv. 40, 54, 1, épuisé par le chagrin ‖ [fig.] **editi montes, quorum altitudo totius mundi collatione consumitur** Sen. Nat. 4, 11, 3, montagnes élevées dont la hauteur disparaît (n'est rien) en comparaison de l'ensemble de l'univers ; **tela omnia pectore consumere** Sil. 5, 642, recevoir (épuiser) tous les traits dans sa poitrine (10, 128) ; **jugulo ensem** Stat. Th. 10, 813, avoir une épée plongée dans son cou (l'épée plongée dans le cou).
▶ formes contr. du parf. : *consumpse* Lucr. 1, 223 ; *consumpsti* Prop. 1, 3, 37 ‖ l'orth. *consumsi, consumtum* se trouve parfois dans les mss.

consumpse, consumpsti, 🅥 ▶ *consumo* ▶.

consumptĭbĭlis, *e*, périssable : Cassiod. Anim. 3.

consumptĭo, *ōnis*, f. (*consumo*) ¶1 action d'employer, emploi : Her. 4, 32 ¶2 action d'épuiser, épuisement : Cic. Tim. 18.

consumptŏr, *ōris*, m. (*consumo*), destructeur : Cic. Nat. 2, 41 ‖ dissipateur : Sen. Contr. 3, 1, 3.

consumptōrĭus, *a, um*, propre à détruire : Cassiod. Psalm. 65, 10.

consumptrix, *īcis*, f., destructrice : Myth. 1, 57, 3 ; Eugip. Sev. 12, 1.

consumptus, *a, um*, part. de *consumo*.

consŭō, *ĭs, ĕre, ŭī, ūtum* (fr. coudre), tr., coudre ensemble, coudre : Varr. L. 9, 79 ‖ [fig.] **consuere os alicui** Sen. Ep. 47, 3, fermer la bouche à qqn ; **consuti doli** Pl. Amp. 367, tissu de fourberies

consupplĭcātrix, *īcis*, f., qui supplie avec : CIL 1, 1512 ; Varr. L. 7, 66.

consurgō, *ĭs, ĕre, surrēxī, surrectum*, intr., se lever ensemble, [ou] d'un seul mouvement, d'un bloc ; se mettre debout : Cic. CM 63 ; Q. 3, 2, 2 ; Caes. G. 6, 23 ; *consurgitur ex consilio* Caes. G. 5, 31, on se lève de l'assemblée ; **ex insidiis** Caes. C. 3, 37, 5, se lever d'une embuscade ; *consurgitur in consilium* Cic. Clu. 75, on se lève pour voter ‖ s'élever : **collis consurgit leniter** Plin. Ep. 5, 6, 14, la colline s'élève en pente douce ‖ [fig.] se lever, se mettre en mouvement, se déchaîner : **in arma** Virg. En. 10, 90 ; **ad bellum** Liv. 10, 13, 4, se lever pour prendre les armes, pour faire la guerre ; **ad suam gloriam consurgentes alios laetus aspicit** Liv. 10, 13, 7, il voit avec joie d'autres hommes s'élevant pour atteindre sa gloire ; **ira consurgit** Quint. 1, 11, 12, la colère éclate, se déchaîne ‖ [chrét.] ressusciter avec : **consurgere cum Christo** Vulg. Col. 3, 1, avec le Christ.

consurrectĭo, *ōnis*, f. (*consurgo*), action de se lever ensemble : Cic. Att. 1, 16, 14 ; Har. 2.

consurrexī, parf. de *consurgo*.

Consus, *i*, m., vieille divinité romaine ; probablement dieu de la végétation [*condo, absconsus*] ; d'après les Romains, dieu du bon conseil [*consulii*] : Tert. Spect. 5, 5 ; Arn. 3, 23 ; P. Fest. 36, 19 ; Serv. En. 8, 636.

consŭsurrō, *ās, āre, -, -,* intr., chuchoter avec : Ter. Haut. 473.

consūtĭlis, *e* (*consuo*), formé de parties cousues entre elles : Cassiod. Var. 5, 42, 8.

consūtĭo, *ōnis*, f. (*consuo*), couture, suture : Ps. Sor. Quaest. 245.

consūtum, *i*, n., [en gén.] vêtement cousu : Gai. Inst. 3, 193.

consūtus, *a, um*, part. de *consuo*.

contābēfăcĭō, *ĭs, ĕre, -, -,* tr., [fig.] faire fondre, consumer : Pl. Ps. 21.

contābescō, *ĭs, ĕre, bŭī, -,* intr., se fondre entièrement : Pl. Merc. 205 ‖ [fig.] se dessécher, se consumer, dépérir : Cic. Tusc. 3, 75.

contăbŭlātĭo, *ōnis*, f. (*contabulo*), garniture de planches, plancher : Caes. C. 2, 9, 1 ‖ plis d'un vêtement : Apul. M. 11, 3.

contăbŭlātus, *a, um*, part. de *contabulo*.

contăbŭlō, *ās, āre, āvī, ātum*, tr. ¶1 garnir de planches, planchéier, munir de planchers = d'étages : **turres contabulantur** Caes. G. 5, 40, on munit de planchers (d'étages) les tours ; **turres contabulatae** Liv. 24, 34, 7, tours à étages ‖ **murum turribus** Caes. G. 7, 22, 3, garnir d'étages le mur au moyen de tours, garnir le mur de tours avec étages ¶2 couvrir : **contabulato mari molibus** Curt. 5, 7, 8, la mer étant recouverte d'un pont de bateaux (Suet. Cal. 19).

contābundus, *a, um*, 🅥 ▶ *cuncta-*.

1 **contactus**, *a, um*, part. de *contingo*.

2 **contactŭs**, *ūs*, m., [en gén.] contact, attouchement : Virg. En. 3, 227 ‖ [en part.] contact contagieux, contagion : Liv. 4, 30, 8 ; 25, 26, 8 ; [fig.] Tac. Agr. 30.

contăgēs, *is*, f. (*cum, tango, cf. contagio*), contact : Lucr. 4, 336 ‖ abl. *contagē* : Lucr. 3, 734.

contāgĭo, *ōnis*, f. (*cum, tango*) ¶1 contact : **contagio pulmonum** Cic. Nat. 2, 138, contact avec les poumons, cf. Dom. 108 ; Div. 1, 63 ; **cum corporibus** Cic. Tusc. 1, 72, contact avec les corps ‖ [fig.] relation, rapport : **contagio naturae** Cic. Fat. 5, rapport des phénomènes naturels entre eux (συμπάθεια), cf. Div. 2, 33. ¶2 contagion, infection : Enn. d. Cic. Tusc. 3, 26 ; **contagio pestifera** Liv. 28, 34, 4, épidémie pernicieuse ‖ [fig.] contagion, influence pernicieuse : **contagio imitandi ejus belli** Cic. Verr. 5, 6, l'exemple contagieux de cette guerre ; **contagiones malorum** Cic. Off. 2, 80, la contagion du mal ¶3 [chrét.] souillure du péché : Lact. Inst. 6, 23, 16.

contāgĭōsus, *a, um*, contagieux : Veg. Mul. 1, 14, 2.

contāgĭum, *ĭi*, n. (cf. *contagio*), Plin. 2, 82 et chez les poètes **contāgĭa**, *ĭōrum*, n. pl., Hor. Ep. 1, 12, 14, contact, contagion, influence : **aegrae contagia mentis** Ov. Tr. 3, 8, 25, l'influence d'une âme malade ; **contagia mutua corporis atque animae** Lucr. 3, 345, l'action du corps et de l'âme l'un sur l'autre.

contāmĕn, *ĭnis*, n. (*contamino*), contact qui souille, souillure : Capel. 1, 10 ; Ps. Tert. Marc. 1, 1.

contāmĭnābĭlis, *e*, susceptible de souillure : Tert. Marc. 4, 20, 11.

contāmĭnātē, adv., [fig.] avec opprobre : Ps. Aug. Quaest. test. 7, 126.

contāmĭnātĭo, *ōnis*, f., souillure : Ulp. Dig. 48, 5, 2, 3 ‖ mal, maladie : Obseq. 89 (29).

contāmĭnātŏr, *ōris*, m., celui qui souille : Lampr. Alex. 6, 5 ; Tert. Apol. 11, 12.

contāmĭnātus, *a, um* ¶1 part. de *contamino* ¶2 [adj^t] souillé, impur : Cic. Pis. 20 ; Liv. 2, 37, 9 ; **homo sceleribus contaminatissimus** Cic. Prov. 14, l'individu le plus souillé de crimes.

contāmĭnō, *ās, āre, āvī, ātum* (*cum, tango, cf. contages, adtamino*), tr. ¶1 mélanger, mêler : **fabulas** Ter. And. 16, fondre ensemble plusieurs comédies ¶2 souiller par contact : Don. And. 16 ; Liv. 1, 48, 7 ; 45, 5, 4 ; Suet. Ner. 56 ‖ [fig.] corrompre, souiller : **contaminare se vitiis** Cic. Tusc. 1, 72, se souiller de vices, cf. Cic. Cat. 1, 29 ; **veritatem mendacio** Cic. Sull. 45, altérer la vérité par un mensonge ; 🅥 *contaminatus*.

contanter, 🅥 ▶ *cunctanter*.

contārĭi, *ōrum*, m. pl., soldats armés de lances : CIL 3, 4183.

contātĭo, 🅥 ▶ *cunctatio*.

1 **contātus**, *a, um* (*contus*), armé d'un épieu : Veg. Mil. 3, 6.

2 **contātus**, *a, um* (*contor*), 🅥 ▶ *cunctatus*.

contaxō, *ās, āre, -, -,* tr., taxer avec ‖ [au passif] faire partie intégrante de : Ps. Aug. Un. Trin. 1207.

contechnŏr, *āris, ārī, ātus sum*, tr., machiner, ourdir : Pl. Ps. 1096.

contectĭo, *ōnis*, f. (*contego*), action de couvrir : Aug. Jul. 2, 6, 16.

contectus, a, um, part. de *contego*.

contĕgō, ĭs, ĕre, tēxī, tectum, tr., couvrir [pour protéger, pour cacher] : Cic. *Sest.* 82 ; Caes. *C.* 2, 10, 5 ‖ [fig.] cacher, dissimuler : *libidines* Cic. *Prov.* 8, dissimuler ses passions.

contĕmĕrō, ās, āre, āvī, tr., souiller : Ov. *Am.* 2, 7, 18.

contemnendus, a, um ¶ 1 adj. verbal de *contemno* ¶ 2 adj., méprisable, négligeable, sans valeur, insignifiant : Cic. *Brut.* 51 ; 273 ; *Verr.* 3, 67 ; 4, 132.

contemnentĕr, adv. (*contemnens*), avec mépris : Non. 515, 33.

contemnĭfĭcus, a, um (*contemno, facio*), méprisant : Lucil. 654.

contemnō, ĭs, ĕre, tempsī, temptum (*cum, temno*), tr., tenir pour négligeable, mépriser : *noli haec contemnere* Cic. *Caecil.* 39, ne crois pas que ce soient là choses sans importance ; *quem philosophorum non contemnimus ?* Cic. *CM* 12, en est-il parmi les philosophes que nous ne teniions en mépris ? ; *nullas illa suis contemnet fletibus aras* Prop. 1, 4, 23, elle ne jugera aucun autel indigne de ses larmes (de ses prières) ; *Romam prae Capua contemnere* Cic. *Agr.* 2, 96, mépriser Rome en comparaison de Capoue, cf. Ter. *Eun.* 239 ; *ipsum vinci contemnunt* Cic. *Fam.* 15, 15, 2, ils ne se soucient même pas de la défaite ; [avec inf.] *contemnere Olympia coronari* Hor. *Ep.* 1, 1, 50, dédaigner de vaincre aux jeux Olympiques ‖ ravaler en paroles : Cic. *Mur.* 15 ‖ [poét.] *(arbores) contemnere ventos assuescant* Virg. *G.* 2, 360, que les arbres s'accoutument à braver les vents, cf. Tib. 1, 3, 37.
▶ formes -tempno dans certains mss ; -temsi, -temtum CIL 3, 9450.

contempĕrāmentum, i, n., ⟶ *contemperatio* : Iren. 2, 14, 8.

contempĕrātĭō, ōnis, f. (*contempero*), mélange bien dosé : Aug. *Doctr.* 2, 29, 45.

contempĕrātus, a, um, part. de *contempero*.

contempĕrō, ās, āre, āvī, ātum, tr., délayer, mêler convenablement : Apul. *M.* 10, 16 ; Veg. *Mul.* 3, 9, 7 ; Apic. 160 ‖ tempérer : Cassian. *Coll.* 4, 12, 5 ‖ approprier, adapter, rendre égal à [avec dat.] : Aug. *Psalm.* 101, 1 ; *Serm.* 52, 16.

contemplābĭlis, e (*contemplor*) ¶ 1 visible : Chalc. 135 ¶ 2 qui vise bien : Amm. 23, 4, 2 ; 30, 5, 16.

contemplābĭlĭter, adv., en visant bien : Amm. 20, 7, 9 ‖ [fig.] avec attention : Isid. *Gen.* 1, 14.

contemplābundus, a, um (*contemplor*), qui contemple : Tert. *Marc.* 4, 40, 6.

contemplātim, adv., en contemplant : Not. Tir. 82, 12.

contemplātĭō, ōnis, f. (*contemplor*) ¶ 1 action de viser : Plin. 6, 194 ¶ 2 action de regarder attentivement, contemplation : *contemplatio caeli* Cic. *Div.* 1, 93, la contemplation du ciel ‖ [fig.] contemplation intellectuelle, examen approfondi : Cic. *Ac.* 2, 127 ; *Nat.* 1, 50 ‖ [en part.] considération, égard : *contemplatione alicujus (alicujus rei)* Dig. 3, 5, 5, 8 ; Apul. *M.* 8, 30, en considération de qqn, de qqch.

contemplātīvus, a, um, contemplatif, spéculatif : Sen. *Ep.* 95, 10 ; Aug. *Civ.* 8, 4.

1 **contemplātŏr**, ōris, m. (*contemplor*) ¶ 1 celui qui contemple, contemplateur, observateur : Cic. *Tusc.* 1, 69 ; Sen. *Helv.* 8, 4 ¶ 2 viseur, tireur : Amm. 19, 1, 7.

2 **contemplātor**, impér. fut. de *contemplor* : Virg. *G.* 1, 187.

contemplātōrĭus, a, um, spéculatif : Eustath. *Hex.* 1, 7.

contemplātrix, īcis, f. (*contemplator*), celle qui considère avec attention, observatrice : Cels. 1, pr. 57 ; Apul. *Plat.* 2, 8.

1 **contemplātus**, a, um, part. de *contemplo* et de *contemplor*.

2 **contemplātŭs**, abl. ū, m., contemplation : Ov. *Tr.* 5, 7, 66 ‖ considération, égard : *pro contemplatu alicujus rei* Macr. *Somn.* 1, 1, 5, eu égard à qqch.

contemplō, ās, āre, -, - [arch.] Enn. *Tr.* 243 ; Pl. *Amp.* 441 ; Cis. 702 ; Merc. 407 ; Mil. 1029, ⟶ *contemplor* ‖ *contemplatus* [avec sens pass.] Amm. 16, 8, 6 ; 23, 5, 11.

contemplŏr, ārĭs, ārī, ātus sum (*cum, templum* ; cf. *considero*), tr., regarder attentivement, contempler : *cum contemplor unumquemque vestrum* Cic. *Planc.* 2, quand je considère attentivement chacun de vous, cf. *Verr.* 4, 33 ; *Or.* 9 ; *Nat.* 1, 52 ; 2, 98 ; *id animo contemplare* Cic. *Dej.* 40, contemple ce spectacle par la pensée, cf. Cic. *Flac.* 26 ; *de Or.* 1, 151 ; 161 ; *Nat.* 1, 77 ‖ [avec prop. inf.] considérer que : Amm. 18, 5, 1.
▶ étymologie d. P. Fest. 34, 9.

contempno [mss], ⟶ *contemno*.

contempŏrālis, e, Tert. *Anim.* 27, 4, **contempŏrānĕus**, a, um (*cum, tempus*) Gell. 19, 14 contemporain [avec dat.].

contempŏrō, ās, āre, -, -, intr. (*cum, tempus*), être du même temps : Tert. *Res.* 45, 5.

contempsī, parf. de *contemno*.

contemptĭbĭlis, e (*contemno*), méprisable : Dig. 1, 16, 9 ; -bilior Lampr. *Alex.* 20.

contemptĭbĭlĭtās, ātis, f., qualité d'être méprisable : Cael.-Aur. *Chron.* 1, 5, 158.

contemptĭbĭlĭter, adv. (*contemno*), avec mépris, dédaigneusement : Aug. *Doctr.* 4, 28, 64.

contemptīcĭus, a, um, ⟶ *contemptibilis* : Not. Tir. 43, 95.

contemptim, adv. (*contemptus*), avec mépris : Pl. *Poen.* 537 ; Liv. 9, 41, 9 ‖ -tius Sen. *Brev.* 12, 1 ; Suet. *Dom.* 11.

contemptĭō, ōnis, f. (*contemno*), mépris : *venire in contemptionem alicui* Caes. *G.* 3, 17, 5, encourir le mépris de qqn ; *in contemptionem adducere aliquem* Cic. *Inv.* 1, 22, rendre qqn méprisable.

contemptĭus, ⟶ *contemptim*.

contemptŏr, ōris, m. (*contemno*), qui méprise, contempteur : Liv. 39, 40, 10 ; Virg. *En.* 7, 648.

contemptrix, īcis, f. (*contemptor*), celle qui méprise : *contemptrix mea* Pl. *Bac.* 531, celle qui me dédaigne ; Ov. *M.* 1, 161 ; Sen. *Ep.* 88, 29.

1 **contemptus**, a, um ¶ 1 part. de *contemno* ¶ 2 [adj¹] dont on ne tient pas compte, méprisable : *quae vox potest esse contemptior quam Milonis ?* Cic. *CM* 27, y a-t-il parole plus méprisable que celle-ci de Milon ? ; *contemptissimi consules* Cic. *Sest.* 36, les consuls les plus méprisables.

2 **contemptŭs**, ūs, m. ¶ 1 action de mépriser, mépris : Liv. 24, 5, 5 ; Quint. 11, 3, 80 ; Tac. *An.* 6, 45 ¶ 2 fait d'être méprisé : Lucr. 3, 65 ; Liv. 4, 3, 8 ; 6, 2, 4 ; *contemptui esse alicui* Caes. *G.* 2, 30, 4, être objet de mépris pour qqn.

contendō, ĭs, ĕre, tendī, tentum

I tr. ¶ 1 "tendre" [avec force], *vires, animum* ¶ 2 "chercher à atteindre, obtenir", [abs.] *ab aliquo* "solliciter", *ut (ne)* "demander avec insistance de (de ne pas)" ¶ 3 avec prop. inf. "affirmer" ¶ 4 "comparer".
II intr. ¶ 1 "faire effort", *ut (ne)* ¶ 2 "marcher vivement" ¶ 3 "lutter, rivaliser", *proelio* "combattre", *de* "disputer", "discuter de" ; [poét.] "rivaliser".

I tr. ¶ 1 tendre [avec force] : *tormenta telorum* Cic. *Tusc.* 2, 57, tendre les machines à lancer des traits ; *(fides) contenta nervis* Cic. *Fin.* 4, 75, (lyre) tendue au moyen de ses cordes ; *nervos* Varr. *L.* 8, 63 (Cic. *Fat.* 21 ; *Fam.* 15, 14, 5) tendre les muscles [fig. = faire effort] ‖ lancer [un trait, un javelot] : Virg. *En.* 10, 521 ; Sil. 1, 323 ‖ [fig.] *vires* Lucr. 4, 989, tendre ses forces ; *animum in tales curas* Ov. *Pont.* 1, 5, 11, tendre son esprit vers de telles occupations ‖ *qui cursum huc contendit suum* Pl. *Cis.* 534, celui qui dirige vivement sa course ici, cf. Virg. *En.* 5, 834 ¶ 2 chercher à atteindre, à obtenir qqch., prétendre à : *honores* Varr. *Men.* 450, solliciter les charges ; *hic magistratus a populo summa ambitione contenditur* Cic. *Verr.* 2, 131, cette magistrature, on la sollicite du peuple avec les plus vives compétitions, cf. *Lae.* 39 ; *Att.* 1, 8, 10 ‖ [abs¹] *contendere ab aliquo*, solliciter qqn avec insistance : Cic. *Amer.* 4 ; *Planc.* 12 ; *Att.* 6, 2, 10 ; *a me valde contendit de reditu in gratiam* Cic. *Q.* 3, 1, 15, il m'entreprend vivement pour une réconciliation ‖ [avec *ut, ne*] *contendit ab eo, ut causam cognosceret* Cic. *Verr.* 1, 73, il la pressa d'instruire la cause ; *pro suo jure*

contendet, ne patiamini... Cic. *Verr.* 5, 2, comme c'est son droit, il vous demandera avec insistance de ne pas souffrir... (Caes. *C.* 3, 97, 1) ‖ [avec inf.] *hoc non contendo... mutare animum* Cic. *Q.* 1, 1, 38, je ne prétends pas modifier un caractère; [avec prop. inf.] Vell. 2, 48, 1 ¶ **3** soutenir énergiquement, affirmer, prétendre, *aliquid*, qqch.: Cic. *Off.* 2, 71; *Amer.* 47 ‖ [surtout avec prop. inf.] soutenir que: Cic. *Verr.* 5, 19; *Font.* 15; *Arch.* 15; *Sest.* 107; Caes. *G.* 6, 37, 7; *apud eos contendit falsa iisse esse delata* Nep. *Them.* 7, 2, devant eux, il affirme qu'on leur a fait de faux rapports ¶ **4** comparer: *leges* Cic. *Inv.* 2, 145; *causas* Cic. *Cat.* 2, 25, comparer les lois, les partis en présence; *rem cum re* Cic. *Agr.* 2, 96; *Inv.* 2, 173, comparer une chose avec une autre; [poét.] *rem rei, aliquem alicui*: Lucil. 24; 277; Hor. *Ep.* 1, 10, 26; Aus. *Parent.* 2 (160), 9; *Grat.* (419), 33.
II intr. ¶ **1** bander les ressorts, tendre son énergie, faire effort, se raidir: *lateribus* Cic. *de Or.* 1, 255; *voce* Cic. *Lig.* 6, faire effort des poumons, de la voix; *ad summam gloriam* Cic. *Phil.* 14, 32, tendre vers la gloire la plus haute; *ad ultimum animo* Cic. *Mur.* 65, tendre son énergie vers le point le plus éloigné ‖ [avec inf.] *tranare contenderunt* Caes. *G.* 1, 53, 2, ils s'efforcèrent de traverser à la nage (3, 15, 1; 3, 26, 5; 5, 21, 4) ‖ [avec *ut*, *ne*] *eos vidimus contendere ut... pervenirent* Cic. *Verr.* 5, 181, nous les avons vus s'efforcer de parvenir... (*Sest.* 5; *Phil.* 9, 15); *remis contendit ut...* Caes. *G.* 5, 8, 2, il tente à force de rames de...; *ea ne fierent, contendit* Cic. *Att.* 12, 4, 2, il s'est opposé à cela de toutes ses forces ¶ **2** marcher vivement, faire diligence: *quae res eum nocte una tantum itineris contendere coegit?* Cic. *Amer.* 97, qu'est-ce qui le forçait à fournir une telle course en une seule nuit (= marcher sur un si long parcours)?; *in Italiam magnis itineribus contendit* Caes. *G.* 1, 10, 3, il se porte vivement en Italie par grandes étapes (1, 7, 1; 4, 18, 2); [avec *ad*] *G.* 2, 7, 3; *statim exanimatus ad aedes contendit* Cic. *Verr.* 1, 67, aussitôt il se hâte à perdre haleine vers la maison ‖ [avec inf.] *Bibracte ire contendit* Caes. *G.* 1, 23, 1, il se hâte d'aller à Bibracte (*G.* 3, 6, 4) ¶ **3** se mesurer, lutter, rivaliser: *cum aliquo, cum aliqua re*, avec qqn, avec qqch.: Cic. *Flac.* 5; *Balb.* 59; *Mil.* 68; *Off.* 1, 38; *Nat.* 3, 10; *ingenio cum aliquo* Cic. *Verr.* 5, 174, rivaliser de talent avec qqn; *de aliqua re cum aliquo* Cic. *Sull.* 83, lutter avec qqn pour qqch. ‖ *proelio* Caes. *G.* 1, 48, 3; *contra populum Romanum armis* Caes. *G.* 2, 13, 3, se mesurer dans un combat (les armes à la main) contre le peuple romain; *cum aliquo* Caes. *G.* 1, 31, 6, avec qqn; *inter se de potentatu contendebant* Caes. *G.* 1, 31, 4, ils luttaient entre eux pour la suprématie ‖ lutter pour les magistratures, pour les honneurs, *de honore, de dignitate*: Cic.

Mur. 21; *Sull.* 24 ‖ discuter: *cum aliquo de mittendis legatis* Caes. *C.* 3, 90, 2, discuter avec qqn pour l'envoi d'une ambassade ‖ [poét.] rivaliser, lutter avec qqn, *alicui*: Lucr. 3, 6; Prop. 1, 7, 3; 1, 14, 7; Sen. *Nat.* 1, 11, 2.

Contĕnĕbra, *ae*, f., ville d'Étrurie: Liv. 6, 4, 9.

contĕnĕbrascō, *is*, *ĕre*, *brāvī*, -, intr., s'obscurcir: [impers.] *contenebravit* Varr. *R.* 2, 2, 11, la nuit est venue.

contĕnĕbrātĭo, *ōnis*, f. (contenebro), obscurcissement: Aug. *Serm.* 16, 5.

contĕnĕbrātus, *a*, *um*, part. de contenebro.

contĕnĕbrescĭt, *ĕre*, -, -, impers., les ténèbres viennent: Vulg. *Jer.* 13, 16.

contĕnĕbrĭcō, *ās*, *āre*, -, -, VL. *3 Reg.* 18, 45, ⊂▷ contenebro.

contĕnĕbrō, *ās*, *āre*, -, -, tr., couvrir de ténèbres: Tert. *Praescr.* 12, 4.

Contensis, *e*, de Conta [ville d'Afrique]: Amm. 29, 5, 39.

1 contentē, adv. (contendo), avec effort, en s'efforçant: *contentius ambulare* Cic. *Tusc.* 5, 97, se promener en forçant l'allure; *contentissime clamitare* Apul. *Flor.* 9, 10, crier à tue-tête ‖ avec fougue: Cic. *Tusc.* 2, 57.

2 contentē, adv. (contineo), en restreignant, chichement: Pl. *As.* 78; Pacat. v. Paneg. 12, 13, 3.

contentĭo, *ōnis*, f. (contendo) ¶ **1** action de tendre [ou d'être tendu avec effort, tension, contention, effort: Cic. *Tusc.* 2, 57; *Arch.* 12; *Cael.* 39; *de Or.* 2, 22 ‖ [en part.] élévation de la voix [portée dans le registre élevé]: Cic. *de Or.* 1, 261; 3, 224; *Off.* 1, 136; [ou] effort de la voix, ton animé: Cic. *Brut.* 202; *Or.* 85 ‖ éloquence soutenue, style oratoire [opp. à *sermo*, conversation, style familier]: *Off.* 1, 132; *de Or.* 3, 177; [ou] éloquence animée, passionnée: *de Or.* 1, 255; 2, 213; *Brut.* 276; *Or.* 59, 109 ‖ tension des corps pesants vers un point, (pesanteur, gravité): Cic. *Nat.* 2, 116 ¶ **2** lutte, rivalité, conflit: Cic. *Clu.* 44; *Cat.* 4, 13; *Phil.* 5, 32; *Marc.* 5; *Off.* 1, 90; Caes. *G.* 1, 44, 9; 7, 48, 4 ‖ *de aliqua re* ou *alicujus rei*, pour qqch.: *commodi alicujus* Cic. *Lae.* 34; *honorum* Cic. *Off.* 1, 87, lutte (rivalité) pour tel ou tel avantage, pour les magistratures ‖ *venit in contentionem utrum sit probabilius...* Cic. *Div.* 2, 129, il y a conflit sur la question de savoir laquelle des deux opinions est la plus probable... ¶ **3** comparaison: *ex aliorum contentione* Cic. *Pomp.* 36, par comparaison avec des choses différentes; *fortunarum contentionem facere* Cic. *Pis.* 51, faire la comparaison des destinées; *rei cum re* Cic. *Inv.* 2, 125, d'une chose avec une autre ‖ [rhét.] antithèse: Her. 4, 21; 4, 58; Quint. 9, 3, 81 ‖ contradiction: Cic. *de Or.* 3, 205 ‖ [gram.] degré de comparaison: Varr. *L.* 8, 75.

contentĭōsē, adv. (contentiosus), obstinément, opiniâtrement: Hier. *Jovin.* 2, 15 ‖ *-sius* Ps. Quint. *Decl.* 18, 6; *-sissime* Aug. *Civ.* 20, 1.

contentĭōsus, *a*, *um* (contentio), qui respire la lutte; de discussion: Plin. *Ep.* 2, 19, 5 ‖ chicaneur, processif: Firm. *Math.* 5, 3, 28 ‖ opiniâtre: Apul. *M.* 2, 3 ‖ *-sior* Aug. *Civ.* 14, 3.

contentĭuncŭla, *ae*, f. (dim. de contentio), petit débat, petite lutte: Apul. *M.* 10, 14.

contentō, *ās*, *āre*, -, - (fréq. de contendo), forcer, contraindre: VL. *Matth.* 5, 41.

1 contentus, *a*, *um*, part. de contendo, [pris adj¹] ¶ **1** tendu: *contentis corporibus* Cic. *Tusc.* 2, 54, en tendant les muscles du corps; *contentissima voce* Apul. *M.* 4, 10, d'un ton de voix très élevé ¶ **2** appliqué fortement: *mens contenta in aliqua re* Lucr. 4, 964, esprit appliqué fortement à qqch. (*alicui rei* Ov. *M.* 15, 515); *contento cursu* Cic. *Mur.* 30, à vive allure.

2 contentus, *a*, *um* (fr. *content*), part. de contineo, [pris adj¹] ‖ content de, satisfait de [*aliqua re*]: *parvo* Cic. *Off.* 1, 70, content de peu; *quibus (rhetoribus) non contentus* Cic. *Brut.* 316, ne me contentant pas de ces rhéteurs; *nec possidendis agris publicis contenti* Liv. 6, 14, 11, et ils ne se contentaient pas d'accaparer les terres de l'État ‖ [avec gén.] *contentus victoriae* Tert. *Marc.* 5, 11, 10, cf. Scaev. *Dig.* 32, 37, 4 ‖ [avec *quod*] *eo contentus quod* Cic. *Pomp.* 25, content de ce fait que, de ce que (*Div.* 1, 16; Liv. 4, 6, 11); *contentus quod* [sans *eo*] Cic. *Frg. A.* 13, 27 ‖ [avec *ut*, *ne*] *ne intersimus armis, contentum ait se esse* Liv. 33, 21, 5, il déclare ne demander que notre neutralité; *hoc contentus, ut* Sen. *Ep.* 25, 5; Suet. *Aug.* 82, content de ‖ [avec *si*] *eo contentus si* Cic. *Verr.* 1, 3; *Tim.* 8; Liv. 28, 27, 14, content si; [sans *eo*] Sen. *Vit.* 17, 4; [inf. prés. act.] Ov. *M.* 1, 461; Sen. *Ot.* 5, 6; Curt. 4, 10, 13; Quint. 1, 5, 17; Plin. *Ep.* 8, 14, 20; [inf. prés. pass.] Ov. *H.* 16, 125; Sen. *Ben.* 1, 1, 5; Curt. 4, 12, 15; [inf. parf. act.] Vell. 2, 103, 5; Plin. 17, 112; Quint. 3, 1, 22; Plin. *Ep.* 6, 31, 5 ‖ [avec prop. inf.] Quint. 5, 14, 24; Sen. *Ep.* 58, 6. ▶ compar. *contentiores* Pl. *Poen.* 460.

contĕrĕbrō, *ās*, *āre*, -, -, tr., perforer: Cael.-Aur. *Chron.* 2, 3, 65.

Contĕrĕbrŏmĭus, *a*, *um* (contero, Bromius), qui foule beaucoup de raisin: Pl. *Curc.* 446.

contermĭnō, *ās*, *āre*, -, - (conterminus), intr., être voisin, avoisiner [*alicui*]: Amm. 14, 2, 5; 23, 6, 45.

contermĭnus, *a*, *um*, contigu, limitrophe [avec dat., abl., gén.]: *Aethiopia Aegypto conterminа* Plin. 13, 90, l'Éthiopie qui touche à l'Égypte; *fonti* Ov. *M.* 4, 90, voisin de la source; *locus conterminus lacu* Apul. *M.* 4, 17, endroit voisin d'un lac; *jugi* Apul. *M.* 6, 14, voisin du

conterminus

sommet ; *ager conterminus* Plin. 18, 35, champ limitrophe‖ **contermĭnus**, *i*, m., le voisin : Col. 1, 3, 7‖ **contermĭnum**, *i*, n., limite : *in contermino Arabiae* Plin. 37, 122, aux confins de l'Arabie.

conternātĭō, *ōnis*, f. (*conterno*), action de ranger par trois : Grom. 200, 5.

conternō, *ās*, *āre*, -, - (*cum, terni*) ¶ 1 tr., ranger par trois : Grom. 200, 3 ¶ 2 intr., être dans sa troisième année : Vulg. *Is.* 15, 5.

contĕrō, *is*, *ĕre*, *trīvī*, *trītum* (esp. *curtir*), tr. ¶ 1 broyer, piler : *medium scillae* Varr. R. 2, 7, 8, piler le cœur d'un oignon ¶ 2 user par le frottement, par l'usage : *viam Sacram* Prop. 3, 23, 15, user le pavé de la Voie Sacrée ; [fig., en parl. d'un livre souvent feuilleté] Cic. *Fam.* 9, 25, 1 ¶ 3 accabler, épuiser, détruire : *aliquem oratione* Pl. *Cis.* 609, assommer qqn par ses discours ; *boves* Lucr. 2, 1161, exténuer des bœufs ; *corpora* Tac. *Agr.* 31, s'épuiser physiquement ‖ [fig.] réduire en poudre, anéantir : *alicujus injurias oblivione* Cic. *Fam.* 1, 9, 20, réduire à néant par l'oubli les injustices de qqn, cf. *Tusc.* 5, 85 ¶ 4 user, consumer [temps] : *aetatem in litibus* Cic. *Leg.* 1, 53, user sa vie dans les procès ; *operam frustra* Ter. *Phorm.* 209, perdre son temps ; *conterere se in geometria* Cic. *Fin.* 1, 72, employer tout son temps à l'étude de la géométrie ; *cum in foro conteramur* Cic. *de Or.* 1, 249, puisque nous passons notre vie au Forum ‖ [fig.] épuiser par l'usage [un sujet] : *quae sunt horum temporum, ea jam contrivimus* Cic. *Att.* 9, 4, 1, tout ce qu'on peut dire sur les affaires présentes, nous l'avons déjà épuisé ¶ 5 [chrét.] broyer le cœur par le repentir : Vulg. *Psal.* 50, 19.

▶ formes contr. *contrieram* Cic. *Fam.* 1, 9, 20 ; 9, 25, 1 ; *contrieris* Ov. *Med.* 89 ‖ parf. *conterui* Apul. *M.* 8, 23.

conterrānĕus, *i*, m. (*cum, terra*), compatriote : Plin. *Praef.* 1.

conterrĕō, *ēs*, *ēre*, *ŭī*, *ĭtum*, tr., frapper de terreur, épouvanter : Cic. *de Or.* 1, 214 ; Liv. 3, 11, 9.

conterrĭtō, *ās*, *āre*, -, -, tr. (fréq. de *conterreo*), effrayer, épouvanter : Corip. *Joh.* 2, 54.

conterrĭtus, *a*, *um*, part. de *conterreo*.

contĕrŭī, v. *contero* ▶.

contessĕrātĭō, *ōnis*, f. (*contessero*), liaison d'hospitalité : Tert. *Praescr.* 20, 8.

contessĕrō, *ās*, *āre*, -, - (*cum tessera*), intr., contracter des liens d'hospitalité [en échangeant des tessères pour se reconnaître] : *Tert. *Praescr.* 36, 4.

Contestānĭa, *ae*, f., région de la Tarraconaise : Plin. 3, 19.

contestātē, adv. (*contestatus*), -*tissime* Aug. *Civ.* 4, 10, de façon incontestable.

contestātĭō, *ōnis*, f. (*contestor*) ¶ 1 attestation, affirmation fondée sur des témoignages : Gell. 10, 3, 4 ‖ *contestatio litis*, ouverture d'un débat judiciaire [par l'appel des témoins] : Gai. *Inst.* 3, 180 ; Dig. 3, 3, 40 ¶ 2 [fig.] prière pressante, vives instances : Cic. *Frg. A.* 7, 10.

contestātĭuncŭla, *ae* (dim. de *contestatio*), f., petit discours : Sidon. *Ep.* 7, 3, 1.

contestātō, v. *contestor* ¶ 2.

contestātōrĭus, *a*, *um*, relatif à l'instruction d'un procès : Fragm. Vat. 156.

contestātus, *a*, *um*, v. *contestor*.

contestĭfĭcans, *tis* (*cum, testificor*), tr., attestant avec d'autres : Tert. *Test.* 1, 2.

contestŏr, *āris*, *ārī*, *ātus sum*, tr. ¶ 1 prendre à témoin, invoquer : *contestari deos hominesque* Cic. *Verr.* 4, 67, prendre à témoin les dieux et les hommes ¶ 2 commencer (entamer) un débat judiciaire, en produisant les témoins : Cic. *Att.* 16, 15, 2 ; Gell. 5, 10, 8 ; Cod. Just. 3, 9 ‖ [passif] *cum lis contestatur* Aufid. Bass. d. Prisc. 2, 384, 9, quand le procès est lié ; *cum lis contestata esset* Cic. *Com.* 54, le procès étant lié ‖ *litem contestari*, faire la liaison de l'instance [moment décisif du procès où, devant témoins, le point litigieux est circonscrit et figé] : P. Fest. 50, 14 ; Gai. *Inst.* 3, 180-181, cf. *contestatio* ‖ n. à l'abl. absolu, *contestato*, en produisant des témoins : Ulp. *Dig.* 1, 25, 3, 1 ¶ 3 [fig.] **contestatus**, *a*, *um*, attesté, éprouvé : Cic. *Flac.* 25.

contexī, parf. de *contego*.

contexō, *is*, *ĕre*, *texŭī*, *textum*, tr. ¶ 1 entrelacer, ourdir : Cic. *Nat.* 2, 158 ¶ 2 [fig.] unir, relier, rattacher (*rem cum re*, une chose à une autre) : Cic. *Or.* 120 ; *Rep.* 1, 16 ; *Fam.* 5, 12, 2 ‖ *epilogum defensioni* Sen. *Contr.* 7, 5, 7, rattacher la péroraison à la défense ; (*animus*) *sceleribus scelera contexens* Sen. *Ir.* 1, 16, 2, (âme) qui constitue un tissu de crimes ‖ continuer, prolonger : *interrupta* Cic. *Leg.* 1, 9, renouer le fil de ce qui a été interrompu ; *carmen longius* Cic. *Cael.* 18, prolonger la citation d'une poésie ; *sapientis contexitur gaudium* Sen. *Ep.* 72, 4, la joie du sage est d'une trame inaltérable ; *historia contexta* Nep. *Att.* 16, 4, histoire suivie ¶ 3 former par assemblage, par entrelacement : Caes. *G.* 6, 16, 4 ; *C.* 1, 54, 2 ; 2, 2, 1 ; [par couches successives] Caes. *G.* 7, 23, 4 ; *trabibus contextus acernis equus* Virg. *En.* 2, 112, cheval formé d'un assemblage de poutres d'érable ‖ [fig.] *orationem* Quint. 10, 6, 2, composer un discours ; *crimen* Cic. *Dej.* 19, ourdir une accusation.

contextē (*contextus*), adv., d'une façon bien enchaînée : Cic. *Fat.* 31.

contextim (*contextus*), adv., en formant un tissu : Plin. 10, 147.

contextĭō, *ōnis*, f. (*contexo*), action de former par assemblage : Macr. *Somn.* 1, 5, 18‖ composition [d'un livre] : Aug. *Civ.* 7, 2.

contextŏr, *ōris*, m. (*contexo*), rédacteur [d'un code] : Cod. Th. 1, 1, 6, 2.

1 contextus, *a*, *um*, part. de *contexo*.

2 contextŭs, *ūs*, m. ¶ 1 assemblage : Lucr. 1, 243 ; Cic. *Fin.* 5, 32 ¶ 2 [fig.] réunion, enchaînement : Cic. *Fin.* 5, 83 ‖ succession [de lettres] : Quint. 1, 1, 24 ‖ contexture d'un discours : Cic. *Part.* 82 ; *in contextu operis* Tac. *H.* 2, 8, au cours de l'ouvrage.

conthērŏlĕta, Fulg. *Myth.* 3, 2, c. *contiroleta*.

Contia (oliva), v. *Contius*.

contĭcĕō, *ēs*, *ēre*, -, - (*cum, taceo*) ¶ 1 intr., se taire ; [ne pas parler] Calp. 4, 98 ¶ 2 tr., taire : Prosp. *Ep.* 1, 3, parf. pass. impers., *conticitum est* Prisc. *Vers. Aen.* 3, 470, 8.

contĭcescō, **contĭciscō**, *is*, *ĕre*, *tĭcŭī*, - ¶ 1 intr., se taire [cesser de parler] : *repente conticuit* Cic. *Cat.* 3, 10, brusquement il se tut ; *nunquam de vobis gratissimus sermo conticescet* Cic. *Phil.* 14, 33, jamais on ne cessera de parler de vous avec reconnaissance ‖ [fig.] devenir muet, cesser : Cic. *Pis.* 26 ; *Brut.* 324 ¶ 2 tr., [chrét.] taire, cacher : Arn. 5, 2 ; Ps. Cypr. *Jud. incr.* 8.

contĭcĭnĭum (-cinnum), *i*, n., Pl. *As.* 685, **contĭcĭum**, **contĭcŭum**, *i*, n., Macr. *Sat.* 1, 3, 12, la première partie de la nuit, cf. Varr. *L.* 6, 7 ; 7, 79.

contĭcisco, Pl. *Bac.* 798 ; Varr. *L.* 7, 79, c. *conticesco*.

contĭcĭtŏr, *ōris*, m., **contĭcĭtrix**, *īcis*, f., celui ou celle qui se tait : Prisc. *Vers. Aen.* 3, 472, 9.

contĭcŭum, v. *conticinium*.

contĭfex, *ĭcis*, c. *centipes* : Gloss. 2, 433, 50.

contĭgĕr, *ĕra*, *ĕrum* (*contus, gero*), armé d'un balancier (de danseur de corde) : Paul.-Nol. *Ep.* 20, 188.

contĭgī, parf. de 1 *contingo*.

contignātĭō, *ōnis*, f. (*contigno*), plancher : Caes. *C.* 2, 9, 2‖ étage : Liv. 21, 62, 3.

contignātus, *a*, *um*, part. de *contigno*, formé d'ais, de planches : Caes. *C.* 2, 15, 3 ; Vitr. 1, 5, 4.

contignō, *ās*, *āre*, -, *ātum*, tr., couvrir d'un plancher : Plin. 9, 7.

contignum, *i*, n., pièce de viande avec sept côtes : P. Fest. 57, 10.

contĭgŭē, adv., immédiatement : Capel. 9, 909.

contĭgŭus, *a*, *um* (*contingo*) ¶ 1 qui touche, qui atteint : Gell. 9, 1, 2 ¶ 2 qui touche, qui est voisin (*alicui rei*, à qqch.) : Tac. *An.* 6, 45 ; 15, 38 ¶ 3 à portée de [dat.] : Virg. *En.* 10, 457.

continctus, *a*, *um*, part. de 2 *contingo*.

contĭnens, *entis*, part. prés. de *contineo*, [pris adj¹] ¶ 1 joint à, attenant à (*alicui rei*, *cum aliqua re*, à qqch.) : Cic. *Caecin.* 11 ; *Nat.* 2, 117 ; *Fam.* 15, 2, 2 ‖ n. pl. *continentia*, lieux avoisinants : Plin. 18, 215 ¶ 2 qui se tient, continu : *terra continens* Cic. *Rep.* 2, 6 et **contĭnens**, *tis*, f., continent : Caes. G. 4, 28, 3 ; 5, 2, 3 ‖ littoral : Plin. 5, 28, ‖ *continentibus diebus* Caes. C. 3, 84, 2, les jours suivants ; *labor continens* Caes. G. 7, 24, 1, travail ininterrompu ; *oratio* Cic. Tusc. 1, 17, exposé suivi ‖ *ex continenti* ou *in continenti*, aussitôt, à la suite : Dig. 2, 14, 7, 5 ¶ 3 continent, sobre, tempérant : Cic. Tusc. 4, 36 ; Att. 6, 6, 3 ; *non continentior in vita hominum quam in pecunia* Caes. C. 1, 23, 4, aussi respectueux de la vie des hommes que de leur argent ; *moderatissimi homines et continentissimi* Cic. Arch. 16, les plus modérés et les plus sages des hommes ¶ 4 [rhét.] **continens**, *tis*, n., l'essentiel, le principal [dans une cause] : Quint. 3, 6, 104 ; 3, 11, 9 ; *continentia causarum* Cic. Part. 103, les points essentiels des procès, cf. Top. 95.

continenter (*continens*), adv. ¶ 1 en se touchant : *continenter sedere* Catul. 37, 6, être assis les uns près des autres ‖ de suite, sans interruption, continuellement : *biduum continenter* Liv. 25, 7, 7, pendant deux jours sans arrêt ¶ 2 sobrement, avec tempérance : Cic. Off. 1, 106 ‖ *continentissime* Aug. Conf. 6, 12, 21.

continentĭa, *ae*, f. (*contineo*) ¶ 1 maîtrise de soi-même, modération, retenue : Cic. Inv. 2, 164 ; Verr. 4, 115 ¶ 2 contenance, contenu : Macr. Somn. 2, 12, 2 ¶ 3 contiguïté, voisinage : Solin. 7, 26 ; Macr. Sat. 5, 15, 5.

continentīvus, *a*, *um*, propre à contenir : Boet. Top. Arist. 4, 5.

continĕo, *ēs*, *ēre*, *tĭnŭī*, *tentum* (*cum, teneo*), tr. ¶ 1 maintenir uni, relié : *capillum* Varr. L. 5, 130, maintenir des cheveux réunis ; *neque materiam ipsam cohaerere potuisse, si nulla vi contineretur* Cic. Ac. 1, 24, (ils pensaient) que la matière elle-même n'aurait pu être cohérente, si elle n'était maintenue par quelque force, cf. Caes. C. 1, 25, 6 ‖ maintenir en état, conserver : *haec ipsa virtus amicitiam et gignit et continet* Cic. Lae. 20, cette vertu même tout à la fois engendre et maintient l'amitié, cf. Leg. 2, 69 ; Off. 2, 84 ; *pars oppidi mari disjuncta ponte rursus adjungitur et continetur* Cic. Verr. 4, 117, la partie de la ville séparée par la mer se relie en revanche et fait corps grâce à un pont ‖ [fig.] *omnes artes quasi cognatione quadam inter se continentur* Cic. Arch. 2, tous les arts sont unis les uns aux autres par une sorte de parenté, cf. de Or. 3, 21 ; Leg. 1, 35 ; Rep. 3, 45 ‖ *judicium imperio continens*, jugement dépendant de l'*imperium* : Gai. Inst. 4, 103-106 ¶ 2 embrasser, enfermer : *isdem moenibus contineri* Cic. Cat. 1, 19, être enfermé dans les mêmes murailles ; *quam angustissime aliquem continere* Caes. C. 3, 45, 1, tenir qqn enfermé le plus étroitement possible ; *reliquum spatium mons continet* Caes. G. 1, 38, 5, l'espace restant, un mont l'occupe ; *vicus altissimis montibus continetur* Caes. G. 3, 1, 5, le bourg est enfermé (dominé) par de très hautes montagnes ‖ maintenir dans un lieu : *in castris* Caes. G. 4, 34, 4 ; 6, 36, 1 ; *castris* Caes. G. 1, 48, 4 ; 2, 11, 2 ; 3, 17, 5 ; *intra castra* Caes. G. 5, 58, 1, maintenir au camp, à l'intérieur du camp ; *sese vallo* Caes. G. 5, 44, 5, se maintenir derrière le retranchement ‖ [fig.] *non mea gratia familiaritatibus continetur* Cic. Mil. 21, il n'est pas vrai que mon crédit se limite au cercle de mes relations intimes ; *Latina suis finibus continentur* Cic. Arch. 23, les œuvres latines se renferment dans leurs frontières, cf. Cat. 4, 21 ; de Or. 1, 192 ; *haec, quae vitam omnem continent, neglegentur ?* Cic. Fin. 1, 12, ces questions-ci, qui par leur objet embrassent toute la vie, on les laissera de côté ? ; *tales res, quales hic liber continet* Cic. Or. 148, des sujets, comme ceux qu'a traité ce livre (Cael. 40 ; Sest. 14) ; *libris contineri* Cic. Top. 2, être renfermé dans des livres ¶ 3 maintenir, retenir [dans le devoir] : *in officio* Caes. G. 3, 11, 2 ; 5, 3, 6 ; *in fide* Liv. 21, 52, 8 ¶ 4 renfermer en soi, contenir : *alvo* Cic. Div. 1, 39, porter dans son sein ; *amicitia res plurimas continet* Cic. Lae. 22, l'amitié porte en elle un très grand nombre d'avantages, cf. Fin. 2, 18 ; Div. 1, 125 ‖ *quae res totum judicium contineat, intellegetis* Cic. Amer. 34, vous comprendrez quelle est la question qui contient (d'où dépend) tout le procès ; *intellecto eo, quod rem continet* Cic. Tusc. 3, 58, ayant compris ce dont tout dépend (ce qui est l'essentiel), savoir que..., cf. Fin. 4, 14 ; *judicium imperio continens, imperio contineri* Gai. Inst. 4, 103-106, jugement dépendant de l'*imperium*, relevant de l'*imperium* ‖ [d'où le passif] *contineri aliqua re*, consister dans qqch. : *non enim venis et nervis et ossibus di continentur* Cic. Nat. 2, 59, car les dieux ne sont pas composés de veines, de nerfs et d'os ; *eruditissimorum hominum artibus eloquentia continetur* Cic. de Or. 1, 5, l'éloquence est constituée par l'ensemble des connaissances des hommes les plus instruits (Marc. 22 ; 28 ; Fin. 2, 48) ¶ 5 contenir, réprimer, réfréner [qqn ou les passions de qqn] : Cic. Cat. 2, 26 ; Verr. 5, 167 ; Verr. 1, 62 ; 4, 101 ; Tusc. 4, 22 ; Nat. 2, 34 ; *non potest exercitum is continere qui se ipse non continet* Cic. Pomp. 38, il ne peut contenir ses troupes le général qui ne sait se contenir lui-même ‖ *non contineri ne* Liv. 40, 58, 1 ; *non contineri quin* Caes. C. 2, 12, 4 ; *quominus* Curt. 7, 4, 19, ne pas être empêché de ‖ contenir, réprimer [le rire, la douleur] : Cic. Phil. 2, 93 ; Sest. 88 ; [sa langue] Q. 1, 1, 38 ; *hominem furentem continui* Cic. Har. 1, j'ai arrêté (fait taire) ce dément ‖ *sese continere* Cic. de Or. 2, 85, se contraindre ; *contineo me, ne incognito adsentiar* Cic. Ac. 2, 133, je suspends mon jugement pour ne pas acquiescer à ce que je ne connais point ‖ tenir éloigné de [*ab aliquo, ab aliqua re*] : *ab aliquo manus alicujus* Cic. Cat. 1, 21, retenir qqn de porter les mains sur qqn ; *milites a proelio* Caes. G. 1, 15, 4, empêcher les soldats de combattre ; *se ab assentiendo* Cic. Ac. 2, 104, se garder de donner son assentiment.

contingentĕr, adv., d'une manière contingente, par hasard : Boet. Herm. sec. 3, 9.

contingentĭa, *ae*, f., hasard, contingence : Boet. Herm. sec. 5, 12.

contingit, impers., v. contingo.

1 **contingō**, *ĭs*, *ĕre*, *tĭgī*, *tactum* (*cum, tango* ; esp. *contir*)

I tr. ¶ 1 toucher, atteindre : *funem manu* Virg. En. 2, 239, toucher de la main les cordages ; *cibum terrestrem rostris* Cic. Nat. 2, 122, atteindre du bec la nourriture sur le sol ; *terram osculo* Liv. 1, 56, 12, baiser la terre ; *victrices dextras consulum* Liv. 28, 9, 6, toucher les mains victorieuses des consuls ; *avem ferro* Virg. En. 5, 509, atteindre d'un trait un oiseau ; *Italiam* Virg. En. 5, 18, aborder en Italie ‖ *Helvii fines Arvernorum contingunt* Caes. G. 7, 7, 5, les Helviens touchent le territoire des Arvernes ; *turri contingente vallum* Caes. G. 5, 43, 6, une tour touchant le rempart ; *ut... neque inter se contingant trabes* Caes. G. 7, 23, 3, en sorte que... les poutres ne se touchent pas les unes les autres ‖ [fig.] arriver jusqu'à, atteindre : *quos in aliqua sua fortuna publica quoque contingebat cura* Liv. 22, 10, 8, ceux que, au milieu d'une certaine prospérité personnelle, le souci aussi de l'État venait toucher ; *contactus nullis ante cupidinibus* Prop. 1, 1, 2, jusque-là n'ayant été atteint d'aucune passion ‖ [en part.] infecter, contaminer : *civitas contacta rabie duorum juvenum* Liv. 4, 9, 10, la cité atteinte de la rage des deux jeunes gens ; *contacti ea violatione templi* Liv. 29, 8, 11, souillés par cette violation du temple ; *dies (Alliensis) religione contactus* Liv. 6, 28, 6, la journée de l'Allia frappée de malédiction [considérée comme néfaste] ¶ 2 toucher, être en rapport (relation) avec : *aliquem propinquitate, amicitia* Liv. 25, 8, 2 ; *sanguine, genere* Liv. 45, 7, 3, toucher à qqn par la parenté, l'amitié, le sang, la naissance ; *deos* Hor. S. 2, 6, 52, approcher des dieux ; *modico usu aliquem* Tac. An. 4, 68, avoir quelques relations avec qqn ‖ concerner, regarder : *haec consultatio Romanos nihil contingit* Liv. 34, 22, 12, cette délibération ne concerne pas du tout les Romains ; *mea causa quae nihil eo facto contingitur* Liv. 40, 14, 9, ma cause que ce fait ne touche (n'intéresse) en rien.

II intr. ¶ 1 arriver [*alicui*, à qqn], échoir, tomber en partage : *quod isti contigit uni* Cic. de Or. 2, 228, ce qui lui est arrivé à lui seul (Off. 1, 153 ; Fam. 5, 21, 1 ; Caes. G. 1, 43, 4) ‖ [en mauvaise part] Tusc. 5, 15 ; Cat. 1, 16 ; Nat. 1, 27 ; CM 71 ; Off. 2, 50 ‖ [absᵗ] arriver, se produire : *id facilitate mea contigit* Cic. de Or. 2, 15, c'est le résultat de ma complaisance excessive ;

contingo

[avec *ex*] Quint. 11, 1, 53 ¶**2** [avec inf.] *celeriter antecellere omnibus contigit* Cic. *Arch.* 4, il lui fut donné de surpasser promptement tout le monde ; *non cuivis homini contingit adire Corinthum* Hor. *Ep.* 1, 17, 36, il n'est pas donné à n'importe qui d'aller à Corinthe ; *Romae nutriri mihi contigit* Hor. *Ep.* 2, 2, 41, j'ai eu le bonheur d'être élevé à Rome ‖ [avec *ut* subj.] Pl. *Amp.* 187 ; Cic. *de Or.* 3, 3 ; *Brut.* 118 ; 290 ; *Phil.* 5, 49.

2 **contingō** (**-tinguō**), *ĭs, ĕre*, -, -, tr., baigner de : Lucr. 1, 938 ; 2, 755 ‖ imprégner de : Lucr. 1, 934.

contĭnŏr, *ārĭs, ārī, ātus sum* (*continuor*), tr., rencontrer qqn : Apul. *M.* 1, 24 ; Gloss. 5, 15, 33.

contĭnŭantĕr, adv., de façon continue : Aug. *Retract.* 1, 24, 1.

contĭnŭātē (*continuo*), adv., de façon ininterrompue, avec continuité : P. Fest. 415, 3 ‖ **contĭnŭātim**, Aug. *Doctr.* 4, 7, 20.

contĭnŭātĭō, *ōnis*, f. (2 *continuo*), continuation, succession ininterrompue : Caes. *G.* 3, 29 ‖ continuité : Cic. *Ac.* 1, 29 ; Liv. 41, 15, 7 ‖ [rhét.] *continuatio verborum* Cic. *de Or.* 1, 261, le groupement des mots en période ‖ [phil.] *continuatio conjunctioque naturae, quam vocant* συμπάθειαν Cic. *Div.* 2, 142, les liens, les rapports de faits naturels entre eux que les Grecs appellent " sympathie ".

contĭnŭātīvus, *a, um* (*continuo*), qui indique une suite, une conséquence : Prisc. 3, 94, 12.

contĭnŭātus, *a, um* ¶**1** part. de *continuo* ¶**2** [adj¹] continu, continuel, ininterrompu : *continuatum iter* Caes. *C.* 3, 36, 8, marche ininterrompue, cf. Cic. *Flac.* 25 ‖ *continuatissimus* Sidon. *Ep.* 8, 3, 4.

contĭnŭē, adv. (*continuus*), d'une manière continue : Varr. *L.* 5, 27 ; Symm. *Ep.* 9, 23, 1.

contĭnŭī, parf. de *contineo*.

contĭnŭĭtās, *ātis*, f. (*continuus*), continuité : Varr. *L.* 7, 107.

1 **contĭnŭō** (*continuus*), adv. ¶**1** incontinent, à l'instant : Cic. *Verr.* 4, 48 ; *de Or.* 1, 121 ‖ immédiatement après : *Fam.* 10, 12, 3 ; *Tusc.* 5, 42 ; Caes. *G.* 7, 42, 6 ¶**2** [lien logique] *non continuo* Cic. *de Or.* 2, 199 ; *Tusc.* 3, 5 ; *Fin.* 4, 75, il ne s'ensuit pas que, ce n'est pas une raison pour que ; *continuone...?* Cic. *Tusc.* 3, 40, est-ce une raison pour que...? ¶**3** continuellement, sans interruption : Varr. *L.* 7, 13 ; Quint. 2, 20, 3 ; 9, 1, 11.

2 **contĭnŭō**, *ās, āre, āvī, ātum* (*continuus*), tr. ¶**1** faire suivre immédiatement, assurer une continuité, joindre de manière à former un tout sans interruption : *domus, qua Palatium et Maecenatis hortos continuaverat* Tac. *An.* 15, 39, la maison grâce à laquelle il avait joint de façon continue le Palatin aux jardins de Mécène ; *fundos* Cic. *Agr.* 3, 14 ; *agros* Liv. 34, 4, 9, acquérir des propriétés attenantes, étendre ses propriétés ; *latissime agrum* Cic. *Agr.* 2, 70, étendre au loin ses terres ‖ [surtout au pass.] *aer mari continuatus et junctus est* Cic. *Nat.* 2, 117, l'air fait suite et se joint à la mer ; *aedificia moenibus continuantur* Liv. 1, 44, 4, les maisons sont attenantes aux remparts ; *atomi aliae alias adprehendentes continuantur* Cic. *Nat.* 1, 54, les atomes s'accrochant les uns aux autres forment un tout continu ; *priusquam continuarentur hostium opera* Liv. 23, 17, 5, sans attendre que les ouvrages de circonvallation de l'ennemi se rejoignent (se ferment) entièrement ‖ [fig.] *continuata verba* Cic. *de Or.* 3, 149, mots disposés en période ; *hi sunt evitandi continuati pedes* Cic. *Or.* 194, il faut éviter une continuité de ces pieds ¶**2** faire succéder [dans le temps] sans interruption : *dapes* Hor. *S.* 2, 6, 108, faire succéder les mets sans interruption ; *paci externae continuatur discordia domi* Liv. 2, 54, 2, à la paix extérieure succède la discorde intérieure ‖ faire durer sans discontinuité : *hiemando continuare bellum* Liv. 5, 2, 1, continuer la guerre en prenant ses quartiers d'hiver ; *magistratum* Sall. *J.* 37, 2, prolonger une magistrature ; *familia rerum gestarum gloria continuata* Cic. *Flac.* 25, famille qui s'est continuée par la gloire des actions accomplies ; *continuato diem noctemque opere* Caes. *C.* 1, 62, 1, ouvrage mené sans interruption jour et nuit, cf. 3, 11, 1 ; 3, 36, 8 ; *ei dantur imperia et ea continuantur* Cic. *Rep.* 1, 68, on lui donne des commandements et même on lui en assure la continuité ¶**3** intr., durer, persister : Cels. 2, 4, 6.

contĭnŭŏr, *ārĭs, ārī*, -, ▶ *continor* : Non. 93, 23 ; Sisen. *Hist.* 125 ; Apul. *M.* 5, 31.

contĭnŭus, *a, um* (*contineo*), continu ¶**1** [dans l'espace] [avec dat. ou abs¹] *aer continuus terrae est* Sen. *Nat.* 2, 6, 1, l'air touche à la terre ; *Leucas continua* Ov. *M.* 15, 289, Leucade jointe au continent = qui est une presqu'île ; *continui montes* Hor. *Ep.* 1, 16, 5, chaîne de montagnes, pl. ; *continua* Liv. 30, 5, 7, les parties adjacentes ‖ *continuus principi* Tac. *An.* 6, 26, toujours aux côtés de l'empereur ‖ [fig.] *oratio continua* Sen. *Ep.* 89, 17, exposé continu ; *lumina continua* Quint. 12, 10, 46, ornements entassés ¶**2** [dans le temps] *continuos complures dies* Caes. *G.* 4, 34, 4, pendant plusieurs jours consécutifs ; *triumphi duo continui* Liv. 41, 7, 1, deux triomphes coup sur coup ; *honores continui* Cic. *Mur.* 55, continuité des magistratures [dans une famille] ‖ [fig.] qui ne s'interrompt pas : *continuus accusandis reis Suillius* Tac. *An.* 11, 6, Suillius, accusateur infatigable ¶**3** [phil.] homogène : Sen. *Ep.* 102, 6.

contĭō (**concĭō**), *ōnis*, f. (de *co-* et *ventio*) ¶**1** assemblée du peuple convoquée et présidée par un magistrat [dans laquelle on ne vote jamais], cf. P. Fest. 34, 1 : *advocare contionem* Cic. *Sest.* 28 ; *habere* Cic. *Phil.* 6, 18, convoquer, présider l'assemblée du peuple ; *Locrensium contionem habuit* Liv. 29, 21, 7, il réunit l'assemblée des Locriens ; *laudare aliquem pro contione* Sall. *J.* 8, 2 ; Liv. 7, 7, 3, faire l'éloge de qqn devant le peuple ; *dimittere, summovere contionem*, congédier, lever l'assemblée ▶ *dimittere, summoveo* ‖ assemblée des soldats : Caes. *G.* 5, 52, 5 ¶**2** harangue, discours public : *contiones habere* Cic. *Brut.* 305, prononcer des discours politiques, des harangues ; *contionem apud milites habuit* Caes. *C.* 3, 73, 2, il prononça une harangue devant les troupes ‖ discours [en gén.] : *Thucydides contionibus melior* Quint. 10, 1, 73, Thucydide a l'avantage pour les discours ¶**3** [expressions] *in contionem prodire* Cic. *Agr.* 3, 1, s'avancer pour parler dans l'assemblée ; [comme on parlait du haut des rostres] *in contionem ascendere* Cic. *Fin.* 2, 74, se présenter pour parler, monter à la tribune (cf. Verr. d. Gell. 18, 7, 7).
▶ abl. sg. arch. *coventionid* CIL 1, 581.

contĭōnābĭlis, *e*, Chalc. *Tim.* 223, ▶ *contionalis*.

contĭōnābundus, *a, um* (*contionor*), qui harangue : *velut contionabundus* Tac. *An.* 1, 16, comme s'il était à la tribune ‖ *haec* Liv. 5, 29, 10, tenant ces propos dans des harangues.

contĭōnālis, *e* (*contio*), relatif à l'assemblée du peuple : *clamor contionalis* Cic. *Q.* 2, 5, 1, clameurs dignes de l'assemblée du peuple ; *genus dicendi contionale* Quint. 9, 4, 130, le genre délibératif ; *contionalis senex* Liv. 3, 72, 4, vieux bavard de réunions publiques.

contĭōnārĭus, *a, um* (*contio*), relatif aux assemblées du peuple : *contionarius ille populus* Cic. *Q.* 2, 3, 4, ce peuple qui constitue les assemblées ; *oratio contionaria* Amm. 27, 6, 5, discours pour les assemblées [des soldats].

contĭōnātŏr, *ōris*, m. (*contionor*), harangueur qui flatte le peuple, démagogue : Cic. *Cat.* 4, 9 ‖ prédicateur : Fort. *Mart.* 2, 404.

contĭōnŏr, *ārĭs, ārī, ātus sum* (*contio*), intr. ¶**1** être assemblé : *vos universos timent contionantes* Liv. 39, 16, 4, ils vous craignent quand vous êtes tous réunis ¶**2** haranguer, prononcer une harangue : *contionari ex alta turri* Cic. *Tusc.* 5, 59, haranguer le peuple du haut d'une tour ; *pro tribunali* Tac. *An.* 1, 61, haranguer du haut de son tribunal ; *apud milites* Caes. *C.* 1, 7, 1, faire une harangue devant les soldats ; *ad populum* Suet. *Aug.* 84, 2, devant le peuple ; *de aliqua re, de aliquo*, au sujet de qqch., de qqn : Cic. *Har.* 8 ; *Fam.* 12, 22, 1 ¶**3** dire dans une harangue : *contionatus est se non siturum* Cic. *Q.* 2, 4, 6, il déclara qu'il ne permettrait pas ‖ [avec acc. n. pl. *haec*]

contradico

Liv. 22, 14, 15 ‖ [avec subj. seul] [idée d'ordre] Caes. G. 3, 6, 1 ¶ 4 dire publiquement, proclamer : *caterva tota contionata est...* Cic. *Sest.* 118, le chœur entier s'écria... ; *hoc futurum sibylla contionata est* Lact. *Inst.* 4, 18, 19, la sibylle a prédit cela ‖ [sens passif] être proclamé : Tert. *Pud.* 13, 7.

contīro, *ōnis*, m., camarade [entre jeunes soldats] : CIL 3, 1172 ‖ camarade : Aug. *Serm.* 216, 2.

contīrŏlĕta, *ae*, m. (cum, θηρολέτης), compagnon de chasse : Fulg. *Myth.* 3, 2.

contĭuncŭla, *ae*, f. (dim. de contio), petite assemblée du peuple : Cic. *de Or.* 1, 46 ‖ petite harangue au peuple : Cic. *Att.* 2, 16, 1.

Contĭus, *ii*, m., surnom romain : CIL 5, 6207 ‖ *Contia oliva*, variété d'olives : Plin. 15, 13.

contō, *ās, āre, āvī*, - (percontor), tr., interroger : Gloss. 5, 446, 68.

contŏgātus, *i*, m., qui a revêtu la toge en même temps : Amm. 29, 2, 22.

contollō, *ĭs, ĕre*, -, -, tr., arch. pour confero : Pl. *Aul.* 814.

contŏmŏnŏbŏlŏn, *i*, n. (κοντός, μόνος, βόλος), saut à la perche : Cod. Just. 3, 43, 3.

contŏnat, impers., il tonne fort : Pl. *Amp.* 1094.

contŏr, *āris, ārī*, -, C.▸ cunctor [mss].

contorpĕō, *ēs, ēre*, -, -, intr., être tout engourdi : Not. Tir. 56, 97a.

contorquĕō, *ēs, ēre, torsī, tortum*, tr. ¶ 1 tourner, faire tourner (tournoyer) : *membra* Cic. *Div.* 1, 120, se tourner ; *proram ad...* Virg. *En.* 3, 562, tourner la proue vers... ; *amnes in alium cursum contorti* Cic. *Div.* 1, 38, cours d'eau que l'on a détournés dans une autre direction ‖ [en part.] brandir, lancer : *telum* Lucr. 1, 971, lancer un javelot ¶ 2 [fig.] **a)** tourner qqn dans tel ou tel sens : *auditor ad severitatem est contorquendus* Cic. *de Or.* 2, 72, il faut amener l'auditeur à la sévérité **b)** lancer avec force : *quae verba contorquet !* Cic. *Tusc.* 3, 63, quels traits il lance ! ; *periodos uno spiritu* Plin. *Ep.* 5, 20, 4, lancer des périodes d'une haleine.

contorrĕō, *ēs, ēre, ŭī*, -, tr., consumer entièrement : Amm. 18, 7, 4.

contorsī, parf. de contorqueo.

contortē, adv. (contortus), d'une manière contournée : Cic. *Inv.* 1, 29 ‖ d'une manière serrée : *haec concluduntur contortius* Cic. *Tusc.* 3, 22, ces raisonnements-là sont trop ramassés.

contortĭo, *ōnis*, f. (contorqueo) ¶ 1 action de tourner : Cael.-Aur. *Chron.* 1, 464 ¶ 2 entortillement : *contortiones orationis* Cic. *Fat.* 17, expressions alambiquées.

contortĭplĭcātus, *a, um* (contortus, plico), embrouillé : Pl. *Pers.* 708.

contortŏr, *ōris*, m., celui qui torture : Ter. *Phorm.* 474.

contortŭlus, *a, um* (dim. de contortus), qq. peu entortillé : Cic. *Tusc.* 2, 42.

contortus, *a, um* ¶ 1 part. de contorqueo ¶ 2 [adjᵗ] entortillé, compliqué, enveloppé : Cic. *de Or.* 1, 250 ‖ impétueux, véhément : Cic. *Or.* 66 ‖ *contorta*, *ōrum*, n. pl., passages véhéments : Quint. 9, 4, 116.

Contosolĭa, *ae*, f., ville d'Hispanie : Anton. 444.

contrā (1 cum, cf. contro-, extra ; fr. contre), adv. et prép.

I adv. ¶ 1 en face, vis-à-vis : Pl. *Cas.* 938 ; *Most.* 1105 ; Liv. 1, 16, 6 ; 5, 37, 8 ; Tac. *An.* 2, 10 ¶ 2 au contraire, contrairement, au rebours **a)** [attribut] *quod totum contra est* Cic. *Fin.* 4, 40, ce qui est tout le contraire (Lucr. 3, 108 ; Cic. *Fin.* 3, 50 ; *Off.* 1, 49 ; 2, 8) ; *utrumque contra accidit* Cic. *Fam.* 12, 18, 2, sur les deux points, c'est le contraire qui est arrivé, cf. *Or.* 191 **b)** [liaison] *ille... hic contra* Cic. *Sull.* 17, celui-là... celui-ci au contraire (*Off.* 1, 108 ; *Or.* 36 ; *Font.* 33 ; *Fin.* 4, 36) ; *augendis rebus et contra abjiciendis* Cic. *Or.* 127, en amplifiant les choses ou au contraire en les ravalant ; *contraque* Cic. *Fin.* 2, 55, et au contraire ; *non... sed contra* Cic. *de Or.* 3, 67, non pas... mais au contraire ; *ut hi miseri, sic contra illi beati* Cic. *Tusc.* 5, 16, si ceux-ci sont malheureux, par contre ceux-là sont heureux ¶ 3 contrairement à ce que, au contraire de ce que : *simulacrum Jovis contra atque ante fuerat, ad orientem convertere* Cic. *Cat.* 3, 20, tourner la statue de Jupiter contrairement à sa position antérieure, vers l'orient ; *contra ac ratus erat* Sall. *C.* 60, 5, contrairement à ce qu'il avait pensé, cf. Cic. *Fin.* 4, 41 ; *Or.* 137 ; Caes. *G.* 4, 13, 5 ; *C.* 3, 12, 2 ‖ *contra quam fas erat* Cic. *Clu.* 12, contrairement à ce qui était permis (*Inv.* 2, 136 ; *Pis.* 18 ; *de Or.* 2, 86 ; *Leg.* 2.11) ; *contra quam... solet* Liv. 30, 10, 4, contrairement à ce qui se fait d'ordinaire.

II prép. avec acc. ¶ 1 en face de, vis-à-vis de, contre : *contra Galliam* Caes. *G.* 5, 13, 1, en face de la Gaule (3, 9, 9 ; 4, 20, 3) ¶ 2 contre, en sens contraire de : *contra naturam* Cic. *Fin.* 3, 18 ; *contra morem majorum* Cic. *Amer.* 100, contrairement à la nature, à la coutume des ancêtres ; *contra impetum fluminis* Caes. *G.* 4, 17, 5, contre le courant du fleuve ‖ contre (en luttant contre) : *rem publicam contra improbos cives defendere* Cic. *Sest.* 51, défendre l'État contre les mauvais citoyens ; *contra aliquem pugnare* Caes. *G.* 2, 33, 4, combattre qqn ; *copias contra aliquem ducere* Caes. *G.* 7, 61, 5, mener les troupes contre qqn ¶ 3 ▶ erga, envers, à l'égard de : Plin. 8, 23.

▶ contra après son régime Lucr. 6, 715 ; Virg. *En.* 1, 13 ; 5, 414 ‖ *quos contra* Cic. *Verr.* 1, 24 ; 5, 153 ; *Mur.* 9 ; *Or.* 34 ; *hos contra singulos* Cic. *Fin.* 5, 22.

contrābĭum, *ii*, n. (cum, trabs), charpente : Cassiod. *Var.* 12, 18, 1.

contractābĭlis, v.▸ contrectabilis.

contractābĭlĭtĕr, adv., d'une manière souple, douce : Lucr. 4, 658.

contractĭo, *ōnis*, f. (contraho) ¶ 1 action de contracter, contraction : *digitorum* Cic. *Nat.* 2, 150, action de fermer la main ; *contractio frontis* Cic. *Sest.* 19, action de plisser le front ¶ 2 action de serrer, d'abréger : Cic. *Att.* 5, 4, 4 ; *de Or.* 3, 196 ‖ [fig.] *contractio animi* Cic. *Tusc.* 4, 66, resserrement de l'âme, accablement ; v.▸ contraho.

contractĭuncŭla, *ae*, f. (dim. de contractio), *contractiunculae animi* Cic. *Tusc.* 3, 83, légers serrements de l'âme.

contractĭus (contractus), adv., plus à l'étroit : Sen. *Tranq.* 9, 3.

contracto, Pl. *Poen.* 1311 ; Lucr. 2, 853 ; Sen. *Ep.* 41, 6, C.▸ contrecto.

contractŏr, *ōris*, m. (contraho), contractant : *contractores* Cod. Just. 5, 5, 8, les parties contractantes.

contractōrĭum, *ii*, n., lien qui serre : Gloss. 2, 114, 47.

contractūra, *ae*, f. (contraho), [archit.] contracture : Vitr. 3, 3, 12.

1 contractus, *a, um* (esp. contrecho) ¶ 1 part. de contraho ¶ 2 [adjᵗ] **a)** replié, fermé : Quint. 11, 3, 95 **b)** resserré, étroit, mince : *Nilus contractior* Plin. *Pan.* 30, 3, le Nil plus resserré dans son cours ; *contractiores noctes* Cic. *Par.* 5, nuits plus courtes ; *contractior oratio* Cic. *Brut.* 120, langage trop ramassé, cf. *Or.* 78 ‖ *contracta paupertas* Hor. *Ep.* 1, 5, 20, l'étroite pauvreté, qui vit à l'étroit ‖ modéré, restreint : *studia contractiora* Cic. *Cael.* 76, passions qui se restreignent davantage ‖ *contractus leget* Hor. *Ep.* 1, 7, 12, bien ramassé sur lui-même, il lira **c)** [expr.] *porca contracta* Cic. *Leg.* 2, 55, truie due comme expiation.

2 contractŭs, *ūs*, m. ¶ 1 contraction, resserrement : Varr. *R.* 1, 68 ¶ 2 action d'engager, de commencer une affaire : Quint. 4, 2, 49 ‖ [en part.] contrat, convention, pacte, transaction : Sulp.-Ruf. d. Gell. 4, 4, 2 ; Dig. 50, 16, 19 ; *quasi ex contractu* Inst. Just. 3, 13, 2, par quasi-contrat.

contrādīcĭbĭlis, *e* (contradico), susceptible de contradiction : Tert. *Carn.* 23, 1.

contrādīcō, **contrā dīcō**, Cic., Caes., *is, ĕre, dīxī, dictum* (fr. contredire), contredire **a)** [absᵗ] *contra qui dicet* Cic. *Inv.* 2, 151, le contradicteur, l'adversaire **b)** *alicui, alicui rei*, parler contre qqn, contre qqch : Quint. 5, 10, 13 ; Tac. *D.* 25 ‖ [avec prop. inf.] répliquer que : Sen. *Contr.* 7, 8, 10 ‖ *non contradici quin* Liv. 8, 2, 2, [il répondit] qu'on ne formulait pas d'opposition à ce que ‖ [tard.] s'opposer, faire obstacle [avec ne] : *ne Fabius mitte-*

contradico

retur **contradixit** Ps. Aur.-Vict. *Vir.* 34, 5, il s'opposa à ce que Fabius fût envoyé.

contrādictĭo, *ōnis*, f., action de contredire, objection, réplique : Sen. *Suas.* 2, 17 ; Quint. 3, 8, 34 ; 11, 3, 163 ; Tac. *An.* 14, 43.

contrādictĭuncŭla, *ae*, f. (dim. de *contradicto*), légère contradiction : Aug. *Cons.* 1, 8, 13.

contradictŏr, *ōris*, m., [droit] opposant : Ulp. *Dig.* 40, 11, 27 ; Amm. 31, 14, 3.

contrādictōrĭus, *a*, *um*, qui contredit, contradictoire : Cod. Th. 2, 14, 1 ; Cael.-Aur. *Acut.* 2, 33, 173.

contrādictus, *a*, *um*, part. de *contradico* : *contradictum judicium* Ulp. *Dig.* 1, 3, 34, jugement contradictoire.

contrādō, *ĭs*, *ĕre*, *dĭdī*, *dĭtum*, tr., livrer qqch. à qqn : Cassiod. *Var.* 7, 6, 2 ; *Hist.* 1, 13.

contraĕō, *īs*, *īre*, -, -, intr., s'opposer, aller à l'encontre : Hier. *Ep.* 96, 6.

contrăho, *ĭs*, *ĕre*, *trāxī*, *tractum*, tr. ¶ 1 tirer (faire venir) ensemble, rassembler : *cohortes ex finitimis regionibus* Caes. *C.* 1, 15, 5 ; *exercitum in unum locum* Caes. *G.* 1, 43, 3, rassembler les cohortes des régions voisines, l'armée en un même point ; *ad spectaculum contracta multitudine* Liv. 45, 33, 3, une multitude étant assemblée pour le spectacle ; *pauci admodum patrum... contracti ab consulibus* Liv. 2, 13, 12, très peu seulement de sénateurs furent réunis par les consuls ; *senatum contrahere* Val.-Max. 2, 2, 6, réunir le sénat ; *decuriones* Plin. *Ep.* 5, 7, 4, réunir les décurions ; *pecuniam* Sen. *Ben.* 7, 15, 1, rassembler de l'argent, recueillir des fonds (Tac. *An.* 1, 37 ; Plin. *Ep.* 10, 90, 2) ‖ faire venir [à soi], contracter : *aes alienum* Cic. *Cat.* 2, 4, contracter des dettes ; *aliquid damni* Cic. *Fin.* 5, 91, faire une perte ; *morbum* Plin. 30, 65 ; *pestilentiam* Plin. 36, 202, contracter une maladie, un virus ; *tristitiam* Plin. 24, 24, devenir triste ; *omnia culpa contracta sunt* Cic. *Att.* 11, 9, 1, tout est venu par ma faute ; *ea est a nobis contracta culpa ut* Cic. *Att.* 11, 24, 1, la faute que j'ai commise est telle... ; *contracto inter Aetolos et Tralles certamine* Liv. 27, 32, 4, un combat étant engagé entre les Étoliens et les Tralles ; *causam certaminis cum Minucio contrahere volebat* Liv. 22, 28, 4, il voulait trouver le prétexte d'un combat avec Minucius ; *contrahere alicui cum aliquo bellum* Liv. 24, 42, 11, attirer à qqn une guerre avec qqn ; *alicui negotium* Cic. *Cat.* 4, 9, attirer des embarras à qqn, lui créer des difficultés ; *plus periculi* Liv. 2, 23, 14, s'attirer plus de danger ¶ 2 resserrer, contracter : *frontem* Cic. *Clu.* 72 ; *membra* Cic. *Div.* 1, 120, contracter le front, les membres ; *pulmones se contrahunt* Cic. *Nat.* 2, 136, les poumons se contractent ‖ *contraxi vela* Cic. *Att.* 1, 16, 2, je calai la voile (je me modérai) ‖ réduire, diminuer : *castra* Caes. *G.* 5, 49, 7, rétrécir son camp ; *tempus epularum* Plin. *Pan.* 49, réduire le temps des banquets ‖ [rhét.] *nomina* Cic. *Or.* 153, contracter les noms ‖ [abs¹] *contrahere*, faire une contraction dans la prononciation : Cic. *Or.* 153 ; 155 ‖ resserrer : *universitatem generis humani* Cic. *Nat.* 2, 164, resserrer l'universalité du genre humain [pour passer à l'examen des individus], cf. *Ac.* 1, 38 ; *Lae.* 20 ; *appetitus* Cic. *Off.* 1, 103, restreindre les penchants ; *jura* Sil. 11, 682, restreindre les droits [de la royauté] ; *contrahi* Sen. *Ep.* 120, 21, se rapetisser, se ravaler ‖ [en part.] *animos contrahere* Cic. *Leg.* 2, 38, serrer l'âme, le cœur (accabler) ; *animus formidine contrahitur* Lucr. 5, 1218, le cœur est serré par la crainte ; *sol tum quasi tristitia quadam contrahit terram, tum vicissim laetificat* Cic. *Nat.* 2, 102, grâce au soleil, la terre est tantôt comme serrée de tristesse, tantôt alternativement épanouie de joie ; *te rogo ne contrahas ac demittas animum* Cic. *Q.* 1, 1, 4, je te supplie de ne pas te laisser aller au découragement et à l'abattement, cf. *Lae.* 48 ¶ 3 avoir un lien (des rapports) d'affaire [cum aliquo, avec qqn], engager une affaire [avec qqn] : *cum illo nemo rationem, nemo rem ullam contrahebat* Cic. *Clu.* 41, personne n'engageait un compte, ni la moindre affaire avec lui (*Sull.* 56 ; *Scaur.* 18) ; *negotia, rem contrahere* Cic. *Off.* 2, 40 ; 2, 64 ; 3, 61, faire des affaires ; *qui nihil omnino cum populo contrahunt* Cic. *Tusc.* 5, 105, ceux qui n'ont absolument rien à faire avec le peuple ; *rerum contractarum fides* Cic. *Off.* 1, 15, fidélité aux engagements, respect des contrats ; *male contractis rebus* Cic. *Att.* 7, 7, 7, les affaires étant mal engagées ‖ [droit] pass., s'engager dans un rapport d'obligation [quel qu'il soit], contracter une obligation : *ubicumque aliquis obligatur et contrahi videtur* Dig. 5, 1, 20, dès que qqn s'oblige, il contracte en même temps ‖ [au sens étroit] tr., *contrahere* Dig. 23, 1, 14, s'engager par un contrat à.

contrājūris, *e*, illégal : *Gloss. 2, 395, 46.

contrălĕgo, **contrā lĕgo**, *ĭs*, *ĕre*, -, -, intr., faire une lecture de contrôle [pour permettre la vérification d'un texte de manuscrit] : Sidon. *Ep.* 5, 15, 1.

contrānīsus, *a*, *um* (*contra*, *nitor*), qui fait effort contre : Isid. 10, 199.

contrăpōnō, *ĭs*, *ĕre*, -, -, tr., opposer : Quint. 9, 3, 84 ; Tert. *Mart.* 4, 3.

contrăpŏsĭtĭo, *ōnis*, f., antithèse : Isid. 1, 35, 1.

contrăpŏsĭtum, *i*, n., antithèse [rhét.] : Quint. 9, 3, 32.

contrăpŏsĭtus, *a*, *um*, part. de *contrapono*.

contrārĭē, adv. (*contrarius*), d'une manière contraire : Cic. *Tim.* 31 ; *verba relata contrarie* Cic. *de Or.* 2, 263, antithèses ; *contrarie dicere aliquid* Tac. *D.* 34, se contredire.

contrārĭĕtās, *ātis*, f. (*contrarius*), opposition : Macr. *Somn.* 2, 14, 26 ; Sidon. *Ep.* 4, 11, 3.

1 **contrārĭō**, adv., v. *contrarius* ¶ 3 à *ex contrario*.

2 **contrārĭō**, *ās*, *āre*, -, -, intr., contredire [dat.] : Ps. Prosp. *Prom.* 2, 33, 1.

contrārĭus, *a*, *um* (*contra*) ¶ 1 qui est en face, du côté opposé : Cic. *Mur.* 89 ; *Phil.* 2, 26 ; Caes. *C.* 3, 45, 2 ; *contraria vulnera* Tac. *H.* 3, 84, blessures reçues en face ‖ [avec dat.] en face de : Sen. *Nat.* 5, 17, 2 ; Plin. 37, 131 ¶ 2 opposé, contraire : *video utrumque ictu cecidisse contrario* Cic. *Tusc.* 4, 50, je vois qu'ils sont tombés tous deux en se frappant réciproquement ; *in contrarias partes fluere* Cic. *Div.* 1, 78, couler en sens contraire ; [avec dat.] opposé à : Caes. *G.* 4, 17, 5 ; Ov. *M.* 8, 471 ; 13, 183 ‖ *in contrarium*, dans le sens contraire : Liv. 28, 30, 9 ; Sen. *Nat.* 2, 24, 1 ; Plin. 2, 128 ; *ex contrario*, du point opposé (diamétralement opposé) : Sen. *Nat.* 1, 4, 1 ; *Ep.* 122, 2 ¶ 3 [fig.] contraire, opposé : *contrarias causas dicere* Cic. *de Or.* 2, 30, plaider des causes opposées ; *in contrarias partes disputare* Cic. *de Or.* 1, 158, soutenir le pour et le contre ; *ex contraria parte* Cic. *Brut.* 145, du point de vue opposé ‖ contraire à qqch. : [alicui rei] Cic. *Verr.* 3, 27 ; *Leg.* 3, 42 ; *Fin.* 2, 28 ; *Ac.* 1, 36 ; [alicujus rei] *Inv.* 2, 157 ; *Tusc.* 2, 34 ; *Fin.* 4, 67 ; [avec inter se] *Clu.* 140 ; *de Or.* 2, 223 ; [avec ac, atque] contraire de (ce que) : *Verr.* 1, 120 ; *Rep.* 6, 17 ; [avec quam] Quint. 9, 2, 50 ‖ [rhét.] *contraria*, membres de phrase antithétiques : *cum contrariis opponuntur contraria* Cic. *Or.* 166, quand on fait des oppositions antithétiques [grec ἀντίθετα] ; *in contrariis referendis* Cic. *Or.* 166, dans le rapprochement de membres antithétiques [*relatio contrariorum* Cic. *Or.* 166] ; [sg.] [rare] *Or.* 220 ‖ *ex contrario*, contrairement, au contraire : Cic. *Com.* 47 ; *Fin.* 5, 36 ; Caes. *G.* 7, 30, 3 (*contrario* Sen. *Nat.* 6, 13, 4 ; *Ep.* 94, 2 ; Quint. 10, 1, 9) ¶ 4 [log.] qui est en contradiction (*alicui rei*, avec une chose) : Cic. *Or.* 115 ‖ *contraria*, les contradictions : *de Or.* 2, 166 ; *Leg.* 1, 45 ¶ 5 défavorable, ennemi, hostile, nuisible : Varr. *R.* 1, 16, 6 ; Suet. *Oth.* 8 ; [avec dat.] *averna vocantur, quia sunt avibus contraria* Lucr. 6, 741, on appelle ces lieux avernes, parce qu'ils sont funestes aux oiseaux (Plin. 18, 152 ; 20, 90 ; Ov. *M.* 2, 380) ; *monens imperaturo contrariam esse (philosophiam)* Suet. *Ner.* 52, lui remontrant que la philosophie était mauvaise pour un futur empereur ¶ 6 [chrét.] subst. m., le diable : Hier. *Ephes.* 4, 27.

contrascrība, *ae*, m., contrôleur : *CIL* 13, 5698.

contrascrībō, *ĭs*, *ĕre*, -, -, intr., contrôler : Apul. *Apol.* 78, 6.

contrascriptŏr, ōris, m., contrôleur : CIL 6, 8950.

contrāsistō, ĭs, ĕre, -, -, intr., s'opposer, faire opposition : Ps. Cypr. Novat. 13.

contrāstō, ās, āre, -, -, intr., s'opposer à : Iren. 1, 24, 4.

contrāvĕnĭo, īs, īre, -, -, intr., s'opposer à, prendre position contre : Aug. Civ. 20, 1, 1.

contrāversim, adv., en sens inverse : *Apul. Apol. 15, 12.

contrāversum, adv., au contraire : Solin. 10, 3.

contrāversus, a, um, tourné vis-à-vis, placé en face de : Solin. 27, 1.

Contrĕbĭa, ae, f., ville de la Tarraconaise [auj. Botorrita] Atlas IV, C3 : Liv. 40, 33, 1 ; CIL a ; 1, 2951 ‖ **-biensis**, e, de Contrebia : CIL 1, 2951a.

Contrĕbis, is, m., nom d'une divinité de la Bretagne : CIL 7, 290.

contrectābĭlis, e (contrecto), tangible, tactile, palpable : Lact. Inst. 2, 8, 39 ; Prud. Apoth. 958.

contrectātĭo, ōnis, f. (contrecto) ¶ 1 attouchement : Cic. Nat. 1, 77 ¶ 2 [droit] détournement : Paul. Dig. 47, 2, 1.

contrectātŏr, ōris, m. (contrecto), celui qui détourne, qui dérobe : Ulp. Dig. 47, 2, 36.

contrectātus, a, um, part. de contrecto.

contrectō, ās, āre, āvī, ātum, tr. (cum, tracto) ¶ 1 [en gén.] toucher, manier : **pecuniam** Suet. Cal. 42, manier de l'argent ; **pectora** Ov. M. 8, 606, palper la poitrine ¶ 2 [en part.] **a)** tâter, visiter, fouiller : Suet. Cl. 35, 1 **b)** avoir commerce avec : Pl. Poen. 698 ; Suet. Dom. 1, 3 ; Tac. An. 14, 35 **c)** s'approprier indûment, dérober : Gai. Inst. 3, 195 ; Dig. 17, 2, 45 ¶ 3 [fig.] **contrectare aliquid oculis** Tac. An. 3, 12, repaître ses yeux de la vue de qq. ; **mente voluptates** Cic. Tusc. 3, 33, goûter des plaisirs par la pensée.

contrĕmĕbundus, a, um, tremblant : Aug. Psalm. 76, 19.

contremiscō (-escō), ĭs, ĕre, mŭī, - ¶ 1 intr., commencer à trembler [choses et pers.] : Cic. Har. 63 ; de Or. 1, 121 ‖ [fig.] chanceler, vaciller : Cic. Sest. 68 ¶ 2 tr., trembler devant, redouter : Hor. O. 2, 12, 8 ; Sen. Ep. 65, 24 ; Just. 32, 4, 10.

contrĕmō, ĭs, ĕre, -, -, intr., trembler tout entier : Pacuv. Tr. 413 ; Lucr. 5, 1220 ‖ tr., redouter : Capel. 1, 31.

contrĕmŭlus, a, um, tout tremblant : Varr. Men. 400.

contrĭbŭlātĭo, ōnis, f. (contribulo), c. contritio : Tert. Jud. 13, 16 ; Aug. Serm. 216, 6.

contrĭbŭlātus, a, um, part. de contribulo.

contrĭbŭlis, is, m. (cum, tribus), celui qui est de la même tribu : CIL 2, 2250 ‖ compatriote : Hier. Gal. 1, 2 ‖ coreligionnaire : Sidon. Ep. 8, 13, 3.

contrĭbŭlō, ās, āre, āvī, ātum, tr., broyer, écraser : Vulg. Psal. 73, 13 ‖ [fig.] Vulg. Psal. 50, 19 ‖ **alicui contribulari** ; Orig. Matth. 18, 73, partager les tribulations de qqn.

contrĭbŭō, ĭs, ĕre, bŭī, būtum, tr. ¶ 1 apporter sa part en commun, ajouter pour sa part : Ov. M. 7, 231 ‖ ajouter de manière à confondre : **proprios tecum annos contribuisse velim** Tib. 1, 6, 64, je voudrais que mon lot d'années se confondît avec le tien ; [avec dat.] Sen. Ben. 6, 5, 4 ; Brev. 15, 1 ; Col. 9, 13, 9 ¶ 2 ajouter (annexer) de manière à incorporer [avec dat.] : Curt. 5, 3, 16 ; Liv. 26, 24, 15 ; **Achaico concilio contribui** Liv. 36, 35, 7, se joindre à l'assemblée achéenne ‖ [avec cum] **qui erant cum Oscensibus contributi** Caes. C. 1, 60, qui étaient tributaires d'Osca ‖ [avec in acc.] incorporer dans : Liv. 32, 19, 4 ; 33, 34, 8 ‖ **in unam urbem contributi** Liv. 31, 30, 6, groupés en une seule ville ¶ 3 disposer, arranger, classer : Vell. 2, 20, 2 ; Col. 2, 9, 17.

Contrĭbūta, ae, f., ville de la Bétique : Plin. 3, 14 ‖ **-ensis**, e, de Contributa : CIL 2, 1029.

contrĭbūtārĭus, a, um, frappé de même redevance : Novel.-Just. 128, 7.

contrĭbūtĭo, ōnis, f. (contribuo) ¶ 1 balance, compensation [de l'actif et du passif] : Dig. 16, 2, 1 ¶ 2 action de contribuer à une dépense commune : Dig. 14, 2, 1.

contrĭbūtus, a, um, part. de contribuo.

contrĭō, īs, īre, -, - (formé sur contrivi de contero), tr., broyer : VL. Dan. 11, 20 ; Os. 8, 5.

contristātĭo, ōnis, f. (contristo), affliction : Tert. Marc. 2, 11, 1.

contristō, ās, āre, āvī, ātum (cum, tristis), tr., attrister, contrister : Cael. Fam. 8, 9, 5 ; **nec contristatur nec timet** Sen. Ep. 85, 14, il n'éprouve ni tristesse ni crainte ‖ [fig.] attrister, assombrir : **contristat aras silva** Val.-Flac. 3, 427, il orne les autels d'un sombre feuillage ; **colores contristati** Plin. 35, 198, couleurs ternies ; **vites caloribus contristantur** Col. 3, 2, 20, la vigne souffre de la chaleur.

contrītĭo, ōnis, f. (contero), action de broyer : Ennod. Opusc. 4, 32 ‖ [fig.] **a)** brisement, destruction, ruine : Lact. Inst. 3, 17, 16 **b)** accablement : Aug. Conf. 7, 7, 11 **c)** contrition, regret de ses fautes : Aug. Serm. 278, 12.

contrītus, a, um, part. de contero ‖ [adjt] usé, banal, rebattu : Cic. de Or. 1, 137.

contrīvī, parf. de contero.

contrŏpātĭo, ōnis, f. (contropo), comparaison : Cassiod. Compl. 19, 17.

contrŏpō, ās, āre, -, - (cum, tropo), tr., comparer : L. Visig. 2, 5, 13.

contrōversĭa, ae, f. (controversus) ¶ 1 mouvement opposé : **controversia aquae** Ulp. Dig. 39, 2, 24, le cours opposé de l'eau ¶ 2 [en gén.] controverse, discussion [entre deux antagonistes, deux parties] : **nulla controversia mihi tecum erit** Pl. Aul. 261, il n'y aura pas de difficultés entre nous ; **rem in controversiam vocare** Cic. de Or. 1, 183 ; **deducere** Caes. G. 7, 63, soumettre une affaire à un débat, appeler le débat sur une affaire ; **controversiam facere** Cic. Or. 121, engendrer une discussion [en parl. de choses] ; Liv. 3, 40, 10, soulever une discussion (mettre en question) [en parl. de pers.] ; **controversias habere** Cic. Verr. 2, 122, avoir des contestations, cf. Caes. G. 5, 44, 2 ; **controversiam componere** Caes. C. 3, 109, 1, arranger une contestation ‖ **numquam erat controversia quid intellegerem** Cic. Fin. 1, 16, jamais il n'y avait de débat sur la question de savoir ce que je comprenais ‖ **controversia non erat quin verum dicerent** Cic. Caecin. 31, on ne contestait pas leur véracité ; **nihil controversiae fuit quin consules crearentur...** Liv. 4, 17, 1, il n'y eut pas de contestation sur l'élection au consulat de... ; **sine controversia** Cic. Off. 3, 7, sans conteste ¶ 3 [en part.] **a)** point litigieux, litige [discussion juridique] : **sive ex controversia causa constat, ut hereditatis** Cic. de Or. 2, 104, soit que le débat porte sur un litige, comme dans une affaire d'héritage **b)** débat judiciaire, procès : **civilium controversiarum patrocinia suscipere** Cic. Or. 120, se charger de procès civils comme avocat **c)** controverse, déclamation : Sen. Contr. 1 ; Quint. 2, 1, 9 ; Tac. D. 35.

contrōversĭālis, e (controversia), de controverse : Sidon. Ep. 8, 11, 6.
▶ controversalis Sidon. Ep. 7, 9, 2.

contrōversĭŏla, ae, f. (dim. de controversia), petite controverse : Diom. 326, 22 ; Hier. Ruf. 1, 30.

contrōversĭōsus, a, um (controversia), litigieux : Liv. 3, 72, 5 ‖ contestable : Sen. Ep. 85, 24.

contrōversŏr, āris, ārī, - (controversus), intr., discuter, avoir une discussion : Cic. Frg. F. 2, 3 ; Sidon. Ep. 4, 1, 1.

1 **contrōversus**, a, um (contra, versus) ¶ 1 tourné vis-à-vis : Amm. 14, 2, 3 ‖ contraire, opposé : Macr. Somn. 1, 6, 24 ¶ 2 controversé, discuté, mis en question, douteux, litigieux : **res controversa** Cic. Leg. 1, 52, question très discutée, cf. Div. 2, 104 ; Mur. 28 ‖ **controversa**, ōrum, n. pl., points litigieux : Quint. 5, 14, 14.

2 **contrōversus (-sum)**, adv., à l'opposé : Cat. Agr. 43 ‖ **-sum** Solin. 10, 3 ; Aus. Ephem. 7 (137), 32.

contrŭcīdātus, a, um, part. de contrucido.

contrŭcīdō, ās, āre, āvī, ātum, tr. ¶ 1 massacrer, égorger ensemble, en bloc : Suet. Cal. 28 ; Sen. Ep. 115, 5

contrucido

¶2 accabler de coups [une seule pers.] : Cic. *Sest.* 79 ; [fig.] *rempublicam* Cic. *Sest.* 24, ruiner l'État.

contrūdō, *ĭs, ĕre, trūsī, trūsum*, tr. ¶1 pousser avec force : Lucr. 6, 510 ‖ pousser ensemble : Lucr. 6, 1254 ¶2 entasser, refouler : Varr. *R.* 1, 54, 2 ; Cic. *Cael.* 63.

contruncō, *ās, āre, āvī, ātum*, tr., couper la tête à plusieurs à la fois : Pl. *Bac.* 975 ‖ [fig.] rogner : Pl. *St.* 554.

contrūsī, parf. de *contrudo*.

contrūsus, *a, um*, part. de *contrudo*.

contŭbernālis, *is*, m. (*cum, taberna*) ¶1 camarade de tente, camarade [entre soldats] : Cic. *Lig.* 21 ; Tac. *H.* 1, 23 ‖ attaché à la personne d'un général : Cic. *Cael.* 73 ; *Planc.* 27 ; Suet. *Caes.* 42, 1 ¶2 [en gén.] camarade, compagnon [attaché à la personne d'un magistrat] Cic. *Fam.* 9, 20, 1 ; *Brut.* 105 ‖ m. et f., compagnon, compagne [entre esclaves de sexe différent] : Col. 12, 1, 1 ; Petr. 57, 6 ‖ [fig.] compagnon inséparable : *contubernalis Quirini* Cic. *Att.* 13, 28, 3, compagnon de Romulus = César [dont la statue se dressait dans le temple de Quirinus-Romulus].

contŭbernĭum, *ĭi*, n. (*cum, taberna*) ¶1 camaraderie entre soldats qui logent sous la même tente : Tac. *An.* 1, 41, 3 ‖ vie commune d'un jeune homme avec un général auquel il est attaché : Cic. *Planc.* 27 ; Liv. 42, 11, 7 ; *contubernio patris militabat* Sall. *J.* 64, 4, il servait en qualité d'attaché à son père ¶2 commerce, société, intimité, liaison d'amitié : *per contubernium Arei philosophi* Suet. *Aug.* 89, 1, grâce à la fréquentation du philosophe Areus ; *contubernium hominis* Sen. *Ir.* 3, 8, 3, la cohabitation avec l'homme ‖ [en part.] union de fait entre deux esclaves ou un esclave et une personne libre : Dig. 21, 1, 35 ; Coll. Mos. 12, 1, 2 ‖ [fig.] *felicitatis et moderationis dividuum contubernium est* Val.-Max. 9, 5, le bonheur et la modération n'habitent pas ensemble ¶3 tente commune : Caes. *C.* 3, 76, 3 ; tente : *progrediuntur contuberniis* Tac. *An.* 1, 41, 1, ils sortent de leurs tentes ‖ logement commun : Suet. *Ner.* 34, 1 ‖ logement d'esclaves : Tac. *H.* 1, 43 ‖ alvéole des abeilles : Plin. 11, 26.

contŭdī, parf. de *contundo*.

contŭĕŏr, *ēris, ērī, tŭĭtus sum*, tr., observer, regarder, considérer : *aliquid* Cic. *de Or.* 3, 221, regarder, fixer qqch. ; *aliquem duobus oculis* Cic. *Nat.* 3, 8, regarder de ses deux yeux qqn ‖ [fig.] considérer, faire attention à : Cic. *Tusc.* 3, 35 ; Varr. *R.* 2, 5, 16.
▶ formes arch. : *contuor* Pl. *As.* 403 ; Lucr. 4, 35 ‖ forme active *contuo* Pacuv. *Tr.* 6.

contŭĭbĭlis, *e*, visible : Cassiod. *Psalm.* 147, 2.

1 **contŭĭtus**, *a, um*, part. de *contueor*.

2 **contŭĭtŭs**, *ūs*, m., action de regarder, regard : Plin. 11, 145 ‖ [fig.] considération, égard : Amm. 29, 2, 17 ; Ambr. *Luc.* 10, 51.

contŭlī, parf. de *confero*.

contŭlus, *i*, m. (dim. de *contus*), petite perche : Adamn. *Vit. Col.* 2, 25.

contŭmācĭa, *ae*, f. (*contumax*) ¶1 opiniâtreté, esprit d'indépendance ; obstination, fierté [en mauvaise et bonne part] : Cic. *Verr.* 4, 89 ; Liv. 2, 61, 6 ; Cic. *Tusc.* 1, 71 ‖ [droit] contumace : Dig. 42, 1, 53 ¶2 [fig.] entêtement des animaux : Col. 6, 2, 11 ‖ dispositions rebelles [des plantes] : Plin. 16, 134.

contŭmācĭter, adv. (*contumax*), avec fierté, sans ménagements : Cic. *Att.* 6, 1, 7 ‖ avec obstination, opiniâtreté : Plin. 37, 104 ; *-cius* Nep. *Cim.* 215.

contŭmātĭo, *ōnis*, f., ▶ *contumacia* : Gloss. 5, 177, 28.

contŭmax, *ācis* (*tumeo*) ¶1 opi-niâtre, obstiné, fier [surtout en mauvaise part] : Cic. *Verr.* 2, 192 ; Suet. *Tib.* 2, 4 ‖ constant, ferme, qui tient bon [en bonne part] : Tac. *H.* 1, 3 ‖ [droit] contumax : Dig. 42, 1, 53 ¶2 [fig.] rétif : Col. 6, 2, 10 ‖ récalcitrant, rebelle [en parl. des choses] : Plin. 12, 50 ; Mart. 9, 12 ‖ *-cior* Cic. *Verr.* 2, 192 ; Sen. *Ep.* 13, 2 ; *-issimus* Sen. *Ep.* 83, 22.

contŭmēlĭa, *ae*, f. (*tumeo*, cf. *contumax*) ¶1 parole outrageante, outrage, affront : *contumeliam dicere alicui* Pl. *Curc.* 478, injurier qqn ; *contumeliam jacere in aliquem* Cic. *Sull.* 23, lancer une injure à qqn ; *contumelias alicui imponere* Cic. *Verr.* 4, 20, faire subir des affronts à qqn ; *alicui contumeliam facere* Ter. *Phorm.* 972 ; Liv. 8, 23, 7 ; Sen. *Ep.* 70, 20, outrager qqn (mais Ant. d. Cic. *Phil.* 3, 22, *facere contumeliam* = *contumelia adfici* v. Quint. 9, 3, 13) ; *per contumeliam* Caes. *C.* 1, 9, d'une façon outrageante ; *tanta contumelia accepta* Caes. *G.* 7, 10, 2, après avoir subi un tel affront ‖ blâme, reproche : Hor. *Epo.* 11, 26 ¶2 [fig.] injures [des éléments] : Caes. *G.* 3, 13, 3.

contŭmēlĭō, *ās, āre, -, -* (*contumelia*), tr., outrager, violer : CIL 10, 3030, 5 ‖

contŭmēlĭŏr, *ărĭs, ārī, -*, tr., Gloss. 2, 250, 5.

contŭmēlĭōsē, adv. (*contumeliosus*), outrageusement, injurieusement : Cic. *Off.* 1, 134 ‖ *-sĭus* Liv. 32, 37, 7 ; *-sissime* Cic. *Vat.* 29.

contŭmēlĭōsus, *a, um* (*contumelia*), outrageant, injurieux : Cic. *Att.* 15, 12, 1 ; Sall. *J.* 20, 5 ‖ *-sĭor* Cic. *Att.* 15, 4, 3 ; *-sissĭmus* Quint. 2, 12, 1.

contŭmescō, *ĭs, ĕre, -, -*, intr., se gonfler : Cael.-Aur. *Chron.* 2, 4, 71.

contŭmĭa, *ae*, f., Capel. 4, 424 ; Gloss. 5, 14, 17, ▶ *contumelia*.

contŭmŭlō, *ās, āre, -, -*, tr. ¶1 accumuler, faire en forme d'éminence : Plin. 10, 100 ¶2 couvrir d'un tertre, enterrer : Mart. 8, 57, 4 ; Ov. *Tr.* 3, 3, 32.

contundō, *ĭs, ĕre, tŭdī, tūsum*, tr. ¶1 écraser, broyer, piler : Cat. *Agr.* 7, 4 ; Caes. *C.* 3, 58, 3 ; *radices* Col. 7, 7, 2, broyer des racines ¶2 écraser, briser, meurtrir de coups, assommer : *aliquem fustibus* Pl. *Aul.* 409, rompre qqn de coups de bâton ; *manus* Cic. *Flac.* 73, rompre les mains de qqn ; *classis victa, contusa* Inscr. d. Liv. 40, 52, 6, flotte vaincue, écrasée ; *articulos* Hor. *S.* 2, 7, 16, paralyser les mains ¶3 [fig.] *contudi audaciam* Cic. *Phil.* 13, 29, j'ai écrasé son audace ; *contudi animum* Cic. *Att.* 12, 44, 3, je me suis réduit, dompté ; *Hannibalem* Liv. 27, 2, 2, abattre Hannibal ; *ingenium* Ov. *Tr.* 15, 12, 31, briser les ressorts de l'esprit ; *contundam facta Talthybi* Pl. *St.* 305, je surpasserai [litt[t], j'écraserai] les exploits de Talthybius.

contŭo, contŭor, ▶ *contueor* ▶.

contŭŏli ocŭli, m. (*contueor*), yeux qui clignent : *P. Fest. 36, 30 ; ▶ *conivoli*.

conturbātĭo, *ōnis*, f. (*conturbo*) ¶1 trouble, affolement : Cic. *Tusc.* 4, 19 ¶2 trouble, dérangement, malaise : *conturbationes oculorum* Scrib. 19, éblouissement ; *conturbatio mentis* Cic. *Tusc.* 4, 30, dérangement de l'esprit.

conturbātŏr, *ōris*, m. (*conturbo*), celui qui mène à la banqueroute, ruineux : Mart. 7, 27, 10.

conturbātus, *a, um*, part. de *conturbo*, [pris adj[t]] troublé, abattu : Cic. *Verr.* 4, 32 ; *Tusc.* 3, 15 ; *conturbatior* Cic. *Att.* 1, 21, 4.

conturbō, *ās, āre, āvī, ātum*, tr. ¶1 [en gén.] mettre en désordre, troubler, altérer : *ordines* Sall. *J.* 50, 4, mettre le trouble dans les rangs ; *oculus conturbatus* Cic. *Tusc.* 3, 15, œil troublé (vue brouillée) ; *rem publicam* Sall. *C.* 37, 10, bouleverser l'État, cf. Cic. *Har.* 15 ; *necesse est vocem conturbari* Lucr. 4, 559, il faut que la voix s'altère ‖ [fig.] troubler, effrayer, inquiéter : Cic. *Verr.* 2, 74 ; *Nat.* 2, 1 ; 90 ; *valetudo tua me valde conturbat* Cic. *Att.* 7, 2, 2, ta santé m'inquiète fort ‖ troubler, embrouiller : Lucr. 3, 483 ; Cic. *Off.* 3, 40 ; [abs[t]] *Off.* 3, 81 ¶2 [en part.] jeter le désordre dans les comptes, les brouiller, les bouleverser : Dig. 11, 3, 1 ; *conturbasti mihi rationes* Ter. *Eun.* 868, tu as brouillé tous mes calculs ‖ [abs[t]] suspendre les paiements, faire faillite : Cic. *Planc.* 68 ; Juv. 7, 129.

contŭrmālis, *is*, m., qui est du même escadron, frère d'armes : Amm. 16, 12, 45 ‖ [fig.] *omnis operae conturmalis* Amm. 17, 1, 2, compagnon de tous les travaux.

contŭrmō, *ās, āre, -, -*, tr. (*cum, turma*), mettre en escadron : Amm. 16, 12, 37.

contus, *i*, m. (κοντός ; esp. *cuento*) ¶1 perche (gaffe) : Virg. *En.* 5, 208 ; Tac. *An.* 14, 5 ¶2 épieu, pique : Tac. *An.* 6, 35.

contūsĭo, *ōnis*, f. (*contundo*) ¶1 action d'écraser, de meurtrir : Plin. 17, 227 ; Col. 12, 49, 2 ¶2 contusion : Scrib. 101.

contūsum, *i*, n. (*contusus*), contusion: SCRIB. 209; CELS. 5, 28, 14.

contūsus, *a*, *um*, part. de *contundo*.

1 **contūtŏr**, *āris*, *āri*, -, tr., mettre en lieu sûr, cacher: VULG. *Macc.* 2, 1, 19.

2 **contūtŏr**, *ōris*, m., cotuteur: DIG. 27, 3, 9.

contūtŭs, abl. *ū*, PL. *Trin.* 262, ⊂▷ 2 *contuitus*.

cōnūbĭālis, *e* (*conubium*), conjugal, nuptial: OV. *H.* 6, 41.

cōnūbĭālĭtĕr, adv., conjugalement: CAPEL. 6, 576.

cōnūbĭum, *ii*, n. (*cum*, *nubo*) ¶ 1 capacité [qu'ont deux personnes] de contracter un mariage conforme au droit [romain ou aux lois de la cité de l'époux], droit de contracter un mariage reconnu par le droit [les Romains jouissent entre eux du *conubium* (sauf exception); ils ont également ce droit avec les pérégrins à qui le *conubium* a été concédé]: LIV. 4, 1, 1; 8, 14, 10; CIC. *Rep.* 2, 63; GAI. *Inst.* 1, 56; ULP. *Reg.* 5, 2 ¶ 2 [rare, poét. ou tard.] le mariage lui-même [souvent au pl.]: CIC. *Off.* 1, 54; VIRG. *En.* 3, 319; STAT. *Th.* 7, 300; OV. *M.* 1, 490; COD. JUST. 5, 5, 3 pr.; COD. TH. 12, 1, 6 ¶ 3 union des sexes: LUCR. 3, 777 ‖ [en parl. des plantes] ente, greffe: PLIN. 16, pr. 1.
▶ chez les poètes souvent trisyll.: VIRG. *En.* 1, 73; 3, 136 ‖ orth. *conn*- moins bonne.

cōnŭla, *ae*, f., PS. APUL. *Herb.* 58, ⊂▷ *polion*.

cōnus, *i*, m. (κῶνος) ¶ 1 cône: LUCR. 4, 430; CIC. *Nat.* 1, 24 ¶ 2 [fig.] sommet d'un casque: VIRG. *En.* 3, 468 ‖ pomme de cyprès: COL. 6, 7, 2 ‖ sorte de cadran solaire: VITR. 9, 8, 1.

convădŏr, *āris*, *āri*, *ātus sum*, tr., citer à comparaître [= donner rendez-vous]: PL. *Curc.* 161.

convălescentĭa, *ae*, f., convalescence: SYMM. *Ep.* 3, 11, 4.

convălescō, *is*, *ere*, *vălŭi*, -, intr. ¶ 1 prendre des forces, croître, grandir: *convalescunt arbores* VARR. *R.* 1, 23, 6, les arbres poussent; *convaluit flamma* QUINT. 5, 13, 13, la flamme a grandi; *convalescere ex morbo* CIC. *Fat.* 28; [ou abs¹] *convalescere* CAT. d. GELL. 3, 7, 19; CIC. *Tusc.* 3, 5, se rétablir ‖ **convalescentes**, *ium*, m. pl., convalescents: PLIN. 20, 34 ¶ 2 [fig.] *convaluit* CIC. *Att.* 7, 3, 4, il est devenu puissant; *convaluit annona* SUET. *Aug.* 42, 2, le marché du blé s'est assaini; *opinio convaluit* GELL. 4, 11, 1, l'opinion s'est accréditée ‖ [droit] être valide (valable), avoir son effet: DIG. 29, 1, 33.

convallātĭo, *ōnis*, f. (*convallo*), retranchement: TERT. *Jud.* 8, 5.

convallĭa, *ium*, n. pl. (*convallis*), vallées: PRUD. *Perist.* 10, 331; PS. ACR. HOR. *Ep.* 1, 16.

convallis, *is*, f., vallée encaissée: CAES. *G.* 3, 20, 4; 5, 32, 2.
▶ abl. *convalle*; *convalli* VARR. *R.* 1, 12, 4; APUL. *M.* 1, 7.

convallō, *ās*, *āre*, *āvi*, *ātum*, tr., entourer d'un retranchement, entourer: *convallatus Oceani ambitu* GELL. 12, 13, 20, entouré par l'Océan.

convărĭō, *ās*, *āre*, -, - ¶ 1 tr., tacheter de tout côté: APUL. *Apol.* 50, 2 ¶ 2 intr., varier beaucoup: CAEL.-AUR. *Chron.* 1, 1, 7.

convāsātus, *a*, *um*, part. de *convaso*.

convāsō, *ās*, *āre*, *āvi*, *ātum*, tr., empaqueter pour emporter: TER. *Phorm.* 190.

convectĭō, *ōnis*, f. (*conveho*), action de transporter: AMM. 14, 10, 4.

convectō, *ās*, *āre*, -, -, tr. (fréq. de *conveho*), charrier, transporter en masse, en bloc: VIRG. *En.* 7, 749; TAC. *H.* 3, 27.

convectŏr, *ōris*, m. (*conveho*) ¶ 1 le dieu qui préside au charroi de la récolte: FAB. PICT. d. SERV. *G.* 1, 21 ¶ 2 compagnon de voyage: [par mer] CIC. *Att.* 10, 17, 1; [par terre] APUL. *M.* 1, 15.

convectus, *a*, *um*, part. de *conveho*.

convĕgĕtātĭō, *ōnis*, f., action de vivifier: CHALC. 93.

convĕgĕtō, *ās*, *āre*, -, -, tr., vivifier: CHALC. 104.

convĕhō, *is*, *ere*, *vēxi*, *vectum*, tr. ¶ 1 [en gén.] transporter par charroi, charrier, apporter: CAES. *G.* 7, 74; *C.* 1, 48, 5; CIC. *Mil.* 75 ¶ 2 [en part.] rentrer [la récolte]: VARR. *L.* 5, 35; PLIN. 16, 35.

convēlātus, *a*, *um*, part. de *convelo*.

convellō, *is*, *ere*, *velli* (*vulsi*), *vulsum* (*volsum*), tr., arracher totalement, d'un bloc ¶ 1 arracher: *signa convelli jussit* CIC. *Div.* 1, 77, il ordonna d'arracher les étendards (de la terre où ils sont fixés) = de se mettre en marche (LIV. 3, 7, 3; 22, 3, 11; 22, 33, 12); *convolsis repagulis* CIC. *Verr.* 4, 94, les barres de fermeture étant arrachées; *vectibus infima saxa turris convellunt* CAES. *C.* 2, 11, 3, ils sapent au moyen de leviers les fondements de la tour ‖ arracher d'un endroit: [abl.] *Roma prope convulsa sedibus suis* CIC. *Pis.* 52, Rome presque arrachée de ses fondements; *Herculem suis sedibus convellere* CIC. *Verr.* 5, 186, arracher Hercule de sa demeure (son emplacement), cf. VIRG. *En.* 2, 464; PLIN. *Ep.* 7, 19, 8; [avec *e*, *ex*] CIC. *Verr.* 5, 187; *Leg.* 1, 54; LIV. 38, 43, 5; [avec *a*, *ab*] VIRG. *G.* 1, 457; *En.* 3, 24 ¶ 2 [méd.] **convulsus**, *a*, *um*, qui a des spasmes, des convulsions: PLIN. 25, 98; QUINT. 11, 3, 20; **convulsa**, *ōrum*, n. pl., convulsions: PLIN. 20, 157 ¶ 3 [fig.] ébranler: *si eam opinionem ratio convellet* CIC. *Clu.* 6, si la raison ébranle cette opinion; *eo judicio convulsam penitus scimus esse rem publicam* CIC. *Brut.* 115, nous savons que ce procès ébranla (troubla) profondément la république ‖ démolir, détruire: *leges* CIC. *Pis.* 10, saper des lois; *acta Dolabel-*

lae CIC. *Phil.* 2, 83, annuler (infirmer) les actes de Dolabella.
▶ parf. *convelli* CIC. *Dom.* 54; *Har.* 41; *Leg.* 1, 54; *convulsi* HIER. *Ep.* 3, 3.

convēlō, *ās*, *āre*, -, -, tr., couvrir d'un voile: GELL. 19, 9, 10; 7, 3, 44 [fig.].

convĕna, *ae* (*convenio*) ¶ 1 [adj¹] qui se rencontre, qui se réunit: *amantes facere convenas* PL. *Mil.* 139, réunir des amants ¶ 2 subst. m. pl., **convenae**, *ārum*, étrangers venus de partout, fugitifs, aventuriers: CIC. *de Or.* 1, 37; *Tusc.* 5, 58.

Convĕnae, *ārum*, m. pl., peuple d'Aquitaine: PLIN. 4, 108.

convĕnam, *at*, ⊙▷ *convenio* ▶.

convĕnī, parf. de *convenio*.

convĕnībo, ⊙▷ *convenio*.

convĕnĭens, *tis*, part. de *convenio* ‖ adj¹ ¶ 1 qui est en bon accord, qui vit en bonne intelligence: *bene convenientes propinqui* CIC. *Off.* 1, 58, parents qui s'entendent bien ‖ [en parl. de choses] en harmonie: *Off.* 1, 144; 3, 35 ¶ 2 qui est d'accord avec, conforme à: *nihil conveniens decretis ejus* CIC. *Fin.* 2, 99, rien qui soit conforme à sa doctrine ‖ [avec *ad*] CIC. *Lae.* 17 ‖ [avec *in* abl.] LIV. 45, 19, 3 ‖ [avec *cum*] NIGID. d. GELL. 19, 4 ¶ 3 convenable, séant: *nihil convenientius ducens quam...* SUET. *Aug.* 10, 1, estimant que rien n'était plus séant que... ‖ *convenientissimus* PLIN. *Pan.* 87, 1; *Ep.* 10, 3, 2.

convĕnĭentĕr, adv. (*conveniens*), conformément: *convenienter cum natura* CIC. *Tusc.* 5, 82 ou *convenienter naturae* CIC. *Fin.* 3, 26, d'une manière conforme à la nature; *convenienter sibi dicere* CIC. *Tusc.* 5, 26, être conséquent dans ses paroles; *convenienter ad statum fortunae loqui* LIV. 23, 5, 4, tenir un langage en rapport avec sa fortune ‖ *-tius* AUG. *Civ.* 2, 9; *-tissime* AUG. *Psalm.* 7, 8.

convĕnĭentĭa, *ae*, f. (*conveniens*) ¶ 1 accord parfait, harmonie, sympathie: *convenientia naturae* CIC. *Div.* 2, 124; ⊙▷ *conjunctio*; *convenientia naturae cum extis* CIC. *Div.* 2, 34, rapport entre les phénomènes naturels et les entrailles des victimes; *convenientia partium* CIC. *Off.* 1, 14, proportion des parties ¶ 2 [abs¹] convenance (ὁμολογία): CIC. *Fin.* 3, 21.

convĕnĭō, *īs*, *īre*, *vēni*, *ventum* (v. *contio*; fr. *convenir*)

I intr. ¶ 1 "venir ensemble, se rassembler", [droit] (*in matrimonium*) "se marier" ¶ 2 "convenir, s'adapter", *convenit* [impers.] avec inf. "il est logique que" ¶ 3 "convenir à plusieurs, être l'objet d'une convention" ¶ 4 *convenit* [impers.] avec prop. inf. "il y a accord", avec interrog. indir., *ut, ne* ¶ 5 *pax conventa, quibus conventis.*
II tr. ¶ 1 "rencontrer qqn" ¶ 2 [droit] "poursuivre".

I intr. ¶ 1 venir ensemble, se rassembler: *equites qui toti Galliae erant imperati*

convenio

conveniunt Caes. G. 7, 66, 1, les cavaliers qui avaient été commandés à toute la Gaule se rassemblent ; *cum de communi officio convenissent* Cic. Off. 1, 144, comme ils s'étaient réunis à propos de leur fonction commune (Verr. 4, 77) ‖ venir à un rassemblement, à une convocation : *qui ex iis novissimus convenit necatur* Caes. G. 5, 56, 2, celui d'entre eux qui s'est présenté le dernier au rassemblement est mis à mort (6, 37, 6 ; 7, 39, 1) ‖ [*ex*] venir de, [*in* acc., *ad*] pour se rassembler dans, vers : *cum incredibilis in Capitolium multitudo ex tota urbe convenisset* Cic. Sest. 26, comme une incroyable multitude était venue de tous les points de la ville se rassembler au Capitole ; *unum in locum* Cic. Verr. 3, 114, se réunir au même endroit ; *totius fere Galliae legati ad Caesarem gratulatum convenerunt* Caes. G. 1, 30, 1, les députés de la Gaule presque entière vinrent trouver César pour le remercier ; *ad signa* Caes. G. 6, 1, 2, rejoindre ses enseignes (= son corps) ; *ad aedes* Cic. Verr. 1, 67, se rassembler vers la maison ‖ [avec *in* abl.] *uno in loco omnes adversariorum copiae convenissent* Cic. Div. 2, 52, toutes les troupes de ses adversaires se seraient trouvées réunies en un seul et même endroit (Verr. 2, 160) ‖ [avec *ad* = à la suite] *ad clamorem hominum* Caes. G. 4, 37, 2, se réunir aux cris poussés par les Gaulois ; *ad signum* Liv. 23, 35, 16, se rassembler au signal donné ‖ [droit] *in manum* Cic. Flac. 84 ; Top. 14, venir sous la puissance [du mari] ; *viro in manum* Cic. Top. 23 ; *convenire in matrimonium* Dig. 23, 2, 15, se marier ¶ 2 convenir, s'adapter : *in aliquid* Pl. Ps. 1181 ; Cat. Agr. 21, 1, s'adapter à qqch. ; *ad aliquid* Cic. Fin. 3, 46 ‖ *alicui* Hor. Ep. 2, 1, 56, aller bien à qqn ‖ [abs¹] *corona non convenit* Cic. de Or. 2, 250, la couronne ne va pas ‖ [fig.] s'accorder [avec], convenir [à] : *conveniunt mores* Ter. And. 696, nos caractères se conviennent ; *nomen non convenit* Ter. And. 942, le nom ne s'accorde pas (n'est pas le même) ; *ita dicere ut sibi ipse non conveniat* Cic. Brut. 209, parler de manière à se contredire ; *huic omnia dicendi ornamenta conveniunt* Cic. Or. 92, à ce genre de style tous les ornements conviennent ‖ *haec tua deliberatio non convenit cum oratione Largi* Cic. Fam. 6, 8, 2, ton indécision sur ce point ne s'accorde pas avec les propos de Largus ; *captivorum oratio cum perfugis convenit* Caes. C. 2, 39, 2, le récit des prisonniers s'accorde avec celui des transfuges ; *haec vitia videntur in quemvis potius quam in istum convenire* Cic. Verr. 1, 128, ces vices semblent convenir à n'importe qui plutôt qu'à cet homme ; *hoc maledictum minime in illam aetatem conveniret* Cic. Dej. 28, une telle injure ne s'accorderait pas avec son âge ; *haec contumelia ad maximam partem civium convenit* Cic. Sull. 23, cet outrage retombe sur la plus grande partie des citoyens (Inv. 2, 179 ; Fin. 3, 35) ‖ *convenit* : impers.[avec inf.] il convient que, il est logique que : *qui convenit polliceri operam suam... cum... nesciant ?* Cic. Rep. 1, 11, est-il logique qu'ils promettent leurs services... quand ils ne savent pas... ?, cf. Verr. 2, 159 ; Font. 27 ; Sull. 93 ; *conveniet cum in dando munificum esse, tum...* Cic. Off. 2, 64, il conviendra de se montrer généreux en donnant, et aussi de... ‖ [avec prop. inf.] *te interfectum esse convenit* Cic. Cat. 1, 4, il conviendrait que tu eusses été mis à mort ; *qui convenit, quae causa fuerit ad constituendum judicium, eamdem moram esse ad judicandum ?* Cic. Caecin. 7, est-il logique que la raison qui a fait instituer une action judiciaire en retarde la marche (Clu. 128 ; Liv. 29, 20, 2) ¶ 3 convenir à plusieurs, être l'objet d'un accord, d'une convention : *signum quod convenerat* Caes. C. 1, 28, 3, le signal qui avait été convenu ; *condiciones pacis antea convenire non potuerant* Caes. C. 3, 10, 8, les conditions de paix n'avaient pu jusque-là être l'objet d'un accord (on n'avait pu s'accorder sur...) ‖ *hoc mihi cum tuo fratre convenit* Cic. Fin. 5, 87, là-dessus nous sommes d'accord, ton frère et moi (Tusc. 5, 39 ; Fam. 13, 6, 2) ; *pax quae cum T. Quinctio convenit* Liv. 34, 43, 2, la paix dont on est convenu avec T. Quinctius ; *judex qui inter adversarios convenit* Cic. Clu. 120, le juge qui est agréé par les deux parties (Leg. 3, 7 ; Caes. G. 2, 19, 6) ¶ 4 *convenit*, impers., il y a accord : [avec prop. inf.] *interfectum esse a Clytaemnestra Agamemnonem convenit* Cic. Inv. 1, 31, il y a accord sur ce point qu'Agamemnon a été tué par Clytemnestre ; *interfectam matrem esse a filio convenit mihi cum adversariis* Cic. Inv. 1, 31, mes adversaires reconnaissent avec moi que la mère a été tuée par son fils (Tusc. 3, 46 ; Amer. 79) ; *inter omnes convenire oportet commotiones... esse vitiosas* Cic. Tusc. 4, 61, tous doivent convenir que les émotions... sont vicieuses ‖ [avec interrog. indir.] *cum, quid factum sit, convenit* Cic. Inv. 1, 12, quand on est d'accord sur le fait (Nep. Hann. 13, 1 ; Liv. 30, 16, 2) ; *si, quid esset prodesse, mihi cum Ennio conveniret* Cic. Off. 3, 62, si j'étais d'accord avec Ennius sur la définition de l'utile ‖ [avec *ut, ne*] *mihi cum Dejotaro convenit ut ille... esset* Cic. Att. 6, 1, 14, je suis convenu avec Déjotarus (il est convenu entre Déjotarus et moi) qu'il viendra... (Phil. 13, 37 ; Liv. 5, 17, 5 ; 24, 6, 4 ; 33, 13, 14) ; *ita convenit, ne unis castris miscerentur* Liv. 10, 27, 2, il fut convenu qu'ils ne seraient pas confondus dans le même camp ‖ [abs¹] *convenit*, il y a accord : Cic. Phil. 13, 2 ; Liv. 1, 25, 1 ; 30, 40, 12 ; *cum de re conveniat* Cic. Fin. 4, 72, puisqu'il y a accord sur le fond ; *alicui cum aliquo* Cic. Lig. 18 ; Verr. 4, 147 ; Phil. 5, 13 ; Nep. Ages. 2, 3 ; *inter aliquos de aliqua re* Cic. Nat. 3, 9 ; Liv. 26, 15, 1, il y a accord de qqn avec qqn, entre des personnes sur une question ¶ 5 [tours particuliers] **a)** *pax conventa = pax quae convenit* Sall. J. 112, 2, la paix qui a été conclue ; *quibus conventis = quae cum convenissent* Liv. 30, 43, 7, l'accord étant fait sur ce point **b)** [sujet nom de pers.] *cum de praeda non convenirent* Just. 15, 4, 23, comme ils n'étaient pas d'accord sur le butin.

II tr. ¶ 1 *aliquem*, rencontrer qqn, joindre qqn : *aliquem in itinere* Caes. G. 1, 27, 1, joindre qqn en chemin ; *mulier, te conventam volunt* Pl. Cis. 304, femme, on veut te parler ; *mihi hoc homine convento est opus* Pl. Curc. 302, j'ai besoin de joindre cet homme ; *Atilium sua manu spargentem semen convenerunt* Cic. Amer. 58, ils trouvèrent Atilius en train de semer de sa propre main ; *Romam rediens ab nuntio uxoris erat conventus* Liv. 1, 58, 6, il avait été rencontré par le messager de sa femme au moment où il revenait à Rome ; *tribuni plebi non desistebant clam inter se convenire* Cic. Agr. 2, 12, les tribuns de la plèbe ne cessaient pas de se voir mutuellement en secret ¶ 2 *aliquem convenire judicio mandati* Dig. 3, 5, 31 pr., poursuivre en justice qqn par l'action de mandat ; *conveniri dotis judicio* Dig. 24, 1, 55, être poursuivi par l'action de dot ; *ipse debitorem frustra conveniet* Dig. 3, 5, 32 pr., il agira en vain contre le débiteur.

▶ arch. *coveniatis* Cat. Orat. 111 ; *convenibo* Pl. Cas. 548 ‖ subj. *convenam, -at* Pl. Bac. 348 ; Trin. 583 correction pour la métrique.

conventīcĭus, *a*, *um* (*convenio*), de rencontre : Pl. Cis. 40 ‖ **conventīcĭum**, *ii*, n., jeton de présence, argent donné à ceux qui assistent à l'assemblée du peuple chez les Grecs : Cic. Rep. 3, 48.

conventĭcŭlum, *i*, n. (dim. de *conventus*) ¶ 1 petite réunion, petit groupement : Cic. Sest. 91 ¶ 2 lieu de réunion : Tac. An. 14, 15 ; Amm. 15, 5, 31.

conventĭo, *ōnis*, f. (*convenio*) ¶ 1 assemblée du peuple : Varr. L. 6, 87 ; P. Fest. 100, 20 ‖ réunion, jonction : Mercat. Cyr. resp. p. 284 ‖ union charnelle : Arn. 5, 10 ; Aug. Faust. 22, 50 ‖ *in manum conventio* Serv. En. 4, 103, action de venir sous la puissance du mari, cf. Gai. Inst. 3, 14 ¶ 2 convention, pacte : Liv. 27, 30, 12 ; Plin. Ep. 5, 1, 2 ¶ 3 citation en justice : Cod. Just. 3, 6, 3.

conventĭōnālis, *e* (*conventio*), conventionnel, fait du consentement libre des parties : Dig. 45, 1, 5.

conventĭuncŭla, *ae*, f. (dim. de *conventio*), petite assemblée : Aug. Ep. 118, 32.

conventō, *ās*, *āre*, -, -, intr. (*convenio*), s'assembler, se réunir : Solin. 27, 7.

conventum, *i*, n. (*convenio*), convention, pacte, accord, traité : Cic. Off. 1, 32 ; 3, 95 ; Liv. 29, 24, 3.

1 conventus, *a*, *um*, part. de *convenio*.

2 conventŭs, *ūs*, m. (roum. *cuvînt*) ¶ 1 [en gén.] assemblée, réunion : Cic.

Verr. 4, 107; Nep. Dion 9, 1 ‖ assemblée (congrès) d'États : Nep. Epam. 6, 1 ; Liv. 28, 5, 14 ; 38, 30, 2 ¶2 [en part.] **a)** assises [tenues par les gouverneurs de province], session judiciaire : **conventum agere** Cic. Verr. 5, 28, tenir les assises ; **conventibus peractis** Caes. G. 5, 1, 5, la session terminée **b)** communauté formée par les citoyens romains établis dans une ville de province ; colonie romaine : Cic. Lig. 24 ; Caes. C. 2, 19, 3 ¶3 rencontre [de deux étoiles] : Sen. Nat. 7, 12, 4 ‖ commerce charnel : Arn. 2, 70 ‖ agglomération des atomes : Lucr. 1, 611 ¶4 [rare] accord : **ex conventu** Cic. Caecin. 22 ; Att. 6, 3, 1, d'après la convention, cf. Novel.-Just. 119, 11.

convĕnustō, ās, āre, -, -, tr., embellir, orner, parer : Sidon. Ep. 6, 12, 3.

converbĕro, ās, āre, -, ātus, tr., frapper avec violence : Plin. 13, 126 ‖ [fig.] flageller, stigmatiser : Sen. Ep. 121, 4.

convergō, ĭs, ĕre, -, -, intr., se réunir de plusieurs points, converger : Isid. 3, 12, 1.

converrī, parf. de converro.

converrĭtŏr, ōris, m. (converro), celui qui balaye : Apul. Apol. 6, 3.

converrō, ĭs, ĕre, verrī, versum (Cat. Agr. 143, 2), tr., enlever, nettoyer en balayant : Cat. Agr. 143, 2 ‖ [fig.] **a)** rafler : Cic. Off. 3, 78 **b)** étriller, rosser : Pl. Ru. 845.
▶ convorram Pl. St. 375.

1 **conversātĭō**, ōnis, f. (conversor) ¶1 action de tourner et retourner qqch., usage fréquent de qqch. : Sen. Ben. 3, 2, 3 ¶2 action de séjourner : Plin. 10, 100 ¶3 commerce, intimité, fréquentation : Sen. Ep. 7, 2 ; Quint. 6, 3, 17.

2 **conversātĭō**, ōnis, f. (converso), ▣ conversio : Cael.-Aur. Acut. 2, 27, 143.

conversātŏr, ōris, m. (conversor), commensal : Gloss. 2, 383, 13.

conversātus, a, um, part. de conversor.

conversĭbĭlis, e, Aug. Mus. 5, 13, 27, ▣ convertibilis.

conversim, adv. (converto), inversement : Capel. 5, 491 ; Aug. Serm. 112, 7.

conversĭō, ōnis, f. (converto) ¶1 action de tourner, mouvement circulaire, révolution : **conversiones astrorum** Cic. Tusc. 1, 62, les révolutions des astres ‖ retour périodique : Cic. Tim. 14 ‖ [méd.] **a)** renversement : Plin. 8, 166 **b)** abcès : Col. 6, 17, 6 ¶2 changement, mutation, métamorphose : Cic. Flac. 94 ‖ changement d'opinion : Plin. 9, 18 ‖ conversion [religieuse] : Aug. Civ. 7, 33 ‖ traduction : Quint. 10, 5, 4 ‖ [rhét.] **a)** répétition du même mot en fin de période : Cic. de Or. 3, 206 **b)** = ἀντιμεταβολή, répétition des mêmes mots dans un ordre inverse : Her. 4, 39 ; Cic. de Or. 3, 207 **c)** tour périodique [de la phrase], période : Cic. de Or. 3, 190.

conversĭuncŭla, ae, f. (dim. de conversio), petite conversion : Salv. Ep. 4, 6.

conversō, ās, āre, -, -, tr. (fréq. de converto), tourner en tous sens : Cic. Tim. 27 ; [fig.] Sen. Ep. 62, 1.

conversŏr, āris, ārī, ātus sum, intr. (pass. de converso) ¶1 se tenir habituellement dans un lieu : Plin. 10, 6 ¶2 vivre avec : **conversari alicui** Col. 6, 37, 8 ; Sen. Ep. 32, 2 ; **cum aliquo** Sen. Ep. 41, 5 ‖ [ou abs¹] **conversari** Sen. Ep. 108, 4, vivre en compagnie de qqn ¶3 se conduire, se comporter : **male conversari** Ulp. Dig. 26, 7, 5, se conduire mal.

1 **conversus**, a, um, part. de converto et de converro.

2 **conversus**, abl. ū, m. (converto), mouvement circulaire : Macr. Sat. 7, 9, 4 ‖ ▣ concursus : Dig. 48, 6, 5.

convertentĭa, ae, f., ▣ conversio : Boet. Categ. 2, p. 224 C.

convertī, parf. de converto.

convertĭbĭlis, e, susceptible de changement : Prud. Apoth. 276.

convertĭbĭlĭtās, ātis, f., mutabilité : Aug. Ep. 169, 11 ; Oros. Hist. 1, 1, 9.

convertĭbĭlĭtĕr, adv., avec changement possible : Aug. Ep. 169, 7.

convertō (**-vortō**), ĭs, ĕre, vertī (vortī), versum (vorsum), tr. ou intr.
I tr. ¶1 tourner entièrement, retourner, faire retourner : **converso baculo** Cic. Verr. 5, 142, avec son bâton retourné ; **palam anuli ad palmam convertere** Cic. Off. 3, 38, retourner le chaton de la bague vers la paume de la main ; **itinere converso** Caes. G. 1, 23, 3, revenant sur leurs pas ; **acies in fugam conversa** Caes. G. 1, 52, 6, armée en fuite ; **se convertere** Cic. Cael. 35, se retourner ; **sese convertere** Caes. C. 1, 46, 1, tourner le dos, prendre la fuite ; **boum vox Herculem convertit** Liv. 1, 7, 7, le mugissement des bœufs fit retourner Hercule ‖ [fig.] retourner = changer complètement : **omnia nimia in contraria fere convertuntur** Cic. Rep. 1, 68, tout excès d'ordinaire se change en excès contraire ; **conversam habent demonstrationem suam** Cic. Verr. 4, 132, ils ont maintenant leur démonstration toute retournée ; **ne in graves inimicitias convertant se amicitiae** Cic. Lae. 78, [prendre garde] que les amitiés ne se métamorphosent en ardentes inimitiés ; **conversae sunt omnium mentes** Caes. G. 1, 41, 1, les dispositions d'esprit de tous furent retournées ‖ [milit.] **castra castris** Caes. C. 1, 81, 3, changer un camp contre un autre, changer de camp à chaque instant ‖ faire passer d'un état dans un autre : **Hecuba in canem conversa** Cic. Tusc. 3, 63, Hécube changée en chienne ; **in naturam aliam converti** Cic. Nat. 3, 21, prendre une autre nature ; **in eumdem colorem se convertere** Cic. Div. 2, 20, prendre la même couleur ‖ faire passer d'une langue dans une autre, traduire : **e Graeco in Latinum librum** Cic. Off. 2, 87, traduire un livre du grec en latin ; **aliquid in Latinum** Cic. Tusc. 3, 29, traduire qqch. en latin ; **quae sunt conversa de Graecis** Cic. Fin. 1, 6, des œuvres traduites des œuvres grecques ¶2 tourner, faire tourner : **ad centuriones ora convertunt** Caes. G. 6, 39, 1, ils tournent leurs regards vers les centurions ; **omnium oculos ad se convertebat** Nep. Alc. 3, 5, il attirait sur lui les regards de tous ; **sica in me conversa** Cic. Mil. 37, poignard tourné contre moi ; **spelunca conversa ad aquilonem** Cic. Verr. 4, 107, caverne tournée vers l'aquilon ; **in infimo orbe luna convertitur** Cic. Rep. 6, 17, dans le dernier cercle se meut la Lune ‖ [fig.] **me ab omnibus ceteris cogitationibus ad unam salutem rei publicae convertistis** Cic. Sull. 40, m'enlevant à toute autre pensée vous m'avez tourné uniquement vers le salut de l'État ; **ad hunc se confestim a Pullone omnis multitudo convertit** Caes. G. 5, 44, 10, toute la foule des ennemis se détournant aussitôt de Pullo se porte contre lui ; **animos hominum ad me converteram** Cic. Brut. 321, j'avais attiré sur moi l'attention du monde ; **in se odia convertere** Cic. Dej. 18, attirer sur soi les haines ; **eloquentiam ad bonorum pestem** Cic. Off. 2, 51, faire servir l'éloquence à la perte des gens de bien ‖ **aliquid in rem suam** Cic. Amer. 114 ; 115 ; 144, détourner qqch. à son profit, cf. Verr. 3, 176 ‖ **aliquid in dotem** Dig. 23, 3, 38 ; 39, affecter une somme à la constitution d'une dot ; **dotem in matrimonium** Dig. 23, 3, 30, constituer une dot pour un mariage ¶3 [chrét.] convertir : Lact. Inst. 7, 17, 1.
II intr. ¶1 se retourner, revenir : **in regnum suum convortit** Sall. J. 20, 4, il revient dans son royaume, (J. 101, 6 ; Lucr. 4, 334 ; Gell. 1, 26, 3) ‖ [fig.] Pl. St. 414 ; Lucr. 5, 1422 ; Tac. An. 3, 55 ¶2 se changer : **num in vitium virtus possit convertere** Cic. de Or. 3, 114, (discuter) si la vertu peut se changer en vice, cf. Brut. 141 ; Fat. 14 ; Sall. C. 52, 27 ; J. 85, 9 ¶3 [chrét.] se convertir : Ps. Cypr. Jud. incr. 6.
▶ inf. convertier Lucr. 1, 796 ; Cic. Arat. 269 ; 498.

convertor, employé comme l'actif converto [douteux] : Pl. Amp. 238, cf. Non. 480, 15.

convescŏr, scĕrĭs, scī, -, intr., manger avec ou ensemble : Aug. Psalm. 100, 8.

convestĭō, īs, īre, īvī, ītum, tr., couvrir d'un vêtement : Enn. Tr. 126 ‖ [fig.] couvrir, envelopper : Cic. Q. 3, 1, 5 ; Lucr. 2, 147.

convestītus, a, um, part. de convestio.

convĕtĕrānus, i, m., camarade vétéran : CIL 6, 3864.

convexī, parf. de conveho.

convexĭō, ōnis, f. (convexus), ▣ convexitas : Gell. 14, 1, 8 ; Arn. 1, 12.

convexĭtās, ātis, f. (convexus), convexité, forme circulaire, voûte arrondie : Macr.

convexitas

Somn. 1, 16, 4; PLIN. 18, 210; 18, 283 ‖ concavité : PLIN. 6, 202.

convexō, *ās, āre, āvī, ātum*, tr., opprimer, (maltraiter, tourmenter) profondément : GELL. 10, 6, 2.

1 convexus, *a, um* (*cum* et cf. *devexus, vexo, veho*) ¶ 1 convexe, arrondi, de forme circulaire : OV. *M.* 1, 26; PLIN. 5, 38 ¶ 2 courbé, incliné : *convexa cornua* PLIN. 11, 125, cornes courbées ‖ *convexo in tramite* VIRG. *En.* 11, 515, dans un chemin creux ¶ 3 **convexum**, *i*, n. et **convexa**, *ōrum* [le plus souvent] n. pl., concavité, creux : *in convexo nemorum* VIRG. *En.* 1, 310, dans un fond entouré de bois; *convexa vallium* JUST. 3, 10, 24, le creux des vallées ; *convexa caeli* VIRG. *En.* 4, 451, la voûte du ciel.

2 convexŭs, *ūs*, m., forme circulaire : GLOSS. 2, 115, 45.

convĭbrō, *ās, āre, āvī*, - ¶ 1 intr., se mouvoir avec rapidité : POET. d. FEST. 226, 12 ¶ 2 tr., mettre en vibration, mouvoir avec rapidité : APUL. *Flor.* 12, 4.

convīcānĕus, GLOSS. 5, 495, 40, C. *convicanus*.

convīcānus, *i*, m. (*cum, vicus*), celui qui est du même village : CIL 3, 12336; COD. TH. 11, 24, 6.

convīcī, parf. de *convinco*.

convīciātŏr, *ōris*, m. (*convicior*), celui qui injurie, insulteur : CIC. *Mur.* 13; SEN. *Ir.* 3, 24, 1.

convīciŏlum, *i*, n. (dim. de *convicium*), légère insulte, invective : LAMPR. *Alex.* 28, 7.

convīcĭor, *ārĭs, ārī, ātus sum* (*convicium*), intr., injurier, insulter bruyamment, faire du tapage, s'attrouper : VARR. *R.* 5, 1; LIV. 42, 41, 3 ‖ *alicui* : PETR. 93, 4; QUINT. 3, 8, 69.
▶ *convicio*, *āre* B.-HISP. 33, 2; ORIG. *Matth.* 18, 125.

convīciōsē, adv., en injuriant : AUG. *Serm.* 125, 8.

convīciōsus, *a, um*, injurieux, insolent : AUG. *Jul. op. imp.* 1, 11.

convīcĭum, *ii*, n. (*cum, vicus*) ¶ 1 éclat de voix, clameur, vacarme, charivari : *convicium facere* PL. *Bac.* 874, faire du tapage ‖ cris [de certains animaux] : PHAED. 1, 6, 5; 3, 16, 3 ¶ 2 [en part.] cri marquant la désapprobation **a)** cris d'improbation, vives réclamations : CIC. *Ac.* 2, 125; *Pis.* 63 **b)** invectives, cris injurieux : CIC. *Cael.* 6 **c)** reproche, blâme : CIC. *Or.* 160 ¶ 3 [fig.] celui qui est l'objet des reproches, vaurien : PL. *Merc.* 59.

1 convictĭo, *ōnis*, f. (*convivo*), action de vivre avec, intimité : CIC. FIL. *Fam.* 16, 21, 4 ‖ pl., CIC. *Q.* 1, 1, 12 ➡ *convictores*.

2 convictĭo, *ōnis*, f. (*convinco*), démonstration convaincante (décisive) : AUG. *Trin.* 13, 1, 3.

convictīvus, *a, um* (*convinco*), propre à convaincre : PRISC. *Rhet.* 3, 431, 12.

convictŏr, *ōris*, m. (*convivo*), convive, compagnon de table : CIC. FIL. *Fam.* 16, 21, 5; HOR. *S.* 1, 4, 96; PLIN. *Ep.* 2, 6, 4.

1 convictus, *a, um*, part. de *convinco*.

2 convictŭs, *ūs*, m. (*convivo*) ¶ 1 commerce, vie commune, société : CIC. *Off.* 3, 21; SEN. *Helv.* 15, 2 ¶ 2 banquet, festin : VELL. 2, 33, 4; QUINT. 6, 3, 27; TAC. *An.* 2, 28.

convĭgĕtātĭo, C. *convegetatio* : CHALC. 93.

convĭgĕto, C. *convegeto* : CHALC. 104.

convincĭbĭlis, *e*, convaincant : ISID. 2, 9, 9.

convincō, *ĭs, ĕre, vīcī, victum*, tr., vaincre entièrement ¶ 1 confondre un adversaire : CIC. *Fin.* 1, 13; *Leg.* 1, 38 ‖ [fig.] *Fin.* 2, 99; 3, 1; *Tim.* 8 ¶ 2 convaincre [= prouver la culpabilité] : *eum mores ipsius convincerent* CIC. *Sull.* 71, ses mœurs le convaincraient ; *certis litteris convincitur* CIC. *Verr.* 5, 103, il est convaincu par des pièces précises ; *in hoc scelere convictus* CIC. *Sull.* 83, convaincu de ce crime, cf. *Inv.* 2, 32; *aliquem inhumanitatis, amentiae convincere* CIC. *Phil.* 2, 9, convaincre qqn de grossièreté, de démence ‖ *convinci* [avec inf.] être convaincu d'avoir fait qqch. : LIV. 45, 14; TAC. *An.* 4, 31; 13, 44; CURT. 9, 8, 9 ¶ 3 démontrer victorieusement [une erreur, une faute] : *falsa* CIC. *Nat.* 1, 91, dénoncer le faux; *convictis Epicuri erroribus* CIC. *Nat.* 2, 3, les erreurs d'Épicure étant définitivement démontrées (CAES. *G.* 1, 40, 12) ‖ prouver victorieusement une chose contre qqn : *volo facinus ipsius qui id commisit voce convinci* CIC. *Quinct.* 79, je veux que ce crime soit victorieusement prouvé par les paroles du coupable lui-même; *quod apud patres convictum...* TAC. *An.* 14, 40, ce fait fut démontré devant le sénat ‖ [avec prop. inf.] prouver victorieusement [contre qqn] que : CIC. *de Or.* 1, 42.

convinctĭo, *ōnis*, f. (*cum, vincio*), [gram.] conjonction : QUINT. 1, 4, 18.

convĭŏlo, *ās, āre, āvī, ātum*, tr., violer, transgresser : PRUD. *Psych.* 398.

convĭrescō, *ĭs, ĕre*, -, -, intr., se couvrir de verdure : JUL.-VAL. 3, 36.

conviscĕrō, *ās, āre*, -, - [au pass.] se mêler profondément à : TERT. *Carn.* 20, 5.

convīsō, *ĭs, ĕre*, -, -, tr., examiner attentivement, fouiller du regard : LUCR. 2, 357; 1, 146 ‖ [fig.] visiter : LUCR. 5, 779.

convĭtĭātus, *a, um* (*cum, vitiare*), atteint d'une attaque [épileptique] : CAEL.-AUR. *Chron.* 1, 4, 122.

convīva, *ae*, m. f. (*cum, vivo*, cf. *convivium*), convive : CIC. *Tusc.* 1, 3; HOR. *S.* 1, 1, 119; POMPON. *Com.* 16.

convīvālis, *e* (*conviva*), de repas : LIV. 39, 6, 9; *fabulae convivales* TAC. *An.* 6, 5, propos de table.

convīvātĭo, *ōnis*, f. (*convivor*), festin : CASSIOD. *Psalm.* 22, 6; PS. CYPR. *Sing. cler.* 26.

convīvātŏr, *ōris*, m. (*convivor*), celui qui donne un repas, hôte, amphitryon : HOR. *S.* 2, 8, 73; LIV. 35, 49, 6.

convīvātus, *a, um*, part. de *convivor*.

convīvĭālis, *e*, CURT. 6, 2, 6, C. *convivalis*.

convīvĭfĭcō, *ās, āre, āvī, ātum*, tr., vivifier ensemble : VULG. *Col.* 2, 13; AUG. *Serm.* 214, 11.

convīvĭŏlum, *i*, n. (dim. de *convivium*), petit repas : PS. AUG. *Serm.* 173, 3.

convīvĭōnes, *um*, m. (*convivo*), convives d'un festin : GLOSS. 5, 650, 7.

convīvĭum, *ii*, n. (*cum, vivo*) ¶ 1 repas, festin : CIC. *CM* 45; PL. *Men.* 464 ¶ 2 réunion de convives : *PETR. 109, 5; SEN. *Tranq.* 1, 8 ¶ 3 [chrét.] repas eucharistique : MINUC. 9, 6.

1 convīvō, *ās, āre*, -, -, ENN. d. NON. 474, 23; PETR. 57, 2, C. *convivor*.

2 convīvō, *ĭs, ĕre, vīxī, victum*, intr., vivre avec, ensemble : SEN. *Contr.* 9, 6, 15; *cum aliquo* TERT. *Idol.* 14, 5 ou *alicui* SEN. *Ep.* 104, 20, vivre avec qqn ‖ manger ensemble : QUINT. 1, 6, 44; *cum aliquo* QUINT. 5, 9, 14.

convīvŏr, *ārĭs, ārī, ātus sum* (*conviva*) ¶ 1 intr., donner ou prendre un repas : CIC. *Verr.* 3, 105; SUET. *Caes.* 48 ¶ 2 tr., absorber : CAEL.-AUR. *Chron.* 1, 1, 8.
▶ inf. arch. *convivarier* TER. *Haut.* 206.

convŏcātĭo, *ōnis*, f. (*convoco*), appel, convocation : CIC. *Sen.* 38.

convŏcātŏr, *ōris*, m., celui qui invite à dîner : AUG. *Serm.* 95, 6.

convŏcātus, *a, um*, part. de *convoco*.

convŏcĭum, *ii*, n., mélange de voix, de cris [mot forgé pour l'explication de *convicium*] : ULP. *Dig.* 47, 10, 15; P. FEST. 36, 29.

convŏcō, *ās, āre, āvī, ātum*, tr., appeler, convoquer, réunir : *homines ad vitae societatem* CIC. *Tusc.* 1, 62 (*in societatem vitae* CIC. *Tusc.* 5, 5) appeler les hommes à la vie sociale; *ad se* CIC. *Off.* 3, 58, faire venir à soi, convoquer ; *in unum locum* CIC. *Leg.* 1, 53, convoquer en un même point ; [avec *ex, de*] CIC. *Sest.* 188; *Ac.* 20 ‖ [fig.] *sibi consilia in animum* PL. *Mil.* 197, tenir conseil avec soi-même.

convolnĕro, V. *convulnero*.

convŏlō, *ās, āre, āvī, ātum*, intr. (*cum, volo*), accourir ensemble : CIC. *Sest.* 109; *Dom.* 57; LIV. 2, 28, 9 ‖ [fig.] *convolare ad secundas nuptias* COD. JUST. 5, 17, 9, convoler en secondes noces ; *ad secundum legatarium* DIG. 30, 33, recourir au second légataire.

convolsĭo, convolsus, V. *convul-*.

convŏlūtŏr, *ārĭs, ārī*, -, passif, se rouler avec : SEN. *Ep.* 114, 25.

convŏlūtus, *a, um*, part. de *convolvo*.

convolvō, ĭs, ĕre, volvī, vŏlūtum, tr., rouler autour, rouler, envelopper : *convolvens se sol* Cic. *Div.* 1, 46, le soleil qui accomplit sa rotation ; *convolvit terga coluber* Virg. *En.* 2, 474, le serpent s'enroule ; *convolvi in manipulos* Plin. 18, 300, être mis en bottes ; *convoluti in semet dracones* Plin. 10, 197, serpents enroulés sur eux-mêmes ‖ **convolutus, a, um** [avec abl.], entouré de, enveloppé de : Caes. C. 2, 2, 4 ; Plin. 19, 27 ‖ [fig.] envelopper, s'étendre à : *Gallograeciam ruina belli convolvit* Flor. 2, 11, 1, le fléau de la guerre s'étendit à la Gallogrèce.

convolvŭlus, i, m. (*convolvo*) ¶ 1 vercoquin, sorte de chenille de vigne : Cat. *Agr.* 95, 1 ; Plin. 17, 264 ¶ 2 liseron [plante] : Plin. 21, 24.

convŏmō, ĭs, ĕre, -, -, tr., vomir sur : Cic. *Phil.* 2, 75 ; Juv. 6, 101.

convŏrō, ās, āre, -, -, tr., dévorer ensemble : Tert. *Marc.* 1, 1, 3.

convorram, v. *converro* ►.

convōtus, a, um (*cum, votum*), lié par les mêmes vœux : P. Fest. 37, 9.

convŏveō, ēs, ēre, -, -, intr., faire les mêmes vœux : CIL 1, 581 ; S. C. Bacch. 13.

convulnĕrātus, a, um, part. de *convulnero*.

convulnĕrō, ās, āre, āvī, ātum, tr., blesser profondément : Sen. *Tranq.* 11, 5 ; Col. 4, 24, 8 ‖ [fig.] *ne convulneretur una fistula* Frontin. *Aq.* 27, de peur de percer un conduit ; *maledicta mores et vitam convulnerantia* Sen. *Const.* 17, 1, insultes qui portent atteinte aux mœurs et à la conduite de qqn.

convulsĭō, ōnis, f. (*convello*), [méd.] convulsion : Scrib. 165 ; Plin. 20, 168.

convulsus, a um, part. de *convello*.

cŏnyza, ae, f. (κόνυζα), conyze, sorte d'aunée [plante] : Plin. 21, 58.

coobaudĭō, ĭs, īre, -, - (*cum, obaudio*), tr., comprendre en même temps : Iren. 2, 13, 9.

cŏŏdĭbĭlis, e (*odibilis*), haï par tous : Tert. *Marc.* 4, 9, 3.

cŏŏlesco, v. *coalesco*.

coomnĭpŏtens, tis, tout-puissant en même temps : Paul.-Nol. *Ep.* 21, 3.

cŏŏnĕrō, ās, āre, -, ātus, tr., charger en même temps, à la fois : VL. *Philipp.* 3, 10.

cŏŏnustō, ās, āre, -, -, Oros. *Apol.* 26, 5, v. *coonero*.

cŏŏpĕrārĭus, a, um, qui coopère ‖ subst. m., **cŏŏpĕrārĭus**, ĭĭ, coopérateur ; *alicujus*, de qqn : Aug. *Civ.* 4, 10.

cŏŏpĕrātĭō, ōnis, f., coopération, collaboration : Aug. *Serm.* 156, 12.

cŏŏpĕrātīvus, a, um, coopératif : Boet. *Top. Arist.* 3, 3.

cŏŏpĕrātŏr, ōris, m., coopérateur : Hier. *Ep.* 143 ; Aug. *Civ.* 16, 5.

cŏŏpercŭlum, i, n. (fr. *couvercle*), couvercle : Plin. 23, 109 ; Apul. *M.* 6, 21.

cŏŏpĕrīmentum, i, n. (it. *coprimento*), ce qui recouvre entièrement, couvercle : Bassus d. Gell. 5, 7, 2 ; Cael.-Aur. *Acut.* 1, 3, 37.

cŏŏpĕrĭō, ĭs, īre, pĕrŭī, pertum (fr. *couvrir*), tr., couvrir entièrement : *aliquem lapidibus* Cic. *Off.* 3, 48, lapider qqn, cf. *Verr.* 1, 119 ; *coopertus telis* Liv. 8, 10, 10, accablé de traits ; *amnes... oppida coperuisse* [= coop-] Lucr. 5, 342, que les fleuves ont inondé les villes ‖ *fenoribus coopertus* Cat. ; Sall. d. Gell. 2, 17, 7, couvert de dettes ; *omni scelere coopertus* Cic. *Phil.* 12, 15, chargé de tous les crimes.

cŏŏpĕrŏr, ārĭs, ārī, ātus sum, intr., coopérer [abst ou avec dat.] : Vulg. *Marc.* 16, 20 ; Cassiod. *Eccl.* 1, 7.

cŏŏpertĭō, ōnis, f. (*cooperio*), voile : Hil. *Matth.* 5, 11.

cŏŏpertōrĭum, ĭĭ, n. (*cooperio*), couverture, tout objet qui recouvre : Dig. 34, 2, 38 ; Aug. *Haer.* 46 ; *Serm.* 2, 14.

cŏŏpertūra, ae, f. (*cooperio*), couverture, voile [fig.] : Rufin. *Orig. princ.* 4, 1, 6.

cŏŏpertus, a, um, part. de *cooperio*.

cŏŏpĭfex, ĭcis, m., cocréateur : Paul.-Nol. *Ep.* 21, 3.

cōoptassint, v. *coopto* ►.

cŏoptātĭō, ōnis, f. (*coopto*), choix, élection pour compléter un corps, un collège : *cooptatio censoria* Cic. *Leg.* 3, 27, nomination faite par les censeurs ; *cooptatio in patres* Liv. 4, 4, 7, admission dans la classe des patriciens.

cŏoptātus, a, um, part. de *coopto*.

cŏoptō, ās, āre, āvī, ātum, tr. (*cum, opto*), choisir pour compléter un corps, un collège ; agréger, s'associer, nommer : *senatores* Cic. *Verr.* 1, 120, élire des sénateurs ; *sibi collegam* Suet. *Aug.* 27, 5, se donner un collègue ; *in collegium augurum* Cic. *Brut.* 1, faire admettre dans le collège des augures.
► contr. *cooptassint = cooptaverint* Liv. 3, 64, 10 ‖ forme *copto* CIL 1, 593.

cŏordĭnātĭō, ōnis, f., coordination, arrangement : Boet. *Anal. post.* 1, 11.

cŏŏrĭor, ŏrīrĭs, ŏrīrī, ortus sum, intr. ¶ 1 naître, apparaître : *portenta mira facie coorta* Lucr. 5, 838, monstres d'aspect étrange qui prennent naissance ; *coortum est bellum* Caes. *G.* 3, 7, 1, la guerre éclata ; *risus omnium coortus est* Nep. *Epam.* 8, 5, un rire général éclata ¶ 2 [en parl. des phénomènes naturels] *maximo coorto vento* Caes. *G.* 5, 54, 1, un grand vent s'étant levé ; *tempestas subito coorta est* Caes. *G.* 4, 28, 2, une tempête éclata tout à coup ¶ 3 se lever pour combattre, s'élever contre : *signo dato coorti* Liv. 8, 9, 13, s'étant levés au signal donné ; *cooriri ad pugnam* Liv. 21, 32, 8, se dresser pour combattre ; *cooriri in rogationes* Liv. 4, 3, 2, s'élever contre des projets de loi.

cŏornō, ās, āre, -, -, tr., orner ensemble : Boet. *Top. Arist.* 8, 2.

1 **cŏortus**, a, um, part. de *coorior*.

2 **cŏortŭs**, ūs, m., naissance, apparition : Lucr. 2, 1106 ; 6, 671.

Cŏōs, i, Mel. 2, 101, **Cŏus**, i, f., Liv. 37, 16, 2, **Cōs**, Tert. *Apol.* 40, 3, f. (Κόως, Κῶς) ¶ 1 île de la mer Égée Atlas I, D5 ; VI, C3 ; IX, C1, v. *Cous* ¶ 2 Coos, f., ville de l'île de Calydna Atlas VI, C3 : Plin. 4, 71.

cōpa, ae, f. (*copo*), cabaretière : Suet. *Ner.* 27, 3 ; Copa 1.

cŏpădĭŏlum, i, n. (dim. de *copadium*), fine tranche de viande : Apic. *Exc.* 27.

cŏpădĭum, ĭi, n. (κοπάδιον), tranche, escalope, aiguillette : Apic. 64 ; 278.

Cōpae, ārum, f. (Κῶπαι), ville de Béotie : Plin. 4, 26.

Cōpāis, ĭdis, f., le lac Copaïs [en Béotie] : Liv. 33, 29, 6.

cōpercŭlum, **cōpĕrīmentum**, v. *cooperculum, cooperimentum*.

cōpĕrĭō, ĭs, īre, -, -, v. *cooperio* : Lucr. 5, 342 ; 6, 491.

Cōphantus, i, m., montagne de la Bactriane : Plin. 2, 237.

Cōphen, ēnis, m. (Κωφήν), affluent de l'Indus [Kaboul] : Mel. 3, 69.

1 **Cŏphēs**, ētis, m., Plin. 6, 62, v. *Cophen*.

2 **Cŏphēs**, is, m., fils d'Artabaze : Curt. 7, 11, 5.

cŏphĭnus, i, m. (κόφινος ; it. *cofano*, fr. *coffre*), corbeille : Col. 11, 3, 51 ; Juv. 3, 14.

1 **cōpĭa**, ae, f. (*cops, copis*) ¶ 1 abondance : *frugum* Cic. *Dom.* 17 ; *pecuniae* Cic. *Inv.* 2, 115 ; *librorum* Cic. *Att.* 2, 6, 1 ; *virorum fortium* Cic. *Pomp.* 27, abondance de moissons, d'argent, de livres, d'hommes courageux ¶ 2 abondance de biens, richesse : *copia cum egestate confligit* Cic. *Cat.* 2, 25, la richesse lutte contre le dénuement ; *in summa copia* Cic. *CM* 8, au sein d'une extrême opulence ; *bonam copiam ejurare alicui* Cic. *Fam.* 9, 16, 7, jurer à qqn qu'on n'est pas solvable ‖ pl., ressources de tout genre, richesse, fortune : *exponit suas copias omnes* Cic. *Verr.* 4, 62, il étale toutes ses richesses ; *facultates rerum et copiae* Cic. *Off.* 1, 9, les facultés (moyens d'existence) et les richesses ; *publicani suas rationes et copias in illam provinciam contulerunt* Cic. *Pomp.* 17, les publicains ont transporté dans cette province leurs comptes et leurs fonds ; *copiae rei frumentariae* Caes. *G.* 2, 10, 4, ressources en blé ; *consularibus copiis instructus* Cic. *Dom.* 119, soutenu par la puissance consulaire ; *meis inimicis meis copiis resistere* Cic. *Pis.* 18, résister à mes ennemis avec mes propres moyens ; *se eorum copiis aluerunt* Caes. *G.* 4, 4, 7, ils vécurent sur les ressources de ce peuple,

cf. *1, 31, 5*; *C. 3, 78, 3*; Cic. *Dej. 14*; *Att. 7, 9, 2* ‖ ressources intellectuelles et morales : *Att. 7, 21, 1* ¶ **3** [milit.] troupe, forces militaires [surtout au pl.] : **navalis copia** Cic. *Verr. 4, 103*, forces navales, cf. Sall. *C. 56, 1; 56, 3; J. 44, 2;* Liv. *3, 57, 9; 9, 17, 3;* **copiae magnae, exiguae** Cic., Caes., troupes nombreuses, restreintes ; **pedestres** Cic., Caes., de fantassins ; **equitatus peditatusque** Caes. *G. 5, 47, 5*, troupes de cavalerie et d'infanterie ¶ **4** [rhét.] abondance [des idées ou des mots], abondance oratoire, richesse du génie, richesse du style : Cic. *de Or. 2, 98; 3, 31; Or. 37; Brut. 216* ¶ **5** faculté, pouvoir [de faire, d'obtenir qqch.] : **Capuae potiendae** Liv. *22, 13, 3*, possibilité de prendre Capoue ; **civibus suis consilii sui copiam facere** Cic. *de Or. 3, 133*, mettre ses avis à la disposition de ses concitoyens ; **alicui alicujus copiam facere** Ter. *Phorm. 113*, donner accès à qqn chez qqn ; **copiam alicujus habere** Sall. *J. 111, 1*, avoir la libre disposition de qqn ; **dare senatus copiam** Tac. *An. 11, 2*, accorder une audience du sénat ; **habere magnam copiam societatis conjungendae** Sall. *J. 83, 1*, avoir une belle occasion de faire alliance ‖ **pro rei copia** Sall. *J. 90*; **ex copia rerum** Sall. *J. 39*; **ex copia** Sall. *J. 76*, d'après la situation, étant donné la situation ‖ **pro copia**, suivant ses facultés, son pouvoir, ses ressources : Liv. *26, 11, 9; 27, 6, 19; 28, 21, 10* ‖ **copia est ut** [avec subj.], il y a possibilité de : Pl. *Bac. 422*; *Merc. 990*; Ter. *Haut. 328*; [avec inf.] Sall. *C. 17, 6*; Virg. *En. 9, 482*.
▶ forme **copies**, 5ᵉ décl. d'après Char. *118, 19*; abl. pl. **copis** CIL 10, 6662.

2 **Cōpĭa**, *ae*, f., l'Abondance [déesse] : Pl. *Ps. 736*; Hor. *Ep. 1, 12, 29*; Ov. *M. 9, 88.*

cōpĭārĭus, *ii*, m. (*copia*), fournisseur : Porph. Hor. *S. 1, 5, 46*; ⊂▷ **parochus**.

cōpĭāta, *ae*, m. (κοπιάτη), celui qui ensevelit les morts [surtout les pauvres, c. *Vespillo*] : Cod. Th. *7, 20, 12.*

cōpĭēs, *ei*, f., v.▷ **copia** ▶.

cōpĭŏlae, *ārum*, f. pl. (dim. de *copiae*), petite armée : Brut. *Fam. 11, 13, 2.*

cōpĭŏr, *ārĭs*, *ārī*, - (*copia*), intr., se munir abondamment de [avec abl.] : Quadr. d. Gell. *17, 2, 9.*

cōpĭōsē, adv. (*copiosus*), avec abondance : **copiose proficisci** Cic. *Verr. 1, 91*, partir avec d'abondantes ressources ‖ [rhét.] avec abondance [des idées et du style] : *Nat. 1, 58; de Or. 2, 151*; CM 59 ‖ -**ius** Cic. *Or. 14*; -**issime** Cic. *Off. 1, 4.*

cōpĭōsĭtās, *ātis*, f. (*copiosus*), abondance : Oros. *Hist. 5, 2, 3.*

cōpĭōsus, *a, um* (*copia*) ¶ **1** qui abonde, bien pourvu : **copiosum patrimonium** Cic. *Amer. 6*, riche patrimoine ; **homo copiosus** Cic. *Verr. 1, 65*, homme d'une grande fortune ; **aliqua re** Cic. *Cat. 2, 18* (Gell. *16, 19, 7*) abondamment pourvu de qqch. ; **locus copiosus a frumento** Cic. *Att. 5, 18, 2*, endroit riche en blé ; [avec gén.] Solin. *11, 11* ¶ **2** [rhét.] riche d'idées ou de mots, abondant, ayant l'abondance oratoire : Cic. *Verr. 2, 88*; *Mur. 48*; *de Or. 2, 75; 2, 214*; *Fin. 3, 51*; *Tusc. 2, 35* ‖ ayant la richesse du génie : Cic. *Ac. 1, 17*; *Off. 2, 16* ‖ compar. -**sior** Cic. *Off. 2, 76*; superl. -**issimus** Caes. *G. 1, 23.*

Copirus, *i*, m., nom d'esclave : CIL 2, 41.

1 **cŏpis**, v.▷ **cops** ▶.

2 **cŏpis**, *ĭdis*, f. (κοπίς), sabre à large lame, yatagan : Curt. *8, 14, 29.*

3 **cōpis**, v.▷ **copia**.

cōpla, *ae*, f., Licent. *103*, ⊂▷ **copula**.

cōplātus, *a, um*, v.▷ **copulo** ▶.

cōpo, cōpōna, v.▷ **caupo**.

Cōpōnĭus, *ii*, m., nom romain : Caes. *C. 3, 5*; Cic. *Cael. 24* ‖ -**niānus**, *a, um*, de Coponius : Cic. *Att. 12, 31, 2.*

Copori, *ōrum*, m. pl., peuple de la Tarraconaise : Plin. *4, 111.*

coppa (κόππα), n. indécl., signe numérique grec = 90 : Quint. *1, 4, 9.*

coprĕa, *ae*, m. (κοπρίας), bouffon : Suet. *Tib. 61, 6* ‖ **coprĭa**, Comm. *Apol. 612.*

cops (*co, ops*), Prisc. *2, 321, 25*, **cōpis**, Varr. *L. 5, 22*, riche, opulent, qui abonde de : Pl. *Bac. 351*; *Ps. 674* ‖ [avec gén.] Pacuv. *Tr. 307*; Titin. *Com. 61.*
▶ formes usitées : acc. *copem* ; abl. *copi.*

copta, *ae*, f. (κοπτή), espèce de gâteau très dur : Mart. *14, 68, 2.*

coptātĭo, v.▷ **cooptatio**.

coptŏplăcenta, *ae*, f. (*copta, placenta*), sorte de gâteau à pâte dure : Petr. *40, 4.*

Coptŏs, Plin. *5, 60*, **Coptus**, Plin. *6, 102*, *i*, f., ville de la Thébaïde d'Égypte [Kouft] Atlas I, F6 ‖ -**ītĭcus** (-**ĭcus**), *a, um*, d'Isis [honorée à Coptos] : *Apul. M. 2, 28 ‖ -**ītēs**, *ae*, m., Plin. *30, 9*, -**ĭs**, *ĭdis*, f., Plin. *36, 52*, de Coptos.

cōpŭla, *ae*, f. (*co* et **apula*, cf. *apio, coepi*; fr. *couple*) ¶ **1** tout ce qui sert à attacher, lien, chaîne : Pl. *Ep. 617*; Nep. *Dat. 3, 2*; **copula torta** Acc. *Tr. 575*, cordage ‖ laisse : Ov. *Tr. 5, 9, 28* ‖ fermoir [d'un bracelet] : Capit. *Maxim. 27, 8* ‖ crampon, grappin : Caes. *G. 3, 13, 8* ¶ **2** [fig.] **a)** lien moral, union : Hor. *O. 1, 13, 18*; Nep. *Att. 5, 3* ‖ époux, épouse : Cassiod. *Var. 1, 37* **b)** enchaînement, suite des mots : Quint. *7, 10, 17* ‖ composition d'un mot : Nigid. d. Gell. *10, 5, 1.*

cōpŭlābĭlis, *e* (*copulo*), qui peut être lié (joint) : Aug. *Mus. 2, 14, 26.*

cōpŭlātē (*copulatus*), ⊂▷ **copulative** ; Gell. *10, 24, 1*; Macr. *Sat. 1, 4, 20.*

cōpŭlātim, adv., d'une manière suivie : Diom. *407, 4.*

cōpŭlātĭo, *ōnis*, f. (*copulo*), action de réunir, agglomération, assemblage : Cic. *Nat. 2, 119*; *Fin. 1, 19*; **ordo rerum et copulatio** Quint. *7, 10, 8*, l'ordre et l'enchaînement des choses ; **primi congressus copulationesque** Cic. *Fin. 1, 69*, les débuts de rapprochement et d'union entre les hommes ‖ [chrét.] union entre Dieu et l'Église : Cassiod. *Psalm. 44, 12.*

cōpŭlātīvē, adv. (*copulativus*), par réunion, par synalèphe [gram.] : *Macr. *Sat. 1, 4, 20.*

cōpŭlātīvus, *a, um* (*copulo*), copulatif : Aug. *Hept. 4, 16*; Capel. *3, 286.*

cōpŭlātŏr, *ōris*, m. (*copulo*), celui qui unit : Jul.-Val. *1, 7*; Aug. *Nupt. 2, 3, 9.*

cōpŭlātōrĭus, *a, um*, propre à réunir : Ambr. *Hex. 5, 14.*

cōpŭlātrix, *īcis*, f. (*copulator*), celle qui unit, qui rapproche : Aug. *Trin. 11, 7, 12*; Perv.-Ven. *5.*

cōpŭlātum, *i*, n. (*copulatus*), ⊂▷ conjunctum : Gell. *16, 8, 10.*

1 **cōpŭlātus**, *a, um*, part. de *copulo*, [adj¹] **nihil copulatius quam...** Cic. *Off. 1, 56*, il n'y a pas de lien plus fort que...; v.▷ **copulo**.

2 **cōpŭlātŭs**, *ūs*, m., action de réunir : Arn. *1, 2.*

cōpŭlō, *ās, āre, āvī, ātum* (*copula*), tr. ¶ **1** lier ensemble, attacher : **hominem cum belua** Cic. *Ac. 2, 139*, unir l'homme à la bête ; **auro res aurum copulat** Lucr. *6, 1078*, une substance soude l'or à l'or ; **copulati in jus pervenimus** Cic. *Verr. 4, 148*, accrochés l'un à l'autre nous arrivons devant le préteur ‖ unir, associer : **voluptatem cum honestate** Cic. *Tusc. 5, 85*, joindre la volupté à la vertu ; (Cic. *Fin. 1, 50*; *Off. 3, 119*; **quid naturae copulatum habuit Alcibiadis somnium ?** Cic. *Div. 2, 143*, quel lien avec la nature trouve-t-on dans le songe d'Alcibiade ?) ‖ former d'une façon solide (bien liée) : **concordiam copulare** Liv. *4, 43, 11*, établir fermement la concorde ¶ **2** [rhét.] **a)** lier des mots et les fondre en un seul dans la prononciation : Cic. *Or. 154* **b) verba copulata, simplicia** Cic. *Or. 115*, mots groupés en phrase, considérés isolément ; Quint. *10, 6, 2* ‖ [logique] proposition liée à une autre : Cic. *Fat. 30*, cf. Gell. *16, 8, 10.*
▶ forme contr. **coplata** Lucr. *6, 1086* ‖ inf. pass. **copularier** Arn. *6, 22.*

cōpŭlŏr, *ārĭs*, *ārī*, -, ⊂▷ copulo : **copulantur dexteras** Pl. *Aul. 116*, on me donne des poignées de main, cf. Non. *476; 479*; Prisc. *2, 393, 12.*

cōpŭlum, *i*, n., Capel. *1, 1, 2*, ⊂▷ **copula**.

cŏqua, *ae*, f. (*coquus*), cuisinière : Pl. *Poen. 248.*

cŏquĭbĭlis (**cŏcĭ-**), *e* (*coquo*), facile à digérer : Plin. *16, 25.*

coquĭmēla, *ae*, f., v.▷ **coccymelum** : Isid. *17, 7, 10.*

cŏquīna (**cŏcī-**), *ae*, f. (*coquinus*; fr. *cuisine*) ¶ **1** cuisine : Arn. *4, 6*; Pall. *1, 37, 4* ¶ **2** art du cuisinier : Apul. *Plat. 2, 9*; Isid. *20, 2, 32.*

cŏquīnāris, *e*, Varr. *Men. 197*, **cŏquīnārĭus**, *a, um*, Plin. *33, 140*, de cuisine, relatif à la cuisine.

cŏquīnātōrĭus (cŏcīn-), *a, um*, de cuisine : Ulp. *Dig.* 33, 9, 6 ‖ **-ōrĭum**, *ii*, n., cuisine : CIL 6, 273.

cŏquīnō (cŏcī-), *ās, āre, āvī, ātum* (*coquina*) ¶ **1** intr., faire la cuisine : Pl. *Aul.* 408 ¶ **2** tr., préparer comme plat : Pl. *Ps.* 875.

cŏquīnus (cŏcī-), *a, um* (*coquus*), de cuisinier, de cuisine : Pl. *Ps.* 790.

cŏquĭtātĭo, *ōnis*, f., cuisson prolongée : Apul. *M.* 4, 22.

cŏquĭto, *ās, āre*, -, - (fréq. de *coquo*), faire cuire souvent : Pl. d. P. Fest. 61, 18.

cŏquō, *ĭs, ĕre, coxī, coctum* (*pek^w-*, cf. πέσσω, scr. *pacati*, bret. *pobañ*, rus. *peč*; fr. *cuire*) ¶ **1** cuire, faire cuire, *aliquid*, qqch. [solide ou liquide] : *qui illa coxerat* Cic. *Tusc.* 5, 98, celui qui avait fait le repas; *cibaria cocta* Liv. 29, 25, 6, blé cuit (biscuit) ‖ [abs¹] faire la cuisine : Pl. *Aul.* 325; 429; Ter. *Ad.* 847 ‖ n. pl., *cocta* Suet. *Cl.* 38, 2, aliments cuits ‖ v. *cocta*, f. ¶ **2** brûler, fondre [chaux, métal] : Cat. *Agr.* 16; 38, 4; Plin. 31, 111; *coctus later* Mart. 9, 75, 2, brique cuite [opp. *crudus*], cf. Cat. *Agr.* 39, 2; *agger coctus* Prop. 3, 11, 22, mur de briques cuites; *robore cocto* Virg. *En.* 11, 553, d'un bois durci au feu ‖ brûler [martyr] : Lact. *Mort.* 13, 3 ¶ **3** mûrir, faire mûrir : Cat. *Agr.* 112, 2; Varr. *R.* 1, 7, 4; Virg. *G.* 2, 522; Cic. *CM* 71 ‖ [qqf.] dessécher, brûler : Varr. *R.* 3, 14, 2; Virg. *G.* 1, 66 ¶ **4** digérer : *confectus coctusque cibus* Cic. *Nat.* 2, 137, l'aliment élaboré et digéré (2, 136) ¶ **5** [fig.] **a)** méditer, préparer mûrement (cf. mijoter) : *bellum* Liv. 8, 36, 2, préparer sourdement la guerre (3, 36, 2) **b)** faire sécher (d'ennui), tourmenter : Enn. *An.* 336; Pl. *Trin.* 225; Virg. *En.* 7, 345; Quint. 12, 10, 77.

▶ formes trouvées dans les mss : *quoquo*; *coco*.

cŏquŭla, v. *cocula*.

cŏquus, cŏcus, *i*, m. (*coquo*; fr. *queux*, al. *Koch*, an. *cook*), cuisinier : Pl., Ter.; Cic. *Amer.* 134.

cŏr, cordis, n. (cf. *credo*, κῆρ, καρδία, hit. *kard-*, al. *Herz*, an. *heart*; fr. *cœur*) ¶ **1** cœur [viscère] : Cic. *Div.* 1, 119; Cels. 4, 1 ‖ estomac : Hor. *S.* 2, 3, 28 ¶ **2** [fig.] **a)** [poét.] *corda* ▶ *animi* : Lucr. 3, 894; [en parl. de pers.] *lecti juvenes, fortissima corda* Virg. *En.* 5, 729, l'élite de la jeunesse, les cœurs les plus intrépides ‖ [en parl. d'animaux] *levisomna canum corda* Lucr. 5, 864, les chiens au sommeil léger **b)** cœur [siège du sentiment] : *corde amare, corde atque animo suo* Pl. *Cap.* 420; *Truc.* 177, aimer de tout cœur; *cor spectantis tangere* Hor. *P.* 98, toucher le cœur du spectateur **c)** [expr.] *cordi esse alicui*, être agréable à qqn, lui tenir à cœur : Cic. *Att.* 5, 3, 3; *Or.* 53; *Lae.* 15; *Quinct.* 93; Caes. *G.* 6, 19, 4; Liv. 1, 39, 4; 8, 7, 6; *cordi est (alicui)* avec inf., qqn a à cœur de, tient absolument à : Pl. *Most.* 823; Liv. 28, 20, 7; [avec prop. inf.] Liv. 9, 1, 4 ‖ *cordi habere* Gell. 2, 29, 20; 17, 19, 6; 18, 7, 3, même sens **d)** intelligence, esprit, bon sens : Enn. *An.* 382; Pl. *Mil.* 779; Ter. *Phorm.* 321; Lucr. 1, 537; 5, 1107; Cic. *Fin.* 2, 24; 91; *Phil.* 3, 16.

1 cŏra, *ae*, f. (κόρη), la pupille de l'œil : Aus. *Ep.* 16, 59.

2 Cŏra, *ae*, f. (Κόρη), la Jeune Fille [surnom de Proserpine] : CIL 6, 1780.

3 Cŏra, *ae*, f., ville du Latium [Cori] Atlas XII, E3 : Liv. 2, 16, 8 ‖ **-ānus**, *a, um*, de Cora : Liv. 8, 19, 5 ‖ **-āni**, *ōrum*, m. pl., les habitants de Cora : Plin. 3, 63.

cŏrăcēsĭa, *ae*, f., plante inconnue : Plin. 24, 156.

Coracēsĭum, *ii*, n., ville de Cilicie : Liv. 33, 20.

cŏrăcĭca sacra (1 *corax* ¶ 2), n. pl., cérémonies en l'honneur de Mithra : CIL 6, 751.

cŏrăcĭnō, *ās, āre*, -, - (*corax*), intr., croasser : Isid. 12, 7, 43.

1 cŏrăcĭnus, *a, um* (κοράκινος), de corbeau : *coracinus color* Vitr. 8, 3, 14 ‖ **coracinum**, *i*, n., noir de corbeau : Dig. 32, 78, 5.

2 cŏrăcĭnus, *i*, m. (κορακῖνος), sorte de poisson du Nil : Plin. 9, 57; autre poisson : Plin. 32, 106.

3 Cŏrăcĭnus, *i*, m., surnom d'homme : Mart. 4, 42.

Coralis, *ĭdis*, f., nom d'une source en Arabie : Plin. 6, 150.

cŏrălĭum, v. *corallium*.

Cŏrălĭus, *ii*, m., fleuve de Phrygie [le même que le Sangarius] : Plin. 6, 4.

Cŏralli, *ōrum*, m. pl., peuple de la Mésie : Ov. *Pont.* 4, 2, 37.

Coralliba, *ae*, f., île de l'Inde : Plin. 6, 80.

cŏrallĭcus, *a, um*, renfermant du corail : Cassiod. *Var.* 9, 6, 6.

cŏrallis, *ĭdis*, f. (κοραλλίς), sorte de pierre précieuse : Plin. 37, 153.

cŏrallĭtĭcus lăpis (corallium lăpis), m., pierre blanche d'Asie : Plin. 36, 62.

cŏrallĭum (cūr-, Plin. 13, 142; Ov. *M.* 4, 750), *ĭi*, n. (κοράλλιον, κου-, κω-), corail : Cels. 5, 8.

▶ *corellium* Diocl. 34, 106.

cŏrallŏăchātēs, *ae*, m. (κοραλλοαχάτης), pierre précieuse inconnue : Plin. 37, 139.

cŏrallum, *i*, n. (κόραλλον; it. *corallo*, fr. *corail*), corail : Sidon. *Carm.* 11, 110.

cōrăm (*co* et 1 *os*, cf. *palam*), adv. et prép. ¶ **1** en face, devant, en présence : *coram videre* Cic. *Brut.* 208, voir par sa place (personnellement); *coram cum aliquo loqui* Cic. *Fam.* 6, 8, 3, parler à qqn de vive voix; *coram adesse* Cic. *Phil.* 13, 33, être présent personnellement; *coram ipse audiat* Liv. 29, 18, 20, qu'il écoute lui-même ce qui sera dit en sa présence; *ut veni coram* Hor. *S.* 1, 6, 56, quand je fus devant toi ‖ publiquement, ouvertement : *traditio coram pugillarium* Suet. *Aug.* 37, remise publique de tablettes ¶ **2** prép. avec abl., *coram aliquo* en présence de, devant qqn : Cic. *Brut.* 88 (*Pis.* 12) ‖ *senatu coram* Tac. *An.* 3, 18, devant le sénat (3, 14; 3, 24) ‖ [avec acc. ou gén.] [tard.] VL. *Deut.* 22, 17; *1 Thess.* 2, 19.

Corambis, *ĭdis*, f., ville d'Égypte : Plin. 6, 179.

cŏramblē, *ēs*, f. (κοράμβλη), sorte de chou : Col. 10, 178.

Coranītae, *ārum*, m. pl., peuple de l'Arabie Heureuse : Plin. 6, 59.

Cŏrānus, *i*, m. ¶ **1** nom d'homme : Hor. *S.* 2, 5, 57 ¶ **2** v. ▶ 3 *Cora*.

cŏrārĭus, v. *coriarius*.

Cŏrās, *ae*, m., héros fondateur de Cora : Virg. *En.* 7, 672.

Cŏrassĭae, *ārum*, f. pl., îles de la mer Égée : Plin. 4, 70.

1 cŏrax, *ăcis*, m. (κόραξ) ¶ **1** corbeau : Solin. 40, 24 ‖ corbeau [machine de guerre] : Vitr. 10, 13, 8 ¶ **2** premier degré d'initiation dans le culte de Mithra : Hier. *Ep.* 107, 2.

2 Cŏrax, *ăcis*, m. (Κόραξ) ¶ **1** rhéteur syracusain : Cic. *de Or.* 1, 91; [jeu de mots avec 1 *corax*] Cic. *de Or.* 3, 81 ¶ **2** nom d'esclave : Pl. *Cap.* 657 ¶ **3** montagne d'Étolie : Liv. 36, 30, 4.

Cŏraxi, *ōrum*, m. pl., peuple de Colchide : Plin. 6, 15.

Cŏraxĭcus mons, m., montagne d'Arménie : Plin. 5, 99.

corbes, *is*, f., Char. 1, 14, v. *corbis*.

corbĭcŭla, *ae*, f. (dim. de *corbis*; it. *corbeille*), petite corbeille : Pall. 3, 10, 6.

1 Corbĭo, *ōnis*, m., nom d'homme : Val. Max. 3, 5, 4.

2 Corbĭo, *ōnis*, f. ¶ **1** ville des Èques : Liv. 2, 39, 4 ¶ **2** ville d'Hispanie : Liv. 39, 42, 1.

corbis, *is*, m. (empr., cf. al. *Reff*, an. *rip*, it. *corba*), Col. 11, 2, 99, et f., Cic. *Sest.* 82, corbeille.

▶ abl. -*i* Cat. *Agr.* 136; -*e* Cic. *Sest.* 82.

corbīta, *ae*, f. (*corbis*; it. *corvetta*), navire de charge : Pl. *Poen.* 507; Cic. *Att.* 16, 6, 1.

corbītor, *ōris*, m. (*corbis* ?), sorte d'histrion : Fest. 452, 28.

corbōna, *ae*, f., **corbān, corbānās** (mot hébreu), trésor du temple : Vulg. *Matth.* 27, 6; Rufin. *Hist.* 2, 6, 6 ‖ offrande : Vulg. *Marc.* 7, 11.

corbŭla, *ae*, f. (dim. de *corbis*), petite corbeille : Pl. *Aul.* 366; Varr. *L.* 5, 139.

1 corbŭlo, *ōnis*, m., porteur : Gloss. 5, 653, 52.

2 Corbŭlo, *ōnis*, m., Corbulon [Cn. Domitius Corbulo, général romain sous Néron] : Tac. *An.* 11, 18.

Corchera

Corchēra, *ae*, f., Corcyra : Not. Tir. 84, 94.

corchŏrus, *i*, m., **corchŏrum**, *i*, n. (κόρχορος), corète [plante] : Plin. 21, 89 ; 183.

corcillum, *i*, n. (dim. de *corculum*), petit cœur : Petr. 75, 8.

corcinŏr, ▧▶ *crocinor*.

corcŏdīlus, *i*, m., Phaed. 1, 25, 4, ▧▶ *crocodilus*.

1 **corcŭlum**, *i*, n. (dim. de *cor*), petit cœur : Pl. *Most.* 986 ǁ terme de caresse : Pl. *Cas.* 837.

2 **Corcŭlum**, *i*, n., Sagesse [surnom de Scipion Nasica, cf. P. Fest. 53, 16] : Cic. *Brut.* 79.

corcŭlus, *a*, *um* (*cor*), sage, sensé : Plin. 7, 118.

corcus, *i*, m., **corcum**, *i*, n. (cf. *cor*, plutôt que κορκορυγή, -ρυγμός), douleur cardiaque : M.- Emp. 21, *tit.*

Corcȳra, *ae*, f., île sur la côte de l'Épire [auj. Corfou] Atlas VI, B1 : Caes. *C.* 3, 3, 1 ǁ **Corcyra Melaena**, f., île sur la côte de l'Illyrie Atlas XII, D5 : Plin. 3, 152ǁ **-cyraeus**, *a*, *um*, de Corcyre : Cic. *Att.* 6, 2, 10 ǁ **-cyraei**, *ōrum*, m. pl., habitants de Corcyre : Cic. *Fam.* 16, 9, 1.

corda, etc., ▧▶ *chorda*.

cordācista, *ae*, m. (1 *cordax*) danseur de cordax : Capel. 9, 924.

cordācĭtus, adv. (2 *cordax*), ▧▶ *cordicitus* [plus. mss].

Cordălĭo, *ōnis*, m., nom d'esclave : Pl. *Cap.* 657.

cordātē, adv. (*cordatus*), sensément : Pl. *Mil.* 1088.

cordātus, *a*, *um* (*cor*), sage, prudent, avisé, sagace : *egregie cordatus homo* Enn. *An.* 331, homme d'une haute sagesse ; Sen. *Apoc.* 12 ǁ *cordatior* Lact. *Inst.* 3, 20, 2.

1 **cordax**, *ācis*, m. (κόρδαξ) ¶ 1 le cordax [danse licencieuse] : Petr. 52, 8 ¶ 2 [fig.] [en parlant du rythme trochaïque] manquant de tenue : Cic. *Or.* 193 ; Quint. 9, 4, 88.

2 **cordax**, *ācis* (*cor*), ▧▶ *cordatus* : Mamert. *An.* 3, 10.

cordĭăcus, ▧▶ *cardiacus* : Gloss. 3, 444, 16.

cordĭcĭtŭs, adv., au fond du cœur : Sidon. *Ep.* 4, 6, 1.

cordĭpŭga, *ae*, m. f. (*cor, pungo*), qui frappe le cœur : Gloss. 5, 58, 39.

cordŏlens, *tis* (*cor, doleo*), ▧▶ *cordiacus* : Schol. Juv. 5, 32.

cordŏlĭum, *ii*, n. (*cor, doleo* ; it. *cordoglio*), crève-cœur, chagrin : Pl. *Cis.* 65 ; *Poen.* 299 ; Apul. *M.* 9, 21.

Cordŭba, *ae*, f., ville de la Bétique [Cordoue] Atlas I, D2 ; IV, D2 : Cic. *Arch.* 26 ǁ **-ensis**, *e*, de Cordoue : Plin. 34, 4 ǁ **-enses**, *ĭum*, m. pl., habitants de Cordoue : B.-Alex. 59.

Cordŭēnē, *ēs*, f., la Gordyène [région d'Arménie, Kurdistan] Atlas I, D7 : Amm. 18, 6, 20ǁ **Cordŭēni**, *ōrum*, m. pl., habitants de la Gordyène : Plin. 6, 44.

cordūla, ▧▶ *cordyla* : Apic. 425.

Cordule, n., nom d'un port du Pont : Plin. 6, 11.

cŏrdŭlus (cŏrĕdŭlus), ▧▶ *corydalus* : Isid. 12, 7, 34 ; Gloss. 5, 11, 22.

1 **cordus**, ▧▶ *chordus*.

2 **Cordus**, *i*, m. (1 *cordus*), nom d'homme ; [en part.] **Cremutius Cordus**, historien romain : Tac. *An.* 4, 34.

cordȳla, *ae*, f. (κορδύλη), jeune thon : Plin. 9, 47 ; Mart. 3, 2, 4.

Cordylūsa, Cordylussa, *ae*, f., île près de Rhodes : Plin. 5, 133.

Corellĭus, *ii*, m., nom d'un agronome : Plin. 17, 122ǁ **-iana castanea**, f., châtaigne de Corellius : Plin. 15, 94.

Coresē, *ēs*, f., île de la mer Égée : Plin. 4, 62.

Cŏresĭa, ▧▶ *Coria*.

Cŏressus (-ŏs), *i*, f., ville de l'île de Céos : Plin. 4, 62.

Coretus, *i*, m., golfe du Palus-Méotide : Plin. 4, 84.

Coreva, ville de la Zeugitane : Anton. 49.

Corfīdĭus, *ii*, m., nom d'homme : Cic. *Att.* 13, 44.

Corfīnĭum, *ii*, n., ville des Péligniens Atlas I, D4 ; XII, D4 : Caes. *C.* 1, 15, 6 ǁ **-nĭensis**, *e*, de Corfinium : **Caesaris clementia Corfiniensis** Cic. *Att.* 9, 16, 1, la clémence de César à [après la prise de] Corfinium ǁ **-nĭenses**, *ĭum*, m. pl., les habitants de Corfinium : Caes. *C.* 1, 21, 5 ǁ **-nĭus**, *a*, *um*, de Corfinium : Grom. 228, 18.

corgo (*co* et cf. *ergo*), adv. [arch.] assurément : P. Fest. 33, 11.

Cŏrĭa, *ae*, f. (Κορία), surnom de Minerve chez les Arcadiens : Cic. *Nat.* 3, 59.

cŏrĭācĕus, *a*, *um* (*corium*), de cuir : Amm. 24, 3, 11.

cŏrĭāgĭnōsus, *a*, *um* (*coriago*), atteint de coriage : Veg. *Mul.* 2,6, 12.

cŏrĭāgo, *ĭnis*, f. (*corium*), coriage [maladie des bovins] : Col. 6, 13, 2.

Cŏrĭallum, *i*, n., ville de Gaule [Cherbourg] : Peut. 1, 1.

cŏrĭandrātus, *a*, *um*, garni de coriandre : Apic. *Exc.* 20ǁ **-drātum**, *i*, n., eau de coriandre : Apic. 399.

cŏrĭandrum, *i*, n., **-drus**, *i*, m., Cat. *Agr.* 157, 6 (κορίανδρον ; it. *coriandolo*), la coriandre [plante].

cŏrĭārĭus, *a*, *um* (*corium*), relatif au cuir : *coriarius frutex* Plin. 24, 91, le sumac des corroyeurs ǁ **cŏrĭārĭus**, *ii*, m., corroyeur : Plin. 17, 51.

cŏrĭātĭo, *ōnis*, f. (*corium*), la peausserie, les cuirs : Vindol. 343, 40.

Cŏrĭcae, ▧▶ *Corycae*.

cōrĭgĭa, ▧▶ *corrigia* : Diocl. 10, 19.

Corinaeum, *i*, n., ville de Chypre : Plin. 5, 130.

Cŏrīnaeus, *a*, *um*, ▧▶ *Corynaeus*.

Corinenses, *ĭum*, m. pl., habitants d'une ville de l'Italie inférieure : Plin. 3, 105.

Corinĭum, *ii*, n., ville d'Illyrie Atlas V, B2 : Plin. 3, 140 ǁ **-nĭensis**, *e*, de Corinium : CIL 3, 2883.

Corinna, *ae*, f. ¶ 1 poétesse grecque [5e s. av. J.-C.] : Prop. 2, 3, 21 ¶ 2 femme chantée par Ovide : Ov. *Tr.* 4, 10, 60.

Corinthĕus, *a*, *um*, Isid. 15, 1, 45, ▧▶ *Corinthius*.

Corinthĭăcus, *a*, *um* (Κορινθιακός), de Corinthe : Liv. 26, 26, 2.

cŏrinthĭārĭus, *ii*, m., gardien des bronzes de Corinthe : CIL 6, 5900 ǁ amateur de bronzes de Corinthe : cf. Suet. *Aug.* 70, 2.

Corinthĭensis, *e*, de Corinthe : Tac. *An.* 5, 10 ǁ **-ses**, *ĭum*, m. pl. **a)** les Corinthiens : Apul. *M.* 10, 35 **b)** étrangers installés à Corinthe : P. Fest. 53, 9.

Cŏrinthĭus, *a*, *um* (Κορίνθιος), de Corinthe : **Corinthius ager** Cic. *Agr.* 1, 2, territoire de Corinthe ; **Corinthiumaes** Cic. *Att.* 2, 1, 11, bronze de Corinthe ; **Corinthia vasa** Cic. *Amer.* 133 et abs[t] **Corinthia**, *ōrum*, n. pl., Plin. 37, 49, vases de Corinthe ǁ **-thĭi**, *ōrum*, m. pl., les habitants de Corinthe : Cic. *Mur.* 31 ǁ **genus Corinthium**, ordre corinthien : Vitr. 4, 1, 8.

Cŏrinthus, *i*, f. (Κόρινθος), Cic. *Verr.* 1, 55, **Corinthos**, *i*, f., Flor. 2, 16, 1, Corinthe [sur l'isthme de ce nom] Atlas I, D5 ; VI, B2.

Cŏrĭŏlānus, *i*, m., Coriolan [surnom de C. Marcius, vainqueur de Corioles] : Liv. 2, 40, 1.

Cŏrĭŏli, *ōrum*, m. pl., ville du Latium : Liv. 2, 33, 5 ǁ **Cŏrĭŏlāni**, *ōrum*, m. pl., habitants de Corioles : Plin. 3, 69 ǁ **Cŏrĭŏlānus**, *a*, *um*, de Corioles : Liv. 3, 71, 7.

cŏrĭŏn, *ii*, n. (κόριον), mille-pertuis [plante] : Plin. 26, 85.

Cŏrĭŏsŏlītes, *um*, m. pl., Coriosolites [peuple d'Armorique ; Corseul] : Caes. *G.* 2, 34.

Coriosvelītes, *um*, m. pl., Plin. 4, 107, ▧▶ *Curiosolites*.

Coriovallum, *i*, n., ville de Belgique : Anton. 375.

Cŏrippus, *i*, m., poète chrétien du 6e s. : Corip. *Anast.* ; *Just. tit.*

cŏrissum (-on), *i*, n., ive muscade [plante] : Plin. 26, 85.

cŏrĭum, *ii*, n. (cf. *caro, cortex, scortum, curtus*, κείρω, scr. *carma*, rus. *kora*, al. *scheren*, an. *shear* ; fr. *cuir*) ¶ 1 peau, (cuir, robe) des animaux : Cat. *Agr.* 135, 3 ; Cic. *Nat.* 2, 121 ¶ 2 peau de l'homme : **corium concidere alicui** Pl. *Amp.* 85 ; **corium petere (alicujus)** Cic. *Tull.* 54, tanner le cuir à qqn, fustiger qqn ; *ludere*

suo corio Mart. 3, 16, 4; *de alieno corio* Apul. M. 7, 11, risquer sa peau, celle d'autrui ¶ **3** enveloppe, peau des arbres et des fruits: Plin. 15, 112; Dig. 32, 52 ¶ **4** [fig.] **a)** courroie, lanière, fouet: Pl. *Poen.* 139 **b)** surface, superficie, couche: *corium arenae* Vitr. 7, 3, 8, couche de sable.

cŏrĭus, *ĭi*, m., [arch.] Pl. *Poen.* 139; Varr. *Men.* 135; C.▶ *corium*.

Cormălŏs, *i*, m., fleuve d'Éolie: Plin. 5, 122.

Cormăsa, *ōrum*, n. pl., ville de Pisidie: Liv. 38, 15.

Cornăcātes, *um* ou *ĭum*, m. pl., habitants de Cornacum [ville de Pannonie]: Plin. 3, 148.

cornārĭus, C.▶ *cornuarius*: Gloss. 3, 367, 30.

Cornē, *ēs*, f., ville du Latium: Plin. 16, 242.

Cornēlĭa, *ae*, f., nom de femme [en part.] Cornélie, mère des Gracques: Cic. *Brut.* 211 ‖ femme de César: Suet. *Caes.* 1, 1 ‖ femme de Pompée: Luc. 2, 349.

Cornēlĭānus, *a*, *um*, relatif à un Cornélius ou à la famille Cornélia: *Corneliana (oratio)* Cic. *Or.* 225, plaidoyer pour Cornélius ‖ **Corneliana castra** (*Cornelia*), n. pl., Camp de Scipion [lieu d'Afrique]: Caes. C. 2, 24, 2.

1 **Cornēlĭus**, *ĭi*, m., nom d'une *gens* ayant de nombreux rameaux, V.▶ *Dolabella, Scipio, Sylla* ‖ **Forum Cornelii**, C.▶ *Forum Cornelium*.

2 **Cornēlĭus**, *a*, *um*, de Cornélius: *Cornelia gens* Cic. *Leg.* 2, 56, la famille Cornélia; *Cornelia lex* Cic. *Verr.* 1, 108, la loi Cornélia ‖ *Cornelia castra* Plin. 5, 24; C.▶ *Corneliana* ‖ **Forum Cornelium** Cic. *Fam.* 12, 5, 2, ville de la Cisalpine, fondée par Cornélius Sylla.

Cornensĭs, *e*, de Cornus: CIL 10, 7915.

cornĕŏlus, *a*, *um* (dim. de *corneus*), qui est de la nature de la corne: Cic. *Nat.* 2, 144 ‖ [fig.] dur comme de la corne: Petr. 43, 7.

cornescō, *ĭs*, *ĕre*, -, - (*cornu*), intr., devenir corné: Plin. 11, 162.

cornētum, *i*, n. (*cornus*), lieu planté de cornouillers: Varr. L. 5, 146.

1 **cornĕus**, *a*, *um* (*cornu*) de corne, fait en corne, en forme de corne: Cic. *Nat.* 1, 101; Ov. M. 1, 697 ‖ corné, qui a l'apparence de la corne: Plin. 37, 89 ‖ [fig.] dur comme de la corne: Plin. 31, 102; Pers. 1, 47.

2 **cornĕus**, *a*, *um* (*cornus*), de cornouiller: Cat. *Agr.* 18, 9; Virg. En. 3, 22.

1 **cornĭcĕn**, *ĭnis*, m. (*cornu, cano*), sonneur de cor: Liv. 2, 64, 10.

2 **Cornĭcĕn**, *ĭnis*, m., surnom dans la *gens* Oppia: Liv. 3, 35, 11.

Cornĭcīnus, *i*, m., C.▶ *Cornicen*: Cic. *Att.* 4, 2, 4.

cornīcŏr, *ārĭs*, *ārī*, -, intr. (*cornix*), croasser: Pers. 5, 12; Hier. Ep. 125, 16.

cornīcŭla, *ae*, f. (dim. de *cornix*; fr. *corneille*), petite corneille: Hor. Ep. 1, 3, 19; Vulg. Bar. 6, 53.

cornĭcŭlans, *tis* (*corniculum*), qui est dans son croissant [en parl. de la lune]: Amm. 20, 3, 11.

Cornĭcŭlānus, V.▶ *Corniculum*.

Cornĭcŭlārĭa, *ae*, f., titre d'une comédie perdue de Plaute: Varr. L. 5, 153.

cornĭcŭlārĭus, *ĭi*, m. (*corniculum*), corniculaire, qui porte le *corniculum* [soldat attaché à un officier]: Val.-Max. 6, 1, 11; Suet. *Dom.* 17, 2; Frontin. *Strat.* 3, 14, 1 ‖ secrétaire d'un magistrat: Firm. *Math.* 3, 5, 26; Cod. Th. 8, 15, 3.

cornĭcŭlātus, *a, um*, Apul. *Socr.* 1, C.▶ *corniculans*.

1 **cornĭcŭlum**, *i*, n. (dim. de *cornu*), petite corne, antenne d'insecte, de papillon: Plin. 11, 100 ‖ petit entonnoir: Col. 7, 5, 15 ‖ aigrette en métal [récompense militaire]: Liv. 10, 44, 5; Suet. *Gram.* 9.

2 **Cornĭcŭlum**, *i*, n., ville du Latium: Liv. 1, 38, 4 ‖ **-lānus**, *a*, *um*, de Corniculum: Ov. F. 6, 628.

cornĭcŭlus, *i*, m. (*cornicularius*), office de corniculaire: Cod. Th. 1, 15, 11.

cornĭfĕr, *ĕra*, *ĕrum* (*cornu, fero*), qui a des cornes: Lucr. d. Macr. *Sat.* 6, 5, 3.

Cornĭfĭcĭus, *ĭi*, m., nom romain; [en part.] Q. Cornificius, rhéteur contemporain de Cicéron: Cic. *Fam.* 12, 17, 2; Quint. 3, 1, 21.

cornĭfrons, *tis* (*cornu, frons*), qui a des cornes au front: Pacuv. *Tr.* 349.

cornĭgĕr, *ĕra*, *ĕrum* (*cornu, gero*), cornu: Lucr. 3, 751; Ov. M. 7, 701 ‖ **cornĭgĕra**, *ae*, f., biche: Carm. Epigr. 1800, 2 ‖ **cornĭgĕra**, *ōrum*, n. pl., animaux à cornes: Plin. 11, 212.

cornĭpĕdus, *a, um*, qui a des pieds de corne: Drac. *Romul.* 7, 81.

cornĭpēs, *ĕdis* (*cornu, pes*), qui a des pieds de corne: Virg. En. 6, 591 ‖ **cornĭpēs**, *ĕdis*, m., f., cheval, cavale: Sil. 3, 361 ‖ m., le centaure Chiron: Claud. *Ruf.* 2, 180.

cornĭpĕta, Gloss. 5, 59, 6, C.▶ *cornupeta*.

Corniscae dīvae, *ārum*, f. pl. (cf. *cornix*), les Corneilles sacrées [consacrées à Junon]: P. Fest. 56, 14.
▶ dat. pl. *devas Corniscas* CIL 1, 975.

cornix, *īcis*, f. (express., cf. *corvus*, κορώνη, al. *Rabe*), corneille [oiseau]: Cic. *Tusc.* 3, 69; [prov. **cornicum oculos configere** Cic. *Mur.* 25, crever les yeux des corneilles = tromper les plus clairvoyants; [abrév.] "**cornici oculum**", **ut dicitur** Cic. *Flac.* 46, = il trompa plus habile que lui.

cornocĕrăsum, *i*, n. (*cornum, cerasum*), merise: Serv. G. 2, 18.

cornū, gén. **cornūs**, Caes. C. 3, 68 et **cornū**, Cels. 5, 22, 2, n. (cf. *cervus*, κέρας, al. *Horn*, bret. *karn*; fr. *cor*) **¶ 1** corne des animaux: Virg. B. 3, 87; G. 3, 232 **¶ 2** [en gén. tout objet dont la substance ressemble à la corne, ou qui a la forme d'une corne, ou qui est fait de corne]: corne du pied des animaux: Cat. *Agr.* 72; Virg. G. 3, 88 ‖ cornée de l'œil: Plin. 11, 148 ‖ bec des oiseaux: Ov. M. 14, 502 ‖ défense de l'éléphant, ivoire: Varr. L. 7, 39; Plin. 8, 7 ‖ antenne des insectes: Plin. 9, 95 ‖ corne, pointe d'un casque: Liv. 27, 33, 2 ‖ cornes du croissant de la lune: Virg. G. 1, 433 ‖ bras d'un fleuve: Ov. M. 9, 774 ‖ cor, trompette: Cic. *Sull.* 17; Virg. En. 7, 615 ‖ arc: Virg. B. 10, 59 ‖ vase à huile: Hor. S. 2, 2, 61 ‖ lanterne: Pl. *Amp.* 341 ‖ entonnoir: Virg. G. 3, 509 ‖ table d'harmonie: Cic. *Nat.* 2, 144 ‖ antenne [de vaisseau]: Virg. En. 3, 549 ‖ bouton d'ivoire aux extrémités du bâton autour duquel se roulait un livre; [au pl.] le bâton lui-même: Mart. 11, 107, 1; Tib. 3, 1, 13 ‖ sommet, point culminant d'une montagne: Stat. *Th.* 5, 532 ‖ pointe extrême (extrémité) d'un lieu: Liv. 25, 3, 17; Tac. *An.* 1, 75 ‖ houppe de cheveux: Juv. 13, 165 ‖ langue de terre qui s'avance dans la mer, promontoire: Ov. M. 5, 410 ‖ aile d'une armée: Caes. G. 1, 52; **equitatum omnem in cornibus locat** Sall. J. 49, 6, il place toute la cavalerie aux ailes **¶ 3** [fig.] **a)** corne, en tant que symbole de la force ou de l'abondance = courage, énergie: **cornua sumere** Ov. A. A. 1, 239, prendre courage; **addis cornua pauperi** Hor. O. 3, 21, 18, tu m'inspires de l'audace malgré ma pauvreté ‖ V.▶ *cornucopia* **b)** symbole de la résistance, de l'hostilité: **cornua alicui obvortere** Pl. *Ps.* 1021, montrer les dents à qqn (tourner ses cornes contre qqn), cf. Hor. *Epo.* 6, 12 **c)** attribut de divinités fluviales: Virg. G. 4, 371; Mart. 10, 7.
▶ autres formes **a)** V.▶ 1 *cornum*, 1 *cornus* **b)** [tard.] gén. *cornuis* Capel. 3, 293; *corni* M.-Emp. 1, 87 ‖ dat. *cornui* Capel. 3, 293 ‖ abl. pl. *cornuis* Treb. *Gall.* 8, 2; *cornubus* Capel. 3, 293.

cornŭālis, *e* (*cornu*), de corne: *cornualis concertatio* Cassiod. *Var.* 1, 37, 2, combat à coups de cornes ‖ [fig.] en demi-lune: Grom. 103, 11.

cornŭārĭus, *ĭi*, m. (*cornu*), fabricant de cors, de trompettes: Dig. 50, 6, 6.

cornŭātus, *a*, *um* (*cornu*), courbé: Poet. d. Varr. L. 1, 7, 25.

cornūcōpĭa, *ae*, f., corne d'abondance: Porph. Hor. O. 1, 17, 16.
▶ *cornu copiae* Pl. *Ps.* 671; *copiae cornu* Plin. *Praef.* 24, cf. Hor. *Saec.* 60.

Cornŭfĭcĭa, arch. pour *Cornificia*: CIL 1, 1382.

cornŭlum, *i*, n. (dim. de *cornu*), cornet: Apic. 339.

1 **cornum**, *i*, n., Ter. *Eun.* 775; Lucr. 2, 388; Varr. R. 3, 9, 14, C.▶ *cornu*.

cornum

2 cornum, *i*, n. (*2 cornus*), cornouille : Virg. G. 2, 31 ; Col. 12, 10, 3 ‖ bois de cornouiller = javelot : Ov. M. 8, 408.

cornŭpĕta, *ae*, m. (*cornu, peto*), qui frappe de la corne : Vulg. Exod. 21, 29.

1 cornŭs, *ūs*, m., *Cic. Nat. 2, 149 ; Varr. Men. 131, ⇒ cornu.

2 cornus, *i*, f. (cf. κράνος), cornouiller : Virg. G. 2, 448 ; Col. 5, 7, 1 ‖ [fig.] javelot, lance : Virg. En. 9, 698.

3 cornŭs, *ūs*, f., Varr. R. 3, 16, 22 ; Plin. 16, 228 ; Sil. 4, 550 ; Stat. Th. 7, 647, ⇒ *2 cornus*.

4 Cornus, *i*, f., ville de Sardaigne Atlas XII, F1 : Liv. 23, 40, 5.

cornūta, *ae*, f. ¶ **1** bête à cornes : Varr. R. 2, 7, 2 ¶ **2** raie cornue [poisson de mer] : Plin. 32, 145.

cornūti, *ōrum*, m. pl., désignation d'un groupe de soldats : Amm. 16, 12, 43 ; 63 ; 31, 8, 9.

1 cornūtus, *a, um* (*cornu*; fr. *cornu*), qui a des cornes : [bœufs] Acc. Tr. 494 ; Varr. Men. 457 ; [chèvres] Col. 1 praef. 26 ; 7, 6, 4 ; *cornutae quadrupedes* Varr. L. 7, 39, les éléphants ‖ [fig.] sophistique, captieux : Hier. Virg. 16 ; [en part.] (le syllogisme) cornu, ⇒ *ceratina* : Hier. Ep. 69, 2.

2 Cornūtus, *i*, m., surnom romain ; [en part.] *Annaeus Cornutus*, philosophe, maître de Perse : Gell. 2, 6, 1.

cornŭum, *i*, n. (sur κεράτιον), poids grec : Isid. 16, 25, 10.
▶ corrigé en *cornulum*.

cŏrŏcottās, *ae*, m. (κοροκόττας), hyène : Plin. 8, 107.

Cŏroebus, *i*, m., héros troyen : Virg. En. 2, 341 ‖ peintre grec : Plin. 35, 146.

Corolĭa, *ae*, f., ville de l'Arabie Heureuse : Plin. 6, 154.

cŏrŏlĭtĭcus, ⇒ *coraliticus*.

cŏrolla, *ae*, f. (dim. de *corona* ; it. *corolla*), petite couronne, feston de fleurs, guirlande : Pl. Bac. 70 ; Plin. 8, 13.

cŏrollārĭa, *ae*, f., bouquetière : CIL 6, 3486 ‖ titre d'une comédie de Naevius : Varr. L. 7, 60.

cŏrollārĭum, *ii*, n. (*corolla*) ¶ **1** petite couronne : Plin. 21, 5 ‖ [fig.] ce qui est donné par-dessus le marché, pourboire, gratification : Cic. Verr. 4, 49 ; Phaed. 5, 7, 34 ¶ **2** [géom.] corollaire : Boet. Cons. 3, pr. 10.

1 cŏrōna, *ae*, f. (κορώνη ; fr. *couronne*) ¶ **1** couronne : Pl. Men. 463 ; Cic. Flac. 75 ; *sub corona vendere* Caes. G. 3, 16, 4, vendre des prisonniers de guerre [on les exposait en vente couronnés de fleurs] ¶ **2** [fig.] **a)** cercle, assemblée, réunion ; [en part., cercle formé par les assistants dans les débats judiciaires] : Cic. Flac. 69 ; Fin. 2, 74 **b)** ligne d'une armée assiégeante, cordon de troupes : Caes. G. 7, 72, 2 ; Liv. 23, 18, 5 **c)** ligne de soldats qui défendent une enceinte : Liv. 4, 19, 8

d) larmier, corniche : Vitr. 5, 2, 2 ; Curt. 9, 4, 30 **e)** circuit, pourtour d'un champ : Cat. Agr. 6, 3 **f)** couronne [méd. vétérinaire] : Col. 6, 29, 3 **g)** cercle lumineux autour du soleil, halo : Sen. Nat. 1, 2, 1 ¶ **3** [chrét.] tonsure [coiffure des clercs qui ne laissait qu'une couronne de cheveux] : Isid. Eccl. 2, 2 ‖ félicité de la vie éternelle, récompense des martyrs : Tert. Cor. 15, 1 ; Lact. Inst. 4, 25, 10.

2 Cŏrōna, *ae*, f., la Couronne [constellation] : Cic. Arat. 351 ; Ov. M. 8, 181.

Cŏrōnae, *ārum*, m. pl., personnages mythologiques [devenus constellation] : *Ov. M. 13, 698.

cŏrōnālis, *e* (*corona*), de couronne, produit par une couronne : Apul. M. 1, 10.

cŏrōnāmĕn, *ĭnis*, n. (*corona*), couronne : Apul. M. 11, 9.

cŏrōnāmentum, *i*, n. (*corona*), plante (fleur) propre à faire des couronnes : Cat. Agr. 8, 2 ‖ couronne : Tert. Cor. 1, 1.

cŏrōnārĭa, *ae*, f., bouquetière : Plin. 21, 4.

1 cŏrōnārĭus, *a, um* ¶ **1** dont on fait des couronnes : Plin. 21, 164 ‖ en forme de couronne : Plin. 14, 42 ‖ [en part.] *coronarium aurum* Cic. Agr. 1, 12, or coronaire [présent fait à un général victorieux par les provinces] ‖ [tard.] don à l'empereur [à l'occasion d'une fête] : Cod. Just. 10, 76 tit. ¶ **2** de corniche : *coronarium opus* Vitr. 7, 4, 4, moulure de corniche.

2 cŏrōnārĭus, *ii*, m., celui qui fait ou vend des couronnes : Plin. 21, 54.

cŏrōnātĭo, *ōnis*, f. (*corono*), couronnement : Aug. Civ. 7, 27, 2.

cŏrōnātŏr, *ōris*, m. (*corono*), celui qui couronne : Aug. Serm. 165, 4.

cŏrōnātus, *a, um*, part. de *corono*.

Cŏrōnē, *ēs*, f., ville de Messénie : Liv. 39, 49, 1 ‖ **-aeus**, *a, um*, de Coroné : Plin. 4, 15.

Cŏrōnēa, Liv. 33, 29, 6, **Cŏrōnīa**, *ae*, f., Stat. Th. 7, 307, ville de Béotie Atlas VI, B2 ‖ **-ōnensis**, *e*, de Coronée : Liv. 36, 20, 3.

Cŏrōnēus, *ĕi* ou *ĕos*, m., roi de Phocide : Ov. M. 2, 569.

Cŏrōnīdēs, *ae*, m. (Κορωνίδης), le fils de Coronis = Esculape : Ov. M. 15, 624.

cŏrōnĭŏla, *ae*, f., rose d'automne : Plin. 21, 19.

1 cŏrōnis, *ĭdis*, f. (κορωνίς ; it. *cornice*), signe qui marque la fin d'un livre : Mart. 10, 1, 1.

2 Cŏrōnis, *ĭdis*, f., mère d'Esculape : Ov. M. 2, 542.

cŏrōnō, *ās, āre, āvī, ātum* (*corona*), tr., couronner, orner de couronnes : *coronare cratera* Virg. G. 2, 528, couronner de fleurs le cratère ; [acc. d'objet intér.] *coronari Olympia* Hor. Ep. 1, 1, 50, être couronné dans les jeux Olympiques ; *inire epulas coronatum* Cic. Leg. 2, 63, assister à un festin la tête ceinte d'une couronne ‖ [fig.] entourer, ceindre : *omnem abitum custode coronant* Virg. En. 9, 380, ils mettent des gardes à toutes les issues ‖ [chrét.] accorder la récompense du ciel : Lact. Epit. 24 (29), 11.

cŏrōnŏpūs, *ŏdis*, m. (κορωνόπους), corne de cerf [plante] : Plin. 21, 99.

cŏrōnŭla, *ae*, f. (dim. de *corona*), petite couronne : Vulg. Exod. 39, 26 ‖ couronne au sabot des chevaux : Veg. Mul. 2, 55, 2.

Cŏrŏs, *i*, m. (Κόρος), fleuve de la Perse : Prisc. Perieg. 974.

Corpeni, *ōrum*, m. pl., ville de Lycaonie : Plin. 5, 105.

Corpili, *ōrum*, m. pl., peuple de Thrace : Plin. 4, 40.

corpŏrāle, *is*, n., le corporal [liturgie] : Greg.-M. Ep. 2, 38.

corpŏrālis, *e* (*corpus*), relatif au corps, du corps : Sen. Ep. 78, 22 ‖ concret : Prisc. 2, 59, 11 ‖ réel [droit] : Dig. 1, 1, 15.

corpŏrālĭtās, *ātis*, f. (*corporalis*), nature matérielle, matérialité : Tert. Herm. 36, 4.

corpŏrālĭtĕr, adv. (*corporalis*), pour le corps (pour le physique) : Petr. 61, 7 ‖ réellement [droit] : Dig. 41, 2, 1.

corpŏrascō, *ĭs, ĕre*, -, -, intr. (*corpus*), prendre un corps : Mamert. Anim. 1, 14.

corpŏrātĭo, *ōnis*, f. (*corporo*), nature corporelle : Tert. Carn. 4, 1.

corpŏrātīvus, *a, um* (*corporo*), fortifiant [en parl. des remèdes ou des aliments] : Cael.-Aur. Chron. 1, 6, 183.

corpŏrātūra, *ae*, f. (*corporo*), corpulence : Col. 6, 2, 15 ; Vitr. 6, 1, 3.

corpŏrātus, *a, um*, part. de *corporo*.

corpŏrĕālis, *e*, ⇒ *corporalis* : Aug. d. Anth. 489, 18.

corpŏrĕcustos, m., garde du corps : CIL 6, 4340.

corpŏrescō, *ĭs, ĕre*, -, -, intr., Isid. 13, 7, 1, ⇒ *corporasco*.

corpŏrĕus, *a, um* (*corpus*), corporel, matériel : Cic. Tim. 13 ; Nat. 2, 41 ; Lucr. 2, 186 ‖ qui se rattache au corps : *res corporeae* Cic. Fin. 3, 45, les biens du corps ‖ charnu, de chair : Ov. M. 6, 407.

corpŏrĭcīda, *ae*, m. (*corpus, caedo*), boucher : *Gloss. 2, 116, 32.

corpŏrō, *ās, āre, āvī, ātum* (*corpus*), tr. ¶ **1** donner un corps : *corporari* Plin. 7, 66, prendre un corps, se former ; *mundus undique corporatus* Cic. Tim. 5, monde entièrement corporel ; *corporatus Christus* Lact. Inst. 4, 26, 26, le Christ fait homme ‖ [fig.] *coloribus corporari* Non. 37, 13, être colorié ¶ **2** réduire à l'état de cadavre, tuer : Acc. Tr. 604 ; Enn. Tr. 101.

corpŏrōsus, *a, um*, Cael.-Aur. Acut. 3, 17, 148, ⇒ *corpulentus*.

corpŭlens, *tis*, ⇒ *corpulentus* : Not. Tir. 22, 21.

corpŭlentĭa, *ae*, f. (*corpulentus*), embonpoint, obésité : Plin. 11, 283 ; Solin. 27, 32.

corpŭlentus, *a, um* (*corpus*), gros, gras, bien en chair : Gell. 7, 22, 1 ; Col. 6, 3, 5 ‖ de haute taille : Enn. d. Fest. 54, 24 ‖ *corpulentior* Pl. Ep. 10.

corpus, *ŏris*, n. (peu net, cf. scr. *krp-*, rus. *cerevo* ; fr. *corps*) ¶ **1** corps [en gén.] : *corporis dolores* Cic. Fin. 1, 55, douleurs physiques ‖ élément matériel : *corpus aquae = aqua* Lucr. 2, 232, l'eau ; *corpora (rerum)* Lucr. 1, 679 ; 689, corps élémentaires, éléments, atomes ¶ **2** chair du corps : *ossa subjecta corpori* Cic. Nat. 2, 139, os recouverts de chair ; *corpus amittere* Cic. Fam. 7, 26, 2 ; Lucr. 1, 1038, perdre sa chair, maigrir ; *in corpus ire* Quint. 2, 10, 5, prendre du corps, devenir charnu ‖ [fig.] *corpus eloquentiae* Quint. 10, 1, 87, la substance, l'essentiel de l'éloquence ‖ [droit] qui se réfère à la personne physique [par oppos. à *animus*, qui se réfère à l'intention, à la volonté] : *corpore possidere* Dig. 41, 2, 1, 8, posséder par une appréhension matérielle ; *possessionem amitti vel animo vel corpore* Dig. 41, 2, 1, 44, perdre la possession soit en perdant l'intention de posséder, soit en perdant la maîtrise matérielle de la chose [référence à l'élément matériel, et non psychologique, de la possession] ‖ bien corporel [par oppos. à un droit] : Dig. 5, 3, 18, 2 ¶ **3** personne, individu : *nostra corpora* Sall. C. 33, 2, nos personnes (Liv. 9, 8, 5 ; 31, 46, 16) ; *liberum corpus* Liv. 3, 56, 8, une personne libre ¶ **4** corps inanimé, cadavre : Caes. G. 2, 10, 3 ; 2, 27, 3 ; Liv. 32, 13, 8 ‖ [poét.] âmes des morts, apparences de corps : Virg. En. 6, 303 ; 306 ‖ tronc [opp. à la tête] : Ov. M. 11, 794 ‖ parties génitales : Hor. S. 1, 2, 43 ; 2, 7, 67 ; Phaed. 3, 11, 3 ‖ [archit.] fût [d'une colonne] : Vitr. 5, 1, 9 ¶ **5** [fig.] corps, ensemble, tout [ossature d'un vaisseau] Caes. C. 1, 54, 2 ; [ensemble de fortifications] Caes. G. 7, 72, 2 ; [corps (ensemble) de l'état] Cic. Off. 1, 85 ; *corpus nullum civitatis* Liv. 26, 16, 9, pas de cité politiquement organisée ; *in corpus unum confusi* Liv. 34, 9, 3, confondus en un seul corps de nation ; [en part.] nation Liv. 1, 17, 2 ‖ corporation, collège [association de personnes, jouissant d'une sorte de personnalité] : *corporibus quibus jus coeundi lege permissum est* Dig. 50, 6, 6, 12, les corporations auxquelles la loi a accordé le droit de se constituer ‖ corps d'ouvrage : Cic. Fam. 5, 12, 4 ; Q. 2, 11, 4 ; *corpus omnis juris Romani* Liv. 3, 34, 7, un corps de tout le droit romain, cf. le titre *Corpus juris* Cod. Just. 5, 13 ¶ **6** [chrét.] **a)** *ecclesia corpus Christi*, l'Église, corps mystique du Christ : Tert. Marc. 5, 19, 6 **b)** *sacramentum corporis Christi et sanguinis*, le sacrement du corps et du sang du Christ [l'Eucharistie] : Aug. Civ. 16, 37.

corpuscŭlum, *i*, n. (dim. de *corpus*), petit corps ; [en part.] ¶ **1** corpuscule, atome : Lucr. 2, 153 ; Cic. Nat. 1, 66 ¶ **2** corps faible, chétif : Juv. 10, 173 ‖ [terme de caresse] mignonne : Pl. Cas. 843 ¶ **3** petite collection : Just. Praef. 4.

corrādō, *is, ĕre, rāsī, rāsum* (*cum, rado*), tr., enlever en raclant, recueillir en prélevant : Varr. L. 5, 136 ; *corpora* Lucr. 6, 304, emporter des atomes [en parl. du vent] ‖ [fig.] **a)** ramasser, rassembler une somme d'argent : Pl. Poen. 1363 **b)** enlever en bloc : Ter. Haut. 141 **c)** recueillir avec peine : Lucr. 1, 401.

corrāgō, *inis*, f. (?), buglosse [plante] : Ps. Apul. Herb. 41.

Corrăgum (-ŏn), *i*, n., fort dans la Macédoine : Liv. 31, 27, 2.

Corrăgus, *i*, m., nom d'homme grec : Liv. 38, 13.

corrāsus, *a, um*, part. de *corrado*.

corrătĭōnālĭtās, *ātis*, f., analogie, rapport : Aug. Mus. 6, 17.

corrătĭōnālĭtĕr, adv., par analogie : Mar. Vict. Ar. 1, 13.

Correa Potentia, f., ville d'Italie : Plin. 3, 49.

correctĭō, *ōnis*, f. (*corrigo*), action de redresser, de corriger, de réformer : Cic. Fin. 4, 21 ; *correctio morum* Suet. Tib. 42, 1, réforme des mœurs ‖ réprimande, rappel à l'ordre : Cic. Lae. 90 ‖ correction [rhét.] : Cic. de Or. 3, 203.

corrēctŏr, *ōris*, m. (*corrigo*), celui qui redresse, qui corrige, qui améliore, qui réforme : Cic. Balb. 20 ; Liv. 45, 32, 7 ; *Sen. Ir. 2, 10, 7 ‖ [abst] celui qui fait la morale ; censeur : Hor. Ep. 1, 15, 37 ‖ [à l'époque impériale] titre de certains administrateurs de provinces : Dig. 1, 18, 10.

correctūra, *ae*, f., fonction de *corrector* : Aur.-Vict. Caes. 35, 5 ; 39, 10 ; Aus. Parent. 26 (183), 11.

corrēctus, *a, um* ¶ **1** part. de *corrigo* ¶ **2** [adjt] corrigé, amélioré : *fit correctior* Gell. 15, 4, 2, il s'amende.

corrĕcumbens, *tis* (*cum, recumbo*), qui prend place à table avec : Tert. Test. 4, 5.

corrĕgĭōnālēs, *ĭum*, m. pl., habitants de régions voisines : Aug. Civ. 2, 17.

corrĕgĭōne, ► *conregione*.

corregnō, *ās, āre*, -, -, intr., régner avec : Tert. Jud. 8, 10.

corrēpō, *is, ĕre, repsī*, - (*cum, repo*), intr., se glisser, s'introduire furtivement dans : *in onerariam corrependum* Cic. Att. 10, 12, 2, il faut que je me glisse dans un cargo ‖ [fig.] *in dumeta correpitis* Cic. Nat. 1, 68, vous vous faufilez dans les broussailles (vous vous perdez dans les subtilités) ‖ [abst] se faire tout rampant [sous l'empire de l'effroi] : Lucr. 5, 1219.

correptē, adv. (*correptus*), d'une manière brève [prosodie] : Gell. 9 ; 6, 3 ‖ *correptius* Ov. Pont. 4, 12, 13.

correptĭō, *ōnis*, f. (*corripio*) ¶ **1** action de prendre, de saisir : Gell. 20, 10, 8 ‖ [méd.] attaque d'une maladie : Scrib. 171 ‖ réprimande, reproche : Tert. Pud. 14, 5 ¶ **2** décroissance : *correptiones dierum* Vitr. 9, 8, 7, diminution de la longueur des jours ‖ action de prononcer brève (une voyelle, une syllabe), abrégement : Quint. 7, 9, 13.

correptīvē, adv. (*correptivus*), en abrégeant : Don. Ad. 571.

correptīvus, *a, um* (*corripio*), abrégé, bref : Gloss. 117, 18.

correptō, *ās, āre*, -, - (fréq. de *correpo*), intr., Juvc. 2, 192.

correptŏr, *ōris*, m. (*corripio*), celui qui critique, censeur : *Sen. Ir. 2, 10, 7.

correptus, *a, um*, part. de *corripio*.

corrĕquĭescō, *is, ĕre*, -, -, intr., se reposer : Aug. Quaest. ev. 1, 8.

corrĕsŭpīnātus, *a, um* (*cum, resupino*), renversé ensemble : Tert. Anim. 48, 2.

corrĕsurgō, *is, ĕre*, -, -, intr., ressusciter ensemble : Hil. Matth. 10, 25.

corrĕsuscĭtō, *ās, āre*, -, -, tr., ressusciter ensemble : Tert. Res. 23, 1.

corrĕus, *i*, m. (*cum, reus*), codébiteur : Dig. 34, 3, 3.

correxī, parf. de *corrigo*.

corrīdĕō, *ēs, ēre*, -, - (*cum, rideo*), intr., rire ensemble : Aug. Conf. 4, 8, 13 ‖ [fig.] Lucr. 4, 83.

corrĭgĭa, *ae*, f. (gaul. ; fr. *courroie*), courroie : Schol. Juv. 5, 165 ‖ [en part.] **a)** fouet : Diocl. 10, 19 **b)** lacet de soulier : Varr. Men. 180 ; Cic. Div. 2, 84.

corrĭgĭum, *ĭi*, n., M.-Emp. 10, 47, ► *corrigia*.

corrĭgō, *is, ĕre, rēxī, rectum* (*cum, rego*), tr. ¶ **1** redresser : *digitum* Plin. 7, 83, redresser un doigt ; *cursum navis* Liv. 29, 27, 14, faire reprendre son cap à un vaisseau ; *correxere se flexus fluminum* Plin. 3, 16, des cours d'eau ont rectifié leurs courbes ¶ **2** [fig.] redresser, améliorer, réformer, guérir : *corrigere aliquem ad frugem* Pl. Trin. 118, ramener qqn au bien ‖ corriger un orateur, un écrivain (Cic. Brut. 310 ; Or. 176) ; un défaut (Tusc. 4, 65 ; Mur. 60) ; un écrit (Att. 6, 2, 3 ; 16, 11, 2 ; Fin. 1, 17) ; les mœurs (Leg. 3, 32 ; Verr. 3, 2) ; une erreur, une faute (Att. 3, 14, 1 ; Fin. 1, 28 ; Verr. 2, 104 ; Sull. 63) ‖ corriger, changer [sans idée d'amélioration] : Cic. Verr. 1, 111 ; Phil. 8, 32 ; Ac. 1, 35.
► forme *conr-* CIL 1, 593 ; 2173.

corrĭpĭō, *is, ĕre, rĭpŭī, reptum* (*cum, rapio*), tr., saisir vivement, complètement ¶ **1** saisir : *arcum* Virg. En. 1, 188, saisir son arc ; *hominem corripi jussit* Cic. Verr. 3, 57, il fit saisir cet homme ‖ *corpus de*

corripio

terra Lucr. 4, 1000; *corpus e stratis* Virg. En. 3, 176, se lever vivement de terre, de sa couche; *corpus e somno* Lucr. 3, 164, s'arracher au sommeil; *se corripere* Virg. En. 6, 472, s'élancer; *intro se corripere* Ter. Hec. 364, entrer vivement ‖ [poét.] *corripere viam* Virg. En. 1, 418; *campum* Virg. G. 3, 104, prendre vivement une route, se saisir de l'espace (dévorer l'espace); *gradum* Hor. O. 1, 3, 33, presser le pas ‖ *flamma corripuit tabulas* Virg. En. 9, 537, la flamme saisit le plancher; *correpti flamma* Liv. 28, 23, 4, saisis par la flamme; *turbine correptus* Lucr. 5, 1232, saisi par un tourbillon; *turbo tecta corripiens* Sen. Nat. 7, 5, 1, la trombe emportant les maisons; *nec singula morbi corpora corripiunt* Virg. G. 3, 472, les maladies n'attaquent pas les corps isolément; *valetudine adversa corripitur* Tac. An. 12, 66, la maladie le saisit; *segetes sol nimius, nimius corripit imber* Ov. M. 5, 483, un soleil excessif, des pluies excessives attaquent les moissons ¶ 2 fig. se saisir de, s'emparer de : *pecunias, pecuniam* Cic. Verr. 2, 30, faire main basse sur des sommes d'argent (les rafler); *fascibus correptis* Sall. C. 18, 5, s'étant saisis des faisceaux consulaires ‖ se saisir de qqn en accusateur, se faire accusateur de qqn : Tac. An. 2, 28; 3, 49; *a delatoribus corripitur* Tac. An. 6, 40, les délateurs s'emparent d'elle ‖ se saisir de qqn en paroles, le malmener : *clamoribus judices corripuerunt* Cael. Fam. 8, 2, 1, on hua les juges; *convicio consulis correpti* Caes. C. 1, 2, 5, en butte aux invectives du consul; [d'où] déchirer qqn en paroles, le blâmer de façon mordante : Liv. 2, 28, 5; Sen. Nat. 6, 20, 5; Quint 11, 1, 68; *ab eo me correptum cur ambularem* Plin. Ep. 3, 5, 16, (je me souviens) qu'il me demanda compte avec vivacité d'une promenade que je faisais ¶ 3 resserrer : *membra timore* Lucr. 5, 1223, ramasser ses membres sous l'effet de la crainte ‖ réduire en resserrant : *impensas* Suet. Tib. 34, réduire les dépenses; *vitam* Sen. Ep. 74, 27, raccourcir la vie ‖ [gram.] rendre une syllabe brève dans la prononciation, la prononcer brève : Varr. L. 7, 33; Sen. Nat. 2, 56, 2; Quint. 1, 5, 18; 1, 6, 32 ¶ 4 [chrét.] blâmer, punir : *nolunt plerumque corripere, cum fortasse possint aliquos corripiendo corrigere* Aug. Civ. 1, 9, ils refusent le plus souvent de punir, alors que peut-être ils pourraient, en les punissant, amender certains hommes.

▶ la forme *conr-* se trouve qqf. dans les mss.

corrīvālis, *is*, m. (*cum, rivalis*), rival avec d'autres : Ps. Quint. Decl. 14, 12.

corrīvātio, *ōnis*, f. (*corrivo*), dérivation de l'eau dans le même lieu : Plin. 31, 44.

corrīvātus, *a*, *um*, part. de *corrivo*.

corrīvĭum, *ĭi*, n. (*cum, rivus*), confluent de plusieurs ruisseaux : Itin. Alex. 8.

corrīvō, *āre*, *ātum* (*cum, rivus*), tr., amener (des eaux) dans le même lieu : Sen. Nat. 3, 19, 4; Plin. 3, 53.

corrīxŏr, *ārĭs*, *ārī*, -, intr., entrer en conflit avec : Ps. Varr. Sent. 47.

corrōbŏrāmentum, *i*, n., ce qui fortifie : Lact. Inst. 3, 12, 35.

corrōbŏrātio, *ōnis*, f., action de fortifier : Cypr. Eleem. 16.

corrōbŏrō, *ās*, *āre*, *āvī*, *ātum*, tr., fortifier dans toutes ses parties, rendre fort, renforcer : *militem opere* Suet. Galb. 6, 3, fortifier le soldat par le travail; *corroborati* Cic. Fin. 5, 58, étant fortifiés ‖ *corroborare se* Cic. Cael. 11, prendre de la force, arriver à maturité; *conjurationem* Cic. Cat. 1, 38, fortifier la conjuration; *corroborata vetustate audacia* Cic. Mil. 32, audace fortifiée par le temps; *aetas corroborata* Cic. Cael. 41, âge affermi, mûr.

corrōco, *ōnis*, m. (gaul.), poisson de mer [dorade blanche ?] : Aus. Epist. 4 (393), 60; ▶ *carroco*.

corrōdō, *ĭs*, *ĕre*, *rōsi*, *rōsum* (*cum, rodo*), tr., ronger : Cic. Div. 2, 59.

corrŏgātĭo, *ōnis*, f., invitation de plusieurs pers. à la fois : Vulg. Eccli. 32, 3.

corrŏgātus, *a*, *um*, part. de *corrogo*.

corrŏgō, *ās*, *āre*, *āvī*, *ātum* (*cum, rogo*), tr. ¶ 1 inviter ensemble, à la fois : Cic. Quinct. 25; Phil. 3, 20; *corrogati auditores* Quint. 10, 1, 18, auditeurs que l'on a réunis à force d'insistance ¶ 2 quêter partout, solliciter de partout : Cic. Verr. 3, 184; Her. 4, 9; Caes. C. 3, 102, 4.

corrōsī, parf. de *corrodo*.

corrōsus, *a*, *um*, part. de *corrodo*.

corrŏtundātus, *a*, *um*, part. de *corrotundo*.

corrŏtundō, *ās*, *āre*, *āvī*, *ātum*, tr., arrondir : Sen. Nat. 4, 3, 5; 7, 26, 2; Ep. 113, 22; *terra quasi ovum corrotundata* Petr. 39, 15, la terre arrondie comme un œuf‖ [fig.] arrondir, compléter une somme : Petr. 76, 8; *enthymemata sua gestu corrotundant (oratores) velut caesim* Quint. 11, 3, 102, [avec les deux mains] d'un geste qui, pour ainsi dire, tranche, ils arrêtent les contours de leurs enthymèmes [syllogismes].

corrūda, *ae*, f. (?), asperge sauvage : Cat. Agr. 6, 3; Col. 11, 3, 43.

corrūdis (conrŭdis), *e*, entièrement brut : Not. Tir. 75, 69.

corrūgātus, *a*, *um*, part. de *corrugo*.

corrūgis, *e* (*cum, ruga*), froncé, plissé : Nemes. Cyn. 92.

corrūgō, *ās*, *āre*, *āvī*, *ātum* (*cum, rugo*), tr., rider, froncer : *oliva corrugatur* Col. 12, 52, 19, l'olive se ride; *corrugare nares* Hor. Ep. 1, 5, 23, faire froncer les narines.

corrugus, *i*, m. (celt.; cf. *arrugia, runco*, ὀρύσσω), canal de lavage [métallurgie] : Plin. 33, 74.

corrŭĭtūrus, *a*, *um*, part. fut. de *corruo* : Hier. Daniel 12, 11, p. 729.

corrumpō, *ĭs*, *ĕre*, *rūpī*, *ruptum* (*cum, rumpo*), tr., mettre en pièces complètement ¶ 1 détruire, anéantir : *frumentum flumine atque incendio* Caes. G. 7, 55, 8, détruire le blé par l'eau et par le feu (7, 64, 3; C. 2, 10, 6; Sall. J 55, 8; 76, 6; J. 22, 11, 5; 25, 11, 11) ‖ *res familiares corruperant* Sall. J. 64, 6, ils avaient réduit à néant leur fortune; *magnas opportunitates* Sall. C. 43, 3, réduire à néant de belles occasions; *libertas corrumpebatur* Tac. An. 1, 75, la liberté disparaissait ¶ 2 [fig.] gâter, détériorer [physiquement ou moralement] : *aqua corrumpitur* Cic. Nat. 2, 20, l'eau se corrompt (Sall. J. 55, 8); *sanguis corruptus* Cic. Tusc. 4, 23, sang gâté; *oculos* Pl. Merc. 501, gâter ses yeux [en pleurant]; *litteras publicas* Cic. Verr. 1, 60; *tabulas* Cic. Arch. 8, falsifier des registres officiels; *nomen alicujus* Sall. J. 18, 10, altérer le nom de qqn dans la prononciation ‖ altérer les idées de qqn : Cic. Fin. 1, 21; *corrumpitur oratio* Quint. 8, 3, 58, le style se gâte; *os in peregrinum sonum corruptum* Quint. 1, 1, 13, prononciation qui s'altère en prenant des sons étrangers ‖ *mores civitatis* Cic. Leg. 3, 32, corrompre les mœurs d'une cité; *Hannibalem ipsum Capua corrupit* Cic. Agr. 1, 20, Capoue a gâté Hannibal lui-même; *homo corruptus* Cic. Cat. 2, 7, homme corrompu, débauché; *milites soluto imperio licentia atque lascivia corruperat* Sall. J. 39, 5, le commandement s'étant relâché, l'armée avait été corrompue par la licence et le désordre ‖ corrompre, séduire une femme : Ter. Haut. 231; Tac. An. 4, 7; Suet. Caes. 50 [en part.] corrompre, gagner qqn : *nec me laudandis majoribus meis corrupisti* Cic. Fin. 1, 33, et tu ne m'as pas amadoué en louant mes ancêtres; *aliquem pecunia* Cic. Off. 2, 53, corrompre qqn à prix d'argent; *judicium corruptum* Cic. Clu. 4, jugement acheté, cf. 63; 64; 73; Mil. 46; *ad sententias judicum corrumpendas* Cic. Clu. 125, pour acheter la sentence des juges.

▶ inf. pass. *corrumpier* Lucr. 6, 18 ‖ orth. *conr-* Not. Tir. 46, 63 ‖ *corumptum* Lucr. 6, 1135.

corrumpt-, ▶ *corrupt-*; Pl. Trin. 240; Amp. 1058.

corrŭō, *ĭs*, *ĕre*, *rŭī*, - (*cum, ruo*)

I intr. ¶ 1 s'écrouler, crouler : *aedes corruerunt* Cic. Top. 15, une maison s'est écroulée Att. 14, 9, 1; Div. 1, 26; 1, 78; *arbor corruit* Ov. M. 8, 777, l'arbre tombe; *paene ille timore, ego risu corrui* Cic. Q. 2, 8, 2, nous avons failli nous écrouler, lui de peur, moi de rire (Liv. 1, 25, 5; 8, 9, 12; 22, 3, 11); *in vulnus* Virg. En. 10, 488, tomber sur sa blessure (en

avant) ; *quo cum conruit (ales)* Lucr. 6, 824, quand l'oiseau s'est abattu là ¶**2** [fig.] *Lacedaemoniorum opes corruerunt* Cic. *Off.* 1, 84, la puissance de Lacédémone s'écroula ; *si uno meo fato et tu et omnes mei corruistis* Cic. *Q.* 1, 4, 1, si mon seul destin a causé votre ruine et à toi et à tous les miens ‖ [en parl. d'un comédien] échouer, faire un four : Cic. *CM* 64 ‖ échouer en justice : Plin. *Ep.* 3, 9, 34. **II** tr. ¶**1** ramasser, entasser : *ditias* Pl. *Ru.* 542, des richesses, cf. Varr. *L.* 5, 139 ; Lucr. 5, 368 ¶**2** abattre, faire tomber : Catul. 68, 52 ; Apul. *M.* 8, 8.
▶ *conr-* Not. Tir. 75, 75.

corrūpī, parf. de *corrumpo*.

corruptē, adv. (*corruptus*), d'une manière vicieuse : *corrupte judicare* Cic. *Fin.* 1, 71, porter un jugement vicié ; *pronuntiare verba corrupte* Gell. 13, 30, 9, avoir une prononciation vicieuse ‖ *corruptius* Tac. *H.* 1, 22 ; *-issime* Sen. *Contr.* 10, 5, 21.

corruptēla, *ae*, f. (*corrumpo*), ce qui gâte, ce qui corrompt : Pl. *Truc.* 671 ; *corruptela malae consuetudinis* Cic. *Leg.* 1, 33, la corruption des mauvaises habitudes ‖ séduction, corruption, dépravation : *mulierum* Cic. *Verr.* 2, 134, action de débaucher des femmes ‖ [fig.] **a)** séducteur, corrupteur : Ter. *Ad.* 793 **b)** lieu de perdition : Frontin. *Aq.* 77.

corruptĭbĭlis, *e* (*corrumpo*), corruptible : Arn. 2, 26 ; 36 ; Lact. *Inst.* 2, 8, 68 ‖ *-lior* Aug. *Ver.* 41.

corruptĭbĭlĭtās, *ātis*, f., corruptibilité : Tert. *Marc.* 2, 16, 4.

corruptĭbĭlĭtĕr, adv., d'une manière corruptible : Pomer. 3, 6, 2.

corruptĭlis, *e*, Not. Tir. 46, 72, ⊂▶ *corruptibilis*.

corruptĭo, *ōnis*, f. (*corrumpo*), altération : Cic. *Tusc.* 4, 28 ‖ séduction, tentative de débauchage : Tac. *An.* 11, 2.

corruptīvē, adv., de manière à corrompre : Boet. *Top. Arist.* 7, 2.

corruptīvus, *a, um*, corruptible, périssable : Tert. *Res.* 50, 6.

corruptŏr, *ōris*, m. (*corrumpo*), celui qui corrompt, corrupteur : Cic. *Cat.* 2, 7 ; Hor. *S.* 2, 7, 63.

corruptōrĭus, *a, um*, Tert. *Marc.* 2, 16, 4, ⊂▶ *corruptibilis*.

corruptrix, *īcis*, f. (*corruptor*), corruptrice : Cic. *Q.* 1, 1, 19 ; Amm. 25, 3, 18.

corruptus, *a, um* ¶**1** part. de *corrumpo* ; adj[t]. avec compar. Hor., Curt., Sen. ; superl. Sall., Tac. ¶**2** ➡ *correptus*, part. de *corripio* : Paul. *Sent.* 5, 4, 13.

corruspŏr, *ārĭs, ārī, -* (*cum, rupsor*), tr., examiner avec soin : Pl. d. P. Fest. 54, 10.

cors, Glaucia d. Cic. *de Or.* 2, 263, ⊂▶ *cohors*.

corsa, *ae*, f. (κόρση), [archit.] bandeau : Vitr. 4, 6, 3.

corsalvĭum, *ii*, n. (*cor, salvus*) Ps. Apul. *Herb.* 101 ⊂▶ *salvia*.

Corseae, *ārum*, f. pl., groupe d'îles près de l'Ionie : Plin. 5, 135.

Corsiae Thebae, f., ville de Béotie : Plin. 4, 8.

Corsĭca, *ae*, f., Plin. 8, 199 et **Corsis**, *ĭdis*, f., Prisc. *Perieg.* 471, la Corse Atlas I, C3 ; V, F4 ; XII, D1 ‖ **Corsus**, *a, um*, Ov. *F.* 6, 194, **Corsĭcus**, *a, um*, Varr. *R.* 3, 2 et **Corsĭcānus**, *a, um*, Serv. *G.* 4, 101, de Corse ‖ **Corsi**, *ōrum*, m. pl., les Corses : Liv. 42, 7, 1 ; Plin. 15, 126.

corsŏĭdēs, *is*, m. (κορσοειδής), pierre précieuse inconnue : Plin. 37, 153.

Corstopitum, ville de Bretagne [Corchester] Atlas V, A2 : Anton. 464.

Corsus, *a, um*, ▣ *Corsica*.

Cortē, *ēs*, f., ville de la Haute-Égypte : Anton. 162.

cortex, *ĭcis*, m. ; f. Lucr. 4, 48 Virg. *B.* 6, 63 (cf. *corium*, scr. *kr̥ti-s*, rus. *kratkij*), enveloppe, ce qui recouvre : *tritici* Cat. *Agr.* 86, balle du blé ; *cortex (arboris)* Cic. *Nat.* 2, 120, écorce ; *cortex ovi* Vitr. 8, 3, 18, coquille d'œuf ; *cortex lapideus* Plin. 2, 226, enveloppe pierreuse ‖ [abs[t]] liège : Cat. *Agr.* 120 ; *levior cortice* Hor. *O.* 3, 9, 22, plus léger que le liège ‖ os intérieur de la seiche : Plin. 32, 71.

Cortĭcāta, *ae*, f., île de l'Océan : Plin. 4, 111.

cortĭcātus, *a, um* (*cortex*), garni d'écorce : Pall. 4, 2, 1 ‖ *corticata pix*, espèce de poix : Col. 12, 23, 1.

cortĭcĕus, *a, um* (*cortex*), d'écorce, fait en écorce : Varr. *R.* 1, 40, 1 ‖ qui coule de l'écorce des arbres : Prud. *Cath.* 3, 43.

cortĭcōsus, *a, um* (*cortex*), qui a beaucoup d'écorce : Plin. 20, 205.

cortĭcŭlus, *i*, m. (dim. de *cortex*), petite écorce : Col. 12, 47, 10.

1 cortīna, *ae*, f. (cf. scr. *caru-s*, prov. *peirou*) ¶**1** chaudron, chaudière, cuve : Pl. *Poen.* 1291 ; Plin. 36, 191 ‖ [en part.] le trépied d'Apollon : Virg. *En.* 3, 92 ; l'oracle même : Virg. *En.* 6, 347 ¶**2** [fig.] **a)** espace circulaire : Enn. *An.* 9 **b)** cercle d'auditeurs, auditoire : Tac. *D.* 19, 5.

2 cortīna, *ae*, f. (de *cors = cohors* ; fr. *courtine*), rideau, voile : Isid. 19, 26, 9 ; Ambr. *Ep.* 20, 24.

cortīnālĕ, *ĭs*, n. (*cortina*), emplacement pour les cuves et les chaudières : Col. 1, 16, 9.

cortīnĭpŏtens, *tis* (*cortina, potens*), maître du trépied (qui rend les oracles) [épith. d'Apollon] : Lucil. 276.

cortīnŭla, *ae*, f. (dim. de *cortina*), petit chaudron : Amm. 29, 1, 31.

Cortōna, *ae*, f., ville d'Étrurie Atlas XII, D3 : Liv. 9, 37, 12 ‖ *-nensis*, *e*, de Cortone : Liv. 22, 4, 2 ‖ *-nenses*, *ĭum*, m. pl. ¶**1** habitants de Cortone d'Étrurie : Plin. 3, 52 ¶**2** habitants d'une ville de la Tarraconaise Atlas IV, B4 ; V, F2 : Plin. 3, 24.

cortŭmĭo, *ōnis*, f. (peu clair, cf. *cor, aestimo* ?), contemplation intérieure, analyse (?) : Varr. *L.* 7, 8 ; 7, 9.

Cortuōsa, *ae*, f., ville d'Étrurie : Liv. 6, 4, 9.

Cortўnĭa, Serv. *B.* 6, 60, ⊂▶ *Gortyna*.

cōrūda, ▣ *corruda*.

cŏrŭlētum, *i* (*corulus* ; fr. coudraie), lieu planté de noisetiers : Ov. *F.* 2, 587.

cŏrŭlus, *i*, f. (*koselo-s, cf. al. *Hasel*, an. *hazel*, v. irl. *coll* ; fr. *coudre*), noisetier, coudrier : Cat. *Agr.* 18, 9 ; Virg. *B.* 1, 14.
▶ l'orthographe *corylus* est fondée sur un faux rapprochement avec κάρυον, Prisc. 2, 36, 22.

Cŏrumbus, *i*, m., nom d'homme : Cic. *Att.* 14, 3, 1.

Cŏruncānĭus, *ii*, m., Ti. Coruncanius [premier pontife plébéien] : Cic. *Planc.* 20.

Cōrus, ▣ *Caurus*.

cŏruscābĭlis, *e*, Cassiod. *Psalm.* 118, 18, **cŏruscālis**, *e*, Drac. *Orest.* 244 (*corrusco*), brillant.

cŏruscāmen, *ĭnis*, n. (*corusco*), éclat, splendeur éclatante : Apul. *Socr.* 3 ; Aug. *Civ.* 9, 16.

cŏruscātĭo, *ōnis*, f. (*corusco*), action de briller, étinceler : Solin. 53, 25 ‖ [en parl. des éclairs] fulguration : Vop. *Car.* 8, 3.

cŏruscĭfĕr, *ĕra, ĕrum* (*coruscus, fero*), [ciel] sillonné par les éclairs : Capel. 8, 808.

cŏruscō, *ās, āre, āvī, ātum* (*coruscus*) ¶**1** intr., cosser, heurter de la tête : Lucr. 2, 320 ‖ s'agiter, bouger : *apes pennis coruscant* Virg. *G.* 4, 73, les abeilles battent des ailes ; *coruscat abies* Juv. 3, 254, une poutre branle ‖ briller, étinceler : Pacuv. d. Cic. *de Or.* 3, 157 ; Virg. *G.* 4, 98 ‖ impers., *coruscat* Vulg. 4 *Esdr.* 16, 10, il fait des éclairs ¶**2** tr., agiter, brandir, darder, secouer : *gaesa coruscant Galli* Virg. *En.* 8, 661, les Gaulois brandissent des javelots ; *linguas coruscant (colubrae)* Ov. *M.* 4, 494, (les couleuvres) dardent leurs langues.

1 cŏruscus, *a, um* (cf. κορύπτω) ¶**1** agité, tremblant : Virg. *En.* 1, 164 ‖ [fig.] *corusca fabulari* Pl. *Ru.* 526, dire des choses tremblotantes ¶**2** brillant, étincelant : Lucr. 6, 203 ; Virg. *G.* 1, 234 ‖ acc. n. adv. : Sil. 16, 119.

2 cŏruscus, *i*, m. (1 *coruscus*), l'éclair : Cassiod. *Psalm.* 71, 6 ; Greg.-Tur. *Hist.* 8, 17.
▶ *scoruscus* VL. *Luc.* 17, 24.

1 corvīnus, *a, um* (*corvus*), de corbeau : Plin. 10, 32.

2 Corvīnus, *i*, m., surnom dans la famille Valéria : Liv. 7, 26.

1 corvus, *i*, m. (cf. *cornix* ; it. *corvo*), corbeau : Pl. *As.* 260 ; Cic. *Div.* 1, 12 ; 85 ; *in cruce corvos pascere* Hor. *Ep.* 1, 16, 48,

corvus

servir de pâture aux corbeaux sur la croix ‖ croc, harpon : Vitr. 10, 13, 3 ; Curt. 4, 2, 12 ‖ scalpel : Cels. 7, 19, 7 ‖ le Corbeau [constellation] : Vitr. 9, 7, 1 ‖ sorte de poisson de mer : Cels. 2, 18, 7.

2 **Corvus**, *i*, m., surnom de M. Valérius : Liv. 8, 17.

Cŏrўbantes, *um*, m. pl., prêtres de Cybèle : Hor. O. 1, 16, 8 ‖ **-tĭus**, *a*, *um*, des Corybantes : Virg. En. 3, 111.

Cŏrўbās, *antis*, m. ¶ 1 fils de Cybèle : Cic. Nat. 3, 57 ‖ fils de Proserpine : Serv. En. 3, 111 ¶ 2 Corybante, v. *Corybantes* ‖ [fig.] Corybante, fou furieux : *de conviva Corybanta videbis* Juv. 5, 25, tu verras le convive transformé en Corybante.

Corycae, *ārum*, f. pl., îles voisines de la Crète : Plin. 4, 61.

cŏrўcēum, *i*, n. (*κωρυκεῖον), endroit d'un gymnase où l'on s'exerçait avec le corycus : Vitr. 5, 11, 2 ; v. *corycus*.

Cŏrўcĭdes, *um*, acc. *as*, f. pl., nymphes du Parnasse : Ov. M. 1, 320 ; v. 1 *Corycius*.

1 **Cŏrўcĭus**, *a*, *um*, corycien [qui a trait à la grotte de Korykos, Κωρύκιον ἄντρον (*Hérodote* 8, 36), située sur le flanc du Parnasse, consacrée aux nymphes et à Pan] : *Corycium nemus* Stat. Th. 3, 347, la forêt du Parnasse.

2 **Cōrўcĭus**, *a*, *um*, de Corycus [en Cilicie] : Virg. G. 4, 127.

cōrўcŏmăchĭa, *ae*, f. (κωρυκομαχία), exercice du corycus : Cael.-Aur. Chron. 5, 11, 134.

1 **cŏrўcus**, *i*, m. (κώρυκος), sac plein dont se servaient les athlètes pour boxer : [fig.] Cic. Phil. 13, 26.

2 **Cōrўcus**, *i*, m., Cic. Fam. 12, 13, 3, **Cōrўcos**, *i*, m., f., Plin. 5, 92, ville et montagne de Cilicie Atlas IX, D3 ‖ montagne de Crète : Plin. 4, 60 ‖ port d'Ionie : Liv. 36, 43, 13.

Corўdalla, *ōrum*, n. pl., ville de Lycie : Plin. 5, 100.

cŏrўdălus, *i*, m. (κορυδαλός), alouette huppée : *Serv. B. 2, 1 ; M.-Emp. 29, 30. ► *coridalis* Serv. [mss].

Cŏrўdōn, *ōnis*, m., nom de berger : Virg. B. 2, 1.

Cŏrўlēnus, *i*, f., ville d'Éolie : Liv. 37, 21, 5.

cŏrўlētum, v. *coruletum*.

cŏrўlus, v. *corulus*.

corymbāta nāvis, bateau orné de corymbes : Gloss. 4, 45, 8.

1 **cŏrymbĭa**, *ae*, f., tige de la férule : Plin. 5, 132.

2 **Cŏrymbĭa**, *ae*, f., autre nom de Rhodes : Plin. 5, 132.

cŏrymbĭātus, *a*, *um*, orné de grappes de lierre : Treb. Claud. 7, 5.

cŏrymbĭfĕr, *ĕra*, *ĕrum* (*corymbus*, *fero*), couronné de grappes de lierre : Ov. F. 1, 393.

cŏrymbĭŏn, *ii*, n. (κορύμβιον), perruque : Petr. 110, 1.

cŏrymbītēs, *ae*, m., espèce d'euphorbe [plante] : Plin. 26, 70.

cŏrymbus, *i*, m. (κόρυμβος), grappe de lierre : Virg. B. 3, 39 ‖ ornement à la poupe et à la proue des navires : Val.-Flac. 1, 273 ‖ mamelon [anatomie] : Samm. 352 ‖ stalactite : Aetna 106.

Cŏrўna, *ae*, f., ville d'Ionie : Mel. 1, 17 ‖ **-naeus**, *a*, *um*, de Coryna : Plin. 5, 117.

Cŏrўnaeus, *i*, m. ¶ 1 nom d'un guerrier : Virg. En. 6, 228 ¶ 2 v. *Coryna*.

1 **Cŏrўphaeus**, *i*, m., nom d'un cheval : Juv. 8, 62.

2 **cŏrўphaeus**, *i*, m. (κορυφαῖος), coryphée ‖ [fig.] chef, porte-parole : Cic. Nat. 1, 59.

Cŏrўphanta, *ae*, f., ville de Bithynie : Plin. 5, 148 ‖ **-tēnus**, *a*, *um*, de Coryphas : Plin. 32, 62.

Cŏrўphās, *antis*, f., ville de Mysie : Plin. 5, 122.

Cŏrўphăsĭa, *ae*, f., nom de la Minerve de Messénie : Arn. 4, 16 ; v. *Coria*.

Cŏrўphăsĭum, *ii*, n., promontoire et ville de Messénie : Plin. 4, 18.

Cŏrўphē, *ēs*, f., fille de l'Océan : Cic. Nat. 3, 59.

cŏrўphĭa, *ōrum*, n. pl., espèce de murex : Plin. 32, 147.

Cŏrўthus, *i*, m., héros ou ville d'Étrurie : Virg. En. 7, 209 ‖ fils de Pâris : Ov. M. 3, 361 ‖ montagne et ville d'Étrurie : Serv. En. 3, 170.

cōrўtŏs (-us), *i*, m. (κωρυτός ; esp. *goldre*), carquois : Virg. En. 10, 169 ; v. *gorytus*.

cŏryza, *ae*, f. (κόρυζα), rhume de cerveau : Cael.-Aur. Acut. 2, 17, 101.

1 **cos**, abréviation de *consul*, consule.

2 **cōs**, *cōtis*, f. (cf. *catus*, *cautes*, κῶνος, scr. *sisati*, *sāṇ-s*, an. *hone* ; a. fr. *queux*), pierre dure, pierre à polir : Plin. 36, 147 ; 37, 109 ‖ surtout à aiguiser : Virg. En. 7, 627 ; Hor. O. 2, 8, 16 ; P. 304 ; Plin. 18, 261 ; Cic. Div. 1, 33 ; Liv. 1, 36, 4 ‖ [fig.] *fortitudinis quasi cotem esse iracundiam* Cic. Ac. 2, 135, [ils disaient] que la colère est comme la pierre à aiguiser du courage.

3 **Cōs**, v. *Coos*.

Cŏsa, *ae*, f., Plin. 3, 51, **Cŏsae**, *ārum*, f. pl., Virg. En. 10, 168, ville de l'Étrurie Atlas XII, D3 ‖ **Cŏsānus**, *a*, *um*, de Cosa : Liv. 22, 11, 6 ‖ **-ānum**, *i*, n., territoire de Cosa : Cic. Att. 9, 6, 2 ‖ **Cŏsa**, ville de Lucanie : Caes. C. 3, 22, 2.

Coscinus, *i*, f., village de Carie : Plin. 5, 109.

Coscōnĭus, *ii*, m., nom d'homme : Cic. Brut. 242.

Cosedia, *ae*, f., Peut. 2, 2, **-diae**, *ārum*, f. pl., Anton. 386, ville de la Lyonnaise [Coutances].

Cosenus, *i*, m., fleuve de Maurétanie : Plin. 5, 9.

cōservus, v. *conservus*.

Cosetani, v. *Cossetani*.

Cosingis, *ĭdis*, f., épouse de Nicomède, roi de Bithynie : Plin. 8, 144.

Cosiri, *ōrum*, m. pl., peuple de l'Inde : Plin. 6, 64.

cosmētēs, *ae*, m. (κοσμητής), esclave chargé de la toilette : Juv. 6, 477.

cosmētōrĭum, *ii*, n. (κοσμητήριον), produit pour le visage : Placit. 31, 11.

Cosmĭānus, *a*, *um*, de Cosmus : Mart. 3, 82, 26 ‖ **Cosmĭānum**, *i*, n., parfum de Cosmus : Mart. 12, 55, 7.

cosmĭcos, **-ĭcus**, *a*, *um* (κοσμικός), qui est du monde : Mart. 7, 41 ; Firm. Math. 2, 29, 13.

cosmittĕrĕ, P. Fest. 59, 5, pour *committere*.

cosmŏcrătŏr, *ōris*, m. (κοσμοκράτωρ), gouverneur du monde : Iren. 1, 5, 4.

cosmoe, *ōrum*, m. pl. (κόσμοι), sorte d'archontes chez les Crétois : Cic. Rep. 2, 58.

cosmŏgrăphĭa, *ae*, f. (κοσμογραφία), cosmogonie : Isid. 6, 2, 1.

cosmopoeĭa, *ae*, f. (κοσμοποιία), création du monde : Boet. Arith. 2, 46.

cosmos, *i*, m. (κόσμος), le monde : Apul. Mund. 22 ; Paul.-Nol. Carm. 32, 195.

Cosmus, *i*, m., parfumeur en renom à Rome : Juv. 8, 86 ; Mart. 1, 87, 2.

Cosoagus, *i*, m., fleuve de l'Inde : Plin. 6, 65.

Cososus, surnom de Mars chez les Bituriges : CIL 13, 1353.

cospisso, v. *conspisso* : Plin. 13, 99 (cod. M).

coss., abréviation de *consules* et *consulibus*.

Cossa, v. *Cosa*.

Cossetāni, **Cossetānia**, v. *Cessetani*, *Cessetania*.

Cossĭaei, *ōrum*, m. pl., peuple de la Susiane [Perse] : Plin. 6, 134.

cossĭgĕrāre, f. l. Acc. Poet. 21 d. Non. 61, 24.

cossim, **coxim** (cf. *conquinisco*, plutôt que *coxa*), adv., en se tenant accroupi : Pompon. Com. 129 ; Apul. M. 3, 1 ‖ en boitant : Varr. Men. 471.

Cossinĭus, *ii*, m., nom d'homme : Cic. Balb. 53.

Cossĭo, *ōnis*, f., ville d'Aquitaine : Aus. Parent. 26 (183), 8 ; v. *Vasates*.

cossis, *is*, m. (?), Plin. 17, 220 et **cossus**, *i*, m. (it. *cosso*), ver de bois : Plin. 11, 113.

Cossūra, v. Cosura.

1 **cossus**, v. cossis.

2 **Cossus**, *i*, m., surnom romain : Liv. 4, 19, 5 ; *fratres Cossi* Cic. *de Or.* 2, 98, les frères Cossus.

Cossŭtĭa, *ae*, f., femme de César : Suet. *Caes.* 1, 1.

Cossŭtĭānae Tabernae, f. pl., [lieudit] les Tavernes de Cossutius : Cic. *Fam.* 16, 27, 2.

Cossŭtĭānus, *i*, m., délateur fameux sous Néron : Tac. *An.* 11, 6.

Cossŭtius, *ĭi*, m., nom d'homme : Cic. *Verr.* 3, 55.

cossȳphus, *i*, m. (κόσσυφος), labre [poisson] : Plin. Val. 5, 26.

Cossȳra, v. Cosura.

costa, *ae*, f. (cf. 2 *os*, rus. *kost'* ; fr. *côte*), côte : Cels. 8, 1, 14 ; Plin. 11, 207 ‖ [fig.] côté, flanc : Virg. *En.* 8, 463.

costālis, *e* (*costa*), costal : Veg. *Mul.* 3, 1, 2.

costămōmum, *i*, n. (*costum, amomum*), costamome [plante] : Dig. 39, 4, 16, 7.

costātus, *a, um* ¶ 1 (*costa*), qui a de bonnes côtes : Varr. *R.* 2, 5, 8 ¶ 2 (*costum*), fait avec le *costum* [plante] : Ps. Garg. *Med.* 209.

costĭlātus, *a, um* (*costula*), qui a des côtes : Treb. *Gall.* 20, 3.

Costoboci, *ōrum*, m. pl., peuple de la Sarmatie Atlas I, C5 : Plin. 6, 19 ‖ **-bocensis**, *e*, des Costoboci : CIL 6, 1801, 6.

costrus, *i*, m. (gr.), variété d'abeille : *Pall. 6, 10 ; Isid. 12, 8, 3.

costŭla, *ae*, f. (*costa*), petite côte : Treb. *Maxim.* 27, 8.

costum, *i*, n., Prop. 4, 6, 5, **costus** ou **costŏs**, *i*, f., Luc. 9, 917 (κόστος), costus [plante aromatique].

Cosuanetes, *um*, m. pl., peuplade des Alpes : Plin. 3, 137.

Cŏsūra ou **Cŏsȳra**, *ae*, Ov. *F.* 3, 567 et **Cossūra** ou **Cossȳra**, *ae*, f., Sil. 14, 272, île entre la Sicile et l'Afrique [Pantelleria] Atlas VIII, A4 ; XII, H3.

Cŏsyri, v. Cosiri.

cŏtana, v. cottana.

cōtārĭa ou **cōtōrĭa**, *ae*, f. (*cos*), carrière de pierres à aiguiser : Alfen. *Dig.* 39, 4, 15.

cōtes, Cic. *Tusc.* 4, 33, v. cautes.

1 **cōthōn**, *ōnis*, m., P. Fest. 33, 16 et **cōthōnum**, *i*, n., Serv. *En.* 1, 427 (sém.), port artificiel creusé de main d'homme : B.-Afr. 63, 6.

2 **Cōthōn**, *ōnis*, m., île proche de Cythère : Plin. 4, 56.

Cōthōnēa, *ae*, f., mère de Triptolème : Hyg. *Fab.* 147.

cŏthurnātē, adv., d'une manière tragique [style] : *-ius* Amm. 28, 1, 4.

cŏthurnātĭo, *ōnis*, f. (*cothurnus*), représentation d'une tragédie : Tert. *Val.* 13, 2.

cŏthurnātus, *a, um* (*cothurnus*), chaussé du cothurne : Sen. *Ep.* 76, 31 ‖ **cothurnati**, *ōrum*, m. pl., acteurs tragiques : Sen. *Ep.* 8, 8 ‖ tragique, imposant : *cothurnata dea* Ov. *F.* 5, 348, déesse imposante ; *cothurnata scelera* Lact. *Inst.* 6, 20, 28, crimes dignes du cothurne.

cŏthurnōsus, *a, um* (*cothurnus*), [fig.] farouche : Greg.-Tur. *Jul.* 31.

cŏthurnus, *i*, m. (κόθορνος) ¶ 1 cothurne, chaussure montante **a)** à l'usage des chasseurs : Cic. *Fin.* 3, 46 ; Virg. *B.* 7, 32 ; Juv. 6, 105 **b)** à l'usage des acteurs tragiques : Hor. *P.* 280 ¶ 2 [fig.] tragédie : Hor. *P.* 80 ‖ sujet tragique : Juv. 15, 29 ‖ style élevé, sublime : Virg. *En.* 8, 10 ; Quint. 10, 1, 68 ‖ peinture de grand style : Plin. 35, 111 ‖ majesté, prestige : Amm. 21, 16, 1.

cōtĭārĭus, *ĭi*, m. (*cos*), émouleur : Gloss. 2, 223, 12.

1 **cōtĭcŭla**, *ae*, f. (dim. de *cos*), pierre de touche : Plin. 33, 12, 6 ‖ petit mortier de pierre : Plin. 31, 100.

2 **cōtĭcŭla**, *ae*, f., pour *caudicula*, queue de porc : Apic. 256.

cŏtĭd-, v. cottid-.

Cotieri, *ōrum*, m. pl., peuple de la Scythie Asiatique : Plin. 6, 50.

cŏtĭla, v. cotyla.

Cŏtĭlĭae, v. Cutiliae.

cŏtĭnus, *i*, m. (κότινος), fustet [arbrisseau] : Plin. 16, 73.

Cŏtĭnūsa, Plin. 4, 120, **Cŏtĭnussa**, *ae*, f., Avien. *Perieg.* 612, ancien nom de Gadès.

cōtĭo, v. cos : Gloss. 5, 186, 4 ‖ v. cocio et coctio.

Cŏtiso, *ōnis*, m., Cotison [roi des Gètes] : Suet. *Aug.* 63, 2 ‖ appelé " le Dace " : Hor. *O.* 3, 8, 18.

Cotobacchi, *ōrum*, m. pl., peuple des bords du Tanaïs [Don] : Plin. 6, 19.

cŏtōnĕa, *ae*, f., nom de la grande consoude [chez les Vénètes] : Plin. 26, 42.

cŏtōnĕus, **cŏtōnĭus**, *a, um* (κυδώνιος ; fr. *coing*, al. *Quitte*), de cognassier : *cotoneum malum* ou *cotoneum, i*, n. [abs¹] coing : Plin. 15, 37 ; Varr. *R.* 1, 59.

Cotonis, *ĭdis*, f., une des îles Échinades [golfe de Corinthe] : Plin. 4, 53.

cōtōrĭa, v. cotaria.

Cotta, *ae*, m., surnom romain dans la famille Aurélia : Cic. *Brut.* 82.

cottăbĭus, v. cattabius.

cottăbus, *i*, m. (κότταβος), bruit de coups : *cottabi bubuli* Pl. *Trin.* 1011, coups de nerf de bœuf.

cottăna, *ōrum*, n. pl. (κόττανα), petites figues de Syrie : Plin. 13, 51 ; Mart. 13, 28.

Cotte, n., ville de Maurétanie : Plin. 5, 2.

Cottiae, Amm. 15, 10, 2, **Cottianae Alpes**, f. pl., Tac. *H.* 1, 61, les Alpes Cottiennes, V, E3, XII, B1.

cottīdĭānō, adv., v. cottidie : Pl. *Cap.* 725 ; Cic. *Rep.* 6, 2 ; *Verr.* 4, 18.

cottīdĭānus, *a, um*, quotidien, de tous les jours, journalier : Cic. ; Caes. ‖ familier, habituel, commun : Ter. *Eun.* 297 ; Cic. *Fam.* 9, 21, 1.

cottīdĭē, adv. (de *quotus* et *dies* au loc.), tous les jours, chaque jour : Cic., Caes. ▶ sur l'orth. du mot v. Quint. 1, 7, 6 ; les mss ont aussi bien *cotidie* que *cottidie*.

1 **cottīdĭō**, adv., v. cottidie, citation de : Char. 196, 7.

2 **cottīdĭō**, *ās, āre*, -, -, intr. (*cottidie*), *cottidiantes = assiduantes* : Gloss. 5, 186, 3.

Cottĭus, *ĭi*, m., roi qui donna son nom aux Alpes Cottiennes : Amm. 15, 10, 2 ‖ **-ĭānus**, *a, um*, de Cottius, Cottien : Plin. 3, 133.

Cottōn, *ōnis*, f., ville de l'Eolie : Liv. 37, 21.

cottŏna, v. cottana : Juv. 3, 83.

Cottonara, *ae*, f., contrée de l'Inde : Plin. 6, 105.

Cottonare, *is*, n., port d'Éthiopie : Solin. 54, 8.

cŏtŭla, v. cotyla.

cŏturnix, *īcis*, f. (onomat., cf. *coacula* ; esp. *codorniz*), caille : Varr. *R.* 3, 5, 7 ; Lucr. 4, 641 ‖ terme de caresse : Pl. *As.* 666.
▶ d'abord *cocturnix* Ps. Caper 7, 108, 17 ; l'abrègement *cŏturnix* date d'Ovide.

cŏturnus, v. cothurnus [certains mss].

1 **Cŏtus**, *i*, m., chef éduen : Caes. *G.* 7, 32, 4.

2 **Cotus**, *i*, m., nom d'un roi thrace : Caes. *C.* 3, 4, 3.

Cŏtyaeum ou **Cŏtyaiōn**, *i*, n., ville de Phrygie Atlas VI, B4 : Plin. 5, 145.

1 **cŏtyla** ou **cŏtula**, *ae*, Mart. 8, 71, 8, **cŏtylē**, *ēs*, f., Anth. 486, 67 (κοτύλη), cotyle [servant de mesure d'une contenance d'1/2 setier], cf. Cat. *Agr.* 146.

2 **Cŏtyla**, *ae*, m., nom d'homme : Cic. *Phil.* 5, 5.

cŏtylēdōn, *ōnis*, f. (κοτυληδών), nombril-de-Vénus [plante] : Plin. 25, 159.

Cŏtyōrum, *i*, n., ville du Pont : Plin. 6, 11.

Cŏtys, *yis*, m. (Κότυς) et **Cŏtus**, *i*, m. (Lucil. 527), nom de plusieurs rois thraces : Cic. *Pis.* 84 ; Liv. 42, 29 ; Tac. *An.* 12, 15.

Cŏtyttĭa, *ōrum*, n. pl. (Κοτύττια), mystères de Cotytto : Hor. *Epo.* 17, 56.

Cŏtyttō, *ūs*, f. (Κοτυττώ), Cotytto [déesse de l'impudicité] : Juv. 2, 92.

coum, v. covum : Varr. *L.* 5, 135.

cŏūnĭō, *īs*, *īre*, -, - (*cum*, *unus*), tr., unir : Mar. Vict. *Ar.* 1, 53.

cŏūnītĭo et **cŏūnĭo**, *ōnis*, f., union : Mar. Vict. *Ar.* 1, 32.

cŏūnō, *ās*, *āre*, -, *ātum*, tr., réunir : Cael.-Aur. *Acut.* 3, 5.

1 **Cōus**, *a*, *um* (Κῷος), de l'île de Cos : **Coa Venus** Cic. *de Or.* 2, 5, la Vénus de Cos [tableau d'Apelle] ; **Cous artifex** Ov. *Pont.* 4, 1, 29, l'artiste de Cos [Apelle] ∥ **Cōum**, *i*, n., vin de Cos : Hor. *S.* 2, 4, 29 ∥ **v.** *Coa*.

2 **Cōus**, *i*, f., **v.** *Coos*.

cŏūtor, *i*, intr., avoir des relations avec : Vulg. *Joh.* 4, 9.

Coveliacae, f. pl., ville de la Vindélicie : Peut. 4, 2.

Cŏvella, *ae*, f. (cf. 1 *cavus*, *cohum*), surnom de Junon : Varr. *L.* 6, 27.

cŏvĕnĭo, **v.** *convenio* ▶.

cŏvinnārĭus, *ii*, m. (*covinnus*), covinnaire, conducteur d'un char armé de faux : Tac. *Agr.* 35, 2.

cŏvinnus, *i*, m. (gaul.), char de guerre armé de faux : Mel. 3, 52 ; Luc. 1, 426 ∥ voiture de voyage : Mart. 12, 24, 1.

cŏvum, *i*, n., trou pratiqué dans le joug pour recevoir le timon : Varr. *L.* 5, 135 ; **v.** *cohum*.

cŏvus, *i*, m., gerbe de blé : Philarg. Virg. *G.* 2, 517.

coxa, *ae*, f. (cf. v. irl. *cos*, al. *Hachse*, scr. *kakṣa-s* ; fr. *cuisse*) ¶ 1 os de la hanche ; hanche, cuisse : Cels. 4, 29, 1 ; Plin. *Ep.* 2, 1, 5 ∥ râble : Mart. 7, 20 ¶ 2 angle rentrant : Grom. 139, 16.

coxāle, *is*, n. (*coxa*), ceinture : Hier. *Zach.* 3, 11, 14.

coxendĭcus, *a*, *um* (*coxendix*), qui souffre de la hanche : Placit. 5, 13.

coxendix, *ĭcis*, f. (*coxa*), hanche : Varr. *R.* 1, 20 ∥ cuisse : Pl. *Bac.* 1159.

coxī, parf. de *coquo*.

coxĭgō, *ās*, *āre*, -, - (*coxa*), intr., boiter : Gloss. 3, 468, 36.

coxim, **v.** *cossim*.

coxo, *ōnis*, m. (*coxa*), boiteux : Non. 25, 18.

coxōsus, *a*, *um* (*coxa*), atteint de goutte sciatique : Gloss. 2, 574, 3.

coxus, *a*, *um* (*coxa* ; esp. *cojo*), boiteux : Gloss. 3, 468, 37.

cra, onomat., croa [cri des corbeaux] : Prisc. 2, 5, 15.

crăbattus, **v.** *grabattus*.

Crabra, **aqua Crabra**, *ae*, f., ruisseau des environs de Tusculum : Cic. *Agr.* 3, 9.

crăbro, *ōnis*, m. (cf. *cerebrum*, *cornu*, κάρα, al. *Hornisse* ; it. *scarabone*), frelon : Virg. *G.* 4, 245 ; **irritare crabrones** Pl. *Amp.* 707, [prov.] jeter de l'huile sur le feu.

cracatius, *i*, m. (gaul.), esturgeon : Anthim. 46.

cracca, *ae*, f. (?), grain de la vesce sauvage : Plin. 18, 142.

crăcens, *tis* (cf. *gracilis* ?), **v.** *gracilis* ; Enn. *An.* 505, cf. P. Fest. 46, 16.

cracerō, *ās*, *āre*, -, - (cf. *cra*), croasser : Gloss. 5, 543, 20.

cracō, *ās*, *āre*, -, -, **v.** *cracero* : Gloss. 5, 543, 20.

Crăgus, *i*, m., montagne et promontoire de Lycie : Hor. *O.* 1, 21, 8.

crambē, *ēs*, f. (κράμβη), espèce de chou : Plin. 20, 79 ; **crambe repetita** Juv. 7, 154, chou réchauffé.

Crambūsa, *ae*, f., île près de Chypre : Plin. 5, 131.

crāmum, *i*, n. (gaul., fr. *crème*), crème de lait : Fort. *Carm.* 11, 14, 2.

Crănăŏs, *i*, f., ville de Carie : Plin. 5, 108.

Crănaus, *i*, m., roi d'Athènes : Varr. d. Aug. *Civ.* 18, 10.

Cranda, *ae*, f., ville d'Éthiopie : Plin. 6, 179.

Cranē, *ēs*, f., autre nom de Carna : Ov. *F.* 6, 107.

Crania, *ae*, m., montagne d'Épire : Plin. 4, 6.

Cranĭi, *ĭorum*, m. pl., habitants d'une ville de Céphallénie : Liv. 38, 28, 6.

Crannōn (Crānōn), *ōnis*, f., ville de Thessalie Atlas VI, B1 : Cic. *de Or.* 2, 352 ∥ **-ōnĭus**, *a*, *um*, de Crannon : Liv. 42, 64, 7.

Crantōr, *ŏris*, m. ¶ 1 Crantor [frère de Phénix] : Ov. *M.* 12, 316 ¶ 2 philosophe de l'Académie : Cic. *de Or.* 3, 67.

crāpŭla, *ae*, f. (κραιπάλη) ¶ 1 indigestion de vin [mal de tête, nausées], ivresse : **edormi crapulam** Cic. *Phil.* 2, 30, cuve ton vin, cf. Pl. *Most.* 1122 ; **v.** *exhalo* ; **crapulae plenus** Liv. 9, 30, 9, gorgé de vin ¶ 2 résine qu'on mêlait au vin : Plin. 14, 124 ¶ 3 excès de nourriture : Isid. 20, 2, 9 ; Aug. *Conf.* 10, 31, 45 ; Jul. 4, 14, 73.

crāpŭlānus, *a*, *um* (*crapula*), fait avec de la résine : Plin. 14, 120.

crāpŭlārĭus, *a*, *um* (*crapula*), relatif à l'ivresse : Pl. *St.* 230.

crāpŭlātĭo, *ōnis*, f., Cassiod. *Anim.* 11, **c.** *crapula*.

crāpŭlātus, *a*, *um*, part. de *crapulor*.

crāpŭlentus, *a*, *um* (*crapula*), ivre : Amm. 29, 5, 54.

crāpŭlŏr, *āris*, *āri*, *ātus sum* (*crapula*), intr., être ivre : Cassian. *Inst.* 8, 3 ; [usité surtout au part.] **crapulatus** : Ambr. *Fid.* 1, 20, 136.

crāpŭlōsus, *a*, *um* (*crapula*), adonné, porté à l'ivrognerie : Ps. Max. *Hom.* 90, p. 459 A.

crās (cf. scr. *śvas*) ¶ 1 adv., demain : Pl. *Most.* 654 ; Cic. *Att.* 12, 44, 3 ; **cras mane** Cic. *Att.* 10, 30, 2, demain matin ¶ 2 subst. n., le lendemain : Mart. 5, 58, 2.

Craspedītēs sĭnus, golfe de Bithynie : Plin. 5, 148.

crassāmĕn, *ĭnis*, n. (*crasso*), sédiment, dépôt : Col. 12, 25, 27.

crassāmentum, *i*, n. (*crasso*) ¶ 1 épaisseur : Plin. 16, 210 ; Gell. 17, 9, 7 ¶ 2 sédiment, dépôt : Col. 12, 12, 1.

crassantus, **v.** *craxantus*.

crassātĭo, *ōnis*, f. (*crasso*), épaississement : Pelag. 262.

crassatus, *a*, *um*, part. de *crasso*.

crassē, adv. (*crassus*) ¶ 1 d'une manière épaisse : **crasse linere** Col. 12, 46, 2, enduire d'une couche épaisse, cf. 12, 44, 5 ¶ 2 grossièrement : **crasse compositum carmen** Hor. *Ep.* 2, 1, 76, poème sans art ∥ confusément : Sen. *Ep.* 121, 12 ∥ d'une manière terne : **crassius gemmae nitent** Plin. 37, 106, les pierres ont moins d'éclat.

crassēdo, *ĭnis*, f. (*crassus*), épaisseur : Fulg. *Virg. p.* 86, 14.

crassescō, *ĭs*, *ĕre*, -, - (*crassus*), intr., engraisser : Col. 8, 9, 2 ; Plin. 13, 110 ∥ épaissir, prendre de la consistance : Plin. 33, 86.

Crassĭānus, *a*, *um*, de Crassus [le triumvir] : Vell. 2, 82, 2.

crassĭfĭcātĭo, *ōnis*, f. (*crassifico*), action de prendre de la consistance, épaississement : Cael.-Aur. *Acut.* 1, 14, 115.

crassĭfĭcātus, *a*, *um*, part. de *crassifico*.

crassĭfĭcō, *ās*, *āre*, -, - (*crassus*, *facio*), tr., rendre épais : Cael.-Aur. *Chron.* 2, 14, 208 ; **crassificari** Cael.-Aur. *Chron.* 2, 13, 180, devenir gras, épaissir.

Crassĭpes, *ĕdis*, m., surnom romain : Cic. *Fam.* 1, 7, 11.

crassĭtās, *ātis*, f. (*crassus*), épaisseur : Apul. *Mund.* 17.

crassĭtĭēs, *ēi*, f., épaisseur : Cael.-Aur. *Chron.* 5, 10, 123 ; Apul. *M.* 7, 5.

Crassĭtĭus, *ĭi*, m., nom d'homme : Cic. *Phil.* 13, 3.

crassĭtūdo, *ĭnis*, f. (*crassus*), épaisseur : **crassitudo parietum** Caes. *C.* 2, 8, 2, épaisseur des murs ∥ consistance : **crassitudo aeris** Cic. *Div.* 1, 93, densité de l'air ∥ matière consistante : Cat. *Agr.* 39, 1 ; Plin. 25, 141.

crassĭvēnĭus, *a*, *um* (*crassus*, *vena*), grossièrement veiné : Plin. 16, 66.

crassō, *ās*, *āre*, *āvī*, *ātum* (*crassus*), tr., épaissir, rendre épais : Gloss. 2, 400, 10 ∥ [employé au pass.] devenir épais : Apul. *M.* 3, 24 ; Amm. 19, 4, 6.

crassundĭa, *ōrum*, n. pl. (*crassus*), gros intestin : Varr. *L.* 5, 111.

1 **crassus**, *a*, *um* (cf. *grossus* ; fr. *gras*) ¶ 1 épais : **arbores crassiores** Cat. *Agr.* 28, 2, arbres plus épais ¶ 2 dense, gras : **crassae paludes** Virg. *G.* 2, 110, marais fangeux ; **crassus homo** Ter. *Hec.* 440, gros homme ; **crassum filum** Cic. *Fam.* 9,

12, 2, gros fil; **crassus aer** Cic. *Tusc.* 1, 42, air épais; **crassus ager** Varr. *R.* 1, 24, 1; Cic. *Fl.* 71, terre grasse ¶ **3** [fig.] **crassum infortunium** Pl. *Ru.* 883, gros malheur ‖ [en part.] grossier, lourd, stupide: **crassi senes** Varr. d. Non. 86, 24, vieillards stupides; **crassa turba** Mart. 9, 23, la foule grossière; **crassiora nomina** Mart. 12, 18, 12, noms barbares ‖ **crassissimus** Cic. *Nat.* 2, 17.
▶ d. les mss souvent confusion avec *grassus, grossus*.

2 **Crassus**, *i*, m., surnom de la famille Licinia; [en part.] L. Licinius Crassus, l'orateur: Cic. *Brut.* 143 ‖ M. Licinius Crassus, le triumvir: Cic. *Brut.* 230.

crastĭnātĭo, *ōnis*, f. (*crastinus*), ajournement: Gloss. 2, 117, 29.

crastĭnō, adv. (*crastinus*), demain: Gell. 2, 29, 9; Apul. *M.* 2, 11.

crastĭnum, *i*, n. (*crastinus*), le lendemain: Sen. *Thy.* 620.

crastĭnus, *a, um* (*cras*) ¶ **1** de demain: **crastinus dies** Pl. *St.* 635; Cic. *Att.* 15, 8, 2, le jour de demain; **die crastini** Pl. *Most.* 881; Gell. 10, 24, 8; **crastino die** Liv. 2, 56, 9, demain ‖ **in crastinum**, à demain, pour demain: Pl. *Ps.* 1355; Cic. *de Or.* 2, 367 ¶ **2** [poét.] à venir, futur: Stat. *Th.* 3, 562.

crătaegis, *is*, f., plante inconnue: Plin. 26, 99.

crătaegōn, *ŏnis*, f. (κραταιγών), azerolier [arbre]: Plin. 27, 63.

crataegŏnŏn, *ī*, n. (κραταίγονον ou κραταιόγονον), persicaire [plante]: Plin. 27, 62.

crataegŏnŏs, *i*, f., ⓒ *crataegonon*.

crataegŏs, *i*, f. (κράταιγος), ⓒ *crataegon*.

crataegum, *i*, n., graine du buis: Plin. 16, 120.

1 **Crătaeis**, Plin. 3, 73, **Crătēis**, *ĭdis*, f., Ov. *M.* 13, 749, nom d'une nymphe.

2 **Crătaeis**, *is*, m., fleuve du Bruttium: Plin. 3, 73.

crătaeŏgŏnŏn, *i*, n. (κραταιόγονον), Plin. 27, 62, **crătaeŏgŏnŏs**, *i*, f. (κραταιόγονος) Plin. 27, 62 crucinelle [plante].

Crătēae, *ārum*, f. pl., îles de la Dalmatie: Plin. 3, 152.

crătella, *ae*, f. (*clitella*), bât en bois: Idiom. 4, 581, 33.

crātēr, *ēris*, acc. *em* ou *a*, m. (κρατήρ), cratère, grand vase où l'on mêlait le vin avec l'eau: Virg. *En.* 1, 728 ‖ vase à huile: Virg. *En.* 6, 225 ‖ bassin d'une fontaine: Plin. *Ep.* 5, 6, 23; [métaph.] la baie de Naples: Cic. *Att.* 2, 8, 2 ‖ cratère d'un volcan: Lucr. 6, 701; Plin. 3, 88 ‖ gouffre, ouverture volcanique de la terre: Plin. 2, 238 ‖ la Coupe [constellation]: Ov. *F.* 2, 266.

crātēra, *ae*, f., Cic. *Verr.* 4, 131; Liv. 5, 25, 10, ⓒ *crater* ‖ seau à puiser de l'eau:

Naev. d. Non. 547, 30 ‖ la Coupe [constellation]: Cic. *Arat.* 219.

crătērītis, *ĭdis*, f., pierre précieuse inconnue: Plin. 37, 154.

Crătērus, *i*, m., officier d'Alexandre: Curt. 3, 9, 8 ‖ médecin célèbre: Cic. *Att.* 12, 13, 1 ‖ sculpteur: Plin. 36, 28.

Crătēs, *is*, m., Cratès [philosophe de l'Académie]: Cic. *Ac.* 1, 34 ‖ Cratès de Mallos [grammairien]: Gell. 2, 25, 4; Suet. *Gram.* 2.

Crateūās, *ae*, m., nom d'un médecin: Plin. 25, 8.

Crāthis, *is*, Plin. 3, 97 et *ĭdis*, Ov. *F.* 3, 581, m., rivière du Bruttium Atlas XII, F5 ‖ fleuve de l'Arcadie: Prisc. *Perieg.* 413 ‖ fleuve d'Afrique: Plin. 37, 38.

Cratĭa, Cratēa, *ae*, f., ville de Bithynie: Anton. 200.

crătīcĭus, *a, um* (*cratis*; it. *graticcio*), qui est formé d'une claie: **craticii parietes** Vitr. 2, 8, 20, murs en claies.

crātīcŭla, *ae*, f. (dim. de *cratis*; fr. *grille*), petit gril: Cat. *Agr.* 13, 1; Mart. 14, 221; Apic. 7, 264.

crātīcŭlātim, adv. (*craticula*), en forme de gril: Veg. *Mul.* 2, 67, 6.

crātīcŭlum, *i*, n. (fr. *gril*), ⓒ *craticula*. P. Fest. 46, 24.

crātīcŭlus, *a, um* (*cratis*), constitué à la façon d'un treillis: *Cat. *Agr.* 13, 1.

Crătīnus, *i*, m., poète comique d'Athènes: Hor. *S.* 1, 4, 1 ‖ peintre d'Athènes: Plin. 35, 140.

crātĭō, *īs*, *īre*, -, - (*cratis*), tr., herser: Plin. 18, 258.

Crătippus, *i*, m., Cratippe [philosophe péripatéticien]: Cic. *Brut.* 250 ‖ nom d'un Sicilien: Cic. *Verr.* 4, 29.

crātis, *is*, f. (cf. κυρτία, al. Hürde; it. *grata*), claie, treillis: **crates stercorariae** Cat. *Agr.* 10, 2, claies à porter le fumier; **crates salignae umbonum** Virg. *En.* 7, 633, les treillis d'osier pour les boucliers; **cratis saligna** Petr. 135, 8, claie d'osier ‖ [en part.] *a)* herse de labour: Plin. 18, 173; Virg. *G.* 1, 94 *b)* claie, instrument de supplice: Pl. *Poen.* 1025; Liv. 1, 51, 9 *c)* [seulement au pl.] claies, fascines: Caes. *G.* 7, 58, 1; Liv. 10, 38, 5 ‖ [fig.] **crates** [acc. pl.] **pectoris** Virg. *En.* 12, 508, le thorax; **crates favorum** Virg. *G.* 4, 214, les claies des rayons de miel.
▶ nom. *cratis* Varr. *L.* 7, 55; Veg. *Mul.* 1, 56, 5; acc. *cratim* Pl. *Poen.* 1025 mais -*em* ordin^t.

crātītĭō, *ōnis*, f. (*cratio*), hersage: Plin. 1, 18, 50.

Crăto, *ōnis*, m., Craton [médecin]: Cels. 6, 7, 2.

Craugĭae, *ārum*, f. pl., îles du golfe Saronique: Plin. 4, 57.

craxantus (crass-), *i*, m. (gaul.), crapaud: Anth. 390, 17.

craxo, ⓥ *charaxo*.

crĕa, *ae*, f. (cf. *screa*), ordure: Gloss. 5, 595, 53.

crĕābĭlis, *e* (*creo*), qui peut être créé: Ps. Apul. *Asclep.* 15.

crĕāgra, *ae*, f. (κρεάγρα), grande fourchette de cuisine: Gloss. 4, 605, 32.

crĕāmen, *ĭnis*, n. (*creo*), création: Prud. *Ham.* 505.

crĕātĭō, *ōnis*, f. (*creo*) *a)* action d'engendrer, procréation: Ulp. *Dig.* 7, 15 *b)* création, élection, nomination: Cic. *Leg.* 3, 10 *c)* [chrét.] la création du monde: Hier. *Ephes.* 4, 23, 4 ‖ créature: Vulg. 4 *Esdr.* 9, 17.

crĕātŏr, *ōris*, m. (*creo*), créateur, fondateur: **creator hujus urbis** Cic. *Balb.* 13, le fondateur de Rome ‖ père: Ov. *M.* 8, 309 ‖ celui qui emploie à un emploi: Dig. 50, 8, 2 ‖ [chrét.] le Créateur, Dieu: Hier. *Ep.* 64, 22.

crĕātrix, *īcis*, f. (*creator*), créatrice: Lucr. 1, 630 ‖ mère: Virg. *En.* 8, 534.

crĕātūra, *ae*, f. (*creo*), créature: Tert. *Apol.* 30, 3 ‖ création: Ambr. *Parad.* 2, 7; Vulg. *Marc.* 10, 6.

crĕātus, *a, um*, part. de *creo*.

Crĕbennus, *i*, m., nom d'homme: Aus. *Ep.* 14 (403), 19.

crĕbĕr, *bra, brum* (*krēsro-s*? cf. *Ceres, cresco, creo*), serré, dru, épais, nombreux: **crebra silva** Lucr. 6, 135, forêt épaisse, cf. Pl. *Aul.* 675 ‖ **crebrae arbores** Caes. *G.* 5, 9, 5, arbres serrés l'un contre l'autre; **creberrima aedificia** Caes. *G.* 5, 12, 3, bâtiments en très grand nombre ‖ plein de, abondant en: **creber arundinibus lucus** Ov. *M.* 11, 190, bois rempli de roseaux; **creber sententiis** Cic. *Brut.* 29, riche de pensées; **in reperiendis sententiis** Cic. *Brut.* 173, fertile dans la découverte des idées ‖ qui revient souvent, qui se répète: **creber anhelitus** Quint. 11, 3, 55, respiration précipitée; **creber in eo fuisti** Cic. *Planc.* 83, tu es revenu à la charge souvent là-dessus; **creber ictibus** Virg. *En.* 5, 460, qui fait pleuvoir les coups; **crebrae litterae** Cic. *Verr.* 2, 172, lettres fréquentes, nombreuses ‖ **crebrior** Caes. *G.* 5, 45, 1.

crēberrĭmē, superl. de *crebrē* ou *crebrō*.

crēbrā, n. pl. pris adv^t, ⓒ *crebro*: Lucr. 2, 359; Virg. *G.* 3, 500.

crēbrātus, *a, um* (*creber*), épais, dense: Plin. 11, 81.

crēbrē, adv. (*creber*), d'une manière serrée: Vitr. 2, 9, 10; 10, 14, 3 ‖ souvent: Vitr. 5, 4, 2.

crēbrescō, *ĭs*, *ĕre*, *brŭi* (*bŭi*), - (*creber*), intr., se répéter à brefs intervalles, se propager, se répandre de plus en plus, s'intensifier: **crebrescit sermo** Virg. *En.* 12, 222 [et abs^t] **crebrescit** Tac. *An.* 2, 39, le bruit se répand; **crebrescunt aurae** Virg. *En.* 3, 530, les vents prennent de la force.
▶ parf. *crēbŭi* Aug. *Civ.* 10, 8.

crebrinodus

crēbrĭnōdus, a, um (creber, nodus), aux nœuds denses, plein de nœuds : Varr. Men. 578.

crēbrĭsūrum, i, n. (creber, surus), palissade formée de pieux très serrés : Enn. d. P. Fest. 51, 21.

crēbrĭtās, ātis, f. (creber), qualité de ce qui est dru, serré, abondant, nombreux : *crebritates venarum* Vitr. 2, 10, 2, multiplicité des veines [des arbres] ; *crebritas sententiarum* Cic. Brut. 327, fertilité de pensées ; *crebritas litterarum* Cic. Att. 13, 18, 2, fréquence de lettres ; *caeli crebritas* Vitr. 9, 8, 3, pression, densité de l'air.

crēbrĭter, adv. (creber), fréquemment : Vitr. 7, 3, 1 ; Apul. M. 1, 21.

crēbrĭtūdo, ĭnis, f., Sisen. d. Non. 91, 30, ■▶ crebritas.

1 crēbrō, adv. (creber), d'une manière serrée : Varr. R. 2, 13, 4 ‖ souvent : *mittere litteras crebro* Cic. Att. 6, 5, 1, écrire très souvent ; *crebro ruri esse* Ter. Hec. 215, être ordinairement à la campagne ‖ *crebrius* Cic. Fam. 5, 6, 3 ; *creberrime* Cic. Div. 1, 56.

2 crēbrō, ās, āre, -, -, ▶ crebratus.

3 crebro, ōnis, m. (creber ?), ados d'un sillon : Gloss. 5, 595, 58.

crēbŭī, un des parf. de *crebresco* : Aug. Civ. 10, 8.

crēdentes, ĭum, m. pl., les croyants : Cypr. Unit. eccl. 8.

crēdĭbĭlis, e (credo), croyable, vraisemblable : Cic. Verr. 5, 158 ; Or. 124 ; *credibile est* [avec prop. inf.] Cic. Nat. 2, 133 ; Quint. 2, 3, 5 ; [ou avec *ut* et subj.] Ter. And. 265, il est croyable que ‖ [avec interrog. indir.] *credibile non est quantum...* Cic. Att. 2, 23, 4, il n'est pas croyable combien..., cf. de Or. 2, 89 ; Att. 4, 5, 1 ‖ [subst. n.] *credibili fortior* Ov. F. 3, 618, plus courageuse qu'on ne saurait croire ‖ *credibilior* Quint. 2, 4, 124.

crēdĭbĭlĭter, adv. (credibilis), d'une manière croyable, vraisemblable : Cic. Dej. 17 ; Quint. 2, 15, 36 ‖ *credibilius* Aug. Civ. 9, 15.

crēdĭdī, parf. de *credo*.

crēdin, ▶ credo ▶.

crēdĭtārĭa, ae, f., femme de confiance : Gloss. 5, 594, 42.

crēdĭtārĭus, ĭi, m. (credo), homme de confiance : Fort. Rad. 8, 20.

crēdĭtō, ās, āre, -, - (fréq. de credo), croire fermement : Fulg. Myth. 1 praef.

crēdĭtŏr, ōris, m. (credo), créancier : Cic. Phil. 6, 11 ; Pis. 86 ; Flac. 20 ; Dig. 50, 16, 10.

crēdĭtrix, īcis, f., créancière : Ulp. Dig. 16, 1, 8.

crēdĭtum, ī, n. (creditus), prêt, [d'où] créance : *solvere* Liv. 27, 51, 10, payer une dette, cf. 8, 28, 3 ; Quint. 5, 10, 105 ; Suet. Cl. 16 ; Sen. Ben. 1, 1, 3 ; 1, 2, 3 ; *in creditum pignora accipere* Dig. 42, 8, 22, gager une créance ; *in creditum abire*

alicui ex causa emptionis Dig. 14, 6, 3, 3, faire crédit à qqn à la suite d'un contrat de vente [faire crédit à un acheteur].

crēdō, ĭs, ĕre, dĭdī, dĭtum (cf. *cor*, 3-*do* ; scr. śrad dadhāti, v. irl. cretim ; fr. croire)

I tr. ¶ 1 "confier" [en prêt], "prêter" ¶ 2 "confier" ¶ 3 "tenir pour vrai" ¶ 4 "croire, penser" **a)** [avec prop. inf.] *creditur, creditum est* [pass. impers.]. **b)** [avec deux acc.] "tenir pour" **c)** *credo* formant parenth. [iron.] "j'imagine" **d)** *credito* [avec prop. inf.] "la croyance étant que" ¶ 5 [chrét.] "croire en".
II intr. ¶ 1 [avec dat.] "avoir confiance en, se fier à" ¶ 2 "ajouter foi, croire", entre parenth. *mihi crede* ¶ 3 [chrét.] "croire en" [dat., *in* acc. ou abl.]

I tr. ¶ 1 confier en prêt : *aliquid (alicui)* Pl. As. 501, prêter qqch. (à qqn) ; Aul. 15 ; Ep. 549 ; Cat. Agr. 5, 2 ; Cic. Rab. Post. 4 ; 5 ; *pecuniae creditae* Cic. Off. 2, 78, sommes prêtées ; *solutio rerum creditarum* Cic. Off. 2, 84, paiement des dettes ; Gai. Inst. 3, 124 ; Dig. 12, 1, 20, 41 ; *in creditum pignora accipere* Dig. 42, 8, 22, gager une créance ¶ 2 confier : *se suaque omnia alicui* Caes. G. 6, 31, 4, confier à qqn sa personne et tous ses biens ; *quos tuae fidei populus credidit* Cic. Q. 1, 1, 27, ceux que le peuple a confiés à ta protection ; *se pugnae* Virg. En. 5, 383, se hasarder à combattre ¶ 3 tenir pour vrai qqch., croire qqch. : *homines id quod volunt credunt* Caes. G. 3, 18, 6, on croit ce qu'on désire (C. 2, 27, 2) ; *res tam scelesta credi non potest* Cic. Amer. 62, un fait aussi criminel ne peut trouver créance ; *re credita* Cic. de Or. 1, 175, le fait ayant été tenu pour vrai ‖ [poét.] croire qqn [seulᵗ au pass.] : *Cassandra non umquam credita Teucris* Virg. En. 2, 246, Cassandre que n'ont jamais crue les Troyens, cf. Ov. H. 16, 129 ; 20, 9 ; M. 7, 98 ; *credemur* Ov. F. 3, 351, on me croira ¶ 4 croire, penser **a)** [avec prop. inf.] *cum reliquum exercitum subsequi crederet* Caes. G. 6, 31, 1, croyant que le reste de l'armée suivait immédiatement ; *nostros praesidia deducturos crediderant* Caes. G. 2, 33, 2, ils avaient cru que les nôtres emmèneraient les postes ‖ [pass. impers.] *credendum est* Caes. G. 5, 28, 1 ; *creditur, creditum est* Liv. 8, 26, 7 ; 8, 35, 11, on doit croire, on croit, on a cru que ‖ [pass. pers.] *navis praeter creditur ire* Lucr. 4, 388, on croit que le navire se déplace ; *Catilina creditur... fecisse* Sall. C. 15, 2, on croit que Catilina a fait... ; *mora creditur saluti fuisse* Liv. 22, 51, 4, on croit que ce retard fut le salut **b)** [avec deux acc.] *quoscumque novis idoneos credebat* Sall. C. 39, 6, tous ceux qu'il croyait bons pour une révolution (J. 75, 10) ; *Scipionem Hannibal praestantem virum credebat* Liv. 21, 39, 8, Hannibal tenait Scipion pour un homme supé-

rieur ; *(eos) crederes victos* Liv. 2, 43, 9, on les aurait pris pour des vaincus ; *qui postulat deus credi* Curt. 6, 11, 24, celui qui demande qu'on le croie un dieu (8, 5, 5 ; 8, 5, 15) ; *ejus sanguine natus credor* Ov. F. 3, 74, on me croit né de son sang **c)** *credo* [formant parenthèse] je crois, je pense, j'imagine [souvent ironique] : Cic. Cat. 1, 5 ; Sull. 11 ; Fin. 1, 7 ; Tusc. 1, 52 **d)** abl. n. du part., *credito* [avec prop. inf.] la croyance étant que : Tac. An. 3, 14 ; 6, 34 ¶ 5 croire à l'existence de : *deos credere* Sen. Ep. 95, 50, croire qu'il y a des dieux ‖ [chrét.] croire en : *unicum deum credimus* Tert. Prax. 2, 1, nous croyons en un seul Dieu ; *credentes divinam Trinitatem* Aug. Serm. 215, 8, ceux qui croient en la divine Trinité ‖ [absᵗ] avoir la foi : Vulg. Rom. 1, 16.

II intr. ¶ 1 avoir confiance, se fier : *alicui* Cic. Fam. 5, 6, 1, avoir confiance en qqn Dom. 29 ; Att. 3, 20, 1 ; *nemo umquam sapiens proditori credendum putavit* Cic. Verr. 1, 38, jamais aucun homme de bon sens n'a pensé que l'on devait avoir confiance dans un traître ; *neque pudentes suspicari oportet sibi parum credi* Caes. C. 2, 31, 4, et les gens qui ont de l'honneur ne doivent pas soupçonner qu'on n'a guère confiance en eux ; *promissis alicujus* Cic. Mur. 50, se fier aux promesses de qqn : cf. Sall. J. 106, 3 ; Liv. 45, 8, 6 ¶ 2 [en part.] ajouter foi, croire : *alicui jurato* Cic. Com. 45, croire qqn qui a prêté serment ; *testibus* Cic. Font. 21, croire les témoins (Brut. 134 ; Top. 74 ; Att. 1, 16, 10) ; *id tibi non credidit* Cic. Dej. 18, il ne t'a pas cru sur ce point (Ac. 2, 22, 2 ; Fam. 2, 16, 3) ‖ *recte non credis de numero militum* Cic. Att. 9, 9, 2, tu as raison de ne pas ajouter foi au nombre des soldats (Fam. 3, 11, 5) ‖ [en parenthèse] *mihi crede* Cic. Tusc. 1, 103 ; Verr. 4, 28 ; *mihi credite* Cic. Verr. 4, 132, crois-moi, croyez-moi ; [qqf.] *crede mihi* : *credite hoc mihi* Cic. Verr. 4, 133, croyez-moi sur ceci ¶ 3 [chrét.] avoir la foi, croire : *credens* Vulg. Rom. 1, 16, croyant ; *multi crediderunt* Vulg. Act. 4, 4, beaucoup eurent la foi ‖ [avec dat.] *credentes Deo* Hier. Is. 5, 14, 2, ceux qui croient en Dieu ; *credere Christo* Arn. 2, 11, avoir foi dans le Christ ‖ [avec *in* et abl.] *qui in Christo credimus* Hier. Vigil. 7, nous qui croyons au Christ ; Ambr. Ep. 20, 22 ‖ [avec *in* et acc.] *credis in remissionem peccatorum* Cypr. Ep. 69, 7, 2, tu crois à la rémission des péchés ; *credere in Christum* Aug. Psalm. 130, 1, croire au Christ ; *credimus Paulo, sed non credimus in Paulum* Aug. Ev. Joh. 25, 12, nous croyons Paul, mais nous ne croyons pas en Paul.

▶ subj. prés. arch. : *creduam*, -as, -at Pl. Poen. 747 ; Bac. 476 ; *creduis*, -it Pl. Amp. 672 ; Cap. 605 ; Truc. 307 ‖ inf. *credier* Pl. Ps. 631 ; Lucr. 4, 849 ‖ *credin* = *credisne* Pl. Cap. 962 ; Poen. 441.

crēdra, ae, f. (cf. cedrus, citrea, citrus), cédratier (?) : Petr. 38, 1.

crēdŭam, -dŭim, V. *credo* ▶.

crēdŭlē, adv. (*credulus*), avec crédulité : Chalc. 127.

crēdŭlĭtās, ātis, f. (*credulus*) **a)** crédulité : Planc. Fam. 10, 21, 1 ; Curt. 6, 10, 35 ; Quint. 5, 3, 7 **b)** [chrét.] croyance [non péj.] : Arn. 1, 54 ‖ la foi chrétienne : Paul.-Nol. Carm. 10, 280.

crēdŭlus, a, um (*credo*) ¶1 crédule : *creduli senes* Cic. *Lae.* 100, vieillards crédules ‖ *alicui* Virg. B. 9, 34 ; Hor. O. 1, 11, 8 ; *in rem* Ov. F. 4, 312, prompt à croire qqn, qqch. ‖ [fig.] *nondum secabant credulae pontum rates* Sen. Phaed. 530, les vaisseaux ne s'aventuraient pas encore à fendre la mer ¶2 cru facilement : Tac. H. 1, 34 ¶3 [chrét.] croyant, fidèle : Paul.-Nol. Carm. 10, 304.

crĕmābĭlis, e (*cremo*), combustible : Gloss. 2, 346, 60.

crĕmācŭlus, i, m. (de κρεμαστήρ ; a. fr. *cramail*), crémaillère : *Gloss. 2, 145, 1.

Crĕmastē, ēs, f., surnom de Larissa en Phthiotide : Liv. 31, 46, 12.

crĕmastēr, ēris, m. (κρεμαστήρ), muscle suspenseur des testicules : Cels. 7, 18, 1.

crĕmātĭo, ōnis, f. (*cremo*), action de brûler : Plin. 23, 64.

crĕmātŏr, ōris, m. (*cremo*), celui qui brûle : Tert. Marc. 5, 16, 2.

crĕmātus, a, um, part. de *cremo*.

crĕmentō, ās, āre, -, - (*crementum*), tr., faire croître : Fulg. Myth. 3, 8.

crĕmentum, i, n. (*cresco*) ¶1 accroissement, croissance : Varr. Men. 199 ¶2 semence : Isid. 9, 5, 5.

Crĕmĕra, ae, m., rivière d'Étrurie [auj. Valia] : Liv. 2, 49, 7 ; Ov. F. 2, 205, cf. 206 ‖ **-mĕrensis, e,** du Crémère : Tac. H. 2, 91.

crĕmĭālis, e (*cremium*), dont on fait des fagots : Ulp. Dig. 24, 37 ; Theod.-Prisc. 2, 40.

crĕmĭum, ĭi, n. (*cremo*), copeaux, bois sec, petit bois : Grom. 131, 2 ; Vulg. Psal. 101, 4 ‖ au pl., Col. 12, 19, 3.

Cremmenses, ĭum, m. pl., habitants de Cremma [ville de Pisidie] Atlas VI, C4 ; IX, C2 : CIL 3, 6878.

Cremmyŏn, ĭi, n., ville de Mégaride : Plin. 4, 23.

Cremniscŏs, i, f., ville près du Danube : Plin. 4, 82.

crĕmō, ās, āre, āvī, ātum (cf. *carbo*, v. isl. *hyrr*, al. *Herd*, an. *hearth*, rus. *kurit'* ; fr. *cramer*), tr., brûler, détruire par le feu : *urbem* Liv. 28, 19, 12, réduire une ville en cendres ‖ brûler [un mort sur le bûcher] : Cic. Leg. 2, 57 ; [supplice] Caes G. 1, 4, 1 ; [victimes en sacrifice] Ov. F. 4, 639 ‖ tourmenter : *cremari fame* Greg.-M. Ep. 10, 11, être tourmenté par la faim.

Crĕmōna, ae, f., Crémone [ville de la Cisalpine] Atlas I, C4 ; V, E4 ; XII, B2 : Caes. C. 1, 24, 4 ‖ **-nensis, e,** de Crémone : Liv. 28,

11, 11 ‖ **-nenses, ĭum,** m. pl., habitants de Crémone : Liv. 27, 10, 8.

Crĕmōnis jŭgum, n., nom d'un massif des Alpes : Liv. 21, 38, 7.

crĕmŏr, ōris, m. (?), jus, suc : Cat. Agr. 86 ; Pl. Pers. 95.

crĕmum (crā-), i, n. (fr. *crème*), crème : Fort. Carm. 11, 14, 1.

Crĕmūtĭum, ĭi, n. (*cremo*), holocauste : Gloss. 5, 595, 39.

Crĕmūtĭus, ĭi, m., Crémutius Cordus [historien, victime de Séjan] : Tac. An. 4, 34.

Crenacca, ae, m., affluent du Gange : Plin. 6, 65.

Crēnaeus, i, m., nom d'un guerrier : Val.-Flac. 3, 178.

Crēnē, ēs, f., ville d'Éolie : Liv. 37, 21, 5.

1 **crĕō, ās, āre, āvī, ātum** (cf. *cresco*, arm. *serem* ; it. *creare*, esp. *criar*), tr. ¶1 créer, engendrer, procréer, produire : Lucr. 1, 51 ; Cic. Fin. 5, 38 ; Rep. 1 frg. 2 ; Tim. 47 ; Liv. 1, 3, 7 ; *creari ex imbri* Lucr. 1, 784, être produit par l'eau ; *nil posse creari de nilo* Lucr. 1, 156, que rien ne peut être créé de rien, cf. 3, 278 ; *seminibus certis quaeque creantur* Lucr. 1, 169, tous les corps sont créés de germes déterminés, cf. 2, 387 ; *nos illorum (majorum) sanguine creatos videtis* Cic. Agr. 2, 1, vous voyez que nous sommes issus de leur sang ; *humana stirpe creatus* Lucr. 1, 733, issu de souche humaine ‖ [poét.] *creatus* [avec abl.] né de, fils de : *Aquilone creatus* Ov. M. 7, 3, fils d'Aquilon, cf. 7, 666 ; 9, 23 ‖ enfanter : Hor. Ep. 1, 2, 44 ‖ [en part.] créer, choisir, nommer [un magistrat, un chef] : Cic. Leg. 3, 9 ; Caes. G. 7, 33 ; *ducem gerendo bello* Liv. 1, 23, 8, nommer un chef de guerre ‖ [en parl. du président de l'assemblée] faire élire : Cic. Nat. 2, 10 ; Agr. 2, 16 ; Att. 9, 9, 3 ¶2 [fig.] causer, faire naître, produire : *venter creat omnes hasce aerumnas* Pl. Mil. 33, c'est mon ventre qui est la cause de tous ces ennuis ; *creare taedium* Quint. 9, 4, 143, faire naître le dégoût ; *errorem* Cic. Div. 2, 55, être une cause d'erreur.

▶ *creassit* = *creaverit* Cic. Leg. 3, 9.

2 **Crĕo, ōnis,** m., Pl. Amp. 194, **Crĕōn, ontis,** m., Hor. Epo. 5, 64, Créon [nom de héros grecs].

creŏbŭla, ae, f. (hisp.), C. *mentastrum* ; Ps. Apul. Herb. 91.

Crĕon, ōnis, m. ¶1 montagne de l'île de Lesbos : Plin. 5, 140 ¶2 V. 2 *Creo*.

crĕpa, ae, f. (cf. *Crepi*), arch. pour *capra* : P. Fest. 42, 8 ; Isid. 12, 1, 15.

crĕpācŭlum, i, n. (*crepo*), épouvantail pour oiseaux : Gloss. 5, 282, 28.

crĕpātĭo, ōnis, f. (*crepo*), craquement, fente : Ps. Sor. Quaest. 247.

crĕpātūra, ae, f. (*crepo*), fente, crevasse : Schol. Juv. 3, 196.

crĕpax, ācis, qui craquette : Maecen. d. Sen. Ep. 114, 5.

crĕpĕr, ĕra, ĕrum (cf. *crepusculum*, κνέφας) ¶1 [seulement au n. sg.] obscur : *creperum noctis* Symm. Ep. 1, 13, 1, l'obscurité de la nuit ‖ **crĕpĕrum, i,** n., crépuscule : Isid. 5, 31, 7 ¶2 douteux, incertain : *in re crepera* Pacuv. Tr. 128, dans une situation critique, cf. Acc. Tr. 601 ; Lucr. 5, 1296 ; Varr. L. 6, 5.

Crĕpĕrēĭus, ĭi, m., nom romain : Cic. Verr. prim. 30.

crĕpĕrum, i, n., V. *creper* ¶1.

Crĕpi, ōrum, m. pl. (cf. *caper*), = les Luperques : P. Fest. 49, 17.

crĕpĭcŭlum, V. *crepitulum*.

crĕpĭda, ae, f. (κρηπίς), sandale : Cic. Rab. Post. 27 ; Gell. 13, 22, 7 ; *ne sutor supra crepidam* [prov.] Plin. 35, 85, que le cordonnier ne juge pas au-dessus de la chaussure = à chacun son métier.

crĕpĭdārĭus, a, um (*crepida*), qui a rapport aux sandales : Asell. d. Gell. 13, 21, 8.

crĕpĭdātus, a, um (*crepida*), qui est en sandales : Cic. Pis. 92 ; *crepidata fabula* Don. Ad. 7, pièce de théâtre à sujet grec.

crĕpīdo, ĭnis, f. (κρηπίς) ¶1 base, socle, piédestal, soubassement : Plin. 36, 66 ; Cic. Or. 224 ¶2 avancée, saillie d'un rocher, d'un mur, bord du rivage : [en part.] **a)** quai, môle, jetée : Cic. Verr. 5, 97 ; Juv. 5, 8 **b)** *crepido semitae* Petr. 9, 1, trottoir d'une ruelle **c)** [archit.] moulure saillante : Vitr. 3, 3, 7.

crĕpĭdŭla, ae, f. (dim. de *crepida*), petite sandale : Pl. Pers. 464 ; Gell. 13, 21, 5.

crĕpĭdŭlum, V. *crepitulum*.

crĕpis, ĭdis, f. (κρηπίς) ¶1 plante inconnue : Plin. 21, 99 ¶2 C. *crepida* : Apul. M. 11, 8.

crĕpĭtācillum, i, n. (dim. de *crepitaculum*), petite crécelle : Lucr. 5, 229 ; Tert. Marc. 3, 13, 2.

crĕpĭtācŭlum, i, n. (*crepito*), crécelle, sistre : Quint. 9, 4, 66 ; Mart. 14, 54.

crĕpĭtātĭo, ōnis, f. (*crepito*), bruit : Fulg. Myth. praef. 25.

crĕpĭtātŭs, ūs, m. (*crepito*), bruit : Ps. Rufin. Joel 2, 4.

crĕpĭtō, ās, āre, āvī, ātum (fréq. de *crepo* ; it. *crettare*), intr., faire entendre un bruit sec et répété : *dentibus* Pl. Ru. 536, claquer des dents ; *in igne* Plin. 31, 85, pétiller dans le feu ; *flamma crepitante* Lucr. 6, 155, avec le crépitement de la flamme ; [cliquetis des armes] Tib. 2, 5, 73 ; [pétillement du fer sur l'enclume] Virg. G. 2, 540.

crĕpĭtŭlum, i, n. (*crepo*), ornement de tête : *Tert. Pall. 4, 9 ; *P. Fest. 46, 4.

crĕpĭtŭs, ūs, m. (*crepo*), bruit sec, craquement, crépitement : *crepitus dentium* Cic. Tusc. 4, 19, claquement de dents ; *crepitus armorum* Liv. 25, 6, 21, cliquetis des armes ; crépitement des

crepitus

coups de verges (Cic. *Verr.* 5, 162) ‖ pet : Pl. *Curc.* 295.

crĕpō, ās, āre, pŭī, pĭtum (express., cf. *strepo* ; fr. *crever*) ¶ **1** intr., rendre un son sec, craquer, craqueter, claquer, pétiller, retentir : *intestina mihi quando esurio, crepant* Pl. *Men.* 926, mes boyaux crient, quand j'ai faim ; *crepare solidum* Pers. 5, 25, rendre un son plein ; *crepans digitus* Mart. 3, 82, 15, claquement de doigt ; *cum primum crepuerit catena* Sen. *Ep.* 9, 8, au premier bruit (cliquetis) des chaînes ; *fores crepuerunt ab ea* Ter. *Eun.* 1029, la porte a crié de chez elle, cf. *Haut.* 613 ‖ péter : Mart. 12, 77 ‖ éclater, crever, se fendre : Aug. *Serm.* 275, 2 ¶ **2** tr., faire sonner, faire retentir : *crepare aureolos* Mart. 5, 19, 14, faire sonner des pièces d'or ; *faustos ter crepuere sonos* Prop. 3, 10, 4, elles applaudirent à trois reprises (Hor. *O.* 2, 17, 26) ‖ [fig.] répéter sans cesse, avoir toujours à la bouche : *sulcos et vineta crepat mera* Hor. *Ep.* 1, 7, 84, il n'a plus à la bouche que labours et vignobles.
▶ *crĕpo*, *-ĕre* Eutych. 5, 486, 22 ; Orib. *Syn.* 4, 35.

crĕpŏr, ōris, m. (*crepo*), bruit, fracas : Jul.-Val. 1, 6.

crĕpŭlus, a, um (*crepo*), retentissant, résonnant : Sidon. *Ep.* 9, 13, 2 ; 4, 15, 3.

crĕpundĭa, ōrum, n. pl. (cf. *crepo*), jouets d'enfants, hochets : *a crepundiis* CIL 6, 1724, dès l'enfance ‖ signes de reconnaissance suspendus au cou des enfants : Pl. *Cis.* 635 ; Cic. *Brut.* 313 ‖ amulette : Apul. *Apol.* 56 ‖ sistre : Just. 30, 1, 9.

Crĕpus, i, ▣▶ *Crepi*.

crĕpusculāscens hōra, f., temps du crépuscule du soir : Sidon. *Ep.* 8, 3, 2.

crĕpuscŭlum, i, n. (*creper*), crépuscule : Pl. *Cas.* 40 ‖ [fig.] obscurité : Ov. *M.* 14, 122.

Crēs, ētis, m., Crétois : Cic. *Div.* 1, 34 ‖ ▣▶ *Cretes*.

crescentĭa, ae, f. (*cresco*), accroissement : Vitr. 9, 8, 7.

crescō, ĭs, ĕre, crēvī, crētum (cf. *cretus, creber, creo, Ceres,* κορέννυμι, κοῦρος ; fr. *croître* ; bret. *Kreskiñ*), intr. ¶ **1** venir à l'existence, naître : *qui postea creverunt* Varr. *R.* 3, 1, 7, ceux qui naquirent ensuite, cf. Lucr. 6, 527 ; *quaecumque e terra crescunt* Lucr. 1, 868, tout ce que la terre produit (*crescere de* Lucr. 4, 1214) ‖ [poét.] *cretus, a, um* [avec abl. ou *ab*], né de, issu de, provenant de : Lucr. 2, 906 ; 5, 6 ; Virg. *En.* 9, 672 ; Ov. *M.* 13, 750 ; Virg. *En.* 4, 191 ; Ov. *M.* 4, 607 ¶ **2** croître, grandir, s'élever, s'accroître : *crescere non possint fruges, arbusta, animantes* Lucr. 1, 808, rien ne pourrait croître, moissons, arbres, animaux, cf. Cic. *Div.* 2, 33 ; Quint. 1, 2, 7 ; Suet. *Oth.* 1 ; *Liger ex nivibus creverat* Caes. *G.* 7, 55, 10, la Loire avait grossi par la fonte des neiges ‖ *in frondem crines crescunt* Ov. *M.* 1, 550 ; *in ungues manus* Ov. *M.* 2, 479, ses cheveux poussent en feuillage, ses mains s'allongent en griffes ¶ **3** croître, augmenter : *intellectum est non mihi absenti crevisse amicos* Cic. *Sest.* 69, on constata que pendant mon absence le nombre de mes amis n'avait pas augmenté ; *cum hostium opes animique crevissent* Cic. *Pomp.* 45, comme les forces et la hardiesse des ennemis s'étaient accrues, cf. Nep. *Alc.* 5, 3 ; Liv. 5, 46, 4 ; 44, 4, 1 ; *ex his studiis crescit oratio* Cic. *Arch.* 13, ces études permettent à l'éloquence de se développer ; *crescebat in eos odium* Cic. *Har.* 46, la haine croissait contre eux ¶ **4** grandir en considération, en puissance : *per aliquem* Caes. *G.* 1, 20, 2, devoir son élévation à qqn ; *ex aliquo* Cic. *Amer.* 83 ; Liv. 29, 37, 17 ; *de aliquo* Cic. *Verr.* 5, 173 ; *ex aliqua re* Cic. *Clu.* 77, s'élever, se faire valoir aux dépens de qqn, se servir de qqn comme d'un piédestal, trouver dans qqch. l'occasion de s'élever ‖ *cresco et exsulto* Sen. *Ep.* 34, 1, je me sens grandir et je triomphe.
▶ forme contr. *cresse* Lucr. 3, 683 ‖ *crescendis rebus* Lucr. 1, 585 [mss], v. Gaffiot *M. Belge* t. 33 p. 226, Rem. 4.

Cresilās, ae, m., statuaire grec : Plin. 34, 74.

Crēsĭus, a, um, ▣▶ *Cressius*.

Cresphontēs, is ou ae, m., Cresphonte [héros grec] : Hyg. *Fab.* 137 ‖ tragédie d'Euripide : Cic. *Tusc.* 1, 115.

crespŭlus, ▣▶ *crepusculum* : Gloss. 2, 386, 38.

1 **Cressa**, ae, f., Crétoise, de Crète : *Cressa genus* Virg. *En.* 5, 285, Crétoise de race ‖ la Crétoise (Ariane) : Ov. *Am.* 1, 7, 16 ‖ [adj¹] *Cressa pharetra* Virg. *G.* 3, 345, carquois crétois ; *Cressa nota* Hor. *O.* 1, 36, 10, marque de Crète [à la craie] ; *Cressae herbae* Prop. 2, 1, 61, les plantes de la Crète.

2 **Cressa**, ae, f., port de Carie : Plin. 5, 104.

cressĕ, ▣▶ *cresco* ▶.

Cressĭus ou **Crēsĭus**, a, um, de Crète : Virg. *En.* 4, 70.

1 **crēta**, ae, f. (cf. v. irl. *cré,* bret. *pri* ; fr. *craie,* al. *Kreide*), craie, argile : Plin. 35, 195 ; Varr. *R.* 1, 7, 8 ‖ [en part.] **a)** blanc [pour la toilette] : Petr. 23, 5 **b)** craie à cacheter : Cic. *Flac.* 37 **c)** argile des potiers : Plin. 14, 123 **d)** craie à blanchir [les habits] : Pl. *Aul.* 719 ; *Poen.* 969 **e)** *creta notati* Hor. *S.* 2, 3, 246, acquittés [par des cailloux blancs ; usage grec] **f)** ▣▶ 2 *calx* ¶ **3** : Sen. *Ep.* 108, 32.

2 **Crēta**, ae, f., Cic. *Phil.* 2, 97, **Crētē**, ēs, f., Prisc. *Perieg.* 526, la Crète Atlas I, E5 ; VI, D2 ; IX, D1 ‖ **-taeus**, a, um, Virg. *En.* 3, 117, **-tĭcus**, a, um, Hor. *O.* 1, 26, 2 et **-tensis**, e, Cic. *Flac.* 6, de Crète ‖ **-tenses**, ĭum, m. pl., Tac. *An.* 3, 26 et **-tāni**, ōrum, m. pl., Pl. *Curc.* 443, les Crétois ‖ ▣▶ *Cressa* et *Cressius*.

crētācĕus, a, um (*creta*), de la nature de la craie : Plin. 18, 86.

Crētāni, ▣▶ *Creta*.

crētārĭus, a, um (*creta*), qui a rapport à la craie : CIL 3, 5833 ‖ **crētārĭa**, ae, f., boutique, magasin de craie : Varr. *L.* 8, 55.

crētātus, a, um (*creta*), blanchi avec de la craie : *cretatus bos* Juv. 10, 66, bœuf blanchi [pour le sacrifice] ; *cretata Fabulla* Mart. 2, 41, 11, Fabulla qui a mis du blanc ‖ [fig.] *cretata ambitio* Pers. 5, 177, brigue blanchie à la craie [manœuvres des candidats, cf. *candidatus*].

Crētē, **Crētensis**, ▣▶ *Creta*.

crēterra, Cic. *Fam.* 7, 1, 2 ou **crētēra**, Varr. d. Non. 544, 7, ▣▶ *cratera*.

Crētes, um, m. pl., les Crétois : Cic. *Mur.* 74.

crētĕus, a, um (*creta*), de craie, d'argile : Lucr. 4, 295.

Crēthĕus, ĕi ou ĕos, m., Créthée [héros troyen] : Virg. *En.* 12, 538 ‖ aïeul de Jason : Hyg. *Astr.* 2, 20 ‖ **-ēĭus**, a, um, de Créthée : Val.-Flac. 2, 608.

Crēthīdēs, ae, m., descendant de Créthée [Jason] : Val.-Flac. 6, 610.

crethmŏs, i, f. (κρῆθμος), fenouil de mer : Plin. 26, 82.

crētĭca, ae, f., Plin. 25, 95, ▣▶ *clematitis*.

crētĭcē, ēs, f., Ps. Apul. *Herb.* 62, ▣▶ *hibiscum*.

1 **crētĭcus pes**, m., pied crétique, amphimacre [‒ ◡ ‒] : Diom. 479, 13 ‖ *creticus versus* Diom. 513, 21, vers crétique.

2 **Crētĭcus**, ▣▶ *Creta*.

3 **Crētĭcus**, i, m., nom d'homme : Juv. 2, 67 ‖ surnom d'un Métellus, vainqueur de la Crète : Flor. 3, 7, 6.

crētĭfŏdīna, ae, f. (*creta, fodio*), carrière de craie : Dig. 7, 1, 13.

crētĭo, ōnis, f. (*cerno*), crétion, action d'accepter un héritage : Varr. *L.* 6, 81 ; Cic. *Att.* 11, 12, 4 ; 13, 46, 3 ; Gai. *Inst.* 2, 164 ; 171 ‖ [fig.] héritage : Plin. 2, 95.

Crētis, ĭdis, f., Ov. *F.* 3, 444, ▣▶ *Cressa*.

crētōsus, a, um (*creta*), abondant en craie : Cat. *Agr.* 8, 1 ; Ov. *M.* 7, 463.

crētŭla, ae, f. (dim. de *creta*), craie : Plin. 35, 49 ‖ argile à cacheter : Cic. *Verr.* 4, 58.

crētŭlentum, i, n., eau mêlée d'argile : CIL 6, 10298.

crētūra, ae, f. (*cerno*), criblure : Pall. 1, 24, 3.

crētus, a, um, part. de *cerno* et de *cresco*.

1 **Crĕūsa**, ae, f. (Κρέουσα), Créuse [épouse de Jason] : Sen. *Med.* 495 ‖ femme d'Énée : Virg. *En.* 2, 562.

2 **Crĕūsa**, ae, f., Liv. 36, 21, 5, **Crĕūsis**, ĭdis, f., Mel. 2, 53, ville de Béotie.

crēvī, parf. de *cresco* et de *cerno*.

Crexa, ae, f., île de l'Adriatique Atlas XII, C4 : Plin. 3, 140.

Crialŏon, i, n., ville d'Égypte : Plin. 5, 61.

Crianŏs, *i*, m., fleuve d'Éolide : Plin. 5, 122.

crībellō, *ās*, *āre*, -, *ātum* (*cribellum* ; it. *crivellare*), tr., sasser, tamiser : Theod.-Prisc. *Eup.* 8 ; Pall. 1, 41, 3 ; Apic. 6.

crībellum, *i*, n. (dim. de *cribrum*, it. *crivello*), crible, sas, tamis : Pall. 3, 24, 6 ; M.-Emp. 20, 38.

crīblō, **crīblum**, ☞ *cribr*- : M.-Emp. 2, 14 ; 25, 2.

crībrārĭus, *a*, *um* (*cribrum*), passé au tamis, au crible : Plin. 18, 115 ‖ **crībrārĭus**, *ii*, m., fabricant de tamis : Gloss. 2, 353, 58.

crībrātus, *a*, *um*, part. de *cribro*.

crībrō, *ās*, *āre*, *āvī*, *ātum* (*cribrum* ; fr. *cribler*), tr., cribler, tamiser, sasser : Col. 12, 51, 1 ; Plin. 20, 264 ‖ [fig.] mettre à l'épreuve : Hier. *Ep.* 22, 4.

crībrum, *i*, n. (cf. *cerno*, v. irl. *criathar*, bret. *krouer*, al. *Reiter* ; fr. *crible*), crible, sas, tamis : Cat. *Agr.* 25 ; 76, 3 ; Cic. *Div.* 2, 59.

Crĭcŏlăbus, *i*, m. (κρίκος, λαβών, porteur de cerceau), surnom d'un personnage de comédie : Pl. *Trin.* 1021.

crĭcus, (κρίκος) ☞ *anus* : Gloss. 5, 495, 57.

crĭentae, *ārum*, f. pl. (gaul.), paille hachée, balle : Gloss. 4, 559, 55.

crīmĕn, *ĭnis*, n. (cf. *cerno*, κρῖμα) ¶ 1 accusation, chef d'accusation, grief : *cum respondero criminibus* Cic. *Planc.* 4, quand j'aurai répondu aux accusations ; *crimen sceleris maximi* Cic. *Cael.* 56 ; *avaritiae crimen* Cic. *Verr.* 2, 192, accusation d'un très grand crime, de cupidité ; *crimina alicujus* Liv. 40, 23, 9, accusations portées par qqn (Nep. *Ep.* 7, 3) ; *in aliquem* Liv. 6, 14, 11, accusation contre qqn ; *alicui proditionis crimen inferre* Cic. *Verr.* 5, 106, faire retomber sur qqn l'accusation de trahison ; *in aliquem crimen intendere* Liv. 9, 26, 11, porter une accusation contre qqn ; *non erat in hoc crimen ullum* Cic. *Verr.* 2, 162, il n'y avait pas là matière à une accusation ; *esse in crimine* Cic. *Verr.* 4, 100, être l'objet d'une accusation ; *dare alicui crimini pecuniam accepisse* Cic. *Verr.* 5, 73, accuser qqn d'avoir reçu de l'argent, cf. *Brut.* 277 ; *Verr.* 1, 12 ; 5, 131 ; *Dom.* 95 ; *res crimini est alicui* Cic. *Verr.* 5, 19, une chose est un sujet d'accusation contre qqn, fait accuser qqn : Cic. *Verr.* 5, 19 ; *Brut.* 135 ; *Mur.* 73 ; *aliquem*, *aliquid in crimen vocare* Cic. *Verr.* 3, 217 ; *Balb.* 5 ; *Planc.* 54, accuser qqn, qqch. ; *incurrere in crimen hominis nimium grati* Cic. *Planc.* 91, s'exposer au reproche d'excès de reconnaissance ‖ *meum (tuum) crimen* = l'accusation portée soit par moi (toi), soit contre moi (toi) : Cic. *Verr.* 5, 153 ; 2, 49 ; *crimen senectutis* Cic. *CM* 67, grief contre la vieillesse ; *navale crimen* Cic. *Verr.* 5, 131, chef d'accusation concernant la flotte ; *crimen propulsare*, *defendere* Cic. *Sul.* 12, repousser, réfuter une accusation ; *ubi est crimen ?* Cic. *Sest.* 80, où est le grief articulé ? ‖ *perpetuae crimen posteritatis eris* Ov. *Tr.* 4, 9, 26, tu seras à jamais l'objet des reproches de la postérité ‖ *sere crimina belli* Virg. *En.* 7, 339, sème des griefs qui produisent la guerre ¶ 2 la faute, le crime même que l'on accuse [poét., postclassique] : Liv. cf. 40, 8, 7 ; 40, 12, 10 ‖ faits criminels, adultères : Ov. *M.* 6, 131 ‖ méfait, inconvénient : *brassicae* Plin. 20, 91, du chou ‖ culpabilité : Virg. *En.* 12, 600 ; Prop. 1, 11, 30 ¶ 3 [chrét.] péché : Arn. 2, 43.

Crimessus, Nep. *Timol.* 2, 4, ☞ *Crinisus*.

crīmĭnālis, *e*, criminel : Cod. Just. 9, 41, 15.

crīmĭnālĭtĕr, adv., en matière criminelle : Dig. 47, 2, 93.

crīmĭnātĭo, *ōnis*, f. (*criminor*), accusation ; [en part.] accusation malveillante, calomnieuse : Cic. *Agr.* 3, 3 ; *Com.* 37 ; *Lae.* 65.

crīmĭnātŏr, *ōris*, m. (*criminor*), accusateur malveillant, calomniateur : Pl. *Bac.* 826 ; Tac. *An.* 4, 1 ‖ [chrét.] le diable : Lact. *Inst.* 2, 8, 6.

crīmĭnātrix, *īcis*, f. (*criminator*), accusatrice : Vulg. *Tit.* 2, 3.

crīmĭnātus, *a*, *um*, part. de *crimino* et de *criminor*.

crīmĭnō, *ās*, *āre*, -, -, tr., accuser : Enn. *Sat.* 8 ; Pl. *Ps.* 493 ‖ [pass.] *Sullanas res defendere criminor* Cic. *Agr.* 3, 13, on me reproche de défendre le parti de Sylla, cf. Char. 165, 11 ; Diom. 337, 18 ; Prisc. 2, 567 ; Aug. *Civ.* 8, 21 ; Hyg. *Astr.* 2, 18.

crīmĭnor, *āris*, *ārī*, *ātus sum* (*crimen*), tr., accuser [en part.] accuser de façon calomnieuse : *aliquem alicui* Ter. *Eun.* 855, noircir qqn dans l'esprit de qqn ‖ *aliquem apud populum* [avec prop. inf.] Cic. *Off.* 3, 79, accuser calomnieusement qqn devant le peuple de..., cf. *Arch.* 11 ; *Sest.* 123 ; *Cael.* 51 ‖ [avec *quod* subj.] *Off.* 3, 112 ; Liv. 22, 34, 3 ‖ *criminari aliquid* Cic. *Mil.* 12, invectiver contre qqch. ‖ [abs¹] *ut illi criminantur* Sall. *Macr.* 17, 17, comme ils le disent mensongèrement.
▶ sens pass. ; ☞ *crimino*.

crīmĭnōsē, adv. (*criminosus*), en accusateur, de manière à charger l'accusé, [ou] à faire paraître accusé : *criminose interrogare* Liv. 38, 43, 7, interroger de manière à faire naître une accusation ; *neminem audivi qui criminosius diceret* Cic. *Brut.* 131, je n'ai pas entendu d'accusateur plus fertile en griefs ‖ *criminosissime* Suet. *Tib.* 53, 2.

crīmĭnōsus, *a*, *um* (*crimen*) ¶ 1 d'accusateur, qui comporte des accusations, des imputations ; médisant, agressif : *criminosior oratio* Her. 4, 52, discours plus accusateur ; *res alicui criminosa* Cic. *Verr.* 5, 46, fait donnant lieu à une accusation contre qqn ; *criminosus homo* Cic. *Clu.* 94, accusateur passionné, homme agressif ; *criminosi iambi* Hor. *O.* 1, 16, 2, iambes satiriques ; *criminosissimus liber* Suet. *Caes.* 75, 5, infâme libelle ¶ 2 digne de reproche, blâmable, criminel : Apul. *Apol.* 40 ‖ **crīmĭnōsus**, *i*, m., un criminel : Tert. *Idol.* 14, 5 ‖ un accusé : Hier. *Ep.* 147, 9.

Crīmīsus, ☞ *Crinisus*.

crīnāle, *is*, n., aiguille de tête, peigne : Ov. *M.* 5, 52.

crīnālis, *e* (*crinis*), qui a rapport aux cheveux : *crinales vittae* Virg. *En.* 7, 403, bandelettes qui ornent les cheveux ‖ [fig.] *polypus crinali corpore* Ov. *Hal.* 30, le polype au corps garni de tentacules ; ☞ *crinis* ¶ 2.

Crīnas, *ae*, m., médecin du temps de Pline : Plin. 29, 9.

crīnĭcŭlus, *i*, m. (dim. de *crinis*) ¶ 1 petit cheveu : Ambr. *Luc.* 6, 7, 19 ¶ 2 [fig.] lien, entrave : Aug. *Psalm.* 56, 4.

crīnĭgĕr, *ĕra*, *ĕrum* (*crinis*, *gero*), chevelu : Luc. 1, 463 ; Sil. 14, 585.

crīnĭnus, *a*, *um* (*crinon*), de lis rouge : *Dig. 34, 2, 21.

crīnĭō, *īs*, *īre*, -, *ītum* (*crinis*), tr., couvrir de cheveux : [pass.] *criniri frondibus* Stat. *S.* 4, 5, 10, se couvrir de feuilles ‖ ☞ *crinitus*.

crīnĭs, *is*, m. (cf. *crista* ; fr. *crin*) ¶ 1 cheveu, chevelure : *septem crines* Mart. 12, 32, 4, sept cheveux ; *crinis sparsus* Ov. *M.* 1, 542, chevelure éparse ‖ pl., Cic. *Verr.* 3, 76 ; Caes. *C.* 3, 9 ; Liv. 1, 13, 1 ; *trahere aliquem crinibus* Virg. *En.* 2, 404, traîner qqn par les cheveux ‖ [en part.] tresses, nattes [coiffure d'une matrone] : Pl. *Mil.* 792 ; *Most.* 226 ; Varr. *L.* 7, 44 ; Fest. 454, 24 ¶ 2 [fig.] [en parl. d'objets qui ressemblent aux cheveux] *crinis polyporum* Plin. 9, 86, bras des polypes ‖ frange du lobe de l'huître : Plin. 32, 61 ‖ chevelure des comètes : Virg. *En.* 5, 528 ‖ rayons, rais de lumière : Val.-Flac. 1, 205 ‖ filet d'eau : Aug. *Gen. litt.* 5, 10.
▶ f. d. Pl. *Most.* 226 ; Atta. *Com.* 1 (Non. 202, 29).

crīnĭsātus, *a*, *um* (*crinis*, *satus*), né de la chevelure [de la Gorgone] : Sidon. *Carm.* 22, 81.

Crīnīsus, *i*, m., fleuve de Sicile : Virg. *En.* 5, 38.

crīnītus, *a*, *um* ¶ 1 part. de *crinio* ¶ 2 [adj¹], qui a beaucoup de cheveux, qui a une longue chevelure, chevelu : Enn. *Tr.* 29 ; Virg. *En.* 9, 635 ; Mart. 12, 49, 1 ‖ [fig.] *stella crinita* Suet. *Caes.* 88, comète ; *crinita galea juba* Virg. *En.* 7, 785, casque surmonté d'une crinière ‖ *crinitior* Gloss. 4, 218, 27.

Crinivolum, *i*, n., ville d'Ombrie : Plin. 3, 114.

crīnŏn, *i*, n. (κρίνον), lis rouge : Plin. 21, 24 ‖ essence de lis : Pompon. *Dig.* 34, 2, 21.

crĭŏbŏlĭum, ĭi, n. (de κριοβόλος), sacrifice d'un bélier : CIL 9, 1538.

crĭos, m. (κριός), sorte de pois chiche : DIOSC. 2, 87.

cripta, v. *crypta*.

Crīsa, ae, f. (Κρῖσα), ville de Phocide : PLIN. 4, 8 ‖ **-saeus**, a, um, de Crisa : PLIN. 4, 8.

crĭsĭmŏs, ŏn (κρίσιμος), adj., critique, dangereux [méd.] : CAEL.-AUR. *Acut.* 1, 14, 108 ‖ pl. *crisimoe*, CENS. 14, 9.

crĭsis, acc. *in* ; pl. *es* ; f. (κρίσις), crise [méd.] : SEN. *Ep.* 83, 4 ; *naturae conflictus quos Graeci crises appellant* CAEL.-AUR. *Acut.* 2, 19, 120, les assauts de la nature que les Grecs appellent *crises*.

crīsō (**crissō**), ās, āre, āvī (express., cf. *crista*, κρίζω, v. irl. *cres*), intr., se tortiller : MART. 10, 68, 10 ; JUV. 6, 322 ; Ps. ACR. HOR. *S.* 2, 7, 50 ; DON. *Eun.* 424.

crispans, tis ¶ 1 part. de *crispo* ¶ 2 [adj¹], bouclé, frisé : VULG. *Is.* 3, 24 ; PLIN. 16, 70 ‖ ridé, qui se ride : *nasus crispans* PERS. 3, 87, nez qui se plisse ‖ tremblant : *crepitus crispans* PLIN. 2, 198, ébranlement avec craquement.

crispātus, a, um, part. de *crispo*.

Crispĭāna, ae, f., ville de la Pannonie : ANTON. 267.

crispĭcans, tis (*crispus*), qui ride : GELL. 18, 11, 3.

crispĭcăpillus, i, m. (*crispus, capillus*), dont les cheveux bouclent : GLOSS. 3, 444, 39.

Crispīna, ae, f., nom de femme : TAC. *H.* 1, 47.

Crispīnus, i, m., surnom romain : LIV. 24, 39, 12 ; HOR. *S.* 1, 1, 120.

crispĭō, īs, īre, -, -, intr., glousser : SUET. *Frg.* 161.

crispĭsulcans, tis (*crispus, sulco*), qui trace un sillon sinueux [en parl. de la foudre] : POET. d. CIC. *Top.* 61.

crispĭtūdo, ĭnis, f. (*crispus*), tortillement : ARN. 2, 42.

crispō, ās, āre, āvī, ātum (*crispus* ; fr. *crêper*), tr. ¶ 1 friser, boucler : PLIN. 29, 82 ‖ [fig.] faire onduler, froncer, rider : *apio crispatur tellus* COL. 10, 166, la terre se couvre des frisures de l'ache ; *crispare aurum* STAT. *Th.* 8, 568, ciseler en or ; *pelagus* VAL.-FLAC. 1, 311, rider la mer ¶ 2 agiter, brandir : *hastilia* VIRG. *En.* 1, 313, brandir des javelots ‖ remuer vivement : ARN. 7, 33 ‖ v. *crispans*.

crispŭlus, a, um (dim. de *crispus*), frisotté : SEN. *Ep.* 66, 25 ‖ [fig.] en parl. du style recherché : FRONT. *Orat.* 13, p. 159 N.

1 crispus, a, um (cf. gaul. *Crixos* ; it. *crespo*, fr. *crêpe*) ¶ 1 crépu, frisé : *crispi cincinni* PL. *Truc.* 287, boucles de cheveux bien frisés ; *homo crispus* PL. *Ru.* 125, un bonhomme frisé ‖ [fig.] élégant : GELL. 1, 5, 4 ¶ 2 onduleux, tordu : *marmor undatim crispum* PLIN. 36, 55, marbre à veines ondées ; *abies crispa* ENN. d. CIC. *Tusc.* 3, 44, sapin tordu (gondolé) [par le feu] ‖ vibrant : JUV. 6, 382 ‖ *crispior* PLIN. 8, 46 ; *-issimus* COL. 11, 3, 26.

2 Crispus, i, m., surnom romain [de Salluste et de Vibius] : CIC. *Fam.* 12, 11, 1.

Crissa, ae, f., v. *Crisa*.

crissātĭcum vinum, v. *chrysaticum*.

crisso, v. *criso*.

crisson, **crissōnus**, m. (germ., al. *Kresse*, an. *cress* ; fr. *cresson*), cresson alénois : GLOSS. 3, 593, 8 ; 581, 34.

crista, ae, f. (cf. *crinis* ; fr. *crête*) ¶ 1 crête [d'un oiseau] : VARR. *R.* 3, 9, 4 ‖ [fig.] *illi surgebant cristae* JUV. 4, 70, il dressait sa crête, se rengorgeait ¶ 2 touffe : *crista foliorum* PLIN. 22, 86, touffe de feuilles ‖ aigrette, panache : LUCR. 2, 633 ; LIV. 10, 39, 12 ‖ clitoris : JUV. 6, 422.

cristall-, v. *crystall-*.

cristātus, a, um (*crista* ; it. *crestato*), qui a une crête : *cristatus ales* OV. *F.* 1, 455, le coq ‖ [casque] surmonté d'une aigrette : LIV. 9, 4, 3 ‖ qui a un casque muni d'une aigrette : VIRG. *En.* 1, 468.

cristĭgĕr, ĕra, ĕrum (*crista, gero*), qui a une crête : AN. HELV. 164, 15.

cristŭla, ae, f., dim. de *crista*, petite aigrette : COL. 8, 2, 8.

Crĭtae, ārum, m. pl. (κριτής), le livre des Juges : TERT. *Scorp.* 3, 6.

Cristensi, orum, m. pl., peuple d'Éthiopie : PLIN. 6, 190.

crĭtērĭum, ĭi, n. (κριτήριον), jugement : LEO-M. *Ep.* 43.

crĭthŏlŏgĭa, ae, f. (κριθολογία), crithologie [charge du magistrat qui évaluait le blé transporté à Alexandrie] : COD. TH. 14, 26, 1.

Crithōtē, ēs, f., ville de la Chersonèse de Thrace : NEP. *Tim.* 1, 3 ; PLIN. 4, 48.

Crĭtĭās, ae, m., Critias [un des trente tyrans d'Athènes] : CIC. *de Or.* 2, 93 ‖ statuaire grec : PLIN. 34, 49.

crĭtĭcus, a, um (κριτικός), [méd.] critique : AUG. *Conf.* 6, 1, 1 ‖ **crĭtĭcus**, i, m., critique, juge des ouvrages de l'esprit : CIC. *Fam.* 9, 10, 1 ; HOR. *Ep.* 2, 1, 51 ‖ **critica**, ōrum, n. pl., critique, philologie : PETR. 58, 7.

Crĭto, ōnis, m. (Κρίτων), Criton [disciple de Socrate] : CIC. *Tusc.* 1, 103 ‖ personnage de comédie : TER. *And.* 801.

Crĭtŏbūlus, i, m., Critobule [ami de Socrate] : CIC. *CM* 59 ‖ médecin célèbre : PLIN. 7, 124.

Crĭtŏdēmus, i, m., astronome : PLIN. 7, 193.

Critognatus, i, m., Critognat [noble arverne] : CAES. *G.* 7, 77, 2.

Crĭtŏlāus, i, m., philosophe péripatéticien : CIC. *Fin.* 5, 14 ‖ général achéen : CIC. *Nat.* 3, 91.

Crĭtŏmēdĭa, ae, f. (Κριτομήδια), une des Danaïdes : HYG. *Fab.* 170.

Crĭtōnĭa, ae, m. (Κριτωνίας), nom d'un acteur tragique : VARR. *Men.* 570.

Crĭūmĕtōpŏn, MEL. 2, 112, **Crĭū Mĕtōpŏn**, PRISC. *Perieg.* 90, n. (Κριουμέτωπον), promontoire de Crète ‖ promontoire de la Chersonèse Taurique : MEL. 2, 3.

Crixus, i, m., lieutenant de Spartacus : FLOR. 3, 20, 3.

Crŏbĭălŏs, i, f. (Κρωβίαλος), ville de Paphlagonie : VAL.-FLAC. 5, 103.

Crobiggi, **Crobyzi**, ōrum, m. pl., peuple de la Sarmatie : PLIN. 4, 82.

crŏbўlos, i, m. (κρωβύλος), natte [de cheveux] : *TERT. *Virg.* 10, 2.

Crŏcăla, ōrum, n. pl., île voisine de la Gédrosie : PLIN. 6, 80.

Crŏcălē, ēs, f., nom d'une nymphe : OV. *M.* 3, 169 ‖ nom de bergère : CALP. 2, 1.

crŏcallis, ĭdis, f., pierre précieuse inconnue : PLIN. 37, 154.

crŏcātĭo, ōnis, f. (*croco*), croassement : P. FEST. 46, 11.

crŏcātus, a, um (*crocus*), de couleur de safran : PLIN. 16, 147.

croccus, i, m. (germ. ; fr. *croc*), croc : GLOSS. 5, 624, 42.

crŏcĕus, a, um (*crocus*) ¶ 1 de safran : *crocei odores* VIRG. *G.* 1, 56, les parfums du safran ; *croceus unctus* PLIN. 10, 134, sauce au safran ¶ 2 de couleur de safran, jaune, doré : VIRG. *G.* 1, 447 ; *En.* 11, 475 ‖ **crŏcĕa**, ōrum, n. pl., vêtements de soie couleur safran : VULG. *Thren.* 4, 5.

crŏcĭās, ae, m. (κροκίας), pierre précieuse inconnue : PLIN. 37, 191.

crŏcĭdismus, i, m. (κροκιδισμός), crocidisme, geste de ramasser de petits brins de fil [symptôme de mort prochaine chez les malades] : CAEL.-AUR. *Acut.* 1, 3, 34.

crŏcĭnŏr, ārĭs, ārī, - (cf. *corcus* ?), intr., désigne une maladie inconnue qui frappe les chevaux : GARG. *Cur.* 13.

crŏcĭnus, a, um (κρόκινος), de safran : PLIN. 21, 124 ‖ de couleur de safran : CATUL. 68, 134 ‖ **crŏcĭnum**, i, n., huile de safran : PL. *Curc.* 103 ; PROP. 3, 10, 2.

crŏcĭō, īs, īre, -, - (onomat., cf. *cra*, *cornix*), intr., croasser : PL. *Aul.* 625.

crŏcis, ĭdis, f. (κροκίς), herbe inconnue : PLIN. 24, 167.

crŏcĭtō, ās, āre, -, - (fréq. de *crocio* ; it. *crocidare*), intr., v. *crocio* : SUET. *Frg.* 161.

crŏcītŭs, ūs, m. (*crocio*), croassement : NON. 45, 18.

1 crŏcō, ās, āre, -, - (*crocus*), tr., teindre en jaune safran : ISID. 6, 11, 4.

2 crŏco, v. *crocio* : ISID. 6, 11, 4.

crŏcŏdēs, is, n. (κροκῶδες), sorte de collyre : CIL 3, 12032.

crŏcŏdīlĕa, ae, f. (κροκοδειλεία), fiente de crocodile employée comme médicament : PLIN. 28, 108 ; 28, 184, cf. HOR. *Epo.* 12, 11.

crŏcŏdīlĕon, *i*, n., chardonnette, chardon à carder [plante]: Plin. 27, 64.

crŏcŏdīlīnus, *a*, *um* (κροκοδείλινος), relatif au crocodile: *crocodilina ambiguitas* Quint. 1, 10, 5, l'équivoque du crocodile [sorte d'argument captieux].

Crŏcŏdīlōn oppĭdum, n., ville de Phénicie: Plin. 5, 75.

Crŏcŏdīlŏpŏlītēs nŏmŏs, m., nome Crocodilopolite [en Égypte]: Plin. 5, 50.

1 **crŏcŏdīlus**, *i*, m. (κροκόδειλος), crocodile: Cic. *Nat.* 2, 124; 129; Plin. 8, 89. ▶ *corcodillus* Phaed. 1, 25, 4; Mart. 3, 93, 7 ∥ *crocodillus, corcodillus, corcodrillus*: tardifs.

2 **Crŏcŏdīlus**, *i*, m., montagne de Cilicie: Plin. 5, 91.

crŏcŏmagma, *ătis*, n. (κροκόμαγμα), marc de safran: Cels. 5, 18, 9.

1 **crŏcŏs**, ▶ *crocum*.

2 **Crŏcŏs**, *i*, m., jeune homme changé en safran: Ov. *F.* 5, 227.

crŏcŏta, *ae*, f., robe de couleur de safran [à l'usage des femmes et des prêtres de Cybèle]: Naev. *Tr.* 46; Non. 549, 27; Cic. *Har.* 44.

crŏcŏtārĭus, *a, um* (*crocota*), relatif à la crocota: *infectores crocotarii* Pl. *Aul.* 521, teinturiers en jaune safran.

crŏcŏtillus, *a, um* (?), très maigre, décharné: *crocotilla cruscula* Pl. *Cis.* 408 d. *P. Fest. 46, 6, petites jambes fluettes.

crŏcŏtĭnum, *i*, n., gâteau au safran: P. Fest. 46, 14.

crŏcotta, ▶ *corocottas*.

crŏcŏtŭla, *ae*, f. (dim. de *crocota*), petite robe ou tunique de couleur de safran: Pl. *Ep.* 231.

crŏcum, *i*, n., Cels. 3, 21 F., **crŏcus**, *i*, m., Ciris 97; Ov. *M.* 4, 393 (κρόκος), safran ∥ couleur de safran: Virg. *En.* 9, 614 ∥ étamine jaune de certaines fleurs: Plin. 21, 24 ∥ parfum de safran: Lucr. 2, 456; Sen. *Ep.* 90, 15; *recte crocum perambulare* Hor. *Ep.* 2, 1, 79, faire bonne figure sur la scène [arrosée d'essence de safran] ∥ **crŏcus**, *i*, f., Apul. *M.* 10, 34.

1 **crŏcus**, *i*, m. et f., ▶ *crocum*.

2 **Crŏcus**, *i*, m., nom d'homme: Sidon. *Ep.* 7, 6, 9 ∥ montagne de Crète: Plin. 4, 59.

crŏcuta, ▶ *crocotta*.

crŏcўphantĭum, *ii*, n. (κροκόφαντος), voile léger: Dig. 34, 2, 25.

Crŏcўlē, *ēs*, f., île voisine d'Ithaque: Plin. 4, 54.

Crŏdūnum, *i*, n., lieu de la Gaule: Cic. *Font.* 19.

Croesus, *i*, m., Crésus [roi de Lydie]: Cic. *Fin.* 2, 87 ∥ **Croesĭus**, *a, um*, de Crésus: Capel. 6, 578.

Crommўoacris, ▶ *Crommyuacris*.

Crommўōn, ▶ *Cromyon*.

Crommўonnēsŏs, *i*, f., île près de Smyrne: Plin. 5, 138.

Crommўŭăcris, *ĭdis*, f., promontoire de Chypre: Cassius d. Cic. *Fam.* 12, 13, 4.

Cromna, *ae*, f., ville de Paphlagonie: Plin. 6, 5.

Cromўōn, *ōnis*, m., bourg près de Corinthe: Ov. *M.* 7, 435.

1 **Crŏnĭa**, *ōrum*, n. pl., fêtes de Cronos: Acc. d. Macr. *Sat.* 1, 7, 37.

2 **Crŏnĭa**, *ae*, f., autre nom de la Bithynie: Plin. 5, 143.

Crŏnĭum măre, n., la mer Glaciale: Plin. 4, 95.

Crŏnĭus, *i*, m., nom d'homme: Mart. 7, 87.

Crŏnŏs, *i*, m. (Κρόνος), Kronos, Saturne: Sidon. *Carm.* 15, 61.

crŏtălĭa, *ōrum*, n. pl. (κροτάλια), pendants d'oreilles formés de plusieurs perles: Petr. 67, 9; Plin. 9, 114.

crŏtălissō, *ās, āre, -, -* (κροταλίζω), intr., jouer des castagnettes: Macr. *Exc.* 5, 626, 24.

crŏtălistrĭa, *ae*, f., joueuse de castagnettes: Prop. 4, 8, 39; Plub.-Syr. d. Petr. 55, 6.

crŏtălum, *i*, n. (κρόταλον), castagnette, crotale: Scip. d. Macr. *Sat.* 3, 14, 6; Copa 2.

Crŏtălus, *i*, m., fleuve du Bruttium: Plin. 3, 96.

crŏtăphŏs, gén. pl. *ōn*; m. (κρόταφος), douleur à la tempe, migraine: Cael.-Aur. *Chron.* 1, 1, 4.

1 **crŏto**, **crŏtōn**, *ōnis*, f., ricin: Plin. 15, 25; ▶ *cici*.

2 **Crŏto**, **Crŏtōn**, *ōnis*, m., héros fondateur de Crotone: Ov. *M.* 15, 15 ∥ nom romain: Cic. *Rab. perd.* 31.

3 **Crŏto**, Mel. 2, 68, **Crŏtōn**, *ōnis*, Sil. 11, 18, **Crŏtōna**, *ae*, Val.-Max. 1, 8, 18, f., Crotone [ville de la Grande-Grèce] Atlas I, D4; XII, F6 ∥ **Crŏtōnĭās**, *ātis*, de Crotone: Prisc. 2, 128, 25 ∥ **Crŏtōnĭātēs**, *ae*, m., habitant de Crotone: *Crotoniates Milo* Cic. *CM* 27, Milon de Crotone ∥ **-nĭātae**, *ārum*, m. pl., les habitants de Crotone: Cic. *Nat.* 2, 6 ∥ **Crŏtōnĭensis**, *e*, de Crotone: Sall. *C.* 44; Liv. 29, 36, 4 ∥ **-nĭensēs**, *ĭum*, m. pl., habitants de Crotone: Plin. 3, 72.

crŏtōlō, *ās, āre, -, -* (onomat., mais cf. *crotalum*; fr. *crouler*, it. *crocchiare*), intr., craqueter [en parl. de la cigogne]: Suet. *Frg.* 161, p. 251, 3.

Crŏtōpĭădēs, *ae*, m., fils ou petit-fils de Crotope: Ov. *Ib.* 480.

Crŏtōpus, *i*, m., Crotope [roi d'Argos]: Stat. *Th.* 1, 570.

Crŏtŏs, *i*, m. (Κρότος), le Sagittaire [constellation]: Col. 10, 57.

crotta (**chr-**), *ae*, f. (germ.; a. fr. *rote*), harpe celtique: Fort. *Carm.* 7, 8, 64.

Croucăsis, *is*, m., nom donné au Caucase par les Scythes: Plin. 6, 50.

crŭcĭăbĭlis, *e* (*crucio*), qui torture, cruel: Gell. 3, 9, 7; Apul. *M.* 10, 3 ∥ qui peut être torturé: Lact. *Inst.* 7, 20, 9.

crŭcĭăbĭlĭtās, *ātis*, f. (*cruciabilis*), tourment: Pl. *Cis.* 205.

crŭcĭăbĭlĭtĕr, adv. (*cruciabilis*), au milieu des tourments, cruellement: Pl. *Ps.* 950; B.-Afr. 46, 2; Amm. 26, 6, 3.

crŭcĭăbundus, *a, um* (*crucio*), plein de tourments: Cypr. *Ep.* 59, 3.

crŭcĭămĕn, *ĭnis*, n., tourment, martyre: Prud. *Cath.* 10, 90.

crŭcĭāmentum, *i*, n. (*crucio*), tourment, souffrance: Pl. *Cap.* 999; Cic. *Phil.* 11, 8.

crŭcĭārĭus, *a, um* (*crux*), de la croix: *cruciaria poena* Sidon. *Ep.* 8, 6, 15, supplice de la croix ∥ **crŭcĭārĭus**, *ii*, m. **a)** un crucifié: Petr. 112, 5 **b)** pendard, gibier de potence: Apul. *M.* 10, 7 ∥ **crŭcĭārĭum**, *ii*, n., crucifiement: Commod. *Instr.* 1, 32, 8.

crŭcĭātĭo, *ōnis*, f., tourments, souffrances: Vulg. *Sap.* 6, 9.

crŭcĭātŏr, *ōris*, m. (*crucio*), bourreau: Arn. 1, 40; Firm. *Math.* 3, 11, 8.

crŭcĭātōrĭus, *a, um*, de tourment, de torture: Tert. *Praescr.* 2, 1.

1 **crŭcĭātus**, *a, um*, part. de *crucio*.

2 **crŭcĭātŭs**, *ūs*, m. (*crucio*) ¶ 1 torture, supplice: *in cruciatum dari* Cic. *Amer.* 119, être livré au bourreau (Caes. *G.* 1, 31, 12); *abi in malum cruciatum* Pl. *Aul.* 459, va te faire pendre ∥ [fig.] tourments, souffrance: Cic. *Cat.* 4, 10 ¶ 2 pl., instruments de torture: Cic. *Verr.* 5, 163.

crŭcĭcŏla, *ae*, m. f., qui adore la croix: Evagr.-Gall. *Alterc.* 1.

crŭcĭfĕr, *ĕri*, m. (*crux, fero*), celui qui porte sa croix [Jésus-Christ]: Prud. *Cath.* 3, 1.

crŭcĭfĭcō, *ās, āre, -, -*, ▶ *crucifigo*: Gloss. 2, 118, 9.

crŭcī fīgō, crŭcĭfīgō, *is, ĕre, fīxī, fixum*, tr., mettre en croix, crucifier: Sen. *Contr.* 7, 7; Val.-Max. 6, 3, 5; Suet. *Dom.* 11, 1 ∥ [chrét.] mortifier: *crucifixerunt corpus cum vitiis et concupiscentiis* Hil. *Matth.* 10, 25, ils ont mortifié leur corps avec ses vices et ses désirs.

crŭcĭfixĭo, *ōnis*, f., crucifiement: Alcim. *Ep.* 3.

crŭcĭfixŏr, *ōris*, m., celui qui met en croix: Paul.-Nol. *Ep.* 18, 7.

crŭcĭfixus, *a, um*, part. de *crucifigo*.

crŭcĭō, *ās, āre, āvī, ātum* (*crux*), tr. ¶ 1 mettre en croix: Lact. *Mort.* 2, 1 ¶ 2 [en gén.] faire périr dans les tortures, supplicier: Pl. *Cap.* 731; *Cas.* 445; Ter. *Eun.* 384 ∥ [pass. d. Cic.] *cum vigiliis et fame cruciaretur* Cic. *Fin.* 2, 65, alors qu'on le faisait périr par l'insomnie et la faim ¶ 3 [fig.] torturer, tourmenter: *illa te res*

crucio

cruciat Cic. *Fam.* 5, 16, 4, cet événement te torture, cf. *Att.* 8, 15, 2 ; *Tusc.* 1, 111 ; *se ipsa cruciavit* Cic. *Clu.* 32, elle s'est torturée elle-même ; *cruciari dolore corporis* Cic. *Tusc.* 2, 7, être torturé par la douleur physique ‖ *cruciare se* Pl. *Bac.* 493 ; *cruciari* Pl. *Cap.* 594, se tourmenter, souffrir ; souffrir de ce que [avec prop. inf.] : Pl. *Cap.* 600 ; Ter. *Haut.* 673 ; [avec *quod*] Pl. *Cap.* 996 ; Balb. *Att.* 8, 15 a, 2 ; [avec *quia*] Pl. *Mil.* 1032 ; [avec *cum*] Pl. *Trin.* 1170 ; [avec *ne*] *cruciatur et sollicita est ne...* Pl. *Mur.* 88, la mère tourmentée et angoissée appréhende que... ‖ *crucians cantherius* Pl. *Cap.* 813, bidet qui torture [au dos anguleux].

Crŭcĭsălus, *i*, m. (*crux, salio*), [qui danse sur une croix], jeu de mots sur Chrysalus : Pl. *Bac.* 362.

crŭcistultĭtĭa, *ae*, f., la folie de la croix : Comm. *Instr.* 1, 36.

crŭcĭus, *a, um*, qui met au supplice : Lucil. d. P. Fest. 46, 12.

crūdārĭa vēna, f., filon [d'argent] superficiel : Plin. 33, 97.

crūdastĕr, *tra, trum* (*crudus*), un peu cru : Anthim. 21.

crūdēlescō, *ĭs, ĕre, -, -* (*crudelis*), intr., devenir cruel : Ps. Aug. *Serm.* 55, 1.

crūdēlis, *e* (*crudus*), dur, cruel, inhumain : *crudelis in aliquem* Cic. *Phil.* 5, 22, cruel envers qqn ; *crudelis necessitas* Cic. *Tusc.* 3, 60, nécessité cruelle ; *crudelis tanto amori* Prop. 2, 26, 45, insensible à tant d'amour ‖ n., *crūdēle* [pris adv^t] cruellement : Stat. *Th.* 3, 211 ‖ *crudelior* Cic. *Att.* 10, 11, 3 ; *-issimus* Cic. *Mil.* 38 ; *Verr.* 4, 73.

crūdēlĭtās, *ātis*, f. (*crudelis*), dureté, cruauté, inhumanité : *ista in nostros homines crudelitas* Cic. *Verr.* 1, 150, ta cruauté envers nos compatriotes ; *exercere crudelitatem in mortuo* Cic. *Phil.* 11, 8, exercer sa cruauté sur un mort.

crūdēlĭtĕr, adv., durement, cruellement : Cic. *Cat.* 1, 30 ; Caes. *G.* 7, 38, 9 ‖ *crudelius* Cic. *Quinct.* 48 ; *-issime* Cic. *Sull.* 75.

crūdescō, *ĭs, ĕre, dŭī, -* (*crudus*), intr. ¶ 1 ne pas se digérer [aliment] : Heges. 5, 24, 2 ; Rufin. *Clem.* 4, 18 ¶ 2 [fig.] devenir violent, cruel : *coepit crudescere morbus* Virg. *G.* 3, 504, le mal s'est mis à empirer ; *crudescit seditio* Tac. *H.* 3, 10, la sédition devient plus violente.

crūdĭtās, *ātis*, f. (*crudus*) ¶ 1 indigestion : Cic. *CM* 44 ; Col. 6, 6, 1 ‖ excès de nourriture : Plin. 17, 219 ¶ 2 pl., crudités : Plin. 26, 41.

crūdĭtātĭo, *ōnis*, f. (*crudus*), dyspepsie, aigreurs d'estomac : Cael.-Aur. *Chron.* 5, 2, 29.

crūdĭtō, *ās, āre, -, -* (*cruditas*), intr., mal digérer, souffrir d'indigestion : Tert. *Apol.* 9, 11.

crūdīvus, *a, um*, Anthim. 66, *crudus*.

crūdŭm, n. pris adv^t : *crudum ructare* Cels. 1, 2, 2, éructer des aliments non digérés.

crūdus, *a, um* (cf. *cruor* ; fr. *cru*), encore rouge ¶ 1 saignant, cru, non cuit : Pl. *Aul.* 430 ; Ov. *F.* 6, 158 ; Liv. 29, 27, 5 ‖ brique non cuite : Varr. *R.* 1, 14, 4 ; Curt. 8, 10, 25 ; Plin. 18, 99 ‖ fruit vert : Cic. *CM* 71 ; Col. 12, 10, 3 ‖ brut, non travaillé [cuir] : Varr. *L.* 5, 116 ; Virg. *En.* 5, 69 ; *G.* 3, 20 ‖ blessure saignante, non cicatrisée : Ov. *Tr.* 3, 11, 19 ; Plin. *Ep.* 5, 16, 11 ‖ non digéré : Cels. 1, praef. 20 ‖ [activ^t] qui n'a pas digéré, [ou] qui digère difficilement : *Roscius crudior fuit* Cic. *de Or.* 1, 124, Roscius a eu une digestion difficile, cf. *Clu.* 168 ; *Fin.* 2, 23 ; Cat. *Agr.* 125 ; Varr. *R.* 2, 4, 21 ; Hor. *S.* 1, 5, 49 ; Cels. 2, 10, 9 ; Sen. *Ep.* 89, 22 ¶ 2 [fig.] encore vert, frais [vieillesse] : Virg. *En.* 6, 304 ; Tac. *Agr.* 29 ‖ récent : *crudum servitium* Tac. *An.* 1, 8, servitude toute fraîche ‖ qui n'a pas la maturité pour le mariage : Mart. 8, 64, 11 ‖ lecture mal digérée : Quint. 10, 1, 19 ¶ 3 [fig.] dur, insensible, cruel : Pl. *Poen.* 1108 ; *Truc.* 644 ; Ov. *M.* 4, 240 ‖ *crudus ensis* Virg. *En.* 10, 682, épée impitoyable ; *cruda bella* Ov. *Am.* 3, 8, 58, guerres cruelles.

crŭentātĭo, *ōnis*, f. (*cruento*), aspersion faite avec du sang : Tert. *Marc.* 4, 39, 5.

crŭentātus, *a, um*, part. de *cruento*.

crŭentē, adv., d'une manière sanglante, cruellement : Just. 23, 2, 7 ; *arma cruentius exercere* Sen. *Ben.* 5, 16, 5, faire plus cruellement la guerre ‖ *cruentissime* Oros. *Hist.* 1, 17, 2.

crŭenter, adv., cruellement : Apul. *M.* 3, 3.

crŭentĭfĕr, *ĕra, ĕrum* (*cruentus fero*), ensanglanté : Carm. Judic. 337.

crŭentō, *ās, āre, āvī, ātum* (*cruentus*), tr. ¶ 1 mettre en sang [par le meurtre, en tuant] : *vigiles cruentant* Enn. *An.* 165, ils massacrent les sentinelles, cf. Cic. *Pis.* 47 ‖ ensanglanter, souiller de sang : Cic. *Div.* 1, 60 ; *Sest.* 80 ; *Mil.* 18 ‖ [fig.] blesser, déchirer : Cic. *Phil.* 2, 86 ¶ 2 teindre en rouge : Sen. *Contr.* 2, 15, cf. Suet. *Dom.* 16.

crŭentus, *a, um* (*cruor*) ¶ 1 sanglant, ensanglanté, inondé de sang : Cic. *Mil.* 33 ; Quint. 4, 2, 13 ; *cruentus sanguine civium* Cic. *Phil.* 4, 4, couvert du sang des citoyens ; *cruenta victoria* Sall. *C.* 58, 21, victoire sanglante ‖ de couleur rouge sang : Virg. *G.* 1, 306 ¶ 2 sanguinaire, cruel : *hostis cruentus* Sen. *Marc.* 20, 3, ennemi cruel ; *cruenta ira* Hor. *O.* 3, 2, 11, colère sanguinaire ‖ *crŭenta, ōrum*, n. pl., carnage : Hor. *S.* 2, 3, 223 ‖ *cruentior* Ov. *M.* 12, 592 ; Cels. 2, 8, 7 ; *-tissimus* Vell. 2, 52, 2.

crŭmēlum, *i*, n. (cf. *crumillum*), légume à cosse : Greg.-Tur. *Conf.* 96.

crŭmēna ou **crŭmīna**, *ae*, f. (étr. ?, cf. γρυμέα), bourse, gibecière : Pl. *Truc.* 632 ; 655 ‖ bourse, argent : Hor. *Ep.* 1, 4, 11 ; Juv. 11, 38.

Crumerum, *i*, n., ville de la Basse-Pannonie : Anton. 246.

crŭmĭlum (crŭmillum), *crumelum* ? : Paul.-Nol. *Ep.* 23, 7.

crŭmilla, *ae*, f. (dim. de *crumina*), petite bourse : Pl. *Pers.* 687.

crŭmīnō, *ās, āre, -, -*, tr., remplir comme une bourse : Fort. *Mart.* 2, 351.

Crūnoe, m. pl., promontoire de l'Asie Mineure : Plin. 6, 17.

Crūnŏs, *i*, m., ancien nom de Dionysopolis [Thrace] : Plin. 4, 44.

crŭŏr, *ōris*, m. (cf. *cruentus, crudus*, κρέας, scr. *kravya-m*, al. *roh*, an. *raw*), sang rouge, sang qui coule : *nisi cruor apparet, vis non est facta* Cic. *Caecin.* 76, à moins qu'il n'y ait trace de sang répandu, il n'y a pas eu violence ; *atri cruores* Virg. *En.* 4, 687, flots d'un sang noir ‖ [fig.] **a)** force vitale, vie : Luc. 7, 579 **b)** meurtre, carnage : Ov. *M.* 4, 161 ; Hor. *S.* 2, 3, 275.

cruppa, *ae*, f. (gaul. ? ; it. *groppo*), grosse corde : Gloss. 2, 118, 16.

cruppellārĭi, *ōrum*, m. pl. (mot celtique), gladiateurs couverts de fer : Tac. *An.* 3, 43.

Cruptorix, *ĭgis*, m., chef germain : Tac. *An.* 4, 73.

crūrālis, *e* (*crus*), de la jambe : *crurales fasciae* Petr. 40, 5, bandes molletières.

crūrĭcrĕpĭda, *ae*, m. (*crus, crepo*), homme dont les jambes font sonner fers et entraves : Pl. *Trin.* 1021.

crūrĭfrăgĭum, *ii*, n., action de briser les jambes : Gloss. 2, 432, 54.

crūrĭfrăgĭus, *ii*, m. (*crus, frango*), à qui on a cassé les jambes : Pl. *Poen.* 886.

crūrĭnūrux (?), *Ps. Prisc. Acc.* 34 = 3, 526, 5, cf. *pullinurux*.

1 crŭs, *crūris*, n. (obscur), jambe : Cic. *Nat.* 1, 101 ‖ pied, souche d'un arbre : Col. 3, 10, 2 ‖ pl., piles d'un pont : Catul. 17, 3.

2 Crŭs, *Crūris*, m., surnom romain dans la *gens Cornelia* : Cic. *Fam.* 8, 4, 1.

Crusa, *ae*, f., île dans le golfe Céramique : Plin. 5, 134.

Cruscellĭo, *ōnis*, m., surnom romain : Val.-Max. 6, 7, 3.

crusculum, *i*, n. (dim. de *crus*), petite jambe : Pl. d. Fest. 46, 8.

crusma, *ătis*, n. (κροῦσμα), sons donnés par un instrument de musique ou des vocalises : Mart. 6, 71, 1 ; Mar. Vict. *Gram.* 6, 183, 23.

crusmătĭcus, *a, um* (κρουσματικός), de tambourin : Cens. *Frg.* 11.

1 crusta, *ae*, f. (cf. κρύος, κρύσταλλος, toch. B *krost* ; fr. *croûte*), ce qui enveloppe, recouvre : *crusta luti* Lucr. 6, 626, couche de boue ; *crusta panis* Plin. 19, 168, croûte de pain ; *crusta piscium* Plin.

9, 83, écaille des poissons; **concrescunt crustae** Virg. *G.* 3, 360, il se forme une croûte de glace ‖ lame, feuille, revêtement : Plin. 37, 60; **crusta marmoris** Plin. 36, 48, placage en marbre ‖ bas-relief, ornement ciselé : Cic. *Verr.* 4, 52; **capaces Heliadum crustae** Juv. 5, 38, amples reliefs des Héliades [incrustations d'ambre] ‖ [fig.] **non est ista solida et sincera felicitas, crusta est et...** Sen. *Prov.* 6, 4, ce n'est pas là un bonheur solide et sûr; c'est un placage et... ‖ os intérieur de la seiche : Plin. 32, 67.

2 **Crusta**, *ae*, m., nom d'homme : CIL 9, 5714.

crustallum, ▶ *crystal-* : Apul. *M.* 2, 19.

crustāria tăberna, f., taverne où les coupes sont ornées de bas-reliefs : P. Fest. 46, 15.

crustārĭus, *ĭi*, m., ouvrier qui incruste sur les vases des figures de bas-relief : Plin. 33, 157.

crustātus, *a, um*, part. de *crusto* ‖ **crustāta**, *ōrum*, n. pl., crustacés : Plin. 11, 165.

crustlum, *i*, n., contr. de *crustulum* : CIL 10, 333.

crustō, *ās, āre, āvī, ātum* (*crusta*), tr., revêtir, incruster : **mala crustare cera** Plin. 15, 64, recouvrir les pommes de cire ; **crustata domus marmoribus** Luc. 10, 114, maison avec des revêtements de marbre ; **vasa crustata** P. Fest. 46, 15, vases couverts de ciselures.

crustōsus, *a, um* (it. *crustoso*), qui a une croûte : Plin. 12, 36.

crustŭla, *ae*, f. (dim. de *crusta*), [pl.] petits flocons : Arn. 3, 58 ‖ gâteau : Vulg. *Exod.* 29, 2.

crustŭlārĭus, *ĭi*, m. (*crustulum*), pâtissier, confiseur : Sen. *Ep.* 56, 2.

crustŭlātus, *a, um*, couvert d'une croûte : Spart. *Ver.* 5.

crustŭlum, *i*, n. (dim. de *crustum*), gâteau, bonbon, friandise : Varr. *L.* 5, 107 ; Hor. *S.* 1, 1, 25.

crustum, *i*, n., gâteau : Hor. *Ep.* 1, 1, 78 ; Virg. *En.* 7, 115.

Crustŭmĕrĭa, *ae*, f., Liv. 2, 19, 2, **Crustŭmĕrĭum**, *ĭi*, n., Liv. 1, 38, 4, **Crustŭmĕri**, *ōrum*, m. pl., Virg. *En.* 7, 631, **Crustŭmĭum**, *ĭi*, n., Sil. 8, 367, ville de la Sabine ‖ **-mĕrīnus**, *a, um*, Varr. *L.* 5, 81, **-mīnus**, *a, um*, Varr. *R.* 1, 14, 3 et **-mĭus**, *a, um*, Virg. *G.* 2, 88, de Crustumérium ‖ **Crustŭmīnum**, *i*, n., Cic. *Flac.* 71, le territoire de Crustumérium.

Crustŭmīnum, ▶ *Crustumeria*.

Crustŭmĭum, n. ¶ 1 ▶ *Crustumeria* ¶ 2 fleuve d'Ombrie : Plin. 3, 115.

crux, *ŭcis*, f. (obscur ; fr. *croix*) ¶ 1 croix, gibet : **figere crucem ad supplicium** Cic. *Verr.* 3, 6, dresser une croix pour le supplice ; **tollere in crucem aliquem** Cic. *Verr.* 1, 7, faire mettre en croix qqn ‖ timon d'un char : Stat. *S.* 4, 3, 28 ¶ 2 [fig.] **a)** gibier de potence : Pl. *Pers.* 795 **b)** peste [en parl. d'une courtisane] : Ter. *Eun.* 383 **c)** peine, tourment, fléau : **crucem in malo quaerere** Ter. *Phorm.* 544, d'un petit mal faire un grand ; **summum jus summa crux** Col. 1, 7, 2, l'extrême justice devient cruauté ; **i in crucem** Pl. *As.* 940 ; **abi in malam crucem** Pl. *Poen.* 271, va au diable, va te faire pendre ¶ 3 [chrét.] croix du Christ : Vulg. *Matth.* 27, 32 ‖ représentation de la croix : Hier. *Ep.* 36, 16 ‖ signe de croix : **crucem figere in fronte** Aug. *Faust.* 7, 9, tracer sur son front le signe de la croix ‖ la croix [signe du christianisme] : Cod. Just. 1, 3, 26.
▶ m. Gracch. d. Fest. 136, 12 ; P. Fest. 137, 18 ; Enn. d. Non. 195, 10 ; Prisc. 2, 169, 10 ‖ gén. pl. *crucum* Plin. d. Char. 141, 17 ; Tert. *Apol.* 16, 6 ; *Nat.* 1, 12, 15.

Crўa, *ae*, f., ville de Lycie : Plin. 5, 103.

Crўeōn insulae, f., groupe d'îles dans la mer de Lycie : Plin. 5, 131.

Crўos, *i*, m., fleuve de Lydie : Plin. 5, 119.

cryphia, *ae*, f. (κρυφία), sorte de marque mise à côté d'un passage difficile : Isid. 1, 20, 10.

crўphĭi, *ōrum*, m. pl. (κρύφιοι), objets du culte de Mithra : CIL 6, 751 a.

crypta, *ae*, f. (κρύπτη ; it. *grotta* ; a. fr. *croute*), galerie souterraine, caveau, crypte : Varr. *Men.* 536 ; Suet. *Cal.* 58, 1 ; Juv. 5, 106 ; **crypta Neapolitana** Sen. *Ep.* 57, 1, tunnel de Naples [reliant Naples à Pouzzoles] ‖ [chrét.] église souterraine, crypte : Hier. *Ezech.* 12, 40.

cryptārĭus, *ĭi*, m., gardien d'un caveau : CIL 6, 631.

crypticus, *a, um*, souterrain : Sidon. *Ep.* 1, 5, 3.

cryptŏpŏrtĭcŭs, *ūs*, f. (κρυπτός, *porticus*), cryptoportique, galerie fermée : Plin. *Ep.* 2, 17, 17 ; 7, 21, 2.

Cryptŏs, *i*, f., ancien nom de l'île de Chypre : Plin. 5, 129.

crystallĭcus, *a, um* (*crystallus*), clair comme le cristal : Aug. *Serm.* 152, 2 Mai.

crystallĭnus, *a, um*, de cristal, en cristal : Plin. 37, 28 ‖ **crystallĭnum**, *i*, n., vase de cristal : Sen. *Ir.* 3, 40, 2 ; Juv. 6, 155.

crystallĭŏn, *ĭi*, n. (κρυστάλλιον), ▶ *psyllion* : Plin. 25, 140.

crystallŏĭdēs, *ĕs* (κρυσταλλοειδής), semblable au cristal : Vindic. *Med.* 19.

crystallŏs, Luc. 10, 160, **crystallus**, Plin. 37, 178 ; Gell. 19, 5 *lemma*, *i*, m. et f., **crystallum**, *i*, n., Vulg. *Apoc.* 21, 11 ¶ 1 la glace : Sen. *Nat.* 3, 25, 12 ; Plin. 37, 83 ¶ 2 cristal, cristal de roche : Curt. 3, 3, 8 ; Plin. 36, 79 ; 127 ; 136 ‖ objet en cristal **a)** sorte de perle : f., **crystallus** Prop. 4, 3, 52 **b)** coupe : **crystallos** Luc. 10, 160 ; n. pl., **crystalla** Mart. 8, 77, 5 ; 9, 22, 7 **c)** n. pl., vases de cristal : Stat. *S.* 3, 4, 58.
▶ forme *crust-* Apul. *M.* 6, 13, 5 ‖ dans la plupart des passages le genre ne peut se définir.

Ctēsĭās, *ae*, m. (Κτησίας), historien grec : Plin. 2, 238.

Ctēsĭbĭus, *ĭi*, m., mathématicien d'Alexandrie : Vitr. 1, 1, 7 ‖ **-ĭcus**, *a, um* : **ctesibica machina** Vitr. 10, 7, 1, pompe à eau [= *sipho*].

Ctēsĭclēs, *is*, m. (Κτησικλῆς), peintre grec : Plin. 35, 140.

Ctēsĭdēmus, *i*, m., peintre : Plin. 35, 140.

Ctēsĭlāus, *i*, m., statuaire contemporain de Phidias : Plin. 34, 75.

Ctēsĭlŏchus, *i*, m., peintre élève d'Apelle : Plin. 35, 140.

Ctēsĭpho, *ōnis*, m., Ctésiphon [personnage des *Adelphes* de Térence] : Ad. 2, 252.

1 **Ctēsĭphōn**, *ontis*, m., Athénien défendu par Démosthène : Cic. *de Or.* 3, 213.

2 **Ctēsĭphōn**, *ontis*, f., capitale des Parthes Atlas I, E8 ; Tac. *An.* 6, 42.

ctētĭcŏs, *ŏn* (κτητικός), possessif [gram.] : Pomp.-Gr. 5, 147, 7.

cŭăthus, ▶ *cyathus*.

Cŭba, *ae*, f. (*cubo*), divinité protectrice des enfants au berceau : Varr. d. Don. *Phorm.* 49.

Cuballum, *i*, n., ville de Galatie : Liv. 38, 18, 5.

cŭbans, *tis* ¶ 1 part. de *cubo* ¶ 2 [adj¹] **a)** qui n'est pas d'aplomb, qui penche, qui va en pente : Lucr. 4, 518 ; Hor. *O.* 1, 17, 12 **b)** qui reste à plat, immobile [en parl. de poissons] : Col. 8, 17, 9 ¶ 3 [subst¹] alité, malade : Cels. 3, 4, 3.

cŭbātĭo, *ōnis*, f. (*cubo*), action d'être couché : Varr. *L.* 8, 54.

cŭbātŏr, *ōris*, m. (*cubo*), celui qui repose : **dominici pectoris** Paul.-Nol. *Carm.* 21, 4, celui qui repose sur le sein du Seigneur.

cŭbātūrus, *a, um*, ▶ *cubo* ▶.

cŭbātŭs, *ūs*, m., ▶ 2 *cubitus*.

cŭbāvi, ▶ *cubo* ▶.

cŭbē ou **cŭbī** (arch. pour *ubi*), Pl. *Trin.* 934 ; App.-Prob. 199, 16 ‖ [en composition] ▶ *necubi, sicubi*.

Cūbi, *ōrum*, m. pl., nom d'une tribu des Bituriges : Frontin. *Strat.* 2, 11, 7 ; **Biturix Cubus** CIL 7, 248, Biturige de la tribu des Cubi.

cubiclārĭus, ▶ *cubicularius* : CIL 6, 6615.

cŭbiclum, *i*, n., Mart. 10, 30, 17, contrac., ▶ *cubiculum*.

cŭbĭcŭlāris, *e* (*cubiculum*), relatif à la chambre à coucher : Cic. *Div.* 2, 134 ; Suet. *Aug.* 7, 1.

cŭbĭcŭlārĭus, *a, um* (*cubiculum*), de chambre à coucher : Mart. 14, 39 ; Plin. 8, 226 ‖ **cŭbĭcŭlārĭus**, *ĭi*, m., valet de

cubicularius

chambre : Cic. *Verr.* 3, 8 ; Petr. 53, 10 ‖ [chrét.] sacristain : Vit. Caes.-Arel. 2, 4.

cŭbĭcŭlātus, a, um (*cubiculum*), pourvu de chambres à coucher : Sen. *Ben.* 7, 20, 3.

cŭbĭcŭlum, i, n. (*cubo*), chambre à coucher : Cic. *Verr.* 3, 56 ; Plin. *Ep.* 1, 3, 1 ; *cubiculo praepositus* Suet. *Dom.* 16, 2, chambellan ‖ loge de l'empereur dans le Cirque : Plin. *Pan.* 51, 4 ; Suet. *Ner.* 12, 2 ‖ le palais impérial, la maison de l'empereur [service du palais] : *praepositi sacri cubiculi* Cod. Just. 12, 5, les officiers du palais [chargés de l'entretien du palais] ‖ trou de boulin : Vitr. 4, 2, 4 ‖ [chrét.] oratoire, chapelle : Paul.-Nol. *Ep.* 32, 12.

cŭbĭcus, a, um (κυβικός), qui a rapport au cube, cubique : Vitr. 5, praef. 3.

cŭbīle, is, n. (*cubo* ; it. *covile*) ¶ 1 couche, couchette, lit : Cic. *Tusc.* 5, 90 ‖ [en part.] lit nuptial : Catul. 61, 183 ; Virg. *En.* 3, 324 ‖ chambre à coucher, chambre en gén. : *cubile salutatorium* Plin. 15, 38, salle de réception ¶ 2 nid, niche, tanière, gîte des animaux : [rat] Pl. *Truc.* 869 ; [chiens] Varr. *R.* 2, 9, 12 ; [bêtes sauvages] Cic. *Nat.* 2, 126 ¶ 3 [fig.] domicile, demeure : *Hesperium cubile Solis* Hor. *O.* 4, 15, 16, l'Occident où le soleil se couche ; *avaritiae non jam vestigia, sed ipsa cubilia* Cic. *Verr.* 2, 190, non plus seulement les traces de l'avidité, mais son repaire même ¶ 4 [archit.] cavité, assise [où reposent des pierres, des poutres] : Vitr. 2, 8, 1 ; Plin. 36, 96.

cŭbĭtal, ālis, n. (*cubitum*), coussin sur lequel on appuie le coude : Hor. *S.* 2, 3, 255.

cŭbĭtālis, e (*cubitum*), haut d'une coudée : Liv. 24, 34, 9.

cŭbĭtātĭo, ōnis, f. (*cubito*), coucheries : Rufin. *Orig. Rom.* 9, 33.

cŭbĭtĭo, ōnis, f. (*cubo*), heure du coucher : Aug. *Ep.* 3, 1.

cŭbĭtō, ās, āre, āvī, ātum, intr. (fréq. de *cubo*), être souvent couché, avoir l'habitude de se coucher : Pl. *Curc.* 76 ; Cic. *Cael.* 36 ‖ avoir commerce avec : Pl. *Curc.* 57.

cŭbĭtŏr, ōris, m. (*cubo*), qui se couche d'habitude : Col. 6, 2, 11.

cŭbĭtōrĭus, a, um, [vêtement] de table : Petr. 30, 11.

1 **cŭbĭtum**, supin de *cubo*.

2 **cŭbĭtum**, i, n. (v. *cubitus*), coude : Plin. 11, 249 ‖ coudée : Plin. 7, 22.

cŭbĭtūra, ae, f. (*cubo*), action de se coucher : Pl. *Cis.* 379.

1 **cŭbĭtus**, i, m. (cf. *cupa*, al. *Hüfte*, plutôt que *cubo* ; it. *gomito*, al. *coude*, gr. κύβιτον) ¶ 1 cubitus [anatomie] Cels. 8, 1, 20 ‖ coude : Pl. *St.* 286 ; *ponere cubitum apud aliquem* Petr. 27, 4, s'accouder (= s'attabler) chez qqn ; *reponere cubitum* Petr. 65, 6, se replacer sur son coude = se remettre à manger ¶ 2 coude, inflexion, courbure : Plin. 3, 111 ¶ 3 cou-

dée, mesure de longueur [44, 36 cm] : Cic. *Leg.* 2, 66 ; *Att.* 13, 12, 3.

2 **cŭbĭtŭs**, ūs, m. (*cubo*) ¶ 1 action d'être couché, de dormir : *cubitu surgere* Cat. *Agr.* 5, 6, se lever ¶ 2 lit, couche : Plin. 24, 59.

cŭbō, ās, āre, ŭī, ĭtum (cf. *cumbo*, *cumba*, *cubitus* ; fr. *couver*), intr. ¶ 1 être couché, être étendu : *in lectica cubans* Cic. *Verr.* 4, 51, étendu dans sa litière ¶ 2 [en part.] a) être au lit, dormir : *postremus cubitum eat* Cat. *Agr.* 5, 5, qu'il aille au lit le dernier b) avoir commerce avec une femme : Pl. *Amp.* 112 c) être à table : Cic. *de Or.* 2, 363 d) être malade, être alité : Hor. *S.* 1, 9, 18 e) être calme [en parl. de la mer] : Mart. 5, 1, 4 f) pencher : v. *cubans*. ▶ *cubavi* Gloss. 5, 448, 38 ; *-basse* Quint. 8, 2, 20 ; *-aris* Prop. 2, 16, 23 ‖ *cubaturus* Cass. Fel. 1, p. 4, 5.

cŭbuclărĭus, **cŭbŭcŭlārĭus**, **cŭbuclum**, v. *cubic-*.

cŭbŭla, ae, f. (*cubus*), sorte de gâteau sacré : Arn. 7, 24.

Cubulterīni, ōrum, m. pl., Plin. 3, 63, c. *Compulterini*.

Cuburrĭātes, um, m. pl., peuple d'Italie : Plin. 3, 47.

1 **cŭbus**, i, m. (κύβος), cube : Vitr. 5, praef. 4 ‖ sorte de mesure : Ov. *Med.* 88 ‖ nombre cubique : Gell. 1, 20, 6.

2 **Cūbus**, v. *Cubi*.

Cucci, m., Anton. 243, **Cuccium**, n., Peut. 6, 3, ville de Pannonie.

cuccubĭō, īre (onomat.), v. *cucubio*.

cuccŭma, v. *cucuma*.

cuchlĭa, Diocl. 6, 46, c. *cochlea*.

cūci, n. indécl. (égyptien), espèce de palmier : Plin. 13, 62.

Cuciŏs, ii, m., source près du golfe Arabique : Plin. 6, 173.

cucŭbĭō, īs, īre, -, -, intr., huer [se dit du cri du hibou] : Philom. 41.

cŭcŭlĭo, v. *cucullio* : Cat. *Agr.* 2.

cŭculla, ae, f. (1 *cucullus*), c. 1 *cucullus* : Hier. *Vit. Hil.* 46.

Cucullae, ārum, f. pl., ville du Norique : Peut. 4, 4.

cŭcullātus, a, um (*cucullus*), qui a un capuchon : Isid. 19, 24, 17.

cŭcullĭo, ōnis, m., Cat. *Agr.* 135 ; Lampr. *Hel.* 32, 9, c. 1 *cucullus*.

cŭculliuncŭlus, i, m. (dim. de 1 *cuculio*), P. Fest. 503, 1.

1 **cŭcullus**, i, m. (gaul. ; it. *cocolla*, fr. *coule*), cape, capuchon : Juv. 3, 170 ‖ enveloppe de papier, cornet : Mart. 3, 2, 5.

2 **cŭcullus**, v. *cuculus* fin.

cŭcŭlō, ās, āre, -, - (*cuculus*), intr., crier [en parl. du coucou] : Suet. *Frg. p.* 252 ; Anth. 762, 35.

cŭcŭlus, Anth. 762, 35 et d'ordinaire **cŭcŭlus**, i, m. (onomat. ; fr. *coucou*),

coucou : Pl. *Trin.* 245 ‖ [fig.] a) galant : Pl. *As.* 934 b) imbécile : Pl. *Pers.* 382 c) fainéant : [*cucullus*] Hor. *S.* 1, 7, 31 d) morelle noire [plante] : Plin. 27, 68.

cŭcŭma, ae, f. (empr. ; cf. fr. *coquemar*), chaudron, marmite : Petr. 135, 4 ‖ bain privé [opp. *thermae*] : Mart. 10, 79, 4.

cŭcŭmella, ae, f. (dim. de *cucuma*), casserole : Dig. 8, 5, 17.

cŭcŭmĕr, ĕris, m., Prisc. 2, 249, 17, c. *cucumis*.

cŭcŭmĕrācĭus, a, um (*cucumis*), de concombre : Theod.-Prisc. 2, 15.

cŭcŭmĕrārĭum, ii, n. (*cucumis*), lieu planté de concombres : Hier. *Is.* 1, 1, 8.

cŭcŭmis, mis et mĕris, m. (empr., cf. κύκυον ; it. *cocomero*), concombre : Plin. 37, 55 ; Varr. *L.* 5, 104 ‖ concombre marin, holothurie : Plin. 9, 3.

cŭcŭmŭla, ae, f. (dim. de *cucuma*), petite marmite : Petr. 136, 2.

cucurba, ae, f., c. *curcuba*, sorte de câble : Isid. 19, 4, 2.

cŭcurbĭta, ae, f. (empr. ; fr. *gourde* et *courge*) ¶ 1 gourde [plante] : Col. 11, 3, 48 ; Plin. 19, 61 ‖ [fig.] *cucurbitae caput* Apul. *M.* 1, 15, tête sans cervelle ¶ 2 ventouse : Juv. 14, 58 ; Scrib. 46.

cŭcurbĭtārĭus, ii, m. (*cucurbita*), amateur de gourdes [celui qui veut traduire *ciceion* par *cucurbita* au lieu de *hedera*, cf. Hier. *Jon.* 4, 6 ; en réalité le ricin] : Hier. *Ep.* 112, 22.

cŭcurbĭtātĭo, ōnis, f. (*cucurbita*), application des ventouses : Cael.-Aur. *Chron.* 2, 1, 32.

cŭcurbĭtella, ae, f. (dim. de *cucurbitula*), coloquinte : Plin. Val. 2, 30.

cŭcurbĭtīnus, Plin. 15, 55 et **-tīvus**, a, um, Cat. *Agr.* 7, 4, en forme de gourde.

cŭcurbĭtŭla, ae, f. (dim. de *cucurbita*), petite ventouse : Cels. 2, 11, 1.

cŭcurbĭtŭlāris, is, f., ive, ivette [plante] : Isid. 17, 9, 86.

cūcūrĭō, **cŭcurrĭō**, īs, īre, -, -, intr., coqueliner [cri du coq] : Suet. *Frg.* 161 ; Anth. 762, 25.

cŭcurrī, parf. de *curro*.

cŭcurru, interj., cocorico : Afran. *Com.* 22.

cŭcus, i, m., c. *cuculus* : *Pl. Pers.* 173.

Cucusus (Coc-), i, f., ville de Cappadoce : Cassiod. *Hist.* 4, 22 ‖ **-ēnus**, a, um, de Cucusus : Cassiod. *Hist.* 4, 21.

cŭcŭtĭa, ae, f. (cf. *cucurbita* ; it. *zucca*), gourde : Plin. Val 5, 42.

cŭcŭtĭum, ii, n. (cf. *cucullus*), espèce de capuchon : Treb. *Claud.* 17, 6.

1 **cūdō**, ĭs, ĕre, cūdī, cūsum (cf. *incus*, al. *hauen*), tr. ¶ 1 battre, frapper : Lucr. 1, 1044 ; Plin. 33, 69 ‖ [en part.] battre au fléau : Col. 2, 10, 4 ‖ [fig.] *haec in me cudetur faba* Ter. *Eun.* 381, c'est sur moi que cela retombera ¶ 2 travailler au

marteau, forger : **argentum cudere** TER. Haut. 740, battre monnaie, cf. PL. Most. 892 ‖ [fig.] forger, machiner : PL. Ep. 476.
▶ parf. *cudi* d'après CHAR. 246, 5 ; PHOC. 5, 433, 24 ; mais *cusi* d'après DIOM. 369, 3.

2 **cūdo**, *ōnis*, m. (empr.), casque en peau de bête : SIL. 8, 493.

cuferĭŏn (cyf-), *ĭi*, n., saignement de nez [du cheval] : VEG. Mul. 2, 37.

Cugerni, *ōrum*, m. pl., peuplade germanique sur le Rhin inférieur : TAC. H. 4, 26.

cuī, dat. de *qui* et de *quis*.

cuīcuīmŏdī, forme abrégée de gén., ▷ *cujuscujusmodi* : **cuicuimodi est** CIC. Verr. 5, 107, de quelque nature qu'il soit ; **omnia, cuicuimodi sunt, scribere** CIC. Att. 3, 22, 4, écrire tout, de quelque nature que ce soit.
▶ arch. *quoiquoimodi* PL. Bac. 400.

Cuiculi, n., ville de Numidie, Cuicul [Djemila] : ANTON. 29.

cuīmŏdī, ▷ *cujusmodi*, de quelle manière ? quel ? : GELL. 9, 13, 4.

cūjās, *ātis*, **cūjātis (quojatis)**, *is*, de quel pays ‖ nom. : **cujas** LIV. 27, 19, 8 ; **quojatis** PL. Bac. 23 ; Curc. 407 ; Men. 341 ; **cujatis** ACC. Tr. 625 ; APUL. M. 1, 5 ‖ acc. : **cujatem** CIC. Tusc. 5, 108.

1 **cūjus**, gén. de *qui* et de *quis*.

2 **cūjus**, *a*, *um* (cf. osq. *púiiu* ; de 1 *cujus* ? ; esp. *cuyo*) ¶ **1** [rel.] à qui appartient, de qui, dont : **is, cuja res est** CIC. Verr. 1, 142, celui à qui l'affaire appartient ; **is cuja ea uxor fuerat** PLIN. d. GELL. 9, 16, 5, celui dont elle avait été la femme ; **is cuja interfuit** CIC. d. PRISC. 2, 595, 12, celui à qui cela importait ¶ **2** [interrog.] **cujum pecus ?** VIRG. B. 3, 1, à qui le troupeau ?
▶ arch. *quojus, a, um* [rel. PL. Ru. 745 ; Ps. 1042] ‖ [interrog. Ps. 702 ; Merc. 721].

cūjuscĕmŏdī, de quelque façon que : APUL. M. 8, 17.

cūjusdammŏdī, plutôt **cujusdam modi**, d'une certaine manière, d'une manière particulière : CIC. Fin. 5, 36 ; Div. 2, 34.

cūjusmŏdī ou **cūjus mŏdī**, de quel genre ? de quelle sorte ? : CIC. Fam. 15, 20, 3.

cūjusnam, janam, jumnam, de qui donc ? à qui donc appartenant ?
▶ arch. *quojanam* PL. Ru. 229.

cūjusquĕmŏdī, **cūjusque mŏdī**, de toute espèce : LUCR. 4, 135 ; CIC. Fin. 2, 3 ; 2, 22.

cūjusvis, cujavis, cujumvis, de qui que ce soit : APUL. Apol. 82.

Culăro, *ōnis*, m., ville des Allobroges [plus tard *Gratianopolis*, Grenoble] : PLANC. Fam. 10, 23, 7 ‖ **-ōnensis**, *e*, de Cularo : CIL 12, 2252.

culbĭtĭo, *ōnis*, f., strangurie : GLOSS. 3, 444, 49.

culcĭta, *ae*, f. (obscur ; fr. *courte pointe*), matelas, coussin : CIC. Att. 13, 50, 5 ; SEN. Ep. 87, 2 ; 108, 23 ; **culcita plumea** VARR. Men. 448, lit de plume, cf. CIC. Tusc. 3, 46 ; **culcitam gladium facere** PL. Cas. 307, se coucher sur son épée = se tuer.

culcĭtārĭus, *ii*, m. (*culcita*), fabricant ou marchand de matelas : DIOM. 236, 14.

culcĭtella, *ae*, f. (dim. de *culcitula*), PL. Most. 894, **culcĭtŭla**, *ae*, f. (dim. de *culcita*), petit matelas : LUCIL. 1061 ‖ petit bâton utilisé dans les sacrifices (?) : P. FEST. 43, 28.

culcĭtōsus, *a*, *um* (*culcita*), matelassé : DIOM. 326, 18.

culcitra, ▷ *culcita* : PETR. 38, 5.

culcĭtŭla, ▷ *culcitella*.

cūlĕāris ou **cullĕāris**, *e*, de la grandeur d'une outre [*culleus*] : CAT. Agr. 154 ; VITR. 6, 6, 3.

Cūlĕo, ▷ *Culleo*.

cūlĕum, *i*, n., VARR. R. 1, 2, 7, **cūlĕus**, **cullĕus**, *i*, m. (cf. κολεόν ?), sac de cuir [où par ex. on cousait les parricides] : CIC. Amer. 70, cf. l'anecdote du **culleus ligneus** : SEN. Contr. 7, praef. 9 ‖ mesure pour les liquides : CAT. Agr. 148, 1.
▶ gén. pl. *culleum* CAT. Agr. 11, 1.

cŭlex, *ĭcis*, m. (cf. *pulex* et v. irl. *cuil* ; fr. *cousin*), PL. Curc. 500, et f., PL. Cas. 239 ¶ **1** cousin, moustique ‖ [fig.] **culex cana** PL. Cas. 239 [en parl. d'un amoureux à cheveux blancs] ‖ *Culex*, titre d'un poème attribué à Virgile : STAT. S. 1 praef. 8 ¶ **2** herbe à punaises : PALL. 4, 9, 8.

cŭlī, parf. de l'inus. *cello* : GLOSS. 4, 409, 8.

cŭlĭcārĕ, *is*, n., moustiquaire : SCHOL. JUV. 6, 80.

cŭlĭcellus, *i*, m. (dim. de *culiculus*), celui qui papillonne autour [fig.] : SEREN. d. DIOM. 514, 8.

Culici ou **Curici Flamonĭenses**, m. pl., peuple de la Vénétie : PLIN. 3, 130.

cŭlĭcŭlāre, *is*, n., VL. Judith 16, 23, ▷ *culicare*.

cŭlĭcŭlus, *i*, m. (dim. de *culex*), petit moucheron : GLOSS. 2, 357, 48.

cŭligna, *ae*, f. (κυλίχνη), petite coupe : CAT. Agr. 132, 1.

culillus, *i*, m., HOR. O. 1, 31, 11 ; P. 434 qqs mss, ▷ *culullus*.

cŭlīna, *ae*, f. (*coquo*), cuisine : VARR. R. 1, 13, 2 ; CIC. Fam. 15, 18, 1 ‖ foyer portatif : SEN. Ep. 78, 23 ; JUV. 3, 250 ‖ [fig.] table, mets : HOR. S. 1, 5, 38 ‖ endroit où l'on brûlait les mets funéraires : P. FEST. 57, 15 ‖ tombeau des pauvres : GROM. 21, 15 ; 55, 9 ; 86, 9 ‖ latrines : GLOSS. 5, 594, 67.

cŭlīnārĭus, *ii*, m., aide-cuisinier, marmiton : SCRIB. 230.

cūlĭo, *ōnis*, m. (fr. *couillon*), ▷ *coleus* : GLOSS. 2, 579, 46.

cūlĭŏla, ▷ *culliola*.

cŭlix, PLIN. 19, 68, ▷ *culex* ¶ 2.

cullĕāris, ▷ *culearis*.

Cullĕo, *ōnis*, m., nom romain : LEP. Fam. 10, 34, 2.

Cullĕŏlus, *i*, m., surnom romain : CIC. Fam. 13, 41.

culleus, *i*, m., ▷ *culeum*.

cullĭŏla, *ōrum*, n. pl. (dim. de *culeum*), écales de noix : P. FEST. 44, 4.

Cullu, n., PLIN. 5, 22, ▷ *Chullu*.

culmĕn, *ĭnis*, n. (cf. *celsus, columen* ; it. *colmo*) ¶ **1** faîte, sommet : **culmina Alpium** CAES. G. 3, 2, 5, les hauteurs des Alpes ; [voûte du ciel] CIC. Arat. 26 ; **culmen aedis** LIV. 27, 4, 11, le faîte d'un temple ‖ [poét.] édifice, temple : VAL.-FLAC. 5, 446 ¶ **2** [fig.] apogée, le plus haut point : **summum culmen fortunae** LIV. 45, 9, 7, le plus haut degré de fortune ¶ **3** [poét.] ▷ *culmus*, paille [de fève] : OV. F. 4, 734.

culmĕus, *a*, *um* (*culmus*), de paille : PAUL.-NOL. Carm. 21, 384.

Culmĭnĕa, Culmĭnĭa, COL. 5, 8, 8, ▷ *Colminiana*.

culmĭnō, *ās*, *āre*, -, - (*culmen*), tr., mettre le comble, couronner : CAPEL. 9, 914.

culmōsus, *a*, *um* (*culmus*), [poét.] qui pousse comme un épi : **culmosi fratres** SIDON. Carm. 6, 72, guerriers nés des dents du dragon tué par Cadmus.

culmus, *i*, m. (cf. κάλαμος, al. *Halm* ; port. *colmo*), tige **a)** [du blé] tuyau de blé, chaume : CIC. CM 51 ; VIRG. G. 1, 111 **b)** [des autres plantes] COL. 12, 15, 3 ‖ [fig.] chaume, toit de chaume : VIRG. En. 8, 654.

cūlō, *ās*, *āre*, *āvī*, - (*culus*), tr., **eos (arietes) culavit in gregem** PETR. 38, 2, il les fit servir à la reproduction du troupeau.

cūlōsus, *a*, *um* (*culus*), fessu : *MART. 11, 99 tit.

culpa, *ae*, f. (obscur ; it. *colpa*) ¶ **1** faute, culpabilité : **in culpa esse** CIC. Lae. 78, être coupable ; **in simili culpa esse** CIC. Fin. 1, 33, commettre la même faute ; **culpa est in aliquo** CIC. Fam. 1, 9, 13, une faute est imputable à qqn ; **non est ista mea culpa, sed temporum** CIC. Cat. 2, 3, ce n'est pas là ma faute, mais celle des circonstances ; **in hoc uno genere omnes inesse culpas istius maximas avaritiae, majestatis... crudelitatis** CIC. Verr. 5, 42, (en affirmant) que dans ce seul chef d'accusation se trouvent renfermées toutes les formes les plus graves de sa culpabilité, cupidité, lèse-majesté... cruauté ; **culpa corrupti judicii** CIC. Verr. 5, 183, la responsabilité de la corruption des juges ; **alicujus rei culpam in aliquem conjicere** CAES. G. 4, 27, 4, rejeter la responsabilité d'une chose sur qqn ; **suam culpam in senectutem conferunt** CIC. CM 14, ils rejettent sur la vieillesse une faute qui leur est imputable ; **culpam in aliquem transferre** CIC. Font. 18 ; **derivare** CIC. Verr. 2, 49, faire passer, détourner une

culpa

faute sur qqn ; *culpam rei sustinere* Cic. *Leg.* 3, 37, porter la responsabilité d'une chose ; *alicujus culpam in se suscipere* Cic. *Verr.* 4, 91, prendre sur soi la faute de qqn ; *sunt ista non naturae vitia, sed culpae* Cic. *Tusc.* 3, 73, ces défauts-là relèvent non pas de la nature, mais de notre responsabilité [ils nous sont imputables] ‖ [droit] faute [au sens général, toute action contraire au droit] : *eius nulla culpa est, cui parere necesse sit* Dig. 50, 17, 169 *pr.*, celui qui est obligé d'obéir ne commet pas de faute ‖ [dans un sens étroit, technique] la faute par imprudence ou négligence [par oppos. au dol, *dolus*, faute intentionnelle] : *in contractibus interduum dolum solum, interdum et culpam praestamus* Dig. 13, 6, 5, 2, dans les contrats, nous sommes tenus parfois de notre dol seulement, parfois aussi de notre négligence ¶ 2 faute, écart passionnel : Virg. *En.* 4, 19 ; Ov. *M.* 2, 37 ; Tac. *An.* 3, 24 ¶ 3 [droit] faute commise par négligence, négligence : Dig. 17, 2, 72 ; Hor. *S.* 2, 6, 6 ¶ 4 [poét., sens concret] le mal, (ce qui pèche, ce qui est défectueux) : Virg. *G.* 3, 468 ‖ défectuosité d'un travail : Vitr. 3, 1, 4 ¶ 5 [chrét.] péché : Aug. *Civ.* 16, 25.
▶ forme ancienne *colpa* Prisc. 2, 27, 12.

culpābĭlis, *e* (*culpo*), digne de reproche, coupable : Arn. 7, 15 ‖ *culpabilior* Tert. *Ux.* 2, 1.

culpābĭlĭtĕr, adv. (*culpabilis*), d'une manière blâmable : Symm. *Ep.* 9, 43, 1 ‖ *culpabilius* Paul.-Nol. *Ep.* 39, 4.

culpātĭo, ōnis, f. (*culpo*), accusation, blâme : Gell. 10, 22, 2.

culpātŏr, ōris, m. (*culpo*), accusateur, censeur : Paul.-Nol. *Carm.* 33, 17.

culpātus, *a*, *um*, part. de *culpo* ‖ [adjᵗ] blâmable, coupable : Ov. *H.* 20, 36 ; Sil. 9, 55 ; *culpatius* Gell. 11, 7, 1.

culpĭtō, *ās*, *āre*, -, - (fréq. de *culpo*), blâmer vivement : Pl. *Cis.* 495.

culpō, *ās*, *āre*, *āvī*, *ātum* (*culpa*), tr., regarder comme fautif, blâmer : Pl. *Bac.* 397 ; *ob rem aliquam* Suet. *Caes.* 72 ou *in re aliqua* Suet. *Vesp.* 16, 1, blâmer pour qqch. ‖ [fig.] rejeter la faute sur qqch. ou sur qqn : *culpare caeli intemperiem* Col. 1, *praef.* 1, accuser le mauvais temps ; *culpantur calami* Hor. *S.* 2, 3, 7, on s'en prend à sa plume ; *culpatus Paris* Virg. *En.* 2, 602, Pâris incriminé [par Énée], l'inculpation de Pâris ; [avec prop. inf.] *culpabant Cerialem passum (esse)...* Tac. *H.* 4, 75, selon eux, Cerialis était coupable d'avoir permis ....

culta, ōrum, n. pl., v. *cultus*.

cultē, adv. (1 *cultus*), avec soin, avec élégance : Plin. *Ep.* 5, 20, 6 ‖ *cultius* Tac. *D.* 21.

cultellātus, *a*, *um*, part. de *cultello*.

cultellō, *ās*, *āre*, -, - (*cultellus*), tr. ¶ 1 façonner en forme de couteau : Plin. 8, 91 ¶ 2 niveler, aplanir avec le soc : Grom. 26, 11.

cultellŭlus, *i*, m. (dim. de *cultellus*), tout petit couteau : Solin. 35, 6.

cultellus, *i*, m. (dim. de *culter* ; fr. *couteau*), petit couteau : *cultellus tonsorius* Val.-Max. 3, 3, 15, rasoir ‖ *cultelli lignei* Vitr. 7, 3, 2, chevilles en bois.

cultĕr, *tri*, m. (cf. *celtis*, σκαλίς ; fr. *coutre*) ¶ 1 coutre de charrue : Plin. 18, 171 ¶ 2 [en gén.] couteau : *emere bovem ad cultrum* Varr. *R.* 2, 5, 11, acheter un bœuf pour l'abattre ; *culter tonsorius* Petr. 108, 11, rasoir ; *culter venatorius* Petr. 40, 5, couteau de chasse ‖ *in cultro (in cultrum)* Vitr. 10, 5, 2 ; 10, 9, 2, sur le chant [à propos d'une roue à engrenages placée verticalement dans les mécanismes du moulin à eau ou de l'hodomètre] ‖ [fig.] *me sub cultro linquit* Hor. *S.* 1, 9, 74, il me laisse sous le couteau = dans la détresse.

cultĭcŭla, v. *culcitula*.

cultĭo, ōnis, f. (*colo*), action de cultiver, culture : Cic. *CM* 56 ‖ vénération, culte : Arn. 4, 27 ; 5, 30.

cultŏr, ōris, m. (*colo*) ¶ 1 celui qui cultive, qui soigne : *agrorum* Liv. 2, 34, 11, laboureur ; *vitis* Cic. *Fin.* 5, 40, vigneron ‖ [absᵗ] paysan, cultivateur : Sall. *J.* 46, 5 ; Liv. 21, 34, 1 ¶ 2 habitant : *cultores ejus collis* Liv. 24, 10, 11, les habitants de cette colline ; *cultor caeli* Pl. *Amp.* 1065, habitant du ciel, cf. Catul. 61, 2 ; Sall. *J.* 17, 7 ¶ 3 [fig.] **a)** *juvenum* Pers. 5, 63, assidu à former la jeunesse ; *imperii Romani* Liv. 26, 32, 4, zélé partisan de Rome ; *veritatis* Cic. *Off.* 1, 109, tenant de la vérité **b)** celui qui honore, qui révère : *diligens religionum cultor* Liv. 5, 50, 1, scrupuleux observateur des rites ; *cultor deorum* Hor. *O.* 1, 34, 1, adorateur des dieux.

cultrārĭus, *ii*, m. (*culter*), victimaire, celui qui égorge la victime : Suet. *Cal.* 32, 3 ‖ fabricant de couteaux : CIL 10, 3987.

cultrātus, *a*, *um* (*culter*), en forme de couteau : Plin. 13, 30.

cultrix, ícis, f. (*cultor*), celle qui cultive : Cic. *Fin.* 5, 39 ‖ celle qui habite : Virg. *En.* 11, 557 ‖ celle qui honore, adore : Lact. *Mort.* 11, 1 ; Arn. 6, 7.

cultūra, *ae*, f. (*colo* ; it. *coltura*, fr. *couture*) ¶ 1 [en gén.] culture : Cat. *Agr.* 61, 2 ; Cic. *Agr.* 2, 84 ; Flac. 71 ; *vitium* Cic. *Fin.* 4, 38, culture de la vigne, cf. *CM* 53 ; *agri culturas docuit usus* Lucr. 5, 1447, l'expérience enseigna les différentes façons de cultiver la terre ¶ 2 [en part. et absᵗ] l'agriculture : Varr. *R.* 1, 18 ; pl., *culturae* Col. 11, 1, 30, les différentes cultures ¶ 3 [fig.] **a)** culture [de l'esprit, de l'âme] : *cultura animi philosophia est* Cic. *Tusc.* 2, 13, c'est la philosophie qui est la culture de l'âme **b)** action de cultiver qqn, de lui faire sa cour : Hor. *Ep.* 1, 18, 86 **c)** action d'honorer, de vénérer, culte : Minuc. 23, 12 ; Lampr. *Hel.* 3, 5.

1 cultus, *a*, *um*, part. de *colo* ‖ [adjᵗ] ¶ 1 cultivé : *ager cultior* Varr. *R.* 1, 2, 20 ; *cultissimus* Cic. *Com.* 33, champ mieux cultivé, admirablement cultivé ‖ *culta*, *ōrum*, n. pl., Lucr. 1, 165 ; Virg. *G.* 1, 153, lieux cultivés, cultures ¶ 2 soigné, paré, orné : Suet. *Caes.* 67 ; Curt. 3, 3, 14 ; *veste candida cultus* Plin. 16, 251, vêtu de blanc ‖ *ingenia cultiora* Curt. 7, 8, 11, natures plus cultivées, plus ornées.

2 cultŭs, *ūs*, m. (*colo*) ¶ 1 action de cultiver, de soigner : *agricolarum* Cic. *Agr.* 2, 26, le travail des laboureurs ; *regiones omni cultu vacantes* Cic. *Tusc.* 1, 45, régions sans aucune culture ; *agrorum* Cic. *Leg.* 2, 88, travail, culture des champs ; *qui cultus habendo sit pecori* Virg. *G.* 1, 3, quels soins apporter à l'entretien du troupeau, cf. Cic. *Nat.* 2, 158 ; *cultus et curatio corporis* Cic. *Nat.* 1, 94, les soins et l'entretien du corps (*Off.* 1, 106) ; *eodem victu et cultu corporis utuntur* Caes. *G.* 6, 24, 4, ils ont la même nourriture et les mêmes conditions d'existence matérielle [vêtement, habitation] ; *vestitus cultusque corporis* Cic. *Lae.* 49, le vêtement et la parure ; *tenuis victus cultusque* Cic. *Lae.* 86, une table et un confort modestes ‖ *incinctus Gabino cultu* Liv. 10, 7, 3, ayant ceint la toge à la manière de Gabien ‖ [fig.] *cultus animi* Cic. *Fin.* 5, 54, nourriture, entretien de l'esprit, cf. Liv. 39, 8, 3 ; Sen. *Ben.* 6, 15, 2 ¶ 2 action de cultiver, de pratiquer une chose : *studiorum liberalium* Sen. *Brev.* 18, 4 ; *litterarum* Gell. 14, 6, 1, culture des arts libéraux, de la littérature ; *religionis* Val.-Max. 1, 6, 13, pratique de la religion, cf. Tac. *Agr.* 4 ; Sen. *Ir.* 3, 17, 1 ‖ action d'honorer [parents, patrie, dieux] : Cic. *Inv.* 2, 161 ; *Part.* 88 ; [en part.] *deorum*, culte des dieux, honneurs rendus aux dieux : Cic. *Leg.* 1, 60 ; *Nat.* 2, 5 ; 2, 8 ; *Tusc.* 1, 64 ; *CM* 56 ¶ 3 manière dont on est cultivé, état de civilisation, état de culture, genre de vie : *funera sunt pro cultu Gallorum magnifica* Caes. *G.* 6, 19, 4, les funérailles sont magnifiques par rapport au degré de civilisation des Gaulois ; *homines ad hunc humanum cultum civilemque deducere* Cic. *de Or.* 1, 33, amener les hommes à notre état de civilisation et d'organisation sociale ; *agrestis cultus* Cic. *Rep.* 2, 4, genre de vie champêtre (Liv. 7, 4, 7) ¶ 4 recherche, luxe, élégance, raffinement : [dans les édifices] Sen. *Const.* 15, 5 ; *Ep.* 86, 9 ; [dans le style] Sen. *Contr.* 2, *praef.* 1 ; *Ep.* 114, 10 ; Tac. *D.* 20 ; Quint. 2, 10, 11 ‖ [en mauvaise part] Sall. *C.* 13, 3 ; Liv. 29, 21, 13.

3 cultus, *a*, *um* (de l'inus. *colo, d'où dérive *occulo*), ▶ *occultus* : Vop. *Aur.* 24, 1.

cŭlulla, *ae*, f., Porph. Hor. *O.* 1, 31, 11, v. *cullulus*.

cŭlullus, *i*, m. (cf. *culigna*, κύλιξ), vase de terre dont les Vestales se servaient dans les sacrifices : Ps. Acr. Hor. *O.* 1, 31, 11 ‖ [en gén.] vase à boire, coupe : Hor. *P.* 434.

cūlus, *i*, m. (cf. v. irl. *cdl* ; fr. *cul*), cul, derrière : Cic. *Pis.* 8 ; Catul. 23, 19.

1 cum (osq. *com*, gaul. *com-*, cf. κοινός ? ; it. *con, meco*, esp. *conmigo*), [prép. gouvernant l'abl.], avec

> ¶ 1 accompagnement ¶ 2 tempor. ¶ 3 qualification, manière d'être ¶ 4 conséquence ¶ 5 instrumental ¶ 6 avec verbes marquant la relation *agere, consentire cum* ¶ 7 [tard.] avec acc.

¶ 1 [idée d'accompagnement, de société] *habitare cum aliquo* Cic. *Att.* 14, 20, 4, habiter avec qqn ; *vagari cum aliquo* Cic. *Att.* 8, 2, 3, errer avec qqn ; *habere rem cum aliquo* Caes. *G.* 2, 3, 5, avoir une chose en commun avec qqn ‖ *una cum*, v. *una* ¶ 2 [accompagnement dans le temps] *cum prima luce* Cic. *Att.* 4, 3, 4, au point du jour ; *simul cum*, v. *simul* : *exit cum nuntio* Caes. *G.* 5, 46, il part aussitôt la nouvelle reçue ¶ 3 [accompagnement, qualification, manière d'être] *magno cum luctu et gemitu totius civitatis* Cic. *Verr.* 4, 76, au milieu de la désolation et des gémissements de la cité entière (*1*, 49 ; Liv. 9, 31, 8) ; *cum dis bene juvantibus* Liv. 21, 43, 7, avec l'aide favorable des dieux ‖ *stare cum pallio purpureo* Cic. *Verr.* 4, 86, se tenir debout en manteau de pourpre ; *esse cum telo* Cic. *Mil.* 11, avoir une arme sur soi, être armé ; *vidi argenteum Cupidinem cum lampade* Cic. *Verr.* 2, 115, j'ai vu le Cupidon d'argent portant son flambeau, cf. *4, 109* ; *venire Romam cum febri* Cic. *Att.* 6, 9, 1, venir à Rome ayant (avec) de la fièvre ; *si esset cum iisdem suis vitiis nobilissimus* Cic. *Clu.* 112, si avec tous ses vices il était en outre de la plus haute noblesse ; *esse cum imperio* Cic. *Fam.* 1, 1, 3, avoir l'imperium ; *si cum signis legiones veniunt* Cic. *Att.* 14, 5, 1, si les légions viennent enseignes déployées ; *suaviter et cum sensu* Cic. *de Or.* 2, 184, délicatement et avec tact ‖ *ager cum decumo effert* Cic. *Verr.* 3, 113, le champ produit dix pour un, dix fois autant (Varr. *R.* 1, 44, 1 ; Plin. 18, 95) ; *cum centesima fruge fenus reddente terra* Plin. 5, 24, la terre donnant en moisson un revenu de cent pour un ‖ *cum eo quod*, ajoutant que", "avec cette réserve que" : *sit sane, sed tamen cum eo quod sine peccato meo fiat* Cic. *Att.* 6, 1, 7, soit, mais à la condition pourtant qu'il n'y ait rien là-dedans à me reprocher ; *cum eo quod... accidit ut* Quint. 10, 7, 13, avec cette réserve qu'il arrive que... (*2, 4, 30* ; *12, 10, 47*) ; *cum eo ut*, subj., "avec cette circonstance que" : Liv. 30, 10, 21 ; "avec cette stipulation que" : Liv. 8, 14, 8 (*cum eo ne* Col. 5, 1, 4, que ne... pas) ¶ 4 [accompagnement et conséquence] *ut beneficium populi Romani cum vestra atque omnium civium salute tueatur* Cic. *Mur.* 2, afin qu'il conserve pour votre salut et celui de tous les citoyens la faveur que lui a faite le peuple romain (*Rep.* 2, 16 ; *Cat.* 1, 33 ; *Verr.* 1, 63) ; *C. Flaminius cecidit apud Trasumennum cum magno rei publicae vulnere* Cic. *Nat.* 2, 8, C. Flaminius succomba à Trasimène, portant ainsi un coup terrible à la république ¶ 5 [instrumental] [poét.] *cum lingua lingere* Catul. 98, 3, lécher avec la langue ¶ 6 [construction de certains verbes marquant des relations avec qqn] *agere cum* ; *res est alicui cum* ; *loqui cum* ; *stare, facere cum*, v. ces verbes ; [lutte, rivalité] *certare, pugnare cum* ; [liaison] *jungere cum* ; [divergence] *dissidere, differre* ; [construction de verbes composés de *cum*] *comparare, consentire, conferre, cum* ¶ 7 [tard.] [avec acc.] *cum discentes suos* CIL 4, 698, avec ses étudiants ; *nobiscum non noscum* App.-Prob. 4, 199, 15.

▶ *cum* se place directement à la suite des pronoms personnels (touj. dans Cic., v. *Or.* 154) : *mecum, tecum, secum, nobiscum, vobiscum* ; à la suite du pron. relat., le plus souvent : *quocum (quicum), quacum, quocum, quibuscum* ; comme préfixe, *com-, con-*, et *co-*, outre les formes assimilées : *col-, cor-*.

2 cum, arch. **quom** (cf. *quoniam, quondam, cumque*, al. *wann, wenn*, an. *when*), [conj. de sens temporel, construite avec l'indic. ; avec le subj. le sens temporel s'efface : la subordonnée prend une valeur subjective avec des nuances diverses].

> **I** [emploi relatif].
> **A** indic. ¶ 1 [arch.] "du fait que" ¶ 2 "depuis que", *fuit tempus cum*.
> **B** subj. nuance consécutive.
> **II** [conjonction].
> **A** indic. ¶ 1 "quand, lorsque", *cum primum*, avec inf. historique ¶ 2 notion causale ¶ 3 notion adversative, *cum interea* ¶ 4 avec les verbes de sentiment.
> **B** subj. ¶ 1 "du moment que", *cum... tum* ¶ 2 "quoique", "tandis que", *cum interea* ; *cum...tum* ¶ 3 proche de l'instrumental = gérondif à l'abl. (*in*) ¶ 4 concomitance, *cum...tum* ¶ 5 subj. potentiel du passé.
> **F** [tours particuliers] ¶ 1 *cum maxime, cum plurimum* ¶ 2 *cum...tum* "d'une part, d'autre part".

I [emploi relatif].

A indic. ¶ 1 [constr. archaïques] *istuc sapienter fecit, quom... dedit* Pl. *Bac.* 338, il a fait preuve là de sagesse en donnant ; *isto tu pauper es, quom nimis sancte piu's* Pl. *Ru.* 1234, c'est par là que tu es pauvre, en étant trop scrupuleusement honnête, cf. *Ps.* 822 ; Ter. *Phorm.* 966 ; *propter hanc rem quom* Pl. *Cap.* 216, en raison de cette circonstance que [sur *ab eo cum* Varr. *L.* 7, 79, v. Gaffiot *Subj.* p. 114 note] ¶ 2 *fuit quoddam tempus cum homines... vagabantur* Cic. *Inv.* 1, 2, il y eut une certaine époque où les hommes erraient çà et là..., cf. Pl. *Aul.* 4 ; *Merc.* 533 ; *Trin.* 402 ; Lucr. 6, 295 ; Cic. *Fam.* 11, 27, 4 ; *Off.* 1, 31 ; *Lig.* 20 ; *Planc.* 65 ; *fuit cum hoc dici poterat* Liv. 7, 32, 13, il y eut un temps où l'on pouvait dire... ; *renovabitur prima illa militia, cum... solebat* Cic. *Verr.* 5, 33, on rappellera ces débuts de son service militaire, où il avait coutume... ‖ [en part., après une date] depuis que : *anni sunt octo, cum...* Cic. *Clu.* 82, il y a huit ans que ; *nondum centum et decem anni sunt, cum... lata lex est* Cic. *Off.* 2, 75, il n'y a pas encore cent dix ans que la loi fut portée... ; *vigesimus annus est cum me petunt* Cic. *Phil.* 12, 24, voilà vingt ans qu'ils m'attaquent ¶ 3 qqf. *cum = tum* avec une particule de liaison (cf. *qui*) : *cum interim* Liv. 4, 51, 4, mais cependant, dans le même temps.

B subj. [nuance consécutive] : *fuit antea tempus, cum Germanos Galli virtute superarent* Caes. *G.* 6, 24, 1, il fut jadis un temps (tel que) où les Gaulois étaient supérieurs en courage aux Germains ; *in id saeculum Romuli cecidit aetas, cum Graecia... esset* Cic. *Rep.* 2, 18, l'époque de Romulus tomba en un siècle (tel que) où la Grèce était..., cf. Pl. *Cap.* 516 ; Ter. *Haut.* 1024 ; Varr. *R.* 3, 1, 1 ; Cic. *Com.* 33 ; *Off.* 3, 50 ; *Mil.* 69 ; *de Or.* 1, 1 ; *Brut.* 7 ‖ *nec quom... rear* Pl. *Most.* 158, il n'y a pas de circonstances où je croie, cf. Ter. *Haut.* 560.

II conj. [souvent en corrélation avec *tum, tunc, nunc, etc.*].

A indic. ¶ 1 quand, lorsque, au moment où : *cum haec scribebam, putabam...* Cic. *Fam.* 6, 4, 1, au moment où j'écrivais cela, je pensais (*3, 13, 2* ; *Att.* 5, 2, 1 ; *ad Brut.* 2, 1, 1) ‖ *cum id argumentis docuerat, tum etiam exemplorum copia nitebatur* Cic. *de Or.* 1, 90, quand il en avait donné des preuves, alors il recourait aussi à une foule d'exemples ; *mihi causam adtulit casus gravis civitatis, cum... poteram* Cic. *Div.* 2, 6, ce qui m'a déterminé, ce sont les malheurs de la cité, quand je pouvais... (*Mur.* 6 ; *Verr.* 4, 77 ; *Fin.* 2, 61 ; *de Or.* 2, 70 ; *Agr.* 2, 100 ; *Fam.* 11, 8, 11 ; 8, 9, 2) ; Caes. *G.* 4, 17, 4 ; *G.* 7, 35, 4 (α) ; *resistito gratiae, cum officium postulabit* Cic. *Mur.* 65, résiste à la popularité, quand le devoir le demandera ; *officia reperientur, cum quaeretur...* Cic. *Off.* 1, 125, on trouvera les devoirs, quand on cherchera... ; *cum haec docuero, tum illud ostendam* Cic. *Clu.* 9, quand j'aurai montré cela, alors je ferai voir ceci ; *ceteri senes cum rem publicam defendebant, nihil agebant ?* Cic. *CM* 15, les autres vieillards, en défendant l'État, ne faisaient-ils donc rien ? ; *de te, cum tacent, clamant* Cic. *Cat.* 1, 21, à ton sujet, en se taisant, ils crient ; *satis mihi dedisti, cum respondisti...* Cic. *Tusc.* 2, 28, tu m'as assez accordé, en répondant... ‖ *cum primum* Cic. *Nat.* 2, 124, aussitôt que ; *dies nondum decem intercesserant, cum alter filius necatur* Cic. *Clu.* 28, dix jours ne s'étaient pas encore écoulés que le second fils est tué ; *vix agmen novissimum... processerat, cum Galli... non dubitant* Caes. *G.* 6, 8, 1, à peine l'arrière-garde s'était-elle avancée... que les

2 cum

Gaulois n'hésitent pas à … ‖ [avec inf. historique] **jamque dies consumptus erat, cum tamen barbari nihil remittere** SALL. *J.* 98, 2, et le jour était déjà écoulé que les barbares pourtant ne se donnaient aucune relâche, cf. LIV. 2, 27, 1 ‖ antériorité marquée après *cum*, mais non en français : **cum mihi proposui regnantem Lucullum..., perhorresco** CIC. *Cat.* 4, 12, toutes les fois que je me représente Lentulus sur le trône, je vois en frissonnant... (*Lae.* 94 ; *Tusc.* 5, 77 ; *Div.* 2, 145 ; CAES. *G.* 6, 16, 5) ; **cum remiserant dolores pedum, non deerat in causis** CIC. *Brut.* 130, quand la goutte lui laissait quelque relâche, il ne se dérobait pas aux plaidoiries ¶ **2** [notion causale latente] **sine trahi (amiculum), cum egomet trahor** PL. *Cis.* 115, permets que (ce mantelet) traîne, quand moi-même je me traîne ; **facta eloquar multo melius quam illi, cum sum Juppiter** PL. *Amp.* 1134, j'exposerai tout ce qui s'est passé beaucoup mieux qu'eux, puisque je suis Jupiter ; **at senex ne quod speret quidem habet ; at est eo meliore condicione quam adulescens, cum id quod ille sperat hic consecutus est** CIC. *CM* 68, mais, dira-t-on, le vieillard n'a même pas lieu d'espérer ; eh bien ! il est ainsi mieux loti que le jeune homme, alors que, ce que l'autre espère, lui l'a obtenu, cf. *de Or.* 2, 154 ; *Arch.* 10 ; *Rep.* 3, 47 ; *Clu.* 131 ; *Pomp.* 33 ; *Phil.* 5, 14 VIRG. *B.* 3, 16 ¶ **3** [notion adversative-concessive latente] **sat sic suspectus sum, cum careo noxia** PL. *Bac.* 1004, je suis assez soupçonné comme cela, quand (pourtant) je suis innocent de toute faute, cf. *Aul.* 113 ; *Ru.* 383 ; TER. *Eun.* 243 ; *Phorm.* 23 ; LUCR. 1, 566 ; 1, 726 ; **o beatos illos qui, cum adesse ipsis non licebat, aderant tamen...** CIC. *Phil.* 1, 36, heureux ces gens qui, lorsqu'ils ne pouvaient être là en personne, étaient là pourtant..., cf. *Verr.* 3, 125 ; *Caecin.* 42 ; *Mur.* 77 ‖ **cum interea, cum interim,** quand cependant : PL. *Pers.* 174 ; *Men.* 446 ; TER. *Hec.* 39 ; CIC. *Verr.* 5, 162 ‖ [inf. historique après *cum interim*] LIV. 3, 37, 5 ¶ **4** [avec les verbes de sentiment] **salvos quom advenis, gaudeo** PL. *Most.* 1128, alors que tu arrives bien portant, je me réjouis (*Amp.* 681 ; *Men.* 1031 ; *Ru.* 1365) ; **magna laetitia nobis est, cum te di monuere uti...** SALL. *J.* 102, 5, c'est pour nous une grande joie de voir que les dieux t'ont donné l'inspiration de ; **tibi gratulor, cum tantum vales apud Dolabellam** CIC. *Fam.* 9, 14, 3, je te félicite du moment que tu as tant de crédit auprès de Dolabella ; **cum isto animo es, satis laudare non possum** CIC. *Mil.* 99, du moment que tu as ces sentiments, je ne saurais assez te louer, cf. *Fam.* 13, 24, 2 ; *Verr.* 2, 149 ; *Fin.* 3, 9 ; *Off.* 2, 22.

B subj. ¶ **1** [notion causale] du moment que, vu que, étant donné que, puisque : **cum amicitiae vis sit in eo ut..., qui id fieri poterit si...?** CIC. *Lae.* 92, puisque l'essence de l'amitié consiste à..., comment ce résultat pourra-t-il se produire si...? (*Cat.* 1, 15 ; *Font.* 35 ; *Ac.* 2, 66 ; *Phil.* 14, 12 ; *Or.* 27 ; *Fin.* 1, 34) ; **cum praesertim** CIC. *Brut.* 8, étant donné surtout que (**praesertim cum** CIC. *Arch.* 10) ; **quippe cum** CIC. *Brut.* 69 ; *Lae.* 28 ; *Off.* 2, 34 ; *Leg.* 1, 5, puisque (qqf. **utpote cum** CIC. *Att.* 5, 8, 1 ; **ut cum** QUINT. 10, 1, 76) ‖ **cum... tum...,** d'une part, d'autre part : **id, cum ipse per se dignus putaretur, tum auctoritate et gratia Luculli impetravit** CIC. *Arch.* 7, il l'obtint, d'abord parce qu'il en était jugé digne par lui-même, et ensuite grâce à l'influence et au crédit de Lucullus, cf. *Dom.* 32 ‖ [liaison de deux faits] du moment que : **cum in convivium venisset... non poterat** CIC. *Verr.* 4, 48, du moment qu'il était venu (qu'il se trouvait) dans un festin il ne pouvait... (*Rep.* 2, 59 ; *Off.* 2, 41 ; *de Or.* 1, 232 ; CAES. *G.* 5, 19, 2 β ; *G.* 7, 16, 3 ; *C.* 2, 41, 6 ; 3, 24, 2 ; LIV. 2, 27, 8 ; 23, 3, 10 ; 44, 29, 3 ; TAC. *An.* 1, 10, 7 ; 3, 10, 14) ¶ **2** [notion adversative-concessive] quoique, quand pourtant : **Graecia, cum jamdiu excellat in eloquentia, tamen...** CIC. *Brut.* 26, la Grèce, quoique depuis longtemps elle excelle dans l'éloquence, cependant... (*Verr.* 3, 78 ; *de Or.* 1, 126 ; *Brut.* 28 ; 314 ; *Clu.* 110) ‖ [simple opposition] alors que, tandis que : **solum (animantium) est particeps rationis, cum cetera sint omnia expertia** CIC. *Leg.* 1, 22, il est le seul (des animaux) qui participe de la raison, tandis que les autres en sont tous dépourvus (*Verr.* 5, 95 ; 178 ; *Clu.* 65 ; *Mur.* 11 ; *Tusc.* 5, 13 ; *de Or.* 3, 60 ; CAES. *G.* 4, 12, 1 ; 4, 24, 3 ; LIV. 23, 27, 5 ; 28, 14, 19 ; TAC. *H.* 1, 39) ‖ **cum interea, cum interim,** quoique cependant, tandis que cependant, alors que cependant : **simulat... cum interea... machinetur** CIC. *Verr. prim.* 15, il feint... quoique cependant il machine... (VARR. *R.* 3, 16, 2 ; LUCR. 5, 394 ; CIC. *Verr.* 2, 25 ; 3, 62 ; *Pis.* 9 ; *Sull.* 16 ; *Fam.* 15, 4, 3) ‖ **cum... tum : quae cum sint gravia, tum illud acerbissimum est quod...** CIC. *Mur.* 56, ces choses ont beau être pénibles, le plus dur, c'est que..., cf. 55 ; *Fam.* 15, 9, 1 ; *Off.* 3, 5 ¶ **3** [acception voisine de l'accompagnement] **cum neget..., nonne tollit...?** (= *negando, nonne tollit...?*) CIC. *Nat.* 1, 29, en déclarant que ne pas..., ne supprime-t-il pas...?, cf. *Font.* 44 ; *Top.* 10 ; *Agr.* 2, 19 ‖ [acception voisine de *in* avec gér.] = il s'agit de : **nonne ille artifex, cum faceret Jovis formam, contemplabatur aliquem...?** CIC. *Or.* 9, cet artiste, quand il s'agissait pour lui de faire (en faisant) la statue de Jupiter, ne contemplait-il pas un modèle...? ; **cum peterem magistratum, solebam...** CIC. *de Or.* 1, 112, en faisant acte de candidature, j'avais l'habitude... (*Brut.* 143 ; 190 ; *Fin.* 3, 19) ; **nusquam cunctabundus, nisi cum in senatu loqueretur** TAC. *An.* 1, 7, n'ayant nulle part d'hésitation sauf dans ses paroles au sénat ¶ **4** [concomitance] **cum ageremus vitae supremum diem, scribebamus haec** CIC. *Fin.* 2, 96, c'est en vivant mon dernier jour que je t'écris ceci (cf. **dederam ad te litteras exiens e Puteolano** CIC. *Att.* 15, 1 a, 1, je t'ai écrit hier en partant de ma maison de Pouzzoles) ; **cum hanc jam epistulam complicarem, tabellarii a vobis venerunt** CIC. *Q.* 3, 1, 17, j'étais déjà en train de fermer cette lettre, quand des messagers arrivèrent de votre part (cf. **cenato mihi et jam dormitanti epistula est reddita** CIC. *Att.* 2, 16, 1, j'avais dîné et je commençais à m'endormir, quand on m'a remis la lettre) ; **cum haec agerem, repente ad me venit Heraclius** CIC. *Verr.* 4, 137, je m'occupais donc ainsi, quand un beau jour Héraclius vint me voir ; **mihi, cum de senectute vellem aliquid scribere, tu occurrebas dignus...** (= *mihi volenti...*) CIC. *CM* 2, ayant l'intention d'écrire sur la vieillesse, c'est à toi que je pensais, comme à l'homme digne... ; **adulescentium greges vidimus certantes pugnis, calcibus..., cum exanimarentur priusquam victos se faterentur** CIC. *Tusc.* 5, 77, nous avons vu des troupes de jeunes gens luttant des poings, des pieds..., perdant la vie plutôt que de s'avouer vaincus ; **per stadium ingressus esse Milo dicitur, cum umeris sustineret bovem** CIC. *CM* 33, Milon s'avança, dit-on, dans le stade, en portant un bœuf sur ses épaules ; **cum quinque et viginti natus annos dominatum occupavisset** CIC. *Tusc.* 5, 57, ayant pris (après avoir pris) le pouvoir à vingt-cinq ans ; [en part. après *audire*] **saepe soleo audire Roscium, cum ita dicat...** CIC. *de Or.* 129, souvent j'entends Roscius disant ceci..., j'entends dire ceci à Roscius... (*de Or.* 2, 22 ; 144 ; 155 ; 365 ; *Brut.* 205 ; *Verr.* 3, 3 ; *Clu.* 29 ; *Dom.* 93 ; *Nat.* 1, 58 ; *Div.* 1, 104) ‖ **cum... tum : cum peracutus esset ad excogitandum... tum erat...** CIC. *Brut.* 145, tout en étant très fin pour découvrir..., il était... ; **cum artifex ejus modi sit, ut..., tum vir ejus modi est ut...** CIC. *Quinct.* 78, tout en étant un tel artiste que... il est aussi un homme tel que... (*Fam.* 9, 16, 1) ¶ **5** [subj. potentiel du passé] **vix erat hoc plane imperatum, cum... videres** CIC. *Verr.* 4, 86, l'ordre était à peine donné complètement qu'on pouvait voir....

C [tours particuliers] ¶ **1 cum maxime,** quand (alors que) précisément : **tum, cum maxime fallunt, id agunt ut viri boni esse videantur** CIC. *Off.* 1, 41, au moment où précisément ils trompent, ils travaillent à se faire passer pour hommes de bien ; **cum haec maxime cognosceremus, repente adspicimus** CIC. *Verr.* 2, 187, nous étions précisément en train de prendre connaissance de ces faits, quand soudain nous apercevons... ‖ [emploi adverbial] **nunc cum maxime** CIC. *CM* 38 ; *Clu.* 12 ; LIV. 29, 17, 7 ou **cum maxime** CIC. *Off.* 2, 22 ; *Verr.* 4, 82, précisément en ce moment, maintenant plus que jamais ; [dans le passé] **cum maxime hoc significabat...** CIC. *de Or.*

1, 84, alors surtout il faisait entendre que... ou *tum cum maxime* Liv. *27, 4, 2* ou *tum maxime* Liv. *33, 9, 3* ; *40, 13, 4* ; *40, 32, 1* ; *43, 7, 8* ou *tunc cum maxime* Curt. *3, 2, 17* ‖ [avec un adv. au superl.] *cum plurimum* Liv. *33, 5, 9* ; Plin. *25, 121*, au plus ; *cum longissime* Suet. *Tib. 38*, à la plus grande distance alors ¶ 2 *cum... tum* [employés comme adv. de corrélation], d'une part... d'autre part : *cum summi viri, tum amicissimi mors* Cic. *Lae. 8*, la mort d'un homme si éminent et à la fois si cher à ton cœur ; *cum meo judicio, tum omnium* Cic. *Brut. 183*, d'après mon sentiment, comme aussi d'après le sentiment de tous ; *cum omnium rerum simulatio vitiosa est, tum amicitiae repugnat maxime* Cic. *Lae. 92*, l'hypocrisie en toutes choses est un vice, mais c'est avec l'amitié qu'elle est surtout incompatible ; *cum... tum vero* Cic. *Sen. 25* ; *tum maxime* (*in primis* Cic. *Brut. 298*) *Att. 11, 6, 1* ; *tum etiam* Cic. *Rep. 2, 1*, d'une part... d'autre part vraiment, d'autre part surtout, d'autre part aussi ; *cum alia multa, tum hoc* Cic. *Flac. 94*, entre autres choses, ceci ; parmi beaucoup d'autres choses, celle-ci en particulier ; *cum multa, tum etiam hoc* Cic. *Verr. 4, 147*, entre autres choses, ceci surtout ; *cum multis in rebus, tum in amicitia* Cic. *Lae. 48*, en maints objets et en particulier dans l'amitié ; *cum sæpe alias, tum* Cic. *Brut. 144*, en maintes autres circonstances, et en particulier.

▶ pour toute cette syntaxe de *cum*, v. Gaffiot *Subj. Pour le vrai latin* ; *Rev. de Phil.* t. *32* ‖ faux arch. *quum* Prisc. *2, 36, 14*.

cūma, Diocl. *6, 11*, C.▶ *cyma*.

Cūmæ, *ārum*, f. pl., Virg. *En. 6, 2*, **Cūmē** ou **Cȳmē**, *ēs*, f., Sil. *8, 531* (Κύμη), Cumes, ville de Campanie Atlas XII, E4 ‖ **Cumæus** et **Cȳmæus**, *a, um*, de Cumes : Virg. *B. 4, 4*.

cumaltĕr, V.▶ *cumulter*.

cūmāna, *ae*, f., poêlon en terre [de Cumes] : Apic. *138* ; *196*.

Cumānĭa, *ae*, f., forteresse de l'Ibérie d'Asie : Plin. *6, 30*.

Cūmānus, *a, um*, de Cumes : *Cumanus ager* Cic. *Agr. 2, 66*, le territoire de Cumes ‖ **Cūmānum**, *i*, n. **a)** villa de Cumes : Cic. *Att. 4, 10, 2* **b)** pays de Cumes : Plin. *17, 243* ‖ **-āni**, *ōrum*, m. pl., habitants de Cumes : Cic. *Att. 10, 13, 1* ; V.▶ *cumana*.

cūmătĭlis, *e* (*cuma*), couleur de flot, vert : Pl. *Ep. 233* ; Titin. *Com. 114*.

cūmătĭum, CIL *10, 1781*, V.▶ *cymatium*.

cumba, *ae*, f. (κύμβη, cf. *cumbo, cubo*), barque, chaloupe, esquif : Afran. *Com. 138* ; Liv. *26, 45, 7* ; Cic. *Off. 3, 58* ‖ [fig.] Prop. *3, 3, 22* ; Ov. *A. A. 3, 26* ‖ carène [partie inférieure du navire] : Isid. *19, 2, 1* ; Gloss. *2, 222, 35* ‖ civière : P. Fest. *56, 26* ; V.▶ *cymba*.

cumbŭla, *ae*, f. (dim. de *cumba*), petite barque, canot : Plin. *Ep. 8, 20, 7*.

cumcumque, V.▶ *cumque*.

cŭmĕra, *ae*, f. (étr. ?), Hor. *Ep. 1, 7, 30*, **cŭmĕrus**, *i*, m., Varr. *L. 7, 34*, coffre à blé, coffre.

cŭmīnātus, *a, um* (*cuminum*), mêlé de cumin : Pall. *12, 22, 5* ‖ **cŭmīnātum i**, n., sauce au cumin : Apic. *31*.

cŭmīnīnus, *a, um* (*cuminum*), de cumin : Ps. Apul. *Herb. 74*.

cŭmīnum, *i*, n. (κύμινον ; it. *comino*), cumin [plante] : Cat. *Agr. 119* ; Varr. *L. 5, 103* ; Hor. *Ep. 1, 19, 18*.

cumĭpha, *ae*, f. (empr.), sorte de gâteau : Aug. *Man. 2, 26, 51*.

cumma, n., Pall. *11, 12, 6*, V.▶ *cummi*.

cummātus, *a, um*, gommeux : Pall. *11, 12, 6*.

cummaxĭmē, V.▶ 2 *cum* II C.

cummi, **commi**, **gummi**, n. indécl., **cummis**, **commis**, **gummis**, f. (κόμμι ; fr. *gomme*), gomme : Cat. *Agr. 69* ; Plin. *16, 108* ; Col. *12, 52, 16*.

cummĭnō, *ās, āre, -, -,* intr., sécréter de la gomme : Pall. *2, 15, 20*.

cummĭnōsus, *a, um*, gommeux, riche en gomme : Plin. *12, 36*.

cummĭtĭo, *ōnis*, f., action de gommer : Col. *12, 52, 17*.

cumprīmē, C.▶ *cumprimis* : Quadr. d. Gell. *17, 2, 14* ; *Cic. *Div. 1, 68*.

cumprīmis, cum prīmis, ▶ *in primis*, parmi les premiers, au premier rang : Pl. *Truc. 660* ; Cic. *Inv. 2, 1* ; *Verr. 2, 68* ; *callidus cum primisque ridiculus* Cic. *Brut. 224*, habile et supérieur par l'esprit [plaisanterie].

cumquĕ (cunquĕ, quomquĕ), adv., en toutes circonstances : Hor. *O. 1, 32, 15* ‖ [d'ordinaire joint aux relatifs, auxquels il donne une idée d'indétermination] *quicumque, qualiscumque, ubicumque* ‖ [avec tmèse] *quo cuiquest cumque voluptas* Lucr. *6, 389*, partout où c'est le bon plaisir de chacun, cf. Cic. *Sest. 68* ; *cum... cumque* Lucr. *2, 114*, toutes les fois que.

cŭmŭlantĕr, Ps. Rufin. *Os. 2, 7, 9*, C.▶ *cumulate*.

cŭmŭlāre, *is*, n. (*cumulus*), articulation sacro-vertébrale : Veg. *Mul. 3, 2, 2*.

cŭmŭlātē, adv. (*cumulatus*), en comblant la mesure, pleinement, abondamment : Cic. *Verr. 5, 165* ; *Fin. 2, 42* ‖ **-ius** Cic. *Or. 54* ; **-issimē** Cic. *Fam. 5, 11, 1*.

cŭmŭlātim, adv. (*cumulatus*), en tas, par monceaux : Varr. *R. 3, 15, 2* ; Prud. *Apoth. 717*.

cŭmŭlātĭo, *ōnis*, f. (*cumulo*), accumulation, accroissement : Cassiod. *Var. 11, 38, 6*.

cŭmŭlātŏr, *ōris*, m. (*cumulo*), celui qui accumule : Aug. *Jul. 5, 1, 2*.

cŭmŭlātus, *a, um*, part. de *cumulo* [adj¹]
¶ 1 augmenté, agrandi, multiplié : *mensura cumulatiore* Cic. *Brut. 15*, dans une mesure plus grande ; *benigne omnia cumulata dare* Liv. *27, 45, 11*, ils donnaient généreusement tout en surabondance ¶ 2 qui est à son comble, plein, parfait : Cic. *Fam. 9, 14, 5* ; *Att. 14, 17, 5* ; *Tusc. 1, 109* ; *perfecta cumulataque virtus* Cic. *Sest. 86*, vertu parfaite et accomplie ¶ 3 [avec gén.] surchargé de : *scelerum cumulatissime* Pl. *Aul. 825*, toi, le plus chargé de crimes.

cŭmŭlō, *ās, āre, āvī, ātum* (*cumulus* ; fr. *combler*), tr. ¶ 1 entasser, accumuler : *materies cumulata* Lucr. *1, 990*, matière entassée ; *cumulata arma et corpora* Liv. *25, 16, 19*, armes et corps entassés ; *ut aliud super aliud cumularetur funus* Liv. *26, 41, 8*, en sorte que les morts s'entassaient les uns sur les autres ; *saeculi res in unum diem fortuna cumulavit* Curt. *4, 16, 10*, la fortune a entassé les événements de tout un siècle en une seule journée ; *probra in aliquem* Tac. *An. 1, 21*, accumuler les outrages sur qqn, cf. *13, 2* ; *14, 53* ‖ *per acervos corporum, quos in media maxime acie cumulaverant* Liv. *37, 43, 7*, à travers les monceaux de cadavres qu'ils avaient accumulés surtout au centre de la ligne de bataille ¶ 2 augmenter en entassant, grossir : *scelere scelus* Cic. *Cat. 1, 14*, ajouter un crime à un autre ; *eloquentia bellicam laudem* Cic. *Off. 1, 116*, cumuler l'éloquence et la gloire militaire ; *aes alienum cumulatum usuris* Liv. *2, 23, 6*, dette grossie par les intérêts ; *invidiam* Liv. *3, 12, 8*, accroître la haine, ajouter à la haine ; *accesserunt quae cumularent religiones animis* Liv. *42, 20, 5*, il s'ajouta d'autres prodiges pour augmenter dans les esprits les craintes superstitieuses ‖ porter à son comble, couronner : *totam eloquentiam* Cic. *de Or. 3, 91* ; *gaudium* Cic. *Att. 4, 1, 2*, donner son couronnement à toute l'éloquence, mettre le comble à la joie ; *summum bonum cumulatur ex integritate corporis et ex mentis ratione perfecta* Cic. *Fin. 5, 40*, le souverain bien trouve son couronnement dans l'intégrité du corps et dans le parfait état de l'intelligence ¶ 3 remplir en accumulant : *aras oneratis lancibus* Virg. *En. 8, 284*, charger les autels de plats garnis de viandes, cf. *En. 11, 50* ; Liv. *8, 33, 21* ; Curt. *5, 1, 20* ; Tac. *G. 27* ; *locus strage semiruti muri cumulatus* Liv. *32, 17, 10*, lieu rempli des décombres du mur à moitié renversé ‖ *aliquem muneribus* Virg. *En. 5, 532*, combler qqn de présents ; *omni laude cumulatus* Cic. *de Or. 1, 20*, pourvu de toutes les qualités, accompli ; *plurimis et maximis voluptatibus cumulatus* Cic. *Fin. 2, 63*, des plaisirs comblés, les plus variés et les plus grands ; *cumulari maximo gaudio* Cic. *Att. 14, 17 a, 1*, être rempli de la joie la plus vive ; *multis laudibus cumulatus* Tac. *H. 4, 39*, chargé d'une foule d'éloges.

cŭmulter, arch., ▭ *cum altero* : P. Fest. 44, 1.

cŭmŭlus, *i*, m. (cf. *tumulus* et κῦμα, κυέω; fr. *comble*) ¶ **1** amas, amoncellement : *armorum cumulos coacervare* Liv. 5, 39, 1, entasser les armes en monceaux ; *cumulus aquarum* Ov. M. 15, 508, vagues amoncelées ; *sarcinarum* Liv. 10, 36, 13, monceau de bagages ¶ **2** surplus, surcroît : *magnus ad tua pristina erga me studia cumulus accedet* Cic. Fam. 15, 12, 2, ce sera beaucoup ajouter aux témoignages que tu m'as donnés jusqu'ici de ton dévouement ; *cumulus dierum* Cic. Prov. 26, un surcroît de jours ; *ita magnum beneficium tuum magno cumulo auxeris* Cic. Fam. 13, 62, tu ajouteras ainsi beaucoup à ton bienfait ‖ couronnement, comble, apogée : *aliquem cumulum illorum artibus (eloquentia adfert)* Cic. de Or. 3, 143, (l'éloquence apporte) à leurs sciences qqch. qui les couronne ; *accesserint in cumulum manubiae vestrorum imperatorum* Cic. Agr. 2, 62, que s'ajoutent de surcroît les dépouilles conquises par vos généraux ‖ [rhét.] = péroraison : Quint. 6, 1, 1.

cūna, *ae*, f., Varr. Men. 222, ▭ *cunae*.

cūnābŭla, *ōrum*, n. pl. (*cunae*) ¶ **1** berceau d'enfant : Cic. Div. 1, 79 ‖ gîte, nid d'oiseau : Virg. G. 4, 66 ; Plin. 10, 99 ¶ **2** [fig.] **a)** lieu de naissance : *cunabula gentis nostrae* Virg. En. 3, 105, le berceau de notre race **b)** première enfance, naissance, origine : *a primis cunabulis* Col. 1, 3, 5, dès le berceau ; *non in cunabilis consules facti* Cic. Agr. 3, 100, qui ne doivent pas le consulat à leur naissance ; *cunabula juris* Dig. 1, 2, 2, les origines du droit.

cūnae, *ārum*, f. pl. (cf. κοίτη, κεῖμαι ?; esp. *cuna*), couchette de bébé, berceau : Pl. Ps. 1177 ; Cic. CM 83 ‖ nid d'oiseau : Ov. Tr. 3, 12, 10 ‖ [fig.] première enfance : Ov. M. 3, 313.

cūnārĭa, *ae*, f. (*cunae*), berceuse : CIL 6, 27134.

cunchis, *is*, f. (arch. pour *conchis*), Prisc. 2, 26, 36.

cunctābundus, *a*, *um* (*cunctor*), qui hésite : Liv. 6, 7, 2.

cunctālis, *e* (*cunctus*), commun à tous : Capel. 1, 34.

cunctāmen, *ĭnis*, n. (*cunctor*), retard, lenteur : Paul.-Nol. Carm. 27, 416 ; **cunctāmentum**, *i*, n., Capel. 1, 6.

cunctans, *tis*, part. de *cunctor* ‖ [adj¹] ¶ **1** qui tarde, qui hésite : *cunctans ad opera* Col. 11, 1, 14, lent au travail ‖ qui résiste : *cunctans ramus* Virg. En. 6, 211, rameau qui résiste ; *mellis est cunctantior actus* Lucr. 3, 193, le miel est plus compact (coule plus lentement) ¶ **2** [fig.] irrésolu, indécis, circonspect : Plin. Ep. 2, 16, 4 ; *senectā cunctantior* Tac. H. 3, 4, que l'âge a rendu plus indécis.

cunctantĕr, adv. (*cunctans*), en tardant, lentement, avec hésitation : *haud cunctanter* Liv. 1, 36, 4, sans hésiter ‖ *-tius* Suet. Galb. 12, 1.

cunctātĭo, *ōnis*, f. (*cunctor*), retard, lenteur, hésitation : Cic. Lae. 44 ; Sest. 100 ; *cunctatio invadendi* Liv. 5, 41, 7, hésitation à attaquer.

cunctātīvē, adv., en temporisant : Don. Eun. 178.

1 **cunctātŏr**, *ōris*, m. (*cunctor*), temporiseur, qui aime à prendre son temps, circonspect, hésitant : Cael. Fam. 8, 10, 3 ; Liv. 6, 23, 5 ; *non cunctator iniqui* Stat. Th. 3, 79, prompt à l'injustice.

2 **Cunctātŏr**, *ōris*, m., le Temporisateur [surnom de Q. Fabius Maximus] : Liv. 30, 26, 9.

cunctātrix, *īcis*, f., celle qui temporise : Ambr. Ep. 67, 5.

cunctātus, *a*, *um*, part. de *cunctor* ‖ [adj¹] lent à se résoudre, circonspect : *cunctatior ad dimicandum* Suet. Caes. 60, qui se décide plus difficilement à combattre.

cunctĭcĭnus, *a*, *um* (*cunctus*, *cano*), produit par un ensemble de chants : Capel. 9, 905.

cunctim (*cunctus*), adv., en masse : Apul. Flor. 9, 30.

cunctĭpărens, *tis*, m., père de toutes choses : Prud. Perist. 14, 128.

cunctĭpŏtens, *tis*, tout-puissant : Prud. Perist. 7, 56.

cunctō, *ās*, *āre*, -, -, intr., arch. pour *cunctor* : Pl. Cas. 793 ‖ [pass. impers.] *non cunctatum est* Tac. An. 3, 46, on n'hésita pas, cf. Prisc. 2, 392, 8.

cunctŏr, *ārĭs*, *ārī*, *ātus sum* (fréq., cf. scr. *śaṅkate*, al. *hangen*, an. *hang*), intr., temporiser, tarder, hésiter, balancer : *cunctando bellum gerebat* Liv. 21, 24, 10, il faisait la guerre en temporisant ; *non est cunctandum profiteri* Cic. Tim. 3, il faut reconnaître sans hésiter ; *non cunctandum existimavit quin...* Caes. G. 3, 23, 7, il pensa qu'il ne fallait pas hésiter à... ‖ séjourner, s'arrêter : *diutius in vita* Cic. Tusc. 1, 111, prolonger son existence ‖ [poét.] *cunctatur olivum* Lucr. 2, 392, l'huile coule lentement ‖ [chrét.] douter de : *in Deo cunctari* Arn. 2, 3, douter de Dieu.

▶ sens pass. ; ▭ *cuncto*.

cunctus, *a*, *um* (de *co* et *junctus*, ou *concitus* ?), tout entier, tout ensemble, tout : *cunctus senatus* Cic. Fam. 4, 4, 3, le sénat tout entier ; *cuncta Gallia* Caes. G. 7, 10, 1, toute la Gaule ; *cuncti cives* Cic. de Or. 1, 184, tous les citoyens sans exception ; *cuncti aut magna pars Siccensium* Sall. J. 56, 5, la totalité ou du moins le plus grand nombre des gens de Sicca ; *cuncta agitare* Sall. J. 66, 1, mettre tout sens dessus dessous ; *cuncti hominum* Ov. M. 4, 631, tous les hommes ; *cuncta terrarum* Hor. O. 2, 1, 23, tout l'univers, cf. Tac. An. 3, 35 ; H. 5, 10 ; *cuncta viai* Lucr. 5, 739, toute la route.

cŭnĕātim (*cuneatus*), adv., en forme de coin, de triangle : Caes. G. 7, 28, 1 ; Amm. 16, 12, 8.

cŭnĕātĭo, *ōnis*, f., configuration en forme de coin : Scrib. 47.

cŭnĕātus, *a*, *um*, part. de *cuneo*, [adj¹] qui a la forme d'un coin, cunéiforme : *forma scuti ad imum cuneatior* Liv. 9, 40, 2, bouclier qui va en se rétrécissant vers le bas.

cŭnĕla, Col. 6, 8, 2, ▭ *cunila*.

cŭnĕō, *ās*, *āre*, *āvī*, *ātum* (*cuneus*), tr. ¶ **1** servir de coin **a)** pour maintenir une voûte [en s'intercalant entre ses pierres] : Sen. Ep. 118, 16 **b)** pour fendre du bois : Plin. 16, 206 ‖ [fig.] Quint. 4, 3, 4 ¶ **2** donner la forme d'un coin : Mel. 3, 50 ‖ [pass.] prendre la forme d'un coin : Plin. 3, 29.

cŭnĕŏlus, *i*, m. (dim. de *cuneus*), petit coin : Cic. Tim. 47 ; Col. 4, 29, 10 ‖ clavette [petite barre métallique autour de laquelle s'enroulent les ressorts de la catapulte ou de la baliste] : Vitr. 10, 12, 1.

Cunerum, *i*, n., promontoire d'Italie : Plin. 3, 111.

1 **cŭnĕus**, *i*, m. (pas clair, cf. scr. *sūla-s*, γῶνις ?; fr. *coin*) ¶ **1** coin [à fendre ou à caler] : Cat. Agr. 10, 3 ; Cic. Tusc. 2, 23 ; Virg. G. 1, 144 ; [*cunei* = les chevilles, les jointures dans un vaisseau] Ov. M. 11, 514 ¶ **2** [fig.] **a)** formation de bataille en forme de coin, de triangle : Caes. G. 6, 40, 2 ; Liv. 2, 50, 9 ; Virg. En. 12, 269 **b)** section verticale [portion de la *cavea* du théâtre] : Vitr. 5, 6, 2 ; Suet. Aug. 44, 2 ; Juv. 6, 61 ; *cunei omnes* Phaed. 5, 7, 35, tous les gradins = toute l'assemblée **c)** ligne de refend, filt d'encadrement [délimite des panneaux monochromes ou des rangs d'appareil feint caractéristiques du premier style pompéien] : Vitr. 7, 4, 4 **d)** claveau, voussoir : Vitr. 6, 8, 3.

2 **Cŭnĕus**, *i*, m., promontoire de Lusitanie : Plin. 4, 116 ; Mel. 3, 7.

cūnĭca, *ae*, f. (de χοινίκη), douille [partie du pressoir] : Cat. Agr. 20, 2.

cuniclus, ▭ *cuniculus* : Gloss. 3, 189, 65.

Cŭnīcŭlārĭae insulae, f., îles situées entre la Corse et la Sardaigne : Plin. 3, 83.

cŭnīcŭlāris, *e* (*cuniculus*), de lapin : M.-Emp. 14, 57.

cŭnīcŭlārĭus, *ii*, m. (*cuniculus*), mineur, sapeur : Veg. Mil. 2, 11 ; Amm. 24, 4, 22.

cŭnīcŭlātim, adv., d'une manière creuse en dedans : *Plin. 9, 103.

cŭnīcŭlātŏr, *ōris*, m., mineur, sapeur : Placid. Stat. Th. 2, 418.

cŭnīcŭlātus, *a*, *um* (*cuniculus*), en forme de galerie souterraine : Plin. 9, 130.

cŭnīcŭlōsus, *a*, *um* (*cuniculus*), qui abonde en lapins : Catul. 37, 18.

cŭnīcŭlum, *i*, n., terrier de lapin : P. Fest. 43, 19.

cŭnīculus, *i*, m. (hisp.; esp. *conejo*) ¶ 1 lapin : Varr. R. 3, 12, 6 ; Catul. 25, 1 ¶ 2 **a)** [en gén.] galerie souterraine, canal souterrain, conduit, tuyau : Cic. Off. 3, 90 ; Col. 8, 17, 4 ; Plin. 6, 128 ; Sen. Nat. 3, 21, 6 **b)** [en part.] galerie de mine, mine, sape : Cic. Caecin. 88 ; Cæs. G. 3, 21, 3 ; 7, 22, 2 ; *cuniculis venae fontis intercisae sunt* Hirt. G. 8, 43, 4, au moyen de sapes on coupa l'adduction d'eau ǁ [fig.] *cuniculis oppugnare* Cic. Agr. 1, 1, attaquer par des moyens détournés.

cūnĭfĕr, Gloss. 5, 566, 38, ▻ *conifer*.

cŭnīla (cŏnīla), *ae*, f. (κονίλη), sarriette, variété de l'origan [plante] : Pl. Trin. 935 ; Col. 6, 13, 1 ; Plin. 20, 169.

cŭnīlāgo, *ĭnis*, f., inule visqueuse [plante] : Plin. 19, 165.

Cūnīna, *ae*, f. (*cunae*), déesse qui protège les enfants au berceau : Varr. d. Non. 167, 32 ; Lact. Inst. 1, 20, 36 ; Aug. Civ. 4, 11.

cŭnĭō, *īs*, *īre*, -, - (cf. *cuno*, *inquino*), intr., déféquer : P. Fest. 44, 11.

cunnĭlingus, *i*, m. (*cunnus*, *lingo*), lécheur du sexe féminin : Mart. 4, 43, 11.

cunnĭo, *ōnis*, m., ▻ *cunnilingus* : CIL 9, 6089, 2.

cunnus, *i*, m. (cf. κύσος, κύσθος, κυσός ; fr. *con*), sexe de la femme, vagin : Hor. S. 1, 2, 36, cf. Cic. Fam. 9, 22, 2.

cŭno, *ās*, *āre*, -, - (cf. *cunio*), tr., souiller, embrener : Chir. 431.

cunque, ▻ *cumque*.

cūnŭlae, *ārum*, f. pl. (dim. de *cunae* ; it. *culla*), petit berceau : Prud. Cath. 7, 164.

1 **cūpa** (fr. *cuve*) ou **cuppa** (fr. *coupe*), *ae*, f. (cf. κύμελλον) ¶ 1 grand vase en bois, tonneau : Varr. d. Non. 83, 24 ; Cic. Pis. 67 ; Cæs. C. 2, 11 ¶ 2 sarcophage : CIL 6, 12202.

2 **cūpa**, *ae*, f. (κώπη), manivelle [de moulin à huile] : Cat. Agr. 12.

3 **cūpa**, Char. 63, 11, ▻ *copa*.

cūpārĭus, *ii*, m., tonnelier : CIL 10, 7040.

cūpēd-, ▻ *cupped-*.

cūpella, *ae*, f. (dim. de *1 cupa*), petit broc : Pall. 2, 25, 12.

Cŭpencus, *i*, m., [= prêtre, en langue sabine, d'après Servius En. 12, 538] guerrier Rutule, tué par Enée : Virg. En. 12, 539.

cupēs, ▻ *cuppes*.

cŭpĭdē, adv. (*cupidus*), avidement, passionnément : Cic. Tusc. 1, 116 ; Verr. 5, 7 ; *cupidius* Cæs. G. 1, 40, 2 ǁ avec empressement : *aliquid cupidissime facere* Cæs. C. 1, 15, 2, faire qqch. avec le plus grand empressement (2, 20, 5 ; Cic. Com. 49 ; Fam. 10, 31, 1) ǁ avec passion, avec partialité : Cic. Font. 27 ; Flac. 12 ; Vat. 40.

cŭpĭdĭnārĭi, *ōrum*, m. pl., débauchés : Acr. Hor. S. 2, 3, 134.

Cŭpīdĭnĕus, *a*, *um*, de Cupidon : Ov. Tr. 4, 10, 65 ǁ beau comme Cupidon : Mart. 7, 87, 9.

cŭpĭdĭtās, *ātis*, f. (*cupidus*) ¶ 1 désir, envie : *veri videndi* Cic. Tusc. 1, 44, désir de voir le vrai ; *flagrare cupiditate* Cic. de Or. 1, 134, brûler d'ardeur ¶ 2 désir violent, passionné : *pecuniae* Cæs. G. 6, 22, amour de l'argent, cupidité ; *nimia cupiditas principatus* Cic. Off. 1, 18, ambition effrénée du pouvoir ǁ passion : *caeca dominatrix animi cupiditas* Cic. Inv. 1, 2, la passion maîtresse aveugle de l'âme ; *indomitae cupiditates* Cic. Verr. 1, 62, passions indomptées ; *temeritatem cupiditatemque militum reprehendere* Cæs. G. 7, 52, 1, blâmer la témérité et l'ardeur trop passionnée des soldats ǁ convoitise, cupidité : Cic. Amer. 101 ; Verr. 4, 60 ǁ passion, partialité : Cic. Flac. 21 ; 66 ; Planc. 43 ; Liv. 24, 28, 8 ǁ passion amoureuse : Curt. 8, 4, 27 ; Suet. Cal. 24. ▻ gén. pl. *cupiditatum*, mais aussi *cupiditatium* Cic. Sest. 138 ; Liv. 34, 4, 12 ; Sen. Ep. 5, 7.

1 **cŭpīdo**, *ĭnis*, f. (*cupio*) ¶ 1 [poét.] désir, envie : *urbis condendae* Liv. 1, 6, 3, le désir de fonder une ville ; *gloriae* Sall. C. 7, 3, désir de la gloire ǁ *cupido incesserat Aethiopiam invisere* Curt. 4, 8, 3, l'envie lui était venue de visiter l'Éthiopie ¶ 2 désir passionné, passion : *honorum caeca cupido* Lucr. 3, 59, l'aveugle amour des honneurs ǁ passion amoureuse : Lucr. 4, 1153 ; Hor. S. 1, 5, 111 ; 2, 7, 85 ; Tac. An. 3, 22 ; 14, 35 ǁ cupidité, convoitise : Tac. An. 12, 57 ǁ ambition démesurée : Sall. J. 64, 5. ▻ m. d. Pl. Amp. 840 ; Hor. S. 1, 1, 61 ; Ep. 1, 1, 33 ; O. 2, 16, 15 ǁ *cuppedo* Lucr. 1, 1082 ; 4, 1090.

2 **Cŭpīdo**, *ĭnis*, m., Cupidon [dieu de l'amour, fils de Vénus] : Cic. Nat. 3, 58 ǁ *Cupidines*, les Amours : Hor. O. 1, 19, 1 ; Prop. 1, 1, 2.

cŭpĭdus, *a*, *um* (*cupio*) ¶ 1 qui désire, qui souhaite, qui aime : *te audiendi* Cic. de Or. 2, 16, désireux de t'entendre ; *vitae* Cic. Fam. 14, 4, 1, attaché à la vie ; *contentionis quam veritatis cupidiores* Cic. de Or. 1, 47, plus épris de la discussion que de la vérité ; *nostri cupidissimus* Cic. de Or. 1, 104, très épris de moi, plein d'attachement pour moi ǁ *scientiam non erat mirum sapientiae cupido patria esse cariorem* Cic. Fin. 5, 49, il n'était pas étonnant qu'un homme épris de savoir préférât la science à sa patrie ǁ *in perspicienda rerum natura cupidus* Cic. Off. 1, 154, passionné dans l'étude de la nature ǁ [avec inf.] [poét.] *cupidus moriri* [▻ *morior* ▸] Ov. M. 14, 215, souhaitant la mort (Prop. 1, 19, 9) ¶ 2 [en mauvaise part] avide, passionné : *pecuniae* Cic. Verr. 1, 8, avide d'argent ; *rerum novarum, imperii* Cæs. G. 5, 6, avide de changement, de domination ǁ partial, aveuglé par la passion : Cic. Verr. 4, 124 ; Font. 21 ; Caecin. 8 ; Clu. 66 ; [en part. passion politique] *non cupidus* Cic. Mur. 83, sans passion politique, modéré ǁ cupide, avide : Quint. 11, 1, 88 ; Cic. Pomp. 64 ; Sest. 93 ǁ épris d'amour, amoureux : Ov. M. 4, 679 ; 11, 63.

Cupiennius, *ii*, m., nom d'homme : Cic. Att. 16, 16, 14.

cŭpĭens, *tis*, part. de *cupio* ǁ [adjᵗ] désireux de, avide de : *cupiens nuptiarum* Pl. Mil. 1165, qui désire se marier ; *cupiens voluptatum* Tac. An. 14, 14, avide de plaisirs ; *cupientissima plebe consul factus* Sall. J. 84, 1, créé consul au grand contentement de la plèbe ǁ *cupientior* Aur. Vict. Epit. 24.

cŭpĭentĕr [arch.] Enn. Tr. 256 ; Pl. Ps. 683, ▻ *cupide*.

cŭpĭō, *ĭs*, *ĕre*, *īvī* ou *ĭī*, *ītum* (peu net, cf. scr. *kupyati*, rus. *kipet'* ; a. fr. *covir*), tr. ¶ 1 désirer, souhaiter, convoiter [*cupere*, c'est le penchant naturel ; *optare*, le souhait réfléchi ; *velle*, la volonté, cf. Sen. Ep. 116, 2] : *pacem* Cic. Att. 14, 20, 4, désirer la paix ; *ad eum, quem cupimus optamusque vestitum redire* Cic. Phil. 14, 2, reprendre le vêtement de paix vers lequel vont nos aspirations et nos vœux ; *novas res* Sall. J. 70, 1, désirer un changement politique ; *res cupita* Liv. 26, 7, 2, chose désirée ǁ **cŭpītum**, subst. n., désir : Pl. Poen. 1271 ; Sen. Ep. 88, 29 ; Tac. An. 4, 3 ; 13, 13 ǁ *asperiora vina rigari cupiunt* Plin. 17, 250, les vins trop durs demandent à être coupés ǁ [avec inf.] Cic. Verr. 5, 65 ; Fin. 4, 19 ; *dissoluti si cupiamus esse* Cic. Verr. 4, 115, même si nous désirions être indifférents ǁ [avec prop. inf.] *cupio me esse clementem* Cic. Cat. 1, 4, je désire être indulgent Sull. 32 ; Dom. 32 ; Leg. 1, 4 ; Or. 32 ; Brut. 282 ; *quem servatum esse plurimi cupiunt* Cic. Clu. 200, dont un très grand nombre désirent le salut ; *qui patriam exstinctam cupit* Cic. Fin. 4, 66, celui qui désire la ruine de sa patrie ǁ [avec *ut (ne)*] Pl. Cap. 102 ; Cic. Lae. 59 ; Fam. 2, 8, 3 ; Plin. Ep. 5, 17, 6 ; 10, 47, 1 ǁ [subj. seul] Cic. Att. 2, 18, 4 ; Virg. En. 10, 442 ; Plin. Ep. 5, 14, 9 ¶ 2 avoir de la passion, de l'amour pour qqn : Pl. Mil. 1050 ; Ov. M. 3, 353 ¶ 3 [absᵗ] avoir de l'attachement, de l'intérêt, vouloir du bien, être bien disposé ; *alicui*, pour qqn : Cic. Q. 1, 2, 10 ; Planc. Fam. 10, 4, 4 ; Cæs. G. 1, 18, 8 ǁ *alicujus causa*, en faveur de qqn : Cic. Att. 15, 3, 2 ; Fam. 13, 6 a ; 13, 64, 1 ¶ 4 [emploi arch. avec gén.] : *domi cupio* Pl. Trin. 842, je suis désireux de rentrer chez moi ǁ *alicujus*, être amoureux de : *Pl. Mil. 964. ▻ formes contr. *cupisti*, *cupisset*, *cupisset* fréq. dans Cic. ǁ 4ᵉ conj. *cupiret* Lucr. 1, 71.

cupiscō, *ĭs*, *ĕre*, -, - (de *concupisco*), ▻ *cupio* : Aug. Mus. 4, 4, 5.

cŭpītŏr, *ōris*, m. (*cupio*), celui qui désire : Tac. An. 15, 42 ; 12, 7.

cŭpītum, *i*, n., ▻ *cupio* ¶ 1.

1 **cŭpītus**, *a*, *um*, part. de *cupio*.

Cupitus

2 **Cŭpītus**, *i*, m., Désiré [surnom romain] : CIL 6, 1056, 2, 37.

cupla, v. *copula* : Isid. 19, 19, 6.

cŭplae ou **cōplae**, *ārum*, f. pl. (*copulo*), poutres qui en tiennent plusieurs autres assemblées : Isid. 19, 19, 6.

cūpo, v. *caupo* : Char. 63, 10.

cuppa, *ae*, v. *cupa*.

1 **cuppēdĭa**, *ae*, f. (*cuppes*), gourmandise : Cic. *Tusc.* 4, 26 ǁ **cuppediae**, *arum*, pl., friandises, mets friands : Gell. 6, 16, 6 ; 7, 13, 2.

2 **cuppēdĭa**, *ōrum*, n., v. *cuppedium*.

cuppēdĭnārĭus, *a*, *um* (*cuppedo*), qui concerne les friandises : Symm. *Ep.* 8, 19, 1 ǁ m. pl. pris subst^t, marchand de friandises : Ter. *Eun.* 256.

cuppēdĭum, *ii*, n. (*cuppes*), friandise : Varr. L. 5, 146 ǁ pl. *cuppedia*, Pl. *St.* 712, cf. P. Fest. 42, 9.

cuppēdo, *ĭnis*, f. ¶ 1 C. *cuppediae* : Varr. L. 5, 146 ¶ 2 v. *cupido* ▶.

cuppēs, nom. sg. et acc. pl. (*cupio*) ¶ 1 gourmand : Pl. *Trin.* 239 ¶ 2 C. 2 *cuppedia* : P. Fest. 42, 9.

cuppŭla, v. 2 *cupula*.

Cŭpra, *ae*, f., nom de Junon chez les Étrusques : Sil. 8, 432 ǁ ville du Picenum Atlas XII, D4 ; Mel. 2, 65 ǁ **-enses**, *ĭum*, m. pl., habitants de Cupra : Plin. 3, 111.

cŭpressētum, *i*, n. (*cupressus*), lieu planté de cyprès : Cat. *Agr.* 151, 1 ; Cic. *Leg.* 1, 15.

cŭpressĕus, *a*, *um* (*cupressus*), de bois de cyprès, de cyprès : Liv. 27, 37, 12 ; Vitr. 7, 3, 1.

cŭpressĭfĕr, *ĕra*, *ĕrum* (*cupressus*, *fero*), planté de cyprès : Ov. *H.* 9, 87 ; F. 5, 87.

cŭpressĭnus, *a*, *um* (*cupressus*), de cyprès : Col. 2, 2, 11 ; Plin. 23, 88.

cŭpressus, *i* (cf. κυπάρισσος), Cat. *Agr.* 48, 1, et *ūs*, Apul. *M.* 6, 30, f., cyprès ǁ [fig.] coffret de cyprès : Hor. *P.* 332 ǁ m., Enn. *An.* 262.

cŭprĕus, *a*, *um* (*cuprum* ; fr. *cuivre*), Treb. *Claud.* 14, 5, **cŭprĭnus**, *a*, *um*, Pall. 2, 15, 18 (κύπρινος), de cuivre rouge.

Cuprĭus, v. *Cyprius*.

cŭprum, *i*, n. (de *cyprium*, cf. *Cyprus* ; esp. *cobre*, al. *Kupfer*, an. *copper*), cuivre rouge : Diocl. 7, 25.

1 **cŭpŭla**, *ae*, f. (dim. de 2 *cupa*), petite manivelle : Cat. *Agr.* 21, 3.

2 **cŭpŭla**, *ae*, f. (dim. de 1 *cupa*) ¶ 1 tonnelet de bois : Ulp. *Dig.* 33, 6, 3, 1 ¶ 2 petit tombeau : CIL 6, 13236.

cūr, adv. interrogatif (cf. *quom* ; an. *where*) ¶ 1 [direct] pourquoi ? : Pl. ; Ter. ; Cic. ; Caes. ǁ [dans une prop. inf.] Liv. 5, 24, 5 ǁ [poét. après plusieurs mots] Hor. *S.* 2, 7, 104 ¶ 2 [indirect, avec subj.] : *duae sunt causae cur* Cic. *Fam.* 15, 20, 2 ; *non fuit causa cur* Cic. *Clu.* 169 ; *quae causa est cur* Cic. *Læ.* 48 ; *quid est causae cur* Cic. *Fl.* 5 ; *adferre rationem cur* Cic. *Fam.* 6, 8, 1 ; *Phil.* 2, 56, il y a deux raisons, il n'y avait pas de raison, quelle raison y a-t-il pour que, apporter une explication pour justifier que ; *argumentum adferre cur* Cic. *Nat.* 3, 10, apporter une preuve que ; *quid est cur* Cic. *de Or.* 1, 69, quelle raison y a-t-il pour que ; *nihil habet in se gloria cur expetatur* Cic. *Tusc.* 1, 109, la gloire n'a rien en soi qui justifie qu'on la recherche ; *nihil necessitatis adfert, cur nascantur animi, similitudo* Cic. *Tusc.* 1, 80, la comparaison n'apporte aucune preuve décisive d'une naissance de l'âme ; *mora, cur non exemplo oppugnarentur, ea fuit, quod...* Liv. 32, 32, 5, le retard expliquant qu'on ne les attaquât pas sur-le-champ vint de ce que... ¶ 3 [causal] *objurgavi cur me non revocavit* Ver. d. Front. *Ver.* 1, 2, 1, p. 116 N., je lui ai reproché de ne m'avoir pas fait revenir.

▶ arch. *quor* Pl. *Amp.* 409 ; *As.* 591 ; *qur* Pl. *Amp.* 581 ; *Ep.* 575 ; CIL 1, 2189 ; *quur* Prisc. 2, 36, 14.

cūra, *ae*, f. (**koisā*, v. *curo*, obscur ; fr. *cure*) ¶ 1 soin : *in aliqua re aliquid operae curaeque ponere* Cic. *Off.* 1, 19, mettre dans qqch. de l'activité et du soin (*Div.* 1, 93) ; *cura diligentiaque* Cic. *de Or.* 3, 184, du soin et de l'exactitude (de la conscience) ; *omnes meas curas cogitationesque in rem publicam conferebam* Cic. *Off.* 2, 2, je consacrais aux affaires publiques tous mes soins et toutes mes pensées ; *omni cura in aliquid incumbere* Cic. *Fam.* 12, 24, 2, s'appliquer à qqch. de toute sa sollicitude ; *cum cura et studio* Quint. 10, 7, 29, avec soin et application ǁ *rerum alienarum* Cic. *Off.* 1, 30, soin (conduite, direction, administration) des affaires d'autrui ; *quocum mihi conjuncta cura de publica re et de privata fuit* Cic. *Læ.* 15, avec lequel je m'occupais en parfaite union des affaires publiques et de nos affaires privées ; *agere curam de aliquo* Liv. 8, 3, 8, s'occuper des intérêts de qqn (*alicujus* Liv. 6, 15, 11 ; *pro aliquo* Ov. *H.* 15, 302) ǁ *res curae est mihi*, je prends soin de qqch., je m'en occupe, je m'y intéresse : Cic. *Fam.* 1, 9, 24 ; Caes. *G.* 1, 33, 1 ; 1, 40, 11 ; *pollicetur sibi magnae curae fore ut omnia restituerentur* Cic. *Verr.* 4, 73, il promet d'apporter le plus grand soin à faire tout restituer ; *mihi erit curae explorare...* Plin. *Ep.* 7, 10, 2, je m'occuperai de scruter... ; *curae aliquid habeo = res est curae mihi* : Sall. *C.* 21, 5 ; Cæl. *Fam.* 8, 8, 10 ; Nep. *Att.* 20, 4 ; Sen. *Ben.* 1, 8, 2 ǁ *curae est alicui de aliqua re*, qqn prend soin de qqch. : *sic recipiunt, Caesari de augenda mea dignitate curae fore* Cic. *Att.* 11, 6, 3, ils promettent que César s'occupera d'accroître mes honneurs (*Fam.* 10, 1, 1 ; *Att.* 12, 49, 3 ; Sall. *J.* 26, 1) ¶ 2 [en part.] administration d'une chose publique : *rerum publicarum* Sall. *J.* 3, 1, le soin des affaires publiques ; *annonae* Suet. *Tib.* 8 ; *aerarii* Suet. *Aug.* 36 ; *operum publicorum* Suet. *Aug.* 37, administration (intendance) des vivres, du trésor public, des travaux publics ǁ [droit] tutelle, curatelle : Dig. 3, 1, 1 ǁ [méd.] traitement : Cels. 2, 10 ; Vell. 2, 123 ; [fig.] Cic. *Fam.* 5, 16, 5 ǁ [agric.] soin, culture : Virg. *G.* 1, 228 ¶ 3 [sens concret] **a)** travail, ouvrage de l'esprit : Tac. *An.* 4, 11 ; *D.* 3 ; Ov. *Pont.* 4, 16, 39 ; pl. : Tac. *An.* 3, 24 **b)** gardien, intendant : Ov. *H.* 1, 104 ¶ 4 souci, sollicitude, inquiétude : Enn. d. Cic. *CM* 1 ; *cura et sollicitudo* Cic. *Att.* 15, 14, 3, souci et inquiétude ; *curae metusque* Cic. *Div.* 2, 150, soucis et craintes ; *sine cura esse* Cic. *Att.* 12, 6, 4, n'avoir pas de souci ; *omnis quae me angebat de re publica cura* Cic. *Brut.* 10, toute l'inquiétude qui me tourmentait au sujet de la république ǁ *mihi maximae curae est non de mea quidem vita, sed...* Cic. *Fam.* 10, 1, 1, je suis très inquiet non certes pour ma vie, mais... ; *curam gerere pro aliquo* Virg. *En.* 12, 48, prendre souci de qqn ; *dare curas alicui* Her. 4, 21, donner des soucis à qqn ¶ 5 souci amoureux, tourments de l'amour, amour : Hor. *P.* 85 ; Prop. 1, 15, 31 ; *cura puellae* Prop. 3, 21, 3, amour pour une jeune fille ǁ objet de l'amour, amour : Virg. *B.* 10, 22 ; Hor. *O.* 2, 8, 8 ; Prop. 2, 25, 1.

cūrābĭlis, *e* (*curo*), qui peut être guéri : Cæl.-Aur. *Chron.* 4, 7, 93 ǁ [fig.] Juv. 16, 21.

cūrăgendārĭus, *ii*, m. (*cura, ago*), administrateur, fonctionnaire : Cod. Th. 6, 29, 1.

cūrăgŭlus, *a*, *um* (*cura, ago*), responsable : Prisc. *Vers. Aen.* 3, 480, 9.

cūrālĭum, C. *coralium* : Lucr. 2, 805 ; Ov. *M.* 4, 750.

curans, *tis* ¶ 1 part. de *curo* ¶ 2 subst. m., le médecin traitant : Cels. 2, 10, 2.

cūrăpălāti (**cura palatii**), C. *curopalates* : *Corip. Just. 1, 137 ; 2, 285.

cūrasso, v. *curo* ▶.

cūrātē, adv. (*curatus*), avec soin, avec empressement : Amm. 19, 1, 10 ǁ *curatius* Tac. *An.* 16, 22.

cūrātĭo, *ōnis*, f. (*curo*) ¶ 1 action de s'occuper de, soin : Cic. *Nat.* 1, 94 ; 2, 158 ; *Fin.* 4, 39 ǁ [arch. avec acc.] *quid tibi hanc curatio est rem* Pl. *Amp.* 519, de quoi te mêles-tu ? ¶ 2 [en part.] **a)** administration, charge, office : *magistratus, curationes, sacerdotia* Cic. *Verr.* 2, 126, les magistratures, les charges, les sacerdoces ; *curationem et quasi dispensationem regiam suscipere* Cic. *Rab. Post.* 28, se charger de l'administration et pour ainsi dire de l'intendance royale **b)** curatelle, office de curateur : Dig. 27, 1, 30 **c)** cure, traitement d'une maladie : Cic. *Tusc.* 4, 30 ; *Off.* 1, 83 ; Nep. *Att.* 21, 3 ǁ [chrét.] guérison morale : VL. *Joel* 2, 15.

cūrātŏr, *ōris*, m. (*curo*), celui qui a le soin (la charge, l'office) de : *curator negotiorum* Sall. *J.* 71, 3, homme de confiance ; *curator apum* Col. 9, 9, 1, celui qui est chargé du rucher ; *curator* *annonae* Cic. *Leg.* 3, 6, commissaire chargé de l'approvisionnement en blé; **curator muris reficiendis fuit** Cic. *Opt.* 19, il fut commissaire pour le relèvement des murs; **curatores rei publicae** Dig. 1, 22, 6, curateur de la cité [désigné par l'empereur pour veiller aux finances des cités d'Italie] ǁ [droit] curateur [chargé de la curatelle sur les incapables: prodigues, fous, mineurs de 25 ans]: Dig. 50, 4, 1, 4; **curator a praetore datus** Hor. *Ep.* 1, 1, 102, curateur désigné par le préteur.

cūrātōrĭcĭus, *a*, *um* (*curator*), requis pour le service de curateur: Cod. Th. 11, 1, 29 ǁ subst. m., ancien curateur, ancien administrateur: CIL 13, 7918.

cūrātōrĭus, *a*, *um*, relatif au curateur, à l'administrateur: Gai. *Inst.* 4, 82; CIL 13, 7556 ǁ **cūrātōrĭa**, *ae*, f., la curatelle: Dig. 27, 1, 1.

cūrātrix, *īcis*, f. de *curator*: Non. 150, 29.

cūrātūra, *ae*, f. (*curo*), soin diligent, attentif: Ter. *Eun.* 316.

cūrātus, *a*, *um*, part. de *curo* (fr. curé), adjᵗ **a)** bien soigné: **boves curatiores** Cat. *Agr.* 103, bœufs mieux soignés **b)** accuratus: **curatissimae preces** Tac. *An.* 1, 13, prières les plus pressantes.

curcŭba, *ae*, f., curcuma: Chir. 296.

1 **curcŭlĭo**, *ōnis*, m. (express., cf. *gurgulio*; it. *gorgoglio*), ver du blé, charançon: Pl. *Curc.* 587; Cat. *Agr.* 92; Col. 1, 6, 15.

2 **Curcŭlĭo**, *ōnis*, m., nom d'un personnage et titre d'une pièce de Plaute: Pl. *Curc.* 303.

curcŭlĭōnĭus, *a*, *um*, plein de charançons: *Pl. *Mil.* 13.

curcŭlĭuncŭlus, *i*, m. (dim. de *curculio*), petit charançon: **curculiunculos fabulare** Pl. *Ru.* 1325, tu parles de petits charançons = ton offre est insignifiante.

curcŭma, *ae*, f. (express., cf. κύρτος), muselière: Veg. *Mul.* 2, 33, 1; Cod. Just. 11, 12, 1.

Curense lītus, n., côte de Cures [Bétique]: Plin. 3, 7.

Cŭrensis, *e*, de Cures: Ov. *F.* 3, 94 ǁ **-enses**, *ĭum*, m. pl., habitants de Cures: Varr. L. 6, 68.

Cŭrēs, *ĭum*, m. et f. pl., ville des Sabins: Liv. 1, 13, 5 ǁ [fig.] habitants de Cures: Ov. *F.* 3, 201.

1 **Cŭrētes**, *um*, m. pl. (*Cures*), habitants de Cures, sabins: Varr. L. 5, 8 ǁ sg. adj., **Curetis** Prop 4, 4, 9, de Cures, Sabin.

2 **Cŭrētes**, *um*, m. pl., prêtres crétois qui veillèrent sur l'enfance de Jupiter: Virg. *G.* 4, 151 ǁ **-ētĭcus**, *a*, *um*, des Courètes: Calp. 4, 96.

1 **Curetis**, v. 1 *Curetes*.

2 **Cŭrētis**, *ĭdis*, f. (Κουρῆτις) ¶ **1** des Courètes, Crétoise: **Curetis terra** Ov. *M.* 8, 153, la Crète ¶ **2** ancien nom de l'Acarnanie: Plin. 4, 5.

Curfĭdĭus, *ĭi*, m., v. *Corfidius*.

1 **cūrĭa**, *ae*, f. (de *co-viria*; cf. aussi *quirites* ?) ¶ **1** curie, une des divisions du peuple romain: Liv. 1, 13, 6 ¶ **2** lieu de réunion des curies, temple où elles se réunissaient: Varr. L. 5, 155; Ov. *F.* 3, 140 ¶ **3** curie [lieu où le sénat s'assemblait], assemblée du sénat, sénat: Cic. *Rep.* 2, 31; *Cat.* 4, 2; *Mil.* 90; *de Or.* 3, 167; *Sest.* 97 ǁ **curia Hostilia** Cic. *Fin.* 5, 2; Liv. 1, 30, 2, la curie [primᵗ] ǁ **curia Pompeia** Cic. *Div.* 2, 23; Gell. 14, 7, 7; **curia Julia** Suet. *Caes.* 60, la curie [plus tard] ¶ **4** lieu de réunion d'une assemblée [en gén.]: **curia Saliorum** Cic. *Div.* 1, 30, le temple où se réunissent les Saliens; **curia Martis** Juv. 9, 101, l'Aréopage.

2 **Cūrĭa**, *ae*, f., ville de Rhétie [Chur]: Peut. 3, 1.

cūrĭāles mensae, f. pl., banquet en l'honneur de Junon, nommée *Curis*: P. Fest. 56, 21.

cūrĭālis, *e* (*curia*), relatif à la curie: Fest. 43, 7; **flamen curialis**, curio: P. Fest. 56, 7 ǁ **cūrĭālis**, *is*, m. **a)** celui qui est de la même curie (= δημότης) ou du même bourg: Pl. *Aul.* 179; Cic. *Off.* 2, 64 **b)** personne de la cour, courtisan, serviteur du palais: Amm. 21, 12; 20; Symm. *Ep.* 9, 10 **c)** décurion [d'un municipe]: Isid. 9, 4, 24.

cūrĭālĭtās, *ātis*, f., curialité, fonction de décurion de municipe: Novel.-Val. 3, 3.

cūrĭālĭtĕr (*curialis*), en homme de cour: Avian. *Apol.* 30.

Cŭrĭānus, *a*, *um*, de Curius: Cic. *de Or.* 2, 221.

Cŭrĭas, *ădis*, f., promontoire de Chypre: Plin. 5, 130.

Cūrĭātĭi, *ōrum*, m. pl., les Curiaces [guerriers albains]: Liv. 1, 24, 1.

cūrĭātim, adv. (*curia*), par curies: Cic. *Rep.* 2, 30.

Cūrĭātĭus, *ĭi*, m., nom romain: Liv. 5, 11, 4 ǁ **Curiatius Maternus**, orateur et poète: Tac. *D.* 2.

cūrĭātus, *a*, *um* (*curia*), de curie, qui a trait à la curie: **comitia curiata** Cic. *Agr.* 2, 26, assemblée du peuple par curies; **curiata lex** Cic. *Agr.* 2, 28, loi curiate (*de imperio* Cic. *Fam.* 1, 9, 25 [qui confère au magistrat élu l'*imperium*; sans elle il n'a que la *potestas*]); **curiatus lictor** Gell. 15, 27, 2, licteur qui convoque les comices par curies.

Cŭricta, *ae*, f., île de l'Adriatique [Veglia]: Caes. C. 3, 10, 5 ǁ **Cŭrictae**, *ārum*, m. pl., habitants de Curicta: Plin. 3, 319 ǁ **-tĭcus**, *a*, *um*, de Curicta: Flor. 4, 2, 31.

Curidius, *ĭi*, m., nom de famille romain: Cic. *Verr.* 4, 44.

Cūrĭēnus, *i*, m., nom de famille romain: CIL 5, 1184.

Curiga, *ae*, f., ville de Bétique Atlas IV, D2: Anton. 432.

1 **cūrĭo**, *ōnis*, f. (*curia*) ¶ **1** curion [prêtre d'une curie]: **curio maximus** Liv. 27, 8, 1, le chef des curions ¶ **2** crieur public: Mart. 2, praef.

2 **Cūrĭo**, *ōnis*, m., Curion, surnom dans la *gens Scribonia* ǁ [en part.] orateur romain: Cic. *Brut.* 216 ǁ tribun de la plèbe et correspondant de Cicéron: Cic. *Brut.* 280.

3 **cūrĭo**, *ōnis*, m. (*cura*), celui que le souci amaigrit [mot forgé]: Pl. *Aul.* 563.

cūrĭōnālis, *e* (*curio*), de la curie: CIL 6, 2327.

cūrĭōnātŭs, *ūs*, m. (*curio*), dignité de curion: P. Fest. 42, 31.

Cūrĭōnĭānus, *a*, *um*, de Curion: B.-Afr. 52.

cūrĭōnĭus, *a*, *um* (*curio*) ¶ **1** de curie: P. Fest. 54, 23 ¶ **2** de curion: **curionium (aes)** P. Fest. 42, 30, salaire (traitement) de curion.

cūrĭōnus, *i*, m., P. Fest. 43, 10, v. 1 *curio*.

cūrĭōsē, adv. (*curiosus*), avec soin, avec intérêt, avec attention: Cic. *Fin.* 5, 42; *Brut.* 133; Petr. 63, 6; Suet. *Aug.* 40, 4 ǁ avec curiosité: Cic. *Nat.* 1, 10; *Att.* 9, 3, 1 ǁ avec recherche, affectation: Quint. 8, 1, 2 ǁ **curiosius** Cic. *Brut.* 133; **-issime** Col. 11, 2, 18.

cūrĭōsĭtās, *ātis*, f. (*curiosus*), désir de connaître, curiosité, soin que l'on apporte à s'informer: Cic. *Att.* 2, 12, 2 ǁ [chrét.] manie de savoir, curiosité [en mauvaise part]: Tert. *Nat.* 1, 1, 3; superstition: Aug. *Civ.* 10, 2 ǁ [sens concret] objet de curiosité: Tert. *Apol.* 5, 7.

Cŭrĭŏsŏlītēs, *um*, m., peuple de la Gaule Armoricaine: *Caes. *G.* 3, 7, 4 ǁ **Cŭrĭosvĕlītes**, *Plin. 4, 107, v. *Coriosolites*.

cūrĭōsŭlus, *a*, *um* (dim. de *curiosus*), indiscret: Apul. *M.* 10, 31.

cūrĭōsus, *a*, *um* (*cura*) ¶ **1** qui a du soin, soigneux: **in omni historia curiosus** Cic. *Tusc.* 1, 108, qui apporte ses soins à toute espèce de recherche historique; **ad investigandum curiosior** Cic. *Fam.* 4, 13, 5, plus scrupuleux dans ses recherches; **medicinae** Plin. 25, 7, qui s'applique à la médecine ¶ **2** soigneux à l'excès, minutieux: Varr. L. 6, 46; Quint. 8, 3, 55, cf. Gell. 13, 1; 18, 15 ¶ **3** avide de savoir, curieux: **curiosissimi homines** Cic. *Nat.* 1, 97, les hommes les plus avides de savoir (*Fam.* 3, 1, 1; Varr. R. 2, 3, 5); **curiosis oculis** Cic. *Sest.* 22, avec des yeux curieux; **omnia scire, cujuscumque modi sint, cupere curiosorum est putandum** Cic. *Fin.* 5, 49, désirer tout savoir, sans choix, doit être regardé comme le fait d'une pure curiosité ǁ [mauvaise part] curieux, indiscret: Cic. *Fin.* 1, 3; Flac. 70 ǁ vétilleux: Cic. *Fin.* 2, 28 ǁ [pris substᵗ] espion: Suet. *Aug.* 27; [et plus tard] agent de police secrète : Cod. Th. *12, tit. 23* ¶ **4** qui a du souci, cf. *3 curio* : Afran. *Com. 250.*

1 cŭris, f. (mot sabin), lance, pique : P. Fest. *43, 1* ; Ov. *F. 2, 477.*

2 Cŭris, v. *Quiris* .

Cŭrītis (Currītis), *is*, f., surnom de Junon en tant que protectrice du guerrier armé de la pique, v. *Curis* : P. Fest. *43, 5* ; *55, 6* ; CIL *11, 3126* ; Capel. *2, 149* ; v. *Quiris.*

cūrĭtō, *ās, āre, -, -* (fréq. de *curo*), tr., soigner avec empressement : Apul. *M. 7, 14.*

Cŭrĭus, *ĭi*, m., nom romain ; [en part.] M'Curius Dentatus [vainqueur des Samnites et de Pyrrhus, type de la frugalité et des vertus antiques] : Cic. *Brut. 55* ; *CM 55* ¶ [fig.] **Cŭrĭi**, *ōrum*, m. pl., des hommes comme Curius : Cic. *Mur. 17.*

curmĕn, *ĭnis*, m., Gloss. *2, 119, 26*, cf. *curmi.*

curmi, n. indécl. (celt.), sorte de cervoise, de bière : M.-Emp. *16, 33.*

Curnoniensis, *e*, de Curnonium [Tarraconaise] : CIL *13, 621.*

cūrō, *ās, āre, āvī, ātum* (*cura*, pél. *coisatens* ; fr. *curer*), tr. ¶ **1** avoir soin de, soigner, s'occuper de, veiller à : *magna di curant, parva neglegunt* Cic. *Nat. 2, 167*, les dieux prennent soin des grandes choses et laissent de côté les petites ; *negotia aliena* Cic. *Top. 66* ; ***mandatum*** Cic. *Att. 5, 7*, s'occuper des affaires d'autrui, remplir un mandat ‖ ***corpus*** Lucr. *2, 31* ; *5, 937* ; Liv. *21, 54, 2* ou ***membra*** Hor. *S. 2, 2, 81* ou ***cutem*** Hor. *Ep. 1, 2, 29* ou ***pelliculam*** Hor. *S. 2, 5, 38* ou *se* Cic. *de Or. 3, 230*, prendre soin de soi = manger, se réconforter ; ***curati cibo*** Liv. *9, 37, 7*, après s'être restaurés (le repas fini) ‖ ***vineam*** Cat. d. Plin. *17, 195* ; ***apes*** Col. *9, 14*, prendre soin de la vigne, des abeilles ‖ ***curare aliquem*** Cic. *Ac. 2, 121*, veiller sur qqn (l'entourer de soins, de prévenances) ; Plin. *Ep. 1, 5, 15* ‖ ***alia cura*** Pl. *Mil. 929* ; ***aliud cura*** Ter. *Phorm. 235*, ne t'inquiète pas de cela, sois tranquille ‖ [constr. avec acc. et adj. verbal] faire faire qqch., veiller à l'exécution de qqch. : ***pontem faciundum curat*** Caes. *G. 1, 13, 1*, il fait faire un pont ; ***obsides inter eos dandos curaverat*** Caes. *G. 1, 19, 1*, il leur avait fait échanger des otages ‖ [avec *ut (ne)* subj., avec acc. subj. seul] prendre soin que : ***cura ut valeas*** Cic. *Fam. 7, 5, 3*, prends soin de te bien porter ; ***confirmat curaturum se esse ne quid ei noceretur*** Cic. *Verr. 2, 99*, il donne l'assurance qu'il aura soin d'empêcher qu'il lui soit fait le moindre tort ; ***curavit... sumerent*** Cic. *Ac. 2, 71*, il fit en sorte qu'ils prissent... ‖ [avec inf.] se donner la peine de, songer à, se préoccuper de [dans Cic. le plus souvent *non curo*] : ***in Siciliam ire non curat*** Cic. *Att. 7, 15, 2*, il ne se soucie pas d'aller en Sicile (*Ac. 1, 4* ; *Fin. 6, 32* ; *Tusc. 5, 87* ; *de Or. 1, 91*) ; ***qui modo res istas scire curavit*** Cic. *Flac. 64*, celui qui s'est seulement donné la peine de savoir ces choses-là ; [avec prop. inf.] Planc. *62* ; Phil. *10, 17* ; Fin. *3, 62* ¶ **2** [abs[t]] s'occuper, donner ses soins, faire le nécessaire : Pl. *Bac. 227* ; *Cas. 526* ; *Ps. 232* ‖ ***de Annio curasti probe*** Cic. *Att. 5, 1, 2*, tu as bien réglé mon affaire avec Annius *12, 23, 2* ; *Fam. 9, 16, 9* ; *16, 12, 1* ; [avec dat.] [arch.] ***rebus publicis curare*** Pl. *Trin. 1057*, s'occuper des affaires publiques (*Truc. 137* ; *Ru. 146* ; Gell *17, 9, 6*) ‖ [milit.] exercer le commandement : Sall. *C. 59, 3* ; J. *46, 7* ; *57, 2* ; *60, 1* ¶ **3** s'occuper d'une chose officielle, administrer : ***bellum maritimum curare*** Liv. *7, 26, 10*, diriger la guerre sur mer ; ***Asiam*** Tac. *An. 4, 36* ; ***Achaiam*** Tac. *An. 5, 10*, administrer (gouverner) l'Asie, l'Achaïe ; ***legiones*** Tac. *An. 6, 30*, commander les légions ; [abs[t]] ***duo additi qui Romae curarent*** Tac. *An. 11, 22*, deux [questeurs] furent ajoutés pour remplir leur office à Rome ¶ **4** [méd.] soigner, traiter, guérir, ***aliquem***, qqn : Cic. *CM 67* ; *Clu. 40* ; *Pis. 13* ; [une maladie] *Amer. 128* ; Curt. *5, 9, 3* ; Quint. *2, 3, 6* ; ***vulnus*** Planc. *Fam. 10, 18, 3* ; Liv. *1, 41, 2*, soigner une blessure ; [abs[t]] ***medicinae pars quae manu curat*** Cels. *7, praef.*, la chirurgie, v. *curans* ‖ [plaist] ***provinciam curare*** Cic. *Att. 6, 1, 2*, traiter = gouverner une province ¶ **5** [commerce] faire payer, payer [une somme], régler : ***rogant eum ut sibi id quod ab ipsis abisset pecuniae curet*** Cic. *Verr. 2, 55*, ils lui demandent de leur régler la somme qu'ils ont déboursée ; *Quinct. 15* ; *Fam. 5, 20, 3* ; *Att. 1, 8, 2* ; ***redemptori tuo dimidium pecuniae curavi*** Cic. *Q. 2, 4, 2*, j'ai fait payer à ton entrepreneur la moitié de la somme.

▶ forme arch. *coiro* ; *coiravere* CIL *1, 674* ; *coiraveront 675* ; *coero* Cic. *Leg. 3, 10* ; CIL *1, 563* ; *coeravit* CIL *1, 719* ; *couro* CIL *9, 3574* ; *coro* CIL *14, 2837* ; *quro* CIL *6, 32806* ; *cuuraverunt* CIL *1, 2519* ‖ subj. parf. *curassis* Pl. *Most. 526* ; inf. pass. *curarier* Pl. *Cap. 737.*

cūrŏpălātēs, *ae*, m. (κουροπαλάτης), maréchal du palais : *Corip. *Just. 2, 285* ; v. *curapalati.*

Cūrŏtrŏphae nymphae, f. pl. (κουροτρόφαι), nymphes qui président à l'éducation des petits enfants : Serv. *B. 10, 62.*

currax, *ācis* (*curro*), qui court vite, bon coureur : Dig. *21, 1, 18* ; Cassiod. *Eccl. 1, 20* ‖ [poét., en parlant d'un lacet où l'animal s'est pris et qu'il emporte dans sa fuite] : Grat. *89.*

Currictae, v. *Curictae.*

currĭcŭlum, *i*, n. (*curro*) ¶ **1** course : ***curriculum facere unum*** Pl. *Trin. 1103*, ne faire qu'une course, courir tout d'une traite ; ***curriculo*** Pl. *Mil. 522* ; Ter. *Haut. 733*, en courant, à la course ¶ **2** [en part.] lutte à la course : Cic. *Leg. 2, 22* ; ***quadrigarum curriculum*** Cic. *Mur. 57*, course de chars, cf. Hor. *O. 1, 1, 3* ; ***tantum abest a primo vix ut in eodem curriculo esse videatur*** Cic. *Brut. 173*, il est si loin du premier qu'il semble à peine prendre part à la même course ¶ **3** endroit où l'on court, carrière, lice, hippodrome : Cic. *CM 27* ‖ [fig.] ***curriculum vitae*** Cic. *Rab. perd. 30* ou *vivendi* Cic. *Tim. 12*, la carrière de la vie ; ***curricula mentis*** Cic. *CM 38*, la carrière où s'exerce la pensée ; ***curriculum industriae nostrae*** Cic. *Phil. 7, 7*, le champ de mon activité ¶ **4** char employé dans les jeux du cirque, char de course : Tac. *An. 14, 14* ‖ char, char de guerre : Varr. d. Non. *287, 22* ; Cic. *Har. 21* ; Curt. *8, 14, 8.*

currĭcŭlus, *i*, m., Char. *77, 11*, c. *curriculum.*

currīlis, *e* (*currus*), de char, de course de chars : Vulg. *3 Reg. 4, 26* ; Ambr. *Isaac 8, 67.*

Currītis, v. *Curitis.*

currō, *ĭs, ĕre, cŭcurrī, cursum* (cf. *carrus*, al. *Ross*, an. *horse* ; it. *correre*, fr. *courre*), intr., courir : ***si ingrederis, curre, si curris, advola*** Cic. *Att. 2, 23, 3*, si tu es en marche, cours, si tu cours, vole ; ***currere subsidio*** Cic. *Att. 12, 3, 2*, courir au secours ; ***currere per flammam*** Cic. *Tusc. 2, 62*, traverser un brasier en courant ‖ ***curritur ad praetorium*** Cic. *Verr. 5, 92*, on court au prétoire ; ***currentem incitare*** [prov.] Cic. *de Or. 2, 86*, stimuler un homme en pleine course [qui n'a pas besoin d'encouragements] ‖ [avec acc. de l'objet intér.] ***eosdem cursus*** Cic. *Agr. 2, 44*, fournir les mêmes courses (= suivre la même piste) ; ***stadium*** Cic. *Off. 3, 42*, effectuer la course du stade, courir le stade ; ***currere M stadia*** Plin. *7, 84*, parcourir mille stades ‖ [fig.] ***amnes currunt*** Virg. *En. 21, 524*, les torrents se précipitent ; ***currit rubor per ora*** Virg. *En. 21, 66*, la rougeur se répand sur le visage ; ***circum chlamydem purpura cucurrit*** Virg. *En. 5, 250*, une bande de pourpre court autour du manteau ; ***currit oratio*** Cic. *Fin. 5, 84*, la parole court ; ***historia currere debet*** Quint. *9, 4, 18*, l'histoire doit avoir une allure rapide ; ***currit aetas*** Hor. *O. 2, 5, 13*, l'âge fuit ; ***usurae currunt*** Dig. *12, 1, 40*, les intérêts courent ‖ [avec inf. de but] Pl. *As. 910* ; Val.-Max. *5, 1, 1* ; [avec le supin] Pl. *Merc. 857* ; Caecil. *Com. 11* ; [avec *ut* subj.] Pl. *Ps. 358* ; Cic. *Att. 10, 4, 8* ‖ [chrét.] parcourir [par la pensée] : ***tamquam per omnia quae fecit (Deus) currentes*** Aug. *Civ. 11, 28*, parcourant en esprit pour ainsi dire tout ce que Dieu a fait.

currŭlis, *e* (*currus*), de course : Lampr. *Comm. 2, 4* ; Apul. *M. 9, 9* ; v. *currilis.*

currŭs, *ūs*, m. (*curro*) ¶ **1** char : Cic. *Att. 13, 21, 3* ; Virg. *G. 3, 359* ‖ [en part.] char de triomphe : Cic. *Cael. 34* ‖ triomphe : Cic. *Fam. 15, 6, 1* ¶ **2** [poét.] **a)** navire : Catul. *64, 9* **b)** attelage d'un char : Virg. *G. 1, 514* **c)** train de la charrue : Virg. *G. 1, 174.*

▶ dat. *curru* [dans la poésie dactyl.] Virg. *B. 5, 29* ; *En. 1, 156* ; *3, 541* ; *7, 724* ‖ gén. pl. *currum* Virg. *En. 6, 653.*

cursātĭo, ōnis, f., ⓒ> cursitatio : Don. Hec. 315.

Cursicanus, CIL 2, 4063, ⓥ> Corsicanus.

cursĭlĭtās, ātis, f. (cursus), action de parcourir : Fulg. Myth. 3, 2.

cursĭm, adv. (curro), en courant, à la course, rapidement : Pl. Poen. 567 ; Liv. 27, 16, 9 ∥ [fig.] Cic. de Or. 2, 364 ; Tusc. 5, 13.

cursĭo, ōnis, f. (curro), action de courir, course : Varr. L. 5, 11.

cursĭtātĭo, ōnis, f. (cursito), action de courir çà et là : Solin. 42, 2.

cursĭto, ās, āre, āvī, ātum, intr. (fréq. de curso), courir çà et là : Ter. Eun. 278 ; Cael. Fam. 8, 3, 1 ∥ courir : [en parl. d'athlètes] Her. 4, 4 ; [en parl. des atomes] Cic. Nat. 2, 115.

curso, ās, āre, āvī, ātum (fréq. de curro) ¶ 1 intr., courir souvent, courir çà et là : Cic. CM 17 ; Verr. 4, 41 ; Nat. 2, 115 ¶ 2 tr., parcourir : Capel. 3, 262.

1 cursŏr, ōris, m. (curro), coureur [disputant le prix de la course] : Cic. Tusc. 2, 56 ∥ conducteur de char : Ov. Pont. 3, 9, 26 ∥ courrier, messager : Nep. Milt. 4, 3 ; Suet. Ner. 49, 2 ∥ coureur, esclave qui précède la litière ou la voiture du maître : Sen. Ep. 87, 9 ; 123, 7.

2 Cursŏr, ōris, m., surnom de L. Papirius : Liv. 9, 16, 11.

cursōrĭum, ĭi, n. (cursorius), chemin qui longe la limite : Grom. 342, 1.

cursōrĭus, a, um, de course, relatif à la course : Grom. 240, 5 ∥ **cursōrĭa**, ae, f., bateau léger, bateau-poste : Sidon. Ep. 1, 5, 3.

cursrix, īcis, f., celle qui court : Char. 44, 12 [inus. d'après Prisc. 2, 371, 6-8].

cursŭālis, e (cursus), de course : Cod. Th. 12, 12, 9 ; Cassiod. Var. 4, 47.

cursūra, ae, f. (cursus), course : Pl. St. 306 ; Varr. R. 2, 7, 15.

cursūrĭus, ⓥ> cursorius : Diocl. 9, 14.

cursŭs, ūs, m. (curro ; fr. cours) ¶ 1 action de courir, course : **ingressus, cursus** Cic. Nat. 1, 94, la marche, la course ; **huc magno cursu contenderunt** Caes. G. 3, 19, 1, ils se portèrent là d'une course précipitée ∥ course, voyage : **mihi cursus in Graeciam per tuam provinciam est** Cic. Att. 10, 4, 10, pour aller en Grèce je passe par ta province ; **tantos cursus conficere** Cic. Pomp. 34, accomplir de si grands parcours ; **cursum dirigere aliquo** Nep. Milt. 1, 6, diriger sa course qq. part. ; **cursus maritimi** Cic. Nat. 2, 131, courses (voyages) en mer ∥ direction : **cursum tenere** Caes. G. 4, 26, 5, maintenir sa direction [en mer], gouverner (G. 5, 8, 2) ; **ut nulla earum (navium) cursum tenere posset** Caes. G. 4, 28, 2, en sorte qu'aucun d'eux (navires) ne pouvait conserver sa direction ∥ course, cours : **stellarum** Cic. Rep. 6, 17, cours des étoiles ; **siderum** Cic. Tusc. 5, 10, des astres ; cours d'un fleuve (Div. 1, 38) ∥ cours, circulation du sang : Sen. Ben. 4, 6, 3 ∥ course, marche des navires : Cic. Nat. 2, 87 ; Mur. 33 ; Liv. 21, 49, 9 ¶ 2 [sous l'Empire] **cursus publicus** Cod. Just. 12, 51, service des dépêches, poste impériale ¶ 3 [fig.] cours, marche : **cursus rerum** Cic. Div. 1, 127, le cours des choses ; **totius vitae cursum videt** Cic. Off. 1, 11, il embrasse tout le cours de la vie ; **cursum vitae conficere** Cic. Tusc. 3, 2 ; Cael. 39, achever le cours de son existence ∥ [poét.] **in cursu meus dolor est** Ov. M. 13, 508, ma douleur suit son cours, persiste, cf. F. 5, 245 ; 6, 362 ∥ **cursus** Cic. Brut. 3 ; **cursus honorum** Cic. CM 60, carrière politique ; **tuorum honorum cursus** Cic. Fam. 3, 11, 2, le cours de tes magistratures ∥ [rhét.] marche, allure du style : **verborum cursus incitatus** Cic. Brut. 233, allure vive, impétueuse du style, cf. de Or. 1, 161 ; 3, 136 ; Or. 201 ∥ [en parl.] allure du rythme, mouvement réglé de la phrase : **esse quosdam certos cursus conclusionesque verborum** Cic. Or. 178, [on a remarqué que les phrases se déroulent et s'achèvent suivant un rythme défini ¶ 4 [chrét.] série des prières, des offices : Greg.-Tur. Hist. 9, 6.

curtĭo, ōnis, m. (curtus ; it. scorzone), vipère : Gloss. 3, 305, 17.

1 Curtĭus, ĭi, m., Romain légendaire : Liv. 7, 6, 3 ∥ Curtius Montanus, orateur et poète : Tac. An. 16, 28 ∥ Quinte-Curce [Quintus Curtius Rufus, historien latin] : Curt. 3, 1, 1 tit.

2 Curtĭus lăcŭs, m., lac Curtius [gouffre dans lequel M. Curtius se précipita] Atlas III B : Liv. 7, 6, 5 ∥ **Curtĭus fons**, m., une des sources qui alimentaient Rome : Suet. Cl. 20, 1.

curto, ās, āre, āvī, ātum (curtus ; esp., port. cortar), tr., raccourcir, retrancher : **curtatae radices** Pall. 3, 10, 2, racines tronquées ; **curtari pede** Boet. Porph. com. 5, 15, être amputé d'un pied ∥ [fig.] réduire, écorner : Hor. S. 2, 3, 124 ; **curtare rem** Pers. 6, 34, écorner sa fortune.

curtus, a, um (cf. 2 caro, corium ; fr. court, al. kurz) ¶ 1 écourté, tronqué : **dolia curta** Lucr. 4, 1026, jarres tronquées [faisant vases de nuit] ; **curta vasa** Juv. 3, 271, vases ébréchés ; **curti Judaei** Hor. S. 1, 9, 70, les Juifs circoncis ; **curtus equus** Prop. 4, 1, 20, cheval écourté [une fois sacrifié, on lui coupait la queue] ¶ 2 [fig.] **a) sententia quasi curta** Cic. Fin. 4, 36, pensée pour ainsi dire tronquée **b)** incomplet, boiteux [en parl. du rythme oratoire] : Cic. Or. 168 **c)** mince, insuffisant : Hor. O. 3, 24, 64.

Cūrŭbis, is, f., ville de la province d'Afrique [Kourba] Atlas VIII, A4 ; XII, H2 : Plin. 5, 24 ∥ **-bītānus**, a, um, de Curubis : CIL 8, 10525.

cŭrūcus, i, m. (celt., v. irl. curach > an. coracle ; cf. corium, κώρυκος), barque légère recouverte de cuir, coracle : Gild. Excid. 19.

cŭrūlis, e (currus, cf. canna, canalis) ¶ 1 de char, relatif au char : **curules equi** Liv. 24, 18, 10, chevaux que l'État fournissait pour atteler les chars dans les processions que l'on faisait dans le Cirque ; **curulis triumphus** Suet. Aug. 12, le grand triomphe [par oppos. à l'ovation] ; **ludi curules** Minuc. 37, 11, les jeux du cirque ¶ 2 curule, qui donne droit à la chaise curule : **sella curulis** Liv. 1, 8, 3, chaise curule ; **curulis aedilitas** Cic. Har. 27, édilité curule ; **curulis magistratus** Gell. 3, 18, 4, magistrature curule ; ⓥ> aedilis ∥ **cŭrūlis**, is, f., chaise curule : Tac. An. 1, 75 ∥ **cŭrūlis**, is, m., édile curule : Plin. 18, 42 ; **cŭrūles** m. pl., Stat. S. 4, 1, 5, les magistratures curules.

Curunda, ae, f., ville d'Hispanie : CIL 2, 2633.

curvābĭlis, e (curvo), facile à courber, flexible : Pall. 12, 15, 2.

curvāmĕn, ĭnis, n. (curvo), courbure : Plin. Ep. 9, 7, 4 ; Ov. M. 2, 130 ; **curvamen caeli** Gell. 14, 1, 10, voûte du ciel [fig. = climat].

curvāmentum, i, n., Schol. Bern. Virg. G. 1, 170, ⓒ> curvamen.

curvātĭo, ōnis, f. (curvo), action de courber : Col. 4, 12, 2.

curvātūra, ae, f. (curvo), courbe, courbure : Vitr. 4, 3, 9 ; **curvatura unguium** Plin. 10, 42, ongles crochus.

curvātus, a, um, part. de curvo.

curvēdo, ĭnis, f. (curvus), ⓒ> curvatio : Sor. 81, 14.

curvescō, ĭs, ĕre, -, - (curvus), intr., se courber : Ambr. Psalm. 118, s. 6, 26 ; Amm. 22, 8, 5.

curvimeres, ⓥ> cucumeres : Varr. L. 5, 104.

curvĭtās, ātis, f. (curvus), courbure : Macr. Somn. 1, 15, 7.

curvō, ās, āre, āvī, ātum (curvus), tr. ¶ 1 courber, plier, voûter : **curvare arcum** Stat. Ach. 1, 487, bander un arc ; **Hadriae curvantis Calabros sinus** Hor. O. 1, 33, 16, de l'Adriatique qui creuse les golfes calabrais ; **curvata senio membra** Tac. An. 1, 34, membres courbés par l'âge ∥ [au passif] s'infléchir : **unda curvata in montis faciem** Virg. G. 4, 361, l'onde qui s'infléchit en forme de montagne ; **portus in arcum curvatus** Virg. En. 3, 533, port qui s'infléchit en forme d'arc ¶ 2 [fig.] fléchir, émouvoir : Hor. O. 3, 10, 16 ¶ 3 [chrét.] infléchir l'esprit, l'humilier : Aug. Psalm. 50, 17.

curvŏr, ōris, m. (curvus), courbure : Varr. L. 5, 104.

curvus, a, um (cf. circus, corona, κυρτός ; fr. courbe) ¶ 1 courbe, courbé, recourbé, plié : **curvae falces** Virg. G. 1, 508, faux recourbées ; **curva litora** Catul. 64, 74, rivages sinueux ; **curvus arator**

curvus

Virg. B. 3, 42, le laboureur courbé sur la charrue; *curvum aequor* Ov. M. 11, 505, creux de la vague ‖ qui dévie: *curvae quadrigae* Manil. 1, 740, char qui se détourne de son chemin ‖ creux: *curvae cavernae* Virg. En. 3, 674, cavernes profondes ¶ 2 [fig.] ➡ *pravus*, qui n'est pas droit, contourné: *curvo dignoscere rectum* Hor. Ep. 2, 2, 44, distinguer le bien du mal; *curvi mores* Pers. 3, 52, fléchissement des mœurs; *invenimus qui curva corrigeret* Plin. Ep. 5, 21, 6, nous avons trouvé un homme capable de redresser ce qui est courbe (de travers).

cuscŭlĭum, *ii*, n. (empr.: esp. *coscojo*), graine de kermès: Plin. 16, 32.

cūsī, v. *cudo* ▸.

Cūsiis, *is*, f., ville de la Tarraconaise: Liv. 35, 22.

Cusīnĭus, *ii*, m., nom romain: Cic. Att. 12, 38 a, 2.

cūsĭo, *ōnis*, f. (*cudo*), frappe de monnaie: Cod. Th. 11, 16, 18.

cūsō, *ās*, *āre*, -, - (fréq. de *cudo*), Prisc. 2, 516, 3.

cūsŏr, *ōris*, m. (*cudo*), monnayeur: Cod. Just. 10, 66 (64), 1.

cuspĭdātim, adv. (*cuspis*), en pointe: Plin. 17, 102.

cuspĭdātus, *a*, *um*, part. de *cuspido*.

cuspĭdō, *ās*, *āre*, -, *ātum* (*cuspis*), tr., rendre pointu, faire en pointe: Plin. 11, 126.

cuspis, *ĭdis*, f. (obscur) ¶ 1 pointe: Caes. C. 2, 2, 2; Plin. 18, 172; Virg. En. 5, 208; *cuspis aquilae* Suet. Caes. 62, extrémité pointue de l'étendard qu'on enfonçait en terre, cf. Liv. 8, 8, 10 ¶ 2 tout objet pointu: [épieu, javelot] Virg. En. 11, 41; [broche à rôtir] Mart. 14, 221, 2; [trident de Neptune] Ov. M. 12, 580; [aiguillon d'abeille] Plin. 21, 78; [dard du scorpion] Ov. M. 2, 199 ‖ tube en argile: Varr. R. 1, 8, 4 ‖ membre viril: Pompon. Com. 69.

Cuspĭus, *ii*, m., nom romain: Cic. Fam. 13, 6, 2.

cuspus, *i*, m. (?), sandale de bois: Gloss. 2, 119, 30.

cussĭlīris [arch.], paresseux, lâche: P. Fest. 44, 6.

▸ *cussilirem* est une f. l. pour *quasi glirem*.

Custĭdĭus, *ii*, m., nom romain: Cic. Fam. 13, 58.

custōdēla, *ae*, f. (*custos*), garde, surveillance: Pl. Merc. 233; Most. 406, cf. P. Fest. 44, 19.

custōdĭa, *ae*, f. (*custos*) ¶ 1 action de garder, garde, conservation: *agitare custodiam* Pl. Ru. 858, faire bonne garde; *custodia pastoris* Col. 8, 4, 3, la surveillance du berger; *ignis* Cic. Leg. 2, 29, la garde du feu sacré; *custodiae causa* Caes. C. 1, 28, 3, pour monter la garde; *custodia justitiae* Cic. Fin. 2, 113, respect de la justice; *custodia decoris* Quint. 11, 1, 57, observation des convenances ¶ 2 garde, sentinelles, corps de garde: *custodiam reliquerant* Caes. G. 2, 29, 4, ils avaient laissé une garde; *de custodia Germani* Suet. Cal. 45, 1, Germains de la garde du corps; *custodiae Maenapiorum* Caes. G. 4, 4, 4, les corps de garde installés par les Ménapiens ¶ 3 lieu où l'on monte la garde, poste: *haec custodia mea est* Cic. Phil. 12, 24, voilà mon poste; *in portubus atque custodiis* Cic. Pomp. 16, dans les ports et les postes [de douane] ¶ 4 prison: *in custodias includere* Cic. Verr. 5, 144, jeter dans les prisons; *libera custodia* Liv. 24, 45, 8, prison libre, détention chez un particulier ou dans une ville, cf. Sall. C. 47, 3 ¶ 5 prisonnier, détenu: *in recognoscendis custodiis* Suet. Tib. 61, 5, en parcourant la liste des détenus, cf. Sen. Ep. 57; 77, 18; Serv. En. 11, 184 ¶ 6 [droit] *custodiam praestare* Dig. 19, 2, 40, être tenu de l'obligation de garde [d'une chose] ‖ avoir la charge du risque [de la part du débiteur de l'obligation de livrer]: Dig. 47, 2, 14, 10.

▸ gén. *custodias* Sall. d. Char. 107, 12 [interpr. fausse].

custōdĭārĭus, *a*, *um* (*custodia*), de garde: VL. Is. 1, 8 ‖ **custōdĭārĭum**, *ii*, n., guérite, abri, maison de garde: Tert. Mart. 2, 4; Cassiod. Eccl. 2, 18 ‖ **custōdĭārĭus**, *ii*, m., gardien de prison: CIL 6, 327.

custōdībo, v. *custodio* ▸.

custōdĭō, *īs*, *īre*, *īvī* ou *ĭī*, *ītum* (*custos*), tr. ¶ 1 [en gén.] garder, conserver, protéger, défendre: *corpus* Cic. Mil. 67, garder la personne de qqn; *poma in melle* Col. 12, 45, 3, conserver des fruits dans du miel; *se custodire* Cic. Nat. 2, 126, être sur ses gardes; *templum ab Hannibale* Nep. Hann. 9, 4, garder un temple contre Hannibal; *memoria aliquid* Cic. de Or. 1, 127, retenir qqch. dans sa mémoire; *custodire modum ubique* Quint. 4, 2, 35, être toujours dans la mesure; *custodire quod juraveris* Plin. Pan. 65, 2, respecter son serment ¶ 2 [en part.] a) surveiller, garder l'œil sur: *custodire aliquem, ne quid auferat* Cic. Caecil. 51, surveiller qqn, pour l'empêcher de rien dérober b) tenir secret: *ejus (orationis) custodiendae et proferendae arbitrium tuum* Cic. Att. 15, 13, 1, libre à toi de garder par-devers toi ce discours ou de le publier c) tenir en prison: Cic. Verr. 5, 68 ¶ 3 [abs¹] prendre garde, avoir soin de: *custodiendum est ut* Quint. 11, 1, 6, il faut veiller à ce que; [avec *ne*] Quint. 8, 3, 73.

▸ imparf. *custodibant* Catul. 64, 319 ‖ fut. *custodibo* Pl. Cap. 729.

custōdĭōla, *ae*, f., dim. de *custodia*, CIL 6, 10246.

custōdītē, adv. (*custoditus*), avec circonspection, en se surveillant: Plin. Ep. 5, 16, 3; *custoditius dicere* Plin. Ep. 9, 26, 12, parler avec plus de réserve.

custōdītĭo, *ōnis*, f. (*custodio*), soin qu'on met à garder: P. Fest. 54, 1; *legum* Vulg. Sap. 6, 19, observance des lois.

custōdītus, *a*, *um*, part. de *custodio*.

custōs, *ōdis*, m. (peu net, cf. al. Hort, Hose) ¶ 1 [en gén.] garde, gardienne, protecteur, protectrice: *nullus est portis custos* Cic. Cat. 2, 27, il n'y a pas un garde aux portes; *quarta vigilia... de muro cum vigiliis custodibusque nostris conloquitur* Caes. C. 1, 22, à la quatrième veille... du haut du rempart il parle à nos sentinelles et à nos gardes; *fani custodes* Cic. Verr. 4, 94, les gardiens du temple; *hortorum custodes* Suet. Cal. 59, les gardes des jardins; *custodes* Virg. G. 3, 406, chiens de garde; *dei custodes hujus Urbis* Cic. Sest. 53, les dieux protecteurs de Rome; *senatum rei publicae custodem collocaverunt* Cic. Sest. 137, ils ont préposé le sénat à la garde de l'État; *custos dignitatis fortitudo* Cic. Tusc. 2, 33, le courage est le garant de notre dignité ¶ 2 [en part.] a) surveillant [d'un jeune homme, d'une femme]: Pl. Mil. 146; *bone custos* Ter. Ph. 287, ô excellent pédagogue b) *custos corporis* Liv. 24, 7, 4, garde du corps c) contrôleur, surveillant [chargé dans les comices d'empêcher la fraude des suffrages]: Varr. R. 3, 5, 18; Cic. Agr. 2, 22 d) courson, sarment réservé pour recéper: Cat. Agr. 33, 1 e) le Bouvier [constellation]: Vitr. 9, 4, 1.

Cusuentāni, *ōrum*, m. pl., peuple des monts Albains: Plin. 3, 69.

Cusum, *i*, n., ville de Pannonie: Anton. 242.

Cusus, *i*, m., affluent du Danube: Tac. An. 2, 63.

Cŭtĭae (**Cottĭae**), *ārum*, f. pl., ville de la Transpadane [Cozzo]: Peut. 4, 1.

Cuticiacum, *i*, n., ville des Arvernes [Coucy]: Sidon. Ep. 3, 1, 3.

cŭtĭcŭla, *ae*, f. (dim. de *cutis*), peau: Juv. 11, 203; *cuticulam curare* Pers. 4, 18, soigner sa petite personne.

Cŭtĭlĭae (**Cŏtĭlĭae**), *ārum*, f. pl., ville des Sabins: Suet. Vesp. 24 ‖ **-iensis**, *e*, Varr. L. 5, 71 et **-ius**, *a*, *um*, Plin. 2, 209, de Cutilies ‖ **Cŭtĭlĭae**, *ārum*, f. pl. [s.-ent. *aquae*], les eaux de Cutilies: Cels. 4, 12, 7.

Cutina, *ae*, f., ville chez les Vestini: Liv. 8, 29, 13.

1 cŭtĭō, *īs*, *īre*, -, - (*cutis*), tr., sodomiser: P. Fest. 100, 24.

▸ f. l. probable, tirée de *intercutitus*, altération de *intercutibus*.

2 cŭtĭo, *ōnis*, f., cloporte: M.-Emp. 9, 33.

1 cŭtis, *is*, f. (cf. *intercus*, κύτος, al. Haut, an. hide) ¶ 1 peau: *intra cutem* Planc. Fam. 10, 18, 3, sous la peau; *curare cutem* Hor. Ep. 1, 2, 29, soigner sa personne; *intra cutem suam cogere aliquem* Sen. Ep. 9, 13, faire rentrer qqn dans sa coquille; *te intus et in cute novi* Pers. 3, 30, je te connais à fond, intimement ‖ cuir: Mart. 1, 103, 6 ¶ 2 [en gén.]

enveloppe : *cutis uvae* Plin. 15, 112, peau du raisin ; *cutis nucleorum* Plin. 15, 36, pellicule des amandes ; *cutis summa terrae* Plin. 20, 207, écorce de la terre ; *cutis aquae* Sidon. Carm. 5, 541, la glace ¶ **3** [fig.] vernis, apparence : *virtutis solam ut sic dixerim cutem* Quint. 10, 2, 15, [reproduire] pour ainsi dire l'écorce seule de la vertu ; *cutis quaedam elocutionis* Quint. 5, 12, 18, une sorte de vernis du style.
▶ acc. *cutim* Apul. Apol. 50 ‖ pl. rare Prop. 4, 5, 4 ; Plin. 7, 12 et tardif.

2 **Cutis**, *is*, f., ville d'Arachosie : Plin. 6, 92.

cŭturnĭum, *ĭi*, n. (cf. étr. *qutun*, de κώθων), vase à vin sacrificiel : P. Fest. 44, 12.

cŭvĭcŭlum, ⟶ *cubiculum* : CIL 14, 3323.

cўămĭās, *ae*, m., pierre précieuse inconnue : Plin. 37, 188.

cўămos (-us), *i*, m. (κύαμος), nénuphar rose : Plin. 21, 87.

Cўănē, *ēs*, f. (Κυάνη), Cyané [nymphe de Sicile, compagne de Proserpine] : Ov. M. 5, 409 ‖ fontaine de Cyané, sur le territoire de Syracuse : Ov. F. 4, 469.

Cўănĕae (et poét. **Cȳ-**), *ārum*, f. pl. (Κυάνεαι), îles Cyanées [dans le Pont-Euxin, Symplégades de la légende] : Ov. Tr. 1, 10, 34 ‖ **-ĕus**, *a*, *um*, des îles Cyanées : Luc. 2, 716 ‖ comme les îles Cyanées : Mart. 11, 99, 6.

Cўănēē (et poét. **Cȳ-**), *ēs*, f. (Κυανέη), nymphe, fille du fleuve Méandre : Ov. M. 9, 452.

Cўănĕŏs, *i*, m., fleuve de Colchide : Plin. 6, 13.

1 **cўănĕus**, *a*, *um* (κυάνεος), bleu foncé, bleu azuré : Plin. 10, 89.

2 **Cўănĕus**, ⟶ *Cyaneae*.

cўănŏs, *i*, m. (gr.), jaspe bleu : Plin. 37, 119.

cўănus, *i*, m. (κύανος), bleuet, barbeau [plante] : Plin. 21, 48.

cўăthissō, *ās*, *āre*, -, -, intr. (κυαθίζω), verser à boire : Pl. Men. 305.

cўăthus, *i*, m. (κύαθος ; esp. *cazo*, fr. *casse*), cyathe, coupe, gobelet ; [servant] **a)** à boire : Pl. Pers. 771 ; 794 ; Poen. 274 ; St. 706, cf. Isid. 20, 5, 4 **b)** à puiser le vin dans le cratère pour remplir les coupes : Hor. S. 1, 6, 117 ; *ad cyathum stare* Suet. Caes. 49, servir d'échanson, cf. Hor. O. 1, 29, 8 ; Prop. 4, 8, 37 **c)** de mesure pour les liquides ou qqf. les solides [douzième partie du *sextarius*] : Cat. Agr. 109 ; Hor. S. 1, 1, 55 ; Plin. 14, 85 ; 21, 185.

Cўătis, *ĭdis*, f., citadelle de Céphallénie : Liv. 38, 29, 10.

Cўaxărēs, m. (Κυαξάρης), Cyaxare [roi des Mèdes] : Jord. Rom. 56.

cўbaea, *ae*, f. (κυβαία), bateau de transport : Cic. Verr. 4, 17 ‖ **cўbaea nāvis**, Cic. Verr. 5, 44.

Cўbēbē, *ēs*, f. (Κυβήβη), ⟶ *Cybele* : Virg. En. 10, 220 ‖ mont de Phrygie : Catul. 63, 9.

Cўbĕlē, *ēs* et **Cўbĕla**, *ae* (Tert. Nat. 1, 10), f. (Κυβέλη), Cybèle [mère des dieux] : Virg. En. 11, 768 ‖ montagne de Phrygie : Ov. F. 4, 249 ‖ **-ēĭus**, *a*, *um*, de Cybèle : Ov. M. 10, 104 ‖ du mont Cybèle : Ov. F. 4, 249 ; 363.

Cўbĕlista, *ae*, m. (Κυβελιστής), prêtre de Cybèle : *Copa 25.

Cўbĕlus, *i*, m., ⟶ *Cybele* [montagne] : Virg. En. 3, 111.

cўbindis, *ĭdis*, m. (κύβινδις), sorte de chouette : Plin. 10, 24.

Cўbĭosactēs, *ae*, m. (Κυβιοσάκτης), marchand de poisson salé [nom donné par les habitants d'Alexandrie à Vespasien] : Suet. Vesp. 19.

Cўbĭra, **Cўbĭrātĭcus**, ⟶ *Ciby-*.

Cўbistra, *ōrum*, n. pl. (τὰ Κύβιστρα), ville de Cappadoce Atlas IX, C3 : Cic. Fam. 15, 2, 2.

cўbĭum, *ĭi*, n. (κύβιον), tranche de poisson salé : Plin. 9, 48 ‖ jeune thon [qui fournissait ces tranches] : Varr. L. 5, 77.

Cўbōtus, *i*, m., ⟶ *Cibotus*.

cўbus, ⟶ *cibus* et *cubus*.

cўcĕōn, *ōnis*, m. (κυκεών), breuvage où il entrait du lait de chèvre et du vin : Arn. 5, 25.

cychrămus, *i*, m. (κύχραμος), sorte d'oiseau de passage : Plin. 10, 68.

Cychri, *ōrum*, m. pl., ville de Thrace, célèbre par ses eaux malsaines : Plin. 31, 27.

cyclădātus, *a*, *um* (*cyclas*), vêtu de la robe nommée *cyclas* : Suet. Cal. 52.

Cyclădes, *um*, f. pl., Cyclades [îles de la mer Égée] Atlas VI, C2 : Caes. C. 3, 3 ; Ov. Tr. 1, 11, 8 ‖ au sg. *Cyclas* [une des Cyclades] : Juv. 6, 562.

cyclămĕn, *ĭnis*, n., M.-Emp. 1, 7, **cyclămīnŏs**, *i*, f., Plin. 25, 116, **cyclămīnum**, *i*, n., Plin. 21 ; 51 (κυκλάμινος), cyclamen [plante].

1 **cyclăs**, *ădis*, f. (κυκλάς), sorte de robe traînante et arrondie par le bas à l'usage des femmes : Prop. 4, 7, 40 ; Juv. 6, 259.

2 **Cyclas**, ⟶ *Cyclades*.

cyclĭcus, *a*, *um* (κυκλικός), cyclique, du cycle épique : *cyclicus scriptor* Hor. P. 136, poète cyclique [poète épique, sorte de continuateur d'Homère, tirant ses sujets de l'époque héroïque] ‖ encyclopédique : Capel. 9, 998 ‖ [méd.] périodique : Theod.-Prisc. Log. 48.

Cyclōpēus (-pĭus, *a*, *um*) (Κυκλώπ(ε)ιος), des Cyclopes : Virg. En. 1, 201 ; Sil. 14, 33.

Cyclōpis, *ĭdis*, f., île du Cyclope, près de Rhodes : Plin. 5, 133.

Cyclops, *ōpis*, m. (Κύκλωψ), Cyclope : Cic. Div. 2, 43 ; Virg. En. 6, 630 ; Ov. M. 3, 305 ; *saltare Cyclopa* Hor. S. 1, 5, 63, danser la danse du Cyclope ; ⟶ *1-2 cocles*.

cyclus, *i*, m. (κύκλος), cercle : Solin. 11, 17 ; Isid. 3, 37 ‖ cycle [période d'années] : Ambr. Ep. 23, 1 ; Gloss. 5, 565, 37 ‖ [méd.] traitement par périodes : Veg. Mul. 2, 5, 3 ; Cael.-Aur. Chron. 1, 1, 24.

cycnārĭum, *ĭi*, n., sorte de collyre : CIL 13, 10021.

Cycnēis, *ĭdos*, f., Hélène [née d'un cygne] : Baeb. 337.

Cycnēĭus, *a*, *um*, de Cycnus, de Thessalie : Ov. M. 7, 371.

cycnĕus, **cygnĕus**, *a*, *um* (κύκνειος), de cygne : Cic. de Or. 3, 6 ; *cycneum nescio quid canere* Hier. Ep. 52, 3, faire entendre je ne sais quel chant de cygne.

1 **cycnus** ou **cygnus**, *i*, m. (κύκνος ; it. *cigno*), cygne [oiseau] : Cic. Tusc. 1, 73 ; *cycnus Dircaeus* Hor. O. 4, 2, 25, le cygne de Thèbes [Pindare] ‖ le Cygne [constellation] : Hyg. Astr. 3, 7.

2 **Cycnus**, *i*, m., roi de Ligurie, fils de Sthénélus [métamorphosé en cygne] : Virg. En. 10, 189 ‖ fils de Neptune [métamorphosé en cygne] : Ov. M. 12, 72 ‖ fils d'Arès tué par Hercule en Thessalie : Sen. Herc. f. 486.

Cȳdămus, ⟶ *Cidamus*.

Cydara, *ae*, m., fleuve de l'île Taprobane [Ceylan] : Plin. 6, 86.

cydărum, *i*, n. (κύδαρος), sorte de barque de pêche : Gell. 10, 25, 5.

Cydās, *ae*, m., nom de plusieurs Crétois : Cic. Phil. 5, 13.

Cȳdippē, *ēs*, f. (Κυδίππη), Cydippe [jeune fille aimée d'Acontius, qui lui jeta une pomme où étaient gravés ses serments] : Ov. A. A. 1, 457 ‖ une des Néréides : Virg. G. 4, 339.

Cydnus (-ŏs), *i*, m. (Κύδνος), le Cydnus [fleuve de Cilicie, auj. Tarsus Çayi] : Cic. Phil. 2, 26.

1 **Cȳdōn**, *ōnis*, f. (Κύδων), Cydon [ville de Crète] : Samm. 435 ; ⟶ *Cydonea*.

2 **Cȳdōn**, *ōnis*, m., habitant de Cydon, Crétois : Virg. En. 12, 858 ‖ nom d'un Troyen : Virg. En. 10, 325.

Cȳdōnĕa (-ĭa), *ae*, f., ancienne ville de Crète Atlas VI, D2 : Mel. 2, 113 ; Flor. 3, 7, 4 ‖ île près de Lesbos, célèbre par ses sources chaudes : Plin. 2, 232.

Cȳdōnēus (-ĭus, *a*, *um*) (κυδών(ε)ιος), de Cydon, de Crète : Ov. A. A. 1, 293 ; Virg. B. 10, 59 ‖ *Cydonea* (arbor), cognassier : Pall. 4, 10, 37 ; *Cydonium* (*malum*), n., coing : Plin. 15, 10 ; *Cydoneum*, n., cognassier : Pall. 3, 25, 20 ‖ **-nĭātae**, *ārum*, m. pl., habitants de Cydon : Liv. 37, 60 ‖ **-nĭtae vītes**, f. pl., vignes de Cydon : Col. 3, 2, 2 ; ⟶ *cotoneus*.

cydōnītēs, *ae*, m., **cўdōnĕum**, *i*, n. (κυδωνίτης), cotignac, pâte de coings : Pall. 11, 20 ; Dig. 33, 6, 9.

cyferion, ⟶ *cuferion*.

cygnus, etc., v. *cycnus*.

cўitis, *is*, f. (κυιτίς), pierre précieuse inconnue : Plin. 37, 154.

cyix, acc. *-ica*, m. (κύιξ), sorte d'oignon : Plin. 19, 95.

Cўlicrāni, *ōrum*, m. pl., peuple fabuleux près d'Héraclée [ἀπὸ τῆς κύλικος] : Macr. *Sat.* 5, 21, 18.

cўlindrātus, *a, um* (*cylindrus*), cylindrique : Plin. 18, 125.

cўlindrŏīdēs, *ēs*, cylindrique : Chalc. 90.

cўlindrus, *i*, m. (κύλινδρος), cylindre : Cic. *Nat.* 1, 24 ‖ cylindre, rouleau servant à aplanir le sol : Cat. *Agr.* 129 ; Virg. *G.* 1, 178 ‖ pierre précieuse inconnue de forme cylindrique : Plin. 37, 20.

Cylla, v. *Cilla*.

Cyllărus (-ŏs), *i*, m. (Κύλλαρος), nom d'un Centaure : Ov. *M.* 12, 393 ‖ cheval de Castor : Virg. *G.* 3, 89.

Cyllēnē, *ēs*, **Cyllēna**, *ae*, f. (Κυλλήνη), Cyllène [montagne d'Arcadie, sur laquelle naquit Hermès] : Virg. *En.* 8, 138 ‖ port de l'Élide Atlas VI, B1 : Liv. 27, 32, 2 ‖ mère d'Hermès : Serv. *En.* 4, 252.

Cyllēnēus, *a, um*, du mont Cyllène, d'Hermès : Ov. *M.* 11, 304 ; Hor. *Epo.* 13, 9.

Cyllēnĭdēs, *ae*, f., Hermès : Capel. 9, 899.

Cyllēnis, *ĭdis*, f., d'Hermès : Ov. *M.* 5, 176.

Cyllēnĭus, *a, um*, de Cyllène [nymphe], du mont Cyllène, d'Hermès : **Cyllenius mons** Mel. 2, 43, le mont Cyllène ; **Cyllenia proles** Virg. *En.* 4, 258, Hermès, [ou Ov. *A. A.* 3, 725, fils d'Hermès, Céphale ‖ subst. m., Hermès : Virg. *En.* 4, 252.

1 **cўlŏn**, *i*, n. (κύλον), paupière supérieure : *P. Fest. 393, 4 ; CIL 13, 1021, 181.

2 **cўlŏn**, *i*, n. (1 *cylon*), variété de lapis-lazuli, azur : Plin. 33, 162.

Cўlōnĭus, *a, um*, de Cylon [Athénien vainqueur aux jeux Olympiques qui recherca la tyrannie] : Cic. *Leg.* 2, 28.

cўma (cū-, cī-), *ătis*, n. (κύμα ; fr. *cime*), et *ae*, f., Non. 195, 5, tendron du chou : Plin. 19, 137 ; Lucil. 945 ; Col. 10, 129 ‖ ou d'autres légumes : Isid. 17, 10, 4.

Cўmaeus, *a, um* ¶ 1 de Cymé [en Éolide] : Cic. *Flac.* 17 ‖ subst. m. pl., habitants de Cymé : Liv. 38, 39 ¶ 2 v. *Cumaeus*.

Cўmander, *dri*, m., Cymandre [fleuve de l'Inde] : Avien. *Perieg.* 1350.

cўmătĭlis, cūmătĭlis, *e* (κύμα), de couleur vert de mer : Pl. *Ep.* 233 ; Titin. *Com.* 114.

cўmătĭum (-ĭŏn), *-ĭi*, n. (κυμάτιον), [archit.] échine [du chapiteau ionique] : Vitr. 3, 5, 7 ‖ moulure de couronnement, talon : Vitr. 3, 5, 10.
▶ *cumatium* CIL 10, 1781.

cymba, v. *cumba*.

cymbăgō, *ās, āre*, -, - (*cymba, ago*), conduire une barque : Not. Tir. 110, 58.

cymbălārĭa, *ae*, f. (s.-ent. *herba*), cyclamen : *Gloss. 3, 588, 35.

cymbălāris, *is*, f., nombril-de-Vénus [plante] : Ps. Apul. *Herb.* 43.

cymbălĭcus, *a, um* (κυμβαλικός), de cymbale : Fort. *Carm.* 2, 9, 57.

cymbălissō, *ās, āre*, -, -, intr. (κυμβαλίζω), jouer des cymbales : Hemin. d. Non. 90, 25.

cymbălista, *ae*, m., joueur de cymbales, cymbalier : Apul. *Socr.* 14.

cymbălistrĭa, *ae*, f., joueuse de cymbales : Petr. 22, 6 ; CIL 5, 519.

cymbălītis, *ĭdis*, f., c. *cymbalaris* : M.-Emp. 14, 65.

cymbălum, *i*, n. (κύμβαλον ; it. *cembalo*), [surtout au pl.] cymbale [instrument de musique] : Cic. *Pis.* 20 ; Lucr. 2, 618 ; Virg. *G.* 4, 64 ‖ [au fig.] **cymbalum mundi** Plin. *Praef.* 25, [Apion] cymbale du monde, qui remplit le monde du bruit de son nom ‖ soupape dans l'orgue hydraulique : Vitr. 10, 8, 1.
▶ gén. pl. *cymbalum* Catul. 63, 21.

cymbĭum, *ĭi*, n. (κυμβίον), gondole, vase en forme de nacelle : Virg. *En.* 3, 66 ; Varr. d. Non. 545, 28 ; P. Fest. 44, 26 ‖ lampe en forme de nacelle : Apul. *M.* 11, 10.

cymbĭus, *ĭi*, m., voûte : Corip. *Just.* 3, 196.

Cўmē, *ēs*, f. (Κύμη) ¶ 1 ville d'Éolide : Liv. 37, 11, 15 ; v. *Cymaeus* ¶ 2 Cumes, v. *Cumae*.

Cўmīnē, *ēs*, f., ville de Thessalie : Liv. 32, 13, 10.

cўmīnum, v. *cuminum*.

Cўmŏdŏcē, *ēs*, **-dŏcēa**, *ae*, f. (Κυμοδόκη, Κυμοδόκεια), Cymodocée [nymphe de la mer] : Virg. *G.* 4, 338 ; *En.* 10, 225.

cўmōsus, *a, um* (*cyma*), qui est rempli de rejetons : Col. 10, 138.

Cўmŏthŏē, *ēs*, f. (Κυμοθόη), Cymothoé [une des Néréides] : Virg. *En.* 1, 144 ; Prop. 2, 26, 16 ‖ source en Achaïe : Plin. 4, 13.

cўmŭla, *ae*, f. (dim. de *cyma*), petite tige : Apul. *Flor.* 9, 23 ‖ petit rejeton, jeune rejeton : Plin. Val. 1, 44.

cynăcantha, *ae*, f. (κυνάκανθα), églantier [arbrisseau] : Plin. 11, 118.

Cynaegīrus, *i*, m. (Κυναίγειρος), nom d'un héros athénien : Just. 2, 9, 16 ; Suet. *Caes.* 18.

Cynaethae, *ārum*, f. pl. (Κύναιθα), ville d'Arcadie : Plin. 4, 20.

Cynaethus, *i*, f., c. *Cynetus*.

Cўnămolgi, *ōrum*, m. pl. (Κυναμολγοί), peuple d'Éthiopie : Plin. 6, 195.

cynanchē, *ēs*, f. (κυνάγχη), sorte d'angine [Cels. 4, 7, 1] où le malade tire la langue : Cael.-Aur. *Acut.* 3, 1, 3.

Cўnapsēs, *is*, m., fleuve qui se jette dans le Pont-Euxin : Ov. *Pont.* 4, 10, 49.

1 **cўnăra**, f., v. *cinara*.

2 **cўnăra**, *ae*, f., v. *cinyra* : Ps. Cypr. *Spect.* 2, 3.

cўnas, f. (κυνάς), arbre d'Arabie [kapokier?] : Plin. 12, 39.

Cўnăsynensis, *e*, d'une ville de la Byzacène : CIL 8, 68.

Cўnēgĕtĭca, *ōn*, n. pl. (κυνηγετικά), poème sur la chasse [titre d'un poème de Grattius Faliscus et d'un autre de Nemesianus ; v. *tit.*].

Cynegīrus, c. *Cynaeg-*.

Cўnētes, *um*, m. pl., Cynètes, peuple de Lusitanie : Avien. *Or.* 201 ‖ **Cynēticum jŭgum**, n., promontoire de Lusitanie : Avien. *Or.* 201.

Cynetus, *i*, f., ancien nom de l'île de Délos : Plin. 4, 66.

Cўnēum mare, n. (Κύνειος), nom de l'Hellespont, où Hécube se précipita et fut changée en chienne : Hyg. *Fab.* 111 ; 243.

1 **cўnĭcē** (*cynicus*), adv., en cynique : Pl. *St.* 704.

2 **Cўnĭcē**, *ēs*, f., secte des cyniques : Aus. *Epigr.* 28 (27), 1.

Cўnĭci, *ōrum*, m. pl., Cyniques [philosophes de la secte d'Antisthène] : Cic. *de Or.* 3, 62 ‖ sg. *Cynicus* [en parl. de Diogène] : Juv. 14, 309.

cўnĭcus, *a, um* (κυνικός) ¶ 1 de chien : Chalc. 125 ; **cynicus spasticus** Plin. 25, 60, sujet au spasme cynique ¶ 2 cynique, des Cyniques, v. *Cynici* : **cynica institutio** Tac. *An.* 16, 34, l'École cynique (des philosophes cyniques).

Cўnĭphĭus, v. *Cinyphius*.

Cўnĭras, v. *Cinyras*.

cўnismus, *i*, m. (κυνισμός), cynisme : Cassiod. *Eccl.* 7, 2.

cўnŏcardămŏn, *i*, n. (κυνοκάρδαμον), espèce de cresson : Ps. Apul. *Herb.* 20.

cўnŏcauma, *ătis* (κυνόκαυμα), chaleur caniculaire : Ruric. *Ep.* 1, 17 ‖ la canicule : Plin. Val. 3, 14.

Cўnŏcĕphălae, c. *Cynoscephalae*.

cўnŏcĕphălĭa herba, *ae*, f. et **cўnŏcĕphălĭŏn**, *ĭi*, n. (κυνοκεφάλιον), muflier [plante] : Plin. 30, 18 ; Ps. Apul. *Herb.* 87.

cўnŏcĕphălus, *i*, m. (κυνοκέφαλος), cynocéphale, babouin [espèce de singe] : Cic. *Att.* 6, 1, 25 ‖ Anubis, divinité égyptienne : Tert. *Apol.* 6, 8.

cўnŏdūs, *dontis*, m. f. (κυνόδους), à dents de chien : Isid. 11, 3, 7.

cўnoglossus, *i*, f. (κυνόγλωσσον), langue-de-chien [plante] : Plin. 25, 81.

cўnŏīdēs, *is*, n., Plin. 25, 140, c. *cynomyia*.

cўnŏmāzŏn, *i*, n. (κυνόμαζον), plante : Ps. Apul. *Herb.* 109.

cўnŏmŏrĭŏn, *ĭi*, n. (κυνομόριον), orobanche [plante] : Plin. 22, 162.

cўnŏmўĭa, ae, f. (κυνόμυια) ¶ **1** psyllium [plante]: Plin. 25, 140 ¶ **2** V.▶ coenomia.

cўnŏpennae, ārum, m. pl., hommes tenant de l'oiseau et du chien: Tert. Apol. 8, 5.

Cўnŏpŏlis, is, f., ville d'Ésgypte, sur le Nil: Plin. 5, 64 ‖ **Cўnŏpŏlītēs nŏmŏs**, m., Plin. 5, 49, nome Cynopolite.

cўnops, ōpis, f. (κύνωψ), psyllium [plante]: Plin. 21, 101 ‖ animal marin indéterminé: Plin. 32, 147.

cўnorrhŏda, ae, f. et **cўnorrhŏdŏn**, i, n. (κυνόρροδον), églantier: Plin. 8, 152; 25, 18 ‖ lis rouge: Plin. 21, 24.

Cўnŏsargĕs, ĭs, n. (Κυνόσαργες), quartier d'Athènes: Liv. 31, 24, 18.

cўnosbătŏs, i, f. (κυνόσβατος), rosier sauvage, églantier: Plin. 16, 179 ‖ câprier sauvage: Plin. 13, 127.

Cўnoscĕphălae, ārum, f. pl. (Κυνὸς κεφαλαί), Cynoscéphales, hauteurs de Thessalie [célèbres par la défaite de Philippe V, roi de Macédoine (197 av. J.-C.)]: Liv. 33, 7; 33, 16.

cўnosdexia, ae, f. (κυνοσδεξία), animal marin indéterminé: Plin. 32, 147.

cўnŏsorchis, is, f. (κυνόσορχις), orchis [plante]: Plin. 27, 65.

Cўnŏs Sēma ou **Cynossēma**, ătis, n., promontoire de la Chersonèse de Thrace, où était le tombeau d'Hécube [Cap Sigée]: Plin. 4, 49; V.▶ Cyneum.

Cўnŏsūra, ae, f. (Κυνόσουρα) ¶ **1** Cynosure, Petite Ourse [constellation]: Cic. Ac. 2, 66; Poet. d. Nat. 2, 105 ¶ **2** ville d'Arcadie: Stat. Th. 4, 295.

cўnŏsūra ōva, n. pl. (κυνόσουρα), œufs clairs, abandonnés par la poule: Plin. 10, 167.

Cўnŏsūrae, ārum, f. pl., nom d'un promontoire de l'Attique: Cic. Nat. 3, 57.

Cўnosūris, ĭdis, f. (Κυνοσουρίς), de la Petite Ourse: Ov. Tr. 5, 3, 7.

cўnŏzŏlŏn, i, n. (κυνόζολον), caméléon noir [plante]: Plin. 22, 47.

Cynthĭa, ae, f., Cynthie [Diane honorée sur le mont Cynthus]: Hor. O. 3, 28, 12 ‖ nom de femme: Prop. 1, 1, 1 ‖ nom de l'île de Délos: Plin. 4, 12.

Cynthĭus, ĭi, m., Apollon [honoré sur le mont Cynthus]: Virg. B. 6, 3.

Cynthus, i, m. (Κύνθος), montagne de l'île de Délos: Plin. 4, 66.

Cўnus, i, f. (Κῦνος), ville de Locride: Liv. 28, 6, 12.

Cўpărissus, i, f., ville de Messénie: Plin. 4, 15 ‖ **Cўpărissĭus sĭnŭs**, m., golfe de Cyparissus: Plin. 4, 15 ‖ **Cўpărissĭa**, ae, f., C.▶ Cyparrissus: Liv. 32, 21, 23.

cўpărissĭās, ae, m., variété d'euphorbe: Plin. 26, 70 ‖ météore igné [dont la forme rappelle celle du cyprès]: Sen. Nat. 1, 15, 4; P. Fest. 45, 1.

cўpărissĭfĕr, ĕra, ĕrum (cyparissus, fero), abondant en cyprès: Sidon. Carm. 23, 417.

1 **cўpărissus**, i, f. (κυπάρισσος), cyprès [arbre]: Virg. En. 6, 216.

2 **Cўpărissus**, i ¶ **1** m., fils de Téléphe [changé en cyprès]: Ov. M. 10, 121 ¶ **2** f., ancien nom d'Anticyre [en Phocide]: Stat. Th. 7, 344.

cўpărittĭās, V.▶ cyparissias: Plin. 26, 70.

Cўpassis, ĭdis, f., nom de femme: Ov. Am. 2, 7, 17.

cўpēris, ĭdis, f., racine du souchet: Plin. 21, 117.

cўpērŏs (-us), i, f., **cўpērum (-ŏn)**, i, n. (κύπειρος, κύπειρον), souchet [sorte de jonc]: Plin. 21, 117; Varr. R. 3, 16, 13; Petr. 127, 9.

Cyphans portus, m., port d'Achaïe: Plin. 4, 17.

cўphi, is, n. (κῦφι), sorte de parfums employés par les prêtres égyptiens: Hier. Jovin. 2, 8.

cўpīra, ae, f., nom d'une plante de l'Inde: Plin. 21, 117.

cўpīrus, i, f. (κύπειρος) ¶ **1** V.▶ cyperos: Plin. 12, 43 ¶ **2** glaïeul: Plin. 21, 107.

cypressus, C.▶ cupressus: Vulg. Eccli. 24, 17.

cyprĕus, a, um (cyprum), de cuivre: Plin. 23, 74.

Cyprĭa, ae, f., Vénus [honorée dans l'île de Chypre], Cypris: Tib. 3, 3, 34.

Cyprĭăcus, a, um (Κυπριακός), de Chypre: Val.-Max. 4, 3, 2.

Cyprĭānus, i, m., saint Cyprien [évêque de Carthage]: Hier. Ep. 58, 10.

Cyprĭarchēs, ae, m., le gouverneur de Chypre: Vulg. 2 Macc. 12, 2.

Cyprĭcus, a, um, de Chypre: Cat. Agr. 8, 2.

cyprīnum, i, n. (κύπρινον), huile de troène: Plin. 15, 28.

1 **cyprīnus**, a, um, de cuivre: Grom. 322, 1.

2 **cyprīnus**, i, m., cyprin, espèce de carpe: Plin. 9, 58; 162.

cyprĭŏs, ĭi, m., le pied cyprien (⏑ − ⏑ ⏑ −): Diom. 482, 4.

Cypris, ĭdis et is, f., nom de Vénus [honorée dans l'île de Chypre]: Aus. Epigr. 55 (57), 1.

Cyprĭus, a, um (Κύπριος), de Chypre: Hor. O. 3, 29, 60 ‖ **Cyprĭi**, m. pl., habitants de Chypre: Plin. 7, 208 ‖ **Cyprium aes** Plin. 34, 94, cuivre cyprien [fait avec le minerai nommé cadmie]; **cypria pyxis** Plin. 28, 95, boîte en cuivre cyprien; **cyprius pes**, V.▶ cyprios ‖ **Cyprius vicus** Liv. 1, 48, 6; V.▶ Ciprius.

cypros, i, f., henné [arbrisseau]: Plin. 12, 109; 23, 90 ‖ parfum extrait des fleurs: Plin. 12, 109.

cyprum, i, n., cuivre: Solin. 52, 55; V.▶ cuprum.

Cyprus (-ŏs), i, f. (Κύπρος), Chypre [grande île de la mer Égée, où l'on honorait Vénus] Atlas I, E6; IX, D2: Cic. Att. 9, 9, 2; Hor. O. 1, 3, 1.
▶ acc. -on Ov. M. 10, 718.

1 **Cypsĕla**, ae, f., ancienne ville d'Hispanie: Avien. Or. 527.

2 **Cypsĕla**, ōrum, n. pl., place forte de Thrace Atlas VI, A3: Liv. 38, 40.

1 **cypsĕlus**, i, m. (κύψελος), sorte d'hirondelle: Plin. 10, 114.

2 **Cypsĕlus**, i, m., tyran de Corinthe: Cic. Tusc. 5, 109 ‖ **-ĭdēs**, ae, m., fils de Cypselus, Périandre: Ciris 464.

Cўra, ae, f., C.▶ Cyrene: Ov. Ib. 537.

Cўrās, acc. an; m., montagne d'Afrique: Just. 13, 7.

Cўrēnae, ārum, f. pl., **Cўrēnē**, ēs, f. (Κυρῆναι et Κυρήνη), Cyrène [ville de la Pentapole, près de la Grande Syrte, patrie de Callimaque, d'Aristippe] Atlas I, E5: Cic. Planc. 13; Sall. J. 29, 3.

Cўrēnaeus, a, um ¶ **1** de Cyrène [ville]: **Cyrenaea urbs** Sil. 8, 159, Cyrène ‖ **Cўrēnaei**, ōrum, m. pl., Cic. Ac. 2, 76, C.▶ Cyrenaici ¶ **2** de Callimaque: Prop. 4, 6, 4.

Cўrēnăĭcus, Cўrēnaeĭcus, a, um, de Cyrène [ville]: **Cyrenaica philosophia** Cic. de Or. 3, 62, philosophie cyrénaïque, enseignée par Aristippe [de Cyrène]; **Cyrenaica lacrima** Plin. 19, 15, le laser, sorte de gomme aromatique ‖ **Cўrēnăĭca**, ae, f., la Cyrénaïque, province d'Afrique Atlas I, E5; IX, F1: Plin. 5, 31; **Cўrēnăĭci**, m. pl., les Cyrénaïques, ou disciples d'Aristippe: Cic. Ac. 2, 131.

Cўrēnē, es, f. ¶ **1** Cyrène [mère d'Aristée]: Virg. G. 4, 321 ¶ **2** ville, V.▶ Cyrenae.

Cўrēnensis, e, de Cyrène [ville]: **Cyrenenses agri** Cic. Agr. 2, 51, territoire de Cyrène ‖ **Cyrenenses**, ĭum, m. pl., Sall. J. 79, 2, habitants de Cyrène.

Cўrēnĭus, ĭi, m., nom d'un gouverneur de Syrie: Juvc. 1, 171.

Cўrētiae, ārum, f. pl. (Κυρετίαι), ville de Thessalie: Liv. 31, 41, 5; V.▶ Chyretiae.

Cўrēus, a, um, de Cyrus [architecte]: **Cyrea**, n. pl., travaux de Cyrus: Cic. Att. 4, 10, 2.

Cyrillus, i, m., Cyrille [nom d'homme]: Jord. Rom. 369.

Cyrnaeus, V.▶ Cyrne.

Cyrnē, ēs, f. et **Cyrnus (-ŏs)**, f., nom grec de l'île de Corse: Serv. B. 9, 30; Plin. 3, 80 ‖ **-nēus (-aeus)**, a, um et **-năĭcus**, a, um, de Corse: Virg. B. 9, 30; Rutil. 1, 516.

cyrnĕa, ae, f., C.▶ hirnea: *Non. 546, 22.

Cўrŏpŏlis, is, f., ville de Médie: Amm. 23, 6; Curt. 7, 6, 16.

Cyrrha, v. *Cirrha*.
Cyrrhestae, *ārum*, m. pl., peuple de Macédoine : Plin. 4, 34.
Cyrrhestĭca, *ae*, f., **Cyrrhestĭcē**, *ēs*, f., la Cyrrhestique, partie de la Syrie : Cic. Att. 5, 18, 1 ; Plin. 5, 81.
Cyrrhus, *i*, f., capitale de la Cyrrhestique Atlas I, D7 ; IX, C4 : Plin. 5, 81.
Cyrtaei, **Cyrtĭi**, *ōrum*, m. pl. (Κύρτιοι), peuple de Médie : Liv. 37, 40, 9 ; 42, 58, 13.
Cȳrus, *i*, m. (Κῦρος) ¶ 1 Cyrus [fils de Cambyse et de Mandane, roi de Perse] : Cic. Leg. 2, 56 ‖ Cyrus le Jeune, frère d'Artaxerxès Mnémon : Cic. Div. 1, 52 ¶ 2 nom d'un architecte : Cic. Q. 2, 2, 2 ‖ autre personnage du même nom : Hor. O. 1, 17, 25 ¶ 3 fleuve d'Asie qui se jette dans la mer Caspienne Atlas I, C7 : Plin. 6, 26.
Cȳta, *ae*, f. (Κύτη), c. *Cytae* : Val.-Flac. 1, 331.
Cȳtae, *ārum*, f. pl. (Κύται), ville de Colchide [patrie de Médée] : Plin. 4, 86.
Cȳtaei, *ōrum*, m. pl., habitants de Cyta : Val.-Flac. 6, 428.
Cȳtaeis, *ĭdis*, f., de Cyta = Médée : Prop. 2, 4, 7.
Cȳtaeum, *i*, n., ville de Crète : Plin. 4, 59.
Cȳtaeus, *a*, *um* (Κυταῖος), de Cyta ; de Médée ; magique : Val.-Flac. 6, 693 ‖ v. *Cytaei*.
Cȳtāīnē, *es*, f., de Cyta, épithète de Médée : Prop. 1, 1, 24.
Cȳthaerē, v. *Cythere*.
Cȳthaeron, v. *Cithaeron*.
Cȳthēra, *ōrum*, n. pl. (Κύθηρα), Cythère [Cérigo, île de la mer Égée, consacrée à Vénus] Atlas I, E5 ; VI, C2 : Virg. En. 1, 680.
Cȳthērē, *ēs*, **Cȳthērēa** (-**ēia**), *ae*, f. (Κυθήρη, Κυθέρεια), Cythérée, Vénus [adorée à Cythère] : Aus. Epigr. 36 (39), 5 ; Virg. En. 1, 257 ; Ov. M. 10, 529.
Cȳthĕrēĭăs, *ădis*, **Cȳthĕrēis**, *ĭdis*, f., de Cythère, de Vénus ; [qqf.] Vénus : Ov. M. 15, 386 ; M. 4, 288.
Cȳthĕrēius (Κυθερήιος), **Cȳthĕrīăcus**, *a*, *um*, de Cythère, de Vénus : Ov. M. 10, 529 ; H. 7, 60 ; **Cythereius heros** Ov. M. 13, 625, Énée ; **mensis** Ov. F. 4, 195, le mois d'avril [consacré à Vénus].
Cȳthēris, *ĭdis*, f., comédienne aimée d'Antoine : Cic. Fam. 9, 26, 2.
Cȳthērĭus, *ĭi*, m., Cythérien, nom donné à Antoine [amant de Cythéris] : Cic. Att. 15, 22.

Cythnŏs (-**us**), *i*, f., une des Cyclades Atlas VI, C2 : Liv. 31, 15, 8 ‖ -**nĭus**, *a*, *um*, de Cythnos : Quint. 2, 13, 13.
cȳtĭnus, *i*, m. (κύτινος), calice de la fleur du grenadier : Plin. 23, 110.
1 **cytis**, *is*, f. (κύτις), espèce de pierre précieuse : Plin. 37, 154.
2 **Cytis**, *is*, f., île voisine de l'Arabie : Plin. 37, 107.
cȳtĭsus, *i*, f. (κύτισος ; esp. *codeso*) et **cȳtĭsum**, *i*, n., cytise [plante] : Virg. B. 1, 78 ; Varr. R. 2, 1, 17.
Cȳtōrus, *i*, m. (Κύτωρος), Cytore [mont de Paphlagonie] : Virg. G. 2, 437 ‖ -**ĭăcus**, du Cytore : Ov. M. 6, 132 ou -**ĭus**, *a*, *um*, Catul. 4, 11.
Cȳzĭcēnus, *a*, *um*, de Cyzique : Plin. 32, 62 ‖ subst. m. pl., habitants de Cyzique : Cic. Pomp. 20.
1 **Cȳzĭcus**, *i*, m. (Κύζικος), Cyzique [héros qui donna son nom à la ville de Cyzique] : Mel. 1, 98.
2 **Cȳzĭcus** (-**ŏs**), *i*, f., **Cȳzĭcum**, *i*, n., Cyzique [ville de Propontide] Atlas I, D5 ; VI, A3 : Prop. 3, 22, 1 ; Plin. 5, 132.
▶ acc. -**ŏn** Ov. Tr. 1, 10, 29.

D

d, n. indécl., 4ᵉ lettre de l'alphabet latin, prononcée *dē*, v. *b* ǁ **D.** = *Decimus* [prénom]: CIL ǁ **D. M.** = *diis manibus*: CIL ǁ **D. O. M.** = *deo optimo maximo* = CIL ǁ **D. D.** = *dono dedit*: CIL ǁ **D. D. D.** = *dat, donat, dedicat*: CIL ǁ **D. P. S.** = *de pecunia sua*: CIL ǁ **D. N.** = *dominus noster*: CIL ǁ **DD. NN.** = *domini nostri*: CIL ǁ [pour dater une lettre] **D.** = *dabam* ou *dies*: *D. a. d. VI Kalendas Decembres* (= *dabam ante diem sextum*, etc.) CIC. *Fam.* 14, 1, 6, je remets cette lettre le sixième jour avant les calendes de décembre [= le 25 novembre] ǁ [employé comme chiffre] **D** = cinq cents.

dā, impér. de *do*, *dis*, voyons: VIRG. *B.* 1, 18; v. *do* § 8.

Dăae, v. *Dahae*.

Dabana, *ae*, f., NOT. DIGN. *Or.* 35, 5, v. *Davana*.

Dabelli, *ōrum*, m. pl., [peuple d'Éthiopie]: PLIN. 6, 190.

Dabitha, *ae*, f., ville de l'île Méséné [sur le Tigre]: PLIN. 6, 131.

dabla, *ae*, f., [sorte de dattes d'Arabie]: PLIN. 13, 34.

Dacenchrus, f., île près du promontoire Spirée [Argolide]: PLIN. 4, 57.

Dăci, v. *Dacus*.

Dăcĭa, *ae*, f., Dacie [grande région au S.-E. de la Germanie, auj. la Roumanie] Atlas I, C5: TAC. *Agr.* 41.

Dăcĭcus, *a*, *um*, des Daces: CLAUD. *VI Cons. Hon.* 335 ǁ Dacique [vainqueur des Daces, surnom de Trajan]: JUV. 6, 203.

Dăcisci, *ōrum*, m. pl., Dacisques [peuple de Mésie]: VOP. *Aur.* 38, 9 ǁ **-cus**, *a*, *um*, LACT. *Mort.* 27, 8 ou **-cānus**, *a*, *um*, TREB. *Claud.* 17, 3, des Dacisques.

Dăcius, *ii*, m., Dace: CONS. LIV. 387.

dăcrĭma, *ae*, f., v. *lacrima*: P. FEST. 60, 5.

dactŭlus, v. *dactylus*.

Dactyli, *ōrum*, m. pl. (Δάκτυλοι Ἰδαῖοι), Dactyles [prêtres de Cybèle]: DIOM. 478, 16.

dactylĭcus, *a*, *um* (δακτυλικός), dactylique, de dactyle [métrique]: *dactylicus numerus* CIC. *Or.* 191, rythme dactylique.

dactylĭdes vītes, f. pl. (δακτυλίδες), sorte de vignes [dont les sarments ont l'épaisseur du doigt]: PLIN. 14, 40; v. *dactylus* ¶ 3.

dactylīna, *ae*, f., sorte d'aristoloche: *ISID. 17, 9, 52.

dactylĭothēca, *ae*, f. (*δακτυλιοθήκη), dactyliothèque [collection de pierres précieuses]: PLIN. 37, 11 ǁ écrin, présentoir pour les bagues: MART. 11, 59, 4.

dactylis, *ĭdis*, v. *dactylides vites*.

dactylōsa, *ae*, f., c. *paeonia*: ISID. 17, 9, 48.

dactylus, *i*, m. (δάκτυλος; it. *dattero*) ¶ **1** datte [fruit]: PLIN. 13, 46 ¶ **2** dail [sorte de coquillage bivalve]: PLIN. 9, 184 ¶ **3** sorte de grappe de raisin: COL. 3, 2, 1 ¶ **4** sorte de graminée: PLIN. 24, 182 ¶ **5** sorte de pierre précieuse: PLIN. 37, 170 ¶ **6** [métrique] dactyle [composé d'une longue et deux brèves]: CIC. *Or.* 217; QUINT. 9, 4, 81.
▶ *dactulus* DIOCL. 6, 81.

dăcŭlum, *i*, n. (gaul., cf. *falx*; fr. *dail*), petite faux: GLOSS. 1, 84, 91.

Dācus, *i*, m., **Dāci**, *ōrum*, m. pl., Dace, Daces [habitants de la Dacie]: VIRG. *G.* 2, 496; CAES. *G.* 6, 25, 2 ǁ **-us**, *a*, *um*, des Daces: STAT. *S.* 4, 2, 66.

Dādastāna, *ae*, f., ville de Bithynie ou de Phrygie: AMM. 25, 10; 26, 23.

dādūchus, *i*, m. (δᾳδοῦχος), daduque [prêtre qui portait un flambeau dans les cérémonies de Démèter à Éleusis]: FRONT. *Ver.* 2, 1, p. 122 N.

Dadybra, *ōrum*, n. pl., ville de Paphlagonie: NOVEL.-JUST. 29, 1.

1 **Daedăla**, *ae*, f., partie de l'Inde, en deçà du Gange: CURT. 8, 10, 19.

2 **Daedăla**, *ōrum*, n. pl. (Δαίδαλα), Dédales [forteresse de Carie]: LIV. 37, 22.

daedălē, adv. (*daedalus*), artistement: JUL.-VAL. 3, 53.

Daedălĕus, HOR. *O.* 4, 2, 2, **-lĕus**, PROP. 2, 14, 8 et **-lĭus**, *a*, *um*, de Dédale ǁ *Daedaleae insulae*, f. pl., îles dédaléennes [sur la côte de Carie]: PLIN. 7, 56, 57.

Daedali montes, m. pl., montagne de l'Inde dans la Dédala: JUST. 12, 7.

daedălĭcus, *a*, *um*, habile, ingénieux: FORT. *Carm.* 11, 11, 17.

Daedălĭōn, *ōnis*, m. (Δαιδαλίων), Dédalion [fils de Lucifer, changé en épervier]: OV. *M.* 11, 295.

Daedălis, *ĭdis*, f. (Δαιδαλίς), Dédalis [nom de femme]: PL. *Ru.* 1164.

Daedălĭum, *ii*, n., ville de Sicile: ANTON. 95.

Daedălĭus, v. *Daedaleus*.

1 **daedălus**, *a*, *um* (δαίδαλος) ¶ **1** industrieux, ingénieux: VIRG. *En.* 7, 282, cf. P. FEST. 59, 26 ǁ [avec gén.] qui sait faire artistement qqch.: *verborum daedala lingua* LUCR. 4, 551, la langue habile ouvrière des mots, cf. 5, 234 ¶ **2** artistement fait, artistement ouvragé: LUCR. 5, 1451; 2, 505.

2 **Daedălus**, *i*, m. (Δαίδαλος), Dédale [légendaire architecte et statuaire d'Athènes, constructeur du labyrinthe de Crète]: CIC. *Brut.* 71; VIRG. *En.* 6, 14 ǁ [statuaire de Sicyone]: PLIN. 34, 76.

daemōn, *ŏnis*, m. (δαίμων) ¶ **1** un esprit, un génie: APUL. *Socr.* 49, 5 ǁ mauvais ange, démon, génie: LACT. *Inst.* 2, 14; TERT. *Apol.* 22, 3 ǁ [astrol.] *daemon bonus* FIRM. *Math.* 2, 16, 1, bon génie ¶ **2** [chrét.] diable: MINUC. 2, 7 ǁ dieu païen, idole: PAUL.-NOL. *Carm.* 14, 24.

Daemŏnēs, *is*, m. (Δαιμόνης), nom d'homme: PL. *Ru.* 33.

daemŏnĭăcus, *a*, *um* (δαιμονιακός), possédé par le démon: HIL. *Matth.* 9, 5 ǁ qui relève du démon, démoniaque: AUG. *Ep.* 149, 26 ǁ subst. m., un possédé: FIRM. *Math.* 3, 5, 32.

daemŏnĭcŏla, *ae*, m. f. (*daemon*, *colo*), adorateur du démon, païen: AUG. *Conf.* 8, 2.

daemŏnĭcus, *a*, *um* (δαιμονικός), du démon: TERT. *Res.* 58, 5.

daemŏnĭē, *ēs*, f. (δαιμονία), c. *daemonium*: MAN. 2, 897.

daemŏnĭum, *ii*, n. (δαιμόνιον), petit démon: TERT. *Apol.* 22, 1 ǁ démon: MINUC. 38, 1 ǁ *daemonion*, le démon de Socrate: APUL. *Apol.* 27.

daemŏnĭus, *a*, *um* (δαιμόνιος), divin, merveilleux: MAN. 2, 938.

daemŏnizŏr, *āris*, *ārī*, -, être possédé du démon: VL. *Matth.* 8, 33.

Daesĭtĭātes, *um* ou *ĭum*, m. pl., peuple de la Dalmatie: PLIN. 3, 143.

Dafn-, v. *Daphn-*.

dagnădes, *um*, f. pl. (cf. δακνίς, de δάκνω), oiseaux utilisés par les Égyptiens pour empêcher les buveurs de dormir: P. FEST. 60, 11.

Dagolassŏs, *i*, f., ville de la petite Arménie: ANTON. 207.

Dagōn, indécl., Dagon [dieu des Philistins]: VULG. *Jud.* 16, 23.

Dăhae (non **Dăae**), *ārum*, m. pl., Dahes [peuple scythe]: VIRG. *En.* 8, 728; LIV. 35, 48,

Dahae

5; Tac. An. 2, 3 ‖ sg., **Dăha**: Prud. Sym. 2, 808.

dăīmōn, ŏnis, m. (δαήμων), habile, expert: [sert à expliquer *daemon*] Chalc. 132.

Dalila, ae, f., femme du pays des Philistins, aimée de Samson: Vulg. Jud. 16, 4.

Daliŏn, ōnis, m., nom d'homme: Plin. 6, 194.

dalivus, a, um (obscur, cf. δαλίς?),
➡ *supinus* ou *stultus*: P. Fest. 59, 17.

Dalmătae, ārum, m. pl., Dalmates, habitants de la Dalmatie: Cic. Fam. 5, 11, 3 ‖ adjᵗ, **montes Dalmatae** Stat. S. 4, 7, 14, monts de Dalmatie ‖ sg., **Dalmata**: Mart. 10, 78, 8.

Dalmătensis, e, de la Dalmatie: Treb. Claud. 17.

Dalmătĭa, ae, f., Dalmatie [province située le long de l'Adriatique] Atlas I, C4; XII, C5: Cic. Fam. 5, 10, 3; Tac. An. 2, 53; Ov. Pont. 2, 2, 78.

Dalmătĭca, ae, f., (s.-ent. *vestis*),
v. *Dalmaticus*: Diocl. 16, 4.

dalmătĭcātus, a, um, revêtu de la dalmatique: Lampr. Comm. 8; v. *Dalmaticus*.

dalmătĭcŏmăfortĭum, ii, n. (de δελματικομαφέρτιον, v. *maforte*, dalmatique à capuchon: Diocl. 19, 8.

Dalmătĭcus, a, um, de Dalmatie: **Dalmaticae Alpes** Plin. 11, 97, Alpes Dalmatiques ‖ Dalmatique [vainqueur des Dalmates, surnom de L. Cécilius Metellus]: Cic. Verr. 2, 59 ‖ **dalmatica vestis** Isid. 19, 22, 9, dalmatique, tunique large à manches longues.

Dalmătīnus, a, um, de Dalmatie: Paul.-Med. Vit. Ambr. 52.

Dalmătĭus, a, um, de la Dalmatie: CIL 3, 6575.

dāma ou **damma**, ae, m. (gaul., cf. v. irl. *dam*; fr. *daim*), Virg. B. 8, 28; G. 3, 539, f., Hor. O. 1, 2, 12; Ov. F. 3, 646, daim [animal].
▶ sur le double genre, v. Quint. 9, 3, 6.

Dāma, ae, m., nom d'esclave: Hor. S. 1, 6, 38.

dămălĭo, ōnis, m. (δαμάλιον), veau: Lampr. Alex. 22, 8.

Dămălĭs, ĭdis, f. (Δάμαλις), nom de femme: Hor. O. 1, 36, 13.

Damanītāni, ōrum, m. pl., peuple de la Tarraconaise: Plin. 3, 24.

Dămărātus, i, m., v. *Demaratus*.

Dămascēna, ae, f., Plin. 15, 66, **Dămascēnē**, ēs, Mel. 1, 62, Damascène [partie de la Coelè-Syrie], pays de Damas ‖ **Dămascēnus**, a, um (Δαμασκηνός), de Damas: Plin. 15, 43 ‖ **dămascēna**, ōrum, n. pl. (esp. *amacena*, it. *amoscino*, it. *Quetsche*), pruneaux de Damas: Mart. 5, 18, 3 ‖ **Dămascēni**, ōrum, m. pl., habitants de Damas: Vulg. Ezech. 27, 18 ‖ **Damascēnus**, i, m., surnom de Jupiter, adoré à Damas: CIL 6, 405.

Dămascus, i, f. (Δαμασκός; it. *Damasco*), Damas [capitale de la Coelè-Syrie] Atlas I, E7; IX, D3: **-ŏs** *Plin. 5, 89; Curt. 3, 8, 12 ‖ **-us**, a, um, de Damas: Vulg. Gen. 15, 2.

Dămăsichthōn, ōnis, m. (Δαμασίχθων), fils de Niobé, tué par Apollon avec ses frères: Ov. M. 6, 254.

Dămăsippus, i, m., Damasippe, partisan de Marius: Cic. Fam. 9, 21, 3; Sall. C. 51, 32 ‖ surnom de la famille Licinia: Caes. C. 2, 44; Cic. Fam. 7, 23, 2 ‖ interlocuteur de la Sat. 2, 3 d'Horace.

dămăsōnĭŏn, ii, n. (δαμασώνιον),
c. *alisma*: Plin. 25, 124.

Dămastēs, ae, m. (Δαμάστης), **Damastus**, i, m., Damaste [historien grec, né à Sigée]: Plin. 1, 4 ‖ Avien. Or. 46; 372.

Dămăsus, i, m., saint Damase, pape de 366 à 384, ami de saint Jérôme: Hier. Vir. ill. 103.

Damēa, ae, f., ancien nom d'Apamée [en Syrie]: Plin. 3, 127.

Damēn, ēnis, m., nom d'un historien: Prisc. 2, 221, 17.

Dāmĭa, ae, f. (Δαμία), autre nom de *Bona Dea*: P. Fest. 60, 3.

dămĭātrix, īcis, f. (Damia), prêtresse de Bona Dea: P. Fest. 60, 4.

Dāmĭo, ōnis, m., nom d'homme: Cic. Att. 4, 3, 3.

dămĭum săcrĭfĭcĭum, n., sacrifice en l'honneur de Bona Dea: P. Fest. 60, 1.

dămĭurgus, v. *demiurgus*.

damma, ae, m., f., c. *dama* [mss].

dammŭla, c. *damula*.

damnābĭlis, e (damno), condamnable, honteux, indigne: Arn. 5, 31; Sidon. Ep. 6, 11, 1 ‖ **damnabilior** Aug. Ep. 21, 1.

damnābĭlĭtās, ātis, f., état de damnation: Gloss. 2, 37, 14.

damnābĭlĭtĕr, adv. (damnabilis), d'une manière condamnable, honteusement: Aug. Ep. 82, 20 ‖ **-lius** Sen. d. Aug. Civ. 6, 10.

damnās, indécl., [arch.], obligé à, condamné à: **damnas esto** Cat. d. Gell. 6, 3, 37, qu'il soit tenu de; **damnas sunto dare** Auct. d. Scaev. Dig. 32, 34, qu'ils soient tenus de donner, cf. Dig. 9, 2, 2; Quint. 7, 9, 12.

damnātĭcĭus, a, um, condamné, condamnable: Tert. Praescr. 34, 8.

damnātĭo, ōnis, f. (damno) ¶ 1 condamnation judiciaire: **damnatio ambitus** Cic. Clu. 98, condamnation pour brigue; **damnatio ad furcam** Call. Dig. 48, 19, 28, condamnation à la potence ‖ [en gén.] action de proscrire, de rejeter qqch.: **esse in confessa damnatione** Plin. 20, 45, être rejeté sans conteste ¶ 2 damnation: Hier. Ep. 33, 5.

damnātŏr, ōris, m. (damno), celui qui condamne: Tert. Nat. 1, 3, 1 ‖ celui qui rejette: Sedul. Hymn. 1, 10.

damnātōrĭus, a, um (damno), de condamnation: Cic. Verr. 3, 55; Suet. Aug. 33; **damnatorium ferrum** Amm. 18, 1, glaive du bourreau.

damnātus, a, um, part. de *damno* ‖ adjᵗ, condamné, rejeté, réprouvé: **damnatior** Cic. Pis. 97.

Damnĭa, ae, f., ville d'Arabie: Plin. 6, 152.

damnĭfĭcō, ās, āre, -, - (damnum, facio), tr., léser: Aug. Psalm. 118, S. 31, 2 ‖ condamner à (*aliquem pecunia*): Cassiod. Eccl. 7, 29.

damnĭfĭcus, a, um (damnum, facio), malfaisant, nuisible: Pl. Cis. 728.

damnĭgĕrŭlus, a, um (damnum, gero), malfaisant, porteur de préjudice: Pl. Truc. 551.

damnō, ās, āre, āvī, ātum (damnum; it. *dannare*) ¶ 1 condamner en justice, déclarer coupable; *aliquem*, qqn: **ille quoque damnatus est** Cic. de Or. 1, 231, lui aussi fut condamné; **cum jam pro damnato esset** Cic. Verr. 4, 33, alors qu'il était déjà comme condamné ‖ **damnati, orum** Cic. Verr. 5, 14, les condamnés ‖ **damnare rem**, condamner une chose, la rejeter comme injuste: **causa prope convicta atque damnata** Cic. Clu. 7, cause presque jugée et condamnée, cf. Liv. 3, 71, 8 ‖ **Milo Clodio interfecto eo nomine erat damnatus** Caes. C. 3, 21, 4, Milon, après le meurtre de Clodius, avait été condamné de ce chef (à ce titre); **contra edictum fecisse damnabere** Cic. Verr. 3, 25, tu seras condamné comme ayant contrevenu à l'ordonnance, cf. Liv. 30, 39, 7; Sil. 10, 655; [avec *quod* et subj.] être condamné pour…: Liv. 45, 31, 2; [tard.] [avec *cur* et subj.] Spart. Sept. 14, 13 ‖ [gén. du grief] **damnari ambitus** Cic. Brut. 180; **furti** Cic. Flac. 43; **majestatis** Cic. Phil. 1, 23, être condamné pour brigue, vol, lèse-majesté; **rei capitalis** Cic. CM 42, pour crime capital; [ou avec *de*] **de majestate** Cic. Verr. 1, 39; **de vi et majestate** Cic. Phil. 1, 21, être condamné pour violence et lèse-majesté ‖ [abl. de la peine] **tertia parte agri damnati** Liv. 10, 1, 3, condamnés à la confiscation du tiers de leur territoire; **aliquem capite** Cic. Verr. 5, 109, condamner qqn à mort, cf. Tusc. 1, 98; 1, 50; Liv. 27, 34, 1 ‖ [gén. de la peine] **capitis** Cic. Quinct. 32, condamner à la perte de sa personnalité civile [perte du droit de cité ou exil] (Caes. C. 3, 83, 3; 3, 110, 3; Nep. Alc. 4, 5; Chabr. 3, 1); **capitis** Cic. Verr. 26, 33, 3, condamner à mort, cf. Nep. Eum. 5, 1; Paus. 3, 4; Liv. 39, 35, 8 ou **capitalis poenae** Liv. 42, 43, 9; **octupli damnari** Cic. Verr. 3, 29, être condamné à payer huit fois la somme ‖ [avec *ad*]: **ad mortem** Tac. An. 16, 21; **ad extremum supplicium** Tac. An. 6, 38; **ad bestias** Suet. Cal. 17, condamner à mort, au dernier supplice, aux bêtes; **in metallum** Dig. 49, 18, 3, aux mines ‖ **morti damnatus** Lucr. 6, 1232, condamné à mort ¶ 2 grever un héritier d'un legs: **damnare heredem suum ut…**

[ou *ne*, ou inf.] Dig. 12, 6, 26, 7, imposer à son héritier l'obligation de ; Dig. 8, 4, 16 ; Gai. *Inst.* 2, 197 ¶ **3** faire condamner, obtenir la condamnation de qqn, cf. ▶ condemno : Pl. *Ru.* 1282 ; Varr. *R.* 2, 2, 6 ; Plin. 34, 6 ; *damnatus ab aliquo sua lege decem milibus aeris* Liv. 7, 16, 9, condamné aux termes de sa propre loi sur l'instance de qqn à une amende de dix mille as ‖ *debitori suo creditor saepe damnatur* Sen. *Ben.* 6, 4, 4, souvent le débiteur obtient condamnation contre son créancier ¶ **4** condamner, blâmer, critiquer : *aliquem summae stultitiae* Cic. *Part.* 134, taxer qqn de la dernière sottise ‖ *damnare Senecam* Quint. 10, 1, 125, condamner Sénèque, le désapprouver ; *ne damnent quae non intellegunt* Quint. 10, 1, 26, pour éviter de condamner ce qu'on ne comprend pas ; *damnanda* Plin. *Ep.* 3, 9, 5, des choses condamnables ‖ rejeter, repousser [avec infinitif] *ales damnavit vesci* Sil. 5, 62, le poulet refusa de manger ‖ [tard.] interdire, obstruer [cf. le français " condamner une porte, une fenêtre "] : Prud. *Perist.* 2, 479 ¶ **5** [expressions] : *damnare aliquem votis* Virg. *B.* 5, 80 ; *voto* Sisenna d. Non. 277, 11, condamner qqn à l'exécution de ses vœux, c.-à-d. les exaucer ; [poét.] *numquam somno damnatus lumina serpens* Luc. 9, 363, un dragon dont les yeux ne sont jamais condamnés au sommeil ‖ le plus souvent *voti damnari* = voir ses vœux exaucés : Nep. *Tim.* 5, 3 ; Liv. 7, 28, 4 ; 10, 37, 16 ; 27, 45, 8 ¶ **6** [chrét.] [en parlant de Dieu] réprouver, damner : Hier. *Ep.* 22, 18.

damnōsē, adv. (*damnosus*), d'une manière dommageable : *damnose bibere* Hor. *S.* 2, 8, 34, boire à se ruiner.

damnōsus, *a*, *um* (*damnum*) ¶ **1** [en parl. de pers. et de choses] qui cause du tort, dommageable, nuisible, funeste [avec dat.] : Liv. 25, 1, 4 ; 45, 3 ; *damnosum est* [avec inf.] Sen. *Ep.* 7, 2, il est nuisible de ‖ [abs!] *damnosissimus* Pl. *Bac.* 117 ¶ **2** qui dépense, qui se ruine, prodigue : Pl. *Ep.* 319 ; *damnosior* Suet. *Ner.* 31.

damnum, *i*, n. (cf. *daps*, δαπάνη ; fr. *dam*) ¶ **1** détriment, dommage, tort, préjudice : *damnum facere* Cic. *Brut.* 125 ; *contrahere* Cic. *Fin.* 5, 91 ; *capere* Pompon. *Dig.* 9, 2, 39 ; *accipere* Hor. *Ep.* 1, 10, 28 ; *pati* Sen. *Ir.* 1, 2 ; *ferre* Ov. *H.* 15, 64, éprouver du dommage ; *damnum dare* Cat. *Agr.* 149 ; Pl. *Cis.* 106 ; Cic. *Tull.* 8, causer du dommage ; *magnum damnum factum est in Servio* Cic. *Fam.* 10, 28, 3, c'est une grande perte que nous avons faite en Servius ‖ *damnum infectum* Cic. *Top.* 22, dommage éventuel, cf. Dig. 39, 2, 3 ; Plin. 36, 6 ¶ **2** [en part.] **a)** perte de troupes à la guerre : *duarum cohortium damno* Cæs. *G.* 6, 44, 1, avec une perte de deux cohortes **b)** amende, peine pécuniaire : Pl. *Trin.* 219 ; Cic. *Off.* 3, 23 ; *Phil.* 1, 12 ; Liv. 4, 53, 7.

Dāmŏclēs, *is*, m. (Δαμοκλῆς), Damoclès [courtisan de Denys le Tyran] : Cic. *Tusc.* 5, 61.

Dāmŏcrĭtus, *i*, m. (Δαμόκριτος), nom d'un préteur des Étoliens : Liv. 31, 32.

Dāmoetās, *ae*, m. (Δαμοίτας), nom de berger : Virg. *B.* 3, 1.

Dāmōn, *ōnis*, m., Pythagoricien [ami de Pythias] : Cic. *Off.* 3, 45 ‖ célèbre musicien d'Athènes : Cic. *de Or.* 3, 132 ‖ berger : Virg. *B.* 3, 17 ; 8, 1.

Dāmŏphilus, *i*, m. (Δαμόφιλος), nom d'homme : Plin. 35, 154 ; CIL 5, 7392.

dampnum, c. ▶ *damnum* [orthographe tardive des mss].

dāmŭla, **dammŭla**, *ae*, f. (dim. de *dama*), petit daim : Apul. *M.* 8, 4.

dān, pour *dasne* : Pl. *Truc.* 373.

Dănăē, *ēs*, f. (Δανάη), Danaé [mère de Persée] : Virg. *En.* 7, 372 ‖ **-ēĭus**, *a*, *um*, de Danaé : Ov. *M.* 5, 1.

Danagŭla, *ae*, f., ville de l'Inde en deçà du Gange : Plin. 6, 23.

Dănăi, *ōrum* et *um*, m. pl., les Grecs : Cic. *Tusc.* 4, 52 ; Virg. *En.* 2, 5 ‖ Lucr. 1, 87 ; Virg. *En.* 1, 30.

Dănăĭdae, *ārum*, m. pl. (Δαναΐδαι), les Grecs : Sen. *Tro.* 607.

Dănăĭdes, *um*, f. pl. (Δαναΐδες), les Danaïdes [filles de Danaüs condamnées à remplir dans les Enfers un tonneau sans fond] : Sen. *Herc. f.* 757.

Danastěr (-stěrus), *i*, m., fleuve de la Sarmatie européenne [auj. Dniestr] : Jord. *Get.* 30.

1 **Dănăus**, *i*, m. (Δαναός), Danaüs [roi d'Argos, père des Danaïdes] : Cic. *Par.* 44 ; Serv. *En.* 10, 497.

2 **Dănăus**, *a*, *um*, relatif à Danaüs, c.-à-d. aux Argiens, aux Grecs ; [d'où] grec, des Grecs : Ov. *M.* 13, 92 ‖ ▶ *Danai*.

Dandăcē, *ēs*, f., ville de la Chersonèse Taurique : Amm. 21, 8, 36.

Dandări, *ōrum*, **Dandărĭdae**, *ārum*, m. pl., peuple scythe des environs du Palus-Méotide Atlas I, C7 ; Plin. 6, 7 ; Tac. *An.* 12, 15 ‖ **-ĭca**, *ae*, f., pays des Dandares : Tac. *An.* 12, 16.

Daneon portus, m., port de la Troglodytique : Plin. 6, 165.

Dangalae, *ārum*, m. pl., peuple d'Arachosie : Plin. 6, 92.

Dāni, *ōrum*, m. pl., peuple de la Chersonèse Cimbrique [Danois] : Fort. *Carm.* 10, 7, 50.

Dănĭēl, *ēlis* et **Dănĭēlus**, *i*, m., Daniel [prophète] : Vulg. *Dan.* 1, 6.

dănista, *ae*, f. (δανειστής), prêteur d'argent, usurier : Pl. *Most.* 537 ; P. Fest. 60, 10.

dănistāria mensa, *ae*, f., usure, prêt à intérêt : CIL 3, p. 951 ; Tab. 13, 1.

dănistĭcus, *a*, *um* (δανειστικός), d'usurier : Pl. *Most.* 658.

dannus, *i*, m. (gaul.), magistrat principal d'un vicus : CIL 13, 4228.

dăno, *is*, ▶ *do* ▶.

Danthelēthae, *ārum*, **Dentheletī**, *ōrum*, m. pl., ▶ *Denseletae* : Liv. 39, 53.

Dānŭbĭus, *ii*, m., **Dānŭvĭus**, *ii*, m., Danube [fleuve de Germanie] Atlas I, B4 ; I, C5 ; V, D4 ; XII, A6 ; XII, B6 : Cæs. *G.* 6, 25, 2 ; Hor. *O.* 4, 15, 21 ; ▶ *Ister* ‖ **-īnus**, *a*, *um*, du Danube : Sidon. *Ep.* 8, 12.

dănunt, ▶ *do*.

1 **dănus**, *i*, m. (cf. *danista*), usurier, prêteur : Gloss. 4, 48, 3.

2 **dănus**, n. (δάνος), usure, prêt à intérêt : Gloss. 4, 327, 18.

Dānŭvĭus, ▶ *Danubius*.

Daorsi, *ōrum*, m. pl., peuple de Liburnie : *Liv. 45, 26, 14 ; ▶ *Daversi*.

dăpālis, *e* (*daps*), [repas] de sacrifice, somptueux, d'apparat : Aus. *Epist.* 9 (398), 13 ‖ [Jupiter] à qui l'on offre un sacrifice : Cat. *Agr.* 132.

dăpătĭcē [arch.], magnifiquement : P. Fest. 59, 24.

dăpătĭcus, *a*, *um*, [arch.] grand, magnifique : P. Fest. 59, 25.

Daphissa (-phusa), *ae*, f., montagne de Thessalie : Plin. 4, 29.

Daphitās (-dās), *ae*, m., sophiste de Telmesse : Cic. *Fat.* 5 ; Val.-Max. 1, 8, 8.

1 **daphnē**, *ēs*, f. (δάφνη), le laurier [arbre] : Petr. 131, 8.

2 **Daphnē**, *ēs*, f., fille du fleuve Pénée, aimée d'Apollon, changée en laurier : Ov. *M.* 1, 452 ‖ bourg près d'Antioche en Syrie Atlas IX, D3 : Liv. 33, 49 ‖ **-naeus**, *a*, *um*, de Daphné [ville de Syrie] : Amm. 22, 13, 1 ou **-nensis**, *e*, Cod. Just. 11, 77, 1.

daphnĕa (-ĭa), *ae*, f., pierre précieuse inconnue : Plin. 37, 157.

Daphnensis, ▶ *Daphne*.

Daphnis, *ĭdis* et *is*, m. ¶ **1** fils de Mercure, inventeur de la poésie bucolique, en Sicile : Virg. *B.* 2, 16 ‖ nom de berger : Virg. *B.* 7, 1 ¶ **2** *Lutatius Daphnis*, grammairien : Suet. *Gram.* 3 ¶ **3** *Daphnidis insula*, île de Daphnis [dans le golfe Arabique] : Plin. 7, 40.

daphnŏīdēs, *is*, f. (δαφνοειδής), sorte de cannelle : Plin. 12, 98 ‖ boisgentil [arbrisseau] : Plin. 15, 132 ‖ sorte de clématite [plante] : Plin. 24, 141.

daphnōn, *ōnis*, m. (δαφνών), bois de laurier : Mart. 10, 79, 5 ; Petr. 126, 12.

1 **Daphnus (-um)**, *i*, m. (n.), ville de Basse Égypte, près de Péluse : Anton. 162.

2 **Daphnūs**, *untis*, f., Daphnonte [ville d'Ionie] : Plin. 5, 117 ‖ ville de Phocide : Plin. 4, 27.

Daphnūsa, *ae*, f., île de la mer Égée [la même que Tellusa] : Plin. 5, 137.

dăpĭfěr, *ěri*, m. (*daps*, *fero*), serveur à table : Gloss. 5, 618, 21.

dăpĭnō, ās, āre, -, - (δαπανάω), tr., payer, procurer : Pl. *Cap.* 897.

dăpis, is, f., [C.] daps : Juvc. d. Gram. 5, 578, 1.

***daps** inus. au nom. **dăpis**, f. et ordin^t au pl. **dăpes**, um (cf. *damnum*, δάπτω) ¶ 1 sacrifice offert aux dieux, banquet sacré : Cat. *Agr.* 131 ; Virg. *En.* 3, 301 ¶ 2 repas, banquet, festin, mets **a)** sg., Acc. *Tr.* 217 ; Catul. 64, 305 ; Hor. *O.* 4, 4, 12 **b)** pl., Tib. 1, 5, 49 ; Virg. *B.* 6, 79 ; *G.* 4, 133 **c)** mets [oppos. à vin] : Ov. *F.* 5, 521 ∥ *dapes humanae* Plin. 17, 51, excréments (résidus de l'alimentation).
▶ nom. **daps* inus. P. Fest. 59, 21.

dapsĭlē, adv., en grande pompe, magnifiquement, somptueusement : Suet. *Vesp.* 19 ∥ *dapsilius* Lucil. d. Non. 321, 29.

dapsĭlis, e (δαψιλής), abondant, riche, somptueux : Pl. *Aul.* 167 ; *Ps.* 1266 ∥ *-lissimus* Not. Tir. 41, 28.

dapsĭlĭtās, ātis, f. (*dapsilis*), abondance, somptuosité : Paul.-Nol. *Ep.* 23, 32.

dapsĭlĭter, [C.] *dapsile* : Naev. *Com.* 39.

Darae, ārum, m. pl., peuple de Libye : Plin. 6, 150.

Daranthis, [V.] *Daritis*.

Dărās, indécl., ville de Mésopotamie : Fredeg. 2, 62.

Darat, m. indécl., fleuve de Libye : Plin. 5, 9 ∥ *-tītae*, ārum, m. pl., peuple voisin du Darat : Plin. 5, 10.

Dardae, ārum, m. pl., peuple de l'Inde : Plin. 6, 67.

dardăna, ae, f. (?), bardane : Ps. Apul. *Herb.* 36.

dardănārĭus, ĭi, m. (cf. *danus* ou *Dardanus* ?), marchand de blé, spéculateur sur les blés : Ulp. *Dig.* 47, 11, 6.

Dardăni, ōrum, m. pl., Dardaniens, habitants de la Dardanie [en Mésie] : Cic. *Sest.* 94.

Dardănĭa, ae, f. ¶ 1 pays des Dardaniens [Mésie] : Varr. *R.* 2, 1, 5 ¶ 2 Dardanie [ville fondée par Dardanus sur l'Hellespont, d'où Dardanelles] : Ov. *Tr.* 1, 10, 25 ¶ 3 [poét.] = Troie : Virg. *En.* 3, 156.

Dardănĭdēs, ae, m., fils ou descendant de Dardanus [par ex. Énée] : Virg. *En.* 10, 545 ∥ *-ĭdae*, ārum et *ūm*, m. pl., Troyens : Virg. *En.* 2, 72.

Dardănis, ĭdis, f., Troyenne : Virg. *En.* 2, 787 ; Mart. 10, 30, 8.

Dardănĭum, ĭi, n., promontoire et ville de Dardanie [en Troade] : Plin. 5, 125.

Dardănĭus, a, um ¶ 1 de Dardanus, de Troie, Troyen : Virg. *En.* 1, 602 ; *Dardanius senex* Ov. *Tr.* 3, 5, 38, Priam ; *Dardanius dux* Virg. *En.* 4, 224, Énée ; *minister* Mart. 11, 104, 19, Ganymède ; *Dardania Roma* Ov. *M.* 15, 431, Rome, fondée par les Troyens ¶ 2 de Dardanus [magicien] ; magique : Col. 10, 358.

Dardănum, i, n., [C.] *Dardanium* : Liv. 37, 9, 7.

1 Dardănus, a, um ¶ 1 de Dardanus, Troyen ; [subst. m.] = Énée : Virg. *En.* 4, 662 ∥ Romain : *Dardanus ductor* Sil. 1, 14, Scipion l'Africain ¶ 2 de Dardanie [en Mésie] [V.] *Dardani* : Plin. 3, 149.

2 Dardănus, i, m. (Δάρδανος), fondateur de Troie : Virg. *En.* 8, 134 ∥ magicien de Phénicie : Plin. 30, 9 ∥ philosophe stoïcien : Cic. *Ac.* 2, 69.

Dardē, ēs, f., ville d'Éthiopie : Plin. 6, 193.

Dardi, ōrum, m. pl., ancien peuple d'Apulie : Plin. 3, 104.

Dareīŏn, i, n., ville de la Parthie : Plin. 6, 46.

Daremae, ārum, m. pl., peuple voisin du golfe Arabique : Plin. 6, 176.

Dărēs, ētis, m. (Δάρης), Phrygien qui écrivit une relation de la guerre de Troie, à laquelle il prétendait avoir pris part ; nous avons une histoire latine attribuée faussement à ce Darès : Isid. 1, 42, 1 ∥ nom d'un athlète troyen : Virg. *En.* 5, 369.
▶ acc. habituel *Dareta* Virg. *En.* 5, 460 mais *Daren* Virg. 5, 456.

Dārēus, i, m., [C.] *Darius* : Ov. *Ib.* 317.

Dari, ōrum, m. pl., peuple de l'Inde, en deçà du Gange : Plin. 6, 73.

Darĭŏrītum, i, n., ville de Gaule [Vannes] : Peut. 1, 2.

Darītis (Darrintis), idis, f., la Daritide, partie de l'Ariane : Plin. 6, 95.

1 Dārīus, ĭi, m. (Δαρεῖος), nom de plusieurs rois de Perse dont les plus célèbres sont Darius, fils d'Hystaspe, et Darius Codoman, détrôné par Alexandre : Cic. *Fin.* 5, 92 ; Plin. 6, 41 ∥ *-us*, a, um, de Darius : Capel. 6, 578.

2 dărīus, ĭi, m., darique [pièce d'or chez les Perses] : Aus. *Epist.* (394), 5, 23.

Daron, ville d'Éthiopie : Plin. 6, 191.

Darrae, [V.] *Darae*.

Darsa, ae, f., ville de Pisidie : Liv. 38, 15.

Dascūsa, ae, f., ville de la petite Arménie : Plin. 5, 84 ∥ ville de Cappadoce : Peut. 10, 2.

Dascylĭum (-ĕum), i, n., **Dascylŏs**, i, f., ville de Bithynie : Mel. 1, 19 ; Plin. 5, 143.

dăsīa, ae, f. (δασεία), aspiration : Pomp.-Gr. 5, 132, 28.

Dasibari, n., fleuve de la Cyrénaïque : Plin. 5, 37.

dăsĭōs, pied [◡◡◡--] : Diom. 481, 31.

Dăsius, ĭi, m., nom d'homme : Liv. 24, 45, 1.

Dassarenses, ium, **Dassaretĭi**, ōrum, m. pl., peuple d'Illyrie : Plin. 3, 145 ; Mel. 2, 55 ∥ Liv. 27, 32, 9 ; 45, 26, 13.

Dasumnus, i, m., nom d'un ancien roi de Salente : Capit. *Aur.* 1, 6.

dăsypūs, ŏdis, m. (δασύπους), sorte de lièvre : Plin. 8, 219.

Dătămēs, is, m., Datame, nom d'un satrape perse : Nep. *Dat.* 1, 1.

dătārĭus, a, um (*do*), qui est susceptible d'être donné : Pl. *St.* 258 ; *Ps.* 968.

dătātim, adv. (*do*), en échange, en retour, réciproquement : Pl. *Curc.* 296.

dăthĭātum, i, n., espèce d'encens rougeâtre : Plin. 12, 60.

Dătĭānus, i, m., nom d'homme : Prud. *Perist.* 5, 130.

dătīcĭus, a, um (*datus*), [C.] *dediticius* : Greg.-M. *Ep.* 1, 73.

dătĭo, ōnis, f. (*do*) ¶ 1 action de donner : Cic. *Agr.* 2, 60 ; Varr. *R.* 3, 9 ¶ 2 droit de faire abandon de ses biens : Liv. 39, 19, 5.

Dătis, acc. *in*, m., général des Perses, vaincu par Miltiade à Marathon : Nep. *Milt.* 4, 1.

dătīvus, a, um (*do*), qui est donné : *dativus tutor* Gai. *Inst.* 1, 149, tuteur institué par testament ∥ [gram.] *dativus casus*, m., Quint. 1, 7, 18, et abs^t, *dativus* Gell. 4, 16, 3, le datif.

dătō, ās, āre, āvī, - (fréq. de *do*), donner souvent : *datare argentum fenore* Pl. *Most.* 602, prêter habituellement à usure, pratiquer l'usure ∥ *se* Pl. *Aul.* 637, se donner souvent.

dătŏr, ōris, m. (*do*), celui qui donne, donneur : Pl. *Truc.* 571 ; *dator laetitiae* Virg. *En.* 734, donneur de joie ∥ [au jeu de balle] le donneur, qui sert la balle : Pl. *Curc.* 297.

Datŏs, i, f., ville de Thrace : Plin. 4, 42.

datrix, īcis, f. (*dator*), celle qui donne : Mercat. *Nest. c. Pel.* 2, 6.

dătum, i, n., surtout au pl., dons, présents : Prop. 3, 15, 6 ; Ov. *M.* 6, 363.

1 dătus, a, um, part. de *do*.

2 dătŭs, abl. *ū*, action de donner : Pl. *Trin.* 1140.

daucīŏn, ĭi, n., **daucītēs**, ae, m., [C.] *daucum* : Ps. Apul. *Herb.* 30.

daucum, i, n., **daucŏs**, i, f. (δαῦκον), sorte d'ombellifère [plante] : Cels. 5, 23, [3, 8] ; Plin. 19, 27.

Daulĭăs, ădis, f., de Daulis : Catul. 65, 14 ; Ov. *H.* 15, 154.

Daulis, ĭdis, f. (Δαυλίς) ¶ 1 Daulis [ville de Phocide, où régna Térée] : Liv. 32, 18 ¶ 2 adj. f., de Daulis : Sen. *Thyest.* 275.

Daulĭus, a, um, de Daulis ; de Philomèle : Ov. *M.* 5, 276.

Daulŏtŏs, f., source d'Arabie : Plin. 6, 151.

Daunĭăcus, a, um, [C.] *Daunius* : Sil. 12, 429.

Daunĭăs, ădis, f., de la Daunie : Hor. *O.* 1, 22, 14.

Daunĭus, a, um, de Daunie, d'Apulie : Virg. *En.* 12, 723 ∥ d'Italie : Hor. *O.* 2, 1, 34 ; 4, 6, 27 ∥ **Daunĭi**, ōrum, m. pl., Dauniens, habitants de la Daunie : Plin. 3, 103.

Daunus, i, m. (Δαῦνος), aïeul de Turnus, roi d'Apulie : Virg. *En.* 12, 723.

dautĭa, *ōrum*, n. pl., ➡ *lautia* : P. Fest. 60, 6.

Davana, *ae*, f., ville de Mésopotamie : Amm. 23, 3, 7.

Davelli, ➡ *Dabelli*.

Daversi, ➡ *Daorsi* : Plin. 3, 143.

Dāvīd, m. indécl. et **Dāvīd**, *īdis*, m., David, roi des Hébreux : Vulg. 1 Reg. 16, 13 ; Juvc. 4, 48 ‖ **-dĭcus**, *a*, *um*, de David : Prud. Cath. 12, 49.

Dāvŏs (**-us**), *i*, m. (Δᾶος), Dave, nom d'esclave : Hor. S. 1, 10, 40 ; P. 114.

dē (cf. *unde*, v. irl. *dí*, osq. *dat* ; fr. *de*)

> I ¶1 éloignement, point de départ ¶2 point de rattachement ¶3 point d'où part une action.
> II temporel ¶1 "au cours de" ¶2 "immédiatement après", *diem de die*.
> III ¶1 sens partitif ¶2 "en prenant sur", *de suo ...* "à ses frais", *de publico* ¶3 "d'après, par suite de", *lassus de via*, *de mea sententia* ¶4 origine, matière ¶5 "au sujet de" ¶6 [avec des adj. n.] *de integro*, *de improviso* ¶7 [tard.] compl. du compar., compl. du nom ¶8 joint à des adv. ➡ *deintus*, *deforis*.

prép. gouvernant l'abl., marque séparation, éloignement d'un objet avec lequel il y avait contact, union, association (*ex* = " de l'intérieur de ").
I [sens local] de ¶1 [avec les verbes marquant éloignement, départ, en part. les composés de *de* et de *ex*] ➡ chacun d'eux : *detrahere de*, enlever de *decedere de*, s'éloigner de *de muro se dejicere*, se jeter du haut d'un mur *de sella exsilire*, sauter de son siège *effugere de manibus*, échapper aux mains de qqn *exire de*, sortir de ; *de complexu alicujus aliquem avellere* Cic. Font. 17, arracher qqn aux bras de qqn ‖ avec les verbes *capere*, *sumere*, *petere*, *haurire*, *emere*, *mercari*, *quaerere*, *audire*, *discere* ¶2 [point d'où se détache, où se rattache qqn ou qqch.] : *caupo de via Latina* Cic. Clu. 163, un cabaretier de la voie Latine ; *aliquis de circo Maximo* Cic. Mil. 65, un individu du grand cirque, cf. *Or. 47* ; *de Or. 2, 28* ; Suet. Aug. 98 ; Juv. 14, 134 ‖ *nova de gravido palmite gemma tumet* Ov. F. 1, 152, le bourgeon nouveau s'enfle sur le sarment gonflé ; *pendere de* Ov. F. 2, 760, être suspendu à ¶3 [point d'où part une action] : *haec agebantur de sella ac de loco superiore* Cic. Verr. 4, 85, cela se faisait du haut de la chaise curule, d'un endroit dominant la foule, cf. *1, 14* ; *2, 94* ; *5, 16* ‖ *nihil ex occulto, nihil de insidiis agere* Cic. Off. 1, 109, ne rien faire sournoisement, par surprise ; *de scripto sententiam dicere* Cic. Sest. 129, donner son avis par écrit ; *de tergo* Pl. As. 276, par derrière ; *de plano* Dig. 27, 1, 13, 10, de plain-pied, sans siéger sur le tribunal.

II [sens temporel] ¶1 en prenant sur, en détachant de, [donc] = au cours de : *de tertia vigilia* Caes. G. 1, 12, 2, au cours de la 3ᵉ veille ; *de nocte venire* Cic. Att. 4, 3, 4, venir de nuit, cf. Mur. 22 ; 69 ; Hor. Ep. 1, 2, 32 ; *multa de nocte* Cic. Sest. 75, la nuit étant encore profonde ; *de media nocte* Caes. G. 7, 88, 7, au milieu de la nuit ; *de die* Pl. As. 825 ; Liv. 23, 8, 6, de jour ; *de mense Decembri* Cic. Q. 2, 1, 3, au courant du mois de décembre ¶2 immédiatement après : *non bonus somnus de prandio* Pl. Most. 682, il n'y a pas de bon sommeil en sortant de table, cf. Trin. 215 ; Cic. Att. 12, 3, 1 ; *diem de die* Liv. 5, 48, 7, un jour après un autre, de jour en jour.

III [rapports divers] ¶1 en détachant d'un tout [sens partitif] : *accusator de plebe* Cic. Brut. 131, accusateur pris dans la plèbe, venant de la plèbe (Arch. 25) ; *aliquis de nostris hominibus* Cic. Flac. 9, quelqu'un de nos compatriotes (Att. 8, 1, 2 ; Mil. 65 ; Amer. 99 ; Lig. 37 ; Fam. 16, 1, 3) ‖ *partem aliquam de istius impudentia reticere* Cic. Verr. 1, 32, taire qqch. de son impudence ; *si quae sunt de eodem genere* Cic. Tusc. 4, 16, les choses qui sont du même genre ¶2 en tirant de, en prenant sur : *de eodem oleo et opera exaravi aliquid ad te* Cic. Att. 13, 38, 1, en prenant sur la même huile et sur le même entrain = j'ai profité de mon huile et de mon entrain pour te tracer (écrire) qqch. ; *de suis pecuniis templum ornare* Cic. Verr. 4, 71, orner un temple de ses deniers (Fin. 5, 42 ; Q. 1, 3, 7) ‖ *de suo (de meo, de vestro)* Cic. Att. 16, 16 a, 5 ; Fam. 4, 3, 1 ; Liv. 6, 15, 10, de ses fonds, à ses frais, du sien ; *de publico* Cic. Verr. 3, 105, aux frais de l'État ¶3 d'après, par suite de, ensuite de : *gravi de causa* Cic. Att. 7, 7, 3, d'après un motif grave, pour une raison grave (*de Or. 1, 186* ; Att. 11, 3, 1) ‖ *lassus de via* Pl. Ps. 661 ; *de via fessus* Cic. Ac. 1, 1, fatigué de la route, du voyage ; *de labore pedes (cor) tundit* Pl. Cas. 415, d'anxiété mon cœur me rompt la poitrine, cf. Ov. Tr. 3, 3, 82 ; M. 10, 49 ; *humus de corpore fervet* Ov. M. 7, 560, la terre devient brûlante au contact du corps ‖ *de mea sententia* Pl. Bac. 1038, d'après mon avis, cf. Cic. Cael. 68 ; Verr. 5, 52 ; *de mea voluntate* Cic. Att. 4, 2, 4, sur mon consentement ; *de exemplo meo* Pl. Most. 772, d'après mon exemple ¶4 origine, matière : *de templo carcerem fieri* Cic. Phil. 5, 18, une prison venir d'un temple, un temple devenir prison ; *captivum de rege facere* Just. 7, 2, 11, faire un captif d'un roi ; *fies de rhetore consul* Juv. 7, 197, d'orateur tu deviendras consul ‖ *templum de marmore* Virg. G. 3, 13, un temple de marbre, (Ov. M. 14, 313) ; Tib. 2, 1, 59 ; Plin. 26, 4, 11) ¶5 en ce qui concerne, relativement à, au sujet de : *de numero dierum fidem servare* Caes. G. 6, 36, 1, tenir parole relativement au nombre de jours ; *de benivolentia autem, quam ...* Cic. Off. 1, 47, en ce qui concerne la bienveillance, que ... (Off. 1, 82 ; 3, 110 ; Att. 9, 12, 2 ; Fam. 3, 12, 2) ; *de Samnitibus triumphare* Cic. CM 55, remporter les honneurs du triomphe relativement aux Samnites (pour avoir vaincu les Samnites) ‖ au sujet de, sur [pour marquer l'objet d'une discussion, d'une étude, d'une méditation] : *de contemnenda gloria libellos scribere* Cic. Arch. 26, écrire des opuscules sur le mépris de la gloire ; *quae de nihil sentiendo dicta sunt* Cic. Tusc. 1, 102, ce qui a été dit sur l'absence de sentiment ¶6 [avec des adj. n. pour former des expressions adverbiales] : *de integro* Cic. Verr. 2, 139, de nouveau, sur nouveaux frais (Fam. 12, 30, 2) ; *de improviso* Cic. Amer. 151 ; Caes. G. 2, 3, 1, à l'improviste ¶7 [tard.] [après compar.] : *plus de triginta pedibus* Grom. 11, 19, plus de trente pieds ‖ [partitif] *id est de pomis* Eger. 3, 6, c'est-à-dire des fruits ‖ [avec un nom] *una pars de aceto* Anthim. 10, une portion de vinaigre ; *parietes de cellola* Greg.-Tur. Hist. 1, 21, les murs de la cellule ¶8 pour *de* joint à des adv., ➡ *deforis*, *deintus*, *delonge*, *demagis*.

▶ en composition *de* marque **a)** un mouvement de séparation, d'éloignement : *decedo*, *deduco* ; ou de haut en bas : *decido*, *dejicio* **b)** le manque ou la cessation : *demens*, *despero* **c)** l'achèvement, la plénitude : *defungor*, *depugno* ; l'intensité : *demiror* ‖ placé souvent entre l'adj. et le subst. : *gravi de causa* ; après le relatif : *illud quo de agitur* Cic. de Or. 1, 209 ; Inv. 1, 41 ; 104 ; *qua de* Cic. Inv. 2, 70.

1 dĕa, *ae*, f. (*deus*), déesse : Cic. Verr. 5, 188 ; *deae triplices* Ov. M. 2, 654, les Parques ; *dea siderea* Prop. 3, 20, 18, la nuit.

▶ dat. pl. *diis* Varr. R. 3, 16, 17 ; *deabus* Cn. Gell. d. Char. 54, 13 ; Cic. Rab. perd. 5.

2 Dĕa, **Dīa Vocontĭōrum**, Die [ville de la Viennoise] Atlas V, E3, ➡ *Deensis* : Anton. 357.

dĕăcĭnātus, *a*, *um* (*de*, *acinus*), d'où l'on a retiré le raisin : Cat. Agr. 26.

dĕactĭo, *ōnis*, f. (*de*, *ago*), achèvement : P. Fest. 65, 14.

dĕalbātĭo, *ōnis*, f. (*dealbo*), action de blanchir, [fig.] purification : Aug. Faust 22, 52 ‖ blancheur : Aug. Civ. 3, 14.

dĕalbātŏr, *ōris*, m. (*dealbo*), celui qui crépit, qui blanchit : Cod. Just. 10, 64.

dĕalbātus, *a*, *um*, part. de *dealbo* ‖ [fig.] blanchi, pur : *dealbatior* Aug. Conf. 7, 6, 8 ‖ vêtu de blanc [en parlant des nouveaux baptisés] : Aug. Serm. 223, 1.

dĕalbō, *ās*, *āre*, *āvī*, *ātum* (*de*, *albus* ; fr. *dauber*), tr., blanchir, crépir : Cic. Verr. 1, 145 ; Vitr. 7, 4, 3 ‖ [fig.] blanchir, rendre pur : Vulg. Apoc. 7, 14.

dĕālĭtās, *ātis*, f. (*deus*), divinité : Arn.-J. Trin. 2, 23.

dĕămātus, *a*, *um*, part. de *deamo*, [cadeau] qui est bien venu : Pl. Truc. 703.

deambulacrum

dĕambŭlācrum, *i*, n. (*deambulo*), promenade, lieu de promenade : Paneg. 11, 9, 4.

dĕambŭlātĭo, *ōnis*, f. (*deambulo*), action de se promener, promenade : Ter. Haut. 806 ‖ lieu de promenade, promenade : Vulg. Ezech. 42, 4.

dĕambŭlātōrĭum, *ii*, n. (*deambulo*), galerie : Capit. Gord. 33, 6.

dĕambŭlō, *ās*, *āre*, *āvī*, *ātum*, intr., se promener : Cat. Agr. 127 ; 156, 4 ; Ter. Haut. 587 ; Cic. de Or. 2, 256 ; Suet. Aug. 96.

dĕamō, *ās*, *āre*, *āvī*, *ātum*, tr., aimer fortement : Pl. Ep. 219 ; Ter. Haut. 825, cf. Non. 97, 21.

Dĕāna, ⓒ⯈ *Diana* : CIL 14, 2212.

dĕargentassĕre, ⓥ⯈ *deargento*.

dĕargentō, *ās*, *āre*, *āvī*, *ātum*, tr. (*de argento*) ¶ **1** argenter, garnir d'argent : **deargentata arma** Oros. Hist. 3, 22, 2, armes ornées d'argent ¶ **2** dépouiller de son argent : Lucil. 682.
▶ inf. fut. arch. *deargentassere*, Lucil. 682.

dĕargūmentŏr, *ārĭs*, *ārī*, -, intr., argumenter : Mamert. Anim. 2, 7.

dĕarmō, *ās*, *āre*, *āvī*, *ātum*, tr. (*de armis*), désarmer : Liv. 4, 10, 7 ‖ dérober, soustraire : Apul. M. 5, 30.

dĕartŭō, *ās*, *āre*, *āvī*, *ātum* (*de artubus*), tr., démembrer, disloquer [fig.] : **deartuare opes** Pl. Cap. 672, dépecer, disloquer une fortune, cf. Non. 95, 17.

dĕascĭō, *ās*, *āre*, *āvī*, *ātum*, tr., raboter, racler avec la doloire : Prud. Perist. 10, 381 ‖ [fig.] escroquer : Pl. Mil. 884.

dĕasclātĭo, *ōnis*, f. (*de ascella*), action de déboîter l'aisselle : Ps. Sor. Quaest. 219.

dĕaurātĭo, *ōnis*, f. (*deauro*), dorure : Greg.-M. Reg. 1, 3, 4.

dĕaurātŏr, *ōris*, m. (*deauro*), doreur : Cod. Just. 10, 64, 1.

dĕaurātus, *a*, *um*, part. de *deauro*.

dĕaurō, *ās*, *āre*, *āvī*, *ātum* (*de*, *auro* ; it. *dorare*), tr., dorer : Cod. Th. 10, 22, 1 ; Tert. Idol. 8, 4 ; Aug. Serm. 24, 6.

dēbacchātĭo, *ōnis*, f. (*debacchor*), délire, frénésie, transport : Salv. Gub. 7, 4, 18.

dēbacchō, *ās*, *āre*, *āvī*, -, ⓒ⯈ *debacchor* : Fort. Carm. praef. 5 ; Greg.-Tur. Mart. 2, 20.

dēbacchŏr, *ārĭs*, *ārī*, *ātus sum*, intr., se livrer à des transports furieux, s'emporter : Ter. Ad. 184 ‖ [fig.] **qua parte debacchentur ignes** Hor. O. 3, 3, 55, [voir] dans quelle région les feux du soleil font rage.

dēbattŭō, *ĭs*, *ĕre*, -, -, ⓒ⯈ *battuo* : Petr. 69, 3.

dēbellātĭo, *ōnis*, f. (*debello*), victoire [sur un vice] : Aug. Jul. 3, 21, 44.

dēbellātŏr, *ōris*, m. (*debello*), vainqueur : Virg. En. 7, 651 ; Stat. Th. 9, 545.

dēbellātrix, *īcis*, f. (*debellator*), celle qui dompte, qui soumet : Tert. Apol. 25, 4 ; Lact. Inst. 1, 9, 5.

dēbellātus, *a*, *um*, part. de *debello*.

dēbellō, *ās*, *āre*, *āvī*, *ātum* (*de*, *bello*), intr. et tr. ¶ **1** intr., terminer la guerre par un combat : **prima acie debellatum est** Liv. 7, 28, 3, la première bataille termina la guerre ‖ abl. n. du part. : **debellato** Liv. 26, 21, 4, la guerre étant terminée ¶ **2** tr., réduire, soumettre par les armes : **debellare superbos** Virg. En. 6, 853, réduire les peuples orgueilleux ‖ [au fig.] **si nos fabulae debellare potuissent** Curt. 9, 2, 15, si des fables avaient pu triompher de nous ; **debellare fungos** Plin. 22, 99, neutraliser les propriétés malfaisantes des champignons ‖ **rixa debellata** Hor. O. 1, 18, 8, rixe tranchée par une bataille.

dēbens, *tis*, part. de *debeo* ‖ subst. m. pl., **debentes**, *ium*, débiteurs : Liv. 6, 27, 3 ; Sen. Ben. 1, 4, 5.

dēbĕō, *ēs*, *ēre*, *bŭī*, *bĭtum* (*de*, *habeo* ; fr. *devoir*), tr., tenir qqch. de qqn [donc] lui en être redevable ¶ **1** devoir, être débiteur : **pecuniam alicui** Cic. Fam. 13, 14, 1, devoir de l'argent à qqn ; [abs¹] **qui se debere fatentur** Caes. C. 3, 20, 2, ceux qui se reconnaissent débiteurs ; **ii qui debent** Cic. Att. 16, 2, 2, les débiteurs ‖ **debere alicui** Sall. J. 96, 2, être débiteur de qqn ‖ pass. : **debitam biennii pecuniam exigere** Caes. C. 3, 31, 2, faire rentrer l'argent dû de deux années ‖ [fig.] **o fortunata mors, quae naturae debita pro patria est potissimum reddita !** Cic. Phil. 14, 31, heureuse mort ! c'était une dette envers la nature, mais elle a été acquittée de préférence à la patrie ; [pass. impers.] **si omnino non debetur** Cic. Q. 1, 2, 10, si on ne doit rien ; [prov.] **animam debere** Ter. Phorm. 661, être criblé de dettes ¶ **2** [fig.] devoir, être obligé à : **gratiam alicui debere** Cic. Phil. 2, 27, devoir de la reconnaissance à qqn ; **gratia alicui debetur** Cic. Fin. 3, 73, on doit de la reconnaissance à qqn ; **fides quae omnibus debetur** Cic. Q. 1, 1, 28, la protection qui est due à tous ; **debita officia** Cic. Fin. 1, 33, les devoirs pressants de la vie sociale ‖ [avec inf.] : **numne ferre contra patriam arma debuerunt ?** Cic. Lae. 36, étaient-ils tenus de porter les armes contre leur patrie ? ; **ita se de populo Romano meritos esse ut... agri vastari, oppida expugnari non debuerint** Caes. G. 1, 11, 3, leurs services envers le peuple romain étaient tels que leurs champs n'auraient pas dû être dévastés, leurs places prises d'assaut... ; **dicere... debentia dici** Hor. P. 43, dire les choses qui doivent être dites ‖ [poét.] ⯈ **necesse est...** : Lucr. 2, 1146 ; 3, 188 ‖ [poét.] devoir = être destiné (par le destin, par la nature) à : **urbem cerno Phrygios debere nepotes** Ov. M. 15, 44, je vois que les descendants des Troyens sont appelés à fonder une ville ; **cui regnum Italiae Romanaque tellus debentur** Virg. En. 4, 276, à qui sont dus (réservés) le royaume d'Italie et la terre romaine (7, 120 ; 6, 714 ; 11, 166 ; 12, 795) ; **fatis debitus** Virg. En. 11, 759, dû aux destins = destiné à mourir ‖ [qqf. aussi, obligation logique] devoir = être contraint par la logique de : **quoniam... existimare debetis...** Cic. Cat. 3, 16, puisque... vous devez logiquement penser que (Fam. 6, 12, 5 ; 16, 16, 2 ; Att. 11, 15, 2) ¶ **3** [fig.] devoir, être redevable de : **beneficium alicui** Cic. de Or. 1, 121, être redevable à qqn d'un service ; **plus alicui quam...** Cic. Fam. 2, 6, 5, être plus redevable, avoir plus d'obligations à qqn qu'à... ; **vitam alicui** Ov. Pont. 4, 5, 31 ; **salutem** Ov. M. 7, 164, devoir la vie, son salut à qqn ‖ [abs¹] **alicui debere** Cic. Planc. 68, avoir des obligations à qqn ¶ **4** [chrét.] **debet** [impers.], il faut : **intelligi debet** Aug. Civ. 6, 1, il faut que l'on comprenne ‖ [sorte d'auxiliaire, pour former un subjonctif à l'aide d'un infinitif] **praecipimus ut ... debeant accipi** Greg.-M. Ep. 1, 44, nous ordonnons que soient reçus.
▶ [arch.] *dehibuisti* Pl. Trin. 426 ‖ *debtur* = *debetur* CIL 11, 1950.

dēbĭbō, *ĭs*, *ĕre*, -, -, tr., boire à : **flumen** Solin. 7, 27, à un fleuve.

dēbĭl, *is*, ⓒ⯈ *debilis* [arch.] : Enn. An. 324.

dēbĭlis, *e* (*de debeo*), faible impotent, infirme, débile : Cic. Rab. perd. 21 ; Sest. 24 ; Phil 8, 31 ; [abs¹] **debiles** Curt. 4, 16, 11, les invalides ‖ **debile crus** Suet. Vesp. 7, jambe paralysée ; **debilis umbra** Ov. Tr. 3, 4, 20, fantôme sans force ; **debile carpit iter** Stat. Th. 12, 144, il s'en va d'un pas chancelant ‖ [fig.] faible, impuissant : Cic. Brut. 219 ; Cat. 3, 3 ; Tusc. 2, 13 ; Mil. 25 ; Mur. 51 ‖ **debilior** Tac. H. 4, 62 ; -*issimus* Not. Tir. 7, 67 b.

dēbĭlĭtās, *ātis*, f. (*debilis*), faiblesse, débilité, infirmité : Cic. Inv. 1, 36 ; Fin. 5, 84 ; Tusc. 3, 81 ; **debilitas linguae** Cic. Pis. 1, infirmité de la langue ; **debilitas membrorum** Liv. 33, 2, 8, paralysie ; **debilitas pedum** Tac. H. 1, 9, goutte ‖ [fig.] **debilitas animi** Cic. Fin. 1, 49, faiblesse de caractère, lâcheté.

dēbĭlĭtātē, ⓒ⯈ *debiliter* : Non. 98, 18.

dēbĭlĭtātĭo, *ōnis*, f. (*debilito*), affaiblissement : Apul. M. 2, 30 ‖ découragement : Cic. Pis. 88.

dēbĭlĭtĕr, adv. (*debilis*), en restant sans forces (paralysé) : Pacuv. Tr. 355.

dēbĭlĭtō, *ās*, *āre*, *āvī*, *ātum* (*debilis*), tr., blesser, estropier, mutiler : **membra quae debilitavit lapidibus** Cic. Flac. 73, les membres qu'il a estropiés à coups de pierres ; **quinquaginta hominum milia eo casu debilitata vel obtrita sunt** Tac. An. 4, 63, cinquante mille personnes furent estropiées ou écrasées dans cette catastrophe, cf. Liv. 21, 40, 9 ; **debilitare mare** Hor. O. 1, 11, 5, briser les vagues de la mer ‖ affaiblir, paralyser [propre et fig.] : **dolor fortitudinem se debilitaturum minatur** Cic. Tusc. 5, 76, la douleur menace d'affaiblir le courage ; **corpore debilitari** Cic. Caecin. 42, être affaibli physiquement; *eorum ferrum et audaciam debilitavi in foro* Cic. Mur. 79, leurs armes et leur audace, je les ai réduites à l'impuissance sur le forum ‖ *debilitati a jure cognoscendo* Cic. de Or. 2, 142, détournés de l'étude du droit par notre faiblesse.

dēbĭtē, adv. (*debitus*), comme de juste : Vict.-Vit. 3, 21.

dēbĭtĭo, ōnis, f. (*debeo*), action de devoir : Cic. Planc. 68; Att. 14, 13, 15; Gell. 1, 4, 2 ‖ dette : Ambr. Tob. 7, 25.

dēbĭtŏr, ōris, m. (*debeo*), débiteur : Cic. Off. 2, 78; Caes. C. 3, 1, 3 ‖ [fig.] *debitor voti* Mart. 9, 4, 2, 8, qui doit ce qu'il a fait vœu d'offrir dans le cas de succès [c.-à-d., dont le vœu a été exaucé, accompli] ; *debitor vitae* Ov. Pont. 4, 1, 2, redevable de la vie ; *habebis me debitorem* Plin. Ep. 3, 2, 6, je serai ton obligé ‖ [chrét.] qui doit de la reconnaissance à Dieu : Leo-M. Serm. 67, 5 ‖ qui a une dette envers Dieu, pécheur : *omnes ex Adam nascimur debitores* Aug. Serm. 120, 3, d'Adam nous naissons tous pécheurs.

dēbĭtrix, īcis, f. (*debitor*), débitrice : Paul. Dig. 16, 1, 24 pr. ‖ [fig.] *delictorum debitrix anima est* Tert. Anim. 35, 4, l'âme doit compte de ses fautes.

dēbĭtum, i, m. (*debitus*), dette d'argent : *debitum alicui solvere* Cic. Q. 1, 2, 10, s'acquitter d'une dette envers qqn, cf. Or. 178 ‖ [fig.] *velut omni vitae debito liberatus* Curt. 10, 5, 3, comme s'il était quitte de toute obligation envers la vie ; *debitum naturae reddere* Nep. Reg. 1, 5, payer son tribut à la nature, mourir ; *debitum persolvit* CIL 6, 3580, il a payé sa dette, il est mort ‖ [chrét.] faute, péché : Greg.-M. Dial. 4, 62 ‖ devoir : *debitum conjugale* Aug. Civ. 15, 3, le devoir conjugal.

dēbĭtus, a, um, part. de *debeo*.

dēblătĕro, ās, āre, āvī, ātum, tr., dire en bavardant, à tort et à travers : Pl. Aul. 268; Lucil. d. Non. 96, 10; *deblaterati multis versuum milibus* Gell. 9, 15, 10, après avoir débité plusieurs milliers de vers.

Dēbŏra, ae, f., nourrice de Rébecca : Vulg. Gen. 35, 8 ‖ prophétesse qui gouverna le peuple d'Israël : Alcim. Jud. 4, 4.

dēbrāchĭŏlo, ās, āre, -, - (*de, brachiolum*), tr., saigner un animal aux muscles des cuisses : Pelag. 21.

dēbrĭo, ās, āre, āvī, ātum (*de, ebrio*), tr., enivrer complètement : Aug. Serm. 169, 5; ⓥ deebriatus.

Dēbris, ĭdis, f., ville de Libye : Prisc. Perieg. 202 ; Plin. 5, 36.

dēbrĭus, a, um (*de, ebrius*), entièrement ivre : Anth. 284, 4.

dēbuccellātus, a, um, préparé avec du biscuit écrasé : Plin. Val. 1, 6.

dēbūcĭno, ās, āre, -, -, tr., publier à son de trompe [fig.] : Tert. Virg. 13, 2.

dēbŭī, parf. de *debeo*.

dēbullĭō, īs, īre, -, -, intr., pulluler : Rufin. Exod. 4, 1.

dēcăchinno, ās, āre, -, -, tr., rire aux éclats, se moquer de : *decachinnamur* Tert. Apol. 47, 12, nous sommes un objet de risée.

dĕcăchordus, a, um (δεκάχορδος), qui a dix cordes : Fulg. Myth. 1, 14.

dĕcăcūmĭnātĭō, ōnis, f. (*decacumino*), étêtement des arbres : Plin. 17, 236.

dĕcăcūmĭno, ās, āre, -, - (*de cacumine*), tr., tailler la tête [d'un arbre] : Col. 4, 7, 3.

dĕcăda, ae, f., ⓒ *decas* : Iren. 5, 30.

dĕcăgōnus, i, m., décagone : Ps. Boet. Geom. 422, 9.

dĕcălautĭco, ās, āre, -, -, tr., dépouiller de la coiffure appelée *calautica* : Lucil. 683 ; Non. 97, 9.

dēcalcātus, a, um, part. de *decalco*.

dēcalco, ās, āre, -, - (*de, calx*), tr., blanchir à la chaux : Gloss. 5, 543, 35.

dēcălĕfăcĭō, ĭs, ĕre, -, -, tr., chauffer, échauffer : Gloss. 2, 290, 14.

dēcălesco, ĭs, ĕre, -, -, intr., se refroidir : Gloss. 2, 290, 15.

dēcălĭcātŏr, ōris, m. (*decalco*), badigeonneur : Gloss. 2, 576, 50.

dĕcălŏgus, i, m., le décalogue, les dix commandements donnés à Moïse : Tert. Anim. 37, 47.

dēcalvātĭō, ōnis, f. (*decalvo*), action de se raser la tête : VL. Is. 22, 12 d. Hier. Ep. 122, 1.

dēcalvātus, a, um, part. de *decalvo* : Hier. Jovin. 1, 23.

dēcalvo, ās, āre, -, -, tr., tondre : Veg. Mul. 3, 48, 3.

dĕcămyrum, i, n. (δεκάμυρον), parfum composé de dix autres : M.-Emp. 35, 24.

1 dĕcănĭa, ae, f., groupe de dix moines sous un supérieur : Cassian. Inst. 4, 10, 17.

2 dĕcănĭa, ōrum, n. pl., groupe de dix signes du Zodiaque : Manil. 4, 298.

dĕcănĭcum, i, n. (*decanus*), demeure des dizeniers ou de dix moines : Cod. Th. 16, 5, 30.

dĕcăno, ĭs, ĕre, -, -, tr., chanter, célébrer : Prob. Cath. 4, 42, 23.

dēcantātĭō, ōnis, f. (*decanto*), action de chanter : Cassian. Coll. 1, 17, 2 ‖ action de répéter, de réciter : Hier. Ep. 106, 49.

dēcanto, ās, āre, āvī, ātum, tr., chanter sans discontinuer, exécuter en chantant : Hor. O. 1, 33, 3 ; Suet. Ner. 38 ‖ répéter une même chose, rebattre, rabâcher : Cic. de Or. 2, 75 ; Fin. 4, 10 ; *sed jam decantaverant (illa) fortasse* Cic. Tusc. 3, 53, mais peut-être les avaient-ils déjà rabâchées [ces plaintes], mais peut-être en étaient-ils las, rebattus ‖ faire l'appel successif de : Luc. 5, 394 ‖ prôner, vanter : Plin. 24, 1 ‖ charmer par des enchantements : Apul. M. 5, 13.

dĕcānus, i, m. (*decem*, cf. *primanus* ; fr. *doyen*), dizenier, doyen, sous-officier qui commande à dix soldats : Veg. Mil. 2, 8 ‖ dizenier [dans un monastère] : Hier. Ep. 22, 35, 1 ‖ chef des fossoyeurs : Cod. Just. 1, 2, 4 ‖ décan [génie qui préside à dix degrés du Zodiaque] : Firm. Math. 2, 4, 1.

Dĕcăpŏlis, is, f., la Décapole [région de la Judée] : Plin. 15, 15 ‖ **-ītānus**, a, um, de la Décapole : Plin. 5, 74.

dĕcăprōti, ōrum, m. pl. (δεκάπρωτοι), ⓒ *decemprimi* : Dig. 50, 4, 18.

dĕcăprōtīa, ae, f. (δεκαπρωτεία), ⓒ *decemprimatus* : Dig. 50, 4, 18.

dĕcargўrus, a, um (δέκα, ἄργυρος), de dix deniers : Cod. Th. 9, 23, 2.

dēcarmĭno, ās, āre, -, -, tr., briser un vers [métr.] : Cassiod. Psalm. 130, 3.

dēcarno, ās, āre, -, - (*de, caro*), tr., ôter la chair : Veg. Mul. 2, 27, 2 ; Apic. 295.

dēcarpo, ⓒ *decerpo* : Cat. Agr. 112, 3.

dĕcăs, ădis, f. (δεκάς), décade : Hier. Is. 7, 23, 14.

dĕcăsēmus, a, um, en dix temps : Mar. Vict. Gram. 6, 49, 14.

dĕcastўlŏs, ŏn (δεκάστυλος), qui a dix colonnes de front : Vitr. 3, 2, 8.

dĕcăsyllăbus, a, um (δεκασύλλαβος), décasyllabique : Mar. Vict. Gram. 6, 111, 31.

dēcaulesco, ĭs, ĕre, -, - (*de, caulis*), intr., monter en tige : Plin. 19, 122.

Decĕātes, -**ĭātes**, um ou ium, m. pl., peuple ligure de Narbonnaise : Mel. 2, 76 ; Plin. 3, 35.

dēcēdō, ĭs, ĕre, cessī, cessum, intr. ¶ 1 s'éloigner de, s'en aller ; [avec *de*, *ex*, ou abl. seul] : *de altera parte tertia agri* Caes. G. 1, 31, 10, quitter le second tiers du territoire ; *de provincia* Cic. Verr. 2, 48 (4, 66) s'en aller de la province ; *ex Gallia* Cic. Quinct. 16, quitter la Gaule ; *Italia* Sall. J. 28, 2 ; *pugna* Liv. 34, 47, quitter l'Italie, le combat ‖ *de via* Cic. Clu. 163 ; Cael. 38, s'écarter de la route ; *via* Suet. Caes. 31, s'égarer ; *naves suo cursu decesserunt* Caes. C. 3, 112, 3, les navires ont dévié de leur route ‖ *de via* ou *via decedere alicui*, ou simpl^t *decedere alicui*, s'écarter devant qqn, laisser la place à qqn : *his omnes decedunt* Caes. G. 6, 13, 7, tout le monde s'écarte devant eux ; *canibus de via decedere* Cic. Rep. 1, 67, céder le passage à des chiens ; *via alicui* Suet. Ner. 4, céder le pas à qqn ; [pass. impers.] *salutari, appeti, decedi* Cic. CM 63, le fait qu'on nous salue, qu'on nous recherche, qu'on nous cède le pas ; [fig.] *vivere si recte nescis, decede peritis* Hor. Ep. 2, 2, 213, si tu ne sais pas vivre en sage, cède la place aux compétents [tu n'as plus rien à faire sur terre] ; *ubi non Hymetto mella decedunt* Hor. O. 2, 6, 15, où le miel ne le cède pas à celui de l'Hymette ‖ [d'où poét.] : *serae nocti* Virg. B. 8, 88 ; G. 3, 467, se retirer devant la nuit tardive, s'en aller avant que

decedo

la nuit soit avancée; *calori* Virg. G. 4, 23, se soustraire (se dérober) à la chaleur ‖ [milit.] s'en aller, abandonner une position: Caes. G. 1, 44, 11; *de colle* Caes. C. 1, 71, 3; *de vallo* Caes. G. 5, 43, 4, abandonner la colline, le retranchement ‖ [t. officiel] quitter le gouvernement d'une province, quitter la province où l'on a exercé une fonction officielle: *de provincia* Cic. Verr. 3, 154; Att. 7, 35; *provincia* Cic. Lig. 2; *e provincia* Cic. Planc. 65; *ex Syria* Cic. Tusc. 2, 61; *e Cilicia* Cic. Brut. 1, quitter le gouvernement de la Syrie, de la Cilicie ‖ [abs¹] s'en aller, la fonction accomplie: Verr. 4, 140; Planc. 65; Sall. J. 36, 4 ¶ **2** s'en aller, mourir, disparaître: *de vita* Cic. Rab. perd. 30; *decedere* Caes. G. 6, 19, 3; *pater nobis decessit* Cic. Att. 1, 6, 2, notre père est mort ‖ *quartana decessit* Cic. Att. 7, 2, 2, la fièvre quarte a disparu; *aestus decedit* Liv. 26, 45, 7, la marée s'en va; *sol decedens* Virg. B. 2, 67, le soleil s'en allant, déclinant; *te veniente die, te decedente canebat* Virg. G. 4, 466, c'est toi qu'il chantait à l'arrivée du jour, toi qu'il chantait à son déclin ‖ *postquam invidia decesserat* Sall. J. 88, 1, depuis que la jalousie avait disparu; *priusquam ea cura decederet patribus* Liv. 9, 29, 1, avant que ce souci eût disparu pour les sénateurs [cf. encore dat.: 2, 31, 7; 23, 26, 8 Tac. An. 15, 20; 15, 44] *quaestioni Campanae materia decessit* Liv. 9, 26, 8, l'objet manqua pour les enquêtes en Campanie ¶ **3** [fig.] [avec *de*] renoncer à, se départir de: *de suis bonis* Cic. Verr. 2, 43, faire cession de ses biens; *de suo jure* Cic. Amer. 73, renoncer à son droit; *de civitate decedere quam de sententia maluit* Cic. Balb. 11, il aima mieux renoncer à sa cité qu'à son opinion; *de officio ac dignitate* Cic. Verr. prim. 28, manquer à son devoir et à sa dignité ‖ [avec abl.] *jure suo* Liv. 3, 33, 10, renoncer à son droit; *officio* Liv. 27, 10, 1, s'écarter du devoir, cf. 36, 22, 2; 37, 54, 9; 45, 19, 8; Tac. An. 14, 49 ‖ [avec *ab*] *nihil a superioribus decretis decedere* Cic. Flac. 27, ne s'écarter en rien des décrets antérieurs = y rester conforme ¶ **4** s'en aller (d'un tout), se retrancher de: *ut de causa ejus periculi nihil decederet* Cic. Clu. 167, pour qu'aucune parcelle de danger ne manque à son procès; *id suis decedere opibus credebant* Liv. 3, 55, 2, ils croyaient que c'était une diminution de leur puissance ¶ **5** avoir un terme, finir: *prospere decedentibus rebus* Suet. Caes. 24, comme les entreprises se terminaient heureusement.

▶ formes contr. du parf.; inf. *decesse*, Ter. Haut. 32; *Cic. Fam. 7, 1, 2 ‖ V. 1 *decessus*.

Děcělēa (-īa), *ae*, f. (Δεκέλεια), Décélie [bourg de l'Attique]: Nep. Alc. 4, 7; Frontin. Strat. 1, 3, 9.

dēcelsus, *a*, *um* (cf. *excelsus*), bas: Virg. Gram. Epit. 1, 2, 2.

děcem, indécl. (cf. *decimus*, *decuria*, *deni*, δέκα, scr. *daśa*, al. *zehn*, an. *ten*; fr. *dix*), dix: Cic.; Caes.etc. ‖ dix [= un nombre indéterminé]: Pl. Bac. 128; Hor. Ep. 1, 18, 25.

December, *bris*, m. (*decem* et *-ris*, cf. *membrum*; it. *decembre*), décembre [le dixième mois de l'année romaine à compter du mois de mars]: Cic. Leg. 2, 54 ‖ adj., du mois de décembre: *Kalendae Decembres* Cic. Phil. 3, 19, calendes de décembre; *libertate Decembri uti* Hor. S. 2, 7, 4, user de la liberté des Saturnales.

děcemjŭgis (*decem*, *jugum*), (s.-ent. *currus*) [char] attelé de dix chevaux: Suet. Ner. 24.

děcemmestris, *e* (*decem*, *mensis*), composé de dix mois: Cens. 20.

děcemmŏdius, *a*, *um*, qui contient dix boisseaux: Col. 12, 50, 9 ‖ **decemmodia**, *ae*, f., corbeille qui contient dix boisseaux: Col. 12, 18, 2.

děcemnŏvennālis, V. *decennovennalis*.

děcempěda, *ae*, f. (*decem*, *pes*), perche de dix pieds [servant de mesure]: Cic. Mil. 74; Phil. 14, 10; Hor. O. 2, 15, 14.

děcempědālis, *e*, long de dix pieds: Cod. Just. 11, 42, 46.

děcempědātŏr, *ōris*, m. (*decempeda*), arpenteur: Cic. Phil. 13, 37.

děcemplex, *ĭcis*, décuple: Varr. L. 10, 43; Nep. Milt. 5, 5.

děcemplĭcātus, *a*, *um* (*decemplex*), décuplé: Varr. L. 6, 38.

děcemprīmātŭs, *ūs*, m., décemprimat, dignité et fonction des *decemprimi*: Dig. 50, 4, 1.

děcemprīmi, *decem prīmi*, *ōrum*, m., les dix premiers décurions d'une ville municipale: Cic. Verr. 2, 162; Liv. 29, 15.

děcemrēmis, *e* (*decem*, *remus*), qui a dix rangs de rames: Plin. 7, 208.

děcemscalmus, *a*, *um*, qui a dix rames: Cic. Att. 16, 3, 6.

děcemvir, *ĭri*, m., un décemvir, V. *decemviri*: Cic. Agr. 2, 46; 2, 53.

děcemvĭrālis, *e* (*decemvir*), décemviral, de décemvir: Cic. Rep. 2, 62; *decemviralis invidia* Cic. Brut. 54, haine contre les décemvirs; *decemvirales leges* Liv. 3, 57, 10, la loi des Douze Tables.

děcemvĭrālĭtěr, adv., en juge: Sidon. Ep. 8, 6, 7.

děcemvĭrātŭs, *ūs*, m. (*decemvir*), décemvirat, dignité et fonction de décemvir: Cic. Agr. 2, 60; Liv. 3, 36, 9.

děcemviri, *ōrum* et *ūm*, m. pl., décemvirs [commission de dix magistrats nommée en 451 av. J.-C. pour rédiger un code de lois, auteurs de la loi des Douze Tables]: Cic. Rep. 2, 61 ‖ *decemviri stlitibus judicandis*, magistrats qui connaissaient des questions de liberté et de droit de cité: Cic. Or. 156; Suet. Aug. 36, (*decemviri* seul: Cic. Caecin. 97; Dom. 78 ‖ toute commission de dix personnes nommée légalement: *agris dividundis* Cic. Agr. 1, 17; Liv. 31, 4, 1, décemvirs chargés d'un partage des terres; *sacris faciundis* Liv. 25, 12, 11, décemvirs [collège de prêtres] chargés de garder les livres sibyllins, de les consulter et d'accomplir les sacrifices voulus.

děcēni, *ae*, *a*, V. *deni*: Cassiod. Eccl. 3, 12 ‖ au sg., Ps. Boet. Geom. 1, p. 1209.

děcennālis, *e*, V. *decennis*: Amm. 15, 12; Hier. Jovin. 1, 48 ‖ **děcennālĭa**, *ĭum*, n. pl., les jeux décennaux: Treb. Gall. 21, 5 ‖ gén. pl., *-iorum*: App.-Prob. 4, 196, 10.

děcennis, *e* (*decem*, *annus*), qui dure dix ans, décennal: Flor. 1, 12, 8; Quint. 8, 4, 22 ‖ qui a dix ans: Plin. 8, 69 ‖ **děcennĭa**, *ĭum*, n. pl., les jeux décennaux: Treb. Gall. 7, 4.

děcennĭum, *ĭi*, n., espace de dix ans: Apul. Socr. 18.

děcennŏvennālis (*decem*, *novem*, *annus*), qui dure dix-neuf ans: Isid. 6, 17, 5.

děcennŏvĭum, *ĭi*, n. (*decem*, *novem*), les marais Pontins [dont l'étendue est de 19 000 pieds]: Cassiod. Var. 2, 32, 2.

děcens, *tis* (part. prés. de *decet*), pris adj¹, convenable, séant, décent, bienséant: Hor. O. 4, 13, 17; Quint. 11, 3, 29; *quid verum atque decens, curo* Hor. Ep. 1, 1, 11, je m'adonne à la recherche de la vérité et de la bienséance ‖ bien proportionné, harmonieux, bien fait: *decens facies* Ov. Tr. 3, 7, 33, traits réguliers, belle figure; *decens Venus* Hor. O. 1, 18, 6, la belle Vénus; *decens equus* Quint. 8, 3, 10, cheval bien fait ‖ *decentior* Tac. Agr. 44; *-tissimus* Quint. 11, 3, 140.

děcentěr, adv. (*decens*), convenablement, avec bienséance: Plin. Ep. 6, 21, 5 ‖ *-tius* Hor. Ep. 2, 2, 216.

děcentĭa, *ae*, f. (*decens*), convenance: Cic. de Or. 3, 200; Nat. 2, 145.

Děcentĭāci, *ōrum*, m. pl., soldats de Décentius: Amm. 18, 9.

Děcentĭus, *ĭi*, m., gouverneur des Gaules, qui fut nommé César: Amm. 17, 6; Eutr. 10, 12.

děcěo, V. *decet*.

děceptĭo, *ōnis*, f. (*decipio*), action de tromper: Aug. Ep. 205, 16 ‖ tentation du démon: Hier. Hab. 1, 2, 5 ‖ fait d'être trompé: Aug. Conf. 8, 2, 3.

děceptĭōsus, *a*, *um*, trompeur, décevant: Ennod. Ep. 1, 7.

děceptīvus, *a*, *um* (*decipio*), propre à tromper: Firm. Math. 5, 3, 3 ‖ qui exprime une idée de tromperie: Prisc. 3, 272, 26.

děceptō, *ās*, *āre*, -, - (*decipio*), tr., avoir l'habitude de tromper: *Gloss. 2, 38, 17.

děceptŏr, *ōris*, m. (*decipio*), celui qui trompe, trompeur: Sen. Thyest. 140; Lact. Ir. 4, 8 ‖ le diable: Aug. Civ. 10, 11.

dēceptōrĭus, *a, um*, trompeur, décevant : Sen. *Helv.* 5, 6 ; Aug. *Civ.* 10, 27.

dēceptrix, *īcis*, f., trompeuse : Lact. *Epit.* 59, 8.

1 dēceptus, *a, um*, part. de *decipio*.

2 dēceptŭs, dat. *ŭi*, m., [ne se trouve qu'au dat. sg.] erreur, tromperie : Tert. *Anim.* 18, 4 ; Marc. 3, 6, 3.

dĕcēris, *is*, f. (δεκήρης), navire à dix rangs de rames : Suet. *Cal.* 37.

dēcermĭna, *um*, n. pl. (*decerpo*), branchages qui ont été élagués : P. Fest. 63, 19 ∥ [au fig.] restes, rebuts : *Apul. *M.* 1, 6.

dēcernō, *ĭs, ĕre, crēvī, crētum*, tr. ¶ 1 décider, trancher [une chose douteuse, contestée, par les armes, par la discussion] : *rem dubiam decrevit vox opportune emissa* Liv. 5, 55, 1, un mot lancé opportunément trancha l'incertitude ; *primus clamor atque impetus rem decrevit* Liv. 25, 41, 6, les premiers cris, le premier choc décidèrent l'affaire ; *certamen, quod ferro decernitur* Cic. *de Or.* 2, 317, lutte, qui se tranche par le fer, cf. *Fam.* 10, 10, 1 ; Liv. 28, 14, 12 ; [pass. impers.] *de salute rei publicae decernetur* Cic. *Att.* 8, 5, 2, le combat décidera du sort de la république ∥ [abs¹] : *expetenda magis est decernendi ratio quam decertandi fortitudo* Cic. *Off.* 1, 80, il faut rechercher la décision par des moyens rationnels plutôt que par le courage dans un combat [mais] *decernendi potestatem Pompeio fecit* Caes. *C.* 3, 41, 1, il offrit à Pompée l'occasion de décider par les armes [= de combattre] ¶ 2 décider, juger, régler : *consules de consilii sententia decreverunt secundum Buthrotios* Cic. *Att.* 16, 16 c, 11, les consuls d'après l'avis du conseil décidèrent en faveur des Buthrotiens ; *druides decernunt* Caes. *G.* 6, 13, 5, les druides prononcent ∥ décréter : *cum senatus triumphum Africano decerneret* Cic. *Fin.* 4, 22, le sénat décernant le triomphe à l'Africain ; *supplicationem* Cic. *Fam.* 15, 4, 11, décréter des actions de grâce aux dieux ; *provincia desponsa, non decreta* Cic. *Prov.* 37, gouvernement promis, non assigné (décrété) ; [avec prop. inf.] *mea virtute atque diligentia patefactam esse conjurationem decrevistis* Cic. *Cat.* 4, 5, vous avez décrété que c'était grâce à mon énergie et à mon activité que la conjuration avait été dévoilée ; *mihi reliquam aetatem a re publica procul habendam decrevi* Sall. *C.* 4, 1, j'ai décrété (décidé) que je devais maintenir le reste de ma vie éloigné des affaires publiques ; [avec *ut* subj.] *senatus decrevit populusque jussit ut...* Cic. *Verr.* 2, 161, le sénat décréta et le peuple ordonna que..., cf. *Fam.* 1, 1, 3 ; [avec subj. seul] *senatus decrevit, darent operam consules ne...* Sall. *C.* 29, 2, le sénat chargea par décret les consuls d'aviser aux moyens d'empêcher que... (Caes. *C.* 1, 7, 5) ¶ 3 décider pour soi-même, se résoudre à [avec inf.] *Caesar Rhenum transire decreverat* Caes. *G.* 4, 17, 1, César avait décidé de traverser le Rhin ; [avec *ut* subj.] Cic. *Tusc.* 3, 65 ; [avec subj. seul] Pl. *Poen.* 501 ¶ 4 [droit] accorder discrétionnairement de la part du magistrat] : *alicui actionem* Dig. 4, 3, 1, 4, une action ; *utilem actionem* Dig. 28, 6, 2, 3, accorder l'extension d'une action ; *alimenta* Dig. 10, 2, 38, attribuer des aliments.
▶ formes contr. du parf. : *decresse, decrerim, decreram, decrero, decresset*, fréq. chez les comiques, Cic., Liv., etc.

dēcerpō, *ĭs, ĕre, cerpsī, cerptum* (*de, carpo*), tr. ¶ 1 détacher en cueillant, cueillir : *flores* Lucr. 1, 927, cueillir des fleurs ; *acinos de uvis* Cat. *Agr.* 112, 3, détacher des grains de raisin des grappes ; *arbore pomum* Ov. *M.* 5, 536, cueillir un fruit à un arbre ¶ 2 [fig.] détacher de, retrancher de : *animus decerptus ex mente divina* Cic. *Tusc.* 5, 38, âme, parcelle détachée de l'esprit divin ; *aliquid de gravitate decerpere* Cic. *de Or.* 2, 229, ôter qqch. à l'autorité d'un discours (la diminuer) ∥ recueillir : *ex re fructus* Hor. *S.* 1, 2, 79, recueillir des avantages d'une chose, cf. Cic. *Marc.* 7 ; *decus pugnae* Sil. 4, 138, recueillir l'honneur d'un combat ∥ cueillir, détruire : *spes* Quint. 6, pr. 10, faucher des espérances.

dēcerptĭo, *ōnis*, f. (*decerpo*), action de cueillir, de détacher : Non. 187, 9 ; Aug. *Jul. op. imp.* 6, 23.

dēcerptŏr, *ōris*, m. (*decerpo*), celui qui fait des extraits : Aug. *Jul. op. imp.* 1, 16.

dēcerptus, *a, um*, part. de *decerpo*.

dēcertātĭo, *ōnis*, f., décision d'un combat, décision : *harum rerum decertatio* Cic. *Phil.* 11, 21, la décision de ces intérêts.

dēcertātŏr, *ōris*, m., (martyr) qui lutte : Cassiod. *Eccl.* 6, 16 ∥ querelleur : Ambr. *Psalm.* 36, 11.

dēcertātus, *a, um*, *V.* ▶ *decerto*.

dēcertō, *ās, āre, āvī, ātum*, intr. et qqf. tr. ¶ 1 intr., décider par un combat, trancher une querelle en combattant, livrer une bataille décisive : *proelio, pugna* Caes. *G.* 3, 23, 7 ; 7, 77, 8 ; *armis* Caes. *C.* 3, 19, 2 ou *decertare* seul Caes. *G.* 2, 10, 4, livrer une bataille décisive [ou simpl¹] livrer bataille, combattre ; *cum aliquo* Caes. *C.* 3, 19, 2, contre qqn ; [pass. impers.] *omnia facienda ne armis decertetur* Cic. *Att.* 7, 6, 2, il faut tout tenter pour éviter qu'on cherche une solution par les armes ∥ *non disceptando decertandum erat* Cic. *Planc.* 87, ce n'est pas au moyen de discussions qu'il fallait vider la querelle, cf. *Off.* 1, 34 ; *an decertare mecum voluit contentione dicendi ?* Cic. *Phil.* 2, 2, voulait-il faire assaut d'éloquence avec moi ? ; *hos decertare pro meo capite vel vitae periculo velle videbam* Cic. *Planc.* 101, je les voyais disposés à combattre pour ma conservation même au péril de leur vie ¶ 2 tr.[à l'adj. verb. et au part.], livrer combat au sujet de qqch. [dans un concours] : *ad eas laudes decertandas venire* Gell. 10, 18, 6, venir disputer l'honneur de faire cet éloge ∥ remplir de combats, de guerres : *ventis decertata aequora* Stat. *Th.* 1, 479, flots livrés aux batailles des vents ¶ 3 [chrét.] lutter pour Dieu, dans le martyre : Tert. *Scorp.* 6, 11.

dēcervīcātus, *a, um* (*de, cervix*), décapité : Sidon. *Ep.* 3, 3, 7.

dēcessĕ, *V.* ▶ *decedo*.

dēcessī, parf. de *decedo*.

dēcessĭo, *ōnis*, f. (*decedo*) ¶ 1 action de s'éloigner, départ [en parl. de pers. et de ch.] : Cic. *Fam.* 4, 10 ; *Tusc.* 1, 110 ∥ [en part.] départ d'un fonctionnaire de sa province : Cic. *Pis.* 89 ; *Fam.* 4, 4, 5 ¶ 2 déperdition, soustraction [opp. à *accessio*, "augmentation, addition"] de qqch. : Cic. *Rab. Post.* 30 ∥ diminution, décroissance : Cic. *Tim.* 18 ¶ 3 [fig. en parl. des mots] passage au sens figuré : Gell. 13, 29, 1 ¶ 4 [chrét.] mort : Aug. *Civ.* 5, 14.

dēcessŏr, *ōris*, m. (*decedo*), le sortant, le prédécesseur, magistrat qui sort de charge, c.-à-d. quitte une province après avoir fait son temps : Cic. *Scaur.* 33 ; Tac. *Agr.* 7.

1 dēcessus, *a, um*, part. de *decedo*, qui s'est retiré : Rutil. 1, 313 ∥ [subst.] un mort : CIL 6, 9659.

2 dēcessŭs, *ūs*, m. ¶ 1 départ : Nep. *Tim.* 2, 3 ∥ sortie de charge [d'un magistrat] : Cic. *Phil.* 2, 97 ∥ décès, mort : Cic. *Lae.* 10 ¶ 2 action de se retirer, de s'en aller : *decessus aestus* Caes. *G.* 3, 13, 1, le reflux ; *decessus Nili* Plin. 18, 168, le retrait des eaux du Nil ; *decessus febris* Cels. 3, 12, 2, rémission de la fièvre.

dĕcĕt, *dĕcēre, dĕcŭit* (cf. *decor, decus, dignus, doceo*, δέχομαι), convenir, être convenable, être séant, cf. Cic. *Or.* 74 ; 210 ∥ [3 constructions : avec un sujet nom de chose et un compl. nom de personne à l'acc., qqf. au dat. ; avec un inf. et un dat. nom de pers., qqf. un dat. ; impers.] ¶ 1 *aliquem res decet, res decent* Cic. *Or.* 78 ; *Off.* 1, 113, une chose va bien, des choses vont bien à qqn ∥ *videre quid deceat* Cic. *Or.* 70, voir ce qui convient [τὸ πρέπον], cf. *Off.* 1, 125 ; *quod contra decuit* Cic. *CM* 84, ce qui aurait dû être le contraire ∥ [dat.] : *istuc facinus nostro generi non decet* Pl. *Amp.* 820, c'est là un crime qui ne sied pas à ma race ¶ 2 *oratorem irasci minime decet* Cic. *Tusc.* 4, 54, il ne sied pas du tout à l'orateur de se mettre en colère ; [avec inf. pass.] *Tusc.* 1, 32 ; Virg. *En.* 12, 797 ; Liv. 34, 58, 8 ∥ *exemplis grandioribus decuit uti* Cic. *Div.* 1, 39, il convenait de prendre des exemples plus imposants ∥ [dat.] Ter. *Hec.* 164 ; Dig. 32, 1, 23 ¶ 3 *facis ut te decet* Ter. *And.* 421, tu agis selon ton devoir ∥ *minus severe quam decuit* Cic. *Phil.* 6, 1, avec moins de rigueur qu'il n'aurait fallu ∥ [dat.] : *ita nobis decet* Ter. *Ad.* 928, c'est notre devoir, cf. *Haut.* 965 ; Sall. *H.* 1, 140.

Dĕcĕtĭa, *ae*, f., Décétie [ville de la Gaule, chez les Éduens, auj. Decize] : Caes. *G.* 7, 33, 2.

decharmido

dēcharmĭdō, *ās*, *āre*, -, - (*Charmides*), tr., faire que qqn ne soit plus Charmide, décharmider : *PL. Trin. 977*; **v.** *charmidor*.

Dĕcĭāni, *ōrum*, m. pl., peuple d'Apulie ou de Calabre : *Plin. 3, 105*.

1 Dĕcĭānus, *a*, *um*, de Décius : *Liv. 10, 30, 8*.

2 Dĕcĭānus, *i*, m., nom d'homme : *Cic. Rab. perd. 24*.

Decĭātes, **v.** *Deceatum*.

Decibalus, *i*, m., Décébale [roi des Daces] : *Treb. Tyr. 10, 8*.

dĕcĭbĭlĭs, *e* (*decet*), convenable : *Isid. 10, 68*.

dĕcĭbĭlĭtĕr, adv., décemment, convenablement : *Rustic. Aceph. 1173*.

Decidius, *ii*, m., Décidius Saxa [Celtibère, lieutenant de César] : *Caes. C. 1, 66*.

dēcĭdīvus, **dēcădīvus**, *a*, *um*, qui doit tomber : *Perv.-Ven. 17*.

1 dēcĭdō, *is*, *ĕre*, *cĭdī*, - (*de*, *cado*), intr. ¶ **1** tomber de, tomber : *poma ex arboribus decidunt* Cic. *CM 71*, les fruits tombent des arbres ; *equo decidere* Caes. *G. 1, 48, 6*, tomber de cheval ; *ex equis in terram* Nep. *Eum. 4, 2* ; *ab equo in arva* Ov. *Ib. 259*, tomber de cheval à terre ; *caelo* Plin. *37, 164*, tomber du ciel ; *in terram* Ov. *M. 12, 569*; *14, 847*; *in puteum* Hor. *P. 458*, tomber à terre, dans un puits ; *si decidit imber* Hor. *Ep. 1, 14, 29*, s'il tombe une averse ‖ [fig.] *ex astris* Cic. *Att. 2, 21, 4*, tomber des astres (= du faîte de la gloire) ; *ficta omnia celeriter tamquam flosculi decidunt* Cic. *Off. 2, 43*, tout ce qui est feint tombe (passe) rapidement comme les fleurs ¶ **2** [poét.] tomber, succomber, périr : Virg. *En. 5, 517* ; Hor. *O. 4, 7, 14* ; *Ep. 2, 1, 36* ; Ov. *M. 10, 10* ¶ **3** [fig.] tomber, déchoir : *de spe* Ter. *Haut. 250*; *a spe* Liv. *37, 26, 1* ; *spe* Suet. *Oth. 5*, tomber d'une espérance, avoir son espoir trompé ‖ *in fraudem* Cic. *Verr. 4, 101*, tomber dans un crime, en venir à..., tomber, être en décadence ; *huc decidisse cuncta, ut...* Tac. *An. 3, 59*, tout était tombé si bas que... ; *eo decidit, ut exsul de senatore fieret* Plin. *Ep. 4, 11, 1*, il est tombé si bas que de sénateur le voilà devenu un exilé ‖ tomber, essuyer un échec : *non virtute hostium, sed amicorum perfidia decidi* Nep. *Eum. 11, 5*, ce n'est pas la valeur des ennemis, c'est la perfidie de mes amis qui est cause de ma chute, cf. Sen. *Contr. 7, praef. 5*.

2 dēcīdō, *is*, *ĕre*, *cīsī*, *cīsum* (*de*, *caedo*), tr. ¶ **1** détacher en coupant, couper, retrancher : *aures* Tac. *An. 12, 14*, couper les oreilles ; *virga arbori decisa* Tac. *G. 10*, baguette coupée à un arbre ; *capite deciso* Curt. *7, 2, 32*, la tête étant coupée ‖ *aliquem verberibus decidere* Dig. *47, 21, 2*, déchirer de coups qqn ¶ **2** trancher, décider, régler, terminer : *post decisa negotia* Hor. *Ep. 1, 7, 59*, une fois les affaires tranchées ; *quibus omni-*

bus rebus actis atque decisis Cic. *Verr. 5, 120*, tout cela étant débattu et tranché ; *magno tuam dimidiam partem decidisti* Cic. *Com. 32*, tu as conclu à très haut prix un arrangement pour ta moitié ‖ [absᵗ] *cum aliquo decidere* Cic. *Verr. 2, 79*, s'arranger avec qqn, cf. *1, 125* ; *Amer. 114* ; *Com. 32* ; *de aliqua re* Cic. *Quinct. 19*, conclure un arrangement au sujet de qqch., cf. *Com. 35* ; *Att. 1, 8, 1* ‖ [verbe seul] s'arranger, s'accommoder, transiger : Cic. *Com. 36* ; *in jugera singula ternis medimnis* Cic. *Verr. 3, 114*, transiger pour trois médimnes par arpent ‖ [métaph.] *cetera propriis decisa sunt verbis* Quint. *8, 6, 47*, tout le reste est nettement exprimé en termes propres.

dēcĭdŭus, *a*, *um* (*decido*), qui tombe, tombé : Plin. *18, 60* ; *decidua sidera* Plin. *2, 6*, étoiles tombantes.

dĕcĭens et **dĕcĭēs** (*decem*), dix fois : **HS** *decies centena milia* Cic. *Verr. 1, 28* ; **HS** *deciens* Cic. *Verr. 1, 100*, un million de sesterces ; *decies senos tercentum et quinque dies* Ov. *F. 3, 163*, trois cent soixante-cinq jours ‖ dix fois [pour un nombre indéfini de fois] : Pl. *Amp. 576* ; *deciens centena (milia)* Hor. *S. 1, 3, 15*, un million de sesterces = tout l'argent du monde.

dĕcĭformis, *e* (*decem*, *forma*), qui a dix formes : Iren. *2, 15, 3*.

dĕcĭma (**dĕcŭma**), *ae*, f. (s.-ent. *pars* ; fr. *dîme*) ¶ **1** et **-mae**, *ārum*, pl. **a)** dîme offerte aux dieux : Varr. *L. 6, 54* ; Macr. *Sat. 3, 12* ; Liv. *5, 21* ; Just. *18, 7, 7* ‖ le tribut de la dîme : Cic. *Verr. 3, 20* ; au pl., Varr. *R. 88* **b)** au sg. et au pl., libéralité faite au peuple en argent ou en nature : Cic. *Off. 2, 58* ; *3, 89* **c)** pl., le dixième d'un héritage : Quint. *8, 5, 19* ¶ **2** (s.-ent. *hora*), la dixième heure : Her. *4, 64* ; Sen. *Tranq. 17, 7* ¶ **3** [chrét.] dîme à offrir à Dieu : Vulg. *Deut. 12, 11* ‖ aux prêtres : Vulg. *Tob. 1, 6*.

Dĕcĭma, *ae*, f., déesse présidant aux accouchements [dixième mois] : Varr. d. Gell. *3, 16, 10* ; Tert. *Anim. 37, 1*.

dĕcĭmāna mulier (**dĕcŭ-**) et abs -**māna**, *ae*, f., femme d'un percepteur de la dîme : Cic. *Verr. 3, 77*.

1 dĕcĭmānus (**dĕcŭ-**), *a*, *um* (*decimus*) ¶ **1** donné en payement de la dîme : *decumanum frumentum* Cic. *Verr. 3, 12*, le froment de la dîme ‖ sujet à la dîme : *decumanus ager* Cic. *Verr. 3, 13*, territoire qui paye la dîme ¶ **2** appartenant à la dixième légion : B.-Afr. *16*, **2decumani**, *orum*, m. pl., les soldats de la 10ᵉ légion : Tac. *H. 5, 20* ‖ *decumana porta* Caes. *G. 2, 24, 2*, la porte décumane [près de laquelle étaient campées les dixièmes cohortes des légions] ; *decumanus limes* Plin. *17, 169* ; Col. *4, 20, 5*, allée (traverse) qui va du levant au couchant ¶ **3** [fig.] gros, grand, considérable : Lucil. *1240* ; P. Fest. *4, 12* ; *62, 25* ; *28*.

2 dĕcĭmānus (**dĕcŭ-**), *i*, m., fermier, percepteur de la dîme : Cic. *Verr. 2, 32* ‖ soldat de la 10ᵉ légion, **v.** *1 decimanus*.

dĕcĭmārĭa, *ae*, f. (*decimarius*), décision touchant (fixant) la dîme : Cod. Just. *8, 58*.

dĕcĭmārĭus, *a*, *um* (*decima*), assujetti à la dîme : Ambr. *Psalm. 118, s. 8, 4*.

dĕcĭmātes, **v.** *decumates*.

dĕcĭmātĭō (**dĕcŭ-**), *ōnis*, f. (*decimo*), action de décimer : Capit. *Macr. 12* ‖ dîme : VL. *Deut. 12, 17*.

dĕcĭmātrūs, *ŭum*, f. pl., fêtes chez les Falisques [qui avaient lieu dix jours après les ides] : Fest. *306, 6*.

dĕcĭmātus, *a*, *um*, part. de *decimo* ‖ adj. [fig.] choisi, distingué : Symm. *Ep. 3, 49* ; *8, 16*.

Dĕcĭmĭānus, *a*, *um*, de Décimus : Plin. *15, 54*.

1 dĕcĭmō (**dĕcŭ-**), *ās*, *āre*, -, - (*decimus*), tr., décimer, punir [ordinᵗ de mort] une personne sur dix : [absᵗ] Suet. *Cal. 48* ; [avec acc.] Suet. *Aug. 24* ‖ [chrét.] offrir la dîme : Hier. *Ep. 69, 4* ‖ faire payer la dîme : Vulg. *Hebr. 7, 9*.

2 dĕcĭmō, adv., en dixième lieu : Cassian. *Inst. 4, 38, 2* ; Cassiod. *Anim. 12*.

dĕcĭmum (**dĕcŭ-**) ¶ **1** adv., pour la dixième fois : Liv. *6, 40, 8* ¶ **2** n. pris substᵗ, le décuple : Cic. *Verr. 3, 112* ; *113*; **v.** *octavum*.

1 dĕcĭmus (**dĕcŭ-**), *a*, *um*, dixième : Caes. *G. 1, 40, 15* ; Virg. *En. 9, 155* ; *decuma pars* Pl. *St. 233*, la dîme ‖ **dĕcĭmus**, *i*, m. pris substᵗ **a)** (s.-ent. *liber*) : *tertio decimo annalium* Gell. *18, 2, 16*, dans le treizième livre des annales **b)** (s.-ent. *dies*) : *decimo Kalendas Maias* Col. *11, 2, 36*, le dixième jour avant les calendes de Mai ‖ **dĕcĭma**, f., **v.** *decima* ‖ [fig.] gros, considérable : *decimus fluctus* Luc. *5, 672*, la plus grosse vague, cf. Ov. *M. 11, 530* ‖ n., **v.** *decimum*.

2 Dĕcĭmus, *i*, m., prénom romain, écrit en abrégé D.

dēcĭnĕrātus, *a*, *um* (*de*, *cinis*), réduit en cendres : Tert. *Val. 32, 4*.

dēcĭnĕrescō, *is*, *ĕre*, -, - (*de*, *cinis*), intr., tomber en cendres : Tert. *Apol. 48, 15*.

dēcĭpĭō, *is*, *ĕre*, *cēpī*, *ceptum* (*de*, *capio* ; fr. *décevoir*), tr. ¶ **1** prendre, surprendre, attraper : Pl. *Ru. 1236* ; *Poen. 159* ¶ **2** [fig.] attraper, tromper, abuser : *illa amphibolia, quae Croesum decepit, vel Chrysippum potuisset fallere* Cic. *Div. 2, 116*, cette ambiguïté où Crésus se laissa prendre aurait pu tromper Chrysippe lui-même ; *decipere exspectationes* Cic. *de Or. 2, 289*, tromper les attentes ; *custodiam* Col. *8, 4, 3*, tromper la surveillance ; [poét.] *diem* Ov. *Tr. 4, 10, 114*, charmer l'ennui du jour ‖ [avec gén. de relation] *decipi laborum* Hor. *O. 2, 13, 38*, être distrait de ses peines ‖ [absᵗ] décevoir : *sunt qui ita pronuntient festinatam sementem saepe decipere* Plin. *18, 204*, il y a des gens qui prétendent qu'une semence hâtive cause souvent des déceptions.

dēcĭpŭla, ae, f. (decipio), piège, lacet, lacs : Vulg. Jer. 5, 27 ‖ [fig.] Sidon. Ep. 8, 10, 4 ou **dēcĭpŭlum**, i, n., Apul. M. 8, 5.

dēcircĭnō, ās, āre, -, -, tr., tracer avec le compas : Manil. 1, 296 ; 3, 226.

dēcīsĭo, ōnis, f. (2 decido) ¶ **1** amoindrissement : Apul. Mund. 29 ¶ **2** action de trancher une question débattue, solution, arrangement, accommodement, transaction : Cic. Verr. 1, 140 ; Flac. 89 ; Caecin. 104 ; Ulp. Dig. 5, 2, 25 ‖ coupure : Boet. Mus. 2, 30.

dēcīsor, ōris, m. (2 decido), qui coupe, incisive [dent] : Ps. Sor. Quaest. p. 367, 9.

dēcīsus, a, um, part. de 2 decido.

Dĕcĭus, ĭi, m., **Dĕcĭī**, ĭōrum, m., Décius, les Décius [nom de trois illustres Romains qui se dévouèrent pour la patrie] : Cic. Off. 3, 16 ; Liv. 8, 9, 1 ; 10, 28, 12 ‖ Décius Magius, citoyen de Capoue : Liv. 23, 10, 3 ‖ Dèce, empereur romain [249-251] : Treb. Valer. 5.

dēclāmātĭo, ōnis, f. (declamo), déclamation ¶ **1** exercice de la parole : Cic. Tusc. 1, 7 ; Quint. 4, 2, 29 ‖ sujet traité comme exercice : Quint. 2, 4, 41 ‖ thème, sujet à déclamation : Juv. 10, 167 ¶ **2** [en mauvaise part] discours banal, propos rebattus : Cic. Planc. 47 ‖ protestation bruyante : Cic. Mur. 44 ‖ style déclamatoire : Tac. D. 35.

dēclāmātĭuncŭla, ae, f. (dim. de declamatio), petite déclamation : Gell. 6, 8, 4 ; Sidon. Ep. 1, 4, 3.

dēclāmātŏr, ōris, m. (declamo), déclamateur, celui qui s'exerce à la parole : Cic. Planc. 83 ; Or. 47 ; Quint. 10, 2, 21.

dēclāmātōrĭē, adv., en déclamateur : Greg.-Tur. Hist. 2, 24.

dēclāmātōrĭus, a, um (declamo), qui a rapport à la déclamation, à l'exercice de la parole : Cic. de Or. 1, 73 ; Quint. 2, 10, 9.

dēclāmātus, a, um, part. de declamo.

dēclāmĭtō, ās, āre, āvī, ātum (fréq. de declamo) ¶ **1** intr., s'exercer avec ardeur à la déclamation, faire de fréquents exercices de parole : Cic. Brut. 310 ; de Or. 1, 251 ‖ [en mauvaise part] *de aliquo* Cic. Phil. 5, 19, prendre quelqu'un comme thème de ses déclamations ¶ **2** tr., *causas* Cic. Tusc. 1, 7, s'exercer à prononcer des plaidoiries.

dēclāmō, ās, āre, āvī, ātum (de, clamo) ¶ **1** intr., déclamer, s'exercer à la parole : Cic. Fin. 5, 5 ; Quint. 6, 3, 73 ‖ [en mauvaise part] parler avec violence, criailler, invectiver : *contra aliquem* Cic. Verr. 4, 149 ; *in aliquem* Cic. Fam. 3, 11, 2, se répandre en invectives contre quelqu'un ; *alicui* Ov. A. A. 1, 465, parler à quelqu'un sur un ton déclamatoire ¶ **2** tr., *aliquid* Cic. Amer. 82, exposer qqch. dans un exercice préparatoire, dans une déclamation ; *suasorias* Quint. 3, 8, 61, déclamer des *suasoriae*.

dēclārātĭo, ōnis, f. (declaro), action de montrer, manifestation : Cic. Fam. 10, 5, 2 ; 15, 21, 2 ‖ [chrét.] Épiphanie : Aug. Ep. 137, 15.

dēclārātīvē, adv., en faisant voir clairement : Capel. 4, 393.

dēclārātīvus, a, um (declaro), qui fait voir clairement : Apul. Plat. 3 ; Capel. 4, 393.

dēclārātŏr, ōris, m. (declaro), celui qui proclame : Plin. Pan. 92, 3.

dēclārātus, a, um, part. de declaro.

dēclārō, ās, āre, āvī, ātum (de, claro), tr., montrer, faire voir clairement : Cic. Nat. 2, 6 ‖ proclamer, nommer [un magistrat, un vainqueur] : Cic. Mur. 3 ; Agr. 2, 4 ; Sall. C. 24, 1 ; Virg. En. 5, 245 ‖ annoncer officiellement : *munera* Cic. Fam. 2, 3, 1, annoncer une célébration de jeux ‖ [au fig.] exprimer, signifier : *motus animorum* Cic. de Or. 3, 222, traduire, exprimer des émotions ; [avec prop. inf.] Cic. Or. 210 ; [avec interrog. indir.] Lae. 88 ; Att. 6, 1, 10 ; Caes. G. 1, 4, 150.

dēclīnābĭlis, e (declino), déclinable [gram.] : Prisc. 2, 184, 26.

dēclīnātĭo, ōnis, f. (declino) ¶ **1** action de détourner, inflexion, flexion : *parva declinatione* Cic. Cat. 1, 15 ; *exigua corporis declinatione* Curt. 9, 7, 21, en se détournant un peu ‖ déclinaison, déviation [des atomes] : Cic. Fin. 1, 19 ¶ **2** inclinaison de la terre vers les pôles, région du ciel, climat, exposition : Col. 1, pr. 22 ; Vitr. 9, 7, 1 ¶ **3** [fig.] action de se détourner de, d'éviter, de fuir ; aversion, répugnance pour qqch. : Cic. Tusc. 4, 13 ; Clu. 148 ‖ écart, petite digression : Cic. de Or. 3, 205 ‖ abandon motivé d'un développement : Cic. de Or. 3, 207 ¶ **4** [gram.] **a)** toute espèce de changement amené dans un mot par la déclinaison, la conjugaison, la dérivation : Varr. L. 8, 3 **b)** [en part.] la conjugaison : Quint. 1, 4, 13 ; 1, 4, 29 ; la déclinaison : Quint. 1, 5, 63.

dēclīnātīvē, adv., par dérivation [gram.] : Ps. Asper. 5, 552, 14.

1 **dēclīnātus**, a, um, part. de declino.

2 **dēclīnātŭs**, ūs, m., [gram.] formation de mots par dérivation : Varr. L. 9, 34.

dēclīnis, e, qui s'éloigne : Stat. Th. 5, 297.

dēclīnō, ās, āre, āvī, ātum (de, clino ; fr. décliner)

I tr. ¶ **1** détourner, incliner : *se declinare extra viam* Pl. Aul. 711 ; *se recta regione* Lucr. 2, 250, se détourner du chemin, de la ligne verticale ; *si quo inde agmen declinare voluissem* Liv. 1, 28, 6, si j'avais voulu emmener l'armée de là dans une autre direction ‖ [poét.] *declinare lumina somno* Virg. En. 4, 185, incliner les yeux vers le sommeil, céder au sommeil ¶ **2** [fig.] faire dévier, infléchir : *mulier ab aliarum ingenio declinata* Ter. Hec. 200, une femme dont le naturel s'écarte de celui des autres ; *spe declinatus animus* Quint. 12, 1, 16, esprit que des espérances font dévier (détournent du devoir) ; *aetate declinata* Quint. 12, 11, 23, dans un âge avancé, sur son déclin ‖ *quaedam verborum figurae paulum figuris sententiarum declinantur* Quint. 9, 3, 88, certaines figures de mots s'écartent peu des figures de pensée ‖ rejeter sur, imputer : *adversa in inscitiam Paeti declinans* Tac. An. 15, 26, rejetant les revers sur l'inexpérience de Paetus, cf. Sall. H. 2, 15 ‖ [gram.] changer les mots au moyen de flexions [décliner, conjuguer, dériver] : Varr. L. 8, 2 ; 10, 11 [en part.] conjuguer et décliner : Quint. 1, 4, 22 ; décliner : Quint. 1, 5, 63 ¶ **3** [fig.] éviter en s'écartant, esquiver : *urbem unam mihi amicissimam declinavi* Cic. Planc. 97, par un détour j'évitai cette ville qui m'est pourtant dévouée entre toutes ; *impetum* Cic. Or. 228, parer une attaque ; *judicii laqueos* Cic. Mil. 40, esquiver les filets de la justice ‖ *quibus vitiis declinatis* Cic. Off. 1, 19, ces défauts étant évités, cf. Nat. 3, 33 ; Off. 1, 11 ; *invidiam* Tac. H. 4, 41, se dérober à la malveillance.

II intr. ¶ **1** se détourner : *de via* Cic. Fin. 5, 5, se détourner de la route ; *a Capua* Cic. Att. 14, 17, 2, se détourner de Capoue ; *(jubet eum) obliquo monte ad se declinare* Liv. 38, 20, 8, il lui ordonne d'obliquer vers lui en prenant de biais la montagne ‖ *si omnes atomi declinabunt* Cic. Fin. 1, 19, si tous les atomes s'écartent de la verticale ¶ **2** [fig.] **a)** s'écarter, s'éloigner : *de statu suo* Cic. Clu. 106, changer son attitude (ses dispositions) ; *a malis* Cic. Tusc. 4, 13, éviter le mal ; *a proposito* Cic. Or. 138, s'écarter de son objet ; *ad discendum jus* Quint. 12, 3, 9, se détourner vers l'étude du droit ‖ s'écarter du droit chemin : Tac. An. 14, 56 **b)** s'égarer : *paulatim declinat amor* Ov. M. 9, 461, peu à peu son amour s'égare [n'est plus l'affection d'une sœur pour son frère] ; *in pejus* Quint. 10, 2, 16, empirer ‖ [méd.] s'affaiblir, diminuer, décliner : Cels. 5, 27, 13, B ; Plin. 23, 48.

dēclīvis, e (de et clivus) ¶ **1** qui est en pente [pente vue d'en haut ; *acclivis*, vue d'en bas] : *collis ab summo aequaliter declivis* Caes. G. 2, 18, 1, colline ayant une pente régulière depuis le sommet ; *in declivi ac praecipiti loco* Caes. G. 4, 33, 3, sur une pente rapide ‖ n. pris subst[t], *per declive* Caes. C. 3, 51, 6, sur la pente ; *declivia et devexa* Caes. G. 7, 88, 1, les pentes et les dépressions d'une colline ¶ **2** [fig.] sur son déclin : *aetate declivis* Plin. Ep. 8, 18, 8, au déclin de l'âge ¶ **3** [tard.] inclinant vers : Arn. 2, 45 ‖ *declivior* Vulg. Jud. 19, 9.

dēclīvĭtās, ātis, f. (declivis), pente, penchant : Caes. G. 7, 85, 4 ; Amm. 23, 6, 65.

dēclīvĭus, compar. adv., plus en pente : Cassiod. Eccl. 12, 9.

dēclīvus, a, um, ⓒ declivis : Isid. Diff. 1, 194 (447).

dēcŏcō, v. decoquo.

dēcocta, ae, f. (s.-ent. *aqua*) eau bouillie qui est ensuite rafraîchie dans la neige : Suet. Ner. 48 ; Juv. 5, 50.

decoctio

dēcoctĭo, ōnis, f. (decoquo) ¶ 1 action de faire bouillir [usage médical] : Cael.-Aur. Chron. 2, 13 ‖ [sens concret] décoction : Ps. Apul. Herb. 77 ¶ 2 [fig.] déconfiture, banqueroute : Cod. Just. 11, 9, 5.

dēcoctŏr, ōris, m. (decoquo), dissipateur, homme ruiné, banqueroutier : Cic. Phil. 2, 44 ; Cat. 2, 5 ; *decoctor pecuniae publicae* Cod. Just. 10, 32, 40, dilapidateur des deniers publics.

dēcoctum, i, n. (decoctus), décoction : Plin. 22, 49.

1 dēcoctus, a, um, part. de decoquo ‖ adjt, *decoctior* Pers. 1, 125, mieux mijoté ‖ v. decocta.

2 dēcoctŭs, abl. ū, m., décoction : Plin. 37, 194.

dēcollātĭo, ōnis, f. (decollo), décollation, décapitation : Paul. Sent. 5, 17, 3.

dēcollātus, a, um, part. de decollo.

dēcollĭgō, ās, āre, āvī, -, tr., dételer : Rufin. Orig. Psalm. 36, hom. 1, 2.

dēcollō, ās, āre, āvī, ātum (de collo ; it. dicollare), tr., ôter de son cou : Caecil. Com. 116 ‖ décoller, décapiter : Sen. Ir. 3, 18, 4 ; Apoc. 6, 2 ; Suet. Cal. 32.

dēcōlō, ās, āre, āvī, ātum (de colo), intr., s'en aller entièrement par l'étamine ; [d'où, fig.] s'en aller, glisser entre les doigts, faire défaut : Pl. Cap. 496 ; Varr. R. 1, 2, 8.
▶ fut.antérieur. *decolassit* Pl. Cas. 307.

dēcŏlŏr, ōris, adj. (de colore), qui a perdu sa couleur naturelle, décoloré, terni, noirci : *decolor sanguis* Cic. poet. Tusc. 2, 20, sang altéré ; *decolor sanguine* Ov. Tr. 4, 2, 42, souillé de sang ; *decolor unio* Plin. 9, 116, perle laiteuse ; *decolor Indus* Ov. Tr. 5, 3, 24, l'Indien basané ‖ [fig.] corrompu, gâté : *decolor aetas* Virg. En. 8, 326, un âge qui a perdu ses qualités premières [par opp. à l'âge d'or], cf. Ov. H. 9, 4.

dēcŏlōrātĭo, ōnis, f. (decoloro), altération de la couleur : Cic. Div. 2, 58.

dēcŏlōrātĭus, compar. de l'inus. *decolorate*, d'une manière plus corrompue : Aug. Duab. 2, 2.

dēcŏlōrātus, a, um, part. de decoloro ‖ adj., -tior Aug. Civ. 11, 7, plus altéré, plus troublé.

dēcŏlōrō, ās, āre, āvī, ātum (decolor), tr., altérer la couleur : *decolorare mare* Hor. O. 2, 1, 35, faire perdre sa couleur à la mer ; *cutem* Cels. 2, 8, 23, altérer le teint ; *decolorari ex albo* Col. 12, 49, 9, perdre la couleur blanche ‖ [fig.] altérer, corrompre : Cod. Just. 1, 3, 19.

dēcŏlōrus, a, um, c. decolor : Prud. Perist. 1, 113 ; Ambr. Ep. 19, 31.

dēcompŏsĭtus, a, um, [gram., en parl. d'un mot] dérivé (formé) d'un mot composé : Prisc. 2, 177, 11.

dēconcĭlĭō, ās, āre, -, -, tr., enlever (*aliquid alicui*) : *Pl. d. Fest. 238, 22.

dēcondō, ĭs, ĕre, -, -, tr., mettre au fond de [avec *in* acc.] : Sen. Marc. 10, 6.

dēconsŭētūdo, ĭnis, f., désuétude : *Cod. Th. 1, 1, 5.

dēcontŏr, ārĭs, ārī, -, intr., balancer, hésiter : Apul. Met. 7, 24.

dēcontrā, adv., de face, de loin : Eger. 2, 7.

dēcŏquō (dēcŏcō), ĭs, ĕre, coxī, coctum, tr. ¶ 1 réduire par la cuisson ; *aliquid*, qqch. : Cat. Agr. 97, 98 ; Varr. R. 1, 26 ; Plin. 22, 140 ‖ séparer par fusion : *pars quarta decocta erat* Liv. 32, 2, 2, on avait par la fusion isolé un quart d'alliage ‖ [fig.] séparer, retrancher : *multum inde decoquent anni* Quint. 2, 4, 7, l'âge en retranchera beaucoup ‖ affaiblir, réduire à néant : Sen. Nat. 4, 13, 6 ‖ [abst] se réduire, se volatiliser : *res ipsa decoxit* Col. 11, 1, 28, sa fortune s'est volatilisée ‖ [fig.] ruiner : *hunc alea decoquit* Pers. 5, 57, celui-ci est réduit (ruiné) par les dés ; [abst] dissiper sa fortune, se ruiner, faire banqueroute : Cic. Phil. 2, 44 ; *decoquere creditoribus suis* Plin. 33, 133, faire banqueroute à ses créanciers ¶ 2 faire cuire entièrement : *holus* Hor. S. 2, 1, 74, faire cuire des légumes ‖ mûrir complètement : *acini decoquuntur in callum* Plin. 17, 226, les raisins trop mûrs durcissent ‖ [fig.] *suavitas solida, non decocta* Cic. de Or. 3, 103, une douceur ferme, sans fadeur ¶ 3 digérer : Arn. 7, 45 ¶ 4 [chrét.] purifier : *sordibus tuis tamquam igne decoctis* Cypr. Eleem. 14, une fois tes souillures purifiées comme par le feu.
▶ forme *dequoqueretur* Hor. S. 2, 1, 74.

1 dĕcŏr, ōris, m. (decet, decus) ¶ 1 ce qui convient, ce qui est séant : *decor naturis dandus et annis* Hor. P. 157, il faut donner aux caractères et aux âges les traits qui leur conviennent ; *suus cuique decor est* Quint. 10, 2, 22, chacun a ses traits propres ¶ 2 parure, ornement, charme : Quint. 11, 3, 67 ; élégance du style : Quint. 9, 4, 145 ‖ pl., *scenai decores* Lucr. 4, 983, les ornements de la scène ¶ 3 [en part.] beauté corporelle, grâce, charme : Hor. O. 2, 11, 6 ; Ov. M. 1, 488 ; Curt. 8, 4, 23 ; Tac. H. 2, 1.

2 dĕcŏr, ōris (decos, indecor), adj., beau, magnifique : Naev. d. Prisc. 2, 235, 20 ; Sall. H. 3, 20 ; Apul. Socr. 2.

dĕcŏrāmĕn, ĭnis, n. (decoro), ornement, parure : Sil. 16, 269 ; Aus. Mos. 320.

dĕcŏrāmentum, i, n., c. *decoramen* : Tert. Cult. 2, 12, 1 ; Sidon. Ep. 5, 10, 1.

dĕcŏrātĭo, ōnis, f. (decoro), ornement : Eustath. Hex. 1, 1.

dĕcŏrātŏr, ōris, m., celui qui nettoie : Gloss. 4, 345, 27.

dĕcŏrātus, a, um, part. de decoro ‖ adjt, -tissimus Boet. Elench. 1, 12, orné au plus haut point.

dĕcŏrē, adv. (decorus), convenablement, dignement : Cic. Off. 1, 114 ; de Or. 1, 144 ;

Sall. J. 100, 5 ‖ artistement : Cic. poet. Div. 1, 20.

dĕcŏrĭātōrĭus, a, um, propre à enlever la peau : Cass. Fel. 13.

dĕcŏrĭō, ās, āre, āvī, ātum (de, corio), tr., enlever la peau : Tert. Anim. 33, 3 ; *decoriata amygdala* Pallad. 15, 12, amandes pelées.

dĕcŏrĭtĕr, c. decore : Apul. M. 5, 22 ; Val. 1, 24.

dĕcŏrō, ās, āre, āvī, ātum (2 decor), tr., décorer, orner, parer : Cic. Verr. 2, 112 ; Hor. O. 2, 15, 20 ‖ [fig.] honorer, parer, rehausser : Cic. Balb. 16 ; de Or. 1, 232 ; Arch. 22.

dĕcŏrōsus, a, um, beau, brillant : Ambr. Tob. 7.

dĕcortĭcātĭo, ōnis, f. (decortico), décortication, action d'enlever l'écorce : Plin. 17, 236.

dĕcortĭcō, ās, āre, āvī, ātum (de, cortice), tr., enlever l'écorce, écorcer : Plin. 16, 188 ; 16, 221.

dĕcōrus, a, um (decet, decus) ¶ 1 qui convient, qui sied : Cic. CM 28 ; *decorum est* [avec inf. ou prop. inf.], il convient de ou que : Cic. Att. 5, 9, 1 ; 4, 16, 3 ‖ n. pris subst, *decorum*, ce qui convient, la convenance, les bienséances [grec τὸ πρέπον] : Cic. Off. 1, 93 ; Or. 70 ‖ [avec dat.] *color albus praecipue decorus deo est* Cic. Leg. 2, 45, la couleur blanche convient particulièrement à la divinité ; *respondit nequaquam decorum pudori suo legere aliquid* Tac. An. 1, 12, il répondit qu'il ne convenait pas du tout à sa modestie de faire un choix ‖ [avec *ad*] (*auri venae) ad ornatum decorae* Cic. Nat. 2, 151, (veines d'or) séantes à la parure ‖ [avec abl.] = digne de : *facinora neque te decora neque tuis virtutibus* Pl. Mil. 619, actes qui ne siéent ni à toi ni à tes vertus ‖ [avec *pro*] *decorum pro causa ratus, si...* Tac. H. 3, 7, pensant que ce serait bien pour sa cause si... ¶ 2 orné, paré : *aedes decora* Hor. O. 1, 30, 3, maison bien parée ‖ beau, élégant : *arma decora* Sall. C. 7, 4, riches armes, cf. Virg. En. 2, 392 ; 4, 559 ; *decora facie* Sall. J. 6, 1, d'un beau visage ; *verbis decoris vitium obvolvere* Hor. S. 2, 7, 41, voiler son vice sous de beaux noms‖ pl. n., *decora*, ornements, honneurs : Tac. An. 3, 5 ; 3, 47 ‖ [avec abl.] *ductores ostro decori* Virg. En. 5, 133, les chefs parés de la pourpre ; *Phoebus fulgente decorus arcu* Hor. Saec. 61, Phoebus paré de son arc brillant.
▶ *decorior* Tert. Nat. 2, 10 ; *decorissimus* Apul. Apol. 4.

dēcōtes tŏgae, f. pl. (cos), toges usées : P. Fest. 63, 10.

dēcoxī, parf. de decoquo.

dēcrēmentum, i, n. (decresco), amoindrissement, diminution : Gell. 3, 10, 11 ‖ décours de la lune : Apul. M. 11, 1.

dēcrĕmō, ās, āre, -, -, tr., brûler, consumer : Ps. Tert. Marc. 2, 101.

dēcrĕpĭtus, *a, um* (*de, crepo*), décrépit, ratatiné : PL. *Merc.* 314 ; **aetas decrepita** CIC. *Tusc.* 1, 94, âge décrépit.

dēcrēr-, formes contr., ▶ *decerno* ▶.

dēcrescentĭa, *ae*, f. (*decresco*), décroissement, décours de la lune : VITR. 9, 2, 4.

dēcrescō, *ĭs, ĕre, crēvī, crētum*, intr., décroître, diminuer, se rapetisser : CIC. *Div.* 2, 33 ; LUCR. 5, 535 ; HOR. *O.* 4, 7, 3 ; OV. *M.* 2, 292 ; QUINT. 1, 3, 5 ; 5, 12, 14 ‖ ***corpora procerioribus admota decrescunt*** PLIN. *Pan.* 61, 2, les corps rapprochés de corps plus grands s'en trouvent diminués ‖ [poét.] décroître aux yeux, disparaître : STAT. *Ach.* 2, 308.
▶ part. pass. *decretus* LAEV. d. PRISC. 2, 484, 17, " diminué ".

dēcrētālis, *e* (*decretum*), de décret, ordonné par décret : SIDON. *Ep.* 7, 9, 6 ; ULP. *Dig.* 38, 9, 1.

dēcrētĭo, *ōnis*, f., ▶ *decretum* : CAPEL. 1, 32.

dēcrētŏr, *ōris*, m. (*decerno*), qui décide : AUG. *Serm. Dolbeau* 10, 9.

dēcrētōrĭus, *a, um* (*decerno*), décisif, définitif : **accedere ad decretorium stilum** SEN. *Clem.* 1, 14, 1, aller jusqu'au trait de plume fatal ; **decretoria hora** SEN. *Ep.* 102, 24, l'heure fatale ; **decretoria pugna** QUINT. 6, 4, 6, combat décisif.

dēcrētum, *i*, n. (*decerno*) ¶ **1** décision, décret : CIC. *Mur.* 29 ; *Verr.* 5, 55 ; CAES. *G.* 6, 13 ; *C.* 3, 21, 3 ¶ **2** [phil.] principe, dogme [δόγμα] : CIC. *Ac.* 2, 27-29 ; SEN. *Ep.* 94, 2 ; 95, 9 ¶ **3** [chrét.] décision dogmatique d'un concile ou d'un pape : GREG.-M. *Ep.* 11, 40.

dēcrētus, *a, um*, part. de *decerno*, ▶ aussi *decresco*.

dēcrēvī, parf. de *decerno* et de *decresco*.

Decrĭānus, *i*, m., architecte de l'empereur Hadrien : SPART. *Hadr.* 19, 12.

dēcrustō, *ās, āre*, -, - (*de crusta*), tr., désagréger : FORT. *Germ.* 75, 202.

dēcŭbō, *ās, āre*, -, -, intr., découcher : FAB. PICT. d. GELL. 10, 15, 14.

dēcŭbŭī, parf. de *decumbo*.

dēcŭcurrī, ▶ *decurro*.

Dēcŭla, Dēcŏla, *ae*, m., M. Tullius Décula [consul l'an 673 = 81 av. J.-C.] : FAST.

Dēculāni, *ōrum*, ▶ *Aeculani*.

dēculcō, *ās, āre*, -, - (*de, calco*), tr., fouler, presser : PLIN. 17, 61 ; [fig.] STAT. *Th.* 1, 622.

dēculpō, *ās, āre*, -, - (*de, culpo*), tr., blâmer : **deculpatum verbum** GELL. 19, 10, 10, mot condamné.

dēcultō, *ās, āre*, -, - (cf. *occulto*), tr., cacher entièrement : *P. FEST. 66, 13.

dēcŭma, etc., ▶ *decim-*.

Dĕcŭma, *ae*, f., ville de Bétique : PLIN. 3, 10.

dĕcŭmātes ăgri, m. pl. (cf. *decuma*), champs décumates [région comprise entre Rhin, Main et Neckar] *Atlas* I, B3 ; V, D4 : TAC. *Germ.* 29.

dēcumbō, *ĭs, ĕre, cŭbŭī*, -, intr. ¶ **1** se coucher, se mettre au lit : CAT. *Agr.* 156, 4 ‖ se mettre sur un lit, à table : PL. *Merc.* 99 ¶ **2** se laisser tomber à terre [en parl. du gladiateur qui s'avoue vaincu et attend la mort] : CIC. *Tusc.* 2, 41 ; *Phil.* 3, 35.

dĕcŭmo, **-mus**, ▶ *decim-*.

dĕcunctor, ▶ *decontor* : APUL. *M.* 7, 24 ; 10, 3.

Decūnī, *ōrum*, m. pl., peuple de la Dalmatie : PLIN. 3, 22.

dĕcunx, *uncis*, m., mesure ou poids de dix onces : PRISC. *Fig.* 3, 408, 24.

dĕcŭplō, *ās, āre, āvī, ātum* (*decuplus*), tr., décupler, multiplier par dix : **decuplata vulnera** JUVC. 3, 437, dix fois plus de blessures.

dĕcuplus, *a, um*, décuple : VULG. *Dan.* 1, 20.

dĕcŭrĭa, *ae*, f. (*decem*), décurie ¶ **1** réunion de dix, dizaine : COL. 1, 9, 7 ; SEN. *Ep.* 47, 9, cf. GELL. 18, 7 ¶ **2** [t. officiel] division par corps, corporation, confrérie : **decuria senatoria** CIC. *Verr.* 2, 79, décurie de juges sénateurs [au temps de CIC. d'après la loi Aurelia, trois décuries de juges : sénateurs, chevaliers, tribuns du trésor] ‖ **decuriam (scribarum) emere** CIC. *Verr.* 3, 184, acheter son entrée dans la corporation des scribes ‖ [plais¹] société de buveurs : PL. *Pers.* 143 ¶ **3** [chrét.] groupe de neuf moines dirigés par un dixième [dizenier] : HIER. *Ep.* 22, 35.

dĕcŭrĭālis, *e* (*decuria*), de dix, composé de dix : TERT. *Anim.* 37, 3 ‖ qui appartient à une décurie : *CIL* 2, 4227.

dĕcŭrĭātim, adv., par dix : CHAR. 185, 27.

dĕcŭrĭātĭo, *ōnis*, f. (1 *decurio*), division par décuries, ▶ *decurio* : CIC. *Planc.* 45.

1 dĕcŭrĭātus, *a, um*, part. de *decurio*.

2 dĕcŭrĭātŭs, *ūs*, m., ▶ *decuriatio* : LIV. 22, 38, 3.

1 dĕcŭrĭō, *ās, āre, āvī, ātum* (*decuria*), tr. ¶ **1** distribuer par décuries : **equites** LIV. 22, 38, 3, distribuer les cavaliers en décuries ¶ **2** [fig.] enrôler par décuries, former des factions, des cabales : CIC. *Sest.* 34 ; *Planc.* 45 ; *Phil.* 7, 18.

2 dĕcŭrĭō, *ōnis*, m., décurion, officier qui primitivement commandait dix cavaliers : VARR. *L.* 5, 16, 26 ; CAES. *G.* 1, 23, 2 ‖ décurion, sénateur dans les villes municipales ou dans les colonies : CIC. *Sest.* 10 ; *Clu.* 41 ‖ décurion, chef de personnel au palais : SUET. *Dom.* 17.

dĕcŭrĭōnālis, *e*, de décurion, sénatorial : *CIL* 11, 5965.

dĕcŭrĭōnātŭs, *ūs*, m. (*decurio*), décurionat, dignité et fonction de décurion : CAT. *Orat.* 18 ; ULP. *Dig.* 50, 2, 2.

dĕcŭrĭōnus, *i*, m., ▶ 2 *decurio* : P. FEST. 43, 10.

dĕcŭris, *is*, m., ▶ 2 *decurio* : P. FEST. 63, 8.

dēcurrō, *ĭs, ĕre, currī (cūcurrī), cursum*, intr. et tr.

I intr. ¶ **1** descendre en courant, se précipiter : **ad cohortandos milites decucurrit** CAES. *G.* 2, 21, 1, il descendit en courant pour exhorter les soldats ; **ad naves decurrunt** CAES. *C.* 1, 28, 3, ils descendent au pas de course vers les navires ; **ex montibus in vallem** CAES. *G.* 3, 2, 4, descendre au pas de course des montagnes dans la vallée ; **de tribunali** LIV. 4, 50, 4, se précipiter de son tribunal ; **summa ab arce** VIRG. *En.* 2, 41, accourir du haut de la citadelle (**alta arce** VIRG. *En.* 11, 490) ¶ **2** faire des manœuvres et évolutions militaires : LIV. 23, 35, 6 ; 24, 48, 11 ; 25, 17, 5 ; **cum legionibus decurrebat** LIV. 26, 51, 8, il prenait part aux manœuvres des légions ; **quinto die iterum in armis decursum est** LIV. 26, 51, 4, le cinquième jour il y eut de nouvelles manœuvres en armes ¶ **3** [en parl. de courses de chars] **nunc video calcem ; ad quam cum sit decursum...** CIC. *Tusc.* 1, 15, à présent je vois le terme de la carrière ; une fois qu'on y est arrivé... ¶ **4** faire une traversée : **ego puto te bellissime decursurum** CIC. *Fam.* 11, 4, 3, je pense que tu feras une excellente traversée ‖ descendre vers la mer : **uti naves onustae rudere decurrerent** TAC. *An.* 15, 43, [il avait décidé] que les navires redescendraient chargés de décombres ¶ **5** se précipiter, descendre [en parl. d'un cours d'eau] : **amnis monte decurrens** HOR. *O.* 4, 2, 5, fleuve se précipitant d'une montagne ; **amnis in mare decurrit** LIV. 21, 26, 4, le fleuve se jette dans la mer ¶ **6** s'en aller en courant : **manus in scribendo decurrit** QUINT. 10, 7, 11, la main s'en va courant sur le papier, cf. 10, 3, 17 ; [fig.] **per totas quaestiones** QUINT. 9, 2, 48, parcourir toutes les questions, cf. 9, 4, 55 ; 11, 1, 6 ¶ **7** [fig.] venir à, aboutir à : **ad iras proclivius** LUCR. 3, 311, céder à la colère plus rapidement ; **omnium eo sententiae decurrerunt, ut...** LIV. 38, 8, 3, les avis de tous aboutirent à ce que... ; **decurritur ad leniorem verbis sententiam** LIV. 6, 19, 3, on se range à un avis plus doux dans la forme ; **eo decursum est, ut...** LIV. 26, 18, 4, on aboutit à cette solution que... ‖ recourir à : **ad haec extrema jura tam cupide decurrebas, ut...** CIC. *Quinct.* 48, tu te hâtais de recourir à ce droit extrême avec tant d'ardeur que... ; **tum ad istam orationem decurrunt, cum...** CIC. *Caecin.* 65, ils n'ont recours à ces propos que quand... ; **decurritur ad illud extremum s. c. "dent operam consules..."** CAES. *C.* 1, 5, 3, on a recours à ce sénatus-consulte extrême "que les consuls prennent toute mesure..." ; **ad aliquem** CURT. 7, 1, 28, recourir à qqn.

II tr., parcourir d'un bout à l'autre un espace : **septingenta milia passuum decursa** CIC. *Quinct.* 81, sept cent milles parcourus ; **decurso spatio** CIC. *CM* 83,

decurro

après avoir parcouru la carrière [dans l'arène] ‖ [fig.] *aetate decursa* Cic. *Quinct.* 99, au terme de sa carrière ; *inceptum una decurre laborem* Virg. G. 2, 39, parcours avec moi la tâche entreprise (accompagne-moi tout au long de ma tâche)‖ *quae abs te breviter de arte decursa sunt* Cic. de Or. 1, 138, les points que tu as brièvement parcourus touchant la théorie ; *pugnas decurrere versu* Stat. S. 5, 3, 149, chanter en vers les combats.

dēcursĭo, ōnis, f. (*decurro*) ¶ 1 action de descendre à la course ; incursion de cavalerie : Brut. *Fam.* 11, 10, 4 ; ou descente brusque : Hirt. G. 8, 24, 3 ‖ descente de l'eau : Arn. 2, 59 ¶ 2 évolution (manœuvre) militaire, revue : Suet. *Cal.* 18 ¶ 3 [chrét.] cours de la vie : Greg.-M. *Mor.* 33, 12.

dēcursōrĭus, *a, um*, relatif à la course : Grom. 313, 8.

1 dēcursus, *a, um*, part. de *decurro*.

2 dēcursŭs, *ūs*, m. ¶ 1 action de descendre à la course, descente au pas de course : Liv. 1, 27, 10 ; Tac. *An.* 2, 55 ‖ descente rapide, chute : *montibus ex altis decursus aquae* Lucr. 1, 283 ; *decursus de montibus altis* Virg. En. 12, 523, torrent qui se précipite du haut des montagnes ¶ 2 pente [d'un terrain] : B.-Hisp. 29 ¶ 3 action de parcourir jusqu'au bout, d'achever une course : *destitit ante decursum* Suet. *Ner.* 24, il se retira avant d'avoir achevé la course ‖ [fig.] *facilior erit mihi quasi decursus mei temporis* Cic. *Fam.* 3, 2, 2, il me sera plus facile d'aller, pour ainsi dire, jusqu'au bout de mon temps ; *decursus honorum* Cic. de Or. 1, 1, le parcours entier de la carrière des charges ¶ 4 [milit.] évolution, exercice, manœuvre, défilé, parade : Liv. 40, 9, 10 ; Gell. 7, 3, 52 ¶ 5 [rhét.] allure, mouvement rythmique des vers : Quint. 9, 4, 115 ; 11, 2, 25.

▶ dat. *decursu* Tac. *An.* 3, 33.

dēcurtans, *tis*, part. de **decurto*.

dēcurtātĭo, ōnis, f. (*decurto*), mutilation : Mar. Vict. *Gram.* 6, 67, 25.

dēcurtātus, *a, um*, part. de **decurto*.

*dēcurtō, *ās, āre, -, ātum*, tr., [n'existe qu'au part. prés. Arn. 5, 11 et au part. passé] ¶ 1 raccourcir : Plin. 25, 53 ; *decurtatus* Sen. *Ir.* 3, 17, 3, mutilé ¶ 2 [fig.] *quaedam quasi decurtata* Cic. Or. 178, certaines parties (phrases) en quelque sorte tronquées.

dēcurvātus, *a, um*, courbé, recourbé : Non. 80, 20.

dĕcus, ŏris, n. (*decet*), tout ce qui sied, tout ce qui va bien, ornement, parure, gloire, illustration : *decora fanorum* Cic. Verr. 4, 97, les ornements des temples ‖ *decus senectutis* Cic. de Or. 1, 199, parure de la vieillesse ; *verum decus in virtute positum est* Cic. *Fam.* 10, 12, 5, la véritable illustration réside dans la valeur personnelle, cf. *Brut.* 59 ; *Phil.* 2, 54 ; *Off.* 1, 124 ; *decora Corneliae gentis* Liv. 38, 58, 3, les actions d'éclat de la gens Cornelia, cf. 3, 12, 2 ; *militiae* Liv. 2, 23, 4, exploits militaires, cf. 3, 11, 6 ; 6, 20, 7 ‖ *decora Sulpiciae* Tac. H. 1, 15, l'illustration [= la noblesse illustre] de la gens Sulpicia ‖ [phil.] bienséance, ce qui sied, la dignité morale, l'honneur : *Off.* 1, 17 ; 1, 124 ; *Leg.* 1, 55 ; *Fin.* 2, 44.

dĕcūsātim, dĕcūsātĭo, dĕcūso, ▶ *decuss-*.

dĕcussātim, adv. (*decusso*), avec intersection : *circino decussatim describere* Vitr. 1, 6, 7, tracer au compas deux arcs qui se coupent ; Col. 12, 56, 1.

dĕcussātĭo, ōnis, f. (*decusso*), intersection [de deux lignes] : Vitr. 1, 6, 7.

dĕcussātus, *a, um*, part. de *decusso*.

dĕcussī, parf. de *decutio*.

dĕcussĭo, ōnis, f. (*decutio*), action de retrancher [au fig.] : Tert. *Cult.* 2, 9, 1.

dĕcussis (dĕcūsis), *is*, m. (*decem, as*) ¶ 1 le nombre dix, dizaine : *decusis sexis* Vitr. 3, 1, 8, le nombre seize ¶ 2 intersection : *decusis punctum* Vitr. 10, 6, 2, point d'intersection ; Plin. 18, 331 ¶ 3 pièce de monnaie valant dix as : Varr. L. 5, 170.

dĕcussissexis, ▶ *decussis*.

dĕcussō, *ās, āre, āvī, ātum* (*decussis*), tr., croiser en forme d'X, croiser en sautoir : Cic. *Tim.* 24 ; Col. 4, 24, 8.

1 dĕcussus, *a, um*, part. de *decutio*.

2 dĕcussŭs, abl. *ū*, m. (*decutio*), action d'abattre : Plin. 11, 163.

1 dĕcŭtĭo, *ĭs, ĕre, cussī, cussum* (*de, quatio*), tr. ¶ 1 abattre en secouant, en frappant : Liv. 1, 54, 6 ; Plin. 15, 11 ; *muri ariete decussi* Liv. 33, 17, 9, murs jetés à bas par le bélier, cf. 32, 17, 6 ; 37, 6, 1 ¶ 2 faire tomber de, enlever à : [avec *ex*] Pl. *Ep.* 309 ; Sen. *Marc.* 18, 8 ‖ [avec abl.] Virg. En. 10, 718 ; Prop. 3, 13, 27.

2 dĕcŭtĭo, *īs, īre, -, -* (*de, cutio*), tr., dépouiller : Tert. *Nat.* 1, 14, 1.

dēdamnō, *ās, āre, -, -*, tr. (*de, damno*), absoudre : Tert. *Pud.* 15, 3.

dēdĕcĕt, *cēre, cŭĭt* [pour la constr. v. *decet*] ne pas convenir, être malséant ¶ 1 *non illam motae dedecuere comae* Ov. *Am.* 1, 7, 12, ses cheveux en désordre ne lui allaient pas mal, cf. Hor. O. 1, 38, 7 ; Tac. *An.* 2, 43 ; *si quid dedecet* Cic. *Off.* 1, 146, s'il y a qqch. de malséant ¶ 2 *oratorem simulare non dedecet* Cic. *Tusc.* 4, 55, il ne messied pas à l'orateur de feindre ‖ [avec inf. pass.] Quint. 11, 3, 124 ¶ 3 *ut ne dedeceat* Cic. de Or. 1, 132, en évitant l'inélégance ¶ 4 [poét., constr. personnelle] *non dedecui tua jussa* Stat. Th. 10, 340, j'ai rempli tes ordres convenablement ; *Pomponius Atticus dedecere Claudiorum imagines videbatur* Tac. *An.* 2, 43, Pomponius Atticus [= l'image de Pomponius] semblait ne pas cadrer avec les images des Claudii.

dēdĕcŏr, ŏris, adj. (*dedecet, 2 decor*), laid, honteux, indigne : Stat. Th. 11, 760.

dēdĕcŏrāmentum, *i*, n., flétrissure : Gracch. d. Isid. 1, 21, 4.

dēdĕcŏrātĭo, ōnis, f., flétrissure, déshonneur : Tert. *Anim.* 34, 4.

dēdĕcŏrātŏr, ōris, m., celui qui déshonore, qui flétrit : Tert. *Apol.* 14, 4.

dēdĕcŏrō, *ās, āre, āvī, ātum*, tr., défigurer, déformer, enlaidir : Prop. 3, 22, 36 ‖ [fig.] déshonorer, flétrir, souiller : Cic. *Off.* 3, 6 ; Sall. J. 85, 42.

dēdĕcŏrōsē, adv., honteusement : Ps. Aur.-Vict. *Epit.* 5, 8.

dēdĕcŏrōsus, *a, um* (*dedecus*), déshonorant, honteux : Ps. Aur.-Vict. *Epit.* 39, 7 ‖ *-sior* Cod. Th. 16, 5, 13.

dēdĕcŏrus, *a, um*, déshonorant, honteux : Tac. *An.* 3, 32 ; 12, 47.

dēdĕcŭs, ŏris, n. (*de, decus, dedecet*) ¶ 1 déshonneur, honte, ignominie, infamie, indignité : Cic. *Brut.* 130 ; *dedecori esse alicui* Cic. *Off.* 1, 139, être un objet de honte pour qqn ‖ action déshonorante : *dedecus admittere* Caes. G. 4, 25, 5, commettre une action honteuse ; *in dedecora incurrunt* Cic. *Fin.* 1, 47, ils en viennent aux actes déshonorants, cf. Liv. 3, 51, 12 ; Tac. *An.* 6, 51 ¶ 2 [phil., oppos. à *decus*] Cic. *Leg.* 1, 55.

1 dĕdī, parf. de *do*.

2 dĕdi, inf. prés. pass. de *dedo*.

dēdĭcātĭo, ōnis, f. (*dedico*), consécration, dédicace, inauguration [d'un temple, d'un théâtre] : Cic. *Dom.* 118 ; 121 ; Liv. 2, 27, 5.

dēdĭcātīvē, adv., affirmativement : Capel. 4, 409.

dēdĭcātīvus, *a, um*, affirmatif : Ps. Apul. *Herm.* 3.

dēdĭcātŏr, ōris, m., celui qui fait une dédicace, [d'où] auteur de : Tert. *Apol.* 5, 3.

dēdĭcātus, *a, um*, part. de *dedico* ‖ adj[t], *dedicatissimus*, tout à fait dévoué : CIL 2, 2071.

dēdĭcō, *ās, āre, āvī, ātum* (*de, 1 dico*), tr. ¶ 1 déclarer, révéler : *haec res naturam dedicat ejus* Lucr. 3, 208, voici une chose qui fait voir sa nature [de l'esprit] ; *corpus per se communis dedicat esse sensus* Lucr. 1, 422, le sens commun suffit à proclamer l'existence de la matière ‖ *praedia in censu* Cic. *Flac.* 79, déclarer ses biens au censeur (*in censum* Scip. Afr. d. Gell. 6, 11, 9) ¶ 2 dédier, consacrer [avec acc. de l'objet consacré] : *aedem Castori* Cic. *Nat.* 3, 13, consacrer un temple à Castor ; *simulacrum Jovis* Cic. Verr. 4, 64, consacrer la statue de Jupiter ; *loca sacris faciendis* Liv. 1, 21, 4, consacrer des lieux à la célébration des sacrifices [avec acc. du nom de la divinité] : *Fides, Mens, quas in Capitolio dedicatas videmus* Cic. *Nat.* 8, 61, la Bonne Foi, l'Intelligence, auxquelles nous voyons des temples consacrés sur le Capitole (v. *Leg.* 2, 28) ; *Junonem dedicare* Liv. 5, 52, 10, consacrer un temple à Junon ‖ [fig.] *librum alicui* Plin.

praef. 12, dédier un livre à qqn ‖ *equi memoriae ac nomini urbem* Curt. *9, 3, 23*, consacrer une ville à rappeler le souvenir et le nom d'un cheval ; *libros operi* Quint. *9, 3, 89*, consacrer des volumes à un travail ‖ inaugurer [une maison, un théâtre] : Suet. *Ner. 31* ; *Aug. 43* ; *Tit. 7* ; *Ner. 12*.
▶ tmèse *deque dicata* Lucil. d. Non. *287, 28*.

dēdignātĭo, *ōnis*, f. (*dedignor*), dédain, refus dédaigneux : Quint. *1, 2, 31*.

dēdignātus, *a, um*, part. de *dedignor*.

dēdignō, *ās, āre*, -, -, ⓒ▶ *dedignor* : Drac. *Romul. 9, 28*.

dēdignŏr, *āris, āri, ātus sum* (*de, dignor*), tr., repousser qqch. ou qqn comme indigne, dédaigner, refuser : *dedignari aliquid* Plin. *Ep. 8, 6, 16*, dédaigner qqch. ; *aliquem maritum* Virg. *En. 4, 536*, dédaigner qqn comme mari ; [avec inf.] *intueri dedignari* Sen. *Const. 13, 2*, refuser de regarder, cf. Ov. *M. 13, 586* ‖ [avec prop. inf.] Arn. *5, 13* ‖ [abs¹] Tac. *An. 2, 2*.

dēdiscō, *is, ĕre, dĭdĭcī, -* (*de, disco*), tr., désapprendre, oublier ce qu'on a appris : *aliquid* Cic. *Quinct. 56*, désapprendre qqch., cf. Cic. *Brut. 171* ; Caes. *C. 3, 110, 2* ; *loqui* Cic. *Brut. 51*, ne plus savoir parler ‖ [poét.] *dedidicit jam pace ducem* Luc. *1, 131*, il a désappris déjà dans la paix le métier de chef ; *dedisce captam* Sen. *Tro. 884*, oublie la captivité.

dēdĭtīcĭus, *a, um* (*deditus*), rendu à discrétion, à merci ; soumis sans condition [v. une formule de *deditio* Liv. *1, 38, 2*] ; m. pris subst¹, **dediticius**, *ii*, [sg.] Sall. *J. 31, 19* ; [pl.] Caes. *G. 1, 44, 5* ; *2, 32, 2* ; Liv. *7, 31, 4* ‖ [sous l'Empire] affranchis déditices [libres, mais privés du droit de cité : à titre de peine ou parce qu'affranchis par un maître déditice] : Gai. *Inst. 1, 14*.

dēdĭtim, adv., en se rendant à discrétion, à merci : Diom. *407, 6*.

dēdĭtĭo, *ōnis*, f. (*dedo*), capitulation, reddition, soumission : Cic. *Phil. 13, 48* ; *deditione facta* Caes. *G. 2, 33*, la soumission étant faite ; *in deditionem venire* Caes. *C. 3, 99, 4* ; *deditionem subire* Caes. *C. 1, 81, 6*, se rendre, capituler ; *deditio ad Romanos* Liv. *8, 25, 8*, soumission aux Romains ; *in deditionem accipere* Caes. *G. 1, 28, 2* ; *recipere* Caes. *G. 3, 21, 3*, recevoir à discrétion.

dēdĭtus, *a, um* ¶**1** part. de *dedo* ¶**2** adj¹ **a)** dévoué à (*alicui, alicui rei*, à qqn, à qqch.) : Cic. *Fam. 5, 8, 4* ; *Brut. 223* ; *Arch. 12* ‖ adonné à une passion : Cic. *Cael. 45* ; *Amer. 38* ; Sall. *C. 2, 8* ; *J. 2, 14* **b)** livré à : *in pugnae studio dedita mens* Lucr. *3, 647*, l'esprit tout entier livré à l'ardeur du combat, cf. *4, 815* ‖ *deditae eo (= ad id) mentes cum oculis erant* Liv. *1, 9, 10*, les esprits ainsi que les regards étaient tout entiers à ce spectacle ‖ *deditior* Eutr. *10, 15* ; *deditissimus* Dolab. *Fam. 9, 9, 1*.

dēdō, *is, ĕre, dĭdī, dĭtum* (*de, 1 do*), tr. ¶**1** livrer, remettre : *aliquem hostibus in cruciatum* Caes. *G. 7, 71, 3*, livrer qqn à l'ennemi pour un supplice ; *aliquem telis militum* Cic. *Mil. 2*, livrer qqn aux traits des soldats ; *aliquem alicui ad supplicium* Liv. *1, 5, 4*, livrer qqn à qqn pour subir un supplice ‖ [milit.] donner sans condition : *se suaque omnia Caesari dediderunt* Caes. *G. 3, 16, 4*, ils se remirent eux et tous leurs biens à la discrétion de César ; *incolumitatem deditis pollicebatur* Caes. *C. 3, 28, 2*, il promettait la vie sauve à ceux qui se seraient rendus ; *populo Romano, Caesari se dedere* Caes. *G. 2, 15, 5* ; *2, 28, 2*, se soumettre au peuple romain, à César ; *in arbitrium dicionemque populi Romani proconsuli* Liv. *26, 33, 12*, se livrer au proconsul pour être au pouvoir et à la discrétion du peuple romain ; *sese dedere* Caes. *C. 2, 22, 1* ; Liv. *42, 8, 1*, se rendre, capituler ¶**2** [fig.] livrer, abandonner : *aliquem crudelitati alicujus* Cic. *Quinct. 59*, livrer qqn à la cruauté de qqn ‖ *se dedere alicui, alicui rei*, se consacrer, se dévouer à qqn, à qqch. : Cic. *Rep. 2, 1* ; *Leg. 2, 5* ; *de Or. 1, 10* ; *Off. 1, 71* ; *se ad scribendum* Cic. *de Or. 1, 95*, s'adonner au travail de la composition ‖ *se aegritudini* Cic. *Att. 9, 4, 1* ; *libidinibus* Cic. *Tusc. 2, 48*, s'abandonner au chagrin, se donner aux passions ‖ *dedita opera*, avec intention, à dessein : Pl. ; Ter. ; Cic. ; Liv. ; [rare¹] *opera dedita* Cic. *de Or. 3, 192*.
▶ inf. prés. pass. *dedier* Liv. *1, 32, 7*.

dēdŏcĕō, *ēs, ēre, dŏcŭī, doctum*, tr., faire oublier ce qu'on a appris, faire désapprendre : *dedocere aliquem geometrica* Cic. *Fin. 1, 20*, faire désapprendre la géométrie à qqn ; *virtus populum falsis dedocet uti vocibus* Hor. *O. 2, 2, 20*, la vertu fait renoncer le peuple à ses faux jugements ; *cum a Zenone fortis esse didicisset, a dolore dedoctus est* Cic. *Tusc. 2, 60*, ayant appris de Zénon à être courageux, par la douleur il l'a désappris ‖ *dedocendus* Cic. *de Or. 2, 72*.

dēdŏlātĭo, *ōnis*, f., action de nettoyer un champ d'opération [chir.] : Ps. Sor. *Quaest. 246*.

dēdŏlātus, *a, um*, part. de *dedolo*.

dēdŏlĕō, *ēs, ēre, ŭī, -*, intr., cesser de s'affliger, mettre fin à sa douleur : Ov. *F. 3, 480* ; *Rem. 294*.

dēdŏlō, *ās, āre, āvī, ātum*, tr., abattre ou polir avec la doloire, raboter : Plin. *16, 188* ; *dedolare ossa fracta* Mart. *6, 11, 84*, enlever des esquilles ; *dedolari fustium ictibus* Apul. *M. 7, 17*, être roué de coups de bâton, recevoir une raclée.

dēdŏmātus, *a, um*, [cheval] bien dompté, bien dressé : Commod. *Instr. 1, 34, 4*.

dēdūc, dēdūcĕ, ▶ *deduco*.

dēdūcō, *is, ĕre, dūxī, ductum*, tr.

¶**1** "faire descendre" ¶**2** "emmener d'un lieu dans un autre", "accompagner, escorter" ¶**3** "dessiner, tracer" ¶**4** "allonger", "développer" ¶**5** "mettre à la mer", "fonder une colonie", "emmener dans la maison de l'époux", "amener devant le tribunal", "expulser", "retrancher, soustraire" ¶**6** [fig.] avec *de* et l'abl. "détourner de", avec *ad* et l'acc. "amener à", "faire changer qqn d'idée" ¶**7** "dériver de".

¶**1** emmener d'en haut, faire descendre : *aliquem de rostris* Caes. *C. 3, 21, 3*, faire descendre qqn de la tribune aux harangues ; *montibus ornos* Virg. *B. 6, 71*, faire descendre les ornes en bas des montagnes ; *de vallo deducere* Caes. *G. 5, 51, 2*, faire descendre du retranchement ; *ex locis superioribus in campum copias* Caes. *C. 2, 40*, faire descendre les troupes des hauteurs dans la plaine ; *instructos ordines in locum aequum deducit* Sall. *C. 59, 1*, il fait descendre sur un terrain uni son armée rangée en bon ordre ¶**2** emmener d'un lieu dans un autre : *ex agris* Caes. *G. 4, 30, 3*, emmener des champs, cf. *1, 44, 19* ; *7, 87, 4* ; *ab opere deductae legiones* Caes. *C. 2, 26, 3*, les légions enlevées à leur travail ; *exercitum finibus Attali* Liv. *32, 27, 1*, retirer l'armée du territoire d'Attale ; *deducere aliquem ad aliquem* Cic. *Lae. 1*, conduire qqn vers qqn ‖ [en part.] accompagner qqn, lui faire la conduite, l'escorter : Cic. *Fam. 10, 12, 2* ; *Mur. 70* ; *CM 63* ; *deducam* Hor. *S. 1, 9, 59*, je lui ferai cortège ‖ *impedimenta in proximum collem* Caes. *G. 7, 68, 2*, emmener les bagages sur la colline la plus proche ; *aliquem in conspectum Caesaris* Caes. *C. 1, 22, 2*, amener qqn en présence de César ‖ détourner : *atomos de via* Cic. *Fat. 18*, détourner les atomes de leur chemin ; *aqua deducta ad utilitatem agri suburbani* Cic. *Div. 2, 69*, eau détournée pour servir aux terres suburbaines ¶**3** ⓒ▶ *duco I 4* : Juv. *1, 157* ; Ov. *H. 16, 88* ‖ [fig.] tracer, dessiner : Sen. *Ep. 95, 72* ¶**4** allonger, étendre : *crines pectine* Ov. *M. 4, 311*, peigner ses cheveux ; *vela* Ov. *M. 3, 663*, déployer les voiles ; *caesariem longae dextra deducere barbae* Ov. *M. 15, 656*, étirer sa longue barbe de la main droite ; [en part.] *filum* Ov. *M. 3, 36* ; *fila* Catul. *64, 313*, tirer (étirer) les brins de la laine pour en faire le fil ; *deducitur argumentum in tela* Ov. *M. 6, 69*, un sujet est tissé sur la toile ‖ étirer, étendre, développer : *tenui deducta poemata filo* Hor. *Ep. 2, 1, 225*, poèmes tissés avec un fil ténu ‖ *versum deducere* Ov. *Pont. 1, 5, 13* ; *versus* Hor. *S. 2, 1, 4*, tisser, composer des vers ; *commentarii quos adulescens deduxerat* Quint. *3, 6, 59*, les notes qu'il avait prises dans sa jeunesse ¶**5** [en part.] emmener du rivage à la mer, mettre à la mer : *navem, naves* Caes. *C. 2, 3, 2* ; *G. 5, 2, 2* ; *5, 23, 2*, mettre les navires à flot ‖ emmener pour fonder une colonie : *coloniam in locum aliquem* Cic. *Rep. 2, 5*, conduire une colonie qq. part ; *in colonias deducti* Cic. *Phil. 5, 3*, emmenés pour fonder des colonies ; *in colonia Capua coloni deducti* Suet. *Caes. 81*, colons qui

deduco

avaient été emmenés dans la colonie de Capoue ‖ emmener dans la maison de l'époux: Caes. G. 5, 14, 4; Liv. 10, 23, 5; Tac. An. 12, 5 ‖ emmener, amener devant le tribunal: **ad hoc judicium deducti** Cic. Flac. 9, amenés dans ce procès comme témoins; **ad magistratum Mamertinum statim deducitur Gavius** Cic. Verr. 5, 160, on emmène aussitôt Gavius devant le magistrat de Messine ‖ évincer d'une propriété [forme symbolique de la *fundo deductio*, expulsion, après transport sur les lieux]: Cic. Tull. 20; Caecin. 20; Agr. 2, 68 ‖ retrancher, soustraire, déduire: **addendo deducendoque** Cic. Off. 1, 59, par des additions et des soustractions; **ut centum nummi deducerentur** Cic. Leg. 2, 53, qu'il y ait déduction de cent sesterces; **de capite deducere aliquid** Liv. 6, 15, 10, déduire une somme du capital ‖ **in judicium deducere**, soumettre à jugement, faire l'objet d'une action: **quod in judicium deductum est** Dig. 10, 3, 18, ce qui est soumis au juge ¶ **6** [fig.] détourner de, faire revenir de: **aliquem de sententia** Cic. Brut. 97, faire changer qqn d'avis; **de fide** Cic. Verr. prim. 25, détourner qqn de son devoir; **a timore** Cic. Nat. 2, 148, faire revenir qqn de ses craintes; **a tristitia hilare dicto deduci** Cic. de Or. 2, 340, être ramené d'une humeur sombre par un mot plaisant ‖ amener à: **ad fletum misericordiamque** Cic. de Or. 2, 189, amener qqn aux larmes et à la pitié; **ad eam sententiam haec ratio eos deduxit** Caes. G. 2, 10, 5, les réflexions suivantes les amenèrent à ce parti; **res ad arma deducitur** Caes. C. 1, 4, 5; **ad otium** Caes. C. 1, 5, 5, on en vient aux armes, à la paix; **huc rem deducere ut...** Caes. C. 1, 62, 1, amener les choses à ce point que...; **res huc deducitur ut...** Caes. C. 1, 86, 3, on aboutit à cette solution que...; **in eum locum res deductest ut...** Cic. Fam. 16, 12, 1, les choses en sont venues au point que...; **huc universa causa deducitur, utrum... an...** Cic. Amer. 34, la cause entière se ramène à ce point de savoir si... ou si... ‖ [en part.] faire changer qqn d'idée, l'amener à un autre parti, le séduire, le gagner: **a quibus deductum ac depravatum Pompeium queritur** Caes. C. 1, 7, 1, par lesquels il déplore que Pompée ait été entraîné et gâté, cf. G. 7, 37, 6; **neque legis improbissimae poena deductus est, quominus... officium praestaret** Cic. Fam. 14, 4, 2, et la peine édictée par la plus injuste des lois ne l'a pas détourné de remplir ses devoirs...; **aliquem in societatem belli** Liv. 36, 7, 3, amener qqn à s'associer à une guerre ¶ **7** tirer de, dériver de: **Pharnacion a Pharnace deductum** Plin. 25, 33, "Pharnacion" tiré de Pharnace; **deductum nomen ab Anco** Ov. F. 6, 803, nom dérivé d'Ancus.

▶ impér. **deduc** Cic. Rep. 1, 34; arch. **deduce** Pl. Truc. 479; Ter. Eun. 538.

dēducta(s.-ent. *pars*), **ae**, f. (*deduco*), somme déduite d'un héritage et abandonnée par l'héritier: Cic. Leg. 2, 50.

dēductĭo, ōnis, f. (*deduco*), action d'emmener, de détourner: **rivorum a fonte** Cic. Top. 33, dérivation de ruisseaux d'une source; **aquae** Cic. Div. 1, 100, détournement d'une eau ‖ **militum in oppida** Cic. Phil. 2, 62, action d'emmener des troupes dans des places fortes ‖ action d'emmener une colonie: Cic. Agr. 1, 16; **oppidorum** Plin. 2, 139, fondation de villes par colonisation ‖ éviction symbolique d'une possession: Cic. Caecin. 27 ‖ **in domum (mariti) deductio**, conduite de l'épouse chez le mari, mariage: Dig. 13, 6, 5, 10; 23, 2, 5 ‖ transport [de pierres]: Vitr. 10, 2, 12 ‖ action d'abaisser [le bras d'un levier]: Vitr. 10, 3, 3 ‖ déduction, retranchement: Cic. Caecil. 32; Verr. 3, 181; **sine ulla deductione** Sen. Ben. 2, 4, 3, intégralement.

dēductīvus, a, um, dérivé [gram.]: Pomp.-Gr. 5, 202, 3.

dēductŏr, ōris, m. (*deduco*) ¶ **1** celui qui accompagne, qui escorte un candidat: Q. Cic. Pet. 34 ¶ **2** celui qui mène, guide, maître: Tert. Cor. 4, 6 ‖ chef, fondateur d'une colonie: Don. Ad. 583.

dēductōrĭus, a, um (*deductor*), qui fait évacuer, qui sert à écouler: Veg. Mul. 1, 56, 3; Cael.-Aur. Acut. 2, 19 ‖ subst. n., canal, rigole, conduit: Pall. 9, 7, 21.

1 **dēductus, a, um**, part. de *deduco* ‖ adjt, abaissé: **deductior** Suet. Aug. 79 ‖ **deductum carmen** Virg. B. 6, 5, chant simple, d'un ton modéré.

2 **dēductŭs**, abl. *ū*, m., descente: **deductu ponderis** Apul. M. 1, 16, par la chute d'un corps pesant.

dēdux, ŭcis, adj. (*deduco*), issu de [avec gén.]: *Symm. Ep. 8, 69.

dēduxī, parf. de *deduco*.

dēēbrĭātus (dēb-), a, um, ivre: Cassiod. Psalm. 35, 9; Anth. 297, 2.

Dĕensis, e, adj. (2 *Dea*), de Die: **Deensis urbs** Greg.-Tur. Hist. 4, 44, Die [ville de la Narbonnaise].

dĕĕō, īs, īre, -, -, intr., aller d'un lieu à un autre, descendre: *Stat. Th. 2, 551.

deerat, deerit, de *desum*.

deerrō, ās, āre, āvī, ātum, intr., s'écarter du droit chemin, se fourvoyer, se perdre: **in itinere** Cic. Ac. frg. 16, s'égarer en chemin, faire fausse route; **deerrare ab aliquo** Pl. Men. 1113, s'égarer en s'éloignant de qqn; **itinere** Quint. 10, 3, 29, s'écarter de son chemin; **si potus cibusve in alienum deerravit tramitem** Plin. 11, 66, si la nourriture ou la boisson s'égarent en prenant une route qui n'est pas la leur ‖ [fig.] **a vero** Lucr. 1, 711, s'écarter de la vérité; **significatione** Quint. 1, 5, 46, s'écarter de l'acception ordinaire; **sors deerrabat ad parum idoneos** Tac. An. 13, 29, le sort s'égarait sur des hommes trop peu capables.

▶ dissyl. chez les poètes.

dĕēsis, is, f. (δέησις), prière, invocation [rhét.]: Jul.-Ruf. 16.

deest, de *desum*.

dēfaecābĭlis, e (*defaeco*), qu'on peut nettoyer: Sidon. Ep. 1, 5, 6.

dēfaecātĭo, ōnis, f., action de purifier: Tert. Anim. 27, 6.

dēfaecātus, a, um, part. de *defaeco*, **defaecatior** Ambr. Psalm. 118, s. 8, 58, plus purifié.

dēfaecō (-fēcō), ās, āre, āvī, ātum (*de faece*), tr. ¶ **1** séparer de la lie, tirer au clair: Plin. 18, 232 ¶ **2** [fig.] clarifier, purifier, éclaircir: Pl. Ps. 760; Aul. 79.

defaen-, v. *defen-*.

dēfāmātus, a, um (*de fama*), décrié: **homo turpitudine vitae defamatissimus** Gell. 18, 3, 3, homme on ne peut plus décrié pour l'infamie de sa conduite.

dēfāmis, e (*de fama*), infâme, décrié: Apul. M. 9, 17.

dēfānātus, a, um (*de, fanum*), profané, souillé: Arn. 4, 37.

dēfārīnātus, a, um, réduit en farine: Tert. Val. 31, 1.

dēfătīgābĭlis, e, qu'on peut lasser: Not. Tir. 72, 41.

dēfătīgātĭo (dēfĕ-), ōnis, f., fatigue, lassitude, épuisement: Cic. Nat. 2, 59; CM 86; **quaerendi** Cic. Fin. 1, 3, lassitude de chercher.

dēfătīgātus, a, um, part. de *defatigo*.

dēfătīgō (dēfĕ-), ās, āre, āvī, ātum, tr., fatiguer, lasser, épuiser: Caes. G. 7, 41, 2 ‖ [fig.] **judices** Cic. Leg. 3, 29, lasser les juges; **numquam defatigabor** Cic. de Or. 3, 145, je ne me lasserai jamais; **non defatigabor permanere** Lentul. d. Cic. Fam. 12, 14, 7, je ne me lasserai pas de rester.

dēfătiscor, v. *defetiscor*.

dēfēcābĭlis, e, v. *defaecabilis*.

dēfēcī, parf. de *deficio*.

dēfectĭbĭlis, e (*deficio*), sujet à défaillance: Aug. Serm. 362, 11.

dēfectĭo, ōnis, f. (*deficio*) ¶ **1** défection, désertion d'un parti: Cic. Q. 1, 4, 4 ‖ défection après une soumission: Caes. G. 3, 10 ‖ **solis defectiones** Cic. Div. 2, 17, éclipses de soleil ¶ **2** [fig.] **a)** action de s'écarter de: **a recta ratione** Cic. Tusc. 4, 22, éloignement de la droite raison **b)** cessation, disparition, épuisement: **animi** Cic. Att. 3, 18, 2; **virium** Cic. CM 29, disparition du courage, des forces physiques **c)** [abst] faiblesse, défaillance: Tac. An. 6, 50 **d)** [gram.] ellipse: Gell. 5, 8, 3.

dēfectĭtō, ās, āre, -, -, fréq. de, *deficio*: Not. Tir. 22, 56.

dēfectīvus, *a*, *um* (deficio), défectueux, imparfait : *Tert. Val. 14, 1 ‖ *defectiva febris* Cael.-Aur. Acut. 2, 10, fièvre intermittente ‖ défectif [gram.] : *defectiva nomina* Char. 248, 8, noms à qui manquent certains cas.

dēfectŏr, *ōris*, m. (deficio), celui qui fait défection, traître, déserteur : Tac. An. 1, 48 ; 12, 50 ; *alicujus* Tac. An. 11, 8, qui abandonne la cause de qqn.

dēfectrix, *īcis*, f., adj., défectueuse : Tert. Val. 38.

dēfectus, *a*, *um*, part. de *deficio* ‖ adj^t, épuisé, affaibli : *defectior* Apul. Apol. 16 ; *defectissimus* Col. 1, pr. 12.

dēfectŭs, *ūs*, m. ¶ 1 disparition : *defectūs lunae* Cic. Nat. 2, 50, les diminutions, le décours, le déclin de la lune ; *defectūs solis* Lucr. 5, 751, éclipses de soleil ; *defectus animi* Plin. 20, 96, défaillance ¶ 2 défection : Curt. 7, 19, 39.

dēfendō, *is*, *ĕre*, *fendī*, *fensum* (cf. *offendo*, scr. *hanti*, hit. *kuenzi*, θείνω, φόνος, vha. *gund-* > fr. *gonfanon* ; it. *difendere*), tr. ¶ 1 écarter, éloigner, repousser, tenir loin : *hostes* Enn. d. Non. 277, 27, repousser les ennemis ; *nimios solis ardores* Cic. CM 53, repousser (se défendre contre) les feux trop ardents du soleil ; *bellum non inferre, sed defendere* Caes. G. 1, 44, 6, non pas apporter la guerre, mais la repousser (2, 29, 5 ; 6, 23, 4) ; *crimen* Cic. Verr. 3, 212, repousser un chef d'accusation, faire tomber une accusation ; *injuriam* Cic. Off. 3, 74, repousser une injustice ; *pericula civium* Cic. Mur. 5, préserver ses concitoyens contre les dangers ; *res quibus ignis jactus et lapides defendi possunt* Caes. C. 2, 2, 4, moyens de protection contre les jets de flamme et les pierres ; *cum vi vis illata defenditur* Cic. Mil. 9, quand on repousse par la force un attentat de la force ‖ [poét.] *aliquid alicui*, repousser qqch. en faveur de qqn = préserver qqn de qqch. : *solstitium pecori* Virg. B. 7, 47, préserver un troupeau des feux du solstice, cf. Hor. O. 1, 17, 3 ‖ *aliquem ab aliqua re*, écarter qqn de qqch. : Quadrig. d. Gell. 9, 1, 1, cf. Ov. Rem. 625 ‖ [abs^t] faire opposition, mettre obstacle : Tac. An. 15, 38 ; Suet. Ner. 43 ¶ 2 défendre, protéger, *aliquem*, qqn : Caes. G. 1, 35, 4 ; 2, 10, 4 ; *castra* Caes. G. 3, 3, 4, défendre un camp ; *oppidum* Caes. G. 3, 16, 3, une ville ; *de ambitu aliquem* Cic. Sull. 6, défendre qqn contre une accusation de brigue ; *causam* Cic. Clu. 74, défendre une cause ‖ *ab aliquo (ab aliqua re) aliquem* Caes. G. 1, 11, 2 ; 2, 31, 5 ; 5, 20, 3, défendre qqn contre qqn (qqch.) ; *ab incendio, ab ariete* Caes. G. 7, 23, 5, défendre contre l'incendie, contre le bélier (préserver de...), cf. C. 1, 25, 10 ; 3, 63, 7 ; *aliquem contra aliquem* Cic. Phil. 1, 6, 13 ; Fam. 11, 27, 7, défendre qqn contre qqn ‖ [abs^t] opposer une défense, une résistance : Caes. G. 2, 33, 6 ; 2, 12, 3 ‖ présenter une défense : Cic. Lae. 96 ¶ 3 soutenir [un rang, un rôle] : Cic. Quinct. 43 ; Prov. 20 ; Hor. S. 1, 10, 12 ; P. 193 ¶ 4 [en part.] soutenir par la parole : *nullam umquam rem defendit quam non probarit* Cic. de Or. 2, 161, il n'a jamais rien soutenu sans preuve à l'appui ; *ex contraria parte jus civile defendere* Cic. Brut. 145, plaider le droit civil d'un point de vue opposé ‖ [avec prop. inf.] soutenir que, affirmer pour sa défense que : *id aliorum exemplo se fecisse defendat?* Cic. Verr. 3, 211, il allèguerait pour sa défense qu'il l'a fait sur l'exemple d'autrui ? ; *verissime defenditur numquam aequitatem ab utilitate posse sejungi* Cic. Fin. 3, 71, on soutient fort justement que jamais la justice ne peut se séparer de l'intérêt ‖ [constr. personnelle] *vi quadam reus id quod fecerit fecisse defenditur* Cic. Inv. 2, 98, on allègue, comme moyen de défense, que l'accusé a été contraint par la force à faire ce qu'il a fait ‖ [avec interrog. indir.] *cur non cadant in sapientem (turpitudines), non est facile defendere* Cic. Fin. 2, 117, il n'est pas facile de montrer pourquoi les actions honteuses ne sont pas le fait du sage ¶ 5 [droit] être défendeur dans un procès [dans sa propre cause ou, surtout, être défendeur pour autrui] : *publice utile est absentes defendi* Dig. 3, 3, 33, 3, il est d'intérêt public d'assurer la défense des absents ; *dotis nomine* Dig. 5, 1, 49, être défendeur dans une action de dot ‖ poursuivre en justice : *mortem alicujus* Dig. 29, 5, 21, 1, poursuivre en justice la mort de qqn ‖ élever une réclamation sur qqch., revendiquer qqch. : *possessionem* Dig. 43, 17, 4, revendiquer la propriété d'une chose.

► inf. pass. *defendier* Virg. En. 8, 493 ; Juv. 15, 157.

dēfēnĕrātus, *a*, *um*, endetté, obéré : Apul. Apol. 75.

dēfēnĕrō, *ās*, *āre*, *āvī*, *ātum*, tr., ruiner par l'usure : Cic. Par. 46.

dēfensa, *ae*, f. (defendo), défense : Tert. Marc. 2, 18, 1.

dēfensābĭlis, *e* (defenso), défendable : Ambr. Ep. 56, 5.

dēfensābĭlĭtĕr, adv. (defensabilis), en manière de défense : Cassiod. Psalm. 79, 12.

dēfensācŭlum, *i*, n. (defenso), moyen de défense : Aug. Ep. 102, 35.

dēfensātĭo, *ōnis*, f. (defenso), défense : Jul.-Val. 3, 40.

dēfensātŏr, *ōris*, m. (defenso), défenseur : Hier. Galat. 1, 13.

dēfensātrix, *īcis*, f., celle qui défend : Ambr. Hex. 6, 9, 69.

dēfensĭbĭlis, *e* (defendo), défendable : Cassiod. Anim. 7.

dēfensĭo, *ōnis*, f. (defendo) ¶ 1 action de repousser, d'écarter : *ad hujus criminis defensionem* Cic. Mil. 6, pour repousser ce chef d'accusation ; *utriusque rei* Cic. de Or. 1, 237, réplique à un double grief ¶ 2 défense, protection : *contra vim* Cic. Mil. 14 ; *contra crimen* Cic. Part. 43, défense contre la violence, contre une accusation ; *ad orationem* Cic. Cael. 9, réponse défensive à un discours ; *defensionem suae causae scripsit* Cic. Verr. 5, 112, il rédigea sa défense ; *dignitatis* Cic. Fam. 1, 7, 2, défense de la dignité de qqn ‖ moyen de défense dans un procès : Verr. 3, 193 ; 4, 8 ; Clu. 52 ; Inv. 2, 76 ‖ [sens concret] = plaidoyer pour se défendre : Plin. 7, 110 ¶ 3 action en justice, action criminelle : Dig. 29, 5, 5, 3.

dēfensĭōnālis, *e*, servant à la défense : Fort.-Rhet. 3, 20.

dēfensĭtō, *ās*, *āre*, *āvī*, -, (fréq. de *defenso*), défendre souvent : Cic. Brut. 100 ; Ac. 2, 139.

dēfensō, *ās*, *āre*, *āvī*, *ātum* (fréq. de *defendo*), tr. ¶ 1 repousser : Stat. S. 5, 2, 105 ¶ 2 défendre vigoureusement : Pl. Ru. 692 ; Sall. J. 26, 1 ; *aliqua re* Pl. Bac. 443 ; *ab aliquo* Sall. J. 97, 5, contre qqch., contre qqn.

dēfensŏr, *ōris*, m. (defendo) ¶ 1 celui qui empêche, qui repousse [un danger] : *conservatores domini, defensores necis* Cic. Mil. 58, les sauveurs de leur maître, ceux qui ont empêché sa mort ¶ 2 défenseur, protecteur : *juris* Cic. de Or. 1, 244, défenseur du droit ; *defensores mei* Cic. Mil. 39, mes défenseurs ; *murus defensoribus nudatus* Caes. G. 2, 6, 2, rempart dégarni de défenseurs ; *canes defensores* Varr. R. 2, 9, chiens de garde ‖ [opp. à *accusator*] Cic. Verr. 4, 82 ‖ [en parl. de choses] = moyens de défense : Caes. G. 4, 17, 10 ‖ *defensor civitatis*, médiateur [à partir du 4e s., désigné par l'empereur dans les cités pour défendre les faibles contre les abus des puissants] : Cod. Just. 1, 55, tit. ; *defensor plebis* Cod. Just. 1, 57.

dēfensōrĭus, *a*, *um* (defensor), qui sert à défendre, protecteur : Tert. Marc. 2, 14, 3.

dēfenstrix, *īcis*, f. (defensor), celle qui défend : Cic. Tim. 52.

dēfensus, *a*, *um*, part. de *defendo*.

dēferbŭī, parf. de *defervesco*.

Dēfĕrenda, v. *Adolenda*.

dēfĕrō, *fers*, *ferre*, *tŭlī*, *lātum*, tr. ¶ 1 porter d'un lieu élevé dans un autre plus bas : *ex Helicone coronam* Lucr. 1, 119, apporter une couronne de l'Hélicon ; *Rhodanus amnis segnem deferens Ararim* Plin. 3, 33, le Rhône qui emporte [vers la mer] la Saône paresseuse ; *aliquid ad forum deferre* Cic. de Or. 3, 227, emporter qqch. au forum, cf. *descendo* ¶ 1 (fin) ; *aedes suas detulit sub Veliam* Cic. Rep. 2, 53, il transporta sa demeure au pied de la Vélia ; *in profluentem deferri* Cic. Inv. 2, 149, être précipité dans un cours d'eau ; *in praeceps deferri* Liv. 5, 47, 5, être précipité dans l'abîme ; [fig.] *negotium sibi in sinum delatum esse dicebat* Cic. Verr. 1, 131, il disait que c'était une bonne affaire qui lui tombait dans les bras ‖ emporter d'un endroit à un autre : *in praetorium aliquid* Cic. Verr. 4, 65, em-

defero

porter un objet au palais du préteur ; *huc omnia deferebantur* Cic. *Verr.* 4, 23, c'est là qu'on emportait tout ; [pass. réfléchi] *Germani ad castra Romanorum delati* Caes. *G.* 6, 42, 3, les Germains s'étant portés contre le camp romain ; *litteras ad aliquem* Caes. *G.* 5, 45, 3 ; *mandata ad aliquem* Caes. *C.* 1, 9, 1, porter une lettre, un message à qqn ‖ *aliquid ad aerarium, in aerarium*, porter qqch. au trésor public : [la liste des juges] Cic. *Phil.* 5, 15 ; [un sénatus-consulte aux archives] Liv. 39, 4, 8 ; [d'où] *deferre rationes* Cic. *Fam.* 5, 20, 2, déposer ses comptes au trésor ; *in beneficiis ad aerarium delatus est* Cic. *Arch.* 11, son nom fut transmis au trésor public au titre des gratifications, cf. *Fam.* 5, 20, 7 ; *mille quingentum aeris in censum* Gell. 16, 10, 10, déclarer au censeur une fortune de quinze cents as ‖ emporter dans un endroit, jeter qq. part : *Demetriadem, si forte eo deferret fuga regem, trajecit* Liv. 36, 20, 6, il passa à Démétrias, dans l'hypothèse que la fuite pourrait y jeter le roi ; *rumor est Asinium delatum esse vivum in manus militum* Cic. *Att.* 12, 2, 1, le bruit court qu'Asinius est tombé vivant aux mains des soldats ; [surtout en t. de marine] écarter de sa route, pousser, jeter qq. part : *quem cum ex alto ignotas ad terras tempestas et in desertum litus detulisset* Cic. *Rep.* 1, 29, comme la tempête l'avait poussé de la haute mer vers des terres inconnues et jeté sur un rivage désert ; *duae naves paulo infra delatae sunt* Caes. *G.* 4, 36, 4, deux navires furent entraînés un peu plus bas (*C.* 3, 30, 1 ; 3, 14, 2) ; *longius delatus aestu* Caes. *G.* 5, 8, 2, emporté plus loin par la marée ‖ porter au marché, exposer en vente, vendre : Col. 10, 315 ; Petr. 12, 2 ; Sen. *Ep.* 42, 8 ¶ 2 [fig.] présenter, déférer, accorder ; *aliquid ad aliquem*, qqch. à qqn : *omnium consensu ad eum defertur imperium* Caes. *G.* 7, 4, 6, du consentement unanime on lui remet le commandement en chef, cf. 6, 2, 1 ; Cic. *Leg.* 3, 4 ; *Lig.* 3 ; *ad hunc summam totius belli deferri* Caes. *G.* 2, 4, 7, [il apprenait] qu'on confiait à celui-ci la direction générale de toute la guerre ; *ad aliquem causam* Cic. *Brut.* 86, porter (confier) une cause à qqn ‖ *aliquid alicui : palmam Crasso* Cic. *de Or.* 2, 227, décerner la palme à Crassus ; *sibi a Caesare regnum deferri* Caes. *G.* 5, 6, 2, [il disait] que César lui donnait le trône ; *jusjurandum deferre* Quint. 5, 6, 6, déférer (accorder) le serment ¶ 3 porter à la connaissance, annoncer, révéler : *nostra consilia ad adversarios* Cic. *Clu.* 143, révéler nos projets aux adversaires (*Mil.* 26 ; *Cat.* 3, 7) ‖ [avec prop. inf.] rapporter à qqn que : Cic. *Att.* 11, 7, 5 ‖ rendre compte, soumettre : *rem ad populum* Cic. *Off.* 3, 112, soumettre une affaire au peuple ; *rem ad consilium* Caes. *G.* 5, 28, 2, soumettre une affaire au conseil de guerre ; *querimonias ad aliquem* Cic. *Caecil.* 67, porter ses plaintes devant qqn, à qqn, cf. Liv. 29, 17, 8 ;

aliquid apud Quirites de aliquo Cic. *Agr.* 3, 1, porter sur qqn des accusations auprès des citoyens ¶ 4 [en part.] dénoncer, porter plainte en justice : *nomen alicujus* Cic. *Cael.* 56, porter plainte contre qqn, accuser qqn ; *servi cujusdam nomen defertur* Cic. *Verr.* 4, 100, on porte plainte contre un esclave ; *nomen alicui* Cic. *Pis.* 82, accuser qqn ; *nomina filiorum de parricidio delata sunt* Cic. *Amer.* 64, les noms des fils furent déférés en justice sous l'inculpation de parricide, cf. *Cael.* 76 ‖ [postclass.] : *aliquem deferre* Tac. *An.* 4, 42, dénoncer, accuser qqn ; [avec gén. du crime] *deferri impietatis in principem* Tac. *An.* 6, 47, être déféré pour impiété envers le prince, cf. 14, 48 ; Quint. 11, 1, 79 ; [pass. pers. avec inf.] *Drusus defertur moliri res novas* Tac. *An.* 2, 27, Drusus est dénoncé comme tramant une révolution, cf. 3, 22 ‖ *fisco deferre (delatio fisco)*, dénoncer au fisc : Dig. 49, 14, 42, 1.

▶ arch. *detolerit = detulerit* CIL 1, 583, 21.

Dēfĕrunda, V. *Adolenda*.

dēfervĕfăcĭō, *ĭs, ĕre, fēcī, factum*, tr., faire bien bouillir, bien cuire : Cat. *Agr.* 157, 9 ; Plin. 27, 64.

dēfervĕfactus, *a, um*, part. de *defervefacio*.

dēfervĕō, *ēs, ēre, -, -*, intr., cesser de bouillir, se refroidir : Plin. 14, 85 ; V. *defervesco*.

▶ 3ᵉ conj. *dēfervēre* Stat. *Th.* 3, 314.

dēfervescō, *ĭs, ĕre, ferbŭī* ou *fervī, -*, intr. ¶ 1 cesser de bouillir, de fermenter : Cat. *Agr.* 96 ‖ cesser de bouillonner : *ubi deferbuit mare* Gell. 19, 1, 7, quand la mer s'est calmée ¶ 2 [fig.] *dum defervescat ira* Cic. *Tusc.* 4, 78, jusqu'à ce que la colère cesse de bouillonner, cf. *Cael.* 43 ; *Or.* 107.

▶ parf. *defervi* Ter. *Ad.* 152 ; Cic. *Clu.* 108 ; *Or.* 107 ; *deferbui* Cic. *Cael.* 43 ; 77.

dēfervo, V. *deferveo*.

dēfessus, *a, um*, part. de *defetiscor*.

dēfĕtĭg-, V. *defatig-*.

dēfĕtiscentĭa, *ae*, f., fatigue, épuisement : Tert. *Anim.* 43, 2.

dēfĕtiscō (**dēfă-**), *ĭs, ĕre, -, -*, intr., C. *defetiscor* : Ps. Aug. *Serm.* 192, 3.

dēfĕtiscŏr (**dēfă-**), *scĕrĭs, scī, fessus sum* (de, *fatiscor*), intr. ¶ 1 se fatiguer : *neque defetiscar experirier* Ter. *Phorm.* 589, je ne me lasserai pas d'essayer, cf. M. Belge 33, p. 219 ¶ 2 [surtout employé aux temps du parf.] être las, fatigué, épuisé ; [avec inf.] ne plus pouvoir : Pl. *Ep.* 719 ; *Merc.* 805 ; Lucr. 5, 1145 ‖ [avec abl. du gér.] : Pl. *Amp.* 1014 ; Ter. *Ad.* 213 ; 713 ; *aggerunda aqua defessi* Pl. *Poen.* 224, fatigués d'apporter de l'eau, cf. Ter. *Eun.* 1008 ‖ [avec abl. d'un subst.] *aliqua re*, fatigué d'une chose, par une chose : Cic. *Agr.* 2, 88 ; *Arch.* 12 ; Caes. *G.* 3, 4, 3 ; 7, 88, 7 ‖ [en parl. de choses] *defessa*

accusatio Cic. *Verr. prim.* 31, accusation épuisée.

dēfexĭt, V. *deficio*.

dēfīat, V. *deficio* et *defit*.

dēfĭcax, *ācis*, adj., insuffisant : Facund. *Def.* 5, 2.

dēfĭcĭens, *tis*, part. prés. de *deficio*.

dēfĭcĭentĕr, adv., avec une ellipse, d'une manière elliptique : Hier. *Orig. Is.* 7, 4.

dēfĭcĭentĭa, *ae*, f., ellipse : Fort.-Rhet. 1, 24, p. 99.

dēfĭcĭō, *ĭs, ĕre, fēcī, fectum* (de, *facio*), intr. et tr.

I intr. ¶ 1 se séparer de, se détacher de : *ab aliqua re* Caes. *G.* 3, 3, 3 ; *ab aliquo* Caes. *G.* 2, 14, 3 ; Cic. *Planc.* 86, se détacher d'une chose, de qqn ; *a patribus ad plebem* Liv. 6, 20, 3, se détacher des patriciens pour embrasser la cause des plébéiens ; *ad Poenos* Liv. 22, 61, 11, passer du côté des Carthaginois ‖ [absᵗ] faire défection : *civitates quae defecerant* Caes. *G.* 3, 17, 2, les cités qui avaient fait défection ‖ [fig.] *si a virtute defeceris* Cic. *Lae.* 37, si tu abandonnes le parti de la vertu ; *si utilitas ab amicitia defecerit* Cic. *Fin.* 2, 79, si l'intérêt n'est plus d'accord avec l'amitié ; *ut a me ipse deficerem* Cic. *Fam.* 2, 16, 1, pour me manquer à moi-même ‖ [avec abl.] : *illis legibus populus Romanus prior non deficiet* Liv. 1, 24, 8, le peuple romain ne s'écartera pas le premier de ces clauses ¶ 2 cesser, faire faute, manquer : *vires, tela nostris deficiunt* Caes. *G.* 3, 5, 1 mss , les forces, les traits manquent à nos soldats (*C.* 2, 41, 7) ; [absᵗ] *materia, frumentum deficit* Caes. *C.* 2, 37, 6, le bois, le blé fait défaut ; *vererer ne vox viresque deficerent* Cic. *Verr.* 1, 31, je craindrais que la voix et les forces ne me fassent défaut ; *memoria deficit* Cic. *Fin.* 2, 44, la mémoire fait défaut ; *luna deficit* Cic. *Rep.* 1, 23, la lune s'éclipse ; *multi Gallicis tot bellis defecerant* Caes. *C.* 3, 2, 3, beaucoup avaient été rendus invalides par tant de campagnes en Gaule ; *progenies Caesarum in Nerone defecit* Suet. *Galb.* 1, la famille des Césars s'éteignit avec Néron ‖ *animo deficere* Caes. *G.* 7, 30, 1 ; *C.* 3, 112, 12 ; *deficere* [seul] Caes. *C.* 2, 31, 8 ; Cic. *Att.* 1, 16, 9, perdre courage ‖ [gram.] manquer, faire défaut [forme] : Diom. 309, 16 ¶ 3 [chrét.] pécher : Vulg. *Eccli.* 43, 29.

II tr., abandonner, quitter, manquer à : *quem jam sanguis viresque deficiunt* Caes. *G.* 7, 50, 6, que déjà le sang et les forces abandonnent, cf. *C.* 3, 99, 5 ; Cic. *de Or.* 1, 199 ; *me dies, vox, latera deficiant* Cic. *Verr.* 2, 52, le jour, la voix, les poumons me feraient défaut ; *tempus te citius quam oratio deficeret* Cic. *Amer.* 89, le temps te manquerait plus tôt que les paroles ‖ [poét., avec inf.] *nec me deficiet nautas rogitare* Prop. 1, 8, 23, et je ne cesserai pas d'interroger les matelots ‖ [pass.] : *cum a viribus deficeretur* Caes. *C.* 3, 64, 3, comme ses forces l'abandonnaient ; *mu-*

lier consilio et ratione deficitur Cic. Clu. 184, cette femme est dépourvue de sagesse et de raison ; **aqua ciboque defecti** Quint. 3, 8, 23, manquant d'eau et de vivres ; **defectus facultatibus** Dig. 23, 3, 33, privé de ses moyens ; **defici** Cic. Brut. 34, être à bout de souffle ‖ **defectus**, abattu, affaibli : **defectis defensoribus** Caes. C. 3, 40, 1, les défenseurs étant découragés ; **non usque eo defectum esse Germanicum** Tac. An. 2, 70, Germanicus n'était pas à ce point affaibli ‖ [defit, etc., servant de pass.] être défaillant, manquer, faire défaut : **ut defiat dies** Pl. Ru. 1107, pour que le jour fasse défaut ; **lac mihi non defit** Virg. B. 2, 22, le lait ne me manque pas, cf. Liv. 9, 10, 6 ; Enn. d. Cic. Tusc. 3, 44.
▶ arch. defexit = defecerit Liv. 1, 24, 8 ‖ pass. deficior, etc., v. aussi defit.

dēfīgō, *ĭs*, *ĕre*, *fīxī*, *fixum*, tr. ¶ **1** planter, ficher, enfoncer : **crucem in foro** Cic. Verr. 5, 170, planter une croix sur le forum ; **sub aqua defixae sudes** Caes. G. 5, 18, 3, pieux enfoncés sous l'eau ; **verutum in balteo defigitur** Caes. G. 5, 44, 7, le javelot s'enfonce (se fixe) dans le baudrier ; **in consulis corpore sicam defigere** Cic. Cat. 1, 16, enfoncer un poignard dans le corps du consul ; [poét.] **defigere terrae** Virg. G. 2, 290, planter dans la terre, cf. Liv. 1, 25, 12 ¶ **2** [fig.] **oculos in terram** Quint. 11, 3, 158, fixer les yeux sur le sol ; **in possessiones alicujus oculos spe et mente** Cic. Phil. 11, 10, fixer les regards en espérance et en pensée sur les propriétés de qqn ; **omnes suas curas in rei publicae salute** Cic. Phil. 14, 13, consacrer tous ses soins au salut de l'État ; **in oculis omnium alicujus furta** Cic. Verr. prim. 7, fixer dans les yeux de qqn un tableau des vols de qqn, cf. de Or. 3, 31 ; Prov. 8 ‖ [poét.] **defixus lumina** Virg. En. 6, 156, ayant les yeux fixés devant lui ¶ **3** rendre immobile, fixer, clouer : **stupor omnes defixit** Liv. 3, 47, 6, la stupeur les tint tous immobiles ; **tacita maestitia ita defixit animos ut...** Liv. 1, 29, 3, une douleur muette paralysa les esprits au point que..., cf. 6, 40, 1 ; 7, 10, 12 ‖ **obtutu haeret defixus in uno** Virg. En. 1, 495, il reste immobile, absorbé dans la contemplation ; **quasi ob metum defixus** Tac. An. 1, 68, comme figé de crainte ; **silentio defixi** Liv. 8, 7, 21, figés dans le silence ¶ **4** [t. relig.] établir, déclarer : **quae augur vitiosa defixerit** Cic. Leg. 2, 21, ce que l'augure aura déclaré vicieux ¶ **5** [magie] enchanter, envoûter, maudire, vouer à la mort : Ov. Am. 3, 7, 29 ; **caput sanctum tibi dira precatione defigis** *Sen. Ben. 6, 35, 4, tu voues à la mort cette tête pour toi sacrée par une prière sinistre ; Plin. 28, 19.

dēfĭgūrō, *ās*, *āre*, -, -, tr., symboliser : Iren. 1, 18, 3 ‖ **dēfĭgūrātus**, *a*, *um*, dérivé [gram.] : Prisc. 2, 140, 15.

dēfindō, *ĭs*, *ĕre*, -, -, tr., fendre : *Enn. An. 397.

dēfingō, *ĭs*, *ĕre*, *finxī*, *fictum*, tr., façonner, donner la forme : Cat. Agr. 74 ; 121 ‖ modeler [fig.] : Hor. S. 1, 10, 37.

dēfīnĭentĕr, adv., distinctement : Aug. Ev. Joh. 14, 8.

dēfīnĭō, *ĭs*, *īre*, *īvī* ou *ĭī*, *ītum*, tr. ¶ **1** délimiter, borner : **ejus fundi extremam partem oleae derecto ordine definiunt** Cic. Caecin. 22, une rangée d'oliviers limite l'extrémité de cette propriété, cf. Rep. 2, 11 ; Nat. 2, 101 ; Balb. 64 ; Sest. 67 ¶ **2** [fig.] définir, déterminer : **dolorem** Cic. Tusc. 2, 30, définir la douleur, cf. Sest. 97 ; de Or. 1, 70 ; Off. 1, 96 ; **ex contrariis** Cic. Part. 41, définir par les contraires ; **verbum** Cic. de Or. 2, 108, définir un terme ; **in definiendo** Cic. Brut. 144, quand il s'agit de donner des définitions ¶ **3** établir, déterminer, fixer : **adeundi tempus definiunt, cum meridies esse videatur** Caes. G. 7, 83, 5, ils fixent comme moment de l'assaut celui où il paraîtra être midi ; **consulatum in annos** Caes. C. 3, 82, 4, fixer l'attribution du consulat pour des années, pour une suite d'années ; **tibi, quid facias, definit (edictum)** Cic. Quinct. 84, (l'édit) te fixe ta ligne de conduite ; **unum hoc definio** [avec prop. inf.] Cic. Rep. 1, 1, je me borne à préciser que..., cf. Off. 1, 8 ; **definitumst** Pl. Cis. 519, c'est bien décidé ¶ **4** borner, limiter, arrêter : **oratio mea eis definietur viris, qui...** Cic. de Or. 3, 9, mon exposé se bornera aux hommes qui... ; **altera sententia definit amicitiam paribus officiis ac voluntatibus** Cic. Lae. 58, la seconde opinion restreint l'amitié à une exacte réciprocité de services et de dévouements ‖ [rhét.] **similiter definita** Cic. Or. 175, (ὁμοιοτέλευτα) membres de phrase ayant même terminaison, cf. Or. 38 ¶ **5** [chrét.] fixer définitivement un point de doctrine : Aug. Civ. 22, 8.

dēfīnis, *e*, qui a des limites : Not. Tir. 34, 60.

dēfīnītē, adv. (*definitus*), d'une manière déterminée, précise, distincte : Cic. de Or. 2, 118 ; Balb. 32.

dēfīnītĭō, *ōnis*, f. (*definio*) ¶ **1** action de fixer des limites, délimitation : CIL 6, 8826 ¶ **2** définition : Cic. de Or. 1, 189 ; Or. 116 ; Fin. 2, 5 ‖ indication précise, détermination : Cic. Div. 2, 110 ; Clu. 5.

dēfīnītĭuncŭla, *ae*, f. (dim. de *definitio*), pauvre petite définition : Cassian. Inc. 7, 7, 2.

dēfīnītīvē, adv., avec précision : Cael.-Aur. Acut. 1 praef. ; Tert. Carn. 18, 5.

dēfīnītīvus, *a*, *um* (*definio*) ¶ **1** limité, défini : Tert. Herm. 39, 1 ¶ **2** de définition, relatif à la définition : Cic. Inv. 2, 52 ; Top. 92 ¶ **3** décisif : Cod. Just. 7, 45, 3.

dēfīnītŏr, *ōris*, m., celui qui prescrit : Tert. Marc. 5, 10, 2 ‖ qui définit : Aug. Ac. 1, 15.

dēfīnītus, *a*, *um*, part. de *definio* ‖ adj[t], précis, défini, déterminé : Cic. Top. 79 ; Rep. 6, 13 ; Fam. 3, 8, 2.

dēfinxī, parf. de *defingo*.

dēfĭŏcŭlus, f. l., v. *dexiocolus*.

dēfit, *dēfĭĕrī*, passif de *deficio* : *Prisc. 2, 401, 19 ; v. *deficio* II (fin) ¶ **1** s'affaiblir, défaillir : Pl. Mil. 1261 ; Gell. 20, 8, 5 ¶ **2** manquer, faire défaut : Pl. Men. 221 ; Ter. Phorm. 162 ; Eun. 243 ; **numquamne causa defiet, cur...** Liv. 9, 11, 6, ne vous manquera-t-il jamais un prétexte pour que... ; **lac mihi non defit** Virg. B. 2, 22, le lait ne me fait pas défaut.

dēfĭtĕor, v. *diffiteor* : Verec. Cant. 4, 5.

dēfīxī, parf. de *defigo*.

dēfīxĭō, *ōnis*, f., nécromancie, exécration, envoûtement : Gloss. 2, 40, 42.

dēfīxus, *a*, *um*, part. de *defigo*.

dēflăgrātĭō, *ōnis*, f. (*deflagro*), combustion, incendie [propre et fig.] : Cic. Div. 1, 111 ; Planc. 95.

dēflăgrātus, *a*, *um*, part. de *deflagro*.

dēflăgrō, *ās*, *āre*, *āvī*, *ātum*
I intr. ¶ **1** brûler (se consumer) entièrement : Cic. Nat. 2, 69 ; Phil. 2, 91 ; Ac. 2, 119 ‖ [fig.] périr, être détruit : Cic. Sest. 99 ; Liv. 3, 52, 6 ¶ **2** s'éteindre, se calmer, s'apaiser : Liv. 40, 8, 9 ; Tac. H. 2, 29.
II tr., brûler : Vitr. 6, 1, 3 ; pass., Enn. d. Cic. Tusc. 3, 44 ‖ [fig.] **in cinere deflagrati imperii** Cic. Cat. 4, 22, dans les cendres de l'empire entièrement consumé.

dēflammātĭō, *ōnis*, f., inflammation : Ps. Sor. Quaest. 245.

dēflammō, *ās*, *āre*, -, -, tr., éteindre : Apul. M. 5, 30.

dēflātus, *a*, *um*, part. de *deflo*.

dēflectō, *ĭs*, *ĕre*, *flexī*, *flexum*
I tr. ¶ **1** abaisser en ployant, courber, fléchir : **ramum** Col. 5, 11, 14, courber une branche ‖ faire dévier, détourner : **amnes in alium cursum deflexi** Cic. Div. 1, 38, rivières détournées vers un autre cours ; **novam viam** Liv. 39, 27, 10, en changeant de direction prendre une route nouvelle ¶ **2** [fig.] **a)** **rem ad verba** Cic. Caecin. 51, mettre l'idée sous la dépendance des mots = s'en tenir à la lettre **b)** détourner : **aliquem de via** Cic. Rep. 1, 68, détourner qqn du chemin ; **ab aliqua re** Quint. 10, 1, 91, détourner qqn de qqch. ; **aliquid in melius** Sen. Ben. 6, 8, 1, faire tourner qqch. au mieux ; **virtutes in vitia** Suet. Dom. 3, changer en vices ses vertus.
II intr., se détourner, s'écarter ¶ **1** **via** Tac. H. 2, 70, se détourner de son chemin ; **in Tuscos** Plin. Ep. 4, 1, 3, se détourner pour aller en Toscane ¶ **2** [fig.] **de recta regione, de via** Cic. Verr. 5, 176 ; Off. 2, 9, se détourner de la ligne droite, de sa route ; **oratio redeat illuc, unde deflexit** Cic. Tusc. 5, 80, revenons au point dont nous nous sommes écartés.

dēflĕō, *ēs*, *ēre*, *flēvī*, *flētum*, tr. ¶ **1** [abs[t]] pleurer abondamment : Prop. 1, 16, 13 ; Tac. An. 16, 13 ; Plin. Ep. 8, 16, 5 ¶ **2** [avec acc.] **a)** pleurer qqn, qqch. : Lucr. 3, 907 ;

defleo

Cic. *Brut.* 329; **mors a multis defleta** Cic. *de Or.* 3, 9, mort déplorée par beaucoup ‖ [avec prop. inf.] déplorer que : Manil. 4, 748 **b) oculos** Apul. *M.* 5, 7, répandre ses yeux en larmes, user ses yeux à pleurer. ▶ *deflerim* = *defleverim* Stat. *Th.* 3, 204.

dēflērim, v. *defleo*.

dēflētĭo, ōnis, f., pleurs, lamentations : Juvc. 4, 121.

dēflētus, *a, um*, part. de *defleo*.

dēflēvī, parf. de *defleo*.

dēflexī, parf. de *deflecto*.

dēflexĭo, ōnis, f. (*deflecto*), déclinaison, écart : Macr. *Sat.* 1, 17, 58 ‖ [au fig.] égarement, erreur : Paneg. 10, 5, 6.

1 **dēflexus,** *a, um*, part. de *deflecto*.

2 **dēflexŭs,** ūs, m., [fig.] action de se détourner, de passer de... à : Val.-Max. 4, 2.

dēflō, *ās, āre, āvī, ātum*, tr., enlever en soufflant : Varr. *R.* 1, 64, 1 ‖ nettoyer en soufflant : Plin. 28, 27 ‖ débiter des paroles : Ambr. *Ep.* 47, 2.

dēfloccō, *ās, āre, -, ātum*, tr., dégarnir de son poil : ***defloccati senes*** Pl. *Ep.* 616, vieillards déplumés.

dēflōrātĭo, ōnis, f. (*defloro*) ¶ 1 action de prendre la fleur, c.-à-d. d'extraire : Tert. *Val.* 12, 4 ¶ 2 action d'enlever, de déflorer : Ambr. *Ep.* 8, 64.

dēflōrātĭuncŭla, ae, f. (dim. de *defloratio*), petite sélection : Ps. Aug. *Spec.* 33.

dēflōrātŏr, ōris, m., celui qui déflore : Ps. Hier. *Ep.* 6, 6 (= Max. *Ep.* 2, 5).

dēflōrātus, *a, um*, part. de *defloro*.

dēflōrĕō, ēs, ēre, -, -, Col. 5, 6, 36 et **dēflōrescō,** *is, ĕre, rŭī*, -, intr. ¶ 1 défleurir, se faner, se flétrir : Col. 2, 10, 9 ; Catul. 62, 43 ¶ 2 [fig.] Cic. *Cael.* 44 ; *Brut.* 217 ; Liv. 6, 23, 5.

dēflōrĭo, ▶ *defloreo* [fut.] ***defloriet*** : VL. *Eccli.* 51, 19.

dēflōrō, *ās, āre, āvī, ātum* (de *flore*), tr. ¶ 1 dégager de la fleur : Drac. *Laud.* 1, 589 ‖ [fig.] extraire les passages marquants [d'un auteur], choisir : Hier. *Ep.* 130, 19 ¶ 2 déflorer, flétrir : Ambr. *Vid.* 15, 88.

dēflucțĭo, ōnis, f. (*defluo*), écoulement [de semence] : Firm. *Math.* 3, 6, 16 ‖ [astron.] phases de la lune : Firm. *Math.* 4, pr. 4.

dēflŭō, *is, ĕre, flūxī, -*, intr. ¶ 1 couler d'en haut, découler : [avec *de*] Cat. *Agr.* 43, découler de : ***flumen monte defluens*** Sall. d. Prisc. 2, 202, 10, fleuve coulant d'une montagne ; ***Rhenus, ubi Oceano appropinquavit, in plures defluit partes*** Caes. *G.* 4, 10, 4, le Rhin, lorsqu'il est près de l'Océan, continue son cours en un assez grand nombre de bras ; [fig.] ***e sophistarum fontibus in forum*** Cic. *Or.* 96, sortir des sources des sophistes pour couler jusqu'au forum ‖ ***sudor a fronte defluens*** Cic. *Nat.* 2, 143, la sueur découlant du front ‖ suivre le courant : ***aries secundo defluit amni*** Virg. *G.* 3, 447, le bélier se laisse aller selon le courant du fleuve,

cf. *En.* 7, 495 ; 8, 549 ; ***defluxit ad insulam*** Curt. 9, 8, 29, il se laissa porter par le courant jusqu'à l'île ; ***Ostiam Tiberi defluere*** Suet. *Ner.* 27, descendre le Tibre jusqu'à Ostie ¶ 2 [fig.] descendre doucement, tomber doucement, glisser : ***defluebant coronae*** Cic. *Tusc.* 5, 62, les couronnes tombaient insensiblement ; ***pedes vestis defluxit ad imos*** Virg. *En.* 1, 404, sa robe retomba jusqu'à ses pieds ; ***moribundus ad terram defluxit*** Liv. 2, 20, 3, mourant il glissa à terre ‖ descendre de cheval, mettre pied à terre : Virg. *En.* 11, 501 ‖ découler, provenir de : ***unde haec in terram nisi ab superis defluere potuerunt ?*** Cic. *Nat.* 2, 79, d'où ces vertus ont-elles pu découler sur terre, si ce n'est du ciel ? ‖ s'écouler vers qqn, venir en la possession de qqn : Cic. *Verr.* 3, 155 ‖ s'éloigner (s'écarter) insensiblement de : Quint. 10, 1, 126 ; ***ab amicitiis perfectorum hominum ad leves amicitias defluxit oratio*** Cic. *Lae.* 100, notre conversation s'est éloignée insensiblement de l'amitié des hommes parfaits pour aboutir aux amitiés frivoles ; ***ex novem tribunis quos tunc habueram unus me absente defluxit*** Cic. *Sest.* 69, des neuf tribuns qui étaient alors pour moi, un seul s'est détaché pendant mon absence ¶ 3 cesser de couler : ***exspectat dum defluat amnis*** Hor. *Ep.* 1, 2, 42, il attend que le fleuve ait fini de couler, cf. Sen. *Nat.* 3, 3 ‖ [fig.] se perdre, disparaître, s'évanouir : ***defluxit numerus Saturnius*** Hor. *Ep.* 2, 1, 158, le vers saturnien disparut ; ***ubi salutatio defluxit*** Cic. *Fam.* 9, 20, 3, quand les visites se sont écoulées (sont finies).

dēflŭus, *a, um* (*defluo*), qui coule, qui découle : ***deflua caesaries*** Prud. *Perist.* 13, 30, chevelure flottante ; ***defluus splendor ab alto*** Stat. *S.* 1, 3, 53, lumière qui tombe du ciel ‖ qui laisse couler : Apul. *M.* 3, 3.

dēflŭvĭum, ii, n. (*defluo*), écoulement : Plin. 18, 281 ‖ chute : ***defluvia capitis, capillorum*** Plin. 28, 163 ; 11, 230, chute, perte des cheveux.

dēfluxī, parf. de *defluo*.

dēfluxĭo, ōnis, f. (*defluo*), écoulement, diarrhée : Cael.-Aur. *Acut.* 2, 13, 90.

dēfluxŭs, ūs, m., écoulement : Apul. *Socr.* 11 ; 17.

dēfŏdĭō, *is, ĕre, fōdī, fossum*, tr. ¶ 1 creuser, fouir : ***terram*** Hor. *S.* 1, 1, 42, fouir la terre, cf. Plin. 31, 46 ‖ faire en creusant : ***scrobem*** Col. 7, 5, 17, creuser un fossé, cf. Suet. *Caes.* 39 ¶ 2 enterrer, enfouir : ***aliquid defossum in comitio*** Cic. *Div.* 1, 33, qqch. enfoui dans le *comitium* ; ***sub lecto*** Cic. *Div.* 2, 134, sous le lit, cf. *de Or.* 2, 174 ; ***defodit hospitem in aedibus*** Pl. *Most.* 482, il a enterré son hôte dans la maison ‖ [avec *in* acc.] : Cat. d. Gell. 3, 14, 19 ; Lucr. 5, 935 ; 5, 1366 ; Liv. 8, 10, 12 ‖ ***defodere se*** Sen. *Marc.* 2, 5, s'enterrer vivant, se dérober à tous les regards.

dēfoedō, *ās, āre, -, -*, tr., souiller : Ps. Fulg.-R. *Serm.* 67.

dēfoen-, v. *defen-*.

dēfŏlĭō, *ās, āre, -, -* (*de foliis*), tr., dépouiller de ses feuilles, effeuiller : Eutych. 5, 450, 19.

dēfōmĭtātus, *a, um*, équarri : P. Fest. 66, 9.

dēfōmĭtō (*de fomitibus*), **dēfōmō** (*fomito*), *ās, āre, -, -*, équarrir avec la hache : Gloss. 2, 239, 41.

dēfŏrās, adv., en dehors : CIL 3, 850.

dēfŏre, inf. fut. de *desum*.

dēfŏris, adv. (cf. *deforas, 1 foris* ; fr. *dehors*), de dehors, au dehors : Vulg. *Gen.* 7, 16 ; Chir. 65.

dēforma exta, n. pl. (*formus*), entrailles cuites : P. Fest. 73, 24.

1 **dēformātĭo,** ōnis, f. (1 *deformo*), dessin, représentation, croquis : Vitr. 1, 1, 1 ; ***deformatio grammica*** Vitr. 3, pr. 4, croquis géométrique ‖ [au fig.] forme, apparence : Aug. *Hept.* 2, 120.

2 **dēformātĭo,** ōnis, f. (2 *deformo*), action de défigurer, altération : Cic. *Frg.* F. 5, 81 ‖ [fig.] dégradation : Liv. 9, 5, 14.

dēformātus, *a, um*, part. de 1 et 2 *deformo*.

dēformis, *e* (*de forma*) ¶ 1 défiguré, difforme, laid, hideux : Cic. *Inv.* 1, 35 ; *Cael.* 6 ; *Verr.* 3, 47 ; Caes. *G.* 7, 23, 5 ‖ [fig.] laid, honteux : Cic. *Tusc.* 4, 35 ; *Rep.* 3, frg. 4 ; ***oratio deformis alicui*** Liv. 45, 44, 20, discours avilissant pour qqn ‖ *-mior* Cic. *Rep.* 1, 51 ; *-missimus* Gell. 5, 11, 11 ¶ 2 sans forme, sans consistance : ***deformes animae*** Ov. *F.* 2, 554, âmes sans consistance (incorporelles).

dēformĭtās, ātis, f. (*deformis*), difformité, laideur : Cic. *Off.* 3, 105 ; *de Or.* 2, 339 ‖ [fig.] déshonneur, honte, infamie, indignité : Cic. *Att.* 9, 10, 2 ; *Leg.* 1, 51 ; *de Or.* 1, 156 ‖ pl., ***deformitates*** Gell. 3, 3, 6.

dēformĭtĕr, adv. (*deformis*), disgracieusement, désagréablement : Quint. 8, 3, 45 ‖ honteusement, ignoblement : Suet. *Ner.* 49.

1 **dēformō,** *ās, āre, āvī, ātum* (*de, formo*), tr. ¶ 1 donner une forme, façonner : ***marmora prima manu*** Quint. 5, 11, 30, dégrossir, ébaucher le marbre ¶ 2 dessiner, représenter : ***exemplaribus pictis quam velit operis speciem deformare*** Vitr. 1, 1, 4, représenter à l'aide de modèles peints l'aspect qu'il veut donner à l'ouvrage ‖ [fig.] décrire, représenter qqch., qqn : Cic. *Sull.* 73 ; *Caecin.* 14.

2 **dēformō,** *ās, āre, āvī, ātum* (*de forma, deformis*), tr., déformer, défigurer, enlaidir, rendre difforme : ***parietes nudos ac deformatos reliquit*** Cic. *Verr.* 4, 122, il laissa les murs nus et privés de ce qui en faisait la beauté ; ***canitiem deformare pulvere*** Virg. *En.* 10, 844, souiller de poussière ses cheveux blancs ‖ [fig.] altérer,

dégrader, avilir, flétrir, souiller: **quae accusatores deformandi hujus causa dixerunt** Cic. Cael. 3, ce que les accusateurs ont dit pour le déshonorer; **orationem** Quint. 10, 7, 32, défigurer un discours; **domum** Virg. En. 12, 805, jeter la honte dans une famille.

dēformōsus, *a*, *um*, ⮕ deformis: Sidon. Ep. 3, 3, 7.

dēformus, ⮕ deforma.

dēfossus, *a*, *um*, part. de defodio.

? **dēfossŭs**, abl. *ū*, m., action de creuser: Plin. 19, 163.

dēfractus, *a*, *um*, part. de defringo.

dēfraenātus, ⮕ defrenatus.

dēfraudātĭo, *ōnis*, f. (defraudo), privation, manque, défaut: Tert. Anim. 43, 8.

dēfraudātŏr, *ōris*, m. (defraudo), celui qui fait tort: Gai. Inst. 4, 65.

dēfraudātrix, *īcis*, f., celle qui prive de: Tert. Jejun. 16, 2.

dēfraudō, **dēfrūdō**, *ās*, *āre*, *āvī*, *ātum* (de, fraudo), tr., enlever par tromperie: **aliquid uxorem** Pl. As. 94, voler qqch. à sa femme; **nihil sibi** Petr. 69, 2, ne se laisser manquer de rien (ne se priver de rien) ‖ frustrer, tromper: **aliquem** Pl. Trin. 413; Ter. Ad. 246, tromper quelqu'un; **aliquem aliquam rem** Varr. d. Non. 25, 1; **aliquem aliqua re** Cic. Fam. 7, 10, 2, faire tort de qqch. à qqn ‖ [fig.] **defraudasse aures** Cic. Or. 221, avoir frustré l'oreille [en ne lui donnant pas ce qu'elle attend]; **segetem** *Plin. 18, 200, frustrer la moisson [par une semence insuffisante], cf. Cat. Agr. 5, 4.

▶ vulg. defraudit = defraudat Petr. 69, 2.

dēfrēgī, parf. de defringo.

dēfrĕmō, *is*, *ere*, *mŭī*, -, intr., cesser de frémir, s'apaiser: Plin. Ep. 9, 13, 4.

dēfrēnātus, *a*, *um*, déchaîné, effréné: Ov. M. 1, 282.

dēfrensus, *a*, *um*, écrasé, abîmé: P. Fest. 65, 22.

dēfrētum, ⮕ defrutum: Gloss. 4, 328, 17.

dēfrĭcātē, adv. (defrico), d'une manière piquante: Naev. Com. 80.

dēfrĭcātĭo, *ōnis*, f., friction: Cael.-Aur. Acut. 1, 11.

dēfrĭcātus, *a*, *um*, part. de defrico.

dēfrĭcō, *ās*, *āre*, *cŭī*, *frictum* et *frĭcātum*, tr. ¶ **1** enlever en frottant: **lichenes pumice** Plin. 26, 21, enlever les dartres avec de la pierre ponce ¶ **2** polir ou nettoyer en frottant: **dentem** Catul. 39, 19, frotter les dents ‖ frictionner: **defricari** Her. 4, 14, se frictionner au bain, cf. Pl. Poen. 220 ‖ [fig.] **urbem sale multo** Hor. S. 1, 10, 4, donner à la ville une bonne friction au sel.

▶ part. defricatus Catul. 37, 20; Col. 11, 2, 70; Plin. 28, 188; defrictus Col. 6, 13, 1; 7, 5, 8, Sen. Ep. 87, 10.

dēfrictum, ⮕ defrutum: Apic. 164.

dēfrictus, *a*, *um*, part. de defrico.

dēfrīgescō, *is*, *ere*, *frīxī*, -, intr., se refroidir: Col. 12, 20, 4.

dēfringō, *is*, *ere*, *frēgī*, *fractum*, tr., arracher en rompant, rompre, briser, casser: Pl. St. 191; Cat. Agr. 161, 3; **ramum arboris** Cic. Caecin. 60, arracher une branche d'un arbre, cf. de Or. 3, 110; **ferrum ab hasta** Virg. En. 11, 748, arracher le fer à une lance ‖ [fig.] Sen. Ep. 92, 2.

dēfrītum, ⮕ defrutum: CIL 4, 8556.

dēfrondō, *ās*, *āre*, -, - (de fronde), tr., élaguer: Serv. En. 1, 552.

dēfrūdō, ⮕ defraudo.

dēfrūgō, *ās*, *āre*, -, - (de frugibus), on lit defrudo: *Plin. 18, 200.

dēfrūmentum, *i*, n. (de, fruor), préjudice: Plin. Val. 5, 24.

dēfrŭor, *ĕris*, *frŭī*, -, intr., jouir (tirer parti) à fond de [avec abl.]: Symm. Ep. 3, 23, cf. P. Fest. 62, 3.

dēfrustō, *ās*, *āre*, *āvī*, *ātum* (de, frustum), tr., mettre en morceaux: Amm. 31, 2; 20, 2 ‖ extraire: Sidon. Ep. 9, 9, 8.

dēfrustrŏr, *ārĭs*, *ārī*, -, tr., tromper: Pl. Most. 944.

dēfrŭtārĭus, *a*, *um* (defrutum), relatif au vin cuit: Col. 12, 19, 3 ‖ **dēfrŭtārĭum**, subst. n., chaudron où l'on fait cuire le vin nouveau: Col. 12, 20, 2.

dēfrŭtō, *ās*, *āre*, -, - (defrutum), tr., faire cuire [le vin], faire du raisiné: Cat. Agr. 24, 2; Col. 2, 22, 4.

dēfrŭtum, *i*, n. (de et ferveo), vin cuit, sorte de raisiné: Cat. Agr. 23, 4; Virg. G. 4, 269.

dēfūdī, parf. de defundo.

dēfŭga, *ae*, m. (defugio), déserteur, transfuge: Cod. Th. 12, 19, 3; Prud. Perist. 1, 42.

dēfŭgĭō, *is*, *ere*, *fūgī*, -, tr. ¶ **1** éviter par la fuite, fuir, esquiver qqch. [pr. et fig.]: Caes. G. 6, 13, 7; C. 1, 82, 2; Cic. Tusc. 5, 118; Att. 8, 3, 4; Sull. 33 ‖ **non defugere quin** Varr. R. 2, 4, 2, ne pas se refuser à ‖ [abs[t]] Caes. C. 1, 32, 7 ¶ **2** s'enfuir d'un endroit: Liv. 5, 38, 8.

dēfŭgō, *ās*, *āre*, -, -, tr., faire fuir d'un endroit: Theod.-Prisc. Eup. 1, 11.

dēfŭī, parf. de desum.

dēfunctĭo, *ōnis*, f. (defungor), action de s'acquitter, accomplissement: Salv. Gub. 1, 8 ‖ mort, décès: Vulg. Eccli. 1, 13.

dēfunctōrĭē, adv., pour expédier la besogne, négligemment, par manière d'acquit: Sen. Contr. 10, 2, 18; Dig. 38, 17, 2.

dēfunctōrĭus, *a*, *um*, qui a fini sa tâche: **apodixis defunctoria** Petr. 132, 10, certificat d'invalidité.

1 **dēfunctus**, *a*, *um*, part. de defungor.

2 **dēfunctŭs**, *ūs*, m., décès, mort: Tert. Val. 26, 2.

dēfundō, *is*, *ere*, *fūdī*, *fūsum*, tr., verser de, répandre: Cat. Agr. 156, 5; **vinum** Hor. S. 2, 2, 58, tirer du vin ‖ [fig.] **pectore verba** Petr. 5, 22, laisser jaillir de son cœur des paroles.

dēfungŏr, *ĕrĭs*, *fungī*, *functus sum*, intr. ¶ **1** s'acquitter de, exécuter, accomplir [avec abl.]: **imperio** Liv. 1, 4, 5, exécuter un ordre; **defunctus honoribus** Cic. Planc. 52, ayant parcouru la carrière des magistratures ¶ **2** s'acquitter d'une dette, payer: **tribus decumis** Cic. Verr. 3, 42, payer trois fois la dîme ‖ [d'où] être quitte de, en avoir fini avec: **ut omni populari concitatione defungerer** Cic. Sest. 74, pour que j'en eusse fini avec toutes les émeutes populaires (que je fusse à l'abri de); **defunctus periculis** Cic. Amer. 21, quitte de tout danger; **defunctus sum** Ter. Eun. 15, je suis quitte, cf. Liv. 5, 11, 12 ‖ **vita defungi** Virg. G. 4, 474, mourir; **sua morte** Suet. Caes. 89, mourir de mort naturelle; **terra defunctus** Ov. M. 9, 254, mort [abs[t]] **defunctus** ⮕ mortuus, mort: Tac. An. 1, 1; 1, 7; Quint. 4, 1, 28; **defuncti** Sen. Marc. 13, 2; Ep. 63, 5, les morts ‖ [pass. impers.] **utinam hic sit modo defunctum!** Ter. Ad. 508, fasse le ciel qu'au moins tout s'arrête là!

▶ inf. arch. defungier Ter. Phorm. 1021.

dēfŭrō, *is*, *ere*, -, -, intr. ¶ **1** s'apaiser: Heges. 4, 9 ¶ **2** être hors de soi: Hier. Gal. 5, 17.

dēfūsĭo, *ōnis*, f. (defundo), action de verser: Col. 3, 2, 1.

dēfustō, *ās*, *āre*, -, - (fustis), abattre, couper du bois: Gloss. 2, 378, 29.

dēfūsus, *a*, *um*, part. de defundo.

dēfŭtūtus, *a*, *um* (de, futuo), épuisé par la copulation: Catul. 41, 1.

dĕgĕnĕr, *ĕris* (degenero), adj., dégénéré, qui dégénère, abâtardi: Virg. En. 2, 549; Liv. 38, 17, 9; 38, 49, 9; Tac. An. 12, 62 ‖ [avec gén.] dégénéré dans qqch., sous le rapport de qqch.: **degener patriae artis** Ov. M. 11, 314, qui a dégénéré de l'art de son père, cf. P. 3, 5, 7; Plin. 5, 44 ‖ dégénéré, bas, indigne: **degeneres animi** Virg. En. 4, 13, âmes dégénérées, viles; **degeneres preces** Tac. An. 12, 36, prières indignes, sans noblesse.

dĕgĕnĕrātĭo, *ōnis*, f., dégénération, dégénérescence: Aug. Ord. 2, 5, 16.

dĕgĕnĕrātus, *a*, *um*, part. de degenero.

dĕgĕnĕrō, *ās*, *āre*, *āvī*, *ātum* (de genere), intr. et tr. ¶ **1** intr., dégénérer, s'abâtardir: **poma degenerant** Virg. G. 2, 59, les fruits dégénèrent, cf. Col. 2, 9, 11; 3, 9, 7; **Macedones in Syros, Aegyptios degenerarunt** Liv. 38, 17, 11, les Macédoniens ont dégénéré en Syriens, en Égyptiens ‖ [fig.] **ab aliquo, ab aliqua re** dégénérer de qqn, de qqch.: **a vobis nihil degenerat** Cic. Phil. 13, 30, il ne dégénère en rien de vous, il est bien digne de vous, cf. Div. 1, 6; Tusc. 2, 50; Liv. 22, 14, 6; **a gravitate paterna** Cic. Prov. 18, dégénérer de la gravité paternelle, cf. Flac. 25; **a fama vitaque sua** Tac. H. 3, 28, démentir sa réputation et sa vie; [avec dat., poét.]

degenero

Marti paterno Stat. Th. 1, 464, être un rejeton dégénéré de Mars; [avec *ad* ou *in*] ***ad theatrales artes*** Tac. An. 14, 21, s'abaisser aux arts de la scène; ***in externos ritus*** Curt. 8, 5, 14, s'abaisser à prendre des coutumes étrangères ‖ [abs[t]] ***ut facile cerneres naturale quoddam stirpis bonum degeneravisse vitio depravatae voluntatis*** Cic. Brut. 130, en sorte que, on pouvait le voir aisément, une certaine qualité naturelle qu'il tenait de sa race avait dégénéré chez lui par la faute d'une volonté conduite de travers ¶ **2** tr., abâtardir, altérer, ruiner: Col. 7, 12, 11; Plin. 25, 8‖ déshonorer par sa dégénérescence: [qqn] Prop. 4, 1, 79; [qqch.] Ov. M. 7, 543; Stat. S. 3, 1, 160‖ part. n., ***degeneratum***, le fait d'être dégénéré, la dégénérescence, l'indignité: Liv. 1, 53, 1.

dēgĕnĕrōsĭtās, ātis, f., dégénérescence: Greg.-M. *1 Reg.* 4, 4, 25.

dēgĕnĭŏ, ās, āre, -, ātum (*de genio*), tr., altérer, déformer: Cassiod. Var. 5, 5, 4.

dēgĕo, ēs, ēre, dēgŭī, -, ⟹ *dego*: Vit. Patr. 9, 1.

dēgĕrō, ĭs, ĕre, gessī, -, tr., porter, transporter de, emporter: Cat. Agr. 37, 5; Pl. Men. 804.

dēglăbrātus, a, um, part. de *deglabro*.

dēglăbrō, ās, āre, -, ātum, tr., écorcer: Dig. 47, 7, 5‖ épiler: Lact. Inst. 1, 21, 20.

dēglūbō, ĭs, ĕre, -, gluptum, tr., peler, écorcer: Varr. R. 1, 48, 2 ‖ écorcher: Pl. Poen. 1312; Suet. Tib. 32‖ décalotter: Aus. Epigr. 67 (71), 7.
▶ vulg. 1re conj. *deglubare* Tert. Pall. 3, 5; Gloss. 2, 41, 24.

dēglūtĭnō, ās, āre, -, -, tr., décoller, dégluer, détacher: Plin. 25, 163.

dēglūtĭō ou **dēgluttĭō**, ĭs, ĭre, -, -, tr., avaler, engloutir: Front. Amic. 1, 12, 2, p. 182 N.; Vulg. Psal. 123, 3.

dēgō, ĭs, ĕre, -, - (*de, ago*), tr. ¶ **1** passer, employer, consumer [le temps]: ***aetatem*** Cic. Fin. 2, 118; ***omne tempus aetatis*** Cic. CM 2; ***vitam*** Cic. Sull. 75, passer sa vie; ***otia*** Catul. 68, 104, employer ses loisirs; ***vita degitur*** Cic. Fin. 4, 30, la vie se passe, cf. Off. 1, 117; Lae. 87‖ [abs[t]] vivre: Hor. O. 3, 28, 49; Tac. An. 4, 57 ¶ **2** continuer, poursuivre: ***duellum*** Lucr. 4, 968, une lutte ¶ **3** [sens ancien] attendre: P. Fest. 64, 11.
▶ parf. tardif [cf.⟹ *degeo*] *deguit* Hydat. 2 pr.; *deguerit* Ennod. Op. 1 (263), 16 (74), p. 212, 15.

dēgrādātĭō, ōnis, f., dégradation: Aug. Cresc. 3, 48.

dēgrădō, ās, āre, -, -, tr., dégrader, priver de son rang: Cod. Just. 1, 31, 3.

dēgrandĭnat, impers., la grêle persiste: Ov. F. 4, 755.

dēgrăphis, ĭdis, f. (γραφίς), ciselure: Euch. Instr. 2.

dēgrassŏr, āris, ārī, ātus sum ¶ **1** intr., tomber: Apul. Socr. 10 ¶ **2** tr., insulter, assaillir: Stat. Ach. 1, 406.

dēgrăvātus, a, um, part. de *degravo*.

dēgrăvō, ās, āre, -, ātum, tr., charger, surcharger: Ov. M. 5, 352; Plin. 9, 10‖ [fig.] accabler: Liv. 3, 62, 8; 4, 33, 11; Ov. F. 4, 436; Sen. Ep. 30, 1.

dēgrĕdĭŏr, ĕris, grĕdī, gressus sum, intr. (*de, gradior*), descendre de, s'éloigner d'un lieu élevé: ***de via in semitam*** Pl. Cas. 675, quitter la grand-route pour prendre un sentier; ***ex arce*** Liv. 5, 52, 3, descendre de la citadelle; ***monte*** Sall. J. 49, 4, descendre de la montagne, cf. Liv. 29, 32, 4; ***equites degressi ad pedes*** Liv. 29, 2, 14, cavaliers ayant mis pied à terre; ***in campum*** Liv. 7, 24, 2, descendre dans la plaine ‖ [qqf. confondu avec *digredior*] ⟹ *digredior*.

dēgressĭō, **dēgressŏr**, ⟹ *digr-*.

dēgressus, a, um, part. de *degredior*.

dēgrūmō, ās, āre, -, - (*de gruma*), tr., aligner, tracer en ligne droite: Lucil. et Enn. d. Non. 63, 9.

dēgrunnĭō, ĭs, ĭre, -, -, intr., grogner [cri du cochon]: Phaed. 5, 5, 27.

dēgŭlātŏr, ōris, m., glouton: Apul. Apol. 75; Isid. 10, 80.

1 **dēgŭlō**, ās, āre, āvī, ātum (*gula*), tr., engloutir, manger [son bien]: Afran. Com. 17, cf. Char. 103, 30; Non. 97, 29.

2 **dēgŭlō**, ōnis, m. (*1 degulo*), goinfre: Aug. Gram. 5, 502, 4.

dēgūnō, ĭs, ĕre, -, - (*degusno, gustus*), goûter: P. Fest. 63, 7; Gloss. 2, 41, 27.

dēgustātĭō, ōnis, f., dégustation, action de goûter: Ulp. Dig. 18, 16, 1; 33, 5, 1.

dēgustātŏr, ōris, m., dégustateur: Cassian. Coll. 10, 13, 1.

dēgustātus, a, um, part. de *degusto*.

dēgustō, ās, āre, āvī, ātum, tr., goûter ¶ **1** déguster: ***vinum*** Cat. Agr. 148, déguster le vin, cf. Plin. 18, 8 ¶ **2** atteindre légèrement, effleurer: ***ignes celeri flamma degustant tigna*** Lucr. 2, 192, le feu, d'une flamme rapide, lèche les poutres, cf. Virg. En. 12, 376 ¶ **3** [fig.] goûter, essayer, effleurer: ***quamdam vitam*** Cic. Tusc. 5, 61, goûter à un genre de vie; ***aliquem*** Cic. Att. 4, 8, 4, tâter qqn ‖ ***degustanda haec prooemio*** Quint. 4, 1, 14, il faut effleurer cela dans l'exorde, cf. 10, 5, 23.

dēgȳrō, ās, āre, -, -, détourner, ou se détourner: Not. Tir. 96, 18.

dĕhăbĕō, ēs, ēre, -, -, tr., manquer de posséder, manquer de: Hier. Ep. 22, 35.

dĕhaurĭō, ĭs, īre, hausī, haustum, tr., puiser de, dans ou à même, enlever en puisant: Cat. Agr. 66‖ avaler: Tert. Pall. 5, 6.

dĕhaustus, a, um, part. de *dehaurio*.

dĕhĭbĕō, ⟹ *debeo*.

dĕhinc, adv. (*de, hinc*) ¶ **1** à partir d'ici, de là: Tac. An. 4, 5; Hor. P. 144‖ ensuite de quoi, par conséquent: Pl. Cas. 94; Ter. And. 190 ¶ **2** à partir de ce moment, désormais: Pl., Ter.; Liv. 1, 59, 1‖ à partir de là: Suet. Cal. 58‖ ensuite, après quoi: Virg. En. 1, 131; Tac. An. 1, 34; Suet. Caes. 35; ***mors de qua dehinc dicam*** Suet. Aug. 97, sa mort, dont je parlerai plus loin ¶ **3** ***primum... dehinc*** Sall. C. 3, 2; Virg. G. 3, 166, d'abord... ensuite, cf. Suet. Aug. 49; Sen. Nat. 3, 29, 6.
▶ souvent monosyllabe en poésie Virg. En. 1, 131; 1, 256; Ov. F. 6, 788.

dĕhīscō, ĭs, ĕre, -, -, intr., s'ouvrir, s'entrouvrir, se fendre: ***terrae dehiscunt*** Virg. G. 1, 479, la terre s'entrouvre; ***dehiscens intervallis acies*** Liv. 29, 2, 7, front qui présente des vides; ***alumen dehiscens in capillamenta*** Plin. 35, 52, alun qui se fendille en filaments, cf. Plin. Ep. 6, 20, 9.
▶ inf. parf. *dehisse* Varr. L. 5, 148.

dĕhisse, ⟹ *dehisco* ▶.

dĕhŏnestāmentum, i, n. (*dehonesto*), ce qui défigure, rend difforme: ***dehonestamentum corporis*** Sall. d. Gell. 2, 27, 2, difformité ‖ [fig.] ce qui dégrade, déshonneur, flétrissure, ignominie: ***amicitiarum dehonestamenta*** Tac. H. 2, 87, amitiés dégradantes; [sans gén.] Tac. An. 12, 14; 14, 21; Sen. Const. 19, 3.

dĕhŏnestās, ātis, f., déshonneur: Hil. Trin. 11, 6.

dĕhŏnestātĭō, ōnis, f., outrage: Tert. Pud. 18, 3; Hil. Psalm. 143, 4.

dĕhŏnestātus, a, um, part. de *dehonesto*.

dĕhŏnestō, ās, āre, āvī, ātum, tr., déshonorer, dégrader, flétrir: Liv. 41, 6; Sen. Ben. 1, 6, 2; Marc. 22, 2; Tac. An. 3, 66.

dĕhŏnestus, a, um, vulgaire: Gell. 19, 10, 10.

dĕhŏnōrātĭō, ōnis, f., déshonneur: Isid. Ep. 4, 6.

dĕhŏnōrō, ās, āre, āvī, ātum (*de honore*), déshonorer: Salv. Eccl. 3, 35; ***dehonorata Babylon*** Oros. Hist. 2, 2, 9, Babylone flétrie.

dĕhŏrĭō, ⟹ *dehaurio*: Cat. Agr. 66.

dĕhortātĭō, ōnis, f. (*dehortor*), action de dissuader, de détourner: Tert. Marc. 4, 15, 13.

dĕhortātīvus, a, um, [gram.] dissuasif, déhortatif: Prisc. 3, 60, 15.

dĕhortātŏr, ōris, m. (*dehortor*), qui détourne, qui dissuade: Aug. Acad. 2, 2, 3.

dĕhortātōrĭus, a, um, susceptible de dissuader, de détourner: Tert. Apol. 22, 1.

dĕhortŏr, āris, ārī, ātus sum, tr., dissuader: ***aliquem*** Cic. Pis. 94, dissuader qqn [de faire qqch.]; ***multa me dehortantur a vobis ni studium rei publicae omnia superet*** Sall. J. 31, bien des raisons m'invitent à me détourner de vous [citoyens], à supposer que mon dévouement pour la chose publique ne surmonte pas tout ‖ [avec inf.] *plura scribere dehortatur me fortuna mea* Sall. *J.* 24, 4, ma situation me défend d'en écrire davantage, cf. Tac. *An.* 3, 16 ‖ [avec *ne*] Ter. *Phorm.* 910 ‖ [tmèse] *Hannibal de me hortatur ne* Enn. d. Gell. 7, 2, 9, Hannibal me dissuade de ....

Dēĭănīra, *ae*, f. (Δηϊάνειρα), Déjanire [épouse d'Hercule] : Cic. *Tusc.* 2, 20 ; Ov. *M.* 9, 9.

dēĭcīda, *ae*, m., déicide : Chrysol. *Serm.* 172.

dēĭcĭo, v. *dejicio*.

dēĭcŏla, *ae*, m., adorateur de Dieu : Hier. *Joh.* 38.

Dēĭdămīa, *ae*, f. (Δηϊδάμεια), Déidamie [fille de Lycomède, mère de Pyrrhus] : Prop. 2, 9, 16 ; Ov. *A. A.* 1, 704.

Deidius, C. ▶ *Didius* : CIL 1, 681.

dēĭfĕr, *ĕra*, *ĕrum*, qui porte la divinité en soi : Cassiod. *Eccl.* 7, 9.

dēĭfĭcātĭo, *ōnis*, f., déification : Mercat. *Nest. ep.* 1, 3.

dēĭfĭcātŏr, *ōris*, m. (*deifico*), faiseur de dieux : Aug. *Serm. Dolbeau* 6, 2.

dēĭfĭcātus, *a*, *um*, part. de *deifico*.

dēĭfĭcō, *ās*, *āre*, -, - (*deus*, *facio*), tr., déifier : Aug. *Civ.* 19, 23, 4 ; Rufin. *Orig. Lev.* 3, 5.

dēĭfĭcus, *a*, *um* (*deus*, *facio*) ¶ **1** qui fait des dieux : Tert. *Apol.* 11, 10 ¶ **2** qui est l'ouvrage de Dieu : Cael.-Aur. *Acut.* 2, 30, 162 ; Cypr. *Ep.* 52, 2.

Dēillĭus, *ĭi*, m., nom de famille romain : Sen. *Clem.* 1, 10, 1.

dēin, c. ▶ *deinde* : Cic. *Rep.* 1, 18 ; *Brut.* 93 ; *de Or.* 3, 62.
▶ en poésie, monosyll. Catul. 5, 8.

dĕinceps, adv. (*dein*, *capio* ; cf. *princeps*), à la suite, à son tour, en continuant ¶ **1** [lieu] *sic deinceps omne opus contexitur* Caes. *G.* 7, 23, 4, c'est ainsi successivement que toute la construction s'assemble ‖ *omnis deinceps ager* Liv. 21, 52, 5, tout le pays en continuant ; *tres deinceps turres* Liv. 21, 8, 5, trois tours placées à la suite l'une de l'autre ¶ **2** [temps] *(mos) ut deinceps qui accubarent canerent...* Cic. *Tusc.* 4, 3, (la coutume était) qu'à tour de rôle les convives chantent, cf. *Fam.* 2, 18, 2 ; *alii deinceps* Caes. *G.* 7, 3, d'autres successivement ‖ *reliquis deinceps diebus* Caes. *G.* 3, 29, 1 ; 5, 40, 4, tous les jours suivants ; *postero ac deinceps aliquot diebus* Liv. 22, 7, 11, le lendemain et un certain nombre de jours à la suite, cf. *1, 39, 3 ; 3, 39, 4 ; 21, 8, 5* ¶ **3** [succession] : *qui deinceps eum magistratum petiturus putabatur* Cic. *de Or.* 1, 25, qui devait, pensait-on, briguer aussitôt après cette magistrature ; *(rex erat) justissimus et deinceps retro usque ad Romulum* Cic. *Rep.* 1, 58, (il y avait un roi) très juste et ainsi de suite, en remontant jusqu'à Romulus ; *quod genus imperii primum ad homines justissimos deferebatur..., deinde etiam deinceps po-* *steris prodebatur* Cic. *Leg.* 3, 4, ce genre de pouvoir, on l'accordait d'abord aux personnes les plus justes..., puis il se transmettait même successivement à leurs descendants ; *de justitia satis dictum. Deinceps, ut erat propositum, de beneficentia dicatur* Cic. *Off.* 1, 52, assez parlé de la justice. À la suite (maintenant), comme c'était notre plan, parlons de la bienfaisance ; *principes sint patria et parentes..., proximi liberi totaque domus..., deinceps bene convenientes propinqui* Cic. *Off.* 1, 58, mettons en tête la patrie et les auteurs de nos jours..., tout de suite après, les enfants et toute la famille... en continuant, ceux des proches avec qui nous nous entendons bien, cf. *Off.* 1, 160 ; *Div.* 1, 64 ‖ *deinceps inde* Cic. *Brut.* 312, successivement à partir de là ; *tum deinceps* Liv. 2, 39, 4 ; 9, 6, 1, puis successivement ¶ **4** [tard.] ensuite : Aug. *Civ.* 15, 27, 5 ; Vulg. *Gen.* 16, 11.
▶ cf. P. Fest. 62, 7 ; 65, 27 ; dissyll. dans Hor. *S.* 2, 8, 80.

2 **dĕinceps**, *cĭpĭtis* (cf. *praeceps*), adj., qui vient après : Apul. *Flor.* 16, 11 ; P. Fest. 62, 7.

dĕinde, adv. (*de*, *inde*), ensuite ¶ **1** [lieu] : *via tantum interest perangusta, deinde paulo latior patescit campus* Liv. 22, 4, 2, il n'y a dans l'intervalle qu'un chemin fort étroit, puis s'ouvre une plaine un peu plus large ; *Baliares locat ante signa..., dein graviorem armis peditem* Liv. 21, 55, 2, il place en avant des enseignes les Baléares..., puis son infanterie plus pesamment armée, cf. Tac. *G.* 42 ; *dein* Cic. *Or.* 213 ; *Nat.* 2, 110 ; *An.* 2, 16 ¶ **2** [temps] *complures ex iis occiderunt, deinde se in castra receperunt* Caes. *G.* 4, 35, 3, ils en tuèrent plusieurs, puis opérèrent leur retraite dans le camp ¶ **3** [succession] : *primum... deinde* Caes. *G.* 1, 25, 1, d'abord... ensuite ; *principio... deinde* Cic. *Rep.* 2, 35, pour commencer... ensuite ; [répété jusqu'à huit fois] *Inv.* 2, 145 ‖ *deinde tum* Varr. *L.* 6, 42 ; *tum deinde* Liv. 2, 8, 3 ; *deinde tunc* Sen. *Ep.* 10, 4 ; *tunc deinde* Sen. *Ep.* 95, 35 ; *dein postea* Cic. *Mil.* 65, puis alors, puis après cela ; *deinde postremo* Cic. *Inv.* 1, 43 ; *deinde ad extremum* Cic. *Verr.* 1, 28, puis enfin ‖ *excellente tum Crasso et Antonio, deinde Philippo, post Julio* Cic. *Brut.* 301, époque où brillaient Crassus et Antoine, puis Philippe, en dernier lieu César Strabon.
▶ en poésie, *-ei-* monosyllabique.

dĕinsŭpĕr, adv., en haut, au-dessus : *Sall. d. Non. 530 ; VL. *Psal.* 73, 5.

1 **dĕintĕgrō**, *dē intĕgrō*, adv., v. *integer*.

2 **dĕintĕgrō**, *ās*, *āre*, -, -, tr., entamer, détruire : Caecil. *Com.* 255.

dĕinter, ▶ *inter* : Ps. Cypr. *Or.* 2, 2.

dĕintŭs, adv. (fr. *dans*), au dedans, en dedans, par-dedans : Veg. *Mul.* 4, 9, 2 ; Vulg. *Luc.* 11, 40.

Dēĭŏnĭdēs, *ae*, m. (Δηϊονίδης), fils de Déioné [Milétus] : Ov. *M.* 9, 442.

Dēĭŏpēa, *ae*, f. (Δηϊόπεια), Déiopée [nom d'une nymphe] : Virg. *En.* 1, 72 ; *G.* 4, 343.

dĕĭpăra, *ae*, f. (*deus*, *pario*), mère de Dieu, la sainte Vierge : Cod. Just. 1, 1, 6.

dĕĭpassĭāni, *ōrum*, m. pl. (*deus*, *passio*), déipassianistes [croyants en la possibilité de la nature divine] : Marcell. *Chron.* 2, p. 97, 512, 2.

Dēĭphŏbē, *ēs*, f. (Δηϊφόβη), Deiphobé [fille de Glaucus, sibylle de Cumes] : Virg. *En.* 6, 36.

Dēĭphŏbus, *i*, m. (Δηϊφοβος), Déiphobe [fils de Priam] : Virg. *En.* 2, 310 ; 6, 495.

Dēĭpȳla, *ae* (**Dēĭphȳlē**, *ēs*), f. (Δηϊπύλη), fille d'Adraste et mère de Diomède : Hyg. *Fab.* 69 ; 97 ; Ps. Serv. *En.* 1, 97.

Dēĭtănĭa, *ae*, f., Déitanie [partie de la Tarraconaise] : Plin. 3, 19.

dĕĭtās, *ātis*, f. (*deus*), divinité, nature divine : Aug. *Civ.* 7, 1.

dĕĭtō, *ās*, *āre*, -, -, tr., déifier : Rust. *Aceph.* 1201.

Dējănīra, v. *Deianira*.

dējēcī, parf. de *dejicio*.

*****dējectē**, adv. [inus.] humblement : *dejectius* Tert. *Marc.* 2, 27, 8.

dējectībĭlis, *e* (*dejicio*), digne d'être rejeté, méprisable : Iren. 1, 30, 9.

dējectĭo, *ōnis*, f. (*dejicio*) ¶ **1** action de jeter à bas, de renverser : *dejectio imaginum* Naz. = Paneg. 10, 12, 2, renversement des statues ‖ lieu du ciel, signe du zodiaque dans lequel un astre se trouve en état d'abaissement, d'infériorité : Firm. *Math.* 2, 3, 1 ¶ **2** déjection, selle, évacuation : Cels. 1, 3, 25 ; Sen. *Ep.* 120, 16 ¶ **3** [droit] expulsion : Cic. *Caecin.* 57 ¶ **4** [fig.] abaissement : *gradus dejectio* Modest. *Dig.* 49, 16, 3, dégradation militaire ‖ abattement moral, lâcheté : *Sen. *Nat.* 2, 59, 11.

dējectĭuncŭla, *ae*, f. (dim. de *dejectio*), petite déjection, petite selle : Scrib. 52.

dējectō, *ās*, *āre*, -, - (fréq. de *dejicio*), tr., faire tomber, verser : Stat. *Th.* 3, 290.

dējectŏr, *ōris*, m., celui qui jette : Ulp. *Dig.* 9, 3, 5.

1 **dējectus**, *a*, *um* ¶ **1** part. de *dejicio* ¶ **2** adj† **a)** bas, en contre-bas : *dejecta loca* Caes. *C.* 1, 46, 3, lieux en contre-bas **b)** abattu, découragé : Virg. *En.* 10, 858 ; Quint. 9, 4, 138.

2 **dējectŭs**, *ūs*, m. ¶ **1** action de jeter à bas : *arborum* Liv. 9, 2, 9, abatis d'arbres ; *aquae* Sen. *Ep.* 56, 3, chute d'eau ; [fig.] Sen. *Ir.* 3, 1, 5 ; *dejectus fluminum* Sen. *Marc.* 18, 4, les cours précipités des fleuves ‖ action de jeter une couverture sur : Stat. *Th.* 4, 272 ¶ **2** forte pente : Caes. *G.* 2, 8, 3 ; Plin. 2, 172 ¶ **3** abaissement [de la voix ; grec θέσις] : Fulg. *Myth.* 3, 9.

dējĕrātĭo, *ōnis*, f. (*dejero*), serment : Tert. *Paen.* 4, 8.

dejero

dējĕrō, ās, āre, -, - (cf. *pejero* et *juro*), intr., jurer, faire serment : Pl. *Cas.* 670 ; Ter. *Eun.* 331 ; Gell. 11, 6, 1.
▶ forme *dejuro* CIL 1, 583, 19 ; Gell. 1, 3, 20 ; 11, 6, 1 ; Prisc. 2, 27, 16 ; Non. 105, 21.

dējĕrŏr, ārĭs, ārī, -, ⓒ▶ *dejero* : Apul. *M.* 10, 15.

dējĭcĭō, dēĭcĭō, ĭs, ĕre, jēcī, jectum (*de, jacio*), tr. ¶ **1** jeter à bas, précipiter : *aliquem de ponte in Tiberim* Cic. *Amer.* 100, précipiter qqn du haut d'un pont dans le Tibre (*e ponte* Suet. *Caes.* 80) ; *de Saxo Tarpeio* Liv. 6, 20, 12, précipiter de la roche Tarpéienne (*saxo Tarpeio* Tac. *An.* 6, 19) ; *equo dejectus* Virg. *En.* 12, 509, jeté à bas de cheval, cf. Liv. 4, 19, 4 ; *jugum a cervicibus* Cic. *Phil.* 1, 6, secouer le joug ; *elatam securim in caput alicujus* Liv. 1, 40, 7, abattre sur la tête de qqn une hache levée en l'air ; *in locum inferiorem dejectus* Caes. *G.* 5, 44, 11, entraîné par son élan dans un lieu en contre-bas ∥ renverser, abattre : *dejecta turri* Caes. *C.* 2, 22, 1, la tour étant renversée, cf. Cic. *Cat.* 3, 19 ; Nep. *Alc.* 3 ; *ense sinistram alicujus* Virg. *En.* 10, 546, abattre d'un coup d'épée la main gauche de qqn ; *libellos* Cic. *Quinct.* 27, arracher des affiches ; *dejectis antemnis* Caes. *G.* 3, 15, 1, les vergues étant abattues ; *crinibus dejectis* Tac. *An.* 14, 30, avec les cheveux épars ; *praetorio dejecto* Liv. 41, 2, 11, la tente du général ayant été renversée ∥ abattre = tuer : *compluribus dejectis* Caes. *G.* 4, 12, 2, plusieurs ayant été abattus, cf. 2, 27, 4 ; C. 1, 46, 1 ; 3, 51, 2 ; Virg. *En.* 11, 665 ∥ *neque eorum sortes dejiciuntur* Caes. *C.* 1, 6, 5, et on ne jette pas leurs noms dans l'urne, cf. Virg. *En.* 5, 490 ; Liv. 21, 42, 2 ¶ **2** [méd.] évacuer, faire évacuer : *casei qui facillime dejiciuntur* Varr. *R.* 2, 11, 3, fromages qui passent très facilement ∥ *alvum* Cat. *Agr.* 158, 1, relâcher le ventre ; *alvum superiorem* Cat. *Agr.* 156, 2, vomir ¶ **3** [milit.] déloger l'ennemi, le culbuter : *nostri dejecti sunt loco* Caes. *G.* 7, 51, 1, les nôtres furent délogés ; *praesidium ex saltu dejecit* Caes. *C.* 1, 37, 3, il débusqua le détachement du défilé, cf. Cic. *Phil.* 8, 6 ; *dejecto praesidio* Caes. *G.* 7, 36, 7, ayant culbuté le poste ; *praesidium equitum dejecit* Caes. *C.* 3, 23, 2, il culbuta le poste de cavalerie ¶ **4** [droit] déposséder [par une expulsion violente, par une voie de fait] : *vi aliquem de possessione dejicere* Dig. 43, 16, 1 pr., déposséder en usant de violence ; Cic. *Caecin.* 8 ; 13 ¶ **5** [marine] *dejici*, être entraîné [loin de sa route], jeté vers un point déterminé : *ut naves ad inferiorem partem insulae dejicerentur* Caes. *G.* 4, 28, 2, en sorte que des navires étaient jetés vers la partie inférieure de l'île, cf. Liv. 23, 34, 16 ¶ **6** [fig.] abaisser : *oculos in terram* Quint. 1, 11, 9 ; *vultum* Virg. *En.* 3, 320, baisser les yeux ; [poét.] *oculos dejectus* Virg. *En.* 11, 480, tenant les yeux baissés ∥ détourner : *oculos* Cic. *Verr.* 5, 181, détourner les yeux ; *de aliquo oculos numquam* Cic. *Verr.* 4, 33, ne jamais quitter des yeux qqn ; *a re publica non dejicere oculos* Cic. *Phil.* 1, 1, ne pas quitter des yeux le salut de l'État ; *aliquem de sententia* Cic. *Phil.* 9, 8, détourner qqn d'une idée ∥ rejeter, repousser : *cruciatum a corpore* Cic. *Verr.* 5, 162, repousser de soi la torture ; *vitia a se* Cic. *Tusc.* 4, 80, écarter de soi les vices ; *intellegis quantum mali de humana condicione dejeceris* Cic. *Tusc.* 1, 15, tu comprends combien tu retranches ainsi de la misère humaine, cf. 2, 14 ∥ [en part.] écarter d'une charge (empêcher de l'obtenir) : *de honore dejici* Cic. *Verr. prim.* 25, être écarté d'une charge ; *aedilitate aliquem dejicere* Cic. *Verr. prim.* 23, repousser qqn de l'édilité, cf. *Mur.* 76 ; Caes. *G.* 7, 63, 8 ; *dejicere aliquem* Cael. *Fam.* 8, 4, 3 ; Liv. 38, 35, 1, faire échouer qqn dans une candidature ∥ jeter à bas de : *spe dejecti* Caes. *G.* 1, 8, 4, déchus de leur espoir ; *opinione trium legionum dejectus* Caes. *G.* 5, 48, 1, déchu de son espoir de réunir trois légions.

Dējŏtărus, i, m. (Δηϊόταρος), Déjotarus [roi de Galatie, défendu par Cicéron devant César] : Cic. *Att.* 5, 21, 14 ∥ **-ārĭānus**, a, um, de Déjotarus : Serv. *En.* 9, 546.

dējŭgis, e (*de jugo*), qui est en pente, penché, incliné : Aus. *Mos.* 164.

dējŭgō, ās, āre, -, - (*de jugo*), tr., disjoindre : Pacuv. *Tr.* 110.

dējunctus, a, um, part. de *dejungo*.

dējungō, ĭs, ĕre, -, -, tr., dételer, désunir, séparer : Tac. *D.* 11.

dējūrātĭo, ōnis, f., ⓒ▶ *dejeratio*.

dējūrĭum, ĭi, n., serment : Gell. 7, 18, 8.

dējūro, ⓥ▶ *dejero*.

dējŭvō, ās, āre, -, -, tr., priver de (refuser) son secours : Pl. *Trin.* 344.

dēlābŏr, bĕris, bī, lapsus sum, intr. ¶ **1** tomber de : *de caelo delapsus* Cic. *Phil.* 11, 24 (cf. *Off.* 1, 77 ; *Q.* 1, 1, 7) ; *e caelo* Cic. *Har.* 62, tombé du ciel ; *ex utraque tecti parte aqua delabitur* Cic. *de Or.* 3, 180, l'eau tombe des deux côtés du toit ; *delapsus ab astris* Virg. *En.* 5, 838, tombé des astres ; *curru delapsus* Virg. *En.* 10, 596, tombé du char ; *delabi in mare* Hor. *O.* 3, 29, 35, se jeter dans la mer [en parl. d'un fleuve] ¶ **2** [fig.] descendre vers, tomber à, dans ; en venir à : *delabi in vitium* Cic. *de Or.* 2, 246, tomber dans un défaut ; *a sapientium familiaritatibus ad vulgares amicitias oratio delabitur* Cic. *Lae.* 76, l'entretien descend de l'intimité des sages aux amitiés ordinaires ; *delabi eo, ut* Cic. *Ac.* 2, 59, en venir à ∥ dériver de [avec *ab*] : *de Or.* 3, 216.

dēlăbŏrō, ās, āre, -, -, intr., travailler d'arrache-pied : Afran. *Com.* 11.

dēlăcĕrō, ās, āre, āvī, -, tr., déchirer, mettre en pièces : *Pl. *Cap.* 672.

dēlăcrĭmātĭo, ōnis, f. (*delacrimo*) ¶ **1** larmoiement, pleurs, larmes : Plin. 25, 156 ; 34, 113 ¶ **2** cessation des larmes : Scrib. 37.

dēlăcrĭmātōrĭus, a, um, qui sert pour le larmoiement : M.-Emp. 8, 200.

dēlăcrĭmō, ās, āre, -, -, intr., pleurer : M.-Emp. 8, 115 ; [en parlant des arbres] Col. 4, 9, 2.

dēlactātus, a, um (*de lacte*), sevré : Gloss. 2, 41, 59.

dēlaevō, ⓥ▶ *delevo*.

dēlambō, ĭs, ĕre, -, -, tr., lécher : Stat. *Th.* 2, 681.

dēlāmentŏr, ārĭs, ārī, -, tr., se lamenter de, déplorer, pleurer sur : Ov. *M.* 11, 331.

dēlanguĭdus (dī-), a, um (*de langueo*), adj., abattu : Aug. *Serm. Dolbeau* 4, 6.

dēlănĭō, ās, āre, -, -, tr., déchirer, mettre en pièces : P. Fest. 64, 21.

dēlăpĭdātus, a, um, part. de *delapido*.

dēlăpĭdō, ās, āre, -, - (*de lapidibus*), tr. ¶ **1** épierrer, ôter les pierres de : Cat. *Agr.* 46, 1 ¶ **2** paver, couvrir de pierres : P. Fest. 64, 23.

dēlăpĭdŏr, ārĭs, ārī, -, dép., tr., arch. pour *delapido* : Prisc. 2, 391, 3.

1 **dēlapsus**, a, um, part. de *delabor*.

2 **dēlapsŭs**, ūs, m., chute, écoulement de l'eau : Varr. *R.* 1, 6, 6.

dēlargĭŏr (dī-), īrĭs, īrī, -, tr., donner avec profusion : Gloss. 2, 236, 11.

Dĕlās, ae, m. (Δέλας), nom d'homme : Plin. 7, 197.

dēlassābĭlis, e, susceptible de se lasser, de se fatiguer : Manil. 4, 242.

dēlassātus, a, um, part. de *delasso*.

dēlassō, ās, āre, āvī, ātum, tr., venir à bout de (épuiser) par la fatigue : Hor. *S.* 1, 1, 14 ∥ [fig.] Mart. 10, 5, 17.

dēlātĭo, ōnis, f. (*defero*) ¶ **1** dénonciation, rapport, accusation : *delationem dare alicui* Cic. *Caecil.* 49, confier à qqn le rôle d'accusateur ∥ *delationem nominis postulare in aliquem* Cic. *Caecil.* 64, demander l'autorisation de déférer qqn en justice, cf. *Clu.* 25 ¶ **2** délation [sous l'empire] : Tac. *An.* 4, 66 ; H. 2, 10 ; 2, 84 ; Plin. *Pan.* 34, 5.

dēlātŏr, ōris, m. (*defero*), délateur, dénonciateur, accusateur : Tac. *An.* 6, 40 ; H. 1, 2 ; Quint. 9, 2, 74 ∥ [chrét.] l'accusateur par excellence, le diable : Lact. *Epit.* 22, 6.

dēlātōrĭus, a, um, de délateur, d'accusateur : Ulp. *Dig.* 22, 6, 6 ; Cod. Th. 10, 10, 7.

dēlātrō, ās, āre, -, -, tr., exprimer avec des cris, des gémissements : Boet. *Cons.* 1, 5, 3.

dēlātūra, ae, f. (*defero*), accusation : Tert. *Marc.* 5, 18, 13 ∥ délation, calomnie : Vulg. *Eccli.* 26, 6.

dēlātus, a, um, part. de *defero*.

dēlăvātĭo, ōnis, f., lavage : Theod.-Prisc. *Gyn.* 16.

dēlăvō, ās, āre, -, lăvātum ou lōtum, tr., laver : Apic. 370 ; Theod.-Prisc. *Eup.* 1, 12 ; Apon. 2, p. 30.

dēlēbĭlis, *e* (*deleo*), qu'on peut détruire, destructible : MART. 7, 84, 7.

dēlectābĭlis, *e* (*delecto*), agréable, délectable, qui plaît, charmant : TAC. *An.* 12, 67 ‖ *-bilior* APUL. *Flor.* 17 ; *-issimus* *HERM. *Vulg.* 9, 1, 10.

dēlectābĭlĭtĕr, adv., agréablement : GELL. 13, 24, 17 ‖ *-bilius* AUG. *Persev.* 53.

dēlectāmentum, *i*, n. (*delecto*), charme, amusement : TER. *Haut.* 952 ; CIC. *Pis.* 60.

dēlectātĭo, *ōnis*, f. (*delecto*) ¶ 1 plaisir, amusement : *videndi* CIC. *Off.* 1, 105, le plaisir de voir ; *delectationem habere* CIC. *Fam.* 6, 12, 5, comporter du plaisir, être une source de plaisir, cf. *Div.* 2, 113 ou *in delectatione esse* CIC. *de Or.* 3, 100 ‖ pl., CIC. *Mur.* 39 ¶ 2 [méd.] envie : *ventris egerendi* CAEL.-AUR. *Chron.* 4, 6, 88, épreintes, cf. *Chron.* 5, 10, 106 ¶ 3 action de séduire, de débaucher : VL. *Judith* 12, 16.

dēlectātĭuncŭla, *ae*, f. (dim. de *delectatio*), petite satisfaction : GELL. *pr.* 23.

dēlectātŏr, *ōris*, m. (*deligo*, V.▶ 2 *delector*), recruteur : CIL 2, 1970.

dēlectātus, *a*, *um*, part. de *delecto*.

dēlectĭo, *ōnis*, f. (*deligo*), choix : NON. 442, 15.

dēlectō, *ās*, *āre*, *āvī*, *ātum* (*de*, 2 *lacto* ; it. *dilettare*), tr. ¶ 1 attirer, retenir : ENN. *Tr.* 295 ; QUADR. d. NON. 98, 2 ; *oves* CAT. *Agr.* 30, retenir les brebis ¶ 2 charmer, faire plaisir à : **non tam ista me sapientiae fama delectat quam...** CIC. *Lae.* 15, c'est moins cette réputation de sagesse qui me fait plaisir que... ; **sive Falernum te magis delectat** HOR. *S.* 2, 8, 17, ou si tu aimes mieux le Falerne ‖ *delectari aliqua re*, se plaire à qqch., trouver du charme dans qqch. : CIC. *Lae.* 49 ; CAES. *G.* 4, 2, 1 ; *C.* 3, 82, 2 ; *criminibus inferendis* CIC. *Lae.* 65, se plaire à porter des accusations ; *delectari aliquo* CIC. *Arch.* 12, trouver du charme, de l'attrait à qqn ; *delectari ab aliquo* CIC. *Caecil.* 44 ; *Fin.* 1, 14, être charmé, amusé, réjoui par qqn ; *in aliqua re delectari* CIC. *Fin.* 1, 39 ; *Fam.* 6, 4, 4, se plaire dans qqch. ; *in hoc... quod* CIC. *Leg.* 2, 17, se réjouir en ce que... ; *delector me ante providisse...* CIC. *ad Brut.* 1, 2, 4, je me réjouis d'avoir fait en sorte... ; [poét.] *vir bonus dici delector* HOR. *Ep.* 1, 16, 32, je me réjouis d'être appelé homme de bien ‖ *delectat aliquem*, avec inf. : *quam delectabat eum... nobis praedicere !* CIC. *CM* 49, comme il était heureux de nous prédire...!, cf. *Tusc.* 3, 63 ; HOR. *S.* 2, 3, 249 ‖ *delectat*, impers., avec inf. : QUINT. 1, 1, 29 ; PLIN. *Ep.* 1, 24, 2 ; OV. *Rem.* 103.
▶ dép. *delector* PETR. 45, 7 ; 64, 2.

dēlector, V.▶ *delecto*.

dēlectŏr, *ōris*, m. (*deligo*), recruteur : FRONTIN. *Strat.* 4, 1, 3.

dēlectus, *a*, *um*, part. de 2 *deligo*.

2 dēlectŭs, *dīlectus*, *ūs*, m. ¶ 1 discernement, choix, triage : PL. *Ps.* 391 ; VIRG. *G.* 3, 72 ; *sine delectu* CIC. *Agr.* 2, 57, sans choix, au hasard ; *judicum* CIC. *Phil.* 5, 13, choix des juges ; *acceptorum beneficiorum sunt dilectus habendi* CIC. *Off.* 1, 49, il faut discerner entre les bienfaits reçus, cf. 1, 45 ; 3, 46 ; 3, 71 ¶ 2 levée de troupes : *delectum habere* CIC. *Fam.* 15, 1, 5, lever des troupes, recruter des soldats, (CAES. *G.* 6, 1) ¶ 3 troupes levées, recrues : TAC. *H.* 2, 57.

dēlēgans, *tis*, m. (*delego*), [droit] délégant [créancier qui délègue à son propre créancier son débiteur] : DIG. 4, 2, 23, 3.

dēlēgātĭo, *ōnis*, f. (*delego*) ¶ 1 délégation, substitution d'une personne à une autre [dont elle reçoit les pouvoirs] : CIC. *Att.* 12, 3, 2 ; SEN. *Ben.* 6, 5, 2 ‖ [fig.] SEN. *Ep.* 27, 4 ¶ 2 fixation d'un impôt, levée d'une contribution : COD. JUST. 10, 23, 4.

dēlēgātŏr, *ōris*, m., celui qui délègue : CASSIOD. *Var.* 1, 18, 2.

dēlēgātōrĭus, *a*, *um*, qui sert à la levée d'un impôt : COD. TH. 7, 4, 22.

1 dēlēgātus, *a*, *um*, part. de *delego*.

2 delegatus, *i*, m. (*delego*), [droit] délégué [débiteur qui change de créancier] : DIG. 50, 17, 180.

dēlēgī, parf. de 2 *deligo*.

dēlēgō, *ās*, *āre*, *āvī*, *ātum*, tr. ¶ 1 déléguer, confier, s'en remettre à qqn de : *infans delegatur ancillae* TAC. *D.* 29, le bébé est remis à une servante ; *hunc laborem alteri delegavi* CAEL. *Fam.* 8, 1, je m'en suis remis de ce travail à un autre ; *cum ea disceptatio delegata ad pontifices esset* LIV. 5, 25, 7, comme la solution de cette contestation avait été renvoyée aux pontifes, cf. 34, 57, 4 ; TAC. *Agr.* 2 ; [abs^t] *delegare ad senatum* LIV. 5, 20, 9, s'en remettre au sénat ¶ 2 déléguer une créance (*alicui*) : CIC. *Att.* 13, 46, 3 ‖ *debitores nobis deos delegat* SEN. *Ben.* 4, 11, 3, il charge les dieux de nous régler sa dette ; *delegabo te ad Epicurum* SEN. *Ep.* 18, 14, je te renverrai pour toucher ta créance à Épicure ‖ déléguer un débiteur [injonction d'un créancier à son débiteur de payer à un autre] : *delegare est alium reum dare creditori* DIG. 46, 2, 11 pr., déléguer c'est donner à son créancier [avec l'accord de celui-ci] un autre débiteur ¶ 3 mettre sur le compte de, imputer à, attribuer à ; *aliquid alicui*, qqch. à qqn : CIC. *Font.* 8 ; LIV. 28, 42, 15 ; TAC. *An.* 13, 43 ; *ad aliquem* LIV. 10, 19, 3 ; 21, 46, 10 ¶ 4 ▶ remittere, renvoyer : *studiosos Catonis ad illud volumen delegamus* NEP. *Cat.* 3, 5, nous renvoyons à ce volume ceux qui s'intéressent à Caton, cf. LIV. 29, 22, 10.

dēlēnĭfĭcus, *a*, *um* (*delenio*, *facio*), doux, flatteur, caressant : PL. *Mil.* 192, cf. NON. 278, 2.

dēlēnīmentum, *i*, n. (*delenio*), tout ce qui calme, adoucissement, apaisement : LIV. 4, 51, 5 ; TAC. *An.* 2, 33 ‖ attrait, charme, appât, séduction : LIV. 30, 13, 12.

dēlēnĭo ou **dēlīnĭo**, *īs*, *īre*, *īvī* ou *ĭī*, *ītum* (*de*, *lenis*), tr., gagner, séduire, charmer : CIC. *Clu.* 28 ; *Off.* 2, 48 ; *Fin.* 1, 33 ‖ adoucir, calmer : HOR. *O.* 3, 1, 43.
▶ d. CIC., les deux formes sont garanties par les mss.

dēlēnītŏr, *ōris*, m. (*delenio*), celui qui adoucit, qui charme : CIC. *Brut.* 246.

dēlēnītōrĭus, *a*, *um*, qui sert à adoucir, à calmer : CASSIOD. *Var.* 10, 29.

dēlēnītrix, *īcis*, f., charmeuse : CHALC. 167.

dēlēnītus, *a*, *um*, part. de *delenio*.

dēlĕō, *ēs*, *ēre*, *lēvī*, *lētum* (cf. *lētum*, ὄλλυμι, plutôt que *adoleo* ou *aboleo*), tr. ¶ 1 effacer, biffer : CIC. *Fam.* 7, 18, 2 ; 14, 3, 1 ‖ [abs^t] *Att.* 15, 4, 3 ¶ 2 détruire anéantir : *urbem* CIC. *Amer.* 131, détruire une ville, cf. *Mur.* 80 ; *homines morte deleti* CIC. *Nat.* 1, 38, hommes que la mort a fait disparaître ; *veritatem delet simulatio* CIC. *Lae.* 92, l'hypocrisie détruit la vérité ; *deletis hostibus* CAES. *G.* 6, 36, 2, les ennemis étant anéantis, cf. 6, 37, 7 ; CIC. *Pomp.* 21 ; *Tusc.* 1, 90 ; *Vat.* 24.
▶ formes contr. *delerunt* CIC. *Sen.* 4 ; *delerit* CIC. *Cat.* 4, 19 ; *delerat*, *delerant* CIC. *Fam.* 15, 5, 3 ; *Sest.* 44 ; *delesset* LIV. 27, 40, 4.

dēlēram, **delessem**, V.▶ *deleo*.

dēlērĭum, V.▶ *delir-*.

dēlērō, *ās*, *āre*, -, -, V.▶ *deliro*.

dēlētīcĭus, *a*, *um*, effacé, biffé, raturé : ULP. *Dig.* 37, 11, 4.

dēlētĭlis, *e* (*deleo*), qui efface : VARR. *Men.* 307.

dēlētĭo, *ōnis*, f. (*deleo*), destruction : LUCIL. 823.

dēlētrix, *īcis*, f. (*deleo*), destructrice : CIC. *Har.* 49.

1 dēlētus, *a*, *um*, part. de *deleo*.

2 dēlētŭs, *ūs*, m., destruction : *TERT. *Marc.* 2, 24, 5.

dēlēvī, parf. de *deleo*.

dēlēvō, *ās*, *āre*, -, -, tr., unir, rendre uni : COL. *Arb.* 6, 4.

Delfi, **Delficus**, V.▶ *Delph-*.

Delgovicĭa, *ae*, f., ville de Bretagne : ANTON. 466.

Dēlĭa, *ae*, f. (*Delos*), Diane [née dans l'île de Délos] : VIRG. *B.* 7, 29 ‖ Délie [nom de femme] : TIB. 1, 1, 57.

Dēlĭăcus, *a*, *um* (Δηλιακός), de Délos, délien : CIC. *Or.* 232 ‖ [en part. bronzes de Délos] subst. n. pl. : CIC. *Amer.* 133.

Dēlĭădae, *ārum*, m., Apollon et Diane, nés à Délos : *VARR. *L.* 7, 16.

Dēlĭădēs, *ae*, m., statuaire grec : PLIN. 34, 85.

dēlībāmentum, *i*, n. (*delibo*), libation : VAL.-MAX. 2, 6, 8.

delibatio

dēlībātĭo, ōnis, f. (delibo), action d'ôter de, de prélever sur, d'entamer : Dig. 30, 116 pr. ; Tert. Marc. 1, 22, 8 ‖ [chrét.] prémices : Vulg. Rom. 11, 16.

dēlībātus, a, um, part. de delibo.

dēlībĕrābundus, a, um (delibero), qui délibère : Liv. 1, 54, 6 ; 2, 45, 7.

dēlībĕrātĭo, ōnis, f. (delibero) ¶ 1 délibération, consultation : *consilii capiendi deliberatio* Cic. Off. 1, 9, étude, examen pour prendre un parti ; *res habet deliberationem* Cic. Att. 7, 3, 3, l'affaire mérite examen ; *deliberationes habere* Cic. Phil. 1, 2, tenir des délibérations, des conférences ‖ examen : Liv. 1, 23, 8 ¶ 2 [rhét.] cause du genre délibératif : Cic. Inv. 1, 12 ; de Or. 1, 22 ; Quint. 2, 21, 18.

dēlībĕrātīvus, a, um (delibero), délibératif [rhét.] : *deliberativa causa* Cic. Inv. 2, 12, cause du genre délibératif.

dēlībĕrātŏr, ōris, m. (delibero), celui qui aime peser le pour et le contre : Cic. Sest. 74.

1 dēlībĕrātus, a, um, part. de 1 delibero ‖ adjt, tranché, décidé : *neque illi quicquam deliberatius fuit quam me evertere* Cic. Fam. 5, 2, 8, il n'eut rien de plus pressé (à cœur) que de me renverser, cf. Gell. 1, 13, 9.

2 dēlībĕrātus, a, um, part. de 2 delibero.

dēlībĕrĭum, ĭi, n., avis : Gloss. 2, 112, 39.

1 dēlībĕrō, ās, āre, āvī, ātum (de, libra, v. P. Fest. 65, 3 et libero), intr. et tr.

I intr. ¶ 1 réfléchir mûrement, délibérer : *de aliqua re* Caes. C. 2, 30, 1 ; Cic. Att. 8, 3, 6, délibérer sur qqch. ; *cum aliquo de aliqua re* Cic. Att. 11, 3, 1, délibérer avec qqn au sujet de qqch. ‖ *deliberatur de Avarico in communi concilio, incendi placeret an defendi* Caes. G. 7, 15, 3, on délibère sur Avaricum dans l'assemblée générale, pour savoir si on voulait l'incendier ou le défendre ; *neque, maneatis an abeatis hinc, deliberari potest* Liv. 7, 35, 8, il n'y a pas à discuter si vous devez rester ou partir d'ici ‖ *diem ad deliberandum sumere* Caes. G. 1, 7, 6, prendre un jour pour délibérer ; *spatium deliberandi habuerunt, quem potissimum vitae cursum sequi vellent* Cic. Off. 1, 119, ils ont eu le loisir de réfléchir sur le genre de vie qui leur convenait le mieux ¶ 2 consulter un oracle : Nep. Milt. 1, 2 ; Them. 2, 6 ¶ 3 prendre une décision [avec inf.] : *iste statuerat ac deliberaverat non adesse* Cic. Verr. 1, 1, il avait résolu et décidé de ne pas se présenter, de faire défaut ‖ [surtout au part. pass.] : *mihi deliberatum est abesse ex urbe* Cic. Att. 15, 5, 3, je suis résolu à rester éloigné de la ville (sans *mihi* Verr. 5, 183) ; *mihi deliberatum et constitutum est ita gerere consulatum...* Cic. Agr. 1, 25, je suis résolu et décidé à exercer le consulat de telle manière... ; *certum est deliberatumque... dicere* Cic. Amer. 31 ; c'est une décision prise, une résolution arrêtée de dire... ; [avec prop. inf.] Turpil. d. Non. 282, 11.

II tr. ¶ 1 *re deliberata* Caes. G. 4, 9, 1, l'affaire ayant été délibérée, après mûre réflexion, cf. C. 1, 10, 2 ; *delibera hoc* Ter. Ad. 196, réfléchis à cela ; *rem a me saepe deliberatam requiris* Cic. Ac. 1, 4, ta question porte sur un sujet auquel j'ai souvent réfléchi ¶ 2 *deliberata morte* Hor. O. 1, 37, 29, sa mort étant résolue.

2 dēlībĕrō, ās, āre, -, - (de, libero ; fr. délivrer), délivrer : Tert. Marc. 2, 19, 4.

dēlībō, ās, āre, āvī, ātum (de, 1 libo) ¶ 1 enlever un peu de quelque chose, prélever : *parvam partem ab aequore* Lucr. 6, 622, pomper une faible partie de la mer ‖ entamer : *ne bos extremo jugo truncum delibet* Col. 2, 2, 26, de peur que le bœuf n'entame le tronc avec l'extrémité du joug ¶ 2 prélever, emprunter, détacher : *ex universa mente delibati animi* Cic. CM 78, âmes émanées de l'intelligence universelle ‖ butiner : *flosculos carpere atque delibare* Cic. Sest. 119, cueillir et butiner des fleurs ; [poét.] *summa oscula* Virg. En. 12, 434, effleurer d'un baiser, embrasser du bout des lèvres ‖ *novum honorem delibare* Liv. 5, 12, 12, avoir les prémices d'une dignité nouvelle ¶ 3 [fig.] *aliquid de aliqua re* Cic. Fam. 10, 21, 2, enlever qqch. à une chose, cf. Inv. 2, 174 ; [pass. impers.] *nonne de sua gloria delibari putent ?* Cic. Inv. 2, 114, ne penseraient-ils pas qu'on porte atteinte à leur gloire ? ‖ *animi pacem delibare* Lucr. 3, 24, entamer la paix de l'âme ; *delibata deum numina* Lucr. 6, 70, la puissance des dieux diminuée (ravalée) ¶ 4 [chrét.] immoler, sacrifier : Minuc. 12, 5.

dēlībrātus, a, um, part. de delibro.

dēlībrō, ās, āre, -, ātum (de libro, 4 liber), tr., écorcer : Caes. G. 7, 73, 2 ; Col. 4, 24, 6 ; *ligna delibrata, id est decorticata* Ps. Ascon. Cic. Caecil. 3, p. 101, 16, bois écorcé, c.-à-d. décortiqué.

dēlībŭō, ĭs, ĕre, bŭī, būtum (cf. 1 libo) tr., oindre [employé surtout au part.] : *multis medicamentis delibutus* Cic. Brut. 217, imprégné d'une multitude d'onguents ; *delibuto capillo* Cic. Amer. 135, avec les cheveux parfumés ‖ [fig.] *delibutus gaudio* Ter. Phorm. 856, nageant dans la joie ; *senium luxu delibutum* Plin. 4, 90, vieillesse plongée dans la débauche.
▶ d'abord *delibutus* ; *delibuit* Tert. Cor. 12, 4 ; *delibui* Solin. 12, 9.

dēlĭcāta, ae, f. (delicatus), enfant gâtée : Pl. Ru. 465.

dēlĭcātē, adv. (delicatus), délicatement, voluptueusement : Cic. Off. 1, 106 ; de Or. 3, 63 ‖ avec douceur, délicatesse : *delicatius* Sen. Ir. 3, 9, 1, avec quelque délicatesse ‖ nonchalamment, mollement : Suet. Cal. 43.

dēlĭcātĭtūdō, ĭnis, f., mollesse [de la cire] : Cassiod. Var. 12, 14, 5.

1 dēlĭcātus, a, um (cf. deliciae, lacio ; fr. délié, esp. delgado) ¶ 1 qui charme les sens, attrayant, délicieux, voluptueux, délicat, élégant : *in illo delicatissimo litore* Cic. Verr. 5, 104, sur ce rivage si délicieux ; *molliores et delicatiores in cantu flexiones* Cic. de Or. 3, 98, modulations dans le chant plus souples et plus délicates ; *delicatus sermo* Cic. Off. 1, 144, propos légers ; *libidines alicujus delicatissimis versibus exprimere* Cic. Pis. 70, exprimer les passions de qqn en vers d'une exquise élégance ¶ 2 [poét.] doux, tendre, fin, délicat : *puella tenellulo delicatior haedo* Catul. 17, 15, une jeune femme plus délicate qu'un tendre chevreau, cf. Plin. 19, 187 ; Ep. 2, 11, 25 ; *Anio delicatissimus amnium* Plin. Ep. 8, 17, 3, l'Anio le plus doux des cours d'eau ¶ 3 habitué aux douceurs (aux jouissances, aux raffinements), voluptueux, efféminé : *delicata juventus* Cic. Att. 1, 19, 8, jeunesse efféminée (Mur. 74) ; *qui tam delicati esse non possumus* Cic. Verr. 4, 126, nous qui ne pouvons pas vivre au milieu des mêmes jouissances ‖ choyé, gâté : Pl. Mil. 984 ; Cic. Brut. 197 ; Nat. 103 ‖ de goût difficile, exigeant : Cic. Fin. 1, 5 ; Quint. 3, 1, 3.

2 dēlĭcātus, i, m., favori, mignon : Suet. Tit. 7.

1 dēlĭcĭa, ae, f., ⟶ deliciae [arch.] : Pl. Ru. 429.

2 dēlĭcĭa, dēlĭquĭa, ae, f. (de, liqueo, cf. colliciae), [archit.] arêtier de croupe : Vitr. 6, 3, 2 ; P. Fest. 64, 8.

dēlĭcĭae, ārum, f. (cf. de, lacio) ¶ 1 délices, jouissances, volupté, douceurs, agrément : *supellex ad delicias, epulae ad voluptates* Cic. Par. 10, ameublement pour le raffiné, mets pour l'homme de plaisirs ; *multarum deliciarum comes est extrema saltatio* Cic. Mur. 13, la danse est la dernière chose qu'on se permette quand on se livre aux raffinements des plaisirs ; *homines deliciis diffluentes* Cic. Lae. 52, les hommes amollis par une vie voluptueuse ‖ raffinements de style : Cic. Or. 39 ‖ *delicias facere* Pl. Men. 381, faire des moqueries, se moquer ; [mais] Catul. 45, 24, folâtrer, faire le libertin ‖ caprices, exigences : Cic. Att. 1, 17, 9 ‖ *esse in deliciis alicui* Cic. Verr. 4, 3, être les délices de qqn ; *habere aliquid in deliciis* Cic. Div. 1, 76, faire ses délices de qqch. ¶ 2 objet d'affection, amour, délices : *amores ac deliciae tuae Roscius* Cic. Div. 1, 79, Roscius, tes amours et tes délices, cf. Phil. 6, 12 ; Att. 16, 6, 4.

dēlĭcĭāres tegulae (2 delicia), tuiles de faîte : P. Fest. 64, 10.

dēlĭcĭātum tectum (2 delicia), toit qui a un coyau : P. Fest. 64, 9.

dēlĭcĭēs, ⟶ deliciae : Apul. Socr. prol.

1 dēlĭcĭō, ās, āre, āvī, ātum (deliciae), tr., divertir, charmer : Fort. Carm. 11, 23a, 2 ‖ [pass.] vivre dans les délices : Chrysol. Serm. 16.

2 dēlĭcĭō, ĭs, ĕre, -, - (de, lacio), attirer, amadouer : Titin. Com. 190.

dēlĭcĭŏlae, *ārum*, f. (dim. de *deliciae*), *deliciolae nostrae* Cic. *Att.* 1, 8, 3, mes chères délices.

dēlĭcĭŏlum, *i*, n., ⓒ *deliciolae*: Sen. *Ep.* 12, 3.

dēlĭcĭŏr, *ārĭs*, *ārī*, - (*deliciae*), tr., manger avec sensualité: Ruric. *Ep.* 2, 43; Ⓥ *delicio*.

dēlĭcĭōsē, adv., avec délices: Aug. *Serm.* 66, 3; Schol. Pers. 3, 111.

dēlĭcĭōsus, *a*, *um* (*deliciae*), délicieux, voluptueux: Capel. 7, 727; Ambr. *Paen.* 1, 9, 24.

dēlĭcĭum, *ii*, n., ⓒ *deliciae*: Phaed. 4, 1, 8; Mart. 1, 7, 1.

dēlĭcĭus, *ii*, m., objet d'affection, délices: CIL 6, 800.

dēlĭco, Ⓥ *deliquo*.

dēlictŏr, *ōris*, m., celui qui est en faute, pécheur: Cypr. *Ep.* 59, 18.

dēlictum, *i*, n. (*delictus*), délit, faute: Cic. *Mur.* 61; *Marc.* 18; Caes. *G.* 7, 4 ‖ faute [d'un écrivain]: Hor. *P.* 442 ‖ [chrét.] péché: Ambr. *Luc.* 6, 9.

dēlictus, *a*, *um*, part. de *delinquo*.

dēlĭcŭī, parf. de *deliqueo*.

dēlĭcŭlus, *a*, *um* (*deliquus*, *delinquo*), défectueux: Cat. *Agr.* 2, 7.

dēlĭcus, *a*, *um* (cf. *lac*? ou *deliquus*?), sevré [en parl. du porc]: Varr. *R.* 2, 4, 16.

dēlĭcŭus, Ⓥ *deliquus*.

dēlĭgātus, *a*, *um*, part. de 1 *deligo*.

dēlĭgō, *ās*, *āre*, *āvī*, *ātum* (*de*, *ligo*), tr., attacher, lier: Cic. *Verr.* 5, 161; *naviculam ad ripam* Caes. *G.* 1, 53, 3, amarrer une barque au rivage, cf. 4, 29; *C.* 3, 39; *epistolam ad ammentum* Caes. *G.* 5, 48, 5, attacher une lettre à la courroie du javelot; *aliquem ad palum* Liv. 2, 5, 6, attacher qqn au poteau; *deligare vulnus* Quint. 2, 17, 9, bander une plaie.

dēlĭgō, *ĭs*, *ĕre*, *lēgī*, *lectum* (*de*, *legere*), tr. ¶1 choisir, élire [avec *ex*]: *ex civitate in senatum delecti* Cic. *Amer.* 8, choisis parmi les citoyens pour former le sénat, cf. *Agr.* 2, 23; *Mur.* 83 ‖ [poét. avec *ab*] Virg. *En.* 7, 152 ‖ [avec dat. de but] *locum castris* Caes. *G.* 2, 18, 1, choisir un emplacement pour un camp, cf. *G.* 1, 49; 2, 29; [avec *ad*] Cic. *Pomp.* 27; *Planc.* 39; [avec *in*] Cic. *Amer.* 8 ¶2 lever des troupes, recruter: Caes. *G.* 4, 7, 1 ¶3 cueillir: Cat. *Agr.* 144, 1; Col. 5, 10, 10 ¶4 mettre à part, à l'écart, séparer: *hinc me ex aedibus delegit hujus mater* Pl. *As.* 632, sa mère m'a éconduit d'ici, de la maison; *longaevos senes delige* Virg. *En.* 5, 717, mets à part les grands vieillards.

dēlīmātor, *ōris*, m., celui qui enlève en limant: Gloss. 2, 273, 57.

dēlīmātus, *a*, *um*, part. de *delimo*.

dēlīmis, *e*, oblique, de côté: Varr. d. Non. 2, 82.

dēlīmĭtātĭo, *ōnis*, f. (*delimito*), bornage, délimitation: Grom. 227, 13.

dēlīmĭtātus, part. de *delimito*.

dēlīmĭtō, *ās*, *āre*, -, *ātum*, tr., délimiter: Grom. 3, 4.

dēlīmō, *ās*, *āre*, -, *ātum*, tr., enlever en limant: *delimatus* Plin. 34, 26.

dēlīnĕātĭo, *ōnis*, f., dessin, esquisse: Tert. *Val.* 27, 3.

dēlīnĕō, dēlīnĭō, *ās*, *āre*, *āvī*, *ātum* (*de*, *linea*), tr., esquisser, tracer, dessiner: Plin. 35, 89; Tert. *Val.* 4, 2.

dēlingō, *ĭs*, *ĕre*, *linxī*, -, lécher: Pl. *Pers.* 430; *Curc.* 562.

dēlīni-, Ⓥ *deleni-*.

dēlīnĭo ¶1 ⓒ *delenio* ¶2 ⓒ *delineo*.

dēlĭnō, *ĭs*, *ĕre*, -, *lĭtum* ¶1 frotter, oindre: Cels. 3, 19, 2 ¶2 ⓒ *deleo*: *delitus* Cic. *Frg. E* 10, 1.

dēlinquentĭa, *ae*, f., péché: Tert. *Res.* 24, 12.

dēlinquĭō, *ōnis*, f., Ⓥ *deliquio*.

dēlinquō, *ĭs*, *ĕre*, *līquī*, *lictum*, intr. ¶1 faire défaut, faire faute, manquer: Tuber.; Cael. d. Serv. *En.* 4, 390 ¶2 [fig.] manquer moralement, faillir, être en faute: *artem vitae professus delinquit in vita* Cic. *Tusc.* 2, 12, enseignant l'art de se conduire, il pèche dans sa conduite ‖ [acc. de relat.]: *si quid deliquero* Cic. *Agr.* 2, 100, si je manque en qqch., si je commets une faute; *haec, quae deliquit* Cic. *Inv.* 2, 106, ces points où il a failli, les fautes qu'il a commises, cf. Sall. *J.* 28, 4; *flagitia quae duo deliquerant* Tac. *An.* 12, 54, les forfaits que tous deux avaient commis, cf. Liv. 26, 12, 6 ‖ [pass.] *si quid delinquitur* Cic. *Off.* 1, 146, s'il y a une faute commise; *nihil a me delictum puto* Cic. *Att.* 9, 10, 10, je ne crois pas qu'il y ait eu faute de ma part.

dēlĭquāt-, Ⓥ *delicat-*.

dēlĭquescō, *ĭs*, *ĕre*, *lĭcŭī*, -, intr., se fondre, se liquéfier: Ov. *Tr.* 3, 10, 15 ‖ [fig.] s'amollir: Cic. *Tusc.* 4, 37.

dēlĭquĭa, Ⓥ 2 *delicia*.

dēlĭquĭo, *ōnis*, f., manque, éclipse [du soleil]: Cn. Gell. d. Serv. *En.* 4, 390 ‖ privation: Pl. *Cap.* 626.

1 **dēlĭquĭum**, *ii*, n. (*delinquo*), manque, absence: *deliquium solis* Plin. 2, 54; P. Fest. 64, 15, éclipse de soleil.

2 **dēlĭquĭum**, *ii*, n. (*deliquo*), écoulement: Prud. *Ham.* 750.

dēlĭquō, dēlĭcō, *ās*, *āre*, - (*de*, *liquo*; it. *dileguare*), tr., décanter, transvaser: Varr. *L.* 7, 106; Col. 12, 39, 2 ‖ [fig.] éclaircir, expliquer clairement: Pl. *Mil.* 844; Titin., Acc., Caecil. d. Non. 277, 25-29.

dēlĭquus, dēlĭcuus, *a*, *um*, qui manque, qui fait faute: Pl. *Cas.* 207.

dēlīrāmentum, *i*, n., [seul[t] au pl.] divagations, extravagances: Pl. *Cap.* 596; Plin. 2, 17.

dēlīrātĭo, *ōnis*, f. (*deliro*), action de sortir du sillon, écart: Plin. 18, 180 ‖ [fig.] délire, extravagance, démence: Cic. *CM* 36; *Div.* 2, 90; Plin. *Ep.* 6, 15, 4.

dēlīrĭtās, *ātis*, f. (*delirus*), délire, folie: Laber. *Com.* 139.

dēlīrĭum, *ii*, n. (*delirus*), délire, transport au cerveau: Cels. 2, 7, 28.

dēlīrō, *ās*, *āre*, *āvī*, *ātum* (*de lira*), intr., s'écarter du sillon, de la ligne droite: Aus. *Idyl.* 16 (363), 11, cf. Plin. 18, 180 ‖ [fig.] délirer, extravaguer: Cic. *Off.* 1, 94; *Nat.* 1, 94; [avec acc. de relat.] Hor. *Ep.* 1, 2, 14 ‖ [avec deux acc.] *se deum* Tert. *Anim.* 32, 1, dans le délire se croire dieu.
► *delero* Ps. Caper *Dub.* 7, 109, 6.

dēlīrus, *a*, *um* (*deliro*), qui délire, qui extravague, extravagant: Cic. *de Or.* 2, 75; *Tusc.* 1, 48 ‖ *delira*, n. pl.: Lucr. 3, 464, des extravagances ‖ *delirior* Lact. 3, 18, 14.

dēlĭtescō (-tiscō), *ĭs*, *ĕre*, *lĭtŭī*, - (*de*, *latesco*), intr., se cacher, se tenir caché: *bestiae in cubilibus delitiscunt* Cic. *Nat.* 2, 126, les animaux se cachent dans leurs tanières, cf. *Phil.* 2, 77; Caes. *G.* 4, 32, 4; [avec *sub* abl.] Virg. *G.* 3, 417; [avec abl. seul] Ov. *M.* 4, 340 ‖ [fig.] *in alicujus auctoritate* Cic. *Ac.* 2, 15, s'abriter sous l'autorité de qqn; *in calumnia* Cic. *Caecin.* 11, s'abriter derrière une chicane, cf. *Tull.* 33.

dēlītīgō, *ās*, *āre*, -, -, intr., gourmander, s'emporter en paroles: Hor. *P.* 94.

dēlītŏr, *ōris*, m. (*delino*), celui qui efface [fig.]: Acc. *Tr.* 219.

dēlĭtus, *a*, *um*, part. de *delino*.

Dēlĭum, *ii*, n., Délion [ville de Béotie]: Cic. *Div.* 1, 123; Liv. 31, 45.

Dēlĭus, *a*, *um* (Δήλιος), de Délos, d'Apollon ou de Diane: Ov. *Pont.* 4, 14, 57; *Delia dea* Hor. *O.* 4, 6, 33, Diane; *Delius vates* Virg. *En.* 6, 12 et abs[t] *Delius* m., Ov. *M.* 1, 454, Apollon, Apollon; *Deliis foliis ornatus* Hor. *O.* 4, 3, 6, couronné du laurier de Délos [consacré à Apollon] ‖ *Castra Delia*, n. pl., lieu de l'Afrique sur le bord de la mer: Mel. 1, 34.

dēlixus, *a*, *um*, réduit par la cuisson, consommé: Not. Tir. 93, 5.

Delmăt-, Ⓥ *Dalm-*.

Delmĭnĭum, *ii*, n., ville de Dalmatie: Flor. 4, 12, 11.

dēlŏcātĭo, *ōnis*, f. (*de loco*), luxation, dislocation: Cael.-Aur. *Chron.* 2, 1, 14.

dēlongē, adv., loin, de loin: VL. *Exod.* 20, 21.

dēlŏquŏr, *quĕrĭs*, *quī*, -, ⓒ *loquor*: Greg.-M. *Ep.* 9, 130.

Dēlŏs, *i*, f. (Δῆλος), Délos [île de la mer Égée] Atlas IX, C1; VI, C3: Cic. *Pomp.* 55.

dēlōtus, *a*, *um*, part. de *delavo*.

Delphăcāē, *ēs*, f., île de la Propontide: Plin. 5, 151.

Delphi, *ōrum*, m. pl. (Δελφοί), Delphes [ville de Phocide] Atlas VI, B2: Cic. *Div.* 2, 117 ‖ habitants de Delphes: Just. 24, 7, 8.

Delphica mensa

Delphĭca mensa ou **Delphĭca**, *ae*, f. (Δελφικός), table delphique en forme de trépied : Cic. *Verr.* 4, 131 ; Mart. 12, 66.

Delphĭcē, adv., à la manière de l'oracle de Delphes : Varr. *Men.* 320.

Delphĭcŏla, *ae*, m., qui habite Delphes [surnom d'Apollon] : Aus. *Techn.* 9 (345), 5.

Delphĭcus, *a*, *um*, de Delphes : Cic. *Div.* 2, 119 ‖ subst. m., Apollon : Ov. *M.* 2, 543 ‖ f., ⟨v.⟩ *Delphica mensa*.

Delphĭdĭus, *ĭi*, m., Attius Tiro Delphidius [rhéteur] : Aus. *Prof.* 6 (195), 2.

delphīn, *īnis*, m. (δελφίν), dauphin [cétacé] : Ov. *F.* 1, 457.
▶ acc. *delphina* Ov. *F.* 2, 114 ; abl. *delphine* Ov. *M.* 11, 237 ; nom. pl. *delphines* Virg. *En.* 8, 673 ; gén. pl. *delphinum* Virg. *En.* 3, 428 ; acc. pl. *delphinas* Virg. *B.* 8, 56.

Delphīni portus, m., port du Dauphin [en Ligurie] : Plin. 3, 48.

delphīnŭlus, *i*, m. (dim. de *delphinus*), petit dauphin : Alcim. *Ep.* 78.

delphīnus, *i*, m. (de δελφίς ; it. *dolfino*), dauphin [cétacé] : Cic. *Div.* 2, 145 ; Hor. *P.* 30 ‖ le Dauphin [constellation] : Col. 11, 2, 45 ‖ tête de dauphin [ornement de vases, de lits, etc.] : Plin. 33, 147 ‖ dauphin [levier dans l'orgue hydraulique] : Vitr. 10, 8, 1.

1 **delphīs**, *īnis*, m., ⟨c.⟩ *delphin* : Avien. *Arat.* 700.

2 **Delphĭs**, *ĭdis*, f., de Delphes : Lact. *Inst.* 1, 6, 7 ‖ subst. f., la Pythie de Delphes : Mart. 9, 42, 4.

Delpis, f., ⟨c.⟩ 2 *Delphis* : CIL 6, 21411.

1 **delta**, n. indécl., **delta**, *ae*, f., delta [quatrième lettre de l'alphabet grec] : Mel. 2, 115 ; Aus. *Techn.* 12 (348), 14.

2 **Delta**, n. indécl., le Delta [grande île formée par les deux bras extrêmes du Nil, et qui fait partie de l'Égypte inférieure] : Mel. 1, 51 ; Plin. 5, 48.

Deltōtŏn, *i*, n. (δελτωτόν), le Triangle [constellation] : Cic. *Arat.* 5.

dēlūbrĭcans, *antis*, coulant : Eustath. *Hex.* 3, 4.

dēlūbrum, *i*, n. (de 2 *luo*, cf. 2 *lustrum*), lieu de purification : Isid. 15, 3, 9 ‖ temple, sanctuaire : Cic. *Arch.* 19 ; *Nat.* 3, 94.

dēluctātĭo, *ōnis*, f. (*deluctor*), lutte : Capel. 5, 436.

dēlucto, *ās*, *āre*, *āvī*, -, **dēluctŏr**, *āris*, *ārī*, -, intr., lutter de toutes ses forces, combattre : Pl. *Trin.* 839 ‖ Pl. *Pers.* 4, cf. Non. 468, 29.

dēlūdĭfĭco, *ās*, *āre*, *āvī*, -, tr., jouer qqn, s'en moquer : Pl. *Ru.* 147.

dēlūdō, *ĭs*, *ĕre*, *lūsī*, *lūsum*, *ēre*, tr. ¶ 1 se jouer de, abuser, tromper : Cic. *Agr.* 2, 79 ; Hor. *S.* 2, 5, 56 ‖ [abs¹] Cic. *Amer.* 26, éluder ¶ 2 cesser de combattre [dans le cirque] : Varr. d. Plin. 36, 202.
▶ inf. pass. *deludier* Ter. *And.* 203.

delumbātus, *a*, *um*, part. de *delumbo*.

dēlumbis, *e* (de *lumbis*), faible des reins, à la démarche pesante : Plin. 10, 103 ‖ [fig.] énervé : Pers. 1, 104.

dēlumbō, *ās*, *āre*, *āvī*, *ātum* (de *lumbis*), tr., éreinter, briser les reins : Plin. 28, 36 ‖ [fig.] affaiblir : Cic. *Or.* 231.

1 **dĕlŭō**, *ĭs*, *ĕre*, -, - (de, 2 *lavo*), tr., laver, nettoyer : Apul. *M.* 8, 18 ‖ [fig.] Gell. 15, 2, 8.

2 **dĕlŭō**, *ĭs*, *ĕre*, -, - (de, 2 *luo*), tr., délier, dégager : P. Fest. 64, 26.

Dēlus, *i*, f., ⟨c.⟩ *Delos*.

dēlūsī, parf. de *deludo*.

dēlūsĭo, *ōnis*, f. (*deludo*), tromperie : Arn. 4, 1.

dēlūsŏr, *ōris*, m., trompeur : Cassiod. *Jos. c. Ap.* 1, 17.

dēlustrō, *ās*, *āre*, -, -, tr., nettoyer (purifier) qqn [pour le préserver du malheur] : Ps. Apul. *Herb.* 84.

dēlūsus, *a*, *um*, part. de *deludo*.

dēlŭtō, *ās*, *āre*, -, -, tr. ¶ 1 enduire, crépir, couvrir de terre grasse : Cat. *Agr.* 128 ¶ 2 laver d'une souillure : Dict. 3, 24.

Dēmădātis, f., ville d'Éthiopie : Plin. 6, 193.

Dēmădēs, *is*, acc. *ēn*, m. (Δημάδης), Démade [orateur athénien] : Cic. *Brut.* 36 ; Nep. *Phoc.* 2, 1.

dēmădesco, *ĭs*, *ĕre*, -, -, intr., s'imbiber d'eau, s'amollir, s'attendrir : Scrib. 73.

Dēmaenĕtus, *i*, n. (Δημαίνετος), nom d'un vieillard : Lucil. 751.

dēmăgis, adv. (*de*, *magis* ; esp. *demás*), beaucoup plus, essentiellement : Lucil. 528 ; P. Fest. 62, 18.

dēmanco, *ās*, *āre*, *āvī*, *ātum*, tr., mutiler : Greg.-Tur. *Hist.* 7, 15.

dēmandātĭo, *ōnis*, f., recommandation : Tert. *Res.* 48, 2.

dēmandātus, *a*, *um*, part. de *demando*.

dēmandō, *ās*, *āre*, *āvī*, *ātum*, tr., confier : Liv. 5, 27, 1 ; 8, 36, 7 ; *demandari in civitatem* Suet. *Cal.* 9, être mis en sûreté dans une ville.

dēmānō, *ās*, *āre*, *āvī*, *ātum*, intr., couler, se répandre : Catul. 51, 9 ; Gell. 17, 11, 1 ‖ [fig.] descendre de : Ambr. *Luc.* 3, 41.

Dēmărāta, *ae* ou *-tē*, *ēs*, f., fille du roi Hiéron II de Syracuse : Liv. 24, 22 ‖ mère d'Alcibiade : Plin. 34, 88.

Dēmărātus, *i*, m. (Δημάρατος), Démarate [Corinthien, père de Tarquin l'Ancien] : Cic. *Rep.* 2, 34 ‖ roi de Sparte qui, exilé, se retira à la cour de Darius : Just. 2, 10 ; Sen. *Ben.* 6, 31, 2.

dēmarcesco, *ĭs*, *ĕre*, -, -, intr., se faner : Hier. *Psalm.* 1, 108, 22.

dēmarchĭa, *ae*, f. (δημαρχία), charge de démarque, c.-à-d. de tribun de la plèbe, tribunat : CIL 10, 1478.

dēmarchĭsās, *antis*, m., ancien démarque : CIL 10, 1491.

dēmarchus, *i*, m. (δήμαρχος), démarque [chef d'un dème, à Athènes] ; tribun de la plèbe [à Rome] : Pl. *Curc.* 286.

dēmātrīcō, *ās*, *āre*, -, - (de *matrice*), tr., saigner à la veine matrice : Veg. *Mul.* 3, 7, 3.

dēmātūrō, *ās*, *āre*, -, -, tr., hâter, activer : Novel.-Major. 3, 1.

Dēmĕa, *ae*, m. (Δημέας), personnage des Adelphes, de Térence : Ter. *Ad.* 100 ‖ statuaire grec : Plin. 34, 50.

dēmĕācŭlum, *i*, n. (*demeo*), descente sous terre : Apul. *M.* 6, 2.

dēmĕiō, *ĭs*, *ĕre*, -, -, intr., uriner : Gloss. 2, 253, 50.

dēmens, *tis* (de *mente*), privé de raison, insensé, fou furieux [en parl. des pers. et des choses] : Cic. *Nat.* 1, 84 ; *Off.* 1, 93 ; *Phil.* 2, 53 ; *Har.* 55 ‖ *dementior* Cic. *Pis.* 47 ; *-issimus* Cic. *Har.* 55.

dēmennĭō, *ōnis*, f. (*demetior*), dimension, mesure : Aus. *Ep.* 5, 11.

dēmensum, *i*, n. (*demetior*), ce qui est mesuré (alloué) mensuellement à l'esclave pour sa nourriture : Ter. *Phorm.* 43.

dēmensus, *a*, *um*, part. de *demetior*.

dēmentātus, *a*, *um*, part. de *demento*.

dēmentĕr, adv., follement : Cic. *Cat.* 3, 22 ‖ *-tissime* Sen. *Ben.* 4, 27, 5.

dēmentĭa, *ae*, f. (*demens*), démence, folie, extravagance : Cic. *Cat.* 4, 22 ; *Tusc.* 3, 10 ‖ pl., *Att.* 9, 9, 4.

dēmentĭō, *īs*, *īre*, -, - (*demens*), intr., perdre la raison, être en démence, délirer : Lucr. 3, 464 ; Lact. *Inst.* 4, 27, 12.

dēmentō, *ās*, *āre*, *āvī*, *ātum* (de *mente* ; esp. *dementar*) ¶ 1 tr., rendre fou, faire perdre la raison : Vulg. *Act.* 8, 11 ¶ 2 intr., ⟨c.⟩ *dementio* : Lact. *Mort.* 7.

dēmĕō, *ās*, *āre*, -, -, intr., s'éloigner de : Capel. 2, 38 ‖ descendre : Apul. *M.* 10, 31.

dēmĕrĕō, *ēs*, *ēre*, *ŭī*, *ĭtum*, tr. ¶ 1 *aliquid*, gagner, mériter qqch. : Pl. *Ps.* 1186 ; Gell. 1, 8, 3 ¶ 2 *aliquem*, gagner qqn, s'attirer les bonnes grâces de qqn : Liv. 3, 18, 3 ; Sen. *Ben.* 2, 24, 1.
▶ au gér. et à l'adj. verbal confusion entre *demereo* et *demereor*.

dēmĕrĕŏr, *rēris*, *rērī*, -, tr., gagner qqn [par des services] : Quint. 1, pr. 3 ; Sen. *Ep.* 104, 33 ; *Ben.* 1, 2, 5 ; Tac. *An.* 15, 21 ‖ ⟨v.⟩ *demereo*.

dēmergō, *ĭs*, *ĕre*, *mersī*, *mersum*, tr., enfoncer, plonger : *in palude demersus* Cic. *Fin.* 2, 105, plongé dans un marécage, cf. *Ac.* 1, 44 ; *animus quasi demersus in terram* Cic. *CM* 77, l'âme pour ainsi dire enfoncée dans la terre ; *demergere navem* Plin. 32, 15, couler à fond un navire, cf. Liv. 33, 41, 7 ‖ *stirpem* Col. 3, 18, 2, planter ; *surculos* Pall. 3, 17, 3, enter des greffes ‖ [fig.] *demersae leges alicujus opibus* Cic. *Off.* 2, 24, les lois écrasées sous la puissance de qqn ; *aere alieno demersus* Liv. 2, 29, 8, écrasé sous le poids des dettes ‖ intr. [tard.] *sol demergit* Minuc.

34, 11, le soleil se couche [se plonge dans la mer].

dēmĕrĭtum, *i*, n., démérite, faute : Victor. Genes. 3, 448.

dēmĕrĭtus, *a, um*, part. de demereo : Pl. Ps. 705.

dēmersī, parf. de demergo.

dēmersĭo, *ōnis*, f. (demergo), action de s'abîmer, de s'engloutir : Solin. 43 ; Macr. Somn. 1, 12, 17.

dēmersō, *ās, āre, -, -* (fréq. de demergo), Capel. 8, 846.

1 **dēmersus**, *a, um*, part. de demergo ∥ adj^t, caché, secret : **demersior** Ruf. Orig. Cant. 3, p. 150 C..

2 **dēmersŭs**, *ūs*, m., [ne se trouve qu'au dat. sg.] submersion : Apul. Apol. 21.

dēmessŭī, parf. de 2 demeto.

dēmessus, *a, um*, part. de 2 demeto.

Dēmētēr, *trŏs*, f. (Δημήτηρ), nom grec de Cérès : CIL 10, 3685.

dēmētĭens līnĕa ou simpl^t **dēmētĭens**, *entis*, f., diamètre : Plin. 2, 86.

dēmētĭor, *īris, īrī, mensus sum*, tr., mesurer [seul^t au part. et avec le sens passif] : *verba quasi demensa* Cic. Or. 38, mots pour ainsi dire mesurés ; *demensus cibus* Pl. St. 60, ration mensuelle allouée à l'esclave, **v.** demensum, cf. Men. 14.

dēmĕtō, *ĭs, ĕre, messŭī, messum*, tr., abattre en coupant, moissonner : *tempora demetendis fructibus et percipiendis accommodata* Cic. CM 70, temps propices à la moisson et à la récolte ; *alienos agros* Cic. Rep. 3, 16, moissonner les champs des autres ; *demesso frumento* Caes. G. 4, 32, 4, blé étant moissonné ∥ cueillir : Virg. En. 11, 68 ∥ couper, trancher : Hor. S. 1, 2, 46 ; Ov. M. 5, 104 ; Sil. 16, 102.

dēmētor (**dīmētor**), *āris, āri, ātus sum*, tr., délimiter : Cic. Nat. 2, 155 ; Liv. 8, 38, 7 ; pass., **dimetatus** Cic. Nat. 2, 110.

Dēmētrĭăs, *ădis*, f., Démétrias [port de Thessalie] Atlas VI, B2 : Liv. 27, 32, 11 ; 28, 5, 2 ∥ -**ăcus**, *a, um*, de Démétrias : Liv. 28, 5, 18.

Dēmētrĭum, *ĭi*, n., Démétrium [ville de la Phthiotide] : Liv. 28, 6, 7 ∥ port de Samothrace : Liv. 45, 6, 3.

Dēmētrĭus, *ĭi*, m. (Δημήτριος), nom de plusieurs rois de Macédoine [Démétrius Poliorcète] et de Syrie [Démétrius Soter, Démétrius Nicanor] : Cic. Off. 2, 26 ; Liv. 31, 28 ∥ rois et princes de différents pays : Liv. 22, 33, 3 ∥ Démétrius de Phalère, orateur et homme d'État [à Athènes] : Cic. de Or. 2, 95 ∥ nom de plusieurs contemporains de César et d'Auguste : Cic. Att. 8, 11, 7 ∥ philosophe cynique sous Caligula : Tac. H. 1, 16 ∥ acteur comique : Juv. 3, 99 ; Quint. 11, 3, 178.

dēmĭgrātĭo, *ōnis*, f., émigration, départ : Nep. Milt. 1, 2.

dēmĭgrō, *ās, āre, āvī, ātum*, intr., déloger, changer de séjour, se transporter (aller s'établir) ailleurs : *de oppidis* Caes. G. 4, 19, 2, quitter les villes ; *ex aedificiis* Caes. G. 4, 4, 3, quitter les maisons ; *ab hominibus* Cic. Par. 2, 18, quitter la société des hommes ; *loco* Pl. Amp. 240, quitter la place ; *in illa loca* Cic. Agr. 2, 42, aller s'établir dans ces régions ; *ad aliquem* Cic. Cat. 1, 19, se retirer chez qqn ; *in urbem ex agris* Liv. 2, 10, 1, déménager de la campagne dans la ville ∥ [fig.] *vetat ille deus injussu hinc nos suo demigrare* Cic. Tusc. 1, 74, ce dieu nous défend de quitter ce séjour [c.-à-d. l'existence] sans son ordre ; *strumae ab ore demigrarunt* Cic. Vat. 39, les écrouelles ont quitté son visage ; *de meo statu non demigro* Cic. Att. 4, 16, 10, je garde ma dignité [litt^t, je ne déloge pas de ma position] ∥ [tard.] tr.[pass.] être transféré : Cassiod. Hist. 12, 10.

dēmingō, *ĭs, ĕre, -, -*, tr., rendre en urinant : Gloss. 2, 304, 27.

dēmĭnōrātĭo, *ōnis*, f., abaissement, humiliation : Vulg. Eccli. 22, 3.

dēmĭnōrō, *ās, āre, -, -*, tr., diminuer, amoindrir : *Tert. Anim. 33, 9.

dēmĭnŭō, *ĭs, ĕre, nŭī, nūtum*, tr. ¶ 1 enlever, retrancher ; *aliquid de aliqua re*, qqch. de (à) qqch. : Pl. Truc. 561 ; Cic. Q. 1, 2, 10 ; Flac. 84 ; Caes. G. 7, 33, 2 ¶ 2 diminuer, amoindrir, affaiblir : *deminuunt aequora venti* Lucr. 5, 389, les vents diminuent les eaux de la mer ; *ut deminutae copiae redintegrarentur* Caes. G. 7, 31, 4, pour remettre en état les effectifs réduits ; *militum vires inopia frumenti deminuerat* Caes. C. 1, 52, 2, la disette de blé avait affaibli les soldats ; *dignitatem nostri collegii deminutam dolebam* Cic. Brut. 1, je me désolais de ce que la dignité de notre collège était amoindrie ∥ [droit] aliéner : *ne quid de bonis... deminuerent* Cic. Q. 1, 2, 10, [pour leur défendre] de rien aliéner des biens... ∥ [rhét.] *aliquid deminuere oratione* Her. 4, 50, affaiblir qqch. par la parole ∥ *capite deminuti* Liv. 22, 60, 15, qui ont perdu leurs droits de citoyens ; *capite se deminuere* Cic. Top. 18, diminuer son état juridique [en parlant d'une femme qui a perdu ses droits de famille par mariage] ∥ [gram.] tirer d'un mot un diminutif, former un diminutif : *sacellum ex sacro deminutum est* Gell. 7, 12, 6, sacellum est un diminutif de *sacrum* ; *ea quae deminuuntur* Varr. L. 5, 172, les diminutifs ; *nomen deminutum* Quint. 1, 5, 46, un diminutif.

dēmĭnūtĭo, *ōnis*, f. (deminuo) ¶ 1 action d'enlever, de retrancher, prélèvement : *de bonis privatorum deminutio* Cic. Off. 2, 73, prélèvement sur la fortune privée ¶ 2 diminution, amoindrissement [propre et fig.] : *luminis* Cic. Tusc. 1, 68, diminution de lumière ; *libertatis* Cic. Agr. 2, 16, atteinte portée à la liberté ; *mentis* Suet. Aug. 99, affaiblissement de l'intelligence ; *deminutio capitis* Caes. C. 2, 32, 10, déchéance de ses droits civiques ; *maxima capitis deminutio* Paul. Dig. 4, 5, 11, déchéance complète [c.-à-d. perte de la liberté, esclavage] ; *media capitis deminutio* Paul. Dig. 4, 5, 11, perte du droit de cité [exil et confiscation des biens] ; *minima capitis deminutio* Paul. Dig. 4, 5, 11, passage d'une famille à une autre [par l'adoption, la *manus*], d'où abandon des liens de famille primitifs ¶ 3 [rhét.] action d'affaiblir par la parole (litote) : Her. 4, 50 ∥ [gram.] forme diminutive : Quint. 1, 6, 6 ¶ 4 [droit] aliénation, droit d'aliéner : Liv. 39, 19, 5.

dēmĭnūtīvē, adv. (deminutivus), en employant une forme diminutive : Macr. Sat. 5, 21, 9.

dēmĭnūtīvus, *a, um*, diminutif [gram.] : Prisc. 3, 88, 21 ; subst. n., *deminutivum* Prisc. 2, 101, 3, un diminutif.

dēmĭnūtus, *a, um*, part. de deminuo ∥ [adj^t] *deminutior qualitas* Tert. Marc. 2, 9, 7, qualité inférieure.

Dēmĭpho, *ōnis*, m. (Δημοφῶν), nom d'homme : Pl. Merc. 797 ; Ter. Phorm. 352.

dēmīrābĭlis, *e*, admirable : Theod.-Mops. Galat. 4, 19.

dēmīrandus, *a, um*, merveilleux : Gell. 16, 18, 3.

dēmīrātĭo, *ōnis*, f., étonnement : Theod.-Mops. Galat. 1, 1.

dēmīrātus, *a, um*, part. de demiror.

dēmīror, *āris, āri, ātus sum*, tr., s'étonner, être surpris, admirer, s'étonner que [avec prop. inf.] : Cic. Agr. 2, 100 ; Fam. 7, 27, 2 ; 7, 18, 4 ∥ [avec interrog. indir.] se demander avec curiosité, être curieux de savoir : Cic. Phil. 2, 49 ∥ [avec acc. de pron. n.] *quod demiror* Cic. Att. 14, 14, 1, ce dont je m'étonne ∥ *responsum alicujus* Gell. 2, 18, 10 ; *audaciam eorum* 3, 7, 12, admirer la réponse de qqn, leur audace ; *multa demiranda* Gell. 16, 18, 3, beaucoup de choses admirables.

dēmīsī, parf. de demitto.

dēmissē, adv. (demissus) ¶ 1 vers le bas, en bas : *demissius volare* Ov. Tr. 3, 4, 23, voler plus près de la terre ¶ 2 [fig.] d'une façon humble : *demississime aliquid exponere* Caes. C. 1, 84, 5, exposer qqch. de la manière la plus humble ∥ bassement : *demisse sentire* Cic. Tusc. 5, 24, avoir des sentiments bas.

dēmissīcĭus, *a, um* (demissus), qui tombe bas [vêtement], traînant : Pl. Poen. 1303.

dēmissĭo, *ōnis*, f. (demitto) ¶ 1 abaissement : *storiarum* Caes. C. 2, 9, 5, des nattes ∥ *barbae* Macr. Sat. 1, 22, 4, longue barbe pendante ¶ 2 état d'affaissement : *animi* Cic. Tusc. 3, 14, affaissement moral.

dēmissus, *a, um*
I part. de demitto
II adj^t ¶ 1 abaissé : *humeris demissis esse* Ter. Eun. 314, avoir les épaules tombantes ; *demisso capite* Cic. Clu. 58, tête basse ; [poét.] *vultum demissus* Virg. En. 1, 561, ayant la figure baissée ∥ *demissa loca* Caes. G. 7, 72, 3, terrains bas ∥

demissus

demissa voce Virg. *En.* 3, 320, à voix basse ¶ **2** [fig.] qui s'abaisse, modeste, timide : Cic. *de Or.* 2, 182 ; *Mur.* 87 ; Hor. *S.* 1, 3, 57 ; ***in ornamentis et verborum et sententiarum demissior*** Cic. *Or.* 71, quelque peu réservé dans l'emploi des figures de mots et de pensées ¶ **3** affaissé, abattu : ***animo demisso esse*** Cic. *Fam.* 1, 9, 16 ; Sall. *J.* 98, 1, être abattu, cf. Cic. *Mur.* 45 ; *Sull.* 74 ; ***nihilo demissiore animo*** Liv. 4, 44, 10, sans rabattre de sa fermeté ¶ **4** de condition effacée, modeste : Sall. *C.* 51, 12 ¶ **5** [poét.] descendant de, provenant de, originaire de : ***ab alto demissum genus Aenea*** Hor. *S.* 2, 5, 63, race issue de l'antique Énée (Virg. *En.* 1, 288 ; *G.* 3, 35 ; Tac. *An.* 12, 58).

dēmītĭgō, *ās*, *āre*, -, -, tr., adoucir : Cic. *Att.* 1, 13, 3.

dēmittō, *ĭs*, *ĕre*, *mīsī*, *missum*, tr. ¶ **1** faire (laisser) tomber, faire (laisser) descendre : ***in flumen equum*** Cic. *Div.* 1, 73, faire descendre son cheval dans un fleuve ; ***caelo imbrem*** Virg. *G.* 1, 23, faire tomber la pluie du ciel ; ***ancilia caelo demissa*** Liv. 5, 54, 7, boucliers tombés du ciel ; ***nonnullae de muris demissae*** Caes. *G.* 7, 42, 6, quelques-unes se laissant tomber du haut des remparts ; ***in inferiorem demissus carcerem*** Liv. 34, 44, 8, jeté dans un cachot souterrain ; ***in loca plana agmen demittunt*** Liv. 9, 27, 4, ils font descendre leurs troupes en plaine ; ***se demittere*** Caes. *G.* 5, 32, 2 ; 6, 40, 6 ; 7, 28, 2, descendre ; ***demittere classem Rheno*** Tac. *An.* 1, 45, faire descendre le Rhin à une flotte ‖ laisser pendre, laisser tomber : ***usque ad talos demissa purpura*** Cic. *Clu.* 111, pourpre qu'on laisse tomber jusqu'aux talons (Quint. 5, 13, 39) ; ***tunicis demissis*** Hor. *S.* 1, 2, 25, avec une tunique descendant jusqu'à terre ; ***malis demittere barbam*** Lucr. 5, 674, se laisser pousser la barbe sur les joues ‖ abaisser : ***fasces*** Cic. *Rep.* 2, 53, baisser les faisceaux ; ***antemnas*** Sall. *H.* 4, 3, abaisser les vergues (Sen. *Ben.* 6, 15, 6) ; ***demissis in terram oculis*** Liv. 9, 38, 13, les yeux baissés vers la terre ; ***demittit aures*** Hor. *O.* 2, 13, 34, [Cerbère] laisse retomber ses oreilles ; ***caput*** Crass. d. Cic. *de Or.* 2, 267, baisser la tête ; ***se demittere ad aurem alicujus*** Cic. *Verr.* 2, 74, se pencher à l'oreille de qqn ; ***qua colles incipiunt jugum demittere*** Virg. *B.* 9, 7, où les collines commencent à abaisser leur sommet ; ***qua se montium jugum demittit*** Curt. 5, 4, 23, où le sommet des montagnes s'abaisse (Plin. 6, 78) ‖ enfoncer : ***sublicis in terram demissis*** Caes. *C.* 3, 49, 3, des pilotis étant enfoncés dans la terre, cf. *G.* 7, 73, 3 ; 7, 73, 6 ; ***gladium in jugulum*** Pl. *Merc.* 613, plonger une épée dans la gorge ; ***vulnera parum alte demissa*** Sen. *Ep.* 67, 13, blessures insuffisamment profondes ¶ **2** [fig.] laisser tomber, laisser s'affaisser : ***animos demittunt*** Cic. *Fin.* 5, 42 ; *Tusc.* 4, 14 *Q.* 1, 1, 4, ils se laissent abattre (*Tusc.* 4, 14 ; *Q.* 1, 1, 4) ; ***se animo demittere*** Caes. *G.* 7, 29, 1, se laisser décourager ‖ abaisser : ***se in adulationem*** Tac. *An.* 15, 73, s'abaisser à l'adulation, cf. 14, 26 ; ***vim dicendi ad unum auditorem*** Quint. 1, 2, 31, ravaler l'éloquence en l'adressant à un seul auditeur ‖ enfoncer : ***hoc in pectus tuum demitte*** Sall. *J.* 102, 11, grave-toi cette pensée dans le cœur (Liv. 34, 50, 2) ; ***se in res turbulentissimas*** Cic. *Fam.* 9, 1, 2, se plonger dans les affaires les plus orageuses ; ***se penitus in causam*** Cic. *Att.* 7, 12, 3, s'engager à fond dans un parti.

dēmiurgus, *i*, m. (δημιουργός), démiurge [premier magistrat dans certaines villes de Grèce] : Liv. 32, 22 ‖ le créateur [de l'univers dans les systèmes gnostiques] : Tert. *Val.* 15, 2 ‖ *Demiurgus*, le Démiurge, comédie de Turpilius : Cic. *Fam.* 9, 22, 1.
▶ *damiurgus* Liv. 32, 22, 2.

dēmō, *ĭs*, *ĕre*, *dempsī*, *demptum* (de, emo), tr., ôter, enlever, retrancher [propre et fig.] : ***de capite medimna DC*** Cic. *Verr.* 3, 77, défalquer du principal six cents médimnes ; ***aliquid ex cibo*** Cels. 6, 6, 16, retrancher quelque chose de la nourriture ; ***fetus ab arbore*** Ov. *H.* 20, 9, détacher le fruit de l'arbre ; ***juga bobus*** Hor. *O.* 3, 6, 42, dételer les bœufs ; ***demere soleas*** Pl. *Truc.* 367, quitter ses chaussures avant de se mettre à table, [d'où] se mettre à table ‖ ***sollicitudinem*** Cic. *Att.* 11, 15, 3, ôter l'inquiétude ; ***alicui acerbam necessitudinem*** Sall. *J.* 102, 5, délivrer qqn de la cruelle nécessité, cf. Ter. *Ad.* 819.

Dēmŏchărēs, *is*, m. (Δημοχάρης), Démocharès [orateur athénien] : Cic. *de Or.* 2, 95.

Dēmŏclēs, *is*, m. (Δημοκλῆς), écrivain grec : Plin. 1, 33.

Dēmŏcrătēs, *is*, m., Démocrate [nom d'homme] : Liv. 26, 39, 6.

dēmocrătia, *ae*, f. (δημοκρατία), démocratie : Serv. *En.* 1, 21.

Dēmŏcrītēus (-īus), *a*, *um* (Δημοκρίτειος), de Démocrite : ***Democritii*** Cic. *Tusc.* 1, 82, les disciples de Démocrite ; ***Anaxarchus Democriteus*** Cic. *Nat.* 3, 82, Anaxarque, disciple de Démocrite ; n. pl., ***Democritea*** Cic. *Nat.* 1, 73, enseignements de Démocrite.

Dēmŏcrĭtus, *i*, m. (Δημόκριτος), Démocrite [philosophe matérialiste d'Abdère] : Cic. *Tusc.* 1, 22.

Dēmŏdămās, *antis*, m. (Δημοδάμας), écrivain grec : Plin. 6, 49.

Dēmŏdŏcus, *i*, m. (Δημόδοκος), célèbre joueur de lyre : Ov. *Ib.* 270.

dēmŏgrammătĕus, *ĕi*, m. (δημογραμματεύς), écrivain public : Cod. Just. 10, 69, 4.

Dēmŏlĕōn, *ontis*, m. (Δημολέων), guerrier tué par Pélée : Ov. *M.* 12, 386.

Dēmŏlĕŏs (-us), *i*, m., Démolée [guerrier grec] : Virg. *En.* 5, 260.

dēmōlībor, ▶ *demolior*.

dēmōlĭō, *ĭs*, *īre*, -, -, ▶ *demolior* : Naev. *Com.* 48 ; Varr. *Men.* 591.

dēmōlĭor, *īris*, *īrī*, *ītus sum*, tr. ¶ **1** mettre à bas, faire descendre : ***signum*** Cic. *Verr.* 4, 75, descendre une statue de son socle, cf. 4, 99 ; ***parietem*** Cic. *Top.* 22, abattre, démolir une muraille, cf. *Att.* 4, 2, 5 ; *Off.* 1, 138 ¶ **2** [fig.] détruire, renverser : Ov. *M.* 15, 228 ; Liv. 34, 3, 5 ¶ **3** éloigner, rejeter [fig.] : ***demoliri de se culpam*** Pl. *Bac.* 383, rejeter loin de soi une faute.
▶ fut. *demolibor* Pl. *Bac.* 383 ‖ sens passif : Lex d. Frontin. *Aq.* 129 ; Curio d. Prisc. 2, 385, 12 ; Dig. 7, 4, 10 ; 41, 3, 23.

dēmōlītĭō, *ōnis*, f. (*demolior*) ¶ **1** action de mettre à bas, de descendre [une statue de son socle] : Cic. *Verr.* 4, 110 ‖ démolition : Cic. *Verr.* 2, 161 ¶ **2** [fig.] destruction, ruine : Tert. *Marc.* 2, 1, 1.

dēmōlĭtŏr, *ōris*, m., [le corbeau] démolisseur : Vitr. 10, 13, 3.

dēmōlītus, *a*, *um*, part. de *demolior*.

dēmollĭō, *īs*, *īre*, -, *ītum*, tr., ramollir : Schol. Pers. 4, 40 ‖ [fig.] affaiblir : Greg.-M. *Ep.* 12, 13.

Dēmōnassa, *ae*, f., Démonassa [sœur d'Irus] : Hyg. *Fab.* 14, 5.

dēmŏnĕō, *ēs*, *ēre*, -, -, dissuader, détourner de faire : Not. Tir. 53, 58.

Demonnēsŏs, *i*, f., île de la Propontide : Plin. 5, 151.

dēmonstrābĭlis, *e* (*demonstro*), qui peut être démontré : Boet. *Anal. pr.* 1, 8.

dēmonstrātĭō, *ōnis*, f. (*demonstro*) ¶ **1** action de montrer, démonstration, description : Cic. *de Or.* 3, 220 ; pl., *Fin.* 4, 13 ¶ **2** [rhét.] genre démonstratif : Cic. *Inv.* 1, 13 ; Quint. 3, 4, 13 ‖ sorte d'hypotypose : Her. 4, 68 ; Quint. 9, 2, 40 ¶ **3** [droit] expression claire et précise d'une volonté, désignation claire et précise : Ulp. *Dig.* 30, 1, 74 ‖ [élément de la formule de certaines actions] descriptif : Gai. *Inst.* 4, 58 ¶ **4** déduction : Boet. *Cons.* 3, 4.

dēmonstrātīvē, adv., en désignant, en montrant : Macr. *Somn.* 1, 16, 7 ‖ [gram.] démonstrativement : Placid. *Stat. Theb.* 10, 216.

dēmonstrātīvus, *a*, *um* (*demonstro*), qui sert à indiquer, à montrer : ***digitus demonstrativus*** Cael.-Aur. *Chron.* 5, 1, le doigt index ‖ [rhét.] démonstratif : ***genus demonstrativum*** Cic. *Inv.* 1, 7, le genre démonstratif [celui qui a pour objet l'éloge ou le blâme], cf. Quint. 3, 4, 12 ‖ subst. f., ***demonstrativa*** cause du genre démonstratif : Quint. 3, 8, 63.

dēmonstrātŏr, *ōris*, m. (*demonstro*), celui qui montre, qui démontre, qui décrit : Cic. *de Or.* 2, 353 ; Col. 3, 10, 20.

dēmonstrātōrius dĭgĭtus, m., l'index : Isid. 11, 1, 70.

dēmonstrātrix, *īcis*, f., celle qui expose, qui démontre : Hier. *Didym.* 4.

dēmonstrō, *ās*, *āre*, *āvī*, *ātum*, tr. ¶ **1** montrer, faire voir, désigner, indiquer : ***itinera*** Cic. *de Or.* 1, 203, faire voir les

chemins, cf. Verr. 4, 74; **digito** Cic. Rep. 6, 24, faire voir du doigt ‖ **fines** Cic. Tull. 17, montrer les limites d'une propriété ‖ [abs^t] faire des gestes démonstratifs : Suet. Ner. 39 ¶ **2** montrer, exposer, décrire, mentionner : **Sopater istius cupiditatem demonstrat** Cic. Verr. 4, 85, Sopater fait connaître la cupidité de cet individu ; **Vertico, quem supra demonstravimus** Caes. G. 5, 49, 2, Vertico, dont nous avons parlé précédemment ‖ **mihi Fabius demonstravit te id cogitasse facere** Cic. Fam. 3, 3, 2, Fabius m'a fait connaître que tu avais songé à le faire, cf. Verr. 4, 72 ; Caes. G. 1, 11, 5 ; 2, 17, 2 ; [tournure pers. au pass.] Her. 2, 7 ; Cic. Inv. 2, 36 ‖ **ut demonstravimus** Caes. G. 6, 35, 3, comme nous l'avons fait remarquer ; **ut demonstratum est** Caes. C. 3, 62, 1, comme il a été dit.
▶ inf. pass. demonstrarier Ter. Phorm. 306.

Dēmŏphĭlus, *i*, m. (Δημόφιλος), nom d'un poète athénien : Pl. As. 10.

Dēmŏphŏōn, *ontis*, m. (Δημοφόων), fils de Thésée : Ov. H. 2 ; Just. 2, 6, 15 ‖ compagnon d'Énée : Virg. En. 11, 675.

Dēmŏphōn, *ontis*, m., devin de l'armée d'Alexandre : Curt. 9, 4, 28.

dēmŏrātĭō, *ōnis*, f. (*demoror*), action de s'arrêter, de séjourner : Aug. Hept. 4, 29 ‖ [fig.] Vulg. Prov. 12, 11.

dēmŏrātus, *a*, *um*, part. de *demoror*.

dēmordĕō, *ēs*, *ēre*, -, *morsum*, tr., entamer avec les dents, ronger : Plin. 28, 41 ; Pers. 1, 106.

dēmŏrĭor, *mŏrĕris*, *mŏrī*, *mortŭus sum*
I intr. ¶ **1** s'en aller [d'un groupe] par la mort, faire un vide en mourant : **cum esset ex veterum numero quidam senator demortuus** Cic. Verr. 2, 124, la mort d'un certain sénateur ayant fait un vide dans l'effectif des anciens, cf. Verr. 4, 9 ; Liv. 5, 13, 7 ; 23, 21, 7 ¶ **2** aller mourant, dépérir : **paene sum fame demortuus** Pl. St. 216, je suis presque mort de faim, cf. 211 ; **vocabula demortua** Gell. 9, 2, 11, noms disparus du monde [avec les personnes qu'ils désignaient].
II tr. [poét.] **aliquem** Pl. Mil. 970 ; 1040, se mourir d'amour pour qqn.

dēmŏror, *āris*, *ārī*, *ātus sum* (*de*, *moror* ; fr. demeurer), tr. et intr. ¶ **1** intr., demeurer, rester, s'arrêter : *Pl. Ru. 447 ; Tac. An. 15, 69 ¶ **2** tr., retarder, retenir, arrêter : Caes. G. 3, 6, 5 ; C. 1, 81, 5 ; 3, 75, 3 ; **ne diutius vos demorer** Cic. de Or. 2, 235, pour que je ne vous retarde pas trop ; **Teucros demoror armis** Virg. En. 11, 175, je retiens les Troyens loin des combats ; **annos demoror** Virg. En. 2, 648, je tarde à mourir, je prolonge mes jours ‖ attendre : **mortalia demoror arma** Virg. En. 10, 30, j'attends les coups d'un mortel, je me réserve à... ¶ **3** [tard.] s'entêter, persister : **in sua perfidia demoratus** Cypr. Ep. 69, 15, qui s'est entêté dans sa perfidie.

dēmorsĭcō, *ās*, *āre*, -, *ātum*, tr. (dim. de *demordeo*), mordiller après qqch. : Apul. M. 2, 21 ; **rosis demorsicatis** M. 3, 25, après avoir goûté les roses.

dēmorsus, *a*, *um*, part. de *demordeo*.

dēmortŭus, *a*, *um*, part. de *demorior*.

dēmŏs, *i*, m. (δῆμος), peuple : Plin. 35, 69.

Dēmosthĕa, *ae*, f., Démosthée [fille de Priam] : Hyg. Fab. 90, 4.

Dēmosthĕnēs, *is*, m. (Δημοσθένης), Démosthène [le célèbre orateur grec] : Cic. de Or. 1, 89 ; 1, 260 ‖ **-nĭcus**, *a*, *um*, de Démosthène : Aus. Prof. 2 (191), 19.
▶ gén. -*i* Cic. Opt. 14 ; acc. -*em* ou -*en*.

Dēmosthĕnĭcē, adv., à la manière de Démosthène : Prisc. 3, 88, 7.

Dēmostrātus, *i*, m. (Δημόστρατος), écrivain grec d'Apamée : Plin. 37, 34.

Dēmŏtĕlēs, *is*, m. (Δημοτέλης), écrivain grec : Plin. 36, 84.

dēmōtus, *a*, *um*, part. de *demoveo*.

dēmŏvĕō, *ēs*, *ēre*, *mōvī*, *mōtum*, tr., déplacer, écarter de : **demoveri de loco** Cic. Caecin. 49, être écarté d'un lieu ; **ex possessione rem publicam demovere** Cic. Agr. 2, 81, exproprier l'État ; **aliquem loco** Cic. Planc. 53, déloger qqn ; **gradu** Liv. 6, 32, 8, faire lâcher pied ; **praefecturā** Tac. An. 13, 20 ; **Syriā** Tac. An. 2, 43, retirer de la préfecture du prétoire, du gouvernement de la Syrie ; **centurionem, tribunum** Tac. An. 2, 55, casser un centurion, un tribun ; **in insulas demoti sunt** Tac. An. 6, 30, ils furent relégués dans les îles ‖ [fig.] éloigner de, détourner de : **animum de statu** Cic. Caecin. 42, faire sortir l'âme de son assiette ; **odium a se** Cic. de Or. 2, 208, détourner de soi la haine, cf. Clu. 44.

dempsī, parf. de *demo*.

demptĭo, *ōnis*, f., retranchement, diminution, soustraction : Varr. L. 5, 6.

demptus, *a*, *um*, part. de *demo*.

demt-, ⓒ *dempt-* [orth. fréq. d. les Inscr.].

dēmūgītus, *a*, *um* (*de*, *mugio*), rempli de mugissements : Ov. M. 11, 375.

dēmulcātus, *a*, *um* (*de*, *mulco*), maltraité : Capel. 8, 807.

dēmulcĕō, *ēs*, *ēre*, *mulsī*, *mulctum*, tr., caresser [en passant doucement la main sur] : Ter. Haut. 762 ; Liv. 9, 16, 16 ; [avec la langue] Gell. 5, 14, 12 ‖ [fig.] charmer : Gell. 3, 13, 5 ; 16, 19, 6 ; 18, 2, 1.

dēmum, adv. (anc. superl. de *de*, *demus* Fest. 61, 21, cf. *summus*), précisément, tout juste, seulement ¶ **1** joint aux pronoms, **sic sentio, id demum aut potius id solum esse miserum quod turpe sit** Cic. Att. 8, 8, 1, à mon sentiment, est malheureux seulement, ou plutôt uniquement ce qui est honteux ; **idem velle atque idem nolle, ea demum firma amicitia est** Sall. C. 2, 4, vouloir les mêmes choses, repousser les mêmes choses, c'est cela seulement qui constitue l'amitié solide, cf. C. 2, 9 ; Plin. Ep. 1, 20, 18 ; Virg. En. 1, 629 ‖ **ea sunt demum non ferenda... quae** Cic. Rep. 2, 28, c'est ce qui... ¶ **2** joint aux adv., surtout de temps, **tum demum** Cic. Nat. 1, 13 ; Caes. G. 1, 17, 1, alors seulement (pas avant) ; **nunc demum** Cic. Att. 16, 3, 1, maintenant seulement ; **post demum** Pl. Amp. 876, c'est après seulement que... ‖ **ibi demum** Virg. En. 9, 445, là seulement ; **sic demum** Virg. En. 2, 795, alors seulement ; **ita demum, si** Plin. Ep. 3, 2, à la seule condition que... ¶ **3** [autres indications temporelles] **anno demum quinto et sexagensumo** Ter. Ad. 938, à soixante-cinq ans seulement, cf. Hor. S. 1, 5, 23 ; Plin. Ep. 7, 2, 2 ‖ **damnatus demum** Pl. Bac. 271, ce n'est qu'après avoir été condamné que... ¶ **4** enfin : Sen. Ep. 94, 74 ; Suet. Cal. 6 ¶ **5** seulement, ⓒ **tantum, modo, solum** : Quint 8, 3, 3 ; 11, 3, 68.

dēmūnĕror, *āris*, *ārī*, - (*de*, *muneror*), tr., soudoyer, corrompre : *Ter. Haut. 300.

dēmurmŭrō, *ās*, *āre*, -, -, tr., murmurer, proférer à voix basse : Ov. M. 14, 58.

dēmus, adv., ⓒ *demum* : Andr. d. P. Fest. 61, 21.

dēmussātus, *a*, *um* (*de*, *musso*), dissimulé, supporté en silence : Apul. M. 3, 26 ; Amm. 30, 1, 15.

dēmūtābĭlis, *e*, sujet au changement : Tert. Anim. 21, 4.

dēmūtassim, ⓥ *demuto*.

dēmūtātĭo, *ōnis*, f. (*demuto*), changement [en mal] : Cic. Rep. 2, 7.

dēmūtātor, *ōris*, m., celui qui change : Tert. Res. 32, 7.

dēmūtātus, *a*, *um*, part. de *demoto*.

dēmŭtĭlō, *ās*, *āre*, -, -, tr., retrancher, élaguer : Col. Arb. 11, 2.

dēmūtō, *ās*, *āre*, *āvī*, *ātum*, changer : **orationem** Pl. Mil. 1291 ¶ **1** tr., changer de propos, cf. Men. 871 ‖ [abs^t] **demutare de veritate** Tert. Apol. 7, 8, changer qqch. à la vérité, altérer la vérité ¶ **2** intr., changer, être différent : Pl. Ps. 555 ; St. 725 ; Mil. 1130.
▶ fut. ant. arch. demutassit Pl. St. 725.

dēmuttĭō, *īs*, *īre*, -, -, parler à voix basse : Isid. 10, 76.

dēnārĭārĭus, *a*, *um*, relatif au denier : Maecian. Distrib. 75.

dēnārismus, *i*, m., paiement en deniers : Cod. Th. 12, 1, 107.

dēnārĭus, *a*, *um* (*deni*), de dix ¶ **1** adj., qui contient le nombre dix : **denarius numerus digitorum** Vitr. 3, 1, 8, les dix doigts ; **denaria fistula** Plin. 31, 58, conduit dont la circonférence est de dix pouces ; **denariae caerimoniae** P. Fest. 62, 19, cérémonies en vue desquelles on devait s'abstenir de certaines choses pendant dix jours ¶ **2** subst., **dēnārĭus**, *ii*, gén. pl. *denarium* et *denariōrum*, m. (*deni* ; it. *denaro*) **a)** denier [pièce de

denarius

monnaie qui, dans l'origine, valait dix as] : Cic. *Verr.* 2, 137, cf. Varr. *L.* 5, 173 ; Plin. 33, 44 ; P. Fest. 87, 9 **b)** as [monnaie de cuivre] : Macr. *Sat.* 1, 7, 22 **c)** [en gén.] pièce de monnaie : Cic. *Att.* 2, 6, 2 **d)** poids d'une drachme attique [7ᵉ partie de l'once romaine] : Plin. 21, 185 ; 30, 56.

dēnarrō, ās, āre, āvī, ātum, tr., raconter d'un bout à l'autre, dans le détail : Ter. *Phorm.* 944 ; Hor. *S.* 2, 3, 315 ; Gell. 1, 23, 12.

dēnascŏr, scĕrĭs, scī, -, intr., cesser d'être, mourir : Varr. *L.* 5, 70 ; Hemin. d. Non. 101, 29.

dēnăsō, ās, āre, -, - (de naso), tr., priver du nez : Pl. *Cap.* 604.

dēnătō, ās, āre, -, -, intr., nager en suivant le courant, descendre en nageant : Hor. *O.* 3, 7, 28.

Denda, ae, f., ville de Macédoine : Plin. 3, 145.

dendrăchātēs, ae, m. (δενδραχάτης), agate arborisée : Plin. 37, 139.

dendrītes, m., pierre précieuse inconnue : Capel. 1, 75.

dendrītis, ĭdis, f. (δενδρῖτις), pierre précieuse inconnue : Plin. 37, 192.

dendrŏfŏrus, v. dendrophorus.

dendrŏīdēs, is, m. (δενδροειδής), sorte d'euphorbe : Plin. 26, 71.

dendrŏphŏrus, i, m. (δενδροφόρος) ¶ 1 qui porte un arbre [épith. de Silvain] : CIL 6, 641 ¶ 2 **dendrŏphŏri**, ōrum et ūm, m., dendrophores, collège de prêtres qui portaient des arbustes ou des branches dans les fêtes de Cybèle : Cod. Th. 16, 10, 20 ¶ 3 menuisier, charpentier : Cod. Th. 14, 8, 1.

dēnĕgātĭo, ōnis, f., dénégation : Fil. 50, 2.

dēnĕgātīvus, a, um, négatif : Isid. 2, 21, 19.

dēnĕgātŏr, ōris, m., celui qui nie, qui renie, qui dénie : Gloss. 2, 233, 26.

dēnĕgō, ās, āre, āvī, ātum, tr. ¶ 1 nier fortement, dire que non : **datum denegant quod datum est** Pl. *Men.* 580, ils soutiennent que ce qui a été donné n'a pas été donné ‖ [absᵗ] **Aquilius denegavit** Cic. *Att.* 1, 1, 1, Aquilius a dit non [= qu'il ne se présenterait pas au consultat] ¶ 2 dénier, refuser : **praemium alicui** Cic. *Flac.* 1, refuser une récompense à qqn, cf. 102 ; *de Or.* 2, 126 ; Caes. *G.* 1, 42, 2 ‖ **denegavit se dare granum tritici** Pl. *St.* 558, il refusa de donner un grain de blé ; **dare denegare** Hor. *O.* 3, 16, 38, refuser de donner ; **nihil alicui denegatur, quominus...** Cael. *Fam.* 8, 5, 1, en ne refusant rien à qqn on ne l'empêche pas de... ‖ [en part. de la part du préteur] **actionem, petitionem judicium denegare**, refuser d'accorder une action : Dig. 4, 4, 13 pr. ; 30, 87 ; 47, 10, 6 ; **exceptionem**, une exception : Dig. 44, 1, 18 ‖ [absᵗ] refuser : Cic. *Fam.* 5, 12, 2.

dēnī, ae, a, pl. (*dek-snoi, cf. *decem, decies*, p.-ê. *noni*) ¶ 1 [distributif] chacun dix : Caes. *G.* 1, 43, 3 ; 5, 14, 4 ‖ sg., **dena luna** Ov. *H.* 11, 46, chaque fois la dixième lune ¶ 2 ➤ *decem* : Virg. *En.* 1, 381 ; 11, 326 ; sg., **denus** : Sil. 15, 259.
▶ gén. pl. **denum** Cic. *Verr.* 2, 122 ; **denorum** Liv. 43, 5, 9.

dēnĭcāles fērĭae, f. (deneco, denico), cérémonies religieuses pour purifier la famille d'un mort : Cic. *Leg.* 2, 55, cf. P. Fest. 61, 23 ; Fest. 282, 16.

dēnĭgrātĭo, ōnis, f., action de teindre en noir : Theod.-Prisc. *Eup.* 1, 5.

dēnĭgrō, ās, āre, -, -, tr., noircir, teindre en noir : Plin. 33, 35 ‖ [fig.] Apon. 1, p. 20.

dēnĭquĕ, adv. (de, -ne, -que ; cf. donec) ¶ 1 et puis après, enfin [surtout dans une énumération, il peut alors être suivi de *postremo*] : **omnes urbes, agri, regna denique, postremo etiam vectigalia vestra** Cic. *Agr.* 2, 62, toutes les villes, les campagnes, et puis les royaumes, enfin même vos revenus [terme d'une série d'actions] ; Ter. *Hec.* 123 ¶ 2 [aboutissement] en fin de compte, finalement : Hor. *P.* 267 ; Cic. *Sest.* 100 ; [ironiquement] Cic. *Phil.* 13, 35 ‖ [résultat attendu] enfin une bonne fois : Cic. *Att.* 5, 20, 8 ¶ 3 [terme d'une gradation] en somme, bref : Cic. *Pis.* 45 ‖ *Verr.* 5, 69 ‖ [en mettant les choses au mieux] tout au plus : Cic. *Amer.* 108 ‖ [en mettant les choses au pis] tout au moins : Caes. *G.* 2, 33, 2 ¶ 4 bref, pour tout dire d'un mot : *de Or.* 2, 317 ¶ 5 [anal. à *demum*] : **tum denique** Cic. *Leg.* 2, 10 ; *Tusc.* 3, 75, alors enfin, alors seulement ; **nunc denique** Cic. *Fam.* 9, 14, 5, maintenant seulement ; **(Clodio) mortuo denique** Cic. *Mil.* 34, c'est seulement après la mort de Clodius que... ‖ après tout, en dernière analyse : **is denique honos mihi videri solet qui...** Cic. *Fam.* 10, 10, 1, après tout le seul véritable honneur est, à mes yeux, celui qui... ¶ 6 [postclass.] par suite : Just. 9, 4, 1 ; Flor. 1, 16, 3 ; Dig. 10, 3, 1 ‖ ainsi : Dig. 5, 1, 13, 1.

dēnixē, enixe : *Pl. *Trin.* 652.

Denna, ae, f., ville d'Éthiopie : Plin. 6, 179.

dēnōmĭnātĭo, ōnis, f. (denomino), désignation : Cod. Th. 6, 4, 13, 2 ‖ métonymie [rhét.] : Her. 4, 43 ; Quint. 8, 6, 23.

dēnōmĭnātīvē, adv., par dérivation : Capel. 4, 381.

dēnōmĭnātīvus, a, um, dérivé [gram.] : Prisc. 2, 60, 3.

dēnōmĭnātŏr, ōris, m., qui désigne : Julian. *Epit.* 124, 16.

dēnōmĭnō, ās, āre, āvī, ātum, tr., dénommer, nommer : Her. 4, 43 ; Quint. 1, 5, 71 ; **multa sunt non denominata** Quint. 8, 2, 4, bien des choses n'ont pas de nom.

dēnormis, e, obliquangle, irrégulier : Porphyr. Hor. *S.* 2, 6, 9.

dēnormō, ās, āre, -, - (de norma), tr. ¶ 1 rendre obliquangle, rendre irrégulier : Hor. *S.* 2, 6, 9 ¶ 2 aligner : Grom. 345, 20.

dēnŏtābĭlis, e, marqué au fer rouge, marqué d'infamie : Dosith. 7, 426, 22.

dēnŏtātĭo, ōnis, f., indication : Ps. Quint. *Decl.* 19, 3.

1 **dēnŏtātus**, a, um (esp. *denodado*), part. de denoto ‖ adjᵗ, **denotatior** Tert. *Nat.* 1, 10, 34, plus blessant ; cf. ➤ denoto ¶ 2.

2 **dēnŏtātŭs**, ūs, m., [seulᵗ au dat. *denotatui*] indication, désignation : Tert. *Pall.* 4, 8.

dēnŏtō, ās, āre, āvī, ātum (de, noto), ¶ 1 indiquer par un signe, désigner, faire connaître : **cives necandos denotare** *Cic. Pomp.* 7, notifier la mise à mort des citoyens ‖ **metum alicujus** Tac. *An.* 3, 53, signaler, faire remarquer la crainte de qqn, cf. *Agr.* 45 ¶ 2 noter d'infamie, flétrir : Suet. *Cal.* 56 ¶ 3 punir de façon exemplaire : Aug. *Ep.* 87, 4.

dens, tis, m. (cf. 1 edo, ὀδούς, scr. dant-, al. Zahn, an. tooth ; fr. dent), dent [de l'homme et des animaux] : **dentes adversi, genuini** Cic. *Nat.* 2, 134, dents de devant, molaires ; **dens Indus** Ov. *M.* 8, 288 ; **Libycus** Prop. 2, 31, 12, défense de l'éléphant, ivoire ; **albis dentibus aliquem deridere** Pl. *Ep.* 429, rire de qqn à gorge déployée [en montrant les dents] ; **venire sub dentem** Petr. 58, 6, tomber sous la dent, sous la coupe de qqn (avoir affaire à qqn) ‖ tout ce qui sert à mordre, à entamer, à saisir : **dens aratri** Col. 2, 4, 6, soc de la charrue ; **curvus dens Saturni** Virg. *G.* 2, 406, la faucille (attribut de Saturne) ‖ [méton.] dent de scie : Vitr. 6, 8, 7 ; dent d'engrenage : Vitr. 10, 5, 2 ; 10, 9, 2 ; mâchoire [des pinces de préhension] : Vitr. 10, 2, 2 ‖ [fig.] dent, morsure : **maledico dente carpunt** Cic. *Balb.* 57, ils mordent d'une dent médisante, cf. Hor. *O.* 4, 3, 16 ; Ov. *M.* 15, 235.

densābĭlis, e, astringent [méd.] : Cael.-Aur. *Acut.* 2, 8, 36.

densātĭo, ōnis, f. (denso), condensation, épaississement : Plin. 31, 82.

densātīvus, a, um, c. ➤ densabilis : Cael.-Aur. *Acut.* 2, 37.

densātus, a, um, part. de denso.

densē, adv. (densus), d'une manière épaisse, serrée, en masse compacte : Vitr. 5, 12, 5 ‖ fréquemment : Cic. *Or.* 7 ‖ tout ensemble, tout à la fois : Cael.-Aur. *Acut.* 2, 37 ‖ **densius** Cic. *Or.* 7 ‖ **densissime** Vitr. 5, 12.

Denselētae, ārum, m. pl., c. ➤ Dentheleti : Cic. *Pis.* 84.

densĕō, ēs, ēre, -, ētum (densus), tr., rendre dense, compact, condenser, épaissir, serrer : **nec tali ratione potest denserier aer** Lucr. 1, 395, et ce n'est pas ainsi que peut se condenser l'air ; **agmina densentur campis** Virg. *En.* 7, 794, les bataillons se pressent dans la plaine ; **densere ha-**

stilia En. 11, 650, multiplier les traits, cf. Tac. An. 2, 14.

densescō, ĭs, ĕre, -, -, intr., s'épaissir, s'obscurcir : Greg.-M. Mor. 8, 9.

densētus, a, um, part. de denseo.

densĭtās, ātis, f. (densus), épaisseur, consistance : Plin. 35, 51 ǁ pl., Arn. 7, 46 ǁ grand nombre, fréquence : Quint. 8, 5, 26.

densĭtō, ās, āre, -, - (fréq. de denso), *densitatae acies* Amm. 19, 7, 3, troupes compactes.

densō, ās, āre, āvī, ātum, tr., ⊂▷ denseo : Virg. G. 1, 419 ; Liv. 33, 8, 14 ; 44, 9, 7 ; Quint. 5, 9, 16 ǁ entasser, multiplier : Quint. 9, 3, 101 ǁ condenser le style : Quint. 11, 3, 164 ǁ [chrét.] donner de la densité à sa foi en l'observant mieux : Tert. Apol. 39, 3.

densus, a, um (cf. δασύς ; roum. des) ¶ **1** épais, serré, pressé, compact : *silvae densiores* Caes. G. 3, 29, forêts plus épaisses, cf. G. 4, 38 ; *hostes densi* Virg. En. 2, 511, ennemis en rangs serrés ǁ *densus lucus juncis et arundine* Ov. F. 6, 4, 11, bois sacré où poussent drus les joncs et les roseaux ¶ **2** fréquent, non clair-semé : *densi divum amores* Virg. G. 4, 347, les nombreuses amours des dieux ; *densis ictibus* Virg. En. 5, 459, à coups pressés, cf. Hor. O. 3, 5, 31 ; Ov. Pont. 4, 7, 15 ¶ **3** [fig.] plein, condensé : *densa vox* Quint. 11, 3, 63, voix qui se ramasse ; *densior Demosthenes, Cicero copiosior* Quint. 10, 1, 106, Démosthène d'un style plus plein, Cicéron plus abondant ǁ -issimus Caes. G. 7, 46, 3.

dentāle, is, n., Isid. 20, 14, 2, ⊂▷ dentalia.

dentālĭa, ĭum, n. pl. (dens), partie de la charrue où s'enclave le soc, le sep : Virg. G. 1, 172 ǁ soc : Pers. 1, 73.

dentārĭus, a, um (dens), qui concerne les dents : *dentaria herba* Ps. Apul. Herb. 5, jusquiame [plante qui passait pour guérir le mal de dents].

dentarpaga, f., ⊂▷ dentharpaga.

dentātus, a, um (dens ; it. dentato) ¶ **1** qui a des dents : *male dentatus* Ov. Rem. 339, qui a de mauvaises dents ǁ qui a de grandes dents : Pl. Ps. 1040 ; Amm. 31, 10 ǁ dentelé : Cic. Clu. 180 ; Plin. 36, 167 ǁ aigu, mordant : Lucr. 2, 431 ¶ **2** *dentata charta* Cic. Q. 2, 15, 6, papier lisse, poli [avec une dent de sanglier], cf. Plin. 13, 81.

Dentātus, i, m., M' Curius Dentatus [vainqueur de Pyrrhus] : Plin. 7, 15.

dentefabres (?), ⊂▷ dentifer.

Dentĕr, tris, m., surnom romain : Liv. 10, 1, 7.

dentex, ĭcis, m., denté [poisson de mer] : Col. 8, 16, 6 ; Apic. 158.

Denthălĭās, ātis, adj. m., de Denthalii [ville du Péloponnèse] : Tac. An. 4, 43.

dentharpăga, ae, f. (dens, ἅρπαξ), davier [instrument pour arracher les dents] : Varr. Men. 441.

Denthēlēthi, ōrum, m. pl. (Δανθηλῆται), peuple de Thrace : Liv. 40, 22, 9.

dentĭcŭlātus, a, um, qui a beaucoup de petites dents, dentelé : Plin. 9, 51.

1 **dentĭcŭlus**, i, m. (dim. de dens), petite dent : Apul. Apol. 8 ǁ faucille : Pall. 7, 2, 4 ǁ [archit.] denticule [sur la corniche ionique ou corinthienne] : Vitr. 1, 2, 6 ǁ [méc.] dent d'engrenage : Vitr. 9, 8, 5 ; 10, 9, 2.

2 **Dentĭcŭlus**, i, m., surnom romain : Cic. Phil. 2, 56.

dentĭdūcum, i, n. (dens, duco), ⊂▷ dentharpaga : Cael.-Aur. Chron. 2, 4, 84.

dentĭfĕr, ĕra, ĕrum (dens, fero), denté, crénelé : *Enn. An. 319.

dentĭfrangĭbŭlum, i, n., casse-dents, brise-mâchoire : Pl. Bac. 596.

dentĭfrangĭbŭlus, i, m. (dens, frango), casseur de dents : Pl. Bac. 605.

dentĭfrĭcĭum, ĭi, n. (dens, frico), dentifrice : Plin. 28, 178.

dentĭlĕgus, a, um (dens, lego), qui ramasse ses dents : Pl. Cap. 798.

1 **dentĭō**, īs, īre, -, - (dens), intr., faire ses dents : Plin. 30, 22 ǁ croître, pousser [en parl. des dents] : Pl. Mil. 34.

2 **dentio**, ⊂▷ dentitio : Chir. 91.

dentiscalpĭum, ĭi, n. (dens, scalpo), cure-dent : Mart. 7, 53, 3.

dentĭtĭo, ōnis, f., dentition, pousse des dents : Plin. 28, 257.

dentix, **dentrix**, ⊂▷ dentex : Isid. 12, 6, 23.

Dento, ōnis, m., nom d'homme : Mart. 5, 44, 2.

dentŭlus, i, m. (dim. de dens), petite dent : Not. Tir. 68, 1.

dēnūbō, ĭs, ĕre, nupsī, nuptum, intr., sortir voilée de la maison paternelle pour se marier, se marier [en parl. d'une femme] : *Julia denupsit in domum Rubellii Blandi* Tac. An. 6, 27, Julie devint la femme de Rubellius Blandus, cf. Ov. M. 12, 196 ǁ [au fig.] *tellus cupiet denubere plantis* Col. 10, 158, la terre désirera s'unir aux plantes, être fécondée par les plantes.
▶ part. fut. *denuptura* Apul. Apol. 70.

dēnūdātĭo, ōnis, f. (denudo), action de mettre à nu : Gloss. 2, 265, 38 ǁ [fig.] révélation : Vulg. Eccli. 11, 29.

dēnūdātŏr, ōris, m., celui qui met à nu : Gloss. 2, 265, 40 ǁ [fig.] révélateur : CIL 2, 6328.

dēnūdātus, a, um, part. de denudo.

dēnūdō, ās, āre, āvī, ātum (fr. dénuer), tr. ¶ **1** mettre à nu, découvrir : *denudari a pectore* Cic. Verr. 5, 32, avoir la poitrine mise à nu ǁ [fig.] dévoiler, révéler : *suum consilium* Liv. 44, 38, 1, faire connaître son projet ; *multa incidunt quae invitos denudent* Sen. Tranq. 17, 1, bien des incidents se produisent qui nous mettent à nu malgré nous ¶ **2** dépouiller, priver de [avec abl.] : Cic. de Or. 1, 235 ¶ **3** expliquer : Vulg. Ezech. 23, 18.

dēnŭmĕrātĭo, ōnis, f., dénombrement : Paul. Dig. 38, 10, 10.

dēnŭmĕrō, ās, āre, āvī, ātum, tr., compter : Ps. Cypr. Pasch. 10 ǁ [abs⁺] compter de l'argent : Pl. Most. 921.

dēnundĭnō, ās, āre, -, -, tr., faire savoir à tout le monde (publier sur le marché) : Gloss. 4, 49, 44.

denuntiamino, ⊂▷ denuntio.

dēnuntĭātĭo, ōnis, f. (denuntio), annonce, notification, déclaration : *belli* Cic. Phil. 6, 4, déclaration de guerre ; *quae est ista a diis profecta significatio et quasi denuntiatio calamitatum ?* Cic. Div. 2, 54, que signifie cet avertissement et, pour ainsi dire, cette déclaration de désastres envoyée par les dieux ? ; *huic denuntiationi ille pareat ?* Cic. Phil. 6, 5, lui, il obéirait à cette notification ? ǁ [phil.] rappel à l'ordre : Sen. Ep. 94, 36.

dēnuntĭātīvus, a, um, symptomatique : Cael.-Aur. Acut. 1, 4, 67.

dēnuntĭātŏr, ōris, m., sorte d'officier de police : CIL 10, 515 ǁ sorte d'annonceur [au théâtre] : CIL 6, 10095.

1 **dēnuntĭātus**, a, um, part. de denuntio.

2 **dēnuntĭātŭs**, ūs, m., avertissement : Ps.-Rufin. Amos 2, 7, 4.

dēnuntĭō, ās, āre, āvī, ātum, tr. ¶ **1** porter à la connaissance, notifier : *ut omne bellum, quod denuntiatum indictumque non esset, id injustum esse atque impium judicaretur* Cic. Rep. 2, 31, que toute guerre, qui n'aurait pas été notifiée et déclarée, fût réputée injuste et impie ; *alicui testimonium denuntiare* Cic. Verr. 2, 65, notifier à qqn d'être témoin, l'appeler en témoignage ǁ [droit] citer : *domino denuntiatum est* Cic. Verr. 5, 10, citation fut faite au maître ; *cur de isto potius fundo quam de alio Caecinae denuntiabas ?* Cic. Caecin. 95, pourquoi signifiais-tu à Caecina l'éviction de cette terre-là plutôt que d'une autre ? ǁ [avec prop. inf.] notifier que, signifier que : Caes. G. 1, 36, 6 ; 5, 56, 1 ; Cic. Caecin. 19 ǁ [avec inf.] signifier de, ordonner de : Tac. An. 11, 37 ǁ [avec ut, ne, idée d'ordre] : *nationibus denuntiare, ut auxilia mittant* Caes. G. 6, 10, 1, signifier aux peuplades d'envoyer des secours ; *denuntiatum ne, ne Brutum obsideret* Cic. Phil. 12, 11, il lui a été notifié de ne pas assiéger Brutus ; *denuntiare aliquem, ut adsit* Cic. Verr. 5, 10, citer qqn à comparaître, sommer de comparaître ǁ [avec subj. seul] Liv. 39, 54, 11 ; Suet. Cal. 55 ¶ **2** [en gén.] annoncer, déclarer : *inimicitias mihi denuntiavit* Cic. Phil. 5, 19, il s'est déclaré mon ennemi ; *populo Romano servitutem* Cic. Phil. 5, 21, annoncer au peuple la servitude (l'en menacer), cf. Sest. 46 ; Mur. 51 ; Agr. 2, 13 ; *denuntiasti quid sentires* Cic. Planc. 52, tu as fait voir tes sentiments ǁ [avec prop. inf.] déclarer que : Quinct. 27 ; de Or.

denuntio

1, 103 ∥ [avec *ut*] **subito denuntiavit, ut ad te scriberem** Cic. *Fam.* 11, 25, 1, il m'a subitement mis en demeure de t'écrire ∥ [avec subj. seul] Cic. *Verr. prim.* 36 ¶ **3** [sujet nom de choses] ***illa arma non periculum nobis, sed praesidium denuntiant*** Cic. *Mil.* 3, ces armes nous annoncent non pas un danger, mais une protection ¶ **4** *alicui denuntiare* Sen. *Ep.* 95, 5, faire du chantage auprès de qqn.

▶ denontio CIL 1, 582, 3 ; impér. pass. denuntiamino, CIL 6, 10298.

1 dĕnŭō, adv. (*de novo*) ¶ **1** ▶ *de integro*, sur nouveaux frais : Pl. *Most.* 117 ; Suet. *Aug.* 47 ¶ **2** ▶ *iterum*, de nouveau, pour la seconde fois : Pl. *Ru.* 1103 ; Liv. 10, 31, 3 ∥ ▶ *rursus*, derechef, encore une fois : Cic. *Verr.* 1, 37 ¶ **3** *aperi..., continuo operito denuo* Pl. *Trin.* 884, ouvre..., puis referme aussitôt.

2 dĕnŭō, *ĭs*, *ĕre*, -, -, refuser : Not. Tir. 78, 6.

dēnus, *a*, *um*, ▶ *deni*.

dĕoccō, *ās*, *āre*, -, -, tr., herser : Plin. 18, 137.

Dēōis, *ĭdis*, f. (Δηωίς), fille de Déo ou Déméter [Proserpine] : Ov. *M.* 6, 114 ∥ **-ōĭus**, *a*, *um*, de Déméter : Ov. *M.* 8, 758.

dĕŏnĕrō, *ās*, *āre*, *āvī*, *ātum*, tr., décharger : *deoneratae naves* Amm. 24, 6, bateaux déchargés ∥ [fig.] ôter un poids : ***deonerare aliquid ex illius invidia*** Cic. *Caecil.* 46, ôter qqch. au fardeau de haine qui pèse sur lui.

dĕŏpĕrĭō, *īs*, *īre*, *pĕrŭī*, *pertum*, tr., ouvrir : Plin. 37, 65 ; M.-Emp. 8, 127.

dĕŏpertus, *a*, *um*, part. de *deoperio*.

deoppīlō, *ās*, *āre*, -, -, tr., épiler : Gloss. 2, 397, 47.

dĕoptō, *ās*, *āre*, -, -, tr., choisir : Hyg. *Fab.* 191, 4.

dĕōrātus, *a*, *um*, achevé, terminé [en parl. d'un discours] : P. Fest. 65, 14.

dĕorbātus, *a*, *um*, aveuglé : Ps. Cypr. *Aleat.* 9.

dĕorbĭtō, *ās*, *āre*, *āvī*, - (*de orbita*), ▶ *exorbito* : Lucif. *Athan.* 1, 40.

dĕorio, ▶ *dehaurio* : Cat. *Agr.* 66.

dĕornō, *ās*, *āre*, -, -, déparer : Gloss. 2, 237, 55 ; Virg. Gram. *Epist.* 5, 7.

dĕorsum, adv. (*de, vorsum* ; a. fr. *jus*, fr. *jusque*), en bas, vers le bas : Cic. *Nat.* 2, 44 ; *Fin.* 1, 18 ; *deorsum versus* Cat. *Agr.* 156, 4 ; *deorsum versum* Varr. *R.* 2, 7, 5, en bas, vers le bas ; *sursum deorsum* Ter. *Eun.* 278, de bas en haut, de haut en bas, cf. Cic. *Att.* 5, 10, 5 ; Sen. *Nat.* 6, 21, 2 ∥ au-dessous, dessous : Pl. *Aul.* 367 ; Ter. *Ad.* 573 ; Varr. *R.* 1, 6, 3.

▶ souvent dissyl. chez les poètes : Ter. *Eun.* 573 ; Lucr. 1, 362 ; 2, 205.

dĕorsŭs, ▶ *deorsum* : Cic. *Nat.* 1, 69 ; *sursus deorsus* Cic. *Nat.* 2, 84, de bas en haut, de haut en bas.

Dĕōrum insulae, les îles des Dieux [ou îles Fortunées] : Plin. 4, 22.

dĕoscŭlātĭō, *ōnis*, f. (*deosculor*), baisers, embrassements : Hier. *Rufin.* 1, 19.

dĕoscŭlŏr, *āris*, *ārī*, *ātus sum*, tr., embrasser avec effusion : Pl. *Cas.* 453 ∥ [fig.] louer à l'excès : Gell. 1, 23, 13.

▶ part. au sens passif Apul. *M.* 2, 10.

dēpăciscor, ▶ *depeciscor*.

dēpactĭō, ▶ *depectio* : Cassian. *Coll.* 16, 2, 1.

dēpactus, part. de *depaciscor* et de *depango*.

dēpālātĭō, *ōnis*, f. (*depalo*), action de fixer des limites en plantant des pieux dans la terre, bornage, délimitation : Grom. 244, 13 ; CIL 6, 1268.

dēpālātŏr, *ōris*, m., celui qui fixe les bornes, qui fonde : Tert. *Marc.* 5, 6, 10.

dēpālātus, *a*, *um*, part. de *depalo*.

depalmō, *ās*, *āre*, -, - (*de palma*), tr., frapper du plat de la main, souffleter : Labeo d. Gell. 20, 1, 13.

1 dēpālō, *ās*, *āre*, -, - (*palus*), piqueter, borner [en plantant des pieux] : CIL 8, 2728 ; *depalare civitatem* Tert. *Apol.* 10, 8, bâtir, fonder une ville [en tracer l'enceinte].

2 dēpălō, *ās*, *āre*, -, - (*pălam*), tr., découvrir, exposer aux regards : Fulg. *Myth.* 2, 10.

dēpangō, *ĭs*, *ĕre*, -, *pactum*, enfoncer, ficher, planter : Plin. 16, 110 ; 24, 1 ∥ [fig.] fixer, déterminer : *depactus* Lucr. 2, 1087.

dēparco, ▶ *deperco*.

dēparcus, *a*, *um*, très chiche, avare : Suet. *Ner.* 30.

dēpascō, *ĭs*, *ĕre*, *pāvī*, *pastum*, tr. ¶ **1** enlever en paissant, faire brouter : *depascere luxuriem segetum* Virg. *G.* 1, 112, faire brouter les blés trop forts ¶ **2** paître, brouter : ***tauri qui depascunt summa Lycaei*** Virg. *G.* 4, 539, taureaux qui paissent les sommets du Lycée ; *saepes apibus depasta* Virg. *B.* 1, 54, haie butinée par les abeilles, cf. Cic. *de Or.* 2, 284 ∥ [métaph.] Cic. *Leg.* 1, 55 ¶ **3** [fig.] détruire, dévorer : Sil. 12, 153 ∥ réduire, élaguer [la surabondance du style] : Cic. *de Or.* 2, 96.

dēpascŏr, *scĕrĭs*, *scī*, *pastus sum* (*de, pascor*), tr., manger, dévorer : ***serpens depascitur artus*** Virg. *En.* 2, 215, le serpent dévore leurs membres, cf. Plin. 11, 65 ; [métaph.] Virg. *G.* 3, 458 ∥ [fig.] *depasci aurea dicta* Lucr. 3, 12, se nourrir de paroles d'or.

dēpastĭō, *ōnis*, f. (*depasco*), action de paître, pâture : Plin. 17, 237.

dēpastus, *a*, *um*, part. de *depasco* et de *depascor*.

dēpāvī, parf. de *depasco*.

dēpăvītus, *a*, *um* (*de et pavio*), battu, foulé [fig.] : Solin. 2, 4.

dēpĕciscŏr (**-pă-**), *scĕrĭs*, *scī*, *pectus* et *pactus sum*, tr. ¶ **1** [abs[t]] stipuler, faire un accord : *ad condiciones alicujus* Cic. *Verr.* 3, 60, passer un accord aux conditions de qqn ; *depectus est cum eis, ut... relinqueret* Cic. *Inv.* 2, 72, il convint avec eux d'abandonner... ∥ [en mauvaise part, t. de jurisprudence] faire un pacte honteux : Ulp. *Dig.* 3, 6, 3 ¶ **2** [avec acc.] stipuler : ***tria praedia sibi depectus est*** Cic. *Amer.* 115, il a fait stipuler pour lui trois domaines, cf. 110 ∥ [fig.] *depecisci honestissimo periculo* Cic. *Att.* 9, 7, 3, stipuler [= se déterminer] en s'exposant au danger le plus honorable, cf. Ter. *Phorm.* 166.

▶ forme usuelle *depeciscor*.

dēpectĭō, *ōnis*, f. (*depeciscor*), accord, pacte, marché : Cod. Th. 2, 10, 1.

dēpectō, *ĭs*, *ĕre*, -, *pexum*, tr. ¶ **1** détacher (séparer) en peignant : *ars depectendi lini* Plin. 19, 18, l'art de peigner le lin ; *vellera foliis* Virg. *G.* 2, 121, détacher le duvet, la soie des feuilles ¶ **2** [fig.] battre, rosser [cf. "une peignée"] : *depexus* Ter. *Haut.* 951.

dēpectŏr, *ōris*, m. (*depeciscor*), celui qui fait marché pour : *depector litium* Apul. *Apol.* 74, entrepreneur de procès.

dēpectŏrō, *ās*, *āre*, -, - (*de pectore*), tr., saigner [un animal] à la poitrine : Pelag. 6.

dēpectus, *a*, *um*, part. de *depeciscor*.

dēpĕcŭlātĭō, *ōnis*, f., détournement : Gloss. 2, 43, 31.

dēpĕcŭlātŏr, *ōris*, m. (*depeculor*), déprédateur, voleur : Cic. *de Or.* 3, 106 ; *Pis.* 96.

1 dēpĕcŭlātus, *a*, *um*, part. de *depeculor*.

2 dēpĕcŭlātŭs, abl. *ū*, m., péculat : P. Fest. 66, 11.

dēpĕcŭlŏr, *āris*, *ārī*, *ātus sum* (*de, peculium*), tr., dépouiller qqn de son avoir, dépouiller, voler : *aliquem* Cic. *Verr.* 4, 37, piller qqn ∥ [fig.] enlever, ravir : ***laudem familiae vestrae depeculatus est*** Cic. *Verr.* 4, 79, il a mis au pillage la gloire de votre famille.

▶ sens pass. *depeculari* Coel.-Antip. d. Prisc. 2, 386, 2 ∥ inf. fut. act. *depeculassere* Lucil. d. Non. 97, 9.

dēpellĭcŭlŏr, *āris*, *ārī*, - (*de pellicula*), tr., duper, berner : Gloss. 5, 567, 12.

1 dēpellō, *ĭs*, *ĕre*, *pŭlī*, *pulsum*, tr. ¶ **1** chasser, écarter, repousser : *depelli de loco* Cic. *Caecin.* 49, être repoussé d'un lieu ; *ab aliquo, ab aliqua re aliquid depellere* Cic. *Rep.* 2, 46 ; *Sest.* 90, écarter qqch. de qqn, de qqch. ; *defensores vallo* Caes. *G.* 3, 25, 1, chasser du retranchement les défenseurs ; [fig.] *depulsus loco* Cic. *Rep.* 1, 68 ; *gradu* Nep. *Them.* 5, 1, à qui on a fait lâcher pied [= battu] ; *depellere aliquem urbe* Tac. *An.* 3, 24, bannir qqn de Rome ∥ *verbera* Cic. *Verr.* 5, 162, éloigner de soi les coups ; ***Apollinem morbos depellere*** Caes. *G.* 6, 17, 2, [ils croient] qu'Apollon chasse les maladies ∥ ***quo solemus ovium depellere fetus*** Virg. *B.* 1, 22, [Mantoue] où nous avons l'habitude de mener les petits de nos brebis [en les séparant du troupeau] ‖ *(a mamma, a matre) depellere*, sevrer : VARR. *R.* 2, 2, 17 ; 2, 4, 16 ; VIRG. *B.* 3, 82 ¶ **2** [fig.] écarter de, détacher de : *de suscepta causa aliquem* CIC. *Lig.* 26, détacher qqn de la cause qu'il a adoptée ; *de spe depulsus* CIC. *Cat.* 2, 14, frustré dans ses espérances ; *sententia depelli* CIC. *Tusc.* 2, 16, être détourné d'une opinion ; *ab superioribus consiliis depulsus* CAES. *C.* 3, 73, détourné de ses projets antérieurs ; *ex crudeli actione depulsus* CIC. *Rab. perd.* 17, détourné d'une action cruelle ‖ *non dep. quin* [subj.] ne pas détourner qqn de faire qqch. : TAC. *An.* 11, 34 ¶ **3** repousser qqch. : *servitutem civitati* CIC. *Sen.* 19, éloigner de la cité l'esclavage ; *ut multa tam gravis ipsi T. Mario depelleretur* CIC. *Fam.* 5, 20, 4, pour qu'une amende si dure fût épargnée à T. Marius lui-même ; *morte voluntaria turpitudinem* CIC. *Prov.* 6, se soustraire au déshonneur par une mort volontaire ; *ostenta a semet in capita procerum* SUET. *Ner.* 36, détourner de soi sur la tête des grands des mauvais présages ‖ *di depellentes* (= *averrunci*) PERS. 5, 167, les dieux qui écartent le mal ¶ **4** réfuter : TERT. *Anim.* 4, 1.

2 **dēpellō**, *ās*, *āre*, -, - (*de, pelle*), éplucher, écaler : *APIC. 227.

dēpendĕō, *ēs*, *ēre*, -, -, intr. ¶ **1** être suspendu à, pendre de : *ex humeris* VIRG. *En.* 6, 301, pendre aux épaules ; *a cervicibus ante pectus* SUET. *Galb.* 11, descendre du cou sur le devant de la poitrine ; *ramis* VIRG. *En.* 10, 836, être suspendu aux branches ; *cui coma dependet caerula* OV. *A. A.* 1, 224, celui qui porte une chevelure azurée ; *dependente brachio* SUET. *Caes.* 82, avec le bras pendant ¶ **2** [fig.] dépendre de : *dependet fides a veniente die* OV. *F.* 3, 356, leur fidélité dépend du jour qui va suivre ; [avec *ex*] SEN. *Marc.* 18, 3 ‖ se rattacher à, dériver de : [avec *ex*] SEN. *Tranq.* 12, 7 ; *Ep.* 95, 12 ; [avec abl. seul] OV. *F.* 1, 611.

dēpendō, *is*, *ĕre*, *dĭdī*, *dĭtum*, tr. ¶ **1** payer, compter en paiement : *dependendum tibi est, quod mihi pro illo spopondisti* CIC. *Fam.* 1, 9, 9, il faut que tu payes ce dont tu m'as répondu pour lui ‖ [droit] paiement [effectué par une caution à la place du débiteur] : *actio depensi* GAI. *Inst.* 4, 22 ; 3, 127, action au titre du paiement [donnée à la caution contre le débiteur principal] ‖ [abs^t] CIC. *Att.* 1, 8, 3 ‖ [fig.] donner en paiement : *reipublicae poenas dependerunt* CIC. *Sest.* 140, ils ont expié leur crime envers l'État, cf. *Cat.* 4, 10 ¶ **2** dépenser, employer [son temps, sa peine, etc.] : COL. 11, 1, 20 ; 4, 22, 7 ; LUC. 10, 80.

dēpendŭlus, *a, um* (*dependeo*), qui pend à, suspendu à [avec abl.] : APUL. *M.* 2, 9, 2.

dēpennātus, ▶ *depinnatus*.

dēpensĭo, *ōnis*, f. (*dependo*), dépense, frais : COD. TH. 6, 4, 29.

dēpensus, *a, um*, part. de *dependo*.

dēpercō (**dēparcō**), *is, ĕre*, -, -, épargner, ménager : PRISC. 2, 438, 3 ‖ SOLIN. 4, 5.

dēperdĭtus, *a, um*, part. de *deperdo* ‖ adj^t, perdu, dépravé : GELL. 5, 1, 3.

dēperdō, *is, ĕre*, *dĭdī*, *dĭtum*, tr. ¶ **1** perdre au point d'anéantir ; [au part.] perdu, anéanti : GAI. *Dig.* 5, 3, 21 ; PROP. 2, 30, 29 ; PHAED. 1, 14, 1 ¶ **2** perdre complètement, sans rémission : *non solum bona, sed etiam honestatem deperdiderunt* CIC. *Prov.* 11, ils ont achevé la ruine non seulement de leurs biens, mais aussi de leur honneur ¶ **3** perdre de (une partie de) : *aliquid de existimatione sua* CIC. *Font.* 29, perdre de sa considération, cf. *Caecin.* 102 ; *aliquid summā* HOR. *S.* 1, 4, 32, perdre une part de son capital ‖ *sui nihil* CAES. *G.* 1, 43, 8, ne rien perdre de ses biens (5, 54, 5).

dēpĕrĕō, *īs, īre, ĭī*, -, intr. et tr. **I** intr. ¶ **1** s'abîmer, se perdre ; périr, mourir : *tempestate deperierant naves* CAES. *G.* 5, 23, 2, des navires s'étaient abîmés par la tempête ; *scida ne qua depereat* CIC. *Att.* 1, 20, 7, qu'il ne se perde pas un feuillet ‖ *exercitus magna pars deperiit* CAES. *C.* 3, 87, une grande partie de l'armée a péri ; *si servus deperisset* CIC. *Top.* 15, si l'esclave venait à périr ¶ **2** [fig.] mourir d'amour : *amore alicujus deperire* LIV. 27, 15, 9, mourir d'amour pour qqn ; *corpus, in quo deperibat* CURT. 8, 6, 8, le corps pour lequel il se consumait d'amour. **II** tr., se mourir pour, aimer éperdument : *aliquam deperire* [avec ou sans *amore*] PL. *Cis.* 191 ; CATUL. 35, 12 ‖ PL. *Amp.* 517 ; *Ep.* 219 ; *Bac.* 470.

▶ *dēpĕrĭet*, néol. pour *deperibit* : VULG. *Eccli.* 31, 7.

dēpĕrĭtūrus, *a, um*, part. fut. de *depereo*.

dĕpesta, f. l. pour *lepesta*.

dēpĕtīgo, *ĭnis*, f., dartre vive, gale : CAT. *Agr.* 157 ‖ [tmèse] *deque petigo* LUCIL. 983.

dēpĕtīgōsus (**-gĭōsus**), *a, um*, dartreux, galeux : GLOSS. 3, 445, 38 ; 2, 359, 33.

dēpĕtō, *is, ĕre*, -, -, tr., demander avec insistance : TERT. *Marc.* 4, 20, 6.

dēpexus, *a, um*, part. de *depecto*.

dēpictĭo, *ōnis*, f. (*depingo*), action de peindre, de dessiner : BOET. *Porph. comm. sec.* 2, 4.

dēpictūra, *ae*, f., peinture : JUL.-VAL. 2, 15.

dēpictus, *a, um*, part. de *depingo*.

dēpīlātŏr, *ōris*, m., épilateur : GLOSS. 2, 576, 53.

dēpīlātus, *a, um*, part. de *depilo* ou *depilor*.

dēpīlis, *e* (*de pilis*), sans poil, imberbe : APUL. *M.* 7, 8.

dēpīlō, *ās, āre*, -, - (*de pilis*), tr., épiler : TERT. *Pall.* 4, 1 ‖ plumer : SEN. *Const.* 17, 1 ; APIC. 219 ‖ [fig.] piller, dépouiller : LUCIL. 845.

▶ dép. *depilor* PRISC. 3, 360, 16.

dēpingō, *is, ĕre, pinxī, pictum*, tr. ¶ **1** peindre, représenter en peinture : *pugnam Marathoniam* NEP. *Milt.* 6, 3, peindre la bataille de Marathon, cf. QUINT. 6, 1, 32 ‖ [fig.] dépeindre, décrire : *respublica, quam sibi Socrates depinxit* CIC. *Rep.* 2, 51, la république qu'a imaginée Socrate ; *vitam alicujus* CIC. *Amer.* 74, dépeindre la vie de qqn ; *aliquid cogitatione* CIC. *Nat.* 1, 39, se représenter qqch. en imagination, cf. *Ac.* 2, 48 ¶ **2** orner : *depicta paenula* SUET. *Cal.* 52, manteau couvert d'ornements, cf. VAL.-FLAC. 6, 226 ‖ [fig.] *depictus*, orné, fleuri [en parl. du style] : CIC. *Or.* 39.

▶ contr. *depinxti* PL. *Poen.* 114.

dēpinnātus, *a, um*, garni de plumes ; [fig.] = sublime : VARR. d. FULG. *Serm.* 11.

dēpinxti, ▶ *depingo*.

dēplācō, *ās, āre*, -, -, tr., apaiser, rendre favorable : FULG. *Myth.* 3, 6.

dēplangō, *is, ĕre, planxī, planctum*, tr., pleurer, déplorer : OV. *M.* 4, 546 ; 14, 580.

dēplānō, *ās, āre, āvī, ātum*, tr., aplanir, mettre de niveau : VL. *Is.* 45, 2 d. LACT. *Inst.* 4, 12, 8 ; *vulnus* VEG. *Mul.* 2, 22, 1, fermer une plaie ‖ [fig.] expliquer : NON. 437, 28.

dēplantātus, *a, um*, part. de *deplanto*.

dēplantō, *ās, āre, āvī, ātum*, tr. ¶ **1** arracher de la souche : VARR. *R.* 1, 40, 4 ‖ rompre, briser : COL. 2, 2, 26 ¶ **2** planter, mettre une plante en terre avec ses racines : PLIN. 17, 121 ; 146.

dēplānus, *a, um*, aplani : *ARN. 6, 14.

dēplĕō, *ēs, ēre, plēvī, plētum*, tr. ¶ **1** désemplir, vider : *deplere animal* VEG. *Mul.* 1, 22, 1, saigner un animal ‖ [fig.] vider, épuiser : *fontes haustu* STAT. *Ach.* 1, 8, épuiser les sources [de la poésie] ; *vitam querelis* MANIL. 4, 13, épuiser sa vie en plaintes ¶ **2** tirer [un liquide] : *oleum* CAT. *Agr.* 64, transvaser de l'huile.

dēplētĭo, *ōnis*, f., action de vider : CHIR. 12.

dēplētūra, *ae*, f. (*depleo*), saignée : DIOCL. 7, 21.

dēplexus, *a, um* (*de, plector*), qui étreint fortement : LUCR. 5, 1319.

dēplĭcō, *ās, āre*, -, -, tr., déployer : GREG.-M. *Mor.* 8, 26.

dēplōrābĭlis, *e*, plaintif : HEGES. 5, 53, 1.

dēplōrābundus, *a, um* (*deploro*), qui se répand en lamentations : PL. *Aul.* 317 d. NON. 509, 7.

dēplōrātĭo, *ōnis*, f., plainte, lamentation : SEN. *Ep.* 74, 11.

dēplōrātŏr, *ōris*, m., celui qui implore : AUG. *Serm.* 83, 6.

dēplōrātus, *a, um*, part. de *deploro*.

dēplōrō, *ās, āre, āvī, ātum* ¶ **1** intr., pleurer, gémir, se lamenter : *lamentabili*

deploro

voce deplorans CIC. *Tusc.* 2, 32, se lamentant d'une voix plaintive ; *de incommodis suis* CIC. *Verr.* 2, 65, pleurer sur ses malheurs, cf. 2, 10 ; *Sest.* 14 ‖ pleurer [en parl. de la sève de la vigne] : PALL. 3, 30 ¶ **2** tr. **a)** déplorer : *caecitatem suam* CIC. *Tusc.* 5, 115, déplorer sa cécité, cf. *Clu.* 65 ; *Tusc.* 3, 21 ; *Att.* 2, 16, 4 **b)** déplorer qqch. comme perdu, pleurer : *nomen populi Romani* CIC. *Cat.* 4, 4, pleurer la grandeur du peuple romain, cf. LIV. 3, 38, 2 ; [d'où] renoncer à, désespérer de : *deploratus a medicis* PLIN. 7, 166, abandonné par les médecins ; *deplorata vitia* PLIN. 29, 135, maladies incurables ¶ **3** [acc. de l'objet intérieur avec un pron. n.] *deplorare aliquid*, faire une lamentation : *quae... deplorare solebant, tum, quod..., carerent, tum quod spernerentur* CIC. *CM* 7, les lamentations qu'ils faisaient entendre d'ordinaire tantôt sur ce qu'ils étaient privés de..., tantôt sur ce qu'ils étaient méprisés... ; *multa de aliquo deplorare* CIC. *Att.* 9, 18, 1, se répandre en plaintes sur qqn ; *quae de altero deplorantur* CIC. *de Or.* 2, 211, les plaintes que l'on fait entendre au sujet d'autrui.

dēplŭĭt, *ĕre*, intr., pleuvoir : *lapis depluit* TIB. 2, 5, 72, il tombe une pluie de pierres.

dēplūmātus, *a, um* (de *plumis*), qui a perdu ses plumes, déplumé : ISID. 12, 7, 60.

dēplūmis, *e* (de *plumis*), qui est sans plumes : PLIN. 10, 70.

dēpōcŭlō (**dēpoclō**), *ās, āre, -, -* (de, *poculum*), se ruiner en buvant : [inf. fut.] *depoclassere* LUCIL. 682.

dēpŏlĭō, *īs, īre, -, ītum*, tr., lisser, polir : PLIN. 36, 188 ‖ [fig.] *depolitus* P. FEST. 63, 5, parfait, achevé ‖ *virgis dorsum* PL. *Ep.* 93, caresser le dos à coups de bâton.

dēpŏlītĭō, *ōnis*, f. (*depolio*), agrément ; pl., maisons d'agrément : VARR. *Men.* 589.

dēpŏlītus, *a, um*, part. de *depolio*.

dēpompātĭō, *ōnis*, f., flétrissure : HIER. *Ruf.* 1, 31.

dēpompō, *ās, āre, -, -* (de *pompa*), tr., dégrader, flétrir : HIER. *Nah.* 3.

dēpondĕrō, *ās, āre, -, -*, tr., faire enfoncer par son poids : PETR. *Frg.* 45, 3.

dēpōnens, *entis*, n. (*verbum*), verbe déponent [verbe de flexion passive qui à la différence de *communia* a "déposé" l'emploi pass., cf. VARR. *L.* 8, 59] : CHAR. 165, 18 ; DIOM. 337, 31.

dēpōnō, *īs, ĕre, pŏsŭī, pŏsĭtum* (it. *deporre*), tr. ¶ **1** déposer, mettre à terre : *onus* CIC. *Sull.* 65, déposer un fardeau ; *jumentis onera* CAES. *C.* 1, 80, 2, décharger les bêtes de somme ; *aliquid de manibus* CIC. *Ac.* 1, 3, déposer une chose qu'on tenait en mains ; *corpora sub ramis deponunt* VIRG. *En.* 7, 106, ils s'étendent à terre sous les branches d'un arbre ; *depositis armis* CAES. *G.* 4, 32, 5, ayant déposé les armes ; *coronam in ara Apollinis* LIV. 23, 11, 6, déposer une couronne sur l'autel d'Apollon ; *crinem* TAC. *H.* 4, 74, renoncer à sa chevelure ‖ *malleolum in terram* COL. 3, 10, 19, mettre en terre un surgeon ; *plantas sulcis* VIRG. *G.* 2, 24, déposer des rejetons dans les sillons (COL. 5, 4, 2) ‖ *exercitum in terram* JUST. 4, 5, 8, débarquer une armée ‖ *vitulam* VIRG. *B.* 3, 31, mettre une génisse en enjeu ‖ *aliquem vino* PL. *Aul.* 575, faire rouler qqn sous la table avec du vin ¶ **2** mettre de côté, en dépôt, en sûreté : *praedam in silvis* CAES. *G.* 6, 41, 1, déposer (cacher) le butin dans les forêts ; *obsides apud eos deposuerat* CAES. *G.* 7, 63, 3, il avait laissé en dépôt chez eux les otages (*C.* 3, 108, 4 ; LIV. 42, 5, 12) ; *gladium apud aliquem* CIC. *Off.* 3, 95, déposer une épée chez qqn ; *ad saucios deponendos* CAES. *C.* 3, 78, 1, pour laisser les blessés en sûreté ; *aliquid in deposito habere* DIG. 36, 3, 5, 4, avoir qqch. en dépôt ; *habere trecenties sestertium fundis nominibusque depositum* PETR. 117, 8, posséder trois millions de sesterces en terres et en argent placé ‖ *in fide alicujus aliquid* CIC. *Caecin.* 103, confier qqch. à la loyauté de qqn ; *in rimosa aure* HOR. *S.* 2, 6, 46, confier qqch. à une oreille qui laisse fuir les secrets ; *tutis auribus* HOR. *O.* 1, 27, 18, à des oreilles sûres ¶ **3** mettre à terre **a)** [on déposait à terre les malades désespérés pour qu'ils rendissent leur dernier soupir à la terre (*Terra parens*, la Terre Mère), d'où] ***depositus***, *a, um*, étendu à terre, dans un état désespéré : LUCIL. d. NON. 279, 19 ; NON. 279, 30 ; [d'où] expirant, mourant : VIRG. *En.* 12, 395 ; [fig.] *aegra et prope deposita (rei publicae pars)* CIC. *Verr.* 1, 5, (une partie de l'État) malade et presque moribonde ‖ PROP. *2, 2, 47* ; *Tr.* 3, 3, 40 ; [subst¹] *meus depositus* PETR. 133, 4, mon défunt **b)** [poét.] mettre bas, enfanter : PHAED. 1, 18, 5 ; CATUL. 34, 8 **c)** abattre, renverser : DIG. 8, 2, 17 ; STAT. *S.* 1, 4, 91 ¶ **4** [fig.] déposer, abandonner, quitter : *ex memoria insidias* CIC. *Sull.* 18, chasser de sa mémoire le souvenir d'un attentat ; *imperium* CIC. *Nat.* 2, 11, déposer le pouvoir ; *negotium* CIC. *Att.* 7, 5, 5, abandonner une affaire, y renoncer ; *simultates* CIC. *Planc.* 76, déposer son ressentiment ; *consilium adeundae Syriae* CAES. *C.* 3, 103, 1, renoncer au projet d'entrer en Syrie ; *provinciam* CIC. *Pis.* 5, renoncer au gouvernement d'une province ; *deposito adoptivo (nomine)* SUET. *Ner.* 41, en renonçant à son nom adoptif ¶ **5** [chrét.] déposer qqn de sa charge : CYPR. *Ep.* 3, 3.

▶ parf. *deposivi* PL. *Curc.* 536 ; CATUL. 34, 8 ; *deposierunt* CIL 1, 1214, 15 ; *deposisse* VIRG. *Catal.* 10, 16 ‖ part. contr. *depostus* LUCIL. 105.

dēpontāni sĕnes, m. pl. (de *ponte*), sexagénaires qui n'avaient plus le droit de passer le pont pour voter : P. FEST. 66, 5.

dēpontō, *ās, āre, -, -* (de *ponte*), tr., priver [les vieillards] du droit de suffrage : VARR. *Men.* 493 ; V. *depontani senes*.

dēpŏposcī, parf. de *deposco*.

dēpŏpŭlātĭo, *ōnis*, f. (*depopulor*), dévastation, ravage : CIC. *Pis.* 40 ; *Phil.* 5, 25.

dēpŏpŭlātŏr, *ōris*, m., dévastateur : CAECIL. *Com.* 191 ; CIC. *Dom.* 13.

dēpŏpŭlātrix, *īcis*, f., celle qui ravage : CASSIOD. *Var.* 11, 3, 5.

dēpŏpŭlātus, *a, um*, part. de *depopulo* et de *depopulor*.

dēpŏpŭlō, *ās, āre, -, -*, tr., ravager : *agros depopulant servi* ENN. *Tr. praet.* 3 (NON. 471, 19) les esclaves ravagent la campagne, cf. B.-HISP. 42, 6 ‖ *depopulatus*, V. *depopulor* ▶.

dēpŏpŭlŏr, *āris, āri, ātus sum* (*de, populor*), tr., piller, ravager, saccager, dévaster, désoler : CIC. *Verr.* 3, 84 ; *Phil.* 5, 27 ; CAES. *G.* 6, 33, 2.

▶ part. *depopulatus* au sens pass. : CAES. *G.* 1, 11, 4 ; 7, 77, 14 ; LIV. 9, 36, 13 ; 37, 4, 6.

dēportātĭō, *ōnis*, f. (*deporto*), charroi, transport : CAT. *Agr.* 144, 3 ‖ déportation, exil perpétuel : *in insulam deportatio* DIG. 48, 13, 3, bannissement dans une île.

dēportātōrĭus, *a, um*, relatif aux transports : COD. JUST. 21, 47, 1.

dēportātus, *a, um*, part. de *deporto*.

dēportō, *ās, āre, āvī, ātum*, tr. ¶ **1** emporter d'un endroit à un autre, emporter, transporter : *de fundo aliquid* CAT. *Agr.* 144, 3 ; *ex loco* CIC. *Verr.* 4, 72, emporter d'une propriété, d'un lieu qqch. ; *frumentum in castra* CAES. *C.* 1, 60, 3, transporter le blé dans le camp ; *multa Romam* CIC. *Verr.* 4, 120, transporter beaucoup d'objets à Rome ‖ [en parl. d'un fleuve] charrier : CIC. *Nat.* 2, 130 ; PLIN. 6, 131 ‖ ramener avec soi : [une armée] CIC. *Pomp.* 61 ; [du butin] *Rep.* 1, 21 ; [un sénatus-consulte] *Verr.* 4, 149 ¶ **2** rapporter, remporter : *de provincia benevolentiam alicujus* CIC. *Att.* 6, 1, 7, rapporter d'un gouvernement de province la bienveillance de qqn, cf. *Mur.* 12 ; *Fam.* 7, 15, 2 ; *cognomen Athenis* CIC. *CM* 1, rapporter d'Athènes un surnom ‖ *triumphum* CIC. *Off.* 1, 78, remporter le triomphe ¶ **3** déporter qqn : *in insulam Amorgum deportatur* TAC. *An.* 4, 13, on le déporte dans l'île d'Amorgos, cf. QUINT. 5, 2, 1 ; DIG. 48, 22, 7.

dēposcō, *ĭs, ĕre, pŏposcī, -*, tr. ¶ **1** demander avec instance, exiger, réclamer : CIC. *Pomp.* 5 ; *Phil.* 3, 33 ; *sibi naves* CAES. *C.* 1, 56, 3, se faire remettre des navires ‖ revendiquer : *qui sibi id muneris depoposcerant* CAES. *C.* 1, 57, 1, qui avaient revendiqué pour eux cette mission, cf. CIC. *Amer.* 45 ; *Sull.* 52 ¶ **2** réclamer qqn pour un châtiment : *aliquem ad mortem* CAES. *C.* 3, 110, 5 ; *morti* TAC. *An.* 1, 23, exiger la mort de qqn ; *aliquem ad poenam* SUET. *Tit.* 6 ; *in poenam* LIV. 21, 6, exiger la punition de qqn ‖ *deposcere aliquem* OV. *M.* 1, 200, réclamer le châtiment de qqn ; [ou] réclamer la mort de qqn : CIC. *Sen.* 33 ¶ **3** réclamer pour adversaire, défier, provoquer : LIV. 2, 49, 2.

dēpŏsĭtārĭus, ĭi, m. (*depono*) ¶ **1** dépositaire : Ulp. *Dig.* 16, 31, 1 ¶ **2** celui qui a fait un dépôt : Ulp. *Dig.* 16, 3, 7.

dēpŏsĭtĭo, ōnis, f. (*depono*) ¶ **1** action de déposer, dépôt, consignation : Ulp. *Dig.* 16, 3, 1 ‖ inhumation : Aug. *Ep.* 38, 2 ; *CIL* 11, 2573 ‖ [fig.] déposition, témoignage : Cod. Just. 2, 43, 3 ‖ [méd.] relâchement : Cass. Fel. 51, p. 132 ¶ **2** action de mettre à bas, démolition : Ulp. *Dig.* 4, 2, 9, 2 ‖ [fig.] destitution : Greg.-M. *Ep.* 12, 31 ‖ abaissement : **depositio dignitatis** Ulp. *Dig.* 48, 19, 9, perte de sa dignité ‖ [rhét.] achèvement, fin d'une période : Quint. 11, 3, 34 ‖ abaissement du ton (de la voix) : Capel. 9, 974.

dēpŏsĭtīvus, a, um, déposé, mis en dépôt : Cassiod. *Var.* 6, 8.

dēpŏsĭtŏr, ōris, m. (*depono*) ¶ **1** celui qui met en dépôt, déposant : Ulp. *Dig.* 1, 3, 16, 37 ¶ **2** qui détruit, qui cherche à détruire : Prud. *Apoth.* 179 ; Ps. Quint. *Decl.* 167.

dēpŏsĭtum, i, n. (*depositus* ; fr. *dépôt*), dépôt, consignation : **reddere depositum** Cic. *Off.* 1, 31, rendre un dépôt (**deposita** Cic. *Off.* 3, 95, rendre des dépôts) ; **aliquid in deposito habere** Dig., avoir qqch. en dépôt ‖ [fig.] **esse in deposito** Quint. 10, 3, 33, être en réserve, pris en note ‖ [chrét.] dépôt de la foi : Vulg. 2 *Tim.* 1, 14.

dēpŏsĭtus, a, um, part. de *depono* ‖ adj¹, ⓥ *depono* ¶ **3** ‖ [tard.] ➡ *decrepitus* : Hier. *Jer.* 2, 6, 12.

dēpŏsīvī, ⓥ *depono*.

dēpost (*de, post*), prép. avec acc., [tard.] derrière : VL. *Exod.* 26, 23 ‖ après : *CIL* 8, 9162.

dēpostŭlātŏr, ōris, m. (*depostulo*), celui qui réclame [pour le supplice] : Tert. *Apol.* 35, 8.

dēpostŭlō, ās, āre, -, -, tr., demander instamment : B.-Hisp. 1.

dēpostŭs, a, um, ⓥ *depono* ➡.

dēpŏsŭī, parf. de *depono*.

dēpōtĭŏr, īrĭs, īrī, -, intr., avoir pleine jouissance : Gloss. 2, 43, 51.

dēpōtō, ās, āre, -, -, tr., ➡ *poto* : Solin. 23, 4.

dēpraedātĭo, ōnis, f. (*depraedor*), déprédation, pillage, dépouillement : Lact. *Epit.* 54, 9 ; Just. 2, 6, 5.

dēpraedātŏr, ōris, m., celui qui ravage, qui pille : Aug. *Ep.* 262, 5.

dēpraedātus, a, um, part. de *depraedor* et de *depraedo*.

dēpraedō, ās, āre, āvī, ātum, tr., ⓒ *depraedor* : Jord. *Get.* 53, 273 ; Ambr. *Fid.* 2, 4, 36 ‖ part. à sens passif : Dict. 2, 16.

dēpraedŏr, ārĭs, ārī, ātus sum (*de, praedor*), tr., piller, dépouiller : Just. 24, 6, 3 ; Apul. *M.* 8, 29.

dēpraesentĭārum, adv. (*impraesentiarum*), sur le moment même, sur-le-champ : Petr. 58, 3 ; 74, 17.

dēpraesentō, ās, āre, -, - (*de, praesens*), tr., payer comptant, argent comptant : Chalc. 159.

dēprans, dis, adj. (*de, prandeo*), à jeun : Naev. d. Fest. 198, 2.

dēprāvātē, adv. (*depravatus*), de travers, mal : Cic. *Fin.* 1, 71.

dēprāvātĭo, ōnis, f. (*depravo*), torsion, contorsion : **oris** Cic. *de Or.* 2, 252, grimaces, cf. *Fin.* 5, 35 ‖ [fig.] dépravation, corruption, altération : **animi** Cic. *Off.* 3, 105, corruption de l'âme ; **verbi** Cic. *Part.* 127, interprétation abusive d'un mot ‖ [chrét.] schisme : Aug. *Civ.* 19, 9.

dēprāvātŏr, ōris, m., corrupteur : Chrysol. *Serm.* 96.

dēprāvātus, a, um, part. de *depravo*.

dēprāvō, ās, āre, āvī, ātum (*de, pravus*), tr., tordre, contourner, mettre de travers, rendre contrefait, difforme, déformer : **quaedam contra naturam depravata** Cic. *Div.* 2, 96, certaines difformités naturelles, cf. *Fin.* 1, 17 ‖ [phil.] **depravatus** Cic. *Fin.* 1, 30, déformé, qui n'a plus sa nature première ‖ [fig.] dépraver, gâter, corrompre : Cic. *Agr.* 2, 97 ; *Leg.* 2, 38 ; *Att.* 10, 4, 5 ; [abs¹] *Phil.* 1, 33.

➤ **depravarier** Ter. *Phorm.* 697.

dēprĕcābĭlis, e, qui se laisse fléchir : Vulg. *Psal.* 89, 13.

dēprĕcābundus, a, um (*deprecor*), suppliant : Tac. *An.* 15, 53.

dēprĕcātĭo, ōnis, f. (*deprecor*) ¶ **1** action de détourner par des prières : **periculi** Cic. *Rab. perd.* 26, prière pour détourner un danger ‖ demande de pardon : **facti** Cic. *Part.* 131, pour un acte ‖ [rhét.] demande de pardon, de clémence (après aveu de culpabilité) : Cic. *Inv.* 2, 104 ¶ **2** [cf. *deprecor* ¶ **3**] action de solliciter instamment : **nullus aditus erat privato, nulla aequitatis deprecatio** Cic. *Phil.* 5, 21, aucune possibilité d'audience n'existait pour la personne dépouillée, aucune possibilité de réclamer justice ¶ **3** imprécation religieuse, malédiction : Plin. 28, 19 ‖ **deorum** Cic. *Com.* 46, imprécation par laquelle on appelle sur soi la punition des dieux en cas de parjure.

dēprĕcātĭuncŭla, ae, f. (dim. de *deprecatio*), petite prière : Salv. *Eccl.* 3, 2, 8.

dēprĕcātīvus, a, um (*deprecor*), propre à fléchir par la prière : Capel. 5, 457 ‖ **deprecativus modus**, l'optatif [gram.] : Prisc. 2, 449, 23.

dēprĕcātŏr, ōris, m. (*deprecor*) ¶ **1** celui qui par ses prières détourne ou conjure un malheur : **deprecator periculi missus** Cic. *Balb.* 41, envoyé pour conjurer le danger ¶ **2** celui qui intercède, intercesseur, protecteur : **misit filium sui deprecatorem** Cic. *Att.* 11, 8, 2, il envoya son fils pour intercéder en sa faveur ; **eo deprecatore** Caes. *G.* 1, 9, 2, sur son intervention.

dēprĕcātōrĭus, a, um, suppliant : Vulg. 1 *Macc.* 10, 24.

dēprĕcātrix, īcis, f., celle qui intercède, médiatrice, avocate : Tert. *Marc.* 5, 12, 8.

dēprĕcātus, a, um, part. de *deprecor*.

dēprĕcĭ-, ⓥ *depret-*.

dēprĕcŏr, ārĭs, ārī, ātus sum (*de, precor*), tr. ¶ **1** chercher à détourner par des prières : **mortem** Caes. *G.* 7, 40, 6, la mort ; **nullum genus supplicii** Cic. *Tusc.* 2, 52, ne chercher à détourner de soi aucun genre de supplice ; **a se calamitatem** Cic. *Verr.* 1, 157, détourner de soi le malheur ; [poét.] **aliqua re aliquem** Prop. 2, 34, 17, prier qqn de s'écarter d'une chose ; **Germanorum consuetudo haec est, quicumque bellum inferant, resistere neque deprecari** Caes. *G.* 4, 7, 3, telle est la coutume des Germains : quand on leur déclare la guerre, ils résistent et ne cherchent pas à l'écarter par des prières, cf. 5, 6, 2 ‖ **praecipiendi munus** Quint. 2, 12, 2, demander la permission de cesser les fonctions de professeur ‖ [avec *ne*] prier que ne pas [chose que l'on veut écarter] : **primum deprecor ne me... putetis** Cic. *Fin.* 2, 1, d'abord je vous prie de ne pas me juger..., cf. Caes. *G.* 2, 31, 4 ‖ **non deprecari quominus** Liv. 3, 9, 10 ; **non deprecari quin** Catul. 44, 18 ; Liv. 3, 58, 8, ne pas s'opposer à ce que, consentir à ce que ; [ou avec inf.] Stat. *Th.* 8, 116 ; Luc. 9, 213 ¶ **2** intercéder, demander pardon, excuse : **pro amico** Cic. *Sest.* 29, intercéder pour un ami ‖ [avec prop. inf.] **errasse regem deprecati sunt** Sall. *J.* 104, 4, ils alléguèrent comme excuse [pour fléchir le sénat] que le roi s'était trompé ¶ **3** demander avec insistance : **vitam alicujus ab aliquo** Cic. *Sull.* 72, demander en grâce à qqn la vie de qqn ; **ad pacem deprecandam** Cic. *Fam.* 12, 24, 1, pour solliciter la paix ‖ **aliquem ab aliquo**, demander à qqn son indulgence, sa clémence, en faveur de qqn : **nullae sunt imagines quae me a vobis deprecentur** Cic. *Agr.* 2, 100, je n'ai pas de portraits d'ancêtres pour vous solliciter en ma faveur, pour vous demander mon pardon ; **te lacrimae fratris deprecantur** Cic. *Fam.* 4, 7, 6, les larmes d'un frère sollicitent pour toi ‖ **aliquem ut** Petr. 30, 9, supplier qqn de.

➤ part. pris au sens passif **a)** Apul. *M.* 11, 25 "prié, invoqué " **b)** Just. 8, 5, 4 "écarté par des prières ".

dēprĕhendō et **dēprendō**, ĭs, ĕre, prendī, prensum, tr. ¶ **1** surprendre, saisir, intercepter : **deprehensus ex itinere** Caes. *C.* 1, 24, 4, arrêté en route, cf. *G.* 5, 58, 6 ; 6, 30, 1 ; **deprensis navibus** Caes. *G.* 7, 58, 4, des navires ayant été saisis ; **litterae deprehensae** Liv. 2, 4, 6, lettre interceptée ‖ **flamina deprensa silvis** Virg. *En.* 10, 98, les vents saisis (emprisonnés) par les forêts ¶ **2** prendre sur le fait : **in manifesto scelere deprehendi** Cic. *Verr.* 5, 111, être pris en flagrant délit ; **in facinore manifesto** Cic. *Brut.* 241, être pris sur le fait en train de commettre un crime ‖ prendre à l'improviste : **sine duce deprehensis hostibus** Caes. *G.* 7, 52, 2, ayant

deprehendo

surpris les ennemis sans chef ; **aliquos flentes** QUINT. 7, 9, 11, surprendre des gens en train de pleurer ; **venenum** CIC. *Clu.* 20 ; 47, surprendre le poison entre les mains de qqn ǁ **testes deprehensi** QUINT. 5, 7, 11, témoins surpris par les questions de la partie adverse, cf. SEN. *Ep.* 11, 1 ¶ **3** [fig., pass.] être pris, être attrapé, n'avoir point d'échappatoire : CIC. *de Or.* 1, 207 ; *Verr.* 4, 29 ¶ **4** saisir, découvrir qqch. : CIC. *Cael.* 14 ; **falsa** QUINT. 12, 1, 34, surprendre, découvrir le faux ; **falsas gemmas** PLIN. 37, 198, reconnaître les fausses pierres précieuses ; **in Livio patavinitatem** QUINT. 1, 5, 56, découvrir de la patavinité dans Tite-Live ǁ [avec prop. inf.] découvrir que : QUINT. 9, 2, 44 ; SUET. *Aug.* 44 ¶ **5** [tard.] reprendre, gourmander : TERT. *Fug.* 3, 2.

dēprĕhensa (deprensa), ae, f., peine pour flagrant délit : P. FEST. 63, 1.

dēprĕhensĭo, ōnis, f. (deprehendo), action de prendre sur le fait : DIG. 47, 2, 7 ǁ **veneni** CIC. *Clu.* 50, découverte et saisie du poison.

dēprĕhensus (dēprensus), a, um, part. de deprehendo.

dēprendō, ▼ deprehendo.

dēprensa, ae, ▼ deprehensa.

dēpressī, parf. de deprimo.

dēpressĭo, ōnis, f. (deprimo), abaissement, enfoncement : VITR. 1, 3, 2 ǁ **nasi** MACR. *Sat.* 7, 3, 11, nez camard.

dēpressĭus, compar. de l'inus. *depresse, plus en profondeur : COL. 11, 3, 10 ; SEN. *Helv.* 9, 2.

dēpressus, a, um ¶ **1** part. de deprimo ¶ **2** adj¹ **a)** qui s'enfonce profondément : CIC. *Verr.* 5, 68 **b)** abaissé : CAT. *Orat.* 153 ; **depressius iter** PLIN. *Ep.* 9, 26, 2, route plus basse, cf. COL. 2, 4, 10 ǁ **voce quam depressissima uti** HER. 3, 24, prendre le ton de voix le plus bas, le plus assourdi ¶ **3 depressi**, ōrum, m. pl. [chrét.] les opprimés : LACT. *Inst.* 6, 10, 9.

dēprĕtĭātŏr, ōris, m., dépréciateur : TERT. *Marc.* 4, 29, 4.

dēprĕtĭō, ās, āre, āvī, ātum, tr., déprécier : DIG. 9, 2, 22, 1 ; AMBR. *Ep.* 46, 13.

dēprĭmō, ĭs, ĕre, pressī, pressum (de, premo), tr. ¶ **1** presser de haut en bas, abaisser, enfoncer : **audebo... virtutis amplitudinem quasi in altera librae lance ponere ; terram ea lanx et maria deprimet** CIC. *Fin.* 5, 92, j'oserai mettre la masse de la vertu en qq. sorte dans l'un des plateaux de la balance, et ce plateau l'emportera par son poids sur la terre et la mer [placées dans l'autre plateau] ; **ad mentum depresso supercilio** CIC. *Pis.* 14, avec un sourcil baissé vers le menton ; **est animus caelestis ex altissimo domicilio depressus et quasi demersus in terram** CIC. *CM* 77, l'âme, d'origine céleste, a été précipitée des hauteurs où elle habitait et comme enfoncée dans la terre ; **depresso aratro** VIRG. *G.* 1, 45, la charrue

étant enfoncée dans la terre ǁ **vites in terram** CAT. *Agr.* 32, provigner, cf. COL. 11, 3, 28 ǁ **locus circiter duodecim pedes humi depressus** SALL. *C.* 55, 3, lieu enfoncé en terre de douze pieds environ, cf. CIC. *Verr.* 5, 68 ; **fossam deprimere** HIRT. *G.* 8, 9, 3 ; 40, 3 ; TAC. *An.* 15, 42, creuser un fossé ǁ **navem** CAES. *C.* 2, 6, 6 ; CIC. *Verr.* 5, 63, couler bas un navire ; [fig.] **hic opes illius civitatis depressae sunt** CIC. *Verr.* 5, 98, c'est là que la puissance de cette cité a été humiliée ; **improbitate depressa veritas emergit** CIC. *Clu.* 183, la vérité s'élève de l'abîme où l'imposture a voulu la plonger ¶ **2** [fig.] rabaisser : **meam fortunam deprimitis, vestram extollitis** CIC. *Pis.* 41, vous ravalez ma destinée et portez la vôtre aux nues ; **ita se quisque extollit ut deprimat alium** LIV. 3, 65, 11, on s'élève en abaissant les autres (37, 53, 6 ; PLIN. *Pan.* 44, 6) ǁ **vocem** SEN. *Ep.* 15, 7, baisser la voix ǁ étouffer, arrêter : **preces alicujus** NEP. *Att.* 22, 2, rendre vaines les prières de qqn ǁ [rhét.] **adversariorum causam** CIC. *Inv.* 1, 22, rabaisser la cause des adversaires.

dēproelĭans, tis, part. de l'inus. *deproelior, qui combat : HOR. *O.* 1, 9, 11.

dēprōmō, ĭs, ĕre, prompsī, promptum (de, promo), tr. ¶ **1** tirer de, prendre dans : **pecunia ex aerario deprompta** CIC. *Pomp.* 37, argent puisé au trésor public ; **juris utilitas vel a peritis vel de libris depromi potest** CIC. *de Or.* 1, 252, on peut trouver les secours de la jurisprudence soit chez des spécialistes soit dans des livres ; **aliquid domo alicujus depromere** CIC. *Verr.* 3, 155, prendre qqch. chez qqn ; **depromere tela pharetris** VIRG. *En.* 5, 501, tirer des traits de son carquois ¶ **2** communiquer, rendre public : CIC. *Verr.* 4, 155 ; CYPR. *Ep.* 66, 2.

dēpromptus, a, um, part. de depromo.

dēprŏpĕrō, ās, āre, -, - (de, propero) ¶ **1** intr., se hâter : **cito deproperate** PL. *Cas.* 745, hâtez-vous promptement ¶ **2** tr., se hâter de faire, hâter, presser : **deproperare coronas** HOR. *O.* 2, 7, 24, se hâter de tresser des couronnes ǁ [avec inf.] s'empresser de : PL. *Poen.* 321.
▶ forme dép. arch. *deproperor* d'après PRISC. 2, 391, 2.

dēprŏpĕrus, a, um, qui se hâte, pressé : COD. TH. 7, 1, 13.

dēprŏpinquō, ās, āre, -, -, intr., approcher : NOT. TIR. 63, 57 a.

dēprŏpĭtĭātĭō, ōnis, f., action d'apaiser, de rendre propice : VL. *Exod.* 30, 10 d. AUG. *Hept.* 2, 133.

dēprŏpĭtĭō, ās, āre, -, -, tr., rendre propice : VL. *Exod.* 30, 10 d. AUG. *Hept.* 2, 133.

depsō, ĭs, ĕre, sŭī, stum (δέψω), tr., broyer, pétrir : CAT. *Agr.* 90 ; **coria depsta** CAT. *Agr.* 135, cuirs préparés, tannés ǁ [sens obscène] CIC. *Fam.* 9, 22, 4.

depstīcĭus, a, um (depstus), bien pétri : CAT. *Agr.* 74.

dēpūbēs ou **dēpūbis porcus**, m. (de pube), cochon de lait : P. FEST. 63, 9.

dēpŭdescō, ĭs, ĕre, -, -, intr. ¶ **1** perdre toute honte : APUL. *M.* 10, 29 ¶ **2** avoir honte, rougir de [avec gén.] : *HIER. *Ep.* 22, 7.

dēpŭdet (me), ēre, ŭit, -, impers., ▼ *pudet* ¶ **1** ne plus rougir de, n'avoir plus de honte de : OV. *H.* 4, 155 ; AUG. *Conf.* 8, 2 ¶ **2** avoir honte de, rougir de : VELL. 2, 73, 3.

dēpŭdīcō, ās, āre, -, - (de, pudicus), tr., déshonorer, ravir l'honneur : LABER. d. GELL. 16, 7, 2.

dēpūgis, e (de pugis), qui n'a pas de fesses [contr. de καλλίπυγος] : HOR. *S.* 1, 2, 93.

dēpugnātĭō, ōnis, f. (depugno), combat décisif : CAT. d. NON. 204, 32 ; VEG. *Mil.* 3, 20 ǁ [fig.] FIRM. *Math.* 4 pr. 3.

dēpugnātŏr, ōris, m., assaillant : PS. RUFIN. *Os.* 14, 1.

dēpugnātus, a, um, part. de depugno.

dēpugnō, ās, āre, āvī, ātum (de, pugno) ¶ **1** intr. **a)** lutter dans un combat décisif, combattre à mort : CAES. *G.* 7, 28, 1 ; **cum aliquo** CIC. *Phil.* 2, 75, avec qqn ; [pass. impers.] CIC. *Att.* 16, 11, 6 ǁ [en combat singulier] CIC. *Tusc.* 4, 49 ; *Fin.* 2, 73 ; **cum aliquo** CIC. *Fin.* 4, 31 ǁ [en parl. des gladiateurs] *Tusc.* 2, 41 ǁ [fig.] *Ac.* 2, 140 **b)** [acc. de l'objet intér.] **depugnare proelium**, [d'où, au pass.] **depugnato proelio** PL. *Men.* 989, le combat étant achevé ¶ **2** tr., **feram depugnare** ULP. *Dig.* 3, 1, 1, 6, combattre une bête sauvage, cf. ENN. *An.* 105.

dēpŭlī, parf. de depello.

dēpullō, ās, āre, -, - (de pullo), dépouiller de la robe noire [de deuil] : VINC.-LER. *Comm.* 4.

dēpulpō, ās, āre, -, - (de pulpa), ôter la chair : GLOSS. 2, 240, 30.

dēpulsĭō, ōnis, f. (depello), action de chasser, d'éloigner : **depulsio mali** CIC. *Fin.* 2, 41, l'éloignement du mal, cf. 5, 17 ; *Phil.* 8, 12 ǁ [rhét.] action de repousser une accusation, thèse du défenseur : CIC. *Inv.* 2, 79.

dēpulsĭtō, ās, āre, -, - (fréq. de depulso), GLOSS. 2, 44, 9.

dēpulsō, ās, āre, -, - (fréq. de depello), écarter de [avec de] : PL. *St.* 286.

dēpulsŏr, ōris, m. (depello), celui qui chasse, qui repousse : CIC. *Phil.* 2, 27 ǁ tutélaire [épith. de Jupiter] : CIL 3, 895.

dēpulsōrĭus, a, um (depulsor), expiatoire : AMM. 25, 2, 4 ǁ subst. f. pl., **depulsoriae**, imprécations, formules pour conjurer le mal : PLIN. 28, 11.

dēpulsus, a, um, part. de depello.

dēpunctĭō, ōnis, f., ponction [méd.] : PS. SOR. *Med.* 245.

dēpungō, ĭs, ĕre, -, -, tr., marquer avec des points, indiquer : PERS. 6, 79.

dēpurgātĭo, ōnis, f., purgation, assainissement grâce à des purgatifs : Cael.-Aur. Acut. 3, 4, 34.

dēpurgātīvus, a, um, purgatif, détersif : Cael.-Aur. Acut. 3, 16, 134.

dēpurgō, ās, āre, -, ātum, tr. ¶ 1 enlever en nettoyant : *acina* Cat. Agr. 112, 2, ôter les grains ¶ 2 nettoyer : *pisces* Pl. St. 359, des poissons ‖ *terram ab herba* Cat. Agr. 151, enlever l'herbe du sol ¶ 3 [chrét.] purifier : Comm. Instr. 2, 24, 8.

dēpūrō, ās, āre, -, ātus, dépurer, nettoyer par la suppuration : Veg. Mul. 2, 43, 2.

dēpŭtātĭo, ōnis, f., imputation, assignation, v. *deputo* ¶ 3 : Cassiod. Var. 2, 16, 5 ‖ délégation : Greg.-M. Ep. 9, 75.

dēpŭtātus, a, um, part. de *deputo*.

dēpŭtō, ās, āre, āvī, ātum (de, *puto*), tr. ¶ 1 tailler, émonder, élaguer : Cat. Agr. 49, 1 ; 50, 1 ; Col. 11, 2, 32 ¶ 2 évaluer, estimer : *malo quidem me quovis dignum deputem* Ter. Haut. 135, je me jugerais digne de tous les maux ; *aliquid deputare parvi preti* Ter. Hec. 799, faire peu de cas de qqch. ; *deputare aliquid in lucro* Ter. Phorm. 246, regarder qqch. comme un gain ¶ 3 [tard.] *aliquid alicui rei* a) imputer à : Tert. Paen. 3, 1 b) assigner à : Pall. 4, 11, 6 ; Macr. Sat. 7, 14, 4 ‖ députer : Oros. Hist. 4, 21, 1.

dēpŭvĭō, īs, īre, pūvī, - (de, *pavio*), tr., frapper, battre : Lucil. d. P. Fest. 61, 15 ; Naev. Com. 134.

▶ *depuviit* Lucil. ; *depuvere* P. Fest. 61, 14.

dēquĕ, v. *susque deque*.

dēquestus, a, um (de, *queror*), qui s'est plaint de, qui a déploré : Stat. Th. 1, 404 ‖ parf., Sidon. Ep. 9, 9, 1.

dēquŏquo, v. *decoquo* : Hor. S. 2, 1, 74.

dērādō, ĭs, ĕre, rāsī, rāsum (de, *rado*), tr. ¶ 1 ratisser, racler, enlever en raclant : Cat. Agr. 121 ; Gell. 17, 9, 17 ; *cunctis (insulis) margo derasus* Plin. Ep. 8, 20, 5, toutes (les îles) ont le bord complètement dénudé ¶ 2 raser : *capillum ex capite omni* Gell. 17, 9, 22, raser les cheveux sur toute la tête ¶ 3 effacer : *nomen urbis ex carmine* Gell. 7, 20, biffer d'un poème le nom d'une ville.

Derangae, ārum, m. pl., peuple de l'Inde en deçà du Gange : Plin. 6, 30.

Derasĭdes, um, f. pl., îles voisines de l'Ionie : Plin. 2, 89.

dērāsĭo, ōnis, f. (*derado*), action de raser : M.-Emp. 1, 27.

dērāsus, a, um, part. de *derado*.

dēraubō, ās, āre, -, - (germ., al. *rauben* ; fr. *dérober*), voler : Not. Tir. 128, 53.

Derbē, ēs, f. (Δέρβη), Derbé [ville de Lycaonie] Atlas IX, C3 : Vulg. Act. 14, 6 ‖ **-bētes**, ae, m., habitant de Derbé : Cic. Fam. 13, 73, 2 ou **-bēus**, i, m., Vulg. Act. 20, 4.

Derbĭces, um (Δέρβικες), Plin. 6, 48, **Derbĭcĭi**, **Dercēbĭi**, ōrum, m. pl., Avien. Perieg. 911, peuples d'Asie [sans doute identiques, sur les bords de l'Oxus].

***derbĭōsus**, f. l., v. *serniosus*.

derbĭtae, ārum, f. pl. (gaul. ; fr. *dartre*), dartres : Gloss. 3, 599, 32.

dercĕa, ae, f. (δερκέα), apollinaire [plante] : Ps. Apul. Herb. 22.

Dercebius, sg. coll., c. *Dercebii* : Prisc. Perieg. 713 ; v. *Derbices*.

Dercenna, ae, f., source près de Bilbilis : Mart. 1, 49, 17.

Dercĕtis, is, f., Ov. M. 4, 45, **Dercĕtō**, f. (Δερκετώ), Plin. 5, 81, Dercétis ou Dercéto [divinité des Syriens].

Dercyllus, i, m., gouverneur de l'Attique sous Antipater : Nep. Phoc. 2, 4.

Dercўlus, i, m., jeune homme à qui Diane apprit l'art de la chasse : Grat. 100.

dērectus, a, um, v. *directus*.

dērēlictĭo, ōnis, f. (*derelinquo*), abandon : Cic. Off. 3, 30.

dērēlictŏr, ōris, m., celui qui abandonne : Ps. Hier. Psalm. 88.

1 **dērēlictus**, a, um, part. de *derelinquo*.

2 **dērēlictŭs**, ūs, m. [ne se trouve qu'au dat. sg.] abandon : *rem derelictui habere* Gell. 4, 12, 1, laisser une chose à l'abandon.

dērēlinquo, ĭs, ĕre, līquī, lictum (de, *relinquo*), tr. ¶ 1 abandonner complètement, délaisser [qqch., qqn] : Cic. Verr. 3, 120 ; Brut. 16 ; Lae. 37 ; Fam. 1, 9, 17 ‖ [fig.] *homines perditi atque ab omni spe derelicti* Cic. Cat. 1, 25, hommes perdus et abandonnés de toute espérance ¶ 2 laisser après soi : [en s'en allant] Curt. 9, 4, 8 ; [après sa mort] Arn. 5, 8.

dērēpentĕ, adv., tout à coup, soudain : Enn. ; Acc. ; Pl. Most. 488 ; Ter. Hec. 518 ; Cic. poet. Div. 1, 66.

dērēpentīnō, v. *repentinus*.

dērēpō, ĭs, ĕre, repsī, - ¶ 1 intr., descendre en rampant : Phaed. 2, 4, 12 ‖ descendre furtivement : Varr. Men. 115 ¶ 2 tr., descendre le long de : Plin. 8, 131.

dēreptus, a, um, part. de *deripio*.

Deretīni, ōrum, m. pl., peuple de Dalmatie : Plin. 3, 22.

dēretrō, ▶ *retro* : Chir. 113 ; Vulg. Bar. 6, 5.

dērīdĕō, ĭs, ēre, rīsī, rīsum (de, *rideo*), tr., rire de, se moquer de, bafouer, railler : *omnes istos deridete* Cic. de Or. 3, 54, moquez-vous de tous ces gens-là ; *derisum esse credo hominem amentem a suis consiliariis* Cic. Verr. 5, 103, je crois que ses conseillers se sont moqués de son égarement ‖ [abs¹] railler, plaisanter : *derides* Pl. Amp. 963, tu veux rire, cf. Cic. Verr. 1, 146.

dērīdĭcŭlum, i, n. (*derídiculus*), moquerie : *deridiculi gratia* Pl. Amp. 682, par dérision ; *deridiculo esse* Tac. An. 3, 57, être un objet de moquerie ‖ ridicule : *deridiculum corporis* Tac. An. 12, 49, difformité grotesque.

dērīdĭcŭlus, a, um, ridicule, qui fait rire, risible : Pl. Mil. 92 ; Varr. R. 1, 18, 5 ; Gell. 12, 2, 3.

dērĭgĕō (dīr-), ēs, ēre, -, - (*de*, *rigeo*), intr., être glacé : Gloss. 2, 242, 52.

dērĭgescō (dīr-), ĭs, ĕre, rĭgŭī, -, intr., [n'est employé qu'au parf.], devenir raide, immobile ; se glacer [en parl. du sang] : Virg. En. 3, 260 ; 7, 447.

dērĭgo, v. *dirigo*.

dērĭpĭo, ĭs, ĕre, rĭpŭī, reptum (*de*, *rapio*), tr., arracher, ôter, enlever : *aliquem de ara* Pl. Ru. 840, arracher qqn de l'autel ; *vestem a pectore* Ov. M. 9, 637, arracher un vêtement de la poitrine ; *velamina ex humeris* Ov. M. 6, 567, arracher des voiles des épaules ; *ensem vagina* Ov. M. 10, 475, tirer l'épée du fourreau ; *derepta leoni pellis* Ov. M. 3, 52, peau enlevée à un lion ; [fig.] *deripere alicui vitae ornamenta* Cic. Quinct. 64, enlever à qqn ce qui lui orne la vie ‖ [fig.] retrancher : *aliquid de auctoritate alicujus* Cic. Sull. 2, enlever qqch. au crédit de qqn.

▶ inf. pass. *deripier* Pl. Men. 1006 ‖ d. les mss confusion fréquente avec *diripio*.

dērīsĭo, ōnis, f., moquerie, dérision : Arn. 7, 33.

dērīsŏr, ōris, m. (*derideo*), moqueur, railleur : Pl. Cap. 71 ; Plin. 11, 114 ‖ bouffon, parasite : Hor. Ep. 1, 18, 11 ‖ mime : Mart. 1, 5, 5.

dērīsōrĭus, a, um, dérisoire, illusoire : Marc. Dig. 28, 7, 14.

1 **dērīsus**, a, um, part. de *derideo* ‖ adjᵗ, *derisissimus* Varr. Men. 51.

2 **dērīsŭs**, ūs, m., moquerie, raillerie : Sen. Contr. 4 pr. ; Tac. Agr. 39 ; Quint. 6, 3, 7.

dērīvābĭlis, e, qu'on peut détourner : Chalc. Tim. 51 E.

dērīvāmentum, i, n. (*derivo*), action de détourner, de faire dériver : Ps.-Sen. Ep. Paul. 14.

dērīvātĭo, ōnis, f. (*derivo*) ¶ 1 action de détourner les eaux : Cic. Off. 2, 14 ; Liv. 5, 15 ‖ de prendre un mot à qqn, emprunt : Macr. Sat. 6, 1, 2 ¶ 2 [fig.] **a)** [gram.] dérivation des mots : Plin. d. Serv. En. 9, 706 **b)** [rhét.] emploi d'une expression moins forte, mais de sens très voisin, à la place d'une autre : Quint. 3, 7, 25 ‖ extension d'une idée pour passer à une autre : Jul.-Ruf. 16.

dērīvātīvus, a, um, qui dérive, dérivé [gram.] : Prisc. 2, 421, 22.

dērīvātōrĭus, a, um, dérivé : Ambr. Fid. 2, 15, 129.

dērīvātus, a, um, part. de *derivo*.

dērīvō, ās, āre, āvī, ātum (*de rivo*) ¶ 1 tr. **a)** détourner un cours d'eau, faire dériver : *de fluvio aquam sibi* Pl. Truc. 563,

derivo

détourner l'eau d'un fleuve à son profit ; **aqua ex flumine derivata** Caes. G. 7, 72, 3, eau détournée d'un fleuve ; **humorem extra segetes derivemus** Col. 2, 8, 3, éloignons l'eau des champs ensemencés **b)** [fig.] détourner : **aliquid in domum suam** Cic. Tusc. 5, 72, détourner qqch. chez soi, à son profit ; **culpam in aliquem** Cic. Verr. 2, 49, faire retomber la faute sur qqn, cf. Att. 4, 3, 2 ; Phil. 11, 22 ‖ [gram.] dériver un mot : Quint. 1, 6, 38 ¶ **2** intr. [tard.] dériver de, descendre de : Ambr. Ep. 8, 6.

*dērōdo, v. derosus.

dērŏgātĭo, ōnis, f. (derogo), dérogation [à une loi] : Her. 2, 15 ‖ pl., Cic. Frg. A. 7, 23.

dērŏgātīvus, a, um, négatif, privatif [gram.] : Diom. 336, 2.

dērŏgātŏr, ōris, m. (derogo), détracteur : Sidon. Ep. 3, 13, 2.

dērŏgātōrĭus, a, um (derogator), dérogatoire, qui déroge à une loi, à une disposition de la loi : Jul. Dig. 25, 4, 2.

dērŏgō, ās, āre, āvī, ātum (de, rogo), tr. ¶ **1** abroger une ou plusieurs dispositions d'une loi, déroger à une loi : **derogari ex hac lege aliquid non licet** Cic. Rep. 3, 33, on ne peut déroger à une disposition de cette loi (**de lege** Cic. Inv. 2, 134) ¶ **2** [fig.] ôter, retrancher : **aliquid de honestate** Cic. Inv. 2, 175, déroger à ce qu'exige l'honneur ; **aliquid ex aequitate** Cic. Inv. 2, 136, porter atteinte à l'équité ; **fidem alicui, alicui rei** Cic. Flac. 9 ; Font. 23, ôter tout crédit à qqn ou à qqch. ; **non tantum mihi derogo, ut...** Cic. Amer. 89, je ne me rabaisse pas au point de... ¶ **3** [tard.] porter atteinte à l'honneur, outrager : **divinae potestati** Ambr. Parad. 8, 38, outrager la puissance divine.

dērōsus, a, um (de, rodo), rongé : Cic. Div. 1, 99 ; Plin. 11, 164 ; 17, 241.

Derrha, ae, f., ville de Macédoine, sur le golfe Thermaïque : Plin. 4, 10.

Derrhis, **Derris**, is, m., promontoire de Macédoine : Mel. 2, 3.

Dertōna, ae, f., ville de Ligurie Atlas V, E4 ; XII, C2 : Brut. Fam. 11, 10, 5.

Dertōsa, ae, f., ville de la Tarraconaise [auj. Tortosa] Atlas I, C2 ; IV, C4 : Suet Galb. 10.

Dertusani, m. pl., habitants de Dertosa : Plin. 3, 23.

Derŭentĭo, ōnis, f., ville de Bretagne : Anton. 466.

dēruncĭnātus, a, um, part. de deruncino.

dēruncĭnō, ās, āre, āvī, ātum, tr., raboter ; [fig.] duper, escroquer : Pl. Mil. 1142 ; Cap. 641.

dērŭō, ĭs, ĕre, ŭī, - ¶ **1** tr., précipiter, faire tomber [fig.] : **de laudibus Dolabellae cumulum** Cic. Att. 16, 11, 2, enlever leur surplus aux louanges décernées à Dolabella ¶ **2** intr., tomber, s'abattre : Apul. M. 2, 30 ; 7, 18.

dēruptus, a, um (de, rumpo) ¶ **1** détaché par rupture, rompu : **derupta saxa** Lucr. 6, 539, rochers disjoints ¶ **2** abruptus, escarpé, à pic : **dextra pars labe terrae derupta erat** Liv. 42, 15, 5, la partie droite du chemin par suite d'un éboulement du sol était en pente brusque ; **deruptae angustiae** Liv. 21, 33, 7, défilés bordés de ravins à pic ; **deruptior** Liv. 38, 2, 13, plus à pic ‖ subst. n. pl., **derupta** Liv. 38, 2, 14, précipices.

Derzenē, ēs, f., Derxène [région de l'Arménie] : Plin. 5, 83.

des, arch. pour bes : Varr. L. 5, 172.

dēsăcrō (**dēsecrō**), ās, āre, āvī, ātum (de sacro), tr. ¶ **1** consacrer, dédier : Stat. Th. 9, 856 ¶ **2** mettre au rang des dieux, déifier : Capit. Aur. 18 ¶ **3** [fig.] consacrer, destiner à : **chamaeleon per singula membra desecratus** Plin. 28, 112, le caméléon dont chaque membre est consacré [à une maladie], dont chaque membre est un spécifique.

dēsaevĭō, īs, īre, ĭī, ītum (de, saevio), intr. ¶ **1** sévir avec violence, exercer sa fureur [propre et fig.] : **toto Aeneas desaevit in aequore victor** Virg. En. 10, 569, Énée vainqueur exerce ses ravages sur toute la plaine ; **an tragica desaevit et ampullatur in arte** Hor. Ep. 1, 3, 14, ou bien déchaîne-t-il ses fureurs dans les tirades emphatiques de la tragédie ? ¶ **2** cesser de sévir, s'apaiser, se calmer : Sen. Ir. 3, 1, 1 ; Luc. 5, 304.

▶ contr. desaevisset Suet. Ner. 29.

dēsaltō, ās, āre, -, ātum (de, salto), tr., danser : **desaltato cantico** Suet. Cal. 54, après avoir dansé l'intermède ‖ représenter en dansant : Ps. Cypr. Spect. 3 ; v. desulto.

dēsălūtō, ās, āre, -, - (de, saluto), saluer à différentes reprises : Not. Tir. 63, 99.

dēsanguĭnō, ās, āre, -, - (de sanguine), tr., saigner, tirer du sang de : Cass. Fel. 46.

desannātĭo, ōnis, f. (desanno), moquerie, raillerie : Gloss. 2, 373, 57.

dēsannō, ās, āre, -, - (sanna), se moquer de : Porph. Hor. S. 1, 6, 5.

descendentes, ĭum, m. pl., les descendants : Paul. Dig. 23, 2, 68.

descendĭdī, v. descendo.

descendō, ĭs, ĕre, scendī, scensum (de, scando ; it. scendere), intr. ¶ **1** descendre : **de rostris** Cic. Vat. 26 ; **de caelo** Liv. 6, 18, 9, descendre de la tribune, du ciel ; **ex equo** Cic. CM 34 ; **e tribunali** Suet. Cl. 15 ; **e caelo** Juv. 11, 27, descendre de cheval, du tribunal, du ciel ; **ab Alpibus** Liv. 21, 32, 2, des Alpes ; **monte** Sall. J. 50, 2 ; **caelo** Virg. G. 4, 235, d'une montagne, du ciel ; **ex superioribus locis in planitiem** Caes. C. 3, 98, 1, descendre des hauteurs dans la plaine, cf. G. 7, 53, 2 ; **ad naviculas nostras** Cic. Ac. 2, 148, descendre vers nos barques ; **ad imas umbras** Virg. En. 6, 404, dans la profondeur des ombres ‖ [avec dat.] [poét.] **nocti, Erebo** Sil. 13, 708 ; 13, 759, descendre dans la nuit, dans l'Érèbe ‖ [en part.] **descendere in forum** Crass. d. Cic. de Or. 2, 267 ; **ad forum** Cic. d. Non. 538, 26 ; **descendere** [seul] Cic. Phil. 2, 15 ; Verr. 2, 92, descendre au forum ; **ad comitia** Suet. Caes. 13, aux comices ; **in Piraeum** Nep. Alc. 6, 1, au Pirée ¶ **2** [milit.] quitter la position qu'on occupait pour en venir aux mains, en venir à, s'engager dans : **in certamen** Cic. Tusc. 2, 62 ; **in aciem** Liv. 8, 8, 1 ; **ad pugnam** Val.-Flac. 3, 518, en venir au combat, engager la lutte ‖ [fig.] **in causam**, s'engager dans un parti : Cic. Phil. 8, 4 ; Att. 8, 1, 3 ; Liv. 36, 7, 6 ; Tac. H. 3, 3 (**in partes** An. 15, 50) ‖ se laisser aller à qqch., condescendre à : **ad ludum** Cic. de Or. 2, 22, se laisser aller à jouer, cf. Rep. 1, 67 ‖ en venir à, se résigner à, se résoudre à : **ad societates calamitatum** Cic. Lae. 64, se résoudre à partager l'infortune ; **ad omnia** Cic. Att. 9, 18, 3, en venir à tous les moyens ; **ad innocentium supplicia** Caes. G. 6, 16, 5, se résoudre à supplicier des innocents, cf. G. 5, 29, 5 ; 7, 78, 1 ¶ **3** [en parl. des choses] pénétrer : **ferrum descendit haud alte in corpus** Liv. 1, 41, 5, le fer n'est pas entré profondément dans le corps ; **toto descendit corpore pestis** Virg. En. 5, 683, le fléau gagne le corps entier des vaisseaux ‖ descendre : **vestis descendit infra genua** Curt. 6, 5, 27, son vêtement descend au-dessous du genou ; [l'eau descend, baisse] Plin. 31, 57, cf. Luc. 5, 337 ; [la voix s'abaisse] Quint. 11, 3, 65 ; [les aliments descendent, se digèrent bien] Cels. 2, 4, 9 ‖ **ad aliquid**, se rapprocher de qqch. [par ressemblance] tirer sur qqch. : Plin. 37, 123 ‖ [fig.] **quod verbum in pectus Jugurthae altius... descendit** Sall. J. 11, 7, ce mot pénétra profondément dans le cœur de Jugurtha ; **curam in animos patrum descensuram** Liv. 3, 52, 2, [ils disent] que l'inquiétude entrera dans l'âme des sénateurs ; **in aures alicujus** Hor. P. 387, être versé dans les oreilles de qqn = être lu à qqn ; **in sese** Pers. 4, 23, descendre en soi-même ¶ **4** descendre, finir par arriver à : **a vita pastorali ad agriculturam** Varr. R. 2, 1, 5, en venir de la vie pastorale à l'agriculture ; **ejus disciplinae usus in nostram usque aetatem descendit** Quint. 1, 11, 18, la pratique de cette méthode est venue jusqu'à nous ¶ **5** descendre de, tirer son origine de : Dig. 50, 16, 120 pr. ‖ [fig.] **a Platone** Plin. 22, 111, provenir de Platon ¶ **6** s'écarter de, s'éloigner de, dévier de : Quint. 10, 1, 126 ¶ **7** [pass. de l'objet intér.] **porticus descenduntur nonagenis gradibus** Plin. 36, 88, des portiques d'où l'on descend par quatre-vingt-dix degrés ¶ **8** [chrét.] descendre, en parlant des manifestations de Dieu dans le monde : **in virginem** Tert. Prax. 1, 1, dans une vierge ; **in interiora terrae** Tert. Prax. 30, 4, aux enfers ‖ s'abaisser à : **ad humana colloquia descendit** Tert. Prax. 16, 3, il s'est abaissé à converser avec les hommes.

▶ parf. arch. *descendidi* Val.-Ant. et Laber. d. Gell. 6, 9, 17.

descensĭo, ōnis, f. (*descendo*), action de descendre ¶ **1** descente : ***descensio balinearum*** Plin. 20, 178, descente dans les bains ; ***Tiberina*** Cic. *Fin.* 5, 70, descente du Tibre en bateau ‖ descente (coucher) des astres : Chalc. 59 ¶ **2** enfoncement, cavité dans une salle de bains, baignoire [à laquelle on accède en descendant des marches] : Plin. *Ep.* 5, 6, 26 ¶ **3** [chrét.] venue du Christ dans le monde : Hil. *Trin.* 1, 16 ‖ abaissement moral : Greg.-M. *Mor.* 8, 10.

descensŏrĭus, a, um, qui va en descendant : Ambr. *Spir.* 1, 10, 118.

1 descensus, a, um, ▶ *descendo* ¶ 7.

2 descensŭs, ūs, m., action de descendre, descente : Varr. *R.* 2, 5, 13 ; Sall. *C.* 57, 3 ‖ descente, chemin qui descend : ***praeruptus descensus*** Hirt. *G.* 8, 40, 4, descente en pente raide, cf. Liv. 44, 35, 17‖ [chrét.] descente du Christ sur la terre : Aug. *Civ.* 20, 15.

descisco, ĭs, ĕre, scīvī ou scĭī, scītum (*de, scisco*), intr., se détacher de, se séparer de qqn ou du parti de qqn : ***a populo Romano*** Cic. *Phil.* 11, 21, se détacher du peuple romain ; ***ad aliquem*** Liv. 31, 7, 12, passer après défection au parti de qqn ; ***Praeneste ab Latinis ad Romanos descivit*** Liv. 2, 19, 2, Préneste passa du parti des Latins à celui des Romains ; ***cum Fidenae aperte descissent*** Liv. 1, 27, 4, comme Fidènes avait ouvertement fait défection, cf. Nep. *Timol.* 3, 1 ; *Ham.* 2, 2 ‖ [fig.] s'écarter de, renoncer à, se départir de : ***a veritate*** Cic. *Ac.* 2, 46, s'écarter de la vérité ; ***a se desciscere*** Cic. *Att.* 2, 4, 2, se démentir ; ***ab excitata fortuna ad inclinatam*** Cic. *Fam.* 2, 16, 1, abandonner une fortune qui s'élève pour une fortune qui décline ; ***vitis gracili arvo non desciscit*** Col. 3, 2, 13, la vigne ne dégénère pas dans un sol léger.

descissus, a, um (*de, scindo*), déchiré : Ennod. *Carm.* 1, 1, 29.

dēscŏbīnō, ās, āre, āvī, ātum (*de, scobina*), tr., limer, polir : ***descobinata simulacra*** Arn. 6, 14, statues polies ‖ [fig.] enlever comme avec une râpe, écorcher : ***supercilia*** Varr. *Men.* 89, écorcher les sourcils ; ***descobinatis cruribus*** Varr. *Men.* 296, les jambes étant écorchées.

describō, ĭs, ĕre, scrīpsī, scriptum (*de, scribo*), tr. ¶ **1** transcrire : ***ab aliquo librum*** Cic. *Att.* 13, 21, 4, copier un livre sur qqn, transcrire l'exemplaire de qqn (*Ac.* 2, 11) ; ***leges Solonis*** Liv. 3, 31, 8, copier les lois de Solon, cf. Cic. *Fam.* 12, 17, 2 ; *Att.* 8, 2, 1 ¶ **2** décrire, dessiner, tracer : ***geometricae formae in arena descriptae*** Cic. *Rep.* 1, 29, figures géométriques tracées sur le sable ; ***in pulvere quaedam*** Cic. *Fin.* 5, 50, dessiner certaines figures dans la poussière, cf. *Clu.* 87 ; *CM* 49 ; ***carmina in foliis*** Virg. *En.* 3, 445, écrire des vers sur des feuilles d'arbre ‖ ***sphaera ab Eudoxo astris descripta*** Cic. *Rep.* 1, 22, sphère sur laquelle Eudoxe avait figuré les astres ¶ **3** [fig.] décrire, exposer : ***hominum sermones moresque*** Cic. *Or.* 138, exposer des propos, des traits de caractère, cf. *Rep.* 3, 17 ; ***flumen Rhenum, pluvium arcum*** Hor. *P.* 18, décrire le Rhin, l'arc-en-ciel ; ***mulierem*** Cic. *Cael.* 50, dépeindre une femme ; ***me latronem ac sicarium describebant*** Cic. *Mil.* 47, ils me décrivaient comme un brigand et un assassin, cf. *Nat.* 2, 112 ‖ [avec prop. inf.] exposer que, raconter que : Sen. *Contr.* 1, 2, 17 ; Ov. *Tr.* 2, 415 ; Gell. 9, 1 ‖ part. pl. n. pris subst^t, ***descripta***, récit, exposé, journal : Tac. *An.* 6, 24 ‖ désigner qqn, faire allusion à qqn, parler de qqn : Cic. *Phil.* 2, 113 ; *Sull.* 82 ; *Q.* 2, 3, 3 ¶ **4** délimiter, déterminer : ***stellarum descripta distinctio est*** Cic. *Nat.* 2, 104, on a déterminé d'une façon précise les différentes étoiles, cf. *Rep.* 4, 2 ; *Leg.* 1, 17 ; 2, 11 ; Liv. 1, 42, 5 ; ***quem ad modum esset ei ratio totius belli descripta, edocui*** Cic. *Cat.* 2, 13, j'ai montré comment son plan de toute la guerre était arrêté, cf. *Rep.* 5, 7 ; ***jura*** Cic. *Off.* 1, 124, délimiter les droits de chacun ; ***civitatibus jura*** Cic. *Rep.* 1, 2, donner aux cités une législation déterminée ; ***populum in tribus tres*** Cic. *Rep.* 2, 14, répartir (distribuer) le peuple en trois tribus, cf. 2, 16 ; ***descriptus populus censu, ordinibus, aetatibus*** Cic. *Leg.* 3, 44, le peuple délimité (distribué) selon le cens, l'ordre, l'âge ‖ définir, préciser, fixer : ***oratoris facultatem*** Cic. *de Or.* 1, 214, fixer la puissance de l'orateur (*Ac.* 2, 114) ; ***nulla species divina describitur*** Cic. *Nat.* 1, 34, on ne définit pas quelle est la figure des dieux ; ***voluptatis partes hoc modo describunt, ut…*** Cic. *Tusc.* 4, 20, on précise de la manière suivante les différentes espèces de plaisir… ‖ [avec interrog. indir.] *Nat.* 1, 47 ; [avec prop. inf.] *de Or.* 2, 138.

▶ il y a souvent hésitation entre les formes *descr-* et *discr-*, les éditeurs contemporains ont souvent éliminé *descr-* malgré les mss, pour adopter *discr-*, v. p. ex. C. F. W. Mueller Cic. *Nat.* apparat critique p. 13, 14.

descriptē, adv., d'une manière précise : Cic. *Inv.* 1, 49.

▶ plusieurs mss ont *discripte*.

descriptĭo, ōnis, f. (*describo*) ¶ **1** reproduction, copie : Cic. *Verr.* 2, 190 ¶ **2** dessin, tracé : ***orbis terrarum*** Vitr. 8, 2, 8, carte du monde ; ***aedificandi*** Cic. *Off.* 1, 138, tracé de construction, plan ; ***numeri aut descriptiones*** Cic. *Tusc.* 1, 38, les nombres ou les figures de géométrie ‖ ***eadem descriptio caeli*** Cic. *Rep.* 6, 24, la même figure du ciel ¶ **3** description : ***locorum*** Cic. *Part.* 43 ; Quint. 9, 2, 44, description des lieux ; ***convivii*** Quint. 8, 3, 66, d'un festin ‖ [rhét.] description d'un caractère, peinture des mœurs : Cic. *Top.* 83 ¶ **4** délimitation, détermination : ***magistratuum*** Cic. *Leg.* 3, 5 ; 3, 12, la fixation des fonctions des magistrats, cf. *Div.* 1, 31 ; ***centuriarum*** Liv. 4, 4, 2, la fixation des centuries ; ***quae erit totius rei ratio atque descriptio ?*** Cic. *Agr.* 1, 16, quel sera le plan, le dessin de toute l'affaire ? ‖ définition : ***philosophi est quaedam descriptio*** Cic. *de Or.* 1, 212, il y a une définition du philosophe ; ***officii*** Cic. *Off.* 1, 101, détermination, définition du devoir ¶ **5** [tard.] recensement : Vulg. *Luc.* 2, 2.

▶ ▼ *discriptio* et *describo* ▶.

descriptĭōnālis, e, descriptif : Cassiod. *Psalm.* 79, 13.

descriptĭunculă, ae, f. (dim. de *descriptio*), petite définition : Sen. *Suas.* 2, 10.

descriptīvus, a, um, descriptif, qui sert à la description : Fort.-Rhet. 3, 20.

descriptŏr, ōris, m. (*describo*), celui qui décrit, qui dépeint : ***descriptor gentium*** Amm. 23, 6, 1, ethnographe.

descriptus, a, um, part. de *describo* ‖ qqf. adj., fixé, réglé : ***natura nihil descriptius*** Cic. *Fin.* 3, 74, rien de mieux réglé que la nature.

descrŏbō, ās, āre, -, - (*de, scrobis*), tr., enchâsser : Tert. *Res.* 7, 7.

desculpō, ĭs, ĕre, -, -, tr., sculpter : Tert. *Nat.* 1, 12, 6.

dēsĕcātĭo, ōnis, f. (*deseco*), action de couper, amputation, coupe : Ps. Sor. *Med.* 246.

dēsĕcō, ās, āre, sĕcŭī, sectum (*de, seco*), tr., séparer en coupant : ***partes ex toto*** Cic. *Tim.* 23, séparer des parties d'un tout ; ***uvas a vite*** Col. 12, 44, couper des raisins sur la vigne ; ***spicas fascibus*** Liv. 42, 64, 2, enlever les épis des gerbes ‖ ***hordeum*** Caes. *C.* 2, 58, 5, couper l'orge ; ***aures*** Caes. *G.* 7, 4, 10, couper les oreilles de qqn ‖ [fig.] retrancher : ***prooemium*** Cic. *Att.* 16, 6, 4, retrancher un préambule.

dēsĕcro, ▼ *desacro*.

dēsectĭo, ōnis, f. (*deseco*), taille, coupe : Col. 6, 3, 1 ‖ [chrét.] séparation, coupure : Hil. *Trin.* 5, 37.

dēsectus, a, um, part. de *deseco*.

dēsēdī, parf. de *desideo*.

dēsĕnŭī, parf. de l'inus. **desenesco*, intr., se calmer avec le temps : Sall. *H.* 1, 145.

1 dēsĕrō, ĭs, ĕre, sĕrŭī, sertum (*de,* 2 *sero*), tr., se séparer de, abandonner, délaisser : ***aliquem*** Cic. *Q.* 1, 3, 5, abandonner qqn ; ***agros*** Cic. *Verr.* 3, 120, déserter les champs ; ***exercitum ducesque*** Caes. *C.* 1, 76, 2, abandonner l'armée et les généraux ‖ [abs^t] déserter : Cic. *Verr.* 5, 110 [douteux] ; Nep. *Eum.* 5, 1 ; Sen. *Ir.* 2, 10, 4 ; Tac. *An.* 13, 35 ; Quint. 9, 4, 85 ‖ [fig.] abandonner, négliger, manquer à : ***officium*** Cic. *Off.* 1, 28, déserter son devoir ; ***Petreius non deserit sese*** Caes. *C.* 1, 75, 2, Pétréius ne s'abandonne pas, ne désespère pas ‖ [droit] ***vadimonium deserere*** Cic. *Cat.* 2, 5, ne pas comparaître, faire défaut [litt^t, abandonner la caution laissée entre les mains du magistrat pour garantir la promesse de se présenter en justice à une date fixée] ; [sans *vadimonium*] Quint. 3, 6, 78.

desero

2 **dĕsĕrō**, *ĭs*, *ĕre*, -, *sĭtum* (*de*, 3 *sero*), tr., semer : Varr. R. 1, 23, 6.

dēserpō, *ĭs*, *ĕre*, -, -, intr., descendre en rampant : Stat. Th. 6, 586.

dēsertĭo, *ōnis*, f., désertion : Modest. Dig. 49, 16, 3, 5 ‖ défection, absence : Dig. 48, 16, 1, 13 ‖ [chrét.] abandon : Tert. Scorp. 10, 8.

dēsertĭtūdo, *ĭnis*, f., solitude : *Pacuv. Tr. 437.

dēsertŏr, *ōris*, m. (1 *desero*) ¶ 1 celui qui abandonne, qui délaisse : Cic. Att. 8, 9, 3 ¶ 2 déserteur : Caes. G. 6, 23, 8 ; Liv. 3, 69, 7 ; 23, 18, 16 ; Tac. An. 1, 21 ‖ [fig.] *communis utilitatis* Cic. Fin. 3, 64, qui trahit l'intérêt commun ¶ 3 [chrét.] apostat, hérétique : Cypr. Ep. 55, 29.

dēsertrix, *īcis*, f., celle qui abandonne : Tert. Cult. 1, 1, 2.

dēsertum, *i*, n. et ordin^t **dēserta**, *ōrum*, n. pl. (*desertus*), désert, solitude : Virg. B. 6, 81 ; G. 3, 342.

dēsertus, *a*, *um* ¶ 1 part. de *desero* ¶ 2 (esp. *deserto*), adj^t, désert, inculte, sauvage : Cic. Cael. 42 ; Caes. G. 5, 53, 4 ‖ *desertior* Cic. Pis. 55 ; *-tissimus* Cic. Sest. 50.

dēservĭō, *īs*, *īre*, -, - (*de*, *servio*), intr., servir avec zèle, se dévouer à, se consacrer à : *alicui* Cic. Fam. 16, 18, 1, servir qqn avec dévouement ; *vigilae deserviunt amicis* Cic. Sull. 26, mes veilles sont entièrement consacrées au service de mes amis ; *corpori* Cic. Leg. 1, 39, être l'esclave de son corps ‖ [fig.] être destiné à, consacré à : *nec unius oculis flumina, fontes, maria deserviunt* Plin. Pan. 50, 1, les fleuves, les fontaines, les mers ne sont pas faits pour les yeux d'un seul.

dēservĭtĭo, *ōnis*, f., service de Dieu, culte : Iren. 4, 16, 1 ; VL. Exod. 37, 19.

dēsĕs, *ĭdis*, adj. (*desideo*), oisif, inoccupé : *deses ab opere suo* Col. 7, 12, 2, qui néglige son travail ; *sedemus desides domi* Liv. 3, 68, 8, nous demeurons inactifs dans nos foyers [à Rome], cf. 1, 32, 3 ; Tac. H. 1, 88 ‖ [en parl. de choses] Liv. 21, 16, 3 ; Stat. S. 3, 5, 85.

dēsessĭlis, *e* (*desideo*), où l'on peut s'arrêter : Jul.-Val. 1, 24.

dēsī, **dēsīt**, ▶ *desino*.

dēsiccātĭo, *ōnis*, f., action de sécher : Cass. Fel. 33.

dēsiccātīvus, *a*, *um*, dessiccatif [méd.] : Orib. Syn. 4, 30.

dēsiccātōrĭus, *a*, *um*, propre à sécher : Cass. Fel. 8.

dēsiccō, *ās*, *āre*, -, *ātum* (*de*, *sicco*), tr., sécher, dessécher : Pl. Truc. 585.

dēsĭdĕō, *ēs*, *ēre*, *sēdī*, - (*de*, *sedeo*), intr., rester assis ou séjourner de manière inactive : Pl. Bac. 238 ; Ter. Hec. 800 ; *amoenioribus locis* Quint. 5, 8, 1, séjourner dans de plus agréables lieux ; *in aliquo spectaculo* Sen. Ep. 7, 2, s'arrêter dans des spectacles ‖ rester oisif : Suet. Caes. 3 ‖ [méd.] se déposer : Cels. 2, 7, 11.

dēsīdĕrābĭlis, *e* (*desidero*), désirable, souhaitable : Cic. Fin. 1, 53 ‖ dont on regrette la privation : Cic. Top. 69 ‖ *desiderabilior* Suet. Tib. 21.

dēsīdĕrābĭlĭtĕr, Aug. Ep. 143, 2, ▶ *desideranter*.

dēsīdĕrans, *tis* ¶ 1 part. prés. de *desidero* ¶ 2 adj^t [tard.] a) qui désire : Ps. Hil. Ep. 1 b) désiré, regretté, seul^t au superl., *-tissimus* Front. Ver. 2, 4, p. 132 N ; Aur. d. Front. Caes. 2, 7, 3, p. 30 N. ; Aug. Ep. 67.

dēsīdĕrantĕr, adv., ardemment, passionnément : Cassiod. Var. 1, 4, 2 ‖ *-tius* Front. Ver. 1, 3, 1, p. 117 N. ; *-tissime* Fort. Carm. 10, 3, 4.

dēsīdĕrātĭo, *ōnis*, f. (*desidero*), désir : Cic. CM 47 ‖ recherche, examen d'une question : Vitr. 2, 6, 4.

dēsīdĕrātīva verba, n. pl., verbes qui expriment une envie : Aug. Gram. 5, 516, 16.

dēsīdĕrātŏr, *ōris*, m., demandeur [en justice] : VL. Num. 11, 34.

dēsīdĕrātus, *a*, *um*, part. de *desidero* ‖ qqf. adj. : *-tissimus* Plin. 30, 2, très désiré, très attendu.

dēsīdĕrĭum, *ii*, n. (*desidero*) ¶ 1 désir [de qqch., de qqn qu'on a eu ou connu et qui fait défaut], cf. Cic. Tusc. 4, 21 ; *me desiderium tenet urbis, meorum* Cic. Fam. 2, 11, 1, je suis impatient de revoir la ville, les miens ; *esse in desiderio alicujus rei* Cic. Fam. 2, 12, 3, désirer qqch. [dont on est éloigné] ; *desiderio nostri te aestuare putabam* Cic. Fam. 7, 18, 1, je te croyais tout bouillant de l'impatience de me revoir ‖ regret : *desiderio confici* Cic. Or. 33, être tourmenté par le regret ; *erat in desiderio civitatis* Cic. Phil. 10, 14, il était l'objet des regrets de la cité ; *prudentiae suae nobis desiderium reliquerat* Cic. Brut. 2, il nous avait laissé le regret de sa clairvoyance ; *alicujus desiderium ferre* Cic. Lae. 104, supporter le regret de la perte de qqn, cf. Fam. 6, 22, 2 ‖ personne qui est l'objet des regrets : *mea lux, meum desiderium* Cic. Fam. 14, 2, 2, ô ma lumière, ô cher objet de mes regrets ! ; *valete, mea desideria* Cic. Fam. 14, 2, 4, adieu, chers objets de mes regrets ! ¶ 2 désir, besoin : *desideria naturae satiare* Cic. Fin. 2, 25, satisfaire à ce que réclame la nature, cf. Tusc. 5, 97 ; 5, 99 ; *desiderium naturale* Liv. 21, 4, 6, le besoin, les besoins ¶ 3 prière, demande, requête : Tac. An. 1, 19 ; 1, 26 ; Suet. Aug. 17 ; Plin. Pan. 79, 6.

Dēsīdĕrĭus, *ii*, m. (*desiderium* ; fr. Didier), nom d'homme : Cod. Th. 9, 36, 1.

dēsīdĕrō, *ās*, *āre*, *āvī*, *ātum* (cf. *considero* ; fr. désirer), tr. ¶ 1 désirer : *gloriam* Cic. Q. 3, 5, 3, aspirer après la gloire ; *nullam virtus aliam mercedem laborum desiderat praeter...* Cic. Arch. 28, la vertu ne réclame aucune autre récompense de ses peines que... ; *Capitolium sic ornare, ut templi dignitas desiderat* Cic. Verr. 4, 68, orner le Capitole comme la majesté du temple le réclame ‖ *ab aliquo aliquid* Cic. Rep. 3, 12, attendre de qqn qqch., réclamer de qqn qqch. (Att. 8, 14, 2 ; Fam. 8, 5, 1 ; Lae. 82 ; Caes. G. 7, 52, 4) ‖ [avec prop. inf.] *rem ad se importari desiderant* Caes. G. 4, 2, 1, ils désirent qu'on fasse chez eux des importations ‖ regretter l'absence de, éprouver le manque de, regretter : *amorem erga me, humanitatem suavitatemque desidero* Cic. Att. 15, 1, 1, c'est son affection pour moi, son amabilité, sa douceur que je regrette, cf. Verr. 5, 163 ; *patriam* Cic. Fam. 4, 9, 4, regretter sa patrie ‖ considérer comme manquant : *audies quid in oratione tua desiderem* Cic. Rep. 2, 64, tu vas savoir ce qui, selon moi, manque dans ton exposé ; *seu quid a peritioribus rei militaris desiderari videbatur* Caes. C. 3, 61, 3, soit qu'il se révélât des défectuosités aux yeux des critiques militaires compétents ; *praeter quercum Dodoneam nihil desideramus, quominus Epirum ipsam possidere videamur* Cic. Att. 2, 4, 5, à part le chêne de Dodone, il ne nous manque rien pour croire que nous possédons l'Épire elle-même ¶ 2 [en part.] regretter (déplorer) la perte de : *quarta victrix desiderat neminem* Cic. Phil. 14, 31, la quatrième [légion] victorieuse n'a perdu personne (Verr. 4, 131 ; Caes. C. 3, 71, 1 ; 3, 99, 1 ; G. 5, 23, 3 ; 7, 11, 8) ; *neque quicquam ex fano Chrysae praeter... desideratum est* Cic. Verr. 4, 96, il n'y eut aucune perte à déplorer parmi les objets du temple de Chrysas, à part... ‖ *perpaucis ex hostium numero desideratis, quin cuncti caperentur* Caes. G. 7, 11, 8, (un petit nombre manquant pour empêcher que tous fussent faits prisonniers) à un tout petit nombre d'ennemis près, tous étant faits prisonniers ¶ 3 rechercher, étudier [une question] : Col. 9, 8, 1 ; Vitr. 2, 6, 4.

dēsīdĕrōsus, *a*, *um* (*desidero* ; fr. désireux), désireux : Schol. Bern. Virg. B. 2, 43.

dēsĭdes, *um*, pl. de *deses*.

1 **dēsĭdĭa**, *ae*, f. (*desideo*), longue position assise [devant un miroir] : Prop. 1, 15, 6 ‖ croupissement, paresse : Cic. Brut. 8 ‖ repos [de la terre] : Col. 2, 17, 3 ‖ pl., Virg. En. 9, 615.

2 **dēsĭdĭa**, *ae*, f. (*desido*), action de se retirer : [en parl. de la mer] Apul. Mund. 34 ; [en parl. du sang] Apul. Plat. 2, 9.

dēsĭdĭābŭlum, *i*, n. (*desideo*), emplacement pour les fainéants : Pl. Bac. 376.

dēsĭdĭōsē, adv., oisivement, sans rien faire : Lucr. 4, 1128.

dēsĭdĭōsus, *a*, *um* (1 *desidia*), oisif, inoccupé, paresseux : Col. 12, 1, 1 ‖ [en parl. de choses] Cic. de Or. 3, 88 ‖ *-sior* Varr. R. 2, praef ; *-issimus* Cic. Agr. 2, 91.

dēsīdō, *ĭs*, *ĕre*, *sēdī*, - (*de*, *sido*), intr. ¶ 1 s'affaisser, s'abaisser : *terra desedit*

Cic. *Div.* 1, 97, le sol s'est affaissé (Liv. 32, 9) ; [en parl. de flots qui s'affaissent] Att. 2, 12, 3 ‖ aller à la selle : Cels. 4, 22, 2 ‖ [méd.] se résoudre : ***tumor desidit*** Cels. 7, 18, 4, la tumeur se résorbe ‖ [fig.] s'affaiblir : ***mores desidentes*** Liv. 1, pr. 9, mœurs en décadence ¶ **2** s'enfoncer, aller au fond : Varr. R. 3, 9, 11 ; Just. 4, 1, 10.
▶ parf. *desidi* Cic. *Div.* 1, 78 ms. A.

dēsĭdŭō, adv., longtemps : Varr. d. Fulg. *Serm.* 37.

dēsĭdŭus, *a*, *um*, c. *deses* : Gloss. 2, 45, 20.

dēsīgnātĭo, *ōnis*, f., figure, représentation : Vitr. 1, 6, 7 ; *quadrata* Vitr. 3, 1, 3, le carré ‖ indication, désignation : Cic. *de Or.* 1, 138 ‖ disposition, arrangement : Cic. *Att.* 4, 4 a, 1 ; *Nat.* 1, 20 ‖ désignation [au consulat] : Tac. *An.* 2, 36.
▶ *dissignatio* préférable pour Cic. *Nat.* 1, 20.

dēsīgnātīvus, *a*, *um*, qui sert à désigner, à préciser : Boet. *Herm. pr.* 1, 2.

dēsīgnātŏr (**dissignātor**), *ōris*, m. ¶ **1** employé qui assignait les places au théâtre : Pl. *Poen.* 19 ¶ **2** ordonnateur des pompes funèbres : Hor. *Ep.* 1, 7, 5 ‖ inspecteur dans les jeux publics : Cic. *Att.* 4, 3, 2.
▶ pour Hor. *Ep.* 1, 7, 5 *dissignator* est meilleur ; c'est l'orth. des Inscr.

dēsīgnātus, *a*, *um*, part. de *designo*.

dēsīgnō, *ās*, *āre*, *āvī*, *ātum* (*de*, *signo* ; it. *designare* ; fr. *dessiner*), tr. ¶ **1** marquer (d'une manière distinctive), représenter, dessiner : ***urbem aratro*** Virg. *En.* 5, 755, tracer avec la charrue l'enceinte d'une ville ; ***Europen*** Ov. *M.* 6, 103, représenter Europe [en broderie] ¶ **2** indiquer, désigner : ***aliquem oculis ad caedem*** Cic. *Cat.* 1, 2, désigner des yeux qqn pour le massacre ; ***turpitudinem aliquam non turpiter*** Cic. *de Or.* 2, 236, exprimer qqch. de laid d'une façon qui ne soit pas laide ; ***multa, quae nimiam luxuriam et victoriae fiduciam designarent*** Caes. *C.* 3, 96, 1, beaucoup de choses propres à révéler un excès de luxe et de confiance dans la victoire ‖ faire allusion à qqn [sans le nommer] : Caes. *G.* 1, 18, 1 ‖ ***mundum deum designare*** Cic. *Nat.* 1, 33, indiquer le monde comme dieu ¶ **3** désigner [pour une charge, pour une magistrature] : ***ut ii decemviratum habeant, quos plebs designaverit. Oblitus est nullos a plebe designari*** Cic. *Agr.* 2, 26, que ceux-là aient le décemvirat, que le peuple aura désignés. Il a oublié que le peuple n'en désigne aucun ; ***consul designatus*** Cic. *Fam.* 11, 6, 2, consul désigné [pour entrer en charge l'année suivante] ‖ [fig.] ***heredem familiae, designatum rei publicae civem tollere*** Cic. *Clu.* 32, supprimer [par des manœuvres abortives] l'héritier d'une famille, un citoyen désigné (à venir, futur) de l'État ¶ **4** ordonner, arranger, disposer : Cic. *Div.* 1, 82 ; 2, 120 ; *Nat.* 3, 85 ¶ **5** marquer d'un signe distinctif, faire remarquer : ***modo quid designavit ?*** *Ter. Ad.* 87, par quoi ne vient-il pas de se signaler ? ¶ **6** [tard.] représenter symboliquement, symboliser : Hil. *Matth.* 14, 15.
▶ confusion fréquente dans les mss entre *designo* et *dissigno*, v. Ter. *Ad.* 87 ; Hor. *Ep.* 1, 5, 16 ; Cic. *Nat.* 3, 85.

dēsĭī, parf. de *desino*.

Dēsĭlāus, *i*, m., peintre grec : *Plin. 34, 75.

dēsĭlĭo, *īs*, *īre*, *sĭlŭī*, *sultum* (*de*, *salio*), intr., sauter à bas de, descendre en sautant : ***de raeda*** Cic. *Mil.* 29, sauter de sa voiture ; ***ex essedis*** Caes. *G.* 5, 17, 4, des chars ; ***ab equo*** Virg. *En.* 11, 500, de cheval ; ***altis turribus*** Hor. *Epo.* 17, 70, se précipiter du haut des tours ; ***in medias undas*** Ov. *F.* 2, 111, se jeter au milieu des flots ; ***ad pedes desiluerunt*** Caes. *G.* 4, 12, 2, ils mirent pied à terre ; ***desilite, milites*** Caes. *G.* 4, 25, 3, pied à terre, soldats ! ‖ [fig.] ***desilire in artum*** Hor. *P.* 134, s'engager dans une voie trop étroite.
▶ parf. *desilivi* Col. 6, 24, 3 ; *desilii* Curt. 4, 12, 3 ; [contr.] *desilisset* Suet. *Caes.* 64 ; arch. *desului* Pl. *Ru.* 75.

dēsĭnō, *īs*, *ĕre*, *sĭī*, *sĭtum* (*de*, *sino*) ¶ **1** tr., cesser, laisser, mettre un terme à : ***artem*** Cic. *Fam.* 7, 1, 4, renoncer à son art, cf. Ter. *Haut.* 305 ; Sall. *H.* 1, 28 ; Suet. *Tib.* 36 ; Gell. 2, 12, 3 ; ***desine plura*** Virg. *B.* 5, 19, n'en dis pas davantage ‖ ***mirari desino*** Cic. *de Or.* 2, 59, je cesse d'admirer ; ***numquam ne moveri quidem desinit*** Cic. *Rep.* 6, 27, il ne cesse pas non plus de se mouvoir ; ***conventus fieri desierunt*** Cic. *Att.* 1, 19, 9, les réunions ont cessé ; ***veteres orationes a plerisque legi sunt desitae*** Cic. *Brut.* 123, les anciens discours ont cessé d'être lus par le plus grand nombre, cf. *Off.* 2, 27 ‖ [pass. impers.] ***contra eos desitum est disputari*** Cic. *Fin.* 2, 43, on a cessé de discuter contre eux, cf. *Rep.* 2, 59 ¶ **2** intr. **a)** cesser, en finir : ***desine communibus locis*** Cic. *Ac.* 2, 80, finis-en avec les lieux communs ‖ [poét.] ***desine querellarum*** Hor. *O.* 2, 9, 17, mets fin à tes plaintes ‖ ***ah ! pergisne ? — Jam jam desino*** Ter. *Ad.* 853, ah ! tu continues ? — Je vais avoir fini, je vais me taire ‖ ***desino in exemplis*** Sen. *Marc.* 2, 1, je finis sur (par) des exemples, cf. Suet. *Ner.* 46 **b)** cesser, se terminer : ***bellum aegerrume desinit*** Sall. *J.* 83, 1, une guerre se termine très difficilement ‖ ***desinere in piscem*** Hor. *P.* 4, se terminer en queue de poisson, cf. Virg. *En.* 10, 211 ; Sen. *Ep.* 92, 10 ; 66, 43 **c)** [rhét.] finir, se terminer : ***quae similiter desinunt*** Cic. *de Or.* 3, 206, mots dont la désinence est la même, cf. Quint. 9, 3, 79.
▶ formes contr. *desi* Carm. Epigr. 1091 ; 1092 ; *desit* Mart. 6, 26, 3 ; *desisse* Cic. *Fam.* 9, 24, 2 ; *desissem* Catul. 36, 5 ‖ *desivi* Solin. 35, 4 ; [tard.] *desinui* Commod. *Apol.* 201.

dēsĭŏcŭlus, v. *dexiocholus*.

dēsĭpĭens, *entis*, part.-adj. de *desipio*, ***desipiens arrrogantia*** Cic. *Nat.* 2, 16, fol orgueil.

dēsĭpĭentĭa, *ae*, f. (*desipio*), égarement d'esprit, folie : Lucr. 3, 499.

dēsĭpĭo, *īs*, *ĕre*, -, - (*de*, *sapio*) ¶ **1** tr., rendre insipide : Tert. *Pud.* 13, 25 ¶ **2** intr., être dépourvu de sens, avoir perdu l'esprit, extravaguer : Cic. *Div.* 2, 51 ; *Ac.* 2, 123 ; *Nat.* 1, 94 ; ***senectute*** Cic. *Fam.* 1, 9, 18, sous l'effet de la vieillesse ‖ ***desipiebam mentis*** Pl. *Ep.* 138, j'avais perdu l'esprit ‖ ***jungere... desiperest*** Lucr. 3, 802, joindre... c'est folie ‖ [méd.] ***intra verba desipere*** Cels. 3, 18, 3, délirer ‖ [fig.] ***dulce est desipere in loco*** Hor. *O.* 4, 13, 28, il est doux en son temps d'oublier la sagesse.
▶ parf. *desipui* Lact. *Inst.* 2, 4, 4.

dēsĭpīscō, *īs*, *ĕre*, -, -, tr., c. *desipio* : Not. Tir. 52, 21.

dēsistō, *īs*, *ĕre*, *stĭtī*, *stĭtum* (*de*, *sisto*), inf., s'abstenir, renoncer à, discontinuer de : ***sententia*** Cic. *Off.* 3, 15 ; ***de sententia*** Cic. *Tusc.* 2, 28, changer d'avis ; ***causa*** Cic. *Off.* 3, 112, renoncer à un procès ; ***de mente*** Cic. *Fam.* 52, 8, changer de sentiments, cf. Nep. *Timot.* 2, 2 ; Liv. 37, 58, 1 ; ***ab defensione*** Caes. *C.* 2, 12, 3, renoncer à se défendre, cf. *G.* 7, 12, 1 ‖ [poét.] ***pugnae*** Virg. *En.* 10, 441, cesser le combat ; ***labori*** Stat. *Th.* 5, 273, se refuser à un travail ‖ [avec inf.] cesser de : Cic. *Tusc.* 1, 117 ; *Fin.* 1, 6 ; *Brut.* 314 ‖ [abs'] ***desiste*** Pl. *Ps.* 496, arrête-toi ; ***desistente autumno*** Varr. *R.* 2, 3, 8, à la fin de l'automne ‖ ***non desistere quin*** Pl. *Ru.* 228 ; Vatin. *Fam.* 5, 10, 1, ne pas avoir de repos que... ne, ne pas s'arrêter avant que...

Dēsĭtĭās (**Daes-**), *ātis*, m. f., v. *Daesitiates* : CIL 3, 9739.

dēsĭtĭo, *ōnis*, f. (*desino*), conclusion [rhét.] : Carm. Fig. 37.

1 **dēsĭtus**, *a*, *um*, part. de 2 *desero* et de *desino*.

2 **dēsĭtŭs**, abl. *ū*, m., manque, défaut : Jul.-Val. 3, 54 ; 87.

dēsīvi, v. *desino*.

dēsīvō, *ās*, *āre*, -, - (peu sûr ; cf. *desino*, *desivi*), c. *desino* : P. Fest. 63, 28.

dēsōlānus, *a*, *um*, c. *subsolanus* : Gloss. 4, 437, 55.

dēsōlātĭo, *ōnis*, f. (*desolo*), [tard.] abandon : Aug. *Ep.* 130, 3 ‖ destruction, ravage : Hil. *Psalm.* 58, 7 ‖ [pl. concret] lieux de solitude, où s'installaient les ermites : Cassiod. *Var.* 8, 31, 7.

dēsōlātŏr, *ōris*, m., ravageur, qui sème la désolation : Hier. *Am.* 3, 7, 4.

dēsōlātōrĭus, *a*, *um*, qui désole, qui ravage : Hier. *Ep.* 65, 12.

dēsōlātus, *a*, *um*, part. de *desolo*.

dēsōlō, *ās*, *āre*, *āvī*, *ātum* (*de*, *solus*), tr., dépeupler, ravager, désoler : Virg. *En.* 11, 367 ‖ [employé surtout au part.] déserté, abandonné : Virg. *En.* 11, 870 ; Plin. *Ep.* 4, 21, 3 ; Tac. *An.* 130 ; 12, 26.

dēsŏlūtus, *a*, *um* (*de*, *solvo*), payé : Scaev. *Dig.* 40, 5, 41.

dēsomnis, e (de, somnus), privé de sommeil : PETR. 47, 5.

dēsorbĕō, ēs, ēre, -, - (de, sorbeo), tr., engloutir : TERT. Idol. 24, 1.

despectātĭo, ōnis, f., vue d'en haut : VITR. 2, 8, 17.

despectātŏr, ōris, m., contempteur : *TERT. Ux. 2, 8, 1 ; dispector.

despectĭo, ōnis, f. (despicio), action de regarder d'en haut : CAEL.-AUR. Chron. 1, 4, 114 ∥ [fig.] mépris : CIC. Frg. F. 5, 69 ∥ [tard.] fait d'être méprisé : AUG. Psalm. 122, 11.

despectō, ās, āre, -, - (fréq. de despicio ; esp. despechar), regarder d'en haut : OV. M. 4, 624 ∥ dominer [en parl. d'un lieu élevé] : VIRG. En. 7, 740 ∥ regarder avec mépris, mépriser : TAC. An. 2, 43.

despectŏr, ōris, m., contempteur, celui qui méprise : TERT. Marc. 2, 23, 1.

despectrix, īcis, f., celle qui méprise : TERT. Anim. 23, 2.

1 dēspectus, a, um, part. de despicio ∥ adjᵗ, méprisable : TAC. An. 13, 47 ∥ -tior BOET. Cons. 3, pros. 4 ; -tissimus TAC. H. 5, 8.

2 despectŭs, ūs, m. (fr. dépit) ¶ 1 vue d'en haut, vue plongeante : erat ex oppido despectus in campum CAES. G. 7, 79, 3, de la ville on dominait la plaine, cf. 3, 14, 9 ; 7, 79, 3 ∥ pl., points de vue : habere despectus CAES. G. 2, 29, 3, avoir de la vue (des vues) de tous côtés ¶ 2 [au dat. seulᵗ] mépris : despectui esse alicui HER. 4, 51 ; TAC. H. 4, 57, être méprisé de qqn (objet de mépris pour...) ; despectui me habet VULG. Gen. 16, 5, il me méprise.

despērābĭlis, e (despero), dont on doit désespérer, incurable : HIER. Jer. 3, 17, 9.

despērantĕr, adv., avec désespoir, en désespéré : CIC. Att. 14, 18, 3.

despērātē, ⟨C.⟩ desperanter : AUG. Ep. 56, 2 ∥ desperatius AUG. Conf. 6, 15 ; CASSIAN. Coll. 4, 20.

despērātĭo, ōnis, f. (despero), [définition d. CIC. Tusc. 4, 18] action de désespérer, désespoir [avec gén.] : tanta est desperatio recuperandi CIC. Fam. 4, 3, 2, on désespère tellement de recouvrer ; desperationem alicui alicujus rei adferre CAES. C. 1, 11, 3 ou facere SEN. Ep. 64, 5, ôter à qqn l'espoir de qqch. ∥ magna desperatione affectus CIC. Att. 14, 19, 1, atteint d'un profond désespoir ; ad summam desperationem pervenire CAES. C. 2, 42, 2, en venir au suprême désespoir ; ad desperationem adductus NEP. Eum. 12 ou redactus SUET. Aug. 81, réduit au désespoir ∥ desperationes eorum qui CIC. Fam. 3, 16, 6, le désespoir de ceux qui ∥ [fig.] audace qui naît du désespoir : APUL. M. 10, 26.

despērātŏr, ōris, m., celui qui a renoncé : GLOSS. 2, 234, 13.

despērātus, a um ¶ 1 part. de despero ¶ 2 adjᵗ, dont on désespère, désespéré : desperati morbi CIC. Sull. 76, maladies désespérées, cf. Att. 16, 15, 5 ; desperatae pecuniae CIC. Mur. 42, sommes d'argent considérées comme perdues ; desperati senes CIC. Cat. 2, 5, vieillards perdus d'honneur, cf. CAES. G. 7, 3, 1 ∥ n. pris advᵗ, désespérément = extrêmement : PETR. 68, 7 ∥ desperatior CIC. Fam. 7, 22, 1 ; -tissimus CIC. Verr. 2, 101 ¶ 3 subst. m., desperatus, i, un malade condamné : AUG. Serm. 344, 5 ; desperati CIC. Att. 16, 15, 5, malades dans un état désespéré.

despernō, ĭs, ĕre, -, -, tr., rejeter avec mépris : COL. 10, 298.

despērō, ās, āre, āvī, ātum (de, spero ; it. disperare) ¶ 1 tr., désespérer de, ne pas compter ou ne plus compter sur : honorem CIC. Mur. 43, perdre l'espérance d'arriver à une dignité, cf. Mil. 56 ; nos et rem publicam LENTUL. d. CIC. Fam. 12, 14, 3, désespérer de nous et de l'État, cf. SEN. Ep. 29, 3 ; sive restituimur, sive desperamur CIC. Q. 1, 3, 7, que ma fortune se relève, ou qu'il faille en désespérer ; hujus salus desperanda est CIC. Lae. 90, il faut désespérer de son salut ∥ non despero fore aliquem aliquando, qui... CIC. de Or. 1, 95, je ne désespère pas qu'il se trouvera un jour qqn qui..., cf. Div. 2, 48 ; Att. 8, 9, 3 ¶ 2 intr., désespérer, perdre toute espérance : sibi CIC. Mur. 45, désespérer de soi ; saluti CIC. Clu. 68, de son salut, cf. CAES. G. 7, 50 ; de toto ordine CIC. Verr. 1, 22, désespérer de l'ordre tout entier [du sénat], cf. CAES. G. 1, 18, 9 ; 1, 40, 4 ; 7, 36, 1 ; LIV. 22, 61, 10 ; 25, 6, 7 ; a senatu CIC. Pis. 12, être sans espoir du côté du sénat ∥ [absᵗ] perdre l'espérance, renoncer à l'espérance, désespérer : CIC. Off. 1, 73 ; Tusc. 3, 83.

despexī, parf. de despicio.

despĭca, ae, f. (despicio), celle qui méprise : NAEV. Com. 25.

despĭcābĭlis, e (despicor), méprisable : AMM. 26, 8, 5 ∥ -bilior SIDON. Ep. 2, 10, 4.

despĭcātĭo, ōnis, f. (despicor), mépris, dédain : [au pl.] CIC. Fin. 1, 67.

1 despĭcātus, a, um, part. de despicor ∥ adjᵗ, méprisé : PL. Cas. 189 ; despicatissimus CIC. Sest. 36.

2 despĭcātus, a, um, part. de despico : RUFIN. Hist. 11, 24.

3 despĭcātŭs, ūs, m. (despicor), [ne se trouve qu'au dat. sg.], mépris, dédain : habere aliquem despicatui PL. Men. 693, mépriser qqn ; despicatui duci CIC. Flac. 65, être méprisé.

despĭcĭendus, a, um, pris adjᵗ, méprisable : TAC. An. 12, 49.

despĭcĭens, tis, part. prés. pris adjᵗ, avec gén. : sui CIC. de Or. 2, 364, ayant du mépris de soi.

despĭcĭentĭa, ae, f., ⟨C.⟩ despicatio : CIC. Tusc. 1, 95 ; Part. 81.

despĭcĭō, ĭs, ĕre, spexī, spectum (de, specio)

I tr. ¶ 1 regarder d'en haut : si quis Pacuviano invehens curru gentes et urbes despicere possit CIC. Rep. 3, 14, si, emporté sur le char dont parle Pacuvius, l'on pouvait voir au-dessous de soi nations et villes, cf. VIRG. En. 1, 224 ; OV. M. 2, 178 ; SIL. 12, 448 ¶ 2 regarder de haut, mépriser, dédaigner [les personnes et les choses] : CIC. Amer. 135 ; Rep. 1, 28 ; Lae. 86 ; CAES. G. 1, 13, 5 ; C. 3, 59, 3 ∥ parler avec mépris de, ravaler : CAES. C. 3, 87, 1 ∥ [tard., avec inf.] négliger : opera monasterii levia exercere CASSIAN. Inst. 7, 10, négliger d'accomplir les tâches faciles du monastère.

II intr. ¶ 1 regarder d'en haut : ad aliquem PL. Mil. 553, laisser plonger ses regards chez qqn ; de vertice montis in valles OV. M. 11, 504, du haut de la montagne abaisser ses regards sur les vallées, cf. M. 1, 601 ¶ 2 détourner les yeux, regarder ailleurs : simul atque ille despexerit CIC. Amer. 22, dès qu'il aura tourné les yeux.

▶ inf. parf. arch. despexe PL. Mil. 553.

despīcō, ās, āre, -, - (de spica ; roum. despica), tr., fendre, ouvrir [un poulet] : PELAG. 88.

despĭcŏr, āris, ārī, - (despicio), tr., mépriser : Q. POMP. d. PRISC. 2, 385, 10 ; PS. AUR.-VICT. Vir. 23 ∥ 1 despicatus.

desplendescō, ĭs, ĕre, -, -, intr., perdre son éclat : PAUL.-NOL. Ep. 39, 8.

despŏlĭātĭo, ōnis, f. (despolio), spoliation [fig.] : TERT. Res. 7, 6 ∥ [amende] COD. TH. 9, 17, 6.

despŏlĭātŏr, ōris, m. (despolio), fripon : PL. Trin. 240.

despŏlĭō, ās, āre, āvī, ātum (de spoliis ; it. spogliare), tr., dépouiller, spolier aliquem, qqn : CIC. Fam. 14, 2, 3 ; templum CIC. Verr. 3, 54, piller un temple ; Atuatucos armis CAES. G. 2, 31, 4, dépouiller les Atuatuques de leurs armes ; despoliari triumpho LIV. 45, 36, 7, être frustré du triomphe.

despŏlĭŏr, āris, ārī, -, [arch.] ⟨C.⟩ despolio : AFRAN. d. NON. 480, 13.

despondĕō, ēs, ēre, spondī, sponsum (de, spondeo), tr. ¶ 1 promettre, accorder, garantir : aliquid alicui CIC. Att. 13, 12, 3, réserver qqch. à qqn ; Hortensii domum sibi desponderat CIC. Att. 11, 6, 6, il s'était adjugé la maison d'Hortensius ; exigua spes est rei publicae, sed, quaecumque est, ea spondetur anno consulatus tui CIC. Fam. 12, 9, 2, il y a bien peu d'espoir à fonder sur l'État, mais cet espoir, quel qu'il soit, repose sur l'année de ton consulat ¶ 2 promettre en mariage, fiancer : Tulliolam C. Pisoni despondimus CIC. Att. 1, 3, 3, j'ai fiancé ma petite Tullia à Pison, cf. de Or. 1, 239 ; despondere sororem suam in tam fortem familiam PL. Trin. 1133, fiancer sa sœur dans une famille si importante ; Cornificius adolescens Orestillae filiam sibi despondit CAEL. Fam. 8, 7, 2, le jeune Cornificius s'est fiancé à la fille d'Orestilla ∥ [pass. impers.] intus despondebitur TER. And. 980, c'est

dans la maison que se feront les fiançailles ¶3 abandonner, renoncer à : *animum* Pl. *Mil.* 6, perdre courage, cf. Liv. 26, 7, 8 ; *sapientiam* Col. 11, 1, 11, renoncer à atteindre la sagesse ‖ [abs^t] languir : *turdi, caveis clausi, despondent* Col. 11, 1, 11, les grives, mises en cage, languissent.
▶ parf. despopondi Tert. *Fug.* 5, 1.

desponsātus, *a*, *um*, part. de *desponso*.

desponsātĭo, *ōnis*, f., fiançailles : Tert. *Virg.* 11, 5.

desponsĭo, *ōnis*, f. (*despondeo*) ¶1 fiançailles : Hier. *Jovin.* 1, 3 ¶2 désespoir : Cael.-Aur. *Acut.* 3, 18, 176 ; *desponsio animi* Cael.-Aur. *Acut.* 2, 32, 167, même sens.

desponsō, *ās*, *āre*, -, *ātum* (fréq. de *despondeo* ; it. *disposare*), tr., fiancer : Suet. *Caes.* 1 ; part. *desponsatus* Pl. *Trin.* 1156.

desponsŏr, *ōris*, m. (*despondeo*), celui qui fiance, qui promet ou accorde en mariage : Varr. *L.* 6, 69.

desponsus, *a*, *um*, part. de *despondeo*.

despŏpondi, v. ▶ despondeo.

despŭens, *entis*, p.-adj. de *despuo*, qui méprise : Mamert. *Anim.* 2, 9, 3.

despūmātĭo, *ōnis*, f., refroidissement : Tert. *Carn.* 19, 3.

despūmātus, *a*, *um*, part. de *despumo*.

despūmō, *ās*, *āre*, *āvī*, *ātum* (*de spuma*) ¶1 tr. **a)** écumer, enlever l'écume de qqch. : *foliis undam* Virg. *G.* 1, 296, écumer le liquide avec des feuilles ‖ [fig.] cuver [son vin] : *stertimus, indomitum quod despumare Falernum sufficiat* Pers. 3, 3, nous ronflons suffisamment pour jeter au dehors l'écume du Falerne indompté **b)** saigner : Veg. *Mul.* 2, 34, 2 **c)** polir : Vitr. 7, 4, 5 ; Plin. 36, 187 **d)** répandre comme une écume : *cum aliquid lacrimarum adfectus diffuderit et, ut ita dicam, despumaverit* Sen. *Ep.* 99, 27, lorsque la douleur a répandu quelques larmes et les a jetées au dehors comme l'écume d'un bouillonnement ‖ [fig.] *despumatus* Hier. *Jovin.* 1, 33, dont l'effervescence est passée ¶2 intr., jeter son écume, cesser d'écumer : *labor illos exerceat, ut nimius ille fervor despumet* Sen. *Ir.* 2, 20, 3, que le travail les exerce de façon que leur bouillonnement excessif jette son écume.

despŭo, *is*, *ēre*, -, - (*de*, *spuo*) ¶1 intr., cracher à terre : Varr. *L.* 5, 157 ; Liv. 5, 40, 8 ¶2 tr. **a)** détourner un mal, en crachant dans le pli de sa robe : *morbos* Plin. 28, 35, détourner des maladies en crachant **b)** [fig.] rejeter avec mépris : Pl. *As.* 38 ; Catul. 50, 19.

despūtāmentum, *i*, n. (*despuo*), crachat : Fulg. *Myth.* 3, 6.

despūtum, *i*, n. (*despuo*), crachat : Cael.-Aur. *Acut.* 3, 20, 195.

desquāmātus, *a*, *um*, part. de *desquamo* ‖ subst. n. pl., *desquamata* excoriations, écorchures [méd.] : Plin. 22, 139.

desquāmō, *ās*, *āre*, *āvī*, *ātum* (*de squamis* ; esp. *descamar*), tr., écailler, ôter les écailles : Pl. *Aul.* 398 ; Apul. *Apol.* 42, 6 ‖ [fig.] *desquamor* Lucil. d. Non. 95, 15, on me frotte, on m'étrille ‖ écorcer : Plin. 23, 134 ‖ enlever ce qui est autour : Plin. 25, 97.

Dessius Mundus, m., écrivain consulté par Pline : Plin. *1*, 17.

desternō, *is*, *ĕre*, *strāvī*, *strātum*, tr., décharger [une bête de somme] : Veg. *Mil.* 3, 10 ; Vulg. *Gen.* 24, 32.

destertō, *is*, *ēre*, *ŭī*, - (*de*, *sterto*), intr., cesser de rêver en ronflant : Pers. 6, 10.

destĭcō, *ās*, *āre*, -, - (onomat.), intr., chicoter [en parl. du cri de la souris] : Suet. *Frg.* 161, p. 250, 3 R. ; Anth. 762, 62.

Desticŏs, *i*, f., île de la mer Égée : Plin. 4, 74.

destillātĭo, *ōnis*, f. (*destillo*), écoulement, catarrhe : Cels. 1, 2, 3 ; *destillatio narium* Plin. 20, 183, rhume de cerveau.

destillō (dist-), *ās*, *āre*, *āvī*, *ātum* (*de*, *stillo*), intr. ¶1 dégoutter, tomber goutte à goutte : *destillat ab inguine virus* Virg. *G.* 3, 281, l'humeur dégoutte de leur aine ; *de capite in nares* Cels 4, 5, 1 (cf. Luc. 8, 777) découler du cerveau dans le nez ‖ *ex aethere* Sen. *Nat.* 2, 12, 3, émaner de l'éther ‖ [fig.] *odore destillante arboribus* Plin. 6, 198, une odeur s'exhalant des arbres ¶2 dégoutter de : *destillent tempora nardo* Tib. 2, 5, 7, que ses tempes dégouttent de nard, que le nard découle de ses tempes.

destĭmŭlō, *ās*, *āre*, -, - (*de*, *stimulo*), tr., stimuler, exciter fortement : Paul.-Nol. *Carm.* 20, 23.

destĭna, *ae*, f. (*destino*), appui, support, soutien : Vitr. 5, 12, 3 ; Arn. 2, 69.

destĭnātē, adv., obstinément : Amm. 18, 2, 7 ‖ *destinatius* Amm. 20, 4, 14.

destĭnātĭo, *ōnis*, f. (*destino*), fixation, détermination ¶1 résolution, projet arrêté : *ex destinatione Agrippae* Plin. 3, 17, d'après l'intention d'Agrippa ; *destinatio mortis* Plin. 36, 96, résolution de mourir, cf. Tac. *An.* 12, 32 ; 15, 51 ; *H.* 2, 47 ¶2 *destinatio partium* Liv. 32, 35, assignation des parts, partage ‖ *destinatio consulum* Plin. *Pan.* 77, 1 ; Tac. *H.* 2, 79, désignation des consuls ¶3 opiniâtreté : Amm. 15, 10, 10.

destĭnātō, adv., v. ▶ destinatus ¶4.

destĭnātŏr, *ōris*, m., celui qui adresse, qui envoie : Ennod. *Ep.* 2, 6.

destĭnātus, *a*, *um* ¶1 part. de *destino* ¶2 adj^t, fixé, résolu : Cic. *Tusc.* 2, 5 ; 5, 63 ‖ ferme, obstiné : *destinatus obdura* Catul. 8, 19, tiens bon fermement ¶3 subst. f., *destinata*, *ae*, fiancée : Suet. *Caes.* 27 ‖ subst. n., *destinatum*, *i*, projet, but fixé, v. ▶ destino ¶3 : *destinatis alicujus adversari* Tac. *An.* 4, 40, fin, combattre les projets de qqn ; *antequam destinata componam* Tac. *H.* 1, 4, avant de traiter mon sujet ¶4 [loc. adv.] *ex destinato*, à dessein, de propos délibéré : Sen. *Clem.* 1, 6 ; Suet. *Cal.* 43 ou *destinato* Suet. *Caes.* 60.

destĭnō, *ās*, *āre*, *āvī*, *ātum* (d'un verbe*stano dérivé de *sto*, cf. ἱστάνω), tr. ¶1 fixer, assujettir : *antemnas ad malos* Caes. *G.* 3, 14, 6, assujettir les vergues aux mâts, cf. *G.* 7, 22, 2 ; *C.* 1, 25 ‖ [fig.] *operi destinatus* Caes. *G.* 7, 72, 2, occupé à travailler ¶2 affecter à, destiner à : *aliquid sibi* Cic. *Fam.* 7, 23, 3, se destiner qqch. ; *aliquem arae* Virg. *En.* 2, 129 ; *ad mortem* Liv. 2, 54, 4, destiner qqn à l'autel, à la mort ; *in aliud* Tac. *H.* 4, 53, destiner à un autre usage ‖ [avec deux acc.] fixer, désigner : *Africam alicui provinciam* Liv. 28, 38, 10, destiner l'Afrique comme province à qqn ; *eum parem destinant animis Magno Alexandro ducem* Liv. 9, 16, 19, en eux-mêmes ils en font un chef égal à Alexandre le Grand, cf. 33, 28, 5 ; *nemini dubium erat, quin Q. Fabius omnium consensu (consul) destinaretur* Liv. 10, 22, 1, personne ne doutait qu'à l'unanimité on choisirait Q. Fabius comme consul (que le consulat ne fût réservé à...), cf. 39, 32, 9 ; Tac. *An.* 1, 3 ; *Lepida destinata uxor L. Caesari* Tac. *An.* 3, 23, Lépida destinée comme épouse à L. César ¶3 arrêter, décider : *alicui diem necis* Cic. *Off.* 3, 45, fixer le jour du supplice de qqn ; *certae destinataeque sententiae* Cic. *Tusc.* 2, 5, opinions bien déterminées et bien arrêtées ‖ [avec inf.] *quae agere destinaverat* Caes. *C.* 1, 33, 4, ce qu'il avait décidé de faire, cf. Liv. 43, 7, 3 ; [avec prop. inf.] Liv. 24, 2, 1 ; v. ▶ destinatus ‖ fixer qqch. comme but, viser : *vulnerabant... quem locum destinassent oris* Liv. 38, 29, 7, ils frappaient la partie du visage qu'ils avaient visée ‖ subst. n., *destinatum* but marqué : Liv. 38, 26, 7 ; *destinata feriebat* Curt. 7, 5, 41, il touchait le but ¶4 arrêter, fixer son dévolu sur, acheter, acquérir : *aliquid sibi destinare* Cic. *Fam.* 7, 23, se réserver qqch. [la possession, l'acquisition] ; *minis triginta sibi puellam destinat* Pl. *Most.* 646, à quel prix l'achète-t-il ? cf. Pers. 542 ¶5 envoyer, adresser (*aliquid ad aliquem*, qqch. à qqn) (cf. fr. *destinataire*) : Capit. *Gord.* 1.

destĭtŏr, *ōris*, m. (*desisto*), qui abandonne, cédant : Julian. *Epit.* 51, 192.

destĭtŭō, *is*, *ĕre*, *stĭtŭī*, *stĭtūtum* (*de*, *statuo*), tr. ¶1 placer debout à part, dresser isolément : *palum in foro* Gracc. d. Gell. 10, 3, 3, dresser un poteau sur la place publique ; *servos ad mensam ante se* Caecil. d. Non. 280, 3, faire tenir les esclaves debout devant soi près de la table, cf. Cic. *Verr.* 3, 66 ‖ faire tenir debout à l'écart les soldats punis : Liv. 7, 13, 3 ; 10, 4, 4 ; 27, 13, 9 ¶2 [fig.] abandonner, laisser (planter) là qqn : *eumdem in septemviratu nonne destituisti ?* Cic. *Phil.* 2, 99, ne l'as-tu pas encore planté là lors

destituo

de la désignation du septemvirat?; ***nudus paene est destitutus*** Cic. *Verr.* 5, 110, il fut presque laissé nu sur la place, cf. Caes. *G.* 1, 16, 6 ‖ [nom de chose sujet] ***ventus eum destituit*** Liv. 30, 24, 7, le vent l'abandonne, cesse de souffler; ***ut quemque destituit vadum*** Liv. 21, 28, 5, à mesure que le sol guéable manque sous les pieds de chacun d'eux ‖ [abs[t]] abandonner = manquer, faire défaut : Liv. 37, 7, 9; 1, 41, 1 ‖ [pass.] : ***destitutus a spe*** Curt. 4, 3, 20 ; Liv. 22, 15, 2 ou ***spe*** Curt. 8, 6, 20 ; Liv. 29, 24, 2, ayant perdu tout espoir ; ***a re familiari*** Suet. *Ner.* 10, sans fortune ; ***barbari ducibus destituti*** Curt. 5, 13, 18, les barbares privés de leurs chefs ; [abs[t] et pris subst[t]] ***destituto similis*** Suet. *Galb.* 11, semblable à un homme perdu sans ressources ¶ **3** mettre à part, supprimer : ***destituere honorem*** Suet. *Cl.* 45, supprimer un honneur ; ***partem verborum*** Quint. 11, 3, 33, [d. la prononciation] laisser tomber une partie des mots ¶ **4** décevoir, tromper : ***quorum ego consiliis destitutus in hanc calamitatem incidi*** Cic. *Q.* 1, 3, 8, trompé par leurs conseils, je suis tombé dans ces malheurs ; ***spem destituere*** Liv. 1, 51, 5, tromper l'espoir de qqn ; ***conata alicujus*** Vell. 2, 42, trahir les efforts de qqn ‖ ***deos mercede pacta*** Hor. *O.* 3, 3, 21, frustrer les dieux du salaire convenu.

destĭtūtĭo, ōnis, f. (*destituo*) ¶ **1** action d'abandonner, abandon : Suet. *Dom.* 14 ¶ **2** manque de parole, trahison [d'un débiteur] : Cic. *Clu.* 71 ¶ **3** ***ad destitutionem peccati*** Vulg. *Heb.* 9, 26, pour abolir le péché.

destĭtūtŏr, ōris, m. (*destituo*), celui qui abandonne : Tert. *Nat.* 2, 17, 4.

destĭtūtus, *a, um*, part. de *destituo*.

destŏmăchŏr, āris, ārī, -, intr., se dépiter : Don. *And.* 886 ; *Ad.* 796.

destrangŭlō, ās, āre, -, -, tr., étrangler, étouffer [fig.] : Decl. Catil. 24.

destrāvī, parf. de *desterno*.

destrictārĭum, ii, n. (*destringo*), endroit des bains où l'on frotte avec le strigile : CIL 1, 1635.

destrictē, adv. (*districtus*), d'une façon décidée, tranchante, menaçante : Tert. *Marc.* 1, 3, 1.

destrictĭo, v. *districtio*.

destrictīvus, *a, um*, relâchant, purgatif : Cael.-Aur. *Acut.* 2, 29.

destrictus, *a, um*, part. de *destringo* ‖ adj[t], décidé, menaçant : ***destrictior*** Tac. *An.* 4, 36 ; cf. *stricta manus, stringo* ¶ **4**.

destringō, ĭs, ĕre, strinxī, strictum (*de, stringo*), tr. ¶ **1** enlever en serrant, couper, cueillir : ***avenam*** Cat. *Agr.* 37, 5, arracher la folle avoine ; ***frondem*** Quint. 12, 6, 2, élaguer le feuillage ¶ **2** dégainer l'épée : Cic. *Off.* 3, 112 ; Caes. *G.* 1, 25, 2 ‖ ***securis destricta*** Liv. 8, 7, 20, hache dégagée du faisceau ¶ **3** nettoyer en frottant, frotter avec le strigile : Plin. *Ep.* 3, 5, 14 ; nettoyer, purger : Plin. 32, 96 ¶ **4** [fig.] **a)** effleurer, raser : ***aequora alis*** Ov. *M.* 4, 562, raser les flots de ses ailes, cf. *M.* 10, 562 ‖ [poét.] ***vulnus*** Grat. 364, faire une blessure légère **b)** atteindre, entamer : ***aliquem mordaci carmine*** Ov. *Tr.* 2, 563, déchirer qqn d'un vers mordant, se déchaîner, (**in** ***aliquem***) : Sen. *Ir.* 2, 10, 4.

destructĭlis, *e*, destructible : Lact. *Ir.* 24, 14.

destructĭo, ōnis, f. (*destruo*), destruction, ruine : Suet. *Galb.* 12 ‖ réfutation : Quint. 10, 5, 12 ‖ [tard.] affaiblissement : Cassian. *Coll.* 12, 1, 3.

destructīvē, adv., de manière à détruire : Boet. *Anal. pr.* 1, 42.

destructīvus, *a, um* (*destruo*), propre à détruire, destructif : Cael.-Aur. *Chron.* 1, 4, 84.

destructŏr, ōris, m. (*destruo*), destructeur : Tert. *Apol.* 46, 18.

destructūra, ae, f., destruction : Myth. 2, 229.

destructus, *a, um*, part. de *destruo*.

destrŭō, ĭs, ĕre, struxī, structum (it. *struggere*), tr., démolir, détruire, renverser, abattre : ***aedificium*** Cic. *CM* 72, démolir un bâtiment ‖ [fig.] détruire, abattre : ***jus*** Liv. 34, 3, détruire le droit ; ***hostem*** Tac. *An.* 2, 63, abattre un ennemi.

dēsŭādĕō, ēs, ēre, -, -, tr., déconseiller, dissuader : Aug. *Serm.* 171, 2 Mai.

dēsŭb (*de, sub*), prép. ¶ **1** [avec abl.] de dessous, dessous : Col. 12, 34 ; Jul. Bass. d. Sen. *Contr.* 1, 3, 11 ; Flor. 2, 3, 2 ; Veg. *Mul.* 2, 19 ¶ **2** [avec acc.] Grom. 329, 25.

1 dēsŭbĭtō, adv., tout à coup, soudain : Pl. *Bac.* 79 ; Cic. *Rep.* 6, 2.

2 dēsŭbĭtō, ās, āre, -, -, tr., renverser soudainement : Firm. *Math.* 3, 3, 14.

dēsubtĕr, adv., par-dessous : Vit. Patr. 3, 38.

dēsubtus, adv. et prép., dessous ‖ prép. **a)** [avec abl.] Hil. *Psalm.* 1, p. 6, 12 **b)** [avec acc.] Chir. 455.

dēsūbŭlō, ās, āre, āvī, ātum, tr. (*de, subula*), perforer, percer un [chemin] : Varr. *Men.* 483.

dēsuctus, *a, um*, part. de *desugo*.

Desudaba, ae, f., ville de Thrace : Liv. 44, 26.

dēsūdascō, ĭs, ĕre, -, -, intr., suer beaucoup : ***desudascitur*** Pl. *Bac.* 66, on sue à grosses gouttes.

dēsūdātĭo, ōnis, f. (*desudo*), sueur : Firm. *Math.* 3, 1, 16 ‖ fatigue : Capel. 6, 577.

dēsūdātus, *a, um*, part. de *desudo*.

dēsūdescō, ĭs, ĕre, -, -, intr. (*desudo*), suinter [en parl. des murs] : Fav. 22, cf. Gloss. 5, 16, 26.

dēsūdō, ās, āre, āvī, ātum (*de, sudo*) ¶ **1** intr., suer beaucoup, suer : Cels. 6, 6, 29 ; Stat. *Th.* 3, 277 ‖ [fig.] suer sang et eau, se fatiguer : ***in his exercitationibus ingenii desudans atque elaborans*** Cic. *CM* 38, consacrant mes sueurs et mes peines à exercer ainsi mon esprit ¶ **2** tr. **a)** distiller, faire couler : ***balsama*** Claud. *Epith.* 123, distiller le baume **b)** faire difficilement, péniblement : ***judicia*** Claud. *Mall. Theod.* 11, se fatiguer à rendre la justice.

dēsuēfăcĭō, ĭs, ĕre, -, -, tr., désaccoutumer, v. *desuefio* ‖ faire tomber qqch. en désuétude : Tert. *Pall.* 4, 9.

dēsuēfactus, *a, um*, part. de *desuefio*.

dēsuēfīō, fīs, fĭĕrī, factus sum, se déshabituer, perdre l'habitude : ***multitudo desuefacta a contionibus*** Cic. *Clu.* 110, foule déshabituée des assemblées.

dēsuēscō, ĭs, ĕre, suēvī, suētum (*de, suesco*) ¶ **1** tr. **a)** se déshabituer de, perdre l'habitude de : ***vocem*** Apul. *Flor.* 15, perdre l'habitude de la voix, se taire ; ***in desuescenda aliqua re morari*** Quint. 3, 8, 70, passer son temps à se déshabituer de qqch. ‖ part. pass., ***desuetus***, dont on a perdu l'habitude : Virg. *En.* 2, 509 ; Liv. 3, 38 ; Ov. *M.* 5, 503 **b)** désaccoutumer, faire perdre l'habitude : ***desuevi ne quo ad cenam iret extra consilium meum*** Titin. d. Non. 95, 1, je lui ai fait perdre l'habitude d'aller dîner en ville sans me consulter ‖ part. pass., ***desuetus***, qui a perdu l'habitude, déshabitué : ***aliqua re*** Virg. *En.* 6, 815 ; 7, 693, déshabitué de qqch. ; [avec inf.] Liv. 8, 38, 10 ¶ **2** intr., se déshabituer de : ***desuescere patrum honori*** Sil. 3, 576, dégénérer de la gloire de ses pères.

► chez les poètes -sŭĕ- compte pour une seule syllabe longue.

dēsuētūdō, ĭnis, f. (*desuesco*), désaccoutumance, perte d'une habitude : Liv. 1, 19 ‖ désuétude : Dig. 1, 3, 32.

dēsuētus, *a, um*, v. *desuesco*.

dēsuēvī, parf. de *desuesco*.

dēsūgō, ĭs, ĕre, -, suctum, tr., sucer : Pall. 1, 9, 4.

dēsulcō, ās, āre, -, -, tr., sillonner : Avien. *Perieg.* 1137.

dēsŭlĭo, v. *desilio* : Pl. *Ru.* 75.

dēsultō, ās, āre, -, - (fréq. de *desilio*), sauter, bondir : Tert. *Anim.* 32, 6.

dēsultŏr, ōris, m. (*desilio*), cavalier qui saute d'un cheval sur un autre : Liv. 23, 29 ‖ [fig.] qui passe d'un objet à un autre : ***amoris*** Ov. *Am.* 1, 3, 15, changeant, volage en amour.

dēsultōrĭus, *a, um* (*desultor*), [cheval] qui sert à la voltige : Suet. *Caes.* 39 ‖ subst. m., Cic. *Mur.* 57, écuyer de cirque.

dēsultrix, īcis, f., celle qui est légère, inconstante : Tert. *Val.* 38.

dēsultūra, ae, f. (*desilio*), action de sauter à bas : Pl. *Mil.* 280.

dēsum, *dēes, dēesse, dēfŭī*, - (*de, sum*), intr. ¶ **1** manquer : ***neque in Antonio deerat hic ornatus orationis neque in Crasso redundabat*** Cic. *de Or.* 3, 16, ces ornements oratoires ne manquaient pas chez Antoine pas plus qu'ils n'étaient trop abondants chez Crassus ; *quis divitiorem quemquam putet quam eum, cui nihil desit?* Cic. *Rep.* 1, 28, pourrait-on imaginer homme plus riche qu'un homme à qui rien ne manque? ; *duas sibi res, quo minus in vulgus diceret, defuisse* Cic. *Rep.* 3, 42, que deux choses lui avaient manqué pour parler en public ; *nihil contumeliarum defuit quin subiret* Suet. *Ner.* 45, on ne lui épargna aucune sorte d'outrages ; *non arbitror hoc tuae deesse impudentiae, ut ... audeas* Cic. *Verr.* 5, 5, je ne crois pas qu'il manque ceci à ton impudence, d'oser... [il est bien dans ton impudence d'oser] ; *non deerat egentissimus quisque prodere dominos* Tac. *H.* 4, 1, les plus pauvres ne manquaient pas de livrer leurs maîtres (*H.* 1, 36; 3, 58) ¶ **2** manquer à, faire défaut, ne pas participer à, ne pas donner son concours ou son assistance à qqn ou qqch. : *amico deesse* Cic. *Mur.* 10, laisser sans assistance un ami ; *vide, ne tibi desis* Cic. *Amer.* 104, fais attention à ne pas t'abandonner toi-même ; *non deero officio* Cic. *Att.* 7, 17, 4, je ne manquerai pas à mon devoir ; *causae communi non deesse* Cic. *Verr.* 4, 140, ne pas déserter la cause commune ǁ [abs^t] *cum remiserant dolores pedum, non deerat in causis* Cic. *Brut.* 130, quand la goutte lui laissait quelque répit, il ne refusait pas son concours dans les procès.

▶ -ee- (*deest, deesse, deerit, deerat,* etc.) est compté ē chez les poètes ǁ *defuĕrunt* Ov. *M.* 6, 585 ǁ subj. arch. *desiet* Cat. *Agr.* 8, 1 ; inf. fut. *defore* Cic. ; Caes. et *defuturum esse* Cic. ; *deforent* Ambr. *Off.* 1, 40, 195.

dēsūmō, *ĭs, ĕre, sumpsī, sumptum,* tr., prendre pour soi, choisir, se charger de : *quos tibi hostes desumpseras* Liv. 38, 45, 8, ceux que tu avais choisis comme ennemis ; *sibi consules adservandos* Liv. 4, 55, 3, se charger de surveiller les consuls, cf. Suet. *Aug.* 30 ǁ *inter se quasi cursum certamenque desumunt* Plin. *Ep.* 8, 20, 7, elles entreprennent entre elles, pour ainsi dire, une lutte à la course.

dēsŭpĕr, adv. ¶ **1** adv., d'en haut, de dessus, de haut en bas : Caes. *G.* 1, 52, 5 ; Suet. *Tib.* 72 ; Virg. *En.* 1, 165 ; 2, 47 ; 4, 122 ǁ dessus, au-dessus [poét.] : Ov. *F.* 3, 529 ¶ **2** [tard.] prép. avec abl. et acc., du dessus de : *desuper terram eripias me* Vulg. *Tob.* 3, 15, enlève-moi de la surface de la terre.

dēsŭpernē, ⃝ *desuper* : *Vitr. 10, 16, 10.

dēsurgō, *ĭs, ĕre, -, -,* intr. ¶ **1** se lever : Lucr. 5, 701 ; Hor. *S.* 2, 2, 77 ¶ **2** aller à la selle : Scrib. 140, 142.

dēsurrectĭo, *ōnis.,* f. (*desurgo*), évacuation : M.-Emp. 27, 22.

dēsursŭm, adv., d'en haut : Ps. Tert. *Haer.* 1, 4 ǁ **dēsūsum** [orth. fréquente].

dēsuspĭcĭo, *ĭs, ĕre, -, -,* tr., regarder de dessous : Eustath. *Hex.* 6, 1.

Desuvĭātes, *um* ou *ĭum,* m. pl., peuple de la Narbonnaise : Plin. 3, 5.

dētābescō, *ĭs, ĕre, ŭī, -,* intr., s'évanouir, disparaître : Rufin. *Orig. Psalm.* 38, 2, 8.

dētectĭo, *ōnis,* f. (*detego*), manifestation, révélation : Tert. *Marc.* 4, 36, 11.

dētector, *ōris,* m. (*detego*), celui qui découvre, révélateur : Tert. *Marc.* 4, 36, 10.

dētectus, *a, um,* part. de *detego* ǁ adj^t, *detectior* Solin. 30, 32, plus découvert.

dētĕgō, *ĭs, ĕre, tēxī, tectum* (*de, tego*), tr., découvrir, mettre à découvert, à nu : *potest fieri, ut patefacta et detecta mutentur* Cic. *Ac.* 2, 122, il peut arriver que les organes internes changent d'aspect une fois découverts et mis à nu ; *detexit ventus villam* Pl. *Ru.* 85, le vent a enlevé le toit de la villa ǁ *detecta corpora* Tac. *An.* 13, 38, corps sans défense ǁ [fig.] *consilium* Liv. 27, 45, 1, dévoiler ses projets ; *formidine detegi* Tac. *H.* 1, 81, se découvrir (se trahir) sous l'effet de la crainte ǁ surprendre en faute : Cypr. *Ep.* 41.

dētempŏro, *ās, āre, -, -* (*de temporibus*), tr., saigner [un animal] aux tempes, cf. *depectoro* : Pelag. 6, 1.

dētendō, *ĭs, ĕre, -, tensum,* tr., détendre : *tabernacula* Caes. *C.* 3, 85, 3 ; Liv. 41, 3, 1, plier les tentes.

dētensus, *a, um,* part. de *detendo.*

dētentātor, *ōris,* m. (*detento*), détenteur, celui qui retient : Cod. Just. 7, 39, 7.

dētentātus, *a, um,* part. de *detento.*

dētentĭo, *ōnis,* f. (*detineo*) ¶ **1** détention, action de détenir : Ulp. *Dig.* 25, 1, 5 ¶ **2** séjour, demeure : Vulg. *Eccli.* 24, 16.

dētentō, *ās, āre, -, -* (fréq. de *detineo*), retenir, détenir : Cod. Th. 7, 13, 16.

dētentŏr, *ōris,* m. (*detineo*), détenteur : Cod. Just. 8, 4, 10.

1 **dētentus**, *a, um,* part. de *detineo.*

2 **dētentŭs**, *ūs,* m., [seulement au dat. sg.], action de retenir : Tert. *Val.* 32, 2.

dētĕpescō, *ĭs, ĕre, ŭī, -,* intr., se refroidir : Sidon. *Ep.* 5, 17, 4.

***dētĕr**, *ĕra, ĕrum* (dériv. de *de,* cf. *deterior, demum*), mauvais : Prisc. 3, 508, 19 [forme inventée].

dētergo, ⃝ *detergeo.*

dētergĕō, *ēs, ēre, tersī, tersum,* tr. ¶ **1** enlever en essuyant, essuyer [la sueur, les larmes] : Suet. *Ner.* 23 ; Ov. *M.* 13, 746 ǁ nettoyer en essuyant, essuyer, nettoyer [la tête, les lèvres, etc.] : Pl. *Cas.* 237 ; Col. 6, 9, 2 ; *mensam* Pl. *Men.* 78, nettoyer la table = faire table nette ; *cloacas* Liv. 39, 44, 5, curer les égouts ǁ balayer, faire disparaître : [les nuages] Hor. *O.* 1, 7, 15 ; *remos* Caes. *C.* 1, 58, 1 ; Liv. 28, 30, 11, balayer, emporter, briser les rames ǁ purger : Petr. 88, 4 ¶ **2** [fig.] *fastidia* Col. 8, 10, 5, chasser le dégoût ǁ LXXX *detersimus* Cic. *Att.* 14, 10, 3, nous avons nettoyé (dépensé) quatre-vingt mille sesterces.

▶ formes de la 3e conj. : *detergunt* Liv. 36, 44, 6 ; *detergit* Sen. *Ep.* 47, 5 ; *detergantur* Dig. 33, 7, 12.

dētĕrĭae porcae, f. pl. (*deter*), truies maigres : P. Fest. 64, 12.

dētĕrĭŏr, *ĭus,* gén. *ōris* (compar. de l'inus. **deter,* superl. *deterrimus*) ¶ **1** pire, plus mauvais **a)** *res deterior* Cic. *Att.* 14, 11, 2, situation plus mauvaise ; *deteriora sequor* Ov. *M.* 7, 21, je m'attache au pire ; *cuncta aucta in deterius* Tac. *An.* 2, 82 ; 3, 10, toutes choses exagérées en mal **b)** *deteriores opponantur bonis* Pl. *Poen.* 39, qu'on oppose les fripons aux honnêtes gens ; *deteriores* Cic. *Phil.* 13, 40, les moins bons ; *strenuiori deterior si praedicat pugnas suas* Pl. *Ep.* 446, si le lâche vante ses combats devant le brave ¶ **2** inférieur : *vectigalia deteriora* Caes. *G.* 1, 36, 4, revenus moindres ; *deterior peditatu* Nep. *Eum.* 3, moins fort en infanterie ǁ ⃝ *deterrimus.*

dētĕrĭōrātĭo, *ōnis,* f. (*deterioro*), action de détériorer : Ps. Acr. Hor. *O.* 3, 27, 53.

dētĕrĭōrō, *ās, āre, -, -* (*deterior*), tr., détériorer, gâter : Mamert. *Anim.* 1, 3 ; *res deteriorata* Symm. *Ep.* 4, 68, 3, chose détériorée.

dētĕrĭus, adv. (*deterior*), pis, plus mal : Pl. *Cap.* 738 ; Cic. *Fin.* 1, 8 ; *deterius olere* Hor. *Ep.* 1, 10, 19, sentir moins bon ; *deterius spe nostra* Hor. *S.* 1, 10, 90, moins que je n'espère.

dētermĭnābĭlis, *e,* fini, limité : Tert. *Herm.* 41, 3.

dētermĭnātĭo, *ōnis,* f. (*determino*), fixation d'une limite, fin, extrémité : Cic. *Inv.* 1, 98 ; *Nat.* 2, 101.

dētermĭnātīvus, *a, um,* décisif, critique : Philum. 1, p. 16.

dētermĭnātor, *ōris,* m., celui qui détermine, régulateur : Tert. *Pud.* 11, 3.

dētermĭnō, *ās, āre, āvī, ātum* ¶ **1** marquer des limites, borner, limiter : *regiones* Pl. *Poen.* 49, limiter des régions, cf. Plin. 5, 102 ; Liv. 1, 18 ¶ **2** fixer, régler : *id, quod dicit, spiritu, non arte, determinat* Cic. *de Or.* 3, 175, il règle son débit sur sa respiration et non pas sur les préceptes de l'art ¶ **3** tracer, dessiner : *imaginem templi* Plin. 28, 4, dessiner le plan d'un temple ¶ **4** fixer : *diem jejuniis* Tert. *Jejun.* 2, 11, fixer un jour pour le jeûne ǁ [avec prop. inf.] Aug. *Civ.* 2, 21, 2.

dētĕrō, *ĭs, ĕre, trīvī, trītum,* tr. ¶ **1** user par le frottement : *strata volgi pedibus detrita* Lucr. 1, 315, pavés usés par les pieds de la foule ; *vestem usu* Plin. 8, 191, user un vêtement ǁ écraser, broyer, piler : *herbam* Plin. 27, 110, broyer de l'herbe ¶ **2** [fig.] affaiblir, diminuer : *laudes* Hor. *O.* 1, 6, 12, affaiblir des éloges ; *nimia cura deterit magis quam emendat* Plin. *Ep.* 9, 35, 2, un travail trop minutieux gâte plutôt qu'il n'améliore ¶ **3** part., **dētrī-**

detero

tus, *a, um* [fig.] usé, rebattu, banal : Quint. 8, 6, 51.

dēterrĕō, *ēs, ēre, ŭī, ītum* (*de, terreo*), tr., détourner [en effrayant], écarter : *aliquem a dicendi studio* Cic. de Or. 1, 117, détourner qqn de l'étude de l'éloquence ; *de sententia deterreri* Cic. Div. 2, 81, être détourné d'une opinion ; *proelio deterreri* Sall. J. 98, 5, être détourné du combat ; *deterrere aliquem ne auctionetur* Cic. Quinct. 16, détourner qqn de faire une vente aux enchères ; *ejus libidines commemorare pudore deterreor* Cic. Verr. prim. 14, la honte m'empêche de raconter ses débauches ; *non deterret sapientem mors, quo minus rei publicae consulat* Cic. Tusc. 1, 91, la mort ne détourne point le sage de s'occuper des affaires publiques ; *ne Suessiones quidem deterrere potuerunt, quin cum his consentirent* Caes. G. 2, 3, 5, ils n'ont pas même pu empêcher les Suessions de faire cause commune avec eux ‖ [absᵗ] *mens ad jubendum et ad deterrendum idonea* Cic. Leg. 2, 8, intelligence capable de commander et d'empêcher ‖ détourner, empêcher qqch. : *injuria in deterrenda liberalitate* Cic. Off. 2, 63, injustice qui consiste à écarter, à empêcher la bienfaisance.

dēterrĭmus, *a, um* (superl. de l'inus. *deter*), le pire, le plus mauvais, très mauvais, de qualité inférieure : Cic. Verr. 2, 40 ; Tusc. 1, 81 ; Virg. G. 3, 82.
▶ -rumus Cic. Rep. 2, 47.

dēterrĭtus, *a, um*, part. de *deterreo*.

dētersĭo, *ōnis*, f. (*detergeo*), nettoyage : Cael.-Aur. Chron. 2, 14, 103.

dētersus, *a, um*, part. de *detergeo*.

dētestābĭlis, *e* (*detestor*), détestable, abominable : Cic. CM 41 ; Phil. 11, 11 ‖ *detestabilior* Cic. Off. 1, 57 ; *-bilissimus* Aug. Jul. op. imp. 6, 9.

dētestābĭlĭtās, *ātis*, f., perversité : Eustath. Hex. 8, 1.

dētestābĭlĭter, adv., d'une manière détestable : Lact. Inst. 5, 10, 7.

1 dētestātĭo, *ōnis*, f. (*detestor*) ¶ **1** imprécation, malédiction : Liv. 10, 38 ; Hor. Epo. 5, 89 ‖ exécration de qqch. : Cic. Dom. 140 ¶ **2** [droit] action de notifier en présence de témoins : Dig. 50, 16, 39, 2 ‖ *sacrorum detestatio* Gell. 15, 27, 3, renonciation solennelle au culte familial ; v. *detestor*.

2 dētestātĭo, *ōnis*, f. (*testis*) : castration : Apul. M. 7, 23.

dētestātŏr, *ōris*, m., celui qui maudit : Tert. Marc. 4, 27, 6.

dētestātum, *i*, n. (*detestatus*), renonciation faite avec témoins : Dig. 50, 16, 238.

dētestātus, *a, um*, part. de *detestor* ‖ adjᵗ [sens pass.] détesté, maudit : Cic. Leg. 2, 28 ; Hor. O. 1, 1, 25.

dētestŏr, *ārĭs, ārī, ātus sum* (*de, testor*), tr. ¶ **1** détourner en prenant les dieux à témoin, écarter avec des imprécations : *a se querimoniam detestari ac deprecari* Cic. Cat. 1, 27, écarter de soi un reproche par des imprécations et des prières ; *in caput alicujus detestari minas periculaque* Liv. 39, 10, par des imprécations détourner sur la tête de qqn toutes les menaces et tous les dangers ‖ écarter avec horreur : *omnes memoriam consulatus tui a re publica detestantur* Cic. Pis. 96, tous repoussent avec horreur loin de la république le souvenir de ton consulat ‖ écarter, détourner : [la haine] Cic. Nat. 1, 123 ; [un présage] Cic. Phil. 4, 9 ¶ **2** prononcer des imprécations contre, maudire : *te tamquam auspicium malum detestantur* Cic. Vat. 39, ils te maudissent comme un présage funeste ; *omnibus precibus detestatus Ambiorigem* Caes. G. 6, 31, 5, ayant maudit Ambiorix avec toutes sortes d'imprécations ‖ détester, exécrer, avoir en horreur : *auctorem cladis detestari* Tac. H. 2, 35, maudire l'auteur du désastre ¶ **3** [droit] renoncer solennellement, devant témoins : Gai. Dig. 50, 16, 238, 1 ; Gell. 7, 12, 1.
▶ sens pass. Apul. Apol. 52, 14 ; Aug. Ep. 108, 4, v. *detestatus*.

dētexī, parf. de *detego*.

dētexō, *ĭs, ĕre, texuī, textum* (*de, texo*), tr. ¶ **1** tisser complètement, achever un tissu : *telam* Pl. Ps. 400, achever une toile ; *illic hoc homo denuo volt pallium detexere* Pl. Amp. 294, cet homme veut de nouveau me tisser mon manteau [à coups de poings] ¶ **2** tresser : *aliquid viminibus mollique junco* Virg. B. 2, 72, tresser qqch. avec des brins d'osier et du jonc souple ¶ **3** [fig.] achever : *detexta prope retexuntur* Cic. de Or. 2, 152, tout le travail fait se trouve à peu près défait, cf. Att. 13, 23, 2 ‖ représenter complètement (dépeindre) par la parole : *aliquem*, qqn : Poet. d. Her. 2, 42, dépeindre qqn, faire son portrait.

dētĭcēscō, ⓒ, *conticesco* : Not. Tir. 54, 59.

dētĭnĕō, *ēs, ēre, tĭnŭī, tentum* (*de, teneo*), tr. ¶ **1** tenir éloigné, retenir, arrêter, empêcher : *nostrae naves tempestatibus detinebantur* Caes. G. 3, 12, 5, nos navires étaient retenus par le mauvais temps ; *novissimos proelio* Caes. C. 3, 75, 4, retenir l'arrière-garde par (dans) un combat ; *detinet nos ab nostro negotio* Pl. Poen. 402, il nous empêche de nous occuper de notre affaire ; *ab incepto me ambitio mala detinuerat* Sall. C. 4, 2, une ambition funeste m'avait tenu éloigné de ce dessein ¶ **2** retenir, tenir occupé : *in alienis detineri negotiis* Cic. Inv. 132, s'arrêter aux affaires d'autrui ; *mentes hominum circa alia* Plin. 14, 4, occuper les esprits des gens ; *oculos diversarum aspectu rerum* Quint. 9, 2, 63, retenir les regards par la vue d'objets divers ‖ [poét.] *euntem detinuit sermone diem* Ov. M. 1, 683, par ses propos il suspendit la marche du jour = il rendit insensible ....

dĕtondĕō, *ēs, ēre, tondī, tonsum* (*de, tondeo*), tr., tondre ras : *oves* Cat. Agr. 96, 1, tondre les brebis ‖ *crines* Ov. F. 6, 229, couper ras les cheveux ; *detonsa juventus* Pers. 3, 54, jeunesse tondue ras ‖ couper, tailler : *virgulta* Col. 4, 23, 3, couper de jeunes pousses ‖ brouter : *gramina vaccae detondent* Nemes. Ecl. 1, 6, les vaches broutent le gazon ‖ ravager : *agros* Enn. An. 495, ravager les campagnes.
▶ parf. arch. *detotondi* Varr. Men. 246 ; *Enn. An. 495 ; Tert. Pall. 2, 6.

dĕtŏnō, *ās, āre, tonŭī, -* (*de, tono*), intr. ¶ **1** tonner fortement : *Juppiter detonat* Ov. Tr. 2, 35, Jupiter tonne ‖ [fig.] tonner, éclater : Flor. 2, 6, 10 ; *in aliquem* Flor. 1, 17, 5, tonner contre qqn, foudroyer qqn ¶ **2** cesser de tonner, s'apaiser, se calmer : *Aeneas nubem belli, dum detonet, sustinet* Virg. En. 10, 809, Énée soutient l'effort de l'orage jusqu'à ce qu'il s'apaise.

dĕtonsĭo, *ōnis*, f. (*detondeo*), action de tondre : Theod.-Prisc. 2, 12 ; Cael.-Aur. Chron. 1, 3, 61.

dĕtonsō, *ās, āre, -, -* (fréq. de *detondeo*), tondre, couper : Fab. Pict. d. Gell. 10, 15, 11.

dĕtonsus, *a, um*, part. de *detondeo*.

dĕtornō, *ās, āre, -, ātum*, tr., tourner, travailler au tour : Plin. 13, 62 ‖ [fig.] *sententiam* Gell. 9, 8, 4, ramasser une idée dans une forme brève.

dĕtorquĕō, *ēs, ēre, torsī, tortum* (*de, torqueo*),
I tr. ¶ **1** détourner, écarter : *ponticulum* Cic. Tusc. 5, 59, détourner (lever) le petit pont ; *aliquid in dexteram partem* Cic. Tim. 25, tourner qqch. à droite ; *proram ad undas* Virg. En. 5, 165, tourner la proue vers la haute mer ‖ [fig.] *voluptates animos a virtute detorquent* Cic. Off. 2, 37, les plaisirs détournent l'âme de la vertu, cf. Cael. 22 ; *animum in alia* Tac. An. 13, 3, tourner son esprit d'un autre côté ; *aliquem ad segnitiem* Plin. Pan. 82, 6, tourner qqn vers la nonchalance ¶ **2** [gram.] dériver : *Marrucini vocantur, de Marso detorsum nomen* Cat. Orig. 2, 23, ils s'appellent Marrucins, nom dérivé du mot " Marse ", cf. *detorta* Hor. P. 53 ¶ **3** déformer, défigurer : *partes corporis imminutae aut detortae* Cic. Fin. 3, 17, parties du corps mutilées ou difformes, cf. Tac. An. 15, 34 ‖ [fig.] *calumniando omnia detorquendoque suspecta et invisa efficere* Liv. 42, 42, 5, en calomniant et en défigurant rendre tout suspect et odieux.
II intr., se détourner : *in laevam detorquere* Plin. 28, 93, se détourner à gauche.
▶ part. *detorsus* [rare], v. ¶ 2.

dĕtorrĕō, *ēs, ēre, -, -*, tr., consumer [au fig.] : Sidon. Ep. 1, 7, 1.

dĕtorsī, parf. de *detorqueo*.

dĕtorsus, *a, um*, v. *detorqueo* ▶.

dĕtortus, *a, um*, part. de *detorqueo*.

dētŏtondī, v. detondeo.

dētractātĭo, dētrāctātŏr, v. detrect-.

1 **dētractātus**, a, um, part. de detracto.

2 **dētractātŭs**, ūs, m., traité : Tert. Spect. 3, 1.

dētractĭo, ōnis, f. (detraho), action de retrancher, retranchement, suppression : Cic. Div. 2, 48 ; *detractio alieni* Cic. Off. 3, 30, vol du bien d'autrui ; *doloris* Cic. Off. 3, 118, suppression de la douleur ; *sanguinis* Quint. 2, 10, 6, saignée ‖ [méd.] évacuation : *confecti cibi* Cic. Tim. 18, des aliments digérés ‖ *detractiones*, évacuations : Plin. 16, 244 [purgatifs] ; Plin. 22, 133 [vomitifs] ‖ [rhét.] suppression d'un mot, ellipse : Quint. 1, 5, 38 ; 9, 2, 37 ‖ suppression d'une lettre : Quint. 1, 5, 14 ‖ [fig.] médisance, diffamation, critique : Vulg. Sap. 1, 11 ‖ blâme : Greg.-M. Mor. 31, 71.

dētracto, v. detrecto.

dētractŏr, ōris, m. (detraho), celui qui déprécie, qui rabaisse, détracteur : Tac. An. 11, 11.

1 **dētractus**, a, um, part. de detraho.

2 **dētractŭs**, abl. ū, m., retranchement : Sen. Suas. 7, 11.

dētrăhō, ĭs, ĕre, traxī, tractum (de, traho), tr.

I ¶1 tirer à bas de ou tirer de, enlever de : *aliquem de curru* Cic. Cael. 34, arracher d'un char ; *de mulis stramenta* Caes. G. 7, 45, 2, débarrasser les mulets de leurs bâts ; *aliquem ex cruce* Cic. Q. 1, 2, 6, détacher qqn de la croix ; *equo* Liv. 22, 47, 3, jeter à bas d'un cheval ‖ *alicui anulum de digito* Cic. Verr. 4, 58, enlever un anneau du doigt de qqn ; *aliquem ab aris* Cic. Har. 28, arracher qqn aux autels ; *homines ex provinciis* Cic. Prov. 1, enlever des hommes des provinces, cf. 19 ; Liv. 29, 26, 6 **¶2** enlever : *veste detracta* Cic. Brut. 262, le vêtement étant enlevé, cf. Caes. C. 3, 96, 3 ‖ *torquem alicui* Cic. Fin. 1, 23, enlever à qqn son collier, cf. Nat. 3, 83 ; *tegumenta scutis* Caes. G. 2, 21, 5, enlever leurs gaines aux boucliers, cf. Liv. 4, 33, 7 ; *aliquid ab aliquo* Cic. Off. 3, 30, enlever qqch. à qqn **¶3** tirer (traîner) d'un point à un autre, traîner : *aliquem in judicium* Cic. Mil. 38, traîner qqn en justice ; *aliquem ad accusationem* Cic. Clu. 17, 9, amener de force qqn à se porter accusateur, cf. Liv. 22, 13, 1 ; Suet. Cl. 21 **¶4** enlever qqch. à une chose, prélever sur, retrancher à : *de aliqua re* Cic. Verr. 4, 20 ; Off. 3, 30 ; Lae. 57 ; *ex aliqua re* Caes. C. 3, 89, 3 ; Cic. Att. 10, 5, 3.

II [fig.] **¶1** faire descendre d'un point à un autre, abaisser : *regum majestatem ab summo fastigio ad medium* Liv. 37, 45, 18, faire descendre la majesté royale du faîte à un niveau moyen **¶2** enlever, retrancher : [avec *de*] *quidquam de nostra benevolentia* Cic. Fam. 5, 2, 10, retirer quoi que ce soit de notre bienveillance ; *aliquid de aliquo* Cic. Pis. 71, diminuer (décrier) qqn ; [avec *ex*] Cic. Brut. 236 ; Caecil. 49 ; Fam. 1, 5 a, 4 ; [aliquid alicui] Tusc. 3, 76 ; Marc. 6 **¶3** [abs^t] *detrahere de aliquo, de aliqua re* Cic. Caecin. 70 ; de Or. 1, 35 ; Att. 11, 11, 2, ravaler, rabaisser qqn, qqch. ; *detrahendi causa* Cic. Off. 1, 134, par esprit de dénigrement **¶4** [tard., avec dat.] critiquer, calomnier : *detrahentes animae meae* Vulg. Psal. 70, 13, ceux qui s'en prennent à ma personne (mes détracteurs).

▶ inf. parf. contr. *detraxe* Pl. Trin. 743.

dētrāmen, ĭnis, n. (de, tramen), charpie : Pelag. 199, 1.

dētraxĕ, v. detraho..

dētraxī, parf. de detraho.

dētrectātĭo, ōnis, f. (detrecto), refus : *militiae* Liv. 3, 69, 2, refus de s'enrôler ; *heredis* Plin. 18, 37, renonciation à une succession ‖ dénigrement : Cassian. Coll. 9, 3, 1.

dētrectātŏr, ōris, m. (detrecto), celui qui refuse : Petr. 117, 11 ‖ détracteur : Liv. 34, 15, 9.

dētrectō, ās, āre, āvī, ātum (de, tracto ; fréq. de detraho), tr. **¶1** écarter, rejeter, repousser, refuser : *militiam* Caes. G. 7, 14, 9, se dérober au service militaire ; *pugnam, certamen* Liv. 3, 60, 6 ; 37, 39, 6, refuser le combat ; *instruitur acies, nec Veiens hostis Etruscaeque legiones detractant* Liv. 2, 46, 1, l'armée est rangée en bataille, et les Véiens et les légions étrusques ne refusent pas [le combat] ; *tutelam administrare detrectans* Paul. Dig. 37, 14, 19, refusant d'exercer la tutelle **¶2** abaisser qqn ou qqch., ravaler, déprécier : *adversae res etiam bonos detrectant* Sall. J. 53, 8, l'insuccès déprécie même les braves ‖ *alicujus gloriam* Tac. D. 12, rabaisser la gloire de qqn ‖ [abs^t] Ov. Tr. 2, 337.

▶ forme *detracto* souvent d. les mss.

dētrĭbŭō, ĭs, ĕre, -, -, v. attribuo : Gloss. 4, 330, 11.

dētrīmentālis, e, v. detrimentosus : Gloss. 2, 576, 56.

dētrīmentōsus, a, um (detrimentum), désavantageux, préjudiciable : Caes. G. 7, 33.

dētrīmentum, i, n. (detero) **¶1** action d'enlever en frottant [usure faite par une lime] : Apul. M. 6, 6 **¶2** détriment, perte, dommage, préjudice : *nostrum detrimentum* Cic. Brut. 4, la perte que nous avons faite ; *detrimentum afferre* Caes. C. 1, 82, 2 ; *inferre* Caes. C. 2, 2, 10 ; *importare* Cic. de Or. 1, 38, causer du préjudice ; *detrimentum accipere* Cic. Pomp. 15 ; *capere* Cic. Mil. 70 ; *facere* Cic. Verr. 4, 20 ; Nep. Cat. 2, essuyer une perte, subir un dommage ‖ désastre, défaite : Caes. G. 5, 25, 6 ; 6, 34, 7 ; 7, 19, 4 ‖ [formule du *senatus consultum ultimum*] *videant consules (provideant, caveant) ne quid respublica detrimenti capiat (accipiat)* Caes. C. 1, 5, 3 ; Cic. Mil. 70, que les consuls prennent toutes mesures pour empêcher que l'État subisse un dommage **¶3** [astron.] phase descendante de la lune : Cypr. Spect. 9 **¶4** [phil.] abandon, suppression : *omnis generatio ex detrimento surgit* Boet. Herm. sec. 6, 14, toute production naît d'une suppression.

1 **dētrītus**, a, um, part. de detero.

2 **dētrītŭs**, ūs, m., action d'user, de détériorer : Varr. L. 5, 176.

dētrĭumphō, ās, āre, āvī, ātum, tr., vaincre : Tert. Apol. 27, 7.

dētrīvī, parf. de detero.

dētrūdō, ĭs, ĕre, trūsī, trūsum, tr. **¶1** pousser de haut en bas, précipiter, enfoncer : *in pistrinum detrudi* Cic. de Or. 1, 46, être précipité dans la cave où se broie le grain ; *Phoebigenam Stygias detrusit ad undas* Virg. En. 7, 773, il précipita Esculape sur les bords du Styx ; *detrudere pedum digitos in terram* Ov. M. 11, 72, enfoncer les doigts de pieds dans la terre ‖ [fig.] précipiter, plonger : *in luctum detrudi* Cic. Q. 1, 4, 4, être plongé dans le deuil **¶2** chasser d'une position, déloger [propre et fig.] : *ex ea arce me nives detruserunt* Vatin. Fam. 5, 10 b, les neiges m'ont délogé de la citadelle ; *aliquem de sententia detrudere* Cic. Fam. 14, 16, forcer qqn à changer d'avis ‖ [droit] chasser violemment qqn de sa propriété, expulser de force : Cic. Caecin. 49 ; [avec *de*] Quinct. 26 ‖ repousser, renvoyer : *naves scopulo* Virg. En. 1, 145, repousser les vaisseaux loin de l'écueil ; [fig.] *speculorum levitas dexteram detrudit in laevam partem* Cic. Tim. 49, le poli des miroirs reflète à gauche la partie droite des objets ‖ [fig.] *aliquem ad id quod facere potest* Cic. de Or. 1, 130, renvoyer qqn au métier dont il est capable ‖ reculer une date, différer : *comitia in adventum Caesaris* Cic. Att. 4, 17, 2, renvoyer les comices à l'arrivée de César.

dētruncātĭo, ōnis, f. (detrunco), taille, élagage : Plin. 24, 57 ‖ amputation : Tert. Res. 57, 3.

dētruncō, ās, āre, āvī, ātum (de trunco), tr., retrancher du tronc, tailler : *arboribus dejectis detruncatisque* Liv. 21, 37, 2, les arbres ayant été jetés à bas et ébranchés ; *superiorem partem* Col. 5, 6, 13, couper la cime ‖ [fig.] couper, mutiler, décapiter : *alam regis apium* Plin. 11, 54, couper une aile à la reine des abeilles ; *detruncata corpora* Liv. 31, 34, 4, corps mutilés ; *hos Marcius quasi detruncaverat* Flor. 4, 12, 11, Marcius les avait pour ainsi dire décapités.

dētrūsĭo, ōnis, f., action de précipiter dans : Hier. Is. 8, 24, 22.

dētrūsus, a, um, part. de detrudo.

dētŭdis, e, diminué, réduit : P. Fest. 64, 20.

dētŭĭtĭo, ōnis, f. (de, tueor), vue de l'image renvoyée par un miroir [symétrique] : Chalc. 239.

detuli

dētŭlī, parf. de *defero*.

dētŭmescō, *ĭs*, *ĕre*, *tumŭī*, -, intr., cesser de s'enfler, s'abaisser : STAT. *Th.* 3, 259 ‖ [fig.] se calmer, s'apaiser : PETR. 17, 3 ‖ cesser d'être fier : AMM. 15, 8, 7.

Detumo, *ōnis*, f., ville de Bétique : PLIN. 3, 10.

dētundō, *ĭs*, *ĕre*, -, *tunsum*, tr., briser : *LUCIL. d. NON. 490, 32 ; *digiti detunsi* APUL. *M.* 2, 32, doigts écrasés, meurtris.

dēturbō, *ās*, *āre*, *āvī*, *ātum* (*de*, *turbo*), tr. ¶ 1 jeter à bas, abattre, renverser : *Tyndaritani statuam istius deturbarunt* CIC. *Verr.* 4, 90, les habitants de Tyndaris jetèrent à bas sa statue ; *in mare praecipitem puppi deturbat ab alta* VIRG. *En.* 5, 175, il le précipite du haut de la poupe dans la mer ; *aliquem de tribunali* CAES. *C.* 3, 21, 2, jeter qqn à bas du tribunal ; *ex vallo* CAES. *C.* 3, 67, 4, précipiter [l'ennemi] à bas du retranchement ¶ 2 déloger violemment, débusquer : *Macedonas praesidiis* LIV. 31, 39, 15, débusquer les Macédoniens de leurs positions ; *hostes telis* TAC. 4, 51, déloger l'ennemi à coups de traits ‖ chasser, expulser, évincer : *de fortunis omnibus Quinctius deturbandus est* CIC. *Quinct.* 47, il faut dépouiller Quinctius de tous ses biens ; *possessione deturbatus est* CIC. *Fam.* 12, 25, 2, il fut évincé de la possession ‖ [fig.] *de sanitate ac mente* CIC. *Pis.* 46, faire perdre le sens et la raison ; *ex spe deturbari* CIC. *Fam.* 5, 7, 1, déchoir de ses espérances ; *deturbare alicui verecundiam* PL. *Most.* 140, ôter toute vergogne à qqn.

dēturpō, *ās*, *āre*, -, -, tr., rendre laid, défigurer : SUET. *Cal.* 35 ‖ flétrir : PLIN. 55, 59.

Deucălĭdēs, **Deucălĭōnĭdēs**, *ae*, m., fils de Deucalion : PRISC. 2, 67, 7.

Deucălĭōn, *ōnis*, m. (Δευκαλίων), Deucalion [roi de Thessalie] : VIRG. *G.* 1, 62 ‖ **-ōnēus**, *a*, *um*, de Deucalion : OV. *M.* 1, 318 ; 7, 356.

Deultum, *i*, n., ville de Thrace : PLIN. 4, 45.

dĕungō, *ĭs*, *ĕre*, -, -, frotter, oindre : PL. **Ps.* 222.

dĕunx, *cis*, m. (*de uncia*), les 11/12 de la livre romaine ou d'un tout divisible : *heres ex deunce et semuncia* CIC. *Caecin.* 17, héritier pour onze douzièmes et demi (= 23/24) ; *petis ut nummi, quos hic quincunce modesto nutrieras, peragant avidos sudore deunces ?* PERS. 5, 150, tu demandes que l'argent que tu avais fait fructifier ici à un modeste cinq pour cent, arrive à te produire en suant un onze pour cent vorace ? ‖ mesure contenant onze fois le cyathus, 11/12 de setier : MART. 12, 28, 1 ‖ mesure contenant les 11/12 d'un jugère [26 400 pieds carrés, soit environ 23 a] : COL. 5, 1, 12.

Deurĭŏpus, *i*, f., la Deuriope [partie de la Péonie] : LIV. 39, 53.

dĕūrō, *ĭs*, *ĕre*, *ussī*, *ustum* (*de*, *uro*), tr., brûler entièrement : CAES. *G.* 7, 25, 1 ; LIV. 10, 4, 7 ‖ brûler, faire périr [en parl. du froid] : LIV. 40, 45, 1, cf. SEN. *Clem.* 1, 25, 4.

deurŏ dē, interj. (δεῦρο δή), ici donc ! viens ici ! : PETR. 58, 7.

dĕus, *i*, m. (arch. *deivos* CIL 1, 4, *divus*, cf. δῖος, scr. *deva-s*, gaul. *Divo-*, bret. *doue*, an. *tuesday*, v. nor. *Týr* ; fr. *dieu*) ¶ 1 dieu, divinité : CIC. *Rep.* 6, 17 ; *Tim.* 26 ‖ *di boni !* CIC. *Mil.* 59, grands dieux ! dieux bons ! ; *di immortales !* CIC. *Nat.* 1, 72, dieux immortels ! ou *pro di immortales !* CIC. *Par.* 42 ; ▸ *fides* ; [avec ellipse de *fidem*] *pro deum immortalium !* CIC. *Frg. F.* 1, 8, au nom des dieux immortels ! ; *per deos* CIC. *Off.* 2, 5, au nom des dieux ; *per deos immortales* Balb. 23, par les dieux immortels ‖ *di melius duint (dent), di meliora ferant, velint* TER. *Phorm.* 1005 ; TIB. 3, 4, 1 ; OV. *M.* 7, 37 ; *di meliora* CIC. *Phil.* 8, 9, que les dieux nous assistent ! aux dieux ne plaise ! les dieux nous en préservent ! ; *di vortant bene !* TER. *Eun.* 390, que les dieux nous protègent !, cf. *Ad.* 728 ; *Hec.* 196 ; *quod di omen avertant !* CIC. *Phil.* 3, 35, que les dieux détournent ce présage ! ; *si dis placet* CIC. *Pis.* 38 [ironique] dieu me pardonne ! ¶ 2 [fig., en parl. de qqn] un dieu : CIC. *de Or.* 1, 106 ; *Nat.* 2, 32 ; *Att.* 4, 16, 3 ; *Sest.* 144 ; *Quir.* 11 ¶ 3 [chrét.] le Dieu des chrétiens [les premiers auteurs chrét. l'accompagnant d'un déterminatif, pour le distinguer des divinités païennes] : *unicum et verum Deum* TERT. *Prax.* 3, 1, le Dieu unique et vrai.

▸ voc. sg. inus., mais tard. *deus* VULG. *Psal.* 22, 3 ou *dee* TERT. *Marc.* 1, 29, 8 ‖ pl., nom. *di*, *dii dei* ; gén. *deorum* et *deum* ; dat. *dis*, *diis*, *deis* ‖ *deus* monosyll. PL. *Amp.* 53.

dĕustĭo, *ōnis*, f. (*deuro*), action de brûler entièrement, combustion complète : HIER. *Os.* 7, 4.

dĕustus, *a*, *um*, part. de *deuro*.

deutĕr, *ĕra*, *ĕrum* (δεύτερος), le second : NOT. TIR. 6, 23.

deutĕrĭus, *a*, *um* (δευτέριος), secondaire : *vina quae vocant deuteria* PLIN. 14, 86, ce qu'on appelle second vin, piquette.

Deutĕrŏnŏmĭum, *ii*, n. (Δευτερονόμιον), le Deutéronome [cinquième livre de l'Ancien Testament, dernier livre du Pentateuque] : LACT. *Inst.* 4, 17, 6.

dĕūtŏr, *ĕrĭs*, *ūtī*, *ūsus sum*, intr., en user mal avec qqn [abl.] : NEP. *Eum.* 11, 3.

Devadē, *ēs*, f., île d'Arabie : PLIN. 6, 150.

dēvăgŏr, *ārĭs*, *ārī*, -, intr., s'écarter [au fig.] : COD. TH. 1, 10, 5.

dĕvās, ▸ *diva* ▸.

dēvastātĭo, *ōnis*, f. (*devasto*), dévastation, ravage : HIL. *Psalm.* 13, 3.

dēvastātŏr, *ōris*, m. (*devasto*), celui qui ravage, dévastateur : CASSIOD. *Hist.* 6, 45.

dēvastō, *ās*, *āre*, -, *ātum* (*de*, *vasto*), tr. ¶ 1 ravager, piller : *ad devastandos fines* LIV. 4, 59, 2, pour ravager le territoire ¶ 2 détruire, faire périr : *Sarpedonis agmina ferro devastata meo* OV. *M.* 13, 255, les bataillons de Sarpédon détruits par mon glaive.

dēvectĭo, *ōnis*, f. (fréq. de *deveho*), transport, charriage : GLOSS. 2, 17, 34.

dēvectō, *ās*, *āre*, -, - (*deveho*), tr., transporter fréquemment : SEDUL. *Carm.* 5, 345.

dēvectus, *a*, *um*, part. de *deveho*.

dēvĕhō, *ĭs*, *ĕre*, *vexī*, *vectum* (*de*, *veho*), tr. ¶ 1 emmener, transporter, charrier : *legionem equis* CAES. *G.* 1, 43, 2, emmener une légion à cheval, cf. *C.* 1, 54, 3 ; *eo frumentum devexerat* CAES. *G.* 5, 47, 2, il avait transporté là le blé ; *aliquem in oppidum* LIV. 40, 33, 1, transporter qqn dans la ville ¶ 2 [pass. à sens réfléchi] se transporter : *Veliam devectus* CIC. *Phil.* 1, 9, s'étant transporté à la Vélia ‖ [en part.] descendre en bateau : *Arare flumine devehi* TAC. *H.* 2, 59, descendre en bateau le cours de la Saône, cf. *An.* 3, 9 ; 4, 73 ‖ [fig.] *nunc ad tua devehor astra* PROP. 4, 1, 119, maintenant j'en arrive à tes astres ; ▸ *devexus*.

dēvellō, *ĭs*, *ĕre*, *vellī*, *vulsum*, tr., arracher : PL. *Poen.* 872 ‖ mettre en pièces : TAC. *An.* 3, 14 ‖ épiler : SUET. *Dom.* 22.
▸ parf. *devolsi* CATUL. 63, 5.

dēvēlō, *ās*, *āre*, -, - (*de*, *velo*), tr., dévoiler, mettre à découvert : OV. *M.* 6, 604.

Develtōn, ▸ *Deultum* : PLIN. 4, 45.

dēvĕnĕrŏr, *ārĭs*, *ārī*, *ātus sum*, tr. ¶ 1 honorer, vénérer : OV. *H.* 2, 18 ¶ 2 détourner [par un acte d'adoration] : TIB. 1, 5, 14.

dēvĕnĭō, *ĭs*, *īre*, *vēnī*, *ventum* (*de*, *venio* ; fr. *devenir*), intr. ¶ 1 venir en descendant, tomber dans, arriver à : *devenire in victoris manus* CIC. *Fam.* 7, 3, 3, tomber entre les mains du vainqueur ; *id volo vos scire, quomodo ad hunc devenerim in servitutem ab eo quoi servivi prius* PL. *Mil.* 96, je veux que vous sachiez comment je suis tombé au service de cet homme-ci en sortant de chez le maître que j'ai servi d'abord ; *Caesar ad legionem decimam devenit* CAES. *G.* 2, 21, 1, César arrive à la dixième légion ‖ [poét. avec acc.] *devenere locos laetos* VIRG. *En.* 6, 638, ils arrivèrent dans les lieux agréables, cf. 1, 365 ; 4, 125 ¶ 2 [fig.] en venir à, recourir à : *ad hanc rationem extremam* CIC. *Quinct.* 54, avoir recours à ce moyen extrême ; *ad juris studium* CIC. *Mur.* 29, se rabattre sur l'étude du droit.

dēvĕnustō, *ās*, *āre*, *āvī*, *ātum*, tr., enlaidir, ôter la grâce, flétrir : GELL. 12, 1, 8.

dēverbĕrō, *ās*, *āre*, *āvī*, *ātum*, tr., battre à outrance, assommer de coups : TER. *Phorm.* 327.

dēverbĭum, ▸ *diverbium*.

dēvergentĭa, *ae*, f., pente, inclinaison : GELL. 14, 1, 8.

dēvergĭum, v. *divergium.*

dēvergō, *ĭs, ĕre,* -, -, intr., pencher, incliner : APUL. *Socr.* 9.

Dēverra, *ae,* f. (*deverro*), déesse qui présidait à la propreté des maisons : VARR. d. AUG. *Civ.* 6, 9, 2.

dēverrō (arch. **dēvor-**), *ĭs, ĕre,* -, -, tr., enlever en balayant : COL. 7, 4, 5 ‖ [fig.] balayer [les mets], faire table nette : LUCIL. d. NON. 420, 7.

dēversĭo, *ōnis,* f. (*deverto*), descente, arrivée : TERT. *Marc.* 4, 11, 7.

dēversĭtō, *ās, āre,* -, - (fréq. de *deversor*), intr., prendre gîte qq. part ; [fig.] s'arrêter : *ad aliquid,* à qqch. : GELL. 17, 20, 6.

dēversĭtŏr, *ōris,* m., ▶ 2 *deversor* : PETR. 79, 6.

1 **dēversŏr (-vorsŏr),** *āris, ārī, ātus sum* (fréq. de *deverto*), intr., loger en voyage, prendre gîte, descendre chez qqn : *in aliquo loco, in domo, domi alicujus, apud aliquem* CIC. *Verr.* 1, 69 ; 4, 70 ; *Tusc.* 5, 22 ‖ *Att.* 6, 1, 25 ; LIV. 23, 8, 9.

2 **dēversŏr,** *ōris,* m., celui qui s'arrête, qui loge dans une hôtellerie, hôte : CIC. *Inv.* 2, 15.
▶ plus. mss *diversor.*

dēversōrĭŏlum, *i,* n. (dim. de *deversorium*), petite auberge : CIC. *Att.* 14, 8, 1 ; *Fam.* 12, 20.

dēversōrĭum (dēvor-), *ĭi,* n., lieu où l'on s'arrête pour loger ou se reposer, hôtellerie, auberge : CIC. *Fam.* 7, 23, 3 ; *Att.* 4, 12 ; *commorandi natura devorsorium nobis, non habitandi dedit* CIC. *CM* 84, la nature nous a donné un gîte, c.-à-d. un lieu de halte et non un domicile ‖ [fig.] asile : CIC. *Phil.* 2, 104 ; repaire : CIC. *Amer.* 134 ‖ boutique, magasin : SUET. *Ner.* 38.
▶ les mss ont souvent *diversorium.*

dēversōrĭus (dēvors-), *a, um,* où l'on peut s'arrêter, loger : SUET. *Ner.* 27 ; *deversoria taberna* PL. *Men.* 436, auberge, hôtellerie.

dēversus, *a, um,* part. de *deverto.*

dēvertĭcŭlum (dēvort-), *i,* n. (*deverto*) ¶ 1 chemin écarté, détourné : TER. *Eun.* 635 ; CIC. *Pis.* 53 ; SUET. *Ner.* 48 ; *deverticulum fluminis* DIG. 41, 3, 45, bras d'un fleuve ‖ [fig.] détour : LIV. 9, 17, 1 ; QUINT. 10, 1, 29 ; *deverticulum significationis* GELL. 4, 9 tit., sens détourné ; *aquarum calidarum* PLIN. 29, 23, moyen détourné de cure par les eaux chaudes ‖ digression : JUV. 15, 72 ¶ 2 auberge, hôtellerie : LIV. 1, 51, 8 ; TAC. *An.* 13, 27 ¶ 3 [fig.] échappatoire, moyen détourné : PL. *Cap.* 523 ; CIC. *Part.* 136 ; *Com.* 51.

dēvertō (dēvortō), *ĭs, ĕre, vertī, versum* ¶ 1 tr. **a)** détourner : *fata suo cursu* LUC. 6, 591, détourner les destins de leur cours **b)** [au pass.] se détourner de son chemin, aller chez qqn ou qq. part, aller loger, descendre chez qqn : *Cobiomacho deverti* CIC. *Font.* 19, se détourner de sa route à [à partir de] Cobiomachus [ville de la Narbonnaise] ; *devorti apud hospitem* PL. *Mil.* 134 ; 240, aller loger chez un hôte, cf. LIV. 42, 1, 10 ; TAC. *H.* 3, 11 ; *devorti ad aliquem in hospitium optumum* PL. *Poen.* 673, descendre chez un hôte, le meilleur des hôtes (pour la meilleure hospitalité) ; *in angiportum* PL. *Ps.* 961, aller loger dans une ruelle, cf. 658 ; *St.* 534 ‖ [fig.] avoir recours à : *quid ad magicas deverteris artes ?* OV. *A. A.* 2, 425, pourquoi avoir recours à la magie ? ¶ 2 intr., se détourner de son chemin : *via devertere* LIV. 44, 43, 3, se détourner de son chemin ; *ab Ereto devertisse eo Hannibalem tradit* LIV. 26, 11, 10, il rapporte qu'Hannibal pour aller là se détourna de sa route à [à partir d'] Érétum ; *ad cauponem* CIC. *Div.* 1, 57, descendre chez un aubergiste ; *in villam* CIC. *Off.* 2, 64, descendre dans une maison de campagne, cf. *Inv.* 2, 14 ou *ad villam* CIC. *Mil.* 51 ; *Fam.* 7, 18, 3 ; *domum regis* CIC. *Dej.* 17, descendre chez le roi ‖ [fig.] s'écarter de son sujet, faire une digression : *sed redeamus illuc, unde devertimus* CIC. *Fam.* 12, 25, 5, mais revenons à ce point d'où nous nous sommes écartés.

dēvescŏr, *scĕrĭs, scī,* -, tr., dévorer : STAT. *Th.* 1, 604.

dēvestĭō, *ĭs, īre,* -, -, tr., déshabiller : APUL. *M.* 4, 1.

dēvestīvus, *a, um,* sans habit : *TERT. *Val.* 14, 1.

dēvexī, parf. de *deveho.*

dēvexĭtās, *ātis,* f. (*devexus*), penchant, pente, inclinaison [au pr.] : PLIN. *Ep.* 8, 8, 3.

dēvexō, v. *divexo.*

dēvexus, *a, um* (*deveho*), qui penche, qui va en pente, incliné, qui descend : CIC. *Div.* 1, 101 ; VIRG. *G.* 1, 241, n. pl., *declivia et devexa* CAES. *G.* 7, 88, 1, les parties en pente descendante d'une colline ‖ n. sg. pris subst[t], *(aqua) in devexo fluit* SEN. *Nat.* 3, 3, (l'eau) coule sur un sol en pente ; *ire per devexum* SEN. *Vit.* 25, 7, suivre une pente ‖ *devexus Orion* HOR. *O.* 1, 28, 21, Orion à son coucher ; *devexior* CLAUD. *Mall. Theod.* 57 ‖ [fig.] qui incline à, qui décline : *aetas devexa ad otium* CIC. *Att.* 9, 10, 3, âge qui penche vers le repos.

dēvĭātĭo, *ōnis,* f. (*devio*), déviation : CASSIAN. *Inc.* 1, 4, 3.

dēvīcī, parf. de *devinco.*

dēvictĭo, *ōnis,* f. (*devinco*), victoire décisive, soumission complète : PS. TERT. *Marc.* 1, 108.

dēvictŏr, *ōris,* m., vainqueur : CASSIOD. *Eccl.* 7, 33.

dēvictus, *a, um,* part. de *devinco.*

dēvĭgescō, *ĭs, ĕre,* -, -, intr., perdre sa vigueur : TERT. *Anim.* 27, 6.

dēvincĭō, *ĭs, īre, vinxī, vinctum* (*de, vincio*), tr. ¶ 1 lier, attacher, enchaîner : *devinctus erat fasciis* CIC. *Brut.* 217, il était emmailloté de bandelettes ; *devincire Dircam ad taurum* PL. *Ps.* 200, attacher Dircé à un taureau ¶ 2 [fig.] lier, attacher : *animos voluptate* CIC. *Brut.* 276, tenir les esprits sous le charme [s'attacher l'auditoire] ; *ab isto beneficiis devinciebatur* CIC. *Verr.* 5, 82, cet individu le tenait attaché par ses bienfaits ; *vir tibi tua liberalitate devinctus* CIC. *Fam.* 1, 7, 3, homme lié à toi par ta générosité ; *cum summo illo oratore affinitate sese devinxerat* CIC. *Brut.* 98, il s'était allié à cet éminent orateur ; *homines juris societate* CIC. *Nat.* 2, 148, unir les hommes par les liens du droit ; *hunc Cn. Pompeius omni cautione, foedere, exsecratione devinxerat nihil contra me esse facturum* CIC. *Sest.* 15, cet homme, Cn. Pompée par toutes les formes de garantie, de pacte, de serment l'avait enchaîné à la promesse de ne rien faire contre moi ‖ [rhét.] *verba comprensione* CIC. *Brut.* 140, enchaîner les mots en période.
▶ parf. contr. *devinxti* PL. *As.* 849.

dēvincō, *ĭs, ĕre, vīcī, victum* (*de, vinco*), tr., vaincre complètement, soumettre : CIC. *CM* 44 ; *Agr.* 2, 90 ; CAES. *G.* 7, 34, 1 ; *C.* 3, 87 ‖ [poét.] *devicta bella* VIRG. *En.* 10, 370, guerres victorieuses ‖ [fig.] *bonum publicum privata gratia devictum* SALL. *J.* 25, 3, l'intérêt général fut battu par le crédit privé.

dēvinctĭo, *ōnis,* f. (*devincio*), lien, attachement : *magicae devinctiones* TERT. *Spect.* 2, 8, sortilèges.

dēvinctus, *a, um,* part. de *devincio* ‖ adj[t], attaché : *alicui, alicui rei,* à qqn, à qqch. : CIC. *Fam.* 1, 7, 3 ; 13, 2 ; 15, 4, 16 ; *devinctior* HOR. *S.* 1, 5, 42.

dēvinxī, parf. de *devincio.*

dēvĭō, *ās, āre, āvī, ātum* (*devius*) ¶ 1 intr., dévier, s'écarter du droit chemin : MACR. *Somn.* 1, 22, 17 ‖ [fig.] MACR. *Sat.* 5, 15, 1 ; SYMM. *Ep.* 9, 121 ¶ 2 tr., détourner : *Siculorum... mentes ab obstinatione praecipiti* CASSIOD. *Var.* 1, 3, 3, détourner les esprits des Siciliens d'un entêtement catastrophique.

dēvirgĭnātĭo, *ōnis,* f. (*devirgino*), défloration [d'une vierge] : SCRIB. 18.

dēvirgĭnō, *ās, āre, āvī, ātum* (*de, virgo*), tr., déflorer [une vierge] : PETR. 25, 1 ‖ [pass.] *devirginari* VARR. d. NON. 458, 26.

dēvītātĭo, *ōnis,* f. (*devito*), action d'éviter, d'esquiver : CIC. *Att.* 16, 2, 4.

dēvītātus, *a, um,* part. de *devito.*

dēvītō, *ās, āre, āvī, ātum,* tr., éviter, échapper à : CIC. *Verr. prim.* 8 ; *Part.* 91 ; HOR. *Ep.* 1, 1, 44.

dēvĭus, *a, um* (*de via*) ¶ 1 hors de la route, écarté, détourné : *oppidum devium* CIC. *Pis.* 89, ville écartée ; *iter devium* CIC. *Att.* 4, 3, 4, chemin détourné ‖ [pl. n.] *devia terrarum* LUC. 4, 161, des régions inconnues ‖ qui se trouve sur des chemins détournés, qui habite à l'écart, qui sort de la route, qui s'égare : *Anagnini, cum essent devii, descenderunt* CIC. *Phil.* 2, 106,

devius

les habitants d'Anagni, n'habitant pas sur la route, descendirent ; *mihi devio mirari libet...* Hor. *O.* 3, 25, 12, j'aime dans ma course vagabonde à admirer... ; *devius equus* Stat. *Th.* 9, 904, cheval qui se jette de côté ; *devia avis* Ov. *H.* 2, 118, oiseau solitaire ¶ **2** [fig.] **a)** qui s'écarte du droit chemin, qui s'égare, qui est dans l'erreur : *homo praeceps et devius* Cic. *Phil.* 5, 37, homme irréfléchi et qui déraisonne **b)** qui s'écarte : *nihil devium loqui* Plin. *Ep.* 5, 6, 44, parler sans digression ; *devius aequi* Sil. 1, 57, qui sort de la justice, cf. 8, 316.

dēvŏcātus, *a*, *um*, part. de *devoco*.

dēvŏcō, *ās*, *āre*, *āvī*, *ātum*, tr. ¶ **1** rappeler ; faire descendre, faire venir, inviter : *de provincia aliquem ad gloriam* Cic. *Prov.* 29, faire revenir qqn de sa province pour être glorifié ; *ab tumulo suos devocat* Liv. 4, 39, 8, il fait descendre ses soldats de la hauteur ; *caelo sidera* Hor. *Epo.* 17, 5, faire descendre les astres du ciel ; *aliquem in judicium* Val.-Max. 6, 5, 5, appeler qqn en justice ; *in certamen* Val.-Max. 3, 2, 21, provoquer au combat ¶ **2** [fig.] *non avaritia ab instituto cursu ad praedam aliquam devocavit* Cic. *Pomp.* 40, ce n'est pas la cupidité qui l'a détourné de sa route vers quelque butin ; *philosophiam e caelo* Cic. *Tusc.* 5, 10, faire descendre la philosophie du ciel sur la terre ; *suas fortunas in dubium* Caes. *G.* 6, 7, 6, remettre au hasard sa destinée ; *in id devocari, ut...* Sen. *Ben.* 6, 27, 3, être réduit au point de... ; *rem ad populum* Val.-Max. 2, 7, 8, déférer l'affaire au peuple.

dēvŏlo, *ās*, *āre*, *āvī*, *ātum*, intr., descendre en volant, s'abattre, fondre sur : Ov. *M.* 3, 420 ; Liv. 7, 12, 13 ‖ [fig.] descendre en hâte, s'élancer de, voler vers : Liv. 2, 29, 3 ; 3, 15, 6 ; Cic. *Quinct.* 93.

dēvŏlūtĭo, *ōnis*, f., abandon, décadence : Rufin. *Orig. princ.* 2, 8, 4.

dēvŏlūtus, *a*, *um*, part. de *devolvo*.

dēvolvō, *ĭs*, *ĕre*, *volvī*, *vŏlūtum*, tr. ¶ **1** faire rouler de haut en bas, entraîner en roulant, précipiter : *cupas de muro in musculum* Caes. *C.* 2, 11, 2, faire rouler des tonneaux du haut du mur sur la galerie ; *devolvere se toris* Val.-Flac. 1, 235, se laisser tomber du lit ‖ [pass.] rouler, tomber en roulant : *devolutus ex igne panis* Catul. 59, 4, pain qui a roulé du feu ; *monte praecipiti devolutus torrens* Liv. 28, 6, 10, torrent qui roule du haut d'une montagne escarpée ; *jumenta devolvebantur* Liv. 21, 33, 7, les bêtes de somme roulaient en bas ‖ dérouler, dévider : *fusis pensa* Virg. *G.* 4, 349, dérouler la laine des fuseaux ¶ **2** [fig.] **a)** *per audaces nova dithyrambos verba devolvit* Hor. *O.* 4, 2, 11, il roule des mots nouveaux dans ses audacieux dithyrambes **b)** [pass.] *devolvere retro ad stirpem* Liv. 1, 47, 5, retombe à la souche de ta famille [= à l'obscurité] ; *ad spem estis inanem pacis devoluti* Cic. *Phil.* 7, 14, vous vous êtes laissés entraîner à de vains espoirs de paix.

dēvŏmō, *ĭs*, *ĕre*, -, -, tr., vomir : Caecil. *Com.* 162.

dēvŏrābĭlis, *e*, qu'on peut avaler, dévorer : Alcim. *Ep.* 77.

dēvŏrātĭo, *ōnis*, f. (*devoro*), action de dévorer : Tert. *Res.* 54, 1.

dēvŏrātor, *ōris*, m., celui qui dévore : Tert. *Res.* 32, 2 ‖ dissipateur, glouton : Gloss. 2, 48, 19.

dēvŏrātōrĭum, *ii*, n., gouffre dévorant : Ambr. *Ep.* 4, 5.

dēvŏrātōrĭus, *a*, *um* (*devorator*), qui détruit : Tert. *Idol.* 1, 4.

dēvŏrātrix, *īcis*, f., celle qui dévore : Porph. Hor. *Ep.* 1, 13, 10 ; Vulg. *Ezech.* 36, 13.

1 **dēvŏrō**, *ās*, *āre*, *āvī*, *ātum*, tr. ¶ **1** avaler, engloutir [des aliments] : Cic. *Nat.* 2, 135 ; Cat. *Agr.* 71 ; Plin. 8, 29 ¶ **2** dévorer, absorber [au fig.] : *praedam* Cic. *Verr.* 1, 135, dévorer une proie ; *pecuniam publicam* Cic. *Verr.* 3, 177, dévorer l'argent de l'État ; *aliquid oculis* Just. 21, 5, 6, dévorer qqch. des yeux, cf. Mart. 1, 96, 12 ‖ *lacrimas* Ov. *M.* 13, 540, dévorer ses larmes ‖ *verba* Quint. 11, 3, 33, avaler ses mots dans la prononciation ‖ *libros* Cic. *Att.* 7, 3, 2, dévorer (lire avidement) des livres ¶ **3** [fig.] avaler sans goûter, engloutir : *paucorum dierum molestiam* Cic. *Phil.* 6, 17, avaler l'ennui de quelques jours d'attente, cf. *Brut.* 236 ‖ *vox devoratur* Plin. 11, 270, la voix se perd ; *ejus oratio a multitudine devorabatur* Cic. *Brut.* 283, son éloquence était perdue pour la foule, n'était pas appréciée de la foule ; *devoravi nomen* Pl. *Trin.* 908, j'ai avalé le nom (je l'ai oublié) ‖ [fig.] *devorari aliqua re* Plin. 34, 40, être éclipsé par qqch.

2 **dēvŏrō**, v. *devoveo*.

dĕvorrō, v. *deverro*.

dēvortĭcŭlum, v. *deverticulum*.

dēvortĭum, *ii*, n. (*devorto*), détour : *devortia itinerum* Tac. *Agr.* 19, 5, routes détournées ‖ v. *divortium*.

dēvorto, v. *deverto*.

dēvōtāmentum, *i*, n. (*devoveo*), anathème : Tert. *Scorp.* 2, 11.

dēvōtātĭo, *ōnis*, f. (*devoto*), ¶ **1** anathème : Vulg. 3 *Reg.* 8, 38 ¶ **2** dévouement : Heges. 5, 2, 59.

dēvōtātus, *a*, *um*, part. de *devoto*.

dēvōtē, adv. (*devotus*), avec dévouement : Cod. Th. 6, 24, 10 ‖ dévotement : Aug. *Conf.* 8, 1 ‖ *devotissime* Lact. *Inst.* 6, 9, 24.

dēvōtīcĭus, *a*, *um*, qui est d'objet d'un vœu : Not. Tir. 48, 6.

dēvōtĭo, *ōnis*, f. (*devoveo*), dévouement ¶ **1** action de se dévouer **a)** vœu par lequel on s'engage, on se dévoue : *devotiones Deciorum* Cic. *Nat.* 3, 15, le dévouement des Décius [aux dieux infernaux] ; *devotio vitae* Cic. *Rab. Post.* 2 ; *Dom.* 145, sacrifice de la vie **b)** [fig.] dévouement, attachement sans réserve : Nemes. *Cyn.* 83 ‖ dévotion : Lact. *Inst.* 5, 22, 17 ; Lampr. *Hel.* 3 ¶ **2** imprécation, malédiction : Nep. *Alc.* 4, 5 ; 6, 5 ; Petr. 103, 6 ¶ **3** enchantements ; sortilèges : Suet. *Cal.* 3 ; Tac. *An.* 2, 69 ; 3, 13 ¶ **4** vœu : Cic. *Quir.* 1 ; Apul. *M.* 11, 16 ; Vulg. *Act.* 23, 14.

dēvōtō, *ās*, *āre*, *āvī*, *ātum* (fréq. de *devoveo*), tr. ¶ **1** soumettre à des enchantements, ensorceler : Pl. *Cas.* 388 ¶ **2** invoquer une divinité : Apul. *M.* 9, 21 ¶ **3** maudire : Aug. *Hept.* 4, 40.

dēvōtor, *ōris*, m. et **dēvōtrix**, *īcis*, f., Serv. *En.* 4, 607, celui, celle qui fait des imprécations, qui maudit.

dēvōtus, *a*, *um* ¶ **1** part. de *devoveo* ¶ **2** adj¹ **a)** dévoué, zélé : Sen. *Ben.* 3, 5, 2 ; *alicui* Juv. 9, 72, zélé pour qqn ; Suet. *Tib.* 67 ; *devotior* Claud. *Gild.* 289 ; *-tissimus* Sen. *Ben.* 5, 17, 1 ‖ subst. m., *devoti* Caes. *G.* 3, 22, 1, des gens dévoués **b)** adonné à : Phaed. 4, 5, 6 **c)** prêt pour : Luc. 3, 311 **d)** [chrét.] soumis à Dieu, pieux : Hier. *Ep.* 108, 2.

dēvŏvĕō, *ēs*, *ēre*, *vōvī*, *vōtum*, tr. ¶ **1** vouer, dédier, consacrer : *aliquid Dianae* Cic. *Off.* 3, 95, consacrer qqch. à Diane ; *se diis devovere* Cic. *Nat.* 2, 10 ; *se devovere* Cic. *Div.* 1, 51, se dévouer, s'offrir en sacrifice [aux dieux infernaux], cf. *Dom.* 145 ; Liv. 5, 41, 3 ‖ [fig.] *vobis animam hanc soceroque Latino devovi* Virg. *En.* 11, 442, je vous ai consacré ma vie ainsi qu'à Latinus mon beau-père ; *se amicitiae alicujus* Caes. *G.* 3, 22, 3, vouer son amitié à qqn ¶ **2** dévouer aux dieux infernaux, maudire : *postquam audivit Eumolpidas sacerdotes a populo coactos, ut se devoverent* Nep. *Alc.* 4, 5, quand il apprit que le peuple avait forcé les prêtres eumolpides à le maudire ; *devota arbos* Hor. *O.* 3, 4, 27, arbre maudit ¶ **3** soumettre à des enchantements, à des sortilèges, ensorceler : *num te carminibus devovit anus* Tib. 1, 8, 18, une vieille t'a-t-elle ensorcelé par des formules magiques, cf. Ov. *Am.* 3, 7, 80 ¶ **4** [chrét.] consacrer à Dieu : Lact. *Inst.* 2, 16, 15.

▶ fut. antér. *devoro* = *devovero* Acc. *Tr. praet.* 15 ‖ forme de la 3ᵉ conj. *devovunt* Ps. Cyp. *Aleat.* 9.

devulsus, *a*, *um*, part. de *devello*.

Dexāmĕnus, *i*, m., Centaure, le même qu'Euryton : Ov. *Ib.* 406.

Dexendrusi, *ōrum*, m. pl., peuple d'Asie : Plin. 6, 92.

Deximontāni, *ōrum*, m. pl., peuple de l'Inde : Plin. 6, 99.

dexĭŏchŏlus, *i*, m. (*δεξιόχωλος*), boiteux de la jambe droite [hémiplégique] : *Mart. 12, 59, 9.

Dexippus, *i*, m., nom d'homme : Cic. *Fam.* 14, 3, 3.

Dexius, *ii*, m., nom de famille romaine : Cic. *Fam.* 7, 23, 4.

Dexo, Dexōn, ōnis, m. (Δέξων), nom grec d'homme : Cic. Verr. 5, 108.

dextans, tis, m. (de, sextans), l'unité moins 1/6 = les cinq sixièmes de la livre romaine, ou d'un tout divisible : Suet. Ner. 32 ; Vitr. 3, 4, 4.

dextella, ae, f. (dim. de dextera), **Antonii dextella est** Cic. Att. 14, 20, 5, c'est le petit bras droit d'Antoine.

dexter, tra, trum ou tĕra, tĕrum (δεξίτερος, scr. dakṣiṇa-s ; it. destro) ¶ **1** qui est à droite, droit : **dextera manu** Cic. Div. 1, 46, de la main droite ; **dextris umeris exsertis** Caes. G. 7, 50, 2, ayant l'épaule droite découverte ‖ n. pl., **dextera (-tra)**, ōrum, ce qui est à droite, le côté droit : Lucr. 2, 488 ; Vell. 2, 40, 1 ; Plin. 6, 99 ‖ ▼ dexterior, dextimus ¶ **2** [fig.] adroit : Virg. En. 4, 294 ‖ propice, favorable : Quint. 4 pr. 5 ; P. Fest. 65, 6 ; **dexter adi** Virg. En. 8, 302, assiste favorablement [invocation] ¶ **3** [chrét.] subst. m. pl., ceux qui sont à la droite du Père, les élus : Aug. Civ. 20, 5.

dextĕra, dextra, ae, f. ¶ **1** main droite : **per dexteram istam te oro, quam regi Dejotaro hospes hospiti porrexisti** Cic. Dej. 8, je t'en prie par cette main droite que tu as tendue au roi Déjotarus, comme un hôte à son hôte ‖ **jungere dextras** Virg. En. 3, 83, joindre les mains [signe d'amitié] ; **fallere dextras** Virg. En. 6, 613, tromper les serrements de mains [les engagements loyaux], cf. Liv. 29, 24 ‖ **dextrae** Tac. H. 1, 54 ; 2, 8, deux mains jointes d'argent ou de bronze, signe d'hospitalité ou d'amitié ; **renovare dextras** Tac. An. 2, 58, renouveler amitié ‖ aide, secours : **dextram tendere** Cic. Phil. 10, 9 (**porrigere** Cic. Sen. 24) tendre une main secourable ‖ **dextrae** [poét.] = des bras, des troupes : Sil. 12, 351 ; 15, 498 ; 16, 17 ¶ **2** [locutions adv.] **a dextra** Cic. Div. 1, 85 ; **dextra** Cic. Ac. 2, 125 ; **ad dextram** Cic. Tim. 48 ; Caes. C. 1, 69, 3, à droite, du côté droit.

dextĕrē, adv., adroitement : Liv. 1, 34, 12 ; 8, 36, 7 ; Sen. Polyb. 6, 11 ; ▼ dextre ‖ **dexterius** Hor. S. 1, 9, 45.

dextĕrĭor, ĭus, compar. de dexter, qui est à droite [en parl. de deux] : Ov. M. 7, 241 ; **dexterius cornu** Galb. Fam. 10, 3, 3, l'aile droite.

dextĕrĭtās, ātis, f. (dexter), dextérité, adresse, habileté : Liv. 28, 18, 6 ‖ qualité d'être propice, favorable : Arn. 7, 19.

dextĭmus, a, um, superl. de dexter, qui est le plus à droite : Sall. J. 100, 2.

1 **dextra**, ▼ dextera.

2 **dextrā** [employé comme prép. avec acc.] à droite de : Liv. 8, 15, 8 ; Gell. 16, 5, 3 ; Vitr. 1, 6, 10 ; Ael. Gall. d. P. Fest. 226, 18.

dextrălĕ, is, n. (dexter), bracelet : Vulg. Exod. 35, 22.

dextrălĭŏlum, i, n. (dim. de dextrale), petit bracelet : Vulg. Judith 10, 3.

dextrălis, is, f. (dextra), hachette : Isid. 19, 19, 11.

dextrātĭo, ōnis, f. (dexter), mouvement de gauche à droite : Solin. 45, 15.

dextrātor, ōris (dextra), qui se tourne à droite [cheval ou cavalier ?] : CIL 8, 18042.

dextrātus, a, um (dexter), tourné à droite : Grom. 24, 7 ‖ subst. n., côté droit : Grom. 291, 18.

dextrē, adv., à droite : Paul.-Nol. Carm. 14, 134 ; ▼ dextere.

dextrōchērĭum, ii, n. (dexter, χείρ), bracelet : Capit. Maxim. 6, 8.

dextrorsum (-sus), à droite [avec mouv.], du côté droit, vers la droite : Hor. S. 2, 3, 50 ; Liv. 6, 31, 5.

dextrōvorsum (-versum), adv., ▼ dextrorsum : Pl. Curc. 70 ; Ru. 176.

dextŭmus, ▼ dextimus.

Dexujates, ium, m. pl., peuple de la Gaule Narbonnaise : Plin. 3, 34.

1 **dī-**, [en compos.] ▼ dis-.

2 **dī**, ▶ dii, ▼ deus.

1 **dĭă-**, la langue médicale a, pour désigner des produits divers, d'après leurs ingrédients, un grand nombre de mots qui sont une pure transcription du grec [διά et un gén. sg. ou pl.] ; ils ne seront pas tous cités.

2 **Dīa**, ae, f. (Δία), île de la mer de Crète : Plin. 4, 61 ‖ l'île de Naxos : Ov. M. 3, 690 ‖ ville de la Chersonèse taurique : Plin. 4, 86 ‖ femme d'Ixion et mère de Pirithoüs : Hyg. Fab. 155 ‖ **Dīa dea**, f., déesse agraire : CIL 6, 33950 ‖ surnom de femme : CIL 6, 14604.

dĭăartymătōn, n. indécl. (διὰ ἀρτυμάτων), onguent aromatique : Cael.-Aur. Chron. 3, 8, 116.

Dĭăbās, ae, m. (Διάβας), fleuve d'Assyrie : Amm. 23, 6, 21.

Dĭăbăsis (Cōnōpōn), ▼ Conopon.

dĭăbăthrārĭus, ii, m. (diabathrum), bottier de luxe : Pl. Aul. 513.

dĭăbăthrum, i, n. (διάβαθρον), chaussure de femme : Naev. Tr. 60 ; P. Fest. 65, 13.

Dĭăbētae, ārum, f. pl. (Διαβῆται), nom de quatre îles près de Rhodes : Plin. 5, 133.

dĭăbētēs, ae, m. (διαβήτης), siphon : Col. 3, 10, 2.

Dĭāblinti, ōrum, **Dĭāblintes**, um, m. pl., nom d'une partie des Aulerques [auj. Jublains] : Plin. 4, 107 ; Caes. G. 3, 9, 10.

dĭăbŏlē, ēs, f. (διαβολή), diabole [fig. de rhét.] : Jul.-Ruf. 17.

dĭăbŏlĭcus, a, um, du diable, diabolique : Aug. Ep. 149, 26.

1 **dĭăbŏlus (-bŭlus)**, i, m. (διάβολος ; cf. it. diavolo), [chrét.] le diable : Tert. Anim. 35, 3.

2 **Dĭăbŏlus**, i, m. (Διάβολος), personnage de comédie : Pl. As. 634.

dĭăbŏtănŏn, indécl. (διὰ βοτανῶν), bouillon d'herbes : Apic. 434.

dĭăcălămĭnthēs, indécl. (διὰ καλαμίνθης), sorte d'andidote : Plin. Val. 4, 22.

dĭăcanthēs, indécl. (διὰ ἀκάνθης), remède à base d'acanthe : Plin. Val. 1, 3.

dĭăcardămum, i, n. (διά, κάρδαμον), potion à basse de cresson : Cael.-Aur. Chron. 3, 4.

dĭăcastŏrĕum, i, n., injection à base de castoreum : Plin. Val. 2, 34.

dĭăcătŏchĭa, ae, f. (διακατοχή), détention : Cod. Just. 11, 58, 7.

dĭăcătŏchus, i, m. (διακάτοχος), détenteur : Cod. Th. 19, 16, 1.

dĭăcĕcaumĕnē, ēs, f. (διακεκαυμένη), la zone torride : Solin. 32, 37.

dĭăcentaurĕum, i, n. (διά, centaureum), remède où il entre de la centaurée : Plin. Val. 3, 8.

dĭăcĕrăsōn, n. indécl. (διὰ κεράσων), remède à base de cerises : Plin. Val. 5, 50.

dĭăchŏlēs, n. indécl. (διὰ χολῆς), collyre à base de fiel [pour les yeux] : M.-Emp. 8, 210.

dĭăchrisma, ătis, n. (διάχρισμα), onction : Plin. Val. 1, 50.

dĭăchylōn, n. indécl. (διὰ χυλῶν), sorte d'emplâtre : Cael.-Aur. Acut. 2, 18.

dĭăchytōn, i, n. (διαχυτόν), vin de mère-goutte : Plin. 14, 84.

Diacira, ae, f., ville de Mésopotamie : Amm. 24, 2, 3.

dĭăcĭtrĭum, ii, n. (διακίτριον), portion au citron : Plin. Val. 3, 14.

dĭăcŏchlēcōn, n. indécl. (διὰ κοχλήκων), potion consistant en escargots bouillis dans du lait : Cael.-Aur. Chron. 4, 3, 57.

dĭăcōdĭōn, n. indécl. (διὰ κωδειῶν), diacode, médicament fait avec des têtes de pavots : Plin. 20, 200.

dĭăcŏlĕa, ae, f., ▼ chamaemelum : Ps. Apul. Herb. 24.

dĭăcōn, ŏnis, m., ▼ diaconus : Cod. Th. 12, 1, 49.

dĭăcōna, ae, f., diaconesse : Fort. Rad. 1, 12.

dĭăcōnātŭs, ūs, m., diaconat, fonction de diacre : Hier. Ep. 22, 28.

dĭăcōnĭa, ae, f. [chrét.] ¶ **1** dignité de diacre : Greg.-M. Ep. 2, 1 ¶ **2** fruit des collectes faites par les diacres, aumônes : Cassian. Coll. 18, 7, 8.

dĭăcōnĭcum, i, n., logement du diacre : Cod. Th. 16, 5, 30.

dĭăcōnissa, ae, f., femme qui sert, diaconesse : Hier. Ep. 51, 2.

dĭăcōnĭum, ii, n., fonction de diacre : Cypr. Ep. 52, 1.

dĭăcōnus, i, m. (διάκονος ; cf. fr. diacre), diacre : Hier. Ep. 51, 1.

dĭăcŏpē, ēs, f. (διακοπή), tmèse [gram.] : Char. 275, 10.

dĭăcŏpŏn, ▼ diacopron.

diacopraegias

dĭăcŏpraegĭās, indécl. (διὰ κόπρου αἰγείας), emplâtre fait avec des crottes de chèvre : CAEL.-AUR. *Chron.* 3, 8, 115.

dĭăcŏpron (-cŏpŏn), n. indécl. (διὰ κόπρου), sorte de collyre [pour les yeux] : *M.-EMP. 8, 144.

dĭăcōpus, *i*, m. (διάκοπος), canal d'irrigation : ULP. *Dig.* 47, 11, 10.

dĭădēma, *ătis* (gén. pl. **um** et **ōrum** d'après CHAR. 42, 32), n. (διάδημα), diadème, bandeau royal : CIC. *Phil.* 2, 85 ‖ **dĭădēma**, *ae*, f. arch., POMPON. *Com.* 163 ; APUL. *M.* 10, 30.

dĭădēmālis, *e*, qui porte un diadème : DRAC. *Satisf.* 33.

dĭădēmātus, *a*, *um*, qui porte un diadème : PLIN. 34, 79.

dĭădictamnum, *i*, n. (διὰ δικτάμνων), remède à base de dictame : CAEL.-AUR. *Chron.* 3, 8, 115.

dĭădŏchŏs, *i*, m. (διάδοχος), pierre précieuse qui ressemble au béryl [qui pourrait le remplacer] : PLIN. 37, 157.

dĭădŏta, *ae*, m. (διαδότης), distributeur : COD. TH. 7, 4, 28.

dĭădūmĕnŏs et **-us**, *a*, *um*, ▶ diadematus : PLIN. 34, 55.

Dĭădūmĕnus, *i*, m., Diadumène [empereur en 218], fils de Macrin : LAMPR. *Diad.* 4.

dĭaerĕsis, *is*, f. (διαίρεσις), diérèse [gram.] : SERV. *En.* 7, 464.

dĭaeta, *ae*, f. (δίαιτα) ¶ 1 régime, diète : CAEL.-AUR. *Chron.* 2, 12, 146 ; [fig.] = traitement bénin : CIC. *Att.* 4, 3, 3 ¶ 2 pièce, chambre, appartement, pavillon : PLIN. *Ep.* 2, 17, 15 ; 5, 6, 21 ; 7, 5, 1 ; SUET. *Cl.* 10, 2 (1) ‖ cabine de vaisseau : PETR. 115, 1 ‖ tombeau : CIL 8, 9433.
▶ formes zaeta, zēta fréquentes d. les mss.

diaetarcha, *ae*, **diaetarchus**, *i*, m., ▶ diaetarius CIL 6, 8644 ; 8818.

dĭaetārĭus, *ii*, m. (diaeta), esclave chargé du service de la chambre ou de la salle à manger : ULP. *Dig.* 33, 7, 12, 42 ‖ gardien des cabines : ULP. *Dig.* 4, 9, 1, 3.
▶ zetarius PAUL. *Sent.* 3, 6, 58.

dĭaeteōn, indécl. (διὰ ἰτεῶν), remède à base de saule : CAEL.-AUR. *Chron.* 2, 3, 69.

dĭaetēta, *ae*, m. (διαιτητής), arbitre : COD. JUST. 7, 62, 36.

dĭaetētĭca, *ae*, f., **dĭaetētĭcē**, *ēs*, f. (διαιτητική), diététique [science qui soigne le malade par le régime ; question d'alimentation, de boisson, d'habitation], médecine [par oppos. à chirurgie] : SCRIB. 200 ; CAEL.-AUR. *Chron.* 2, 12, 145.

dĭaetētĭcus, *a*, *um*, qui concerne la diététique : CAEL.-AUR. *Chron.* 2, 12, 145 ‖ subst. m., médecin diététicien : SCRIB. 200.

dĭăgentĭāna, *ae*, f., antidote à base de gentiane : PLIN. VAL. 2, 17.

dĭăglaucĭŏn (-ĭum), *ii*, n. (διὰ γλαύκιον), collyre fait avec la plante appelée *glaucium* : PLIN. 27, 83 ; SCRIB. 22.

dĭăgōnālis, *e*, **dĭăgōnĭŏs**, *a*, *on* (διαγώνιος), diagonal : VITR. 4, 1, 11 ; 9, pr. 5.

Dĭăgondās, *ae*, m., législateur thébain : CIC. *Leg.* 2, 37.

Dĭăgŏrās, *ae*, m. (Διαγόρας) ¶ 1 philosophe de Mélos : CIC. *Nat.* 1, 2 ¶ 2 Rhodien, qui mourut de joie en voyant ses deux fils couronnés le même jour à Olympie : CIC. *Tusc.* 1, 111 ¶ 3 nom d'un médecin : PLIN. 1, 12.

dĭăgramma, *ătis*, n. (διάγραμμα) ¶ 1 échelle des tons [musique] : VITR. 5, 4, 1 ¶ 2 tracé, dessin : GROM. 340, 23.

dĭăgrydĭŏn, *ii*, n. (altération de δακρύδιον), suc de la scammonée : CAEL.-AUR. *Acut.* 1, 17, 179.

dĭăherpyllum, *i*, n., remède où il entre du serpolet : CAEL.-AUR. *Chron.* 3, 5, 77.

dĭăhyssōpum, *i*, n., remède à base d'hysope : CAEL.-AUR. *Chron.* 3, 8, 114.

dĭălectĭca, *ōrum*, n. pl., études de dialectique : CIC. *Brut.* 119 ; *Or.* 118 ‖ **dĭălectĭca**, *ae*, f., dialectique : CIC. *Ac.* 2, 91 ; *Brut.* 309 ; *Or.* 113 ou **dĭălectĭcē**, *ēs*, f., QUINT. 2, 20, 7.

dĭălectĭcē, adv. ¶ 1 adv., suivant l'art de la dialectique, en dialecticien : CIC. *Ac.* 1, 8 ; *Fin.* 2, 17 ; QUINT. 1, 10, 37 ¶ 2 ▶ dialectica.

dĭălectĭcus, *a*, *um*, qui concerne la dialectique ; habile dans la dialectique : CIC. *Fin.* 2, 17 ‖ subst. m., dialecticien, logicien : CIC. *Fin.* 2, 15 ; *Or.* 113 ‖ subst. f. et n. pl., ▶ dialectica.

dĭălectŏs (-us), *i*, f. (διάλεκτος), dialecte [langage particulier d'un pays, modification de la langue générale] : SUET. *Tib.* 36.

dĭălemma, *ătis*, n. (διάλειμμα-), intervalle de temps, temps intermédiaire : THEOD.-PRISC. 2, 45.

Dialeon, f., nom d'une île déserte : PLIN. 4, 74.

dĭălĕpĭdŏs, n. indécl. (διὰ λεπίδος), médicament où il entre des parcelles de cuivre : M.-EMP. 8, 197.

dĭăleucŏs, *ŏn* (διάλευκος), mêlé de blanc : PLIN. 21, 32.

dĭălĭbănū, indécl. (διὰ λιβάνου), médicament où il entre de l'encens : M.-EMP. 8, 196.

dĭălĭŏn, *ii*, n. (διήλιον), héliotrope [plante] : Ps. APUL. *Herb.* 50.

1 Dĭālis, *e* (cf. *Diespiter*) ¶ 1 de Jupiter : *flamen Dialis* VARR. *L.* 5, 84 ; GELL. 10, 15 ; LIV. 5, 52, 13 ou subst¹, *Dialis* OV. *F.* 3, 397 ; TAC. *An.* 3, 58, flamine de Jupiter ¶ 2 du flamine de Jupiter : *apex dialis* LIV. 6, 41, 9, bonnet du flamine de Jupiter ; *diale flaminium* SUET. *Aug.* 31, fonction de flamine de Jupiter ¶ 3 *dialis*, de l'air, aérien : APUL. *M.* 6, 15.

2 dĭālis, *e* (*dies*), d'un jour [qui ne dure qu'un jour] [jeu de mots avec *Dialis*, de Jupiter] CIC. d. MACR. *Sat.* 7, 3, 10.

dĭălŏēs, n. indécl. (διὰ ἀλόης), collyre à base d'aloès : CAEL.-AUR. *Chron.* 3, 1, 10.

dĭălŏgĭcē, adv. (διαλογικός), en dialogue : SCHOL. PERS. 6, 51.

dĭălŏgismŏs, *i*, m. (διαλογισμος), langage intérieur, aparté : CHAR. 283, 21.

dĭălŏgista, *ae*, m. (διαλογιστής), habile dans la discussion, logicien : VULC.-GALL. *Avid.* 3, 5.

dĭălŏgus, *i*, m. (διάλογος), dialogue, entretien : CIC. *Fam.* 9, 8, 1 ; *Att.* 13, 19, 3.

dĭălŭtensis, *e* (διὰ et *lutum*), qui vient dans un terrain boueux : PLIN. 9, 131.

dĭălytŏn, n. (διάλυτον), ▶ asyndeton : JUL.-RUF. 18.

dĭămannae (διὰ μάννης), breuvage où il entre de la manne ou de l'encens : CAEL.-AUR. *Acut.* 2, 18, 112.

dĭămastīgōsis, *is*, f. (διαμαστίγωσις), flagellation : TERT. *Martyr.* 4, 8.

dĭămĕlīlōtōn, n. indécl. (διὰ μελιλώτων), onguent de mélilot : CAEL.-AUR. *Chron.* 1, 3, 58.

1 dĭămĕtĕr, *tra*, *trum*, adj., diamétral : VITR. 9, 2, 4.

2 dĭămĕtĕr, *tri*, m., ▶ diametros : BOET. *Anal. pr.* 1, 23.

dĭămĕtrālis, *e*, diamétral : GROM. 225, 7.

dĭămĕtrŏs (-us), *i*, f. (διάμετρος), diamètre : VITR. 3, 5, 6 ; MACR. *Somn.* 1, 20, 29.

dĭămĕtrum, *i*, n., ce qui manque pour compléter une mesure ; perte, déficit, préjudice : COD. TH. 13, 5, 38.

dĭămĕtrus, *a*, *um*, diamétral : FIRM. *Math.* 4, 1, 10 ‖ ▶ diametros, 1 diameter.

dĭămirtōn, n. indécl. (διὰ μύρτων), décoction de myrte : CAEL.-AUR. *Acut.* 3, 3, 18.

dĭămĭsўŏs, indécl. (διὰ μίσυος), sorte de collyre au vitriol [pour les cicatrices] : M. EMP. 8, 199.

dĭămŏrŏn, n. indécl. (διὰ μόρων), sirop de mûres sauvages : CAEL.-AUR. *Acut.* 3, 3, 18.

1 Dīāna et **Dĭāna**, *ae*, f. (Diviana VARR. *L.* 5, 68 ; de *1 dius* ; roum. zînă fée), Diane [fille de Jupiter et de Latone, déesse de la chasse] : CIC. *Nat.* 2, 68 ; VIRG. *En.* 4, 511 ‖ [poét.] **a)** la lune : OV. *M.* 15, 196 **b)** la chasse : MART. *Spect.* 12, 1.
▶ anc. form. *Jana* VARR. *R.* 1, 37, 3 ‖ *Deana* CIL 14, 2212.

2 Dĭāna, *ae*, f., ville de Numidie [Aïn Zana] : CIL 2, 18068.

Dĭānārĭus, *a*, *um*, de Diane : *Dianaria radix* VEG. *Mul.* 2, 6, 7, armoise [plante].

Dĭānās, *ae*, m., source près de Camérie [dans le Latium] : PRISC. *Perieg.* 489.

Dĭānenses, *ium*, m. pl., habitants de Diana : CIL 8, 4587 ‖ habitants de Dianium : PLIN. 3, 25.

dianitis myrrha, f., la myrrhe dianite : PLIN. 12, 69.

dĭănītrum, *i*, n., remède fait avec du nitre : CAEL.-AUR. *Chron.* 3, 8, 113.

Dĭānĭum, *ĭi*, n. ¶ **1** temple ou lieu de Rome consacré à Diane : Liv. 1, 48, 6 ¶ **2** ville de la Tarraconaise [Denia] Atlas IV, D3 : Cic. *Verr.* 1, 87 ; Plin. 3, 76 ¶ **3** île située près de la Corse : Plin. 3, 81 ; Mel. 2, 122.

Dĭānĭus, *a*, *um*, de Diane : *turba Diania* Ov. *F.* 5, 141, meute ; *arma Diania* Grat. 253, équipage de chasse.

dĭănŏmē, *ēs*, f. (διανομή), distribution d'argent illicite : Plin. *Ep.* 10, 117.

dĭăpantōn, adv. (διὰ πάντων), en toutes choses : *coronatus diapanton* CIL 10, 3716, couronné dans tous les jeux.

dĭăpasma, *ătis*, n. (διάπασμα), poudre, pastille de senteur : Plin. 13, 19 ; Mart. 1, 87, 5.

dĭăpāsōn, n. indécl. (διὰ πασῶν, s.-ent. χορδῶν), octave [mus.] : Plin. 2, 84.

dĭăpēgănōn, n. indécl. (διὰ πηγάνων), médicament à base de rue : Cael.-Aur. *Chron.* 3, 8, 149.

dĭăpentĕ, n. indécl. (διὰ πέντε) ¶ **1** quinte [mus.] : Capel. 2, 107 ¶ **2** médicament constitué de cinq éléments : Pelag. 5.

Dĭăphănēs, *is*, m., fleuve de Cilicie : Plin. 5, 91.

dĭăphōnĭa, *ae*, f. (διαφωνία), dissonance, discordance [mus.] : Isid. 3, 19, 3.

dĭăphŏrēsis, *is*, f. (διαφόρησις) ¶ **1** diaphorèse, transpiration : Cael.-Aur. *Acut.* 1, 9, 68 ¶ **2** défaillance : Cael.-Aur. *Acut.* 1, 15, 143.

dĭăphŏrētĭcus, *a*, *um*, diaphorétique [qui provoque la transpiration] : Cael.-Aur. *Acut.* 1, 17, 166.

dĭăphragma, *ătis*, n. (διάφραγμα), le diaphragme : Cael.-Aur. *Chron.* 2, 12, 143.

dĭăpĭpĕrĕōn, indécl. (διὰ πιπέρεων), médicament à base de poivres divers : Cael.-Aur. *Chron.* 2, 14, 211.

Dĭăpontĭus, *ĭi*, m. (διὰ πόντον), nom propre forgé pour traduire *transmarinus* : Pl. *Most.* 497.

dĭăpŏrētĭcus, *a*, *um* (διαπορητικός), douteux : Fort.-Rhet. 1, 10.

dĭăprāsium, indécl., extrait de marrube : Cass. Fel. 40.

dĭăpsalma, *ătis*, n. (διάψαλμα), pause [dans le chant des psaumes] : Hier. *Ep.* 28, 2.

dĭăpsōrĭcum, n. (διὰ ψωρικός), sorte de collyre : M.-Emp. 8, 206.

dĭapsychōn ĕpithēma (διαψύχω), réfrigérant : Plin. Val. 1, 6.

dĭārĭa, *ōrum*, n. pl., ration journalière : Cic. *Att.* 8, 14, 1 ; Hor. *Ep.* 1, 14, 40 || journée, salaire de chaque jour : Gloss. 4, 330, 34.

dĭăristŏlochia, *ae*, f., extrait d'aristoloche : Cael.-Aur. *Chron.* 3, 5, 77.

dĭārĭum, *ĭi*, n. ¶ **1** journal, relation jour par jour : Asell. d. Gell. 5, 18, 8 ¶ **2** pl., ▶ *diaria*.

Dĭăron, *i*, n., île située sur le Nil : Plin. 6, 191.

Dĭarrheūsa, *ae*, f., île de la mer Égée : Plin. 5, 137.

dĭarrhoea, *ae*, f. (διάρροια), diarrhée : Cael.-Aur. *Acut.* 3, 19.

dĭarrhŏïcus, *a*, *um* (διαρροϊκός), qui a la diarrhée : Theod.-Prisc. 2, 37.

Dĭarrhy̆tus, ▶ *Zaritus* : Plin. 5, 23.

dĭăsampsūchum, indécl. (διὰ σαμψύχου), médicament à base de marjolaine : Cael.-Aur. *Chron.* 3, 8, 116.

dĭaschisma, *ătis*, n. (διάσχισμα), [mus.] moitié du dièse : Boet. *Mus.* 3, 8.

dĭasmyrnēs (διὰ σμύρνης), **dĭasmyrnōn** (διὰ σμύρνων), indécl., médicament où il entre de la myrrhe : M.-Emp. 8, 117 ; 211 ; Scrib. 26.

dĭăsosta, *ae*, m. (διασώστης), officier : Novel.-Just. 130, 1.

dĭaspermătōn, n. indécl. (διὰ σπερμάτων), médicament fait avec des graines : Cael.-Aur. *Chron.* 3, 8, 116.

dĭastĕătōn, indécl. (διὰ στεάτων), médicament à base de suif : Plin. Val. 3, 14.

dĭastēma, *ătis*, n. (διάστημα), distance, intervalle : Sidon. *Ep.* 8, 11, 9 || intervalle [mus.] : Capel. 9, 948 || *diastematis*, dat. pl. : Cens. 13, 1.

dĭastēmătĭcus, *a*, *um*, modulé [qui parcourt différents intervalles de musique] : Capel. 9, 937.

dĭastŏlē, *ēs*, f. (διαστολή), signe d'écriture pour empêcher de réunir deux mots qui doivent être divisés : Diom. 435, 11 ; Isid. 1, 18, 7 || détermination du sens d'un substantif à l'aide d'une épithète : Don. *Eun.* 515 ; Serv. *G.* 3, 458.

dĭastŏleūs, *ei*, m. (διαστολεύς), vérificateur de compte : Cod. Just. 10, 69, 4.

dĭasty̆lŏs, *ŏn* (διάστυλος), diastyle [temple avec des entre-colonnements de trois diamètres] : Vitr. 3, 3, 1.

dĭasyrmŏs, *i*, m. (διασυρμός), éloge ironique [rhét.] : Capel. 5, 525.

dĭasyrtĭcē, adv., ironiquement : Serv. *En.* 2, 193.

dĭasyrtĭcus, *a*, *um* (διασυρτικός), ironique : Spart. *Carac.* 10, 5.

dĭătessărōn, n. indécl. (διὰ τεσσάρων) ¶ **1** quarte [mus.] : Vitr. 5, 4, 8 ¶ **2** remède composé de quatre éléments : Cass. Fel. 28.

dĭăthēōn, n. indécl. (διὰ θείων), remède à base sulfureuse : Cael.-Aur. *Chron.* 1, 1, 9.

dĭăthēsis, *is*, f. (διάθεσις), maladie [surtout des yeux] : M.-Emp. 8, 195 || [gram.] diathèse : Macr. *Exc.* 5, 599, 14.

dĭātim, adv., de jour en jour : Gloss. 5, 567, 19.

dĭătŏnĭcus, *a*, *um* (διατονικός), diatonique [musique], qui procède en suivant l'échelle des tons : Capel. 9, 959 || **dĭătŏnĭcon**, *i*, n., mur de moellons : Plin. 36, 172.

dĭătŏnum, *i*, n. (διάτονον), modulation diatonique [ou] naturelle : Vitr. 5, 4, 3 ; Macr. *Somn.* 3, 4, 13.

dĭātrētārĭus, *ĭi*, m. (*diatretus*), tourneur : Cod. Just. 10, 64, 1.

dĭātrētus, *a*, *um* (διάτρητος), tourné, fait au tour : Ulp. *Dig.* 9, 2, 27 || *diatreta*, n. pl., vases ou coupes d'un travail précieux : Mart. 12, 70, 9.

dĭătrība, *ae*, f. (διατριβή) ¶ **1** entretien, discussion : Gell. 20, 13, 7 ¶ **2** académie, école, secte : Gell. 17, 20, 4.

dĭătrĭtaeus, *a*, *um* (διατριταῖος), de trois jours : Cael.-Aur. *Acut.* 1, 3, 35.

dĭătrĭtus, *i*, f. (διάτριτος), retour de la fièvre tierce : Cael.-Aur. *Chron.* 1, 3, 57.

dĭăty̆pōsis, *is*, f. (διατύπωσις), description oratoire : Capel. 5, 524.

dĭaula, *ae*, f., ▶ *nepeta* : Ps. Apul. *Herb.* 93.

dĭaulŏs, *i*, m. (δίαυλος), double stade : Hyg. *Fab.* 273.

dĭaxy̆lon, n. (διάξυλον), ▶ *aspalathus* : Plin. 24, 112.

dĭazeuxis, *is*, f. (διάζευξις), disjonction [mus.] : Boet. *Mus.* 1, 20.

dĭazōgrăphus, *a*, *um* (διαζωγράφος), descriptif : Grom. 7, 26.

dĭazōma, *ătis*, n. (διάζωμα), précinction [palier de circulation horizontal qui, dans un théâtre, sépare deux sections de la *cavea*] : Vitr. 5, 6, 7.

dībălō, *ās*, *āre*, -, - (*dis*, *balo*), tr., divulguer, décrier : Caecil. *Com.* 249 (cf. Varr. *L.* 7, 103).

1 dībăphus, *a*, *um* (δίβαφος), teint deux fois : Plin. 9, 137 ; 21, 45.

2 dībăphus, *i*, f., robe de pourpre : *dibaphum cogitare* Cic. *Fam.* 2, 16, 7, rêver la pourpre, le consulat.

dībătŭō, *ĭs*, *ĕre*, -, -, frapper à droite et à gauche : Not. Tir. 71, 82.

Dibĭōnenses, ▶ *Divionenses*.

dibrăchy̆s, acc. *y̆n*, m. (δίβραχυς), dibraque ou pyrrhique, pied de deux brèves : Diom. 475, 9.

dībūcĭnō, *ās*, *āre*, -, -, tr., répandre à son de trompe, divulguer : Papir. d. Cassiod. 7, 163, 12.

dībus, pour *diis*, ▶ *deus*.

Dibūtădēs, *is*, m. (Διβουτάδης), Dibutade [modeleur qui découvrit, à Corinthe, l'art de tirer des figures de l'argile ; v. l'anecdote rapportée par Pline] : Plin. 35, 12.

dīc, impér. de 2 *dico*.

dĭca, *ae*, f. (δίκη), procès, action en justice : *dicam scribere alicui* Cic. *Verr.* 2, 37, notifier à qqn par écrit une action judiciaire, intenter à qqn une action, cf. Pl. *Aul.* 760 ; *subscribere* Pl. *Poen.* 800 ou *impingere* Ter. *Phorm.* 439, assigner en justice || *dicas sortiri* Cic. *Verr.* 2, 42, tirer au sort les juges des actions judiciaires.

dicabula

dĭcābŭla, dĭcĭbŭla, ōrum, n. (2 dico), contes puérils : CAPEL. 8, 809 ; TERT. Val. 20, 3.

dĭcācĭtās, ātis, f. (dicax), tour d'esprit railleur, causticité, raillerie : CIC. de Or. 2, 218 ; Or. 88.

dĭcācŭlē, adv. (dicaculus), d'une manière qq. peu piquante, caustique : APUL. M. 8, 25.

dĭcācŭlus, a, um (dim. de dicax), moqueur, mutin : PL. As. 511 ‖ railleur : APUL. M. 2, 7.

Dĭcaea, ae, f., Dicée [ville de Thrace] : PLIN. 4, 42.

Dĭcaearchīa (-ēa-), ae, f. (Δικαιάρχεια), Dicéarchia [ancien nom de Puteoli, Pouzzoles] : PLIN. 3, 61 ; P. FEST. 63, 15 ‖ **-chēus**, a, um, de Dicéarchia : STAT. S. 2, 2, 110.

Dĭcaerchītae, um, m. pl. (Dicaearchia), habitants de Dicéarchia [Pouzzoles] : LUCIL. 123 d. P. FEST. 109, 21.

Dĭcaearchus, i, m., Dicéarque [disciple d'Aristote] : CIC. Tusc. 1, 21 ; Ac. 2, 124 ‖ autre du même nom : LIV. 38, 10.

Dĭcaeŏgĕnēs, is, m., peintre du temps Démétrios Poliorcète : PLIN. 35, 146.

dĭĭcaeŏlŏgĭa, ae, f. (δικαιολογία), fig. de rhét. par laquelle on fait ressortir la justice d'une chose : RUTIL.-LUP. 2, 3.

Dĭcaeŏsȳnē, es, f., surnom grec de femme : CIL 3, 2391.

Dĭcaeus, i, m., un citharède : PLIN. 34, 59.

Dĭcalēdŏnes, um, m. pl., ▶ Caledones : AMM. 27, 8.

Dĭcarchēus, a, um, de Dicéarchia : STAT. S. 2, 2, 110.

Dĭcarchis, ĭdis, f., ▶ Dicaearchia : PETR. 120, 68.

Dĭcarchus, i, m., Dicéarque [fondateur de Dicéarchia, auj. Pouzzoles] : STAT. S. 2, 2, 96.

dĭcassit, ▶ 1 dico.

dĭcātĭo, ōnis, f. (1 dico) ¶ 1 déclaration pour devenir citoyen d'une ville : CIC. Balb. 28 ¶ 2 glorification : COD. TH. 9, 34, 2 ‖ **tua Dicatio** COD. TH. 11, 30, ton Excellence.

dĭcātissĭmē, adv. (superl. de l'inus. *dĭcātē), avec le plus grand dévouement : CIL 8, 8777.

dĭcātus, a, um, part. de 1 dico ‖ adjᵗ, dicatissimus, très dévoué : AUG. Civ. 3, 31.

dĭcax, ācis, adj. (2 dico), railleur, malin, mordant : CIC. Phil. 2, 78 ; Or. 90 ; HOR. P. 225 ‖ dicacior CIC. de Or. 2, 244 ; -cissimus PETR. 113, 12.

dicdum, **dīcĕdum** arch., impér. de 2 dico, ▶ dum.

1 **dīcĕ**, ▶ 2 dico.

2 **Dĭcē**, ēs, f. (Δίκη), une des Heures [filles de Jupiter, la Justice] : RUFIN. Clem. rec. 10, 21.

dīcēbo, ▶ dico.

Dicelis, f., ville située sur le Nil : PLIN. 6, 179.

dĭchalcŏn, i, n. (δίχαλκον), monnaie de cuivre valant la 5ᵉ partie de l'obole : VITR. 3, 1, 7.

dĭchŏmēnĭŏn, ii, n. (διχομηνία), pivoine [plante] : Ps. APUL. Herb. 64.

dĭchōneutus, a, um (δίς, χωνευτός), falsifié [en parl. de la monnaie] : COD. TH. 11, 21, 1.

dĭchŏrēus, i, m. (διχόρειος), dichorée [deux trochées] : CIC. Or. 212 ; AUG. Mus. 4, 11, 12.

dĭchŏtŏmŏs, ŏn, adj. (διχότομος), [la lune] dont on ne voit que la moitié : MACR. Somn. 1, 6, 54 ; FIRM. Maht. 4, 1, 10.

dĭchrŏnus, a, um (δίχρονος), [voyelle] qui a deux quantités possibles (brève ou longue), dichrone, commune : MAR. VICT. Gram. 6, 219, 26.

dīcĭbĭlis, e (2 dico), qu'on peut dire, exprimable : AUG. Serm. 188, 2.

dīcĭbŭla, ▶ dicabula.

dĭcĭmōnĭum, ii, n. (2 dico), bavardage, commérage : VARR. L. 6, 61.

*****dĭcĭo**, ōnis, f.[inus. au nom.] (1 dico, dicis), puissance, empire, domination, autorité : **suae dicionis facere** LIV. 21, 53, 5, soumettre ou **dicioni suae subjicere** TAC. An. 13, 55 ou **in dicionem redigere** CIC. Prov. 32 ; **sub populi Romani imperium dicionemque cadere** CIC. Font. 2, tomber sous la domination et sous l'autorité du peuple romain ; **in amicitiam populi Romani dicionemque esse** CIC. Caecil. 66, être venu dans l'amitié et sous la domination du peuple romain (**sub dicione, in dicione alicujus esse** CAES. G. 1, 31 ; CIC. Verr. 4, 60) ‖ [fig.] CIC. Agr. 2, 39 ; Verr. 1, 97 ; **respirare contra nutum dicionemque alicujus** CIC. Quinct. 94, respirer à l'encontre de la volonté et de l'autorité de qqn.

dĭcis (gén. de l'inus. *dix se rattachant au verbe 1 et 2 dico), **dicis causa**, pour qu'il soit dit, pour la forme, par manière d'acquit : CIC. Verr. 4, 53 ; NEP. Att. 8, 5 (**dicis gratia** DIG. 13, 6, 4) ‖ **dicis ergo = dicis causa** CHAR. 93, 27.

1 **dĭcō**, ās, āre, āvī, ātum (dicis, *dicio, 2 dico, cf. δίκη, 1 educo), tr., proclamer solennellement qu'une chose sera ¶ 1 dédier, consacrer à une divinité : CIC. Verr. 5, 184 ; LIV. 28, 46, 16 ; PLIN. 7, 97 ; **cycni Apollini dicati** CIC. Tusc. 1, 73, les cygnes consacrés à Apollon ‖ **inter numina dicatus Augustus** TAC. An. 1, 59, Auguste consacré au nombre des divinités, cf. PLIN. 34, 34 ¶ 2 [fig.] vouer, consacrer : **studium laudi alicujus** CIC. Fam. 2, 6, 4, vouer tout son zèle à glorifier qqn ; **totum diem alicui** CIC. Leg. 2, 7, consacrer toute une journée à qqn ; **(genus epidicticum) gymnasiis et palaestrae dicatum** CIC. Or. 42, (le genre épidictique) réservé aux gymnases et à la salle de sport ‖ **se alicui**, se vouer, s'attacher à qqn : CIC. de Or. 3, 11 ; **se alii civitati** CIC. Balb. 28 ; **se in aliam civitatem** CIC. Balb. 30, se faire citoyen d'une autre ville ; **se alicui in clientelam** CAES. G. 6, 12, 7, se ranger parmi les clients de qqn ; **se alicui in servitutem** CAES. G. 6, 13, 2, se donner comme esclave à qqn ‖ inaugurer : TAC. H. 5, 16.

▶ arch. dicasset = dicavisset LUCIL. 1081.

2 **dīco**, ĭs, ĕre, dīxī, dīctum (*deik- "montrer", arch. deico CIL 1, 1211 ; cf. 1 dico, index, δείκνυμι, scr. diśati, al. zeigen ; fr. dire), tr., montrer par la parole

¶ 1 "dire, prononcer" ¶ 2 "exprimer par des mots", **dico** "je veux dire", "c'est-à-dire", introduit une correction, **ne dicam, ut ita dicam, plura ne dicam, difficile dictu, bene dicite, ut dixi**, [pass. impers.] avec interr. indir., prop. inf., [pass. pers.] avec inf., **ut (ne)** ¶ 3 a) "plaider" (**causam**), **in aliquem, pro aliquo b)** [abs¹] "parler en orateur" c) **genus dicendi** "style" ¶ 4 "déposer, déclarer" ¶ 5 "donner un nom, une désignation" ¶ 6 "célébrer, chanter" ¶ 7 "nommer" ¶ 8 "fixer, établir" ¶ 9 avec prop. inf. "affirmer" ¶ 10 dans la conversation, **tibi dico**.

¶ 1 dire, prononcer : **rho dicere** CIC. Div. 2, 96, dire rho, prononcer le rho (de Or. 1, 120 ; QUINT. 1, 4, 8) ¶ 2 dire, exprimer par les mots : **bene dicta, bene facta** CIC. Brut. 322, belles paroles, belles actions ; **ii, quos paulo ante diximus** CIC. Brut. 32, ceux dont nous avons parlé tout à l'heure ; **pauca dicam ad reliquam orationem tuam** CIC. Fin. 2, 85, je dirai quelques mots seulement en réponse au reste de ton développement ; **ad eas, quas diximus, munitiones** CAES. G. 3, 26, 2, vers le retranchement dont nous avons parlé ; **testimonium** CIC. Ac. 2, 146, faire une déposition ; **sententiam** CIC. Dom. 70, exprimer son avis ‖ **vel dicam**, ou, si vous voulez, je dirai = ou plutôt : **stuporem hominis vel dicam pecudis attendite** CIC. Phil. 2, 30, remarquez la stupidité du personnage, ou plutôt de la bête (Fin. 1, 10 ; Fam. 4, 7, 3 ; Brut. 207 ; 246) ‖ **dico**, je veux dire, j'entends : **utinam C. Caesari, patri dico, contigisset...** CIC. Phil. 5, 49, plût aux dieux que C. César, le père, j'entends, ait eu la chance de... ; **cum istius mulieris viro, fratre volui dicere** CIC. Cael. 32, avec le mari de cette femme, son frère, ai-je voulu dire, cf. Tusc. 5, 105 ; QUINT. 9, 2, 83 ; SEN. Ep. 83, 12 ; PLIN. Ep. 2, 20, 2 ; 3, 5, 14 ‖ **dico**, je parle de, c'est-à-dire, à savoir : **haec duo animadvertunt, verba dico et sententias** CIC. Or. 197, ils tournent leur attention sur ces deux points, à savoir l'expression et la pensée ; **veteres illi, Herodotum dico et Thucydidem** CIC. Or. 219, ces écrivains anciens, je parle d'Hérodote et de Thucydide ‖ [reprise, correction d'un mot] **illo ipso die, die dico, immo hora atque etiam puncto temporis eodem** CIC. Sest. 53, ce jour-là même, je dis "jour", non, à cette même heure, mieux, à ce même instant ;

consulibus illis, tacentibus dicam? immo vero etiam adprobantibus Cic. *Sest.* 56, pendant que ces consuls, dirai-je "se taisaient"? non, donnaient même leur approbation; *cum summo non dicam exitio, sed periculo certe vestro* Cic. *Sest.* 46, en entraînant pour vous, je ne dirai pas le plus grand désastre, mais certainement le plus grand danger; *cui prope dicam soli...* Cic. *Verr.* 1, 142, une personne, je dirais presque à qui seule...; *cum dico mihi senatui dico populoque Romano* Cic. *Phil.* 11, 20, quand je dis à moi, je dis au sénat et au peuple romain; *nuper... quod dico nuper (= id nuper, quod dico)* [ce mot *nuper* que j'emploie], *immo vero modo ac plane paulo ante* Cic. *Verr.* 4, 6, naguère... et ce que je dis-là "naguère"..., non, c'est tout à l'heure, il y a tout à fait peu d'instants; *nullus sumptus... nullum cum dico...* Cic. *Att.* 6, 2, 4, aucune dépense... quand je dis aucune...; *princeps; cum dico princeps...* Plin. *Ep.* 3, 2, 2, le premier; quand je dis le premier... ‖ *obscurantis est splendorem honestatis ne dicam inquinantis* Cic. *Fin.* 5, 22, c'est obscurcir pour ne pas dire souiller l'éclat de l'honnête; *ut ita dicam* Cic. *Fin.* 3, 28, pour ainsi dire [*ut sic dixerim* Tac. *An.* 14, 53, 4); *plura ne dicam* Cic. *Planc.* 104, pour n'en pas dire davantage; *ut plura non dicam* Cic. *Pomp.* 44, sans en dire plus; *ut nihil dicam amplius* Cic. *Caecin.* 104, sans rien dire de plus!; *quod inter nos liceat dicere* Cic. *Att.* 2, 4, 1, qu'il soit permis de dire cela entre nous (soit dit entre nous); *C. Laelium diceres* Cic. *Phil.* 2, 83, on aurait dit C. Laelius; *canes venaticos diceres* Cic. *Verr.* 4, 31, on aurait dit des chiens de chasse; *dixerit quis* Cic. *Off.* 3, 76, pourrait dire qqn; *eosdem motus animi perturbationes dixerimus* Cic. *Tusc.* 3, 7, ces mêmes mouvements de l'âme, nous pourrions les appeler passions (*Nat.* 1, 52) ‖ *difficile dictu est de singulis* Cic. *Fam.* 1, 7, 2, il est difficile de parler de chacun individuellement; *incredibile est dictu* Cic. *Verr.* 3, 129, c'est incroyable à dire; *bene dixti* Ter. *Eun.* 451, c'est bien dit, tu as raison; *bene dicite* Pl. *As.* 745, dites des paroles de bon augure = taisez-vous, pas de paroles de mauvais augure [εὐφημεῖν] ‖ *ut dixi, ut diximus, ut supra diximus, quemadmodum supra dixi* Cic., Caes., comme je l'ai dit, comme nous l'avons dit plus haut, comme je l'ai dit plus haut; *ut dictum est, ut ante dictum est* Caes., comme on l'a dit précédemment; *quoniam duobus superioribus libris de morte dictum est* Cic. *Tusc.* 3, 6, puisque dans les deux livres précédents il a été parlé de la mort; *ut dicitur* Cic. *Cael.* 28, comme on dit ‖ [pass. impers. avec prop. inf.] *pars, quam Gallos obtinere dictum est* Caes. *G.* 1, 1, 5, la partie occupée, comme il a été dit, par les Gaulois (*G.* 1, 46, 3; Cic. *Fin.* 3, 60); *de hoc (Diodoto) Verri dicitur, habere eum...* Cic. *Verr.* 4, 38, à propos de ce Diodote, on dit à Verrès qu'il possède... ‖ dém. n. sujet: *hoc, illud dicitur*, on dit ceci, à savoir que: Cic. *Fin.* 5, 72; *de Or.* 1, 150 ‖ [pass. impers. avec interrog. indir.] *non dici potest quam flagrem desiderio urbis* Cic. *Att.* 5, 11, 1, il est impossible de dire combien je brûle du désir de revoir Rome; *dici vix potest quantum intersit...* Cic. *Or.* 55, on dirait difficilement quelle importance... (*Leg.* 2, 38; *Verr.* 4, 127) ‖ [pass. pers. avec inf.] *ut nos dicamur duo dignissumi esse...* Pl. *As.* 312, au point que l'on dira que tous deux nous sommes les plus dignes de...; *Pisistratus primus Homeri libros... disposuisse dicitur* Cic. *de Or.* 3, 137, Pisistrate, le premier, dit-on, mit en ordre les poèmes d'Homère...; *ex Marte natus Anteros dicitur* Cic. *Nat.* 3, 59, Antéros est, dit-on, fils de Mars ‖ [idée d'ordre, de recommandation] Pl. *St.* 624; [avec *ut* subj.] *dixeram de republica ut sileremus* Cic. *Brut.* 157, j'avais proposé que nous ne parlions pas de politique; *dicam tuis, ut...* Cic. *Fam.* 12, 17, 2, je demanderai à tes gens de...; [avec *ne*] Nep. *Dat.* 5, 1 ¶ **3** **a)** dire, prononcer, plaider: *causam* Cic. *Sest.* 8, plaider une cause; *orationem* Cic. *de Or.* 3, 213, prononcer un discours (*Brut.* 206) ‖ [abs*t*] *de aliqua re ad aliquem* Cic. *Opt.* 10, plaider sur une affaire devant qqn; *pro aliquo, contra aliquem, in aliquem* [mais v. *in* acc.], plaider pour qqn, contre qqn *apud centumviros*, devant les centumvirs: *populo* Sen. *Contr.* 7, pr. 1, devant le peuple; *contra* Cic. *Brut.* 198, plaider dans le sens opposé **b)** [abs*t*] parler en orateur: *nec idem loqui quod dicere* Cic. *Or.* 113, et le langage courant n'est pas la même chose que la parole oratoire, cf. *Brut.* 212; [opp. à *disputare*, discuter en dialecticien] *Brut.* 118; *bene dicere* Cic. *de Or.* 1, 50, bien parler [avec talent, éloquence]; *dicebat melius quam scripsit* Cic. *de Or.* 133, il parlait mieux qu'il n'a écrit [ses discours prononcés étaient supérieurs à ses discours rédigés]; *magistri dicendi* Cic. *Brut.* 30, maîtres d'éloquence **c)** [style] *quot sunt officia oratoris, tot sunt genera dicendi* Cic. *Or.* 69, autant de devoirs pour l'orateur, autant de genres de style *de Or.* 3, 34; *Brut.* 113; 276 ¶ **4** [en parl. de témoins] dire, déposer, déclarer: Cic. *Arch.* 8; *Verr.* 4, 114 ¶ **5** appeler, nommer, désignation: *(ira) quam bene Ennius initium dixit insaniae* Cic. *Tusc.* 4, 52, (la colère) dont Ennius a dit justement qu'elle était le début de la folie; *aliquem perfectum oratorem* Cic. *Brut.* 35, dire de qqn qu'il est un orateur parfait; *qui erant cum Aristotele, Peripatetici dicti sunt* Cic. *Ac.* 1, 17, ceux qui suivaient Aristote furent appelés péripatéticiens; *Chaoniam Trojano a Chaone dixit* Virg. *En.* 3, 335, il donna le nom de Chaonie en souvenir du Troyen Chaon ¶ **6** dire, célébrer, chanter, raconter: *aliquem* Hor. *O.* 1, 21, 1, chanter qqn, cf. 1, 12, 25; 4, 2, 19; *temporibus Augusti dicendis non defuere decora ingenia* Tac. *An.* 1, 1, pour raconter l'époque d'Auguste il ne manqua pas de beaux génies ¶ **7** nommer, désigner en prononçant le nom: *consules dicere* Liv. 26, 22, 9, nommer les consuls; *prior dictus* Liv. 29, 22, 5, nommé le premier, cf. Cic. *Pis.* 3; *Att.* 9, 15, 2 ¶ **8** fixer, établir: *dies colloquio dictus est* Caes. *G.* 1, 42, 3, on fixa le jour de l'entrevue; *doti pecuniam omnem suam dixerat* Cic. *Flac.* 86, elle avait fixé pour sa dot toute sa fortune [elle avait apporté en dot toute sa fortune à son mari]; *locum concilio* Liv. 25, 16, 14, fixer un endroit pour l'entrevue; *ut erat dictum* Caes. *G.* 1, 43, 2, comme il avait été convenu; *ut dixerat* Caes. *G.* 1, 41, 4, comme il l'avait fixé ¶ **9** affirmer [opp. à *negare*]: Ter. *Eun.* 251; Cic. *Fam.* 3, 8, 5; *Rab. Post.* 35; [avec prop. inf.] Tusc. 1, 12; *Sull* 43 ¶ **10** [dans la conversation] *tibi dico*, c'est à toi que je parle, que je m'adresse: Pl. *Mil.* 217; Ter. *Eun.* 337.

▶ forme arch. *deic-* Pl. *Poen.* 474; *Men.* 243; *Ps.* 1323; *CIL* 1, 1211; *deixsistis CIL* 1, 586, 5 ‖ subj. arch. *dixis* Pl. *As.* 839; *Aul.* 744; *Cap.* 149 ‖ impér. *dice* Pl. *Cap.* 359 ‖ fut. *dicem* = *dicam* Id. Quint. 1, 7, 23; *dicebo* Nov. *Com.* 8 ‖ formes contr.: *dixti* = *dixisti* Pl. *As.* 823; Cic. *Fin.* 2, 10; *Nat.* 3, 23; *dixe* = *dixisse* Pl. *Amp. fr.* 11; *Poen.* 961; Varr. *Men.* 284 ‖ inf. pass. *dicier* Pl. *Bac.* 396; *Cis.* 83; Vatin. *Fam.* 5, 9, 1.

dĭcrŏtum, *i*, n., Cic. *Att.* 5, 11, 4, **dĭcrŏta**, *ae*, f., B.- Alex. 47, 2 (δίκροτος), navire à deux rangs de rames.

Dicta, *ae*, f., **Dictē**, *ēs*, f., Dicté [montagne de Crète]: Plin. 24, 164 ‖ **-aeus**, *a*, *um*, du mont Dicté, de Crète: Virg. *En.* 3, 171.

dictābŏlārĭum, *ĭi*, n. (*dictum* et -βολή, *-bularius*), mot piquant, brocard, sarcasme: Laber. d. Front. *Or.* 2, p. 156 N..

Dictaea, *ae*, f., nom d'une île déserte: Plin. 4, 74.

dictāmĕn, *ĭnis*, n., action de dicter: *CIL* 8, 5530.

dictamnus, *i*, f., Cic. *Nat.* 2, 126, **dictamnum**, *i*, n., Virg. *En.* 12, 412 (δίκταμνον), dictame [plante].

dictāta, *ōrum*, n. (*dicto*), texte dicté [d'un maître à des écoliers], leçons: Cic. *Tusc.* 2, 26; v. *dicto* ‖ règles, instructions: Suet. *Caes.* 26; Juv. 5, 122.

dictātĭo, *ōnis*, f. (*dicto*), action de dicter, dictée: Paul. *Dig.* 29, 1, 4 ‖ commentaire, écrit: Hier. *Ezech.* 8 pr.; Cassiod. *Var.* 11 pr. 6.

dictātĭuncŭla, *ae*, f. (dim. de *dictatio*), petite dictée, petit écrit: Hier. *Vigil.* 3.

dictātŏr, *ōris*, m. (*dicto*) ¶ **1** dictateur [magistrature extraordinaire]: Cic. *Rep.* 1, 63 ‖ le premier magistrat de certaines villes d'Italie: Cic. *Mil.* 27; Liv. 1, 23, 4; 3, 18, 2 ‖ général en chef: Cat. d. Gell. 10, 24, 7 ¶ **2** celui qui dicte: Salv. *Ep.* 9 ‖ celui qui écrit: Ennod. *Ep.* 4, 7, 1.

dictatorius

dictātŏrĭus, *a*, *um*, de dictateur : Cic. *Clu.* 123 ; *dictatorius juvenis* Liv. 7, 4, 5, le fils du dictateur ‖ subst. m., celui qui a été dictateur : Gloss. 4, 330, 42.

dictātrix, *īcis*, f. (*dictator*), souveraine absolue [fig.] : Pl. *Pers.* 770.

dictātūra, *ae*, f. (*dictator*) ¶ 1 dictature, dignité du dictateur : Cic. *Off.* 3, 112 ; Liv. 6, 39, 1 ¶ 2 action de dicter aux écoliers [jeu de mots] : Suet. *Caes.* 77.

dictātŭrĭo, *īs*, *īre*, -, - (*dicto*), tr., avoir envie de dire : Prisc. 2, 429, 14 ; ▶ *dicturio*.

1 **dictātus**, *a*, *um*, part. de *dicto*.

2 **dictātŭs**, *ūs*, m., action de dicter : Greg.-M. *Ep.* 5, 53 a, 2 ‖ traité, ouvrage : Gennad. *Vir.* 98.

Dīctē, f., ▶ *Dicta*.

dictērĭum, *ĭi*, n. (δεικτήριον, *dictum*), bon mot, brocard, sarcasme : Pompon. et Nov. d. Macr. *Sat.* 2, 1, 14 ; Varr. *Men.* 352 ; Mart. 6, 44, 3.

dictĭcŏs, *ŏn*, adj. (δεικτικός), qui sert à montrer, indicateur : Cael.-Aur. *Chron.* 51, 21.

dictĭo, *ōnis*, f. (2 *dico*) ¶ 1 action de dire, d'exprimer, de prononcer : *dictio sententiae* Cic. *Inv.* 2, 12, expression d'une pensée, d'une opinion ; Ter. *Phorm.* 293 ; *dictio causae* Cic. *Quinct.* 35, plaidoirie ; *multae dictio* Cic. *Rep.* 2, 16, fixation d'une amende ¶ 2 emploi de la parole, discours, conversation, propos : *ceterae dictiones* Cic. *de Or.* 1, 22, les autres emplois de la parole ; *subitae dictiones* Cic. *de Or.* 1, 152, les improvisations ; *oratoriae* Cic. *de Or.* 2, 270, les plaidoyers ; *arcana semotae dictionis* Tac. *D.* 2, les secrets d'une conversation confidentielle ¶ 3 mode d'expression : Quint. 9, 1, 17 ; Gell. 7, 9, 13 ‖ mot : Char. 12, 29 ¶ 4 prédiction, réponse d'un oracle : Liv. 8, 24, 2.

dictĭōsus, *a*, *um*, plaisant, railleur : Varr. *L.* 6, 61.

dictĭto, *ās*, *āre*, *āvī*, *ātum* (fréq. de *dicto*), tr., aller répétant, avoir toujours à la bouche, dire et redire : Cic. *Verr. prim.* 4 ; 28 ; *Phil.* 2, 42 ‖ plaider souvent des causes : Cic. *de Or.* 2, 56.

dictĭuncŭla, *ae*, f. (dim. de *dictio*), petit mot : Aug. *Jul. op. imp.* 4, 111.

dicto, *ās*, *āre*, *āvī*, *ātum* (fréq. de *dico* ; it. *dettare*, al. *dichten*), tr. ¶ 1 dire en répétant, dicter : *aliquid alicui* Cic. *Att.* 13, 9, 1, dicter qqch. à qqn ; *ista a vobis quasi dictata reddantur* Cic. *Nat.* 1, 72, tout cela vous le répétez comme sous la dictée du maître, comme une leçon, cf. *Tusc.* 2, 26 ; *Fin.* 4, 10 ‖ [fig.] *rogarem te, ut diceres pro me tu idem, qui illis orationem dictavisses* Cic. *Fin.* 4, 62, je te demanderais de faire toi-même ma réponse, comme tu leur aurais dicté leur discours ‖ dicter à un secrétaire ce qu'on compose, [d'où] composer : *versus, carmina* Hor. *S.* 1, 4, 10 ; *Ep.* 2, 1, 110, faire des vers ¶ 2 dicter, prescrire, ordonner, recommander, conseiller : *non unus tibi rivalis dictabitur heres* Juv. 6, 218, plus d'un de tes rivaux te sera imposé comme héritier ; *ita videtur ratio dictare* Quint. 3, 4, 11, la raison semble le vouloir ainsi ¶ 3 dire souvent, couramment : *hoc penus et haec penus veteres dictaverunt* Gell. 4, 1, 2, les anciens eurent l'habitude de dire *penus* au neutre et *penus* au féminin.

dictoaudĭentĭa, *ae*, f. (v. *audio*), obéissance au moindre mot : Ps. Cypr. *Mont.* 6.

dictŏr, *ōris*, m. (*dico*), celui qui dit : Aug. *Doctr.* 4, 10, 25.

dictrix, *īcis*, f., celle qui dit : Cled. 5, 37, 8.

dictum, *i*, n. (*dictus*) ¶ 1 parole, mot : Cic. *Fin.* 2, 47 ; Lucr. 1, 126 ; *bona dicta* Enn. d. Cic. *de Or.* 2, 222, bons mots ; *dictum adrogans* Cic. *Sull.* 25, parole orgueilleuse ; *facete dicta* Cic. *Off.* 1, 104, mots d'esprit ; *dicta dare* Virg. *En.* 2, 790 ; Liv. 22, 50, 10, prononcer des paroles ¶ 2 [en part.] **a)** bon mot, mot d'esprit : Cic. *de Or.* 2, 222 ; 244 ; *in aliquem dicta dicere*, ▶ *materia* ¶ 4 **b)** sentence, précepte, proverbe : *Catonis est dictum : " pedibus compensari pecuniam "* Cic. *Flac.* 72, il y a un mot de Caton : " les jambes paient le bon marché (d'une propriété éloignée) " [on est dédommagé de l'éloignement par le bon marché], ▶ *compenso* ; *dicta collectanea* Suet. *Caes.* 56, apophtegmes **c)** ordre [ou] avis : *dicto paruit consul* Liv. 9, 41, 13, le consul obéit à cet ordre, cf. Virg. *En.* 3, 189 ; *dicto audiens*, ▶ *audiens*.

dictŭrĭo, *īs*, *īre*, -, - (désid. de 2 *dico*), avoir envie de parler, de dire : Macr. *Sat.* 2, 3, 16.

1 **dictus**, *a*, *um*, part. de 2 *dico*.

2 **dictŭs**, dat. *ūi*, m., parole, dire : Ps. Aur.-Vict. *Epit.* 14, 17.

Dictynna, *ae*, f. (Δίκτυννα) ¶ 1 Dictynne [surnom de Diane chasseresse, de δίκτυον, " filet de chasse "] : Ov. *M.* 2, 441 ¶ 2 ville de Crète Atlas VI, D2 ; Mel. 2, 113.

Dictynnaeus mons, m., montagne de Crète : Plin. 4, 59.

Dictynnēum, *i*, n., Dictynnée [sanctuaire voisin de Sparte, consacré à Dictynne] : Liv. 34, 38, 5.

Dictys, *yis* ou *yŏs*, m., un des Centaures, tué par Pirithoüs : Ov. *M.* 12, 334 ‖ pêcheur qui sauva Danaé et Persée : Stat. *S.* 2, 1, 95 ‖ Crétois, qui écrivit la relation de la guerre de Troie [nous avons une histoire latine attribuée à un Dictys] : Dict. 5, 17.

dĭda, *ae*, f. (mot enfant., cf. τίτθη, al. *Zitze*), mamelle : Sor. p. 12, 21 ‖ nourrice : Sor. p. 40, 3.

dĭdascălĭca, *ōn* ou *ōrum*, n. pl. (διδασκαλικά), nom d'un ouvrage didactique d'Accius : Gell. 3, 11, 4.

dĭdascălĭcē, *ēs*, f., le genre didactique : Diom. 484, 31.

dĭdascălĭcus, *a*, *um* (διδασκαλικός), didactique, du genre didactique : Aus. *Epist.* 17 (407), 24.

Dīdĭa Clara, f., fille de Didius Julianus : Spart. *Did.* 3, 4.

Dīdĭa lex, loi de Didius **a)** de *Caecilius Didius*, Cic. *Sest.* 135 ; *Att.* 2, 9, 1 **b)** loi somptuaire : Macr. *Sat.* 2, 13, 6.

dĭdĭcī, parf. de *disco*.

dĭdĭdī, parf. de 1 *dido*.

Dīdĭenses, m. pl., peuple de Galatie : Plin. 5, 147.

dĭdintrĭo, *īs*, *īre*, -, -, se dit du cri de la belette : Anth. 762, 61.

Dīdĭtāni, *ōrum*, m. pl., habitants d'un municipe de la Byzacène : CIL 6, 1689.

dĭdĭtus, *a*, *um*, part. de *dido*.

Dīdĭus, *ĭi*, m., nom de famille romaine ; not[t] T. Didius, qui fit la guerre à Sertorius : Cic. *Planc.* 61 ; Ov. *F.* 6, 568 ‖ Didius Julianus, riche Romain, qui acheta l'empire, après la mort de Pertinax : Spart. *Did.* 1, 1.

1 **dīdō**, *īs*, *ĕre*, *dīdĭdī*, *dīdĭtum* (*dis*, 1 *do*), tr., distribuer, répandre : *nec facile in venas cibus omnis diditur* Lucr. 2, 1136, les aliments ont peine à se distribuer dans toutes les veines ; *dide, disjice* Caecil. d. Cic. *Cael.* 37, prodigue, gaspille ; *fama didita terris* Virg. *En.* 8, 132, renommée répandue par toute la terre, cf. Tac. *An.* 11, 1 ; *munia servis didere* Hor. *S.* 2, 2, 67, distribuer des tâches aux esclaves. ▶ inf. pass. *didier* Pl. *Merc.* 58 ‖ parf. *disdidi*, Cat. *Orat.* 173, 19.

2 **Dīdō**, *ūs* et *ōnis*, f. (Διδώ), Didon [épouse de Sichée, fonda Carthage] : Virg. *En.* 1, 299. ▶ gén. *-us* Cornutus d. Char. 127, 21 ; *-ōnis* Just. 11, 10, 13 ; Aug. *Conf.* 1, 13 ; Macr. *Sat.* 4, 3, 6 ; acc. *Dido* Virg. *En.* 4, 383.

didrachma, *ătis*, n. et **didrachmum**, *i*, n. (δίδραχμον), double drachme : Sedul. *Carm.* 3, 316 ; Tert. *Praescr.* 11, 4 ‖ qqf. **didrachma**, *ae*, f., Aug. *Ep.* 83, 5.

dīdūcō, *īs*, *ĕre*, *dūxī*, *ductum* (*dis*, *duco*), tr. ¶ 1 conduire en différentes directions, séparer, partager, écarter [ou] étendre, dilater, allonger : *ventus nubes diducit* Lucr. 6, 215, le vent divise les nuages ; *rictum auditoris risu* Hor. *S.* 1, 10, 7, faire que l'auditeur ait la bouche distendue par le rire ; *intervalla aut contrahere aut diducere* Cic. *Ac.* 2, 19, resserrer ou allonger les intervalles ; *rivis diduci* Cic. *de Or.* 3, 21, se séparer en divers ruisseaux (*in rivos* Quint. 5, 13, 13) ; *diductis nostris paulatim navibus* Caes. *C.* 2, 6, 2, nos vaisseaux s'étant peu à peu éloignés les uns des autres ; *digitos* Cic. *Or.* 113, allonger les doigts ; *diducere oculum* Cels. 7, 7, 4, ouvrir un œil ; *circinum* Vitr. 1, 6, 6, ouvrir un compas ; *arva et urbes litore diductae* Virg. *En.* 3, 419, campagnes et villes détachées du rivage ; *diducere nodos manu* Ov. *M.* 2, 560, défaire des nœuds avec la main ‖

[fig.] *diduci ab aliquo* Cic. *Inv.* 1, 109, se séparer de qqn ; *amicitias diducere* Sen. *Ir.* 2, 29, rompre des liens d'amitié ; *nuptias* Sen. *Contr.* 2, 13, faire rompre un mariage ; *assem in partes centum* Hor. *P.* 326, partager un as en cent parties ; *senatum in studia* Tac. *H.* 4, 6, diviser le sénat en partis ; *ne vastius diducantur (verba)* Cic. *de Or.* 3, 172, pour que les mots ne soient pas séparés dans la prononciation par de trop grands intervalles ¶ **2** [en part.] étendre, déployer, développer : *copias* Caes. *G.* 3, 23, 7, déployer des troupes, cf. 6, 34, 5 ; *C.* 3, 40, 2 ; Sall. *J.* 25, 9 ; *cornua* Liv. 28, 14, 17, étendre les ailes.

dīductĭo, ōnis, f. (*diduco*) ¶ **1** division, répartition : *in diductione rerum* Sen. *Nat.* 3, 13, 2, dans l'organisation de l'univers ¶ **2** expansion [propriété de l'air] : Sen. *Nat.* 2, 9, 1 ∥ *diductio rationis* Cic. *Inv.* 1, 18, prolongement, continuation d'un raisonnement.

dīductus, part. de *diduco*.

Dĭdŭmāōn (Dĭdŷ-), ŏnis, m., Didymaon [habile ciseleur] : Virg. *En.* 5, 359.

Dĭdŭri, ōrum, m. pl., peuple de l'Ibérie [en Asie] : Plin. 6, 29.

Dĭdўma, ōn, n. pl. (Δίδυμα), endroit voisin de Milet, où se trouvait un temple d'Apollon [en grec] ∥ **Dĭdўmaeus**, *i*, m., Didyméen, surnom d'Apollon [à Milet] : Plin. 6, 49.

Dĭdўmae insulae, f., Didymes [deux îles près de la Troade] : Plin. 5, 138 ∥ autres îles près de la Lycie : Plin. 5, 131.

Dĭdўmāōn, ⓒ ▶ *Didumaon*.

Dĭdўmē, ēs, f., Didyme [une des îles Éoliennes] : Plin. 3, 94 ∥ île de la mer Égée : Ov. *M.* 7, 469.

Dĭdўmēōn, ēi, n. (Διδυμεῖον), temple d'Apollon à Didyma : Curt. 7, 5, 28.

Dĭdўmeūs, ĕi, m. (Διδυμεύς), surnom d'Apollon [Didyméen] : Mel. 1, 17.

Dĭdўmis, f., ancien nom de Cyzique : Plin. 5, 142.

Dĭdўmus, *i*, m. (δίδυμος, jumeau), nom d'homme : Mart. 3, 31, 6 ∥ Didyme, surnom de s. Thomas : Vulg. *Joh.* 11, 16 ∥ nom d'un grammairien latin : Prisc. 2, 15, 4.

dĭē, gén. et dat., ▶ *dies* ▶.

dĭĕcrastĭni, ▶ *crastinus*.

dĭĕcŭla, ae, f. (dim. de *dies*), petite journée : Pl. *Ps.* 503 ∥ délai : *tibi dieculam addo* Ter. *And.* 710, je te donne un peu de répit ; *dieculam ducere* Cic. *Att.* 5, 21, 13, prolonger le terme [des échéances].

dĭennĭum, ĭi, n., ⓒ▶ *biennium* : Gloss. 4, 330, 52.

Dĭensis, e, de Dium [ville de Macédoine] Atlas VI, A2 : *Diensis colonia* Plin. 4, 35, Dium.

dĭĕphēbus, *i*, m. (διά, ἔφηβος), celui qui a passé l'adolescence : Not. Tir. 81, 91.

dĭĕpristĭnē, **dĭĕpristĭni**, adv., la veille : Macr. *Sat.* 1, 4, 23 ; Gell. 10, 24, 10.

dĭēquarte, **dĭēquarti** et **dĭēquarto** ou **dĭē quarto**, adv. **a)** [formes en *e* et *i* ayant trait à l'avenir] dans quatre jours **b)** [forme en *o*, au passé] il y a quatre jours : Macr. *Sat.* 1, 4, 25 ; Gell. 10, 24, 10.

dĭēquinte, **dĭēquinti**, adv., dans cinq jours [▶ *diequarte*] : Gell. 10, 24, 1.

dĭērectē, adv. (*dierectus*), de manière à être pendu [sens proleptique] : *abi dierecte* Pl. *Most.* 8, va t'en te faire pendre, cf. *Poen.* 347 ; *abin hinc dierecte* Pl. *Trin.* 457, va t'en d'ici te faire pendre, cf. *Bac.* 579.

dĭērectus, *a*, *um* (*dis, erectus*), distendu ; mis en croix, pendu : *i hinc dierectus* Pl. *Merc.* 183, va te faire pendre ∥ [fig.] *lien dierectus est* Pl. *Curc.* 240, ma rate est au supplice ∥ subst. n., **dĭērectum**, *i* ▶ *mala crux : apage in dierectum istam insanitatem* Varr. *Men.* 133, va te faire pendre avec ces folies.

1 **dĭēs**, ēi, m. et f.[au pl. toujours m.] (*dialis, 2 dius, nundinae, deus, Juppiter*, cf. Ζεύς, scr. *Dyau-s*, rus. *den'* ; esp. *dia*, fr. -*di*) ¶ **1** le jour civil de vingt-quatre heures : *postero die* Cic. *Verr.* 2, 41 ; *postera die* Sall. *J.* 68, 2 ; *altero die* Caes. *C.* 3, 19, 3 ; *postridie ejus diei* Caes. *G.* 1, 23, 1, le lendemain ; *post diem tertium ejus diei* Cic. *Att.* 3, 7, 1, le surlendemain ; *diem ex die exspectare* Cic. *Att.* 7, 26, 3 ; *diem de die prospectare* Liv. 5, 48, 6, attendre de jour en jour ; *in dies* Cic. *Top.* 62, de jour en jour ; *in diem vivere* Liv. 22, 39, 14, vivre au jour le jour ; *ad diem* Treb. *Gall.* 17, pour un jour ; *diem ex die* Caes. *G.* 1, 16, 4, un jour après un autre, de jour en jour ; *paucis illis diebus* Cic. *Verr.* 4, 140, dans ces quelques derniers jours, peu de jours seulement auparavant ¶ **2** jour, date fixée : *dabis nobis diem aliquem* Cic. *Nat.* 3, 94, tu nous fixeras un jour ; *dies dicta* Cic. *Fam.* 16, 10, 2, le jour fixé ; *dies colloquio dictus est* Caes. *G.* 1, 42, 3, un jour fut fixé pour l'entrevue ; *ad certam diem* Caes. *G.* 5, 1, 8, à un jour fixé ; *ad diem* Caes. *G.* 5, 1, 9, au jour fixé ; *his certum diem conveniendi dicit* Caes. *G.* 5, 57, 2, il leur désigne un jour de réunion précis ∥ [en part.] *diem dicere alicui* Cic. *Off.* 3, 112, assigner à qqn un jour de comparution, intenter une accusation contre qqn, cf. *Caecil.* 67 ∥ *dies pecuniae* Cic. *Att.* 10, 5, 3, jour de paiement (Liv. 34, 6, 13) ; *comitiorum* Cic. *Phil.* 2, 82, le jour des comices ¶ **3** le jour [opposé à la nuit] : *dies noctesque* Cic. *Att.* 7, 9, 4 ; *diem noctemque* Caes. *G.* 7, 77, 11 ; *nocte dieque* Mart. 10, 58, jour et nuit ; *nocte et die* Cic. *Nat.* 2, 24 ; *diem noctem* Cic. *Div.* 2, 59 ; *diem ac noctem* Liv. 22, 1, 20, pendant un jour et une nuit ; *cum die* Ov. *M.* 13, 677, avec le jour, à l'aube ; *de die* Pl. *As.* 825, de jour, en plein jour ∥ *dubius dies* Plin. *Ep.* 6, 20, 6, jour douteux ¶ **4** jour [de la naissance, de la mort, de fièvre, etc.] : *diem meum scis esse III Nonas. Jan.* ; *aderis igitur* Cic. *Att.* 13, 42, 2, tu sais que le jour de ma naissance est le 3 janvier, tu viendras donc ; *Non. Mart., die tuo, ut opinor, exspectabam epistolam a te longiorem* Cic. *Att.* 9, 2, ce 7 mars, ton jour de fièvre, je crois, j'attends de toi une lettre assez longue ∥ *is dies fuit Nonae Novembres* Cic. *Fam.* 16, 3 (mais *qui fuit dies Nonarum Septembrium* Att. 4, 1, 5, cf. *Fam.* 3, 11, 1 ce jour-là était le 5 novembre ∥ ▶ *obeo* ; *supremus* ¶ **5** jour, événement mémorable : *is dies honestissimus nobis fuerat in senatu* Cic. *Fam.* 1, 2, 3, ç'avait été pour moi la journée la plus honorable dans le sénat ; *dies Alliensis* Liv. 6, 1, 11, la journée de l'Allia ¶ **6** jour, journée, emploi de la journée : *excutere totum diem* Sen. *Ir.* 3, 36, 2, examiner de près toute sa journée, l'emploi de toute sa journée ∥ disposition, d'esprit [où l'on se trouve tel ou tel jour] : *qualem diem induisset* Tac. *An.* 6, 20, selon son humeur du jour [cf. en français, "être dans ses bons jours", "dans ses mauvais jours"] ¶ **7** journée de marche : *regio dierum plus triginta in longitudinem patens* Liv. 38, 59, 6, région qui s'étend sur plus de trente jours de marche, en longueur ¶ **8** temps, délai : *diem inquirendi perexiguam postulare* Cic. *Verr. prim.* 6, demander un délai très court pour faire une enquête ; *diem ad deliberandum sumere* Caes. *G.* 1, 7, 6, prendre le temps de délibérer ∥ [en gén.] temps, durée : *dies non levat luctum hunc* Cic. *Att.* 3, 15, 2, le temps n'allège pas cette affliction ¶ **9** lumière du jour, jour : *non cernitur dies* Plin. 33, 70, on ne voit pas le jour, cf. *Ep.* 6, 20, 6 ; 9, 36, 2 ; Ov. *M.* 7, 411 ¶ **10** climat, température : *sub quocumque die est* Luc. 7, 189, sous quelque ciel qu'il soit ; *dies tranquillus* Plin. 2, 115, temps calme ¶ **11** [chrét.] jour de la colère de Dieu : *dies Domini* Vulg. *Is.* 13, 6, jour du Seigneur ; *dies irae* Vulg. *Soph.* 1, 15, jour de colère ; *dies extremi judicii* Greg.-M. *Ev.* 12, 4, jour du Jugement dernier ∥ fête d'un saint : *dies natalis* Sacram. Greg. 418, jour de la fête d'un saint [sa naissance dans le ciel = anniversaire de sa mort].

▶ gén. arch. *dies* Enn. *An.* 413 ; Cic. *Sest.* 28 d'après Gell. 9, 14, 7 ; *die* Virg. *G.* 1, 208 ; Sall. *J.* 52, 3 ; 97, 3 cf. Gell. 9, 14, 25 ; Prisc. 2, 366, 9 ; *dii* Virg. *En.* 1, 636 d'après Gell. 9, 14, 8 ∥ dat. arch. *die* Pl. *Amp.* 276 cf. Serv. Virg. *G.* 1, 208.

2 **Dĭēs**, ēi, m.f. ¶ **1** m., le Jour : Pl. *Bac.* 255 ¶ **2** f. ¶ **2** f. **a)** fille du Chaos, mère du ciel et de la terre : Hyg. *Fab. pr.* 2 **b)** mère de la première Vénus : Cic. *Nat.* 3, 59.

dĭescit, impers., le jour commence : Gloss. 5, 596, 16.

dĭēsis, eos, f. (δίεσις), [mus.] dièse ¶ **1** quart de ton [en ancienne musique] : Vitr. 5, 4, 3 ; Macr. *Somn.* 2, 23 ¶ **2** demi-ton dans le système de Pythagore : Chalc. 45.

Dĭespĭtĕr, tris (**Dispiter**, **Dispater**, Varr. *L.* 5, 66), m., Pl. *Cap.* 909 ; Hor.

Diespiter

O. 3, 2, 29, Jupiter ‖ Pluton : Lact. *Inst. 1, 14, 5*.
▶ dat. *Diespitri* ; acc. *-trem* Var. *L. 9, 75 ; 77* ; Macr. *Sat. 1, 15, 14*.

dĭēta, v. *diaeta*.

dĭĕtēris, *ĭdis*, f., période de deux ans : Cens. *18, 2*.

Dĭethūsa, *ae*, f., île déserte de la mer Égée : Plin. *4, 74*.

Dĭeuchēs, *is*, m. (Διεύχης), nom d'un médecin : Plin. *1, 20*.

dĭezeugmĕnŏs, *ŏn* (διεζευγμένος), séparé : Vitr. *5, 4, 5*.

dĭfārĭam, bifariam : Gloss. *3, 445*.

diffāmātĭo, *ōnis*, f. (*diffamo*), action de divulguer, de répandre : Aug. *Civ. 3, 31*.

diffāmātus, *a, um*, part. de *diffamo* ‖ adj^t, *-tissimus* *Gell. *18, 3, 3*, très diffamé.

diffāmō, *ās, āre, āvī, ātum* (*dis, fama*), tr. ¶ **1** divulguer : Ov. *M. 4, 236* ; Tac. *An. 14, 22* ¶ **2** diffamer, décrier : Tac. *An. 1, 72* ; *15, 49* ‖ répandre le mauvais bruit que [prop. inf.] : Apul. *M. 4, 10*.

difarrĕātĭo, *ōnis*, f., diffarréation [extinction de la *manus* établie par *confarreatio*] : P. Fest. *65, 17*.

diffĕrens, *tis*, part. de *differo* ‖ adj^t [tard.] *differentior* Vulg. *Hebr. 1, 4*, supérieur ‖ subst. n., différence : Quint. *5, 10, 55*.

diffĕrentĕr, adv. (*differens*), différemment : Solin. *pr. 4*.

diffĕrentĭa, *ae*, f. (*differo*), différence : Cic. *Off. 1, 94* ‖ pl., Cic. *Fin. 4, 28* ; Quint. *11, 2, 50* ‖ [en part.] pl., *differentiae* Cic. *Top. 31*, objets distincts, espèces ; sg., différence spécifique, caractère distinctif : Cic. *Top. 31* ; Gell. *1, 4, 10* ‖ [gram.] différence sémantique : Non. *421, 11*.

diffĕrĭtās, *ātis*, f. (*differo*), différence : Lucr. *4, 436* ; Arn. *2, 16*.

diffĕrō, *fers, ferre, distŭlī, dīlātum* (*dis, fero*), tr. et intr.
I tr. ¶ **1** porter en sens divers, disperser, disséminer : *favillam late* Lucr. *2, 675*, disperser la cendre au loin ; *ignem distulit ventus* Caes. *C. 2, 14, 2*, le vent répandit le feu de tous côtés ‖ transplanter des arbres en les espaçant : Varr. *R. 1, 43* ; *in versum ulmos* Virg. *G. 4, 144*, transplanter les ormes en les disposant par rangées ¶ **2** répandre des bruits : *rumores* Varr. d. Non. *284, 18*, colporter des bruits ; *male commissam libertatem populo Romano sermonibus differre* Liv. *34, 49, 6*, dire partout qu'on a mal fait de confier la liberté [= le dépôt de la liberté grecque] au peuple romain ; *rumore ab obtrectatoribus dilato, quasi eumdem necasset* Suet. *Aug. 14*, le bruit ayant été semé par ses ennemis qu'il l'avait fait mettre à mort [m. à m., comme si...] ; *quo pertinuit differri etiam per externos tamquam veneno interceptus esset?* Tac. *An. 3, 19*, à quoi bon ce bruit répandu jusque chez l'étranger qu'il avait été supprimé par le poison ? ‖ décrier : *aliquem variis sermonibus* Tac. *An. 1, 4*, décrier qqn dans des propos variés, cf. Caecil. d. Gell. *2, 93, 10* ; Prop *1, 16, 48* ¶ **3** [fig.] *differri*, être tiraillé, tourmenté, déchiré : *clamore* Pl. *Ep. 118*, être assassiné de réclamations ; *amore alicujus* Pl. *Mil. 1163*, souffrir mille morts de son amour pour qqn ; *laetitia differor* Pl. *Truc. 701*, j'étouffe de joie ; *differor doloribus* Ter. *Ad. 486*, les douleurs me déchirent ¶ **4** différer, remettre : *rem* Cic. *Amer. 26*, différer une affaire ; *tempus* Cic. *Phil. 8, 23*, retarder le délai = user d'atermoiement ; *aliquid in tempus aliud* Cic. *Tusc. 4, 78*, remettre qqch. à un autre moment, cf. *Dej. 21* ; *Brut. 297* ; *aliquem in tempus aliud* Cic. *Fam. 5, 12, 10*, renvoyer qqn à un autre moment, le faire attendre, cf. Liv. *26, 51, 10* ; *41, 8, 5* ; *legati ad novos magistratus dilati* Liv. *41, 8, 5*, les ambassadeurs dont l'audience avait été renvoyée après la nomination des nouveaux magistrats ; [ou seul^t] *differre aliquem* Tac. *H. 2, 71* ; *3, 51*, remettre qqn à plus tard, cf. Liv. *7, 14, 3* ; *25, 25, 3* ‖ *nihil differre quin* Liv. *6, 22, 9*, ne pas tarder à, cf. Suet. *Caes. 4* ‖ *quaerere distuli* Hor. *O. 4, 4, 21*, j'ai remis à plus tard de chercher (Liv. *42, 2, 2*) ‖ [abs^t] différer, remettre à plus tard : Ov. *F. 3, 394* ; *diem de die* Liv. *25, 25, 4*, différer de jour en jour.
II intr. [sans parf. ni supin] différer, être différent : *aetates vestrae nihil differunt* Cic. *Brut. 150*, vos âges ne diffèrent pas du tout ; *ex aliqua parte* Cic. *Caecin. 39*, différer en quelque point ; *paulum, multum* Cic. *Agr. 2, 85* ; *Brut. 150*, différer peu, beaucoup ; *rebus congruentes nominibus differebant* Cic. *Ac. 1, 17*, d'accord sur le fond, ils différaient seulement de nom (*Fin. 4, 5* ; *Or. 23* ; *Caecin. 59*) ‖ *ab aliquo, ab aliqua re* Cic. *Or. 66* ; *Off. 1, 96* ; *Pomp. 13* ; Caes. *G. 5, 14, 1* ; *6, 28, 5*, différer de qqn, de qqch. ‖ *ut non multum differat inter summos et mediocres viros* Cic. *Off. 2, 30*, en sorte qu'il n'y a guère de différence entre les grands personnages et les gens d'importance moyenne (*Nat. 1, 80* ; *Off. 1, 99* ; *Fin. 4, 70*) ; *ut ea inter se magnitudine, non genere differrent* Cic. *Nat. 1, 16*, au point qu'entre ces notions il y a une différence de quantité, mais non de qualité ; *haec cogitatione inter se differunt, re quidem copulata sunt* Cic. *Tusc. 4, 24*, ces notions diffèrent entre elles du point de vue spéculatif, mais en pratique elles sont liées (*Opt. 6* ; Caes. *G. 1, 1, 2* ; *6, 11, 1*) ‖ *hoc genus causae cum superiore hoc differt quod...* Cic. *Inv. 2, 92*, ce genre de cause diffère du précédent en ce que... (*1, 40*) ‖ *alicui rei* Hor. *S. 1, 4, 48* ; *P. 236* ; Quint. *2, 21, 10*, différer de qqch. ‖ [suivi d'une interr. double] : *quid differt... -ne... an...?* Hor. *S. 2, 3, 166* ; *nihil differt... utrum... an... 2, 3, 251*, quelle différence y a-t-il ? il n'y a pas de différence si... ou si....
▶ inf. pass. *differrier* Lucr. *1, 1088* ; tmèse *disque tulissent* Pl. *Trin. 833*.

differtus, *a, um* (*dis, farcio*), plein de, rempli de [avec abl.] : Caes. *C. 3, 32, 4* ; Tac. *An. 16, 6* ; Hor. *S. 1, 5, 4* ‖ *differtum forum* Hor. *Ep. 1, 6, 59*, le forum rempli de monde.

diffībŭlō, *ās, āre, -, -* (*dis, fibula*), tr., dégrafer : Stat. *Th. 6, 570*.

diffĭcĭlĕ, adv. (*difficilis*), [rare] difficilement : Vell. *2, 63, 3* ; Plin. *11, 62* ; v. *difficiliter*.

diffĭcĭlis, *e* (*dis, facilis*) ¶ **1** difficile, malaisé, pénible : *res difficiles ad eloquendum* Cic. *Off. 1, 126*, choses difficiles à exprimer ; *quorum judicium difficile factu est non probare* Cic. *Off. 1, 71*, il est difficile de ne pas approuver leur jugement ; *quod difficilius dictu est* Cic. *Lae. 23*, ce qui est plus difficile à dire, cf. *CM 12* ; *scopuloso difficilique in loco versari* Cic. *Caecil. 36*, être dans une passe dangereuse et difficile ; *fructus difficilis concoctioni* Plin. *23, 79*, fruit difficile à digérer ; *difficillimo rei publicae tempore* Cic. *Phil. 5, 36*, dans les circonstances politiques les plus critiques ‖ n. pris subst^t : *in difficili esse* Liv. *3, 65, 11*, être difficile, cf. Cels. *5, 26, 1, C.* ; Dig. *28, 2, 29, 15* ¶ **2** difficile, chagrin, morose, peu traitable : *usque eo difficiles sumus, ut* Cic. *Or. 104*, je suis d'humeur si difficile que, cf. *Fin. 1, 61* ; *CM 7* ; *65* ; Hor. *P. 173* ; *parens difficilis in liberos* Acc. d. Cic. *Nat. 3, 72*, père dur pour ses enfants ; *Penelope difficilis procis* Hor. *O. 3, 10, 11*, Pénélope inflexible pour ses prétendants ; *difficilis precibus* Ov. *Pont. 2, 2, 20*, peu accessible aux prières ¶ **3** [tard.] rare : *difficiles pluviae* Arn. *1, 3*, de rares pluies.

diffĭcĭlĭtĕr, adv., difficilement [rare au positif] : Cic. *Ac. 2, 50* ‖ *-ilius* Cic. *Tusc. 4, 32* ; *-illime* Cic. *Amer. 116* ; *Lae. 64*.

diffĭcul, [arch.] difficile : Varr. d. Non. *111, 25*.

diffĭcultās, *ātis*, f. ¶ **1** difficulté, obstacle, embarras : *difficultas dicendi* Cic. *de Or. 1, 120*, les difficultés de l'éloquence ; *habere difficultatem* Cic. *Brut. 25*, offrir de la difficulté ; *tuae voluntati difficultatem afferre* Cic. *Q. 1, 1, 32*, faire obstacle à ta volonté ; *Pompeianis magnam res ad receptum difficultatem afferebat* Caes. *C. 3, 51, 6*, cela rendait la retraite fort difficile aux soldats de Pompée ; *difficultas (morbi)* Cels. *3, 1, 5*, guérison difficile (d'une maladie) ; *temporis* Cic. *Verr. 3, 126*, circonstances difficiles ‖ *erat in magnis Caesaris difficultatibus res, ne* Caes. *G. 7, 35, 1*, la situation de César était très difficile, lui faisant craindre que, cf. *7, 10, 1* ‖ manque, besoin : *difficultas nummaria, rei nummariae* Cic. *Verr. 2, 69* ; *4, 11*, embarras d'argent ; *rei frumentariae* Caes. *G. 7, 17, 3*, disette de blé ; *summa in difficultate navium* Cic. *Verr. 5, 51*, quand nous étions au plus haut point dépourvus de vaisseaux ¶ **2** humeur difficile, caractère insupportable : Cic. *Mur. 19*.
▶ gén. pl. *-tum*, mais *-tium* Liv. *9, 31, 14*.

diffĭcultĕr, adv. (*difficilis*), difficilement, péniblement, avec peine: Caes. *C. 1, 62*; Sall. *C. 14, 5*; Liv. *1, 52, 4*; *42, 54, 3*; Tac. *An. 12, 35*.

diffĭcultō, *ās*, *āre*, -, -, intr., être d'une humeur difficile: Gloss. *2, 281, 53*.

diffīdens, *tis*, part. prés. de *diffido* ‖ adj¹, défiant: Suet. *Cl. 35* ‖ [chrét.] incroyant, infidèle: Hil. *Matth. 31, 11*.

diffīdentĕr, adv. (*diffidens*), avec défiance, avec timidité: Cic. *Clu. 1* ‖ *diffidentius* Just. *38, 7, 4*.

diffīdentĭa, *ae*, f. (*diffido*), défiance, défaut de confiance: Cic. *Inv. 2, 165* ‖ *rei* Sall. *J. 60, 5*, manque de confiance dans une chose, cf. Plin. *Ep. 5, 1, 7* ‖ manque de foi: Vulg. *Eph. 2, 2*.

diffīdī, parf. de *diffindo*.

diffīdō, *ĭs*, *ĕre*, *diffīsus sum* (*dis, fido*), intr., ne pas se fier à, se défier de: *sibi* Cic. *Clu. 63*, ne pas compter sur soi; *perpetuitati bonorum* Cic. *Fin. 2, 86*, ne pas compter sur la durée du bonheur ‖ *invenire se posse quod cuperent diffisi sunt* Cic. *Ac. 2, 7*, ils ont désespéré de pouvoir trouver ce qu'ils désiraient, cf. Caes. *G. 6, 36, 1*; *diffidere, ne terras aeterna teneret nox* Lucr. *5, 980*, redouter qu'une nuit éternelle ne s'emparât de la terre ‖ [rare avec abl.] *occasione* Suet. *Caes. 3*, se défier des circonstances ‖ [absᵗ] avoir perdu toute espérance, désespérer: Cic. *Div 1, 53*; *Att. 12, 43, 2* ‖ [pass. impers.] Liv. *24, 8, 5*.

diffindō, *ĭs*, *ĕre*, *fĭdī*, *fissum* (*dis, findo*), tr. ¶ 1 fendre, séparer en deux, partager, diviser: *saxum* Cic. *Div. 1, 23*, fendre un rocher ‖ [fig.] *alicujus tenacitatem* Apul. *M. 9, 18*, réduire l'entêtement de qqn; *nihil hinc* Hor. *S. 2, 1, 79*, ne rien détacher de cela [= souscrire entièrement à cela] ¶ 2 *diffindere diem*, couper une journée = suspendre, ajourner [une affaire, une présentation de loi, un jugement]: *triste omen diem diffidit* Liv. *9, 38, 15*, ce fâcheux présage ajourna la présentation de la loi, cf. Gell. *14, 2, 11* ‖ [fig.] *diem somno* Varr. *R. 1, 2, 5*, couper le jour par une sieste, faire la sieste.

diffingō, *ĭs*, *ĕre*, -, - (*dis, fingo*), tr., transformer, refaire, changer: Hor. *O. 1, 35, 29*; *3, 29, 47, 5*.

diffīnĭo, v. *definio*.

diffīnītĭō, *ōnis*, f., v. *definitio*.

diffissĭo, *ōnis*, f. (*diffindo*), ajournement, remise à un autre jour: Gell. *14, 2, 1*.

diffissus, *a*, *um*, part. de *diffindo*.

diffīsus, *a*, *um*, part. de *diffido*.

diffĭtĕor, *ēris*, *ērī*, -, tr. (*dis, fateor*), nier, disconvenir, ne pas avouer: Planc. *Fam. 10, 8, 4*; Quint. *2, 17, 5*; Ov. *Am. 3, 14, 28*.

difflātŭs, abl. *ū*, m., souffle dans des sens divers: Amm. *15, 11, 18*.

difflētus, *a*, *um* (*dis, fleo*), perdu à force de pleurer: Apul. *M. 1, 6*.

difflō, *ās*, *āre*, *āvī*, *ātum* (*dis, flo*), tr., éparpiller (disperser) en soufflant: Pl. *Mil. 17*; Lucil. *666*.

diffluentĭa, *ae*, f., [pl.] débordements [fig.]: Aug. *Serm. 9, 15*.

difflŭō, *ĭs*, *ĕre*, *flūxī*, *flūxum* (*dis, fluo*), intr. ¶ 1 couler de côté et d'autre, se répandre en coulant: Lucr. *3, 435* ‖ [fig.] *quasi extra ripas diffluens* Cic. *Brut. 316*, coulant en qq. sorte hors de son lit; *efficiatur aptum illud quod fuerit antea diffluens ac solutum* Cic. *Or. 233*, qu'on fasse un ensemble bien lié de ce qui était auparavant flottant et lâche, cf. *verba soluta et diffluentia* Cic. *Brut. 274*, mots sans lien [du rythme] et jetés au hasard (allant à la dérive) ‖ [poét.] *sudore diffluentes* Phaed. *4, 25, 23*, ruisselants de sueur ¶ 2 [fig.] se liquéfier, se dissoudre, se relâcher, s'amollir: *luxuria* Cic. *Off. 1, 106*, vivre dans un luxe amollissant; *homines deliciis diffluentes* Cic. *Lae. 42*, hommes amollis par une vie voluptueuse, cf. *de Or. 3, 131*; *Tusc. 2, 52* ‖ *privata cibo natura animantum diffluit* Lucr. *1, 1039*, privés de nourriture les animaux fondent (dépérissent); *juga montium diffluunt* Sen. *Ep. 91, 11*, les sommets des montagnes s'affaissent.

difflŭus, *a*, *um* (*diffluo*), qui s'épanche de côté et d'autre: *lacte diffluus* Matt. d. Macr. *Sat. 2, 16, 5*, qui épanche du lait.

difflŭvĭō, *ās*, *āre*, -, - (*dis, fluvius*), tr., partager en deux: Col. *Arb. 7, 5*.

diffluxĭō, *ōnis*, f., flux, écoulement: Cael.-Aur. *Acut. 2, 18, 105*.

diffors, *fortis* (*dis, fors*), [discours] qui admet un fait et le justifie après coup: Jul.-Vict. *3, 3*.

diffringō, *ĭs*, *ĕre*, *frēgī*, *fractum* (*dis, frango*), tr., briser, mettre en pièces: Pl. *As. 274*; Suet. *Caes. 37*; Aug. *17*.

diffūdī, parf. de *diffundo*.

diffŭgĭō, *ĭs*, *ĕre*, *fūgī*, - (*dis, fugio*), intr., fuir çà et là, fuir en désordre, se disperser en fuyant: Cic. *Phil. 2, 108*; *Off. 3, 114*; *Fam. 15, 1, 5* ‖ se disperser, se diviser, se dissiper: Lucr. *5, 1337*; Ov. *F. 2, 211* ‖ *diffugere nives* Hor. *O. 4, 7, 1*, les neiges se sont enfuies, ont disparu.

diffŭgĭum, *ĭi*, n. (*diffugio*), fuite de côté et d'autre, dispersion: Tac. *H. 1, 39*.

diffŭgō, *ās*, *āre*, -, - (*dis, fugo*), tr., mettre en fuite, disperser: Ps. Rufin. *Psalm. 41, 6* = Aug. *Psalm. 41, 10*.

diffulgŭrō, *ās*, *āre*, -, - (*dis, fulguro*), tr., faire étinceler: Sidon. *Carm. 11, 20*.

diffulmĭnō, *ās*, *āre*, -, - (*dis, fulmino*), tr., disperser par la foudre: Sil. *5, 276*.

diffūmĭgō, *ās*, *āre*, -, -, tr., fumiger de toute part: Antid. Brux. *3*.

diffundĭtō, *ās*, *āre*, -, - (fréq. de *diffundo*), tr. *a)* jeter aux vents, gaspiller: Pl. *Merc. 58* *b)* colporter: Amm. *18, 5, 6*.

diffundō, *ĭs*, *ĕre*, *fūdī*, *fūsum* (*dis, fundo*), tr. ¶ 1 étendre en versant, répandre: *glacies liquefacta se diffundit* Cic. *Nat. 2, 26*, la glace fondue devient fluide; *sanguis per venas in omne corpus diffunditur* Cic. *Nat. 2, 138*, le sang se répand par les veines dans tout le corps; *vinum de doliis* Col. *12, 28, 3*, transvaser du vin, cf. Cat. *Agr. 105, 2* ‖ répandre, étendre: *luce diffusa toto caelo* Cic. *Nat. 2, 95*, la lumière étant répandue sur toute l'étendue du ciel; *ab ejus summo sicut palmae ramique diffunduntur* Caes. *G. 6, 26, 2*, du sommet de cette corne se déploient comme des empaumures et des rameaux; *platanus diffusa patulis ramis* Cic. *de Or. 1, 28*, platane qui se déploie avec ses branches en éventail (étalées); *dederat comam diffundere ventis* Virg. *En. 1, 319*, elle avait laissé les vents éparpiller sa chevelure; *via latissimis pratis diffunditur et patescit* Plin. *Ep. 2, 17, 3*, le chemin se déploie et s'étale dans de larges prairies; [poét.] *Claudia a quo diffunditur gens per Latium* Virg. *En. 7, 708*, [Clausus] à partir duquel la famille Claudia étend ses branches dans le Latium ‖ disperser, dissiper [douleur, colère]: Ov. *H. 8, 61*; *M. 9, 143* ¶ 2 [fig.] étendre, porter au loin: *di vim suam longe lateque diffundunt* Cic. *Div. 1, 79*, les dieux étendent au loin leur puissance; *error longe lateque diffusus* Cic. *Fin. 2, 115*, erreur répandue au loin (*Leg. 1, 34*; *Balb. 13*; *Sest. 97*); *bella et paces longum in aevum* Hor. *Ep. 1, 3, 8*, porter jusqu'à la lointaine postérité le récit des guerres et des traités ¶ 3 [fig.] dilater, épanouir: *diffudere animos munere Bacchi* Ov. *M. 4, 766*, ils dilatèrent leurs cœurs grâce aux dons de Bacchus, cf. *M. 14, 272*; *P. 4, 4, 9*; *diffusus nectare* Ov. *M. 3, 318*, épanoui par le nectar; *diffundi, contrahi* Cic. *Lae. 48*, s'épanouir, se resserrer (se contracter) ‖ [pass.] être rempli de joie: Iren. *1, 4, 2*.

diffūsē, adv. (*diffusus*), d'une manière diffuse: Cic. *Inv. 1, 98* ‖ *diffusius* Cic. *Tusc. 3, 22*, avec plus d'étendue, de developpement.

diffūsĭlis, *e*, expansible: Lucr. *5, 467*.

diffūsĭō, *ōnis*, f. (*diffundo*), action de répandre, débordement: Capel. *6, 661* ‖ épanouissement [fig.]: Sen. *Vit. 5, 1*.

diffūsŏr, *ōris*, m., celui qui transvase: *CIL 2, 1481*.

diffūsus, *a*, *um* ¶ 1 part. de *diffundo* ¶ 2 adj¹, étendu: Cic. *de Or. 1, 28*; *diffusior* Plin. *Ep. 7, 17, 9* ‖ dispersé, épars: Cic. *de Or. 2, 142*; Plin. *Ep. 1, 1, 10* ‖ répandu: *diffusior* Plin. *Pan. 53, 3*.

diffŭtūtus, *a*, *um* (*dis, futuo*), épuisé par les excès: Catul. *29, 13*.

dĭgămĭa, *ae*, f. (διγαμία) ¶ 1 remariage: Tert. *Monog. 6, 2* ¶ 2 bigamie: Hier. *Jovin. 1, 14*.

dĭgammon, *i*, n., Quint. *1, 4, 7*, **dĭgamma**, n. indécl., Prisc. *2, 27, 13*, **dĭgammŏs**, *i*, f., Serv. *En. 1, 292*; *642*, digamma [lettre de l'alphabet grec valant *w*] ‖

digammon

[plais¹] ***tuum digamma*** Cic. *Att.* 9, 9, 4, ton digamma, ton livre de compte [F, abréviation de *fenus*, intérêt, revenus].

dĭgămus, a, m. f. (δίγαμος), remarié, remariée : Tert. *Cast.* 7, 2 ; Hier. *Ep.* 123, 4.

Digba, ae, f., ville d'Asie au confluent du Tigre et de l'Euphrate : Plin. 6, 126.

Dĭgentĭa, ae, f., ruisseau du pays des Sabins [auj. Licenza] : Hor. *Ep.* 1, 18, 104.

dĭgĕrĭēs, ēi, f. (*digero*), disposition : Macr. *Sat.* 1, 16, 38 ‖ digestion [fig.] : Cod. Th. 14, 4, 4, 2.

dĭgĕrō, ĭs, ĕre, gessī, gestum (*dis, gero*), tr. ¶ 1 porter de différents côtés **a)** diviser, séparer : *interdum (insulae) discordantibus ventis digeruntur* Plin. *Ep.* 8, 20, 6, parfois (ces îles flottantes) sous l'action des vents contraires se séparent les unes des autres ; *nubes congregantur, digeruntur* Sen. *Nat.* 7, 22, 1, les nuages s'amassent, se dispersent ; *dentes qui digerunt cibum* Plin. 11, 160, les dents qui divisent les aliments ; *septem digestus in cornua Nilus* Ov. *M.* 7, 774, le Nil qui se divise en sept estuaires **b)** distribuer, répartir : *vaporem huc illuc* Plin. *Ep.* 2, 17, 9, distribuer partout la chaleur ; *haec in omnes membrorum partes digeruntur* Cels. 1, pr. 4, 12, ces aliments sont distribués par tout le corps ‖ mettre en ordre, arranger les cheveux : Ov. *Am.* 1, 7, 11 ‖ transplanter et disposer les plantes : Cat. *Agr.* 161, 3 ; Virg. *G.* 2, 54 ; 2, 267 **c)** [méd.] dissoudre, fondre : Cels. 5, 18 ; Plin. 26, 41 ‖ relâcher le ventre : Cels. 1, pr. 10, 1 ‖ digérer : Cels. 3, 4 ; 4, 7 ; Quint. 10, 1, 19 ; 11, 2, 35 ‖ affaiblir le corps : Cels. 1, 9 ; 2, 14 ‖ remuer, agiter le corps : Cels. 4, 14 ; 7, 26, 5 ¶ 2 [fig.] **a)** diviser, répartir : *quam meruit solus poenam digessit in omnes* Ov. *M.* 14, 469, la peine qu'il méritait seul, il la fit porter sur tous ; *annum non in totidem digerunt species* Tac. *G.* 26, ils ne divisent pas l'année en autant de saisons que nous **b)** distribuer, mettre en ordre, classer : *mandata* Cic. *Q.* 2, 14, 3, classer des recommandations [pour les exécuter dans un ordre convenable] ; *illa artificiose digesta* Cic. *de Or.* 1, 186, ces connaissances classées systématiquement ; *jus civile in genera* Cic. *de Or.* 1, 190, distribuer par genres le droit civil ‖ *inordinata* Quint. 10, 4, 1, mettre en ordre les mots placés à l'aventure dans la phrase ‖ *ut… nec quid quoque anno actum sit, digerere possis* Liv. 2, 21, 4, en sorte qu'il est impossible de donner dans leur ordre les événements de chaque année ¶ 3 [chrét.] mener à son achèvement, accomplir : *totum fidei sacramentum in confessione Christi nominis est digestum* Cypr. *Ep.* 30, 3, tout le mystère de la foi se résume dans la proclamation du nom du Christ ‖ exposer un sujet : Tert. *Anim.* 9, 4.

Dĭgerri, ōrum, m. pl., peuple de Thrace : Plin. 4, 40.

Dĭgesta, ōrum, n. (*digestus*), Digeste [toute espèce d'œuvre distribuée en chapitres] : Gell. 7, 5, 1 ‖ [en part.] les livres des Pandectes : Cod. Just. 1, 17, 3, 1 ‖ la Bible : Tert. *Marc.* 4, 3, 4 ‖ sg., *digestum Lucae* Tert. *Marc.* 4, 5, 3, l'Évangile de saint Luc.

dĭgestībĭlis, e (*digero*), digestible : Cael.-Aur. *Chron.* 1, 5, 159 ‖ digestif : Apic. 39.

dĭgestĭlis, e, par où se fait la digestion : Cassiod. *Hist.* 6, 32.

dĭgestim, adv. (*digero*), avec ordre : Prud. *Perist.* 2, 129.

dĭgestĭo, ōnis, f. (*digero*) ¶ 1 distribution, répartition, classement, arrangement, ordre : *annorum* Vell. 2, 53, 4, le calcul des années ; *digestio (Italiae) in litteras* Plin. 3, 46, description méthodique de l'Italie ¶ 2 [rhét.] (= μερισμός), division d'une idée générale en points particuliers : Cic. *de Or.* 3, 205 (ex. d. *Sest.* 32 ; *Mil.* 20) ¶ 3 répartition [de la nourriture dans le corps], digestion : Quint. 11, 3, 19.

dĭgestŏr, ōris, m. (*digero*), ordonnateur, organisateur : Chalc. 295.

dĭgestōrĭus, a, um, résolutif : M.-Emp. 20, 72.

dĭgestum, v. *Digesta*.

1 **dĭgestus**, a, um, part. de *digero* ‖ adj¹, *digestissimus* M.-Emp. 22, 24, qui a fait une très bonne digestion.

2 **dĭgestŭs**, ūs, m. (*digero*), distribution, répartition : Stat. *S.* 3, 3, 86 ‖ digestion : Tert. *Anim.* 10, 6.

dĭgĭtābŭlum, i, n. (*digitus*), doigtier, ce qui couvre les doigts, gant : Varr. *R.* 1, 55, 1.

dĭgĭtălĕ, is, n. (fr. dé), c. *digitabulum* : Gloss. 2, 49, 30.

dĭgĭtālis, e (*digitus*), de la grosseur du doigt : Plin. 14, 40.

dĭgĭtātus, a, um, fissipède [en parl. des oiseaux] : Plin. 11, 256.

dĭgĭtellum, **dĭgĭtillum**, i, n. (dim. de *digitulus*), orpin [plante] : Col. 12, 7, 1 ; Plin. 18, 159.

Dĭgĭti Ĭdaei, m. pl., les Dactyles du mont Ida : Cic. *Nat.* 3, 42 ; v. *Dactylis*.

Dĭgĭtĭus, ii, m., nom d'homme : Liv. 26, 48, 6.

dĭgĭtō, ās, āre, -, - (*digitus*), tr., montrer du doigt : Gloss. 2, 266, 14.

dĭgĭtŭlus, i, m. (dim. de *digitus*), petit doigt, doigt : Cic. *Scaur.* 20 ; Pl. *Bac.* 675 ; *Ru.* 720 ; Ter. *Eun.* 284 ; Sen. *Ep.* 66, 53 ‖ doigt, griffe [de la patte d'un perroquet] : Apul. *Flor.* 12.

dĭgĭtus, i, m. (peu clair, cf. 2 *dico*, al. *Zehe*, an. *toe* ; fr. doigt, it. *dito*) ¶ 1 doigt de la main : *attingere aliquid extremis digitis* Cic. *Cael.* 28, effleurer qqch. du bout des doigts ; *attingere caelum digito* Cic. *Att.* 2, 1, 7, toucher le ciel du doigt, être au comble de ses vœux ; *tuos digitos novi* Cic. *Att.* 5, 21, 13, je connais ton habileté à calculer sur les doigts ; *in digitis suis constituere* Cic. *Caecil.* 45, établir qqch. en comptant sur ses doigts ; *digitorum percussio* Cic. *Off.* 3, 75, claquement de doigts ; *liceri digito* Cic. *Verr.* 3, 27 ; *tollere digitum* Cic. *Verr* 1, 141, mettre une enchère en levant le doigt [mais *tollere digitum* Schol. Pers. 5, 119, s'avouer vaincu en levant le doigt, cf. Sidon. *Ep.* 5, 7, 3] ; *concurrere ad digitum* Mart. *Spect.* 29, 5, lutter jusqu'à ce qu'un des deux adversaires lève le doigt [s'avoue vaincu], cf. Quint. 8, 5, 20 ; *percoquere aliquid in digitis* Pl. *Ru.* 902, faire cuire qqch. dans ses doigts [n'avoir pas la peine de faire cuire] ; *ne digitum quidem porrigere* Cic. *Fin.* 3, 57, ne pas même lever un doigt, ne rien faire pour qqch. [oppos. *proferre digitum* Cic. *Caecin.* 71] ¶ 2 doigt du pied : *erigi in digitos* Quint. 2, 3, 8, se dresser sur la pointe des pieds ; *in digitos arrectus* Virg. *En.* 5, 426, dressé sur la pointe des pieds ‖ doigt des animaux : Varr. *R.* 3, 9, 4 ¶ 3 petite branche, rameau : Plin. 14, 12 ; 17, 234 ¶ 4 le doigt [16ᵉ partie du pied romain] : *ab aliqua re non transversum digitum discedere* Cic. *Ac.* 2, 58, ne pas s'écarter de qqch. de la largeur d'un doigt ; *digitum* [seul] Cic. *Verr.* 4, 33 ; *Att.* 7, 3, 11.

▶ gén. pl. arch. *digitum* Varr. d. Char. 126, 26 ; Vitr. 7, 1, 6.

dīglădĭābĭlis, e (*digladior*), qui se bat, acharné : Prud. *Cath.* 3, 148.

dīglădĭor, āris, ārī, ātus sum, intr. (*dis, gladius*), combattre [propre et fig.] : Cic. *Leg.* 3, 20 ; *Off.* 1, 28.

Diglito, m., portion du cours du Tigre : Plin. 6, 127.

dĭglossŏs, i, f., c. *hypoglossa* : Ps. Apul. *Herb.* 58.

digma, ătis, n. (δεῖγμα), échantillon : Cod. Th. 14, 4, 9 ‖ insigne sur le bouclier des soldats : Veg. *Mil.* 2, 18.

dīgnābĭlis, e (*dignor*), aimable, bienveillant : Alcim. *Ep.* 12 (10), p. 46.

dīgnābĭlĭtĕr, adv. (*dignabilis*), avec bienveillance : Fort. *Rad.* 38, 87.

dignans, tis, part. prés. de *digno* ‖ adj¹, *dignantissimus* Salv. *Gub.* 1, 1, 3, très digne.

dignantĕr, adv. (*dignans*), avec bonté, avec courtoisie : Symm. *Ep.* 5, 65 ‖ *dignantissime* Itin. Alex. 10.

dīgnātĭo, ōnis, f. (*dignor*) ¶ 1 action de juger digne, estime (égards) qu'on témoigne : Suet. *Cal.* 24 ¶ 2 estime dont on est entouré, considération dont on jouit : *Cic. *Att.* 10, 9, 2 ; Liv. 10, 7, 12 ; Tac. *An.* 4, 52 ; *G.* 26 ¶ 3 [chrét.] la grâce, don accordé par Dieu : Cypr. *Ep.* 6, 1 ‖ Votre Honneur (titre honorifique) : *lecto sermone dignationis tuae* Hier. *Ep.* 47, 1, après avoir lu le discours de Votre Honneur.

dīgnātus, a, um, part. de *digno* et de *dignor*.

dīgnē, adv. (*dignus*), dignement, convenablement, justement : Cic. *CM* 2 ; Sen. 19 ‖ *digne ac mereor* Cass. *Fam.* 21, 13, 1, de la manière que je mérite ∥ **dignius** Hor. *O.* 1, 6, 14.

dignĭfĭcō, *ās*, *āre*, -, -, tr., rendre digne ou juger digne : Orig. *Matth.* 18, 82.

dignĭtās, *ātis*, f. (*dignus*) ¶ **1** fait d'être digne, de mériter, mérite : *in beneficentia dilectus sit dignitatis* Cic. *Off.* 1, 45, que dans la bienfaisance on sache discerner ceux qui en sont dignes ; *judicium dignitatis meae fecerat* (= *judicaverat me esse dignum*) Cic. *Brut.* 1, il avait prononcé officiellement que j'étais digne (*Fam.* 11, 17, 1 ; *Agr.* 2, 3) ; *dignitas consularis* Cic. *Mur.* 28, titres au consulat (*Mur.* 22) ¶ **2** [comme suite des qualités qui font qu'on est digne] considération, estime, prestige, dignité : *dignitas est alicujus honesta et cultu et honore et verecundia digna auctoritas* Cic. *Inv.* 2, 166, la dignité consiste en une influence honorable, qui mérite les hommages, les marques d'honneur et le respect ; *secundum locum dignitatis Remi obtinebant* Caes. *G.* 6, 12, 9, les Rèmes gardaient la seconde place pour la considération ; *neque suam pati dignitatem ut...* Caes. *G.* 6, 8, 1, [disant] que leur prestige (leur honneur) ne souffrait pas que... ∥ [en part.] considération sociale, rang, dignité dans l'état : *haec celsissima sedes dignitatis atque honoris* Cic. *Sull.* 5, cette place si élevée de considération et d'honneur (*Lae.* 12 ; *Rep.* 1, 43) ; *ex humili loco ad summam dignitatem perducere aliquem* Caes. *G.* 7, 39, 1, amener qqn d'une situation humble an rang le plus élevé ; *parcet et amicitiis et dignitatibus* Cic. *Or.* 89, l'orateur respectera à la fois l'amitié et le rang ∥ [de là] charge publique, emploi, dignité : *laetor cum praesenti, tum etiam sperata tua dignitate* Cic. *Fam.* 2, 9, 1, je me réjouis de la dignité que tu viens d'obtenir et aussi de celle que tu espères ; pl., *dignitates* Plin. 21, 44 ; *Pan.* 61, 2, les charges ¶ **3** sentiment de dignité, honorabilité : *agere cum dignitate et venustate* Cic. *de Or.* 1, 142, dans l'action oratoire unir la grâce à la dignité ; *dignitatem docere non habet* Cic. *Or.* 144, enseigner est incompatible avec la dignité (c'est déchoir) ; *cum dignitate moriamur* Cic. *Phil.* 3, 36, mourons avec honneur ¶ **4** [par extension] beauté majestueuse, noble, imposante : *plena dignitatis domus* Cic. *Off.* 1, 138, maison imposante, cf. *Q.* 3, 1, 1 ; *de Or.* 3, 180 ∥ beauté virile, ayant de la dignité [oppos. à *venustas*, "beauté gracieuse, féminine"] Cic. *Off.* 1, 130 ∥ *verborum* Cic. *Prov.* 27, la magnificence imposante des expressions ¶ **5** [chrét.] Votre Honneur [titre honorifique] : Greg.-M. *Ep.* 5, 59.

dignĭtōsus, *a, um* (*dignitas*), = ἀξιωματικός : Gloss. 2, 49, 38 ; plein de dignité : Petr. 57, 10.

dignō, *ās*, *āre*, *āvī*, *ātum* (*dignus*), tr. ¶ **1** juger digne : *aliquem aliqua re* Calvus d. Ps. Serv. *En.* 11, 169 ∥ [employé surtout au pass.] être jugé digne de [avec abl.] : Cic. *de Or.* 3, 25 ; *Inv.* 2, 114 ; 161 ; *Ac.* 1, 36 ; [avec inf.] *numero divom dignarier esse* Lucr. 5, 51, être jugé digne de compter au nombre des dieux ¶ **2** trouver bon : *quis deos dignet decorare hostiis* Pacuv. d. Non. 98, 15, qui consentirait à sacrifier des victimes en l'honneur des dieux.

▶ inf. pass. *dignarier* Lucr. 5, 51.

dignŏr, *āris*, *ārī*, *ātus sum* (fr. *daigner*), tr. ¶ **1** juger digne : *haud tali me dignor honore* Virg. *En.* 1, 335, je ne me juge pas digne d'un tel honneur, cf. 11, 169 ; Tac. *An.* 4, 74 ; Suet. *Vesp.* 2 ; [avec deux acc.] *aliquem filium* Curt. 6, 10, 28, juger qqn digne de son fils, reconnaître qqn pour son fils ; *dominos dignari Teucros* Virg. *En.* 10, 866, accepter les Troyens pour maîtres ¶ **2** trouver convenable, vouloir bien, vouloir de : *Aeneas, cui se pulchra viro dignatur jungere Dido* Virg. *En.* 4, 192, Énée à qui la belle Didon consent à s'unir ; *nullo dignante imperium Parthorum* Just. 41, 4, tout le monde dédaignant l'empire des Parthes.

▶ inf. *dignarier*, Lucr. 5, 51 ; Sulpic. *Sat.* 64.

dignōrō, *ās*, *āre*, -, - (cf. *dis, gnarus, ignoro*), tr., marquer [un troupeau] : P. Fest. 64, 2.

dignoscentĭa, *ae*, f. (*dignosco*), discernement : Aug. *Civ.* 14, 17.

dignoscĭbĭlis (dīn-), *e*, qu'on peut distinguer, apercevoir : Itin. Alex. 20.

dignoscō (dīn-), *ĭs*, *ĕre*, *nōvī*, *nōtum* (*dis, nosco*), tr., discerner, distinguer : *civem hoste* Hor. *Ep.* 1, 15, 29, distinguer un concitoyen d'un ennemi ; *vix ut dignosci possit a mastiche vera* Plin. 12, 72, de sorte qu'on peut à peine la distinguer de la vraie gomme ; *dominum ac servum dignoscere* Tac. *G.* 20, distinguer le maître de l'esclave ; *sonis homines* Quint. 11, 3, 31, reconnaître les hommes à leur voix ; *dignoscere quid solidum crepet* Pers. 5, 24, distinguer ce qui rend un son plein ∥ reconnaître que [avec prop. inf.] : Amm. 26, 1, 7 ; [pass.] *si libertus inopia laborare dinoscitur* Modest. *Dig.* 2, 4, 25, si l'on reconnaît qu'un affranchi souffre d'indigence.

dignus, *a, um* (*dekno-s, cf. *decet*, δέχομαι ; it. *degno*), digne de, qui mérite [en bonne ou mauvaise part] ¶ **1** [avec abl.] : *vir majoribus suis dignissimus* Cic. *Phil.* 3, 25, cet homme si digne de ses ancêtres ; *summa laude* Cic. *Rep.* 3, 7, digne de la plus grande estime ; *audacia odio digna* Cic. *Verr.* 4, 73, audace qui mérite la haine ; *aliquid memoria dignum consequi* Cic. *Rep.* 1, 13, accomplir des choses dignes de mémoire ; *res digna regio munere, digna Capitolio* Cic. *Verr.* 4, 65, objet digne d'être offert en présent par un roi, digne du Capitole ; *(meus discessus) misericordia dignior quam contumelia* Cic. *Pis.* 32, (mon départ) plus digne de compassion que d'outrage ∥ *aliquid piaculo dignum* Liv. 40, 13, 4, qq. action qui mérite une expiation ; [avec supin en -u] *nihil dignum dictu* Liv. 4, 30, 4, rien qui mérite d'être mentionné, cf. Plin. 6, 97 ; Liv. 9, 43, 6 ; 25, 1, 5 ; Suet. *Aug.* 43 ; Tac. *Agr.* 1 ¶ **2** [avec *qui* subj.] *dignus qui imperet* Cic. *Leg.* 3, 5, digne de commander ; *homines digni quibuscum disseratur* Cic. *Ac.* 2, 18, hommes qui méritent qu'on raisonne avec eux ; *(Diana) etiam hostibus digna, quam sanctissime colerent, videbatur* Cic. *Verr.* 4, 72, (cette statue de Diane) même aux yeux des ennemis méritait le plus fervent des cultes ¶ **3** [avec inf., poét.] : Virg. *B.* 5, 54 ; Hor. *S.* 1, 4, 3 ; Ov. *M.* 1, 241 ; *(auctores) quibus dignius credi est* Liv. 8, 26, 6, (les sources) les plus dignes de foi ¶ **4** [avec *ut*] Pl. *Mil.* 1140 ; Liv. 23, 42, 13 ; 24, 16, 19 ; Quint. 8, 5, 12 ; 12, 11, 24 ¶ **5** [avec gén.] : Pl. *Trin.* 1153 ; Balb. *Att.* 8, 15 a, 1 ; Tac. *An.* 15, 14 ; Ov. *Tr.* 4, 3, 57 ¶ **6** [avec acc. de pron. n.] *scire quid dignus siem* Pl. *Cap.* 969, savoir ce que je mérite (Ter. *Phorm.* 519) ¶ **7** [avec *ad*] *ad tuam formam dignast* Pl. *Mil.* 968, elle mérite de t'être comparée pour la beauté ; *dignus huic ad imitandum* Cic. *Rep.* 1, 30, digne de lui servir de modèle ∥ [avec dat.] [tard.] Vop. *Prob.* 24, 6 ; *CIL* 8, 9080 ¶ **8** [pris abs^t] digne, méritant : *diligere non dignos* Cic. *Lae.* 78, donner son affection à des gens indignes ; *ipse per se dignus* Cic. *Arch.* 6, ayant par lui-même tous les titres à cette distinction ; [pris subst^t] Cic. *Phil.* 3, 22, un homme digne ∥ *digna causa* Liv. 21, 6, 4, cause juste ; *pro magnitudine rerum aliquid dignum eloqui* Cic. *Caecil.* 42, eu égard à l'importance de l'affaire, prononcer les paroles qui conviennent, cf. Sall. *C.* 51, 8 ; Ter. *Hec.* 209 ; *dignum operae pretium venit cum...* Quint 12, 6, 7, un juste prix de la peine se présente quand..., on fait une œuvre qui en vaut la peine quand..., cf. Liv. 21, 48, 6 ∥ *dignum est*, il est digne, il convient, il est juste (approprié) [avec prop. inf.] : *quid minus est dignum quam homo tibi pejus quidquam videri dedecore ?* Cic. *Tusc.* 2, 14, qu'y a-t-il de moins admissible que de voir qu'à tes yeux il y a qqch. de pire que le déshonneur ? ∥ *minus aegre quam dignum erat* Liv. 1, 14, 3, avec moins de peine qu'il ne convenait.

dīgrĕdĭor, *dĕrīs*, *dī*, *gressus sum* (*dis, gradior*), intr. ¶ **1** s'éloigner, s'écarter, s'en aller : *numquam est a me digressus* Cic. *Sull.* 34, jamais il ne m'a quitté ; *digredi e loco* Caes. *C.* 1, 72, 4, s'éloigner d'un lieu ; *domo* Sall. *J.* 79, 7, partir de chez soi ; *in sua castra* Sall. *J.* 109, 3, rentrer chacun dans son camp ; *ad sua tutanda* Tac. *An.* 4, 73, s'en aller pour défendre ses intérêts ; *domum* Tac. *An.* 2, 30, rentrer chez soi ¶ **2** [fig.] *digredi ab eo, quod proposueris* Cic. *de Or.* 2, 311, s'écarter de son sujet ; *a causa* Cic. *Brut.* 322 ; *de causa* Cic. *Inv.* 1, 97, faire une digression en plaidant ; *officio* Ter. *Phorm.* 722, s'écarter du devoir ; *ex eo et regredi in id* Quint. 10, 6, 5, s'écarter de son sujet et y revenir ; *sed eo jam, unde huc digressi sumus, revertamur* Cic. *Nat.*

digredior

3, 60, mais revenons enfin au point dont nous nous sommes écartés pour cette digression ; **saepe datur digrediendi locus** Cic. *de Or.* 2, 312, on a souvent l'occasion de faire une digression ¶ **3** [chrét.] mourir : Arn. *1*, 40.
▶ degredior *Cic. *de Or.* 2, 312.

dīgressĭo, ōnis, f. (*digredior*) ¶ **1** action de s'éloigner, départ : **congressio, digressio nostra** Cic. *Q.* 1, 3, 4, notre entrevue, notre séparation ¶ **2** [fig.] **a)** action de s'écarter du droit chemin : Gell. 1, 3, 14 **b)** [rhét.] **a proposita oratione** Cic. *Brut.* 292, action de s'écarter de son sujet, digression, cf. *de Or.* 3, 203 [ou absᵗ] digression : Cic. *Inv.* 1, 27 ; 97 ; pl., Quint. 10, 1, 33 ¶ **3** [chrét.] retraite, lieu de retraite : Cassiod. *Var.* 12, 22, 3.
▶ degressio *Cic. *de Or.* 2, 312.

dīgressīvus, a, um, relatif à la digression : Cassiod. *Inst.* 1, 4, 2.

1 **dīgressus**, a, um, part. de *digredior*.

2 **dīgressŭs**, ūs, m., action de s'éloigner, départ : Cic. *Q.* 1, 3, 4 ; *Nat.* 2, 50 ; *Pis.* 63 ‖ digression, épisode : Quint. 4, 3, 14 ; 10, 5, 17.

1 **dīi**, deorum, pl. de *deus*.

2 **dīi**, gén., dat., ▶ *dies* ▶.

dĭĭambus, i, m. (διΐαμβος), pied diiambe, de deux iambes : Diom. 481, 3.

Dījŏvis (Dĭŏvis), is, m., Jupiter : Varr. *L.* 5, 66 ; Gell. 5, 12.

dījūdĭcātĭo, ōnis, f. (*dijudico*), jugement qui tranche : Cic. *Leg.* 1, 56.

dījūdĭcātrix, īcis, f., celle qui discerne : Apul. *Plat.* 2, 6.

dījūdĭcātus, a, um, part. de *dijudico*.

dījūdĭcō, ās, āre, āvī, ātum, tr. (*dis, judico*) ¶ **1** séparer par un jugement, décider, trancher : **dijudicare controversiam** Cic. *Fin.* 3, 6, trancher un différend ; **quam vir optimam esse dijudicat** Pl. *Amp.* 677, que son mari juge être entre toutes la plus honnête ; [pass. impers.] **dijudicari non poterat uter utri virtute anteferendus videretur** Caes. *G.* 5, 44, 14, on ne pouvait décider lequel devait avoir le pas sur l'autre en courage ‖ **dijudicata jam belli fortuna** Caes. *C.* 2, 32, 6, le sort de la guerre étant déjà tranché ‖ [absᵗ] **inter sententias** Cic. *Tusc.* 1, 23, décider entre des opinions ¶ **2** discerner, distinguer : **vera et falsa** Cic. *Ac.* 2, 107 ; **vera a falsis** Cic. *Part.* 139, distinguer le vrai du faux ; **dijudicandum est immodicum sit an grande** Plin. *Ep.* 9, 26, 6, il faut distinguer si c'est exagéré ou grand.

dījŭgātĭo, ōnis, f. (*dijugo*), séparation : Arn. 2, 14.

dījŭgĭum, ĭi, n. (*dijugo*), séparation : Chalc. 193.

dījŭgō, ās, āre, -, ātum, tr. (*dis, jugo*), séparer : **dijugatus ab aliquo** Arn. 5, 9, séparé de qqn ‖ dételer : Anth. 893, 47.

dījunct-, ▶ *disj-*.

dīlābĭdus, a, um (*dilabor*), qui s'use facilement : Plin. 8, 219.

dīlābor, bĕrĭs, bī, lapsus sum, intr. ¶ **1** s'écouler de côté et d'autre, se dissiper [pr.] : **Fibrenus... rapide dilapsus cito in unum confluit** Cic. *Leg.* 2, 6, le Fibrène [partagé en deux bras égaux] ... s'échappe de part et d'autre d'un cours rapide pour reformer vivement un seul fleuve ; **dilapsa glacies** Cic. *Nat.* 2, 26, glace fondue ; **dilabitur humor** Plin. 2, 65, le liquide s'échappe ; **dilabens aestus** Tac. *An.* 14, 32, le reflux ; **dilabente nebula** Liv. 41, 2, 4, le brouillard se dissipant ; **dilapsus calor** Virg. *En.* 4, 704, la chaleur vitale s'échappa ¶ **2** se disperser : **exercitus brevi dilabitur** Sall. *J.* 18, 3, l'armée se disperse promptement ; **dilabi ab signis** Liv. 23, 18, 16, abandonner les drapeaux ; **nec jam ex eo loco turba dilabebatur** Liv. 6, 17, 6, la foule ne quittait plus ce lieu ; **dilabi in oppida** Liv. 8, 29, 12, se disperser dans les places fortes ¶ **3** tomber par morceaux, s'en aller par pièces : **aedes vetustate dilapsa** Liv. 4, 20, 7, temple que la vieillesse a fait tomber en ruines ; **ne vestis situ dilabatur** Col. 12, 3, 5, pour que les étoffes ne pourrissent pas ; **dilapsa in cineres fax** Hor. *O.* 4, 13, 28, torche réduite en cendres ; **dilapsa cadavera tabo** Virg. *G.* 4, 557, cadavres en décomposition ¶ **4** [fig.] **a)** s'échapper de : **sunt alii plures fortasse, sed mea memoria dilabuntur** *Cic. *Phil.* 13, 11, il y en a peut-être encore d'autres, mais ils échappent à ma mémoire **b)** périr, s'évanouir : **rem familiarem dilabi sinere** Cic. *Off.* 2, 64, laisser se dissiper son patrimoine ; **praeclarissime constituta respublica dilabitur** Cic. *Off.* 2, 80, cet État si remarquablement organisé se dissout, cf. *Tusc.* 4, 10 ; **divitiae, vis corporis dilabuntur** Sall. *J.* 2, 2, les richesses, la force physique sont périssables ; **dilabuntur curae** Ov. *Pont.* 4, 4, 21, les soucis s'évanouissent.

dīlăcĕrātĭo, ōnis, f. (*dilacero*), déchirement : Arn. 2, 45.

dīlăcĕrō, ās, āre, āvī, ātum, tr. (*dis, lacero*), tr., déchirer, mettre en pièces : **ad rem publicam dilacerandam** Cic. *Mil.* 24, pour déchirer l'État.

dīlāmĭnō, ās, āre, -, - (*dis, lamina*), tr., partager en deux : Nux 73.

dīlancĭnō, ās, āre, āvī, ātum (*dis, lancino*), tr., déchirer, mettre en pièces : Amm. 22, 15, 19.

dīlănĭātĭo, ōnis, f., action de mettre en pièces : Greg.-M. *Ep.* 5, 26.

dīlănĭō, ās, āre, āvī, ātum (*dis, lanio*), tr., déchirer, mettre en pièces : **cadaver canibus dilaniandum reliquisti** Cic. *Mil.* 33, tu as laissé le cadavre en pâture aux chiens, cf. Lucr. 3, 537.

dīlăpĭdātĭo, ōnis, f. (*dilapido*), dilapidation, dissipation : Cod. Th. 4, 20, 1.

dīlăpĭdō, ās, āre, āvī, ātum (*dis, lapido*), tr. ¶ **1** cribler de pierres [ou] comme à coups de pierres : **grandine dilapidare hominum labores** Col. 10, 330, cribler de grêle les travaux des hommes ¶ **2** jeter de côté et d'autre comme des pierres, disperser, dissiper, gaspiller, dilapider : Ter. *Phorm.* 898.

dīlapsĭo, ōnis, f. (*dilabor*), dissolution, décomposition : Aug. *Civ.* 22, 12.

1 **dīlapsus**, a, um, part. de *dilabor*.

2 **dīlapsŭs**, ūs, m., ▶ dilapsio : Eucher. *Form.* 4.

dīlargĭor, īrĭs, īrī, ītus sum, tr. (*dis, largior*), prodiguer, distribuer en largesses ; **aliquid alicui**, qqch. à qqn : Cat. *Orat.* 173 ; Cic. *Agr.* 2, 81 ‖ [passivᵗ] *Gracch. d. Prisc. 2, 386, 3 ; Sall. d. Gell. 15, 13, 8.

dīlargītŏr, ōris, m., celui qui fait des largesses : Jul.-Val. 1, 16.

dīlargītus, a, um, part. de *dilargior*.

dīlargus, a, um (*dis, largus*), prodigue : Gloss. 4, 53, 49.

dīlātans, antis, part. de *dilato* ‖ adjᵗ, qui s'étend : *Plin. 35, 3.

dīlātātĭo, ōnis, f. (*dilato*), extension : Tert. *Anim.* 37, 6 ‖ orgueil : Vulg. *Prov.* 21, 4 ‖ joie : Aug. *Hept.* 5, 29.

dīlātātŏr, ōris, m. (*dilato*), celui qui dilate : **Latinae linguae dilatator** Cassiod. *Inst.* 1, 21, 1, propagateur de la langue latine.

dīlātātus, a, um, part. de *dilato*.

dīlātĭo, ōnis, f. (*differo*) ¶ **1** délai, remise, ajournement, sursis : **dilatio comitiorum** Cic. *Pomp.* 2, ajournement des comices ; **bellum per dilationes gerere** Liv. 5, 5, 1, faire la guerre avec des atermoiements ¶ **2** écartement, intervalle : Apul. *M.* 11, 11.

dīlātō, ās, āre, āvī, ātum (*dis, lātus*), tr., élargir, étendre : **stomachi partes dilatantur** Cic. *Nat.* 2, 135, les parties de l'estomac se dilatent ; **manum dilatare** Cic. *Or.* 113, ouvrir la main ; **aciem** Liv. 31, 21, 12, étendre sa ligne de bataille ‖ [fig.] **orationem** Cic. *Flac.* 12, allonger un discours ; **argumentum** Cic. *Par.* 2, développer un argument ; **litteras** Cic. *Brut.* 259, donner un son plein aux voyelles ; **se dilatare** Quint. 2, 3, 8, s'enfler, se donner de l'ampleur [famᵗ, " du volume "] ‖ [pass.] s'étendre, se propager : Aug. *Psalm.* 95, 12 ‖ se réjouir : Vulg. *2 Cor.* 6, 11 ‖ se gonfler d'orgueil : Vulg. *Prov.* 28, 25.

dīlātŏr, ōris, m. (*differo*), temporiseur, qui diffère : Hor. *P.* 172.

dīlātōrĭus, a, um, dilatoire [droit] : Gai. *Dig.* 44, 1, 3.

dīlātus, a, um, part. de *differo*.

dīlaudō, ās, āre, -, - (*dis, laudo*), tr., louer partout, vanter : Cic. *Att.* 4, 17, 5 ; 6, 2, 9.

dīlaxō, ās, āre, -, -, intr. (*dis, laxo*), ouvrir, élargir : Lucil. d. Porph. Hor. *Sat.* 1, 2, 125.

dīlectātŏr, ▶ delectator.

dīlectĭo, ōnis, f. (*diligo*), charité [fréquent dans la VL., là où la Vulg. écrit *caritas*] : Cypr. *Test.* 2, 21 ; pratique de cette charité agapes : Tert. *Apol.* 39, 16 ‖ amour conjugal : Aug. *Civ.* 1, 24 ‖ attachement à une valeur : **dilectio justitiae** Aug. *Civ.* 5, 14, l'amour de la justice ‖ [tard., t. de politesse] de Votre Dilection : **dilectionis tuae scripta (mihi) delata sunt** Hier. *Ep.* 5, 1, les lettres de Votre Dilection m'ont été remises.

dīlectŏr, *ōris*, m. (*diligo*), celui qui aime, ami de : Tert. *Marc.* 4, 23, 6.

1 dīlectus, *a, um*, part. de *diligo* ‖ adjˆt, chéri : Ov. *M.* 10, 153 ‖ **dilectior** Claud. *Pros.* 3, 74 ; -issimus Stat. *Th.* 8, 99.

2 dīlectŭs, *ūs*, m., affection, amour : Chalc. 135.

3 dīlectŭs, *ūs*, m., ▶ 2 *delectus* : Pl. *Poen.* 838 ; *Ru.* 1279.

dĭlemma, *ătis*, n. (δίλημμα), dilemme [sorte d'argument] : Serv. *En.* 10, 449.

dĭlemmātus, *a, um*, amphibologique : Ps. Rufin. *Fid.* 53.

dīlēnīmentum, ▶ *delenimentum* : Not. Tir. 79, 48.

dīlexī, parf. de *diligo*.

dīlīdō, *ĭs, ĕre*, -, - (*dis, laedo*), tr., briser : Pl. *Poen.* 494.

dīlĭgens, *entis*, part. prés. de *diligo* pris adjˆt ¶ **1** attentif, scrupuleux, exact, consciencieux : **arbores seret diligens agricola quarum aspiciet bacam ipse numquam** Cic. *Tusc.* 1, 31, le cultivateur consciencieux plantera des arbres dont il ne verra jamais un fruit lui-même ; **in rebus omnibus diligentiores** Cic. *Lae.* 62, plus soigneux pour tout [le reste] ; **post hanc communem querimoniam non mitior in supplicio, sed diligentior esse coepit** Cic. *Verr.* 5, 157, à la suite de cette plainte générale, il commença à se montrer non pas plus tendre, mais plus zélé dans l'application du supplice ; **ad custodiendum aliquem diligentissimus** Cic. *Cat.* 1, 19, le plus attentif des gardiens de qqn ; **ad reportandum** Cic. *Verr.* 4, 6, ponctuel à rendre [les objets prêtés] ‖ [avec gén.] **omnis officii diligentissimus** Cic. *Cael.* 73, si exact à remplir tous ses devoirs ; **veritatis diligens** Nep. *Epam.* 3, 1, d'une franchise scrupuleuse ‖ [avec dat.] **Corinthios video publicis equis alendis fuisse diligentes** Cic. *Rep.* 2, 36, je vois que les Corinthiens étaient attentifs à entretenir des chevaux pour les besoins de l'État ‖ [avec noms de choses] **assidua ac diligens scriptura** Cic. *de Or.* 1, 150, une préparation écrite appliquée et consciencieuse ; **diligens elegantia** Cic. *Brut.* 143, une correction scrupuleuse ¶ **2** [en part.] attentif [à son bien], regardant : Cic. *Verr.* 4, 39 ; Her. 4, 46 ; Plin. *Ep* 2, 6, 1 ; 4, 13, 8.

dīlĭgentĕr, adv. (*diligens*), attentivement, scrupuleusement, consciencieusement, ponctuellement : Cic., Cæs. ; **Latine et diligenter loqui** Cic. *Brut.* 166, se servir d'une langue pure et soignée ‖ -tius Cic. *Brut.* 86 ; *Rep.* 1, 35 ; -tissime Cic. *Lae.* 7 ; *Rep.* 2, 5.

dīlĭgentĭa, *ae*, f. (*diligens*) ¶ **1** attention, exactitude, soin scrupuleux, conscience : **reliqua sunt in cura, attentione animi, cogitatione, vigilantia, assiduitate, labore ; complectar uno verbo ... diligentia ...** Cic. *Or.* 2, 150, le reste dépend du soin, de l'attention, de la réflexion, de la vigilance, du travail ; pour tout dire d'un mot, de la conscience ; **vos pro mea summa in re publica diligentia moneo ...** Cic. *Mur.* 86, m'autorisant d'une vie politique toute de conscience, je vous conseille ... ; **diligentiam adhibere ad rem, in rem** Cic. *Fam.* 16, 9, 3 ; 16, 9, 4, mettre un soin scrupuleux à une chose ‖ **sacrorum diligentia** Cic. *Rep.* 2, 27, l'exactitude dans l'accomplissement des sacrifices ; **adhibenda est commoditatis diligentia** Cic. *Off.* 1, 138, il faut porter son attention sur le confort ; **mea diligentia mandatorum tuorum** Cic. *Top.* 5, ma ponctualité à exécuter tes ordres ‖ [par oppos. à *neglegentia*] le soin scrupuleux [attendu d'un débiteur dans l'exécution de son obligation] : **diligentiam praestare** Dig. 13, 6, 5, 15, manifester de la diligence ‖ [en part.] soin de son bien, esprit d'économie, d'épargne : Cic. *Off.* 2, 87 ; Her. 4, 25 ¶ **2** [tard.] affection, amour : Symm. *Ep.* 1, 37, 1.
▶ pl. *diligentiae* Apul. *M.* 9, 16.

dĭlĭgĭbĭlis, *e* (*diligo*), estimable : Hier. *Philem.* 1, p. 607 A.

dīlĭgō, *ĭs, ĕre, lēxī, lectum* (*dis, lego*), tr., prendre de côté et d'autre, choisir, [d'où] distinguer, estimer, honorer, aimer [d'une affection fondée sur le choix et la réflexion ; v. *amo* ¶ **1**] : Cic. *Lae.* 28 ; 100 ; **ipse sese diligens** Cic. *Off.* 3, 31, par amour de soi-même [mais *amare* est employé avec le même sens : Cic. *Lae.* 10] ‖ [nom de chose complément] : **alicujus consilia non maxime diligere** Cic. *Prov.* 25, ne pas aimer beaucoup les projets de qqn, n'en être guère charmé, cf. *Balb.* 63 ; *Att.* 12, 34, 2 ‖ [nom de chose sujet] : **montes et valles diligit abies** Plin. 16, 74, le sapin affectionne les montagnes et les vallées ; **pira nasci tali solo diligunt** Pall. 3, 25, 1, le poirier aime à venir dans ce genre de terrain ‖ [chrét.] aimer [en parlant de la charité chrétienne] : **invicem** Vulg. *Joh.* 13, 34, s'aimer les uns les autres.

dĭlŏgĭa, *ae*, f. (διλογία), ambiguïté : Ps. Ascon. *Verr.* 1, 26.

dĭlŏphŏs, m. (δίλοφος), qui a l'aigrette double : Capel. 2, 177.

dīlōrīcō, *ās, āre*, -, *ātum* (*dis, lorico*), tr., déchirer [un vêtement qui couvre la poitrine], arracher pour découvrir : **alicujus tunicam** Cic. *de Or.* 2, 124, déchirer la tunique de qqn.

dīlōris, *e* (δίς, *lorum*), qui a deux bandes, deux rayures : Vop. *Aur.* 46, 6.

dīlūcĕō, *ēs, ēre*, -, - (*dis, luceo*), intr., être clair, évident : Liv. 8, 27, 11 ; Gell. 16, 8, 16 ‖ **satis dilucet** [et prop. inf.] Gell. 7, 10, 3, il est bien clair que.

dīlūcescō, *ĭs, ĕre, lūxī*, - (*diluceo*), intr., paraître [en parl. du jour] : **omnem crede diem tibi diluxisse supremum** Hor. *Ep.* 1, 4, 13, crois que chaque jour qui commence à luire est pour toi le dernier ‖ **dilucescit**, impers., le jour commence à paraître, il commence à faire jour : Cic. *Cat.* 3, 6 ; Liv. 36, 24, 6 ‖ [fig.] **diluxit, patet** Cic. *Phil.* 12, 5, la lumière s'est faite, on voit clair.

dīlūcĭdātĭō, *ōnis*, f. (*dilucido*), éclaircissement, lumière : Cassiod. *Anim.* 12.

dīlūcĭdē, adv. (*dilucidus*), avec éclat : **dilucidius** Plin. 37, 48, [briller] avec plus d'éclat ‖ [fig.] d'une manière claire, limpide : Cic. *Nat.* 1, 58 ; *Or.* 79 ‖ -issime Aug. *Ep.* 167, 4.

dīlūcĭdĭtās, *ātis*, f., clarté, évidence : Boet. *Top. Arist.* 8, 2.

dīlūcĭdō, *ās, āre, āvī, ātum* (*dilucidus*), tr., éclaircir : Tert. *Jud.* 1, 1.

dīlūcĭdus, *a, um* (*dis, lucidus*), clair, lumineux, brillant : Plin. 37, 18 ‖ [fig.] clair, net : **omnia dilucidiora, non ampliora facientes** Cic. *Or.* 20, éclaircissant tout sans l'amplifier, cf. *Fin.* 3, 3 ; *Part.* 19.

dīlūcŭlat, impers. (*diluculum*), le jour commence à poindre : Gell. 2, 29, 7.

dīlūcŭlum, *i*, n. (*diluceo*), pointe du jour : **primo diluculo** Cic. *Amer.* 19, au point du jour, cf. *Att.* 16, 13a, 1 ; Pl. *Amp.* 737.

dīlūdĭum, *ii*, n. (*dis, ludus*), repos des gladiateurs entre les jeux, répit [fig.] : Hor. *Ep.* 1, 19, 47.

dīlŭō, *ĭs, ĕre, lŭī, lūtum* (*dis, 2 lavo*), tr. ¶ **1** détremper, délayer, désagréger : **ne aqua lateres dilueret** Cæs. *C.* 2, 10, 6, de peur que l'eau ne délayât (désagrégeât) les briques ; **alvum** Gell. 17, 15, 4, se purger ; **colorem** Plin. 31, 42, délayer, affaiblir une couleur ¶ **2** délayer, dissoudre : **favos lacte** Virg. *G.* 1, 346, délayer du miel dans du lait ; **bacam aceto** Hor. *S.* 2, 3, 241, dissoudre une perle dans du vinaigre ; **aliquid cum mero** Col. 6, 4, 2, dissoudre qqch. dans du vin ‖ **venenum** Liv. 40, 4, 13, délayer du poison ; **diluta absinthia** Lucr. 4, 224, infusion d'absinthe ¶ **3** [fig.] **molestias extenuare et diluere** Cic. *Tusc.* 3, 34, diminuer et dissiper les soucis ; **crimen** Cic. *Mil.* 72, ruiner une accusation ; **curam mero** Ov. *A. A.* 1, 238, noyer ses soucis dans le vin ‖ [absˆt] effacer une accusation, se disculper : Liv. 29, 18, 20 ‖ **injurias aere pauco diluere** Gell. 20, 1, 31, réparer ses torts avec un peu d'argent ¶ **4** éclaircir, débrouiller : **mihi, quod rogavi, dilue** Pl. *Ru.* 1109, explique-moi ce que je t'ai demandé ¶ **5** [chrét.] purifier, laver d'une faute : Minuc. 16, 1 ‖ baptiser : Tert. *Bapt.* 4, 2.

dīlūtē, adv. (*dilutus*), en délayant : **dilutius potare** Cic. *Font.* d. Amm. 15, 12, 4, boire son vin plus trempé, plus coupé.

dīlūtĭo, *ōnis*, f., action de se justifier de : Hier. *Joh.* 5.

dīlūtum, *i*, n. (*dilutus*), dissolution, infusion : Plin. 27, 46.

dīlūtus, *a*, *um* ¶ 1 part. de *diluo* ¶ 2 adj¹, délayé : *vinum dilutius* Cels. 1, 3, 32, du vin plus trempé ; *-tissimus* Cels. 1, 3, 36 ‖ clair : *rubor dilutus* Plin. 22, 92, rouge clair, cf. 37, 67 ; 37, 122 ; [fig.] Amm. 20, 3 ‖ affaibli, faible : *odor dilutus* Plin. 15, 110, odeur atténuée ‖ qui a bu, entre deux vins : *dilutior* Aus. Griph. 1 (335), 21, un peu ivre.

dĭlŭvĭālis, *e* (*diluvium*), d'inondation, de débordement : Solin. 9, 8.

dĭlŭvĭēs, *ēi*, f. (*diluo*) inondation, débordement, déluge : Lucr. 5, 255 ; 6, 292 ; Hor. O. 3, 29, 40 ; Plin. 9, 8.

1 dĭlŭvĭō, *ās*, *āre*, -, - (*diluvium*), tr., inonder : Lucr. 5, 387.

2 dĭlŭvĭō, *ōnis*, f., ▶ *diluvium* : Tert. Anim. 46, 4.

dĭlŭvĭum, *ii*, n. (*diluo* ; cf. fr. *déluge*) ¶ 1 ▶ *diluvies* : Sen. Nat. 3, 27, 1 ; Virg. En. 12, 205 ¶ 2 le déluge universel, le déluge de Noé : Lact. Inst. 2, 10, 9 ¶ 3 [fig.] destruction, dévastation, cataclysme : Virg. En. 7, 228.

dīmăchae, *ārum*, m. pl. (δίμαχαι), soldats qui combattent à pied et à cheval : Curt. 5, 13, 8.

dīmăchaerus (dў-), *i*, m. (διμάχαιρος), gladiateur qui combat avec deux épées : CIL 13, 1997.

dīmădēscō, *ĭs*, *ĕre*, *dŭī*, - (*dis, madesco*), intr., se fondre : Luc. 6, 479.

Dīmallus, *i*, f., ville d'Illyrie : Liv. 29, 26.

dīmānō, *ās*, *āre*, *āvī*, *ātum*, intr., se répandre, s'étendre : Cic. Cael. 6.

Dīmastŏs, *i*, f., petite île près de Rhodes : Plin. 5, 133.

Dīmastus, *i*, m., montagne de l'île de Myconos : Plin. 4, 66.

dīmensĭō, *ōnis*, f. (*dimetior*) ¶ 1 mesurage : Cic. Tusc. 1, 57 ‖ dimension : Macr. Somn. 2, 2, 3 ‖ axe de la terre, diamètre : Hyg. Astr. 1, 3 ‖ mesure métrique : Quint. 9, 4, 45 ¶ 2 mesure de la ration de blé des soldats : Veg. Mil. 4, 7.

dīmensŏr, *ōris*, m., mesureur : Cosmogr. 1, 2.

dīmensus, *a*, *um*, part. de *dimetior*.

dĭmĕter, *tra*, *trum*, adj. (δίμετρος), dimètre : Diom. 506, 16 ‖ [subst¹] **dimeter**, **dimetrus**, *i*, m., Diom. 506, 21 ; Ter.-Maur. 6, 398, 2439, le dimètre.

dīmētĭens, *entis*, f. (*dimetior*), diamètre : Plin. 2, 86.

dīmētĭŏr, *īrĭs*, *īrī*, *mensus sum* (*dis, metior*), tr. ¶ 1 mesurer en tous sens : *ego ista sum omnia dimensus* Cic. CM 59, c'est moi qui ai mesuré tout cela, cf. CM 49 ; Quint. 12, 11, 10 ‖ emploi passif, **dimensus**, *a*, *um*, mesuré : Cic. CM 59 ; Nat. 2, 155 ; Caes. G. 4, 17, 3 ; C. 2, 19, 5 ; subst. n., **dimensum**, *i*, ration mesurée : Pacat. Paneg. 12, 13, 2 ¶ 2 [en métrique] Cic. Or. 147 ; 183 ; Quint. 9, 4, 112 ¶ 3 [fig.] mesurer, calculer : Cic. Par. 26.

dīmētŏr, *ārĭs*, *ārī*, *ātus sum*, dép., tr., délimiter : *locum castris* Liv. 8, 38, 7, fixer dans un lieu l'emplacement du camp ‖ **dimetatus** : [pass.] Cic. Nat. 2, 110 ; [dép.] Cic. Nat. 2, 155.

▶ *demetatus* Cic. Nat. 2, 110 [qq. mss] ; ▶ *demeto*, *-or*.

dīmĕtrĭa, *ae*, f. (διμετρία), dimétrie, poème en vers iambiques dimètres : Aus. Epist. 16, 2 (406), 104.

dīmĭcātĭō, *ōnis*, f. (*dimico*), combat, bataille : *dimicatio proelii* Cic. Q. 1, 1, 5, les engagements de la bataille ; *universae rei dimicatio* Liv. 1, 38, 4 ; *universa dimicatio* Liv. 22, 32, 2, bataille décisive ‖ [fig.] lutte, combat : *vitae* Cic. Planc. 77, lutte où la vie est engagée.

dīmĭcō, *ās*, *āre*, *āvī* (*ŭī*, Ov. Am. 2, 7, 2), *ātum* (*dis, mico*), intr., combattre, lutter : *pro legibus, pro libertate, pro patria* Cic. Tusc. 4, 43, combattre pour les lois, pour la liberté, pour la patrie ; *cum Latinis de imperio dimicabatur* Cic. Off. 1, 38, on combattait contre les Latins au sujet de la souveraineté, cf. Sest. 1, (mais *de vita gloriae causa* Cic. Arch. 23, risquer sa vie en vue de la gloire, cf. Liv. 3, 44, 12 ; 22, 25, 16 ; 24, 26, 7 ; 29, 29, 8 ; *capite suo* Liv. 2, 12, 10 ; Cic. Att. 10, 9, 2, exposer sa vie.

dīmĭdĭa, *ae* (s.-ent. *pars*), f. (*dimidius*), moitié : Plin. 26, 120.

dīmĭdĭātĭō, *ōnis*, f. (*dimidio*), partage, séparation par moitié : Tert. Marc. 1, 24, 3.

dīmĭdĭātus, *a*, *um*, ▶ *dimidio*.

dīmĭdĭĕtās, *ātis*, f., moitié : Pomp.-Gr. 5, 4, 8.

dīmĭdĭō, *ās*, *āre*, -, *ātum* (*dimidius*), tr., partager en deux, diviser par moitié : [employé surtout au part. passif] réduit à la moitié : *dimidiatus mensis* Cic. Verr. 2, 129, demi-mois ; *defodere in terram homines dimidiatos* Cat. d. Gell. 3, 14, 9, enterrer des hommes jusqu'à mi-corps ; *dimidiati procumbunt* Pl. Mil. 762, ils se couchent à moitié [sur la table] ; *exesis posterioribus partibus versiculorum dimidiatis fere* Cic. Tusc. 5, 66, la seconde moitié à peu près des vers étant effacée.

dīmĭdĭum, *ii*, n. (*dimidius*), la moitié : *dimidio stultior* Cic. Flac. 47, plus bête de moitié ; *dimidio plus* Cic. Att. 9, 9, 2, moitié plus ; *dimidio minor* Caes. G. 5, 13, 2, moitié moins grand ‖ [sens comparatif, avec *quam*] *vix dimidium militum quam quod acceperat* Liv. 35, 1, 2, à peine la moitié des soldats qu'il avait reçus, cf. 45, 18, 7.

dīmĭdĭus, *a*, *um* (*dis, medius* ; fr. *demi*), demi : *dimidia pars terrae* Cic. Nat. 2, 103, la moitié de la terre, cf. Caes. G. 6, 31, 5 ; *dimidius patrum, dimidius plebis* Liv. 4, 2, 6, moitié patricien, moitié plébéien ; *dimidius Priapus* Mart. 11, 18, 22, buste de Priape ‖ ▶ *dimidia, dimidium*.

dīmĭnŭō (dimm-), *ĭs*, *ĕre*, -, - (*dis, minuo*), tr., mettre en morceaux, briser : Pl. Most. 265 ; Ter. Eun. 803.

▶ confusion dans les mss avec *deminuo*, cf. Cic. Inv. 2, 18 ; de Or. 3, 132.

dīmĭnŭt-, ▶ *demin-*.

dīmīsī, parf. de *dimitto*.

dīmissĭō, *ōnis*, f. (*dimitto*), envoi, expédition : Cic. Par. 46 ‖ envoi en congé, licenciement : Cic. Verr. 4, 86 ; 5, 86 ‖ rémission [des péchés] : Aug. Jul. 2, 15 ‖ abandon, renoncement : Aug. Petil. 2, 104.

dīmissŏr, *ōris*, m. (*dimitto*), celui qui remet [les péchés] : Tert. Marc. 4, 10, 2.

dīmissōrĭae littĕrae, f., lettre de renvoi, renvoi à un tribunal supérieur : Modest. Dig. 50, 16, 106.

1 dīmissus, *a*, *um*, part. de *dimitto*.

2 dīmissŭs, *ūs*, m., renvoi, licenciement : Char. 189, 20 ; Diom. 407, 28 ; ▶ *Cic. Amer. 11.

dīmittō, *ĭs*, *ĕre*, *mīsī*, *missum* (*dis et mitto*), tr. ¶ 1 envoyer de côté et d'autre, envoyer dans tous les sens : *pueros circum amicos dimittit* Cic. Quinct. 25, il dépêche des esclaves à la ronde chez ses amis, cf. Caes. G. 6, 31, 2 ; 7, 38, 9 ; *litteras circum municipia* Caes. C. 3, 22, 1, envoyer un message dans tous les municipes (*per omnes provincias* Cic. C. 3, 79, 4, dans toutes les provinces) ‖ [abs¹] *dimittit ad amicos* Cic. Tull. 22, il envoie prévenir ses amis ¶ 2 disperser une multitude **a)** dissoudre, congédier : *senatu dimisso* Cic. Lae. 12, l'assemblée du sénat étant levée = après la séance du sénat ; *dimitti jubet senatum* Cic. Verr. 4, 146, il ordonne que la séance du sénat soit levée ; [abs¹] *dimittere* Cic. Brut. 200, lever la séance **b)** licencier une armée : Caes. C. 1, 2, 6 ; 1, 9, 5 ; 1, 32, 4 ; Cic. Phil. 7, 2 **c)** envoyer en congé : Cic. Verr. 5, 100 ; 5, 102 ; 5, 112 ; Liv. 42, 34, 12 **d)** disperser (morceler) une troupe en petits détachements : Caes. G. 6, 35, 6 ¶ 3 [en gén.] renvoyer, faire partir ou laisser partir : *aliquem ab se* Cic. Sull. 67, éloigner qqn de soi ; *aliquem ex provincia* Cic. Verr. 4, 63, renvoyer qqn de la province [Sicile] ; *aliquem incolumem* Caes. C. 1, 18, 4, renvoyer qqn sain et sauf ; *equos* Caes. C. 3, 69, 4, quitter, abandonner les chevaux [mettre pied à terre] ; *aliquem e manibus* Caes. C. 3, 49, 2, laisser échapper de ses mains qqn, cf. G. 6, 8, 1 ; *aliquem dimittere* Cic. de Or. 1, 129, renvoyer qqn ‖ *uxorem in adulterio deprehensam dimittere* Dig. 4, 4, 37, 1, répudier une épouse surprise en adultère ‖ abandonner qqch. : *eum locum quem ceperant* Caes. C. 1, 44, 4, abandonner le lieu qu'ils avaient pris ; *ripas* Caes. G. 5, 18, 5, abandonner les rives (C. 1, 25, 4) ; *dimisit fortunas morte* Cic. Tusc. 1, 12, la mort l'a forcé à laisser là ses richesses ; *patrimonium unius incommodo dimittitur* Cic. Caecin. 75, quand un patrimoine vous échappe, cela ne cause de préjudice qu'à une seule personne ; *arma* Sen. Ep. 66, 50, laisser tomber ses armes ; [poét.] *dimissa anima*

LUCR. 3, 356, l'âme s'étant échappée, étant partie ‖ [en part.] laisser libre : **dimissis pedibus** PL. *Ps.* 841 ; **dimissis manibus volare** PL. *Ps.* 843, s'envoler à toutes jambes, à tire d'ailes ¶ **4** renoncer à, abandonner : **philosophia, quae nunc prope dimissa revocatur** CIC. *Ac.* 2, 11, école philosophique, qui, presque abandonnée, est remise en vogue aujourd'hui ; **suum jus** CIC. *Balb.* 31 [opp. à retinere] renoncer à son droit ; **amicitias** CIC. *Læ.* 76, renoncer à ses amitiés ; **iracundiam suam rei publicae** CÆS. *C.* 1, 8, 3, renoncer à son ressentiment pour le bien de l'État ‖ **tributa alicui** TAC. *H.* 3, 55, faire remise à qqn de ses impôts ¶ **5** [chrét.] remettre les dettes, pardonner les péchés : **dimitte nobis peccata nostra** VULG. *Luc.* 11, 4, pardonne-nous nos péchés.

dimmĭnŭo, ▣ *diminuo.*

dīmōtus, *a, um*, part. de dimoveo.

dīmŏvĕō, *ēs, ēre, mōvī, mōtum* (dis, moveo), tr. ¶ **1** écarter de côté et d'autre, partager, diviser, fendre : **terram aratro** VIRG. *G.* 2, 513, fendre la terre avec la charrue ; **cinerem** OV. *M.* 8, 642, écarter, remuer la cendre ; **ubi sol radiis terram dimovit obortus** LUCR. 6, 680, quand le soleil levant ouvre par l'effet de ses rayons les pores de la terre ¶ **2** écarter, éloigner, détourner [propre et fig.] : **Aurora polo dimoverat umbram** VIRG. *En.* 3, 589, l'Aurore avait écarté des cieux les ombres de la nuit ; **dimovere turbam** TAC. *H.* 3, 31, écarter la foule ; **quos spes societatis a plebe dimoverat** SALL. *J.* 42, 1, ceux que l'espoir d'une alliance [avec la noblesse] avait éloignés du peuple ; **gaudentem patrios findere agros numquam dimoveas, ut secet mare** HOR. *O.* 1, 1, 13, celui qui se plaît à labourer les champs paternels, jamais tu ne l'amènerais à s'en écarter, pour sillonner la mer ¶ **3** mouvoir qqch. dans différentes directions, mouvoir çà et là, agiter : **manus** CELS. 2, 14, 9, exercer ses mains ; **dimovere se in ambulatione** CELS. 4, 31, 3, faire de l'exercice en se promenant.
▶ d. les mss souvent confusion avec demovere, cf. CIC. *Mur.* 28 ; *Inv.* 2, 28 ; 86.

Dimum, *i*, n., place forte de Mésie : ANTON. 221.

Dimuri, *ōrum*, m. pl., peuple de l'Inde : PLIN. 6, 77.

dīmus, *a, um*, ▣ *bimus* : GLOSS. 4, 331, 30.

Dina, *ae*, f., Dina [fille de Jacob et de Lia] : VULG. *Gen.* 30, 21.

Dinaea, *ae*, f., nom de femme : CIC. *Clu.* 33.

Dīnarchus, *i*, m. (Δείναρχος), Dinarque [orateur athénien] : CIC. *Brut.* 36.

Dindări, *ōrum*, m. pl., peuple de Dalmatie : PLIN. 3, 143.

Dindўma, *ōrum*, n. pl. et **Dindўmŏs (-us)**, *i*, m., le Dindyme [montagne de Phrygie avec temple de Cybèle] : VIRG. *En.* 9, 618 ; OV. *M.* 2, 223 ; CATUL. 35, 14 ; 63, 91.

Dindўmārĭi, *ōrum*, m. pl., Corybantes [qui fréquentent le Dindyme] : *COMMOD. Instr.* 1, 17, 6.

Dindўmēna, *ae*, **Dindўmēnē**, *ēs*, f. (Δινδυμήνη), nom de Cybèle [du Dindyme] : CATUL. 63, 13 ; HOR. *O.* 1, 16, 5.

1 **Dindўmus**, *a, um*, du Dindyme : PLIN. 5, 40 ‖ ▣ *Dindyma.*

2 **Dindўmus**, *i*, m., nom d'homme : MART. 12, 75, 4.

dingua, ▣ *lingua* : MAR. VICT. *Gram.* 6, 1, 4, 9.

Dīnĭa, *ae*, f., ville de la Narbonnaise [auj. Digne] : PLIN. 3, 37 ‖ **-ĭenses**, *ium*, m. pl., habitants de Dinia : NOT. GALL. 17, 3.

Dīnĭae, *ārum*, f. pl., Dinies [ville de Phrygie] : LIV. 38, 15.

Dīnĭās, *ae*, m. (Δεινίας), Dinias [peintre célèbre] : PLIN. 86, 56.

dīnĭtĭdō, *ās, āre*, -, - (dis, nitido), tr., nettoyer : MART. BRAC. *Humil.* 3.

Dīnŏchărēs, *is*, m., célèbre architecte qui avait donné le plan d'Alexandrie : PLIN. 5, 62.

Dīnŏcrătēs, *is*, m., nom de différents personnages grecs : LIV. 33, 18 ‖ ◉ *Dinochares* : VITR. 2 praef.

Dīnŏmăchē, *ēs*, f. (Δεινομάχη), mère d'Alcibiade : PERS. 4, 20.

Dīnŏmăchus, *i*, m. (Δεινόμαχος), Dinomaque [philosophe] : CIC. *Tusc.* 5, 30 ; *Off.* 3, 119.

Dīnōn, Dīno, *ōnis*, m. (Δείνων), Dinon [historien grec] : CIC. *Div.* 1, 46 ; PLIN. 10, 136 ‖ nom d'un peintre : PLIN. 34, 50.

dīnoscō, ▣ *dignosco.*

dīnŭmĕrābĭlis, *e* (dinumero), facile à compter à : CASSIOD. *Psalm.* 150 fin.

dīnŭmĕrātĭo, *ōnis*, f. (dinumero), dénombrement, calcul, compte : CIC. *Rep.* 3, 3 ‖ [rhét.] énumération : CIC. *de Or.* 3, 207.

dīnŭmĕrātŏr, *ōris*, m., qui compte : AUG. *Psalm.* 55, 10.

dīnŭmĕrō, *ās, āre, āvī, ātum* (dis, numero), tr. ¶ **1** compter, faire le dénombrement, calculer : **stellas** CIC. *Off.* 1, 154, compter les étoiles ‖ [abs^t] faire un dénombrement : CIC. *Att.* 16, 9 ¶ **2** compter [de l'argent], payer : PL. *Ep.* 71 ; TER. *Ad.* 915 ; **dinumerare stipendium** PL. *Mil.* 74, payer la solde ; [abs^t] **dinumerat** CIC. *Att.* 16, 9, il paie la solde.

dīnummĭum, *ii*, n., impôt de deux deniers [nummi] : COD. TH. 14, 27, 2.

dīnuptĭla, *ae*, f., ◉ *brionia* : PS. APUL. *Herb.* 66.

Dĭo, Dĭōn, *ōnis*, m. (Δίων), Dion [tyran de Syracuse, disciple de Platon] : CIC. *Tusc.* 5, 100 ; NEP. *Dion* 1, 1 ‖ philosophe académicien : CIC. *Ac.* 2, 12.

Dĭŏbessi, *ōrum*, m. pl., peuple de Thrace : PLIN. 4, 40.

dĭŏbŏlāris, *e* (de διώβολον), qu'on a pour deux oboles, putain : PL. *Poen.* 270 ; VARR. *L.* 7, 64.

dĭŏbŏlus, *a, um*, ◉ *diobolaris* : FULG. *Serm.* 32.

Dĭōcæsărēa, *ae*, f. (Διοκαισαρεία), ville de Cappadoce : PLIN. 6, 8.

Dĭōcās, *ae*, m., nom d'homme : CIL 3, 1719.

dĭōcēsis, -cīsis [tard.], ◉ *dioecesis.*

Dĭŏchărēs, *is*, m., affranchi de César : CIC. *Att.* 11, 6 ; 7 ‖ **-īnus**, *a, um*, de Diocharès : CIC. *Att.* 13, 45, 1.

Dĭŏclēs, *is*, m. (Διοκλῆς), nom d'un médecin grec : PLIN. 1, 20 ‖ nom de Dioclétien avant son élévation : PS. AUR.-VICT. *Epit.* 39.

Dĭōclētĭānus, *i*, m., Dioclétien [empereur romain, 284-305] : AUR.-VICT. *Cæs.* 38 ‖ **-us**, *a, um*, de Dioclétien : TREB. *Tyr.* 21, 7.

Dĭŏclēus, *a, um*, de Dioclès [médecin] : CELS. 7, 5, 3, A.

dĭocmītae, ▣ *diogmitae.*

dĭŏdēla, *ae*, f., plante inconnue : PS. APUL. *Herb.* 89.

Dĭŏdōri insŭla, f., île du golfe Arabique : PLIN. 6, 34.

Dĭŏdōrus, *i*, m. (Διόδωρος), Diodore [disciple du péripatéticien Critolaüs] : CIC. *Fin.* 5, 14 ‖ célèbre dialecticien : CIC. *Fat.* 12 ‖ Diodore de Sicile, historien : PLIN. *pr.* 25.

Dĭŏdŏtus, *i*, m. (Διόδοτος), Diodote [stoïcien, un des maîtres de Cicéron] : CIC. *Brut.* 309.

dĭœcēsānus, *a, um* (dioecesis), de diocèse, diocésain : COD. TH. 16, 2, 23 interpr.

dĭœcēsis, *is*, f. (διοίκησις), étendue d'un gouvernement, d'une juridiction, circonscription, département : CIC. *Fam.* 3, 8, 4 ; *Att.* 5, 15, 3 ‖ diocèse [circonscription d'un évêché] : SIDON. *Ep.* 7, 6, 7 ‖ paroisse : SIDON. *Ep.* 9, 16, 2.

dĭœcētēs, *ae*, m. (διοικητής), intendant : CIC. *Rab. Post.* 22 ; 28.

Dĭŏgĕnēs, *is*, acc. *em* et *en*, m. (Διογένης) ¶ **1** *Diogenes Apolloniates* CIC. *Nat.* 1, 29, Diogène d'Apollonie [philosophe ionien, disciple d'Anaximène] ¶ **2** philosophe cynique : CIC. *Tusc.* 1, 104 ¶ **3** surnommé de Babylonie, philosophe stoïcien : CIC. *Div.* 1, 6 ¶ **4** peintre célèbre : PLIN. 35, 40 ¶ **5** ami de Caelius Rufus : CIC. *Fam.* 2, 12, 2.

dĭogmītae, *ārum*, m. pl. (διογμῖται), soldats armés à la légère faisant la chasse aux brigands sur les frontières : AMM. 27, 9, 6.

Dĭognētus, *i*, m. (Διόγνητος), Diognète [contemporain d'Alexandre, auteur d'un itinéraire de son expédition] : PLIN. 6, 61 ‖ autre pers. : CIC. *Verr.* 3, 86.

Dĭŏmēdēs, *is*, m. (Διομήδης) ¶ **1** Diomède [roi de Thrace, qui nourrissait ses chevaux de chair humaine] : SERV. *En.* 8, 300 ¶ **2** roi d'Étolie, fils de Tydée, un des héros grecs

Diomedes

du siège de Troie, fondateur d'Arpi, en Apulie : VIRG. *En.* 1, 752 ‖ *Diomedis urbs* VIRG. *En.* 8, 9, Argyripa = Arpi ; *Diomedis insula* PLIN. 16, 6, ⒱ Diomedeus ‖ *Diomedis Campi, Campus* P. FEST. 66, 1 ; LIV. 25, 12, 5, Champs de Diomède [partie de l'Apulie] ¶ **3** nom d'un grammairien latin : CASSIOD. *Orth.* 7, 213, 1.

Dĭŏmēdēus et **-dīus**, *a, um* (Διομήδειος) ¶ **1** de Diomède [roi de Thrace] : CLAUD. *Pros.* 2, *pr.* 12 ¶ **2** de Diomède [fils de Tydée] : *Diomedia insula* P. FEST 66, 3 ; PLIN. 3, 151, île de Diomède [dans l'Adriatique] ; *Diomediae aves* ISID. 12, 7, 28, hérons.

Dĭŏmĕdōn, *ontis*, m. (Διομέδων), nom d'homme : NEP. *Epam.* 4, 1.

1 **Dĭōn**, ⒱ *Dio*.

2 **Dĭōn**, ⒱ *Dium*.

Dĭōna, *ae*, f., CIC. *Nat.* 3, 59, **Dĭōnē**, *ēs*, f. (Διώνη), Dioné [nymphe, mère de Vénus] : CLAUD. *Pros.* 3, 433‖ Vénus : OV. *F.* 2, 461‖ **-aeus**, *a, um*, de Vénus : VIRG. *En.* 3, 19.

Dĭōnĭgĕna, *ae*, m., fils de Vénus [Cupidon] : CIL 6, 10764.

dĭōnўmus, *a, um* (διώνυμος), à nom double : PRISC. 2, 61, 1.

Dĭōnȳsēus, *a, um* (Dionysus), de Bacchus, bachique : SIL. 3, 393.

1 **Dĭōnȳsĭa**, *ae*, f., nom de femme : CIC. *Com.* 23 ; GELL. 1, 5, 3‖ île de la mer Égée : PLIN. 4, 53.

2 **Dĭōnȳsĭa**, *ōrum*, n. (Διονύσια), Dionysiaques [fêtes de Bacchus] : PL. *Curc.* 644.

Dĭōnȳsĭăcus, *a, um* (Διονυσιακός), de Bacchus : AUS. *Ecl.* 16 (385), 29.

1 **dĭōnȳsĭăs**, *ădis*, f. (διονυσιάς), sorte de pierre précieuse qu'on prétendait efficace contre l'ivresse : PLIN. 37, 157.

2 **Dĭōnȳsĭăs**, *ădis*, f., ancien nom de l'île de Naxos : PLIN. 4, 67.

Dĭōnȳsĭpŏlītae, ⒱ *Dionysopolitae*.

Dĭōnȳsĭus, *ĭi*, m. (Διονύσιος) ¶ **1** Denys l'Ancien, Denys le Tyran [roi de Syracuse] : CIC *Tusc.* 5, 57 ¶ **2** Denys le Jeune [fils du précédent] : CIC. *Tusc* 3, 27 ¶ **3** philosophe d'Héraclée : CIC. *Fin.* 5, 94 ¶ **4** stoïcien, contemporain de Cicéron : CIC. *Tusc.* 2, 26 ¶ **5** nom d'affranchi et d'esclave : CIC. *Att.* 4, 8, 2 ; 4, 15, 10 ¶ **6** saint Denis [premier évêque de Paris et martyr] : FORT. *Carm.* 8, 3, 159.

dĭōnȳsĭus lapis, m., ISID. 16, 4, 7 et **dĭōnȳsĭa**, *ae*, f., sorte de pierre [noire avec des taches ou des veines rouges] : ISID. 16, 11, 18.

Dĭōnȳsŏdōrus, *i*, m., Dionysodore [célèbre géomètre] : PLIN. 2, 248 ‖ autre du même nom : LIV. 32, 32.

Dĭōnȳsŏpŏlis, *is*, f., ville de Thrace : PLIN. 4, 45 ‖ ville de Phrygie, ⒱ *Dionysopolitae*.

Dĭōnȳsŏpŏlītae, *ārum*, m. pl., habitants de Dionysopolis [en Phrygie] : CIC. *Q.* 1, 2, 2 ; PLIN. 5, 106.

Dĭōnȳsus (-ŏs), *i*, m. (Διόνυσος), Dionysos [fils de Zeus, dieu du vin, v. *Bacchus* 3 *Liber*] : CIC. *Nat.* 3, 53 ; [acc. grec] *Dionyson* AUS. *Epigr.* 30 (30), 4.

dĭŏpĕtēs, *is*, f. (διοπετής, " tombé de Jupiter ", c.-à-d. " du ciel "), sorte de grenouille : PLIN. 32, 70.

Dĭŏphănēs, *is*, m. (Διοφάνης), rhéteur de Mytilène : CIC. *Brut.* 104‖ agronome : VARR. *R.* 1, 1, 8 ; 1, 9, 6‖ préteur des Achéens : LIV. 36, 31.

dĭoptra, *ae*, f. (δίοπτρα), instrument d'optique servant à prendre les hauteurs ou les distances : VITR. 8, 5, 1 ‖ ou à mesurer l'ombre : PLIN. 2, 176.

Dĭŏpus, *i*, m., nom d'homme : PLIN 35, 152.

Dĭŏrēs, *ae*, m., nom de guerrier : VIRG. *En.* 5, 297.

Dĭŏryctŏs, *i*, m., lieu d'Acarnanie : PLIN. 4, 5.

dĭōryx, *ygis*, f. (διῶρυξ), canal d'adduction : MEL. 3, 80.

Dĭos bălănus (-ŏs), *i*, m. (Διὸς βάλανος), marron : *PLIN. 15, 93.

Dĭoscŏri, ⒸDioscuri.

Dĭoscŏria, *ae*, f., ⒸDioscurias.

Dĭoscŏridēs, *is*, m. (Διοσκορίδης), Dioscoride [nom de plusieurs Grecs célèbres] : SUET. *Aug.* 50.

Dĭoscŏridū insŭla, f. (Διοσκορίδου νῆσος), île de Dioscoride [ainsi nommée d'un célèbre médecin du temps de César] : PLIN. 6, 153.

Dĭoscŏrōn insŭla, f. (Διοσκόρων νῆσος), île voisine de l'Italie méridionale : PLIN. 3, 96.

Dĭoscŏrus, *i*, m., nom d'un évêque d'Alexandrie : ISID. 5, 39, 39.

Dĭoscūri (-cŏri), *ōrum*, m. pl. (Διόσκουροι), les Dioscures [les jumeaux Castor et Pollux] : ARN. 4, 22 ; GLOSS. 2, p. XIV. ▶ *Dioscoroe* CIC. *Nat.* 3, 53 ; en grec sg. VARR. *L.* 5, 66.

Dĭoscūrĭăs, *ădis*, f., port de la Colchide Atlas I, C7 : PLIN. 6, 15.

Dĭoscūrĭdēs, *ae*, m., ⒸDioscorides : CHAR. 68, 7.

Dĭŏshĭĕrītae, *ārum*, m. pl., habitants de Dios-Hiéron [ville de l'Asie Mineure] : PLIN. 5, 120.

Dĭospēgē, *ēs*, f., ville de Mésopotamie : PLIN. 6, 118.

dĭospneuma, *ătis*, n. (Διός, πνεῦμα), sorte de romarin [plante] : PS. APUL. *Herb.* 80.

Dĭospŏlis, *is*, f., ancien nom de Laodicée [ville de Phrygie] : PLIN. 5, 105‖ **-lītānus**, *a, um*, de Diospolis [en Égypte] : HIER. *Ep.* 143, 2 ‖ **-lītēs**, *ae*, m. (*nomos*) le nome Diospolite : PLIN. 5, 49.

dĭospўrŏn, *i*, n. (διόσπυρον), lithospermum, grémil, herbe aux perles : PLIN. 27, 98.

dĭōta, *ae*, f. (de διωτος), vase à deux anses : HOR. *O.* 1, 9, 8.

Dĭōtīmus, *i*, m., nom d'homme : PLIN. 28, 82.

Dĭŏtrĕphēs, *is*, m., nom d'homme : VULG. *Joh. ep.* 3, 9.

Dĭŏvis, ⒱ *Dijŏvis*.

diox, m. (?), poisson du Pont : P. FEST. 65, 26.

Dĭōxippē, *ēs*, f. (Διωξίππη), fille du Soleil : HYG. *Fab.* 154, 4 ‖ une des chiennes d'Actéon : HYG. *Fab.* 181, 6.

Dĭōxippus, *i*, m., Ⓒ *Dexippus* : GELL. 17, 11, 16‖ athlète de la suite d'Alexandre : CURT. 9, 7, 16.

Dīphĭlīus, *a, um*, de Diphile : MAR. VICT. *Gram.* 6, 70, 17.

Dīphĭlus, *i*, m. (Δίφιλος), Diphile [poète comique d'Athènes] : TER. *Ad.* 6 ‖ autres du même nom : CIC. *Q.* 3, 1, 1 ; *de Or.* 1, 136.

dĭphrўgēs, *is*, n. (διφρυγές), matte de cuivre cuite deux fois : PLIN. 34, 135 ; CELS. 5, 7, 22.

1 **diphthongŏs**, *ŏn*, **diphthongus**, *a, um*, [gram.] formant diphtongue : CAPEL. 3, 275.

2 **diphtongŏs (-us)**, *i*, f. (δίφθογγος), [gram.] diphtongue : PRISC. 2, 37, 13 ; SERV. *En* 3, 226.

1 **dĭphўēs**, *is*, f. (διφυής) ¶ **1** pierre précieuse inconnue : PLIN. 37, 157 ¶ **2** plante inconnue : PS. APUL. *Herb.* 47.

2 **dĭphўēs** (διφυής, " de nature double "), adj., *diphyes pes* DIOM. 481, 25, double pied d'un vers.

dĭplangīum, *ĭi*, n. (διπλοῦν, ἀγγεῖον), vase double : *THEOD.-PRISC. *Eup.* 1, 37.

dĭplăsĭus, *a, um* (διπλάσιος), double : CAPEL. 9, 934 ‖ [subst[t]] **diplasium, diplasion**, *ĭi*, n., rapport de 1 à 2, de la moitié au tout : CAPEL. 2, 107 ; FULG. *Myth.* 3, 9.

dĭplē, *ēs*, f. (διπλῆ), diple, sorte de signe critique [>], qui, apposé dans la marge d'un livre, servait à indiquer qqch. d'important : ISID. 1, 20, 19.

dĭplinthĭus, *a, um* (διπλίνθιος), qui a deux rangs de briques dans son épaisseur : VITR. 2, 8, 17.

dĭplŏis, *ĭdis*, f. (διπλοΐς) ¶ **1** manteau doublé : NOV. *Com.* 72 ; SULP. SEV. *Chron.* 1, 35, 7 ¶ **2** abaisse, fond de pâte : APIC. 141.

dĭplōma, *ătis*, n. (δίπλωμα), [en gén.] pièce officielle authentique : MACR. *Sat.* 1, 23, 14 **a)** lettres de grâce : CIC. *Fam.* 6, 12, 3 **b)** sauf-conduit : CIC. *Att.* 10, 17, 4 **c)** permis officiel d'user des services de poste impériaux : PLIN. *Ep.* 10, 120 **d)** diplôme, brevet : SUET. *Aug.* 50 ; *Cal.* 38.

▶ gén. pl. *-um* et *-ōrum* d'après CHAR. 42, 33 ; dat. *-ibus*, TAC. *H.* 2, 65.

dĭplōmārĭum, *ĭi*, n., Ⓒ *diploma* : CIL 14, 4120.

dĭplōmārĭus, *ĭi*, m., qui possède un permis pour voyager par la poste impériale : CIL 15, 7142.

dĭpŏdĭa, *ae*, f. (διποδία), dipodie [métrique] : Diom. 502, 18.

Dipoenus, *i*, m., sculpteur crétois : Plin. 36, 9.

Dipŏlis, *is*, f., ville de Syrie : Plin. 5, 79.

dĭpond-, v.> *dupond-*.

dipsăcŏs, *i*, f. (δίψακος), chardon à carder : Plin. 27, 71 ‖ dictame [plante] : Ps. Apul. Herb. 62.

1 dipsăs, *ădis*, f. (διψάς), dipsade [vipère dont la blessure cause une soif ardente] : Luc. 9, 610.

2 Dipsăs, *ădis*, f., nom de femme : Ov. Am. 1, 8, 2.

3 Dipsās, *antis*, m., fleuve de Cilicie : Luc. 8, 255.

dĭpsўchĭa, *ae*, f. (διψυχία), hésitation, irrésolution : Herm. Pal. 2, 10, 2.

dĭpsўchus, *a*, *um* (δίψυχος), hésitant, irrésolu : Herm. Pal. 2, 11, 2.

diptĕrŏs, *a*, *um* (δίπτερος), diptère [qui a deux rangs de colonnes] : Vitr. 3, 2, 1.

diptōtŏs, *ŏn*, adj. (δίπτωτος), *diptotos forma* Consent. 5, 351, 21, forme qui n'a que deux cas ‖ subst. n. pl., *diptota* Prisc. 2, 188, 3, noms qui n'ont que deux cas.

diptўcha, *ōrum*, n. pl. (δίπτυχα), tablettes doubles qui se pliaient : Schol. Juv. 9, 36 ‖ diptyques [tablettes où les consuls, les questeurs, etc., sous l'empire, faisaient mettre leur nom et leur portrait, pour donner à leurs amis et au peuple, le jour de leur entrée en charge] : Symm. Ep. 2, 80 ; Cod. Th. 15, 9, 8.

diptўchus, *a*, *um* (δίπτυχος), en diptyque [plié en deux] : Fort. Carm. 10, 7, 36.

Dĭpŷlum (-ŏn), *i*, n. (Δίπυλον), porte du Dipylon [à Athènes] Atlas VII : Cic. Fin. 5, 1 ; Liv. 31, 24, 8.

dĭpўrŏs, *ŏn* (δίπυρος), deux fois brûlé : Mart. 4, 47, 2.

dīra, n. pl., v.> *dirus*.

dīrādō, *ĭs*, *ĕre*, -, - (*dis, rado*), tr., excorier : Cassiod. Var. 11, 40, 7.

1 Dīrae, *ārum*, f. pl. (*dirus*), les Furies [déesses] : Virg. En. 12, 845.

2 dīrae, *ārum*, f. pl. (*dirus*) ¶ 1 mauvais présages : Cic. Div. 1, 29 ¶ 2 exécrations, imprécations : *diras imprecari* Tac. An. 6, 24, charger qqn d'imprécations.

dīrăpĭo, disrăpĭō, *ĭs, ĕre*, -, -, tr., entraîner : Apul. Socr. 21.

dīrāro, v.> *disraro*.

Dirca, *ae*, f., Pl. Ps. 199, **Dīrcē**, *ēs*, f. (Δίρκη), Dircé [femme de Lycus, roi de Thèbes, fut changée en fontaine] : Prop. 3, 15, 13 ‖ la fontaine Dircé : Plin. 4, 25 ‖ **-caeus**, *a*, *um*, de la fontaine Dircé, de Dircé : Virg. B. 2, 24 ; [= Pindare] Hor. O. 4, 2, 25 ; [= Polynice] Stat. Th. 2, 142.

Dircĕtis, *ĭdis*, f., nom d'une nymphe : Stat. Th. 7, 298.

dircĭŏn, *ĭi*, n., sorte de morelle : Ps. Apul. Herb. 23.

Direa, *ae*, f., ville située sur le Nil : Plin. 6, 178.

dīrectānĕus, *a*, *um*, récité d'un trait, sans pause : *qui psalmi directanei sine antefana dicendi sunt* Bened. Reg. 17, 9, et ces psaumes doivent être enchaînés directement, sans antienne.

dīrectārĭus, *ĭi*, m., voleur qui s'introduit dans les maisons : Ulp. Dig. 47, 11, 7.

dīrectē, adv. (*directus*), dans l'ordre direct, naturel : Cic. Part. 24 ‖ *directius* Cic. Ac. 2, 66 ; v.> *dirigo* ▶.

dīrectĭăngŭlus, *a*, *um*, à angle droit : Capel. 6, 712.

dīrectĭlīnĕus, *a*, *um* (*directus, linea*), rectiligne : Capel. 6, 711.

dīrectim, adv., directement, en ligne droite : Macr. Sat. 7, 12, 35.

dīrectĭō, *ōnis*, f. (*dirigo*), alignement : Vitr. 1, 6, 1 ‖ ligne droite : Apul. Mund. 1 ‖ [fig.] direction : Quint. 3, 6, 30.

dīrectĭtūdo, *ĭnis*, f., direction : Cassiod. Psalm. 101, 30.

dīrectō, adv. (*directus*), en ligne droite : Cic. Nat. 1, 69 ‖ directement, sans détour : Cic. Part. 46 ; Sen. Ep. 66, 5.

dīrector, *ōris*, m. (*dirigo*), guide, directeur : Iren. 4, 21, 3.

dīrectōrĭum, *ĭi*, n., itinéraire tracé : Cod. Th. 14, 15, 3.

dīrectūra, *ae*, f. (*dirigo*), support réglé, couche dressée : Vitr. 7, 3, 5 ‖ tracé [d'un aqueduc] : Frontin. Aq. 18, 4.

▶ *derectura* Frontin.

dīrectus (dērectus), *a*, *um* (fr. droit), part. de *dirigo* pris adj[t] ¶ 1 qui est en ligne droite : *flexuosum iter..., derectum* Cic. Nat. 2, 144, conduit tortueux..., droit, cf. Caes. C. 3, 79, 2 ; *in directo* Varr. R. 7, 15 ; *per directum* Plin. 5, 80, en ligne droite ‖ [fig.] *directiores ictus* Gell. 9, 1, 2, coups plus directs ¶ 2 à angle droit [horizontalement] : *trabes derectae* Caes. G. 7, 23, 1, poutres placées horizontalement à angle droit [avec la direction du mur], cf. 4, 17, 8 ‖ à angle droit [verticalement] : *fossa derectis lateribus* Caes. G. 7, 72, 1, fossé à parois verticales ; *locus directus* Caes. C. 1, 45, 4, lieu escarpé, à pic, cf. Cic. Verr. 4, 107 ¶ 3 [fig.] droit, direct, sans détour : Cic. Fin. 1, 57 ; Cael. 41 ‖ *tristis ac directus senex* Cic. Cael. 38, vieillard morose et rigide [raide] ‖ [droit] *(ex) directo* Dig. 32, 103 pr. ; 40, 4, 56, directement ; [dans un testament] *directo dare libertatem* Cod. Just. 7, 2, 9, 10, donner directement la liberté [sans confier ce soin à un fidéicommissaire ; *donatio directa* Cod. Just. 8, 53, 25, donation simple, directe [par oppos. à une donation à cause de mort] ; *actio directa* Inst. Just. 4, 3, 16, [par opp. à une action utile] ¶ 4 [chrét.] droit, juste : Vulg. Eccli. 20, 19.

▶ pour l'orth. *der-*, v.> *dirigo*.

dīrēmī, parf. de *dirimo*.

dīrempsī, v.> *dirimo*.

dīremptĭō, *ōnis*, f. (*dirimo*), séparation : Aug. Civ. 3, 17, 2 ; *amicitiae* Val.-Max. 4, 7, rupture entre amis.

1 dīremptus, *a*, *um*, part. de *dirimo*.

2 dīremptŭs, *ūs*, m. (*dirimo*), séparation : Cic. Tusc. 1, 71.

dīreptĭō, *ōnis*, f. (*diripio*), pillage : *urbis* Cic. Verr. 4, 115, pillage d'une ville ; *auri* Cic. Phil. 2, 62, de l'or; *bonorum direptiones* Cic. Verr. 4, 111, pillage des biens ‖ vol, rapt : Amm. 22, 8, 15.

dīreptŏr, *ōris*, m. (*diripio*), celui qui pille, pillard, brigand : Cic. Phil. 3, 27 ; Tac. H. 3, 33.

1 dīreptus, *a*, *um*, part. de *diripio*.

2 dīreptŭs, dat. *ŭi*, m., c.> *direptio* : Spart. Sept. 19, 6.

dīrexī, parf. de *dirigo*.

dīrexti, v.> *dirigo*.

dĭrhythmus, *a*, *um* (δίρρυθμος), composé de deux rythmes : Mar. Vict. Gram. 6, 96, 22.

dĭrĭbĕō, *ēs*, *ēre*, -, *bĭtum* (*dis, habeo*), tr., trier, compter, dénombrer : *tabellas* Cic. Q. 3, 4, 1 ; *suffragia* Varr. R. 3, 2, 1 ou abs[t] *diribere* Varr. R. 3, 5, 18, compter les bulletins, les suffrages ‖ [fig.] partager, distribuer : Plin. 36, 118.

dĭrĭbĭtĭō, *ōnis*, f., compte, relevé [des votes] : Cic. Planc. 14.

dĭrĭbĭtŏr, *ōris*, m., scrutateur, celui qui compte les bulletins des votants : Cic. Pis. 36 ‖ esclave découpeur : Apul. M. 2, 19 ‖ distributeur : Amm. 18, 5, 6.

dĭrĭbĭtōrĭum, *ĭi*, n., local où l'on fit d'abord le dépouillement des bulletins de vote, puis, plus tard, les distributions au peuple et le paiement de la solde militaire : Plin. 16, 201 ; Suet. Cl. 18.

dīrĭgĕo, dīrĭgesco, v.> *derig-*.

dīrĭgō (dērĭgō), *ĭs, ĕre, rēxī, rectum* (*dis, rego*), tr. ¶ 1 mettre en ligne droite, aligner : *(coronam) si direxeris, virga Ebu(erit)* Sen. Nat. 1, 10, si l'on ramène à la ligne droite un cercle lumineux [halo], on aura une verge lumineuse ; *(arboribus) adminicula, quibus dirigantur, applicare* Sen. Clem. 2, 7, 4, mettre contre les arbres des tuteurs pour les faire aller droit ; *flumina* Cic. Nat. 2, 152, aligner (redresser) les cours d'eau ‖ *aciem* Caes. G. 6, 8, 5, ranger l'armée en ligne de bataille ; *naves in pugnam* Liv. 22, 19, 11, disposer les vaisseaux en ligne pour le combat ; [abs[t]] *dirigere contra* Tac. H. 4, 58, s'aligner contre ‖ [en part.] *regiones lituo* Cic. Div. 1, 30, marquer avec le bâton augural les régions du ciel [pour prendre les auspices] ¶ 2 donner une direction déterminée, diriger : *derectis operibus* Caes. G. 7, 27, 1, ayant fixé la direction des travaux d'investissement ; *vela ad*

dirigo

castra Cornelyana Caes. C. 2, 25, 6, faire voile vers le camp Cornélius ; **cursum ad litora** Caes. C. 3, 25, 3, diriger sa course vers le rivage ; **equum in aliquem** Liv. 2, 6, 8 ; **currum in aliquem** Ov. M. 12, 78, diriger son cheval, son char contre qqn ; [poét.] **hastam alicui** Virg. En. 10, 401, diriger sa lance contre qqn ǁ *vulnera* Virg. En. 10, 140 ; Tac. H. 2, 35, diriger les coups ǁ [fig.] **cogitationes ad aliquid** Cic. Ac. 2, 66, diriger ses pensées vers qqch. ; **intentionem in aliquid** Quint. 10, 3, 28, diriger son attention sur qqch. ; **ad alicujus rei similitudinem artem et manum** Cic. Or. 9, orienter son talent et sa main vers la ressemblance d'une chose ; [abs‡] **ad veritatem** Cic. Div. 1, 25, diriger vers (conduire à) la vérité ¶ 3 [fig.] disposer, ordonner, régler : **vitam ad certam rationis normam** Cic. Mur. 3, disposer sa vie selon la règle inflexible d'un système philosophique ; **nihil non ad rationem dirigebat** Cic. Brut. 140, rien qu'il ne réglât d'après une méthode rationnelle, cf. Rep. 2, 55 ; Leg. 2, 13 ; **omnia voluptate** Cic. Fin. 2, 71, régler tout sur le plaisir, faire du plaisir la loi de la vie ; **utilitatem honestate** Cic. Off. 3, 83, régler l'utile sur l'honnête (le subordonner à).
▶ les deux formes *dir-, der-* coexistent dans les mss, sans qu'il soit possible de marquer une différence de sens entre elles ; ex. forme *dir-* : Cic. Ac. 2, 66 ; Fin. 1, 54 ; 1, 57, 1, 63 ; 2, 71 ; 5, 57 ; Nat. 1, 69 ; 2, 131 ; 2, 137 ; 2 ; 144 ; Div. 1, 25 ; Leg. 2, 13 ; Off. 3, 83 ; 3, 89 ; CM 59 ; Amer. 11 ; forme *der-* : Sest. 98 ; Mur. 3 ; 77 ; Cael. 38 ; 41 ; 42 ; Div. 2, 127 ; Rep. 2, 55 ǁ parf. contr. *direxti* Virg. En. 5, 57.

dĭrĭmō, *ĭs, ĕre, ēmī, emptum* (dis, emo), tr. ¶ 1 partager, séparer : **corpus, quod dirimi non possit** Cic. Nat. 3, 29, corps indivisible ; **Tiberis dirimens Veientem agrum a Crustumino** Plin. 3, 53, le Tibre qui sépare le territoire de Véies de Crustuminum ; **sontes justis** Claud. Ruf. 2, 477, séparer les coupables des justes ; **oppida dirimuntur unius diei itinere** Plin. Ep. 6, 8, 2, ces villes sont éloignées entre elles d'un jour de marche ¶ 2 [fig.] séparer, désunir, rompre, discontinuer : **conjunctionem civium** Cic. Off. 3, 23, désunir les citoyens ; **controversiam** Cic. Off. 3, 119, terminer un débat ; **colloquium** Caes. G. 1, 46, 4, rompre un entretien ; **comitia** Liv. 40, 59, 5, interrompre les comices ; **rem susceptam** Cic. Leg. 2, 31, interrompre une chose commencée ; **auspicium** Liv. 8, 23, 16, vicier les auspices ; **tempus** Cic. Div. 1, 85, ajourner ǁ [abs‡] **actum est eo die nihil, nox diremit** Cic. Q. 2, 13, 2, il n'y eut rien de fait ce jour-là, la nuit interrompit les comices.
▶ autre parf. *dirempsi* d'après Char. 248, 5 ; *diremsi* CIL 9, 5039.

Dirini, *ōrum*, m. pl., peuple d'Italie : Plin. 3, 105.

Dirino, *ōnis*, m. ou **Dirinum**, *i*, n., fleuve de Dalmatie : Plin. 3, 144.

dīrĭpĭō, *ĭs, ĕre, rĭpŭī, reptum* (dis, rapio), tr. ¶ 1 tirer dans des sens divers, mettre en pièces, déchirer, bouleverser : **Pentheum, diripuisse aiunt Bacchas** Pl. Merc. 469, on dit que les Bacchantes mirent en pièces Penthée ; **fretum** Stat. Th. 5, 367, bouleverser la mer ¶ 2 mettre à sac, piller : **provincias** Cic. Pomp. 57, piller des provinces ; **Eburones** Caes. G. 6, 34, 8, piller les Éburons ; **bona civium Romanorum** Caes. G. 7, 42, 3, piller les biens des citoyens romains ¶ 3 s'arracher, se disputer qqch. : **talos** Quint. 6, 1, 47, s'arracher des dés ; **librum editum** Prob. Pers. p. 75, s'arracher un livre à sa parution ; **diripitur ille patronus** Sen. Brev. 7, 8, on se dispute cet autre comme avocat ¶ 4 arracher : **ex capite regni insigne** Curt. 7, 5, 24, lui arracher l'insigne de la royauté de la tête ; **ferrum a latere** Tac. An. 1, 35, arracher (tirer vivement) l'épée pendue à son côté ǁ arracher par le vol, par pillage : **res ex tota Asia direptae** Cic. Pomp. 22, objets pillés dans toute l'Asie, cf. Div. 1, 69.

Diris, v. *Dyris*.

dīrĭtās, *ātis*, f. (dirus) ¶ 1 caractère sinistre, funeste de qqch. : **si qua invecta diritas casu foret** Cic. poet. Tusc. 3, 29, si le hasard m'apportait qq. malheur sinistre ; **diritas diei** Suet. Ner. 8, jour défavorable pour prendre les augures ; **diritas ominis** Gell. 4, 9, 10, présage sinistre ¶ 2 humeur farouche, cruauté, barbarie : **quanta in altero diritas, in altero comitas !** Cic. CM 65, quelle humeur farouche chez l'un, quelle amabilité chez l'autre !, cf. Vat. 9.

dīrīvātīvus, *a, um*, v. *derivativus* : Schol. Bern. G. 1, 18.

dīrīvō, *ās, āre, -, -*, v. *derivo*, tr., faire dériver [gram.] : Serg. 4, 536, 32.

dīrŏdĭum, v. *birodium*, v. *birotus* : Not. Tir. 112, 62 a.

dīrŭm, n. pris adv‡, d'une manière terrible : Sen. Oed. 961.

dīrumpō, disrumpō, *ĭs, ĕre, rūpī, ruptum* (dis, rumpo), tr. ¶ 1 briser en morceaux, faire éclater : **puer paedagogo tabula disrumpit caput** Pl. Bac. 441, le jeune homme brise avec sa tablette la tête de son précepteur, cf. Curc. 222 ; **cum se in nubem induerint venti ejusque tenuissimam quamque partem coeperint dividere atque dirumpere** Cic. Div. 44, quand les vents pénètrent au sein d'un nuage et commencent à en séparer et à en faire éclater les plus petites parcelles ǁ [fig.] rompre, détruire : **amicitias** Cic. Lae. 85, briser des liens d'amitié ; **humani generis societatem** Cic. Off. 3, 21, détruire la société humaine ; **dirupi me** Cic. Fam. 7, 1, 4, je me suis époumoné ¶ 2 [au passif] crever [de jalousie, de rire] : **dirumpor dolore** Cic. Att. 7, 12, 3, j'étouffe de dépit ; **dirumpi risu** Apul. M. 3, 2, crever de rire.
▶ *dirrumptus* Pl. Bac. 603.

dīrŭō, *ĭs, ĕre, rŭī, rūtum*, tr. (dis, ruo), démolir, renverser, détruire : **urbem** Cic. Inv. 1, 73, détruire, démolir une ville, cf. Q. 1, 1, 25 ; Nep. Con. 4 ǁ [fig.] **agmina** Hor. Or. 4, 14, 30, défaire des armées ; **aere dirutus miles** P. Fest. 61, 8, soldat privé (déchu) de sa paye, cf. Varr. d. Non. 532, 4 ; Cic. Verr. 5, 33 ; [d'où] **homo dirutus** Cic. Phil. 13, 26, homme ruiné, qui a fait banqueroute.

dīrŭpī, parf. de *dirumpo*.

dīruptĭō, *ōnis*, f. (dirumpo), fracture, brisement : Sen. Nat. 2, 15.

dīruptus, *a, um*, part. de *dirumpo* ǁ adj‡, **homo diruptus dirutusque** Cic. Phil. 13, 26, homme usé et ruiné.

dīrus, *a, um* (*dweiro-s, cf. duo, δεινός, scr. dvesti, al. Zweifel) ¶ 1 sinistre, de mauvais augure, effrayant, terrible, funeste : **quae augur injusta, nefasta, vitiosa, dira defixerit, irrita infectaque sunto** Cic. Leg. 2, 21, toute entreprise que l'augure déclarera irrégulière, néfaste, vicieuse, sinistre, devra rester nulle et non avenue ; **dirae exsecrationes** Liv. 40, 56, 9, affreuses imprécations ; **nihil dirius** Cic. Div. 2, 36, rien de plus funeste ǁ pl. n., *Dirae, ārum*, f., présages funestes : Div. 1, 28 ; Leg. 2, 21 ǁ subst. f., **Dira** Virg. En. 12, 869, une Furie [qui a pris la forme d'un grand-duc], v. 1 *Dirae* ¶ 2 cruel, barbare, redoutable : **dirus Ulixes** Virg. En. 2, 261, le cruel Ulysse ǁ *dirissimus* Poet. d. Non. 100, 30 ¶ 3 [c. δεινός en grec] qui a la force de : **dira portas quassare trabes** Stat. S. 4, 284, poutre capable de briser des portes.

dīrŭtĭō, *ōnis*, f., destruction : CIL 11, 4770 ǁ [fig.] Orig. Matth. 59.

dīrŭtus, *a, um*, part. de *diruo*, v. *diruptus*.

1 dĭs-, dĭr- devant voyelle, **dī-** devant consonne sonore (cf. *duis* ¶ 1, *bis*, δίς, διά), partic. marquant le plus souvent division (*diduco, distraho*) et séparation (*discedo, dimitto*) ou distinction (*disquiro, diligens*) et, par suite, achèvement, plénitude (*dilucidus, discupio, dispereo*) ou négation (*dissimilis, dispar, diffido, difficilis*) ǁ *dis* se sépare qqf. par une tmèse dans les anciens poètes : **disque sipatus** Lucr. 1, 651.

2 dīs, *dite*, gén. *ditis*, dat. *diti*, abl. *diti* (dives), [poét.] riche, opulent, abondant : **dis esses** Ter. Ad. 770, tu serais riche ; **dite solum** Val.-Flac. 2, 296, sol riche ; **delubra ditia donis** Ov. M. 2, 77, temples enrichis par les offrandes ; **ditissimus agri** Virg. En. 1, 343, très riche en terres ; **ditior aquae** Hor. S. 1, 5, 91, plus abondant en eau ; **ditia stipendia** Liv. 21, 43, 9, campagnes militaires fructueuses ; **in diti domo** Liv. 42, 34, 3, dans une maison opulente ; **ditissimus** Caes. G. 1, 2, 1 ; Nep. Alc. 2, 1 ǁ subst. m. pl., **dites** Sen. Herc. Oet. 648, les riches.

3 Dīs, *Dītis*, *Dītis*, m. (2 *dis*), Dis [assimilé à Pluton, dieu des enfers] : **Dis pater** Cic. Nat. 2, 66 ; **Dis (Ditis)** [seul] Virg. En. 5, 731 ; Quint. 1, 6, 34.

discalcĕātus (-cĭātus), *a*, *um*, déchaussé : Suet. *Ner.* 51.

discalcĕo (-cĭo), *ās*, *āre*, *āvī*, -, tr., [tard.] [réfl.] se dégager [comme on se déchausse] : *discalcemus nos pelle litterae* Hier. *Ep.* 121, 4, nous nous dégageons de la peau du sens littéral.

discăpēdĭnō, *ās*, *āre*, *āvī*, -, tr., disjoindre, séparer : Apul. *Flor.* 3, 3.

discărrĭcō, *ās*, *āre*, -, - (*dis, carrico* ; it. *scarricare*), tr., décharger : Ps. Fort. *Med.* 7, 21.

discēdō, *ĭs*, *ĕre*, *cessī*, *cessum* (*dis, cedo*), intr. ¶ **1** s'en aller de côté et d'autre, se séparer, se diviser : *senatus consultum factum est ut sodalitates discederent* Cic. *Q.* 2, 3, 5, un sénatus consulte ordonna que toutes les associations eussent à se dissoudre ; *populus ex contione discessit* Sall. *J.* 34, 2, le peuple, l'assemblée dissoute, se dispersa ; *in duas partes discedunt Numidae* Sall. *J.* 13, 1, les Numides se divisent en deux partis ; *cum terra discessisset magnis quibusdam imbribus* Cic. *Off.* 3, 38, la terre s'étant entr'ouverte à la suite de grandes pluies, cf. *Div.* 1, 97 ; 1, 99 ¶ **2** se séparer [d'un tout, d'un groupe dont on faisait partie] : *ab amicis* Cic. *Lae.* 42, se séparer de ses amis (rompre avec…), cf. Caes. *C.* 3, 60, 3 ‖ [en gén.] s'éloigner de : *ab aliquo* Caes. *G.* 4, 12, 1, s'éloigner de qqn, quitter qqn, cf. Cic. *Lae.* 1 ; *a vallo* Caes. *C.* 3, 37, 3, quitter le retranchement, cf. *G.* 5, 8, 6 ; 5, 34, 1 ; *e Gallia* Cic. *Phil.* 8, 21, sortir de Gaule ; *ex hibernis* Caes. *G.* 5, 28, 3, quitter le cantonnement ; *de foro* Cic. *Verr.* 4, 147, quitter le forum ; *de praediis* Cic. *Amer.* 79, sortir de ses propriétés ; *Capua* Cic. *Att.* 7, 21, 1, quitter Capoue ; *templo* Ov. *M.* 1, 381, quitter le temple ‖ se retirer du combat [vainqueur ou vaincu] : *superiores* Caes. *C.* 1, 47, 1, sortir vainqueurs, cf. *C.* 3, 47, 5 ; *sine detrimento* Caes. *C.* 3, 46, 6, se retirer sans dommage ‖ *a signis* Caes. *G.* 5, 16, 1 ; *C.* 1, 34, 3, quitter les enseignes = rompre les manipules, se débander, fuir (mais Liv. 25, 20, 4, déserter) ‖ s'en aller du tribunal : *superior discedit* Cic. *Caecin.* 2, il sort victorieux du procès, cf. *Brut.* 229 ; *si istius haec tanta injuria impunita discesserit* Cic. *Verr.* 4, 68, si l'injustice si grande commise par cet homme sort impunie de ces débats, [d'où en gén.] se tirer d'une affaire : Cic. *Att.* 2, 16, 4 ; 2, 21, 6 ¶ **3** [fig.] s'écarter de : *ab officio* Caes. *G.* 1, 40, 2, se départir de son devoir, manquer à son devoir ; *a sua sententia* Caes. *C.* 1, 2, 5, renoncer à son opinion ; *a ratione* Cic. *Tusc.* 4, 42, s'écarter de la raison ; *ab oppugnatione castrorum* Caes. *C.* 2, 31, 3, abandonner le siège d'un camp ‖ *quartana a te discessit* Cic. *Att.* 8, 6, 4, la fièvre quarte t'a quitté ; *numquam ex animo meo discedit illius viri memoria* Cic. *Rep.* 6, 9, jamais le souvenir de cet homme ne sort de ma mémoire ; *hostibus spes potiundi oppidi discessit* Caes. *G.* 2, 7, 2, pour l'ennemi, l'espoir de prendre la ville s'en alla ‖ se porter vers une opinion : *in alicujus sententiam* Sall. *C.* 55, 1, se ranger à l'avis de qqn (Liv. 3, 41, 1 ; 28, 45, 5) ; *in alia omnia discessit (senatus)* Cic. *Fam.* 10, 12, 3, (le sénat) se rangea à un tout autre avis ; *ultimum senatus consultum, quo… numquam ante discessum est* *Caes. *C.* 1, 5, 3, le sénatus-consulte ultime, mesure à laquelle on n'en est jamais venu auparavant… ‖ faire abstraction de : *cum a vobis discesserim, neminem esse…* Cic. *Fam.* 1, 9, 18, [je t'assure] que, vous exceptés, il n'y a personne… (6, 12, 2 ; *Att.* 1, 17, 5) ¶ **4** [chrét.] s'en aller du monde, mourir : Tert. *Anim.* 31, 2 ‖ s'écarter du droit chemin : Vulg. *Pal.* 118, 118.

▶ parf. contr. *discesti* Pl. *As.* 251 ; *discesse* Fort. *Mart.* 4, 352 ‖ part. pass. avec sens actif : *custodibus discessis* Coel.-Antip. d. Prisc. 2, 484, 7, " les gardes s'étant retirés ", cf. Prisc. 2, 483, 26.

discens, *tis*, part. de *disco* pris subst[t], *discentes* Liv. 6, 25, 9 ; Sen. *Clem.* 1, 16, 2, élèves ‖ [chrét.] catéchumènes : Cypr. *Ep.* 67, 4 ; simples chrétiens [opposés aux *doctores* qui enseignent la foi] : Tert. *Bapt.* 11, 4.

discentĭa, *ae*, f. (*disco*), action d'apprendre ‖ pl., études, (= μαθήσεις) : Tert. *Anim.* 23, 6.

disceptātĭō, *ōnis*, f. (*discepto*) ¶ **1** débat, discussion contestation : *juris disceptatio* Cic. *Mil.* 23, discussion sur un point de droit ; *disceptatio verborum* Liv. 21, 19, 2, question de mots ‖ [abs[t]] Cic. *Off.* 1, 34 ; *Dej.* 5 ¶ **2** examen, jugement, décision : *disceptatio arbitrorum* Quint. 11, 1, 43, décision d'arbitres.

disceptātŏr, *ōris*, m. (*discepto*), celui qui décide, arbitre, juge : Cic. *Leg.* 3, 8 ; Liv. 1, 50, 8 ‖ [chrét.] celui qui se réfugie dans des distinctions subtiles : Tert. *Carn.* 24, 3.

disceptātrix, *īcis*, f. (*disceptator*), celle qui décide, arbitre, juge : Cic. *Ac.* 2, 91.

disceptō, *ās*, *āre*, *āvī*, *ātum* (*dis, capto*, v. *discipio*), tr. ¶ **1** juger, décider [avec acc.] : *bella* Cic. *Leg.* 2, 21, décider de la guerre (ou de la paix) [en parl. des fétiaux] ; *controversias* Cic. *Tusc.* 4, 6, juger les controverses, cf. *Fat.* 46 ; *Mil.* 23 ¶ **2** [surtout abs[t]] **a)** prononcer, décider : *disceptante populo Romano* Cic. *Verr.* 5, 183, le peuple romain étant juge, cf. *Dej.* 6 ; *inter populum Carthaginiensem et regem in re praesenti* Liv. 34, 62, 15, prononcer (décider) sur place entre le peuple carthaginois et le roi, cf. Plin. *Ep.* 7, 15, 2 **b)** débattre, discuter [en justice ou en gén.] : *de publico jure* Cic. *Balb.* 64, discuter en justice sur un point de droit public ; *de controversiis jure potius quam armis* Caes. *C.* 3, 107, 2, discuter sur les points litigieux en faisant appel au droit plutôt qu'aux armes, cf. Sall. *J.* 21, 4 ‖ [pass. impers.] *de aliqua re disceptatur armis* Cic. *Fam.* 4, 14, 2, on a recours aux armes pour débattre une question ; [abl. absolu du part. n.] *multum invicem disceptato* Tac. *An.* 15, 14, après de longs débats de part et d'autre **c)** [abs[t]] *in uno proelio omnis fortuna rei publicae disceptat* *Cic. *Fam.* 10, 10, 1 [mss], toute la fortune de l'État se joue dans une seule bataille ¶ **3** [chrét.] recourir à des subtilités : Tert. *Cor.* 1, 8.

discernentĕr, adv. (*discerno*), en faisant la différence : Cael.-Aur. *Chron.* 1, 4, 81.

discernĭbĭlis, *e*, qu'on peut discerner : Aug. *Ench.* 90.

discernĭcŭlum, *i*, n. (*discerno*), aiguille de tête, qui sert à partager les cheveux : Varr. *L.* 5, 129 ‖ différence : Gell. 17, 15, 4.

discernō, *ĭs*, *ĕre*, *crēvī*, *crētum* (*dis, cerno*), tr. ¶ **1** séparer : *neque mons erat qui fines eorum discerneret* Sall. *J.* 79, 3, et il n'y avait pas de montagne pour délimiter leurs territoires ; *urbes magno inter se spatio discretae* Liv. 27, 39, 9, villes séparées par un grand intervalle ¶ **2** discerner, distinguer : *alba et atra* Cic. *Tusc.* 5, 114, distinguer le blanc du noir ; *a falso aliquid* Cic. *Ac.* 2, 25, distinguer qqch. du faux, cf. *Font.* 13 ; *animus discernit quid sit ejusdem generis, quid alterius* Cic. *Tim.* 27, l'esprit distingue ce qui appartient au même genre et ce qui appartient à l'autre ; *pecuniae an famae minus parceret haud facile discerneres* Sall. *C.* 25, 3, l'on aurait eu peine à décider ce qu'elle ménageait le moins de ses biens ou de sa réputation ; [pass. impers.] *non discernitur jussu injussu imperatoris pugnent* Liv. 8, 34, 10, on ne distingue pas s'ils combattent sur ou contre l'ordre du général ‖ reconnaître : *discernere suos* Caes. *G.* 7, 75, 1, reconnaître les siens, ses soldats ; *temperantia duobus modis discernitur* Cic. *Part.* 77, la modération se fait reconnaître, se signale de deux manières ¶ **3** [chrét.] destiner à : *ad inferos discernit Abrahae sinum pauperi* Tert. *Marc.* 4, 34, 11, aux enfers, il (Dieu) réserve pour le pauvre le sein d'Abraham ‖ prédestiner : Aug. *Civ.* 14, 26.

discerpō, *ĭs*, *ĕre*, *cerpsī*, *cerptum* (*dis, carpo*), tr. ¶ **1** déchirer, mettre en pièces ; *aliquem*, qqn : Virg. *G.* 522 ; Liv. 1, 16, 4 ; Suet. *Caes.* 17 ; *animus discerpi non potest* Cic. *Tusc.* 1, 71, l'âme ne peut être mise en lambeaux ‖ déchirer en paroles : Catul. 66, 73 ‖ [fig.] partager, diviser : *ea res quasi in membra discerpitur* Cic. *Top.* 28, ce sujet se divise en qq. sorte en plusieurs membres ; *haec facilius quasi discerpta contrectant* Cic. *de Or.* 3, 24, ces idées, ils les abordent plus facilement quand elles sont pour ainsi dire en lambeaux ¶ **2** dissiper, disperser : *quae cuncta aerii discerpunt irrita venti* Catul. 64, 142, autant de vaines paroles que les vents dissipent dans les airs, cf. Virg. *En.* 9, 313.

discerptim, adv. (*discerpo*), par fragments : Boet. *Herm. pr.* 2, 11.

discerptio, ōnis, f. (*discerpo*), action de déchirer, déchirement : VULG. 4 *Esdr.* 12, 32.

discerptus, *a*, *um*, part. de *discerpo*.

discesse, v. *discedo*.

discessī, parf. de *discedo*.

discessio, ōnis, f. (*discedo*) ¶ 1 séparation des époux : TER. *And.* 568 ∥ *populi in duas partes* GELL. 2, 12, 1, séparation du peuple en deux parties ¶ 2 départ, éloignement : TAC. *An.* 1, 30 ¶ 3 vote par déplacement dans le sénat, en passant du côté de celui dont on adopte l'avis : *discessionem facere in sententiam alicujus* CIC. *Phil.* 14, 21, mettre aux voix l'avis de qqn ; *fit discessio* CIC. *Sest.* 74, on vote ; *senatus consultum per discessionem facere* CIC. *Phil.* 3, 24, faire rendre un sénatus-consulte par un vote précipité [sans discussion préalable] ¶ 4 [chrét.] séparation d'avec l'Église, apostasie : VULG. *Act.* 21, 21 ; schisme : AUG. *Gaud.* 2, 4, 4.

1 **discessus**, *a*, *um*, v. *discedo* ▶.

2 **discessŭs**, ūs, m. ¶ 1 séparation, division : *discessus partium* CIC. *Tusc.* 1, 71, séparation des parties ; *discessus caeli* CIC. *Div.* 2, 60, entrebâillement du ciel, éclair ¶ 2 départ, éloignement : *tuus discessus* CIC. *Att.* 12, 50, ton départ ; *discessus ab urbe* CIC. *Att.* 8, 3, 3, départ de la ville ; *discessus praeclarus e vita* CIC. *Div.* 1, 47, glorieux trépas ; [pl.] *solis accessus discessusque* CIC. *Nat.* 2, 19, les époques où le soleil se rapproche ou s'éloigne de la terre ∥ exil : CIC. *Dom.* 85 ; *Leg.* 2, 42 ∥ retraite [d'une troupe] : CAES. *G.* 2, 14, 1 ; 4, 4, 6 ¶ 3 [chrét.] mort : PRUD. *Perist.* 2, 25.

discesti, v. *discedo* ▶.

disceūs, ěi, m. (δισκεύς), météore en forme de disque : PLIN. 2, 89.

discĭbĭlĭs, e (*disco*), qu'on peut apprendre : BOET. *Categ.* 4, p. 277 A.

discĭdī, parf. de *discindo*.

discĭdĭum, ii, n. (*discindo*), déchirement, division : LUCR. 6, 293 ∥ séparation : CIC. *Sull.* 60 ; *de Or.* 3, 61 ; *Lae.* 78 ; *desiderium tui discidii* CIC. *Phil.* 2, 45, le regret d'être séparé de toi ∥ divorce : CIC. *Att.* 15, 29, 2.

discĭdō, ĭs, ĕre, -, - (*dis, caedo*), tr., séparer (en coupant) : LUCR. 3, 659 ; 669.

discĭfĕr, ĕra, ĕrum (*discus, fero*), qui porte un plateau : ALDH. *Virgin.* 37.

discinctĭbĭlis, e (*discingo 2*), qui sert à juger : CAEL.-AUR. *Diaet.* 40.

discinctus, *a*, *um*, part. de *discingo*.

discindō, ĭs, ĕre, scĭdī, scissum (*dis, scindo*), tr., déchirer, fendre, couper, séparer : *tunicam* CIC. *de Or.* 2, 195, déchirer une tunique ; *cotem novacula esse discissam* CIC. *Div.* 1, 32, [on dit] que le caillou fut coupé en deux par le rasoir ∥ [fig.] *amicitias* CIC. *Lae.* 76, rompre des amitiés.

discingō, ĭs, ĕre, cinxī, cinctum (*dis, cingo*), tr. ¶ 1 ôter la ceinture [ou] le ceinturon, désarmer, dépouiller : *centuriones discincti* LIV. 27, 13, 9, centurions privés du baudrier, v. *destituo* ; *discingi armis* SIL. 8, 34, se dépouiller de ses armes, quitter le ceinturon qui le retient ; *Amazona nodo* MART. 9, 101, 5, dénouer la ceinture de l'Amazone ; *Afros* JUV. 8, 120, détrousser les Africains ∥ *in sinu est, neque ego discingor* CIC. *Q.* 2, 18, 1, je le porte dans mon cœur, et je l'y maintiens [je ne dénoue pas ma ceinture, je ne défais pas le pli de ma toge] ; *discinctus* HOR. *S.* 2, 1, 73, la ceinture détachée, à son aise ; *discincti Afri* VIRG. *En.* 8, 724, les Africains à la robe flottante, mous, efféminés ¶ 2 [fig.] *a)* affaiblir, énerver, réduire à rien : *dolos* SIL. 7, 153, déjouer des ruses ; *(Maecenas) habuit ... ingenium et grande et virile nisi illud secundis discinxisset* *SEN. *Ep.* 92, 35, il aurait eu un caractère élevé et mâle, s'il ne l'avait défait dans la prospérité *b)* juger un différend, juger, décider : SIDON. *Ep.* 2, 7, 2.

discĭpĭo, ĭs, ĕre, cēpi, ceptum (*dis, capio*), v. *discepto* ; séparer, diviser : GLOSS. 4, 331, 55.

discipleina, v. *disciplina* ▶.

disciplīna, ae, f. (*discipulus*) ¶ 1 action d'apprendre, de s'instruire : *ad Druides magnus adulescentium numerus disciplinae causa concurrit* CAES. *G.* 6, 13, 4, un grand nombre de jeunes gens affluent chez les Druides pour s'instruire ; *in disciplinam conveniunt* CAES. *G.* 6, 14, 2 ; *in disciplina permanent* CAES. *G.* 6, 14, 3, ils vont ensemble chercher l'instruction, ils restent à étudier, cf. CIC. *Div.* 1, 92 ; *Verr.* 1, 115 ; *res quarum est disciplina* CIC. *Div.* 2, 10, les choses qui sont matière d'étude, d'enseignement ; *pueritiae disciplinae* CIC. *Pomp.* 28, les matières étudiées dans l'enfance ; *in disciplinam militiae proficisci* CIC. *Pomp.* 28, partir pour l'école du métier militaire ∥ connaissances acquises, science : *(Archimedes) homo summo ingenio ac disciplina* CIC. *Verr.* 4, 131, (Archimède) qui avait au plus haut degré le génie et la science ; *disciplina juris civilis eruditissimus* CIC. *de Or.* 1, 180, le plus versé dans la science du droit civil ; *disciplina militari nobilitatus* NEP. *Iph.* 1, 1, célèbre par sa connaissance des choses de la guerre (2, 4) ; *navalis* CIC. *Pomp.* 54, science des choses maritimes ¶ 2 enseignement : *dicendi* CIC. *Brut.* 163, enseignement (leçons) d'éloquence ; *disciplinam ab aliquo accipere* CIC. *Nat.* 1, 26, recevoir un enseignement de qqn ; *Hermagorae disciplina* CIC. *Brut.* 263, l'enseignement (école) d'Hermagoras ; *virtutis, officii* CIC. *Pis.* 71, enseignement de la vertu, du devoir ∥ méthode : *ad similitudinem bellicae disciplinae* CIC. *Nat.* 2, 161, à l'imitation des méthodes de la guerre ; *disciplina atque imperio* LIV. 26, 2, 10, par les méthodes de commandement et par l'autorité ∥ système, doctrine (philosophique) : *disciplina philosophiae* CIC. *Ac.* 2, 7, enseignement (système) philosophique (*Fin.* 1, 12 ; *Nat.* 1, 16 ; **Stoicorum** CIC. *Or.* 113 ; *Fin.* 3, 11 ; *Ac.* 2, 152, 129, école stoïcienne) ¶ 3 éducation, formation, discipline, école : *a pueris nullo officio aut disciplina assuefacti* CAES. *G.* 4, 1, 3, n'étant habitués dès l'enfance à aucune obligation ni à aucune discipline ; *cum haec a servorum bello pericula et praetorum institutis et dominorum disciplina provisa sini* CIC. *Verr.* 5, 8, comme ces dangers provenant d'une guerre des esclaves ont été prévenus et par les règlements des préteurs et par la discipline des maîtres ; *Cyri vita et disciplina* CIC. *Brut.* 112, la vie et l'éducation de Cyrus [Cyropédie], cf. *Fat.* 11 ; *ex vetere judicum disciplina* CIC. *Clu.* 107, de la vieille école des juges ∥ formation (éducation) militaire : CAES. *G.* 1, 40, 5 ; 6, 1, 4 ∥ [en part.] *militaris* LIV. 1, 19, 4 ; 8, 7, 16, la discipline militaire ∥ organisation politique, constitution : *rei publicae* CIC. *de Or.* 1, 159 ; *civitatis* CIC. *Tusc.* 4, 1, régime politique, organisation du gouvernement, cf. *Rep.* 1, 50 ; 2, 64 ; 3, 4 ∥ [en gén.] principes, règles de vie : *avi mores disciplinamque imitari* CIC. *Dej.* 28, imiter les mœurs et les principes de son aïeul ; *liberos ad civitatis disciplinam instituere* CIC. *Verr.* 3, 161, élever ses enfants conformément aux règles en honneur dans la cité ¶ 4 [chrét.] doctrine religieuse : *acceptam a Christo disciplinam* TERT. *Praescr.* 6, 4, la doctrine reçue du Christ ∥ loi morale, discipline : *doctrinae index disciplina est* TERT. *Praescr.* 43, 2, la règle dicipinaire est un critère de la doctrine ∥ règle monastique : BENED. *Reg.* 2, 60 ∥ avertissement de Dieu, châtiment : VULG. *Deut.* 11, 2.

▶ forme primitive *discipulina* PL. *As.* 201 ; *Most.* 154 ; *Ps.* 1274 ∥ *discipleina* CIL 1, 1 p. 202 ∥ jeu de mots avec *disciplina* DON. *Gram.* 4, 392, 20.

disciplīnābĭlis, e (*disciplina*), qui peut être enseigné : ISID. 2, 24, 9 ∥ disciplinable : CASSIOD. *Var.* 4, 33, 1 ∥ discipliné : CASSIOD. *Var.* 4, 33, 1.

disciplīnābĭlĭtĕr, adv., méthodiquement : CASSIOD. *Psalm. pr.* 4.

disciplīnāris, e, scientifique : BOET. *Top. Arist.* 1, 1.

disciplīnārĭtĕr, adv., d'une manière scientifique, scientifiquement : BOET. *Trin.* 2.

disciplīnātē, adv., avec méthode : CASSIAN. *Coll.* 10, 13, 2.

disciplīnātus, *a*, *um* (*disciplina*), bien instruit, qui a reçu une bonne éducation : *disciplinatior* TERT. *Fug.* 1, 6, mieux éduqué.

disciplīnōsus, *a*, *um* (*disciplina*), bien entraîné : CAT. *Frg.* p. 82, 5, cf. GELL. 4, 9, 12.

discĭpŭla, ae, f. (*discipulus*), écolière, élève : HOR. *S.* 1, 10, 91 ; QUINT. 12, 10, 27 ∥ [fig.] *luminis solis luna discipula* APUL.

Flor. 10, la lune qui reflète docilement la lumière du soleil.

discĭpŭlātŭs, ūs, m. (*discipulus*), condition (état) d'écolier, de disciple : Aug. *Serm.* 234, 2 ; Tert. *Praescr.* 22, 3.

discĭpŭlīna, V. *disciplina* ▶.

discĭpŭlus, i, m. (*disco* ?, plutôt *discipio*, cf. *discepto*), disciple, élève : Cic. *Tusc.* 1, 38 ; *Fam.* 9, 16, 7 ‖ [fig.] *discipulus prioris dies* Publ.-Syr. 123, jour qui reçoit l'enseignement du précédent ‖ garçon, aide, apprenti : Pl. *Aul.* 409 ‖ pl., les disciples de J.-C. : Vulg. *Luc.* 5, 30.

discīsĭo, ōnis, f. (*discido*), [gram.] diérèse : *Diom. 442, 11.

discissĭo, ōnis, f. (*discindo*), séparation, division : Aug. *Ep.* 82, 8.

discissūra, ae, f., déchirement : *Ps. Ambr. *Serm.* 5, 7.

discissus, part. de *discindo*.

discĭtō, ās, āre, -, - (fréq. de *disco*), tr., apprendre, se mettre au courant de : *Cypr.-Gall. *Exod.* 698.

disclūdō, ĭs, ĕre, clūsī, clūsum (*dis, claudo*), tr., enfermer à part, séparer [propre et fig.] : *mundum* Lucr. 5, 438, enfermer le monde dans ses limites, cf. Virg. *B.* 6, 35 ; *Plato duas partes (animi) parere voluit, iram et cupiditatem, quas locis disclusit* Cic. *Tusc.* 1, 20, Platon voulut soumettre à l'obéissance deux parties de l'âme, la colère et la cupidité, auxquelles il assigna des demeures à part ; *mons Cebenna Arvernos ab Helviis discludit* Caes. *G.* 7, 8, 2, les Cévennes séparent les Arvernes des Helviens ; *tignis disclusis* Caes. *G.* 4, 17, 7, les pilotis étant écartés ‖ [poét.] *morsus roboris* Virg. *En.* 12, 782, écarter la morsure du bois = dégager de la morsure du bois.

disclūsĭo, ōnis, f. (*discludo*), séparation : Apul. *Socr.* 1.

disclūsus, a, um, part. de *discludo*.

discō, ĭs, ĕre, dĭdĭcī, discĭtum, Prisc., tr. (*di-dc-sco*, cf. *doceo* ; > bret. *deskiñ*) ¶ **1** apprendre : *litteras Graecas* Cic. *CM* 26, apprendre le grec, cf. *Mur.* 19 ; [passif] *de Or.* 2, 143 ; *Verr.* 1, 115 ‖ *aliquid ab aliquo* Cic. *Ac.* 2, 98 ; *apud aliquem* Cic. *Fam.* 9, 10, 2 ; *de aliquo* Ter. *Eun.* 262 ; *ex aliquo* Cic. *Verr.* 4, 30, apprendre qqch. de, par qqn ; *discere saltare* Cic. *de Or.* 3, 83, apprendre à danser ; *Latine loqui didicerat* Sall. *J.* 101, 6, il avait appris le latin (cf. *Graece loqui* Quint. 1, 1, 13) ; *discere fidibus* Cic. *CM* 26, apprendre à jouer de la lyre ; *armis* Sen. *Contr.* 9, pr. 4, apprendre le maniement des armes ; *discere quem ad modum aliquid fiat* Cic. *Lae.* 41, apprendre comment qqch. se fait ‖ [avec prop. inf.] apprendre : Cic. *Tusc.* 1, 49 ; *Fam.* 3, 5, 1 ‖ [abs¹] apprendre par message : Caes. *G.* 7, 54, 1 ‖ [abs¹] **a)** apprendre, s'instruire : *se ita a majoribus suis didicisse ut...* Caes. *G.* 1, 13, 6, ils tenaient de leurs ancêtres cette discipline (cette habitude) de... **b)** faire des études : *disces a principe*

hujus aetatis philosophorum, et disces quamdiu voles Cic. *Off.* 1, 2, tu étudieras sous le prince des philosophes de notre époque, et tu étudieras aussi longtemps que tu le voudras ¶ **2** [nom de ch. sujet] : Pl. *Amp.* 315 ; Virg. *B.* 4, 42 ; Hor. *O.* 2, 20, 20 ; Plin. *pr.* 16 ¶ **3** [chrét.] s'instruire dans la religion : Tert. *Bapt.* 18, 5 ‖ connaître [qqn] : *disce Paulinum* Aug. *Ep.* 26, 5, apprends à connaître Paulin.

▶ part. fut. *disciturus*, Apul. d. Prisc. 2, 511, 20 ; *discitum* Prisc. 2, 511, 18 mais sans ex.

discŏbīno, V. *descobino*.

discŏbŏlŏs, i, m. (δισκοβόλος), discobole, celui qui lance le disque : Plin. 34, 57 ; Quint. 2, 13, 10.

discoctus, a, um, part. de *discoquo*.

discŏīdēs, ēs (δισκοειδής), qui a la forme d'un disque : Vindic. *Med.* 19.

discŏlŏr, ōris, de diverses couleurs : Cic. *Verr. prim.* 40 ; Plin. 10, 3 ; Curt. 3, 4, 26 ‖ d'une couleur différente de [avec dat.] Col. 7, 3, 2 ; [abs¹] dont la couleur tranche : Virg. *En.* 6, 204 ‖ [fig.] différent : Hor. *Ep.* 1, 18, 4.

discŏlōrĭus, a, um, C. *discolor* : Petr. 97, 3.

discŏlōrus, a, um, C. *discolor* : Prud. *Perist.* 10, 302 ; Apul. *Apol.* 30.

disconcinnus, a, um, qui ne va pas avec, qui est en désaccord : Front. *Or.* 12, p. 159 N.

discondūcō, ĭs, ĕre, -, -, intr., n'être pas avantageux à [dat.] : Pl. *Trin.* 930.

disconvĕnĭens, tis, part. de *disconvenio*, qui ne convient pas à [dat.] : Lact. *Ir.* 3, 1.

disconvĕnĭentĭa, ae, f., désaccord : Tert. *Test.* 6, 2.

disconvĕnĭō, īs, īre, -, - (*dis, convenio*), intr., ne pas s'accorder : Hor. *Ep.* 1, 1, 99 ‖ impers., il y a désaccord : Hor. *Ep.* 1, 14, 18.

discŏŏpĕrĭō, īs, īre, pĕrŭī, pertum (*dis, cooperio* ; it. *scoprire*), tr., découvrir, mettre à découvert : Vulg. *Lev.* 18, 7 ; Hier. *Is.* 7, 20, 16.

discŏphŏrus, i, m. (δισκοφόρος), celui qui porte les plats : Hier. *Jovin.* 2, 15.

discŏquō, ĭs, ĕre, coxī, coctum, tr., faire bien cuire, faire une décoction : Plin. 22, 142.

discordābĭlis, e (*discordo*), qui est en désaccord : Pl. *Cap.* 402.

1 discordĭa, ae, f. (*discors*), discorde, désaccord, désunion, mésintelligence : Cic. *Tusc.* 4, 21 ; *Mur.* 83 ‖ pl., Cic. *Har.* 46 ; *Mur.* 47 ; *Lae.* 23 ‖ [fig.] Lucr. 5, 440 ; 6, 366 ; *discordia ponti* Luc. 5, 646, agitation des flots ; *discordia mentis* Ov. *M.* 9, 630, état discordant des pensées, fluctuations de l'esprit.

2 Discordĭa, ae, f., la Discorde [déesse, fille de l'Érèbe et de la Nuit] : Virg. *En.* 6, 280.

discordĭōsē, adv., en désaccord : Aug. *Bapt.* 3, 15, 20.

discordĭōsus, a, um (*discordia*), porté à la discorde : Sall. *J.* 66, 2 ‖ où règne la discorde : Sidon. *Ep.* 6, 2, 4.

discordis, e, C. *discors* : Pompon. *Com.* 165.

discordĭtās, ātis, f., C. *discordia* : Pacuv. *Tr.* 178.

discordĭum, ĭi, n., C. *discordia* : Calp. 1, 57.

discordō, ās, āre, -, - (*discors*), intr. ¶ **1** être en désaccord, en mésintelligence, en discordance [propre et fig.] : *animus secum discordans* Cic. *Fin.* 1, 58, l'âme n'étant pas d'accord avec elle-même ; *discordantia adversus ventrem membra* Quint. 5, 11, 19, les membres révoltés contre l'estomac ‖ [abs¹] être divisé : *remedium discordantis patriae* Tac. *An.* 1, 9, remède aux divisions de la patrie ¶ **2** être différent : *vox ab oratione discordans* Quint. 11, 3, 45, ton de voix qui ne concorde pas avec les paroles ; *discordat parcus avaro* Hor. *Ep.* 2, 2, 194, l'homme économe diffère de l'avare.

discŏrĭātĭo, ōnis, f. (*discorio*), enlèvement de la peau, dépouillement : Ps.-Sor. *Quaest.* 245.

discŏrĭō, ās, āre, -, - (*dis, corium*), ôter la peau : Gloss. 3, 141, 23.

discors, cordis (*dis, cor*), qui est en désaccord, en mésintelligence [propre et fig.] : *homines non contentione, non ambitione discordes* Cic. *Agr.* 2, 91, hommes que ni la rivalité, ni la poursuite des charges ne divisent ; *civitas discors* Tac. *H.* 2, 10 ; *civitas secum ipsa discors* Liv. 2, 3, 1, État divisé ; *filius discors patri* Vell. 2, 37, 2, fils en désaccord avec son père ; *discordia arma* Virg. *G.* 2, 459, les armes ennemies, les combats ; *discordes venti* Virg. *En.* 10, 356, vents qui se combattent ‖ discordant : Hor. *P.* 374 ‖ différent : *aestus marini tempore discordes* Plin. 2, 99, marées irrégulières.

discrēbĭlis, e (*discerno*), qu'on peut distinguer : Jul.-Val. 3, 27.

discrēdō, ĭs, ĕre, -, -, intr., ne pas croire, refuser de croire : Commod. *Apol.* 552.

discrĕpābĭlis, e, différent : Cassiod. *Psalm.* 100, 1.

discrĕpans, tis, part. de *discrepo*, *-tissimus* Solin. 52, 19, très discordant.

discrĕpantĭa, ae, f. (*discrepo*), désaccord : *in actiones nullam discrepantiam conferre* Cic. *Off.* 1, 111, n'introduire aucune discordance dans les actions, cf. *Fin.* 3, 41 ; *Top.* 96.

discrĕpātĭo, ōnis, f. (*discrepo*), dissentiment : Liv. 10, 18, 7.

discrĕpātūrus, a, um, V. *discrepo* ▶.

discrĕpĭtō, ās, āre, -, - (fréq. de *discrepo*), être absolument différent : Lucr. 2, 1018 ; 3, 801.

discrĕpō, ās, āre, āvī (ŭī), -, intr. ¶ **1** rendre un son différent, discordant,

discrepo

ne pas être d'accord : *in fidibus quamvis paulum discrepent, tamen id a sciente animadverti solet* Cic. *Off.* 1, 145, dans le jeu de la lyre la moindre discordance est sentie par les hommes de l'art ¶ **2** [fig.] ne pas s'accorder, différer, être différent de : *in aliqua re* Cic. *Verr.* 5, 122 ; *de aliqua re* Cic. *Tusc.* 4, 61, différer en qqch. ; *cum aliqua re* Cic. *Fin.* 2, 96 ; *ab aliqua re* Cic. *Rep.* 3, 16, différer de qqch. ; *sibi discrepare* Cic. *de Or.* 3, 196, être en désaccord avec soi-même ; *ut haec duo verbo inter se discrepare, re unum sonare videantur* Cic. *Off.* 3, 83, de façon que, on le voit, ces deux choses, opposées de nom, en réalité ont le même sens ; *oratio verbis discrepans, sententiis congruens* Cic. *Leg.* 1, 30, la parole, qui diffère dans l'expression, s'accorde dans les pensées ‖ [poét.] [avec dat., sauf dans *sibi discrepare*] Hor. S. 1, 6, 92 ; *Ep.* 2, 2, 194 ; *P.* 152 ‖ impers., il y a dissentiment : *discrepat de latore* Liv. 3, 31, 8, on ne s'accorde pas sur l'auteur [de ces lois] ; *nec inter scriptores rerum discrepat solum* Liv. 38, 56, 5, mais les historiens ne sont pas seulement divisés ; *nec discrepat, quin dictator eo anno A. Cornelius fuerit* Liv. 8, 40, 1, et il n'est pas contesté qu'A. Cornélius fut dictateur cette année-là ‖ [avec prop. inf.] il n'est pas concordant que : Lucr. 1, 582 ; Liv. 22, 36, 5.

▶ parf. *discrepavi* Cic. *de Or.* 3, 119 ; *discrepui* Hor. *P.* 219 ‖ *discrepaturus* *Optat. 4, 2.

discrēscō, *is*, *ĕre*, *crēvī*, -, intr., croître, grossir beaucoup : Lact. *Mort.* 33, 10.

discrētē, Prisc. 3, 98, 4, **discrētim**, Apul. *M.* 6, 1 ; Amm. 29, 6, 13, adv. (*discerno*), séparément, à part.

discrētĭō, *ōnis*, f. (*discerno*), séparation : Dig. 7, 1, 62 ; Macr. *Somn.* 1, 6, 17 ‖ faculté de distinguer, discernement : Vulg. *Hebr.* 5, 14 ‖ distinction, différence : *sine discretione* Pall. 8, 4, 5, indistinctement.

discrētīvē, adv., en séparant : Don. *Eun.* 123.

discrētīvus, *a*, *um* (*discerno*), qui a la propriété de distinguer : Prisc. 3, 87, 14.

discrētŏr, *ōris*, m. (*discerno*), celui qui distingue : *discretor cogitationum* Vulg. *Hebr.* 4, 12, celui qui démêle les pensées.

discrētōrĭum, *ii*, n., le diaphragme : Cael.-Aur. *Chron.* 2, 12, 143.

discrētus, *a*, *um*, part. de *discerno*.

discrēvī, parf. de *discerno* et de *discresco*.

discrībō, *is*, *ĕre*, *scrīpsī*, *scriptum* (*dis*, *scribo*), tr. ¶ **1** assigner ici une chose, là une autre : *argentum discripsi illis quibus debui* Ter. *Phorm.* 922, j'ai consacré la somme à payer mes divers créanciers ; *quae discripta sunt legibus* Cic. *Off.* 1, 51, ce qui est assigné à chacun par les lois (*Fam.* 12, 1, 1) ¶ **2** répartir, distribuer [en classes] : *Leg.* 3, 7 ; *CM* 17, 59 ; *Fam.* 16, 11, 3.

▶ cf. *describo*, dans les mss il y a souvent confusion des formes *discr-* et *descr-*, et il est difficile de prendre le sens de prendre parti.

discrīmen, *mĭnis*, n. (*discerno*), ce qui sépare ¶ **1** ligne de démarcation, point de séparation : *cum (duo maria) pertenui discrimine separarentur* Cic. *Agr.* 2, 87, (les deux mers) n'étant séparées que par un intervalle [isthme] très étroit, cf. Lucr. 5, 690 ; Virg. *En.* 5, 154 ; Ov. *Pont.* 1, 8, 62 ; *discrimina dare* Virg. *En.* 10, 382, séparer, former la séparation ‖ *septem discrimina vocum* Virg. *En.* 6, 646, les sept intervalles des notes ¶ **2** [fig.] différence, distinction : *delectu omni et discrimine remoto* Cic. *Fin.* 4, 69, quand on écarte toute espèce de choix et de distinction ; *sit hoc discrimen inter gratiosos cives atque fortes, ut...* Cic. *Balb.* 49, qu'entre les citoyens qui ont du crédit et ceux qui ont du courage il y ait cette différence que... ‖ faculté de distinguer, discernement : *non est consilium in vulgo, non ratio, non discrimen* Cic. *Planc.* 9, il n'y a dans la foule ni réflexion, ni raison, ni discernement ¶ **3** moment où il s'agit de décider, décision, détermination : *res in id discrimen adducta est, utrum... an...* Cic. *Phil.* 3, 29, les choses sont arrivées à ce point qu'il s'agit de décider si... ou si... ; *ea res nunc in discrimine versatur, utrum... an...* Cic. *Quinct.* 92, ce qui maintenant est à décider, c'est de savoir si... ou si... ; *in discrimine est humanum genus, utrum vos an Carthaginienses principes orbis terrarum videat* Liv. 29, 17, 6, la question est en suspens pour le genre humain, de savoir si c'est vous ou les Carthaginois qu'il verra maîtres du monde ; *quae in discrimine fuerunt, an ulla post hunc diem essent* Liv. 8, 35, 4, choses à propos desquelles on s'est demandé si elles existeraient encore après ce jour-ci (= qui ont couru le risque de ne plus exister après ce jour-ci) ‖ moment décisif : *discrimen ultimum belli* Liv. 44, 23, 2, le moment décisif de la guerre ¶ **4** position critique : *videt in summo esse rem discrimine* Caes. *G.* 6, 38, 2, il voit que la situation est critique au plus haut point ; *adducta est res in maximum periculum et extremum paene discrimen* Cic. *Phil.* 7, 1, nous en sommes venus aux plus grands périls et presque au point critique extrême (à la dernière extrémité) ; *in capitis discrimen aliquem adducere* Cic. *Dej.* 2, mettre en péril la vie de qqn ; *in veteris fortunae discrimen adducitur* Cic. *Mur.* 55, il s'expose à voir son ancienne situation en danger critique ; *in extremo discrimine et dimicatione fortunae* Cic. *Sull.* 77, quand, pour la situation, le moment est critique et la lutte décisive ; *in discrimine periculi* Liv. 6, 17, 1 ; 8, 24, 12, au point critique du danger, au plus fort du danger.

discrīmĭnālis, *e* (*discrimen*), qui sert à séparer [les cheveux] : Hier. *Ruf.* 3, 42 ‖ subst. n., aiguille de tête : Vulg. *Is.* 3, 20.

discrīmĭnātim, adv., séparément, à part : Varr. *R.* 1, 7, 7.

discrīmĭnātĭō, *ōnis*, f. (*discrimino*), séparation : Diom. 320, 16 ‖ nom d'une figure de rhétorique : Ps. Jul. Ruf. *Lex.* 20.

discrīmĭnātŏr, *ōris*, m. (*discrimino*), celui qui discerne, qui fait la différence : Aug. *Ev. Joh.* 20, 12.

discrīmĭnātrix, *īcis*, f., celle qui discerne : Naz. = Paneg. 10, 7, 4.

discrīmĭnātus, *a*, *um*, part. de *discrimino*.

discrīmĭnō, *ās*, *āre*, *āvī*, *ātum* (*discrimen*), tr. ¶ **1** mettre à part, séparer, diviser : Varr. *R.* 1, 23, 4 ; *Etruriam discriminat Cassia* Cic. *Phil.* 12, 23, la via Cassia partage l'Étrurie ; *lucet via et late discriminat agros* Virg. *En.* 11, 144, la route est éclairée et (met à part) tranche au loin sur la campagne ¶ **2** distinguer : Sen. *Ep.* 95, 65 ; Varr. *L.* 9, 104.

discrīmĭnōsius, adv. compar., d'une manière plus décisive : Jul.-Val. 2, 24.

discriptē, v. *descripte*.

discriptĭō, *ōnis*, f. (*discribo*) ¶ **1** [en parl. de plusieurs objets] répartition en des endroits précis, assignation d'une place à l'un, d'une place à l'autre, classement, distribution : *expetendarum fugiendarumque rerum* Cic. *Tusc.* 5, 68, classement des biens et des maux ; *quae discriptio* Cic. *Rep.* 2, 39, cette distribution [du peuple en classes], cf. *Leg.* 2, 30 ; 3, 12 ; *Rep.* 4, 1 ; 4, 10 ¶ **2** classement (distribution, arrangement) des diverses parties d'un tout, organisation, économie : *omnium corporis partium* Cic. *Nat.* 1, 92, l'harmonieuse distribution de toutes les parties du corps humain, cf. 2, 115 ; 2, 121 ; *Rep.* 1, 70 ; *juris discriptio* Cic. *Off.* 2, 15, l'organisation du droit, cf. 1, 96 ; *civitatis* Cic. *Sest.* 137, l'organisation politique, la constitution de la cité.

▶ v. *descriptio*.

discrŭcĭātŭs, *ūs*, m., souffrance, torture : Prud. *Ham.* 834.

discrŭcĭō, *ās*, *āre*, *āvī*, *ātum* (*dis*, *crucio*), tr., [s'emploie ordin^t au pass.], écarteler sur une croix, torturer, tourmenter cruellement [propre et fig.] : *discruciatos necare* Cic. *Phil.* 13, 37, faire périr dans de cruels tourments ; *discrucior Sextilii fundum a verberone Curtilio possideri* Cic. *Att.* 14, 6, 1, je souffre horriblement à la pensée que cette canaille de Curtilius possède le bien de Sextilius ; *discrucior animi* Ter. *Ad.* 610, je me tourmente, cf. Pl. *Aul.* 153.

discŭbĭtĭō, *ōnis*, f., siège de salle à manger : Aug. *Serm.* 118, 1.

discŭbĭtŭs, *ūs*, m. (*discumbo*), action de se mettre à table : Val.-Max. 2, 1, 9 ‖ pl., concubinage : Iren. 3, 14, 3.

discucurrī, parf. de *discurro*.

disculcĭō, c. *discalcio* : VL *Deut.* 25, 10.

discumbō, ĭs, ĕre, cŭbŭī, cŭbĭtum (dis, cumbo), intr. ¶ **1** se coucher, se mettre au lit [en parl. de plusieurs]: Cic. Inv. 2, 14 ¶ **2** se coucher pour manger, prendre place à table [en parl. de plusieurs]: *discubuimus omnes praeter illam* Cic. Att. 5, 1, 4, nous nous mîmes tous à table, excepté elle ; *discumbitur* Virg. En. 1, 700, on se met à table ‖ [en parl. d'un seul]: Tac. An. 3, 14 ; 6, 50 ; Curt. 8, 5, 6.

discŭnĕātus, a, um (dis, cuneo), ouvert comme avec un coin : Plin. 9, 90.

discŭpĭō, ĭs, ĕre, -, -, intr., désirer vivement : Pl. Trin. 932 ; Catul. 106, 2 ; Cael. Fam. 8, 15, 2.

discurrō, ĭs, ĕre, currī (cŭcurrī), cursum ¶ **1** intr., courir de différents côtés [ordin.t en parl. de plusieurs]: *tantus exercitus clamor exauditus est, ut in muris armata civitas discurreret* Caes. C. 3, 105, 3, les cris de l'armée furent tels que la cité en armes courait çà et là sur les remparts ; *discurritur in muros* Virg. En. 11, 468, on accourt sur les remparts ‖ [fig.] *Nilus septem discurrit in ora* Virg. G. 4, 292, le Nil se partage en sept embouchures ; *maculae discurrentes* Plin. 37, 5, taches qui s'étendent ; *fama percurrit* Curt. 4, 1, le bruit se répand ¶ **2** tr. [tard.] **a)** parcourir : Amm. 15, 5, 4 ; 16, 2, 10 **b)** discourir : *pauca discurram* Amm. 17, 4, 1, je dirai quelques mots **c)** expliquer : Aug. Petil. 2, 29, 66.

discursātĭō, ōnis, f. (discurso), course en sens divers, allées et venues : Sen. Brev. 3, 2 ; Frontin. Strat. 1, 5, 28 ‖ pl., Tert. Apol. 39, 19.

discursātŏr, ōris, m. (discurso), celui qui court çà et là : *discursatores pedites* Amm. 16, 12, 21, voltigeurs ; *hostis discursator* Amm. 29, 5, 7, ennemi qui provoque, qui harcèle.

discursim, adv. (discurro), en courant de différents côtés : Jul.-Val. 1, 51.

discursĭō, ōnis, f. (discurro), allées et venues : Lact. Opif. 3, 7 ‖ [milit.] escarmouche : Amm. 15, 4, 11 ‖ action de parcourir à la hâte : Amm. 31, 9, 2.

discursō, ās, āre, āvī, ātum (fréq. de discurro), intr., aller et venir, courir çà et là : Quint. 11, 3, 126 ; Flor. 3, 18, 10 ‖ tr., parcourir : Amm. 15, 5, 4.

1 **discursus**, a, um, v.> discurro ¶ 2.

2 **discursŭs**, ūs, m. ¶ **1** action de courir çà et là, de se répandre de différents côtés : Hirt. G. 8, 29, 2 ; Liv. 25, 25, 9 ‖ [en parl. de racines] Plin. 17, 144 ; [d'une pluie de traits] Val.-Max. 3, 1, 1 ‖ *inanis discursus* Plin. Ep. 1, 9, 7, vaines démarches, vaine agitation ‖ louvoiement [d'un vaisseau]: Liv. 37, 24, 2 ‖ vagabondage [des étoiles]: Sen. Ep. 36, 11 ¶ **2** discours, conversation, entretien : Cod. Th. 9, 24, 1.

discus, i (δίσκος ; fr. dais, it. desco, al. Tisch, an. dish), m., disque, palet : Cic. de Or. 2, 21 ; Hor. O. 1, 8, 11 ‖ plateau, plat : Apul. M. 2, 24 ‖ cadran : Vitr. 9, 8, 1.

discussē, adv., avec examen, mûrement ‖ compar., *discussius* Capel. 9, 891.

discussĭō, ōnis, f. (discutio), secousse, ébranlement : Sen. Nat. 6, 19, 2 ‖ examen attentif, discussion : Macr. Somn. 1, 16, 8 ‖ inspection, révision, vérification [pour la répartition et la rentrée des impôts]: Cod. Just. 10, 30, 1.

discussŏr, ōris, m. (discutio), celui qui scrute, qui examine : Macr. Somn. 1, 21, 8 ‖ inspecteur, vérificateur, contrôleur des finances de l'État [dans les provinces]: Symm. Ep. 5, 76 ‖ celui qui raisonne, qui discute : Gloss. 2, 51, 14.

discussōrĭus, a, um (discussor), résolutif, dissolvant [méd.]: Plin. 30, 75.

1 **discussus**, a, um, part. de discutio.

2 **discussŭs**, ūs, m., agitation : Ov. Hal. 40 ; Plin. 32, 13.

discŭtĭō, ĭs, ĕre, cussī, cussum (dis, quatio), tr. ¶ **1** fendre (briser) en frappant, fracasser, fendre : *dentes* Lucil. d. Non. 455, 18, faire sauter les dents ; *aliquantum muri* Liv. 21, 12, 2, faire une brèche assez grande dans un mur, cf. Caes. C. 2, 9, 4 ; *tempora* Ov. M. 2, 625, fracasser la tête ¶ **2** [méd.] résoudre : *discutere quae in corpore coierunt* Cels. 5, 11, dissoudre les dépôts dans le corps ‖ *matrimonium, sponsalia* Dig. 24, 1, 2 ; 24, 2, 2, 2, rompre un mariage, des fiançailles ¶ **3** dissiper, écarter [propre et fig.]: *discussa est caligo* Cic. Phil. 12, 5, le brouillard est dissipé ; *ea quae obscurant* Cic. de Or. 3, 215, dissiper ce qui obscurcit ; *captiones* Cic. Ac. 2, 46, déjouer les subtilités ; *disceptationem* Liv. 38, 13, 9, trancher un différend ¶ **4** [tard.] discuter, examiner : *parabolarum quidem iam discussa quaestio est* Tert. Pud. 11, 1, le problème des paraboles, en tout cas, a déjà été discuté ‖ expliquer, exposer : Aug. Doctr. 4, 7, 21.

disdĭăpāsōn, indécl. (δὶς διὰ πασῶν), [mus.] double octave : Vitr. 5, 4, 9.

disdĭăpentĕ, indécl. (δὶς διὰ πέντε), [mus.] quinte redoublée : Vitr. 5, 4, 7.

disdĭătessărōn, indécl. (δὶς διὰ τεττάρων), [mus.] quarte redoublée : Vitr. 5, 4, 7.

disdo, v.> 1 dido.

disdōnō, ās, āre, -, -, tr., donner çà et là : Not. Tir. 41, 88.

dĭsēmus pēs, m. (δίσημος), pied de deux brèves : Capel. 9, 978.

dĭsertē, adv. (disertus) ¶ **1** clairement, expressément : *in foedere diserte additum est* Liv. 21, 19, 3, dans le traité on ajouta en termes formels, cf. 39, 28, 12 ; Cic. Verr. 3, 126 ¶ **2** éloquemment : Cic. de Or. 1, 44 ‖ *disertius* Sen. Suas. 2, 14 ; *disertissime* Liv. 39, 28, 12.

dĭsertim, adv., clairement, nettement : Pl. St. 241.

dĭsertĭō, onis, f., (**dissertio**, Gloss. 5, 451, 16) (*dis-arc-tio ; cf. (h)ercisco), partage d'un héritage : P. Fest. 63, 20.

dĭsertĭtūdo, ĭnis, f. (disertus), faconde, éloquence : Hier. Ep. 50, 5.

dĭsertīvus, a, um, explicatif [en parl. d'une conjonction]: Prisc. 3, 93, 14.

dĭsertus, a, um (2 dissero ; pour -s-, cf. curulis) ¶ **1** bien ordonné, habilement disposé, clair et expressif : *diserta et oratoria oratio* Cic. de Or. 1, 231, discours habile et digne d'un orateur ‖ [en parl. des pers.] habile : Ter. Eun. 1011 ; *disertus leporum* Catul. 12, 9, connaisseur en choses spirituelles ¶ **2** [en part.] habile à parler, parleur habile : Cic. de Or. 1, 94 ; Brut. 196 ‖ *difficultas laborque discendi disertam neglegentiam reddidit* Cic. Div. 1, 105, la difficulté et la peine d'apprendre ont rendu la paresse discoureuse ‖ *disertior* Cic. de Or. 3, 129 ; -*tissimus* Cic. de Or. 1, 231.

▶ orth. *dissertus* fréquente dans les mss.

disglūtĭnō, ās, āre, -, -, tr., détacher, séparer : Hier. Ep. 66, 12.

disgrĕdĭor, dĕrĭs, dī, -, v.> digredior : Boet. Anal. post. 2, 11, p. 551.

disgrĕgātĭō, ōnis, f., distribution en groupes, classement : Boet. Divis. p. 884 C.

disgrĕgātīvus, a, um, qui a pour but la classification : Boet. Top. Arist. 7, 2.

disgrĕgō, ās, āre, -, -, tr., séparer, diviser : Capel. 3, 289 ; 9, 913.

disgrĕgus, a, um (disgrego), Capel. 9, 892, **disgrex**, ĕgis, Gloss. 5, 596, 47, différent, dissemblable.

dishĭascō, ĭs, ĕre, -, -, intr., s'entrouvrir, se fendre : Cat. Agr. 12.

dĭsĭcĭo, v.> disjicio.

disjēcī, parf. de disjicio.

disjectō, ās, āre, -, - (fréq. de disjicio), tr., jeter çà et là, disperser : Lucr. 2, 553 ; 3, 501.

1 **disjectus**, a, um, part. de disjicio.

2 **disjectŭs**, ūs, m., dispersion [de la matière]: Lucr. 3, 928.

disjĭcĭō (**dĭsĭcĭō**), ĭs, ĕre, jēcī, jectum (dis, jacio), tr. ¶ **1** jeter çà et là, disperser, séparer : *phalange disjecta* Caes. G. 1, 25, 3, la phalange étant disloquée, cf. Nep. Att. 8, 4 ; *disjicere naves* Liv. 30, 24, 7, disperser les vaisseaux ; *securi frontem mediam* Virg. En. 12, 308, fendre la tête en deux d'un coup de hache ‖ [fig.] *disjicere pecuniam* Val.-Max. 3, 5, 2 [ou] *disjicere* [seul] Caecil. d. Cic. Cael. 37, dissiper sa fortune ; *cuncta incuria disjecta erant* Tac. An. 1, 50, tout était laissé épars [= à l'abandon] par insouciance ¶ **2** renverser, détruire : *arcem a fundamento* Nep. Tim. 3, 3, raser une citadelle ; *statuas* Suet. Caes. 75, renverser des statues ‖ [fig.] rompre, rendre inutile : *compositam pacem* Virg. En. 7, 339, rompre une paix conclue ; *rem* Liv. 2, 35, 4, déjouer une entreprise ; *expectationem* Suet. Caes. 42, tromper une attente.

▶ orth. *dissicio* Lucr. 3, 639.

disjug-

disjŭg-, ▨▶ *dijug-*.

disjunctē (disjunctim, Dig.), adv. ¶ **1** en séparant, séparément : Fest. 372, 17 ; Modest. *Dig.* 35, 1, 49 ¶ **2** à la façon d'une alternative : *quae disjunctius dicuntur* Cic. *Phil.* 2, 32, un raisonnement qui a trop la forme d'une alternative ‖ *-tissime* Amm. 20, 3, 11.

disjunctĭo (dīj-), ōnis, f. (*disjungo*) ¶ **1** séparation : *disjunctionem facere* Cic. *Lae.* 76, rompre avec qqn ; *animorum* Cic. *Agr.* 2, 14, diversité de sentiments ¶ **2** *a)* [log.] disjonction, proposition disjonctive : Cic. *Nat.* 1, 70 ; *Top.* 56 *b)* [rhét.] disjonction (Her. 4, 37 ; Cic. *de Or.* 3, 207 ; Quint. 9, 3, 45) *c)* [gram.] signe de séparation entre deux mots [grec διαστολή] : Ps. Prisc. *Acc.* 6 = 6, 520, 10.

disjunctīvē, adv., d'une manière disjonctive : Hier. *Orig. Is.* 2, 1.

disjunctīvus, *a, um,* disjonctif [logique] : Gell. 5, 11, 9 ‖ disjonctif [gram.] : Serv. *En.* 2, 37.

disjunctus (dīj-), *a, um,* part. de *disjungo* pris adj^t ¶ **1** éloigné : *in locis disjunctissimis* Cic. *Pomp.* 9, dans les lieux les plus éloignés ¶ **2** séparé, distinct : *insula, satis lato a Sicilia mari dijuncta* Cic. *Verr.* 4, 103, île séparée de la Sicile par un bras de mer assez large ; *Graeci, longe a nostrorum hominum gravitate disjuncti* Cic. *Sest.* 141, les Grecs qui sont loin d'avoir la gravité de nos compatriotes ; *nihil est ab ea cogitatione… dijunctius* Cic. *Ac.* 2, 66, rien n'est plus éloigné de la pensée… ; *quasi natura et genere dijuncti sint* Cic. *Verr.* 5, 182, comme si la nature et la race faisaient d'eux des êtres à part ; *neque dijuncti doctores…* Cic. *de Or.* 3, 57, et ce n'étaient pas des maîtres distincts… ; *non modo non cohaerentia inter se, sed maxime dijuncta atque contraria dicere* Cic. *Phil.* 2, 18, exprimer des propos non seulement sans liaison entre eux, mais tout à fait opposés et contradictoires ¶ **3** [log.] mis en alternative, qui a la forme d'une alternative : Cic. *Ac.* 2, 97 ‖ [rhét.] qui n'est pas lié, qui forme des hiatus [en parl. du style] : Cic. *Part.* 21 ; sans cohésion [en parl. de l'orateur] : Tac. *D.* 18.

disjungō (dīj-), *ĭs, ĕre, junxī, junctum* (*dis, jungo*; a. fr. *desjoindre*), tr. ¶ **1** séparer, disjoindre : *jumenta* Cic. *Div.* 2, 77, dételer des bêtes de somme ; *agnos a mamma* Varr. *R.* 2, 1, 20, éloigner les agneaux de la mamelle [les sevrer] ‖ *intervallo locorum et temporum dijuncti sumus* Cic. *Fam.* 1, 7, 1, nous sommes séparés par l'espace et le temps ; *quod (flumen) Jugurthae Bocchique regnum disjungebat* Sall. *J.* 92, 5, (fleuve) qui séparait les royaumes de Jugurtha et de Bocchus ; *fons mole lapidum dijunctus a mari* Cic. *Verr.* 4, 118, source séparée de la mer par une digue de pierres ¶ **2** séparer, distinguer, mettre à part : *sin eos (oratorem et philosophum) disjungent* Cic. *de Or.* 3, 143, mais s'ils les séparent (l'orateur et le philosophe) ‖ *populus a senatu disjunctus* Cic. *Lae.* 41, le peuple séparé du sénat ; *Pompeium a mea familiaritate dijunxit* Cic. *Phil.* 2, 23, il détacha Pompée de mon amitié ; *honesta a commodis* Cic. *Nat.* 1, 16, distinguer l'honnête de l'utile ‖ [log.] *(duo) quae dijunguntur* Gell. 5, 11, 8, deux choses que l'on oppose l'une à l'autre.

▶ confusion continuelle dans les mss des formes *disj-* et *dij-*.

disjurgĭum, *ii,* n., léger débat : CIL 6, 22355.

dismenstrŭus, ▨▶ *bimenstruus*.

dismŏvĕo, ▨▶ *dimoveo* : CIL 1, 581, 30.

dĭsōmus, *a, um* (δίσωμος), [sarcophage] pour deux personnes : CIL 14, 4120, 3.

dispālātus, *a, um,* part. de *dispalor*.

dispālescō, *ĭs, ĕre, -, -* (*dispalor*), intr., se répandre, s'ébruiter : Pl. *Bac.* 1046.

dispālō, *ās, āre, -, -* (*dispalor*), séparer : Non. 101, 5.

dispālor, *ārĭs, ārī, ātus* (*dis, palor*), intr., errer çà et là : Sisen. d. Non. 101, 6 ; Nep. *Lys.* 1, 2 ; Han. 5, 2.

dispandō, *ĭs, ĕre, pandī, pansum* (*dis, pando*), tr., étendre : Lucr. 1, 307 ; Plin. 9, 8 ‖ écarteler : Lucr. 3, 988.

▶ formes *dispendo, dispenno, dispessus* Pl. *Mil.* 360, 1407 ; Lucr. 3, 988.

dispansus, *a, um,* part. de *dispando*.

dispār, *ăris,* dissemblable, différent, inégal : *alicui* Cic. *Off.* 1, 109 ; *de Or.* 2, 185, différent de qqn ou de qqch. ; *habere in se aliquid dispar sui* Cic. *CM* 78, renfermer en soi qqch. de disparate ; *Bruttius haud dispar animorum* Sil. 8, 570, le Bruttien [= les habitants du Bruttium] animé du même esprit ‖ *dispares mores disparia studia sequuntur* Cic. *Lae.* 74, la différence de caractère entraîne la différence des goûts ‖ *haud disparibus verbis ac…* Tac. *An.* 12, 9, dans les mêmes termes que… ‖ [subst. n.] *in dispar feri* Hor. *Epo.* 7, 12, farouches contre une espèce différente [d'animaux].

dispărascō, *ĭs, ĕre, -, -* (*disparo*), intr., se séparer de, être différent de : Mamert. *Anim.* 3, 10.

dispărātĭo, ōnis, f. (*disparo*), séparation : Vitr. 2, 9, 1.

dispărātum, *i,* n. (*disparatus*), proposition contradictoire, opposée [rhét.] : Cic. *Inv.* 1, 42 ; Quint. 5, 11, 31.

dispărātus, *a, um,* part. de *disparo*.

dispărĕō, *ēs, ēre, ūī, -,* intr., disparaître : Cassiod. *Psalm.* 106, 29.

dispargo, ▨▶ *dispergo*.

dispărĭlis, *e,* ▨▶ *dispar* : Cic. *Div.* 1, 79 ; Gell. 5, 1, 4.

dispărĭlĭtās, *ātis,* f. (*disparilis*), dissemblance : Gell. 7, 3, 47 ‖ irrégularité : Varr. *L.* 10, 36.

dispărĭlĭtĕr, adv., diversement, inégalement : Varr. *R.* 1, 6, 6 ‖ irrégulièrement : Varr. *L.* 8, 66.

dispărō, *ās, āre, āvī, ātum,* tr., séparer, diviser : Pl. *Ru.* 10 ; Cic. *Rep.* 2, 39 ; Caes. *G.* 7, 28 ‖ diversifier : Gell. 11, 11, 4.

dispartĭbĭlis, *e,* divisible : Tert. *Herm.* 39, 1.

dispartĭo, dispartĭor, ▨▶ *dispert-*.

dispătĕō, *ēs, ēre, -, -,* intr., être ouvert de toutes parts : Lact. *Inst.* 3, 10, 3.

dispectĭo, ōnis, f. (*dispicio*), examen attentif : Tert. *Res.* 19, 1.

dīspectō, *ās, āre, -, -* (fréq. de *dispicio*), tr., considérer, examiner : Gloss. 4, 55, 3.

dispectŏr, ōris, m. (*dispicio*), celui qui scrute, qui sonde [fig.] : Tert *Anim.* 15, 4.

1 **dispectus,** *a, um,* part. de *dispicio*.

2 **dispectus,** *a, um* (*dis, pango*), planté çà et là : Grom. 362, 13.

3 **dispectus,** *a, um* (*dis, pactus,* de *paciscor*), rompu : *dispectae nuptiae* Apul. *M.* 4, 26, 8, mariage rompu.

4 **dispectŭs,** *ūs,* m. (*dispicio*), considération, discernement : Sen. *Ep.* 94, 36.

dispellō, *ĭs, ĕre, pŭlī, pulsum,* tr., [s'emploie ordin^t au parf. et au part.] ¶ **1** disperser, dissiper : Cic. *Att.* 7, 7, 7 ; Virg. *En.* 1, 512 ‖ [avec *ab*] chasser loin de : Cic. *Tusc.* 1, 64 ¶ **2** fendre [les flots] : Stat. *Th.* 5, 335.

dispendĭōsus, *a, um* (*dispendium*), dommageable, nuisible, préjudiciable : Col. 2, 10, 1 ‖ *dispendiosum est* [avec inf.] Cassian. *Coll.* 4, 20, il est fâcheux de.

dispendĭum, *ii,* n. (*dispendo*), dépense, frais : Varr. *L.* 5, 183 ; Pl. *Poen.* 163 ‖ dommage, perte : *neque dispendi facit hilum* Enn. *An.* 14, et elle [la terre] ne perd rien ; Col. 24, 4, 1 ‖ [fig.] *dispendia morae* Virg. *En.* 3, 453, perte de temps ; *dispendia viarum* Mart. 9, 99, 5, longs voyages ; *dispendia silvae* Luc. 8, 2, chemins détournés (qui font perdre du temps) à travers une forêt.

1 **dispendō,** *ĭs, ĕre, -, pensum* (it. *spendere*), tr., peser en distribuant, distribuer, partager : Varr. *L.* 5, 183.

2 **dispendo,** ▨▶ *dispando*.

dispenno, ▨▶ *dispando*.

dispensātĭo, ōnis, f. (*dispenso*) ¶ **1** distribution, répartition, partage : *annonae* Liv. 10, 11, 9, distribution de vivres ; *revolutus ad dispensationem inopiae* Liv. 4, 12, 10, il en vint à régler la famine ‖ administration, gestion : *aerarii* Cic. *Vat.* 36, administration des deniers publics ‖ office d'administrateur, d'intendant, d'économe : Cic. *Att.* 15, 15, 3 ; *Rab. Post.* 28 ¶ **2** [chrét.] pour traduire οἰκονομία, plan de Dieu sur le monde, en particulier incarnation du Verbe : *dispensatio Dominicae incarnationis* Aug. *Ep.* 136, 1, le plan de l'incarnation du Seigneur ‖ providence divine : Cassian. *Coll.* 1, 15, 1 ‖ manière d'agir selon les circonstances : AUG. *Ep.* 75, 3, 11.

dispensātīvē, adv. (*dispensativus*), en arrangeant les choses, pour la forme : HIER. *Ep.* 112, 14, 5.

dispensātīvus, a, um (*dispenso*), relatif à l'économie domestique : ISID. 2, 24, 16.

dispensātŏr, *ōris*, m. (*dispenso*), administrateur, intendant : CIC. *Frg. F.* 5, 59 ; VARR. *L.* 5, 183 ‖ préposé à la caisse impérial, comptable : COD. JUST. 2, 36, 1.

dispensātōrĭē, adv., avec mesure, avec économie : PS. ACR. HOR. *S.* 1, 10, 12.

dispensātōrĭus, a, um (*dispensator*), de pure forme, modéré : HIER. *Is.* 14, 53, 12 ‖ providentiel : CASSIAN. *Coll.* 13, 19.

dispensātrix, *īcis*, f., celle qui tient les comptes, intendante, femme de charge : CIL 9, 4644, 9.

dispensātus, a, um, part. de *dispenso*.

dispensō, *ās*, *āre*, *āvī*, *ātum* (1 *dispendo*), tr. ¶ 1 partager, distribuer [de l'argent] : PL. *Bac.* 971 ¶ 2 administrer, gouverner, régler [ses affaires, des finances] : CIC. *Att.* 11, 1, 1 ; NEP. *Con.* 4 ¶ 3 distribuer, partager, répartir [propre et fig.] : CIC. *de Or.* 1, 142 ; PLIN. 18, 188 ; LIV. 1, 19, 6 ; 27, 50, 10 ; SEN. *Ben.* 1, 10, 2 ‖ régler, disposer, ordonner : *victoriam* LIV. 38, 47, 3, organiser la victoire.

dispensŏr, *āris*, *ārī*, -, ▶ *dispenso* : PRISC. 2, 391, 3.

dispensus, a, um, part. de *dispendo*.

dispercŭtĭō, *ĭs*, *ĕre*, -, -, tr., disperser en frappant, fracasser : PL. *Cas.* 644.

disperdĭtus, a, um, part. de *disperdo*.

disperdō, *ĭs*, *ĕre*, *dĭdī*, *dĭtum* (*dis*, *perdo*), tr., perdre complètement, perdre, détruire, anéantir : *a majoribus nostris possessiones relictas* CIC. *Agr.* 1, 2, dissiper les biens que nous ont laissés nos aïeux ; *disperditur color* LUCR. 2, 831, la couleur disparaît ; *carmen* VIRG. *B.* 3, 27, massacrer un air ; *cives* VATIN. *Fam.* 5, 10, 1, consommer la ruine des citoyens.
▶ passif exceptionnel, d'ordinaire remplacé par *dispereo*.

dispĕrĕō, *ĭs*, *īre*, *ĭī*, - (*dis*, *pereo*), intr., disparaître en lambeaux, périr entièrement, être détruit, perdu [sert de passif à *disperdo*] : *unumne fundum pulcherrimum populi Romani disperire patiemini ?* CIC. *Agr.* 2, 80, laisserez-vous périr le plus beau de tous les domaines du peuple romain ? ; *disperii !* PL. *Bac.* 1115, je suis perdu ! ; *Lesbia me disperam nisi amat !* CATUL. 92, 2, que je meure, si Lesbie ne m'aime pas !, cf. HOR. *S.* 1, 9, 47 ; PROP. 2, 21, 9.
▶ *disperiet* VULG. *Sap.* 16, 26, néol. pour *disperibit*.

dispergō, *ĭs*, *ĕre*, *spersī*, *spersum* (*dis*, *spargo*), tr. ¶ 1 répandre çà et là, jeter de côté et d'autre : *cur tam multa pestifera terra marique dispersit ?* CIC. *Ac.* 2, 120, pourquoi a-t-il semé tant de fléaux dans l'univers ?, cf. *Nat.* 3, 67 ; CAES. *C.* 3, 88, 4 ; *nubes quas dispergunt venti* LUCR. 5, 255, nuages que dispersent les vents ; *caprae quae dispergunt se* VARR. *R.* 2, 3, 9, chèvres vagabondes ; *fimum* PLIN. 18, 53, étendre le fumier ; *vitem* COL. 5, 6, 36, faire déployer la vigne ; *bracchia* CELS. 2, 6, 5, agiter ses bras dans tous les sens ; *saxa* LUC. 1, 384, abattre des murailles [en parl. du bélier] ; *aliquid in partes cunctas* LUCR. 2, 1135, répandre qqch. de tous côtés ; *aliquid ad partes quasque minutas* LUCR. 4, 896, faire pénétrer qqch. dans les moindres parcelles ‖ [fig.] *dispersimus numeros et modos* CIC. *Inv.* 1, 49, nous avons parlé çà et là du nombre et de l'harmonie ; *rumorem* TAC. *H.* 2, 96 ou [abs^t] *dispergere* TAC. *H.* 2, 1, répandre un bruit ; *vitam in auras* VIRG. *En.* 11, 617, exhaler sa vie dans les airs ; *bellum tam longe lateque dispersum* CIC. *Pomp.* 35, une guerre dispersée sur un théâtre si étendu ; *plebis vis soluta atque dispersa* SALL. *J.* 41, 6, la force populaire sans cohésion et éparpillée ¶ 2 [rare] parsemer de : *cerebro viam* TER. *Ad.* 317, éclabousser la route de sa cervelle ¶ 3 [tard.] séparer, éloigner : VULG. *Psal.* 88, 34.
▶ qqf. d. les mss *dispargo*.

dispernō, *ĭs*, *ĕre*, -, - (*dis*, *sperno*), tr., mépriser : JUVC. 2, 257.

dispersē, CIC. *Verr.* 4, 116 et **dispersim**, VARR. *R.* 1, 1, 7 ; SUET. *Caes.* 80, adv., çà et là, en plusieurs endroits.

dispersĭo, *ōnis*, f., dispersion : VEG. *Mil.* 1, 8 ; ISID. 18, 2, 7 ‖ destruction : *CIC. *Phil.* 3, 31 ; ▶ *dispertitio*.

dispersŏr, *ōris*, m., dissipateur : AMBR. *Paen.* 2, 4, 25.

1 dispersus, a, um, part. de *dispergo*.

2 dispersŭs, abl. *ū*, m., dispersion, action dispersée : *CIC. *Att.* 9, 9, 2.

dispertĭō, dispartĭō, *ĭs*, *īre*, *īvī* et *ĭī*, *ītum* (*dis*, *partio*, it. *spartire*), tr., distribuer, partager, répartir : *municipiis dispertiri jubet* CIC. *Cat.* 4, 7, il les [les conspirateurs] fait répartir dans les villes municipales ; *pecuniam judicibus* CIC. *Clu.* 69, distribuer de l'argent aux juges ; *tirones inter legiones* B.-AFR. 46, 3, répartir entre les légions les jeunes recrues ; *exercitum per oppida* LIV. 29, 1, 14, répartir une armée dans les places [fig.] *conjecturam in quattuor genera* CIC. *de Or.* 3, 114, diviser la conjecture en quatre genres, cf. *Brut.* 162 ‖ former en partageant : *generum quasi quaedam membra* CIC. *de Or.* 1, 190, partager les genres pour ainsi dire en membres différents ‖ [au pass.] se séparer : PL. *Curc.* 189.

dispertĭŏr, *īrĭs*, *īrī*, -, dép., tr., diviser : CIC. *Leg.* 2, 47 ; LIV. 3, 10, 9.

dispertītĭō, *ōnis*, f. (*dispertio*), partage : TERT. *Herm.* 39, 2 ; *CIC. *Phil.* 3, 31, ▶ *dispersio*.

dispertītīvus, a, um, qui énumère, distributif : PRISC. 3, 413, 24.

dispertītus, a, um, part. de *dispertio*.

dīspescō, *ĭs*, *ĕre*, *cŭī*, PRISC. 2, 509, 8 **pestum** (*dis*, **parcsco*, cf. *compesco*), tr., séparer, diviser : PLIN. 2, 173 ‖ ramener du pâturage [confusion avec *pasco*] : P. FEST. 63, 25.

dispessus, a, um, part. de *dispendo*, ▶ *dispando*.

dispĕtō, *ĭs*, *ĕre*, -, -, demander instamment : NOT. TIR. 23, 104.

dispex, *ĭcis*, qui a la vue perçante : GLOSS. 2, 52, 14.

dispĭcĭō, *ĭs*, *ĕre*, *spexī*, *spectum* (*dis*, *specio*), intr. et tr.

I intr. ¶ 1 voir distinctement : CIC. *Ac.* 2, 61 ; *Fin.* 4, 64 ; *ut primum dispexit* CIC. *Fin.* 2, 97, dès qu'il prit conscience de ce qui l'entourait ; *acie mentis dispicere* CIC. *Tusc.* 1, 45, voir distinctement avec les yeux de l'esprit ¶ 2 faire attention : *dispicere de aliqua re* GAI. *Inst.* 1, 143, prendre garde à qqch. ; *virtus est dispicere* PL. *Pers.* 268, c'est un mérite d'ouvrir l'œil

II tr. ¶ 1 bien voir, distinguer [propre et fig.] : *verum* CIC. *Div.* 2, 81, distinguer le vrai, cf. *Q.* 2, 2, 3 ; *rem* LUCR. 3, 564, distinguer un objet ¶ 2 considérer, examiner : *nunc velim dispicias res Romanas* CIC. *Att.* 6, 8, 5, maintenant je voudrais que tu examines l'état des affaires à Rome ; [avec *ne*] PLIN. *Ep.* 2, 10, 5, ▶ *videre ne*, ▶ *video* ¶ 8 (fin) ; [avec *num, an*] *Ep.* 7, 33, 5 ; 1, 18, 5, examiner si.

Dispĭter, ▶ *Diespiter* : VARR. *L.* 5, 66 ; P. FEST. 102, 12.

displānō, *ās*, *āre*, -, -, tr., aplanir : VARR. *Men.* 291.

displĭcentĭa, *ae*, f. (*displiceo*), dégoût, déplaisir, mécontentement : *sui* SEN. *Tranq.* 2, 10, mécontentement de soi ‖ malaise [méd.] : CAEL.-AUR. *Chron.* 3, 6, 86.

displĭcĕō, *ēs*, *ēre*, *cŭī*, *cĭtum* (*dis*, *placeo* ; it. *spiacere*), intr., déplaire : *sibi displicere* a) [au physique] CIC. *Phil.* 1, 12, ne pas se sentir bien b) [au moral] *displiceo mihi* CIC. *Att.* 2, 18, 3, je suis mécontent de moi ; *cum ceteris, tum mihi ipse displiceo* CIC. *Fam.* 4, 13, 3, je mécontente tout le monde et moi-même en particulier, cf. *Att.* 2, 21, 3 ‖ [avec inf.] *tibi non displicet definire* CIC. *Fin.* 2, 5, tu consens à définir [avec prop. inf.] désapprouver que : CIC. *Rep.* 4, 12 ‖ [rare] parf., *displicitus sum* : *cum displicita esset insolentia* GELL. 1, 21, 4, son insolence ayant déplu.

displĭcĭtus, a, um, ▶ *displiceo*.

displĭcō, *ās*, *āre*, -, *ātus* (*dis*, *plico* ; it. *spiegare*, fr. *déployer*), tr., disperser : VARR. *R.* 3, 16, 7 ; GLOSS. 2, 51, 53.

displōdō, *ĭs*, *ĕre*, -, *plōsum* (*dis*, *plaudo*), tr., écarter, étendre (distendre), ouvrir avec bruit : *vesicula displosa* LUCR. 6, 131, vessie qui éclate avec bruit, cf. HOR. *S.* 1, 3, 46 ‖ *displosae nares* ARN. 3, 14, narines larges, écartées ‖ *pedes qui ingredienti displodantur* VARR. *R.* 2, 9, 4, des

displodo

pieds (des pattes) qui s'écartent dans la marche.

displōsus, *a*, *um*, part. de *displodo*.

displŭvĭātus, *a*, *um* (*dis*, *pluvia*), avec écoulement de la pluie à l'extérieur : Vitr. 6, 3, 1.

dispŏlĭo, cf.▸ *despolio* : Laber. Com. 39 ; Treb. Gall. 6, 2.

dispondēus (-dĭus), *i*, m. (δισπόνδειος), dispondée, pied de deux spondées : Don. Gram. 4, 370, 9 ; Diom. 480, 18.

dispōnō, *is*, *ĕre*, *pŏsŭī*, *pŏsĭtum* (*dis*, *pono*), tr. ¶ 1 placer en séparant, distinctement ; disposer, distribuer, mettre en ordre : *Homeri libros confusos antea* Cic. de Or. 3, 137, mettre en ordre les œuvres d'Homère auparavant dans la confusion ; *in quincuncem* Caes. G. 7, 73, 5, disposer en quinconce ‖ *in praesidiis* Caes. G. 7, 34, 1, disposer les troupes dans les postes, cf. 7, 27, 1 ; *sudes in opere* Caes. G. 7, 81, 4, disposer des pieux sur l'ouvrage [fortification], cf. Caes. C. 1, 17, 3 ; 3, 24, 1 ; *milites iis operibus quae...* Caes. C. 1, 21, 3, il répartit les soldats sur l'étendue des travaux de fortification que..., cf. 3, 5, 2 ; *per oram* Caes. C. 3, 24, 4, sur le rivage ‖ *verba* Cic. Or. 65, disposer, arranger les mots dans la phrase ¶ 2 arranger, régler, ordonner : *diem* Tac. G. 30, régler la journée [= l'emploi de...], cf. Plin. Ep. 4, 23 ; 9, 36 ‖ déterminer, fixer : Dig. 43, 30, 4.
▸ *dispostus* Lucr. 1, 52 ; 2, 644.

disportō, *ās*, *āre*, -, -, tr., colporter : Not. Tir. 7, 20.

dispŏsĭtē, adv. (*dispositus*), avec ordre, par ordre, régulièrement : Cic. Verr. 4, 87 ‖ -*tius* Aur. d. Front. Caes. 1, 2, 2, p. 4 N ; -*tissime* Sidon. Ep. 5, 11, 2.

dispŏsĭtĭo, *ōnis*, f. (*dispono*) ¶ 1 disposition, arrangement : Vitr. 1, 2, 2 ; Plin. 35, 80 ; Sen. Ir. 1, 6, 2 ; Ep. 122, 18 ‖ [seconde partie de la rhétorique] la disposition : Cic. Inv. 1, 9 ; de Or. 2, 179 ¶ 2 règlement, administration : Sidon. Ep. 3, 6, 3 ‖ disposition, clause d'un testament : Cod. Just. 6, 23, 28 pr. ¶ 3 [chrét.] [pour traduire οἰκονομία] plan de Dieu sur le monde, cf.▸ *dispensatio* : *dispositio salutis nostrae* Iren. 3, 1, 1, l'organisation divine de notre salut ‖ ordre, volonté [de Dieu] : Aug. Civ. 11, 1.

dispŏsĭtor, *ōris*, m. (*dispono*), ordonnateur : Sen. Nat. 5, 18, 5.

dispŏsĭtrix, *īcis*, f., ordonnatrice, intendante : Fort. Carm. 7, 6, 22.

dispŏsĭtūra, *ae*, f. (*dispono*) ordre, disposition : Lucr. 5, 192.

1 dispŏsĭtus, *a*, *um*, part. de *dispono* ‖ adj^t, bien ordonné : Plin. Ep. 3, 1, 2 ; -*tior* Sen. Nat. 1 pr. 14 ; -*tissimus* Boet. Cons. 4, 1 ‖ n. pris subst^t, *ex disposito* **a)** en ordre, en bonne ordonnance : Sen. Marc. 26, 6 ; Prov. 1, 2 **b)** par ordre, d'une façon arrêtée : Macr. Sat. 1, 7, 4.

2 dispŏsĭtŭs, abl. *ū*, m., arrangement, ordre : *dispositu rerum civilium peritus* Tac. H. 2, 5, administrateur habile.

dispostus, cf.▸ *dispono*.

dispŏsŭī, parf. de *dispono*.

disprŏfĭcĭō, *is*, *ĕre*, -, -, intr., déchoir, dégénérer : Hil. Trin. 11, 11 ‖ [fig.] s'écarter de la vérité : Hil. Trin. 10, 33.

dispŭdĕt (me), *ēre*, *dŭĭt*, -, impers., avoir grande honte : [avec inf.] Pl. Most. 1145 ; Bac. 478 ; [avec prop. inf.] Ter. Eun. 832 ‖ parf. *dispuditum est* Gloss. 5, 16, 43.

dispŭlī, parf. de *dispello*.

dispulsus, part. de *dispello*.

dispulvĕrō, *ās*, *āre*, -, -, tr., réduire en poussière : Naev. Com. 57.

dispunctĭo, *ōnis*, f. (*dispungo*), révision, règlement de comptes : Ulp. Dig. 42, 5, 15 ‖ [fig.] Tert. Marc. 5, 12, 5.

dispunctŏr, *ōris*, m. (*dispungo*), juge, examinateur : Tert. Marc. 4, 17, 10 ‖ celui qui surveille et règle les comptes, trésorier : Gloss. 2, 274, 26.

dispunctus, part. de *dispungo*.

dispungō, *is*, *ĕre*, *punxī*, *punctum* (*dis*, *pungo*), tr., séparer en diverses parties par des points ¶ 1 régler, mettre en balance : *dispungere est conferre accepta et data* Ulp. Dig. 50, 16, 56, dispungere c'est mettre en balance la recette et la dépense, cf. Sen. Ben. 4, 32, 4 ; [fig.] faire le bilan, vérifier : Sen. Brev. 7 ¶ 2 distinguer, séparer, cf.▸ *interpungere* : *dispungere otio intervalla negotiorum* Vell. 1, 13, 3, marquer nettement par du repos des intervalles dans les affaires = interrompre les affaires par des intervalles de repos ¶ 3 marquer la séparation, la fin, terminer : Tert. Marc. 4, 10, 2.

dispŭo, *is*, cf.▸ *despuo*.

dispŭtābĭlĭs, *e* (*disputo*), qui est susceptible d'une discussion : Sen. Ep. 88, 43.

dispŭtātĭo, *ōnis*, f. (*disputo*) ¶ 1 action d'examiner une question dans ses différents points, en pesant le pour et le contre, discussion, dissertation : Cic. de Or. 1, 5 ; Lae. 3 ; Rep. 1, 12 ; Caes. G. 5, 30, 1 ¶ 2 supputation, compte : Col. 5, 1, 13.

dispŭtātĭuncŭla, *ae*, f. (dim. de *disputatio*), petite discussion : Sen. Ep. 117, 25 ; Gell. 1, 3, 30.

dispŭtātīvē, adv., dialectiquement, par une argumentation en forme : Cassiod. Eccl. 5, 42.

dispŭtātīvus, *a*, *um*, qui discute, qui argumente : Cassiod. Eccl. 9, 19.

dispŭtātŏr, *ōris*, m. (*disputo*), argumentateur, dialecticien : Cic. Off. 1, 3 ‖ celui qui raisonne sur [avec gén.] : Val.-Max. 8, 12.

dispŭtātōrĭē, adv., en disputant : Sidon. Ep. 9, 9, 10.

dispŭtātōrĭus, *a*, *um* (*disputo*), qui discute, qui argumente : Aug. Solil. 2, 11, 19.

dispŭtātrix, *īcis*, f. (*disputator*), celle qui argumente, qui discute : Quint. 2, 20, 7 ‖ subst. f., la dialectique : Quint. 12, 2, 13.

dispŭtātus, *a*, *um*, part. de *disputo* ‖ subst. pl. n. : *disputata nobilium philosophorum* Apul. Apol. 51, 8, les avis des philosophes illustres.

dispŭtō, *ās*, *āre*, *āvī*, *ātum* (*dis*, *puto*), tr. et intr.

I tr. ¶ 1 mettre au net un compte après examen et discussion ; régler : *rationem cum aliquo* Pl. Aul. 529, régler un compte avec qqn ¶ 2 [fig.] **a)** examiner point par point une question en pesant le pour et le contre, discuter, examiner : *in meo corde rem volutavi et diu disputavi* Pl. Most. 88, j'ai roulé et longuement discuté l'affaire dans ma tête ; *ea quae disputavi, disserere malui* Cic. Nat. 3, 95, les idées que j'ai discutées (examinées), j'ai préféré les présenter dans un exposé suivi ; *re quaesita et multum disputata* Cic. de Or. 1, 22, le sujet ayant été l'objet d'une enquête et de longues discussions, cf. Planc. 37 ; *multa de aliqua re* Caes. G. 6, 14, 6, se livrer à de longs examens sur une question **b)** exposer point par point : *ut hanc rem vobis examussim disputem* Pl. Men. 50, pour vous raconter cette affaire de fil en aiguille **c)** traiter, soutenir : *id multis verbis disputavi* Cic. Fam. 3, 8, 3, j'ai traité longuement ce point ; *neque haec in eam sententiam disputo, ut...* Cic. de Or. 1, 117, et en présentant ces idées je n'ai pas l'intention de... ; *quid desiderem disputo* Cic. Or. 101, j'expose mon idéal ; [avec prop. inf.] soutenir que : Ter. And. 15 ; Cic. Sen. 14.

II intr., discuter, disserter, raisonner, faire une dissertation : *mediocris in dicendo, doctissimus in disputando* Cic. Brut. 117, médiocre dans l'art de la parole, très savant dans celui de la discussion ; *de immortalitate animorum* Cic. Tusc. 1, 103, disserter sur l'immortalité de l'âme ; *de aliqua re in contrarias partes* Cic. de Or. 1, 158 ou *in utramque partem* Cic. Fam. 11, 27, 8, soutenir le pour et le contre sur une question ; *ad aliquid* Cic. Tusc. 3, 18, raisonner en réplique à, pour répondre à qqch. ‖ [pass. impers.] *de hominum vita et moribus disputatur* Cic. Brut. 31, on traite de la vie et des mœurs, cf. Rep. 1, 38.

disquīrō, *is*, *ĕre*, -, -, tr. (*dis*, *quaero*), rechercher en tout sens, s'enquérir avec soin de : Hor. S. 2, 2, 7.

disquīsītĭo, *ōnis*, f. (*disquiro*), recherche, enquête : Cic. Sull. 79 ; *in disquisitionem venire* Liv. 26, 31, 2, faire l'objet d'une enquête.

disrăpĭo, cf.▸ *dirapio*.

disrārātus (dīr-), *a*, *um*, part. de *disraro*, exténué : Cael.-Aur. Acut. 1, 15, 133.

disrārō (dir-), *ās*, *āre*, -, - (*dis*, *rarus*), tr. ¶ 1 éclaircir [un arbre] : Col. 4, 32 ¶ 2 délayer [la nourriture] : Cael.-Aur.

Acut. 1, 15, 152 ¶**3** exténuer : Cael.-Aur. *Acut.* 1, 11, 84 ; ▼ *disraratus*.

disrumpo, ▼ *dirumpo*.

diss-, ▼ *des-*.

dissaep-, ▼ *dissep-*.

dissāvĭŏ, *ās*, *āre*, -, - (*dis*, *savio*), tr., baiser tendrement : *Front. Caes.* 3, 3, 3 p. 43 N.

dīssāvĭŏr, *ārĭs*, *ārī*, -, tr., ◉▶ *dissavio* : Q. Cic. *Fam.* 16, 27, 2.

dissĕcō, *ās*, *āre*, *sĕcŭī*, *sectum* (*dis*, *seco*), tr., couper, trancher : Plin. 29, 69, 30, 76 ; Gell. 20, 1, 52 ; Suet. *Cal.* 27.
▶ les mss donnent aussi *dissico*.

dissectĭo, ▼ *desectio*.

dissectō, *ās*, *āre*, -, - (fréq. de *disseco*), VL. *Act.* 7, 54.

dissectus, *a*, *um*, part. de *disseco*.

dissēmĭnātĭo, *ōnis*, f. (*dissemino*), action de répandre, de disséminer : Tert. *Fug.* 6, 3 ; Apul. *M.* 11, 30.

dissēmĭnātŏr, *ōris*, m., propagateur : Ambr. *Psalm.* 36, 49, 2.

dissēmĭnātus, *a*, *um*, part. de *dissemino*.

dissēmĭnō, *ās*, *āre*, *āvī*, *ātum* (*dis*, *semino*), tr., disséminer, propager, répandre : Cic. *Cat.* 4, 6 ; *Planc.* 56 ; *...spargere ac disseminare in orbis terrae memoriam sempiternam* Cic. *Arch.* 30, répandre et propager [ses actions] pour l'éternité dans la mémoire de l'univers.

dissensĭo, *ōnis*, f. (*dissentio*), dissentiment, divergence de sentiments, d'opinions : *inter homines de aliqua re* Cic. *de Or.* 1, 238, divergence d'opinions entre les hommes sur qqch. ; *numquam fuit populo cum doctis dissensio* Cic. *Brut.* 188, jamais il n'y a eu divergence d'opinions entre le peuple et les connaisseurs, cf. *Tusc.* 5, 22 ‖ [avec gén. obj.] *hujus ordinis* Cic. *Cat.* 4, 15, désaccord avec le sénat ‖ dissension, discorde, division : Cic. *Lae.* 77 ; *Agr.* 2, 14 ; *dissensiones* Cic. *Cat.* 3, 24 ; Caes. *G.* 6, 22, 3 ‖ [fig.] opposition : *rei cum aliqua re* Cic. *Off.* 3, 56, d'une chose avec une autre ‖ [chrét.] schisme, hérésie : Aug. *Civ.* 18, 50.

◆**dissensŏr**, *ōris*, m., celui qui est d'un avis différent : Gloss. 2, 315, 54.

1 dissensus, *a*, *um*, ▼ *dissentio* ▶.

2 dissensŭs, *ūs*, m., divergence de sentiments, dissentiment : Virg. *En.* 11, 455 ; Stat. *Th.* 10, 558.

dissentānĕus, *a*, *um* (*dissentio*), opposé, différent [avec dat.] : Cic. *Part.* 7.

◆**dissentĭō**, *īs*, *īre*, *sensī*, *sensum* (*dis*, *sentio*), intr., n'être pas d'accord, ne pas s'entendre : *ab aliquo* Cic. *de Or.* 1, 5 ; *cum aliquo* Cic. *Sull.* 61, ne pas être d'accord avec qqn ; *inter se dissentiunt* Cic. *Fin.* 2, 19, leurs opinions sont différentes ; *alicui rei* Hor. *O.* 3, 5, 14, ne pas admettre qqch. ; *secum* Quint. 3, 11, 18, ou ; *sibi* Her. 2, 42, être inconséquent ; *a more* Cic. *Font.* 30, s'éloigner d'un usage ‖ *non dissentire* [avec prop. inf.] Lucr. 4, 766, ne pas objecter que ‖ [avec nom de chose comme sujet] s'écarter de, différer de, n'être pas d'accord avec : [avec *ab*] Cic. *Fin.* 5, 79 ; *Phil.* 1, 5 ; Quint. 1, 5, 6 ; 11, 3, 67 ; [avec *cum*] Her. 1, 19 ; [avec dat.] Sen. *Ep.* 20, 2.
▶ part. *dissensus* sens pass. [tard.] Cens. 4.

dissentĭŏr, *īrĭs*, *īrī*, dép., Coel. Antip. d. Prisc. 2, 399, 17, ◉▶ *dissentio*.

dissēpărātĭo, *ōnis*, f., séparation : Cassian. *Inc.* 3, 7.

dissēpărō, *ās*, *āre*, -, -, tr., séparer : Non. 282, 19.

dissēpīmentum (**dissaep-**), *i*, n., séparation [entre deux choses] : Fest. 166, 17.

dissēpĭō (**dissaepĭō**), *īs*, *īre*, *psī*, *ptum*, tr., séparer [comme par une clôture] : Cic. *Rep.* 4, 4 ; Lucr. 1, 998 ‖ renverser, détruire : Stat. *Th.* 10, 880.

disseptĭo (**dissaep-**), *ōnis*, f., ◉▶ *disseptum* : Vitr. 2, 8, 20.

disseptum (**dissaep-**), *i*, n. (*disseptus*), séparation, clôture, ce qui enclôt : Lucr. 1, 6, 951 ‖ le diaphragme : Macr. *Somn.* 1, 6, 77.

disseptus (**dissaep-**), *a*, *um*, part. de *dissepio*.

dissĕrēnascĭt, *āvĭt*, - (inch. de *dissereno*), impers., le temps devient clair, s'éclaircit : Liv. 39, 46, 4.

dissĕrēnăt ¶**1** impers., le temps est clair : *disserenabit* Plin. 18, 356, il fera beau ¶**2** [tard.] **dissĕrēnō**, *ās*, *āre*, -, -, tr., éclaircir, rendre serein : Aug. *Conf.* 13, 15, 17 ; Cassiod. *Var.* 6, 6, 1.

1 dissĕrō, *ĭs*, *ĕre*, *sēvī*, *sĭtum* (*dis*, 3 *sero*), tr., semer en différents endroits, placer çà et là : Varr. *L.* 6, 64 ; Caes. *G.* 7, 73, 9 ; Col. 11, 3, 26 ‖ disséminer : Lucr. 3, 143.
▶ parf. *disserui* Poet. d. Macr. *Sat.* 3, 18, 12.

2 dissĕrō, *ĭs*, *ĕre*, *sĕrŭī*, *sertum* (*dis*, 2 *sero*), tr., enchaîner à la file des idées, des raisonnements ; exposer avec enchaînement **a)** [avec acc. des pron. n.] : *quae Socrates de immortalitate animorum disseruit* Cic. *CM* 78, les idées développées par Socrate sur l'immortalité de l'âme, cf. *Nat.* 3, 95 ; *Lae.* 4 ; *ea quae inter me et Scipionem de amicitia disserebantur* Cic. *Lae.* 33, les idées que nous échangions, Scipion et moi, sur l'amitié, cf. *Ac.* 1, 46 ; *Div.* 2, 12 ; [avec prop. inf.] soutenir (en argumentant) que, exposer avec raisonnement que : Cic. *Lae.* 13 ; *Div.* 1, 105 ; *Fin.* 4, 2 ; [avec interrog. indir.] Sall. *C.* 5, 9 **b)** [acc. d'un subst.] *bona libertatis* Tac. *An.* 1, 4, disserter sur les biens de la liberté, cf. 6, 34 ; *H.* 3, 81 **c)** [abs¹] disserter, raisonner : (*oratio, disputatio*) *utrumque in disserendo est* Cic. *Or.* 113, (discours, discussion) dans les deux cas il s'agit de raisonner ; *praecepta disserendi* Cic. *Or.* 114, préceptes sur l'art de raisonner ; *prudens in disserendo* Cic. *Brut.* 118, habile dialecticien ; *ratio disserendi* Cic. *Fat.* 1, la dialectique.

3 dissĕrō, *ās*, *āre*, -, - (*dis*, 4 *sero*), tr., ouvrir : Ter.-Maur. 6, 328, 98.

disserpō, *ĭs*, *ĕre*, -, -, intr., se répandre insensiblement : Lucr. 6, 547.

dissertātĭo, *ōnis*, f. (*disserto*), dissertation : Gell. 17, 13, 11.

dissertātŏr, *ōris*, m., celui qui discute : Prud. *Apoth.* 782.

dissertĭo, *ōnis*, f. (*dissero*) ¶**1** dissolution, séparation [opp. de *consertio*] : *Liv. 41, 24, 10 ¶**2** ◉▶ *dissertatio* : Gell. 19, 12, 3.

dissertō, *ās*, *āre*, *āvī*, *ātum* (fréq. de 2 *dissero*), tr., discuter, disserter sur, exposer, traiter [en paroles] : Pl. *Men.* 809 ; Tac. *H.* 4, 69.

dissertŏr, *ōris*, m., ◉▶ *dissertator* : Aug. *Mend.* 10, 17.

dissertus, ▼ *disertus*.

dissĕrŭi a) parf. de 2 *dissero* **b)** ▼ 1 *dissero*.

dissēvī, parf. de 1 *dissero*.

dīssĭcĭō, *ĭs*, *ĕre*, -, -, tr., [le même verbe que *disicio*, ▼ *disjicio*] on trouve souvent cette orthographe dans les mss, mais seulement aux formes du présent ; on trouve même *dessicio* : Pl. *Curc.* 424.
▶ ▼ *disjicio*.

dissĭco, ▼ *disseco*.

dissĭdentĭa, *ae*, f. (*dissideo*), opposition, désaccord [entre les choses] : Plin. 29, 75.

dissĭdĕō, *ēs*, *ēre*, *sēdī*, *sessum* (*dis*, *sedeo*), intr. ¶**1** être séparé, éloigné : *Eridano* Prop. 1, 12, 4, être éloigné de l'Éridan, cf. Virg. *En.* 7, 370 ; *ab omni dissidet turba procul* Sen. *Oed.* 620, il se place à l'écart de toute la foule ¶**2** ne pas s'entendre, être désuni, divisé, être en désaccord : *ab aliquo* Cic. *Balb.* 30 ; *cum aliquo* Cic. *Ac.* 2, 143 ; *alicui* Hor. *O.* 2, 2, 18, ne pas s'accorder, être en opposition, en dissentiment avec qqn ; *inter se dissident* Cic. *Ac.* 2, 143, ils sont d'opinions différentes ; *verbis, non re dissidere* Cic. *Fat.* 44, être en désaccord pour la forme, non pour le fond ; *dissidet miles* Tac. *An.* 1, 46, le soldat est en révolte ; *spes incesserat dissidere hostem in Arminium ac Segestem* Tac. *An.* 1, 55, on espérait que l'ennemi se partagerait entre Arminius et Ségeste ; *histriones propter quos dissidebatur* Suet. *Tib.* 37, les histrions qui étaient cause de la discorde ¶**3** [nom de chose sujet] : *nostra non multum a Peripateticis dissidentia* Cic. *Off.* 1, 2, mes écrits qui ne s'écartent pas beaucoup de la doctrine des péripatéticiens ; *verba cum sententia scriptoris dissident* Cic. *Inv.* 1, 17, il y a désaccord entre les termes et l'intention du rédacteur ; *hae sententiae re inter se magis quam verbis dissident* Cic. *Fin.* 3, 41, ces opinions diffèrent plus dans le fond que

dissideo

dans l'expression ‖ *toga dissidet impar* Hor. *Ep.* 1, 1, 96, la toge retombe [du bras où elle repose] en plis inégaux (v. Quint. 11, 3, 141) ¶ **4** [chrét.] être hérétique ou schismatique : Cypr. *Domin.* 23.

dissĭdĭōsus, *a*, *um* (*dissidium*), qui divise : *Ambr. *Ep.* 76, 9.

dissĭdĭum, *ii*, n., ▶ *discidium*, séparation, division : Ambr. *Luc.* 7, 135 ; Hier. *Jovin.* 1, 11.

dissīdō, *is*, *ĕre*, *sēdī*, -, intr., camper à part : Sil. 7, 736.

dissĭgillō, *ās*, *āre*, -, - (*dis*, *sigillum*), enlever les *sigilla* : CIL 13, 8655.

dissignātĭō, *ōnis*, f. (*dissigno*) ¶ **1** disposition, plan : Cic. *Nat.* 1, 20 [mss] ; v.▶ *designatio* ¶ **2** fonctions du *dissignator* : CIL 1, 593, 94-104.

dissignātŏr, *ōris*, m. (*dissigno*), ordonnateur, celui qui assigne les places au théâtre : Pl. *Poen.* 19 ‖ ordonnateur des pompes funèbres : Hor. *Ep.* 1, 7, 5 ‖ celui qui rompt le sceau : Aug. *Man.* 2, 13, 30.

dissignō, *ās*, *āre*, *āvī*, *ātum* (*dis*, *signo*), tr. ¶ **1** distinguer, disposer, régler ordonner : Cic. *Nat.* 1, 26 ¶ **2** faire qqch. qui se remarque, se signaler par qqch. : *quid non ebrietas dissignat ?* Hor. *Ep.* 1, 5, 16, par quoi l'ivresse ne se signale-t-elle pas ? ‖ [ord.^t en mauvaise part = *cum nota et ignominia aliquid facere* Non. 96, 5] *videndumst, quae dissignata sint et facta nequiter, ... ut proveniant sine malo* Pl. *Most.* 413, il faut aviser à ce que les pires machinations et les pires méfaits se terminent sans mal pour leur auteur ; *modo quid dissignavit ?* Ter. *Ad.* 87, quel scandale il vient de faire ! ; Apul. *M.* 8, 28 ; Arn. 1, 63 ¶ **3** [chrét.] détruire, corrompre : Aug. *Civ.* 15, 16.

▶ *dissigno* est voisin de *designo* et les mss font souvent la confusion.

dissĭlĭō, *īs*, *īre*, *sĭlŭī*, *sultum* (*dis*, *salio*), intr. ¶ **1** sauter de côté et d'autre, se briser en morceaux, se fendre, s'écarter, s'entrouvrir, crever : *duo de concursu corpora dissiliunt* Lucr. 1, 385, deux corps après rencontre rebondissent en s'écartant ; *dissiluit mucro* Virg. *En.* 12, 740, l'épée vola en éclats ; *haec loca dissiluisse ferunt* Virg. *En.* 3, 416, on dit que ces pays furent violemment séparés ; *dissilit uva* Ov. *Tr.* 4, 6, 20, le raisin éclate ; *ubi una (vox) dissiluit in multas* *Lucr. 4, 605, quand le son s'est émietté en une foule d'autres ‖ [fig.] *dissilire risu* Sen. *Ep.* 113, 26, crever de rire ; *gratia fratrum dissiluit* Hor. *Ep.* 1, 18, 41, les bons rapports fraternels se brisèrent ¶ **2** [chrét.] se précipiter hors du droit chemin : Aug. *Conf.* 2, 4, 9.

dissĭmĭlis, *e*, dissemblable, différent : *alicujus* Cic. *Brut.* 282 ; *alicui* Cic. *Fin.* 5, 62, différent de qqn ; *sui dissimilior fiebat* Cic. *Brut.* 320, il devenait plus différent de lui-même ; *quod non est dissimile atque ire...* Cic. *Att.* 2, 3, 3, c'est comme si on allait, cf. Liv. 5, 5, 12 ; *dissimilis est militum*

causa et tua Cic. *Phil.* 2, 59, la cause de l'armée diffère de la tienne ; *dissimillimi inter se Zeuxis et Apelles* Cic. *de Or.* 3, 26, Zeuxis et Apelle diffèrent entre eux au plus haut point ; *forma haud dissimili in dominum* Tac. *An.* 2, 39, ayant des traits fort peu différents par rapport à son maître.

dissĭmĭlĭtĕr, adv., différemment, diversement : Sall. *J.* 89, 6 ‖ *haud dissimiliter* [avec dat.] Liv. 27, 48, 11, de la même manière que.

dissĭmĭlĭtūdo, *ĭnis*, f. (*dissimilis*), dissemblance, différence : Cic. *Lae.* 74 ; pl., Cic. *Off.* 1, 107 ; *habere dissimilitudinem a re, cum re* Cic. *de Or.* 1, 252 ; *Fam.* 2, 13, 2, avoir, comporter une différence avec une chose.

dissĭmŭlābĭlĭtĕr, adv., en cachette, secrètement : Pl. *Mil.* 260.

dissĭmŭlāmentum, *i*, n. (*dissimulo*), feinte : Apul. *Apol.* 87.

dissĭmŭlantĕr, adv. (*dissimulo*), de façon dissimulée : Cic. *Brut.* 274 ; Liv. 40, 23, 4.

dissĭmŭlantĭa, *ae*, f. (*dissimulo*), art de dérober sa pensée : Cic. *de Or.* 2, 270.

dissĭmŭlātĭō, *ōnis*, f. (*dissimulo*), dissimulation, déguisement, feinte : *dissimulatio tollenda est* Cic. *Off.* 3, 61, il faut bannir la dissimulation ; *in dissimulationem sui* Tac. *An.* 13, 25, pour n'être pas reconnu ‖ [en part. = εἰρωνεία, l'ironie socratique] : Cic. *Ac.* 2, 15 ; Quint. 9, 1, 29 ‖ action de cacher, de ne pas dévoiler : Plin. *Ep.* 6, 27, 3 ; 9, 13, 21 ‖ négligence, incurie : Veg. *Mul.* 3, pr. 1.

dissĭmŭlātŏr, *ōris*, m. (*dissimulo*), celui qui dissimule, qui cache : Sall. *C.* 5, 4 ; Hor. *Ep.* 1, 9, 9 ; Tac. *H.* 2, 56.

dissĭmŭlātus, *a*, *um*, part. de *dissimulo*.

dissĭmŭlō, *ās*, *āre*, *āvī*, *ātum* (*dis*, *simulo*), tr. ¶ **1** dissimuler, cacher : *scelus* Cic. *Sest.* 25, dissimuler un crime, cf. *Att.* 1, 18, 1 ; *dissimulare non potero mihi, quae adhuc acta sunt, displicere* Cic. *Att.* 8, 1, 4, je ne pourrai cacher que tout ce qu'on a fait jusqu'à présent me déplaît, cf. *Dom.* 121 ‖ *id dissimulare non sinit quin* Cic. *Or.* 147, cela ne permet pas de dissimuler que, cf. Gell. 6, 3, 40 ‖ [abs^t] : Cic. *Off.* 1, 108 ; *Mur.* 40 ; *dissimulavi dolens* Cic. *Att.* 5, 1, 4, ayant de la peine je dissimulai, je ne laissai rien paraître de ma peine ; *de conjuratione* Sall. *C.* 47, 1, dissimuler au sujet de la conjuration ; *ex dissimulato* Sen. *Nat.* 4, pr. 5, en cachette, à la dérobée ; *ex male dissimulato* Vell. 2, 109, 2, en cachant mal ¶ **2** ne pas faire attention à, négliger : *dissimulatus Macri consulatus* Tac. *H.* 2, 71, on ne tint pas compte du consulat de Macer [il avait été désigné] ; *consonantem* Quint. 11, 3, 34, ne pas prononcer une consonne.

dissĭpābĭlis, *e* (*dissipo*), qui se dissipe, qui s'évapore aisément : Cic. *Nat.* 3, 31.

dissĭpātĭō, *ōnis*, f. (*dissipo*), dispersion : Cic. *Rep.* 2, 7 ‖ dissolution, anéantissement, destruction : Cic. *Nat.* 1, 71 ‖ dissipation, dépense, gaspillage : Cic. *Phil.* 13, 10 ‖ [fig. de rhét.] dispersion : Cic. *de Or.* 3, 207 (Quint. 9, 3, 39).

dissĭpātŏr, *ōris*, m., destructeur [fig.] : Prud. *Psych. pr.* 34.

dissĭpātrix, *īcis*, f., celle qui détruit : Ps. Aug. *Serm.* 30.

dissĭpātus, *a*, *um*, part. de *dissipo*.

dissĭpō (**dissŭpō**), *ās*, *āre*, *āvī*, *ātum* (*dis*, *sipo*), tr. ¶ **1** répandre çà et là, disperser : *membra fratris* Cic. *Pomp.* 22, disperser les membres de son frère ; *hostes dissipantur in civitates* Hirt. *G.* 8, 5, 4, les ennemis se dispersent dans les villes ; *homines dissipati* Cic. *Tusc.* 1, 62, les hommes qui vivaient dispersés ‖ mettre en déroute [propre et fig.] : *multi (hostes) occisi, capti ; reliqui dissipati* Cic. *Fam.* 2, 10, 3, beaucoup d'ennemis furent tués, faits prisonniers ; le reste mis en déroute ; *curas edaces* Hor. *O.* 2, 11, 17, mettre en fuite les soucis rongeurs ¶ **2** [méd.] résoudre : *humorem* Cels. 5, 28, 7, résoudre une humeur ¶ **3** mettre en pièces, détruire, anéantir : *statuam* Cic. *Pis.* 93, mettre en pièces une statue ; *animum dissipari censere* Cic. *Tusc.* 1, 18, penser que l'âme est anéantie ; *possessiones* Cic. *Agr.* 1, 2, gaspiller des biens, cf. *Fam.* 4, 7, 5 ; *Phil.* 2, 6 ¶ **4** répandre [fig.] : *famam* Cic. *Phil.* 14, 15, répandre un bruit, cf. *Verr.* 1, 17 ; *Flac.* 14 ‖ *dissiparant te periisse* Cael. *Fam.* 8, 1, 4, ils avaient semé le bruit de ta mort ¶ **5** [chrét.] pass., être partagé [moralement], se disperser : *dissipari a se ipso* Aug. *Conf.* 8, 10, 22, être divisé intérieurement.

▶ *dissup*- Enn. *Tr.* 104 ‖ tmèse *disque supatis* Lucr. 1, 651.

dissiptum, ▶ *disseptum*.

1 dissĭtus, *a*, *um*, part. de 1 *dissero*.

2 dissĭtus, *a*, *um* (*dis*, *situs*), écarté, éloigné : Apul. *M.* 7, 6, 10 ; 23.

dissŏcĭābĭlis, *e* (*dissocio*) ¶ **1** qui sépare : Hor. *O.* 1, 3, 22 ¶ **2** qu'on ne peut réunir, incompatible : Tac. *Agr.* 3.

dissŏcĭālis, *e* (*dissocio*), qui répugne à [dat.] : Rutil. 1, 384.

dissŏcĭātĭō, *ōnis*, f. (*dissocio*), séparation : Tac. *An.* 16, 34 ‖ antipathie, répugnance [en parl. des choses] : Plin. 7, 57.

dissŏcĭātus, *a*, *um*, part. de *dissocio*.

dissŏcĭō, *ās*, *āre*, *āvī*, *ātum*, tr., séparer : Lucr. 5, 355 ; Hor. *Ep.* 1, 16, 5 ‖ [fig.] désunir, diviser : *amicitias* Cic. *Lae.* 74, dénouer les amitiés, cf. *Rep.* 3, 3 ; *dissociare causam suam* Tac. *An.* 13, 56, séparer sa cause = se séparer d'une coalition ; *dissociati a Socrate diserti a doctis* Cic. *de Or.* 3, 72, les rhéteurs séparés par Socrate des philosophes, cf. Tac. *An.* 1, 28.

dissŏlūbĭlis, e (*dissolvo*), séparable, divisible : Cic. *Nat.* 1, 20 ; 3, 29 ‖ [fig.] qu'on peut résoudre : ***dissolubilior*** Aug. *Gen. imp.* 8.

dissŏlŭendus, dissŏlŭi, dissŏlŭo, diérèse poét. pour *dissolvendus, dissolvi, dissolvo* : Tib. 1, 7, 2 ; 1, 10, 62 ; Catul. 66, 38.

dissŏlūtē, adv. (*dissolutus*), sans particule de liaison : Cic. *Or.* 135 ‖ avec insouciance, indifférence : Cic. *Verr.* 3, 90 ‖ avec faiblesse : Cic. *Verr.* 5, 19.

dissŏlūtĭo, ōnis, f. (*dissolvo*) ¶ 1 dissolution, séparation des parties : ***dissolutio naturae*** Cic. *Leg.* 1, 31, dissolution [mort] ; ***nec dissolutio navigii sequebatur*** Tac. *An.* 14, 5, la dislocation du navire ne s'ensuivait pas ¶ 2 [fig.] **a)** destruction, ruine, anéantissement : Cic. *Phil.* 1, 21 **b)** réfutation : Cic. *Clu.* 3 **c)** absence de liaison [entre les mots], suppression des particules de coordination : Cic. *Part.* 21 **d)** relâchement, atonie (de l'estomac) : Plin. 20, 248 **e)** faiblesse, manque d'énergie, de ressort : Cic. *Fam.* 5, 2, 9 ‖ ***judiciorum*** Cic. *Verr.* 4, 133, relâchement des tribunaux ¶ 3 [chrét.] licence, débauche : Salv. *Gub.* 6, 18, 95.

dissŏlūtīvē, adv., de manière à détruire, à réduire à néant : Boet. *Top. Arist.* 7, 2.

dissŏlūtīvus, a, um, qui réduit à néant : Boet. *Top. Arist.* 4, 4.

dissŏlūtŏr, ōris, m. (*dissolvo*), destructeur : Cod. Th. 3, 16, 1.

dissŏlūtrix, īcis, f., celle qui détruit : Tert. *Anim.* 42, 1.

dissŏlūtus, a, um ¶ 1 part. de *dissolvo* ¶ 2 adjᵗ **a)** détaché, insouciant : Cic. *Verr.* 5, 7 ; 3, 162 **b)** indolent, mou : *Verr.* 3, 143 **c)** relâché, dépravé : *Off.* 1, 99 ; *Tusc.* 4, 55 ‖ -tior Cic. *Verr.* 3, 143 ; -tissimus Cic. *Verr.* 3, 129 ; *Clu.* 175.

dissolvō, ĭs, ĕre, solvī, sŏlūtum, tr. ¶ 1 dissoudre, séparer, désunir : ***dissolvere apta*** Cic. *Or.* 235, désagréger des parties bien liées, cf. *CM* 72 ; ***nodos*** Lucr. 6, 356, défaire des nœuds ; ***capillum*** Plin. 28, 23, dénouer les cheveux ; ***glaciem*** Lucr. 6, 963, faire fondre la glace ; ***risu ilia*** Petr. 24, 5, rire à se rompre les côtes ; ***stomachum*** Plin. 20, 256, relâcher l'estomac ‖ ***navigium dissolutum, vel potius dissipatum*** Cic. *Att.* 15, 11, 3, navire en morceaux ou plutôt en miettes, cf. *Or.* 235 ‖ ***plerosque senectus dissolvit*** Sall. *J.* 17, 6, la plupart s'en vont de vieillesse ¶ 2 détacher qqn qui est pendu : Pl. *Poen.* 148 ‖ [jeu de mots] dégager : Pl. *Merc.* 166 ¶ 3 payer, s'acquitter de : ***aes alienum*** Cic. *Sull.* 56, payer ses dettes ; ***nomen*** Cic. *Planc.* 68, acquitter un billet ; ***poenam*** Cic. *Tusc.* 1, 100, subir une peine ; ***damna*** Cic. *Verr.* 5, 33, réparer des dommages ; ***vota*** Cic. *Att.* 15, 11, 4, accomplir des vœux ; ***aliquid alicui*** Cic. *Verr.* 3, 174, payer qqch. à qqn ‖ [pass.] ***dissolvi*** Cic. *Cat.* 2, 18, se libérer, se dégager ¶ 4 [méd.] résoudre guérir, faire disparaître : Plin. 20, 122 ; 24, 23 ¶ 5 [fig.] **a)** désunir, désagréger, détruire : ***amicitias*** Cic. *Lae.* 32, rompre les amitiés ; ***societatem*** Cic. *Com.* 38, dissoudre une société ; ***acta Caesaris*** Cic. *Phil.* 1, 18, annuler les actes de César **b)** résoudre : ***interrogationes*** Cic. *Ac.* 2, 46, dénouer les mailles d'un raisonnement par interrogations, se dégager d'un raisonnement, cf. *de Or.* 2, 158 ; ***utrumque dissolvitur*** Cic. *Tusc.* 3, 74, la double objection se résout, tombe **c)** dénouer, relâcher : ***severitatem*** Cic. *Mur.* 65, relâcher la sévérité.

▶ ⓥ *dissoluendus*.

dissŏnantĕr, adv. (*dissono*), en discordance : Aug. *Gen. litt.* 4, 33.

dissŏnantĭa, ae, f. (*dissono*), dissonance [mus.] : Boet. *Mus.* 1, 8 ‖ discordance, désaccord : Mamert. *Anim.* 1, 21.

dissŏnō, ās, āre, -, -, intr. ¶ 1 rendre des sons discordants : Vitr. 5, 8, 1 ¶ 2 [fig.] différer : Col. 1, 1, 3.

dissŏnōrus, a, um, dissonant : Ter.-Maur. 6, 331, 190.

dissŏnus, a, um, dissonant, discordant : Liv. 4, 28, 2 ; 30, 34, 1 ; Tac. *An.* 1, 34 ‖ qui diffère, différent : ***gentes dissonae sermone moribusque*** Liv. 1, 18, 3, peuples différents de la langage et de mœurs ; ***dissona carmina*** Stat. *S.* 2, 2, 114, vers de mesure différente, vers élégiaques ; ***nihil apud eos dissonum ab Romana re*** Liv. 8, 8, 2, rien chez eux qui différât de l'organisation romaine ‖ divisé, ennemi : Sil. 11, 45.

dissors, tis (*dis, sors*), qui n'entre pas en partage [qui a un lot distinct] : ***ab omni milite dissors gloria*** Ov. *Am.* 2, 12, 11, gloire que ne partage aucun soldat.

dissortĭum, ĭi, n. (*dissors*), désunion : Gloss. 2, 53, 10.

dissuādĕō, ēs, ēre, suāsī, suāsum, dissuader, parler pour détourner de ¶ 1 tr., [avec nom de chose comme compl.] ***legem*** Cic. *Agr.* 2, 101, combattre une loi ; ***pacem*** Liv. 30, 37, 7, parler contre la paix, cf. Tac. *An.* 13, 26 ‖ [avec prop. inf., par symétrie avec *censere*] Cic. *Off.* 3, 101 ‖ [avec inf.] dissuader de : Her. 3, 5 ; Suet. *Tib.* 2 ‖ [avec *ne*] parler pour empêcher que : Gracch. d. Gell. 11, 10, 4 ; Gell. 7, 2, 10 ¶ 2 [abs*ᵗ*] parler contre, être opposant, faire opposition : Cic. *Lae.* 96 ; Caes. *G.* 7, 15, 6 ; ***de aliqua re*** Cic. *Off.* 3, 110, à propos de qqch. ¶ 3 [en gén.] déconseiller de qqch., détourner de qqch. : ***quod dissuadetur, placet*** Pl. *Trin.* 670, ce dont on nous détourne, nous plaît ; [tard.] ***ille ab amicis dissuasus*** Hyg. *Fab.* 219, 2, lui, détourné par ses amis ‖ [avec inf.] Quint. 2, 8, 7 ; 4, 2, 121 ; [rare] ***alicui aliquid***, déconseiller qqch. à qqn : ***alicui mori*** Sen. *Herc. Oet.* 929, détourner qqn de mourir.

dissuāsĭo, ōnis, f. (*dissuadeo*), action de dissuader, de parler contre, de détourner : Cic. *Clu.* 140 ; *Part.* 85 ‖ au pl. : Sen. *Ep.* 94, 39.

dissuāsŏr, ōris, m. (*dissuadeo*), celui qui dissuade, qui parle contre, qui détourne : Cic. *Part.* 83 ; 85 ; *Brut.* 106 ; *de Or.* 2, 261.

dissuāv-, ⓥ *dissav-*.

dissuesco, ⓥ *desuesco* : Avit. *Carm.* 4, 46.

dissuētūdo, ⓥ *desuetudo* : Ambr. *Cain.* 2, 6, 22.

dissulcō, ās, āre, -, -, tr., séparer par un sillon, fendre : Fort. *Mart.* 4, 242.

dissulcus, dīsulcus, i, m., [porc] dont les soies sont partagées sur la tête : P. Fest. 63, 29.

dissultō, ās, āre, -, - (*dis, salto*), intr., sauter çà et là, se briser en morceaux, éclater : Plin. 37, 57 ‖ [poét.] tressaillir, être ébranlé : Virg. *En.* 8, 240 ‖ s'éloigner (s'écarter) en bondissant, rebondir, rejaillir : Lucr. 3, 396 ; Sen. *Ep.* 45, 9.

dissŭō, ĭs, ĕre, -, sūtum, tr., découdre : Ov. *F.* 1, 408 ‖ [fig.] ***amicitias*** Cat. d. Cic. *Lae.* 76, dénouer une amitié [se séparer sans éclat de ses amis].

dissŭpo, ⓥ *dissipo*.

dissūtus, part. de *dissuo*.

dissyllăbus, ⓥ *disyllabus*.

distābēscō, ĭs, ĕre, bŭī, -, intr., se dissoudre, se fondre : Cat. *Agr.* 24 ‖ [fig.] se corrompre : Aug. *Conf.* 3, 3, 5.

distaedet (me), taesum est, impers., s'ennuyer beaucoup : Pl. *Amp.* 503 ; Ter. *Phorm.* 1011.

▶ parf. arch. *distisum est* P. Fest. 64, 4.

distantĭa, ae, f. (*disto*), distance, éloignement : Plin. 2, 61 ‖ différence : Cic. *Lae.* 74 ‖ pl., Gell. 2, 26, 6.

distantīvus, a, um, qui constitue une distance ‖ n. subst., Tert. *Anim.* 9, 1.

distectus, a, um (*dis, tego*), découvert : Alcim. *Carm.* 4, 408.

distēgĭa, ae, f. (διστεγία), édifice à deux étages : CIL 6, 2653.

distēgus, a, um (δίστεγος), qui a deux étages : CIL 6, 1600.

dīstempĕrantĭa, ae, f. (*distempero*), mauvaise répartition : Ps. Sor. *Quaest.* 80 ‖ **distempĕrātĭo**, ōnis, f., Garg. *Med.* p. 211, 20.

distempĕrō, ās, āre, -, -, tr. ¶ 1 mélanger, délayer : Plin. Val. 1, 5 ¶ 2 mal répartir : Philagr. *Med.* 1, p. 74.

distendō, ĭs, ĕre, tendī, tentum (*dis, tendo*), tr. ¶ 1 étendre : ***aciem*** Caes. *C.* 3, 92, 2, étendre, déployer sa ligne de bataille ; ***distentus*** Liv. 1, 28, 10, ayant le corps (tendu) tiré en sens opposés ¶ 2 tendre, gonfler, remplir : Virg. *B.* 9, 31 ; *G.* 3, 124 ; Tib. 2, 5, 84 ¶ 3 torturer, tourmenter : Suet. *Tib.* 62 ¶ 4 [fig.] diviser, partager : Liv. 27, 40, 1.

▶ *distennite* *Pl. *Mil.* 1407 ; *distensus* *Tert. *Apol.* 9, 14 ; Greg.-M. *Mor.* 2, 75.

distensio

distensĭo, ōnis, f. (*distendo*), extension : Aug. *Trin.* 5, 1, 2 ‖ gonflement : M. Emp. 8, 117 ; ▶ *distentio*.

distensus, ▶ *distendo*.

distentĭo, ōnis, f. (*distendo*), tension : **nervorum distentio** Cels. 2, 1, 18, convulsion [contraction des muscles] ‖ gonflement, enflure : Scrib. 89 ‖ [chrét.] extension dans le temps ou l'espace : Aug. *Ep.* 187, 41 ‖ dispersion de l'esprit ou de l'âme, distraction : Vulg. *Eccles.* 8, 16 ; Aug. *Conf.* 11, 29, 19.

1 distentus, a, um, part. de *distendo* ‖ adj^t, gonflé, plein : **distentus ac madens** Suet. *Cl.* 33, gorgé de nourriture et de vin ; **distentius uber** Hor. *S.* 1, 1, 110, mamelle plus gonflée.

2 distentus, a, um, part. de *distineo* ‖ adj^t, occupé de plusieurs choses : **distentus tot negotiis** Cic. *Amer.* 22, occupé de tant d'affaires ; **circa scelera** Tac. *An.* 16, 8, occupé de crimes ; **distentum tempus officiis** Plin. *Ep.* 3, 5, 7, temps retenu par des devoirs ‖ *-tissimus* Cic. *Att.* 15, 18, 2.

3 distentŭs, abl. ū, m. (*distendo*), distension : Plin. 8, 138.

distermĭna, ae, f., ▶ *disterminus*.

distermĭnātĭo, ōnis, f. (*distermino*), bornage : Grom. 66, 24.

distermĭnātŏr, ōris, m. (*distermino*), celui qui borne : Apul. *Mund.* 1.

distermĭnātus, a, um, part. de *distermino*.

distermĭnō, ās, āre, āvī, ātum (*dis*, *termino*), tr., borner, délimiter, séparer : **stellas** Cic. *Arat.* 94, séparer des étoiles ; **Hispanias Galliasque** Plin. 3, 30, séparer les Espagnes des Gaules ; **Asiam ab Europa** Luc. 7, 957, séparer l'Asie de l'Europe ‖ [fig.] Lucr. 2, 719.

distermĭnus, a, um (*dis*, *terminus*), éloigné, séparé : Sil. 5, 399 ‖ subst. f., ligne de séparation, le diamètre, la diagonale : Capel. 6, 714.

disternō, ĭs, ĕre, strāvī, strātum (*dis*, *sterno*), tr., étendre à terre : Not. Tir. 54, 88 ; **disternebatur lectus** Apul. *M.* 10, 34, on préparait un lit ; ▶ *desterno*.

distĕrō, ĭs, ĕre, trīvī, trītum, tr., broyer, piler, écraser : Cat. *Agr.* 75 ‖ frotter fortement, écorcher : Petr. 24, 4.

distexō, ĭs, ĕre, -, -, ourdir [la toile] : Sidon. *Carm.* 15, 161.

distĭchŏn, i, n. (δίστιχον), distique [hexamètre et pentamètre] : Suet. *Caes.* 51.

distĭchus, a, um (δίστιχος), qui a deux rangs : **distichum hordeum** Col. 2, 9, 16, escourgeon [sorte d'orge à double rang de grains].

distill-, ▶ *destill-*.

distĭmŭlō, ās, āre, -, -, tr. (*dis*, *stimulo*), cribler de piqûres ‖ [fig.] **bona** Pl. *Bac.* 64, être le bourreau de sa fortune.

distinctē, adv. (1 *distinctus*), séparément, d'une manière distincte, avec netteté : Cic. *Leg.* 1, 36 ; *Or.* 99 ; *Tusc.* 2, 7 ‖ *-tius* Cic. *Inv.* 1, 43 ; *-issime* Cassiod. *Compl. Ephes.* 3.

distinctim, ▶ *distincte* : Cassian. *Inst.* 2, 11, 1.

distinctĭo, ōnis, f. (*distinguo*) ¶ 1 action de distinguer, de faire la différence, distinction : **harum rerum facilis est distinctio** Cic. *Fin.* 1, 33, la distinction entre ces choses est facile, cf. *Off.* 1, 104 ; **veri a falso** Cic. *Fin.* 1, 64, distinction du vrai et du faux ‖ différence, caractère distinctif : Cic. *Fat.* 43 ; *Ac.* 2, 48 ‖ appellation distincte, désignation : *Nat.* 2, 15 ; 104 ¶ 2 [rhét.] **a)** séparation, discontinuité, pause : Cic. *de Or.* 3, 186 **b)** mise en relief d'un mot : *de Or.* 3, 206 ¶ 3 [gram.] ponctuation : **media distinctio** Isid. 1, 20, 2, point placé à mi-hauteur des lettres [équivalant au point-virgule] ; **ultima distinctio** Isid. 1, 20, 2 [ou abs^t] **distinctio** Don. *Gram.* 4, 374, 15, point final [figuré par un point en haut] ; ▶ *subdistinctio* ‖ phrase détachée, période : Ambr. *Ep.* 76, 1 ¶ 4 distinction, parure, donneur : Plin. 28, 13.

distinctīvē, adv. (*distinguo*), de façon qui distingue : Prisc. 3, 203, 12.

distinctŏr, ōris, m. (*distinguo*), celui qui distingue, qui fait la différence : Aug. *Ev. Joh.* 20, 12.

1 distinctus, a, um, part. de *distinguo* ‖ adj^t, varié : **acies distinctior** Liv. 9, 19, 8, armée plus variée ‖ distinct, distingué : Cic. *Rep.* 1, 44 ‖ orné, nuancé : **pocula gemmis distincta** Cic. *Verr.* 4, 62, coupes rehaussées de pierreries ; [en parl. du style] *Brut.* 69 ; **floribus distinctus** Ov. *M.* 5, 266, émaillé de fleurs.

2 distinctŭs, abl. ū, m., différence : Tac. *An.* 6, 28 ‖ diversité, variété : Stat. *S.* 1, 5, 40.

distĭnĕō, ēs, ēre, tĭnŭī, tentum (*dis*, *teneo*), tr. ¶ 1 tenir séparé, séparer, tenir éloigné : **tigna distinebantur** Caes. *G.* 4, 17, 7, les pieux étaient tenus écartés ; **duo freta distinet isthmos** Ov. *H.* 8, 69, l'isthme sépare deux mers ; **quem Notus distinet a domo** Hor. *O.* 4, 5, 12, que le Notus retient loin de sa patrie ¶ 2 [fig.] déchirer, partager : **distineor et divellor dolore** Cic. *Planc.* 79, je suis douloureusement partagé et tiraillé ; **duae sententiae senatum distinebant** Liv. 5, 20, 4, deux avis partageaient le sénat, cf. Liv. 7, 21, 5 ; Tac. *H.* 1, 32 ¶ 3 tenir à l'écart, retenir, tenir occupé, empêcher : **novis legibus distinemur** Cic. *Fam.* 7, 2, 4, les nouvelles lois nous donnent à faire ; **ne imperita militum multitudo per me pacem distineri putet** Cic. *Phil.* 12, 28, que la foule ignorante des soldats ne croie pas que c'est moi qui retarde la paix ; **hostes** Caes. *G.* 2, 5, 2, retenir les ennemis, cf. *C.* 3, 44, 2 ; 3, 52, 1 ; **Parthi Hyrcano bello distinebantur** Tac. *An.* 14, 25, les Parthes étaient occupés à faire la guerre aux Hyrcaniens ‖ **Galliae victoriam** Caes. *G.* 7, 37, 3, empêcher la victoire de la Gaule.

distinguō, ĭs, ĕre, stinxī, stinctum (*dis* et cf. *instigo*, *exstinguo*), tr. ¶ 1 séparer, diviser : **distinguere caput acu** Claud. *Nupt. Hon.* 284, séparer ses cheveux avec une aiguille ; **crinem** Sen. *Tranq.* 885, arranger sa chevelure ¶ 2 [fig.] distinguer, différencier : **crimina** Cic. *Verr.* 4, 88, distinguer des chefs d'accusation ; **ambigua** Cic. *Fin.* 1, 22, démêler les équivoques ; **quid sit melius, non distinguitur** Cic. *Nat.* 3, 26, on ne démêle pas ce qu'il y a de meilleur ; **artificem ab inscio** Cic. *Ac.* 2, 22, distinguer l'homme habile de l'ignorant, cf. *de Or.* 2, 244 ; **fortes ignavosque** Tac. *H.* 3, 27, distinguer les braves des lâches ; **falsum** Hor. *Ep.* 1, 10, 29, distinguer le vrai du faux ‖ **distincta et interpuncta intervalla** Cic. *Or.* 53, des intervalles séparés et nettement tranchés ¶ 3 couper, séparer par une pause : **versum distinguere** Quint. 1, 8, 1, couper le vers par un temps d'arrêt, cf. 11, 2, 27 ‖ ponctuer : Diom. 437, 24 ‖ [fig.] terminer : **cunctationem** Apul. *M.* 2, 30, mettre fin à l'hésitation ¶ 4 nuancer, diversifier : **orationem variare et distinguere quasi quibusdam verborum sententiarumque insignibus** Cic. *de Or.* 2, 36, varier et nuancer le style par ces sortes de parures que sont les figures de mots et de pensées, cf. *Brut.* 275 ; *Fin.* 1, 38 ; Hor. *O.* 2, 5, 11 ; **comoedis cena distinguitur** Plin. *Ep.* 3, 1, 9, des comédiens mettent de la variété dans le repas.

distīsum, ▶ *distaedet*.

distō, ās, āre, -, - (*dis*, *sto*), intr. ¶ 1 être éloigné : **distant multum inter se sidera** Cic. *Tusc.* 5, 69, les astres sont bien éloignés les uns des autres ; **terrae ab hujus terrae continuatione distantes** Cic. *Nat.* 2, 164, terres éloignées de notre continent ; **sol ex aequo meta distabat utraque** Ov. *M.* 3, 145, le soleil était à égale distance des deux bouts de sa carrière, cf. *F.* 4, 362 ; Hor. *Ep.* 1, 7, 48 ; **quantum distet ab Inacho Codrus, narras** Hor. *O.* 3, 19, 2, tu nous exposes combien de temps s'est écoulé entre Inachus et Codrus ; **haud multum distanti tempore** Tac. *An.* 3, 24, quelque temps après ‖ **tam distantibus in locis** Cic. *Phil.* 2, 67, dans des lieux si éloignés, si divers ¶ 2 être différent : **a cultu bestiarum** Cic. *Off.* 2, 15, différer de la vie des bêtes, cf. *Or.* 34 ; [avec dat., poét.] **scurrae distabit amicus** Hor. *Ep.* 1, 18, 4, un ami différera d'un flatteur, cf. 1, 7, 23 ; 2, 1, 72 ; *O.* 4, 9, 29 ; Quint. 5, 10, 7 ‖ [impers.] il y a une différence : **distat sumasne pudenter an rapias** Hor. *Ep.* 1, 17, 44, il y a de la différence entre prendre modestement et arracher avec violence, cf. 2, 2, 195 ; *S.* 2, 3, 210 ; Sen. *Ep.* 124, 9 ; Quint. 5, 10, 26. ▶ parf. **distiti** Ennod. *Carm.* 1, 21, 17 ; Boet. *Mus.* 5, 7.

distorquĕō, ēs, ēre, torsī, tortum, tr. ¶ 1 tourner de côté et d'autre, contourner, tordre : **sibi os** Ter. *Eun.* 670, se défigurer, grimacer ; **oculos** Hor. *S.* 1, 9, 65, rouler

distorsĭo, ōnis, f., distortio : *Aug. Psalm. 66, 7.

distorsum, distortum : Prisc. 2, 488, 13.

distortĭo, ōnis, f., distorsion : Cic. Tusc. 4, 29.

distortŏr, ōris, m., celui qui torture : *Ter. Phorm. 374 d. Prisc. 2, 487, 12.

distortus, a, um ¶ 1 part. de *distorqueo* ¶ 2 adj^t, tortu, contrefait, difforme : Cic. de Or. 2, 266 ; Hor. S. 1, 3, 47 ; *distortissimus* Cic. Mur. 61 ‖ entortillé [en parl. du style] : *nihil distortius* Cic. Fat. 16, rien de plus contourné ¶ 3 [chrét.] pervers : Aug. Ep. 58, 3.

distractĭo, ōnis, f. (*distraho*) ¶ 1 action de tirer en sens divers, déchirement [des membres] : Gell. 12, 5, 3 ‖ division, séparation : *distractio humanorum animorum* Cic. Nat. 1, 27, séparation des âmes humaines ; *animae corporisque* Sen. Ep. 30, 14, séparation de l'âme et du corps ¶ 2 vente au détail : Ulp. Dig. 2, 15, 8, 15 ; 14, 3, 5, 12 ¶ 3 désaccord : Cic. Off. 3, 22.

distractŏr, ōris, m. (*distraho*), celui qui tire en sens divers : Anth. 161, 1 ‖ vendeur : Cod. Just. 4, 18, 2 ‖ *argenti* Cod. Just. 4, 18, 2, 2, changeur de monnaie.

1 **distractus, a, um**, part. de *distraho* ‖ adj^t, divisé : *distractior* Lucr. 4, 961 ‖ occupé : *distractissimus* Vell. 2, 114, 1.

2 **distractŭs,** ūs, m., résiliation d'un contrat : Inst. Just. 3, 27, 6.

distrăhō, ĭs, ĕre, trāxī, tractum (*dis, traho*), tr.
I tirer en sens divers ¶ 1 rompre (diviser) en morceaux un tout, déchirer, rompre, séparer, diviser : *corpus nullum, quod distrahi non possit* Cic. Nat. 3, 29, il n'est point de corps qu'on ne puisse séparer en diverses parties ; *distrahere aliquem equis* Varr. d. Non. 287, 22 ou *corpus passim* Liv. 1, 28, 9, faire écarteler qqn ; *vallum* Liv. 25, 36, 9, détruire un retranchement ; *aciem* Caes. C. 3, 92, 1, rompre une ligne de bataille ; *Taurus mediam distrahens Asiam* Plin. 5, 97, le Taurus qui sépare l'Asie en deux ¶ 2 vendre au détail : *distrahere bona venum* Gell. 20, 1, 19 ; *distrahere agros* Tac. An. 6, 17 ; *merces* Cod. Just. 9, 1, 6, vendre en détail des propriétés, des portions de terres, des marchandises ‖ *jus distrahendi* Dig. 3, 5, 1, droit de vendre [le gage remis au créancier] ¶ 3 [fig.] partager, désunir, dissoudre : *fit ut distrahatur in deliberando animus* Cic. Off. 1, 9, il arrive qu'en délibérant l'esprit est sollicité en sens divers ; *oratoris industriam in plura studia* Cic. de Or. 1, 250, partager (éparpiller) l'activité de l'orateur entre un trop grand nombre d'études ; *distrahor* Cic. Ac. 2, 134, j'hésite (je suis tiraillé) ; *in contrarias sententias distrahi* Cic. Off. 1, 9, être tiraillé entre deux avis opposés ‖ *societatem* Cic. Off. 3, 28, rompre la société ;

controversiam Cic. Caecin. 6, dissiper, trancher un différend ; *collegia* Suet. Caes. 42, dissoudre les communautés ; *distrahere rem* Caes. C. 1, 32, 3, faire échouer une affaire ; *fama distrahi* Tac. An. 3, 10, être diffamé, décrié.
II tirer loin de ¶ 1 détacher de : *de corpore* Lucr. 3, 844 ; *a corpore* Sen. Ep. 30, 14, détacher du corps ‖ *ab aliqua re distrahi* Cic. Sull. 59, être arraché à qqch. ¶ 2 séparer : *aliquem ab aliquo* Ter. Hec. 492 ; Phorm. 201 ; Cic. Phil. 2, 23, séparer qqn de qqn ‖ *cum aliquo distrahi* Cic. Dej. 15, rompre avec qqn ‖ *voces* Cic. Or. 152, séparer les voyelles par l'hiatus.

distrĭbŭela, ae, f., distribution, répartition : Carm. Fig. 85.

distrĭbŭō, ĭs, ĕre, bŭī, būtum (*dis, tribuo*), tr., distribuer, répartir, partager : *distribuit populum in quinque partes* Cic. Rep. 2, 39, il partagea le peuple en cinq classes (*res partibus distributae* Cic. de Or. 1, 109, choses classées par espèces) ; *pecuniam in judices* Cic. Clu. 74, distribuer de l'argent aux juges ; *milites in legiones* Caes. C. 3, 4, 2, répartir des soldats dans les légions ; *pecunias exercitui* Caes. C. 1, 39, 3, distribuer de l'argent à l'armée, cf. Cic. Verr. 3, 171 ; Att. 7, 14, 2 ; *opera vitae* Sen. Ben. 7, 2, régler ses occupations ; *via triumphalibus viris sternendas distribuit* Suet. Aug. 30, il répartit le pavage des routes entre les personnages revêtus des honneurs du triomphe ‖ former en répartissant : *partitio causarum distributa est* Cic. Part. 110, la division des motifs a été faite, réglée.

distrĭbūtē, adv. (*distributus*), avec ordre, avec méthode : Cic. Tusc. 2, 7 ‖ *-tius* Cic. Inv. 2, 177.

distrĭbūtim, distribute : Boet. Porph. com. 2, 4, 9, p. 264, 20.

distrĭbūtĭo, ōnis, f. (*distribuo*), division : *distributio caeli* Cic. Div. 2, 45, division du ciel ‖ [log.] pl., les divisions : Cic. Part. 7 ‖ [rhét.] distribution : Cic. de Or. 3, 203 ‖ [archit.] distribution des pièces d'une maison : Vitr. 1, 2, 8 ‖ [chrét.] bienfaisance, largesse : Ps. Hil. Libell. 9.

distrĭbūtīvus, a, um, distributif [gram.] : Prisc. 3, 102, 19.

distrĭbūtŏr, ōris, m. (*distribuo*), distributeur, dispensateur : Ps. Apul. Asclep. 27 ; Hier. Ep. 108, 13.

distrĭbūtrix, īcis, f., celle qui dispense : Hier. Didym. 23.

distrĭbūtus, a, um, part. de *distribuo*.

districtē, adv. (*districtus*), rigoureusement, sévèrement : Dig. 3, 3, 13 ; *districtius* Tert. Idol. 5, 1 ; *-issime* Cassiod. Var. 9, 18.

districtĭo, ōnis, f. (*distringo*), empêchement : Dig. 4, 8, 16.

districtīvus, a, um, (*distringo*), dissolvant, résolutif : Cael.-Aur. Acut. 2, 29, 159.

1 **districtus, a, um** ¶ 1 part. de *distringo* ¶ 2 (fr. *détroit*), adj^t **a)** enchaîné, empêché : *aliqua re, ab aliqua re* Cic. Pomp. 9 ; Q. 2, 16, 1 **b)** partagé, hésitant : Cic. Fam. 2, 15, 3 ‖ *districtior* Cic. Q. 2, 16, 1 ; *districtissimus* Vell. 2, 114, 1. ▶ confusion avec *destrictus* Tac. An. 4, 36.

2 **districtŭs,** abl. ū, m., territoire, district : Novel.-Just. 42, 3.

distrĭgĭlō, ās, āre, -, - (*dis, strigilis*), tr., frotter avec le strigile : Gloss. 3, 446, 29.

distringō, ĭs, ĕre, strinxī, strictum (*dis, stringo*), tr. ¶ 1 lier d'un côté et d'un autre, maintenir écarté ou étendu : *radiis rotarum districti* Virg. En. 6, 617, maintenus étendus sur les rayons des roues ¶ 2 maintenir à l'écart, éloigné : *Romanos* Liv. 35, 18, 8, tenir les Romains éloignés, les retenir par une diversion, cf. 31, 11, 10 ; 44, 35, 8 ‖ retenir, arrêter, empêcher : *distringor officio molestissimo* Plin. Ep. 1, 10, 9, je suis retenu, empêché par une tâche très ingrate, cf. districtus Cic. Verr. prim. 24 ‖ fatiguer : *Jovem votis* Plin. Pan. 94, 2, fatiguer Jupiter de ses vœux ¶ 3 [chrét.] punir : Cassiod. Var. 2, 14.

distrīvī, parf. de *distero*.

distruncō, ās, āre, -, - (*dis, trunco*), tr., couper en deux : Pl. Truc. 614.

distŭlī, parf. de *differo*.

disturbātĭo, ōnis, f. (*disturbo*), démolition, ruine : Cic. Off. 3, 46.

disturbātus, a, um, part. de *disturbo*.

disturbō, ās, āre, āvī, ātum (*dis, turbo* ; fr. occid. *détourber*), tr. ¶ 1 disperser violemment : *contionem* Cic. Mil. 91, disperser une assemblée, cf. Div. 1, 76 ; *freta* Sen. Phaed. 1011, bouleverser les flots du détroit ¶ 2 démolir : *domum* Cic. Phil. 5, 19, démolir une maison ; *ignis cuncta disturbat* Cic. Nat. 2, 41, le feu détruit tout ¶ 3 [fig.] bouleverser, détruire [un mariage, une loi, un jugement, une affaire] : Ter. And. 182 ; Cic. Agr. 2, 101 ; Sull. 15 ; Fam. 11, 21, 5.

disulcis, disulcus : Gloss. 2, 53, 8.

dīsulcō, ās, āre, -, -, dissulco : Aug. Man. 26.

dīsulcus, dissulcus.

dĭsyllabus, a, um (δισύλλαβος), dissyllabique, de deux syllabes : Quint. 1, 5, 31 ‖ pl. n., *disyllaba* Capel. 5, 521, et f., *disyllabae* Capel. 3, 266, dissyllabes.

dītātŏr, ōris, m. (*dito*), celui qui enrichit [= le Saint-Esprit] : Aug. Conf. 5, 5, 8.

dītātus, a, um, part. de *dito*.

dītescō, ĭs, ĕre, -, - (2 dis), intr., s'enrichir : Hor. S. 2, 5, 10 ; Lucr. 4, 1245.

dĭthălassus, a, um (διθάλασσος), baigné par deux mers : *Vulg. Act. 27, 41 ; bith-.

dīthyrambĭcus, a, um (διθυραμβικός), dithyrambique : Cic. Opt. 1.

dīthyrambĭŏs, ĭī, f., jusquiame [plante] : Ps. Apul. Herb. 4.

dithyrambus

dīthўrambus, *i*, m. (διθύραμβος), dithyrambe [poème en l'honneur de Bacchus] : Cic. *de Or.* 3, 184 ; Hor. *O.* 4, 2, 10.

dītiae, *ārum*, f., contr. pour *divitiae*, richesses : Pl. *Poen.* 60 ; *Ru.* 542 ; Ter. *And.* 797.

dītĭfĭcō, *ās*, *āre*, -, - (2 *dis*, *facio*), ⟶ *dito* : Cassiod. *Var.* 8, 26, 4.

dītĭo, ⟶ *dicio*.

Ditĭōnes, *um*, m. pl. (Διτίονες), peuple de Dalmatie : Plin. 3, 142 ∥ sg., *Ditio* : CIL 5, 541.

dītĭor, **dītissĭmus**, compar. et superl. de *dis*, qui servent à *dives*.

1 dītis, gén. de *2 dis*.

2 Dītis, *is*, m., ⟶ *3 Dis* : Petr. 120, 76.

dītĭŭs, adv. compar. (*2 dis*), plus richement : Stat. *S.* 1, 51, 31 ; **ditissime** Apul. *Socr.* 22.

dītō, *ās*, *āre*, *āvī*, *ātum* (*2 dis*), tr., enrichir : Hor. *Ep.* 1, 6, 6 ; Her. 4, 66 ; Liv. 37, 54, 13.

dītŏnum, *i*, n. (δίτονον), le diton [mus.] : Boet. *Mus.* 1, 21.

dītrŏchaeus, *i*, m. (διτρόχαιος), ditrochée, pied de deux trochées : Diom. 481, 5.

1 dĭū, adv. (2 *dius*, cf. *deus*)
I [locatif] pendant le jour [toujours joint à *noctu*] : Pl. *Cas.* 823 ; Sall. *J.* 38, 3 ; 44, 5 ; Tac. *An.* 15, 12 ; *H.* 2, 89 ∥ forme **dius** : Titin. *Com.* 13 ; *Pl. *Merc.* 862.
II adv. ¶ **1** longtemps, pendant longtemps : Cic. *de Or.* 1, 152 ; *quid est in hominis vita diu ?* Cic. *CM* 69, qu'est-ce que longtemps dans la vie humaine ? ∥ *diutius* Cic. *Lae.* 104 ; Caes. *G.* 1, 16, 5 ; *diutissime* Cic. *Lae.* 4 ; Caes. *G.* 6, 21, 4 ∥ *parum diu* Cic. *Tusc.* 1, 109, trop peu de temps ; *minus diu* Cic. *Att.* 7, 3, 1, moins longtemps ¶ **2** depuis longtemps [surtout avec *jam*], ⟶ *jam diu* ; **non diu** Ter. *Ad.* 649, il n'y a pas longtemps ; *hau sane diust quom* Pl. *Merc.* 541, il n'y a pas bien longtemps que ; *jam diu factumst postquam* Pl. *Pers.* 822, il y a longtemps que ; *jam diust quod* Pl. *Amp.* 302, il y a longtemps que [v. Gaffiot *Subj. p.* 6].

2 dĭū, ⟶ *1 dius*.

Dĭūgĕnĭa, *ae*, f., nom de femme : CIL 5, 1601.

Dīum, *ii*, n. (Δῖον), ville de Crète : Plin. 4, 59 ∥ ancienne ville d'Eubée : Plin. 4, 64 ∥ ville de Macédoine : Liv. 44, 9, 10.

dĭūrētĭcus, *a*, *um* (διουρητικός), diurétique : Pall. 11, 14.

dĭurnālis, *e* (*diurnus*), de jour, qui a lieu pendant le jour : Gloss. 2, 53, 51.

dĭurnārĭus, *ii*, m. (cf. *diurna*, ⟶ *diurnum* ¶3a), celui qui rédige les journaux, journaliste : Cod. Th. 8, 4, 8.

dĭurnē, adv. (*diurnus*), chaque jour : Drac. *Laud.* 1, 680.

1 dĭurnō, *ās*, *āre*, -, - (*diurnus*), intr., vivre longtemps : Quadr. d. Gell. 17, 2, 16.

2 dĭurnō, adv., ⟶ *diurne* : Gloss. 2, 53, 49.

dĭurnum, *i*, n. (*diurnus* ; fr. *jour*)
¶ **1** ration journalière d'un esclave : Sen. *Contr.* 5, 33 ; *Ep.* 80, 8 ¶ **2** journal, relation des faits journaliers : Juv. 6, 482 ¶ **3** pl., *diurna*, *ōrum* a) ⟶ *diurna acta* : Tac. *An.* 16, 22 b) ⟶ *dies* : *noctibus, diurnis* Cael.-Aur. *Acut.* 2, 39, 228, de nuit et de jour c) besoins journaliers : Arn. 2, 40.

dĭurnus, *a*, *um* (1 *diu*, cf. *nocturnus*) ¶ **1** de jour, diurne [opp. à *nocturnus*, " de nuit "] : *diurnum nocturnumve spatium* Cic. *Inv.* 1, 39, espace d'un jour ou d'une nuit ; *labores diurni* Cic. *CM* 82, travaux de jour ¶ **2** journalier, de chaque jour : *diurna acta* Tac. *An.* 13, 31 ; *diurni commentarii* Suet. *Aug.* 64, éphémérides, journaux ; *diurnus cibus* Liv. 4, 12, 10 ; *victus* Suet. *Ner.* 36, ration d'un jour ; *diurnis diebus* Cass. Fel. 38, tous les jours ∥ ⟶ *diurnum* ¶ **3** qui dure : Ambr. *Off.* 3, 1, 4.

1 dīus, *a*, *um* (cf. *divus*, ou plutôt *diwyos*, osq. *Diíviai*, δῖος, 3 *Dius*, scr. *divyas*), [arch. et poét.] ⟶ *divus* ¶ **1** ⟶ *Fidius* ¶ **2** [fig.] divin, semblable aux dieux : *Romule die* Enn. *An.* 111, ô divin Romulus, cf. Varr. *L.* 7, 34 ; Virg. *En.* 11, 657 ∥ divinement beau (grand, etc.) : Lucr. 1, 22 ; 5, 1389 ; Hor. *S.* 1, 2, 32.
▶ *sub dio* = *sub divo* Col. 12, 12, 1, " en plein air " ; arch. *sub diu* *Pl. *Most.* 765 ; Lucr. 4, 211.

2 dĭūs (cf. *dies*), jour ¶ **1** nom., ⟶ *nudiustertius* ¶ **2** locatif, ⟶ *1 diu I*.

3 Dīus, *ii*, m. (Δῖος), nom d'homme : CIL 6, 10, 583.

dĭuscŭlē, adv. (dim. de *1 diu II*), qq. peu de temps : Aug. *Trin.* 11, 2.

dĭūtĭnē, adv. (*diutinus*), longtemps : Pl. *Ru.* 1241 ; Apul. *M.* 2, 15.

dĭūtĭnō, adv., longtemps : *Apul. *Apol.* 14.

dĭūtĭnus, *a*, *um* (1 *diu II*), qui dure longtemps, de longue durée, long : Pl. *Mil.* 503 ; Cic. *Fam.* 11, 8, 2 ; Caes. *G.* 5, 52, 6 ; *C.* 2, 13, 2 ; 2, 22, 1 ∥ [en parl. de pers.] *diutinus aeger* Sen. *Ep.* 25, 2, un malade de longue date, valétudinaire, cf. Turpil. *Com.* 38.

dĭūtĭus, dĭūtissĭmē, ⟶ *1 diu II*.

dĭūtŭlē, adv. (dim. de *1 diu II*), qq. peu de temps : Gell. 5, 10, 7 ; 11, 16, 6.

dĭūturnē, adv. (*diuturnus*), longtemps : *-ius* Sidon. *Ep.* 2, 14, 1.

dĭūturnĭtās, *ātis*, f. (*diuturnus*), longueur de temps, longue durée : Cic. *Fin.* 2, 88 ; *Pomp.* 26 ; Caes. *C.* 1, 85, 7 ; *G.* 1, 40, 8 ∥ pl., Arn. 6, 16.

dĭūturnus, *a*, *um* (1 *diu II*), qui dure longtemps, durable : Cic. *Rep.* 1, 41 ; *Phil.* 8, 5 ; Caes. *C.* 2, 45 ∥ *-nior* Cic. *Fam.* 6, 13, 3 ; Caes. *G.* 1, 14, 5 ; *-issimus* Aug. *Civ.* 21, 23.
▶ *diut-* Ov. *F.* 6, 352 ; *Tr.* 4, 6, 50.

dīva, *ae*, f. (*divus*), déesse : Virg. *En.* 12, 139 ; Liv. 7, 26, 2 ; 29, 27, 1.
▶ dat. pl. arch. *devās* CIL 1, 975.

dīvăgŏr, *āris*, *ārī*, - (*dis*, *vagor*), intr., errer çà et là, flotter [fig.] : Lact. *Inst.* 4, 3, 20 ; Cod. Just. 1, 3, 52.

dīvālis, *e* (*divus*), divin : Spart. *Carac.* 11, 7 ∥ impérial : Cod. Just. 5, 9, 10.

dīvārĭcātus, *a*, *um*, part. de *divarico*.

dīvārĭcō, *ās*, *āre*, *āvī*, *ātum* (*dis*, *varico*) ¶ **1** tr., écarter l'un de l'autre : Cat. *Agr.* 32, 1 ; 45, 3 ∥ écarter les jambes : *in ea statua Sopatrum divaricari jubet* Cic. *Verr.* 4, 86, il fait placer Sopater à cheval sur cette statue ¶ **2** intr., ⟶ *divaro*.

dīvărō, *ās*, *āre*, -, - (*dis*, *varus*), intr., s'écarter, se fendre : *cujus ungulae divarant* Var. *R.* 2, 5, 8, dont la corne des sabots se fend [bovins].

dīvastō, *ās*, *āre*, -, -, tr., détruire, anéantir : Arn. 5, 5.

dīvellō, *is*, *ĕre*, *vellī* (*vulsī*, Ov. *M.* 11, 38 ; Sen. *Phaed.* 1173), *vulsum* (*dis*, *vello*), tr. ¶ **1** tirer en sens divers, déchirer, mettre en pièces : Cic. *Off.* 3, 75 ; Virg. *En.* 4, 600 ; Lucr. ; Ov. ∥ [fig.] *commoda civium non divellere* Cic. *Off.* 2, 82, ne pas disjoindre les intérêts des citoyens ; *divelli dolore* Cic. *Planc.* 79, être déchiré par la douleur ; *affinitas divelli nullo modo poterat* Cic. *Quinct.* 25, les liens de la parenté ne pouvaient en aucune façon être rompus ¶ **2** séparer de : *aliquem ab aliquo* Cic. *Cat.* 2, 22, séparer qqn de qqn, (*rem ab aliqua re* Cic. *Fin.* 1, 50 ; *a parentum complexu* Sall. *C.* 51, 9, arracher des bras (des parents), (*amplexu divelli* Virg. *En.* 8, 568).

dīvendĭtus, part. de *divendo*.

dīvendō, *is*, *ĕre*, -, *ĭtum* (*dis*, *vendo*), tr., vendre [en divisant, en détail] : Cic. *Agr.* 1, 3 ; *Phil.* 7, 15.

dīventĭlātus, *a*, *um* (*dis*, *ventilo*), répandu, disséminé : Tert. *Test.* 5, 3.

dīverbĕrō, *ās*, *āre*, -, *ātum* (*dis*, *verbero*), tr., séparer en frappant : Lucr. 1, 233 ; 2, 151 ; *auras* Virg. *En.* 5, 503, fendre l'air ∥ frapper violemment : Lact. *Inst.* 2, 7, 20 ∥ [tard.] accabler : *animus... immensitate diverberatur* Aug. *Ord.* 1, 2, 3, l'âme est submergée par l'immensité.

dīverbĭum, *ii*, n. (*dis*, *verbum*, cf. διάλογος), dialogue [des pièces de théâtre] : Liv. 7, 2, 10 ; Petr. 64, 2.
▶ *deverbium* par fausse analogie.

dīvergĭum, *ii*, n. (*dis*, *vergo*), ⟶ *divortium* : Grom. 19, 25.

dīversē (**-vorsē**) (*diversus*), en sens opposés : Nep. *Dat.* 8, 3 ; Cic. *Inv.* 1, 93 ∥ en s'écartant : *paulo divorsius* Sall. *C.* 61, 3, un peu plus séparément, à l'écart ∥ *-sissime* Suet. *Tib.* 66.

dīversĭclīnĭs, *e* (*diversus*, κλίνω), irrégulier, hétéroclite [gram.] : Prisc. 3, 145, 3.

dīversĭcŏlŏr, *ōris*, **dīversĭcŏlōrus**, *a*, *um* (*diversus*, *color*), de diverses couleurs : Capel. 1, 14 ; 1, 74.

dīversĭfĭcātus, *a*, *um*, diversifié, divisé en plusieurs parties distinctes : Ps. Boet. *Unit. p.* 1077 C.

dīversĭmŏdē, adv. (*diversus, modus*), de diverses manières : Aug. *Serm.* 132, 1 Mai.

dīversĭo, *ōnis*, f. (*diverto*), diversion, digression : Novel.-Just. 74, 1.

dīversĭtās, *ātis*, f. (*diversus*), divergence, contradiction : Tac. *G.* 15 ; *H.* 1, 63 ‖ diversité, variété, différence : Quint. 11, 3, 87 ; Plin. *Ep.* 7, 30, 5.

dīversĭtor, v. *deversitor*.

dīversĭvŏcus, *a*, *um*, [gram., en parl. de mots] qui ont un son différent [qui ne peuvent se confondre avec d'autres, opp. à *aequivocus*] : Boet. *Categ.* 1, p. 164 A.

dīversō, adv., c. *diverse* : Gloss. 2, 53, 46 (ex. unique).

dīversor, dīversōrium, v. *dev-*.

dīversus (**dīvorsus**), *a*, *um* (fr. *divers*), part. adj. de *diverto* ¶ 1 tourné en sens contraire, allant dans des directions opposées ou diverses : *diversi pugnabant* Caes. *C.* 1, 58, 4, ils combattaient chacun de leur côté ; *diversis legionibus* Caes. *G.* 2, 22, 1, les légions se portant de côté et d'autre, étant séparées les unes des autres ; *diversum proelium* Hirt. *G.* 8, 19, 2, combat sur des points différents ; *diversi consules discedunt* Liv. 10, 33, 10, les consuls s'en vont chacun de leur côté ; *ex diversa fuga in unum collecti* Liv. 42, 8, 1, après une fuite en tous sens, s'étant ralliés ; *diversis itineribus* Caes. *G.* 7, 16, 3, par des chemins séparés les uns des autres ‖ éloigné, distant, opposé : *(portus) cum diversos inter se aditus habeant* Cic. *Verr.* 4, 117, (les deux ports) ayant des entrées opposées ; *duobus in locis maxime diversis* Cic. *Pomp.* 9, dans deux régions si à l'opposé l'une de l'autre ; *diversissimis locis subeundo ad moenia* Liv. 4, 22, 5, en s'approchant des remparts sur les points les plus éloignés les uns des autres ; *diversis ex Alpibus decurrentes (amnes)* Liv. 21, 31, 4, (fleuves) descendant de points opposés des Alpes = *diversis Alpium partibus* ‖ [moralement] sollicité en sens divers, hésitant : *diversus agitabatur* Sall. *J.* 25, 6, il était ballotté en sens divers ; *diversus animi* Tac. *H.* 4, 84, ayant l'esprit sollicité entre divers partis ¶ 2 à l'opposé d'un point, opposé : *iter a proposito diversum* Caes. *C.* 1, 69, 1, chemin à l'opposé de celui qui était projeté ; *diversis a flumine regionibus* Caes. *G.* 6, 25, 3, dans des directions opposées à celle du fleuve = perpendiculairement au fleuve ; *duo cinguli maxime inter se diversi* Cic. *Rep.* 6, 21, deux cercles placés aux antipodes l'un de l'autre [polaires] ‖ n. pris subst^t : *diverso terrarum distineri* Tac. *An.* 3, 59, être tenu éloigné à l'autre bout du monde ‖ [fig.] *contraria diversaque naturae studia* Cic. *Cael.* 12, penchants contraires et opposés ; *diversissimas res pariter exspectare* Sall. *J.* 85, 20, attendre de façon égale les choses les plus opposées ; *haec etsi videntur esse a proposita ratione diversa* Cic. *Brut.* 307, quoique ces détails paraissent contraires à mon propos ; *a te diversus est* Cic. *Ac.* 2, 101, il est à l'opposé de tes idées ; [avec dat.] *est huic diverso vitio vitium* Hor. *Ep.* 1, 18, 5, à ce défaut s'oppose un autre défaut, cf. Quint. 3, 6, 32 ; [avec abl.] Plin. *Pan.* 65, 3 ; [avec *ac, atque, quam*] contraire de ce que, tout autre que : Plin. 10, 32 ; 19, 154 ; [gén. du point de vue] *morum diversus* Tac. *An.* 14, 19, à l'opposé sous le rapport des mœurs ‖ *quid divorsius...* Lucr. 3, 803, quoi de plus contradictoire ... ‖ *in diversum* Tac. *An.* 12, 69, dans le sens opposé, contraire ; *ex diverso* Quint. 4, 1, 42, du point de vue opposé, à l'opposé, du côté opposé, cf. Tac. *An.* 13, 40 ; *H.* 4, 16 ; *e diverso* = *contra* Suet. *Caes.* 86, au contraire ‖ [tard.] divers, certains, plusieurs : *a diversis auctoribus edita* Hier. *Matth.* 1 pr., des ensembles édités par différents auteurs.

dīvertĭcŭlum, *i*, n., v. *deverticulum* : Grom. 374, 24.

dīvertĭum, v. *divortium*.

dīvertō (**dīvortō**), *ĭs*, *ĕre*, *tī*, *sum* (*dis, verto* ; it. *divertirsi*), intr. ¶ 1 se détourner de, se séparer de, s'en aller : Vulg. 4 Reg. 4, 11 ‖ se rompre [mariage] : Gell. 4, 3, 1 ‖ [en part.] divorcer : Dig. 9, 2, 27, 30 ¶ 2 être différent : Pl. *Ep.* 403.
▶ tr. "emporter" : Vulg. 2 Reg. 6, 10.

dīvĕs, *vĭtis* (cf. 2 *dis, divus, comes*), riche, opulent : *Crassus cum cognomine dives, tum copiis* Cic. *Off.* 2, 57, Crassus le riche et par le surnom et aussi par la fortune ; *dives pecoris* Virg. *B.* 2, 20, riche en troupeaux ; *dives ab omni armento* Val.-Flac. 6, 204, riche en bétail de toute sorte ; *dives templum donis* Liv. 45, 28, 3, temple enrichi par des offrandes ; *dives ager* Virg. *En.* 7, 262, sol riche ; *dives ramus* Virg. *En.* 6, 195, le précieux rameau ; [poét.] *dives aurum* Tib. 1, 10, 7, l'or opulent ‖ *divitior* Cic. *Lae.* 58 ; *divitissimus* Cic. *Div.* 1, 78 ‖ *ditior* Liv. pr. 11 ; *ditissimus* Caes. *G.* 1, 2, 1 ; v. 2 *dis*.
▶ abl. *divite* ; gén. pl. *divitum*.

dīvescŏr, *scĕris*, *scī*, -, v. *devescor* : Stat. *Th.* 1, 604.

dīvexō, *ās*, *āre*, *āvī*, *ātum* (*dis, vexo*), tr., ravager, saccager : Cic. *Phil.* 11, 4 ; 13, 21 ; *Fam.* 10, 3, 3 ‖ persécuter, tourmenter : Suet. *Ner.* 34.

dīvexus, *a*, *um* (*dis, veho*), croisé : Aug. *Conf.* 10, 34, 52.

Dīvĭāna, *ae*, f., c. *Diana* : Varr. *L.* 5, 68.

Dīvĭcĭācus, *i*, m. ¶ 1 noble Éduen, ami de César : Caes. *G.* 1, 3, 8 ; Cic. *Div.* 1, 90 ¶ 2 roi des Suessions : Caes. *G.* 2, 4, 7.

dīvĭdendus, *i*, m. (*divido*), dividende : Ps. Boet. *Geom. p.* 400, 14 F.

dīvĭdĭa, *ae*, f. (*divido*), discorde : Acc. *Tr.* 587, cf. P. Fest. 62, 5 ‖ ennui, souci, inquiétude : *dividiae esse alicui* Pl. *Bac.* 770, être une cause d'ennui pour qqn.

dīvĭdĭcŭla, *ōrum*, n. pl. (*divido*), réservoirs d'eau : P. Fest. 62, 1.

dīvĭdō, *ĭs*, *ĕre*, *vīsī*, *vīsum* (*dis*, cf. *vidua*, ἰσθμός ; scr. *vidhyati*), tr. ¶ 1 diviser, partager : *si omne animal secari ac dividi potest* Cic. *Nat.* 3, 29, si tout animal peut être coupé et divisé en parties ; *muros* Virg. *En.* 2, 234, faire une brèche dans les murs ‖ *Gallia est divisa in partes tres* Caes. *G.* 1, 1, 1, la Gaule est divisée en trois parties, cf. 3, 1, 6 ; 1, 12, 4 ‖ [en part.] partager en deux : Liv. 24, 6, 7 ; 23, 17, 10 ‖ [sens obscène] Pl. *Aul.* 283 ‖ *mors Tiberii Gracchi divisit populum unum in duas partes* Cic. *Rep.* 1, 31, la mort de Tibérius Gracchus a divisé un peuple unique en deux factions ; *divisum (esse) senatum, divisum populum* Caes. *G.* 7, 32, 5, il y avait division dans le sénat, division dans le peuple ‖ *bona tripartito* Cic. *Tusc.* 5, 40, diviser les biens en trois espèces, admettre trois sortes de biens ; *hoc est non dividere, sed frangere* Cic. *Fin.* 2, 26, ce n'est pas là diviser [faire une division logique], c'est rompre en pièces, cf. *Or.* 115 ; 117 ‖ *divisa sententia est* Cic. *Mil.* 14, il y eut division du vote [vote séparé sur chacune des questions que l'on distingue dans une proposition soumise au sénat] ‖ *verba* Suet. *Aug.* 87, séparer les mots dans l'écriture ‖ [poét.] mettre en morceaux, rompre : *concentum* Hor. *Ep.* 1, 15, 31, rompre un accord ; *iram* Hor. *S.* 1, 7, 13, une animosité ¶ 2 distribuer, répartir : *agrum viritim* Cic. *Brut.* 57, partager les terres par tête, cf. *Rep.* 2, 33 ; *Tusc.* 3, 48 ‖ *equitatum in omnes partes* Caes. *G.* 6, 43, 4, répartir la cavalerie sur tous les points, cf. Liv. 28, 2, 16 ; 37, 45, 19 ; [fig.] *sic rationem belli esse divisam ut...* Caes. *C.* 3, 17, 3, la situation respective des belligérants était la suivante ... ‖ *agros viritim civibus* Cic. *Rep.* 2, 26, distribuer les terres par tête aux citoyens (Liv. 1, 47, 11) ; *praedam militibus* Sall. *J.* 91, 6, distribuer le butin aux soldats ; *divisit in singulos milites trecenos aeris* Liv. 40, 59, 2, il donna à chaque soldat trois cents as ; *bona inter se diviserant* Nep. *Thras.* 1, 5, ils s'étaient partagé les biens ; *agros per veteranos* Suet. *Dom.* 9, répartir les terres entre les vétérans ; *aliquid cum aliquo* Pl. *Aul.* 767 ; Sen. *Ep.* 88, 11 ; 95, 51 ; Curt. 5, 12, 16, partager qqch. avec qqn ‖ [poét.] *cithara carmina divides* Hor. *O.* 1, 15, 15, tu partageras des vers (= tu en ménageras les pauses métriques), tu moduleras des vers sur la lyre ¶ 3 séparer : *divisa a corpore capita* Liv. 31, 34, 4, têtes séparées du tronc ; *flumen Rhenus agrum Helvetium a Germanis dividit* Caes. *G.* 1, 2, 3, le Rhin sépare l'Helvétie des Germains (1, 8, 1 ; 5, 11, 9 ; *C.* 3, 36, 3) ; *seniores a junioribus* Cic. *Rep.* 2, 39, séparer les plus âgés des plus jeunes ; *aliqua re dividi aliqua re* Ov. *Pont.* 1, 9, 48, être séparé de qqch. par qqch. ; *exiguo divisam freto cernentes*

divido

Asiam Liv. 38, 16, 5, voyant l'Asie, dont ils n'étaient séparés que par un mince détroit ; *quem patria longe dividit* Virg. En. 12, 45, que sa patrie retient à une grande distance ‖ distinguer : *legem bonam a mala* Cic. Leg. 1, 44, distinguer une bonne loi d'une mauvaise ‖ nuancer : *gemma, fulvum quae dividit aurum* Virg. En. 10, 134, une pierre précieuse, qui tranche sur l'or fauve ; *scutulis dividere* Plin. 8, 196, quadriller une étoffe.
▶ inf. parf. contr. *divisse* Hor. S. 2, 3, 169 ‖ arch. *deivid-* CIL 1, 592.

dīvĭdŭĭtās, *ātis*, f. (*dividuus*), partage : Gai. Dig. 35, 2, 80.

dīvĭdus, *a, um* (*divido*), séparé, isolé : Acc. Tr. 117 ; Gell. 2, 12, 2.

dīvĭduus, *a, um* (*divido*) ¶ 1 divisible, réductible en parties : Cic. Nat. 3, 29 ; Tim. 19 ¶ 2 divisé, séparé, partagé : *dividuom talentum facere* Pl. Ru. 1408, partager en deux un talent ; *arbor dividua* Plin. 16, 122, arbre qui bifurque ‖ [gram.] partitif : Prisc. 2, 61, 23.

Dīvī frātrēs, m., expression désignant M. et L. Verus : Call. Dig. 2, 4, 3 ; Marcian. Dig. 39, 4, 16, 10.

dīvĭgĕna, *ae*, m. f. (*divus, geno*), né d'un dieu : Gloss. 2, 327, 12.

dīvīna, *ae*, f. (*divinus*), devineresse : Petr. 7, 2.

dīvīnācŭlum, *i*, n. (*divino*), instrument de divination : VL. Num. 22, 7.

dīvīnālis, *e* (*divinus*), qui concerne Dieu : *divinalis philosophia* Isid. 2, 24, 13, théologie.

dīvīnātĭo, *ōnis*, f. (*divino*) ¶ 1 divination, art de deviner, de prédire : Cic. Div. 1, 1 ‖ *animi* Cic. Fam. 3, 13, 2, pressentiment ¶ 2 débat judiciaire préalable, en vue de déterminer entre plusieurs postulants qui sera l'accusateur : Cic. Q. 3, 2, 1, cf. Cic. Caecil. ¶ 3 [chrét.] prophétie : Tert. Apol. 20, 3.

dīvīnātŏr, *ōris*, m. (*divino*), devin : Aug. Civ. 3, 2.

dīvīnātrix, *īcis*, f., devineresse : Capel. 1, 7 ; *artes divinatrices* Tert. Anim. 46, 11, la divination.

dīvīnātus, part. de *divino*.

dīvīnē, adv. (*divinus*) ¶ 1 à la façon d'un dieu : Pl. Amp. 976 ¶ 2 divinement, excellemment, parfaitement : Cic. CM 44 ¶ 3 en devinant : *cogitare divine* Cic. Div. 1, 124, prévoir ‖ *divinius* Cic. Rep. 2, 10.

dīvīnĭtās, *ātis*, f. (*divinus*) ¶ 1 divinité, nature divine : Cic. Nat. 1, 34 ; de Or. 2, 86 ; Div. 2, 119 ; Liv. 1, 15, 6 ¶ 2 excellence, perfection : *divinitas loquendi* Cic. Or. 62, éloquence divine ‖ pl., *divinitates* Vitr. 9, 1 ¶ 3 [chrét.] origine divine : *idoneum testimonium divinitatis veritas divinationis* Tert. Apol. 20, 3, la vérité d'une prophétie est une preuve valable de son origine divine.

dīvīnĭtus, adv. (*divinus*) ¶ 1 de la part des dieux, venant des dieux, par un effet de la volonté divine : Cic. de Or. 1, 202 ; Verr. 4, 69 ; Virg. G. 1, 415 ¶ 2 par une inspiration divine : Cic. de Or. 1, 26 ; Sull. 43 ¶ 3 divinement, merveilleusement, excellemment : Cic. Fam. 1, 9, 12 ; Att. 1, 16, 9 ; de Or. 1, 49 ; Sen. 30 ¶ 4 venant de Dieu : *veritas divinitus revelata* Lact. Inst. 1, 1, 19, la vérité révélée de manière divine.

dīvīnō, *ās, āre, āvī, ātum* (*divinus* ; fr. *deviner*), tr., deviner, présager, prévoir : *aliquid* Cic. Att. 16, 8, 2, prophétiser qqch. (*Div.* 1, 123) ‖ [avec prop. inf.] Cic. Fam. 6, 1, 5 ; CM 12 ‖ [avec interrog. indir.] Cic. Fam. 6, 3, 2 ; Liv. 8, 23 ; 40, 36 ; 41, 24 ‖ [abs^t] Cic. Div. 1, 125 ; 2, 20 ; *de re* Nep. Ages. 6, 1, prophétiser sur qqch.

dīvīnum, *i*, n. (*divinus*) ¶ 1 le divin : Sen. Ep. 66, 11 ‖ sacrifice divin : Liv. 8, 10, 13 ¶ 2 divination : Aug. Civ. 19, 23 ‖ pl., prédictions : Aug. Civ. 19, 23.

1 **dīvīnus**, *a, um* (*divus* ; it. *divino*) ¶ 1 divin, de Dieu, des dieux : *animos esse divinos* Cic. Lae. 13, [dire] que l'âme est d'essence divine ; *nihil ratione divinius* Cic. Nat. 1, 37, rien de plus divin [d'un caractère plus divin] que la raison ; *divinissima dona* Cic. Leg. 2, 45, présents tout à fait dignes des dieux ; *res divina* Cic. Nat. 3, 47, cérémonie religieuse, offrande, sacrifice ; *res divinae* Cic. Div. 1, 7, affaires religieuses, culte, religion (ou bien *Tusc.* 5, 7, la nature, ou bien *Sest.* 91, le droit naturel) ; *divina humanaque* Pl. Amp. 258, toutes choses, tout sans exception ; *divina scelera* Liv. 3, 19, 11, crimes contre les dieux ; *divina verba* Cat. Agr. 14, 3, formules d'expiation ¶ 2 qui devine, prophétique : Cic. Div. 1, 63 ; Nep. Att. 9, 1 ‖ *futuri* Hor. P. 218, qui devine l'avenir, cf. O. 3, 27, 10 ¶ 3 divin, extraordinaire, merveilleux, excellent : *divinae legiones* Cic. Phil. 5, 28, admirables légions, cf. *Tusc.* 1, 79 ; *divinus in dicendo* Cic. de Or. 1, 40, qui parle divinement ; *divinus fuit in supplicatione deneganda* Cic. Q. 2, 6, 1, il s'est conduit divinement en refusant la supplication ¶ 4 divin [en parl. des empereurs] : *divina domus* Phaed. 5, 7, 38, la maison impériale, la famille des Césars ¶ 5 *divinus morbus* Apul. Apol. 50, épilepsie.
▶ arch. *deivinam* CIL 1, 756 ; formes contractes : *deina* CIL 1, 366 ; *dinai* CIL 1, 366 ; *dinas* Naev. Poet. 28 (30).

2 **dīvīnus**, *i*, m. (fr. *devin*), devin : Cic. Div. 1, 132 ; Fat. 15 ‖ diseur de bonne aventure : Hor. S. 1, 6, 114.

Dīvĭo, *ōnis*, m., Divio [ville de la Lyonnaise, auj. Dijon] Atlas V, D3 : Greg.-Tur. Hist. 3, 32 ‖ **-ōnensis**, *e*, de Dijon : Greg.-Tur. Hist. 2, 19.

dīvīsē, adv. (*divisus*), en coupant, en partageant : Gell. 1, 22, 16.

dīvīsī, parf. de *divido*.

dīvīsĭbĭlis, *e* (*divido*), divisible : Tert. Anim. 14, 1.

dīvīsĭbĭlĭtĕr, adv., d'une manière divisible : Greg.-M. Mor. 30, 17.

dīvīsim, ▶ *divise* : Hier. Ep. 100, 14.

dīvīsĭo, *ōnis*, f. (*divido*) ¶ 1 partage, répartition, distribution : Tac. An. 1, 10 ; Just. 11, 13, 7 ‖ vote par division : Ascon. ; Cic. Mil. 14 ; cf. ▶ *divisa sententia* d. *divido* ¶ 1 ¶ 2 distribution, présents faits par les magistrats dans les occasions solennelles : Paul. Dig. 30, 122 ¶ 3 [sens obscène, cf. *divido* ¶ 1] Cic. Fam. 9, 22, 4 ; Quint. 8, 3, 46 ¶ 4 division [logique et rhét.] : Cic. Off. 3, 9 ; Quint. 5, 10, 13 ; 7, 1, 1 ¶ 5 [math.] division : *divisio binaria* Aug. Serm. 252, 8, division par deux ¶ 6 [chrét.] dissension, schisme : Aug. Ep. 129, 1.

dīvīsīvus, *a, um*, servant à diviser, à la division : Boet. Porph. comm. pr. 1, 26.

dīvīsŏr, *ōris*, m. (*divido*) ¶ 1 celui qui sépare, qui divise : Apul. Mund. p. 57 ¶ 2 celui qui partage : Cic. Phil. 11, 13 ¶ 3 distributeur d'argent au nom du candidat, courtier d'élection : Cic. Planc. 48 ; Mur. 54 ; Verr. prim. 23 ¶ 4 diviseur [math.] : Ps. Boet. Geom. p. 395, 5 F.

dīvisse, ▶ *divido*.

dīvīsūra, *ae*, f. (*divido*) ¶ 1 incision : Cael.-Aur. Acut. 3, 4, 37 ; Chron. 2, 12, 146 ; Pall. 11, 12, 7 ; [χιασμός] Cael.-Aur. Chron. 1, 4, 118 ¶ 2 fourche [d'un arbre] : Plin. 16, 122 ‖ pl., fentes [dans une fleur] : Plin. 25, 167.

1 **dīvīsus**, *a, um*, part. de *divido* ‖ adj^t, séparé, divisé : *divisior* Lucr. 4, 962 ; *bellum tam late divisum* Cic. Pomp. 31, guerre portée sur des points si éloignés les uns des autres.

2 **dīvīsŭs**, dat. *ŭī*, m., partage : *facilis divisui* Liv. 45, 30, 2, facile à partager ; *divisui esse magistratibus* Liv. 33, 46, 8, être partagé entre les magistrats ; *divisui habere* Gell. 20, 1, 40, partager.

dīvītātĭo, *ōnis*, f. (*divito*), action de s'enrichir : *Petr. 117, 1.

Dīvītenses, *ium*, m. pl., habitants de Divitia [en face de Cologne] : Amm. 26, 7.

dīvĭtĭa, *ae*, f., richesse : Acc. Tr. 265 ; ▶ *divitiae*.

Dīvĭtĭăcus, ▶ *Diviciacus*.

dīvĭtĭae, *ārum*, f. pl. (*dives*), biens, richesses : Cic. Lae. 86 ; Att. 1, 4, 3 ‖ [fig.] *divitiae ingenii* Cic. de Or. 1, 161, richesse du génie ; *orationis* Cic. Fam. 4, 4, 1, les trésors du style ; *verborum* Quint. 10, 1, 13, richesse d'expression.

dīvĭtĭor, ▶ *dives*.

dīvĭtō, *ās, āre*, -, - (*dives*), tr., enrichir : Turpil. Com. 198 ‖ [fig.] Acc. d. Gell. 14, 1, 34.

Divixtus, *i*, m., nom d'homme : CIL 3, 1636.

Dīvŏdūrum, *i*, n., ville de la Gaule Belgique [nommée plus tard *Mediomatrici*, puis *Mettis*, auj. Metz] Atlas V, D3 : Tac. H. 1, 63.

dīvolsus, part. de *divello*, ▶ *divulsus*.

dīvolvō, *ĭs*, *ĕre*, -, -, tr., rouler [dans son esprit] : Amm. 26, 4, 3.

Dīvŏna, *ae*, f. (gaul.), nom celtique d'une source divinisée à Bordeaux : Aus. *Urb.* (298), 160.

dīvorsus, **dīvorto**, ▶ *diver-*.

dīvortĭum, *ĭi*, n. (*divorto*) ¶ 1 divorce : *divortium facere* Cic. *Att.* 12, 52, 2, divorcer, cf. 1, 18, 3 ; *Phil.* 2, 69 ¶ 2 séparation : *divortia aquarum* Cic. *Att.* 5, 20, 3 ; *Fam.* 2, 10, 2, ligne de partage des eaux ; *divortium itinerum* Liv. 44, 2, embranchement de deux routes ; *divortium artissimum* Tac. *An.* 12, 63, détroit le plus resserré [litt^t, "point de séparation le plus étroit"] ‖ [fig.] *divortia doctrinarum* Cic. *de Or.* 3, 69, séparation de doctrines, d'écoles ; *divortium hiemis et veris* Col. 4, 27, 1, période qui sépare l'hiver du printemps.
▶ forme *divertium* Cic. *Fam.* 2, 10, 2 ; *Att.* 5, 20, 3.

dīvulgātĭo, *ōnis*, f. (*divulgo*), action de répandre, (divulguer ; publier) : Cassian. *Coll.* 17, 29.

dīvulgātŏr, *ōris*, m., celui qui divulgue, propagateur : Gloss. 4, 333, 24.

dīvulgātus, *a*, *um* ¶ 1 part. de *divulgo* ¶ 2 adj^t, commun, banal, vulgarisé : Lucr. 6, 8 ; Cic. *Fam.* 10, 26, 2 ; Tac. *An.* 4, 11 ‖ *divulgatissimus* Cic. *Fam.* 10, 26, 2.

dīvulgō, *ās*, *āre*, *āvi*, *ātum* (*dis*, *vulgo*), tr. ¶ 1 divulguer, publier, rendre public : Cic. *Att.* 13, 21, 4 ; *Or.* 112 ; Caes. *C.* 1, 20, 1 ‖ [avec prop. inf.] répandre le bruit que : Cic. *Fam.* 6, 12, 3 ; Suet. *Cl.* 39 ¶ 2 *divulgari ad* Cic. *Sen.* 11, se prostituer à.

dīvulsī, parf. de *divello*.

dīvulsĭo, *ōnis*, f. (*divello*), action d'arracher, de séparer, de diviser : Sen. *Ep.* 99, 15 ; Hier. *Ep.* 117, 3.

dīvulsus, *a*, *um*, part. de *divello*.

dīvum, *i*, n. pris subst^t (*divus*, 2 *dius*), l'air, le ciel : *sub divo* Varr. *L.* 5, 65 ; Cic. *Verr.* 1, 51 ; Virg. *G.* 3, 435, en plein air, sous le ciel ‖ [fig.] *sub divum rapere* Hor. *O.* 1, 18, 13, exposer [des mystères] au grand jour.

1 dīvus, *a*, *um* (2 *divus*), divin : Naev. d. Non. 197, 15 ; Cic. *Phil.* 2, 110 ; ▶ *divum*, ▶ *diva*.

2 dīvus, *i*, m. (cf. *deus*, *diva*, *dives*, *Jupiter*), dieu, divinité : Liv. 7, 26, 4 ; pl., *divi* Cic. *Nat.* 1, 63 ; *Div.* 1, 1, les dieux, cf. Pl. ; Ter. ; Lucr. ; Virg. ; Hor. ‖ titre donné, après leur mort, aux empereurs divinisés : et d'abord à Jules César : Virg. *En.* 6, 792 (cf. *divus Julius* Cic. *Phil.* 2, 110).
▶ gén. pl. *divom* Pl. ; Ter. ; Lucr. ; Virg. ; Hor.

dixe, ▶ *dico*.

dixī, parf. de *dico*.

dixis, dixti, ▶ *dico*.

Dÿllus, *i*, m. (Δίυλλος), historien grec : Plin. 1, 7.

Dmōis, *idis*, f. (Δμωΐς), nom de femme : CIL 5, 7169.

1 dō, *dās*, *dăre*, *dĕdī*, *dătum* (cf. *dos*, *donum*, *dō-* < **deH₃-*, *dă-* < **dH₃-*, vén. *doto*, osq. *didest*, δίδωμι, scr. *dadāti*, hit. 1 sg. *dahhi*, it. *dare*) [noter la quantité des monosyllabes *dās* et *dā* ; préfixé, *dăre* passe à -*dĕre* et le verbe suit la 3ᵉ conjugaison : *dedo, dido, perdo, prodo, reddo, trado* et *praeditus*, parfois peu discernables des préfixations de 3 -*do*] tr.

I [en gén.] "donner", "octroyer", concéder", *poenas dare*, ▶ *poena*, "offrir", *operam dare*, ▶ *opera*, *se dare*, "se présenter", avec adj. verbal "confier".
II [sens part.] ¶ 1 *nomina, manus* ¶ 2 [droit] *dare judicem* ¶ 3 "faire une concession" ¶ 4 "placer, mettre" : *in viam, in fugam se dare, se dare in rem, dari* "se répandre" ¶ 5 "apporter, causer" ¶ 6 "accorder, concéder" ¶ 7 *se dare alicui, alicui rei* ¶ 8 "exposer, dire" ¶ 9 *fabulam dare*, ▶ *fabula* ¶ 10 *verba alicui dare* ¶ 11 avec deux dat. "imputer" ¶ 12 "donner" [un banquet] ¶ 13 *dare ut (ne)* "permettre de", avec inf., avec sup. *dare nuptum* ¶ 14 [tard.] "traiter comme".

I [en gén.] donner : *dare, recipere merita* Cic. *Lae.* 26, rendre, recevoir des services ; *par ratio acceptorum et datorum* Cic. *Lae.* 58, compte égal (balance exacte) du reçu et du donné ; *obsides* Caes. *G.* 1, 19, 1, donner des otages ; *alicui aliquid in manum, in manus* Pl. *Trin.* 126, 130, donner qqch. à qqn en mains propres, cf. *Bac.* 769 ; *e manibus in manus* Pl. *Trin.* 902, de mains propres en mains propres ‖ octroyer, concéder, accorder : *modica libertate populo data* Cic. *Rep.* 2, 55, en octroyant au peuple une liberté modérée ; *ei dantur imperia* Cic. *Rep.* 1, 68, on lui accorde des commandements ‖ confier, remettre : *litteras ad te numquam habui cui darem, quin dederim* Cic. *Fam.* 12, 19, 3, je n'ai jamais eu une personne à qui remettre une lettre à ton adresse, sans lui en remettre une ; *dare litteras ad aliquem* = remettre au courrier une lettre pour qqn [écrire à qqn] ; [d'où] *litterae Corcyrae datae* Cic. *Fam.* 4, 14, 1, lettre (confiée) écrite à Corcyre [le courrier ou la pers. chargée de la lettre la livre au destinataire *reddit*, rarement *dat* Cic. *Att.* 5, 4, 1 ; Cael. *Fam.* 8, 2, 2 ; Nep. *Pelop.* 3, 2] ‖ *poenas dare*, ▶ *poena* ‖ présenter, fournir, offrir : *ad praetores vinum* Cat. *Orat.* 132, fournir du vin à destination des préteurs ; *tui spem das* Cic. *Rep.* 1, 15, tu fais espérer que tu interviendras, que tu prendras la parole ; *dabant hae feriae tibi opportunam sane facultatem ad explicandas tuas litteras* Cic. *Rep.* 1, 14, ces jours de fête t'offraient une excellente occasion d'ouvrir tes livres ; *ansas alicui ad reprehendendum* Cic. *Lae.* 59, donner prise à la critique de qqn ; *multae causae suspicionum dantur* Cic. *Lae.* 88, il s'offre souvent des sujets de soupçons ; *iter alicui per provinciam dare* Caes. *G.* 1, 8, 3, laisser à qqn le droit de passage dans la province ; *inter se fidem et jusjurandum dant* Caes. *G.* 1, 3, 8, ils échangent leur parole et un serment ‖ *operam dare*, ▶ *opera* ‖ *tempus, locus, fors se dat*, le moment, l'occasion, le hasard se présente : Liv. 28, 5, 8 ; 1, 45, 3 ; Sen. *Ep.* 79, 5, cf. Cic. *Att.* 3, 23, 5 ‖ [avec adj. verbal] confier : *librum Cossinio ad te perferendum dedi* Cic. *Att.* 2, 1, 1, j'ai confié à Cossinius la mission de te porter le livre ‖ permettre : *sin homo amens diripiendam urbem daturus est* Cic. *Fam.* 14, 14, 1, mais si notre furieux a l'intention de permettre le pillage de la ville ; v. Gaffiot *M. Belge* 33 ; p. 220 ‖ [droit] transférer la propriété d'une chose [*dare* n'a jamais le sens de faire une donation], transférer un droit sur une autre chose : *pignus dare, aliquid pignori dare* Dig. 20, 1, 15 pr., donner un gage, remettre un objet en gage ; *tutorem dare* Dig. 2, 12, 2, donner un tuteur.

II [sens part.] ¶ 1 *nomina* Cic. *Phil.* 7, 13, donner son nom, s'enrôler pour le service militaire ‖ *manus* Cic. *Lae.* 99 ; *Att.* 2, 22, 2 ; Caes. *G.* 5, 31, 3 ; Nep. *Ham.* 1, 4, tendre les mains pour qu'on les enchaîne, s'avouer vaincu, ▶ *terga* ¶ 2 [droit] *do, dico, addico* [les trois mots consacrés *tria verba* Ov. *F.* 1, 47] formule sacramentelle que prononçait le préteur, résumé de ses attributions judiciaires : *dare (judicem, judicium)*, donner un juge et une formule ; *dicere (jus)*, déclarer le droit en réglant l'instance ; *addicere*, confirmer la volonté des parties ¶ 3 accorder, faire une concession : *satis mihi dedisti, cum respondisti...* Cic. *Tusc.* 2, 28, tu m'as assez accordé en me répondant... ; *hoc dabitis... oportere* Cic. *Fin.* 2, 86, vous ferez cette concession qu'il faut..., cf. *Inv.* 1, 53 ; *Tusc.* 1, 25 ; *Fin.* 5, 83 ‖ [ut subj.] *Ac.* 1, 24 ¶ 4 sens de placer, mettre : *ad terram aliquem* Pl. *Cap.* 797, jeter qqn à terre ; *praeceps ad terram datus* Liv. 31, 37, 9, jeté à terre la tête la première ; *hostes in fugam* Caes. *G.* 5, 51, 5, mettre les ennemis en fuite (4, 26, 5) ; *sese in fugam* Cic. *Verr.* 4, 95 (*fugae* Cic. *Att.* 7, 23, 2) prendre la fuite ; *aliquem in caveam* Pl. *Cap.* 134, mettre qqn en cage ; *ad pistores aliquem* Pl. *As.* 709, envoyer qqn chez les gens du moulin (cf. *in pistrinum* Ter. *And.* 214) ; *in pedes se dare* Pl. *Cap.* 121, s'enfuir ; *in viam se dare* Cic. *Fam.* 14, 12, se mettre en route ; *intro se dare* Cic. *Caecin.* 13, s'introduire à l'intérieur ; *se obvium alicui* Liv. 1, 16, 6, se présenter devant qqn ‖ [pass.] se répandre : Lucr. 2, 271 ; 3, 250 ‖ [fig.] *ambitione praeceps datus est* Sall. *J.* 63, 6, l'ambition le fit tomber ; *rem publicam in praeceps* Liv. 27, 27, 11, jeter l'État dans une situation critique ‖ *se dare in rem*, se porter vers une chose, se jeter dans une chose : *in exercitationem* Cic. *Ac.* 1, 7, se lancer dans un exercice, cf. *Tusc.* 5, 80 ; *de Or.* 3, 59 ‖ *scripta foras*

do

dare (= *edere*) Cic. *Att.* 13, 22, 3, publier des écrits ‖ [avec prop. inf.] faire que : *(equus) quem Dido esse sui dederat monumentum amoris* Virg. *En.* 5, 572, (cheval) dont Didon avait voulu faire un témoignage de sa tendresse, cf. κάμνειν με τήνδε ἔθηκε τὴν νόσον Eurip. *Heracl.* 990, il a fait que je souffre de cette maladie ‖ [avec part.] *aliquem defensum dare* Virg. *En.* 12, 437, protéger qqn ; *stratas legiones Latinorum* Liv. 8, 6, 6, faire joncher le sol aux légions latines ¶ **5** apporter, causer : *alicui damnum, malum* Ter. *And.* 143, causer du dommage, du mal à qqn ; *quid mali datis... ?* Cic. *Nat.* 1, 122, quel tort ne faites-vous pas... ?, cf. *Tull.* 34 ‖ *inania duro vulnera dat ferro* Ov. *M.* 3, 84, il tente vainement d'entamer le fer qui résiste [il fait de vaines morsures] ‖ *dare, accipere motus* Lucr. 1, 819, imprimer, recevoir des mouvements ; *equitum peditumque ruinas* Lucr. 5, 1329, faire des massacres de fantassins et de cavaliers, cf. 1, 287 ¶ **6** accorder, concéder (*aliquid alicui*, qqch. à qqn) : Cic. *Lig.* 37 ; Sulp. *Fam.* 4, 5, 6 ; *plus stomacho quam consilio dedit* Quint. 10, 1, 117, il accorda plus à sa bile qu'à la réflexion (il se laissa plus aller à...), cf. Hor. *S.* 1, 4, 39 ; 2, 2, 94 ; Sen. *Clem.* 1, 15, 5 ; Tac. *An.* 1, 7 ¶ **7** *se dare alicui, alicui rei*, se donner, se dévouer, se consacrer à qqn, à qqch. : Cic. *Rep.* 1, 16 ; *Off.* 1, 122 ; *sermonibus vulgi* Cic. *Rep.* 6, 25, se laisser guider par les propos de la foule ¶ **8** exposer, dire : *quamobrem has partis didicerim, paucis dabo* Ter. *Haut.* 10, je vous exposerai brièvement pourquoi j'ai pris ce rôle ; *da mihi nunc, satisne probas ?* Cic. *Ac.* 1, 10, mais, dis-moi, es-tu bien de cet avis ?, cf. *Att.* 12, 5, 3 ‖ [poét.] *datur = narratur, dicitur, fertur*, on expose, on raconte, on dit, on rapporte : Ov. *F.* 6, 434 ¶ **9** *fabulam dare*, ▶ *fabula* ¶ **10** *verba (alicui)* Cic. *Phil.* 13, 33, tenir de beaux discours (à qqn), payer de mots, donner le change, tromper, cf. Pl. *Cap.* 945 ; Ter. *And.* 211 ; Nep. *Hann.* 5, 2 ¶ **11** [avec deux datifs] imputer : *alicui aliquid laudi, crimini, vitio*, imputer à qqn qqch. à louange, à accusation, à défaut = faire à qqn un mérite, un grief, un crime de qqch. : Cic. *Amer.* 48 ; *Off.* 1, 71 ; 2, 58 ; *cum Gallio crimini dedisset sibi eum venenum paravisse* Cic. *Brut.* 277, ayant accusé Gallius d'avoir voulu l'empoisonner ¶ **12** donner [un banquet, un repas] : *Hirtio cenam dedi* Cic. *Fam.* 9, 20, 2, j'ai donné à dîner à Hirtius ; *prandia vulgo* Cic. *Mur.* 67, donner des repas au peuple ; *epulum populo Romano* Cic. *Mur.* 75, donner au peuple romain un repas solennel ¶ **13** [constructions] [avec *ut* subj.] donner la faveur de, accorder de, permettre de : *quod nostrae aetati dii dederunt ut videremus* Liv. 1, 19, 3, chose que les dieux ont accordé de voir à notre siècle (*1, 54,5 ; 30, 12, 12*) ; *lex sociis dabat ut...* Liv. 41, 8, 9, la loi accordait aux alliés de... ; *datum hoc nostro generi est, ut...* Liv. 10, 28, 13, c'est la destinée de notre famille de... ‖ [avec *ne*] : Ov. *M.* 12, 202 ; 12, 206 ; *Scauro datum ne bona publicarentur* Tac. *An.* 3, 23, la faveur fut donnée à Scaurus qu'il n'y eût pas (par égard pour Scaurus il n'y eut pas) confiscation de biens ‖ [avec inf.] : *dare bibere* Cat. *Agr.* 89 ; Pl. *Pers.* 821, donner à boire, cf. Musée Belge 33, p. 212 ; *di tibi dent capta classem reducere Troja* Hor. *S.* 2, 3, 191, que les dieux t'accordent de ramener ta flotte après la prise de Troie, cf. *Ep.* 1, 16, 61 ; *P.* 83 ; Virg. *En.* 1, 522 ; Sen. *Clem.* 1, 8, 3 ; *Ep.* 124, 5 ; [impers.] *datur* Ov. *M.* 1, 307 ; Quint. 11, 3, 127 ‖ [avec sup.] *dare nuptum*, donner en mariage : Pl. *Pers.* 383 ; *Aul.* 384 ; Ter. *And.* 301 ; *Ad.* 346 ‖ [tard.] [avec un attribut de l'objet ou avec *in*] traiter comme : *quis dabit me spinam... in proelio ?* Vulg. *Jer.* 34, 18, qui me traitera comme une épine dans la bataille ? ; *dedi te in civitatem munitam* Vulg. *Jer.* 1, 18, je t'ai placée comme une ville forte.

▶ formes *danunt* Pl. *Cap.* 819 ; P. Fest. 60, 8 ; Non. 97, 14 ‖ subj. prés. arch. *duas, duat* ; optatif *duim, duis, duit, duint* ‖ formes apocopées : *dan = dasne* Pl. *As.* 671 ; *Truc.* 373, *datin = datisne* Pl. *Curc.* 311 ; *Truc.* 631 ; *dabin = dabisne* Pl. *Bac.* 883 ; *Ps.* 536 ; 1078 ; *dedistin = dedistine* Pl. *Curc.* 345 ‖ inf. prés. pass. *darei* CIL 1, 583 ; 587 ; *dasi* P. Fest. 60, 9 [act. ?] ; *darier* P. Fest. 204, 14].

2 dō (δῶ), acc., ▶ *domum* : Enn. *An.* 576, cf. Diom. 441, 34 ; Aus. *Techn.* 13 (349), 18.

3 -dō, -dĭs, -dĕre, -dĭdī, -dĭtum (a une tout autre origine que 1 *do* dans *abdo, addo, condo,* 2 *edo, indo, obdo, perdo, subdo* et postule la même racine que *facio* : fē- < *dheH₁-, fă- < *dhH₁-), mettre, placer, ▶ 1 *do*.

Dŏbēri, *ōrum*, m. pl., Dobère [ville de Macédoine] : Plin. 4, 35.

dŏcĕō, ēs, ēre, dŏcŭī, doctum (causatif, cf. *decet, disco*), tr., enseigner, instruire, montrer, faire voir ¶ **1** *rem* Cic. *Leg.* 1, 58 ; *Fin.* 1, 22 ; *Off.* 2, 82 ; Caes. *G.* 5, 42, 5 ; *C.* 3, 79, 6, enseigner (faire connaître) qqch. ; *canere* Cic. *Tusc.* 1, 41, enseigner à chanter ; *esse deos* Cic. *Nat.* 2, 2, enseigner qu'il y a des dieux ‖ [avec prop. inf.] enseigner que : Cic. *Nat.* 1, 53 ; [avec interrog. indir.] Cic. *Nat.* 2, 3 ‖ [en part., avec prop. inf.] faire connaître que, informer : Cic. *Att.* 16, 8 ; Caes. *G.* 5, 1, 7 ¶ **2** *aliquem* Cic. *Div.* 2, 4 ; *Off.* 1, 156 ; CM 29, instruire qqn ‖ [avec deux acc.] *docere aliquem litteras* Cic. *Pis.* 73, apprendre à lire à qqn, cf. *Nat.* 2, 148 ; [pass.] *doceri rem* Caes. *G.* 5, 42, 2, être instruit (informé) de qqch., cf. Hor. *S.* 1, 6, 76 ‖ *docere aliquem tacere* Cic. *Agr.* 3, 4, apprendre à qqn à se taire, *Phil.* 2, 8 ; [pass.] *docemur domitas habere libidines* Cic. *de Or.* 1, 194, nous apprenons à maintenir nos passions domptées, cf. *Fin.* 2, 15 ; Sen. *Ep.* 95, 13 ; Nep. *Epam.* 2, 1 ; *at illa multo optuma rei publicae doctus sum, hostem ferire...* Sall. *J.* 85, 33, mais il est une science, de beaucoup la plus utile à l'État, dont je suis instruit, celle de frapper l'ennemi... ‖ [avec interrog. indir.] *aliquem docere qui... fuerit* Cic. *Amer.* 25, apprendre à qqn quel a été..., cf. *Att.* 8, 2, 2 ; *Fam.* 3, 6, 5 ‖ *aliquem de aliqua re* Caes. *G.* 7, 10, 3, instruire qqn de qqch. ; [pass.] *doceri de aliqua re* Cic. *Amer.* 26, être instruit de qqch., cf. *Brut.* 200 ‖ *Socratem docere fidibus* Cic. *Fam.* 9, 22, 3, apprendre à Socrate à jouer de la lyre ; *aliquem equo armisque* Liv. 29, 1, 8, apprendre à qqn l'équitation et le maniement des armes ‖ *Latine philosophiam docere* Cic. *Fin.* 3, 40, apprendre à la philosophie à parler latin, cf. Plin. *Ep.* 7, 4, 9 ‖ [rare] *aliquem in aliqua re* Cic. *Or.* 40, instruire qqn en une matière ¶ **3** *fabulam* Cic. *Tusc.* 4, 63, faire répéter ou représenter une pièce, cf. *Brut.* 73 ; Hor. *P.* 288 ; Gell. 17, 21, 42 ¶ **4** [rhét.] instruire [l'auditoire, les juges] ▶ *probare* : Cic. *Brut.* 185 ¶ **5** [abs¹] **a)** *vel discendi studium vel docendi* Cic. *Rep.* 2, 1, le goût soit de s'instruire soit d'instruire les autres **b)** tenir école, donner des leçons : Cic. *Q.* 2, 4, 2 ; *mercede docere* Cic. *de Or.* 1, 126, faire payer ses leçons.

Dochi, *ōrum*, m. pl., peuple d'Éthiopie : Plin. 6, 190.

dochlĕa, *ae*, f., ▶ *chamaepitys* : Ps. Apul. *Herb.* 26.

dochmĭăcus, *a, um*, dochmiaque [pied grec ⌣ – – ⌣ –] : Mar. Vict. *Gram.* 6, 88, 24.

dochmĭus, *ĭi*, m. (δόχμιος), pied de cinq syllabes composé d'un iambe et d'un crétique : Cic. *Or.* 218 ; Quint. 9, 4, 79.

dŏcĭbĭlis, *e* (*doceo*), qui apprend facilement : Prisc. 2, 132, 14.

dŏcĭbĭlĭtās, *atis*, f., aptitude à apprendre : Isid. *Sent.* 3, 14, 2.

dŏcĭlis, *e* (*doceo*), disposé à s'instruire, qui apprend aisément, docile : Cic. *de Or.* 3, 323 ; *Rep.* 2, 67 ; *docilis ad aliquam disciplinam* Cic. *Fam.* 7, 20, 3, qui apprend facilement une science ; *docilis imitandis turpibus* Juv. 14, 40, porté à imiter le mal ; *docilis pravi* Hor. *S.* 2, 2, 52, qui se laisse facilement entraîner au mal, cf. *O.* 4, 6, 43 ‖ [fig.] docile, qu'on manie aisément : *capilli dociles* Ov. *Am.* 1, 14, 13, cheveux souples ; *os docile* Ov. *A. A.* 3, 344, voix souple ‖ *docilior* Pl. *Bac.* 164 ; *docilissimus* Char. 182, 18 [mais sans ex.].

dŏcĭlĭtās, *ātis*, f. (*docilis*), aptitude, facilité à apprendre : Cic. *Fin.* 5, 36 ; *Sest.* 91 ‖ douceur, bonté : Eutr. 10, 4 ‖ [chrét.] enseignement : Cypr. *Patient.* 19.

dŏcĭlĭtĕr, adv., en apprenant facilement : Diom. 299, 2.

Dŏcĭmaeum (-mēum), *i*, n., ville de la grande Phrygie : Peut. 8, 3.

dŏcĭmĕn, *ĭnis* et **dŏcĭmentum**, *i*, n., ▶ *documentum* : Ter.-Maur. 6, 383, 1932 ; Not. Tir. 53, 70.

Dŏcĭmus, *i*, m., nom d'homme : CIL 6, 9676.

dŏcis, ĭdis, f. (δοκίς), météore en forme de poutre : Apul. *Mund.* 3 ; 16.

Docĭus, ĭi, m., nom d'homme : CIL 2, 2633.

Dŏclĕās, ātis, m. f. n., adj., de Doclée [ville de Dalmatie] : Plin. 11, 240 || **-ātes**, ĭum, m. pl., habitants de Doclée : Plin. 3, 143.

doctē, adv. (*doctus*) ¶ **1** savamment, doctement : Cic. *Tusc.* 5, 8 ; *doctior* Hor. *Ep.* 2, 1, 33 ; *doctissime eruditus* Sall. *J.* 93, 3, profondément instruit ¶ **2** prudemment, sagement, finement : Pl. *Ep.* 404.

doctĭfĭcus, a, um (*doctus, facio*), qui rend savant : Capel. 6, 567.

doctĭlŏquax, ācis (*doctus, loquax*), qui aime à parler savamment : Drac. *Satisf.* 61.

doctĭlŏquŭs, a, um (*doctus, loquor*), qui parle bien : Enn. *An.* 583.

doctĭo, ōnis, f. (*doceo*), enseignement : An. Helv. 75, 26.

doctĭsŏnus, a, um (*doctus, sono*), qui rend un son harmonieux : Sidon. *Carm.* 15, 180.

doctĭtantĕr, adv. (*doctito*), savamment : *Aug. *Gen. imp.* 6, 26.

doctĭtō, ās, āre, -, - (fréq. de *doceo*), Gloss. 4, 508, 17.

doctĭuscŭlē, adv. (dim. de *docte*), d'une manière qq. peu savante : Gell. 6, 16, 2.

doctŏr, ōris, m. (*doceo*), maître, celui qui enseigne : Cic. *de Or.* 1, 23 ; 3, 57 ; *Div.* 1, 6 ; *Or.* 117 || [chrét.] celui qui enseigne la religion, prêtre, catéchiste : Cypr. *Ep.* 73, 3 ; *doctores sanctae ecclesiae* Greg.-M. *Mor.* 9, 6, les maîtres de la Sainte Église, les apôtres.

doctrīna, ae, f. (*doceo*) ¶ **1** enseignement, formation théorique [opp. souvent à *natura* ou *usus*], éducation, culture : Cic. *de Or.* 1, 145 ; 1, 208 ; *Brut.* 120 ; *de Or.* 1, 204 ; *Arch.* 15 ; Nep. *Att.* 17, 3 ¶ **2** art, science, doctrine, théorie, méthode : Cic. *Leg.* 2, 39 ; *Brut.* 236 ; *dicendi doctrina* Cic. *de Or.* 2, 5, la science de la parole || [chrét.] enseignement religieux : Vulg. *1 Cor.* 14, 6 || règle de foi chrétienne : Aug. *Ep.* 118, 2.

doctrīnālis, e (*doctrina*), de science, théorique : Isid. 2, 24, 14.

doctrīnum, i, n., école : Gloss. 2, 276, 11.

doctrix, īcis, f. (*doctor*), celle qui enseigne, maîtresse : Serv. *En.* 12, 159.

doctus, a, um (*doceo* ; it. *dotto*) ¶ **1** part. de *doceo* ¶ **2** adj**a)** qui a appris, qui sait, instruit, docte, savant, habile : *doctus ex disciplina Stoicorum* Cic. *Brut.* 94, formé à l'école des stoïciens ; *doctus Graecis litteris* Cic. *Brut.* 169, instruit dans les lettres grecques ; *doctus legum* Gell. 13, 12, 1, versé dans les lois ; *doctus sermones utriusque linguae* Hor. *O.* 3, 8, 5, savant dans les deux langues ; *doctus sagittas tendere* Hor. *O.* 1, 29, 9, habile à manier l'arc ; *docta manus* Tib. 1, 8, 12, main habile ; *doctissimae voces Pythagoreorum* Cic. *Tusc.* 4, 2, les si doctes leçons des pythagoriciens **b)** *docti*, m. pl., les savants : Cic. *Lae.* 17 || les connaisseurs, les critiques compétents : Cic. *Brut.* 141 ; 184 || les doctes [en parl. des poètes] *Mil.* 8 ; *Tusc.* 1, 3 ; [ou des philosophes] *Fin.* 1, 11 **c)** sage, avisé, fin, rusé : Pl. *Ps.* 725 || *doctior* Cic. *Rep.* 2, 34 ; *-issimus* Cic. *Verr.* 4, 98.

dŏcŭmĕn, ĭnis, n., ⮕ *documentum* : Lucr. 6, 392.

dŏcŭmentātĭo, ōnis, f. (*documento*), avertissement : Gloss. 2, 54, 27.

dŏcŭmentō, ās, āre, -, - (*documentum*), tr., avertir : Dosith. 7, 436, 13.

dŏcŭmentum, i, n. (*doceo*), exemple, modèle, leçon, enseignement, démonstration : *ex quo documentum nos capere fortuna voluit, quid esset victis extimescendum* Cic. *Phil.* 11, 5, la fortune a voulu nous apprendre par là ce que les vaincus doivent redouter ; *habeat me ipsum sibi documento* Cic. *Agr.* 1, 27, qu'il prenne exemple sur moi ; *esse alicui documento* Caes. *G.* 7, 4, 9, servir de leçon à qqn || [avec interrog. indir.] *quantum fortuna possit, documento sunt* Caes. *C.* 3, 10, 6, ils sont un exemple de la puissance de la fortune ; *documento est, utrum ... an* Liv. 3, 56, 13, il montre si ... ou si ... ; [avec prop. inf.] Quint. 12, 11, 23 || [avec *ne*] *documentum Sagunti ruinae erunt, ne* Liv. 21, 19, 10, les ruines de Sagonte seront une leçon pour empêcher de, apprendront à ne pas, cf. Hor. *S.* 1, 4, 110 ; *documento esse ne* Liv. 7, 6, 11, même sens || [avec gén.] exemple, échantillon : *virtutis* Cic. *Rab. Post.* 27, modèle de vertu ; *documentum humanorum casuum fuit* Liv. 45, 40, 6, il fut un exemple des vicissitudes humaines ; *documentum sui dare* Liv. 32, 7, 10, faire ses preuves, donner un échantillon de sa valeur.

dōd-, ⮕ *duod-*.

dōdĕcăchrŏnŏs, **dōdĕcăsyllăbŏs**, ⮕ *duodecachronos*.

dōdĕcăĕtēris, ĭdis, f. (δωδεκαετηρίς), espace ou période de douze ans : Cens. 18, 6.

dōdĕcătēmŏrĭŏn, ĭi, n. (δωδεκατημόριον), la douzième partie [du cercle zodiacal] : Firm. *Math.* 2, 13, 1.

dōdĕcăthĕŏn, i, n. (δωδεκάθεον), plante des douze dieux : Plin. 25, 28.

Dōdōna, ae, f., **Dōdōnē**, ēs, f. (Δωδώνη), Dodone [ville de Chaonie] Atlas VI, B1 : Cic. *Div.* 1, 95 ; Plin. 2, 228 || **-aeus**, Cic. *Att.* 2, 4, 5, **-ĭus**, a, um, de Dodone : Claud. *Pros.* 1, 31.

Dōdōnĭdēs nymphae, f. pl., Dodonides [nymphes qui élevèrent Jupiter] : Hyg. *Fab.* 182.

Dōdōnĭgĕna, ae, m. (*Dodona geno*), habitant de Dodone [d'où] qui vit de glands [il y avait à Dodone une célèbre forêt de chênes] : Sidon. *Ep.* 6, 12, 6.

Dōdōnis, ĭdis, f., de Dodone : Ov. *M.* 13, 716.

Dōdōnĭus, ⮕ *Dodona*.

dōdra, ae, f. (*dodrans*), breuvage composé de neuf ingrédients : Aus. *Epigr.* 88 (86), 1.

dōdrālis, e, relatif au breuvage nommé *dodra* : Aus. *Epigr.* 88 (86), tit.

dōdrans, antis, m. (de, *quadrans*), les 9/12 [3/4] d'un tout : *Argiletani aedificii reliquum dodrantem emere* Cic. *Att.* 1, 14, 7, acheter les trois quarts qui subsistent encore du bâtiment de l'Argilète ; *heres ex dodrante* Nep. *Att.* 5, 2, héritier des trois quarts || empan [mesure de longueur] : Plin. 36, 76 ; Suet. *Aug.* 79.

dōdrantālis, e (*dodrans*), qui a neuf pouces de profondeur ou de longueur : Plin. 15, 131.

dōdrantārĭus, a, um (*dodrans*), relatif aux 9/12 d'un tout : *dodrantariae tabulae* Cic. *Font.* 2, livres de créances mis en usage par suite de la *lex Valeria feneratoria* [où l'on réduit les dettes des 3/4].

dŏga, ae, f. (δοχή), sorte de vase ou mesure de liquides : Vop. *Aur.* 48, 2.

dŏgārĭus, ĭi, n., fabricant ou marchand du vase appelé *doga* : Gloss. 2, 54, 30.

dogma, ătis, n. (δόγμα) ¶ **1** [phil.] dogme, principe fondamental : Cic. *Fin.* 2, 105 ; Sen. *Ep.* 95, 10 ¶ **2** décret : Vulg. *Esther.* 4, 3 ¶ **3** [chrét.] croyance chrétienne, dogme : Lact. *Inst.* 3, 30, 3.

▶ arch. *dogma*, ae, f., Laber. *Com.* 17.

dogmătĭcus, a, um (δογματικός), dogmatique, qui concerne les systèmes de la philosophie : Aus. *Idyl.* 17 (364), 16 || [chrét.] qui concerne la foi chrétienne : Cassiod. *Var.* 1, 10, 2.

dogmătistēs, ae, m. (δογματιστής), dogmatiste, celui qui établit une doctrine : Hier. *Ep.* 48, 14.

dogmătizō, ās, āre, -, -, intr., établir un dogme, une doctrine : Aug. *Ep.* 36, 29.

1 dŏlābella, ae, f. (dim. de *dolabra*), petite doloire : Col. 2, 24, 4.

2 Dŏlābella, ae, m., nom d'une branche des *Cornelii*, not* P. Cornélius Dolabella [gendre de Cicéron] : Cic. *Fam.* 2, 16, 5 || **-ĭānus**, a, um, de Dolabella : *Dolabelliana pira* Plin. 15, 54, sorte de poires [ainsi appelées d'un Dolabella].

dŏlābra, ae, f. (1 *dolo*), dolabre [outil à deux faces, servant à la fois de hache, et de pioche ou de pic], doloire : Liv. 21, 11, 8 || couperet du boucher : Paul. *Dig.* 33, 7, 18 || hache pour démembrer les victimes : P. Fest. 422, 34.

dŏlābrārĭus, ĭi, m., fabricant, marchand de doloires : CIL 5, 908.

dŏlābrātus, a, um (*dolabra*), en forme de doloire : *dolabrata securis* Pall. 1, 43, 3, doloire.

dŏlāmen, ĭnis, n. (1 *dolo*), action de tailler avec la doloire : Apul. *Flor.* 1.

Dolātes, um ou ium, m. pl., peuple de l'Ombrie : Plin. 3, 113.

dŏlātĭlis, e (1 dolo), facile à doler : Grom. 362, 18 ‖ **charta** Fort. Carm. 7, 18, 21, tablette travaillée à la doloire = façonnée, préparée.

dŏlātĭo, ōnis, f., ⓒ▶ dolamen : Hier. Ep. 78, 32.

dŏlātŏr, ōris, m. (1 dolo), celui qui travaille avec la doloire, charpentier : Adamn. Loc. sanct. 1, 3.

dŏlātōrĭus, a, um (1 dolo ; fr. doloire), qui concerne le travail de la doloire ; de charpentier : Eustath. Hex. 2, 2 ‖ subst. n., marteau de tailleur de pierres : Hier. Ep. 106, 86.

1 **dŏlātus**, a, um, part. de 1 dolo.

2 **dŏlātŭs**, ūs, m., taille [des pierres précieuses] : Prud. Psych. 835.

dŏleărĭus, Ⅴ.▶ doliarius.

dŏlendus, a, um, adj. verb. de doleo ‖ pl. n., **dolenda** Vell. 2, 130, 4, événements douloureux.

1 **dŏlens**, tis, part. de doleo ‖ adj^t, qui cause de la douleur : Sall. J. 84, 1 ; **dolentior** Ov. M. 4, 246.

2 **Dŏlens**, tis, m., surnom et nom d'homme : CIL 3, 8745.

dŏlentĕr, adv. (dolens), avec douleur, avec peine : Cic. Phil. 8, 22 ; Dom. 98 ‖ en laissant voir de la douleur, d'une manière pathétique, attendrissante : Cic. Or. 131 ‖ **dolentius** Cic. Sest. 4.

dŏlentĭa, ae, f. (doleo), douleur : Laev. d. Gell. 19, 7, 9.

dŏlentŭlus, a, um (dim. de dolens), tout affligé : CIL 8, 9969.

dŏlĕō, ēs, ēre, ŭī, ĭtum (cf. 1 dolo ? ; it. dolere), intr. et tr.
I — **¶ 1** éprouver de la douleur [physique], souffrir : **doleo ab oculis** Pl. Cist. 60, j'ai mal aux yeux ‖ [tard.] : **oculos dolere** Front. Am. 1, 13, p. 182 N., avoir mal aux yeux, cf. Sulp. Sev. Mart. 19, 3 ; Aur. d. Front. Caes. 5, 34, p. 81 N. ; [fig.] **animum dolere** Anton. d. Front. Nep. 1, 1, p. 231 N., avoir l'esprit (le cœur) malade **¶ 2** [la partie douloureuse étant sujet] : **pes dolet** Cic. Tusc. 2, 44, le pied est douloureux, fait mal ; **si cor dolet** Cat. Agr. 157, 7, si vous avez mal au cœur ; **si caput a sole dolet** Plin. 24, 15, si le soleil fait mal à la tête ‖ [impers.] **mihi dolet** Pl. Ep. 147, j'ai mal ; **manibus plus dolet** Pl. Truc. 768, on a plus mal aux mains ; **mihi dolebit**, ŭī Pl. Men. 439, il m'en cuira, si... **¶ 3** être affligé : **contrariis rebus** Cic. Lae. 17, s'affliger de l'adversité ; **de aliquo** Cic. Att. 6, 6, 2, s'affliger au sujet de qqn ; **ex me doluisti** Cic. Fam. 16, 21, 2, j'ai été pour toi un sujet de douleur (**ex aliqua re** Caes. G. 1, 14, 5) ; [tard.] **doleo vestri** Commod. Instr. 2, 19, 2, je suis affligé à cause de vous ‖ [acc. de relat.] **id dolemus, quod** Cic. Brut. 5, la raison de notre affliction, c'est que ; **dolere quod** Caes. C. 1, 9, 2, s'affliger de ce que ‖ [impers.] **tibi dolet** Ter. Phorm. 162, tu souffres ; **hoc tibi dolet** Ter. Eun. 93, tu souffres en cela, de cela ; **nihil cuiquam doluit** Cic. de Or. 1, 230, pas un n'eut une manifestation de douleur ; **cui dolet, meminit** Cic. Mur. 42, celui qui a mal se souvient ‖ **dolet dictum (esse) adulescenti libero** Ter. Eun. 430, cela me fait de la peine que le mot se soit adressé à un jeune homme de bonne famille.
II tr., s'affliger de, déplorer : **meum casum doluerunt** Cic. Sest. 145, ils ont déploré mon malheur, cf. Vat. 31 ; Cael. 34 ; **inferiores non dolere debent se a suis superari** Cic. Lae. 71, les inférieurs ne doivent pas se plaindre d'être surpassés par les leurs, cf. Att. 6, 3, 4 ; Caes. G. 3, 2, 5 ‖ [poét. avec acc. de pers.] plaindre qqn : Prop. 1, 16, 24.
▶ **doleunt** CIL 3, 3362 ; 5, 1706.

dŏlĕor, ēris, ērī, ĭtus sum, dép., s'affliger : CIL 6, 23176.

dŏlescō, ĭs, ĕre, -, -, intr., s'affliger : Gloss. 2, 254, 24.

dŏlĕum, dŏlĕus, Ⅴ.▶ 1 dolium.

dōlĭārĭs, e (dolium), relatif au dolium, de tonneau : **doliare vinum** Ulp. Dig. 18, 6, 1, vin en tonneau, de l'année ‖ [fig.] **doliaris anus** Pl. Ps. 659, vieille femme semblable à une barrique.

dōlĭārĭus, dōlĕārĭus, a, um, de dolium : **dolearia officina** CIL 15, 1390, atelier de tonnelier, du fabricant de dolia ‖ **dōlĭārĭum**, n., cellier à mettre le vin : Gai. Dig. 18, 1, 35.

Dŏlĭcha, ae, f. (Δολίχη), ville de la Commagène [Tell Duluk] : Anton. 191.

Dŏlĭchāōn, ōnis, m. (Δολιχάων), nom d'homme : Virg. En. 10, 696.

Dŏlĭchē, ēs, f. (Δολίχη), ville de la Thessalie Atlas IX, C4 : Liv. 42, 53, 6 ‖ île de la Méditerranée, nommée ensuite Icaros : Plin. 4, 68 ; Ⅴ.▶ Dolicha.

Dŏlĭchēnus, i, m., nom de Jupiter [ainsi appelé de Dolichè, ville de la Commagène où il était honoré] : CIL 6, 366 ; 367.

Dŏlĭchistē, ēs, f., île de la Méditerrannée [près de la Lycie] : Plin. 5, 131.

dŏlĭchŏdrŏmŏs, i, m. (δολιχοδρόμος), la longue course [d'un parcours mal connu] : Hyg. Fab. 273.

1 **dŏlĭchŏs**, i, m., dolique [plante] : Plin. 16, 244.

2 **Dŏlĭchŏs** (écrit **-us**), i, m., **Dŏlĭchē**, ēs, f., nom d'homme, nom de femme : CIL 6, 29082 ; 2312.

dŏlĭdus, a, um (doleo), douloureux : Cael.-Aur. Acut. 3, 3, 11.

dŏlĭēs, ēi, f. (doleo), douleur, chagrin : CIL 5, 29947.

dōlĭŏlum, i, n. (dim. de dolium) **¶ 1** petit dolium, petite jarre, tonnelet : Liv. 5, 40, 8 ; Col. 12, 44, 3 ‖ **vitreum** M.-Emp. 29, 46, bocal **¶ 2** calice des fleurs : Plin. 11, 32 ‖ **Dōlĭŏla**, ōrum, n., quartier de Rome : Varr. L. 5, 157.

Dŏlĭŏnis, f., ancien nom de Cyzique : Plin. 5, 142.

Dŏlĭŏnis, ĭdis, f., ancien nom de Cyzique : Plin. 5, 142 ‖ **-nĭus**, a, um, de Dolionis : Val.-Flac. 5, 6.

dŏlĭtō, ās, āre, -, - (fréq. de doleo), intr., être douloureux : Cat. Agr. 157, 7.

dŏlĭtūrus, a, um, part. fut. de doleo : Liv. 39, 43, 5.

1 **dōlĭum**, ĭi, n. (cf. 1 dolo ; fr. mérid. douil), grand vaisseau de terre ou de bois où l'on conservait le vin, l'huile, le blé ; jarre, tonne, tonneau : Cat. Agr. 69, 1 ; Col. 11, 2, 70 ‖ **de dolio haurire** Cic. Brut. 288, puiser au tonneau [boire du vin de l'année] ‖ sorte de météore igné : Manil. 1, 847.
▶ **doleus** Grom. 296, 9 ; **doleum** CIL 1, 1, p. 281.

2 **dōlĭum**, ĭi, n. (doleo), douleur, chagrin : Commod. Instr. 2, 31, 1.

1 **dŏlō**, ās, āre, āvī, ātum (cf. dolium, doleo ; δαίδαλος, δέλτος, al. Zelt ; esp. dolare), tr. **¶ 1** travailler avec la doloire, dégrossir, façonner [une pièce de bois] : Cat. Agr. 1 ; Cic. Div. 2, 86 ; **dolare in quadrum** Col. 8, 3, 7, équarrir ‖ **e robore dolatus** Cic. Ac. 2, 100, façonné dans le chêne **¶ 2** [fig.] **non perpolivit illud opus, sed dolavit** Cic. de Or. 2, 54, il n'a pas donné à cet ouvrage le poli de la perfection, mais il l'a dégrossi ; **lumbos fuste dolare** Hor. S. 1, 5, 23, caresser les reins à coups de bâton ; **dolare dolum** Pl. Mil. 938, mener à bien une ruse.

2 **dŏlō, dŏlōn**, ōnis, m. (δόλων) **¶ 1** dolon [bâton armé d'un fer très court] : Varr. d. Serv. En. 7, 664 ‖ poignard : Suet. Cl. 13 ; Dom. 17, cf. Isid. 18, 9, 4 ‖ aiguillon de la mouche : Phaed. 3, 6, 3 **¶ 2** beaupré et voile de beaupré : Liv. 36, 44, 3, cf. Isid. 19, 3, 3.

Dŏlōn, ōnis, m. (Δόλων), Dolon [espion troyen, qui fut pris et tué par Ulysse et Diomède] : Virg. En. 12, 347 ‖ un des fils de Priam : Hyg. Fab. 90.

Dŏloncae (-gae), ārum et **Dŏlonci**, ōrum, m. pl. (Δόλογκοι), peuple de Thrace : Plin. 4, 41 ; Solin. 10, 7.

Dŏlŏpēis, ĭdis, f., des Dolopes : Hyg. Fab. 14 ou **-pēĭus**, a, um, Val.-Flac. 2, 10.

Dŏlŏpes, um, m. pl., Dolopes [peuple de Thessalie] : Cic. Rep. 2, 8 ; Virg. En. 2, 7 ‖ acc. sg., **Dolopem** Liv. 42, 58, 10.

Dŏlŏpĭa, ae, f., Dolopie [partie de la Thessalie habitée par les Dolopes] : Liv. 32, 13, 14.

dŏlŏr, ōris, m. (doleo ; it. dolore) **¶ 1** douleur physique, souffrance : **articulorum** Cic. Att. 1, 5, 8 ; **pedum** Cic. Brut. 130, goutte ; **laterum** Hor. S. 1, 9, 32 ; **lateris** Cic. de Or. 3, 6, pleurésie, cf. Cels. 4, 13 ‖ **vulneris** Cic. Fam. 5, 12, 5, douleur d'une blessure **¶ 2** douleur morale, peine, tourment, affliction, chagrin : **dolorem alicui afferre** Cic. Sull. 3 ; **commovere** Cic. Verr. 4, 47 ; **facere** Cic. Att. 11, 8, 2, causer de la douleur à qqn ; **dolorem accipere** Cic. Lae. 8 ; **percipere** Cic. Rep. 1, 7 ; **suscipere** Cic. Vat. 19 ; **capere** Cic.

Fam. 4, 6, 2, éprouver, ressentir de la douleur ‖ ressentiment: Cic. *Prov.* 2, 14; *Off.* 2, 79; *Verr.* 3, 95; Caes. *G.* 1, 20, 5; 5, 4, 4; Virg. *En.* 1, 25; Hor. *Ep.* 1, 2, 60 ‖ dépit d'un échec: Caes. *C.* 1, 4, 2 ¶3 sujet de douleur: Prop. 1, 14, 18; Ov. *Pont.* 3, 3, 73 ¶4 [rhét.] **a)** émotion, faculté de pathétique: **naturalis quidam dolor** Cic. *Brut.* 93, une sorte de sensibilité naturelle, cf. 278; *Or.* 130 **b)** expression passionnée, pathétique: **oratio, quae dolores habeat** Cic. *de Or.* 3, 96, éloquence pathétique: **detrahere actionis dolorem** Cic. *Or.* 209, enlever le pathétique de la plaidoirie.

Dŏlŏrestes, ᴠ.▸ *Dulorestes*.

Dŏlōrĭfĕr, *ĕra*, *ĕrum* (*dolor*, *fero*), douloureux: Novel.-Just. 140 *pr.*

Dŏlōrōsus, *a*, *um* (it., esp. *dolorosa*), douloureux: Cael.-Aur. *Chron.* 4, 5.

Dŏlōsē, adv. (*dolosus*), artificieusement, avec fourberie: Pl. *Ps.* 959; Cic. *Off.* 3, 61.

Dŏlōsĭtās, *ātis*, f. (*dolosus*), fourberie: Vulg. *Eccli.* 37, 3.

Dŏlōsus, *a*, *um* (*dolus*), rusé, astucieux, fourbe, trompeur [en parl. de pers. et de choses]: Pl. *Mil.* 198; Hor. *S.* 2, 5, 70 ‖ Cic. *Rab. Post.* 4; Ov. *M.* 15, 473 ‖ [avec inf.] **dolosus ferre** Hor. *O.* 1, 35, 28, qui refuse artificieusement de porter.

Dolsa, *ae*, f.? (fr. *dousse*), gousse: Misc. Tir. 65, 17.

dŏlus, *i*, m. (cf. osq. *dolud*, δόλος, al. *Zahl*, an. *tale*) ¶1 adresse, ruse, cf. P. Fest. 60, 29; **dolus malus** Cic. *Off.* 3, 60, dol, fraude; **dolo malo** Cic. *Off.* 3, 92, frauduleusement, avec des manœuvres dolosives; **sine dolo malo** Liv. 1, 24, 7, loyalement, de bonne foi ‖ fourberie, tromperie: Pl. *Men.* 228; *Cap.* 642; Caes. *G.* 4, 13, 1; *C.* 2, 14, 1; Sall. *C.* 11, 2; Liv. 27, 28, 4 ¶2 tort causé, acte blâmable: Dig. 4, 3, 1; **suo dolo factum esse negat** Hor. *S.* 1, 6, 90, il prétend que ce n'est pas sa faute.

Dŏlus, *i*, m., la Ruse [déesse]: Val.-Flac. 2, 205.

dŏlus, *i*, m. (cf. *dolor*; fr. *deuil*), douleur: Aug. *Ev. Joh.* 7, 18; Greg.-Tur. *Hist.* 5, 35.

Dolva, *ae*, f. (gaul.; fr. *douve*), chenille: Euch. *Instr.* 2, p. 158, 6.

Doma, *ătis*, n. (δῶμα; fr. *dôme*), toiture, terrasse d'une maison: Hier. *Ep.* 106, 63.

Dŏmābĭlis, *e* (*domo*), domptable, qu'on peut dompter: Hor. *O.* 4, 14, 41; Ov. *M.* 9, 253.

Domata, *ae*, f., ville de l'Arabie Heureuse, ᴠ.▸ *Dumatha*: Plin. 6, 157.

dŏmātŏr, *ōris*, m., dompteur, vainqueur: *Amm. 21, 5, 9.

Dŏmātŏr, *ōris*, m., surnom romain: CIL 5, 449.

Dŏmātus, ᴠ.▸ *domo*.

Dŏmāvi, ᴠ.▸ *domo*.

Domazenes, *um*, m. pl., peuple de la Troglodytique: Plin. 6, 176.

dŏmĕfactus, *a*, *um* (*domo*, *facio*), dompté: Petr. 99, 3.

dŏmestĭcātim, adv. (*domesticus*), dans son intérieur, dans sa maison, ᴄ.▸ *domestice*: Suet. *Caes.* 26.

dŏmestĭcātĭo, ▸ *proprietas*: Gloss. 2, 577, 31.

dŏmestĭcātŭs, *ūs*, m., fonction de chef de la domesticité: Cassiod. *Var.* 10, 11.

dŏmestĭcē, adv. (*domesticus*), à la maison, en particulier: Ambr. *Luc.* 8, 18.

dŏmestĭci, *ōrum*, m. pl. (*domesticus*), les membres d'une famille, tous ceux qui sont attachés à une maison [amis, clients, affranchis]: Cic. *Rab. Post.* 4; Liv. 1, 42, 2 ‖ domestiques, esclaves: Suet. *Oth.* 10 ‖ personnes de la suite: Cod. Th. 1, 12, 3 ‖ gardes du palais impérial: Cod. Just. 12, 17.

dŏmestĭcĭtās, *ātis*, f., parenté: Iren. 3, 18, 7.

1 dŏmestĭcus, *a*, *um* (*domus*, cf. *rusticus*; it. *domestico*) ¶1 de la maison: **intra domesticos parietes** Cic. *Dej.* 5, à l'intérieur d'une maison; **domesticus vestitus** Cic. *Fin.* 2, 77, vêtement d'intérieur, porté chez soi; **domesticus otior** Hor. *S.* 1, 6, 128, je mène chez moi une vie tranquille [loin des affaires] ¶2 de la famille, du foyer: **domesticus luctus** Cic. *Vat.* 31, chagrin domestique; **domesticus usus** Cic. *Amer.* 15, liaison de famille; **homo prope domesticus** Cic. *Fam.* 7, 14, 1, homme qui est presque de la famille; **res domesticae** Cic. *Tusc.* 1, 2, patrimoine ‖ de chez soi, personnel: Cic. *Or.* 132; *de Or.* 2, 38; *Brut.* 5; *Caecil.* 31; Caes. *C.* 3, 60, 2 ¶3 qui tient aux foyers, à la patrie, qui est du pays: **rerum domesticarum fastidium** Cic. *Fin.* 1, 10, dédain des choses de son pays; **domesticum bellum** Caes. *G.* 5, 9, 4, guerre à l'intérieur du pays.

2 domesticus, *i*, m. **a)** préfet, maire du palais: Lact. *Mort.* 17, 6 **b)** [chrét.] serviteur de Dieu, fidèles: Vulg. *Eph.* 2, 19.

2 Dŏmestĭcus, *i*, m., surnom romain: CIL 3, 4502.

dŏmi, ᴠ.▸ *domus*.

dŏmĭcēnĭum, *ii*, n. (*domus*, *cena*), dîner qu'on prend chez soi: Mart. 5, 78, 1.

dŏmĭcĭlĭum, *ii*, n. (*domus*, *colo*, *incola*), domicile, habitation, demeure [propre et fig.]: Cic. *Arch.* 9; *Verr.* 4, 129; Caes. *G.* 1, 30, 3 ‖ **domicilium gloriae** Cic. *Balb.* 13, le siège de la gloire; **huic verbo (fideliter) domicilium est proprium in officio** Cic. *Fam.* 16, 7, 1, ce mot (*fideliter*) est proprement chez lui quand il est employé à propos d'une obligation (envers autrui) [il est pris dans son acception propre].

dŏmĭcoenĭum, ᴠ.▸ *domicenium*.

dŏmĭcūrĭus, *ii*, m. (*domus*, *cura*), maître d'hôtel: CIL 8, 2797.

dominicus

Dŏmĭdūca, *ae*, f. (*domum*, *duco*), nom donné à Junon parce qu'elle présidait au mariage: Aug. *Civ.* 7, 3; Tert. *Nat.* 2, 11, 9.

Dŏmĭdūcus, *i*, m., surnom de Jupiter qu'on invoquait lorsqu'on conduisait la nouvelle mariée dans la maison de son mari: Aug. *Civ.* 6, 9.

dŏmĭna, *ae*, f. (*dominus*; it. *donna*, fr. *dame*) ¶1 maîtresse de maison: Pl. *Cis.* 773; Ter. *Haut.* 298; Cic. *Cael.* 62 ‖ [qqf.] épouse: Virg. *En.* 6, 397; Ov. *Tr.* 4, 3, 9; 5, 5, 7 ¶2 maîtresse, souveraine [propre et fig.]: Virg. *En.* 3, 112; Cic. *Off.* 3, 28 ¶3 nom donné à l'impératrice: Suet. *Dom.* 13 ¶4 amie, maîtresse: Tib. 1, 1, 46; Prop.

dŏmĭnaedĭus (de *domine aedium*), maître de maison: Paul.-Nol. *Ep.* 29, 13; ᴠ.▸ *domnaedius*.

dŏmĭnans, *tis*, part. prés. de *dominor* ‖ adj*t*, prédominant: **dominantior ad vitam** Lucr. 3, 398, plus essentiel à la vie; **dominantia nomina** Hor. *P.* 234, mots propres [κύρια] ‖ subst. m., le maître: Tac. *An.* 14, 56; *H.* 4, 74.

dŏmĭnantĕr, adv., en maître: Drac. *Laud.* 1, 331.

dŏmĭnātĭo, *ōnis*, f. (*dominor*), domination, souveraineté, pouvoir absolu: Cic. *Phil.* 3, 34; *Verr.* 5, 175; *Rep.* 1, 48 ‖ [fig.] *Inv.* 2, 164.

1 dŏmĭnātŏr, *ōris*, m. (*dominor*), maître, souverain: **rerum** Cic. *Nat.* 2, 4, maître du monde.

2 Dŏmĭnātŏr, *ōris*, m., nom d'un magistrat d'Afrique: Cod. Th. 1, 12, 6.

dŏmĭnātrix, *īcis*, f. (*dominator*), maîtresse, souveraine: Cic. *Inv.* 1, 2 ‖ [fig.] Vulg. *Eccli.* 37, 21.

1 dŏmĭnātus, *a*, *um*, part. de *dominor*.

2 dŏmĭnātŭs, *ūs*, m., ᴄ.▸ *dominatio*: Cic. *Rep.* 1, 43; *Off.* 2, 2; *Nat.* 2, 152; *Tusc.* 4, 1 ‖ droit de propriété: Novel.-Th. 2, 22, 2, 16.

dŏmĭnĭcālis, *is*, m. (*dominicus*), voile porté par les femmes à l'église: Concil. Autiss. 42, p. 183, 7.

dŏmĭnĭcārĭus, *a*, *um* (*dominicus*), du dimanche, qui agit le dimanche: Aug. *Ep.* 36, 9, 21.

dŏmĭnĭcātŭs, *ūs*, m., fonction du maître, intendance: Cassiod. *Var.* 3, 25, 1.

dŏmĭnĭcum, *i*, n. (*dominicus*) ¶1 recueil des vers de Néron: Suet. *Vit.* 11 ¶2 [chrét.] service divin du dimanche: Cypr. *Eleem.* 15 ‖ église, lieu où se rassemblent les fidèles: Aug. *Serm.* 32, 25.

1 dŏmĭnĭcus, *a*, *um* (*dominus*; cf. esp. *domingo*, it. *domenica*, fr. *dimanche*) ¶1 du maître, qui appartient au maître: Afran. *Com.* 283; Varr. *R.* 2, 10, 10; Col. 9 *pr.* 1 ¶2 de l'empereur, qui appartient à l'empereur: Cod. Just. 7, 38 ¶3 [chrét.] du Seigneur, de Dieu: **dies dominicus** ou **dominica** Tert. *Cor.* 3, 1; Hier. *Ep.* 100, 17 le jour du Seigneur, le dimanche;

dominicus

dominica oratio Cypr. *Domin. tit.*, la prière du Seigneur, le Notre Père.

2 **Dŏmĭnĭcus**, *i*, m., surnom romain : CIL 11, 322 ‖ Dominique, martyr africain : Concil. Const. a. 536, 8, 908 D.

dŏmĭnĭum, *ii*, n. (*dominus* ; cf. empr. fr. *domaine*), propriété, droit de propriété : Ulp. *Dig.* 19, 2 ; Vell. 2, 80, 4 ; Liv. 45, 14, 15 ‖ *dominium ex jure Quiritium* Gai. *Inst.* 2, 40, propriété quiritaire [sanctionnée par le droit civil] ‖ banquet solennel, festin : Lucil. d. Non. 281, 25 ; Cic. *Verr.* 3, 9 ‖ pl., dominations = maîtres, tyrans [fig.] : Sen. *Vit.* 4, 4.

dŏmĭnō, *ās*, *āre*, -, -, vaincre, dompter, ▼ *dominor* : Fort. *Carm.* 3, 14, 16 ; Tert. *Nat.* 2, 17, 1.

dŏmĭnŏr, *ārīs*, *ārī*, *ātus sum* (*dominus*), intr. ¶ 1 être maître, dominer, commander, régner [propre et fig.] : *in capite alicujus* Cic. *Quinct.* 94, être maître de la vie de qqn ; *in exercitu* Liv. 8, 31, 7, régner sur l'armée ; *in aliquem* Liv. 3, 53, 7, sur qqn (mais *deus dominans in nobis* Cic. *Tusc.* 1, 74, dieu qui règne en nous) ‖ *in judiciis* Cic. *Caecil.* 24, être le maître (faire la loi) dans les tribunaux, cf. *Verr.* 1, 136 ‖ *si* (*senectus*) *usque ad ultimum spiritum dominatur in suos* Cic. CM 38, à condition qu'elle commande aux siens jusqu'au dernier souffle ‖ être prédominant, jouer un rôle prépondérant : *ii inter quos dominantur* Caes. *G.* 2, 31, 6, ceux parmi lesquels ils ont l'hégémonie ; *usus dicendi in omni libera civitate dominatur* Cic. *de Or.* 2, 33, la pratique de l'éloquence joue un rôle souverain dans toute cité libre, cf. 3, 213 ¶ 2 [constr. postér.] **a)** [avec dat.] commander à : Claud. *Ruf.* 1, 143 **b)** [avec gén.] Lact. *Ir.* 14, 3.
▶ [sens pass. arch.] être sous la domination, Poet. d. Cic. *Off.* 1, 139 cf. Nigid. d. Prisc. 2, 386, 1 ; Iren. 3, 8, 1.

dŏmĭnŭla, **dŏmnŭla**, *ae*, f. (dim. de *domina*), petite femme, épouse : Aurel. d. Front. *Caes.* 5, 39, p. 83 N.

dŏmĭnŭlus, *i*, m. (dim. de *dominus*), Scaev. *Dig.* 32, 1, 41.

dŏmĭnus, *i*, m. (*domus*, cf. *tribunus* ; fr. *dom*, Dampierre) ¶ 1 maître [de maison], possesseur, propriétaire : *nec domo dominus, sed domino domus honestanda est* Cic. *Off.* 1, 139, ce n'est pas la maison qui doit honorer le maître, c'est le maître qui doit honorer la maison ‖ *aliquem dominum esse rerum suarum vetare* Cic. *Ac.* 3, 11, frapper qqn d'interdit ¶ 2 chef, souverain, arbitre, maître [propre et fig.] : *populi domini sunt legum* Cic. *Rep.* 1, 48, les peuples sont les maîtres des lois ‖ *dominus epuli* Cic. *Vatin.* 31 ; *dominus convivii* Petr. 34, 5 [abs^t] *dominus* Varr. d. Non. 281, 21, celui qui donne un festin, qui régale, amphitryon ‖ l'organisateur (de jeux) : Pl. *As.* 3 ; Cic. *Att.* 2, 19, 3 ¶ 3 Seigneur [nom donné aux empereurs après Auguste et Tibère] : Suet. *Dom.* 13 ¶ 4 ami, amant : Ov. *Am.* 3, 7, 11 ¶ 5 terme de politesse qui répond au Monsieur des modernes : Sen. *Ep.* 3, 1 ¶ 6 [chrét.] le Seigneur, Dieu : Vulg. *Matth.* 22, 44 ‖ titre donné aux saints : Cypr. *Ep.* 21, 2.

dŏmĭpŏrta, *ae*, f. (*domus*, *porto*), [mot forgé], celui qui porte sa maison [en parl. de l'escargot] : Poet. d. Cic. *Div.* 2, 133.

dŏmĭsĕda, *ae*, f. (*domus*, *sedeo*), celle qui garde la maison, sédentaire : CIL 6, 11602.

Dŏmĭtĭa, *ae*, f., nom de femme ‖ not^t *D. Lepida*, mère de Messaline et tante de Néron : Tac. *An.* 11, 37 ; *D. Calvilla*, mère de Marc Aurèle : Capit. *Aur.* 1, 3.

Dŏmĭtĭa via, f., voie Domitia [en Gaule] : Cic. *Font.* 18 ‖ **Dŏmĭtĭa lex**, loi Domitia : Cic. *Agr.* 2, 18.

1 **Dŏmĭtĭānus**, *a*, *um*, de Domitius : Caes. *C.* 1, 16 ‖ de Domitien : *Domitiana via* Stat. *S.* 4, *pr.* ; 4, 3, la voie Domitienne [de Rome à Literne].

2 **Dŏmĭtĭānus**, *i*, m., Domitien [douzième empereur de Rome, 81-96] : Suet. *Dom.* 1, 1.

Dŏmĭtilla, *ae*, f., nom de femme [la femme et la fille de Vespasien] : Suet. *Vesp.* 3.

1 **dŏmĭtĭo**, ▼ *domuitio*.

2 **dŏmĭtĭo** (*domo*), ▼ *domitura* : Gloss. 2, 266, 22.

1 **Dŏmĭtĭus**, *ii*, m., nom d'une famille romaine, comportant deux branches, les Calvini et les Ahenobarbi : Cic. ; Caes. ‖ Domitius Marsus [poète latin] : Quint. 6, 3, 102 ‖ adj., ▼ *Domitia*.

2 **Dŏmĭtĭus**, *ii*, m. (*domus*), ▼ *Domiducus* : Aug. *Civ.* 6, 9.

dŏmĭtō, *ās*, *āre*, -, - (fréq. de *domo* ; fr. *dompter*), tr., dompter, soumettre : Virg. *G.* 1, 285 ; Plin. 8, 25.

dŏmĭtŏr, *ōris*, m. (*domo*), dompteur, celui qui dompte, qui réduit, qui dresse [les animaux] : Cic. *Off.* 1, 90 ‖ vainqueur, celui qui triomphe de : Cic. *Mil.* 35 ; *Rep.* 1, 5.

dŏmĭtrix, *īcis*, f., celle qui dompte [propre et fig.] : Virg. *G.* 3, 44 ; Plin. 36, 127.

dŏmĭtūra, *ae*, f. (*domo*), action de dompter, de dresser : Plin. 8, 180.

1 **dŏmĭtus**, *a*, *um*, part. de *domo*.

2 **dŏmĭtŭs**, abl. *ū*, m., ▼ *domitura* : Cic. *Nat.* 2, 151.

domna, *ae*, f. (sync. pour *domina*), CIL 4, 4187 ; *Julia Domna* CIL 3, 75 [impératrice, femme de Septime Sévère].

domnaedĭus, *ii*, m. (sync. pour *dominaedius*), maître d'une maison : Aug. *Psalm.* 38, 21 ; Gloss. 2, 55, 18.

Domnĭca, *ae*, f., nom de femme : CIL 5, 6253.

domnĭcus, *a*, *um* (sync. pour *dominicus*), CIL 6, 8635.

domnĭfunda, *ae*, f., **domnĭpraedĭa**, *ae*, f. (*domina*, *fundus*, *praedium*), maîtresse d'un fonds de terre, d'une ferme : CIL 6, 21611 ; 14, 3482.

Domnīnus, *i*, m., surnom et nom d'homme : CIL 11, 6715, 3.

domnĭpraedĭa, ▼ *domnifundia*.

Domnŏtŏnus, ▼ *Dumnotonus*.

domnŭla, ▼ *dominula*.

Domnŭlus, *i*, m., nom d'homme : Sidon. *Ep.* 9, 15, v. 38.

domnus, *i*, m. (sync. pour *dominus*), CIL 1, 585 ; 4, 4356 ; Vict.-Vit. 2, 3 ; *domnus Martinus* Greg.-Tur. *Hist.* 5, 14, saint Martin (cf. fr. *Dammartin*).

1 **dŏmō**, *ās*, *āre*, *mŭī*, *mĭtum* (cf. δάμνημι, scr. *damāyati*, hit. *damas-*, al. *zahm*, an. *tame* ; it. *domare*), tr. ¶ 1 dompter, réduire, dresser, apprivoiser [les animaux] : *feras beluas* Cic. *Nat.* 2, 161, dompter des bêtes sauvages, cf. *Off.* 2, 14 ¶ 2 vaincre, réduire, subjuguer [propre et fig.] : *nationes* Cic. *Prov.* 5, dompter les nations ; *terram rastris* Virg. *En.* 9, 608, dompter le sol avec la houe ; *domitas habere libidines* Cic. *de Or.* 1, 194, tenir les passions sous le joug.
▶ parf. *domavi* Porph. Hor. *S.* 2, 6, 12 ; *domatus* Petr. 74, 14.

2 **dŏmō**, abl., ▼ *domus*.

dōmŭī, parf. de *domo*.

dŏmŭis, gén., ▼ *domus* ▶.

dŏmŭmĭtĭo, **dŏmŭĭtĭo**, *ōnis*, f. (cf. *domum eo*), retour à la maison : Pacuv. *Tr* 173 ; Acc. *Tr.* 173 ; Cic. *Div.* 1, 68 ; Apul. *M.* 1, 7.

dŏmuncŭla, *ae*, f. (dim. de *domus*), petit appartement : Vitr. 6, 7, 4 ‖ cabine [de navire] : Gloss. 5, 380, 22.

dŏmŭs, *ūs*, loc. *domi*, f. (cf. δόμος, scr. *dam-*, *dama-s*, rus. *dom* ; it. *duomo*). ¶ 1 maison, demeure, logis, habitation : *domi* Cic. *Fin.* 5, 42, à la maison ; *domi nostrae* Cic. *Verr.* 2, 5, chez nous ; *alienae domi* Cic. *Tusc.* 1, 51, chez un autre ; *domi Caesaris* Cic. *Att.* 1, 12, 3, dans la maison de César ‖ *domum Pomponii venire* Cic. *Off.* 3, 112 (*in domum* Cic. *Cat.* 1, 18) aller chez Pomponius ; *domos suas invitant* Sall. *J.* 66, 3, ils invitent chez eux ‖ *domo* Cic. *Or.* 89, de sa maison, de chez soi, cf. *Clu.* 27 ‖ *in domo sua* Nep. *Alc.* 3, 6, dans sa maison, cf. *Lys.* 3, 5 ; Quint. 5, 10, 16 ‖ [fig.] *domi*, à domicile : *id quidem domi est* Cic. *Att.* 10, 14, 2, ce n'est pas cela qui manque ; *domi habet dolos* Pl. *Mil.* 191, il est tout ruse ; *domi habuit unde disceret* Ter. *Ad.* 413, il a eu sous la main un maître ; *domi parta dignatio* Tac. *An.* 13, 42, considération acquise personnellement ; *domi res* Tac. *H.* 2, 7 ; *An.* 3, 70 ; 4, 6, affaires personnelles ¶ 2 édifice [de toute espèce] : *domus error* Virg. *En.* 6, 27, détours du labyrinthe ; *domus marmorea* Tib. 3, 2, 22, sépulcre de marbre ¶ 3 patrie : *domi* Caes. *G.* 1, 18, 5, dans son pays ; *domo emigrare* Caes. *G.* 1, 31, 14, quitter son pays ; *domum revertuntur* Caes. *G.* 1, 54, 1, ils rentrent dans leur

pays, dans leurs foyers ¶ **4** famille, maison : *domus te nostra tota salutat* Cic. *Att. 4, 12*, toute ma famille te salue ; *domus Assaraci* Virg. *En. 1, 284*, les descendants d'Assaracus, les Romains ¶ **5** [chrét.] sanctuaire, église : *domus orationum* Aug. *Ep. 22, 3*, la maison des prières ‖ la maisonnée de Dieu, l'Église : Vulg. *1 Tim. 3, 15*.
▶ loc. *domui* dans beaucoup des meilleurs mss de Cic. : *Off. 3, 99* ; *Tusc. 1, 51* ‖ gén. *domuis* Varr. d. Non. *491, 22* ; Nigid. d. Gell. *4, 16, 1* ‖ dat. aussi *domo* Cic. *Off. 1, 139* ‖ abl. ordin^t *domo*, mais *domu* Cic. *Verr. 5, 128* ; *Phil. 2, 45* ‖ acc. pl. *domus* et [plus souvent] *domos* ; gén. pl. *domuum* et *domorum* [qqf. *domûm* Arn. *3, 41*].

dŏmuscŭla, C.▷ *domuncula* : Apul. *M. 4, 26*.

dŏmūsĭo, *ōnis*, f. (*domi, usio*), usage de la maison : Petr. *46, 7*.

dōnābĭlis, *e* (*dono*), dont on peut faire cadeau (présent) : Pl. *Ru. 654* ; Ps. Ambr. *Serm. 36, 1*.

Donacŏessa, *ae*, f., montagne de Phthiotide : Plin. *4, 29*.

dōnāmĕn, *ĭnis*, n. (*dono*), présent, don : Aldh. *Carm. 5, 110*.

dōnārĭa, *ōrum*, n. pl. (*donarius*), endroit du temple où l'on déposait les offrandes, trésor : Luc. *9, 516* ‖ temple, sanctuaire, autel : Virg. *G. 3, 533* ; Ov. *F. 3, 335* ‖ don pieux : Arn. *7, 9*.
▶ sg. *donarium* Apul. *M. 9, 10*.

dōnārĭum, V.▷ *donaria*.

Dōnātĭānus, *i*, m., surnom romain : *CIL 6, 1121* ‖ nom d'un grammairien : Gram. *6, 275, 11*.

Dōnātĭānus, *a, um*, de Donat, V.▷ *2 Donatus* ¶ **3** : *Donatiana pars* Hier. *Vir. ill. 110*, secte de Donat ; **Donatiani**, *ōrum*, m. pl., les partisans de Donat, les Donatistes : Hier. *Vir. ill. 110*.

dōnātĭcus, *a, um* (*dono*), donné [comme récompense militaire ou aux vainqueurs des jeux] : Cat. d. Fest. *220, 12* ; P. Fest. *60, 20*.

dōnātĭo, *ōnis*, f. (*dono*), action de donner, don : Cic. *Phil. 4, 9* ; *Opt. 19* ‖ donation : Dig. *39, 5, 1 pr.* ‖ *donatio propter (ante) nuptias* Cod. Just. *5, 3*, donation nuptiale [par le mari, en contre-dot] ; *donatio mortis causa* Inst. Just. *2, 7, 1*, donation à cause de mort [pour le cas où le donateur mourra avant le donataire].

Dōnātista, *ae*, m., donatiste [sectateur de Donat] : Aug. *Praed. 1, 69*.

Dōnātĭunculă, *ae*, f. (dim. de *donatio*), Not. Tir. *41, 91*.

Dōnātīvum, *i*, n. (*dono*), largesse faite par l'empereur aux soldats : Tac. *H. 1, 18* ; Suet. *Ner. 7*.

Dōnātŏr, *ōris*, m. (*dono*), celui qui donne, donateur : Sen. *Phaed. 1217* ; Ulp. *Dig. 39, 5, 18* ‖ celui qui pardonne les péchés : Aug. *Serm. 216, 5*.

dōnātrix, *īcis*, f., celle qui donne, donatrice : Cod. Just. *8, 54, 20*.

1 dōnātus, *a, um*, part. de *dono*.

2 Dōnātus, *i*, m. ¶ **1** *Aelius Donatus*, Donat [célèbre grammairien latin, précepteur de saint Jérôme, commentateur de Térence ; 4e s. apr. J.-C.] : Hier. *Chron. a. 353* ¶ **2** Ti. Claudius Donatus [autre grammairien, vers 400 apr. J.-C., commentateur de Virgile] : Claud.-Don. *tit.* ¶ **3** hérétique africain combattu par saint Augustin : Aug. *Haer. 69*.

dŏnax, *ācis*, m. (δόναξ), sorte de roseau, roseau de Chypre : Plin. *16, 165* ‖ sorte de coquillage : Plin. *32, 151*.

dōnĕc, conj. (arch. *donicum*, **dō-, nĕ-, quom*, cf. *quandō*, *donique*, *denique*, *superne*, al. *zu*, an. *to*, ombr. *arnipo*)
I [avec indic.] ¶ **1** jusqu'à ce que [qqf. en corrélation avec *usque eo*] : *usque eo timui ..., donec ... venimus* Cic. *Verr. 1, 17*, j'ai craint ... jusqu'au moment où nous en sommes venus ... (Tull. 14) ; *de comitiis, donec rediit Marcellus, silentium fuit* Liv. *23, 31, 9*, on ne parla pas des comices jusqu'au retour de Marcellus ‖ jusqu'à ce qu'enfin : *neque finis huic crudelitati fiebat, donec populus ... senatum coegit ut ...* Cic. *Verr. 4, 87*, et ce supplice cruel continuait, quand enfin le peuple força le sénat à ..., cf. Pl. *Amp. 598* ; Liv. *45, 7, 4* ; Tac. *An. 6, 17* ; *legiones diutius sine consulari fuere, donec ... A. Vitellius aderat* Tac. *H. 1, 9*, les légions restèrent assez longtemps sans consulaire ; mais enfin A. Vitellius était là... ¶ **2** aussi longtemps, tant que : Hor. ; Ov. ; Liv. *6, 13, 4* ; Tac. *An. 1, 61* ; *14, 50* ; H. *1, 37*.
II [avec subj.] ¶ **1** [nuance consécutive restrictive] jusqu'à ce que pourtant enfin : *(elephanti) trepidationis aliquantum edebant, donec quietem ipse timor fecisset* Liv. *21, 28, 11*, (les éléphants) montraient une assez grande agitation, jusqu'à ce que la crainte même les eût apaisés ; *temporibus Augusti dicendis non defuere decora ingenia, donec ... deterrerentur* Tac. *An. I 1*, pour raconter le siècle d'Auguste il ne manqua pas de beaux génies jusqu'à ce que pourtant ils fussent détournés ... (mais enfin ils furent détournés ...) ‖ de sorte qu'à la fin : *centurionem Sisennam variis artibus aggressus est, donec Sisenna vim metuens aufugeret* Tac. *H. 2, 8*, il entreprit le centurion Sisenna par mille manœuvres, tant qu'à la fin Sisenna, redoutant un acte de violence, s'enfuit, cf. *1, 79* ; *An. 1, 32* ‖ [dans Tacite, *donec* subj. marque le terme d'une situation en train de se dérouler] : *arma ad tribunos suos deferebant, donec motum a Vespasiano bellum crebresceret* Tac. *H. 2, 67*, ils rendaient leurs armes à leurs tribuns, mais enfin se répandit le bruit que Vespasien avait commencé les hostilités, cf. *3, 10* ¶ **2** aussi longtemps que, tant que : *(elephanti) nihil sane trepidabant donec continenti velut ponte agerentur* Liv. *21, 28, 10*, (les éléphants) ne s'inquiétaient pas du tout tant qu'on les conduisait comme sur un pont relié à la rive.

dōnĕque, C.▷ *donique* [qqs mss].

Dongones, *um*, m. pl., peuple d'Espagne : *CIL 3* ; *Dipl. 30, p. 873*.

dōnĭcum, conj., anc. forme pour *donec* : Pl. *Cap. 339* ; *Ps. 1168* ; Cat. *Agr. 146, 2* ; Nep. *Ham. 1, 4*.

dōnĭfĭcō, *ās, āre, -, -* (*donum, facio*), faire des présents : Hyg. *Fab. 112*.

dōnĭque, conj., C.▷ *donec* : Lucr. *2, 1116* ; *5, 708* ; *723*.

Donnus, *i*, m., chef gaulois des Alpes cottiennes : Ov. *Pont. 4, 7, 29*.

dōnō, *ās, āre, āvī, ātum* (*donum* ; it. *donare*), tr. ¶ **1** faire don, donner : *alicui immortalitatem* Cic. *Pis. 7*, donner l'immortalité à qqn ‖ [avec inf., v. Mus. Belge *33, p. 214*] *divinare mihi donat Apollo* Hor. *S. 2, 5, 60*, Apollon m'accorde le don de prophétie, cf. Virg. *En. 5, 262* ‖ [avec *ut* subj.] Sil. *12, 390* ¶ **2** sacrifier [fig.] : *amicitias reipublicae* Cic. *Fam. 5, 5, 2*, sacrifier ses affections à la république ¶ **3** tenir quitte de : *mercedes habitationum annuas conductoribus donavit* Caes. *C. 3, 21, 1*, il fit remise aux fermiers d'une année de fermage ; *causam alicui* Just. *32, 2, 4*, donner gain de cause à qqn [le dispenser de plaider sa cause] ; *legem* Petr. *Sat. 18, 6*, renoncer à poursuivre en justice ; *negotium* Suet. *Cal. 40*, ne pas suivre une affaire, laisser tomber un procès ; *damnatus donatur populo Romano* Liv. *8, 35, 5*, condamné, il doit son pardon aux prières du peuple romain, cf. *2, 35, 5* ; Just. *32, 2, 5* ¶ **4** gratifier de : *aliquem civitate* Cic. *Arch. 5*, accorder le droit de cité à qqn, cf. *Verr. 3, 185* ; Caes. *G. 1, 47, 4* ‖ *quid te donem ?* *Ter. *Hec. 849*, que pourrais-je te donner ?, cf. Enn. *An. 19* et Mus. Belge *33, p. 219 fin* ‖ *donare meritos in proeliis* Sall. *J. 54, 1*, récompenser les soldats qui se sont bien battus ¶ **5** [chrét.] remettre les péchés : Tert. *Pud. 17, 19* ‖ *sibi donare de* Cassian. *Coll. 4, 1, 2*, se glorifier de.

Donŏessa, *ae*, f., C.▷ *Donusa* : Sen. *Tro. 843*.

Donūca, *ae*, m., montagne de Thrace : Liv. *40, 58*.

dōnum, *i*, n. (*1 do*, cf. δῶρον ; fr. *don*), don, présent : Cic. *Clu. 66* ; *Arch. 18* ; *ultima dona* Ov. *H. 7, 192*, les derniers devoirs, les funérailles ‖ offrande faite aux dieux : Cic. *Rep. 2, 44* ; Virg. *En. 6, 225* ; *Apollinis donum* Liv. *5, 23, 8*, don fait à Apollon, cf. *41, 20, 5* ‖ [chrét.] don spécial de Dieu, grâce, charisme : Aug. *Ep. 78, 3*.

Donūsa, *ae*, f. (Δονοῦσα), petite île de la mer Égée [auj. Stenosa] : Virg. *En. 3, 125* ; Plin. *4, 69*.

Dor, f. indécl., ville de Palestine, au pied du mont Carmel Atlas IX, E3 : Vulg. *Jos. 11, 2*.

Dora, *ae*, f., fontaine d'Arabie : Plin. *6, 151*.

dorcadion

dorcădĭon, ĭi, n. (δορκάδιον), serpentaire [plante] : Ps. Apul. *Herb.* 14.

dorcăs, ădis, f. (δορκάς), biche : Mart. 10, 65, 13 ‖ [fig.] Lucr. 4, 1161.

Dorceūs, ĕi ou ĕos, m., nom d'un chien d'Actéon : Ov. *M.* 3, 210.

dorcĭdĭŏn, ĭi, n., dictame [plante] : Ps. Apul. *Herb.* 62 ; V. *dorcadion*.

Dorcĭum, ĭi, n., nom de femme : Ter. *Phorm.* 152.

dorcus, i, m. (δόρκος), chevreuil : Diocl. 4, 45 ; 8, 21.

Dōres, um, m. pl. (Δωριεῖς), Doriens [hab. de la Doride] : Cic. *Rep.* 2, 8 ‖ **Dōrĭenses**, ium, m. pl., les Doriens : Just. 2, 6, 16.

Dōri, ōrum, m. pl., C. *Dores* : Fest. 226, 3.

Dōrĭăs, ădis, f., servante dans ; Ter. *Eun.* 538.

Dōrĭcē, adv., à la manière des Doriens : *Dorice loqui* Suet. *Tib.* 56, se servir du dialecte dorien.

Dōrĭcus, a, um (Δωρικός), dorien : Plin. 6, 7 ‖ = grec : Virg. *En.* 2, 27 ‖ *Doricum genus* Vitr. 4, 6, 1, ordre dorique.

Dŏrĭlaei, C. *Dorylaei.*

Dōrĭo, Dōrĭōn, ōnis, m. (Δωρίων), nom d'homme : Ter. *Phorm.* 485 ; CIL 6, 4361 ; 8, 13197.

Dōrĭōn, ĭi, n. (Δώριον), ville de Messénie : Luc. 6, 353 ‖ nom de villes en Achaïe, en Cilicie et en Ionie : Plin. 4, 15 ; 5, 92 ; 5, 117.

Dōrippa, ae, f. (Δωρίππη), personnage de femme : Pl. *Merc.* 683.

1 **dōris**, ĭdis, f. (δῶρις), buglose [plante] : Plin. 22, 50.

2 **Dōris**, ĭdis, f. ¶ 1 femme de Nérée, mère des Néréides : Ov. *M.* 2, 11 ; 269 ‖ = la mer : Virg. *B.* 10, 5 ¶ 2 femme de Denys le Tyran : Cic. *Tusc.* 5, 59 ¶ 3 nom de courtisane : Juv. 3, 94 ¶ 4 la Doride [région de la Grèce, près de l'Étolie] Atlas VI, B2 : Plin. 4, 28 ‖ région de l'Asie Mineure : Plin. 5, 103.

3 **Doris**, ĭdis, adj. f., Dorienne, Grecque : Suet. *Tib.* 56 ‖ de Sicile [où il y avait des colonies doriennes] : Sen. *Herc. f.* 81.

Dōrisci, ōrum, m. pl., peuple d'Asie [à l'E. de la Parthie] : Plin. 6, 23.

1 **dōriscŏs versus**, le vers doriscos [-⏑⏑-] : Diom. 482, 2.

2 **Dōriscŏs**, i, f. (Δορίσκος) et **Dōriscŏn (-cum)**, i, n., place forte de la Thrace : Liv. 31, 15 ; Plin. 4, 43.

Dorisdorsigi, ōrum, n. pl., peuple d'Asie : Plin. 6, 94.

Dōrĭus, a, um, Dorien : Hor. *Epo.* 9, 6 ; Plin. 7, 204.

Dorixănĭum, ĭi, n., V. *Doroxanium.*

dormībo, V. *dormio* ▸.

dormĭō, īs, īre, īvī et ĭī, ītum (cf. δαρθάνω, scr. *drāti* ; fr. *dormir*), intr. ¶ 1 dormir : *non omnibus dormio* Cic. *Fam.* 7, 24, 1, je ne dors pas pour tout le monde [je sais voir quand je veux] ; *ire dormitum* Pl. *Aul.* 301, aller se coucher ‖ [poét. au passif pers.] : *tota mihi dormitur hiems* Mart. 13, 59, 1, je dors tout l'hiver ; *nox est perpetua dormienda* Catul. 5, 6, c'est une nuit éternelle qu'il faut dormir ‖ [pass. impers.] *dormitur* Juv. 6, 269, on dort ¶ 2 [fig. = ne rien faire] : *dormientibus beneficia deferuntur* Cic. *Verr.* 5, 180, les faveurs viennent les chercher pendant qu'ils dorment ; *eas excita, si dormiunt* Cic. *Tusc.* 3, 36, réveille-les [les vertus], si elles dorment ¶ 3 [chrét.] dormir du sommeil de la mort : Tert. *Anim.* 43, 9 ‖ être engourdi spirituellement : Vulg. *Eph.* 5, 14. ▸ fut. arch. *dormibo* Pl. *Trin.* 726 ; Cat. *Agr.* 5, 5.

dormiscō, ĭs, ĕre, -, - (inch. de *dormio*), intr., s'endormir : Prisc. 2, 428, 3.

Dormitantĭus, ĭi, m. (*dormitans*), le Dormeur [sobriquet] : Hier. *Ep.* 109, 1.

dormītātĭo, ōnis, f. (*dormito*), sommeil : Vulg. *Psal.* 131, 4 ‖ engourdissement de l'âme : Hil. *Psalm.* 120, 10.

dormītātŏr, ōris, m. (*dormito*), voleur de nuit [qui dort pendant le jour] : Pl. *Trin.* 862 ; 984.

dormītĭo, ōnis, f. (*dormio*), faculté de dormir, sommeil : Varr. *Men.* 588 ; *dormitio somni* Hier. *Ep.* 108, 15, même sens ‖ le sommeil éternel, la mort : CIL 6, 36294 ; Tert. *Anim.* 55, 4 ‖ pl., Arn. 7, 32.

dormītō, ās, āre, āvī, ātum (fréq. de *dormio*), intr. ¶ 1 avoir envie de dormir, s'endormir, sommeiller : Cic. *Div.* 1, 59 ; *Att.* 2, 16, 1 ‖ [fig.] *dormitans lucerna* Ov. *H.* 19, 195, lampe en train de s'éteindre ¶ 2 être inactif : *dormitans sapientia* Cic. *de Or.* 2, 144, sagesse assoupie ‖ somnoler, se laisser aller [négligence] : Hor. *P.* 359.

dormītŏr, ōris, m. (*dormio*), dormeur, celui qui aime à dormir : Mart. 10, 4, 4.

dormītōrĭum, ĭi, n. (*dormitorius* ; fr. *dortoir*), chambre à coucher : Plin. 30, 51 ‖ [chrét.] cimetière : Inscr. Chr. Diehl 4985 a.

dormītōrĭus, a, um (*dormitor*), où l'on dort : *dormitorium cubiculum* Plin. *Ep.* 5, 6, chambre à coucher.

Dorocorthŏrum, n., V. *Durocortorum* : Front. d. Consent. 5, 349, 15.

1 **dōrŏn**, i, n. (δῶρον) ¶ 1 C. *donum* : Plin. 35, 171 ¶ 2 [mesure de longueur] la paume de la main : Plin. 35, 171.

2 **Dōrŏn (-um)**, i, n., Doron [ville de Phénicie] : Plin. 5, 75.

Dorostŏrum, i, n., ville de la Mésie inférieure : Anton. 223.

Dŏrōthĕus, i, m., Dorothée [peintre célèbre] : Plin. 35, 91.

Dŏroxănĭum, ĭi, n., fleuve de l'Inde qui roulait des sables d'or : Prop. 4, 5, 21.

Dorsennus, V. *Dossennus.*

Dorso, ōnis, m., surnom romain [dans la famille Fabia] : Liv. 5, 46, 2.

dorsŭālĭa, ium, n. (*dorsum*), housses, couvertures d'animaux : Treb. *Gall.* 8, 2.

dorsŭālis, e (*dorsum*), du dos, qui est sur le dos, dorsal : Apul. *M.* 11, 20 ; Amm. 22, 15, 18.

dorsŭārĭus, a, um, qui porte sur le dos : Gloss. 2, 55, 15.

dorsum, i, n. (obscur, cf. *deorsum* ? ; fr. *dos*) ¶ 1 dos de l'homme et des animaux : Pl. *Ep.* 93 ; Virg. *G.* 3, 116 ; Hor. *S.* 1, 9, 21 ; Curt., Liv., Plin. ¶ 2 croupe, arête [d'une montagne] : Caes. *G.* 7, 44, 3 ; Liv. 1, 3, 3 ; 41, 18, 9. ▸ forme *dorsus* m. Pl. *Mil.* 397 ; *Caes. G. 7, 44, 3 α*, cf. Non. 203, 6 ‖ abl. *dorsu* Chir. 125 cf. Prisc. 2, 170, 3 ‖ prononciation vulgaire *dossum* Vel. 7, 79, 4 ; Varr. *R.* 2, 10, 5, V. *Dossennus.*

dorsŭōsus, a, um (*dorsum*), qui dresse son dos [en parl. d'un écueil] : Amm. 22, 8, 46.

dorsus, i, m., V. *dorsum* ▸.

Dortĭcum, i, n., ville de Mésie supérieure : Anton. 219.

1 **Dōrus**, V. *Dori.*

2 **Dōrus**, i, m., fils d'Hellen, donne son nom à la Doride : Vitr. 4, 1, 3.

dorx, **dorcis**, acc. pl. *dorcas*, m. (δόρξ), chevreuil : Grat. 200.

Dŏryclus, i, m. (Δόρυκλος), nom d'homme : Virg. *En.* 5, 620.

dŏrycnĭŏn, ĭi, n. (δορύκνιον), stramoine, belladone [plante] : Plin. 21, 179.

Dŏrўlaeum, i, n. (Δορύλαιον), Dorylée [ville de la Phrygie] Atlas VI, B4 : Cic. *Flac.* 39 ‖ **-laei**, Plin. 5, 105 et **-lenses**, ium, m. pl., habitants de Dorylée : Cic. *Flac.* 39.

Dŏrўlas, ae, m., nom d'homme : Ov. *M.* 5, 129 ; 12, 380.

Dŏrўlāus, i, m. (Δορύλαος), nom d'homme : Cic. *Dej.* 41.

dŏrўpĕtrŏn, i, n., C. *leontopodium* : Plin. 26, 52.

Dŏrўphŏrĭānus, i, m., nom d'homme : Amm. 28, 1, 53.

dŏrўphŏrus (ŏs, Cic. *Brut.* 296), i, m., doryphore [soldat armé d'une lance] : Plin. 34, 55 ; Quint. 5, 12, 21.

dōs, **dōtis**, f. (1 *do* ; fr. *dot*) ¶ 1 dot [apportée au mari par l'épouse ou sa famille] : Pl. *Amp.* 839 ; *virgo dote cassa* Pl. *Aul.* 191, jeune fille sans dot ; *dotem conficere* Cic. *Quinct.* 98 ; *dare* Nep. *Arist.* 3, faire la dot, doter ; *dicere dotem* Cic. *Flac.* 86, régler, fixer la dot ; *doti dicere* Cic. *Flac.* 86, donner en dot ; *conferre in dotem* Plin. *Ep.* 2, 4, 2 (*dare* Col. 4, 3, 6) donner en dot ; [fig.] Cic. *de Or.* 1, 234 ; *his quasi praeter dotem, quam in civilibus malis acceperant, agrum Campanum est largitus Antonius* Cic. *Phil.* 11, 12, à ces vétérans, comme surcroît à la dotation qu'ils avaient reçue dans les guerres civiles, Antoine a fait don du territoire campanien ¶ 2 [postclass.] qualités, mérites de qqch. ou de qqn : Col. 3, 2, 17 ; Plin.

Ep. 1, 24, 4; 2, 17, 29 ‖ Sen. *Vit.* 2, 3; Plin. *Ep.* 3, 3, 4; Val.-Max 5, 3; Ov. *M.* 9, 717. ▶ gén. pl. *dotium* Ulp. *Dig.* 23, 3, 9, 1; *dotum* Val.-Max. 4, 4, 11.

Dōsĭădēs, *is*, m., auteur grec qui a écrit une histoire de Crète : Plin. 4, 58.

Dŏsīnus, *a, um* (germ.), gris cendré [cheval] : Isid. 12, 1, 54.

Dōsĭthĕus, *i*, m. (Δωσίθεος), Dosithée [astronome] : Plin. 18, 312 ‖ grammairien latin : Gram. 7, 376, 2.

Dōsĭthŏē, *ēs*, f., nom d'une nymphe : Ov. *Ib.* 472.

Dossennus, Dossēnus, *i*, m., personnage traditionnel de l'atellane, bossu, glouton, filou : Sen. *Ep.* 89, 7, cf. Non. 513, 9; 514, 23; 516, 22 ‖ [fig.] Hor. *Ep.* 2, 1, 173.

dossŭārĭus, c.▶ *dorsuarius* : Varr. *R.* 2, 6, 5; 2, 10, 5.

dōtālis, *e* (*dos*), de dot, donné ou apporté en dot, dotal : Cic. *Att.* 15, 20, 4.

dōtātus, *a, um*, part. de *doto* ‖ adjᵗ, bien doté, bien doué ‖ *dotatissimus* Ov. *M.* 11, 301.

dōtes, pl. de *dos*.

Dŏtĭŏn, *ii*, n., ville de Magnésie : Plin. 4, 32.

dōtō, *ās, āre, āvī, ātum* (*dos*; fr. *douer*), tr., doter : *sanguine Trojano et Rutulo dotabere* Virg. *En.* 7, 318, le sang troyen et le sang rutule couleront pour ton mariage, formeront ta dot ‖ [fig.] *olea dotatur lacrima* Plin. 12, 77, cet olivier est doté (est pourvu) d'un suc.

Dōtō, *ūs*, f., nom d'une Néréide : Virg. *En.* 9, 102.

Dottĭus, *ii*, m., nom d'homme : CIL 3, 6835.

Drăbus, c.▶ *Dravus* : Isid. 14, 4, 16.

drăcaena, *ae*, f. (δράκαινα), dragon femelle : Prisc. 2, 146, 13.

Dracanŏn, *i*, n., île déserte de la mer Égée : Plin. 4, 74.

drachma, *ae*, f. (δραχμή), drachme [unité de poids chez les Athéniens, = environ 3,5 g.] : Plin. 21, 185 ‖ drachme [monnaie athénienne, = un denier romain] : Cic. *Fam.* 2, 17, 4; Hor. *S.* 2, 7, 43.
▶ forme arch. *drachuma* Pl. *Trin.* 425; *Merc.* 777; Ter. *And.* 451 ‖ gén. pl. *drachmūm* Varr. *L.* 9, 85; Cic. *Fam.* 2, 17, 4; *drachmarum* Cic. *Flac.* 43.

drachmālis, *e*, de drachme, d'une drachme : Cass. Fel. 71, p. 172, 5.

drăchŭma, v.▶ *drachma*.

drăchmissō, drăchŭmissō, *ās, āre, -, -* (*drachuma*), intr., servir pour une drachme : *Pl. *Ps.* 808.

drăco, *ōnis*, m. (δράκων; roum. *drac*, al. *Drache*) ¶ **1** dragon, serpent fabuleux : Cic. *Div.* 2, 66; [gardien de trésor] *Phil.* 13, 12 ‖ serpent : Hor. *O.* 4, 4, 11 ¶ **2** le dragon [constellation] : Cic. poet. *Nat.* 2, 106 ¶ **3** dragon [enseigne de la cohorte] : Veg. *Mil.* 2, 13; Val.-Flac. 2, 276 ¶ **4** poisson de mer venimeux [petite vive] : Plin. 9, 82 ¶ **5** vase tortueux à faire chauffer de l'eau : Sen. *Nat.* 3, 24, 2 ¶ **6** vieux cep de vigne : Plin. 17, 206 ¶ **7** [chrét.] le diable : Tert. *Ux.* 1, 6, 3.

2 **Drăco**, *ōnis*, m. (Δράκων) ¶ **1** Dracon [législateur d'Athènes] : Cic. *Rep.* 2, 2; *de Or.* 1, 197; Gell. 11, 18 ¶ **2** montagne de l'Asie Mineure : Plin. 5, 118.

3 **Drăco, Drăcōn**, *ōntis*, m., nom d'un grammairien grec : Macr. *Exc.* 5, 610, 39.

drăcōma, *ătis*, n. (τράχωμα), c.▶ *trachma* : Diosc. 5, 237, 14.

drăcōn, *ontis*, m. (δράκων), dragon : Acc. *Tr.* 596; Char. 126, 20.

drăcōnārĭus, *ii*, m. (*draco*), porte-étendard, enseigne : Veg. *Mil.* 2, 7.

drăcōnĭgĕna, *ae*, m. f. (*draco, geno*), né d'un dragon : *draconigena urbs* Ov. *F.* 3, 865 [= Thèbes].

drăcōnĭpēs, *ĕdis* (*draco, pes*), qui a des pieds de dragon : Placid. *Stat. Th.* 5, 569.

drăcōnītis, *iis*, f., c.▶ *dracontia* : Plin. 37, 158.

drăcōntārĭum, *ii*, n. (*draco*), collier ou couronne en forme de serpent : Tert. *Cor.* 14, 2.

drăcontēa, *ae*, f., c.▶ *dracontium* : Ps. Apul. *Herb.* 14.

drăcontēus, *a, um* (*draco*), de dragon : Hyg. *Fab.* 72.

drăcontĭa, *ae*, f. (δρακοντία), pierre précieuse qui se trouvait, selon les croyances, dans la tête du dragon : Plin. 37, 158.

drăcontĭās, *ae*, m., c.▶ *dracontia* : Solin. 30, 16.

drăcontĭon, *ii*, n., sorte de blé : Plin. 18, 64.

drăcontĭŏs vītis, f., sorte de vigne : Col. 3, 2, 28.

drăcontītēs, *ae*, m., c.▶ *dracontia* : Isid. 16, 14, 7.

drăcontĭum (-ŏn), *ii*, n. (δρακόντιον), serpentaire, gouet [plante] : Plin. 24, 150.

Drăcontĭus, *ii*, m., surnom et nom romain : CIL 8, 7014 ‖ nom d'un poète chrétien : Isid. *Vir.* 37.

drăcuncŭlus, *i*, m. (dim. de *draco*), petit serpent : Lampr. *Hel.* 28, 3 ‖ torsade en or : CIL 12, 354 ‖ sorte de poisson venimeux : Plin. 32, 148 ‖ couleuvrée [plante] : Plin. 24, 142.

Drăgănae, *ārum*, m. pl., peuple de Ligurie : Avien. *Or.* 197.

drăgantum, *i*, n., c.▶ *tragacantha* : Plin. 13, 115.

dragma, [tard.] pour *drachma* : Gloss. 4, 410, 2; Apic. 1.

Drăhōnus, *i*, m., rivière qui se jette dans la Moselle : Aus. *Mos.* 365.

drāma, *ătis*, n. (δρᾶμα), drame [action théâtrale] : Aus. *Epist.* 18 (408), 15.

Dramasa, nom que les Indiens donnent au pôle austral : Plin. 6, 22.

drāmătĭcus, *a, um*, **drāmătĭcōs, ŏn**, dramatique, qui concerne le drame : Diom. 482, 15.

Drancaeus, c.▶ *Drangae*.

Drancēs, *is*, m., l'un des conseillers de Latinus : Virg. *En.* 11, 296.

Drangae (-cae), *ārum*, m. pl., peuple de Perse : Plin. 6, 94; Just. 13, 4, 22 ‖ *-caeus*, *a, um*, des Dranges : Val.-Flac. 6, 106.

drāpĕta, *ae*, m. (δραπέτης), esclave fugitif : Pl. *Curc.* 290.

Drappēs, *ētis*, m., chef gaulois : Hirt. *G.* 8, 30.

drappus, *i*, m. (gaul.; fr. *drap*), morceau d'étoffe : Vit. Caes. Arel. 2, 42.

Dratinus, *i*, m., fleuve du golfe Persique : Plin. 6, 111.

1 **draucus**, *i*, m. (gaul. ?), débauché, sodomite : Mart. 9, 27, 10; 1, 96, 12.

2 **Draucus**, *i*, m., nom d'un esclave : CIL 7, 1336.

Draudacum, *i*, n., ville d'Illyrie : Liv. 43, 19.

Drăus, c.▶ *Dravus* : Plin. 3, 147.

drăvŏca (drauca), *ae*, f. (gaul.; fr. *droue*), bardane : Gloss. 3, 585, 31.

Drăvus, *i*, m., Drave [rivière de la Pannonie] Atlas I, C4; XII, A4-B6 : Flor. 4, 12, 8.

Drebices, *um*, m. pl., peuple d'Asie : Plin. 6, 48.

drensō, *ās, āre, -, -*, intr., crier [en parl. du cygne] : Suet. *Frg.* 161.

Drĕpăna, n. pl., v.▶ *Drepanum*.

Drĕpănē, *ēs*, f., Drépane : Sil. 14, 269; c.▶ *Drepanum* ‖ nom de l'île de Corcyre : Plin. 4, 52.

drĕpănis, *ĭdis*, acc. *in*, f. (δρεπανίς), hirondelle des murailles : Plin. 11, 257.

Drĕpănĭtānus, *a, um*, de Drépane : Cic. *Verr.* 2, 140 ‖ *Drepanitani*, m. pl., habitants de Drépane : Plin. 3, 91.

Drĕpănĭus, *ii*, m., Latinus Drepanius Pacatus, proconsul romain : Aus. *Sept.* 1 (299), 2.

Drĕpănum, *i*, n. (Δρέπανον), Virg. *En.* 3, 707 et **Drĕpăna**, *ōrum*, pl., Cat. d. Serv. *En.* 3, 707; Plin. 3, 90; Liv. 28, 41, 5, Drépane [Trapani, promontoire et ville de Sicile] Atlas I, D4; XII, G3 ‖ *Drepanum promontorium* Plin. 6, 175, promontoire dans l'Inde.

Drimatina, v.▶ *Drymatina*.

drīmўphăgĭa, *ae*, f. (δριμυφαγία), consommation de mets au goût fort : Cael.-Aur. *Chron.* 1, 1, 26.

drindĭō, īs, īre, -, - ou **drindrō**, *ās, āre, -, -*, intr., belotter [en parl. du cri de la belette] : Philom. 61.

Drĭnĭus, *ii*, m., le Drinius [nom qu'on donnait au Drinon supérieur] Atlas I, C5 : Capel. 6, 650 v.▶ *Dirino*.

drino

1 drĭno, ōnis, m. (douteux), sorte de gros poisson : *Plin. 32, 145.

2 Drino, ōnis, m., V► *Dirino*.

Dripsinum, i, n., ville de la Ligurie (?) : CIL 6, 32520 ‖ **-nātes**, um ou ium, m. pl., habitants de Dripsinum : CIL 5, 4484.

1 drŏmăs, ădis, m. (δρομάς), dromadaire [animal] : Liv. 37, 40, 12 ; Curt. 5, 2, 5.

2 Drŏmăs, ădis, f. (Δρομάς), nom d'une chienne d'Actéon : Ov. M. 3, 217.

drŏmĕda, ae, f., **drŏmĕdārius**, ĭi, m., C► *dromas* : Vop. Aur. 28, 3 ; Vulg. Is. 60, 6.

Drŏmiscŏs, i, f., île voisine de l'Ionie, qui se trouva ensuite réunie au continent : Plin. 2, 204.

1 drŏmō, ōnis, m. (δρόμων ; a. fr. *dromon*), navire long et léger : Cod. Just. 1, 27, 2.

2 Drŏmō, ōnis, m. (Δρόμων), personnage de comédie : Pl. As. 441 ; Ter. Haut. 275.

drŏmōnārĭus, ĭi, m., rameur du navire léger appelé *dromo* : Cassiod. Var. 4, 15, 1.

1 drŏmŏs, i, m. (δρόμος), course : CIL 14, 365.

2 Drŏmŏs, m., stade de Lacédémone : Liv. 34, 27, 5 ‖ **Dromos Achilleos** et **Dromos Achillis**, m. : Plin. 4, 83 ; C► *Leuce*.

drōpăcātŏr, ōris, m., C► *dropacista* : CIL 6, 10229, 69.

drōpăcismus, i, m. (δρωπακισμός), épilation par le *dropax* : Cael.-Aur. Chron. 2, 6, 93.

drōpăcista, ae, m. (δρωπακιστής), celui qui épile avec le *dropax* : Schol. Juv. 13, 151.

drōpăcō, ās, āre, -, -, tr., épiler avec le *dropax* : Antid. Brux. 33.

drōpax, ăcis, m. (δρώπαξ), onguent épilatoire : Mart. 3, 74, 1 ; 10, 65, 8.

drosca, ae, f. (germ., al. *Drossel*, an. *thrush*), grive : Anth. 762, 11.

drŏsŏlĭthus (-ŏs), i, m. (δροσόλιθος), pierre précieuse [qui sue devant le feu] : Plin. 37, 170 ; 191.

Drŭentia, ae, m., rivière de la Narbonnaise [auj. la Durance] Atlas V, E3 : Liv. 21, 31, 9 ‖ **-ĭcus**, a, um, de la Durance : CIL 12, 721.

Drugeri, ōrum, m. pl., peuple de Thrace : Plin. 4, 40.

drŭĭdae, ārum, Cic. Div. 1, 90 et **drŭĭdes**, um, m. pl. (gaul., cf. δρῦς et *video*), Caes. G. 6, 14, 1, druides [prêtres des anciens Gaulois].

Drŭma, ae, m., rivière de la Viennoise [auj. la Drôme] : Aus. Mos. 479.

drungārĭus, ĭi, m., chef de dronge : Veg. Mil. 3, 16.

drungus, i, m. (gaul.), dronge [corps de troupes] : Veg. Mil. 3, 16.

druppa (oliva), ae, f. (δρύππα, cf. δρυπετής), olive mûre : Plin. 12, 130 ; 15, 6.

Drŭsĭānus, Drŭsīnus, a, um, de Drusus : Tac. An. 2, 8 ; Suet. Cl. 1.

Drūsilla, ae, f., nom de plusieurs femmes célèbres : Suet. Cal. 7 ; 24 [sœur préférée de Caligula].

Drūsillĭānus, i, m., nom d'homme : CIL 6, 8822.

Drūsus, i, m., surnom d'une branche de la *gens Livia* : Cic. Arch. 6 ‖ surnom de qq. Claudii ; not^t *Claudius Drusus Nero*, frère de Tibère, père de Germanicus et de l'empereur Claude : Suet. Cl. 1 ; Tac. An. 1, 33.

Drȳădes, um, f. pl. (Δρυάδες), les Dryades [nymphes des forêts] : Virg. G. 1, 11 ‖ au sg., **Dryas** a) Dryade : Mart. 9, 62 b) druidesse, V► *druidae* : Lampr. Alex. 60, 6 ; au pl., Vop. Aur. 44, 4.
► *Dryasin* dat. pl. grec : *Prop. 1, 20, 12.

Dryantĭdēs, ae, m., fils de Dryas [Lycurgue] : Ov. Ib. 347.

1 Drȳăs, ădis, f., V► *Dryades*.

2 Drȳăs, antis, m., Dryas [un des Lapithes] : Ov. M. 12, 290 ‖ roi de Thrace, père de Lycurgue : Hyg. Fab. 132 ‖ un des compagnons de Méléagre : Ov. M. 8, 307.

drȳītis, ĭdis, f. (δρυῖτις), pierre précieuse inconnue : Plin. 37, 188.

Drymatina, région d'Arabie : Plin. 6, 152.

Drymĭae, ārum, f. pl., ville de Doride : Liv. 28, 7, 13.

Drȳmō, ūs, f. (Δρυμώ), nom d'une nymphe : Virg. G. 4, 336.

Drymōdēs, is, f., nom de l'Arcadie : Plin. 4, 20.

Drymūsa, ae, f., île voisine de l'Ionie : Plin. 5, 137.

Drȳŏpē, ēs, f., Dryope [fille d'Euryte, roi d'Œchalie] : Ov. M. 9, 331 ‖ nom d'une nymphe : Virg. En. 10, 551 ‖ nom d'une femme de Lemnos : Val.-Flac. 2, 174.

Drȳŏpēius, Drȳŏpēis, V► *Triopeius, Triopeis*.

Drȳŏpes, um, m. pl., Dryopes [peuple d'Épire] : Virg En. 4, 146 ‖ au sg. *Dryops*, Ov. Ib. 490.

drȳŏphŏnŏn, i, n. (δρυοφόνον), sorte de fougère : Plin. 27, 73.

Drȳŏpis, ĭdis, f., ancien nom de la Thessalie : Plin. 4, 28.

drȳoptĕris, ĭdis, f. (δρυοπτερίς), polypode [sorte de fougère] : Plin. 27, 72.

drȳs, ȳŏs, f. (δρῦς), chêne : Diosc. 1, 116 (*dris*) ‖ germandrée : Ps. Apul. Herb. 24.

Drȳūsa, ae, f., ancien nom de Samos : Plin. 5, 135.

dŭa, V► *duo* ►.

dŭālis, e (*duo*), de deux : **dualis numerus** Lact. Opif. 10, 9, le nombre deux ‖ subst. m., le duel [gram.] : Quint. 1, 5, 42.

dŭālĭtās, ātis, f. (*dualis*), dualité : Cassiod. Var. 11, 2, 4.

dŭālĭter, adv. (*dualis*), au duel : Gloss. 2, 281, 23.

dŭăpondō, n. pl. indécl., deux livres [pesant] : Quint. 1, 5, 15 ; **pondo dua** Scrib. 45.

dŭas, dŭat, V► *do*.

Duatas sĭnus, m., golfe dans l'Arabie Heureuse : Plin. 6, 150.

dŭbenus, i, m. (corrompu), [arch.] C► *dominus (dubius* ?) : *P. Fest. 59, 2.

dŭbĭē, adv. (*dubius*), d'une manière douteuse, incertaine : Cic. Div 1, 124 ; **non dubie** Cic. Fam. 15, 1, 1, certainement.

dŭbĭĕtās, ātis, f. (*dubius*), doute, hésitation : Amm. 20, 4, 6.

dŭbinus, V► *dubenus*.

dŭbĭō, adv. (*dubius*), d'une manière douteuse : **non dubio** Apul. M. 9, 2, sans doute, indubitablement.

dŭbĭōsus, a, um (*dubius*), douteux : Gell. 3, 3, 3.

Dŭbis, is, m., le Dubis [rivière des Séquanes, auj. le Doubs] Atlas V, D3 : Caes. G. 1, 38.

dŭbĭtābĭlis, e (*dubito*), douteux : Ov. M. 13, 21 ‖ qui doute : Prud. Apoth. 649.

dŭbĭtans, tis, V► *dubito I fin*.

dŭbĭtantĕr, Cic. Brut. 87, **dŭbĭtātim**, Sisen. d. Non. 98, 33, en doutant, avec hésitation.

dŭbĭtātĭo, ōnis, f. (*dubito*) ¶ 1 action de douter, doute : **dubitationem afferre** Cic. Off. 1, 147, faire douter, faire naître le doute ; **dubitationem tollere** Cic. Att. 12, 6, 4 ; **expellere** Caes. G. 5, 48, 10 ; **eximere** Quint. 1, 10, 28, dissiper, lever les doutes ; **foedus habet aliquam dubitationem** Cic. Agr. 1, 11, il y a qqch. d'équivoque dans le traité ; **in aliqua re dubitatio est** Cic. Verr. 2, 20, une chose inspire le doute ; **alicujus rei dubitatio** Cic. Caecin. 9, l'incertitude sur qqch., cf. de Or. 2, 134 ; Caes. G. 5, 48 ; **Socratica dubitatio de omnibus rebus** Cic. Ac. 1, 17, le doute méthodique de Socrate sur toutes choses ; **hic locus nihil habet dubitationis quin...** Cic. Off. 2, 17, sur ce point il est établi clairement que... ‖ [avec interr. indir.] Off. 3, 9 ; 18 ; Clu. 76 ¶ 2 incertitude, hésitation : **dubitatio indigna homine** Cic. Lae. 67, hésitation indigne d'un homme ; **dubitatio ad rem publicam adeundi** Cic. Rep. 1, 12, hésitation à se mêler du gouvernement ; **dubitationem alicui dare** Caes. G. 1, 14, 1, faire hésiter qqn ¶ 3 hésitation, irrésolution, lenteur : Cic. de Or. 2, 202 ; **sine dubitatione** Cic. Agr. 2, 23 ou **sine ulla d.** Cic. Clu. 75 ; **nulla interposita dubitatione** Caes. G. 7, 40, 1, sans hésitation, sans retard ¶ 4 dubitation [fig. de rhét.] : Her. 4, 40.

dŭbĭtātīvē, C► *dubitanter* : Tert. Carn. 23, 6.

dŭbĭtātīvus, *a, um* (*dubito*), douteux : Tert. *Marc.* 2, 25, 6 ‖ dubitatif, qui exprime le doute [gram.] : Prisc. 3, 241, 4.

dŭbĭtātŏr, *ōris*, m. (*dubito*), celui qui doute de : Tert. *Praescr.* 33, 3.

dŭbĭtātus, *a, um*, ▶ dubito IIb.

dŭbĭtō, *ās, āre, āvī, ātum* (fréq. de *dubo* ; fr. *douter*)

I intr. ¶ **1** balancer entre deux choses, hésiter, être indécis, douter : *se nec umquam dubitasse neque timuisse* Caes. G. 1, 41, 3, [ils disaient] qu'ils n'avaient jamais eu ni hésitation ni crainte ‖ *de aliqua re*, au sujet de qqch. : Cic. *Tusc.* 1, 70 ; *de indicando* Cic. *Sull.* 52, hésiter à dénoncer ; *de judicio Panaeti dubitari non potest* Cic. *Off.* 3, 11, il ne saurait y avoir de doute sur l'intention de Panétius ; *in aliquo* Cic. *Brut.* 186, hésiter à propos de qqn ; [avec acc. de pron. n.] *haec non turpe est dubitare philosophos, quae ne rustici quidem dubitent ?* Cic. *Off.* 3, 77, n'est-il pas honteux que des philosophes doutent d'une chose dont ne doutent pas les gens même sans instruction ? ¶ **2** douter si, que : *dubitabunt sitne tantum in virtute ut* Cic. *Fin.* 5, 85, ils douteront qu'il y ait assez de force dans la vertu pour..., cf. *Div.* 2, 145 ; *Att.* 15, 9, 2 ; [avec *num*] *Sull.* 24, 8 [mss] ; Plin. *Ep.* 6, 27, 2 ; 6, 27, 5 ; Quint. 6, 1, 3 ; [avec *an*] *an dea sim, dubitor* Ov. *M.* 6, 208, on met en doute ma divinité ; [interrog. double avec *ne... an*] *Off.* 1, 9 ; [avec *utrum... an*] *Att.* 4, 15, 7 ; [avec *an* seulement au 2e membre] *Off.* 1, 30 ; [avec *anne* seulement au 2e membre] Ov. *F.* 6, 28 ‖ [avec *an*] si... ne... pas, s'il n'est pas vrai que ; *de L. Bruto fortasse dubitarim, an propter in finitum odium... invaserit* Cic. *Tusc.* 4, 50, à propos de L. Brutus, je pourrais peut-être me demander si ce n'est pas à cause de sa haine sans borne qu'il s'est précipité..., cf. *Verr.* 3, 76 ; *dubitare an turpe non sit* Cic. *Off.* 3, 50, se demander si ce n'est pas laid ‖ [avec prop. inf.] [tard.] Lact. *Inst.* 6, 3, 5 ; Aug. *Conf.* 7, 10 ‖ ne pas douter que, comment douter que, peut-on douter que : *non dubitare, quid dubitas, quid est quod dubites* [avec *quin* subj.] : Cic. *Div.* 1, 129 ; *CM* 31 ; *Att.* 6, 2, 3 ; *Brut.* 39 ; Caes. *G.* 1, 17, 4 ; 1, 31, 15 ; 7, 38, 8 ; Cic. *Nat.* 2, 97 ; *Phil.* 13, 22 ; [avec prop. inf.] Nep. ; Liv. ; Plin. ‖ [avec pron. interr.] se demander avec embarras, ou avec doute, ce qui, pour qui : Ter. *Ph.* 343 ; Cic. *Verr.* 3, 111 ; *Rep.* 3, 27 ; Caes. *C.* 2, 32, 10 ¶ **3** [avec inf.] [rare] hésiter à : Cic. *Nat.* 1, 113 ; Sall. *C.* 15, 2 ; Curt. 4, 5, 2 ; 10, 8, 3 ‖ mais *non dubitare* [avec inf. ou avec *quin*] ne pas hésiter à [fréq. dans Cic. et Caes.]. ¶ **4** [en parl. de choses] *si fortuna dubitabit* Liv. 21, 44, 8, si la fortune hésite ; *velut dubitans oratio* Quint. 10, 7, 22, une parole en qq. sorte hésitante, indécise ‖ [poét.] *dubitantia lumina* Sil. 10, 153, yeux mourants (qui s'éteignent).

II tr., au passif **a)** [adj. verbal d. Cic.] *res minime dubitanda* Cic. *Cael.* 55, chose qui n'admet pas le doute, cf. *Fin.* 2, 55 ; *Verr.* 2, 69 **b)** *dubitatus*, *a, um*, Ov. *M.* 2, 20, dont on doute ; *ne auctor dubitaretur* Tac. *An.* 14, 7, pour qu'il n'y eût pas de doute sur l'instigateur, cf. 3, 8 ‖ [chrét.] tr., douter de : *dubitare Christum* Sedul. *Carm.* 4, 280, douter du Christ ‖ craindre, redouter : *dubitantes confirmare* Firm. *Err.* 8, 5, rassurer ceux qui sont dans la crainte.

dŭbĭum, *ii*, n. (*dubius*) ¶ **1** doute : *res in dubium venire non potest* Cic. *Quinct.* 67, la chose ne peut être mise en doute ; *non veniunt in dubium de voluntate* Cic. *Att.* 11, 15, 2, ils ne laissent pas prise au doute sur leurs intentions ; *in dubium vocari* Cic. *de Or.* 2, 145, être mis en doute ; *nihil est dubii quin* subj., Sen. *Ben.* 6, 31, 2, il n'y a pas de doute que ; *sine dubio* Cic. *Cat.* 2, 1, sans doute ; *procul dubio* Liv. 39, 40, 10 ; *dubio procul* Gell. 2, 29, 15, sans doute ‖ *in dubio fuere utrorum ad regna cadendum humanis esset...* Lucr. 3, 836, ils se demandèrent sous l'empire duquel des deux peuples devaient tomber les humains ¶ **2** hésitation : *dum indubio est animus* Ter. *And.* 266, pendant que l'esprit est en balance ¶ **3** situation critique : *in dubio esse* Sall. *C.* 52, 6, être en danger ; *in dubium devocare* Caes. *G.* 6, 7, 6 ; *revocare* Cic. *Caecin.* 76, mettre dans une situation incertaine.

dŭbĭus, *a, um* (*dubo*) ¶ **1** balançant d'un côté et de l'autre, incertain, indécis, hésitant : *spem metumque inter dubii* Virg. *En.* 1, 218, partagés entre la crainte et l'espérance ; *alicujus animum dubium facere* Cic. *Pomp.* 27, rendre qqn hésitant, incertain ‖ [avec gén.] *sententiae* Liv. 33, 25, 5, incertain sur le parti à prendre (Just. 2, 13) ; [à distinguer de] *dubius animi* B.-Alex. 56, 2 ; *mentis* Ov. *F.* 6, 572, ayant l'esprit indécis ‖ [avec interrog. indir.] : *dubius sum quid faciam* Hor. *S.* 1, 9, 40, j'hésite sur le parti à prendre, cf. Sall. *J.* 49, 5 ; Liv. 4, 40, 2 ¶ **2** [tour négatif] *haud (non) dubius*, ne doutant pas que : [avec prop. inf.] Liv. 5, 38, 4 ; 6, 14, 1 ; 31, 24, 2 ; [avec *quin* subj.] Liv. 25, 24, 8 ; 31, 42, 7 ¶ **3** [en parlant de choses] douteux, incertain : pl. n., *dubia* Cic. *Div.* 2, 106, les choses douteuses ; *quod est dubium* Cic. *Mur.* 68, ce qui est douteux ; *dubia salus* Cic. *Nat.* 3, 69, salut chanceux ; *dubia victoria* Caes. *G.* 7, 80, victoire incertaine, indécise ; *dubium caelum* Virg. *G.* 1, 252, le ciel incertain, qui ne livre pas ses secrets ; *dubia cena* Ter. *Phorm.* 342, un repas qui met dans l'embarras du choix ‖ *de aliqua re dubium non est* Cic. *de Or.* 1, 241, il n'y a pas de doute sur une chose ; *de Pompei exitu mihi dubium numquam fuit* Cic. *Att.* 11, 6, 5, je n'ai jamais eu de doute sur la mort de Pompée ‖ *dubium est* [avec interrog. indir.] : *dubium est uter nostrum sit...* Cic. *Ac.* 2, 126, il y a doute sur le point de savoir qui de nous deux est... ; *nobis fuit dubium, quid ageremus* Cic. *Verr.* 4, 138, nous avons hésité sur la conduite à tenir ; *copias judicione non conduxerit... an tempore exclusus, dubium est* Caes. *G.* 6, 31, 1, est-ce de propos délibéré qu'il ne rallia pas ses troupes ou est-ce par manque de temps ? on ne sait ‖ *non dubium est quin* subj. il n'est pas douteux que : Cic. *de Or.* 2, 32 ; *Att.* 13, 45, 1 ‖ *non dubium est* avec prop. inf. il n'est pas douteux que : Ter. *Hec.* 326 ; Liv. 38, 6, 7 ; Plin. *Ep.* 8, 14, 20 ; Pan. 61, 6 ¶ **4** douteux, critique, dangereux : *tempora dubia* Hor. *O.* 4, 9, 36, circonstances critiques ; pl. n., *dubia nisu* Sall. *J.* 94, 2, endroits difficiles à escalader, cf. Prop. 4, 4, 83 ; *in dubiis* Virg. *En.* 7, 86, dans les moments critiques ¶ **5** chancelant : Sen. *Ag.* 782 ; Luc. 2, 204.

dŭbō, *ās, āre*, -, - (cf. *duo, probus* et *-are*, δέος, al. *Zweifel*), ▶ dubito : P. Fest. 59, 1.

Dubris, *is*, m., port de Bretagne [Douvres] : Anton. 473.

dūc, impér. de *duco*.

dŭcālis, *e* (*dux*), de chef, d'empereur : Vop. *Aur.* 13.

dŭcālĭtĕr, adv. (*ducalis*), à la manière d'un chef, en bon général : Sidon. *Ep.* 5, 13, 1 ‖ compar., *ducalius* Sidon. *Ep.* 8, 6, 1.

dŭcātĭō, *ōnis*, f. (*dux, 2 duco*), conduite : Iren. 4, 14, 2 ‖ [fig.] *Tert. *Cor.* 11, 7.

dŭcātŏr, *ōris*, m. (*dux, 2 duco*), capitaine de navire : Ulp. *Dig.* 9, 2, 29, 4 ‖ maître : Tert. *Jud.* 13, 10.

dŭcātrix, *īcis*, f. (*ducator*), conductrice : *ducatrix vitiorum* Apul. *Plat.* 2, 4, mère des vices.

dŭcātŭs, *ūs*, m. (*dux*, cf. *consulatus* ; fr. *duché*) ¶ **1** fonction de général, commandement militaire : Suet. *Tib.* 19 ; *ducatus et imperia ludere* Suet. *Ner.* 35, jouer au général et à l'empereur ¶ **2** action de guider : Vulg. *Matth.* 15, 14 ‖ direction : Vulg. *Eccli.* 7, 4 ; [pl.] *temporum ducatus* Tert. *Nat.* 2, 5, 16, le cours des temps.

dūcĕ, ▶ duco ▶.

dŭcēna, *ae*, f. (*duceni*), grade de l'officier qui commande deux cents hommes : Cod. Just. 12, 20, 4.

dŭcēnārĭa, *ae*, f., fonction du procurateur appelé *ducenarius* : Apul. *M.* 7, 6.

dŭcēnārĭus, *a, um* (*duceni*), qui renferme deux cents ; qui concerne deux cents : *ducenarium (pondus)*, poids de deux cents livres : Plin. 7, 83 ; *Petr. 59, 6 ; *ducenarii procuratores* Suet. *Cl.* 24, procurateurs, intendants aux appointements de 200 000 sesterces ‖ **dŭcēnārĭus**, *ii*, subst. m., ▶ ducena : Veg. *Mil.* 2, 8 ‖ ▶ ducenaria.

dŭcēni, *ae, a*, pl. (*ducenti*, cf. *viceni*), distributif, deux cents chacun, chaque fois deux cents : Hirt. *G.* 8, 4, 1 ; Liv. 9, 19, 2. ▶ gén. *ducenum* Plin. 9, 4.

dŭcentēnārĭus, *ii*, m., officier qui commande deux cents hommes : Bed. *Cant.* 6.

ducenteni

dŭcentēni, ae, a, pl., ⊂> duceni : Grom. 153, 29.

dŭcentēsĭma, ae, f. (ducenti), la deux-centième partie, un demi pour cent : Tac. An. 2, 42 ; Suet. Cal. 16.

dŭcenti, ae, a, pl. (duo, centum), au nombre de deux cents : Cic. Rep. 2, 52 ; Phil. 6, 5 ‖ un grand nombre indéterminé : Cic. Har. 8 ; Hor. S. 1, 3, 11.
▶ gén. pl. ducentum Varr. R. 3, 2, 5 ; Liv. 22, 37, 5.

dŭcentĭēs, -iens, deux cents fois : Cic. Phil. 2, 40 ; Font. 4 ‖ mille fois [fig.] : Catul. 29, 14.

dŭcentum, indécl., deux cents : Lucil. 555 (Non. 163, 32) ; Col. 5, 3, 7.

dŭcĭānus, a, um (dux), de général : Cod. Th. 15, 11, 2 ‖ subst. m., officier attaché à un général : Cod. Th. 7, 16, 3.

1 **dŭcis**, gén. de dux.

2 **dŭcis**, nom., ⊽> dux ▶.

3 **dūcis**, 2ᵉ pers. sg. de 1 duco.

1 **dūcō**, ĭs, ĕre, dūxī, ductum (cf. dux, educo, al. ziehen, Zug ; roum. duce), tr.

I tirer ¶ 1 "tirer hors de" ¶ 2 "attirer, tirer à soi" ¶ 3 "faire rentrer, tirer en dedans de soi" ¶ 4 "tirer , mener" ¶ 5 "filer" ¶ 6 "étirer, étendre", **aetatem, vitam ducere** "faire traîner en longueur" ¶ 7 "grimacer" ¶ 8 [fig.] "tirer de, faire découler de" ¶ 9 "compter", **magni, parvi, pluris, pro nihilo** "estimer", "regarder comme".
II conduire ¶ 1 "emmener" ¶ 2 [t. officiel] **in carcerem, ad mortem, in jus** ¶ 3 [t. milit.] "conduire, commander une armée", "être à la tête de" ¶ 4 "épouser" ¶ 5 [fig.] "guider, diriger" ¶ 6 "ordonner, régler" ¶ 7 "relâcher" [le ventre].

I tirer ¶ 1 tirer hors de : **ducto mucrone** Virg. En. 12, 378, avec l'épée nue ; **vagina ferrum** Ov. F. 4, 929, tirer l'épée du fourreau ; **sortes** Cic. Div. 2, 70, tirer les sorts ; **aliquid, aliquem sorte** Cic. Div. 1, 34 ; Rep. 1, 50, tirer qqch., qqn au sort ¶ 2 attirer, tirer à soi : **volucrem laqueo, piscem hamo** Ov. H. 19, 13, prendre un oiseau au lacet, un poisson à l'hameçon ; **remos** Ov. M. 1, 294, manier les rames ‖ **colorem** Ov. M. 3, 485 ; **formam** Ov. M. 1, 402, prendre une couleur, une forme ; **cicatricem** Ov. Tr. 3, 11, 66, se cicatriser (Liv. 29, 32, 12) ‖ [fig.] **duci oratione** Cic. Brut. 188, être gagné, séduit par un discours ; **eloquentiae laude** Cic. Or. 115, être attiré par la gloire de l'éloquence (Verr. 2, 143 ; Tusc. 5, 9) ¶ 3 faire rentrer, tirer en dedans de soi : **spiritum naribus** Varr. R. 2, 3, 5, aspirer l'air par le nez ; **aerem spiritu** Cic. Nat. 2, 18 ; **animam spiritu** Cic. Nat. 2, 136, respirer l'air ‖ **pocula Lesbii** Hor. O. 1, 17, 22, déguster (savourer) des coupes de vin de Lesbos (cf. 4, 12, 14) ¶ 4 tirer en long, en large, mener : **fossam** Caes. G. 7, 72, 1, tracer un fossé ; **parietem per vestibulum alicujus** Cic. Mil. 75, mener un mur à travers le vestibule de qqn, cf. Caes. C. 1, 73, 2 ; **orbem** Quint. 11, 3, 118, tracer un cercle ‖ **vivos vultus de marmore** Virg. En. 6, 847, tirer du marbre des figures vivantes ¶ 5 tirer, étirer les fils [filer] : Ov. Am. 4, 34 ; 4, 221 ; Catul. 64, 342 ‖ [poét.] composer [des vers] : Ov. Tr. 1, 11, 18 ; 3, 14, 32 ; 5, 12, 63 ; Hor. S. 1, 10, 44 ¶ 6 étirer, étendre : **digitulos alicujus** Sen. Ep. 66, 53, étirer les doigts de qqn ‖ [fig.] **aetatem in litteris** Cic. Fin. 5, 50, passer sa vie dans les lettres, cf. Hor. Ep. 2, 2, 202 ; Sen. Ep. 45, 10 ‖ prolonger : **vitam** Virg. En. 2, 641, prolonger sa vie ; **somnos** Virg. En. 4, 560, prolonger son sommeil ; **noctem** Plin. Ep. 6, 31, 13, prolonger la nuit ‖ traîner en longueur : **bellum** Caes. G. 1, 38, 4, traîner la guerre en longueur ; **prope in noctem rem** Caes. C. 3, 51, 6, prolonger une affaire presque jusqu'à la nuit ; **tempus** Cic. Verr. 1, 31, traîner le temps en longueur ; **diem ex die ducere** Caes. G. 1, 16, 4 ; 5, remettre de jour en jour ; **aliquem ducere** Caes. G. 1, 16, 5, faire attendre qqn, l'amuser ¶ 7 tirer de travers, contourner, contracter : **os** Cic. Or. 86, grimacer, cf. Quint. 9, 3, 101 ; Ov. M. 2, 774 ¶ 8 [fig.] tirer de, faire découler de : [avec ex] **officia quae ex communitate ducuntur** Cic. Off. 1, 153, les devoirs qui découlent de la société, cf. Fin. 2, 78 ; de Or. 2, 321 ; Brut. 318 ; [avec ab] **officium quod a communitate ducitur** Cic. Off. 1, 153, le devoir qui découle de la société ; **Janus, quod ab eundo nomen est ductum** Cic. Nat. 2, 67, Janus dont le nom vient du verbe ire (aller) ; **Penates, sive a penu ducto nomine sive ab eo quod penitus insident** Cic. Nat. 2, 68, les Pénates, dont le nom est tiré soit de penus [tout ce qui sert à la nourriture de l'homme] soit du fait qu'ils occupent penitus, le fond des demeures ¶ 9 compter : **nonaginta medimnum milia duximus** Cic. Verr. 3, 116, nous avons compté quatre-vingt-dix mille médimnes, cf. Att. 6, 1, 5 ; 6, 2, 7 ; Varr. R. 3, 16, 11 ; **rationem ducere**, ⊽> **ratio** : **non duco in hac ratione eos (aratores) quibus ...** Cic. Verr. 3, 116, je ne compte pas dans le calcul les agriculteurs à qui ... ‖ [d'où] **aliquem in numero hostium** Cic. Verr. 5, 64 ; **aliquid in bonis** Cic. Fin. 3, 10, compter qqn au nombre des ennemis, qqch. parmi les biens ; **vos loco affinium** Sall. J. 14, 1, vous considérer comme des parents ; **innocentia pro malevolentia duci coepit** Sall. C. 12, 1, l'intégrité commença à passer pour de la malveillance ; **ne quis modestiam in conscientiam duceret** Sall. J. 85, 26, pour éviter qu'on n'interprétât ma réserve comme une reconnaissance tacite de mon indignité ‖ **magni, parvi, pluris, pro nihilo**, estimer beaucoup, peu, davantage, comme rien : Cic. Fin. 2, 24 ; Tusc. 5, 90 ; Verr. 2, 40 ; **aliquem despicatui** Cic. Flac. 66, tenir qqn pour méprisable, cf. Sall. J. 11, 3 ; Nep. pr. 4 ‖ regarder comme, estimer, croire, penser : **hoc sibi pulcherrimum ducebant clientium fortunas defendere** Cic. Caecil. 66, ils regardaient comme leur tâche la plus belle de défendre les biens de leurs clients ; **se magistrum equitum ducere** Liv. 8, 31, 4, croire le maître de cavalerie ; **victorem duci** Nep. Ages. 3, passer pour vainqueur ; **vectigalia nervos esse rei publicae semper duximus** Cic. Pomp. 17, nous avons toujours cru que les revenus publics sont les nerfs de l'État, cf. Lae. 7 ; 70 ; Rep. 1, 3 ; Caes. G. 1, 3, 2 ; 4, 30, 2.

II conduire ¶ 1 **reliquos obsidum loco secum ducere decreverat** Caes. G. 5, 5, 4, il avait décidé de conduire les autres avec lui (d'emmener les autres) comme otages ; **(iter) vix qua singuli carri ducerentur** Caes. G. 1, 6, 1, (chemin) tel que c'est à peine si les chars pouvaient y être conduits un par un ; **aquam per fundum alicujus** Cic. Q. 3, 1, 4, conduire (faire passer) l'eau sur la propriété de qqn ; **non equus impiger curru ducet Achaico victorem** Hor. O. 4, 3, 5, un cheval ardent ne le conduira pas victorieux dans l'arène sur un char grec ‖ **qua te ducit via** Virg. En. 1, 401, par où te conduit le chemin, cf. B. 9, 1 ; Hor. Ep. 1, 18, 20 ; Curt. 3, 28, 19 ; Sen. Prov. 6, 7 ‖ **se ducere**, s'emmener = partir : Pl. Amp. 1042 ; Poll. Fam. 10, 32, 1 ¶ 2 [t. officiel] : **aliquem in carcerem** Cic. Verr. 5, 77 ; **ad mortem** Cic. Cat. 1, 1, conduire qqn en prison, à la mort, cf. Liv. 6, 14, 4 ; Nep. Phoc. 4, 3 ‖ [absᵗ] emmener qqn, se saisir de lui, le traîner en prison : Cic. de Or. 2, 255 ; Verr. 2, 31 ; Gell. 20, 1, 45 ‖ **in jus**, conduire en justice [devant le préteur] : L. XII Tab. d. Gell. 20, 1, 45 ‖ [absᵗ] **duci**, être conduit au supplice : Sen. Ir. 1, 18, 3 ; 4 ; 5 ; 6 ¶ 3 [milit.] conduire une armée, la mener dans telle ou telle direction : **exercitum locis apertis** Caes. G. 1, 41, 4 ; **exercitum ab Allobrogibus in Segusiavos** Caes. G. 1, 10, 5, conduire l'armée en terrain découvert, du pays des Allobroges chez les Ségusiaves ; **cohortes ad munitiones** Caes. C. 3, 62, 2, diriger les cohortes vers les retranchements ‖ [absᵗ, dans Liv.] marcher, se diriger : **ducit quam proxime ad hostem potest** Liv. 1, 23, 5, il s'avance le plus près possible de l'ennemi, cf. 1, 27, 4 ; 9, 35, 1 ‖ conduire, commander une armée : Cic. Mur. 20 ; Nep. Eum. 13, 1 ; Ep. 7, 3 ; **primum pilum** Caes. G. 5, 35, 6, commander la première centurie du premier manipule de la première cohorte ; **ordinem** Caes. C. 1, 13, 4, commander une centurie ‖ [qqf.] marcher en tête de : **Caesar sex legiones expeditas ducebat ; post eas ...** Caes. G. 2, 19, 2, César s'avançait à la tête de six légions armées à la légère ; derrière elles ... [d'où] **familiam ducere**, être en tête de la famille = tenir le premier rang : Cic. Fam. 7, 5, 3 ; Fin. 4, 45 ; Phil. 5, 30 ¶ 4 emmener comme femme chez soi, épouser : **uxorem ducere filiam alicujus**

Cic. *Sest.* 7, épouser la fille de qqn ; *duxit Albini filiam* Cic. *Sest.* 6, il épousa la fille d'Albinus, cf. Caes. *G.* 1, 53, 4 ; *filiam alicujus in matrimonium* Caes. *G.* 1, 9, 3, épouser la fille de qqn, cf. Cic. *Clu.* 190 ‖ [abs¹] *ducere ex plebe* Liv. 4, 4, 7, prendre femme dans la plèbe ¶ **5** [fig.] conduire, mener, diriger : *ducere aliquem dictis* Ter. *And.* 644 ; *promissis* Prop. 2, 17, 1, mener (abuser) qqn par de belles paroles, par des promesses [mener par le bout du nez] ; *me ad credendum tua ducit oratio* Cic. *Tusc.* 2, 24, tes propos m'engagent à croire, font en moi la conviction ; *venio nunc eo, quo me non cupiditas ducit, sed fides* Cic. *Amer.* 83, j'arrive maintenant à un point de discussion où me mènent non pas mes désirs, mais le sentiment de mon devoir, cf. *Inv.* 2, 166 ; [surtout au pass.] *trahimur omnes studio laudis et optimus quisque maxime gloria ducitur* Cic. *Arch.* 26, nous sommes tous entraînés par le goût de la louange et ce sont les meilleurs qui se laissent surtout guider par la gloire ; *nec quemquam hoc errore duci oportet ut... arbitretur* Cic. *Off.* 1, 148, et il ne faut pas qu'on se laisse conduire par cette idée erronée qui consiste à croire... ¶ **6** conduire, ordonner, régler : *alicui funus ducitur* Cic. *Quinct.* 50, on organise à qqn des funérailles, cf. Virg. *G.* 4, 256 ; Ov. *M.* 14, 746 ; *exsequias* Plin. 8, 154, mener des funérailles ; *pompam* Ov. *F.* 6, 405, mener une procession ; *choros* Hor. *O.* 1, 4, 5, mener des chœurs de danse ; *ludos* Tac. *Agr.* 6, organiser des jeux ¶ **7** [méd.] *alvum ducere* Cels. 2, 12, 1 B, relâcher le ventre, administrer un lavement.
▶ impér. *duce* Pl. *Ru.* 386 ‖ formes contr. du parf. : *duxti* Varr. *Men.* 201 ; Catul. 91, 9 ; Prop. 1, 3, 27 ; inf. *duxe* Varr. *Men.* 329 ‖ inf. prés. pass. *ducier* Ter. *Eun.* 572.

dŭco, *ās*, *āre*, -, - (*dux*), tr., guider : *Ps.* Tert. *Marc.* 3, 56.

ductābĭlĭtās, *ātis*, f. (*ducto*), facilité à se laisser mener [par le nez] : Acc. *Poet.* 24.

ductārĭus, *a*, *um* (*ducto*), qui sert à tirer : *ductarius funis* Vitr. 10, 2, 5, câble de traction.

ductĭlis, *e* (1 *duco* ; fr. *douillet*), qu'on peut conduire, détourner [en parl. de l'eau] : Mart. 12, 31, 2 ‖ qu'on peut tirer, mobile : Serv. *G.* 3, 24 ‖ malléable, ductile : Plin. 34, 94.

ductim, adv. (1 *duco*), en conduisant : *ductim potius quam caesim* Col. 4, 25, 2, en conduisant [les rameaux de la vigne] plutôt qu'en coupant ‖ tout d'un trait, sans se reprendre [quand on boit] : Pl. *Curc.* 109.

ductĭo, *ōnis*, f. (1 *duco* ; it. *doccione*, *doccia*), action de conduire : *aquarum ductiones* Vitr. 1, 1, 7, conduites d'eau ; *directa ductio* Vitr. 10, 3, 2, traction rectiligne ‖ *alvi ductio* Cels. 2, 12, 1 A, relâchement du ventre ‖ *jus ductionis* Ulp. *Dig.* 43, 30, 4, droit d'emmener.

ductĭto, *ās*, *āre*, *āvī*, *ātum* (fréq. de *ducto*), conduire : Pl. *Ru.* 584 ‖ emmener chez soi [une femme], épouser : Pl. *Poen.* 272 ‖ duper, tromper : Pl. *Ep.* 351.

ducto, *ās*, *āre*, *āvī*, *ātum* (fréq. de *duco*), tr. ¶ **1** conduire, guider, mener de côté et d'autre : Pl. *Most.* 847 ‖ conduire habituellement : Sall. *J.* 38, 1 ‖ [en part.] commander une armée : Sall. *C.* 11, 5 ; 17, 7 ; *J.* 70, 2 ; avoir sous ses ordres : Sall. *C.* 19, 3 ¶ **2** emmener chez soi une femme : Pl. *Poen.* 868 ; Ter. *Phorm.* 500 ¶ **3** tromper, duper : Pl. *Cap.* 642 ‖ mener par le bout du nez : Pl. *Mil.* 93.

ductŏr, *ōris*, m. (1 *duco*) ¶ **1** conducteur, guide : *ductores leonum* Lucr. 5, 1310, conducteurs de lions ¶ **2** chef, général d'armée, commandant de navire, de flotte : Cic. *Tusc.* 1, 89 ‖ [fig.] *ductores apum* Virg. *G.* 4, 88, les rois des abeilles [en guerre] ; *ductor aquarum Tibris* Stat. *S.* 3, 5, 112, le Tibre, roi des fleuves ¶ **3** celui qui façonne : *ductor ferreus* Priap. 32, 13, forgeron.

ductrix, *īcis*, f., celle qui conduit, qui commande : Dar. 36.

1 **ductus**, *a*, *um*, part. de *duco*.

2 **ductŭs**, *ūs*, m. (1 *duco*) ¶ **1** action d'amener, conduite : *ductus aquarum* Cic. *Off.* 2, 14, la conduite des eaux ¶ **2** administration, gouvernement, commandement : Cic. *Fam.* 3, 11, 4 ; *Pomp.* 61 ; Caes. *G.* 7, 62, 2 ¶ **3** tracement, tracé, trait : *ductus muri* Cic. *Rep.* 2, 11, tracé d'un mur ; *ductus litterarum discere* Quint. 1, 1, 25, apprendre à former les lettres, à écrire ; *ductus oris* Cic. *Fin.* 5, 47, expression de la bouche ; *ductus macularum* Plin. 37, 194, des taches ¶ **4** conduite, suite, économie [d'une pièce de théâtre] : Quint. 4, 2, 53 ‖ conduite de la phrase : Quint. 9, 4, 30.

dūdum, adv. (cf. 2 *duro*, *dum*, δηρόν, δήν) ¶ **1** il y a quelque temps que, depuis quelque temps : Cic. *Att.* 4, 5, 1 ; *quamdudum...* Cic. *Att.* 14, 12, 3, combien il y a de temps que... ; *haud dudum* Pl. *Pers.* 498, il n'y a pas longtemps ‖ *jam dudum*, v. *jamdudum* ¶ **2** tout à l'heure, récemment : Cic. *Brut.* 138 ; 252 ; *Att.* 11, 24, 1 ; *Fin.* 3, 52 ; Pl. *Merc.* 468 ; *ut dudum hinc abii* Pl. *Cap.* 478, quand tout à l'heure je suis parti d'ici.

Dŭēlĭus, Dŭellĭus, arch. pour *Duilius, Duillius.*

dŭella, *ae*, f. (*duo*), le tiers de l'once : Isid. 16, 25, 15.

dŭellātŏr, *ōris*, m. (*duellum*), guerrier, homme de guerre : Pl. *Cap.* 68.

dŭellĭcus, *a*, *um* (*duellum*), belliqueux : Lucr. 2, 662 ; *ars duellica* Pl. *Ep.* 450, l'art de la guerre.

dŭellĭo, *ōnis*, m. (*duellum*), rebelle : Gloss. 2, 461, 7.

dŭellis, *is*, m. (*duellum*), ennemi armé : Arn. 1, 16.

dŭellĭum, *ii*, n., tyrannie : Gloss. 2, 461, 7.

dŭellō, *ās*, *āre*, -, - (*duellum*), combattre : Fulg. *Theb.* p. 181, 26 H.

Dŭellōna, Dŭelōna, *ae*, f., Bellona : CIL 1, 581 cf. Varr. *L.* 5, 73 ; 7, 49.

dŭellum, *i*, n. (arch. pour *bellum*), guerre, combat : Hor. *O.* 3, 5, 38 ; *domi duellique* Pl. *As.* 559 ‖ [employé d. le style arch.] : Cic. *Leg.* 2, 21 ; Liv. 1, 32, 12 ; 22, 10, 2 ; 23, 11, 2.

Dŭēlōna, v. *Duellona*.

dŭĕnŏs, v. *bonus*.

dŭĭcensŭs, *a*, *um* (*duis* pour *bis*, *census*), recensé avec un autre [le père avec le fils] : P. Fest. 58, 16.

dŭĭdens, bidens : P. Fest. 58, 19.

dŭĭgae, bigae : Varr. *L.* 8, 55.

Dŭīlĭus, Dŭillĭus, *ii*, m., Duilius [consul romain, qui, le premier, vainquit les Carthaginois sur mer, cf. CIL 1, 25] : Cic. *Rep.* 1, 1 ‖ autre du même nom : Liv. 2, 55.

dŭim, *īs*, *it*, v. *do* ▶.

dŭīni, bini : Varr. *L.* 8, 55.

dŭĭpēs, *ĕdis*, bipes : Naev. *Tr.* 31.

duis [arch.] ¶ **1** bis : Cic. *Or.* 153 ¶ **2** v. *do*.

Dŭītae, *ārum*, m. pl., les Duites [qui croient en deux dieux] : Prud. *Ham. pr.* 37.

dŭītās, *ātis*, f., le nombre deux : Javol. *Dig.* 50, 16, 242.

dŭĭtŏr, v. *do*.

dulcăcĭdus, *a*, *um* (*dulcis, acidus*), aigre-doux : Samm. 146.

dulcātŏr, *ōris*, m. (*dulco*), celui qui rend doux : Paul.-Nol. *Carm.* 26, 237.

dulcātus, *a*, *um*, part. de *dulco*.

dulcĕ, n. pris adv. (*dulcis*), d'une manière douce, agréablement, avec agrément, doucement : Catul. 51, 5 ; Hor. *O.* 1, 22, 23 ; *Ep.* 1, 7, 27 ; v. *dulciter*.

dulcĕāmĕn, *ĭnis*, n., douceur : Caes.-Arel. *Virg.* 16.

dulcēdo, *ĭnis*, f. (*dulcis*), douceur, saveur douce : Plin. 25, 66 ‖ [fig.] douceur, agrément, charme, attrait, plaisir : *dulcedo orationis* Cic. *de Or.* 3, 161, charme du style, cf. *Arch.* 24 ; *Q.* 1, 2, 7 ‖ pl., *dulcedines* : Vitr. 7 pr.

dulcĕō, *ēs*, *ēre*, -, - (*dulcis*), intr., être doux : Paul.-Nol. *Carm.* 17, 23.

dulcescō, *ĭs*, *ĕre*, -, - (inch. de *dulceo*), intr., s'adoucir, devenir doux [propre et fig.] : Cic. *CM* 53 ; Plin. 3, 127.

dulcĭa, *ōrum*, n. pl., gâteaux, friandises : Lampr. *Hel.* 26.

dulcĭārĭum, *ii*, n. (*dulcium*), friandise, confiserie : Gloss. 2, 263, 34.

dulcĭārĭus, *ii*, m. (*dulcium*), pâtissier, confiseur : Lampr. *Hel.* 27, 3.

dulcĭcŭlus, *a*, *um* (dim. de *dulcis*), quelque peu doux [au goût] : Cic. *Tusc.* 3, 46.

dulcifer

dulcĭfĕr, ĕra, ĕrum (dulcis, fero), portant de la douceur : ENN. An. 264 ; PL. Ps. 1262.

dulcĭfĭcō, ās, āre, -, - (dulcis, facio), tr., rendre doux : HIL. Psalm. 54, 13.

dulcĭflŭus, a, um (dulcis, fluo), coulant doucement : DRAC. Laud. 1, 166.

dulcĭlŏquus, a, um (dulce, loquor), au son doux, harmonieux : SIDON. Ep. 8, 11, 3.

dulcĭmŏdus, a, um, ⓒ dulcisonus : PRUD. Psych. 664.

dulcĭnervis, e (dulcis, nervus), [arc] agréablement tendu : CAPEL. 9, 917.

dulcĭŏla, ōrum, n. pl. (dim. de dulcia), petits gâteaux, friandises : APUL. M. 4, 27.

dulcĭōrĕlŏquus (-lŏcus), a, um (dulci, ore, loquor), à la parole douce : LAEV. d. GELL. 19, 7, 13.

dulcis, e (cf. γλυκύς ; it. dolce), doux, agréable : [saveur] PL. Cis. 70 ; LUCR. 1, 958 ; CIC. Nat. 3, 32 ; Fin. 3, 34 ; [sons] CIC. Or. 157 ; [voix] CIC. Off. 1, 133 ; [style, écrivains] CIC. Brut. 83 ; 121 ; Off. 1, 3 ; [opp. à suavis] CIC. de Or. 3, 103, douceâtre ‖ [fig.] suave, agréable, chéri [en parl. des choses et des pers.] : **nomen dulce libertatis** CIC. Verr. 5, 163, nom chéri de la liberté ; **dulcissime rerum** HOR. S. 1, 9, 4, ô cher entre toutes choses ‖ **dulcior** CIC. Lae. 66 ; **dulcissimus** CIC. Leg. 3, 25.

dulcĭsāpa, ae, f., sorte de vin doux : *ALDH. Virgin. 60.

dulcĭsŏnōrus, a, um, ⓒ dulcisonus : SERV. Gram. 4, 467, 17.

dulcĭsŏnus, a, um (dulcis, sonus), dont le son est doux, agréable : SIDON. Carm. 6, 5.

dulcĭtās, ātis, f. (dulcis), douceur : ACC. Tr. 640 ; CAECIL. Com. 217.

dulcĭtĕr, adv. (dulcis), agréablement, ⓥ dulce : CIC. Fin. 2, 18 ; QUINT. 4, 2, 62 ‖ compar., dulcius QUINT. 12, 10, 2 ; superl., -cissime CIC. Brut. 77.

dulcĭtūdo, ĭnis, f. (dulcis), douceur [goût] : CIC. de Or. 3, 99 ‖ **dulcitudo usurarum** ULP. Dig. 42, 8, 10, usure modérée.

dulcĭum, ĭi, n., gâteau, ⓥ dulcia : APIC. 143.

dulcō, ās, āre, -, - (dulcis), tr., adoucir : SIDON. Ep. 5, 4, 2.

dulcŏr, ōris, m. (dulcis), saveur douce : TERT. Marc. 3, 5, 3.

dulcŏrĕlŏcus, ⓒ dulcioreloquus.

dulcŏrō, ās, āre, āvī, ātum (dulcor), tr., adoucir : HIER. Ep. 22, 9 ; **acetum dulcoratum** PLIN. VAL. 1, 1, vinaigre doux.

Dulgubnĭi, ōrum, m. pl. (Δουλγούμνιοι), Dulgubniens [nation germanique] : TAC. G. 34.

dūlĭcē, adv. (δουλικῶς), en esclave : PL. Mil. 213.

Dūlĭchĭa, ae, f., ⓒ Dulichium : PROP. 2, 14, 4.

Dūlĭchĭum, ĭi, n. (Δουλίχιον), île de la mer Ionienne, qui faisait partie du Royaume d'Ulysse : OV. Tr. 1, 5, 67 ‖ **-ĭus**, a, um, de Dulichium, d'Ulysse : OV. M. 14, 226.

Dūlŏpŏlis, is, f. (Δουλόπολις), ville de Carie : PLIN. 5, 104.

Dūlŏrestēs, m., Oreste esclave [titre d'une tragédie de Pacuvius] : NON. 352, 10.

dum, adv. et conj. (cf. dudum, interdum, de, -dam, δέ, -δον), .

I adv. enclitique ¶**1** [en composition avec non, nullus, haud, vix] encore : **nondum**, pas encore **nullusdum**, **nulladum**, encore pas un, pas une ; **vixdum**, à peine encore ; **nihildum**, encore rien ; **necdum**, **nequedum**, et pas encore ¶**2** [après l'impér.] donc, voyons, seulement : **circumspice dum te** PL. Trin. 147, regarde seulement autour de toi ; **memoradum** PL. Poen. 1063, rappelle-moi donc ; **tangedum** PL. Ru. 784, allons, touche-les, pour voir ¶**3** [après interj.] **ehodum** TER. Eun. 360, hé, voyons ! ‖ [après certains adv.] **quidum ?** comment donc ? ; PL. Mil. 325 ; TER. Hec. 319 ; **primumdum** PL. Mil. 297, eh bien d'abord.

II conj. ¶**1** [avec indic.] **a)** [avec indic. prés.] dans le même temps que, pendant que [qqf. en corrélation avec interea, interim] : **dum haec in colloquio geruntur, Caesari nuntiatum est...** CAES. G. 1, 46, 1, pendant que ces choses se traitaient dans l'entrevue, on annonça à César... ; **haec dum aguntur, interea Cleomenes jam... pervenerat** CIC. Verr. 5, 91, pendant que ces faits se passaient, Cléomène était déjà parvenu... ‖ [avec imparf.] **dum is in aliis rebus erat occupatus... erant interea qui...** CIC. Amer. 91, pendant qu'il se trouvait occupé à d'autres soins, dans le même moment il y avait des gens qui..., cf. LIV. 5, 47, 1 **b)** jusqu'au moment où, jusqu'à ce que : **ego in Arcano opperior, dum ista cognosco** CIC. Att. 10, 3, moi, j'attends dans Arcanum, jusqu'à ce que je reçoive ces nouvelles ; **exspectabo, dum venit** TER. Eun. 206, j'attendrai qu'il vienne (And. 714 ; Ad. 196) ; **mansit... usque ad eum finem, dum judices rejecti sunt** CIC. Verr. prim. 16, il resta... jusqu'au moment où les juges furent récusés **c)** pendant tout le temps que, tant que ; [qqf. en corrélation avec tamdiu] **haec civitas, dum erit, laetabitur** CIC. Lae. 14, notre cité, tant qu'elle existera, s'en réjouira ; **usus est... tamdiu, dum... habuit** CIC. Verr. 4, 6, il se servit... pendant aussi longtemps qu'il tint..., cf. Tusc. 5, 96 ; Cat. 3, 16 ; Att. 9, 6, 5 ; **dum me rei publicae procuratio... tenebat..., habebam** CIC. Ac. 1, 11, tant que l'administration des affaires publiques me tenait..., je gardais... **d)** tandis que [explicatif] : **dum voluerunt... sustulerunt** CIC. Fin. 2, 43, en voulant..., ils ont supprimé ; **dum voluit... inventus est...** CIC. Brut. 282, en voulant... il s'est trouvé..., cf. Brut. 262 ; Mur. 54 ; Att. 1, 16, 2 ‖ [fréqᵗ à LIV.] LIV. pr. 2 ; 2, 31, 2 ; 2, 47, 4 ; 3, 67, 6 ; 5, 13, 13 ¶**2** [avec subj.] **a)** [st. indir.] : CIC. Planc. 95 ; Mur. 48 ; de Or. 1, 187 ; CM 41 ; CAES. G. 7, 77, 2 ; C. 2, 20, 3 **b)** [nuance consécutive et finale] : le temps suffisant, nécessaire pour que, un temps assez long pour que : **sic deinceps omne opus conexitur, dum justa muri altitudo expleatur** CAES. G. 7, 23, 4, tout l'ouvrage se lie ainsi par couches successives jusqu'à ce que la hauteur normale du mur soit atteinte ; **usque ad eum finem, dum possint...** CIC. Nat. 2, 129, le temps nécessaire pour qu'ils soient en état de... ; **mihi tantum temporis satis est... dum... caveam** CIC. Att. 11, 19, 2, j'ai seulement le temps suffisant de prendre des mesures... ; [en part. après exspectare] **exspecta, dum Atticum conveniam** CIC. Att. 7, 1, 4, attends que je joigne Atticus (CAES. G. 1, 11, 6) **c)** [dans le potentiel ou irréel par attraction] CIC. Nat. 2, 147 **d)** [analogue à cum participial] : VIRG. G. 4, 457 ; LIV. 1, 40, 7 ; 10, 18, 1 ¶**3** [toujours avec le subj.] **dum, dum modo**, pourvu que : **oderint, dum metuant** ACC. Tr. 204 d. CIC. Off. 1, 97, qu'ils me haïssent, pourvu qu'ils me craignent, cf. Fin. 5, 89 ; Rep. 1, 63 ; Amer. 119 ; Rep. 3, 4 ; Off. 3, 82 ; Cat. 1, 22 ; Brut. 285 ‖ [sans verbe exprimé] : CIC. Fam. 7, 9, 2 ; Ac. 2, 104 ‖ [avec négation ne] : CAT. Agr. 5, 4 ; CIC. Att. 6, 1, 4 ; Fam. 10, 25, 2 ; de Or. 3, 185 ¶**4** [tard.] tandis que, alors que [= cum] : **dum essem adulscens** HIER. Ep. 52, 1, alors que j'étais jeune.

▶ **dunc** (cf. tunc ; fr. donc) CIL 3, 1903, 8 ; CARM. EPIGR. 1878, 6.

dūmālis, e (dumus), hérissé, buissonneux [chevelure] : CAPEL. 4, 329.

Dūmāna, ae, f., ville de l'Égypte supérieure : PLIN. 6, 178.

Dūmatha, ae, f., ville sur le Tigre : PLIN. 6, 146.

dŭmecta, ōrum, n. pl., [arch.] ⓥ dumetum : P. FEST. 59, 6.

dūmescō, ĭs, ĕre, -, - (dumus), intr., se couvrir de ronces : DIOM. 344, 17.

dūmētum, i, n. (dumus), ronceraie, buissons : CIC. Tusc. 5, 64 ‖ arbrisseaux : VIRG. G. 1, 15 ; HOR. O. 3, 4, 63 ‖ [fig.] **dumeta Stoicorum** CIC. Ac. 2, 112, les épines du stoïcisme = subtilités, difficultés, cf. Nat. 1, 68.

dūmĭcŏla, ae, m. (dumus, colo), celui qui habite les buissons : AVIEN. Perieg. 895.

dummŏdŏ (dum mŏdŏ), conj. avec subj., pourvu que : CIC. Brut. 295 ; **dummodo ne** CIC. de Or. 3, 185, pourvu que ne pas ; ⓥ dum ¶3.

dummus, ⓥ dumus.

Dumna, ae, f., île voisine des Orcades : PLIN. 4, 404.

Dumnacus, i, m., chef des Andécaves : HIRT. G. 8, 26.

Dumnōnĭi, ōrum, m. pl., peuple de Bretagne [Devon] : ANTON. 463.

Dumnŏrix, īgis, m., noble Éduen, frère de Divitiacus : CAES. G. 1, 3, 5.

dūmōsus, *a, um* (*dumus*), couvert de ronces, de broussailles, de buissons : Virg. B. 1, 77 ; G. 2, 180.

dumtaxăt (dunt-), adv. (*dum* et subj. de *taxo* = *tango* "jusqu'à toucher") ¶ **1** juste en se bornant à, pas au-delà, seulement : *hoc recte dumtaxat* Cic. Brut. 285, c'est bien jusque-là ; *potestatem habere dumtaxat annuam* Cic. Rep. 2, 56, avoir le pouvoir tout juste un an ; *sint ista pulchriora dumtaxat aspectu* Cic. Nat. 2, 47, admettons que ces figures soient plus belles tout au plus à la vue ; *in tuo dumtaxat periculo* Cic. Dej. 1, ne serait-ce que parce que ta vie est en cause, cf. Caes. C. 2, 41, 1 ; *ad hoc dumtaxat ne... videamur* Cic. de Or. 1, 249, en vue tout au moins de ne pas paraître... ; *si dumtaxat* Gell. 1, 13, 6, si seulement ‖ [qqf.] *non dumtaxat... sed* Liv. 37, 53 ; 9 ; Dig. 26, 7, 12, 3, non seulement... mais encore ¶ **2** [tard.] à savoir, bien entendu : *gratias agere se dicit, Deo suo dumtaxat* Ambrosiast. 2 Cor. 3, 7, il dit qu'il rend grâce, à son Dieu cela va de soi ‖ surtout : Tert. Apol. 39, 6.
▶ on trouve encore *dum* séparé de *taxat* dans les Inscr. : CIL 1, 583 ; Fest. 288, 35.

dūmus (arch. **dusmus**, P. Fest. 59, 4), *i*, m. (peu net), buisson, hallier : Cic. Tusc. 5, 65 ; Virg. G. 3, 115.

dŭnămis, v. *dynamis*.

duntaxat, v. *dumtaxat*.

dŭo, *ae, ŏ*, pl. (cf. *duis* ¶ 1, *bis*, *dubo*, δύο, scr. *dvau*, al. *zwo, zwei*, an. *two*, rus. *dva* ; it. *due*), deux : Cic. Rep. 1, 15 ‖ souvent acc. *duo* au lieu de *duos* : Cic. Tusc. 1, 110 ; Fam. 7, 25, 2 ; Verr. 2, 25.
▶ ancien gén. *duum* au lieu de *duorum* : Lentul. Fam. 12, 15, 2 ; Sall. J. 106, 5 ‖ *dua* ancien neutre [blâmé par Quint. 1, 5, 15] : Acc. d. Cic. Or. 156 ; CIL 3, 138, se retrouve dans l'expr. *duapondo*.

dŭŏcentēni, *ae, a*, c. *duceni* : Grom. 2, 14.

dŭŏdĕcăchrŏnus, *a, um* (δώδεκα, χρόνος), qui a douze temps : Mar. Vict. Gram. 6, 43, 24.

dŭŏdĕcăjŭgum, *i*, n. (δώδεκα, *duo-, jugum*), attelage de douze coursiers : Ambr. Psalm. 118, s. 4, 28, 2.

dŭŏdĕcăs, *ădis*, f. (δωδεκάς), douzaine : Ps. Tert. Haer. 4, 3.

dŭŏdĕcăsēmus, *a, um* (δώδεκα, σημεῖον), c. *duodecachronus* : Mar.-Vict. Gram. 6, 43, 15.

dŭŏdĕcăstÿlus, *a, um* (στῦλος), à douze colonnes : Iren. 4, 21, 3.

dŭŏdĕcăsÿllăbus, *a, um* (*syllaba*), qui a douze syllabes : Not. Tir. 114, 53.

dŭŏdĕcennis, *e* (*duodecim, annus*), âgé de douze ans : Sulp. Sev. Dial. 3, 2, 3.

dŭŏdĕcennĭum, *ii*, n. (*duodecim, annus*), espace de douze années : Cod. Th. 2, 27, 1, 5.

dŭŏdĕcĭens, -cĭēs (*duodecim*), douze fois : Cic. Verr. 2, 185 ; Liv. 38, 28.

dŭŏdĕcĭformis, *e* (*duodecim, forma*), qui a douze formes : Iren. 2, 15, 3.

dŭŏdĕcim, indécl. (*duo, decem* ; it. *dodici*), douze : Cic. Rep. 2, 31 ; Caes. G. 1, 5, 2 ‖ *duodecim* (s.-ent. *tabulae*), les XII Tables : *haec habemus in duodecim* Cic. Leg. 2, 61, voilà ce que nous trouvons dans les XII Tables.

dŭŏdĕcīmānus, *i*, m. (*duo, decīdere*), v. *decimanus* : Grom. 28, 14.

dŭŏdĕcĭmō, adv. (*duodecimus*), pour la douzième fois : Capit. Anton. 1, 8.

dŭŏdĕcĭmus, *a, um*, douzième : Caes. G. 2, 23, 4 ; Cic. Cat. 1, 7.

dŭŏdĕcimvir, *ĭri*, m., duodecemvir, membre d'un collège de douze magistrats : CIL 6, 1700.

dŭŏdēnārĭus, *a, um* (*duodeni*), qui contient douze unités : Varr. L. 5, 34.

dŭŏdēni, *ae, a* (*duodecim, deni*) ¶ **1** [distrib.] chacun douze : *duodena describit in singulos homines jugera* Cic. Agr. 2, 85, il leur donne douze arpents par tête, cf. Caes. G. 5, 14, 4 ‖ gén. pl., *duodenum* : Caes. G. 7, 36, 7 ¶ **2** [poét.] ⇒ *duodecim*, douze : *duodena astra* Virg. G. 1, 232, les douze signes du Zodiaque ‖ [au sg.] Apul. M. 3, 19, au nombre de douze.

dŭŏdēnĭgĕna, *ae*, m. et f. (*duodeni, geno*), au nombre de douze : Anth. 197, 3.

dŭŏdennis, *e*, c. *duodecennis* : Aug. Psalm. 101, 1.

dŭŏdēnōnāgintā, indécl., quatre-vingt-huit : Plin. 3, 118.

dŭŏdēnum, gén. pl. de *duodeni*.

dŭŏdĕoctōgintā, indécl., soixante-dix-huit : Plin. 3, 62.

dŭŏdĕquădrāgēnī, *ae, a*, chaque fois trente-huit : Plin. 38, 114.

dŭŏdĕquădrāgēsĭmus, *a, um*, trente-huitième : Liv. 1, 40, 1.

dŭŏdĕquădrāgintā, indécl., trente-huit : Cic. Tusc. 5, 57.

dŭŏdĕquinquāgēnī, *ae, a*, chaque fois quarante-huit : Plin. 2, 38.

dŭŏdĕquinquāgēsĭmus, *a, um*, quarante-huitième : Cic. Brut. 162.

dŭŏdĕquinquāgintā, indécl., quarante-huit : Col. 9, 14, 1.

dŭŏdĕsexāgēsĭmus, *a, um*, cinquante-huitième : Vell. 2, 53, 3.

dŭŏdĕsexāgintā, indécl., cinquante-huit : Plin. 11, 19.

dŭŏdĕtrīcēsĭmus, *a, um*, vingt-huitième : Varr. d. Gell. 3, 10, 6.

dŭŏdĕtrīcĭens (-cĭēs), vingt-huit fois : Cic. Verr. 3, 163.

dŭŏdĕtrīgintā, indécl., vingt-huit : Liv. 33, 36, 14 ; Suet. Tib. 1.

dŭŏdēvīcēni, *ae, a*, chacun dix-huit : Liv. 21, 41, 6.

dŭŏdēvīcēsĭmus, -vīgēsĭmus, *a, um*, dix-huitième : Varr. d. Non. 100, 11 ; Plin. 2, 184 ‖ [avec tmèse] *duo enim devicesima olympiade* Plin. 35, 55, à la dix-huitième olympiade.

dŭŏdēvīgintī, indécl., dix-huit : Cic. Ac. 2, 128.

dŭŏdrantālis, v. *dodrantalis*.

dŭŏetvīcēsĭmāni, *ōrum*, m., soldats de la 22e légion : Tac. H. 4, 37.

dŭŏetvīcēsĭmus, *a, um*, vingt-deuxième : Tac. H. 1, 18.

duŏnus [arch.], c. *bonus* : P. Fest. 58, 23.

dŭŏpondĭum, *ii*, n., c. *dupondium* : Grom. 28, 13.

dŭŏvīgintī, c. *duo et viginti* : Grom. 28, 13.

dŭŏvir, dŭŏvĭrālis, c. *duumvir, duumviralis* : CIL 1, 1607 ; 1473 ; 698.

dupla, *ae*, f. (*duplus*), le double du prix : Pl. Cap. 819.

duplāris, *e* (*duplus*), double qui contient le double : Macr. Somn. 1, 19, 21 ; *duplares milites* Veg. Mil. 2, 7, soldats qui ont double ration [comme récompense].

dŭplārĭus, *iis*, m., soldat qui a double ration : CIL 3, 3556.

dŭplātĭo, *ōnis*, f. (*duplo*), c. *duplicatio* : Paul. Dig. 9, 4, 31.

Duplăvĭlenses, *ium*, m. pl., habitants de Duplavile [ville de l'Italie supérieure] : Fort. Mart. 4, 668.

dŭplex, *ĭcis* (*duo, 2 plaga* ; cf. ombr. *tuplak*, διπλαξ) ¶ **1** double : *duplex cursus* Cic. Tusc. 1, 72, double trajet ; *duplex murus* Caes. G. 2, 29, 3, double mur ‖ replié en deux : Nep. Dat. 3 ; Hor. Ep. 1, 17, 25 ‖ = gros : Cat. Agr. 20 ; [fig.] Prop. 3, 1, 22 ‖ double de, deux fois autant que : *duplex quam* Plin. 19, 9 ; Quint. 2, 3, 3 ¶ **2** partagé en deux : *duplex ficus* Hor. S. 2, 2, 122, figue double, fendue en deux ; *duplicia folia* Plin. 16, 90, feuilles bifides ; *duplex lex* Quint. 7, 7, 10, loi qui a deux parties ¶ **3** [au pl.] les deux ⇒ *uterque* : *duplices oculi* Lucr. 6, 1145, les deux yeux ; *duplices palmae* Virg. En. 1, 93, les deux mains ¶ **4** [fig.] **a)** fourbe, rusé : *duplex Ulysses* Hor. O. 1, 6, 7, l'artificieux Ulysse ; *vos ego sensi duplices* Ov. Am. 1, 12, 27, j'ai reconnu votre duplicité **b)** = à double sens : Quint. 9, 2, 69.
▶ abl. sg. *duplici* ; mais *duplice* Hor. S. 2, 2, 122 cf. Prisc. 2, 340, 11.

dŭplĭcāris, c. *duplicarius* : CIL 6, 2446.

dŭplĭcārĭus, *ii*, m. (*duplex*), soldat qui a double ration : Varr. L. 5, 90 ; Liv. 2, 59, 11.

dŭplĭcātĭo, *ōnis*, f. (*duplico*), action de doubler : Ulp. Dig. 48, 19, 8 ; *duplicatio radiorum* Sen. Nat. 4, 8, réfraction des rayons.

dŭplĭcātō, adv. (*duplicatus*), au double, une fois autant : Plin. 2, 76.

duplicator

dŭplĭcātŏr, ōris, m. (duplico), celui qui double : Sidon. Ep. 3, 13, 2.

dŭplĭcātus, a, um, part. de duplico.

dŭplĭcĭārĭus, ⓒ duplicarius : CIL 10, 540.

dŭplĭcĭtās, ātis, f. (duplex), état de ce qui est double : **duplicitas aurium** Lact. Opif. 8, 6, les deux oreilles ‖ équivoque, à double entente : Aug. Serm. Dom. 2, 14, 48 ‖ duplicité : Aug. Quaest. ev. 31.

dŭplĭcĭter, adv. (duplex), doublement, de deux manières : Cic. Ac. 2, 104 ; Lucr. 6, 510.

dŭplĭco, ās, āre, āvī, ātum (duplex), tr. ¶ 1 doubler : **numerum dierum** Cic. Nat. 1, 60, doubler le nombre des jours ; **verba** Cic. Or. 135, répéter les mots, ou bien ; Liv. 27, 11, 5, former des mots composés ; **duplicare bellum** Sall. d. Serv. B. 2, 67, renouveler la guerre ¶ 2 accroître, augmenter, grossir : Cic. Fil. Fam. 16, 21, 2 ; **duplicato cursu** Cæs. C. 3, 92, 3, ayant fourni une course double, cf. 3, 76 ¶ 3 courber en deux, ployer : Virg. En. 11, 645 ; 12, 927.

dŭplĭo, ōnis, f., [arch.] ⓒ duplum : L. XII Tab. d. Fest. 518, 5 ; Plin. 18, 12 ; P. Fest. 58, 14.

1 **dŭplō**, adv. (duplus), doublement : **duplo quam vos** Vulg. Matth. 23, 15, deux fois autant que vous.

2 **dŭplō**, ās, āre, -, - (duplus) ; it. doppiare), tr., doubler : Ulp. Dig. 40, 12, 20.

dŭploma, Ⓥ diploma : Char. 42, 33.

duplum, i, n. (duplus), le double, deux fois autant : **dupli pœnam subire** Cic. Off. 3, 65, être condamné à payer deux fois la valeur ; **ire in duplum** Cic. Flac. 49, réclamer une réparation du double ; **duplo major** Plin. 27, 98, deux fois plus grand, cf. Vulg. Exod. 16, 5.

dŭplus, a, um (duo, duplex, plico ; cf. διπλός ; it. doppio), double, deux fois aussi considérable : Cic. Tim. 22 ; 25 ; Liv. 29, 19, 7.

dŭpondĭārĭus, a, um (dupondius), de deux as : **dupondiarius orbiculus** Col. 4, 30, 4, diamètre de la monnaie appelée dupondius ‖ [fig.] de rien, méprisable, vil : **homo** Petr. 74, 15, homme de rien ‖ subst. m., monnaie valant deux as : Plin. 34, 4.

dŭpondĭus, ii, m. (cf. duo et pondo), Cic. Quinct. 53 ; Varr. L. 5, 169, **dŭpondĭum**, Varr. L. 9, 81, **dĭpondĭum**, ii, n., Grom. 28, 14, somme de deux as ‖ [fig.] peu de valeur, pas grand-chose : Petr. 58, 14 ‖ mesure de deux pieds : Col. 3, 13, 5.

dŭprŏsōpus, a, um (de διπρόσωπος, cf. duo), à double face [récipient non verni à l'extérieur] : Grauf. 16 ; Ⓥ biprosopus.

Dūra, ae, f. (τὰ Δοῦρα), ville de Mésopotamie Atlas I, D7 ; IX, D4 : Amm. 23, 5, 8.

dūrābĭlis, e (duro), durable : Ov. H. 4, 89 ; Quint. 11, 3, 23 ‖ **durabilior** Apul. Apol. 61.

dūrābĭlĭtās, ātis, f., état de ce qui est durable, durée, solidité : Pall. 1, 36, 2.

dūrābĭlĭter, adv., d'une manière durable : Cassiod. Eccl. 1, 9.

dūrăcĭnus, a, um (durus, acinus plutôt que *Duracium dérivé de Dyrrachium Keller. Lat. Volkset. 234, it. duracino), qui a la chair ferme : Cat. Agr. 7, 2 ; Plin. 14, 14 ; Suet. Aug. 76.

dūrāmĕn, ĭnis, n. (duro), durcissement : Lucr. 6, 530 ‖ ⓒ duramentum ¶ 1 : Col. 4, 22, 1.

dūrāmentum, i, n. (duro), le vieux bois de la vigne : Plin. 17, 208 ‖ [fig.] affermissement : Sen. Tranq. 1, 3 ; Val.-Max. 2, 7, 10.

Dŭrānĭus, ii, m., le Duranius [fleuve de la Gaule, auj. la Dordogne] Atlas I, C3 ; IV, A4 ; V, E2 : Aus. Mos. 464.

dūrătĕus, a, um (δουράτεος), de bois [en parl. du cheval de Troie] : Lucr. 1, 476.

dūrātŏr, ōris, m. (duro), celui qui endurcit : Pacat. = Paneg. 12, 33, 4.

dūrātrix, īcis, f. (durator), celle qui affermit : Plin. 14, 17.

dūrātus, a, um, part. de duro.

durco, ōnis, m. (δόρκων), grande trière : Isid. 19, 1, 10.

dūrē, adv. (durus) ¶ 1 rudement, lourdement, sans grâce, sans élégance : Hor. Ep. 2, 1, 66 ¶ 2 avec dureté, rigoureusement, sévèrement : Cic. Phil. 12, 25 ‖ **durius** Cic. Att. 1, 1, 4 ; **-issime** Ulp. Dig. 47, 14, 1 ; Ⓥ duriter.

dūrĕō, ēs, ēre, -, - (durus), intr., être dur : Prisc. 2, 397, 12 ; Serv. G. 1, 91.

dūresco, ĭs, ĕre, durŭī, - (durus), intr., durcir, s'endurcir, devenir dur : **durescit humor** Cic. Nat. 2, 26, l'eau durcit, cf. Virg. B. 8, 80 ; G. 1, 72 ‖ [fig.] prendre un style dur, se dessécher : Quint. 2, 5, 21 ; 10, 5, 16.

dūrēta, ae, f. (hisp.), cuve de bois [pour le bain] : Suet. Aug. 82.

dūrĕus, **dūrĭus**, a, um (δούρ(ε)ιος), en bois [en parlant du cheval de Troie] : P. Fest. 72, 16 ‖ [fig.] Val.-Flac. 2, 573.

durgo, ōnis, m. (δόρκων), chevreuil : Anton. Plac. A 39 ; Ⓥ durco.

Dūrĭa, ae, m. ¶ 1 nom de deux fleuves de la Gaule transpadane [Duria major et Duria minor, auj. la Doire Baltée et la Doire Ripaire] Atlas XII, B1 ; XII, C1 : Plin. 3, 118 ¶ 2 fleuve de Germanie [le même que Marus] : Plin. 4, 81 ¶ 3 ⓒ 2 Durius : Claud. Seren. 72.

dūrĭbuccĭus, a, um (durus, bucca), qui a la bouche dure : Gloss. 4, 406, 48.

dūrĭcordĭa, ae, f. (durus, cor), dureté de cœur : Tert. Marc. 5, 4, 2.

dūrĭcŏrĭus, a, um (durus, corium), qui a l'écorce ou la peau dure : Cloat. d. Macr. Sat. 3, 20, 1.

dūrĭcors, cordis (durus, cor), qui a le cœur dur : Isid. Fid. 1, 1, 1.

Dŭrĭnē, ēs, f., ville sur le golfe Persique : Plin. 6, 138.

Dūris, ĭdis, m., historien grec de Samos : Cic. Att. 6, 1, 18 ; Plin. 7, 30.

Dūrĭo, ōnis, m. (Δωρίων), personnage de mime : Mercat. Subn. 4, 3 (Concil. S. 1, 5, p. 9, 23).

dūrĭtās, ātis, f. (durus), dureté, rudesse [du style] : Cic. Or. 53.

dūrĭtĕr, adv. (durus), durement : **duriter premere colla** Vitr. 10, 3, 9, presser durement le cou [des bœufs] ‖ [fig.] durement, difficilement : **vitam duriter agere** Ter. And. 64, mener une vie dure, laborieuse ; **duriter verba translata** Her. 4, 16, métaphores peu naturelles ‖ Ⓥ dure.

dūrĭtĭa, ae, f. (durus ; it. durezza) ¶ 1 dureté, rudesse [des corps] : Lucr. 4, 269 ; Plin. 37, 189 ¶ 2 dureté, resserrement, induration [méd.] : Cels. 3, 24, 2 ¶ 3 âpreté, saveur âpre : Plin. 14, 74 ¶ 4 [fig.] vie dure, laborieuse, pénible : Cic. Tusc. 5, 74 ; Part. 81 ; Cæs. G. 6, 21, 3 ; Sall. J. 100, 5 ¶ 5 dureté d'âme, fermeté : Cic. de Or. 3, 62 ¶ 6 insensibilité : Cic. Dom. 97 ; **duritia oris** Sen. Const. 17, 3, impudence ¶ 7 sévérité, rigueur : Ter. Haut. 435 ; Tac. H. 1, 23 ; An. 1, 35.

dūrĭtĭēs, ēi, f., ⓒ duritia [forme rare] : Lucr. 4, 268 ; Catul. 66, 50 ; Plin. Pan. 82, 6 ; Suet. Ner. 34.

dūrĭtĭŏla, ae, f. (dim. de duritia), petit durcissement [méd.] : Pelag. 16.

dūrĭtūdo, ĭnis, f. (durus), impudence : Cat. d. Gell. 17, 2, 20.

1 **dūrĭus**, Ⓥ dureus et dure.

2 **Dūrĭus**, ii, m., le Durius [fleuve de Lusitanie, auj. le Douro] Atlas I, C2 ; IV, B2 : Plin. 4, 112 ; Mel. 3, 8.

dūrĭuscŭlus, a, um (dim. de durus), assez dur [à l'oreille] : Plin. Ep. 1, 16, 5 ‖ un peu dur, un peu rude : Plin. Præf. 2.

Durnĭum, ii, n., ville d'Illyrie : Liv. 43, 30.

Durnŏmăgus, i, m., ville de la Belgique [Dormagen] : Anton. 254.

Durnŏvārĭa, ae, f., ville de Bretagne [Dorchester] Atlas V, C1 : Anton. 483.

1 **dūrō**, ās, āre, āvī, ātum (durus), tr. et intr.

I tr. ¶ 1 durcir : **ungulas** Col. 6, 37, 11, endurcir la corne [d'un mulet] ; **ferrum ictibus** Plin. 34, 149, battre le fer ; **uvam fumo** Hor. S. 2, 4, 72, faire sécher du raisin à la fumée ; **corpus** Cels. 2, 1, 2, resserrer le ventre, constiper ‖ rendre solide, assujettir : **caementa non calce durata erant, sed...** Liv. 21, 11, 8, les moellons, au lieu d'être liés en masse dure par de la chaux... ¶ 2 endurcir, fortifier : **hoc se labore durant** Cæs. G. 6, 28, 3, c'est à ce travail qu'ils s'endurcissent ; **durare membra** Hor. S. 1, 4, 119, endurcir son corps ; **exercitum** Vell. 2, 78, 2, aguerrir son armée ; **mentem** Tac. An. 3, 15, affermir son courage ¶ 3 rendre dur, insensible : **ferro duravit saecula** Hor.

Epo. 16, 65, il [Jupiter] créa l'âge de fer, cf. Quint. *1, 3, 14* ; Tac. *H. 4, 59* ‖ [au pass.] s'invétérer : **multa vitia durantur** Quint. *1, 1, 37*, beaucoup de vices deviennent incorrigibles.

II intr. ¶ **1** se durcir : **canebat ut durare solum coeperit** Virg. *B. 6, 35*, Il chantait comment la terre commença à se durcir ¶ **2** être dur, cruel : **durare in suorum necem** Tac. *An. 1, 6*, porter la cruauté jusqu'à faire périr les siens, cf. *An. 14, 1* ; Quint. *9, 2, 88*.

dūrō, *ās, āre, āvī, ātum* (cf. *dudum*, δηρόν ; fr. *durer*), tr. et intr. ¶ **1** patienter, persévérer : **durare nequeo in aedibus** Pl. *Amp. 882*, je ne puis tenir à la maison ; **nequeo durare, quin ego erum accusem meum** Pl. *Curc. 175*, je ne puis me retenir d'accuser mon maître ; **durate** Virg. *En. 1, 207*, prenez patience ‖ [pass. impers.] **nec durari extra tecta poterat** Liv. *10, 46, 1*, on ne pouvait tenir sans avoir un toit ‖ tenir bon, résister : Liv. *38, 7, 13* ; **pransus non avide, quantum interpellet inani ventre diem durare** Hor. *S. 1, 6, 127*, ayant déjeuné sobrement, juste de quoi m'empêcher par cette coupure de rester un jour le ventre vide ¶ **2** durer, subsister : **neque post mortem durare videtur** Lucr. *3, 339*, le corps ne se conserve manifestement pas après la mort ; **qui nostram ad juventam duraverunt** Tac. *An. 3, 16*, ceux qui ont vécu jusqu'au temps de notre jeunesse ‖ **durant colles** Tac. *G. 30*, les collines continuent, se prolongent sans interruption ¶ **3** tr., endurer, souffrir : **patior quemvis durare laborem** Virg. *En. 8, 577*, je me soumets à toutes les épreuves ‖ **ut vivere durent** Luc. *4, 519*, pour qu'ils supportent la vie, cf. Sil. *10, 653* ; *11, 75*.

Durobrivae, *ārum*, f. pl., ville de Bretagne [Rochester] Atlas V, C2 ; V, B2 : Anton. *475*.

Durocases, V. *Durocasses*.

Durocasses, *ium*, m. pl., **Durocassium**, *ii*, n., Durocasses [ville de la Gaule Celtique, auj. Dreux] : Anton. *384* ; Peut. *1, 3*.

Durocobrivae, *ārum*, f. pl., ville de Bretagne : Anton. *471*.

Dūrŏcortŏrum, *i*, n., ville de la Gaule Belgique [auj. Reims] Atlas I, B3 ; V, D3 : Caes. *G. 6, 44*.

Durolitum, *i*, n., ville de Bretagne [auj. Rumford] : Anton. *480*.

Durōnia, *ae*, f., ville des Samnites : Liv. *10, 39*.

Durōnius, *ii*, m., nom d'homme : Cic. *de Or. 2, 274*.

Duronum, *i*, n., ville de la Belgique, chez les Veromandui [auj. Etroeungt] : Anton. *381*.

Durovernum, Durarvenum, *i*, n., ville de Bretagne [probabl' Canterbury] : Anton. *472* ; *473*.

Durrach-, V. *Dyrrach-*.

dūrŭī, parf. de *duresco*.

dūrus, *a, um* (**drūros*, cf. δρῦς, scr. *dāruṇa-s* ; fr. *dur*) ¶ **1** dur [au toucher], ferme, rude, âpre : **durum ferrum** Lucr. *2, 499*, le fer dur ; **dura gallina** Ov. *M. 2, 418*, poule coriace ; **dura alvus** Cels. *6, 18, 9*, ventre serré, constipé ; **durum cacare** Mart. *3, 89, 2*, avoir des selles dures ; **dura pellis** Lucr. *6, 1194*, peau rude ; **durissimis pedibus** Cic. *de Or. 1, 28*, avec des pieds tout à fait endurcis ‖ [subst'] **durum**, *i*, n., le bois dur de la vigne : Col. *5, 6, 29* ¶ **2** âpre [au goût, à l'oreille] : **durum vocis genus** Cic. *Nat. 2, 146*, voix rude ; **durus sapor Bacchi** Virg. *G. 4, 102*, âpre saveur du vin ‖ **durum verbum** Cic. *Brut. 274*, mot dur, choquant, désagréable à entendre ¶ **3** grossier, sans art : **poeta durissimus** Cic. *Att. 14, 20, 3*, poète des plus rocailleux ; **dura oratio** Quint. *8, 6, 62*, style dur ; **durior (pictor) in coloribus** Plin. *35, 98*, (peintre) au coloris un peu dur ; **duriora fecit Callon** Quint. *12, 10, 7*, les ouvrages de Callon [statuaire] sont d'un style trop sec ¶ **4** dur à la fatigue, à la peine : **duri Spartiatae** Cic. *Tusc. 1, 102*, les durs Spartiates, cf. *Tusc. 2, 17* ‖ qui ne se plie pas : **ad haec studia** Cic. *Arch. 20*, rebelle, insensible à ce genre d'études ‖ [avec inf.] **durus componere versus** Hor. *S. 1, 4, 8*, versificateur infatigable ¶ **5** dur, sévère, cruel, endurci, insensible : **animus durus** Cic. *Arch. 17*, cœur insensible ; **virtus dura** Cic. *Lae. 48*, vertu sauvage ‖ impudent : **os durum** Cic. *Quinct. 77*, impudence ¶ **6** dur, difficile, pénible, rigoureux [en parl. des choses] : **dura servitus** Cic. *Rep. 1, 68*, rude esclavage, cf. *de Or. 1, 256* ; *Rep. 1, 68* ‖ **durissima rei publicae tempora** Cic. *Dom. 93*, situation politique si pénible ; **durissimo tempore anni** Caes. *G. 7, 8, 2*, dans la saison la plus dure ; **annona fit durior** Cic. *Dom. 15*, la vie augmente ; **si quid erat durius** Caes. *G. 1, 48, 6*, si la situation était quelque peu difficile, critique ‖ n. pl., **dura**, choses difficiles, peines, fatigues, etc. : Hor. *Ep. 2, 1, 141* ; Virg. *En. 8, 522* ; Ov. *M. 9, 544*.

Dūsărēs, *is*, m. (Δουσάρης), Bacchus chez les Arabes Nabatéens : Tert. *Apol. 24, 8*.

dūsirītis, *ĭdis*, f., (s.-ent. *myrrha*) sorte de myrrhe : Plin. *12, 69*.

dusĭus, *ii*, m. (mot gaulois), lutin, mauvais génie : Isid. *18, 11, 103*.

1 **dusmus**, [arch.] C. *dumus*.

2 **dusmus**, adj., C. *dumosus* : **dusmo in loco** Andr. d. P. Fest. *59, 3*, dans un endroit broussailleux.

dŭum, pour *duorum*, V. *duo* ►.

dŭumvĭr, *ĭri*, m. (de *duum virum*, gén. pl., cf. *triumvir*), Cic. *Pis. 25* ; *Agr. 2, 93* ; **dŭŏvĭr**, Liv. *22, 33, 8* ; *23, 21, 7*, duumvir, membre d'une commission de deux personnes [ordin' employé au pluriel, *duoviri*]. ► IIvir, IIviri mss, Inscr.

dŭumvĭra, *ae*, f., épouse d'un duumvir : CIL *8, 9407*.

dŭumvĭrālĭcĭus vir, m. (*duumviralis*), personnage qui a été duumvir : Aug. *Cur. 12*.

dŭumvĭrālis, *e* (*duumvir*), de duumvir : CIL *13, 1921* ‖ subst. m., celui qui a été duumvir : Ulp. *Dig. 50, 3, 1*.

dŭumvĭrālĭtās, *ātis*, f., Cod. Just. *5, 27, 1*, **dŭumvĭrātŭs**, *us*, m., Plin. *Ep. 4, 22, 1*, duumvirat, charge de duumvir.

Duvĭus, *ii*, m., nom de famille romain : Plin. *34, 47*.

dux, *dŭcis*, m. et f. (cf. *1 duco, redux*, al. Herzog ; it. vén. *doge*) ¶ **1** conducteur, guide : Caes. *G. 1, 21, 2* ; *2, 7, 1* ; *6, 35, 10* ; **naturam ducem sequi** Cic. *Off. 1, 22*, suivre la nature comme guide, cf. *Tusc. 3, 2* ; *5, 5* ‖ qui conduit, qui inspire : **auctor et dux mei reditus** Cic. *Mil. 39*, (Pompée) à l'initiative et à la direction duquel est dû mon retour d'exil, cf. *de Or. 3, 63* ¶ **2** chef, général : Caes. *G. 1, 13, 2* ; *2, 23, 4* ; Cic. *Nat. 2, 9* ; *Verr. 5, 77* ; *89* ‖ [tard.] duc, gouverneur [titre des commandants militaires, au Bas-Empire, dans les provinces] : **dux Numidiae provinciae** Cod. Just. *1, 27, 2, 1*, duc de la province de Numidie ¶ **3** chef du troupeau, qui marche à la tête : Ov. *M. 8, 884* ; *5, 327* ‖ [qqf.] gardien du troupeau, berger : Tib. *1, 10, 10*. ► nom. *ducis* Fort. *Carm. 10, 19, 15*.

duxī, parf. de *duco*.

duxti, V. *duco*.

dyăs, *ădis*, f. (δυάς), le nombre deux : Aug. *Conf. 4, 15*.

dymăchērus, *i*, m., V. *dimachaerus*.

Dymaei, V. *Dyme*.

Dymantis, *ĭdis*, f., fille de Dymas [Hécube] : Ov. *M. 13, 620*.

Dymās, *antis*, m. (Δύμας) ¶ **1** Dymas [roi de Thrace, père d'Hécube] : Ov. *M. 11, 761* ¶ **2** fleuve de Sogdiane : Amm. *23, 26*.

Dȳmē, *ēs*, f. (Δύμη), Plin. *4, 13* et **Dymae**, *ārum*, f. pl., Liv. *27, 31, 11*, Dymes [ville d'Achaïe] Atlas VI, B1 ‖ **-aeus**, *a, um*, de Dymes : Liv. *27, 31, 11* ‖ subst. m. pl., Dyméens : Cic. *Att. 16, 1, 2*.

dynămīa, *ae*, f. (δυνάμεια), efficacité [des médicaments] : Isid. *4, 10, 3*.

dynămĭcē, *ēs*, f., la dynamique [science des forces] : Fulg. *Myth. 3, 10*.

dynămis, *is*, f. (δύναμις) ¶ **1** grande quantité, abondance : Pl. *Ps. 211* ¶ **2** carré d'un nombre [puissance] : Arn. *2, 24*.

dynastēs, *ae*, m. (δυνάστης), prince, seigneur, petit souverain : Cic. *Phil 11, 31* ; Caes. *C. 3, 2* ; Nep. *Dat. 2* ‖ [en parl. des triumvirs à Rome] Cic. *Att. 2, 9, 1*. ► abl. *-ta* Tert. *Marc. 4, 34, 17*.

dyŏdĕcăs, *ădis*, f., C. *duodecas*.

dyptĭcum, V. *diptychum*.

Dȳraspēs, *is*, m., fleuve de Scythie : Ov. *Pont. 4, 10, 53*.

Dȳris, *is*, m. (Δύρις), nom du mont Atlas, chez les habitants du pays : Plin. *5, 1*.

Dyrrachium

Dyrrăchĭum, ĭi, n. (Δυρράχιον), ville maritime d'Illyrie [Durazzo, auj. Durrës] Atlas I, D5; VI, A1 : Cic. Fam. 14, 1, 7 ‖ **-īnus**, a, um, de Dyrrachium : Cic. Sest 140 ; **-īni**, ōrum, m. pl., habitants de Dyrrachium : Cic. Prov. 5 ; Att. 3, 22, 4 ; **-ēni**, Paul. Dig. 50, 15, 8.

Dyscĕlădŏs, i, f., île de l'Adriatique : Mel. 2, 114.

dyscŏlus, a, um (δύσκολος), d'humeur difficile, morose : Vulg. 1 Petr. 2, 18.

dyscrasĭa, ae, f. (δυσκρασία), mauvais tempérament : Cass. Fel. 75 ; [grec] Macr. Sat. 7, 10, 5.

dўsentĕrĭa, ae, f. (δυσεντερία), dysenterie : Plin. 26, 45.

dўsentĕrĭăcus, Not. Tir. 111, 66 et **dўsentĕrĭcus**, a, um (δυσεντερικός), Pall. 3, 31, qui concerne la dysenterie ‖ qui a la dysenterie : Plin. 12, 32.

dўsĕrōs, ōtis, m. (δύσερως), malheureux en amour : Aus. Epigr. 95 (92), 1.

dўsintĕr-, ▼ dysent-.

dўsosmus, i, f. (δύσοσμος), scordium, germandrée aquatique [plante] : Ps. Apul. Herb. 71.

dyspar, ▼ dispar : Acc. Tr. 561.

Dyspăris, ĭdis, m. (δύς, Πάρις), nom d'homme : Ov. H. 13, 43.

dyspepsĭa, ae, f. (δυσπεψία), dyspepsie, digestion difficile : Cat. Agr. 127, 1.

dysphēmĭa, ae, f. (δυσφημία), expression ou dénomination désagréable : Sacerd. 6, 462, 15 K.

dyspnoea, ae, f. (δύσπνοια), dyspnée, difficulté de respirer : Plin. 23, 92.
▶ dyspnia Cass. Fel. 41, p. 94, 1 ; 95, 13.

dyspnŏĭcus, a, um (δυσπνοϊκός), atteint de dyspnée, qui respire difficilement : Plin. 24, 23.

dysprŏphŏrŏn, i, n. (δυσπρόφορον), discordance dans la formation des mots : Capel. 5, 514.

dўsūrĭa, ae, f. (δυσουρία), dysurie : Cael.-Aur. Chron. 5, 4, 64.

dўsūrĭăcus, a, um (δυσουριακός), atteint de dysurie : Firm. Math. 4, 15, 2.

E

1 e, f., n., cinquième lettre de l'alphabet latin prononcée ē : Lucil. 361 ; v. *1 a* ; Capel. 3, 235 ‖ *E.* abréviation de *emeritus, evocatus* Inscr. ‖ *E. M. V. = egregiae memoriae vir* Inscr. ‖ *E. P. = equo publico* Inscr. ‖ *E. Q. R. = eques Romanus* Inscr. ‖ *ER. = eres* [pour *heres*] Inscr.

2 ē, prép., v. *ex*.

3 e-, interj. (cf. *eh*), v. *ecastor, edepol, edius* ‖ partic., v. *equidem, 1 enos* (?).

1 ĕă, nom. f. sg. et n. pl. de *is*.

2 ĕā, adv., par cet endroit : Cic. *Caecin.* 21 ; *ea... qua* Nep. *Hann.* 3, 4, par l'endroit... par où.

1 ĕădem, nom. f. sg. et nom. acc. n. pl. de *idem*.

2 ĕădem, adv., par le même chemin : Cic. *Div.* 1, 123 ‖ [fig.] par les mêmes voies, en même temps, de même : Pl. *Trin.* 578 ; *Cap.* 293 ; *Poen.* 677 ‖ *eadem... eadem* Pl. *Bac.* 49, tantôt... tantôt....

ĕălē, *ēs*, f., éalé [animal sauvage d'Éthiopie] : Plin. 8, 73.

1 ĕam, acc. f. de *is*.

2 ĕam, subj. prés. de *3 eo*.

Ĕānus, *i*, m., c. *Janus* : Cic. d. Macr. *Sat.* 1, 9, 11.

ĕăproptĕr (**ĕā proptĕr**), adv., c. *propterea* : Ter. *And.* 959 ; Lucr. 4, 313.

ĕăpsĕ, ĕampsĕ, anciens abl. et acc. f. de *ipse* : Pl. *Curc.* 161 ; *Aul.* 815.

Ĕărĭnē, *ēs*, f., nom de femme : CIL 5, 6590.

ĕărĭnus, *a, um* (ἐαρινός), du printemps, de couleur verte : *Tert. *Cult.* 1, 8, 2 ; v. *aerinus*.

2 Ĕărĭnus, *i*, m., nom d'homme : Sen. *Ep.* 83, 3 ‖ [avec Ē-] Mart. 9, 12, 13.

ĕātĕnus, adv., jusque-là : [en corrélation avec *quatenus*] Cels. 2, 10, 13 ; [ou avec *qua*] Cels. 12, 9, 1 ; Quint. 1, 11, 1, jusqu'au point où, dans la mesure où ‖ [avec *quoad*] Cic. *Leg.* 1, 14, aussi longtemps que, en tant que, cf. Q. 1, 1, 11 ; [avec *ut* subj.] Cic. *Opt.* 23, dans une mesure telle que ; [avec *ne*] Suet. *Tib.* 33, seulement pour éviter que.

ĕbĕnĕus, *a, um* (*ebenus*), en ébène : Capel. 1, 80.

ĕbĕnĭnus, *a, um* (ἐβένινος), d'ébène : Hier. *Ezech.* 8, 27, 16.

ĕbĕnŏtrĭchŏn, *i*, n., sorte de rue [plante] : Ps. Apul. *Herb.* 51.

ĕbĕnum, *i*, n., ébène : Virg. *G.* 2, 117.

ĕbĕnus, *i*, f. (ἔβενος), ébénier [arbre] : Plin. 6, 197 ‖ ébène : Ov. *M.* 11, 610.

ĕbĭbō, *ĭs, ĕre, bĭbī, pōtum* tard. *bĭbĭtum*, tr., boire (sucer) jusqu'à épuisement, avaler jusqu'au bout, tarir : *ubera* Ov. *M.* 6, 342, épuiser la mamelle ; *elephantos ab iis ebibi* Plin. 8, 34, (on raconte) qu'ils [les serpents] sucent tout le sang des éléphants ; *poculum* Pl. *Curc.* 359, vider une coupe ‖ [fig.] *fretum ebibit amnes* Ov. *M.* 8, 837, la mer absorbe les fleuves ; *saniem lana ebibit* Plin. 5, 62, la laine absorbe la sanie ; *ebibi imperium* Pl. *Amp.* 631, j'ai bu (j'ai mangé) l'ordre ; *ebibere Nestoris annos* Ov. *F.* 3, 533, boire autant de coupes que Nestor avait d'ans.

ĕbiscum, *i*, n., c. *hibiscum* : Scrib. 80.

ĕblandĭŏr, *īrĭs, īrī, ītus sum*, tr. ¶ 1 obtenir par des caresses : Cic. *Att.* 16, 16 c, 12 ¶ 2 [nom de ch. sujet] **a)** faire sortir par la douceur : Plin. 16, 118 ; Col. 7, 5, 16 **b)** flatter (charmer) complètement : Vitr. 7, 5, 5.
▶ part. passif, *eblandita suffragia* Cic. *Planc.* 10, suffrages obtenus par flatterie ‖ charmé : Gell. 11, 13, 5.

ĕblandītus, v. *eblandior*.

Eblythaei, *ōrum*, m. pl., montagnes d'Arabie : Plin. 6, 149.

ĕbŏr, c. *ebur* : Schol. Bern. *G.* 2, 193.

Ebŏra, *ae*, f., ville de Lusitanie [Evora] Atlas IV, D1 : Plin. 4, 117 ‖ ville de Bétique : Plin. 3, 10.

Ebŏrācum, *i*, n., ville de Bretagne [auj. York] Atlas V, B2 : Eutr. 8, 19.

ĕbŏrārĭus (**ĕbŭ-**), *ĭi*, m. (*ebur*), ouvrier en ivoire, tourneur : Cod. Just. 10, 64, 1.

ĕbŏrātus, c. *eburatus*.

ĕbŏrĕus, *a, um* (*ebur*), d'ivoire : Plin. 36, 40.

Ebŏrŏlacensis, *e*, adj., d'une ville des Arvernes [auj. Ébreuil] : Sidon. *Ep.* 3, 5, 2.

Ebŏsīa, v. *Ebusia*.

ĕbrĭăcus, *a, um* (*ebrius* ; esp. *embriago*, fr. *ivraie*), ivre : VL *Eccli.* 19, 1 ; *1 Cor.* 6, 10 ; Eger. 45, 3.

ēbrĭāmĕn, *ĭnis*, n. (*ebrio*), liqueur enivrante : Tert. *Jejun.* 9, 7.

ēbrĭĕtās, *ātis*, f. (*ebrius*), ivresse : Cic. *Tusc.* 4, 27 ; Sen. *Ep.* 83, 16 ; Quint. 1, 11, 2 ; Hor. *Ep.* 1, 5, 16 ‖ pl., enivrements : Sen. *Ep.* 24, 16 ‖ [fig.] *pomi* Plin. 13, 45, excès de suc [dans un fruit] ‖ [chrét.] [fig.] ivresse spirituelle : *bona... ebrietas poculi salutaris* Ambr. *Psalm.* 35, 19, 3, la bonne ivresse de la coupe du salut.

ēbrĭō, *ās, āre, -, ātum* (*ebrius*), tr., enivrer : Macr. *Sat.* 7, 6, 16 ‖ [fig.] faire perdre la raison : Macr. *Somn.* 1, 12, 10.

ēbrĭŏlātus (**ēbrĭŭ-**), *a, um*, c. *ebriolus* : Laber. *Com.* 52.

ēbrĭŏlus, *a, um* (dim. de *ebrius*), légèrement ivre : Pl. *Curc.* 192 ; 294.

ēbrĭŏsĭtās, *ātis*, f. (*ebriosus*), ivrognerie, habitude de s'enivrer : Cic. *Tusc.* 4, 27.

ēbrĭōsus, *a, um* (*ebrius*), ivrogne, adonné au vin : Cic. *Fat.* 10 ‖ subst. m., un ivrogne : Cic. *Ac.* 2, 53 ‖ [fig.] qui nage dans le jus ou juteux : Catul. 27, 4 ‖ *ebriosior* Sen. *Ep.* 88, 33.

ēbrĭŭlātus, v. *ebriolatus*.

ēbrĭus, *a, um* (contraire de *sobrius* ; peu clair, cf. hit. *eku-*, toch. *yok-* ou plutôt *defrutum, bria* ? ; fr. *ivre*), ivre, enivré, pris de vin : Cic. *Mil.* 65 ‖ saturé, saoul, rassasié : Pl. *Cap.* 109 ; Ter. *Hec.* 769 ‖ *ebria verba* Tib. 3, 6, 36, paroles d'un homme ivre ; *ebria nox* Mart. 10, 47, 9, nuit vouée à l'ivresse ; *ebria bruma* Mart. 13, 1, 4, l'hiver propice à l'ivresse ‖ [fig.] *dulci fortuna ebria* Hor. *O.* 1, 37, 12, enivrée de sa félicité ; *sanguine ebrius* Plin. 14, 148, ivre de sang ; *ebrii ocelli* Catul. 45, 11, chers yeux ivres d'amour ; *ebria lana de sanguine Sidoniae conchae* Mart. 14, 154, 1, laine saturée du rouge sous la coquille sidonienne ‖ [chrét.] pris d'une ivresse spirituelle : Paul.-Nol. *Carm.* 27, 105.

Ebrōmăgus, *i*, f., ville d'Aquitaine [auj. Bram] : Aus. *Epist.* 22, 2 (415), 35.

Ebrudūnum, *i*, n., c. *Eburodunum* : Not. Gall. 42.

ĕbulcălĭum, *ĭi*, n. (gaul., cf. bret. *ebol* et *calliomarcus*), sabot de cheval : Gloss. 3, 582, 35.

ēbullĭō, *īs, īre, īvī* et *ĭī, ĭtum* ¶ 1 intr., sortir en bouillonnant, bouillonner : Tert. *Herm.* 41, 1 ‖ [fig.] *ebullit risus* Apul. *M.* 2, 30, les rires jaillissent de toutes parts ¶ 2 tr., *ebullire animam* Sen. *Apoc.* 4, 2, rendre l'âme, mourir ; [abstᵗ sans *animam*] Pers. 2, 10 ‖ produire en abondance : *os fatuorum ebullit stultitiam* Vulg. *Prov.* 15, 2, la bouche des insensés se répand en sottises ‖ [fig.] faire sortir avec éclat, faire ressortir (faire mousser) : Cic. *Tusc.* 3, 42 ; *Fin.* 5, 80.

ēbullītĭo, *ōnis*, f. (*ebullio*), jaillissement par ébullition : Myth. 1, 231.

ĕbŭlum, *i*, n. (peu net; it. *ebbio*), hièble [plante]: CAT. *Agr.* 37, 2; VIRG. *B.* 10, 27 ǁ **ĕbŭlus**, f., PLIN. 25, 119.

ĕbŭr, *ŏris*, n. (égypt. ?), ivoire: CIC. *Leg.* 2, 45; *Brut.* 257 ǁ divers objets en ivoire: statue, lyre, flûte, fourreau, chaise curule, etc.: VIRG. *G.* 1, 480; 2, 193; OV. *M.* 4, 148; HOR. *Ep.* 1, 6, 54 ǁ éléphant: JUV. 12, 112.

Ebura, *ae*, f., V. *Ebora*: PLIN. 3, 10.

Ĕbŭrācum, *i*, n., ville de Bretagne [York]: VINDOL. 575.

ĕbŭrārĭus, V. *eborarius*.

ĕbŭrātus, *a*, *um* (*ebur*), orné d'ivoire: PL. *St.* 377.

Ĕburnĭcus, *a*, *um*, d'Eburnum [ville de Lyonnaise, auj. Yvours]: CIL 13, 1765.

Eburīna juga, n., hauteurs d'Éburum: SALL. *H.* 3, 98 B.

Eburīni, *ōrum*, m., habitants d'Éburum [ville de Lucanie, auj. Éboli]: PLIN. 3, 98.

ĕburnĕŏlus, *a*, *um*, dim. de *eburneus*: CIC. *de Or.* 3, 225.

ĕburnĕus, *a*, *um* (*ebur*), d'ivoire: CIC. *Verr.* 4, 1; *eburnei dentes* LIV. 37, 59, 3, défenses d'éléphants ǁ [poét.] blanc comme l'ivoire: OV. *Am.* 3, 7, 7 ǁ **ĕburnus**, *a*, *um*, PROP., VIRG., HOR., OV.: *eburnus ensis* VIRG. *En.* 11, 11, épée à garde d'ivoire.

Ĕbŭrŏbrīga, *ae*, f., ville de Gaule dans la 4ᵉ Lyonnaise [auj. Avrolles]: ANTON. 361.

Eburobrittĭum, *ii*, n., ville de Lusitanie: PLIN. 4, 113.

Eburodūnum, *i*, n., ville de la Viennoise [auj. Embrun]: ANTON. 555 ǁ ville d'Helvétie [auj. Yverdon]: PEUT. 2, 1 ǁ **-nenses.**, m., habitants d'Eburodunum: CIL 13, 5063.

Ĕbŭrŏmăgus, *i*, f., ville de la Gaule: PEUT. 1, 2.

Ĕbŭrōnes, *um*, m., Éburons [peuple de la Gaule Belgique]: CAES. *G.* 2, 4, 10.

Eburovīces, *um*, m., peuple de la Gaule, partie des Aulerques [auj. Évreux]: CAES. *G.* 3, 17, 3; 7, 75, 3.

Eburus, *i*, m., surnom romain: CIL 3, 5033.

Ebŭsĭa (-bŏ-), *ae*, f., C. 1 *Ebusus*: STAT. *S.* 1, 6, 15.

Ebusītānus, *a*, *um*, V. *Ebusus*.

1 Ebŭsus (-sos), *i*, f., Ébuse [île près de la Tarraconaise, auj. Ibiza] Atlas IV, C4: LIV. 22, 20, 7 ǁ **-ītānus**, *a*, *um*, d'Ébuse: PLIN. 3, 78.

2 Ebŭsus, *i*, m., nom d'homme: VIRG. *En.* 12, 299.

Ebutĭus, *ii*, m., nom d'homme: CIL 8, 7165.

ec, arch. pour *ex*: L. XII TAB. d. CIC. *Leg.* 3, 9.

ēcantō, *ās*, *āre*, -, -, chanter: GLOSS. 2, 302, 24.

ēcastŏr (3 *e*-, *Castor*), par Castor [formule de serment particulière aux femmes] PL. *Amp.* 508; TER. *Hec.* 611.

ēcaudis, *e*, adj. (2 *e cauda*), écourté, tronqué: *versus* DIOM. 500, 14, vers dont la fin est abrégée, hexamètre dont le dernier pied est formé de deux brèves; V. *miurus*.

ecbăsis, *is*, f. (ἔκβασις), digression: SERV. *G.* 1, 209.

Ecbătăna, *ōrum*, n. pl. (τὰ Ἐκβάτανα), CURT. 4, 5, 8; TAC. *An.* 15, 31 et **Ecbătăna**, *ae*, f., LUCIL. 464, Ecbatane [capitale de la Médie] Atlas I, D8 ou **Ecbătănae**, *ārum*, f., APUL. *Mund.* 26.

ecbĭbo (arch. pour *ebibo*), PL. *Truc.* 155.

ecbŏlăs, *ădis*, f. (ἐκβολάς), raisin égyptien abortif: PLIN. 14, 117.

ecca, **eccam**, etc., arch. pour *ecce ea*, *ecce eam*, etc.: PL. *Aul.* 641; *Cas.* 162; *Mil.* 1215; *Ru.* 1174; TER. *Eun.* 79.

eccĕ, adv. (*ec-*, cf. *ecquis*, *-ce*, *hic*; a. fr. *es*), voici, voilà; voilà que, tout à coup: *ecce me* PL. *Mil.* 663, me voici; *ecce tuae titterae de Varrone* CIC. *Att.* 13, 16, 1, alors (sur ces entrefaites) une lettre de toi touchant Varron; *ecce postridie Cassii litterae* CIC. *Att.* 7, 24, voilà le lendemain une lettre de Cassius, cf. *Prov.* 43; *Or.* 53; *Div.* 2, 144; *ecce tibi exortus est Isocrates* CIC. *de Or.* 2, 94, alors vous avez l'apparition d'Isocrate; *ecce tibi... proponunt...* CIC. *Sest.* 89, mais voici qu'ils vous publient... [*tibi* explétif c. le précédent] ǁ *ecce autem*, mais voilà que, voici alors: CIC. *Verr.* 5, 87; 4, 148; *ecce autem repente* CIC. *Verr.* 5, 87 (*ecce subito* CIC. *Att.* 8, 8) ǁ [après les conj.] *cum* CIC. *Caecin.* 20; *Att.* 2, 8; *ut* PL. *Merc.* 100; *dum* HOR. *S.* 1, 9, 60; *ubi* VIRG. *En.* 3, 219; *postquam* VIRG. *En.* 4, 152 ǁ ainsi, comme, par exemple: ULP. ǁ **en ecce**, V. 2 *en*.
▶ chez CIC., *ecce* est tj. suivi du nom.; chez les comiques on prétend qu'il est touj. suivi de l'acc.; mais on corrige dans les mss l'expr. contractée *ecca* (= *ecce ea*) en *eccam*.

eccentrŏs, *ŏn* (ἔκκεντρος), excentrique: CAPEL. 8, 849.

eccĕrē, adv. (*ecce*, *re*), voilà, c'est cela: PL. *Amp.* 554; *Men.* 401 ǁ *eccere autem* PL. *Mil.* 207, mais voilà que.

eccheuma, *ătis*, n. (ἔκχευμα), action de verser: *PL. *Poen.* 701.

eccilla, **eccillum**, **eccistam** (arch. pour *ecce illa*, *ecce illum*, *ecce istam*), *PL. *St.* 536; *Merc.* 435; *Curc.* 615.

ecclēsĭa, *ae*, f. (ἐκκλησία; it. *chiesa*), assemblée [du peuple]: PLIN. *Ep.* 10, 110, 1 ǁ assemblée des premiers chrétiens pour célébrer leur culte: AUG. *Ep.* 190, 5, 19 ǁ communauté de fidèles dans une même ville: *Mediolanensis ecclesia* AMBR. *Ep.* 11, 3, l'Église de Milan ǁ l'Église, la communion de tous les fidèles du monde: AUG. *Serm.* 137, 6 ǁ église [édifice], temple: AMM. 21, 2, 5.

1 ecclēsĭastes, *es*, adj., m. f., de l'église, chrétien: PRUD. *Perist.* 10, 43.

2 Ecclēsĭastēs, *ae*, m., l'Ecclésiaste [livre de Salomon, appelé maintenant Qohélet]: ISID. 6, 2, 19 ǁ **-tĭcus**, *i*, m., l'Ecclésiastique [appelé maintenant Siracide]: ISID. 6, 2, 31.

ecclēsĭastĭcē, adv., selon la règle ecclésiastique: ORIG. *Matth.* 18, 47.

ecclēsĭastĭcus, *a*, *um*, de l'église, ecclésiastique: HIER. *Ep.* 62, 2; chrétien [opposé à païen]: *ecclesiastica loquendi consuetudo* AUG. *Civ.* 1, 10, la façon chrétienne de parler ǁ subst. m., homme d'église, clerc: HIER. *Jer.* 3, 12, 13; administrateur, fabricien d'une église: COD. TH. 1, 3, 22.

ecclēsĭecdĭcus, *i*, m. (ἔκδικος), l'avoué d'une église: COD. TH. 1, 5, 34.

ecclēsĭŏla, *ae*, f. (dim. de *ecclesia*), petite église: ALCIM. *Ep.* 39.

eccum, **eccos** (arch. pour *ecce *hum* (= *hunc*), *ecce eos*, it. *ecco*), PL. *Bac.* 403; *Amp.* 1005; TER. *And.* 532 ǁ (*eccum*, simplement pour *ecce*) PL. *Bac.* 611; *Amp.* 120; *Pers.* 540.

ecdĭcus, *i*, m. (ἔκδικος), avocat d'une cité: CIC. *Fam.* 13, 56, 1.

Ecdini, *ōrum*, m. pl., peuple des Alpes: PLIN. 3, 137.

Ecdippa, *ae*, f., ville de Phénicie: PLIN. 5, 75.

Ecĕtra, *ae*, f., ville des Volsques: LIV. 4, 61, 4 ǁ **-āni**, *ōrum*, m. pl., habitants d'Écètre: LIV. 3, 4, 2.

ecfāri, **ecfĕro**, V. *eff-*.

ēchĕa, *ōrum*, n. pl. (ἠχεῖα), résonateurs d'airain dans les théâtres: VITR. 5, 5, 2.

Ĕchĕcrătēs, *is*, m. (Ἐχεκράτης), philosophe pythagoricien, contemporain de Platon: CIC. *Fin.* 5, 87 ǁ prince macédonien: LIV. 40, 54.

Ĕchĕcrătĭdēs, *is*, m., nom d'un Thessalien, vainqueur aux jeux Olympiques: PLIN. 10, 180.

Ĕchĕdēmus, *i*, m., nom acarnanien: LIV. 33, 16.

Ĕchĕlĕŏs, *i*, m., fleuve de l'Hellespont: PLIN. 5, 143.

ĕchĕnēis, *ĭdis*, f. (ἐχενηΐς), rémora [poisson de mer]: PLIN. 9, 79.

ĕchĕōn, *i*, n. (ἔχις, gén. pl. ἔχεων, s.-ent. θηριακή), remède à base de vipère: PLIN. 29, 119.

Echetlĭenses, *ĭum*, m. pl., habitants d'Échetlia [ville de Sicile]: PLIN. 3, 91.

1 ĕchidna, *ae*, f. (ἔχιδνα), vipère femelle, serpent: OV. *M.* 10, 313.

2 Ĕchidna, *ae*, f., mère de Cerbère de l'hydre de Lerne: OV. *M.* 4, 501 ǁ **-naeus**, *a*, *um*, d'Échidna: *canis* OV. *M.* 7, 408, Cerbère.

Ĕchīnădes, *um*, f. (Ἐχινάδες), Échinades [nymphes changées en îles par Neptune]: OV. *M.* 8, 589 ǁ îles de la mer Ionienne: PLIN. 2, 201.

ĕchīnātus, *a*, *um* (*echinus*), hérissé de piquants: PLIN. 15, 92.

ĕchīnŏmētra, *ae*, f. (ἐχινομήτρα), grand oursin de mer : Plin. 9, 100.

ĕchīnŏphŏra, *ae*, f., ▣ *actinophora* : *Plin. 32, 147.

ĕchīnŏpūs, *ŏdis*, f. (ἐχινόπους), sorte de genêt épineux : Plin. 11, 18.

Ĕchīnŏs (-nus), *i*, f., ville de la Phthiotide : Plin. 4, 28 ‖ ville de l'Acarnanie : Plin. 4, 5.

ĕchīnus, *i*, m. (ἐχῖνος), hérisson : Claud. *Idyl.* 2, 17 ‖ oursin : Pl. *Ru.* 297 ; Hor. *S.* 2, 4, 33 ; Plin. 9, 100 ‖ hérisson [de la châtaigne], bogue : Pall. *Insit.* 155 ‖ [archit.] échine [du chapiteau dorique ou toscan] : Vitr. 4, 3, 4 ‖ récipient : Hor. *S.* 1, 6, 117.

Ĕchīnussa, *ae*, f., île de la mer Égée, la même que *Cimolus* : Plin. 4, 70.

Ĕchīōn, *ŏnis*, m. (Ἐχίων), fils de Mercure, un des Argonautes : Ov. *M.* 8, 311 ‖ le père de Penthée et le compagnon de Cadmus : Ov. *M.* 3, 126 ‖ nom d'un affranchi : Petr. 45, 1 ‖ **-nĭdēs**, *ae*, m., fils d'Échion [Penthée] : Ov. 3, 701 ‖ **-nĭus**, *a*, *um*, d'Échion : Ov. *M.* 8, 345 ‖ de Thèbes : Virg. *En.* 12, 515.

? **ĕchĭŏn**, ▣ *echeon*.

ĕchĭŏs, *ii*, f. (ἔχιος), vipérine [plante] : Plin. 25, 104.

ĕchis, *is*, m. (ἔχις), échis, fausse anchuse [plante] : Plin. 22, 50.

ĕchītis, *ĭdis*, f. (ἐχῖτις), échite [sorte d'agate] : Plin. 37, 187.

ēchō, *ūs*, f. (ἠχώ), écho [son répercuté] : Acc. *Tr.* 572 ; Plin. 11, 65 ; Pers. 1, 102.

Ēchō, gén. inus. *ūs*, f., nymphe qui aima Narcisse : Ov. *M.* 3, 358.

ĕchŏĭcus, *a*, *um* (ἠχωϊκός), d'écho, qui fait écho : Sidon. *Ep.* 8, 11, 5.

ĕcligma, *ătis*, n. (ἔκλειγμα), écligme, looch [médicament] : Plin. 21, 154.

ĕcligmătĭum, *ii*, n., dim. de *ecligma* : Theod.-Prisc. *Eup.* 53.

ĕclipsis, *is*, f. (ἔκλειψις), éclipse [de Soleil ou de Lune] : Her. 3, 36 ‖ [sans *solis*] éclipse de Soleil : Plin. 2, 53.

ĕciptĭcus, *a*, *um* (ἐκλειπτικός), sujet aux éclipses : Plin. 2, 68 ‖ de l'écliptique : Serv. *En.* 10, 216.

ĕclŏga, *ae*, f. (ἐκλογή), choix, recueil, extrait : Varr. d. Char. 120, 28 ‖ pièce de vers : Plin. *Ep.* 4, 14, 9 ‖ églogue : Serv. *B.* 2, 11.

▶ *egloga* Fulg. *Virg.* p. 83, 13 H.

ĕclŏgārĭus, *a*, *um*, choisi ; **eclogarii** *ōrum*, m. pl., Cic. *Att.* 16, 2, 6, morceaux choisis, recueil.

ĕcmĕlēs, *ĕs*, adj. (ἐκμελής), qui sort du ton, qui détonne [mus.] : Boet. *Mus.* 5, 10.

ĕcnĕphĭās, *ae*, m. (ἐκνεφίας), ouragan qui sort des nuées : Plin. 2, 131.

ē contrā, adv., à l'opposite, vis-à-vis, en face : Aur.-Vict. *Caes.* 39, 45 ‖ en opposition : Hier. *Ep.* 28, 2.

ē contrārĭō, **ēcontrārĭō**, adv., [mieux en deux mots], ▣ *contrarius*.

Ecphantus, *i*, m., Ecphante [nom d'un peintre] : Plin. 35, 16.

ecphŏra, *ae*, f. (ἐκφορά), modérature en saillie : Vitr. 3, 5, 11 ; 6, 2, 2.

ecpȳrōsis, *is*, f. (ἐκπύρωσις), embrasement : Nigid. d. Serv. *B.* 4, 10.

ecquālis, *e* (cf. *ecce*, *qualis*), quelle sorte de : Gell. 6, 2, 7.

ecquandō, est-ce que jamais ? ; Cic. *Verr.* 2, 43 ; 5, 66 ; Liv. 3, 67, 10 ‖ [interrog. indir.] si jamais : Cic. *Agr.* 2, 17.

▶ *ecquandone* interrog. dir. Cic. *Fin.* 5, 63 ; Prop. 2, 8, 15.

1 **ecquī**, *ecquae* ou *ecqua*, *ecquod* ¶ 1 adj. interr., est-ce que quelque ? : *ecqui pudor est ? ecquae religio ?* Cic. *Verr.* 4, 18, y a-t-il une pudeur ? une crainte des dieux ? ; *investigare ecqua virgo sit* Cic. *Verr.* 1, 63, chercher s'il y a quelque jeune fille ‖ [avec adjonction de *nam*] : *ecquaenam* Cic. *Fin.* 4, 67 ; *ecquodnam* Cic. *Brut.* 22 ‖ *ecqua res... expetitur, quin ?* Cic. *Verr.* 2, 120, est-il une affaire que l'on recherche..., sans que ; *ecquod in Sicilia bellum gessimus, quin... uteremur ?* Cic. *Verr.* 5, 84, est-il une guerre que nous ayons faite en Sicile sans avoir... ¶ 2 pronom, *ecqui* est-ce que qqn ? Pl. *St.* 222.

ecquis, *ecquid* (cf. *ecce*, *quis*) ¶ 1 pron. interr., est-ce que qqn, qqch. ? ; *ecquis hic est ?* Pl. *Amp.* 1020, y a-t-il qqn ici ? ; *rogato, ecquid... contulerit* Cic. *Verr.* 2, 152, demande s'il a apporté qq. contribution... ; *eccui non proditur revertenti ?* Cic. *Mur.* 68, est-il qqn au-devant de qui on n'aille pas, quand il revient de sa province ‖ [avec adjonction de *nam*] *ecquisnam* Cic. *Vat.* 38 ; *ecquidnam* Cic. *Top.* 82, est-ce que qqn donc, qqch. donc ‖ *ecquis fuit, quin lacrimaret ?* Cic. *Verr.* 5, 121, y eut-il qqn pour ne pas pleurer ? ¶ 2 *ecquis*, adj. : Pl. *Amp.* 856 ; Liv. 23, 12, 16 ¶ 3 *ecquid* pris adv^t, est-ce que en qqch., en qq. manière : Cic. *Clu.* 71 ; *Ac.* 2, 122 ; *ecquid in Italiam venturi sitis hac hieme, fac plane sciam* Cic. *Fam.* 7, 16, 3, fais-moi savoir clairement si tu as qq. dessein de venir en Italie cet hiver ‖ [= *nonne*] est-ce que ne... pas : Sen. *Prov.* 6, 9 ; Ot. 6, 3.

ecquisnam, ▣ *ecquis*.

ecquō, adv., est-ce que à qq. endroit [mouvem^t] : *ecquo te tua virtus provexisset ?* Cic. *Phil.* 13, 24, est-ce que ton propre mérite t'aurait porté quelque part (où aurait-il bien pu te porter ?) ?.

ecstăsis, *is*, f. (ἔκστασις), extase, état extatique : Tert. *Anim.* 45, 3.

ectăsis, *is*, f. (ἔκτασις), ectase [allongement d'une voyelle brève] : Serv. *En.* 1, 343.

ecthlipsis, *is*, f. (ἔκθλιψις), ecthlipse [élision d'un *m* final] : Diom. 442, 25 ; Capel. 3, 267.

ectĭcus, ▣ *hecticus*.

ectŏmum, *i*, n., ellébore noir : *Plin. 25, 51.

ectrōma, *ătis*, n. (ἔκτρωμα), avortement [fig.] : Tert. *Praescr.* 7, 5.

ectrŏpa, *ae*, f. (ἐκτροπή), auberge : Varr. *Men.* 418.

ectўpus, *a*, *um* (ἔκτυπος), qui est en relief, saillant, travaillé en bosse : Plin. 35, 152 ; Sen. *Ben.* 3, 26.

ĕcŭla, ▣ *equula*.

Ĕculānum, ▣ *Aeculanum*.

ĕcŭlĕus, ▣ *equuleus* : Cic. *Tusc.* 5, 12.

ĕcŭlus, ▣ *equulus*.

ĕcus, ▣ *equus*.

ĕdācĭtās, *ātis*, f. (*edax*), appétit dévorant, voracité : Pl. *Pers.* 59 ; Cic. *Fam.* 7, 26, 1.

ĕdax, *ācis* (1 *edo*), vorace, glouton : Cic. *Flac.* 41 ‖ [fig.] qui dévore, ronge, consume : Virg. *En.* 2, 758 ; *edaces curae* Hor. *O.* 2, 11, 18, soucis rongeurs ; *tempus edax rerum* Ov. *M.* 15, 234, le temps qui dévore tout ‖ *-cior* Aug. *Man.* 9 ; *-cissimus* Sen. *Ep.* 60, 2.

▶ abl. *edaci* Cic. *Fam.* 9, 20, 2.

ĕdĕatroe, m. pl. (ἐδέατροι), officiers de bouche : P. Fest. 72, 27.

ēdĕcĭmō (-cŭmō), *ās*, *āre*, -, -, tr., choisir, trier : Macr. *Sat.* 1, 5, 17 ; 2, 1, 8.

Edenātes, *um* ou *ium*, m. pl., peuple des Alpes : Plin. 3, 137.

ēdentānĕus, *a*, *um*, ▣ *edentulus* : Not. Tir. 68, 3.

ēdentō, *ās*, *āre*, *āvī*, *ātum* (*e dentibus* ; it. *sdentare*), tr., faire tomber les dents : Pl. *Ru.* 662 ; *edentatus* Macr. *Sat.* 7 ; 3, 10, édenté.

ēdentŭlus, *a*, *um* (*e dentibus*, dim.), édenté, qui n'a plus de dents, vieux : Pl. *Most.* 275 ; *Cas.* 550 ‖ [fig.] *edentulum vinum* Pl. *Poen.* 700, vin qui a perdu sa force.

ĕdĕpŏl, adv. (3 *e-*, *deive*, *Pollux*), par Pollux [formule de serment] : Pl. *Men.* 1068 ; Ter. *Ad.* 961.

ĕdĕra, etc., ▣ *hedera*.

Ĕdessa, *ae*, f. (Ἔδεσσα), Édesse [ville de Macédoine, appelée postérieurement Aegae] Atlas VI, A1 ; Liv. 45, 29 ; Just. 7, 1, 7 ‖ ville de l'Osroène Atlas I, D7 ; IX, C4 : Tac. *An.* 12, 12 ‖ **-aeus (-ēnus)**, *a*, *um*, d'Édesse [les deux villes de ce nom] : Liv. 42, 51 ; Amm. 18, 7.

Ĕdēta, *ae*, f. (Ἤδητα), ville de la Tarraconaise : CIL 2, 3989.

Ĕdētānī, *ōrum*, m., Édétains, habitants d'Édéta [autrefois nommée Liria] : Plin. 3, 23 ‖ **Edētānĭa regio**, Édétanie, pays des Édétains : Plin. 3, 20.

ēdī, parf. de 1 *edo* ou infin. prés. pass. de 2 *edo*.

ĕdĭbĭlis, *e* (1 *edo*), mangeable : Cassiod. *Var.* 12, 4, 4.

ēdĭcĕ, ▣ *edico*.

edico

ēdīcō, *ĭs*, *ĕre*, *dīxī*, *dictum*, tr., dire hautement, proclamer ¶ **1** [avec *ut* ou *ne*, idée d'ordre] ordonner : Cic. *Pis.* 18 ; *Sest.* 32 ; [ou avec le subj. seul] *Fam.* 11, 6, 2 ¶ **2** [avec la prop. inf.] déclarer (dans un édit) que : Cic. *Verr.* 2, 66 ǁ [abs¹] rendre un édit : Tac. *H.* 2, 91 ¶ **3** fixer, assigner, ordonner, commander : *diem* Liv. 26, 18, 4, fixer un jour ; *justitium* Cic. *Phil.* 6, 2, proclamer la suspension des affaires ¶ **4** [en parl. du préteur entrant en charge] rendre public, faire connaître à : Cic. *Fin.* 2, 74 ¶ **5** [en gén., sans idée officielle] : Pl. *Mil.* 841 ; *Ps.* 126 ; Ter. *Eun.* 962 ; Hor. *S.* 2, 2, 51 ; Sall. *C.* 48, 4 ¶ **6** [chrét.] parler solennellement, proclamer une vérité : Tert. *Praescr.* 26, 2.
▶ impér. *edice* Virg. *En.* 11, 463 ǁ arch. *exdeico* CIL 1, 581, 22.

ēdictālis, *e* (*edictum*), qui concerne un édit, édictal : Cassiod. *Var.* 1, 31, 2.

ēdictĭō, *ōnis*, f. (*edico*), ordre, ordonnance : Pl. *Ps.* 143.

ēdictō, *ās*, *āre*, *āvī*, *ātum*, tr., dire hautement, déclarer : Plaut. *Amp.* 816.

ēdictum, *i*, n. (*edictus*), ordre [d'un particulier] : Ter. *Haut.* 623 ǁ [le plus souv.] déclaration publique, proclamation, ordonnance, édit, règlement, [en part.] édit du préteur [à son entrée en charge] : Cic. *Off.* 3, 71 ; *Sest.* 89 ; *Caecin.* 45 ; *Verr.* 1, 109 ; *perpetuum* Eutr. 8, 17, édit perpétuel [sorte de code publié par les soins de l'empereur Hadrien] ; *libri ad edictum* Dig. 1, 3, 9, commentaires à l'édit [perpétuel] ǁ annonce [de jeux] : Sen. *Ep.* 117, 30 ǁ [chrét.] commandement de Dieu : Hier. *Ep.* 22, 19, 2.

ēdictus, *a*, *um*, part. de *edico* : *edicta die* Cic. *Verr.* 1, 141, un jour étant fixé ǁ abl. abs. n. : *edicto ut* Liv. 10, 36, 7 ; *edicto ne* Liv. 5, 19, 9, l'ordre étant donné de, de ne pas.

ēdĭdī, parf. de 2 *edo*.

ēdĭdĭcī, parf. de *edisco*.

ĕdim, *īs*, ▶ 1 *edo* ▶.

ēdiscō, *ĭs*, *ĕre*, *dĭdĭcī*, -, tr., apprendre par cœur : Cic. *Tusc.* 2, 27 ; *Ac.* 2, 135 ; Caes. *G.* 6, 14 ǁ apprendre : Cic. *de Or.* 1, 246.

ēdissĕrātŏr, ▶ *edissertator*.

ēdissĕrō, *ĭs*, *ĕre*, *sĕrŭī*, *sertum*, tr., exposer en entier, raconter en détail, expliquer à fond, développer : Cic. *Leg.* 2, 55 ; Liv. 34, 52, 3 ; Tac. *H.* 3, 52 ǁ [abs¹] Cic. *Brut.* 65 ; 146.

ēdissertātĭō, *ōnis*, f., ▶ *edissertio* : Plin. 10, 190.

ēdissertātŏr, *ōris*, m. (*edisserto*), celui qui expose, qui développe : Aus. *Sept.* (300), 51.

ēdissertĭō, *ōnis*, f. (*edissero*), exposition, développement : Hier. *Matth.* 21, 6.

ēdissertō, *ās*, *āre*, *āvī*, *ātum* (*edissero*), tr., exposer (raconter) en détail, développer : Pl. *Amp.* 600 ; Liv. 22, 54, 8.

ēdĭta, *ōrum*, n. (*editus*) ¶ **1** ordres : Ov. *M.* 11, 647 ¶ **2** lieux élevés : Tac. *An.* 4, 46.

ēdĭtīcĭus, *a*, *um* (2 *edo*), *editicii judices* Cic. *Planc.* 41, juges choisis par l'accusateur ; ▶ 2 *edo*.

ēdĭtĭō, *ōnis*, f. (2 *edo*), enfantement, production : Dig. 50, 2, 2, 6 ; Tert. *Jud.* 1, 4 ǁ représentation, action de donner des jeux : CIL 8, 967 ; Lact. *Inst.* 1, 20, 6 ǁ publication [de livres], édition : Plin. *Ep.* 1, 2, 5 ; [une édition] Quint. 5, 11, 40 ǁ déclaration, version [d'un historien] : Liv. 4, 23, 2 ǁ *editio actionis* Dig. 2, 13, 1, 1, communication de la formule de l'action à l'adversaire ǁ désignation [des juges] : Cic. *Planc.* 41 ǁ accomplissement : Lact. *Epit.* 58, 2.

ēdĭtŏr, *ōris*, m. (2 *edo*), celui qui produit ; auteur, fondateur : Luc. 2, 423 ǁ celui qui donne des jeux : Vop. *Car.* 21, 1.

1 **ēdĭtus**, *a*, *um* ¶ **1** part. de 2 *edo* ¶ **2** adj¹, élevé, haut : Cic. *Verr.* 4, 107 ; *editior* Caes. *C.* 1, 7, 5 ; -*tissimus* Sall. *H.* 1, 122 ; Liv. 28, 16, 7 ▶ *edita* ǁ [fig.] supérieur : *viribus editior* Hor. *S.* 1, 3, 110, supérieur en forces.

2 **ēdĭtŭs**, abl. *ū*, m., enfantement : Jul.-Val. 1, 6 ǁ déjection, excrément : Ulp. *Dig.* 32, 1, 55, 6.

ēdīus fĭdĭus, ▶ *Fidius* : Char. 198, 17.

1 **ĕdō**, *ĕdĭs* ou *ēs*, *ĕdĭt* ou *ēst*, *ĕdĕre* ou *esse*, *ēdī*, *ēsum* imparf. subj. *ederem* ou *essem* (cf. *dens*, ἔδομαι, ἐσθίω, scr. *atti*, hit. *edmi*, al. *essen*, an. *eat*), tr., manger : Cic. *Nat.* 2, 7 ; *de symbolis* Ter. *Eun.* 540, dîner en payant chacun son écot ǁ *multi modi salis simul edendi sunt* Cic. *Lae.* 67, il faut manger force boisseaux de sel ensemble [pour être de vieux amis] ; *pugnos edet* Pl. *Amp.* 309, il tâtera de mes poings [il sera rossé] ǁ [fig.] ronger, consumer : Virg. *G.* 1, 151 ; *En.* 5, 683 ; *si quid est animum* Hor. *Ep.* 1, 2, 39, si quelque souci te ronge l'âme ǁ *edi sermonem tuum* Pl. *Aul.* 537, j'ai dévoré tes paroles.
▶ pass. *estur* Pl., Ov. ; *essetur* Varr. *L.* 5, 106 ǁ subj. arch. *edim*, *is*, *it* Pl. ; Cat. ; Hor. *Epo.* 3, 3 ; *S.* 2, 8, 90.

2 **ēdō**, *ĭs*, *ĕre*, *dĭdī*, *dĭtum* (*ex*, 3 -*do*), tr. ¶ **1** faire sortir : *animam* Cic. *Sest.* 83, rendre l'âme, expirer : *extremum vitae spiritum* Cic. *Phil.* 12, 22, exhaler le dernier soupir ; *vitam* Cic. *Fin.* 5, 4, exhaler sa vie, mourir ; *clamorem* Cic. *Div.* 2, 50, pousser un cri ; *miros risus* Cic. *Q.* 2, 8, 2, rire prodigieusement ; *voces* Cic. *Tusc.* 2, 20, prononcer des paroles ǁ *Maeander in sinum maris editur* Liv. 38, 13, 7, le Méandre se décharge dans un golfe ¶ **2** mettre au jour, mettre au monde : *in terra partum* Cic. *Nat.* 2, 129, faire ses œufs sur le sol ; *Electram maximus Atlas edidit* Virg. *En.* 8, 137, le grand Atlas engendra Électre ; *Maecenas atavis edite regibus* Hor. 1, 1, 1, Mécène, toi qui es issu d'aïeux qui furent rois ǁ publier : *librum* Cic. *Ac.* 2, 12, publier un livre, cf. *Brut.* 19 ; *Att.* 2, 16, 4 ǁ exposer, divulguer : *edidi quae potui* Cic. *de Or.* 3, 228, j'ai fait l'exposé que j'ai pu, cf. *Brut.* 20 ; *Leg.* 3, 47 ; *est auctor necis editus* Ov. *M.* 8, 449, l'auteur du meurtre est connu ; *Apollo oraculum edidit Spartam... esse perituram* Cic. *Off.* 2, 77, Apollon rendit un oracle annonçant que Sparte périrait... ; *auctorem doctrinae ejus falso Pythagoram edunt* Liv. 1, 18, 2, on rapporte à tort que la source de sa science était Pythagore ; *opinio in vulgus edita* Caes. *C.* 3, 29, 3, opinion répandue dans la foule ; *editis hostium consiliis* Liv. 10, 27, 4, ayant dévoilé les plans des ennemis ¶ **3** [droit] déclarer, faire connaître officiellement à l'adversaire **a)** l'action intentée : *qua quisque actione agere volet, eam prius edere debet* Dig. 2, 13, 1, le demandeur doit faire connaître d'abord quelle action il veut intenter **b)** la formule qu'il réclame parmi celles qui sont à l'avance proposées aux plaideurs sur l'album du préteur : *edere verba* Cic. *Quinct.* 63 ; *judicium* Cic. *Quinct.* 66 ǁ dans les accusations de cabale (*de sodalitiis*), l'accusateur pouvait désigner les juges qu'il voulait, dans les tribus qu'il voulait, sans qu'il y eût récusation admise : *edere judices, edere tribus* Cic. *Planc.* 36 ; 41 ǁ *socium tibi in his bonis edidisti Quinctium* Cic. *Quinct.* 76, tu as déclaré que Quinctius était ton associé dans l'achat de ces biens, cf. *Verr.* 3, 70 ¶ **4** [en gén.] faire connaître, mander : *mandata edita (sunt)* Liv. 31, 19, 3, ils exposèrent leur mission ; *condiciones pacis alicui edere* Liv. 34, 35, 3, notifier à qqn les conditions de paix, cf. 40, 40, 4 ; 45, 34, 4 ¶ **5** produire, causer : *fructum* Cic. *Nat.* 2, 158, produire un bénéfice : *ruinas* Cic. *Leg.* 1, 39, causer des ruines ; *scelus, facinus* Cic. *Phil.* 13, 21, perpétrer un crime, un forfait ; *caedem* Liv. 5, 21, 13, faire un carnage ǁ *munus gladiatorium* Liv. 28, 21, 1, donner un combat de gladiateurs, cf. Tac. *An.* 1, 15 ; 3, 64 ; Suet. *Caes.* 10 ; *exemplum severitatis* Cic. *Q.* 1, 2, 5, donner un exemple de sévérité ¶ **6** porter en haut, élever : *corpus super equum* Paneg.-Messal. 114, sauter (hisser son corps) sur un cheval.

3 **ĕdō**, *ōnis*, m. (1 *edo*), gros mangeur, glouton : Varr. *Men.* 529.

ēdŏcentĕr, adv. (*edoceo*), d'une manière instructive : Gell. 16, 8, 3.

ēdŏcĕō, *ēs*, *ēre*, *docŭī*, *doctum*, tr., enseigner à fond, instruire (montrer) entièrement **a)** [avec 2 acc.] *rem aliquem*, apprendre une chose à qqn : Pl. *Trin.* 372 ; Sall. *C.* 16, 1 ; Liv. 1, 20, 7 **b)** [avec interrog. indir.] : *eos edocuerat quae... vellet* Caes. *G.* 7, 38, 4, il les avait instruits de ce qu'il voulait..., cf. 3, 18, 2 ; *edocti quae... pronuntiarent* Caes. *G.* 7, 20, 10, instruits de ce qu'ils devaient déclarer **c)** [avec *ut* subj.] *edocuit ratio ut videremus...* Cic. *Tusc.* 3, 80, la raison (le raisonnement) nous a appris à voir... **d)** [avec prop. inf.]

enseigner que, montrer que : Virg. *En.* 8, 13 ; Liv. 27, 39, 9.

ĕdŏlō, *ās*, *āre*, *āvī*, *ātum*, tr., travailler avec la dolabre, dégrossir, façonner [du bois] : Col. 8, 11, 4 ‖ [fig.] achever [un livre], mettre la dernière main à : Enn. d. Cic. *Att.* 13, 47, 1.

1 Edom, m. indécl., surnom d'Ésaü : Vulg. *Gen.* 25, 30.

2 Edom, f., surnom de l'Idumée : Vulg. *Num.* 20, 18.

ĕdŏmĭtō, *ās*, *āre*, *āvī*, - (fréq. de *edomo*), tr., s'efforcer de dompter : Fort. *Carm.* 9, 1, 143.

ĕdŏmō, *ās*, *āre*, *mŭī*, *mĭtum*, tr., dompter entièrement : Cic. *Fat.* 10 ; Plin. 33, 65 ‖ [abs*ᵗ*] *Cat. *Orig.* 5 a, 3.
▶ *edomatus* [tard.] Aug. *Serm.* 125, 2.

Ĕdōn, *ōnis*, m., montagne de Thrace : Serv. *En.* 12, 365.

Ĕdōnes, *um*, m. pl., peuple de la Scythie d'Asie : Plin. 6, 50.

Ĕdōni, *ōrum*, m. pl. (Ἠδωνοί), Édoniens, [peuple de Thrace] : Hor. *O.* 2, 7, 27 ; Plin. 4, 40.

Ĕdōnis, *ĭdis*, f. (Ἠδωνίς), femme de Thrace : Ov. *M.* 11, 69 ‖ Ménade : Prop. 1, 3, 5 ‖ ⊂▷ *Antandros* : Plin. 5, 123.

1 Ĕdōnus, *a*, *um*, des Édoniens, de Thrace : Virg. *En.* 12, 365.

2 Ĕdōnus, *i*, m., ⊂▷ *Edon* : Plin. 4, 50.

ĕdŏr, *ŏris*, ⊂▷ *ador* : P. Fest. 3, 19.

ĕdormĭō, *īs*, *īre*, *īvī*, *ītum* ¶ 1 intr., finir de dormir : Cic. *Ac.* 2, 52 ¶ 2 tr., achever en dormant : *crapulam* Cic. *Phil.* 2, 30, cuver son ivresse dans le sommeil, cf. Gell. 6, 10 ; *Ilionam edormire* Hor. *S.* 2, 3, 61, cuver le rôle d'Iliona ‖ accomplir en dormant : Sen. *Ep.* 99, 11.

ĕdormiscō, *ĭs*, *ĕre*, -, - (inch. de *edormio*), intr. et tr., ⊂▷ *edormio* : [acc. d'objet intér.] *unum somnum* Pl. *Amp.* 697, ne faire qu'un somme‖ *crapulam* Pl. *Ru.* 586 ; ⊂▷ *edormio*.

ēdūc, impér. de 2 *educo*.

Ĕdūca, f., ⊂▷ *Edusa* : Aug. *Civ.* 4, 11.

ĕdŭcātĭō, *ōnis*, f. (1 *educo*), action d'élever [des animaux et des plantes] : Cic. *Fin.* 5, 39 ; [animaux] Amer. 63 ; [plantes] Plin. 16, 94‖ éducation, instruction, formation de l'esprit : Cic. *de Or.* 3, 124 ; *Leg.* 3, 30.

ĕdŭcātŏr, *ōris*, m. (1 *educo*), celui qui élève, éducateur, formateur : Cic. *Planc.* 81 ; *Nat.* 2, 86 ; Tac. *An.* 12, 41 ; Quint. 7, 1, 14.

ĕdŭcātrix, *īcis*, f. (*educator*), celle qui nourrit, qui élève, nourrice, mère : [fig.] *earum rerum parens est educatrixque sapientia* Cic. *Leg.* 1, 62, c'est la sagesse qui fait naître et développe ces avantages.

1 ēdŭcātus, *a*, *um*, part. de 1 *educo*.

2 ēdŭcātus, abl. *ū*, m., ⊂▷ *educatio* : Tert. *Res.* 60, 3.

ēdūcĕ, ⊂▷ 2 *educo*.

1 ēdŭcō, *ās*, *āre*, *āvī*, *ātum* (ex, cf. 1 *duco* et 1 *dico*, *cubo*), tr., élever, nourrir, avoir soin de : Varr. d. Non. 447, 33 ; Pl. ; Ter. ; Cic. *Lae.* 75 ; [animaux] Cic. *Nat.* 2, 129 ‖ former, instruire : Cic. *Rep.* 1, 8 ; *de Or.* 1, 137 ; *Or.* 42‖ [poét.] produire, porter : *quod terra educat* Ov. *M.* 8, 832, ce que la terre produit, fait croître ‖ [tard.] ⊂▷ *educere*, emmener : Tert. *Pall.* 2, 6.

2 ēdūcō, *ĭs*, *ĕre*, *dūxī*, *ductum* (ex, 1 *duco*), tr. ¶ 1 faire sortir, mettre dehors, tirer hors : *gladium e vagina* Cic. *Inv.* 2, 14, tirer l'épée hors du fourreau ; *sortem* Cic. *Verr.* 2, 127, tirer de l'urne une tablette ; *ex urna tres (judices)* Cic. *Verr.* 2, 42, tirer de l'urne le nom de trois juges, cf. *Agr.* 2, 21 ; *lacum* Cic. *Div.* 1, 100, détourner l'eau d'un lac ¶ 2 assigner en justice : *aliquem in jus* Cic. *Verr.* 3, 112, citer qqn devant le magistrat ou *aliquem educere* Cic. *Verr.* 2, 90, assigner qqn ; *eductus ad consules* Cic. *Planc.* 55, traduit devant les consuls ¶ 3 emmener qqn [dans sa province] : Cic. d. Quint. 5, 10, 76 ; *Pis.* 83 ‖ amener qqn d'un point à un autre : *turris in navem educta* Tac. *H.* 2, 34, tour amenée [sur des roues] sur un navire ¶ 4 faire sortir des troupes : *copias e castris* Caes. *G.* 1, 50, 1 ; *castris* Caes. *G.* 1, 51, 2, faire sortir les troupes du camp ; *praesidium ex oppido* Caes. *C.* 1, 13, 2, faire sortir d'une ville la garnison ; *exercitum ab urbe* Liv. 3, 21, 2, faire sortir l'armée de la ville, Liv. 8, 15, 3 ; 27, 25, 12 ; *in expeditionem exercitum* Cic. *Div.* 1, 72, mettre l'armée en campagne, en marche ‖ [abs*ᵗ*] *in aciem educit* Liv. 1, 23, 6, il met ses soldats en ligne de bataille ‖ faire sortir du port des vaisseaux : *naves ex portu* Caes *C.* 1, 57, 2 ; 2, 22, 5 (*portu* Plin. 2, 55) ¶ 5 tirer du sein de la mère : Cels. 7, 29, 6 ‖ pondre : Plin. 10, 152 ‖ mettre au monde : Virg. *En.* 6, 778 ‖ [poét.] faire éclore : Catul. 64, 90 ¶ 6 élever un enfant : Pl. *Most.* 186 ; Ter. *And.* 274 ; Cic. *de Or.* 2, 124 ; Virg. *En.* 8, 413 ; Liv. 1, 39, 6 ; 21, 43, 15 ; Tac. *An.* 1, 4 ¶ 7 boire, avaler : Pl. *St.* 759 ¶ 8 exhausser, élever en l'air : *turrim sub astra* Virg. *En.* 2, 461, élever une tour vers le ciel ; *aram caelo* Virg. *En.* 6, 178, élever un autel jusqu'au ciel, cf. Tac. *An.* 12, 6 ; *H.* 4, 30 ; 5, 18 ‖ [fig.] *in astra* Hor. *O.* 4, 2, 23, élever au ciel, célébrer ¶ 9 épuiser le temps, passer le temps : Prop. 2, 9, 47 ; Stat. *Th.* 2, 74 ; Sil. 11, 405 ¶ 10 [tard.] émettre un jugement, prononcer : Vulg. *Is.* 42, 3 ‖ avec *se*, se produire, se montrer : Ter. *Apol.* 21, 22.
▶ impér. arch. *educe* Pl. *St.* 762 ; Pers. 459 (*educ* Cic. *Cat.* 1, 10) ; inf. pass. *educier* Pl. *Truc.* 908.

ēductĭō, *ōnis*, f. (2 *educo*), action de faire sortir, sortie : Cat. *Mil.* 12 = Frg., p. 82, 3 ; Lact. *Inst.* 4, 10, 6‖ prolongement : Pall. 7, 7, 6.

ēductŏr, *ēris*, m. (2 *educo*), qui élève : Front. *Amic.* 1, 12, 2, p. 182 N ‖ celui qui fait sortir : Cassian. *Inc.* 5, 9, 4.

Edues, Edui, ⊂▷ *Aedues*.

Edŭla, *ae*, f., ⊂▷ *Edusa* : Tert. *Nat.* 2, 11, 8.

ēdulcō, *ās*, *āre*, -, - (ex, *dulcis* ; *dulco*), tr., rendre doux [fig.] : Mat. d. Gell. 15, 25, 2.

Edŭlĭa, *ae*, f., ⊂▷ *Edusa* : Don. 49.

Edŭlĭca, *ae*, f., ⊂▷ *Edusa* : Aug. *Civ.* 4, 11.

ĕdūlis, *e* (1 *edo*), bon à manger, qui se mange : Hor. *S.* 2, 4, 43‖ subst. n., aliments : Suet. *Cal.* 40 ; Gell. 7, 16, 4.

ĕdūlĭum, *ĭi*, n. et ordin*ᵗ* **ĕdūlĭa**, *ōrum*, pl., aliments : *edulium ab edendo* Fulg. *Serm.* 40, edulium vient de *edo*, cf. Gell. 19, 9, 3.

ĕdūlus, *i*, m. (1 *edo*), mangeur : Gloss. 5, 551, 55.

ēdūrescō, *ĭs*, *ĕre*, -, -, intr., se durcir : Cael.-Aur. *Acut.* 2, 34, 182.

ēdūrō, *ās*, *āre*, -, - ¶ 1 tr., endurcir [au travail] : Col. 11, 1, 7 ¶ 2 intr., durer, continuer : Tac. *G.* 45.

ēdūrus, *a*, *um* (*eduro*), très dur [au pr.] : Virg. *G.* 4, 145 ‖ [fig.] insensible, cruel : Ov. *A. A.* 3, 476.

ēdus, *i*, m., ⊂▷ *haedus* : Varr. *L.* 5, 97.

Ĕdūsa, *ae*, f. (1 *edo*, *edulis*, cf. *Edulia*), divinité qui présidait à l'alimentation des enfants : Varr. d. Non. 108, 22.

ēduxī, parf. de 2 *educo*.

ēdyllĭum, ⊂▷ *idyllium*.

ĕeis, nom. pl. arch. de *is* : CIL 1, 581.

Ĕĕtĭōn, *ōnis*, m. (Ἠετίων), père d'Andromaque, roi de Thèbe, en Mysie : Ov. *Tr.* 5, 5, 44 ‖ **-ōnēus**, *a*, *um*, d'Éétion : Ov. *M.* 12, 110.

ĕfelmātŏr, *ōris*, m. (de ἐφάλλομαι), danseur : Firm. *Math.* 8, 15, 2.

effābĭlis, *e*, qui peut se dire, se décrire : Apul. *Apol.* 64, 7.

effaecātus, *a*, *um* (ex *faece*), purifié, pur : *Apul. *Plat.* 2, 20.

effăfīlātus, *a*, *um*, nu, découvert, ⊂▷ *exfaf-* : P. Fest. 73, 17.
▶ rétablir *expapillatus*, cf. P. Fest. 69, 25.

effāmĕn, *ĭnis*, n. (*effari*), parole, expression : Capel. 4, 327.

effarcĭō, ⊂▷ *effercio* : Caes. *G.* 7, 23.

effāris, *ātur*, *ārī*, *ātus sum* (de l'inusité *effor*), tr., parler, dire : Cic. *Dom.* 141 ; *Div.* 1, 81 ‖ raconter, annoncer, prédire : Liv. 5, 15, 10 ; Virg. *G.* 4, 450 ‖ [logique] émettre, formuler [une proposition ἀξίωμα] : Cic. *Ac.* 2, 97 ; ⊂▷ *effatum* ‖ [langue des augures] fixer, déterminer : *ad templum effandum* Cic. *Att.* 13, 42, 3, pour fixer l'emplacement d'un temple ; [dans ce sens] pass., *effari* Varr. *L.* 6, 53 ; *effatus* L. XII Tab. d. Cic. *Leg.* 2, 21.

effascĭnātĭō, *ōnis*, f., fascination, enchantement : Plin. 19, 50.

effascĭnō, *ās*, *āre*, -, -, tr., fasciner, soumettre à des enchantements : Plin. 7, 16 ; Gell. 9, 4, 7.

effatio

1 effātĭo, ōnis, f. (*effari*), action de parler : Serv. En. 3, 463.

2 effātĭo, ōnis, f. (*ex, fari*), extinction de voix : Cael.-Aur. Acut. 2, 9, 72.

effātum, ī, n. (*effari*), [logique] proposition [ἀξίωμα] : Cic. Ac. 2, 95 ‖ prédiction : Cic. Leg. 2, 20 ‖ formule pour consacrer un lieu : Varr. L. 6, 53.

1 effātus, a, um, part. de *effari*.

2 effātŭs, ūs, m., action de parler, langage, parole : Tert. Anim. 6, 3.

effātŭus, a, um (*ex, fatuus*), hâbleur : *Gloss. 4, 334, 36.

effēcātus, v. *effaecatus*.

effēcī, parf. de *efficio*.

effectē, adv. (*effectus*), effectivement : Mart. 2, 27, 3 ‖ *effectius* Apul. Flor. 9, 34.

effectĭo, ōnis, f. (*efficio*) ¶ 1 exécution, réalisation : Cic. Fin. 3, 24 ; *recta effectio* [κατόρθωσις] Fin. 3, 45, rectitude d'action ¶ 2 faculté d'exécuter, de réaliser : Cic. Ac. 16.

effectĭtō, ās, āre, -, - (fréq. de *efficio*), tr., faire souvent : Not. Tir. 22, 57.

effectīvus, a, um (*efficio*), actif, qui produit : Aug. Arian. 12, 9 ‖ **effectiva (ars)** Quint. 2, 18, 5, art pratique ‖ [conjonction] qui exprime un effet : Prisc. 3, 95, 15, cf. 3, 224, 7.

effectŏr, ōris, m. (*efficio*), celui qui fait, ouvrier, auteur, producteur : Cic. Tim. 17 ; Brut. 59 ; de Or. 1, 150 ‖ [chrét.] Dieu-créateur : Aug. Civ. 8, 9.

effectōrĭus, a, um, actif, productif : Aug. Imm. 14.

effectrix, īcis, f. (*effector*), celle qui fait, auteur de, cause : Cic. Tim. 37 ; Fin. 2, 55.

effectum, ī, n. (1 *effectus*), effet [opposé à cause] : Cic. Top. 11 ; Quint. 6, 3, 66.

effectŭōsus, a, um, actif, efficace : Plin. Val. praef.

1 effectus, a, um, part.-adj. de *efficio*, fait, exécuté, achevé : Quint. 10, 5, 23 ‖ *effectior* Quint. 12, 10, 45.

2 effectŭs, ūs, m. ¶ 1 exécution, réalisation, accomplissement : *ad effectum adducere aliquid* Liv. 33, 33, 8, exécuter qqch., cf. 21, 7, 6 ; Curt. 8, 13, 22 ; *in effectu esse* Liv. 31, 46, 14, être près de la fin ; presque achevé : Cic. Fin. 3, 32, résider dans un acte suivi d'effet ‖ vertu, force, puissance, efficacité : Cic. Div. 2, 47 ; Quint. 1, 10, 6 ¶ 2 résultat, effet : Cic. Tusc. 2, 3 ; *sine effectu* Liv. 34, 26, 1 ; *sine ullo effectu* Liv. 40, 23, 15, sans résultat, vainement ¶ 3 [chrét.] réalisation d'une prophétie, d'une prière : Cypr. Ep. 30, 6.

effēcundō, ās, āre, -, -, tr., féconder : Vop. Prob. 21, 2.

effēmĭnātē, adv., en femme, d'une manière efféminée : Cic. Off. 1, 14.

effēmĭnātĭo, ōnis, f. (*effemino*), faiblesse, mollesse : Tert. Apol. 15, 3.

effēmĭnātōrĭum, ĭi, n., lieu de débauche : *Gloss. 5, 599, 14.

effēmĭnātus, a, um, part.-adj. de *effemino*, [fig.] mou, efféminé, sans nerf : Cic. Off. 1, 129 ‖ homosexuel, giton : Suet. Aug. 68 ‖ *-tior* Val.-Max. 9, 3 ; *-tissimus* Q. Cic. Fam. 16, 27.

effēmĭnō, ās, āre, āvī, ātum (*ex, femina*), tr., féminiser : Cic. Nat. 2, 66 ‖ efféminer, rendre efféminé, affaiblir, amollir, rendre lâche : Sall. C. 11, 3 ; Cic. Fin. 2, 94 ; Tusc. 1, 95 ; Caes. G. 1, 1, 3 ; 4, 2, 6 ‖ *vultum* Cic. Frg. A. 13, 22 M., donner à son visage l'aspect féminin ‖ déshonorer : Claud. Eutr. 1, 10 ‖ [tard.] châtrer : Lact. Epit. 8, 6.

effĕrascō, ĭs, ĕre, -, - (*efferus*), intr., devenir sauvage : Amm. 18, 7, 5.

effĕrātē, adv., d'une manière sauvage : Lact. Inst. 5, 20, 10.

effĕrātĭo, ōnis, f. (1 *effero*), action de rendre sauvage, farouche : Hier. Ep. 107, 2 ‖ transformation en bête sauvage : Tert. Paen. 12, 7.

effĕrātus, a, um, part. adj. de 1 *effero*, rendu sauvage ; qui rappelle les bêtes sauvages ; farouche, sauvage : Cic. Tusc. 4, 32 ‖ *efferatior* Liv. 34, 24 ; *-tissimus* Sen. Ep. 121, 4.

efferbŭī, parf. de *effervesco*.

effercĭō (**effar-**), īs, īre, fersī, fertum (*ex, farcio*), tr., remplir, combler, farcir : Caes. G. 7, 23, 2 ; Pl. Most. 65.

effĕrĭtās (**ecf-**), ātis, f. (*efferus*), sauvagerie : *Cic. Sest. 91 ; Cic. poet. Tusc. 2, 20.

1 effĕrō, ās, āre, āvī, ātum (*ex, ferus* ou *fera*), tr., rendre farouche, donner un air farouche, sauvage : Cic. Nat. 2, 99 ; Liv. 2, 23 ‖ [poét.] *aurum* Stat. Ach. 1, 425, donner à l'or un caractère sauvage = transformer l'or en armes ‖ [fig.] Liv. 23, 5, 12 ; 25, 26, 10 ; Cic. Nat. 1, 62.

2 effĕrō (**ecfĕrō**), *fers, ferre, extŭlī, ēlātum* (*ex, fero*), tr.

> ¶ 1 "porter hors de, emporter", "débarquer", "ensevelir" ¶ 2 "produire, donner" ¶ 3 "élever", [fig.] **a)** "porter aux nues" **b)** "élever, soulever" ¶ 4 "divulguer", "exprimer" ¶ 5 *se efferre* **a)** "se manifester" **b)** "s'enorgueillir" ¶ 6 [pass.] "être transporté, soulevé" par une passion, un sentiment ¶ 7 [poét.] "supporter une peine".

¶ 1 porter hors de, emporter : *tela ex aedibus Cethegi* Cic. Cat. 3, 8, enlever les armes de la maison de Céthégus ; *molita cibaria sibi quemque domo efferre jubent* Caes. G. 1, 5, 3, ils ordonnent que chacun emporte de la farine de chez soi ; *litteras in jaculo illigatas* Caes. G. 5, 45, 4, emporter une lettre fixée dans le javelot [entre le bois et le fer] ; *pedem porta* Cic. Att. 6, 8, 5 ; 7, 2, 6, passer la porte, sortir de chez soi ; *Messium impetus per hostes extulit* Liv. 4, 29, 1, l'élan de Messius l'emporta à travers les ennemis ‖ porter hors d'un navire, débarquer qqch. : Liv. 29, 8, 10 [en part.] emporter un mort, ensevelir : Cic. Nat. 3, 80 ; Nep. Att. 17, 1 ; Liv. 2, 33, 11 ; [fig.] Liv. 24, 22, 17 ; 28, 28, 12 ; 31, 29, 11 ¶ 2 produire, donner, en parlant de la terre : Cic. Rep. 2, 9 ; Brut. 16 ; Verr. 3, 113 ‖ [fig.] Cic. Nat. 2, 86 ; Quint. 10, 1, 109 ; Virg. G. 2, 169 ¶ 3 lever en haut, élever : *aliquem in murum* Caes. G. 7, 47, 7, élever qqn sur le mur ; *turris in altitudinem elata* Caes. C. 2, 8, 3, tour élevée en hauteur ; *corvus e conspectu elatus* Liv. 7, 26, 5, le corbeau s'élevant hors de la vue ; *elatis super capita scutis* Tac. H. 3, 27, élevant leurs boucliers au-dessus de leurs têtes ‖ [fig.] **a)** porter qqch. (qqn) aux nues : Cic. Verr. 4, 124 ; Arch. 21 ; *aliquem laudibus* Cic. Arch. 15, vanter qqn, cf. Off. 2, 36 ; Lae. 24 ; *aliquem verbis* Cic. de Or. 3, 52, louer qqn **b)** élever, soulever : *quorum animi altius se extulerunt* Cic. Rep. 3, 4, dont les âmes s'élevèrent plus haut ; *populus Romanus te ad summum imperium per omnes honorum gradus extulit* Cic. Cat. 1, 28, le peuple romain t'a élevé par tous les degrés des charges jusqu'à la magistrature suprême ; *patriam demersam extuli* Cic. Sest. 87, j'ai tiré la patrie de l'abîme où elle était plongée ; *aliquem in summum odium* Tac. H. 4, 42, élever, porter qqn au plus haut degré de la haine ; *elatus ad justam fiduciam sui* Liv. 27, 8, 7, porté à une légitime confiance en soi, justement enhardi, cf. Curt. 3, 8, 10 ; Flor. 1, 24, 2 ¶ 4 produire au dehors, divulguer : *in vulgum disciplinam efferri nolunt* Caes. G. 6, 14, 4, ils ne veulent pas que leur science soit divulguée dans la foule ; *postquam in vulgus militum elatum est, qua arrogantia... interdixisset* Caes. G. 1, 46, 4, quand on eut divulgué dans la foule des soldats avec quelle arrogance il avait interdit... ; *clandestina consilia* Caes. G. 7, 1, 6, divulguer des projets clandestins, cf. Caes. G. 7, 2, 2 ; Cic. de Or. 1, 111 ; *aliquid foras* Cic. Phil. 10, 6, répandre qqch. au dehors [du sénat] ‖ exprimer : *res alio atque alio elata verbo* Cic. Or. 72, idée exprimée par un mot ou par un autre (sous telle ou telle forme), cf. Or. 150 ; 224 ; *aliquid versibus* Cic. Rep. 1, 22, exprimer en vers qqch. ¶ 5 *se efferre* **a)** se produire au dehors, se montrer, se manifester : *cum virtus se extulit* Cic. Lae. 100, quand la vertu apparaît, cf. Cic. Brut. 26 ; de Or. 2, 88 **b)** [sens péjor.] se laisser aller à des transports d'orgueil, se gonfler, s'enorgueillir : Cic. Tusc. 4, 39 ; de Or. 2, 342 ; *aliqua re se efferre* Cic. Fam. 9, 2, 2 (Liv. 30, 20, 4) s'enorgueillir de qqch. ; [au pass.] *recenti victoria efferri* Caes. G. 5, 47, 4, être fier d'une récente victoire ; *elati et inflati his rebus* Cic. Agr. 2, 97, enorgueillis et gonflés de ces avantages ¶ 6 [pass.] être transporté par une passion, être emporté (soulevé) : *efferor studio patres vestros videndi* Cic. CM 83, je suis transporté du désir de voir vos pères ; *vi* *naturae atque ingenii elatus* Cic. *Mur.* 65, soulevé par la vivacité des penchants naturels et du caractère; *elati spe celeris victoriae* Caes. *G.* 7, 47, 3, emportés par l'espoir d'une prompte victoire, cf. Caes. *C.* 1, 45, 2; Cic. *Att.* 1, 8, 2; *Nat.* 1, 56; *Dej.* 26; *Fam.* 10, 12, 2 ‖ [actif] *comitia ista praeclara, quae me laetitia extulerunt* Cic. *Fam.* 2, 10, 1, ces admirables comices qui m'ont transporté de joie ¶7 [poét.] supporter un travail, une peine: Acc. d. Cic. *Sest.* 102; Lucr. *1, 141*; Cic. poet. *Tusc.* 4, 63.

effertus, *a, um*, part. adj. de *effercio*, tout plein de [avec abl.]: Pl. *Cap.* 466 ‖ *hereditas effertissima* Pl. *Cap.* 775, le plus riche des héritages.

efferus, *a, um* (*ex, ferus*), farouche, sauvage, cruel: Lucr. *2, 604*; Virg. *En.* 8, 6; 8, 484.

effervens, *tis*, part. adj. de *efferveo*, bouillant: *efferventior* Gell. *2, 27, 3*.

efferveō, *ēs, ēre, -, -* (*ex, ferveo*), intr., bouillonner: Vitr. *2, 65* ‖ **effervō**, *is, ĕre, -, -*, intr., déborder en bouillonnant: Virg. *G. 1, 471* ‖ [fig.] fourmiller de: Lucr. *2, 928* ‖ sortir en fourmillière: Virg. *G. 4, 556.*

effervescō, *is, ĕre, bŭi* et *vī, -* (inch. de *efferveo*), intr., s'échauffer, entrer en ébullition: Cic. *Nat.* 2, 27; Cat. *Agr.* 115, 1 ‖ [fig.] bouillonner: Cic. *Planc.* 15; *Prov.* 6; Gell. *2, 24, 15*; *stomacho* Cic. *Brut.* 246, se livrer à des accès violents d'impatience ‖ *verbis effervescentibus* Cic *de Or.* 2, 88, avec un style bouillonnant.

▶ parf. *efferbui* Cic. *Cael.* 77; *effervi* Cat. *Agr.* 115, 1; Tac. *An.* 1, 74.

effervo, v. *efferveo*.

effētō, *ās, āre, -, -* (*effetus*), tr., affaiblir: Cassiod. *Var.* 9, 15, 3.

effētus, *a, um* (*ex, fetus*), qui a mis bas: Col. 7, 7, 4; 7, 12, 11 ‖ épuisé par l'enfantement, qui ne peut plus avoir d'enfants: Apul. *Apol.* 76; Plin. 10, 146 ‖ [fig.] fatigué, épuisé, languissant: *effeta tellus* Lucr. *2, 1150*, terre épuisée; *effetum corpus* Cic. *CM* 29, corps épuisé [par les excès]; *effeta veri* Virg. *En.* 7, 440, qui n'a plus la force d'atteindre au vrai ‖ *effetior* Apul. *Socr. prol.*

effexim, v. *efficio*.

effībŭlo, v. *exfibulo*.

efficābilis, *e* (*efficio*), efficace: Iren. *3, 11, 8*.

efficābiliter, adv. (*efficabilis*), d'une manière efficace: Iren. *2, 17, 2*.

efficācia, *ae*, f. (*efficax*), puissance efficace, propriété: Plin. *11, 12*: Amm. 14, 8, 5.

efficācitās, *ātis*, f. (*efficax*), force, vertu, efficacité: Cic. *Tusc.* 4, 31; Q. Cic. *Pet.* 10.

efficāciter, adv. (*efficax*), d'une manière efficace, avec efficacité, avec succès: Quint. 5, 13, 25; Tac. *G.* 8 ‖ *-cius* Quint. 8, 4, 8; *-cissime* Plin. 24, 23; *Ep.* 2, 13, 11.

efficax, *cis* (*efficio*), agissant, qui réalise: Cael. *Fam.* 8, 10, 3; Hor. *Epo.* 3, 17 ‖ efficace, qui produit de l'effet, qui réussit: Liv. 9, 20, 2; *efficacissimus contra, adversus* Plin. 13, 115; 24, 130, souverain contre ‖ [avec inf.] *eluere efficax* Hor *O.* 4, 12, 20, bon pour faire disparaître ‖ *-cior* Quint. 6, 1, 41.

efficiens, *tis*, part. adj. de *efficio*, qui effectue, qui produit, efficient: Cic. *Ac.* 1, 24; *virtus efficiens voluptatis* Cic. *Off.* 3, 33, la vertu, source de plaisir.

efficienter, adv., avec une vertu efficiente: Cic. *Fat.* 34.

efficientĭa, *ae*, f. (*efficio*), faculté de produire un effet, vertu, action, puissance, propriété: Cic. *Nat.* 2, 95; *Fat.* 19 ‖ [tard.] réalisation: Hil. *Matth.* 4, 21.

efficiō (**ecficiō**), *ĭs, ĕre, fēcī, fectum* (*ex, facio*), tr. ¶1 achever, exécuter, produire, réaliser: *naves facere instituit; quibus effectis...* Caes. *C.* 1, 36, 5, il décide de faire construire des navires; ceux-ci étant achevés...; *pontem* Caes. *G.* 6, 6, 1; *turres, tormenta* Caes. *C.* 3, 9, 2, exécuter un pont, des tours, des câbles; *sphaeram* Cic. *Rep.* 1, 28; *columnam* Cic. *Verr.* 1, 147, faire une sphère, une colonne; *mirabilia facinora* Cic. *Phil.* 2, 109, accomplir des actes merveilleux; *munus* Cic. *Rep.* 1, 70, accomplir une mission ‖ *civitatem* Cic. *Rep.* 2, 52, construire une cité [idéale]; *aliquid dicendo* Cic. *Brut.* 185, obtenir un effet par la parole; *minus* Caes. *C.* 3, 21, 1, avoir moins de succès; abs¹, au gérondif, *efficiendi cura, utilitas* Cic. *Off.* 1, 73; *Rep.* 5, 5, le souci, l'utilité de l'action pratique; *haec admirationes in bonis oratoribus efficiunt* Cic. *de Or.* 1, 152, c'est ce qui provoque les applaudissements à l'adresse des bons orateurs; *aliquid ab aliquo* Cic. *Att.* 10, 10, 4, obtenir qqch. de qqn; *quantumcumque itineris equitatu efficere poterat* Caes. *C.* 3, 102, 1, tout le parcours qu'il pouvait effectuer avec sa cavalerie ‖ faire qqch., tirer de: *panes ex aliqua re* Caes. *C.* 3, 48, 2, faire des pains avec qqch.; *unam ex duabus (legionibus)* Caes. *C.* 3, 89, 1, de deux légions en faire une; *quibus coactis (cohortibus) tredecim efficit* Caes. *C.* 1, 15, 5, toutes ces cohortes réunies, il en fait treize, cf. Liv. 22, 16, 8; 22, 57, 9 ‖ [avec attr¹] rendre, faire: *jucundam senectutem efficere* Cic. *CM* 2, rendre la vieillesse agréable, cf. *Lae.* 54; *Off.* 1, 2; *aliquem consulem* Cic. *Lae.* 73, faire arriver qqn au consulat; *quae res immani corporum magnitudine homines efficit* Caes. *G.* 4, 1, 9, ce qui donne aux hommes une stature gigantesque ‖ [avec *ut* subj.] obtenir ce résultat que: Cic. *Lae.* 59; *Rep.* 1, 33; Caes. *G.* 2, 5, 5; 2, 17, 4 ‖ [avec subj. sans *ut*] Ov. *F.* 3, 683 ‖ [avec *quo* (= *ut eo*)] Poll. *Fam.* 10, 33, 1; Liv. 2, 60, 1; 33, 25, 8; 41, 4, 2 ‖ [avec *ne*] faire que ne pas, avoir soin d'empêcher que: Cic. *Att.* 6, 1, 16; *Rep.* 1, 67; *Fin.* 4, 10; Liv. 8, 7, 6 ‖ [avec *quominus* même sens: Lucr. 1, 977; Quint. 11, 1, 48 ‖ *effici non potest quin* Cic. *Phil.* 11, 36, il n'est pas possible que ne pas ‖ [avec prop. inf.] Vitr. 2, 6, 1; Ulp. *Dig.* 11, 1, 16 ¶2 [sens partic.] **a)** produire, donner [en parl. de terres]: Cic. *Verr.* 3, 148; *ager efficit cum octavo* Cic. *Verr.* 3, 112, le champ rend huit fois plus [qu'il n'a été semé de blé] **b)** former une somme: *ea tributa vix, in fenus Pompei quod satis sit, efficiunt* Cic. *Att.* 6, 1, 3, ces taxes suffisent à peine à payer les intérêts de Pompée **c)** [phil.] *causa efficiendi* Cic. *Fin.* 1, 18, la cause efficiente ‖ établir, tirer une conséquence logique: *in iis libris volt efficere animos esse mortales* Cic. *Tusc.* 1, 77, dans cet ouvrage il veut établir que les âmes sont mortelles; *quid efficiatur e quoque* Cic. *Or.* 115, [savoir] ce qui découle de chaque principe, sa conséquence logique; *ex quo efficitur* ou *efficitur* seul [avec prop. inf.], d'où l'on conclut que, il s'ensuit que: Cic. *Fin.* 3, 28; *Nat.* 2, 80; *ita efficitur ut* [subj.] Cic. *Nat.* 3, 30, il s'ensuit que..., il en résulte que... ¶3 [tard.] [pass.], *fieri*, être fait, devenir: *non erroris, sed salutis participes effectos* Cypr. *Sent.* 22, devenus participants non de l'erreur mais du salut.

▶ parf. subj. arch. *effexis* Pl. *Cas.* 709; inf. prés. pass. *effieri* Pl. *Pers.* 761.

effictio, *ōnis*, f. (*effingo*), effiction [rhét.], portrait, description: Her. 4, 63.

effiĕri, v. *efficio*.

effigĭa, *ae*, f., = *effigies*: Pl. *Ru.* 421 ‖ pl., Lucr. 4, 42.

effigiātus, abl. *ū*, m., représentation, imitation: Apul. *Flor.* 15.

effigientia, *ae*, f. (*effingo*), création: Capel. 9, 922.

effigiēs, *ēi*, f. (*effingo*) ¶1 représentation, image, portrait, copie [de qqch., qqn]: Cic. *Q.* 1, 3, 1; *Verr.* 2, 159; Virg. *En.* 3, 497 ‖ [fig.] Cic. *Or.* 9; *de Or.* 1, 193; *Arch.* 30; *Fin.* 2, 58 ‖ ombre, spectre, fantôme: Ov. *M.* 14, 358; Liv. 21, 40, 9 ¶2 [poét.] représentation plastique, image, statue, portrait: Catul. 64, 61; Virg. *En.* 2, 167; Hor. *S.* 1, 8, 30; Tac. *An.* 1, 74; Quint. 12, 10, 5 ¶3 [chrét.] forme, condition: *(Christus) in effigie Dei constitutus* VL. *Phil.* 2, 6, le Christ placé dans la condition divine.

effigiō, *ās, āre, āvī, ātum* (*effigies*), tr., faire le portrait de, représenter: Prud. *Perist.* 11, 126; Sidon. *Ep.* 6, 12, 6 ‖ façonner, créer: Prud. *Cath.* 10, 4.

effigūrātio, *ōnis*, f. (**effiguro*), prosopopée: Ps. Jul.-Ruf. *Dian.* 14.

effindō, *ĭs, ĕre, -, -* (*ex, findo*), tr., fendre: Manil. 4, 283.

effingō, *ĭs, ĕre, finxī, fictum* (*ex, fingo*), tr. ¶1 représenter, reproduire [par la peinture, la sculpture ou la ciselure]; imiter, copier, former, figurer, rendre, dépeindre: Cic. *Nat.* 3, 23; *Div.* 1, 2, 3; *in auro* Virg. *En.* 6, 32, graver sur or; [fig.] Cic. *Leg.* 1, 26; *de Or.* 2, 184; *formas et mores effingunt a parentibus liberi* Cic. *Div.* 2, 94, les enfants reproduisent de leurs pères et la conformation et le

effingo

caractère, cf. *Tim.* 34 ¶ **2** essuyer, éponger: Cic. *Sest.* 77; Cat. *Agr.* 67, 2 ‖ frotter doucement, caresser: Ov. *H.* 20, 134.

efflīo, *fīs, fĭĕrī*, V. *efficio* ►.

effirmō, *ās, āre*, -, - (*ex, firmo*), tr., affirmer, encourager: Acc. d. Non. 256, 18.

efflāgĭtātĭo, *ōnis*, f., C. 2 *efflagitatus*: Cic. *Fam.* 5, 19, 2.

1 **efflāgĭtātus**, part. de *efflagito*.

2 **efflāgĭtātus**, abl. *ū*, m. (*efflagito*), demande pressante, instances: Cic. *Verr.* 5, 29.

efflāgĭtō, *ās, āre, āvi, ātum* (*ex, flagito*), tr. ¶ **1** demander avec insistance: *rem* Cic. *Mur.* 47; *Caecil.* 8, qqch. ¶ **2** prier, presser, solliciter vivement: *a multis efflagitatus* Cic. *Verr.* 1, 92, pressé par beaucoup de personnes ¶ **3** *ab aliquo efflagitare ut* Cic. *Verr.* 1, 63, solliciter qqn de ‖ *efflagitatum est ut* Tac. *An.* 13, 26, on demanda instamment que ‖ *efflagitabant... facerent* Tac. *An.* 4, 74, ils (les) sollicitaient de donner....

efflāgrō, V. *effragro*.

efflammans, *tis* (*ex, flammo*), qui jette des flammes: Capel. 2, 207.

efflātĭō, *ōnis*, f. (*efflo*), action d'émettre par le souffle: Hier. *Ep.* 65, 5, 1.

efflātŭs, *ūs*, m. (*efflo*), issue pour l'air, pour le vent: Sen. *Nat.* 5, 14, 3.

efflĕō, *ēs, ēre, ēvi*, - (*ex, fleo*), intr., pleurer abondamment: Ps. Quint. *Decl.* 6, 4.

efflictē, C. *efflictim*: Apul. *M.* 5, 28; Symm. *Ep.* 1, 90, 1.

efflictim, adv. (*effligo*), violemment, ardemment: Pl. *Amp.* 517; *Cas.* 49; *Poen.* 96.

efflictō, *ās, āre*, -, -, fréq. de *effligo*: Pl. *St.* 606.

efflīgō, *ĭs, ĕre, flīxī, flictum* (*ex, fligo*), tr., frapper fortement, battre, broyer, abattre, tuer, assommer: Cic. *Att.* 9, 19, 2; Sen. *Ir.* 1, 15, 2; 2, 31, 8 ‖ [fig.] Gell. 2, 69.

efflō, *ās, āre, āvī, ātum* (*ex, flo*) ¶ **1** tr., répandre dehors en soufflant, exhaler: Lucr. 5, 652; *lucem naribus efflant* Virg. *En.* 12, 115, [les chevaux du Soleil] soufflent de leurs naseaux la lumière, cf. *En.* 7, 786; *colorem* Lucr. 2, 833, perdre sa couleur; *animam* Cic. *Tusc.* 1, 19; *Mil.* 48, rendre l'âme; [absᵗ] *efflans Div.* 1, 106, expirant; [poét.] *efflantes plagae* Stat. *Th.* 8, 168, blessures qui font expirer, mortelles ¶ **2** intr., s'exhaler: Lucr. 6, 681.

efflōrĕō, *ēs, ēre*, -, - (*ex, floreo*), intr., être en fleur: Carm. Judic. 209.

efflōrescō, *ĭs, ĕre, rŭī*, - (*ex, floresco*), intr., fleurir: Vulg. *Is.* 18, 5 ‖ [fig.] s'épanouir, briller, resplendir: Cic. *Cael.* 76 ‖ [avec ex] [littᵗ] sortir en pleine floraison de: *utilitas efflorescit ex amicitia* Cic. *Lae.* 100, l'utilité sort pleinement de l'amitié,

trouve tout son épanouissement dans l'amitié, cf. *Tusc.* 5, 71; *de Or.* 1, 20.

efflŭentĭa, *ae*, f. (*effluo*), écoulement, épanchement: Mar. Vit. *Ar.* 1, 1.

affluēscō, *ĭs, ĕre*, -, -, intr., s'ébattre: *conviviis* Ambr. *Off.* 2, 21, 109, s'ébattre dans des festins.

efflŭō, *ĭs, ĕre, flūxī*, - (*ex, fluo*)
I intr. ¶ **1** couler de, découler, sortir en coulant, s'écouler: Cat. *Agr.* 111; *umor e cavis populi effluens* Plin. 24, 47, la sève coulant des trous du peuplier; *una cum sanguine vita effluit* Cic. *Tusc.* 2, 59, la vie s'écoule avec le sang [de la blessure]; *facit effluere imbres* Lucr. 6, 512, [la masse des nuages] fait tomber les pluies ‖ *(aer) effluens huc et illuc ventos facit* Cic. *Nat.* 2, 101, (l'air) avec ses courants en sens divers produit les vents ¶ **2** glisser, s'échapper: *manibus opus effluit* Lucr. 6, 795, l'ouvrage lui coule des mains; *ex intimis aliquis effluit* Cic. *Fam.* 6, 18, 2, qqn disparaît du groupe des intimes; *antequam ex animo tuo effluo* Cic. *Fam.* 7, 14, 1, avant que je sorte (disparaisse) de ta pensée ‖ échapper à l'attention: Quint. 10, 3, 20 ‖ s'échapper, parvenir à la connaissance du public: Ter. *Eun.* 121; Cic. *Dom.* 121 ¶ **3** s'écouler, disparaître, s'évanouir: *quod praeterit, effluxit* Cic. *CM* 69, ce qui est passé s'est évanoui, cf. *CM* 4; *Att.* 12, 43, 3; *Fin.* 1, 42 ‖ faire défaut: *alicui mens effluit* Cic. *Brut.* 219, le fil des idées échappe à qqn.
II tr., laisser couler, laisser échapper: Petr. 71, 11; Anth. 245, 2 ‖ [tard.] se répandre en paroles: Vulg. *2 Macc.* 2, 33.

efflŭus, *a, um* (*effluo*), qui s'écoule: Avien. *Perieg.* 1162.

efflŭvĭum, *ĭi*, n. (*effluo*), écoulement: Plin. 7, 121 ‖ endroit où [un lac] se déverse: Tac. *An.* 12, 57.

effluxī, parf. de *effluo*.

effluxĭo, *ōnis*, f. (*effluo*), écoulement: Aug. *Psalm.* 140, 4 ‖ [fig.] émanation: Cassiod. *Hist.* 1, 14.

effluxus, *a, um* (*effluo*), volage, changeant: Isid. 9, 7, 26.

effōcō, *ās, āre*, -, - (*ex faucibus* cf. *suffoco*), tr., étouffer, suffoquer ‖ [fig.] Sen. *Brev.* 2, 4.

effŏdĭō (**ecf-**), *ĭs, ĕre, fŏdī, fossum* (*ex, fodio*), tr. ¶ **1** retirer en creusant, déterrer, extraire: *aurum* Cic. *Off.* 2, 13, extraire de l'or, cf. *Rep.* 2, 61; Pl. *Trin.* 783 ‖ *oculum, oculos alicui*, arracher (crever) un œil, les yeux à qqn: Pl. *Aul.* 53; *Cap.* 463; Cic. *Rep.* 3, 27 ¶ **2** creuser, fouir: Quint. 10, 3, 2; Suet. *Ner.* 19 ‖ faire en creusant: *lacum* Suet. *Dom.* 4, creuser un lac ‖ remuer, bouleverser: *domos* Caes. *C.* 3, 42, 5, saccager les maisons.
► inf. arch. *exfodiri* Pl. *Mil.* 315.

effoecundo, V. *effecundo*.

effoedō, *ās, āre*, -, - (*ex, foedo*), tr., souiller entièrement: Aug. *Serm.* 150, 2 Mai.

effoemĭno, V. *effemino*.
effoetus, V. *effetus*.
*****effŏr**, V. *effaris*.

effŏrō, *ās, āre*, -, - (*ex, foro*), tr., percer, trouer: Col. 9, 1, 3.

effossĭo, *ōnis*, f. (*effodio*), fouille: Cod. Th. 10, 19, 10 ‖ *luminum* Aug. *Jul. op. imp.* 3, 119, action de crever les yeux ‖ action de bouleverser, de ruiner: Aug. *Pelag.* 4, 6, 15.

effractārĭus, *ĭi*, m. (*effringo*), celui qui vole avec effraction: Sen. *Ep.* 68, 4.

effractŏr, *ōris*, m., Paul. *Dig.* 1, 15, 3; Ulp. *Dig.* 47, 7, 1, même sens que le précédent.

effractūra, *ae*, f. (*effringo*), effraction, vol avec effraction: Paul. *Dig.* 1, 15, 3.

effractus, *a, um*, part. de *effringo*.

effrāgrō (**effl-**), *ās, āre*, -, - (*ex, fragro*), intr., sentir [fig.]: Fort. *Germ.* 73, 197.

effrēgī, parf. de *effringo*.

effrēnātē, adv. (*effrenatus*), d'une manière effrénée, sans réserve: Cic. *CM* 39; *-natius* Cic. *Phil.* 14, 26.

effrēnātĭō, *ōnis*, f. (*effreno*), emportement déréglé, débordement, écart, licence: Cic. *Phil.* 5, 22.

effrēnātus, *a, um*, part.-adj. de *effreno*, débridé, délivré du frein: Liv. 40, 40, 5 ‖ [fig.] qui n'a plus de frein, effréné, désordonné, déréglé, déchaîné: *effrenata libido* Cic. *Clu.* 15, passion déchaînée; *secundis rebus effrenatus* Cic. *Off.* 1, 90, à qui le bonheur a fait perdre le sens de la mesure ‖ *-natior* Cic. *de Or.* 3, 205; *-tissimus* Sen. *Ep.* 83, 19.

effrēnis, *e*, V. *effrenus*: [pr.] Prud. *Psych.* 179; [fig.] Plin. 8, 171.

effrēnō, *ās, āre*, -, - (*ex freno*, cf. *effrenus*), tr., lâcher la bride [fig.], déchaîner: Sil. 9, 496.

effrēnus, *a, um* (*ex freno*), qui n'a pas de frein, débridé: Liv. 4, 33, 7 ‖ [fig.] *effrena gens* Virg. 3, 382, nation sauvage; *effrenus amor* Ov. *M.* 6, 465, amour désordonné.

effrĭcō, *ās, āre, frĭxī, frĭcātum* (*ex, frico*; it. *sfregare*), tr., frotter, enlever en frottant: Apul. *M.* 1, 7, 3 ‖ [fig.] *efficanda animorum rubigo* Sen. *Ep.* 95, 36, il faut débarrasser les esprits de leur rouille.

effrīgō, *ĭs, ĕre*, -, - (*ex, frigo*), tr., bien griller: Plin. Val. 2, 30.

effringō, *ĭs, ĕre, frēgī, fractum, ĕre* (*ex, frango*) ¶ **1** tr., enlever en brisant, faire sauter: Pl. *Amp.* 1026 ‖ rompre, briser, ouvrir avec effraction, détruire: Cic. *Verr.* 4, 94; 96 ¶ **2** intr., se briser: Sil. 1, 647; Apul. *Mund.* 11.

effrondŭi, parf. (*ex, frondesco*), intr., pousser du feuillage: Vop. *Prob.* 10, 3.

effrons, *tis* (*ex fronte*), impudent, effronté: *Vop. *Car.* 13, 2.

effrŭtĭcō, ās, āre, -, - (*ex, frutico*), tr., produire [fig.]: Tert. *Anim.* 27, 8 ‖ intr., pousser en feuillage: Tert. *Nat.* 1, 5, 2.

effūdī, parf. de *effundo*.

effŭgātĭo, ōnis, f. (*effugo*), expulsion: Greg.-M. *Ep.* 9, 205 ‖ fuite, action d'échapper à: Gloss. 2, 242, 34.

effŭgĭō, ĭs, ĕre, fūgī, fŭgĭtūrus (*ex, fugio*) **I** intr., échapper en fuyant, s'enfuir: *e proelio* Cic. *Phil.* 2, 71, s'enfuir du combat; [avec *ab*] Cic. *Sest.* 116; *de manibus alicujus* Cic. *Amer.* 34, s'échapper des mains de qqn; *patria* Pl. *Merc.* 660, se sauver de sa patrie ‖ *ne quid simile paterentur, effugerunt* Liv. 36, 25, 8, ils échappèrent à un sort semblable, cf. Tac. *H.* 3, 39; [avec *ab* et *ne*] Pl. *Bac.* 342 ‖ *non effugere quin* Naev. *Tr.* 15, ne pas éviter de. **II** tr. ¶ 1 échapper à: *mortem* Caes. *G.* 6, 30, 2, échapper à la mort; *equitatum* Caes. *C.* 1, 65, 4, échapper aux attaques de la cavalerie; *dolores* Cic. *Fin.* 1, 36, se soustraire aux douleurs! ¶ 2 [nom de ch. sujet]: Cic. *Verr.* 4, 122; *nihil te effugiet* Cic. *de Or.* 2, 147, rien ne t'échappera; *adeo nullius rei cura Romanos effugiebat* Liv. 22, 33, 6, tant il est vrai que rien n'échappait à la sollicitude des Romains ‖ *custodis curam non effugiat observare...* Col. 8, 11, 12, qu'il n'échappe pas à l'attention du garde d'observer ....

effŭgĭum, ĭi, n. (*effugio*), fuite: Lucr. 5, 992 ‖ moyen de fuir, d'échapper: *habere effugia pennarum* Cic. *Nat.* 2, 121, avoir des ailes pour s'enfuir; *assequi effugium mortis* Cic. *Verr.* 5, 166, trouver un moyen d'échapper à la mort‖ issue, passage: Tac. *An.* 3, 42.

effŭgĭus, a, um, échappé: *hostia effugia* Serv. *En.* 2, 140, victime échappée de l'autel.

effŭgō, ās, āre, āvī, ātum (*ex, fugo*), tr., chasse, mettre en fuite: Avien. *Or.* 156.

effulgentĕr, adv. (*effulgeo*), d'une manière brillante: Mar. Vict. *Ar.* 1, 64.

effulgentĭa, ae, f., action de briller: Mar. Vict. *Ar.* 1, 27.

effulgĕō, ēs, ēre, fulsī, -, intr., briller, éclater, luire, être lumineux: Liv. 22, 1, 11; *auro* Virg. *En.* 5, 133, être tout resplendissant d'or‖ [fig.] *sed effulgebat Philippus* Liv. 45, 7, 3, mais il y avait l'éclat de Philippe.
▶ inf. *-ĕre* Virg. *En.* 8, 677.

effulgŭrō, ās, āre, -, - (*ex, fulguro*), intr., jeter une lueur, briller: Stat. *Ach.* 1, 231; Ennod. *Ep.* 1, 8.

effulsĭo, ōnis, f. (*effulgeo*), éclat, splendeur: Chalc. 71.

effultus, a, um (*ex, fulcio*), appuyé sur, soutenu par: Virg. *En.* 7, 94.

effūmĭgātus, a, um (*ex, fumigo*), chassé par la fumée: Tert. *Mart.* 1, 5.

effūmō, ās, āre, -, -, intr., jeter de la fumée: Aetna 499.

effundō (ecfundō), ĭs, ĕre, fūdī, fūsum (*ex, fundo*), tr. ¶ 1 répandre au dehors, verser, épancher: *lacrimas* Cic. *Planc.* 101, verser des larmes; *mare numquam effunditur* Cic. *Nat.* 2, 116, la mer ne déborde jamais; *Ganges se in Oceanum effundit* Plin. 2, 243, le Gange se déverse dans l'Océan‖ *tela* Virg. *En.* 9, 509, jeter les traits à profusion, cf. Liv. 27, 18, 11; *quae via clausos excutiat Teucros vallo atque effundat in aequor* Virg. 9, 68, [il cherche] quel moyen peut faire sortir les Troyens de l'enceinte où ils sont enfermés et les jeter épars dans la plaine; *equus cum regem effudisset* Liv. 27, 32, 5, le cheval ayant jeté le roi à terre, cf. 22, 3, 11; *equo effusus* Liv. 10, 11, 1, désarçonné‖ *se effundere*, se répandre [en parl. d'une foule]: Caes. *C.* 2, 7, 3; Liv. 34, 8, 1; *effundi* Liv. 38, 6, 3; 40, 40, 10; Tac. *An.* 1, 23; *effuso exercitu* Sall. *J.* 55, 4, l'armée en désordre; *vulgum effusum oppido* Sall. *J.* 69, 2, la foule qui s'était répandue hors de la ville; [poét.] *nymphae caesariem effusae* Virg. *G.* 4, 337, nymphes ayant leur chevelure flottante ¶ 2 produire en abondance: *fruges, herbas* Cic. *Or.* 48, des céréales, des herbes, cf. *Brut.* 36 ¶ 3 disperser, dissiper, prodiguer: *patrimonium* Cic. *Amer.* 6, son patrimoine, cf. Cic. *Phil.* 3, 3; *Agr.* 1, 15; *Tusc.* 3, 48; *sumptus effusi cum probro* Cic. *Amer.* 88, dépenses prodiguées dans le scandale ¶ 4 [fig.] **a)** déverser, épancher, exposer librement: *effudi vobis omnia quae sentiebam* Cic. *de Or.* 1, 159, je vous ai confessé tous mes sentiments, cf. *Att.* 16, 7, 5; *Flac.* 41; Quint. 10, 3, 17; *furorem in aliquem* Cic. *Fam.* 12, 25, 4, déverser, répandre sur qqn sa folie furieuse (*iram* Liv. 39, 34, 1, sa colère); **b)** *se effundere in aliqua libidine* Cic. *Par.* 21, s'abandonner à une passion (*in omnes libidines* Tac. *An.* 14, 13, à toutes les passions) ‖ [ou pass.] *effundi*, se laisser aller, s'abandonner: *in aliquem suavissime effundi* Cic. *Att.* 4, 9, 1, s'abandonner aux effusions les plus aimables à l'égard de qqn; *in licentiam* Liv. 25, 20, 6, s'abandonner à la licence; *in lacrimas* Tac. *An.* 3, 23 (*lacrimis* Virg. *En.* 2, 651; *ad lacrimas* Liv. 44, 31, 13, se répandre (fondre) en larmes) **c)** disperser au vent = laisser échapper, renoncer à: *collectam gratiam florentissimi hominis* Cic. *Fam.* 2, 16, 1, jeter au vent la faveur d'un homme si puissant après l'avoir recueillie; *odium* Cic. *Fam.* 1, 9, 20, se débarrasser de sa haine ‖ [en parl.] *extremum spiritum* Cic. *Phil.* 14, 32, exhaler le dernier souffle; *animam* Virg. *En.* 1, 98, expirer **d)** laisser aller, lâcher: *habenas* Virg. *En.* 5, 818, abandonner les rênes; *vires* Liv. 10, 28, 6, prodiguer, déployer sans retenue ses forces; v. ▶ *effusus*.

▶ *exfuti* = *effusi* P. Fest. 71, 13 [tiré de *fu-*, c. ▶ *futis*].

effūsē, adv. (*effusus*) ¶ 1 en se répandant au large: Liv. 33, 16, 4 ‖ à la débandade, précipitamment, de tous côtés: *fugere* Liv. 3, 22, 8, fuir de tous côtés, en tous sens ¶ 2 avec abondance, largesse, profusion: *donare* Cic. *Amer.* 23, donner à profusion ‖ d'une manière immodérée, sans retenue: *exsultare* Cic. *Tusc.* 4, 13, s'abandonner à une joie immodérée ‖ avec effusion: *effusissime diligere* Plin. *Ep.* 7, 30, 1, avoir la plus vive affection ‖ *effusius* Liv. 33, 16, 4 ‖ *effusissime* Sen. *Ep.* 99, 24.

effūsĭo, ōnis, f. (*effundo*), action de répandre, épanchement, écoulement: Cic. *Nat.* 2, 26; 127; *effusiones hominum ex oppidis* Cic. *Pis.* 51, habitants sortant en foule des villes ‖ [fig.] largesses, prodigalité, profusion: Cic. *Part.* 81; *Att.* 7, 3, 3; *Off.* 2, 56‖ débordement: *effusio animi in laetitia* Cic. *Tusc.* 4, 66, transport excessif de l'âme dans la joie.

effūsŏr, ōris, m. (*effundo*), celui qui verse [le sang]: Aug. *Psalm.* 58, s. 1, 15 ‖ celui qui répand, qui prodigue: Aug. *Serm.* 179, 10.

effūsōrĭē, adv., en se répandant çà et là: Amm. 31, 16, 7.

effūsōrĭum, ĭi, n., instrument pour verser: Hier. *Zach.* 1, 4, 2.

effūsus, a, um **I** part. de *effundo*. **II** [pris adj‍ᵗ] ¶ 1 épandu, vaste, large: *effusa loca* Tac. *G.* 30, vastes plaines ¶ 2 lâché, libre: *quam potuit effussimis habenis* Liv. 37, 20, 10, lâchant le plus possible les rênes, à toute bride; *effusum agmen* Liv. 21, 25, 8, troupes en débandade; *effusae comae* Ov. *H.* 7, 70, cheveux en désordre; *effuso cursu* Liv. 2, 50, 6, dans une course précipitée ¶ 3 [fig.] prodigue, large: *quis in largitione effusior?* Cic. *Cael.* 13, qui fut plus magnifique dans ses largesses? ¶ 4 qui se donne carrière, sans contrainte, immodéré: *effusa licentia* Liv. 44, 1, 5, anarchie totale; *effusissimo studio* Suet. *Ner.* 40, avec une passion débordante.

effūtīcĭus, a, um (*effutio*), [en parl. d'un mot] sorti de la bouche au hasard: Varr. *L.* 7, 93.

effūtĭlis, e (*effutio*), dit au hasard: An. Helv. 74, 16.

effūtĭō, ĭs, īre, īvī ou ĭī, ītum (*ex, futi*, cf. *fundo*), tr., répandre au dehors: *ore* Lucr. 5, 910, débiter, cf. Hor. *P.* 231 ‖ parler inconsidérément, dire des riens, bavarder: Cic. *Nat.* 1, 84; *Div.* 2, 113 ‖ [abs‍ᵗ] *ita effutiunt* Cic. *Nat.* 2, 94, ils débitent tant de pauvretés.

effūtītus, a, um, part. de *effutio*: Cic. *Div.* 2, 113.

effŭtŭō (ecf-), ĭs, ĕre, futŭī, fŭtūtus (*ex, futuo*), tr. ¶ 1 épuiser par la débauche: Catul. 6, 13 ¶ 2 dissiper [son argent, sa fortune] dans la débauche: Poet. d. Suet. *Caes.* 51.

Egara

Egara, *ae*, f., ville de la Tarraconaise : CIL 2, 4494.

Egasmala, *ae*, f., ville située sur le Nil : Plin. 6, 179.

Egassĭus, *ii*, m., surnom romain : CIL 8, 1596 C.

Ēgăthĕus, *i*, m. (Ἠγάθεος), nom d'un affranchi d'Antonin : Front. *Ant.* 2, 1, 1, p. 37 N.

Egelesta, *ae*, f., ville de Tarraconaise : Plin. 31, 80 ∥ **-tāni**, *ōrum*, m. pl., habitants d'Egelesta : Plin. 3, 25.

ēgĕlĭdō, *ās*, *āre*, -, - (*gelidus*), tr., dégeler, faire dégeler : Sidon. *Ep.* 4, 1, 4.

ēgĕlĭdus, *a*, *um* (*ex*, *gelidus*) ¶ **1** tiède, tiédi : Cels. 4, 18, 3 ; *egelidi tepores* Catul. 46, 1, chaleur tempérée, douce chaleur ¶ **2** frais : *egelidum flumen* Virg. *En.* 8, 610, eau fraîche du fleuve, cf. Plin. 31, 10.

ēgĕlō, *ās*, *āre*, -, - (*ex*, *gelo*), tr., rendre tiède, attiédir : Cael.-Aur. *Acut* 3, 5, 58.

ĕgens, *tis*, part.-adj. de *egeo*, qui manque, dénué, privé de : Cic. *Fam.* 6, 22, 1 ∥ pauvre, indigent, nécessiteux : Cic. *Planc.* 86 ; *Lae.* 23 ∥ *nihil rege egentius* Cic. *Att.* 6, 1, 4, rien de plus pauvre qu'un roi ∥ **-tissimus** Cic. *Sest.* 111.

ĕgentĭa, *ae*, f. (*egeo*), indigence, pauvreté : Ps. Aug. *Serm. app.* 85, 1.

ĕgĕnŭlus, *a*, *um* (dim. de *egenus*), Paul.-Nol. *Ep.* 29, 12.

ĕgēnus, *a*, *um* (*egeo*, *egestas*), qui manque, privé : [avec gén.] Virg. *En.* 1, 599 ; Liv. 9, 6, 4 ; Tac. *An.* 1, 53 ; [avec abl.] Tac. *An.* 12, 46 ∥ *in rebus egenis* Virg. *En.* 6, 91, dans la détresse ∥ subst. n., *egenum* : *in egeno* Col. 3, 10, 4, dans un sol pauvre ∥ subst. m., un pauvre : Vulg. *Psal.* 34, 10 ∥ [chrét.] petit, modeste : *pauperem... egenae stipis cupidum* Paul.-Nol. *Ep.* 23, 34, le pauvre qui désire une modeste aumône.

ĕgĕō, *ēs*, *ēre*, *ŭī*, - (obscur, cf. osq. *egmo* ?), intr. ¶ **1** [rare] manquer de, être privé de [avec abl.] : *auctoritate* Cic. *Brut.* 238, manquer de prestige ¶ **2** être pauvre, dans le besoin : *egebat ?* Cic. *Com.* 22, était-il dans le besoin ? ; *acriter egetur* Pl. *Ps.* 273, on est dans un dénuement terrible ∥ [avec acc. de relation pron. n.] Pl. *Men.* 121 ∥ avoir besoin de : [avec abl.] *medicina* Cic. *Lae.* 10, avoir besoin de remède ; [avec gén.] *auxilii* Caes. *G.* 6, 11, 4, avoir besoin de secours ¶ **3** désirer, rechercher : *plausoris* Hor. *P.* 154, rechercher un admirateur ¶ **4** se passer de : *si non est, egeo* Cat. d. Gell. 13, 23, 1, si quelque chose me manque, je m'en passe.
▶ part. fut. *egiturus* Tert. *Marc.* 4, 24, 2.

Ēgĕrĭa, *ae*, f., Égérie [nymphe que Numa feignait de consulter] : Liv. 1, 19 ; Virg. *En.* 7, 763.

ēgĕrĭēs, *ēi*, f. (2 *egero*), déjections : Solin. 40, 11.

Ēgĕrĭus, *ii*, m., nom d'un frère de Tarquin l'Ancien : Liv. 1, 34.

ēgermĭnō, *ās*, *āre*, -, -, intr., germer, pousser : Col. 4, 17, 4.

1 ēgĕrō, *is*, fut. ant. de *ago*.

2 ēgĕrō, *ĭs*, *ĕre*, *gessī*, *gestum*, tr., emporter dehors : *pecuniam ex aerario* Liv. 30, 39, 7, soustraire de l'argent au trésor ∥ retirer, enlever : Cat. *Agr.* 37, 3 ; *nivem* Liv. 21, 37, 1, enlever la neige ∥ rejeter, évacuer, faire sortir : *sanguinem* Plin. 31, 62, vomir du sang ; *egerere populos* Sen. *Ep.* 91, 12, chasser les populations, les forcer à émigrer ∥ épuiser, vider : *Dorica castra rogis* Prop. 4, 6, 34, vider le camp des Grecs pour charger les bûchers ∥ [fig.] épancher, répandre, exhaler : *animam* Sen. *Ep.* 54, 2, rendre l'âme ; *iras* Sil. 4, 280, exhaler sa colère ; *egeritur fletu dies* Val.-Flac. 8, 455, le jour se passe dans les larmes ∥ *sermones* Sen. *Ep.* 66, 4, rapporter (rédiger) des entretiens ∥ *materiam* Sen. *Ep.* 118, 5, déblayer, traiter un sujet.

ĕgersĭmŏn, *i*, n. (ἐγέρσιμον), excitant : Capel. 9, 11.

Ēgēsīnus (Hē-), *i*, m., philosophe académicien : Cic. *Ac.* 2, 16.

Ēgesta, *ae*, f., Égeste [en Sicile, plus tard Ségeste] : Fest. 458, 31.

ĕgestās, *ātis*, f. (*egeo*, *egenus*), pauvreté, indigence : Cic. *Par.* 45 ; *Cat.* 2, 25 ; [pl.] Cic. *Att.* 9, 7, 5 ∥ disette, privation : *egestate cibi peremptus* Tac. *An.* 6, 23, qu'on a fait mourir de faim ; *egestas rationis* Lucr. 5, 1211, le manque d'explication rationnelle ; *egestas animi* Cic. *Pis.* 24, manque de caractère.

ĕgestĭo, *ōnis*, f. (2 *egero*), action d'emporter, de retirer : *ruderum* Suet. *Ner.* 38, l'enlèvement des décombres ∥ action de rendre, d'évacuer : *ventris* Cael.-Aur. *Chron.* 5, 10, déjection ∥ [fig.] profusion, gaspillage : Plin. *Ep.* 8, 6, 7.

ĕgestīvus, *a*, *um*, [méd.] laxatif : Ps. Sor. *Quaest.* 235.

ĕgestōsus, *a*, *um* (*egestas*), indigent : Ps. Aur.-Vict. *Epit.* 12, 4 ∥ **-tŭōsus**, Salv. *Gub.* 5, 8.

1 ēgestus, *a*, *um*, part. de *egero*.

2 ēgestŭs, *ūs*, m., action de retirer, d'enlever : Stat. *S.* 4, 3, 42 ∥ *ventris* Sen. *Nat.* 3, 30, 4, déjection.

Egeta, *ae*, f., ▶ *Aegeta*, ville de Mésie : Peut. 6, 4.

Egetīni, ▶ *Aegetini*.

Eggŭīni, *ōrum*, m. pl., ville de Sicile [auj. Gangi] : Plin. 3, 91.

ēgī, parf. de *ago*.

ēgignō, *ĭs*, *ĕre*, -, -, tr., produire ∥ [pass.] croître de, sortir de : Lucr. 2, 703.

ĕgīlops, ▶ *aegilops*.

ĕgĭtūrus, *a*, *um*, ▶ *egeo* ▶.

Egivarri Namarini, m. pl., peuple de la Tarraconaise : Plin. 4, 111.

eglecopala, *ae*, f. (gaul.), variété grise de marne : Plin. 17, 46.

ĕglŏga, ▶ *ecloga*.

Egnātĭa, *ae*, f. ¶ **1** ville d'Apulie : Plin. 3, 102 ∥ ville des Sallentins : Plin. 2, 240 ¶ **2** nom de femme : Tac. *An.* 15, 71.

Egnātĭānus, *a*, *um*, d'Égnatius [Rufus] : Vell. 2, 93.

Egnātĭus, *ii*, m., Égnatius Rufus [édile qui conspira contre Auguste] : Suet. *Aug.* 19 ∥ un ami de Cicéron : Cic. *Att.* 7, 18, 4 ∥ Égnatius Maetennus : Plin. 14, 84.

Egnātŭlēius, *i*, m., nom d'un questeur : Cic. *Phil.* 3, 7.

ĕgŏ, *mē*, *mĕī*, *mĭhi*, *mē*, m., f. (cf. vén. *ego*, ἐγώ, al. *ich*, an. *I*, rus. *ja* ; it. *io*, fr. *je*), moi, je : *consul ego quaesivi* Cic. *Rep.* 3, 28, pendant mon consulat j'ai fait une enquête ; *ego legem recitare* Cic. *Verr.* 4, 49, moi de lire la loi ; *ego et tu praesumus...* Cic. *de Or.* 1, 39, toi et moi, nous présidons... ; *ego et frater meus amamus...* Cic. *Phil.* 13, 18, mon frère et moi, nous aimons... ; *egone ?* Cic. *Nat.* 3, 8, moi ? ∥ [pour insister] *egomet*, *mihimet*, *memet* [abl.], moi-même : Cic. *Inv.* 1, 52 ; Quinct. 34 ; *de Or.* 3, 74 ; *mihipte* Cat. *Frg.* p. 87, 21 ; Fest. 140, 32 ; *mepte* [acc.] Pl. *Men.* 1059 ∥ *me consule* Cic. *Agr.* 2, 55, sous mon consulat ∥ *mihi* s'emploie qqf. de façon explétive [dat. éthique] : *sit mihi tinctus litteris* Cic. *de Or.* 2, 85, qu'il nous ait quelque teinture des lettres, cf. *Verr.* 1, 156 ; 2, 26 ; *Mur.* 13 ; Virg. *G.* 1, 45.
▶ arch. *mis = mei* Prisc. 3, 2, 28 ; dat. *mi* Cic. *Att.* 1, 8, 3 ∥ [arch.] acc. *mehe* Quint. 1, 5, 21 ; *med* Pl. *Amp.* 434 ∥ abl. *med* Pl. *Amp.* 663.

ĕgŏmĕt, ▶ *ego*.

ēgrāmĭnātus, *a*, *um* (*e gramine*), nettoyé de ses mauvaises herbes [fig.] : Vict.-Vit. 1, 11.

ēgrānātus, *a*, *um* (*e grano*), égrené : M.-Emp. 12, 15.

ēgrĕdĭor, *dĕrĭs*, *dī*, *gressus sum* (2 *e*, *gradior*),
I intr. ¶ **1** sortir, sortir de ; [avec *e* ou *ex*] Caes. *G.* 2, 13, 2 ; 6, 31, 4 ; Cic. *Off.* 1, 40 ; *Cat.* 1, 10 ; [avec *a* ou *ab*] *ab aliquo* Ter. *Phorm.* 732, sortir de chez qqn ; *ab urbe* Suet. *Cl.* 23, s'éloigner de la ville ; [avec l'abl. simpl^t] *domo foras* Pl. *Merc.* 821, sortir de la maison ; *finibus* Liv. 9, 29, 5, sortir du territoire, cf. Caes. *G.* 1, 44, 6 (mss α) ∥ [en part.] *ex navi* Caes. *G.* 4, 26, 2 ; 4, 27, 3 ou *navi* Caes. *G.* 4, 21, 3 ; 4, 24, 1 ou abs^t *egredi* Caes. *G.* 4, 23, 4 ou *egredi in terram* Cic. *Verr.* 5, 133, débarquer ∥ [fig.] sortir, s'écarter de : *a proposito* Cic. *Brut.* 82, faire une digression, s'écarter de son sujet ¶ **2** monter au-dessus, s'élever : Sall. *J.* 93, 2 ; *scalis egressi* Sall. *J.* 60, 6, arrivés au sommet par le moyen des échelles ; *quantum in altitudinem egrediebantur* Liv. 40, 22, 2, à mesure qu'ils s'élevaient en hauteur, cf. 26, 44, 6 ; Tac. *H.* 3, 29.
II tr., passer, surpasser, dépasser, excéder, outrepasser : *munitiones* Caes. *C.* 3, 52, 2, franchir les fortifications ; *tentoria* Tac. *An.* 1, 30, sortir des tentes ∥ *relationem*

Tac. *An.* 2, 38, sortir du sujet des débats ; **praeturam** Tac. *An.* 3, 30, aller au-delà de la préture ; ***vix septemdecim annos egressus*** Tac. *An.* 13, 6, à peine âgé de dix-sept ans révolus.

ēgrĕgĭātŭs, *ūs*, m., titre de *1 egregius* : Cod. Th. 8, 4, 3.

ēgrĕgĭē, adv. (*2 egregius*), d'une manière particulière, spécialement : Ter. *And.* 58 ∥ d'une manière distinguée, remarquable, très bien, parfaitement : Cic. *Brut.* 257 ; Caes. *G.* 2, 29, 2 ∥ [abs¹] ***egregie, Caesar, quod*** Plin. *Pan.* 38, 3, il est glorieux pour toi, César, de ... ∥ **-gius** Juv. 11, 12.

1 ēgrĕgĭus, *ĭi*, m. (*2 egregius*), titre honorifique sous les empereurs [procurateurs de l'ordre équestre] : Cod. Th. 6, 22, 1.

2 ēgrĕgĭus, *a*, *um* (*e grege*), choisi, d'élite ; distingué, remarquable, supérieur, éminent, hors pair : Cic. *de Or.* 1, 215 ; *Lae.* 67 ; ***in bellica laude*** Cic. *Brut.* 84, remarquable pour ses talents militaires ; ***egregia indoles ad*** Cic. *de Or.* 1, 131, dispositions remarquables pour ; ***egregia voluntas in aliquem*** Caes. *G.* 5, 4, 3, dispositions excellentes à l'égard de qqn ; [n. pl.] ***egregia tua*** Sall. *J.* 10, 2, tes mérites éminents ∥ glorieux, honorable : ***alicui egregium est*** [avec inf.] Tac. *H.* 1, 15, c'est un honneur pour qqn de ∥ [subst. n.] ***egregium publicum*** Tac. *An.* 3, 70, l'honneur de l'État ∥ **-giissimus** Pacuv. *Tr.* 230 ; Gell. 14, 5, 3.

3 ēgrĕgĭus, *egregie*.

ēgressĭo, *ōnis*, f., action de sortir, sortie : Hier. *Ep.* 78, 1, 1 ∥ digression : Quint. 4, 3, 12.

1 ēgressus, *a*, *um*, part. de *egredior*.

2 ēgressŭs, *ūs*, m., action de sortir, sortie ; [pl.] ***egressus*** Tac. *An.* 3, 33, sorties en public ∥ départ : Cic. *Pis.* 31 ∥ débarquement : Caes. *G.* 5, 8, 3 ∥ sortie, issue : ***tenebrosus egressus*** Petr. 91, 3, sortie obscure ; ***egressus Istri*** Ov. *Tr.* 2, 189, les bouches de l'Ister ∥ [tard.] sortie, porte : Paul.-Nol. *Carm.* 28, 40 ∥ [fig.] digression : Quint. 4, 3, 12 ; ***libero egressu memorare*** Tac. *An.* 4, 32, se donner libre carrière en racontant.

ēgrētus, *a*, *um*, arch. pour *egressus* : P. Fest. 68, 14.

ēgrex, *ĕgis*, *egregius* : Gloss. 5, 597, 52.

ēgŭī, parf. de *egeo*.

Ĕgŭĭturi, *ōrum*, m. pl., peuple des Alpes : Plin. 3, 137.

ĕgŭla, *ae*, f. (?), espèce de soufre pour blanchir les laines : Plin. 35, 175.

ēgurgĭto, *ās*, *āre*, -, - (*e gurgite*), tr., verser dehors : ***argentum*** Pl. *Ep.* 582, jeter l'argent par les fenêtres.

Ēgyptĭăcus, *Aegyptiacus*.

eh, interj. (cf. *3 e-, eh, ehem, eho*), eh, hé : *CIL* 4, 1112.

ĕhem, interj. (cf. *hem*), [marque la surprise] eh !, ah ! : Pl. *Most.* 727 ; Ter. *Eun.* 86 ; *And.* 686.

ĕheū, interj. (cf. *heu*), [marque la douleur] ah ! hélas ! : Pl. *Mil.* 1342 ; Ter. *Haut.* 1043 ; Hor. *S.* 1, 3, 66 ; ***eheu, me miserum*** Sall. *J.* 14, 9, ah ! malheureux que je suis.
▶ *eheu* Pl. *Ps.* 81 ; 82 ; Ter. *Haut.* 83.

ĕhŏ, interj., [pour appeler, avertir, insister] ho !, hé !, holà ! : Pl. *Merc.* 189 ; Ter. *Hec.* 719 ∥ [pour marquer l'étonnement] oh ! oh !, ah ! ah !, ouais ! : Pl. *Ep.* 506 ; Ter. *Eun.* 856.

ĕhŏdum, *eho* : Ter. *Eun.* 360.

1 ĕī, dat. m. f. n. sg. et nom. pl. m. de *is*.

2 ĕī, interj., *hei* : Pl. *Aul.* 150 ; Ter. *Ad.* 173.

ĕĭă (**hĕĭă**), interj. (εἶα ; esp. *ea*), [marque l'étonnement] ah ! ha ! : Pl. *Cap.* 963 ∥ [ordinairement pour encourager] allons ! courage ! : Virg. *En.* 9, 38 ; ***eia vero !*** Cic. *Rep.* 3, 8, eh bien donc ; [ironie] ***heia autem*** Ter. *Ad.* 868, et allez donc !

ēĭcĭo, *ejicio* ; **ēĭcĭt** [trochée] Lucr. 3, 877 ; 4, 1272.

eidus, *idus*.

eiei, *CIL* 1, 583 ; **eieis**, *CIL* 1, 586 ; 14, 3584, anc. dat. sg. et pl. de *is*.

Ēĭōn, *ōnis*, f. (Ἠιών), péninsule entre le Pont-Euxin et le Palus-Méotide : Plin. 6, 18.

eis ¶ **1** dat. pl. de *is* ¶ **2** nom. pl. arch. : *CIL* 1, 582, 16.

ējăcŭlō, *ās*, *āre*, -, -, *ejaculor* : Gell. 16, 19, 21 ; Anth. 712, 21.

ējăcŭlor, *āris*, *ārī*, *ātus sum*, tr., lancer avec force, projeter : Ov. *M.* 4, 124 ; Plin. 4, 73.

ējēcī, parf. de *ejicio*.

ējectāmentum, *i*, n. (*ejecto*), ce qui est rejeté : Tac. *G.* 45.

ējectātĭo, *ōnis*, f., luxation : Ps. Sor. *Quaest.* 39.

ējectīcĭa, *ae*, f. (*ejicio*), qui a mis bas avant terme : Plin. 11, 210.

ējectĭo, *ōnis*, f., action de jeter au dehors : Vitr. 1, 6, 3 ∥ expulsion, bannissement : Cic. *Att.* 2, 18, 1 ∥ ***articuli*** Cael.-Aur. *Chron.* 2, 1, 28, luxation.

ējectĭuncŭla, *ae*, f. (dim. de *ejectio*), légère luxation : M.-Emp. 10, 23.

ējectō, *ās*, *āre*, *āvī*, *ātum*, tr. (*ex*, *jacto*), rejeter hors, lancer au loin ; vomir : Sil. 10, 320 ; Ov. *M.* 5, 353 ; 14, 211 ; Luc. 3, 658.

ējectōrĭus, *a*, *um* (*ejicio*), propre à rejeter : Cass. Fel. 52.

ējectūra, *ae*, f. (*ejicio*), action de jeter dehors, avance, saillie : Grom. 297, 1.

1 ējectus, *a*, *um*, part. de *ejicio*.

2 ējectŭs, *ūs*, m., action de jeter au dehors : ***animai foras*** Lucr. 4, 961, expulsion du souffle au dehors [expiration].

ējĕrātĭo, *ōnis*, f., Tert. *Spect.* 4, 4, *ejuratio*.

ējĕrō, *ās*, *āre*, -, - (cf. *pejero*), *ejuro* : Cic. *de Or.* 2, 285 ; *Verr.* 3, 137 ; *Phil.* 12, 18.

ējĭcĭō, *ĭs*, *ĕre*, *jēcī*, *jectum* (*ex*, *jacio*), tr. ¶ **1** jeter hors de, chasser de : ***e senatu, ex oppido*** Cic. *CM* 42 ; Caes. *C.* 1, 30, 3, du sénat, de la ville : ***de collegio, de civitate*** Cic. *Q.* 2, 5, 2 ; *Arch.* 22, chasser d'un collège, de la cité ; ***a suis dis penatibus praeceps ejectus*** Cic. *Quinct.* 83, précipité loin de ses dieux pénates ; ***domo ejecti*** Caes. *G.* 4, 7, 3, chassés de leur pays ; ***finibus ejectus*** Sall. *J.* 14, 8, chassé du territoire ; ***aliquem in exsilium*** Cic. *Cat.* 2, 14 ; *ejicere* [seul¹] Cic. *Mil.* 105, jeter en exil, bannir, exiler qqn ; ***sanguinem*** Plin. 24, 15, vomir du sang, cf. Cic. *Fam.* 14, 7, 1 ; ***ejecta lingua*** Cic. *de Or.* 2, 266, tirant la langue ∥ démettre, luxer un membre : Veg. *Mul.* 2, 41, 1 ; 2, 45, 7 ; Hyg. *Fab.* 57 ; ***ejecto armo*** Virg. *En.* 10, 894, avec l'épaule luxée ∥ ***se ejicere*** (*ex aliquo loco, in aliquem locum*), s'élancer, sortir précipitamment, sauter (d'un lieu, dans un lieu) : ***sese in terram e navi*** Cic. *Verr.* 5, 91, sauter du navire à terre ; ***se ex castris ejecerunt*** Caes. *G.* 4, 15, 1, ils se jetèrent hors du camp, cf. *G.* 5, 15, 3 ; 5, 21, 5 ; *C.* 3, 16, 3 ; ***se in agros*** Liv. 6, 3, 7, se précipiter dans la campagne ¶ **2** [marine] pousser du côté de la terre, faire aborder : ***aliquo naves*** Caes. *C.* 3, 25, 4 ; ***navem in terram*** Caes. *C.* 3, 28, 5, faire aborder des navires qq. part, un navire au rivage ∥ [mais au pass.] être jeté à la côte, échouer : ***naves in litore ejectae*** Caes. *G.* 5, 10, 2, navires échoués sur le rivage ; ***in litora*** Liv. 29, 18, 5, jetés sur le rivage ; [d'où] ***ejecti*** Cic. *Amer.* 72, des naufragés ; ***ejectum litore excipere*** Virg. *En.* 4, 373, recueillir un naufragé ¶ **3** [fig.] **a)** ***superstitionis stirpes*** Cic. *Div.* 2, 149, extirper la superstition ; ***amorem ex animo*** Cic. *Amer.* 53, arracher un amour du cœur **b)** ***voluptates subito se nonnumquam profundunt atque ejiciunt*** Cic. *Cael.* 75, parfois les passions débordent soudain et se projettent au dehors **c)** rejeter, repousser [une théorie, un système] : Cic. *Off.* 1, 148 ; *de Or.* 1, 146 ; ***explosae ejectaeque sententiae*** Cic. *Fin.* 5, 23, opinions condamnées et rejetées, cf. Cic. *de Or.* 3, 196 ¶ **4** [chrét.] faire pousser, produire : ***ejicit Deus adhuc de terra omne lignum*** VL. *Gen.* 2, 9, d., Aug. *Gen. litt.* 8, 9, Dieu fit encore sortir de la terre toutes les espèces de bois.

ējŭlābĭlis, *e* (*ejulo*), plaintif : Apul. *M.* 4, 3.

ējŭlābundus, *a*, *um* (*ejulo*), qui se plaint hautement : Jul.-Val. 2, 16.

ējŭlātĭo, *ōnis*, f. (*ejulo*), lamentations, plaintes : Cic. *Leg.* 2, 59 ; Pl. *Cap.* 201 ∥ **ējŭlātŭs**, *ūs*, m., Cic. *Tusc.* 2, 55 ; 4, 18 ; *Har.* 39.

ējŭlĭto, *ās*, *āre*, -, - (fréq. de *ejulo*), intr., Lucil. d. Varr. *L.* 7, 103 et Non. 21, 20.

ējŭlō, *ās*, *āre*, *āvī*, *ātum* (*2 ei* ; cf. *ululo* ; esp. *aullar*) ¶ **1** intr., se lamenter, pousser des cris de douleur : Cic. *Tusc.* 2, 19 ¶ **2** tr., se lamenter sur, déplorer : Apul. *M.* 3, 1, 5 ¶ **3** *se*, se lamenter : Apul. *M.* 3, 8, 2.

ējŭlŏr, *āris*, *ārī*, ⊂▶ ejulo : Prisc 2, 392, 14.

ējuncescō, *ĭs*, *ĕre*, -, - (*2 e*, *juncus*), intr., devenir mince comme un jonc, s'épuiser : Plin. 17, 182.

ējuncĭdus, *a*, *um* (*2 e*, *juncus*), mince comme un jonc : Plin. 17, 173 : Varr. *R.* 1, 31, 3.

ējūno, par Junon [formule de serment] : Char. 198, 18.

ējūrātĭo, *ōnis*, f. (*ejuro*), désistement (démission) d'un emploi fait dans les formes : Val.-Max. 2, 7, 7 ‖ renonciation : *bonae spei* Sen. *Vit.* 26, 5, à l'espérance du bien.

ējūrō, **ējĕro**, *ās*, *āre*, *āvī*, *ātum* (*2 e*, *juro*), tr., protester par serment contre, refuser en jurant : *me iniquum ejerabant* Cic. *Phil.* 12, 18, ils me récusaient comme un ennemi, cf. *Verr.* 3, 137 ; **bonam copiam** Cic. *Fam.* 9, 16, 7, protester qu'on fait de mauvaises affaires, qu'on est insolvable, déposer son bilan ‖ résigner [une charge], abdiquer, renoncer à, abandonner [pr. et fig.], s'éloigner de, désavouer : Tac. *H.* 3, 37 ; Plin. *Ep.* 1, 23, 3 ; *patriam* Tac. *H.* 4, 28, renier la patrie ‖ [abs¹] abdiquer : Tac. *An.* 13, 14.
▶ ⓥ *ejero*.

ējus, gén. de *is*.

ējuscĕmŏdi, gén., ⊂▶ *ejusmodi* : Gell. 16, 8.

ējusdemmŏdi, gén. (*idem*, *modus*), de la même façon, de la même sorte : Cic. *Q.* 1, 1, 14.

ējusmŏdi, gén. (*is*, *modus*), de cette façon, de cette sorte : Cic. *Pomp.* 6 ‖ [en corrél. avec *ut* conséc.] de telle sorte que : Cic. *Verr.* 1, 154.

ēlābŏr, *bĕris*, *bī*, ***lapsus sum*** ¶ **1** intr. **a)** glisser hors, s'échapper : *sol elabitur* Cic. *Div.* 1, 46, le soleil disparaît ; [avec *ex*] *Nat.* 2, 128 ; *Dom.* 59 ; [avec abl.] *Rep.* 6, 29 ‖ *articuli elabuntur* Cels. 8, 11, 3, les articulations se déboîtent, cf. Tac. *H.* 4, 81 **b)** échapper à, éviter, se soustraire à : [avec *ex*] Cic. *Att.* 10, 4, 3 ; Caes. *G.* 5, 37, 7 ; [avec de] Virg. *En.* 2, 526 ; [avec abl.] *En.* 1, 242 ; [avec dat.] *elapsus custodiae* Tac. *An.* 5, 10, échappé de sa prison **c)** [fig.] s'échapper, échapper, se dégager ; se perdre, s'évanouir, disparaître : *e manibus* Cic. *de Or.* 2, 292 ; *de manibus* Cic. *Att.* 1, 16, 6, glisser entre les mains ; *ex tot criminibus* Cic. *Verr.* 2, 142, se tirer de tant d'accusations ; *adsensio elabitur* Cic. *Tusc.* 1, 24, adieu mon assentiment ! ; *elapsi in servitutem* Liv. 3, 37, 2, tombés dans la servitude ¶ **2** tr., échapper à : *custodias* Tac. *H.* 3, 59, échapper aux postes de garde, cf. *An.* 1, 61 ; 4, 64.

ēlăbŏrātĭo, *ōnis*, f. (*elaboro*), travail, application, soin : Her. 4, 32.

1 ēlăbŏrātus, *a*, *um*, part. de elaboro.

2 ēlăbŏrātŭs, abl. *ū*, m., ⊂▶ *elaboratio* : Apul. *Flor.* 9.

ēlăbŏrō, *ās*, *āre*, *āvī*, *ātum* (*ex*, *laboro*) ¶ **1** intr., travailler avec soin, s'appliquer fortement : [avec *ut*] Cic. *de Or.* 2, 295, travailler à ; **in aliqua re** Cic. *CM* 26, s'appliquer à qqch., porter son effort sur qqch. ; [in et l'acc.] Quint. 2, 8, 8 ; [avec inf.] Quint. 3, 8, 58, s'efforcer de ¶ **2** tr. **a)** faire avec application, élaborer, perfectionner [au pass. et surtout au part. d. Cic. ; un seul ex. à l'actif : *quod... elaboravi* Cic. *ad Brut.* 1, 14, 1] : Cic. *Fam.* 7, 16, 2 ; *Brut.* 26 ; *elaborare superficiem* Plin. 34, 11, travailler délicatement la partie supérieure ; *opus tam elaboratum* Cic. *Verr.* 4, 126, œuvre d'art d'un travail si parfait **b)** produire par le travail : *elaborata concinnitas* Cic. *Or.* 84, arrangement artificiel (réalisé avec trop de recherche) ; [poét.] *ei dapes dulcem elaborant saporem* Hor. *O.* 1, 19, les mets lui ménagent leur saveur agréable.

ēlăcăta, *ae*, f. (ἠλακάτη), thon : Col. 8, 17, 12 ‖ **ēlăcătēna**, salaisons de thon : P. Fest. 67, 8.

elactescō, *ĭs*, *ĕre*, -, -, intr., tourner en sève : Plin. 16, 98.

Ēlaea, *ae*, f. (Ἐλαία), Élée [ville d'Éolide] : Plin. 5, 121 ; Liv. 37, 18.

ĕlaeempŏrĭa (**ĕlempŏrĭa**), *ae*, f. (ἐλαιεμπορία), commerce d'huile : Arcad. *Dig.* 50, 4, 18.

ĕlaeŏmălăchē, *ēs*, f., sorte de mauve : Ps. Apul. *Herb.* 40.

ĕlaeŏmĕli, n. indécl. (ἐλαιόμελι), gomme qui découle de l'olivier : Plin. 15, 32.

ĕlaeŏmŏlŏchē, *ēs*, f., guimauve [plante] : Ps. Apul. *Herb.* 31.

ĕlaeōn, *ōnis*, m. (ἐλαιών), lieu planté d'oliviers [le jardin des oliviers] : Tert. *Marc.* 4, 39, 19.

ĕlaeŏthēsĭum, *ii*, n. (ἐλαιοθέσιον), lieu dans les bains où l'on gardait l'huile pour les frictions : Vitr. 5, 11, 2.

1 Elaeŭs, *a*, *um*, ⓥ *1 Eleus*.

2 Elaeŭs, *untis*, f., Éléonte (ville de Thrace) : Liv. 31, 16, 5 ‖ ville de Doride : Plin. 4, 49.

Elaeūsa, *ae*, f., île voisine de Smyrne : Plin. 5, 138.

Elăgăbălus (Ἐλαγάβαλος), ⓥ *Heliogabalus*.

Ĕlāis, *ĭdis*, f., ville de Phénicie : Avien. *Perieg.* 1068 ; Prisc. *Perieg.* 852.

Ĕlāītēs, *ae*, m., habitant d'Élée : Quint. 3, 1, 10.

Elam, m. indécl., fils de Sem : Vulg. *Gen.* 10, 22 ‖ **-ītae**, *ārum*, m. pl., Élamites [peuple de l'Asie au S.-E. de l'Assyrie] : Vulg. *Gen.* 14, 21.

elambō, *ĭs*, *ĕre*, -, -, tr., enlever avec la langue, lécher entièrement : Mar. Vict. *Gram.* 6, 158, 28.

ēlāmentābĭlis, *e*, lamentable, plein de lamentations : Cic. *Tusc.* 2, 57.

ēlanguescō, *ĭs*, *ĕre*, *gŭī*, -, intr., devenir languissant, s'affaiblir : *elanguescendum est* Liv. 1, 46, 7, être condamné à l'inaction ; *differendo elanguit res* Liv. 5, 26, 3, les délais firent languir l'affaire ; [nom de pers. sujet] Tac. *H.* 4, 42.

ēlanguĭdus, *a*, *um*, languissant : Fort. *Mart.* 1, 296.

Ēlāni, *ōrum*, m. pl., peuple d'Arabie : Prisc. *Perieg.* 867 ‖ *-nĭtĭcus sĭnus* Plin. 5, 159, golfe élanitique.

Ĕlăphītes insulae, f., nom de trois îles de la mer Adriatique, près de la côte d'Illyrie : Plin. 3, 152.

Ĕlăphītis, *ĭdis*, f., île voisine de Chio : Plin. 5, 137.

ĕlăphŏboscŏn, *i*, n. (ἐλαφόβοσκον), panais [plante] : Plin. 22, 79.

Ĕlăphonnēsus, *i*, f. (Ἐλαφόννησος), île de la Propontide vis-à-vis de Cyzique : Plin. 5, 151.

Ĕlăphus, *i*, m., montagne près des Arginuses : Plin. 8, 225.

Ĕlăphūsa, *ae*, f., île vis-à-vis de Corcyre : Plin. 4, 53.

ĕlăpĭdātus, *a*, *um* (*ex*, *lapis*), épierré : Plin. 17, 30.

ēlapsĭo, *ōnis*, f. (*elabor*), fuite, évasion : Aug. *Quant.* 33, 76.

ēlapsus, *a*, *um*, part. de *elabor*.

ēlăquĕō, *ās*, *āre*, *āvī*, *ātum* (*e laqueo*), tr., délivrer de liens, mettre en liberté, élargir : Amm. 30, 1, 11 ‖ [fig.] Sidon. *Ep.* 8, 9, 2.

ēlargĭor, *īris*, *īrī*, -, tr., donner largement, faire des largesses : Pers. 3, 71.

Ēlăris, *is*, m., ⊂▶ *Elaver* : Sidon. *Carm.* 5, 209.

Ĕlăsa, m. indécl., nom d'homme hébreu : Vulg. *1 Par.* 2, 39.

Elasippus, *i*, m, peintre d'Égine qui se servit de l'encaustique : Plin. 35, 122.

1 ēlătē, adv. (*1 elatus*), avec élévation, noblesse ; sur un ton élevé, d'un style noble ; *elate dicere* Cic. *Opt.* 10, avoir de l'élévation dans le style ‖ avec hauteur, orgueil : Nep. *Paus.* 2, 3 ; *-tius* Gell. 9, 15, 4.

2 ĕlătē, *ēs*, f. (ἐλάτη), nom grec du sapin : Plin. 12, 134.

Ĕlătēa (**-tīa**), *ae*, f. (Ἐλάτεια), Élatée [ville de Phocide] Atlas VI, B2 : Liv. 28, 7, 3 ‖ ville de Thessalie : Liv. 42, 54.

Ĕlătēĭus, *a*, *um* (de *2 Elatus*), Ov. *M.* 12, 189 ; 12, 497.

ĕlătērĭum, *ĭlī*, n. (ἐλατήριον), purgatif violent fait avec le suc des concombres sauvages : Plin. 20, 3.

ĕlătĭnē, *ēs*, f. (ἐλατίνη), linaire [plante] : Plin. 27, 74.

ēlātĭo, *ōnis*, f. (*2 effero*), action d'élever [une charge] : Vitr. 10, 3, 3 ‖ [fig.] transport de l'âme : Cic. *Fin.* 3, 35 ; *Tusc.* 4, 67 ‖

orgueil, arrogance: Arn. 2, 63 ‖ élévation, hauteur, grandeur, noblesse: Cic. *Brut.* 66; *animi* Cic. *Off.* 1, 64, hauteur d'âme ‖ élévation [de la voix]: Vitr. 5, 8, 1 ‖ exagération, amplification, hyperbole: Cic. *Top.* 71 ‖ enterrement: Ulp. *Dig.* 11, 7, 3.

Elatĭum, *ii*, n., ville de Syrie: Plin. 5, 89.

ēlātīvus, *a*, *um*, qu'on peut emporter: Gloss. 2, 59, 7.

ēlātō, *ās*, *āre*, -, -, tr., propager, divulguer: Cassiod. *Compl. Act.* 5, 17, p. 1086 A.

Elātŏs, *i*, f., ville de Crète: Plin. 4, 59.

ēlātrō, *ās*, *āre*, -, -, tr., dire comme en aboyant, hurler: Hor. *Ep.* 1, 18, 18.

Elatum, *i*, n., fleuve d'Arcadie: Plin. 31, 10.

ēlātus, *a*, *um* ¶ 1 part. de *effero* ¶ 2 adj[t] *a)* haut, élevé: Col. 2, 4, 10 *b)* [fig.] [ton] élevé, [style] élevé, relevé: Quint. 11, 3, 43; Cic. *Or.* 124 *c)* [âme] élevée: Cic. *Off.* 1, 61 ‖ *-tior* Quint. 10, 1, 44; Amm. 21, 4, 7; *-tissimus* Tert. *Apol.* 35, 11.

2 **Elātus**, *i*, m., montagne de l'île de Zacynthe: Plin. 4, 54.

ĕlaudō, *ās*, *āre*, -, -, tr., citer avec éloge: P. Fest. 66, 24.

ĕlautus, *a*, *um*, part. de *elavo*.

Ĕlăver, *ĕris*, n., rivière de la Gaule centrale [auj. Allier] Atlas V, E3: Caes. *G.* 7, 34, 2.

ĕlăvō, *ās*, *āre*, *lāvī*, *lautum* et *lōtum* (ex, 1 *lavo*) ¶ 1 tr., laver, baigner [employé surtout au part.] *elautus* Pl. *Ru.* 699; *elotus* Col. 12, 52, 21 ¶ 2 intr., *elavi in mari* Pl. *Ru.* 579, j'ai pris un bain dans la mer [en faisant naufrage]; [fig.] *elavi bonis* Pl. *As.* 135, [litt[t]] je suis lavé de ma fortune, je suis lessivé.

Elbocori, *ōrum*, m. pl., peuple de Lusitanie: Plin. 4, 118.

ĕlbŏlus, **elbus**, v. *helvolus*, *helvus*.

Eldamari, *ōrum*, m. pl., Arabes établis en Mésopotamie: Plin. 6, 18.

Ĕlĕa, *ae*, f. (Ἐλέα), Élée, nom grec de *Velia* [ville de Lucanie, patrie de Parménide et de Zénon]: Cic. *Nat.* 3, 82 ‖ *-ātēs*, *ae*, m., Cic. *Tusc.* 2, 52, d'Élée ‖ *-ātĭcus*, *a*, *um*, éléate, éléatique: Cic. *Ac.* 2, 129.

Ĕlĕāzăr, *ăris* (*-rus*, *i*), m., Éléazar [fils d'Aaron]: Vulg. *Num.* 3, 4.

ĕlĕcĕbra (*elicio*), v. *exlecebra*: Pl. *Men.* 377; P. Fest. 66, 25.

ĕlectārĭum, *ii*, n., v. *electuarium*: Cael.-Aur. *Acut.* 3, 4, 43.

ĕlectē, adv. (1 *electus*), avec choix: Cic. *Inv.* 1, 49 ‖ *electius loqui* Gell. 18, 7, 2, parler en termes particulièrement choisis.

ĕlectĭlis, *e* (*eligo*), choisi, de choix: Pl. *Most.* 730.

ēlectĭō, *ōnis*, f. (*eligo*), choix: Cic. *Or.* 68; Tac. *An.* 6, 22 ‖ [chrét.] fait d'être choisi par Dieu: Cypr. *Ep.* 27, 3 ‖ ensemble de ceux qui sont choisis par Dieu, les baptisés, les élus: *electio autem consecuta est* Vulg. *Rom.* 11, 7, [ce qu'Israël n'a pas obtenu] c'est l'ensemble des baptisés qui l'a obtenu ‖ choix d'une doctrine différente, hérésie: Tert. *Praescr.* 4, 7.

ēlectīvē, adv., pour exprimer l'action de choisir: Prisc. 3, 254, 4.

ēlectīvus, *a*, *um* (*eligo*), qui marque le choix: Prisc. 3, 74, 28.

1 **ēlectō**, *ās*, *āre*, -, - (fréq. de *elicio*), tr., séduire, tromper: Pl. *As.* 295.

2 **ēlectō**, *ās*, *āre*, -, - (fréq. de *eligo*), tr., choisir: Pl. *Truc.* 496.

1 **ēlectŏr**, *ōris*, m. (*eligo*), celui qui choisit: Aug. *Faust* 3, 5.

2 **Ēlectŏr**, *ŏris*, m. (Ἠλέκτωρ), nom du soleil: Plin. 37, 31.

Ēlectra, *ae*, f. (Ἠλέκτρα), Électre [fille d'Atlas, mère de Dardanus]: Virg. *En.* 8, 135 ‖ la même, changée, après sa mort, en une Pléiade: Cic. *Arat.* 36 ‖ fille de Clytemnestre et d'Agamemnon: Prop. 2, 14, 15; Hor. *S.* 2, 3, 140; *Electran* [acc. grec] Ov. *Tr.* 2, 395 ‖ une des Danaïdes: Hyg. *Fab* 170 ‖ une Océanide, mère des Harpies: Serv. *En.* 3, 212 ‖ *-ius*, *a*, *um*, d'Électre [fille d'Atlas]: Val.-Flac. 2, 431.

Ēlectrĭdes insulae, f. pl., îles du golfe Adriatique: Plin. 3, 152.

ēlectrĭfĕr, *ĕra*, *ĕrum*, qui produit de l'ambre: Claud. *Fesc.* 12, 14.

ēlectrĭnus, *a*, *um*, d'ambre ou d'électrum: Ulp. *Dig.* 34, 2, 5.

ēlectrix, *īcis*, f. (1 *elector*), celle qui choisit: Vulg. *Sap.* 8, 4.

ēlectrum, *i*, n. (ἤλεκτρον), ambre jaune, succin: Virg. *B.* 8, 54 ‖ électrum [composition de quatre parties d'or pour une partie d'argent]: Plin. 33, 80; Virg. *En.* 8, 402 ‖ boule d'ambre [que les matrones romaines portaient dans la main l'été]: Ov. *M.* 2, 365.

1 **ēlectrus**, *a*, *um*, en électrum, d'électrum: Lampr. *Alex.* 25, 9.

2 **Ēlectrus**, *i*, Pl. *Amp.* 99 (**-tryōn**, *ōnis*, Hyg. *Fab.* 244), m. (Ἠλεκτρύων), Électryon [fils de Persée et père d'Alcmène].

ēlectŭārĭum, **ēlectārĭum**, *ii*, n. (de ἐκλεικτόν, cf. 2 *electus*), électuaire [préparation pharmaceutique]: Plin. Val. 2, 2: Theod.-Prisc. *Eup.* 1, 54.

1 **ēlectus**, *a*, *um*, part.-adj. de *eligo*, choisi, excellent, supérieur, exquis: *electissimi viri civitatis* Cic. *Quinct.* 5, l'élite de l'État ‖ **electa**, n. pl., morceaux choisis, choix de morceaux: Plin. *Ep.* 3, 5, 17 ‖ *-tior* *Her.* 4, 36; *-issimus* Cic. *Fin.* 3, 26 ‖ [chrét.] adj. et subst., choisi par Dieu pour le salut, élu: Vulg. *Luc.* 18, 7 ‖ choisi pour recevoir le baptême: Ambr. *Hel.* 10, 34 ‖ membre d'élite de la secte des manichéens, élu: Minuc. 11, 6.

2 **ēlectŭs**, abl. *ū*, m. (*eligo*), choix: Ov. *H.* 2, 144.

ĕlĕĕmŏsўna, **ĕlēmŏsĭna**, *ae*, f. (ἐλεημοσύνη; it. *limosina*), [souvent au pl.] miséricorde, pitié; Aug. *Serm.* 207, 1 ‖ manifestation de cette pitié par l'aumône, aumône: Tert. *Virg.* 13, 2.

ĕlĕĕmŏsўnārĭus, *a*, *um*, donné à titre d'aumône: Alcim. *Ep.* 6.

ĕlĕfās, v. *elephas*: Prob. *Cath.* 4, 22, 1.

ĕlĕgans, *antis*, adj. (*ex*, 2 *lego*; cf. *eligo* et *educo*), cf. Cic. *Nat.* 3, 72

I [primt[t] sens péjor.] homme raffiné dans son genre de vie et sa toilette, grandin: Cat. d. Gell. 11, 2, 1, cf. Non. 465, 11

II [sens class.] ¶ 1 [personnes] distingué, de bon goût: *qui se elegantes dici volunt* Cic. *Verr.* 4, 98, qui aspirent au titre de gens distingués, gens de goût; *homo elegantissimus* Cic. *Verr.* 4, 126, homme aux goûts délicats, cf. *Fam.* 7, 23, 1; *Fin.* 2, 23; Nep. *Att.* 13, 5 ¶ 2 [choses] *opus tam elegans* Cic. *Verr.* 4, 126, œuvre d'art si délicate, si exquise; *elegantiora desidero* Cic. *Fin.* 4, 24, je demande des choses qui sortent davantage du commun; *genus hoc scribendi etsi sit elegans, personae tamen et dignitatis esse negant* Cic. *Fin* 1, 1, ils déclarent que, pour distinguée qu'elle soit, cette occupation littéraire n'est pas digne de mon rôle et de mon rang; *verborum delectus elegans* Cic. *Brut.* 272, choix de mots exquis; *jejunitas... dummodo sit urbana, elegans* Cic. *Brut.* 285, la sécheresse du style, pourvu qu'elle soit de bon ton et de bon goût, cf. *de Or.* 2, 241; *Off.* 1, 104 ¶ 3 [en part., rhét.] [écrivain ou style] châtié, correct, pur, v. *elegantia*: Cic. *Brut.* 148; *Or.* 30.

ĕlĕgantĕr, adv. (*elegans*), avec choix, goût, avec distinction: *lautiores eleganter accepti* Cic. *Att.* 13, 52, 2, les plus distingués de ses affranchis eurent un traitement de choix; *eleganter acta aetas* Cic. *CM* 13, vie honorable; *quid a me fieri potuit aut elegantius aut justius quam ut... minuerem* Cic. *Fam.* 3, 8, 2, que pouvais-je faire de plus convenable ou de plus juste que de diminuer..., cf. Cic. *Caecil.* 57; Liv. 35, 14, 9; 37, 1, 7 ‖ [rhét.] avec finesse, avec distinction: Cic. *Brut.* 283; *elegantissime* Cic. *de Or.* 5, 171 ‖ dans un style châtié: Cic. *Brut.* 86, 252.

ĕlĕgantĭa, *ae*, f. (*elegans*), goût, délicatesse, distinction, correction: *qua munditia, qua elegantia!* Cic. *Fam.* 9, 20, 2, quelle n'est pas leur délicatesse, leur finesse de goût!; *cum summa elegantia atque integritate vivere* Cic. *Sull.* 79, avoir une vie pleine de correction et d'intégrité [d'une haute tenue morale] ‖ [comparaison du style à une personne]: *elegantia modo et munditia remanebit* Cic. *Or.* 79, il restera seulement la distinction naturelle et la propreté; *disserendi elegantia* Cic. *Tusc.* 2, 6, bonne tenue, correction du raisonnement; *verborum gravitas et elegantia* Cic. *de Or.* 2, 98, la force et l'heureux choix des expressions ‖ [rhét.] correction et clarté du style [v. définition dans Her. 4, 17], bonne tenue du style: **loquendi elegantia** Cic. *de Or.* 3, 39, une parole châtiée; **dicendi varietas et elegantia** Cic. *de Or.* 1, 50, la variété et la belle tenue du style, cf. *Brut.* 153, 163; **Latine loquendi accurata et sine molestia diligens elegantia** Cic. *Brut.* 143, dans le maniement de la langue latine une correction étudiée et scrupuleuse sans affectation ‖ pl., **veterum elegantiarum cura** Gell. 1, 4, 1, souci des anciennes beautés du style, des curiosités du langage; **Aristotelis libri... elegantiarum omnigenus referti** Gell. 19, 4, 1, les livres de physique d'Aristote, pleins de faits curieux de tout genre.

ĕlĕgātus, *i*, m., sorte de poisson: *Aus. *Epist.* 4 (393), 61.

Ĕlĕgēa, *ae*, f., ville d'Arménie: Plin. 5, 84.

ĕlĕgēĭon, *i* ou **ĕlĕgēon**, *ēi*, n. (ἐλεγεῖον), inscription élégiaque: Aus. *Epigr.* 97 (94), 2.

ĕlĕgēus (-gīus), *a*, *um* (ἐλεγεῖος), d'élégie, élégiaque: Diom. 502, 30 ‖ subst. n. pl., distiques élégiaques, élégie: Aus. *Parent.* 31 (188), 2.

ĕlĕgi, *ōrum*, m. pl. (ἔλεγοι), vers élégiaques, poème élégiaque: Hor. *O.* 1, 33, 3; Tac. *D.* 10.

ĕlĕgīa (-gēa, gēia), *ae*, f. (ἐλεγεία) ¶ **1** élégie [genre de poème]: Quint. 10, 1, 58; Ov. *Am.* 3, 1, 7 ¶ **2** espèce de roseau: Plin. 16, 167.

ĕlĕgīăcus, *a*, *um*, élégiaque [pentamètre]: Diom. 507, 1.

ĕlĕgĭārĭus, *a*, *um*, élégiaque [poète]: Ps. Cens. *Frg.* 9, 1.

ēlĕgĭbĭlis ou **eligibilis**, qu'on peut choisir: Boet. *Elench.* 1, 12 ‖ **elegibilius**, préférable: Boet. *Top. Arist.* 3, 1.

ĕlĕgīdărĭon (ἐλεγειδάριον), Petr. 109, 8 et **ĕlĕgīdĭon**, *ii*, n., Pers. 1, 51, petite élégie.

ĕlĕgīon (-gīum), *ii*, n. (ἐλεγεῖον), distique: Mar. Vict. *Gram.* 6, 315, 6 ‖ élégie: Aus. *Epigr.* 97 (94), 2.

Ĕlĕgĭum, *ii*, n., lieu du Norique: Peut. 3, 5.

ĕlĕgīus, v. elegeus.

ĕlĕgō, *ās*, *āre*, *āvī*, -, tr., léguer à un étranger: Petr. 43, 5.

Elegosīnē, *ēs*, f., lieu de la Grande Arménie: Plin. 6, 127.

ĕlĕgus, gén. inus. *i*, v. elegi.

Ēlĕi, v. 1 Eleus.

Ēlĕis, *ĭdis*, f. (Ἠλήϊς), d'Élide: Catal. 11, 32.

Ēlĕlĕĭs, *ĭdis*, f., une Ménade: Ov. *H.* 4, 47.

Ĕlĕlĕus, *ĕi* ou *ĕos*, m. (Ἐλελεύς), un des noms de Bacchus: Ov. *M.* 4, 15.

ĕlĕlisphăcŏs (-us), *i*, m. (ἐλελίσφακος), sorte de sauge: Plin. 22, 146.

ĕlĕmenta, *ōrum*, n. pl. (obscur; étr.?; cf. *elephantus*?), lettres de l'alphabet, l'alphabet: Suet. *Caes.* 56 ‖ [fig.] les principes, les éléments des sciences, rudiments, premières études: Cic. *de Or.* 1, 163; *Ac.* 2, 92 ‖ les dix catégories d'Aristote: Quint. 3, 6, 23 ‖ les quatre éléments: Sen. *Nat.* 3, 12, 2; Cic. *Ac.* 1, 26 ‖ sg. [rare] **elementum**, un des quatre éléments: Plin. 10, 191 ‖ [fig.] commencement, principe: Ov. *F.* 3, 179; Hor. *O.* 3, 24, 52.

ĕlĕmentārĭus, *a*, *um* (elementa), de l'alphabet: Capit. *Pert.* 1, 4 ‖ **senex** Sen. *Ep.* 36, 4, un vieux qui apprend ses lettres ‖ [tard.] qui a rapport aux éléments du monde: Oros. *Apol.* 19, 5.

ĕlĕmentīcĭus, *a*, *um*, élémentaire, primitif: Tert. *Anim.* 32, 2.

ĕlĕmentum [rare], v. elementa.

ĕlĕmŏsĭna, v. eleemosyna.

ĕlempŏrĭa, v. elaeemporia.

elenchus, *i*, m. (ἔλεγχος), perle en forme de poire: Juv. 6, 459; Plin 9, 113 ‖ appendice d'un livre: Suet. *Gram.* 8, 3.

elencticus, *a*, *um* (ἐλεγκτικός), convaincant: Jul.-Vict. 11.

ĕlĕnĭum, v. helenium.

elentescō, *ĭs*, *ĕre*, -, -, intr., devenir tendre, s'amollir: Cael.-Aur. *Acut.* 2, 18.

ĕlĕphans, v. elephas: B.-Afr. 84, 1; Plin. 8, 9.

ĕlĕphantārĭus, *ii*, m., cornac; *CIL 11, 5623.

ĕlĕphantĭa, *ae*, f., v. elephantiasis: Scrib. 250.

ĕlĕphantĭăcus, *a*, *um*, lépreux: Firm. *Math.* 7, 20, 12 ‖ **morbus** Isid. 4, 8, 12, la lèpre.

ĕlĕphantīăsis, *is*, f. (ἐλεφαντίασις), éléphantiasis, sorte de lèpre: Plin. 26, 7.

ĕlĕphantĭcus, *a*, *um*, v. elephantiacus: Firm. *Math.* 8, 26, 13.

1 Elĕphantĭnē, *ēs*, f. (Ἐλεφαντίνη), île du Nil: Tac. *An.* 2, 61; v. *Elephantis*.

2 ĕlĕphantĭnē, *ēs*, f., emplâtre de couleur ivoire: Cels. 5, 19, 24.

ĕlĕphantīnus, *a*, *um* (ἐλεφάντινος), d'ivoire: Plin. 35, 42 ‖ d'éléphant: Mel. 1, 26.

ĕlĕphantĭōsus, *a*, *um*, malade de l'éléphantiasis: M.-Emp. 19, 19.

ĕlĕphantĭōtēs, *ēs*, m. (gr.), éléphantiasis [maladie]: Chir. 195.

Ĕlĕphantis, *ĭdis*, f. (Ἐλεφαντίς) ¶ **1** Éléphantis, Éléphantine [île du Nil dans la Haute-Égypte, et ville du même nom]: Plin. 5, 59 ¶ **2** nom d'une femme poète: Mart. 12, 43 ‖ femme qui avait écrit un ouvrage consulté par Pline: Plin. 28, 81.

ĕlĕphantus, *i*, m. (de elephas; cf. fr. *olifant*), éléphant [animal]: Cic. *Nat.* 2, 151 ‖ [fig.] ivoire: Virg. *G.* 3, 26 ‖ f., femelle de l'éléphant: Pl. *St.* 168 ‖ m., sorte de monstre marin: Plin. 9, 10.

ĕlĕphās (-phans), *antis*, m. (ἐλέφας), éléphant [animal]: Hor. *Ep.* 2; 1, 196; Luc. 6, 208; Sen. *Ep.* 85, 41 ‖ éléphantiasis [sorte de lèpre]: Lucr. 6, 1112.

Elethi, m., v. Halete.

1 Ēlĕūs, *a*, *um*, d'Élide, Éléen: Virg. *G.* 3, 202 ‖ **Elēi (Elīi)**, *ōrum*, m. pl., habitants d'Élis ou de l'Élide: Plin. 10, 175; Cic. *Div.* 2, 28.

2 Eleūs, *untis*, f., v. 2 Elaeus: Mel. 2, 26.

Eleūsa, *ae*, f., Éleuse [île du golfe Saronique]: Plin. 4, 57.

Ĕleusīn, v. Eleusis.

Ĕleusīna, *ae*, f., v. Eleusis ▶.

Ĕleusīnĭus, *a*, *um*, v. Eleusinus ‖ **-nĭa**, *ōrum*, n. pl., Éleusinies [fêtes en l'honneur de Déméter]: Tert. *Apol.* 7, 6 ‖ **-nĭi**, *ōrum*, m. pl., initiés aux mystères d'Éleusis: Arn. 6, 6.

Ĕleusīnus, *a*, *um*, d'Éleusis: **Eleusina Mater** Virg. *G.* 1, 163, Cérès; **Eleusina sacra** Suet. *Cl.* 25; v. *Eleusinia*.

Ĕleusis (-sīn), *īnis*, f. (Ἐλευσίς et post. Ἐλευσιν), Éleusis [ville de l'Attique, fameuse par ses mystères de Déméter]: Cic. *Att.* 6, 6, 2 ‖ [poét.] Cérès: Sidon. *Carm.* 9, 178. ▶ forme postcl. *Eleusina*, *ae*, f., Front. *Ver.* 2, 1, 6, p. 122 N.; Mamertin. *Julian.* 9, 3.

Ĕleusĭum, *ĭi*, n. (Ἐλεύσιον), nom de femme: Pl. *Aul.* 333.

Eleuteti, *ōrum*, m. pl., nom d'une partie des Cadurques: Caes. *G.* 7, 75, 2.

Ĕleuthĕrae, *ārum*, f. pl., Éleuthères [ville de Béotie]: Plin. 4, 26.

1 eleuthĕria, *ae*, f. (ἐλευθερία), la liberté: Pl. *St.* 422.

2 Eleuthĕria, *ōrum*, n. pl. (ἐλευθέρια), Éleuthéries [fêtes en l'honneur de Jupiter Liberator, c.-à-d. de la Liberté]: Pl. *Pers.* 29.

ĕleuthĕrĭum, *ĭi*, n. (ἐλευθέριον), sorte de collier, signe de liberté: Gloss. L. *2 Philox. el.* 39.

Ĕleuthĕrĭus, *ĭli*, m., surnom de Bacchus [le même que Liber]: Arn. 6, 23.

Eleuthernae, *ārum*, f. pl., ville de Crète: Plin. 4, 59.

Ĕleuthĕrŏcĭlĭces, *um*, m. pl., Éleuthérociliciens [petite peuplade de Cilicie, qui avait toujours été libre]: Cic. *Fam.* 15, 4, 10.

Ĕleuthĕrŏpŏlis, *is*, f. (Ἐλευθερόπολις), ville de Palestine: Amm. 14, 8, 11 ‖ **-ītānus**, *a*, *um*, d'Éleuthéropolis: Hier. *Ep.* 82, 5.

Ĕleuthĕrŏs (-rus), *i*, m., fleuve de Phénicie: Plin. 5, 78.

ĕlĕvātĭō, *ōnis*, f. (elevo), action d'élever: **vocis** Isid. 1, 16, 21, élévation de la voix [sur une syllabe accentuée] ‖ [fig.] ironie, éloge ironique: Quint. 9, 2, 50 ‖ [chrét.] relèvement moral: Tert. *Praescr.* 42, 2 ‖ éducation: **virginum** Hier. *Is.* 23, 4, éducation des jeunes filles ‖ ascension du Christ: Cassian. *Inc.* 7, 17, 1.

ĕlĕvātŏr, *ōris*, m. (elevo), celui qui élève, soutient [fig.]: Vulg. *2 Reg.* 22, 3.

ĕlĕvī, parf. de elino.

ĕlĕvĭes, v. eluvies.

ĕlĕvō, ās, āre, āvī, ātum (ex, levo), tr., lever, élever, soulever, exhausser : Caes. C. 2, 9, 5 ; Claud. Eutr. 1, 295 ‖ ôter, enlever : *fructum* Col. 3, 21, 5, rentrer la récolte ‖ [fig.] alléger, soulager, affaiblir, amoindrir : *aegritudinem* Cic. Tusc. 3, 34, alléger la douleur ; *perspicuitatem* Cic. Nat. 3, 9, affaiblir l'évidence, cf. de Or. 2, 230 ‖ rabaisser, ravaler [en paroles] : *facta alicujus* Liv. 28, 42, 6, rabaisser les exploits de qqn.

ēlexī, v. elicio.

Eliacin, m. indécl., Éliacin [nom d'homme] : Vulg. 4 Reg. 18, 18.

Eliăcus, v. Heliacus.

1 **Ēlĭās**, ădis, f., d'Élide [des jeux Olympiques] : Virg. G. 1, 59.

2 **Ēlīās** (Hē-), ae, m., Élie [prophète des Hébreux] : Lact. Inst. 4, 11, 16.

Ēliberrae, ārum, f. pl., c. Illiberi : Mel. 2, 84.

1 **ēlībĕrō**, ās, āre, -, -, c. libero : Gloss. 2, 428, 61.

2 **ēlībĕrō**, ās, āre, -, - (ex, 4 liber, e libero), tr., dépouiller : Apic. 232.

ēlĭces, um, m. pl. (cf. colliciae, liqueo), rigoles : Col. 2, 8, 3.

ēlĭcĭō, ĭs, ĕre, cŭī, cĭtum (ex, lacio), tr., tirer de, faire sortir ; attirer : [avec ex] Cic. Nat. 2, 151 ; Caes. G. 7, 32, 2 ; [avec ab] Cic. Att. 9, 2 ; *nervorum sonos* Cic. Nat. 2, 150, tirer des sons de la lyre ; *alvum* Plin. 19, 80, lâcher le ventre ‖ évoquer : Cic. Vat. 14 ; Hor. S. 1, 8, 89 ; Ov. F. 3, 327 ‖ décider à sortir, engager, amener à : [avec ad] Cic. Balb. 22 ; [avec ut subj.] amener à : Liv. 6, 34, 9 ‖ [fig.] tirer, arracher, exciter, provoquer, obtenir : *ex aliquo verbum* Cic. de Or. 1, 97, arracher une parole à qqn ; *aliquid alicui* Plin. Ep. 5, 10, 2, arracher qqch. à qqn, obtenir qqch. de qqn.
▶ parf. elexi Arn. 5, 1 ; cf. Prisc. 2, 496, 24.

ēlĭcĭtŏr, ōris, m. (elicio), celui qui attire : Ruric. Ep. 1, 3.

ēlĭcĭtus, a, um, part. de elicio.

Ēlĭcĭus, ĭī, m., surnom de Jupiter : Ov. F. 3, 328 ; Liv. 1, 31, 8.

Ēlĭdensis, e, d'Élis : Gell. 2, 18.

ēlīdō, ĭs, ĕre, līsī, līsum (ex, laedo), tr. ¶ 1 pousser dehors (en frappant), expulser (avec violence) : *aurigam e curru* Cic. Rep. 2, 68, expulser un cocher de son char ; *ignem velut e silice* Plin. 11, 214, faire jaillir le feu comme d'un caillou ; *elisi nubibus ignes* Ov. M. 6, 696, feux jaillis des nuages ; *corpora equorum eodem elisa* Tac. An. 2, 24, les corps de chevaux rejetés par la mer dans les mêmes parages ‖ *elidere partum* *Cels. 2, 7, 16, faire avorter ; *spiritum* Cels 5, 28, 1, causer la suffocation [en parl. d'un mal] ; *laqueo vitam* Amm. 28, 6, 30, étrangler avec un lacet ‖ [fig.] *litteras* Gell. 5, 12, 5, supprimer des lettres dans la composition d'un mot [syncope] ‖ expulser une maladie : Hor. Ep. 1, 15, 6 ‖ renvoyer par réflexion une image des couleurs : Lucr. 4, 296 ; Plin. 37, 137 ‖ *magnas sententias* Quint. 2, 11, 7, émettre brusquement (par éclairs) de belles pensées ¶ 2 écraser, briser, broyer, fracasser : *caput pecudis saxo elisit* Liv. 21, 45, 8, il brisa la tête de l'animal avec la pierre ; *ita ut ad unam omnes naves eliderentur* Caes. C. 3, 27, 2, de telle sorte que tous les navires sans exception se fracassèrent ; *geminos angues* Virg. En. 8, 289, étouffer deux serpents ‖ [fig.] *nervos omnes virtutis* Cic. Tusc. 2, 27, briser tous les ressorts de la vertu ; *aegritudine elidi* Cic. Tusc. 5, 16, être écrasé par le chagrin ‖ [droit] annuler, abroger : Dig. 2, 14, 27.

Eliĕzer, m. indécl., nom d'homme : Vulg. Exod. 2, 22.

ēlĭgans, v. elegans [leçon de qqs mss].

ēlĭgĭbĭlis, e, éligible : Boet. Top. Arist. 4, 5 ‖ *-bilior* Boet. Top. Arist. 3, 1.

ēlĭgō, ĭs, ĕre, lēgī, lectum (2 e, 2 lego ; fr. élire), tr. ¶ 1 arracher en cueillant, enlever, ôter : Varr. R. 3, 9, 14 ; Cic. Tusc. 3, 33 ; Col. 4, 5 ¶ 2 choisir, trier, élire : *ex malis minima* Cic. Off. 3, 3, de plusieurs maux choisir le moindre ; [avec de] Phil. 10, 5 ; *a multis commodissimum quidque* Cic. Inv. 2, 5, emprunter à plusieurs ce qu'il y a de meilleur ‖ [abs¹] faire un choix heureux : Tac. Agr. 9 ; v. electus ¶ 3 [chrét.] [avec ut ou avec inf.] décider de : *Deus... elegit per os meum audire gentes verbum evangelii* Vulg. Act. 15, 7, Dieu a décidé que les nations entendraient par ma bouche la parole évangélique.

Elii, v. 1 Eleus.

*ēlīmātē, adv. [inus.] d'une manière soignée ‖ *-tius* Aug. Ord. 1, 7, 20.

ēlīmātĭō, ōnis, f. (elimo), action d'enlever, de retrancher : Cael.-Aur. Chron. 5, 11, 138 ‖ action de mettre des textes au clair : Cod. Just. praef. 3.

1 **ēlīmātus**, a, um, part.-adj. de 1 elimo, enlevé avec la lime ‖ [fig.] limé, poli, cultivé : Gell. praef. 19 ‖ affaibli, énervé : Cael.-Aur. Chron. 2, 14, 217 ‖ *-tior* Sever. d. Aug. Ep. 109, 3 ; *-tissimus* Aug. Jul. 5, 4, 18.

Elimĕa (**-mīa**), ae (**-iōtis**, ĭdis), f., Élimée, Élimiotide [petite région au sud de l'Éordée, sur la frontière nord de la Thessalie] : Liv. 31, 40 ; 42, 53 ; 45, 30, 6.

ēlīmĕs, ĭtis, m. (e limite), étranger : Gloss. 2, 59, 33.

ēlīmĭnō, ās, āre, -, ātum (e limine), tr., faire sortir, mettre dehors, chasser : Pacuv., Acc. d. Non. 38, 31 ; Sidon. Ep. 4, 10, 1 ‖ *se* Enn. d. Non. 39, 4 ; *gradus* Poet. d. Quint. 8, 3, 31, sortir ‖ [fig.] divulguer : Hor. Ep. 1, 5, 25.

1 **ēlīmō**, ās, āre, āvī, ātum, tr. (2 e, 2 limo), user avec la lime, limer : *elimata scobis* Plin. 34, 170, limaille ‖ limer, polir, retoucher, peaufiner [fam.] : Ov. M. 4, 176 ; Att. d. Cic. Att. 16, 7, 3 ; Quint. 2, 7, 5 ; Gell 17, 10, 7 ‖ affaiblir, v. 1 elimatus.

2 **ēlīmō**, ās, āre, -, - (2 e, 3 limo), tr., nettoyer : Tert. Paen. 11, 2 ‖ [fig.] *animum* Aug. Ac. 2, 7, 17, purifier son âme.

ēlimpĭdō, ās, āre, āvī, - (ex, limpidus), tr., rendre clair, propre, limpide : Veg. Mul. 1, 26, 2 ; 2, 27, 4.

ēlingō, ĭs, ĕre, linxī, - (ex, lingo), tr., lécher : Aug. Conf. 13, 30, 45.

ēlinguātĭō, ōnis, f. (elinguo), amputation de la langue : Gloss. 2, 59, 40.

ēlinguis, e (2 e lingua), qui reste muet, qui ne se sert pas de sa langue ; *elinguem reddere* Cic. Flac. 22, rendre muet, fermer la bouche à, réduire au silence ‖ sans éloquence : Cic. Brut. 100.

ēlinguō, ās, āre, āvī, - (2 e, lingua), tr., couper ou arracher la langue à : Pl. Aul. 248.

ēlĭnō, ĭs, ĕre, lēvī, lĭtum (2 e, lino), tr., enduire, salir : Lucil. d. Non. 103, 30.

ēlĭquātĭō, ōnis, f. (eliquo), dissolution : Cael.-Aur. Acut. 2, 32, 166.

ēlĭquescō, ĭs, ĕre, -, -, intr., devenir liquide, couler : Varr. R. 1, 55, 4.

ēlĭquĭum, ĭī, n. (cf. eliquesco), écoulement : Solin. 18, 1 ‖ éclipse : Solin. 23, 22.

ēlĭquō, ās, āre, āvī, ātum (ex, liquo), tr., clarifier, épurer : Col. 12, 27 ; Sen. Nat. 3, 26 ‖ distiller, faire couler lentement : Apul. M. 10, 30 ; [fig.] Pers. 1, 35 ; Apul. Flor. 2, 15 ‖ fouiller, passer au crible, examiner à fond : Prud. Ham. 260 ‖ élucider : *eliquata est ista distinctio* Aug. Serm. 23, 11, cette distinction a été tirée au clair.

Ēlĭs, ĭdis, f. (Ἦλις), l'Élide [province du Péloponnèse] Atlas VI, B1 : Cic. Div. 1, 91 ‖ Élis [capitale de l'Élide] Atlas VI, B1 : Nep. Alc. 4 ‖ forme *Ālis* Pl. Cap. 9 ; 379.

Ĕlĭsa (**-ssa**), ae, f. (Ἔλισσα), Élissa [nom de Didon] : Virg. En. 4, 335 ‖ *-saeus*, a, um, de Didon, Carthaginois : Sil. 6, 346.

Ēlīsĕus, ĕī, m., Élisée [prophète, disciple d'Élie] : Vulg. 3 Reg. 19, 17.

ēlīsī, parf. de elido.

ēlīsĭō, ōnis, f. (elido), action d'exprimer un liquide ; d'arracher des larmes : Sen. Ep. 99, 19 ‖ élision, omission [gram.] : Prisc. 3, 29, 30.

ēlīsŏr, ōris, m. (elido), celui qui écrase : Cassiod. Psalm. 80, 1.

Elissa, v. Elisa.

ēlīsus, a, um, part. de elido.

ēlītĭgō, ās, āre, -, -, c. litigo : Not. Tir. 21, 53 a.

Ēlĭus, a, um (Ἠλεῖος), d'Élis ou de l'Élide, cf. 1 Eleus ‖ **Ēlīi**, ōrum, m. pl., habitants d'Élis ou de l'Élide : Cic. Div. 2, 28 ; Plin. 4, 14.

ēlix, v. elices.

ēlixātūra, ae, f. (elixo), substance bouillie, décoction : Diosc. 1, 1.

ēlixō, ās, āre, āvī, ātum (elixus ; it. lessare), tr., faire cuire dans l'eau, faire bouillir ; Apic. 64.

ēlixūra, ae, f., ⊂ elixatura : APIC. 398.

ēlixus, a, um (de ex et 1 lixa), cuit dans l'eau, bouilli : HOR. S. 2, 2, 74 ǁ très mouillé : MART. 3, 7 ; PERS. 4, 40.

ellĕbŏrīnē (h-), ēs, f. (ἐλλεβορίνη), ⊂ epipactis : PLIN. 27, 76.

ellĕbŏrismus (h-), i, m. (ἐλλεβορισμός), remède à base d'ellébore : CAEL.-AUR. Chron. 1, 4, 108.

ellĕbŏrītēs (h-), m. (ἐλλεβορίτης), vin d'ellébore : PLIN. 14, 110.

ellĕbŏrō (h-), ās, āre, -, - (elleborus), tr., purger avec de l'ellébore : CAEL.-AUR. Chron. 4, 3, 77.

ellĕbŏrōsus (h-), a, um (elleborus), qui est au régime de l'ellébore, fou : PL. Ru. 1006.

ellĕbŏrus (h-), i, m., **-um**, i, n. (ἐλλέβορος, ἑλλέβορος), ellébore [plante employée dans l'Antiquité contre diverses maladies, et surtout contre la folie] : PL. Men. 950 ; HOR. S. 2, 3, 82 ; PLIN. 25, 47 ; SEN. Ben. 2, 35, 2 ; [pl.] *ellebori* VIRG. G. 3, 451.

ellimsis, ⊂ ellipsis : SCH. JUV. 1, 88.

ellipsis, is, f. (ἔλλειψις), ellipse [gram.], suppression d'un mot : QUINT. 8, 6, 21.

ellops, v. helops.

1 **ellum, ellam**, arch. pour *em illum, em illam* : PL. Bac. 938 ; TER. Ad. 389.

2 **ellum**, i, n. (de edulus), cuiller : GLOSS. 5, 453, 12.

ellychnĭum, ii, n. (ἐλλύχνιον), mèche, lumignon : PLIN. 23, 84.

Elmataea, ae, f., ville d'Arabie : PLIN. 6, 158.

ēlŏcō, ās, āre, āvī, ātum (ex, loco), tr., louer, donner à loyer, à bail, affermer : CIC. Verr. 3, 35 ; *gens elocata* CIC. Flac. 69, nation dont on a affermé les impôts.

ēlŏcūtĭlis, e (eloquor), qui concerne la parole, oratoire : *facundia* APUL. M. 11, 3, éloquence expressive.

ēlŏcūtĭo, ōnis, f. (eloquor) ¶ 1 action de parler ; manière de s'exprimer, expression, mot : *pluralis* DIG. 22, 5, 12, emploi d'un mot au pluriel ¶ 2 élocution [rhét.] : CIC. Inv. 1, 9.

ēlŏcūtōrĭus, a, um, qui concerne l'élocution : QUINT. 2, 14, 2.

ēlŏcūtrix, īcis, f., qui parle, qui porte la parole : QUINT. 2, 14, 2.

ēlŏgĭō, ās, āre, āvī, ātum (elogium), tr., exposer brièvement : CAEL-AUR Chron. 2, 1, 16 ǁ *-iatus* CAEL.-AUR. Chron. 5, 4, 66.

ēlŏgĭum, ii, n. (de ἐλεγεῖον, cf. eloquor), inscription tumulaire, épitaphe : CIC. CM 61 ǁ inscription sur un ex-voto : SUET. Cal. 24, 3 ; sur des *imagines* : SUET. Galb. 3 ǁ note, codicille, clause [d'un testament, en part. pour déshériter qqn] : CIC. Clu. 135 ǁ sommaire d'une cause, analyse d'une affaire, procès-verbal : MODEST. Dig. 49, 16, 3 ǁ acte d'écrou, registre d'écrou : SUET. Cal. 27 ǁ crime, grief : TERT. Apol. 24, 6.

ēlongātĭo, ōnis, f. (elongo), éloignement : PRAEDEST. 3, 9 p. 647 D.

ēlonginquō, ās, āre, -, - (ex, longinquus), tr., éloigner, retarder : VL. Psal. 21, 20, d., CYPR. Test. 2, 20 ǁ intr., s'éloigner : AMBR. Psalm. 43, 26, 1.

ēlongō, ās, āre, āvī, - (ex, longus), tr., allonger, prolonger, étendre, éloigner : VULG. Psal. 21, 20 ǁ intr., s'éloigner : VULG. Jer. 2, 5.

ĕlops, v. helops.

ēlŏquens, tis, part.-adj. de eloquor, éloquent, qui a le talent de la parole : CIC. Or. 18 ; 60 ; 100 ǁ *-tior* QUINT. 12, 6, 6 ; *-tissimus* CIC. Brut. 145.

ēlŏquentĕr, adv. (eloquens), éloquemment : AUG. Cresc. 1, 2, 3 ǁ *-tius, -tissime* PLIN. Ep. 3, 18, 6 ; 2, 11, 17.

ēlŏquentĭa, ae, f. (eloquens), facilité à s'exprimer ; éloquence, talent de la parole : CIC. de Or. 1, 19.

ēlŏquĭum, ii, n. (eloquor), langage, parole : MEL. 3, 19 ǁ expression de la pensée : HOR. P. 217 ǁ talent de la parole, éloquence : VIRG. En. 11, 383 ǁ entretien, conversation : *MAMERTIN. Maxim. 9, 1 ǁ pl., paroles, discours : VULG. Gen. 49, 21.

ēlŏquŏr, quĕris, quī, locūtus ou loquūtus sum (ex, loquor) ¶ 1 intr., parler, s'exprimer, s'expliquer : CIC. Off. 1, 156 ; QUINT. 8, pr. 15 ¶ 2 tr., dire, énoncer, exposer, exprimer : CIC. Tusc. 1, 6 ; Brut. 253 ; Verr. 5, 165 ; Cael. 45 ǁ [pass.] ULP. Dig. 3, 12, 13, 6.

Ĕlōrīni (Hel-), ōrum, m. pl., habitants d'Élore : CIC. Verr. 3, 103.

Ĕlōrĭus (Hel-), a, um, d'Élore [ville ou fleuve] : OV. F. 4, 477.

Ĕlōrum (Hel-), i, n. (Ἔλωρον) et **Elorus (Hel-)**, i, m. (Ἔλωρος), Élore [fleuve de Sicile] Atlas XII, H5 : CIC. Verr. 5, 90 ǁ ville de Sicile : LIV. 24, 35, 1.

ēlōtae, v. ilotae.

ēlōtus (ēlaut-), part. de elavo.

ēlŏvĭēs, v. eluvies.

Elpēnŏr, ŏris, m. (Ἐλπήνωρ), un des compagnons d'Ulysse : JUV. 15, 22.

Elpēus, i, m. (Ἔλπειος), torrent de Macédonie : LIV. 44, 8, 5.

Elpĭdēs, is, m., Elpidès de Samos [épargné par un lion qu'il avait guéri, éleva un temple à Bacchus] : PLIN. 8, 57.

Elpĭnĭcē, ēs, f., nom de femme : NEP. Cim. 1, 2.

ĕlŭācrum labrum, n. (eluo, lavacrum), cuve à laver : CAT. Agr. 10, 4.

ĕlŭbĭēs, v. eluvies : NOT. TIR. 82, 22.

ēlūcens, tis, part.-adj. de eluceo, brillant ǁ *-tissimus* VARR. Sent. 46.

ēlūcĕō, ēs, ēre, lūxi, -, intr. ¶ 1 luire, briller : CIC. Rep. 6, 16 ¶ 2 [fig.] **a)** [en gén. avec un nom abstrait ou nom de chose comme sujet] être éclatant, se montrer brillamment, se révéler, se manifester : CIC. Rep. 2, 37 ; Off. 1, 103 **b)** [nom de pers. sujet] CIC. de Or. 2, 55 ¶ 3 [tard.] [impers. avec inf. ou avec *quod*] AUG. Ep. 166, 21, il apparaît que.

ēlūcescentĭa, ae, f., action de faire rayonner : MAR. VIT. Ar. 1, 56.

ēlūcescō, ĭs, ĕre, lūxī, - (inch. de eluceo), commencer à luire : SEN. Ep. 92, 17 ; VULG. 2 Petr. ep. 1, 19 ǁ [fig.] se montrer, se manifester : [choses] AUG. Retr. 1, 13, 6 ; [personnes] AMM. 15, 13, 1 ǁ impers., *elucescit*, le jour commence à poindre : VULG. Tob. 8, 20 ǁ devenir intelligible : HIER. Orig. Ezech. 4, 8.

ēlūcĭdō, ās, āre, -, - (2 e, lucidus), tr., annoncer, révéler : VULG. Eccli. 24, 31.

ēlūcĭfĭcō, ās, āre, -, - (ex, lucifico), rendre obscur : LAB. d. GELL. 10, 17.

ēluctābĭlis, e, qu'on peut surmonter : SEN. Nat. 6, 8, 4.

ēluctātĭo, ōnis, f., lutte, effort pour se délivrer : LACT. Inst. 3, 11, 11.

ēluctŏr, āris, ārī, ātus sum ¶ 1 intr., sortir avec effort, avec peine [pr. et fig.] : *homo eluctantium verborum* TAC. An. 4, 31, qui a la parole difficile ; *aqua eluctabitur* VIRG. G. 2, 244, l'eau se fraiera un passage ¶ 2 tr., surmonter en luttant : *nives* TAC. H. 3, 59, se frayer un chemin à travers la neige ; *tot manus eluctandae sunt* LIV. 24, 26, 13, il faut échapper à tant de bras ǁ échapper à : STAT. Ach. 1, 525.

ēlūcŭbrātus, a, um, part. de elucubro ǁ adjᵗ, *elucubratior* BOET. Mus. 2, 1, mieux préparé.

ēlūcŭbrō, ās, āre, āvī, ātum (ex, lucubro), tr., faire à force de veilles, travailler avec soin à : CIC. Brut. 312 ; TAC. D. 9.

ēlūcŭbrŏr, āris, ārī, ātus sum, ⊂ elucubro : CIC. Att. 7, 19.

1 **elucus (he-)**, i, m. (cf. alucinor), assoupissement, somnolence : GELL. 4, 19, 1 ; 16, 12, 3.

2 **elucus**, a, um (1 elucus), somnolent, ahuri : P. FEST. 66, 18.

ēlūdĭfĭcŏr, āris, ārī, -, se moquer de : PORPH. HOR. Ep. 2, 2, 215.

ēlūdō, ĭs, ĕre, lūsī, lūsum ¶ 1 intr., jouer, se jouer : CIC. Top. 32 ¶ 2 tr. **a)** gagner en jouant, subtiliser [avec 2 acc.] *aliquem aliquid* : PL. Curc. 630 **b)** éviter en se jouant, esquiver [en parl. de coups portés] : MART. 14, 202 ; [absᵗ] CIC. Opt. 17 **c)** se jouer de (qqn, qqch.) : CIC. Caecin. 45 ; Verr. prim. 30 ; CAES. C. 1, 58, 1 ; LIV. 22, 18, 3 **d)** [avec idée de moquerie] berner : CIC. Ac. 2, 123 ǁ se railler de (qqch.) : LIV. 28, 44, 17.

ĕlŭella, v. helvella.

ēlūgĕō, ēs, ēre, lūxī, - (ex, lugeo) ¶ 1 tr., être en deuil de, pleurer : *patriam* CIC. Fam. 9, 20, 3, porter le deuil de la patrie ¶ 2 intr., porter le deuil le temps convenable, quitter le deuil : *cum eluxerunt* LIV. 34, 7, 10, leur deuil fini.

ēlumbis, *e* (*2 e lumbo*), éreinté : Gloss. 5, 193, 2 ‖ [fig.] sans reins, faible, débile, sans vigueur : **orator** Tac. D. 18, orateur sans énergie.

ēlumbus, *a, um,* c.> elumbis : P. Fest. 67, 6.

ēlūmĭnātĭo, *ōnis,* f., illumination : *Gloss. 2, 474, 31.

ēlūmĭnātus, *a, um* (*e lumine*), privé de la lumière : Sidon. Ep. 8, 11, 11.

ĕlŭo, *ĭs, ĕre, lŭī, lūtum* (*ex, 2 lavo*), tr. ¶ 1 laver, rincer, nettoyer : [la vaisselle] Pl. Aul. 270 ‖ **os** Cels. 3, 4, 2, se rincer la bouche ; [des taches] Cic. Sest. 63 ; Plin. 20, 72 ; Lucr. 6, 1077 ¶ 2 [fig.] purifier : Sen. Ep. 59, 9 ‖ effacer, laver : Cic. Phil. 12, 6 ; **tales amicitiae eluendae sunt** Cic. Lae. 76, il faut effacer, dissoudre de pareilles amitiés ‖ [fig.] nettoyer sa fortune : Pl. Ru. 579 ; St. 670 ; **elutus** Pl. Trin. 406, nettoyé, lessivé ‖ dépeupler, épuiser : Col. 8, 8, 10.

Elūsa, *ae,* f., ville de la Novempopulanie [auj. Eauze] : Claud. Ruf. 1, 137 ‖ **-sātes,** *ĭum,* m., habitants d'Élusa : Caes. G. 3, 27, 1.

ēluscō, *ās, āre, -, -* (*e, luscus*), tr., éborgner : Dig. 10, 4, 17.

ēlūsī, parf. de eludo.

ēlūsĭo, *ōnis,* f. (*eludo*), tromperie : Iren. 2, 31, 2.

ēlūsus, *a, um,* part. de eludo.

ēlūtĭo, *ōnis,* f. (*eluo*), action de laver : Cael.-Aur. Chron. 1, 1, 12.

ēlūtrĭō, *ās, āre, -, ātum* (cf. eluo et λούτριον), tr., nettoyer en lavant, rincer : [des toiles] Laber. d. Gell. 16, 7 ; [de la laine] Plin. 9, 133 ‖ éclaircir [fig.] : Plin. 14, 114.

ēlūtus, *a, um,* part.-adj. de eluo, délayé : **nihil elutius** Hor. S. 2, 4, 16, rien de plus fade ‖ affaibli : **hujus vis elutior** Plin. 34, 139, sa vertu [d'une substance] est moins énergique.

ĕlŭvĭēs, *ēi,* f. (*eluo*), eau qui coule, inondation : Tac. An. 13, 57 ‖ ravin, fondrière : Curt. 5, 4, 26 ‖ écoulement des eaux sales : Plin. 2, 197 ‖ flux de ventre : Ps. Aur.-Vict. Epit. 9, 18 ‖ [en parl. d'une loi néfaste] ruine, perte : **civitatis** Cic. Dom. 53, ruine de la cité.

ĕlŭvĭo, *ōnis,* f. (*eluo*), inondation : Cic. Off. 2, 16 ‖ pl., Cic. Rep. 6, 23 ; Div. 1, 111.

ēluxī, parf. de elucesco (de eluceo et elugeo).

ēluxŭrĭor, *āris, ārī, -,* intr., être surabondant en [avec abl.] : Col. Arb. 3, 2.

elvella, v.> helvella.

Ĕlўmāĭs, *ĭdis* (Ἐλυμαΐς), l'Élymaïde [contrée voisine de la Susiane] : Plin. 6, 111 ‖ **-maei,** *ōrum,* m. pl., Élymes [habitants de l'Élymaïde] : Liv. 35, 48.

Ĕlŷsĭum, *ĭi,* n. (Ἠλύσιον πεδίον), l'Élysée [séjour des héros et des hommes vertueux après leur mort] : Virg. En. 5, 735 ‖ **-us,** *a, um,* de l'Élysée : Virg. G. 1, 38 ; **puella** Mart. 10, 34, Proserpine ‖ subst. m. pl., **Elysii,** les champs Élysées : Mart. 9, 51, 5.

1 em, (cf. *2 im, is, ἴν*), arch. pour **eum** : P. Fest. 67, 3 ; L. XII Tab. d. Gell. 20, 1, 45.

2 em (forme apocopée de *eme*, impér. de *emo*), tiens, voilà : **em illae sunt aedes** Pl. Trin. 3, tiens, voici la maison, cf. Cic. Fam. 13, 15, 1 ; **em causam cur** Cic. Phil. 5, 15, voilà le motif pour lequel... ; **em quo redactus sum** Ter. Eun. 237, voilà où j'en suis réduit ‖ **em tibi male dictis pro istis** Pl. Curc. 195, tiens, voilà pour ta mauvaise langue.

ēmăcĕrō, *ās, āre, -, -,* tr., amaigrir : Plin. 18, 101 ; Sen. Marc. 10, 6.

ēmăcesco, v.> emacresco : Cels. 2, 2, 2.

ēmăcĭō, *ās, āre, -, ātum,* tr., rendre maigre, épuiser : Col. 2, 10, 1.

ĕmăcĭtās, *ātis,* f. (*emax*), passion d'acheter : Col. 4, 3, 1 ; Plin. Ep. 3, 7, 7.

ēmăcresco, *ĭs, ĕre, crŭī, -* (*2 e, macer*), intr., maigrir : Cels. 2, 4, 4.

ēmăcŭlō, *ās, āre, āvī, ātum* (*e maculis*), tr., enlever les taches, nettoyer : Plin. 21, 129 ‖ purifier : Amm. 29, 1, 30.

ēmădescō, *ĭs, ĕre, ŭī, -,* intr., se mouiller : *Ov. Tr. 5, 4, 40 ; Theod.-Prisc. 1, 53.

ēmānātĭo, *ōnis,* f., émanation [fig.] : Vulg. Sap. 7, 25.

ēmānātŏr, *ōris,* m., celui qui répand [fig.] : Cassiod. Inst. 1, 20.

ēmanceps, *ĭpis,* m., affranchi : Gloss. 5, 598, 37.

ēmancĭpātĭo, *ōnis,* f. (*emancipo*), émancipation [droit] : Gai. Inst. 1, 132 ; 137, [acte faisant sortir de la puissance paternelle ou de la *manus* un fils ou une épouse] : **sui juris facti liberi sive emancipati sunt sive...** Dig. 37, 4, 1, 6, les enfants accèdent à la personnalité juridique soit par l'émancipation, soit... ; Quint. 1, 11, 65 ‖ [chrét.] rédemption : *Tert. Fug. 12, 2 ‖ action d'aliéner : Plin. Ep. 10, 3, 3 ; **familiae** Gell. 15, 27, 3, acte par lequel on aliène son droit de chef de famille.

ēmancĭpātŏr, *ōris,* m. (*emancipo*), celui qui émancipe, le Christ : Prud. Cath. 7, 184.

ēmancĭpō (-cŭpō), *ās, āre, āvī, ātum,* tr., émanciper, affranchir de l'autorité paternelle : **filium in adoptionem D. Silano** Cic. Fin. 1, 74, émanciper son fils en vue d'une adoption par D. Silanus ‖ abandonner la possession de, aliéner [champ, propriétés] : Suet. Oth. 4 ; Quint. 6, 3, 44 ; [fig.] **se alicui** Pl. Bac. 92, faire cession de soi à qqn, s'abandonner à qqn.

ēmancō, *ās, āre, āvī, -* (*ex, mancus*), tr., rendre manchot : Labien. d. Sen. Contr. 10, 33, 24.

ēmănĕō, *ēs, ēre, mansī, mansum,* intr., rester longtemps hors de : Stat. Th. 7, 650 ‖ rester hors du camp, s'absenter au-delà du temps prescrit : Modest. Dig. 49, 16, 3 ; v.> emansor.

Ēmanĭci, *ōrum,* m. pl., peuple de la Bétique : Plin. 3, 14.

ēmānō, *ās, āre, āvī, ātum* ¶ 1 intr., couler de, découler, sortir : Lucr. 3, 583 ; Cic. poet. Div. 2, 63 ‖ [fig.] émaner, provenir, tirer son origine, découler : [avec **ex**] Cic. de Or. 1, 189 ; **istinc mala emanant** Cic. Att. 7, 21, 1, de cette source découlent nos maux ‖ se répandre, se divulguer, devenir public : Cic. Brut. 231 ; Att. 3, 12, 2 ‖ **emanabat** [avec prop. inf.] Liv. 3, 24, 4, c'était une chose connue que ¶ 2 tr., faire couler, épancher : Vulg. Jac. 3, 11.

ēmansĭo, *ōnis,* f. (*emaneo*), action de rester hors du camp, du quartier : Dig. 49, 16, 4.

ēmansŏr, *ōris,* m. (*emaneo*), soldat qui ne rentre pas au camp, au quartier au terme de la permission, retardataire : Modest. Dig. 49, 16, 4.

Emanuel, v.> Emmanuel.

ēmarcescō, *ĭs, ĕre, marcŭī, -,* intr., se faner, se flétrir : Plin. 15, 121 ; Sen. Ep. 112, 3.

ēmargĭnō, *ās, āre, -, -,* tr., élargir [les plaies] : Plin. 28, 147.

ēmascŭlātŏr, *ōris,* m. (*emasculo*), corrupteur : Apul. Apol. 74.

ēmascŭlō, *ās, āre, -, -* (*ex, masculus*), tr., châtrer, rendre impuissant : Apul. M. 7, 23 ; Serv. En. 6, 661.

Ēmăthĭa, *ae,* f. (Ἠμαθία), Émathie [province de Macédoine] : Liv. 44, 44, 5 ; [par extension] la Macédoine : Virg. G. 4, 390 ‖ **-thĭus,** *a, um,* d'Émathie, de Macédoine : Ov. M. 5, 313 ; **Emathii manes** Stat. S. 3, 2, 117, les mânes d'Alexandre ; **Emathia acies** Luc. 8, 531, bataille de Pharsale ‖ **-this,** *ĭdis,* adj. f., d'Émathie ; f. pl., **Emathides** Ov. M. 5, 669, les Piérides ‖ **Emathis,** l'Émathie : Luc. 6, 350.

Ēmăthĭōn, *ŏnis,* m., Émathion [roi de la Macédoine à laquelle il donna son nom] : Just. 7, 1, 1 ‖ autres du même nom : Virg. En. 9, 571 ; Ov. M. 5, 100.

ēmātūrescō, *ĭs, ĕre, rŭī, -,* intr., mûrir, parvenir à la maturité : Plin. 25, 36 ‖ [fig.] s'adoucir, se calmer : Ov. Tr. 2, 124.

ēmātūrō, *ās, āre, -, -,* tr., mûrir, rendre mûr : *Paneg. 8 = Grat. Constantin. 10, 4.

ĕmax, *ācis* (*emo*), qui a la manie d'acheter, grand acheteur : Cat. Agr. 2, 7 ; Cic. Par. 51 ‖ [fig.] **prece emaci** Pers. 2, 3, par une prière qui est un marché.

embădĭus, *a, um* (*embadum*), qui forme l'aire : Grom. 342, 1.

embădŏn (-dum), *i,* n. (ἔμβαδον), aire, surface : Grom. 297, 17.

embaenētĭca, *ae,* f. (de ἐμβαίνω), **embaeneticam facere** Cael. Fam. 8, 1, 4, faire de la batellerie.

embaenītărĭus, *ĭi,* m., batelier : Inscr. Dess. 6339.

embamma

embamma, ătis, n. (ἔμβαμμα), sauce forte, condiment acide : Plin. 20, 147.

embăsĭcoetās, ae, m. (ἐμβασικοίτας), [à la fois] sorte de coupe à boire et débauché [cinaedus] : Petr. 24, 1 ; 2.

embăsis, is, f. (ἔμβασις), bain : Cael.-Aur. Acut. 3, 17, 151.

embătēs, is, m. (ἐμβάτης), module [archit.] : Vitr. 1, 2, 4.

emblēma, ătis, n. (ἔμβλημα), travail de marqueterie : **vermiculatum** Lucil. d. Cic. Brut. 274, mosaïque ‖ ornement en placage sur des vases : Cic. Verr. 4, 37 ; 46 ‖ **-ma**, ae, f. [arch.], Pomp.-Gr. 5, 197, 11.
▶ dat.-abl. pl. -tis.

emblēmătĭcus, a, um, plaqué : Schol. Juv. 1, 76.

embŏla, ae, f. (ἐμβολή), chargement d'un navire : Cod. Just. 1, 2, 10.

embŏlĭărĭa, ae, f. (embolium), actrice d'intermèdes : Plin. 7, 158.

embŏlĭārĭus, ĭi, m. (embolium), acteur d'intermèdes : CIL 4, 1949.

embŏlĭmaeus (-mus), a, um (ἐμβολιμαῖος, ἐμβόλιμος), intercalaire, embolisméen, embolismique : Aus. Ecl. 8 (371), 13.

embŏlĭmus, ⟨v.⟩ embolimaeus.

embŏlīnē, ēs, f., plante inconnue : Plin. 13, 114.

embŏlismālis, e (-maris, e), ⟨c.⟩ embolimaeus : Isid. 6, 17, 23.

1 **embŏlismus**, a, um, adj., intercalaire : Solin. 1, 42 ; Isid. 6, 17, 24.

2 **embŏlismus**, i, m. (ἐμβολισμός), embolisme, intercalation : Isid. 6, 17, 23.

embŏlĭum, ĭi, n. (ἐμβόλιον), intermède [sorte de pantomime qu'on jouait pendant les entractes] : Cic. Q. 3, 1, 24 ; Sest. 116.

embŏlum, i, n. (ἔμβολον), éperon de vaisseau : Petr. 30, 1.

embŏlus, i, m. (ἔμβολος), piston d'une pompe : Vitr. 10, 7, 3.

embractum, **imbractum**, i, n. (de ἐμβρέχω), plat cuisiné [huîtres] : Apic. 433.

embrĭnĭum, i, n. (?), coussin : Cassian. Coll. 1, 23, 4.

embrŏcha, ae, f. (ἐμβροχή), enveloppe humide : Theod.-Prisc. 1, 97.

embrŏchō, ās, āre, -, -, tr., envelopper (?) : Cass. Fel. 1, p. 5, 2.

1 **ēmĕātus**, a, um (emeo), traversé : Amm. 29, 5, 5.

2 **ēmĕātŭs**, ūs, m. (ex, meatus), navigation : Amm. 17, 4, 14.

ēmĕdĭtātus, a, um (ex, meditor), étudié : **emeditati fletus** Apul. M. 2, 27, larmes feintes.

ĕmĕdĭum, ĭi, n., char, chariot : Gloss. 4, 410, 16.

ēmĕdullātus, a, um (2 e medulla), dont on a retiré la moelle : Plin. 22, 87 ‖ [fig.] affaibli, énervé : Sidon. Ep. 8, 6, 3.

ēmendābĭlis, e (emendo), réparable : Liv. 44, 10, 3 ‖ qui peut se corriger : Sen. Clem. 2, 7, 2.

ēmendātē, adv. (emendatus), correctement : Cic. Opt. 4 ‖ **-tius** Plin. 34, 58.

ēmendātĭō, ōnis, f. (emendo), action de corriger, correction : Cic. Fin. 4, 21 ; Quint. 1, 5, 34 ; Sen. Ir. 3, 19, 2 ; Ep. 50, 8 ‖ [chrét.] conversion : Vulg. Judith 8, 27.

ēmendātŏr, ōris, m. (emendo), celui qui corrige, correcteur, réformateur : Cic. Brut. 259 ; Phil. 2, 43 ; Balb. 20.

ēmendātōrĭus, a, um, qui a la vertu de corriger : **emendatorio igne** Aug. Psalm. 33, 3, par le feu du pugatoire.

ēmendātrix, īcis, f. (emendator), celle qui corrige, réformatrice : Cic. Tusc. 4, 69 ; Leg. 1, 58.

ēmendātus, a, um, part.-adj. de emendo, sans défauts, pur : **emendati mores** Cic. Lae. 61, mœurs irréprochables ‖ **-tior** Petr. 126, 13 ‖ **-tissimus** Plin. Ep. 8, 22, 2.

ēmendīcō, ās, āre, āvī, ātum, tr., mendier : Suet. Aug. 91, fin. ‖ [fig.] **emendicata suffragia** Cod. Th. 9, 2, 14, suffrages mendiés.

ēmendō, ās, āre, āvī, ātum (e, mendo ; fr. amender), tr., corriger, effacer les fautes, retoucher, rectifier, réformer, redresser, amender : Cic. Att. 2, 16, 4 ; Leg. 3, 30 ; Brut. 26 ‖ châtier, punir, corriger : Lact. Mort. 22, 3 ‖ [méd.] remédier à, guérir : Plin. 20, 170.

ēmensĭō, ōnis, f. (emetior), révolution d'un astre : Isid. 6, 17, 27.

ēmensus, a, um, part. de emetior.

ēmentĭŏr, īris, īrī, ītus sum, tr., ¶ 1 [abs¹] mentir, inventer des choses mensongères : Cic. Brut. 42 ; **in aliquem** Cic. Part. 50, calomnier qqn ¶ 2 dire qqch. mensongèrement, alléguer faussement : **auspicia** Cic. Phil. 2, 83, annoncer des auspices qui n'existent pas ; [avec prop. inf.] Cic. Planc. 73 ; Liv. 1, 8, 5 ‖ part. **ementitus**, avec sens passif, imaginé faussement, controuvé : Cic. Phil. 2, 88 ; Nat. 2, 56 ; Tusc. 3, 58.

ēmentītus, a, um, part. de ementior.

ēmentum, i, n. (eminiscor), idée, pensée : Gloss. 5, 598, 27.

ēmĕō, ās, āre, -, - (ex, meo), intr., sortir : Aug. Gen. litt. 2, 2, 5 ‖ tr., ⟨v.⟩ 1 et 2 emeatus.

ēmercŏr, āris, ārī, ātus sum, tr., acheter : Tac. An. 13, 44 ‖ [pass.] Amm. 21, 6, 8 ; 26, 2, 4.

ēmĕrĕō, ēs, ēre, ŭī, ĭtum, tr. ¶ 1 mériter, gagner : Gell. 6, 7, 5 ‖ [pass.] Sil. 7, 19 ; 11, 469, gagné, mérité ¶ 2 [avec inf.] mériter de : Ov. F. 4, 58 ‖ **aliquem** Ov. Tr. 4, 8, 52, rendre service à qqn, obliger qqn cf. Tib. 1, 9, 60 ¶ 3 [sens class.] **a)** achever de remplir son service militaire : **emeritis stipendiis** Cic. CM 49, ayant fini de gagner la solde, le service achevé, cf. Sall. J. 84, 2 **b)** [en gén.] **annuae operae emerentur** Cic. Att. 6, 2, 6, mon année de service s'achève, cf. 6, 5, 3 ‖ [chrét.] plaire à : **emeruisse Deum** Orient. Comm. 1, 394, avoir été agréable à Dieu.

ēmĕrĕŏr, ēris, ērī, ĭtus sum, tr. ¶ 1 achever le service militaire : **stipendia emeritus** Val.-Max. 6, 1, 10, qui a fini son temps ; [d'où] **ēmĕrĭtus**, i, m., soldat qui a fait son temps, soldat libéré, vétéran : Tac. An. 1, 28 ¶ 2 [poét.] **emeritus**, a, um, qui a fini son service [sa tâche] : Ov. F. 1, 665 ; 4, 688 ; Juv. 6, 498 ‖ hors de service : Ov. Am. 3, 11, 14.

ēmergō, ĭs, ĕre, mersī, mersum ¶ 1 intr., sortir de, s'élever, apparaître, se montrer, naître [avec e, ex ou a, ab] : Cic. Cael. 51 ; Div. 1, 72 ; **emerseram ex... in Appiam** Cic. Att. 2, 12, 2, j'étais arrivé de... sur la voie Appienne ‖ [fig.] **ex mendicitate** Cic. Vat. 23, sortir de la dernière misère ; **e judicio** Cic. Verr. 1, 12, se tirer d'un procès ; **bella ex illo mari emerserunt** Cic. Verr. 4, 130, des guerres sont venues sortant de cette mer ; [abs¹] sortir d'embarras : Cic. Att. 6, 2, 4 ; **ex quo emergit quale sit decorum illud** Cic. Off. 1, 110, de là se dégage bien la nature de cette bienséance ¶ 2 tr., **se emergere** Cic. Har. 55, se montrer, émerger ‖ [fig.] **emersus ex diuturnis tenebris** Cic. Sest. 20, sorti d'une longue obscurité, cf. Vat. 17 ‖ **se ex malis** Ter. And. 562, se dégager des maux ‖ **emergi** Ter. Ad. 302 ; Octavia 134.

Ēmĕrĭta, ae, f., ville de Lusitanie [auj. Mérida] Atlas I, C2 ; IV, C2 : Plin. 4, 117 ‖ **-ensis**, e, d'Émérita, **-enses**, ium, m. pl., habitants d'Émérita : Tac. H. 1, 78.

ēmĕrĭtum, i, n. (emereo), pension de retraite [pour les soldats] : Modest. Dig. 49, 16, 7.

ēmĕrĭtus, a, um ¶ 1 part. de emereo et de emereor ¶ 2 [adj¹] [poét.] terminé, achevé : **emeritis cursibus** Ov. F. 3, 43, le cours étant achevé, cf. M. 15, 226 ; Prop. 4, 11, 72 ‖ qui a mérité le ciel, défunt : Ps. Cypr. Rebapt. 1.

1 **ēmersus**, part. de emergo.

2 **ēmersŭs**, ūs, m., action de sortir d'un lieu où l'on était plongé : Plin. 9, 75 ‖ lever [d'un astre] : Plin. 18, 218 ‖ **hostium** Vitr. 10, 22, l'apparition de l'ennemi (action de déboucher).

Ĕmĕsa (Hĕ-), ae (**Ĕmĕsus**, i), f., ville de la Cœlé-Syrie [auj. Homs] Atlas I, E7 ; IX, D3 : Amm. 14, 8, 9 ; ⟨v.⟩ Emisenus.

ĕmĕtĭcus, a, um (ἐμετικός), qui fait vomir : Ps. Apul. Herb. 55.

ēmĕtĭŏr, īris, īrī, mensus sum, tr., mesurer entièrement, mesurer : Virg. En. 10, 772 ‖ parcourir, traverser : Liv. 27, 43, 1 ; Tac. An. 11, 32 ‖ [fig.] **quinque principes emensus** Tac. H. 1, 49, ayant traversé cinq règnes ‖ [poét.] supporter, endurer : Sil. 4, 53 ‖ attribuer, dispenser, faire bonne mesure : **voluntatem tibi emetiar** Cic.

Brut. 16, je te ferai pleine mesure de ma bonne volonté, cf. HOR. *S.* 2, 2, 105.
▶ *emensus* avec sens passif "parcouru": LIV. 21, 30, 5; 43, 21, 9; VIRG. *G.* 1, 450.

ēmĕtō, *ĭs, ĕre, -, messum*, tr., moissonner: HOR. *Ep.* 1, 6, 21.

Emeum, *i*, n., ville sur le Nil: PLIN. 6, 179.

ēmī, parf. de *emo*.

ēmĭcātim, adv. (*emico*), en sautant: SIDON. *Ep.* 2, 13, 8.

ēmĭcātĭo, *ōnis*, f. (*emico*), action de s'élever: APUL. *Mund.* 29.

ēmĭcāvi, v. *emico*.

ēmĭcō, *ās, āre, ŭī, ātum* (ex, mico), intr., s'élancer hors, jaillir: [flamme] PLIN. 2, 203; [sang] LUCR. 2, 195; [source] LIV. 44, 33, 3; *manus emicat* VIRG. *En.* 6, 5, la troupe s'élance ‖ [fig.] éclater, briller, se signaler: *consternatio emicuit* TAC. *An.* 13, 16, son trouble éclata.
▶ *emicavi* QUINT. 1, 6, 17; APUL. *Mund.* 34.

ēmĭgrātĭo, *ōnis*, f. (*emigro*), émigration: ULP. *Dig.* 39, 2, 29 ‖ mort: AUG. *Pecc. mer.* 2, 28, 46.

ēmĭgrō, *ās, āre, āvī, ātum* (ex, migro), ¶ 1 intr., sortir de, changer de demeure, déménager, émigrer: *e domo* CIC. *Verr.* 5, 32 ou *domo* CIC. *Verr.* 2, 89, déménager; *domo* CAES. *G.* 1, 31, 14, s'expatrier ‖ [fig.] *e vita* CIC. *Leg.* 2, 48, quitter la vie, mourir ¶ 2 tr., faire sortir, chasser: VULG. *Psal.* 51, 7 ‖ *scripturas* TERT. *Cor.* 1, 5, s'écarter des Saintes Écritures ‖ *sese emigrare* TITIN. *Com.* 148, s'éloigner, déguerpir.

ēmīna, v. *hemina*.

ēmĭnātĭo, *ōnis*, f., menace: PL. *Cap.* 799.

ēmĭnens, *tis*, part.-adj. de *emineo*, qui s'élève, saillant, proéminent: CIC. *Nat.* 2, 143; CAES. *C.* 2, 9, 5; 2, 23, 2; *quae sunt eminentia et prompta* CIC. *de Or.* 3, 215, les choses qui sont en relief et à la portée de l'orateur; [peinture] *alia eminentiora, alia reductiora facere* QUINT. 11, 3, 46, donner plus de relief à certaines parties, à d'autres moins ‖ qui s'avance, saillant, à fleur de tête: *eminentes oculi* CIC. *Vat.* 2, yeux à fleur de tête ‖ [fig.] éminent, supérieur, remarquable: QUINT. TAC. ‖ subst. pl. m., hommes distingués: TAC. *Agr.* 5 ‖ **eminentia**, *ium*, n. pl., passages remarquables [dans un discours]: QUINT. 10, 1, 86 ‖ *eminentissimus* éminentissime, titre honorifique dans le Bas-Empire [porté par le préfet du prétoire, puis aussi par le préfet des vigiles]: COD. JUST. 12, 47, 1 ‖ *-tior* CAES. *C.* 2, 9, 3 ‖ *-tissimus* QUINT. 8, 2, 7.

ēmĭnentĕr, adv. (*eminens*), d'une manière éminente, remarquable: AUG. *Psalm.* 91, 5 ‖ *-tius* AMM. 24, 2, 12, plus haut.

ēmĭnentĭa, *ae*, f. (*emineo*), éminence, hauteur, proéminence, saillie, avance, relief, bosse: CIC. *Ac.* 2, 20; *Nat.* 1, 174 ‖ [fig.] excellence, supériorité, prééminence: VELL. 1, 17, 14; GELL. 5, 11, 9 ‖ [chrét.] Éminence [titre donné aux évêques]: GREG.-M. *Ep.* 2, 22.

ēmĭnĕō, *ēs, ēre, ŭī, -* (ex, *mineo*; cf. *minae, mons*), intr., s'élever au-dessus de, être saillant: *ex terra* CIC. *Div.* 1, 93; CAES. *G.* 7, 73, 6, s'élever au-dessus du sol ‖ [en peinture] être en relief, proéminent: CIC. *de Or.* 3, 101 ‖ [fig.]: *animus eminebit foras* CIC. *Rep.* 6, 29, l'âme s'élancera au dehors; *amplitudo animi maxime eminet despiciendis doloribus* CIC. *Tusc.* 2, 64, la grandeur d'âme est surtout mise en relief par le mépris de la douleur; *desperatio in omnium vultu eminet* LIV. 21, 35, 7, le désespoir se manifeste sur tous les visages ‖ l'emporter, se distinguer, dominer: *Demosthenes unus eminet inter omnes* CIC. *Or.* 104, Démosthène l'emporte sur tous ‖ [impers.] être évident: AUG. *Conf.* 5, 5, 8.

ēmĭnĭcŭlus, ▶ *eminens*: GLOSS. 5, 193, 15.

ēmĭniscŏr, *scĕrĭs, scī, mentus sum*, tr., imaginer: HER. 2, 10; 12; v. *ementum* ‖ se rappeler: GLOSS. 4, 62, 2.

ēmĭnŏr, *ārĭs, ārī, -*, menacer: [abs¹] PL. *Cap.* 791.

ēmĭnŭlus, *a, um* (*emineo*), qui s'élève ou qui s'avance un peu: *genua eminula* VARR. *Agr.* 2, 5, 8, genoux proéminents.

ēmĭnŭs, adv. (de *2 e, manibus*, anc. adj., v. *comminus*), de loin: CAES. *G.* 7, 24, 4; CIC. *CM* 19 ‖ à distance: TAC. *An.* 13, 41 ‖ loin de [avec *ab*]: GREG.-TUR. *Vit. Patr.* 1, 6.

ēmīrŏr, *ārĭs, ārī, -*, tr., être étonné, stupéfait de: HOR. *O.* 1, 5, 8.

Emisa, c. *Emesa*.

ēmiscĕō, *ēs, ēre, -, -*, tr., mêler: MANIL. 5, 244.

Emisēnus, *a, um*, d'Émèse: CAPIT. *Macr.* 9, 1 ‖ subst. m. pl., habitants de cette ville: TREB. *Gall.* 3, 4.

ēmīsī, parf. de *emitto*.

ēmispērĭŏn, v. *hemisphaerium*: GROM. 62, 1.

Emissa, c. *Emesa*.

ēmissācŭlum, *i*, n., canal pour la décharge d'un étang: CHALC. *Tim.* 39.

ēmissārĭum, *ĭi*, n. (*emitto*), déversoir: CIC. *Fam.* 16, 18, 2; *emissarium lacus* SUET. *Cl.* 20, 32, décharge d'un lac ‖ [fig.] *emissarium vomicae facere* SCRIB. 229, vider un abcès.

ēmissārĭus, *ĭi*, m. (*emitto*), agent, émissaire, espion: CIC. *Fam.* 7, 2, 3; *Verr.* 2, 22 ‖ satellite, sicaire: VULG. *1 Reg.* 22, 17 ‖ [fig.] PLIN. 15, 208, rejeton [qu'on laisse à la vigne].

ēmissīcĭus, *a, um* (*emissus*), qu'on envoie à la découverte: *emissicii oculi* PL. *Aul.* 41, regards qui furètent, qui espionnent.

ēmissĭo, *ōnis*, f. (*emitto*), action de lancer: CIC. *Tusc.* 2, 57; GELL. 5, 16, 2 ‖ action de lâcher [un animal]: CIC. *Div.* 2, 62.

ēmissŏr, *ōris*, m. (*emitto*), celui qui envoie, qui lance: AUG. *Civ.* 7, 3, 1.

1 ēmissus, part. de *emitto*.

2 ēmissŭs, *ūs*, m., action de lancer: LUCR. 4, 202.

ēmītescō, *ĭs, ĕre, -, -*, intr., s'adoucir, mûrir: COL. 9, 14, 10.

ēmītĭgō, *ās, āre, -, -*, tr., calmer, apaiser: CYPR.-GALL. *Hept.* 3, 160.

ēmittō, *ĭs, ĕre, mīsī, missum* (ex, *mitto*), tr. ¶ 1 envoyer dehors, faire aller dehors ou laisser aller dehors: *e carcere, de carcere emitti* CIC. *Planc.* 31; *Verr.* 5, 22, être relâché de prison; *essedarios ex silvis* CAES. *G.* 5, 19, 2, lancer des bois les essédaires; *equitatu emisso* CAES. *G.* 5, 51, 5, ayant lancé la cavalerie ‖ *de manibus, e manibus, emitti* LIV. 21, 48, 6; 22, 3, 10, s'échapper des mains de qqn, échapper à qqn; *aliquem manibus emittere* LIV. 44, 36, 9, laisser échapper qqn de ses mains ‖ *scutum manu* CAES. *G.* 1, 25, 4, laisser tomber son bouclier ‖ *pila* CAES. *G.* 2, 23, 1, lancer les javelots, cf. LIV. 9, 13, 2 ‖ *ex lacu Albano aqua emissa* LIV. 5, 15, 4, eau évacuée du lac albain; *lacus Velinus a Curio emissus* CIC. *Att.* 4, 15, 5, le lac Vélin, où Curius a pratiqué un émissaire ‖ *folia* PLIN. 18, 182 [*frondem* SEN. *Ep.* 124, 11], pousser des feuilles ‖ *fulmina* CIC. *Div.* 2, 44, lancer la foudre ‖ *vocem* LIV. 1, 54, 7, émettre, prononcer une parole ‖ *animam* PL. *Trin.* 492; NEP. *Epam.* 9, 3, rendre l'âme ‖ [en part.] *manu emittere aliquem = manu mittere*, affranchir un esclave, v. *manumissio*: PL. *Cap.* 713; LIV. 24, 18, 12; TAC. *An.* 15, 19; SUET. *Vit.* 6; ou *emittere* seul: PL. *Ps.* 994; TER. *Ad.* 976 ¶ 2 [fig.] *facetum dictum emissum* CIC. *de Or.* 2, 219, un trait plaisant décoché; *argumentum simul atque emissum est...* CIC. *de Or.* 2, 214, un argument, aussitôt qu'il a été lancé..., cf. CIC. *Planc.* 57; HOR. *Ep.* 1, 18, 71 ‖ *aliquid dignum nostro nomine emittere* CIC. *Fam.* 7, 33, lancer (produire) une œuvre digne de mon nom.

Emmănŭēl, m. indécl., Emmanuel, nom du Messie: VULG. *Is.* 7, 14.

Emmāūm, n. indécl. ou **-māus**, *i*, f., Emmaüs, une des toparchies de la Judée: PLIN. 5, 70; JORD. *Rom.* 279; VULG. *Luc.* 24, 13.

emmĕlēs, *ĕs* (ἐμμελής), harmonieux, mélodieux: CHALC. 44.

emmŏtŏn, *i*, n. (ἔμμοτον), rouleau de charpie imprégné d'un médicament: CASS. FEL. 19; 22.

ĕmō, *ĭs, ĕre, ēmī, emptum* (cf. *2 em*, rus. *imet'*, al. *nehmen*), tr. ¶ 1 prendre, recevoir: P. FEST. 4, 30; 66, 21 ¶ 2 acheter: CIC. *Off.* 3, 59; *bene* CIC. *Att.* 12, 23, 3, acheter à bon compte; *male* CIC. *Att.* 2, 4, 1, acheter cher; *ab aliquo, de aliquo* CIC. *Prov.* 7; *Att.* 10, 5, 3, acheter à qqn; [avec gén. ou abl. de prix] *tanti, quanti, minoris, pluris* CIC. *Off.* 3, 59; 3, 51; *Verr.* 4, 14; *minimo* CIC. *Verr.* 3, 145; *magno, parvo* CIC. *Att.* 13, 29, 2; *duobus milibus nummum* CIC. *Amer.* 6, acheter (qqch.) deux

emo

mille sesterces ¶ **3** [fig.] acheter, soudoyer : *sententias (judicum)* Cic. *Clu.* 102, acheter la sentence, le verdict ; *percussorem* Curt. 4, 1, soudoyer un assassin ‖ [avec *ut* subj.] Cic. *Prov.* 7, acheter la possibilité de, le droit de ; [poét.] [avec inf.] Stat. *Th.* 1, 163 ; Sil. 601 ¶ **4** [chrét.] racheter [en parlant de la rédemption] : Aug. *Conf.* 9, 13, 36.
▶ subj. *empsim* Pl. *Cas.* 347 ; *Mil.* 316.

ēmŏdĕrandus, *a*, *um*, adj. verb. de l'inusité *emoderor, qui peut être modéré, calmé : Ov. *Rem.* 130.

ēmŏdŭlŏr, *āris*, *ārī*, -, tr., chanter : Ov. *Am.* 1, 1, 30.

Ēmōdus (Hēm-), *i*, partie de l'Himalaya : Plin. 6, 60 ‖ **Ēmōdi (Hēm-) montes**, Plin. 6, 56.

ĕmŏla, *ae*, f., ⒞ *amula* : Vulg. 3 *Esdr.* 1, 12.

ēmōlīmentum, *i*, n. (2 *e*, *molior*), grande construction : Cod. Th. 15, 1, 19.

ēmōlĭŏr, *īris*, *īrī*, *ītus sum*, tr. ¶ **1** faire sortir, évacuer : Apul. *M.* 4, 12, 3 ‖ rejeter avec difficulté, cracher : Cels. 4, 13, 2 ‖ faire jaillir : Sen. *Ag.* 478 ¶ **2** achever, mener à son terme : Pl. *Bac.* 762.

1 **ēmōlĭtus**, part. de *emolo*.

2 **ēmōlĭtus**, part. de *emolior*.

ēmollescō, *is*, *ĕre*, -, -, intr., devenir mou, s'amollir : Rufin. *Orig. Psalm.* 36, 5, 7.

ēmollĭō, *īs*, *īre*, *īvī* ou *ĭī*, *ītum*, tr., amollir, rendre mou : Liv. 37, 41, 4 ; Plin. 10, 167 ‖ [fig.] *mores* Ov. *Pont.* 2, 9, 48, adoucir les mœurs ; *exercitum* Liv. 27, 3, 2, affaiblir une armée ; *colores* Plin. 35, 198, rendre les couleurs plus tendres.

ēmŏlō, *is*, *ĕre*, *ŭī*, *ĭtum* (*ex*, *molo*), tr., moudre entièrement : Pers. 6, 26 ; Ambr. *Ep.* 64, 3 ‖ [fig.] produire : Ambr. *Off.* 1, 22, 98.

ēmŏlŭmentīcius, *a*, *um*, concernant le profit : Cassiod. *Var.* 9, 6, 2.

ēmŏlŭmentum, *i*, n. (*emolo*), avantage, profit, intérêt, gain, émolument : Cic. *de Or.* 2, 346 ; *Mil.* 32 ; *emolumento esse alicui* Cic. *de Or.* 1, 34, être utile à qqn. ou ; *emolumentum esse alicui* Liv. 22, 22, 7.
▶ *sine magno commeatu atque emolumento* Caes. *G.* 1, 34, 3 (mss) ; *neque enim magnum emolumentum esse potest* Varr. *R.* 3, 14, 1, dans ces deux passages on aurait le sens de "travail (exécution) pénible", cf. *emolimentum*, de *emolior* (*ēmōlŭmentum*).

Emōna, *ae*, f., ville de Pannonie [Laibach] Atlas I, C4 ; XII, B4 : Plin. 3, 147.

ēmŏnĕō, *ēs*, *ēre*, -, -, tr., avertir : *Cic. *Fam.* 1, 7, 9.

Emonius, *ii*, m., nom de famille romain : CIL 8, 2564.

ēmŏrĭŏr, *morĕris*, *mŏrī*, *mortuus sum* (*ex*, *morior*), intr., disparaître par la mort, mourir, s'éteindre : Cic. *Off.* 3, 114 ; *CM* 71 ; *Tusc* 1, 96 ; *verba facit emortuo* Pl. *Poen.* 840, il parle pour un mort = il fait l'oraison funèbre d'un mort ‖ [fig.] périr, finir, cesser : Cic. *Par.* 18 ‖ s'atrophier : Cels. 5, 26, 34.
▶ inf. arch. *emoriri* Ter. *Eun.* 432.

ēmortŭālis, *dĭes*, m. (*emortuus*), le jour de la mort : Pl. *Ps.* 1237.

ēmortŭus, *a*, *um*, part. de *emorior*.

ēmōtus, part. de *emoveo*.

ēmŏvĕō, *ēs*, *ēre*, *mōvī*, *mōtum* (fr. *émouvoir*), tr., ôter d'un lieu, déplacer, remuer, ébranler : *e foro* Liv. 25, 10 ; *de medio* Liv. 6, 38 ; *curia* Liv. 30, 23, 1, faire sortir du forum de la place, de la curie, cf. Virg. *En.* 2, 493 ; 2, 610 ‖ [fig.] chasser, dissiper : *curas* Virg. *En.* 6, 382, dissiper les soucis.
▶ *exmovere* Pl. *Truc.* 78 ‖ parf. contr. *emostis* Liv. 37, 53, 25.

empaestātŏr, *ōris*, m. (*empaestatus*), graveur : CIL 8, 20953.

empaestātus, *a*, *um* (de ἐμπαιστός), gravé en relief : *Varr. *Men.* 197 ; ⒱ *impaestator*.

Empanda, *ae*, f., déesse protectrice des bourgs et des villages : P. Fest. 67, 4.

Empĕdŏclēs, *is*, m. (Ἐμπεδοκλῆς), Empédocle [philosophe d'Agrigente] : Cic. *Tusc.* 1, 19 ‖ **-ēus**, *a*, *um*, d'Empédocle : Cic. *Tusc.* 1, 41 ; *Empedoclea* n. pl., Cic. *Q.* 2, 11, 3, doctrine d'Empédocle.

empĕtros, *i*, f. (ἔμπετρος), plante, la même que *calcifraga* : Plin. 27, 75.

emphăsis, *is*, f. (ἔμφασις), emphase [rhét.] : Quint. 8, 2, 11.

emphractus, *a*, *um* (ἔμφρακτος), couvert : *emphractae naves* Ulp. *Dig.* 14, 1, 1, navires pontés.

emphragma, *ătis*, n. (ἔμφραγμα), obstruction [méd.] : Veg. *Mul.* 1, 40, 3.

emphўteuma, *ătis*, n. (ἐμφύτευμα), un bien-fonds en emphytéose : Novel. Just. 7, 3, 2.

emphўteusis, *is*, f., bail emphytéotique : Cod. Just. 4, 57, 7 ; Novel.-Just. 7, 3, 2.

emphўteuta, *ae*, m., qui a un bail emphytéotique : Cod. Just. 4, 66, 2, 2.

emphўteutĭcālis, *e*, ⒞ *emphyteuticus* : Novel.-Just. 120, 11.

emphўteutĭcārĭus, *a*, *um*, emphytéotique : Cod. Just. 11, 63, 1 ‖ subst. m., celui qui a un bail emphytéotique : Cod. Th. 5, 15, 17.

emphўteutĭcus, *a*, *um*, emphytéotique [bail de longue durée susceptible d'une hypothèque] : Cod. Just. 4, 66, 2.

Emphўtus, *i*, m., nom d'un géant : Hyg. *Fab. pr.* 4.

1 **empīrĭca**, *ae*, M.-Emp. *Carm.* 6 (**-cē**, *ēs*, Plin. 29, 5) f. (ἐμπειρική), médecine empirique [qui est fondée sur l'expérience].

2 **empīrĭca**, *ōrum*, n. pl., doctrine empirique : Plin. 20, 120.

empīrĭcus, *i*, m., médecin empirique : Cic. *Ac.* 2, 122.

emplastrātĭō, *ōnis*, f. (*emplastro*), ente en écusson : Col. 5, 11, 1.

emplastrō, *ās*, *āre*, -, *ātum*, tr., enter en écusson, écussonner : Col. 5, 11, 10 ; Pall. 6, 6.

emplastrum, *i*, n. (ἔμπλαστρον ; it. *impiastro*), emplâtre : Cat. *Agr.* 39, 2 ; Cels. 5, 19, 1 A ‖ emplâtre mis à un arbre greffé : Plin. 17, 121 ; *emplastri ratio* Col. 5, 11, 10, ente en écusson ‖ [fig.] *aeris alieni* Laber. d. Gell. 16, 7, 14, un emplâtre pour dettes.

emplectĭcus, *a*, *um* (ἐμπληκτικός), épileptique : Veg. *Mul.* 2, 93 ; Chir. 297.

emplectŏn, *i*, n. (ἔμπλεκτον), remplage, maçonnerie de remplage : Plin. 36, 171.

empleurŏs, *ŏn* (ἔμπλευρος), à larges flancs : Lucil. 1251.

empneumătōsis, *is*, f. (ἐμπνευμάτωσις), gonflement, enflure : Cael.-Aur. *Chron.* 3, 8, 116.

empŏnēma, *ătis*, n. (ἐμπόνημα), travail d'amélioration apporté à un bien foncier : Cod. Just. 4, 66, 2, 1 ; Julian. *Epit.* 7, 34.

empŏrētĭca charta, f. (ἐμπορητικός), papier d'emballage [pour les marchandises] : Plin. 13, 76.

Empŏrĭa, *ōrum*, n. pl., Empories [comptoirs commerciaux de la Petite Syrte carthaginois] : Liv. 29, 25, 12.

Empŏrĭae, *ārum*, f. pl. (Ἐμπορίαι), ville de la Tarraconaise [auj. Ampurias] Atlas IV, B4 ; V, F3 : Liv. 21, 60, 3 ‖ **-rītāni**, *ōrum*, m. pl., habitants d'Empories : Liv. 34, 16, 4.

empŏrĭum, *ii*, n. (ἐμπόριον), marché, place de commerce, entrepôt : Cic. *Att.* 5, 2, 2.

empŏros (-rus), *i*, m. (ἔμπορος), marchand : Pl. *Merc.* 5.

emprosthŏtŏnĭa, *ae*, f. (ἐμπροσθοτονία), tétanos qui fait courber les membres en avant : Cael.-Aur. *Acut.* 3, 6, 61.

emprosthŏtŏnĭcī, *ōrum*, m. pl., personnes frappées d'emprosthotonos, sujettes à l'emprosthotonos : Cael.-Aur. *Acut.* 3, 6, 69.

emprosthŏtŏnŏs, *i*, m. (ἐμπροσθότονος), emprosthotonos, ⒞ *emprosthotonia* : Cael.-Aur. *Acut.* 3, 6, 65.

emptīcĭus (-tītĭus), *a*, *um* (*emo*), qui s'achète, acheté : Varr. *R.* 3, 2, 12 ; Sen. *Contr.* 7, 7, 24.

emptĭcus, *a*, *um* (*emo*), acheté : Fort. *Mart.* 2, 8.

emptĭō, *ōnis*, f. (*emo*), achat, marché : Cic. *Caecin.* 17 ‖ objet acheté : Cic. *Fam.* 7, 23, 2 ‖ contrat de vente : Dig. 32, 1, 102.

emptĭtō, *ās*, *āre*, *āvī*, *ātum* (fréq. de *emo*), tr., acheter souvent, acheter : Cat. *Orat.* 94 ; Plin. *Ep.* 6, 19, 5.

emptīvus, *a*, *um* (*emo*), qui s'achète : *miles* P. Fest. 67, 19, mercenaire.

emptŏr, ōris, m. (emo), acheteur : Cic. Off. 3, 51 ; **familiae** Suet. Ner. 4, acheteur simulé auquel un citoyen mancipait son patrimoine (familia) dans la procédure du testament per aes et libram et qui se chargeait d'exécuter les volontés du testateur ; ▶ emancipatio.

emptrix, īcis, f. (emptor), acheteuse : Cod. Just. 4, 54, 1.

emptŭrĭō, īs, īre, -, - (désid. de emo), intr., avoir envie d'acheter : Varr. R. 2, pr. 6.

1 **emptus**, part. de emo.

2 **emptŭs**, abl. ū, m., achat : CIL 2, 2229.

Empŭlum, i, n., ville du Latium : Liv. 7, 18.

empȳē, ēs, f. (ἐμπύη), purulence interne : Vindic. Med. 31.

empȳēma, ătis, n. (ἐμπύημα), accumulation de pus dans la poitrine : Chir. 281.

empȳĭcus, i, m. (ἐμπυϊκός), celui qui crache du pus : Theod.-Prisc. 2, 67.

Empȳlus, i, m., nom d'un Rhodien qui avait écrit un livre sur la mort de César : Quint. 10, 6, 4.

empȳrĭus, a, um (ἐμπύριος), de feu, de l'empyrée : Aug. Civ. 10, 27.

ēmūgĭō, īs, īre, -, -, tr., mugir, dire en mugissant : Quint. 2, 12, 9.

ēmulcĕō, ēs, ēre, -, -, tr., adoucir : Ambr. Psalm. 118, s. 7, 1.

ēmulgĕō, ēs, ēre, -, **mulsum** (it. smungere), tr., traire : Col. 7, 3, 17 ‖ [fig.] épuiser : Catul. 68, 110.

ēmunctĭo, ōnis, f. (emungo), action de se moucher : Quint. 11, 3, 80.

ēmunctōrĭa, ōrum, n. pl., mouchettes : Vulg. Exod. 25, 38.

ēmunctus, part. de emungo.

ēmundātĭo, ōnis, f. (emundo), purification : Tert. Bapt. 5, 2.

ēmundātŏr, ōris, m., purificateur : Hil. Psalm. 118, s. 16, 1.

ēmundō, ās, āre, āvī, ātum (fr. émonder), tr., nettoyer, purifier : Col. 2, 15, 7 ‖ [chrét.] purifier l'âme [par le baptême] : Tert. Pud. 18, 11 ; [par la pénitence] Tert. Pud. 19, 10.

ēmungō, ĭs, ĕre, munxī, munctum (ex, mucus, cf. mungo), tr., moucher ‖ **se emungere** Her. 4, 67 ; **emungi** Juv. 6, 147, se moucher ‖ [fig.] **tu ut oculos emungare ex capite per nasum tuos** Pl. Cas. 391, qu'on te mouche à te faire sortir les yeux de la tête par le nez ; **naris emunctae senex** Phaed. 3, 3, 14, vieillard au flair subtil, cf. Hor. S. 1, 4, 8 ; **Attici emuncti** Quint. 12, 10, 17, les Attiques au goût fin ‖ [chez les comiques] dépouiller de : **emunxi argento senes** Ter. Phorm. 682, j'ai soutiré l'argent à nos vieux ; [ou simpl¹] **emungere aliquem** Pl. Bac. 698, faire cracher de l'argent à qqn, cf. Hor. P. 238.

▶ parf. contr. emunxti Pl. Most. 1109.

ēmūnĭō, īs, īre, īvī ou ĭī, ītum, tr., fortifier [milit.] : Liv. 24, 21, 12 ‖ rendre solide, renforcer : Liv. 26, 46, 2 ‖ garantir, préserver : Col. 8, 8, 4 ; 5, 6, 21 ‖ rendre praticable [un marais] : Tac. Agr. 31 ‖ garnir : Stat. Th. 1, 518 ‖ [fig.] fortifier, assurer : Sen. Contr. 7, 17, 10.

ēmuscō, ās, āre, -, -, tr. (e musco), enlever la mousse : Col. 11, 2, 41.

ēmussĭtātus, a, um (cf. examussim), tiré au cordeau : P. Fest. 67, 1.

ēmūtātĭō, ōnis, f. (emuto), changement : Quint. 8, 6, 51.

ēmūtĭlō, ās, āre, -, -, tr., amputer [un membre] : Ps. Apul. Herb. 129.

ēmūtō, ās, āre, -, ātum, tr., changer entièrement : Quint. 8, 2, 19.

ĕmȳs, ȳdis, f. (ἐμύς), tortue d'eau douce : Plin. 32, 32.

1 **ĕn**, arch. pour in.

2 **ēn** (cf. ἤν) ¶ **1** [interj.] voici, voilà : [avec nom.] **en causa cur** Cic. Dej. 17, voilà le motif pour lequel ; [avec acc.] **en memoriam** Cic. Verr. 1, 93, voici le souvenir ; **consul en hic est** Liv. 22, 6, 3, tiens, voilà le consul ‖ **en, cur… possideat** Cic. Phil. 3, 22, voilà pourquoi il possède… ‖ **en ecce** ▶ ecce [pléonasme] : Sen. Oed. 1004 ‖ eh bien, allons [avec impér.] : Virg. B. 6, 69 ¶ **2** [particule interr.] **en unquam ?** est-ce que quelque jour ? est-ce que jamais ? ; Pl. Trin. 590 ; Men. 143 ; 925 ; Ru. 987 ; Virg. B. 1, 67 ; Liv. 4, 3, 10 ; [interrog. indir.] Liv. 24, 14, 3, si jamais.

Ĕnaesĭmus, i, m. (Ἐναίσιμος), nom d'un guerrier : Ov. M. 8, 361.

Enagora, ae, f., île sur les côtes d'Asie : Plin. 5, 131.

ĕnallăgē, ēs, f. (ἐναλλαγή), **enallaxis**, is, f. (ἐνάλλαξις), énallage, substitution syntaxique [rhét.] : Sacerd. 6, 449, 10.

ĕnargīa, ae, f. (ἐνάργεια), description pittoresque, hypotypose : Isid. 2, 20, 4.

ĕnăristē, ēs, f. (gr.), pierre précieuse, ▶ encardia : *Plin. 37, 159.

ēnārĭus, a, um (2 e, naribus), sans nez : Serv. En. 9, 715.

ēnarmŏnĭus, ▶ enharmonicus.

ēnarrābĭlis, e (enarro), qu'on peut exprimer, décrire : Virg. En. 8, 625 ; Quint. 12, 10, 76.

*****ēnarrātē**, adv. [inus.] en détail, au long, explicitement ‖ compar., **enarratius** Gell. 10, 1, 7.

ēnarrātĭo, ōnis, f. (enarro) ¶ **1** développement, explication, commentaire : Quint. 1, 4, 2 ¶ **2** énumération détaillée : Lact. Inst. 4, 9, 3 ‖ scansion, action de scander [les syllabes] : Sen. Ep. 88, 3 ¶ **3** [chrét.] prédiction, prophétie : Hil. Trin. 5, 34.

ēnarrātīvus, a, um (enarro), qui expose en détail : Diom. 482, 31.

ēnarrātŏr, ōris (enarro) m., qui explique en détail : Gell. 13, 31, 1 ; 18, 4, 2.

ēnarrō, ās, āre, āvī, ātum (ex, narro), tr., dire explicitement, rapporter avec détails : Cic. Div. 1, 55 ; Liv. 27, 50, 3 ‖ expliquer, interpréter, commenter : Quint. 1, 2, 14 ; Plin. 36, 87.

ēnascŏr, scĕrĭs, scī, nātus sum, intr., naître de, naître, s'élever, sortir, pousser : Caes. G. 2, 17, 4 ; Liv. 32, 1, 12 ‖ [fig.] Flor. 2, 15, 14.

ēnātĕr, ĕris, m. (εἰνάτηρ), époux de la sœur d'un individu décédé : CIL 6, 26594.

ēnătō, ās, āre, āvī, ātum ¶ **1** intr., se sauver à la nage, échapper au naufrage : Hor. P. 20 ‖ [fig.] s'échapper, se tirer d'affaire : Cic. Tusc. 5, 87 ¶ **2** tr., traverser à la nage : Pacat. = Paneg. 12, 39, 2.

ēnātus, part. de enascor.

ēnāvĭgō, ās, āre, āvī, ātum ¶ **1** intr., effectuer une traversée, une navigation, aborder : Suet. Tib. 11 ‖ [fig.] échapper, se tirer d'affaire : Cic. Tusc. 4, 33 ¶ **2** tr., traverser : Hor. O. 2, 14, 11 ; Plin. 9, 6.

Encaenĭa, ōrum, n. pl. (ἐγκαίνια), fête de dédicace [du Temple de Jérusalem] : Aug. Ev. Joh. 48, 2 ; Eger. 48, 1 ‖ nom commun, dédicace d'une église : Isid. Eccl. off. 1, 36, 1.

encaenĭō, ās, āre, -, - (it. incignare), tr., inaugurer : Aug. Ev. Joh. 48, 2.

encanthis, ĭdis, f. (ἐγκανθίς), enflure du coin de l'œil : Cels. 7, 7, 5.

encardĭa, ae, f. (ἐγκαρδία), sorte de pierre précieuse : Plin. 37, 159.

encarpa, ōrum, n. pl. (ἔγκαρπα), festons, guirlandes [archit.] : Vitr. 4, 1, 7.

encăthisma, ătis, n. (ἐγκάθισμα), bain de siège : Placit. Med. 9, 17 ‖ fomentation : Cael.-Aur. Chron. 2, 1, 23.

encaustĭca, ae, f., art de peindre à l'encaustique : Plin. 35, 122.

encausticus, a, um (ἐγκαυστικός), encaustique, relatif à l'encaustique, peint à l'encaustique : Plin. 35, 122.

encaustum, i, n. (ἔγκαυστος ; fr. encre) ¶ **1** peinture à l'encaustique, encaustique : Plin. 35, 149 ¶ **2 encautum** ou **encaustum sacrum**, encre de pourpre [réservée à l'empereur] : Cod. Th. 7, 20 ; Cod. Just. 1, 23, 6.

encaustus, a, um (ἔγκαυστος), fait à l'encaustique : Mart. 4, 47, 1 ; Plin. 35, 149.

encautārĭum, ĭī, n. (encautum), archives publiques [ce qui est estampillé] : Cod. Th. 13, 10, 8.

encautum, i, n., ▶ encaustum.

Encĕlădus, i, m. (Ἐγκέλαδος), Encélade [géant foudroyé par Jupiter, qui l'emprisonna sous l'Etna] : Virg. En. 3, 578.

Enchĕlĕae, ārum, m. pl., Enchélées [peuple d'Illyrie] : Plin. 3, 139.

enchĕlȳs, ȳos, f. (ἔγχελυς), anguille : *Gloss. 5, 289, 52.

▶ enocilis mss.

enchīrĭdĭŏn, ĭī, n. (ἐγχειρίδιον), manuel, livre portatif : Pomp. Dig. 1, 2, 2 ‖ lancette : CIL 12, 354, 5.

enchŏrĭus, *a, um* (ἐγχώριος), indigène : GROM. 127, 2.

enchȳmŏs, *v.* encymos.

enclīma, *ătis*, n. (ἔγκλιμα), hauteur du pôle : VITR. 9, 8, 1.

enclĭtĭcus, *a, um* (ἐγκλιτικός), d'enclitique [gram.] : PRISC. 3, 104, 23 ‖ subst. n., **-cum**, *i*, enclitique [mot qui s'appuie sur le précédent comme *que, ve*] : PRISC. 3, 181, 23.

encolpĭae, *ārum*, m. pl. (ἐγκολπίας), vents qui s'élèvent dans les détroits : APUL. *Mund.* 10.

encolpismus, *i*, m. (ἐγκολπισμός), clystère vaginal : SOR. 64, 11.

Encolpĭus, *ii*, m. (Ἐγκόλπιος), Encolpe : PETR. 20, 7 ‖ LAMPR. *Alex.* 17, 1.

Encolpŏs, *i*, m. (cf. *Encolpius*), nom de giton : MART. 1, 31, 2.

encolpizō, *ās, āre*, -, - (ἐγκολπίζω), faire un clystère vaginal : SOR. 64, 12 ; CASS. FEL. 78, p. 191.

encombōma, *ătis*, n. (ἐγκόμβωμα), sorte de tablier : VARR., d., NON. 543, 1.

encōmĭŏgrăphus, *i*, m. (ἐγκωμιογράφος), panégyriste : AUR., d., FRONT. *Caes.* 2, 8, 2, p. 31 N.

encomma, *v.* incomma.

Encrătītae, *ārum*, m. pl. (Ἐγκρατηταί), Encratites [continents, nom d'une secte d'hérétiques dont le chef fut Tatien] : HIER *Jovin.* 1, 13.

Encrīnŏmĕnŏs, m. (Ἐγκρινόμενος), "l'Admis", nom d'une statue d'athlète : PLIN. 34, 72.

encryphĭās, *ae*, m. (ἐγκρυφίας ἄρτος), pain cuit sous la cendre : PS. AUG. *Serm.* 3, 2.

encyclĭa, *ōrum*, n. pl., lettre encyclique, circulaire : CASSIAN. *Inst.* 23.

encyclĭŏs, *ŏn* (ἐγκύκλιος), qui embrasse tout, entier, total : *disciplina* VITR. 1, 1, 12, le cycle des études, éducation complète ‖ en grec d. QUINT. 1, 10, 1.

encȳmŏs, *ŏn* (ἔγκυμος), plein de suc, de jus : PLIN. 25, 51.

encȳtus, *i*, m., sorte de gâteau : CAT. *Agr.* 80.

Endēis, *ĭdis*, f. (Ἐνδηΐς), mère de Pélée et de Télamon : HYG. *Fab.* 14.

endĕlĕchīa, *v.* entelechia.

endŏ, indŭ (cf. ἔνδον), [arch.] *v.* *in* : ENN. *An.* 576 ; 238 ; Var. 23 ; LUCIL. 970 ; LUCR. 2, 1096 ; 5, 102.

endŏclūsus, *a, um*, *v.* *inclusus* : GLOSS. 2, 61, 30.

Endoeŏs, *i*, m. (Ἔνδοιος), artiste, auteur d'une statue de Diane à Éphèse : PLIN. 16, 214.

Endondacometae, m. pl., localité sur le bord du Nil : PLIN. 6, 179.

endoplōrō, [arch.] *v.* *imploro* : L. XII TAB. d. CIC. *Tull.* 50.

endostrŭus, *v.* industrius.

endŏtercīsus, [abrév. *EN*] arch. pour *intercisus* [jour entrecoupé].

Endŏvellĭcus, *i*, m., un des dieux tutélaires des Hispaniens : CIL 2, 127.

endrŏmĭdātus, *a, um*, vêtu d'une endromide : SIDON. *Ep.* 2, 2, 2.

endrŏmis, *ĭdis*, f. (ἐνδρομίς), endromide [manteau dont on se couvrait particulièrement après les exercices corporels] : JUV. 3, 102.

Endȳmĭōn, *ōnis*, m. (Ἐνδυμίων), Endymion [aimé de Séléné qui le plongea dans un sommeil éternel] : CIC. *Tusc.* 1, 92 ‖ **-ōnēus**, *a, um*, d'Endymion : AUS. *Idyl.* 6 (325), 41.

ēnĕcassō, *v.* eneco.

ēnĕcātrix, *īcis*, f., celle qui met à mort : TERT. *Marc.* 1, 29, 8.

ēnĕcĭum, *ii*, n. (*eneco*), meurtre : GLOSS. 5, 568, 24.

ēnĕcō (**ēnĭcō**), *ās, āre, nĕcŭī, nectum* (*ex, neco*) esp. *anegar*, tr., tuer, faire périr : PLIN. 23, 63 ‖ [fig.] épuiser : PL. *Pers.* 312 ; *enectus fame* CIC. *Div.* 2, 73, épuisé par la faim ‖ assommer, fatiguer, assassiner : PL. *Merc.* 156 ; TER. *Eun.* 554.
▶ *enicavi* PL. *As.* 921 ; *enecatus* PLIN. 18, 127 ‖ *enicasso* = *enecavero* PL. *Most.* 223 ‖ la forme *enic-* est employée par les comiques.

ēnectō, *ĭs, ĕre*, -, -, tr., délier : NOT. TIR. 74, 63.

ēnectus, *a, um*, part. de *eneco* : CIC. *Div.* 2, 142 ; *Att.* 6, 1, 2.

ĕnĕma, *ătis*, n. (ἔνεμα), clystère, lavement : THEOD.-PRISC. 2, 5.

ĕnĕmĭŏn, *ii*, n. (ἠνέμιον), pavot : PS. APUL. *Herb.* 53.

ĕnergēma, *ătis*, n. (ἐνέργημα), influence, action [d'un maléfice, de l'esprit malin], possession : TERT. *Praescr.* 30, 6 ‖ ou **ĕnergīma**, PRUD. *Apoth.* 400.

ĕnergīa, *ae*, f. (ἐνέργεια), force, énergie : HIER. *Ep.* 53, 2, 2.

ĕnergūmĕnŏs, *i*, m. (ἐνεργούμενος), possédé du démon, énergumène : CASSIAN. *Coll.* 7, 12, 1.

ēnervātĭō, *ōnis*, f. (*enervo*), épuisement, fatigue : ARN. 3, 10.

ēnervātus, *a, um*, part.-adj. de *enervo*, dont on a retiré les nerfs ‖ [fig.] énervé, efféminé, faible, sans énergie : CIC. *Sest.* 24 ; *enervata sententia* CIC. *Tusc.* 2, 15, opinion lâche ‖ subst. m., eunuque : CLAUD. *Eutr.* 1, 315 ; débauché : PS. AUR.-VICT. *Epit.* 10, 7.

ēnervis, *e* (*e nervis*), sans nerf, languissant, faible, lâche, efféminé : QUINT. 9, 4, 142 ; PLIN. *Pan.* 33, 1 ; TAC. *D.* 18.

ēnervĭtĕr, adv., faiblement : AUG. *Faust.* 22, 47 ; 50.

ēnervō, *ās, āre, āvī, ātum* (*e nervis*), tr., retirer les nerfs : APUL. *M.* 8, p. 215 ‖ affaiblir, énerver, épuiser : CIC. *CM* 32 ; *Rep.* 1, 1 ; *enervatur oratio* CIC. *Or.* 229, on énerve le style.

ēnervus, *a, um*, *v.* *enervis* : APUL. *M.* 1, 4.

Ĕnĕti, *ōrum*, m. (Ἐνετοί), Énètes [peuple de Paphlagonie] : PLIN. 6, 5 ‖ nom grec des Vénètes [latin *Veneti*] : LIV. 1, 1, 3 ; PLIN. 37, 43.

Engada, *ae*, f., ville de Judée : PLIN. 5, 73.

Engŏnăsi (-sin), indécl. (ἐν γόνασι), l'Agenouillé ou Hercule [constellation] *v.* *Ingeniculus* : CIC. poet. *Nat.* 2, 108.

Enguīnus, *v.* *Engyon*.

Engyŏn, *ii*, n. (Ἔγγυον), Engyum [ville de Sicile] : SIL. 14, 249 ‖ **-gŭīnus**, *a, um*, d'Engyum : CIC. *Verr.* 3, 193 ‖ subst. m. pl., habitants d'Engyum : CIC. *Verr.* 4, 197.

ĕnhaemōn, *i*, n. (ἔναιμον), hémostatique, remède pour arrêter le sang : PLIN. 12, 77.

ĕnharmŏnĭcus, *a, um* (**-nĭŏs**, *ŏn*) (ἐναρμονικός, ἐναρμόνιος), enharmonique [dans la musique grecque] : MACR. *Somn.* 2, 4, 15 ; CAPEL. 9, 930.

ĕnhȳdris, *ĭdis*, f. (ἐνυδρίς), couleuvre d'eau : PLIN. 30, 21.

ĕnhȳdrŏs, *i*, f. (ἔνυδρος), pierre précieuse inconnue : SOLIN. 37, 24 ; ISID. 16, 13, 9.

ĕnhȳdrus, *i*, m. (ἔνυδρος), *v.* *enhydris* : AMM. 22, 15, 19.

ĕnhȳgrŏs, *i*, f. (ἔνυγρος), nom d'une pierre précieuse inconnue : PLIN. 37, 190.

ĕnhȳpostătus, *a, um* (ἐνυπόστατος), contenu dans la substance : HIER. *Ep.* 15, 3, 2.

Enĭandrŏs, *v.* *Oeniandros*.

ĕnĭber, *v.* *enuber*.

ēnĭcō, *v.* *eneco*.

ĕnigma, *ătis*, n., au lieu de *aenigma* : PRUD. *Apoth.* 331.

ĕnim (cf. *nam, num*, osq. *inim*, ἐκεῖνος), adv. d'affirmation et conj.
I adv. ¶ **1** c'est un fait, bien sûr : *certe enim hic nescio quis loquitur* PL. *Amp.* 331, évidemment, c'est un fait, il y a ici qqn qui parle, je ne sais qui, cf. *Aul.* 811 ; *Cap.* 568 ; *Cas.* 323 ; *Ep.* 648 ; CAES. *G.* 5, 7, 8 ; *C.* 2, 32, 7 ; VIRG. *En.* 8, 84 ; LIV. 34, 7, 14 ‖ [dans le dialogue] effectivement, parfaitement, oui : PL. *Cas.* 280 ; 365 ; TER. *Andr.* 503 ¶ **2** en fait, en réalité : TER. *Phorm.* 694 ; *immo enim nunc quom maxume ...* TER. *And.* 823, bien au contraire, en fait, c'est maintenant plus que jamais que ... ; *nec nomina quae sint est numerus ; neque enim numero comprendere refert* VIRG. *G.* 2, 104, il n'est pas possible d'énumérer les noms des vins ; et en fait une énumération est inutile ; *populares ? quid enim eos per populum egisse ?* LIV. 3, 39, 9, des partisans du peuple ? or, en fait, qu'avaient-ils fait par l'entremise du peuple ? ¶ **3** expressions **a) at enim** [dans le dialogue, en réponse], oui, mais ... ; je veux bien, mais ... : PL. *Trin.* 806 ; TER. *Haut.* 699 ; CIC. *de Or.* 3, 47 ; 3, 188 ; *Off.* 1, 144 ‖ [dans un développ^t] tout cela est incontestable, mais ... : CIC. *Mur.* 74 ‖ [pour introduire une objection] *v.* *at* **b) sed**

enim, mais de fait : Cic. *de Or.* 1, 16 ; *Cael.* 60 ; Virg. *En.* 1, 19 ; 2, 164 ; 5, 395.

II conj. qui introduit soit la confirmation, soit la cause

A [confirmation] ¶ **1** en effet, de fait : *rem haud sane difficilem admirari videmini : quibus enim nihil est...* Cic. *CM* 4, c'est une chose bien simple qui vous étonne, ce semble : en effet ceux qui n'ont rien... ‖ [souvent rapproché de *nam* (cause)] : Cic. *Cat.* 3, 23 ; *Off.* 3, 21 ; 3, 69 ; 3, 101 ‖ [confirmation par un fait] de fait, par exemple : Cic. *Off.* 1, 73 ‖ [la confirmation souvent se trouve dans tout le développement et non pas seulement dans la phrase qui suit] : Cic. *Off.* 1, 26 ; 1, 34 ; *CM 39* ; 69 ‖ [confirm. sous forme de réflexion] de fait, le fait est que : *disertus esse possem, si contra ista dicerem. — Quis enim non in ejusmodi causa ?* Cic. *Tusc.* 1, 11, j'aurais pu étaler de beaux développements, si j'avais combattu tes idées sur ce point. — De fait, qui ne le pourrait sur un tel sujet?, cf. Cic. *Mil.* 8 ; *Div.* 1, 65 ; [avec ironie] Cic. *Verr.* 1, 35 ; *Dej.* 33 ; *Cat.* 2, 12 ; *Phil.* 7, 21 ; *Brut.* 288 ‖ [elle porte sur une opposition] : *hic in domum multiplicatam retulit... ignominiam et calamitatem. Ornanda enim est dignitas domo, non ex domo tota quaerenda...* Cic. *Off.* 1, 139, celui-ci, dans une maison ainsi agrandie, ne fit entrer que l'ignominie et le malheur. Le fait est que, si la dignité doit être rehaussée par la maison, elle ne doit pas se tirer tout entière de la maison, cf. Lucr. 5, 988 ; Cic. *Fin.* 1, 57 ; *de Or.* 1, 125 ¶ **2** [introduit un développement annoncé] voici le fait, voici la chose, eh bien ! [je commence] : *dicendum igitur putas de sortibus ? quid enim sors est ?...* Cic. *Div.* 2, 85, tu penses donc qu'il faut parler des sorts ? eh bien ! qu'est-ce qu'un sort ?..., cf. *Fin.* 1, 32 ; *CM* 65 ; *Div.* 1, 11 ‖ [dans le dial. introduit une réponse] : *quid metuis ? — enim ne...* Pl. *Mil.* 429, que crains-tu ? — c'est de... ; *Cas.* 372 ; *Men.* 162 ; *Poen.* 855 ‖ [avec redoublement familier] *quia enim* Pl. *Amp.* 666 ; *Cap.* 884 ; *Cas.* 385 ; Ter. *Haut.* 188, parce qu'aussi bien ‖ *quid illo facias ? — at enim... — quid enim ?* Ter. *Haut.* 317, que prétends-tu faire avec cela ? — eh bien mais, voici... — quoi, voici ?

B [cause] ¶ **1** c'est que : *nil sentio — non enim es in senticeto...* Pl. *Cap.* 860, je ne sens rien — c'est que tu n'es pas dans un sentier épineux... (*Bac.* 457) ; *quid est ? num conturbo te ? non enim fortasse... intellegis* Cic. *Phil.* 2, 32, eh quoi ? te troublé-je ? c'est que peut-être tu ne comprends pas..., cf. Cic. *Verr.* 4, 25 ‖ car, en effet : *fortunatum Nicobulum, qui illum produxit sibi — hic enim rite productust patri* Pl. *Bac.* 457, heureux Nicobule, qui a élevé cet enfant — en effet un enfant bien élevé qu'a le père ; *defectio virium adulescentiae vitiis efficitur... ; libidinosa enim adulescentia...* Cic. *CM* 29, l'affaiblissement provient de vices de la jeunesse... ; car une jeunesse déréglée..., cf. *Rep.* 1, 29 ‖ [dans des parenth.] Cic. *Lae.* 85 ; *Tusc.* 2, 58 ; *Ac.* 2, 22 ; Virg. *En.* 6, 316 ‖ [souvent rapproché de *nam* (confirmation)] : *vivere et eam quidem vitam, quae est sola vita nominanda. Nam, dum sumus inclusi in his compagibus corporis, munere quodam necessitatis et gravi opere perfungimur ; est enim animus caelestis...* Cic. *CM* 77, vivre, et de la vie qui seule mérite le nom de vie. De fait, tant que nous restons enfermés dans cette prison du corps, nous accomplissons un devoir imposé par la nécessité et une tâche pénible ; car l'âme, qui est d'origine céleste..., cf. *Lae.* 19 ; 92 ; *Off.* 2, 51 ; 2, 73 ¶ **2** [pour justifier une question, une allégation, une expression] car, le fait est que : *quando denique nihil ages ? — ... mihi enim liber esse non videtur, qui non aliquando nihil agit* Cic. *de Or.* 2, 24, bref, quand seras-tu à ne rien faire ? — le fait est que, à mes yeux, n'est pas libre celui à qui il arrive parfois de ne rien faire ; *an malumus Epicurum imitari ? qui multa praeclare saepe dicit ; quam enim sibi convenienter dicat, non laborat* Cic. *Tusc.* 5, 26, ou bien aimons-nous mieux imiter Épicure ? il dit souvent beaucoup de bonnes choses, car il ne se préoccupe pas d'être d'accord avec lui-même, cf. *Tusc.* 1, 76 ; 1, 78 [le 2ᵉ *enim* justifie *clarioribus*] *Leg.* 2, 17 ; *Off.* 1, 30 ‖ [en part. sous la forme interr.] : *quid enim ?* Cic. *Fin.* 2, 72, eh quoi, de fait ?, cf. 2, 93 ; *Fam.* 5, 15, 2 ; Hor. *S.* 1, 1, 7.

▶ *enim* se tient d'ordinaire à la seconde place dans la phrase, même à la troisième ; qqf. en tête chez les comiques : Pl. *Ep.* 701 ; *Trin.* 1134.

ĕnimvēro, **ĕnim vēro**, adv. d'affirmation, c'est un fait, oui, que... : *ita enimvero* Pl. *As.* 339, oui, pour sûr, cf. *Men.* 860 ; *Cap.* 534 ; Ter. *And.* 91, 206 ; *Haut.* 1045 ; *fuistin liber ? — fui — enimvero non fuit* Pl. *Cap.* 628, étais-tu de condition libre ? — oui — non, bien sûr, il ne l'était pas (Ter. *Haut.* 320 ; *Hec.* 673 ; *enim vero ferendum hoc quidem non est* Cic. *Verr.* 1, 66, vrai, c'est à la certes une chose insupportable ; *ille enim vero negat* Cic. *Verr.* 4, 147, lui, c'est un fait, refuse (Cic. *Verr.* 3, 61 ; 3, 139) ; *enim vero, inquit Crassus, mirari satis non queo...* Cic. *de Or.* 1, 165, non, vrai, répartit Crassus, je ne puis assez m'étonner... ‖ *immo enim vero* Cic. *Fin.* 5, 63, non, de vrai ; *verum enim vero* Cic. *Verr.* 3, 194, mais la vérité, c'est que [soulignant une opposition] : *cunctanter sub Augusto quem... metuebat. Enim vero audita mutatione principis...* Tac. *An.* 2, 64, avec de l'hésitation sous Auguste, qu'il craignait... Le certain, c'est que, à la nouvelle d'un changement de prince ...

Enīni, *ōrum*, m. pl., peuple de Sicile : Plin. 3, 91.

Ēnīpeūs, *ēi* (*ĕōs*), m. (Ἐνιπεύς), l'Énipée [fleuve de Thessalie] : Virg. *G.* 4, 368 ; Luc. 7, 116.

Enipi, *ōrum*, m. pl., peuple d'Afrique : Plin. 5, 37.

Enispē, *ēs*, f., ville d'Arcadie : Plin. 4, 40.

1 **ēnīsus** (**-xus**), *a, um*, part. de *enitor*.

2 **ēnīsŭs**, *ūs*, v. 2 *enixus*.

ēnĭtĕō, *ēs, ēre, ŭī*, - (*ex, niteo*), intr., briller, être brillant : Virg. *G.* 2, 211 ‖ [fig.] briller, paraître avec éclat, se distinguer, se signaler : Cic. *Brut.* 215 ; *Att.* 2, 1, 3 ; Liv. 22, 27, 3.

1 **ēnĭtescō**, *ĭs, ĕre, nĭtŭī*, - (inch. de *eniteo*), intr., commencer à briller : Quint. 11, 3, 75 ‖ [fig.] Sall. *C.* 54, 4 ; Tac. *D.* 20.

2 **ēnĭtescō**, *ĭs, ĕre*, -, - (inch. de *enitor*), intr., s'efforcer : Theod.-Mops. *Phil.* 3, 12.

ēnītŏr, *tĕrĭs, tī, nīsus* (*nixus*) *sum*

I intr. ¶ **1** faire effort pour sortir, pour se dégager : *enisus* Liv. 30, 24, 8, s'étant frayé un passage, cf. Tac. *An.* 16, 5 ‖ faire effort pour s'élever, pour escalader : escalader, arriver au sommet : Caes. *C.* 2, 34, 5 ; *in editiora enisus* Tac. *An.* 1, 70, parvenu avec effort sur des points plus élevés ¶ **2** [avec *ut, ne*] faire effort pour que, pour éviter que : Cic. *Att.* 14, 14, 6 ; *Rep.* 2, 52 ; *Fam.* 3, 10, 3 ; Sall. *J.* 10, 8 ; [avec inf.] Ter. *And.* 596 ; Sall. *J.* 14, 1 ; Hor. *P.* 236 ‖ [absᵗ] faire effort : *in aliqua re* Cic. *de Or.* 2, 295, porter ses efforts sur qqch. ; *ad dicendum* Cic. *de Or.* 1, 14, tourner ses efforts vers l'éloquence ; [avec acc. de pron. n.] *quod quidem certe enitar* Cic. *Att.* 16, 6, 2, et c'est à quoi certes je m'efforcerai ; *si quicquam enitar* Cic. *Att.* 13, 25, 3, si je fais effort en quoi que ce soit ‖ pass. impers., Sall. *J.* 25, 2.

II tr. ¶ **1** escalader, franchir avec effort : Tac. *H.* 1, 23 ; *An.* 2, 20 ¶ **2** accoucher, mettre bas : Liv. 40, 4, 4 ; Tac. *An.* 2, 84 ‖ [absᵗ] Quint. 5, 13, 9 ; Tac. *An.* 5, 1.

▶ sens pass. *enixus*, " enfanté " Just. 43, 2, 7.

ēnīxē, adv. (1 *enixus*), avec effort, de toutes ses forces, de tout son pouvoir : Cic. *Sest.* 38 ; Caes. *C.* 3, 35, 2 ‖ *-xius* Liv. 29, 1, 18 ; *-issime* Suet. *Caes.* 5.

ēnīxim, adv. (1 *enixus*), avec effort : Sisen., d., Non. 107, 19.

ēnīxĭo, *ōnis*, f. (*enitor*), enfantement : Iren. 2, 19, 5.

1 **ēnīxus**, *a, um*, part. de *enitor*.

2 **ēnīxŭs**, *ūs*, m., enfantement, accouchement : Plin. 7, 42.

Enna, **Ennensis**, etc., v. *Henn-*.

ennăĕtēris (**enneae-**), *ĭdis*, f. (ἐνναετηρίς), période de neuf ans : Cens. 18, 4.

ennam, [arch. pour *iam* ?] etiamne ? P. Fest. 66, 23.

enneăchordus, *a, um* (ἐννάχορδος), à neuf cordes : Boet. *Mus.* 1, 20.

enneacrūnŏs, *ŏn* (ἐννεάκρουνος), qui a neuf sources : Plin. 1, 24, [surnom de *Callirhoe*, v. ¶ 2].

enneădĕcăĕtēris, *ĭdis*, f., de dix-neuf ans : Ambr. *Ep.* 23, 1.

enneadicus

ennĕădĭcus, *a, um* (ἐννεαδικός), qui revient de neuf en neuf : Firm. *Math.* 4, 20, 3.

ennĕăĕtēris, V.> *ennaeteris*.

ennĕăpharmăcum emplastrum, *i*, n. (ἐννεαφάρμακον), topique composé de neuf substances : Cels. 5, 19, 10.

ennĕăphtongŏs, *ŏn* (ἐννεάφθογγος), qui rend neuf sons : Capel. 1, 66.

ennĕăphyllŏn, *i*, n. (ἐννεάφυλλον), herbe caustique [à neuf feuilles] : Plin. 27, 77.

ennĕăs, *ădis*, f. (ἐννεάς), neuvaine, neuf jours : Cens. 14, 14.

Ennensis, V.> *Henn-*.

Ennĭānista, *ae*, m., imitateur d'Ennius : Gell. 18, 5, 3.

Ennĭus, *ĭi*, m., Ennius [ancien poète latin] : Cic. *Brut.* 73 ‖ **-ĭānus**, *a, um*, d'Ennius : Sen. *Ep.* 108, 33.

Ennōdĭus, *ĭi*, m., saint Ennode [évêque de Pavie et écrivain] : CIL 5, 6464 ‖ autre du même nom : Greg.-Tur. *Hist.* 8, 26.

ennoea, *ae*, f. (ἔννοια), un des Éons de Valentin : Tert. *Val.* 36, 1.

ennŏēmătĭcus, *a, um*, relatif à la pensée : Cassiod. *Psalm.* 40, 1.

Ennŏmus, *i*, prince de Mysie, tué par Achille : Ov. *M.* 13, 260.

Ennŏsĭgaeus, *i*, m. (ἐννοσίγαιος), qui ébranle la terre [surnom de Neptune] : Juv. 10, 182.

ēnō, *ās, āre, āvī, ātum* (ex, no) ¶ **1** intr., se sauver à la nage, aborder : Cic. *Fin.* 3, 63 ; Liv. 44, 28, 12 ‖ [poét.] s'échapper, arriver en volant : Lucr. 3, 591 ; Virg. *En.* 6, 16 ¶ **2** tr., parcourir, traverser : Sil. 3, 662 ; Val.-Flac. 5, 316.

Ēnōch (H-), m. indécl., patriarche qui fut enlevé au ciel : Vulg. *Gen.* 5, 22 ‖ fils de Caïn : Vulg. *Gen.* 4, 17 ; Isid. 7, 6, 11.

ĕnŏcĭlis, *is*, f. (de ἔγχελυς), anguille : Gloss. 5, 64, 20.

ēnōdābĭlis, *e* (enodo), explicable : Ambr. *Luc.* 10, 147.

ēnōdātē, adv. (enodatus), clairement, facilement, d'une manière lucide : Cic. *Inv.* 1, 30 ‖ **-tius** Cic. *Fin.* 5, 27 ; **-issime** Aug. *Conf.* 5, 6, 10.

ēnōdātĭo, *ōnis*, f. (enodo), explication, éclaircissement, interprétation : Cic. *Top.* 31 ‖ étymologie : Cic. *Nat.* 3, 62.

ēnōdātŏr, *ōris*, m., celui qui explique, interprète : Tert. *Pall.* 6, 2.

ēnōdātus, *a, um*, part.-adj. de enodo, dont on a enlevé les nœuds [en parl. des ceps] : Cat. *Agr.* 33, 1 ‖ [fig.] clair : **-tior** Aug. *Ep.* 174 ; **-issimus** Aug. *Serm.* 32, 18, 18.

ēnōdis, *e* (e nodo), qui est sans nœuds, qui n'est pas noueux : Virg. *G.* 2, 78 ‖ [fig.] souple, flexible, coulant, facile : Claud. *Eutr.* 2, 361 ; Plin. *Ep.* 5, 17, 2.

ēnōdō, *ās, āre, āvī, ātum*, tr., enlever les nœuds : Cat. *Agr.* 33, 1 ; Col. 5, 6, 14 ‖ dénouer, détendre : Apul. *M.* 5, 30 ‖ [fig.] rendre clair, élucider, expliquer : Cic. *Inv.* 2, 6 ; *nomina enodare* Cic. *Nat.* 3, 62, expliquer l'étymologie des mots.

Enoecadĭoe, m. pl. (Ἐνοικάδιοι), peuple du Pont : Plin. 4, 83.

ĕnorchis, *is*, f. (ἔνορχις), pierre précieuse : Plin. 38, 159.

ēnormis, *e* (e norma), irrégulier, qui est contre la règle : *enormes vici* Tac. *An.* 15, 38, rues irrégulièrement bâties ; *enormis toga* Quint. 11, 3, 139, toge mal faite, qui n'est pas à la mode ‖ qui sort des proportions, très grand, très gros, très long, énorme : Tac. *An.* 2, 14 ; Suet. *Cal.* 50 ‖ [fig.] *enormis loquacitas* Petr. 2, 7, loquacité intarissable ‖ **-mior** Spart. *Ael.* 1, 3.

▶ aussi *inormis*.

ēnormĭtās, *ātis*, f. (enormis), irrégularité : *saxorum rudium enormitas* Quint. 9, 4, 27, assises irrégulières de pierres brutes ‖ grandeur ou grosseur démesurée [pr. et fig.] : Sen. *Const.* 18, 1.

ēnormĭtĕr, adv., irrégulièrement, contre les règles : Sen. *Nat.* 2, 1, 4 ‖ démesurément, énormément, excessivement : Plin. 36, 72.

1 **ĕnōs** (cf. ego, nos), [arch.] C.> *nos* : CIL 1, 2.

2 **Ēnōs**, V.> *Enoch* : Isid. 7, 6, 10.

Enosis, *is*, f., île de la Méditerranée, près de la Sardaigne : Plin. 3, 84.

ēnōtescō, *ĭs, ĕre, tŭī, -* (ex, notesco), intr., devenir public, être divulgué, se faire connaître : Tac. *H.* 3, 34 ; Sen. *Ben.* 3, 32 ; Plin. *Ep.* 2, 10, 3 ‖ *enotuit* [avec prop. inf.] Sen. *Suas.* 1, 10, la nouvelle s'est répandue que.

ēnōtō, *ās, āre, āvī, ātum*, tr., noter, consigner dans des notes : Plin. *Ep.* 1, 6, 1 ; 6, 16, 10 ; Quint. 1, 7, 27.

enrhythmĭcus ou **-thmus (-ŏs)**, *a, um (on)* (ἔνρυθμικός, ἔνρυθμος), rythmé, mesuré, rythmique : Capel. 9, 970.

ens, *entis* (cf. absens, ὤν, V.> *essentia*), [part. restitué de *sum*] : Caes. d. Prisc. 3, 239, 8 ‖ *entia*, n. pl. = τὰ ὄντα : Quint. 2, 14, 2.

ensĭcŭla, *ae*, f. (dim. de ensis), poignard : Char. 155, 17.

ensĭcŭlus, *i*, m. (dim. de ensis), coutelas, poignard : Pl. *Ru.* 1156.

ensĭfĕr (-ger), *ĕra, ĕrum* (ensis, fero, gero), qui porte une épée : Luc. 1, 665 ; Ov. *F.* 4, 388.

ensĭlĭa, *um*, n. pl., lieux où l'on dépose les épées : *Not. Tir.* 77, 54.

ensĭpŏtens, *tis* (ensis, potens), redoutable par l'épée : Corip. *Just.* 4, 336.

ensis, *is*, m. (cf. scr. *asi-s*) ¶ **1** épée, glaive [mot surtout poét.] : Cat. *Orig.* 3, 4 ; Lucr. 5, 1293 ; Cic. poet. *Nat.* 2, 159 ; Virg. *En.* 2, 393 ; Liv. 7, 10, 9 ¶ **2** [fig.] autorité, pouvoir suprême : Luc. 5, 61 ‖ combat, guerre, carnage : Luc. 2, 102 ; Sil. 7, 167

¶ **3** constellation, la même qu'Orion : Val.-Flac. 2, 68.

entăsis, *is*, f. (ἔντασις), renflement au milieu des colonnes [en grec] : Vitr. 3, 3, 13.

entătĭcus, *a, um* (ἐντατικός), qui tend, qui raidit : Fulg. *Myth.* 3, 7.

entĕlĕchīa, *ae*, f. (ἐντελέχεια), entéléchie [l'essence de l'âme, suivant Aristote] : Tert. *Anim.* 32, 4 ; en grec d. Cic. *Tusc.* 1, 22.

Entellīnus, *a, um*, d'Entella [ville de Sicile] Atlas XII, G4 : Cic. *Verr.* 3, 200 ‖ **-īnī**, *ōrum*, m. pl., habitants d'Entella : Plin. 3, 91.

Entellus, *i*, m., Entelle [Troyen, fondateur d'Entella] : Virg. *En.* 5, 387.

entĕrŏcēlē, *ēs*, f. (ἐντεροκήλη), entérocèle, espèce de hernie : Plin. 26, 134.

entĕrŏcēlĭcus, *i*, m., celui qui a une entérocèle : Plin. 26, 79.

enthĕātus, *a, um*, C.> *entheus* : Mart. 12, 57, 11.

enthēca, *ae*, f. (ἐνθήκη), réserve d'argent, épargne : Aug. *Serm.* 355, 4 ‖ matériel d'une ferme, d'une exploitation : Dig. 32, 67, 2 ‖ magasin, grenier public : Cod. Th. 9, 42, 7.

enthēcātus, *a, um* (entheca), mis en réserve, enfermé : Fulg. *Myth. praef.* p. 10, 6 H.

enthĕus, *a, um* (ἔνθεος), inspiré par une divinité, plein d'enthousiasme : Mart. 11, 84 ‖ *enthea mater* Mart. 5, 41, 3, la déesse qui inspire, Cybèle.

enthȳmēma, *ătis*, n. (ἐνθύμημα), conception, pensée : Lucil. 347 ; Sen. *Contr.* 1 pr. 23 ; Juv. 6, 450, cf. Cic. *Top.* 55 ‖ enthymème [logique] : Quint. 5, 10, 1 ; 5, 14, 2 ; en grec d. Cic. *Top.* 55.

enthȳmēmătĭcus, *a, um* (ἐνθυμηματικός), propre à la réflexion : Jul.-Vict. 11.

enthȳmēsis, *is*, f. (ἐνθύμησις), conception, pensée [un Éon de Valentin] : Tert. *Val.* 9, 4.

Entrechĭus, *ĭi*, m., nom d'homme : Symm. *Ep.* 6, 21.

ĕnŭbĕr, *bra, brum* (*enhabros, cf. 1 en et habeo, inhibeo), qui empêche, qui s'oppose, contraire : P. Fest. 67, 10 ; Gloss. 2, 61, 21.

ēnūbĭlō, *ās, āre, āvī, ātum*, tr., éclairer : Tert. *Anim.* 3, 3 ‖ [fig.] dégager : Paul.-Nol. *Carm.* 24, 667.

ēnūbō, *ĭs, ĕre, nupsī, nuptum* (ex, nubo), intr., se marier hors de sa classe [en parl. d'une femme], se mésallier : Liv. 4, 4, 7 ; 10, 23, 4 ‖ se marier [avec qqn d'une autre ville] : Liv. 26, 34, 3.

ēnuclĕātē, adv. (enucleatus), [rhét.] d'une façon sobre et nette : Cic. *Brut.* 35 ; 115 ; *Or.* 28 ‖ **-ius**, **-issime** Aug. *Civ.* 15, 1 ; *Ench.* 83.

ēnuclĕātim, C.> *enucleate* : Prisc. 2, 584, 23.

ēnuclĕātus, *a, um*, part. de enucleo ‖ pris adj. [rhét.] style en qq. sorte épluché et dépouillé, sobre et net : Cic. *de Or.* 3, 32 ; *Or.* 91.

ēnŭclĕō, *ās, āre, āvī, ātum* (*e nucleo*), tr., enlever le noyau, dénoyauter, épépiner : *pruna enucleata* Apic. 213, prunes auxquelles on a enlevé le noyau ‖ [fig.] étudier (examiner) qqch. à fond, éplucher : Cic. *Tusc.* 5, 23 ; *enucleata suffragia* Cic. *Planc.* 10, suffrages soigneusement pesés.

ēnūdātĭo, *ōnis*, f. (*enudo*), action de mettre à nu : Ambr. *Noe* 29, 112.

ēnūdō, *ās, āre, āvī, ātum* (*ex, nudo*), tr., dépouiller : Cassiod. *Var.* 10, 13, 5 ‖ découvrir : Cassiod. *Hist.* 2, 24.

ēnŭmĕrātĭo, *ōnis*, f. (*enumero*), énumération, dénombrement : Cic. *Part.* 58 ; *Brut.* 138 ‖ résumé, récapitulation [rhét.] : Cic. *Inv.* 1, 45 ; 98.

ēnŭmĕrō, *ās, āre, āvī, ātum* (*ex, numero*), tr., compter en entier, supputer sans rien omettre : Cic. *Amer.* 133 ; Ter. *Ad.* 236 ; Caes. *C.* 3, 105, 2 ‖ énumérer, dénombrer, passer en revue, récapituler : Cic. *Nat.* 2, 121 ; *Fin.* 5, 45 ; *Off.* 2, 15 ; Virg. *En.* 4, 334 ‖ exposer en détail : Cic. *Nat.* 2, 121.

ēnuncŭpo, c. *nuncupo* : Not. Tir. 44, 24.

ēnundĭnō, *ās, āre, -, -* (*ex, nundino*), tr., trafiquer de : Tert. *Idol.* 9, 6.

ēnunquam, v. 2 *en*.

ēnuntĭātĭo, *ōnis*, f. (*enuntio*), énonciation, exposition, exposé : Cic. *Att.* 4, 16, 6 ; Quint. 7, 3, 2 ‖ énoncé d'un jugement, proposition : Cic. *Fat.* 1 ; 20 ‖ prononciation : Mar. Vict. *Gram.* 6, 32, 19.

ēnuntĭātīvus, *a, um* (*enuntio*), qui énonce, énonciatif : Sen. *Ep.* 117, 13 ‖ pittoresque [gram.] : Diom. 482, 15.

ēnuntĭātŏr, *ōris*, m., celui qui énonce, qui expose : Aug. *Hept.* 2, 17.

ēnuntĭātrix, *īcis*, f., celle qui énonce, exprime : *ars enuntiatrix* Quint. 2, 15, 21, la rhétorique.

ēnuntĭātum, *i*, n., proposition : Cic. *Fat.* 9 ; 28 ; Sen. *Ep.* 117, 13.

ēnuntĭātus, *a, um*, part. de *enuntio*.

ēnuntĭātŭs, abl. *ū*, m., prononciation, émission de voix : Mar. Vict. *Gram.* 6, 38, 20.

ēnuntĭō, *ās, āre, āvī, ātum* (*ex, nuntio*), tr., énoncer, exprimer par des mots, exposer : Cic. *de Or.* 3, 168 ; *Fin.* 2, 20 ; Quint. 8, 3, 38 ‖ dévoiler, découvrir, révéler, divulguer : Pl. *Trin.* 143 ; Caes. *G.* 1, 17, 5 ; Cic. *Mur.* 25 ; Sall. *C.* 28, 2 ; [absol^t] Caes. *G.* 1, 30, 5 ‖ *litteras* Quint. 1, 11, 4, articuler les lettres ; Mar. Vict. *Gram.* 6, 33, 8.

ēnuptĭo, *ōnis*, f. (*enubo*), mariage d'une femme hors de sa classe, mésalliance : Liv. 39, 19, 5.

ēnūtrĭō, *īs, īre, īvī (ĭī), ītum* (*ex, nutrio*), tr., nourrir complètement, élever [un enfant] : Ov. *M.* 4, 289 ‖ [fig.] Quint. 8 pr. 2 ; Vitr. 2, 1, 8.

ēnūtrītĭo, *ōnis*, f. (*enutrio*), nourriture ; [fig.] formation, instruction : Hier. *Matth.* 4, 24, 19.

ēnūtrītor, *ōris*, m., nourrisseur : Gloss. 4, 336, 19.

ēnūtrītōrĭus, *a, um*, propre à nourrir ; [fig.] capable d'éduquer : Orig. *Matth.* 18, 22.

Ĕnyălĭus, *ĭi*, m. (Ἐνυάλιος), dieu de la guerre [Mars ou un fils de Bellone] [en grec] Macr. *Sat.* 1, 19, 1.

Ĕnyō, *ūs*, f. (Ἐνυώ), nom grec de Bellone : Stat. *Th.* 8, 657 ‖ [fig.] guerre, combat : Mart. *Spect.* 24, 3.

1 ĕō, adv. (*is*, cf. *adeo, quo*) ¶ **1** là [avec mouvement] = **in eum locum, ad eum locum** [pr. et fig.] : *eo, unde discedere non oportuit, revertamur* Cic. *Att.* 2, 16, 3, revenons à un objet dont nous n'aurions pas dû nous écarter ‖ *eo accedebat quod* Cic. *Verr.* 2, 42, à cela s'ajoutait que ; v. *accedo* ‖ *eo spectare ut* Cic. *Div.* 2, 118, viser à ; *eo pertinere ut* Cic. *Fam.* 6, 1, 12, avoir pour but de ¶ **2** à ce point : *eo rem adducere, ut...* Cic. *Amer.* 96, amener une chose au point que..., cf. Cic. *Att.* 2, 18, 2 ; *eo vecordiae processit (contentio) ut...* Sall. *J.* 5, 2, (la lutte) en vint à ce point de démence que..., cf. *J.* 1, 5 ; 14, 3 ; Liv. 25, 8, 11 ; 28, 27, 12 ; Tac. *An.* 2, 33 ; *H.* 1, 16 ‖ *eo usque... donec* Liv. 40, 8, 18, jusqu'à ce que ; *usque eo... dum* Cic. *Nat.* 2, 124, jusqu'à ce que, cf. *Top.* 29 ; *usque eo donec* Cic. *Verr.* 1, 17 ‖ *usque eo... ut* Cic. *Verr.* 4, 39, à tel point que, cf. *Or.* 104 ; *Amer.* 24 ¶ **3** = *in eos* Caes. *G.* 1, 42, 5 ; = *in id* Sall. *J.* 75, 4.

2 ĕō, abl. n. de *is* employé adverbial^t ¶ **1** par cela, à cause de cela : Cic. *Fam.* 6, 20, 1 ; *Ac.* 2, 23 ‖ *eoque* Tac. *An.* 1, 50, et pour cette raison ‖ *eo quod* Cic. *Verr.* 1, 22 ; 3, 63 ; Caes. *G.* 1, 23, 3 ; 3, 13, 6, parce que ; *eo quia* Cic. *Ac.* 2, 10 ; *Att.* 10, 17, 4, parce que : *eo quoniam* Gell. 6, 13, par la raison que ‖ *eo ut* Cic. *de Or.* 3, 187 ; *Att.* 1, 10, 4, pour que ; *eo ne* Cic. *de Or.* 3, 189, afin que... ne... pas, en vue d'éviter de ; *eo scripsi, quo plus auctoritatis haberem* Cic. *Att.* 8, 9, 1, j'ai écrit avec l'intention d'avoir plus d'influence ‖ *non eo dico, quo mihi veniat in dubium...* Cic. *Quinct.* 5, je dis cela, non pas qu'il me vienne un doute sur..., cf. Cic. *Att.* 3, 15, 4 ; *Amer.* 51 ; *non eo haec dico, quin* Pl. *Trin.* 341, si je dis cela, ce n'est pas que je ne... ¶ **2** [avec compar.] d'autant : *eo minus* Cic. *Att.* 11, 15, 2, d'autant moins, cf. *Verr.* 4, 139 ; *eo magis* Cic. *Off.* 2, 48 ; *Tusc.* 1, 94, d'autant plus ‖ *eo minus quod* Caes. *G.* 5, 9, 1, d'autant moins que ; *eo magis quod* Cic. *Off.* 3, 88, d'autant plus que, cf. *Fin.* 2, 58 ; *Att.* 9, 3, 2 ‖ *quarum rerum eo gravior est dolor, quo culpa major* Cic. *Att.* 11, 11, 2, la situation m'est d'autant plus pénible que ma responsabilité y est plus grande, cf. *Fam.* 2, 19, 1 ‖ *quantum... magis, eo acrius* Liv. 3, 15, 2, plus... plus vivement *quanto... eo* Liv. 30, 30, 23 ¶ **3** *eo loci* (= *in eo loco*) Tac. *An.* 15, 74, dans ce lieu ‖ [fig.] *res erat eo jam loci, ut...* Cic. *Sest.* 68, les affaires étaient dans une situation telle que....

3 ĕō, *īs, īre, īvī* ou *ĭī, ĭtum* (*iter*, εἶμι, scr. *eti*, rus. *idti* ; esp. *ir*, fr. *irai*), intr. ¶ **1** aller, marcher, s'avancer : *eo ad forum* Pl. *As.* 108, je vais au forum ; *iens in Pompeianum* Cic. *Att.* 4, 9, 2, allant à ma villa de Pompéi ; *subsidio suis ierunt* Caes. *G.* 7, 62, 8, ils se portèrent au secours des leurs ; *cubitum ire* Cic. *Div.* 2, 122, aller se coucher ; *via, qua Assoro itur Hennam* Cic. *Verr.* 4, 96, route par laquelle on va d'Assore à Henna ‖ [poét., acc. question *quo*] : *Afros ire* Virg. *B.* 1, 65, aller chez les Africains ‖ [acc. intér.] *vias* Prop. 1, 1, 17, parcourir les chemins ; *eundae vitandaeque viae* Claud. *Eutr.* 2, 419, routes à suivre ou à éviter ; *exsequias* Ter. *Phorm.* 1026 ; *pompam funeris* Ov. *F.* 6, 663, suivre un enterrement, un cortège funèbre ‖ [arch., avec inf.] : *ibit aurum arcessere* Pl. *Bac.* 354, il ira chercher l'or, cf. *Most.* 67 ; Ter. *Phorm.* 102 ; *Hec.* 189 ; 345 ‖ [avec supin] *ire cubitum* Cic. *Amer.* 64, aller se coucher ; *nutricem accersitum iit* Ter. *Eun.* 892, il est allé chercher la nourrice ‖ *pedibus ire* Liv. 28, 17, 11, aller à pied ; *equis* Liv. (*super equos* Just. 41, 3) aller à cheval ; *cum classe Pisas* Liv. 41, 17, 7, se rendre à Pise avec la flotte ; *ad hostem* Liv. 42, 49, 2 ; *contra hostem* Caes. *G.* 7, 67, 2, marcher contre l'ennemi, cf. Caes. *G.* 6, 8, 6 ; *C.* 3, 31, 4 ‖ [en parl. de choses] : *per artus sudor iit* Virg. *En.* 2, 174, la sueur se répandit sur ses membres ; *in semen ire* Cat. *Agr.* 161, 3, monter en graine [asperge] ; *sanguis in sucos* Ov. *M.* 10, 493, le sang se change en sève ¶ **2** [fig.] aller, marcher, s'avancer : *in alteram causam praeceps ierat* Liv. 2, 27, 3, il s'était jeté tête baissée dans le parti contraire ; *in dubiam imperii servitiique aleam imus* Liv. 1, 23, 9, nous nous exposons aux chances d'une domination et d'une servitude ; *in rixam* Quint. 6, 4, 13, se quereller ; *in lacrimas* Virg. *En.* 4, 413, recourir aux larmes ; *per totas ire materias* Quint. 10, 5, 21, parcourir la totalité des sujets ‖ *ibit in saecula fuisse principem...* Plin. *Pan.* 55, il se répandra dans la suite des siècles le bruit qu'il s'est trouvé un prince... ‖ [en part.] *pedibus ire* ou simplement *ire in sententiam aliquam, in sententiam alicujus*, se ranger à tel ou tel avis, à l'avis de qqn [dans le vote] : Liv. 9, 8, 13 ; 34, 43, 3 ; *ibatur in eam sententiam* Cic. *Q.* 2, 1, 3, on se rangeait à cette opinion ; *frequentes ierunt in alia omnia* Cic. *Fam.* 1, 2, 1, la plupart se rangèrent à tout ce qui était contre ‖ *infitias ire*, aller à l'encontre, nier, v. *infitiae* ¶ **3** ⇒ *veneo*, être vendu, se vendre un certain prix : Plin. 18, 194 ; Claud. *Eutr.* 1, 203 ¶ **4** aller, se passer, prendre telle ou telle tournure : *incipit res melius ire quam putaram* Cic. *Att.* 14, 15, 2, les affaires commencent à mieux aller que je ne croyais ; *prorsus ibat res* Cic. *Att.* 14, 20, 4, les affaires marchaient bien

eo

‖ *sic eat, quaecumque Romana lugebit hostem* Liv. 1, 26, 5, que ce soit là le sort de toute Romaine qui pleurera un ennemi ¶ **5** s'en aller, s'écouler [en parl. des jours, des années] : Hor. O. 2, 14, 5 ; Ep. 2, 2, 55 ¶ **6** *i, eat*, etc., va donc, qu'il aille [exclam. qui exprime l'indignation, le découragement] : Virg. En. 4, 381 ; 7, 425 ; Juv. 6, 306 ; Liv. 7, 6, 10 ¶ **7** [avec supin] avoir pour but de, être disposé à : *perditum ire gentem universam* Liv. 32, 22, 6, vouloir causer la perte de la nation entière ; *bonorum praemia ereptum eunt* Sall. J. 85, 42, ils veulent arracher les récompenses des gens de bien, cf. Virg. En. 2, 786 ; Quint. 11, 1, 42.
▶ *in = isne* Pl. Bac. 1185 ; Ter. Eun. 651 ; Phorm. 930‖ indic. imparf. *eibat* CIL 4, 1237 ; impér. *ei* Pl. Cas. 212 ; Men. 435 ; subj. *iamus* CIL 8, 2005 ; inf. pass. *irier* Pl. Ru. 1242.

ĕŏăd, adv. (1 *eo* et *ad*, cf. *adeo, quoad*), jusque-là : *eoad... dum* Apul. Apol. 68, jusqu'à ce que.

ĕōdem, adv. (de *idem*, cf. 1 *eo*) ¶ **1** [question *quo*] au même endroit, au même point : *omnes clientes suos eodem conduxit* Caes. G. 1, 4, 2, il conduisit tous ses clients en masse au même endroit ‖ [fig.] : *eodem intendere* Cic. de Or. 2, 89, tendre au même but ; *eodem accedit, ut* Cic. Amer. 86, à cela encore s'ajoute que ; *addendum eodem est ut* Cic. Lae. 65, il faut encore ajouter à cela que ; *eodem pertinere* Cic. Att. 8, 9, 1 ; Caes. G. 1, 14, 4, tendre au même point, aboutir au même résultat ‖ *eodem = ad eosdem homines* Cic. Planc. 40 ; = *in eumdem hominem* Liv. 27, 34, 12 ¶ **2** abl. n. de *idem* employé advᵗ, [C.] 2 *eo* ¶ **3** : *eodem loci esse* (= *in eodem loco esse*) Cic. Att. 1, 13, 5, être au même point, dans la même situation (Tac. An. 4, 4, être ensemble, se trouver ensemble).

Eōi, m. pl. de *Eous*.

Eolanē, ēs, f., ancien nom de l'embouchure du Pô : *Plin. 3, 120 ; [V.] *Olane*.

1 **Eon**, [V.] *Aeon*.

2 **eon**, ōnis, m., arbre inconnu : Plin. 13, 119.

3 **Eōn**, ŏnis, f., presqu'île entre le Pont et le lac Méotis : Plin. 6, 18.

ĕōpse, [C.] *eo ipso* : Pl. Curc. 538.

Eordaea, ae, f., capitale de l'Éordée [province de Macédoine] : Liv. 31, 39, 7 ‖ **-daei**, ōrum, m. pl., habitants de l'Éordée : Liv. 45, 30, 6.

1 **ĕŏs**, acc. m. pl. de *is*.

2 **Ēos**, f. (ἠώς, ἕως), l'Aurore [mot usité seulement au nom.] : Ov. F. 3, 877 ‖ les contrées orientales : Luc. 9, 544.

3 **Eōs**, m., montagne près de la mer Rouge : Plin. 6, 168.

Ēous, *a, um* (ἠῷος, ἑῷος) ¶ **1** d'Orient, oriental : Virg. G. 1, 221 ; En. 1, 489 ¶ **2** subst. m., l'étoile du matin : Virg. G. 1, 288 [C.] *Lucifer*‖ habitant de l'Orient : Ov. Tr. 4, 9, 22 ‖ nom d'un des chevaux du Soleil : Ov. M. 2, 153.

ĕpactae, *ārum*, f. (ἐπακταί ἡμέραι), épactes, jours intercalaires : Isid. 6, 17, 29.

Ĕpăgerrītae, *ārum*, m. pl., peuple voisin de la mer Caspienne : Plin. 6, 16.

ĕpăgōgē, *ēs*, f. (ἐπαγωγή), induction [logique] : Jul.-Ruf. 26 ; [en grec] Gell. 7, 3, 35.

ĕpăgōn, *ōnis*, m. (ἐπάγων), moufle, poulie [en grec] : Vitr. 10, 2, 9.

Epagris, *ĭdis*, f., autre nom de l'île d'Andros : Plin. 4, 65.

ĕpălimma, *ătis*, n. (ἐπάλειμμα), sorte de parfum très commun : *P. Fest. 72, 19.

Ĕpămīnondās, *ae*, m. (Ἐπαμεινώνδας), célèbre général thébain : Cic. de Or. 3, 139.

ĕpănădiplōsis, *is*, f. (ἐπαναδίπλωσις), épanadiplosis, répétition d'un mot : Jul.-Ruf. 9.

ĕpănălepsis, *is*, f. (ἐπανάληψις), épanalepse, répétition d'un mot ou d'une pensée : Serv. En. 2, 394 ; en grec d. Quint. 8, 3, 51.

ĕpănăphŏra, *ae*, f. (ἐπαναφορά), épanaphore, répétition d'un mot en tête de plusieurs phrases : Jul.-Ruf. 6.

ĕpănŏdŏs, *i*, f. (ἐπάνοδος), épanode ou régression, répétition d'un mot : Jul.-Ruf. 19.

ĕpănorthōsis, *is*, f. (ἐπανόρθωσις), épanorthose, correction [rhét.] : Jul.-Ruf. 15.

Epanterii, *iōrum*, m. pl., peuple des Alpes : Liv. 28, 46, 10.

ĕpăphaerĕsis, *is*, f. (ἐπαφαίρεσις), action d'ôter, d'enlever, de tondre : Mart. 8, 52, 9 ‖ évacuation répétée : Veg. Mul. 2, 45, 2.

Ĕpăphrās, *ae*, m., premier évêque de Colosses : Vulg. Col. 1, 7 ‖ roi de Cilicie : Jord. Rom. 225.

Ĕpăphrŏdītus, *i*, m., Épaphrodite [affranchi de Néron] : Tac. An. 15, 55 ‖ **-tĭānus**, *a, um*, d'Épaphrodite : Frontin. Aq. 68.

Ĕpăphus, *i*, m. (Ἔπαφος), fils de Jupiter et d'Io qui bâtit Memphis : Ov. M. 1, 748.

ēpar, *ătis*, n., [V.] *hepar*.

1 **ēpastus**, *a, um* (2 *e, pascor*), dont on s'est repu, mangé : Ov. Hal. 119.

2 **Epastus**, *i*, m., nom d'homme : Val.-Max. 5, 4.

ĕpăticus, [V.] *hepaticus*.

Ĕpēi, *ōrum*, m. pl. (Ἐπειοί), Épéiens [peuple du Péloponnèse, nommés ensuite Éléens] : Plin. 4, 14.

ĕpendȳtēs, *ae*, m. (ἐπενδύτης), vêtement de dessus, casaque, surtout : Hier. Vit. Hil. 4.

ĕpenthĕsis, *is*, f. (ἐπένθεσις), épenthèse, addition d'une lettre ou d'une syllabe dans le corps d'un mot : Serv. En. 2, 25.

ĕpĕtecticălis, [V.] *epidecticalis*.

Ĕpĕtĭŭm, *ĭi*, n., ville de Dalmatie : Plin. 3, 25 ‖ **-īni**, *ōrum*, m. pl., habitants d'Épétium : Plin. 3, 142.

Ĕpĕtrīmi, *ōrum*, m. pl., surnom d'une peuplade scythe : Avien. Perieg. 937.

Ĕpēus (**-ŏs**), *i*, m. (Ἐπειός), Grec qui construisit le cheval de Troie : Varr. L. 7, 38 ; Virg. En. 2, 264‖ **Ĕpīus**, Pl. Bac. 937.

ĕpexēgēsis, *is*, f. (ἐπεξήγησις), épexégèse ou apposition [gram.] : Serv. En. 1, 12.

ĕphalmātŏr, [V.] *efelmator*.

ĕphēbātus, *a, um*, devenu jeune homme : Varr. d. Non. 140, 18.

ĕphēbēum, *i* (**-bīum**, *ĭi*), n. (ἐφήβειον), lieu où s'exercent les jeunes gens : Vitr. 5, 11, 2‖ lieu de débauches : *Gloss. 5, 597, 63.

ĕphēbīa, *ae*, f. (ἐφηβεία, ἐφηβία), adolescence : Don. And. 51.

ĕphēbĭcus, *a, um* (ἐφηβικός), de jeune homme : Apul. M. 10, 30.

ĕphēbus, *i*, m. (ἔφηβος), adolescent [de seize à vingt ans] : Cic. Nat. 1, 79‖ en Grèce, jeune homme de dix-huit ans [astreint à un service militaire de dix-huit à vingt, v. Ter. Eun.] : *excedere ex ephebis* Ter. And. 51, sortir de l'adolescence, entrer dans la jeunesse.
▶ gén. pl. *ephebum* Stat. Th. 4, 232.

ĕphēmĕrŏn, *i*, n. (ἐφήμερον), sceau de Salomon [plante] : Plin. 25, 170.

ĕphēlis, *ĭdis*, f. (ἐφηλίς), éphélide, tache de rousseur : Cels. 6, 5, 1.

ĕphēmĕrĭda, *ae*, f., [C.] *ephemeris* : Aug. Psalm. 40, 3.

ĕphēmĕris, *ĭdis*, f. (ἐφημερίς), journal, livre de comptes : Cic. Quinct. 57 ; Nep. Att. 13, 6.

ĕphĕdra, *ae*, f. (ἐφέδρα), éphèdre [plante] : Plin. 26, 36.

ĕphĕsĭa, *ae*, f., armoise [plante] : Ps. Apul. Herb. 10.

Ĕphĕsus, *i*, f. (Ἔφεσος), Éphèse [ville d'Ionie, célèbre par son temple d'Artémis] Atlas I, D5 ; VI, B3 ; IX, C1 : Pl. Bac. 171 ; Plin. 5, 115 ‖ **-sĭus**, *a, um*, d'Éphèse : Cic. Div. 1, 47 ‖ **-sii**, *ōrum*, m. pl., Éphésiens, habitants d'Éphèse : Cic. Tusc. 5, 105.

ephi, n. indécl., mesure [chez les Hébreux, pour l'huile, le grain] : Vulg. Exod. 16, 36.

1 **ĕphĭaltēs**, *ae*, m. (ἐφιάλτης), éphialte, cauchemar : Cael.-Aur. Chron. 1, 3, 54.

2 **Ephĭaltēs**, *ae*, m. (Ἐφιάλτης) ¶ **1** nom d'un Géant : Hyg. Fab. 28 ‖ **-ta**, Sidon. Carm. 6, 25 ¶ **2** traître qui guida les Perses aux Thermopyles : Frontin. Strat. 2, 2, 13.

ĕphippĭārĭus, *ĭi*, m., fabricant de selles : CIL 6, 9376.

ĕphippĭātus, *a, um*, assis sur une selle : Caes. G. 4, 2, 5.

ĕphippĭum, *ĭi*, n. (ἐφίππιον), selle de cheval : Cic. Fin. 3, 15 ; Caes. G. 4, 2, 4.

Ephippus, *i*, écrivain consulté par Pline : Plin. 1, 12.

ĕphŏdŏs, *i*, f. (ἔφοδος), principe, commencement : *HER. 1, 6.

ĕphŏri, *ōrum*, m. pl. (ἔφοροι), éphores [premiers magistrats de Lacédémone] : CIC. *Leg.* 3, 16.
▶ gén. pl. *ephorum* NEP. *Ages.* 4, 1.

Ĕphŏrus, *i*, m. (Ἔφορος), historien de Cumes, disciple d'Isocrate : CIC. *Brut.* 204; *Or.* 172.

Ephraim, m. indécl., **-mus**, *i*, m., Éphraïm [fils de Joseph, chef d'une des douze tribus d'Israël] : VULG. *Gen.* 41, 52.

Ephrāta (Efr-), *ae*, f., ancien nom de Bethléem : PS. FORT. *Carm.* 1, 111.

Ĕphўra, *ae* (Ἐφύρα) et **-rē**, *ēs*, f., Éphyre [ancien nom de Corinthe] : OV. *M.* 2, 240 ‖ île du golfe Argolique : PLIN. 4, 56 ‖ nymphe, fille de l'Océan et de Téthys : VIRG. *G.* 4, 343 ‖ **-raeus (-rēus, -rēĭus)**, *a*, *um*, de Corinthe : OV. *A. A.* 1, 335; LUC. 6, 17; VIRG. *G.* 2, 464 ‖ **-rēĭădēs**, *ae*, m., de Corinthe, Corinthiens : STAT. *Th.* 6, 652 et **-rēĭăs**, *ădis*, f., CLAUD. *Get.* 629.

Ĕphўrē, *ēs*, f., nom de femme : CARM. EPIGR. 1183, 1.

Ephўri, *ōrum*, m. pl., Éphyres [peuple d'Étolie] : PLIN. 4, 6.

ĕpĭbăta (-tēs), *ae*, m. (ἐπιβάτης), soldat de marine : B.-AFR. 20, 1; VITR. 2, 8, 14.

ĕpĭbŏlē, *ēs*, f. (ἐπιβολή), épibole [rhét.] : RUTIL.-LUP. 7.

ĕpĭcactis, *is*, f., plante inconnue : PLIN. 13, 114.

Epīcădus, *i*, m., nom d'homme : LIV. 44, 30, 3.

ĕpĭcēdīŏn, *ĭi*, n. (ἐπικήδειον), poème funèbre : STAT. *S.* 2, praef.

ĕpĭcertŏmēsis, *is*, f. (ἐπικερτόμησις), ironie : JUL.-RUF. 1.

Ĕpĭchăris, *is* et *ĭdis*, f., nom d'une Romaine qui entra dans une conspiration contre Néron : TAC. *An.* 15, 51.

Ĕpĭcharmus, *i*, m. (Ἐπίχαρμος), Épicharme [poète comique de Sicile] : CIC. *Tusc.* 1, 15 ‖ titre d'un ouvrage d'Ennius : CIC. *Ac.* 2, 51 ‖ **-mĭus**, *a*, *um*, d'Épicharme : GELL. 1, 15, 15.

ĕpĭchīrēma, *ătis*, n. (ἐπιχείρημα), épichérème [sorte d'argument] : QUINT. 5, 10, 4.

ĕpĭchўsis, *is*, f. (ἐπίχυσις), sorte de vase, pot : PL. *Ru.* 1319; VARR. *L.* 5, 124.

ĕpĭcĭthărisma, *ătis*, n. (ἐπικιθάρισμα), musique qui terminait une représentation dramatique : TERT. *Val.* 33, 1.

Ĕpĭclērus (-ŏs), *i*, f. (Ἐπίκληρος), titre d'une pièce de Ménandre, imitée par Turpilius : CIC. *Lae.* 99; QUINT. 10, 1, 70.

ĕpĭclīnĭum, *ĭi*, n., dossier : CONSENT. 5, 350, 14.

ĕpĭclintae, *ārum*, m. (ἐπικλίναι), secousses obliques produites dans les tremblements de terre : APUL. *Mund.* 18.

Ĕpĭcnēmĭdĭi, *ōrum*, m., Épicnémidiens [surnom des Locriens voisins du mont Cnémis] : PLIN. 4, 27.

ĕpĭcoenus, *a*, *um* (ἐπίκοινος), épicène : *nomina epicoena* QUINT. 1, 4, 24, noms épicènes [qui désignent indistinctement le mâle et la femelle, c. *passer*, *feles*]; V. *communis*.

ĕpĭcōpus, *a*, *um* (ἐπίκωπος), garni de rames : CIC. *Att.* 14, 16.

Ĕpĭcrănē, *ēs*, f., fontaine de Béotie : PLIN. 4, 25.

Ĕpĭcrătēs, *is*, m. (Ἐπικράτης), Épicrate [philosophe athénien] : CIC. FIL. *Fam.* 16, 21 ‖ le Puissant [en parl. de Pompée] : CIC. *Att.* 2, 3.

ĕpĭcrŏcŭlum, *i*, n. (dim. de *epicrocum*), robe de fin tissu : GLOSS. 5, 21, 12.

ĕpĭcrŏcus, *a*, *um* (ἐπίκροκος), [fig.] fin, délié, transparent : PL. *Pers.* 96 ‖ **ĕpĭcrŏcum**, *i*, n., vêtement féminin de laine fine : NAEV. *Tr.* 57; VARR. d. NON. 318, 25, cf. GLOSS. 5, 21, 4, [d'après P. FEST. 72, 17, vêtement couleur de safran].

Ĕpictētus, *i*, m. (Ἐπίκτητος), Épictète [philosophe stoïcien; fin. du 1ᵉʳ s. apr. J.-C.] : GELL. 1, 2, 6.

ĕpĭcūrizō, *ās*, *āre*, -, -, intr. (ἐπικουρίζω), suivre la doctrine d'Épicure : SALV. *Gub.* 1, 1.

Ĕpĭcūrus, *i*, m. (Ἐπίκουρος), Épicure [philosophe grec] : CIC. *Fin.* 1, 29 ‖ **-rēus (-īus)**, *a*, *um*, d'Épicure, Épicurien : CIC. *Fin.* 2, 22 ‖ **-rēi**, *ōrum*, m. pl., Épicuriens, de la secte d'Épicure : CIC. *Fin.* 2, 81.

ĕpĭcus, *a*, *um* (ἐπικός), épique : CIC. *Opt.* 2 ‖ subst. m. pl., les poètes épiques : QUINT. 10, 1, 51.

ĕpĭcyclus, *i*, m. (ἐπίκυκλος), épicycle [astron.] : CAPEL. 8, 879.

Ĕpĭcўdēs, *is*, m., nom d'homme : LIV. 24, 6, 7.

Ĕpĭdamnus, *i*, f., Épidamne [ville d'Épire, appelée depuis Dyrrachium] : PL. *Men.* 263; PLIN. 3, 145 ‖ **-nĭus**, *a*, *um* (**-nĭensis**, e), d'Épidamne : PL. *Men.* 57; 258; 1000.

Ĕpĭdaphna et **Ĕpĭdaphnēs**, *ae*, f. (ἡ ἐπὶ Δάφνης), village voisin d'Antioche, en Syrie [situé près d'un lieu nommé Daphné] : TAC. *An.* 2, 83; PLIN. 5, 79.

Ĕpĭdaurum, *i*, n., **-rus** ou **-rŏs**, *i*, f. (Ἐπίδαυρος), Épidaure [ville de l'Argolide, où Esculape était honoré] Atlas VI, C2 : CIC. *Nat.* 3, 83 ‖ **-rus Limera**, ville de Laconie sur le golfe Argolique [Monemvasia] : PLIN. 4, 17 ‖ **-rum** ou **-rus**, ville de Dalmatie : PLIN. 3, 143 ‖ **-rēus**, **-rĭcus**, **-rĭcus**, *a*, *um*, d'Épidaure : AVIEN. *Arat.* 207; OV. *M.* 15, 643; MEL. 2, 109 ‖ **-rĭtāni**, *ōrum*, m., habitants d'Épidaure : HIER. *Vit. Hil.* 40 ‖ **-rĭus**, *ii*, l'Épidaurien, Esculape : OV. *M.* 15, 723.

ĕpĭdectĭcālis, V. *epidicticalis*.

ĕpĭdēmētĭca, *ōrum*, n. pl. (ἐπιδημητικά), indemnité de logement des militaires : COD. JUST. 12, 41, 2 tit.

ĕpĭdēmus, *a*, *um* (ἐπίδημος), épidémique : AMM. 17, 4, 7.

ĕpĭdermis, *ĭdis*, f. (ἐπιδερμίς), épiderme : VEG. *Mul.* 2, 61, 1.

Ĕpĭdĭcazŏmĕnŏs, *i*, m. (Ἐπιδικαζόμενος), nom d'une pièce d'Apollodore : TER. *Phorm.* 25.

ĕpĭdictĭcālis, *e* (ἐπιδεικτικός), adj., indicateur principal : GROM. 352, 17.

ĕpĭdictĭcus, *a*, *um* (ἐπιδεικτικός), de montre, d'apparat : *epidicticum dicendi genus* CIC. *Or.* 42, le genre démonstratif, épidictique.
▶ en grec d. CIC. *Or.* 37; 207.

Ĕpĭdĭcus, *i*, m., nom d'homme; titre d'une pièce de Plaute : PL. *Ep.* 4.

ĕpĭdipnis, *ĭdis*, f. (ἐπιδειπνίς), dessert : MART. 11, 31, 7.

Ĕpĭdĭus, *ĭi*, m., nom d'un rhéteur : PLIN. 17, 243 ‖ tribun de la plèbe au temps de César : SUET. *Caes.* 79.

ĕpĭdixis, *is*, f. (ἐπίδειξις), représentation [théâtrale] : CIL 5, 2787.

ĕpĭdrŏmus, *i*, m. (ἐπίδρομος), corde pour serrer un filet : PLIN. 19, 11 ‖ corde de poulie : CAT. *Agr.* 13, 1 ‖ voile de la poupe : ISID. 19, 3, 3.

Ĕpĭgĕnēs, *is*, m., nom d'un auteur grec : VARR. *Agr.* 1, 1, 8.

Ĕpĭgŏni, *ōrum*, m. (Ἐπίγονοι), Épigones [descendants des sept héros grecs qui dirigèrent la première expédition contre Thèbes et y périrent; titre d'une tragédie d'Eschyle traduite en latin par Accius] : CIC. *Opt.* 18 ‖ nom donné aux enfants des soldats d'Alexandre mariés en Asie : JUST. 12, 4, 11.

ĕpĭgramma, *ătis*, n. (ἐπίγραμμα), inscription : CIC. *Verr.* 4, 127 ‖ flétrissure [marquée avec un fer chaud] : PETR. *Sat.* 103, 4 ‖ inscription tumulaire, épitaphe : PETR. 115, 20 ‖ épigramme, petite pièce de vers : CIC. *Tusc.* 2, 84; *Arch.* 25.
▶ gén. pl. *epigrammatōn* MART. 1, 1, 3; 1, 117, 3; abl. pl. *epigrammatis* CIC. *Att.* 1, 16, 15.

ĕpĭgrammătārĭus, *ĭi*, m., épigrammatiste : VOP. *Tac.* 16, 3.

ĕpĭgrammătĭcus, *a*, *um*, épigrammatique : SPART. *Ael.* 5, 9.

ĕpĭgrammătĭŏn, *ĭi*, n., petite pièce de vers : VARR. *L.* 7, 28.

ĕpĭgrammătista, *ae*, m., épigrammatiste : SIDON. *Ep.* 4, 1, 2.

ĕpĭgrōma, *ătis*, n., plan d'un domaine : NOT. TIR. 76, 31.

ĕpĭgrus, *i*, m., cheville : SEN. *Ben.* 2, 12, 2; ISID. 19, 19, 7.

Epĭi, *ōrum*, m. pl., peuple d'Étolie : PLIN. 7, 154.

ĕpĭlepsĭa, *ae*, f. (ἐπιληψία), épilepsie, mal caduc, haut mal : LAMPR. *Hel.* 20, 5.

ĕpĭleptĭcus, *i*, m. (ἐπιληπτικός), sujet à l'épilepsie : CAEL.-AUR. *Acut.* 2, 30, 162.

ĕpĭlēus, *i*, m. (ἐπιλεῖος), émerillon, oiseau de proie : PLIN. 10, 21.

ĕpĭlimma, v. *epalimma*.

ĕpĭlŏgĭcus, *a*, *um* (ἐπιλογικός), épilogue, relatif à l'épilogue : FORT.-RHET. 2, 6.

ĕpĭlŏgĭum, *ii*, n., prologue : FORT. *Carm. pr.* 1; GLOSS. 4, 336, 25.

ĕpĭlŏgus, *i*, m. (ἐπίλογος), fin, conclusion d'un discours, péroraison : CIC. *Brut.* 137; *Or.* 57; *Planc.* 83.

Ĕpĭmărănītae, *ārum*, m. pl., peuple d'Arabie : PLIN. 6, 149.

ĕpĭmēdĭŏn, *ii*, n. (ἐπιμήδιον), plante inconnue : PLIN. 27, 76 ‖ rampe d'escalier : CIL 10, 5192.

ĕpĭmĕlās, *antis*, m. (ἐπιμέλας), perle dont la partie supérieure est noire : PLIN. 37, 161.

ĕpĭmēnĭa, *ōrum*, n. pl. (ἐπιμήνια), provisions de bouche, ration pour un mois : JUV. 7, 120.

Ĕpĭmĕnĭdēs, *is*, m. (Ἐπιμενίδης), Épiménide [philosophe et poète crétois] : CIC. *Leg.* 2, 28.
▸ gén. grec *Epimenidu* (-δου) PLIN. 19, 93.

ĕpĭmĕrismos, *i*, m. (ἐπιμερισμός), rappel que fait un orateur de la division de son discours : CAPEL. 5, 564.

Ĕpĭmētheūs, *ĕi* (*ĕŏs*), m. (Ἐπιμηθεύς), Épiméthée [frère de Prométhée] : HYG. *Fab. praef.* 11.

Ĕpĭmēthis, *ĭdis*, f. (Ἐπιμηθίς), Pyrrha, fille d'Épiméthée : OV. *M.* 1, 390.

ĕpĭmĕtrum, *i*, n. (ἐπίμετρον), ce qu'on donne en plus de la juste mesure : COD. TH. 12, 6, 15.

Ĕpĭnausĭmăchē, *ēs*, f. (Ἐπιναυσιμάχη), titre d'une tragédie d'Accius [le combat sur les vaisseaux] : NON. 233, 24.

ĕpĭnīcĭŏn (-um), *ii*, n. (ἐπινίκιον), chant de victoire : SUET. *Ner.* 43, 3; VULG. 1 *Par.* 15, 21 ‖ pl., réjouissances au sujet d'une victoire : VULG. 2 *Macc.* 8, 33.

ĕpĭnōmĕn, *ĭnis*, n., surnom : NOT. TIR. 21, 71.

ĕpĭnyctis, *ĭdis*, f. (ἐπινυκτίς), bouton nocturne [en grec dans CELS. 5, 28, 15] : PLIN. 20, 12 ‖ fistule lacrymale : PLIN. 20, 44.

ĕpĭōnĭcus versus, m. (ἐπί, ἰωνικός), vers ionique majeur : PRISC. *Metr. Ter.* 3, 429, 2.

ĕpĭpactis, *ĭdis*, f. (ἐπιπακτίς), plante médicinale : PLIN. 13, 114.

ĕpĭpĕdŏnĭcus, *a*, *um* (ἐπίπεδον), situé entre des centuries : GROM. 213, 9.

ĕpĭpĕdŏs, *ŏn* (*-us*, *a*, *um*) (ἐπίπεδος) qui est sur un plan, qui est plan : CENS. *Frg.* 6, 2; GROM. 415, 20.

ĕpĭpĕtrŏs, *i*, f. (ἐπίπετρος), nom d'une plante [qui croît sur les pierres] : PLIN. 21, 89.

Ĕpĭphănēa (-īa), *ae*, f., Épiphanée, ville de Cilicie Atlas IX, D3 : CIC. *Fam.* 15, 4, 7 ‖ **-nenses**, *ium*, m. pl., habitants d'Épiphanée sur l'Oronte : PLIN. 5, 82.

Ĕpĭphănēs, *is*, m., surnom de plusieurs Antiochus, rois de Syrie, et d'un Ptolémée, roi d'Égypte : TAC. *H.* 2, 25.

1 ĕpĭphănīa, *ae*, f. (ἐπιφάνεια), surface, superficie : MACR. *Somn.* 1, 5, 9.

2 ĕpĭphănīa, *ōrum*, n. pl. (τὰ ἐπιφάνεια; it. *befana*), [chrét.] épiphanies, manifestations de Dieu [en part. manifestation aux Mages dans la personne de Jésus] : ISID. *Eccl.* 1, 27, 2 ‖ fête de l'Épiphanie : AMM. 21, 2, 5.

3 Ĕpĭphănīa, v. *Epiphanea*.

ĕpĭphănīae, *ārum*, f., c. 2 *epiphania* : ISID. 6, 18, 8.

Ĕpĭphănĭus et **Ĕpĭfănĭus**, *ii*, m. (Ἐπιφάνιος), nom d'homme : GREG.-M. *Ep.* 7, 5, p. 448, 22; 9, 197.

ĕpĭphōnēma, *ătis*, n. (ἐπιφώνημα), épiphonème, exclamation sentencieuse : QUINT. 8, 5, 11.

ĕpĭphŏra, *ae*, f. (ἐπιφορά), toute espèce d'écoulement d'humeur, flux, rhume, coryza : *oculorum* PLIN. 20, 103, larmoiement [en grec CIC. *Fam.* 16, 23].

ĕpĭplŏcē, *ēs*, f. (ἐπιπλοκή), combinaison de diverses espèces de mètres : MAR. VICT. *Gram.* 6, 63, 14.

Ĕpĭpŏlae, *ārum*, f. pl. (Ἐπιπόλαι), Épipoles [quartier de Syracuse] : LIV. 25, 24, 4.

ĕpĭrădĭŏn, *ii*, n., c. *epiraedium* : CONSENT 5, 350, 14.

ĕpĭraedĭum, *ii*, n. (ἐπί et *raeda*, mais cf. *eporaediae*), traits, attelage : QUINT. 1, 5, 68 ‖ voiture : JUV. 8, 66.

Ĕpīrus (-ros), *i*, f. (Ἤπειρος), l'Épire [province occidentale de la Grèce, auj. l'Albanie] Atlas I, D5; VI, B1 : CIC. *Att.* 2, 4, 5 ‖ **-rōtēs**, *ae*, m., Épirote : PLIN. 3, 98 ‖ m. pl., Épirotes, habitants de l'Épire ‖ **-rensis**, *e*, d'Épire : LIV. 8, 17, 9 ou **-ōtĭcus**, *a*, *um*, CIC. *Att.* 5, 20, 9.

Epis, *is*, f., ville d'Éthiopie : PLIN. 6, 180.

ĕpiscēnĭum, *ii*, n., **-nŏs**, *i*, f. (ἐπισκήνιον, ἐπίσκηνος), couronnement (= le haut) de la scène : VITR. 7, 5, 7; 5, 6, 6.

ĕpiscepsis, *is*, f. (ἐπίσκεψις), inspection : CIL 5, 7870.

ĕpiscŏpālis, *e* (*episcopus*), épiscopal : AMM. 27, 3, 12.

ĕpiscŏpālĭtĕr, adv., en évêque, pastoralement : AUG. *Conf.* 5, 13, 23.

ĕpiscŏpātŭs, *ūs*, m. (*episcopus*), épiscopat : TERT. *Bapt.* 17, 2.

ĕpiscŏpĭum, *ii*, n., dignité d'évêque, épiscopat : AUG. *Serm.* 355, 6 ‖ évêché, résidence de l'évêque : CASSIOD. *Hist.* 8, 1.

ĕpiscŏpus, *i*, m. (ἐπίσκοπος ; it. *vescovo*, al. *Bischof*, an. *bishop*) ¶ 1 inspecteur des marchés : DIG. 50, 4, 18 ¶ 2 [chrét.] évêque : AMM. 15, 7, 7; CYPR. *Ep.* 4, 4.

ĕpiscȳnĭum, *ii*, n. (ἐπισκύνιον), partie du front au-dessus des sourcils ‖ [fig.] sévérité : TERT. *Pall.* 4, 8.

ĕpistalma, *ătis*, n. (ἐπίσταλμα), dépêche de l'empereur : COD. JUST. 7, 37, 3.

ĕpistătēs, *ae*, m. (ἐπιστάτης), supérieur, chef : CAT. *Agr.* 56.

ĕpistēmŏnĭcus, *a*, *um* (ἐπιστημονικός), qui produit la connaissance [phil.] : BOET. *An. post.* 1, 2.

ĕpistŏla, **ĕpistŭla**, *ae*, f. (ἐπιστολή) ¶ 1 lettre [en tant qu'envoi; *litterae*, lettre en tant qu'écrit], courrier : *litterae... quas pluribus epistulis accepi* CIC. *Q.* 3, 1, 8, la lettre... que j'ai reçue en plus d'un envoi ¶ 2 lettre, missive, dépêche : *epistulam scribere, conscribere, facere, efficere, exarare, texere, obsignare* CIC., v. ces verbes; *libertus ab epistulis* TAC. *An.* 15, 35; SUET. *Cl.* 28, affranchi secrétaire ‖ épître en vers : OV. *H.* 15, 219 ‖ rescrit [des empereurs] : JUST. *Inst.* 1, 2, 6.

ĕpistŏlāris, *e* (*epistola*), de lettres, épistolaire : *charta epistolaris* MART. 14, 11, papier à lettres; *epistolare colloquium* AUG. *Ep.* 138, 1, correspondance ‖ subst. f. sg., messager [en parl. de l'Aigle (*aquila*, f.) de Jupiter] : CAPEL. 9, 896 ‖ subst. m. pl., secrétaires impériaux : COD. TH. 6, 30, 7.

ĕpistŏlārĭus, *a*, *um* (*epistola*), de lettre, épistolaire : ENNOD. *Ep.* 1, 22 ‖ subst. m., porteur de lettres : SALV. *Gub.* 5, 30.

ĕpistŏlĭcus, *a*, *um* (ἐπιστολικός), c. *epistolaris* : VARR. d. GELL. 14, 7, 4.

ĕpistŏlĭum, *ii*, n. (ἐπιστόλιον), courte lettre, billet : CATUL. 68, 2 ‖ petite pièce de vers : APUL. *Apol.* 6.

ĕpistrătēgĭa, *ae*, f. (ἐπιστρατηγεία), épistratégie, surintendance : CIL 11, 5669.

ĕpistrătēgus, *i*, m. (ἐπιστράτηγος), épistratège : CIL 6, 32929.

ĕpistŭla, v. *epistola*.

ĕpistȳlĭum, *ii*, n. (ἐπιστύλιον), épistyle, architrave : VITR. 1, 1, 6.

ĕpĭsȳnălīpha, *ae* (**-phē**, *ēs*), c. synaloephe : DIOM. 442, 20; PS. PROB. *Ult. syll.* 4, 263, 26.

ĕpĭtăphĭŏn (-ĭum), *ii*, n. (ἐπιτάφιον), épitaphe : CIL 10, 2066.

ĕpĭtăphista, *ae*, m., faiseur d'épitaphes, épitaphiste : SIDON. *Ep.* 1, 9, 7.

ĕpĭtăphĭus, *ii*, m. (ἐπιτάφιος), discours funèbre (discours de Périclès dans le Ménéxène de Platon) : CIC. *Tusc.* 5, 36.

ĕpĭtăsis, *is*, f. (ἐπίτασις), épitase, nœud de l'intrigue : DON. *Com.* 4, 5, p. 22, 5.

Ĕpĭtaurītānus, c. *Epidauritanus*.

ĕpĭtectĭcālis, v. *epidecticalis*.

ĕpĭthălămĭŏn (-mĭum), *ii*, n. (ἐπιθαλάμιον), épithalame, chant nuptial : QUINT. 9, 3, 16.

ĕpĭthēca, *ae*, f. (ἐπιθήκη), surcroît, surplus : PL. *Trin.* 1025.

ĕpĭthēma, *ătis*, n. (ἐπίθεμα ; it. *pittima*), topique, épithème [méd.] : CAPEL. 3, 225.

ĕpĭthēmătĭum, *ii*, n., dim. de *epithema* : M.-EMP. 20, 37.

Epĭ Thērās (Epĭthēras), f. indécl., nom de Ptolémaïs, dans la Troglodytique : Plin. 6, 71.

epĭthĕsis, *is*, f. (ἐπίθεσις), emploi d'une épithète : Porph. Hor. *Epo.* 5, 47.

epĭthĕtŏn (-tum), *i*, n. (ἐπίθετον), épithète [gram.] : Quint. 8, 2, 10 ; 8, 3, 20.

epĭthўmŏn (-um), *i*, n. (ἐπίθυμον), cuscute [plante] : Plin. 26, 55.

epĭtīmĭa, *ae*, f. (ἐπιτιμία), honneur, considération : Modest. *Dig.* 26, 5, 21.

epĭtŏgĭum, *ii*, n. (ἐπί, *toga*), épitoge, casaque pour mettre par-dessus la toge : Quint. 1, 5, 68.

epĭtŏma, *ae*, f., ⓒ *epitome* : Cic. *Att.* 12, 5, 3.

epĭtŏmē, *ēs*, f. (ἐπιτομή), abrégé, extrait, épitomé : Cic. *Att.* 8, 8 ; Col. 1, 1, 10.

epĭtŏmō, *ās*, *āre*, *āvī*, *ātum* (*epitome*), tr., mettre en abrégé : Treb. *Tyr.* 30, 22 ; Veg. *Mil.* 1, 8.

epĭtŏnĭum (-ŏn), *ii*, n. (ἐπιτόνιον), robinet : Varr. *R.* 3, 5, 16 ; Vitr. 9, 8, 11 ; Sen. *Ep.* 86, 6.

epĭtoxis, *ĭdis*, f. (ἐπίτοξις), griffe [dans le système de détente de la catapulte] : Vitr. 10, 10, 4.

epĭtrăpezĭus, *a*, *um* (-**ŏs**, **ŏn**) (ἐπιτραπέζιος), qu'on met sur la table : **Hercules** Stat. *S.* 4, 6, *tit.*, l'Hercule sur la table (statuette).

Epĭtrĕpontes, m. pl. (ἐπιτρέποντες), titre d'une comédie de Ménandre [l'Arbitrage] : Quint. 10, 1, 70.

epĭtrītus, *a*, *um* (ἐπίτριτος), épitrite [qui contient une fois et un tiers ; ex. : 4 par rapport à 3, 12 par rapport à 9, v. *sesquitertius*] : Gell. 18, 14, 5 ; Macr. *Somn.* 2, 1, 15 ‖ *pes*, épitrite, pied composé d'une brève combinée avec trois longues [appelé *primus*, *secundus... quartus*, quand la brève occupe la première, la seconde, ... la quatrième place] : Ter.-Maur. 6, 397, 2406.

epĭtrŏpē, *ēs*, f. (ἐπιτροπή), épitrope ou concession [rhét.] : Rut.-Lup. 2, 17.

epĭtrŏpŏs, *i*, m. (ἐπίτροπος), régisseur, surveillant : Aus. *Epist.* 22, 2 (415), 2 [en grec].

Epītus, *i*, m., montagne de Macédoine : Plin. 4, 10.

epĭtŷrum, *i*, n. (ἐπίτυρον), confit d'olives [huile, vinaigre et plantes] : Pl. *Mil.* 28 ; Cat. *Agr.* 119 ; Col. 12, 49, 9.

Epĭum, *ii*, n., ville d'Arcadie : Plin. 4, 20.

epĭūrus, *i*, m. (ἐπίουρος), tuteur [d'arbrisseau], soutien : Pall. 12, 7, 14.

Epīus, ⓥ *Epeus*.

epizeuxis, *is*, f. (ἐπίζευξις), liaison constituée par la reprise du même mot : Char. 281, 21.

epizŷgis, *ĭdis*, f., levier de torsion dans la catapulte : Vitr. 10, 11, 4.

eplŏcĕus, *a*, *um*, jaune d'or : Schol. Juv. 6, 547.

epōdes, *um*, m. pl., poissons de mer inconnus : Plin. 32, 152.

epōdŏs, *i*, m. (ἐπῳδός), épode **a)** vers plus court que celui qui le précède **b)** pièce de vers où un vers plus court succède à un vers plus long : Quint. 10, 1, 96.

epogdŏus (-ŏŏs), *ŏum* (*ŏŏn*), adj. (ἐπόγδοος), qui contient une fois et 1/8 [ex. : 9 par rapport à 8] : Macr. *Somn.* 2, 1, 14 ; Capel. 2, 109.

epŏlōnŏs, *i*, m., ⓒ 2 *epulo* : P. Fest. 68, 26.

epomphălĭŏn, *ii*, n. (ἐπομφάλιον), emplâtre sur l'épigastre : Fulg. *Myth.* 2, 5.

Epŏna, *ae*, f. (gaul., cf. *epo-* ; *equus*), déesse qui veillait sur les ânes et les chevaux : Juv. 8, 157.

Epŏnīna, ⓥ *Epponina*.

Epōpeūs, *ei* (*ĕŏs*), m., nom d'homme : Ov. *M.* 3, 619.

Epōpŏs, *i*, m., montagne des Pithécuses : Plin. 2, 203.

epops, *ŏpis*, m. (ἔποψ), huppe [oiseau] : Ov. *M.* 6, 674.

epopta (-tēs), *ae*, m. (ἐπόπτης), épopte [initié suprême aux mystères d'Éleusis] : Tert. *Val.* 1, 2.

epoptĭcus, *a*, *um*, des époptes : Chalc. 127.

Epŏrĕdĭa, *ae*, f., colonie romaine dans la Gaule transpadane [auj. Ivrea] Atlas V, E4 ; XII, B1 : Tac. *H.* 1, 70.

epŏrēdĭae, *ārum*, m. pl. (*epo-*, ⓥ *equus* et *raeda*), bons cavaliers [mot gaulois] : Plin. 3, 123.

Epŏrensis, *e*, d'Épora [ville de la Bétique] : CIL 2, 2163.

epŏs, n. (ἔπος), épopée, poème épique [usité seulement au nom. et acc. sg.] : Hor. *S.* 1, 10, 43 ; Mart. 12, 95.

epōto, *ās*, *āre*, *āvī*, - (fréq. de *ebibo*), tr., boire tout, vider en buvant : Cic. *Clu.* 168 ; 172 ‖ [poét.] absorber, engloutir : Lucr. 5, 385 ; Ov. *M.* 15, 273 ‖ [fig., tard.] boire des yeux : Sidon. *Ep.* 1, 5, 9.

▶ *epotatus* Treb. *Claud.* 6, 6 ; *epotaturus* Sidon. *Ep.* 1, 5, 9.

epōtus, *a*, *um*, part. de *ebibo*.

Eppĭus, *ii*, m., nom d'un partisan de Pompée : Cic. *Fam.* 8, 8, 5.

Epponīna, *ae*, f., Épponine [femme de Sabinus] : Tac. *H.* 4, 67.

epta, ⓥ *hepta*.

epŭla, *ae*, f., , [arch.] ⓒ *epulae* : P. Fest. 72, 18.

epŭlae, *ārum*, f. pl. (cf. *ops*) ¶ 1 mets, aliments, nourriture : Cic. *Tusc.* 5, 62 ; Hor. *S.* 2, 3, 119 ¶ 2 repas, festin, banquet : Cic. *Brut.* 75 ; Caes. *G.* 6, 28, 6 ; Tac. *H.* 1, 62 ‖ [fig.] régal, festin : Pl. *Poen.* 1171 ; Cic. *Div.* 1, 61 ; *Top.* 25 ¶ 3 [chrét.] eucharistie : Firm. *Err.* 18, 8 ‖ nourriture spirituelle [le Christ qui se donne dans l'eucharistie] : Aug. *Beat.* 8.

epŭlāris, *e* (*epulae*), de table, de festin : Cic. CM 45 ; *de Or.* 3, 73 ‖ subst. pl., banqueteurs : P. Fest. 72, 13.

epŭlātīcĭus, *a*, *um*, qui apprête un festin : Gloss. 4, 64, 11.

epŭlātĭo, *ōnis*, f. (*epulor*), repas, festin, gala : Col. 12, 3, 2.

epŭlātŏr, *ōris*, m. (*epulor*), celui qui prend part à un banquet : Ambr. *Cant.* 5, 5 ‖ qui participe à la foi : **talis epulator conviva est Dei** Novat. *Cib. Jud.* 5, un pareil convive est un invité de Dieu.

epŭlātōrĭum, *ii*, n., festin, banquet : Ambr. *Fug.* 8, 45.

epŭlātōrĭus, *a*, *um*, joyeux comme un banquet : **epulatoria... requies in Deo** Ambr. *Ep.* 67, 14, un joyeux repos en Dieu.

1 **epŭlō**, *ās*, *āre*, -, -, tr., ⓒ *epulor* : Fort. *Carm.* 10, 11, 24.

2 **epŭlo**, *ōnis*, m. (*epulum*) ¶ 1 épulon [prêtre qui présidait aux festins des sacrifices] : Cic. *de Or.* 3, 73 ; Liv. 33, 42, 1 ¶ 2 bon convive, banqueteur : Cic. *Att.* 2, 7, 3 ; Apul. *M.* 2, 19.

epŭlŏr, *ārīs*, *ārī*, *ātus sum* (*epulae*) ¶ 1 intr., manger, faire un repas, faire bonne chère, assister à un repas somptueux, à un festin : Cic. *Fin.* 2, 16 ; CM 45 ; Tusc. 1, 113 ; Virg. *En.* 3, 224 ¶ 2 tr., manger qqch. : Ov. *M.* 15, 111 ; Virg. *En.* 4, 606 ; Sen. *Tro.* 110.

epŭlōsus, *a*, *um* (*epulae*), où il y a beaucoup de plats [repas] : Cassiod. *Var.* 9, 6, 4.

epŭlum, *i*, n. (cf. *epulae*), repas public donné dans les solennités, repas sacré : Cic. *Mur.* 75 ; Liv. 25, 2, 10 ; **funebre** Cic. *Vat.* 30, repas de funérailles ‖ repas en général : Juv. 3, 229 ‖ [chrét.] nourriture spirituelle : Chrysol. *Serm.* 1, p. 187 A.

Epŷtĭdēs, *ae*, m. (Ἠπυτίδης), fils d'Épytus [Périphas, gouverneur d'Iule] : Virg. *En.* 5, 547.

Epŷtus, *i*, m., écuyer d'Anchise : Virg. *En.* 2, 340 ‖ un des compagnons d'Amphion : Stat. *Th.* 10, 400 ‖ roi d'Albe : Ov. *F.* 4, 44.

ĕqua, *ae*, f. (*equus* ; esp. *yegua*), jument, cavale : Cic. *Div.* 2, 49.

▶ dat.-abl. pl. ordinaire *equis* Varr. *R.* 2, 1, 19 ; Col. 6, 37, 8 ; Plin. 11, 237 ; *equabus* Serv. *G.* 3, 278 ; Cod. Just. 11, 75, 1.

Equaesi, *ōrum*, m. pl., peuple de Tarraconaise : Plin. 3, 28.

ĕquārĭus, *a*, *um* (*equus*), de cheval : **medicus** Val.-Max. 9, 15, 2, vétérinaire ‖ subst. m., palefrenier : Solin. 45, 8 ‖ subst. f., haras : Varr. *R.* 2, pr. 6.

ĕquĕs, *ĭtis*, m. (*equus* ; cf. *pedes*) ¶ 1 homme à cheval, cavalier : Hor. *O.* 1, 12, 26 ; Liv. 6, 32, 8 ; 28, 33, 15 ‖ cavalier, cavalerie : Caes. *G.* 1, 15, 3 ¶ 2 cavalier : Cic. *Clu.* 156 ; **equites** Cic. *Clu.* 152, l'ordre des chevaliers ‖ [sg. collectif] : Tac. *An.* 15, 48 ; Hor. *Ep.* 2, 1, 185.

ĕquestĕr, *tris*, *tre* (*equus*) ¶ 1 de cheval ou de cavalier, équestre : **statua equestris**

equester

Cic. Verr. 2, 150, statue équestre ; **pugna equestris** Cic. Verr. 4, 122, combat de cavalerie ‖ de cavaliers, de cavalerie : **equestres copiae** Cic. Fin. 2, 112, troupes de cavalerie ¶ 2 de chevalier : **equester ordo** Cic. Planc. 87, l'ordre des chevaliers, l'ordre équestre ‖ subst. m., ▶ **eques** : Tac. An. 12, 60.
▶ subst. m. equestris Liv. 27, 1, 11.

ĕquestrĭa, ĭum, n. pl., bancs de chevaliers au théâtre : Sen. Ben. 7, 12, 3 ; Petr. 126, 10.

Ĕquestris cŏlōnĭa (Jūlĭa ĕquestris cŏlōnĭa), f., la colonie équestre établie par César en Helvétie [Noviodunum, auj. Nyon] : Plin. 4, 106 ‖ **Equestres**, ium, m. pl., habitants de cette colonie : Anton. 348.

ĕquĭdem, adv. (3 e-, quidem), certes, sans doute, assurément [dans Cic. employé ordinairement avec la 1re personne] : Cic. Div. 1, 11 ; Fam. 11, 29, 2 ; 15, 4, 14 ; **vanum equidem hoc consilium est** Sall. C. 52, 16, c'est une mesure évidemment illusoire ‖ [annonçant une particule adversative] **equidem... sed (verum, tamen)**, il est vrai (oui)... mais : Cic. de Or. 2, 25 ; Fam. 12, 30, 3 ; CM 32 ; Liv. 4, 3, 2 ‖ [en part. détachant la pers. qui parle] quant à moi, pour moi : Cic. Brut. 143 ; Att. 6, 3, 4 ; Caes. C. 2, 32, 13.

ĕquĭfĕrus, i, m. (equus, ferus), cheval sauvage : Plin. 28, 159.

ĕquĭla, ▶ equula.

ĕquĭlĕ, is, n. (equus), écurie : Cat. Agr. 14, 1 ; Suet. Cal. 55.

ĕquīmentum, n. (equio), prix pour la saillie d'une jument : Varr. Men. 502.

ĕquĭmulga, ae, m. (equus, mulgeo), qui trait les juments, qui vit de leur lait, cf. ▶ caprimulgus : Sidon. Ep. 4, 1, 4.

ĕquīnus, a, um (equus), de cheval, de jument : Cic. Tusc. 5, 62 ‖ subst. m., étalon : CIL 6, 1082.

ĕquĭō, īs, īre, -, - (equus), intr., être en chaleur [en parl. d'une jument] : Plin. 10, 181.

ĕquĭrĭa, **ĕquirrĭa**, um (ōrum), n. pl. (*equicurria, cf. vén. ecupetaris), equiria, courses de chevaux instituées par Romulus en l'honneur de Mars : Ov. F. 2, 859, cf. P. Fest. 71, 15 ; 117, 26.

ēquĭrīnĕ, interj. (3 e-, quirinus ; cf. ecastor), par Quirinus = Romulus [formule de serment] : P. Fest. 71, 17.

ĕquĭsēta, ae, **-tis**, is, f., **-tum**, i, n., hippuris ou prêle des bois [plante] : Ps. Apul. Herb. 40 ; Plin. 18, 259 ; 26, 132.

ĕquīso, ōnis, m. (equus), celui qui dresse les chevaux, écuyer : Val. Max 7, 3, 2 ‖ **nauticus** Varr. d. Non. 106, 1, haleur.

ĕquĭtābĭlis, e (equito), favorable aux chevauchées de la cavalerie : Curt. 4, 9, 10.

ĕquĭtātĭo, ōnis, f. (equito), l'équitation : Plin. 28, 54.

1 **ĕquĭtātŭs**, ūs, m. (equito) ¶ 1 action d'aller à cheval : Plin. 28, 218 ¶ 2 cavalerie : Caes. G. 1, 15, 1 ¶ 3 l'ordre des chevaliers : Cic. Rep. 2, 36 ; 4, 2 ; Plin. 33, 35 ‖ galopade : Lucil. 1275, cf. Varr. L. 7, 103.

2 **ĕquĭtātus**, a, um (eques), de cavaliers : **cohors equitata** CIL 3, 8733, cohorte de cavalerie.

ĕquĭtĭārĭus, ii, m. (equitium), palefrenier : Firm. Math. 4, 13, 7.

ĕquĭtĭum, ii, n. (equus), haras : Ulp. Dig. 6, 1, 1 ; Col. 6, 27, 1.

Equĭtĭus, ii, m., nom d'un imposteur qui se fit passer pour le fils de Tibérius Gracchus : Val.-Max. 9, 7, 1.

ĕquĭtō, ās, āre, āvī, ātum (eques) ¶ 1 intr., chevaucher, faire des courses à cheval : Cic. Dej. 28 ‖ galoper [en parl. du cheval] : Lucil. 1284 ‖ piaffer : Lucil. 1275 ‖ [fig.] **per undas** Hor. O. 4, 4, 44, se déchaîner sur les ondes [en parl. du vent] ‖ chevaucher [sens obscène] : Juv. 6, 311 ¶ 2 tr. [au passif] : **flumen equitatur** Flor. 3, 4, 5, la cavalerie défile sur le fleuve [glace], cf. Claud. Get. 192 ; Sidon. Carm. 23, 249.

ĕquŏr, ārĭs, ārī, ātus sum (equus), cf. frumentor, faire la remonte [fournir des chevaux à l'armée] : CPL 112, 56.

ĕquŭla (**ĕcŭla**), ae, f. (equa), jeune cavale, pouliche : Pl. d. Prisc. 2, 114, 6.

ĕquŭlĕus (**ĕcŭl-**), i, m. ¶ 1 jeune cheval, poulain : Liv. 31, 12, 7 ; [vase en argent] Cic. Verr. 4, 42 ¶ 2 chevalet de torture : Cic. Mil. 57 ; **in eculeum conjici** Cic. Tusc. 5, 12 ; **imponi** Cic. Verr. 5, 13, être mis sur le chevalet de torture.

ĕquŭlus (**ĕcŭl-**), i, m. (dim. de equus), poulain : Varr. R. 2, 7, 13.

ĕquus (ĕcus), i, m. (*ekwos, cf. ἵππος, gaul. epo-, scr. aśva-s) ¶ 1 cheval : **equo optime uti** Cic. Dej. 28, être excellent cavalier ; ▶ **ascendere, conscendere, descendere, desilire** ; **duo juvenes cum equis albis** Cic. Nat. 2, 6, deux jeunes gens montés sur des chevaux blancs ; **ex equis pugnare visi sunt** Cic. Nat. 2, 6, on les vit combattre à cheval ; **quid legati in equis?** Cic. Pis. 60, que signifient ces lieutenants à cheval ? ¶ 2 cheval [= cavalerie] : **equo merere** Cic. Phil. 1, 20, servir dans la cavalerie ; **ad equum rescribere** Caes. G. 1, 42, 6, faire passer dans la cavalerie ; **equis virisque** Liv. 5, 37, 5, en faisant donner la cavalerie et l'infanterie ; [fig.] **equis viris** Cic. Phil. 8, 21, par tous les moyens ¶ 3 cheval des chevaliers : **equus publicus, privatus** Liv. 27, 11, 14, cheval fourni par l'État, fourni par le particulier ; ▶ **traducere, adimere** ¶ 4 [emplois divers] **a)** les chevaux = les courses de char : Virg. En. 9, 777 ; **in equis ire** Ov. A. A. 1, 214, aller avec un attelage **b)** machine de guerre : Plin. 7, 202 **c)** le cheval de Troie : Virg. En. 2, 112 **d)** Pégase [constellation] : Cic. Nat. 2, 111 ; Col. 11, 2, 31 **e) equus bipes** Virg. G. 4, 389, cheval marin ; **equus fluviatilis** Plin. 8, 30, hippopotame ; **equus ligneus** Pl. Ru. 268, navire.

Ĕquustūtĭcus ou **Ĕquus Tūtĭcus**, i, m., ville du Samnium : Cic. Att. 6, 1, 1 ; Porph. Hor. S. 1, 5, 87.

ēr (hēr), is, m. (cf. horreo, χήρ), hérisson : Nemes. Cyn. 57.

1 **ĕra (hĕra)**, ae, f., maîtresse de maison, maîtresse : Pl. Cas. 44 ‖ souveraine : **tergemina era** Val.-Flac. 1, 780, Hécate.

2 **ĕra**, ae, f., ▶ 2 aera ▶.

ērādĭcātĭo, ōnis, f. (eradico), déracinement : Tert. Res. 27, 6 ‖ [fig.] extirpation [des péchés] : Aug. Civ. 19, 23, 5.

ērādĭcātor, ōris, m., celui qui déracine : Aug. Serm. 312, 3.

ērādĭcĭtus (arch. **exr-**), adv., avec toutes les racines, radicalement : Pl. Most. 1112, cf. Front. Orat. 2, p. 156 N.

ērādĭcō (arch. **exr-**), ās, āre, āvī, ātum (e radice ; fr. arracher), tr., déraciner : Varr. R. 1, 27, 2 ‖ [fig.] détruire, exterminer, anéantir : Pl. Pers. 819 ; Truc. 660.
▶ inf. pass. eradicarier Pl. Aul. 300.

ērādō, ĭs, ĕre, rāsī, rāsum, tr. ¶ 1 enlever en raclant : [la terre] Varr. L. 5, 136 ‖ effacer en raclant, rayer : **aliquem albo senatorio** Tac. An. 4, 42, rayer qqn de la liste des sénateurs ; [poét.] **erasae genae** Prop. 4, 8, 26, joues rasées ¶ 2 retrancher, supprimer, détruire : Hor. O. 3, 24, 51 ; Sen. Ep. 11, 16.

ĕram, imparf. de sum.

ērāmen, ▶ aeramen.

Ĕrāna, ae, f. (Ἔρανα), bourg de Cilicie : Cic. Fam. 15, 4, 8.

ĕranthĕmŏn, i, n. (ἐράνθεμον), ▶ anthemis : Plin. 22, 53.

1 **ĕrănus**, i, m. (ἔρανος), sorte d'association de secours mutuel [avec contribution volontaire] : Traj. Plin. Ep. 10, 93.

2 **Eranus**, i, m., nom d'homme : CIL 4, 1450.

Eranūsa, ae, f., île sur les côtes du Bruttium : Plin. 3, 96.

ērāsī, parf. de erado.

Ĕrāsīnus, i, m. (Ἐρασῖνος), fleuve d'Argolide [auj. Kephalari] : Plin. 2, 225 ; Ov. M. 15, 276.

Ĕrăsistrătus, i, m. (Ἐρασίστρατος), médecin, petit-fils d'Aristote : Plin. 29, 5 ; Cels. praef. 3, 4.

ĕrastēs, ae, m. (ἐραστής), amant : Front. Var. 7, 1, p. 253 N.

Erastus, i, m., nom d'homme : CIL 5, 6821.

ērāsus, a, um, part. de erado.

Eratănŏs, f., île près du littoral de la Troglodytique : Plin. 6, 169.

Ĕrătō, ūs, f. (Ἐρατώ), muse de la poésie amoureuse : Ov. F. 4, 195 ‖ muse [en gén.] : Virg. En. 7, 37.

Ĕrătosthĕnēs, is, m. (Ἐρατοσθένης), Ératosthène [savant célèbre de Cyrène, bibliothécaire d'Alexandrie] : Cic. *Att.* 2, 6; Caes. *G.* 6, 24, 2.

Eravisci, *ōrum,* m. pl., peuple de Pannonie : Plin. 3, 148.

Erbesŏs (Herb-), (-ssos), *i,* f., Erbesse [ville de Sicile] : Liv. 24, 30, 10 ‖ **-ssenses,** *ium,* m. pl., Plin. 3, 81.

Ercavĭca, -censes, C.▶ *Ergavica.*

erciscō (herc-), *ĭs, ĕre,* -, - (*erctum, disertio,* cf. hit. ark-), tr., [existe seul¹ à l'adj. verbal] partager : ***herciscundae familiae causa*** Cic. *de Or.* 1, 237, une affaire de partage du patrimoine [*familiae = rei familiaris*], cf. Cic. *Caecin.* 19.

erctum (herc-), *i,* n. (*ercisco*), partage [seul¹ avec le verbe *ciere*] : ***herctum ciere*** Cic. *de Or.* 1, 237, provoquer un partage [de succession] ; [sorte d'expr. adv.] ***ercto non cito*** Gell. 1, 9, 12 [*ertononcito* ms. V] par indivis, cf. P. Fest. 72, 20.

erctus (herc-), *i,* m., C.▶ *erctum :* Gloss. 2, 578, 44.

Ercynnum, *i,* n., fleuve de Béotie : Plin. 31, 15.

Ěrĕbēus, *a, um,* V.▶ *Erebus.*

Erĕbinthōtē, *ēs,* f., île de la Propontide : Plin. 5, 157.

Ěrĕbus, *i,* m. (Ἔρεβος), Érèbe [divinité infernale] : Cic. *Nat.* 3, 44 ‖ les enfers, l'Érèbe : Virg. *G.* 4, 471 ‖ **-bēus,** *a, um,* de l'Érèbe : Ov. *Ib.* 225.

Erechtheūs, *ĕi,* m. (Ἐρεχθεύς), Érechthée [roi d'Athènes] : Cic. *Tusc.* 1, 116 ‖ titre d'une pièce d'Ennius : Gell. 7, 16, 9 ‖ **-ēus,** *a, um,* Érechthéen, d'Athènes : Ov. *F.* 5, 204.

Erechthīdae, *ārum,* m. pl., les Athéniens : Ov. *M.* 7, 430.

Erechthis, *ĭdis,* f., fille d'Érechthée [Orythie ou Procris] : Ov. *H.* 16; *M.* 7, 726.

ērectē, adv. (*erectus*), [inus.] avec hardiesse : **-tius** Gell. 6, 3, 55.

ērectĭo, *ōnis,* f. (*erigo*), action d'élever, de dresser, érection : Vitr. 10, 6, 4; Amm. 17, 4, 15 ‖ [fig.] orgueil : Vulg. *Job* 22, 20.

ērectŏr, *ōris,* m. (*erigo*), celui qui érige, qui construit : Aug. *Petil.* 1, 10, 11 ‖ [fig.] celui qui relève : Mar. Vit. *Gen.* 26.

ērectus, *a, um* ¶ **1** part. de *erigo* ¶ **2 a)** élevé, dressé, droit : Cic. *Or.* 59; Caes. *G.* 3, 13, 2 **b)** [fig.] haut, élevé, noble : Cic. *Tusc.* 5, 42; *Dej.* 36; Quint. 11, 1, 16 ‖ qui va la tête haute, fier, superbe, qui se rengorge : Cic. *de Or.* 1, 184 ‖ à l'esprit tendu, attentif : Cic. *Brut.* 200 ‖ [fig.] ***erecti ad libertatem recuperandam*** Cic. *Phil.* 4, 11, ardents à reconquérir la liberté ‖ encouragé, le cœur haut, plein de confiance : Cic. *CM* 75 ‖ **-tior** Cic. *Phil.* 4, 2 ‖ **-tissimus** Jul.-Val. 1, 30.

Ěrembi, *ōrum,* m. pl. (Ἐρεμβοί), peuple d'Afrique [les Troglodytes] : Prisc. *Perieg.* 170.

ěrēmĭa, *ae,* f. (ἐρημία), désert, solitude : VL. *Num.* 20, 4 (*Lugd.*).

▶ *solitudo* dans la Vulg.

ěrēmĭgō, *ās, āre, āvī, ātum* (*ex, remigo*), tr., parcourir en ramant (à la rame), franchir en naviguant : Sil. 14, 191; Plin. 2, 168.

ěrēmīta, *ae,* m. (ἐρημίτης ; cf. it. *romito*), solitaire, ermite : Sulp. Sev. *Dial.* 1, 17, 1.

ěrēmītĭcus, *a, um* (*eremita*), d'ermite : Cassian. *Coll.* 19, 6, 5.

ěrēmītis, *ĭdis,* f. (ἐρημῖτις), d'ermite : Sidon. *Ep.* 8, 14, 3.

ěrēmĭzō, *ās, āre,* -, - (ἔρημος), tr., faire le vide : Cass. Fel. 51, p. 135.

ěrēmŏdĭcĭum, *ii,* n. (ἐρημοδίκιον), défaut, contumace [droit] : Ulp. *Dig.* 46, 7, 13.

ěrēmus, *i,* m. (ἔρημος; it. *ermo*), désert, solitude : Prud. *Cath.* 7, 89 ‖ **-mus,** *a, um,* désert : Rufin. *Orig. Hept.* 4, 17, 1; subst. n. pl., Cod. Just. 11, 57, 4.

ērēpō, *ĭs, ĕre, repsī, reptum* ¶ **1** intr., sortir en rampant, en se traînant : Pl. *Aul.* 628; Sil. 15, 617 ‖ monter en rampant : Suet. *Tib.* 60 ‖ [fig.] s'élever insensiblement : Sen. *Ep.* 101, 2 ¶ **2** tr., traverser en rampant : Juv. 6, 526 ‖ gravir avec peine : ***erepsemus*** (= *erepsissemus*) Hor. *S.* 1, 5, 79.

ēreptĭo, *ōnis,* f. (*eripio*), spoliation, vol : Cic. *Verr.* 4, 10.

ēreptō, *ās, āre,* -, - (fréq. de *erepo*), tr., gravir péniblement (une pente) : Ps. Cypr. *Sod.* 92.

ēreptŏr, *ōris,* m. (*eripio*), ravisseur, spoliateur, voleur : Cic. *Sest.* 109.

ēreptōrĭus, *a, um,* qui doit être ôté, enlevé [not¹ dans un testament, par l'effet des lois caducaires] : Ulp. *Reg.* 19, 17; Gloss. 5, 598, 31.

ēreptus, *a, um,* part. de *eripio.*

ērēs, *ēdis,* V.▶ *hērēs.*

Eresi, *ōrum,* m. pl., ville d'Éolide : Plin. 5, 123.

Eressŏs (-ĕsos, -essus), *i,* f., ville de Lesbos : Mel. 2, 101.

Ērētīnus, *a, um* (*Eretum*), d'Érétum : Tib. 4, 8, 4.

Ěrētrĭa, *ae,* f. (Ἐρέτρια), Érétrie ¶ **1** [ville de l'Eubée, patrie du philosophe Ménédème] : Cic. *Ac.* 2, 129 ‖ **-trĭus,** *a, um* (**-triensis, e**), Érétrien, d'Érétrie : Plin. 33, 163; Nep. *Paus.* 2 ‖ **-trĭăci (-trĭci),** *ōrum,* m. pl., les disciples de Ménédème : Cic. *Ac.* 2, 109; *de Or.* 3, 62 ‖ **-trĭenses, ium,** m. pl., habitants d'Érétrie : Liv. 35, 38 ¶ **2** ville de Thessalie : Liv. 32, 13, 9; 33, 6, 10.

Ěrētum, *i,* n., ville des Sabins située sur le Tibre [auj. Cretona] : Liv. 3, 26, 2.

ērexī, parf. de *erigo.*

ergā (cf. 1 *ergo, citra*), prép. avec acc. ¶ **1** vis-à-vis, en face : Pl. *Truc.* 406 ¶ **2** à l'égard de, envers, pour : Cic. *Fin.* 1, 68; ***bonitas erga homines*** Cic. *Nat.* 2, 60, bonté envers les hommes ; ***erga meam salutem*** Cic. *Att.* 8, 3, 2, pour mon salut ‖ [idée d'hostilité] Pl. *Ps.* 1020; Tac. *H.* 2, 99 ‖ relativement à, concernant, au sujet de : Tac. *An.* 4, 74; Plin. *Pan.* 55, 3.

▶ dans l'ancienne langue pouvait se trouver après son régime : ***med erga*** Pl. *As.* 20, " à cause de moi ".

ergastērĭum, *ii,* n. (ἐργαστήριον), atelier, boutique : Cod. Th. 7, 8, 5.

ergastĭcus, *a, um* (ἐργαστικός), qui réalise, qui met en application : Capel. 6, 715.

ergastĭlus, *i,* m. (cf. *ergastulum*), esclave détenu : Lucil. 503, cf. Non. 447, 5.

ergastŭlāris, *e* (**-lārius, a, um**), qui concerne les prisons d'esclaves : Sidon. *Ep.* 7, 9, 20; Amm. 14, 11.

ergastŭlārĭus, *ii,* m., geôlier d'une prison d'esclaves : Col. 1, 8, 17.

ergastŭlum, *i,* n. (cf. ἐργαστήριον), ergastule [atelier d'esclaves et bâtiment où on les enfermait après les plus durs travaux; on y enfermait aussi certains condamnés] : Cic. *Clu.* 21 ‖ pl., esclaves en ergastule, détenus : Caes. *C.* 3, 22, 2; Juv. 14, 24.

ergăta, *ae,* m. (ἐργάτης), cabestan : Vitr. 10, 2, 7.

ergătĭcus, *a, um* (ἐργατικός), d'ouvrier, d'artisan : Not. Tir. 109, 81.

Ergavĭa, C.▶ *Ergavica.*

Ergavĭca, *ae,* f., ville de la Celtibérie Atlas IV, C3 : Liv. 40, 50, 1 ‖ **-censes, ium,** m. pl., habitants d'Ergavica : Plin. 3, 24.

Ergenna, *ae,* m., nom d'un haruspice : Pers. 2, 26.

Ergĕtĭum (Herg-), *ĭi,* n., ville de Sicile Atlas XII, G4 : Sil. 14, 251 ‖ **-īni,** *ōrum,* m. pl., habitants d'Ergetum : Plin. 3, 91.

Ergeūs, *ĕi* ou *ĕos,* m., Ergée [père de Céléno] : Hyg. *Fab.* 157.

Ergīnus (-nos), *i,* m. (Ἐργῖνος) ¶ **1** fleuve de Thrace : Mel. 2, 24 ¶ **2** un des Argonautes : Val.-Flac. 1, 415.

1 ergō (de *e rogo,* cf. *ex, rogus, e regione, pergo*)

I [prép. avec gén.] [touj. précédée de son régime], à cause de : ***victoriae ergo*** Liv. 28, 39, 16, à cause de la victoire ‖ [employée dans des formules] : Cic. *Opt.* 19; *Att.* 3, 23, 2; *Leg.* 2, 59, cf. Lucr. 5, 1246; Virg. *En.* 6, 670.

II [conj. de coordination] donc, ainsi donc, par conséquent : Enn. d. Cic. *CM* 10; Cic. *Fin.* 2, 34 ‖ [avec pléonasme] : ***ergo igitur*** Pl. *Trin.* 756; ***itaque ergo*** Ter. *Eun.* 317; Liv. 1, 25, 2; 3, 31, 5 ‖ [concl. logique] : Cic. *Fin.* 2, 97; 5, 24; *Lae.* 88; ***ergo etiam*** Cic. *Nat.* 3, 43; 3, 51; ***ergo adeo*** Cic. *Leg.* 2, 23, donc aussi, donc encore ‖ [interrog. pressante, souvent avec une parataxe] : ***ergo seret agricola..., vir magnus... non seret ?*** Cic. *Tusc.* 1, 31, ainsi donc, le cultivateur plantera... et un grand citoyen ne plantera pas... ? Cic. *Tusc.* 2, 39; 2, 41; *Arch.* 17; 19; 22; ***quid ergo ? hoc pueri possunt, viri non poterunt ?*** Cic. *Tusc.* 2, 34, quoi donc ? c'est possible pour des enfants, ce sera

ergo

impossible pour des hommes? ‖ [reprise d'une pensée après une interruption]: **tres ergo, ut dixi, viae** Cic. Phil. 12, 22, il y a donc, comme je l'ai dit, trois routes, cf. Cic. Part. 46; Tusc. 1, 14; Fin. 2, 113; Fam. 15, 10, 1.
▶ ergo se trouve avec finale brève dans Ov., Luc., Val.-Flac., Claud.

2 **ergō**, *ās*, *āre*, -, -, C.▶ circo: Gloss. 4, 508, 48.

ergŏlăbus, *i*, m. (ἐργολάβος), entrepreneur: Cod. Just. 4, 59, 2, 1.

ĕrīcaeus, *a*, *um*, fait avec la bruyère nommée *erice*: Plin. 11, 41.

ĕrīcē, *ēs*, f. (ἐρείκη), bruyère en arbre, grande espèce de bruyère: Plin. 24, 64.

Ĕrichtheūs, v.▶ Erechtheus.

Ĕrichthō, *ūs*, f. (Ἐριχθώ), Érichtho [nom d'une magicienne de Thessalie]: Ov. H. 15, 139.

Ĕrichthŏnĭus, *ii*, m. (Ἐριχθόνιος), Érichthon [roi d'Athènes, inventeur du quadrige et des courses de chars; changé en constellation]: Virg. G. 3, 113; Ov. M. 2, 553 ‖ roi des Troyens, fils de Dardanus: Ov. F. 4, 33 ‖ **-ĭus**, *a*, *um*, d'Athènes: Prop. 2, 6, 4 ‖ de Troie: Culex 336.

Ericĭnĭum, *ii*, n., ville de Thessalie: Liv. 36, 13, 4.

ērĭcīnus (**hērĭcīnus**), *a*, *um* (ericius), de hérisson: Aug. Faust. 30, 1.

ērĭcius (**ērĭcĭus**), *ii*, m. (er), hérisson: Varr. d. Non. 49, 10 ‖ [milit.] chevaux de frise: Caes. C. 3, 67, 5.

Ĕrĭcūsa, *ae*, f., une des îles Éoliennes: Plin. 3, 94 ‖ île près de Corcyre: Plin. 4, 53.

Ērĭdănus, *i*, m. (Ἠριδανός), l'Éridan ou le Pô [fleuve de l'Italie supérieure]: Virg. G. 4, 372 ‖ l'Éridan [constellation]: Hyg. Astr. 2, 32.

ĕrĭfŭga (**h-**), *ae*, m. (erus, fugio), esclave fugitif: Catul. 63, 51.

ērĭgĕrōn, *ontis*, m. (ἠριγέρων), séneçon [plante]: Plin. 25, 167.

ērĭgō, *is*, *ĕre*, *rēxī*, *rectum* (ex, rego, esp. erguir), tr. ¶ **1** mettre droit: **natura hominem erexit** Cic. Leg. 1, 26, la nature a donné à l'homme la station verticale; **arborem erigere, extollere** Cic. Fin. 5, 39, faire pousser un arbre droit, en hauteur ‖ dresser, mettre debout: **parvi conituntur sese ut erigant** Cic. Fin. 5, 42, les petits enfants font effort pour se mettre debout; **scalas ad moenia** Liv. 32, 14, 2, dresser des échelles contre les murs ‖ ériger, construire: **turres** Caes. C. 1, 26, 1, ériger des tours ‖ lever: **oculos** Cic. Sest. 68, lever les yeux; **digito erecto** Quint. 11, 3, 120, avec le doigt dressé ‖ élever, mettre sur un lieu élevé: **aciem in collem** Liv. 10, 26, 8, faire monter l'armée sur une colline [Liv. 3, 18, 7; 9, 43, 20; 10, 14, 14] ¶ **2** [fig.] dresser, éveiller, rendre attentif: **erigite mentes auresque vestras** Cic. Sull. 33, tenez en éveil vos esprits et vos oreilles; **ad audiendum animos eriximus** Cic. Ac. 2, 10, nous nous préparâmes à écouter avec attention; **se erigere** Cic. Amer. 60, dresser la tête, être attentif; **erectus** Cic. Brut. 200, la tête levée, attentif; **aculeos severitatis in rem erigere** Cic. Cael. 29, pointer contre une chose les aiguillons de la sévérité ¶ **3** [fig.] redresser, relever, rendre courage: **erigebat animum jam demissum et oppressum Oppianicus** Cic. Clu. 58, Oppianicus redressait son propre courage déjà affaissé et abattu, cf. Cic. Clu. 200; Att. 1, 16, 9; Verr. 3, 212; **se erigere** Cic. Brut. 12, se relever, reprendre courage, confiance; pass., **erigi** Hor. S. 2, 8, 58, même sens ‖ **videtisne refertum forum populumque Romanum ad spem reciperandae libertatis erectum?** Cic. Phil. 3, 32, voyez-vous le forum rempli par la foule et le peuple romain tendu vers l'espoir de ressaisir la liberté?; **in spem erectus** Tac. H. 2, 74, transporté d'espoir ‖ [chrét.] ressusciter: Ambr. Ep. 2, 18, 5 ‖ renforcer: **sententiam erigere** Tert. Res. 36, 1, donner force à un avis.

Ĕrĭgŏnē, *ēs*, f. (Ἠριγόνη), Érigone [fille d'Icare, changée en constellation (la Vierge)]: Virg. G. 1, 33; Ov. M. 6, 125 ‖ fille d'Égisthe et de Clytemnestre: Hyg. Fab. 122 ‖ **-nēĭus**, *a*, *um*, d'Érigone [fille d'Icare]: Ov. F. 5, 723.

1 **Ĕrĭgŏnus**, *i*, m. (Ἐρίγων), rivière de Macédoine [auj. Crna]: Liv. 31, 39, 6.

2 **Ĕrĭgŏnus**, *i*, m. (Ἠρίγονος), nom d'un peintre: Plin. 35, 145.

ĕrīlis (**hĕrīlis**), *e*, du maître, de la maîtresse: **erilis filius, filia** Ter. And. 602; Ad. 301; Eun. 962, le fils, la fille de la maison, cf. Pl. Mil. 122; Virg. En. 8, 462; Hor. Ep. 2, 2, 6.

Erillus (**He-**), *i*, m. (Ἤριλλος), nom d'un philosophe stoïcien: Cic. Fin. 2, 34 ‖ **-līi**, *ōrum*, m. pl., disciples d'Érillus: Cic. de Or. 3, 62.

ĕrīnācĕus, v.▶ herinaceus.

Erindēs, acc. *ēn*, m., fleuve entre la Médie et l'Hyrcanie: Tac. An. 11, 10.

Erīnĕŏn, *i*, n., ville de la Doride: Plin. 4, 28.

1 **ĕrīnĕŏs** (**-us**), *i*, f. (ἐρινεός), plante inconnue: Plin. 23, 131.

2 **Erīnĕŏs**, *i*, f., ville d'Achaïe: Plin. 4, 12.

Ĕrinnē, *ēs* (**-inna**, *ae*), f. (Ἤριννη), Érinne [poétesse de Lesbos]: Prop. 2, 3, 22; Plin. 34, 57.

Ĕrinnȳs (**Ĕrīnȳs**), *yos*, f. (Ἐρινύς), Érinnys [une des Furies]: Virg. En. 7, 447 ‖ [fig.] **civilis** Luc. 4, 187, la fureur des guerres civiles ‖ furie, fléau: Virg. En. 2, 573 ‖ pl., Érinnyes, les Furies: Prop. 2, 20, 29.

Ĕrīnȳs, v.▶ Erinnys.

ĕrĭŏphŏrŏs, *i*, m. (ἐριοφόρος), variété d'oignon cotonneux: Plin. 19, 32.

ĕrĭoxўlŏn, *i*, n. (ἐριόξυλον), coton: Ulp. Dig. 32, 1, 70.

1 **ĕrĭphīa**, *ae*, f. (ἐριφεία), plante inconnue: Plin. 24, 168.

2 **Ĕrĭphīa**, *ae*, f., Ériphie [Naïade]: Hyg. Fab. 182.

Ĕrĭphĭus, *ii*, m., nom d'homme: Sidon. Ep. 5, 17, 1.

Ĕrĭphȳla, *ae* (**-lē**, *ēs*), f. (Ἐριφύλη), Ériphyle [épouse d'Amphiaraüs]: Cic. Verr. 4, 39; Virg. En. 6, 445 ‖ **-aeus**, *a*, *um*, d'Ériphyle: Stat. Th. 4, 211.

ĕrĭpĭō, *is*, *ĕre*, *rĭpuī*, *reptum* (ex, rapio), tr. ¶ **1** tirer hors de, arracher, enlever: **aliquem ex manibus alicujus** Cic. Verr. 1, 9, arracher qqn des mains de qqn (Caes. G. 1, 53, 6); **aliquem ex media morte** Cic. Verr. 5, 12, arracher qqn du milieu de la mort ‖ **aliquem a morte** Cic. Div. 2, 25, arracher qqn à la mort; **aliquem, aliquid ab aliquo** Ter. Eun. 752; Caes. C. 1, 2, 3; Cic. Verr. 1, 27; 3, 86, arracher qqn, qqch. à qqn ‖ **mihi praeda de manibus eripitur** Cic. Verr. 1, 142, on m'arrache la proie des mains; **si qua vis istum de vestra severitate eripuerit** Cic. Verr. 5, 173, si quelque pouvoir l'arrache à votre sévérité ‖ **aliquid, aliquem alicui** Cic. Off. 1, 43; Phil. 2, 43; Vat. 36; Cael. 59; Lae. 102, enlever qqch., qqn à qqn ‖ **se eripuit flamma** Cic. Brut. 90, il se tira de l'incendie; **aliquem carceri** *Sen. Pol. 14, 4, tirer qqn de prison ¶ **2** [avec ne subj.] soustraire à l'obligation de: **per eos, ne causam diceret, se eripuit** Caes. G. 1, 4, 2, grâce à leur entremise, il sut se soustraire à l'obligation de se défendre; **ab iis se ereptum, ne de ambitu causam diceret, praedicabat** Cic. Sest. 18, il proclamait hautement qu'ils l'avaient soustrait à l'obligation de se défendre sur une accusation de brigue; **vix eripiam quin** Hor. S. 2, 2, 23, j'aurai peine à obtenir que... ne... pas... ¶ **3** [fig.] enlever, faire disparaître: **eripere lucem** Cic. Nat. 1, 6, dérober la lumière, obscurcir une question; **ut, his ereptis, omnis usus navium uno tempore eriperetur** Caes. G. 3, 14, 7, en sorte que, ces voiles étant enlevées, toute utilisation des navires était enlevée du même coup ‖ **posse loqui eripitur** Ov. M. 2, 483, la faculté de parler est enlevée ¶ **4** [poét.] prendre vivement: **eripe fugam** Virg. En. 2, 619, hâte-toi de fuir.

Ĕrĭs, *ĭdis*, f. (Ἔρις), Éris [déesse de la discorde]: Hyg. Fab. 92.

Ĕrĭsichthōn, v.▶ Erysichthon.

ĕrĭsisceptrum (**ery-**), *i*, n. (ἐρεισίσκηπτρον, ἐρυσί-), astragale [plante]: Plin. 12, 110; 24, 112.

ĕrisma, *ae*, f., **ĕrismata**, *ōrum*, n. pl. (ἔρεισμα), étai, arc-boutant, soutien: Vitr. 6, 8, 6; 10, 1, 2.

ĕrĭthăcē, *ēs*, f. (ἐριθάκη), nourriture des abeilles: Plin. 11, 17 ‖ suc gommeux dont elles enduisent les ruches, propolis: Varr. R. 3, 16, 23.

ĕrĭthăcus, *i*, m. (ἐριθακός), rouge-gorge [oiseau]: Plin. 10, 86.

ĕrĭthălĕs, *is*, n. (ἐριθαλές), herbe qui croît dans les murs [orpin] : Plin. 25, 160.

ĕrīthĕus, *ĕi*, m. (ἐριθεύς), ⚐ erithacus : Avien. Arat. 1764.

Eritĭum, *ii*, n., ville de Thessalie : Liv. 36, 13, 4.

ĕrĭtūdo (hĕrĭtūdo), *ĭnis*, f., puissance de maître : Gloss. 2, 268, 48 ‖ esclavage : P. Fest. 73, 7.

ērīvō, *ās, āre*, -, - (*e, rivo*), tr., faire écouler par des rigoles : *Plin. 17, 249 ; ⚐ derivo.

Ĕriza, *ae*, f. (Ἔριζα), ville de Carie Atlas VI, C4 ; IX, C2 : Liv. 38, 14 ‖ **-zēnus**, *a, um*, d'Ériza : Plin. 10, 124.

Ernāgīnum, *i*, n., **-nus**, *i*, m., Ernagine [ville de la Viennoise] : Anton. 344 ‖ **-nenses**, *ium*, m., habitants d'Ernagine : CIL 12, 982.

ernĕum (her-), *i*, n. (cf. *hirnea*), gâteau cuit dans un pot (*hirnea*) : Cat. Agr. 81.

1 ĕro, *ĭs, it*, fut. de *sum*.

2 ĕro (aero), *ōnis*, m. (obscur ; f. aerumna ?), panier d'osier : Vitr. 5, 12, 5.

ĕrōdĭo (her-), *ōnis* (**-dĭus**, *ĭi*), m. (ἐρωδιός), héron [oiseau] : VL. *Job* 39, 13 ; Vulg. *Psal.* 103, 17.

ērōdō, *ĭs, ĕre, rōsī, rōsum*, tr., ronger, manger, brouter : Cic. d. Plin. 30, 146 ; Plin. 11, 104 ‖ ronger, corroder : Sen. *Ep.* 91, 11 ; Plin. 31, 27 ‖ [part. prés. employé subst^t, n. pl.] *erodentia* corrosifs : Plin. 24, 89.

ĕrŏgātĭo, *ōnis*, f. (*erogo*) ¶ 1 distribution, dépense, paiement : Cic. *Att.* 15, 2, 34 ; Plin. *Pan.* 41, 1 ; Tac. *An.* 13, 50 ‖ *aquarum* Frontin. *Aq.* 77, distribution des eaux ¶ 2 abrogation (d'une loi) : Tert. *Idol.* 15.

ĕrŏgātŏr, *ōris*, m. (*erogo*), celui qui distribue aux soldats la paye et les vivres : Cod. Just. 12, 38, 16 ‖ *virginis* Tert. *Pud.* 16, 20, celui qui sacrifie la virginité d'une fille (en la donnant en mariage).

ĕrŏgātŏrĭum, *ii*, n., vestiaire : Gloss. 5, 612, 52.

ĕrŏgātŏrĭus, *a, um* (*erogo*), qui sert à distribuer, de distribution : Frontin. *Aq.* 34.

ĕrŏgĭtō, *ās, āre*, -, - (fréq. de *erogo*), tr., demander instamment : Pl. *Cap.* 952 ; Sil. 10, 476.

ĕrŏgō, *ās, āre, āvī, ātum*, tr. ¶ 1 faire sortir pour distribuer, payer : *pecuniam ex aerario* Cic. *Flac.* 30, faire une sortie d'argent (prélever (d'argent) pour qqch., cf. *Att.* 6, 1, 21 ; Liv. 1, 20, 5 ‖ [en gén.] dépenser : Suet. *Ner.* 30 ‖ *aliquem* Tert. *Apol.* 44, 1, fournir (sacrifier) qqn ¶ 2 fléchir (par des prières) : *erogatus* Apul. *M.* 5, 13, qui s'est laissé fléchir.

ĕrōnālis, *e*, espèce de résine : Pelag. 252.

Ĕrōs, *ōtis*, m. (Ἔρως), l'Amour [personnifié] [en grec] : Aus. *Epist.* 77 (126), 1 ‖ Éros [comédien contemporain de Roscius] : Cic. *Com.* 30 ‖ nom d'un grand nombre d'esclaves et d'affranchis romains : Cic. *Att.* 10, 15, 1.

ērōsĭo, *ōnis*, f. (*erodo*), action de ronger, érosion : Plin. 23, 70.

ērōsus, part. de *erodo*.

ĕrōtēma, *ătis*, n. (ἐρώτημα), interrogation [rhét.] : Capel. 5, 124.

ĕrōtĭcus, *a, um* (ἐρωτικός), érotique : Gell. 19, 9, 4.

ĕrōtŏpaegnĭa, *ōn*, pl. (ἐρωτοπαίγνια), poésies érotiques : Gell. 2, 24, 8 ; Prisc. 2, 484, 14.

ĕrōtundātus, *a, um*, arrondi : Sidon. *Ep.* 9, 7, 3.

ĕrōtўlŏs, *i*, f. (ἐρωτύλος), pierre précieuse inconnue : Plin. 37, 160.

errābĭlis, *e*, sujet à errer : Suet. *Frg.* 127.

errābundus, *a, um* (*1 erro*), errant : Lucr. 4, 692 ; Liv. 1, 29, 3 ; Suet. *Caes.* 31 ; Virg. *B.* 6, 58.

errānĕus, *a, um*, ⚐ *errans* : Aldh. *Virgin.* 7, p. 234, 18.

errans, *tis*, part.-adj. de *1 erro*, errant, vagabond : *errantes stellae* Cic. *Tusc.* 1, 62, les planètes ‖ [fig.] *errans sententia* Cic. *Nat.* 2, 2, opinion flottante.

errantia, *ae*, f. (*1 erro*), action de s'égarer : Acc. *Tr.* 469.

errātīcĭus, *a, um*, disposé à errer [fig.] : Ps. Front. *Diff.* 7, 528, 5.

errātĭcus, *a, um* (*1 erro*), errant, vagabond : Ov. *M.* 6, 333 ; Gell. 9, 01, 2 ; *lapsu erratico* Cic. *CM* 52, [en parl. de la vigne] se déployant en jets vagabonds ‖ qui pousse n'importe où, sauvage [plante] : Cat. *Agr.* 157, 12 ; Plin. 20, 92 ‖ [chrét.] erroné : *erraticae interpretationes* Cassian. *Inc.* 5, 7, 6, les interprétations erronées ‖ hérétique : *erratica opinio* Hil. *Trin.* 7, 8, une pensée hérétique ‖ [subst. pl.] les hérétiques : Lucif. *Non conv.* 11.

errātĭlis, *e* (*1 erro*), errant : Cassiod. *Var.* 1, 21, 3.

errātĭo, *ōnis*, f. (*1 erro*), action d'errer, de s'égarer ; détour, chemin plus long : Pl. *Ru.* 180 ; Cic. *Nat.* 2, 56 ‖ [fig.] égarement, faute : Lact. *Inst.* 5, 17, 29.

errātŏr, *ōris*, m. (*1 erro*), qui erre, vagabond : Ov. *H.* 9, 55.

errātrix, *īcis*, f., errante : Ps. Front. *Diff.* 7, 528, 10.

errātum, *i*, n. (*1 erro*), erreur, faute : Cic. *Fin.* 1, 28 ; *Lig.* 1.

1 errātus, *a, um*, part. de *1 erro*.

2 errātŭs, *ūs*, m., action de s'égarer : Ov. *M.* 4, 567.

1 errō, *ās, āre, āvī, ātum* (*erso, cf. got. airzeis ; it. errare*)

I intr. ¶ 1 errer, aller çà et là, marcher à l'aventure : Cic. *Clu.* 175 ; *circum villulas* Cic. *Att.* 8, 9, 3, visiter à l'aventure ses maisons de campagne ‖ [fig., en parl. du style] : Cic. *de Or.* 1, 209 ; *Or.* 77 ‖ *erro, quam insistas viam* Pl. *Mil.* 793, je ne vois pas où tu veux en venir ¶ 2 faire fausse route, se fourvoyer, s'égarer : *erravitne via ?* Virg. *En.* 2, 739, s'est-elle trompée de route ? ‖ [fig.] s'écarter de la vérité, être dans l'erreur, se méprendre : *tota errare via* Ter. *Eun.* 245, se tromper du tout au tout ; *vehementer, valde* Cic. *Ac.* 2, 103 ; *de Or.* 2, 83, se tromper fortement ; *cum Platone* Cic. *Tusc.* 1, 39, avoir tort avec Platon ; *in eo non tu quidem tota re, sed temporibus errasti* Cic. *Phil.* 2, 23, là-dessus (à ce propos), tu t'es fourvoyé non pas sur le fait totalement, mais sur les dates ; *in alteram partem* Quint. 10, 1, 26, se tromper dans un sens ou dans l'autre ‖ *hoc, aliquid errare* Ter. *Phorm.* 804 ; Quint. 2, 5, 16, se tromper sur ce point, sur un point ‖ [pass. impers.] *erratur in nomine* Cic. *Fin.* 4, 57, on se trompe sur le nom ‖ commettre une faute, faillir, pécher par erreur : Sall. *J.* 102, 5 ; 104, 4.

II tr. [poét.] *errata litora* Virg. *En.* 3, 690, rivages parcourus à l'aventure, cf. Ov. *F.* 4, 573.

2 errō, *ōnis*, m. (*1 erro*), vagabond, flâneur : Hor. *S.* 2, 7, 113 ; Plin. *Ep.* 2, 10, 5 ; *Sen. *Ben.* 6, 11, 2 ‖ planète : Nigid. d. Gell. 3, 10, 2.

errōnĕus, *a, um*, errant, vagabond : *Sen. *Ben.* 6, 11, 2 ; Col. 7, 12, 5 ‖ [fig.] qui est dans l'erreur : Cassiod. *Psalm.* 70, 24.

errŏr, *ōris*, m. (*erro*) ¶ 1 action d'errer çà et là, course à l'aventure, détour, circuit : Cic. *Verr.* 4, 108 ; *Off.* 1, 103 ; *Rep.* 2, 7 ; Virg. *En.* 1, 755 ‖ [fig.] incertitude, indécision, ignorance : Pl. *Merc.* 347 ; Lucr. 4, 1077 ; Cic. *Nat.* 1, 2 ; *Off.* 3, 19 ; *veri* Tac. *H.* 2, 72, ignorance de la vérité ; [avec interrog. indir.] *error, Cursorne Papirius... an...* Liv. 9, 15, 11, l'incertitude de savoir si c'est Papirius Cursor... ou..., cf. 1, 24, 1 ¶ 2 erreur, illusion, méprise : Cic. *Leg* 2, 43 ; *Brut.* 293 ; *Fin.* 1, 37 ; *errorem deponere* Cic. *Phil.* 8, 32, ouvrir les yeux, revenir de son erreur ; *errorem facere* Liv. 27, 47, 4, causer une méprise [*alicui* Sen. *Ep.* 67, 6, induire qqn en erreur] ‖ égarement de l'esprit, délire, aberration, folie : *error mentis* Cic. *Att.* 3, 13, 2 ; [*error* seul chez les poètes] Hor. *P.* 454 ; Virg. *G.* 3, 5, 13 ‖ [poét.] moyen de tromper, tromperie : Virg. *En.* 2, 48 ; Liv. 22, 1, 3 ‖ faute, manquement, erreur : Ov. *Pont.* 4, 8, 20.

ĕrŭbescentĭa, *ae*, f. (*erubesco*), action de rougir de honte, honte, pudeur : Tert. *Paen.* 10, 1.

ĕrŭbescō, *ĭs, ĕre, rubŭī*, - ¶ 1 intr., rougir, devenir rouge : Ov. *Am.* 2, 8, 16 ‖ [fig.] rougir de honte, par pudeur, avoir honte, être honteux : Cic. *Fin.* 2, 28 ; *Nat.* 1, 111 ; *in aliqua re* Cic. *Leg.* 1, 41, à propos de qqch. ¶ 2 tr. [poét.] *jura erubuit* Virg. *En.* 2, 542, il eut la pudeur de respecter les droits ‖ [avec inf.] rougir de : Virg. *B.* 6, 2 ; Liv. 10, 8, 8 ; Quint. 1, 10, 13 ; Plin. *Ep.* 9, 27, 2 ‖ **-cendus**, *a, um*, dont on doit rougir : Hor. *O.* 1, 27, 15.

Erubris

Erŭbris, *is* (**-brus**, *i*), m., rivière qui se jette dans la Moselle [Ruwer]: Aus. *Mos.* 359.

ērūca, *ae*, f. (cf. *er*; esp. *oruga*, it. *ruchetta*), chenille: Col. 11, 3, 63 ‖ roquette [plante]: Hor. *S.* 2, 8, 51.

Erucius, *ii*, m., nom d'homme: Cic. *Amer.* 35.

ēructātĭo, *ōnis*, f. (*eructo*), action de rejeter, de vomir: Apul. *Mund.* 8.

ēructō, *ās, āre, āvi, atum* (fréq. de 2 *erugo*) ¶ 1 tr., rejeter, vomir, rendre par la bouche: Cic. *Pis.* 13 ‖ exhaler, rejeter, lancer: Lucr. 3, 1025 ‖ Col. 1, 5, 6 ‖ [fig.] *caedem* Cic. *Cat.* 2, 10, vomir des menaces de mort ‖ proférer, dire [en bonne part]: Aug. *Civ.* 18, 32 ¶ 2 intr., s'élancer, jaillir: *Tert. *Apol.* 48, 14.

ēructŭo, *ās, āre, āvī, ātum*, ⓒ *eructo*: Aug. *Serm.* 113, 2.

ēructŭor, ⓒ *eructuo*, proclamer: VL. *Matth.* 13, 35.

ēructus, *a, um* (2 *erugo*), vomi; d'où *eructum vinum* Gell. 11, 7, 3, vin tourné, aigri.

ērūděrō, *ās, āre, āvī, ātum* (e *ruderibus*), tr., enlever les décombres, déblayer: Varr. *R.* 2, 2, 7 ‖ [fig.] purger, nettoyer: Sidon. *Ep.* 5, 13, 1 ‖ bétonner: Vitr. 7, 1, 1.

ērŭdĭbĭlis, *e*, susceptible d'instruction: Fulg. *Virg.* 90, 5 H.

ērŭdīmentum, *i*, n., enseignement: Iren. 2, 19, 2.

ērŭdĭo, *īs, īre, īvī* ou *ĭi, ītum* (e *rudi*), tr., dégrossir, façonner [d'où ¶ 1 enseigner, instruire, former: Cic. *Lae.* 13; *ad rem* Cic. *Tusc.* 1, 64; *in re* Cic. *de Or.* 1, 253, former à qqch., instruire dans qqch. ‖ [poét., avec deux acc.] *aliquem leges* Stat. *Th.* 10, 507, enseigner les lois à qqn, cf. Ov. *M.* 8, 215; [pass.] *rem eruditus* Gell. 2, 21, 3, instruit d'une chose; *erudire aliquem* [et prop. inf.] Cic. *Q.* 1, 1, 10, apprendre à qqn que...; [avec interrog. indir.] Ov. *F.* 3, 294; [avec inf.] Ov. *F.* 3, 819; *eruditus miscere...* Tac. *Agr.* 8, instruit à mêler... ‖ informer, mettre au courant: *de aliqua re* Cic. *Fam.* 2, 12 ¶ 2 perfectionner: *toreuticen* Plin. 34, 56, perfectionner l'art de la ciselure.

ērŭdītē, adv. (*eruditus*), savamment, en homme instruit: Cic. *Or.* 40 ‖ **-tius** Cic. *CM* 3; **-issime** Cic. *Or.* 174.

ērŭdītĭo, *ōnis*, f. (*erudio*) ¶ 1 action d'enseigner, d'instruire: Cic. *Q.* 3, 1, 14 ¶ 2 instruction, savoir, connaissances, science: Cic. *Tusc.* 1, 4; *Off.* 1, 119; *de Or.* 2, 1 ‖ pl., connaissances: Vitr. 1, 1, 1; Gell. *praef.* 3.

ērŭdītŏr, *ōris*, m. (*erudio*), maître, précepteur: Tert. *Pall.* 4, 2.

ērŭdītrix, *īcis*, f., maîtresse: Flor. 2, 6, 38.

ērŭdītŭlus, *a, um* (dim. de *eruditus*), demi-savant: Catul. 57, 7.

1 **ērŭdītus**, *a, um*, part.-adj. de *erudio*, instruit, formé, dressé, savant, habile, érudit, versé dans: *doctus atque eruditus* Cic. *de Or.* 1, 102, savant et habile; *litteris eruditior* Cic. *Brut.* 283, plus lettré; *Scaevola disciplina juris eruditissimus* Cic. *de Or.* 1, 180, Scévola, l'homme le plus versé dans la science du droit ‖ *saecula erudita* Cic. *Rep.* 2, 18, siècles éclairés; *eruditae aures* Cic. *Rep.* 2, 69, oreilles exercées, délicates ‖ *eruditum est* [et inf.] Quint. 6, 3, 98, [ou avec *si*] Quint. 9, 2, 97, c'est une chose savante que de.

2 **ērŭdītŭs**, *ūs*, m., enseignement: Tert. *Val.* 29, 3.

ērūgātĭo, *ōnis*, f. (1 *erugo*), action d'ôter les rides: Plin. 28, 184.

1 **ērūgō**, *ās, āre, -, -* (e *rugis*), tr., effacer les rides: Plin. 13, 82 ‖ aplanir: Gloss. 4, 515, 26.

2 **ērūgō**, *ĭs, ĕre, -, ructum* (ex, *rugo*), ⓥ *eructo*, ⓥ *eructus*: P. Fest. 73, 8 ‖ *fontes quibus ex erugit aquae vis* Enn. *An.* 379, sources d'où sort avec violence l'eau mugissante.

ērŭĭtūrus, *a, um*, ⓥ *eruo* ▶.

Erŭli, ⓥ *Heruli*.

ērumna, *ae*, f., ⓒ *aerumna*: Enn. d. Char. 98, 12.

ērumpō, *ĭs, ĕre, rūpī, ruptum* (ex, *rumpo*)
I tr. ¶ 1 faire sortir violemment, pousser hors de, précipiter hors de: *portis se foras erumpunt* Caes. *C.* 2, 14, 1, ils se précipitent au dehors par les portes, cf. Lucr. 4, 1115; Virg. *G.* 4, 368; *faucibus ignes erupti* Lucr. 1, 725, feux jaillis des gorges ‖ *stomachum in aliquem* Cic. *Att.* 16, 3, 1, décharger son humeur contre qqn; *iracundiam* Caes. *C.* 3, 8, 3; *iram* Liv. 36, 7, 13, décharger sur qqn sa colère ¶ 2 percer, briser: *nubem* Virg. *En.* 1, 580, percer un nuage.
II intr. ¶ 1 se précipiter, s'élancer hors de: *ex castris* Caes. *G.* 3, 5, 4, faire une brusque sortie hors du camp; *ignes qui ex Aetnae vertice erumpunt* Cic. *Verr.* 4, 106, les feux qui jaillissent du sommet de l'Etna ‖ pousser, poindre: Plin. 15, 52; 13, 54; 18, 51 ¶ 2 [fig.] éclater, faire éruption (explosion): *risus erumpit* Cic. *de Or.* 2, 235, le rire jaillit; *si erumpunt omnia* Cic. *Cat.* 1, 6, si tout éclate au grand jour; *odia in fortunas optimi cujusque erumpunt* Cic. *Mur.* 47, des haines se font jour contre les citoyens les plus en vue; *veteris audaciae maturitas in nostri consulatus tempus erupit* Cic. *Cat.* 1, 31, ces projets audacieux mûris de vieille date ont eu leur brusque éclosion au temps de mon consulat, cf. Cic. *Mur.* 81; *vitia in amicos erumpunt* Cic. *Lae.* 76, des vices se révèlent brusquement qui nuisent aux amis ‖ *quorsus (dominatio) eruptura sit, horremus* Cic. *Att.* 2, 21, 1, je me demande en frémissant jusqu'où elle (cette domination) se donnera carrière où elle aboutira, cf. Cic. *Att.* 2, 20, 5; 10,

4, 1; *rem ad ultimum seditionis erupturam esse* Liv. 2, 45, 10, [ils se disent] que tout finira brusquement par une révolte définitive ¶ 3 [avec *ad* ou *in aliquid*]: *ad minas* Tac. *An.* 11, 35, éclater en menaces; *in omne genus crudelitatis* Suet. *Tib.* 61, se jeter dans toutes sortes de cruautés, cf. *Cal.* 6; Quint. 8, 3, 4.

ēruncĭnō, *ās, āre, -, -*, ⓒ *runcino*: Not. Tir. 96, 98.

ērunco, *ās, āre, -, -*, tr., arracher [les mauvaises herbes]: Col. 2, 10, 28 ‖ sarcler [un lieu] de ses mauvaises herbes: Col. 11, 3, 13.

ērŭo, *ĭs, ĕre, rŭī, rŭtum* (ex, *ruo*), tr. ¶ 1 tirer en creusant, en fouillant, déterrer, extraire, arracher: *aliquid obrutum* Cic. *Fin.* 4, 10, déterrer qqch. qui est enfoui; *mortuum* Cic. *Div.* 1, 57, extraire un mort [caché sous un amoncellement de fumier]; *oculum* Plin. 25, 89, arracher un œil; [poét.] *eruitur oculos* Ov. *M.* 12, 269, on lui arrache les yeux ¶ 2 [poét.] détruire de fond en comble: Virg. *En.* 2, 612; Sil. 3, 2, 13 ‖ [fig.] Virg. *En.* 2, 5; Tac. *H.* 4, 29 ¶ 3 [fig.] déterrer, découvrir, tirer au jour: *scrutari locos, ex quibus argumenta eruamus* Cic. *de Or.* 2, 146, explorer les sources où nous pouvons puiser des arguments; *ex annalium vetustate eruenda est memoria nobilitatis tuae* Cic. *Mur.* 16, il faut aller chercher dans la poussière des annales le souvenir de ta noblesse; *exercitatione memoriam eruere* Cic. *de Or.* 2, 360, se donner de la mémoire par l'exercice; *mihi erues qui decem legati Mummio fuerint* Cic. *Att.* 13, 30, 3, tu me trouveras les noms des dix commissaires de Mummius ‖ [chrét.] libérer, sauver: *ab errore* Aug. *Anim.* 4, 18, 20, libérer de l'erreur.
▶ part. fut. *eruturus* Just. 5, 8, 5; *eruiturus* Prisc. 2, 506, 4.

ērūpī, parf. de *erumpo*.

ēruptĭo, *ōnis*, f. (*erumpo*) ¶ 1 sortie soudaine [en parl. d'animaux]: Plin. 8, 21 ‖ [milit.] *ex oppido eruptionem facere* Caes. *G.* 2, 33, faire (opérer) une sortie hors de la ville, ⓥ *porta*; *in provinciam eruptionem facere* Caes. *G.* 7, 7, faire une irruption dans la province ¶ 2 éruption, jaillissement [de feux]: Cic. *Nat.* 2, 96 ¶ 3 [méd.] éruption: Plin. 24, 63 ‖ *sanguinis* Plin. 24, 136, hémorragie ‖ [en parl. de bourgeon, de pousse] Plin. 18, 150 ¶ 4 [fig.] *lacrimae... intolerabilis silentii eruptio* Sen. *Contr.* 8, 6, 3, les larmes... sont l'explosion d'un silence qu'on ne peut soutenir: *vitiorum eruptio* Sen. *Clem.* 1, 2, 2, brusque éclosion des vices.

ēruptŏr, *ōris*, m., éclaireur, espèce de tirailleur: Amm. 24, 5, 9.

ēruptus, *a, um*, part. de *erumpo*.

ĕrus (**hĕrus**), *i*, m. (cf. hit. *esha-s*?) ¶ 1 maître de maison, maître: Cic. *Off.* 2, 24; Pl. *Amp.* 242 ¶ 2 époux: Catul. 61, 116 ¶ 3 maître, possesseur, propriétaire:

Hor. S. 2, 2, 129; Ep. 1, 16, 2 ¶ **4** souverain : Catul. 68, 76.

ēruscum, *i*, n. (cf. *ruscus*, *rumex* et *er* ?), ronce : Misc. Tir. 55, 4.

ēruscus, *i*, m., ronce : Ps. Apul. Herb. 81, 1.

ērŭtŏr, *ōris*, m. (*eruo*), celui qui arrache, délivre : VL. Psal. 69, 6 d. Aug. Psalm. 69, 6.

ērŭtūrus, *a*, *um*, ▣▶ *eruo* ▶.

ervīlĭa (-la), *ae*, f. (esp. *arveja*), dim. de *ervum*, gessette : Col. 2, 13, 1.

ervum, *i*, n. (cf. ἐρέβινθος, al. *Erbse* ; esp. *yero*), lentille bâtarde : Pl. Most. 62 ; Hor. S. 2, 6, 117 ; Col. 2, 10, 34.

Ĕrўcīnus, ▣▶ *Eryx*.

Ĕrўcĭus, *ĭi*, m. (Ἐρύκιος), nom d'homme : Gell. 6, 6, 12.

Ĕrўcus mons, m., mont Éryx [Sicile] : Cic. Verr. 2, 22 ; 115.

Ĕrўmandus, *i*, m., fleuve d'Arachosie : Plin. 6, 92.

Ĕrўmanthus (-thŏs), *i*, m. (Ἐρύμανθος), Érymanthe [montagne d'Arcadie, où Hercule tua un sanglier monstrueux] Atlas VI, B1 : Ov. H. 9, 87 ‖ fleuve de Perse : Plin. 6, 92 ‖ rivière d'Élide, qui se jette dans l'Alphée : Ov. M. 2, 244 ‖ **-thēus, -thĭus**, *a*, *um*, **-thĭăs**, *ădis* et **-this**, *ĭdis*, f., de l'Érymanthe : Val.-Flac. 1, 374 ; Cic. Tusc. 2, 22 ; 4, 50.

Ĕrўmās, *antis*, m., guerrier troyen : Virg. En. 9, 702.

Ĕrymnae, *ārum*, f. (Ἐρυμναί), ville de Magnésie : Plin. 4, 32.

ēryngē, *ēs*, f., **-gĭum (-ŏn)**, *ĭi*, n. (ἠρύγγιον), érynge, panicaut, herbe à cent têtes, chardon roulant : Plin. 22, 18 ; Col. 6, 5, 2.

Ĕrўsichthōn, *ŏnis*, m., roi de Thessalie : Ov. M. 8, 738.

ĕrўsīmum, *i*, n. (ἐρύσιμον), vélar [plante] : Plin. 18, 96.

ĕrўsĭpĕlăs, *ătis*, n. (ἐρυσίπελας ; it. *risipola*), érysipèle : Cels. 5, 28, 11.

ĕrўsisceptrum ou **-ŏn**, ▣▶ *erisisceptrum* : Plin. 24, 112.

ĕrўsĭthălĕs, *is*, n. (ἐρυσιθάλες), nom d'une plante médicinale : Plin. 26, 137.

ĕrўthăcē, ▣▶ *erithace*.

ĕrўthallis, *is*, f., pierre précieuse inconnue : Plin. 37, 160.

Ĕrўthēa (-thīa), *ae*, f. (Ἐρύθεια), île voisine de l'Hispanie [où habitait Géryon] : Mel. 3, 47 ‖ **-ēis, ĭdis**, adj. f., de l'île d'Érythée, de Géryon : Ov. F. 1, 543 et **-ēus (-ĭus)**, *a*, *um*, Sil. 16, 195.

ĕrўthīnus, *i*, m. (ἐρυθῖνος), rouget [poisson de mer] : Plin. 9, 56.

Ĕrўthrae, *ārum*, f. pl. (Ἐρυθραί) ¶ **1** Érythres [ville de Béotie] : Plin. 4, 26 ¶ **2** une des douze villes principales d'Ionie, fondée par elle Atlas VI, B3 ; IX, C1 : Cic. Verr. 1, 49 ¶ **3** port de Locride sur le golfe de Corinthe : Liv. 28, 8, 8 ¶ **4** ville de l'Inde où régna Érythras (Plin. 6, 107), ou Erythrus (Curt. 8, 9, 14) ‖ **-aeus**, *a*, *um* **a)** d'Érythres [en Béotie] : Cic. Div. 1, 34 **b)** d'Érythres [dans l'Inde] : *Erythraeum profundum* *Avien. Perieg.* 68, la mer Rouge, la mer d'Oman, le golfe Persique, la mer des Indes, le golfe des Indes ‖ *dens Erythraeus* Mart. 13, 100, 2, éléphant ‖ **-thraea**, *ae*, f., le territoire d'Érythres [Béotie] : Liv. 44, 28, 12 ‖ **-thraei**, *ōrum*, m. pl., les habitants d'Érythres : Liv. 38, 39, 11.

1 **ĕrўthraeus**, *a*, *um* (ἐρυθραῖος), rouge : Col. 7, 3, 2.

2 **Ĕrўthraeus**, *a*, *um*, ▣▶ *Erythrae*.

ĕrўthrăĭcŏn, *i*, n. (ἐρυθραϊκόν), satyrion à écorce rouge [plante] : Plin. 26, 97.

ĕrўthrănŏs, **-us**, adj. (ἐρυθρανός), à baies rouges : Plin. 16, 147 ; 24, 82.

Ĕrўthrās, *ae*, m., ▣▶ *Erythrae* ¶ 4.

ĕrўthrŏcŏmos, *ŏn* (ἐρυθρόκομος), qui a les feuilles rouges : Plin. 13, 113.

ĕrўthrŏdănus (-ŏs), *i* (ἐρυθρόδανος), garance [plante qui teint en rouge] : Plin. 24, 94.

ĕrўthrŏs, *ŏn* (ἐρυθρός), rouge : Plin. 21, 179 ; 24, 93.

Ĕrўthrum măre, n., la mer Rouge : Plin. 4, 120 (*Erythra thalassa* Mel. 3, 72).

Ĕrўthrus (-os), *i*, m., ▣▶ *Erythrae* ¶ 4.

Ĕrўtus, *i*, m. (Ἔρυτος), nom de guerrier : Ov. M. 5, 79.

Ĕryx, *ycis*, m. (Ἔρυξ), fils de Vénus, tué par Hercule, enseveli sous le mont Éryx : Virg. En. 5, 24 ‖ mont de Sicile où Vénus avait un temple : Plin. 3, 90 ‖ **-cīnus**, *a*, *um*, du mont Éryx : Virg. En. 5, 757 ; *Venus Erycina* Cic. Verr. 2, 22, Vénus Érycine ; *Erycina* Hor. O. 1, 2, 33, Vénus ‖ **-cīni**, *ōrum*, m. pl., habitants d'Éryx [ville voisine] Atlas XII, G3 : Plin. 3, 91.

Ĕryza, ▣▶ *Eriza*.

1 **ĕs**, 2e pers. indic. prés. ou 2e pers. impér. prés. de *sum*.

2 **ēs**, 2e pers. indic. prés. de *edo*.

Ēsaīās (Ἠσαΐας), ▣▶ *Isaias*.

Ēsāū, m. indécl., Ésaü [fils d'Isaac] : Vulg. Gen. 25, 25 ou **Ēsăus**, *i*, m., Cypr.-Gall. Gen. 891.

Esbonītae, *ārum*, m. pl., peuplade d'Arabie : Plin. 5, 65.

esca, *ae*, f. (1 *edo*, cf. al. *Aas* ; fr. *esche*) ¶ **1** nourriture, aliments, pâture : *escis et potionibus vescuntur* Cic. Nat. 2, 59, ils mangent et boivent ‖ [chrét.] *esca spiritalis*, nourriture spirituelle : *omnes (patres nostri) eamdem escam spiritalem manducaverunt* Vulg. 1 Cor. 10, 3, tous (nos pères) ont mangé la même nourriture spirituelle [la parole de Dieu] ‖ l'eucharistie : Ambr. Ep. 7, 5 ¶ **2** appât, amorce : Mart. 4, 56 ‖ [fig.] *voluptas, esca malorum* Cic. CM 44, le plaisir appât du mal.

▶ gén. arch. *escas* Andr. d. Prisc. 2, 198, 11.

escālis, *e* (*esca*), qui est servi sur les tables : Modest. Dig. 33, 10, 8 ‖ d'amorce : Anth. 181, 8.

escārĭus, *a*, *um* (*esca*) ¶ **1** qui est servi aux repas : *escaria mensa* Varr. L. 5, 120, table à manger ‖ bon à manger : Plin. 14, 42 ‖ n. pl., ce qui est bon à manger : Juv. 12, 46 ¶ **2** qui concerne l'appât : Pl. Men. 94.

escārus, *i*, m., ▣▶ *scarus*.

escas, ▣▶ *esca*.

escātĭlis, *e* (*esca*), bon à manger : Tert. Pat. 5, 24.

escendō, *is*, *ĕre*, *scendī*, *scensum* (*ex*, *scando*) ¶ **1** intr., monter : *in rostra* Cic. Off. 3, 30, monter à la tribune, cf. Tusc. 1, 71 ; 5, 24 ; *in equum* Liv. 23, 14, 2, monter à cheval ‖ (= ἀναβαίνειν), s'avancer dans l'intérieur d'un pays en s'éloignant de la mer : *Pergamum* Liv. 35, 13, 6, se rendre à Pergame, cf. 29, 11, 5 ; 35, 43, 3 ¶ **2** tr., *pars equos escendere* Sall. J. 97, 5, les uns montent à cheval, cf. Sen. Vit. 23 ; Tac. An. 15, 59.

escensĭo, *ōnis*, f. (*escendo*), débarquement, descente : Liv. 28, 8, 8 ; *escensionem facere* Liv. 8, 17, 9 ; 27, 5, 8, faire une descente ; pl., Liv. 22, 31, 2.

1 **escensus**, *a*, *um*, part. de *escendo*.

2 **escensŭs**, abl. *ū*, m., assaut, escalade : Tac. An. 13, 39.

eschăra, *ae*, f. (ἐσχάρα) ¶ **1** escarre [méd.] : Cael.-Aur. Chron. 5, 1, 17 ¶ **2** base d'une machine : Vitr. 10, 17, 20. ▶ *scara* Cass. Fel. 67, p. 164.

escharōsis, *is*, f. (ἐσχάρωσις), production d'une escarre : Cael.-Aur. Chron. 1, 4, 118.

eschărōtĭcus, *a*, *um* (ἐσχαρωτικός), escharotique, qui produit une escarre : Cael.-Aur. Chron. 1, 1, 50.

escĭfĕr, *ĕra*, *ĕrum* (*esca*, *fero*), qui porte à manger : Paul.-Nol. Carm. 15, 223 ‖ qui supporte beaucoup de nourriture : Anth. 230, 4.

escit, **escunt**, ▣▶ *sum*.

1 **escō**, *ās*, *āre*, -, - (*esca*), tr., manger : Solin. 40, 27.

2 **Esco**, *ōnis*, f., ville de Vindélicie : Peut. 3, 2.

escŭlenta, *ōrum*, n. pl. (*esculentus*), aliments, mets : Cic. Nat. 2, 141.

escŭlentĭa, *ae*, f. (*esculentus*), nourriture, aliments ; pl., plats : Hier. Ep. 79, 7, 6.

escŭlentus, *a*, *um* (*esca*) ¶ **1** mangeable, bon à manger, comestible : Cic. Nat. 2, 124 ; *esculenta animalia* Plin. 8, 219, animaux comestibles ‖ d'aliment : *frusta esculenta* Cic. Phil. 2, 63, morceaux d'aliments (vomis) ‖ succulent, nourrissant : *esculentioribus cibis abstinere* Hier. Ep. 22, 11, se priver des trop bonnes choses ¶ **2** plein de nourriture : Plin. 8, 90.

escŭlētum, **escŭlus**, ▣▶ *aesc-*.

escunt, ▣▶ *sum*.

Esdrās, *ae*, m., docteur de la loi, chef des Juifs après la captivité de Babylone : Vulg. 1 Esdr. 7, 6.

Ēsernĭa, **Ēsernīnus**, ▣▶ *Aeser-*.

ēsĭcĭātus, v. *isiciatus*: Apic. 391.

ēsĭtātus, *a*, *um*, part. de *esito*.

ēsĭtō, *ās*, *āre*, *āvī*, - (fréq. de 1 *edo*), tr., manger souvent de: Gell. 4, 11, 1; 9 ‖ **essito**, Cat. Agr. 157, 10; Pl. Cap. 188; Ps. 830.

ĕsŏcīna, *ae*, f., vivier pour le poisson nommé *esox*: Not. Tir. 112, 96.

ĕsŏr, *ōris*, m. (1 *edo*), mangeur: Front. Als. 3, 5, p. 226 N.

ĕsox, *ŏcis*, m. (gaul. cf. v. irl. *eo*), ésox [poisson du Rhin, sorte de saumon]: Plin. 9, 44 ‖ **isox**, Isid. 20, 2, 30.

Esquĭlĭae (**Ex-**), *ārum*, f. pl. (*ex*, *colo*, cf. *inquilinus* et *reliquiae*), les Esquilies [quartier de Rome situé sur le mont Esquilin] Atlas II: Cic. Leg. 2, 28.

Esquĭlīnus mons Ex, m., le mont Esquilin, une des collines de Rome Atlas II: Serv. En. 6, 783 ‖ **-us**, *a*, *um*, du mont Esquilin: *Esquilina porta* ou *Esquilina* seul Cic. Pis. 55, la porte Esquiline; *Esquilinus campus* Cic. Phil. 9, 17, champ Esquilin [lieu de sépulture], cf. Hor. S. 2, 6, 33 ‖ ou **-ĭus**, *a*, *um*, Ov. F. 2, 435.

esse, inf. prés. de *sum* et de 1 *edo*.

esseda, *ae*, f., v. *essedum*: Sen. Ep. 56, 4.

essĕdārĭa, *ae*, f., femme qui conduit un *essedum*: Petr. 45, 7.

essĕdārĭus, *ii*, m. (*essedum*), soldat qui combat sur un char: Caes. G. 4, 24, 1 ‖ essédaire, gladiateur qui combat sur un char: Sen. Ep. 29, 6; Suet. Cl. 21.

Essēdōnes, *um*, m. pl. (Ἐσσηδόνες), peuple scythe: Plin. 4, 88 ‖ **-ĭus**, *a*, *um*, des Essédons: Luc. 3, 280.

essĕdum, *i*, n. (gaul.), char de guerre [en usage chez les Belges, les Gaulois, les Bretons]: Caes. G. 5, 9, 3 ‖ char, voiture, sorte de cabriolet: Cic. Phil. 2, 58; Att. 6, 1, 25.

Essēni, *ōrum*, m. pl., esséniens [secte hébraïque répandue surtout en Judée; ils menaient une vie très austère]: Plin. 5, 73.

essentĭa, *ae*, f. (*esse* et *absentia*, cf. οὐσία), essence, nature d'une chose: Quint. 2, 14, 2 [mot employé par Cic., d'après Sen. Ep. 58, 6] ‖ [phil.] ce qui constitue la nature d'un être (οὐσία): Apul. Plat. 1, 6 ‖ [chrét.] en parlant de Dieu, souvent mal distingué de *substantia*: **(Deus) est tamen sine dubitatione substantia vel, si melius hoc appelatur, essentia** Aug. Trin. 5, 2, 3, (Dieu) est, sans aucun doute, substance ou plutôt, si ce terme convient mieux, essence.

essentĭālis, *e* (*essentia*), essentiel, qui tient à l'essence: Aug. Civ. 12, 9.

essentĭālĭtās, *ātis*, f., qualité de ce qui est essentiel: Mar. Vict. Ar. 4, 5.

essentĭālĭtĕr, adv., essentiellement: Aug. Trin. 7, 2, 3.

essĭto, v. *esito*.

essū, supin de 1 *edo*: Pl. Ps. 824.

Essŭi, *ōrum*, m. pl., peuple de la Belgique: Caes. G. 5, 24, 2.

essŭrĭo, v. *esurio*.

est, 3ᵉ pers. indic. prés. de *sum* et de 1 *edo*.

Esthēr, f. indécl., épouse d'Assuérus: Vulg. Esther. 2, 7.

Estĭae, *ārum*, m. pl., peuple de Bithynie: Plin. 5, 150.

esto, 2ᵉ et 3ᵉ pers. impér. fut. de *sum*, soit, j'y consens, je l'accorde, v. *sum*.

estrix, *īcis*, f. (1 *edo*), grande mangeuse: Pl. Cas. 778.

estur, 3ᵉ pers. indic. prés. pass. de 1 *edo*.

Esturi (**-rri**), *ōrum*, m. pl., peuple d'Italie: Plin. 3, 47.

estus, *a*, *um*, part. de 1 *edo*: Placit. 11, 4.

ēsŭ, supin de 1 *edo*, v. *essu*.

Esubĭāni, *ōrum*, m. pl., peuple des Alpes: Plin. 3, 137.

Esubĭi, *ōrum*, m. pl., peuple de l'Armorique [Séez]: Caes. G. 3, 7, 4 (mss α).

ēsuccātĭo, *ōnis*, f. (*ex*, *sucus*), action de sucer: Cass. Fel. 33.

ēsūd-, v. *exsud-*.

Ēsŭla, *ae*, f., v. *Aesula*.

ēsum, sup. de 1 *edo*: Pl. Curc. 228.

ēsŭrĭālis, *e* (*esuries*), de faim: *esuriales feriae* Pl. Cap. 468, temps où le ventre chôme.

ēsŭrībo, v. 1 *esurio*.

ēsŭrĭens, *tis*, part. adj. de 1 *esurio*, qui a faim, affamé: Hor. S. 1, 2, 115.

ēsŭrĭentĕr, adv. (1 *esurio*), en affamé, avidement: Apul. M. 10, 16.

ēsŭrĭēs, *ēi*, f. (1 *esurio*), faim, appétit: Hier. Ep. 125, 33 ‖ [fig.] désir: Sidon. Ep. 6, 6, 2.

ēsŭrīgo, *ĭnis*, f. (1 *esurio*), faim: Varr. Men. 521.

1 **ēsŭrĭō** (**essŭrĭō**), *īs*, *īre*, *īvī* ou *ĭi*, - (désid. de 1 *edo*) ¶ **1** désirer manger, avoir faim, être affamé **a)** intr., Pl. Cap. 866; Cic. Tusc. 5, 97; Fin. 2, 64; Div. 1, 77 ‖ [avec acc. de pron. n.] *quid illo die esurit?* Sen. Ep. 47, 8, de quoi a-t-il appétit ce jour-là?; [pass.] *nil quod nobis esuriatur* Ov. Pont. 1, 10, 10, rien de nature à tenter notre appétit ‖ [avec gén.] *verae beatitudinis esurit et sitit* Apul. Socr. 172, il a faim et soif du vrai bonheur ‖ [nom de chose sujet] *arbores... avide esurire* Plin. 17, 12, [il est naturel] que les arbres aient une faim avide; *vellera esuriunt* Plin. 9, 138, la laine a faim [= absorbe la teinture] **b)** tr. [postclass.] *omnia orbis praemia miles esurit* Petr. 119, 32, le soldat réclame pour sa faim tous les biens que fournit la terre, cf. Ambr. Luc. 4, 16 ¶ **2** [fig.] tr., convoiter: *aurum* Plin. 33, 134, convoiter l'or.

► fut. arch. *esuribo* Pompon. Com. 22; Nov. Com. 63 ‖ part. fut. *esuriturus* Ter. Haut. 981.

2 **ēsŭrĭo** (**essŭrĭo**), *ōnis*, m., gros mangeur: Pl. Pers. 103.

Esuris (**Aes-**), *is*, f., ville de la Bétique: Anton. 425.

ēsŭrītĭo, *ōnis*, f. (1 *esurio*), faim: Catul. 23, 14.

ēsŭrītŏr, *ōris*, m. (1 *esurio*), homme affamé: Mart. 3, 14, 1.

1 **ēsus**, *a*, *um*, part. de 1 *edo*.

2 **ēsŭs**, *ūs*, m., action de manger: *esui dare alicui* Plin. 20, 178, donner à manger à qqn; *esui et potui esse* Gell. 4, 1, 20, servir de nourriture et de boisson ‖ aliments: Alcim. Carm. 5, 263.

3 **Ēsus** (**Aesus**), *i*, m. (vén. *aisus*), divinité gauloise: Luc. 1, 445; Lact. Inst. 1, 21, 3.

ĕt (cf. ἔτι, gaul. *etic*, scr. *ati*; it. *e(d)*)
I conj. de coord., et ¶ **1** [emploi ordinaire] *pater et mater*, le père et la mère; *haec pueris et mulierculis et servis et servorum simillimis liberis grata sunt* Cic. Off. 2, 57, ces plaisirs sont chers aux enfants, aux femmes, aux esclaves et aux hommes libres qui ressemblent absolument aux esclaves ¶ **2** [balancement] *et... et*, et... et, d'une part... d'autre part, à la fois... et, aussi bien... que: *et mari et terra*, à la fois sur mer et sur terre; sur mer aussi bien que sur terre; et sur mer et sur terrre ‖ *nec... et*; *et... nec*: *ego vero et exspectabo... nec exigam* Cic. Brut. 17, pour moi, d'une part j'attendrai..., d'autre part je n'exigerai pas; *nec miror et gaudeo* Cic. Fam. 10, 1, 4, je ne m'en étonne pas et en même temps je m'en réjouis, non seulement je ne... mais ...; *neque... et potius* Cic. Phil. 2, 109, loin de... plutôt ‖ [rare] *et... que*: *quis est quin intellegat et eos qui fecerunt, immemores fuisse..., nosque... duci?* Cic. Fin. 5, 64, peut-on ne pas reconnaître que d'une part ceux qui ont fait cela ont oublié... et que nous d'autre part sommes conduits...?, cf. Liv. 22, 37, 9 ‖ *que... et* Liv. 1, 43, 2; 2, 59, 7; 4, 53, 12; 5, 45, 4 ¶ **3** [dans les exclam. ou interrog.] et puis, et après cela: *et sunt qui...?* Cic. Mil. 91, et il y a des gens pour...!, cf. Cic. Sest. 80; Clu. 111; Phil. 1, 19; *et quisquam dubitabit quin...?* Cic. Pomp. 42, et on doutera que...? ¶ **4** *et... quidem*, et il y a mieux, et même, allons plus loin: Cic. Brut. 286; Tusc. 1, 76; Nat. 1, 89; Att. 16, 16, 5; Verr. 5, 5; Phil. 2, 43 ‖ d'ailleurs, mais aussi: Cic. Lae. 79; Fin. 2, 9; Fin. 1, 35 ‖ [*et* seul] et même, et de plus, et cela, et qui plus est: *te enim appello, et ea voce, ut...* Cic. Mil. 67, c'est à toi en effet que je m'adresse, et d'une voix assez haute pour que...; *errabas, Verres, et vehementer errabas* Cic. Verr. 5, 121, tu te trompais, Verrès, et même tu te trompais lourdement, cf. Tusc. 3, 48; Verr. 2, 51; 3, 152; 4, 134; 5, 10; Mil. 61; Cat. 2, 17 ‖ [renforcé par *etiam*] Cic. Cael. 14; Att. 2, 1, 3; 16, 16, 9; *et vero etiam* Cic. Off. 1, 147; Mur. 45; Att. 16, 16, 9, et même vraiment; *et vero* Cic. Or. 136; Div. 1, 8,

et vraiment ‖ [comme *et quidem*] et d'ailleurs, mais aussi : *multa quae non volt, videt. Et, multa fortasse, quae volt* Cic. *CM* 25, il voit bien des choses qui lui déplaisent. Mais aussi beaucoup peut-être qui lui plaisent, cf. Pl. *Curc.* 607 ; Cic. *Sull.* 48 ; *Amer.* 92 ¶ 5 [nuance d'opposition] et pourtant : *et videtis annos* Cic. *CM* 28, et pourtant vous voyez mon âge ‖ mais : *et ea victoria contentus...* Cic. *Prov.* 32, et (mais) satisfait de cette victoire..., cf. Cic. *Verr.* 4, 6 ; 5, 5 ; *Cat.* 2, 14 ; Nep. *Paus.* 3, 7 ¶ 6 *et... et non* [au lieu de *nec, necque*] : Cic. *Mur.* 75 ; *Verr.* 4, 9 ; *Inv.* 2, 118 ; *Fam.* 7, 18, 2 ; 13, 22, 1 ; *Q.* 2, 2, 1 ; *Att.* 2, 24, 1 ; 8, 3, 6 ¶ 7 [idée temporelle] : *vix... et* Virg. *En.* 6, 498, à peine... que (quand) ; *jam... et* Tac. *Agr.* 29 ; *nondum... et* Tac. *H.* 2, 95, déjà, pas encore... que (quand) ; ▭▶ *simul* ¶ 8 [après impér.] : Sen. *Ep.* 13, 15 ; 16, 6 ; 20, 6 ; *Ben.* 4, 18, 3 ¶ 9 [dans certaines comparaisons] cf. *ac, atque : aeque et* Cic. *Fin.* 4, 64 ; *aliter et* Cic. *Att.* 11, 23, 1 ; *aliud et* Cic. *Leg.* 2, 60 ; *similiter et* Cic. *Fin.* 2, 21, autant que, autrement que, autre chose que, de même que ¶ 10 [postclass.] ▭▶ *aut*, ou : *clamor et gemitus* Tac. *H.* 2, 46, 3, des cris ou des gémissements.

II adv., aussi : *fateor me sectorem esse, verum et alii multi* Cic. *Amer.* 94, j'avoue que je suis un dépeceur de biens, mais beaucoup d'autres le sont aussi ; *gere et tu tuum bene* Cic. *Com.* 32, administre bien, toi aussi, tes affaires ; *sed et alii* Cic. *Off.* 1, 133, mais d'autres aussi ; *probe et ille* Cic. *Tusc.* 4, 73, avec raison l'autre, de son côté. ▭▶ *ipse* ¶ 1 fin.

ēta, n., lettre de l'alphabet grec : Iren. 1, 3, 2.

Etaxalos, *i*, f., île voisine de l'Éolide : Plin. 6, 149.

Etēnē, *ēs*, f., ville de Crète : Plin. 5, 107.

ĕtĕnim, conj., et de fait, et vraiment, le fait est que : Ter. *And.* 442 ; *Eun.* 1074 ; *Haut.* 548 ; Cic. *Tusc.* 5, 54 ; *Off.* 1, 153 ; *Rep.* 3, 44 ‖ [suivi de parataxe] : Cic. *Verr.* 4, 131 ‖ et puis vraiment, en outre voyons, autre fait : Cic. *Fin.* 1, 3 ; *Tusc.* 3, 20 ; 4, 39 ; 5, 45 ; *Off.* 3, 24 ; *Nat.* 2, 16 ; 2, 77.

▶ en seconde place dans la phrase : Lucr. 1, 104 ; 2, 547 ; Hor. S. 2, 5, 60 ; Plin. 17, 193 ‖ à la 3ᵉ place : Hor. *O.* 4, 5, 17.

Ētĕŏclēs, *is* ou *ĕos*, m. (Ἐτεοκλῆς), Étéocle [fils d'Œdipe, frère ennemi de Polynice ; ils s'entretuèrent dans un combat] : Cic. *Off.* 3, 82 ‖ *-ēus*, *a*, *um*, d'Étéocle : Apul. *M.* 10, 14.

Ĕtĕōnŏs, *i*, m. (Ἐτεωνός), ville de Béotie : Stat. *Th.* 7, 226.

Ĕtĕrēius (**He-**), *i*, m., nom d'homme : Plin. 17, 122 ‖ *-ānus*, *a*, *um*, d'Étéréius : Plin. 15, 94.

ĕtēsĭăcus, *a*, *um*, ▭▶ *etesius : vitis* Plin. 14, 36, sorte de vigne.

ĕtēsĭas, *ae*, m., Plin. 18, 335 et ordᵗ **ĕtēsĭae**, *ārum*, m. pl. (ἐτησίαι), vents étésiens [qui soufflent à l'époque de la canicule] : Cic. *Nat.* 2, 131 ; Caes. *C.* 3, 107. ▶ fém. d. Hyg. *Astr.* 2, 4 et Isid. 13, 11, 15.

ĕtēsĭus, *a*, *um*, étésien : Lucr. 5, 740.

Ēthălĕ, etc., ▭▶ *Aethale*, etc.

Ēthĕōnos, ▭▶ *Eteonos*.

ēthĭca, *ae* (**-cē**, *ēs*), f. (ἠθική), éthique, morale [partie de la philosophie] : Lact. *Inst.* 3, 13, 6 ; *ethice* Quint. 2, 21, 3.

ēthĭcōs, adv. (ἠθικῶς), en morale, moralement : Sen. *Contr.* 2, 12, 8.

ēthĭcus, *a*, *um* (ἠθικός), qui concerne la morale, moral : *ethica res* Gell. 1, 2, 4, la morale.

ethnĭcālis, *e* (*ethnicus*), païen : Tert. *Spect.* 5, 1.

ethnĭcē, adv., en païen : Tert. *Pud.* 9, 9.

ethnĭcus, *a*, *um* (ἐθνικός), des païens ‖ subst. m. pl., Tert. *Pud* 9, 5, les païens, le paganisme.

ēthŏlŏgĭa, *ae*, f. (ἠθολογία), description des vertus : Sen. *Ep.* 95, 65.

ēthŏlŏgus, *i*, m. (ἠθολόγος), qui imite les mœurs, mime, comédien : Cic. *de Or.* 2, 242.

Ĕthōpĭa (**Aeth-**), *ae*, f., Éthopie [ville d'Athamanie] : *Liv. 38, 2, 4.

ēthŏpoeīa, *ae*, f. (ἠθοποιΐα), éthopée [rhét.], portrait, caractère : Rutil.-Lup. 1, 21.

ēthŏpoeīăcus, *a*, *um*, servant à peindre le caractère : Firm. *Err.* 8, 4.

ēthŏs, n. (ἦθος), mœurs, caractère : Varr. d. Non. 374, 9 ; Plin. 35, 98 ‖ morale : Sidon. *Carm.* 15, 101.

Ethraui, m. pl., peuple d'Arabie : Plin. 6, 158.

ĕtĭam, conj. (*et, jam*) ¶ 1 [idée temporelle] encore : *etiam consulis?* Pl. *Trin.* 572, tu es encore à réfléchir ? ; *hesterna etiam contione* Cic. *Mil.* 4, dans l'assemblée d'hier encore ; *etiamne perferetis... ?* Cic. *Verr.* 4, 126, continuerez-vous à supporter indéfiniment... ? ; *etiam tum* (*tunc*) Cic. *Verr.* 4, 9 ; *Div.* 1, 117, alors encore, encore ; *etiam non* Pl. *Ps.* 280, encore pas, toujours pas encore, cf. Ter. *Phorm.* 1, 12 ; *nec plane etiam* Caes. *G.* 6, 43, 4, et pas tout à fait encore ; *nondum etiam* Ter. *Hec.* 192 ; Cic. *Amer.* 23, pas encore ; *vixdum etiam* Cic. *Cat.* 1, 10, à peine encore maintenant ¶ 2 [en gén.] encore, en plus, aussi : Cic. *CM* 16 ; *Nat.* 2, 130 ; *Tusc.* 2, 4 ; *caret epulis... ; caret ergo etiam vinolentia* Cic. *CM* 44, elle [la vieillesse] est privée des festins... ; elle est donc privée aussi de l'ivresse ; *sed haec etiam sequuntur* Cic. *Ac.* 2, 38, mais il en résulte encore que ; *etiam quoque* Pl. *Ps.* 122 ; Lucr. 3, 292 ; Varr. *R.* 1, 1, 3, en outre aussi ; *et etiam* Cic. *Fam.* 9, 25, 3, et aussi ‖ [tour fréquent] *non modo* (*solum*)*..., sed* (*verum*) *etiam*, non seulement..., mais encore : Cic. *CM* 37 ; *Mil.* 3 ; [tour inverse] *tantum... non etiam : si vultum tantum, non etiam animum accommodarimus* Quint. 6, 2, 26, si c'est le visage seulement et non pas aussi les sentiments que nous avons appropriés, cf. 9, 2, 67 ; 12, 7, 4 ; *quasi vero perpetua oratio rhetorum solum, non etiam philosophorum sit* Cic. *Fin.* 2, 17, comme si vraiment la continuité dans un exposé était l'apanage seulement des rhéteurs, et non pas aussi des philosophes ¶ 3 même, bien plus : *etiam pecudes* Cic. *Fin.* 2, 18, même les animaux, jusqu'aux animaux ; *civitas improba antea non erat ; etiam erat inimica improborum* Cic. *Verr.* 4, 22, cette cité auparavant n'était pas perverse ; bien plus elle était ennemie des pervers ; ▭▶ *immo* et *quin* ‖ *atque etiam*, et même, et il y a mieux, ▭▶ *atque* ; *nec... nec... neque etiam* Caes. *C.* 1, 5, 1, ni... ni... ni même, cf. Varr. R. 3, 16, 6 ; Dolab. *Fam.* 9, 9, 2 ; *neque etiam = et ne... quidem* Caes. *G.* 5, 52, 1 ; *C.* 1, 85, 2 ‖ *ad Alesiam magna inopia, multo etiam major ad Avaricum* Caes. *C.* 3, 47, 5, une grande disette à Alésia, une plus grande encore à Avaricum ; *etiam multo magis* Cic. *Nat.* 3, 45, encore bien davantage ; *in animis exsistunt majores etiam varietates* Cic. *Off.* 1, 106, dans les âmes se révèlent de plus grandes variétés encore ‖ ▭▶ *etiam si* ¶ 4 [pour confirmer] oui, c'est cela : *aut etiam aut non respondere* Cic. *Ac.* 2, 104, répondre oui ou non, cf. *Nat.* 1, 70 ; *si non... ; si etiam...* Cic. *Com.* 9, si non... ; si oui... ; *numquid vis? — etiam* Pl. *Amp.* 544, veux-tu qqch. ? — oui, cf. Cic. *Mur.* 65 ; *Planc.* 65 ; *Tusc.* 5, 111 ‖ *quid praeterea? quid? etiam; Gabinius...* Cic. *Q.* 3, 1, 25, que te dire de plus ? quoi ? ah ! oui ; Gabinius..., cf. Cic. *Att.* 1, 13, 6 ; 2, 6, 2 ¶ 5 encore une fois, de nouveau : *circumspice etiam* Pl. *Most.* 474, regarde encore tout autour de toi ‖ *etiam atque etiam*, encore et encore, maintes et maintes fois, à diverses reprises, avec insistance : Cic. *Verr.* 4, 65 ; 5, 174 ; *Cat.* 2, 27 ; *Tusc.* 3, 69 ¶ 6 [dans des interrog. impatientes] : *etiam taces?* Ter. *Ad.* 550, ne vas-tu pas te taire ? tais-toi, cf. Pl. *Most.* 937 ; *Poen.* 431 ; *Trin.* 514 ; Ter. *And.* 849 ; *Phorm.* 542.

ĕtĭamdum (**ĕtĭam dum**), adv., encore alors : Pl. *Mil.* 992 ; *Ps.* 957 ; *Ru.* 1381 ; Ter. *Haut.* 229 ; *Eun.* 570 ; Cic. *Att.* 13, 31, 2.

ĕtĭamnum (**ĕtĭamnunc**), adv. ¶ 1 encore maintenant, encore : Cic. *Or.* 119 ; *Div.* 2, 99 ; *Amer.* 78 ; *Verr.* 3, 86 ‖ [avec nég.] : Cic. *Mur.* 27 ; *Clu.* 163 ; [dans le passé] Caes. *G.* 6, 40, 6 ; 7, 62, 6 ; Cic. *Lae.* 11 ; *Cat.* 1, 9 ; Sall. *J.* 109, 3 ; Virg. *G.* 4, 135 ; Ov. *F.* 3, 155 ¶ 2 encore, en plus : Plin. 6, 211 ; 32, 49 ; 16, 47 ; Col. 5, 3, 1 ; Cels. 5, 26, 20 ; [avec compar.] Cels. ; Sen. ; Plin.

ĕtĭamsī (**ĕtĭam si**), conj., même si, quand même ; [en corrél. avec *tamen*] : Cic. *Att.* 3, 24, 2 ; *at tamen* Cic. *Brut.* 290 ; *certe* Cic. *de Or.* 1, 79 ; *nihilominus* Liv. 26, 48, 11.

ĕtĭam tum, ĕtĭam tunc, adv., encore alors, jusque-là [dans le passé] : Cic. *de Or.* 2, 93 ; *Verr.* 2, 97 ; *Cat.* 2, 4.

Ětrūrĭa, *ae*, f., l'Étrurie [province d'Italie, auj. la Toscane] Atlas XII, D2 ; V, F4 : Cic. *Div.* 1, 92.

Ětruscus, *a, um*, Étrusque, d'Étrurie : Cic. *Fam.* 6, 6, 3 ; Hor. *O.* 1, 2, 14 ‖ subst. m. pl., les Étrusques : Cic. *Div.* 1, 93.

etsī, conj. (*et, si*) ¶ **1** [subordination] quoique, bien que [en corrél. avec *tamen, at tamen, certe, at certe, verum tamen*] Cic. *Att.* 8, 12, 3 ; *Marc.* 13 ; *Fam.* 16, 22, 2 ‖ [sans verbe] : Cic. *de Or.* 3, 14 ; *Ac.* 2, 3 ; **superbiae crudelitatique etsi seras, non leves tamen venire poenas** Liv. 3, 56, 7, que l'orgueil et la cruauté voient venir des châtiments tardifs sans doute, mais cependant sévères (qui pour être tardifs n'en sont pas moins sévères), cf. Liv. 38, 41, 10 ; 59, 54, 7 ¶ **2** [coordination] mais, toutefois, d'ailleurs, et encore : Cic. *CM* 29 ; *Att.* 7, 3, 3 ; **do poenas temeritatis meae ; etsi quae fuit illa temeritas ?** Cic. *Att.* 9, 10, 2, je suis puni de mon imprudence ; et encore, où est-elle cette imprudence ?

ētussĭo, v. *extussio*.

ĕtўmŏlŏgĭa, *ae*, f. (ἐτυμολογία), étymologie [origine d'un mot] : Quint. 1, 6, 28 ; en grec d. Cic. *Ac.* 1, 32 ; *Top.* 35.

ĕtўmŏlŏgĭcē, *ēs*, f., la science étymologique : Varr. *L.* 7, 4.

ĕtўmŏlŏgĭcus, *a, um* (ἐτυμολογικός), étymologique : Gell. 1, 18, 1.

ĕtўmŏlŏgŏs, *i*, m. (ἐτυμολόγος), étymologiste : *Varr. *L.* 6, 39.

ĕtўmŏn, *i*, n. (ἔτυμον), étymologie : Varr. *R.* 1, 48, 2 ; Gell. 18, 4, 11.

eū, interj. (*ovo* ; cf. εὖ), bien ! très bien ! bravo ! à merveille ! : Pl., Ter., Hor. *P.* 328.

Eūadnē, *ēs*, f. (Εὐάδνη), Évadné [femme de Capanée, se jeta sur le bûcher de son époux] : Prop. 1, 15, 21 ; Virg. *En.* 6, 447.

Eūaei, *ōrum*, m. pl. (Εὐαῖοι), peuple madianite que Moïse eut à combattre : Prud. *Ham.* 422.

Eūagōn, *ōnis* (Εὐάγων), écrivain grec de Thasos : Plin. 1, 8.

Eūăgŏrās, *ae*, m. (Εὐαγόρας), Évagoras [roi de Chypre] : Nep. *Chabr.* 2, 2.

Eūăgrus, *i*, m. (Εὔαγρος), un des Lapithes : Ov. *M.* 12, 293.

eūăn, v. 1 *euhan*.

Eūander (-drus), *i*, m. (Εὔανδρος), Évandre [roi d'Arcadie, vint fonder une colonie dans le Latium] : Virg. *En.* 8, 52 ; Ov. *F.* 1, 471 ; Liv. 1, 5, 2 ‖ philosophe académicien : Cic. *Ac.* 2, 16 ‖ nom d'un sculpteur et ciseleur : Plin. 36, 32 ‖ général de Persée, roi de Macédoine : Liv. 42, 15 ‖ **-drĭus**, *a, um*, d'Évandre : Virg. *En.* 10, 394.

eūangĕlĭcus, *a, um* (εὐαγγελικός), évangélique : Ambr. *Luc.* 6, 9.

eūangĕlista, *ae*, m. (εὐαγγελιστές), évangéliste, auteur d'un Évangile : Prud. *Cath.* 6, 77 ‖ celui qui annonce l'Évangile : Vulg. *Act.* 21, 8.

eūangĕlĭum, *ii*, n. (εὐαγγέλιον), [chrét.] ¶ **1** bonne nouvelle, annonce du Salut : Vulg. *Matth.* 4, 23 ¶ **2** récit de la vie du Christ : Vulg. *Marc.* 1, 1 ¶ **3** doctrine de la vie du Christ : Cypr. *Ep.* 15, 1.

eūangĕlĭzātŏr, *ōris*, m., prédicateur de l'Évangile : Tert. *Praescr.* 4, 4.

eūangĕlĭzō, *ās, āre*, -, - (εὐαγγελίζω), intr., prêcher l'Évangile : Vulg. *Act.* 8, 35 ‖ tr., prêcher, évangéliser : Vulg. *Matth.* 11, 5.

Eūangĕlus, m. (εὐάγγελος), messager de bonne nouvelle [c. surnom] : Vitr. 10, 2, 15.

eūans, v. *euhans*.

Eūanthēs, *is*, m. (Εὐάνθης), écrivain grec : Plin. 8, 81.

Eūanthīa, *ae*, f. (Εὐάνθεια), ville de Locride : Plin. 4, 3.

Eūanthĭus, *ii*, m., nom d'un grammairien latin : Rufin. *Gram.* 6, 554, 4.

Eūarchus, *i*, m. (Εὔαρχος), fleuve de Paphlagonie : Plin. 6, 6.

Eūăristus, *i*, m., Évariste [surnom d'homme] : CIL 10, 1560.

Eūathlus, *i*, m. (Εὔαθλος), Évathlus [rhéteur] : Quint. 3, 1, 10.

eūax, interj. (cf. 1 *eu, euan*, 4 *pax*), bravo : Pl. *Bac.* 247.

Eūazae, *ārum*, m. pl. (Εὔαζαι), peuple de Sarmatie : Plin. 6, 19.

eubāges, v. *euhages*.

Eūbĭus, *ii*, m. (Εὔβιος), nom d'un historien : Ov. *Tr.* 2, 416.

Eūboea, *ae*, f. (Εὔβοια), Eubée [île de la mer Égée, anc^t Négrepont] Atlas I, D5 ; VI, B2 : Nep. *Milt.* 4, 2 ; Liv. 27, 30, 7 ‖ **-oeus**, Stat. *S.* 5, 3, 137 et **-ŏĭcus**, *a, um*, de l'Eubée : Prop. 2, 26, 38 ; [désignant Cumes, colonie d'Eubée] Ov. *F.* 4, 257 ; *M.* 14, 155 ‖ **Eūbŏis**, *ĭdis*, f., de l'Eubée : Stat. *S.* 1, 2, 263.

eūbŏlĭŏn (-bunĭŏn), n., c. *dictamnum* : Ps. Apul. *Herb.* 63.

Eūbŏlus, *i*, m. (Εὔβολος), écrivain grec sur l'agriculture : Varr. *R.* 1, 1, 9.

Eūbūleūs, *ei*, m. (Εὐβουλεύς), un des Dioscures : Cic. *Nat.* 3, 53.

Eūbūlĭdās (-dēs), *ae*, m. (Εὐβουλίδης), nom d'un statuaire : Plin. 34, 88 ‖ maître de Démosthène : Apul. *Apol.* 15.

Eūbūlus, *i*, m. (Εὔβουλος), nom d'homme, entre autres d'un statuaire : Plin. 34, 88.

eubunĭŏn, v. *eubolion*.

Eūbŭrĭātes, *um* ou *ĭum*, m. pl., peuple de Ligurie : Plin. 8, 47.

Eūcarpēni, *ōrum*, m. pl. (Εὐκαρπηνοί), habitants d'Eucarpie [ville de Phrygie] : Plin. 5, 29.

Eūchădĭa, *ae*, f. (Εὐχαδία), nom de femme grecque : Cic. *Pis.* 89.

eūchăris, m. f. (εὔχαρις), gracieux, élégant : Vulg. *Eccli.* 6, 5.

1 **eūchăristĭa**, *ae*, f. (εὐχαριστία), [chrét.] ¶ **1** prière d'action de grâces : Tert. *Orat.* 19, 2 ¶ **2** l'eucharistie, le pain et le vin consacrés : Tert. *Pud.* 9, 16.

2 **eūchăristĭa**, *ōrum*, n. pl., , [chrét.] les espèces eucharistiques : Ps. Tert. *Haer.* 2, 1.

eūchăristĭcŏn, *i*, n. (εὐχαριστικόν), remerciement [titre d'un poème d'action de grâces adressé par Stace à l'empereur Domitien] : Stat. *S.* 4, 2.

Eūchatae, *ārum*, m. pl., peuple scythe : Plin. 6, 50.

Eūchĕrĭa, *ae*, f., Euchérie [femme poète d'Aquitaine] : Anth. 390, 32.

Eūchĕrĭus, *ii*, m., Euchérius [fils de Stilicon] : Claud. *Cons. Stil.* 3, 177 ‖ saint Eucher [évêque de Lyon] : Sidon. *Ep.* 4, 3, 7.

Eūchītae, *ārum*, m. pl. (Εὐχῖται, εὐχή, " prière "), les euchites (orants) [secte qui réduisait le culte à la prière] : Aug. *Haer.* 57, 15.

Eūchīr, m., nom de plusieurs artistes grecs : Plin. 7, 205 ; 34, 91.

eūchўmus, *a, um* (εὔχυμος), qui a un bon goût, une saveur agréable : Plin. Val. 5, 3.

Eūclēs, *is*, m., statuaire grec : Plin. 34, 51.

Eūclīdēs, *is*, m. (Εὐκλείδης), Euclide [philosophe de Mégare] : Cic. *Ac.* 2, 129 ‖ mathématicien célèbre d'Alexandrie : Cic. *de Or.* 3, 132.

eūcnēmŏs, *ŏn* (εὔκνημος), aux beaux mollets : Plin. 34, 82.

Eūcrătĭdēs, *ae*, m. (Εὐκρατίδης), nom d'homme grec : Just. 34, 6.

Eūctēmōn, *ŏnis*, m. (Εὐκτήμων), Euctémon [astronome athénien] : Avien. *Or.* 47.

Eūctus, *i*, m. (Εὐκτός), nom d'homme : Liv. 44, 43 ; Mart. 8, 6.

Eūdaemōn, *ŏnis*, adj. (Εὐδαίμων), heureux [surnom d'une partie de l'Arabie] : *Arabia* Mel. 3, 79, l'Arabie Heureuse ‖ **-mŏnes**, *um*, subst. m. pl., habitants de l'Arabie Heureuse : Vop. *Aur.* 33.

Eūdāmus, *i*, m. (Εὔδαμος), amiral rhodien : Liv. 37, 12.

Eūdēmĭa, *ae*, f., île non loin de Scyros : Plin. 4, 72.

Eūdēmus, *i*, m. (Εὔδημος), Eudème de Chypre, ami d'Aristote : Cic. *Div.* 1, 53 ‖ nom d'un médecin grec : Tac. *An.* 4, 3.

eūdĭaeŏs, *i*, m. (εὐδίαιος), canule de seringue : P. Fest. 69, 1.

Eūdĭcus, *i*, m. (Εὔδικος), nom d'un historien : Plin. 31, 13.

Eūdōn, *ōnis*, m. (Εὔδωνος), fleuve de la Grande Phrygie : Plin. 5, 109.

Eūdōrus, *i*, m. (Εὔδωρος), Eudore [nom d'un peintre] : Plin. 35, 141.

Eūdoses, *um*, m. pl., peuple de Germanie : Tac. *G.* 40.

Eŭdoxĭa, *ae*, f., Eudoxie [femme de Valentinien] : Jord. *Rom.* 329.

Eŭdoxus, *i*, m. (Εὔδοξος), Eudoxe, de Gnide [astronome célèbre] : Cic. *Div.* 2, 87 ‖ autre du même nom : Plin. 2, 169.

Eŭdracĭnum, *i*, n., ville près des Alpes : Peut. 2, 4.

Eŭĕi, *ōrum*, m. pl., v. *Euaei*.

Eŭelpĭdēs, *is*, m. (Εὐελπίδης), nom d'un habile oculiste : Cels. 6, 6, 8.

Eŭelpistus, *i*, m. (Εὐέλπιστος), nom d'un médecin : Cels. 7, *pr.* 3.

Eŭēmĕrus, v. *Euhemerus*.

Eŭēnŏr, *ŏris*, m. (Εὐήνωρ), nom d'homme : Plin. 20, 187.

Eŭēnŏs (-nus), *i*, m., Évenus [roi d'Étolie, qui donna son nom au fleuve Lycormas] : Hyg. *Fab.* 242 ; Ov. *M.* 9, 141 ; Plin. 4, 11 ‖ **-ēnīnus**, *a*, *um*, du fleuve Évenus : Ov. *M.* 8, 528.

eŭergănĕus, *a*, *um* (εὐεργής), bien assemblé : Vitr. 5, 1, 9.

Eŭergĕtae, *ārum*, m. pl., peuple scythe : Plin. 6, 94.

Eŭergĕtēs, *ae*, m. (Εὐεργέτης), Évergète [surnom commun à plusieurs rois de Macédoine, d'Égypte, etc.] : Hier. *Chron.* 1770. ▶ gén. *-tis* Vulg. *Eccli. pr.*

eŭēthēs, acc. *en*, m. f. (εὐήθης), niais, sot : Amm. 22, 8, 33.

Eŭfronĭus, v. *Euphronius*.

eŭgălactŏn, *i*, n. (εὐγάλακτον), plante qui donne du lait aux nourrices : Plin. 27, 82.

Eŭgămĭus, *ii*, m., nom d'homme : Capit. *Maxim.* 27, 5.

Eŭgănĕus, *a*, *um*, des Euganéens : Juv. 8, 15 ‖ subst. m. pl., Euganéens : Liv. 1, 1, 3.

eŭgĕ, interj. (εὖγε), très bien, bravo, courage, à merveille : Pl. ; Ter. ; *euge, euge* Pl. *Trin.* 705 ‖ subst[t], *euge tuum* Pers. 1, 50, tes bravos, tes acclamations.

eŭgĕnĕus, *a*, *um* (de εὐγενής), noble, de bonne race [vin] : Cat. *Agr.* 6, 4 ; Varr. *R.* 1, 25, 1.

Eŭgĕnĭa, *ae*, f., Eugénie [nom de femme] : CIL 5, 2183 ‖ nom d'une sainte : Alcim. *Carm.* 6, 503.

Eŭgĕnĭum, *ii*, n., ville d'Illyrie : Liv. 29, 12.

1 **eŭgĕnĭus**, v. *eugeneus*.

2 **Eŭgĕnĭus**, *ii*, m., nom d'homme : CIL 6, 1721 ‖ usurpateur en Occident, que Théodose fit décapiter : Ps. Aur.-Vict. *Epit.* 48, 7.

eŭgĕpae, v. *euge* Pl. *Ru.* 442.

eŭgīum, *ii*, n. (εὔγειος), sexe de la femme : Lucil. 940 ; Laber. *Com.* 140.

Eŭgrammus, *i*, m. (Εὔγραμμος), artiste grec : Plin. 35, 152.

eŭhāges, *um*, m. pl. (gaul.), euhages [prêtres gaulois] : Amm. 15, 9, 8 ; v. *eubages*.

▶ mauvaise transcription de οὐάτεις, Strabon 4, 4, 4 (cf. *vates*, fr. *ovate*).

1 **eŭhān (eŭān)**, interj. (εὐάν), cri des bacchantes : Enn. *Tr.* 109.

2 **Eŭhān**, le dieu Bacchus : Lucr. 5, 741 ; Ov. *M.* 4, 15.

eŭhans, *antis* (euhan, cf. *ovans*, εὐάζων), part. prés., qui crie euhan [en parl. des bacchantes] : Catul. 64, 391 ‖ [avec acc. d'obj. intér.] *euhantes orgia* Virg. *En.* 6, 517, célébrant avec les cris habituels la fête de Bacchus.

Eŭhēmĕrus, *i*, m. (Εὐήμερος), Évhémère [philosophe et historien grec] : Cic. *Nat.* 1, 119.

eŭhĭăs, *ădis*, f. (εὐϊάς), la bacchante : Hor. *O.* 3, 25, 9.

Eŭhippē (Euip-), *ēs*, f. (Εὐίππη), Évippe [épouse de Piérus, mère des Néréides] : Ov. *M.* 5, 303.

Eŭhippĭa (Euip-), *ae*, f., surnom de la ville de Thyatire [renommée pour ses chevaux] : Plin. 5, 115.

Eŭhĭus, *ii*, m. (Εὔϊος), surnom de Bacchus : Lucr. 5, 741 ; Cic. *Flac.* 60 ‖ **-us**, *a*, *um*, de Bacchus : Stat. *Ach.* 2, 15.

eŭhoe, interj. (εὐοῖ), évohé [cri des bacchantes] : Catul. 64, 255 ; Virg. *En.* 7, 389 ; Juv. 7, 62.

Eŭhydrĭum, *ii*, n., ville de Thessalie : Liv. 32, 13.

eŭĭăs, *ădis*, f., v. *euhias*.

Eŭĭus, *ii*, m., v. *Euhius*.

Eŭlaeus, *i*, m., Eulée [fleuve de Susiane] : Plin. 6, 138.

Eŭlălĭa, *ae*, f., Eulalie [nom d'une sainte] : Prud. *Perist.* 3, 1.

Eŭlălĭus, *ii*, m., nom d'homme : Greg.-Tur. *Hist.* 8, 18.

Eŭlimna, *ae*, f., une des îles Sporades : Plin. 4, 71.

eŭlŏgĭa, *ae*, f. (εὐλογία), [chrét.] bénédiction : Greg.-M. *Ep.* 9, 20 ‖ eulogie [objet bénit, offert en cadeau] : Eger. 3, 6 ; Bened. *Reg.* 54, 1 ‖ [en part.] pain bénit [présenté à l'offrande de la messe, mais non consacré, distribué en signe de charité] : Paul.-Nol. *Ep.* 3, 6.

eŭlŏgĭārĭus, *ii*, m., celui qui était préposé à la préparation des présents (*eulogia*) : Not. Tir. 119, 46.

eŭlŏgĭum, *ii*, n. (εὐλόγιον), inscription tumulaire : Schol. Bern. Virg. *B.* 5, 142.

ĕum, acc. de *is*.

Eŭmaeus, *i*, m., Eumée [porcher d'Ulysse] : Varr. *R.* 2, 4, 1.

Eŭmărus, *i*, m. (Εὔμαρος), peintre grec : Plin. 35, 56.

ĕumdem, acc. m. de *idem*.

eūmēcēs, *is*, m. f. (εὐμήκης) et **eūmēcēs**, *is*, n., nom d'un baumier : Plin. 12, 114 ‖ nom d'une pierre précieuse : Plin. 37, 160.

Eūmēdēs, *is*, m. (Εὐμήδης), Eumède [Troyen, père de Dolon] : Virg. *En.* 12, 346.

Eūmēlis, *ĭdis*, f. (Εὐμηλίς), fille d'Eumèle : Stat. *S.* 4, 8, 48.

Eūmēlus, *i*, m. (Εὔμηλος), Eumèle [fils d'Admète, fondateur de Naples] : Hyg. *Fab.* 97 ‖ roi de Patras, ami de Triptolème : Ov. *M.* 7, 390 ‖ Troyen, compagnon d'Énée : Virg. *En.* 5, 664.

Eūmĕnēs, *is*, m. (Εὐμένης), Eumène [un des généraux d'Alexandre le Grand] : Nep. *Eum.* 2, 2 ; Curt. 10, 4 ‖ nom de plusieurs rois de Pergame : Flor. 2, 20, 2.

Eūmĕnĭa, *ae*, f., ville de Thrace et de la Grande Phrygie Atlas VI, B4 : Plin. 4, 44 ; 5, 108 ‖ **-nētĭcus**, *a*, *um*, d'Eumenia en Phrygie : Plin. 5, 113.

Eūmĕnĭdes, *um*, f. pl. (Εὐμενίδες), Euménides, Furies : Cic. *Nat.* 3, 46 ‖ **-nis**, f. sg., une furie : Stat. *Th.* 12, 423.

eŭmĕtrĭa, *ae*, f. (εὐμετρία), proportions, symétrie : Veg. *Mul.* 3, 2, 2.

eŭmītrēs, *ae*, m., pierre précieuse inconnue : Plin. 37, 160.

Eūmolpus, *i*, m. (Εὔμολπος), Eumolpe [apporta en Attique les mystères d'Éleusis et la culture de la vigne] : Plin. 7, 199 ; Ov. *M.* 11, 93 ‖ nom d'un poète : Petr. 90, 1 ‖ **-ĭdae**, *ārum*, m. pl., les Eumolpides [famille sacerdotale d'Athènes chargée du culte de Déméter] : Cic. *Leg.* 2, 35 ; Nep. *Alc.* 4, 5.

ĕumpsĕ, v. *is*.

ĕundus, *a*, *um*, adj. verbal de *eo*, v. 3 *eo* ¶ 1.

Eūnĭăs, *ădis*, f., forêt de Lycie : Plin. 5, 101.

Eūnĭcus, *i*, m. (Εὔνικος), ciseleur de Mitylène : Plin. 34, 85.

Eūnŏē, *ēs*, f. (Εὐνόη), femme de Bogud, roi de Maurétanie : Suet. *Caes.* 52.

Eūnŏmĭa, *ae*, f. (Εὐνομία), nom de femme : Pl. *Aul.* 780.

Eūnŏmĭāni, *ōrum*, m. pl., sectateurs d'Eunomius [hérésiarque] : Aug. *Haer.* 54.

Eūnōmus, *i*, m., nom d'homme : Liv. 33, 39.

Eūnostĭdae, *ārum* et gén. gr. *ōn*, m. pl. (Εὔνοστος), Eunostides [corporation religieuse formée en l'honneur d'Eunostus, héros de Tanagra] : CIL 6, 1851.

eūnūchīnus, *a*, *um* (*eunuchus*), d'eunuque : Hier. *Ep.* 22, 27.

eūnūchĭō, *ās*, *āre*, -, -, v. *eunuchizo*.

eūnūchĭŏn, *ii*, n. (εὐνούχιον), sorte de laitue : Plin. 19, 127.

eūnūchismus, *i*, m., castration : Cael.-Aur. *Chron.* 1, 4, 118.

eūnūchĭzō, *ās*, *āre*, -, - (εὐνουχίζω), castrer : VL. *Matth.* 19, 12.

eūnūchō, *ās*, *āre*, -, -, tr., rendre eunuque : Varr. *Men.* 235.

eūnūchus, *i*, m. (εὐνοῦχος), eunuque : Cic. *Or.* 232 ‖ f., l'Eunuque [pièce de Térence] : Ter. *Eun.* 32.

Eūnus, *i*, m. (Εὔνους), nom d'homme : Aus. *Epigr.* 74 (123), 1 ‖ nom d'un esclave syrien : Liv. *Epit.* 56.

Eŭŏdĭa (Eŭh-), *ae*, f., **-dĭus (-dus)**, *i*, m., nom de femme, nom d'homme : CIL 6, 8419 ; Vulg. *Philipp.* 4, 2.

eŭoe, interj., V. *euhoe*.

Eŭoenus, *i*, f. (εὖ, οἶνος), ancien nom de l'île de Péparèthe, renommée pour ses vins : Plin. 4, 72.

Eŭōnymītae, *ārum*, m. pl., peuple d'Éthiopie : Plin. 6, 184.

1 euōnўmŏs, *i*, f. (εὐώνυμος), fusain [arbrisseau] : Plin. 13, 118.

2 Euōnўmŏs, *i*, f., île éolienne : Plin. 3, 94.

Eŭpălămus, *i*, m. (Εὐπάλαμος), nom d'homme : Ov. *M.* 8, 360.

Eŭpălĭa, *ae*, f. et **-ĭum**, *ii*, n., ville de Locride : Plin. 4, 7 ; Liv. 28, 8.

Eŭpalimna, *ae*, f., ville d'Étolie : Plin. 4, 6.

Eŭpătĕreia, *ae*, f. (εὐπατέρεια), [surnom d'Hélène] fille d'un noble père : Lucil. 545.

Eŭpătŏr, *ŏris*, m. (Εὐπάτωρ), surnom de plusieurs princes, entre autres de Mithridate le Grand : Plin. 35, 151.

1 eupătŏrĭa herba, f., aigremoine [plante] : Plin. 25, 65.

2 Eupătŏrĭa, *ae*, f., ville du Pont : Plin. 6, 7.

eūpătŏrĭum, *ii*, n., C. 1 eupatoria : M.-Emp. 22, 12.

eūpēlĭŏs, *ii* f. (εὐπέλιος), sorte de laurier : Ps. Apul. *Herb.* 58.

eūpĕtălŏs, *i*, f. (εὐπέταλος), daphné-lauréole [arbrisseau] : Plin. 15, 132 ‖ sorte de pierre précieuse : Plin. 37, 161.

Eŭphēmē, *ēs*, f. (Εὐφήμη), nourrice des Muses : Hyg. *Astr.* 2, 17.

euphēmĭa, *ae*, f. (εὐφημία), désignation favorable, euphémisme : Sacerd. 6, 461, 23.

Eŭphēmus, *i*, m. (Εὔφημος), un Argonaute, fils de Neptune : Hyg. *Fab.* 14.

Eŭphēno, *ūs*, f. (Εὐφηνώ), fille de Danaüs : Hyg. *Fab.* 170.

euphōnĭa, *ae*, f. (εὐφωνία), douceur de prononciation, euphonie : Don. *Gram.* 4, 379, 2.

euphorbĕa, V. *euphorbia* : Solin. 24, 9.

Eŭphorbēni, m., peuple d'Asie : Plin. 5, 106.

euphorbĕum, V. *euphorbia* : Plin. 25, 143 ; 26, 118.

euphorbĭa, *ae*, f., euphorbe [plante à suc laiteux] : Plin. 5, 16.

Eŭphorbus, *i*, m. (Εὔφορβος), Euphorbe [Troyen, fils de Panthus, tué par Ménélas et dont Pythagore prétendait avoir reçu l'âme par l'effet de la métempsycose] : Ov. *M* 15, 161 ‖ médecin de Juba : Plin. 5, 16.

Eŭphŏrĭōn, *ōnis*, m. (Εὐφορίων), Euphorion de Chalcis [poète grec] : Cic. *Tusc.* 3, 45 ; *Div.* 2, 132.

Eūphrănŏr, *ŏris*, m. (Εὐφράνωρ), célèbre statuaire : Juv. 3, 217 ; Quint. 12, 10, 6 ‖ architecte : Vitr. 7, *pr.* 14 ‖ général de Persée : Liv. 42, 41.

Eūphrăsĭus, *ii*, m. (Εὐφράσιος), nom d'un magistrat : Amm. 26, 7.

Eūphrātēs, *ae*, Stat. *Th.* 8, 290 ou *is*, Tac. *An.* 2, 58 ou *i*, Cic. *Q.* 2, 10, 1, m. (Εὐφράτης) ¶ 1 Euphrate [grand fleuve d'Asie] Atlas I, E7 ; IX, D4 : Cic. *Nat.* 2, 130 ‖ **-tis**, *ĭdis*, adj. f., de l'Euphrate : Sidon. *Ep.* 8, 9, v. 51 ‖ **-taeus**, *a*, *um*, de l'Euphrate : Stat. S. 2, 2, 121 ¶ 2 philosophe du temps de Pline le Jeune : Plin. *Ep.* 1, 10.

Eūphrŏn, *ōnis*, m., statuaire grec : Plin. 34, 51 ‖ nom d'un médecin : Plin. 1, 12.

euphrŏnē, *ēs*, f. (εὐφρόνη), la bienveillante [épithète grecque de la nuit] : Amm. 22, 8, 32.

Eūphrŏnĭus (Eūfr-), *ii*, m. (Εὐφρόνιος), auteur d'un ouvrage sur l'agriculture : Plin. 1, 8 ‖ nom d'un évêque des Éduens et d'un évêque de Tours : Sidon. *Ep.* 7, 8, tit. ; Greg.-Tur. *Hist.* 4, 15.

Eūphrŏsўna, *ae* (**-nē**, *ēs*), f. (Εὐφροσύνη et -σύνα), Euphrosyne [une des trois Grâces] : Sen. *Ben.* 1, 3, 6 ‖ nom de femme : CIL 6, 33898.

euphrŏsўnum, *i*, n. (εὐφρόσυνον), buglosse [plante] : Plin. 25, 81.

Eūpĭlis, *is*, m., nom d'un lac de la Gaule transpadane [auj. lac de Susciano] : Plin. 3, 131.

eūplĭa, *ae*, f., plante inconnue : Plin. 25, 130.

eūplŏcămus, *a*, *um* (εὐπλόκαμος), aux cheveux bien bouclés, aux belles tresses : Lucil. 991.

Eūploea, *ae*, f. (Εὔπλοια), nom d'une petite île près de Naples : Stat. *S.* 1, 149 ‖ nom de femme : CIL 9, 1666.

Eŭpŏlĕmus, *i*, m. (Εὐπόλεμος), nom d'homme : Cic. *Verr.* 4, 49.

Eŭpŏlis, *ĭdis*, m. (Εὔπολις), poète grec de l'ancienne comédie : Cic. *Brut.* 38 ; Hor. *S.* 1, 4, 1.

▶ acc. *-in* Hor. *S.* 2, 3, 12 ; *-idem* Pers. 1, 124.

Eūpompus, *i*, m. (Εὔπομπος), peintre de Sicyone : Plin. 35, 75.

Eūprŏsōpŏn, *i*, m. (Εὐπρόσωπος), promontoire de Phénicie : Mel. 12, 3.

eūptĕrŏn, *i*, n. (εὔπτερον), polytric [plante capillaire] : Ps. Apul. *Herb.* 51.

eūrae, *ārum*, f. pl. (εὐραί), extrémités de l'essieu : CIL 5, 2787.

Eūrălĭum, *ii*, n. (Εὐράλιον), ville de Carie : Plin. 5, 107.

eurĕŏs, *i*, f., pierre précieuse inconnue : Plin. 36, 161.

eūrhythmĭa, *ae*, f. (εὐρυθμία), harmonie dans un ensemble : Vitr. 1, 2, 1.

eūrĭnus, *a*, *um* (εὔρινος), d'est : Col. 11, 2, 14.

eūrĭpĭcē, *ēs*, f. (εὐριπική), sorte de jonc : Plin. 21, 119.

Eūrīpĭdēs, *is* et *i*, m. (Εὐριπίδης), Euripide [célèbre poète tragique grec] : Pl. *Ru.* 86 ; Cic. *Tusc.* 1, 65 ‖ **-ēus**, *a*, *um*, d'Euripide : Cic. *Tusc.* 3, 59.

Eūrīpus (-ŏs), *i*, m. (Εὔριπος) ¶ 1 Euripe [détroit entre la Béotie et l'Eubée, auj. Égribos] : Plin. 4, 63 ; Cic. *Nat.* 3, 24 ¶ 2 **eūrīpus** [en gén.], détroit : Cic. *Mur.* 35 ‖ aqueduc, canal, fosse : Cic. *Leg.* 2, 2 ; Sen. *Ep.* 83, 5 ‖ fossé rempli d'eau qui entourait le cirque à Rome : Suet. *Caes.* 39 ; Plin. 8, 21.

eūrŏăquĭlo, *ōnis*, m., vent du nord-est : Vulg. *Act.* 27, 14.

eūrŏaustĕr, *tri*, m., V. *euronotus* : Isid. 13, 11, 3.

eūrŏbŏrus, *i*, m., vent du sud-est : Veg. *Mil* 4, 38.

eūrŏcircĭās, *ae*, m., vent de l'est-tiers-sud-est : Vitr. 1, 6, 10.

Eūrōmē, *ēs*, f. (Εὐρώμη), ville de Carie : Plin. 5, 109 ; **Eūrōmus**, Liv. 33, 30 ‖ **-enses**, *ium*, m. pl., habitants d'Eurome : Liv. 45, 25, 13.

eūrŏnŏtus, *i*, m. (εὐρόνοτος), vent du sud-sud-est : Plin. 2, 120.

Eūrōpa, *ae* et **-pē**, *ēs*, f. (Εὐρώπη) ¶ 1 Europe [fille d'Agénor, sœur de Cadmus, enlevée par Jupiter métamorphosé en taureau] : Ov. *M.* 2, 836 ; Cic. *Nat.* 1, 78 ; Hor. *O.* 3, 27, 25 ‖ [poét. et fig.] portique du Champ de Mars ou d'Europe : Mart. 2, 14 ¶ 2 l'Europe, une des parties du monde : Mel. 1, 15 ; Hor. *O.* 3, 3, 47 ‖ **-aeus**, *a*, *um*, d'Europe, fille d'Agénor : Ov. *M.* 8, 23 ‖ Européen : Nep. *Eum.* 3, 2 ‖ **-ensis**, *e*, de l'Europe, Européen : Vop. *Prob.* 13, 4.

Eūrōpum, *i*, n. (Εὔρωπον), ville de Syrie : Plin. 5, 87.

1 Eūrōpus, *i*, m. (Εὔρωπος), Europus [fils de Macédon et d'Orythie, roi de Macédoine] : Just. 7, 1.

2 Eūrōpus, *i*, f., deux villes de Macédoine : Plin. 4, 34.

Eūrōtās, *ae*, m. (Εὐρώτας), l'Eurotas [fleuve de Laconie] : Cic. *Tusc.* 5, 98.

eūrōtĭās, *ae*, m. (εὐρωτίας), pierre précieuse : Plin. 37, 161.

eūrōus, *a*, *um*, de l'eurus, du levant : Virg. *En.* 3, 533.

eūrus, *i*, m. (εὖρος), eurus, vent du sud-est : Plin. 2, 119 ; Sen. *Nat.* 5, 16, 4 ‖ [poét.] le levant : Val.-Flac. 1, 539 ‖ vent en général : Virg. *G.* 3, 382.

Eūrўălē, *ēs*, f. (Εὐρυάλη), fille du roi Minos, mère d'Orion : Hyg. *Astr.* 2, 35 ‖ une des Gorgones : Hyg. *Fab. pr.* 9 ‖ nom d'une reine des Amazones : Val.-Flac. 5, 612.

1 Eūrўălus, *i*, m. (Εὐρύαλος), Euryale [Argonaute chef des Argiens au siège de Troie] : Aus. *Epit.* 11 (227), 3 ‖ fils d'Io : Ov. *Ib.* 287 ‖ jeune Troyen, ami de Nisus : Virg.

En. 5, 295 ‖ nom d'un histrion de Rome : Juv. 6, 81.

2 Eŭrўălus, *i*, m. (Εὐρύηλος), citadelle de l'Épipole [à Syracuse] : Liv. 25, 25.

Eŭrўănassa, *ae*, f. (Εὐρυάνασσα), île près de Chios : Plin. 5, 137.

Eŭrўbătes, *ae*, m. (Εὐρυβάτης), Eurybate [héraut des Grecs au siège de Troie] : Ov. H. 3, 9.

Eŭrўbĭădēs, *is*, m., prince spartiate : Nep. Them. 4, 2.

Eŭrŭclĕa (-clīa), *ae*, f., Euryclée [nourrice d'Ulysse] : Cic. Tusc. 5, 46.

Eŭrŭcrătēs, *is*, m. (Εὐρυκράτης), nom d'homme : Ov. Ib. 295.

Eŭrўdămās, *antis*, m. (Εὐρυδάμας), un des Argonautes : Hyg. Fab. 14 ‖ surnom d'Hector : Ov. Ib. 331 ‖ un des prétendants de Pénélope : Sil. 2, 178.

Eŭrўdĭca, *ae*, f., nom de femme : Enn d. Cic. Div. 1, 40.

Eŭrўdĭcē, *ēs*, f. (Εὐρυδίκη), Eurydice [femme d'Orphée] : Virg. En. 4, 486 ‖ nom de différentes femmes : Nep. Iph. 3, 2 ; Hyg. Fab. 170.

Eŭrŭlŏchus, *i*, m. (Εὐρύλοχος), un des compagnons d'Ulysse, le seul qui refusa le breuvage de Circé : Ov. M. 14, 252 ‖ principal magistrat des Magnètes : Liv. 35, 31.

Eŭrўmăchus, *i*, m. (Εὐρύμαχος), prétendant de Pénélope : Ov. H. 1, 92.

Eŭrўmĕdōn, *ontis*, m. (Εὐρυμέδων) ¶ 1 fils de Pan : Stat. Th. 11, 32 ‖ général athénien d. la guerre du Péloponnèse : Just. 4, 4, 11 ¶ 2 fleuve de Pamphylie : Liv. 33, 41, 7.

Eŭrўmĕdūsa, *ae*, f. (Εὐρυμέδουσα), Euryméduse [aimée de Jupiter et mère de Myrmidon] : Isid. 9, 2, 75.

Eŭrўmĕnae, *ārum*, f. (Εὐρυμέναι), ville de Thessalie : Liv. 39, 25, 3.

Eŭrўmus, *i*, m. (Εὔρυμος), père de Télémus : Hyg. Fab. 128 ‖ **-ĭdēs**, *ae*, fils d'Eurymus (Télémus) : Ov. M. 13, 771.

Eŭrŭnŏmē, *ēs*, f. (Εὐρυνόμη), nymphe, fille de l'Océan et de Téthys : Ov. M. 4, 210‖ fille d'Apollon, mère d'Adraste et d'Ériphyle : Hyg. Fab. 69.

Eŭrўonē, *ēs*, f., fille d'Amyntas, roi de Macédoine : Just. 7, 4, 5.

Eŭrўpўlus, *i*, m. (Εὐρύπυλος), fils d'Hercule, roi de Cos : Ov. M. 7, 363 ‖ nom d'un devin, fils d'Évémon : Virg. En. 2, 114.

Eŭrysthĕnēs, *is*, m. (Εὐρυσθένης), un des fils d'Égyptus : Hyg. Fab. 170 ‖ un des Héraclides, roi de Lacédémone : Cic. Div. 2, 191.

Eŭrysthĕūs, *ĕi* ou *ĕos*, m., Eurysthée [roi de Mycènes, instrument de la haine de Junon contre Hercule] : Cic. Tusc. 2, 20 ; Ov. H. 9, 7 ‖ **-ēus**, *a*, *um*, d'Eurysthée : Stat. Th. 6, 711.

eūrythmĭa, v. *eurhythmia*.

Eūrўtĭōn, *ōnis*, m. (Εὐρυτίων), person. divers : Ov. A. A. 1, 593 ; M. 8, 311 ‖ un des compagnons d'Énée : Virg. En. 5, 495.

Eūrўtis, *ĭdis*, f., fille d'Eurytus [Iole] : Ov. M. 9, 395.

Eūrўtus, *i*, m. (Εὔρυτος), Eurytus [roi d'Œchalie, père d'Iole, tué par Hercule] : Ov. M. 9, 356 ‖ un des Argonautes : Val.-Flac. 1, 439 ‖ Centaure tué par Thésée : Ov. M. 12, 220.

euschēmē, adv. (εὐσχήμως), avec grâce, élégamment : Pl. Mil. 213 ; Trin. 625.

1 eŭsĕbĕs, *is*, n. (εὐσεβές), pierre inconnue : Plin. 37, 161.

2 Eŭsĕbēs, *is* et *ētis*, m. (εὐσεβής), surnom d'Ariobarzane : Cic. Fam. 15, 2, 4.

Eŭsĕbĭa, *ae*, f., femme de l'empereur Constance II : Amm. 15, 2, 8.

Eŭsĕbĭus, *ĭi*, m. (Εὐσέβιος), Eusèbe [évêque de Césarée, en Palestine, écrivain grec] : Hier. Vir. ill. 81 ‖ autres du même nom : Amm. 18, 1, 1 ; Sidon. Ep. 4, 3, 7 ‖ **-ĭānus**, *a*, *um*, d'Eusèbe [philosophe] : Sidon. Ep. 4, 1, 3.

Eŭstăchĭus, *ĭi*, m. (Εὐστάχιος), saint Eustache : Sidon. Ep. 7, 2, 4.

Eŭstăthĭus, *ĭi*, m. (Εὐστάθιος), nom d'homme : Amm. 17, 5, 15.

Eŭstŏchĭum, *ĭi*, n., nom d'une jeune fille pieuse : Hier. Ep. 22, tit.

eūstŏmăchus, *a*, *um* (εὐστόμαχος), bon pour l'estomac : Garg. Med. 43.

eustўlŏs, *ŏn* (εὔστυλος), eustyle [se dit d'un temple aux entrecolonnements corrects] : Vitr. 3, 3, 1 ; v. *diastylos*.

Eūtănē, f., c. *Euthanae* : Plin. 5, 107.

Eŭtĕlĕtŏs, *i*, f., nom d'une île près de l'Afrique : Mel. 2, 101.

Euterpē, *ēs*, f. (Εὐτέρπη), Euterpe [Muse de la musique] : Hor. O. 1, 1, 33.

eūthălŏs, *i*, f., c. *daphnoides* : Plin. 15, 132.

Eūthāna, *ae*, f. (Εὐθηναί), ville de Carie : Mel. 1, 84.

eūthĕristŏn, *i*, n. (εὐθέριστον), sorte de baumier : Plin. 12, 114.

Eūthĕrĭus, *ĭi*, m. (Εὐθήριος), nom d'homme : Amm. 16, 7, 2.

1 eūthīa, *ae*, f. (εὐθεία), ligne droite : Capel. 9, 958.

2 Eūthĭa, *ae*, f., nom d'une île : Plin. 4, 72.

Eūthўcrătēs, *is*, m. (Εὐθυκράτης), fils de Lysippe, sculpteur comme son père : Plin. 34, 8.

Eūthўdēmus, *i*, m. (Εὐθύδημος), nom d'homme : Cic. Fam. 13, 36, 1.

eūthўgrammŏs, *ŏn* (εὐθύγραμμος), fait à l'équerre, droit, normal : Grom. 100, 10 ‖ ligne droite : Vitr. 1, 1, 4.

Eūthўmēdēs, *is*, m. (Εὐθυμήδης), peintre grec : Plin. 35, 146.

Eūthўmus, *i*, m. (Εὔθυμος), célèbre athlète grec : Plin. 7, 152.

Eūthўnŏus, m. (Εὐθύνους), nom d'homme grec : Cic. Tusc. 1, 115.

Eūtrăpĕlus, *i*, m. (εὐτράπελος), nom d'homme : Cic. Att. 15, 8, 1 ; Hor. Ep. 1, 18, 31.

Eūtrŏpĭa, *ae*, f., nom d'une femme pieuse : Sidon. Ep. 6, 2, 1.

Eūtrŏpĭus, *ĭi*, m., Eutrope [eunuque favori d'Arcadius] : Claud. Eut. 1, 98 ‖ saint Eutrope [évêque d'Orange] : Sidon. Ep. 6, 6, tit. ‖ historien latin, contemporain de Julien : Eutr. tit. 10, 16, 1 ‖ nom d'un grammairien latin : Prisc. 2, 8, 19.

Eūtўchēs, *is*, m. (Εὐτύχης), nom d'un grammairien latin, dont il existe deux traités : Eutych. 5, 447, tit. ‖ nom d'un hérésiarque : Greg.-M. 1, 24, p. 36 ‖ **-chĭāni**, *ōrum*, m. pl., sectateurs d'Eutychès : Isid. 8, 5, 65.

Eūtўchĭdēs, *ae*, m. (Εὐτυχίδης), nom d'hommes : Plin. Att. 4, 16, 9 ; Plin. 34, 8.

Eūtўchis, *ĭdis*, f., nom de femme : Plin. 7, 34.

Eūtўchĭus, *ĭi*, m., nom d'homme : Capit. Aur. 2, 3.

Eūxĕnĭdās, *ae*, m. (Εὐξενίδας), peintre grec : Plin. 33, 75.

Eūxīnus Pontus, *i*, m. (εὔξεινος), le Pont-Euxin (la mer Noire) : Cic. de Or. 1, 174 ; Ov. Tr. 4, 4, 55 ‖ **-īnus**, *a*, *um*, du Pont-Euxin : Ov. Pont. 2, 6, 2 ; 4, 9, 1 ‖ **Eūxīnus**, *i*, Ov. Tr. 2, 197, m., c. *Euxinus pontus*, v. *Pontus*.

eūzōmŏn, *i*, n. (εὔζωμον), graine de roquette : Plin. 20, 126.

Ēva, *ae*, f., Ève [femme d'Adam] : Vulg. Gen. 3, 20 ; Prud. Ham. 741.

ēvăcātĭo, *ōnis*, f., c. *vacatio* : Jul.-Val. 2, 30.

ēvăcŭātĭo, *ōnis*, f. (*evacuo*), action de vider, évacuation : Cael.-Aur. Acut. 2, 19, 116 ‖ [fig.] renoncement à soi-même : *(Christus) accipere formam servi nisi per evacuationem suam non potuit* Hil. Trin. 9, 14, (le Christ) n'a pu recevoir la forme d'un esclave (= homme) qu'en renonçant à la sienne propre ‖ affaiblissement, atténuation : Tert. Marc. 4, 24, 11.

ēvăcŭātŏr, *ōris*, m. (*evacuo*), destructeur : Cassiod. Var 3, 51, 3.

ēvăcŭo, *ās*, *āre*, *āvī*, *ātum*, tr. ¶ 1 vider : Plin. 32, 104 ‖ [fig.] affaiblir, épuiser : Cod. Just. 8, 43, 4 ¶ 2 [chrét.] renoncer à soi, cf. *evacuatio* : Hil. Trin. 9, 14 ‖ [passif] être vain, vidé de son sens : *ut non evacuetur crux Christi* Vulg. 1 Cor. 1, 17, afin que la croix du Christ ne perde pas tout son sens.

ēvădĭmōnĭum, *ĭi*, n., action de faire défaut : Not. Tir. 73, 46 a.

Ēvadnē, f., v. *Euadne*.

ēvādō, *ĭs*, *ĕre*, *vāsī*, *vāsum* (*ex*, *vado*) **I** intr. ¶ 1 sortir de : *ex balneis* Cic. Cael. 65, sortir du bain ; *si ex illis abditis sedibus evadere in haec loca quae nos incolimus*

evado

potuissent Cic. *Nat.* 2, 95, s'ils avaient pu de ce séjour souterrain s'élever jusqu'à ces lieux-ci que, nous, nous habitons ; *in muros* Liv. 2, 17, 5, monter sur les murs, escalader les murs, cf. Liv. 4, 34, 1 ; 10, 17, 7 ; *ad summi fastigia culminis* Virg. *En.* 2, 458, monter jusqu'au point le plus élevé du faîte ¶ 2 s'échapper de, se sauver de, se dégager de : *e morbo, e periculo ex insidiis* Cic. *Div.* 2, 13, se tirer de la maladie, du danger, des pièges, (*periculo* Liv. 21, 33 5 ; *ab judicibus* Cic. *Tusc.* 1, 98, se tirer des mains des juges ; *evasti* Hor. *S.* 2, 7, 68, tu t'es tiré d'affaire) ‖ [fig.] *ad conjecturam* Pl. *Ru.* 612, parvenir à conjecturer, à deviner ; *ne in infinitum quaestio evadat* Quint. 2, 17, 16, pour éviter que la question ne s'étende à l'infini ¶ 3 arriver à être, aboutir à être, finir par devenir : *quos judicabat non posse oratores evadere* Cic. *de Or.* 1, 126, ceux qu'il jugeait incapables de devenir enfin orateurs ; *perfectus Epicureus evaserat* Cic. *Brut.* 131, il avait fini par devenir un épicurien achevé ; *quod tu ejus modi evasisti* Cic. *Verr.* 3, 161, parce que toi, tu es devenu tel, cf. *Leg.* 2, 43 ‖ *si quando aliquod somnium verum evaserit* Cic. *Div.* 2, 108, si parfois qq. songe s'est manifesté comme vrai (s'est réalisé), cf. Liv. 23, 12, 12 ; 35, 47, 2 ‖ *videamus, hoc quorsum evadat* Cic. *Att.* 9, 18, 4, voyons à quoi cela aboutit, comment tournent les affaires, cf. *Att.* 14, 19, 6 ; Nep. *Dion* 8, 1 ; *hucine beneficia tua evasere, ut... ?* Sall. *J.* 14, 9, voilà donc à quoi tes bienfaits ont abouti ! à ce que... ; *pestilentia in longos morbos evasit* Liv. 27, 23, 6, l'épidémie aboutit à des maladies interminables.
II tr. ¶ 1 venir à bout de franchir, franchir : *viam* Virg. *En.* 2, 731, franchir une route, la parcourir jusqu'au bout, cf. Virg. *En.* 3, 282 ; Tac. *An.* 12, 35 ‖ *gradus altos* Virg. *En.* 4, 685, arriver au haut des degrés ; *ardua* Liv. 2, 65, 3, gravir les escarpements ¶ 2 échapper à, éviter : *flammam* Virg. *En.* 5, 689, échapper aux flammes ; *insidias* Suet. *Caes.* 74, échapper aux embûches ‖ [fig.] *gravem casum* Tac. *An.* 14, 6, échapper à un grand péril ; *sermones malignorum* Plin. *Ep.* 7, 24, 3, échapper aux propos des méchants.
▶ parf. contr. *evasti* Hor. *S.* 2, 7, 68 ; Sil. 15, 793 ; subj. pqp. *evadissent* Treb. *Tyr.* 5, 7.

ēvădŏr, ārĭs, ārī, -, intr., ne pas comparaître en justice : Not. Tir. 73, 43.

ēvăgātĭo, ōnis, f. (*evagor*), action de se donner du champ, de l'essor : Sen. *Ep.* 65, 16 ; Plin. 2, 72.

1 **ēvăgĭnātĭo**, ōnis, ⓒ▶ *evagatio* : Arn. 1, 50.

2 **ēvăgĭnātĭo**, ōnis, f. (*evagino*), action de dégainer : VL. *Ezech.* 26, 15.

ēvăgĭnō, ās, āre, āvī, ātum (*e vagina*), tr., tirer du fourreau, dégainer : Just. 1, 9, 8.

ēvăgŏ, ās, āre, -, -, ⓒ▶ *evagor* : Acc. *Tr.* 643.

ēvăgŏr, ārĭs, ārī, ātus sum (*ex, vagor*)
¶ 1 intr., courir çà et là, se répandre au loin, se propager : Col. 8, 5, 14 ; Plin. 10, 94 ; 19, 163 ; *ad evagandum* Liv. 22, 47, 2, pour se dégager ‖ [fig.] *appetitus evagantur* Cic. *Off.* 1, 102, les appétits se donnent carrière ‖ faire une digression : Quint. 2, 4, 32 ¶ 2 tr., dépasser, franchir, transgresser : Hor. *O.* 4, 10.

ēvălēscō, ĭs, ĕre, vălŭī, -, intr. ¶ 1 prendre de la force, se fortifier : Plin. 17, 186 ; Sen. *Ep.* 94, 31 ‖ [fig.] *tempus in suspicionem evaluit* Tac. *H.* 1, 80, le moment choisi finit par amener le soupçon (aboutit à) ‖ [poét.] [avec inf.] être capable de, pouvoir : Virg. *En.* 7, 757 ¶ 2 valoir, coûter : Macr. *Sat.* 3, 17, 17 ¶ 3 prévaloir : Quint. 9, 3, 13 ; Tac. *G.* 2.

ēvălĭdus, a, um, très fort, robuste : Cic. *Frg. H.* 4 a, 398 ‖ *-dior* Plin. 18, 104.

1 **ēvallō**, ās, āre, -, - (*e 1 vallo*), tr., rejeter, faire sortir, chasser : Titin. *Com.* 76 ; Varr. *Men.* 109.

2 **ēvallō**, ĭs, ĕre, -, - (*e 2 vallo*), tr., vanner, ⓒ▶ *evanno* : Plin. 18, 98.

ēvălŭī, parf. de *evalesco*.

evan, v.▶ *euhan*.

Ēvander, v.▶ *Euander*.

ēvānēscō, ĭs, ĕre, vanŭī, - (*ex, vanesco* ; it. *svanire*), intr., s'évanouir, disparaître, se dissiper, se perdre, passer, s'évaporer : Lucr. 3, 222 ; Virg. *En.* 9, 658 ; Sen. *Nat.* 3, 24 ; *vinum evanescit* Cic. *Div.* 2, 117, le vin s'évente, cf. Virg. *En.* 9, 865 ‖ [fig.] *memoria evanuit* Cic. *de Or.* 2, 95, le souvenir disparut ; *spes evanescit* Cic. *Att.* 3, 13, 1, l'espoir s'évanouit ; *(ejus) orationes evanuerunt* Cic. *Brut.* 106, ses discours sont oubliés : *evanescit donatio* Ulp. *Dig* 24, 1, 7, la donation devient nulle ‖ [chrét.] perdre sa saveur : *si sal evanuerit* Vulg. *Matth.* 5, 13, si le sel s'affadit.

ēvangĕl-, v.▶ *euangel-*.

ēvānĭdus, a, um (*evanesco*), qui perd sa force, sa consistance, sa résistance : Ov. *M.* 5, 435 ; Col. *Arb.* 17, 3 ; *evanida calx* Vitr. 7, 2, 2, chaux amorphe [chaux encore vive, sèche et pulvérulente]‖ [fig.] éphémère : Sen. *Ep.* 35, 3 ‖ [en parl. de pers.] exténué : Sen. *Ep.* 122, 4.

ēvānĭtūrus, a, um, part. fut. de *evanesco* : Lact. *Inst.* 5, 4, 8.

ēvannō, ĭs, ĕre, -, - (*e vanno*), tr., vanner, rejeter en vannant : Varr. *R.* 1, 52 ‖ [fig.] rejeter, chasser : Pompon. *Com.* 92.

ēvans, v.▶ *euhans*.

ēvăpōrātĭo, ōnis, f. (*evaporo*), évaporation : Sen. *Nat.* 1, 1, 7 ; Gell. 19, 5, 6.

ēvăpōrātīvus, a, um (*evaporo*), qui produit l'évaporation : Cael.-Aur. *Acut.* 3, 8, 93.

ēvăpōrō, ās, āre, āvī, ātum, tr., évaporer, disperser en vapeur ; Solin. 2, 54 : Gell. 19, 5, 7.

ēvāsĭo, ōnis, f. (*evado*), délivrance : Vulg. *Judith* 13, 20.

ēvasti, v.▶ *evado*.

ēvastō, ās, āre, āvī, ātum (*ex, vasto*), tr., ravager entièrement, dévaster : Liv. 28, 44, 14 ; 32, 33, 14.

ēvāsus, a, um, part. de *evado*.

ēvax, v.▶ *euax*.

ēvectātĭo, ōnis, f. (*evecto*), course, parcours d'un navire : Aug. *Man.* 44.

ēvectĭo, ōnis, f. (*eveho*), action de s'élever en l'air : Apul. *M.* 5, 24 ‖ permission d'utiliser le transport par la poste impériale : Symm. *Ep.* 4, 6, cf. Cat. *Orat.* 173, 15.

ēvectō, ās, āre, -, -, fréq. de *eveho*, Gloss. 2, 313, 31

1 **ēvectus**, a, um, part. de *eveho*.

2 **ēvectŭs**, ūs, m., transport : Plin. 18, 28.
▶ acc. pl. *evectos* Varr. *R.* 1, 16, 2.

ēvĕhō, ĭs, ĕre, vēxī, vectum (*ex, veho*), tr., transporter, emporter : Cic. *Verr.* 1, 53 ; *merces* Varr. 1, 16, 6, exporter des marchandises ‖ [fig.] élever, porter à : *ad consulatum* Tac. *D.* 13, élever au consulat [pass. intrinsèque] : *ut in collem eveheretur* Liv. 1, 48, 6, pour gravir la colline [dans un char] ; *evecti in altum* Liv. 21, 50, 1, s'étant portés en pleine mer ‖ [en part.] *evectus* [avec acc.], qui a dépassé, franchi, surpassé : *evectus os amnis* Curt. 9, 9, 27, ayant franchi l'embouchure du fleuve ‖ [fig.] Tac. *An.* 14, 52.

ēvēlātus, a, um, ⓒ▶ *eventilatus* : P. Fest. 68, 3.

ēvellō, ĭs, ĕre, ellī (*ulsī*), - (*ex, vello* ; it. *svegliere*), tr., arracher, enlever, déraciner : Cic. *Fin.* 2, 97 ; *Div.* 2, 67 ; *Att.* 15, 4, 2 ; *linguam alicui* Cic. *Sest.* 60, arracher la langue à qqn, cf. *Tusc.* 3, 62 ; *poma ex arboribus vix evelluntur* Cic. *CM* 71, les fruits s'arrachent difficilement des arbres ‖ [fig.] *ex animo alicui scrupulum* Cic. *Amer.* 6, arracher de l'âme de qqn une inquiétude, cf. *de Or.* 1, 230 ‖ dégager, délivrer : Sil. 7, 335.
▶ parf. habituel *evelli* Cic. ; *evulsi* Sen. *Marc.* 16, 7.

ēvĕnat, v.▶ *evenio*.

ēvĕnĭō, ĭs, īre, vēnī, ventum, intr.
I [au pr.] venir hors de, sortir : Hor. *O.* 4, 4, 65 ‖ *Capuam* Pl. *Ru.* 631, parvenir à Capoue ‖ croître : Col. 4, 32, 2.
II [fig.] ¶ 1 avoir une issue, un résultat : *bene et feliciter evenire* Cic. *Fam.* 4, 14, 1, avoir un bon, un heureux résultat ; *nostra ex sententia* Pl. *Men.* 1151, avoir l'issue que nous souhaitons ; *quod precatus a dis immortalibus sum... ut ea res mihi magistratuique meo... bene atque feliciter eveniret* Cic. *Mur.* 1, la prière que j'ai adressée aux dieux immortels... savoir que cette élection eût un bon, un heureux succès pour moi et pour la charge que j'exerce..., cf. Caes. *G.* 4, 25, 3 ; Liv. 31, 5, 4 ¶ 2 arriver = se réaliser, s'accomplir : *quotaquaeque res evenit praedicta ab istis ?* Cic. *Div.* 2, 52, combien peu se produit-il de choses prédites par eux ? ¶ 3 échoir (*alicui*, à qqn) : **L. Genucio**

consuli ea provincia sorte evenit Liv. 7, 6, 8, cette province (mission) échut par le sort au consul L. Génucius ; [sans *sorte*] Sall. J. 35, 3 ; Liv. 2, 40, 14 ; *incommoda quae eveniunt improbis* Cic. Fin. 1, 53, les malheurs qui arrivent aux méchants ‖ *vereor ne idem eveniat in meas litteras* Cic. Fam. 2, 10, 1, je crains le même sort pour mes lettres ¶ **4** arriver, se produire [avec idée d'effet, de suite, de résultat] : *timebam ne evenirent ea quae acciderunt* Cic. Fam. 6, 21, 1, je craignais les événements (les résultats) qui sont arrivés en effet ; *illis merito accidet, quicquid evenerit* Sall. C. 51, 26, ils auront mérité le sort, quel qu'il soit, qui sortira de nos délibérations ; *quod ferme evenit* Cic. Rep. 1, 65 ; *id quod evenit saepius* Cic. Rep. 1, 65, ce qui arrive d'ordinaire, le plus souvent (suite ordinaire des faits) ‖ [impers.] *ut plerumque evenit* Cic. Planc. 15, comme il arrive d'ordinaire ; *evenit ut*, il arrive que : *temporibus quibusdam et aut officiis debitis aut rerum necessitatibus saepe eveniet ut...* Cic. Fin. 1, 33, par suite de certaines conjonctures et soit de devoirs pressants, soit de nécessités extérieures, il arrivera souvent que....

▶ subj. prés. arch. *evenat* Enn. Tr. 170 ; Pl. Curc. 39 ; Mil. 1010 ; Ep. 287 ; *evenant* Pl. Ep. 321.

Ēvēnos, v. *Euenos*.

ēventĭlātus, *a*, *um*, part. de *eventilo*.

ēventĭlō, *ās*, *āre*, *āvī*, *ātum* (*ex*, *ventilo*), tr., agiter l'air, faire du vent : *eventilando* Plin. 31, 49, par ventilation ‖ nettoyer par ventilation, vanner : Col. 1, 6, 23 ‖ [fig.] éplucher, critiquer : Hier. Is. 3, 3 ‖ [fig.] dissiper, dépenser : Sidon. Ep. 1, 9, 1.

ēventum, *i*, n. (*evenio*) [rare au sg.] ordin* **ēventa**, *ōrum*, n. pl., événements, choses accidentelles : Cic. Att. 9, 5, 2 ; Rep. 3, 14 ‖ [phil.] accident [oppos. *conjuncta*] : Lucr. 1, 450 ‖ résultats, effets : *consilia eventis ponderare* Cic. Rab. Post. 1, juger les conseils d'après les résultats, cf. Div. 1, 5 ; Top. 67 ; [sg.] Att. 3, 8, 4 ; Part. 110.

ēventūra, *ōrum*, n. pl. (*evenio*), l'avenir : Tib. 2, 1, 15 ; Plin. Ep. 1, 18, 2.

ēventŭs, *ūs*, m. (*evenio*), événement, résultat, issue, dénouement : *eventus est alicujus exitus negotii* Cic. Inv. 1, 42, l'événement est l'issue d'une chose, cf. Div. 2, 79 ; *eventus dicendi* Cic. de Or. 1, 123, le résultat de la plaidoirie, cf. Caes. G. 6, 42, 1 ; 7, 49, 3 ‖ *eventus alicujus, alicujus rei* [avec idée de malheur], ce qui est arrivé à qqn, à qqch. (le sort) : Cic. Lae. 14 ; Caes. G. 4, 31, 1 ; Liv. 33, 48, 2 ‖ résultat heureux, réussite, succès : *egi pro Vareno non sine eventu* Plin. Ep. 5, 20, 2, j'ai plaidé pour Varénus non sans succès, cf. Tac. Agr. 27 ‖ effet [opposé à cause] : Cic. Part. 7.

Ēvēnus, v. *Euenos*.

ēvĕnustō, *ās*, *āre*, -, -, tr., rendre beau [gr. εὐκύκλον ποιῶ] : Chalc. Tim. 40 A.

ēverbĕrātus, part. de *everbero*.

ēverbĕrō, *ās*, *āre*, *āvī*, *ātum* (*ex*, *verbero*), tr., frapper, (avec force, avec violence), battre à coups redoublés : *fluctus remis* Curt. 4, 3, 18, frapper avec les rames les flots de la mer, cf. Virg. En. 12, 866 ; Quint. 2, 4, 18 ‖ [fig.] fouetter, aiguillonner, stimuler : Gell. 1, 23, 7.

ēvergănĕus, v. *euerganeus*.

ēvergō, *ĭs*, *ĕre*, -, -, tr., faire jaillir, répandre : Liv. 44, 33, 2 [mss] ‖ v. *vergo* : Not. Tir. 43, 87 ; 88.

ēverrĭae, **exverrae**, *ārum*, f. (*everro*), purifications faites dans la maison d'un mort : P. Fest. 68, 11.

ēverrĭātor, celui qui fait les *everriae* : P. Fest. 68, 8.

ēverrĭcŭlum, *i*, n. (*everro*) ¶ **1** balai, instrument pour balayer, nettoyer : *quod umquam hujuscemodi everriculum ulla in provincia fuit ?* Cic. Verr. 4, 53, fut-il jamais dans aucune province pareil coup de balai ? [jeu de mots sur *Verres*] ; *everriculum malitiarum omnium, judicium de dolo malo* Cic. Nat. 3, 74, ce qui balaie toutes les fourberies, savoir la poursuite judiciaire pour mauvaise foi (dol) ¶ **2** [pêche] traîne, seine, filet : Varr. R. 3, 17, 7.

ēverrō, *ĭs*, *ĕre*, *verrī*, *versum* (*ex*, *verro*), tr., balayer, nettoyer : Varr. L. 6, 32, cf. R. 2, 2, 7 ; Col. 7, 4, 5 ‖ [pêche] balayer avec un filet, draguer : Apul. Apol. 29 ; Manil. 4, 285 ; [fig.] *paratus ad everrendam provinciam* Cic. Verr. 2, 19, prêt à balayer (nettoyer) la province [avec allusion au nom de Verrès], cf. Verr. 2, 52 ‖ [chrét.] détourner de la foi : Aug. Conf. 4, 16, 31.

ēversĭō, *ōnis*, f. (*everto*) ¶ **1** renversement : *eversio columnae* Cic. Phil. 1, 5, renversement d'une colonne ; *eversiones vehiculorum* Plin. 22, 43, chariots qui versent ¶ **2** destruction, ruine : Cic. Har. 3 ; *templorum* Quint. 5, 10, 97, destruction des temples ‖ [fig.] *rerum publicarum eversiones* Cic. CM 40, le renversement des États ; *eversio vitae* Cic. Ac. 2, 99, bouleversement de la vie ¶ **3** action de déposséder, expulsion, expropriation : Flor. 3, 13, 7.

ēversō, *ās*, *āre*, -, - (fréq. de *everto*), Prisc. 3, 477, 26.

ēversŏr, *ōris*, m. (*everto*), celui qui renverse, destructeur [pr. et fig.] : Quint. 8, 6, 30 ; Cic. Sest. 17 ‖ *pecuniae* Cod. Th. 1, 6, 1, dissipateur.

1 **ēversus**, *a*, *um*, part. de *everro* et de *everto*.

2 **ēversŭs**, abl. *ū*, m. (*everto*), Julian.-Aecl., d., Aug. Jul. op. imp. 3, 161, réfutation.

ēvertō, *ĭs*, *ĕre*, *vertī*, *versum* (*ex*, *verto*), tr. ¶ **1** mettre sens dessus dessous, retourner, bouleverser : *evertere navem* Cic. de Or. 1, 174, faire chavirer un vaisseau ; *evertere campum* Val.-Flac. 7, 75, retourner une plaine [avec la charrue], la labourer ¶ **2** jeter à bas, renverser, abattre, détruire [pr. et fig.] : *evertere urbes* Cic. Off. 1, 82, détruire des villes ; *evertere penitus virtutem* Cic. Fin. 3, 10, anéantir la vertu ; *leges* Cic. Verr. 2, 46, abolir les lois ; *adversaria* Cic. Or. 122, renverser les arguments de l'adversaire ¶ **3** expulser, exproprier : *aliquem agro, aedibus* Pl. Trin. 616, chasser (dépouiller) qqn de ses terres, de sa maison ; *pupillum fortunis patriis* Cic. Verr. 1, 135, déposséder un pupille de son patrimoine, cf. Caecil. 21 ; Amer. 115 ; Flac. 11.

ēvescŏr, *ĕris*, *ī*, - (*ex*, *vescor*), intr., manger complètement, se repaître : Gloss. 5, 499, 12.

ēvestīgātus, *a*, *um* (*ex*, *vestigo*), découvert (à force de recherches), dépisté : Sen. Contr. 2, 1, 7 ; Ov. M. 15, 146.

ēvexus, *a*, *um* [tard.], part. de *eveho*, qui va en s'élevant : Capel. 8, 816.

Ēvhēmĕrus, v. *Euhemerus*.

ēvhoe, v. *euhoe*.

ēvibrō, *ās*, *āre*, -, -, tr., lancer (un projectile) : Amm. 24, 4, 16 ‖ exciter, animer : Gell. 1, 11, 1 ; Amm. 14, 1, 10.

ēvīcī, parf. de *evinco*.

ēvictĭō, *ōnis*, f. (*evinco*), éviction, recouvrement d'une chose par jugement [droit] : Cod. Just. 8, 45.

ēvictus, *a*, *um*, part. de *evinco*.

ēvĭdens, *tis* (*ex*, *video*, cf. *videor*, *evideor*) ¶ **1** visible, apparent : *flos non evidens* Plin. 21, 64, fleur non apparente ¶ **2** clair, manifeste, évident : *evidentes res* Cic. Ac. 2, 18, choses évidentes, cf. Nat. 3, 9 ; *quod in homine multo est evidentius* Cic. Lae. 27, et cet instinct se manifeste encore bien plus clairement dans l'homme ¶ **3** digne de foi [en parl. de choses] : Cic. Top. 97 ; [de pers.] *evidentissimi Graeciae auctores* Plin. 19, 41, les auteurs grecs les plus dignes de foi ‖ *evidentissimus* Liv. 8, 9, 12.

ēvĭdentĕr, adv. (*evidens*), évidemment, clairement : Liv. 6, 26, 7 ‖ *evidentius* Julian. Dig. 18, 5, 5 ; *-issime* Suet. Tib. 45.

ēvĭdentĭa, *ae*, f. (*evidens*), évidence [grec ἐνάργεια] : Cic. Ac. 2, 17 ‖ visibilité, possibilité de voir : Apul. Plat. 1, 5 ‖ clarté, transparence : Jul.-Val. 2, 8.

ēvĭdĕŏr, *ēris*, *ērī*, -, intr., apparaître entièrement : Arn. 2, 54.

ēvĭgescō, *ĭs*, *ĕre*, -, -, intr., perdre sa vigueur : Tert. Anim. 38, 3.

ēvĭgĭlantĕr, adv., avec vigilance : Corip. Joh. 7, 203.

ēvĭgĭlātĭō, *ōnis*, f. (*evigilo*), [chrét.] réveil [en parl. de la résurrection du Christ] : Aug. Civ. 17, 18 ‖ éveil de l'âme : Greg.-M. Mor. 24, 9.

ēvĭgĭlātus, *a*, *um*, part. de *evigilo*.

evigilo

ēvĭgĭlō, *ās*, *āre*, *āvī*, *ātum*
I intr. ¶ **1** s'éveiller, se réveiller : Plin. *Ep.* 1, 5, 8 ; Quint. 9, 4, 12 ; Suet. *Aug.* 78 ¶ **2** veiller, s'appliquer, travailler sans relâche : *in quo evigilarunt cogitationes meae ?* Cic. *Par.* 2, 17, quel a été dans mes veilles l'objet de mes méditations ? ; *tantum evigilat in studio, ut* Cic. *ad Brut.* 1, 15, 1, il a un zèle si infatigable que ; *etsi nobis evigilatum fere est* Cic. *Rep.* 3, 41, quoique nos veilles aient à peu près assuré notre sécurité ¶ **3** [chrét.] s'éveiller de la mort, ressusciter : Hier. *Is.* 26, 19.
II tr. ¶ **1** passer [le temps] en veillant : *nox evigilanda* Tib. 1, 8, 64, nuit qu'on doit passer sans dormir ¶ **2** travailler sans relâche à, faire avec soin, méditer, élaborer, mûrir : *consilia evigilata cogitationibus* Cic. *Att.* 9, 12, 1, conseils mûris par la réflexion ; *evigilare libros* Ov. *Tr.* 1, 1, 108, consacrer ses veilles à écrire des livres ; *cui pleraque evigilata erant* Gell. 1, 7, 4, qui avait étudié à fond presque tout.

ēvĭgōrātus, *a*, *um* (*e vigore*), qui a perdu sa vigueur : Tert. *Pall.* 4, 3.

ēvīlescō, *ĭs*, *ĕre*, *vĭlŭī*, -, intr., devenir vil, perdre toute valeur : Tac. *H.* 3, 53.

ēvincĭō, *īs*, *īre*, *vinxī*, *vinctum* (*ex, vincio*), tr., ceindre [la tête] : Tac. *An.* 6, 43 ; 15, 2 ; *viridi evinctus oliva* Virg. *En.* 5, 494, le front ceint du vert olivier ǁ lier, attacher [en gén.] : *suras evincta cothurno* Virg. *B.* 7, 32, [vierge] ayant les jambes serrées par les courroies d'un cothurne.

ēvincō, *ĭs*, *ĕre*, *vīcī*, *victum* (*ex, vinco*), tr. ¶ **1** vaincre complètement, triompher de [pr. et fig.] : *evincere Aeduos* Tac. *An.* 3, 46, triompher des Éduens ; *omnia* Liv. 10, 17, 10, venir à bout de tout ǁ [poét.] *amnis evicit moles* Virg. *En.* 2, 497, le fleuve est venu à bout des digues, a rompu les digues ; *platanus evincet ulmos* Hor. *O.* 2, 15, 5, le platane viendra à bout de (remplacera) l'ormeau ǁ [pass.] : *lacrimis evicta meis* Virg. *En.* 4, 450, vaincue par mes larmes, cf. Virg. *En.* 4, 474 ; Ov. *F.* 3, 688 ¶ **2** [tour fréq.ᵗ d. Tac.] *evinci ad miserationem* Tac. *An.* 11, 37 ; *in lacrimas* Tac. *An.* 1, 57 ; *in gaudium* Tac. *H.* 2, 64, être amené invinciblement à la pitié, aux larmes, à la joie ¶ **3 a)** [avec *ut* subj.] obtenir que : Liv. 3, 41, 1 ; 5, 26, 1 ; 38, 9, 7 **b)** [avec prop. inf.] prouver que : Hor. *S.* 2, 3, 250 ¶ **4** [droit] évincer, déposséder juridiquement qqn de qqch. : *evincere hereditatem per querelam inofficiosi* Dig. 5, 2, 21, 2, évincer l'héritier par l'action de testament inofficieux ; *sive tota res evincatur sive pars, habet regressum emptor in venditorem* Dig. 21, 2, 1, que la chose fasse l'objet d'une éviction totale ou seulement partielle, l'acheteur a un recours contre le vendeur.

ēvinctus, *a*, *um*, part. de *evincio*.

ēvīrātĭō, *ōnis*, f. (*eviro*), castration : *Gloss. L.* 3, 123, ER 5 ǁ [fig.] *pilorum* Plin. 29, 26, action d'épiler.

ēvīrātus, *a*, *um*, part. de *eviro* ǁ pris adjᵗ, efféminé : *-tior* Mart. 5, 41, 1.

ēvīrescō, *ĭs*, *ĕre*, -, -, intr., devenir vert : Varr. *Men.* 425.

ēvīrō, *ās*, *āre*, *āvī*, *ātum* (2 *e viro*), tr., ôter la virilité, faire eunuque : Varr. d. Non. 46, 12 ; Catul. 63, 57 ǁ [fig.] affaiblir, énerver : Veg. *Mul.* 1, 14, 3 ; V.▶ *eviratus*.

ēviscĕrātĭō, *ōnis*, f. (*eviscero*), affaiblissement, épuisement : Ennod. *Dict.* 24.

ēviscĕrātus, *a*, *um*, part. de *eviscero*.

ēviscĕrō, *ās*, *āre*, *āvī*, *ātum* (*e visceribus*), tr. ¶ **1** éventrer : Enn. d. Cic. *Tusc.* 1, 107 ǁ mettre en pièces, déchirer : Virg. *En.* 11, 723 ¶ **2** retirer des entrailles, prendre dans l'intérieur : Solin. 53, 26 ǁ [fig.] dissiper, prodiguer, épuiser : Cod. Just. 3, 29, 7 ; Ambr. *Luc.* 4, 26.

ēviscus, *i*, m., V.▶ *hibiscum* : Orib. *Eup.* 2, 1 E 1.

ēvītābĭlis, *e*, qu'on peut éviter : Ov. *M.* 6, 234 ; Sen. *Nat.* 2, 50, 2.

ēvītātĭō, *ōnis*, f. (*evito*), action d'éviter, fuite : Quint. 5, 10, 33 ; Sen. *Nat.* 2, 39, 3.

ēvītātus, *a*, *um*, part. de *evito*.

1 **ēvītō**, *ās*, *āre*, *āvī*, *ātum* (*ex, vito*), tr., éviter, fuir : Cic. *Fin.* 5, 20 ; *Lae.* 88 ; *evitare continuatos pedes* Cic. *Or.* 194, éviter [dans la prose] la succession des mêmes pieds.

2 **ēvītō**, *ās*, *āre*, -, - (*e vita*), tr., ôter la vie, tuer [acc. de l'obj. intér.] : *vitam alicui* Enn. d. Cic. *Tusc.* 1, 85, ôter la vie à qqn, cf. Acc. *Tr.* 348 ; *aliquem* Apul. *M.* 3, 8, même sens.

ēvŏcātĭō, *ōnis*, f., appel : B.-Alex. 56 ǁ évocation [des enfers] : Plin. 30, 6 ǁ levée faite à la hâte, appel en masse : Her. 3, 3.

ēvŏcātīvus, *a*, *um*, qui sert à mobiliser les troupes : CIL 13, 7556.

ēvŏcātŏr, *ōris*, m., celui qui fait appel à : Cic. *Cat.* 1, 27 ǁ celui qui évoque : Tert. *Anim.* 53, 6.

ēvŏcātŏrĭa, *ae*, f., V.▶ *evocatorius*.

ēvŏcātŏrĭē, adv., en mandant, par un appel : Theod.-Prisc. *Eup.* 1, 72.

ēvŏcātŏrĭus, *a*, *um*, qui appelle, qui mande qqn : Sidon. *Ep.* 8, 12, 4 ǁ f. pris substᵗ, assignation, citation : Cod. Th. 6, 23, 3.

ēvŏcātus, *a*, *um*, part. de *evoco* ǁ subst. m. pl., *evocati*, *ōrum*, V.▶ *evoco* ¶ 2.

ēvŏcō, *ās*, *āre*, *āvī*, *ātum*, tr. ¶ **1** appeler à soi, faire venir : *aliquem* Cic. *Verr.* 4, 76, mander qqn près de soi ; *mercatores undique ad se* Caes. *G.* 4, 20, 4, faire venir à soi de toutes parts les marchands : *nostros ad pugnam evocant* Caes. *G.* 5, 58, 2, ils appellent les nôtres au combat ǁ tirer à soi, attirer : *sucum* Col. 9, 14, 15, pomper le suc ; *vitis evocata ad fructum* Plin. 17, 182, vigne amenée à fructifier ǁ *deos* Liv. 5, 21, 5, évoquer les dieux, attirer de la ville ennemie chez soi ǁ *familiam e tenebris in lucem* Cic. *Dej.* 30, tirer une famille de l'obscurité et la mettre en lumière ¶ **2** [officiel] appeler, mander : *magistratus ad se* Cic. *Verr.* 2, 162, convoquer les magistrats, cf. Caes. *G.* 5, 54, 1 ; 7, 33, 2 ǁ [milit.] appeler pour la guerre : Caes. *G.* 7, 58, 4 ǁ [en part.] rappeler les vétérans sous les drapeaux : Caes. *C.* 1, 3, 2 ; d'où le subst., *evocati*, les vétérans rappelés en service volontaire, les rappelés : Caes. *G.* 3, 20, 2 ; 7, 65, 5 ; Cic. *Fam.* 3, 6, 5 ; Sall. *C.* 59, 3 ǁ faire venir, évoquer des témoins : Tac. *An.* 13, 52 ǁ [droit] citer à comparaître [le défendeur ou les témoins au procès] : *denuntiatione evocare* Dig. 5, 3, 20, 6, citer par une notification ¶ **3** [fig.] attirer, provoquer : *probitas gratuita... nec praemiorum mercedibus evocata* Cic. *Fin.* 2, 99, une probité désintéressée... et qui n'était pas affolée par le gain, cf. Cic. *Dej.* 40 ; *iram alicujus* Sen. *Ir.* 3, 8, 5, provoquer la colère de qqn ǁ *aliquem in saevitiam* Sen. *Ir.* 3, 5, 1, amener qqn à la cruauté.

ēvoe, V.▶ *euhoe*.

ēvŏlātĭō, *ōnis*, f., action de s'envoler, de fuir à la hâte : Hil. *Myst.* 1, 14, 3.

ēvŏlĭtō, *ās*, *āre*, -, - (fréq. de *evolo*), intr., sortir souvent en volant : Col. 8, 8, 1.

ēvŏlō, *ās*, *āre*, *āvī*, *ātum* (*ex, volo*), intr. ¶ **1** s'envoler, sortir en volant : *ex quercu evolare* Cic. *Leg.* 1, 2, s'envoler de dessus un chêne ¶ **2** sortir précipitamment [pr. et fig.] : Caes. *G.* 3, 28, 3 ; 7, 27, 3 ; *rus ex urbe evolare* Cic. *de Or.* 2, 22, s'échapper de la ville pour courir à la campagne ; *evolare ex poena* Cic. *Prov.* 14, se dérober au châtiment ; *evolat ignis* Lucr. 6, 314, le feu jaillit ; *sic evolavit oratio, ut...* Cic. *de Or.* 1, 161, son exposé a eu un vol si rapide, que..., cf. *Brut.* 272 ¶ **3** s'envoler dans les airs (en haut) : [pr.] Acc. *Tr.* 211 ; [fig.] Cic. *Fam.* 1, 7, 8.

ēvolsus, *a*, *um*, ◁▶ *evulsus*.

ēvŏlŭam, **ēvŏlŭisse**, V.▶ *evolvo*.

ēvŏlūtē, adv. (*evolutus*), en détail, clairement : Boet. *Top. Cic.* 1, p. 291, 3 Orelli.

ēvŏlūtĭō, *ōnis*, f. (*evolvo*), action de dérouler, de parcourir, de lire : *poetarum evolutio* Cic. *Fin.* 1, 25, lecture des poètes.

ēvŏlūtus, *a*, *um*, part. de *evolvo*.

ēvolvō, *ĭs*, *ĕre*, *volvī*, *vŏlūtum* (*ex, volvo*), tr. ¶ **1** emporter en roulant : *(flatus) arbusta evolvens* Lucr. 6, 141, (le vent) emportant les arbres dans son tourbillon, cf. Ov. *M.* 12, 519 ; *(amnis) prorutam in mare evolvendo terram* Liv. 44, 8, 6, (le fleuve) en roulant vers la mer la terre éboulée ǁ *se evolvere* ou *evolvi*, s'en aller en se roulant : *per humum evolvuntur* Tac. *G.* 39, ils s'en vont en se roulant à terre ; *(prodigii species) evoluta* Liv. 26, 19, 7, (cette apparition surnaturelle [d'un serpent]) s'en alla en se déroulant ; *cum evolvere non posset in mare se Xanthus* Virg. *En.* 5, 807, alors que le Xanthe ne pouvait rouler ses eaux dans la mer ; *Danubius in Pontum vastis sex fluminibus evolvitur* Plin. 4, 79, le Danube se jette dans le Pont par six bras immenses

¶ 2 faire sortir (dégager) de qqch. qui enveloppe, qui entoure : *evolutus integumentis* Cic. *de Or.* 2, 350, dégagé des voiles qui le recouvrent ; *panicum evolutum furfure* Col. 2, 9, 19, panic dégagé du son ; *aut terra aut mari evolvam id argentum tibi* Pl. *Ps.* 316, je tirerai cet argent pour toi ou de la terre ou de la mer ‖ *ad aures militum dicta ferocia evolvebantur* Liv. 22, 14, 15, ces paroles arrogantes parvenaient jusqu'aux oreilles des soldats ‖ *ex his turbis se evolvere* Ter. *Phorm.* 824, se dégager de ces ennuis (*omni turba* Ter. *Eun.* 724, de tout ennui) ¶ 3 faire rouler loin de, faire dégringoler de : *jactas evolvere silvas* Ov. *M.* 12, 519, faire rouler au loin les bois qui le recouvrent ; *cadavera plenis turribus evolvit* Lucr. 6, 171, il fait dégringoler des tours les cadavres dont elles sont pleines ‖ [fig.] précipiter de, déloger de : *aliquem ex praeda clandestina* Liv. 6, 15, 5, déloger qqn d'un butin conquis secrètement ; *evolutus sede patria rebusque summis* Tac. *An.* 13, 15, précipité du séjour paternel et du rang suprême ¶ 4 dérouler, déployer : *vestes* Ov. *M.* 6, 581, déployer des vêtements ; *volumen epistularum* Cic. *Att.* 9, 10, 4, dérouler (compulser) un volume de lettres ‖ dérouler, dévider le fil du destin (la destinée) : Ov. *H.* 12, 4 ‖ lire, feuilleter : *librum* Cic. *Tusc.* 1, 24, un livre ; *poetas* Cic. *Fin.* 1, 72, lire les poètes ; *fastos* Hor. *S.* 1, 3, 112, parcourir les fastes ‖ dérouler dans son esprit, méditer sur : Sen. *Ag.* 116 ; Minuc. 40, 1 ¶ 5 dérouler, expliquer : *si quis voluerit animi sui complicatam notionem evolvere* Cic. *Off.* 3, 76, si qqn voulait expliciter l'idée confuse de son esprit, cf. *Top.* 9 ‖ développer, exposer : *naturam rerum omnium* Cic. *Ac.* 2, 114, exposer la nature de toutes choses ; *seriem fati* Ov. *M.* 15, 152, dérouler la suite des destins, cf. Lucr. 1, 954 ; Virg. *G.* 4, 509 ¶ 6 [tard.] dérouler le temps, les années, les jours : Sulp. Sev. *Dial.* 1, 2, 3 ; Aug. *Serm.* 9, 2.

▶ *evoluam* avec quatre syll. Catul. 66, 67 ; *evoluisse* avec cinq syll. Prop. 1, 7, 16 ; Ov. *H.* 12, 4.

ēvŏmĭtus, *a*, *um*, part. de *evomo*.

ēvŏmō, *ĭs*, *ĕre*, *mŭī*, *mĭtum* (*ex*, *vomo*), tr., rejeter en vomissant, rendre, rejeter [pr. et fig.] : *haec avis scribitur conchis se solere complere easque, cum concoxerit, evomere* Cic. *Nat.* 2, 124, cet oiseau, est-il écrit, a l'habitude de se gorger de coquillages, et, quand il les a digérés, de les vomir ; *evomere pecuniam* Cic. *Pis.* 90, rendre gorge ; *evomere virus acerbitatis suae* Cic. *Lae.* 87, vomir le fiel de son amertume ; *Nilus in mare se evomit* Plin. 5, 54, le Nil se déverse dans la mer ‖ [en bonne part qqf.] épancher (des paroles) : Enn. *An.* 241.

evōnymos, ▶ *euonymos*.

ēvulgō, *ās*, *āre*, *āvī*, *ātum* (*ex*, *vulgo*), tr., divulguer, publier : Liv. 9, 46, 5 ; *evulga-*

tus pudor Tac. *An.* 14, 14, la publicité de la honte.

ēvulsi, ▶ *evello*.

ēvulsĭo, *ōnis*, f. (*evello*), action d'arracher : Cic. *Nat.* 3, 57 ‖ [au fig.] destruction : Vulg. *Jer.* 12, 17.

ēvulsus, *a*, *um*, part. de *evello*.

ex ou **ē** [prép. avec abl.] (cf. ἐξ, gaul. *exs-*, rus. *iz*) *ex* et *e* s'emploient devant les consonnes sourdes et sonores, *e* jamais devant les voyelles, *ec-*, outre *ef-*, se rencontre devant *f* ‖ [sens fondamental] provenance de l'intérieur de, hors de [contraire de *in*].

I [local] ¶ 1 " hors de ", " de ", " à ", après *exire, capere, petere*, etc. ¶ 2 " de ", " en ", " à ", point de départ *ex equis, ex itinere* ; *ex traverso, ex contrario*.
II [sens temporel] ¶ 1 point de départ ¶ 2 " immédiatement après " ¶ 3 [avec un nom de fonction] " ex- ", " anciennement ", " ci-devant ", *ex consule*.
III [rapports divers] ¶ 1 origine, provenance ¶ 2 étymologie ¶ 3 matière ¶ 4 origine : " par suite de ", *nasci, oriri ex, ex quo fit ut* ¶ 5 passage d'un état à un autre ¶ 6 " conformément à ", *ex re, e re publica, ex usu*.

I [local] ¶ 1 [construit avec les verbes signifiant " sortir ", " emmener ", " enlever ", " chasser ", " puiser ", " tirer " ou avec la même idée au fig. " demander ", " apprendre "] : *exire ex navi, ex urbe, e vita*, sortir d'un navire, de la ville, de la vie ; *ex loco deducere*, emmener d'un lieu, ▶ chaque verbe particulier, ainsi *capere, sumere, accipere, haurire, petere, auferre, tollere, eximere, quaerere, audire, cognoscere* ‖ [noter] *ex Epheso* Pl. *Bac.* 236 ; *ex Andro* Ter. *And.* 70, d'Éphèse, d'Andros ¶ 2 [marquant le point d'où part une chose] : *ex equis colloqui* Caes. *G.* 1, 43, 2, avoir un entretien à cheval ; *ex vinclis causam dicere* Caes. *G.* 1, 4, 1, plaider sa cause enchaîné ; *ex itinere* Cic. *Fam.* 3, 9, 1, en chemin ; *judices aut e plano aut e tribunali admonebat* Suet. *Tib.* 33, de plain-pied ou du tribunal il rappelait aux juges... ; *ex loco superiore* Caes. *G.* 2, 26, 4, d'un point élevé [d'où les expressions adverbiales : *ex adverso, ex contrario, e regione*, v. ces mots] ; *collis paululum ex planitie editus* Caes. *G.* 2, 8, 3, colline dominant de peu la plaine ‖ *non longe ex eo loco abesse* Caes. *G.* 5, 21, 2, n'être pas très éloigné de ce lieu ‖ [fig.] point d'où part une douleur, une maladie, ▶ *laborare*.
II [sens temporel] ¶ 1 [point de départ] *ex eo tempore* Cic. *Quinct.* 22, à partir de ce moment, dès lors ; *ex hoc die quem...* Cic. *Rep.* 1, 25, à partir du jour où... ; *ex eo die quo* Cic. *Phil.* 1, 1, du jour où... ; *ex Kalendis Januariis ad hanc horam* Cic. *Phil.* 14, 20, depuis les calendes de janvier jusqu'à cette heure-ci ; *ex Metello consule* Hor. *O.* 2, 1, 1, à partir du consulat de Métellus ; *dies... ex eo die quintus* Caes. *G.* 1, 42, 3, le cinquième

jour à partir de ce jour-là ‖ *sextus mensis est, ex quo* Curt. 10, 6, 8, il y a six mois que..., cf. Tac. *Agr.* 33 ; *An.* 14, 53 ; *H.* 1, 27 ; *ex eo* Tac. *An.* 12, 7, à partir de ce moment ; *ex illo* Ov. *F.* 5, 670, dès lors ‖ [dans l'avenir] *ex Kalendis Januariis non judicabunt* Cic. *Verr. prim.* 30, à partir des calendes de janvier, ils ne seront plus juges, cf. *Fam.* 16, 9, 3 ; *Att.* 5, 21, 9 ¶ 2 immédiatement après, au sortir de : *ex consulatu* Cic. *Brut.* 318, aussitôt après le consulat ; *statim e somno* Tac. *G.* 22, aussitôt après le sommeil ‖ *ex magnis rupibus nactus planitiem* Caes. *C.* 1, 70, 3, ayant trouvé un plateau au sortir d'une région de grands rochers ‖ *me aliud ex alio impedit* Cic. *Fam.* 9, 19, 2, une chose après une autre me retient, cf. *Leg.* 1, 14 ; *diem ex die exspectare* Cic. *Att.* 7, 26, 3, attendre de jour en jour ¶ 3 [en parl. d'une charge qu'on a fini d'exercer] anciennement, ci-devant, ex- : Eutr. 6, 3 ; *ex consule* Cod. Just. 1, 17, 2, 9, ancien consul, ex-consul ; ▶ *exconsul* ; *ex consulari* CIL 12, 2154, ancien consulaire ; ▶ *exconsularis* ; *ex monacho* Eger. 8, 4 ; Greg.-M. *Ep.* 6, 40, ancien moine ; *ex medico* Pelag. *Col.* 4, 14, ancien médecin ; *ex tribunis* Sulp. Sev. *Dial.* 3, 5, 1, ancien tribun.
III [rapports divers] ¶ 1 [origine, provenance] : *omnes ex Gallia naves* Caes. *G.* 5, 13, 1, tous les navires en provenance de Gaule ; *homo ex numero disertorum postulabat* Cic. *de Or.* 1, 168, un de nos beaux parleurs demandait ; *Fulgentius ex primo hastato legionis quartae decimae* Caes. *C.* 1, 46, 4, Fulgentius, centurion des hastats de la première cohorte dans la quatorzième légion ; *homines e conventu Syracusano* Cic. *Verr.* 2, 70, des gens de la colonie romaine de Syracuse ‖ [dans les constructions partitives] *aliquis, unus, nullus... ex* ; [avec superl.] *acerrimus ex omnibus sensibus* Cic. *de Or.* 2, 357, le plus pénétrant de tous les sens ; *Q. Vettius Vettianus e Marsis* Cic. *Brut.* 169, Q. Vettius Vettianus du pays des Marses ; *Vettius Messius ex Volscis* Liv. 4, 28, 3, Vettius Messius, un Volsque, cf. Caes. *C.* 1, 46, 5 ‖ *ex quo genere comparationis illud est Catonis senis* Cic. *Off.* 2, 89, dans le même genre de comparaison rentre (du même genre dérive) le mot de Caton vieillard, cf. *Off.* 1, 64 ; 1, 76 ; *Leg.* 2, 53 ; *Tusc.* 4, 48 ¶ 2 [étymologie] *appellata est ex viro virtus* Cic. *Tusc.* 2, 43, on a tiré de *vir*, " homme ", le mot *virtus*, " vertu ", cf. *Rep.* 2, 12 ; 2, 35 ; Sall. *J.* 5, 4 ; Tac. *G.* 2 ; *An.* 4, 55 ¶ 3 [matière] : *statua ex aere facta* Cic. *Verr.* 2, 50, statue en airain ; *ex eo auro, quod..., buculam faciendam curare* Cic. *Div.* 1, 48, faire faire une petite génisse avec l'or qui... ; *pinnae loricaeque ex cratibus attexuntur* Caes. *G.* 5, 40, 6, des créneaux et des parapets en clayonnage sont assujettis à la palissade ; *pocula ex auro* Cic. *Verr.* 4, 62, des coupes en or ‖ [fig.] *totus ex fraude et mendacio factus* Cic. *Clu.* 72, tout pétri de

ex

ruse et de mensonge, cf. Verr. 5, 145 ‖ **resina ex melle** Pl. Merc. 139, résine au miel (qui a été trempée dans du miel); **panis ex jure** Ter. Eun. 749, pain à la sauce (trempé dans la sauce); **aqua ex lauro decocta** Cels. 4, 2, 8, décoction de laurier ‖ **bacae e viridi rubentes** Plin. 15, 127, fruits d'un vert qui tire sur le rouge; **e viridi pallens** Plin. 37, 110, d'un vert pâle ¶ **4** [cause, source, origine] par suite de, à la suite de : **ex aere alieno commota civitas** Cic. Rep. 2, 58, la cité ébranlée par suite des dettes; **ex vulnere aeger** Cic. Rep. 2, 38, malade d'une blessure; **ex insidiis interire** Cic. Off. 2, 26 (**insidiis interire** Cic. Rep. 2, 38) périr dans un guet-apens; **ex insidiis captus** Cic. Off. 3, 99, pris dans une embuscade; **ex te duplex nos afficit sollicitudo** Cic. Brut. 332, tu nous causes un double chagrin ‖ **nasci ex, oriri ex, gigni ex**, naître de, sortir de ‖ **qua ex causa** Cic. Rep. 2, 13, pour cette raison; **ex eo... quia** Cic. Tusc. 1, 42; **ex eo... quod** Cic. Mil. 21, par suite de ce fait que, parce que; **ex quo fit ut** Cic. Rep. 1, 67; **e quo efficitur ut** Cic. Fin. 2, 15, d'où il résulte que; **metus ex imperatore, contemptio ex barbaris** Tac. An. 11, 27, crainte de l'empereur, mépris des barbares ¶ **5** passage d'un état à un autre : **dii ex hominibus facti** Cic. Rep. 2, 18, d'hommes devenus dieux, hommes divinisés; **nihil est tam miserabile quam ex beato miser** Cic. Part. 57, rien n'est aussi navrant que le passage du bonheur à l'infortune ¶ **6** d'après, conformément à : **ex omnium sententia** Cic. Clu. 177, de l'avis de tous; **ex senatus consulto** Cic. Rep. 3, 28, d'après un sénatus-consulte; **ex lege** Cic. Clu. 103, d'après la loi; **ex consuetudine** Cic. Clu. 38, d'après la coutume; **ex opinione hominum scribere aliquid** Cic. Fam. 12, 4, 2, écrire en s'appuyant sur l'opinion publique ‖ [en part.] **ex re, ex usu, ex injuria : e re publica facere aliquid** Cic. Phil. 3, 30, faire qqch. dans l'intérêt de l'État, cf. Phil. 10, 25; 8, 13; de Or. 2, 124; Mil. 14; **recte et ordine exque re publica facere aliquid** Cic. Phil. 5, 36, faire qqch. correctement, selon les règles et dans l'intérêt de l'État; **ex usu alicujus** Caes. G. 1, 30, 2, dans l'intérêt de qqn, cf. G. 1, 50, 4; 5, 6, 6; 6, 20, 3; **ex utilitate** Tac. An. 15, 43, conformément à l'utilité; **ex nullius injuria** Liv. 45, 44, 11, en ne faisant tort à personne, cf. 7, 39, 10. ▶ en composition e devant b, d, g, l, m, n, r; devant f, ou assimilation au ec : effero ou ecfero ‖ [pour le sens] "action de tirer hors de, d'éloigner, de séparer" : extraho, emitto, effundo; [privation ou négation du sens du simple] effreno, expers, egelidus; [action d'élever] erigo, 1 editus; [achèvement] efficio, 2 excolo, emorior, eneco; [renforcement du sens du mot simple] edurus, efferus.

exăbundō, ās, āre, -, -, intr., regorger de : Salv. Eccl. 4, 6.

exăbūsus, a, um (ex, abutor), ayant usé complètement de [abl.] : Amm. 25, 7, 8.

exăcerbātĭo, ōnis, f. (exacerbo), action d'irriter : Ps. Jul.-Ruf. Dian. 11 ‖ [rhét.] = σαρκασμός : Ps. Jul.-Ruf. Dian. 11.

exăcerbātrix, īcis, f., celle qui aigrit : Salv. Gub. 3, 9, 44.

exăcerbātus, a, um, part. de exacerbo.

exăcerbescō, ĭs, ĕre, -, - (inch. de exacerbo), intr., s'aigrir, s'irriter : Apul. Apol. 85.

exăcerbō, ās, āre, āvī, ātum, tr. ¶ **1** aigrir qqn, irriter : Liv. 2, 35, 8 ‖ affecter douloureusement, chagriner : Plin. Ep. 8, 5, 2 ¶ **2** aggraver : Paul. Sent. 5, 29, 1; Modest. Dig. 48, 4, 7.

exăcervō, ās, āre, āvī, -, tr., entasser, amonceler : Boet. Cons. 1, 4, 15 ‖ **exacervans**, intr., s'amoncelant : Amm. 23, 5, 3.

exăcescō, ĭs, ĕre, ăcŭī, -, intr., devenir aigre, s'aigrir : Col. 12, 17, 1.

exăcĭnō, ās, āre, -, - (ex acinis), tr., priver de ses grains : Orib. Syn. 9, 40.

exăcisclo, v. exasciclo.

exăcon (**-um**), n., [mot gaulois] sorte de centaurée purgative : Plin. 25, 68.

exactē, adv. (exactus), avec soin, exactitude : Sidon. Ep. 7, 9, 2 ‖ **exactius** Gell. 1, 3, 26 ‖ **-issime** Sidon. Ep. 5, 11, 2.

exactĭo, ōnis, f. (exigo) ¶ **1** expulsion, bannissement : Cic. de Or. 1, 37 ¶ **2** action de faire rentrer [impôts, argent], levée, recouvrement : Cic. Fam. 3, 8, 5; Att. 5, 12; Liv. 38, 38, 11 ‖ perception [fait d'avoir perçu, d'avoir recouvré, touché] : Cic. Leg. 2, 51; Poll. Fam. 10, 32, 1; Tac. An. 13, 51 ¶ **3** action d'exiger l'exécution d'une tâche : Col. 11, 1, 27; Cic. Dom. 51 ¶ **4** achèvement, perfection : Vitr. 3, 1, 4 ‖ parfaite maîtrise [de l'artisan] : Vitr. 6, 8, 9.

exactŏr, ōris, m. (exigo) ¶ **1** celui qui chasse, expulse : Liv. 9, 17, 11 ¶ **2** celui qui fait rentrer [argent, impôts], qui recouvre, collecteur d'impôts, percepteur : Caes. C. 3, 32, 4; Liv. 28, 25, 9 ¶ **3** qui assure l'exécution de, responsable, contrôleur : **supplicii** Liv. 2, 5, 9, exécuteur du supplice (chargé de faire exécuter), cf. Tac. An. 11, 37; **studiorum** Quint. 1, 3, 14, surveillant des études, cf. Col. 3, 13, 10; Suet. Gram. 22; **exactor asper recte loquendi** Quint. 1, 7, 34, puriste très sévère.

exactrix, īcis, celle qui exige : Aug. Ep. 110, 1.

1 **exactus**, a, um, part.-adj. de exigo, précis, exact : Liv. 3, 5, 12 ‖ **exactior** Suet. Tib. 18; **exactissimus** Plin. Ep. 8, 23, 5.

2 **exactŭs**, ūs, m., action de se défaire de, vente : Ps. Quint. Decl. 12, 19.

exăcŭī, parf. de exacesco et exacuo.

exăcum, n., ⊂▶ exacon.

exăcūmĭnō, ās, āre, -, - (ex acumine), tr., ôter la pointe de : Op. Imp. Matth. 28, p. 776.

exăcŭō, ĭs, ĕre, ăcŭī, acūtum, tr., rendre aigu, aiguiser, affiler : Virg. G. 1, 264 ‖ [fig.] **nisi mucronem aliquem tribuni-**

cium exacuisset in nos Cic. Leg. 3, 21, s'il n'eût aiguisé contre nous le poignard de quelque tribun; **exacuere oculorum aciem** Plin. 24, 99, donner de l'acuité au regard, cf. Cic. Leg. 1, 60 ‖ exciter, stimuler : Cic. Att. 12, 36, 2; de Or. 1, 131; **palatum** Ov. Pont. 1, 10, 13, réveiller le palais; [avec ad] Plin. Ep. 3, 7; [avec in acc.] Hor. P. 403.

exăcūtĭo, ōnis, f. (exacuo), action de rendre aigu, pointu : Plin. 17, 106.

exăcūtus, a, um, aigu : Plin. 11, 124.

Exādĭus, ĭi, m. (Ἐξάδιος), un des Lapithes : Ov. M. 12, 266.

exadversĭo, ōnis, f. (ex adversum), désignation par la négation du contraire, : Carm. Fig. 163.

exadversum, exadversus, (-vors-) ¶ **1** adv., en face, vis-à-vis : Pl. Bac. 835; Ter. Ad. 584; Phorm. 88 ¶ **2** [prép. avec acc.] en face de : Cic. Div. 1, 101; Nep. Them. 3; Thras. 2.

exadvŏcātus, i, m., ancien advocatus : Aug. Civ. 22, 8, 3.

exādўtō, ās, āre, -, - (ex adyto), écarter d'un temple : Gloss. 4, 234, 2.

exaedĭfĭcātĭo, ōnis, f. (exaedifico), édification, construction : Capit. Maxim. 1, 4 ‖ [fig.] Cic. de Or. 2, 63.

exaedĭfĭcātus, a, um, part. de exaedifico.

exaedĭfĭcō, ās, āre, āvī, ātum, tr. ¶ **1** bâtir en entier, achever de bâtir, construire, édifier [pr. et fig.] : Caes. C. 1, 15, 2; Cic. Verr. 5, 48; Ac. 2, 126; Tusc. 1, 114; de Or. 1, 164; Pl. Trin. 132 ¶ **2** chasser de la maison : Pl. Trin. 1127.

exaequātĭo, ōnis, f. (exaequo), action d'égaliser, nivellement : Serv. G. 1, 95 ‖ plan, surface plane : Vitr. 5, 12, 4 ‖ [fig.] égalisation, état d'égalité, égalité : Liv. 34, 4.

exaequātus, a, um, part. de exaequo.

exaequō, ās, āre, āvī, ātum, tr. ¶ **1** aplanir, égaliser, rendre uni : Vitr. 5, 12, 3 ¶ **2** [fig.] rendre égal, mettre sur le même pied, sur la même ligne : **se exaequare cum aliquo** Cic. Lae. 71, se mettre au niveau de qqn [d'un inférieur], cf. Caes. C. 1, 4, 4; **alicui exaequari** Her. 4, 25, se rendre égal à qqn, cf. Liv. 23, 35, 7 ‖ **omnia jura pretio exaequare** Cic. Verr. 2, 123, égaliser tous les droits pour de l'argent; **facta dictis exaequanda sunt** Sall. C. 3, 2, les faits doivent être égalés par l'expression; **exaequato periculo** Sall. C. 59, 1, le péril étant également réparti; **ad hanc (regulam) omnem vitam tuam exaequa** Sen. Ep. 20, 3, que cette règle te serve à niveler toute ta vie ¶ **3** égaler, arriver à être égal à : **exaequet tetricas Sabinas** Ov. Am. 3, 8, 61, qu'elle ait la sévérité des Sabines.

Exaerambus, i, m. (ἐξαίρω, ἄμβη), nom d'homme : Pl. As. 436.

exaestĭmo, v. existimo.

exaestŭātĭo, ōnis, f. (*exaestuo*), agitation violente, bouillonnement : Solin. 5, 17 ‖ [fig.] agitation [de l'âme] : Non. 464, 10.

exaestumo, v. *existimo* : CIL 1, 583, 15.

exaestŭō, ās, āre, āvī, ātum (*ex, aestuo*)
I intr. ¶ **1** s'élever [ou] s'avancer en bouillonnant : Virg. G. 3, 240 ; Liv. 26, 42, 8 [marée haute] ¶ **2** être très échauffé, être brûlant : Just. 2, 1, 16 ‖ [fig.] être agité, transporté : Virg. En. 9, 798 ‖ bouillonner : Ov. M. 13, 867
II tr., faire sortir en bouillonnant : Lucr. 2, 1137 ; 6, 816.

exăgella, ae, f. (dim., cf. *agina* et *exagium*), modèle, exemple : *Ennod. Opusc. 80 (3), 191.
▸ *exagellia* *Patric. Conf. 14.

exaggĕrantĕr, adv. (*exaggero*), d'une manière exagérée : Tert. Carn. 19, 4 ‖ *-tius* Aug. Man. 34, 38.

exaggĕrātĭo, ōnis, f. (*exaggero*), accumulation de terre : Chalc. 60 ; [fig.] élévation (d'âme) : Cic. Tusc. 2, 64 ‖ amplification [rhét.] : Gell. 13, 24, 9.

exaggĕrātŏr, ōris, m., exagérateur : Hier. Ep. 22, 28.

exaggĕrātus, a, um, part.-adj. de *exaggero*, [fig.] grossi, renforcé : *exaggeratior* Gell. 13, 24, 25.

exaggĕrō, ās, āre, āvī, ātum (*ex, aggero*), tr. ¶ **1** rapporter des terres sur, hausser en remblai : *exaggerare planitiem* Curt. 6, 5, remblayer une plaine ¶ **2** grossir, augmenter en accumulant [pr. et fig.] : *exaggerare rem familiarem* Cic. Off. 1, 92, augmenter son patrimoine ¶ **3** combler : *exaggerare aliquem honoribus* Vell. 2, 129, 2, combler qqn d'honneurs ¶ **4** amplifier, grossir : *beneficium verbis* Cic. Planc. 71, grossir un bienfait par ses propos, cf. Tusc. 5, 51 ; de Or. 1, 234 ; *animus virtutibus exaggeratus* Cic. Par. 41, une âme grandie par les vertus ; *quasi exaggerata altius oratio* Cic. Brut. 66, un style en qq. sorte surélevé (comme un bâtiment) ; *oratio nimis alta et exaggerata* Cic. Or. 192, un style trop élevé et emphatique.

exăgĭtātĭo, ōnis, f., action de pourchasser : Aug. Serm. 121, 4.

exăgĭtātŏr, ōris, m. (*exagito*), celui qui pourchasse, censeur infatigable : Cic. Or. 42.

exăgĭtātus, a, um, part. de *exagito*.

exăgĭtō, ās, āre, āvī, ātum (*ex, agito*), tr. ¶ **1** chasser devant soi, pousser, poursuivre, harceler : *exagitare leporem* Ov. A. A. 3, 662, lancer un lièvre ¶ **2** remuer, agiter, troubler : *faecem exagitare* Col. 12, 19, 4, remuer la lie, le dépôt ¶ **3** [fig.] traquer, inquiéter, tourmenter, exciter, irriter, exaspérer : *diffugerant permulti istius injuriis exagitati* Cic. Verr. 3, 46, beaucoup avaient fui, persécutés par ses injustices ; *a finitimis exagitati* Caes. G. 2, 29, 5, traqués (harcelés) par leurs voisins ; *exagitare maerorem* Cic. Att 3, 7, 2, irriter la douleur, cf. Catul. 64, 94 ; Tac. An. 4, 12 ; *exagitare plebem* Sall. Cat. 38, 1, exciter le peuple ¶ **4** pourchasser, critiquer, harceler : *hanc exercitationem exagitant* Cic. de Or. 3, 59, ils critiquent cet exercice ; *etiam Demosthenes exagitatur ut putidus* Cic. Or. 27, on va jusqu'à attaquer Démosthène comme un orateur rempli d'affectation, cf. Or. 149 ; *exagitare omnes fraudes alicujus* Cic. Clu. 101, traquer toutes les fraudes de qqn ; *philosophorum disputationibus et exagitatus et adjutus* Cic. Or. 12, [l'orateur] à la fois bousculé et secondé par les discussions des philosophes.

exăgĭum, ĭi, n. (*ex, ago*, cf. *exigo*, *examen* ; fr. *essai*), pesage, poids : CIL 6, 1770.

exăgōga, ae, f. (ἐξαγωγή), exportation, transport : Pl. Ru. 631 ‖ **exăgōgē**, ēs, P. Fest. 70, 23.

exălăpō, ās, āre, -, -, tr., souffleter : Aug. Psalm. 49, 6.

exalbātus, part. de *exalbo*.

exalbescō, ĭs, ĕre, bŭī, -, intr., devenir blanc, blanchir : Gell. 12, 1, 12 ‖ devenir pâle (de crainte) : Cic. de Or. 1, 121 ; Ac. 2, 48.

exalbĭdus, a, um, blanchâtre : Plin. 12, 78.

exalbō, ās, āre, āvī, ātum (it. *scialbare*), tr., rendre blanc, blanchir : Tert. Marc. 4, 8, 1.

exalburnātus, a, um (*ex, alburnum*), Plin. 16, 204, dont on a ôté l'aubier.

exălo, v. *exhalo*.

exaltātĭo, ōnis, f. (*exalto*), action d'élever, de hausser : Vulg. Is. 33, 3 ‖ état d'exaltation : Hier. Ep. 65, 9 ‖ orgueil : Aug. Conf. 5, 3, 3.

exaltātīvē, adv. (*exalto*), dans l'exaltation : Cassiod. Psalm. 9, 33.

exaltātŏr, ōris, m. (*exalto*), celui qui élève : Aug. Serm. 207, 1.

exaltātus, a, um, part. de *exalto*.

exaltō, ās, āre, āvī, ātum, tr. ¶ **1** exhausser, élever [pr. et fig.] : Sen. *Nat. 3, praef. 9 ; Vulg. Is. 14, 13 ‖ relever : CIL 6, 315, 54 ¶ **2** exalter, honorer : Vulg. Prov. 14, 19 ¶ **3** creuser : *exaltare sulcos in tres pedes* Col. 3, 14, 3, donner aux sillons trois pieds de profondeur.

exaltus, a, um, très haut : Apul. M. 6, 14.

exălūmĭnātus, a, um (*ex, alumen*), qui ressemble à l'alun de roche : Plin. 9, 113.

exămārĭcō, ās, āre, -, -, tr., rendre amer [fig.] : Orig. Matth. 18, 114.

exambĭō, īs, īre, īvī, ītum ¶ **1** intr., aller à la ronde pour solliciter : Cypr. Ep. 20, 2 ¶ **2** tr., briguer, solliciter : Symm. Ep. 7, 49 ; Cypr. Ep. 55, 9.

exambŭlō, ās, āre, -, -, intr., sortir en promenade : Pl. Ep. 165.

exāmĕn, ĭnis, n. (*exagsmen ; cf. *exigo*, *agmen* ; fr. *essaim*) ¶ **1** essaim d'abeilles : Cic. Off. 1, 157 ¶ **2** troupe [d'hommes ou d'animaux] : *juvenum examen* Hor. O. 1, 35, 31, troupe de jeunes gens, cf. Cic. Har. 25 ; *examina piscium* Plin. 31, 2, bancs de poissons ; *locustarum* Liv. 42, 10, 7, nuées de sauterelles ‖ [fig.] *examina malorum* Arn. 2, p. 46, essaim de maux ¶ **3** aiguille, languette d'une balance : Virg. En. 12, 725 ; P. Fest. 70, 19 ‖ [fig.] action de peser, examen, contrôle : Ov. M. 9, 552 ‖ [chrét.] jugement, [en part.] jugement dernier : Lact. Inst. 7, 21, 7.

exămĭna, ae, f., c. *examen* : Vict.-Vit. 1, 23.

exămĭnātē, adv., après examen : Tert. Praescr. 23, 4 ‖ *-tius* Amm. 25, 7.

exămĭnātĭo, ōnis, f. (*examino*), pesée, pesage : Vitr. 10, 1, 6 ‖ [méc.] équilibre : Vitr. 10, 3, 3 ‖ examen : Ulp. Dig. 3, 5, 8 ‖ épreuve : Cypr. Ep. 11, 5.

exămĭnātŏr, ōris, m. (*examino*), celui qui pèse : Cassiod. Var. 6, 18, 7 ‖ qui examine, qui juge : Aug. Conf. 6, 9, 15 ‖ qui met à l'épreuve : Tert. Apol. 9, 5.

exămĭnātōrĭus, a, um, qui sert à éprouver : Tert. Scorp. 7, 4.

exămĭnātrix, īcis, f., celle qui met à l'épreuve, qui éprouve : Aug. Virg. 46, 47.

exămĭnātus, a, um, part. de *examino* ‖ adj^t, scrupuleux ; *-tissimus* Aug. Conf. 7, 6, 8.

exămĭnō, ās, āre, āvī, ātum (*examen*)
I intr., essaimer [en parl. des ruches] : Col. 9, 14, 5.
II tr. ¶ **1** peser : Cic. Tusc. 1, 43 ; Caes. G. 5, 12, 4 ‖ mettre en équilibre : Vitr. 10, 3, 3 ¶ **2** [fig.] peser, examiner : *verborum pondera* Cic. Or. 26, peser ses mots ¶ **3** [chrét.] jauger, soupeser [dans les épreuves, en parlant de Dieu] : Minuc. 36, 9.

exămō, ās, āre, -, -, cesser d'aimer : Not. Tir. 36, 23.

Exampaeus, i, m. (Ἐξαμπαῖος), nom d'une source de la Scythie européenne : Mel. 2, 1.

examplexŏr, ārĭs, ārī, -, intr., embrasser avec effusion : Her. 4, 65.

exămurcō, ās, āre, -, - (*ex, amurca*), tr., ôter le marc d'olive ‖ sécher : Apul. M. 4, 14.

exămussim (*ex, amussis*), c. *adamussim* : Pl. Amp. 843 ; Most. 102 ; Apul. M. 2, 30.

exancillātus, a, um (*ex, ancillor*), servant comme esclave : Tert. Ap. 17, 5.

exanclo, ās, āre, āvī, ātum, tr. (*ex, ἀντλέω*) ¶ **1** puiser tout, vider, tarir : Pl. St. 273 ¶ **2** verser tout, épuiser : Enn. d. Non. 292, 16 ‖ [fig.] supporter complètement, endurer [forme *exanclare*] : Cic. Tusc. 1, 118 ; *exanclatus* Ac. 2, 108.

exanguis, v. *exsanguis*.

exănĭmābĭlĭtĕr, adv. (*exanimo*), de manière à être essoufflé : Naev. Com. 35.

exanimalis

exănĭmālis, *e* (*ex anima*) ¶1 qui est sans vie: PL. *Bac.* 848 ¶2 qui tue [fig.]: *exanimales curae* PL. *Ru.* 221, inquiétudes mortelles.

exănĭmātĭo, *ōnis*, f. (*exanimo*), suffocation: PLIN. 32, 28 ‖ [fig.] saisissement, épouvante: CIC. *Tusc.* 4, 19; pl., CIC. *Off.* 1, 131.

exănĭmātŭs, *a*, *um*, part. de *exanimo*.

exănĭmis, *e* (*ex anima*), privé de vie, mort, inanimé: VIRG. *En.* 5, 517; LIV. 25, 34 ‖ [fig., poét.] *exanimes favillae* STAT. *Th.* 12, 418, cendres froides; *exanimis hiems* ST. *Th.* 7, 88, tempête calmée ‖ mort de peur, épouvanté, tremblant: VIRG. *En.* 4, 672; HOR. *S.* 1, 1, 76.
▶ au pl., seulement le nom. et l'acc.

exănĭmō, *ās*, *āre*, *āvī*, *ātum* (*ex anima*), tr., ôter le souffle ¶1 *a)* [au pass.] être essoufflé, épuisé: CAES. *G.* 2, 23, 1; 3, 19, 1; *C.* 3, 92, 3 *b)* [fig.] couper la respiration, suffoquer: *oratio haec me exanimavit metu* TER. *And.* 251, ces paroles m'ont glacée de peur, cf. CIC. *Par.* 18; *mutus atque exanimatus ac vix vivus* CIC. *Verr.* 2, 189, muet, sans souffle et à peine vivant, cf. *Cat.* 4, 3; [en parl. de mots prononcés faiblement] *de Or.* 3, 41 ¶2 *a)* ôter la vie, tuer: *telum exanimat indignos* LUCR. 2, 1104, le trait (de la foudre) ôte la vie à des gens qui ne le méritent pas; *se taxo exanimare* CAES. *G.* 6, 31, 5, se donner la mort en absorbant de l'if, cf. *G.* 7, 25, 2 ‖ [pass.] perdre la vie: *gravi vulnere exanimari se videbat* CIC. *Fin.* 2, 97, il se voyait mourir d'une grave blessure, cf. *Tusc.* 5, 77; CAES. *G.* 6, 16, 4 *b)* [fig.] *Tulliae meae morbus me examinat* CIC. *Att.* 11, 6, 4, la maladie de ma chère Tullia me tue (m'arrache l'âme), cf. *Mil.* 93; HOR. *O.* 2, 17, 1 ¶3 ôter le vent, désenfler, dégonfler: AETNA 560.

exănĭmus, *a*, *um*, c⟩ *exanimis*: LUCR. 6, 1256; VIRG. *En.* 11, 51; TAC. *An.* 1, 32.

exănĭo, v⟩ *exsanio*.

exanthēmăta, *um*, n. pl. (ἐξανθήματα), [méd.] cloques, pustules, exanthèmes: M.-EMP. 19, 30.

exantlātus ou **exanclātus**, *a*, *um*, part. de *exantlo* ou *exanclo*.

exantlō, v⟩ *exanclō*.
▶ mot arch. d'après QUINT. 1, 6, 40.

exăpĕrĭō, *īs*, *īre*, -, -, tr., débrouiller [fig.]: AUG. *Conf.* 2, 10, 18.

exăpŏrĭor, *ārĭs*, *ārī*, - (*ex*, ἀπορία), être dans l'embarras: VL. 2 *Cor.* 4, 8; RUFIN. *Orig. Cant. prol.*, p. 73, 24 B.

exaptō, *ās*, *āre*, -, -, tr., adapter: APUL. *M.* 11, 27.

exaptus, *a*, *um*, attaché, adapté, suspendu à: LUCIL. d. NON. 235, 7; *exapta catenis tintinnabula* VARR. d. PLIN. 36, 92, grelots attachés avec une chaînette.

exăquescō, *ĭs*, *ĕre*, -, - (*ex*, *aqua*), intr., se fondre en eau: CENS. 18, 11.

exărātĭo, *ōnis*, f. (*exaro*) ¶1 action de déterrer en labourant: CAPEL. 6, 637 ¶2 action d'écrire, écrit: SIDON. *Carm.* 9, 335.

exărātus, *a*, *um*, part. de *exaro*.

exarchus, *i*, m., exarque, chef: NOVEL.-JUST. 133, 4.

exarcĭo, v⟩ *exsarcio*.

exardĕō, *ēs*, *ēre*, -, - (*ex*, *ardeo*), intr., être ardent [au pr.]: VULG. *Eccli.* 16, 7.

exardescō, *ĭs*, *ĕre*, *arsī*, *arsum* (*ex*, *ardesco*), intr. ¶1 s'enflammer, s'allumer: *materies facilis ad exardescendum* CIC. *de Or.* 2, 190, matière inflammable; *exarsit dies* MART. 3, 67, le jour s'est échauffé, est devenu brûlant ¶2 [fig.] *a)* [en parl. de pers.] *exarsit iracundiā* CIC. *Verr.* 2, 48, il fut transporté de colère; *omni genere amplificationis exarsimus* CIC. *Or.* 102, j'ai jeté ma flamme dans toutes les formes de l'amplification; *Socratis responso judices exarserunt* CIC. *de Or.* 1, 233, à la réponse de Socrate, les juges prirent feu (sa réponse irrita...), cf. *Att.* 2, 21, 1 ‖ [avec *ad*] s'enflammer pour, se passionner pour: *ad spem libertatis* CIC. *Phil.* 4, 16, s'enflammer à l'espoir de la liberté, cf. *Phil.* 11, 3; LIV. 41, 28, 3; [ou avec *in* acc.] TAC. *An.* 11, 12 ‖ [avec *in* acc. marquant l'aboutissement] *in proelium* TAC. *H.* 1, 64, s'échauffer jusqu'à en venir à une bataille, cf. LIV. 40, 35, 7; VIRG. *En.* 7, 445 *b)* [en parl. de choses] *bellum subito exarsit* CIC. *Lig.* 3, la guerre prit feu soudain; *ex quo exardescit amicitia* CIC. *Lae.* 100, et c'est là que l'amitié prend feu, s'allume, cf. *Tusc.* 2, 58; TAC. *H.* 1, 58 ¶3 [tard.] finir de brûler, s'apaiser: OROS. *Hist.* 7, 4, 7.
▶ part. *exarsus*, "incendié": COD. JUST. 9, 1, 11.

exărĕfĭō, *fīs*, *fĭĕrī*, -, pass., être séché entièrement: *PLIN. 26, 103.

exărēnō (**exh-**), *ās*, *āre*, -, - (*ex arena*), tr., ôter le sable de: PLIN. 33, 65.

exărescō, *ĭs*, *ĕre*, *arŭī*, -, intr., se dessécher entièrement: CIC. *Pis.* 82; *Part.* 57; CAES. *C.* 3, 49, 4 ‖ [fig.] s'épuiser, se perdre: *exaruisset facultas orationis* CIC. *Fam.* 9, 18, 3, le talent de la parole se serait évanoui, cf. 7, 31, 2.

exărĕus, *a*, *um* (*ex area*), au sortir de l'aire à battre: CIL. 8, 25902.

exărĭdus, *a*, *um*, tout à fait desséché: TERT. *Res.* 30, 1.

exarmātĭo, *ōnis*, f., désarmement: Ps.-CYPR. *Sing. cler.* 39.

exarmātus, *a*, *um*, part. de *exarmo*.

exarmō, *ās*, *āre*, *āvī*, *ātum* (*ex armis*), tr. ¶1 désarmer: TAC. *H.* 2, 76 ‖ *serpentem veneno exarmare* SIL. 1, 411, priver un serpent de son venin ¶2 dégréer un navire, le dégarnir de ses agrès: SEN. *Ep.* 30, 3 ¶3 [fig.] désarmer: *exarmare accusationem* PLIN. *Ep.* 3, 9, 29, ruiner une accusation.

exărō, *ās*, *āre*, *āvī*, *ātum* (*ex*, *aro*), tr. ¶1 enlever, déterrer en labourant: CAT. *Agr.* 61, 1; CIC. *Leg.* 2, 58; *Div.* 2, 51 ¶2 labourer profondément, creuser: VARR. *R.* 1, 10, 1; COL. 2, 18, 3 ¶3 faire sortir en labourant, faire produire à la terre: CIC. *Verr.* 3, 113; 5, 99 ¶4 sillonner: *rugis frontem senectus exarat* HOR. *Epo.* 8, 4, la vieillesse sillonne ton front de rides ¶5 déchirer [le corps de blessures]: AMM. 15, 7, 5 ¶6 tracer [sur la cire], écrire [une lettre]: CIC. *Att.* 12, 1; 12, 20; 13, 38, 1; 16, 6, 4.

exarsī, parf. de *exardesco*.

exarsus, *a*, *um*, v⟩ *exardesco* ▶.

exartĭcŭlātĭo, *ōnis*, f., désarticulation, entorse: GLOSS. 3, 353, 55.

exartĭcŭlātus, *a*, *um*, inarticulé: TERT. *Nat.* 1, 8, 7.

exartus, *a*, *um*, très étroit: APUL. *M.* 6, 14.

exārŭī, parf. de *exaresco*.

exascĭātŏr, *ōris*, m. (*exascio*), celui qui ouvre et ferme les tonneaux: CIL 6, 1785.

exascĭclō, *ās*, *āre*, -, - (*ex*, *asciculus*), sync. pour *exascĭcŭlō*, briser avec une hache: CIL 5, 592; 979.

exascĭō, *ās*, *āre*, -, - (*ex*, *ascio*), tr., dégrossir avec la hache ‖ [fig.] ébaucher: PL. *As.* 360.

exaspĕrātĭo, *ōnis*, f. (*exaspero*), action de rendre raboteux: *exasperatio faucium* VEG. *Mul.* 2, 126, 1, enrouement ‖ [fig.] irritation: TERT. *Marc.* 2, 16, 6.

exaspĕrātrix, *īcis*, f., celle qui aigrit, irrite: VULG. *Ezech.* 2, 8.

exaspĕrātus, *a*, *um*, part. de *exaspero*.

exaspĕrō, *ās*, *āre*, *āvī*, *ātum* (*ex*, *aspero*), tr. ¶1 rendre rude, raboteux, inégal: *exasperato fluctibus mari* LIV. 37, 12, 12, la mer étant hérissée de vagues ‖ [méd.] enflammer, irriter: *fauces* CELS. 1, 3, 23, irriter la gorge ‖ rendre (la voix) rauque, enrouée: QUINT. 11, 3, 20 ‖ aigrir, irriter, exaspérer: *rem verbis* QUINT. 4, 2, 75, envenimer une chose par ses paroles; *animos* LIV. 42, 14, 3, irriter les esprits, cf. 28, 15, 4; *tot malis exasperati* LIV. 38, 17, 17, rendus farouches par tant de maux ¶2 aiguiser, affiler: SIL. 4, 19.

exassŭlō, *ās*, *āre*, -, - (*ex assulis*), tr., détacher les éclats: GLOSS. L. 4, 62 F 33.

exauctōrātĭo, *ōnis*, f., amoindrissement: ALCIM. *Ep.* 30.

exauctōrātus, *a*, *um*, part. de *exauctoro*.

exauctōrĭtās, *ātis*, f., licenciement, réforme: COD. TH. 8, 5, 35.

exauctōrō, *ās*, *āre*, *āvī*, *ātum* (*ex*, *auctoro*), tr. ¶1 donner son congé à un soldat: LIV. 7, 39, 1; 25, 20, 4; *se exauctorare* LIV. 8, 34, 9, prendre son congé ¶2 casser, destituer: TAC. *H.* 1, 20; PLIN. *Ep.* 6, 31, 5 ‖ [fig.] *verba exauctorata* MACR. *Sat.* 1, 5, 3, mots répudiés, hors d'usage.

exaudībĭlis, *e* (*exaudio*), digne d'être exaucé: AUG. *Serm.* 351, 3-4 ‖ qui exauce: SCHOL. JUV. 13, 248.

exaudĭō, *īs*, *īre*, *īvī*, *ītum* (*ex, audio*), tr. ¶ **1** entendre distinctement, clairement: PL. *Ep.* 239; CIC. *Att.* 1, 14, 4; 13, 48, 1; *Div.* 1, 101; CAES. G. 5, 30, 1 ¶ **2** écouter favorablement, exaucer: LIV. 40, 5, 1; SEN. *Contr.* 1, 3, 10; OV. *M.* 13, 856 ¶ **3** se laisser persuader: OV. *M.* 4, 144 ∥ prêter l'oreille à: *monitor non exauditus* HOR. *Ep.* 1, 20, 14, le donneur d'avis qu'on n'a pas écouté ∥ comprendre: CELS. *Dig.* 33, 10, 7.

exaudītĭo, *ōnis*, f. (*exaudio*), action d'exaucer: AUG. *Civ.* 21, 24.

exaudītŏr, *ōris*, m. (*exaudio*), celui qui écoute, qui exauce: VULG. *Eccli.* 35, 19.

exaudītus, *a*, *um*, part. de *exaudio*.

exaugĕō, *ēs*, *ēre*, -, -, tr., augmenter accroître, fortifier: PL. *St.* 304; TER. *Haut.* 223.

exaugŭrātĭo, *ōnis*, f., action de rendre profane: LIV. 1, 55, 3.

exaugŭrātus, *a*, *um*, part. de *exauguro*.

exaugŭrō, *ās*, *āre*, *āvī*, *ātum* (*ex, auguro*), tr., rendre profane, ôter le caractère sacré à: CAT. *Orig.* 1, 25, d., FEST. 160, 11; LIV. 1, 55, 2; GELL. 6, 7, 14.

exaurĭcŭlātus, *a*, *um* (*ex auriculis*; fr. *essoriller*), privé de ses oreilles: QUER. 70.

exauspĭcō, *ās*, *āre*, *āvī*, - (*ex, auspico*), intr., trouver les auspices favorables: *exauspicavi ex vinclis* PL. *Cap.* 766, j'ai auguré ma libération des fers.

exballistō, *ās*, *āre*, -, -, tr., renverser d'un coup de baliste [fig.]: PL. *Ps.* 585.

exbĭbo, ▶ *ebibo*: *PL. *Mil.* 832.

exbŏlus, *a*, *um* (ἐκβολή), rejeté, de rebut: NAEV. *Com.* 103, cf. VARR. *L.* 7, 108 [lire *ecbolas*?].

exbrōmō, *ās*, *āre*, -, - (*ex bromo*), tr., débarrasser de son odeur [par cuisson]: APIC. 57; *Exc.* 4.

exbures ou **exburae**, f. pl., ▶ *epotae*, vidées: P. FEST. 69, 26.

excaecātĭo, *ōnis*, f., action d'aveugler: GLOSS. 2, 293, 33 ∥ [fig.] aveuglement: AUG. *Faust.* 21, 9.

excaecātŏr, *ōris*, m., celui qui aveugle: AUG. *Serm.* 135, 1.

excaecātus, *a*, *um*, part. de *excaeco*.

excaecō, *ās*, *āre*, *āvī*, *ātum* (*ex, caeco*), tr. ¶ **1** rendre aveugle, aveugler: CIC. *Ac.* 2, 74 ¶ **2** retrancher les œilletons [de la vigne]: COL. 11, 3, 45 ¶ **3** aveugler (un cours d'eau), obstruer: OV. *M.* 15, 272 ¶ **4** [fig.] aveugler, jeter dans l'aveuglement: VULG. *Exod.* 23, 8 ∥ aveugler, éblouir: SEN. *Helv.* 13, 5; *Ep.* 109, 16; 119, 11; PETR. 141, 5 ∥ obscurcir, ternir: PLIN. 33, 131.

excalcĕātĭo, *ōnis*, f., action de se déchausser: ORIG. *1 Reg.* 1, 6.

excalcĕātus, *a*, *um*, part. de *excalceo* ∥ m. pl., *excalceati* SEN. *Ep.* 8, 8, acteurs comiques [qui n'ont pas le cothurne].

excalcĕō (-cĭō), *ās*, *āre*, *āvī*, *ātum* (*ex, calceo*), tr., déchausser, ôter les chaussures: SUET. *Vit.* 2; *Vesp.* 8 ∥ [pers.] se déchausser: SEN. *Ep.* 76, 31.

excalcĕŏr, *āris*, *ārī*, ▶ *excalceo*: *nemo se excalceatur* *VARR. *Men.* 439, personne ne se déchausse.

excalcĕus, *a*, *um* (*ex calceo*), déchaussé: SALV. *Gub.* 3, 2, 10.

excalcĭo, ▶ *excalceo*.

excaldātĭo, *ōnis*, f. (*excaldo*), bain chaud: CAPIT. *Albin.* 5, 7.

excaldō, *ās*, *āre*, -, *ātum*, tr. (*ex, caldus*; fr. *échauder*), mettre dans l'eau chaude, ébouillanter: VULC.-GALL. *Avid.* 5, 5 ∥ *excaldatus* APIC. 144; M.-EMP. 26, 33.

excălĕfĭo, ▶ *excalfio*: SCRIB. 158.

excălescō, *ĭs*, *ĕre*, -, - (esp. *escalecer*), intr., s'échauffer: VL. *Deut.* 19, 6.

excălĕfăcĭo, ▶ *excalfacio*.

excalfăcĭō, *ĭs*, *ĕre*, -, - (fr. *échauffer*), tr., chauffer, échauffer: PLIN. 21, 139 ∥ **excalfio**, *factus*, *fĭĕri*, pass., être chauffé, s'échauffer: PLIN. 24, 42; 37, 37 ∥ *excalfactus* PLIN. 37, 37 ∥ *excalefactus* ISID. 16, 4, 35.

excalfactĭo, *ōnis*, f., action d'échauffer: PLIN. 31, 105.

excalfactōrĭus, *a*, *um*, qui a la propriété d'échauffer: PLIN. 21, 120.

excalfĭo, ▶ *excalfacio*.

excallātōrĭus, *a*, *um* (*ex, callo*), propre à effacer le cal: CASS. FEL. 20.

excalpo, ▶ *exscalpo*.

excandĕfăcĭō, *ĭs*, *ĕre*, *fēcī*, *factum*, tr., enflammer [fig.]: *annonam macelli* VARR. *R.* 3, 2, 16, faire monter le cours des vivres ∥ [avec tmèse]: *excande me fecerunt* VARR. *R.* 3, 2, 1.

excandĕō, *ēs*, *ēre*, -, -, intr., briller vivement: JUL.-VAL. 3, 37 ∥ tr., faire briller: SCHOL. JUV. 2, 107.

excandescentĭa, *ae*, f. (*excandesco*), action de prendre feu, de s'emporter: CIC. *Tusc.* 4, 21 ∥ irritabilité: APUL. *Plat.* 1, 18.

excandescō, *ĭs*, *ĕre*, *dŭī*, - (inch. de *excandeo*), intr. ¶ **1** prendre feu, s'enflammer: CAT. *Agr.* 95 ∥ s'enflammer [en parl. d'une plaie]: COL. 7, 5, 16 ¶ **2** [fig.] s'échauffer, s'emporter, s'irriter: CIC. *Tusc.* 4, 43; CAEL. *Fam.* 8, 12, 2.

excandĭdō, *ās*, *āre*, -, -, tr., rendre tout blanc: PS. AUG. *Serm.* 246, 4.

excantassit, ▶ *excanto*.

excantātŏr, *ōris*, m., celui qui évoque: HIER. *Joel. prol.* p. 948 B.

excantātus, *a*, *um*, part. de *excanto*.

excantō, *ās*, *āre*, *āvī*, *ātum* (*ex, canto*), tr., faire venir (attirer) par des incantations, des enchantements: *fruges* L. XII TAB. d. PLIN. 28, 17, attirer au moyen d'enchantements la récolte d'autrui dans son champ, cf. NON. 102, 11; PROP. 3, 3, 49; HOR. *Epo.* 5, 45 ∥ [chrét.] charmé, rendu inoffensif: TERT. *Mart.* 1, 5.

▶ [arch.] *excantassit = excantaverit* [d. la loi citée plus haut].

excarnĭfĭcātus, *a*, *um*, part. de *excarnifico*.

excarnĭfĭcō, *ās*, *āre*, *āvī*, *ātum* (*ex, carnifico*), tr., déchirer de coups, faire mourir dans les tortures: CIC. *Nat.* 3, 82 ∥ [fig.] tourmenter, mettre à la torture: TER. *Haut.* 813; SEN. *Clem.* 1, 16, 3.

excarnō, *ās*, *āre*, -, *ātum* (*ex carne*), décharner: VL. *Ezech.* 24, 4 ∥ dépouiller de sa condition charnelle: AUG. *Arian.* 14, 9.

excastrātĭo, *ōnis*, f., castration: GLOSS. 2, 293, 8.

excastrātus, *a*, *um*, châtré: GELL. 9, 9, 10 ∥ [fig.] *sinapi non excastratum* SCRIB. 9, sénevé dont on n'a pas enlevé l'enveloppe.

excastrō, *ās*, *āre*, -, - (*ex, castro*), ▶ *castro*: GLOSS. 2, 292, 51.

excătărissō, *ās*, *āre*, -, - (*ex* et καθαρίζω), nettoyer à fond [fig.]: PETR. 67, 10.

excaudĭco, ▶ *excodico*.

excăvātĭo, *ōnis*, f. (*excavo*), trou, cavité, excavation: SEN. *Nat.* 4, 3, 4.

excăvātus, *a*, *um*, part. de *excavo*.

excăvĕō, *ĭs*, *ĕre*, -, -, ▶ *praecaveo*: *GLOSS. 5, 292, 38.

excăvō, *ās*, *āre*, *āvī*, *ātum* (*ex, cavo*; it. *scavare*), tr., creuser, rendre creux: *ex gemma trulla excavata* CIC. *Verr.* 4, 62, coupe creusée dans une pierre précieuse.

excēdō, *ĭs*, *ĕre*, *cessī*, *cessum* (*ex, cedo*)

I intr. ¶ **1** s'en aller de, se retirer de [avec *ex*] *ex Italia, ex finibus, ex proelio, ex pugna*, se retirer d'Italie, du territoire, du combat: CIC. *Phil.* 12, 14; CAES. G. 7, 33, 2; 3, 4, 3; 4, 33, 2 ∥ [avec abl. seul]: *Gallia, finibus, proelio, pugna* CAES. G. 7, 66, 3; 7, 77, 14; 2, 25, 1; 5, 36, 3; *cum hinc excessero* CIC. *Tusc.* 1, 103, quand je serai parti d'ici ∥ *ex his tenebris in lucem illam* CIC. *Tusc.* 1, 74, quitter les ténèbres d'ici pour la lumière de là-bas ¶ **2** [fig.] sortir: *earum quattuor rerum sic in omni mundo partes omnes collocatae sunt, ut nulla pars hujusce generis excederet extra* CIC. *Tim.* 16, toutes les parties de ces quatre éléments ont été disposées dans tout l'univers de telle façon que rien n'en restât au-dehors ∥ *e vita* CIC. *Brut.* 80; *Phil.* 9, 2; *vita* CIC. *Brut.* 262; *Nat.* 3, 41, sortir de la vie, quitter la vie ou *excedere* seul PLIN. 7, 58; TAC. *An.* 1, 5; SUET. *Aug.* 5; SEN. *Ep.* 77, 10 ∥ *ut primum ex pueris excessit Archias* CIC. *Arch.* 4, aussitôt qu'Archias fut sorti de l'enfance, cf. CIC. *de Or.* 2, 327 ∥ *animus e corpore excessit* CIC. *Div.* 1, 53; *corpore* CIC. *Div.* 1, 63, l'âme a quitté le corps ∥ sortir de, disparaître: *jam e memoria excessit, quo tempore a populo Romano defecerimus?* LIV. 26, 13, 5, avez-vous déjà oublié en quel temps nous avons abandonné le peuple romain?; *cum cupiditatum dominatus excessit* CIC. *Par.* 40, quand la tyrannie des passions s'est évanouie ¶ **3** sortir, s'avancer hors de: *insequentia excedunt in eum annum*

excedo

quo... Liv. 30, 26, 1, les événements qui suivent débordent sur l'année où...; **excedere paulum ad enarrandum...** Liv. 29, 29, 5, sortir un peu des limites du sujet pour raconter en détail...; **excedere ultra...** s'avancer au-delà de...: Liv. 3, 41, 4; 8, 33, 19 ‖ aboutir à, en venir à : **res parva dictu, sed quae studiis in magnum certamen excesserit** Liv. 34, 1, 1, un incident peu important à relater, mais tel que, par les passions soulevées, il aboutit à un violent débat, cf. 33, 35, 12 ‖ s'élever : **eo laudis excedere, quo...** Tac. Agr. 42, s'élever à un degré de gloire où...; **tantum illa clades novitate et magnitudine excessit** Tac. An. 2, 24, tellement ce désastre dépassa tous les autres par sa nouveauté et sa grandeur ¶ **4** [chrét.] transgresser la loi, pécher : Tert. Apol. 46, 17.
II tr. ¶ **1** sortir de, quitter : **urbem**, quitter la ville : Liv. 1, 29, 6; 2, 37, 8 ¶ **2** [fig.] dépasser : **summam octoginta milium** Liv. 39, 5, 10, dépasser la somme de quatre vingt mille as; **modum** Liv. 28, 25, 8, dépasser la mesure, les limites; **equestre fastigium** Tac. An. 4, 40, dépasser les sommets de l'ordre équestre ‖ [abs^t] **excessit Fronto** Tac. An. 2, 33, Fronto passa toute mesure (alla plus loin).
▶ subj. *excessis* Ter. And. 760.

excellens, tis, part. de *excello*, [pris adj^t] ¶ **1** qui surpasse en hauteur : Vell. 2, 107 ¶ **2** supérieur, distingué, éminent [en parl. de pers. et de choses] : Cic. Div. 2, 123; Tusc. 1, 2; de Or. 2, 220; Brut. 333; Fam. 4, 3, 4; Rep. 2, 5; Off. 1, 119; Caes. C. 3, 34 ‖ *-tior* Nep. Alc. 1, 1; Plin. 29, 50 ‖ *-tissimus* Caes. C. 3, 99, 3.
▶ [vulg.] n. *excellente*, d'une forme *excellentis* Petr 45, 4.

excellenter, adv., d'une manière supérieure, éminente, remarquable : Cic. Off. 1, 61 ‖ *-tius* Cic. Sest. 96 ‖ *-tissime* Aug. Civ. 17, 8.

excellentia, ae, f. (*excello*), supériorité, excellence : Cic. Off. 1, 96; **propter excellentiam** Cic. Top. 55, cause de sa supériorité sans conteste; **per excellentiam** Sen. Ep. 58, 17, par excellence, supérieurement ‖ pl., Cic. Lae. 69, des cas de supériorité ‖ [tard.] titre honorifique, Son Excellence : Aug. Ep. 101, 2.

excelleo, v. *excello*.

excellō, *is*, *ĕre*, -, - (*ex*; cf. *celsus*) **I** intr. ¶ **1** se dresser au-dessus, s'enorgueillir : Cat. d. Gell. 7, 3, 14; 13, 24, 14 ¶ **2** être élevé au-dessus, être supérieur, l'emporter, surpasser, exceller : **excellere ceteris** Cic. Inv. 2; **inter omnes** Cic. Or. 6; **super ceteros** Liv. 28, 43, 4; **praeter ceteros** Cic. de Or. 2, 217, l'emporter sur tous; [en parl. de choses] **ex omnibus** Cic. de Or. 3, 143, l'emporter sur toutes choses ‖ **aliqua re** ou **in aliqua re**, en qqch. : Cic. Pomp. 41; de Or. 1, 217.
II tr., élever : Fest. 342, 19; P. Fest. 343, 6.
▶ formes de la 2e conjug. : *excellet* Curt. 9, 1, 24; *excelleas* Cic. Frg. E. 9, 1, cf. Prisc. 2,

444, 24; 527, 9; parf. *excellui* Gell. 14, 2, 7; Aug. Civ. 2, 15.

***excelsē**, adv. [inus.] (*excelsus*), haut, en haut : [compar.] **scandere excelsius** Col. 4, 1, 5, monter plus haut ‖ [fig.] **excelsius** Cic. Or. 119, avec plus d'élévation, de grandeur; [superl.] *-issime* Vell. 1, 6, 3.

excelsĭtās, ātis, f. (*excelsus*), élévation, hauteur : Plin. 2, 160 ‖ [fig.] **excelsitas animi** Cic. Off. 3, 24, élévation de l'âme.

excelsus, a, um, part.-adj. de *excello*, élevé, haut : **excelsa porticus** Cic. Att. 4, 16, 14, portique élevé; **in excelso simulacrum collocare** Cic. Cat. 3, 20, placer une statue sur un socle élevé; **ab excelso** Ov. H. 15, 165, de haut ‖ [fig.] élevé, grand, noble : **excelsus animus** Cic. Off. 1, 79, âme élevée; **in excelso aetatem agere** Sall. C. 51, 12, vivre dans une situation prééminente ‖ [chrét.] subst., le Très-Haut, Dieu : Vulg. Psal. 76, 11 ‖ **excelsior** Cic. Or. 119; **excelsissimus** Cat. Orig. 1, 32; Caes. C. 1, 70, 4.

excēpī, parf. de *excipio*.

exceptācŭlum, *i*, n. (*excepto*), moyen de percevoir : Tert. Spect. 2, 10.

exceptīcius, a, um (*exceptus*), mis à l'écart, mis de côté : Plin. 18, 115.

exceptĭo, ōnis, f. (*excipio*) ¶ **1** limitation, restriction, réserve : **sine ulla exceptione** Cic. Fam. 6, 5, 1; **sine exceptione** Cic. Verr. 5, 81, sans exception; **cum exceptione** Cic. Q. 1, 1, 37, avec des restrictions [**sub hac exceptione** Plin. Ep. 1, 2, 5] ¶ **2** condition particulière dans une loi : Cic. Agr. 1, 10; Balb. 32 ¶ **3** [droit] exception [moyen de défense invoqué par le défendeur, inséré dans la formule, pour paralyser la prétention du demandeur] : Cic. de Or. 1, 168; Dig. 44, 1, 2 pr.; Gai. Inst. 4, 115-125; **exceptio causa cognita datur** Dig. 17, 1, 57, l'exception est accordée après examen par le magistrat.

exceptiuncŭla, ae (dim. de *exceptio*), f., petite exception : Sen. Ep. 20, 5.

exceptō, ās, āre, -, - (fréq. de *excipio*), tr., retirer à tout instant : Cic. Par. 38 ‖ tirer à soi (à diverses reprises) : Caes. G. 7, 47, 7 ‖ recueillir (habituellement) : Virg. G. 3, 274.

exceptŏr, ōris, m., greffier : Ulp. Dig. 19, 2, 19 ‖ secrétaire : Cod. Just. 12, 19, 5.

exceptōrĭum, *ii*, n., réservoir, récipient : Aug. Psalm. 143, 6.

exceptōrĭus, a, um, destiné à recevoir : Ulp. Dig. 33, 7, 8.

exceptus, a, um, part. de *excipio*.

excĕrēbrō, ās, āre, āvī, ātum (*ex cerebro*), tr., ôter la cervelle : Vulg. Is. 66, 3 ‖ [fig.] **excerebratus** Tert. Marc. 4, 11, 9, qui a perdu la tête.

excernō, *is*, *ĕre*, crēvī, crētum (it. *scernere*), tr., séparer, trier : Liv. 28, 39, 10 ‖ sasser, passer au tamis : Vitr. 7, 3, 3 ‖ cribler, vanner : Col. 2, 20, 5 ‖ rendre par évacuation : Cels. 2, 8, 12.

excerpō, *is*, *ĕre*, cerpsī, cerptum (*ex, carpo*), tr. ¶ **1** tirer de, extraire, recueillir, faire un choix dans : **excerpere ex malis, si quid inest boni** Cic. Off. 3, 3, prendre dans les maux ce qu'il peut y avoir de bien; **nihil legit, quod non excerperet** Plin. Ep. 3, 5, 10, il n'a rien lu sans prendre de notes ¶ **2** séparer, mettre à part, mettre à l'écart : Ter. Phorm. 698; **de numero excerpere** Cic. de Or. 2, 47; **numero excerpere** Hor. S. 1, 4, 40, retrancher du nombre; **excerpere se vulgo** Sen. Brev. 18, 1, se séparer de la foule; **se consuetudini hominum** Sen. Ep. 5, 2, se soustraire aux habitudes du monde.

excerptim, adv. (*excerpo*), en triant : Ennod. Opusc. 3, 195.

excerptĭo, ōnis, f. (*excerpo*), extrait, recueil : Gell. 17, 21, 1.

excerptum, *i*, n. (*excerptus*), extrait, morceau choisi : Quint. 2, 15, 24; Sen. Ep. 33, 3.

excerptus, a, um, part. de *excerpo*.

excervīcātĭo, ōnis, f. (*ex, cervix*), entêtement : Hier. Nah. 3, 1.

excessī, parf. de *excedo*.

excessim, v. *excedo*.

excessĭo, ōnis, f., mort : Hier. Orig. Jer. hom. 13, p. 686 C.

1 excessus, a, um, part. de *excedo*.

2 excessŭs, ūs, m., sortie ‖ [fig.] **excessus e vita** Cic. Fin. 3, 60; **excessus vitae** Cic. Tusc. 1, 27 [ou abs^t] **excessus** Cic. Rep. 2, 52; Tac. An. 1, 7, mort ‖ **excessus mentis** Aug. Ep. 80, 3; Vulg. Act. 11, 5, ravissement, extase ‖ digression : Quint. 3, 9, 4; Tac. D. 22 ‖ **a pudore** Val.-Max. 8, 2, écart moral.

excĕtra, ae, f. (étr., de ἔχιδνα), serpent : Pl. Pers. 3; Cic. Tusc. 2, 22 ‖ [fig.] vipère [t. injurieux] : Pl. Cas. 644; Ps. 218.

exchalcĕō, ās, āre, -, - (*ex*, χαλκός), tr., dépouiller de son argent [jeu de mot avec le mot latin *excalceo*] : Porph. Hor. S. 1, 8, 39.

excīdĭālis, e (*excidio*), de la destruction, fatal : Heges. 5, 42, 5.

excīdĭo, ōnis, f. (1 *excido*), ruine, destruction : Pl. Curc. 534.

excīdĭum, *ii*, n. (1 *excido*), chute : Plin. 36, 39 ‖ coucher du soleil : Prud. Apoth. 627 ‖ destruction : Virg. En. 5, 626; v. *exscidium*.

1 excĭdō, *is*, *ĕre*, cĭdī, - (*ex, cado*; *exscid-*; cf. *exscidium*, *exscindo*), intr. ¶ **1** tomber de : **sol excidisse mihi e mundo videtur** Cic. Att. 9, 10, 3, le soleil me semble avoir disparu du monde; **gladii de manibus exciderunt** Cic. Pis. 21, les épées sont tombées de leurs mains; **a digitis excidit ansa meis** Ov. H. 16, 254, l'anse échappe de mes doigts; **Palinurus exciderat puppi** Virg. En. 6, 338, Palinure était tombé de la poupe; **excidere quidam (elephanti) in flumen** Liv. 21, 28, 12, certains (éléphants) tombèrent dans le fleuve ‖ [en part.] tomber de l'urne, sortir, échoir : *cujusque sors exciderat* Liv. 21, 42, 3, et celui dont le nom était sorti, cf. Liv. 23, 3, 7 ¶ **2** [fig.] sortir, échapper involontairement : *verbum ex ore alicujus excidit* Cic. *Sull.* 72 ; *Phil.* 10, 6, un mot sort de la bouche de qqn, échappe à qqn (*ore* Virg. *En.* 6, 686) ; *libellus me imprudente et invito excidit* Cic. *Or.* 1, 94, ce petit traité, à mon insu et contre mon gré, s'échappa (fut publié) ¶ **3** [avec *in* acc.] avoir telle chute, telle fin : *pedes qui in breves excidunt* Quint. 9, 4, 106, les pieds qui se terminent par des brèves ; *in vitium libertas excidit* Hor. *P.* 282, la liberté tomba dans l'excès, dégénéra en licence ¶ **4** tomber, se perdre, disparaître : *ne Tarentinae quidem arcis excidit memoria* Liv. 27, 3, 8, on ne perdit même pas de vue la situation de la citadelle de Tarente ; *vera virtus, cum semel excidit* Hor. *O.* 3, 5, 30, le vrai courage une fois perdu ; *non excidere sibi* Sen. *Ir.* 3, 14, 1, ne pas perdre la possession de soi-même ‖ [en part.] sortir de la mémoire : *mihi ista exciderant* Cic. *Leg.* 2, 46, ce que tu dis là m'était sorti de la mémoire, cf. Cic. *Fam.* 5, 13, 2 ; *Att.* 6, 1, 7 ; *non excidit mihi, scripsisse me...* Quint. 2, 3, 10, je n'ai pas oublié que j'ai écrit..., cf. Sen. *Ep.* 90, 33 ; *excidit ut peterem...* Ov. *M.* 14, 139, j'oubliai de demander... ; Quint. 11, 2, 19 ; 11, 3, 139, l'homme oublieux, à qui la mémoire fait défaut ¶ **5** tomber de, être dépossédé de, être privé de : *ex hac familia excidi* Pl. *Men.* 667, cette famille est perdue pour moi ; *regno* Curt. 10, 5, 22, être dépossédé du trône ‖ sortir de, manquer à : *(medicus) si..., medicinae fine non excidet* Quint. 2, 17, 25, si (le médecin)..., il ne manquera pas aux fins de la médecine ‖ échouer : *formula excidere (= cadere)* Suet. *Cl.* 14 ; Sen. *Clem.* 2, 3, échouer, perdre son procès.

2 **excīdo**, *ĭs*, *ĕre*, *cĭdī*, *cīsum* (*ex, caedo*), tr. ¶ **1** enlever en frappant, (taillant, coupant) : *lapides e terra* Cic. *Off.* 2, 13, détacher des pierres de la terre ; *arbor excisa est, non evulsa* Cic. *Att.* 15, 4, 2, on a enlevé l'arbre en le coupant, non en l'arrachant, cf. Caes. *C.* 2, 15, 1 ; *columnas rupibus* Virg. *En.* 1, 429, tailler des colonnes dans des blocs de pierre ‖ [fig.] détacher, retrancher : *aliquid ex animo* Cic. *Prov.* 43, retrancher qqch. de son esprit (de sa mémoire) ; *iram animis* Sen. *Ir.* 3, 1, 1, retrancher des âmes la colère ; *aliquem numero civium* Plin. *Ep.* 8, 18, 6, retrancher qqn du nombre des citoyens ¶ **2** creuser : *saxum excisum* Cic. *Verr.* 5, 68, rocher creusé ; *latus rupis excisum in antrum* Virg. *En.* 6, 42, le flanc de la roche creusé de manière à former une grotte ‖ faire en creusant : *vias per montes* Plin. 36, 125, creuser des routes à travers les montagnes ¶ **3** démolir, détruire, raser [des maisons, une ville] : Cic. *Sest.* 95 ; *Off.* 1, 76 ‖ tailler en pièces, anéantir une armée : Vell. 2, 120, 3 ¶ **4** [chrét.] retrancher de l'Église : Cypr. *Ep.* 75, 24.

excĭĕō, *ēs*, *ēre*, *īvī* ou *ĭī*, *ĭtum*, c.▶ *excio* : Pl. *Ps.* 1285 ; Liv. 7, 11, 11.

excindō, v.▶ *exscindo*.

excĭō, *īs*, *īre*, *īvī* ou *ĭī*, *ĭtum* (*ex, cio*), tr., attirer hors, appeler, mander, faire venir, convoquer : *homines, qui sequi possent, sedibus excibat* Liv. 32, 13, 6, il enlevait à leurs foyers les hommes en état de suivre ; *ab urbe* Liv. 3, 2, 7, faire sortir de la ville ; *hostem ad conferenda propius castra* Liv. 2, 30, 10, déterminer l'ennemi à rapprocher son camp ‖ évoquer : Virg. *B.* 8, 98 ‖ lancer [le gibier] : Ov. *M.* 10, 711 ‖ [en gén.] faire sortir, tirer : *excire lacrimas alicui* Pl. *Cis.* 112, tirer des larmes à qqn ; *excire ex somno* Liv. 4, 27, 6 ; *somno* Sall. *J.* 72, 2, réveiller ; *excitus* Sall. *J.* 99, 2, réveillé ‖ *excita mens* Sall. *C.* 15, 4, âme agitée, tourmentée ; *excita tellus* Virg. *En.* 12, 445, la terre ébranlée ‖ soulever, exciter : *excire tumultum* Liv. 3, 39, 2, provoquer un tumulte ; *terrorem* Liv. 10, 4, 10, causer de la terreur.

excĭpĭābŭlum, *i*, n., épieu pour la chasse : Serv. *En.* 4, 131.

excĭpĭō, *ĭs*, *ĕre*, *cēpī*, *ceptum* (*ex, capio*), tr.

> **I** prendre, tirer de ¶ **1** "retirer de" ¶ **2** "excepter" ¶ **3** [en part.] "stipuler, disposer par une clause spéciale", *ut, ne*; *non excipere quominus*; [droit] "faire une réserve".
> **II** recevoir, recueillir ¶ **1** sens propre ¶ **2** par l'ouïe ¶ **3** sur sa personne ¶ **4** "recevoir", *se excipere* "se redresser" ¶ **5** "prendre, surprendre" ¶ **6** "recevoir, accueillir", "héberger", [fig.] ¶ **7** "venir immédiatement après" ¶ **8** "continuer, prolonger" ¶ **9** [poét.] "être tourné vers" ¶ **10** "mêler".

I prendre de, tirer de ¶ **1** retirer de : *aliquem e mari* Cic. *Rep.* 4, 8, retirer qqn de la mer ‖ [fig.] soustraire à : *sapiens injuriae excipitur* Sen. *Const.* 9, 4, le sage échappe à l'injure ; *nihil libidini exceptum* Tac. *Agr.* 15, rien n'est soustrait à leur caprice ¶ **2** excepter : *aliquem, aliquid*, faire une exception pour qqn, pour qqch. : Cic. *Cat.* 4, 15 ; *Ac.* 2, 73 ; [avec *ne* subj.] Cic. *Agr.* 2, 21 ; 2, 24, exclure de ; *non excipi quominus* Cic. *Agr.* 2, 24, n'être pas empêché par exclusion de ‖ *excepto quod* Hor. *Ep.* 1, 10, 50 ; Quint. 8, 3, 38, hormis que, sauf que ¶ **3** [en part.] excepter = stipuler expressément, disposer par une clause spéciale : *non exceperas ut...* Cic. *Dom.* 106, tu n'avais pas mis cette clause de réserve que... ; *lex excipit ut...* Cic. *Q.* 1, 1, 26, la loi stipule expressément que... ; *in foederibus exceptum est, ne* Cic. *Balb.* 32, dans les traités est stipulée la défense que, cf. *Off.* 1, 121 ; *Verr.* 5, 50 ; *foedere non exceptum est quominus...* Cic. *Balb.* 47, le traité ne stipule pas qu'il est interdit de... ; *(leges) quibus exceptum est, de quibus causis... non liceat* Cic. *Clu.* 120, (les lois) qui stipulent les raisons pour lesquelles on ne peut... ‖ [dans une vente d'esclave] stipuler, mentionner spécialement les défauts : Hor. *S.* 2, 3, 285 ‖ [droit] faire une réserve, prescrire une condition, *ut*, et subj. : *excipere ne serva manumitteretur* Dig. 18, 7, 6 pr., stipuler que l'esclave ne serait pas affranchie ‖ mentionner un vice de la chose vendue [aura pour effet de faire échapper le vendeur à la garantie contre les vices] : *nominatim excipere de aliquo morbo* Dig. 21, 1, 14, 9, exciper expressément de telle maladie [chez l'esclave vendu].

II recevoir, recueillir ¶ **1** *sanguinem patera* Cic. *Brut.* 43, recueillir du sang dans une coupe ; *extremum spiritum alicujus ore suo* Cic. *Verr.* 5, 118, recueillir sur sa bouche le dernier soupir de qqn ¶ **2** [par l'ouïe] : Cic. *Planc.* 57 ; *Sest.* 102 ; *Dej.* 25 ‖ [avec la plume] : Suet. *Tit.* 3 ¶ **3** recevoir sur sa personne : *plagas* Cic. *Tusc.* 2, 46 ; *vulnera* Cic. *Sest.* 25, recevoir des coups, des blessures ; *tela* Cic. *Verr.* 2, 177, des traits ‖ *impetus gladiorum* Caes. *C.* 1, 52, 4, soutenir le choc des épées ; *impetus* Caes. *G.* 1, 52, 4, soutenir les assauts, cf. Liv. 30, 35, 8 ; *vim frigorum* Cic. *Rab. Post.* 42, soutenir la rigueur du froid ‖ [fig.] *labores magnos* Cic. *Brut.* 243, soutenir de durs travaux [comme avocat] ; *laudem ex aliqua re* Cic. *Att.* 1, 14, 3, recueillir des louanges d'une chose ; *invidiam* Nep. *Dat.* 5, 2, porter le poids de l'envie, s'attirer l'envie ¶ **4** recevoir, appuyer : *labentem* Cic. *Rab. Post.* 43, recevoir qqn qui tombe ; *in genua se excipere* Sen. *Ep.* 66, 50, s'appuyer sur ses genoux ; *in pedes* Liv. 4, 19, 4, se remettre sur ses pieds ¶ **5** prendre, surprendre : *servos in pabulatione* Caes. *G.* 7, 20, 9, surprendre des esclaves pendant qu'ils sont au fourrage, cf. *G.* 6, 35, 6 ; Virg. *B.* 3, 18 ; *En.* 3, 332 ; Hor. *O.* 3, 12, 10 ; Liv. 33, 29, 2 ; 40, 7, 4 ; Quint. 4, 2, 17 ‖ [fig.] *voluntates hominum* Cic. *de Or.* 2, 32, surprendre, saisir les sympathies ¶ **6** recevoir, accueillir : *aliquem clamore* Cic. *Verr.* 5, 94, accueillir qqn par des cris ; *benigno voltu* Liv. 30, 14, 3, avec bienveillance ‖ prendre en tel ou tel sens, interpréter de telle ou telle façon : Sen. *Ep.* 12, 7 ; 82, 2 ; Suet. *Caes.* 14 ; *Tib.* 11 ‖ recevoir chez soi, héberger : Cic. *Pomp.* 23 ; *epulis* Tac. *G.* 21, recevoir à table, traiter qqn ; *o terram illam beatam, quae hunc virum exceperit !* Cic. *Mil.* 105, heureuse la terre qui aura donné l'hospitalité à un tel homme ! ‖ [fig.] *qui quosque eventus exciperent* Caes. *C.* 1, 21, 6, [ils se demandaient] quels événements accueilleraient chacun d'eux, cf. Virg. *En.* 3, 318 ; Liv. 1, 53, 4 ; 21, 48, 8 ¶ **7** venir immédiatement après : *Herculis vitam immortalitas excepit* Cic. *Sest.* 143, l'immortalité couronna la vie d'Hercule ; *hiemem pestilens aestas excepit* Liv. 5, 13, 4, à l'hiver succéda un été pestilentiel ; *linguam excipit stomachus* Cic. *Nat.* 2, 135, à la base de la langue se rattache l'œsophage ; [abs^t] *inde excipere loca aspera* Caes. *C.* 1, 66, 4, [ils rappor-

excipio

tent] qu'à partir de là viennent immédiatement des terrains accidentés ‖ **hunc Labienus excepit** CAES. C. 3, 87, 1, après lui Labiénus prit la parole ‖ [abs¹] suivre immédiatement: CAES. G. 7, 88, 2; LIV. 2, 61, 1 ¶ **8** recueillir, continuer, prolonger: **memoriam illius viri excipient omnes anni consequentes** CIC. CM 19, toutes les années qui se succéderont garderont le souvenir de ce grand homme ¶ **9** [poét.] être tourné vers: **porticus excipit Arcton** HOR. O. 2, 15, 16, le portique reçoit l'Ourse, est exposé au nord ¶ **10** rem re CELS. 5, 18, 20, mêler une chose à une autre, faire d'une chose l'excipient d'une autre chose.

excípula, ae, f., C.▸ excipulum.

excípulum, i, n., vase pour recevoir: PLIN. 25, 78; PLIN. 9, 75 ‖ épieu [pour la chasse]: GLOSS. 5, 195, 36.

excípuum, i, n., ce qui est excepté: P. FEST. 70, 5.

excīsātus, V.▸ exscissatus.

excīsĭo, ōnis, f. (excīdo), entaille, coupure: PALL. 3, 30 ‖ ruine, destruction: CIC. Dom. 146; Har. 3.

excīsŏr, ōris, m. (2 excīdo), celui qui coupe: GLOSS. 2, 291, 1 ‖ destructeur: HEGES. 5, 11, 2.

excīsōrĭus, a, um, qui sert à couper, à entailler: CELS. 8, 3, 4.

excissātus, a, um (excissus = exscissus), déchiré: PL. d. NON. 108, 7.

Excīsum, i, n., ville de l'Aquitaine [auj. N.-D. d'Eisses]: ANTON. 461.

excīsūra, ae, f. (2 excīdo), coupure, rognure: DIOCL. 7, 42.

excīsus, a, um, part. de 2 excido.

excitābĭlis, e, propre à réveiller: CAEL.-AUR. Chron. 1, 5, 175.

excitātē, adv. [inus.] d'une manière animée ‖ -tius PLIN. 37, 106; AMM. 18, 8.

excitātĭo, ōnis, f. (excito), action de réveiller: ARN. 7, 32 ‖ excitation, encouragement: HEGES. 2, 3, 4.

excitātŏr, ōris, m. (excito), celui qui réveille, qui excite: PRUD. Cath. 1, 3; HEGES. 2, 10, 4.

excitātōrĭus, a, um, qui excite, excitant: AUG. Ep. 26, 2.

excitātrix, īcis, f., celle qui excite, provoque: ORIG. Matth. 44, p. 89, 5.

excitātus, a, um, part. de excito ‖ adj¹, violent, intense: CIC. Rep. 6, 18; **clamor excitatior** LIV. 4, 37, 9, cris plus forts; **odor excitatissimus** PLIN. 20, 182, odeur très forte; [rhét.] animé, vif: QUINT. 9, 3, 10; 12, 10, 49.

excĭtō, ās, āre, āvī, ātum (ex, cito), tr., déplacer de son état ou de sa position ¶ **1** faire sortir: **feras** CIC. Off. 3, 68, faire sortir des bêtes sauvages [à la chasse]; **leporem** PETR. 131, 7, lever un lièvre; **aliquem a portu** PL. Amp. 164, faire partir qqn du port; **vox precantum me huc foras excitavit** PL. Ru. 259, des voix suppliantes m'ont fait sortir ici hors du temple ‖ **aliquem dicendo a mortuis** CIC. de Or. 1, 245, évoquer qqn du séjour des morts; **ex eadem urbe humilem homunculum a pulvere et radio excitabo** CIC. Tusc. 5, 64, de la même ville je ferai surgir en l'enlevant à sa poussière et à sa baguette un humble mortel (Archimède) ‖ réveiller: **aliquem de, e somno** CIC. Phil. 2, 68; Rep. 6, 12, tirer qqn du sommeil; **excitatus vigil** LIV. 7, 36, 2, une sentinelle réveillée ‖ éveiller, exciter: **res quibus ignis excitari potest** CAES. G. 7, 24, 4, les matières qui peuvent aviver le feu ‖ faire pousser: **nova sarmenta cultura excitantur** CIC. de Or. 2, 88, la culture fait pousser de nouveaux sarments ¶ **2** faire lever, faire se dresser: **reum, testes** CIC. de Or. 2, 124; Rab. Post. 47, faire lever un accusé, des témoins; [fig.] **adflictos** CIC. de Or. 1, 32, relever les personnes abattues; **turres** CAES. G. 3, 14, 4; 5, 40, 2, élever des tours; **turrem ex muro** LIV. 23, 37, 2, élever une tour contre le rempart; **sepulcrum** CIC. Leg. 2, 68, élever un tombeau; **vapores qui a sole ex aquis excitantur** CIC. Nat. 2, 118, les vapeurs qui s'élèvent de l'eau sous l'action du soleil ¶ **3** exciter, animer: **aliquem ad rem** CIC. Planc. 59, exciter (pousser) qqn vers (à) une chose, cf. Pomp. 5 ‖ [avec subj. seul] exciter (pousser) à: CAES. C. 2, 4, 3 ‖ susciter, provoquer, soulever: **risus, plausum** CIC. Phil. 3, 21; Sest. 124, soulever le rire, les applaudissements; **suspicionem alicui** CIC. Sest. 41, éveiller les soupçons de qqn ‖ exciter, aviver: **motum dicendo vel excitare vel sedare** CIC. de Or. 1, 202, soit exciter, soit calmer une passion par la parole ¶ **4** [gram.] faire ressortir, accentuer une syllabe: QUINT. 11, 3, 42; 12, 10, 33 ¶ **5** [chrét.] ressusciter les morts: HIL. Trin. 9, 10; arracher au péché: HIL. Trin. 1, 13.

excĭtŏr, ōris, m. (excio), qui excite, qui soulève, boute-feu: HEGES. 3, 26.

1 **excĭtus**, a, um, part. de excieo.

2 **excĭtus**, a, um, part. de excio.

3 **excĭtŭs**, abl. ū, m., action d'appeler, appel: APUL. M. 6, 27.

excīvī, parf. de excieo et excio.

exclāmātĭo, ōnis, f. ¶ **1** éclats de voix [au pl.], cris: HER. 3, 21; QUINT 11, 3, 179 ¶ **2** exclamation [rhét.]: CIC. de Or. 3, 207; Or. 135.

exclāmātīvē, adv., sous forme d'exclamation: PS. ACR. HOR. Ep. 2, 2, 23.

exclāmātus, a, um, part. de exclamo.

exclāmĭtō, ās, āre, -, - (fréq. de exclamo), s'écrier souvent ou fortement: HIER. Ep. 39, 6, 4.

exclāmō, ās, āre, āvī, ātum
   I intr. ¶ **1** élever fortement la voix, crier, s'écrier: CIC. Tusc. 2, 56; **exclamare majus** CIC. Tusc. 2, 56, crier plus fort; **maximum** PL. Most. 488, pousser les plus grands cris ‖ se récrier d'admiration: CIC. Or. 168 ¶ **2** retentir, faire du bruit: JUV. 6, 423.
   II tr. ¶ **1** crier qqch., réciter, déclamer: QUINT. 2, 11, 2; 6, 2, 26 ¶ **2** appeler à haute voix: PL. Amp. 1120 ¶ **3** s'écrier [suivi du style direct]: **mihi libet exclamare: "pro deum..."** CIC. Nat. 1, 13, je m'écrie volontiers: "au nom des dieux..." ‖ [avec prop. inf.] s'écrier que: PL. Cap. 512; TER. Eun. 23; CIC. Ac. 2, 89 ‖ [avec ut subj.] crier de: CIC. Rep. 1, 29; LIV. 4, 38, 2 ‖ [avec un acc. représentant un voc. du st. dir.]: **Ciceronem** CIC. Phil. 2, 30, s'écrier "Cicéron!".

exclārō, ās, āre, -, - (it. schiarare), tr., éclairer: VITR. 1, 2, 7.

exclīnō, ās, āre, -, -, tr., incliner hors: NOT. TIR. 66, 74.

exclūdō, ĭs, ĕre, clūsī, clūsum (ex, claudo; fr. éclore), tr. ¶ **1** ne pas laisser entrer, ne pas admettre, exclure: **Gaditani Poenos moenibus excluserunt** CIC. Balb. 37, les habitants de Cadix ne laissèrent pas entrer les Carthaginois dans leurs murs; [avec ab] Fam. 5, 15, 3 ‖ **ejicere nos magnum fuit, excludere facile est** CIC. Fam. 14, 3, 2, s'il y a eu fort à faire pour me chasser, il est aisé de m'interdire le retour ‖ [en part.] ne pas recevoir chez soi, laisser dehors: PL. Truc. 626; TER. Eun. 49; 481; Ad. 119; CIC. Att. 12, 40, 2 ¶ **2** faire sortir, chasser, éloigner, repousser, rejeter [pr. et fig.]: **excludere pullos ex ovis** CIC. Nat. 2, 129, faire éclore des poussins; **excludere a republica** CIC. Phil. 5, 29, éloigner du gouvernement; **a re frumentaria** CAES. G. 7, 55, 9, couper le ravitaillement ¶ **3** empêcher: **tempore exclusus** CAES. G. 6, 31, 1, arrêté par le manque de temps, cf. 7, 11, 5; **anni tempore a navigatione excludi** CAES. G. 5, 23, 5, être empêché de prendre la mer par la saison; **non excludi quominus** CASS. Fam. 12, 13, 2, ne pas être empêché de ¶ **4** clore, terminer: STAT. S. 2 praef. 24.
▸ parf. contr. exclusti TER. Eun. 98.

exclūsĭo, ōnis, f. (excludo), exclusion, action d'éloigner: TER. Eun. 88 ‖ exception, fin de non-recevoir: ULP. Dig. 44, 1, 2.

exclūsŏr, ōris, m. (excludo) ¶ **1** celui qui chasse: AUG. Serm. 171, 2 ¶ **2** orfèvre: AUG. Psalm. 67, 39.

exclūsōrĭum, ii, n., médicament qui expulse: THEOD.-PRISC. Gyn. 26.

exclūsōrĭus, a, um, exclusif: ULP. Dig. 44, 1, 2.

exclusti, V.▸ excludo.

exclūsus, a, um (fr. écluse, al. Schleuse), part. de excludo ‖ adj¹, **exclusissimus** PL. Men. 698, laissé absolument dehors.

excoctĭo, ōnis, f., action de cuire, cuisson: COD. JUST. 12, 16, 3.

excoctus, part. de excoquo.

excōdĭcō, excaudĭcō, ās, āre, -, - (ex codice), tr., arracher des souches: LEX d. FRONTIN. Aq. 129 ‖ [fig.] extirper: TERT. Pud. 16, 12 ‖ déchausser [la vigne]: PALL. 2, 1.

excōgĭtātĭo, *ōnis*, f. (*excogito*), action d'imaginer, invention : *illa ... excogitationem non habent difficilem* Cic. *de Or.* 2, 120, ces idées-là sont faciles à trouver ‖ faculté d'imaginer, de trouver : Cic. *Tusc.* 1, 61.

excōgĭtātŏr, *ōris*, m. (*excogito*), celui qui imagine, qui invente : Ps. Quint. *Decl.* 12, 7.

excōgĭtātus, *a, um*, part.-adj. de *excogito* ‖ *excogitatissimae hostiae* Suet. *Cal.* 22, les victimes trouvées avec le plus d'imagination, les plus fantaisistes.

excōgĭtō, *ās, āre, āvī, ātum*, tr., trouver à l'aide de la réflexion, imaginer, inventer : *excogitare aliquid* Cic. *Cat.* 2, 7, imaginer qqch. ; [avec prop. inf.] *excogitavit oportere...* Cic. *de Or.* 1, 243, il a découvert qu'il fallait... ‖ *excogitatum est a quibusdam, ut privatum aerarium constitueretur* Nep. *Att.* 8, 3, quelques-uns imaginèrent de fonder une caisse particulière ; *cum recenti fico salis vice caseo vesci nuper excogitatum est* Plin. 15, 82, tout récemment on a imaginé de manger le fromage avec des figues fraîches au lieu de sel ‖ [avec interr. indir. et subj. délibératif] *excogitat, quid decernat* Cic. *Verr.* 4, 147, il découvre la décision à prendre ‖ [absᵗ] *ad haec cogita, vel potius excogita* Cic. *Att.* 9, 6, 7, songe à cela, ou plutôt trouve une solution.

excōlātĭo, *ōnis*, f. (1 *excolo*), filtrage : Rufin. *Orig. Num.* 27, 12.

1 excōlō, *ās, āre*, -, -, tr. (*ex colo* ; fr. *écouler*), tr., filtrer : Pall. 8, 8, 1 ‖ enlever en filtrant : *excolare culicem* Vulg. *Matth.* 23, 24, en filtrant retirer un moucheron.

2 excŏlō, *ĭs, ĕre, cŏlŭī, cultum*, tr. ¶ **1** travailler avec soin, bien cultiver : Plin. 14, 48 ‖ [fig.] donner la culture, polir, perfectionner : *excolere animos doctrina* Cic. *Arch.* 12, cultiver les esprits par l'instruction ; *excolere victum hominum* Cic. *Or.* 31, perfectionner l'alimentation humaine ¶ **2** orner, embellir : Plin. *Ep.* 9, 39, 3 ; Suet. *Aug.* 72 ; *armis exculti* Suet. *Caes.* 84, parés de leurs armes ¶ **3** honorer, vénérer : Ov. *Pont.* 1, 7, 59.

excŏmĕdō, *ĭs, ĕre*, -, -, tr., manger entièrement : Ps. Apul. *Herb.* 9, 1.

excŏmes, *ĭtis*, m., ancien *comes* : Pallad. *Mon.* 1, 43 ‖ *ex cŏmĭtĕ*, Amm. 15, 5, 4.

excommūnĭcātĭo, *ōnis*, f., excommunication : Aug. *Fid. op.* 2, 3.

excommūnĭcātŏr, *ōris*, m., celui qui excommunie : Gelas. *Ep. frg.* 37.

excommūnĭcō, *ās, āre*, -, -, tr., excommunier ; Hier. *Ruf.* 2, 19.

exconcinnō, *ās, āre*, -, -, tr., bien arranger : *Pl. Cis.* 312.

excondō, *ĭs, ĕre*, -, -, tr., montrer, manifester : *Tert. Marc.* 5, 18, 5.

excongrŭus, *a, um*, discordant : Symm. *Or.* 7, 6.

exconsŭl, *ŭlis*, m., ancien consul : Isid. 15, 13, 12.

exconsŭlāris, *is*, m., ancien consulaire : Schol. Hor. *P.* 343.

exconsŭlātŭs, *ūs*, m., situation, dignité de l'ex-consul : Greg.-M. *Ep.* 2, 36.

excŏquō, *ĭs, ĕre, coxī, coctum*, tr. ¶ **1** faire sortir par la cuisson, extraire en fondant : Pl. *Cap.* 281 ‖ [d'où] épurer par le feu : Ov. *F.* 4, 786 ; Virg. *G.* 1, 88 ¶ **2** faire cuire, faire fondre : *excoquere testudinem vino* Plin. 32, 38, faire cuire une tortue dans le vin ; *arenas in vitrum* Tac. *H.* 5, 7, convertir par la fusion du sable en verre ¶ **3** réduire par la cuisson : Cat. *Agr.* 107, 2 ; Col. 12, 19, 1 ¶ **4** brûler, dessécher : Lucr. 6, 963 ¶ **5** [fig.] **a)** mûrir [un projet], machiner : Pl. *Pers.* 52 **b)** tourmenter : Sen. *Herc. f.* 105 ¶ **6** [chrét.] faire mûrir [moralement] : Hier. *Ep.* 18 B., 2, 2.

excordō, *ās, āre*, -, - (*excors*), tr., ôter la raison à qqn : Commod. *Apol.* 777.

excŏrĭō, *ās, āre, āvī, ātum*, tr. (*ex corio*), tr., ôter la peau, écorcher : Cassiod. *Hist.* 10, 30.

excornis, *e* (*ex cornibus*), qui est sans cornes : Tert. *Pall.* 5, 6.

excors, *dis* (*ex corde*), déraisonnable, dénué d'intelligence, de raison : Cic. *Tusc.* 1, 18 ; *Nat.* 2, 5 ; *Lae.* 99 ; Hor. *Ep.* 1, 2, 25.

excortĭcō, *ās, āre*, -, - (*ex cortice* ; fr. *écorcher*), tr., écorcer : Aug. *Hept.* 1, 93.

***excrātĭō**, *īs, īre*, -, -, tr., éconduire, expulser : *Titin. *Com.* 47.

excrĕāt-, V.▸ *exscreat-*.

1 excrēmentum, *i*, n. (*excerno*), criblure : Col. 8, 5, 25 ‖ marc de raisin : Pall. 3, 26, 3 ‖ excrétion : *oris* Tac. *H.* 4, 81, salive ; *excrementa narium* Tac. *An.* 16, 4, morve ‖ déjections, excréments : Plin. 11, 94.

2 excrēmentum, *i*, n. (*excresco*), excroissance : Sidon. *Ep.* 1, 2, 3 ‖ accroissement, augmentation [de nombres] : Capel. 7, 734.

excrĕmō, *ās, āre*, -, -, tr., brûler entièrement : Tert. *Nat.* 1, 10, 28.

1 excrĕō, *ās, āre*, -, - (*ex, creo*), créer de soi : Isid. 13, 19, 6.

2 excreo, V.▸ *exscreo*.

excrĕpō, *ās, āre*, -, -, tr., émettre, pousser [un cri] : Arn.-J. *Psalm.* 74 ‖ se craqueler [en parlant de la terre] : Arn.-J. *Psalm.* 140.

1 excrescentĭa, *ae*, f. (*excresco*), hauteur : *Jul.-Val. 3, 33.

2 excrescentĭa, *ĭum*, n. pl., excroissances : Plin. 20, 93 ; 22, 61.

excrescō, *ĭs, ĕre, crēvī, crētum*, intr. ¶ **1** croître en s'élevant, se développer, s'accroître : Cat. *Orat.* 47 ; *in longitudinem excrescit abies* Plin. 16, 125, le sapin croît en hauteur ; *litium series excreverat* Suet. *Vesp.* 10, le nombre des procès s'était accru ¶ **2** former une excroissance de chair : Suet. *Galb.* 21 ; V.▸ 2 *excrescentia*.

excrēta, *ōrum*, n. pl. (*excerno*), criblures : Col. 8, 4, 1.

excrētĭo, *ōnis*, f. (*excresco*), croissance : Consult. Zacch. 1, 19.

1 excrētus, *a, um*, part. de *excerno*.

2 excrētus, *a, um*, part. de *excresco*, devenu grand : Lact. *Inst.* 2, 11, 12.

excrēvī, parf. de *excerno* et *excresco*.

excrībō, V.▸ *exscribo*.

excrŭcĭābĭlis, *e* ¶ **1** qui mérite d'être tourmenté : Pl. *Cis.* 4, 653 ¶ **2** qui tourmente : Prud. *Perist.* 3, 115.

excrŭcĭātĭo, *ōnis*, f., tourment, torture, martyre : Aug. *Civ.* 1, 9.

excrŭcĭātŏr, *ōris*, m., celui qui torture, bourreau : Aug. *Gaud.* 1, 21, 25.

1 excrŭcĭātus, *a, um*, part. de *excrucio*.

2 excrŭcĭātŭs, *ūs*, m., C.▸ *excruciatio* : Prud. *Perist.* 14, 19.

excrŭcĭō, *ās, āre, āvī, ātum*, tr. ¶ **1** appliquer à la torture, torturer, faire souffrir, martyriser : Caes. *G.* 7, 20, 9 ; 7, 38, 9 ; Cic. *Pomp.* 11 ‖ [fig.] *non loquor plura, ne te excruciem* Cic. *Att.* 10, 18, 3, je n'en dis pas davantage, de peur de te tourmenter ‖ *sese excruciare* Pl. *Ru.* 388 ou *excruciari* Pl. *Cis.* 59, se tourmenter ; *id ego excrucior* Pl. *Ep.* 192, je me tourmente là-dessus ¶ **2** arracher qqch. par des tortures : Tert. *Ux.* 2, 5, 3.

excŭbātĭo, *ōnis*, f. (*excubo*), action d'être en sentinelle, faction : Modest. *Dig.* 49, 16, 3, 6 ‖ [fig.] action de veiller : Val.-Max. 4, 7, 7.

excŭbātŏr, *ōris*, m. (*excubo*), gardien, veilleur [d'une église] : Vigil.-Trid. *Ep.* 2, 3.

excŭbĭae, *ārum*, f. pl. (*excubo*) ¶ **1** garde, action de monter la garde [de nuit ou de jour, au pr. et au fig.] : Cic. *Mil.* 67 ; *Phil.* 7, 24 ¶ **2** sentinelle, garde : Tac. *An.* 14, 44 ; Suet. *Cl.* 10 ¶ **3** nuit passée dehors : Pl. *Cas.* 54 ¶ **4** [chrét.] offices célébrés la nuit, vigiles : Ambr. *Ep.* 12, 2.

excŭbĭālis, *e*, de garde, de sentinelle : Sidon. *Ep.* 8, 6, 18.

excŭbĭcŭlārĭus, *ii*, m., celui qui a été *cubicularius* [valet de chambre des empereurs] : Cod. Just. 10, 47, 12.

excŭbĭtŏr, *ōris*, m. (*excubo*), sentinelle, garde : Caes. *G.* 7, 69, 7 ‖ [fig.] Col. 7, 12, 1.

excŭbĭtōrĭum, *ii*, n., corps de garde : CIL 6, 3010.

excŭbĭtrix, *īcis*, f., celle qui veille : Sen. *Rem.* 10, 6.

excŭbĭtŭs, abl. *ū*, m., faction : B.-Hisp. 6, 3.

excŭbō, *ās, āre, bŭī, bĭtum* (*ex, cubo*), intr. ¶ **1** coucher hors de la maison, découcher, passer la nuit dehors : *moniti Lacedaemonii, ut armati in agro excubarent* Cic. *Div.* 1, 112, les Lacédémoniens furent avertis qu'ils devaient passer la nuit en armes dans la campagne ; **Caesar ad opus excubabat** CAES. *G.* 7, 24, 2, César passait la nuit sur le chantier ¶ **2** monter la garde, faire sentinelle : **duae legiones pro castris excubabant** CAES. *G.* 7, 24, 5, deux légions étaient de garde devant le camp ‖ [en gén.] veiller : CAES. *C.* 3, 8, 4 ‖ [fig.] veiller, être attentif, avoir soin : **excubare animo** CIC. *Tusc.* 4, 37, être sur ses gardes ; **excubabo pro vobis** CIC. *Phil.* 6, 18, je veillerai pour vous garder ; **rerum pretiis excubatur** PLIN. 35, 50, on est attentif à la valeur des choses.

excŭcurrī, parf. de *excurro* : PL. *Most.* 359.

excūdō, *is*, *ĕre*, *cūdī*, *cūsum* (*ex*, *cudo*), tr. ¶ **1** faire sortir en frappant, tirer de : **silici scintillam** VIRG. *En.* 1, 174, faire jaillir une étincelle d'un caillou, cf. *G.* 1, 135 ; **excudere ova** VARR. *Agr.* 3, 10, 3 ; **pullos** COL. 8, 14, 7 ; **pullos ex ovis** CIC. *Nat.* 2, 129, faire éclore des poussins ¶ **2** façonner, fabriquer : **excudere aera, ceras** VIRG. *En.* 6, 848 ; *G.* 4, 57, façonner le bronze, la cire ‖ [fig.] produire [un ouvrage de l'esprit, un livre] : CIC. *Att.* 15, 27, 2 ; TAC. *D.* 9 ; PLIN. *Ep.* 1, 3, 4.

exculcātor, *ōris*, m. (*sculcator*, cf. *sculca*), soldat de l'avant-garde, éclaireur : VEG. *Mil.* 2, 15, 17.

exculcātus, *a*, *um*, part. de *exculco* ‖ adj¹, **exculcata verba** GELL. 11, 7, 1, mots vieillis, éculés.

exculcō, *ās*, *āre*, *āvī*, *ātum* (*ex*, *calco*), tr., [litt¹] extraire en foulant avec les pieds, faire sortir de force : PL. *Cap.* 810 ‖ combler en tassant : CAES. *G.* 7, 73, 7.

exculpo, V. *exsculpo*.

excultor, *ōris*, m., celui qui cultive : TERT. *Mon.* 16, 2.

excultus, *a*, *um*, part. de *excolo*.

excŭnĕātus, *a*, *um* (*ex*, *cuneus*), dépossédé de son rang, de sa place au théâtre : APUL. *Flor.* 16.

excūrātor, *ōris*, m., ancien *curator* : AUG. *Ep.* 88, 4.

excūrātus, *a*, *um* (*ex*, *curatus*), bien préparé, bien soigné : PL. *Cas.* 726 ; *Ps.* 1253.

excŭriō, *ās*, *āre*, -, - (*ex curia*), tr., chasser d'une curie : VARR. *Men.* 221.

excūrō, *ās*, *āre*, -, - (*ex*, *curo*), tr., examiner avec soin : VINC.-LER. *Comm.* 23.

excurrō, *is*, *ĕre*, *currī* et *cŭcurrī*, *cursum* (*ex*, *curro* ; it. *scorrere*), intr. ¶ **1** courir hors, sortir en courant, s'éloigner en hâte : CIC. *Verr.* 1, 67 ; *Fam.* 3, 7, 4 ; **ego, dum panes et cetera in navem parantur, excurro in Pompeianum** CIC. *Att.* 10, 15, 4, pour moi, tandis qu'on embarque le pain et le reste, je cours faire un tour jusqu'à ma villa de Pompéi ; **excurristi a Neapoli** CAES. d. PRISC. 2, 533, 13, tu as quitté Naples en toute hâte ‖ faire une sortie, une incursion : LIV. 29, 34, 11 ; **in fines Romanos excucurrerunt** LIV. 1, 15, 1, ils firent une incursion en territoire romain ‖ [en parl. de l'orateur] se porter brusquement en avant du côté de l'auditoire : QUINT. 2, 2, 12 ‖ [fig.] **quorum animi excurrunt foras** CIC. *Div.* 1, 114, ceux dont l'âme s'élance au dehors (loin du corps) ¶ **2** s'étendre hors, être long ou saillant, se prolonger, s'avancer : **paeninsula excurrit** LIV. 26, 42, 8, une presqu'île s'avance ‖ [fig.] se donner carrière, se déployer : **campus in quo excurrere virtus potest** CIC. *Mur.* 18, carrière où le mérite peut se déployer ; **oratio cum sententia pariter excurrit** CIC. *Or.* 170, la phrase a le même développement que la pensée, cf. 178 ‖ [avec *in* acc.] se terminer en : QUINT. 9, 4, 79 ¶ **3** [avec acc. de l'obj. intér.] parcourir : **excurso spatio** TER. *Ad.* 860, l'espace étant parcouru ¶ **4** [chrét.] faire une digression : AUG. *Petil.* 3, 35, 41 ‖ dépasser, excéder : **quadraginta et quod excurrit** AUG. *Bapt.* 7, 2, 3, quarante et ce qui dépasse.

excursātio, *ōnis*, f., incursion, irruption : GLOSS. 2, 340, 49.

excursātor, *ōris*, m., coureur, éclaireur : AMM. 24, 1, 2.

excursĭō, *ōnis*, f. (*excurro*) ¶ **1** excursion, voyage : PLIN. *Ep.* 1, 3, 2 ¶ **2 a)** marche en avant [de l'orateur vers l'auditoire] : CIC. *Or.* 59 ; QUINT. 1, 11, 3 **b)** incursion, irruption, sortie : CIC. *Dej.* 22 ; *Prov.* 4 ; CAES. *G.* 2, 30 ; LIV. 30, 11, 6 ¶ **3** [fig.] **a)** possibilité de se donner carrière, champ libre : QUINT. 10, 3, 32 **b)** digression : QUINT. 4, 2, 103.

excursō, *ās*, *āre*, -, -, intr., sortir souvent : STAT. *Th.* 2, 550.

excursor, *ōris*, m. (*excurro*) ¶ **1** coureur, éclaireur, espion : VAL.-MAX. 7, 3, 7 ¶ **2** [fig.] CIC. *Verr.* 2, 22.

1 excursus, *a*, *um*, V. *excurro* ¶ 3.

2 excursŭs, *ūs*, m. ¶ **1** course, excursion : VIRG. *G.* 4, 194 ¶ **2** courses [militaires], incursion, irruption : CAES. *C.* 3, 92, 2 ; TAC. *G.* 30 ; *Agr.* 20 ¶ **3** digression : QUINT. 4, 3, 12 ; PLIN. *Ep.* 5, 6, 43 ¶ **4** saillie, avance : PLIN. 6, 6.

excūsābĭlis, *e* (*excuso*), excusable, pardonnable : OV. *Pont.* 1, 7, 41 ‖ **-bilior** VAL.-MAX. 8, 11, 4.

excūsābĭlĭtĕr, adv., d'une manière excusable : ALCIM. *Hom. frg.* 2 ‖ **excusabilius peccat** AUG. *Trin.* 14, 15, sa faute est plus pardonnable.

excūsābundus, *a*, *um*, qui s'excuse, se justifie : APUL. *Apol.* 79.

excūsāmĕn, *ĭnis*, n., excuse : COMMOD. *Apol.* 779.

excūsāmentum, *i*, n., excuse : CAPEL. 8, 807.

excūsātē, adv., d'une manière excusable : QUINT. 2, 1, 13 ‖ **excusatius** TAC. *An.* 3, 68.

excūsātĭō, *ōnis*, f. (*excuso*) ¶ **1** *peccati* CIC. *Lae.* 37, justification d'une faute, cf. *Sull.* 47 ; *Fam.* 16, 25 ; **Pompei** CAES. *C* 1, 8, 4, excuse présentée par Pompée ‖ **excusationem dare alicui** CIC. *Verr.* 4, 125, fournir une excuse à qqn ; **stultitia excusationem non habet** CIC. *de Or.* 1, 125, la sottise est inexcusable ‖ **accipio excusationem tuam, qua usus es, cur... dedisses** CIC. *Fam.* 4, 4, 1, j'accepte ton excuse, qui te sert à expliquer pourquoi tu as remis... ; **nulla quominus..., justa excusatio** CIC. *Pis.* 36, pas d'excuse légitime pour ne pas... ¶ **2** excuse, motif d'excuse : **excusatio adolescentiae** CIC. *Cael.* 43, l'excuse de la jeunesse, cf. *Sull.* 26 ; *Pis.* 13 ¶ **3** prétexte, échappatoire : **excusatio Ser. Sulpici legationis obeundae** CIC. *Phil.* 9, 8, les excuses de Ser. Sulpicius pour se dérober à la mission d'ambassadeur ¶ **4** exemption, dispense : ULP. *Dig.* 27, 1.

excūsātĭuncŭla, *ae* (dim. de *excusatio*), f., faible excuse : SALV. *Eccl.* 3, 2, 8.

excūsātor, *ōris*, m., celui qui excuse : AUG. *Civ.* 3, 20.

excūsātōrĭus, *a*, *um*, qui a pour but d'excuser : AUG. *Ep.* 83, 2.

excūsātus, *a*, *um*, part. de *excuso* ‖ adj¹, excusé : **-tior** PLIN. *Ep.* 8, 14, 11 ; **-tissimus** SEN. *Ot.* 2, 1.

excūsō, *ās*, *āre*, *āvī*, *ātum* (*ex causa* ; cf. *accuso*), tr. ¶ **1** excuser, justifier, disculper : **aliquem apud aliquem** ou **alicui** CIC. *Fam.* 11, 15, 1 ; *Att.* 15, 28 ; 14, 1 ; 12, 15, 1 ; 12, 17, excuser qqn auprès de qqn ; **his omnibus me excusatum volo** CIC. *Verr.* 1, 103, je désire qu'eux tous m'excusent ; **alicui tarditatem litterarum** CIC. *Att.* 15, 26, 5, excuser auprès de qqn la lenteur d'une réponse ; **se excusare de aliqua re** CAES. *G.* 4, 22, 2, s'excuser de qqch. ; **aliquem, quod is... erat** CAES. *C.* 3, 16, 3, excuser qqn en disant qu'il était... ; **me tibi excuso in eo ipso, in quo te accuso** CIC. *Q.* 2, 2, 1, je m'excuse auprès de toi de ce dont précisément je t'accuse ‖ [pass.] **cura, ut excuser morbi causa** CIC. *Att.* 12, 13, 2, aie soin qu'on m'excuse pour raison de santé ; **excusatur Areopagites esse** CIC. *Phil.* 5, 14, il s'excuse sur ce qu'il est aréopagite (en alléguant que...), cf. LIV. 3, 13, 9 ; 43, 2, 10 ‖ [fig.] justifier, compenser, contrebalancer ; **aliquid aliqua re**, qqch. par qqch. : PLIN. *Pan.* 32, 4 ; STAT. *Th.* 6, 44 ¶ **2** alléguer comme excuse : **inopiam** CAES. *C.* 3, 20, 3, donner la pauvreté pour excuse, alléguer la pauvreté pour se justifier, cf. CIC. *Phil.* 8, 1 ; 9, 8 ‖ [avec prop. inf.] : PL. *Aul.* 749 ; SUET. *Aug.* 69 ; *Ner.* 33 ¶ **3** décliner avec excuses, s'excuser de ne pas faire qqch. : **reditum Agrippinae excusavit ob imminentem partum** TAC. *An.* 1, 44, il s'excuse de ne pas faire revenir Agrippine, parce qu'elle était près d'accoucher ‖ [pass.] **excusari**, se dérober en s'excusant (*alicui rei*, à qqch.) : TAC. *An.* 1, 12 ‖ **excusari aliqua re, ab aliqua re** ULP. *Dig.* 27, 1, 9 ; PAUL. *Dig.* 27, 1, 11, être dispensé, exempté de qqch. ¶ **4** [chrét.] refuser, éviter : **os cibo**

excusamus Tert. *Res.* 61, 6, nous nous abstenons de nourriture.

excūsŏr, *ōris*, m. (*excudo*), chaudronnier, fondeur : Quint. 2, 21, 10.

excussē, adv. (1 *excussus*), en lançant avec force : Sen. *Ben.* 2, 17, 4.

excussī, parf. de *excutio*.

excussĭo, *ōnis*, f. (*excutio*), secousse, ébranlement : Vulg. *Is.* 17, 6.

excussit, subj., ▣▶ *excutio* ▶.

excussŏr, *ōris*, m., celui qui secoue, fait sortir : Cassiod. *Psalm.* 126, 6.

excussōrĭum, *ii*, n., aire à battre : Vindol. 343, 27.

excussōrĭus, *a*, *um* (*excutio*), qui sert à secouer, à passer, à tamiser : Plin. 18, 108.

1 excussus, *a*, *um*, part.-adj. de *excutio*, [fig.] ¶ **1** fortement secoué (toutes forces déployées) : *excusso lacerto* Sen. *Ben.* 2, 6, 1, de toute la force de son bras ‖ débarrassé, dépouillé (vide) : *excussis manibus* Sen. *Ben.* 2, 31, 5, les mains vides ¶ **2** bien examiné, bien étudié [en parlant d'un projet] : Val.-Max. 7, 2, 2 ‖ -*ssissimus* Petr. 95, 4 ¶ **3** [chrét.] dégagé, libéré : *quod excusso corde credimus, excusso dico a mundi pulvere* Aug. *Serm.* 130, 4, ce que nous croyons d'un cœur pur, je veux dire nettoyé de la poussière de monde.

2 excussŭs, *ūs*, m., action de secouer : Claud.-Don. *En.* 9, 695 ; [concr.] grain (de sel) : Prud. *Perist.* 5, 226.

excūsus, *a*, *um*, part. de *excudo*.

excŭtĭo, *is*, *ĕre*, *cussī*, *cussum* (*ex*, *quatio* ; it. *scuotere*), tr. ¶ **1** faire sortir ou tomber en secouant : *equus excussit equitem* Liv. 8, 7, 10, le cheval jeta à terre son cavalier ; *ancora excussa e nave sua* Liv. 37, 30, 9, l'ancre détachée de son propre navire ; *oculum alicui* Pl. *Pers.* 794, arracher un œil à qqn, cf. Suet. *Tib.* 53 ; *de crinibus ignem excutit* Ov. *M.* 12, 281, il essaie de secouer le feu de sa chevelure ; *poma* Ov. *M.* 14, 764, secouer (faire tomber) des fruits ; *litteris in terram excussis* Cic. *Nat.* 2, 93, des lettres étant répandues sur la terre ‖ *patria excussus* Virg. *En.* 7, 299, chassé de sa patrie ; *se excutere* Ter. *Phorm.* 586, décamper ; *si flava excutitur Chloe* Hor. *O.* 3, 10, 19, si la blonde Chloé est congédiée ‖ secouer, agiter, déployer : Ov. *M.* 5, 404 ; 6, 703 ; *comantes excutiens cervice toros* Virg. *En.* 12, 7, secouant sa crinière de son cou musculeux ; *rudentes* Virg. *En.* 3, 267, secouer les cordages (pour déployer les voiles) ‖ *tela* Tac. *An.* 2, 20, lancer des projectiles ; *sudorem* Nep. *Eum.* 5, 5, faire sortir la sueur ; *lacrimas alicui* Pl. *Cap.* 419, provoquer les larmes de qqn ; [fig.] *risum alicui* Hor. *S.* 1, 4, 35, faire rire qqn ‖ secouer pour explorer : *pallium* Pl. *Aul.* 646, secouer un manteau ‖ [d'où] *excutere aliquem* Cic. *Amer.* 97, fouiller qqn, secouer ses vêtements, cf. Poll. *Fam.* 10, 31, 4 ; Phaed. 5, 5, 19 ¶ **2** [fig.] **a)** arracher, faire tomber : *omnia ista studia nobis de manibus excutiuntur* Cic. *Mur.* 30, toutes ces occupations nous sont arrachées des mains ; *alicui verborum jactationem* Cic. *Sull.* 24, faire tomber la jactance de qqn ; *opinionem sibi radicitus* Cic. *Tusc.* 1, 111, se débarrasser radicalement d'une croyance ; *Senecam* Quint. 10, 1, 126, enlever Sénèque des mains des lecteurs ‖ *excussus propriis* Hor. *S.* 2, 3, 20, dépouillé de mon propre bien **b)** scruter, examiner, éplucher : *verbum* Cic. *Part.* 124, éclaircir le sens d'un mot ; *quae in manibus jactata et excussa* Cic. *Mur.* 26, ces formules, une fois maniées couramment et passées au crible ..., cf. Cic. *Tusc.* 1, 88 ; Quint. 5, 7, 35 ; 12, 8, 13.

▶ subj. arch. *excussit* Pl. *Bac.* 598.

exdeico, ▣▶ *edico* : CIL 1, 581.

exdorsŭo, *ās*, *āre*, -, - (*ex dorso*), tr., enlever le dos (l'arête dorsale) à un poisson : Pl. *Aul.* 399 ‖ rompre les reins, échiner : P. Fest 69, 28.

ex dŭce, m., ex-général, ex-duc : Capit. *Gord.* 22 ; Amm. 14, 7, 7.

exdūtae, *ārum*, f. pl. (cf. *induo*, *exuo*), dépouilles : P. Fest. 70, 4.

exdŭumvir, *ĭri*, m., ancien duumvir : Aug. *Ep.* 88, 4.

exĕbĕnus (exhĕb-), *i*, f. (*ἐξέβενος*), pierre qui sert à polir l'or : Plin. 37, 159.

exĕco, ▣▶ *exseco*.

exēcontălĭthŏs, *i*, m., ▣▶ *hexecontalithos*.

exēcr-, ▣▶ *exsecr-*.

exēdim, ▣▶ *exedo*.

exĕdō, *is*, *ĕre* ou *exesse*, *ēdī*, *ēsum*, arch. *essum*, tr., manger, dévorer, ronger, consumer : *frumentum, quod curculiones exesse incipiunt* Varr. *R.* 1, 63, blé que les charançons commencent à dévorer ; *exesis posterioribus partibus versiculorum dimidiatis fere* Cic. *Tusc.* 5, 66, la seconde moitié à peu près des vers étant effacée ‖ [fig.] *aegritudo exest animum* Cic. *Tusc.* 3, 27, le chagrin ronge l'âme, cf. 5, 16 ; *exedere urbem* Virg. *En.* 5, 785, anéantir une ville.

▶ subj. prés. *exedint* Pl. *Ps.* 821 ‖ pour les formes de la conjug., ▣▶ 1 *edo*.

exĕdra (exhĕdra), *ae*, f. (*ἐξέδρα*), salle de réunion [avec sièges, cf. Vitr. 5, 11, 2] : Cic. *de Or.* 3, 17 ; *Nat.* 1, 15 ‖ chœur d'église : Aug. *Civ.* 22, 8, 23 ‖ volière : Varr. *R.* 3, 5, 8.

exĕdrĭŏla, *ae*, f. (dim. de *exedra*), petite chambre : Adamn. *Vit. Col.* 3, 23.

exĕdrĭum, *ĭi*, n. (*ἐξέδριον*), petite salle de réunion : Cic. *Fam.* 7, 23, 3.

exĕdum, *i*, n. (*exedo*?), plante inconnue : Plin. 24, 175.

exēdūrātus, *a*, *um*, qui a perdu sa dureté : *Tert. *Pall.* 4, 3 ; ▣▶ *exodoratus*.

exēgētĭcē̆, *ēs*, f. (*ἐξηγητική*), exégétique, art d'expliquer : Diom. 426, 16.

exemplābĭlis, *e* (*exemplo*), susceptible de fournir un exemple : Isid. 2, 9, 9.

exemplăr, *āris*, n. (*exemplum*) ¶ **1** copie, exemplaire : Cic. *Att.* 4, 5, 1 ; [fig.] reproduction, portrait : Cic. *Lae.* 17 ‖ modèle réduit [d'une machine] : Vitr. 10, 16, 3 ¶ **2** original, type, exemple, modèle : Cic. *Rep.* 2, 22 ; *Tim.* 6 ; *Mur.* 66.

exemplāre, *is*, n. (arch. pour *exemplar*), Lucr. 2, 124.

exemplāris, *e* (*exemplum*), qui sert de modèle : Macr. *Somn.* 1, 8, 5 ‖ **exemplares**, *ium*, m. pl., exemplaires d'un ouvrage : Tac. *H.* 4, 25.

exemplārĭum, *ĭi*, n., ▣▶ *exemplar* : Hier. *Helv.* 8 ; Arn. 6, 13.

exemplātus, *a*, *um* (*exemplum*), transcrit, copié : Sidon. *Ep.* 4, 16, 1.

exemplō, *ās*, *āre*, *āvī*, -, tr., donner comme exemple : Aug. *Ep.* 149, 26.

exemplum, *i*, n. (*ex*, *emo*, ▣▶ *eximo*, *eximinus* ; it. *scempio*) ¶ **1** échantillon : Her. 4, 9 ¶ **2** exemplaire, reproduction : *exemplum epistulae* Cic. *Att.* 8, 6, 1, copie d'une lettre ¶ **3** minute, original : *eodem exemplo binas accepi litteras* Cic. *Fam.* 12, 30, 7, j'ai reçu de la même lettre deux copies (cf. 4, 4, 1) [ou] deux lettres de la même teneur ; *litterarum exemplum componere* Cic. *Agr.* 2, 53, faire le modèle d'une lettre ; *litterae... hoc exemplo* Cic. *Att.* 9, 6 ; 3, une lettre ainsi conçue... ¶ **4** type, original, modèle : *animale exemplum* Cic. *Inv.* 2, 2, modèle vivant ; *exemplum ad imitandum* Cic. *Mur.* 66, exemple à imiter, cf. *Lae.* 38 ; *Sest.* 19 ; *Off.* 3, 16 ¶ **5** exemple : *exemplum severitatis edere* Cic. *Q.* 1, 2, 5, donner un exemple de sévérité ; *exempli causa* Cic. *Mur.* 27, à titre d'exemple ; *exempli gratia* Cic. *Off.* 3, 50 ; Quint. 5, 10, 110, par exemple ‖ *ad exemplum* Cic. *Off.* 2, 28 ; *Rep.* 1, 70, pour servir d'exemple ‖ [en part.] exemple = précédent : Cic. *Brut.* 167 ; *Fam.* 4, 3, 1 ; Caes. *G.* 1, 8, 3 ¶ **6** chose exemplaire [servant d'exemple, d'échantillon] : *quot me exemplis ludificatust* Pl. *Ep.* 671, quels tours exemplaires ne m'a-t-il pas joués ? ; *exemplis pessumis aliquem cruciare* Pl. *Cap.* 691, faire subir à qqn des châtiments exemplaires, cf. *Most.* 1116 ; *omnibus exemplis cruciari* Pl. *Bac.* 1092, souffrir mille tourments ‖ exemple, punition : *in eos omnia exempla cruciatusque edere* Caes. *G.* 1, 31, 12, recourir contre eux à toute espèce de châtiments exemplaires et de tourments ¶ **7** [expressions] : *quod ad exemplumst (nomen)?* Pl. *Trin.* 921, sur quel modèle ce nom est-il ? à quoi ressemble-t-il ? ; *uno exemplo vivere omnes* Pl. *Mil.* 726, vivre tous sur le même patron ; *istoc exemplo* Pl. *Mil.* 359, sur ce patron ; *alicujus exemplo* Cic. *Fam.* 5, 12, 8, [faire qqch.] à l'exemple de qqn ‖ *ubi... viderunt... eodemque exemplo sentiunt...* Caes. *C.* 2, 16, 2, quand ils eurent vu... et quand en même temps sur cet exemple ils comprennent... ‖

exemplum

eodem exemplo quaestionem haberi, quo praetor habuisset Liv. 31, 12, 3, [on décide] qu'une enquête soit instruite dans les mêmes formes que celle du préteur.

exemptĭlis, e (*eximo*), qu'on peut ôter : Col. 8, 11, 4 ; Dig. 34, 2, 25, 11.

exemptĭo, ōnis, f. (*eximo*) ¶ 1 action d'ôter : Varr. R. 3, 16, 34 ¶ 2 action d'empêcher qqn de comparaître : Dig. 2, 7, 5.

exemptŏr, ōris, m. (*eximo*), carrier : Plin. 36, 125.

1 **exemptus**, a, um, part. de *eximo*.

2 **exemptŭs**, ūs, m., retranchement : Vitr. 9, 8, 6.

exēnĭa, ōrum, n. pl., ⓒ▸ *xenium* : Aug. Psalm. 25, 2, 13.

exentĕrō (exint-), ās, āre, -, - (de ἐξεντερίζω ; cf. *eviscero*), tr., ôter les intestins : *exenteratus lepus* Just. 1, 5, 10, lièvre vidé ‖ [fig.] vider la bourse, dévaliser : Pl. Ep. 185 ; 511 ‖ tourmenter, déchirer : Pl. Ep. 320 ; Lucil. 470.

exĕō, īs, īre, ĭī rar^t īvī, ĭtum (*ex, eo* ; it. *uscire*, a. fr. *issir*)
I intr. ¶ 1 sortir de, aller hors de, quitter un lieu [avec *ex*] : *ex urbe, ex oppido, e patria, e finibus suis, ex castris* Cic. ; Caes., sortir de la ville, quitter sa patrie, son territoire ; [avec *de*] *de triclinio, de cubiculo, de balneis, de navi, de finibus* Cic. de Or. 2, 263 ; 2, 223 ; Att. 2, 7, 4 ; Caes. G. 1, 2, 1, sortir de table, de la chambre à coucher, du bain, du bateau, de son territoire ; [avec abl. seul] *domo, castris* Cic. Rep. 1, 18 ; Caes. C. 1, 6, 1 ; C. 1, 69, 3, sortir de sa maison (de sa patrie), du camp ; [avec *ab*] *ab aliquo* Ter. Eun. 545, sortir de chez qqn, cf. Eun. 733 ; And. 226 ; Haut. 510 ; Phorm. 732 ; *ab urbe* Liv. 10, 37, 6 ; 21, 13, 7, s'éloigner d'une ville ‖ *in solitudinem* Cic. Off. 1, 118, se retirer dans un endroit désert ; *in terram* Cic. Verr. 5, 133, débarquer ; *in Piraeea* Cic. Att. 6, 9, 1, débarquer au Pirée ; *Ostiae* Cic. Fam. 9, 6, 1, à Ostie ‖ *exire pastum, praedatum* Varr. R. 3, 6, 4 ; Liv. 4, 36, 4, aller paître, piller ; *visere* Pl. Cas. 855, aller visiter ¶ 2 partir, se mettre en marche (en campagne) : Caes. C. 1, 6, 6 ; 1, 64, 7 ¶ 3 [en parl. de choses] **a)** sortir de l'urne : *sors, nomen exit* Cic. Att. 1, 19, 3 ; Verr. 2, 127, un nom sort de l'urne **b)** provenir de : *nummi qui per simulationem ab isto exierant* Cic. Verr. 2, 61, l'argent qui était par feinte sorti de chez lui **c)** sortir, pousser : *folia a radice exeunt* Plin. 25, 28, les feuilles sortent de la racine, cf. Col. 2, 10, 3 ‖ *in altitudinem* Plin. 13, 37, croître en hauteur ; [fig.] *in immensum* Sen. Ep. 39, 5, se développer à l'infini **d)** sortir de la bouche : *quam nihil non consideratum exibat ex ore !* Cic. Brut. 265, comme ne sortait de sa bouche rien qui ne fût réfléchi ! **e)** sortir, aboutir : *currente rota cur urceus exit ?* Hor. P. 22, la roue [du potier] tournant, pourquoi sort-il une cruche ? ; *libri ita exierunt ut…* Cic. Att. 13, 13, 1, les livres sont sortis de telle sorte que… = l'ouvrage sorti de mon travail est tel que… ¶ 4 [fig.] sortir : *de vita, e vita* Cic. Lae. 15 ; Fin. 1, 49, de la vie ‖ *ex potestate, de potestate* Cic. Tusc. 3, 11 ; 4, 77, perdre la possession de soi-même, sortir de soi-même ‖ *memoria hominum* Sen. Ben. 3, 38, 2, sortir de la mémoire des hommes ; *an jam memoria exisse, neminem… creatum esse ?* Liv. 6, 37, 5, a-t-on déjà oublié que personne n'a été élu… ? ‖ sortir dans le public, se divulguer : Cic. Amer. 3 ; Plin. Pan. 75, 3 ; Gell. 12, 12, 3 ; *exiit opinio descensurum eum…* Suet. Ner. 53, la croyance se répandit qu'il descendrait… ; *exierat in vulgus respondisse eum…* Suet. Galb. 20, le bruit avait couru qu'il avait répondu… ‖ partir dans une digression : Quint. 11, 2, 11 ¶ 5 [idée de fin] **a)** sortir, déboucher [en parl. de fleuves] : *per septem portus in maris exit aquas (Nilus)* Ov. Am. 2, 13, 10, (le Nil) débouche par sept ports dans la mer, cf. Val. Flac. 8, 187 **b)** se terminer : *folia in angulos exeunt* Plin. 16, 86, les feuilles se terminent en pointes ; *in a atque s litteras exeuntia nomina* Quint. 1, 5, 61, des noms se terminant par les lettres *a* et *s* [avec *per* : Quint. 1, 6, 8] ‖ aboutir à : *in allegoriam et aenigmata* Quint. 8, 6, 14, aboutir à l'allégorie et aux énigmes **c)** [temps] : *quinto anno exeunte* Cic. Div. 1, 53, à la fin de la cinquième année ; *indutiarum dies exierat* Liv. 4, 30, 14, le temps de l'armistice était écoulé, cf. Liv. 30, 25, 1 ; 42, 47, 10 ; Sen. Ep. 8, 1 ; Plin. Pan. 68, 2.

II tr. ¶ 1 aller au-delà de, franchir : *limen* Ter. Hec. 378, franchir le seuil, cf. Ov. M. 10, 52 ‖ [fig.] dépasser : *lubricum juventae* Tac. An. 6, 49, dépasser la période dangereuse de la jeunesse ¶ 2 esquiver : *tela* Virg. En. 5, 438, esquiver les coups ; *vim viribus exit* Virg. En. 11, 750, il cherche à repousser la force par la force ; *odorem* Lucr. 6, 1217, fuir la puanteur.

▶ parf. *exit = exiit* Pl. Ps. 730 ; fut. *exiet* Sen. Ep. 17, 9 mss *pQL* ; VL. Is. 2, 3 ; Vulg. Luc. 12, 59 ‖ imparf. *exiebat* CIL 11, 1356 ‖ part. *exientes = exeuntes* VL. Luc. 5, 2.

exĕquĭae, **exĕquor**, Ⓥ▸ *exs-*.

exercĕō, ēs, ēre, cŭī, cĭtum (*ex, arceo*), tr.
I [pr.] ne pas laisser en repos ¶ 1 mettre en mouvement sans relâche, tenir en haleine : *corpora adsiduo exercita motu* Lucr. 2, 97, les atomes agités d'un mouvement incessant ; *tauros* Virg. G. 1, 210, faire travailler les taureaux sans relâche ; *exercita cursu flumina* Virg. G. 3, 529, les fleuves dont l'eau court sans trêve, cf. Ov. M. 8, 165 ‖ *ego te exercebo hodie* Ter. Ad. 587, je te donnerai du mouvement (je te ferai trotter) aujourd'hui ¶ 2 travailler une chose sans relâche ; *tellurem* Virg. G. 1, 99 ; *solum* Virg. G. 2, 356, travailler la terre, le sol ; *ferrum* Virg. En. 8, 424, travailler le fer, cf. Hor. Epo. 2, 3 ; Tac. Agr. 31 ‖ *diem* Virg. En. 10, 808, faire le travail de la journée (accomplir sa tâche).

II [fig.] ¶ 1 tenir en haleine, travailler, tourmenter, inquiéter : *casus, in quibus me fortuna vehementer exercuit* Cic. Tusc. 5, 3, les revers, dans lesquels j'ai subi les violents assauts de la fortune ; *ambitio animos hominum exercebat* Sall. C. 11, 1, l'ambition tourmentait le cœur des hommes ; *de aliqua re exerceri* Cic. Att. 13, 22, 4, être tourmenté pour qqch. ‖ tenir en haleine, animer : *in studio ejusdem laudis me exercuit (Hortensius)* Cic. Brut. 230, (Hortensius) m'a tenu en haleine dans la poursuite de la même gloire ¶ 2 exercer, former par des exercices : *corpus* Cic. Off. 1, 79 ; *memoriam* Cic. CM 38 ; *copias* Caes. G. 5, 55, 3, exercer le corps, la mémoire, les troupes ; *aliquem in aliqua re* Cic. Off. 1, 122, exercer qqn à, dans qqch., cf. Cic. Brut. 309 ; de Or. 1, 244 ; Rep. 6, 29 ; *ad aliquid* Cic. Fam. 1, 7, 9, exercer qqn en vue de qqch. [mais *ad copiam rhetorum* Cic. Or. 46, conformément à l'abondance des rhéteurs] ‖ *se exercere* ou [pass. sens réfléchi] *exerceri*, s'exercer ; *aliqua re, in aliqua re*, par qqch., dans qqch. : Cic. Brut. 249 ; de Or. 1, 152 ; *ad alicujus versus se exercere* Cic. de Or. 1, 154, s'exercer sur les vers de qqn (les prendre pour modèles) ; *alicui se exercere* Cic. Tusc. 2, 40, s'exercer pour qqn, consacrer à qqn ses exercices ‖ part. prés., *exercens* avec sens réfléchi, s'exerçant : Cic. de Or. 2, 287 ; Suet. Caes. 26 ; Aug. 98 ¶ 3 exercer, pratiquer : *medicinam* Cic. Clu. 178, la médecine ; *jus civile* Cic. Leg. 1, 14, le droit civil [jurisconsultes] ; *artem* Hor. Ep. 1, 14, 44, un art, une science ; *arma* Virg. En. 4, 87, se livrer aux exercices des armes ‖ administrer, s'occuper de : *judicium* Cic. Arch. 32, conduire les débats (être président du tribunal) ; *quaestionem inter sicarios* Cic. Fin. 2, 54, présider la chambre d'enquête sur les meurtres, instruire une affaire de meurtre ; *vectigalia* Cic. Pomp. 16, avoir la ferme des impôts ; *pecuniam* ou *fenus* Dig. 12, 1, 33-34, prêter à intérêts ; *adulterinam monetam* Dig. 48, 13, 8 pr., faire de la fausse monnaie ; *cauponam, navem, argentariam* Inst. Just. 1, 4, 7, 2 ; Dig. 2, 13, 4, 2, être cabaretier, armateur, banquier ; *commercium turis* Plin. 12, 54, exercer le commerce de l'encens ; *arma contra patriam* Tac. An. 11, 16, porter les armes contre sa patrie ‖ exercer, mettre à exécution, faire sentir, manifester : *crudelitatem in aliquo* Cic. Phil. 11, 8, exercer sa cruauté à propos de (sur) qqn ; *inimicitias* Cic. Caecil. 13, manifester son inimitié ; *jurgia, discordius, simultates cum aliquo* Sall. C. 9, 2, être en dispute, en désaccord, en compétition avec qqn ; *facilitatem et altitudinem animi* Cic. Off. 1, 88, mettre en pratique la douceur et l'élévation d'âme ; *scelus, libidinem, avaritiam in socios* Liv. 29, 17, 13, faire peser sur les alliés sa scélératesse, ses débordements, sa cupidité ; *victoriam* Sall. C.

38, 4, exercer les droits du vainqueur, user de la victoire (*in aliquem* SALL. *J.* 16, 2, sur, contre qqn); *legem* LIV. 4, 51, 4; TAC. *An.* 1, 72; SUET. *Caes.* 43; *Tib.* 58, faire exécuter une loi.
▶ [tard.] 3ᵉ conjug. *exercunt* VL. *Luc.* 22, 25; impér. *exercite* COMM. *Instr.* 2, 27, 1.

exercĭbĭlis, *e* (*exerceo*), praticable : CAEL.-AUR. *Chron.* 3, 8, 151.

exercĭpes, *ĕdis*, m. (*exerceo*), coureur : GLOSS. 2, 63, 52.

exercĭtāmentum, *i*, n. (*exercito*), exercice : APUL. *Flor.* 15, 18.

***exercĭtātē**, adv., en personne exercée ‖ compar., *exercitatius* SEN. *Ep.* 90, 36; superl., *-issime* ARN. 3, 22.

exercĭtātĭō, *ōnis*, f. (*exercito*), exercice [du corps ou de l'esprit] : CIC. *Nat.* 2, 26; *Cael.* 11; *CM* 38; *in aliqua re* CIC. *Fin.* 3, 41, exercice dans qqch., ou *alicujus rei* CIC. *de Or.* 1, 243; *Brut.* 331; *Off.* 1, 1, pratique d'une chose; *exercitationes virtutum* CIC. *CM* 9, la pratique des vertus ‖ agitation, mouvement [de l'air] : VITR. 8, 2, 1 ‖ [chrét.] étude : *exercitatio scripturarum* TERT. *Praescr.* 14, 3, l'étude des Écritures.

exercĭtātīvus, *a*, *um*, pour l'exercice : BOET. *Top. Arist.* 1, 9.

exercĭtātŏr, *ōris*, m., celui qui exerce : PLIN. 23, 121; 35, 136.

exercĭtātōrĭus, *a*, *um*, qui sert d'exercice : AUG. *Ep.* 26, 2.

exercĭtātrix, *īcis*, la gymnastique : QUINT. 2, 15, 25.

exercĭtātus, *a*, *um*, part.-adj. de *exercito* ¶ 1 agité, remué [pr. et fig.] : *Syrtes exercitatae Noto* HOR. *Epo.* 9, 31, les Syrtes battues par le Notus; *non alias exercitatior Britannia fuit* TAC. *Agr.* 5, jamais la Bretagne ne fut plus agitée ¶ 2 exercé, dressé, formé, qui a l'habitude : *exercitatus glebis subigendis* CIC. *Agr.* 2, 84, exercé au travail de la glèbe; *exercitatus usu belli* CIC. *Font.* 41, exercé à la guerre; *in arithmeticis satis exercitatus* CIC. *Att.* 14, 12, 3, assez habile arithméticien ‖ *-tior* CIC. *Off.* 2, 53; *-tissimus* CIC. *Pomp.* 55; CAES. *G.* 1, 36.

***exercĭtē**, adv., sans relâche : *exercitius cogitationes cogitare* APUL. *Met.* 11, 29, ruminer laborieusement des pensées.

exercĭti, gén., ▩▶ 2 *exercitus* ▶.

exercĭtĭō, *ōnis*, f. (*exerceo*), exercice : CAT. d. GELL. 11, 2, 6 ‖ exploitation d'une affaire : *navis* ULP. *Dig.* 14, 1, 4, frètement.

exercĭtĭum, *ii*, n. (*exerceo*), exercice, pratique : GELL. 3, 1, 12 ‖ exercice militaire : TAC. *An.* 2, 55 ‖ [chrét.] ascèse : CYPR. *Mort.* 16.

exercĭtō, *ās*, *āre*, *āvī*, *ātum* (fréq. de *exerceo*), tr., exercer souvent : VARR. *L.* 5, 87; QUINT. 2, 10, 9.

exercĭtŏr, *ōris*, m. (*exerceo*), celui qui exerce ; [en part.] instructeur, maître de gymnastique : PL. *Trin.* 226 ‖ celui qui exerce une profession : *exercitor cauponae*

GAI. *Dig.* 44, 7, 4, aubergiste ‖ celui qui frète [un navire] : *exercitor navis* ULP. *Dig.* 14, 1, 1.

exercĭtōrĭus, *a*, *um*, d'exercice : *TERT. *Paen.* 12, 4 ‖ de fret : AFRIC. *Dig.* 14, 1, 7.

exercĭtŭālis, *e*, d'armée : CASSIOD. *Var.* 11, 1, 16.

1 **exercĭtus**, *a*, *um*, part. de *exerceo*, [pris adj¹] ¶ 1 tourmenté, inquiété : CIC. *Att.* 1, 11, 2; TAC. *An.* 4, 11 ¶ 2 dur, pénible : TAC. *An.* 1, 35; 1, 17 ¶ 3 exercé, dressé : *exercita eloquentia* TAC. *An.* 3, 67, éloquence exercée ‖ dressé à, habitué à [avec abl.] : TAC. *An.* 3, 20; *H.* 4, 4; [avec *ad*] TAC. *An.* 14, 2; [avec inf.] TAC. *An.* 14, 56.
▶ compar. et superl. dans P. FEST. 71, 11.

2 **exercĭtŭs**, *ūs*, m. (*exerceo*) ¶ 1 exercice : PL. *Ru.* 293; *Cap.* 153 ‖ tourment : PL. *Cis.* 58 ¶ 2 armée, corps de troupes : *exercitum conscribere, conficere, comparare, colligere, conflare, cogere, contrahere, parare, facere, scribere*, lever une armée, v. ces verbes ‖ infanterie : CAES. *G.* 2, 11, 2 ‖ peuple réuni en centuries : VARR. *L.* 6, 88; GELL. 15, 27, 5 ‖ [en gén.] troupe, multitude : *exercitus corvorum* VIRG. *G.* 1, 382, nuée de corbeaux.
▶ gén. arch. *-ti* ACC. *Tr.* 150; 311; VARR. d. NON. 485, 20 ‖ gén. pl. *exercitum* MON. ANC. 5, 40; CIL 6, 414.

exĕrō, ▩▶ *exsero*.

exerrō, *ās*, *āre*, -, -, intr., errer hors du chemin : STAT. *Th.* 6, 444 ‖ [fig.] s'égarer : VULG. *Sap.* 12, 2.

exerto, **exertus**, ▩▶ *exserto*.

exērūgō, *ĭs*, *ĕre*, -, -, intr., jaillir : ENN. *An.* 379.

exĕsŏr, *ōris*, m. (*exedo*), celui qui ronge : LUCR. 4, 218.

exest, ▶ *exedit*, ▩▶ *exedo*.

exesto ou **ex esto** (impér. de l'inus. **exsum*), loin d'ici [formule dans les sacrifices] : P. FEST. 72, 10.

exēsus, *a*, *um*, part. de *exedo*.

exfăfillātus, ▩▶ **effafillatus* ▶ *expapillatus*.

exfātīgātĭō, *ōnis*, f., grande fatigue : *GREG.-M. *Ep.* 9, 65.

exfĕbrŭō, *ās*, *āre*, -, -, tr., purifier : GLOSS. 5, 67, 4.

exfervĕfăcĭō, *ĭs*, *ĕre*, -, -, tr., faire chauffer : CHIR. 614.

exfervescō, *ĭs*, *ĕre*, *ferbŭi*, -, intr., chauffer : CHIR. 425.

exfībŭlō, *ās*, *āre*, -, - (*ex, fibula*), tr., dégrafer : PRUD. *Psych.* 633.

exfīlō, *ās*, *āre*, -, -, tr., filer : CASSIOD. *Psalm.* 38, 13.

exfir, n. (cf. *suffio*), sel qui servait à purifier : P. FEST. 69, 29.

exfŏcĭunt, ▶ *effugiunt* : CIL 1, 25.

exfŏdĭo, ▩▶ *effodio*.

exfŏlĭō, *ās*, *āre*, -, - (*ex foliis* ; it. *sfogliare*), tr., effeuiller : APIC. 136.

exfornĭcŏr, *ārĭs*, *ārī*, -, ▩▶ *fornicor* : VULG. *Ep. Jud.* 7.

exfrĕtō, *ās*, *āre*, -, - (*ex freto*), intr., naviguer : GLOSS. 4, 70, 28.

exfrĭcō, *ās*, *āre*, -, -, ▩▶ *effrico*.

exfunctus, *a*, *um*, ▩▶ *defunctus* : CIL 3, 3166, A.

exfundātus, *a*, *um* (*ex fundo*), renversé de fond en comble : COEL.-ANTIP. d. NON. 108, 10.

exfūti, ▩▶ *effundo*.

exgigno, ▩▶ *egigno*.

ex glădĭātŏrĕ, m., ex-gladiateur : SCHOL. JUV. 6, 105.

exgrĕgĭae, arch. pour *egregiae* : P. FEST. 70, 25.

exgurgĭtō, ▩▶ *egurgito*.

exhaerĕdō, ▩▶ *exheredo*.

exhaerĕsĭmus, *a*, *um* (ἐξαιρέσιμος), qui est à retrancher : CIC. *Verr.* 2, 129.

exhālātĭō, *ōnis*, f. (*exhalo*), action d'exhaler, de rendre [l'âme] : SALV. *Eccl.* 2, 24 ‖ exhalaison : CIC. *Tusc.* 1, 43.

1 **exhālātus**, *a*, *um*, part. de *exhalo*.

2 **exhālātŭs**, abl. *ū*, m., exhalaison : CAPEL. 2, 165.

exhālĭtŭs, *ūs*, m., souffle, haleine : NOT. TIR. 102, 22.

exhālō, *ās*, *āre*, *āvī*, *ātum* (*ex, halo* ; it. *scialare*)
I tr., exhaler, rendre [par le souffle] : *exhalare crapulam* CIC. *Phil.* 2, 30, exhaler les fumées du vin ; *vitam* VIRG. *En.* 2, 562 ; *animam* OV. *M.* 5, 62, rendre l'âme ou le dernier soupir.
II intr. ¶ 1 s'évaporer, s'exhaler : STAT. *Th.* 10, 108 ¶ 2 expirer : OV. *M.* 7, 581.

exhărĕno, ▩▶ *exareno*.

exhaurĭō, *īs*, *īre*, *hausī*, *haustum* (*ex, haurio*), tr. ¶ 1 vider en puisant, épuiser : *sentinam* CIC. *CM* 17, vider la sentine ; *poculum* CIC. *Clu.* 31, vider une coupe ‖ retirer, enlever : *terram manibus* CAES. *G.* 5, 42, 3, retirer la terre avec les mains ; *pecuniam ex aerario* CIC. *Agr.* 2, 98, vider le Trésor de son argent ‖ [fig.] *sibi vitam* CIC. *Sest.* 48, s'ôter la vie ; *alicui dolorem* CIC. *Fam.* 5, 16, 4, enlever à qqn sa douleur ; *partem ex laudibus alicujus* CIC. *Fam.* 9, 14, 4, enlever à qqn une partie de ses éloges ¶ 2 épuiser, ruiner : *provinciam* CIC. *Att.* 6, 1, 2, épuiser la province ; *facultates patriae* NEP. *Hann.* 6, épuiser les ressources de la patrie ‖ épuiser, mener à son terme : *exhaustus est sermo hominum* CIC. *Q.* 1, 2, 1, les propos sont épuisés ; *mandata* CIC. *Att.* 5, 13, 3 (5, 6, 2) accomplir entièrement une mission ; *labores exhausti* LIV. 21, 21, 8, fatigues arrivées (à leur terme, dont on est venu à bout), cf. LIV. 21, 30, 9 ; 25, 31, 7 ; 26, 31, 7 ; *bella exhausta* VIRG. *En.* 4, 14, guerres laborieusement achevées ; *exhausta nocte* TAC. *H.* 4, 29, la nuit s'étant laborieusement achevée.

exhaurio

▸ part. fut. *exhausurus* Sen. *Ep.* 51, 6 ; parf. *exhaurivi* Serg. 4, 477, 12.

exhaurītōrĭus, *a, um*, qui sert à vider : Gloss. 5, 266, 18.

exhaustĭo, *ōnis*, f., action d'épuiser : Aug. *Faust.* 19, 5 ‖ achèvement : Serv. *G.* 2, 398 ‖ action de se débarrasser de : Paul.-Nol. *Ep.* 24, 20.

exhaustō, *ās, āre, -, -* (fréq. de *exexhaurio*), enlever : P. Fest. 72, 8.

exhaustus, *a, um*, part. de *exhaurio*.

exhĕbĕnus, v. *exebenus*.

exhĕdra, v. *exedra*.

exherbō, *ās, āre, -, -* (*ex herba*), tr., désherber : Col. 11, 3, 11.

exhērēdātĭo, *ōnis*, f., action de déshériter par une exclusion explicite sur le testament : Quint. 7, 1, 53 ; Dig. 37, 9, 1, 3.

exhērēdātus, *a, um*, part. de *exheredo*.

exhērēdĭtō, *ās, āre, -, -* (fréq. de *exheredo*), tr., v. *exheredo* : *Her.* 4, 33 ; Salv. *Eccl.* 3, 44.

exhērēdō, *ās, āre, āvī, ātum* (*ex heredibus*), tr., exhéréder [exclure nommément un héritier dans un testament], déshériter [fig.] : Cic. *Phil.* 37, 20.

exhērēs, *ēdis*, m. f. (de *exheredo*), déshérité, qui n'hérite pas : **paternorum bonorum exheres est** Cic. *de Or.* 1, 175, il n'hérite pas des biens paternels ‖ [fig.] dépossédé : **exheres vitae** Pl. *Bac.* 849, privé de la vie ‖ [chrét.] privé de l'héritage du ciel : Cypr. *Ep.* 20, 9.

exhĭbĕō, *ēs, ēre, ŭī, ĭtum* (*ex, habeo*), tr. ¶ 1 produire au jour, présenter, faire paraître : **exhibe librarium illud legum vestrarum** Cic. *Mil.* 33, produis cette boîte qui renferme vos lois ; **fratres saltem exhibe** Cic. *Flac.* 35, fais au moins paraître tes frères, cf. Dig. 43, 29, 1 ‖ **philosophiam populo Romano** Cic. *Ac.* 1, 18, présenter la philosophie au peuple romain ¶ 2 montrer, faire preuve de : **liberalitatem et justitiam** Plin. *Pan.* 33, 3, faire preuve de générosité et de justice ‖ **virum vere civilem** Quint. 12, 2, 7, faire preuve des qualités d'un véritable homme d'État ; **pro fratre hostem** Just. 27, 2, montrer les sentiments d'un ennemi au lieu de ceux d'un frère ‖ **se omnibus tribunum** Plin. *Ep.* 1, 23, 4, montrer à tous qu'on est tribun ‖ **faciem parentis** Plin. 15, 41, présenter la forme du fruit d'origine ¶ 3 causer, effectuer, susciter : **alicui molestiam** Cic. *Att.* 2, 1, 2, causer des désagréments à qqn ; **alicui negotium** Cic. *Off.* 3, 112, susciter à qqn des embarras ‖ **vias tutas** Ov. *Pont.* 4, 5, 34, rendre les routes sûres ¶ 4 entretenir, nourrir qqn : Dig. 1, 12, 1.

exhĭbĭtĭo, *ōnis*, f. (*exhibeo*) ¶ 1 exhibition, représentation, production : Gell. 14, 2, 7 ¶ 2 entretien [des bains publics] : Cod. Th. 14, 5, 1 ; 8, 5, 51 ¶ 3 entretien [de personnes], nourriture : Ulp. *Dig.* 27, 2, 3 ¶ 4 accomplissement : Tert. *Anim.* 57, 12.

exhĭbĭtŏr, *ōris*, m., celui qui montre, présente, fournit : **exhibitor ludorum** Arn. 7, 42, celui qui donne des jeux ; **convivii** Non. 281, 20, celui qui donne un dîner.

exhĭbĭtōrĭus, *a, um*, qui concerne la présentation : Gai. *Inst.* 4, 162.

exhĭbĭtus, *a, um*, part. de *exhibeo*.

exhĭlărātĭo, *ōnis*, f., action d'égayer : Aug. *Gen. litt.* 8, 8.

exhĭlărō, *ās, āre, āvī, ātum*, tr., réjouir, égayer, récréer : Cic. *Fam.* 9, 26, 1 ‖ [fig.] **exhilarare colorem** Plin. 22, 154, égayer, aviver le teint.

exhinc, adv., depuis ce temps : Apul. *M.* 11, 24.

exhŏdĭum, v. *exodium*.

exhŏnōrātĭo, *ōnis*, f., déshonneur : Aug. *Civ.* 5, 18.

exhŏnōrō, *ās, āre, -, -* (*ex, honore*), tr., déshonorer : Aug. *Ep.* 118, 3.

exhorrĕō, *ēs, ēre, -, -* (*ex, horreo*), Col. 10, 154 ; Aug. *Civ.* 21, 6 et **exhorrēscō**, *ĭs, ĕre, rŭī, -* ¶ 1 intr., frissonner [pr. et fig.] : **in aliqua re** Cic. *de Or.* 3, 53, frissonner d'admiration à propos de qqch. ; **metu** Cic. *Fin.* 1, 43, frémir d'horreur ¶ 2 tr., redouter vivement : Virg. *En.* 7, 265.

exhortāmentum, *i*, n., exhortation : Chalc. 157.

exhortātĭo, *ōnis*, f. (*exhortor*), exhortation, encouragement : Planc. *Fam.* 10, 7, 1 ; **studiorum** Quint. 12, 11, 25, à l'effort ; pl., Quint. 10, 1, 47.

exhortātīvus, *a, um*, propre à exhorter : Quint. 3, 6, 47.

exhortātŏr, *ōris*, m. (*exhortor*), celui qui exhorte : Aug. *Serm.* 105, 12.

exhortātōrĭus, *a, um*, propre à exhorter : Aug. *Ep.* 208, 1.

exhortātus, *a, um*, part. de *exhortor*. v. *exhortor*.

exhortŏr, *āris, ārī, ātus sum* (*ex, hortor*), tr., exhorter, exciter, encourager : **cives in hostem** Ov. *M.* 13, 234, exciter les citoyens contre l'ennemi ; **milites ad ultionem** Plin. 2, 241, exiter les soldats à la vengeance ‖ [avec acc. de la chose] **exhortari virtutes** Sen. *Ep.* 121, 4, éveiller les vertus, exciter à la vertu.

▸ sens passif *exhortantur* Aug. *Ep.* 228, 8 ; *exhortatus est* Apul. *Socr.* 17 ; *exhortatus* Tert. *Bapt.* 18, 2 ; Aug. *Serm.* 126, 3.

exhūmŏrō, *ās, āre, -, -* (*ex humore*), tr., ôter l'humidité, l'humeur : Cael.-Aur. *Chron.* 4, 1, 12.

exĭbĕo, v. *exhibeo*.

exĭbĭlo, v. *exsibilo*.

exĭco, v. *exseco*.

exĭēs, exĭet, exĭent, au lieu de *exibis, exibit, exibunt*, etc., v. *exeo* ▸.

exĭgentĭa, *ae*, f., exigence : Cassiod. *Anim.* 24.

exignescō, *ĭs, ĕre, -, -*, intr., s'embraser : Cens. 18, 11.

exĭgō, *ĭs, ĕre, ēgī, actum* (*ex, ago*), tr. ¶ 1 pousser dehors, chasser, expulser : **reges ex civitate** Cic. *de Or.* 2, 199, chasser les rois de la cité ; **post reges exactos** Cic. *Phil.* 3, 9, après l'expulsion des rois ; **domo aliquem** Liv. 39, 11, 2, chasser qqn de la maison ; [fig.] **lassitudinem ex corpore** Pl. *Cap.* 1001, chasser du corps la fatigue ‖ **uxorem** Ter. *Hec.* 242 ; Suet. *Caes.* 50, répudier sa femme ‖ [en parl. d'une pièce] **exigi**, être rejetée, être sifflée : Ter. *And.* 27 ; *Hec.* 12 ; 15 ‖ faire aller au-dehors (écouler) des marchandises, vendre : **agrorum fructus** Liv. 34, 9, 9, vendre les produits des champs ‖ pousser des racines, des branches : Cels. 5, 28, 14 ; Col. 3, 2, 10 ‖ [poét.] pousser, plonger une épée au travers du corps de qqn : Virg. *En.* 10, 815 ; Ov. *M.* 5, 171 ¶ 2 mener à terme, achever : **monumentum aere perennius** Hor. *O.* 3, 30, 1, achever un monument plus durable que l'airain, cf. Quint. 10, 7, 30 ‖ **vitam** Sall. *J.* 14, 15, passer toute sa vie ; **exacta aetate** Cic. *Tusc.* 1, 93, après avoir achevé son existence ; **ante exactam hiemem** Caes. *G.* 6, 1, 4, avant la fin de l'hiver ¶ 3 faire rentrer, faire payer, exiger une chose due : **sua nomina** Cic. *Verr.* 1, 28, faire rentrer ses créances ; **pecunias** Cic. *Fam.* 13, 11, 1, faire rentrer l'argent ; [poét.] **exigor portorium** Caecil. *Com.* 92, on me réclame le péage (Gell. 15, 14, 5) ; **obsides ab Apolloniatibus** Caes. *C.* 3, 12, 1, exiger des otages des habitants d'Apollonie, cf. 1, 30, 4 ‖ faire rendre compte de l'accomplissement d'une chose : **omnia sarta tecta** Cic. *Verr.* 1, 130, s'assurer que tout, terrains et bâtiments, est en bon état d'entretien [dans les temples] ; **sarta tecta sacris publicis** Liv. 42, 3, 7, s'assurer du bon entretien des terrains et des édifices pour les cérémonies du culte officielles ¶ 4 exiger, réclamer : **longiores litteras exspectabo vel potius exigam** Cic. *Fam.* 15, 16, j'attendrai ou plutôt j'exigerai une lettre plus longue, cf. *Fam.* 2, 6, 1 ; Brut. 17 ; *Fin.* 2, 73 ; **aliquid ab aliquo** Cic. *Leg.* 1, 4 ; *Fin.* 4, 80, exiger qqch. de qqn ‖ [avec *ut* et subj.] exiger que : Ov. *F.* 6, 358 ; Curt. 8, 4, 21 ; Juv. 7, 238 ; [avec subj. seul] Plin. *Ep.* 6, 8, 5 ; **ab aliquo ne** Suet. *Ner.* 49 ; Juv. 13, 35, exiger de qqn que ne pas ; [avec prop. inf.] Suet. *Cal.* 43 ‖ **cum res exiget, ut res exiget**, quand les circonstances l'exigeront, selon que les circonstances l'exigeront : Quint. 5, 11, 5 ; 12, 10, 69 ‖ demander : **ab aliquo cur...** Tac. *An.* 2, 85, demander à qqn pourquoi... ‖ réclamer par une instance judiciaire : **exigere sortem cum usuris** Dig. 27, 8, 9, agir en paiement du capital et des intérêts ¶ 5 mesurer, régler : **columnas ad perpendiculum** Cic. *Verr.* 1, 133, vérifier l'aplomb des colonnes ; **pondus margaritarum sua manu** Suet. *Caes.* 47, apprécier à la main le poids des perles ; [fig.] **se exigere ad aliquem** Sen. *Ep.* 11, 10, se régler sur qqn ∥ [fig.] peser, examiner, juger : *aliquid ad aliquam rem* Cael. *Fam.* 8, 6, 1 ; Liv. 34, 31, 17 ; Sen. *Clem.* 1, 1, 6, juger une chose d'après une autre ; *aliquid aure* Quint. 1, 5, 19, juger qqch. par l'oreille ∥ délibérer, discuter : *de aliqua re cum aliquo* Planc. *Fam.* 10, 24, 7, délibérer (traiter) de qqch. avec qqn, cf. Plin. *Ep.* 6, 12, 3 ; *secum aliquid* Virg. *En.* 4, 476, délibérer en soi-même sur qqch.

exĭgŭē, adv. (*exiguus*), petitement, d'une manière restreinte, chichement, étroitement : Caes. *G.* 7, 71, 4 ; Cic. *Lae* 58 ∥ brièvement : Cic. *de Or.* 3, 144 ; *Att.* 11, 16, 1.

exĭgŭĭtās, *ātis*, f. (*exiguus*), petitesse, exiguïté : Caes. *G* 4, 30, 1 ∥ petit nombre : Caes. *G.* 3, 23, 7 ∥ petite quantité : Col. 7, 5, 5 ∥ pauvreté, disette : Suet. *Cl.* 28 ∥ brièveté [du temps] : Caes. *G.* 2, 21, 5.

exĭgŭō [abl. pris adv¹] peu de temps : *exiguo post* Plin. 31, 7, peu après ∥ *exiguo tangere* Scrib. 240, toucher légèrement.

exĭgŭum, *i*, n. (*exiguus*), un peu de, une petite quantité de : *exiguum spatii* Liv. 22, 24, 8, un faible espace ; *exiguum salutis* Sil. 4, 248, faible planche de salut ∥ faible espace, cercle étroit : Cic. *Off.* 1, 53.

exĭgŭus, *a*, *um* (*exigo* ; cf. *ambiguus*), petit, exigu, de petite taille : Hor. *Ep.* 1, 20, 24 ∥ peu étendu, court, étroit : Cic. *de Or.* 1, 264 ; 3, 70 ∥ peu nombreux, peu considérable : *exiguus numerus* Cic. *de Or.* 1, 16, faible nombre, cf. Caes. *C.* 2, 39, 3 ∥ court, peu prolongé : Cic. *de Or.* 1, 92 ∥ peu intense, faible : *exigua vox* Quint. 11, 3, 15, voix faible ∥ [fig.] petit, restreint, modique, étroit, faible : *exigua laus* Cic. *Agr.* 2, 5, de minces éloges, cf. *Flac.* 4 ∥ [n. pris adv¹] un peu, peu : *exiguum dormire* Plin. 10, 209, dormir peu ; *vela exigui tument* Luc. 3, 431, les voiles sont légèrement gonflées ∥ *exiguior* Col. *Arb.* 28 ; *exiguissimus* Plin. *Ep.* 7, 24, 7.

exĭlĭca causa, f. (*exilium*), action contre un exilé : P. Fest. 71, 6.

1 exĭlĭō, *īs*, *īre*, -, -, ▶ *exsilio*.

2 exĭlĭō, *ās*, *āre*, -, - (*exilium*), tr., exiler : Concil. S. 1, 4, p. 11, 6 ; p. 126, 36 ; p. 203, 12.

exĭlĭŏr (exs-), *āris*, *ārī*, - (*exsilium*), intr., être banni, vivre en exil : Iren. 4, 8, 2. ▶ [tard.] pass. de 2 *exilio*.

exīlis, *e* (de *ex* et *ilia*, cf. P. Fest. 71, 6, efflanqué), menu, mince, délié, grêle, maigre, petit, chétif, faible : *jecur horridum et exile* Cic. *Div.* 2, 30, foie racorni et grêle ; *exiles artus* Ov. *Pont.* 1, 10, 27, membres décharnés ∥ [en parl. de l'effectif] *duae legiones exiles* Cic. *Att.* 5, 15, 1, deux maigres légions ∥ pauvre : Hor. *Ep.* 1, 6, 45 ∥ maigre, pauvre [en parl. du sol] : Cic. *Agr.* 2, 67 ∥ [rhét.] *exilis oratio* Cic. *de Or.* 1, 83, style grêle, maigre, sec, cf. *Brut.* 263 ∥ [gram.] palatal [à propos de *l*] : Prisc. 2, 29, 9 [opposé à *plenus*] ∥ *-ior* Plin. 15, 43.

exīlĭtās, *ātis*, f., ténuité, finesse, petitesse : Plin. 11, 3 ∥ faiblesse, maigreur : *exilitas soli* Col. 18, 26, 6, pauvreté du sol ; *nimia exilitas litterarum* Quint. 1, 4, lettres aux sons trop grêles ∥ [rhét.] *exilitas in dicendo* Cic. *de Or.* 1, 50 ; *Brut.* 284, sécheresse, maigreur du style.

exīlĭtĕr, adv., chétivement, faiblement : Cic. *Lae.* 58 ; *de Or.* 3, 41 ∥ [rhét.] avec sécheresse, sans abondance : Cic. *Brut.* 106 ∥ brièvement : *exilius dicam de...* Varr. *L.* 5, 2, je parlerai plus succinctement de....

exīlĭum (exs-), *ii*, n. (*exul*) ¶ 1 exil, bannissement : *ejicere, expellere, pellere, aliquem in exilium* Cic. *Cat.* 2, 14 ; *Lae.* 42 ; *de Or.* 2, 56, exiler qqn ; *exilio multare* Cic. *Caecin.* 100, punir de l'exil ; *in exilium exactus* Cic. *Rep.* 1, 62, exilé ∥ [l'*exilium* recouvre plusieurs types de peines] l'interdiction de l'eau et du feu, la relégation, la déportation [interdiction de résidence, bannissement] : Dig. 48, 22, 5 ; 38, 2, 14, 3 ¶ 2 lieu d'exil : Cic. *Lig.* 33 ; *Vat.* 22 ; Virg. *En.* 3, 4 ¶ 3 pl., exilés : Tac. *H.* 1, 2 ¶ 4 [chrét.] mort : Hil. *Trin.* 1, 1.

exim, adv., ▶ *exin* : Lucr. 3, 160 ; Liv. 27, 5, 6.

exĭmĭē, adv. (*eximius*), excellemment, éminemment, d'une manière qui sort de l'ordinaire : *eximie aliquem diligere* Cic. *Arch.* 20, chérir qqn d'une affection toute particulière, cf. Liv. 42, 29, 6.

exĭmĭĕtās, *ātis*, f., excellence, supériorité : Symm. *Ep.* 3, 3, 2.

exĭmĭus, *a*, *um* (*eximo*), privilégié, à part, sortant de l'ordinaire : *te illi unum eximium, cui consuleret, fuisse* Cic. *Caecil.* 52, [il serait invraisemblable] que tu aies eu seul ce privilège insigne d'être l'objet de sa sollicitude, cf. Liv. 9, 34, 11 ; *utin neminem eximium habeam?* Ter. *Hec.* 66, sans faire d'exception pour personne ? ∥ excellent, éminent, remarquable, rare : *eximium ingenium* Cic. *Fam.* 6, 5, 3, génie éminent ; *eximia vis remigum* Cic. *Pomp.* 40, la force extraordinaire des rameurs ; *eximia pulchritudo* Cic. *Verr.* 4, 72, rare beauté ∥ *eximii regum* Stat. *Th.* 6, 15, remarquables entre les rois ; *eximius scrutari* Luc. 3, 697, admirable pour scruter....

exĭmō, *ĭs*, *ĕre*, *ēmī*, *emptum* (*ex*, *emo*), tr. ¶ 1 tirer de, retirer, ôter, enlever [pr. et fig.] : *diem ex mense* Cic. *Verr.* 2, 139, retrancher un jour au mois ; *aliquem e vinculis* Cic. *Or.* 77, libérer qqn des liens (de la sujétion) ; *ex obsidione* Cic. *Fam.* 5, 6, 2, délivrer d'un siège ; *aliquid de dolio* Cat. *Agr.* 112, 3, retirer qqch. d'une jarre ; *aliquem de reis* Cic. *Verr.* 4, 41, retrancher qqn du nombre des accusés ; *agrum de vectigalibus* Cic. *Phil.* 2, 101, retrancher un territoire des terres soumises à l'impôt ; *lapillos ventre crocodili* Plin. 28, 107, enlever des calculs du ventre d'un crocodile ; *obsidione urbem* Liv. 38, 15, 5, délivrer une ville d'un siège ; *aliquem servitute* Liv. 33, 23, 2, tirer qqn de la servitude ; *dentem alicui* Plin. 28, 181, enlever une dent à qqn, cf. Plin. 30, 51 ; *aliquem morti, infamiae* Tac. *An.* 14, 48 ; 1, 48, soustraire qqn à la mort, à l'infamie ; *alicui scrupulum* Plin. *Ep.* 3, 17, 2, enlever un scrupule à qqn ¶ 2 enlever, supprimer [un tourment] : Cic. *Tusc.* 2, 29 ; *diem concilio* Liv. 25, 3, 17, enlever le jour [de vote] à l'assemblée = ajourner le vote ; pass. impers., *plurimis mortalibus non eximitur quin...* Tac. *An.* 6, 22, pour la plupart des mortels, on ne leur enlève pas de l'idée que ... ∥ [en parl. du temps] user jusqu'au bout : *diem dicendo* Cic. *Q.* 2, 1, 3, épuiser la journée en gardant la parole, cf. Cic. *Att.* 4, 3, 3 ; *ea res diem exemit* Liv. 1, 50, 8, cette affaire a épuisé la journée, l'a remplie entièrement ; *aetas male exempta* Sen. *Nat.* 3, praef. 2, vie mal remplie ∥ excepter : *si majestatis quaestio eximeretur* Tac. *An.* 4, 6, à part les poursuites pour lèse-majesté.

exin, adv., ▶ *exinde* : Cic. *Or.* 154 ; *Div.* 1, 55 ; *Att.* 4, 3, 3.

exĭnānĭō, *īs*, *īre*, *īvī*, *ītum* (*ex*, *inanio*), tr., vider [un navire] : Cic. *Verr.* 5, 64 ∥ faire le vide dans : Cic. *Caecil.* 11 ∥ [fig.] *regibus atque omnibus gentibus exinanitis* Cic. *Agr.* 2, 72, après avoir épuisé les rois et les nations ; *istum exinani* Pl. *Truc.* 713, plume-le ∥ [chrét.] rendre inutile, réduire à néant : *exinanitur omnino praescientia si...* Aug. *Nat. grat.* 1, 12, 15, la prescience n'existe plus si....

exĭnānĭtās, *ātis*, f., ▶ *exinanitio* : Mercat. *Concil.* S. 1, 5, p. 119.

exĭnānītĭō, *ōnis*, f. ¶ 1 action de vider : *exinanitio alvi* Plin. 13, 118, évacuation par le bas ¶ 2 [fig.] épuisement : Plin. 17, 12.

exĭnānītus, *a*, *um*, part. de *exinanio*.

exindĕ (exin, exim) ¶ 1 de là, de ce lieu : *exim* Pl. *Ep.* 49 ; Tac. *An.* 15, 12 ¶ 2 [succession] *exim*, après cela, ensuite : Cic. *Nat.* 2, 101 ; 2, 111 ; Tac. *An.* 2, 16 ¶ 3 de là, par suite, en conséquence : Pl. *Ps.* 680 ; *Most.* 227 ∥ *exinde ut* Varr. *Agr.* 1, 20, 4, suivant que, selon que ¶ 4 [temps] ensuite, après cela : Cic. *Div.* 1, 55 ; *Leg.* 3, 7 ; Liv. 24, 42, 1 ; *ubi... exinde* Pl. *Curc.* 363 ; *postquam... exinde* Pl. *Truc.* 82 ∥ [énumération] Virg. *En.* 6, 891 ; Liv. 31, 4, 4 ; Tac. *An.* 11, 2 ∥ à partir de ce moment-là : Cod. Just. 7, 33 ; *exinde ut* Apul. *Apol.* 24, 9, du moment que ou *exinde cum* Apul. *M.* 1, 24, 6 ou *exinde ex quo* Cod. Just. 2, 22.

exinfŭlō, *ās*, *āre*, -, - (*ex infula*), tr., découvrir, mettre à nu : P. Fest. 71, 25.

exintĕro, ▶ *exentero*.

exīre, inf. prés. de *exeo*.

existĭmābĭlis, *e*, probable : Cael.-Aur. *Acut.* 2, 35, 185.

existĭmātĭō, *ōnis*, f. (*existimo*) ¶ 1 opinion, jugement [que porte autrui] : *hominum* Cic. *Verr.* 4, 66, l'opinion publique,

existimatio

cf. 4, 101; **alicujus bona exist.** Cic. Com. 44, opinion favorable de qqn, cf. Cael. 4; Prov. 40; Rep. 3, 27 ¶ **2** estime, considération, réputation, honneur [dont on jouit auprès d'autrui] : **existimatio tua** Cic. Fam. 13, 73, 2, ta réputation; **exist. atque auctoritas nominis populi Romani** Cic. Verr. 4, 60, la réputation et le prestige du nom du peuple romain, cf. 4, 113; Q. 1, 1, 15; **homo sine existimatione** Cic. Flac. 52, homme sans considération; **bona, optima exist.** Cic. de Or. 2, 172; Mur. 42, bonne, excellente réputation ‖ **debitorum existimationem tueri** Caes. C. 3, 1, sauvegarder le crédit des débiteurs.

existĭmātŏr, ōris, m., connaisseur, appréciateur, critique, juge : Cic. Brut. 146; de Or. 3, 83.

existĭmātus, a, um, part. de existimo.

existĭmō (arch. **existŭmō**), ās, āre, āvī, ātum (ex, aestimo), tr. et intr.

I tr. ¶ **1** juger, considérer, être d'avis, penser, croire : **avarum aliquem** Cic. Verr. 3, 190, considérer qqn comme avide; **si innocentes existimari volumus** Cic. Verr. 2, 28, si nous voulons être considérés comme des gens intègres; **in hostium numero existimati** Cic. Verr. prim. 13, comptés au nombre des ennemis ‖ [avec prop. inf.] juger que : Cic. Fin. 2, 44; Tusc. 3, 72; [pass. pers.] **cum Silano contenderē existimatur** Cic. Att. 1, 1, 2, il est considéré comme le rival de Silanus, cf. de Or. 2, 4; Caes. G. 6, 13; [avec interrog. indir.] **eorum quanta mens sit existimare** Cic. Tusc. 1, 59, juger la puissance de leur intelligence, cf. Caes. C. 3, 102, 3; Sall. J. 85, 14; Liv. 22, 59, 14 ¶ **2** ➡ aestimare, apprécier [avec gén. de prix] : Pl. Cap. 678; Sulp. Fam. 4, 5, 2; Nep. Cat. 1, 2; Suet. Aug. 40

II intr., avoir une opinion, juger : **de aliquo** Cic. Leg. 1, 7, avoir une opinion sur qqn; **bene existimare de aliquo** Cic. Att. 6, 2, 3, avoir bonne opinion de qqn, cf. Brut. 298; Verr. 2, 117; **de iis male existimant** Cic. Off. 2, 36, ils ont mauvaise opinion d'eux ‖ [pass. impers.] Brut. 82; Rep. 2, 28 ‖ **existimantes** [pris subst^t] les critiques : Cic. Brut. 92.

existo, v. exsisto.

exĭtĭābĭlis, e et **exĭtĭālis**, e (exitium), funeste, pernicieux, fatal : Cic. Att. 10, 4, 3; Liv. 29, 17, 19; Tac. An. 16, 5; Cic. Verr. 5, 12; Virg. En. 2, 31; 6, 511.

exĭtĭābĭlĭtĕr, Aug. Civ. 1, 17 et **exĭtĭālĭtĕr**, Aug. Conf. 6, 7, d'une manière funeste.

exĭtĭo, ōnis, f. (exeo), sortie : Pl. Truc. 511 ‖ [avec acc.] **neque exitium exitio est** Pl. Cap. 519, il n'y a pas moyen d'esquiver (échapper à) ma perte ; cf. exeo II 2 [v. exitium].

*****exĭtĭōsē**, adv. [inus.] d'une manière funeste ‖ -sissime Aug. Ep. 28, 3.

exĭtĭōsus, a, um (exitium), funeste, pernicieux, fatal : Cic. Cat. 4, 6; Planc. 87; Fam. 6, 1, 5 ‖ [en parl. d'une personne] : **Otho** **reipublicae exitiosior** Tac. H. 2, 31, Othon plus fatal à la patrie ‖ -sissimus Tert. Anim. 34, 4.

exĭtĭum, ĭi, n. (exeo) ¶ **1** ruine, perte, destruction, renversement, chute : **exitio esse alicui** Cic. Q. 1, 4, 4, causer la perte de qqn; **omnibus exitiis** Cic. Mil. 3, par toutes sortes de désastres ¶ **2** [arch.] issue, sortie : P. Fest. 71, 7; **neque exitium exitio est** Pl. Cap. 519, il n'y a pas moyen d'esquiver (échapper à) ma perte [v. exitio].

▶ gén. pl. exitium Enn. Tr. 51.

1 **exĭtus**, a, um, part. de exeo : **ad exitam aetatem** P. Fest. 25, 23 ➡ ad ultimam aetatem.

2 **exĭtŭs**, ūs, m. ¶ **1** action de sortir, sortie : Caes. G. 7, 44, 4; C. 1, 21, 4; 3, 69, 3; **reditum mihi gloriosum injuria tua dedit, non exitum calamitosum** Cic. Par. 29, c'est un retour glorieux, non un exil funeste que je dois à tes persécutions ‖ chemin pour sortir, sortie, issue : Caes. G. 7, 28, 3 ‖ [fig.] débouché : Cic. de Or. 2, 312 ¶ **2** mort, fin : Cic. Rep. 1, 25; Div. 2, 24; Nat. 3, 89 ¶ **3** issue, aboutissement, résultat; fin, terme : **exitus rerum** Cic. Mil. 19, les résultats; **incerto exitu victoriae** Caes. G. 7, 62, 5, le résultat de la victoire étant incertain; **ad exitum pervenire** Cic. Or. 116, arriver à une conclusion; **tristes exitus habet res** Cic. Brut. 128, l'affaire a de tristes suites ‖ **in exitu est meus consulatus** Cic. Mur. 80, mon consulat touche à sa fin, cf. Cat. 4, 3; Inv. 2, 178 ¶ **4** [gram.] désinence, terminaison : Cic. Or. 164.

exjūrō, ās, āre, -, -, tr., c. ejuro : Pl. d. Non. 105, 22.

exlaudō, ās, āre, -, - (ex, laudo), tr., louer outre mesure : Gloss. 5, 21, 31.

exlĕcĕbra (ēl-), ae, f., charme, séduction : Pl. Bac. 944.

exlex, ēgis (ex lege), m. f., adj., qui n'est pas soumis à la loi : Varr. d. Non. 10, 19; Lucil. 83; Cic. Clu. 94 ‖ qui ne connaît pas de frein, débridé : Hor. P. 224.

ex lībertō, m., ancien affranchi : Schol. Juv. 14, 306.

exlīdo, v. elido.

exlŏquor, v. eloquor.

ex măgistrō, pl. **ex măgistris**, m., ancien maître : Ambr. Ep. 7, 53; Cod. Th. 1, 1, 15.

ex mĕdĭcō, m., ex-médecin : Amm. 16, 6.

exmĭnūtŭō, ās, āre, -, - (ex, minutus), rendre pauvre : Gloss. 5, 599, 12.

exmŏvĕo, v. emoveo : Pl. Truc. 78.

exmuccō, ās, āre, -, - (ex mucco; formé sur ἀπομύττω), tr., moucher [au fig. "tromper"] : CIL 4, 1391.

ex nŏtărĭo, m., ancien scribe : Amm. 22, 3, 7.

exnunc, adv., dès à présent : Amm. 21, 10, 2.

exobrūtus, a, um, déterré : Apul. M. 9, 6.

exobsĕcrō, ās, āre, -, - (ex, obsecro), intr., prier instamment : Pl. As. 246.

exoccŭpō, ās, āre, -, -, tr., détourner de son occupation : Chrysol. Serm. 65.

exŏchădĭum, ĭi, n. et **exŏchăs**, ădis, f. (ἐξοχάς), hémorroïdes : M.- Emp. 31, 7; Aug. Ep. 149.

exōcoetus, i, m. (ἐξώκοιτος), poisson de mer, exocet [muge ? blennie ?] : Plin. 9, 70.

exŏcŭlātus, a, um, part. de exoculo : Apul. M. 7, 2.

exŏcŭlō, ās, āre, -, - (ex oculis), tr., arracher les yeux : Pl. Ru. 731.

exŏdĭārĭus, ĭi, m., acteur d'exodes, bouffon : Amm. 28, 4, 33.

exŏdĭōsus, a, um, très odieux : Gloss. 2, 65, 27.

exŏdĭum, ĭi, n. (ἐξόδιον), fin, terme : Varr. d. Non. 27, 14 ‖ exode [petite pièce comique, farce qui terminait le spectacle] : Liv. 7, 2, 11; Juv. 3, 174.

exōdōrātus, a, um, privé de son odeur : Tert. Pall. 4, 3.

Exŏdus, i, f. (Ἔξοδος), l'Exode [deuxième livre de la Bible] : Tert. Jud. 11, 9.

exŏlĕō, ēs, ēre, -, - (cf. exolesco), intr., se faner : Not. Tir. 103, 27; Gloss. 2, 395, 16.

exŏlescō, ĭs, ĕre, ēvī, ētum (cf. obsolesco, 1 adolesco, alo), intr. ¶ **1** arriver à son plein développement ; [seul^t au part.] **exoletus**, adulte : P. Fest 5, 12; 70, 17; Pl. d. Prisc. 2, 490, 1 ‖ **exoleti**, m. pl., débauchés : Cic. Mil. 55; Tac. An. 15, 37 ¶ **2** [fig.] se faner, se passer, dépérir, tomber en désuétude : Liv. 2, 52, 4; **exolevit fundendi aeris ratio** Plin. 34, 5, le procédé pour fondre le bronze s'est perdu; **nondum iis dolor exoleverat** Tac. An. 6, 23, leur douleur n'était pas encore calmée; **exoletum jam vetustate odium** Liv. 2, 35, 8, une haine assoupie déjà par le temps.

▶ au parf. exolui Pl. Bac. 1135.

exŏlētus, a, um, v. exolesco.

exŏlo, v. exsulo.

exolvo, v. exsolvo.

Exōmātae, v. Ixamatae.

exōmis, ĭdis, f. (ἐξωμίς), exomide [tunique qui laissait nu un côté de la poitrine] : P. Fest. 71, 3.

exŏmŏlŏgēsis, is, f. (ἐξομολόγησις), confession : Tert. Paen. 10, 9 ‖ pénitences pratiquées pour être admis à nouveau dans les communautés chrétiennes : Tert. Paen. 12, 1.

exŏnĕrātĭo, ōnis, f., rabais : Ulp. Dig. 19, 2, 15.

exŏnĕrātŏr, ōris, m., celui qui décharge : CIL 6, 9324.

exŏnĕrātus, a, um, part. de exonero.

exŏnĕrō, ās, āre, āvī, ātum (ex onere), tr. ¶ **1** décharger : **exonerare navem** Pl. St. 531, décharger un navire; **amnes in**

Padum sese exonerantes Plin. 3, 118, rivières qui se jettent dans le Pô ; ***multitudo proximas in terras exonerata*** Tac. H. 5, 2, foule évacuée sur les terres voisines ¶ **2** dégager d'un fardeau, soulager : Liv. 10, 6, 3 ‖ [fig.] ***exonerare civitatem metu*** Liv. 2, 2, 7, soulager l'État de ses craintes ; ***exonerare aes alienum*** Ulp. Dig. 23, 3, 5, 10, se libérer de ses dettes.

exŏnўchŏn, *i*, n. (ἐξόνυχον), ▶ *lithospermon* : Plin. 27, 98.

exŏpĕrātus, *a*, *um*, achevé : Orig. Matth. 71.

exŏpīnissō, *ās*, *āre*, -, - (*ex*, *opinor* et *-isso*), intr., penser, juger : Petr. 62, 14.

exoptābĭlis, *e*, très désirable : Pl. *St.* 395.

exoptātĭo, *ōnis*, f., désir, souhait : Don. *Andr.* 4, 5, 12.

exoptātŏr, *ōris*, m., celui qui désire ardemment : Greg.-M. *Mor.* 22, 13.

exoptātus, *a*, *um*, part. de *exopto* ‖ adj^t, vivement désiré : Pl. *Cap.* 1006 ; Cic. 19 ‖ *-tatior* Cic. *Att.* 5, 15, 1 ‖ *-tissimus* Cic. *Att.* 4, 1, 2.

exoptō, *ās*, *āre*, *āvī*, *ātum*, tr., prendre de préférence, choisir : Pl. *Bac.* 502 ; *Cis.* 77 ‖ désirer vivement : ***omnes tibi pestem exoptant*** Cic. *Pis.* 96, tout le monde te souhaite malheur ; [avec inf.] ***te exopto videre*** Cic. *Fam.* 4, 6, 3, je désire te voir ; [avec prop. inf.] Pl. *Mil.* 1135 ; [avec *ut* subj.] Pl. *Men.* 817 ; Cic. *Fam.* 2, 7, 1.

exōrābĭlis, *e* (*exoro*) ¶ **1** qu'on peut fléchir par des prières : Cic. *Q.* 1, 2, 8 ‖ qu'on peut corrompre, qui se laisse séduire : ***non exorabilis auro*** Hor. *Ep.* 2, 2, 179, insensible à l'or ; *-bilior* Sen. *Clem.* 1, 20, 2 ¶ **2** propre à fléchir : Val.-Flac. 1, 782.

exōrābŭlum, *i*, n. (*exoro*), procédé capable de toucher : Pl. *Truc.* 27 ; Apul. *Flor.* 18.

exōrātĭo, *ōnis*, f. (*exoro*), action de fléchir : Vulg. *Eccli.* 16, 12.

exōrātīvus, *a*, *um*, suppliant : Cassiod. *Psalm.* 17, 32.

exōrātŏr, *ōris*, m. (*exoro*), celui qui obtient par ses prières : Ter. *Hec.* prol. 2 ; Tert. *Pud.* 19, 25.

exōrātōrĭum, *ii*, n., moyen propre à fléchir : Aug. *Hept.* 3, 53, 2.

exōrātrix, *īcis*, f., celle qui fléchit : Salv. *Gub.* 3, 9, 48.

exōrātus, *a*, *um*, part. de *exoro*.

exorbātus, *a*, *um*, entièrement orphelin : CIL 8, 9513.

exorbĕo, ▶ *exsorbeo*.

exorbĭtātĭo, *ōnis*, f. (*exorbito*), déviation, écart : Tert. *Idol.* 14, 2.

exorbĭtātŏr, *ōris*, m., celui qui dépasse, détruit : Tert. *Marc.* 3, 6, 10.

exorbĭtō, *ās*, *āre*, *āvī*, *ātum* (*ex orbita*) ¶ **1** intr., dévier, s'écarter de : Lact. *Inst.* 2, 5, 12 ¶ **2** tr., faire dévier : Sidon. *Ep.* 5, 16, 4.

exorcismus, *i*, m. (ἐξορκισμός), exorcisme : Tert. *Anim.* 57, 5.

exorciso, ▶ *exorcizo*.

exorcista, *ae*, m. (ἐξορκιστής), exorciste : Cod. Just. 1, 3, 6.

exorcistērĭum, *ii*, n., endroit où l'on exorcise : Aug. *Cresc.* 4, 47, 57.

exorcĭzō, *ās*, *āre*, -, - (ἐξορκίζω), tr., exorciser, chasser les démons : Ulp. Dig. 50, 13, 1.

exordĭnātĭo, *ōnis*, f., désordre : Bened. *Reg.* 65, 7.

exordĭor, *īris*, *īrī*, *orsus sum*, tr., commencer de tisser ; ourdir, tramer [pr. et fig.] : ***pertexe, quod exorsus es*** Cic. *de Or.* 2, 514, achève ce que tu as commencé ; ***exorsa tela*** Pl. *Bac.* 350, la trame est ourdie ‖ commencer : ***dicere exordiri*** Cic. *Div.* 2, 101, commencer à parler ; ***causam*** Cic. *Inv.* 1, 20, commencer une plaidoirie ; ***a causa tam nefanda bellum exorsi*** Liv. 4, 17, 6, ayant commencé les hostilités par un acte si criminel ‖ [abs^t] commencer un discours : ***exordiri ab ipsa re*** Cic. *de Or.* 2, 320, tirer son exorde du sujet lui-même ; ***exordiri ita, ut*** Cic. *de Or.* 2, 80, faire son exorde de manière à.

▶ part. *exorsus* [pris au sens passif] Cic. *de Or.* 2, 158, " commencé " ‖ *exordior* pass. d'après Prisc. 2, 379, 10, mais sans exemple.

exordĭum, *ii*, n. (*exordior*) ¶ **1** ourdissage, commencement d'un tissage : Quint. 5, 10, 71 ¶ **2** commencement, principe, origine : ***rei publicae exordium*** Cic. *Rep.* 2, 4, origine de l'État ; ***a quibus temporibus scribendi capiat exordium*** Cic. *Leg.* 1, 8, [la question de savoir] de quelle époque il doit faire partir son récit, cf. *Fin.* 5, 18 ‖ commencement d'un discours, exorde, début : ***quo utar exordio*** Cic. *de Or.* 2, 315, [je me demande] quel doit être mon exorde ‖ ouvrage, traité, essai : Col. 5, 11, 13.

exŏrēre, ▶ *exorior*.

exŏrĭens, *tis*, m. (*exorior*), le levant : Col. *Arb.* 3, 3.

exŏrĭor, *īrĭs*, *īrī*, *ortus sum* (*ex*, *orior*), intr., naître, se lever ; sortir, tirer son origine, dériver, découler ; paraître, se montrer, commencer : ***post solstitium Canicula exoritur*** Cic. *Div.* 2, 93, après le solstice la Canicule se lève ; [le soleil] *Nat.* 2, 68 ; ***amnis exoriens penitus media ab regione diei*** Lucr. 6, 723, fleuve qui prend sa source au loin dans les profondeurs du midi ‖ ***subito exorta est Catonis promulgatio*** Cic. *Fam.* 1, 5, 2, soudain parut la proposition de Caton ‖ ***exortus est servus, qui*** Cic. *Dej.* 3, un esclave s'est présenté pour ; ***repentinus Sulla nobis exoritur*** Cic. *Agr.* 3, 10, c'est un autre Sylla qui soudain se lève pour nous ; ***rex exortus est Lydiae*** Cic. *Off.* 3, 38, il se trouva soudain roi de Lydie ; ***bellum exortum est*** Cic. *Div.* 1, 105, la guerre éclata ; ***honestum, quod ex virtutibus exoritur*** Cic. *Fin.* 5, 64, l'honnête, qui a sa source dans les vertus ‖ *exorior* Cic. *Att.* 7, 26, 1, je respire, je reprends courage.

▶ indic. prés. de la 3e conjug. *exorere* Ter. *Hec.* 213 ; *exorĭtur* Virg. *En.* 2, 213 ; imparf. subj. *exoreretur* Lucr. 2, 507 ‖ part. fut. *exorturus* Aug. *Civ.* 17, 14.

exŏrĭundus, *i*, m., originaire de : Poet. d. Plin. 35, 37, 4.

exormistŏn, *i*, n. (ἐξορμιστόν), sorte de poisson de mer [analogue à la murène] : Cassiod. *Var.* 12, 14, 5.

exornātĭo, *ōnis*, f. (*exorno*) ¶ **1** ornement, embellissement : Col. 12, 3, 2 ¶ **2** ornements oratoires : Cic. *Inv.* 2, 11 ‖ le genre d'apparat [démonstratif] : Cic. *Part.* 10.

exornātŏr, *ōris*, m. (*exorno*), celui qui orne : Cic. *de Or.* 2, 54.

exornātus, *a*, *um*, part.-adj. de *exorno*, orné, paré ‖ *-tior* *Anth. 803, 25 ; *-tissimus* Her. 4, 60.

exornō, *ās*, *āre*, *āvī*, *ātum* (*ex*, *orno*), tr. ¶ **1** munir, équiper, pourvoir du nécessaire : Pl. *Aul.* 784 ; Just. 5, 6 ; Sall. *J.* 85, 39 ; 90, 1 ‖ ***aciem*** Sall. *J.* 52, 5, disposer ses troupes en bataille ¶ **2** orner complètement, parer, embellir : ***exornat triclinium*** Cic. *Verr.* 4, 62, il orne sa salle à manger ; ***exornare orationem*** Cic. *de Or.* 3, 152, orner son style ; ***philosophiam*** Cic. *Tusc.* 2, 33, embellir, rehausser la philosophie ; ***Graeciam praestantissimis artibus*** Cic. *Tusc.* 5, 10, illustrer la Grande-Grèce en la dotant des arts les plus éminents.

exōrō, *ās*, *āre*, *āvī*, *ātum* (*ex*, *oro*), tr. ¶ **1** chercher à fléchir qqn, à obtenir qqch. par des prières : ***nunc te exoremus necesse est, ut nobis explices...*** Cic. *de Or.* 1, 133, maintenant il faut que par nos prières nous obtenions de toi que tu nous exposes... ; ***exorare pacem divum*** Virg. *En.* 3, 370, implorer la bienveillance des dieux ¶ **2 a)** obtenir de qqn par des prières : ***me exoravit, ut huc secum venirem*** Cic. *de Or.* 2, 14, par son insistance il a obtenu de moi que je vienne ici avec lui ; ***ab aliquo*** Pl. *Bac.* 1177 ; [avec *ne*] obtenir de qqn que ne... pas : Cic. *Rab. Post.* 21 ; [avec *quin*] ***non exorare aliquem quin*** Pl. *Men.* 508, ne pas obtenir de qqn que ne... pas ; [avec deux acc.] ***hanc veniam illis sine te exorem*** Pl. *Bac.* 1199, laisse-moi obtenir de toi leur grâce ‖ [poét.] ***facies exorat amorem*** Ov. *Am.* 3, 11, 43, ta beauté force l'amour **b)** vaincre par des prières, fléchir, apaiser : ***sapientem exorari et placari*** Cic. *Mur.* 63, [ils disent] que le sage se laisse fléchir et apaiser, cf. *Quir.* 23 ; ***exorant carmina saepe deos*** Ov. *Tr.* 2, 22, la poésie souvent fléchit les dieux.

exors, ▶ *exsors*.

exorsa, *ōrum*, n. pl. (*exordior*), préambule, préliminaire : Virg. *G.* 2, 46 ‖ entreprise : Virg. *En* 10, 111.

1 exorsus, *a*, *um*, part. de *exordior*.

exorsus

2 **exorsŭs**, ūs, m., exorde : Cic. Pomp. 11.

exortīvus, a, um (exorior), qui concerne le lever [des astres] : Plin. 7, 160 ‖ oriental : *exortiva* n. pl., Plin. 6, 215, la partie orientale [d'un pays, d'une province].

1 **exortus**, a, um, part. de exorior.

2 **exortŭs**, ūs, m., commencement [lever du soleil] : Liv. 21, 30, 4 ; [élévation au trône] Plin. Pan. 8, 3 ; [source d'un fleuve] Plin. 31, 25.

exŏs, ossis, m., f., n. (ex ossibus), qui est sans os : Lucr. 3, 719.

exoscŭlātĭo, ōnis, f. (exosculor), action de se becqueter : Plin. 10, 104.

exoscŭlātus, a, um, part. de exosculor.

exoscŭlor, ārĭs, ārī, ātus sum (ex, osculor), tr., couvrir de baisers : Tac. H. 2, 49 ; Plin. Ep. 5, 17, 4 ‖ chérir : Gell. 2, 26, 20. ▶ *exosculatus*, sens pass. Apul. M. 4, 26 ; 11, 17.

exossātus, a, um, part. de exosso.

exossis, e (ex ossibus ; cf. exos), qui est sans os : Apul. Apol. 40 ‖ qui se ploie comme un désossé, flexible : Apul. Apol. 34 ‖ [fig.] sans nerf, mou : Sidon. Ep. 8, 16, 2.

exossō, ās, āre, āvī, ātum (ex ossibus), tr., désosser ; ôter les arêtes : Ter. Ad. 378 ‖ [fig.] Pl. Amp. 319 ‖ *exossatum pectus* Lucr. 4, 1272, buste (corps) flexible (comme désossé) ‖ [fig.] *exossatus ager* Pers. 6, 52, un champ épuisé (ou épierré ?).

exossus, a, um, C.▶ exossis : Apul. M. 1, 4.

exostra, ae, f. (ἐξώστρα) ¶ 1 pont jeté d'une tour sur les murs d'une ville assiégée : Veg. Mil. 4, 21 ¶ 2 machine qui faisait tourner la scène : Cic. Prov. 14.

exōsus, a, um (ex, odi) ¶ 1 qui hait, qui déteste : Virg. En. 5, 687 ; Sen. Marc. 2, 5 ¶ 2 haï, odieux : Macr. Sat. 1, 11, 45 ; Eutr. 7, 23.

exōtĕrĭcus, a, um (ἐξωτερικός), exotérique, fait pour le public : Cic. Att. 4, 16, 2 ; Gell. 20, 5, 1.

exōtĭcus, a, um (ἐξωτικός), étranger, exotique : Pl. Most. 42 ; Gell. 13, 5, 5 ; *Graecia exotica* Pl. Men. 236, Grande-Grèce ‖ **exōtĭcum**, n., Pl. Ep. 232, vêtement exotique.

expallescō, ĭs, ĕre, ŭī, - (ex, pallesco) ¶ 1 intr., devenir très pâle : Pl. Curc. 211 ; Ov. M. 6, 602 ; Plin. Ep. 1, 5, 13 ¶ 2 tr., redouter : Hor. Ep. 1, 3, 10 ; Sil. 12, 146. ▶ rare à l'infectum -*escet* Sen. Ep. 71, 29 ; -*escere* Sil. 12, 146.

expallĭātus, a, um (ex pallio), à qui l'on a ôté son manteau : Pl. Cas. 945.

expallĭdus, a, um, très pâle : Tert. Res. 57, 6.

expalmō, ās, āre, -, ātum (ex, palma), tr. ¶ 1 chasser en frappant [avec la main] : Gloss. 5, 599, 15 ¶ 2 souffleter : Aug. Psalm. 56, 13.

expalpō, ās, āre, -, -, tr. ¶ 1 caresser [pour obtenir qqch.] : *exora, blandire, expalpa* Pl. Poen. 357, prie, flatte, caresse ¶ 2 soutirer par des caresses : Pompon. d. Non. 104, 12.

expalpor, ārĭs, ārī, - (ex, palpor), tr., soutirer par des caresses : Pl. d. Non. 476, 24.

expandō, ĭs, ĕre, pandī, pansum ou passum (ex, pando ; it. spandere), tr. ¶ 1 étendre, ouvrir, déplier, déployer, étaler : *vestes supra fontem frigidum* Plin. 2, 228, étendre ses vêtements au-dessus d'une source fraîche ; *alas* Plin. 10, 111, déployer ses ailes ‖ exposer à l'air : Col. 12, 15, 3 ¶ 2 [fig.] développer, expliquer : Lucr. 1, 127.

expansĭo, ōnis, f. (expando), action d'étendre, extension : Arn 1, 86 ; Cael.-Aur. Chron. 5, 4, 139.

expansus, a, um, part. de expando.

expăpillātus, a, um (ex papilla), découvert jusqu'à laisser voir le sein : Pl. Mil. 1180 d'après Non. 103, 4 ; mss *exfafillatus*.

expars, qui ne participe pas : Gloss. 2, 66, 33 ; v.▶ expers.

expartus, a, um (ex, pario), qui a passé l'âge de mettre bas : Varr. R. 2, 5, 7.

expătescō, ĭs, ĕre, -, -, intr., se montrer en public : Gloss. 3, 447, 62.

expassus, a, um, part. de expando.

expătĭor, v.▶ exspatior.

expătrĭcĭus, ĭī, m., ex-patrice, ancien patrice : Cod. Just. 3, 24, 3.

expătrō, ās, āre, -, - (ex, patro), tr., dissiper : Catul. 29, 16 ; Gloss. 2, 65, 30.

expausātus, a, um (ex pausa), dételé : Veg. Vet. 5, 38.

expăvĕfactus, a, um, épouvanté : Hyg. Fab. 47.

expăveō, ēs, ēre, -, - (ex, paveo), tr., craindre, redouter : Stat. S. 3, praef.

expăvescentĭa, ae, f., terreur, effroi : Iren. 1, 5, 4.

expăvescō, ĭs, ĕre, pāvī, - (ex, pavesco) ¶ 1 intr., s'effrayer : Plin. 23, 49 ; *ad aliquid* Liv. 6, 34, 6, à qqch. ¶ 2 tr., redouter : Hor. O. 1, 37, 23 ; Quint. 9, 3, 35 ; Tac. H. 2, 76 ; Suet. Aug. 90.

expăvĭdus, a, um (fr. épave), épouvanté : Gell. 1, 8, 6.

expectātĭo, expecto, v.▶ exsp-.

expectō, ĭs, ĕre, -, - (ex, pecto), peigner avec soin : Quint. 1, 7, 4.

expectŏrō, ās, āre, -, - (ex pectore), tr., chasser du cœur : Acc. Tr. 301 ; Enn. d. Cic. Tusc. 4, 19.

expĕcŭlĭātus, a, um (ex peculio), dépouillé, volé : Pl. Poen. 843.

expĕdĭentĭa, ae, f. (expedio), opportunité, nécessité : Boet. Top. Arist. 6, 2.

expĕdīmentum, i, n. (expedio), solution d'une difficulté : Tert. Nat. 2, 8, 13 ‖ prestation, exécution : VL. 2 Cor. 9, 13.

expĕdĭō, īs, īre, īvī ou ĭī, ītum (ex pedibus ; cf. impedio, pedica ; it. spedire), tr., débarrasser le pied, le dégager des entraves ¶ 1 dégager, débarrasser : *se de, ex aliqua re* Cic. Verr. 4, 28 ; 2, 102, se débarrasser de qqch. ; *ex servitute* Pl. Cap. 454, dégager de la servitude ; *se ab omni occupatione* Cic. Att. 3, 20, 2, se débarrasser de toute occupation ; *aliquem omni molestia* Cic. Att. 2, 25, 2, délivrer qqn de tout ennui, cf. Ter. Hec. 288 ; 755 ; Phorm. 823 ; *aliquem expedire* Cic. Pis. 74, tirer qqn d'embarras ; *quae ne nunc quidem expedita sunt* Cic. Fam. 14, 19, (obstacles) qui ne sont même pas encore levés ¶ 2 dégager, apprêter, préparer : *virgas expediri jubet* Cic. Verr. 5, 161, il ordonne qu'on prépare les verges (qu'on les dégage du faisceau) ; *naves* Caes. C. 2, 4, 5, préparer les vaisseaux ; *arma* Caes. G. 7, 18, 4, préparer les armes, se préparer au combat ; *se expedire* Caes. C. 1, 51, 4, se préparer [au combat] ; [abs¹] *expedire*, faire les préparatifs nécessaires : Tac. H. 2, 99 ‖ ménager : *ratio expediendae salutis* Cic. Mil. 10, moyens de ménager le salut, de pourvoir à sa sécurité ‖ exécuter vivement qqch., expédier : *musti annonam* *Col. 3, 21, 6, procéder rapidement à la vente du vin doux ¶ 3 débrouiller, arranger, mettre en ordre : *rem* Cic. Att. 11, 18, 2, arranger une affaire, cf. Brut. 154 ; *rem frumentariam* Caes. G. 7, 36, 1, assurer les approvisionnements en blé ; *exitum orationis* Cic. Fam. 3, 12, 2, trouver la fin d'un discours ; *sua consilia* Tac. H. 3, 73, mettre au clair ses décisions, trouver des décisions par soi-même ; *nemo privatim expedito consilio* Tac. H. 2, 52, personne n'ayant personnellement une résolution ferme (nette) ¶ 4 expliquer, exposer, raconter : Pl. Men. 639 ; Ter. Eun. 694 ; Virg. G. 4, 286 ; Sall. J. 5, 3 ; Tac. An. 4, 1 ; H. 4, 48 ¶ 5 [arch.] *se expedire* Pl. Trin. 236, se développer, avoir son cours ; [abs¹] *expedire* : Pl. Amp. 5 ¶ 6 [intr.] être avantageux, à propos : *cum aliis aliud expediat* Cic. Rep. 1, 49, les hommes ayant des intérêts différents, cf. Cic. Off. 3, 76 ; Lae. 33 ; Att. 7, 22, 1 ; Nep. Milt. 3, 5 ‖ impers. *expedit* : *omnibus bonis expedit salvam esse rem publicam* Cic. Phil. 13, 16, tous les gens de bien ont intérêt au salut de l'État ; *expedit* [avec *ut* subj.] il est utile que : Tac. An. 3, 69.

▶ fut. arch. *expedibo* Pl. Truc. 138 ; inf. pass. *expedirier* Pl. Poen. 1007.

expĕdītē, adv. (1 expeditus), d'une manière dégagée, librement, facilement, aisément, promptement : *expedite explicans, quod proposuerat* Cic. Brut. 237, développant avec aisance la proposition de son discours ‖ *-tius* Cic. Att. 6, 8, 4 ; *-itissime* Cic. Fam. 6, 20, 2.

expĕdītĭo, ōnis, f. (expedio) ¶ 1 préparatifs de guerre, expédition, campagne : *in expeditionem exercitum educere* Cic. Div. 1, 72, mettre l'armée en campagne, cf. Caes. G. 5, 10, 1 ; Hirt. G. 8, 34, 3 ‖

[fig.] *apes noctu deprehensae in expeditione* Plin. 11, 19, abeilles surprises la nuit en campagne ¶2 [rhét.] présentation nette, exposition claire : Her. 4, 68 ¶3 [rhét.] procédé qui consiste à ruiner successivement tous les motifs supposables pour aboutir à un seul qu'on développe : Her. 4, 10 ¶4 [archit.] disposition, distribution : Vitr. 6, 5, 3 ¶5 [chrét.] accomplissement (des prophéties) : Tert. Ux. 1, 5, 2 ‖ combat spirituel : Cypr. Unit. eccl. 27.

expĕdītĭōnālis, e, d'expédition : Amm. 31, 16 ; Spart. Pesc. 10.

1 expĕdītus, a, um, part.-adj. de *expedio*, dégagé, débarrassé, à l'aise : Cic. Mil. 28 ‖ sans bagages, armé à la légère : Caes. G. 1, 49, 3 ‖ aisé, facile : *via expeditior ad honores* Cic. Flac. 104, voie plus dégagée pour accéder aux charges, cf. Caes. G. 1, 6 ; *expeditissimus* Cic. Lae. 13 ‖ prêt, dispos : *expeditus homo* Cic. Phil. 11, 26, homme dispos ; *expeditus ad caedem* Cic. Agr. 2, 80, prêt au meurtre ; *ad dicendum* Cic. Brut. 180, ayant l'élocution aisée ; *ad inveniendum* Cic. Brut. 263, plein de ressources pour l'invention ; *in expedito esse* Quint. 10, 7, 24, être prêt, disponible ; *in expedito habere* Liv. 36, 16, 10, avoir sous la main ‖ *expedita victoria* Caes. C. 3, 70, victoire toute prête, assurée.

2 expĕdītŭs, ūs, m., expeditio : Cassiod. Hist. 8, 13.

expējūrō, ās, āre, -, -, tr., experjuro.

expellō, ĭs, ĕre, pŭlī, pulsum (ex, pello ; fr. épeler), tr. ¶1 pousser hors de, repousser, chasser, bannir : [avec ex] Cic. Quinct. 28 ; Sest. 30 ; [avec abl.] Cic. Att. 10, 4, 1 ; Pis. 16 ; Caes. G. 4, 4, 2 ; 6, 22, 3 ; [avec de] Cic. Att. 4, 3, 2 ; [avec ab, sens un peu diff[t]] *expellere ab littore naves in altum* Liv. 41, 3, 3, faire prendre le large aux vaisseaux ; *in exsilium expulsus* Cic. Lae. 42, envoyé en exil ‖ [fig.] *aliquem vita expellere* Cic. Mur. 34, ôter la vie à qqn ; *expellere somnos* Ov. H. 14, 72, dissiper le sommeil ; *dubitationem* Caes. G. 5, 48, 10, dissiper toute hésitation ¶2 projeter (un trait) : Ov. M. 3, 381 ; Quint. 10, 3, 6 ¶3 mettre dehors, exposer : *uvas expellito* Cat. Agr. 33, 4, exposer les grappes à découvert ¶4 faire sortir, tirer, dégager : *me illo expuli periculo* Pl. Bac. 965, je me suis tiré du danger.

expendō, ĭs, ĕre, pendī, pensum (ex, pendo), tr. ¶1 peser avec soin : Pl. As. 300 ‖ [fig.] peser, juger, apprécier : *cum colligo argumenta causarum, non tam ea numerare soleo quam expendere* Cic. de Or. 2, 309, quand je rassemble les arguments d'une cause, j'ai coutume moins de les compter que de les peser, cf. Or. 47 ; Rep. 6, 1 ¶2 **a)** peser en contrepartie de qqch. : *aurum auro expendetur* Pl. Ru. 1087, l'or sera compensé par un poids d'or égal, on rendra or pour or ; *hunc hominem decet auro expendi* Pl. Bac. 640, cet homme vaut son pesant d'or **b)** peser de l'argent pour payer, donner de l'argent, débourser, dépenser : Cic. Flac. 68, cf. Hor. Ep. 2, 1, 105 ‖ [expr.] *pecuniam expensam ferre alicui* Cic. Fam. 5, 20, 9, porter une somme en compte à qqn (comme avancée, prêtée), cf. Com. 14 ; Caecin. 17 ; Liv. 6, 20, 6, *acceptum et acceptus* ¶3 [fig.] *expendere poenas* Acc. d. Cic. Tusc. 2, 23, être puni ; *expendere scelus* Virg. En. 2, 229, expier un crime ¶4 [chrét.] dépenser complètement, épuiser : *expendere tempus in supplicatione* Cassian. Inst. 2, 7, 2, passer tout son temps en supplications.

expensa, ae, f. (*expendo* ; it. *spesa*, al. *Speise*), dépense, frais : Claud. Cons. Stil. 2, 145.

expensĭō, ōnis, f. (*expendo*), dépense, frais : Symm. Ep. 5, 76, 3.

expensō, ās, āre, āvī, ātum (fréq. de *expendo*), tr., compter en compensation, égaliser : Macr. Sat. 1, 13, 12 ‖ compter, payer : Scaevol. Dig. 40, 5, 41.

expensum, i, n. (*expendo*) ¶1 dépense, débit : *expensum ferre alicui* Cic. Verr. 1, 102, porter au débit de qqn ; *ratio expensi* Pl. Most. 304, compte d'argent avancé, compte ouvert, cf. Gell. 14, 2, 7 ¶2 [fig.] *expensum ferre facilitati* Ulp. Dig. 36, 4, 3, mettre sur le compte de la facilité.

expensus, a, um, part. de *expendo*.

expergēfăcĭō, ĭs, ĕre, fēcī, factum (expergo, facio), tr., éveiller [pr. et fig.] : *se expergefacere* Cic. Verr. 5, 38, se tirer de son engourdissement ; *musaea mele, per chordas organici quae mobilibus digitis expergefacta figurant* Lucr. 2, 413, les chants mélodieux qui prennent forme éveillés sur la lyre par les doigts agiles des musiciens ‖ *flagitium* Pl. Curc. 108, exciter (soulever) un scandale.

expergēfactĭō, onis, f., réveil : Aug. Ver. 50, 99.

expergēfactus, a, um, part. de *expergefio*.

expergēfīō, fīs, fĭĕrī, factus sum, pass. de *expergefacio*, être réveillé : Suet. Cal. 6 ; Cl. 8.

expergĭfĭcō, ās, āre, -, - (*expergificus*), tr., réveiller ; exciter, animer : Gell. 17, 12, 1.

expergĭfĭcus, a, um (expergo, facio), qui réveille, qui anime : Apul. Flor. 13.

expergiscō, ĭs, ĕre, -, - (*expergo*), intr., s'éveiller : Pompon. d. Non. 473, 6.

expergiscŏr, scĕrĭs, scī, perrectus sum (*expergo*), intr., s'éveiller : Cic. Att. 2, 23, 3 ; Div. 2, 135 ‖ [fig.] se réveiller, sortir de son engourdissement : Cic. Amer. 141 ; Sall. C. 20, 14.

expergĭtē, adv. (*expergitus*), avec vigilance : Apul. M. 2, 23 ; 8, 31.

expergĭtus, a, um, part. de *expergo*.

expergō, ĭs, ĕre, pergī, pergĭtum (ex, pergo ; cf. scr. *jāgarti*, ἐγείρω), tr., éveiller : Acc. d. Non. 104, 16 ‖ réveiller, exciter : Gell. 6, 10, 1 ‖ pass. *expergitus* Lucil. 143 Lucr. 3, 929.

expĕrĭens, tis, part. de *experior* ‖ adj[t], actif, agissant, entreprenant : Cic. Verr. 4, 37 ; Clu. 23 ; Liv. 6, 34, 4 ‖ *-tissimus* Cic. Verr. 3, 53.

expĕrĭentĕr, adv., avec expérience, en homme expérimenté : Boet. Top. Arist. 2, 3.

expĕrĭentĭa, ae, f. (*experior*) ¶1 essai, épreuve, tentative, expérience : *patrimonii amplificandi* Cic. Rab. Post. 44, efforts pour augmenter son patrimoine ¶2 expérience acquise, pratique : Virg. G. 1, 4 ; Vell. 2, 78, 2 ; Tac. An. 1, 4 ; 1, 46.

expĕrīmentō, ās, āre, -, - (*experimentum*), tr., essayer, expérimenter : M.-Emp. 4, 312.

expĕrīmentum, i, n. (*experior*), essai, épreuve, preuve par expérience, par les faits : *hoc est experimentum* [avec prop. inf.] Cic. Tusc. 3, 74, c'est un fait d'expérience que..., cf. Sall. J. 46, 3 ; Tac. An. 13, 24 ; 15, 24 ‖ *experimenta agere* Plin. 29, 18, faire des expériences ‖ argument : *Tert. Herm. 3, 8.

expĕrĭŏr, īrĭs, īrī, pertus sum (cf. *peritus, periculum*), tr. ¶1 éprouver, faire l'essai (l'expérience) de : *vim veneni* Cic. Cael. 58, essayer la force d'un poison ; *amorem alicujus* Cic. Att. 16, 16 c, 1, mettre à l'épreuve l'affection de qqn ; *aliquem* Cic. Lae. 84 ; Div. 2, 97, mettre qqn à l'épreuve ‖ *se experiri aliqua re* Plin. Ep. 7, 4, 3 ; 9, 29, 1, éprouver ses forces en qqch. ‖ [avec interrog. indir.] : *utrum ille ferat molestius experiri* Cic. Verr. 1, 24, voir à l'expérience ce qu'il supporte avec le plus de peine ; *in me ipso experior ut exalbescam* Cic. de Or. 1, 121, je constate par ma propre expérience comment je deviens pâle ¶2 tenter de réaliser qqch. : *omnia experiri prius quam...* Caes. G. 7, 78, 1, tout tenter avant de... ; *omnia de pace expertus* Caes. C. 3, 57, 2, ayant tout tenté au sujet de la paix ; *extrema omnia* Sall. C. 26, 5, en venir aux dernières extrémités [avec ut et subj.] tenter de : Cic. Att. 9, 10, 3 ; 11, 23, 3 ; Nep. Dat. 2, 3 ; [avec inf.] Quint. 2, 13, 17 ¶3 [droit] : *jus experiri* Dig. 2, 4, 1 ou abs[t] *experiri* Cic. Quinct. 75, faire valoir son droit devant la justice ¶4 [abs[t]] : *id experiendo magis quam discendo cognovi* Cic. Fam. 1, 7, 10, je l'ai appris plutôt par l'expérience que par l'étude ¶5 [aux temps dérivés du parf.] avoir fait l'essai, savoir par expérience : *bis experti* Caes. G. 5, 55, 2, instruits par une double expérience, cf. Cic. de Or. 2, 72 ; Planc. 22 ; Mil. 69 ; *industriam alicujus expertus* Cic. Brut. 280, connaissant par expérience l'activité de qqn ; [avec prop. inf.] Cic. Fam. 13, 16, 3 ; Caes. C. 2, 9, 5.

▶ *experior* avec sens passif, d'après Prisc. 12, 379, 10 ‖ part. parf. *expertus* avec sens passif Acc. Tr. 681 ; Cat. Agr. 157, 10 ; Planc. Fam. 10, 24, 3 ; Liv. 1, 17, 3.

experiscor, experior : CIL 2, 2102.

expĕrītus, *a*, *um* (*ex*, *peritus*), inhabile : P. Fest. 70, 2.

experjūrō, *ās*, *āre*, -, -, jurer fortement : Afran. Com. 192.

experrectus, *a*, *um*, part.-adj. de *expergiscor*, *-tior* Col. 9, 7, 5, plus vigilant.

expers, *tis* (*ex parte*) ¶ **1** qui n'a pas de part à, qui manque de, privé, dénué, dépourvu de : *expers tanti consilii* Cic. Att. 8, 8, 1, à qui on n'a pas fait part d'un si grand projet ; *expers eruditionis* Cic. de Or. 2, 1, dépourvu d'instruction ‖ [avec abl.] [rare] Pl. Amp. 7, 13 ; Pers. 509 ; *omnes fama atque fortunis expertes sumus* Sall. C. 33, 1, nous manquons tous de réputation et de biens ¶ **2** ⊂ *expertus*, qui a essayé, qui sait : Gloss. 5, 291, 47.

expertē, adv. (*expertus*), avec expérience : Ps. Boet. Geom. 1, p. 1519.

expertĭo, *ōnis*, f. (*experior*), essai, épreuve : Vitr. 8, 4, 1.

expertus, *a*, *um*, part. de *experior* ‖ adjᵗ, éprouvé, qui a fait ses preuves : *expertus belli* Tac. H. 4, 76, aguerri ‖ *expertissimus* Suet. Tib. 19.

expĕtendus, *a*, *um* (*expeto*), désirable : Cic. de Or. 1, 221.

expĕtens, *tis*, part. de *expeto* ‖ adjᵗ, désireux : Cic. Rep. 2, 68.

expĕtentĕr, adv., avec passion, en désirant ardemment : Max. Serm. 56, p. 645 A.

expĕtessō (-tissō), *ĭs*, *ĕre*, -, - (désid. de *expeto*), tr., souhaiter : Pl. Ep. 255 ; Mil. 959 ‖ [acc. d'objet intér.] *expetessere preces ab aliquo* Pl. Ru. 258, adresser des vœux à qqn.

expĕtĭbĭlis ⊂ *expeto*, très désirable : Sen. Ep. 117, 5 ; Boet. Cons. 2, 6, 4.

expĕtītĭo, *ōnis*, f. (*expeto*), vif désir, vœu, souhait : Hil. Trin. 10, 40.

expĕtītŏr, *ōris*, m., qui désire vivement : Symm. Ep. 8, 46, 1.

expĕtītus, *a*, *um*, part. de *expeto*.

expĕtō, *ĭs*, *ĕre*, *īvī* (*ĭī*), *ītum* (*ex*, *peto*), tr. et intr.
I tr. ¶ **1** désirer vivement, souhaiter, convoiter, rechercher : *auxilium ab aliquo* Cic. Pomp. 30, souhaiter l'assistance de qqn ; *pecunia tantopere expetitur* Cic. de Or. 2, 172, l'argent est si vivement recherché ; *Cotta Sulpiciusque expetebantur* Cic. Brut. 207, c'est Cotta et Sulpicius qu'on recherchait (comme avocats) ‖ [avec inf.] *vincere expetunt* Cic. Phil. 12, 9, ils désirent vaincre, cf. Pl. Aul. 652 ‖ [avec prop. inf.] Pl. Most. 128 ; Trin. 366 ; Ter. Hec. 727 ; *nostram gloriam augeri expeto* Cic. Q. 1, 1, 2, je souhaite vivement que notre gloire s'accroisse ‖ [avec *ut*] Tac. An. 6, 8 ¶ **2** prendre, choisir : *stulta sibi expetunt consilia* Pl. Most. 861, ils ont recours à de sots expédients ¶ **3** chercher à obtenir, réclamer, revendiquer : *expetere poenas ab aliquo* Cic. Pis. 16, chercher à obtenir le châtiment de qqn ; *a Flacco Lentuli poenae per vos expetuntur* Cic. Flac. 95, on cherche par votre entremise à venger sur Flaccus le châtiment de Lentulus ; *expetere jus* Liv. 3, 40, 4, revendiquer ses droits ¶ **4** chercher à atteindre [un lieu] : *mare medium terrae locum expetens* Cic. Nat. 2, 116, la mer tendant [par sa pesanteur] vers le centre de la terre.
II intr. **a)** survenir, tomber sur : *expetent ista mendacia in hujus tergum* Pl. Amp. 589, ces mensonges retomberont sur son dos : *mihi illius maledicta expetent* Pl. Amp. 896, ses reproches retomberont sur moi ; *in servitute expetunt multa iniqua* Pl. Amp. 174, dans l'esclavage beaucoup de maux vous arrivent **b)** prendre de l'extension [dans le temps] : *aetatem* Pl. Poen. 636, durer éternellement.

expĭābĭlis, *e*, qui appelle une expiation : Rufin. Orig. Hept. 3 (Lev.), 8, 5 ‖ qu'on peut purifier (ou expier) : Tert. Pud. 18, 3.

expĭāmentum, *i*, n., moyen expiatoire : Schol. Bob. ; Cic. Mil. 3.

expĭātĭo, *ōnis*, f. (*expio*), expiation : Cic. Leg. 1, 40 ; Liv. 5, 20, 5 ‖ pl., Cic. Leg. 2, 3, 4 ; Sen. Nat. 2, 38, 3 ‖ [chrét.] purification : Aug. Cons. 2, 4, 12 ‖ rédemption : Hier. Dan. 8, 16.

expĭātŏr, *ōris*, m., celui qui purifie : Tert. Pud. 15, 11.

expĭātōrĭus, *a*, *um*, expiatoire : Aug. Civ. 21, 13.

expĭātrix, *īcis*, f., prêtresse qui fait des expiations : Fest. 234, 1.

1 **expĭātus**, *a*, *um*, part. de *expio*.

2 **expĭātŭs**, *ūs*, m., expiation : Tert. Val. 13, 1.

expictus, *a*, *um*, part. de *expingo*.

expīlātĭo, *ōnis*, f. (*expilo*), action de piller, pillage : Cic. Off. 2, 75 ; Verr. 3, 6 ‖ pl., Cic. Verr. 3, 23.

expīlātŏr, *ōris*, m. (*expilo*), voleur : Cic. Q. 1, 1, 9 ; Dig. 47, 18, 1.

expīlō, *ās*, *āre*, *āvī*, *ātum* (cf. *compilo*), tr., voler, piller, dépouiller : Cic. Par. 43 ; Clu. 181 ; Verr. 4, 30 ‖ [fig.] Cic. de Or. 3, 123.

expingō, *ĭs*, *ĕre*, *pinxī*, *pictum* (*ex*, *pingo*), tr. ¶ **1** peindre, représenter : Plin. 35, 49 ‖ enluminer : *expingere se* Tert. Cult. 2, 12, 3, se farder ¶ **2** dépeindre, décrire : Cic. Tusc. 5, 114.

expinsō, *ĭs*, *ĕre*, -, -, tr., piler : Cat. Agr. 2, 4.

expĭō, *ās*, *āre*, *āvī*, *ātum* (*ex*, *pio*), tr. ¶ **1** purifier par des expiations : *expiandum forum Romanum a nefarii sceleris vestigiis* Cic. Rab. perd. 11, il faut purifier le forum des traces d'un crime abominable, cf. Phil. 1, 30 ; Verr. 4, 26 ; Leg. 2, 22 ; Liv. 1, 26, 12 ¶ **2** détourner par des cérémonies religieuses : *dira detestatio nulla expiatur victima* Hor. Epo. 5, 90, il n'est point de victime qui détourne l'effet d'une malédiction, cf. Cic. Div. 2, 139 ¶ **3** expier, réparer, racheter : *tua scelera di in nostros milites expiaverunt* Cic. Pis. 85, tes crimes, les dieux les ont fait expier à nos soldats, cf. Caes. C. 1, 7, 5 ‖ [fig.] *virtute expiato incommodo* Caes. G. 5, 52, 6, le dommage étant réparé par le courage ; *expiare errorem* Plin. Ep. 8, 10, 1, payer une erreur ¶ **4** apaiser, calmer, satisfaire : *expiare manes* Cic. Pis. 16, apaiser les mânes ¶ **5** [chrét.] racheter les péchés : Cypr. Laps. 16.

expīro, ▶ *exsp-*.

expiscŏr, *ārĭs*, *ārī*, *ātus sum*, tr., pêcher [fig.], rechercher, chercher, fouiller, fureter : Ter. Phorm. 382 ; Cic. Fam. 9, 19, 1 ; Pis. 69.

explācābĭlis, *e*, très facile à fléchir : Not. Tir. 64, 42.

explānābĭlis, *e*, clair, intelligible : Sen. Ir. 3, 7.

explānātē, adv. (*explanatus*), d'une manière claire, intelligible : Gell. 16, 8, 3 ‖ *-tius* Cic. Or. 117.

explānātĭo, *ōnis*, f. (*explano*) ¶ **1** explication, éclaircissement, interprétation : Cic. Div. 1, 116 ; Fin. 4, 41 ¶ **2** clarté du style : Her. 4, 17 ‖ articulation, prononciation distincte : Plin. 7, 70 ; Quint. 1, 5, 33 ; 11, 3, 33 ¶ **3** hypotypose [rhét.] : Cic. de Or. 3, 202.

explānātīvus, *a*, *um*, comportant un sens : Mar. Vict. Gram. 6, 4, 23.

explānātŏr, *ōris*, m. (*explano*), interprète, commentateur : Cic. Div. 1, 116 ; 2, 131.

explānātōrĭus, *a*, *um*, explicatif : Cael.-Aur. Acut. 3, 1, 5.

explānātus, *a*, *um*, part.-adj. de *explano*, clair, net, distinct, intelligible : Cic. Ac. 1, 19 ; Sen. Ir. 1, 1, 4.

explānō, *ās*, *āre*, *āvī*, *ātum* (*ex*, *planus* ; it. *spianare*), tr. ¶ **1** étendre, étaler : *in denos pedes explanatus* Plin. 16, 34, qui forme une surface plane de dix pieds ¶ **2** [fig.] développer, expliquer, éclaircir, exposer : Cic. Off. 1, 94 ; Brut. 152 ; Or. 80 ¶ **3** prononcer clairement : Plin. Pan. 64, 3.

explantō, *ās*, *āre*, -, -, tr., déraciner, arracher : Col. 4, 14, 1.

explaudo, ▶ *explodo*.

explēmentum, *i*, n. (*expleo*), ce qui sert à remplir [le ventre] : Pl. St. 173 ; Sen. Ep. 110, 12 ‖ remplissage [en parl. du style] : Sen. Suas. 2 ‖ [fig.] *ad explementum desiderii tui* Ps. Placid. Fab. Ov. 2, 5, pour satisfaire ton désir.

explendesco, ▶ *exsplendesco*.

explēnunt, ▶ *expleo*.

explĕō, *ēs*, *ēre*, *plēvī*, *plētum* (*ex*, *pleo*, inus., cf. *compleo*, *plenus*), tr. ¶ **1** remplir : *rimas* Cic. Or. 231, boucher des fentes, remplir des vides ; *fossas* Caes. G. 7, 82, 3, remplir, combler des fossés ; *ut milites omnem munitionem expleant* Caes. C. 1, 21, 3, de manière que les soldats garnissent toutes les fortifications; ***fossam aggere explent*** Caes. G. 7, 79, 4, ils comblent le fossé d'un amas de matériaux ¶ **2** compléter: ***numerum nautarum*** Cic. Verr. 5, 87, compléter l'équipage d'un navire, cf. Caes. C. 3, 4, 6; ***dum justa muri altitudo expleatur*** Caes. G. 7, 23, 4, jusqu'à ce que la hauteur normale d'un mur soit atteinte; ***his rebus id, quod Avarici deperierat, expletur*** Caes. G. 7, 31, 4, par ces mesures, les pertes faites à Avaricum sont comblées, cf. Cic. Brut. 154; ***damna*** Liv. 3, 68, 3, réparer des dommages ∥ ***centurias*** Liv. 37, 47, 7, avoir dans les centuries le nombre complet de suffrages exigé ∥ ***vitam beatam*** Cic. Fin. 2, 42, parfaire le bonheur; ***damnationem*** Cic. Caecin. 29, parfaire une condamnation [compléter le nombre de voix nécessaire pour une condamnation] ∥ [rhét.] ***sententias explere*** Cic. Or. 168, donner aux pensées une forme pleine, cf. Or. 40; 230 ¶ **3** remplir, satisfaire: ***sitim*** Cic. CM 26, étancher la soif; ***cupiditates*** Cic. Part. 96, satisfaire les passions; ***expectationem diuturni desiderii nostri*** Cic. de Or. 1, 205, remplir l'attente d'un désir que nous avons depuis longtemps; ***avaritiam pecunia*** Cic. Amer. 150, assouvir son avidité avec de l'argent ∥ ***aliquem aliqua re*** Cic. Fam. 2, 1, 1, rassasier qqn de qqch., cf. Phil. 2, 50; Sall. J. 13, 6; 20, 1; [avec gén.] Virg. En. 2, 586 ∥ ***expleti atque saturati*** Cic. Verr. 3, 100, rassasiés et assouvis ∥ remplir une obligation: ***amicitiae munus*** Cic. Lae. 67, remplir les devoirs de l'amitié, cf. Cic. Prov. 35; Fam. 16, 25 ∥ [en parl. du temps] remplir, terminer: ***fatales annos*** Tib. 1, 3, 53, remplir le nombre d'années fixé par le destin; ***unum et tricesimum aetatis annum*** Tac. H. 1, 48, achever sa trente et unième année; ***expletum annum habeto*** Cic. Rep. 6, 24, regarde l'année comme terminée.

▶ arch. *explenunt* = *explent* P. Fest. 70, 3 ∥ inf. prés. pass. *explerier* Lucr. 6, 21 ∥ formes contr. *explerit*, *explesset*, *explesse* dans Cic.; Liv..

explētĭo, *onis*, f. (*expleo*), satisfaction, contentement: Cic. Fin. 5, 40 ∥ accomplissement, achèvement: Vulg. Act. 21, 26.

explētīvus, *a*, *um*, explétif [gram.]: Char. 224, 30; Prisc. 3, 110, 7.

explētŏr, *ōris*, m., celui qui accomplit: Hier. Pelag. 1, 32.

explētus, *a*, *um*, part. de *expleo* ∥ adjᵗ, accompli, parfait: Cic. Nat. 2, 37; Fin. 2, 48; 5, 37; Quint. 9, 4, 116.

explĭcābĭlis, *e* (*explico*), qu'on peut débrouiller, expliquer: Plin. 4, 98; Mel. 1, 56 ∥ qui explique: Arn. 1, 16.

explĭcābĭlĭtĕr, adv., d'une manière explicable: Diom. 406, 7.

explĭcantĕr, adv., clairement, nettement: Pomp.-Gr. 5, 248, 24.

explĭcātē, adv. (*explicatus*), avec un bon développement: Cic. de Or. 3, 53 ∥ *-tius* Aug. Civ. 19, 4.

explĭcātĭo, *ōnis*, f. (*explico*), action de déplier, de dérouler: Cic. Div. 1, 127 ∥ [fig.] action de débrouiller, de présenter clairement, netteté: Cic. Brut. 143 ∥ développement: Cic. Fin. 3, 14 ∥ ***verborum*** Cic. Ac. 1, 32, explication des termes, étymologie ∥ pl., applications: Vitr. 10, 1, 4.

explĭcātŏr, *ōris*, m., **explĭcātrix**, *īcis*, f., celui, celle qui sait développer, exposer: Cic. Or. 31; Ac. 1, 32.

1 **explĭcātus**, *a*, *um*, part.-adj. de *explico*, bien débrouillé, en bon ordre: ***provincia quam maxime explicata*** Cic. Fam. 3, 2, 1, province dans la situation la plus claire possible ∥ bien développé: ***explicata sententia*** Cic. de Or. 2, 35, opinion bien présentée, bien formulée ∥ clair, net: *-tior* Cic. Att. 9, 7, 2; *-tissimus* Aug. Ep. 31, 8.

2 **explĭcātŭs**, *ūs*, m. ¶ **1** action de déployer, d'étendre [les jambes]: Plin. 8, 166 ¶ **2** pl., explications: Cic. Nat. 3, 93.

explĭcāvi, un des parf. de *explico*.

explĭcit lĭber, = *explicitus est liber* [opposé à *incipit*]: le livre est déroulé (fini), ici se termine l'ouvrage, fin [Mart. 11, 107, 1]: Hier. Ep. 28, 4 ∥ [au pl.] *expliciunt*: Isid. Nat. p. 173 F.

explĭcĭtus, part.-adj. de *explico* [v.▶ *explico*▶]: ***consilium explicitius*** Caes. C. 1, 78, 2, le projet le plus aisé à exécuter.

explĭco, *ās*, *āre*, *āvī* et *ŭī*, *ātum* et *ĭtum* (*ex*, *plico*; it. *spiegare*), tr. ¶ **1** déployer, dérouler: ***vestem*** Cic. de Or. 1, 161, déployer (étaler) des étoffes; ***volumen*** Cic. Amer. 101, dérouler un papyrus; ***pennas*** Ov. Am. 2, 6, 55, déployer ses ailes; ***frontem*** Hor. O. 3, 29, 16, dérider son front; ***mare turbidum*** Sen. Herc. Oet. 456, calmer la mer ∥ ***se ex his laqueis explicare*** Cic. Verr. 5, 151, se débarrasser de ces filets ¶ **2** étendre, allonger: ***forum laxare et usque ad atrium Libertatis explicare*** Cic. Att. 4, 16, 14, élargir le forum et l'étendre jusqu'au portique de la Liberté, cf. Agr. 2, 96; de Or. 2, 358 ∥ ***aciem*** Liv. 7, 23, 6, déployer sa ligne de bataille, cf. 2, 46, 3; 2, 59, 7; 10, 20, 3; ***se turmatim*** Caes. C. 3, 93, 3, se déployer par escadrons; pass., *explicari* Caes. C. 2, 26, 4, se déployer ∥ [poét.] ***arida ligna in flammas explicare*** Lucr. 2, 882, amener le bois se à se déployer en flammes ¶ **3** [fig.] ***explica atque excute intellegentiam tuam*** Cic. Off. 3, 81, déploie, scrute ton intelligence ∥ débrouiller, tirer d'affaire: ***Siciliam*** Cic. Pomp. 30, tirer d'affaire la Sicile; ***se dicendo*** Cic. Flac. 10, se tirer d'affaire par la parole ∥ débrouiller, tirer au clair, mettre en ordre (en état): ***negotia*** Cic. Att. 5, 12, 3, arranger des affaires; ***consilium*** Caes. C. 1, 78, 4, arrêter sa ligne de conduite; ***nomen*** Cic. Att. 13, 29, 2, acquitter une dette; ***res involutas definiendo*** Cic. Or. 102, débrouiller par des définitions les idées obscures ¶ **4** [rhét.] développer: ***vitam alicujus totam*** Cic. Caecil. 27, dérouler toute la vie de qqn; ***verbum*** Cic. Part. 124, développer le sens d'un mot; ***in explicanda aequitate*** Cic. Brut. 144, quand il s'agissait de développer l'équité (les considérations d'équité); ***narrationes explicatae dilucide*** Cic. Or. 124, narrations développées clairement; ***summorum oratorum Graecas orationes*** Cic. de Or. 1, 155, reproduire (traduire librement) les discours des meilleurs orateurs grecs; ***alicujus injurias apertissime alicui explicare*** Cic. Verr. 2, 156, exposer à qqn de la manière la plus claire les injustices de qqn [absᵗ]: ***de aliqua re explicare*** Cic. Tusc. 3, 13, entrer dans des développements sur qqch.

▶ la forme *explicui* ne se trouve qu'à partir de Virg.; les deux formes du supin se trouvent dans Caes.; Cic. n'a que la forme *explicatum*; v.▶ *explicit*.

explōdō ou **explaudō**, *ĭs*, *ĕre*, *plōsī*, *plōsum* (*ex*, *plaudo*), tr. ¶ **1** pousser hors, rejeter: ***aliquem in arenam aut litus*** Sen. Marc. 10, jeter qqn sur le sable ou sur la côte ∥ chasser qqn: Afran. d. Non. 186, 16 cf. Cic. Com. 30 ∥ [poét.] ***(gallus) noctem explaudentibus alis*** Lucr. 4, 710, (le coq) quand le battement de ses ailes chasse la nuit ¶ **2** rejeter en battant des mains, mal accueillir, huer, siffler: Cic. de Or. 1, 259 ∥ [fig.] désapprouver, condamner: Cic. Div. 2, 148 ¶ **3** [tard.] réfuter: Aug. Civ. 12, 21.

explōrātē, adv. (*exploratus*), en connaissance de cause, en toute sûreté: Cic. Nat. 1, 1; ***exploratius promittere*** Cic. Fam. 6, 1, 5, garantir avec plus d'assurance.

explōrātĭo, *ōnis*, f. (*exploro*), observation, examen: Col. 3, 9, 5; ***exploratio occulta*** Tac. H. 3, 54, espionnage ∥ espionnage de guerre: Modest. Dig. 49, 16, 3.

explōrātīvē, adv., à titre exploratoire, furtivement: Adamn. Vit. Col. 3 pr.

explōrātŏr, *ōris*, m. (*exploro*) ¶ **1** celui qui va à la découverte, observateur, explorateur: Suet. Tib. 60 ¶ **2** celui qui fait une reconnaissance, éclaireur, espion [en gén.]: Pl. Ps. 1167; Sen. Ep. 2, 5 ∥ [milit.] éclaireur: Caes. G. 1, 12, 2; [fig.] ***Thales naturae rerum certissimus explorator*** Apul. Flor. 18, 30, Thalès, le plus habile à pénétrer les secrets de la nature ¶ **3** adjᵗ, qui essaye, éprouve: ***exploratores foci*** Mart. 8, 51, 4, feux qui éprouvent.

explōrātōrĭus, *a*, *um* (*explorator*), d'observation: Veg. Mil. 4, 37 ∥ d'épreuve, qui sert à reconnaître: Suet. Cal. 45.

explōrātrix, *īcis*, f., celle qui recherche, qui explore: Cassian. Coll. 19, 11, 2.

explōrātus, *a*, *um* ¶ **1** part. de *exploro* ¶ **2** adjᵗ, certain, sûr, assuré: ***litterae non tam exploratae a timore*** Cic. Att. 3, 17, 1, une lettre moins rassurante; ***mihi exploratum est*** [avec prop. inf.] Cic. Fam. 2, 16, 6, je suis certain que; ***exploratum habere***

exploratus

Cic. *Nat.* 1, 51 ou **pro explorato habere** [avec prop. inf.] Caes. *G.* 6, 5, 3, tenir pour certain que ∥ **-tior** Cic. *Att.* 16, 2, 4 ∥ **-tissimus** Cic. *Quir.* 15.

explōrō, ās, āre, āvī, ātum (*ex* ; cf. *planus*, v. irl. *lár*, al. *Flur*), tr. ¶ **1** observer, examiner, explorer, vérifier, s'assurer de : **rem** Cic. *Att.* 6, 8, 5, examiner une affaire ; **idoneum locum castris** Caes. *C.* 1, 81, 1, chercher un lieu favorable pour camper ; [avec interrog. indir.] Caes. *G.* 5, 49, 8 ; **explorare ambitum Africae** Plin. 5, 8, explorer le pourtour de l'Afrique ; **explorare animos** Ov. *A. A.* 1, 456, sonder les esprits, cf. Liv. 37, 7, 10 ; **omnia explorata habere** Caes. *G.* 2, 4, 4, avoir une certitude complète ; **explorata nobis sunt ea quae...** Cic. *Rep.* 1, 19, nous avons une connaissance assurée des choses qui... ; [abl. abs. du part. au n.] **explorato jam profectos amicos** Tac. *H.* 2, 49, s'étant assuré du départ de ses amis ¶ **2** épier, guetter, faire une reconnaissance militaire : **Africam** Cic. *Pomp.* 34, visiter l'Afrique, cf. Caes. *C.* 1, 66, 2 ; [abl. n. abs.] **explorato** Liv. 23, 42, 9, reconnaissance faite ¶ **3** éprouver, mettre à l'épreuve : **suspensa focis explorat robora fumus** Virg. *G.* 1, 175, la fumée éprouve le chêne suspendu au foyer ; **secundae res animos explorant** Tac. *H.* 1, 15, le bonheur éprouve les âmes.

explōsĭo, ōnis, f. (*explodo*), action de rejeter, de huer, mauvais accueil : Cael. *Fam.* 8, 11, 4.

explōsus, a, um, part. de *explodo*.

expŏlĭātĭo, v. *exspoliatio*.

1 **expŏlĭō**, ās, āre, -, -, tr., v. *exspolio*.

2 **expŏlĭō**, īs, īre, īvī, ītum (*ex*, *polio*), tr., polir entièrement, polir, lisser, donner du lustre : Quint. 2, 19, 3 ; Plin. 8, 135 ; Catul. 1, 2 ∥ [fig.] polir, orner, embellir, perfectionner : **aliquem** Cic. *de Or.* 3, 139 ; 2, 40 ; Plin. *Ep.* 1, 10 ∥ **partes** Cic. *Inv.* 1, 76, orner les divisions (d'un discours) ; **orationem** Quint. 8, 3, 42, polir le style.

expŏlītĭo, ōnis, f. (2 *expolio*), action de polir : Vitr. 6, 8, 10 ; Cic. *Q.* 3, 1, 6 ∥ [fig.] embellissement, ornement, perfectionnement, le fini : Cic. *de Or.* 1, 50 ; *Or.* 185 ∥ amplification [rhét.] : Her. 4, 54.

expŏlītŏr, ōris, m., qui polit, polisseur : Aug. *Serm.* 85, 12.

expŏlītus, a, um, part.-adj. de 2 *expolio*, poli, nettoyé, net, propre, bien soigné ; orné, embelli : Pl. *Most.* 101 ∥ **-tior** Catul. 39, 20 ; **-tissimus** Scip. Afr. d. Gell. 2, 20, 6.

expōnō, īs, ĕre, pŏsuī, pŏsĭtum (*ex*, *pono* ; it. *esporre*), tr. ¶ **1** mettre hors, mettre en vue, étaler, exposer : **argentum** Cic. *Verr.* 4, 62, exposer de l'argenterie, cf. *Verr.* 4, 35 ; *Mur.* 75 ; **herbam in sole** Col. 12, 28, 1, exposer de l'herbe au soleil ; **factum expositum ad imitandum** Cic. *Phil.* 2, 114, acte proposé à l'imitation ; **alicujus vitam in oculis conspectuque omnium** Cic. *Caecil.* 27, exposer la vie de qqn aux yeux, aux regards de tous ∥ [en part.] : **puerum** Liv. 1, 4, 5, exposer un enfant ; **ad Tiberim exponi** Cic. *Rep.* 2, 4, être exposé sur les bords du Tibre ∥ [fig., tard.] abandonner, délaisser : **tristia omnis exponitur** Cypr. *Ep.* 63, 4, toute tristesse est abandonnée ¶ **2** débarquer : **exercitum** Caes. *G.* 5, 9, 1 ; **milites ex navibus** Caes. *G.* 4, 37, 1 ; 5, 23, 4, débarquer une armée, des soldats (**navibus** Caes. *C.* 3, 111, 6) ; **milites in terram** Caes. *C.* 3, 23, 2, débarquer des soldats sur le rivage ; **in litore expositus** Suet. *Caes.* 4, débarqué sur le rivage, cf. Liv. 26, 17, 2 ; 28, 44, 10 ; Nep. *Them.* 8, 7 ; [avec *ad*] Caes. *C.* 3, 6, 3 ; [avec abl. seul] Caes. *C.* 3, 29, 3 ∥ étendre à terre, jeter par terre : Pl. *Cas.* 853 ∥ jeter par-dessus bord : Dig. 39, 4, 16, 8 ¶ **3** tenir une somme à la disposition de qqn : **alicui de** Cic. *Att.* 5, 4, 3, mettre à la disposition de qqn huit cent mille sesterces ¶ **4** exposer à, livrer à la merci de : **ad ictus expositus** Liv. 9, 35, 6, exposé aux coups ; **ne inermes provinciae barbaris nationibus exponerentur** Tac. *H.* 3, 5, pour ne pas laisser les provinces exposées sans défense à la merci des barbares ¶ **5** exposer par écrit, par la parole : **rem breviter** Cic. *Cat.* 3, 3, exposer un fait brièvement ; **res quemadmodum gesta sit** Cic. *Amer.* 14, exposer comment une affaire a été menée ∥ [abst] **de aliqua re** Cic. *Rep.* 1, 41 ; *de Or.* 1, 102, faire un exposé sur une chose, traiter une question ∥ [avec prop. inf.] exposer que : Cic. *Div.* 199 ; *Tusc.* 1, 26 ∥ [en part.] reproduire, rapporter [un discours, une conversation] : **in illo sermone qui est expositus in Bruto** Cic. *Or.* 23, dans cet entretien qui est rapporté dans le Brutus, cf. Cic. *de Or.* 1, 227 ; *Brut.* 81 ; **capita exposita nec explicata** Cic. *Brut.* 164, têtes de chapitres reproduites sans développements.

▶ parf. arch. **exposivit** Pl. *Cas.* 853 ; part. sync. **expostus** Cat. *Agr.* 151, 2 ; Virg. *En.* 10, 694.

exporgō, īs, ĕre, -, -, c. *exporrigo* : Ter. *Ad.* 839.

exporrectus, a, um, part. de *exporrigo*.

exporrĭgō (**exporgō**), īs, ĕre, rēxī, rectum (*ex*, *porrigo* ; it. *sporgere*), tr. ¶ **1** étendre, déployer, allonger : **equites in longitudinem** B.-Afr. 78, 4, déployer en longueur la cavalerie ; **sesamam in sole** Plin. 18, 98, étendre du sésame au soleil ; **exporrigunt se monte longo jugo** Mel. 1, 109, les montagnes s'étendent en une longue chaîne ; **exporge frontem** Ter. *Ad.* 839, déride ton front ¶ **2** [fig.] **sibi annos exporrigere** Sen. *Brev.* 9, 3, se promettre une longue suite d'années.

exportātĭo, ōnis, f., exportation : Cic. *Off.* 2, 13.

exportātus, a, um, part. de *exporto*.

exportō, ās, āre, āvī, ātum, tr. ¶ **1** porter hors, emporter : **ex oppido simulacrum** Cic. *Verr.* 4, 77, transporter une statue hors de la ville ∥ exporter : Cic. *Flac.* 67 ; *Verr.* 2, 176 ¶ **2** déporter, bannir : **o portentum... exportandum** Cic. *Verr.* 1, 40, ô monstre, bon à déporter....

exposcō, ĭs, ĕre, pŏposcī, poscītum, tr. ¶ **1** demander instamment, solliciter vivement : **victoriam ab dis** Caes. *C.* 2, 5, 4, demander instamment la victoire aux dieux ; **misericordiam implorare et exposcere** Cic. *Mil.* 92, implorer et solliciter la pitié avec insistance, cf. Caes. *G.* 7, 19, 4 ; [avec inf.] **Iliacos iterum audire labores exposcit** Virg. *En.* 4, 79, elle demande à entendre une seconde fois les souffrances d'Ilion ; [avec prop. inf.] Virg. *G.* 9, 193 ; **aliquem** et subj., demander à qqn de : Liv. 2, 35, 5 ; **aliquem aliquid** Liv. 7, 40, 5 ; [avec *ut*] Enn. *Sc.* 177 ; Claud. *Epigr.* 30, 3 ¶ **2** réclamer, exiger : **exposcere aliquem** Liv. 38, 31, 3 ; 39, 50, 9, réclamer qqn pour le punir, demander l'extradition d'un coupable.

expŏsĭtē, adv. (*expositus*), clairement : Gell. 3, 2, 14.

expŏsĭtīcĭus, a, um (*expositus*), exposé, abandonné : Pl. *Cas.* 79.

expŏsĭtĭo, ōnis, f. (*expono*) ¶ **1** exposition d'un enfant, abandon : Just. 1, 4, 5 ∥ évacuation (du ventre) : Theod.-Prisc. *Log.* 28 ¶ **2** exposé d'un sujet, exposition : Cic. *de Or.* 3, 203 ; *Or.* 212 ∥ définition, explication : Cic. *Fin.* 5, 21 ∥ [chrét.] interprétation des écrits sacrés, exégèse : Hier. *Ep.* 36, 4, 2.

expŏsĭtĭuncŭla, ae, f. (dim. de *expositio*), court exposé : Hier. *Jovin.* 1, 37.

expŏsĭtŏr, ōris, m. (*expono*) ¶ **1** celui qui expose [un enfant] : Ps. Quint. *Decl.* 338 ¶ **2** commentateur, interprète : Cassiod. *Var.* 11, 17.

expŏsĭtum, i, n. de *expositus* pris subst, **(villae) exposita** Sen. *Ep.* 55, 6, les dehors de la villa.

expŏsĭtus, a, um ¶ **1** part. de *expono* ¶ **2** adjt, ouvert : **expositum limen** Stat. *S.* 1, 2, 24, porte ouverte à tous ∥ [fig.] **expositi census** Stat. *S.* 2, 2, 152, fortune dont on fait part ; **ingenium, fidem suam populo Romano promptam expositamque praebere** Cic. *Caecin.* 78, offrir au peuple romain son talent, sa loyauté comme un bien disponible et largement ouvert à tous ∥ abordable, affable : Plin. *Ep.* 1, 10, 2 ; Stat. *S.* 5, 3, 246 ∥ à la portée de tous, clair, intelligible : Quint. 2, 5, 19 ∥ commun, banal : Quint. 10, 5, 11 ; Juv. 7, 54.

exposīvī, v. *expono*.

expostŭlātĭo, ōnis, f. (*expostulo*), demande pressante, instances : Cic. *Dom.* 16 ∥ réclamation, plainte : Cic. *Clu.* 161 ; *Fam.* 3, 7, 3 ∥ pl., Cic. *Q.* 2, 1, 1 ; Liv. 35, 17, 2.

1 **expostŭlātus**, a, um, part. de *expostulo*.

2 **expostŭlātŭs**, ūs, m., réclamation : *Symm. *Ep.* 9, 13.

expostŭlō, ās, āre, āvī, ātum

I tr. ¶ **1** demander instamment, réclamer : **primas sibi partes** Tac. *An.* 15, 53, réclamer le premier rôle ∥ demander que [avec ut] : Tac. *An.* 12, 46 ; [avec *ne*] Plin. *Pan.* 75, 4 ; [avec prop. inf.] Tac. *An.* 15, 17 ‖ réclamer qqn pour un châtiment : Tac. *H.* 1, 45 ; 73 ; Suet. *Dom.* 23 ¶ **2** se plaindre de : *Juventium tecum non expostulavi* Cic. *Planc.* 58, je ne me suis pas plaint à toi de Juventius ; *expostulare injuriam cum aliquo* Ter. *And.* 639, demander raison d'une injure à qqn ¶ **3** [tard.] *expostulare ut*, poser en principe que : Tert. *Val.* 7, 4. **II** intr., adresser des réclamations, se plaindre : *cum aliquo de aliqua re* Cic. *Fam.* 5, 2, 9, se plaindre de qqch. à qqn ; *de aliqua re* Cic. *Verr.* 3, 207 ; *cum aliquo* Cic. *Fam.* 2, 17, 6 ; *vehementius expostulare* Cic. *Sull.* 44, se plaindre trop vivement ‖ *cum aliquo* et prop. inf., se plaindre à qqn de ce que : Pl. *Mil.* 697 ‖ [avec *cur* et subj.] demander en se plaignant pourquoi : Tac. *An.* 13, 37.

expostus, *a*, *um*, ▭▷ *expono* ▸.

expŏsŭī, parf. de *expono*.

expŏtātus, *a*, *um*, ▭▷ *expotus* : Gloss. 4, 64, 19.

expŏtus, *a*, *um*, bu en entier ‖ [fig.] *expotum argentum* Pl. *Trin.* 406, argent dépensé à boire ; ▭▷ *epotus*, *ebibo*.

ex praefecto, m., ex-préfet : Capit. *Maxim.* 20 ‖ *ex praefectis* : CIL 6, 31402.

expraefectus, *i*, m., ▭▷ *ex praefecto* : Symm. *Ep.* 7, 126.

ex praepŏsĭtis, m. indécl., ex-chef : CIL 3, 12377.

ex praetōrĕ, m. indécl., ancien préteur : Cod. Just. 1, 17, 2, 9 ; Greg.-M. *Ep.* 1, 67.

expressē, adv. (*expressus*), en pressant : *expressius* Scrib. 198, en pressant plus fortement ‖ [fig.] clairement, distinctement : Val.-Max. 8, 7, 1 ‖ d'une manière expressive, significative, frappante : Her. 4, 10 ; Col. 11, 1, 29.

expressī, parf. de *exprimo*.

expressim, adv., expressément : Modest. *Dig.* 49, 1, 19.

expressĭo, *ōnis*, f. (*exprimo*) ¶ **1** action de presser, de faire sortir en pressant, expression : Aug. *Serm* 207, 2 ¶ **2** [méc.] élévation de l'eau : *in hoc (volumine) de expressionibus aquae dicendum putavi* Vitr. 10, 7, 5, dans ce livre j'ai cru devoir parler des systèmes d'élévation de l'eau ‖ remontée de l'eau [en conduite forcée] : Vitr. 1, 1, 7 ‖ jet d'eau : Vitr. 9, 8, 4 ¶ **3** [arch.] bossages : Vitr. 4, 4, 4 ¶ **4** [fig.] **a)** expression de la pensée [gram.] : Pomp.-Gr. 5, 297, 19 **b)** exposé saisissant, description vivante : Ambr. *Abel* 1, 2, 9.

expressōr, *ōris*, m., celui qui expose, qui exprime : Tert. *Apol.* 46, 18 ; Avien. *Or.* 38.

expressus, *a*, *um*, part. de *exprimo* ‖ [pris adj¹] ¶ **1** mis en relief, en saillie : *species deorum, quae habeat nihil expressi, nihil eminentis* Cic. *Nat.* 1, 75, une représentation des dieux, n'ayant ni relief, ni saillie ; *litterae lituraeque omnes adsimulatae et expressae* Cic. *Verr.* 2, 189, toutes les lettres et ratures reproduites et figurées nettement ; *corpora lacertis expressa* Quint. 8, pr. 19, corps mis en relief par les muscles, où les muscles se détachent en relief ; [fig.] *justitiae solida et expressa effigies* Cic. *Off.* 3, 69, une figure de la justice réelle, aux contours saillants ; *expressa sceleris vestigia* Cic. *Amer.* 62, traces distinctes du crime ; *haec profecto vides quanto expressiora futura sint* Cic. *Fam.* 1, 7, 9, tu vois assurément combien tout cela sera plus net ¶ **2** [en parl. de prononciation] exprimé nettement, bien articulé : *expressior sermo* Quint. 1, 1, 37, langage mieux articulé, cf. 1, 11, 4 ‖ [en mauvaise part] : *litterae neque expressae neque oppressae* Cic. *Off.* 1, 133, lettres ni trop articulées ni étouffées dans la prononciation.

2 expressŭs, *ūs*, m., [méc.] remontée de l'eau [en conduite forcée] : Vitr. 8, 6, 6 ; ▭▷ *expressio*.

exprētus, *a*, *um* (cf. *exprimo* ?), serré, entortillé : *quasi lucerna uncto expretus linteo* Pl. *Bac.* 446, enveloppé comme une lampe d'une écharpe huileuse.

exprĭmō, *ĭs*, *ĕre*, *pressī*, *pressum* (*ex*, *premo* ; it. *spremere*), tr. ¶ **1** faire sortir en pressant, exprimer : *oleum amygdalis* Plin. 13, 8, extraire l'huile des amandes [avec *ex* : Plin. 12, 129] ¶ **2** [en gén.] faire sortir : *expressus de corpore sudor* Lucr. 5, 487, sueur produite par le corps ; *nubium conflictu ardor expressus* Cic. *Div.* 2, 44, le feu qu'a fait jaillir le choc des nuages ; *tenuem jam spiritum expressit (Epicharis)* Tac. *An.* 15, 57, elle fit sortir (elle s'ôta) le peu de souffle qui lui restait ; *vocem exprimere non potuit* Cic. *Att.* 2, 21, 5, il ne put tirer une parole [de l'assemblée] ‖ prononcer, articuler : *nolo exprimi litteras putidius* Cic. *de Or.* 3, 41, je ne veux pas qu'on articule les lettres avec trop d'affectation ‖ faire saillir, laisser saillant : *lacertos exercitatio exprimit* Quint. 8, 3, 10, l'exercice fait saillir les muscles ; *vestis exprimens singulos artus* Tac. *G.* 17, vêtement laissant voir (dessinant) toutes les formes ‖ [fig.] faire sortir de force, arracher : *ab aliquo aliquid blanditiis* Cic. *Att.* 1, 19, 9, arracher qqch. à qqn par des flatteries ; *a nobis confessio culpae exprimitur* Liv. 21, 18, 5, on veut tirer de nous à toute force un aveu de culpabilité ; *expressi ut ... negaret* Cic. *Verr.* 3, 112, j'ai arraché de lui l'aveu qu'il ne... ¶ **3** faire monter : *aquam in altum* Plin. 31, 39, faire monter l'eau : *quantum has (turres) cotidianus agger expresserat* Caes. *G.* 7, 22, 4, dans la mesure où le terrassement de chaque jour avait exhaussé les tours ¶ **4** représenter, exprimer **a)** [plastiquement] : *(faber) ungues exprimet* Hor. *P.* 33, (l'artisan) saura représenter les ongles, cf. Plin. 34, 140 ; 35, 153 **b)** [par la parole] : *hanc speciem noster expressit Archias versibus* Cic. *Div.* 1, 79, cette scène, notre ami Archias l'a dépeinte en vers ; *Mithridaticum bellum ab hoc expressum est* Cic. *Arch.* 21, la guerre contre Mithridate a été exposée par lui, cf. *de Or.* 2, 184 ; *Arch.* 14 ; *in Platonis libris omnibus fere Socrates exprimitur* Cic. *de Or.* 3, 15, Socrate est présent dans presque tous les dialogues de Platon, cf. *Or.* 3 ; *de Or.* 3, 15 ; *Att.* 8, 11, 1 ‖ [avec prop. inf.] Cic. *Ac.* 2, 77 **c)** rendre, traduire : *verbum e verbo* Cic. *Ac.* 2, 31 (*verbum de verbo* Ter. *Ad.* 11) ; *fabellae ad verbum de Graecis expressae* Cic. *Fin.* 1, 4, pièces traduites du grec à un mot près (mot pour mot) **d)** reproduire, imiter : *vitam patris et consuetudinem* Cic. *Rab. Post.* 4, être le vivant portrait de son père dans sa vie et dans ses habitudes, cf. *de Or.* 2, 90 ; 3, 47 **e)** [chrét.] signifier, préfigurer : *unitatis sacramentum expressum videmus in Cantico Canticorum* Cypr. *Ep.* 74, 11, nous voyons le sacrement de l'unité préfiguré dans le Cantique des Cantiques.

exprŏbrābĭlis, *e*, [tard.] **a)** [personne] blâmable : Vulg. *Prov.* 25, 10 ‖ qui aime blâmer : Vulg. *Prov.* 18, 1 **b)** [chose] répréhensible : Fort. *Carm. praef.* 3.

exprŏbrantĕr, adv., sur un ton de reproche : Ps. Cypr. *Sing. cler.* 33.

exprŏbrātĭo, *ōnis*, f. (*exprobro*), reproche, blâme : Ter. *And.* 44 ; Liv. 23, 35, 7 ; Sen. *Tranq.* 11, 9.

exprŏbrātīvē, adv., ▭▷ *exprobranter* : Schol. Luc. *Comm.* 3, 388.

exprŏbrātŏr, *ōris*, m. et **exprŏbrātrix**, *īcis*, f., celui ou celle qui fait des reproches : Sen. *Ben.* 1, 1, 4 ; 7, 22, 2.

exprŏbrātus, *a*, *um*, part. de *exprobro*.

exprŏbrō, *ās*, *āre*, *āvī*, *ātum*, tr. ¶ **1** blâmer [une chose], imputer à crime, reprocher : *casus bellicos alicui exprobrare* Cic. *Verr.* 5, 132, reprocher à qqn les accidents de la guerre ; *vitia in adversariis* Cic. *de Or.* 2, 305, censurer des défauts chez les adversaires ; *alicui de muliere* Nep. *Epam.* 5, 5, faire des reproches à qqn au sujet de sa femme ‖ [avec *quod* subj.] faire un reproche de ce que : Cic. *Fam.* 5, 15, 3 ; [avec prop. inf.] *interfectum esse Rubellium Plautum* Tac. *An.* 16, 10, reprocher le meurtre de Rubellius Plautus, cf. Pl. *Cap.* 591 ; Liv. 2, 29, 6 ¶ **2** se répandre en reproches : Cic. *Lae.* 71 ; rappeler sur un ton de reproche, avec des reproches : Liv. 2, 23, 11 ; 2, 27, 2 ‖ [abs¹] faire des reproches, blâmer, censurer : Pl. *Most.* 300 ; Cic. *Amer.* 45 ; Quint. 6, 3, 94 ; 11, 3, 176.

ex prōconsŭle, m., ancien proconsul : Cod. Th. 6, 4, 15 ‖ au pl., *ex proconsulibus* : Cod. Th. 7, 22, 7.

exprōmissŏr, *ōris*, m., celui qui s'engage par stipulation dans l'opération d'*expromittere* : Dig. 18, 1, 53.

exprōmittō, *ĭs*, *ĕre*, *mīsī*, *missum*, tr., promettre ou faire promettre [opération qui, à partir d'une dette préexistante, permet

expromitto

de changer de créancier ou de débiteur] : Dig. 14, 6, 20 ; 23, 3, 36, cf. Varr. R. 2, 2, 5.

exprōmō, *ĭs*, *ĕre*, *prompsī (promsī)*, *promptum (promtum)*, tr. ¶ **1** tirer, faire sortir : *heminas octo in urceum* Pl. *Mil.* 831, tirer huit hémines [de vin] dans une cruche ; *maestas voces* Virg. *En.* 2, 280, exhaler des plaintes ¶ **2** [fig.] faire paraître, produire, montrer, manifester : *leges* Cic. *Leg.* 2, 17, citer des lois ; *crudelitatem suam in aliquo* Cic. *Mil.* 33, déployer sa cruauté à propos de qqn, sur qqn ; *supplicia quae... in cives Romanos* Cic. *Verr.* 5, 139, déployer contre les citoyens romains des supplices qui... ; *odium* Cic. *Att.* 2, 12, 2, manifester sa haine ‖ dire, exposer, raconter : *quid in quamque sententiam dici possit, expromere* Cic. *Div.* 2, 150, exposer ce qui peut être dit pour et contre ; *expromere sententiam* Tac. *An.* 12, 9, dire son avis ; [avec prop. inf.] *expromit repertum specum* Tac. *An.* 16, 1, il dit qu'une caverne a été découverte.

exprompsī, parf. de *expromo*.

exprompto, *ās*, *āre*, -, -, fréq. de *expromo* : Fulg. *Virg.* 83, 2 H.

expromptus, *a*, *um*, part. de *expromo* ‖ adj^t, tout prêt : Ter. *And.* 723.

exprŏpĕrātus, *a*, *um* (*ex*, *propero*), très pressé : CIL 11, 3163.

exprŏpĭtĭō, *ās*, *āre*, -, -, rendre propice : Gloss. 2, 303, 34.

exprŏprĭō, *ās*, *āre*, -, - (*ex*, *proprio*), tr., prendre, revêtir : Aug. *Trin.* 4, 20, 30.

expŭdet, impers., être très honteux, tout confus : Gloss. 5, 18, 21.

expŭdōrātus, *a*, *um* (*ex* et *pudor*), éhonté, effronté : Petr. 39, 5.

expugnābĭlĭs, *e*, qu'on peut prendre d'assaut, prenable : Liv. 33, 17, 8 ; Tac. *H.* 3, 78 ‖ [fig.] réfutable : Cael.-Aur. *Chron.* 3, 8, 125 ‖ qui peut être dompté, détruit : Stat. *Th.* 6, 103 ; 4, 836.

expugnātĭō, *ōnis*, f. (*expugno*), action de prendre d'assaut, prise : Cic. *Pomp.* 13 ; Caes. *G.* 7, 36, 1 ‖ pl., Cic. *Att.* 11, 23, 3.

expugnātŏr, *ōris*, m. (*expugno*), celui qui prend d'assaut : Cic. *Inv.* 1, 93 ‖ [fig.] *expugnator pudicitiae* Cic. *Verr.* 1, 9, un séducteur.

expugnātōrĭus, *a*, *um*, qui force, qui contraint : Tert. *Anim.* 57, 2.

expugnātrix, *īcis*, celle qui prend de force : Cassiod. *Anim.* 11, p. 1299 B.

expugnātus, *a*, *um*, part. de *expugno*.

expugnax, *ācis* (*expugno*), qui triomphe de : *expugnacior herba* Ov. *M.* 14, 21, plante plus efficace.

expugnō, *ās*, *āre*, *āvī*, *ātum* (*ex*, *pugno*), tr. ¶ **1** prendre d'assaut, de force, vaincre, soumettre, réduire : *oppidum* Caes. *G.* 2, 10, 4, emporter une ville d'assaut ; *inclusos moenibus* Curt. 9, 4, 5, réduire les assiégés ; *carcerem* Pl. *Ps.* 1172, forcer une prison ; *naves* Caes. *G.* 2, 15, 2, prendre des navires de vive force ¶ **2** [fig.] emporter d'assaut, de haute lutte : *sibi legationem* Cic. *Verr.* 1, 44, s'emparer de haute lutte des fonctions de légat ; *aliquem* Pl. *Bac.* 929, emporter qqn d'assaut [= venir à bout de lui soutirer de l'argent] ; *coepta* Ov. *M.* 9, 619, venir à bout d'une entreprise ; [avec ut subj.] obtenir de force que : Cic. *Verr.* 2, 130 ‖ *fortunas patrias alicujus* Cic. *Clu.* 36, s'emparer du patrimoine de qqn ; *pudicitiam* Cic. *Cael.* 50, corrompre l'innocence ‖ vaincre, triompher de : *pertinaciam legatorum* Liv. 37, 56, 9, vaincre l'opiniâtreté des ambassadeurs, cf. Quint. 5, 14, 20 ; *expugnatus* Suet. *Tib.* 21, s'étant laissé vaincre (par les prières de qqn).

expŭĭtĭō, v. *exspuitio*.

expŭlī, parf. de *expello*.

expullŭlō, *ās*, *āre*, -, -, intr., pousser beaucoup de rejetons : Isid. 17, 7, 25.

expulsatus, *a*, *um*, part. de *expulso*.

expulsim, adv. (*expello*), en lançant [la balle] : Varr. *Men.* 456.

expulsĭō, *ōnis*, f. (*expello*), expulsion, bannissement, renvoi : Cic. *Par.* 46 ; *Rep.* 1, 6 ; *Off.* 2, 20.

expulsīvus, *a*, *um*, qui a la vertu d'éloigner : Cassiod. *Anim.* 6, p. 1292 A.

expulsō, *ās*, *āre*, *āvī*, *ātum* (fréq. de *expello*), tr., lancer fréquemment, renvoyer [la balle] : Mart. 14, 46.

expulsŏr, *ōris*, m. (*expello*), celui qui chasse : Cic. *Quinct.* 30 ; *Sest.* 125 ; Nep. *Dion* 10, 2.

expulsus, *a*, *um*, part. de *expello*.

expultrix, *īcis*, f. (*expulsor*), celle qui chasse : Cic. *Tusc.* 5, 5.

expūmĭcō, *ās*, *āre*, -, -, tr., purifier, délivrer : Tert. *Val.* 16, 2.

expunctĭō, *ōnis*, f. (*expungo*), achèvement : Tert. *Idol.* 16, 3.

expunctŏr, *ōris*, m., celui qui efface, abolit : Tert. *Orat.* 1, 2 ‖ distributeur : Gloss. 2, 272, 56.

expunctrix, *īcis*, f., celle qui efface, qui supprime : Aug. *Jul. op. imp.* 2, 11.

expunctus, *a*, *um*, part. de *expungo*.

expungo, *ĭs*, *ĕre*, *punxī*, *punctum*, tr. ¶ **1** effacer, rayer, biffer [pr. et fig.] : *quod reliquum restat, volo persolvere, ut expungatur nomen* Pl. *Cis.* 189, je veux payer le reste de ma dette, pour que mon nom soit biffé [du registre des débiteurs] ; *manipulum* Pl. *Curc.* 585, licencier un manipule ; *munus munere* Sen. *Ben.* 4, 40, 4, effacer un présent par un présent ¶ **2** vérifier, contrôler, apurer : Hermog. *Dig.* 44, 3, 4, cf. Suet. *Cl.* 15, 1 ¶ **3** s'acquitter de : *vota et gaudia Caesarum* Tert. *Apol* 35, 4, (nous accomplissons) nos vœux et nos réjouissances en l'honneur des Césars ‖ achever, terminer : Tert. *Apol.* 21, 15.

► parf. *expupugi* Not. Tir. 80, 33 a.

expŭo, v. *exspuo*.

expurgātĭō, *ōnis*, f., justification, excuse : Pl. *Amp.* 965.

expurgātus, *a*, *um*, part. de *expurgo* ‖ adj^t, sain ; *expurgatior* Rufin. *Orig. princ.* 1, 1, 7.

expurgō, *ās*, *āre*, *āvī*, *ātum* (*ex*, *purgo* ; it. *spurgare*), tr. ¶ **1** nettoyer, émonder, retrancher, enlever : Col. 4, 24, 5 ; Plin. 23, 126 ‖ [fig.] corriger : *expurgandus est sermo* Cic. *Brut.* 259, il faut châtier le style ¶ **2** [fig.] purger : Hor. *Ep.* 2, 3, 53 ¶ **3** disculper, justifier : Ter. *And.* 900 ; Hec. 277 ; Sall. *J.* 79, 4 ; Tac. *An.* 16, 24 ¶ **4** [tard.] réfuter : Hil. *Trin.* 10, 8.

expūrĭgātĭō, *ōnis*, f., v. *expurgatio* : *Pl. Merc.* 960.

expūrĭgo, v. *expurgo* : *Pl. Cap.* 620 ; *Mil.* 497.

expŭtātus, *a*, *um*, part. de *exputo*.

expŭtescō, *ĭs*, *ĕre*, -, -, intr., sentir très mauvais : Pl. *Curc.* 242.

expŭtō, *ās*, *āre*, *āvī*, *ātum* (*ex*, *puto*), tr. ¶ **1** tailler, émonder : Col. 3, 15, 3 ¶ **2** peser, examiner : Pl. *Trin.* 234 ; [avec interrog. indir.] Planc. *Fam.* 10, 24, 6.

exquaero, arch. pour *exquiro* : Pl. *Bac.* 721 ; *Cap.* 293.

Exquĭlĭae, **Exquĭlīnus**, v. *Esquiliae*.

exquīrō, *ĭs*, *ĕre*, *quīsīvī*, *quīsītum* (*ex*, *quaero*), tr. ¶ **1** chercher à découvrir, rechercher : *verum* Cic. *Div.* 2, 28, rechercher la vérité ; *secum et ab aliis, quid in eo peccatum sit, exquirunt* Cic. *Off.* 1, 147, ils recherchent en eux-mêmes et auprès d'autres personnes ce qu'il y a de défectueux dans leur ouvrage ‖ rechercher (choisir) : Cic. *Phil.* 4, 49 ; *exquisiti e Graecia magistri* Cic. *Brut.* 104, des maîtres triés sur le volet en Grèce, cf. *Or.* 163 ; *Fam.* 3, 8, 4 ‖ rechercher, désirer obtenir : *consilium meum* Cic. *Att.* 15, 5, 1, ma façon de voir, cf. 8, 3, 7 ¶ **2** examiner de près, scruter [des comptes, la conduite de qqn] : Cic. *Verr.* 4, 137 ; 4, 10, cf. Sall. *C.* 13, 3 ¶ **3** demander, s'informer, s'enquérir : *aliquid ab aliquo* Cic. *Att.* 7, 18, 3 ; *ex aliquo* Cic. *Div.* 2, 46, demander qqch. à qqn ; *exquire de Blesamio, num quid... scripserit* Cic. *Dej.* 12, demande à propos de Blésamius, s'il a écrit qqch. ; *exquirere fidiculis* Suet. *Calig.* 33, chercher à apprendre par les tortures, en mettant à la question ¶ **4** interroger : *aliquem* *Pl. Mil.* 246, questionner qqn ¶ **5** [chrét.] venger : Vulg. *Judith* 8, 20.

exquīsītē, adv. (*exquisitus*), avec beaucoup de soin, avec goût, d'une manière approfondie : Cic. *Brut.* 277 ; 322 ; Quint. 8, 2, 21 ‖ *-tius* Cic. *Tusc.* 1, 116 ; *-issime* Gell. 13, 7, 6.

exquīsītim, adv. (*exquisitus*), en faisant beaucoup de recherches : Varr. *Men.* 18.

exquīsītĭo, ōnis, f. (*exquiro*), recherche : Vulg. *Sap.* 14, 12‖ enquête : Cod. Just. 5, 9, 9.

exquīsītŏr, ōris, m., celui qui recherche avec soin : Vulg. *Bar.* 3, 23 ; Cassiod. *Var.* 7, 5, 4.

exquīsītus, *a*, *um*, part.-adj. de *exquiro*, choisi, recherché, distingué, raffiné, exquis : *reconditae et exquisitae litterae* Cic. *Brut.* 252, connaissances peu accessibles et de qualité rare ; *exquisitius dicendi genus* Cic. *Brut.* 283, style plus recherché ; *exquisitissima verba* Cic. *Phil.* 4, 6, termes excellents.

exrādīcĭtus, ▼▶ *eradicitus*.

exrādīco, ▼▶ *eradico*.

ex rēge, m., ex-roi : Amm. 26, 8.

exrŏgō, *ās*, *āre*, -, -, changer une disposition de loi : P. Fest. 72, 2.

exsācrĭfĭcō, *ās*, *āre*, -, -, intr., sacrifier : Poet. d. Cic. *Div.* 1, 42.

exsaevĭō, *īs*, *īre*, -, -, intr., s'apaiser, se calmer : Liv. 30, 39, 2.

exsālātus, *a*, *um* (*ex sale*), dessalé : M.-Emp. 29, 54.

exsanguescō, *ĭs*, *ĕre*, -, - (*exsanguis*), intr., perdre ses forces : Julian.-Aecl. d. Aug. *Jul. op. imp.* 6, 14.

exsanguĭnātus, *a*, *um* (*ex*, *sanguine*), qui n'a pas de sang, exsangue : Vitr. 8, praef. 3.

exsanguis (**exan-**), *e* (*ex sanguine*) ¶ 1 qui n'a pas de sang : Lucr. 3, 721 ¶ 2 qui a perdu son sang : Cic. *Verr.* 5, 130 ¶ 3 pâle, blême, livide : Virg. *En.* 2, 212 ‖ qui rend pâle : *exsangue cuminum* Hor. *Ep.* 1, 19, 18, le cumin qui rend pâle ¶ 4 [fig.] sans force, sans nerf, sans sève, faible, sec : *aridum et exsangue dicendi genus* Her. 4, 16, sytle sec et sans nerf ; *nimis exilis vox et exsanguis* Gell. 13, 21, 5, son trop grêle et sans vigueur.

exsănĭō, *ās*, *āre*, -, - (*ex sanie*), tr. ¶ 1 faire suppurer : Cels. 5, 27, 1 B ; *exsaniari patiuntur* Sen. *Helv.* 3, 1, ils supportent qu'on nettoie leurs plaies ¶ 2 exprimer le jus de qqch. : *pressam baccam* Col. 12, 49, 10, exprimer le jus d'une baie en la pressant ‖ [fig.] *omnem amaritudinem* Col. 12, 57, 1, rendre, perdre toute son amertume.

exsarcĭō ou **exsercĭō**, *īs*, *īre*, -, -, tr., réparer : Ter. *Haut.* 143 ; Q. Cic. *Pet.* 45.

exsătĭātus, *a*, *um*, part. de *exsatio*.

exsătĭō, *ās*, *āre*, *āvī*, *ātum*, tr., rassasier, assouvir : Liv. 40, 28, 2 ‖ [fig.] Liv. 38, 54, 10 ; Tac. *An.* 3, 17.

exsătŭrābĭlis, *e*, qu'on peut rassasier : Virg. *En.* 5, 781.

exsătŭrātĭo, *ōnis*, f., action de rassasier, d'assouvir : Chalc. 166.

exsătŭrātus, *a*, *um*, part. de *exsaturo*.

exsătŭrō, *ās*, *āre*, *āvī*, *ātum*, tr., assouvir : Ov. *M.* 5, 19‖ [fig.] assouvir : Cic. *Verr.* 5, 65.

exscalpo, ▶ *exsculpo* : Vitr. 1, 6, 4.

exscătŭrĭō, *īs*, *īre*, -, -, intr., sourdre : Gloss. 2, 290, 9.

exscendo, ▶ *escendo*.

exscens-, ▶ *escens-*.

exscĭdī, parf. de *exscindo*.

exscĭdĭum, *ii*, n. (*exscindo*), ruine, destruction, sac [d'une ville], anéantissement : *petere urbem exscidiis* Virg. *G.* 2, 505, aspirer à la ruine de sa ville [de l'État]. ▶ souvent hésitation entre *excidium* et *exscidium*, mais le premier semble préférable.

exscindo, *ĭs*, *ĕre*, *scĭdī*, *scissum* (*ex*, *scindo*), tr., briser, détruire, renverser, anéantir : *hostem* Tac. *An.* 2, 25, tailler l'ennemi en pièces ; *urbes* Cic. *Dom.* 61, détruire des villes, cf. *Mil.* 90 ; *Phil.* 4, 13 ; *Rep.* 6, 11 ; Liv. 28, 44, 2.

exscissātus, *a*, *um* (*exscissus*), arraché, déchiré : Pl. *Cis.* 383.

exscissus, *a*, *um*, part. de *exscindo*.

***exscrattĭo**, ▼▶ *excratio*.

exscrĕābĭlis, *e*, qu'on peut expectorer : Plin. 20, 157.

exscrĕāmentum, *i*, n., crachat : Gloss. 5, 18, 19.

exscrĕātĭo, *onis*, f., Plin. 27, 113 et **exscrĕātŭs**, *ūs*, m., Cael.-Aur. *Chron.* 2, 11, 128, crachement.

exscrĕō, *ās*, *āre*, *āvī*, *ātum* (*ex*, *screo*) ¶ 1 intr., cracher : Ov. *H.* 21, 24 ¶ 2 tr., rendre en crachant, cracher, expectorer : Cels. 2, 7, 16.

exscrībō, *ĭs*, *ĕre*, *scripsī*, *scriptum*, tr. ¶ 1 copier, transcrire : Cic. *Verr.* 2, 189 ; Varr. *R.* 2, 5, 18 ‖ copier un tableau : Plin. *Ep.* 4, 28, 1 ¶ 2 [fig.] ressembler à qqn, reproduire les traits de qqn : *filia, quae patrem exscripserat* Plin. *Ep.* 5, 16, 9, une fille, qui était tout le portrait de son père ¶ 3 inscrire : Pl. *Ru.* 15.

exscriptus, *a*, *um*, part. de *exscribo*.

exsculpō, *ĭs*, *ĕre*, *sculpsī*, *sculptum* (*ex*, *sculpo*), tr. ¶ 1 enlever en creusant : *terram unde exsculpserant, fossam vocabant* Varr. *L.* 5, 143, le trou d'où ils avaient extrait la terre, ils l'appelaient fosse‖ arracher, enlever, ôter : *praedam ex ore* Lucil. 286, arracher la proie de la gueule ; *exsculpere versus* Nep. *Paus.* 1, 4, effacer des vers ‖ [fig.] obtenir de force : *vix exsculpsi, ut diceret* Pl. *Cis.* 541, j'ai eu de la peine à le faire parler, il a fallu lui arracher les paroles ¶ 2 tailler en relief, ciseler, sculpter, graver, inciser : *aliquid e quercu* Cic. *Att.* 13, 28, 2, sculpter qqch. dans un chêne, cf. Quint. 2, 19, 3.

exsculptĭo, *ōnis*, f. (*exsculpo*), action de tailler, de sculpter : Aug. *Ev. Joh.* 1, 9.

exsculptrix, *īcis*, f., ▼▶ *expultrix* : *Apul. *Mund. pr.*

exsculptus, *a*, *um*, part. de *exsculpo*.

exsĕcātĭo, *ōnis*, f., ▶ *exsectio* : Cassiod. *Var.* 12, 28, 4.

exsĕcāvī, ▼▶ *exseco*.

exsĕcō, *ās*, *āre*, *sĕcŭī*, *sectum* (*ex*, *seco*), tr. ¶ 1 retrancher en coupant, faire l'ablation de : *vitiosas partes* Cic. *Att.* 2, 1, 7, couper les parties malades, cf. *Clu* 187 ; *Sest.* 135 ‖ priver de la virilité, couper, châtrer : Cic. *Nat.* 2, 63‖ retirer en coupant : *fetum ventri* Plin. 8, 217, pratiquer une césarienne ‖ [fig.] rogner, retrancher, déduire : Hor. *S.* 1, 2, 14 ; Plin. *Ep.* 2, 12, 3 ‖ [tard.] repousser (une opinion) : Hil. *Trin.* 6, 39 ¶ 2 ouvrir en coupant [pour extraire qqch.] : Ulp. *Dig.* 28, 2, 12. ▶ forme *exico* *Pl. *Ru.* 122 ‖ fut. ant. *exicaveris* Cat. *Agr.* 42.

exsĕcrābĭlis, *e* ¶ 1 exécrable, abominable : Val.-Max. 1, 1, 15 ; *nihil exsecrabilius* Plin. 9, 155, rien de plus odieux ¶ 2 qui maudit, exècre : *exsecrabile carmen* Liv. 31, 17, 9, formule d'imprécation ; *exsecrabile odium* Liv. 9, 26, 4, haine implacable.

exsĕcrābĭlĭtās, *ātis*, f., malédiction : Apul. *Plat.* 2, 16.

exsĕcrābĭlĭtĕr, adv., avec exécration : Apul. *M.* 2, 2 ‖ *exsecrabilius* Aug. *Conf.* 8, 7, 17.

exsĕcrāmentum, *i*, n., imprécation, malédiction : Tert. *Apol.* 22, 2 ‖ chose abominable : Vulg. *Eccli.* 15, 13.

exsĕcrandus, *a*, *um*, exécrable : Vulg. *Lev.* 11, 10 ‖ *-dissimus* Salv. *Gub.* 7, 83.

exsĕcrātĭo, *ōnis*, f., serment [accompagné d'imprécations contre soi en cas de parjure] : *ubi exsecrationes ?* Cic. *Verr.* 5, 104, où sont les promesses solennelles ?, cf. *Sest.* 15 ; *Off.* 3, 55 ; Sall. *C.* 22, 2 ; Liv. 26, 25, 12 ‖ imprécation, malédiction, exécration : Cic. *Pis.* 43 ; Tac. *H.* 3, 25.

exsĕcrātīvē, adv., en témoignant de l'horreur : Don. *Ad.* 349.

exsĕcrātŏr, *ōris*, m., celui qui maudit, qui exècre : Tert. *Pud.* 15, 11 ; Aug. *Ep.* 105, 5, 17.

1 exsĕcrātus, *a*, *um*, part.-adj. de *exsecror* : *exsecratissima auguria* Plin. 28, 27, augures très sinistres, chargés de malédictions, pleins de menaces ‖ maudit, détesté, exécré : *populo Romano* Cic. *Phil.* 2, 65, objet d'exécration pour le peuple romain.

2 exsĕcrātŭs, *ūs*, m., exécration : Ps. Rufin. *Joel* 2, 15-17.

exsĕcrō, *ās*, *āre*, -, -, ▼▶ *exsecror* ▶.

exsĕcrŏr, *ārĭs*, *ārī*, *ātus sum* (*ex sacris*)

I tr., charger d'imprécations, maudire, vouer à l'exécration : *exsecrari aliquem* Cic. *Leg.* 1, 33 ; *Pis.* 96, maudire qqn ; *aliquid*, qqch. : Sall. *C.* 48, 1 ; Virg. *En.* 3, 273 ; 11, 217.

II intr., lancer des imprécations : *exsecrari in aliquem* Liv. 30, 20, 7, lancer des imprécations contre qqn ‖ *exsecratur Thyestes, ut naufragio pereat Atreus* Cic. *Tusc.* 1, 107, Thyeste, dans ses imprécations, souhaite qu'Atrée périsse nau-

exsecror

fragé; *exsecrantia verba* Ov. M. 5, 105, malédictions.
► forme *exsecro, as, are* *TITIN. Com. 47; AFRAN. Com. 192; PRISC. 2, 392, 13 ‖ *exsecratus* sens passif CIC. Phil. 1, 5; LACT. Mort. 22, 4; pass. *excecrari* *CAT. Orig. 4, 15.

exsectĭo, ōnis, f. (*exseco*), amputation : CIC. Clu. 180; 191.

exsectŏr, ōris, m. (*exseco*), celui qui coupe : APUL. M. 8, 15.

exsectus, a, um, part. de *exseco*.

exsĕcūtĭo, ōnis, f. (*exsequor*) ¶ 1 achèvement, accomplissement, exécution : PLIN. 35, 53 ¶ 2 administration : TAC. An. 15, 25 ¶ 3 action de poursuivre en justice : *exsecutio stipulationis* DIG. 13, 4, 8, l'exécution d'une stipulation; *debitae pecuniae* DIG. 45, 1, 132 pr., le paiement d'une dette; *crimina quae ad executionem praesidis pertinent* DIG. 47, 1, 8, les crimes dont la poursuite appartient au gouverneur ¶ 4 exposition, développement : SEN. Ep. 52, 15; PLIN. Ep. 8, 14, 6.

exsĕcūtŏr, ōris, m. (*exsequor*) ¶ 1 celui qui accomplit, qui exécute : VELL. 2, 45 ¶ 2 celui qui poursuit, qui venge, vengeur : SUET. Vesp. 14 ¶ 3 huissier de justice [au Bas-Empire, chargé de signifier les actes de procédure et de faire exécuter les décisions] : COD. JUST. 12, 19, 12, 1; 7, 53, 8 ‖ percepteur, avec pouvoir de contrainte : COD. JUST. 8, 16, 7, 3.

exsĕcūtōrĭus, a, um, exécutif : AUG. Petil. 3, 25, 29.

exsĕcūtrix, īcis, f., celle qui exécute : GELAS. Ep. 13.

exsĕcūtus, a, um, part. de *exsequor* ‖ adjᵗ, *executior* ISID. 2, 9, 16, plus explicite.

exsensus, a, um (*ex sensu*), qui a perdu la raison : LAEV. d. GELL. 19, 7, 3.

exsĕquens, tis, part. prés. de *exsequor* ‖ adjᵗ, *exsequentissimus* [avec gén.] GELL. 10, 12, 9, qui recherche avec le plus grand soin.

exsĕquentĕr, adv., avec suite, avec conséquence : MAR. VICT. Ar. 4, 19.

exsĕquĭae, ārum, f. pl. (*exsequor*) ¶ 1 pompe funèbre, obsèques, funérailles, convoi : *exsequias funeris prosequi* CIC. Clu. 201; *exsequias ire* TER. Phorm. 1026, suivre un convoi ¶ 2 restes mortels : EUTR. 7, 18, 4.

exsĕquĭālis, e (*exsequiae*), de funérailles : Ov. M. 14, 430 ‖ **exsequialia**, ium, n. pl., STAT. Th. 11, 610, cérémonie des funérailles.

exsĕquĭārĭum, ĭi, n. (*exsequiae*), don fait à l'occasion des obsèques : CIL 14, 2112.

exsĕquĭŏr, āris, ārī, - (*exsequiae*), assister à des funérailles : VARR. Men. 47.

exsĕquĭum, ĭi, n., repas de funérailles : CIL 5, 2072.

exsĕquŏr, ĕris, quī, cūtus sum (*ex, sequor*), tr., suivre jusqu'au bout ¶ 1 [en part.] *funus* GELL. 10, 15, 25, suivre un convoi funèbre; cf. *exsequiae* ¶ 2 suivre, s'attacher à, accompagner : *fatum alicujus* CIC. Att. 9, 12, 1, s'attacher à la destinée de qqn, la partager; *cladem fugamque* CIC. Phil. 2, 54, accompagner qqn dans sa défaite et dans sa fuite ¶ 3 suivre, poursuivre, aspirer à : *aspectum alicujus* PL. Ep. 572, chercher à voir qqn; *aeternitatem* CIC. Tim. 7, vouloir l'éternité, cf. LIV. 5, 40, 6 ‖ rechercher, chercher à savoir [avec gér. *quaerendo, percontando, inquirendo, sciscitando*] : LIV. 35, 28, 4; 9, 3, 11; 22, 3, 2; 25, 29, 10 ‖ [en part.] *armis jus suum* CAES. G. 1, 4, 3, poursuivre (faire valoir) ses droits par les armes ¶ 4 poursuivre, chercher un châtiment : *violata jura* LIV. 3, 25, 8, venger les droits violés; *delicta* SUET. Caes. 67, punir les délits, cf. TAC. Agr. 19 ‖ [absᵗ] SEN. Ir. 1, 12, 2 ¶ 5 faire jusqu'au bout, exécuter : *omnia exsequi regis officia et munera* CIC. CM 34, remplir tous les devoirs et toutes les fonctions de la royauté; *mandata* CIC. Phil. 9, 9; *imperia* LIV. 1, 28, 3, exécuter les ordres; *caedem* TAC. An. 11, 37, accomplir un meurtre [ordonné] ‖ achever : *incepta* LIV. 30, 4, 10, achever une entreprise ¶ 6 exposer jusqu'au bout, exposer, raconter : *aliquid verbis* CIC. Fam. 11, 27, 6, exprimer qqch., cf. LIV. 27, 27, 12; QUINT. 5, 12, 15; 9, 3, 89.
► avec sens passif JUST. 7, 3, 2; ULP. Dig. 2, 1, 19.

exsĕquūt-, V. *exsecut-*.

exsercĭo, V. *exsarcio*.

exsĕrō (exĕrō), ĭs, ĕre, sĕrŭī, sertum (*ex, 2 sero*), tr., défaire, sortir [qqch.], mettre à découvert, montrer, produire : *linguam* LIV. 7, 10, 5, tirer la langue; *exserere caput ab oceano* LUC. 5, 598, élever la tête au-dessus de la mer; *dextris humeris exsertis animadvertebantur* CAES. G. 7, 50, 1, ils se faisaient reconnaître à leurs épaules droites découvertes; [poét.] *unum exserta latus* VIRG. 11, 64, 9, ayant un sein nu ‖ [fig.] *exserere jus* PLIN. Ep. 8, 7, 2, exercer un droit; *secreta mentis* SEN. Herc. Oet. 255, dévoiler ses secrets; *laudatis utiliora, quae contempseris, saepe inveniri, haec exserit oratio* PHAED. 1, 12, 2, ce récit fait voir que souvent ce qu'on a dédaigné se trouve plus utile que ce qu'on a loué; *exsertus cachinnus* APUL. M. 1, 2, 5, éclats de rire.

exsertē, adv. (*exsertus*), à découvert, ouvertement, hautement, fortement : APUL. M. 1, 17; TERT. Ux. 2, 1, 4 ‖ *-tius* AMM. 16, 12, 46; *-tissime* SPART. Sept. 3, 1.

exsertō, ās, āre, āvī, ātum (fréq. de *exsero*), tr., *linguam* QUADR. d. GELL. 9, 13, tirer la langue [par dérision] ‖ *humeros* STAT. Th. 1, 412, découvrir les épaules.

exsertus, a, um, part.-adj. de *exsero*, proéminent, qui fait saillie : PLIN. 11, 160 ‖ découvert, manifeste : STAT. S. 5, 2, 39 ‖ *exsertior* PACAT. = PANEG. 12, 35.

exsībĭlō, ās, āre, āvī, ātum, tr. ¶ 1 siffler, faire entendre un sifflement : *labra dirum quiddam exsibilantia* SEN. Ir. 3, 4, lèvres qui font entendre un affreux sifflement ¶ 2 prononcer avec un sifflement : PETR. 64, 5 ¶ 3 siffler, huer : CIC. Par. 26.

exsiccātĭo, ōnis, f. (*exsicco*), dessèchement, dessiccation : AMBR. Fug. 6, 34.

exsiccātus, a, um, part. de *exsicco* ‖ adjᵗ, *exsiccatum orationis genus* CIC. Brut. 291, style sobre.

exsiccescō, ĭs, ĕre, -, -, intr., se sécher : VITR. 2, 9, 3.

exsiccō, ās, āre, āvī, ātum, tr. ¶ 1 sécher, dessécher : ENN. An. 469; CAT. Agr. 87; *arbores hiemali tempore exsiccatae* CIC. Div. 2, 33, arbres desséchés en hiver ‖ vider [les bouteilles, le vin] : Q. CIC. Fam. 16, 26, 2; HOR. O. 1, 31, 11 ‖ [fig.] dissiper [l'ivresse] : SEN. Nat. 3, 20, 5.

exsico, C.► *exseco*.

exsignātus, a, um, part. de *exsigno*.

exsignō, ās, āre, āvī, ātum, tr., prendre note de, noter : PL. Trin. 655; LIV. 1, 20, 5.

exsĭlĭō (exĭlĭō), īs, īre, (s)ĭlŭī, (s)ultum (*ex, salio*), intr. ¶ 1 sauter, s'élancer hors, bondir : *de sella exsiluit* CIC. Verr. 2, 75, il bondit de son siège; *e cunis* PL. Amp. 1115, sauter à bas du berceau; *exsilire stratis* Ov. M. 5, 35, sauter à bas du lit; *exsiluisti* CIC. Verr. 5, 165, tu t'es levé d'un bond; *exsilui gaudio* CIC. Att. 16, 16, 1, j'ai sauté en l'air de joie; *exsiluere oculi* Ov. M. 12, 252, ses yeux sortirent de leur orbite ¶ 2 s'élancer, s'élever : *ad te exsilui* TER. Haut. 657, j'ai bondi vers toi; *arbos exsilit ad caelum* VIRG. G. 2, 81, l'arbre s'élance vers le ciel; *Cicero, a quo Romana eloquentia exsiluit* SEN. Ep. 40, 11, Cicéron avec qui l'éloquence romaine a pris son essor.
► parf. *exsilivi* SEN. Nat. 2, 49, 3; *exsilii* SEN. Const. 4, 1; *Nat. 1, 14, 4.

exsĭlĭŏr, āris, ārī, - (*exsilium*), C.► *exilior* : IREN. 4, 8, 2.

exsĭlĭum, V. *exilium*.

exsĭmŭlō, ās, āre, -, -, C.► *simulo* : NON. 260, 20.

exsĭnŭātus, a, um, part. de *exsinuo*.

exsĭnŭō, ās, āre, -, -, tr. ¶ 1 découvrir : ANTH. 84, 8 ‖ déployer [des voiles] : PAUL.-NOL. Ep. 49, 3.

exsistentĭa (exist-), ae, f., existence : CHALC. 25.

exsistentĭālis (exist-), e, relatif à l'existence : MAR. VICT. Ar. 3, 18.

exsistentĭālĭtās (exist-), ātis, f., possibilité d'avoir l'existence, existence virtuelle : MAR. VICT. Ar. 1, 29, 30.

exsistentĭālĭtĕr (exist-), adv., essentiellement : MAR. VICT. Ar. 1, 50.

exsistō (existō), ĭs, ĕre, stĭtī, - (*ex, sisto*), intr. ¶ 1 sortir de, s'élever de : *de*

terra, *ex arvis* Cic. *Rep.* 3, 25, sortir de terre, des champs; *ab ara* Cic. *Dic.* 2, 65; *ab inferis* Cic. *Verr.* 1, 94, sortir de l'autel, des enfers; *spelunca* Cic. *Verr.* 4, 107, sortir d'une caverne ‖ [fig.] naître de, provenir de: *ex luxuria exsistit avaritia* Cic. *Amer.* 75, du luxe naît l'avidité; *ex amicis inimici exsistunt* Caes. *C.* 3, 104, 1, les amis deviennent des ennemis; [avec *ab*] Cic. *Leg.* 1, 46; *Fin.* 5, 7; [avec *de*] Cic. *Rep.* 2, 47 ‖ s'élever, naître: *exsistit hoc loco quaestio subdifficilis* Cic. *Lae.* 67, ici se présente une question un peu délicate; *magna inter eos exsistit controversia* Caes. *G.* 5, 28, 2, un grand débat s'élève entre eux ‖ [avec *ut* subj.]: *exsistit illud ut* Cic. *Fin.* 5, 67; *ex quo exsistit ut* Cic. *Fat.* 18, il s'ensuit que, d'où il résulte que; [ou avec prop. inf.] Cic. *Nat.* 1, 12 ¶ 2 se dresser, se manifester, se montrer: *exsistat ille vir cogitatione vestra* Cic. *Balb.* 47, évoquez le souvenir de cet homme; *in animis exsistunt varietates* Cic. *Off.* 1, 107, dans les âmes se manifestent des diversités ‖ *huic causae patronus exstiti* Cic. *Amer.* 5, je me suis présenté pour défendre cette cause; *timeo ne exsistam crudelior* Cic. *Att.* 10, 17, 3, je crains de me montrer trop cruel, cf. Cic. *de Or.* 2, 217; *Sull.* 34 ¶ 3 [tard.] être, exister: Lact. *Mort.* 46, 6.

exsŏlens, *tis* (*ex, soleo*), *exsolens animalibus* *Tert. *Cult.* 2, 9, 7, qui s'abstient de viandes.

exsŏlescō, *ĭs, ĕre, -, -* (cf. *exsolens*), intr., se déshabituer de: Tert. *Virg.* 17, 1.

exsŏlētus, V. *exoletus*.

exsŏlo, V. *exsulo*.

exsŏlŭi, diérèse poét. pour *exsolvi*: Lucr. 1, 811; Ov. *F.* 4, 534.

exsŏlūtio, *ōnis*, f. (*exsolvo*), libération, délivrance: Sen. *Marc.* 19, 5 ‖ paiement, acquittement: Dig. 20, 1, 31.

exsŏlūtus, *a, um*, part. de *exsolvo*.

exsolvō, *ĭs, ĕre, solvī, sŏlūtum* (*ex, solvo*), tr. ¶ 1 délier, dénouer, détacher: *nexus exsolvere* Lucr. 1, 221, détacher des liens; *exsolvere pugionem a latere* Tac. *H.* 3, 68, détacher un poignard de son côté ‖ [fig.] expliquer: *animi ratione exsolvere quare ...*; Lucr. 2, 381, expliquer par le raisonnement pourquoi... ¶ 2 dégager, débarrasser, délivrer: *aliquem vinclis* Pl. *Truc.* 784, débarrasser qqn de ses liens; *aliquem curis* Virg. *En.* 4, 652, délivrer qqn de ses soucis ¶ 3 dissoudre: *aqua exsolvit glaciem* Lucr. 6, 878, l'eau fait fondre la glace ¶ 4 ouvrir: *exsolvere cistulam* Pl. *Amp.* 784, ouvrir une corbeille; *venas* Tac. *An.* 4, 22, ouvrir les veines ¶ 5 payer intégralement, acquitter, s'acquitter de: *exsolve nomina mea* Cic. *Att.* 16, 6, 3, paye les billets que j'ai souscrits, paye mes dettes; *non exsolvit, quod promiserat* Cic. *Off.* 2, 7, il n'a pas tenu sa promesse; *pretia poenasque* Liv. 26, 40, 15, s'acquitter des récompenses et des punitions (récompenser et punir) ¶ 6 faire disparaître, éloigner, bannir [pr. et fig.]: *exsolvere obsidium* Tac. *An.* 3, 39, lever un siège; *metus* Luc. 5, 259, bannir ses craintes.

exsomniō, *ās, āre, -, -* (*ex somnio*), tr., éveiller: Gloss. 2, 66, 27 ‖ intr., s'éveiller: Gloss. 2, 304, 39.

exsomnis, *e* (*ex somno*), qui veille, toujours éveillé: Virg. *En.* 6, 556.

exsŏnō, *ās, āre, ŭī, -*, intr., résonner, retentir: Petr. 19, 1; 109, 6.

exsorbĕō, *ēs, ēre, ŭī, -*, tr., boire en entier, avaler, engloutir: *civilem sanguinem* Cic. *Phil.* 2, 71, s'abreuver du sang des citoyens; *ova* Plin. 28, 19, gober des œufs; *praedas* Cic. *Har.* 59, dévorer le butin; *alicujus difficultatem* Cic. *Mur.* 19, supporter l'humeur difficile de qqn ‖ ⊂ *exhaurio*: Pl. *Bac.* 869.

exsordescō, *ĭs, ĕre, -, -*, intr., s'avilir, se déshonorer: Gell. 9, 2, 11.

exsordis, *e* (*ex sordibus*), pur: *Cypr.-Gall. *Hept.* 6; (*Jos.*) 315.

exsors, *tis* (*ex sorte*), qui n'est pas tiré au sort: Virg. *En.* 8, 552 ‖ qui n'a point de part, exempt, exclu, privé: *amicitiae et foederis* Liv. 23, 10, 3, exclu de l'alliance et du traité; *exsors secandi* Hor. *P.* 305, privé de la propriété de couper; *periculi* Tac. *An.* 6, 10, qui ne partage pas le danger ‖ hors ligne, exceptionnel: Hier. *Lucif.* 9 ‖ [avec dat.] Sidon. *Ep.* 8, 12, 8.

exspargo, V. *exspergo*.

exspătiātus, *a, um*, V. *exspatior*.

exspătĭor, *āris, ārī, ātus sum* (*ex, spatior*), intr., s'étendre, se répandre: *rami latissime exspatiantes umbra* Plin. 16, 124, des branches (d'arbres) étendant au loin leur ombre ‖ faire beaucoup de chemin, aller à l'aventure, errer: Ov. *M.* 2, 202 ‖ [fig.] s'étendre [sur un sujet], se donner carrière: Quint. 2, 17, 1.

exspectābĭlis, *e*, attendu: Tert. *Marc.* 3, 16, 1 ‖ remarquable: Itin. -Alex. 40.

exspectātio, *ōnis*, f. (*exspecto*), attente, désir, curiosité, impatience: Cic. *Tusc.* 4, 80; *Varronis sermo facit exspectationem Caesaris* Cic. *Att.* 3, 15, 3, les propos tenus par Varron me font attendre (espérer) qqch. de César; *ut majorem exspectationem mei faciam* Cic. *Ac.* 2, 10, pour vous faire espérer davantage de moi; *plenus sum exspectatione de Pompeio, quid velit* Cic. *Att.* 3, 14, 1, je suis impatient, au sujet de Pompée, de savoir ce qu'il veut...; *nunc has exspectationes habemus duas* Cic. *Att.* 7, 16, 2, pour l'heure, voici mes deux curiosités; *crebras exspectationes nobis tui commoves* Cic. *Att.* 1, 4, 1, tu nous donnes de fréquentes espérances de ton retour; *praeter exspectationem* Cic. *de Or.* 2, 284, contre toute attente; *exspectationibus decipiendis* Cic. *de Or.* 2, 289, en trompant l'attente [des auditeurs].

exspectātō, adv., lorsqu'on s'y attendait [mais seul[t] avec une négat.]: *non exspectato*, à l'improviste: Sil. 16, 499.

exspectātŏr, *ōris*, m., **exspectātrix**, *īcis*, f., celui, celle qui attend: Paul.-Nol. *Ep.* 6, 3; Tert. *Marc.* 4, 16, 3.

exspectātus, *a, um*, part.-adj. de *exspecto*, attendu, désiré: Cic. *Phil.* ‖ *-tatior* Pl. *Most.* 442; *-issimus* Cic. *Fam.* 10, 5, 1 ‖ [expressions avec le n.] *ante exspectatum* Virg. *G.* 3, 348, en devançant l'attente, cf. Ov. *M.* 4, 790; Sen. *Ep.* 114, 17; *exspectato maturius* Vell. 2, 123, plus tôt qu'on ne s'y attendait.

exspectō (**expectō**), *ās, āre, āvī, ātum* (*ex, specto*; it. *aspettare*), tr. ¶ 1 attendre: *adventum alicujus* Caes. *G.* 1, 27, 2; *eventum pugnae* Caes. *G.* 7, 49, 3, attendre l'arrivée de qqn, l'issue du combat ‖ [part. à l'abl. abs. n.] *nec ultra exspectato* Tac. *An.* 12, 7, et sans attendre davantage; [part. n. pris subst[t]] V. *exspectatus* ‖ [avec interrog. indir.] *quid hostes consilii caperent, exspectabat* Caes *G.* 3, 24, 1, il attendait de voir quelle résolution prendraient les ennemis, cf. Caes. *G.* 6, 39, 2; Cic. *Verr.* 2, 92; *Com.* 44; *Inv.* 2, 85 ‖ [avec *dum (donec, quoad)*] *exspectas fortasse, dum dicat* Cic. *Tusc.* 2, 17, tu attends peut-être qu'il dise, cf. Cic. *Lae.* 44; *Ac.* 2, 19 ‖ [avec *si* = " pour le cas où "] Pl. *Poen.* 12; Caes. *G.* 2, 9, 1; *C.* 2, 34, 1 ‖ [avec *ut*] attendre que: *nisi forte exspectatis, ut diluam* Cic. *Amer.* 82, à moins que par hasard vous n'attendiez que je réfute ‖ s'attendre à ce que: Liv. 26, 18, 5 ‖ [avec négation et *quin*] *exspectari diutius non oportere, quin... iretur* Caes. *G.* 3, 24, 5, qu'il ne fallait pas attendre plus longtemps pour (tarder davantage à) marcher ... ‖ [pris abs[t]] *ad portam* Cic. *Fam.* 15, 17, 1, attendre près de la porte ¶ 2 attendre [avec idée d'espoir ou de crainte]: *aliquid spe* Cic. *Fam.* 15, 21, 5; *magna cum spe* Cic. *Att.* 16, 16 E, 16, espérer qqch., souhaiter vivement qqch.; *aliquid avidissime* Cic. *Phil.* 14, 1, attendre qqch. avec la plus vive impatience; *majorem Galliae motum exspectans* Caes. *G.* 7, 43, 5, redoutant (s'attendant à) un plus grand soulèvement de la Gaule, cf. *G.* 6, 1, 1 ‖ *video jam illum, quem exspectabam, virum cui praeficias officio* Cic. *Rep.* 2, 69, je vois maintenant quels devoirs tu imposes à cet homme, dont j'attendais que tu parles ‖ *aliquid ab aliquo* Cic. *Fam.* 11, 5, 3; *Rep.* 1, 8; Caes *G.* 7, 34, 1; *ex aliquo* Cic. *Rep.* 2, 40; *ab aliqua re* Caes. *C.* 2, 28, 3; *ex aliqua re* Caes. *C.* 3, 60, 1, attendre qqch. de qqn, de qqch. ‖ [avec prop. inf.] *exspectabat eos in fidem suam venturos* Liv. 43, 22, 2, il s'attendait à les voir se soumettre à lui, cf. Sen. *Ep.* 25, 3 ‖ [avec inf.] *exspecto cognoscere...* Front. *Ver.* 2, 6, 1, p. 133, je désire apprendre..., cf. Aug. *Serm.* 311, 12.

exspergō, *ĭs, ĕre, spersī, spersum* (*ex, spargo*), tr., répandre, éparpiller: Lucr. 5, 372.

exspēs (*ex spe*), [seul[t] au nom.] qui est sans espérance: *exspes liberum* Acc. d. Non.

exspes 12, 7, qui n'espère plus avoir d'enfants, cf. Tac. An. 6, 24 ; **solus, inops, exspes** Ov. M. 14, 217, seul, sans ressources, sans espoir, cf. Hor. P. 20.

exspīrātĭo, ōnis, f. (*exspiro*), exhalaison : Cic. Nat. 2, 83.

exspīrō (expīrō), ās, āre, āvī, ātum, tr. et intr.
I tr. ¶ **1** rendre par le souffle, souffler, exhaler : **animam** Ov. M. 5, 106, rendre l'âme, cf. Virg. En. 11, 883 ¶ **2** laisser échapper, rendre : *flumen sanguinis de pectore* Lucr. 2, 354, laisser échapper de sa poitrine un flot de sang ; *cadavera vermes exspirant* Lucr. 3, 720, les cadavres donnent naissance à des vers.
II intr. ¶ **1** s'exhaler, sortir, s'échapper : *per fauces montis Aetnae exspirant ignes* Lucr. 6, 640, par les bouches de l'Etna des feux s'exhalent ; *expirantes pectoris irae* Catul. 64, 194, les colères s'exhalant du cœur ǁ *unguenta exspirant* Plin. 13, 4, les parfums s'évaporent ¶ **2** rendre le dernier soupir, mourir, expirer [pr. et fig.] : *mecum exspiratura res publica erat ?* Liv. 28, 28, 11, la république devait-elle expirer avec moi ?, cf. Virg. En. 11, 731 ; Juv. 15, 162 ¶ **3** expirer [en parl. d'un terme], finir, être périmé : Paul. Dig. 45, 1, 58.

exsplendescō, ĭs, ĕre, splendŭī, -, intr., jeter un vif éclat : *explendescit ignis* Sen. Nat. 2, 23, 1, le feu brille ǁ [fig.] briller, se distinguer : Nep. Att. 1, 3 ; *in eo exsplenduerunt animi dotes* Suet. Tit. 3, en lui brillèrent les qualités de l'esprit.

exspŏlĭātĭo, ōnis, f., action de dépouiller : Aug. Civ. 20, 8.

exspŏlĭātŏr, ōris, m., spoliateur, voleur : Salv. Gub. 7, 21.

exspŏlĭō, ās, āre, āvī, ātum, tr., dépouiller entièrement, spolier, [pr. et fig.] : *exercitu et provincia Pompeium* Cic. Att. 10, 1, 3, dépouiller Pompée de son armée et de sa province, cf. Caes. G. 7, 77, 9 ǁ piller : *urbem* Cic. Verr. 4, 120, dépouiller une ville.

exspŏlĭor, ārĭs, ārī, -, ⟨C.⟩ exspolio : Quadr. d. Non. 480, 16.

exsprētus, ⟨V.⟩ expretus.

exspŭĭtĭo, ōnis, f. (*exspuo*), crachement : *sanguinis* Plin. 23, 20, crachement de sang.

exspūmō, ās, āre, -, -, intr., suppurer : Cels. 6, 7, 8.

exspŭō, ĭs, ĕre, spuī, spūtum, tr., [abs*t*] cracher : Juv. 13, 214 ; Plin. 35, 191 ǁ rejeter, rendre, vomir, exhaler : Catul. 64, 155 ; Plin. 33, 99 ǁ [fig.] *ex animo* Ter. Eun. 406 ; Lucr. 2, 1041, rejeter de son cœur, de son esprit.

exspūtus, a, um, part. de exspuo.

exstans, tis, part.-adj. de exsto ¶ **1** qui est en saillie, proéminent : Ambr. Hex. 6, 9, 62 ¶ **2** qui est, qui a l'existence : Cassiod. Var. 4, 51, 1.

exstantĭa, ae, f. ¶ **1** avance, saillie, proéminence : Col. 5, 5, 12 ǁ enflure : Cael.-Aur. Chron. 1, 5, 149 ¶ **2** existence, fait d'exister : Mar. Vict. Ar. 1, 50 ǁ individualité : Mar. Vict. Ar. 3, 8.

exstăsis, ⟨V.⟩ ecstasis.

exstātūrus, a, um, ⟨V.⟩ exsto ▶.

exstercŏrō, ās, āre, -, - (*ex stercore*), tr., vider [les latrines] : Ulp. Dig. 7, 1, 15.

exsternō, ās, āre, āvī, ātum (cf. *consterno*), tr., mettre hors de soi, consterner : Catul. 64, 71 ; 165 ; Ov. M. 1, 641.

exstillescō, ĭs, ĕre, -, -, ⟨V.⟩ exstillo : Phaed. App. 8, 11.

exstillō, ās, āre, -, - (*ex, stillo*), intr., couler par gouttes : Col. 12, 48, 2 ǁ dégoutter : *lacrimis* Ter. Phorm. 975, fondre en larmes.

exstĭmŭlātŏr, ōris, m., instigateur : Tac. An. 3, 40.

exstĭmŭlō, ās, āre, āvī, ātum (*ex, stimulo*), tr., piquer fortement : Plin. 9, 132 ǁ [fig.] aiguillonner, stimuler, exciter, animer : Ov. F. 6, 588 ; Tac. An. 15, 50 ; *exstimulatur, ut* Tac. An. 4, 59, on le pousse à.

exstinctĭo, ōnis, f. (*exstinguo*), extinction, anéantissement : Cic. Tusc. 1, 117.

exstinctŏr, ōris, m. (*exstinguo*), celui qui éteint : Cic. Pis. 20 ǁ celui qui détruit : *patriae* Cic. Sull. 88, le destructeur de sa patrie ; *conjurationis* Cic. Dom. 101, celui qui étouffe une conjuration.

1 exstinctus, a, um, part. de exstinguo.

2 exstinctŭs, abl. ū, m., action d'éteindre : Plin. 7, 43.

exstinguĭbĭlis, e, qu'on peut anéantir : Lact. Inst. 7, 20, 9.

exstinguō (extinguō), ĭs, ĕre, stinxī, stinctum (*ex, stinguo* ; fr. *éteindre*), tr. ¶ **1** éteindre : *incendium* Cic. Fam. 4, 13, 2, éteindre un incendie ; *consumptus ignis exstinguitur* Cic. CM 71, le feu consumé s'éteint ; *exstincto calore ipsi exstinguimur* Cic. Nat. 2, 23, quand la chaleur vitale s'éteint, nous nous éteignons nous-mêmes ; *calx exstincta* Vitr. 2, 5, 1, chaux éteinte ǁ ôter la vie, faire mourir : *fortuna morbo exstinxit* Liv. 8, 3, 7, la fortune le fit mourir de maladie ǁ pass. *exstingui,* mourir, disparaître : Cic. Brut. 1 ; Cael. 79 ¶ **3** faire disparaître, effacer, détruire : *invidiam* Cic. Balb. 16 ; *infamiam* Cic. Verr. 2, 168, effacer la haine, l'infamie ; *reliquias belli* Cic. Fam. 10, 25, 1, étouffer les restes de la guerre ǁ faire oublier : *ea, quae antea scripserat* Cic. Verr. 2, 172, faire oublier ce qu'il avait écrit auparavant [en effacer l'impression] ; *superiore gloria rei militaris exstincta* Caes. G. 5, 29, 4, l'antique gloire militaire étant effacée ǁ [droit] rendre nul, renoncer à [en parl. de toute forme d'annulation, renonciation ou d'extinction d'un acte juridique ou d'un rapport de droit] : Dig. 23, 3, 10, 5 ǁ [au passif] s'éteindre, disparaître : Dig. 34, 3, 21, 1.

▶ parf. contr. **extinxti** Pacuv. Tr. 329 ; Virg. En. 4, 682 ; **exstinxem** Virg. En. 4, 606 ; **exstinxit** = exstinxerit Pl. Truc. 524.

exstinxem, exstinxit, exstinxti, ⟨V.⟩ exstinguo.

exstirpātĭo, ōnis, f., déracinement, éradication : Col. 2, 2, 13.

exstirpātŏr, ōris, m., qui déracine, qui extirpe : Aug. Psalm. 95, 5.

exstirpātrix, īcis, f., celle qui détruit : Caes.-Arel. Virg. 20.

exstirpō, ās, āre, āvī, ātum (*ex stirpe*), tr., déraciner, arracher : Curt. 7, 8, 7 ; *ager silvestris exstirpatur* Col. 11, 2, 52, on déboise un terrain ǁ [fig.] extirper, détruire : *vitia* Cic. Fat. 11, extirper les vices ; *ex animo exstirpata humanitas* Cic. Lae. 48, tout sentiment humain arraché de l'âme.

exstĭtī, parf. de exsisto.

exstō(extō), ās, āre, -, - (*ex, sto*), intr. ¶ **1** se ¶ **1** se tenir au-dessus, être élevé au-dessus, dépasser : *capite solo ex aqua exstabant* Caes. G. 5, 18, 5, ils avaient la tête seule au-dessus de l'eau ; *aedificia modice ab humo exstantia* Plin. 6, 89, édifices s'élevant modérément au-dessus du sol ; *extabat ferrum de pectore* Ov. M. 9, 128, le fer sortait de la poitrine ; *navis extat aquis* Ov. Tr. 5, 11, 14, le navire se tient au-dessus des eaux ; *paulum supra terram* Gell. 19, 13, 3, être un peu élevé au-dessus de la terre ǁ [abs*t*] *summo pectore* Caes. C. 1, 62, 2, avoir le haut de la poitrine émergeant [de l'eau] ǁ [poét.] [avec acc.] *aliquem* Stat. S. 1, 2, 116, dépasser qqn ¶ **2** être visible, se montrer, exister : *ejus nulla exstant scripta* Cic. Brut. 36, il ne reste de lui aucun écrit, cf. Cic. Off. 2, 48 ; Div. 1, 71 ; *quod extat in annalibus* Cic. Div. 1, 51, ce dont nos annales font foi ; *nostrum studium exstabit in conveniendis magistratibus* Cic. Fam. 1, 8, 7, notre zèle se manifestera dans les visites aux magistrats ǁ [impers.] *exstat* avec prop. inf., il est certain que, c'est une chose avérée que : *quem vero exstet eloquentem fuisse, primus est ...* Cic. Brut. 57, quant à un homme dont il soit certain qu'il fut éloquent, le premier c'est ... ; [avec interrog. indir.] il apparaît clairement : Cic. de Or. 1, 72.

▶ part. fut. **exstaturus** Plin. 17, 167.

***exstructē**, [seul*t* au compar.] : *exstructius* Tert. Cult. 2, 11, 1, avec une élégance excessive.

exstructĭo, ōnis, f. (*exstruo*), action de bâtir, construction : Cic. Nat. 2, 150 ǁ [fig.] échafaudage de cheveux : Tert. Ux. 2, 3, 4.

exstructŏr, ōris, m., constructeur : Hier. Is. 18, 66, 1.

exstructōrĭus, a, um, qui sert à édifier [fig.] : *Tert. Carn. 17, 5.

exstructus, *a*, *um*, part.-adj. de *extruo*, élevé, accumulé, construit, bâti ‖ *-issimus* Apul. *Socr.* 22.

exstrŭō (**extrŭō**), *ĭs*, *ĕre*, *struxī*, *structum* (*ex*, *struo*), tr., accumuler, élever, dresser : *magnum acervum* Cic. *Att.* 2, 2, 2, faire un grand tas; *mensae epulis exstruebantur* Cic. *Tusc.* 5, 62, les tables étaient chargées de mets; *mensae exstructae* Cic. *CM* 44, repas somptueux; *aedificium* Cic. *Mil.* 74, construire un édifice; *aggere exstructo* Caes. *G.* 2, 30, 3, la terrasse étant construite; *turres* Caes *C.* 3, 54, 1, dresser des tours; *civitatem* Cic. *Rep.* 2, 21, construire une cité (idéale) ‖ *exstrue animo altitudinem excellentiamque virtutum* Cic. *Fin.* 5, 71, dresse par la pensée le haut, l'éminent édifice des vertus [représente-toi tout ce qu'il y a d'élevé, d'éminent dans les vertus].

exsuccus, v. *exsucus*.

exsūcĭdus, c. *exsucus* : Tert. *Anim.* 32, 3.

exsūcō, *ās*, *āre*, -, - (*ex suco*; fr. *essuyer*), tr., extraire le suc de : Cael.-Aur. *Chron.* 2, 14, 206.

exsuctus, *a*, *um*, part. de *exsugo*, desséché : *-ctior* Varr. *R.* 2, 7, 11.

exsūcus, *a*, *um* (*ex suco*), qui n'a pas de suc, desséché, épuisé : Tert. *Anim.* 51, 3 ‖ [fig.] sec, sans force : Quint. 12, 10, 15 ‖ *-ior* Tert. *Anim.* 51, 3.

exsūdātĭo, *ōnis*, f., dégagement par la transpiration : Cael.-Aur. *Chron.* 5, 10, 105.

exsūdātus, part. de *exsudo*.

exsūdō, *ās*, *āre*, *āvī*, *ātum* (*ex*, *sudo*) ¶1 intr., s'évaporer entièrement : Virg. *G.* 1, 88 ¶2 tr., rendre par suintement, dégoutter de : Col. 12, 50, 3 ‖ [fig.] *causas* Hor. *S.* 1, 10, 28, suer sang et eau en plaidant; *ingens certamen* Liv. 4, 13, 4, soutenir une lutte acharnée.

exsufflātĭo, *ōnis*, f., exorcisme (au baptême) : Aug. *Jul.* 6, 5, 11 ‖ mépris : Hier. *Mal.* 1, 13.

exsufflātŏr, *ōris*, m., celui qui souffle sur ce qu'il méprise : Aug. *Ev. Joh.* 11, 13.

exsufflātus, part. de *exsufflo*.

exsufflō, *ās*, *āre*, -, - (*ex*, *sufflo*), tr., souffler sur : Cael.-Aur. *Chron.* 4, 3, 57 ‖ [pour exorciser] : Aug. *Ep.* 194, 46 ‖ faire disparaître en soufflant, emporter d'un souffle : Sulp. Sev. *Dial.* 3, 8.

exsūgĕō, *ēs*, *ēre*, -, -, c. *exsugo* : Pl. *Ep.* 188.

exsūgō, *ĭs*, *ĕre*, *sūxī*, *suctum* (*ex*, *sugo*), tr., sucer entièrement : Pl. *Poen.* 614 ‖ absorber [l'humidité] : Varr. *R.* 2, 4, 15 ‖ épuiser, tarir : Vitr. 2, 8, 2 ‖ **exsuctus**, *a*, *um*, mis à sec : Juv. 8, 90; Gell. 20, 8, 3; Sen. *Ep.* 30, 1.

exsŭl, v. *exul*.

exsŭlō, v. *exulo*.

exsultābĭlis, *e*, qui fait bondir (de joie) : *dies* Max. 78, p. 419 A, jour de joie.

exsultābundus, *a*, *um* (*exsulto*), qui saute : Solin. 5, 20 ‖ transporté de joie : Just. 18, 7, 10.

exsultans, *tis*, part.-adj. de *exsulto*, bondissant, sautant : *exsultantissimum verbum* Quint. 9, 4, 108, mot sautillant [composé d'une suite de brèves] ‖ [rythme] sautillant, haché : Quint. 10, 2, 16; 12, 10, 12; *exultantia coercere* Quint. 10, 4, 1, discipliner un rythme trop incohérent ‖ [style] exubérant, qui a trop de vivacité : Tac. *D.* 18.

exsultantĕr, adv., en sautant de joie ‖ [fig.] *quae quasi exsultantius scripsi* Plin. *Ep.* 3, 18, 10, ce que j'ai écrit d'un style, pour ainsi dire, plus enlevé.

exsultantĭa, *ae*, f., action de sauter sur; attaque, assaut : Paul.-Nol. *Carm.* 24, 564 ‖ [fig.] Gell. 12, 5, 9 ‖ tressaillement de joie : Cypr. *Ep.* 76, 7.

exsultātĭo, *ōnis*, f. (*exsulto*), action de sauter, saut, bond : Col. 7, 3, 18; Plin. 8, 215 ‖ transport de joie : Sen. *Ir.* 2, 21, 5; Gell. 2, 27, 31.

exsultātīvus, *a*, *um*, avec des transports de joie : Cassiod. *Psalm.* 37, p. 272 A.

exsultim, adv. (*exsilio*), en bondissant : Hor. *O.* 3, 11, 10.

exsultō (**exultō**), *ās*, *āre*, *āvī*, *ātum* (*ex*, *salto*), intr. ¶1 sauter, bondir : Cic. *Div.* 2, 145; *Off.* 1, 90; *exsultant vada* Virg. *En.* 3, 557, la mer bouillonne; *(pila) exsultat* Sen. *Nat.* 6, 10, 2, (la balle) rebondit ¶2 [fig.] se donner carrière : *exsultavit audacius* Cic. *Or.* 26, il se donna plus libre cours [en parl. d'un orateur], cf. *Ac.* 2, 112 ‖ être transporté [d'une violente passion] : *laetitia* Cic. *Clu.* 14, être transporté d'allégresse; *insolentia* Cic. *Rep.* 2, 45, donner libre cours à son insolence ‖ être dans des transports de joie : *in ruinis alicujus* Cic. *Balb.* 58, être transporté de joie à l'occasion des malheurs de qqn; *Graeci exsultant quod* Cic. *Att.* 6, 1, 15, les Grecs sont enthousiasmés de ce que; *exsultantem laetitiam comprimere* Cic. *Top.* 86, arrêter les élans de sa joie ‖ être fier, s'enorgueillir : *gestis* Tac. *Agr.* 8, être fier de ses hauts faits, cf. Virg. *En.* 2, 386 ¶3 [chrét.] célébrer Dieu par des chants de joie : Vulg. *Psal.* 58, 17.

exsum, *es*, *esse*, -, - (*ex*, *sum*), intr., être exclu : *exesto* P. Fest. 72, 10, que se tienne à l'écart.

exsumptŭō, *ās*, *āre*, -, - (*ex sumptu*), tr., rendre pauvre : Gloss. 4, 66, 45.

exsŭpĕr, adv., au-dessus : CIL 2, 2060.

exsŭpĕra, *ae*, f., sorte de verveine : Ps. Apul. *Herb.* 66.

exsŭpĕrābĭlis, *e* (*exsupero*) ¶1 qu'on peut surmonter, vaincre : Virg. *G.* 3, 39; Stat. *Th.* 1, 214 ¶2 qui peut vaincre : Quadr. d. Gell. 17, 2, 14.

exsŭpĕrans, *tis*, part.-adj. de *exsupero*, qui surpasse, qui l'emporte, qui excelle : Gell. 6, 8, 3 ‖ *-tior* Gell. 14, 3, 11; *-tissimus* Apul. *Plat.* 1, 12.

exsŭpĕrantĭa, *ae*, f. (*exsupero*), supériorité : Cic. *Tusc.* 5, 105; Gell. 14, 1, 12.

Exsŭpĕrantĭus (**Exu-**), *ĭi*, m., Exupérance, préfet des Gaules : Rutil. 1, 213.

exsŭpĕrātōrĭus, *a*, *um*, de vainqueur : Lampr. *Comm.* 11, 8.

exsŭpĕrātus, *a*, *um*, part. de *exsupero*.

Exsŭpĕrĭus (**Exŭ-**), *ĭi*, m., Exupère [rhéteur de Toulouse] : Aus. *Prof.* 18 (207), 1 ‖ évêque de Toulouse : Greg.-Tur. *Hist.* 2, 13.

exsŭpĕrō (**exŭpĕrō**), *ās*, *āre*, *āvī*, *ātum* (*ex*, *supero*) ¶1 intr., s'élever, apparaître au-dessus : Virg. *En.* 2, 759 ‖ prévaloir, l'emporter : Lucr. 5, 384; Virg. *En.* 12, 20; Ov. *F.* 6, 372 ¶2 tr., dépasser, surmonter : Plin. 14, 12; *jugum* Virg. *En.* 11, 905, franchir une hauteur ‖ [fig.] *aliquem superbia* Liv. 3, 11, 13, surpasser qqn en orgueil; *aestatem* Plin. 14, 33, se conserver au-delà de l'été ‖ *aliquem* Val.-Max. 5, 9, 4, survivre à qqn ‖ *vires* Ov. *Tr.* 1, 5, 56, dépasser les forces ‖ *multitudo Gallorum sensum omnem talis damni exsuperans* Liv. 7, 24, 2, les Gaulois étant par leur nombre absolument insensibles à une telle perte.

exsuppūrō, *ās*, *āre*, -, -, tr., faire suppurer ‖ [fig.] faire sortir [qqch. de vicié] : *Tert. *Pall.* 5, 7.

exsurdātus, *a*, *um*, part. de *exsurdo*.

exsurdō (**exurdō**), *ās*, *āre*, *āvī*, *ātum* (*ex*, *surdus*), tr., assourdir, rendre sourd : Plin. 32, 141 ‖ rompre la tête, étourdir : Val.-Max. 2, 2, 3 ‖ émousser, rendre insensible : Hor. *S.* 2, 8, 38.

exsurgō (**exurgō**), *ĭs*, *ĕre*, *surrexī*, *surrectum* (*ex*, *surgo*), intr., se lever [quand on est assis ou couché] : Pl. *Bac.* 758; Cic. *de Or.* 1, 265 ‖ sortir (après s'être levé) : Pl. *Mil.* 81; Liv. 27, 41, 7 ‖ s'élever [en parl. des choses] : Plin. 5, 97; Juv. 6, 305 ‖ croître, pousser : Plin. 24, 173 ‖ [fig.] se relever, recouvrer ses forces, se ranimer : Cic. *Agr.* 2, 87; *res publica exsurget* Cic. *Fam.* 12, 10, 4, l'État se relèvera.

exsurrectĭo, *ōnis*, f., action de se lever : Cass. Fel. 72.

exsuscĭtātĭo, *ōnis*, f., action de réveiller l'attention, mouvement oratoire : Her. 4, 55.

exsuscĭtō, *ās*, *āre*, *āvī*, *ātum* (*ex*, *suscito*), tr., éveiller, tirer du sommeil : *exsuscitat te gallorum cantus* Cic. *Mur.* 22, le chant du coq t'éveille ‖ susciter, allumer : Liv. 21, 3, 6 ‖ [fig.] provoquer, faire naître exciter : *animos* Cic. *Off.* 1, 12, être un aiguillon pour l'âme.

exta, *ōrum*, n. pl. (de **exsecta*; cf. *seco*), viscères, fressure, abats (cœur, poumons, foie, rate) [qui servaient aux haruspices] : Cic. *Div.* 2, 28; *exta perperam dare* Liv. 26, 23,

exta

8, présenter les entrailles aux dieux d'une façon irrégulière.
▶ gén. pl. *extum* Pacuv. *Tr.* 81.

extābescō, *ĭs*, *ĕre*, *bŭī*, - (*tabes*; cf. *contabesco*), intr., se dessécher, devenir maigre: Poet. d. Cic. *Tusc.* 3, 26; Suet. *Galb.* 7 ‖ disparaître, s'évanouir: Cic. *Nat.* 2, 5.
▶ inusité au présent sauf Gloss. 5, 292, 64; Not. Tir. 112, 24.

extaedĕt, impers., [seul^t au parf.] *extaesum est*, répugner: Not. Tir. 46, 95 a.

extaediō, *ās*, *āre*, *āvī*, *ātum*, tr., dégoûter: Vit. Patr. 5, 5, 13.

extālis, *is*, m. (*exta*), rectum: Veg. *Mul.* 2, 70, 2.

extantia, *ae*, f., ▶ *exstantia*.

extar, *āris*, n. (*exta*), chaudron pour faire cuire les entrailles [des victimes]: Gloss. 2, 66, 46.

extāris, *e*, adj. (*exta*), qui concerne les entrailles des victimes: Pl. *Ru.* 135.

extăsis, ▶ *exstasis*.

extemplō, adv. (*ex templo*; cf. *templum* ¶ 2), sur-le-champ, aussitôt: Cic. *Com.* 8; Liv. 41, 1, 1; Virg. *En.* 2, 376.
▶ arch. *extempŭlō* Pl. *Aul.* 93.

extempŏrālis, *e* (*ex tempore*), qui n'est pas médité, qui se fait sans préparation, improvisé: Quint. 4, 1, 54; Suet. *Aug.* 84.

extempŏrālĭtās, *ātis*, f., talent d'improvisation: Suet. *Tit.* 3.

extempŏrālĭter, adv., sans méditation, en courant: Sidon. *Ep.* 7, 14, 3.

extempŏrāneus, *a*, *um*, ▶ *extemporalis*: Rufin. *Orig. Lev.* 8, 5.

extempŭlō [arch.], ▶ *extemplo*.

extendō, *ĭs*, *ĕre*, *tendī*, *tensum* et *tentum* (*ex*, *tendo*; it. *stendere*), tr. ¶ 1 étendre, allonger, élargir: *extento bracchio* Cic. *de Or.* 2, 242, en étendant le bras; *extensis digitis* Cic. *Ac.* 2, 145, en tenant les doigts allongés; *lineam* Plin. 9, 182, tracer une ligne; *pinnas* Hor. *Ep.* 1, 20, 21, déployer ses ailes; *per coronam funem ire* Hor. *Ep.* 2, 1, 210, marcher sur une corde tendue ‖ déployer, développer: *agmen ad mare* Curt. 3, 9, 10; *aciem latius* Curt. 3, 9, 12, déployer l'armée jusqu'à la mer, donner une plus large extension à la ligne de bataille; *acies Vulcania extenditur per campos* Virg. *En.* 10, 407, l'armée de Vulcain [l'incendie] se déploie dans la plaine ‖ [fig.] *in Africam spem* Liv. 24, 48, 1, étendre ses espérances jusque sur l'Afrique; *famam factis* Virg. *En* 10, 468, étendre sa renommée par de belles actions ‖ prolonger, faire durer: *ab hora tertia ad noctem pugnam* Liv. 27, 2, 6, prolonger le combat de la 3e heure jusqu'à la nuit; *curas in annum venientem* Virg. *G.* 2, 405, étendre sa sollicitude à l'année suivante ‖ pass., *extendi*, s'étendre, se prolonger: *longius quam quantum vitae humanae spatium est, cupiditas gloriae extenditur* Liv. 28,

43, 6, le désir de la gloire s'étend au-delà des bornes de la vie humaine ¶ 2 étendre à terre, coucher tout du long: *aliquem arena* Virg. *En.* 5, 374, étendre, renverser qqn sur le sable ‖ *(Cerberus) toto ingens extenditur antro* Virg. *En.* 6, 422, son corps monstrueux s'allonge couvrant toute l'étendue de l'antre ¶ 3 allonger, agrandir, augmenter: *epistulam* Plin. *Ep.* 3, 5, 20, allonger une lettre, s'étendre dans une lettre; *agros* Hor. *P.* 208, étendre son territoire; *pretium* Suet. *Cal.* 38, faire monter les prix; *extentis itineribus* Liv. 30, 19, 1, en allongeant les étapes ‖ prolonger [le temps]: *tempus epularum* Plin. *Pan.* 49, 5; *consulatum* Plin. *Pan.* 61, 6, prolonger la durée d'un banquet, prolonger le consulat ¶ 4 [méc.] tendre [un câble]: Vitr. 10, 2, 2; 10, 15, 7 ¶ 5 [fig.] *se extendere*, se déployer, se lancer: *magnis itineribus* Caes. *C.* 3, 77, 3, se lancer dans de longues étapes; *supra vires* Liv. 34, 4, 15, se lancer au-delà de ses moyens [mener un plus grand train qu'on ne peut].

***extensē** [inus.] adv., d'une manière étendue ‖ *-ius* Tert. *Idol.* 2, 3.

extensĭo, *ōnis*, f., ▶ *extentio*.

extensĭpēs, *ĕdis*, m. (*extendo*, *pes*), [métr.] molosse, pied composé de trois longues: Diom. 479, 4.

extensīvus, *a*, *um* (*extendo*), susceptible d'extension [fig.]: Paul. *Dig.* 38, 17, 6.

extensŏr, *ōris*, m., bourreau: Ambr. *Jac.* 2, 10, 44.

extensus, part. de *extendo*.

extentē, adv., d'une manière tendue ‖ *-tius* Amm. 18, 6, 13.

extentĕro, ▶ *exentero*: Apic. 48 (mss).

extentĭo, -**sĭo**, *ōnis*, f. (*extendo*), action de tendre, extension: Isid. 3, 15, 1 ‖ tumeur: Veg. *Mul.* 3, 15, 2 ‖ propagation, diffusion: Vitr. 7, praef. 11 ‖ [fig.] déchaînement: Cael.-Aur. *Chron.* 1, 5, 150.

1 **extentō**, *ās*, *āre*, -, - (*ex*, *tento*), tr., essayer, éprouver: Pl. *Bac.* 585.

2 **extentō**, *ās*, *āre*, -, - (fréq. de *extendo*), tr., étendre: Lucr. 3, 490.

1 **extentus**, *a*, *um*, part.-adj. de *extendo*, étendu: Cat. *Agr.* 63; Lucr. 1, 230; *extenti oculi* Quint. 11, 3, 76, yeux grands ouverts; *extentus sonus* Plin. 10, 82, sons prolongés ‖ *-issimus* Liv. 21, 32, 9.

2 **extentŭs**, *ūs*, m., tension: Sil. 4, 619.

extĕnŭātĭo, *ōnis*, f. (*extenuo*), action de rendre mince, ténu, de diminuer: Plin. 17, 246; Sen. *Nat.* 2, 57, 3 ‖ atténuation [rhét.]: Cic. *de Or.* 3, 202.

extĕnŭātōrĭus, *a*, *um*, propre à diminuer, à affaiblir: Orib. *Syn.* 2, 33 Aa.

extĕnŭātus, *a*, *um*, part.-adj. de *extenuo*, aminci, affaibli, faible: Her. 2, 37; *-issimus* Brut. *Fam.* 11, 13, 2.

extĕnŭō, *ās*, *āre*, *āvī*, *ātum* (*ex*, *tenuo*), tr. ¶ 1 rendre mince, menu, ténu, amincir: *cibus extenuatur* Cic. *Nat.* 2, 134, les

aliments sont broyés; *mediam aciem* Liv. 5, 38, 2, dégarnir le centre de la ligne de bataille ¶ 2 affaiblir, rabaisser, diminuer, atténuer: Plin. 21, 155; *pituitam* Cels. 2, 23, clarifier la pituite ‖ [fig.] *spes extenuatur* Cic. *Att.* 3, 13, 1, l'espoir diminue; *molestias* Cic. *Tusc.* 3, 34, atténuer les peines; *famam belli* Liv. 5, 37, 3, diminuer l'importance de la guerre.

extĕr, ▶ *exterus*.

extĕrēbrō, *ās*, *āre*, -, *ātum*, tr., retirer en creusant: Cic. *Div.* 1, 48 ‖ [fig. avec *ut*] obtenir avec effort que: Pl. *Pers.* 237.

extergĕō, *ēs*, *ēre*, *tersī*, *tersum*, tr., essuyer, nettoyer: Pl. *Most.* 267; Cat. *Agr.* 162, 3 ‖ [fig.] Cic. *Verr.* 2, 52.
▶ formes *-go*, *-īs*, *-ĕre* Ulp. *Dig.* 33, 7, 12; Vulg. *Bar.* 6, 12.

extĕrĭor, *ĭus*, gén. *ōris*, compar. de *exter*, plus en dehors, [ou en parl. de deux] le plus extérieur: Cic. *Tim.* 25; Caes. *G.* 7, 74; 7, 87, 4; *C.* 3, 63, 6; *comes* Hor. *S.* 2, 5, 17, compagnon qui laisse à l'autre le haut du pavé ‖ [chrét.] extérieur, physique, matériel [opposé à *interior*]: Aug. *Serm.* 107, 6, 7 ‖ susbt. n. pl., le monde extérieur: Hil. *Trin.* 1, 6.

extĕrĭus, adv., extérieurement, au-dehors: Ov. *M.* 6, 420.

extermentārĭum, *ĭī*, n., linge qui s'use en frottant: Varr. *L.* 5, 21.

extermĭnābĭlis, *e*, propre à ruiner, funeste: Cassiod. *Hist.* 9, 15, 3.

extermĭnātĭo, *ōnis*, f., destruction: Vulg. *Sap.* 18, 7.

extermĭnātor, *ōris*, m. (*extermino*), celui qui chasse, qui bannit: Cassian. *Coll.* 10, 11, 4 ‖ ange exterminateur: Aug. *Serm.* 107, 6, 7.

extermĭnātus, part. de *extermino*.

extermĭnĭum, *ĭī*, n. (*extermino*), extermination, ruine: Tert. *Jud.* 8, 17.

extermĭnō, *ās*, *āre*, *āvī*, *ātum* (*ex terminis*), tr., chasser, bannir, exiler: [avec *ex*] Cic. *Sest.* 9; *aliquem ex hominum communitate* Cic. *Off.* 3, 32, retrancher qqn de la communauté humaine; [avec *de*] Cic. *Balb.* 51; [avec *ab* et nom de pers.] Cic. *Sest.* 30; [avec abl.] Cic. *Nat.* 1, 36 ‖ [fig.] rejeter: *auctoritatem vestram e civitate* Cic. *Prov.* 3, éliminer votre prestige de la cité ‖ [chrét.] altérer, défigurer: VL. *Psal.* 21, 17, d.; Tert. *Jud.* 10, 4.

extermĭnus, *a*, *um* (*ex terminis*), banni: Carm. Sod. 86.

externātus, *a*, *um*, part. de *externo*.

externō, *ās*, *āre*, -, - (*externus*), tr., rendre étranger: Gloss. 5, 599, 4.
▶ ▶ *exsterno*, confondu souvent avec *externo*.

externus, *a*, *um* (*ex*, et cf. *internus*, *supernus*), extérieur, externe, du dehors: Cic. *Div.* 2, 120; *Nat.* 2, 26; *illa externa* Cic. *Ac.* 2, 4, ces faits extérieurs ‖ étranger, exotique: *externus hostis* Cic. *Cat.* 2, 29, ennemi étranger; *externi populi* Cic. *Off.*

2, 64, peuples étrangers ; *in externis locis* Cic. *Fam.* 4, 9, 4, à l'étranger ‖ **externi, ōrum**, m., les étrangers : Cic. *Nat.* 2, 158 ; n. pl., *externa* Cic. *Off.* 2, 27, exemples pris à l'étranger ‖ *externa* Tac. *H.* 3, 5 ; 4, 32, desseins hostiles.

extĕrō, ĭs, ĕre, trīvī, trītum, tr., faire sortir en foulant : Varr. *R.* 1, 52, 2 ‖ faire sortir par frottement : Lucr. 5, 1098 ‖ enlever en frottant : Plin. 37, 172 ; 31, 66 ‖ user par le frottement : Quint. 10, 4, 4 ‖ écraser : Ov. *Am.* 1, 9, 12 ; Sen. *Ep.* 57, 7.

exterrānĕus, a, um (*ex terra* et *extraneus*), étranger : P. Fest. 69, 12 ‖ prématuré, né avant terme : P. Fest. 69, 13.

exterrĕō, ēs, ēre, ŭī, ĭtum, tr., épouvanter : Cic. *Off.* 2, 37 ; *Div.* 1, 79 ; Caes. *C.* 1, 75, 3 ; Tac. *An.* 1, 56, 5.
▶ dans Cic. et Caes. on trouve seulement le passif.

exterrĭtātĭō, ōnis, f., épouvante : Vulg. *4 Esdr.* 15, 39.

exterrĭtus, a, um, part. de *exterreo*.

extersus, a, um, part. de *extergeo*.

extersŭs, ūs, m., action d'essuyer, de nettoyer : Pl. *Curc.* 578.

extĕrus, a, um (*ex*, et cf. *dexter, interior*), extérieur, externe, du dehors : Cic. *Cat.* 2, 13 ; *Font.* 25 ; Caes. *C.* 3, 43 ; V.▷ *exterior, extremus* étranger à la famille [en parl. not^t du testateur] : Dig. 33, 3, 6 ; Cod. Just. 6, 20, 10 ; V.▷ *extraneus*.
▶ *exter* et *exterus* d. le Dig. ‖ le pl. seul employé par Cic. et Caes.

extestīnus, a, um (cf. *intestinus*), V.▷ *extraneus* : Gloss. 2, 579, 3.

extexō, ĭs, ĕre, -, - (*ex, texo*), tr., défaire le tissu ‖ [fig.] dépouiller, escroquer : *extexam ego illum pulchre* Pl. *Bac.* 239, je vais joliment le plumer.

extillo, V.▷ *exstillo*.

extĭmātĭō, ōnis, f., C.▷ *existimatio* : Cael.-Aur. *Chron.* 3, 4, 56.

extĭmātĭō, ōnis, f. (*extimus*), extrémité : Tert. *Cult.* 2, 9, 8.

extĭmescō, ĭs, ĕre, tĭmŭī, - ¶1 intr., s'épouvanter : Cic. *Sest.* 126 ; [avec *ne*] Ac. 2, 121, craindre que ‖ [avec inf.] craindre de : Sen. *Nat.* 1, 5, 14 **¶2** tr., redouter : *aliquid* Cic. *Fam.* 9, 26, 4 ; *periculum ab aliquo* Cic. *Phil.* 7, 2, redouter un péril de la part de qqn ‖ *aliquem* Cic. *Dej.* 15, redouter qqn.

extĭmō, ās, āre, -, -, tr., penser, croire, V.▷ *existimo* : Chir. 389.

extĭmō, ās, āre, -, - (*extimus*), tr., reléguer à une extrémité : Tert. *Cor.* 5, 1.

extĭmŭlo, V.▷ *exstimulo*.

extĭmus (**extŭmus**), **a, um**, superl. de *exter* **¶1** placé à l'extrémité, qui est au bout, le plus éloigné : Cic. *Rep.* 6, 17 ; [n. pl.] *Apuliae extima* Plin. 6, 217, l'extrême frontière de l'Apulie **¶2** dernier, méprisé : Pl. *Truc.* 729.

extinguo, V.▷ *exstinguo*.

extirpo, V.▷ *exstirpo*.

extispex, ĭcis, m. (*exta, specio*), haruspice : Cic. *Div.* 1, 12 ; 2, 42.
▶ gén. pl. *-cium* Acc. *Tr.* 419 et *-cum* Poet. d. Cic. *Div.* 1, 29.

extispĭcĭum, ĭī, n. (*extispex*), inspection des entrailles des victimes : Suet. *Ner.* 56.

extispĭcus, i, m., C.▷ *extispex* : CIL 11, 5824.

exto, V.▷ *exsto*.

extollentĭa, ae, f. (*extollo*), action d'élever, fierté, orgueil : Vulg. *Eccli.* 23, 5.

extollō, ĭs, ĕre, extŭlī, - (*ex, tollo*), tr. **¶1** lever hors de, élever : *e tenebris tantis tam clarum extollere lumen* Lucr. 3, 1, du sein de si profondes ténèbres élever un flambeau si éclatant ‖ *caput* Cic. *Planc.* 33, dresser la tête ; *cruentum alte pugionem* Cic. *Phil.* 2, 28, élever en l'air son poignard sanglant ; *onera in jumenta* Varr. *R.* 2, 10, 3, soulever des fardeaux pour les mettre sur les bêtes de somme ; [fig.] *aliquem jacentem* Cic. *Marc.* 8, relever un homme abattu ‖ élever en hauteur un édifice : Pl. *Most.* 122 ‖ [abst^t] *ars agricolarum, quae erigit, extollit* Cic. *Fin.* 5, 39, la science de l'agriculture qui sait faire pousser droit et en hauteur **¶2** [fig.] élever, exalter, vanter : *aliquem ad caelum* Cic. *Fam.* 12, 25, 7, porter qqn aux nues ; *meritum alicujus verbis* Cic. *Planc.* 95, exalter les services rendus par qqn ; *aliquem* Liv. 3, 45, 4 ; 22, 25, 12, vanter qqn ; *honores nimis* Cic. *Part.* 81, porter trop haut les honneurs ‖ relever, redresser : *animos* Liv. 7, 8, 4 ; Sen. *Ir.* 1, 7, relever le courage, exalter les cœurs ; *animus se extollit* Cic. *Tusc.* 3, 54, l'âme se redresse ‖ élever, distinguer, honorer : *aliquem aut honore* Sall. *J.* 49, 4, distinguer qqn par une gratification ou par un honneur, cf. Tac. *An.* 1, 2 ; *aliquem supra ceteros* Tac. *An.* 6, 8, élever qqn au-dessus des autres ‖ rehausser, embellir : *hortos* Tac. *An.* 11, 1, embellir des jardins **¶3** transporter qqch. d'un jour à un autre, remettre, différer : Pl. *Poen.* 500 ; Caecil. d. Non. 297, 28.
▶ les formes du parf. sont communes avec *effero* ‖ *exsustulissent* *Sen. *Contr.* 1, 6, 4.

extornō, ās, āre, -, -, tr., faire tourner : Boet. *Mus.* 1, 3.

extorpĕō, ēs, ēre, -, -, C.▷ *torpeo* : VL. *Ezech.* 21, 7.

extorpŭī, parf. de l'inus. *extorpesco*, intr., rester engourdi, immobile : Fort. *Mart.* 1, 120.

extorquĕō, ēs, ēre, torsī, tortum (*ex, torqueo*; it. *storcere*), tr. **¶1** déboîter, disloquer, démettre [un membre], luxer : *extorsit articulum* Sen. *Ep.* 104, 18, il s'est fait une entorse ; *extortus* Plin. 8, 18, 9, estropié ; *extorti* Liv. 32, 38, 8, torturés **¶2** arracher, ôter des mains : *alicui ferrum de manibus, e manibus* Cic. *Cat.* 1, 16 ; 2, 2, arracher une arme des mains de qqn **¶3** obtenir par force, arracher : *aliquid ab aliquo* Cic. *Prov.* 5 ; *Att.* 6, 1, 25 ; *Fam.* 16, 24, 1, arracher qqch. à qqn ‖ [fig.] *alicui errorem* Cic. *CM* 86, arracher une erreur à qqn ; *mihi veritas extorta est* Cic. *Or.* 160, la vérité me fut arrachée ‖ [avec *ut* subj.] obtenir par force que : Cic. *Tusc.* 1, 14 ; [avec inf.] Claud. *IV Cons. Hon.* 282 ; [avec subj. seul] Apul. *M.* 8, 7.

extorrĕō, ēs, ēre, -, -, tr., brûler fortement : Cels. 3, 7, 2.

extorris, e (*ex terra*), rejeté hors d'un pays, banni : Cic. *Verr.* 3, 120 ; *ab solo patrio* Liv. 5, 30, 6 ; *agro Romano* Liv. 27, 37, 6, chassé du sol de la patrie, du territoire romain ; *brevi extorre hinc omne Punicum nomen...* Liv. 26, 41, 19, bientôt toute la puissance punique chassée d'ici... ‖ [tard.] éloigné, privé de : Tert. *Anim.* 5, 6.

extorsī, parf. de *extorqueo*.

extorsĭo, ōnis, f., action d'extorquer, extorsion : Hier. *Matth.* 1, 8, 30.

extortŏr, ōris, m., celui qui extorque : Ter. *Phorm.* 374.

extortus, part. de *extorqueo*.

extrā (*exterus*; cf. *intra*; it. *stra-*)
I adv. **¶1** au-dehors, à l'extérieur : Cic. *Fin.* 2, 68 ; *Nat.* 2, 147 ; *Part.* 37 ; Caes. *C.* 3, 69, 4 ‖ compar., *exterius* même sens : Ov. *M.* 6, 420 ; Col. 12, 44, 5 **¶2** *extra quam* **a)** excepté que, à moins que : Cic. *Inv.* 2, 59 ; [surtout] *extra quam si*, excepté le cas où : Cic. *Att.* 6, 1, 15 ; *Rep.* 1, 10 ; Liv. 38, 38, 39 ; 39, 18, 7 **b)** à l'exception de : *extra quam qui* Liv. 26, 34, 6, en dehors de ceux qui, exception faite pour ceux qui **¶3** en outre, en sus : Sen. *Ben.* 6, 15, 3.
II prép. avec acc. **¶1** en dehors de, hors de : Cic. *Leg.* 2, 58 ; *Tusc.* 5, 13 ; Caes. *G.* 1, 10, 5 ‖ *extra fines egredi* Cic. *Quinct.* 35, franchir des limites ‖ *urbem extra* Tac. *An.* 13, 47, hors de la ville **¶2** [fig.] **a)** en dehors de : *extra causam* Cic. *Caecin.* 94, en dehors de la cause ‖ *extra ordinem* Cic. *Prov.* 19, en dehors de l'ordre, extraordinairement ; [droit] *extra ordinem actionem dare* Paul. *Sent.* 1, 15, 2, accorder une action non conforme à la procédure ordinaire ‖ *extra culpam esse* Cic. *Verr.* 5, 134, être sans reproche ‖ *extra jocum* Cic. *Fam.* 7, 16, 2, sans plaisanterie **b)** à l'exception de : *extra ducem* Cic. *Fam.* 7, 3, 2, excepté le général, cf. Pl. *Amp.* 833 ; Ter. *Phorm.* 98 ; Cic. *Phil.* 5, 53 ; Liv. 26, 34, 3.
▶ arch. *extrad* CIL 1, 581, 16-28.

extrāclūsus, a, um, placé en dehors : Grom. 8, 1 ; 9, 10.

extractōrĭus, a, um, qui sert à tirer, à extraire : Plin. 24, 87.

extractus, a, um, part. de *extraho*.

extrăhō, ĭs, ĕre, trāxī, tractum, tr. **¶1** tirer de, retirer de : *telum e corpore* Cic. *Amer.* 19, retirer une arme du corps [avec *de* Ov. *M.* 12, 119] ; *filium ventre* Dig. 5, 2, 6, retirer un enfant du ventre de sa mère ; *spinas corpori* Plin. 28, 245, retirer du corps des épines ; *alicui anulum* Suet.

extraho

Tib. 73, retirer à qqn son anneau ; **dentem** PLIN. 32, 79, extraire une dent ‖ **aliquem domo** CIC. *Clu.* 39, tirer qqn hors d'une maison ; **aliquem rure in urbem** HOR. *S.* 1, 1, 11, entraîner qqn de la campagne à la ville ; **in publicum vi** LIV. 26, 13, 1, entraîner qqn de force en public ¶ 2 arracher de : **urbem ex periculis** CIC. *Sest.* 11, arracher une ville aux dangers ; **temeritatem ex animis** CIC. *Ac.* 2, 108, arracher des esprits la légèreté ¶ 3 traîner en longueur, prolonger : **rem variis calumniis** CIC. *Fam.* 1, 4, 1, prolonger une discussion par mille chicanes ; **extrahitur bellum in tertium annum** LIV. 3, 2, 2, la guerre se prolonge jusqu'à la troisième année ; **rem in adventum alicujus** LIV. 34, 46, 5, traîner les choses en longueur jusqu'à l'arrivée de qqn ; **eludi atque extrahi se multitudo putare** LIV. 2, 23, 13, la foule de croire qu'on se joue d'elle, qu'on l'amuse ‖ épuiser, consumer [en délais] : **dicendi mora dies extrahere** CAES. *C.* 1, 33, 3 ; **simulatione deditionis extracto primo noctis tempore** CAES. *C.* 3, 28, 5, la première partie de la nuit ayant été consumée à de feints pourparlers de reddition, cf. *G.* 5, 22, 4.

extrāmundānus, *a*, *um*, surhumain : CAPEL. 1, 38.

extrāmūrānus, *a*, *um* (*extra*, *muros*), qui est hors des murs : AMBR. *Ep.* 20.

extrānātūrālis, *e* (*extra*, *naturam*), surnaturel : TERT. *Anim.* 43, 1.

extranĕē, adv. (*extraneus*), d'une manière étrangère c.-à-d. improprement : BOET. *Top. Arist.* 1, 14.

extrănĕō, *ās*, *āre*, -, - (*extraneus* ; it. *stranare*), tr., traiter comme un étranger : *APUL. *Apol.* 97.

extrănĕus, *a*, *um* (*extra* ; fr. *étrange*) ¶ 1 extérieur, du dehors : HER. 3, 2 ; CIC. *Inv.* 1, 32 ; *de Or.* 2, 46 ‖ qui n'est pas de la famille, étranger : **heres extraneus** DIG. 29, 5, 6, 1, l'héritier de l'extérieur [par oppos. à **heres suus**] ; INST. JUST. 2, 19, 2 ‖ [chrét.] étranger à la foi, païen : TERT. *Cult.* 2, 2, 2 ‖ hérétique : TERT. *Bapt.* 15, 2 ¶ 2 subst. m., un étranger : SUET. *Aug.* 69 ; pl., TAC. *Agr.* 43 ; *An.* 4, 11.

extrāordĭnārĭē, adv., contrairement à l'usage : HIER. *Ephes.* 1, 2, 13.

extrāordĭnārĭus, *a*, *um*, supplémentaire [en parl. de troupes], de réserve, d'élite : **cohortes extraordinariae** LIV. 34, 47, 4, cohortes de réserve ‖ extraordinaire, inusité : CIC. *Verr.* 1, 100 ; 5, 35 ; **imperium**, CIC. *Phil.* 11, 20, commandement extraordinaire.

extrāquam, ▸ *extra*.

extrārĭus, *a*, *um* (*extra*), extérieur : LUCR. 4, 276 ; CIC. *Inv.* 2, 168 ; 177 ‖ étranger, qui n'est pas de la famille : TER. *Phorm.* 579 ; QUINT. 7, 4, 9.

extraxī, parf. de *extraho*.

extrēmālĭa, *ae*, f., extrémité : VL. *Exod.* 29, 20 Lugd..

extrēmĭtās, *ātis*, f. (*extremus*) ¶ 1 **a)** extrémité, bout, fin : CIC. *Fin.* 2, 102 ; **mundi globosi** CIC. *Tim.* 17, la circonférence du globe ‖ surface [géom.] : CIC. *Ac.* 2, 116 ‖ le contour [en peinture] : PLIN. 35, 68 **b)** [rhét.] pl., les extrêmes : QUINT. 11, 3, 15 **c)** [gram.] désinence, terminaison : GELL. 11, 5, 2 ; PRISC. 2, 3, 16 ¶ 2 [chrét.] petitesse, humilité : AUG. *Ver.* 38, 70 ; **extremitas mea** SIDON. *Ep.* 9, 2, 1, ma petitesse [formule de modestie utilisée par certains épistoliers].

▶ gén. pl. -*um* PLIN. 23, 48, et -*ium* PLIN. 29, 32.

extrēmō, ▸ *extremus*.

extrēmum, ▸ *extremus*.

extrēmus, *a*, *um* (it. *stremo*), superl. de *exter* ¶ 1 le plus à l'extérieur, extrême : **extremum oppidum Allobrogum est Genava** CAES. *G.* 1, 6, 3, la ville qui est le plus près de l'extérieur dans le pays des Allobroges est Genève ‖ [abst] très lointain, du bout du monde : LUC. 1, 314 ; 4, 233 ¶ 2 dernier **a)** **extrema pars epistolae** CIC. *Att.* 6, 1, 20, la fin d'une lettre ; **in codicis extrema cera** CIC. *Verr.* 1, 92, à la dernière page de son livre de comptes ; **mensis extremus anni** CIC. *Leg.* 2, 54, le dernier mois de l'année ; **manus extrema non accessit operibus ejus** CIC. *Brut.* 126, il ne mit pas la dernière main à ses ouvrages ; **extremum illud est, ut te orem...** CIC. *Fam.* 4, 13, 7, il me reste, pour finir, à te prier... ‖ **extremi**, *ōrum*, m. pl., CAES. *G.* 5, 10, 2, les derniers, l'arrière-garde **b)** [n. sg. pris subst] **extremum provinciae** CAES. *G.* 1, 10, 5, l'extrémité de la province, cf. *Div.* 2, 91 ; *Lae.* 14 ; **ad extremum** CIC. *Caecin.* 46, jusqu'à la fin, cf. *Fin.* 4, 32 ; *Clu.* 6, (mais **ad extremum** LIV. 23, 2, 4, au dernier point) ; **in extremo** CIC. *Vat.* 40, finalement, en fin de compte ; **quod erat in extremo** CIC. *Att.* 6, 9, 1, ce qui était à la fin de ta lettre ; **nil autem melius extremo** CIC. *Tusc.* 1, 99, mais rien n'est supérieur à la fin [des paroles de Socrate) ; **ab extremo orsi** LIV. 1, 28, 2, [les hérauts] commencent par le point le plus éloigné ‖ **aestatis ejus extremo** LIV. 26, 20, 7, à la fin de cet été **c)** [n. pl.] : **extrema agminis** LIV. 6, 32, 11, la fin de la colonne, l'arrière-garde ; **imperii extrema** TAC. *An.* 4, 74, les extrémités de l'empire **d)** [expr. adv.] **ad extremum**, enfin en dernier lieu : CIC. *Div.* 2, 85 ; *de Or.* 2, 79 ; *Att.* 2, 21, 2 ; CAES. *G.* 4, 4, 2 ‖ **extremo**, enfin : NEP. *Ham.* 2, 3 ; SUET. *Vesp.* 7 ‖ **extremum**, pour la dernière fois : VIRG. *En.* 9, 484 ; OV. *Tr.* 1, 3, 51 ¶ 3 le dernier, qui est à l'extrémité, le pire : **pro se quisque etiam in extremis suis rebus...** CAES. *G.* 2, 25, 3, chacun de son côté, quoique dans un péril extrême... ; **in extrema spe salutis** CAES. *G.* 2, 27, 3 ; 2, 33, 4, n'ayant presque plus d'espoir de sauver leur vie ; **ad extremum casum perduci** CAES. *G.* 3, 5, 1, être amené à la dernière extrémité ‖ **ad extremum reservare consilium** CAES. *G.* 3, 3, 4, réserver un parti pour la dernière extrémité ; **vita in extremum adducta** TAC. *An.* 14, 61, vie mise en péril extrême ; **res publica in extremo sita est** SALL. *C.* 52, 11, la république est au bord de l'abîme ; **ad extrema descendere** POLL. *Fam.* 10, 33, 4 ; **venire** LIV. 2, 47, 7, en venir aux dernières extrémités ; **extrema pati** VIRG. *En.* 1, 219, subir le pire (être mort) ¶ 4 le plus bas : **extrema mancipia** SEN. *Ep.* 70, 25, les derniers des esclaves, cf. LIV. 22, 29, 8 ; ▶ **ultimus** SEN. *Const.* 13, 3 ¶ 5 comparaison des parties d'un même objet entre elles : **extrema oratio** CIC. *de Or.* 1, 10, 41, la fin d'un discours ; **in extremo ponte** CAES. *G.* 6, 29, 3, à l'extrémité du pont ; **extremum agmen** CAES. *G.* 2, 11, 4, l'arrière-garde ; **in extrema India** CIC. *Verr.* 5, 166, au fond de l'Inde ; **extrema impedimenta** CAES *G.* 3, 29, 2, la queue des bagages ; **extrema hieme** CIC. *Pomp.* 35, à la fin de l'hiver ¶ 6 très lointain, du bout du monde : LUC. 1, 314 ; 4, 233.

▶ compar. *extremius* APUL. *M.* 1, 8 ; 7, 2 ; TERT. *Anim.* 33, 10 ‖ superl. *extremissimi* TERT. *Apol.* 19, 4.

extrĭcābĭlis, *e*, qu'on peut débrouiller, démêler : PRISC. 3, 219, 15.

extrĭcātĭo, *ōnis*, f., solution, découverte : CHALC. 120.

extrĭcātus, part. de *extrico*.

extrĭcō, *ās*, *āre*, *āvī*, *ātum* (*ex tricis*), tr. ¶ 1 débarrasser, démêler : HOR. *O.* 3, 5, 31 ‖ défricher : COL. 3, 11, 3 ¶ 2 [fig.] **nummos unde unde extricat** HOR. *S.* 1, 3, 88, il tire de l'argent de tous côtés ‖ débrouiller, déchiffrer : VARR. d. NON. 8, 29 ‖ chasser : VULG. *Tob.* 6, 8.

▶ dépon. *extricor* PL. *Ep.* 152.

extrīlĭdus, *a*, *um*, très pâle [var. *extimidus*, *exterritus*] : *GELL. 19, 1, 6.

extrinsĕcus, adv. (cf. *extra*, *intrinsecus*), du dehors, de l'extérieur : CIC. *Ac.* 2, 48 ; LIV. 2, 32, 6 ‖ au-dehors, à l'extérieur : CIC. *Fin.* 5, 39 ; *Div.* 1, 48 ‖ hors de propos : COL. 1, 6, 17 ‖ en outre : EUTR. 9, 25.

extrītus, *a*, *um*, part. de *extero*.

extrīvī, parf. de *extero*.

1 **extrō**, *ās*, *āre*, -, - (*extra*), tr., franchir pour sortir : AFRAN. *Com.* 5.

2 **extrō**, adv. (*extra*, cf. *intro*), à l'extérieur : NOT. TIR. 51, 56.

extrorsum (-**sus**), adv. (cf. *introrsum*), au-dehors (avec mouvement) : CHAR. 188, 3 ; 88, 4.

extrūdō, *ĭs*, *ĕre*, *trūsī*, *trūsum* (*ex*, *trudo*), tr., pousser dehors avec violence, chasser de [avec *ex*] : PL. *Aul.* 44 ; [avec *ab*] CIC. *Phil.* 10, 10 ; TAC. *Agr.* 33 ; [avec abl.] PL. *Aul.* 70 ; [avec *foras*] PL. *Aul.* 38 ; TER. *Eun.* 737 ou *abs*[t], TER. *Phorm.* 692, mettre à la porte, chasser de la maison ‖ **in viam** CIC. *de Or.* 2, 234, rejeter sur la route ‖ repousser, contenir : **extruso mari aggere** CAES. *G.* 3, 12, 3, en refoulant (contenant) la mer par des terrassements ‖ **merces** HOR. *Ep.* 2, 2, 11, se défaire de marchandises ‖ [fig.] *vetustas extrusa* Lucr. 3, 964, la vieillesse chassée.

extruncis, *e* (*ex trunco*), [arbre] coupé : Gloss. 5, 634, 23.

extrŭo, v. ▸ *exstruo*.

extrūsus, part. de *extrudo*.

extŭdī, parf. de *extundo*.

extŭlī, parf. de *effero* et de *extollo*.

extŭmĕo, *ēs*, *ēre*, -, - (*ex*, *tumeo*), Pl. *Truc.* 200, **-mesco**, *scīs*, *scĕre*, *ŭi*, -, Apul. *Apol.* 78, être enflé, s'enfler.

extŭmĭdus, *a*, *um*, gonflé, bombé : Varr. R. 1, 51.

extŭmus, v. ▸ *extimus*.

extunc, adv. (*ex*, *tunc*), dès lors, depuis lors : Commod. *Instr.* 1, 9, 5.

extundō, *is*, *ĕre*, *tŭdī*, -, tr., faire sortir en frappant, faire sortir ; Phaed. 1, 21, 9 ; Cels. 4, 4, 5 ‖ [fig.] arracher, obtenir avec effort : Pl. *Most.* 221 ; Suet. *Vesp.* 2 ‖ faire sortir à grand-peine, produire avec effort : Virg. G. 1, 133 ; 4, 315 ‖ former, façonner : Quint. 1, 3, 6 ‖ travailler en relief : Virg. *En.* 8, 665 ‖ chasser : *labor extudit fastidia* Hor. S. 2, 2, 14, le travail a chassé les dégoûts.

exturbātus, *a*, *um*, part. de *exturbo*.

exturbō, *ās*, *āre*, *āvī*, *ātum* (*ex*, *turbo* ; it. *sturbare*), tr., faire sortir de force, chasser brutalement, expulser [avec *ex*] : Pl. *Trin.* 137 ; Cic. *Sull.* 71 ; *Mur.* 45 ; *Clu.* 14 ; [avec abl.] Pl. *Trin.* 805 ; Cic. *Amer.* 23 ; Verr. 4, 67 ; *fortunis omnibus exturbatus* Cic. *Quinct.* 95, expulsé de tous ses biens ‖ faire sauter, arracher : *alicui dentes* Pl. *Poen.* 382, faire sauter les dents à qqn ; *pinus radicitus exturbata* Catul. 64, 108, pin arraché avec ses racines ‖ répudier [une femme] : Tac. *An.* 14, 60 ‖ [fig.] *spem pacis* Liv. 6, 21, 8, détruire tout espoir de paix ; *mentem* Cic. Q. 1, 4, 4, jeter le trouble dans l'esprit.

exturpō, *ās*, *āre*, -, -, tr., déshonorer, dégrader : Schol. Pers. 3, 31.

extussĭō, *īs*, *īre*, -, *ītum* tr., rejeter en toussant, expectorer : Plin. 23, 72.

▸ *etussio* Cael.-Aur. *Chron.* 5, 10, 103.

exūbĕrans, *tis*, part.-adj. de *exubero*, extraordinaire : Amm. 19, 8, 11.

exūbĕrantĕr, adv., surabondamment : Cassiod. *Amic.* 25, 3.

exūbĕrantĭa, *ae*, f., abondance, exubérance : Gell. 2, 26, 9.

exūbĕrātĭo, *ōnis*, f., excès, exubérance : Vitr. 1, 4, 8.

exūbĕrō, *ās*, *āre*, *āvī*, *ātum* (*ex ubere*) ¶ 1 intr., regorger, déborder, être plein, abondant, abonder : Virg. *En.* 7, 465 ; *pomis exuberat annus* Virg. G. 2, 516, l'année abonde en fruits ‖ [fig.] *ex multa eruditione... exundat et exuberat illa eloquentia* Tac. D. 30, c'est grâce à une érudition considérable que cette éloquence épanche ses flots abondants ¶ 2 tr., rendre abondant : Col. 6, 4, 5 ‖ [fig.] dépasser en nombre : Tert. *Pall.* 2, 6.

exuccus, v. ▸ *exsuccus*.

exūdātĭo, v. ▸ *exsudatio*.

exūdo, v. ▸ *exsudo*.

exūgo, v. ▸ *exsugo*.

exŭl (**exsŭl**), *ŭlis*, m. f. (*ex* ; cf. *ambulo*), exilé, banni, proscrit : Cic. *Par.* 32 ; *de Or.* 2, 75 ; Caes. G. 5, 53, 3 ; *patriae* Hor. O. 2, 16, 19 ; *patria* Sall. J. 14, 17, banni de sa patrie ‖ [fig.] *mentis* Ov. M. 9, 409, privé de sa raison.

▸ la graphie *exsul* est due à l'étymologie *quasi ex solo* Ps. Quint. *Decl.* 366.

exŭlāris, *e*, d'exilé : Amm. 14, 5, 1.

exŭlātīcĭus, *a*, *um*, d'exilé : Gloss. 2, 473, 38.

exŭlātĭo (**exsŭl-**), *ōnis*, f., exil : Flor. 1, 17 (22), 3.

exŭlātŏr, *ōris*, m., celui qui exile, qui bannit : Chrysol. *Serm.* 123.

exŭlātŭs, *ūs*, m., exil : Commod. *Apol.* 390.

exulcĕrātĭo, *ōnis*, f., ulcération, ulcère : Cels. 4, 12, 1 ‖ [fig.] aggravation, action d'irriter : Sen. *Helv.* 1, 2.

exulcĕrātōrĭus, *a*, *um*, qui provoque un ulcère : Plin. 13, 126.

exulcĕrātrix, *īcis*, f., ulcérante : Plin. 27, 105.

exulcĕrātus, part. de *exulcero*.

exulcĕrō, *ās*, *āre*, *āvī*, *ātum* (*ex*, *ulcero*), tr., former des ulcères, ulcérer : Cels. 4, 17, 2 ; *cicatrices* Plin. 27, 112, irriter des plaies ‖ [fig.] blesser, irriter, exaspérer : *ea, quae sanare nequeunt, exulcerant* Cic. *de Or.* 2, 303, ils enveniment les plaies qu'ils ne peuvent guérir ; *vestram gratiam* Cic. *Brut.* 156, aigrir votre sympathie mutuelle ; *res ab ipso rege exulceratae* Cic. *Fam.* 1, 1, 4, affaires envenimées par le roi lui-même ; *exulceratus animus* Cic. *Dej.* 8, esprit aigri, cf. Liv. 9, 14, 9.

exulō (**exsŭl-**), *ās*, *āre*, *āvi*, *ātum* (*exul*) ¶ 1 intr., être exilé, banni, vivre en exil : *Romae* Cic. *de Or.* 1, 177, passer son exil à Rome, cf. *Div.* 2, 52 ; *in Volscos exulatum abire* Liv. 2, 35, 6, s'en aller en exil chez les Volsques ‖ [fig.] *animo* Cic. *Rep.* 2, 7, être exilé en esprit ¶ 2 tr., bannir : Dict. 4, 4.

▸ supin *exolatum* Pl. *Most.* 597 ; *Trin.* 535 ms. A ; v. ▸ *exul* ▸.

exŭlŏr, *āris*, *ārī*, -, intr., être exilé : Hyg. *Fab.* 26, 2 ; Lact. *Inst.* 5, 21, 5.

▸ [tard.] passif de *exulo* ¶ 2.

exulto, v. ▸ *exsulto*.

exŭlŭlātus, part. de *exululo*.

exŭlŭlō, *ās*, *āre*, *āvī*, *ātum* (*ex*, *ululo*) ¶ 1 intr., pousser des hurlements, des cris : Ov. M. 1, 233 ¶ 2 tr., appeler avec des cris, des hurlements : Ov. A. A. 1, 507.

exumbris, *e* (*ex umbra*), qui n'a pas d'ombre : Gloss. 5, 591, 43.

exunctus, *a*, *um*, part. de *exungo*.

*****exundanter**, adv., [seul[t] au compar.] *exundantius*, surabondamment : Aug. *Ep.* 3, 1.

exundantĭa, *ae*, f., débordement : Ambr. *Hex.* 2, 1, 1.

exundātĭo, *ōnis*, f., débordement : Plin. 19, 37.

exundō, *ās*, *āre*, *āvī*, *ātum* (*ex unda* ; cf. *abundo*) ¶ 1 intr., couler abondamment hors, déborder : Plin. 2, 229 ; Col. 8, 17, 6 ‖ être rejeté (sur le rivage) : Tac. G. 45 ‖ [fig.] se répandre abondamment : Stat. *Th.* 431 ; Juv. 10, 119 ; Tac. D. 30 ‖ [tard.] faire une digression : Ambr. *Hex.* 3, 4, 17 ¶ 2 tr., répandre avec abondance : Sil. 2, 631.

exungō (**-guō**), *ĭs*, *ĕre*, -, *unctum*, tr., oindre : *exungi* Pl. *Ru.* 580, s'oindre, se parfumer ‖ *ea vos estis, exunguimini* Pl. *Truc.* 312, ce bien, vous le mangez, vous le dépensez en parfums.

▸ forme *-go* ou *-guo* d. Pl.

exunguis, *e* (*ex unguibus*), qui est sans ongles : Tert. *Pall.* 5, 6.

exungŭlō, *ās*, *āre*, *āvī*, - (*ex ungulis*), intr., perdre ses soles [en parl. d'un cheval], être dessolé : Veg. *Mul.* 2, 57, 1.

exŭo, *ĭs*, *ĕre*, *ŭī*, *ūtum* (cf. *induo*, *omentum*, *vestis*), tr. ¶ 1 tirer de, dégager : *se, ex laqueis* Cic. *Verr.* 5, 151, se dégager des mailles d'un filet ; *se jugo* Liv. 34, 13, 9, se débarrasser du joug ; *ensem vagina* Stat. *Th.* 9, 76, tirer l'épée du fourreau ‖ mettre à découvert, à nu : *lacertos exuit* Virg. *En.* 5, 423, il mit à nu ses bras ; *exuimur* Mart. 3, 68, 4, nous nous déshabillons ‖ [poét.] *unum exuta pedem vinclis* Virg. *En.* 4, 518, déchaussé ayant un pied nu ¶ 2 [fig.] débarrasser de, dépouiller de : *hominem ex homine* Cic. *Fin.* 5, 35, dépouiller l'homme de l'homme, se défaire de la qualité d'homme ‖ *mihi ex animo exui non potest esse deos* Cic. *Nat.* 3, 7, on ne peut m'ôter de l'esprit qu'il existe des dieux ‖ [avec abl.] *aliquem agro* Liv. 2, 23, 6, dépouiller qqn de son champ ; *se omnibus vitiis* Sen. *Ep.* 11, 1, se débarrasser de tous ses vices ‖ [milit.] *exuere hostem armis, impedimentis*, forcer l'ennemi à abandonner ses armes, ses bagages : Caes. G. 5, 51, 5 ; 7, 14, 8 ; *exutus armis* Caes. G. 3, 6, 3 ; *castris* Liv. 41, 3, 10, contraint d'abandonner ses armes, son camp ¶ 3 se débarrasser de, rejeter loin de soi : *serpens exuit vestem* Lucr. 4, 61, le serpent quitte sa peau [mue] ; *togam* Sen. *Ep.* 18, 2, dépouiller la toge ‖ [fig.] *humanitatem* Cic. *Lig.* 14, dépouiller tout sentiment d'humanité ; *mores antiquos* Liv. 27, 8, 6, rejeter ses anciennes mœurs ; *patriam* Tac. H. 5, 5, renier sa patrie ; *promissa* Tac. *An.* 13, 44,

exuo

désavouer ses engagements, renier sa parole ; *exuto Lepido* Tac. *An.* 1, 2, Lépide étant évincé ; *exuere magistrum* Tac. *An.* 14, 52, se débarrasser de son maître.

exuper-, 🔲 *exsuper-*.

exurdo, 🔲 *exsurdo*.

exurgĕō, *ēs, ēre, -, -* (*ex, urgeo*), tr., exprimer en pressant, presser : Pl. *Ru.* 1008.

exurgo, 🔲 *exsurgo*.

exūrō, *ĭs, ĕre, ussi, ustum* (*ex, uro*), tr., détruire (effacer) par le feu : Virg. *En.* 6, 742 ‖ brûler qqn : Cic. *Verr.* 1, 70 ‖ incendier des villages : Cic. *Pomp.* 5 ‖ dessécher : *loca exusta solis ardoribus* Sall. *J.* 19, 6, lieux brûlés par les ardeurs du soleil, cf. Virg. *G.* 1, 107 ; 3, 432 ‖ [en parl. de la soif] consumer qqn, dessécher qqch. : Lucr. 3, 917 ; Cic. *Brut.* 16 ‖ [fig.] enflammer [en parl. de l'amour] : Tib. 4, 2, 5.

Exusta, *ae*, f., île dans le golfe Arabique : Plin. 6, 175.

exustĭo, *ōnis*, f. (*exuro*), action de brûler, combustion : Hier. *Is.* 3, 7, 4 ‖ embrasement, incendie : Cic. *Rep.* 6, 23 ‖ *solis* Plin. 17, 223, chaleur brûlante du soleil ‖ chaleur des passions : Hier. *Am.* 2, 4, 9.

exustus, *a, um*, part. de *exuro*.

exūtĭo, *ōnis*, f. (*exuo*), exclusion ; [par extens.] ceux qui sont exclus [du pardon] : Ambr. *Luc.* 8, 64.

exūtus, *a, um*, part. de *exuo*.

exŭvĭae, *ārum*, f. (*exuo*), ce qu'on a ôté de la surface du corps, vêtements, armes ou ornements : Pl. *Men.* 191 ; Virg. *B.* 8, 91 ; *En.* 4, 496 ‖ peau [des animaux], dépouille : Virg. *En.* 2, 473 ; 9, 307 ; 11, 577 ‖ dépouilles [enlevées à l'ennemi], butin : Cic. *Pomp.* 54 ; [poét.] *exuvias indutus Achilli* Virg. *En.* 2, 275, revêtu des dépouilles d'Achille ‖ [fig.] *ornatus exuviis* Cic. *Sull.* 80, paré de ses dépouilles.

exŭvĭum, *ĭi*, n. (*exuo*), dépouilles : *exuvio plenus* Prop. 4, 10, 6, chargé de dépouilles.

exvăpōro, 🔲 *evaporo*.

exvĭbrissō, *ās, āre, -, -* (*vibro*), intr., donner des inflexions à sa voix : Titin. *Com.* 170 d. P. Fest. 509, 4.

exvītō, *ās, āre, -, -,* 🔲 *evito* : Gloss. 4, 69, 18.

Ezĕchĭās, *ae*, m., roi de Juda : Vulg. 4 *Reg.* 18, 4.

Ezĕchĭĕl, *ēlis*, m., prophète des Hébreux : Vulg. *Ezech.* 1, 3.

F

f, n., f. indécl., sixième lettre de l'alphabet latin, prononcée *ef*, *ff* : Varr. *Frg.* 241; Prisc. 2, 8, 18; υφε *CPL* 58 ‖ abréviation de *filius* ou *fecit* : Inscr. ‖ *FF = fecerunt* ‖ *F. F. = Flavia fidelis* ‖ *F. C. = faciendum curavit* ‖ *F. I. = fieri jussit* ‖ *FL. = Flavius* ou *Flavia tribu* ‖ *FL. P. = flamen perpetuus*.
▶ c'est le digamma grec ϝ valant /w/ et d'abord joint à *h*, d'après l'étrusque *vh* cf. *vhevhaked* (= *fecit*) *CIL* 1, 3.

făba, *ae*, f. (cf. rus. *bob*, al. *Bohne*, an. *bean*; fr. *fève*), fève [légume] : [interdite par Pythagore] Cic. *Div.* 1, 62; [le flamen Dialis ne devait ni toucher ni nommer la fève] Fab. Pict. d. Gell. 10, 15, 12, cf. P. Fest. 77, 24 ‖ *fabae caprini fimi* Plin. 19, 60, crottes de chèvre ‖ [prov.] *istaec in me cudetur faba* Ter. *Eun.* 281, je paierai les pots cassés.

făbācĕus (-cĭus), *a*, *um*, de fèves : Macr. *Sat.* 1, 12, 23 ‖ **făbācĭae**, *ārum*, f. pl., cosses de fève : Apic. 203.

făbāgĭnus, *a*, *um* (*faba*), de fèves : Cat. *Agr.* 54, 2.

făbālis, *e* (*faba*), de fèves : Ov. *F.* 4, 725 ‖ **fabalia**, *um*, n. pl., tiges de fèves : Cat. *Agr.* 37, 2; Col. 2, 10, 9.

Făbārĭa insula, f. (*faba*), île Fabarie dans la mer Baltique [auj. Borkum] : Plin. 4, 97 ‖ ou **Făbārĭae insulae**, f. pl., Plin. 18, 121.

Făbāris, *is*, m., rivière de la Sabine [auj. Farfa] : Virg. *En.* 7, 715 ▶ *Farfarus*.

făbārĭus, *a*, *um* (*faba*), qui concerne les fèves : *fabariae Kalendae* Macr. *Sat.* 1, 12, 33, fabaries, calendes de juin [où l'on offrait aux dieux les fèves nouvelles] ; *pilum fabarium* Cat. *Agr.* 10, 5, pilon pour broyer les fèves ‖ **fabaria**, *ae*, f., marchande de fèves : *CIL* 3, 6672.

făbātārĭum, *ii*, n. (1 *fabatus*), vase où l'on fait cuire les fèves : Lampr. *Hel.* 20, 7.

făbātus, *a*, *um*, de fèves : Fest. 344, 11 ‖ **fabata**, *ae*, f., purée de fèves : *Plin. 18, 118.

Făbātus, *i*, m., surnom romain : Cic. *Att.* 8, 12, 2.

ăbĕa, *ae*, f. et **-ĕus**, *i*, m. (*faveo*), esclave [favorite ou favori] : Gloss. 2, 75, 9; 10; ▶ *faveus*.

ăbella, *ae*, f. (dim. de 1 *fabula*), récit, anecdote, historiette, conte : Cic. *Div.* 2, 80 ‖ fable : Tib. 1, 3, 85; Hor. *S.* 2, 6, 78 ‖ pièce de théâtre : Cic. *Q.* 2, 16, 3; *Cael.* 64.

1 făber, *bra*, *brum* (2 *faber*), fait avec art, ingénieux : Ov. *M.* 8, 159 ‖ **-errimus** Apul. *Flor.* 9.

2 făber, *bri*, gén. pl. ordin. *fabrum*, Cic. *Or.* 156, m. (*dhH_1-$dhro$-s*; cf. *facio*, arm. *darbin*; a. fr. *fèvre*) ¶ **1** ouvrier, artisan : *faber tignarius* Cic. *Brut.* 157, charpentier ; *praefectus fabrum meus* Cic. *Fam.* 3, 7, 4, chef de mes ouvriers [attachés à l'armée]; *faber aerarius* Plin. 34, 1, fondeur en bronze, ciseleur ‖ [fig.] artisan, ouvrier : Cic. *Fam.* 2, 5 ¶ **2** dorée [poisson de mer] : Plin. 9, 68.

Făbērĭus, *ii*, m., nom d'homme : Cic. *Att.* 12, 25 ‖ **-ĭānus**, *a*, *um*, de Fabérius : Cic. *Att.* 13, 31, 1.

Făbĭānus, m., *Papirius*, nom d'un auteur latin : Plin. 17, 36; ▶ *Fabius*.

Făbillus, *i*, m., nom d'homme : Capit. *Maxim.* 1.

Făbĭus, *ii*, m., nom d'une célèbre famille romaine (*gens Fabia*); not[t] Fabius [qui institua les Luperques sous Romulus] : Prop. 4, 1, 26 ‖ Q. Fabius Maximus, surnommé Cunctator, qui arrêta les succès d'Hannibal en Italie : Liv. 22, 8, 6 ‖ *Fabii*, pl., les Fabius, la gens Fabia, les 306 Fabius qui périrent dans la guerre de Véies : Liv. 2, 50, 11 ‖ Q. Fabius Pictor, historien latin, source fréquente de Liv. : Cic. *Div.* 1, 43 ; Liv. 1, 44, 2 ‖ Fabius l'Allobrogique [vainqueur des Allobroges] : Cic. *Brut.* 107 ‖ nom de Quintilien : Aus. *Prof.* 2 (191), 7 ‖ **-ĭus**, *a*, *um*, de Fabius : *lex Fabia* Cic. *Mur.* 71, loi Fabia ; *fornix Fabius* Cic. *Planc.* 17; ▶ *Fabianus* ‖ **-ĭānus**, *a*, *um*, de Fabius : *fornix Fabianus* Cic. *Verr.* 1, 7, 19, la voûte fabienne [arc de triomphe construit par Q. Fabius Maximus l'Allobrogique] ‖ **-ĭāni**, *ōrum*, m. pl., la tribu Fabia : Suet. *Aug.* 40.

Făbrātĕrĭa, *ae*, f., ville du Latium [auj. Falvatera] : Cic. *Fam.* 9, 24, 1 ‖ **-terni**, *ōrum*, m. pl., habitants de Fabrateria : Cic. *Clu.* 192.

făbrē, adv., artistement : Pl. *Men.* 132 ‖ **-berrime** Apul. *M.* 11, 11, 4.

făbrĕfăcĭō, *ĭs*, *ĕre*, *fēcī*, *factum* (*fabre*, *facio*), tr., construire avec art : Ps. Aur.-Vict. *Vir.* 38; *argentum fabrefactum* Liv. 34, 52, 5, argent travaillé, objets en argent ciselé.

făbrĭca, *ae*, f. (*faber*; fr. *forge*) ¶ **1** métier d'artisan, art : *aeraria, materiaria* Plin. 7, 197, l'art de travailler le bronze, le bois, cf. Cic. *Nat.* 2, 150; [en part.] architecture : Cic. *Nat.* 2, 35 ¶ **2** action de travailler artistement, de façonner, de confectionner, de fabriquer : Cic. *Nat.* 2, 121; *Off.* 1, 137 ¶ **3** [fig.] œuvre d'art, machination, ruse, fourberie : Pl. *Bac.* 366; *Ep.* 690; Ter. *Haut.* 545 ¶ **4** atelier, fabrique : Ter. *Ad.* 584 ‖ forge : Cic. *Nat.* 3, 55 ‖ construction, bâtiment : Aug. *Conf.* 6, 9, 15 ¶ **5** [chrét.] la création du monde : Ambr. *Hex.* 2, 14, 15 ‖ résultat de cette création, monde, créatures : Ps. Cypr. *Sing. cler.* 25.

făbrĭcābĭlis, *e*, propre à être travaillé, plastique : Aug. *Gen. litt.* 4, 15.

făbrĭcāmentum, *i*, n., objet fabriqué : Ps. Primas. *Hebr.* 5, p. 718B.

făbrĭcātĭo, *ōnis*, f. (*fabrico*) ¶ **1** action de fabriquer, de construire : Vitr. 2, 1, 6 ¶ **2** structure [de l'homme] : Cic. *Nat.* 2, 133 ‖ fabrication [d'un mot] : Cic. *de Or.* 3, 167.

făbrĭcātŏr, *ōris*, m. (*fabrico*), constructeur, ouvrier, artisan [de qqch.] : Cic. *Tim.* 6; *Ac.* 2, 120; Lucr. 3, 472; Virg. *En.* 2, 264 ‖ [chrét.] le Créateur : Lact. *Inst.* 1, 5, 13.

făbrĭcātōrĭus, *a*, *um*, producteur, créateur : Aug. *Civ.* 12, 26.

făbrĭcātrix, *īcis*, f., celle qui fabrique : Lact. *Inst.* 6, 22, 3.

1 făbrĭcātus, *a*, *um*, part. de *fabrico* et *fabricor*.

2 făbrĭcātŭs, *ūs*, m., [fig.] travail, ouvrage d'art : Sidon. *Ep.* 3, 13, 10.

făbrĭcensis, *is*, m. (*fabrica*), ouvrier d'un arsenal : Cod. Just. 12, 9, 5.

1 făbrĭcĭus, *a*, *um* (*fabrica*), fumé, séché dans la fumée [de la forge] : Theod.-Prisc. 2, 38.

2 Făbrĭcĭus, *ii*, m., nom de famille romaine ; not[t] Fabricius [consul en 282 et 278, célèbre par son désintéressement] : Cic. *de Or.* 2, 268 ‖ **-cĭus** et **-cĭānus**, *a*, *um*, relatif à un Fabricius : Hor. *S.* 2, 3, 36; Cic. *Clu.* 189.

făbrĭcō, *ās*, *āre*, *āvī*, *ātum*, ▶ *fabricor* : Hor. *S.* 1, 3, 102; Ov. *M.* 13, 683; Vitr. 5, 4, 4 ‖ [au passif] *fabricentur* Quint. 10, 7, 2, que soient fabriqués ; *fabricatus*, fabriqué : Virg. *En.* 2, 46; Ov. *M.* 8, 670; Quint. 2, 16, 6.

făbrĭcŏr, *āris*, *ārī*, *ātus sum* (*fabrica*; fr. *forger*), tr., façonner, confectionner, fabriquer [pr. et fig.] : *signa* Cic. *Off.* 1, 147; *gladium* Cic. *Rab. Post.* 7; *Capitolii fastigium* Cic. *de Or.* 3, 180; *astra* Cic. *Tusc.* 1, 62; *verba* Cic. *Ac.* 2, 17; *sensus nostros mentemque* Cic. *Ac.* 2, 87, fabriquer des statues, un glaive, le faîte du

fabricor

Capitole, les astres, des mots, nos sens et notre intelligence ‖ combiner, inventer, imaginer : Pl. *As.* 102 ; Afran. *Com.* 169 ; Cic. *de Or.* 3, 178 ‖ [chrét.] créer [en parl. de Dieu] : Minuc. 32, 1.

făbrĭcŭla, *ae*, f. (dim. de *fabrica*), petit atelier : Cassiod. *Var.* 8, 28, 1.

făbrĭfĭcātĭo, *ōnis*, f. (*fabrifico*), confection : Tert. *Apol.* 12, 6.

făbrīlis, *e*, d'ouvrier, d'artisan : Cic. *Att.* 6, 1, 17 ; Liv. 27, 49, 1 ‖ de forge : Virg. *En.* 8, 415 ‖ séché à la fumée [de la forge] : Apic. 380, cf. Plin. 14, 16 ; Cael.-Aur. *Chron.* 2, 7, 107 ‖ **-lĭa**, *ĭum*, n. pl., œuvres d'artisan : Hor. *Ep.* 2, 1, 116.

făbrīlĭtās, *ātis*, f. (*fabrilis*), corps des forgerons : Eustath. *Hex.* 1, 7, p. 874C.

făbrīlĭtĕr, adv. (*fabrilis*), artistement, avec art : Prud. *Apoth.* 519.

făbrĭo, *īs*, *īre*, *īvī*, -, (1 *faber*), tr., construire : Fort. *Carm.* 2, 8, 23.

1 făbŭla, *ae*, f. (*fari* ; it. *favola*) **¶ 1** propos de la foule, conversations : *habes omnes fabulas urbis* Plin. *Ep.* 8, 18, 11, voilà tous les propos de la ville ; *esse in fabulis* Suet. *Aug.* 70, être l'objet des propos, des conversations, [avec prop. inf.] *fabula est*, on raconte que : Gell. 19, 12, 16 ‖ *per urbem fabula quanta fui !* Hor. *Epo.* 11, 8, comme j'ai fait parler de moi dans toute la ville !, cf. Hor. *Ep.* 1, 13, 9 ; Tib. 1, 4, 83 ; Prop. 2, 24, 1 **¶ 2** propos familiers, conversations [privées] : Tac. *D.* 2 ; 29 ; *convivales fabulae* Tac. *An.* 6, 5, 2, propos de table **¶ 3** récit sans garantie historique, récit mythique : *inseritur huic loco fabula* Liv. 5, 21, 8, ici se place un récit légendaire, cf. Liv. 1, 4, 7 ; 1, 11, 8 ; 10, 9, 13 ; *fictae fabulae* Cic. *Fin.* 5, 64 ; *poeticae* Liv. 1 praef. 6, récits fabuleux, légendes poétiques ; *sicut in fabulis* Cic. *Leg.* 1, 40, comme dans les récits légendaires, cf. Cic. *Rep.* 2, 4 ; 2, 19 ‖ *fabulae !* Ter. *And.* 224 ! *Haut.* 336, contes ! chansons ! sornettes ! ; *jam te premet nox fabulaeque Manes* Hor. *O.* 1, 4, 16, bientôt tu seras la proie de la nuit éternelle et des mânes, ces légendes **¶ 4** pièce de théâtre : *Livianae fabulae* Cic. *Brut.* 71, les pièces de Livius Andronicus ; *fabulam dare* Cic. *Brut.* 73, faire jouer, donner au public une pièce de théâtre ; *docere* Cic. *Brut.* 73 ; *Tusc.* 4, 63, faire représenter une pièce [m. à m., la faire apprendre aux acteurs] ; *fabulam aetatis peragere* Cic. *CM* 64, jouer jusqu'au bout le drame de la vie ; *haec etiam in fabulis stultissima persona est, credulorum senum* Cic. *Lae.* 100, c'est, même au théâtre, le plus sot des personnages que celui des vieillards crédules ‖ *quae haec est fabula ?* Ter. *And.* 747, qu'est-ce que cette (comédie) histoire-là ? qu'est-ce là ?, cf. Pl. *Pers.* 788 **¶ 5** conte, fable, apologue : Cic. *Inv.* 1, 25 ; Quint. 5, 11, 19 ; *lupus in fabula* Cic. *Att.* 13, 33, 4, c'est le loup de la fable [il est arrivé comme le loup de la fable, au moment où on parlait de lui] ; *nos jam fabula sumus*

Ter. *Hec.* 628, nous voici personnages de conte.

2 făbŭla, *ae*, f. (dim. de *faba*), petite fève : Pl. *St.* 690.

făbŭlāris, *e* (1 *fabula*), fabuleux, mythique : Suet. *Tib.* 70.

făbŭlātĭo, *ōnis*, f. (*fabulor*), discours, conversation : Aug. *Psalm.* 118, 20, 5 ‖ propos mensongers : Vulg. *Psal.* 118, 85.

făbŭlātŏr, *ōris*, m. (*fabulor*), conteur, narrateur : Sen. *Ep.* 122, 15 ‖ fabuliste : Gell. 2, 29, 1.

Făbŭlīnus, *i*, m., dieu qui protégeait les enfants commençant à parler : Varr. d. Non. 532, 27.

Făbullus, *i*, m., ami de Catulle : Catul. 12, 15 ; 13, 1.

1 făbŭlō, *ās*, *āre*, -, -, ⬛ *fabulor* : Pl. *Mil.* 443.

2 făbŭlo, *ōnis*, m. (1 *fabula*), fabricateur de mensonges : Aug. *Haer.* 88, p. 49.

făbŭlŏr, *āris*, *ārī*, *ātus sum* (1 *fabula* ; esp. *hablar*), tr., parler, causer (*alicui, cum aliquo*, avec qqn) : Ter. *Phorm.* 654 ; Suet. *Cal.* 22 ; *Dom.* 4 ‖ *aliquid* Pl. *Poen.* 718, raconter qqch. ; [avec prop. inf.] Pl. *Cis.* 774 ‖ bavarder : *quid Servius Galba fabuletur audire* Liv. 45, 39, 15, écouter les bavardages de Servius Galba.

▶ inf. *fabularier* Pl. *Amp.* 201 ; forme act. *fabulem* Pl. *Mil.* 443.

făbŭlōsē, adv., fabuleusement, faussement : Plin. 32, 143 ‖ **-losius, -issime** Amm. 23, 6, 53 ; Plin. 5, 2.

făbŭlōsĭtās, *ātis*, f. (*fabulosus*), récit fabuleux, fable, hâblerie : Plin. 7, 174 ; 38, 91.

făbŭlōsus, *a*, *um* (1 *fabula*), qui est matière à beaucoup de fables ; fabuleux : Hor. *O.* 1, 22, 7 ; Curt. 3, 1, 2 ; Quint. 11, 2, 16 ; Tac. *An.* 11, 11 ‖ **-ior, -issimus** Plin. 33, 8 ; 5, 5.

făbŭlus, *i*, m. (dim. de *faba*), petite fève : Cat. *Agr.* 70 ; Varr. *R.* 1, 31, 4 ; Gell. 4, 11, 1.

fac, impér. de *facio*.

facdum, ⇒ *fac dum*, fais donc : Pl. *Ru.* 1023.

1 făcĕ, ⬛ *facio* ▶.

2 făcĕ, abl. de *fax*.

Făcĕlīna (Phă-), *ae*, f. (de φάκελος, fagot dans lequel Oreste aurait amené la statue de Diane de Scythie en Italie : Hyg. *Fab.* 261), sanctuaire de Diane, en Sicile : Sil. 14, 260.

Făcĕlītis, *ĭdis*, f., surnom de Diane : Serv. *En.* 2, 116.

făcĕlĭum, *ii*, n. (φάκελος, dim.), botte [de jonc] : Diocl. 33, 26.

făcella, *ae*, f. (dim. de *facula*), petit flambeau : Corip. *Joh.* 3, 369.

făcellātĭo, *ōnis*, f. (de σφακελισμός), dessèchement des plantes : VL. *Am.* 4, 9.

făcēs (arch. pour *fax*), P. Fest. 77, 19.

făcessītus, *a*, *um*, part. de *facesso*.

făcessō, *ĭs*, *ĕre*, *ī*, *ītum* (intens. de *facio*), tr. et intr. **¶ 1** tr., exécuter avec empressement : *jussa* Virg. *En.* 4, 295, exécuter des ordres avec empressement, cf. G. 4, 548 ‖ occasionner, causer : *alicui periculum* Cic. *Caecil.* 45, mettre qqn en péril ; *negotium alicui* Cic. *Verr.* 4, 142, créer des embarras à qqn, inquiéter qqn **¶ 2** intr., s'en aller, s'éloigner, se retirer : *ex urbe* Liv. 6, 17, 8, s'éloigner de la ville (*urbe* Liv. 4, 58, 7) *ab omni societate rei publicae* Cic. *Leg.* 1, 39, renoncer à toute participation aux affaires publiques ; *operae facessant* Cic. *Flac.* 97, que les ouvriers se retirent.

▶ parf. *facessī* donné par Prisc. 2, 535, 14 ; d'où *facesseris* Cic. *Caecil.* 45, *facessisset* Tac. *H.* 4, 43.

făcētē, adv. (*facetus*) **¶ 1** d'une façon élégante, avec grâce : Pl. *St.* 271 ‖ finement, joliment : Pl. *Cap.* 176 ; Pers. 455 ; **-tius** Cic. *Amer.* 128 **¶ 2** d'une manière plaisante, spirituelle : *aliquid facete dicere* Cic. *Verr.* 4, 95, dire qqch. avec esprit, faire un trait d'esprit, cf. *de Or.* 1, 75 ; 243 ; 2, 286 ; **-tissime** Cic. *de Or.* 2, 223.

făcētĭa, *ae*, f., plaisanterie : Pl. *St.* 727 ; Gell. 3, 3, 3.

▶ forme rare, ⬛ *facetiae*.

făcētĭae, *ārum*, f. pl. (*facetus*), [en gén.] plaisanterie, finesse, esprit, enjouement : Cic. *de Or.* 2, 217 ; *Or.* 87 ‖ [en part.] plaisanteries, bons mots : Cic. *de Or.* 1, 243 ; *Brut.* 158 ; *Planc.* 33.

făcētĭŏr, *āris*, *ārī*, - (*facetiae*), plaisanter : Sidon. *Ep.* 3, 13, 1.

făcētō, *ās*, *āre*, -, - (*facetus*), tr., orner, embellir : Fort. *Mart.* 2, 453.

făcētus, *a*, *um* (*facies*, *facio*, plutôt que *fax*) **¶ 1** élégant : Pl. *As.* 551 ; *Most.* 45 ; Cic. *Or.* 20 ; *Brut.* 325 ; Quint. 6, 3, 20 ; Hor. *S.* 1, 10, 44 **¶ 2** plaisant, spirituel, enjoué : Cic. *de Or.* 2, 251 ; *Brut.* 173 ; *Off.* 1, 104 ‖ **-tior** Lucil. 963 ; **-tissimus** Cic. *Leg.* 2, 37.

făcĭa, *ae*, f. (cf. *facies*), portrait : An. Helv. 131, 20.

făcĭālĭa, *ĭum*, n. pl. (*facies*), linges pour essuyer le visage : Diocl. 17, 69.

făcĭēs, *ēi*, f. (*facio* ; esp. *haz*) **¶ 1** forme extérieure, aspect général, air, façon [définition de Gell. 13, 30, 2] **a)** [d'une pers.] Pl. *Poen.* 1111 ; Sen. *Ep.* 33, 5 ; *facies, vultus, sonus* Cic. *de Or.* 1, 127, l'aspect général (le physique), l'expression, le son de la voix, cf. Cic. *Nat.* 1, 80 ; *Phil.* 8, 23 **b)** [d'une chose] *facies urbis* Sall. *C.* 31, 1 ; *facies loci* Tac. *An.* 4, 67, l'aspect de la ville, du lieu ; *in montis faciem* Virg. *G.* 4, 361 ; *in faciem stagni* Tac. *H.* 5, 23, en forme de montagne, de lac ‖ [fig.] *publici consilii facie* Tac. *H.* 2, 54, avec l'air (l'apparence) d'une décision officielle ; *prima facie* Sen. *Ep.* 87, 1, au premier aspect **c)** [en part.] bel aspect, beauté : Ov. *A. A.* 3, 105 **¶ 2** figure, physionomie : *qua facie fuit, qua statura ?*

Cic. *Phil.* 2, 41, quelle était sa figure, sa taille ? ; *facie magis quam facetiis ridiculus* Cic. *Att.* 1, 13, 2, plus plaisant par les traits de son visage que par les traits de son esprit ; [prov.] **perfricare faciem** Plin. *praef.* 4 ; Quint. 11, 3, 160, bannir toute honte ‖ *forma et tamquam facies honesti* Cic. *Off.* 1, 15, la forme et comme la figure de la beauté morale ¶3 [poét.] genre, espèce : *quae scelerum facies ?* Virg. *En.* 6, 560, quel genre de crimes ?, cf. Curt. 3, 11, 22 ¶4 [fig.] spectacle : *decora facies !* Plin. *Pan.* 56, 6, magnifique spectacle !, cf. *Pan.* 35, 1 ; 82, 8 ¶5 [chrét.] personne : *dedit faciem suam Deo jejuniis* Tert. *Jejun.* 7, 7, il fit don de sa personne à Dieu dans les jeûnes ‖ *a facie*, en face de, en présence de, devant : Vulg. *Jer.* 1, 17 ‖ hors de : *egredi a facie Domini* Vulg. *Gen.* 4, 16, s'écarter loin du Seigneur ‖ *ante faciem, secundum faciem*, en présence de : Vulg. *Eccli.* 17, 22.

▶ anciens gén. sg. *facies* et *facii* Quadr. d. Gell. 9, 13, 11 ; 9, 14, 3 ; gén. pl. *facierum* Cat. *Orat.* 98 d. Prisc. 2, 368, 2.

făcĭlĕ, adv. (*facilis*) ¶1 facilement, aisément, sans peine : *facilius* Cic. *Flac.* 66 ; *facillime* Cic. *Lae.* 14 ¶2 aisément, sans contredit, sans conteste, sans doute : *facile civitatis suae princeps* Cic. *Rep.* 2, 34, le premier sans conteste de ses concitoyens, cf. *Tusc.* 1, 81 ; *Clu.* 11 ; *Div.* 2, 87 ; *Leg.* 1, 7 ¶3 [avec une évaluation] *facile triciens* Cic. *Verr.* 2, 35, facilement trois millions ‖ *non facile* Cic. *Brut.* 238 ; *Ac.* 2, 48 ; *haud facile* Cic. *Rep.* 1, 6 ; Sall. *J.* 17, 2, difficilement, avec peine ¶4 aisément, volontiers, sans difficulté : *unguibus facile illi in oculos involem* Ter. *Eun.* 648, je lui sauterais volontiers aux yeux avec mes ongles, cf. Cic. *Tusc.* 1, 81 ; *Off.* 2, 66 ¶5 facilement, sans souci, agréablement [dans l'expression *facile vivere*] : Pl. *Curc.* 604 ; Ter. *Ad.* 501 ; Suet. *Ner.* 1 ¶6 [tard.] plutôt [μᾶλλον] Tert. *Marc.* 4, 7, 8.

făcĭlis, *e* (*facio*) ¶1 qui se fait aisément, facile : *ejus rei facilis est et prompta defensio* Cic. *de Or.* 1, 237, la réponse à cela est facile et toute prête ; *ascensus facilis* Caes. *G.* 1, 21, 2, montée facile ; *iter facilius* Caes. *G.* 1, 6, 2, chemin plus facile ‖ [suiv. contexte] facile à trouver, à supporter : *facilis victus* Virg. *G.* 2, 460, nourriture abondante ; *jactura* Virg. *En.* 2, 646, perte légère ; *facile lutum* Tib. 1, 1, 40, terre aisée à façonner (malléable) ; *facillima est concordia* Cic. *Rep.* 1, 49, la concorde règne le plus aisément du monde ; *materia facilis est in te dicta dicere* Cic. *Phil.* 2, 42, c'est une riche matière que la raillerie à ton adresse ; *facili actu* Petr. 135, 8, d'un mouvement simple [sans art] ‖ [avec *ad*] *faciles ad receptum angustiae* Liv. 32, 12, 3, défilés propices pour la retraite ; [avec *ad* et gér.] *res facilis ad judicandum* Cic. *Off.* 3, 29 ; *ad credendum* Cic. *Tusc.* 1, 78, chose facile à juger, à croire, cf. *de Or.* 2, 190 ‖ [avec *in* acc.] = en vue de, pour : Liv. 27, 18, 6 ‖ [avec supin] *res factu facilis* Ter. *Haut.* 704, chose facile à faire ; *cognitu* Cic. *Inv.* 1, 25, facile à connaître ; *inventu* Cic. *Verr.* 2, 182, facile à trouver ; v. *invenio* ¶1 fin ; [mais] *facilis victu gens* Virg. *En.* 1, 445, nation pourvues de toutes subsistances ‖ [avec inf.] *facilis corrumpi* Tac. *H.* 4, 39, facile à corrompre ; [le plus souvent] *facile est*, il est facile de : *neque erat facile nostris propugnare* Caes. *C.* 3, 45, 4, et il n'était pas facile pour les nôtres de repousser les attaques, cf. Caes. *C.* 1, 50, 2 ; Cic. *Cael.* 29 ; *Phil.* 5, 6 ; *Tusc.* 1, 3 ‖ [avec *ut* subj.] Plin. *Pan.* 44, 3 ; 87, 5 ; *Ep.* 8, 6, 17 ‖ [avec dat.] *terra facilis pecori* Virg. *G.* 2, 223, sol propice à l'élevage des troupeaux ; *campus operi* Liv. 33, 17, 8, plaine qui se prête aux ouvrages militaires ; *(Macedonia) facilis divisui* Liv. 45, 30, 2, (la Macédoine) facile à partager ‖ [n. pris subst] *in facili esse* Liv. 3, 8, 9 ; Sen. *Clem.* 1, 7, 3 ; Plin. 18, 274, être dans les choses faciles, être facile ; *ex facili* Tac. *Agr.* 15 ; Plin. 37, 60, facilement ¶2 a) qui fait facilement, qui a de la facilité (de l'aisance) dans qqch. : *facilis ad dicendum* Cic. *Brut.* 180, qui a de la facilité de parole ; *faciles in excogitando* Quint. 1, 1, 1, qui ont l'imagination facile ‖ *faciles oculi* Virg. *En.* 8, 310, yeux mobiles b) qui est prêt à faire, disposé volontiers à, favorable à : *commercio faciles* Liv. 40, 58, 1, disposés à vendre ; *facilis inanibus* Tac. *An.* 2, 27, enclin aux vaines croyances ; *capessendis inimicitiis* Tac. *An.* 5, 11, disposé à se charger des haines ; *mens facilis ad pejora* Quint. 1, 2, 4, intelligence prête au mal ; [poét.] *faciles aurem praebere* Prop. 2, 21, 15, disposés à prêter l'oreille, cf. Luc. 1, 510 ; 2, 460 ¶3 d'humeur facile, traitable, de bonne composition : Ter. *Hec.* 761 ; Cic. *Balb.* 36 ; *Nat.* 3, 73 ; *Fam.* 5, 2, 9 ; *facilem populum habere* Cic. *Fam.* 7, 1, 4, trouver de la complaisance auprès du peuple ; *facilis in causis recipiendis* Cic. *Brut.* 207, accommodant pour se charger des causes ; *faciles ad concedendum* Cic. *Div.* 2, 107, disposés aux concessions ; *dei faciles in alicujus vota* Ov. *H.* 16, 282, dieux propices aux vœux de qqn ; *facilis juventa* Tac. *An.* 3, 8, d'humeur communicative à cause de sa jeunesse ; *mores facillimi* Cic. *Lae.* 11, caractère extrêmement affable ‖ [fig.] *(res tuae) faciliores mihi et meliores videntur* Cic. *Fam.* 6, 5, 1, tes affaires me paraissent plus faciles et en meilleur état.

făcĭlĭtās, *ātis*, f. (*facilis*) ¶1 facilité à faire qqch. : Cic. *Tusc.* 4, 28 ‖ aptitude heureuse à : Quint. 12, 6, 7 ; *oris* Quint. 10, 7, 26, souplesse de la langue [facilité de prononciation] ‖ *facere aliquid propter facilitatem* Cic. *Inv.* 1, 98, faire qqch. à cause de sa facilité ¶2 facilité de parole : Quint. 10, 2, 12 ; 10, 5, 1 ¶3 (surtout) facilité d'abord, de caractère, affabilité, bonté, complaisance : *quanta facilitate (debent esse imperatores)* Cic. *Pomp.* 36, quelle ne doit pas être leur affabilité !, (cf. *faciles aditus* Cic. *Pomp.* 41, abords faciles), cf. Cic. *Mur.* 66 ; *Lae.* 66 ; *de Or.* 2, 15 ; *Q.* 1, 1, 21 ‖ [qqf. en mauvaise part] facilité excessive, faiblesse : Suet. *Cl.* 29.

făcĭlĭtĕr, adv., [arch., blâmé par Quint. 1, 6, 17] c. *facile* : Vitr. 1, 4, 3.

făcĭnŏrōsē, adv., d'une manière criminelle : Aug. *Jul. op. imp.* 5, 64.

făcĭnŏrōsus (-**ĕrōsus**), *a*, *um* (*facinus*), chargé de crimes : Cic. *Cat.* 2, 22 ; *Leg.* 1, 40 ‖ *-ior*, *-issimus* Just. 16, 4 ; Cic. *Sest.* 31.

făcĭnus, *ŏris*, n. (*facio*) ¶1 action, acte, fait [en gén.] : Pl. *Bac.* 925 ; *nefarium* Caes. *G.* 7, 38, 8 ; *pulcherrimum* Cic. *Rab. perd.* 19, acte criminel, admirable, cf. *Phil.* 2, 109 ; *facinora sceleris, audaciae, perfidiae* Cic. *Verr.* 5, 189, actes de scélératesse, d'audace, de perfidie ‖ [d. Pl. = chose] *mirum est facinus...* *Mil.* 377, c'est une chose étonnante ¶2 [surtout en mauvaise part] forfait, crime, attentat : Cic. *Verr.* 5, 170 ; *Mil.* 43 ; 73 ‖ *facinus facere* Cic. *Fin.* 2, 95 ; *obire* Cic. *Cat.* 1, 26 ; *committere* Cic. *Cael.* 56 ; *Fam.* 3, 10, 2 ; *admittere* Caes. *G.* 6, 13, 5 ; *patrare* Sall. *C.* 18, 8, commettre un crime ‖ [poét.] = instrument du crime : Ov. *M.* 7, 423, coupe empoisonnée.

făcĭō, *ĭs*, *ĕre*, *fēcī*, *factum*, pass., v. *fīo* (*dheH₁-, *dhH₁-, cf. 3 -*do* ; osq. *fakiiad*, néo-phryg. αδ-δακετ, scr. *dadhāti*, gr. τίθημι, al. *tun*, an. *do* ; fr. *faire*), tr.

I réaliser [point de vue matériel ou moral].

A avec un seul acc. ¶1 *pontem, tragoedias, verba, orationem* ¶2 *impetum* ¶3 *exercitum* ¶4 *ignem, praedam, manubias* ¶5 *facinus, bellum, ludos* ¶6 [expressions] *quid hoc homine facias ? ; de fratre quid fiet ? ; nihil aliud fecerunt nisi* ¶7 *damnum* "subir une perte" *disjunctionem* "provoquer une rupture" *alicui timorem, spem* "provoquer la crainte, l'espoir" *fidem facere*, v. *fides* ; *alicui potestatem* "donner le pouvoir de" *negotium facere*, v. *negotium* ¶8 "exercer une profession" ¶9 [gram.] ¶10 [constructions] avec *ut*, *(ne)* et le subj. "faire en sorte que", *ex quo fit ut*, avec subjonctif seul *fac cogites* "tâche de songer", v. *faxo*, *facere non potui quin (quominus)*, avec prop. inf. "faire que" ¶11 avec prop. inf. "supposer que" ¶12 "représenter", "mettre en scène" ¶13 avec compl. d'être animés a) "faire, procréer" b) "former, façonner".

B avec attribut ¶1 "faire, rendre" ¶2 "créer, élire" ¶3 [avec gén. de prix] "estimer" *magni, nihili, pluris...* ¶4 "représenter".

II pris abs[t].

¶1 "être actif, agissant", [avec adv.] *humaniter facere* ; *facis injuste si*, *bene, male facere alicui* "se comporter bien, mal à l'égard de" ; *bene facis* "merci".

facio

¶2 *facere ab (cum) aliquo* "être du parti de".
¶3 comme substitut d'un verbe précédent.
¶4 *facere* "sacrifier".
¶5 *bene facere* "être efficace".
¶6 "faire ses besoins".
¶7 [tard.] "se rendre qq. part".

I faire, réaliser une chose [du point de vue matériel et physique comme du point de vue intellectuel et moral].

A [un seul acc.] ¶1 *pontem* Caes. G. 1, 13, 1, faire un pont; *castra* Caes. G. 1, 48, 2, établir un camp; *sphaera ab Archimede facta* Cic. Rep. 1, 21, sphère construite par Archimède; *in iis (hastis) nihil manu factum* Cic. Verr. 4, 125, dans ces bambous il n'y a aucun savoir-faire; *litteram* Cic. Ac. 2, 6, tracer une lettre, écrire; *statua ex aere facta* Cic. Verr. 2, 50, statue en airain; *parietes calce* Cat. Agr. 14, 1, faire des murs avec de la chaux ∥ *tragoedias* Cic. CM 22; *poema* Cic. Pis. 70, faire des tragédies, des vers; *verba facta* Cic. Part. 72, mot créés ∥ [avec idée d'art] *orationem*, faire artistement la phrase oratoire, cf. Cic. Or. 172; de Or. 1, 63; Brut. 30; *argentum factum* Cic. Verr. 5, 63, argent travaillé, argenterie ¶2 *gradum* Cic. de Or. 2, 249, faire un pas; *iter* Cic., Caes., faire route; *impetum in hostem* Cic. Fin. 1, 34; Caes., Liv., faire une charge contre l'ennemi; *eruptiones ex oppido* Caes. C. 2, 2, 5, faire des sorties ∥ *significationem* Caes. G. 2, 33, 3, faire un signal ¶3 *exercitum* Cic. Phil. 5, 23, constituer une armée, cf. Cic. Verr. 4, 96; Caes. C. 3, 4, 1; 3, 87, 4; *auxilia mercede* Tac. An. 6, 33, former des corps d'auxiliaires à prix d'argent ¶4 *ignem ex lignis viridibus* Cic. Verr. 1, 45, faire du feu avec du bois vert; *caseum* Varr. R. 2, 11, 4, faire du fromage; *ex arvo male consito minus bonum vinum* Varr. R. 1, 7, 2, dans un champ mal planté faire un moins bon vin ∥ *praedam* Caes. G. 4, 34, 5, faire du butin (*ab aliquo* Nep. Chab. 2, 2, sur qqn); *manubias sibi tantas ex alicujus manubiis* Cic. Verr. 1, 154, se faire un si riche butin du butin de qqn; *pecuniam* Cic. Verr. 2, 17, amasser de l'argent ¶5 *facinus* Cic. Fin. 2, 95; *furtum* Cic. Fam. 7, 22, commettre un crime, un vol; *multa egregie* Cic. Off. 1, 84, faire beaucoup de belles actions; *magnum te fecisse arbitrare* Cic. Verr. 3, 42, tu crois avoir fait une prouesse; *sacrificium* Cic. Brut. 56, faire (accomplir) un sacrifice (*res divinas* Cic. Verr. 4, 80) ∥ *bellum* provoquer la guerre: Caes. G. 3, 29, 3; 4, 22, 1; 5, 28, 1; 7, 2, 1 faire la guerre: Cic. Sull. 58; *proelio facto* Cic. Dej. 13; Caes. G. 1, 13, 1, le combat ayant été livré; *pacem* Cic. Off. 3, 109, faire la paix ∥ *imperata* Caes. G. 2, 3, 3; *promissum* Cic. Off. 3, 95, exécuter des ordres, tenir une promesse ∥ ordonner, organiser [des festins, des jeux]: *cenas* Cic. Att. 9, 13, 6; *ludos* Cic. Att. 15, 10; Brut. 78

¶6 [expressions] *quid hoc homine facias?* Cic. Verr. 2, 40; Sest. 29, que faire d'un tel homme? ; *quid tu huic homini facias? Cic. Caecin. 30, que faire à l'égard d'un tel homme?* ; *quid faceret huic conclusioni?* Cic. Ac. 2, 96, comment se comporterait-il en face de ce syllogisme?; *quid Tulliola mea fiet?* Cic. Fam. 14, 4, 3, qu'adviendra-t-il de ma chère Tullia?; *si quid eo factum est* Cic. Pomp. 59, s'il lui arrive malheur; *de fratre quid fiet?* Ter. Ad. 996, qu'adviendra-t-il de mon frère?; *miserunt consultum quidnam facerent de rebus suis* Nep. Them. 2, 6, ils envoyèrent demander en consultation ce qu'ils devaient faire de leurs biens; *o factum male de Alexione!* Cic. Att. 15, 1, 1, triste destin d'Alexion! ∥ *si nihil aliud fecerunt nisi rem detulerunt* Cic. Amer. 108, s'ils n'ont rien fait d'autre que dénoncer l'affaire ¶7 *damnum* Cic. Brut. 125; *detrimentum* Cic. Verr. 4, 20, subir une perte, un dommage; V.▶ *jactura*; *vitium* Cic. Top. 15, se détériorer ∥ [mais] *disjunctionem* Cic. Lae. 76, provoquer une rupture; *suspicionem* Cic. Flac. 83, provoquer le soupçon; *alicui timorem* Cic. Fam. 10, 18, 2; *alicui spem* Cic. Att. 3, 16; *stomachum* Cic. Fam. 1, 9, 10, provoquer la crainte, l'espoir, la mauvaise humeur de qqn; *alicui desiderium alicujus rei* Liv. 3, 34, 7; 7, 24, 10, donner à qqn le désir de qqch.; V.▶ *fides* ∥ *audientiam orationi* Cic. Caecil. 42, ménager à un discours l'attention des auditeurs; *alicui facultatem judicandi* Cic. Verr. 2, 179, donner à qqn la faculté de juger; *alicui favorem* Liv. 42, 14, 10, procurer à qqn une faveur; *potestatem* Cic. Cat. 3, 11, donner le pouvoir [de faire une chose]; V.▶ *negotium* ¶8 exercer une profession: *argentariam* Cic. Verr. 5, 155; *naviculariam* Cic. Verr. 5, 46; *topiariam* Q. 3, 1, 5; *praeconium* Cic. Fam. 6, 18, 1, être banquier, armateur, horticulteur, crieur public; *mercaturas* Cic. Verr. 5, 72, faire du commerce ¶9 [gram.] *cur aper apri et pater patris facit?* Quint. 1, 6, 13, pourquoi *aper* fait-il *apri* au génitif et *pater, patris?*, cf. Quint. 1, 5, 63; 1, 6, 26 ∥ [arithm.] *hoc duplicatum facit jugerum* Col. 5, 1, 5, doublé, il fait un arpent, cf. Col. 5, 1, 6; Gell. 1, 8, 5 ¶10 [constructions] [avec *ut* subj.] faire que, faire en sorte que: *ea feci ut essent nota nostris* Cic. Ac. 1, 8, ces connaissances, j'ai tâché de les donner à nos compatriotes; *qui potest fieri ut* Cic. Phil. 11, 20, comment peut-il se faire que; *ex quo fit ut* Cic. Tusc. 3, 19, d'où il résulte que; [avec *ut ne, ne*] *fecisti ut ne* Cic. Clu. 168, tu as fait en sorte que ne pas, tu as empêché que; *fac ne quid aliud cures* Cic. Fam. 16, 11, 1, fais en sorte de ne pas avoir d'autre souci; [avec *ut non*] Cic. Verr. 2, 190; Att. 11, 21, 1; 8, 14, 1; [avec subj. seul] *fac ... sis* Cic. Fam. 5, 21, 5, fais en sorte d'être...; *fac cogites* Cic. Fam. 11, 3, 4, tâche de songer, songe...; V.▶ *faxo*; [avec *quomodo*] faire en sorte que: *fac quomodo animus secum meus consonet* Sen. Ep. 88, 9, fais que mon âme s'accorde avec elle-même [avec négation et *quin*, avec *quominus*] *facere non potui quin ... declararem* Cic. Fam. 6, 13, 1, je n'ai pu m'empêcher de montrer...; *per aliquem fit quominus...* Cic. Fam. 1, 4, 2, qqn empêche que... ∥ *di faxint ut* Cic. Att. 16, 1, 5; *di faxint ne* Cic. Verr. 3, 81, fassent les dieux que, que ne ... pas ∥ [avec prop. inf.] faire que: *tales oratores videri facit, quales ipsi se videri volunt* Cic. Brut. 142, (l'action oratoire) fait que les orateurs paraissent ce qu'ils veulent eux-mêmes paraître, cf. Varr. R. 3, 5, 3; Sall. d. Sen. Ep. 114, 17; Virg. En. 2, 539; *facio me alias res agere* Cic. Fam. 15, 18, je me force à faire autre chose, cf. Serv. Fam. 4, 12, 1 ¶11 supposer que [avec prop. inf.]: *fac animos non remanere post mortem* Cic. Tusc. 1, 82, suppose que les âmes ne subsistent pas après la mort, cf. Cic. Fam. 7, 23, 1; Tusc. 1, 70; Phil. 2, 5; Verr. 4, 19 ∥ imaginer: *feci sermonem inter nos habitum* Cic. Fam. 9, 8, 1, j'ai imaginé un entretien que nous aurions eu entre nous ¶12 faire, représenter [avec prop inf.]: *poetae impendere saxum Tantalo faciunt* Cic. Tusc. 4, 35, les poètes nous représentent un rocher suspendu sur la tête de Tantale, cf. Cic. Tusc. 5, 115; Nat. 1, 9; 3, 41; Opt. 17, [pour la construction avec un participe, v. B 4] ∥ mettre en scène: *gloriosum militem* Ter. Eun. 38, mettre en scène un soldat fanfaron ¶13 [avec compl. d'êtres animés] **a)** faire, procréer: *pullos* Varr. L. 7, 88, faire des petits ∥ [surtout au passif] *ita factus et animo et corpore ut* Cic. Verr. 4, 126, fait au moral comme au physique pour..., cf. Cic. Brut. 276; Fin. 5, 43; *factus ad dicendum* Cic. Brut. 168, fait (né) pour la parole; *totus ex mendacio factus* Cic. Clu. 72, tout pétri de mensonge **b)** former, façonner: *puer domi natus domique factus* Nep. Att. 13, 4, esclave né à la maison, formé à la maison ∥ instituer, créer, élire: *censores* Cic. Verr. 2, 132, faire des censeurs; *binos imperatores sibi facere* Sall. C. 6, 7, se créer deux chefs suprêmes à la fois: *duumviros facio* Liv. 1, 26, 5, j'institue des duumvirs, cf. Liv. 3, 67, 9.

B [avec attribut] ¶1 faire, rendre: *senatum firmiorem* Cic. Phil. 6, 18, rendre le sénat plus solide; *aliquem reum* Cic. Verr. 2, 94, accuser qqn; *locupletes ex egentibus eos fecerat* Caes. C. 3, 59, 2, de pauvres qu'ils étaient il les avait faits riches; *neque gloriam meam, laborem illorum faciam* Sall. J. 85, 34, je n'attribuerai pas à moi la gloire, à eux la peine; *Asiam populi Romani factam esse dicere* Agr. 2, 39, dire que l'Asie est devenue possession du peuple romain ¶2 créer, élire: *consulem, praetorem aliquem, facere*, nommer qqn consul, préteur ;*quo die censor est factus* Cic. Prov. 20, le jour où il a été nommé censeur ¶3 [avec gén. de prix] estimer : *aliquid magni, nihili, pluris, minimi, plurimi*, estimer qqch. beaucoup, pas du tout, davantage, très peu, au plus haut point : Cic. Q. 1, 2, 7 ; Fin. 2, 88 ; Fam. 3, 4, 2 ; Fin. 2, 42 ; Fam. 3, 10, 2 ; *tanti... quanti* Cic. Fam. 11, 16, 3, estimer autant que... ¶ 4 représenter : *Polyphemum cum ariete colloquentem* Cic. Tusc. 5, 115, représenter Polyphème s'entretenant avec un bélier, cf. Cic. CM 3 ; Nat. 1, 39 ; Brut. 218, [pour la construction avec une prop. inf., v.▶ a ¶ 12].

II [pris abst].

¶ 1 *faciendi dicendique sapientia* Cic. de Or. 3, 59 (λέγειν, πράττειν Thuc. 1, 139, 4) la science du faire et du dire ; [gram.] *faciendi et patiendi species* Varr. L. 10, 33, l'actif et le passif ‖ *si auditor tamquam equus non facit* Cic. Brut. 192, si l'auditeur, tel un cheval, reste passif ‖ [surtout avec adv.] faire bien, mal ; accomplir un acte bon, mauvais : *periculose* Cic. Mil. 9, accomplir un acte dangereux ; *fecit humaniter, quod venit* Cic. Q. 1, 1, 1, il a été aimable de venir ; *arroganter faciunt, cum...* Caes. G. 1, 40, 10, ils montrent de la présomption en... ; *facis injuste, si putas...* Cic. Flac. 41, tu commets une injustice, si tu crois... ; *similiter facit ut si putet* Cic. Tusc. 4, 41, il se comporte exactement, comme s'il croyait... ; *nonnulli isti faciunt imperite qui... exigant* Cic. Leg. 1, 4, ces quelques-uns dont tu parles n'y entendent rien d'exiger... ‖ *alicui bene, male*, se comporter bien, mal, à l'égard de qqn : *aegre alicui* Ter. Eun. 624, faire de la peine à qqn ; *multis benigne* Cic. Planc. 47, rendre des services à beaucoup de personnes, cf. Cic. Off. 2, 52 ; Inv. 1, 109 ; Sall. C. 3, 1 ‖ [famil.] *bene facis*, c'est bien de ta part (je te remercie), cf. Ter. Eun. 186 ; Ad. 945 ; Cic. Ac. 1, 25.

¶ 2 *facere ab aliquo* Cic. Inv. 1, 19, [et surtout] *cum aliquo* Cic. Sull. 36 ; Planc. 86 ; Fin. 2, 44, être du parti de qqn, être pour qqn ; *si ratio mecum facit* Cic. Div. 1, 84, si la raison est pour moi ; *illac facere* Cic. Att. 7, 3, 5, être de ce parti-là, cf. Ov. H. 1, 103 ; *contra aliquem* Cic. Quinct. 1, être contre qqn (*adversus aliquem* Nep. Eum. 8, 2).

¶ 3 [remplaçant un verbe précéd.] *evolve diligenter ejus librum ; — feci mehercule* Cic. Tusc. 1, 24, lis avec soin son livre ; — je l'ai fait, par Hercule, cf. Cic. Brut. 157 ; 190 ; Fin. 1, 14 ; Tusc. 5, 90 ; *vadem te tyranno dabis, ut Pythagoreus ille Siculo fecit tyranno ?* Cic. Fin. 2, 79, tu te livreras en otage à un tyran, comme le fit au tyran de Sicile ce fameux pythagoricien ?

¶ 4 faire un sacrifice, sacrifier (*alicui*, à une divinité ; *aliqua re*, au moyen de qqch.) : *faciam vitula pro frugibus* Virg. B. 3, 77, j'immolerai une génisse pour les fruits de la terre, cf. Cic. Mur. 90 ‖ *cum apud Caesarem pro populo fieret* Cic. Att. 1, 13, 3, alors qu'un sacrifice public se faisait chez César, cf. Liv. 37, 3, 5.

¶ 5 bien faire pour qqch., aller bien, convenir : *(id) belle facit ad versum* Sen. Ben. 1, 3, 10, (cela) fait bien pour le vers, cf. Sen. Ep. 68, 13 ; Quint. 2, 12, 10 ; 10, 1, 33 ; 10, 5, 11 ‖ *adversus omnia tela bene facit mortem contemnere* Sen. Ep. 36, 8, contre toute espèce d'armes ce qui est efficace, c'est le mépris de la mort ‖ [méd.] être efficace : *ad aliquid* Plin. 22, 46, pour qqch., cf. Scrib. 108 ; 122 ; 176.

¶ 6 ▶ *cacare* : Petr. 47, 4 ; 66, 2 ‖ [sens obscène] Catul. 110, 2 ; 5 ; Juv. 7, 240 ; Petr. 87, 9.

¶ 7 [tard.] *facere aliquo*, se rendre qq. part : Petr. 62, 4 ; Tert. Pall. 3, 5 ‖ *se facere* Apul. M. 5, 2, même sens.

▶ impér. arch. *face* au lieu de *fac* Pl. Ter. Cat. ; Nep. Paus. 2, 4 ‖ [formes arch.] parf. *fecei* CIL 1, 638 ; fut. *faxo*, v.▶ *faxo* ; subj. *faxim* Pl. Amp. 355 ; Liv. 23, 11, 2 ; v.▶ la formule *di faxint* ; *faxem = fecissem* Pl. Ps. 499 ‖ pass. *faciatur* Titin. Com. 97 ; Petr. 71, 10 ; *faxitur = factum erit* Liv. 22, 10, 6.

făcĭs, indic. prés., 2ᵉ pers. sg. de *facio* et gén. de *fax*.

făcĭtergĭum, *ii*, n. (*facies, tergeo*), serviette de toilette : Isid. 19, 26, 7.

factĕŏn, ▶ *faciendum* [mot forgé à l'imitation de φιλοσοφητέον, dans la même phrase] : Cic. Att. 1, 16, 13.

factīcĭus, *a, um* (*factus* ; cf. fr. *fétiche*), artificiel : Plin. 31, 81 ‖ imitatif, formé par onomatopée : Prisc. 2, 61, 26.

factĭo, *ōnis*, f. (*facio* ; fr. *façon*)

I ¶ 1 pouvoir de faire, droit de faire : *testamenti* Cic. Top. 50, capacité de tester, cf. Cic. Fam. 7, 21 ¶ 2 manière de faire, conduite : Pl. Bac. 842 ; Ru. 1371.

II société de gens groupés ¶ 1 troupe, corps, corporation, association, parti : *cum vostra nostra non est aequa factio* Pl. Trin. 452, notre rang n'est pas égal au vôtre, cf. Pl. Trin. 462 ; Cis. 493 ; *medicorum* Plin. 29, 5, école de médecins ¶ 2 [en mauvaise part] faction, ligue : Sall. J. 31, 15 ; *judicum et accusatorum* Cic. Brut. 164, la faction des juges et des accusateurs ‖ cabale, intrigue : Cic. Att. 7, 9, 4 ; Sall. C. 54, 5 ¶ 3 [en part.] parti politique, faction : *altera factio* Caes. G. 5, 56, 3, le parti politique opposé, cf. Caes. G. 1, 31, 3 ; 6, 12, 1 ; Nep. Pel. 1, 4 ; Liv. 21, 3, 3 ‖ [à Rome, idée d'oligarchie] faction, oligarchie : Cic. Rep. 1, 44 ; 1, 69 ; 3, 23 ; 3, 44 ¶ 4 factions des cochers dans le cirque, au nombre de quatre, ayant chacune sa couleur : Suet. Cal. 55 ; Vit. 7 ; Dom. 7 ¶ 5 [chrét.] la faction chrétienne : Tert. Apol. 39, 1 ‖ parti d'hérétiques : Cypr. Ep. 52, 2.

factĭōnārĭus, *ii*, m. (*factio*), chef d'une faction du cirque : Cod. Th. 15, 10, 1.

factĭōsē, adv. (*factiosus*), puissamment : Sidon. Ep. 4, 24, 4.

factĭōsus, *a, um* (*factio*) ¶ 1 [arch.] agissant : Pl. Bac. 542 ¶ 2 [sens ordinaire] affilié à une coterie politique, intrigant,

factieux : *largitores et factiosi* Cic. Off. 1, 64, des ambitieux prodigues et intrigants, cf. Sall. C. 54, 5 ; J. 31, 15 ‖ qui se rattache à une faction, oligarchique : *vel optimatium vel factiosa tyrannica illa vel regia (res publica)* Cic. Rep. 1, 45, gouvernement soit de l'aristocratie, soit de cette oligarchie tyrannique, soit de la monarchie ‖ -*ior* Aur.-Vict. Caes. 21 ‖ -*issimus* Plin. Ep. 4, 9, 5.

factĭtāmentum, *i*, n. (*factito*), ouvrage, œuvre : Tert. Anim. 18, 12.

factĭtātĭo, *ōnis*, f. (*factito*), façon, structure : Tert. Herm. 31, 5.

factĭtātŏr, *ōris*, m. (*factito*), fabricateur, créateur : Tert. Prax. 18, 3.

factĭtō, *ās, āre, āvī, ātum* (fréq. de *facio*), tr., faire souvent, habituellement : Cic. Brut. 68 ; Har. 32 ; Or. 143 ; *accusationem factitare* Cic. Brut. 130, faire le métier d'accusateur ‖ instituer (qqn héritier) : Cic. Phil. 2, 41 ‖ exercer, professer : *medicinam* Quint. 7, 2, 26, exercer la médecine ; *delationes* Tac. H. 2, 10, faire le métier de délateur.

factō, *ās, āre*, -, -, fréq. de *facio* : *Pl. Truc. 915.

factŏr, *ōris*, m. (*facio*), faiseur, auteur, créateur, fabricant : Pall. 1, 6, 2 ; Dig. 49, 16, 6 ; Cat. Agr. 13 ; 64 ; 66 ‖ celui qui envoie la balle : Pl. Curc. 297 ‖ [chrét.] le Créateur : Lact. Epit. 37, 5 ‖ [tard.] celui qui met en pratique : *estote autem factores verbi* Vulg. Jac. 1, 22, exécutez donc cette parole.

factōrĭum, *ii*, n. (v.▶ 2 *factus*), pressoir à huile : Pall. 11, 10, 1.

factrix, *īcis*, f., créatrice, plastique [en parl. des arts] : Eustath. Hex. 1, 7, p. 874 B.

factum, *i*, n. (fr. *fait*) ¶ 1 c.▶ 2 *factus* : Varr. R. 1, 24, 3 ¶ 2 fait, action, entreprise, travail, ouvrage : *meum factum* Caes. d. Cic. Att. 9, 16, 2 ; *illud meum factum* Cic. Dom. 97, mes actes, ma conduite d'alors ; *facta illustria et gloriosa* Cic. Fin. 1, 37, les actions belles et glorieuses ; *recte, male facta* Cic. Off. 2, 62, bonnes, mauvaises actions ¶ 3 *facta* [abst] actions d'éclat, hauts faits, exploits : Virg. En. 10, 468 ‖ *bonum factum* [abrégé en B. F., formule précédant un ordre, un édit] pour le bien général, que... : Suet. Caes. 80 ; Vit. 14 ¶ 4 [droit] condition factuelle [par opp. à une condition posée par le droit, par le *jus*] : *facti, non juris esse* Paul Dig. 41, 2, 1, 3, c'est une donnée de fait et non de droit ‖ *actio in factum* Ulp. Dig. 12, 2, 11, 1, action fondée sur le fait [d'essence prétorienne, elle dérive du fait la possibilité d'une condamnation].

factūra, *ae*, f. (*facio* ; it. *fattura*) ¶ 1 façon, fabrication : Plin. 34, 145 ¶ 2 œuvre : Prud. Apoth. 792 ¶ 3 [tard.] fait d'être créé [τὸ ποιεῖσθαι] : *facturae suae condicione* Aug. Jul. op. imp. 6, 18, par le fait qu'il est une créature.

factus

1 factus, *a, um*, part. p. de *facio* ‖ [adj¹] *factius nilo facit* Pl. *Tri.* 397, il ne fait rien de mieux (il perd sa peine).

2 factŭs, *ūs*, m., construction : Varr. *R.* 3, 1, 10 ‖ quantité d'huile fournie par un tour de pressoir : Cat. *Agr.* 67, 1 ; Col. 12, 52, 19.

făcŭl, ⮕ *facile*, facilement : Pacuv. *Tr.* 322 ; 426 ; Acc. *Tr.* 460.

făcŭla, *ae*, f. (dim. de *fax*ǀ esp. hacha, al. Fackel), petite torche : Cat. *Agr.* 37, 3 ; [fig.] Pl. *Pers.* 515.

făcŭlārĭus, *ii*, m. (*facula*), porteur de torche : Gloss. 3, 201, 51.

făcultās, *ātis*, f. (*facilis*) ¶ 1 faculté, facilité, possibilité, capacité : *copia facultasque dicendi* Cic. *Quinct.* 8, abondance et facilité de parole ; *alicui liberalitatis facultatem dare* Cic. *Mur.* 42, donner à qqn la possibilité d'être généreux ; *vacui ac liberi temporis* Cic. *de Or.* 3, 57, possibilité de loisir et d'indépendance ; *alicui facultatem judicandi facere* Cic. *Verr.* 2, 179, donner à qqn la possibilité de juger ; *alicui facultatem ad dicendum dare* Cic. *Font.* 22, donner à qqn le pouvoir de parler ; *alicui facultatem dare, offerre, ut* Cic. *Caecin.* 71 ; *Clu.* 77, donner, offrir la possibilité de ; *res facultatem habet ut* Cic. *Fam.* 1, 7, 4, les circonstances comportent la possibilité que ; *erit haec facultas in eo, ut* Cic. *Or.* 117, il aura cette faculté de ‖ [avec inf.] B.-Afr. 78 ; Stat. *Th.* 4, 513 ; 12, 36 ‖ *si facultas erit* Cic. *Inv.* 1, 86 ; *quoad facultas feret* Cic. *Inv.* 2, 10, si c'est possible, dans la mesure du possible ; *dum est facultas* Caes. *G.* 7, 50, 6, pendant que c'est possible ¶ 2 [en part.] *facultas dicendi* et *facultas* seul, talent oratoire, faculté oratoire : Cic. *de Or.* 1, 218 ; *Brut.* 303 ; *extemporalis* Suet. *Aug.* 84, faculté d'improvisation ¶ 3 facilité de se procurer, abondance de, provision de : *facultas argumentationum petitur ex his locis* Cic. *Part.* 98, on tire la provision d'arguments nécessaire de ces lieux communs, cf. Cic. *de Or.* 2, 215 ; *sine ulla facultate navium* Cic. *Verr.* 5, 6, sans navires à leur disposition, cf. Caes. *G.* 1, 38, 3 ; 3, 9, 6 ; 3, 12, 3 ‖ [pl.] ressources : *facultates ingenii, consilii, gratiae* Cic. *Att.* 3, 10, 2, ressources de talent, de prudence, de crédit ; *Italiae* Caes. *G.* 6, 1, 3, les ressources de l'Italie ; [en part.] facultés, moyens, richesses : *videre ne major benignitas sit quam facultates* Cic. *Off.* 1, 42, veiller à ce que la générosité ne dépasse pas les moyens, cf. Q. 1, 3, 7 ¶ 4 [chrét.] essence [οὐσία] : Tert. *Anim.* 46, 4.
▶ gén. pl. *facultatum* Cic. *Off.* 1, 29 ; *facultatium* Paul. *Dig.* 32, 78, 1.

făcultātĭcŭla, *ae*, f. (dim. de *facultas*), faibles moyens : Not. Tir. 30, 55.

făcultātŭla, *ae*, f. (dim. de *facultas*), faibles moyens [pr. et fig.] : Hier. *Ep.* 117, 1 ; Aug. *Ep.* 127, 7.

făcultĕr, adv., facilement : P. Fest. 77, 6 ; Capel. 3, 325.

fācundē, adv., éloquemment : Pl. *Trin.* 380 ; Liv. 28, 18, 6 ‖ **-dius** Front. *Parth.* 10, p. 221 N ; **-issime** Gell. 13, 8, 5.

fācundĭa, *ae*, f. (*facundus*), facilité d'élocution, talent de la parole, éloquence : Ter. *Haut.* 13 ; Sall. *C.* 53, 3 ; Quint. 12, 10, 27 ; Hor. *O.* 4, 7, 21 ; Tac. *An.* 11, 6 ‖ pl., Gell. 3, 17, 1.

fācundĭōsus, *a, um*, éloquent : Asell. d. Gell. 4, 9, 12.

fācundĭtās, *ātis*, f., ⮕ *facundia* : Pl. *Truc.* 494.

fācundus, *a, um* (*fari*, cf. *fecundus*), qui s'exprime facilement, qui sait manier la parole, éloquent, disert : Sall. *J.* 95, 3 ; Hor. *O.* 1, 10, 1 ; Tac. *H.* 1, 8 ‖ **-dior** Quint. 12, 10, 44 ; **-dissimus** Quint. 12, 2, 27 ‖ *facunda oratio* Sall. *J.* 85, 26, discours abondant, coulant, cf. Hor. *O.* 4, 1, 35.

Fadilla, *ae*, f., nom de femme : Vulc.-Gall. *Avid.* 10, 6.

Fadĭus, *ii*, nom de famille romain : Cic. *Phil.* 2, 3 ; *Fin.* 2, 55.

faecācĕus, *a, um* (*faex*), semblable au marc [de raisin], à la lie : Pelag. 59.

faecārĭus, *a, um* (*faex*), de marc [de raisin] : Cat. *Agr.* 11, 4.

faecātus, *a, um* (*faex*), de marc [de raisin] : Plin. 14, 86 ; *faecatum vinum* Cat. *Agr.* 153, piquette.

faecĕus, *a, um* (*faex*), couvert de boue, ignoble : Pl. *Trin.* 297.

faecĭnĭus (-cĭnus), *a, um*, qui laisse du marc [raisin] : Col. 3, 2, 14 ‖ qui laisse de la lie [vin] : Col. 12, 47, 6.

faecis, gén. de *faex*.

faecla, ⮕ *faecula* : Cael.-Aur. *Chron.* 2, 1, 33.

faecōsus, *a, um*, bourbeux : *Mart. 13, 102.

faecŭla, *ae*, f. (dim. de *faex*), tartre : Lucr. 2, 430 ; *faecula Coa* Hor. *S.* 2, 8, 9, tartre de vin de Cos [condiment].

faecŭlentĭa, *ae*, f. (*faeculentus*), abondance d'ordure : Sidon. *Ep.* 3, 13, 4 ‖ [fig.] Fulg. *Virg.* p. 98, 22.

faecŭlentus, *a, um* (*faex*), plein de lie, de vase, bourbeux, trouble : Col. 2, 2, 20 ; *faeculentae sardonyches* Plin. 37, 89, sardoines couleur de lie ‖ [fig.] ordurier : Arn. 3, 33 ‖ **-ior** Solin. 33, 19 ; **-issimus** Aug. *Ver.* 40, 74.

faedus, ⮕ *haedus* : P. Fest. 74, 9 ; Vel. 7, 81, 12.

faelēs, faelis, ⮕ *feles*.

faenum, etc., ⮕ *fenum*.

Faesŭla, *ae*, f., Sil. 8, 479 et **-lae**, *ārum*, f. pl., Fésules, ville d'Étrurie [auj. Fiesole] Atlas XII, C3 : Cic. *Cat.* 3, 14 ; Sall. *C.* 24, 27 ‖ **-ānus**, *a, um*, de Fésules : Cic. *Mur.* 49.

faet-, ⮕ *foet-*.

faex, faecis, f. (obscur) ¶ 1 lie, dépôt, résidu, sédiment, fèces : Cat. *Agr.* 26 ; *peruncti faecibus ora* Hor. *P.* 277, le visage tout barbouillé de lie ǀ tartre : Hor. *S.* 2, 4, 55 ‖ sauce épaisse : Ov. *M.* 8, 666 ¶ 2 [fig.] lie, rebut : Cic. *Att.* 1, 6, 11 ; *de faece hauris* Cic. *Brut.* 244, tu prends dans la lie [tu énumères la tourbe des orateurs] ; *sine faece dies* Mart. 8, 14, 4, lumière pure ‖ résidu, fond (de la bourse) : Mart. 14, 13, 1 ‖ impureté : Plin. 31, 92 ; 34, 135.

fāgĕus, *a, um* (it. faggio), ⮕ *fagineus* : Plin. 16, 16 ; 37 ; 242.

Fāgĭfŭlāni, *ōrum*, m. pl., peuple du Samnium : Plin. 3, 107.

fāgĭnĕus, *a, um* (*fagus*, cf. φηγίνεος), de hêtre : Cat. *Agr.* 21, 4 ; Ov. *M.* 8, 654 ‖ **-ĭnus**, *a, um* (fr. faîne), Virg. *G.* 3, 172 ; Ov. *F.* 4, 656.

fāgĭnus, *i*, m. (cf. φήγινος), hêtre : Calp. 2, 59.

fāgo, ⮕ *phago*.

fāgum, *i*, n., faîne : Plin. 16, 18.

fāgus, *i*, f. (cf. φηγός, al. Buche, an. beech ; a. fr. fou, cf. fouet), hêtre : Virg. *B.* 1, 1 ; Caes. *G.* 5, 12, 5 ‖ **fāgŭs**, *ūs*, Culex 141, cf. Char. 130, 5.

Fāgūtăl, *ālis*, n., emplacement sur le mont Esquilin où il y avait un hêtre et un édicule dédiés à Jupiter Atlas II : Varr. *L.* 5, 152 ; P. Fest. 77, 13 ‖ **-lis**, *e*, du Fagutal : Varr. *L.* 5, 49 ; Plin. 16, 37.

Fālăcer, *cris*, m., nom d'un dieu : Varr. *L.* 5, 84 ‖ [adj.] épithète d'un flamine : Varr. *L.* 5, 84.

Falacrīna, *ae*, f., bourgade natale de Vespasien en Sabine : Suet. *Vesp.* 2.

fălae, *ārum*, f. pl. (étr. ; cf. *Falerii*), tours de bois : Enn. *An.* 397 ; P. Fest. 78, 20 ; 23 [prov.] *qui subeunt sub falas* Pl. *Most.* 357, qui attaquent les tours de l'ennemi [affrontent les plus grands dangers] ‖ les sept colonnes de bois de la Spina du Cirque : Juv. 6, 590.

fălancārĭus, ⮕ *phalangarius* : CIL 6, 1785.

fălanga, ⮕ *phalanga*.

fălārĭca (phăl-), *ae*, f. (*falae*), javelot enduit de filasse et de poix, falarique [lancé du haut des *falae* : P. Fest. 78, 20 ; Non. 555, 17] : Liv. 21, 8, 10 ‖ javelot : Virg. *En.* 9, 705 ; Liv. 34, 14, 11.

Falarienses, ⮕ *Falerienses* : Plin. 3, 111.

falcārĭus, *ii*, m. (*falx*), taillandier, ouvrier qui fabrique des faux, des faucilles : Cic. *Cat.* 1, 8 ‖ gladiateur armé de faux : Gloss. 5, 599, 23.

falcastrum, *i*, n. (*falx* ; fr. fauchard), instrument semblable à une faux : Isid. 20, 14, 5.

falcātus, *a, um* (*falx*) ¶ 1 en forme de faux, courbé, courbe : Ov. *M.* 1, 717 ¶ 2 armé, muni d'une faux : Liv. 37, 41, 5 ; Curt. 4, 9, 4.

falcĭcŭla, *ae*, f. (dim. de *falx*; fr. *faucille*), faucille, serpe : Arn. 6, 26.

Falcĭdĭus, *ĭi*, m., nom d'un tribun de la plèbe : Cic. *Pomp.* 58 ‖ **lex Falcidia**, loi Falcidia sur les héritages [40 av. J.-C.; limite aux 3/4 de la succession la quotité disponible sous forme de legs] : Dig. 35, 2 ‖ **-ĭānus**, *a, um*, de Falcidius : Cic. *Flac.* 90.

falcĭfĕr, *ĕra, ĕrum* (*falx, fero*), qui porte une faux : Ov. *M.* 13, 930 ‖ **falcifer senex** Ov. *M.* 13, 218, Saturne.

falcĭgĕr, ⓒ *falcifer* : Aus. *Ecl.* 16 (385), 36.

falcĭtō, *ās, āre*, -, - (*falx*), tr., élaguer : Aus. *Psalm.* 33, 2, 18.

falco, *ōnis*, m. (*falx*; fr. *faucon*, al. *Falk*), faucon [oiseau] : Serv. *En.* 10, 146 ‖ celui dont les orteils sont recourbés : P. Fest. 78, 17.

1 **falcŭla**, *ae*, f. (dim. de *falx*), faucille : Cat. *Agr.* 11, 4 ; Col. 12, 18, 2 ‖ petite griffe, serre : Plin. 8, 41.

2 **Falcŭla**, *ae*, m., surnom romain : Cic. *Caecin.* 28.

fălĕrae, ⓥ *phalerae*.

fălĕrĕ, *is*, n. (*falae*), pilier : Varr. *R.* 3, 5, 14.

Fălĕrĭenses, *ĭum*, m. pl., habitants de Falerio : CIL 9, 5428.

Fălĕrĭi, *ōrum*, m. pl., Faléries [Civita Castellana, ville d'Étrurie, capitale des Falisques] Atlas XII, D3 : Liv. 5, 27, 4.

Fălĕrīna trĭbŭs, f., une des tribus rustiques de Rome : Liv. 9, 20, 6.

Fălĕrĭo, *ōnis*, m., ville du Picénum [auj. Falerone] : CIL 9, 5446.

Fălernus, *a, um*, de Falerne [territoire de Campanie, renommé par ses vins] : Hor. *O.* 3, 1, 43 ; **mons** Flor. 1, 16, le Massique ‖ **Falernum** n. **a)** le vin de Falerne : Hor. *O.* 1, 27, 10 **b)** le domaine de Falerne [une terre de Pompée] : Cic. *Phil.* 13, 11.

Fălēsia, *ae*, f., port d'Étrurie, en face de l'île d'Elbe : Anton. 508 bis.

făliscae, *ārum*, f. pl. (*Faliscus*), mangeoires, râteliers : Cat. *Agr.* 14, 1.

Făliscus, *a, um*, de Faléries, des Falisques : **venter** Varr. *L.* 5, 22, 33, ventre de cochon farci (à la mode des Falisques) ‖ sorte de mètre, ⓥ *phaliscus* ‖ **Falisci**, *ōrum*, m. pl., Falisques [peuple d'Étrurie] : Virg. *En.* 7, 695 ; Liv. 5, 27, 1.

falla, *ae*, f., ⓒ *fallacia* : Nov. d. Non. 109, 16.

fallācĭa, *ae*, f. (*fallax*), tromperie, fourberie, supercherie, ruse : Pl. *Cap.* 40 ; Ter. *Haut.* 771 ‖ enchantement, sortilège : Prop. 1, 1, 19 ‖ [au pl.] Pl. *Cap.* 674 ; *Cis.* 540 ; *fallaciis* Cic. *Com.* 20, par des artifices, cf. *Nat.* 3, 73 ; *de Or.* 2, 191.

fallācĭēs, *ēi*, f., ⓒ *fallacia* : Apul. *M.* 5, 27.

fallācĭlŏquus, *a, um* (*fallax, loquor*), qui trompe par des paroles, astucieux : Acc. d. Cic. *Fin.* 4, 68.

fallācĭōsus, *a, um* (*fallacia*), trompeur, fallacieux : Gell. 14, 1, 34 ; Apul. *M.* 8, 10.

fallācĭtās, *ātis*, f., ⓒ *fallacia* : Gloss. 2, 233, 40.

fallācĭtĕr, adv. (*fallax*), d'une manière trompeuse : Cic. *Off.* 3, 68 ‖ **-cissime** Cic. *Har.* 48.

fallax, *ācis* (*fallo*), trompeur, imposteur, perfide, captieux, insidieux : Cic. *Div.* 1, 37 ; *Lae.* 91 ; **spes fallaces** Cic. *Mil.* 94, espoirs trompeurs, cf. *Phil.* 12, 7 ; **in herbis non fallacibus** Cic. *Lae.* 68, dans les plantes qui ne trompent pas ‖ [avec gén.] **amicitiae fallax** Tac. *An.* 16, 32, trompeur en amitié ‖ **-acior** Ov. *Am.* 867 ; **-acissimus** Cic. *Div.* 2, 91.

fallens, *tis*, part. de *fallo*.

Fallienātes, *ĭum*, m. pl., peuple de l'Ombrie : Plin. 3, 114.

fallō, *ĭs, ĕre, fĕfellī, falsum* (cf. σφάλλω, al. *fallen*, an. *fall* ; fr. *falloir, faillir*), tr. ¶ 1 faire glisser : **glacie pedes fallente** Liv. 21, 36, 7, la glace faisant glisser les pieds : Curt. 4, 9, 18 ; **quos instabilis gradus fefellerat** Curt. 7, 11, 16, ceux que leurs pieds peu sûrs avaient fait tomber ¶ 2 tromper : **socium** Cic. *Amer.* 116, tromper un associé, cf. Caes. *G.* 7, 50, 2 ; **alicujus opinionem** Cic. *Verr.* 5, 183, tromper l'opinion de qqn ; **spem alicujus** Cic. *de Or.* 1, 2, décevoir les espérances de qqn ; **fidem hosti datam** Cic. *Off.* 1, 39, trahir la parole donnée à l'ennemi ; **promissum** Curt. 7, 10, 9, manquer à ses promesses ‖ **nisi me forte fallo** Cic. *Phil.* 12, 21 ; **nisi me fallit animus** Cic. *Amer.* 48, si je ne me trompe ; **nisi me omnia fallunt** Cic. *Att.* 8, 7, 1, à moins que je ne me trompe en tout ; **spes eum fefellit** Cic. *Verr.* 2, 28, ses espérances l'ont trompé, cf. Cic. *Fam.* 1, 3 ; Caes. *G.* 2, 10, 4 ; *C.* 3, 67, 3 ‖ [pass.] *falli*, se tromper : Cic. *Nat.* 3, 76 ; *Rep.* 3, 47 ; **tota re** Liv. 33, 12, 4, se tromper totalement ; **nisi fallor** Cic. *Att.* 4, 17, 1 ; 16, 6, 2, si je ne me trompe ; **aut ego fallor** Hor. *P.* 42, ou bien je me trompe ; [d'où] *falsus*, qui est dans l'erreur, abusé : Sall. *J.* 10, 1 ; 85, 20 ; **haud falsa sum nos odiosas haberi** Pl. *Aul.* 123, je ne suis pas sans savoir que nous passons pour insupportables ; **id quam facile sit, haud sum falsus** Pl. *Men.* 755, sur le degré de facilité, je ne m'abuse pas ; [gén. poét.] **falsus cupiti motus** Sil. 13, 886, trompé relativement aux troubles qu'il désirait ‖ [abs'] tromper, induire en erreur : Cic. *Verr.* 2, 132 ; *Off.* 1, 41 ; Nep. *Them.* 7, 2 ; Liv. 29, 35, 2 ; [en part. dans les serments] manquer à sa parole : **si sciens fallo** Cic. *Fam.* 7, 1, 2, si je trompe sciemment, cf. Liv. 21, 45, 8 ‖ [impers.] **nisi me fallit** Cic. *Att.* 14, 12, 2 ; *Sest.* 106 ; *Fam.* 12, 5, 2, si je ne me trompe ; **nec eum fefellit** Cic. *Off.* 2, 25, et il ne se trompa pas ; **tantumne te fefellit ?** Cic. *Dom.* 113, t'es-tu trompé à ce point ? ¶ 3 échapper à, tromper l'observation, l'attention : **custodes** Liv. 5, 47, 3, tromper l'attention des gardes : **egerentes etiam humum fefellere hostem** Liv. 38, 7, 6 [λανθάνω] ils transportèrent même la terre au loin sans être aperçus de l'ennemi, cf. Liv. 2, 19, 7 ; Curt. 7, 6, 4 ; **ne hostis falleret incedens** Liv. 8, 20, 5, pour que l'ennemi n'arrive pas à l'improviste ‖ [abs'] échapper, rester inconnu : Liv. 22, 33, 1 ; 25, 9, 2 ; Plin. *Ep.* 4, 15, 2 ; Tac. *H.* 2, 98 ¶ 4 [impers.] **te non fallit** [avec prop. inf.] Cic. *Att.* 3, 23, 4, il ne t'échappe pas que, tu sais bien que ; **quem nostrum fefellit ita vos esse facturos ?** Cic. *Or.* 225, qui de nous ignorait que vous agiriez ainsi ? ; **neque Caesarem fefellit quin** Caes. *C.* 3, 94, 3, il n'échappa pas à César que ¶ 5 [poét.] tromper, faire oublier [les heures, les soucis, les chagrins] : Ov. *M.* 8, 652 ; Hor. *S.* 2, 7, 114 ; Ov. *Tr.* 5, 7, 39 ‖ donner le change sur : **faciem illius falle dolo** Virg. *En.* 1, 684, prends en te déguisant ses traits ; **sua nocturno fallere terga lupo** Prop. 4, 5, 14, se dissimuler la nuit sous la forme d'un loup.

▶ *fefellitus sum* Petr. 61, 8 ; inf. pass. *fallier* Pers. 3, 50.

1 **falsārĭus**, *ĭi*, m. (*falsus*), faussaire : *Cat. Orat.* 244 ; Suet. *Ner.* 17 ; *Tit.* 3.

2 **falsārĭus**, *a, um* (*falsus*), faux : Rufin. *Apol.* 2, 41.

falsātĭo, *ōnis*, f. (*falso*), falsification : Iren. 1, 20, 1.

falsātŏr, *ōris*, m. (*falso*), faussaire : Hier. *Ruf.* 3, 26.

falsātus, *a, um*, part. de *falso*.

falsē, adv., ⓒ *falso* : *Cic. Inv.* 2, 36 ; Cassiod. *Psalm.* 63, 10 ‖ **-sissime** Aug. *Conf.* 10, 13.

falsĭdĭcentĭa, *ae*, f. (*falsidicus*), mensonge : Jul.-Val. 2, 1.

falsĭdĭcus, *a, um* (*falsus, dico*), menteur, trompeur : Pl. *Trin.* 770 ; *Cap.* 671.

falsĭfĭcātus, *a, um*, faux, mensonger : Prud. *Ham.* 549.

falsĭjūrĭus, *a, um* (*falsus, juro*), parjure : Pl. *Mil.* 191.

falsĭlŏcus, ⓥ *falsiloquus*.

falsĭlŏquax, *ācis*, ⓒ *falsiloquus* : Fort. *Mart.* 1, 92.

falsĭlŏquĭum, *ĭi*, n., erreur, mensonge : Aug. *Retract. prol.* 2.

falsĭlŏquus (-lŏcus), *a, um* (*falsus, loquor*), menteur : Pl. *Cap.* 264 ; *Mil.* 191.

falsĭmōnĭa, *ae*, f. (*falsus*), tromperie, mensonge : Pl. *Bac.* 541.

falsĭpărens, *tis* (*falsus, parens*), m., dont le père est supposé : Catul. 68, 112.

falsĭtās, *ātis*, f. (*falsus*), fausseté, mensonge : Hier. *Ezech.* 4, 13, 17 ; Arn. 1, 56.

falsĭtestis, *is*, m. (*falsus, testis*), faux témoin : Gloss. 2, 480, 24.

1 **falsō**, adv. (*falsus*), à faux, à tort, faussement, sans raison, sans fondement : Cic. *Verr.* 5, 107 ; Caes. *C.* 1, 14, 1 ; Liv. 34, 32, 13 ; **falso : nam...** Cic. *Off.* 3, 75, c'est à tort, car... ‖ **-issime** Aug. *Conf.* 10, 13.

falso

2 **falsō**, *ās*, *āre*, *āvī*, *ātum* (*falsus*; fr. *fausser*), tr., falsifier, altérer : Modest. *Dig.* 48, 10, 32 ; Hier. *Ruf.* 3, 4.

falsōsus, *a*, *um*, trompeur, décevant : Gloss. 4, 73, 19.

falsum, *i*, n. (*falsus*), le faux, le mensonge : Cic. *Ac.* 2, 58 ; *Div.* 2, 106 ‖ [droit] **lex Cornelia de falsis** Dig. 48, 10, loi Cornelia sur les faux [actes falsifiés, en part. testaments] ; **accusatio falsi** Dig. 22, 4, 3, accusation de crime de faux ‖ **falsum scribere ad aliquem** Cic. *Att.* 7, 14, 2, écrire à qqn une nouvelle fausse ; **falsum judicare** Cic. *Agr.* 2, 40, porter un jugement faux ‖ **tela in falsum jacta** Tac. *An.* 4, 50, traits lancés inutilement, en vain.

falsus, *a*, *um*

I part. de *fallo*, v. ce verbe.

II [adj^t] ¶ **1** faux, falsifié, controuvé : **falsae litterae** Cic. *Flac.* 39, écritures falsifiées ; **falsi rumores** Caes. *G.* 6, 20, 2, faux bruits ; **falsa fama** Cic. *Lae.* 15, réputation sans fondement ; **falsum testimonium** Cic. *Vat.* 40, faux témoignage ; **falsae voculae** Cic. *de Or.* 3, 98, tons de fausset ; **falsa judicia** Cic. *Leg.* 1, 40, arrêts de justice portés à faux ‖ **falsus accusator** Cic. *Caecil.* 29, accusateur supposé ; **falsi testes** Cic. *Div.* 2, 27, faux témoins ‖ [acc. n. adv.] **falsum renidens vultu** Tac. 4, 60, avec un sourire hypocrite ¶ **2** [sens actif] trompeur, imposteur, menteur : Sall. *C.* 10, 5 ; Virg. *G.* 1, 463 (Servius : *falsum = fallacem*) ; Tac. *An.* 1, 7.

▶ *falsior* Aug. *Civ.* 7, 5 ; Petr. 132, 16 ; *-sissimus* Col. 1, 6, 17.

faluppae, *ārum*, f. pl. (obscur ; it. *frappa*), brins de paille : Gloss. 5, 525, 32.

falvus, *a*, *um* (germ., al. *falb* ; fr. *fauve*), brun : Gloss. 4, 245, 23.

falx, *falcis*, f. (cf. ζάγκλη, *daculum* ; fr. *faux*), faux, faucille, serpe : Cat. *Agr.* ; Cic. *Tusc.* 5, 65 ; **vineatica** Varr. *R.* 1, 22, 5, serpette à tailler la vigne ‖ faux murale : Caes. *G.* 7, 22, 2 ‖ faux [arme de guerre, analogue à la faux murale] : Caes. *G.* 3, 14, 5 ‖ faux armant les chars : Lucr. 3, 648 ; Curt. 4, 15, 2 ; Gell. 5, 3, 3.

fāma, *ae*, f. (*fari*, *fabula*, cf. φήμη) ¶ **1** bruit colporté, voix publique [joint à *nuntius*, "nouvelle apportée par messager"] : Caes. *G.* 6, 30, 2 ; 7, 8, 4 ; *C.* 3, 80, 7 ; **ad Labienum incredibili celeritate de victoria Caesaris fama perfertur** Caes. *G.* 5, 53, 1, le bruit de la victoire de César parvient à Labiénus avec une incroyable promptitude ; **at fuit fama** Cic. *Cael.* 38, mais il y a eu la rumeur ; **fama nuntiat, fert** [avec prop. inf.] Cic. *Fam.* 12, 4, 2 ; *Rep.* 2, 25, la voix publique annonce, le bruit court que ‖ tradition : **duplex fama, quod ad Pleminium adtinet** Liv. 29, 21, 1, il y a deux versions en ce qui concerne Pléminius ; **accipere fama et auditione** Cic. *Nat.* 2, 95, apprendre par tradition et par ouï-dire ; **concedere famae hominum** Cic. *Rep.* 2, 4, faire une concession à la tradition ¶ **2** opinion publique, jugement de la foule : **contra opinionem militum famamque omnium** Caes. *C.* 1, 82, 2, contre l'attente des soldats et l'opinion de tous, cf. *C.* 3, 55, 2 ; **dare aliquid famae** Hor. *S.* 2, 2, 94, faire des concessions à l'opinion publique, cf. Sen. *Clem.* 1, 15, 5 ; Tac. *An.* 1, 7 ; [en part.] mauvais propos de la foule, médisance, cf. Sall. *C.* 3, 5 ; Plin. *Pan.* 28, 1 ‖ renommée, réputation : **popularis** Cic. *Tusc.* 3, 4, la renommée populaire ; **bona fama** [εὐδοξία] Cic. *Fin.* 3, 57, la bonne renommée, cf. Cic. *Sest.* 139 ; *Att.* 7, 26, 1 ; **dubia** Liv. 29, 14, 12, renommée suspecte ; **bene loquendi** Cic. *Brut.* 259, réputation de parler correctement ‖ gloire : Pl. *Ru.* 935.

Fāma Jūlĭa, f., ville de Béturie : Plin. 3, 14.

fāmātus, *a*, *um*, décrié, mal famé : Sch. Cruq. Hor. *P.* 301 ‖ célèbre : Pallad. *Mon.* 1, 2, p. 261 A.

fămel, m. (osque), C. *famulus* : P. Fest. 77, 11.

fămēlĭcē, adv. (*famelicus*), en affamé : Gloss. 2, 70, 24.

fămēlĭcōsus, *a*, *um*, famélique : Gloss. 4, 445, 45.

fămēlĭcus, *a*, *um* (*fames*), affamé, famélique : Pl. *Ru.* 311 ; Plin. 10, 28 ; **famelicum convivium** Apul. *M.* 1, 26, maigre repas ‖ [subst] un famélique, un affamé : Pl. *St.* 575 ; Ter. *Eun.* 260.

fămella, *ae*, f. (dim. de *fama*), P. Fest. 78, 1.

fāměn, *ĭnis*, n. (*fari*), parole : Fort. *Mart.* 4, 549.

fămēs, *is*, abl. *ē*, f. (obscur ; fr. *faim*) ¶ **1** faim : **famem depellere** Cic. *Fin.* 1, 37, assouvir sa faim, se rassasier ; **famem aliqua re tolerare** Caes. *G.* 1, 28, 3, apaiser la faim avec qqch. ; **fame enectus** Cic. *Div.* 2, 73, mort de faim ; famine, disette, manque de vivres : Cic. *Att.* 5, 21, 8 ; *Flac.* 17 ‖ pauvreté, indigence : Ter. *Phorm.* 19 ¶ **2** [fig.] violent désir, passion, avidité : **auri sacra fames** Virg. *En.* 3, 57, maudite soif de l'or, cf. Hor. *Ep.* 1, 18, 23 ‖ sécheresse [en parl. du style] : Cic. *Tusc.* 2, 3 ¶ **3 Fames**, *is*, la Faim [déesse] : Virg. *En.* 6, 276.

▶ nom. *famis* Varr. *R.* 2, 5, 15 ; Tert. *Nat.* 1, 9, 3 ‖ gén. *fami* Cat. Lucil. d. Gell. 9, 14, 9-10.

***famex (famix)**, *ĭcis*, f. [inus. au nom.] (obscur ; *fames* ?), sorte d'abcès : Col. 6, 12, 2 ; Gloss. 2, 328, 43 ; 4, 341, 15 ; V. *famix*.

famfălūca, *ae*, f. (de πομφόλυξ ; fr. *fanfreluche*), bulle d'air, pustule, bagatelle : Gloss. 5, 360, 46.

famĭcālis, *e* (*famix*), qui sert pour le traitement des abcès : Pelag. 256.

famĭcōsa terra, f. (*famex*), terre marécageuse : P. Fest. 77, 10.

fămĭdus, *a*, *um* (*fames*), affamé : Gaudent. *Serm.* 11, p. 921 C.

fāmĭgĕrābĭlis, *e* (*famigero*), illustre, célèbre : Varr. *L.* 6, 55 ; Apul. *M.* 1, 7.

fāmĭgĕrātĭo, *ōnis*, f. (*famigero*), bruit public : Pl. *Trin.* 692.

fāmĭgĕrātŏr, *ōris*, m. (*famigero*), celui qui fait courir des bruits : Pl. *Trin.* 215.

fāmĭgĕrātus, *a*, *um* (*famigero*, *fama*, *gero*), célébré : Mel. 2, 112 ; Apul. *Flor.* 15.

fămĭlĭa, *ae*, f. (*famulus* ; it. *famiglia*) ¶ **1** ensemble des esclaves de la maison, le personnel des esclaves : **unus homo familia non est** Cic. *Caecin.* 55, un seul homme ne constitue pas tout le domestique ; **familia societatis** Cic. *Brut.* 85, le personnel des esclaves attachés à la compagnie fermière, cf. *Verr.* 5, 11 ; Q. 2, 6, 5 ; Caes. *C.* 1, 75, 2 ; **familia publica** CIL 6, 479, les esclaves attachés au service public ‖ maison, personnes attachées à un grand personnage : Caes. *G.* 1, 4, 2 ‖ [tard.] serfs d'une église : Greg.-M. *Ep.* 1, 42 ¶ **2** maison de famille : **pater, mater familias**, le père, la mère de famille [ou *familiae* Caes. *G.* 6, 19, 3 ; 1, 50, 4] ; **filius familias** Dig. 14, 6, 1 ; **filia familias** Sen. *Helv.* 14, 2, fils, fille de famille ‖ [droit] *familia* au sens personnel [la famille agnatique, parents par les mâles] : **familiam dicimus plures personas quae sunt sub unius potestate** Dig. 50, 16, 195, 2, nous appelons famille l'ensemble de ceux qui sont sous la puissance d'un seul ; **mulier familiae suae et caput et finis est** Dig. 50, 16, 196, 1, la femme est le début et la fin de sa propre famille [la *familia* ne comprend pas les parents par les femmes] ‖ dans un sens réel [archaïque], **familia = res familiaris**, le bien de la famille, le patrimoine familial : L. XII Tab. 5, 4 ; **herciscundae familiae causa** Cic. *de Or.* 1, 237, affaire de partage ; **decem dierum vix mi est familia** Ter. *Haut.* 909, j'ai du bien à peine pour dix jours ‖ famille, branche de la *gens* ou qqf. = *gens* : **familiae** Cic. *Brut.* 62, les familles, les familles nobles ; **ex familia vetere** Cic. *Mur.* 17, d'une ancienne famille, cf. *Cael.* 34 ; **Junia familia, Marcellorum, Fabiorum** Nep. *Att.* 18, 4, la famille des Junius, des Marcellus, des Fabius ¶ **3** [fig.] corps, secte, troupe, école : **Peripateticorum** Cic. *de Or.* 1, 40, l'école des Péripatéticiens ; **gladiatorum** Cic. *Sul.* 54, la troupe des gladiateurs ‖ **familiam ducit** Cic. *Phil.* 5, 30, c'est lui le chef de file, le coryphée ; **sententia quae familiam ducit** Cic. *Fin.* 4, 45, la maxime qui est en première ligne, qui tient le premier rang ¶ **4** [chrét.] la famille de Dieu, l'Église : Hil. *Matth.* 11, 7 ‖ portion de terre permettant de nourrir une famille : Bed. *Hist.* 3, 3.

▶ gén. arch. *familias* maintenu, concurremment avec le gén. *familiae* après *pater*, *mater*, *filius*, *filia*, v. ci-dessus.

fămĭlĭărescō, *ĭs*, *ĕre*, -, - (*familiaris*), intr., devenir familier, se familiariser : Sidon. *Ep.* 7, 2, 5.

fămĭlĭărĭcus, *a, um* (*familiaris*) ¶ **1** qui appartient à la *familia* (aux gens d'une maison) : *familiarica cella* Vitr. 6, 10, chambre d'esclave ¶ **2** qui concerne la maison, la famille : *familiaricae sellae* Varr. R. 1, 13, 4, chaises percées.

fămĭlĭāris, *e* ¶ **1** qui fait partie des esclaves de la maison : Pl. *Amp.* 359 ; *Ep.* 2 ; Sen. *Ep.* 47, 14 ¶ **2** de la maison, de la famille, domestique : *res domesticae ac familiares* Cic. *Tusc.* 1, 2, les affaires de la maison et de la famille ; *alicujus res familiaris* Caes. *G.* 1, 18, 4, le patrimoine de qqn ; *funus familiare* Cic. *Vat.* 31, obsèques d'un parent ¶ **3** ami de la maison, familier, intime : Cic. *Fam.* 3, 1, 2 ; *Lae.* 39 ; *qui familiarior nobis est* Cic. *de Or.* 3, 71, qui nous est plus familier ; *familiarissimus meus* Cic. *Fam.* 13, 13, 1, mon ami intime, cf. 13, 27, 2 ; *Rep.* 1, 14 ‖ amical, confidentiel, intime : *familiares sermones* Cic. *Off.* 2, 39, conversations, propos intimes, cf. *Leg.* 2, 18 ; *Fam.* 15, 15, 1 ; *Att.* 1, 9, 1 ‖ habituel : Plin. 34, 33 ; 35, 49 ; Plin. *Ep.* 2, 5, 10 ; *familiare est mihi communicare* Plin. *Ep.* 4, 24, 7, j'ai l'habitude de faire part ‖ qui concerne l'État, le pays ou la maison [opposé à *hostilis, inimicus*, qui concerne l'ennemi, l'adversaire] [en langue religieuse, dans l'examen des entrailles] : Cic. *Div.* 2, 32 ; Liv. 8, 9, 1.

fămĭlĭāris, *is*, m., serviteur, domestique, esclave : Pl. *Ep.* 2 ‖ un ami, un familier : Cic. *Lae.* 89.

fămĭlĭārĭtās, *ātis*, f. (*familiaris*), amitié, liaison, familiarité : Cic. *Fam.* 13, 19, 1 ; *summa* Cic. *Fam.* 13, 73, 2, intimité profonde ; *in familiaritatem recipere* Cic. *Phil.* 2, 78, admettre dans son intimité ‖ les amis, les intimes : Suet. *Tib.* 51.

fămĭlĭārĭtĕr, adv. (*familiaris*), en ami intime, intimement, familièrement : Pl. *Ru.* 420 ; *Ep.* 2 ; Cic. *Lae.* 77 ‖ [fig.] *familiariter nosse* Quint. 6, 4, 8, connaître parfaitement, à fond ‖ aisément, habituellement : Col. *Arb.* 1, 3 ‖ par familles : Grom. 252, 24 ‖ *-rius, -rissime* Cic. *Cael.* 57 ; *Caecil.* 29.

fămĭlĭās, ▶ *familia* ▶.

fămĭlĭŏla, *ae*, f. (dim. de *familia*), domestiques peu nombreux : Hier. *Ep.* 108, 2.

fămĭlĭōsus, *a, um* (*familia*), qui a beaucoup d'esclaves : Porph. Hor. *Epo.* 2, 65.

fămĭno, ancien impér. fut. de *fari*, qu'il parle ! : P. Fest. 77, 20.

fămis, *is*, f., ▶ *fames*.

fămix, ▶ *famex*.

fāmōsē, adv. (*famosus*), avec éclat : Tert. *Marc.* 1, 22, 3.

fāmōsĭtās, *ātis*, f. (*famosus*), infamie, ignominie : Tert. *Spect.* 23, 1.

fāmōsus, *a, um* (*fama*), connu, fameux : Hor. *P.* 469 ; Tac. *H.* 3, 38 ; Plin. *Ep.* 6, 23, 1 ‖ décrié, diffamé, de fâcheuse réputation : Cic. *Rep.* 4, 6 ; *de Or.* 2, 277 ; Sall. *J.* 15, 5 ; Tac. *An.* 3, 7 ‖ infamant, diffamatoire : Tac. *An.* 1, 72 ; Hor. *Ep.* 1, 19, 31 ‖ *-sior* Orig. *Matth.* 18, 5 ; *-sissimus* Gell. 6, 3, 52.

fămŭl, *i*, m. (osq. *famel*, cf. *familia* ; obscur), variante de *famulus* : Lucr. 3, 1033.

fămŭla, *ae*, f., servante, esclave : Virg. *En.* 1, 703 ‖ [fig.] *fortunae* Cic. *Tusc.* 5, 12, servante, esclave de la fortune ‖ [chrét., en parl. de religieuses] Cassiod. *Var.* 10, 26, 2 ‖ abl. pl., *famulabus* : Vulg. *Exod.* 2, 5.

fămŭlābundus, *a, um*, officieux : Tert. *Marc.* 3, 7, 4.

fămŭlantĕr, adv. (*famulor*), avec soumission : Acc. *Tr.* 642.

fămŭlāris, *e* (*famulus*), de serviteur, d'esclave : Cic. *Tusc.* 1, 116 ; Ov. *M.* 15, 597 ‖ [n. pris adv.] servilement : Stat. *S.* 3, 1, 40.

fămŭlātĭo, *ōnis*, f. (*famulor*), servitude, esclavage : Cassiod. *Var.* 9, 24, 3.

fămŭlātōrĭus, *a, um*, servile : Tert. *Nat.* 2, 14, 4.

fămŭlātrix, *īcis*, f. (*famulor*), celle qui est soumise, servante, esclave : Sidon. *Carm.* 2, 128.

1 fămŭlātus, *a, um*, part. de *famulor*.

2 fămŭlātŭs, *ūs*, m., servitude, esclavage : Cic. *Lae.* 70 ; *Off.* 3, 117.

fămŭlĕtĭum, ▶ *famulitium* P. Fest. 77, 9.

fămŭlĭtās, *ātis*, f. (*famulus*), esclavage : Acc. *Tr.* 118.

fămŭlĭtĭo, *ōnis*, f. (*famulus*), troupe d'esclaves : Apul. *M.* 2, 2.

fămŭlĭtĭum, *ĭi*, n., service [chez un maître] : Jul.-Val. 1, 28 ‖ troupe d'esclaves : Macr. *Sat.* 1, 7, 1.

fămŭlō, *ās, āre, āvī, ātum* ¶ **1** intr., ▶ *famulor* ¶ **2** tr., traiter en esclave, asservir : Tert. *Apol.* 21, 7.

fămŭlor, *ārĭs, ārī, ātus sum* (*famulus*), intr., servir, être au service de : Cic. *Rep.* 3, 37 ‖ [fig.] subvenir : Plin. 2, 63.

fămŭlōsus, *a, um*, ▶ 1 *famulus* : *Gloss.* 5, 599, 53.

fămultās, ▶ *famulitas* Laev. d. Char. 284, 14.

1 fămŭlus, *a, um* (*famul*), asservi, soumis, obéissant : Ov. *F.* 1, 286 ‖ d'esclave : Luc. 4, 207.

2 fămŭlus, *i*, m. (*famul*), serviteur, esclave : Cic. *Off.* 2, 24 ‖ prêtre d'une divinité : *Idaeae matris famuli* Cic. *Leg.* 2, 22, les servants de la déesse du mont Ida [les Galles de Cybèle], cf. Hor. *P.* 239.

fānātĭcē, adv. (*fanaticus*), en furieux : Apul. *M.* 8, 27.

fānātĭcus, *a, um* (*fanum*) ¶ **1** inspiré, rempli d'enthousiasme : Liv. 37, 9, 9 ; Juv. 2, 212 ¶ **2** exalté, en délire, frénétique : Cic. *Div.* 2, 118 ¶ **3** frappé de la foudre [en parl. d'un arbre] : P. Fest. 82, 11 ¶ **4** [chrét.] païen : Fort. *Carm.* 10, 6, 43 ‖ subst. m. pl., les païens : Cassiod. *Var.* 3, 52, 8.

fando (*fama*), ▶ *for*.

fandus, *a, um* (*fari*) ¶ **1** qui peut être dit : *non fanda* Luc. 1, 634, des choses inexprimables, sans nom ¶ **2** permis : *respersae fando nefandoque sanguine arae* Liv. 10, 41, 3, les autels ruisselants du sang licite et illicite [du sang des sacrifices et des meurtres] : *dei memores fandi atque nefandi* Virg. *En.* 1, 543, les dieux qui n'oublient pas la vertu et le crime.

Fānestris, ▶ 2 *Fanum*.

Fannĭus, *ĭi*, m., nom d'une famille romaine ; not^t C. Fannius Strabo, interlocuteur du *Laelius* de Cicéron ‖ *-ĭus, a, um*, Macr. *Sat.* 3, 13, 13, *-ĭānus, a, um*, Cic. *Att.* 12, 5, 3, de Fannius.

fāno, *ās, āre*, -, -, tr. (*fanum*), consacrer : Varr. *L.* 6, 54.

fānor, *ārĭs, ārī*, - (*fanum*), intr., se démener en furieux : Maecen. d. Sen. *Ep.* 114, 5.

fans, *tis*, part. prés. de *for*.

fantas-, ▶ *phantas-*.

fānŭlum, *i*, n. (dim. de 1 *fanum*), petit temple, chapelle : P. Fest. 91, 29.

1 fānum, *i*, n. (*fas, feriae*, osq. *fíísnú* ; it. *Fano*), lieu consacré : Varr. *L.* 6, 54 ; P. Fest. 83, 5 ; Cic. *Div.* 1, 90 ‖ temple : Cic. *Verr.* 1, 52 ; 4, 94 ; *Div.* 2, 62.

2 Fānum Fortūnae, Fānum, *i*, n., ville maritime d'Ombrie [auj. Fano] Atlas XII, C4 ; Tac. *H.* 3, 50 ; Plin. 3, 113 ‖ *Fanestris colonia*, f., colonie de Fanum : Vitr. 2, 9, 16.

fār, *farris*, n. (*bhars-*, cf. osq. *far*, an. *barley*, bret. *bara* ; it. *farro*), blé [ordinaire], amidonnier : Col. 2, 6, 3 ; Virg. *G.* 1, 73 ‖ épeautre, gruau : Col. 8, 11, 14 ‖ *far pium* Virg. *En.* 5, 745, gâteau sacré.

farcīmĕn, *ĭnis*, n. (*farcio*), saucisse, boudin : Varr. *L.* 5, 111.

farcīmĭnōsus, *a, um* (*farciminum*), qui a le farcin : Veg. *Mul.* 1, 7, 1.

farcīmĭnum, *i*, n., farcin [maladie des chevaux] : Veg. *Mul.* 1, 7, 2.

farcĭnō, *ās, āre*, -, - (*farcio*), tr., garnir, farcir : Cassiod. *Hist.* 9, 3.

farcĭō, *īs, īre, farsī, fartum* (peu net, cf. *frequens*, φράσσω), tr., remplir, garnir, fourrer, bourrer : Cic. *Verr.* 5, 27 ; Plin. 29, 60 ; Sen. *Ep.* 108, 15 ; 119, 14 ‖ engraisser [des animaux] : Cat. *Agr.* 89 ; Col. 8, 7, 4 ‖ enfoncer, introduire : Sen. *Ir.* 3, 19, 4 ; *Ep.* 70, 20 ‖ [fig.] gorger, remplir : Catul. 28, 12.

▶ autres part. : *farsus* Petr. 69, 6 ; Apic. 140 ; *farcitus* Cassiod. *Inst.* 1, 22.

fărēdo, *ĭnis*, f. (*far*), sorte d'abcès : Plin. Val. 3, 22.

farfăra, *ae*, f. (*farfarum*), tussilage [plante] : Gloss. 3, 546, 35.

farfărum, *i*, Plin. 24, 135, n. (obscur), *-fĕrum*, Pl. *Poen.* 478, tussilage.

Farfarus

Farfărus, *i*, m., rivière de la Sabine [Farfa]: Ov. *M.* 14, 330, ▶ Fabaris.

farfēnum, *i*, n., [= *farferum*?] ▶ *farfarum*: P. Fest. 78, 25.

fārī, inf. prés. de **for*.

fărīna, *ae*, f. (*far*; it. *farina*), farine de blé (froment): Plin. 20, 139 ‖ toute espèce de farine, de poudre: Plin. 33, 119; *tofi* Plin. 17, 147, tuf pulvérisé ‖ [fig.] **nostrae farinae esse** Pers. 5, 115, être de notre (pâte) condition, cf. Suet. *Aug.* 4; *et panem facis et facis farinam* Mart. 8, 16, 5, tu fais du pain, mais tu fais aussi de la farine [= tu amalgames (tu amasses)..., mais tu réduis en poudre (tu dépenses tout)] ‖ pl., Samm. 251; 781.

fărīnācĕus, *a*, *um* (*farina*), farineux, de farine: Ambr. *Luc.* 6, 81; Fest. 494, 30.

fărīnărĭum, *ii*, n., grenier à farine: Gloss. Phil..

fărīnărĭus, *a*, *um* (*farina*), de farine, à farine: Cat. *Agr.* 76, 3; Plin. 18, 115.

fărīnātus, *a*, *um* (*farina*), réduit en farine: VL. *Lev.* 6, 21.

fărīnōsus, *a*, *um* (*farina*), farineux: Veg. *Mul.* 2, 30, 1.

fărīnŭla, *ae*, f. (dim. de *farina*), petite quantité de farine: Vulg. 3 *Reg.* 17, 13.

fărĭnŭlentus, *a*, *um* (*farina*), farineux: Apul. *M.* 9, 12.

*fărĭo, *ōnis*, m., mauvaise lecture pour *sario*: Aus. *Mos.* 130.

fărĭŏlus, *i*, m., ▶ *hariolus*: Don. *Phorm.* 708.

*fărĭŏr, *āris*, *ārī*, -, dire: **L. XII Tab.* d. Gell. 15, 13, 11 [lire *fateatur*?].

farmăc-, ▶ *pharmac-*.

farnĕus, *a*, *um*, frêne: Apic. 310.

farnus, *i*, f. (*fraxinus*), frêne: Vitr. 7, 1, 2; Pall. 1, 9, 3.

farra, pl. de *far*.

farrācĕus (-cĭus), *a*, *um*, ▶ *farreus*: Plin. 23, 39; Varr. *R.* 1, 31, 5.

farrāgĭnārĭa, *ōrum*, n. pl., ▶ *farrago*: Col. 11, 2, 71.

farrāgo, *ĭnis*, f. (*far*; it. *ferrana*) ¶ 1 dragée [mélange de divers grains qu'on laisse croître en herbe pour donner aux bestiaux]: Varr. *R.* 1, 31, 5; Virg. *G.* 3, 205 ¶ 2 compilation, fatras, macédoine, pot pourri: Juv. 1, 86 ‖ chose de peu de valeur, bagatelle: Pers. 5, 77.

farrārĭum, *ii*, n. (*far*), grange: Vitr. 6, 6, 5.

farrārĭus, ▶ *farrearius*: Cat. *Agr.* 10, 3.

farrātum, *ī*, n., bouillie d'épeautre: Juv. 11, 108.

farrĕārĭus, *a*, *um* (*far*), qui concerne le blé: Cat. *Agr.* 10, 5.

farrĕātĭo, *ōnis*, f. (*far*), farréation, cérémonie du mariage par *confarreatio* [sacrifice où l'on se sert d'un pain d'épeautre]: Serv. *En.* 4, 374.

farrĕātus, *a*, *um*, fait avec farréation: Gai. *Inst.* 1, 112.

farrĕum, *i*, n. (*far*) ¶ 1 gâteau de farine de froment: Plin. 18, 10 ¶ 2 [arch.] ▶ *horreum*, grange: P. Fest. 91, 6.

farrĕus, *a*, *um* (*far*), de blé, de froment: Col. 7, 12, 10 ‖ *farreum spicum* P. Fest. 353, 5, épi de blé.

farrĭcŭlum, *i*, n. (dim. de *farreum*), petit gâteau de farine de froment: Pall. 11, 21.

farsĭlis, *e* (*farcio*), farci: Apic. 187.

farsūra, *ae*, f., ▶ *fartura*: Tert. *Val.* 27, 2.

farsus, *a*, *um*, ▶ *farcio* ▶.

fartĭcŭlum, *i*, n., dim. de *fartum*: Titin. *Com.* 90.

fartĭlis, *e* (*farcio*), qu'on engraisse, engraissé: Plin. 10, 25 ‖ rempli, bourré: Apul. *M.* 6, 31 ‖ *fartilia*, n. pl., fatras, macédoine, pot pourri: Tert. *Val.* 27, 1.

fartim, adv. (*farcio*), de manière à remplir, en bourrant: Lucil. 79; Apul. *M.* 2, 7; 3, 2.

fartŏr, *ōris*, m. (*farcio*), charcutier, celui qui manie la farce, cf. Don. *Eun.* 257; Hor. *S.* 2, 3, 229 ‖ celui qui engraisse des volailles [surtout des oies]: Col. 8, 7, 1 ‖ [fig.] nomenclateur: P. Fest. 78, 27.

fartrix, *īcis*, f. de *fartor*: Prisc. *Vers. Aen.* 3, 505, 8.

fartum, *i*, n. (*farcio*), ce qui sert à garnir, à farcir, farce: Plin. 28, 117; Col. 5, 10, 11 ‖ *vestis fartum* Pl. *Most.* 169, le contenu du vêtement = le corps.

fartūra, *ae*, f. (*farcio*), action de remplir, remplage, blocage [d'un mur]: Vitr. 2, 8, 7 ‖ action de bourrer, de farcir: Varr. *L.* 5, 111; *R.* 3, 8, 3; Col. 8, 9, 1.

1 **fartus**, part. de *farcio*.

2 **fartŭs**, *ūs*, ▶ *fartum*: **Arn. 7, 25.

fărum, ▶ *pharos*: Isid. 20, 10, 10.

fās, n. indécl. (cf. *fastus, fanum, feriae*, 3 -*do*, θέμις, plutôt que *fari, fatum*) ¶ 1 expression de la volonté divine, loi religieuse, droit divin: *jus ac fas omne delere* Cic. *Att.* 1, 16, 6, détruire toute loi humaine et divine ‖ [personnifié] Liv. 1, 32, 6; 8, 5, 8; *fas omne mundi* Sen. *Herc.* 658, toutes les puissances divines du ciel ¶ 2 [en gén.] ce qui est permis par les lois divines et par les lois naturelles, le juste, le légitime, le licite: *fas versum atque nefas* Virg. *G.* 1, 505, le juste et l'injuste confondus; *quod aut per naturam fas est aut per leges licet* Cic. *Mil.* 43, ce qui est juste selon la nature ou licite selon les lois; *fas gentium* Tac. *An.* 1, 42, le droit des gens; *patriae* Tac. *An.* 2, 10, les droits sacrés de la patrie ‖ *si hoc fas est dictu* Cic. *Tusc.* 5, 38, si l'on peut oser cette expression [sans sacrilège]; *non est fas Germanos superare* Caes. *G.* 1, 50, 5, les dieux ne permettent pas la victoire des Germains; *hospitem violare fas non putant* Caes. *G.* 6, 23, 9, ils estiment sacrilège de faire violence à un hôte; *quid non adeptus est, quod homini fas esset optare?* Cic. *Lae.* 11, n'a-t-il pas obtenu tout ce que les dieux permettent à l'homme de souhaiter? ¶ 3 [en part.] jour faste: Varr. *L.* 6, 31.

fascĕa, ▶ *fascia*.

Fascĕlis, ▶ *Facelitis*: Hyg. *Fab.* 261.

fascĕŏla, ▶ *fasciola*: Cic. *Har.* 44.

fascĭa, *ae*, f. (*fascis*; it. *fascia*), bande, bandage, bandelette, ruban: Cic. *Brut.* 217; Quint. 11, 3, 144 ‖ soutien-gorge: Mart. 14, 134 ‖ sangle de lit: Cic. *Div.* 2, 134; Mart. 5, 26, 6 ‖ bande de joncs: Plin. 15, 66 ‖ [archit.] bandeau [de l'architrave ionique]: Vitr. 3, 5, 10 ‖ traînée (noire) dans le ciel: Juv. 14, 294 ‖ zone [de la terre], bande: Capel. 6, 602 ‖ zodiaque: Manil. 1, 682 ‖ bandeau royal, diadème: Sen. *Ep.* 80, 10; Suet. *Caes.* 79 ‖ [fig.] *non es nostrae fasciae* Petr. 46, 1, tu n'es pas de notre bande (bord, condition).

fascĭātim, adv. (*fascis*), en faisceau: Quint. 1, 4, 20.

fascĭātus, *a*, *um*, part. de *fascio*.

fascĭcŭlārĭa, *ōrum*, n. pl., approvisionnements apportés au camp par les soldats: Veg. *Mil.* 2, 19.

fascĭcŭlus, *i*, m. (dim. de *fascis*), petit paquet, petite botte, fascicule: Cat. *Agr.* 101; *florum* Cic. *Tusc.* 3, 43, bouquet; *litterarum* Cic. *Att.* 2, 13, 1, paquet de lettres.

fascĭgĕr, *ĕra*, *ĕrum* (*fasces, gero*), qui porte des faisceaux: Paul.-Nol. *Carm.* 21, 374.

fascĭmentum, *i*, n. (*fascio*), emplâtre, cataplasme: Gloss. 3, 602, 20.

fascĭna, *ae*, f. (*fascis*; it. *fascina*), fagot de branchages: Cat. *Agr.* 37, 5.

fascĭnātĭo, *ōnis*, f. (*fascino*), fascination, enchantement, charme: Plin. 28, 101; Gell. 9, 4, 8.

fascĭnātŏr, *ōris*, m. (*fascino*), celui qui fascine, enchanteur: Hier. *Gal.* 3, 1.

fascĭnātōrĭus, *a*, *um*, qui fascine: Serv. Virg. *B.* 7, 28.

fascĭnō, *ās*, *āre*, *āvī*, *ātum* (*fascinum*), tr., utiliser des pratiques magiques, des enchantements, enchanter, fasciner, jeter un sort: Virg. *B.* 3, 103; *fascinantes* Plin. 13, 40, les sorciers.

fascĭnōsus, *a*, *um*, pourvu d'un grand *fascinum*: Priap. 79, 4.

fascĭnum, *i*, n. (cf. βάσκανος et *Fescennia*), charme, maléfice: Plin. 26, 96 ‖ membre viril: Varr. *L.* 7, 97; Hor. *Epo.* 8, 18.
▶ m. *fascinus* Catal. 13, 20.

Fascĭnus, *i*, m., Fascinus [= Phallus]: Plin. 28, 39.

fascĭō, *ās*, *āre*, -, *ātum* (*fascia*), tr., lier, attacher: Mart. 12, 57, 12.

fatalis

fasciŏla, *ae*, f. (dim. de *fascia*), bandelette, ruban : Cic. *Har.* 44 ; Hor. *S.* 2, 3, 255 ǁ bande [pour envelopper les jambes] : Varr. *L.* 5, 130 ǁ bandage : Isid. 19, 33, 6.

fasciŏlō, *ās*, *āre*, -, -, tr., envelopper de bandelettes : Cass. Fel. 67, p. 164.

fasciŏlum, *i*, n. (*fasciola*), petit lien, petit ruban : Veg. *Mul.* 2, 57, 1.

ascis, *is*, m. (v. irl. *basc* ; it. *fascio* ; fr. *faix*), faisceau, fagot, paquet : Hirt. *G.* 8, 15, 6 ; Tac. *An.* 13, 35 ǁ paquet, bagage du soldat : Virg. *G.* 3, 377 ; Quint. 11, 3, 26 ; fardeau : Virg. *G.* 4, 204 ; B. 9, 65 ǁ [fig.] **uno fasce** Plin. *Ep.* 3, 9, 9, en un seul corps ǁ **fasces**, pl., faisceaux [de verges, d'où émergeait le fer d'une hache, que les licteurs portaient devant les premiers magistrats de Rome] : Cic. *Agr.* 2, 93 ; *Verr.* 5, 22 ; *Rep.* 2, 55 ; **demittere fasces populo** Cic. *Rep.* 1, 40, faire abaisser les faisceaux devant le peuple ǁ [fig.] **fasces alicui submittere** Cic. *Brut.* 22, baisser les faisceaux, s'incliner devant qqn ǁ [fig.] dignités, honneurs, pouvoir, [en part.] le consulat : Lucr. 3, 1009 ; Virg. *G.* 2, 495 ; Hor. *S.* 1, 6, 97.

ăsēlăre, v. *phaselare*.

ăsēlus, v. *phaselus*.

ăsĕŏlus, v. *phaseolus*.

assŭlae, *ārum*, m. pl., peuple de l'Inde : Plin. 6, 67.

assus, *a*, *um*, part. de *fateor*.

asti, *ōrum*, m. pl. (*fas*) ¶ **1** = *dies fasti*, v. *fastus* ¶ **2** fastes, calendrier des Romains [où étaient marqués les jours de fêtes et les jours d'audience] : Cic. *Fam.* 5, 12, 5 ; *Verr.* 4, 151 ; Suet. *Caes.* 40 ǁ annales, fastes consulaires : Cic. *Pis.* 30 ; *Sest.* 33 ; Liv. 9, 18, 12 ǁ [en gén.] annales : Hor. *S.* 1, 3, 112 ǁ [chrét.] le martyrologe : Tert. *Cor.* 13, 7.

astīdĭbĭlis, *e* (*fastidio*), qui apporte du dégoût : Tert. *Anim.* 33, 2.

astīdĭentĕr, adv. (1 *fastidio*), avec mépris : Apul. *M.* 5, 17.

astīdĭlĭtĕr, adv. (1 *fastidio*), avec dégoût : Varr. *Men.* 78.

fastīdĭo, *īs*, *īre*, *īvī* ou *ĭī*, *ītum* (*fastidium*) ¶ **1 a)** intr., avoir du dégoût, de la répugnance, être dégoûté : Pl. *St.* 716 ; Hor. *Epo.* 5, 78 **b)** tr., *fastidis omnia* Hor. *S.* 1, 2, 115, tout te dégoûte ; *fastidiendum odorem habere* Plin. 25, 79, avoir une odeur repoussante ¶ **2** [fig.] avoir de l'éloignement, de l'aversion, de la répugnance pour, mépriser **a)** intr., *fastidit* Pl. *Curc.* 633, il prend des airs dédaigneux ; *in recte factis fastidiunt* Cic. *Mil.* 42, les belles actions leur inspirent du dédain ; *fastidit mei* Pl. *Aul.* 245, il fait fi de moi, cf. Lucil. 293 ; 654 **b)** tr., Cic. *Pis.* 68 ; *si te hic fastidit* Virg. *B.* 2, 13, si celui-ci te dédaigne ; *preces* Liv. 34, 5, 13, repousser avec dédain les prières de qqn ; *fastiditus* Tac. *An.* 13, 1, dédaigné ; [avec inf.] *ne fastidieris nos accipere* Liv. 10, 8, 7, ne dédaigne pas de nous admettre ; [avec prop. inf.] Liv. 2, 41, 4 ; 6, 41, 2.

▶ dép. *fastiditus*, "qui méprise" : Petr. 48, 4.

2 fastīdĭo, *ās*, *āre*, -, - (*fastidium* ; fr. *fâcher*), v. 1 *fastidio* : VL. *Is.* 53, 3.

fastīdĭŏr, v. 1 *fastidio* ▶.

fastīdĭōsē, adv., avec dégoût, avec dédain : Cic. *de Or.* 1, 258 ; *Planc.* 65 ǁ *-ius* Cic. *de Or.* 2, 364.

fastīdĭōsus, *a*, *um* (*fastidium*) ¶ **1** qui éprouve un dégoût [des aliments], dégoûté : Varr. *R.* 2, 5, 15 ǁ dédaigneux, superbe, délicat : *litterarum Latinarum* Cic. *Brut.* 247, dédaigneux de la littérature latine ¶ **2** qui produit le dégoût, lassant : Hor. *O.* 3, 29, 8 ǁ *-sior* Cic. *Brut.* 207 ; *-sissimus* Her. 4, 32.

fastīdĭtās, *ātis*, f. (1 *fastidio*), dégoût : Cassiod. *Var.* 7, 1, 7.

fastīdĭtus, *a*, *um*, part. de *fastidio*, v. 1 *fastidio* ▶.

fastīdĭum, *ii*, n. (2 *fastus*, *taedium*) ¶ **1** dégoût, répugnance : *cibi satietas et fastidium* Cic. *Inv.* 1, 25, la satiété et le dégoût des aliments ; *varia fastidia cena vincere* Hor. *S.* 2, 6, 86, vaincre les répugnances par une table variée ǁ *oculorum* Cic. *Fam.* 2, 16, 2, le dégoût qu'éprouvent mes yeux ǁ [fig.] Cic. *de Or.* 3, 98 ; *Mur.* 21 ; *rerum domesticarum* Cic. *Fin.* 1, 10, le dégoût (dédain) des richesses nationales ; *sui* Sen. *Ep.* 9, 22, dégoût de soi ; *in fastidio esse* Plin. 12, 91, être un objet de dégoût, de dédain ; *ne sit fastidio... sequi* Plin. 7, 8, qu'on ne dédaigne pas d'imiter... ¶ **2** goût difficile : *tantum in illis inest fastidium ut...* Sen. *Nat.* 3, 18, 4, ils ont un goût si difficile que... ǁ [fig.] *fastidium delicatissimum* Cic. *Fin.* 1, 5, délicatesse excessive ; *ingenuo liberoque fastidio* Cic. *Brut.* 236, par une délicatesse de goût noble et directe ¶ **3** dédain, morgue : *fastidio et contumacia efferri* Cic. *Lae.* 54, se laisser emporter par le mépris et l'arrogance.

fastīgātē, adv. (*fastigatus*), en pente, en talus : Caes. *G.* 4, 17, 4 ; *C.* 2, 10, 5.

fastīgātĭo, *ōnis*, f., action de s'élever en pointe, pointe : Plin. 17, 106 ; Apul. *Flor.* 9, 23.

fastīgātus, *a*, *um*, part. de *fastigo*, [adj¹] élevé : *fastigatissima felicitas* Sidon. *Ep.* 2, 4, 1, le comble du bonheur.

fastīgiātus, **fastīgĭo**, v. *fastigo* ▶.

fastīgĭum, *ii*, n. (*fastigo*) ¶ **1** toit à deux pentes, faîte : Cic. *de Or.* 3, 180 ; [fig.] *operi tamquam fastigium imponere* Cic. *Off.* 3, 33, mettre pour ainsi dire le faîte à l'ouvrage commencé ǁ [en part.] les trois corniches du fronton, sur lesquelles on plaçait des statues : Liv. 40, 2, 3 ¶ **2** pente : [d'une montagne] Caes. *G.* 7, 85, 4 ; *C.* 1, 45, 5 ; [d'une paroi de fossé] Caes. *G.* 7, 73, 5 ; [inclinaison des pieux] Caes. *C.* 2, 10, 3 ǁ longueur de pente, profondeur d'un fossé : Virg. *G.* 2, 288 ¶ **3** le sommet en surface, le niveau supérieur : *colles pari altitudinis fastigio* Caes. *G.* 7, 69, 4, collines ayant en hauteur le même niveau, cf. Liv. 36, 24, 8 ; 44, 9, 8 ; *fastigium aquae* Curt. 4, 2, 19, le niveau de l'eau ¶ **4** [gram.] accentuation : Diom. 433, 21 ; Capel. 3, 268 ¶ **5** [fig.] faîte, sommet, point culminant : *in fastigio eloquentiae* Quint. 12, 1, 20, au faîte de l'éloquence ǁ rang social : *cives ejusdem fastigii* Liv. 3, 35, 9, citoyens de même rang, cf. Liv. 2, 27, 6 ; Tac. *An.* 15, 74 ǁ [pl.] points principaux, faits saillants : Virg. *En.* 1, 342.

fastīgō, *ās*, *āre*, *āvī*, *ātum* (*fastis et *ago*, cf. scr. *bhṛṣṭ-s*, al. *Borste*, an. *bristle*, p.-ê. *far*), tr. ¶ **1** [emploi classique et sans doute primitif] *fastīgātus*, *a*, *um* **a)** élevé en pointe : *collis in acutum cacumen fastigatus* Liv. 37, 27, 7, colline s'élevant en sommet pointu ; *in mucronem fastigatus* Plin. 18, 172, terminé en pointe **b)** en forme de faîte : *fastigatam... testudinem faciebant* Liv. 44, 9, 6, ils formaient une tortue ayant la forme du faîte d'une maison **c)** incliné [comme la pente d'un toit] : *collis leniter fastigatus* Caes. *G.* 2, 8, 2, colline inclinée en pente douce ; cf. *fastigate* ¶ **2** pass. *fastigari* ou *se fastigare*, s'élever en pointe : *frumenta... fastigantur in stipulam* Plin. 18, 52, le blé s'allonge en tige pointue ; *terra paulatim se fastigat* Mel. 2, 5, la terre peu à peu s'allonge en pointe ; [gram.] *fastigari*, être surmonté d'un accent : Capel. 3, 262 ¶ **3** [tard.] élever en hauteur = en dignité : Sidon. *Ep.* 3, 6, 3 ; cf. *fastigatus* adj.

▶ qqf. *fastigio*, *fastigiatus* d. mss cf. Capel. 9, 944 ; Isid. 19, 23, 6.

fastōsus, *a*, *um* (2 *fastus*), superbe, dédaigneux : Petr. 131, 2 ǁ magnifique : Mart. 13, 102, 2.

fastŭōsus, *a*, *um*, c. *fastosus* : Capel. 6, 578.

1 fastus, *a*, *um* (*fas*), *fastus dies* Ov. *F.* 1, 48 ; *fasti dies* Cic. *Mur.* 25, jours fastes [où l'on pouvait rendre la justice].

2 fastŭs, *ūs*, m. (cf. *fastigo*), orgueil, fierté, morgue : Prop. 1, 7, 25 ; Tac. *An.* 2, 2.

3 fastŭs, *ŭum*, m. pl., c. *fasti* : Varr. d. Prisc. 2, 256, 21 ; Col. 9, 14, 12 ; Sen. *Ir.* 1, 21, 3 ; *Hor. *O.* 4, 14, 4.

Fāta, *ae*, f. (*fatum* ; fr. *fée*), déesse de la destinée, Parque [abl. pl. *Fatabus*] : CIL 5, 4209 ; 5005.

fātālis, *e* (*fatum*), du destin, du sort ; qui contient la destinée, prophétique : Cic. *Nat.* 1, 55 ; *fatales libri* Liv. 5, 14, 4, les Livres sibyllins [contenant la destinée de Rome] ; *fatalia stamina* Tib. 1, 7, 1, les fils des destinées ; *fatalia verba* Ov. *F.* 4, 257, les paroles prophétiques ǁ fixé par le destin, fatal : Cic. *Phil.* 6, 19 ; *Cat.* 4, 2 ; *Brut.* 250 ; Liv. 22, 53, 7 ; 30, 28, 11 ; *fatalis mors* Plin. *Ep.* 1, 12, 1, mort naturelle ǁ fatal, funeste, pernicieux, mortel : Lucr. 5, 874 ; Hor. *O.* 1, 37, 21 ; Suet. *Ner.* 49.

fatalitas

fătālĭtas, ātis, f. (fatalis), nécessité du destin, fatalité : Cod. Just. 4, 66, 1.

fătālĭter, adv. (fatalis), suivant l'ordre du destin, fatalement : Cic. Div. 1, 19 ; *fataliter mori* Eutr. 1, 11, 4, mourir de mort naturelle.

fătĕor, ēris, ērī, fassus sum (fari, infitiae, cf. osq. fatíum, φάτις), tr., avouer, reconnaître, accorder que : *se peccasse* Cic. Mur. 62, avouer avoir fait une faute, cf. Lae. 40 ; Caes. C. 3, 20, 3 ; *de facto turpi* Cic. Inv. 2, 77, avouer une action honteuse ‖ [avec acc.] *verum fateri* Pl. Truc. 783 ; *falsum* Cic. Part. 50, avouer la vérité, une chose fausse ; *quod fatentur* Cic. Fin. 4, 33, ce qu'ils reconnaissent ; *culpam, peccatum* ; Ov. Tr. 1, 315 ; Hor. S. 2, 4, 4, reconnaître une faute ‖ manifester, déclarer, proclamer, publier : Planc. Fam. 10, 23, 4 ; Quint. 1, 6, 23 ; *vitalem motum* Plin. 9, 177, donner signe de vie ‖ [gram.] *fatendi modus* Quint. 1, 6, 7, le mode indicatif ‖ [chrét.] proclamer sa foi : Cypr. Ep. 58, 9.
▶ avec sens passif : Cic. Agr. 2, 57 ; Ulp. Dig. 30, 39, 6 ‖ inf. *faterier* Hor. Ep. 2, 2, 148.

fătĭca, ae, f. (fatum), morelle [plante] : *Ps. Apul. Herb. 75 ; **V.** vatica.

fătĭcănus (-**cinus**), a, um (fatum, cano, **V.** fatidicus), Ov. M. 9, 418 ; 15, 436.

fătĭdĭcus, a, um (fatum, 1 dico), qui prédit l'avenir, fatidique, prophétique : Cic. Nat. 1, 18 ‖ subst. m., devin, prophète : Cic. Leg. 2, 20.

fătĭfĕr, ĕra, ĕrum (fatum, fero), qui entraîne la mort, homicide : Virg. En. 9, 631.

fătīgābĭlis, e (fatigo), qui fatigue : Tert. Anim. 32, 6.

fătīgātĭo, ōnis, f. (fatigo), grande fatigue, lassitude, épuisement : Liv. 22, 15, 7 ; Quint. 1, 2, 31 ; Tac. H. 2, 60 ‖ [fig.] vexation, sarcasme : Eutr. 9, 19, 1.

fătīgātŏr, ōris, m., celui qui fatigue : Aug. Serm. 48, 8.

fătīgātōrĭus, a, um, sarcastique, vexatoire : Sidon. Ep. 5, 17, 5.

fătīgō, ās, āre, āvī, ātum (fatim, ago ; it. fatigare), tr. ¶ **1 a)** [avec acc.] épuiser, harasser, fatiguer, exténuer : Cic. Rep. 3, 37 ; Lucr. 3, 491 ; Virg. G. 3, 132 ; Liv. 8, 10, 3 ; Tac. An. 15, 71 ; *silvas* Virg. En. 9, 605, battre les bois **b)** [au pass.] *verberibus fatigati* Cic. Top. 74, épuisés par les coups, cf. Off. 3, 73 ; Caes. C. 3, 95, 1 ; Sall. J. 76, 5 ¶ **2** [fig.] tourmenter, persécuter, inquiéter, obséder, accabler : Liv. 9, 20, 3 ; Cic. Off. 1, 08, accabler de reproches [ou *fatigare* seul] ; Virg. En. 4, 572 ‖ *curas* Sil. 12, 496, ne pas laisser en repos ses soucis (les remuer sans cesse dans son âme) ‖ *dolis fatigari* Sall. J. 56, 1, être harcelé par les embuscades ; *saepius fatigatus* Sall. J. 111, 3, harcelé sans trêve.

fătĭlĕgus, a, um (fatum, lego), qui récolte la mort : Luc. 9, 821.

fătĭlŏquĭum, ĭi, n., prédiction : Apul. Socr. 7.

fătĭlŏquus, a, um (fatum, loquor), qui prédit l'avenir : Liv. 1, 7, 8.

fătim, adv. (de adfatim, cf. fatigo, fatiscor) : Serv. En. 1, 123.
▶ acc. de l'inusité *fatis, "fente, éclatement" ; d'où *ad fatim* (affatim), "à suffisance" ; **V.** adfatim.

fātĭo, ōnis, f. (fari), parole : Prisc. Vers. Aen. 3, 486, 19.

fātĭor, **V.** farior : *L. XII Tab. d. Gell. 15, 13, 11 d'après Schoell.

fătiscō, ĭs, ĕre, -, -, intr., **C.** fatiscor ¶ **1** se fendre, s'ouvrir : Virg. En. 1, 123 ¶ **2** [fig.] se fatiguer, s'épuiser, succomber à la fatigue : Col. 2, 13, 3 ; Tac. An. 14, 24 ; *seditio fatiscit* Tac. H. 3, 10, la sédition s'apaise ‖ [poét.] [avec l'inf.] se lasser de : Stat. S. 5, 1, 35.

fătiscŏr, ĕris, ī, -, - (arch. ; cf. adfatim, fatigo), intr., dép., [arch.] ¶ **1** se fendre : Lucr. 5, 309 ¶ **2** se lasser, se fatiguer de : Lucr. 3, 459 ‖ [avec inf.] Pacuv. Tr. 154 ; *haud fatiscar quin* Acc. Tr. 330, je ne me lasserai pas de.

1 fătŏr, ārĭs, ārī, - (fréq. de for), dire et redire : P. Fest. 78, 22.

2 fātor, ōris, m. (fari), celui qui parle : Prisc. Vers. Aen. 3, 486, 12.

fātu, supin de *for.

1 fātŭa, ae, f., **V.** 1 fatuus.

2 Fātŭa, ae, f., Fatua, la Devineresse [sœur, femme de Faunus] : Macr. Sat. 1, 12, 21 ; Just. 43, 1, 8 ‖ pl., les déesses des champs : Capel. 2, 167.

fatŭātus, a, um, part. de 1 fatuor.

Fātŭclus, i, m. (cf. 2 Fatuus, 2 fatus), **C.** Faunus : Serv. En. 7, 47.

fătŭē, adv. (1 fatuus), sottement : Tert. Pat. 6, 5.

fătŭīna rosa, f., pivoine [fleur] : Ps. Apul. Herb. 64.

fătŭĭtās, ātis, f. (1 fatuus), sottise : Cic. Inv. 2, 99.

fătŭĭtō, adv. (fatum), d'une manière fatale : Prisc. 3, 79, 21.

fătŭĭtŏr, ārĭs, ārī, -, - (fréq. de 2 fatuor), intr., dire des sottises, divaguer : *Arn. 1, 65.

fātum, ī, n. (fari, esp. hado, cf. fr. feu, adj.) ¶ **1** prédiction, oracle : *fata Sibyllina* Cic. Cat. 3, 9, les oracles sibyllins, cf. Cic. Div. 1, 100 ; Liv. 29, 10, 8 ¶ **2** le destin, la fatalité : Cic. Fat. 20 ; Div. 1, 125 ; Nat. 3, 14 ; Top. 59 ; *si fatum fuit classes interire* Cic. Div. 2, 20, si le destin voulait que les flottes périssent ; [avec *ut*] Virg. En. 2, 433 ‖ destinée de qqn : *si fatum tibi est convalescere* Cic. Fat. 28, s'il est dans ta destinée de te rétablir ; *fuit hoc sive meum sive rei publicae fatum ut* Cic. Balb. 58, il était soit dans ma destinée soit dans celle de l'état que... ; [avec *ne*] Cic. Font. 35 ‖ arrêt, volonté des dieux : *fatum divum* Virg. En. 7, 50 ; *fata divum* Virg. En. 2, 54 ‖ [personnif.] *Fata*, les Parques, Prop. 4, 7, 51 ; Stat. S. 5, 1, 259 ¶ **3** destinée = temps fixé pour la vie : *fato perfunctus, functus*, qui a rempli sa destinée, mort : Liv. 9, 1, 6 ; Quint. 3, 7, 10 ; Tac. An. 14, 14 ‖ destin, heure fatale, mort : *omen fati* Cic. Phil. 9, 9, présage de son destin, de sa mort, cf. Cic. Cael. 79 ; Cat. 3, 17 ; Dom. 145 ; *fato cedere* Liv. 26, 13, 17, céder au destin, mourir ; *fato obire* Tac. An. 6, 10, mourir ¶ **4** destin funeste, malheur : Cic. Cat. 2, 11 ‖ [fig.] *duo illa rei publicae paene fata* Cic. Sest. 93, ces deux êtres qui mirent l'État à deux doigts de sa perte.

1 fătŭŏr, āris, ārī, - (2 Fatuus ?), être en proie au délire prophétique : Just. 43, 1, 8.
▶ sans doute le même que 2 fatuor.

2 fătŭŏr, āris, ārī, - (1 fatuus), extravaguer : Sen. Apoc. 7, 1.

1 fātŭs, a, um, part. de *for.

2 fātŭs, ūs, m., paroles, propos : Capel. 7, 802 ‖ oracle : Sidon. Ep. 9, 13, 5 ‖ ▶ fatum : Petr. 42, 5 ; 71, 1 ; Amm. 23, 5, 8.

1 fătŭus, a, um (cf. p.-ê. battuo et confuto ; fr. fat) ¶ **1** fade, insipide : Mart. 13, 13 ¶ **2** [fig.] insensé, extravagant : Cic. Dej. 21 ; de Or. 2, 90 ‖ subst. m., **-uus**, f., **-ua**, fou, bouffon, folle [les grands personnages à Rome entretenaient des bouffons pour passer le temps] : Juv. 9, 8 ; Sen. Ep. 50, 2.

2 Fātŭus, i, m. (2 fatus), le Devin, nom primitif de Faunus : Varr. L. 6, 55.

fauce, **V.** fauces.

faucēs, ĭum, f. pl. (focale, suffoco ; obscur ; it. foce) ¶ **1** gosier, gorge : Plin. 11, 179 ; 23, 142 ; Quint. 11, 3, 20 ; *plenis faucibus* Pl. Curc. 127, [boire] à pleine gorge ‖ [fig.] *cum faucibus premeretur* Cic. Clu. 84, comme il était pris à la gorge ; *urbem e suis faucibus ereptam esse luget* Cic. Cat. 2, 2, il gémit de voir la ville arrachée à sa gorge, cf. Liv. 26, 2, 10 ; *urbs ex belli ore ac faucibus erepta* Cic. Arch. 21, ville arrachée à la gueule, à la gorge [du monstre] de la guerre ¶ **2** passage étroit, gorge, défilé, détroit : *fauces portus* Caes. C. 3, 24, 1, goulet d'un port ; *macelli* Cic. Verr. 3, 145, l'étroite entrée du marché ; *Bospori* Plin. 6, 4, le détroit du Bosphore [Dardanelles] ; *in valle arta, faucibus utrimque obsessis* Liv. 29, 32, 4, dans une vallée étroite, le défilé étant gardé aux deux extrémités ‖ bouches, cratère : *Aetnae* Lucr. 6, 639, les bouches de l'Etna ; *patefactis terrae faucibus* Cic. Nat. 2, 95, les bouches de la terre s'étant ouvertes.
▶ nom. sg. *faux* Cael-Aur. Chron. 2, 11, 127 [Varr. L. 10, 79 et Char. 93, 15, qui le déclarent inusité] ; abl. *fauce* Hor. Epo. 14, 4 ; Ov. H. 9, 98 ; M. 14, 738.

Faucĭus, ĭi, m., nom de famille romaine : Cic. Fam. 13, 11, 1 ; Liv. 9, 38.

Fauna, *ae*, f., femme de Faunus, identifiée avec la Bonne Déesse : Macr. *Sat.* 1, 12, 21.

Faunāia, v. *Faunus*.

Fauni, *ōrum*, m. pl., Faunes [petits génies champêtres] : Lucr. 4, 581 ; Hor. *P.* 244 ; Cic. *Nat.* 2, 6 ; *Div.* 1, 101.

Faunĭgĕna, *ae*, m., fils, descendant de Faunus : Sil. 5, 7 ; 8, 358.

Faunius, *a*, *um*, de Faunus [autre nom du vers saturnien] : Mar. Vict. *Gram.* 6, 139, 1.

Faunus, *i*, m. (cf. *Daunus*, Κανδαύλης), Faunus [dieu de la fécondité des troupeaux et des champs, confondu avec Pan] : Cic. *Nat.* 3, 15 ; Virg. *En.* 7, 48 ; Ov. *F.* 2, 193 ∥ v. *Fauni* ∥ **-nālĭa**, *ĭum* ou *ĭōrum*, n. pl., fêtes en l'honneur de Faunus : Porph. Hor. *O.* 3, 18, 1.

Fausta, *ae*, f., fille de Sylla, épouse de Milon : Cic. *Att.* 5, 8, 2.

faustē, adv. (*faustus*), heureusement : Cic. *Mur.* 1.

Faustiānenses, *ĭum*, m. pl., habitants de Faustiana [ville de la Byzacène] : CIL 6, 1688.

Faustiānus, *a*, *um*, de Faustius : Plin. 14, 62 ; Varr. *L.* 9, 71.

Faustīna, *ae*, f. ¶ **1** femme d'Antonin le Pieux : Capit. *Ant.* 1, 6 ¶ **2** sa fille, femme de Marc Aurèle : Capit. *Aur.* 6, 6 ∥ **-nĭānus**, *a*, *um*, de Faustina : Capit. *Ant.* 8, 2.

Faustīnŏpŏlis, *is*, f., ville de Capadoce Atlas IX, C3 : Anton. 578.

Faustīnus, *i*, m., nom d'homme : Mart. 1, 25 ∥ *Villa Faustini*, nom de localité en Bretagne : Anton. 474.

Faustĭtas, *ātis*, f. (1 *faustus*), divinité qui présidait à la fécondité des troupeaux : Hor. *O.* 4, 5, 18.

Faustŭlus, *i*, m., berger qui, ayant sauvé Romulus et Rémus, les éleva : Varr. *R.* 2, 1, 9 ; Liv. 1, 4, 7 ; Ov. *F.* 3, 56.

1 **faustus**, *a*, *um* (*favor*), heureux, favorable, prospère : Lucr. 1, 100 ; *pede fausto* Hor. *Ep.* 2, 2, 37, d'une marche heureuse, avec succès ; *faustus dies* Cic. *Tusc.* 1, 118, jour de chance.

2 **Faustus**, *i*, m., [l'Heureux, surnom du fils de Sylla] : Cic. *Clu.* 94 ∥ nom de plusieurs évêques : Sidon. *Carm.* 16, 68.

fautŏr, *ōris*, m. (*faveo*, arch. *făvĭtor* Lucil. 902 ; Pl. *Amp.* 78), celui qui favorise, appui, soutien, défenseur, partisan : *nobilitatis* Cic. *Amer.* 16, partisan de la noblesse, cf. *Planc.* 55 ; *Clu.* 66 ; *honori alicujus fautores esse* Cic. *Planc.* 1, appuyer la candidature de qqn, cf. *Scaur.* 17 ∥ [au théâtre] pl., partisans, amis, cabale : Pl. *Amp.* 78 ; Hor. *Ep.* 1, 18, 66.

fautrix, *īcis*, f. de *fautor* : Ter. *Eun.* 1052 ; Cic. *Fin.* 1, 67 ; *Planc.* 22 ; Nep. *Ages.* 8, 1.

faux, v. *fauces*.

făvĕa, *ae*, f. (*faveo*), esclave de confiance : *Pl. Mil.* 797 ; v. *fabea*.

1 **făventia**, *ae*, f. (*faveo*), silence, recueillement [v. *faveo* ¶2] : Acc. *Tr.* 510 ; P. Fest. 78, 14.

2 **Făventĭa**, *ae*, f., ville d'Italie, Gaule cispadane [auj. Faenza] Atlas XII, C3 : Varr. *R.* 1, 2, 7 ∥ **-tīnus**, *a*, *um*, de Faventia : Col. 3, 3, 2 ∥ **-tīni**, *ōrum*, m. pl., habitants de Faventia : Plin. 3, 116.

făvĕō, *ēs*, *ēre*, *fāvī*, *fautum* (cf. rus. *govet'*, vha. *goumen*), intr. ¶ **1** être favorable, favoriser, s'intéresser à : *alicui* Cic., Caes., favoriser qqn ; *dignitati ac gloriae alicujus* Cic. *Fam.* 12, 7, 1, s'intéresser à la dignité, à la gloire de qqn ; *Gallicis rebus* Caes. *G.* 6, 7, 7, favoriser le parti gaulois ; *sententiae* Cic. *Tusc.* 1, 55, accueillir une opinion avec faveur ; [avec pron. n. acc.] *quod favisse me tibi fateor* Cic. *Phil.* 2, 21, acte pour lequel je t'ai applaudi, je le reconnais ∥ [abs^t] *favet, odit* Cic. *Brut.* 188, il montre de la sympathie, de l'aversion ; [pass. impers.] *favetur alicui, alicui rei* Cic. *Off.* 2, 45 ; *de Or.* 2, 207, on a de la faveur pour qqn, pour qqch. ∥ [avec inf. ou prop. inf.] désirer que : Enn. *An.* 419 ; *Ov. *H.* 6, 100 ∥ [sujet chose personnifiée] Cic. *Planc.* 20 ; Virg. *G.* 2, 228 ; *ventis faventibus* Ov. *M.* 15, 49, les vents étant favorables ¶ **2** [religion] *linguis favere* [rar^t *lingua favere*], être favorable à qqch. par sa langue [en s'abstenant de paroles fâcheuses] = retenir sa langue, se taire, garder le silence [v. 1 *faventia*] : *favete linguis* Cic. *Div.* 2, 83, gardez le silence, cf. *Div.* 1, 102 ; de même *ore favete* Virg. *En.* 5, 71 ; *linguis animisque favete* Ov. *F.* 1, 71, gardez-vous de toute parole ou pensée de mauvais augure ¶ **3** marquer son approbation par des cris, des applaudissements, applaudir (*alicui, alicui rei*) : Liv. 1, 25, 9 ; 42, 63, 2 ; Plin. *Ep.* 9, 6, 2.

Făvĕrĭa, *ae*, f., ville de l'Istrie : Liv. 41, 11, 7.

făvĕus, *i*, m., v. *fabea*.

făvilla, *ae*, f. (*foveo*), cendre chaude : Lucr. 2, 675 ; Virg. *En.* 3, 573 ; Plin. 26, 118 ∥ cendres à peine refroidies des morts : Tib. 3, 2 ; 10 ; Hor. *O.* 2, 6, 23 ; Virg. *En.* 6, 22 ∥ *salis* Plin. 31, 90, poussière (efflorescence) de sel ∥ [fig.] étincelle, origine, germe : Prop. 1, 9, 18.

făvillācĭus (-tĭcus), *a*, *um*, de cendre, semblable à de la cendre : Solin. 35, 8 ; 27, 45.

făvillātim, adv. (*favilla*), sous forme de cendre : Verec. *Cant.* 6, 27.

făvillescō, *ĭs*, *ĕre*, -, - (*favilla*), intr., se réduire en cendres : Fulg. *Virg.* p. 95, 1.

făvīsŏr, *ōris*, m., c. *fautor* : Gell. 14, 3, 9 ; Apul. *Apol.* 93.

făvissae (-īsae), *ārum*, f. pl. (étr.), caveaux sous les temples, servant de magasin pour le matériel périmé : Varr. d. Gell. 2, 10 ; P. Fest. 78, 10 ; Non. 112, 29.

făvĭtŏr, *ōris*, m., v. *fautor*.

făvōnĭālis, *e*, du zéphyr : Gloss. 3, 468, 67.

Făvōnĭānus, *a*, *um*, de Favonius [nom donné à une poire particulière] : Col. 5, 10, 18.

Făvōnienses, *ĭum*, m. pl., surnom des Nucerini : Plin. 3, 313.

1 **făvōnĭus**, *a*, *um*, [fig.] léger et tiède [comme le zéphyr] : Gloss. 5, 22, 13 ; Isid. 9, 5, 25.

2 **făvōnĭus**, *ii*, m. (cf. *foveo, favilla* ; esp. *fagüeño*, al. *Föhn*), le zéphyr [vent d'Ouest] : Varr. *R.* 1, 28, 2 ; Cic. *Verr.* 5, 27 ∥ pl., les zéphyrs : Hor. *O.* 1, 4, 1.

3 **Făvōnĭus**, *ii*, m., nom d'homme : Cic. *Att.* 1, 14, 5.

făvŏr, *ōris*, m. (*faveo*) ¶ **1** faveur, sympathie : Cic. *Sest.* 115 ; Sall. *J.* 13, 7 ; Liv. 7, 25, 1 ; *quod studium et quem favorem secum in scaenam adtulit !* Cic. *Com.* 29, de quel intérêt, de quelle faveur ne se voyait-il pas accompagné sur la scène ! ¶ **2** [en part.] marques de faveur, applaudissements : Liv. 4, 24, 7 ; Quint. 3, 8, 7 ; 7, 1, 33 ; Suet. *Cl.* 21.

făvōrābĭlis, *e* (*favor*) ¶ **1** qui attire la faveur : Quint. 12, 10, 74 ; Tac. *An.* 12, 6 ; *-bilior* Plin. *Ep.* 5, 14, 3 ¶ **2** bien venu, aimé, populaire : Tac. *An.* 2, 37 ; Plin. *Ep.* 4, 9, 22 ; Sen. *Clem.* 1, 10, 2.

făvōrābĭlĭter, adv. (*favorabilis*), avec faveur, avec succès : Quint. 4, 3, 1 ∥ *-lius* Paul. *Dig.* 40, 4, 10.

făvōrālis, *e*, c. *favorabilis* : Not. Tir. 82, 34a.

Făvōrīnus, *i*, m., philosophe sous Trajan : Gell. 1, 3, 27.

făvus, *i*, m. (*faveo* ?) it. *favo*) ¶ **1** gâteau de miel, rayon : Varr. *R.* 3, 16, 24 ; Cic. *Off.* 1, 157 ; [prov.] *crescere tanquam favum* Petr. 43, 1, pousser comme un champignon ¶ **2** hexagone [dans un pavement] : Vitr. 7, 1, 4.

fax, *făcis*, f. (peu net ; *ghw-, cf. lit. *žvãkė*, -φάσσω), f. ¶ **1** torche, flambeau : Cic. *Verr.* 4, 74 ; *prima fax noctis* Gell. 3, 2, 11 ; Macr. *Sat.* 1, 9, 15 = le début de la nuit ∥ torche, brandon : Cic. *Cat.* 1, 32 ; Caes. *G.* 7, 24, 4 ∥ torche, attribut de certaines divinités : Déméter, Apollon, Diane (Cic. *Verr.* 4, 74), Cupidon, les Furies ∥ flambeau nuptial, hymen : Hor. *O.* 3, 11, 33 ∥ torche funèbre : [d'où] *viximus insignes inter utramque facem* Prop. 4, 11, 46, j'ai vécu sans reproche du jour de mon mariage au jour de ma mort ∥ lumière, astre, flambeau : *Phoebi* Cic. poet. *Div.* 1, 18, le flambeau de Phébus ∥ météore igné, étoile filante, globe de feu, traînée de feu : Cic. *Nat.* 2, 14 ; *Cat.* 3, 18 ; Virg. *En.* 2, 694 ¶ **2** [fig.] *corporis faces* Cic. *Tusc.* 1, 44, le brandon (les excitations) des sens ; *dicendi faces* Cic. *de Or.* 2, 205, les foudres de l'éloquence ∥ [en parl. des yeux] flambeaux : Prop. 2, 3, 14 ; Val.-Flac. 5, 380 ∥ *faces generis humani* Plin. 7, 45, fléaux du

fax

genre humain ‖ *Sertorius belli fax* Vell. 2, 25, Sertorius, l'instigateur de la guerre.

faxem, faxim, v. *facio* ►.

faxo, fut. ant. de *facio*, j'aurai pris soin que, je réponds que ‖ [avec subj.] Pl. *Amp.* 589; Ter. *Ad.* 209 j'aurai pris soin que, je réponds que ‖ [avec fut., sorte de parenth.] [même sens] : Pl. *Amp.* 355; Ter. *And.* 854.

fĕbĕr, bri, m., c. 2 *fiber* : Schol. Bern. Virg. G. 1, 59.

fĕbrārĭus, v. *februarius* : CIL 8, 23061.

fĕbrescō, ĭs, ĕre, -, - (*febris*), intr., prendre la fièvre : Solin. 19, 16.

fĕbrĭbĭlis, e (*febris*), qui donne la fièvre : Cael.-Aur. *Chron.* 4, 8, 112.

fĕbrĭcĭtō, ās, āre, āvī, ātum (*febris*, cf. *sollicito*), intr., être pris de fièvre : Cels. 3, 6, 5; Sen. *Ben.* 4, 39, 3.

fĕbrĭcōsus, a, um (*febris*), fiévreux : Veg. *Mul.* 1, 38, 4.

fĕbrĭcŭla, ae, f. (dim. de *febris*), petite fièvre : Cic. *Att.* 6, 9, 1.

fĕbrĭcŭlentus, a, um (*febris*), fiévreux : M.-Emp. 22, 13.

fĕbrĭcŭlōsus, a, um (*febricula*) ¶ 1 qui a la fièvre, fiévreux : Catul. 6, 4 ¶ 2 qui donne la fièvre : Front. *Or.* 2, p. 155N.

fĕbrĭfŭgĭa, ae, f. (*febris, fugo*), plante fébrifuge : Ps. Apul. *Herb.* 35.

fĕbrĭō, īs, īre, -, - (*febris*), intr., avoir la fièvre : Col. 6, 38, 1.

fĕbris, is, f. (**dhegʷh-ri-s*, cf. *foveo*; fr. *fièvre*), fièvre : *febrim habere* Cic. *Fam.* 7, 26, 1, avoir la fièvre; *in febrim incidere* Cic. *Fam.* 14, 8, avoir un accès de fièvre; *cum febri redire* Cic. *de Or.* 3, 6, rentrer avec la fièvre; *cum febre* Cic. *Att.* 7, 1, 1, avec la fièvre; *tertianae febres et quartanae* Cic. *Nat.* 3, 24, les fièvres tierces et quartes; *febrim tibi esse* Pl. *Ps.* 643, [je sais] que tu as la fièvre ‖ *Febris*, la Fièvre [divinité] : Cic. *Nat.* 3, 63; *Leg.* 2, 28.

fĕbrŭa, ōrum, n. pl. (v. *februum*), fêtes de purification en février : Ov. *F.* 5, 423.

Fĕbrŭālis (-brūlis), f. (*februo*), [qui purifie] surnom de Junon : P. Fest. 75, 25; Capel. 2, 149.

fĕbrŭāmentum, i, n. (*februo*), purification : Cens. 22, 14.

fĕbrŭārĭus, ii, m. (*februum*; fr. *février*), février [le mois de purifications] ‖ **-ārĭus, a, um**, de février : *Idus februariae* Plin. 17, 136, les ides de février.

Fĕbrŭāta, ae, f., c. *Februalis* : P. Fest. 75, 25.

fĕbrŭātĭō, ōnis, f. (*februs*), purification : Varr. L. 6, 13.

Fĕbrūlis, f., v. *Februalis*.

fĕbrŭō, ās, āre, -, ātum, tr., purifier, faire des expiations religieuses : Varr. d. Non. 114, 22; Varr. L. 6, 34; P. Fest. 75, 24.

Fĕbrūtis, f., c. *Februalis* : Arn. 3, 30.

fĕbrŭum, i, n. (**dhwes-rwo-*, cf. *suffio*, θεῖος), moyen de purification : Varr. L. 6, 13; Ov. *F.* 2, 19; v. *februa*.

Fĕbrŭus, i, m., dieu infernal [chez les Étrusques] : Macr. *Sat.* 1, 13, 3; Serv. Virg. G. 143.

fēcĭālis, v. 2 *fetialis*.

fēcĭnĭus, v. *faecinius*.

fēcōsus, fēcŭla, v. *faecosus*.

fēcundātŏr, ōris, m. (*fecundo*), celui qui féconde : Julian.-Aecl. d. Aug. *Jul.* 6, 8, 23.

fēcundē, adv. (*fecundus*), d'une manière féconde : *-ius* Varr. *L.* 7, 1, 19; Plin. 16, 65 ‖ *-issime* Plin. 29, 30.

fēcundĭa, ae, f., c. *fecunditas*, Not. Tir. 75, 7.

fēcundĭtas, ātis, f. (*fecundus*), fécondité, fertilité [du sol] : Cic. *Nat.* 2, 13 ‖ fécondité [d'une femme] : Cic. *Phil.* 2, 58 ‖ [fig.] abondance [du style], fécondité, richesse : Cic. *de Or.* 2, 88.

fēcundĭtō, ās, āre, -, -, fréq. de *fecundo* : CIL 6, 15270.

fēcundō, ās, āre, āvī, ātum (*fecundus*), tr., féconder, fertiliser : Virg. *G.* 4, 291.

fēcundus, a, um (**dheH₁(y)-*, cf. *femina* et *inciens, fello, felix*, θῆλυς, scr. *dhayati*) ¶ 1 fécond, fertile : *fit terra fecundior* Cic. *CM* 53, la terre devient plus fertile; *sue nihil fecundius* Cic. *Nat.* 2, 160, rien de plus fécond que la truie ‖ [avec gén.] *tellus metallorum fecunda* Plin. 33, 78, sol abondant en minerais ‖ [avec in acc.] Just. 44, 1, 4 ¶ 2 [fig.] riche, fécond [en parl. d'un orateur] : Cic. *Or.* 15 ‖ [avec abl.] *amor et melle et felle est fecundissimus* Pl. *Cis.* 69, l'amour surabonde et de miel et de fiel, cf. Tac. *H.* 1, 51; 2, 92; 4, 50 ‖ [avec gén.] *fecunda culpae saecula* Hor. *O.* 3, 6, 17, siècle fécond en crimes, cf. Tac. *An.* 4, 65; 6, 27; [avec in acc.] Sil. 2, 498 ¶ 3 abondant : *quaestus fecundus* Cic. *Har.* 42, gain abondant; *segetes fecundae* Cic. *Or.* 48, moissons abondantes ¶ 4 qui fertilise : *Nilus* Plin. 5, 54, le Nil fécondant; *fecundi imbres* Virg. *G.* 2, 325, pluies fertilisantes.

fēdus, v. *faedus* : Varr. *L.* 5, 97.

fĕfellī, parf. de *fallo*.

fĕfellītus, a, um, v. *fallo* ►.

fĕl, fellis, n. (**ghel-n-*, cf. *florus, holus*, χολή, al. *Galle*, an. *gall*; fr. *fiel*) ¶ 1 fiel : Cic. *Div.* 2, 29 ‖ *vipereum* Ov. *Pont.* 1, 2, 18, venin d'une vipère ‖ [fig.] fiel, amertume : Pl. *Cis.* 69; Tib. 2, 4, 11 ‖ bile, colère : Virg. *En.* 8, 220 ‖ pr. *fella*, Cael.-Aur. *Acut.* 3, 19, 188 ¶ 2 *terrae* Plin. 25, 68, petite centaurée [plante].

fēlēs (faelēs), fēlis (faelis), is, f. (peu net, cf. *meles*) ¶ 1 chat, chatte : Cic. *Tusc.* 5, 78; *Nat.* 1, 82 ¶ 2 martre, putois : Varr. *R.* 3, 11, 3; Col. 8, 3, 6 ‖ [fig.] = ravisseur : Pl. *Pers.* 751; *Ru.* 748.
► orth. *faelis* Cic. mss.

fēlĭcātus, v. *filicatus*.

Fēlĭcĭo, ōnis, m. (1 *felix*), l'homme heureux [surnom] : Petr. 67, 9.

1 fēlīcĭtas, ātis, f. (1 *felix*), bonheur, chance, (bonne étoile) : Cic. *Phil.* 2, 59; Caes. *G.* 1, 40, 13; [pl.] Cic. *Mil.* 84 ‖ fécondité, fertilité : Plin. 18, 170 ‖ [chrét.] bonheur du ciel : Aug. *Civ.* 11, 2.

2 Fēlīcĭtas, ātis, f., la Félicité [déesse] : Cic. *Verr.* 4, 4; Suet. *Tib.* 5 ‖ *Felicitas Julia* Plin. 4, 117; c. *Olisipo*.

fēlīcĭter, adv. (*felix*), heureusement, avec bonheur : Cic. *Mur.* 1; Caes. *G.* 4, 25, 3 ‖ [en souhait] bonne chance ! bonne réussite ! : Cic. *Att.* 13, 42, 1; Suet. *Cl.* 7 ‖ *-cius* Virg. *G.* 1, 54; *-cissime* Caes. *C.* 1, 7, 6; Cic. *Rep.* 2, 15.

fēlīcĭtō, ās, āre, -, - (*felix, felicitas*), tr., rendre heureux : Don. *Vit. Virg.* 4.

felicula, v. *filic-*.

fēlĭcŭlus, a, um (dim. de *felix*), assez heureux : Tert. *Val.* 7, 3.

Feligĭnātes, ĭum, m. pl., ancienne ville d'Italie : Plin. 3, 114.

fēlĭneus, a, um (*feles*), de chat : Serv. G. 3, 82.

fēlĭō, īs, īre, -, - (*feles*), intr., crier [en parl. du léopard] : Suet. *Frg.* 161.

fēlis, is, f., v. *feles*.

1 fēlīx, īcis (cf. *fecundus, femina, fello*) ¶ 1 fécond, fertile : *arbor* Cat. d. Fest. 81, 26, arbre qui porte des fruits, arbre fruitier, cf. Lucr. 5, 1378; Virg. *G.* 2, 81; Liv. 5, 24, 2; *felicior regio* Ov. *Pont.* 2, 10, 51, région plus fertile, cf. Plin. 3, 60 ¶ 2 pour qui tout vient heureusement, qui a de la chance, heureux : Cic. *Fin.* 5, 92; *-cissimus* Sall. *J.* 95, 4; *vir ad casum fortunamque felix* Cic. *Font.* 43, heureux sous le rapport des événements et du sort; *ab omni laude felicior* Cic. *Brut.* 63, mieux partagé sous le rapport de la considération en général; *si minus felices in deligendo fuissemus* Cic. *Lae.* 60, si nous avions été malheureux dans notre choix; *Praxiteles marmore felicior* Plin. 34, 69, Praxitèle plus heureux comme sculpteur [dans le marbre], cf. Liv. 3, 17, 2 ‖ [poét., postclass.] [avec gén.] heureux sous le rapport de : Hor. *S.* 1, 9, 12; Virg. *G.* 1, 277; Ov. *M.* 5, 267; Plin. 14, 7; [avec inf.] heureux pour ce qui est de faire qqch. : *dies felix ponere vitem* Virg. *G.* 1, 284, jour favorable pour planter la vigne; *felicior ungere...* Virg. *En.* 9, 772, plus habile à imprégner... ¶ 3 heureux, qui a un heureux résultat : *industria* Plin. 14, pr. 3, activité heureuse; *felicissimus sermo* Quint. 9, 4, 27, le style le plus heureux, qui réussit le mieux ¶ 4 qui rend heureux, favorable, de bon augure : *o dea... sis felix* Virg. *En.* 1, 330, ô déesse... sois propice; *quod tibi mihique sit felix* Liv. 22, 30, 4, et puisse cet acte être heureux pour toi et pour moi, cf. Cic. *Div.* 1, 102; Varr. *L.* 6, 86 ‖ bienfaisant : *felix malum* Virg. *G.* 2, 127, pomme salutaire; *felicia poma* Ov.

M. 9, 92, fruits savoureux, cf. *M. 13, 719* ;
14, 627 ; **felix limus** Virg. *G. 2*, 188, limon
fertile ¶ **5** subst. Felix, l'Heureux [surnom,
en part. de Sylla] : Liv. 30, 45, 6 ; Plin. 7, 137
∥ [chrét.] pl., les bienheureux [au ciel] : Leo-
M. *Serm. 9, 2*.

2 **fĕlix**, v. *filix*.

fellātŏr, ōris, m. et, **-trix**, īcis, f.
(*fello*), celui, celle qui suce : Mart. 14, 74 ;
CIL 4, 1825.

fellĕbris, e, qui suce : Solin. 2, 33.

fellĕus, a, um (*fel*), de fiel : Plin. 26, 124.

fellĭco, v. *fellito*.

fellĭcŭla, ae, f. (*fel*), bile : Isid. 4, 5, 4.

fellĭdūcus, a, um (*fel, duco*), qui attire
la bile : Cael-Aur. *Chron. 3, 4, 63*.

fellĭflŭus, a, um (*fel, fluo*), qui a un
écoulement de bile : Cael-Aur. *Acut. 3,
19, 188*.

fellĭnĕus, a, um (*fel*), de bile : Cael.-
Aur. *Chron. 4, 7, 92*.

fellĭnōsus, a, um (*fel*), bilieux : Gloss.
5, 456, 19.

fellĭtō, ās, āre, -, - (fréq. de *fello*), tr.,
sucer, téter : Arn. 2, 39 ; Solin. 45, 17.

fellītus, a, um (*fel*), de fiel, amer : Aug.
Serm. 254, 4 ; Pelag. 11 ∥ [fig.] rempli de
fiel : Cassiod. *Var. 1, 13, 2*.

fello, ās, āre, āvī, - (cf. *felix, fecundus*),
tr., sucer, téter : Varr. *Men. 261*.

fellōsus, a, um, bilieux : Cael-Aur.
Chron. 4, 6, 84.

fĕlo, c. *fello* : CIL 4, 2268.

Felsĭna, ae, f., c. *Bononia* : Plin. 3, 115.

Feltrĭa, ae, f., ville de Vénétie [Feltre]
Atlas XII, B3 : CIL 5, 2071 ∥ **-iensis**, e, de
Feltria : CIL 5, 2068 ∥ **-trīni**, ōrum, m. pl.,
habitants de Feltria : Cassiod. *Var. 5, 9*.

fĕmella, ae, f. (dim. de *femina* ; fr.
femelle), petite femme : Catul. 55, 7.

fĕmellārius, ii, m., ⇒ *mulierarius* :
Isid. 10, 107.

***fĕmen**, [nom. factice tiré de la flexion en
-n- de *femur* : Prisc. 2, 238, 15 P. Fest. 81,
19 ; inus. selon Char. 131, 2] v. *femur,
femus*.

fĕmĭna, ae, f. (cf. *fecundus, felix* ; fr.
femme), femme : Cic. *Div. 1, 52* ∥ femelle :
Cic. *Nat. 2, 128* ; **porcus femina** Cic. *Leg.
2, 57*, truie ; **anas** Plin. 29, 104, cane ∥ [fig.]
carbunculi masculi et feminae Plin. 37,
92, escarboucles, mâles et femelles ; **femina cardo** Vitr. 9, 8, 11, mortaise [où
s'engage le tenon] ∥ [gram.] genre féminin :
Quint. 1, 4, 24.

▶ dat. pl. *feminabus* CIL 8, 9108.

fĕmĭnal, ālis, n. (*femina*), sexe de la
femme : Apul. *M. 2, 17*.

fĕmĭnālĭa, ium, n. (*femen*), bandes
pour envelopper les cuisses : Suet. *Aug.
82*.

fĕmĭnā mās, androgyne, hermaphrodite : Tert. *Val. 10, 3*.

fĕmĭnĕus, a, um (*femina*), de femme,
féminin : Virg. *En. 2, 488* ; Ov. *Am. 1, 13,
23* ; **femineo Marte cadendum** Ov. *M. 12,
610*, il faut périr de la main d'une
femme ; **femineae Kalendae** Juv. 9, 53,
les calendes de mars [fêtées par les
matrones] ∥ [fig.] féminin, efféminé, mou,
faible, délicat : Virg. *En. 11, 782*.

fĕmĭnĭlis, e (*femina*), de femme : Pomp.-
Gr. 5, 165, 5.

fĕmĭnĭnē, adv., [gram.] au genre féminin :
Arn. 1, 59.

fĕmĭnĭnus, a, um (*femina*), féminin, de
femme : Plin. 10, 189 ; Quint. 1, 4, 24 ∥
[gram.] du genre féminin : Varr. *R. 3, 5, 6* ;
Quint. 1, 5, 54.

fĕmĭnō, ās, āre, -, - (*femina*), intr., se
polluer : Cael.-Aur. *Chron. 4, 9, 133*.

fĕmŏrālis, e (*femur*), de cuisse : Jul.-
Val. *3, 17* ∥ subst. n. pl., c. *feminalia* :
Vulg. *Eccli. 45, 10*.

fĕmŭr, **fĕmĭnis**, puis **fĕmŏris**, n.
(cf. *femen* ; obscur), cuisse : Pl. *Mil. 204* ;
Cels. 8, 1, 24 ; Cic. *Brut. 278* ; Caes. *G. 7,
73, 6* ∥ [archit.] jambage [plat du triglyphe] :
Vitr. 4, 3, 5 ∥ **femur bubulum** : Plin. 27, 81,
plante inconnue ∥ [chrét.] membre, organes génitaux : Vulg. *Gen. 46, 26* ∥ [fig.]
race, descendance : Hier. *Quaest. 63, 7*.

▶ fléchi d'abord sur *femin-* au sg. et au pl.,
sauf Cic. *Verr. 4, 93* ; *femore* Ov. et Luc. ;
ensuite progression de *femor-* surtout au
sg. ; seulement *femor-* Vulg. ; v. *femen,
femus*.

fĕmŭs, n., autre forme du mot *femur, oris*
(cf. *corpus, oris*) : Apul. *M. 8, 31*.

fēnārius (faen-), a, um, relatif au
foin : Cat. *Agr. 10, 3* ; Varr. *L. 137* ∥ subst.
m., marchand de foin : CIL 6, 8570.

fendĭcae, ārum, f. pl. (cf. *findo*), tripes :
Arn. 7, 24.

***fendō**, ĭs, ĕre, -, - (v. *defendo* ; verbe
simple inusité), frapper, heurter : Prisc. 2,
435, 4.

fēnēbris (faen-), e (*fenus*, cf. *funebris*), qui concerne l'usure, usuraire : Liv. 7,
21, 5 ; 35, 7, 2 ; **pecunia** Suet. *Cal. 41*,
argent prêté à usure.

Fenectānus, a, um, de Fenectum [ville
inconnue du Latium] : Liv. 8, 12, 5.

fēnĕrārius (faen-), ii, m. (*fenus*),
usurier : Cassiod. *Var. 10, 28, 1*.

fēnĕrātīcius (faen-), a, um (*fenus*),
qui concerne l'usure : Cod. Just. 4, 30, 14.

fēnĕrātĭō (faen-), ōnis, f. (*fenero*),
usure : Cic. *Verr. 2, 170* ; [fig.] *Fin. 2, 117*.

fēnĕrātō (faen-), adv., avec usure, à
usure : Pl. *As. 896* ; *Men. 604*.

fēnĕrātŏr (faen-), ōris, m. (*fenero*),
celui qui prête à intérêt : Cic. *Att. 5, 21, 12* ;
Quint. 7, 1, 20 ∥ usurier : Cat. *Agr. pr. 1* ;
Cic. *Off. 1, 150* ; Sall. *C. 33, 1*.

fēnĕrātrix (faen-), īcis, f., usurière :
Val.-Max. 8, 2, 2.

fēnĕrō (faen-), ās, āre, āvī, ātum
(*fenus*), tr. ¶ **1** prêter à intérêt : **pecuniam**
Dig. 22, 1, 11, placer son argent à intérêt ;
[fig.] **demus beneficia, non feneremus** Sen.
Ben. 1, 1, 9, que nos bienfaits soient un
don, non un prêt, cf. Cic. *Frg. J. 24* ;
feneratum beneficium Ter. *Phorm. 493*,
bienfait placé à intérêt [destiné à rappor-
ter] ∥ [abst] pratiquer l'usure : Dig. 22, 1, 11 ;
Sen. *Ep. 94, 14* ∥ **Minerva omnes deos
fenerat** Mart. 1, 76, 6, Minerve fait
argent de tous les dieux, spécule sur
tous les dieux ∥ **mortes feneraverunt**, ils se
prêtèrent (donnèrent) la mort avec usure
[expr. du rhéteur Gargonius, critiquée par
Sen. *Suas. 7, 14*] ¶ **2** rendre avec intérêt,
avec usure : Ter. *Ad. 219*.

fēnĕrŏr (faen-), āris, ārī, ātus sum
(*fenus*), tr., avancer, prêter à intérêt [pr. et
fig.] : **pecuniam binis centesimis** Cic. *Verr.
3, 165*, prêter de l'argent à deux pour
cent [par mois] ; **beneficium** Cic. *Lae. 31*,
placer un bienfait à intérêts, spéculer sur
un bienfait ; [abst] faire de l'usure : Cat.
Agr. pr. 1 ; Cic. *Off. 2, 89*.

1 **fĕnestella**, ae, f. (dim. de *fenestra*),
petite fenêtre : Col. 8, 3, 3.

2 **Fĕnestella**, ae, f., nom d'une porte de
Rome : Ov. *F. 6, 578*.

3 **Fĕnestella**, ae, m., écrivain latin du
temps d'Auguste : Gell. 15, 28, 4.

fĕnestra, ae, f. (étr. ? ; it. *finestra*),
fenêtre : Cic. *Att. 2, 3, 2* ∥ pl., meurtrières :
Caes. *C. 2, 9* ∥ trou, ouverture : Virg. *En. 2,
482* ; Juv. 1, 104 ∥ [fig.] accès, avenue, voie :
Ter. *Haut. 481* ; Tiber. D. Suet. *Tib. 28*.

fĕnestrō, ās, āre, āvī, ātum (*fenestra*),
tr., munir de fenêtres : Plin. 11, 148 ;
fenestrata triclinia Varr. *L. 8, 29*, salles
à manger garnies de fenêtres ; [fig.] Vitr.
3, pr. 1.

fĕnestrŭla, ae, f. (*fenestra*), petite fenêtre (ouverture) : Apul. *M. 9, 42*.

fēnĕus (faen-), a, um (*fenum*), de foin :
Aug. *Conf. 9, 7, 16* ∥ [fig.] **homines faenei**
Cic. *Frg. or. A 7, 3*, mannequins (de foin),
cf. Ascon. *p. 62* ∥ [tard.] vil, sans valeur :
Aug. *Acad. 3, 18, 41*.

Fēnĭcŭlārĭus campus, m., Champ
de fenouil [lieu de la Tarraconaise] : Cic. *Att.
12, 8*.

fēnĭcŭlum, i, n. (dim. de *fenum*), fenouil
[plante] : Plin. 20, 254.

fēnīlĕ (faen-), is, n. (*fenum* ; fr. *fenil*),
fenil [lieu où l'on entasse le foin] : Vitr. 6, 6,
5 ; Virg. *G. 3, 321* ∥ champ de foin : Gloss.
2, 478, 6.

fēnĭsĕca, ae, m. (*fenum, seco*), faucheur : Col. 2, 18, 4.

fēnĭsecta (faen-), ōrum, n. pl., foin
fauché : Varr. *L. 5, 136*.

fēnĭsectŏr, ōris, m., v. *fenisex* : Col.
11, 1, 12.

fēnĭsex (faen-), ĭcis, m. (*fenum, seco*),
faucheur : Varr. *R. 1, 49, 2*.

fenisicia

fēnĭsĭcĭa (faen-), *ae*, f. (*fenum, seco*), Varr. *R.* 1, 47, **-cĭa**, *ōrum*, n. pl., Varr. *R.* 1, 17, 2; 3, 2, 6, fenaison.

Fenĭus, *ĭi*, m., nom d'homme : Tac. *An.* 13, 22.

Fenni (Fin-), *ōrum*, m. pl., Finnois [peuple de la Scandinavie] : Tac. *G.* 46.

fensō, *ās*, *āre*, -, *ātum* (fréq. de *fendo*), tr., protéger : Diosc. *Ep.* 17, 3.

fenugraecum, Cael.-Aur. *Acut.* 3, 3, 16, **fenograecum**, Gloss. 3, 469, 2, ▶ *fenum*.

fēnum (faenum), *i*, n. (cf. 2 *fetus, felix* ; fr. *foin*), foin : Cat. *Agr.* 5, 8 ; Cic. *de Or.* 2, 233 ‖ [prov.] *fenum habet in cornu* Hor. *S.* 1, 4, 34, il est enragé [on attachait une poignée de foin aux cornes des bœufs dangereux] ‖ *fenum graecum* Col. 2, 10, 33, fenugrec [plante].

fēnus (faenus), *ŏris*, n. (cf. 2 *fetus, fenum, fecundus*), rapport, produit, intérêt de l'argent prêté, profit, gain, bénéfice : Varr. d. Gell. 16, 12, 7 ; Cic. *CM* 51 ; *pecuniam fenori dare* Cic. *Verr.* 2, 70, prêter de l'argent à intérêt ; *iniquissimo fenore* Cic. *Att.* 16, 15, 5, à un taux exorbitant ; *pecuniam occupare grandi fenore* Cic. *Flac.* 51, prêter à gros intérêts ; *positi in fenore nummi* Hor. *S.* 1, 2, 13, argent placé à intérêt ‖ capital : Cic. *Att.* 6, 1, 4 ; Tac. *G.* 26 ‖ *nauticum fenus* Dig. 45, 1, 122, 1 ; Cod. Just. 4, 33, 3, prêt à intérêt maritime, prêt à la grosse aventure [sorte d'assurance maritime : les intérêts, très élevés, seront payés ainsi que le capital, seulement si la cargaison arrive à bon port].

fēnuscŭlum (faen-), *i*, n. (dim. de *fenus*), petit intérêt [de l'argent] : Pl. *Ps.* 287.

fĕr, impér. de *fero*.

fĕra, *ae*, f. (2 *ferus*), bête sauvage : Cic. *Amer.* 71 ; *Off.* 1, 50 ; Caes. *G.* 6, 25.

fĕrācĭtās, *ātis*, f. (*ferax*), fertilité, fécondité : Col. 3, 2, 31.

fĕrācĭtĕr, adv. (*ferax*), avec fertilité : Liv. 6, 1, 3.

ferae, *ārum*, f. pl., ▶ *fera*.

Fērālĭa, *ĭum*, n., fêtes en l'honneur des dieux Mânes : Ov. *F.* 2, 569.

1 fērālis, *e* (cf. *feriae* ?), qui a rapport aux dieux Mânes : Ov. *F.* 2, 344 ; *mensis* Col. 10, 191, le mois de février ‖ funèbre, qui a rapport aux morts : Virg. *En.* 4, 462 ‖ [fig.] fatal, funèbre, funeste : *ferale bellum* Tac. *H.* 5, 25, guerre funeste ‖ *ferale* [n. pris adv^t] d'une manière lugubre : Claud. *Pros.* 3, 130 ‖ *-lior* Pacat. ; Paneg. 12, 46, 3 ; *-lissimus* Salv. *Gub.* 6, 2, 13.

2 fērālis, *e* (2 *ferus*), de bête sauvage : Aug. *Serm.* 307, 1.

fērālĭtĕr, adv. (1 *feralis*), d'une manière fatale : Fulg. *Myth.* 3, 1.

fĕrax, *ācis* (*fero*) ¶ 1 fertile, fécond : Cic. *Verr.* 3, 104 ; *-cissimus* Caes. *G.* 2, 4, 6 ‖ [poét.] *venenorum ferax* Hor. *Epo.* 5, 22, qui produit beaucoup de poisons, cf. Ov. *M.* 7, 470 ; Plin. *Ep.* 2, 17, 15 ; [avec abl.] *ferax uvis* Ov. *Am.* 2, 16, 7, fertile en raisin, cf. Virg. *G.* 2, 222 ‖ [fig.] *nullus feracior locus* Cic. *Off.* 3, 5, pas de sujet plus fécond ¶ 2 qui féconde : Pall. 12, 5.

ferbĕo, ferbesco, ▶ *ferv-*.

ferbŭī, parf. de *ferveo*.

ferctum, ▶ *fertum*.

fercŭlum (fĕrĭc-, Sen. *Ep.* 90, 15), *i*, n. (*fero*) ¶ 1 plateau [pour porter un plat] : Petr. 35, 1 ‖ mets, plat : Hor. *S.* 2, 6, 104 ¶ 2 brancard [pour porter les dépouilles, les objets sacrés, certains captifs] : Liv. 1, 10, 5 ; [les porteurs eux-mêmes] Cic. *Off.* 1, 131.

fĕrē (cf. *ferme, fretus*), adv. ¶ 1 presque, environ : *non fere multum differre* Cic. *Brut.* 150, n'avoir presque pas de différence ; *nemo fere, nullus fere, nihil fere, numquam fere*, presque personne, presque aucun, presque rien, presque jamais ; *decem fere homines, tertia fere hora, omnes fere cives, eodem fere tempore*, environ dix hommes, la troisième heure environ, presque tous les citoyens, vers la même époque : *haec fere dicere habui* Cic. *Nat.* 3, 93, c'est à peu près ce que j'avais à dire ¶ 2 presque toujours, d'ordinaire, généralement : *fit fere ut* Cic. *Rep.* 6, 10, il arrive d'ordinaire que ; *statuae ornatu fere militari* Cic. *Off.* 1, 61, les statues ayant en général l'habit guerrier, cf. Cic. *Pomp.* 24 ; *Brut.* 207 ; Caes. *G.* 3, 18, 6 ; 6, 30, 3 ¶ 3 [tard.] tout à fait : *multi fere* Cypr. *Ep.* 59, 10, un bien grand nombre de gens.

fĕrentārĭus, *ĭi*, m. (*fero* ou *ferio*?), soldat armé à la légère : Sall. *C.* 60, 2 ; Tac. *An.* 12, 35, cf. P. Fest. 75, 14 ‖ [fig.] aide : Pl. *Trin.* 456.

Fĕrentīnum, *i*, n. ¶ 1 ville du Latium, chez les Herniques [Ferentino] : Liv. 4, 51, 7 ; 7, 9, 1 ; Hor. *Ep.* 1, 17, 8 ‖ **-tīnus**, *a, um*, de Ferentinum : Sil. 8, 394 ; *caput aquae Ferentinae* Liv. 1, 51, 9 ; ou *caput Ferentinum* Liv. 2, 38, 1, source d'une rivière près de Ferentinum ‖ **Fĕrentīna**, *ae*, f., déesse Férentina [ayant un temple près de Ferentinum] : Liv. 1, 50, 1 ‖ **-tīni**, *ōrum*, m. pl., habitants de Ferentinum : Sil. 8, 393 ; **-tīnās**, *ātis*, ▶ *-tinus* : Liv. 26, 9, 11 ; **-tīnātes**, *ĭum*, m. pl., les habitants de Ferentinum : Liv. 34, 42, 5 ¶ 2 ville d'Étrurie Atlas XII, D3 : Plin. 3, 52 ; Tac. *An.* 15, 53 ‖ **municipium Ferentium**, même sens : Tac. *H.* 2, 50 ; **municipium Ferenti**, Vitr. 2, 7, 4, **colonia Ferentiensis**, Grom. 216, 3.

Fĕrentum, ▶ *For-* [qqs mss].

Fĕretrĭus, *ĭi*, m. (*fero*), Férétrien [surnom de Jupiter, à qui on porte des dépouilles] : Liv. 1, 10, 6 ; Prop. 4, 10, 45 ‖ [fig.] *Amori Feretrio* Ter.-Maur. 6, 403, 2633, à l'Amour vainqueur.

fĕretrum, *i*, n. (φέρετρον), brancard [pour porter les dépouilles, les offrandes] : Sil. 5, 168 ‖ [pour porter les morts] Virg. *En.* 6, 222.

fērĭa, *ae*, f. (fr. *foire*), ▶ *feriae* : P. Fest. 75, 22 ‖ jour de la semaine [formule chrétienne pour remplacer les dénominations païennes] : *feria quarta et sexta* Tert. *Jejun.* 2, la quatrième et la sixième férie [le mercredi et le vendredi].

fērĭae, *ārum*, f. pl. (*festus, fas*, θέμις), jours consacrés au repos, fêtes, féries : Cic. *Leg.* 2, 29 ; *feriae Latinae* Varr. *L.* 6, 25, les féries Latines ; *forenses* Cic. *de Or.* 3, 85, vacances des tribunaux ; *piscatorum* Cic. *Off.* 3, 59, jours de fêtes pour les pêcheurs ‖ repos, relâche : Hor. *O.* 4, 5, 37. ▶ arch. *fesiae* P. Fest. 76, 17.

fērĭātĭci dĭēs, m. (*ferior*), jours fériés : Ulp. *Dig.* 2, 12, 2.

fērĭātus, *a, um*, part.-adj. de *ferior*, qui est en fête : Varr. *R.* 1, 6, 14 ‖ oisif, de loisir : Pl. *Mil.* 7 ; [avec *ab*, "sous le rapport de"] Cic. *de Or.* 3, 58 ‖ calme, paisible : Prud. *Perist.* 6, 196.

fērĭcŭla, *ae*, f. (dim. de *fera*), petit animal : Gloss. 2, 328, 29.

fĕrĭcŭlum, ▶ *ferculum*.

fĕrĭcŭlus, *i*, m., ▶ *ferculum* : Petr. 39, 4.

fĕrīnunt, ▶ *ferio* ▶.

fĕrīnus, *a, um* (*fera*), de bête sauvage : Sall. *J.* 18, 1 ; Lucr. 5, 1417 ; Virg. *En.* 11, 571 ‖ **fĕrīna**, *ae*, f., viande de gros gibier, venaison : Virg. *En.* 1, 215 ; Plin. 13, 43.

fĕrĭō, *īs*, *īre*, -, - (cf. *foro*, al. *bohren*, πέρθω, scr. *bhṛn-ti*; fr. *férir*), tr. ¶ 1 frapper : *adversarium* Cic. *Tusc.* 2, 56, frapper l'adversaire ; *parietem* Cic. *Cael.* 59, frapper le mur ; *murum arietibus feriri vident* Sall. *J.* 76, 6, ils voient que les béliers battent le mur ; *securi feriri* Cic. *Pis.* 84, être frappé de la hache ; *navem in puppim ferire* Virg. *En.* 1, 115, frapper le navire sur la poupe ; *mare* Virg. *En.* 3, 290, battre la mer avec les rames ; *uvas pede* Tib. 2, 5, 85, fouler le raisin ‖ *stricto retinacula ferro* Virg. *En.* 4, 580, couper les amarres avec le fer nu ‖ immoler, sacrifier : *porcum* Liv. 9, 5, 3, immoler un porc ; *foedus*, conclure un traité [parce qu'on immolait en même temps une victime] : Cic. *Inv.* 2, 92 ; *Rab. Post.* 6 ; Liv. 2, 33, 4 ¶ 2 frapper, atteindre : *his spectris etiamsi oculi possent feriri* Cic. *Fam.* 15, 16, 2, même si les yeux pouvaient être frappés de ces spectres ; *ferit aethera clamor* Virg. *En.* 5, 140, les cris frappent la voûte éthérée ; *sidera vertice* Hor. *O.* 1, 1, 36, toucher de la tête les astres ; *res quae feriunt oculorum acies* Lucr. 4, 691, les choses qui frappent la vue ‖ *minus multa patent in eorum vita, quae fortuna feriat* Cic. *Off.* 1, 73, dans leur vie il y a moins de place exposée aux coups de la fortune ; *medium ferire* Cic. *Fat.* 39, atteindre, observer le juste milieu ; *ferietur alio munere* Ter. *Phorm.* 47, il sera frappé d'un autre impôt ¶ 3 frapper, battre la monnaie : *asses* Plin. 33, 44, frapper des as, cf. *CIL* 1, p. 200 ‖ *carmen* Juv. 7, 54, forger des vers ; *balba verba*

HOR. S. 2, 3, 274, émettre péniblement des paroles balbutiantes.

► parf. *ferii* CHAR. 251, 24; part. fut. *feriturus* SERV. *En.* 7, 498; imparf. *feribant* OV. *F.* 4, 795; *ferinunt* arch. pour *feriunt* FEST. 160, 3.

fĕrĭor, *ārĭs*, *ārī*, *ātus sum* (*feriae*), intr., être en fête, chômer une fête: VARR. *L.* 6 ‖ être en repos: SIDON. *Ep.* 9, 11, 7; MACR. *Somn.* 1, 7, 6; v. *feriatus*.

fĕrĭtās, *ātis*, f. (*ferus*), mœurs sauvages, barbarie, cruauté: CIC. *Off.* 3, 32; *Sest.* 91 ‖ aspect sauvage [d'un lieu] OV. *Pont.* 2, 2, 112 ‖ dureté [du vin]: PLIN. 14, 124.

fĕrĭtō, *ās*, *āre*, -, - (fréq. de *ferio*), tr., SOLIN. 56, 18.

Fĕrītŏr, *ōris*, m., rivière de Ligurie: PLIN. 3, 48.

fermē, adv. (superl. de *fere*, pour **ferime*) ¶ 1 d'une manière très approximative, presque, à peu près, environ: PL., TER.; CIC. *Tim.* 42; LIV. 1, 40, 1; 30, 10, 7 ‖ *non ferme* CIC. *Rep.* 1, 69; *nihil ferme* CIC. *Brut.* 161, à peu près pas, à peu près rien; *satis ferme* CIC. *Tim.* 52, à peu près assez ¶ 2 d'ordinaire, communément: *quod ferme evenit* CIC. *Rep.* 1, 65, ce qui arrive presque toujours, cf. SALL. *J.* 74, 3; LIV. 9, 30, 3; 21, 54, 1.

fermēmŏdum, adv., presque: GELL. 18, 12, 10.

fermentācĭus, *a*, *um*, ISID. 20, 2, 5, **fermentālis**, *e* (*fermentum*), *FEST. 298, 27, fermenté.

fermentātĭō, *ōnis*, f. (*fermento*), fermentation: TERT. *Marc.* 4, 30, 3.

fermentātus, *a*, *um*, part. de *fermento*.

fermentescō, *ĭs*, *ĕre*, -, - (*fermentum*), intr., entrer en fermentation, s'ameublir [en parl. de la terre]: PLIN. 17, 15.

fermentō, *ās*, *āre*, *āvī*, *ātum* (*fermentum*), tr. ¶ 1 faire fermenter, faire entrer en fermentation: COL. 2, 14, 1 ‖ [pass.] lever, fermenter: PLIN. 18, 103 ¶ 2 amollir [la terre]: VARR. *R.* 1, 38, 1 ¶ 3 [fig.] aigrir: PAUL.-NOL. 10, 263.

fermentōsus, *a*, *um* (*fermentum*), qui fermente: VIDIC. *Med.* 32.

fermentum, *i*, n. (*fervo*, *ferveo*) ¶ 1 ferment, levain: PLIN. 18, 102 ‖ fermentation: PLIN. 17, 159 ‖ orge ou blé fermenté servant à fabriquer la cervoise: VIRG. *G.* 3, 380 ¶ 2 [fig.] colère: PL. *Cas.* 325 ‖ dépit, aigreur: JUV. 3, 188 ¶ 3 [chrét.] ferment spirituel, ce qui agit en bien ou en mal sur l'esprit de l'homme: VULG. *1 Cor.* 5, 7.

fĕrō, *fers*, *fert*, *ferre*, *tŭlī*, *lātum* (cf. *fors*, *forda*, *fur*, *probrum*, *manubrium*, φέρω, scr. *bharati*, al. *gebären*, an. *bear*), tr.

¶ 1 "porter" ¶ 2 [fig.] "porter le nom de" ¶ 3 "supporter", *aegre, moleste ferre aliquid* ¶ 4 "porter, présenter" *legem, rogationem* (ad populum, ad plebem), *ferre (ad plebem) ut* "proposer au peuple que", avec interr. indirecte, [part. n. à l'abl absolu] *lato ad populum ut*, *aliquem judicem ferre* "proposer qqn comme juge", *sententiam ferre* "voter" ¶ 5 "comporter" *ut aetas illa fert* "comme c'est naturel à son âge", *natura fert ut* ¶ 6 "porter sur le livre de comptes" ¶ 7 "raconter, colporter" avec prop. infin., *ut ferunt, ut fertur* ¶ 8 "obtenir, emporter", *ferre atque agere* ¶ 9 "porter, produire" ¶ 10 "déplacer", *ferri, se ferre* (*obviam alicui*) ¶ 11 [fig.] "diriger, mener", *fert animus* avec inf. "avoir l'intention de" ¶ 12 [poét.] "emporter".

¶ 1 porter: *cibaria, vallum* CIC. *Tusc.* 2, 37, porter les vivres, un pieu; *lectica latus* CIC. *Phil.* 2, 106, porté en litière ‖ *ventrem* LIV. 1, 34, 3, être enceinte ‖ *arma* CAES. *G.* 1, 29, 1, porter les armes ¶ 2 [fig.] *nomen alicujus* CIC. *Off.* 3, 74, porter le nom de qqn: *alicui opem auxiliumque* CIC. *Verr.* 2, 9, porter à qqn aide et secours; *aliquid prae se ferre* CIC. *Arch.* 26; *ante se* SEN. *Ep.* 11, 10, porter devant soi, étaler, afficher (qqch.); *prae se ferre* [prop. inf.] faire voir ostensiblement que: CIC. *Nat.* 2, 47 ¶ 3 supporter: *impetum* CAES. *G.* 3, 19, 3, supporter le choc; *plagas silentio* CIC. *Tusc.* 2, 46, supporter des coups sans se plaindre; *optimates quis ferat?* CIC. *Rep.* 1, 50, qui supporterait l'aristocratie?; *ferunt aures hominum illa... laudari* CIC. *de Or.* 2, 344, les oreilles humaines supportent qu'on fasse l'éloge de ces choses ‖ *aegre, moleste, acerbe, ferre aliquid*, supporter qqch. avec peine, cf. CIC. *Tusc.* 4, 40; *discessit aegre ferens* CIC. *Div.* 1, 73, il s'éloigna avec dépit; *si quis aegre ferat se pauperem esse* CIC. *Tusc.* 4, 59, si qqn supportait mal d'être pauvre ‖ *de Lentulo sic fero, ut debeo* CIC. *Att.* 4, 6, 1, touchant Lentulus j'éprouve les sentiments que je dois; *numquid moleste fers de illo?* CIC. *Att.* 6, 8, 3, est-ce que tu t'apitoies sur cet homme ¶ 4 porter, présenter: *legem, rogationem*, présenter une loi, une proposition de loi, cf. CIC. *Off.* 2, 73; *Sull.* 65; *ad populum, ad plebem* CIC. *Clu.* 140; *Brut.* 89, présenter au peuple, porter devant le peuple; *ad plebem ferre ut...* CIC. *Phil.* 2, 110, proposer au peuple que...; *ferre ad plebem, vellentne...* CIC. *Fin.* 2, 54, porter devant le peuple la question de savoir si l'on voulait...; *nihil de me tulisti, quominus essem...* CIC. *Dom.* 82, dans ta loi qui me concerne, il n'y a rien qui m'empêche d'être...; *de capite ferri non potest, nisi comitiis centuriatis* CIC. *Sest.* 73, sur une affaire capitale il ne peut être porté de loi que par l'assemblée des centuries ‖ [part. n. à l'abl. absolu] *lato ad populum ut...* LIV. 23, 14, 2, la proposition ayant été faite au peuple que... ‖ présenter à l'agrément (*aliquid alicui*): LIV. 34, 19, 3; v. *venia* ‖ *aliquem judicem ferre* CIC. *Com.* 45, proposer qqn comme juge, cf. CIC. *de Or.* 2, 285; LIV. 3, 57, 5 ‖ *sententiam, suffragium*, donner son suffrage, voter, cf. CIC. *Rep.* 1, 47; *Balb.* 34 ¶ 5 comporter: *ut aetas illa fert* CIC. *Clu.* 168, comme cet âge le comporte, comme c'est naturel à cet âge; *ut hominum opinio et religio fert* CIC. *Verr.* 5, 185, ainsi que le veulent l'opinion populaire et la croyance religieuse; *eadem, si vestra voluntas feret, consequemur* CIC. *Pomp.* 70, ces mêmes avantages, je les obtiendrai, si vous êtes d'accord; *natura fert ut...* CIC. *Rep.* 6, 18, la nature veut que... ¶ 6 porter sur le livre de comptes: *alicui expensum ferre* CIC. *Verr.* 1, 100, porter comme payé à qqn; *acceptum ferre* DIG. 46, 3, 1, porter comme reçu ¶ 7 rapporter, raconter, colporter: *haec omnibus ferebat sermonibus* CAES. *C.* 2, 17, 3, tels étaient les propos qu'il tenait dans toutes les conversations ‖ *patres ita fama ferebant* [avec prop. inf.] LIV. 23, 31, 13, les sénateurs répandaient dans leurs propos cette idée que..., cf. LIV. 28, 40, 1; *cum... acturum se id per populum aperte ferret* LIV. 28, 40, 2, comme il déclarait hautement qu'il réaliserait ce projet grâce à l'appui du peuple; *regnum eum adfectare fama ferebat* LIV. 2, 7, 6, le bruit courait qu'il ambitionnait la royauté ‖ *Mercurium omnium inventorem ferunt* CAES. *G.* 6, 17, 1, ils donnent Mercure comme l'inventeur de tout; *multa ejus ferebantur* CIC. *Lae.* 6, on citait de lui beaucoup de choses, cf. CIC. *Brut.* 205 ‖ [expressions] *ferunt* [avec prop. inf.], *ut ferunt, ut fertur*, on rapporte, comme on rapporte, cf. CIC. *Nat.* 3, 57; *de Or.* 1, 45; 1, 49; [*fertur, feruntur* avec tournure pers.] *Themistocles fertur respondisse* CIC. *CM* 8, on dit que Thémistocle répondit..., cf. CIC. *Rep.* 2, 4; 2, 20 ¶ 8 obtenir, emporter: *palmam* CIC. *Att.* 4, 15, 6; *primas* CIC. *Brut.* 183, obtenir la palme, le premier rang; *victoriam ex aliquo* LIV. 39, 51, 10, remporter sur qqn la victoire; *centuriam, tribum* CIC. *Planc.* 49; *Phil.* 2, 4, obtenir les suffrages d'une centurie, d'une tribu; *munera* HOR. *O.* 4, 8, 4, recevoir des présents; *responsum ab aliquo* CIC. *Cat.* 1, 19, obtenir de qqn une réponse; *repulsam a populo* CIC. *Tusc.* 5, 54, subir un échec devant le peuple ‖ *ferre atque agere*, piller, ravager, v. *ago* ¶ 9 porter, produire: *fruges* CIC. *Leg.* 2, 67, produire les moissons; *ferundo arbor peribit* CAT. *Agr.* 6, 2, à force de produire l'arbre périra ‖ [fig.] *haec aetas oratorem... tulit* CIC. *Brut.* 45, cette époque produisit un orateur... ¶ 10 porter, mettre en mouvement, déplacer: *signa* CAES. *G.* 1, 39, 7; 6, 37, 6, se mettre en route; *pedem* VIRG. *En.* 2, 756, porter ses pas; *quo ventus ferebat* CAES. *G.* 3, 15, 3, dans la direction où le vent portait ‖ [surtout] *se ferre* ou *ferri*, se porter, se mettre en mouvement: *se ferre obviam alicui* CIC. *Planc.* 96, se porter au-devant de qqn; *se obvium alicui rei* CIC. *Rep.* 1, 7, se porter à la rencontre de qqch., braver qqch.; *alii*

fero

aliam in partem ferebantur CAES. G. 2, 24, 3, ils se lançaient de côté et d'autre; **deorsum ad lineam; recte, oblique ferri** CIC. Fin. 1, 18; 1, 19, avoir un mouvement de haut en bas perpendiculaire; vertical, oblique ¶ **11** [fig.] porter, diriger, mener: **quem tulit ad scaenam ventoso gloria curru** HOR. Ep. 2, 1, 177, celui que la gloire a mené sur la scène dans son char inconstant; **laudibus aliquem in caelum** CIC. Fam. 10, 26, 2, porter qqn aux nues par des éloges; **crudelitate ferri** CIC. Clu. 199, être emporté par la cruauté; **quo cujusque animus fert, eo discedunt** SALL. J. 54, 4, ils s'en vont chacun où le porte sa fantaisie, cf. LIV. 25, 21, 5 ‖ **itinera duo, quae ad portum ferebant** CAES. C. 1, 27, 4, deux chemins qui menaient au port, cf. LIV. 1, 7, 6 ‖ **fert animus** [avec inf.] SUET. Oth. 6; OV. M. 1, 1, avoir la pensée, l'intention de... ¶ **12** [poét.] emporter: **omnia fert aetas** VIRG. B. 9, 51, le temps emporte tout; **postquam te fata tulerunt** VIRG. B. 5, 34, depuis que les destins t'ont ravi.

▶ redoubl' arch. **tetuli** PL. Men. 629 Most. 471 Ru. 893 LUCR. 6, 672 CATUL. 63, 52 ‖ inf. pass. **ferrier** PL. Ru. 367.

fĕrōcia, ae, f. (ferox), violence, emportement, orgueil, fougue: CIC. Agr. 2, 91; 96; TAC. An. 2, 72 ‖ [en bonne part] LIV. 9, 6, 13 ‖ bravoure: CIC. CM 33.

fĕrōcĭō, īs, īre, -, - (ferox), intr., être farouche, violent, fougueux: CAT. d. P. FEST. 81, 22; GELL. 1, 11, 2; TERT. Apol. 5, 3.

fĕrōcĭtās, ātis, f. (ferox), fougue: CIC. CM 33; Off. 1, 90 ‖ noble fierté, vaillance: **animi ferocitate** CIC. Rep. 2, 4, par la noble fierté de son âme ‖ orgueil, violence, arrogance, insolence: CIC. Vat. 2; Off. 2, 40; Dej. 15.

fĕrōcĭtĕr, adv. (ferox), avec hardiesse, avec audace: LIV. 3, 47, 2 ‖ avec dureté, hauteur: CIC. Planc. 33 ‖ -cius CIC. Q. 2, 13, 2; -cissime CURT. 10, 2, 30; LIV. 23, 8, 3.

fĕrōcŭlus, a, um (dim. de ferox), un peu hardi: TURP. Com. 107; B.-AFR. 16, 1.

Fērōnĭa, ae, f., déesse protectrice des affranchis: LIV. 1, 30, 5; 26, 11, 8; VIRG. En. 7, 800; HOR. S. 1, 5, 24.

fĕrox, ōcis (ferus, cf. oculus), impétueux, hardi, fougueux, intrépide: **ferox es natura** CIC. Vat. 4, tu es d'un naturel fougueux; **gens** CIC. Rep. 2, 36, nation intrépide ‖ [en parl. d'animaux] PL. Men. 863; LUCR. 4, 717; VIRG. En. 10, 711 ‖ fier, hautain: CIC. Att. 10, 11, 3; **viribus** LIV. 1, 7, 5, fier de ses forces ‖ [avec gén.] **linguae feroces** TAC. H. 1, 35, intrépides en paroles; [avec inf.] SIL. 11, 8; [avec prop. inf.] **ferox est sese tractare...** PL. As. 468, il est fier de manier... ‖ **-cior** CIC. Fam. 4, 9, 3; **-cissimus** LIV. 1, 12, 9; TAC. H. 2, 24.

ferrāmentārĭus, ĭi, m., forgeron, serrurier: FIRM. Math. 3, 11, 18.

ferrāmentum, i, n. (ferrum; esp. **herramienta**), instrument de fer, outil en fer: LIV. 1, 40, 5; TAC. G. 30; CAES. G. 5, 42, 3; **bona ferramenta** CIC. Cat. 3, 10, de bonnes lames; **tonsoria ferramenta** MART. 14, 36, rasoirs.

1 **ferrārĭa**, ae, f., V. 1 ferrarius.

2 **Ferrārĭa**, ae, f., promontoire en Espagne [auj. cap de la Nao]: MEL. 2, 91.

1 **ferrārĭus**, a, um (ferrum), de fer, qui concerne le fer: **faber** PL. Ru. 531, forgeron; **ferraria metalla** PLIN. 35, 35, mines de fer ‖ **ferrāria**, ae, f. (fr. Ferrière), mine de fer: CAES. G. 7, 22, 2; LIV. 34, 21, 7.

2 **ferrārĭus**, ĭi, m. (ferrum; fr. Ferrier), forgeron: SEN. Ep. 56, 4.

ferrātĭlis, e, chargé de fers [en parl. d'un esclave]: PL. Most. 19.

ferrātūra, ae, f., cercle de roue: DIOCL. 15, 36.

ferrātus, a, um (ferrum), garni de fer, ferré, armé de fer: LUCR. 6, 551; VIRG. En. 5, 208; LIV. 1, 32, 12 ‖ **ferratae aquae** SEN. Nat. 3, 2, 1, eaux ferrugineuses ‖ de fer: VAL.-FLAC. 6, 90 ‖ subst. m., **ferrati** TAC. An. 3, 45, soldats bardés de fer ‖ C. **ferratilis**: PL. Bac. 781.

ferrĕa, ae, f., bêche: CAT. Agr. 10, 3.

fĕrrĕŏla (vitis), f., sorte de vigne: COL. 3, 2, 28.

Ferrĕŏlus, i, m., préfet des Gaules: SIDON. Ep. 1, 7, 4 ‖ saint Ferréol: SIDON. Ep. 7, 1, 7.

ferrĕus, a, um (ferrum), de fer, en fer: CAES. G. 5, 12, 4; **ferrea manus** CAES. Civ. 1, 57, 2; LIV. 24, 34, 10, main de fer, grappin; [poét.] **ferreus imber** VIRG. En. 12, 284, une pluie, une grêle de traits ‖ [fig.] dur, insensible, sans pitié, inflexible: **o te ferreum** CIC. Att. 13, 30, 2, cœur insensible, de fer, cf. Lae. 87; Verr 5, 121; **ferrea proles** CIC. poet. Nat. 2, 159, l'âge de fer ‖ pesant, lourd: **ferreus somnus** VIRG. En. 10, 745, sommeil de plomb ‖ fort, robuste: **ferrei prope corporis (erat)** LIV. 39, 40, 11, il avait une constitution pour ainsi dire de fer; **ferrea vox** VIRG. G. 2, 44, une voix de fer ‖ dur, âpre, raboteux: **ferreus scriptor** LICIN. d. CIC. Fin. 1, 5, écrivain dur comme le fer.

ferricrĕpĭnus, a, um (ferrum, crepo), où retentit le bruit des fers: PL. As. 33.

ferrĭfŏdīna, ae, f. (ferrum, fodio), mine de fer [formé par analogie]: VARR. L. 8, 62.

ferrĭtĕrĭum, ĭi, n. (ferriterus), lieu où l'on use le fer, prison: PL. Most. 744.

ferrĭtĕrus, i, **ferrĭtrībax**, ācis, m. (ferrum, tero, τρίβω), usant le fer = esclave souvent enchaîné: PL. Trin. 1022; Most. 356.

ferrūgĭnans, tis, qui a une saveur ferrugineuse: TERT. Val. 15, 3.

ferrūgĭnĕus, a, um (ferrugo), couleur de fer, bleu foncé: PL. Mil. 1179; VIRG. En. 6, 303 ‖ ferrugineux: PLIN. 31, 12 ‖ **ferrūgĭnus**, a, um, LUCR. 4, 76 ‖ **ferrūgĭnōsus**, a, um, NOT. TIR. 77, 31.

ferrūgo, ĭnis, f. (ferrum, cf. aerugo), rouille [du fer]: PLIN. 23, 151 ‖ couleur de rouille, brun foncé: PLIN. 15, 35 ‖ pourpre foncé, bleu sombre: VIRG. En. 9, 582; G. 1, 467 ‖ [fig.] envie, jalousie: LAUS PIS. 95.

ferrum, i, n. (*bherso-, cf. an. brass; esp. hierro) ¶ **1** le fer: CIC. Nat. 2, 151; **ferrum resipere** VARR. R. 1, 54, 3, avoir la saveur, le goût du fer ¶ **2** fer, épée, glaive et objets en fer: **ferro proscindere campum** OV. M. 7, 119, ouvrir la plaine avec la charrue; [fer à friser] VIRG. En. 12, 100 ‖ **aliquem ferro tollere** CIC. Nat. 3, 81, faire périr quelqu'un par le fer; **ferro igniqne** CIC. Phil. 11, 37, par le fer et le feu; [rare] **in ferrum atque in vincla conjecti** CIC. Verr. 5, 107, jetés dans les fers et dans les chaînes, cf. SEN. Phaed. 884 ‖ [poét.] insensibilité, cruauté: **in pectore ferrum gerere** OV. M. 9, 614, avoir un cœur de fer.

ferrūmĕn (fĕrŭ-), ĭnis, n. (ferveo), soudure, substance pour souder: PLIN. 36, 176 ‖ [fig.] soudure [adjonction de mots dans un vers mal traduit]: GELL. 13, 27, 3.

ferrūmĭnātĭo (fĕrŭ-), ōnis, f., soudure, action de souder: PAUL. Dig. 6, 21, 3.

ferrūmĭnō (fĕrŭ-), ās, āre, āvī, ātum, tr., souder: PLIN. 35, 182; 11, 214.

fers, 2ᵉ pers. indic. prés. de fero.

fertĭlis, e (fero), fertile, productif: CIC. Pomp. 14; Tusc. 2, 13; Div. 1, 94; **annus** PROP. 4, 8, 14, année abondante; [en gén.] CIC. Nat. 2, 131; SALL. J. 17, 5; **fertilis hominum** LIV. 5, 34, 2, [pays] peuplé ‖ [fig.] riche, abondant: **fertile pectus** OV. Pont. 4, 2, 11, génie fécond ‖ qui rend fécond, qui fertilise: TIB. 1, 7, 22; OV. M. 5, 642 ‖ **-lior** QUINT. 12, 10, 25; **-lissimus** CAES. G. 6, 24, 2.

fertĭlĭtās, ātis, f. (fertilis), fertilité: CIC. Div. 1, 131; CAES. G. 2, 4, 1 ‖ abondance: PLIN. 3, 41; 138; 8, 164; [fig.] PLIN. 35, 101.

__fertĭlĭtĕr__, [inus.], **fertilius**, plus abondamment: PLIN. 34, 164.

Fertĭnātes, um ou ĭum, m. pl., habitants de Fertina [île près de la Liburnie]: PLIN. 3, 139.

1 **fertŏr**, ōris, m., celui qui offre aux dieux un fertum: VARR. L. 8, 57.

2 **Fertŏr**, ōris, m., nom de fleuve [auj. Bisagno, en Ligurie]: PLIN. 3, 48 ‖ [auj. Fortore, Apulie]: PLIN. 3, 103.

fertōrĭus, a, um (fero), qui sert à porter, de transport: CAEL.-AUR. Chron. 1, 5, 161 ‖ subst. n., brancard: CAEL.-AUR. Chron. 1, 1, 18.

fertum (**ferctum**), i, n. (peu clair), sorte de gâteau sacré: FAB. PICT. d. GELL. 10, 15, 14; CAT. Agr. 134, 2; PERS. 2, 48.

fertus, a, um (cf. fertilis, refertus), productif: *AVIEN. Or. 555; Perieg. 1204.

fĕrŭla, ae, f. (cf. ferio? ou festuca?; it. **ferle**), férule, plante à longue tige: PLIN. 13, 122; [attribut de certains dieux, not' de Bacchus et de ses prêtresses] PLIN. 24, 2 ‖

férule [pour corriger les enfants, les esclaves]: Hor. S. 1, 3, 120; Juv. 6, 479 ‖ houssine, sorte de cravache: Ov. M. 4, 26 ‖ menue branche, baguette: Plin. 17, 152 ‖ éclisse pour les fractures: Cels. 8, 10, 1 ‖ dague, premier bois du cerf: Plin. 8, 117.

ĕrŭlācĕus, *a, um* (ferula), semblable à la férule: Plin. 19, 173 ‖ de férule: Plin. 34, 170.

ĕrŭlāgo, *ĭnis*, f. (ferula), espèce de férule [plante]: Cael.-Aur. Acut. 2, 12, 84.

ĕrŭlāris, *e* (ferula), relatif à la férule: Garg. Arb. 3, 3.

ĕrŭlĕus, *a, um* (ferula), semblable à la tige de férule: Plin. 16, 43, 83 ‖ fait avec la férule: Cael.-Aur. Chron. 2, 1, 25.

ĕrum-, v. ferrum-.

fĕrus, *a, um* (*ghwer-o-s, cf. θήρ, rus. zver'; fr. fier) ¶ 1 sauvage, non apprivoisé ou non cultivé: Cic. Lae. 81; Nat. 2, 99; *ferae silvae* Hor. S. 2, 6, 92, forêts sauvages ¶ 2 [fig.] sauvage, grossier, farouche, cruel, insensible: *gens fera* Cic. Leg. 1, 24, race féroce; *hostis ferus* Cic. Verr. 2, 51, ennemi cruel ‖ *fera hiems* Ov. Tr. 1, 1, 42, hiver rigoureux; *fera diluvies* Hor. O. 3, 29, 40, inondation sauvage.

fĕrus, *i*, m. (1 ferus, fera), animal: Virg. En. 2, 51; 7, 489.

ervĕfăcĭō, *ĭs, ĕre, fēcī, factum* (ferveo, facio), tr., chauffer, échauffer, faire bouillir, cuire: Cat. Agr. 156, 5 ‖ *fervefacta jacula* Caes. G. 5, 43, 1, des dards brûlants.

ervens, *tis*, part.-adj. de ferveo, bouillonnant de chaleur, échauffé, bouillant: Cic. Verr. 1, 67; Caes. G. 5, 43, 1; *fervens vulnus* Ov. M. 4, 120, plaie brûlante; *ferventes horae diei* Plin. 17, 189, les heures brûlantes du jour ‖ [fig.] emporté, fougueux, impétueux, bouillant: *ferventior* Cic. Off. 1, 46, trop fougueux; *ferventius ingenium amni* Hor. S. 1, 10, 62, génie plus impétueux qu'un torrent ‖ *-tissimus* Her. 4, 21.

erventĕr [fig.], avec chaleur, ardeur, impétuosité: Cael. Fam. 8, 8, 2; *-tissime* Cael. Fam. 8, 6, 5 ‖ avec ferveur: *-tius* Aug. Serm. 209, 2.

ervĕō, *ēs, ēre, ferbŭī, -* et **fervō**, *ĭs, ĕre, fervī, -* (defrutum, ferrumen, cf. φρέαρ, gaul. Borvo > fr. Bourbon, al. Brot, brauen, an. bread, brew, esp. hervir), intr. ¶ 1 être bouillonnant, bouillir: *aqua fervens* Cic. Verr. 1, 67, eau bouillante ‖ [fig.] *pectus fervet avaritio* Hor. Ep. 1, 1, 33, le cœur est tout bouillonnant sous l'effet de la cupidité, cf. Cic. Quinct. 38; *sceptrum capessere fervet* Claud. Ruf. 2, 295, il brûle de saisir le sceptre; *fervere caede nova* Virg. En. 9, 693, être échauffé d'un récent carnage ¶ 2 être en effervescence, être agité, animé: *omnia vento videbis fervēre* Virg. G. 1, 456, tu verras le vent mettre tout en effervescence; *fervet opus* Virg. G. 4, 169, on travaille avec ardeur; *fervet Pindarus* Hor. O. 4, 2, 7, Pindare jette de l'écume [comme un torrent] ‖ *legiones per loca campi fervēre cum videas* Lucr. 2, 41, en voyant les légions s'agiter avec feu dans le champ de Mars ‖ *opere omnis semita fervet* Virg. En. 4, 407, tout le sentier est en effervescence dans leur travail; cf. [avec fervo] Virg. En. 4, 409; 8, 677.

fervescō, *ĭs, ĕre, -, -* (inch. de ferveo), intr., se mettre à bouillonner, à bouillir: Lucr. 6, 851 ‖ [fig.] Lucr. 3, 288 ‖ grouiller [de vers]: Arn. 7, 17.

fervī, parf. de fervo.

fervĭdus, *a, um* (ferveo) ¶ 1 bouillant, bouillonnant: Hor. O. 1, 9, 10; Epo. 11, 14; [fig.] Cic. Brut. 241; 288; *-dior* Cic. Brut. 108 ¶ 2 brûlant, ardent: Cic. Nat. 2, 27; Lucr. 5, 204; *-dissimus* Curt. 3, 5 ¶ 3 [fig.] ardent, bouillant, emporté: Hor. Pont. 116; Liv. 27, 33, 10; *fervidus ira* Virg. En. 9, 736, exaspéré.

fervō, *ĭs, ĕre, fervī, -*, arch. = **ferveo**, Lucil. d. Quint. 1, 6, 8; Cat. Agr. 157, 9; Lucr., Virg., v. ferveo Gell. 2, 29, 10 [avec gén.] *domus haec fervit flagiti* Pompon. Com. 101, cette maison est toute agitée de scandales.

fervŏr, *ōris*, m. (ferveo) ¶ 1 bouillonnement, effervescence, fermentation: Lucr. 6, 437; Cic. Prov. 31; Varr. R. 1, 13, 6; Plin. 14, 124 ‖ [fig.] Cic. Tusc. 4, 24; CM 45; de Or. 1, 220 ¶ 2 chaleur, ardeur: Cic. Nat. 2, 30; Lucr. 6, 1145; 5, 215; Virg. G. 3, 154; [fig.] Plin. 15, 19.

fervuncŭlus, *i*, m., c. furunculus: Arn. 2, 11.

fervūra, *ae*, f., brûlure: Tert. Scorp. 5, 12.

*fescemnoe, m. pl., chasseurs de mauvais sort: P. Fest. 76, 16.
► corriger en Fesceninoe [nom. pl.].

1 Fescennĭa, *ae*, f., ville d'Étrurie: Plin. 3, 52 ‖ *-nīnus, a, um*, fescennin: Virg. En. 7, 695; Liv. 7, 2, 7, (**pes**) Diom. 479, 13, l'amphimacre [métr.]; *Fescennini versus* Liv. 7, 2, 7, vers fescennins; *licentia Fescennina* Hor. Ep. 2, 1, 145, licence des vers fescennins, cf. P. Fest. 76, 6 ‖ *-nīni*, *ōrum*, m. pl., les poésies fescennines: Macr. Sat. 2, 4, 21; *-nīna*, *ōrum*, n. pl., même sens: Hier. Ep. 130, 5; Prud. Sym. 1, 261 ‖ *-nīnus*, *i*, m., un effronté: Cat. d. Fest. 466, 22.

2 Fescennĭa, *ae*, f., nom de femme: Mart. 1, 87.

fescennīnĭcŏla, *ae*, m. f., ami des poésies fescennines: Sidon. Carm. 12, 2.

fēsĭae, v. feriae ►.

Fessōna, *ae*, f. (fessus), déesse invoquée dans les fatigues ou les maladies: Aug. Civ. 4, 21.

fessŭlus, *a, um* (dim. de fessus), un peu fatigué: Drac. Romul. 10, 123.

fessus, *a, um* (fatiscor), fatigué, las, épuisé: *de via* Cic. Ac. 1, 1, fatigué de la route; *bello fessi* Cic. Div. 1, 100, épuisés par la guerre; *plorando fessus* Cic. Att. 15, 9, 1, fatigué, las de pleurer; [avec gén.] *fessi rerum* Virg. En. 1, 178, fatigués de leurs épreuves, cf. Stat. Th. 3, 395 ‖ *fessa aetas* Tac. An. 14, 33, l'épuisement de l'âge; *fessa dies* Stat. S. 2, 2, 48, le jour à son déclin; *fessae res* Plin. 2, 18, situation critique [ou souffrances, misère Virg. En. 2, 145].

Festa, *ae*, f., surnom de femme: CIL 6, 8504.

festālis, *e*, de fête: Gloss. 4, 342, 27.

festĭcē, adv. (festus), joyeusement: Varr. d. Non. 452, 2.

festīnābĭlĭtĕr, c. festinanter: CIL 4, 4758.

festīnābundus, *a, um* (festino), qui se hâte: Val.-Max. 2, 8, 5; Aug. Conf. 1, 11.

festīnantĕr, adv. (festino), à la hâte, avec précipitation: Cic. Fin. 5, 77 ‖ *-tius* Tac. An. 15, 3; *-tissime* Aug. Ep. 95, 9.

festīnantĭa, *ae*, f., c. festinatio: Paul.-Nol. Ep. 11, 10.

festīnātē, adv., à la hâte, v. festinato: Gloss. 5, 23, 16.

festīnātim, c. festinanter: Pompon. Com. 13, cf. Non. 514, 5.

festīnātĭo, *ōnis*, f. (festino), hâte, empressement, précipitation, impatience: Cic. Amer. 96; *omni festinatione* Cic. Fam. 12, 25, 3, en toute hâte.

festīnātō, adv. (festino), à la hâte: Quint. 4, 2, 58.

festīnē, c. festinato: Cassiod. Var. 3, 40.

festīnis, *e*, c. festinus: *haec res me facit festinem* Titin. Com. 103, ceci fait que je me hâte [mais *festinem* est peut-être un subj.].

1 festīnō, adv. (festinus), à la hâte, rapidement: Capit. Alb. 6, 6.

2 festīnō, *ās, āre, āvī, ātum* (cf. confestim, v. irl. brass) ¶ 1 intr., se hâter, se presser se dépêcher: Pl.; Ter.; Cic. Fam. 12, 22, 4; Phil. 1, 3; Sall. J. 69, 2 ¶ 2 tr., hâter, presser, accélérer: Enn. Tr. 395; Sall. H. 1, 81; J. 73, 1; 77, 1; *fugam* Virg. En. 4, 575, se hâter, presser la fuite; *poenas* Hor. Ep. 1, 2, 61, se hâter de punir; *mortem* Tac. An. 4, 28, presser la mort; *nec virgines festinantur* Tac. G. 20, l'on ne hâte pas non plus le mariage des filles; *festinatum iter* Ov. Pont. 4, 5, 8, voyage précipité ‖ [avec inf.] se hâter de: Cic. Fam. 7, 23, 4; Att. 3, 26.

festīnus, *a, um* (festino), qui se hâte, prompt: Virg. En. 9, 488; Ov. M. 11, 347 ‖ [poét.] hâtif, précoce, prématuré: Stat. Th. 9, 176 ‖ *laudum festinus* Stat. S. 5, 3, 135, impatient d'être glorifié.

festīvē, adv. (festivus) ¶ 1 joyeusement: Pl. Ps. 1254 ¶ 2 avec agrément, avec grâce, ingénieusement: Cic. Dej. 19; Div. 2, 35.

festivitas

festīvĭtās, ātis, f. (festivus) ¶ 1 joie d'un jour de fête, gaieté : Pl. Cap. 770 ‖ [terme d'amitié] *mea festivitas* Pl. Cas. 135, ma joie ! mes délices !, cf. Pl. Poen. 389 ¶ 2 enjouement, verve spirituelle : Cic. de Or. 2, 219 ; Brut. 177 ; Fam. 9, 15, 2 ‖ pl. *festivitates*, agréments, ornements : Cic. Or. 176 ; Gell. praef. 4.

festīvĭtātŭla, ae (dim. de festivitas), f., petite fête, petite solennité : Alcim. Ep. 88, p. 97, 27.

festīvĭter, adv. (festivus), agréablement : Gell. 1, 2, 7.

festīvō, ās, āre, -, - (festivus), intr., être en fête : Orig. Matth. 79, p. 1729C.

festīvus, a, um (festus), où il y a fête, gai, amusant, divertissant : *locus* Pl. Mil. 83, lieu de réjouissance ‖ agréable, charmant [à voir, à entendre], gracieux : Pl. Mil. 958 : Cic. Par. 38 ; *librorum festiva copia* Cic. Att. 2, 6, 1, jolie collection de livres ; *festivum caput* Ter. Ad. 261, l'aimable garçon ! ‖ [en parl. du style] gai, enjoué, fin, spirituel : Cic. Off. 1, 108 ; de Or. 3, 100 ‖ *-vior* Cic. Fam. 6, 4, 3 ; *-vissimus* Ter. Ad. 983.

festra, ae, f., contr. de fenestra : Enn. d. Macr. Sat. 3, 12, 8, cf. P. Fest. 80, 27.

1 festūca, ae, f. (cf. ferula ? ; fr. fétu) ¶ 1 fétu, brin de paille, tige : Varr. L. 5, 136 ; Plin. 1, 8, 254 ¶ 2 baguette [entrant dans le rituel de la revendication et de l'affranchissement] : Pl. Mil. 961 ; Pers. 5, 175 ; Gai. Inst. 4, 16, 3 ¶ 3 coquiole [herbe] : Plin. 18, 155.

2 festūca, ae, ⓒ fistuca : Cat. Agr. 28, 2.

festūcārĭus, a, um, qui peut affranchir : Gell. 20, 10, 10.

festūcātĭo, ⓥ fistucatio.

festūcō, ās, āre, -, -, ⓒ fistuco : Cat. Agr. 18, 7.

1 festūcŭla, ae, f. (dim. de 1 festuca), petit brin de paille : Pall. 5, 8, 2.

2 festūcŭla, ae, f., petit mouton, ⓥ fistuca : *Caes. G. 4, 174, [mss β].

festum, i, n. (1 festus), jour de fête, fête : Ov. F. 4, 877 ; Plin. 6, 91.

1 festus, a, um (fr. fête), de fête, qui est en fête, solennel : *dies festus* Cic. Pis. 51 ; Fin. 5, 70, jour de fête ; *dies festus ludorum* Cic. Verr. 4, 151, jour de fête avec jeux, cf. Arch. 13 ‖ joyeux, gai : *festi clamores* Plin. Ep. 2, 17, 24, cris d'allégresse ; *festior annus* Claud. III Cons. Honor. 3, année plus heureuse ‖ *-tissimus* Vop. Tac. 11.

2 Festus, i, m., S. Pomponius Festus [érudit du 2ᵉ s., abrégé par Paul Diacre] : P. Fest. 1, 6 ; 2, 1.

Fēsŭlae, etc., ⓥ Faesulae.

fētālĭa, ĭum, n. (fetus), fêtes de la naissance : Aug. Serm. 193, 1.

fēteo, -tesco, ⓥ foet-.

1 fētĭālis, e (cf. facio, feriae, sacerdos), qui concerne les fétiaux : *fetiale jus* Cic. Off. 1, 36, droit fétial.

2 fētĭālis, is, m., fétial [les fétiaux, collège de 20 prêtres, chargés de déclarer la guerre suivant des rites précis, de présider aux formalités et à la rédaction des traités] : Liv. 9, 11, 11.

fētĭdus, a, um, ⓥ foetidus.

fētĭfĕr, ĕra, ĕrum (fetus, fero), fécondant : Plin. 7, 33.

fētĭfĭco, ās, āre, -, - (facio, fetus), intr., pondre : Plin. 10, 22.

fētĭfĭcus, a, um, fécondant : Plin. 9, 161.

fēto, ās, āre, -, - (1 fetus) ¶ 1 intr., pondre : Col. 8, 15, 7 ¶ 2 tr., féconder [en parl. d'un mâle] : Aug. Civ. 5, 7.

fētŏr, ōris, m., ⓥ foetor.

fētōsus, a, um (1 fetus), fécond : Hier. Gal. 4, 27 ‖ fécondé : Arn. 2, 70.

fētŭālis, pleine [femelle] : *asina* Diocl. 30, 13, ânesse pleine.

fētŭōsus, a, um, ⓒ fetosus, f., enceinte : Hier. Jovin. 1, 19.

fētūra, ae, f. (fetus) ¶ 1 temps de la gestation : Varr. R. 2, 1, 18 ‖ reproduction : Virg. B. 7, 36 ; G. 3, 62 ¶ 2 petits des animaux, produits : Cic. Leg. 2, 20 ‖ pousses de la vigne : Plin. 17, 179 ‖ [fig.] production de l'esprit : Plin. praef. 1.

fētūrātus, a, um (fetura), en forme de fœtus : Tert. Val. 25, 2.

1 fētus (foe-), a, um (cf. fecundus), qui porte le fruit de la fécondation : *fetum pecus* Virg. B. 3, 83, mère pleine ‖ [fig.] ensemencé, fécond, productif, abondant : Lucr. 2, 994 ; *terra feta frugibus* Cic. Nat. 2, 156, la terre couverte de moissons ‖ rempli de, gros de, plein de : Virg. En. 2, 238 ; *feta furore* Sil. 13, 592, pleine de rage ‖ *fēta*, f., accouchée, délivrée : Varr. d. Non. 312, 12 ‖ qui a mis bas : Virg. En. 8, 630 ‖ [fig.] *fetae novales Martis* Claud. Get. 25, sillons qui ont enfanté des guerriers.

2 fētŭs (foe-), ūs, m. (cf. 1 fetus ; roum. făt) ¶ 1 enfantement, couche, ponte : Pl. Amp. 487 ; Cic. Fin. 3, 63 ; *fetus tempore* Plin. 10, 30, au temps de la ponte [en parl. de la corneille] ‖ action de produire, production [des plantes] : Cic. Leg. 1, 25 ¶ 2 portée [des animaux], petits : Cic. Nat. 2, 128 ; *apium* Ov. M. 15, 382, le couvain des abeilles ‖ produit de la terre, plantes [sens concret] : Cic. de Or. 2, 131 ; *nucis* Virg. G. 1, 55, rejeton de noyer ‖ [fig.] génération, production : *oratorum* Cic. Brut. 182, abondance d'orateurs ; *animi* Cic. Tusc. 5, 68, production de l'esprit ‖ ▶ abl. pl. arch. *fetis* Acc. Tr. 244.

fētūtīna, ⓥ foetutina.

fex, ⓥ faex.

1 fī, interj., ⓥ phy.

2 fī, impér. de fio, [arch.] Pl. Curc. 87 ; Hor. S. 2, 5, 38.

fĭăla, f., ⓥ phiala.

1 fĭbĕr, bra, brum (cf. fibra ?), [arch.] qui est à l'extrémité : Varr. L. 5, 79.

2 fĭbĕr, bri, m. (cf. beber, scr. babhru-s, al. Biber, an. beaver, al. Bär, an. bear), castor : Plin. 8, 109.

fībla (arch. pour fibula), Apic. 369.

fīblātōrĭus, ⓥ fibulatorius.

fīblo, ⓥ fibulo : Apic. 369.

fībra, ae, f. (cf. fimbria, findo), fibre ¶ 1 fibre [des plantes], filaments : Cat. Agr. 70 ; Cic. CM 51 ¶ 2 [des animaux], [en part.] lobes du foie : Cels. 4, 1, 5 ; Cic. Div. 1, 16 ; Plin. 11, 196 ‖ le foie : Virg. En. 6, 600 ; Val.-Flac. 7, 355 ‖ [en gén.] entrailles : Ov. M. 13, 637 ; F. 4, 935 ‖ [fig.] sensibilité : *neque mihi cornea fibra est* Pers. 1, 47, j'ai la fibre délicate.

fībrātus, a, um, fibreux : *Priap. 51, 22.

Fībrēnus, i, m., rivière du Latium [auj. Fibreno] : Cic. Leg. 2, 1 ; 6.

fībrīnus, a, um (2 fiber), de castor : Plin. 32, 110 ‖ *fibrinum*, i, n., poil de castor : Isid. 19, 27, 2.

fībŭla, ae, f. (cf. figo ; it. fibbia), ce qui sert à fixer, ¶ 1 agrafe [pour vêtement, pour cheveux] Virg. En. 4, 139 ; 7, 815 ; Liv. 27, 19, 12 ¶ 2 crampon : Caes. G. 4, 17, 6 ‖ lien : Cat. Agr. 31, 1 ‖ cheville, broche : Vitr. 1, 5, 3 ; 10, 7, 2 ¶ 3 aiguille de chirurgien : Cels. 5, 26, 23B ‖ appareil d'infibulation [garantie de chasteté] : Cels. 7, 25, 3 ; Mart. 5, 41, 5 ; Juv. 6, 73 ‖ [fig.] contrainte, empêchement : Tert. Cor. 11, 7 ; Herm. 26, 3.

fībŭlātĭo, ōnis, f., chevillage : Vitr. 10, 2, 3.

fībŭlātōrĭus, a, um, qui s'attache avec une agrafe : Treb. Tyr. 10, 12.

fībŭlō, ās, āre, āvī, ātum (fibula), tr., agrafer, attacher : Vop. Prob. 4 ‖ assembler, lier : Col. 1, 6, 13.

Fīcāna, ae, f., ville du Latium, près d'Ostie : Liv. 1, 33, 2.

Fīcārĭa insŭla, f., île près de la Sardaigne : Plin. 3, 34.

fīcārĭus, a, um (1 ficus), qui concerne les figues, de figues : Cat. Agr. 48, 2 ‖ qui recherche les figues : Plin. 11, 118 ‖ **fīcărĭus**, ii, m., marchand de figues : Aug. Man. 2, 19, 72 ‖ **fīcărĭa**, ae, f., plant de figuier : Pall. 4, 10, 28.

fīcātum, i, n. (1 ficus ; fr. foie), foie d'oie engraissée avec des figues : Apic. 261 ‖ foie [en gén.] : M.-Emp. 22, 34.

fīcēdŭla, ae, f. (1 ficus, edo), bec-figue [oiseau] : Varr. L. 5, 76.

Fīcēdŭlenses, ĭum, m. pl., les Becfiguiers [nom plaisant donné à certains soldats] : Pl. Cap. 163.

Fīcĕlĭae, ārum, f. pl., quartier sur le mont Quirinal : Mart. 6, 27, 2.

fīcella, ae, f., ⓒ ficedula : *Lucil. 978.

fīcētum, i, n., figuerie, champ de figuiers : Plin. 15, 80 ‖ corps couvert de kystes : Mart. 12, 33.

fides

fīcĭtās, *ātis*, f. (*1 ficus*), abondance de figues: Nov. *Com.* 27.

fīcĭtŏr, *ōris*, m. (*1 ficus*), celui qui cultive les figuiers: Non. 109, 21.

fīcŏlĕa, *ae*, f., v. *1 ficulea*.

Fīcŏlenses, *ĭum*, m. pl., c. *Ficuleates*: Plin. 3, 64.

fīcōsus, *a*, *um* (*2 ficus*), couvert de kystes: Mart. 7, 71, 1 ‖ *-issimus* Priap. 41, 4.

fictē, adv. (*fictus*), d'une manière artificieuse, en apparence: Cic. *Q.* 1, 1, 13; *Fam.* 3, 12, 4.

fictĭcĭus, *a*, *um* (*fictus*), artificiel, qui n'est pas naturel: Plin. 37, 199 ‖ fondé sur une fiction: *actiones ficticiae* Ulp. *Reg.* 28, 12, actions fictices.

fictĭle, *is*, n. (*fictilis*), vase en terre, vaisselle de terre: Plin. 12, 6; [surt. au pl.] *fictilia*, *ium*, Ov. *M.* 8, 670; Juv. 3, 168.

fictĭlĭārĭus, *ii*, m., potier: CIL 13, 590.

fictĭlis, *e* (*fingo*) ¶ 1 d'argile, de terre [à potier]: Cic. *Nat.* 1, 71 ¶ 2 feint, inventé, imaginé: Prisc. *Rhet.* 2, 5 ¶ 3 sans valeur: Vulg. *2 Tim.* 2, 20.

fictĭo, *ōnis*, f. (*fingo*), action de façonner, façon, formation, création: Lact. *Opif.* 12, 7; Quint. 6, 3, 53; *vocum fictionibus* Gell. 18, 11, 2, en forgeant des mots ‖ [fig.] action de feindre, fiction: *voluntatis* Quint. 9, 2, 46, action de feindre une intention; *fictiones personarum* Quint. 9, 2, 29, prosopopées ‖ supposition, fiction, hypothèse: Quint. 6, 3, 61 ‖ [droit] fiction légale: Paul. *Dig.* 35, 2, 1.

fictĭōsus, *a*, *um* (*fictus*), inventé, fictif: Ps. Cypr. *Aleat.* 7.

fictŏr, *ōris*, m. (*fingo*) ¶ 1 statuaire, sculpteur, modeleur: Cic. *Nat.* 1, 81 ‖ celui qui confectionne les gâteaux sacrés: Varr. *L.* 7, 44; Cic. *Dom.* 139, cf. Serv. *En.* 2, 116 ‖ [chrét.] le Créateur, Dieu: Vulg. *Is.* 29, 16 ‖ [fig.] artisan, auteur: Pl. *Trin.* 364 ‖ artisan de paroles: Virg. *En.* 9, 602 ‖ simulateur: Vulg. *Deut.* 13, 5.

fictōrĭa, *ae*, f. (*fingo*), art plastique: Chalc. 329.

fictrix, *īcis*, f. (*fictor*), celle qui façonne: Cic. *Nat.* 3, 92.

fictum, *i*, n. (*fictus*), mensonge: Virg. *En.* 4, 188.

fictūra, *ae*, f. (*fingo*), action de façonner, façon [fig.]: Pl. *Mil.* 1189 ‖ formation, composition de mots: Gell. 10, 5, 3.

fictus, *a*, *um*, part. de *fingo* ‖ n., *fictum* [pris adv[t]] faussement: Stat. *Th.* 6, 876.

fīcŭla, *ae*, f. (dim. de *1 ficus*), petite figue: Pl. *St.* 690.

fīcŭlĕa, *ae*, f., pieu en bois de figuier: *P. Fest. 82, 26.

Fīcŭlĕa, *ae*, f., ville des Sabins: Liv. 1, 38, 4 ‖ *-lensis*, *e*, de Ficuléa: Liv. 3, 52, 3; *in Ficulensi* Cic. *Att.* 12, 34, 1, dans les parages de Ficuléa ‖ *-lĕātes*, *ĭum*, m., habitants de Ficuléa: Varr. *L.* 6, 18.

fīculnĕus, *a*, *um* (*ficula*), de figuier: Cat. *Agr.* 31; 101; Varr. *R.* 3, 16, 37 ‖ *-culnus*, *a*, *um*, Hor. *S.* 1, 8, 1 ‖ subst. f., *-nĕa*, *ae*, figuier: Vulg. *Luc.* 13, 7.

fīcum, *i*, c. *1 ficus*: Cael.-Aur. *Chron.* 3, 8, 113.

1 **fīcŭs**, *ūs* et *i*, f. (cf. σῦκον; it. *fico*), figuier: Cic. *de Or.* 2, 278 ‖ figue: Cic. *CM* 52; Flac. 41.
▶ en général sg.: gén. *-i* Cic. *Flac.* 41; dat. *-o*; abl. *-u* Cic. *de Or.* 2, 278 ‖ pl.: gén. *-orum*; dat.-abl. *-is* ‖ m. Cat. *Agr.* 42 ‖ m. [figue] Lucil. 198.

2 **ficus**, *i*, m. (*1 ficus*), kyste, verrue: Mart. 1, 65, 4.

fīdāmen, *ĭnis* (c. *fido*), foi, croyance: Ps. Cypr. *Carm. sen.* = Anth. 685 b, 83.

1 ***fīdē**, adv. inus., avec fidélité ‖ *-dissime* Cic. *Fam.* 2, 16, 4.

2 **fĭde**, gén., dat., v. *fides* ▶.

fīdēbo, v. *fido* ▶.

fĭdēdictŏr, *ōris*, m., garant, répondant: Bonif. d. Aug. *Ep.* 98, 7.

fĭdĕĭcommissārĭus, *a*, *um*, de fidéicommis, confié par fidéicommis: Dig. 31, 1, 77 ‖ subst. m., fidéicommissaire, héritier fiduciaire: Dig. 32, 1, 11.

fĭdĕĭcommissum, *i*, m., fidéicommis [droit]: Suet. *Cl.* 23.

fĭdĕĭcommittō, *ĭs*, *ĕre*, -, -, tr., s'en remettre à la bonne foi de qqn pour qqch.; grever qqn d'un fidéicommis [prière adressée par le testateur à l'héritier de transmettre un bien de la succession à un fidéicommissaire = le bénéficiaire]: *heredis fidei committere ut hereditatem restituat* Dig. 35, 2, 90, prier l'héritier de restituer la succession à; *fidei alicujus committere (fidei-committere ab aliquo)* Ulp. *Reg.* 25, 10; Inst. Just. 2, 23, 2; Dig. 30, 114 pr., charger qqn d'un fidéicommis.

fĭdĕĭprōmissŏr, v. *fidepromissor*.

fĭdējŭbĕo, *ēs*, *ēre*, *jussī*, *jussum*, se porter caution: Dig. 46, 3, 38.

fĭdējussĭo, *ōnis*, f., fidéjussion, cautionnement: Dig. 46, 1, 20.

fĭdējussŏr, *ōris*, m., fidéjusseur, caution: Dig. 27, 7.

fĭdējussōrĭus, *a*, *um*, de caution, de garantie: Dig. 46, 3, 38.

fĭdēlĕ, adv., fidèlement: Pl. *Cap.* 438.

fĭdēlĭa, *ae*, f. (cf. *fiscus*, πίθος), grand vase [pour des liquides]; jarre, pot: Pl. *Aul.* 622; Col. 12, 58, 1 ‖ vase à chaux: *de eadem fidelia duo parietes dealbare* Curius *Fam.* 7, 29, 2, blanchir deux murs du même pot à chaux = faire d'une pierre deux coups.

fĭdēlis, *e* (*1 fides, fidustus*; it. *fedele*), en qui l'on peut avoir confiance, sûr, fidèle, loyal: *amicus* Cic. *Cael.* 14, ami fidèle; *alicujus opera forti fidelique uti* Cic. *Cat.* 3, 14, avoir le brave et fidèle concours de qqn; *amicitia* Cic. *Lae.* 54, amitié sincère; *fidelis populo Romano* Cic. *Phil.* 11, 34, fidèle au peuple romain; *in dominum* Cic. *Mil.* 29, fidèle à son maître ‖ solide, ferme, durable, fort: *lorica fidelis* Virg. *En.* 9, 707, cuirasse à toute épreuve; *navis fidelis* Cic. *Planc.* 97, navire solide, cf. *Fam.* 16, 17, 1 ‖ subst. m., un ami, un intime: Cic. *Fam.* 4, 1, 2 ‖ [chrét.] qui a la foi: Tert. *Apol.* 46, 14; chrétien baptisé [opp. au catéchumène]: Tert. *Praescr.* 41, 2.

fĭdēlĭtās, *ātis*, f. (*fidelis*; a. fr. *féauté*), fidélité, constance: Cic. *Lae.* 65.

fĭdēlĭtĕr, adv. (*fidelis*), d'une manière fidèle, sûre, loyale: Cic. *Off.* 1, 92; *Att.* 15, 20, 4 ‖ fermement, solidement: Quint. 1, 4, 5; 6, 4, 14; Plin. 33, 61; Hor. *Ep.* 1, 18, 70 ‖ *-lius* Plin. *Ep* 6, 24, 3; Quint. 10, 6, 2; *-issime* Plin. *Pan.* 56, 2.

Fīdēna, *ae*, f., Tac. *An.* 4, 62 et *-dēnae*, *ārum*, f. pl., Fidènes [ville des Sabins, sur le Tibre, colonie romaine]: Liv. 1, 14, 5; Cic. *Agr.* 2, 96 ‖ *-ās*, *ātis*, adj., de Fidènes: Plin. 3, 54 ‖ *-ātes*, *ĭum*, m. pl., les Fidénates, habitants de Fidènes: Liv. 1, 15, 1.

fīdens, *tis*, part.-adj. de *fido*, qui se fie, qui a confiance: Cic. *Tusc.* 3, 13 ‖ assuré, confiant: Cic. *Tusc.* 1, 10 ‖ *-dentior* Amm. 30, 4, 19; *-issimus* Amm. 27, 10, 16.

fīdentĕr, adv. (*fidens*), avec assurance: Cic. *Div.* 2, 67 ‖ *-tius* Cic. *Att.* 6, 1, 21; *-issime* Amm. 17, 1, 9.

1 **fīdentĭa**, *ae*, f. (*fido*), assurance, confiance, résolution: Cic. *Inv.* 2, 163; *Tusc.* 4, 80.

2 **Fīdentĭa**, *ae*, f., ville de la Gaule cispadane [auj. Fidenza] Atlas XII, C2: Vell. 2, 28 ‖ *-tīni*, *ōrum*, m. pl., les habitants de Fidentia: Plin. 3, 116.

Fīdentĭōres, *ium*, m. pl., surnom des Arretini: Plin. 3, 52.

fĭdēprōmissŏr, *ōris*, m., garant: Gai. *Inst.* 3, 116.

fĭdēprōmittō, *ĭs*, *ĕre*, -, -, intr., répondre pour, se porter garant, donner sa garantie: Gai. *Inst.* 3, 116.

1 **fĭdēs**, *ĕī*, f. (*fido*; fr. *foi*)

¶ 1 "foi, confiance", *fidem facere* "inspirer confiance", *fidei causa*, *alicui fidem facere* avec prop. inf. "faire croire à qqn que" ¶ 2 [en part.] "crédit" ¶ 3 "bonne foi", [droit] *ex bona fide*, [en parl. de choses] "authenticité, sincérité" ¶ 4 "promesse, assurance", *fidem suam exsolvere*, *suam fidem alicui praestare* "sauvegarde", [en part.] respect du serment militaire ¶ 5 "protection, patronage, assistance", *di vostram fidem!*, *pro deum atque hominum fidem!* [voir *pro* 2] ¶ 6 [chrét.] "croyance en Dieu".

¶ 1 foi, confiance: *fidem magnam, parvam, majorem, maximam habere alicui* ou *alicui rei*, avoir une grande, une petite, une plus grande, la plus grande confiance en qqn, en qqch.: Cic. *Off.* 2, 33; *Fam.* 5, 20, 2; *Rep.* 2, 18; *alicui summam omnium rerum fidem habere* Caes. *G.* 1, 19,

fides

3, avoir en qqn la plus haute confiance pour toutes choses, cf. Verr. 2, 131; *fidem adjungere, tribuere* Cic. Div. 2, 113; Sull. 10, ajouter foi; *fidem facere (habere)* Cic. Fam. 6, 6, 7; Cic. Brut. 142, inspirer confiance; *fidei causa* Sall. J. 85, 29, pour inspirer confiance; *(ei) aliquamdiu fides fieri non poterat* Caes. C. 2, 37, 1, pendant un assez long temps il ne pouvait se décider à croire; *res quae ad fidem faciendam valent* Cic. de Or. 2, 121, les ressorts qui servent à emporter l'adhésion (persuader); *fidem facere alicujus rei*, faire croire à qqch.: Sen. Ir. 1, 20, 8 ‖ [prop. inf.] *alicui fidem facere* faire croire (à qqn) que: Cic. Q. 2, 5, 3; Caes. G. 6, 41, 2; Liv. 25, 8, 6; [prop. inf.] *vix fides fit* Liv. 30, 28, 5, on a peine à croire que ‖ *his miraculis fides* Liv. 26, 19, 8, la croyance à ces miracles; *alicui abrogare fidem jurisjurandi* Cic. Com. 44, enlever la confiance dans le serment de qqn, cf. Cic. Ac. 2, 36; *imminuere orationis fidem* Cic. de Or. 2, 156, affaiblir la (confiance dans un discours) force persuasive d'un discours ¶ 2 [en part.] crédit: *fides concidit* Cic. Pomp. 19; *sublata est* Cic. Agr. 2, 8, le crédit est tombé, a disparu, cf. Cic. Cat. 2, 10; Caes. C. 3, 1, 2; *fidem revocare* Cic. Marc. 23, ramener le crédit: *res fidesque* Sall. J. 73, 6, les biens et le crédit ‖ [fig.] confiance: *segetis certa fides* Hor. O. 3, 16, 30, confiance assurée dans la récolte d'un champ ¶ 3 ce qui produit la confiance, bonne foi, loyauté, droiture, conscience: *fides, id est dictorum conventorumque constantia et veritas* Cic. Off. 1, 23, la bonne foi, c.-à-d. la loyauté et la sincérité dans les paroles et les engagements; *hinc fides, illinc fraudatio* Cic. Cat. 2, 25, d'un côté la loyauté, de l'autre la fourberie; *fides erga populum Romanum* Caes. G. 5, 54, 4, fidélité envers le peuple romain; *fidem praestare* Cic. Top. 42, observer la bonne foi; *mea fides perspecta est* Cic. Verr. 5, 177, ma droiture s'est montrée pleinement; qqf. *fidem habere*, avoir de la droiture, cf. Att. 4, 5, 1; Sen. Ep. 81, 12 ‖ [droit] *ex bona fide, ex fide bona* Cic. Top. 66; Off. 3, 61; 3, 70, en toute bonne foi; *optima fide* Cic. Amer. 144, avec une parfaite bonne foi; *fides mala* Cic. Nat. 3, 74, mauvaise foi ‖ [dans le dialogue] *dic bona fide* Pl. Aul. 772, dis-moi franchement, cf. Pl. Cap. 890; Truc. 586 ‖ [en parl. de choses] vérité, authenticité, sincérité: *tabularum fides* Cic. Arch. 9, authenticité, autorité des registres, cf. Cic. Flac. 21; Ac. 2, 58; *fides reconciliatae gratiae* Cic. Mil. 21, sincérité d'une réconciliation ‖ [poét.] réalité, réalisation: *vota fides sequitur* Ov. M. 8, 711, leurs vœux sont exaucés, cf. M. 3, 527; 7, 323 ¶ 4 promesse, assurance, parole donnée: *fidem hosti datam fallere* Cic. Off. 1, 39, trahir la parole donnée à l'ennemi; *si fides Saturnino data est, eam C. Marius dedit idemque violavit, si in fide non stetit* Cic. Rab. perd. 28, si une assurance (sauvegarde) a été donnée à Saturninus, c'est Marius qui l'a donnée, et c'est lui aussi qui l'a violée, s'il n'a pas tenu parole; *suam fidem in rem interponere* Caes. G. 5, 36, 2, engager sa parole pour garantir une chose; *fide indutiarum interposita* Liv. 42, 43, 4, sur la foi de l'armistice; *de aliqua re fidem servare* Caes. G. 6, 36, 1, tenir sa parole relativement à qqch.; *fidem publicam tueri* Liv. 29, 1, 17, observer les engagements de l'État, la parole de l'État; *fide alicujus pecuniam sumere* Cic. Flac. 47, emprunter sur la parole (la caution) de qqn; *libera fide* Liv. 30, 4, 10, la parole étant dégagée; *fide data fore ut...* Sall. J. 61, 5, ayant pris l'engagement qu'il arriverait que...; *fidem suam liberare* Cic. Flac. 47; *exsolvere* Liv. 3, 19, 1; 22, 23, 8, remplir ses engagements; *velim fidem meam liberes* Cic. Fam. 12, 7, 2, je voudrais que tu acquittes ma promesse; *suam fidem alicui praestare* Cic. Att. 5, 21, 11, tenir parole à qqn, cf. Div. 2, 79 ‖ sauvegarde: *fidem publicam alicui dare* Cic. Cat. 3, 8, donner à qqn une sauvegarde officielle [promesse d'impunité, de vie sauve], cf. Sall. C. 47, 1; 48, 4; J. 32, 1; 35, 7 ‖ [en part.] fidélité envers son général, respect du serment militaire: Caes C. 1, 84, 3; Liv. 30, 35, 7 ¶ 5 protection, patronage, assistance: *in fide alicujus esse* Cic. Fam. 13, 65, 2, être sous la protection de qqn; *in fidem et clientelam alicujus se conferre* Cic. Amer. 106, se placer sous la protection et le patronage de qqn; *in fidem ac potestatem alicujus venire* Caes. G. 2, 13, 2, se mettre sous la protection et le pouvoir de qqn; *in fidem recipere* Caes. G. 2, 15, 1, prendre sous sa protection; *fidem alicujus sequi* Caes. G. 4, 21, 8; 5, 20, 1, se mettre sous la protection de qqn ‖ [formules] *fidem vestram obtestatur, judices* Cic. Mur. 86, il implore votre assistance, juges; *deum atque hominum fidem implorabis* Cic. Verr. 1, 25, tu imploreras l'appui des dieux et des hommes, tu les prendras à témoin; *di vostram fidem!* Pl. Cap. 418, les dieux m'en soient témoins!, *pro deum (deorum) atque hominum fidem*, j'en atteste les dieux et les hommes, au nom des dieux et des hommes, ▶ 2 pro ¶ 6 [chrét.] croyance en Dieu, au Christ: Isid. 8, 2, 4 ‖ appartenance à l'Église: Minuc. 31, 8 ‖ doctrine de la foi: Hil. Matth. 13, 6.

▶ gén. *fidēi* avec e long, Lucr. 5, 102; gén. et dat. arch. *fidē* Pl., Ter.; Hor. O. 3, 7, 4 S. 1, 3, 95; gén. et dat. arch. *fidī* Apul. M. 10, 8 CIL 2, 5042.

2 Fĭdēs, ĕi, f., la Bonne Foi [personn.]: Cic. Off. 3, 104.

3 fĭdēs, fĭdis, is, f., ▶ 4 fides.

4 fĭdēs, ĭum, f. pl. (cf. σφίδες), lyre: *fidibus canere* Cic. Tusc. 1, 4; *discere* Cic. CM 26; *docere* Cic. Fam. 9, 22, 3; *scire* Ter. Eun. 133, jouer de la lyre, apprendre, enseigner à jouer de la lyre, savoir jouer de la lyre.

▶ [poét.] sg. *fidēs*, is Hor. O. 1, 17, 18; 1, 24, 14; Ov. H. 15, 23 ‖ **Fĭdēs**, Varr. R. 2, 5, 12, **Fĭdis**, Col. 11, 2, 14, la Lyre [constellation].

fĭdī, parf. de findo, ▶ aussi 1 fides et 4 fides ▶.

fĭdĭcen, ĭnis, m. (4 fides, cano), joueur de lyre: Cic. Fam. 9, 22, 3 ‖ poète lyrique: Hor. Ep. 1, 19, 33; Ov. Pont. 4, 16, 28.

fĭdĭcĭna, ae, f. (fidicen), joueuse de lyre: Pl. St. 380; Ter. Eun. 457.

fĭdĭcĭnārĭus, ii, m., joueur de lyre: Gloss. 2, 363, 17.

fĭdĭcĭnō, ās, āre, -, - (fidicen), intr., jouer de la lyre: Capel. 9, 928.

fĭdĭcĭnĭus, a, um, de joueur de lyre: Pl. Ru. 43.

fĭdĭcŭla, ae, f., **fĭdĭcŭlae**, ārum [surtout au pl.] (dim. de 4 fides), petite lyre: Cic. Nat. 2, 22 ‖ la Lyre [constellation]: Plin. 18, 2, 22 ‖ cordes du chevalet [instrument de torture]: Sen. Ir. 3, 19, 1; Suet. Tib. 62; Cal. 33.

Fĭdĭcŭlae, f., **-dĭcŭli**, m. pl., ville d'Apulie: Val.-Max. 7, 6, 1.

Fĭdĭcŭlānĭus, ii, m., nom de famille romaine: Cic. Clu. 103.

fĭdĭcŭlārĭus, a, um (fidiculae), tordu comme une corde, captieux: Front. Eloq. 2, 16, p. 146N.

fĭdis, is, f., ▶ 4 fides ▶.

Fĭdĭus, ii, m. (fides), Dius Fidius [forme de Jupiter, identifié à Semo Sancus, le dieu de la bonne foi]: Varr. L. 5, 66; P. Fest. 133, 1; Ov. F. 6, 213; ▶ Medius Fidius.

fīdo, ĭs, ĕre, fīsus sum (*bheidh-, cf. fidus, 1 fides, foedus, πείθομαι, alb. be, al. bitten, an. bid), intr., se fier, se confier, avoir confiance [en, dans], compter sur: [avec dat.] *pestilentiae fidens* Liv. 8, 22, 7, comptant sur l'épidémie; *puer bene sibi fidens* Cic. Att. 6, 6, 4, enfant présomptueux; [avec abl.] *prudentia fidens* Cic. Off. 1, 81, comptant sur sa sagesse, cf. Nep. Lys. 3, 5 ‖ croire avec confiance que [avec prop. inf.]: Cic. Ac. 2, 43; Liv. 5, 26, 5; Hor. Ep. 1, 19, 44; [avec inf.] se flatter de: Luc. 4, 615.

▶ fut. *fidebo* Nov. Com. 10; fut. ant. *fideris* Commod. Instr. 2, 15, 10.

fĭdūcĭa, ae, f. (fido, 1 fidus) ¶ 1 confiance: *alicujus* Cic. Verr. prim. 40, confiance en qqn; *mei* Virg. En. 8, 395, confiance en moi; *ea tua se fiducia facere dicebat* Cic. Verr. 5, 136, il faisait cela, disait-il, par confiance en toi; *fiducia civitatis* Cic. Verr. 5, 167, confiance dans le titre de citoyen romain; *stabilis benevolentiae* Cic. Lae. 52, dans un dévouement solide ¶ 2 confiance en soi, assurance, hardiesse: Caes. G. 7, 76, 5; Liv. 30, 29, 4; *fiduciam facere alicui* Sen. Ep. 24, 12, donner de l'assurance à qqn ¶ 3 cession fiduciaire [confiée à la bonne foi, avec engagement moral de restituer sous certaines conditions en temps et lieu] : Cic. *Off.* 3, 61 ; ***judicium fiduciae*** Cic. *Com.* 16, instance pour non-observation de contrat fiduciaire ; ***per fiduciae rationem fraudare aliquem*** Cic. *Caecin.* 7, tromper qqn dans une cession fiduciaire ‖ fiducie, convention de restitution [d'une chose remise à titre de gage ou de prêt] : ***fiducia contrahitur aut cum creditore aut cum amico*** Gai. *Inst.* 2, 60, la convention de fiducie est faite ou avec un créancier (qui reçoit le gage) ou avec un ami (qui reçoit le prêt) ; ***res fiduciae data*** Paul. *Sent.* 2, 13, 6, une chose cédée fiduciairement.

fĭdūcĭālĭtĕr, adv. (*fiducia*), avec confiance : Aug. *Conf.* 9, 13.

fĭdūcĭārĭus, *a*, *um* (*fiducia*), fiduciaire [droit] : ***heres*** Dig. 36, 1, 46, héritier fiduciaire ; ***fiduciaria coemptio*** Gai. *Inst.* 1, 172, vente simulée [litt^t achat] ‖ [fig.] confié [comme un dépôt], provisoire, transitoire, par intérim : Liv. 32, 38, 2 ; Caes. *C.* 2, 17, 2 ; Curt. 5, 9, 8.

fĭdūcĭō, *ās*, *āre*, -, - (*fiducia*), tr., hypothéquer : CIL 6, 3554 ; Tert. *Idol.* 23, 1.

1 fīdus, *a*, *um* (*fido* ; it. *fido*) ¶ **1** à qui (à quoi) on peut se fier, fidèle, sûr : Cic. *Lae.* 53 ; 65 ; ***fidissima uxor*** Cic. *Fam.* 14, 4, 6, épouse très fidèle ; ***fidiora genera hominum*** Liv. 40, 3, 4, races d'hommes auxquelles on pourrait se fier davantage ; ***canum tam fida custodia*** Cic. *Nat.* 2, 158, la garde si fidèle des chiens ‖ [poét.] [avec dat., gén., *in* acc.] fidèle à : ***domino fidissimus*** Liv. 33, 28, 13, très fidèle à son maître, cf. Tib. 1, 6, 77 ; ***regina tui fidissima*** Virg. *En.* 12, 659, la reine qui t'est si dévouée ; ***in amicos*** Eutr. 7, 8, dévoué à ses amis, cf. Just. 37, 1, 3 ¶ **2** [en parl. de choses] sûr, assuré, qui ne cache aucun piège : ***pons validus et fidus*** Tac. *An.* 15, 15, pont solide et sûr ; ***numquam satis fida potentia ubi...*** Tac. *H.* 2, 92, la puissance n'est jamais sûre quand... ; ***statio male fida carinis*** Virg. *En.* 2, 23, mouillage peu sûr pour les vaisseaux ; ***mons fidus nivibus*** Tac. *H.* 5, 6, montagne fidèle à ses neiges.

2 fīdus, ▶ *foedus*, traité : Varr. *L.* 5, 86.

Fĭdustĭus, *ĭi*, m., nom d'homme : Plin. 7, 184.

fīdustus, *a*, *um* (*fides*, *fidelis*), très fidèle : P. Fest. 79, 26.

fĭens, part. de *fio* : Diom. 381, 7 ; VL. *Act.* 24, 3.

fĭglīna (**fĭgŭl-**), *ae*, f. (1 *figulus*), art du potier : Lact. *Inst.* 1, 18, 21 ; pl., Plin. 7, 198 ‖ carrière d'argile : Varr. *R.* 1, 2, 23 ‖ atelier (boutique) de potier : Plin. 35, 159.

Fĭglīnae, *ārum*, f. pl., bourg de la Narbonnaise : Peut. 2, 1.

fĭglīnum, *i*, n., vase en terre, poterie : Plin. 31, 46.

fĭglīnus ou **-gŭlīnus**, *a*, *um*, de terre, de potier : Varr. *R.* 3, 9, 3 ; Plin. 31, 130.

fĭgmĕn, *ĭnis*, n., Prud. *Apoth.* 798 et **figmentum**, *i*, n. (*fingo*), représentation, image : Amm. 14, 6, 8 ‖ création : ***figmenta verborum*** Gell. 20, 9, 1, mots créés, forgés ‖ fiction : Aug. *Civ.* 2, 8 ; *Conf.* 1, 13.

fīgō, *ĭs*, *ĕre*, *fīxī*, *fīxum* (cf. *finis*, lit diégti ; it. *figgere*, *fitto*), tr. ¶ **1** ficher, enfoncer, planter, fixer : ***mucrones in hoste*** Cic. *Phil.* 14, 6, planter la pointe des épées dans le corps de l'ennemi ; ***arma in parietibus fixa*** Cic. *Div.* 1, 74, armes fixées aux murailles ; ***palum in parietem*** Pl. *Mil.* 1140, enfoncer un pieu dans la muraille ; ***fixis in terram pilis*** Liv. 2, 65, 3, les javelots étant fichés en terre ; ***cristas vertice*** Virg. *En.* 10, 701, fixer un panache sur sa tête ; ***alicui crucem*** Cic. *Verr.* 5, 12, planter une croix pour le supplice de qqn ; ***fixus cruci*** Quint. 7, 1, 30, attaché à la croix ‖ ***oculos in terram*** Liv. 9, 7, 3 ; Sen. *Ep.* 11, 7, fixer à terre ses regards (***in aliquo*** Virg. *En.* 12, 70, sur qqn) ; [poét.] ***oculos in virgine fixus*** Virg. *En.* 11, 507, ayant les yeux attachés sur la jeune fille ‖ fixer une table d'airain à la muraille pour porter un décret, une loi à la connaissance du public, [d'où] afficher, publier : ***legem*** Cic. *Att.* 14, 12, 1, publier une loi ; ***tabulas*** Cic. *Phil.* 12, 12, afficher des décrets, des édits ; ***Capitolio figi*** Cic. *Phil.* 5, 12, être affiché au Capitole, cf. *Phil.* 2, 92 ; ***decretum in Capitolio fixum*** Cic. *Phil.* 2, 94, décret affiché au Capitole ‖ fixer sa demeure : Tac. *An.* 13, 54 ; Juv. 3, 2 ‖ ***foribus oscula*** Lucr. 4, 1179, imprimer des baisers sur une porte, cf. Virg. *En.* 1 ; 687 ; ***vulnera*** Mart. 1, 60, 4, faire des blessures ¶ **2** [fig.] fixer, attacher : ***mentem omnem in aliqua re*** Cic. *Fam.* 2, 6, 3, attacher toute son intelligence à une chose ; ***beneficium trabali clavo*** Cic. *Verr.* 5, 53, fixer un bienfait avec un clou de charpentier (l'assurer solidement) ; ***penitus malum se fixit*** Sen. *Tranq.* 15, 6, le mal s'est fixé profondément ; ***fixum et statutum est*** Cic. *Mur.* 62, c'est fixé et arrêté irrévocablement ; ***vestigia fixa*** Cic. *Sest.* 13, traces fixées, durables ; ***illud fixum in animis vestris tenetote*** [avec prop. inf.] Cic. *Balb.* 64, soyez bien pénétrés de ceci, que... ¶ **3** traverser, transpercer : ***aliquem telo*** Virg. *En.* 10, 382, percer qqn d'un trait, cf. Ov. *M.* 10, 131 ; ***damas*** Virg. *G.* 1, 308, abattre des daims ‖ [fig.] ***adversarios*** Cic. *Or.* 89, percer les adversaires de ses traits ; ***aliquem maledictis*** Cic. *Nat.* 1, 93, percer qqn de ses traits médisants ¶ **4** [poét.] fixer un objet du regard : ***lumine terram*** Pers. 3, 80, fixer la terre du regard, cf. Stat. *S.* 5, 1, 140 ¶ **5** [chrét.] établir un point de doctrine : Tert. *Res.* 16, 9.

▶ *fivere* = *figere* P. Fest. 81, 23 ; *figier* = *figi* CIL 1, 581 ; part. *fictus* Lucr. 3, 4 Varr. *R.* 3, 7, 4.

fĭgŭlāris, *e* (1 *figulus*), de potier : Pl. *Ep.* 371.

fĭgŭlārĭus, *ii*, m. (1 *figulus*), potier : Gloss. 3, 366, 76.

fĭgŭlātĭo, *ōnis*, f. (*figulo*), action de façonner, formation : Tert. *Anim.* 25, 2.

fĭgŭlātŏr, *ōris*, m. (*figulo*), potier : Gloss. 3, 371, 10.

1 fĭgŭlātus, *a*, *um*, fait avec la terre : Tert. *Carn.* 9, 2.

2 fĭgŭlātus, *a*, *um*, transformé en Figulus, ▶ *Nigidius*? : Poll. d. Quint. 8, 3, 32.

fĭgŭlīnus, ▶ *figlinus*.

fĭgŭlō, *ās*, *āre*, *āvī*, *ātum* (1 *figulus*), tr., façonner : Tert. *Val.* 24, 2.

1 fĭgŭlus, *i*, m. (*fingo*), celui qui travaille l'argile, potier : Varr. *R.* 3, 15, 2 ; Plin. 35, 159 ‖ tuilier, briquetier : Juv. 10, 171.

2 Fĭgŭlus, *i*, m., surnom des Marcius et des Nigidius : Cic. *Att.* 1, 2 ; *Leg.* 2, 25 ; Sall. *C.* 17 ‖ Cic. *Tim.* 1 ; *Fam.* 4, 13 ; ▶ *Nigidius*.

fĭgūra, *ae*, f. (*fingo*) ¶ **1** configuration, structure : ***formae figura*** Lucr. 4, 69 ; Cic. *Nat.* 1, 90, l'ensemble des traits qui constituent la forme d'un corps ; ***corporis nostri figura et forma*** Cic. *Fin.* 5, 35, la structure et la forme de notre corps ; ***esse humana specie et figura*** Cic. *Amer.* 63, avoir l'apparence et la configuration d'un homme ; ***specie et colore et figura tauri*** Caes. *G.* 6, 28, 1, avec l'aspect, la robe, la configuration du taureau ; ***navium*** Caes. *G.* 4, 25, 2, la structure des navires ‖ figure géométrique : ***triquetra*** Plin. 3, 121 ; ***quadrangula*** Plin. 13, 188, figure triangulaire, quadrangulaire, cf. Gell. 1, 20, 1 ; 1, 20, 4 ; 2, 21, 10 ¶ **2** chose façonnée, figure : ***fictiles figurae*** Cic. *Nat.* 1, 71, figures d'argile ; ***novis signatur cera figuris*** Ov. *M.* 15, 169, la cire reçoit de nouvelles empreintes ‖ parcelles, simulacres [qui se détachent de chaque objet et qui en sont les images mêmes, d'après Épicure] : Lucr. 4, 42 ; Quint. 10, 2, 15 ‖ figures, fantômes : Lucr. 4, 34 ; Virg. *En.* 10, 641 ¶ **3** [fig.] forme, manière d'être : ***negoti*** Cic. *Inv.* 1, 41, la tournure d'une affaire ; ***orationis*** Cic. *de Or.* 3, 212, genre (type) d'éloquence, cf. *de Or.* 2, 98 ; *Or.* 2 ; ***pereundi mille figurae*** Ov. *H.* 10, 81, mille genres de mort ; ***vocis*** Ov. *H.* 3, 19, la conformation de la voix ¶ **4** [rhét.] figures de style : Quint. 9, 1, 1 ; 9, 2, 27 ; 9, 3, 1 ; Plin. *Ep.* 1, 2, 2 ; Sen. *Ep.* 108, 35 ‖ [en part.] formes, précautions oratoires : Sen. *Ben.* 5, 6, 6 ‖ allusions : Suet. *Vesp.* 13 ; *Dom.* 10 ¶ **5** [gram.] forme grammaticale, forme d'un mot : Varr. *L.* 9, 53 ; 9, 55 ; 10, 25 ; Quint. 1, 4, 29 ¶ **6** [chrét.] préfiguration, symbole (τύπος) : ***figura Romae Babylon*** Tert. *Jud.* 9, 21, Babylone, préfiguration de Rome.

fĭgūrālis, *e* (*figura*), symbolique : Rufin. *Orig. Gen.* 3, 5.

fĭgūrālĭtās, *ātis*, f. (*figura*), allégorie : Fulg. *Virg.* p. 90, 1 Helm.

fĭgūrālĭtĕr, adv., d'une manière figurée : SIDON. *Ep.* 8, 14, 7 ; TERT. *Test.* 2, 2.

fĭgūrātē, adv. (*figuro*), d'une manière figurée, figurément : SERV. *En.* 6, 51 ; 9, 131 ‖ **-tius** SIDON. *Ep.* 5, 8 ‖ **fĭgūrātim**, même sens : IREN. 4, 10, 1.

fĭgūrātĭo, ōnis, f. (*figuro*), configuration, figure, forme : PLIN. 11, 217 ‖ [fig.] imagination : Ps. QUINT. *Decl.* 12, 27 ‖ figure [rhét.] : LACT. *Inst.* 1, 11, 24 ‖ forme [d'un mot] : GELL. 17, 2, 16 ‖ [chrét.] création, formation : LACT. *Inst.* 7, 14, 13.

fĭgūrātīvē, adv. (*figurativus*), dans le sens figuré : DON. *Eun.* 189.

fĭgūrātīvus, *a*, *um* (*figuro*), qui peut être employé au sens figuré : CASSIOD. *Eccl.* 9, 38, p. 1153C ‖ symbolique : Ps. PRIMAS. *Hebr.* 9, p. 745C ‖ subst. f., figure, représentation : HYG. *Fab.* 127.

fĭgūrātō, [C.] figurate : TERT. *Marc.* 3, 14, 5.

fĭgūrātŏr, ōris, m. (*figuro*), celui qui donne une forme, qui façonne : ARN. 6, 10.

fĭgūrātrix, īcis, f., celle qui donne une forme à, qui façonne : PHYSIOGN. 2.

1 fĭgūrātus, *a*, *um*, part. de *figuro*, [adj¹] **a)** [rhét.] figuré : QUINT. 9, 1, 12 ; **-tior** SERV. *En.* 4, 106 **b)** fictif : QUINT. 9, 1, 14.

2 fĭgūrātŭs, ūs, m., formation : DIOM. 446, 14.

fĭgūrō, *ās*, *āre*, *āvī*, *ātum* (*figura*), tr. ¶ 1 façonner, former : CIC. *Tim.* 17 ‖ [absol¹] CIC. *Nat.* 1, 110 ‖ [fig.] LUCR. 4, 550 ; HOR. *Ep.* 2, 1, 126 ‖ *sibi figurare* SEN. *Ir.* 2, 35, 5, imaginer, se représenter, concevoir ¶ 2 [rhét.] orner de figures : QUINT. 9, 1, 9 ; *figurabat egregie* SEN. *Contr.* 7, praef. 3, il employait admirablement les figures ¶ 3 [chrét.] représenter, symboliser (τυπόω) : TERT. *Res.* 13, 1.

filactērĭum, *ĭi*, [V.] phyl-.

fĭlāmĕn, *ĭnis*, m., [C.] **1** flamen [invention étymologique] : VARR. *L.* 5, 84 ; PRISC. 2, 126, 13.

fĭlāmentum, *i*, n. (*filum*), assemblage de fils : P. FEST. 71, 25.

fĭlātim, adv. (*filum*), fil à fil : LUCR. 2, 831.

fĭlētĭus, *a*, *um* (φιλητέος), plein d'amour : CIL 6, 1085.

fĭlex, *ĭcis*, f., [C.] filix : PLIN. 18, 45.

fĭlĭa, *ae*, f. (*filius* ; fr. *fille*), fille : PL. ; CIC. ; *virgo filia* PL. *Aul.* 172 ; CIC. *Rep.* 2, 63, fille vierge ‖ *familias* DIG. 1, 64, fille en puissance de père ‖ dat.-abl. *filiis* : PL. *St.* 567 ; LIV. 38, 57, 2 ; **-abus** CAT. *Orig.* 7, 6 ; LIV. 24, 26, 2.

fĭlĭālis, *e*, filial : Ps. AUG. *Serm.* 64, 4.

fĭlĭālĭtās, *ātis*, f., [C.] filietas : CANDID. *Gen.* 8.

fĭlĭaster, *tri*, m. (it. *figliastro*) et **-stra**, *trae*, f., beau-fils, gendre ; belle-fille, bru : CIL 5, 2998 ; 6, 15585.

fĭlĭātĭo, ōnis, f., filiation [droit] : CASSIOD. *Eccl.* 1, 14, p. 907D.

fĭlĭcātus (**fĕlĭc-**), *a*, *um* (*filix*), orné de figures ressemblant à des fougères : CIC. *Att.* 6, 1, 13 ; *Par.* 11.

fĭlĭcīna, *ae*, f., polypode [fougère] : Ps. APUL. *Herb.* 84.

fĭlĭcōnes (**fĕlĭc-**), *um*, m. (*filix*), bons à rien : PL. d. P. FEST. 76, 21.

fĭlictum, *i*, n., fougeraie : COL. 2, 2, 8.

fĭlĭcŭla (**fĕlĭc-**), *ae*, f., polypode [fougère] : CELS. 2, 12, 1A.

fĭlĭĕ, voc., [V.] *filius* ▶.

fĭlĭĕtās, *ātis*, f. (*filius*), filiation : CASSIOD. *Eccl.* 1, 14, p. 909C ‖ [chrét.] qualité de fils [en parlant du Christ, fils de Dieu, ou en parlant des hommes par rapport à Dieu] : MAR. VICT. *Gen.* 30.

fĭlĭŏla, *ae*, f. (dim. de *filia*), fillette, fille [en bas âge ou chérie] : CIC. *Div.* 1, 103 ; *Mur.* 23 ‖ [fig.] *Cadmi filiolae* AUS. *Epist.* 7 (396), 2, 52, filles de Cadmus [les lettres (caractères) apportées en Grèce par Cadmus, cf. PLIN. 7, 192] ; *filiola Curionis* CIC. *Att.* 1, 14, 5, le fils efféminé de Curion, cette poupée qu'est le fils de Curion.

fĭlĭŏlus, *i*, m. (dim. de *filius* ; fr. *filleul*), fils [en bas âge ou chéri] : PL. *Cap.* 876 ; CIC. *Att.* 1, 2, 1.

fĭlĭus, *ii*, m. (cf. *fio*, alb. *bir*, *bijë*, messap. *bilia*, φῖτυ ; fr. *fils*), fils, enfant : CIC. *Lae.* 3 ; *terrae filius* CIC. *Att.* 1, 13, 4, homme sans naissance, de rien ‖ *fortunae* HOR. *S.* 2, 6, 49, enfant gâté de la fortune (*albae gallinae* JUV. 13, 141, sens analogue) ‖ pl., enfants [des deux sexes] : CIC. *ad Brut.* 1, 12, 2 ; QUINT. 9, 3, 63 ‖ descendants : DIG. 50, 16, 3 ‖ petits [des animaux] : COL. 6, 37, 4 ‖ [chrét.] disciple : VULG. *Matth.* 12, 27 ‖ homme pieux [*filii Dei* opposés aux *filiae hominum*] : VULG. *Gen.* 6, 4 ‖ *Filius Dei* VULG. *Matth.* 8, 29, le Fils de Dieu, le Christ.

▶ voc. *fili* mais *filie* ANDR. d. PRISC. 2, 305, 10.

filix (**fĕl-**), *ĭcis*, f. (obscur, cf. al. *Bilsenkraut* ? ; it. *felce*) ¶ **1** fougère [plante] : VIRG. *G.* 2, 189 ; PLIN. 27, 78 ¶ **2** [fig.] poils : PERS. 4, 41.

fĭlō, *ās*, *āre*, *āvī*, - (*filum* ; fr. *filer*), tr., étirer en fil : ARN.-J. *Confl.* 2, 22 ‖ [fig.] faire couler en fil : FORT. *Mart.* 3, 112.

fĭlŏsŏph-, [V.] philosoph-.

fĭlum, *i*, n. (*gʷhis-lo-m* ; cf. *funis* ; v. prus. -*gislo*, arm. *jil* ; fr. *fil*) ¶ **1** fil : VARR. *L.* 5, 113 ; *sororum fila trium* HOR. *O.* 2, 3, 16, le fil des trois sœurs [les Parques] ‖ [prov.] *pendere filo* ENN. d. MACR. *Sat.* 1, 4, 18, ne tenir qu'à un fil (être en grand danger), cf. OV. *Pont.* 4, 3, 35 ‖ filament [v. *apiculum*] enroulé autour du bonnet du flamine, comme le στέμμα des Grecs : TIB. 1, 5, 15 ; LIV. 1, 32, 6 ; P. FEST. 21, 10 ‖ fibre : PLIN. 21, 30 ‖ toile d'araignée : LUCR. 3, 383 ‖ cordes de la lyre : OV. *Am.* 1, 8, 60 ¶ **2** [fig.] contexture, tissu, nature : *uberiore filo* CIC. *de Or.* 2, 93, d'un style plus abondant (d'une trame plus serrée), cf. HOR. *Ep.* 2, 1, 225 ; *argumentandi tenue filum* CIC. *Or.* 124, argumentation de mince contexture ; *aliud filum orationis* CIC. *Lae.* 25, discours d'une autre sorte ‖ traits, figure, forme : [d'un objet] LUCR. 5, 589 ; 571 ; [d'une pers.] VARR. *L.* 10, 4 ; PL. *Merc.* 755 ; GELL. 1, 9, 2 ; *bono filo est* PETR. 46, 3, il est d'une bonne étoffe.

fīlus, *i*, m., [C.] *filum* : LUC. 6, 460.

1 fimbrĭa, *ae*, f. (cf. *fibra* ; fr. *frange*), [ordin¹ au pl.] extrémité, bout : VARR. *L.* 5, 79 ; CIC. *Pis.* 25 ‖ bord de vêtement, franges : CELS. 2, 6, 6 ; PETR. 32, 2 ‖ brin [d'une plante] : SAMM. 803.

2 Fimbrĭa, *ae*, m., surnom des Flavius ; not¹ C. Flavius Fimbria [l'un des partisans et satellites de Marius] : CIC. *Planc.* 52 ‖ autre du même nom : CIC. *Brut.* 233 ‖ **-ānus**, *a*, *um*, de Fimbria : SALL. d. NON. 215, 32.

1 fimbrĭātus, *a*, *um* (1 *fimbria*), dentelé, frangé : SUET. *Caes.* 45 ; *capillus* PLIN. 18, 53, la panicule [du millet].

2 fimbrĭātus, *a*, *um*, transformé en Fimbria : POLL. d. QUINT. 8, 3, 32.

fĭmētum, *i*, n. (*fimus*), fosse à fumier, tas de fumier : PLIN. 10, 153.

fĭmum, *i*, n., PLIN. 28, 174, **fĭmus**, *i*, m. (cf. *suffio* ? ; fr. *fiente*), fumier : CAT. *Agr.* 28 ; VIRG. *G.* 1, 80 ‖ [poét.] boue, fange : VIRG. *En.* 5, 333.

▶ le plus souvent le genre est indiscernable ; m. SERV. *G.* 1, 1 ; CHAR. 32, 1 ; f. APUL. *M.* 7, 28 ; *PLIN. 18, 145 ; 19, 121.

fīnālis, *e* (*finis*), qui concerne les limites : SIDON. *Ep.* 7, 14, 3 ‖ qui borne : MACR. *Somn.* 2, 5, 9 ‖ final : AUG. *Civ.* 19, 4 ; 11 ; PRISC. 2, 402, 15 ‖ qui tranche : DON. *Eun.* 988.

fīnālĭtās, *ātis*, f., désinence, terminaison : SERV. *En.* 1, 116.

fīnālĭtĕr, adv., finalement : FULG.-R. *Tras.* 2, 5.

finctĭo, ōnis, f., imposture : AUG. *Ep.* 234, 3.

finctor, [C.] fictor : CIL 3, 11423.

finctus, [V.] *fingo* ▶.

findō, *ĭs*, *ĕre*, *fĭdī*, *fissum* (cf. -*fidus*, *perfines*, scr. *bhinatti*, al. *beissen*, an. *bite* ; fr. *fendre*, *fesse*), tr., fendre, ouvrir, séparer, diviser : CIC. *Leg.* 2, 6 ; VIRG. *G.* 2, 253 ; *En.* 10, 295 ; *fissa ungula* LUCR. 4, 680, sabots fendus, fourchus [d'un animal], cf. SUET. *Caes.* 61 ‖ pass. réfléchi, se fendre, se briser, crever : PL. *Bac.* 251 ; PERS. 3, 8 ; OV. *Med.* 39 ‖ [poét.] partager [le mois] : HOR. *O.* 4, 11, 16.

fīne ou **fīni**, [employé comme préposition] [V.] *finis* ¶ 1 fin.

fingĭbĭlis, *e* (*fingo*), imaginable : CAEL.-AUR. *Chron.* 1, 4, 104.

fingō, *ĭs*, *ĕre*, *finxī*, *fictum* (*figura*, *effigies*, *figulus* ; *dheigh-*, cf. τεῖχος, scr. *degdhi*, al. *Teig*, an. *lady* ; fr. *feindre*), tr. ¶ **1** façonner, pétrir : *ceram* CIC. *de Or* 3, 177, façonner la cire ¶ **2** faire en façonnant, fabriquer, modeler : *favos* CIC. *Off.* 1, 157, façonner des rayons de miel ; [abs¹] *e* *cera fingere* Cic. *Verr.* 4, 30, modeler dans la cire ‖ [en part.] sculpter : *Herculem* Cic. *de Or.* 2, 70, faire la statue d'Hercule ; *a Lysippo fingi* Cic. *Fam.* 5, 12, 7, avoir sa statue faite par Lysippe ; *ars fingendi* Cic. *de Or.* 3, 26, la sculpture, cf. *Brut.* 257 ‖ [poét.] *versus* Hor. *P.* 382, faire des vers ¶ **3** [fig.] façonner, modeler : *actor moderatur et fingit mentem ac voluntates* Cic. *Leg.* 3, 40, celui qui présente une motion règle et façonne l'esprit et les volontés de ceux qui écoutent, cf. *Brut.* 142 ; *a mente vultus fingitur* Cic. *Tusc.* 3, 31, l'âme façonne l'expression du visage ; *ad alicujus arbitrium et nutum totum se fingere* Cic. *Or.* 24, se conformer entièrement à la décision et au bon plaisir de qqn ; *ex aliqua re se fingere* Cic. *Att.* 6, 3, 4, se régler sur qqch. ‖ [en part.] façonner en changeant, en déguisant : *vultum fingere* Caes. *G.* 1, 39, 4, composer son visage ; *vita subito flecti fingique non potest* Cic. *Sull.* 79, la vie d'un homme ne peut se plier, se transformer soudain ; *ficto sermone, vultu* Cic. *Off.* 2, 43, en composant ses paroles, son visage ‖ [avec attribut] *finxit te ipsa natura ad omnes virtutes magnum hominem et excelsum* Cic. *Mur.* 60, la nature d'elle-même a fait de toi un homme grand et éminent sous le rapport de toutes les vertus, cf. Virg. *En.* 2, 79 ; Hor. *O.* 4, 3, 12 ¶ **4** façonner, dresser : *fingi ad rectum* Hor. *P.* 367, être dressé au bon goût, cf. Ter. *Haut.* 898 ; *vitem putando* Virg. *G.* 2, 407, façonner la vigne en la taillant ‖ *fingit equum magister ire...* Hor. *Ep.* 1, 2, 64, l'écuyer dresse le cheval à aller... ¶ **5** se représenter, imaginer : *ex sua natura ceteros* Cic. *Amer.* 26, se faire une idée des autres d'après soi-même ; *utilitatum causa amicitias* Cic. *Lae.* 51, imaginer des amitiés intéressées ; *aliquid cogitatione* Cic. *Mil.* 79 ; *animo* Cic. *CM* 41, se représenter qqch. par la pensée ; *omnia quae cogitatione nobismet ipsi possumus fingere* Cic. *Nat.* 3, 47, tout ce que nous pouvons imaginer pour nous-mêmes personnellement, cf. *Off.* 1, 26 ; *Rep.* 2, 3 ; *ea quae finguntur* Cic. *Lae.* 18, les produits de notre imagination ‖ [avec attribut] *leviorem suum casum* Cic. *Verr.* 5, 113, se représenter son sort comme moins pénible ‖ [avec prop. inf.] *finge aliquem fieri sapientem* Cic. *Ac.* 2, 117, imagine que qqn est en train de devenir un sage ¶ **6** représenter [à autrui], imaginer [pour autrui] : *summum oratorem* Cic. *Or.* 7, tracer le portrait de l'orateur idéal ; *justi sui doloris causam fingit* Cic. *Leg.* 1, 40, il imagine comme prétexte son ressentiment légitime ; *finguntur testamenta* Quint. 7, 4, 39, on imagine des testaments ; d'où le part., **fictus**, *a*, *um*, fictif, imaginaire : *in re ficta, vera* Cic. *Lae.* 25, à propos d'une fiction, d'une réalité, cf. Cic. *Off.* 3, 39 ; *Nat.* 2, 5 ‖ [avec attribut] *Tiresiam sapientem fingunt poetae* Cic. *Tusc.* 5, 115, les poètes nous représen- tent Tirésias comme un sage ; *se rudem fingere* Cic. *Brut.* 292, se donner comme un naïf ; *Saturnus fingitur solitus...* Cic. *Nat.* 2, 64, on nous représente Saturne comme ayant l'habitude... ‖ [avec interrog. indir.] Cic. *Fin.* 5, 53 ¶ **7** inventer faussement, forger de toutes pièces : *crimina in aliquem* Cic. *Verr. prim.* 15, forger des accusations contre qqn, cf. Hor. *Ep.* 1, 15, 30 ; d'où le part., **fictus**, *a*, *um*, feint, controuvé, faux : *ficti sermones et falsa crimina* Cic. *Dom.* 28, propos mensongers et accusations fausses ; *nihil fictum* Cic. *Lae.* 26, rien de mensonger ; *aliquid de me ficti adferebat* Cic. *Sest.* 133, il apportait qq. invention mensongère sur mon compte ; *fictus testis* Cic. *Caecin.* 71, faux témoin.

▶ part. finctus Ter. *Eun.* 104.

fīnī, employé c. prép., V. *finis* ¶ 1 fin.

fīniens, *tis* (finio), *orbis* Cic. *Div.* 2, 92 ; *circulus* Sen. *Nat.* 5, 17, 2, l'horizon.

fīniō, *īs*, *īre*, *īvī*, *ītum* (finis ; fr. finir)
I tr. ¶ **1** limiter, délimiter, borner [pr. et fig.] : *populi Romani imperium Rhenum finire* Caes. *G.* 4, 16, 4, (ils répondirent) que l'empire du peuple romain avait le Rhin pour limite ; *cupiditates* Cic. *Fin.* 2, 27, mettre des bornes aux passions ; *finitas cupiditates habere* Cic. *Fin.* 1, 62, avoir des désirs limités ; *verba ratione finientur* Cic. *Or.* 164, on limitera les phrases méthodiquement ¶ **2** préciser, déterminer : *modum alicui rei* Cic. *Leg.* 2, 66, fixer des limites à qqch. ; *spatia temporis numero noctium* Caes. *G.* 6, 18, 2, déterminer les moments de la durée par le nombre des nuits, cf. *G.* 6, 25, 1 ‖ définir : Quint. 7, 3, 3 ; 12, 1, 1 ; 12, 3, 40 ‖ avec *ne* subj. : *finire senatusconsulto, ne...* Liv. 31, 48, 8, spécifier par un sénatus-consulte l'interdiction de... ; *de pecunia finitur ne...* Liv. 40, 44, 10, à propos de la dépense on spécifie l'interdiction de... ¶ **3** achever, finir : *bellum* Caes. *C.* 3, 51, 3, terminer la guerre, cf. Curt. 3, 1, 9 ; Tac. *An.* 15, 17 ; *meminerit dolores maximos morte finiri* Cic. *Fin.* 1, 49, qu'il se souvienne que la mort met un terme aux plus grandes douleurs ; *sitim finire* Hor. *Ep.* 2, 2, 146, apaiser la soif ; *vitam voluntaria morte* Plin. 6, 66, mettre fin à sa vie par une mort volontaire ‖ [abs¹] mettre un terme, finir [de parler, d'écrire] : *ut semel finiam* Quint. 1, 12, 6, pour conclure enfin ¶ **4** [pass.] *finiri*, se terminer : *ut sententiae verbis finiantur* Cic. *de Or.* 3, 191, de sorte que la pensée se termine avec les mots (que la phrase embrasse tout le développement de la pensée), cf. Cic. *Or.* 170 ; [gram.] se terminer (avoir comme terminaison), cf. Quint. 1, 5, 60 ; 1, 6, 14 ‖ *finiri*, mourir : Cic. *poet. Tusc.* 1, 115 ; *morbo* Plin. *Ep.* 1, 12, 2, mourir de maladie.

II intr. [rare] avoir un terme, finir : *cum pugna diei finisset occasu* Amm. 24, 4, 20, le combat ayant pris fin avec le jour ‖ *sic Tiberius finivit...* Tac. *An.* 6, 50, c'est ainsi que finit (mourut) Tibère ....

fīnis, *is*, m. (qqf. f.) (figo ?, fr. fin) ¶ **1** limite : *intra finem loci* Cic. *Caecin.* 22, en dedans de la limite du terrain, cf. Caes. *G.* 2, 19, 5 ‖ pl., *fines* **a)** limites d'un champ, frontières d'un pays, cf. Cic. *Mur.* 22 ; *Off.* 1, 33 **b)** le pays lui-même, territoire : *extremi, primi fines*, l'extrémité, le commencement du territoire : Caes. *G.* 1, 1, 6 ; 6, 35, 6 ‖ [en part.] la limite d'une piste, d'une carrière : Virg. *En.* 5, 328 ‖ [expr.] *fine* ou *fini* [avec gén.], jusqu'à : *fine genus* Ov. *M.* 10, 536, jusqu'au genou, cf. Cat. *Agr.* 113, 2 ; Sall. *H.* 3, 52 ‖ *radicibus fini* Cat. *Agr.* 28, 2, jusqu'aux racines [litt¹, avec les racines comme limite, les racines étant la limite] ; *osse fini* Pl. *Men.* 859, jusqu'à l'os ¶ **2** [fig.] bornes, limites : *finem et modum transire* Cic. *Off.* 1, 102, passer les bornes et la mesure ; *certos mihi fines terminosque constituam* Cic. *Quinct.* 35, je me fixerai des limites et des bornes précises, cf. Cic. *de Or.* 1, 264 ; *Tusc.* 1, 32 ; *finem facere pretio, libidini* Cic. *Verr.* 4, 14, fixer des limites au prix, au désir ¶ **3** fin, cessation, terme : *loquendi, orandi finem facere* Caes. *G.* 1, 46, 2 ; 1, 20, 5, cesser de parler, de prier ; *finem injuriis facere* Caes. *G.* 1, 33, 1, cesser ses injustices ; *diuturni silentii finem hodiernus dies attulit* Cic. *Marc.* 1, cette journée a mis un terme à un long silence, cf. Cic. *Phil.* 6, 2 ; *res finem invenit* Liv. 26, 17, 11 ; Liv. 8, 13, 11, l'affaire est terminée ; *finis aequi juris* Tac. *An.* 3, 27, dernière expression de l'égalité des droits pour tous ‖ terme, point final : *quem ad finem ?* Cic. *Cat.* 1, 1, jusqu'où ? ; *usque ad eum finem, dum...* Cic. *Verr. prim.* 16 ; *Nat.* 2, 129, jusqu'à ce que... ‖ fin, mort : Hor. *O.* 1, 11, 2 ; Sen. *Ep.* 30, 3 ; Tac. *H.* 1, 37 ¶ **4** le degré suprême, le comble, (τέλος) : *sentis me, quod* τέλος *Graeci dicunt, id dicere tum extremum, tum ultimum, tum summum ; licebit etiam finem pro extremo aut ultimo dicere* Cic. *Fin.* 3, 26, tu le remarques, ce que les Grecs appellent τέλος je l'appelle tantôt l'extrémité, tantôt la limite, tantôt le sommet ; je pourrai même au lieu d'extrémité ou de limite, l'appeler terme (degré suprême) ; *fines bonorum et malorum* Cic. *Fin.* 1, 55, le degré suprême des biens et des maux ; *finis bonorum* Cic. *Leg.* 1, 52, le souverain bien ; *honorum populi finis est consulatus* Cic. *Planc.* 60, la plus haute magistrature conférée par le peuple est le consulat ¶ **5** but, fin d'une chose : *domus finis est usus* Cic. *Off.* 1, 138, la fin d'une maison, c'est l'utilisation ; *sit in jure civili finis hic...* Cic. *de Or.* 1, 188, disons que dans le droit civil la fin est la suivante..., cf. Cic. *Inv.* 1, 6 ; *Part.* 11 ¶ **6** définition : Quint. 2, 15, 3 ; 5, 10, 54 ¶ **7** mesure, proportion : Dig. 21, 2, 66.

▶ abl. fine et fini ‖ f. dans Cic. *Fam.* 12, 1, 1 ; Poll. *Fam.* 10, 32, 4 ; Att. d. *Att.* 9, 10,

finis

4; Liv. 4, 2, 4; 22, 57, 5; Hor. Ep. 17, 36; Virg. En. 2, 554, cf. Gell. 13, 21, 12.

fīnītē, adv. (finitus) ¶ **1** de manière limitée : Cic. Fin. 2, 98 ¶ **2** de manière précise : Gell. 14, 7, 9.

fīnītĭmus (-tŭmus), a, um (finis) ¶ **1** voisin, contigu, limitrophe : Caes. G. 3, 2 ; C. 2, 38; [avec dat.] Cic. Planc. 22; Nat. 2, 101; Caes. G. 2, 2, 3 ‖ subst. m. pl., les peuples voisins : Caes. G. 1, 2, 4 ¶ **2** [fig.] qui est tout proche de, qui ressemble à : [avec dat.] Cic. Ac. 2, 68 ; de Or. 1, 70 ‖ mêlé à : Cic. Sull. 71.

fīnītĭo, ōnis, f. (finio), délimitation, bornage : Vitr. 8, 1, 1 ‖ division, partie : Hyg. Astr. 1, 6, 4 ‖ [fig.] règle, principe : Col. 5, 11, 12 ‖ explication, définition : Quint. 7, 3, 2 ‖ achèvement complet, perfection : Vitr. 2, 1, 8 ‖ la mort : Vulg. Eccli. 40, 2.

fīnītīvus, a, um (finitus), qui termine, final : Capel. 3, 240 ‖ [gram.] *modus* Diom. 1, 338, 17 le mode indicatif ‖ [rhét.] *status* Quint. 3, 6, 5, genre de cause reposant sur une définition, cf. 12, 2, 19.

fīnītŏr, ōris, m. (finio), celui qui marque les limites, qui délimite, arpenteur : Cic. Agr. 2, 34; Pl. Poen. 49 ‖ [fig.] *finitor circulus* Sen. Nat. 5, 17, 2, l'horizon ‖ celui qui achève, qui anéantit : Stat. Th. 8, 91.

fīnītŭmus, a, um, v. finitimus.

fīnītus, a, um, part. de finio, [adjt] [gram.] défini : Don. Gram. 4, 380, 3 ; *finitissimus* Prisc. 3, 157, 22.

fīō, fīs, fĭĕrī, factus sum (fui, fuam, futurus, probus; *bhewH-, *bhū-, cf. φύω, scr. bhavati, al. bin, an. be; roum. fi), en gén. pass. de facio, être fait ¶ **1** se produire, arriver : *tantus clamor factus est, ut...* Cic. Verr. 2, 47, de si grands cris s'élevèrent que...; *fit gemitus omnium* Cic. Verr. 5, 74, tout le monde gémit ; *terrae motus factus est* Cic. Div. 1, 101, il s'est produit un tremblement de terre ‖ *fieri ab*, provenir de : Lucr. 4, 542; Marc. Fam. 4, 11, 1 ‖ *quid fiet telo ?* Lucr. 1, 981, qu'arrivera-t-il du trait ? ; v. facio I, A, 6 ‖ *comiter a me fiet* Pl. Ru. 286, il y aura de ma part un accueil affable ; v. facio II, 1 ‖ [expressions] *fiat* Ter. Eun. 100; 500, soit ; *ut fit* Cic. Mil. 28, comme il arrive d'ordinaire, cf. *ut fieri solet, ut fit plerumque* ; *fieri non potuit aliter* Cic. Att. 6, 6, 3, il ne pouvait en être autrement ; *fit ut*, subj., *fieri potest ut*, il arrive que, il peut arriver que, v. facio I, A, 10 ; *fieri non potest ut... non...* Cic. Verr. 2, 190, il ne peut pas se faire que... ne... pas ; *nec aliter fieri potest quam ut aut certum sit au non sit* Quint. 3, 6, 34, il ne peut pas se faire autre chose que ceci : ou c'est certain ou ce ne l'est pas [mais] *id aliter fieri non potest quam ut... cedat* Liv. 37, 35, 10, cela ne peut se faire qu'à la condition qu'il s'éloigne ; *quoad ejus fieri poterit*, v. *quoad* ‖ pousser, croître : Pl. Trin. 935 ¶ **2** se rencontrer, être : *nihil te fieri posse jucundius* Cic. Q. 1, 1, 38, [on dit] que rien ne peut se rencontrer de plus agréable que toi ¶ **3** devenir, être fait, être créé (élu), v. facio I, B, 1 et 2 : *dii ex hominibus facti* Cic. Rep. 2, 18, d'hommes devenus dieux ; *quo tibi fieri tribuno ?* Hor. S. 1, 6, 25, que t'a servi de devenir tribun ? ; [abst] *fieri* Sen. Ep. 118, 4, être élu ; *quae omnia dulciora fiunt moribus bonis* Cic. CM 65, tout cela s'adoucit par les bonnes mœurs ; *ampla domus dedecori domino fit si...* Cic. Off. 1, 139, une vaste maison devient un déshonneur pour le maître, si...; *quodcumque sibi petat socius, id societatis fieri* Cic. Com. 56, [il pense] que tout ce qu'un associé réclame pour lui-même devient propriété de l'association ‖ [avec gén. de prix] v. facio I, B, 3 ¶ **4** passif de facio II ¶ **4** : *neque duobus nisi certis deis rite una hostia fieri* Liv. 27, 25, 9, (ils disaient) que, sauf pour certaines divinités particulières, il n'était pas permis par la religion de sacrifier une victime à deux divinités ; *dis... lacte fit, non vino* Varr. d. Non. 167, à ces dieux on offre du lait, non du vin ; *ter tibi fit libo, ter, dea casta, mero* Tib. 3, 12, 14, voici une triple offrande de gâteau, chaste déesse [Junon], une triple offrande de vin pur.

▶ pass. arch. *fitur, fiebantur* Cat. d. Prisc. 2, 377, 12; *fitum* est Andr. d. Non. 475, 17 ‖ impér. *fiere* Aug. Ep. 82, 29 ; *fi* Pl. Curc. 87 ; Pers. 38; Hor. S. 2, 5, 38; *fis* Hor. O. 4, 13, 2 ; Ep. 2, 2, 211; *fite* Pl. Curc. 89; 150 ‖ inf. *fiere* Laev. d. Gell. 19, 7, 10 ‖ gér. *fiendo* Aug. Gen. litt. 5, 7 ‖ adj. verb. *fiendus* Commod. Instr. 2, 34, 15 ‖ v. *fiens*.

Fircellĭus, ĭi, m., nom d'homme : Varr. R. 3, 2 ‖ **-īnus**, a, um, de Fircellius : Varr. R. 3, 4.

fircus, i, m., [mot sabin] c. *hircus* : Varr. L. 5, 97.

Firma, f., v. 2 Firmus ‖ **Firma Augusta**, c. Astigi : Plin. 3, 12.

firmāmĕn, ĭnis, n. (firmo), appui, support : Ov. M. 10, 491.

firmāmentum, i, n. (firmo), ce qui affermit, appui, étai : Caes. C. 2, 15, 2; Sen. Ir. 2, 1, 2 ‖ [fig.] *accusationis* Cic. Mur. 58, le principal soutien de l'accusation ‖ force confirmative, moyen de prouver : *in aliquo ponere* Cic. Flac. 92, compter sur qqn pour prouver qqch. ‖ *cæleste firmamentum* Tert. Bapt. 3, 3 et abst *firmamentum* Vulg. Gen. 1, 8, le firmament ‖ [rhét.] le point essentiel [τὸ συνέχον] : Cic. Inv. 1, 19.

Firmānus, v. *Firmum*.

firmātŏr, ōris, m. (firmo), celui qui affermit : Tac. An. 2, 46.

firmātrix, īcis, f., celle qui affermit : Corip. Just. 2, 16.

firmātus, a, um, part. de *firmo*.

firmē, adv. (1 firmus), solidement, fortement, fermement : Cic. Fin. 1, 71 ‖ *firmius* Plin. 35, 165 ; *-issime* Cic. Att. 10, 14, 3.

Firmĭānus, i, m., surnom d'homme : CIL 6, 1058.

Firmĭcus, i, m., Julius Firmicus Maternus, écrivain latin du 4e s. : Firm. Math. tit.

Firmīnus, i, m., Firmin [nom d'homme] : Greg.-Tur. Hist. 4, 13.

firmĭtās, ātis, f. (firmus), solidité, consistance, état robuste : Cic. Phil. 2, 63 ; Nat. 1, 49 ‖ [fig.] Cic. Tusc. 5, 74 ; Lae. 46.

firmĭtĕr, adv. (1 firmus), fermement, avec solidité : Caes. G. 4, 26, 1; Cic. Rep. 1, 69; v. *firme*.

firmĭtūdo, ĭnis, f. (1 firmus), solidité : Caes. G. 3, 13, 8 ; 4, 17, 7 ‖ [fig.] fermeté, constance, force de résistance : Cic. Att. 11, 14, 2 ; Fam. 5, 13, 3 ; 6, 6, 13.

Firmĭus, ĭi, m., nom d'homme : Tac. An. 2, 27 ‖ **-ĭānus**, a, um, de Firmius : Plin. 33, 139.

firmō, ās, āre, āvī, ātum (1 firmus; fr. fermer), tr. ¶ **1** faire ou rendre ferme, solide [pr. et fig.] : *corpora juvenum firmari labore voluerunt* Cic. Tusc. 2, 36, ils voulurent que le corps des jeunes gens fût fortifié par l'exercice ; *æstuaria aggeribus et pontibus firmat* Tac. An. 4, 73, il fait dans les lagunes un chemin solide au moyen de chaussées et de ponts ; *rem publicam* Cic. Rep. 2, 5, faire un gouvernement solide ; *locum magnis munitionibus* Caes. G. 6, 29, 3, fortifier un lieu par de grands travaux de retranchement ; *vocem* Cic. de Or. 3, 227, fortifier la voix ; *firmata jam ætate* Cic. Cæl. 43, quand l'âge s'est affermi ; *animus ratione firmatus* Cic. Clu. 13, esprit que la raison a affermi ; *opinio omnium gentium firmata consensu* Cic. Div. 1, 1, opinion consolidée par l'adhésion de toutes les nations ‖ [part. n.] *pro firmato stare* Liv. 4, 7, 3, se tenir solidement, être bien affermi ‖ affermir moralement : *ejus adventus nostros firmavit* Cæs. C. 3, 65, 2, son arrivée raffermit les nôtres, cf. Tac. An. 1, 71 ; 16, 35 ; Virg. En. 3, 611 ; *firmatus animi* Sall. H. 3, 24, raffermi en son cœur ¶ **2** confirmer, appuyer, assurer : *si vis et natura fati ex divinationis ratione firmabitur* Cic. Fat. 11, si l'on appuie l'existence et les caractères du destin sur la théorie de la divination ; *hæc omina firma* Virg. En. 2, 691, confirme ces présages ‖ affirmer : *vix quidquam firmare ausim* Tac. An. 1, 81, à peine oserais-je affirmer qqch. ; [avec prop. inf.] affirmer que : Tac. H. 2, 9 ; An. 6, 6 ‖ [tard.] [avec inf.] décider de : Aug. Conf. 6, 14, 24.

Firmum, i, n., ville du Picénum [auj. Fermo] Atlas XII, D4: Pomp. d. Cic. Att. 8, 12B, 1 ‖ **-ānus**, a, um, de Firmum : Cic. Div. 2, 98 ; Liv. 44, 40 ‖ **-āni**, ōrum, m. pl., habitants de Firmum : Cic. Phil. 7, 23 ‖ *castellum Firmānōrum*, Plin. 3, 111, le fort de Firmum.

1 firmus, a, um (peu net, cf. *fretus*, scr. *dharma-s*, θρόνος ; it. *fermo*) ¶ **1** solide, résistant, ferme : *firmi rami* Cæs. G. 7, 73, 2, branches résistantes ; *area firma templis sustinendis* Liv. 2, 5, 4, terrain assez solide pour supporter des temples ‖ *firmus et valens* Cic. *Fam.* 16, 8, 1, solide et bien portant; *nondum satis firmo corpore* Cic. *Fam.* 11, 27, 1, d'une santé encore trop faible ¶ 2 [fig.] solide, fort: *firma civitas* Cic. *Lae.* 23, État fort; *res publica firma atque robusta* Cic. *Rep.* 2, État solide et dans la plénitude de sa force; *tres potentissimi ac firmissimi populi* Caes. *G.* 1, 3, 8, trois peuples les plus puissants et aux assises les plus solides; *evocatorum firma manus* Cic. *Fam.* 15, 4, 3, une troupe solide de vétérans rappelés; *cohortes minime firmae ad dimicandum* Caes. *G.* 7, 60, 2, cohortes sans fermeté au combat; *exercitus satis firmus ad tantum bellum* Liv. 23, 25, 6, armée assez solide pour une si grande guerre; [poét.] *fundus pascere firmus* Hor. *Ep.* 1, 17, 47, terre suffisante pour faire vivre; *firmissima consolatio* Cic. *Tusc.* 3, 79, consolation très forte, très efficace ‖ [aliments] solides, consistants, nourrissants: Varr. *R.* 2, 11, 2; Cels. 2, 18, 11 ‖ [vin] qui a du corps: Virg. *G.* 2, 97; Gell. 13, 5, 8 ‖ solide, durable: *concordi populo nihil est immutabilius, nihil firmius* Cic. *Rep.* 1, 49, rien de plus stable, de plus solide que le régime populaire où règne la concorde ‖ ferme, constant, inébranlable: *opinio firma et stabilis* Cic. *Brut.* 114, opinion ferme et invariable; *vir in suscepta causa firmissimus* Cic. *Mil.* 91, homme inébranlable dans la défense de sa cause, cf. Cic. *Caecil.* 29; *Balb.* 61 ‖ solide, sur quoi l'on peut compter, sûr: *vitae sine metu degendae praesidia firmissima* Cic. *Fin.* 1, 35, garants les plus sûrs d'une vie à l'abri de la crainte; *ex infidelissimis sociis firmissimos reddere* Cic. *Fam.* 15, 4, 14, faire que les alliés, d'infidèles qu'ils étaient, deviennent les plus solides; *firmior candidatus* Cic. *Att.* 1, 1, 2, candidat plus sûr du succès.

Firmus, *i*, m., **-ma**, *ae*, f., nom d'homme, nom de femme: *CIL* 5, 4903; 9, 1006.

iscālis, *e* (*fiscus*), fiscal, du fisc: Suet. *Dom.* 9; *cursus* Spart. *Hadr.* 7, poste publique [entretenue par le fisc]; *fiscales molestiae* Aur.-Vict. *Caes.* 41, vexations du fisc ‖ **-lia**, n., droits du fisc: *CIL* 9, 4796.

iscella, *ae*, f. (dim. de *fiscina*), petite corbeille, petit panier: Cat. *Agr.* 88, 1; Virg. *B.* 10, 71 ‖ [en part.] forme [d'osier pour faire égoutter les fromages]: Tib. 2, 3, 15; Col. 7, 8, 3 ‖ muselière [pour les bœufs]: Cat. *Agr.* 54, 6.

fiscellus, *i*, m. ¶ **1** petite corbeille: Col. 12, 38, 6 ¶ **2** friand de fromage frais: P. Fest. 80, 2.

Fiscellus, *i*, m., partie de l'Apennin [auj. Monti della Sibilla] Atlas XII, D4: Plin. 3, 109.

iscīna, *ae*, f. (*fiscus*), corbeille, petit panier de jonc ou d'osier: Pl. *Merc.* 988; Cat. *Agr.* 135, 2; Cic. *Flac.* 41.

fisclum, *i*, n. (dim. de *fiscus*), tamis à huile: Isid. 20, 14, 13.

fiscus, *i*, m. (cf. *fideli*, al. *binden*, an. *bind*) ¶ **1** panier de jonc ou d'osier: Col. 12, 52, 22 ¶ **2** corbeille à argent: Cic. *Verr.* 1, 22 ‖ [fig.] le trésor, le fisc: Cic. *Verr.* 3, 197; Q. 3, 4, 5; Eutr. 2, 16 ‖ le trésor impérial, cassette impériale [par oppos. au trésor public, *aerarium*]: Suet. *Aug.* 101; Plin. *Pan.* 36, 3; Tac. *An.* 2, 47; *Judaicus* Suet. *Dom.* 12, l'impôt payé par les Juifs [au profit du prince].

fīsētēr, v. *physeter*.

Fisida, *ae*, f., village d'Afrique dans la région des Syrtes [auj. Burka]: Anton. 61.

fissĭcŭlō, *ās*, *āre*, -, *ātum* (*fissus*), tr., découper les entrailles [des victimes]: Apul. *Socr.* 6 ‖ *-latus* Capel. 1, 9.

fissĭlis, *e* (*findo*), fissile, qui peut être fendu, facile à fendre: Virg. *En.* 6, 181 ‖ [fig.] Pl. *Aul.* 440.

fissĭo, *ōnis*, f. (*findo*), action de fendre, de diviser: Cic. *Nat.* 2, 159.

fissĭpēs, *ĕdis* (*fissus, pes*), qui a les pieds fourchus, fissipède: Aus. *Epist.* 5 (394), 3 ‖ [fig.] *calamus* Aus. *Epist.* 7 (396), 49, roseau fendu.

fissum, *i*, n. (*fissus*), fente, crevasse: Cels. 5, 20, 5 ‖ fissure [dans les entrailles des victimes]: Cic. *Div.* 1, 16; [et en part. d. le foie] *Div.* 1, 118; *Nat.* 3, 14.

fissūra, *ae*, f. (*fissus*), fente, crevasse, fissure: Plin. 10, 176.

fissūrārĭus, *ĭi*, m., celui qui fend, fendeur de bois: Not. Tir. 74, 92a.

fissus, *a*, *um*, part. de *findo*.

fistella, *ae*, f. (dim. de *fistula*), petit tuyau: Pelag. 305.

fistūca (**fest-**), *ae*, f., mouton [pour enfoncer des pilotis]: Caes. *G.* 4, 17, 4 ‖ masse pour aplanir (pour niveler), hie, demoiselle: Plin. 36, 185; v. *festuca*.

fistūcātĭo, *ōnis*, f., damage: Vitr. 3, 4, 1; 7, 1, 1; 10, 2, 3.

fistūco (**fest-**), *āvi*, *ātum*, *āre* (2 *fistuca*), tr., tasser, niveler, aplanir [avec la *fistuca*]: Cat. *Agr.* 18, 7; Plin. 36, 188.

fistŭla, *ae*, f. (peu net, cf. *festuca*?) ¶ **1** tuyau [d'eau], conduit, canal: Cic. *Rab. perd.* 31 ‖ pores des éponges: Plin. 31, 123 ¶ **2** fanons de la baleine: Plin. 9, 19 ¶ **3** tuyau d'un roseau: Plin. 12, 106 ¶ **4** roseau à écrire: Pers. 3, 14 ¶ **5** alène de cordonnier: Plin. 17, 100 ¶ **6** flûte de Pan ou syrinx: Pl. *Ps.* 5, 31; Virg. *B.* 2, 37; Cic. *de Or.* 3, 225 ¶ **7** fistule [chir.]: Cat. *Agr.* 157, 14; Nep. *Att.* 21, 3; Cels. 5, 28, 12A ¶ **8** espèce de moulin à main: Cat. *Agr.* 10, 3; Plin. 18, 97.

fistŭlāris, *e* (*fistula*) ¶ **1** semblable à une flûte de Pan: *versus* Diom. 498, 25, vers qui s'accroît chaque fois d'une syllabe de plus que le précédent ¶ **2** bon pour les ulcères: Veg. *Mul.* 2, 13, 6.

fistŭlārĭus, *ĭi*, m., v. *fistulator*: Gloss. 2, 386, 18.

fistŭlātim, adv. (*fistula*), à la façon d'un tuyau: Apul. *M.* 4, 3.

fistŭlātŏr, *ōris*, m. (*fistula*), joueur de flûte: Cic. *de Or.* 3, 227.

fistŭlātōrĭus, *a*, *um*, de joueur de flûte: Arn. 2, 42.

fistŭlātus, *a*, *um* (*fistula*), percé de tuyaux: Suet. *Ner.* 31 ‖ creux comme le roseau: Sidon. *Ep.* 9, 13, 5.

fistŭlescō, *ĭs*, *ĕre*, -, - (*fistula*), intr., se creuser, se percer: Fulg. *Myth.* 2, 16.

fistŭlō, *ās*, *āre*, -, -, Gloss. 5, 501, 8 et **-lŏr**, *ārĭs*, *ārī*, - (it. *fischiare*), intr., jouer de la syrinx: Dosith. 7, 431, 5.

fistŭlōsus, *a*, *um* (*fistula*), qui forme un tuyau, creux, poreux, fistuleux: Cat. *Agr.* 157, 3; Plin. 11, 173 ‖ *caseus* Col. 7, 8, 5, fromage qui a des trous ‖ *lapis* Plin. 36, 174, pierre poreuse.

fīsus, *a*, *um*, part. de *fido*.

fīte, impér. pl. de *fio*: Pl. *Curc.* 89.

fĭtilla, *ae*, f. (de *fict-*, cf. *fingo*, ombr. *fikla*), bouillie pour les sacrifices: Sen. *Ben.* 1, 6, 3; Arn. 2, 21; Gloss. 4, 76, 47.

fītur, v. *fio*.

fīvō, *ĭs*, *ĕre*, -, -, v. *figo*: P. Fest. 81, 23.

fixē, adv. (*fixus*), d'une manière fixe, solidement: Cassiod. *Var.* 2, 16, 3 ‖ *fixius* Aug. *Ep.* 92, 6.

fixĭo, *ōnis*, f. (*figo*), action de clouer: Hier. *Ezech.* 1, 5.

fixŭla, *ae*, f., v. *fibula*: P. Fest. 80, 1.

fixūra, *ae*, f. (*figo*), action de fixer (clouer): Tert. *Scorp.* 1, 7 ‖ marque [de clous]: Vulg. *Joh.* 20, 25.

1 **fixus**, *a*, *um* (it. *fisso*), part.-adj. de *figo*, fiché, enfoncé: Cic. *Rab. Post.* 25 ‖ [fig.] fixé, fixe, arrêté: *consilium fixum* Cic. *Att.* 6, 14, 2, dessein arrêté; *illud fixum in animis tenetote* Cic. *Balb.* 64, ayez cette idée bien gravée dans l'esprit.

2 **fixŭs**, abl. **ū**, m., action d'enfoncer: Itin. Alex. 49.

flābārĭus, v. *flabrarius*.

flābellĭfĕra, *ae*, f., celle qui porte l'éventail: Pl. *Trin.* 252.

flābellō, *ās*, *āre*, -, -, tr., souffler sur, exciter en soufflant: Tert. *Pall.* 4, 6.

flābellŭlum, *i*, n., petit éventail: *Ter. Eun.* 598.

flābellum, *i*, n. (dim. de *flabrum*), éventail: Ter. *Eun.* 595; Mart. 3, 82, 10 ‖ *lingua quasi flabellum seditionis* Cic. *Flac.* 54, langue qui a comme attisé la révolte.

flābĭlis, *e* (*flo*), de la nature du souffle, de l'air: Cic. *Tusc.* 1, 66 ‖ qui donne de la fraîcheur: Arn. 6, 21 ‖ [fig.] spirituel: Prud. *Perist.* 10, 347.

flabra

flăbra, ōrum, n. pl. (*flo*), souffles [des vents] : Lucr. 5, 217 ; Virg. G. 2, 293.
▶ sg. *flabrum* Macr. *Sat.* 7, 8, 14.

flābrālis, e (*flabra*), de vent : Prud. *Apoth.* 841.

flābrārĭus, ĭi, m., esclave qui évente (?) : *Gloss. 5, 600, 26.

flaccĕō, ēs, ēre, -, - (*flaccus*), intr., être mou : *aures flaccentes* Lact. *Opif.* 8, 8, oreilles pendantes ∥ [fig.] être amolli, sans ressort : Cic. *Q.* 2, 14, 4.
▶ parf. *-cui* Prisc. 2, 483, 13.

flaccescō, **-ciscō**, Pacuv. *Tr.* 77, ĭs, ĕre, -, -, intr., devenir mou, se faner, se dessécher : Col. 12, 7, 4 ; Vitr. 2, 9, 2 ∥ [fig.] devenir languissant, perdre son énergie : *flucti flacciscunt* Pacuv. *Tr.* 77, les flots s'affaissent ; *flaccescebat oratio* Cic. *Brut.* 93, le discours s'affaissait (devenait languissant).

Flaccĭānus, v. 2 *Flaccus*.

flaccĭdus, a, um (1 *flaccus*), flasque, mou : Plin. 8, 205 ; *flaccidum folium* Plin. 15, 127, feuille pendante ∥ [fig.] *flaccida argumentatio* Arn. 7, 46, raisonnement languissant ; [poét.] *flaccidiore turbine* Lucr. 5, 632, par un tourbillon qui s'affaisse.

Flaccilla, ae, f., nom de femme : Mart. 5, 35.

flaccisco, v. *flaccesco*.

flaccŏr, ōris, m. (1 *flaccus*), mollesse, faiblesse : Cass. Fel. 42.

flaccŭlus, a, um (dim. de 1 *flaccus*), un peu flasque : Treb. *Gall.* 8, 3.

1 flaccus, a, um (cf. βλάξ, μαλακός, mollis ; fr. *flasque*), flasque, pendant [en parl. des oreilles] : Varr. *R.* 2, 9, 4 ∥ aux oreilles pendantes : Cic. *Nat.* 1, 80.

2 Flaccus, i, m., surnom romain chez les Valerii, les Cornelii ∥ Horace [désigné par son surnom] : Juv. 7, 227 ∥ **-cĭānus**, a, um, de Flaccus : Val.-Max. 6, 3, 1.

flăgellātīcĭus, a, um, qui mérite le fouet : Gloss. 2, 365, 10.

flăgellātĭo, ōnis, f., action de fouetter : Tert. *Mart.* 4, 8.

flăgellō, ās, āre, āvī, ātum (*flagellum*), tr., fouetter, flageller : Suet. *Cal.* 26 ∥ *flagellant colla comae* Mart. 4, 42, 7, les cheveux flottent sur le cou ∥ [fig.] donner un coup de fouet à : *annonam* Plin. 33, 164, au prix du blé [le faire monter] ; *opes* Mart. 2, 30, 4, à un capital [lui faire produire des intérêts].

flăgellum, i, n. (dim. de *flagrum* ; fr. *fléau*) ¶ 1 fouet, étrivières : Cic. *Rab. perd.* 12 ; Hor. *S.* 1, 3, 119 ∥ [fig.] [en parl. des remords] Lucr. 3, 1019 ¶ 2 ▶ *ammentum*, lanière de cuir [adaptée à la hampe du javelot] : Virg. *En.* 7, 731 ¶ 3 tigelles [de la vigne] ; rameau flexible : Catul. 62, 52 ; Virg. G. 2, 299 ; Col. 3, 10, 1 ¶ 4 bras des polypes : Ov. *M.* 4, 367 ¶ 5 mèche de cheveux : Sidon. *Ep.* 1, 2, 2.

flăgĭtāmentum, v. *flamentum*.

flăgĭtātĭo, ōnis, f. (*flagito*), demande (sollicitation) pressante, insistance : Cic. *Top.* 5 ∥ pl., réclamations : Tac. *An.* 13, 50.

flăgĭtātor, ōris, m. (*flagito*), qui réclame avec instance : **triumphi** Liv. 8, 12, 9, qui réclame le triomphe ∥ qui réclame une créance, une promesse, créancier tenace : Pl. *Cas.* 24 ; Cic. *Brut.* 18 ; Gell. 17, 6, 10.

flăgĭtātrix, īcis, f. de *flagitator* : Aug. *Ep.* 261, 1.

flăgĭtātus, a, um, part. de *flagito*.

flăgĭtĭōsē, adv. (*flagitiosus*), d'une manière scandaleuse, infâme : Cic. *Fin.* 3, 38 ; *-sissime* Cic. *Cat.* 2, 8 ∥ honteusement, avec déshonneur : Cic. *Att.* 7, 15, 3 ; Font. 34 ; de Or. 1, 227 ∥ *-sius* Arn. 4, 22.

flăgĭtĭōsus, a, um (*flagitium*), qui a une conduite scandaleuse : Cic. *Tusc.* 4, 68 ; *res flagitiosae* Cic. *Lae.* 47, débordements, dérèglements ∥ honteux, déshonorant : Cic. *Off.* 1, 128 ; *flagitiosum est* [avec prop. inf.] Cic. *Phil.* 7, 15 ; Sall. *J.* 110, 5, c'est une honte que, cf. Liv. 26, 8, 3 ; [avec inf.] Cic. *Off.* 2, 64 ; Sall. *J.* 31, 21 ∥ *-sior* Cic. *Fam.* 12, 4, 1 ; *-sissimus* Cic. *Verr.* 2, 76.

flăgĭtĭum, ĭi, n. (cf. *flagito*) ¶ 1 action déshonorante, infamante, ignominieuse, scandaleuse ; infamie, ignominie, turpitude, scandale : *stupra et adulteria et omne tale flagitium* Cic. *CM* 40, les viols, les adultères et toutes les autres turpitudes de ce genre ; *homo sceleribus flagitiisque contaminatissimus* Cic. *Prov.* 14, l'homme le plus souillé qu'il soit de crimes et d'infamies ∥ [en part.] opinion scandaleuse [qu'on devrait avoir honte de soutenir] : Cic. *Nat.* 1, 66 ; 3, 91 ; *non sensit, quantum flagiti commisisset* Cic. *Brut.* 219, il ne s'est pas aperçu de la bévue scandaleuse qu'il avait commise ∥ *flagitium hominis !* Pl. *As.* 473, sale type ! ignoble personnage ! ¶ 2 [personnif.] *omnium flagitiorum atque facinorum circum se tamquam stipatorum catervas habebat* Sall. *C.* 14, 1, toutes les infamies et tous les crimes en troupes, comme des gardes, lui faisaient cortège.

flăgĭtō, ās, āre, āvī, ātum (fréq.; *bhlāg-*, cf. *flagrum*), tr. ¶ 1 demander avec insistance, réclamer d'une manière pressante, exiger : *flagito testes* Cic. *Font.* 11, je demande avec insistance des témoins ; *poscere et flagitare* Cic. *Verr.* 5, 71, demander et réclamer avec vivacité ; *ii metuo ne te forte flagitent, ego autem mandavi ut rogarent* Cic. *Fam.* 9, 8, 1, je crains qu'ils n'insistent peut-être trop, quand moi je les ai chargés de te prier ; *ea quae tempus et necessitas flagitat* Cic. *Phil.* 5, 53, ce qu'exigent les circonstances et la nécessité ; *causa postulat, non flagitat* Cic. *Quinct.* 13, la cause demande, sans exiger ; *sed flagitat tabellarius ; valebis igitur* Cic. *Fam.* 15, 18, mais le messager me presse ; onc adieu... ∥ [construction] *ab aliquo aliquid* Cic. *Tusc.* 1, 34 ; *Fam.* 3, 11, 4 ; 4, 13, 4, réclamer qqch. de qqn ; *ab aliquo aliquem* Cic. *Verr.* 5, 128, réclamer qqn à qqn ; [deux acc.] *haec sunt illa, quae me... modo flagitabat* Cic. *de Or.* 2, 188, ce sont ces moyens (oratoires) dont il me réclamait tout à l'heure l'exposé, cf. *Planc.* 6 ; Caes. *G.* 1, 16, 1 ; [avec ut subj.] Cic. *Phil.* 5, 30 ; *flagitabatur ab iis, ut...* Cic. *Sest.* 25, on leur demandait avec insistance de... ; [avec inf.] Hor. *S.* 2, 4, 61 ; [avec prop. inf.] Suet. *Ner.* 44 ; *Cl.* 13 ; Plin. 34, 62 ; 35, 65 ¶ 2 appeler en justice, citer devant les tribunaux : Tac. *H.* 1, 53 ¶ 3 violer [une femme] : Dig. 47, 1, 2, 5.

flăgrans, tis, part.-adj. de *flagro*, brûlant, enflammé : *flagrantissimo aestu* Liv. 44, 36, 7, au cœur de l'été ∥ [fig.] *flagrantissimus* Cic. *Fat.* 3, plein d'ardeur ; *flagrantius studium* Cic. *Brut.* 302, zèle plus ardent cf. *Tusc.* 4, 44 ; *de Or.* 3, 230 ∥ brillant, éclatant : Virg. *En.* 12, 167 ∥ *flagranti crimine* Cod. Just. 9, 13, 1, en flagrant délit.

flăgrantĕr, adv., ardemment, avec ardeur : Aug. *Ep.* 126, 7 ∥ *-ius* Sil. 16, 595 ; *-issime* Tac. *An.* 1, 3.

flăgrantĭa, ae, f., vive chaleur, embrasement : *oculorum* Cic. *Cael.* 49, le feu des regards ∥ [fig.] sentiment ardent : Gell. 12, 1, 22 ∥ *flagiti flagrantia !* Pl. *Ru.* 733, foyer d'infamie !

flăgrātōrēs, m., flagellants : *quod mercede flagris caedebantur* P. Fest. 79, 9 ; Gloss. 5, 22, 25, parce qu'ils recevaient des coups de fouet contre salaire.

flăgrĭfĕr, ĕri, m. (*flagrum, fero*), celui qui porte un fouet : Aus. *Epist.* 14 (403), 10.

flăgrĭo, ōnis, m. (*flagrum*), homme voué aux coups [de fouet] : Afran. *Com.* 391.

flăgrĭtrība, ae, m. (*flagrum*, τρίβω), celui qui use les fouets [à force d'être battu] : Pl. *Ps.* 137.

flăgrō, ās, āre, āvī, ātum (cf. *flamma, fulgeo*, al. *Blech*), intr. ¶ 1 brûler, être en feu : Cic. *Div.* 1, 69 ; [fig.] *bello flagrare* Cic. *Att.* 7, 17, 4, être ravagé par la guerre ¶ 2 être animé [d'une passion] ; brûler de : *flagrare desiderio* Cic. *Att.* 5, 11, 1, être rongé par le regret ; *amore* Cic. *Tusc.* 4, 71, brûler d'amour ; [avec inf.] désirer ardemment : Tac. *H.* 2, 46 ; Stat. *Th.* 3, 118 ¶ 3 [fig.] être la proie de : *infamia* Cic. *Att.* 4, 18, 2, être couvert d'infamie ; *quae flagitiis conviviva, quae flagitiis flagrabunt* Cic. *Verr.* 4, 71, festins où se déchaînera la débauche ¶ 4 [en parl. de ch.] être ardent : *ut cujusque studium flagrabat* Sall. *C.* 14, 6, suivant le goût ardent (la passion) de chacun ; *flagrabant vitia libidinis apud illum* Cic. *Cael.* 12, les vices du libertinage brûlaient chez lui ¶ 5 [poét.] tr., (?) enflammer d'amour : *miseram patri flagrabat Elissam* *Stat. *S.* 5, 2, 120, (Ascagne) enflammait pour son père (Énée) le cœur de la malheureuse Élissa.

flăgrum, i, n. (cf. *flagito*), fouet, martinet, lanière, étrivières : Pl. *Cas.* 123 ; Liv.

28, 11, 6 ‖ [fig.] *ad sua flagra deducere* Juv. 10, 109, faire marcher sous son fouet [mener à la baguette].

1 **flāmĕn**, *ĭnis*, m. (pas clair, cf. *flagro*, plutôt que scr. *brahman-*, impossible), flamine [prêtre; quinze au total, dont trois flamines majeurs, cf. *Dialis*] : Cic. *Phil.* 2, 110; Liv. 1, 20, 2.
▶ étymologie naïve par *filamen* cf. Varr. L. 5, 84; P. Fest. 7, 7, 29; Prisc. 2, 126, 14 [V.▷ *apex*].

2 **flāmĕn**, *ĭnis*, n. (*flo*), souffle : *flamina tibiae* Hor. *O.* 3, 19, 19, modulations de la flûte ‖ vent, brise : Virg. *En.* 5, 832.

3 **Flāmĕn**, *ĭnis*, m., surnom de Q. Claudius : Liv. 27, 21, 5.

flāmentum, *i*, n. (*flo*), souffle [du vent] : *Fulg. *Myth.* 1, pr. 8, 5, 19.

flāmĭna, *ae*, f. (1 *flamen*), épouse de flamine : CIL 9, 5841.

flāmĭnālis, *is*, m. (1 *flamen*), celui qui a été flamine : CIL 5, 5132.

flāmĭnātŭs, *ūs*, m., dignité de flamine : CIL 2, 3711.

flāmĭnĕa, *ae*, f., V.▷ *flaminia* ¶2.

1 **flāmĭnĭa**, *ae*, f. ¶1 maison du flamine : Gell. 10, 15, 7 ¶2 épouse du flamine : Hier. *Ep.* 123, 8 ¶3 prêtresse qui assiste l'épouse du flamine : P. Fest. 82, 23.

2 **Flāmĭnĭa vĭa**, **Flāmĭnĭa**, *ae*, f., la voie Flaminienne [entre Rome et Ariminum, construite par C. Flaminius] : Cic. *Phil.* 12, 22; Mart. 8, 75, 2.

Flāmĭnĭānus, V.▷ 2 *Flaminius*.

flāmĭnĭca, *ae*, f., épouse de flamine : *Dialis* Tac. *An.* 4, 16, femme du flamine de Jupiter.

Flāmĭnīnus, *i*, m., nom d'homme : Cic. *Verr.* 1, 55.

flāmĭnĭum, mauv. orth., V.▷ *flamonium*.

1 **flāmĭnĭus**, *a*, *um* (1 *flamen*), qui concerne les flamines : P. Fest. 79, 18; 82, 16.

2 **Flāmĭnĭus**, *ii*, m., nom d'une famille romaine; not^t C. Flaminius Nepos qui périt sur les bords du lac Trasimène [en 217 av. J.-C.] : Liv. 22, 4; Cic. *Div.* 1, 77 ‖ -**ĭus**, *a*, *um*, de Flaminius : Liv. 3, 54, 15; Cic. *Sest.* 33; V.▷ 2 *Flaminia* ‖ -**ĭnĭānus**, *a*, *um*, de Flaminius : Cic. *Div.* 2, 67.

1 **flamma**, *ae*, f. (cf. *flagro*, *fulgo*; it. *fiamma*), flamme, feu : Cic. *de Or.* 2, 222; *flammam concipere* Caes. *C.* 2, 14, 2, prendre feu; *flamma ferroque* Liv. 30, 6, par le fer et le feu ‖ [prov.] *flamma fumo est proxima* Pl. *Curc.* 53; V.▷ *fumus* ‖ [fig.] *amoris* Cic. *Verr.* 5, 92, feux de l'amour; *oratoris* Cic. *Brut.* 93, le feu de l'orateur; *flamma civilis discordiae* Cic. *Fam.* 16, 11, 2, le feu de la discorde civile ‖ couleur de feu, éclatant : Plin. 35, 46; Virg. *En.* 6, 300; Ov. *M.* 11, 368.

2 **Flamma**, *ae*, m., surnom romain : Plin. 22, 11; Tac. *H.* 4, 45.

flammābundus, *a*, *um*, flamboyant : Capel. 1, 90.

flammans, *tis*, part. de *flammo*.

flammārĭus, *ii*, m., qui teint de la couleur de la flamme : Pl. *Aul.* 510.

1 **flammātus**, *a*, *um*, part. de *flammo*.

2 **flammātŭs**, *ūs*, m., action d'enflammer : Gloss. 2, 472, 20.

flammātrix, *īcis*, f., celle qui enflamme : Capel. 5, 428.

flammĕārĭus, *ii*, m., C.▷ *flammarius* : P. Fest. 79, 19.

flammĕŏlum, *i*, n., C.▷ *flammeum* : Juv. 10, 334.

flammĕŏlus, *a*, *um* (1 *flammeus*), qui a la couleur de la flamme : Col. 10, 307.

flammescō, *ĭs*, *ĕre*, -, - (*flamma*), intr., s'embraser : Lucr. 6, 669.

flammĕum, *i*, n. (1 *flammeus*), voile de jeunes mariées [d'un rouge orangé] : Plin. 21, 46; *flammea conterit* Juv. 6, 225, elle change de mari tous les jours.

1 **flammĕus**, *a*, *um* (*flamma*) ¶1 qui a la nature, la constitution de la flamme : Sen. *Nat.* 2, 40, 3; 7, 1, 6 ¶2 qui a la couleur de la flamme : Sen. *Nat.* 1, 3, 4; Plin. 21, 171 ¶3 [fig.] *flammei viri* Sidon. *Ep.* 1, 7, 6, hommes pleins d'ardeur.

2 **flammĕus**, *i*, m., C.▷ *flammeum* : Non. 541, 28.

flammĭcŏmans, *tis*, C.▷ *flammicomus* : Juvc. 4, 201.

flammĭcŏmus, *a*, *um* (1 *flamma*, *coma*), à la chevelure de flamme : Prud. *Psych.* 775.

flammĭcrĕmus, *a*, *um* (1 *flamma*, *cremo*), consumé par les flammes : Fort. *Carm.* 1, 15, 47.

flammĭdus, *a*, *um* (1 *flamma*), enflammé : Apul. *M.* 11, 3; *Mund.* 21.

flammĭfer, *ĕra*, *ĕrum* (1 *flamma*, *fero*), ardent, enflammé : Enn. d. Cic. *Ac.* 2, 89; Ov. *M.* 15, 849.

flammĭflŭus, *a*, *um* (1 *flamma*, *fluo*), roulant des flammes : Aug. *Serm.* 150, 1.

flammĭgĕna, *ae*, m. (1 *flamma*, *geno*), fils du feu (de Vulcain) : Sidon. *Carm.* 13, 9.

flammĭgĕr, *ĕra*, *ĕrum* (1 *flamma*, *gero*), ardent, enflammé : Val.-Flac. 5, 582 ‖ qui porte le tonnerre : Stat. *Th.* 8, 675.

flammĭgĕrō, *ās*, *āre*, -, - (1 *flamma*, *ago*), intr., jeter des flammes : Ambr. *Off.* 3, 18, 103; Gell. 17, 10, 11.

*****flammĭgō**, *ās*, *āre*, -, -, C.▷ *flammigero* : Gell. 17, 10, 11.

flammĭpēs, *ĕdis* (1 *flamma*, *pes*), rapide comme la flamme : Juvc. 2, 552.

Flammĭpŏtens, *tis*, m. (1 *flamma*, *potens*), puissant par ses flammes : Drac. *Laud.* 3, 397.

flammĭvŏlus, *a*, *um* (1 *flamma*, *volo*), qui vole enflammé : Arat. *Act.* 2, 531.

flammĭvŏmus, *a*, *um* (1 *flamma*, *vomo*), qui vomit des flammes : Capel. 1, 70.

flammō, *ās*, *āre*, *āvī*, *ātum* (1 *flamma*; it. *fiammare*) ¶1 tr., enflammer : Lucr. 2, 672; Cic. poet. *Div.* 1, 17 ‖ [fig.] exciter : Stat. *Th.* 8, 390 ‖ donner la couleur du feu, rendre rouge : Stat. *Ach.* 1, 297 ¶2 intr., [poét.] brûler, flamber : Prop. 4, 4, 7; *flammantia lumina* Virg. *G.* 3, 433, des yeux enflammés.

flammōsus, *a*, *um* (1 *flamma*), brûlant, enflammé [médecine] : Cael.-Aur. *Acut.* 3, 17, 174.

flammŭla, *ae*, f. (dim. de 1 *flamma*; fr. *flamber*, *flambe*), petite flamme : Cic. *Ac.* 2, 80 ‖ pl., flammes [petits drapeaux à l'usage de la cavalerie] : Veg. *Mil.* 2, 1.

Flāmōnĭenses, *ĭum*, m. pl., habitants de Flamonie [ville de Vénétie] : Plin. 3, 130.

flāmōnĭum, *ii*, n., dignité de flamine : Cic. *Phil.* 13, 41; Liv. 26, 23, 8; Tac. *An.* 13, 2.

Flanātes, *um* ou *ĭum*, m. pl., peuple de Liburnie : Plin. 3, 139 ‖ -**tĭcus**, *a*, *um*, des Flanates : Plin. 3, 129.

Flanōna, *ae*, f., capitale des Flanates Atlas XII, B4 : Plin. 3, 140.

flasca, *ae*, f. (germ., al. *Flasche*; it. *fiasca*), vase pour le vin [outre ou tasse en cuir] : Isid. 20, 6, 2; Gloss. 5, 606, 49.

flasco, *ōnis*, m. (*flasca*; fr. *flacon*), récipient à vin en bois : Greg.-M. *Dial.* 2, 18.

flātĭlis, *e* (*flo*) ¶1 de souffle, qui vient du souffle : Amm. 30, 1, 20 ‖ envoyé par le souffle : Prud. *Ham.* 531 ¶2 fondu [au feu] : Varr. *Men.* 303; Arn. 6, 16.

flātō, *ās*, *āre*, -, - (fréq. de *flo*; it. *fiatare*), intr., souffler : Arn. 2, 38 ‖ [fig.] Aug. *Conf.* 7, 6, 8.

flātŏr, *ōris*, m. (*flo*) ¶1 joueur de flûte : P. Fest. 79, 13 ¶2 fondeur : Dig. 1, 2, 30.

flātūra, *ae*, f. (*flo*) ¶1 souffle, vent : Arn. 1, 9 ¶2 fonte : Plin. 7, 197.

flātūrālis, *e* (*flatura*), contenant du souffle : Tert. *Anim.* 10, 7.

flātūrārĭus, *ii*, m. (*flatura*), fondeur : Cod. Th. 9, 21, 6.

flātŭs, *ūs*, m. (*flo*; it. *fiato*), souffle, respiration, haleine : Plin. 36, 193; Virg. *G.* 3, 111 ‖ souffle dans la flûte, les sons de la flûte : Hor. *P.* 205 ‖ souffle, vent : Cic. *de Or.* 2, 187; Hor. *O.* 4, 5, 10 ‖ vent, flatuosité : Suet. *Cl.* 32 ‖ l'âme : Prud. *Perist.* 3, 168 ‖ [fig.] *fortunae* Cic. *Off.* 2, 19 le souffle de la fortune ‖ orgueil, prétention : Virg. *En.* 11, 346.
▶ dat. *flato* Commod. *Instr.* 1, 12, 5.

flaurus, *a*, *um* (φλαῦρος), minable [jeu de mots sur 2 *Florus*] : Suet. *Vesp.* 22, 3.

flāvĕō, *ēs*, *ēre*, -, - (*flavus*), intr., être jaune : Paul.-Nol. *Carm.* 23, 129; *flavens*, jaune : Virg. *G.* 4, 126.

flăvescō, *is, ĕre*, -, - (*flaveo*), intr., devenir jaune, jaunir : CAT. *Agr.* 151, 2 ; VIRG. *B.* 4, 28.

Flāvĭa, f. (*Flavius*), mot qui se joint à d'autres pour désigner un grand nombre de fondations flaviennes : **Flavia Aeduorum** PANEG. 8 = *Grat. Constantin.* 1 ; **Flavia** des Éduens, la même que Augustodunum ǁ **Flavia colonia** PLIN. 5, 69, Césarée, en Palestine.

flāvĭcŏmans, *tis*, qui a les cheveux blonds : PRUD. *Apoth.* 495.

flāvĭcŏmus, *a, um* (*flavus, coma*), ⟨c.⟩ *flavicomans* : CLAUD. *Laud. Herc.* 97

Flāvĭae arae, f., lieu de Vindélicie : PEUT. 3, 1.

Flāvĭālis, ⟨v.⟩ *Flavius*.

Flāvĭānus, ⟨v.⟩ *Flavius*.

Flāvĭăs, *ădis*, f., ville de Cilicie : ANTON. 212.

flāvĭdus, *a, um*, jaune : CAEL.-AUR. *Acut.* 3, 20, 194 ; PLIN. 18, 127.

Flāvīna, *ae*, f., ville d'Étrurie : SIL. 8, 492 ǁ **-ĭus**, *a, um*, de Flavina : VIRG. *En.* 7, 696 ǁ **Flāvīnĭum**, n., SERV. *En.* 7, 696.

Flāvĭŏbrĭga, *ae*, f., ville de la Tarraconaise Atlas IV, B2 ; V, F1 : PLIN. 4, 110.

Flāvĭŏpŏlis, *is*, f., ville du Pont : PLIN. 4, 47.

Flāvium Solvense, n., Solva [ville du Norique] : PLIN. 3, 146.

Flāvĭus, *ii*, m., nom d'une famille romaine ; not' Cn. Flavius qui publia les Fastes : LIV. 9, 46 ; PLIN. 33, 17 ǁ c'est de la *gens Flavia*, que descendaient les empereurs Vespasien, Titus et Domitien : SUET. *Vesp.* 1 ǁ **ultimus** JUV. 4, 37, Domitien ǁ **-ĭus**, *a, um*, de Flavius, d'un Flavius : MART. 9, 4, 12 ǁ ⟨v.⟩ *Flavia* ǁ **-ĭālis**, *e*, du collège des prêtres institués par Domitien en l'honneur de la famille Flavia, un Flaviale : SUET. *Dom.* 4 ǁ **-ĭānus**, *a, um*, de Flavius : **Flavianum jus** DIG. 1, 2, 7, droit Flavien ; **Flavianae partes** TAC. *H.* 2, 67, parti de Vespasien.

flāvus, *a, um* (cf. *holus, florus*, χλωρός, al. *blau* ; fr. *flou*), jaune : **flava arva** VIRG. *G.* 1, 316, campagnes dorées ǁ blond : HOR. *O.* 4, 4, 4 ; OV. *M.* 6, 118 ǁ rougeâtre : **flavus pudor** SEN. *Phaed.* 652, le rouge de la pudeur ǁ **flāvus**, *i*, m., pièce d'or : MART. 12, 65, 6.

flaxō, *ās, āre*, -, -, ⟨c.⟩ *fraxo* : GLOSS. 5, 569, 9.

Flazius, **Flazzus**, *i*, m., épithète de Jupiter : CIL 10, 1571.

flēbĭlĕ, adv., d'une manière triste, tristement : OV. *Rem.* 36 ; SIL. 7, 648.

flēbĭlis, *e* (*fleo* ; fr. *faible*) ¶ 1 digne d'être pleuré : lamentable, affligeant : HOR. *O.* 1, 24, 9 ; CIC. *Phil.* 11, 7 ; Planc. 101 ¶ 2 qui fait pleurer : **flebile cepe** LUCIL. 194, l'oignon qui fait pleurer ǁ [parl. de la voix] touchant : CIC. *Brut.* 142 ; OV. *H.* 13, 48 ¶ 3 qui pleure, triste, affligé : CIC. *Tusc.* 2, 47 ; HOR. *O.* 4, 2, 21 ǁ **-lior** HOR. *O.* 1, 24, 9.

flēbĭlĭtĕr, adv. (*flebilis*), en pleurant, tristement : CIC. *Tusc.* 2, 39 ǁ **-lĭus** PAUL.-NOL. *Carm.* 20, 57.

flĕbŏtŏm-, ⟨v.⟩ *phleb-*.

flectō, *is, ĕre, flexī, flexum* (obscur, cf. *plecto* ; fr. *fléchir*), tr. et intr.

I tr. ¶ 1 courber, ployer : **membra** CIC. *Div.* 1, 120, ployer ses membres ; **arcum** OV. *M.* 4, 303, bander un arc ǁ tourner, faire tourner : **equos** CAES. *G* 4, 33, 3, faire tourner des chevaux ; **hinc (silva) se flectit sinistrorsus** CAES. *G.* 6, 25, 3, de là (la forêt) se tourne, s'infléchit à gauche ; **flexi fractique motus** CIC. *Fin.* 5, 35, mouvements contournés et brisés ; **flexum mare** TAC. *An.* 14, 4, une courbure de la mer, une crique ; **milvus flectitur in gyrum** OV. *M.* 2, 718, le milan tourne en cercle ; **sol flectitur** PLIN. 18, 264, le soleil tourne ; **flexo in vesperam die** TAC. *An.* 1, 16, le jour inclinant vers le soir ; [fig.] **viam flectere** LIV. 1, 60, 1, modifier sa route, changer de route ǁ contourner, doubler un cap : **Leucaten** CIC. *Att.* 5, 9, 1, doubler le promontoire de Leucate ; **in flectendis promuntoriis** CIC. *Div.* 2, 94, quand il s'agit de doubler des caps ¶ 2 [fig.] plier, tourner, diriger [les esprits, les caractères] : CIC. *Leg.* 1, 47 ; *Cael.* 13 ; *Brut.* 142 ; **animos audientium, quocumque res postulet modo** CIC. *Brut.* 279, plier l'auditoire dans tous les sens voulus par la cause ; **ad rem flectere** LIV. 5, 43, 1, faire incliner vers une chose ; **ab re** LIV. 1, *praef.* 5, détourner d'une chose ; **mentes ab aliqua re ad aliquam rem** CIC. *Balb.* 39, détourner les esprits d'une chose vers une autre ǁ **Augustus quaedam ex antiquitate ad praesentem usum flexerat** TAC. *An.* 4, 16, Auguste avait détourné du passé certaines institutions à l'usage du présent ; **versus qui in Tiberium flecterentur** TAC. *An.* 6, 29, vers qu'on pouvait tourner contre Tibère ǁ **nihil flexerunt animos quin... defenderent** LIV. 5, 42, 7, ils ne se laissèrent pas détourner de défendre..., cf. TAC. *An.* 14, 33 ¶ 3 fléchir, émouvoir : **oratione aliquem** CIC. *Phil.* 1, 35, fléchir qqn par sa parole ; **fata** CIC. *Cat.* 3, 19 ; VIRG. *En.* 6, 376, fléchir les destins (les détourner) ǁ [rhét.] [un des trois offices de l'orateur] émouvoir : CIC. *Or.* 69, cf. *movere* ¶ 4 [gram.] dériver : **vocabulum de Craeco flexum** GELL. 4, 3, 3, mot dérivé du grec ǁ prononcer avec l'accent circonflexe : QUINT. 1, 5, 23.

II intr., se tourner, se détourner [pr. et fig.] : **Hasdrubal ad Oceanum flectit** LIV. 28, 16, 3, Hasdrubal oblique vers l'Océan ; **flectere in ambitionem** TAC. *An.* 4, 37, se laisser aller à la vanité ; **a veneratione Augusti orsus flexit ad victorias Tiberii** TAC. *An.* 1, 34, ayant commencé par un hommage à Auguste, il passa aux victoires de Tibère.

▶ parf. **flexui** PROB. *Cath.* 4, 39, 25 ǁ subj. imparf. pass. **flectiretur** GREG.-TUR. *Hist.* 3, 29.

flectūra, *ae*, f. (*flecto*), tournant [d'un chemin] : PS. ACR. HOR. *O.* 1, 25, 10.

flegma, ⟨v.⟩ *phlegma*.

flēmĕn, *ĭnis*, n., surtout au pl. **flemina** (**flemina**, *ae*, f.), CHIR. 873 (de φλεγμονή), inflammation, abcès aux jambes : PL. *Ep.* 670 ; PLIN. 23, 28.

flendus, *a, um*, adj. verb. de *fleo*.

Flenium, *ii*, n., ville des Bataves : PEUT. 1, 2.

flĕō, *ēs, ēre, ēvī, ētum* (cf. al. *bellen*) ¶ 1 intr., pleurer, verser des larmes : CIC. *de Or.* 1, 145 ; CAES. *G.* 1, 20, 5 ǁ **fletur** QUINT. 6, 2, 3, on pleure ǁ [poét.] = suinter : LUCR. 1, 349 ¶ 2 tr., pleurer qqn ou qqch. : PL. *Cap.* 139 ; CIC. *poet. Tusc.* 2, 21 ; *Sest.* 60 ǁ dire en pleurant : COL. 10, 350 ǁ [avec prop. inf.] déplorer que : PROP. 1, 7, 18 ǁ [fig.] laisser couler, distiller : PRUD. *Perist.* 10, 705.

▶ parf. contr. **flesti** OV. *H.* 5, 43 ; **flerunt** VIRG. *G.* 4, 461 ; **flesset** STAT. *S.* 2, 1, 145 ; **flesse** LIV. 30, 44, 7.

flētĭfĕr, *ĕra, ĕrum* (2 *fletus, fero*), qui distille, qui suinte : [l'ambre] AUS. *Idyl.* 6, 2 (325), 74.

Fletio, *ōnis*, f., ville des Bataves : PEUT. 1, 3.

1 **flētus**, *a, um*, part. de *fleo* : VIRG. *En.* 6, 481 ǁ ▶ *flens* : APUL. *M.* 7, 27.

2 **flētŭs**, *ūs*, m., larmes, pleurs, gémissements : CIC. *Tusc.* 1, 30 ; *Clu.* 15 ; **fletum movere alicui** CIC. *de Or.* 1, 228, arracher des larmes à qqn.

▶ dat. sg. **fletu** VIRG. *En.* 4, 369 ; gén. pl. **fletuum** APUL. *M.* 3, 7.

Flĕvo, *ōnis*, m., une des embouchures du Rhin [le Zuiderzee] : MEL. 3, 24.

Flēvum, *i*, n., place forte à l'embouchure du Rhin : TAC. *An.* 4, 72.

Flēvus, *i*, m., ⟨c.⟩ *Flevo* : PLIN. 4, 101.

flexănĭmus, *a, um* (*flecto, animus*), dompteur des âmes : PACUV. d. CIC. *de Or.* 2, 187 ; CATUL. 64, 331 ǁ transporté, en délire : PACUV. d. CIC. *Div.* 1, 80.

flexī, parf. de *flecto*.

flexĭbĭlis, *e* (*flecto*), flexible, souple : CIC. *Nat.* 3, 92 ǁ [fig.] **vox flexibilis** CIC. *Nat.* 2, 146, voix souple, cf. *Brut.* 274 ; *Or.* 52 ; Att. 10, 11, 1 ; *Lae.* 93.

flexĭbĭlĭtās, *ātis*, f. (*flexibilis*), flexibilité : SOLIN. 52, 36.

flexĭbĭlĭtĕr, adv., avec flexibilité, avec souplesse : AUG. *Hept.* 2, 18.

flexĭlis, *e* (*flecto*), qui se ploie, souple, flexible : OV. *M.* 5, 383 ; PLIN. 16, 219 ǁ courbé : APUL. *M.* 6, 1.

flexĭlŏquus, *a, um* (*flexus, loquor*), à sens ondoyant : CIC. *Div.* 2, 115.

flexio, *ōnis*, f. (*flecto*), action de courber, de ployer, flexion : CIC. *Or.* 59 ǁ [fig.] détour : CIC. *Pis.* 53 ǁ inflexions (de la voix), modulations : Cic. *Or.* 57 ; *de Or.* 3, 98.

flexĭpēs, *ĕdis*, adj. (*flexus, pes*), [lierre] qui chemine en s'entortillant : Ov. *M.* 10, 99.

flexĭvĭcē, adv. (*flexus, vicis*), d'une manière équivoque : *Pacuv. d. Non. 260, 10.

flexō, *ās, āre*, -, - (fréq. de *flecto*), Cat. *Agr.* 49, 2, cf. Prisc. 2, 429, 24.

flexuntes, m. pl. (obscur ; étr. ?), ancien nom des chevaliers romains en service : Plin. 33, 35 ; **flexuntae**, Varr. d. Ps. Serv. *En.* 9, 603.

flexŭōsē, adv. (*flexuosus*), de façon sinueuse : Plin. 18, 357 ‖ en faisant des détours : Ennod. *Opusc.* 3, 21.

flexŭōsĭtās, *ātis*, f. (*flexuosus*), sinuosité : Grom. 342, 9.

flexŭōsus, *a, um* (2 *flexus*), tortueux, sinueux : Cat. *Agr.* 31, 1 ; Cic. *Nat.* 2, 144 ‖ *-issimus* Plin. 11, 200.

flexūra, *ae*, f. (*flecto*), action de courber, de fléchir : Lucr. 4, 336 ‖ *flexurae vicorum* Suet. *Ner.* 38, rues tortueuses ‖ [fig.] Sen. *Ep.* 71, 19 ‖ inflexion, désinence [déclinaison ou conjugaison] : Varr. *L.* 10, 28.

1 **flexus**, *a, um*, part. de *flecto*, *flexo sono* Cic. *de Or.* 3, 216, sur un ton infléchi, en mode mineur.

2 **flexŭs**, *ūs*, m. ¶ 1 action de ployer, flexion, courbure, courbe, sinuosité, coude, contour : *aures duros habent introitus... multis cum flexibus* Cic. *Nat.* 2, 144, les oreilles ont l'entrée dure... avec beaucoup de sinuosités ; *pons in quo flexus est ad iter Arpinas* Cic. *Att.* 16, 13, 1, pont où l'on tourne pour prendre le chemin d'Arpinum, cf. Liv. 22, 12, 7 ; 32, 4, 4 ; Tac. *G.* 1 ‖ [fig.] *videre itinera flexusque rerum publicarum* Cic. *Rep.* 2, 45, voir par quelles voies et quels détours s'acheminent les États (= les phases, les vicissitudes) ; *hinc mille flexus et artes desiderantur* Quint. 5, 13, 2, du côté de la défense, il est besoin de mille détours et artifices ‖ [rhét.] inflexion de la voix : Quint. 1, 8, 1 ; 1, 11, 12 ¶ 2 tournant [aux deux extrémités de l'arène où se trouvait une borne *meta*, que rasaient les chars] ; [d'où, au fig.], tournant, moment critique : *in hoc flexu quasi aetatis* Cic. *Cael.* 75, à ce tournant, si j'ose dire, de l'âge, cf. Cic. *de Or.* 1, 1 ‖ *autumni flexu* Tac. *H.* 5, 23, au déclin de l'automne ¶ 3 [gram.] formation de dérivés : Quint. 1, 6, 15.

flictō, *ās, āre*, -, - (fréq. de *fligo*), tr., frapper, affliger : Arn. 4, 24.

flictŭs, *ūs*, m. (*fligo*), choc, heurt : Virg. *En.* 9, 667.

flīgo, *ĭs, ĕre, flīxī, flīctum* (cf. φλίβω, al. *bleuen*), tr., heurter, frapper : Andr. d. Non. 110 ; 29 ; Acc. *Tr.* 22 ; 317.

flō, *ās, āre, āvī, ātum* (cf. *follis*, al. *blähen, blasen*, an. *blow, blast*) ¶ 1 intr., souffler : Cic. *Att.* 7, 2, 1 ; Caes *G.* 5, 7, 3 ¶ 2 tr. a) exhaler : *flammam* Lucr. 5, 906, vomir des flammes ; *anima quae flatur* Varr. *L.* 6, 9, le souffle qu'on exhale b) souffler dans un instrument : *tibia flatur* Ov. *F.* 4, 341, la flûte résonne ; [poét.] *Pieria proelia flare tuba* Mart. 11, 3, 8, embouchant la trompette des Piérides chanter les combats c) faire fondre [des métaux] : *flare pecuniam* Cic. *Sest.* 66, frapper de l'argent, monnayer, cf. Gell. 2, 10, 3 d) [fig.] *magna flare* Quint. 12, 6, 5, lancer de grands mots, cf. Gell. 1, 2, 6.

flocces, ᴠ. ▸ *floces*.

floccōsus, *a, um* (*floccus* ; it. *fioccoso*), laineux : Ps. Apul. *Herb.* 63.

flocculus, *i*, m., petit flocon : Tert. *Nat.* 1, 5, 3.

floccus, *i*, m. (obscur ; it. *fiocco*, fr. *floche*) ¶ 1 flocon de laine : Varr. *R.* 2, 11, 8 ‖ poil [d'une étoffe] : Cels. 2, 6, 6 ¶ 2 [fig.] objet insignifiant, zeste, fétu : *flocci non facere* Pl. *Ru.* 47 ; Cic. *Att.* 1, 50, 1, ne faire aucun cas de, mépriser, ne tenir aucun compte de, cf. 4, 15, 4 ‖ *flocci facere* a) faire peu de cas de : Pl. *Ep.* 348 b) faire un peu de cas de : Ter. *Eun* 303.

flŏces (**-cces**), *um*, f. pl. (cf. *floccus* ?), lie [de vin] Caecil. *Com.* 190 ; Gell. 11, 7, 6.

flŏgium, *ii*, n., ᴠ. ▸ *phlogium*.

flŏmos, ᴠ. ▸ *phlomos*.

Flōră, *ae*, f. (*flos*), Flore [déesse des fleurs] : Ov. *F.* 5, 195 ; Cic. *Verr.* 5, 36 ‖ **Flōrĭus**, *a, um*, Gell. 9, 12, 7 ou **Flōrālis**, *e*, Ov. *F.* 4, 947, de Flore [d'où] **Flōrālĭa**, *ĭum* ou *ĭorum*, n. pl., Floralies, fêtes en l'honneur de Flore [dans lesquelles régnait une grande licence] : Plin. 18, 286 ; Macr. *Sat.* 1, 4, 14 ; Pers. 5, 178 ‖ **Flōrālĭcĭus**, *a, um*, relatif aux Floralies : Mart. 8, 67.

flōrālis (roum. *florar* " mai "), ᴠ. ▸ *Flora* ‖ *floralia loca* Varr. *R.* 1, 23, parterres de fleurs.

1 **flōrens**, *tis*, part.-adj. de *floreo*, fleurissant, en fleur : Ov. *M.* 7, 702 ‖ brillant, éclatant, étincelant : Virg. *En.* 7, 804 ; Lucr. 4, 450 ‖ [fig.] florissant, heureux : *florens aetate* Cic. *Fam.* 2, 13, 2, à la fleur de l'âge ; *florens aetas* Cic. *CM* 20, l'âge dans sa fleur ; *civitas* Caes. *G.* 4, 3, 3, ville florissante ; *fortuna* Cic. *de Or.* 2, 210, situation brillante ‖ [rhét.] *florentes oratores* Cic. *Or.* 20, orateurs au style fleuri ‖ *-tior, -tissimus* : Cic. *de Or.* 3, 166 ; *Div.* 1, 72.

2 **Flōrens**, *tis*, m., surnom d'homme : CIL 10, 1233.

*****flōrentĕr** [inus.] d'une manière fleurie, brillante ‖ *-tius* Aug. *Serm.* 297, 2 ‖ *-tissime* Hier. *Chron.* 2369.

Flōrentia, *ae*, f., ville d'Étrurie [Florence] Atlas XII, C3 : Flor. 3, 21 ‖ espèce de vigne : Plin. 14, 36 ‖ *-tinus, a, um*, de Florence : Frontin. *Grom.* 212, 3 ‖ *-tīni, ōrum*, m. pl., les Florentins : Tac. *An.* 1, 79.

Flōrentĭus, *ii*, m., nom d'homme : CIL 6, 32011.

flōrĕō, *ēs, ēre, ŭī*, - (*flos* ; fr. *fleurir*), intr. ¶ 1 fleurir, être en fleur [pr. et fig.] : *haec arbor ter floret* Cic. *Div.* 1, 16, cet arbre fleurit trois fois ; *terra floret* Cic. *Nat.* 2, 19, la terre se couvre de fleurs ‖ *florent modo nata (verba)* Hor. *P.* 62, (les mots) nés récemment sont en pleine fleur ; *Graecia tunc florebat* Cic. *Lae.* 13, la Grèce était alors florissante ; *in aliqua re florere* Cic. *Or.* 20 ; *Cael.* 59 ; *Fam.* 1, 9, 2 ; Nep. *Epam.* 5, briller danq qqch. ; *in Graecia musici floruerunt* Cic. *Tusc.* 1, 4, en Grèce les musiciens eurent un grand éclat ‖ [avec abl.] *aetate et virium robore* Liv. 29, 1, 2, être dans sa fleur sous le rapport de l'âge et de la vigueur physique ; *acumine ingenii* Cic. *Ac.* 2, 16, briller par la pénétration de son esprit ; *nobilitate discipulorum* Cic. *de Or.* 3, 141, briller par l'illustration de ses disciples ; *in urbe gratia, auctoritate, gloria* Cic. *Fam.* 4, 13, 2, être distingué dans la ville par son crédit, son prestige, sa gloire ¶ 2 [fig.] a) [avec abl.] être fleuri de, garni de : *mare velis florere videres* Cat. d. Char. 185, on pouvait voir la mer toute fleurie de voiles b) avoir des couleurs brillantes : *tibi pampineo gravidus autumno floret ager* Virg. *G.* 2, 6, en ton honneur, la terre se diapre sous le pampre automnal qui la couvre c) [en parl. du vin qui travaille (fermente) en tonneau] : Col. 12, 30, 1 ; Ov. *F.* 5, 270.

▸ part. fut. *floriturus* Porphyr. Hor. *O.* 2, 20, 6.

flōrescō, *ĭs, ĕre*, -, -, intr., commencer à fleurir, entrer en fleur : Cic. *Div.* 2, 33 ‖ [fig.] devenir florissant, brillant : Plin. *Ep.* 5, 12, 1 ; Cic. *Brut.* 303 ‖ abonder : Val.-Flac. 7, 77.

▸ *rebus florescendis praeesse* Fast. Praen. CIL 1, p. 236, 28, présider à la floraison.

flōrētum, *i*, n. (*flos*), jardin de fleurs : Gloss. 4, 343, 45.

flōrĕus, *a, um* (*flos*), de fleurs : Pl. *Aul.* 385 ; Tib. 1, 1, 12 ‖ couvert de fleurs, fleurissant : Virg. *En.* 1, 430.

Flōrĭāna, *ae*, f., ville de la Basse Pannonie : Anton. 263.

Flōrĭānus, *i*, m., Florien [empereur romain, 276] : Eutr. 9, 10 ‖ nom d'un hérésiarque : Isid. 8, 5, 50 ‖ **-ĭāni**, *ōrum*, m. pl., Floriens, de la secte de l'hérésiarque Florien : Isid. 8, 5, 50.

flōrĭcŏlŏr, *ōris*, adj. (*flos color*), qui a l'éclat des fleurs : Anth. 703, 1.

flōrĭcŏmus, *a, um* (*flos, coma*), couronné de fleurs : Aus. *Epist.* 4 (393), 49.

flōrĭdē, adv. (*floridus*), d'une manière brillante : Apul. *M.* 11, 24 ‖ [fig.] *-idius* Lact. *Mort.* 3, 4.

flōrĭdŭlus, *a, um*, dim. de *floridus* : Catul. 61, 193.

flōrĭdus, *a, um*, fleuri, couvert de fleurs : Cic. *Tusc.* 3, 43 ‖ brillant, éclatant : Plin. 35, 30 ‖ [fig.] *florida aetas* Catul. 68, 16, la fleur de l'âge ‖ fleuri [en parl. du

floridus

style]: **-dior** Cic. *Brut.* 285 ‖ **-dissimus** *Aus. Epist.* 17 (407), 7.

flōrĭfĕr, *ĕra*, *ĕrum* (*flos, fero*), qui porte des fleurs, fleuri : Lucr. 3, 11.

flōrĭfertum, *i*, n., , [cérémonie religieuse] offrande d'épis : P. Fest. 81, 5.

flōrĭgĕnus, *a, um* (*flos, gigno*), qui produit des fleurs, fleuri : Carm. Res. 209.

flōrĭgĕr, *ĕra*, *ĕrum* (*flos, gero*), ⊂ *florifer* : Fort. *Carm.* 3, 9, 1.

flōrĭlĕgus, *a, um* (*flos, lego*), qui choisit (butine) les fleurs : Ov. *M.* 15, 366.

flōrĭō, *īs*, *īre*, -, -, ⊂ *floreo* : Aug. *Doctr.* 2, 13, 20 ; Isid. 1, 32, 1.

flōrĭpărus, *a, um* (*flos, pario*), qui enfante des fleurs : Aus. *Techn.* 10 (346), 1.

flōrĭsăpus, *a, um* (*flos, sapio*), qui a la saveur des fleurs : Carm. Epigr. 1552 A, 90.

flōrĭtĭo, *ōnis*, f. (*florio*), floraison : Hier. *Orig. Cant.* 2, 519, p. 1132 C.

Flōrĭus, *ii*, m., rivière de l'Asturie : Plin. 4, 111.

Flōrōnĭa, *ae*, f., nom d'une Vestale : Liv. 22, 57.

flōrōsus, *a, um* (*flos*), fleuri : Fort. *Carm.* 5, 6, v. 8.

flōrŭlentus, *a, um* (*flos*), émaillé de fleurs : Perv.-Ven. 19 ‖ [fig.] qui est dans la fleur de l'âge : Prud. Perist. 10, 191.

1 flōrus, *a, um* (*flos*), fleuri, éclatant : Acc. *Tr.* 255 ; Virg. *En.* 12, 605 ; Gell. 3, 9, 3.

2 Flōrus, *i*, m., nom d'homme : Tac. *H.* 5, 10 ‖ L. Annaeus Florus, historien latin [Espagnol d'origine] : Flor. tit.

flōs, *ōris*, m. (cf. *flavus* ; al. *Blume, Blüte*, an. *blossom* ; fr. *fleur*), fleur : Cic. *CM* 54 ‖ suc de fleurs : Virg. *G.* 4, 39 ‖ parfum ou bouquet du vin : Pl. *Cas.* 640 ; Lucr. 3, 321 ‖ la partie la plus fine : [fleur de farine] Plin. 18, 86 ; *olei* Plin. 15, 23, huile vierge ; *salis* Cat. *Agr.* 88, 2, fleur de sel ; *aeris* Plin. 34, 107, fleur de cuivre ; *gypsi* Col. 12, 20, 8, poussière du plâtre ; *cenae* Gell. 15, 8, 2, le plus fin morceau du dîner ‖ [poét.] duvet : Virg. *En.* 8, 160 ‖ [fig.] élite : *juventutis* Cic. *Phil.* 2, 27, la fleur de la jeunesse ; *in flore virium* Liv. 42, 15, 2, en pleine force ; *aetatis* Liv. 21, 2, 3, la fleur de l'âge ‖ [rhét.] *eloquentiae* Cic. *Brut.* 66, les fleurs de l'éloquence ; *verborum sententiarumque flores* Cic. *de Or.* 3, 96, les figures de mots et de pensées ‖ [archit.] fleur sculptée, fleuron : Vitr. 2, 7, 4 [au centre de l'abaque du chapiteau corinthien] ; Vitr. 4, 8, 3 [fleuron sommital ornant une tholos].
▶ n. [tard.] Pelag. 219 ; Garg. *Cur.* 29.

floscellus, *i*, m., ⊂ *flosculus* : Ps. Apul. *Herb.* 50.

floscŭla, *ae*, f. (dim. de *flos*), petite fleur, fleurette : Ps. Fulg.-R. *Serm.* 6.

floscŭlē, adv., à la manière d'une fleur : Cael.-Aur. 1, 6, 50.

floscŭlum, *i*, n., ⊂ *flosculus* : Cassiod. *Psalm.* 135 pr.

floscŭlus, *i*, m. (dim. de *flos*), fleur [jeune et tendre] : Cic. *Off.* 2, 43 ‖ tête des fruits : Col. 12, 45, 5 ‖ fleur, élite : Catul. 24, 1 ‖ [style] fleurs, beautés, ornements : Cic. *Sest.* 119 ; Quint. 10, 5, 23 ‖ devise, sentence prise dans un écrit : Sen. *Ep.* 33, 1.

fluctĭcŏla, *ae*, adj. (*fluctus, colo*), qui habite au milieu des flots : Sidon. *Carm.* 10, 1.

fluctĭcŏlor, *ōris*, adj. (*fluctus, colo*), qui a la couleur de la mer : Capel. 1, 67.

fluctĭcŭlus, *i*, m. (dim. de *fluctus*), petite vague : Apul. *Apol.* 35.

fluctĭfrăgus, *a, um* (*fluctus, frango*), qui brise les flots : Lucr. 1, 305.

fluctĭgĕna, *ae*, adj. (*fluctus, geno*), engendré, né dans les flots : Capel. 1, 22 ‖ subst. m. pl., divinités [secondaires] de la mer : Capel. 9, 889 ‖ **-gĕnus**, *a, um*, Avien. *Arat.* 1158.

fluctĭgĕr, *ĕra*, *ĕrum* (*fluctus, gero*), qui pousse ou repousse les flots : Cic. *Frg. d.* Isid. 19, 1, 20.

fluctĭo, *ōnis*, f. (*fluo*), action de couler, écoulement : Plin. 31, 127.

fluctĭsŏnus, *a, um* (*fluctus, sono*), qui retentit du bruit des flots : Sil. 12, 355.

fluctĭvăgus, *a, um* (*fluctus, vagor*), qui erre sur les flots : Stat. *Th.* 1, 271.

fluctŭābundus, *a, um* (*fluctuor*), flottant : Ambr. *Job* 4, 10, 27.

fluctŭans, ⊳ *fluctuo*.

fluctŭātim, adv., en se pavanant : Afran. *Com.* 237, cf. Non. 111, 29.

fluctŭātĭo, *ōnis*, f. (*fluctuor*), agitation : Sen. *Ir.* 2, 35, 3 ‖ [fig.] hésitation, irrésolution : Liv. 9, 25, 6.

fluctŭis, ⊳ *fluctus* ▶.

fluctŭō, *ās, āre, āvī, -* (*fluctus*), Pl. ; Cic. *Att.* 2, 12, 3 ; Catul. ; Lucr. ; Virg., **fluctŭŏr**, *ārĭs*, *ārī*, *ātus sum*, intr., Cic. *Ac.* 2, 29 ; Liv. ; Sen., cf. Quint. 9, 3, 7, être agité [en parl. de la mer] : Pl. *Ru.* 303 ‖ être ballotté sur les flots : Cic. *Verr.* 5, 91 ; *Amer.* 72 ‖ [fig.] *fluctuari animo* Liv. 23, 33, 3, flotter, être irrésolu ; *fluctuans sententia* Cic. *Att.* 1, 20, 2, opinion flottante, cf. *Ac.* 2, 29 ; [avec interrog. indir.] Liv. 32, 13, 4, se demander si ou si.

fluctŭōsus, *a, um* (*fluctus*), aux flots agités [en parl. de la mer], orageux : Pl. *Ru.* 910 ‖ [fig.] ondé, veiné : Plin. 37, 71.

fluctūrus, fluctus, *a, um*, ⊳ *fluo* ▶.

fluctŭs, *ūs*, m. (*fluo*), lame, vague, flot : [sg.] Cic. *Verr.* 4, 118 ; *Fam.* 9, 16, 6 ; *Fin.* 5, 5 ; [pl.] Cic. *Rep.* 1, 6 ; *Flac.* 63 ; Caes. *G.* 3, 13, 3 ; *excitare fluctus in simpulo* Cic. *Leg.* 3, 36, faire beaucoup de bruit pour rien [prov.] ‖ ondes [magnétiques] : Lucr. 6, 1053 ‖ [poét.] tourbillon [de feu] : Val.-Flac. 7, 572 ‖ émanations : Lucr. 4, 675 ‖ [fig.] agitation, trouble : *contionum* Cic. *Mil.* 5, le tumulte des assemblées ; *fluctus civiles* Nep. *Att.* 6, les agitations civiles, les orages politiques.
▶ gén. arch. *fluctuis* Varr. d. Gell. 4, 16, 1, cf. Char. 143, 12 ; nom. pl. *flucti* Pacuv. *Tr.* 76 ; Acc. *Tr.* 33 ; 633.

flŭens, *entis*, part. prés. de *fluo* [pris adjt] ¶ **1** [en parl. du style] **a)** coulant, d'un cours égal : Cic. *Or.* 42 **b)** coulant de façon trop uniforme [sans les temps marqués du rythme], lâche, flottant à l'aventure [sans les entraves du rythme] ⊳ *fluo* ¶ 4 ¶ **2** qui se relâche, amolli : *buccae fluentes* Cic. *de Or.* 2, 266, joues pendantes, flasques [mais] ⊳ *fluo* ¶ 2 ; [méd.] *fluens alvus* Cels. 2, 6, 3, ventre relâché ; [fig.] *soluti ac fluentes* Quint. 1, 2, 8, [les enfants] dissolus et relâchés.

flŭentĕr, adv., en coulant : Lucr. 4, 225 ; 6, 931.

flŭentĭa, *ae*, f., écoulement : Cael.-Aur. *Diaet.* 89 ‖ [fig.] *loquendi* Amm. 30, 4, 10, flux de paroles.

flŭentĭsŏnus, *a, um* (*fluentum, sono*), qui retentit du bruit des flots : Catul. 64, 52.

flŭentō, *ās*, *āre*, -, - (*fluentum*), tr., arroser, baigner : Fort. *Mart.* 4, 642.

flŭentum, *i* et ordᵗ **-ta**, *ōrum*, n. pl. (*fluo*), cours d'eau, rivière, fleuve : Lucr. 5, 949 ; *fluenta Tiberina* Virg. *En.* 12, 35, le Tibre ‖ liquide qui coule : Arn. 4, 21 ‖ *flammarum* Apul. *Mund.* 34, torrents de flammes.

flŭescō, *ĭs*, *ĕre*, -, - (*fluo*), intr., devenir fluide : Aug. *Civ.* 21, 5.

flŭĭbundus, *a, um* (*fluo*), qui abonde de [fig.] : Capel. 1, 88.

flŭĭdō, *ās*, *āre*, -, -, tr., mouiller, arroser : Cael.-Aur. *Chron.* 5, 136.

flŭĭdus, *a, um* (*fluo*), fluide, qui coule : Lucr. 2, 452 ; Virg. *G.* 3, 484 ; *fluidus cruor* Virg. *En.* 3, 663, sang qui coule ; *fluidus sanguine* Ov. *M.* 14, 168, dégouttant de sang ‖ lâche, flottant : Just. 41, 2 ‖ mou, énervé, languissant [en parl. du corps] : Liv. 34, 47, 5 ; [chair] flasque : Plin. 9, 95, cf. Ov. *M.* 15, 231 ‖ [fig.] qui s'écoule, qui n'a pas une consistance solide, éphémère : Sen. *Ep.* 66, 23 ‖ *fluidus calor* Ov. *M.* 15, 362, chaleur dissolvante.

flŭĭtātĭo, *ōnis*, f. (*fluito*), écoulement, dissolution : Ps. Cypr. *Jud. Dom.* 25.

flŭĭtō, *ās*, *āre*, *āvī*, *ātum* (fréq. de *fluo*), intr. ¶ **1** couler çà et là : Lucr. 1, 718 ; Ov. *M.* 11, 127 ¶ **2** flotter, surnager, être ballotté : Cic. *Nat.* 2, 100 ; *Sest.* 46 ; Liv. 1, 37, 2 ; Plin. 16, 204 ¶ **3** flotter, ondoyer, être agité de mouvements divers : Lucr. 2, 255 ; Prop. 3, 18, 13 ‖ [fig.] être ondoyant, incertain, flotter : Lucr. 3, 1052 ; Tac. *H.* 2, 93 ; Quint. 10, 1, 2.

flūmĕn, *ĭnis*, n. (*fluo* ; it. *fiume*), masse d'eau qui coule : Virg. *En.* 2, 305 ; Liv. 5, 16, 9 ‖ fleuve, rivière : Cic. *Div.* 1, 78 ; *secundo flumine* Caes. *G.* 7, 58, 5 ; *adverso flumine* Caes. *G.* 7, 60, 3, en suivant le courant, contre le courant ‖ [fig.] [torrents de larmes] Virg. En. 1, 465; [flots humains] Sil. 12, 185 ‖ abondance, richesse [en parl. du style]: *verborum* Cic. *Or.* 53, un flot de paroles, cf. Cic. *Ac.* 2, 119; *Nat.* 2, 20; *ingenii* Cic. *Marc.* 4, un flot d'inspiration.

Flūmentāna porta, porte de Rome sur le Tibre, menant au Champ de Mars: Liv. 35, 9, 3; Cic. *Att.* 7, 3, 9.

flūmĭcellum, *i*, n. (dim. de *flumen*), ruisseau: Grom. 318, 13.

flūmĭnālis, *e*, ▸ *flumineus*: Cael.-Aur. *Chron.* 1, 1, 44.

flūmĭnĕa, *ae* (s.-ent. **aqua**), f., cours d'eau: Grom. 311, 13.

flūmĭnĕus, *a, um*, de fleuve, de rivière: Ov. *F.* 2, 46; *M.* 5, 519.

flŭō, *is, ĕre, flūxī, flūxum* (cf. φλύω), intr. ¶ **1** couler, s'écouler: *flumina in contrarias partes fluxerunt* Cic. *Div.* 1, 78, des fleuves ont rebroussé leur cours; *inter... Rhodanus fluit* Caes. *G.* 1, 6, 2, le Rhône coule entre...; *fluit aes rivis* Virg. *En.* 8, 445, l'airain coule en ruisseaux; *fluit de corpore sudor* Ov. *M.* 9, 173, la sueur coule de son corps; *ea quae natura fluunt* Cic. *Nat.* 1, 39, les corps fluides ‖ [fig.] *ex ejus lingua melle dulcior fluebat oratio* Cic. *CM* 31, de sa bouche les paroles coulaient plus douces que le miel ‖ [avec abl.] *sanguine* Cic. *Div.* 1, 98, couler en sang, rouler du sang [au lieu d'eau] dans son cours ¶ **2** être dégouttant de, ruisselant de: *cruore* Ov. *M.* 7, 343; *sudore* Ov. *M.* 9, 57, ruisseler de sang, de sueur ‖ [absᵗ] *madida fluens in veste* Virg. *En.* 5, 179, tout ruisselant dans ses vêtements trempés d'eau; *buccae fluentes* Cic. *Pis.* 25, les joues ruisselantes de parfums, (mais *buccis fluentibus* Cic. *de Or.* 2, 266, avec les joues pendantes) ¶ **3** être flottant, coulant, avoir du jeu: *tunicae fluentes* Ov. *A. A.* 3, 301, tuniques flottantes; [poét.] *nodo sinus collecta fluentes* Virg. *En.* 1, 320, ayant relevé par un nœud les plis ondoyants de sa robe; *balteus nec strangulet nec fluat* Quint. 11, 3, 140, que le baudrier ni n'étrangle ni ne bâille; *ramos fluentes compescere* Virg. *G.* 2, 370, arrêter les rameaux débordants ¶ **4** s'écouler de, s'échapper de: *multa a luna manant et fluunt* Cic. *Nat.* 2, 50, de la lune beaucoup d'éléments s'écoulent et se diffusent; *turba fluit castris* Virg. *En.* 12, 444, la foule se répand hors du camp ‖ [fig.] **a)** se répandre: *Pythagorae doctrina cum longe lateque flueret* Cic. *Tusc.* 4, 2, comme la doctrine de Pythagore se répandait de tous côtés, cf. Cic. *Nat.* 1, 6 **b)** découler de: *ex eodem fonte* Cic. *Nat.* 3, 48, couler de la même source; *ab isto capite* Cic. *Fin.* 2, 34, découler de cette source; *id vitium ab Hegesia maxime fluxit* Cic. *Or.* 230, ce défaut découla principalement d'Hégésias **c)** couler, suivre son cours: *in rebus prosperis et ad voluntatem nostram fluentibus* Cic. *Off.*

1, 90, quand les événements sont heureux et ont un cours conforme à nos désirs; *res fluit ad interregnum* Cic. *Att.* 4, 16, 11, le cours des choses conduit à un interrègne **d)** [en parl. du style] bien couler, avoir un cours égal: Cic. *Or.* 66; Quint. 9, 4, 20; 9, 4, 112; Sen. *Ep.* 115, 18; [sens péjor.] couler trop uniformément ou d'une façon lâche (sans rythme): Cic. *de Or.* 3, 190; *Or.* 220; Quint. 9, 4, 138 ¶ **5** couler, glisser, s'échapper insensiblement: *fluent arma de manibus* Cic. *Phil.* 12, 8, les armes s'échapperont des mains; *(poma) sponte fluant matura sua* Ov. *Am.* 2, 14, 25, (ces fruits) qu'ils tombent d'eux-mêmes une fois mûrs ‖ [fig.] *fluit voluptas corporis* Cic. *Fin.* 2, 106, les plaisirs du corps glissent, s'évanouissent, cf. Cic. *Or.* 10; Lucr. 4, 919; Ov. *M.* 15, 178 ¶ **6** se fondre, se relâcher, s'amollir: *Gallorum corpora intolerantissima laboris atque aestus fluere* Liv. 10, 28, 4, [il savait] que les Gaulois, si peu capables de supporter la fatigue et la chaleur, fondaient en eau, cf. Liv. 38, 17, 7; 7, 33, 14; *fluere mollitia* Cic. *Tusc.* 2, 52, se fondre dans la mollesse ¶ **7** [tard.] tr., ▸ *effundere*: *vina* Claud. *Cons. Stil.* 2, 264, donner, produire du vin ‖ [fig.] *litterae fluentes lac et mel* Aug. *Ep.* 27, 2, lettre qui distille le lait et le miel.

▸ arch. *fluont* Pl. *Most.* 1109; part. *fluctus* et *flucturus* d'après Prisc. 2, 488, 6, mais sans exemple; *fluiturus* Boet. *Consol.* 4, 6; fut. *fluebunt* VL. *Joh.* 26, 23.

Flŭōnĭa, *ae*, f., surnom de Junon: P. Fest. 82, 4.

flŭŏr, *ōris*, m. (*fluo*; it. *fiori*, fr. *fleurs*), règles, écoulement: Arn. 1, 45; 2, 59 ‖ courant [d'eau]: Arn. 2, 84; *maris* Solin. 18, 2, flux de la mer ‖ diarrhée, flux de ventre: Cels. 3, 6, 16 ‖ courant [d'air]: Arn. 6, 10.

Flūsar, *ăris*, m., nom du mois de juillet chez les Furfensiens: CIL 9, 3513.

Flūsŏr, *ōris*, m., fleuve du Picénum Atlas XII, D4: Peut. 4, 4.

flustra, *ōrum*, n. pl. (cf. *fluo* ?), calme [de la mer]: Tert. *Pall.* 2, 2; P. Fest. 79, 11.

flūta, *ae*, f. (de πλωτή, cf. *Plotae* et *fluto*), sorte de murène [flottante], lamproie: Varr. *R.* 2, 6, 2; Col. 8, 17, 8; Macr. *Sat.* 3, 15, 7.

flūtō, *ās, āre*, -, -, intr., contr. de *fluito*, couler: Lucr. 3, 189; 4, 77 ‖ **flūtŏr**, *ārĭs, ārī*, -, Varr. d. Macr. *Sat.* 3, 15, 8.

flŭvĭa, *ae*, f., ▸ *fluvius*: Sisen. d. Non. 207, 4.

flŭvĭālis, *e* (*fluvius*), de fleuve, fluvial: Virg. *En.* 9, 70 ‖ **flŭvĭātĭcus**, *a, um*, Col. 8, 15, 5 ‖ **flŭvĭātĭlis**, *e*, Cic. *Nat.* 2, 124; Liv. 10, 2, 12.

flŭvĭātus, *a, um* (*fluvius*), trempé dans l'eau: Plin. 16, 196.

flŭvĭdus, *a, um* [arch.], ▸ *fluidus*: Lucr. 2, 464; Sen. *Ep.* 58, 24; 27.

flŭvĭŏlus, *i*, m. (dim. de *fluvius*), ruisseau, petite rivière: Greg.-Tur. *Hist.* 3, 19.

Flŭvĭōnĭa (-ōna, -vōnĭa), *ae*, f., ▸ *Fluonia*: Arn. 3, 30; Tert. *Nat.* 2, 11; Capel. 2, 149.

flŭvĭus, *ii*, m. (*fluo*), fleuve, rivière: Cic. *Tusc.* 1, 94; *Div.* 1, 98; *Nat.* 2, 6 ‖ [en gén.] eau courante, eau: Virg. *G.* 3, 301; *fluvio vivente* Stat. *Th.* 9, 574, avec de l'eau vive.

▸ gén. pl. *fluvium* Val.-Flac. 6, 391; *fluvjorum* (i cons.) Virg. *G.* 1, 482.

fluxē, adv. (1 *fluxus*), avec négligence, avec mollesse: *-xius* Amm. 18, 7, 7.

fluxī, parf. de *fluo*.

fluxĭlis, *e*, fluide: Tert. *Val.* 24, 1.

fluxĭo, *ōnis*, f. (*fluo*), écoulement: Isid. *Diff.* 1, 40; ▸ *fluctio*.

fluxĭpĕdus, *a, um* (1 *fluxus, pes*), qui flotte jusqu'aux pieds: Avien. *Arat.* 287.

fluxŭōsus, *a, um* (*fluxus*), qui coule: Fort. *Germ.* 45.

fluxūra, *ae*, f. (*fluo*), jus [du raisin], moût: Col. 3, 2, 17 ‖ sensualité: Ps. Cypr. *Sing. cler.* 26.

1 **fluxus**, *a, um* (*fluo*) ¶ **1** fluide, qui coule: Plin. 9, 133 ‖ qui laisse couler, qui fuit [vase]: Lucr. 6, 20 ¶ **2** [fig.] lâche, pendant, traînant: *crine fluxo* Tac. *An.* 11, 31, avec les cheveux flottants; *fluxa habena* Liv. 38, 29, 6, les rênes lâches ‖ peu solide, chancelant: *fluxa murorum* Tac. *H.* 2, 22, murs dégradés ‖ frêle, faible, périssable, éphémère: Cic. *Att.* 4, 2, 1; Sall. *J.* 104, 2; Liv. 40, 50, 5 ‖ dissolu, mou, sans consistance: Sall. *C.* 14, 5; *duces fluxi* Tac. *H.* 3, 76, chefs plongés dans la mollesse ‖ -xior Suet. *Caes.* 45.

2 **fluxŭs**, *ūs*, m. ¶ **1** écoulement [d'un liquide]: Just. 12, 9, 12; Plin. 9, 79 ‖ *aeris* Plin. 2, 114, courants d'air ‖ *vestis* Tert. *Pall.* 4, 8, traîne d'un habit ‖ [fig., tard.] laisser-aller, mollesse: *corporis fluxus* Tert. *Spect.* 10, 8, démarche efféminée.

fŏcācĭus, *a, um* (*focus*; fr. *fouace*), [pain] cuit sous la cendre: Isid. 20, 2, 15.

fŏcālĕ, *is*, n. (*fauces*), foulard [pour protéger la gorge]: Hor. *S.* 2, 3, 255.

fŏcānĕus palmes, m. (*fauces*), rejeton de vigne qui croît entre deux autres: Col. 4, 24, 10.

fŏcārĭa, *ae*, f. (*focus*), cuisinière: Dig. 4, 9, 5 ‖ [fig.] ménagère, femme de charge: Cod. Just. 5, 16, 2.

fŏcāris petra, f., ▸ *pyrites*: Isid. 16, 4, 5.

fŏcārĭus, *ii*, m. (*focus*), cuisinier, marmiton: Ulp. *Dig.* 4, 9, 1, 5.

fŏcātĭus, *a, um*, ▸ *focacius*.

fōcĭlātĭo (fōcŭl-), *ōnis*, f. (*focilo*), action de réchauffer: P. Fest. 75, 10.

fōcĭlō (fōcŭlo), *ās, āre, āvī, ātum* (*foculum*), tr., ranimer, faire revenir à soi: Plin. *Ep.* 3, 14, 4; 3, 16, 12 ‖ [fig.] réconforter: Sen. *Ep.* 13, 14.

fŏcĭlŏr, āris, āri, -, tr., dép., choyer, veiller jalousement sur : Varr. d. Non. 481, 10.

fōcŭla, ōrum, n. pl. (foveo), réchaud [fig.] : Pl. Pers. 104 ; Cap. 847.

fŏcŭlārĕ, is, n., réchaud : Aldh. Virgin. 38.

fŏcŭlō, ās, āre, -, -, ⓒ focilo : Non. 10, 1.

fŏcŭlum, i, n., ⓥ focula.

fŏcŭlus, i, m. (dim. de focus), petit foyer : Cic. Dom. 123 ; Liv. 2, 12, 13 ∥ petit réchaud : Cat. Agr. 11, 5 ∥ = feu : Juv. 3, 262.

Focunātes, ĭum, m. pl., peuple des Alpes : Plin. 3, 137.

fŏcus, i, m. (distinct de fax et foveo ; fr. feu), foyer : Cic. CM 55 ; Div. 2, 66 ; Hor. Ep. 1, 5, 7 ∥ bûcher : Virg. En. 11, 212 ; autel : Prop. 2, 19, 14 ∥ [fig.] maison, feu, foyer : Cic. Amer. 23 ; *agellus habitatus quinque focis* Hor. Ep. 1, 14, 2, petit domaine de cinq feux ; *pro aris focisque* Liv. 5, 30, 1, pour ses autels et ses foyers ∥ réchaud : Cat. Agr. 75 ; Sen. Ep. 78, 23.

fŏdĭcō, ās, āre, -, ātum (dim. de fodio), piquer, percer ; heurter souvent du coude : Hor. Ep. 1, 6, 51 ∥ [fig.] tourmenter, chagriner, faire souffrir : Pl. Bac. 64 ; Cic. Tusc. 3, 35.

fŏdīna, ae, f. (fodio), mine [de métal], minière : Vitr. 7, 7, 1.

fŏdĭō, ĭs, ĕre, fōdī, fossum (*bhodh-, cf. al. Bett, an. bed ; fr. fouir), tr. ¶ 1 creuser, fouir : *fodere aut arare* Ter. Haut. 39, creuser ou labourer ; *fodit, invenit...* Cic. Div. 2, 134, il creuse, il trouve... ∥ travailler en creusant : *solum* Plin. 19, 32, creuser le sol ; *vineam, hortum* Varr. R. 1, 31, 1 ; Cat. Agr. 2, 4, travailler la vigne, le jardin ¶ 2 extraire en creusant : *argentum* Liv. 28, 3, 3, retirer de l'argent de la terre ; *gypsum e terra foditur* Plin. 36, 182, le gypse se retire de la terre ¶ 3 faire en creusant, creuser : *puteos, scrobes* Caes. C. 3, 49, 5 ; G. 7, 73, 5, creuser des puits, des trous ¶ 4 piquer, percer : *aliquem stimulis* Pl. Men. 951, piquer qqn d'un aiguillon, cf. Cic. Phil 2, 86 ∥ piquer de l'éperon : Virg. En. 6, 880 ; *hastis ora* Liv. 8, 10, 6, percer les visages de leurs lances ∥ [fig.] *pungit dolor ; vel fodiat sane* Cic. Tusc. 2, 33, la douleur nous pique, qu'elle nous déchire même, si l'on veut.
▶ inf. pass. arch. fodiri Cat. Agr. 2, 4 ; Col. 11, 2, 35 ∥ arch. fodo, ās, āre P. Fest. 74, 13 ; fodeo, ēs, ēre *Enn. An. 504 ; Fort. Carm. 9, 2, 14.

fŏdīri, ⓥ fodio ▶.

fŏdo, ⓥ fodio ▶.

foecund-, ⓥ fecund-.

foedātus, a, um, part. de foedo.

foedē, adv. (1 foedus), d'une manière affreuse, horrible, odieuse : Lucr. 1, 85 ; 5, 1224 ; Virg. En. 10, 498 ; Liv. 6, 1, 11 ∥ -ius Liv. 2, 51, 8 ; -issime Cic. Att. 9, 7, 4.

foedĕrātĭcus, a, um, d'alliance, de l'alliance : Novel.-Just. 147, 2.

foedĕrātĭō, ōnis, f. (foedero), alliance, union : Cassiod. Var. 2, 39, 3.

foedĕrātus, a, um (2 foedus), allié, confédéré : Cic. Arch. 7 ; de Or. 1, 182 ; [subst. m. pl.] Balb. 25 ∥ [fig.] Liv. 25, 18, 10.
▶ nom. pl. arch. foideratei CIL 1, 581.

foedĕrĭfrăgus, a, um, ⓒ foedifragus : Gell. 19, 7, 5.

foedĕrō, ās, āre, āvī, ātum (2 foedus), tr., unir par alliance : Amm. 31, 4.

foedĭfrăgus, a, um (2 foedus, frango), qui viole les traités, violateur de traités : Cic. Off. 1, 38 ; Capel. 9, 912.

foedĭtās, ātis, f. (1 foedus), aspect horrible, hideux : Liv. 1, 28, 11 ; *odoris* Cic. Nat. 2, 127, odeur repoussante ; [fig.] *animi* Cic. Off. 3, 105, laideur de l'âme ; *barbarismi* Quint. 1, 5, 4, horrible barbarisme.

foedō, ās, āre, āvī, ātum (1 foedus), tr., rendre repoussant, horrible, défigurer, mutiler : Virg. En. 11, 86 ; Tac. Agr. 36 ∥ souiller, gâter, enlaidir : Virg. En. 3, 227 ; 12, 99 ∥ *foedati agri* Liv. 3, 26, 1, territoire dévasté ; *foedare lumen* Sall. d. Serv. En. 2, 286, obscurcir le soleil ∥ [fig.] déshonorer, souiller, flétrir, avilir : Cic. Pis. 53 ; Har. 32 ; 49 ; Tac. An. 2, 33.

1 foedus, a, um (isolé, cf. foeteo, πίθηκος ? ; esp. feo), laid, hideux, sale, repoussant : Cic. Pis. 31 ∥ funeste : *pestilentia foeda homini* Liv. 3, 32, 2, peste funeste à l'homme ∥ [fig.] honteux, ignominieux, criminel : *nihil foedius* Cic. Att. 8, 11, 4, rien de plus honteux ; *bellum foedissimum* Cic. Att. 7, 26, 3, guerre des plus criminelles ∥ *foedum (-ius, -issimum est)* [avec inf.] Cic. Phil. 13, 14 ; Att. 15, 10 ; Sen. Ben. 1, 1, 3, il est honteux de ; [avec prop. inf.] *versum in oratione fieri foedissimum est* Quint. 9, 4, 72, faire un vers dans la prose est ce qu'il y a de plus choquant.

2 foedŭs, ĕris, n. (cf. 1 fides, fido, foedifragus), traité [d'alliance], pacte, convention, alliance : *facere* Cic. CM 16 ; *ferire* Cic. Cael. 34 ; *pacisci* Cic. Sest. 33 ; *icere* Cic. Pis. 28, conclure un arrangement, traiter, contracter une alliance, faire alliance ; *rumpere* Cic. Balb. 13 ; *violare* Cic. Rep. 1, 31 ; *solvere* Virg. En. 10, 91, rompre, violer un traité ∥ [poét.] lois, règles : Lucr. 5, 924 ; Virg. G. 1, 60 ∥ [chrét.] alliance entre Dieu et les hommes : Vulg. Gen. 6, 18, [traduit parfois διαθήκη, avant d'être supplanté par testamentum].
▶ abl. sg. foedere CIL 1, 593 ; gén. arch. foedesum = foederum Varr. L. 7, 27.

3 foedus, i, m. (dialect. pour haedus).
▶ f. l. pour faedus Quint. 1, 4, 14 ; P. Fest. 74, 9.

foemĭna, ⓥ femina.

foenĕro, foenĕror, ⓥ fen-.

foenum, ⓥ fenum.

foenŭs, ŏris, ⓥ fenus.

foetĕō, ēs, ēre, -, - (isolé, malgré 1 foedus et fimus ; esp. heder), intr., avoir une odeur fétide, sentir mauvais : Pl. As. 894 ; Plin. 11, 278 ; Mart. 5, 4, 1 ∥ [fig.] répugner, être infect, dégoûter : Pl. Cas. 727.

foetescō, ĭs, ĕre, -, -, intr., devenir fétide : Isid. 20, 3, 1.

foetĭdō, ās, āre, -, - (foetidus), tr., rendre fétide : Cael.-Aur. Chron. 5, 11, 140.

foetĭdus, a, um (foeteo), fétide, qui sent mauvais : Pl. Cap. 813 ; Cat. Agr. 3, 4 ; Cic. Pis. 13 ∥ [fig.] dégoûtant, sale : Prud. Perist. 2, 245 ∥ -dior Arn. 7, 16 ; -dissimus Cassiod. Eccl. 7, 11.

foeto, ⓥ feto.

foetŏr, ōris, m. (foeteo ; esp. hedor), mauvaise odeur, puanteur, infection : Cic. Pis. 22 ∥ [fig.] Aug. d. Suet. Aug. 86.

1 foetōsus, a, um (foeteo), fétide : Hippocr. Progn. 12.

2 foetōsus, a, um, ⓥ fetosus.

foetŭlentĭa, ae, f., infection : Ps. Hier. Ep. 19, 5, p. 193 B.

foetŭlentus, a, um, fétide, infect : Arn. 7, 18 ∥ [fig.] Apul. Apol. 7.

foetura, foetus, etc., ⓥ fet-.

foetūtīna, ae, f. (foeteo), endroit fétide, infect : Non. 63, 26 ∥ [fig.] ordures, saletés : Prob. d. Gell. 13, 21, 1 ; Apul. Apol. 8.

1 fŏlĭa, ae, f., ⓒ folium : Isid. 17, 9, 105.

2 Fŏlĭa, ae, f., nom de femme : Hor. Epo. 5, 42.

fŏllĭācĕus, a, um (folium), qui a la forme d'une feuille, foliacé : Plin. 19, 42.

fŏlĭātĭlis, e (folium), de feuilles : Fort. Mart. 4, 536.

fŏlĭātus, i, n. (foliatus), parfum [extrait de feuilles], nard : Plin. 13, 15 ; Juv. 6, 465 ; Mart. 14, 110, 2.

fŏlĭātūra, ae, f. (folium), feuillaison, feuillage : Vitr. 2, 9, 13.

fŏlĭātus, a, um (folium ; it. fogliato), garni de feuilles : Plin. 21, 99.

fŏlĭŏlum, i, n. (dim. de folium), petite feuille : Ps. Apul. Herb. 61.

fŏlĭōsus, a, um (folium ; roum. foios), feuillu : Plin. 25, 161 ∥ -sior Plin. 12, 40.

fŏlĭum, ĭi, n. (cf. flos, φύλλον, al. Blatt, an. blade ; fr. feuille), feuille, [qqf.] feuillage : Cic. de Or. 3, 179 ; Pis. 97 ∥ *folio facilius moveri* Cic. Att. 8, 215, être plus mobile que la feuille ∥ [de palmier où la Sibylle de Cumes écrivait ses oracles] : Virg. En. 3, 444 ∥ [fig.] bagatelle : Apul. M. 1, 8 ∥ feuille de papier : Macr. Sat. 5, 4, 1 ∥ feuille d'acanthe [dans le chapiteau corinthien] : Vitr. 1, 2, 5 ∥ telson [lame médiane de la queue de la langouste] : Apic. 401.

follĕāti calcĕi -ĭāti, m., sorte de souliers lâches [rappelant un soufflet]: Isid. 19, 34, 13.

follĕō, ēs, ēre, -, - (1 follis), intr., avoir le va-et-vient du soufflet [fig.]: Hier. Ep. 22, 28.

follescō, ĭs, ĕre, -, -, intr., s'enfler comme un soufflet: Not. Tir. 98, 13.

follĭcō, ās, āre, -, - (1 follis; esp. holgar), intr., haleter avec bruit [comme un soufflet]: Veg. Mul. 2, 140, 1 ‖ *follicans caliga* Hier. Ep. 22, 34, chaussure trop large.

follĭcŭlāre, is, n., partie de la rame revêtue de cuir: P. Fest. 75, 12.

follĭcŭlāris vīta, f., vie de rameur (?): P. Fest. 75, 13.

follĭcŭlōsus, a, um, pourvu de follicules: Ps. Apul. Herb. 54.

follĭcŭlus, i, m. (dim. de 1 follis; esp. hollejo), petit sac (de cuir): Cic. Inv. 2, 149; Liv. 9, 13, 9 ‖ balle, ballon [jeu]: Suet. Aug. 83 ‖ enveloppe [du grain, des légumes, des fruits], balle, gousse, péricarpe: Varr. R. 1, 48, 1; Plin. 24, 49; Sen. Nat. 5, 18, 3; fourreau de l'épi: Sen. Ep. 124, 11 ‖ enveloppe de larve: Lucr. 5, 803 ‖ membrane de l'estomac, de l'intestin: Cael.-Aur. Acut. 3, 17, 154 ‖ [tard.] matrice: Tert. Carn. 20, 5 ‖ [chrét.] le corps, enveloppe de l'âme: Arn. 2, 76.

follĭgĕna, ae, m. f. (1 follis, geno), engendré par le soufflet: Anth. 742, 63.

follīnus, a, um (1 follis), d'outre, de soufflet: Prisc. 2, 78, 24.

1 follis, is, m. (cf. flo, bulga, al. Ball, an. ball, φαλλός; it. folle), soufflet [pour le feu]: Cic. Nat. 1, 54; *fabrilis* Liv. 38, 7, 12, soufflet de forge; *folles fabrorum* Vitr. 10, 1, 6, les soufflets des forgerons ‖ outre gonflée, ballon: Pl. Ru. 721; Mart. 14, 47, 2 ‖ bourse de cuir: Juv. 14, 281 ‖ le contenu d'une bourse, bourse: Aug. Civ. 22, 8 ‖ folle [monnaie valant deux deniers]: Lampr. Hel. 22, 3 ‖ coussin à vent: Lampr. Hel. 25, 2 ‖ [fig.] *ventris* Macr. Sat. 7, 4, l'estomac ‖ poumons gonflés: Juv. 7, 111 ‖ [chrét.] le corps, enveloppe de l'âme: Tert. Apol. 50, 6.

2 follis, is, m. (1 follis, fr. fou), fou: Gloss. 5, 568, 58.

▶ *follus*, i, m., Vit. Caes. Arel. 74, 9.

follītus, a, um (1 follis), pourvu d'une bourse: Pl. Ep. 351.

fŏlus, [arch. pour olus]: P. Fest. 74, 9.

fōmenta, ōrum, n. pl. (foveo) ¶ 1 aliments [de toute espèce] pour entretenir le feu: Clod. d. Ps. Serv. En. 1, 176 ¶ 2 topique, calmant lénitif, fomentation: Cels. 8, 10, 7; Suet. Aug. 81; Hor. S. 1, 1, 82 ‖ pansements [pour blessures]: Tac. An. 1, 65; 15, 55 ‖ [fig.] calmant, baume adoucissant, soulagement: Cic. Tusc. 2, 59; Fin. 2, 95; Hor. Ep. 1, 3, 26.

fōmentātĭō, ōnis, f., C.▸ fomentum: Ulp. Dig. 32, 1, 70.

fōmentō, ās, āre, āvī, ātum (fomentum), tr., fomenter [méd.]: Veg. Mul. 2, 8, 3.

fōmentum, i, n., C.▸ fomenta mais emploi rare: Val.-Max. 8, 1, 3; Sen. Ep. 102, 26; 122, 8; Plin. Ep. 2, 7, 3; 4, 21, 4 ‖ [chrét.] remède spirituel, encouragement: Cypr. Ep. 43, 2.

fōmĕs, ĭtis, m. (foveo), toute espèce d'aliment de la flamme, brindilles, copeaux: Virg. En. 1, 176; P. Fest. 75, 1; Isid. 17, 6, 26 ‖ [fig.] aliment, stimulant: Gell. 15, 2, 3; *peccandi fomitem administrat* Cypr. Laps. 14, il apporte un stimulant au péché.

fōmĭtō, ās, āre, āvī, ātum (fomes), tr., entailler: *Catal. (Priap.) 3, 3.

fōnēma, V.▸ phonema.

Fonĭō, ōnis, m., nom d'une divinité chez les habitants d'Aquilée: CIL 5, 757.

1 fons, tis, m. (cf. scr. dhanvati?; fr. fonts), source, fontaine: Cic. Verr. 4, 118; Caes. C. 3, 49, 5 ‖ [poét.] eau: Virg. En. 12, 119; Luc. 5, 337 ‖ [fig.] source, origine, cause, principe: Cic. de Or. 1, 42; Tusc. 3, 67; Nat. 3, 48; Hor. Ep. 1, 17, 45; P. 309 ‖ [chrét.] fonts baptismaux, baptême: Cypr. Ep. 73, 10.

2 Fons, ontis, m., fils de Janus, dieu des sources: Cic. Nat. 3, 52 ‖ **Fontus**, i, m., Arn. 3, 29.

fontālis, e (1 fons), de source: Vitr. 8, 3, 1.

fontāna (ăqua), ae, f. (fontanus; fr. fontaine), source, fontaine: Grom. 315, 28; M.-Emp. 8, 144 ‖ **Fontāna**, f., déesse des fontaines: CIL 2, 150.

Fontānālĭa, ĭum, n. pl., fête en l'honneur des sources: Varr. L. 6, 22 ‖ **-tĭnālĭa**, P. Fest. 85, 3.

fontānĕus, a, um (1 fons), de source, de fontaine: Isid. 16, 13, 9.

fontānus, a, um (1 fons), de source: Cels. 2, 18, 12; Ov. F. 1, 269 ‖ **Fontānus**, i, m., dieu des fontaines: CIL 2, 150.

Fontēia, ae, f., nom de femme; [en part.] Vestale, sœur de M. Fontéius: Cic. Font. 47.

Fontēius, i, m., nom d'une famille romaine; not[t] M. Fontéius [gouverneur de la Gaule transpadane, défendu par Cicéron]: Cic. Att. 1, 6, 1 ‖ [adj[t]] *Fonteia gens* Cic. Dom. 116, la famille Fontéia ‖ **-ānus**, a, um, de Fontéius: Cic. Har. 57.

fontĭcŏla, ae, adj. (1 fons, colo), celui ou celle qui habite une source: Aug. Mus. 3, 7, 15.

fontĭcŭlus, i, m. (dim. de 1 fons), petite source, ruisseau: Hor. S. 1, 1, 56; Plin. 31, 107.

fontĭgĕna, ae, m. f. (1 fons, geno), né d'une source: Capel. 9, 908 ‖ subst. f. pl., les Muses [nées des sources]: Capel. 6, 574.

fontīnālĭa, V.▸ Fontanalia.

Fontīnālis porta, f., porte Fontinale [une des portes de Rome]: Liv. 35, 10, 12.

Fontus, i, m., V.▸ 2 Fons.

***for**, -, fārī, fātus sum (cf. fatum, fateor, fabula, fama, facundus, φημί, φάτο, al. Bann, an. boon, rus. basnja), tr. ¶ 1 parler, dire: *ad aliquem* Cic. Tim. 40, parler à qqn; *talia fatur* Virg. En. 1, 256, il prononce ces paroles ‖ *fando = fama*: *ne fando quidem auditum est...* Cic. Nat. 1, 82, on n'a jamais même ouï-dire; *fando accipere* Pl. Amp. 588, apprendre par ouï-dire ¶ 2 [poét.] célébrer, chanter: Prop. 4, 4, 2 ‖ prédire: Enn. d. Cic. Div. 1, 66; Virg. En. 1, 261.

▶ pass. *fatur*, "est dit": Suet. d. Prisc. 2, 387, 3 ‖ *fari* est arch. et poét. d'après Cic. de Or. 3, 153 ‖ inf. *farier* Virg. En. 11, 242.

fŏrābĭlis, e (foro), qui peut être percé: Ov. M. 12, 170; Plin. 16, 227.

fŏrāgo, ĭnis, f. (foro), fil de couleur [marque dans le tissage]: Symm. Ep. 6, 68; P. Fest. 80, 16.

fŏrālis, e, du forum, du dehors: Greg.-M. Ep. 1, 60.

fŏrāmĕn, ĭnis, n. (foro; it. forame), trou, ouverture: Sisenn. d. Non. 113, 27; Cic. Tusc. 1, 47; Caes. C. 3, 53, 4; *tibia foramine pauco* Hor. P. 203, la flûte à peu de trous ‖ manchon, douille, virole, crapaudine: Cat. Agr. 21, 4; Vitr. 10, 6, 3; Apul. M. 1, 16.

fŏrāmĭnātus, a, um (foramen), percé: Sidon. Ep. 2, 2, 4.

fŏrāmĭnōsus, a, um (foramen), poreux: *Tert. Pat. 14, 5.

fŏrās, adv. (1 et 2 foris; it. fuora) **I** adv., dehors [avec mouvement]: Cic. Cael. 57; *foras* Pl. Cas. 212, à la porte!; *foras projicere* Cic. Cat. 2, 2, jeter dehors; *(scripta) foras dare* Cic. Att. 13, 22, 3, publier, rendre publics (des écrits) ‖ *foras cenare* Petr. 30, 4, aller dîner en ville. **II** prép. [tard.] ¶ 1 [avec gén.] *foras corporis* Apul. Apol. 50, hors du corps ¶ 2 [avec acc.] *foras civitatem* Vulg. Act. 21, 5, hors de la cité.

fŏrastĭcus, a, um (foras), du dehors, profane: Aldh. Metr. 3, p. 71.

Forath, n. indécl., ville de la Susiane: Plin. 6, 145.

1 fŏrātus, a, um, part. de foro.

2 fŏrātŭs, abl. ū, m., percement, trou [pour les boucles d'oreilles]: Tert. Pall. 4, 2.

forbĕa, ae, f. (de φορβή), aliments: P. Fest. 74, 7.

forceps, ĭpis, m. f. (formus, capio), tenailles, pinces [de forgeron]: Virg. G. 4, 175 ‖ pinces, tenettes, forceps: Virg. En. 12, 404; Col. 6, 26, 2 ‖ type d'ordre de bataille: Cat. d. Fest. 466, 21; Gell. 10, 9, 1; Veg. Mil. 3, 19 ‖ pinces de l'écrevisse: Plin. 11, 97.

▶ gén. pl. *forcipium* Lucil. 401.

forcillo, V.▸ furcillo.

forctis (fortis), L. XII Tab. d. Fest. 474, 27: *forctes*, les bons; cf. P. Fest. 74, 14 ‖ **forctus**, a, um, P. Fest 91, 14.

forcula

forcŭla, v. *furcula*.

Forcŭlus, *i*, m., le dieu des battants de portes : TERT. *Idol.* 15, 5.

forda bos, f. (*fero*), vache pleine : VARR. *L.* 6, 15 ; OV. *F.* 4, 630.

fordĕum, c. *hordeum*, cf. QUINT. 1, 4, 14

fordĭcīdĭum, *ii*, n. (*forda, caedo*), sacrifice où l'on immolait une vache pleine : VARR. *L.* 6, 15.

fŏrĕ, inf. fut. de *sum* ‖ abl. de *foris*.

fŏrēcŭlae, f. pl. (dim. de *fores*), petite porte : P. FEST. 74, 26.

fŏrem, **ēs** et **fŏrent**, pl., second imparf. du subj. de *sum*.

1 fŏrensis, *e* (*forum*) ¶ 1 de la place publique, du forum, judiciaire : *domesticus, forensis labor* CIC. *Brut.* 91, le travail chez soi (du cabinet), le travail du forum [= la plaidoirie], cf. CIC. *Or.* 208 ; *Brut.* 272 ; *forensis factio* LIV. 6, 46, 13, la faction (= la populace) du forum ; *Marte forensi* OV. *Pont.* 4, 6, 29, dans les luttes judiciaires ; [d'où] **forensis**, *is*, m., avocat : QUINT. 5, 10, 27 ‖ *forensia negotia, forenses res*, les affaires judiciaires, les procès : DIG. 48, 19, 9, 4 ; 23, 2, 25, 1 ¶ 2 qui se rapporte à la place publique, c.-à-d. au dehors, à l'extérieur : *vestitus forensis* CIC. *Fin.* 2, 77, costume de ville, cf. *Clu.* 101 ; *Agr.* 2, 64 ‖ n. pl., *forensia* SUET. *Aug.* 73, costume de cérémonie.

2 fŏrensis, *e* (*foris, foras*), [tard.] étranger : APUL. *M.* 1, 1, 5 ; GREG.-M. *Ep.* 6, 13.

Fŏrentum, *i*, n., ville d'Apulie [auj. Forenza] Atlas XII, E5 : LIV. 9, 20, 9 ‖ **-āni**, *ōrum*, m. pl., habitants de Forentum : PLIN. 3, 105.

fŏres, *ĭum*, v. *1 foris*.

fŏrestis, *e* (*foris*, cf. *agrestis* ; fr. forêt, al. Forst), extérieur [propre au souverain] : DIPL. 5 (556).

Foretāni, *ōrum*, m. pl., peuple de Vénétie ou d'Istrie : PLIN. 3, 130.

Foreti, *ōrum*, m. pl., peuple du Latium : PLIN. 3, 69.

forfex, *ĭcis*, m. f. (assimil. de *forceps, forpex* ; v. fr. *forces*), pinces [pour la préhension des pierres, dans une machine de soulèvement] : VITR. 10, 2, 2 ‖ davier : CELS. 7, 12, 1 B ‖ pince [de l'écrevisse] : PLIN. 9, 97 ‖ ordre de bataille en forme de ciseaux [ou de tenailles, le contraire du coin, *cuneus*] : VEG *Mil.* 3, 17 ; GELL 10, 9, 1 ; v. *forceps*.

▶ il est possible, comme le croit CHARISIUS 94, 21, que *forfex* soit le même mot que *forceps*.

forfĭcŭla, *ae*, f. (dim. de *forfex* ; it. *forfecchia*), petits ciseaux : PLIN. 25, 58 ‖ pinces [d'écrevisse] : PLIN. 25, 58.

fŏri, *ōrum*, v. *forus*.

fŏria, *ae*, f. et **-a**, *ōrum*, n. pl. (*forio*), cf. *foro* ou plutôt φορύνω ? ; fr. *foire*), colique, diarrhée : VARR. *R.* 2, 4, 5 ; NON. 114, 1.

fŏrĭca, *ae*, f., latrines publiques : JUV. 3, 38 ; GLOSS. 5, 599, 33.

fŏrĭcārĭus, *ii*, m., fermier des latrines publiques : PAUL *Dig.* 22, 1, 5.

fŏrĭcŭla, *ae*, f. (*1 foris*), petite ouverture : VARR. *R.* 1, 59, 1.

fŏrĭcŭlārĭum, *ii*, n., impôt de douane ou de transit : CIL 6, 31227.

fŏrinsĕcus, adv. (*2 foris* et *extrinsecus*), du dehors : PLIN. 13, 122 ‖ en dehors, extérieurement, publiquement : SIDON. *Ep.* 1, 2, 4 ‖ dehors [avec mouvement] : APUL. *M.* 9, 28.

fŏrĭō, *īs*, *īre*, -, - (*foria*), intr., évacuer l'intestin, aller à la selle : SCHOL. JUV. 3, 38.

fŏrĭŏlus, *a*, *um*, qui a la diarrhée : LABER. *Com.* 66.

1 fŏrĭs, *is*, f. (cf. *foras, 2 foris, forum*, *dhwer-*, scr. *dvār-as*, θύρα, rus. *dvor*, al. *Tor*, an. *door*), porte : PL. ; TER. ; CIC. *Tusc.* 5, 59 ‖ [surtout au pl.] **fŏres** [gén. inus., sauf *PL. *Curc.* 158], porte [à deux battants d'une maison ou d'une chambre] : PL. ; TER. ; CIC. [fig.] CIC. *Fam.* 13, 10, 4.

2 fŏrĭs, adv. (cf. *foras* ; fr. *hors*) ¶ 1 adv., dehors : [question *ubi*] CIC. *Att.* 4, 18, 3 ; *Ac.* 2, 56 ; *Phil.* 2, 78 ; [question *unde*] CIC. *Phil.* 2, 26 ; *Fin.* 3, 24 ; *Tusc.* 3, 6, du dehors ‖ *foris clarus* CIC. *Phil.* 2, 69, illustre à l'étranger, cf. *Off.* 1, 76 ; *Att.* 13, 10, 1 ‖ [chrét.] *foris esse* VULG. *1 Cor.* 5, 12, être en dehors de l'Église ¶ 2 [tard.] prép. : [avec acc.] GROM. 365, 6 ; [avec gén.] VL. *Matth.* 23, 25 ; [avec abl.] LUCIF. *Athan.* 2, 12.

forma, *ae*, f. (cf. *formus*, ou μορφή ? ; it. *forma*, fr. *fourme*), moule, type, ¶ 1 [en gén.] forme, ensemble des traits extérieurs qui caractérisent un objet, conformation, type : *muralium falcium* CAES. *G.* 3, 14, 5, la forme, le type des faux de siège, cf. CAES. *G.* 5, 1, 2 ; *C.* 2, 10, 1 ; *una et viginti formae litterarum* CIC. *Nat.* 2, 93, vingt et une formes (21 types) de lettres ; *omnium animantium formam vincit hominis figura* CIC. *Nat.* 1, 48, la configuration humaine est supérieure à tous les types d'animaux ; *muliebris forma* CIC. *Inv.* 2, 1, la forme féminine, cf. CIC. *Clu.* 199 ; *hoc dico, non ab hominibus formae figuram venisse ad deos* CIC. *Nat.* 1, 90, voici ce que je dis, c'est que les dieux ne tiennent pas des hommes l'ensemble des traits qui constituent leur forme [la structure de leur forme] ; *alicujus forma et species liberalis* CIC. *Cael.* 6, le physique et l'air distingués de qqn ¶ 2 [en part.] **a)** belle forme, beauté : *di tibi formam dederunt* HOR. *Ep.* 1, 4, 6, les deux t'ont donné la beauté, cf. HOR. *O.* 2, 4, 6 ; QUINT. 2, 5, 12 ; *elegans spectator formarum* TER. *Eun.* 566, juge difficile des beautés **b)** plan, dessin, d'une maison : CIC. *Fam.* 2, 8, 1 ; *Q.* 2, 1 ; 2, 3 ; SUET. *Caes.* 31 **c)** empreinte de monnaie, coin, type : CURT. 5, 2, 11 ; QUINT. 1, 6, 3 ; TAC. *G.* 5 **d)** moule à fromage : COL. 7, 8, 7 ‖ forme de cordonnier : HOR. *S.* 2, 3, 106 ‖ forme, moule de fondeur : PLIN. 36, 168 **e)** cadre, monture d'un tableau : VITR. 2, 8, 9 **f)** canalisation, conduit : FRONTIN. *Aq.* 75 ¶ 3 forme, figure, image : *clarissimorum virorum formae* CIC. *Mil.* 86, les images des hommes les plus illustres ; *geometricae formae* CIC. *Rep.* 1, 29, figures géométriques, cf. CIC. *de Or.* 1, 187 ; LIV. 25, 31, 9 ; QUINT. 10, 5, 9 ; *Jovis formam facere* CIC. *Or.* 9, faire la statue de Jupiter ; *igneae formae* CIC. *Nat.* 2, 101, des corps de feu [astres] ; *in formis et figuris* CIC. *Or.* 9, quand il s'agit de formes et de figures [dans les arts plastiques] ¶ 4 [fig.] forme, type : *civitatis, rei publicae* CIC. *Rep.* 2, 43 ; 1, 53, type de gouvernement ; *rerum publicarum* CIC. *Tusc.* 2, 36, forme de gouvernement, constitution politique ; *forma et species et origo tyranni* CIC. *Rep.* 2, 51, le type, les traits, l'origine du tyran, cf. CIC. *de Or.* 3, 115 ; *forma quaedam vivendi* CIC. *Fin.* 3, 23, un type déterminé d'existence, cf. TAC. *An.* 1, 74 ; *pugnae* CIC. *Tusc.* 5, 114, forme (type) de combat ; *(orationes) significant formam quamdam ingenii, sed admodum impolitam et plane rudem* CIC. *Brut.* 294, (ses discours) dénotent un talent naturel aux lignes bien caractérisées, mais encore grossières et tout à fait brutes ¶ 5 [en part.] **a)** type idéal : [grec χαρακτήρ] CIC. *Or.* 36 ; 134, cf. CIC. *Fin.* 2, 48 ; *Tusc.* 3, 4 ; [grec ἰδέα] CIC. *Or.* 10 **b)** configuration, conformation, constitution : *una philosophia forma* CIC. *Ac.* 1, 17, une seule philosophie [partagée en deux écoles] ; *est forma ejus disciplinae triplex* CIC. *Fin.* 5, 9, cette doctrine est formée de trois parties [physique, logique, morale], cf. CIC. *Ac.* 1, 23 **c)** aspect général, traits d'ensemble, tableau : *habes formam Epicuri vitae beatae verbis Zenonis expressam* CIC. *Tusc.* 3, 38, voilà le tableau du bonheur selon Épicure brossé par Zénon, cf. CIC. *Fam.* 3, 11, 4 ‖ [droit] norme, règle, principe : *juxta, secundum formam* COD. JUST. 3, 29, 1 ; DIG. 4, 4, 22, selon la règle ; *forma ab Hadriano data* ULP. *Dig.* 34, 1, 14, 1, la règle fixée par Hadrien ¶ 6 [rhét.] **a)** division d'un *genus*, espèce [grec εἶδος] : CIC. *Top.* 30 ; 31 ; *Or.* 116 **b)** figures : *sententiarum orationisque formae, quae Graeci vocant* σχήματα CIC. *Brut.* 69, les figures de pensées et de mots que les Grecs appellent "attitudes du discours", cf. CIC. *Or.* 182 **c)** *formae orationis* CIC. *Or.* 220, formes [tours] de phrase ; *forma verborum* CIC. *Or.* 206, groupement harmonieux de mots ‖ groupement symétrique : CIC. *de Or.* 3, 171 ¶ 7 [gram.] forme grammaticale d'un mot, flexion : VARR. *L.* 9, 37 ; QUINT. 10, 1, 10 ; GELL. 12, 10, 1 ¶ 8 [chrét.] préfiguration, symbole [en concurrence avec *figura* pour traduire τύπος] : *forma est Christi Adam* AUG. *Jul.* 1, 6, 27, Adam est une préfiguration du Christ.

formābĭlis, e (formo), digne d'être formé : Prud. *Apoth.* 1033 ‖ capable d'être formé : Aug. *Trin.* 11, 2, 5.

formābĭlĭtās, tis, f., propriété de prendre une forme, plasticité : Aug. *Gen. litt.* 5, 15.

formācĕus, a, um (forma), fait dans un moule : *formacei parietes* Plin. 35, 168, murs de pisé.

formālis, e (forma) ¶ 1 qui a trait aux moules [du fondeur] : *temperatura aeris* Plin. 34, 98, alliage de cuivre propre à faire des moules ¶ 2 qui sert de type : *formalis epistula* Suet. *Dom.* 13, circulaire ‖ [fig.] *formale pretium* Dig. 35, 2, 62, le cours [le prix du jour].

formāmentum, i, n. (formo), forme, figure : Lucr. 2, 819.

formastĕr, tri, m. (formus), gâteau : Titin. *Com.* 166 ; Gloss. 5, 22, 3.

formātĭlis, e, ⓒ ▶ *formabilis* : Chalc. 225.

formātĭo, ōnis, f. (formo), formation, confection ; forme, configuration : Vitr. 5, 1, 2 ‖ [fig.] formation : Sen. *Ep.* 117, 19.

formātŏr, ōris, m. (formo), celui qui donne la forme : Sen. *Helv.* 8, 3 ‖ [fig.] Quint. 10, 2, 20.

formātrix, īcis, f., celle qui forme : Tert. *Mon.* 17, 2.

formātūra, ae, f. (formo), conformation, forme, figure : Lucr. 4, 550.

formātus, a, um, part. de *formo*.

formella, ae, f. (dim. de *formula*), petit moule : Vulg. *1 Reg.* 17, 18 ‖ poissonnière : Apic. 430.

formensis, e, de forme : Novel.-Val. 5, 4, 1.

Formĭae, ārum, f. pl., Formies [ville des Volsques, près de la côte, auj. Formia] Atlas XII, E4 : Cic. *Att.* 2, 13, 2 ‖ **-ĭānus**, a, um, de Formies : Cic. *Nat.* 3, 86 ‖ **-ĭānum**, i, n., villa de Formies [appartenant à Cicéron] : Cic. *Att.* 4, 2, 7 ‖ **-ĭāni**, ōrum, m. pl., habitants de Formies : Cic. *Att.* 2, 14, 2.

formīca, ae, f. (cf. μύρμηξ ; fr. *fourmi*), fourmi : Cic. *Nat.* 3, 21.

formīcābĭlis, **-cālis**, **pulsus**, m. (formica), pouls formicant (faible et fréquent) : Cael.-Aur. *Acut.* 2, 27, 145 ; 2, 14, 198.

formīcātĭo, ōnis, f. (formica), fourmillement, démangeaison : Plin. 28, 71.

formīcīnus, a, um (formica), de fourmi ‖ [fig.] *gradus* Pl. *Men.* 888, pas de foumi [de tortue, lent].

formīcō, ās, āre, -, - (formica ; fr. *fourmiller*), intr., démanger : Plin. 30, 120 ‖ *venarum formicans percussus* Plin. 7, 171, pouls formicant [faible et fréquent] ; Ⓥ *formicabilis*.

formīcŏlĕōn, m., fourmilion [insecte] : Isid. 12, 3, 10.

formīcōsus, a, um (formica), plein de fourmis : Plin. 10, 206.

formīcŭla, ae, f. (dim. de *formica*), petite fourmi : Apul. *M.* 6, 10.

formīdābĭlis, e (1 formido), redoutable, formidable : Ov. *M.* 2, 857 ‖ **-bĭle** [n. pris adv¹] d'une manière terrible : Stat. *Th.* 8, 582 ‖ **-bĭlior** Alcim. *Eutych.* 1, p. 20.

formīdābĭlĭtĕr, adv., d'une manière formidable : Adamn. *Vit. Col.* 2, 21.

formīdāmĕn, ĭnis, n., forme effrayante : Apul. *Apol.* 64.

formīdātŏr, ōris, m. (1 formido), celui qui redoute, qui a la crainte de : Aug. *Serm.* 23, 18.

1 formīdō, ās, āre, āvī, ātum (2 formido), tr., redouter, craindre : Cic. *Att.* 8, 16, 2 ; *Fin.* 2, 53 ; [avec inf.] Pl. *Ps.* 316 ; Hor. *Ep.* 1, 19, 45, hésiter à ; [avec *ne*] craindre que... ne : Pl. *Amp.* 304 ‖ *alicui* Pl. *Amp.* 1118 ; Acc. *Tr.* 354, craindre pour qqn.

2 formīdō, ĭnis, f. (cf. μορμώ), crainte, peur, effroi, terreur : *formidinem alicui injicere* Cic. *Verr.* 2, 3, 68 ; *inferre* Tac. *H.* 2, 15, inspirer de l'effroi à qqn ‖ *formidines similium incommodorum* Cic. *Verr.* 5, 23, l'effroi de pareils dommages ‖ ce qui inspire de l'effroi, épouvantail : Cic. *Fin.* 5, 31 ; *Tusc.* 1, 36 ; Virg. *G.* 4, 468 ; Sall. *J.* 23, 1 ‖ épouvantail, corde garnie de plumes de couleur tendue devant les animaux pour les rabattre aux filets : Sen. *Ir.* 2, 11, 5 ; Virg. *En.* 12, 750.

formīdŏlōsē (-dŭlōsē), avec effroi : **-sius** Cat. *Orat.* 50 ‖ d'une manière effrayante : Cic. *Sest.* 42.

formīdŏlōsus (-dŭlōsus), a, um ¶ 1 peureux, craintif : Ter. *Eun.* 756 ; ombrageux [en parl. du cheval] Sen. *Clem.* 1, 16, 4 ¶ 2 effrayant, terrible, affreux : Cic. *Verr.* 5, 1 ; *Clu.* 7 ; *Pis.* 58 ‖ **-ior** Tac. *An.* 1, 62 ; **-issimus** Cic. *Pis.* 58.

1 Formĭo, ōnis, m., fleuve d'Istrie : Plin. 3, 127.

2 Formĭo, ōnis, Ⓥ ▶ *Phormio*.

3 formio, ōnis, m. (φόρμιον), petite natte de jonc : Ulp. *Dig.* 33, 7, 12 ‖ corbeille : Don. *Phorm.* 122.

▶ orth. *phormio* d. Don.

formĭtās, ātis, f. (formo), forme : Isid. 6, 17, 4.

formō, ās, āre, āvī, ātum (forma ; it. *formare*), tr. ¶ 1 donner une forme, former, conformer : *materiam fingere et formare* Cic. *Ac.* 1, 6, pétrir la matière et lui donner une forme, cf. Cic. *Div.* 2, 89 ; *Fin.* 5, 59 ; *orationem* Cic. *Or.* 2, 36, donner une forme au style, cf. Quint. 10, 7, 7 ; *verba* Cic. *de Or.* 3, 177, donner une forme aux mots (= les disposer dans la phrase) ‖ [mais] *verba recte formare* Quint. 1, 12, 9, donner aux mots leur forme correcte, bien prononcer les mots ¶ 2 arranger, organiser, régler : *formatis omnibus et ad belli et ad pacis usus* Liv. 1, 45, 1, tout étant organisé pour les usages aussi bien de la guerre que de la paix ; *studia alicujus* Quint. 1, *pr.* 5, organiser les études de qqn, cf. Quint. 4, *pr.* 1 ; Plin. *Pan.* 47, 1 ‖ former, modeler, dresser, instruire : *puerum dictis* Hor. *S.* 1, 4, 121, former un enfant par des entretiens, cf. Hor. *O.* 1, 10, 3 ; 3, 24, 54 ; *se in mores alicujus* Liv. 1, 21, 2, se modeler sur qqn ; *ad credendum ante formatus* Quint. 5, 7, 8, disposé préalablement (préparé) à croire ¶ 3 façonner, donner telle ou telle disposition aux esprits : Cic. *Brut.* 142 ; Quint. 4, 1, 60 ¶ 4 faire en façonnant, former, confectionner : *e Pario formatum signum* Ov. *M.* 3, 419, statue tirée du marbre de Paros ; *speciem (natura) ita formavit oris, ut...* Cic. *Leg.* 1, 26, (la nature) a formé les traits du visage de telle sorte que... ; *classem* Virg. *En.* 9, 80, construire une flotte ; *personam novam* Hor. *P.* 126, créer un personnage nouveau [théâtre] ‖ [fig.] créer, produire : *consuetudinem* Cic. *Ac.* 1, 20, créer (faire naître) une habitude ¶ 5 [chrét.] préfigurer, symboliser : *(Jacob) in quo posterior Ecclesiae populus formabatur* Rufin. *Adam.* 1, 20, (Jacob) en qui était préfiguré le peuple de l'Église à venir.

formonsus, Ⓥ ▶ *formosus*.

formōse, adv., d'une manière charmante, élégante : Prop. 2, 3, 17 ; Apul. *M.* 5, 22 ‖ **-osius** Quint. 8, 3, 10 ; **-osissime** Aug. *Conf.* 1, 7.

formōsĭtās, ātis, f. (formosus), belles formes, beauté : Cic. *Off.* 1, 126 ; Apul. *M.* 9, 17.

formōsō, ās, āre, -, - (formosus), tr., embellir : Fort. *Mart.* 1, 506.

formōsŭlus, a, um (dim. de *formosus*), mignon, assez bien fait : Varr. *Men.* 176, 5 ‖ subst. m., élégant, petit maître : Hier. *Ep.* 117, 10, 2.

formōsus, a, um (forma ; esp. *hermoso*), beau, bien fait, de belles formes, élégant : Cic. *Nat.* 1, 24 ‖ **-ior, -issimus** Cic. *Fam.* 9, 14, 4 ; *Inv.* 2, 2.

▶ orth. *formonsus* dans des Inscr. et certains mss ; condamnée par App.-Prob. 4, 198, 9, par Scaur. 7, 21, 10 ‖ pour le sens des adj. en *-osus*, v. Gell. 4, 9, 12.

formŭcăpes, f. pl. (formus, capio), ⓒ ▶ *forcipes*, Ⓥ ▶ *forceps* : *P. Fest. 81, 10.

fŏrmŭla, ae, f. (dim. de *forma*).

I [au pr.] ¶ 1 jolie prestance : Pl. *Pers.* 229 ¶ 2 petite forme de cordonnier : Amm. 31, 2, 6 ¶ 3 moule à fromage, [d'où] fromage en forme : Pall. 6, 9, 2 ¶ 4 conduit d'eau : Frontin. *Aq.* 36.

II [fig.] ¶ 1 cadre, règle, formule : *consuetudinis nostrae* Cic. *Opt.* 20, le cadre de nos habitudes ; *certam quamdam disciplinae formulam componere* Cic. *Ac.* 1, 17, constituer en corps déterminé une doctrine, formuler une doctrine ; *cujusque generis nota et formula* Cic. *Or.* 75, la caractéristique et la formule de chaque genre de style ¶ 2 formulaire de prescrip-

formula

tions, de conditions relatives à une chose, formule de contrat, règlement : *milites ex formula parati* Liv. 27, 10, 2, soldats levés conformément à la charte d'alliance : *Lampsacenos in sociorum formulam referre* Liv. 43, 6, 10, comprendre les Lampsacéniens dans la charte d'alliance ; *restituere Acarnanas in antiquam formulam juris ac dicionis Aetolorum* Liv. 26, 24, 6, replacer les Acarnaniens sous l'ancien règlement de droit et de domination que leur avaient imposé les Étoliens [= sous les lois et la domination étoliennes] ; *Thessalorum formulae facta (urbs)* Liv. 39, 26, 2, (ville) mise sous les règlements des Thessaliens [annexée par les Thessaliens] ; *urbem formulae sui juris faciunt* Liv. 38, 9, 10, ils étendent sur une ville le règlement de leurs lois (ils la soumettent à leurs lois) ∥ [en part.] formulaire (programme) des censeurs, exposé [qu'ils publient des principes qu'ils appliqueront dans le recensement] : Liv. 4, 8, 4 ; 29, 15, 9 ¶ **3** [droit] **a)** formule : *fiduciae* Cic. Fam. 7, 12, 2, formule de la cession fiduciaire ; *testamentorum formulae* Cic. de Or. 1, 180, les formules de testaments ; *judiciorum formulas componere* Cic. Leg. 1, 14, rédiger des formules d'actions judiciaires **b)** la formule [que le préteur délivre aux parties et qui trace au juge sa mission], cf. Cic. Com. 24 ; [ou] les formules consacrées [que les jurisconsultes indiquaient à leurs clients, pour la rédaction des contrats ou l'engagement des procès], cf. Cic. Mur. 29 ; *formula cadere* Quint. 3, 6, 69 ; *excidere* Suet. Cl. 14, perdre son procès.

formŭlārĭus, *a, um* (*formula*), relatif aux formules juridiques : Spart. Get. 2, 4 ∥ subst. m., avoué rompu aux formules : Quint. 12, 3, 11.

formus, *a, um* (*$*g^wher$-*, cf. forma ?, forceps, fornax, θερμός, scr. gharma-s, al. warm, an. warm*), chaud : P. Fest. 74, 6.

Fornācālĭa, *ĭum* ou *ĭōrum*, n., fêtes en l'honneur de Fornax [déesse des fours] : Ov. F. 2, 527 ; Plin. 18, 8.

Fornācālis dea, f., ⊳ *2 Fornax* : Ov. F. 6, 314.

fornācārĭus servus, m. (*1 fornax*), esclave qui fait le service du four : Ulp. Dig. 9, 2, 27.

fornācātŏr, *ōris*, m., chauffeur [de bains] : Paul Dig. 33, 7, 14.

fornācŭla, *ae*, f. (*1 fornax*), petit four [à usages divers] : Juv. 10, 82 ∥ [fig.] foyer : Apul. Apol. 74.

1 fornax, *ācis*, f. (cf. *formus, furnus* ; it. *fornace*, fr. *fournaise*), four, fourneau : Cic. Nat. 1, 103 ; [four à chaux, à poterie] Cat. Agr. 38 ; Plin. 17, 53 ∥ fournaise de l'Etna : Lucr. 6, 681 ; Virg. G. 1, 472 ∥ m., Prisc. 2, 169, 12 ∥ [chrét., fig.] tourment : Aug. Conf. 10, 37, 60.

2 Fornax, *ācis*, f., déesse des fours : Ov. F. 2, 525.

fornĭcārĭa, *ae*, f. (*fornix*), fornicatrice : Tert. Anim. 35, 1.

fornĭcārĭus, *ĭi*, m. (*fornix*), fornicateur : Hier. Ep. 53, 8, 6 ∥ idolâtre : Aug. Serm. 15, 3.

fornĭcātim, adv. (*fornico*), en forme de voûte : Plin. 16, 223.

fornĭcātĭo, *ōnis*, f. (*fornico*) ¶ **1** [archit.] arc : Vitr. 6, 8, 3 ∥ arc de décharge : Sen. Ep. 95, 53 ¶ **2** fornication : Tert. Pud. 1, 6.

fornĭātŏr, *ōris*, m., fornicateur, débauché : Tert. Pud. 1, 9.

fornĭcātrix, *īcis*, f., fornicatrice : Aug. Faust. 32, 4.

fornĭcātus, *a, um* (*fornix*), voûté, cintré : Cic. Top. 22 ; *via fornicata* Liv. 22, 36, 8, passage voûté [près du Champ de Mars].

fornĭco, *ās, āre, -, -,* **fornĭcor**, *ārĭs, ārī, -,* intr., forniquer : Tert. Pud. 22, 13 ∥ [fig.] se donner à la corruption, c.-à-d. à l'idolâtrie : Hier. Ep. 29, 6, 3.

fornix, *ĭcis*, m. (cf. *furnus*) ¶ **1** cintre, arc, arche : Cic. Top. 22 ; Sen. Ep. 90, 32 ∥ aqueduc : Plin. 31, 41 ; Liv. 40, 51, 7 ∥ porte cintrée, voûtée : Liv. 36, 23, 3 ∥ passage couvert : Liv. 44, 11, 5 ∥ arc de triomphe : Cic. Verr. 1, 19 ; de Or. 2, 267 ¶ **2** lieu de prostitution, lupanar : Hor. Sat. 1, 2, 30 ∥ prostitué : Suet. Caes. 49.

fornus, *i*, m., ⊂⊳ *furnus* : Varr. d. Non. 531, 33.

fŏrō, *ās, āre, āvī, ātum* (cf. *ferio*, φάρος, al. *bohren* ; it. *forare*), tr., percer, trouer, forer, perforer : Pl. Most. 56 ; Col. 5, 10, 20 ∥ [fig.] *forati animi* Sen. Brev. 10, 5, esprits pleins de trous (qui ne retiennent rien).

Fŏrōjūlĭensis (-liensĭum cŏlōnĭa, -lĭense oppidum), ⊂⊳ *Forum Julium*, ⊽⊳ *2 Forum*.

forpex, *ĭcis*, f. (métath. de *forceps*), pinces, pincettes, ciseaux : Cat. Agr. 10, 3 ; Suet. Aug. 75.

▶ Charisius 94, 21 croit que c'est le même mot que *forceps* ; ⊽⊳ *forfex*.

fors, abl. *forte*, f. (*fero, 1 fortuna, fortuitus, forsan,* cf. *sors*) ¶ **1** sort, hasard, fortune : *sed haec fors viderit* Cic. Att. 14, 13, 3, mais laissons cela à la fortune ; *sed haec, ut fors tulerit* Cic. Att. 7, 14, 3, mais il en sera comme le sort en décidera (c'est à la fortune à décider) ; *forte quadam* Liv. 1, 4, 4, par un hasard particulier ; *fors fuit, ut* Gell. 12, 8, 2, le hasard voulut que ; *fors fuat (= sit) !* Ter. Hec. 610, que bien nous en arrive ! ¶ **2** *fors fortuna* Ter. Hec. 386, heureuse fortune ; *forte fortuna* Pl. Bac. 916 ; Mil. 287 ; Ter. Eun. 134 ; Cic. Div. 2, 18, par un heureux hasard ∥ *Fors Fortuna*, personnification de la bonne chance : Ter. Phorm. 841 ; Ov. F. 6, 775 ; Varr. L. 6, 17 ; Liv. 10, 46, 14 ¶ **3** adv., *fors = fortasse*, peut-être : Ter. Haut. 715 ; Virg. En. 5, 232 ; 6, 535 ; *fors et* [< *fors siet*] Virg. En. 2, 139, peut-être même.

forsăn, adv. (*fors, an*, cf. *forsitan*), peut-être, par chance, par aventure : *Ter. Eun. 197 ; Lucr. 6, 729 ; Virg. En. 1, 203 ; Hor. O. 2, 16, 31 ; Virg. 3, 47, 5 ; 10, 39, 14 ; Quint. 1, 5, 6 ; 12, 1, 31.

forsit, adv. (it. *forse*), [contraction de *fors sit*] peut-être : Hor. S. 1, 6, 49 ; Prisc. 3, 79, 6.

forsĭtăn, adv. (*fors sit an*), peut-être ¶ **1** [avec subj.] Ter. Phorm. 717 ; *Eun. 197 ; Lucr. 5, 610 ; 6, 346 ; [usage ordin. de Cic.] Liv. 31, 38, 4 ; 39, 10, 4 ; 40, 15, 4 ; Quint. 2, 16, 11 ¶ **2** [avec indic.] Lucr. 5, 105 ; *Cic. Lig. 38 ; Brut. 52 ; Curt. 4, 14, 20 ; 7, 1, 37 ; Liv. 21, 40, 11 ¶ **3** [ne portant pas sur le verbe] Cic. Phil. 3, 29 ; Sall. J. 106, 3 ; Liv. 1, pr. 12 ; 1, 53, 9 ; 9, 11, 13 ; 22, 33, 5.

fortassĕ, adv. (*forte an sit*), peut-être bien, il se pourrait : *fortasse dixerit quispiam...* Cic. CM 8, on pourrait peut-être dire... ∥ à peu près : *triginta fortasse versus* Cic. Or. 130, peut-être trente vers, une trentaine de vers, cf. Cic. Brut. 240 ; Verr. 3, 118 ; Att. 7, 4, 2.

fortassĕăn, adv., peut-être : Acc. d. Non. 138, 33 ; Varr. R. 3, 6, 1 ; 3, 16, 10 ; L. 7, 40 ; Gell. 11, 9, 1 ; 19, 8, 6.

fortassis, adv. (de *fortasse*, cf. *satis*), peut-être : Cic. Sest. 121 ; Clu. 144 ; 201 ; Pl. Bac. 671 ; Hor. S. 1, 4, 131 ; 2, 7, 40 ; Plin. 2, 82 ; 27, 102.

fortāx, *ācis*, m. (de φόρταξ ?), support, assise : Cat. Agr. 38, 1.

fortĕ, adv. (*fors*), par hasard, d'aventure : [expr.] *si forte, ni si forte,* si par hasard, à moins peut-être que ∥ [elliptique] *si forte* Cic. de Or. 3, 47, si cela se rencontre, d'aventure.

Fortenses, *ĭum*, m. pl. (*fortis ?*), unité militaire [Dalmatie] : CIL 5, 5823 ∥ *Fortensis limes* Not. Dign. Oc. 36, le limes des Fortenses [Maurétanie Césaréenne].

fortescō, *ĭs, ĕre, -, -* (*fortis*), intr., devenir fort : Laev. d. Gell. 19, 7, 8.

fortĭa, *ae*, f. (v. *1 fortis* ; fr. *force*), force : An. Helv. 301, 3.

fortĭcŭlus, *a, um* (dim. de *fortis*), assez courageux : Cic. Tusc. 2, 45 ∥ [fig.] Aus. Nep. 1 (321), 9.

fortĭfĭcātĭo, *ōnis*, f. (*fortifico*), action de fortifier : Cael.-Aur. Chron. 4, 3, 44.

fortĭfĭcō, *ās, āre, āvī, ātum* (*fortis, facio*), tr., fortifier : Aug. Serm. 46, 4, 9.

fortĭs, *e* (cf. *firmus*, scr. *dharma-s*, osq. *fortis*, τρέφω ; fr. *fort*) ¶ **1** [au physique] fort, solide, vigoureux : *fortissima ligna* Caes. C. 2, 2, 4, bois très fort ; *fortes tauri* Virg. G. 1, 65, les taureaux vigoureux ; *(vites) contra pruinas fortissimae* Plin. 14, 23, (vignes) très résistantes aux gelées ; *forti voce* Cypr. Hab. virg. 6, d'une voix forte ; *sol fortior est terrae* [gén.] Cassiod. Inst. 2, 7, 2, le soleil est plus gros que la terre ; *fortes* Vulg. Psal. 58, 4, les puissants ¶ **2** [au moral] fort, robuste, courageux, énergique : ***rebus imbellibus fortes (dolent)*** Cic. *Lae.* 47, les hommes de cœur souffrent de la pusillanimité ; ***fortior in patiendo dolore*** Cic. *Fin.* 4, 72, plus courageux à supporter la douleur ; ***contra audaciam fortissimus*** Cic. *Amer.* 85, très énergique contre l'audace ; ***fortes ad sanguinem civilem*** Liv. 7, 40, 2, de force à verser le sang de leurs concitoyens ; ***fortes fortuna adjuvat*** Cic. *Tusc.* 2, 11, la fortune seconde le courage, cf. ***fortuna fortes*** [ellipse] Cic. *Fin.* 3, 16 ; *Fam.* 7, 25 ; ***fortis ac strenuus*** Cic. *Phil.* 8, 11, ferme et résolu (agissant) ǁ ***fortibus oculis*** Cic. *Att.* 15, 11, 1, avec des yeux énergiques ; ***fortissima cupiditas*** Cic. *Phil.* 12, 7, désir très ferme ; ***forte factum*** Cic. *Att.* 8, 14, 2, acte courageux ; ***fortia facta*** Sall. *C.* 59, 6 ; Liv. 26, 39, 3, traits de courage, hauts faits ; ***fortia*** [seul] Virg. *En.* 8, 509 ; Liv. 2, 12, 9 ; Sen. *Ep.* 26, 5 ; Prud. *Apoth.* 1061 ǁ ***acerrimae ac fortissimae sententiae*** Cic. *Cat.* 3, 13, les avis les plus décisifs et les plus énergiques ; ***oratio fortis*** Cic. *de Or.* 2, 183, discours énergique ; ***fortior contra dolorem disciplina*** Cic. *Tusc.* 2, 41, doctrine plus forte contre la douleur ǁ [qqf.] puissant, de haut rang, distingué : cf. L. XII Tab. d. Fest. 474, 27 ; Pl. *Trin.* 1133 ; Ter. *And.* 445.

fortĭtĕr, adv. (*fortis*), fortement, avec force : Pl. *Bac.* 823 ǁ ***fortius*** Petr. 9, 7 ; ***-issime*** Plin. 9, 32 ǁ [fig.] hardiment, énergiquement, vaillamment, courageusement : Cic. *Phil.* 11, 7 ; *Att.* 14, 13, 3 ; Caes. *G.* 2, 11, 4 ǁ ***-ius*** Caes. 2, 26, 2 ; ***-issime*** Cic. *Quinct.* 31.

fortĭtūdo, ĭnis, f. (*fortis*), force [physique] : Macr. *Sat.* 7, 9, 5 ǁ solidité [d'un tissu] : Hier. *Ep.* 64, 10 ǁ [moral] courage, bravoure, vaillance, intrépidité, énergie : Cic. *Tusc.* 4, 53 ; *Off.* 1, 62 ; ***domesticae fortitudines*** Cic. *Off.* 1, 78, traits de courage civil ǁ [chrét.] toute-puissance de Dieu : Lact. *Inst.* 2, 8, 28 ǁ les puissances du ciel [bonnes ou mauvaises] : Hier. *Ep.* 51, 5.

fortiuscŭlus, *a*, *um* (*fortis*), qq. peu courageux : Sutrius d. Fulg. *Myth.* 3, 8.

fortŭĭtō, adv. (*fortuitus*), par hasard, fortuitement : Cic. *Tusc.* 1, 118 ; Caes. *G.* 7, 20, 1 ǁ **fortŭĭtū**, Her. 1, 20 ; Lact. *Inst.* 1, 2, 1 ǁ **fortŭĭtē**, Gloss. 2, 73, 11.

fortŭītus, *a*, *um* (*fors*), fortuit, qui se produit par hasard, accidentel : Cic. *Div.* 2, 109 ; *Nat.* 1, 66 ; *de Or.* 1, 150 ǁ ***casus fortuitus*** Dig. 3, 5, 36, 1, cas fortuit.

1 **fortūna**, ae, f. (cf. *fors* et *Portunus* ; it. *fortuna*) ¶ **1** fortune, sort, hasard : ***secunda, prospera*** Cic. *Dej.* 29 ; *Nat.* 3, 39, bonheur ; ***adversa*** Cic. *Nat.* 3, 39, malheur ; ***fortunae se committere*** Cic. *Att.* 9, 6, 4, se confier à la fortune ; ***fortunae rotam pertimescere*** Cic. *Pis.* 22, craindre la roue de la fortune ǁ ***magna fuit fortunae eum... effugere*** Caes. *G.* 6, 30, 2, ce fut un hasard surprenant qu'il échappât... ; ***si fuisset in discipulo comparando meliore fortuna*** Cic. *Pis.* 71, s'il avait eu plus de chance dans le choix d'un disciple ǁ [au pl.] les hasards de la fortune, circonstances heureuses ou malheureuses, situation, sort : ***alicujus fortunas laudare*** Cic. *Tusc.* 5, 115, louer le sort de qqn, cf. Pl. *Mil.* 125 ; Ter. *And.* 17 ; *Phorm.* 201 ; ***secundas fortunas amittere*** Cic. *Sull.* 66, perdre une situation heureuse ; ***suis fortunis desperare coeperunt*** Caes. *G.* 3, 12, 3, ils se prirent à désespérer de leur sort, cf. Caes. *G.* 5, 3, 5 ; 6, 7, 4 ¶ **2** [sans qualif.] **a)** heureuse fortune, bonheur, chance : Cic. *Pomp.* 47 ; *Nat.* 3, 838 ; *Div.* 1, 39 ; ***fortunam sibi facere*** Liv. 39, 40, 4, être l'artisan de sa fortune ǁ succès : ***habuisset res fortunam...*** Liv. 24, 34, 1, l'affaire aurait réussi... ǁ ***per fortunas !*** Cic. *Att.* 5, 11, 1 ; 5, 13, 3, au nom de ton bonheur = au nom du ciel ! **b)** mauvaise fortune, malheur : Hor. *S.* 2, 8, 85 ¶ **3** sort, lot, condition, situation, destinée : ***condicio et fortuna alicujus*** Cic. *Off.* 1, 41 ; *Mil.* 92, la condition et la destinée de qqn ; ***homines infima fortuna*** Cic. *Fin.* 5, 52, gens d'une condition infime ; ***spes amplificandae fortunae*** Cic. *Lae.* 59, l'espoir d'améliorer son lot, cf. *Pis.* 52 ; *Or.* 71 ǁ ***fortuna corporis*** Quint. 7, 9, 2, un état physique ¶ **4** [pl.] les biens, fortune : Cic. *Verr.* 1, 113 ; *Tusc.* 1, 12 ; ***et honore et auctoritate et fortunis civitatis suae princeps*** Cic. *Rep.* 2, 34, le premier de ses concitoyens par le rang, le crédit, les richesses (Caes. *G.* 1, 11, 6 ; 5, 43, 4) ***fortunas suas obligaverunt*** Cic. *Cat.* 2, 10, ils ont grevé leurs biens d'hypothèques ; [qqf. au sg.] Hor. *Ep.* 1, 5, 12 ; Quint. 6, 1, 50.

▶ gén. sg. arch. *fortunas* Naev. d. Prisc. 2, 199, 3 ; dat. abl. pl. *fortunabus* CIL 5, 8929 ; 6, 182.

2 **Fortūna**, ae, f., la Fortune [déesse] : Cic. *Verr.* 4, 119 ; *Nat.* 3, 61 ; *Div.* 2, 85.

Fortūnālis, is, m., nom d'homme : Sidon. *Ep.* 8, 5, 1.

fortūnārĭa, ōrum, n. pl. (1 *fortuna*), éventualités : Jul.-Val. 1, 44.

fortūnas, gén., ▶ *1 fortuna* ▶.

fortūnassint, ▶ *fortuno* ▶.

Fortūnāta, ae, f., nom de femme : Petr. 37, 2.

Fortūnātae insŭlae, f., îles Fortunées [Canaries, dans l'océan Atlantique ; pour les Anciens, séjour des Bienheureux, c.-à-d. les champs Élysées] : Plin. 4, 119 ; ***Fortunatorum insulae*** Pl. *Trin.* 549, même sens.

fortūnātē, adv. (1 *fortunatus*), d'une manière heureuse : Cic. *Fin.* 3, 26 ǁ **-tius** Plin. 3, 125.

fortūnātim, ▶ fortunate : Enn. *An.* 108, cf. Non. 112, 2.

1 **fortūnātus**, *a*, *um*, part.-adj. de *fortuno*, heureux, fortuné : Cic. *Tusc.* 3, 57 ; *Cat.* 2, 7 ; *Brut.* 327 ǁ riche, opulent : Cic. *Off.* 2, 69 ; *de Or.* 2, 352 ; Caes. *G.* 6, 35, 8 ǁ ***-tior*** Cic. *Div.* 2, 87 ; ***-tissimus*** Cic. *Tusc.* 5, 34.

2 **Fortūnātus**, *i*, m., nom d'homme : Tac. *An.* 16, 10 ; Mart. 2, 14, 11 ǁ Fortunat (**Venantius Fortunatus**) né à Aquilée, évêque de Poitiers et poète : Fort. *Carm.* 5, 5, 138.

fortūnō, *ās*, *āre*, *āvī*, *ātum* (*fortuna*), tr., faire réussir, faire prospérer (***alicui aliquid***) : Pl. *Trin.* 576 ; ***tibi patrimonium dei fortunent*** Cic. *Fam.* 2, 2, 1, que les dieux fassent prospérer ton patrimoine ; Hor. *Ep.* 1, 11, 22 ; Liv. 6, 41, 12 ǁ ▶ 1 *fortunatus*.

▶ *fortunassint* = *fortunaverint* Afran. *Com.* 80.

1 **fŏrŭli**, *ōrum*, m. pl. (dim. de *forus*), cases, rayons [pour des livres] : Juv. 3, 219 ; Suet. *Aug.* 31 ǁ bancs inférieurs au théâtre : P. Fest. 74, 25.

2 **Fōrŭli**, *ōrum*, m. pl., village des Sabins : Liv. 26, 11, 11 ǁ **-ŭlānus**, *a*, *um*, de Forules : CIL 9, 4399.

1 **fŏrum**, *i*, n. (cf. *foris*, *forus*, gaul. *-durum* ; fr. *for*, *fur*, esp. *fuero*), enclos, cf. P. Fest. 74, 15.

I [en part.] ¶ **1** vestibule du tombeau : L. XII Tab. d. Cic. *Leg.* 2, 61 ; P. Fest. 74, 22 ¶ **2** ***forum vinarium*** Varr. *R.* 1, 54, 2, espace libre dans le pressoir, où l'on met les grappes cueillies, avant de les presser ¶ **3** ***fora***, ▶ *fori*, bancs de rameurs : Gell. d. Char. 71, 20.

II [surtout] ¶ **1** place du marché, place publique, marché : ***forum Romanum*** Plin. 3, 66 ; Tac. *An.* 12, 24 ; **(magnum, vetus)** ***forum*** Liv. 1, 12, 8 ; 9, 40, 16 ; Cic. *Att.* 4, 16, 14, le forum [centre de la vie publique de la Rome républicaine] ; [plus tard] ***forum Caesaris*** Suet. *Caes.* 26 ; Plin. 16, 236 ; ***Augusti*** Suet. *Aug.* 29 ; Plin. 7, 183 ; ***Trajani*** Eutr. 8, 5 ǁ ***forum bovarium (boarium)*** Cic. *Scaur.* 23 ; Liv. 10, 23, 3 ; ***olitorium (holitorium)*** Liv. 21, 62, 2 ; ***coquinum*** Pl. *Ps.* 790 ; ***piscarium (piscatorium)*** Pl. *Curc.* 474 ; Liv. 26, 27 ; 3 ; ***cuppedinis*** Varr. *L.* 5, 146, marché aux bœufs, aux légumes, aux viandes cuites, aux poissons, aux friandises ; ***Vaga, forum rerum venalium*** Sall. *J.* 41, 7, la ville de Vaga, marché de toutes les choses à vendre ǁ [prov.] ***scisti uti foro*** Ter. *Phorm.* 79, tu as su faire ton marché, tu as su t'y prendre ¶ **2** [symboliquement] **a)** la vie publique, la vie courante : ***arripere verba de foro*** Cic. *Fin.* 3, 4, prendre ses mots dans la rue, dans l'usage courant **b)** les affaires, surtout financières, cf. Cic. *Pomp.* 19 ; ***in foro versari*** Cic. *Flac.* 70, s'occuper d'affaires au forum ; ***sublata erat de foro fides*** Cic. *Agr.* 2, 8, le crédit avait disparu sur la place ; ***cedere foro*** Sen. *Ben.* 4, 39, 2, faire banqueroute, cf. Cic. *Rab. Post.* 41 **c)** la vie politique et surtout les tribunaux, l'éloquence politique et judiciaire : ***forum attingere*** Cic. *Fam.* 5, 8, 3, aborder le forum (affaires publiques) ; ***judicia et forum*** Cic. *Brut.* 119, les tribunaux et en général le forum, cf. Cic. *Arch.* 7 ; *Verr.* 4, 121 ; ***in alieno foro litigare*** Mart. 12 pr., plaider devant

forum

un tribunal dont on ignore la procédure, être tout dérouté ¶3 [dans les provinces] centre d'un marché et d'un tribunal, centre d'assises du gouverneur : **provinciae fora** Cic. *Verr.* 4, 76, les centres d'assises de la province ; **civitates, quae in id forum conveniunt** Cic. *Verr.* 2, 38, les cités qui ressortissent à ce siège [de tribunal], cf. Cic. *Verr.* 3, 38 ; [d'où] **forum agere** Cic. *Att.* 5, 16, 4 ; *Fam.* 3, 6, 4, tenir les assises, rendre la justice ¶4 emplacement dans le camp, à gauche du prétoire, où se dressait la tribune d'où le général parlait aux troupes convoquées en contio : Liv. 28, 26, 12.

2 **Fŏrum**, *i*, n., [avec un qualificatif désigne beaucoup de villes et de bourgs] **Forum Alieni** Tac. *H.* 3, 6, Forum d'Aliénus, sud-est de Vérone ; **Forum Appii** Cic. *Att.* 2, 10 ; Hor. *S.* 1, 5, 3 ; Plin. 3, 64, dans le Latium ; **Forum Aurelium** Cic. *Cat.* 1, 24, ville d'Étrurie ; **Forum Cornelium** Cic. *Fam.* 12, 5, 2, ville de Gaule cispadane Atlas XII, C3 ; **Forum Gallorum** Galba *Fam.* 10, 30, 2, ville de Gaule cispadane ; **Forum Julii (Julium)** Planc. *Fam.* 10, 15, 3 ou **oppidum Forojuliense** Tac. *An.* 4, 5 ou **colonia Forojuliensis** Tac. *H.* 2, 14 ou **Forojuliensium colonia** Tac. *Agr.* 4, Fréjus [Gaule Narbonnaise] Atlas I, C3 ; V, F3 ; **Forum Voconii** Planc. *Fam.* 10, 7, 1 ; Lepid. *Fam.* 10, 34, 1, ville de la Narbonnaise.

fŏrus, *i*, m. (cf. 1 *forum*), compartiment, casier ¶1 tillac, pont d'un vaisseau : Enn. d. Isid. 19, 2 ; Sall. d. Non. 206, 17 ; [surtout au pl.] **fori** Cic. *CM* 17 ; Virg. *En.* 6, 412 ¶2 pl. **fori** *a)* rangs de sièges au cirque : Liv. 1, 35, 8 ; 1, 56, 2 ; 45, 1, 7 *b)* plate bande : Col. 10, 92 *c)* cellules des abeilles : Virg. *G.* 4, 250 ¶3 **forus aleatorius** Aug. d. Suet. *Aug.* 71 ; simpl[t] **forus** Sen. *Pol.* 17, 4, table de jeu, échiquier ¶4 ▶ *forum I* : Isid. 15, 6, 8 ‖ ▶ *forum II* : Pompon. *Com.* 38 ; Lucil. 146.

Fosi, *ōrum*, m. pl., peuple germain : Tac. *G.* 36, 2.

1 **fossa**, *ae*, f. (*fodio* ; fr. *fosse*), excavation, creux, trou, fossé, fosse : Cic. *Tusc.* 5, 59 ; Caes. *G.* 2, 5 ; **fossam ducere, fodere** Caes. *G.* 7, 72, 1 ; Liv. 3, 26, 9, creuser un fossé ‖ canal : Cic. *Pis.* 81 ; Caes. *C.* 1, 61 ‖ fosse, tombe : **usque at fotsa** [= ad fossam] CIL 6, 10185, jusqu'à la tombe ‖ parties sexuelles de la femme : Priap. 46, 9, cf. Juv. 2, 10 ‖ [fig.] limite : Tert. *Praescr.* 10, 5.

2 **Fossa**, *ae*, f., [avec un qualificatif désigne plusieurs canaux] **Clodia Fossa** Plin. 3, 121, canal de Clodius [formant une des bouches du Pô] ‖ **Philistina** Plin. 3, 121, canal philistin [autre bouche du Pô] ‖ **Drusiana** Tac. *An.* 2, 8, canal de Drusus [joignant le Rhin à l'Océan] ‖ **Fossae Marianae** Plin. 3, 34, canal de Marius [creusé pour l'assainissement des bouches du Rhône] ; ville sur ce canal : Peut. 1, 5, [auj. Fos] ‖ **Neronis** Plin. 14, 61, canal de Néron [entrepris inutilement pour faire communiquer la ville d'Ostie avec le golfe de Pouzzoles].

fossārĭus, *ĭ*, m. (1 *fossa*), fossoyeur : Gloss. 5, 399, 11.

fossātum, *i*, n. (1 *fossa* ; fr. *fossé*, alb. *fshat*) et **-us**, *i*, m. (*fosso*), fossé : Pall. 10, 13, 2 ; Capit. *Gord.* 28, 3 ; Grom. 335, 12.

fossĭbĭlis, *e*, creusé : Arn. 2, 17.

fossīcĭus, *a*, *um* (*fossus*), qu'on tire de la terre, fossile : Varr. *R.* 1, 7, 8 ; Plin. 36, 175.

fossĭlis, *e*, tiré de la terre : Varr. *R.* 2, 11, 6 ; Plin. 16, 59.

fossĭo, *ōnis*, f. (*fodio*), action de creuser, forage : Cic. *Nat.* 2, 25 ‖ action de piocher, labour : Cic. *CM* 53 ‖ un fossé : Vitr. 8, 1, 5.

fossītĭus, ▶ -*cius* : Chir. 933.

fossō, *ās*, *āre*, -, *ātum* (fréq. de *fodio*), tr., percer [de traits] : *Enn. An.* 571.

fossŏr, *ōris*, m. (*fodio*), bêcheur, piocheur : Col. 11, 2, 38 ; Virg. *G.* 2, 264 ‖ homme grossier, rustre : Pers. 5, 122 ‖ ouvrier mineur : Vitr. 7, 8, 1 ‖ pionnier, sapeur [milit.] : Stat. *Th.* 2, 419 ‖ fossoyeur : CIL 6, 7543 ‖ fornicateur : Aus. *Epigr.* 65 (70), 7.

fossŏrĭum, *ii*, n. (*fossorius*), instrument pour creuser, bêche, pioche : Isid. 20, 14, 7.

fossŏrĭus, *a*, *um* (*fodio*), qui sert à creuser : Isid. 19, 19, 11.

fossrix, *īcis*, fém. de *fossor* : Char. 44, 12.

fossŭla, *ae*, f. (dim. de *fossa*), petit fossé : Cat. *Agr.* 161, 4 ; Col. 11, 3, 43.

fossūra, *ae*, f. (*fodio*), action de creuser la terre, forage : Vitr. 5, 9, 8 ‖ fosse : Vitr. 8, 1, 4.

fossus, *a*, *um*, part. de *fodio*.

fostĭam, **fostim**, arch. pour *hostiam*, *hostem* : P. Fest. 74, 9 ; 10.

fōtŏr, *ōris*, m. (*foveo*), celui qui soigne : Aug. *Serm.* 23, 3.

fotsa, ▶ *fossa* : CIL 6, 10185.

1 **fōtus**, *a*, *um*, part. de *foveo*.

2 **fōtŭs**, *ūs*, m. (*foveo*), [ordin. à l'abl. sg.] action d'échauffer : Lact. *Inst.* 1, 12, 7 ‖ fomentation : Plin. 23, 14 ‖ [fig.] **fotibus** Prud. *Sym.* 2, 583, par des encouragements.

fŏvĕa, *ae*, f. (peu net, cf. 2 *fundo*, ou χειή ?, esp. *hoya*), excavation, trou, fosse : Lucr. 2, 475 ; Virg. *G.* 3, 558 ‖ fosse [pour prendre des animaux], trappe : Cic. *Phil.* 4, 12 ; [fig.] traquenard, piège : **fovea decipere aliquem** Pl. *Poen.* 187, faire tomber qqn dans un piège, cf. Pl. *Pers.* 594 ‖ ventre (sein) de la mère : Tert. *Anim.* 19, 6.

fŏvella, *ae*, f. (*foveo*), récompense : Tert. *Anim.* 7, 3.

fŏvĕō, *ēs*, *ēre*, *fōvī*, *fōtum* (caus. de *dheg^wh-*, cf. *favilla*, *focula*, τέφρα, scr. *dahati*, al. *Tag*, an. *day*), tr. ¶1 réchauffer, tenir au chaud : **pennis pullos** Cic. *Nat.* 2, 129, tenir les petits au chaud sous ses ailes ; **fetus rigentes** Plin. 8, 127, réchauffer ses petits glacés de froid ; **ova** Plin. 9, 37, couver des œufs ; **epulas foveri foculis ferventibus** Pl. *Cap.* 847, [fais] chauffer les plats sur des réchauds ardents ‖ [méd.] faire une fomentation, baigner, bassiner : Cels. 6, 8, 1 ; 4, 2, 4 ; Col. 6, 12, 4 ; Plin. 24, 58 ; Virg. *En.* 12, 420 ‖ [d'où, poét.] soigner : **animas** Virg. *G.* 2, 135, purifier son haleine ; **colla** Virg. *En.* 10, 838, soulager, reposer son cou ‖ [fig.] **quasi fovebam dolores meos** Cic. *Att.* 12, 8, 1, je soulageais en quelque sorte ma douleur ¶2 [poét.] réchauffer = se tenir blotti sur (dans) = ne pas quitter : **humum coluber fovet** Virg. *G.* 3, 420, la couleuvre se tient blottie sur le sol ; **castra fovere** Virg. *En.* 9, 57, rester blotti dans le camp ¶3 [fig.] *a)* entretenir qqch. dans son esprit : **aliquid in pectore** Pl. *Bac.* 1076, méditer sur qqch. ; **spem** Liv. 22, 53, 4, entretenir une espérance ; **tenditque fovetque (Juno)** [avec prop. inf.] Virg. *En.* 1, 18, elle s'applique et s'emploie à... *b)* choyer, dorloter, caresser, entourer de prévenances : **aliquem** Cic. *Att.* 15, 13, 3, entourer qqn de prévenances, cf. Cic. *Fam.* 1, 9, 10 ; **hiemem inter se luxu fovere** Virg. *En.* 4, 193, [la Renommée publie] qu'ils passent l'hiver à se choyer dans la mollesse ; **hominum sensus** Cic. *Mur.* 74, flatter l'opinion ‖ encourager, soutenir, favoriser : **patrum voluntatem** Liv. 3, 65, 1, favoriser les vœux du sénat ; **spem alicujus** Liv. 40, 5, 5, encourager les espérances de qqn ; **aliquem plausu** Tac. *H.* 3, 83, soutenir qqn de ses applaudissements, cf. Plin. *Ep.* 7, 24, 4.

▶ *fobere* CIL 10, 478, 13 ‖ *fovo*, *ās*, *āre*, d'où subj. prés. pass. *fover* = *fovear* Fort. *Carm.* 11, 9, 2.

frăcĕō, *ēs*, *ēre*, -, - (*fraces*), intr., répugner : P. Fest. 80, 15.

frăces, f. pl. (obscur ; cf. *faex*, *braces*), abl. *fracibus*, marc d'olives : Cat. *Agr.* 64 ; Col. 6, 13, 3 ; Gell. 11, 7, 6.

frăcescō, *ĭs*, *ĕre*, *fracŭī*, - (*fraces*), intr., devenir rance [en parl. de l'olive], pourrir : Varr. *R.* 1, 55, 5 ; Col. 1, 6, 18 ‖ [en parl. de terre crayeuse] fermenter : Cat. *Agr.* 128.

frăcĭdus, *a*, *um* (*fraces*), pourri [en parl. de l'olive] : Cat. *Agr.* 64, 1.

fractārĭa, *ae*, f. (*frango*), marteau de mineur : Plin. 33, 71.

fractē, adv. (*fractus*), d'une manière efféminée : Phaed. *App.* 10, 2.

fractillum, *i*, n. (*frango*), instrument pour concasser le poivre : Gloss. 5, 599, 43.

fractĭo, *ōnis*, f. (*frango*), action de briser : Hier. *Ep.* 108, 8.

fractŏr, *ōris*, m. (*frango*), celui qui brise : Aug. *Secund.* 19.

fractūra, *ae*, f. (*frango* ; it. *frattura*), éclat, fragment : Cat. *Agr.* 160 ; Plin. 29, 137 ‖ fracture [d'un membre] : Cels. 8, 10, 1 A ‖ [chrét.] faiblesse morale : Aug. *Psalm.* 69, 5.

1 frāctus, *a, um* (fr. *frais*, subst. m., it. *fratta*), part.-adj. de *frango*, brisé, morcelé [en parl. du style] : Cic. *Brut.* 287 ‖ brisé : *fractum murmur* Tac. *G.* 3, un grondement étouffé ‖ [fig.] épuisé, affaibli, abattu : Cic. *Att.* 11, 12, 4 ; Tac. *D.* 18 ‖ *-ior* Cic. *Lae.* 59.

2 frāctŭs, *ūs*, m., rupture : App.-Prob. 192, 11.

fraen-, V. *fren-*.

frāga, *ōrum*, n. pl. (cf. *fragro* ? ; roum. *fragă*, it. *fragola*), fraises [fruit] : Virg. *B.* 3, 92 ; Plin. 15, 98.
▶ *fraga, ae*, f., Ps. Apul. *Herb.* 37.

frāgĕō, V. *fraceo*.

frāges, V. *fraces*.

frāgescō, *is, ĕre*, -, - (*frango*), intr., être dompté : Acc. *Tr.* 26 ; 338.

frăgĭlis, *e* (*frango* ; fr. *frêle*) ¶ **1** fragile, frêle, cassant : Virg. *B.* 8, 40 ‖ [fig.] de faible durée, faible, périssable : Cic. *Fin.* 2, 86 ; *CM* 65 ; *Lae.* 102 ¶ **2** [poét.] craquant, crépitant : *fragiles increpuere manus* Prop. 4, 7, 12, ses mains firent entendre un craquement sec ‖ *-lior* Plin. 11, 97 ; Sen. *Ep.* 91, 16 ; *-lissimus* Acc. d. Prisc. 2, 268, 18 ; Arn. 1, 51.

frăgĭlĭtās, *ātis*, f. (*fragilis*), fragilité : Plin. 12, 65 ‖ [fig.] faiblesse, fragilité, courte durée : Cic. *Tusc.* 5, 3 ; *Marc.* 22.

frăgĭlĭtĕr, adv. (*fragilis*), avec fragilité : Aug. *Civ.* 4, 3.

frăgĭum, *ĭi*, n. (*frango*), fracture : Apul. *M.* 9, 23.

frāglō, *ās, ăre*, -, -, V. *fragro* : Serv. *En.* 1, 436.

fragmĕn, *ĭnis*, n. (*frango*), éclat, fragment, débris : Lucr. 1, 284 ; Virg. *En.* 10, 306 ; Tac. *An.* 1, 61 ‖ fracture : Val.-Flac. 3, 477 ‖ *linguae* Minuc. 2, 1, sons brisés de la voix (balbutiement).

fragmentum, *i*, n. (*frango*), éclat, fragment, débris : Cic. *Sest.* 79 ; *Nat.* 2, 82.

frăgŏr, *ōris*, m. (*frango* ; fr. *frayeur*), fracture ; fractionnement : Lucr. 1, 747 ‖ bruit, craquement [d'une chose qui se rompt] : *fragorem dare* Lucr. 6, 136, faire un craquement, cf. Liv. 1, 29, 4 ‖ bruit éclatant, fracas : Virg. *En.* 2, 692 ; Cic. *Rep.* 2, 6.

frăgōsē, adv. (*fragosus*), avec bruit ‖ *-gosius* Plin. 16, 47.

frăgōsus, *a, um* (*frango* ; esp. *fragoso*) [poét.] fragile : Lucr. 2, 860 ‖ âpre, rude, escarpé : Ov. *M.* 4, 778 ‖ [fig.] rude, rocailleux : Quint. 9, 4, 7 ‖ bruyant, retentissant : Virg. *En.* 7, 556.

frāgrans, *tis*, part.-adj. de *fragro*, odorant, parfumé : Virg. *G.* 4, 169 ; *En.* 1, 436 ‖ *-tior* Isid. 14, 3, 45 ; *-tissimus* Apul. *M.* 10, 21.

*frāgrantĕr [inus.], suavement ‖ *-tius* Solin. 38, 6.

frāgrantĭa, *ae*, f. (*fragro*), odeur suave : Val.-Max. 9, 1.

frāgrō, *ās, āre*, -, - (cf. al. *Bracke* > fr. *braque* ; fr. *flairer*), intr., exhaler fortement une odeur ‖ [une odeur suave] Catul. 6, 8 ; Virg. *G.* 4, 169 ; Suet. 8 ; Vesp. ‖ [une mauvaise odeur] Val.-Flac. 4, 493 ‖ [avec acc. intér.] *fragrare vinum* Solin. 37, 18, avoir l'odeur du vin.
▶ *flagro* Serv. *En.* 1, 436 ; *fraglo* Gloss. 5, 619, 28.

frāgum, V. *fraga*.

frāgus, *i*, m., jarret, C. ▶ 2 *suffrago* : Gloss. 5, 600, 2.

frămĕa, *ae*, f. (germ.), framée [lance courte au fer étroit et aigu des Germains] : Tac. *G.* 6 ‖ [en gén.] lance : Juv. 13, 79 ‖ épée : Aug. *Psalm.* 149, 12 ; Isid. 18, 6, 3.

Franci, *ōrum*, m. pl., Francs [peuple germain] : Vop. *Tyr.* 13 ‖ sg., Claud. *Eutr.* 1, 394 ‖ *-cus*, *a, um*, des Francs : Hier. *Vit. Hil.* 22 ‖ *-cĭcus*, *a, um*, des Francs : Treb. *Gall.* 7, 1.

Francĭa, *ae*, f., pays des Francs : Aus. *Idyl.* 8 (332), 29.

Franciscus, *a, um* (fr. *français*), C. ▶ *Francicus* : *Francisca (securis)* Isid. 18, 6, 9, francisque.

Franco, *ōnis*, m., Franc : Prob. *Cath.* 4, 10, 1.

frangō, *ĭs, ĕre, frēgī, fractum* (*fragor, fragus, suffragor* ; cf. scr. *bhanakti*, al. *brechen*, an. *break* ; a. fr. *fraindre*), tr. ¶ **1** briser, rompre, fracasser, mettre en pièces : *ova* Cic. *Nat.* 2, 125, briser des œufs ; *anulum* Cic. *Verr.* 4, 56, rompre un anneau ; *domus fracta conjectu lapidum* Cic. *Att.* 4, 31, 2, maison fracassée par une grêle de pierres ; *compluribus navibus fractis* Caes. *G.* 4, 29, 3, plusieurs navires étant brisés ; *laqueo gulam frangere* Sall. *C.* 55, 5, briser la gorge avec un lacet, étrangler ; *cervices alicujus* Cic. *Verr.* 5, 147, tordre le cou à qqn ‖ *glebam* Virg. *G.* 2, 400, briser la terre ; *fruges* Lucr. 1, 882, broyer le blé, cf. Virg. *G.* 1, 267 ; Plin. 18, 72 ; *glacies se frangit* Sen. *Nat.* 4, 5, 4, la glace se brise ‖ [avec retour sur le sujet] *brachium, coxam*, se casser le bras, la cuisse, cf. Cic. *de Or.* 2, 253 ; Plin. *Ep.* 2, 1, 5 ; *navem fregit apud Andrum* Ter. *And.* 222, il a eu son navire brisé près d'Andros ¶ **2** [métaph.] **a)** mettre en pièces : *hoc est non dividere, sed frangere* Cic. *Fin.* 2, 26, ce n'est pas diviser, c'est émietter ; *fracti sonitus tubarum* Virg. *G.* 4, 72, le son éclatant des trompettes **b)** affaiblir, atténuer : *consonantium nulla nisi alteram frangit* Quint. 1, 4, 11, une consonne n'affaiblit qu'une autre consonne [qui suit], cf. Quint. 12, 10, 29 ; *calor se frangit* Cic. *de Or.* 1, 265, la chaleur s'atténue, cf. Varr. *R.* 2, 2, 18 ; *frangit sibi* Juv. 7, 219, il retranche à son profit **c)** *iter* Stat. *Th.* 10, 183 ; 12, 232, perdre son chemin ¶ **3** [fig.] briser, anéantir : *bellum proeliis* Cic. *Prov.* 32, briser (étouffer) une guerre par des combats ; [joint à *debilitare*, cf. Cic. *de Or.* 1, 121 ; *Fam.* 1, 9, 2 ; *Q.* 1, 1, 2] *consilium alicujus* Cic. *Fam.* 4, 4, 4 ; *sententiam alicujus* Cic. *Fam.* 1, 4, 1, briser les projets de qqn, démolir la proposition de qqn ; *se laboribus* Cic. *Arch.* 29, s'épuiser dans les labeurs ; *foedus* Cic. *Dom.* 66, rompre un traité ; *fidem* Cic. *Com.* 16, manquer à sa parole ‖ réduire, dompter : *nationes* Cic. *Prov.* 33, réduire des nations ; *libidines* Cic. *Leg.* 3, 31, réduire les passions, cf. Cic. *Pis.* 31 ; *Fam.* 10, 3, 2 ‖ abattre, décourager : *sin te mala rei publicae frangunt* Cic. *Fam.* 4, 8, 1, mais si les maux de la république t'abattent ; *frangi animo* Cic. *Phil.* 2, 37, être abattu ‖ adoucir, fléchir : *fletus fregere virum* Liv. 2, 40, 9, les larmes brisèrent sa résolution ; *te ut ulla res frangat !* Cic. *Cat.* 1, 22, que quelque chose vienne à bout de toi ! ; V. *fractus*.

frātellus, *i*, m. (dim. de *frater* ; it. *fratello*), petit frère : Scaur. 7, 13, 13.

frātĕr, *tris*, m. (φράτηρ, scr. *bhrātar-*, al. *Bruder*, an. *brother* ; fr. *frère*) ; frère : *mi frater* Cic. *Q.* 1, 3, 1, mon cher frère ; *fratres gemini* Cic. *Clu.* 46, frères jumeaux ; *germanus* Cic. *Verr.* 2, 128, frère germain [de père et de mère] ; *patruelis* Cic. *Verr.* 4, 25, cousin (*frater* [seul] *Verr.* 4, 145) ; *fratres uterini* Cod. Just. 5, 62, 21, frères utérins [de mère] ; *dii fratres* Ov. *F.* 1, 707, Castor et Pollux ‖ *fratres*, le frère et la sœur : Tac. *An.* 12, 4 ‖ [terme d'amitié] Cic. *Verr.* 3, 155 ‖ frères, alliés : Caes. *G.* 1, 33, 2 ; Cic. *Att.* 1, 19, 2 ‖ prêtre d'un même collège : Varr. *L.* 5, 85 ; P. Fest. 5, 2 ; Plin. 18, 6 ; *Solis et Lunae* Amm. 17, 5, frère du Soleil et de la Lune [titre que prenaient les rois de Perse] ‖ [appellation d'objets qui se ressemblent] : [montagnes] Mel. 1, 29 ; Plin. 5, 18 ; [livres rangés ensemble] Ov. *Tr.* 1, 1, 107 ‖ [chrét.] nom que se donnaient entre eux les chrétiens : Vulg. *Act.* 6, 3 ‖ moine : Eger. 10, 3.

frātercŭlō, *ās, āre*, -, -, intr., croître ensemble comme deux frères : Pl. d. Fest. 380, 27.

frātercŭlus, *i*, m. (dim. de *frater*), tendre frère : Timarch. d. Cic. *Verr.* 3, 155 ‖ petit frère : Juv. 4, 98.

frātērnē, adv., en frère, fraternellement : Cic. *Q.* 2, 15, 2 ; *Att.* 1, 5, 8.

frātērnĭtās, *ātis*, f. (*fraternus*), fraternité, parenté entre frères : Lact. *Inst.* 5, 6, 12 ‖ [fig.] confraternité [entre peuples] Tac. *An.* 11, 25 ‖ [entre chrétiens] l'Église : Vulg. *Rom.* 12, 10.

frātērnus, *a, um* (*frater*), fraternel, de frère : Caes. *G.* 1, 20, 3 ; Cic. *Clu.* 31 ‖ de cousin germain : Ov. *M.* 13, 31 ‖ [fig.] fraternel : Cic. *Q.* 1, 1, 10 ‖ [poét.] [en parl. de deux bœufs attelés ensemble] Virg. *G.* 3, 518.

fratilli, *ōrum*, m. pl. (*frango* ?), franges de tapis : P. Fest. 80, 14.

frātrābĭlĭtĕr, adv. (*frater*), fraternellement : CIL 4, 659.

1 frātrĭa, *ae*, f., belle-sœur [femme du frère] : P. Fest. 80, 8.

2 frātrĭa, ae, f. (φρατρία), phratrie [division de la tribu chez les Grecs] : VARR. L. 5, 85.

frātrĭcīda, ae, m. f. (frater, caedo), fratricide, qui a tué son frère : CIC. Dom. 26.

frātrĭcīdĭum, ĭi, m., meurtre du frère, fratricide : TERT. Mon. 4, 3.

frātrĭmōnĭum, ĭi, n., biens du frère : NOT. TIR. 33, 43 a.

frātrissa, ae, ▶ fratria : ISID. 9, 7, 17.

frātrō, ās, āre, -, -, intr., ▶ fraterculo : P. FEST. 80, 21.

frātrŭēlis, is, m. (frater), cousin germain [maternel] : HIER. Ep. 22, 25, 4.

Fratuentini, ōrum, m. pl., habitants de Fratuentium [ville de Calabre] : CIL 9, 1006.

fraudassis, ▶ fraudo ▶.

fraudātĭo, ōnis, f. (fraudo), action de tromper, mauvaise foi : CIC. Cat. 2, 25 ; Off. 3, 70.

fraudātŏr, ōris, m., celui qui agit en fraude [not^t de ses créanciers] : DIG. 42, 8, 1 ; CIC. Flac. 48 ; LIV. 4, 50, 26 ‖ [fig.] **beneficiorum** SEN. Ben. 4, 26, 3, celui qui fait banqueroute aux bienfaits [ingrat de parti pris] ; ▶ fraudo ¶ 2.

fraudātōrĭus, a, um (fraudator), relatif à la fraude aux droits des créanciers : DIG. 46, 3, 96 pr.

fraudātrix, īcis, f., celle qui fait tort : TERT. Res. 12, 5.

fraudātus, a, um, part. de fraudo.

fraudĭger, ĕra, ĕrum, trompeur, décevant : CYPR.-GALL Hept. 1, 114.

fraudō, ās, āre, āvī, ātum (fraus), tr. ¶ 1 [abs^t] faire tort par fraude, être coupable de fraude : CIC. Com. 19 ; Off. 1, 128 ; Par. 43 ¶ 2 **aliquem** CIC. Quinct. 75, user de fraude à l'égard de qqn, faire tort par fraude à qqn, cf. Com. 16 ; Flac. 47 ; **creditores** CIC. Phil. 6, 11, faire une banqueroute frauduleuse, frauder ses créanciers ‖ **aliquem debito** CIC. Or. 178, frustrer qqn de son dû, cf. Att. 1, 1, 3 ; Verr. 3, 20 ; LIV. 2, 42, 1 ¶ 3 détourner par fraude : **stipendium equitum** CAES. C. 3, 59, 3, s'approprier par des faux la solde des cavaliers ‖ **fraudata**, pl. n., CAES. C. 3, 60, 5, sommes soustraites.
▶ fraudassis = fraudaveris PL. Ru. 1345, ▶ frausus sum.

fraudŭlentĕr, adv., frauduleusement : CAT. d. NON. 510, 21 ; COL. 1, 8, 18 ‖ **-tius** PLIN. 30, 89.

fraudŭlentĭa, ae, f. (fraudulentus), fourberie, astuce : PL. Mil. 193 ; AMBR. Ep. 2, 13.

fraudŭlentus, a, um (fraus), fourbe, trompeur : CIC. Agr. 2, 95 ‖ frauduleux : CIC. Off. 3, 83 ‖ **-tior** AUG. Conf. 3, 3, 6 ; **-tissimus** PL. Cap. 235 ; PLIN. 30, 1.

fraudŭlōsus, a, um (fraus), frauduleux : PAUL. Dig. 47, 2, 1.

fraus, fraudis, f. (frus, frustra ; cf. θραύω ?) ¶ 1 mauvaise foi, tromperie, fraude, fourberie, perfidie [toujours avec idée de ruse, cf. CIC. Off. 1, 41] : CIC. Com. 20 ; **sine fraude** CAES. C. 2, 22, 1, loyalement ; **Litavicci fraude perspecta** CAES. G. 7, 40, 6, la fourberie de Litaviccus étant pleinement reconnue ; **legi fraudem facere** PL. Mil. 164, éluder la loi, cf. DIG. 1 ; 3, 29 ; LIV. 7, 16, 9 ; **facio fraudem senatus consulto** CIC. Att. 4, 12, j'élude le sénatusconsulte ; **in fraudem creditorum** DIG. 42, 8, 8, pour frauder les créanciers ‖ pl., **fraudes et fallaciae alicujus** CIC. Clu. 101, les ruses et les tromperies de qqn, cf. Off. 3, 75 ‖ trompeur, fourbe [fourberie personnifiée] : PL. Ps. 365 ; TER. Haut. 1033 ¶ 2 illusion qu'on se fait à soi-même, erreur où l'on tombe, déception, méprise : **voltus in fraudem homines impulit** CIC. Pis. 1, c'est ton visage qui a induit le monde en erreur, cf. LUCR. 4, 417 ; 4, 1206 ; 5, 1005 ; **in fraudem incidere, delabi** CIC. Att. 11, 16, 1 ; de Or. 3, 226, se tromper ¶ 3 dommage, détriment : **id mihi fraudem tulit** CIC. Att. 7, 26, 2, cela m'a causé du dommage, m'a porté préjudice ; **res fraudi est alicui** CIC. Mur. 73, une chose cause du dommage à qqn, lui porte préjudice, cf. CIC. Clu. 91 ; Phil. 5, 34 ; 8, 33 ; **sine fraude fieri, esse** GELL. 20, 1, 49, se produire, être sans dommage [arch. se fraude], cf. LIV. 1, 24, 5 ; 26, 12, 5 ; **in fraudem agere** VIRG. En. 10, 72, mettre en péril ; **in maximam fraudem incurrere** CIC. Off. 3, 55, courir le plus grand dommage ¶ 4 action délictueuse, crime : **boni nullo emolumento impelluntur in fraudem** CIC. Mil. 32, il n'y a pas de profit qui pousse les bons à mal agir, cf. CIC. Lae. 89 ; **fraudem capitalem admittere** CIC. Rab. Post. 26, commettre un crime capital ; **aliquid in fraude capitali ponere** CIC. de Or. 2, 199, compter qqch. comme un crime capital ; **suscepta fraus** CIC. Pis. 43, un crime commis ; **fraudes inexpiabiles concipere** CIC. Tusc. 1, 72, se charger de crimes abominables.
▶ gén. pl. fraudium CIC. ; fraudum TAC. An. 6, 21 ; GELL. 14, 2, 6 ‖ arch. frus, dat. frudi LUCR. 1, 187 ‖ abl. frude CIL 1, 583, 64.

frausus sum (fraus), parf. dép. de fraudo, **fraudem frausus est** PL. As. 286, il a commis un délit.

frax, ▶ fraces : GLOSS. 2, 460, 34.

Fraxinenses, ium, m. pl., peuple de Maurétanie : CIL 8, 2615.

fraxĭnĕus, a, um (fraxinus), de frêne : VIRG. G. 2, 359 ; En. 6, 181 ; OV. M. 5, 9 ‖ et **-ĭnus**, a, um, OV. H. 11, 76.

fraxĭnus, i, f. (farnus, cf. scr. bhūrja-, rus. beréza ; fr. frêne), frêne [arbre] : VIRG. B. 7, 65 ; PLIN. 16, 62 ‖ javelot : OV. M. 5, 143 ; 12, 122 ; 12, 324 ‖ ▶ fraxineus.

fraxō, ās, āre, -, - (obscur), intr., faire le guet : P. FEST. 81, 4.

Fredegundis, is, f., Frédégonde [femme de Chilpéric] : GREG.-TUR. Hist. 4, 28.

frĕdĭāmus, i, m. (germ.), collecteur : COD. TH. 16, 10, 20, 2.

Frĕgellae, ārum, f. pl., Frégelles [ancienne ville des Volsques, auj. Ceprano] Atlas XII, E4 : LIV. 8, 22, 2 ‖ quartier de Rome où séjournaient des habitants de Frégelles : P. FEST. 80, 25 ‖ **-ānus**, a, um, de Frégelles : CIC. Fam. 13, 76, 2 ‖ subst. m. pl., habitants de Frégelles : CIC. Brut. 170.

Frĕgēnae, ārum, f. pl., Frégènes [ville d'Étrurie, Maccarese] Atlas XII, E3 : LIV. 36, 3, 5.

frēgī, parf. de frango.

Freginātes, um ou ĭum, m. pl. (Fregina ?, Fregium ?, Freginum ?), habitants d'une ville du Latium : PLIN. 3, 64.

frĕmĕbundus, a, um, frémissant [en parl. des choses] : ACC. Tr. 392 ‖ frémissant de rage : OV. M. 12, 128 ‖ grondant, frémissant [troupeau] : SIL. 3, 463.
▶ fremib- ACC., OV.

frĕmens, tis, part. de fremo.

frementum, i, n. (frango ?), meurtrissure : VL. Lev. 14, 54.

frĕmĭdus, a, um (fremo), bruyant, frémissant : *OV. M. 5, 2.

frĕmĭtŭs, ūs, m. (fremo), bruit [en gén.] ; grondement [des flots] : CIC. Fin. 5, 5 ; **maris** CIC. Tusc. 5, 116, mugissement de la mer ; **equorum** CAES. C. 3, 38, 3, le hennissement des chevaux ; **canis** COL. 7, 12, 3, le grondement du chien ; **apum** VIRG. G. 4, 216, le bourdonnement des abeilles ‖ fracas, cliquetis [des armes] : CIC. Har. 20 ‖ clameurs confuses, bruits de réunions publiques : CIC. Flac. 23 ; **contionum** QUINT. 10, 3, 30, le tumulte des assemblées.

frĕmō, ĭs, ĕre, frĕmŭī, frĕmĭtum (express. ; cf. al. brummen, an. brimstone, βρέμω ; fr. frémir), intr. et tr.
I intr. ¶ 1 faire entendre un bruit sourd, un grondement, un frémissement, un murmure [employé en parl. des animaux (chien, lion, cheval, loup)] : LUCR. 5, 1064 ; VIRG. En. 9, 341 ; En. 11, 496 ; 9, 60 ‖ [des hommes] **fremant omnes licet** CIC. de Or. 1, 195, libre à tout le monde de grogner, cf. CIC. Att. 4, 15, 7 ; **magno clamore fremebant** VIRG. En. 6, 175, ils faisaient entendre des gémissements confus entrecoupés de grands cris ; [poét.] [acc. intér.] **acerba fremens** VIRG. En. 12, 398, frémissant de colère ‖ [des vents] VIRG. En. 1, 56 ‖ **concitata... saxa fremunt** VIRG. En. 9, 922, les pierres lancées... bruissent dans l'air ¶ 2 [par résonance] **festis fremunt ululatibus agri** OV. M. 3, 528, les champs retentissent de cris joyeux ; **cum in basilica Julia omnia clamoribus fremerent** QUINT. 12, 5, 6, alors que dans la basilique Julia tout retentissait de cris.
II tr. ¶ 1 faire entendre par un frémissement, dire en frémissant : **uno omnes eadem ore fremebant** VIRG. En. 11, 132,

tous par un frémissement unanime faisant la même chose [approuvaient]; [avec prop. inf.] Liv. 8, 13, 1; Tac. H. 2, 44; 4, 35 ¶ demander en frémissant: (**arma**, ses armes) Virg. En. 7, 460; 11, 453 ¶ **2** [avec idée de protestation, de colère] **imperia fremere** Cassiod. d. Serv. En. 1, 56, gronder contre les ordres; **Arrius consulatum sibi ereptum fremit** Cic. Att. 2, 7, 3, Arrius proteste en voyant ce que le consulat lui a été enlevé.

frĕmŏr, *ōris*, m. (fremo), rugissement [lion]: Apul. Flor. 17, 27 ‖ frémissement: Virg. En. 11, 297 ‖ bruit d'armes: Poet. d. Varr. L. 6, 67.

frēnātĭo, *ōnis*, f. (freno), action de modérer: Aug. Jul. 5, 7, 25.

frēnātŏr, *ōris*, m. (freno), guide, conducteur: Stat. Th. 1, 27 ‖ [poét.] lanceur d'épieu: Val.-Flac. 6, 162 ‖ [fig.] modérateur: Plin. Pan. 55, 9.

frēnātus, *a, um*, part. de freno.

frendĕo, v. frendo ▶.

frendescō, *is, ĕre*, -, - (frendo), intr., se mettre à grincer des dents: Ps. Fulg.-R. Serm. 11, p. 872 C.

frendō, *is, ĕre*, -, **frēsum** (**fressum**) (cf. *frenum*, al. *Grand*, *Grind*, an. *grind*, χεράς),
I intr., grincer des dents: Cic. poet. Tusc. 2, 41; Virg. G. 4, 452; Liv. 30, 20, 1 ‖ [avec acc. qualif.] **dentes frendere** Pl. d. Non. 447, 18, grincer des dents.
II tr. ¶ **1** broyer, écraser: Varr. R. 2, 4, 17; Acc. d. Non. 437, 21; **faba fresca** Col. 2, 11, 7, fève écrasée; cf. Col. 2, 10, 35; 6, 3, 4 ¶ **2** [fig.] déplorer avec rage: Pacuv. d. Non. 447, 17 ‖ [avec prop. inf.] **frendente Alexandro eripi sibi victoriam e manibus** Curt. 4, 16, 3, Alexandre grinçant des dents de se voir arracher des mains la victoire.
▶ formes de la 2ᵉ conjug. frendeo: Pacuv. d. Non. 447, 17; Aug. Civ. 20, 30, 4; parf. frendui Fort. Mart. 3, 226; Vulg. Psal. 34, 16.

frendŏr, *ōris*, m., grincement de dents: Tert. Res. 35, 12.

frĕnētĭcus, v. phren-.

frēni, *ōrum*, m. pl., v. frenum.

frēnĭgĕr, *ĕra, ĕrum* (frenum, gero), qui porte un frein: **frenigera ala** Stat. S. 5, 1, 98, corps de cavalerie.

frēnō, *ās, āre, āvī, ātum* (frenum), tr., mettre un frein, un mors, brider: Hirt. G. 8, 15, 4; Virg. En. 5, 554 ‖ [fig.] contenir, modérer, retenir, mettre un frein à: Cic. Mil. 77; Virg. En. 1, 54; Liv. 30, 14, 7.

Frentāni, *ōrum*, m. pl., peuple d'Italie centrale, qui habitait sur les bords de l'Adriatique: Cic. Clu. 197 ‖ **-tānus**, *a, um*, des Frentani: Liv. 27, 43; Plin. 3, 103.

frēnum, *i*, n. (cf. frendo?; fr. frein), pl., **-na**, *ōrum*, n. pl. et **-ni**, *ōrum*, m. pl., frein, mors: Cic. Top. 36 ‖ [prov.] **frenum mordere** Cic. Fam. 11, 24, 1, prendre le mors aux dents [mais] **frena momordit** Stat. S. 1, 2, 28, il se soumit [il rongea son frein]; **frenos adhibere alicui** Cic. Brut. 204, employer le frein pour qqn ‖ [fig.] **date frenos** Liv. 34, 2, 13, lâchez les rênes, la bride; **frena injicere, ponere** Hor. O. 4, 15, 10; Juv. 8, 88, mettre un frein; **frenis egere** Cic. Att. 6, 1, 12, avoir besoin du frein ‖ [poét.] chevaux, attelage: Stat. Th. 11, 243 ‖ lien, attache: Stat. Th. 10, 880.

frēnuscŭli, *ōrum*, m. pl., écorchures causées par le mors: Isid. 4, 8, 18.

frĕquens, *entis* (cf. farcio?)
I [idée de lieu] ¶ **1** qui est rassemblé en foule, nombreux: **senatus frequentior** Cic. Q. 2, 1, 1, sénat plus nombreux; **frequentissimo senatu** Cic. Phil. 2, 99, le sénat étant très nombreux; **frequentes fuimus** Cic. Q. 2, 1, 1, nous étions nombreux, cf. Cic. Phil. 7, 21; Caes. G. 4, 13, 4 ‖ **sententia frequens** Plin. Ep. 2, 11, 6, avis qui emporte de nombreux suffrages ¶ **2** où il y a un grand nombre, peuplé, fréquenté: **frequentissimo theatro** Cic. Div. 1, 59, le théâtre étant comble; **frequens municipium** Cic. Phil. 2, 106, bourg populeux, cf. Cic. Planc. 21 ‖ [avec abl.] peuplé de, garni de: **pars frequentior vicis** Liv. 35, 11, 4, partie plus garnie de villages, cf. Liv. 1, 9, 9; 31, 23, 5 ‖ [avec gén.] Tac. An. 4, 65.
II [idée de temps] ¶ **1** qui se trouve fréquemment qq. part, assidu: **erat Romae frequens** Cic. Amer. 16, il était souvent à Rome; **frequens auditor** Cic. Or. 45, auditeur assidu; **quibuscum si frequentes sunt** Cic. Off. 2, 46, s'ils sont souvent avec eux, s'ils les fréquentent; **nos etiam in hoc genere frequentes** Cic. Or. 167, nous aussi, nous pratiquons souvent cette forme de style; **frequens ad signa sine ullo commeatu** Liv. 3, 24, 5, constamment sous les drapeaux, sans aucun congé; **frequens secretis** Tac. An. 4, 3, prenant part souvent aux secrets, cf. Tac. H. 5 ‖ [poét.] [avec inf.] **frequens lenire...** Stat. Th. 7, 705, constamment prêt à adoucir... ¶ **2** répété, fréquent, multiplié, ordinaire, commun: **caret frequentibus poculis** Cic. CM. 44, [la vieillesse] est empêchée de multiplier les coupes; **iambus et trochaeus frequens** Cic. de Or. 3, 182, la répétition fréquente de l'iambe et du trochée; **id frequentius est quam ut...** Quint. 4, 1, 75, c'est trop fréquent pour que...; **frequens fama** Liv. 2, 32, 3, tradition plus courante ‖ **illud frequens est ut...** Quint. 3, 6, 8, il arrive souvent que...; [ou avec prop. inf.] Plin 8, 183.
▶ abl. sg. ordin. frequenti; frequente Suet. Cal. 44; Ner. 20.

frĕquentāmentum, *i*, n. (frequentō), répétition fréquente: Gell. 1, 11, 12; 5, 1, 1.

frequentārĭus, *a, um*, c. frequens: P. Fest. 82, 29.

frĕquentātĭo, *ōnis*, f. (frequentō), abondance, emploi fréquent: Cic. Part. 55; 122 ‖ [rhét.] accumulation, récapitulation: Her. 4, 52.

frĕquentātīvē, adv., avec une valeur fréquentative: Fest. 519, 28.

frĕquentātīvus, *a, um* (frequentō), [gram.] qui marque la répétition, la fréquence, fréquentatif: Gell. 9, 6, 1; Diom. 344, 28.

frĕquentātō, adv. (frequentatus), fréquemment: Apul. M. 9, 25.

frĕquentātŏr, *ōris*, m., celui qui fréquente: Tert. Mon. 8, 7 ‖ celui qui fait un fréquent usage: Isid. 1, 39, 5.

1 frĕquentātus, *a, um*, part. de frequento ‖ adj., peuplé, riche en, plein de [avec abl.]: Cic. Brut. 325 ‖ en grand usage, fréquent, commun: Plin. 37, 145.

2 frĕquentātŭs, *ūs*, m., fréquentation: Ps. Hier. Ep. 6, 18.

frĕquentĕr, adv. ¶ **1** fréquemment, souvent: Cic. de Or. 3, 201; Quint. 1, 1, 11 ‖ -tius Cic. Part. 73; -tissime Cic. Or. 136 ¶ **2** en grand nombre: Cic. Verr. 3, 119; Att. 1, 19, 5; Liv. 1, 11, 4; 1, 30, 1.

frĕquentĭa, *ae*, f. (frequens), concours, affluence, foule: Cic. Verr. prim. 18; Mil. 1; Lae. 87 ‖ grand nombre, abondance, fréquence: Cic. Att. 4, 16, 1; Tusc. 5, 65; **rerum** Cic. de Or. 2, 56, abondance des idées ‖ **caeli** Vitr. 9, 8, 3, la densité de l'air.

frĕquentĭtō, *ās, āre*, -, - (fréq. de frequento), intr., être présent, faire acte de présence: *Gell. 16, 4, lemm.

frĕquentō, *ās, āre, āvī, ātum* (frequens), tr. ¶ **1** fréquenter, être assidu qq. part: **alicujus domum** Cic. Fam. 5, 21, 1, fréquenter la maison de qqn, cf. Off. 1, 139; **aliquem** Sall. J. 73, 6, être assidu auprès de qqn, cf. Tac. An. 13, 18; H. 2, 16 ‖ employer fréquemment: [des figures de style] Cic. Or. 85; 94; de Or. 3, 155; **exempla frequentata apud illos** Cic. Rep. 1, 5, exemples multipliés chez eux ¶ **2** peupler [des villes, les déserts de l'Italie]: Cic. Off. 2, 15; Att. 1, 19, 4; **piscinas** Col. 8, 16, 2, peupler des viviers; **vineam** Col. 4, 15, 1, planter un vignoble; **contiones suas legibus agrariis** Liv. 6, 5, 1, attirer la foule à leurs assemblées par des lois agraires ‖ [fig.] **est quasi luminibus distinguenda et frequentanda omnis oratio sententiarum atque verborum** Cic. de Or. 3, 201, il faut rehausser l'ensemble du style et le parsemer des traits lumineux, pour ainsi dire, que forment les figures de pensées et de mots, cf. Cic. Brut. 325 ¶ **3** rassembler en foule: **scribas ad aerarium** Cic. Cat. 4, 15, rassembler en foule les scribes au trésor public; **populum** Cic. Dom. 89, réunir le peuple en masse ‖ [fig.] Cic. Or. 85 ¶ **4** [en part.] célébrer en foule une fête: Cic. Inv. 1, 40; Liv. 36, 39, 8; Ov. M. 4, 37; Tac. An. 3, 48 ‖ [en parl. d'une seule pers.] honorer de sa présence: **nuptias frequentavi** Plin. Ep. 1, 9, 2, j'ai assisté à un mariage, cf. Ov. M. 3, 691; Tac. An. 14, 4; Suet. Tib. 32.

frēsa, ae, f. (frendo; fr. fraise [techn.]), farine : *VL. Lev. 6, 21 d. Aug. Hept. 3, 15.

Fresĭlĭa, ae, f., ville des Marses : Liv. 10, 3, 5.

fressus, fresus, v. frendo.

frĕtāle, is, n. (cf. fretum? frigo?, al. Brat?), poêle [à frire] : Apic. 272.

frĕtālis, e (1 fretum), de détroit : *Oceanus* Amm. 28, 2, 1, le détroit britannique [la Manche].

frĕtensis, e (1 fretum), de détroit : *fretense mare* Cic. Att. 10, 7, 1, détroit de Sicile.

1 frĕtum, i, n. (cf. ferveo), détroit, bras de mer : Cic. Div. 2, 34 ; Mur. 35 ‖ [en part.] le détroit de Sicile : Cic. Att. 2, 1, 5 ‖ [poét.] la mer, les flots : Hor. O. 1, 15, 1 ‖ [fig.] Lucr. 4, 1030, la fougue de l'âge ; v. 3 fretus.

2 frĕtum, i, n. (germ., cf. fredianus, al. Fried), impôt : Greg.-Tur. Martin. 4, 26.

1 frĕtus, a, um (cf. 1 firmus, scr. *dhārayati*), confiant dans, comptant sur, fort de : [avec abl.] *dis* Pl. Cas. 346, confiant dans les dieux, cf. Cic. Font. 18 ; Clu. 10 ; Phil. 13, 28 ; *voce* Cic. Off. 1, 114, confiant dans sa voix ; *audacia* Cic. Flac. 35, comptant sur son audace ‖ [avec dat.] Liv. 4, 37, 6 ; 6, 13, 1 ; 8, 22, 7 ‖ [avec inf.] ayant confiance de, ne craignant pas de : Stat. Th. 6, 23 ‖ [avec prop. inf.] persuadé que : Liv. 10, 5, 5 ; Curt. 7, 7, 31.

2 frĕtŭs, ūs, m. (1 fretus), appui, secours : Symm. Ep. 2, 82.

3 frĕtŭs, ūs, m., v. 1 fretum, détroit : Cic. Sest. 18 ; Verr. 5, 169, cf. Gell. 13, 21, 15 ‖ [fig.] *fretus anni* Lucr. 6, 364, saison de transition.

frĭābĭlis, e, friable : Plin. 17, 29.

frĭātus, a, um, part. de frio.

frĭcābĭlis, e (frico), friable : *Plin. 31, 113.

frĭcāmentum, i, n. (frico ; it. *fregamento*), friction [méd.] : Cael.-Aur. Acut. 2, 6, 27.

frĭcātĭo, ōnis, f. (frico), friction : Cels. 3, 12, 6.

frĭcātŏr, ōris, m. (frico), celui qui frictionne : Cael.-Aur. Chron. 3, 7, 92.

frĭcātūra, ae, f. (it. *fregatura*), action de frotter, polissage : Vitr. 7, 1, 4.

1 frĭcātus, a, um, part. de frico.

2 frĭcātŭs, abl. ū, m., frottement : Plin. 23, 124.

frĭcĭum, ii, n. (frico), poudre dentifrice : Plin. Val. 1, 36.

frĭcō, ās, āre, cŭī, cātum et ctum (cf. frio, it. *fregare*), tr., frotter : Pl. Poen. 220 ; Virg. G. 3, 256 ; Mart. 4, 90, 5 ‖ polir : Cat. Agr. 18, 7 ; Vitr. 7, 1, 4 ‖ étriller : Poet. d. Gell. 15, 4, 3.
▶ part. *frictus* Sen. Nat. 1, 1, 5 ; 2, 22, 1 ; Juv. 6, 578 ; *fricatus* Vitr. 7, 1, 6 ; 7, 3, 6 ; Plin. 8, 100.

frictĭo, ōnis, f. (frico), action de frotter : Arn. 7, 32 ‖ friction : Cels. 2, 14, 1.

frictŏr, ōris, m. et **-trix**, īcis, f., frotteur, frotteuse : Not. Tir. 93, 97 ; Tert. Pall. 4, 9.

frictōrĭum, ii, n., v. frixorium.

1 frictūra, ae, f. (frico), friction : Apul. M. 10, 21.

2 frictūra, ae, f. (1 frigo ; fr. friture), friture : Anthim. 14.

1 frictus, a, um, part. de frico et de frigo.

2 frictŭs, abl. ū, m., frottement : Capel. 8, 805.

frĭcŭī, parf. de frico.

frigdārĭum, ii, n. (sync. de frigidarium), glacière, chambre froide : Lucil. 317.

frigdŏr, ōris, m., c. frigor : Pelag. 141, 2 ; Gloss. 3, 207, 20.

frĭgēdo, ĭnis, f., froid : Varr. Men. 77.

frĭgĕfăcĭō, is, ĕre, -, - (frigeo, facio), tr., refroidir : Prisc. 3, 276, 22.

frĭgĕfactō, ās, āre, -, -, tr., refroidir : Pl. Poen. 760.

frĭgĕō, ēs, ēre, -, - (frigor, frigidus, frigus), intr., avoir froid, être froid (glacé) : Ter. Phorm. 994 ; Virg. En. 6, 219 ‖ [fig.] être engourdi, sans vie : [pers.] Cic. Fam. 7, 10, 2 ; Q. 3, 8, 3 ; Cael. Fam. 8, 6, 5 ‖ avoir un accueil froid (sans chaleur), n'avoir pas d'action sur la foule, ne pas rencontrer la faveur : *cum omnia consilia frigerent* Cic. Verr. 2, 60, comme toutes les propositions étaient accueillies froidement ; *friget patronus Antonius* Cic. Phil. 6, 15, on ne tient plus à avoir Antoine pour patron ; *frigere ad populum* Cic. Brut. 187 [en parl. d'un joueur de flûte] n'être pas goûté du public, cf. Fam. 11, 4, 1 ; Att. 1, 14, 1.

frĭgĕrō, ās, āre, -, - (frigus), tr., rafraîchir, refroidir : Catul. 61, 30.

frĭgescō, ĭs, ĕre, frīxī (inch. de frigeo), intr., se refroidir : Cat. Agr. 95, 2 ; Lucr. 6, 865 ‖ [fig.] devenir languissant : Cael. Fam. 8, 6, 5 ‖ devenir froid pour qqn, n'être pas accueillant (*alicui*) : Pers. 1, 109.
▶ parf. *frixi* Andr. d. Serv. En. 92 ; *frigui* Hier. Ep. 52, 2 ; Aug. Serm. 138, 8.

frĭgĭda, ae, f. (frigidus), eau froide : Sen. Ir. 2, 2, 1.
▶ *frieda* App.-Prob. 4, 19, 3.

frīgĭdārĭum, n., v. frigdarium ‖ salle des thermes : Vitr. 5, 11, 2.

frīgĭdārĭus, a, um, qui sert à rafraîchir : Plin. Ep. 2, 17, 11 ; *aenum frigidarium* Vitr. 5, 10, 1, cuve en bronze contenant de l'eau froide.

frīgĭdātĭo, ōnis, f., action de refroidir : Ps. Aug. Categ. 12.

frīgĭdē, adv. (frigidus), froidement [fig.] : Cass. Fel. 33 ‖ sans énergie, lentement, languissamment : Cael. Fam. 8, 10, 3 ‖ froidement, platement, sottement : Gell. 13, 25, 7 ‖ **-dius** Quint. 6, 3, 4 ; **-dissime** Quint. 6, 1, 39.

frīgĭdĕfactō, ās, āre, -, -, tr., refroidir : *Pl. Ru. 1326 ; v. frigefacto.

frīgĭdĭtās, ātis, f. (frigidus), frisson, froid : Cael.-Aur. Chron. 1, 1, 4.

frīgĭdĭuscŭlus, a, um (dim. de frigidus), quelque peu froid [fig.] : Gell. 3, 10, 16.

frīgĭdō, ās, āre, -, -, tr., refroidir : Cael.-Aur. Acut. 1, 17, 168 ‖ intr., donner l'impression du froid : Cael.-Aur. Acut. 3, 17, 162.

frīgĭdŭlus, a, um (dim. de frigidus), un peu froid : Catul. 64, 131.

frīgĭdum, i, n. (frigidus), température froide, le froid : Sen. Nat. 6, 13, 2.

frīgĭdus, a, um (frigeo ; fr. froid) ¶ 1 froid : Cic. Nat. 2, 26 ; **-dior** Cic. Leg. 1, 6 ; **-dissimus** Caes. G. 4, 1, 10 ‖ frais : Virg. G. 3, 336 ‖ [prov.] *aquam frigidam suffundere* Pl. Cist. 35, médire (arroser d'eau froide) ‖ glacé par le froid de la mort : Virg. G. 4, 525 ; Ov. M. 14, 743 ¶ 2 [fig.] froid, glacé, languissant : Cic. Brut. 178 ; Fam. 10, 16, 1 ‖ qui glace d'effroi : Hor. S. 2, 6, 50 ‖ qui laisse indifférent, sans effet, fade, froid : Cic. Or. 89 ; Brut. 236 ; de Or. 2, 256 ; *frigidum sit addere...* Suet. Cal. 26, il serait fade d'ajouter ; v. frigida.

frīgilla, v. frin-.

1 frīgō, ĭs, ĕre, frīxī, frictum ou frixum (express., cf. φρύγω ; fr. frire), tr., faire griller, rôtir, frire : Cat. Agr. 106, 1 ; Plin. 18, 72 ‖ [fig.] Pl. Bac. 767.
▶ parf. *frixi* Diom. 371, 28 ; Char. 247, 24 ‖ part. *frictus* Pl. Bac. 767 ; Poen. 326 ; Cat. Agr. 156, 3 ; Varr. R. 2, 4, 21 ; *frixus* Samm. 511 ; Veg. Mul. 1, 13, 1.

2 frīgō, ĭs, ĕre, -, - (expr., cf. frigutio, fringilla), intr., sauter avec bruit : Afran. Com. 247, cf. Non. 308, 11 et 7, 8.

frīgŏr, ōris, m. (frigus), froid, frisson : Aug. Serm. 40, 1 Mai.

frīgŏrĭfĭcus, a, um (frigus, facio), frigorifique : Gell. 17, 8, 14.

frīgŏrĭtĭcus, a, um (frigus), qui a des frissons : Fort. Rad. 20, 48.

frīgŏrō, ās, āre, -, - (frigus), tr., réfrigérer : Cael.-Aur. Acut. 3, 21, 208.

frīgŏrōsus, a, um (frigus ; fr. frileux), froid, glacial : Schol. Juv. 3, 190.

frīgŭī, parf. de frigesco.

frīgŭlō, ās, āre, -, - (onomat., cf. 2 frigo), intr., crier [en parl. du geai] : Philom. 28.

frīgŭs, ŏris, n. (cf. frigeo, ῥῖγος) ¶ 1 froid, froidure : Cic. Verr. 4, 87 ; [pl.] Nat. 2, 151 ; Off. 2, 13 ‖ [poét.] l'hiver : Virg. B. 2, 22 ‖ le frisson de la fièvre, frisson : Hor. S. 1, 2, 80 ‖ le froid de la mort : Lucr. 3, 401 ; Virg. En. 12, 951 ‖ frisson de terreur, terreur : Virg. En. 1, 92 ¶ 2 [fig.] refroidissement, froideur dans les relations, indifférence : Hor. S. 2, 1, 62 ; Sen. Ep. 122, 11 ‖ torpeur, inaction : Cael. Fam. 8, 6, 5 ; Ov. F. 2, 856.

frīguscŭlum, *i*, n. (dim. de *frigus*), froid peu intense : TERT. *Anim.* 25, 7.

frĭgūtĭo, -ttĭo, fringuttĭo (-ūtĭo, -ŭlĭo), *īs, īre*, -, - (cf. 2 *frigo*), intr. ¶ **1** chanter [en parl. du pinson] : APUL. *Flor.* 82 ¶ **2** caqueter, bavarder : PL. *Cas.* 267 ǁ bredouiller : FULG. *Serm.* 19 ǁ tr., APUL. *Apol.* 98 ; MAMERT. *Anim.* 2, 9, 4, cf. VARR. *L.* 7, 104 ; NON. 7, 8.

frindĭō (-dō), *īs, īre*, -, - (onomat., cf. 2 *frigo*), intr., chanter [en parl. du merle] : GLOSS. 1, 91.

fringilla (-gui-), *ae*, f. et **fringillus**, *i*, m. (cf. 2 *frigo*), pinson : VARR. *L.* 7, 104 ; MART. 9, 54, 7, cf. P. FEST. 80, 19.

fringulĭo (-ultĭo), *v.* frigutio.

Frīnĭātes, *um* (*ĭum*), m. pl., peuple d'Émilie [Frignano] : LIV. 39, 2, 1.

frĭō, *ās, āre, āvī, ātum* (cf. *frivolus, frico*), tr., concasser, broyer : VARR. *R.* 1, 9, 7 ; LUCR. 1, 888.

Frīsĭi, *ōrum*, m. pl., habitants de la Frise, Frisons Atlas I, B3 : TAC. *An.* 1, 60 ǁ [au sg.] **Frīsĭus**, TAC. *G.* 34 ǁ **-ĭus**, *a, um*, des Frisons : TAC. *An.* 4, 74.

frĭsĭo, *ōnis*, m. (onomat., cf. *fritinnio, frigutio*), gros-bec [oiseau] : PLIN.-VAL. 5, 42.

frĭt, n. indécl. (obscur ; cf. *git*), pointe de l'épi : VARR. *R.* 1, 48, 3.

fritilla, *ae*, f., *v.* fitila : *PLIN. 18, 84.

fritillus, *i*, m. (onomat., cf. *fritinnio*), cornet à dés : SEN. *Apoc.* 12, 3 ; JUV. 14, 5.

fritinnĭō, *īs, īre*, -, - (onomat., cf. *fringilla, frisio*), intr., gazouiller : VARR. *Men.* 565 ; SUEI. d. VARR. *L.* 7, 104 ǁ chanter [en parl. de la cigale] : PHILOM. 35 ǁ babiller : ANTH. 441, 5.

frīvŏla, *ōrum*, n. pl. (*frivolus*) ¶ **1** vaisselle de terre cassée : P. FEST. 80, 9 ; [ou] modeste mobilier : GLOSS. 2, 433, 13, cf. SEN. *Tranq.* 1, 9 ; JUV. 3, 198 ; 5, 59 ¶ **2** [fig.] choses sans valeur, riens : QUINT. 7, 2, 34 ; *v.* frivolum.

frīvŏlē, adv., légèrement : HIER. *Mich.* 2, 7, 8.

frīvŏlum, *i*, n., bagatelle : SUET. *Cal.* 39.

frīvŏlus, *a, um* (*frio, refriva*) ¶ **1** [chose] de peu de prix, frivole, futile, léger : HIER. 4, 16 ; PLIN. 28, 260 ; QUINT. 10, 7, 21 ; GELL. 18, 7, 3 ; [avec supin] *frivolum dictu* PLIN. 7, 186, chose insignifiante à dire ¶ **2** [pers.] évaporé, étourdi : SUET. *Cl.* 15, 1.

frīvuscŭlum, *i*, n. (dim. de *frivolum*), ULP. *Dig.* 24, 1, 32.

frixi, parf. de *frigo* et de *frigesco*.

frixō, *ās, āre*, -, - (fréq. de 1 *frigo*), bien rôtir : CAEL.-AUR. *Acut.* 1, 11, 77.

frixōrĭum, *ii*, n. et **-xūra**, *ae*, f., poêle à frire : PLIN. VAL. 2, 7 ; FORT. *Carm.* 6, 8, 14.

frixus, *a, um*, *v.* 1 frigo.

frondārĭus, *a, um* (1 *frons*), de feuillage : PLIN. 18, 314.

frondātĭo, *ōnis*, f. (1 *frons*), action d'émonder, taille : COL. 5, 6, 16.

frondātŏr, *ōris*, m. (1 *frons*), émondeur : VIRG. *B.* 1, 57 ǁ émouchet [oiseau] : SERV. *B.* 1, 57.

frondĕō, *ēs, ēre*, -, - (1 *frons*), intr., avoir des feuilles, être couvert de feuilles : CAT. *Agr.* 33, 3 ; LUCR. 5, 214 ; VIRG. *B.* 3, 57 ǁ **frondens**, *tis*, couvert de feuilles : VIRG. *G.* 3, 300 ; *En.* 7, 67.

▶ supin *fronditum* PRISC. 2, 483, 10.

frondescō, *ĭs, ĕre, frondŭī*, - (*frondeo*), intr., se couvrir de feuilles : CIC. *Tusc.* 53, 7 ǁ [fig.] s'orner [en parl. du style] : HIER. *Ep.* 36, 14.

frondĕus, *a, um* (1 *frons*), de feuillage : VIRG. *En.* 1, 191 ǁ recouvert de feuillage : OV. *F.* 3, 528 ǁ *frondea cuspis* MART. 14, 22, un cure-dent fait d'une brindille.

frondĭcō, *ās, āre*, -, -, *c.* frondesco : EUTYCH. 5, 462, 8.

frondĭcŏmus, *a, um* (1 *frons, coma*), qui a une chevelure de feuillage : PRUD. *Cath.* 3, 102.

frondĭfĕr, *ĕra, ĕrum* (1 *frons, fero*), feuillu, touffu : LUCR. 2, 359.

frondĭflŭus, *a, um* (1 *frons, fluo*), qui fait tomber les feuilles : BOET. *Cons.* 1, 5, 14.

frondis, ancien nom. pour 1 *frons* : SAMM. 185 ; 567.

frondĭtum, *v.* frondeo ▶.

frondōsus, *a, um* (1 *frons* ; it. *frondoso*), touffu, couvert de feuillage : ENN. *An.* 191 ; VIRG. *En.* 8, 351 ǁ **-sior** SIL. 13, 596.

1 frons, *frondis*, f. (obscur ; cf. *gramen*, al. *grün*, an. *green* ? ; it. *fronda*) ¶ **1** feuillage, feuilles, frondaison : [sg.] CAT. *Agr.* 37, 2 ; VARR. *R.* 2, 5, 11 ; LUCR. 1, 118 ; QUINT. 12, 6, 2 ; [pl.] CIC. *Cael.* 42 ; VIRG. *G.* 2, 446 ; QUINT. 2, 4, 11 ¶ **2** couronne de feuillage : HOR. *Ep.* 2, 1, 110 ; OV. *M.* 1, 449.

▶ arch. *fros* VARR. *R.* 1, 24, 3 (CHAR. 130, 34) ; *fruns* ENN. *An.* 577 ; *frundes* ENN. *An.* 261, cf. CHAR. 130, 29 ; PRISC. 2, 27, 1.

2 frons, *frontis*, f. (peu net, cf. *fastigium, brunda*, v. irl. *braine*, v. isl. *brandr* ; fr. *front*) ¶ **1** front : *frontem contrahere* CIC. *Clu.* 72, plisser le front, cf. CIC. *Sest.* 19 ; *adducere, trahere* SEN. *Ben.* 1, 1, 5 ; 6, 7, 1, plisser le front, se renfrogner ; *remittere* PLIN. *Ep.* 2, 5, 5 ; *exporgere* TER. *Ad.* 839 ; *explicare* HOR. *O.* 3, 29, 16, dérider, éclaircir le front ; *frontem ferire* CIC. *Att.* 1, 1, 1, se frapper le front [en signe de mécontentement] ; *frons non percussa* CIC. *Brut.* 278, point de tapes sur le front [signe d'émotion de l'orateur] ǁ [prov.] *frons occipitio prior* CAT. *Agr.* 4, le front passe avant l'occiput [rien de tel que l'œil du maître] ¶ **2** le front = air, traits, physionomie, mine : *tranquilla et serena* CIC. *Tusc.* 3, 31, un front (un air) calme et serein ; *verissima fronte aliquid dicere* CIC. *Rab. Post.* 35, dire qqch. avec l'air le plus sincère ; *haec fero fronte et vultu bellissime, sed angor intimis sensibus* CIC. *Att.* 5, 10, 3, je supporte cela fort joliment sur mon front et sur ma mine, mais je souffre au fond de moi-même ; *fronte occultare sententiam* CIC. *Lae.* 65, cacher ses pensées derrière son front ; *tabella quae frontes aperit, mentes tegit* CIC. *Planc.* 16, bulletin de vote, qui laisse voir les fronts à découvert, mais qui voile les pensées, cf. *in fronte ostentatio est, intus veritas occultatur* CIC. *Fin.* 2, 78, tandis qu'il y a parade sur le front, à l'intérieur se cachent les vrais sentiments ; *utrum fronte an mente dubitatur* CIC. *Att.* 4, 15, 7, est-ce en apparence ou sincèrement ? on ne sait ǁ *reliquiae pristinae frontis* CIC. *Fam.* 9, 10, 2, les restes de l'ancienne gravité ; *proterva fronte* HOR. *O.* 2, 5, 16, avec un front éhonté (= effrontément) ; *humana fronte, certe leni placidaque* SEN. *Ben.* 2, 13, 2, avec (sur les traits) de la bonté, ou du moins avec une douceur avenante ; *frons durior* JUV. 8, 189, front plus éhonté ; *frons durissima* SEN. *Ben.* 4, 38, 2, front dépourvu de toute honte ; *salva fronte* JUV. 11, 205, sans vergogne ǁ [poét.] aplomb, assurance : HOR. *Ep.* 1, 9, 10 ; pudeur : PERS. 5, 104 ¶ **3** [fig.] **a)** partie antérieure, front, face, façade : *castrorum* CAES. *C.* 3, 37, 1, front d'un camp, cf. CAES. *C.* 1, 80, 2 ; [front d'un navire] VIRG. *En.* 5, 158 ; [d'une armée] LIV. 5, 38, 2 ǁ *in frontem* CAES. *G.* 2, 8, 3, [in fronte, α, in frontem, β CAES. *G.* 7, 23, 2], sur le devant, en face, cf. PLIN. 17, 202 ; TAC. *Agr.* 35 ; *a fronte* CIC. *Phil.* 3, 32, de front, cf. CAES. *G.* 2, 23, 4 ; C. 1, 25, 9 ; *concurrere frontibus adversis* LUCR. 6, 116, se heurter de front ǁ *in fronte* HOR. *S.* 1, 8, 12 ; LIV. 25, 23, 11, en largeur ǁ *frontes geminae*, les deux faces extérieures du manuscrit roulé, la bordure, cf. TIB. 3, 1, 13 ; OV. *Tr.* 1, 1, 8 **b)** façade, côté extérieur, apparence, aspect : *frons causae* QUINT. 4, 1, 42, la physionomie, l'aspect d'une cause ǁ *prima fronte* QUINT. 7, 1, 56 ; *ex prima statim fronte* QUINT. 12, 7, 8, dès le premier aspect, de prime abord.

▶ genre m. PL. *Mil.* 202, cf. GELL. 15, 9, 4 ; NON. 204, 26.

frontālĭa, *ĭum*, n. pl. (2 *frons* ; fr. *fronteau*) ¶ **1** fronteau, têtière [pour les chevaux et les éléphants] : LIV. 37, 40, 4 ; PLIN. 37, 194 ¶ **2** partie antérieure : AMM. 23, 4, 12.

frontātī, *ōrum*, m. pl. (2 *frons*), pierres de revêtement, parement : VITR. 2, 8, 7.

frontēsĭa ostenta, n. pl. (étr. *frontac*), présages donnés par la foudre : GLOSS. 5, 22, 22.

Frontīnus, *i*, m., Frontin [Sext. Julius Frontinus, ancien consul, auteur d'ouvrages techniques] : TAC. *H.* 4, 39.

frontispĭcĭum, *ii*, n., façade, fronton : PS. PROSP. *Prom.* 3, 38, 44.

1 fronto, *ōnis*, m. (2 *frons*), celui qui a un grand front : CIC. *Nat.* 1, 80.

Fronto

2 Fronto, ōnis, m., M. Cornélius Fronton [rhéteur latin, précepteur de Marc Aurèle] : Minuc. 31, 2 ‖ **-ōnĭānus**, *a*, *um*, de Fronton : Dig. 29, 2, 99 ‖ **-ōnĭāni**, *ōrum*, m. pl., disciples de Fronton : Sidon. *Ep.* 1, 1, 2.

frontōsus, *a*, *um* (2 frons), qui a plusieurs fronts : **-osior** Aug. *Civ.* 7, 4 ‖ [fig.] effronté, hardi : Aug. *Psalm.* 68, 1, 12 ‖ subst. pl. : Aug. *Parm.* 2, 15, 33.

frōs, ▶ 1 frons ▶.

fructēscō, *is*, *ĕre*, -, - (cf. 2 fructus), intr., fructifier : Victor. *Gen.* 1, 85 ; ▶ frutesco.

Fructēsĕa, *ae*, f. (2 fructus), déesse des fruits de la terre : Aug. *Civ.* 4, 21.

fructētum, *i*, n. (2 fructus), verger à fruits : Serv. *B.* 1, 40.

fructi, gén., ▶ fructus ▶.

fructĭfĕr, *ĕra*, *ĕrum* (2 fructus, fero), qui porte des fruits : Col. 11, 2, 46.

fructĭfĭcātĭo, *ōnis*, f., fructification : Tert. *Marc.* 4, 39, 16.

fructĭfĭco, *ās*, *āre*, -, - ¶ **1** intr. (2 fructus, facio), produire des fruits, fructifier : Calp. 4, 91 ¶ **2** tr., procréer : Tert. *Marc.* 2, 4, 2.

fructŭārĭus, *a*, *um* (2 fructus), qui doit produire (rapporter) ; fruitier, à fruits : Col. 5, 9, 15 ; Plin. 17, 181 ‖ *fructuarii agri* Caes. d. Cic. *Fam.* 8, 9, 4, champs soumis à une redevance annuelle ‖ d'usufruit : *fructuarius servus* Dig. 41, 1, 37, esclave dont on n'a que l'usage ‖ subst. m., usufruitier : Dig. 7, 1, 22 ‖ f., usufruitière : Dig. 7, 1, 24.

fructŭĭs, ▶ 2 fructus ▶.

fructŭōsē, adv. (fructuosus), fructueusement, utilement : Isid. 6, 19, 41 ‖ **-sius** Aug. *Ep.* 41, 1.

fructŭōsĭtās, *ātis*, f., fruit, profit : Fil. 132, 2.

fructŭōsus, *a*, *um* (2 fructus), qui rapporte, fécond, fertile : Cic. *Tusc.* 2, 13 ‖ *fructuosum est* [avec inf.] Cic. *Off.* 2, 64, il est avantageux de ‖ **-ior**, **-issimus** Cic. *Att.* 14, 11, 2 ; *Agr.* 1, 5.

1 fructus, *a*, *um*, part. de fruor.

2 fructŭs, *ūs*, m. (fruor ; fr. fruit) **I** [action verbale] ¶ **1** droit de percevoir et d'utiliser les fruits d'une chose dont la propriété reste à un autre, servitude d'usufruit, [cf.] usus ¶ **2** : *sum* χρήσει μὲν *tuus* κτήσει δὲ *Attici nostri ; ergo fructus est tuus, mancipium illius* Curius *Fam.* 7, 29, 1, je suis à toi au titre de l'usage, à notre Atticus au titre de la possession ; donc tu as l'usufruit, lui, la propriété, cf. Cic. *Fin.* 1, 12 ; Dig. 7, 8, 14 ¶ **2** [fig.] jouissance, usage : Pl. *Cas.* 839 ; Cic. de *Or.* 1, 2 ‖ jouissance, plaisir : Cic. *Agr.* 2, 5 ; Nep. *Eum.* 11, 2. **II** [sens concret] ¶ **1 a)** ce dont on a jouissance, produit, rapport, revenu, fruit : *praediorum* Cic. *Cat.* 2, 18, revenu des propriétés ; *pecuniae fructibus alere exercitum* Cic. *Off.* 1, 25, entretenir une armée avec ses revenus ; *cum fructibus superiorum temporum* Caes. *G.* 6, 19, 2, avec les revenus des années précédentes ; *aurum ex metallorum fructu coacervatum* Liv. 45, 40, 2, or accumulé avec le produit des mines ; *publicos fructus agitare* Tac. *An.* 4, 6, exploiter les revenus publics **b)** *fructui esse alicui*, être de rapport pour qqn : Cic. *Pomp.* 16 ; *Fam.* 10, 5, 2 ; Liv. 34, 36, 3 ; *fructum ferre alicui* Cic. *Agr.* 2, 83, donner un revenu à qqn, rapporter à qqn ‖ fruits [des arbres et de la terre] : *frugum fructuumque reliquorum perceptio* Cic. *Off.* 2, 12, la récolte des grains et des autres productions de la terre ; *fructus demetere et percipere* Cic. *CM* 70, moissonner et récolter les fruits ¶ **2** [fig.] fruit, récompense, avantage, résultat, effet **a)** *fructus vestri in me amoris* Cic. *Pis.* 31, la récompense qui consiste dans votre affection pour moi, cf. Cic. *Arch.* 23 ; *Mur.* 40 **b)** *fructus diligentiae* Cic. *Brut.* 222, la récompense du zèle, cf. Cic. *Sull.* 1 ; *Pis.* 57 **c)** *fructus (fructum) ex aliqua re ferre, capere, consequi, percipere*, recueillir de qqch. des avantages, des bénéfices, une récompense : Cic. *Planc.* 92 ; *Rep.* 1, 7 ; *Pomp.* 2 ; *Arch.* 23.

▶ arch. gén. *fructi* Cat. *Agr.* 4 ; Ter. *Ad.* 870 et *fructuis* Varr. *Men.* 295, 530 ; *R.* 1, 2, 29, cf. Gell. 4, 16.

frŭendus, *a*, *um*, ▶ fruor.

frūgālĭŏr, *us*, *ōris*, comp. de frugalis ¶ **1** qui rapporte davantage : Varr. *R.* 3, 2, 3 ¶ **2** plus sage, plus rangé, plus frugal : Pl. *Trin.* 610 ; Ter. *Haut.* 681 ; Sen. *Contr.* 3, 21, 20 ; **-issimus** Cic. de *Or.* 2, 287.

▶ le positif *frugalis* est tardif, le latin classique employait *frugi* : Quint. 1, 16, 7.

frūgālis, *e* (frux) ¶ **1** des moissons : Apul. *Mund.* 29 ¶ **2** ▶ frugalior.

frūgālĭtās, *ātis*, f. (frugalis) ¶ **1** bonne récolte de fruits : Apul. *M.* 9, 35 ¶ **2** modération, sagesse, frugalité, sobriété : Cic. *Dej.* 26 ; *Verr.* 3, 7 ; 5, 20 v. *Tusc.* 3, 16 ‖ mesure [chez l'orateur] : Quint. 12, 10, 21.

frūgālĭter, adv. (frugalis), avec modération, sagesse, économie, frugalement : Pl. *Ep.* 565 ; *Pers.* 449 ; Cic. *Fin.* 2, 25 ; Hor. *S.* 1, 4, 107 ; Sen. *Ep.* 20, 3 ‖ [fig.] simplement : Front. *Ver.* 2, 18, p. 127 N. ‖ **-lius** Lact. *Ir.* 20, 1.

frūge, abl. de frux.

1 frūges, *um*, f. pl., ▶ frux.

2 Frŭges, ▶ Phryges.

frūgēscō, *is*, *ĕre*, -, - (frux), intr., produire, rapporter [en parl. de la terre] : Tert. *Res.* 22, 8.

1 frūgī (dat. sg. de frux), [employé comme adj. indécl. et au fig.] qui est moralement de bon rapport (de bon revenu), rangé, sage, tempérant, sobre, frugal, honnête : Cic. *Phil.* 2, 69 ; *Fin.* 2, 90 ; *Tusc.* 3, 16 ; *Clu.* 47 ; *frugi es* Ter. *Eun.* 608, tu es un brave homme, ▶ frux ¶ **2**.

2 Frūgi, l'Honnête homme [surnom de plusieurs Romains, p. ex. L. Pison] : Cic. *Verr.* 3, 95.

frūgĭfĕr, *ĕra*, *ĕrum* (frux, fero), qui produit des fruits, fertile, fécond : Cic. *Tusc.* 2, 13 ; *Nat.* 2, 161 ‖ [fig.] fructueux, utile : Cic. *Off.* 3, 5 ; Liv. *praef.* 10.

frūgĭfĕrens, *tis*, ▶ frugifer : Lucr. 1, 3.

frūgĭlĕgus, *a*, *um* (frux, lego), qui ramasse du grain : Ov. *M.* 7, 624.

frūgĭparens, *tis*, Fort. *Carm.* 3, 13, 12 et **-părus**, *a*, *um* (frux, pario), Lucr. 6, 1, qui produit des fruits.

frūgĭperdia, *ae*, adj. f. (frux, perdo), qui perd ses fruits [mot forgé] : Plin. 16, 110.

frūgis, ▶ frux.

frūgĭus, *a*, *um* (frugi), modeste : Gloss. 5, 542, 28.

frŭiscor, ▶ fruniscor.

frŭĭtĭo, *ōnis*, f. (fruor), jouissance : Hier. *Phil.* 20.

frŭĭtūrus, **frŭĭtus**, ▶ fruor.

1 frūmĕn, *ĭnis*, n. (plutôt φάρυγξ que fruor), gosier : Don. *Phorm.* 322 ; Isid. 17, 3, 2.

2 frūmen, *inis*, n. (fruor, frumentum), bouillie pour les sacrifices : Arn. 7, 24.

frūmēntācĕus, *a*, *um* (frumentum), de blé : Hier. *Ep.* 37, 4.

frūmēntālis, *e* (frumentum), de blé : Cassiod. *Psalm.* 34, 21.

1 frūmēntārĭus, *a*, *um* (frumentum) ¶ **1** qui concerne le blé : *res frumentaria* Caes. *G.* 1, 23, 1, approvisionnement en blé ; *frumentaria navis* Caes. *C.* 3, 96, 4, navire chargé de blé ; *frumentaria lex* Cic. *Tusc.* 3, 48, loi frumentaire [concernant le blé] ; *tessera frumentaria* Dig. 5, 1, 52, 1, carte de blé [tablette donnant droit aux distributions] ¶ **2** riche en blé : Caes. *G.* 1, 10, 2 ; Cic. *Att.* 9, 9, 2.

2 frūmēntārĭus, *ii*, m., marchand de blé : Cic. *Off.* 3, 57 ‖ pourvoyeur des vivres, munitionnaire : Hirt. *G.* 8, 35, 4 ‖ sorte de surveillant que les empereurs employaient comme espion : Spart. *Hadr.* 11.

frūmēntātĭo, *ōnis*, f. (frumentor) ¶ **1** action de s'approvisionner en blé, approvisionnement de blé : Caes. *G.* 6, 39, 1 ¶ **2** distribution de blé au peuple : Suet. *Aug.* 40.

frūmēntātŏr, *ōris*, m. (frumentor), marchand de blé : Liv. 2, 34, 4 ‖ soldat qui va au blé, fourrageur : Liv. 31, 36, 8.

frūmentĭfĕr, *ĕra*, *ĕrum* (frumentum, fero), [pays] riche en grains : Descr. Mund. 53.

frūmentŏr, *āris*, *āri*, *ātus sum* (frumentum) ¶ **1** intr., aller à la provision de blé : Caes. *G.* 7, 73, 1 ¶ **2** tr., approvisionner de blé : Tert. *Nat.* 2, 8, 15.

frūmentum, *i*, n. (*fruor*; fr. *froment*) ¶ **1** [sg.] blé en grains, grains : CAES. G. 1, 16, 1 ; 6, 33, 4 ; CIC. Att. 5, 18, 2 ; [pl.] *frumenta*, espèces de blé, blé sur pied : CAES. G. 1, 16, 2 ; 5, 14, 2 ; CIC. Or. 81 ‖ *triticeum* MART. 13, 12, froment ¶ **2** petits grains qui sont dans les figues : PLIN. 15, 82.

frūmō, *īs, ĕre*, -, - (de *frumentum*), intr., manger : ISID. 17, 3, 2.

frund-, V. *frond-*.

frūniscŏr, *ĕrĭs, ī, frunītus sum*, C. *fruor* : PL. Ru. 1012 ; LUCIL. 554 ; GELL. 17, 2, 5 ‖ *frunitus* P. FEST. 81, 24.

fruns, V. *1 frons*.

frŭŏr, *ĕrĭs, ī, fruĭtus* et *fructus sum* (*fruniscor, 2 fructus, frumentum, frux*, cf. al. *brauchen*, an. *brook*), intr. et tr. ¶ **1** intr., faire usage de, jouir de [avec abl.] : *aliqua re uti et frui* CIC. Nat. 1, 103, user et jouir des biens, (*frui et uti* CIC. Nat. 2, 152 ; Fam. 7, 30, 2) ; cf. *usus* ¶ **2** ‖ avoir la jouissance de CIC. Amer. 44 ‖ [d'ordinaire avec idée de plaisir] CIC. Lae. 15 ; 32 ‖ *aliquo* CIC. Brut. 5 ; Att. 2, 1, 4, jouir de la présence de qqn ¶ **2** tr.[avec acc., arch., tard.] CAT. Agr. 149, 1 ; LUCR. 3, 940 ; TER. Haut. 401 ‖ [adj. verbal] *agrum Campanum fruendum locare* LIV. 27, 11, 8, affermer la jouissance du territoire de Capoue ; *fruenda sapientia est* CIC. Fin. 1, 3, il faut jouir de la sagesse, cf. CIC. Mil. 63 ; Off. 1, 106 ; CM 57 ; Ps. CYPR. Mart. 28 ; GREG.-M. Ep. 9, 217.
▶ parf. *fruitus sum* CIL 10, 4728 ; SEN. Ep. 93, 9 ; *fructus sum* CIL 9, 1837 ; LUCR. 3, 940 ; VELL. 2, 104, 3 ‖ part. fut. *fruiturus* CIC. Tusc. 3, 38 ‖ impér. *fruimino* CIL 1, 584, 32.

frūs, V. *fraus* et *1 frons*.

Frŭsĭnās, *ātis*, adj., de Frusino : *fundus* CIC. Att. 11, 4, 1, domaine de Frusino ‖ **Frusinates**, *ium*, subst. m. pl., habitants de Frusino : PLIN. 3, 64.

Frŭsĭno, *ōnis*, f., ville des Volsques [auj. Frosinone] Atlas XII, E4 : LIV. 27, 37, 5 ; JUV. 3, 224.

frustātim, adv. (*frustum*), par morceaux : PLIN. 20, 99.

frustellum, *i*, n., V. *frustil-* : NOT. TIR. 104, 2.

frustillātim, adv., par petits morceaux : PL. Curc. 576.

frustillum, *i*, n. (dim. de *frustulum, frustum*), petit morceau : ARN. 2, 58.

frustō, *ās, āre*, -, - (*frustum*), tr., mettre en morceaux : *GLOSS. 4, 345, 18.

frustrā, adv. (*fraus*, cf. *extra*) ¶ **1** en vain, vainement, inutilement : CIC. Mil. 94 ; Lig. 14 ; de Or. 2, 144 ‖ sans but, sans raison : *frustra tempus conterere* CIC. Com. 41, passer le temps à ne rien faire ‖ [attribut] *ejus inceptum nullum frustra erat* SALL. J. 7, 6, aucune de ses entreprises n'était vaine, cf. 61, 1 ; 71, 5 ; LIV. 24, 30, 11 ; *frustra cadere* TAC. H. 2, 11, échouer, être sans effet ¶ **2** [idée d'erreur, de tromperie]

hi frustra sunt PL. Amp. 974, ces gens-là se trompent, cf. Bac. 840 ; Most. 567 ; SALL. J. 85, 6 ‖ *frustra habere aliquem* TAC. An. 13, 37, tromper qqn (mais *aliquid* An. 13, 51, = tenir qqch. pour vain, ne pas tenir compte de).

frustrābĭlis, *e* (*frustro*), trompeur, décevant : ARN. 2, 22 ; 6, 22.

frustrāmĕn, *ĭnis*, n. (*frustro*) tromperie : LUCR. 4, 814.

frustrātim, adv., V. *frusta-*.

frustrātĭo, *ōnis*, f. (*frustro*), action de mettre dans l'erreur, de tromper, duperie : PL. Amp. 875 ; Most. 1151 ; *tantae rei frustratio* LIV. 27, 47, 6, tromperie touchant un point si important ‖ action d'éluder, subterfuge : LIV. 25, 25, 3 ; 38, 25, 7 ; TAC. H. 1, 73 ‖ déception, désappointement : VARR. R. 1, 5, 6 ; PLANC. Fam. 10, 23, 5.

frustrātŏr, *ōris*, m. (*frustro*), celui qui élude, qui abuse : SYMM. Ep. 10, 31, 3 ; DIG. 43, 16, 19.

frustrātōrĭē, adv., d'une manière trompeuse : LEO-M. Ep. 28, 2.

frustrātōrĭus, *a, um* (*frustrator*), trompeur : TERT. Anim. 47, 1 ‖ qui élude, dilatoire : MODEST. Dig. 22, 1, 41.

1 frustrātus, *a, um*, part. de *frustro* et de *frustror*.

2 frustrātŭs, *ūs*, m [seul[t] au dat. sg.] action de tromper : *frustratui habere aliquem* PL. Men. 695, se jouer de qqn.

frustrō, *ās, āre, āvī, ātum* (*frustra*), tr. **a)** [arch.] frustrer, tromper : CAES. d. DIOM. 400, 21 ; NON. 473, 15 **b)** [au pass.] être trompé, déçu : LABER. Com. 143 ; SALL. J. 58, 3 ; SIL. 8, 380 ; VELL. 2, 21, 2 ‖ [tard.] rendre inutile un argument, le réfuter : AUG. Civ. 12, 21.

frustrŏr, *ārĭs, ārī, ātus sum*, tr., tromper, abuser, décevoir : *aliquem* PL. Amp. 830 ; TER. Eun. 14 ; CIC. Ac. 2, 65, tromper qqn ; *expectationem* PLIN. Ep. 2, 10, 2, tromper l'attente ‖ rendre illusoire, inutile : COL. 1, 1, 2 ; CATUL. 66, 16 ; VIRG. En. 12, 95 ‖ [tard.] réduire à néant, rejeter : *legem frustrari* IREN. 4, 12, 1, rejeter la loi ‖ pass., V. *frustro*.
▶ inf. *frustrarier* PL. Cap. 331.

frustrum, V. *frustum* ▶.

frustŭlentus, *a, um* (*frustum*), plein de morceaux : PL. Curc. 313.

frustŭlum, *i*, n., dim. de *frustum* : APUL. M. 1, 19.

frustum, *i*, n. (cf. *ferio, briso*, v. irl. *brosnae*, al. *Brosame*, an. *bruise*), morceau [d'un aliment], bouchée : CIC. Div. 1, 27 ; Phil. 2, 63 ‖ [fig.] fragment, morceau : SEN. Ep. 89, 2 ; QUINT. 8, 5, 27 ‖ *frustum pueri* PL. Pers. 848, bout d'homme, avorton.
▶ vulg. *frustrum* PETR. 66, 5.

frŭtectōsus (-tētōsus), *a, um* (*frutectum*), buissonneux, fourré : COL. 2, 2, 11 ‖ plein de rejetons, touffu : PLIN. 16, 153.

frŭtectum (-tētum), *i*, n. (*frutex*), endroit rempli d'arbrisseaux, taillis, fourré : COL. 3, 11, 3 ; PLIN. 25, 17 ‖ arbrisseau : SOLIN. 30, 25.

frŭtescō, *ĭs, ĕre*, -, -, V. *fruticesco* : AMBR. Virg. 9, 52.

frŭtex, *ĭcis*, m. (obscur ; cf. βρύω ?), rejeton ; arbrisseau : LUCR. 5, 956 ; VARR. R. 2, 1, 16 ; COL. Arb. 1, 2 ; PLIN. 16, 156 ‖ branchage : PHAED. 1, 11, 4 ‖ [fig.] bûche [t. d'injure] : PL. Most. 13.
▶ f. d. CAPEL. 3, 225 ; PRISC. 2, 169, 12.

frŭtĭcātĭo, *ōnis*, f. (*frutico*), pousse de rejetons : PLIN. 17, 7.

frŭtĭcescō, *ĭs, ĕre*, -, - (*frutex*), intr., se couvrir de rejetons : PLIN. 17, 257.

frŭtĭcētum, *i*, n., C. *frutectum* : HOR. O. 3, 12, 12 ; SUET. Ner. 48.

frŭtĭco, *ās, āre, āvī, ātum*, COL. 2, 9, 6 ; PLIN. 19, 140 et **frŭtĭcŏr**, *ārĭs, ārī*, -, CIC. Att. 15, 4, 2 (*frutex*), intr., pousser des rejetons ‖ [poét.] *fruticante pilo* JUV. 9, 15, avec une végétation de poils.

frŭtĭcōsus, *a, um* (*frutex*), plein de rejetons : PLIN. 25, 161 ; OV. M. 6, 344 ‖ plein de buissons : OV. H. 2, 121 ‖ *-ior* PLIN. 20, 131 ; *-issimus* PLIN. 16, 165.

Frŭtĭnăl, *ālis*, n., temple de Frutis : P. FEST. 80, 18.

Frŭtis, *is*, f. (étr. Ἀφροδίτη ?), nom étrusque de Vénus : SOLIN. 2, 14 ‖ **Frŭti**, P. FEST. 80, 18.

frux, *frŭgis*, f. (*fruor, 2 fructus*), [mais ordin. pl.] **frūges**, *um* ¶ **1** [pl.] productions, biens de la terre : CIC. Nat. 2, 156 ; CM 5 ; Div. 1, 116 ‖ grains, céréales, moissons : CIC. Nat. 2, 152 ; Verr. 4, 106 ‖ [poét.] *salsae fruges* VIRG. En. 2, 133, farine salée ; C. *mola (salsa)* ¶ **2** [sg., même sens que le pl.] CIC. Amer. 75 ; CM 51 ; HOR. Ep. 1, 16, 10 ‖ [fig.] *bonae frugis homo* GELL. 6, 11, 2, homme qui produit qqch. de bon, brave homme ; *bonae frugi* PL. Cas. 306 ; Trin. 320 ; CIC. Att. 4, 8 b, 3 ; V. *frugi* : *ad frugem compellere* PL. Bac. 1085, ramener à une vie rangée, cf. Trin. 118 ; *expertia frugis* HOR. P. 341, des choses en dehors de tout enseignement moral ; *ad frugem bonam, ut dicitur, se recipere* CIC. Cael. 28, rentrer, comme on dit, dans le droit chemin (s'amender) ¶ **3** [tard.] jouissance, usage : *multari... oculorum et aurium fruge* TERT. Apol. 21, 16, être privé de l'usage de ses yeux et de ses oreilles.
▶ nom. *frux* ENN. An. 314 ; *frugis* VARR. L. 9, 76.

Fryg-, V. *Phry-*.

frўgĭo, V. *phry-*.

fū, interj. (onomat.), V. *phū* pouah ! : PL. Ps. 1294.

fŭam, *ās, at*, subj. arch. de *sum*.

***fūcātē** [inus.] *-tius*, d'une manière plus fardée : AUS. Nep. 1 (321), 7.

fūcātĭo, *ōnis*, f. (*fuco*), action de farder : [fig.] ENNOD. Ep. 2, 4, 4.

fūcātus, a, um, part.-adj. de fuco, teint : *fucatus candor, rubor* Cic. Or. 79, blanc, rouge artificiels, cf. Quint. 8, praef. 19 ‖ [fig.] fardé, faux, simulé : Cic. Brut. 36 ; Lae. 95 ‖ -tior Gell. 13, 26, 3.

Fūcentes, ĭum, m. pl., peuple d'Italie, chez les Marses : Plin. 3, 106.

fŭcĭla, ae, c. fulica : Gloss. 3, 188, 21.

fūcĭlis, e (1 fucus), fardé, faux : P. Fest. 82, 1.

fucillans (cf. fucila), nom d'oiseau : Fest. 508, 13.

fūcīna, ōrum, n. pl. (1 fucus), étoffes teintes avec l'orseille : Quint. 12, 10, 76.

Fūcĭnus lăcŭs, Fūcĭnus, i, m., le lac Fucin [en Italie, chez les Marses] Atlas XII, D4 : Liv. 4, 57, 7 ; Virg. En. 7, 759.

fūcō, ās, āre, āvī, ātum (1 fucus), tr., teindre : Virg. G. 2, 465 ; Tac. An. 2, 14 ‖ farder : Ov. Tr. 2, 487 ‖ [fig.] farder : Gell. 7, 14, 11 ‖ v. fucatus.

fūcōsus, a, um (1 fucus), fardé, paré : Cic. Rab. Post. 40 ; *fucosae amicitiae* Cic. Att. 1, 18, 2, amitiés fardées, feintes.

1 **fūcus**, i, m. (φῦκος) ¶ 1 a) fucus [plante marine donnant une teinture rouge], orseille : Plin. 26, 103 ; Quint. 12, 10, 75 b) toute teinture rouge ; pourpre, teinture : Plin. 22, 3 ‖ la propolis des abeilles : Virg. G. 4, 39 ‖ fard, rouge : Pl. Most. 275 ; Tib. 1, 8, 11 ; Prop. 2, 18, 31 ¶ 2 [fig.] fard, déguisement, apprêt trompeur : *fuco illitus* Cic. de Or. 3, 199, fardé ; *fucum, ut dicitur, facere* Q. Cic. Pet. 35, jeter, comme on dit, de la poudre aux yeux ; *sine fuco* Cic. Att. 1, 1, 1, sans déguisement, sans détour.

2 **fūcus**, i, m. (cf. al. Biene, an. bee), faux bourdon : Varr. R. 3, 16, 19 ; Virg. G. 4, 244.

fūdī, parf. de fundo.

fŭĕram, fŭĕro, v. sum.

fūfae, interj. (onomat., cf. fu), fi donc ! : Char. 239, 6.

Fūfētĭus, ĭi, m., v. Mettus.

Fūfĭdĭus, ĭi, m., nom d'une famille romaine : Cic. Pis. 86 ; Brut. 113 ; Fam. 13, 11, 1 ‖ -dĭānus, a, um, de Fufidius : Cic. Att. 11, 14, 3.

Fŭfĭus, ĭi, m., nom d'une famille romaine : Cic. Fam. 5, 6, 1 ‖ *(lex) Fufia* Cic. Att. 4, 16, 5, loi Fufia.

fŭga, ae, f. (fugio, cf. φυγή ; it. foga > fr. fougue) ¶ 1 fuite, action de fuir : *fuga ab urbe turpissima* Cic. Att. 7, 21, 1, une fuite si honteuse loin de la ville ; *desperata fuga* Cic. Phil. 5, 30, fuite désespérée ; *in fugam sese dare* Cic. Verr. 4, 95 ; *se conferre* Cic. Caecin. 22 ; *se conjicere* Cic. Cael. 63, prendre la fuite ; *capere* Caes. G. 7, 26, 3 ; *petere* Caes. G. 2, 24, 1, prendre la fuite, chercher à fuir ; *fugae sese mandare* Caes. G. 2, 24, 2, chercher son salut dans la fuite ; *aliquem in fugam dare, conjicere, convertere, impellere*, mettre qqn en fuite : Caes. G. 5, 51, 5 ; 2, 23, 2 ; 1, 52, 6 ; Cic. Rab. perd. 22 ; *esse in fuga* Cic. Att. 7, 23, 2 ; 7, 24, être en fuite ; *fugam dare* Virg. En. 12, 368, fuir [mais v. ci-après ¶ 4 Virg. En. 7, 24] ‖ *fugam facere* ⇒ fugere, fuir : Ter. Eun. 787 ; Sall. J. 53, 3 ; Liv. 8, 9, 12 ; ⇒ fugare, mettre en fuite : Liv. 21, 5, 16 ; 21, 52, 10 ; *fugas facere* Cic. Dom. 67, mettre souvent en fuite ; *fugam factam esse constat* Cic. Caecin. 43, c'est un fait qu'il y a eu fuite ¶ 2 fuite de qqch., action d'éviter : *laborum, dolorum* Cic. Fin. 1, 33, la fuite des fatigues, des douleurs, cf. Cic. Mur. 9 ‖ [avec a] Sen. Ep. 121, 20 ¶ 3 exil, bannissement : Cic. Off. 2, 20 ; Rep. 1, 6 ; Tac. An. 14, 64 ; H. 5, 24 ‖ [poét.] lieu d'exil : Ov. H. 6, 158 ; Pont. 1, 2, 130 ¶ 4 course rapide : *fugam dare* Virg. En. 7, 24, accélérer la course [de qqn], cf. Virg. En. 1, 317 ; 4, 430 ; Juv. 8, 61 ; *fuga temporum* Hor. O. 3, 30, 5, la fuite des instants.

▸ gén. arch. fŭgāī Lucr. 1, 1047.

fŭgācĭtās, ātis, f. (fugax), fuite : Gloss. 2, 473, 39.

***fŭgācĭtĕr** [inus.], en fuyant ‖ -acĭus Liv. 28, 8, 3.

Fŭgālĭa, ĭum, n., les Fugalia [fêtes à Rome en mémoire de l'expulsion des rois] : Aug. Civ. 2, 6.

fŭgātŏr, ōris, m., -trix, īcis, f., celui, celle qui chasse, qui met en fuite : Ps. Tert. Marc. 5, 227 ; Tert. Scorp. 12, 5.

fŭgax, ācis (fugio) ¶ 1 disposé à fuir, fuyard : *fugacissimus hostis* Liv. 5, 28, 8, ennemi le plus fuyard ‖ toujours en fuite [en parl. d'un esclave] : Pl. Pers. 421 ¶ 2 qui fuit, qui court, rapide : *fugacior* Ov. M. 13, 807 ‖ [fig.] passager, éphémère : Cic. Fam. 10, 12, 5 ; Hor. O. 2, 14, 1 ‖ [avec gén.] qui cherche à éviter, qui fuit : *gloriae* Sen. Ben. 4, 32, 4, qui fuit la gloire, cf. Ov. Tr. 4, 10, 38 ¶ 3 qui se cache, secret : Aug. Ep. 118, 12.

fŭgēla (-ella), ae, f. (fugio), fuite : Cat. Orat. 182 ; Apul. Apol. 98.

fŭgĭbĭlis, e, qu'on doit fuir [seul[t] au comparatif] : Boet. Top. Arist. 3, 1.

fŭgĭens, tis ¶ 1 part. prés. de fugio ¶ 2 [pris adj[t]] [avec gén.] *laboris* Caes. C. 1, 69, 3, qui fuit la peine ‖ [fig.] *vinum fugiens* Cic. Off. 3, 91, vin qui passe ¶ 3 pris subst, = φεύγων, le défendeur : Cod. Just. 2, 59, 2.

fŭgĭō, ĭs, ĕre, fūgī, fŭgĭtūrus (cf. φεύγω, scr. bhujati, al. biegen, an. bow ; fr. fuir)

I intr. ¶ 1 fuir, s'enfuir : *ex proelio* Cic. Fam. 10, 4, 1 ; *a Troja* Cic. Verr. 4, 72, s'enfuir du combat, des environs de Troie ; *oppido* *Caes. C. 3, 29, 1, s'enfuir de la ville ; *de civitate* Quint. 6, 1, 19 ; *ex patria* Nep. Att. 4, 4, s'exiler ; *Tarquinios Corintho* Cic. Tusc. 5, 109, s'exiler de Corinthe à Tarquinies ‖ [fig.] se détourner de, s'éloigner de : *omne animal appetit quaedam et fugit a quibusdam* Cic. Nat. 3, 33, tout être animé recherche certaines choses et en fuit certaines autres, cf. Off. 1, 128 ‖ [poét.] *e corpore sanguis fugit* Ov. M. 14, 755, le sang s'écoule du corps ; *e pratis pruina fugit* Ov. F. 6, 730, la rosée s'enfuit des prairies ; *nisi causa morbi fugerit venis* Hor. O. 2, 2, 15, si le principe du mal n'a pas fui de ses veines ¶ 2 [poét.] a) fuir, aller vite, passer rapidement : *rivus fugiens per gramina* Virg. G. 4, 19, le ruisseau qui fuit à travers le gazon ; *fugiunt nubes* Hor. O. 1, 12, 30, les nuées s'enfuient ; *fugientia flumina* Hor. S. 1, 1, 68, l'eau fugitive ; *fugere ad puppim colles videntur* Lucr. 4, 389, les collines semblent fuir vers la poupe [à mesure que le bateau s'avance] b) passer, s'évanouir : *fugiunt cum sanguine vires* Ov. M. 7, 859, les forces s'enfuient avec le sang ; *fugit irreparabile tempus* Virg. G. 3, 284, le temps fuit sans retour ; *memoriane fugerit in annalibus digerendis an...* Liv. 9, 44, 4, est-ce défaillance de mémoire dans la rédaction des annales ou..., [on ne sait] ‖ passer [en parl. des fruits et du vin] : Sen. Ep. 12, 4 ; Cic. Off. 3, 91 ; v. fugiens ¶ 2.

II tr. ¶ 1 fuir, chercher à éviter, se dérober à : *conventus hominum* Caes. C. 1, 19, 2, fuir les réunions nombreuses ; *conspectum multitudinis* Caes. G. 7, 30, 1, se dérober aux regards de la foule ; *ignominiam ac dedecus* Cic. Rep. 5, 6, fuir la honte et le déshonneur ; *mors fugitur* Cic. Leg. 1, 31, on fuit la mort ; *fugienda injuria est* Cic. Off. 1, 25, on doit fuir l'injustice ‖ [avec inf.] éviter de : *an patris triumphum decorare fugiendum fuit ?* Cic. Mur. 11, devait-il éviter d'orner le triomphe de son père ? ; *neque enim illud fugerim dicere, ut Coelius...* Cic. de Or. 3, 153, par exemple, je n'hésiterais pas à dire à Coelius..., cf. Cic. Att. 10, 8, 5 ; Off. 3, 26 ; Lucr. 1, 1052 ; Virg. En. 9, 200 ‖ [avec ne] *quod in causis fugere soleo, ne tibi succedam...* Cic. de Or. 1, 208, ce que d'ordinaire j'évite dans les procès, à savoir de parler après toi... ¶ 2 [poét.] fuir qqn, fuir devant qqn : *lupus me fugit* Hor. O. 1, 22, 12, le loup fuit devant moi ; *hostem* Hor. S. 1, 3, 10, fuir l'ennemi ‖ quitter pour l'exil : *patriam* Virg. B. 1, 4, fuir sa patrie, cf. Hor. O. 1, 7, 22 ; 2, 16, 20 ‖ échapper à, se soustraire à, éviter : *insidiatorem* Hor. S. 2, 5, 25, échapper au tendeur de pièges, cf. Hor. O. 3, 3, 16 ; 4, 16, 19 ; *judicium* Hor. S. 1, 4, 100, éviter un jugement ¶ 3 [fig.] échapper à = n'être point perçu, aperçu, compris, connu a) *tanta est animi tenuitas, ut fugiat aciem* Cic. Tusc. 1, 50, l'âme est si ténue qu'elle échappe à la vue ; *quae res ejus scientiam fugere possit ?* Cic. Pomp. 28, qu'est-ce qui pourrait échapper à sa connaissance ? b) [nom de pers. compl. direct] *res me, te, eum fugit*, cette chose m'échappe, t'échappe... = je ne sais pas cela, je ne remarque pas cela, je ne pense pas à cela ; *illud quod istum fugerat* Cic. Verr. 5, 105, cette remarque qui avait échappé à ton client ; *haec ratio Solonem non fugerat* Cic. Rep. 2, 59, ce moyen

n'avait pas échappé à Solon ; ***illud alterum quam sit difficile, te non fugit*** Cic. *Att.* 12, 42, 2, combien est difficile la seconde solution, tu ne l'ignores pas ‖ [avec inf.] ***fugit me ad te antea scribere*** Cic. *Att.* 7, 18, 3, j'ai oublié de t'écrire auparavant, cf. Cic. *Att.* 5, 12, 3 ; 13, 51, 1 ; [avec prop. inf.] Caes. C. 1, 71, 1 ; [avec négation et *quin* subj.] ***illud te non arbitror fugere quin...*** Cic. *Fam.* 8, 14, 3, tu n'ignores pas, je pense, que...
▶ part. fut *fugiturus* Ov. *H.* 2, 47 ; Plin. 9, 182 ; Curt. 7, 4, 15.

fŭgĭtans, *tis*, part. prés. de *fugito*, [pris adj¹] ***fugitans litium*** Ter. *Phorm.* 623, qui fuit les procès.

fŭgĭtīvārĭus, *ii*, m. (*fugitivus*) ¶ 1 homme qui est à la recherche des esclaves fugitifs : Flor. 3, 19, 7 ¶ 2 recéleur d'un esclave fugitf : Cod. Th. 10, 12, 1.

fŭgĭtīvus, *a*, *um* (*fugio*), fugitif, qui s'enfuit : Sall. *C.* 56, 5 ; ***fugitivi a dominis*** Cic. *Verr.* 4, 112, qui s'enfuient de chez leurs maîtres ; ***fugitivus loci*** Plin. 18, 142, qui abandonne un lieu, cf. Plin. *Ep.* 9, 28, 4 ‖ subst. m., esclave fugitif : Cic. *Verr.* 5, 5 ; *Tusc.* 5, 63 ‖ [soldat] transfuge, déserteur : Caes. G. 1, 23, 2 ‖ [chrét.] éphémère : Aug. *Serm.* 139, 2 Mai.

fŭgĭtō, *ās*, *āre*, *āvī*, *ātum* (fréq. de *fugio*) ¶ 1 intr., s'empresser de prendre la fuite : Ter. *Eun.* 847 ¶ 2 tr., fuir, éviter : Pl. *Poen.* 508 ; Ter. *Phorm.* 835 ; Cic. *Amer.* 78 ‖ [avec inf.] éviter de : Ter. *Hec.* 776 ; Lucr. 1, 658.

fŭgĭtŏr, *ōris*, m., C.▶ *fugitivus* : Pl. *Trin.* 723.

fŭgĭum, *ii*, n., C.▶ *fuga* : Schol. Bern. G. 3, 384.

fŭgō, *ās*, *āre*, *āvī*, *ātum* (*fuga*), tr., mettre en fuite : Cic. *Caecin.* 33 ; *Off.* 3, 112 ; Caes. G. 7, 68 ‖ exiler : Ov. *Pont.* 3, 5, 21 ‖ lancer [des traits] : Sil. 2, 91.

fulcīmĕn, *ĭnis*, n., C.▶ *fulcimentum* : Ov. *F.* 6, 269.

fulcīmentum, *i*, n. (*fulcio*), soutien, appui, étai : Apul. *M.* 1, 16 ; Macr. *Sat.* 7, 9, 6.

Fulcĭnĭus, *ii*, m., nom d'homme : Cic. *Phil.* 9, 5 ; *Caecin.* 11.

fulcĭō, *īs*, *īre*, *fulsī*, *fultum* (cf. φάλαγξ, al. *Balken*, angl. *balk* ; it. *folcire*), tr., étayer, soutenir : Cic. *CM* 52 ; *Ac.* 2, 75 ‖ [fig.] ***amicum*** Cic. *Rab. Post.* 43, soutenir un ami ; ***aliquem litteris*** Cic. *Att.* 5, 21, 14, soutenir quelqu'un de ses lettres ; ***stomachum frequenti cibo*** Sen. *Ep.* 68, 7, soutenir l'estomac en mangeant souvent.
▶ parf. *fulcivi* CIL 6, 1703 ; part. *fulcitus* Cael.-Aur. *Chron.* 2, 1, 46.

fulcĭpĕdĭa, *ae*, f. (*fulcio*, *pes*), pimbêche [littérᵗ : montée sur des échasses] : Petr. 75, 5.

fulcītus, *a*, *um*, V.▶ *fulcio* ▶.

fulcīvi, V.▶ *fulcio* ▶.

fulcrālĭa, *ĭum*, n. pl. (*fulcrum*), ornements de bois de lit : Gloss. 5, 600, 9.

fulcrum, *i*, n. (*fulcio*), support, montant de lit, bois de lit : Prop. 2, 13, 21 ; Virg. *En.* 6, 604 ‖ lit, couche : Prop. 4, 7, 3 ; Juv. 6, 22.

fulctūra, V.▶ *fultura*.

Fulfŭlae, *ārum*, f. pl., ville du Samnium : Liv. 24, 20, 5.

fulgens, *tis*, part.-adj. de *fulgeo*, étincelant, brillant, éclatant : ***fulgentior*** Sen. *Ep.* 115, 4 ; *-tissimus* Vell. 2, 71, 1.

*fulgentĕr [inus.], avec éclat : compar., *-tius* Plin. 10, 43.

fulgĕō, *ēs*, *ēre*, *fulsī*, - (*fulgur*, *fulmen*, *flagro*, cf. φλέγω, al. *Blick*, *Blitz*), intr. ¶ 1 éclairer, faire des éclairs : Cic. *Div.* 2, 149 ; Lucr. 6, 160 ; ***caelo fulgente*** Cic. *Nat.* 2, 65, quand le ciel est traversé d'éclairs ; [fig.] [en parl. d'un orateur] lancer des éclairs : Cic. *Or.* 29 ¶ 2 luire, éclairer, briller : Cic. *Cat.* 2, 5 ; Liv. 1, 25, 4 ; Hor. *Epo.* 15, 1 ‖ briller, être illustre : Liv. 26, 22, 13 ; Tac. *H.* 4, 42 ‖ briller, se manifester avec éclat : Cic. *Att.* 8, 8, 2 ; Nep. *Eum.* 1, 4 ; Sen. *Ep.* 92, 18.
▶ arch. 3ᵉ conjug. *fulgo*, *is*, *ĕre* Pacuv. *Tr.* 229 ; Acc. *Tr.* 351 ; Lucr. 5, 1095 ; Virg. *En.* 6, 826, cf. Sen. *Nat.* 2, 56, 2.

fulgĕrātŏr V.▶ *fulgur-*.

fulgĕrō, *ās*, *āre*, -, -, V.▶ *fulgur-*.

fulgescō, *ĭs*, *ĕre*, -, - (inch. de *fulgeo*), intr., devenir lumineux, brillant : Firm. *Math.* 1, 10, 14.

fulgĕtra, *ae*, f., Plin. 28, 25, *-trum*, *i*, n., Plin. 2, 112, éclair.

fulgĭdŭlus, *a*, *um* (dim. de *fulgidus*), Ter.-Maur. 6, 332, 225.

fulgĭdus, *a*, *um* (*fulgeo*), lumineux, brillant : Lucr. 3, 363 ‖ *-dior* Aug. *Serm.* 384, 1.

Fulgĭnās, *ātis*, adj., de Fulginie : Cic. d. Prisc. 2, 348, 19.

Fulgĭnĭa, *ae*, f., ville d'Ombrie [auj. Foligno] Atlas XII, D3 : Sil. 8, 462 ‖ déesse honorée à Fulginie : CIL 11, 5223 ‖ *-nĭātes*, *um* (*ĭum*), m. pl., habitants de Fulginie : Plin. 3, 113.

fulgĭtrŭa, *ŭum*, n., éclairs : Hyg. *Fab.* 183.

fulgō, *ĭs*, *ĕre*, -, -, V.▶ *fulgeo* ▶.

fulgŏr, *ōris*, m. (*fulgeo*) ¶ 1 éclair : Cic. *Div.* 2, 44 ; Virg. *En.* 8, 524 ¶ 2 lueur, éclat : Cic. *Verr.* 4, 71 ; [astre resplendissant] Cic. *Rep.* 6, 17 ; ***carbunculi*** Plin. 37, 93, feux d'une escarboucle ¶ 3 [fig.] éclat, honneur : Ov. *Tr.* 5, 12, 39.

Fulgŏra, *ae*, f. (*fulgur*), déesse qui présidait aux éclairs : Sen. d. Aug. *Civ.* 6, 10, 3.

fulgŏrātŏr V.▶ *fulgurator* : Serv.

fulgŭr, *ŭris*, n. (*fulgeo* ; fr. *foudre*), éclair : Cic. *Div.* 1, 16 ; Lucr. 6, 391 ; Sen. *Nat.* 2, 57, 3 ‖ foudre : Virg. *G.* 1, 488 ‖ [fig.] lueur, éclat : Lucr. 2, 164 ‖ ***fulgura condere***, enfouir les objets frappés par la foudre : Juv. 6, 586 ; CIL 9, 1047.

fulgŭrālis, *e* (*fulgur*), fulgural, des éclairs, de la foudre : Cic. *Div.* 1, 72.

fulgŭrat, impers., V.▶ *fulguro*.

fulgŭrātĭō, *ōnis*, f. (*fulguro*), fulguration : Sen. *Nat.* 1, 1, 6 ; 2, 16.

fulgŭrātŏr, *ōris*, m. (*fulguro*) ¶ 1 qui lance des éclairs : Apul. *Mund.* 37 ¶ 2 interprète des éclairs, de la foudre : Cat. d. Non. 63, 23 ; Cic. *Div.* 2, 109 ; Serv. *En.* 3, 359.

fulgŭrātūra, *ae*, f., interprétation des éclairs : Serv. *En.* 1, 42.

fulgŭrātus, *a*, *um*, C.▶ *fulguritus* : Sen. *Nat.* 2, 21, 2.

fulgŭrĕus, *a*, *um* (*fulgur*), d'éclair : Capel. 5, 427.

fulgŭrĭātŏr, C.▶ *fulgurator* : CIL 11, 6363.

fulgŭrĭō, *īs*, *īre*, *īvī* (*fulgur*), intr., lancer des éclairs, lancer la foudre : Naev. d. Non. 110, 17 ‖ tr., frapper de la foudre, V.▶ *fulguritus*.

fulgŭrītus, *a*, *um* (*fulgur*), foudroyé : P. Fest. 82, 8 ; Pl. *Trin.* 539 ; Varr. *L.* 5, 150 ‖ subst. n., lieu frappé de la foudre : Arn. 5, 1 ; 5, 4.

fulgŭrō, *ās*, *āre*, *āvī*, *ātum*, intr., **fulgurat**, impers. (*fulgur*), éclairer, faire des éclairs : ***Jove fulgurante*** Cic. *Div.* 2, 43, Jupiter lançant des éclairs ; ***sine tonitribus fulgurat*** Plin. 2, 144, il fait des éclairs sans tonnerre ‖ [fig.] lancer des éclairs [en parl. d'un orateur] : Quint. 2, 16, 19 ; Plin. *Ep.* 1, 20, 19 ‖ [poét.] briller, étinceler, resplendir : Stat. *Th.* 4, 191 ‖ [tard.] foudroyer : Greg.-M. *Ezech.* 1, 5, 14, p. 827 C.

fŭlĭca, *ae*, f. (cf. φαλαρίς, al. *Belche* ; it. *folica*), foulque [oiseau de mer] : Plin. 11, 122 ‖ **fŭlix**, *ĭcis*, f., Cic. poet. *Div.* 1, 14.

fŭlĭcŭlus, *i*, m. (dim. de *fulica*), Schol. Bern. G. 1, 363.

fūlĭgĭnātus, *a*, *um* (*fuligo*), teint en noir : Hier. *Ep.* 54, 7, 1.

fūlĭgĭnĕus, *a*, *um* (*fuligo*), fuligineux : Petr. 108, 2.

fūlĭgĭnōsus, *a*, *um*, couvert de suie : Prud. *Perist.* 10, 261.

fūlīgo, *ĭnis*, f. (cf. *fumus*, scr. *dhūli-s* ; it. *filiggine*), suie : Cic. *Phil.* 2, 91 ‖ fumée épaisse : Quint. 11, 3, 23 ‖ noir [pour se teindre les sourcils] : Juv. 2, 93 ‖ [fig.] obscurité : Gell. 1, 2, 7.

fŭlīna, *ae*, f., C.▶ *culina* : *Gloss. 5, 599, 16.

fŭlix, *ĭcis*, f., V.▶ *fulica*.

fullo, *ōnis*, m. (cf. al. *Bolzen* ; fr. *foulon*, *fouler*), foulon, qui presse les étoffes : Pl. *Aul.* 508 ; Plin. 28, 66 ‖ sorte de scarabée : Plin. 30, 100 ‖ titre d'un poème comique de Labérius : Gell. 16, 7, 3.

fullonica

1 fullōnĭca, *ae*, f. (*fullo*), métier de foulon : Vitr. 6, *praef.* 7 ‖ foulerie : Ulp. Dig. 39, 3, 3.

2 fullōnĭca, *ōrum*, n. pl., fouleries : Ulp. Dig. 7, 1, 13.

fullōnĭcō, *ās*, *āre*, -, -, tr., laver, nettoyer : Orig. Matth. 12, 39 ; Gloss. 3, 406, 42.

fullōnĭcus, *a*, *um* (*fullo*), de foulon : Cat. Agr. 10, 5 ‖ **fullōnĭus**, *a*, *um*, Pl. Ps. 782 ; Plin. 7, 196.

fullōnĭum, *ii*, n. (*fullo*), foulerie, teinturerie : Amm. 14, 11, 31.

fulmĕn, *ĭnis*, n. (*fulgeo*), foudre, tonnerre : *emittere, jacere* Cic. Div. 2, 44, 45, lancer la foudre ; *fulmine ictus, percussus* Cic. Off. 3, 94 ; Nat. 3, 57, frappé de la foudre, foudroyé ‖ [fig.] foudre, malheur foudroyant, catastrophe : *fulmina fortunae* Cic. Tusc. 2, 67, les coups foudroyants de la fortune, cf. Att. 4, 6, 2 ; Liv. 45, 41, 1 ‖ violence, foudre, impétuosité [en parl. du style] : Cic. Or. 21 ; Fam. 9, 21, 1 ; Quint. 8, 6, 7 ‖ [en parl. de pers.] *fulmina belli* Virg. En. 6, 843, foudres de guerre, cf. Cic. Balb. 34 ‖ éclairs, vive lumière [des yeux] : Sil. 11, 342.

fulmenta, *ae*, f. (*fulcio*), support, étai : Cat. Agr. 14, 1 ‖ talon d'une chaussure : Pl. Trin. 720.

fulmentum, *i*, n. (*fulcio*), support, étai : Vitr. 5, 1, 9 ‖ pied de lit : Cels. 2, 15, 4 ; [prov.] *fulmenta lectum scandunt* Varr. d. Non. 206, 25, les grabats (des esclaves) veulent être plus hauts que le lit (du maître) ‖ billot pour hacher ou table de cuisine : Apic. 43 ; Gloss. 2, 308, 53.

fulmĭnātĭo, *ōnis*, f., lancement de la foudre : Sen. Nat. 2, 12, 1.

fulmĭnātor, *ōris*, m. (*fulmino*), celui qui lance la foudre [épith. de Jupiter] : Arn. 6, 23.

fulmĭnātus, *a*, *um* ¶1 part. de *fulmino* ¶2 (*fulmen*), qui a l'éclat de la foudre : Stat. S. 2, 7, 94 ‖ **fulminata**, *ae*, surnom de la 12ᵉ légion : Rufin. Hist. 5, 5, 4.

fulmĭnĕus, *a*, *um* (*fulmen*), de la foudre : Lucr. 2, 382 ; Hor. O. 3, 16, 11 ‖ étincelant, brillant : Virg. En. 9, 811 ‖ [fig.] impétueux, foudroyant, meurtrier : Virg. En. 4, 580 ; Ov. F. 2, 232.

fulmĭnō, *ās*, *āre*, *āvī*, *ātum* (*fulmen*) ¶1 intr., lancer la foudre : *fulminat*, impers., la foudre tombe : *fulminantis Jovis* Hor. O. 3, 3, 6, de Jupiter lançant la foudre ; *cum fulminat* Virg. G. 1, 370, quand la foudre tombe ‖ [fig.] *Caesar fulminat bello* Virg. G. 4, 561, César lance les foudres de la guerre ; *fulminat oculis* Prop. 4, 8, 55, ses yeux lancent des éclairs ¶2 tr., foudroyer, frapper de la foudre : Plin. 2, 145 ; Lact. Inst. 1, 10, 1 ‖ [fig.] Petr. 80, 7 ¶3 [tard., fig.] foudroyer par sa parole, condamner : Hier. Ruf. 3, 31.

fulsī, parf. de *fulcio* et de *fulgeo*.

fultŏr, *ōris*, m. (*fulcio*), soutien [fig.] : Fort. Carm. 2, 11, 19.

fultrix, *īcis*, f., celle qui soutient : Eutych. 5, 455, 30.

fultūra, *ae*, f. (*fulcio*), soutien, étai : Col. 1, 5, 9 ; [fig.] Plin. Ep. 1, 9, 4 ‖ nourriture fortifiante : Hor. S. 2, 3, 154.

fultus, *a*, *um*, part. de *fulcio*.

fulvastĕr, *tra*, *trum* (*fulvus*), roussâtre : Ps. Apul. Herb. 110.

Fulvĭa, *ae*, f., Fulvie [femme du tribun Clodius, puis de Marc Antoine le triumvir] : Cic. Phil. 2, 11.

Fulvĭastĕr, *tri*, m., imitateur de Fulvius : Cic. Att. 12, 44, 4.

fulvĭdus, *a*, *um* (*fulvus*), roux, jaunâtre : Cassiod. Var. 9, 3, 1.

Fulvĭus, *ii*, m., nom d'une famille de Rome ; notᵗ M. Fulvius Flaccus, partisan de C. Gracchus : Cic. Brut. 108 ; Cat. 1, 4 ‖ M. Fulvius Nobilior, vainqueur des Étoliens : Cic. Arch. 27 ‖ **-ĭānus**, *a*, *um*, de Fulvius : Plin. 26, 68.

fulvus, *a*, *um* (cf. *fel, florus, holus*, al. *gelb*, an. *yellow*), jaunâtre, fauve, d'or [définition Gell. 2, 26, 8] : Lucr. 5, 902 ; Virg. En. 7, 279 ; 11, 642 ‖ **fulvum**, *i*, n., couleur fauve : Solin. 17, 5 ‖ **-vior** Cael.-Aur. Acut. 2, 27, 144.

fūmābundus, *a*, *um*, fumant : VL. Gen. 15, 17.

fūmārĭŏlum, *i*, n. (dim. de *fumarium*), petite cheminée : Tert. Paen. 12, 2.

fūmārĭum, *ii*, n. (*fumus*), chambre pour fumer [surtout le vin] : Mart. 10, 36, 1 ‖ cheminée : Col. 1, 6, 19.

fūmātĭo, *ōnis*, f., action d'enfumer : Cael.-Aur. Chron. 1, 4, 136.

fumātŏr, *ōris*, m. (*fumo*), celui qui enfume : Gloss. 2, 581, 7.

fūmescō, *is*, *ĕre*, -, - (inch. de *fumo*), intr., fumer, jeter de la fumée : Isid. 17, 8, 2.

fūmĕus, *a*, *um* (*fumus*) ¶1 de fumée, enfumé : *fumea vina* Mart. 13, 123, vins qui ont été exposés à la fumée ¶2 qui répand de la fumée : Virg. En. 6, 593 ; Val.-Flac. 4, 595 ‖ [fig.] fumeux : Aug. Serm. 301, 4.

fūmĭdus, *a*, *um* (*fumus*) ¶1 qui fume : Lucr. 3, 304 ; Virg. En. 9, 75 ¶2 couleur de fumée : Plin. 5, 55 ; 37, 114 ‖ qui sent la fumée : Plin. 14, 127.

fūmĭfĕr, *ĕra*, *ĕrum* (*fumus, fero*), qui répand de la fumée : Virg. En. 9, 522 ‖ [en parl. d'une rivière] : Luc. 7, 193.

fūmĭfĭcō, *ās*, *āre*, -, - (*fumus, facio*), intr., faire de la fumée [avec l'encens] : Pl. Mil. 412.

fūmĭfĭcus, *a*, *um*, qui fait de la fumée, qui émet de la vapeur : Pl. d. Varr. L. 7, 38 ; Ov. M. 7, 114 ; Prud. Perist. 3, 118.

fūmĭgābundus, *a*, *um*, fumant : Vulg. Sap. 10, 7.

fūmĭgātĭo, *ōnis*, f., fumigation : Cael.-Aur. Chron. 1, 4, 122.

fūmĭgātus, part. de *fumigo*.

fūmĭgĭum, *ii*, n. (*fumigo*), fumigation : Theod.-Prisc. 1, 34.

fūmĭgō, *ās*, *āre*, *āvī*, *ātum* (*fumus, ago*) ¶1 tr., enfumer, fumiger : Varr. R. 3, 16, 17 ; Col. 9, 14, 7 ¶2 intr., fumer, être fumant : Gell. 19, 1, 3.

fūmō, *ās*, *āre*, *āvī*, *ātum* (*fumus* ; fr. *fumer*), intr., fumer, jeter de la fumée, de la vapeur : Cic. Nat. 2, 25 ; Caes. G. 7, 24, 2 ; Lucr. 6, 748 ; Virg. En. 8, 106 ; *equi fumantes* Virg. En. 12, 338, chevaux fumants : *fumantes pulvere campi* Virg. En. 11, 908, plaine fumante de poussière.

fūmōsus, *a*, *um* (*fumus* ; fr. *fumeux*) ¶1 qui jette de la fumée : Cat. Agr. 130 ¶2 enfumé, noirci par la fumée : Cic. Pis. 1 ‖ fumé [en parl. d'un jambon] : Hor. S. 2, 2, 117 ; [en parl. du vin] Tib. 2, 1, 27 ; V. *fumarium* ‖ qui sent la fumée : Plin. 18, 319 ¶3 [tard., fig.] vain : Aug. Parm. 2, 8, 15.

fūmus, *i*, m. (cf. *fuligo, suffio*, θυμός, scr. *dhūma-s* ; esp. *humo*), fumée : Cic. Verr. 1, 45 ; Caes. G. 2, 7, 4 ; *fumi incendiorum* Caes. G. 5, 48, 10, la fumée des incendies ‖ [prov.] *de fumo in flammam* Amm. 28, 1, 26, tomber de Charybde en Scylla ; *flamma fumo est proxima* Pl. Curc. 53, la flamme suit de très près la fumée [une faute légère est suivie d'une plus grave] ; *fumum, fumos vendere* Apul. Apol. 60 ; Mart. 4, 5, 7, vendre de la fumée [faire de vaines promesses] ; *per fumum vendere aliquid* Capit. Anton. 11, 1, en faire accroire ‖ [fig.] *omne verterat (ille) in fumum* Hor. Ep. 1, 15, 39, il avait dissipé tout son bien, tout son bien s'en était allé en fumée ‖ *fumi Massiliae* Mart. 14, 118, 1, les vins fumés de Marseille, cf. Plin. 14, 68 ‖ chose vaine et passagère : Aug. Parm. 1, 2, 3.

fūnāle, *is*, n. (*funalis*), torche : Cic. CM 44 ‖ lustre, candélabre : Ov. M. 12, 247.

fūnālis, *e* (*funis*), de corde : *funalis equus* Suet. Tib. 6, cheval de volée [attaché en dehors du timon] ‖ subst. m., *funalis cereus* Val.-Max. 3, 6, 4, chandelle.

fūnambŭlus, *i*, m. (*funis, ambulo*), funambule, danseur de corde : Ter. Hec. 4 ; Suet. Galb. 6 ‖ [fig.] qui se joue de : Tert. Pud. 10, 9.

1 fūnārĭus equus, m., ⬛ *funalis* : Isid. 18, 35, 2.

2 Fūnārĭus, *ii*, m., surnom de l'empereur Gratien : Amm. 30, 7, 2.

functĭo, *ōnis*, f. (*fungor*), accomplissement, exécution : Cic. Tusc. 2, 35 ; Verr. 3, 15 ‖ [droit] *res quae functionem recipiunt* Dig. 12, 1, 1, choses fongibles ‖ accomplissement, fin, mort : Arn. 2, 78 ‖ acquittement d'une taxe : Cod. Just. 8, 54, 4 ‖ [chrét.] mort : Arn. 2, 57.

functus, *a*, *um*, part. de *fungor*.

funda, *ae*, f. (cf. σφενδόνη; esp. *honda*, fr. *fronde*) ¶1 fronde : Caes. G. 4, 25, 1; Liv. 38, 24, 4, cf. Isid. 18, 10, 1 ¶2 balle de plomb [lancée avec la fronde] : Sil. 10, 152 ¶3 tramail, sorte de filet : Virg. G. 1, 141 ¶4 chaton de bague : Plin. 37, 116 ¶5 bourse : Macr. Sat. 2, 4, 31.

fundābĭlis, *e* (1 *fundo*), solide : Max. Serm. 29.

fundalis, *e* (*funda*), de fronde : Prud. Psych. 293.

fundāmĕn, *ĭnis*, n. (1 *fundo*), fondement : Virg. G. 4, 161; Ov. F. 4, 835.

fundāmentālis, *e* (*fundamentum*), fondamental : Ps. Hier. Job 38.

fundāmentālĭtĕr, de fond en comble : Sidon. Ep. 3, 8.

fundāmentum, *i*, n. (1 *fundo*; fr. *fondement*) ¶1 [au pr.] [gén¹ au pl.] fondement, fondation, base, support : *fundamenta agere* Cic. Mil. 75; *jacere* Liv. 1, 12, 4; *locare* Virg. En. 4, 266, jeter, poser les fondements; *a fundamentis proruere, diruere* Liv. 26, 13, 16; 42, 63, 11, détruire de fond en comble ‖ le fond de la mer : Liv. 2, 6, 55 ¶2 [fig.] [sg.] Cic. Planc. 29; Off. 1, 23; Brut. 258; Cael. 30 ‖ [pl.] Cic. Pis. 9; CM 62; Mur. 14; *fundamenta reipublicae* Cic. Cat. 4, 13, les assises de l'État.

Fundānĭa, *ae*, f., épouse de Varron [l'écrivain] : Varr. R. 1, 1, 1.

Fundānĭānus, *a*, *um*, qui a rapport à Fundanius : Serv. G. 2, 342.

1 **Fundānĭus**, *a*, *um*, ⓒ ▸ *Fundanus*, ⓥ ▸ *Fundi* : Vop. Tac. 17, 2; CIL 6, 311.

2 **Fundānĭus**, *ii*, m., nom d'une famille romaine; not¹ C. Fundanius, ami de Cicéron, défendu par lui : Cic. Q. 1, 2, 10 ‖ poète comique, ami d'Horace et de Mécène : Hor. S. 1, 10, 42.

Fundānus, *i*, m., nom d'un lac du Latium : Plin. 3, 59 ‖ ⓥ ▸ *Fundi*.

fundātĭōnes, *um*, f. pl. (1 *fundo*), fondations : Vitr. 3, 4, 1 ‖ sg. [tard.] Cassiod. Hist. 4, 9.

1 **fundātŏr**, *ōris*, m., fondateur : Virg. En. 7, 678; Apul. Plat. 1, 1.

2 **fundātŏr**, *ōris*, m. (*funda*), frondeur : Schol. Bern. G. 1, 141.

fundātrix, *īcis*, f., fondatrice : CIL 10, 4514.

fundātus, *a*, *um*, part. de 1 *fundo*, [pris adj¹] établi solidement, bien assis : *-tior* Vitr. 7, 3, 5; *-tissimus* Cic. Dom. 96.

Fundi, *ōrum*, m. pl., Fundi [ville du Latium, auj. Fondi] Atlas XII, E4 : Cic. Att. 14, 6, 1 ‖ *-dānus*, *a*, *um*, de Fundi : Cic. Agr. 2, 66 ‖ subst. m. pl., habitants de Fundi : Liv. 8, 19, 4; ⓥ ▸ 1 *Fundanius*.

fundĭbălārĭus, *-bŭlārĭus*, *ii*, m., frondeur : Vulg. 4 Reg. 3, 25.

fundĭbalus, *i*, m. (*funda*, βάλλω), machine à lancer des projectiles : Isid. 18, 10, 2; Gloss. 5, 203, 34.

fundĭbŭlārĭus, ⓒ ▸ *fundibalarius*.

fundĭbŭlātŏr, *ōris*, m., frondeur : Veg. Mil. 3, 14.

1 **fundĭbŭlum**, *i*, n. (*funda*), fronde : Vulg. 1 Macch. 6, 51; Gloss. 3, 299, 4.

2 **fundĭbŭlum**, *i*, n. (2 *fundo*), entonnoir : Gloss. 2, 530, 13.

fundĭtō, *ās*, *āre*, *-*, *ātum*, tr. (fréq. de 2 *fundo*), répandre souvent, en quantité : Pl. Poen. 482; Amp. 1033 ‖ *se* [en parl. de puissance] Amm. 28, 1, 8, se répandre, s'étendre.

fundĭtŏr, *ōris*, m. (*funda*), frondeur : Caes. G. 2, 7, 1; Sall. J. 46, 7; Liv. 27, 2, 6.

fundĭtŭs, adv. (*fundus*), jusqu'au fond, de fond en comble : Cic. Verr. 4, 79; Off. 1, 35 ‖ [fig.] radicalement, foncièrement : Cic. Lae. 23 ‖ au fond, dans les profondeurs : Lucr. 5, 498.

1 **fundō**, *ās*, *āre*, *āvī*, *ātum* (*fundus*; fr. *fonder*), tr. ¶1 affermir sur une base, fonder, bâtir : *mea puppis valida fundata carina* Ov. Pont. 4, 3, 5, mon vaisseau affermi sur une solide carène; *in vertice sedes fundatur Veneri* Virg. En. 5, 759, sur le sommet on fonde un temple pour Vénus; *urbis sedes saxo fundata vetusto* Virg. En. 8, 478, ville assise sur un antique rocher ‖ [poét.] assujettir : *dente tenaci ancora fundabat naves* Virg. En. 6, 4, l'ancre de sa dent mordante assujettissait les vaisseaux ¶2 [fig.] asseoir solidement, fonder : *accurate non modo fundata, verum etiam exstructa disciplina* Cic. Fin. 4, 1, doctrine, dont on soigne non seulement les bases, mais toute la construction, cf. Cic. Rab. Post. 1; *nihil veritate fundatum* Cic. Flac. 26, rien de fondé sur la vérité; *pecunia fundata nitidis villis* Hor. Ep. 1, 15, 46, argent assis sur d'opulentes villas ‖ établir solidement, constituer fortement : *nostrum imperium* Cic. Balb. 31, établir solidement notre puissance, cf. Cic. Cat. 4, 19; Par. 10 ¶3 [chrét.] donner les rudiments : Lact. Inst. 6, 21, 4.

2 **fundō**, *is*, *ĕre*, *fūdī*, *fūsum* (cf. *futis*, χέω, scr. *juhoti*, al. *giessen*; fr. *fondre*), tr. ¶1 verser, répandre : *sanguinem e patera* Cic. Div. 1, 46, répandre du sang d'une coupe; *lacrimas* Virg. En. 3, 348, verser des larmes; *de rege sanguinem* Curt. 10, 5, 13, répandre le sang pour le choix d'un roi; *picem fundebant* Caes. G. 7, 24, 4, [les assiégés] versaient de la poix; *animam corpore* Lucr. 3, 1033, exhaler son âme de son corps; *multo vitam cum sanguine fudit* Virg. En. 2, 532, il exhala sa vie dans des flots de sang ‖ [pass. au sens réfléchi] se répandre : *Strymon in septem lacus funditur* Plin. 34, 5, le Strymon s'épanche en sept bassins; *ingentibus procellis fusus imber* Liv. 6, 8, 7, la pluie s'étant déversée en violentes bourrasques; *sanguis in corporibus fusus* Cic. de Or. 2, 310, le sang répandu dans le corps; *arteria, per quam vox funditur* Cic. Nat. 2, 149, canal par lequel la voix se répand (se transmet), cf. Cic. Tusc. 2, 56 ¶2 fondre des métaux, couler : *aes* Plin. 34, 5, fondre l'airain ‖ faire en fondant (par fusion) : *vitrum* Plin. 34, 148, faire du verre; *Theodorus ipse se ex aere fudit* Plin. 34, 83, Théodore a coulé sa propre statue en bronze ¶3 [méd.] relâcher : Cels. pr. 11, 3 ¶4 répandre, disperser : *segetem in Tiberim* Liv. 2, 5, 3, répandre les épis dans le Tibre ¶5 étendre à terre, jeter à terre, renverser : *septem corpora humi* Virg. En. 1, 192, abattre sur le sol le corps de sept animaux; *per campos ferro quae fusa jacebant* Virg. En. 11, 102, [les corps des guerriers] qui gisaient couchés par le fer à travers la plaine, cf. Ov. M. 13, 86 ¶6 bousculer, chasser d'un lieu : *hostes de jugis funduntur* Liv. 9, 43, 20, les ennemis sont bousculés des sommets, cf. Liv. 6, 16, 2 ‖ mettre en déroute, disperser : *hostium copias* Cic. Arch. 21, mettre en déroute les troupes ennemies, cf. Cic. Mur. 20; Phil. 14, 27 ¶7 laisser se répandre, répandre, déployer, étendre : *cum lumina fundunt radii per opaca domorum* Lucr. 2, 115, quand les rayons répandent leur lumière dans l'obscurité des demeures; *luna se fundebat per fenestras* Virg. En. 3, 152, la lune versait sa lumière par les fenêtres; [poét.] *fusus in pectore barbam* Virg. En. 10, 838, ayant sa barbe étalée sur sa poitrine ‖ *vitis funditur* Cic. CM 52, la vigne s'étend; *homines fusi per agros ac dispersi* Cic. Sest. 91, les hommes répandus dans les champs et dispersés ‖ *tela* Val.-Flac. 3, 243; *sagittam* Sil. 7, 647, faire pleuvoir les traits, les flèches ‖ *fundunt se carcere equi* Val.-Flac. 1, 611, les chevaux se répandent impétueusement au dehors des barrières ¶8 répandre au dehors, laisser échapper de sa bouche : *inanes sonos* Cic. Tusc. 5, 73; *voces inanes* Cic. Tusc. 3, 42, émettre des sons, des mots vides, cf. Cic. Nat. 1, 66; *preces pectore ab imo* Virg. En. 6, 55, adresser du fond du cœur une prière, cf. Virg. En. 5, 842 ‖ laisser couler les vers de source : Cic. de Or. 3, 194; Tusc. 1, 64 ¶9 produire en abondance : *natura flores, fruges fundit* Cic. Tusc. 5, 37, la nature produit avec prodigalité les fleurs, les moissons, cf. Cic. CM 51; Nat. 2, 156 ‖ faire naître : *ova fundunt fetum* Cic. Nat. 2, 129, les œufs éclosent; *quem Maia fudit* Virg. En. 8, 139, que Maia mit au monde ‖ déverser, répandre autour de soi : *opes* Hor. Ep. 2, 2, 121, déverser ses richesses [comme le limon d'un fleuve] ¶10 [fig.] répandre, étendre, déployer : *se latius fundet orator* Cic. Or. 125, l'orateur se donnera carrière; *hanc famam latius fudit* Quint. 11, 2, 14, il a répandu au loin cette renommée; *superstitio fusa per gentes* Cic. Div. 2, 148, la superstition répandue dans les nations; *funditur numerose oratio* Cic. Or. 210, le discours se déploie sous une forme rythmée; *semper ex eo, quod maximas partes continet latissimeque funditur,*

tota res appellatur Cic. *Fin.* 5, 92, c'est toujours d'après ce qui occupe les parties les plus considérables et qui s'étend le plus largement qu'on donne un nom à un tout.

fundŭla, *ae*, f. (dim. de *funda*), impasse : Varr. *L.* 5, 145.

fundulus, *i*, m. (dim. de *fundus*), **ambulatilis** Vitr. 10, 13, fond mobile, piston ∥ le caecum : Varr. *L.* 5, 111.

fundus, *i*, m. (cf. πυθμήν, scr. *budhna-s*, al. *Boden*, an. *bottom*; fr. *fond*, *fonds*) ¶1 le fond : [d'une marmite] Plin. 15, 60 ; [d'une armoire] Cic. *Clu.* 179 ; [prov.] **largitio fundum non habet** Cic. *Off.* 2, 55, la libéralité est un gouffre sans fond, ne connaît pas de mesure ∥ fonds de terre, bienfonds, domaine, bien, propriété : Cic. *Verr.* 3, 119 ; *Agr.* 3, 8 ; 9 ; *de Or.* 1, 249 ¶2 [fig.] **a)** fond d'une coupe, coupe : Mart. 8, 6, 9 **b)** fond, partie essentielle : [d'un repas] Gell. 17, 8, 2 **c)** [poét.] *vertere fundo* Virg. *En.* 10, 88, ruiner de fond en comble **d)** [en parl. de pers.] **fundum esse, fieri alicui rei** Pl. *Trin.* 1123 ; *alicujus rei* Gell. 19, 8, 12, être, se faire le garant d'une chose (la confirmer, la ratifier) ; [en parl. d'un peuple] **fundum fieri** accepter une loi, souscrire à une loi : Cic. *Balb.* 19 ; 20 ; 27 ; 42 ; Gell. 16, 13, 6, cf. P. Fest. 79, 3 ¶3 [méc.] tiroir [dans la catapulte] : Vitr. 10, 10, 4.

fūnĕbris, *e* (*funus*, < **funesris*) ¶1 funèbre, de funérailles : Cic. *Vat.* 30 ; *Leg.* 2, 59 ; *de Or.* 2, 341 ∥ **funebria**, *um*, n. pl., appareil funéraire, obsèques : Cic. *Leg.* 2, 50 ; Plin. 7, 177 ¶2 funeste, mortel, pernicieux : Hor. *Ep.* 1, 19, 49 ; Tac. *H.* 3, 38 ; Ov. *Ov.* 4, 4, 85.

fūnĕrālis, *e* (*funus*), funèbre, de funérailles : Didasc. Ter. *Hec.* ; *Ad.* ; Aug. *Serm.* 72, 2 Mai.

fūnĕrārĭus, *a, um* (*funus*), qui concerne les funérailles : Ulp. *Dig.* 11, 7, 14, 6 ∥ subst. m., le préposé aux pompes funèbres : Firm. *Math.* 3, 5, 23.

fūnĕrātīcĭus, *a, um* (*funus*), relatif aux funérailles : Pomp. *Dig.* 11, 7, 30 ∥ **funeraticium**, n., frais de funérailles : CIL 6, 10234.

fūnĕrātĭo, *ōnis*, f. (*funero*), funérailles : Capel. 6, 696.

fūnĕrātŏr, *ōris*, m. (*funero*), croquemort : Gloss. 2, 348, 59.

fūnĕratus, *a, um*, part. de *funero*.

fūnĕrēpus, ► *funir-*.

fūnĕrĕus, *a, um* (*funus*), funèbre, de funérailles, funéraire : Virg. *En.* 11, 143 ∥ funeste, pernicieux, sinistre : Ov. *M.* 8, 511.

fūnĕrō, *ās, āre, āvī, ātum* (*funus*), tr., faire les funérailles de : Sen. *Contr.* 8, 4 ; Sen. *Helv.* 2, 5 ; 12, 5 ; Plin. 33, 135 ; Suet. *Tib.* 51 ∥ **fūnĕrātus**, *a, um*, anéanti, mort : Hor. *O.* 3, 8, 7.

fūnĕror, dép., ► *funero* : Capit. *Pert.* 14.

fūnestō, *ās, āre, āvī, ātum* (*funestus*), tr., souiller par un meurtre : Cic. *Font.* 21 ; *Mil.* 90 ∥ [fig.] flétrir : Cod. Th. 3, 12, 3.

fūnestus, *a, um* (*funus*) ¶1 funéraire, funèbre : **annales velut funesti** Liv. 4, 20, 9, annales pour ainsi dire funéraires ∥ malheureux, dans le deuil, désolé : **funesta familia** Cic. *Leg.* 2, 55, famille dans le deuil, cf. Liv. 8, 11, 7 ; 26, 18, 11 ¶2 funeste, sinistre : **funestum est jugulari, funestius...** Cic. *Quinct.* 95, il est sinistre d'être égorgé, plus sinistre de... ; **funestum omen** Prop. 2, 28, 38, présage sinistre ∥ mortel, funeste, fatal : Cic. *Cat.* 1, 24 ; *Verr.* 5, 123 ∥ **-ior** Cic. *Att.* 9, 5, 2 ; **-issimus** Eutr. 7, 12.

fūnētum, *i*, n. (*funis*), sarment en forme de corde : Plin. 17, 174.

fungendus, *a, um*, ► *fungor*.

fungĭdus, *a, um*, ► *fungosus*.

fungīnus, *a, um* (*fungus*), de champignon : Pl. *Trin.* 851.

fungō, *ĭs, ĕre, funxī*, -, tr., CIL 11, 330, ► *fungor*.

fungŏr, *ĕris, ī, functus sum* (cf. scr. *bhuṅkte*), intr. et [arch.] tr. ¶1 s'acquitter de, accomplir, remplir **a)** [avec abl.] **muneribus corporis** Cic. *Læ.* 22, accomplir les fonctions du corps ; **aliquo rei publicæ munere** Cic. *Rep.* 1, 12, remplir une fonction politique ; **magnificentissima ædilitate** Cic. *Off.* 2, 57, exercer l'édilité avec la plus grande magnificence ; **officio** Cic. *Cæl.* 21, s'acquitter de son devoir ; **multis oppugnationibus feliciter functi** Vell. 2, 95, 2, ayant mené à bien des sièges nombreux ; **more barbarorum** Nep. *Con.* 3, 4, observer les coutumes des barbares ; **functus erat dapibus** Ov. *F.* 2, 791, il avait terminé le repas ; **virtute functi** Hor. *O.* 4, 15, 29, ceux qui ont montré de la bravoure **b)** tr. [touj. dans Pl. et Ter. sauf *officio* Ter. *Ad.* 603] **militare munus fungens** Nep. *Dat.* 1, 2, remplissant ses devoirs militaires ∥ [adj. verbal] **muneris fungendi gratia** Cic. *Rep.* 1, 27, pour remplir une mission, cf. Cic. *Tusc.* 3, 15 ; *Att.* 1, 1, 2 ; Liv. 1, 41, 6 ; 24, 21, 3 **c)** [abst] servir : **fundamenta pro fultura fungentur** Col. 1, 5, 9, les fondations serviront de soutien, cf. Paul. *Dig.* 6, 1, 43 ¶2 [avec acc., dans Lucr.] supporter : **mala multa** Lucr. 3, 734, supporter des maux nombreux ; **neque ab ictu fungitur hilum** Lucr. 5, 358, [le vide] ne supporte rien, ne ressent rien d'un choc ; [d'où] **facere et fungi** Lucr. 1, 443, être actif et passif, cf. Lucr. 1, 441 ¶3 consommer, achever : [avec abl.] **fato** Ov. *M.* 11, 559 ; **vita** Gell. 20, 2, 3, achever sa destinée (sa vie), mourir ; **morte** Ov. *M.* 11, 583, mourir ∥ [avec acc.] **diem** Just. 19, 1, 1, mourir ∥ [abst] **functi** ➤ *defuncti*, les morts : Stat. *Th.* 2, 15.

► infin. *fungier* Pl. *Cas.* 949.

fungōsus, *a, um* (*fungus*), poreux, spongieux : Col. 4, 29, 6 ∥ **-osior** Plin. 16, 137.

fungus, *i*, m. (cf. σπόγγη, σφόγγος ; it. *fungo*) ¶1 champignon : Pl. *St.* 773 ; Cic. *Fam.* 7, 26, 2 ; Plin. 17, 223 ; Hor. S. 2, 4, 20 ∥ [injure] = imbécile : Pl. *Bac.* 1088 ¶2 [fig.] **a)** [méd.] excroissance de chair : Tert. *Spect.* 23, 7 **b)** excroissance sur les oliviers : Plin. 17, 223 **c)** champignon [d'une mèche qui brûle mal] : Virg. *G.* 1, 392.

fūnĭambŭlus, ► *funam-* : Aug. *Psalm.* 39, 9.

fūnĭcŭla, *ae*, f., ► *funiculus* : Char. 125, 22.

fūnĭcŭlus, *i*, m. (*funis*), petite corde, ficelle, cordon : Cat. *Agr.* 63 ; Cic. *Inv.* 2, 154 ∥ cordeau [d'arpenteur] : Hier. *Zach.* 1, 16 ∥ vigne en cordon : Plin. 17, 182 ∥ étendue d'un héritage, lot : Vulg. *Deut.* 32, 9 ; Hier. *Jer.* 12, 7 ∥ bord de la mer : Vulg. *Soph.* 2, 5 ∥ étendue déterminée d'un chemin, d'un parcours : Vulg. *Psal.* 138, 3 ; Hier. *Joel* 3, 18.

fūnĭrēpus, *i*, m. (*funis, repo*), danseur de corde : Apul. *Flor.* 18.

fūnis, *is*, m. (obscur, cf. σχοῖνος ? ; it. *fune*), corde, câble : Cæs. *G.* 3, 13, 5 ; [prov.] **funem sequi potius quam ducere** Hor. *Ep.* 1, 10, 48, obéir plutôt que commander ; **educere** Pers. 5, 118, tirer la corde, se rétracter ∥ **ex arena funem efficere** Col. 10, *præf.* 4, tenter l'impossible (faire une corde avec du sable) ∥ [tard.] la corde de la dispute [que chacun tire à soi] : **funis ergo ducendus est contentionis** Tert. *Marc.* 4, 4, 1, il faut tirer la corde de la discussion (engager le dialogue).

► f. Lucr. 2, 1154, cf. Gell. 13, 21, 21.

funs (arch. pour *fons*), Prisc. 2, 27, 1.

fūnŭs, *ĕris*, n. (peu net, cf. al. *Tod, tot*, an. *death*) ¶1 funérailles, cérémonie funèbre [v. définition d. Serv. *En.* 3, 62 ; 2, 539] : **facere** Cic. *Clu.* 28 ; **celebrare** Liv. 8, 10, 10, faire les funérailles, rendre les derniers devoirs ; **funere efferri** Cic. *de Or.* 2, 225, être porté à la dernière demeure, recevoir les honneurs funèbres ∥ [poét.] = cadavre : Virg. *En.* 6, 510 ; 9, 491 ; Prop. 1, 17, 8 ; **funera nec (= ac non) funera** Catul. 64, 83 [Ov. *M.* 8, 231] des morts qui ne sont pourtant pas des morts ; ► **innuptus**, **insepultus** ¶2 mort violente, meurtre : Cic. *Rep.* 2, 68 ; Virg. *B.* 5, 20 ; *En.* 9, 524 ; Liv. 1, 46, 9 ∥ cadavre : Prop. 1, 17, 8 ; Virg. *En.* 9, 491 ; Hor. *O.* 1, 28, 19 ¶3 [fig.] anéantissement, ruine, perte, mort : **reipublicae** Cic. *Prov.* 45, la ruine de l'État ; **reipublicae funera** Cic. *Prov.* 2, fléaux de l'État [en parl. de personnes].

fūr, *fūris*, m. (cf. *fero* et φώρ, interm. étr. ? ; roum. *fur*, bret. *fur*, fr. *furet*), voleur : Cat. *Agr. pr.* 1 ; Cic. *Mil.* 9 ; *alicujus rei* Pl. *Pœn.* 185 ; Sall. *C.* 52, 12 ; Gell. 11, 18, 3, voleur de qqch. ; **tuus**

fur Pl. *Cap.* 1018, ton voleur, cf. *Truc.* 110; *fures thesaurarii* Pl. *Aul.* 395, voleurs de trésors, cf. Catul. 33, 1 ‖ [injure à des esclaves] voleur, pendard: Pl. *Aul.* 326; 633; Virg. *B.* 3, 16 ‖ faux bourdon: Varr. *R.* 3, 16, 19 ‖ [chrét.] le diable: Hil. *Psalm.* 120, 15.

Fūra, ae, f., ▸ Furina: *Capel. 2, 164.

fūrācĭtās, ātis, f. (*fur*), disposition au vol: Plin. 10, 77.

***fūrācĭtĕr** [inus.], à la façon des voleurs: *-cissime* Cic. *Vat.* 12.

fūrans, tis, part. de 1 *furor*, [pris subst] voleur: Plin. 11, 24.

fūrantĕr, ▸ furaciter: [sans ex.] Char. 199, 18.

fūrātŏr, ōris, m. (1 *furor*), voleur [fig.]: Tert. *Apol.* 46, 18.

fūrātrīna, ae, f. (1 *furor*), vol: Apul. *M.* 6, 13; [fig.] *conjugalis* Apul. *M.* 8, 3, larcin conjugal [adultère].

Fūrātrīnus deus, m., le dieu du vol, Mercure, Fulg. *Myth.* 1, 18.

fūrātus, a, um, part. de *furor*.

fūrax, ācis (1 *furor*), enclin au vol, voleur, rapace: Cic. *de Or.* 2, 248; *tuae furacissimae manus* Cic. *Pis.* 74, tes mains si rapaces; *-cior* Mart. 8, 59, 3.

furca, ae, f. (obscur; fr. *fourche*) ¶ **1** fourche: Caes. *C.* 2, 11, 2; *naturam expelles furca* Hor. *Ep.* 1, 10, 24, tu peux chasser le naturel à coups de fourche ¶ **2** bois fourchu, étançon: Virg. *G.* 1, 264; Liv. 1, 35, 9; Sen. *Ep.* 90, 10 ‖ [instrument de supplice pour les esclaves et qqf. pour les criminels]: Pl. *Cas.* 389; *Men.* 943; Cic. *Div.* 1, 55; Liv. 2, 36, 1; *sub furcam ibis* Hor. *S.* 2, 7, 66, tu iras te mettre la fourche au cou ‖ fourche patibulaire, gibet: Plin. 29, 57; Isid. 5, 27, 44 ‖ joug fourchu pour dresser de jeunes taureaux: Varr. *R.* 1, 20, 2 ‖ pinces de l'écrevisse: Apul. *Apol.* 35.

Furcae Caudinae, ▸ furcula.

furcĭfer, ĕri, m. (*furca, fero*), pendard, coquin: Pl. *Most.* 1172; *Cap.* 563; Ter. *Eun.* 989; Cic. *Dej.* 26 ‖ *-ĕra*, ae, f., coquine: Petr. 132, 8.

furcilla, ae, f. (dim. de *furcula*), petite fourche: Cic. *Att.* 16, 2, 4 ‖ potence, ▸ furcilles.

furcillātus, a, um (*furcilla*), fourchu: Varr. *L.* 5, 117.

furcilles, f. pl., potence: P. Fest. 79, 1.

furcillō, ās, āre, -, - (*furcilla*), tr., étayer [qqch. qui tombe]: Pl. *Ps.* 631.

furcōsus, a, um (*furca*), fourchu: Ps. Apul. *Herb.* 79.

furcŭla, ae, f. (dim. de *furca*), petite fourche; étançon: Liv. 38, 7, 9 ‖ **Furculae Caudinae** Liv. 9, 2, 6; 9, 11, 3, les Fourches Caudines [deux défilés près de Caudium où l'armée romaine fut encerclée par les Samnites].

furcŭlōsus, a, um (*furcula*), en forme de fourchette: Ps. Apul. *Herb.* 57, 2.

fŭrens, tis, part.-adj. de *furo*, qui est hors de soi, en délire, égaré: Hor. *O.* 1, 17, 25 ‖ *-tior* Claud. *Fesc.* 1, 26.

fŭrentĕr, adv. (*furens*), en dément: Cic. *Att.* 6, 1, 12.

furfŭr, ŭris, m. (express., cf. *frendo*, χόνδρος; it. *forfora*) ¶ **1** tégument des céréales: Plin. 18, 304; 22, 145 ‖ son [de la farine]: Gell. 11, 7, 5; [d'ord. au pl.] *furfures hordeacei* Varr. *R.* 2, 6, 4, son d'orge ¶ **2** écailles, pellicules qui se détachent de la tête: Plin. 26, 2; [pl.] 20, 224.

furfŭrācĕus, a, um (*furfur*), qui ressemble à du son: Fulg. *Myth.* 2, 19.

furfŭrācŭlum, i, n. (*furfur*), tarière: Arn. 6, 14; Gloss. 2, 453, 27.

furfŭrārius, a, um (*furfur*), qui provient du son: CIL 6, 222.

furfŭrĕus, a, um (*furfur*), de son: Gell. 11, 7, 3.

furfŭrĭcŭlae, ārum, f. pl. (*furfur*), pellicules de menu son: M.-Emp. 5, 17.

furfŭrĭo, ōnis, m. (*furfur*), oiseau inconnu: Isid. 12, 7, 72.

furfŭrōsus, a, um (*furfur*), couleur de son: Plin. 12, 125.

1 **fŭrĭa**, ae, f. (1 *furo*; it. *foia*) ¶ **1** [surtout pl.] délire, égarement furieux: *ob furias Ajacis* Virg. *En.* 1, 41, à cause de l'accès de folie d'Ajax, cf. 4, 474; *G.* 3, 244 ‖ [poét.] furie (violence) [des vents, des flots] ¶ **2** [sg. de *Furiae*] [pris au fig.] furie [en parl. d'une femme]: Hor. *S.* 2, 3, 141 ‖ [en parl. d'un homme] forcené, peste, fléau: Cic. *Sest.* 33; 112; *o furia sociorum* Cic. *Pis.* 91, ô fléau de nos alliés.

2 **Fŭrĭa**, ae, f., une furie, ▸ Furiae.

3 **Fūrĭa (lex)**, f., loi Furia [portée par un Furius]: Cic. *Verr.* 1, 109.

Fŭrĭae, ārum, f. pl., les Furies [Alecto, Mégère, Tisiphone]: Cic. *Nat.* 3, 46; *Leg.* 1, 40 ‖ symbole de la vengeance, furies: *Furiae sororis* Liv. 1, 48, 7, les furies vengeresses de sa sœur.

fŭrĭālĕ, [n. pris adv¹] avec fureur: Stat. *Th.* 6, 429.

fŭrĭālis, e (1 *furia*), de Furie, qui concerne les Furies: Virg. *En.* 7, 415; Cic. *Pis.* 46 ‖ qui ressemble aux Furies: *vox* Cic. *Planc.* 86, voix de Furie, cf. Liv. 7, 17, 3 ‖ forcené, terrible, atroce; : Ov. *M.* 6, 84; 6, 621 ‖ qui rend furieux [poét.]: Val.-Flac. 6, 670; 7, 254.

fŭrĭălĭtĕr, adv. (*furialis*), avec fureur: Ov. *F.* 637.

Fūrĭānus, a, um, ▸ Furius.

fŭrĭātĭlis, e (1 *furia*), furieux: Fort. *Mart.* 3, 306.

fŭrĭbundē, adv. (*furibundus*), avec fureur: Hier. *Is.* 5, 14, 5.

fŭrĭbundus, a, um (*furo*), délirant, égaré: Cic. *Sest.* 15 ‖ inspiré [par les dieux]: Cic. *Div.* 1, 4; 1, 114; Ov. *M.* 14, 107.

Fūrīna (Furr-), ae, f., déesse inconnue, rapprochée des *Furiae* par Cicéron: Cic. *Nat.* 3, 46, cf. Varr. *L.* 6, 19; P. Fest. 78, 29 ‖ **-nālis**, e, de Furina: Varr. *L.* 5, 84 ‖ **-nālĭa**, ĭum, n. pl., la fête de Furina: Varr. *L.* 6, 19.

fūrīnus, a, um (*fur*), de voleur: Pl. *Ps.* 791.

1 **fŭrĭō**, ās, āre, āvī, ātum (*furia*), tr., rendre égaré: Hor. *O.* 1, 25, 14; *furiata mens* Virg. *En.* 2, 407, l'esprit en délire.

2 **fŭrĭō**, īs, īre, -, - (*furia*), intr., être en délire: Sidon. *Carm.* 22, 95.

fŭrĭōsē, adv. (*furiosus*), comme un dément: Cic. *Att.* 8, 5, 1 ‖ *-sius* Spart. *Hadr.* 12; *-sissime* Sen. *Contr.* 10, 5, 21.

fŭrĭōsus, a, um (*furia*), en délire, égaré, dément: Cic. *Pis.* 47; *Ac.* 2, 88; *Clu.* 182 ‖ *furiosum genus dicendi* Cic. *Brut.* 241, éloquence forcenée ‖ *-sior* Ov. *M.* 9, 137; *-issimus* Cic. *Att.* 4, 3, 4.

Fūrĭus, ii, m., nom de famille romain; not[t] Camille [le vainqueur de Véies]: Cic. *Tusc.* 1, 90 ‖ Furius Bibaculus [poète latin, contemporain de Cicéron]: Suet. *Gram.* 4, 3 ‖ A. Furius Antias: Cic. *Brut.* 138 ‖ **-ĭānus**, a, um, de Furius (Camille): Liv. 6, 9, 11.

furnācātor, ▸ forn-.

furnācĕus, a, um (*furnus*), cuit au four: Plin. 18, 105.

furnārĭa, ae, f. (*furnus*), boulangerie: Suet. *Vit.* 2.

furnārĭus, ii, m. (*furnus*; a. fr. *fournier*), boulanger: Ulp. *Dig.* 39, 2, 24.

furnātus, a, um (*furnus*), séché au four: Pelag. 29.

Furnĭānus, a, um, du sculpteur Furnius: Plin. 33, 139.

Furnĭus, ii, m., nom d'homme: Cic. *Fam.* 15, 5.

furnus, (**fornus**, Varr. *R.* 1, 5), i, m. (*formus, fornax*; fr. *four*), four: Plin. 3, 9; Sen. *Ep.* 90, 23; Hor. *S.* 1, 4, 37.

1 **fŭrō**, ĭs, ĕre, -, - (1 *furia*, 2 *furor*, peu net; cf. *dusius*, θυίω, al. *Dusel*), intr. ¶ **1** être hors de soi, égaré, en délire: *insanire ac furere* Cic. *Verr.* 4, 39, être fou et en délire; *furere et bacchari* Cic. *Brut.* 276, être en délire et agité de transports désordonnés; *furentibus arma dare* Cic. *de Or.* 3, 55, donner des armes à des gens égarés; *furere luctu filii* Cic. *de Or.* 2, 193, être rendu fou par la mort d'un fils; *furens Sibylla* Cic. *Div.* 2, 110, la Sibylle en délire; *alicujus furentes impetus* Cic. *Har.* 46, attaques forcenées de qqn ‖ [poét.] *furorem furere* Virg. *En.* 12, 680, s'abandonner à son délire; *caedis opus* Stat. *Th.* 9, 5, accomplir en furieux l'œuvre du carnage ‖ [avec prop. inf.] *furebat se... vexatum* Cic. *Q.* 2, 1, 3, il était hors de lui d'avoir été malmené... ‖ [avec inf.] brûler de, désirer passionné-

furo

ment : Hor. *O.* 1, 15, 27 ‖ [en part.] être fou d'amour pour [avec abl.] : Hor. *Epo.* 11, 6 ¶ **2** [en parl. de choses, poét.] se déchaîner, être en furie : *furit tempestas* Virg. *En.* 5, 694 ; *ignis* Virg *G.* 3, 100, la tempête, le feu se déchaîne ; *furit ardor edendi* Ov. *M.* 8, 828, il a un désir furieux de manger ‖ *fama furit versos hostes* Sil. 7, 504, le bruit fait rage que les ennemis ont été mis en fuite.

▶ formes de parf. *furuit, furuerunt* Serv. *En.* 1, 41 ; 4, 469-471 ‖ Diom. 380, 11 dit que *insanire* fournit son parf. à *furere*, cf. Prisc. 2, 418, 29.

2 **fūro**, *ōnis*, m. (*fur*), furet : Isid. 12, 2, 39.

3 **furo**, v. 1 *furor* ▶.

1 **fūror**, *āris, ārī, ātus sum* (*fur*), tr. ¶ **1** voler, dérober (*aliquid*, qqch.) : Cic. *Verr.* 1, 60 ; *Off.* 2, 40 ; *pecuniam ex templo* Quint. 3, 6, 41, voler de l'argent dans un temple ‖ *librum ab aliquo* Cic. *Att.* 2, 1, 1, voler à qqn son livre, être un plagiaire, cf. Quint. 8, 3, 29 ; Vitr. 7, *pr.* 3 ¶ **2** [fig.] dérober, soustraire : *fessos oculos labori* Virg. *En.* 5, 845, dérober au travail ses yeux fatigués ; [poét.] *se* Sil. 12, 300, se dérober, s'esquiver ; *membra* Sil. 10, 74, dissimuler son corps ‖ s'approprier indûment : *civitatem* Cic. *Balb.* 5, dérober le titre de citoyen ¶ **3** user de ruses à la guerre, faire des coups furtivement : Tac. *An.* 3, 74.

▶ part. *furatus*, sens pass. Apul. *M.* 10, 4 ‖ forme act. *furasse* Fulg. *Myth.* 2, 6.

2 **fŭror**, *ōris*, m. (1 *furo*) ¶ **1** délire, folie, égarement, frénésie : Cic. *Tusc.* 3, 11 ; *Ac.* 2, 88 ; *ira furor brevis est* Hor. *Ep.* 1, 62 la colère est une courte folie ; cf. Quint. 7, 4, 31 ; *versatur mihi ante oculos aspectus Cethegi et furor in vestra caede bacchantis* Cic. *Cat.* 4, 11, j'ai devant les yeux l'aspect et la frénésie de Céthégus se baignant avec ivresse dans votre sang ; *ejus efrenatus et praeceps furor* Cic. *Har.* 2, sa folie déchaînée et aveugle ‖ [poét., en parl. de choses] *caeli furor aequinoctialis* Catul. 46, 2, les déchaînements de l'équinoxe dans le ciel ¶ **2** délire prophétique, inspiration des poètes, enthousiasme créateur : Cic. *Div.* 1, 66 ; 1, 88 ; [pl.] Ov. *M.* 2, 640 ¶ **3** amour violent, passion furieuse : Virg. *En.* 4, 101 ‖ [objet de la passion] Virg. *B.* 10, 38 ‖ désir violent : Sil. 2, 324 ; 3, 146 ; *furor est in sanguine mergi* Stat. *Th.* 8, 596, il a un furieux désir de se baigner dans le sang ¶ **4** *furor est* [avec inf.], c'est une folie de : Tib. 1, 10, 33 ; Ov. *M.* 6, 170 ; Juv. 1, 92 ; Sen. *Helv.* 10, 6 ‖ [avec prop. inf.] Plin. 2, 3 ¶ **5** [personnification] fureur guerrière : *Furor impius* Virg. *En.* 1, 294, la Fureur impie, cf. Sil. 4, 327 ; Stat. *Th.* 3, 424 ; 7, 52 ¶ **6** [chrét.] hérésie : Prud. *Perist.* 6, 63.

Furrīn-, v. *Furin-*.

furtĭfĭcus, *a, um* (*furtum, facio*), prompt à voler : Pl. *Ps.* 887 ; Pers. 226.

furtim, adv. (*fur*), à la dérobée, en cachette : Pl. *Poen.* 662 ; Cic. *Agr.* 2, 61 ; Nat. 2, 157 ; Hor. *S.* 1, 1, 42 ; *Ep.* 1, 1, 18 ; Liv. 39, 4, 8 ‖ par le vol : Sall. *J.* 4, 7.

furtīvē, adv. (*furtivus*), en cachette, furtivement : Sen. *Contr.* 1, 1, 20 ; Sen. *Ben.* 2, 23, 2.

furtīvus, *a, um* (*furtum*) ¶ **1** dérobé, volé : Pl. *Curc.* 620 ; Hor. *S.* 2, 7, 110 ; Liv. 45, 39, 6 ¶ **2** [fig.] furtif : *furtivum iter* Cic. *Pis.* 97, voyage secret ; *furtivus amor* Virg. *En.* 4, 171, amour caché ; *furtiva nox* Ov. *Am.* 1, 11, 3, nuit discrète ‖ galant, adultère : Ov. *Pont.* 3, 3, 56 ; Sen. *Ag.* 732.

furtum, *i*, n. (*fur* ; it. *furto*), larcin, vol : *facere alicujus rei* Cic. *Com.* 27, dérober qqch. ; *alicui furtum facere* Pl. *Ru.* 958 ; Her. 2, 41 ; Sen. *Contr.* 10, 6, 1 ; Sen. *Ben.* 6, 5, 2, voler qqn ; *apertum* Cic. *Com.* 26, vol manifeste ; *furtum manifestum et nec manifestum* Gai. *Inst.* 3, 183, vol flagrant et non flagrant ‖ objet volé, vol : *navis onusta furtis* Cic. *Verr.* 4, 23, navire chargé d'objets volés ; *furta ligurrit* Hor. *S.* 2, 4, 79, il lèche son larcin ‖ [fig.] ruse : Sall. *H.* 1, 112 ; Virg. *En.* 10, 735 ; Liv. 21, 35, 10 ; 26, 39, 11 ‖ [adv.] *furto* Virg. *En.* 4, 337, subrepticement, en cachette, cf. 6, 24 ; Liv. 9, 11, 6 ; Sen. *Ep.* 104, 12 ‖ amour secret, clandestin ; commerce illicite, illégitime ; adultère : Catul. 68, 136 ; Virg. *G.* 4, 346 ; *En.* 6, 24 ; Ov. *M.* 2, 423.

furtŭs, *ūs*, m., v. *furtum* : Salv. *Gub.* 7, 81.

fŭrŭi, v. *furo* ▶.

fūruncŭlus, *i*, m. (dim. de *fur*, v. 2 *furo*) ¶ **1** petit voleur, filou : Cic. *Pis.* 66 ¶ **2** petit bourgeon de la grosseur d'une verrue : Plin. 17, 181 ; Col. 4, 22, 4 ‖ [méd.] furoncle, clou : Cels. 5, 28, 8.

furvescens, *tis* (*fursus*), qui s'obscurcit : Capel. 1, 30.

furvus, *a, um* (cf. 1 *fuscus*), noir, sombre [Gell. 1, 18, 4 ; P. Fest. 74, 11] : Sen. *Contr.* 1, 1, 23 ; Hor. *O.* 2, 13, 21 ; Ov. *M.* 5, 541.

fuscātĭo, *ōnis*, f. (*fusco*), teinte sombre : Rufin. *Orig. Cant.* 2, p. 110 D.

fuscātŏr, *ōris*, m. (*fusco*), celui qui obscurcit : Luc. 4, 66.

fuscĭna, *ae*, f. (obscur ; fr. *foëne*), fourche [à trois dents], trident : Acc. *Tr.* 400 ; Cic. *Nat.* 1, 103 ; Suet. *Cal.* 52 ; Juv. 2, 143.

fuscĭnŭla, *ae*, f. (dim. de *fuscina*), fourchette : Vulg. *Exod.* 27, 3.

1 **Fuscĭnus**, *i*, m., ami de Juvénal : Juv. 14, 1.

2 **Fuscĭnus**, *a, um*, v. 2 *Fuscus*.

fuscĭtās, *ātis*, f. (1 *fuscus*), obscurité : Apul. *Mund.* 33.

fuscō, *ās, āre, āvī, ātum* (1 *fuscus*) ¶ **1** tr., brunir, noircir : Sen. *Nat.* 2, 40, 3 ; Ov. *A. A.* 1, 513 ‖ [poét.] obscurcir : Sil. 11, 270 ‖ [fig.] ternir : Symm. *Ep.* 1, 3, 3 ¶ **2** intr., devenir noir, noircir : Stat. *S.* 3, 4, 66.

1 **fuscus**, *a, um* (cf. *furvus*, an. *dusk* ; it. *fosco*), noir, sombre : *purpura paene fusca* Cic. *Sest.* 19, pourpre presque noire, cf. Virg. *En.* 8, 369 ‖ basané : Virg. *B.* 10, 38 ; Tib. 2, 3, 55 ; Prop. 2, 25, 42 ‖ [fig.] [en parl. de la voix] sourd, creux, caverneux, de basse-taille : Cic. *Nat.* 2, 146 ; Quint. 11, 3, 171 ‖ [chrét.] sombre, mauvais : Prud. *Cath.* 2, 14 ‖ *-scior* Plin. 16, 63.

2 **Fuscus**, *i*, m., Aristius Fuscus [grammairien et poète] : Hor. *S.* 1, 9, 61 ; *O.* 1, 22 ; *Ep.* 1, 10, 1 ‖ Cornélius Fuscus, adulateur de Domitien : Tac. *H.* 2, 86 ; Juv. 4, 112 ; Mart. 6, 76 ‖ **-cīnus**, *a, um*, relatif à un Fuscus : Sen. *Suas.* 4, 5.

fūsē, adv. (1 *fusus*) ¶ **1** en s'étendant : Quint. 11, 3, 97 ¶ **2** en se répandant, abondamment : Cic. *Leg.* 1, 36 ; *Or.* 113 ‖ *-sius* Cic. *Nat.* 2, 20.

fūsīcĭus, *a, um* (*fusus*), c. *fusilis* : Not. Tir. 37, 81.

fūsĭlis, *e* (2 *fundo*), fondu : Ov. *M.* 11, 126 ; *fusilis argilla* Caes. *G.* 5, 43, 1, argile amollie ‖ *fusile numen* Prud. *Cath.* 4, 40, divinité fondue [= faite de métal fondu].

fūsĭo, *ōnis*, f. (2 *fundo* ; fr. *foison*) ¶ **1** action de répandre, diffusion : Cic. *Nat.* 1, 39 ; *stellarum* Vitr. 9, 5, 3, suite d'étoiles ‖ faculté de se répandre, de s'épancher : *Cic. *Nat.* 2, 26 ¶ **2** fusion, fonte des métaux : Cod. Th. 9, 21, 3.

fūsītrix, *īcis*, f. (*fusor*), celle qui verse : Vl. *Eccles.* 2, 8 ; Hier. *Eccles.* 2, p. 400.

Fūsĭus, *ii*, m., [arch.] v. *Furius* : Liv. 3, 4, 1 ; Quint. 1, 4, 13 ‖ Spurius Fusius [père patrat] : Liv. 1, 24, 6.

fūsŏr, *ōris*, m. (2 *fundo*), fondeur : Cod. Just. 10, 64 ‖ celui qui verse : Hier. *Eccles.* 2, 8 ; *fusor aquae* Anth. 615, 6, le Verseau [signe du zodiaque].

fūsōrĭum, *ii*, n. (2 *fundo*), évier : Pall. 1, 17, 1.

fūsōrĭus, *a, um*, qui a rapport à la fusion : Vulg. *Exod.* 32, 4.

fusterna, *ae*, f. (*fustis, cisterna*), tête du sapin : Plin. 16, 196 ; Vitr. 2, 9, 7.

fustĭbălus, *i*, m. (*fustis*, βάλλω), fustibale, fronde attachée à un bâton : Veg. *Mil.* 1, 16.

fustĭcŭlus, *i*, m. (dim. de *fustis*), petit bâton : *alii* Pall. 1, 35, 6, queue d'ail ‖ menu bois : Apul. *M.* 6, 18.

fustīgō, *ās, āre*, -, - (*fustis* et *ago* ; esp. *hostigar*), tr., fustiger : Cod. Th. 9, 29, 2.

fustis, *is*, m. (peu net, cf. al. *Bausch, Büschel* ; fr. *fût*), rondin, bâton : Varr. *L.* 5, 137 ; Hor. *O.* 3, 6, 41 ‖ bâton [pour frapper] : Pl. *Amp.* 358 ; *Aul.* 409 ; Cic. *Verr.* 4, 94 ; *Pis.* 73 ; *formido fustis* Hor. *Ep.* 2, 1, 154, la crainte du bâton ‖ [au pl.] fléau à battre le blé : Col. 2, 20, 4.

fustĭtūdĭnus, *a, um* (*fustis, tundo*), qui frappe du bâton : Pl. *As.* 33.

fustŭārĭum, *ii*, n., bastonnade : Cic. *Phil.* 3, 14 ; Liv. 5, 6, 14.

fustŭārĭus, *a, um* (*fustis*), de bâton : Cassiod. *Var.* 8, 33, 2.

fūsum, *i*, n., fuseau : Symm. *Or.* 3, 9.

fūsūra, *ae*, f. (*2 fundo*), fusion, fonte : Plin. 33, 106 ; 34, 100 ; Vulg. *3 Reg.* 7, 37.

fūsūrārĭus, *ĭi*, m., fondeur : Not. Tir. 37, 83.

1 fūsus, *a*, *um*
I part. de *2 fundo*.
II [pris adj[t]] ¶**1** qui s'étend, qui se déploie : *aer fusus* Cic. *Nat.* 2, 101, air diffus ; *campi fusi in omnem partem* Virg. *En.* 6, 440, champs qui s'étendent de tous côtés ‖ *(Gallorum) sunt fusa et candida corpora* Liv. 38, 21, 9, (les Gaulois) ont le corps bien en chair et blanc ‖ *vox fusa* Quint. 11, 3, 64, voix qui se déploie librement ¶**2** déployé, libre, lâche, flottant : *toga fusa* Suet. *Aug.* 73, toge flottante [trop large] ; [poét.] *fusus barbam* Virg. *En.* 10, 838, ayant la barbe étalée ‖ [méd.] *fusior alvus* Cels. 1, 3, 33, ventre trop relâché ¶**3** [rhét.] style qui se déploie largement, abondamment : Cic. *de Or.* 2, 64 ; 159 ; *Or.* 187 ; *fusiores numeri* Quint. 9, 4, 130, rythmes plus larges (amples) ‖ abondant, ample [écrivain] : Quint. 10, 1, 73.

2 fūsus, *ī*, m. (obscur ; it. *fuso*) ¶**1** fuseau : Catul. 64, 327 ; Plin. 7, 196 ; *fusum torquere, versare* Plin. 28, 28 ; Ov. *M.* 4, 221, faire tourner le fuseau ‖ [attribut des Parques] destinée : Ov. *H.* 12, 4 ¶**2** [méc.] traverse : Vitr. 10, 2, 14.

3 fūsŭs, *ūs*, m. (*2 fundo*), action de verser, épanchement : Varr. *L.* 5, 123.

Fut, m. indécl., fleuve de Maurétanie : Plin. 5, 13.

1 fūtĭlĕ (futt-), adv., inutilement, vainement : Pl. *St.* 398.

2 fūtĭle (futt-), *is* (*futilis*), n., aiguière, vase à eau : Serv. *En.* 11, 339 ; Don. *Phorm.* 746.

fūtĭlis (futt-), *e* (*futis*) ¶**1** qui laisse échapper ce qu'il contient, qui ne retient pas, ne garde pas [vase qui fuit] : P. Fest. 79, 8 ¶**2** fragile : Virg. *En.* 12, 740 ; Apul. *M.* 3, 23 ; 6, 19 ; Tert. *Anim.* 23, 1 ¶**3** [fig.] vain, léger, frivole, futile, sans autorité : *haruspices* Cic. *Div.* 1, 36, haruspices sans autorité ; [subst.] *futtiles* Cic. *Fin.* 3, 38, gens dépourvus de fond, de sérieux ; *futtiles laetitiae* Cic. *Tusc.* 4, 37, vains plaisirs ‖ inutile, sans effet : Sil. 15, 797.

fūtĭlĭtās (futt-), *ātis*, f. (*futilis*), futilité : Cic. *Nat.* 2, 70.

fūtĭlĭtĕr (futt-), inutilement : Non. 514, 13 [sans ex.].

*****fūtĭō**, *īs*, *īre*, -, - [inus.], primitif de *effutio* : Prisc. 2, 131, 25.

fūtis, *is*, f. (cf. *2 fundo*), **C.** *2 futile* : Varr. *L.* 5, 119.

1 fūtō, *ās*, *āre*, -, -, tr., primitif de *confuto* : P. Fest. 79, 5.

2 fūtō, *ās*, *āre*, -, -, intr. (fréq., cf. *fuam, fui*), être souvent : Cat. d. P. Fest. 79, 6 ‖ *futavit = fuit* Gloss. 5, 458, 20.

futtĭlis, futtĭlĭtās, **V.** *futil-*.

fŭtŭō, *ĭs*, *ĕre*, *ŭī*, *ūtum* (cf. *1 confuto, battuo* ; fr. *foutre*), tr., avoir des rapports avec une femme : Catul. 97, 9 ; Mart. 10, 81, 1.

fŭtūrus, *a*, *um* (cf. *fuam, fui, fio*) ¶**1** part. fut. de *sum* ¶**2** [pris adj[t]] futur, à venir : *res futurae* Cic. *Phil.* 2, 89, l'avenir ; *dolor futurus, malum futurum* Cic. *Fin.* 2, 95 ; *Tusc.* 4, 64, douleur future, mal futur : *futuri homines* Cic. *Rep.* 6, 23, les hommes à venir ‖ [n. pl. pris subst] *futura* Cic. *Div.* 2, 16, l'avenir, cf. *Div.* 1, 63 ; *CM* 78 ‖ [n. sg.] *in futuro* Cic. *Fat.* 12, dans l'avenir ; *lex in post futurum loqui videbatur* Gell. 17, 7, 6, la loi paraissait viser l'avenir.

fŭtūtĭo, *ōnis*, f. (*futuo*), rapport sexuel : Catul. 32, 8 ; Mart. 1, 106, 6.

fŭtūtŏr, *ōris*, m., qui a des rapports sexuels : Mart. 1, 91, 6 ; 7, 30, 3.

fŭtūtrīx, *īcis*, f. de *fututor* : Mart. 11, 22, 4 ; 11, 61, 10.

fūvi, **fūī** (arch. pour *fŭī*), **V.** *sum*.

G

g, n., f., indécl., septième lettre de l'alphabet latin, prononcée *gē*, V.▶ *b*; c'est une création récente, introduite dans l'alphabet au milieu du 3ᵉ s. av. J.-C. par le grammairien Spurius Carvilius, à la place de *Z* devenu inutile; v. CIL 1, 2903; auparavant, *C* valait pour la sourde /c/ comme pour la sonore /g/ et la forme de *G* montre qu'il en représente une différenciation, V.▶ *c*; et Diom. 423, 20-24 ‖ [abrév.] *G. L.* = *genio loci* ‖ *G. I.* = *Germania inferior*; *G. S.* = *Germania superior* ‖ *G. P. R. F.* = *genio populi Romani feliciter*.

Gaba, ae, f., Vulg. *Is.* 10, 29, **Gabē**, ēs, f., Plin. 5, 74, ville de Syrie.

Găbăla, ae, f., Anton. 148, **Găbăla**, ōrum, n. pl., Plin. 5, 79, Gabala, ville de la Séleucide Atlas IX, D3.

Găbăli, ōrum, Caes. G. 7, 64, **Găbăles**, um, Plin. 11, 240, m. pl., peuple gaulois, limitrophe de la Narbonnaise [auj. le Gévaudan] ‖ **-ĭcus**, a, um, des Gabales: Plin. 11, 240 ‖ **-ĭtāni**, les Gabales: Sidon. *Ep.* 7, 6, 7.

găbălĭum, ĭi, n. (*Gabala*), plante aromatique d'Arabie: Plin. 12, 99.

găbălus, i, m. (gaul., bret. *gaol*, cf. *habeo*, al. *Gabel*), croix, potence: Varr. *Men.* 24 ‖ [injure] pendard: Capit. *Macr.* 11, 6.

Găbăōn, f. indécl., ville de la Palestine: Vulg. *Jos.* 9, 3 ‖ **-ōnītēs**, ae, m., Gabaonite: Vulg. *Jos.* 10, 1 ‖ **-ōnītĭcus**, a, um, des Gabaonites: Sidon. *Ep.* 9, 8, 2.

găbăta, ae, f. (sém., cf. γάβαθον), écuelle, jatte: Mart. 7, 47, 3 ‖ **găvăta**, Ennod. *Carm.* 2, 22.

Gabaza (Gazaba), ae, f., contrée de la Sogdiane: Curt. 8, 4, 1.

1 Gabba, ae, m., bouffon d'Auguste: Juv. 5, 4; Mart. 1, 41, 16; 10, 101, 2.

2 Gabba, ae, f. ¶ **1** ville d'Arabie: Plin. 12, 80 ¶ **2** V.▶ *Gaba*.

Gabbara, ae, m., nom d'homme: Plin. 7, 74.

gabbăres, um, Gloss. 5, 204, 7, **-ărae**, ārum, f. pl. (égypt.), momies: Aug. *Serm.* 361, 12.

gabbărus, i, m. (*gabbares*), sot, imbécile: Gloss. 4, 81, 16.

Gabe, V.▶ *Gaba*.

Gabellus, i, m., rivière de la Gaule cispadane: Plin. 3, 118.

Gabēni, ōrum, m. pl., habitants de Gaba: Plin. 5, 81.

găběrĭna, ae, f. (gaul. ?), coffre: Gloss. 5, 601, 3; V.▶ *zaberna*.

Găbĭēnus, i, m., surnom romain: Plin. 7, 178.

Găbĭi, ōrum, m. pl., Gabies [ancienne ville du Latium]: Liv. 1, 53, 5; Virg. *En.* 6, 773 ‖ **-ĭensis**, e, de Gabies: Plin. 2, 209.

găbĭnātus, a, um (*Gabinus*), portant la toge comme à Gabies: Nepot. 1, 13.

Găbīnĭa, ae, f., nom de femme: Mart. 7, 57 ‖ *Gabinia lex* Cic. *Att.* 6, 2, 7, loi Gabinia.

1 Găbīnĭānus, i, m., rhéteur gaulois sous Vespasien: Tac. *D.* 26.

2 Găbīnĭānus, a, um, V.▶ *Gabinius*.

Găbīnĭus, ĭi, m., nom de famille romaine: Caes. G. 1, 6, 4; C. 3, 4; Cic. *Pis.* 25; Sall. *C.* 17, 4 ‖ **-ĭānus**, a, um, de Gabinius: Caes. *C.* 3, 4.

Găbīnus, a, um, de Gabies: Cic. *Planc.* 23 ‖ *Gabini*, ōrum, m. pl., les habitants de Gabies: Liv. 1, 54, 1; V.▶ *cinctus*.

Gabri, ōrum, m. pl., peuple scythe: Plin. 6, 21.

Gabriĕl, m. indécl. et **-ĕl**, ēlis, m., l'archange Gabriel: Vulg. *Luc.* 1, 19.

Gabrōmăgus, i, f., ville du Norique: Peut. 3, 5.

Gădăra, ōrum, n. pl., ville de Palestine Atlas IX, E3: Plin. 5, 74.

Gaddir, V.▶ *Gadir*.

***gade**, arbuste produisant le baume: Gloss. 4, 595, 30.

Gādes, ĭum, f. pl., Gadès [ville de la Bétique, auj. Cadix] Atlas I, D1; IV, E1: Plin. 2, 169; Cic. *Fam.* 10, 32, 1 ‖ île du même nom [l'île de Léon]: Plin. 4, 119.
▶ acc. *Gadis* Liv. 21, 21, 9.

Gādir (-ddir), n. indécl. (gén. **-ĭris**, Prisc. 6, 45), nom phénicien de Gadès: Sall. *H.* 2, 5; Plin. 4, 120.

Gādis, is, f., C.▶ *Gades*: Plin. 3, 7; 4, 119.

Gādītānus, a, um, de Gadès: Cic. *Balb.* 42; *Gaditanum fretum* Plin. 3, 74, le détroit de Gibraltar ‖ **-āni**, m. pl., les habitants de Gadès: Cic. *Balb.* 39.

gaeănis, idis, f. (gr.), pierre précieuse: Plin. 37, 180.

Gaeli, ōrum, m. pl., peuple d'Asie: Plin. 6, 48.

gaesa, ōrum, n. pl. (gaul., irl. *gae*; cf. *haeres*? χαῖον, vha. *gēr*), gèses, javelots de fer [en usage chez les peuples alpins et chez les Gaulois]: Caes. G. 3, 4, 1; Varr. d. Non. 555, 12; Liv. 8, 8, 5; Virg. *En.* 8, 662 ‖ [sg. rare] *gaeso ictus* Liv. 26, 6, 5, frappé d'un dard.
▶ *gesum* P. Fest. 88, 5.

gaesāti, ōrum, m. pl., soldats armés de gèses: Oros. *Hist.* 4, 13, 15.

gaesi, ōrum, m. pl. (gaul.), hommes courageux: Serv. *En.* 8, 662.

gaesum, V.▶ *gaesa*.

Gaetūlĭa, ae, f. (Γαιτουλία), Gétulie [contrée au nord-ouest de l'Afrique] Atlas I, E2: Plin. 5, 30 ‖ **-ĭcus (-lus)**, a, um, de Gétulie: Plin. 6, 201; Virg. *En.* 5, 192 ‖ Gétulique, vainqueur des Gétules: Tac. *An.* 4, 42 ‖ *Gaetūli*, ōrum, m. pl., les Gétules: Sall. *J.* 18, 9.

gaeum, V.▶ *geum*.

Gagae, ārum, f. pl., ville de Lycie: Plin. 5, 100.

găgănus (cag-), i, m. (turc), khan des Huns: Greg.-Tur. *Hist.* 4, 29.

găgātēs, ae, m. (γαγάτης), pierre noire [le jais]: Plin. 36, 141.

Gagaudē, V.▶ *Gangaude*: Plin. 6, 184.

1 Gāĭa, V.▶ *Gaius*.

2 gāĭa, ae, f. et **gāĭus**, i, m. (cf. *Gaius*; fr. *geai*), geai des chênes: Cael.-Aur. *Gyn.* 1, 562; Pol.-Silv. p. 543, 17.

Gāĭānus, a, um, de Gaius, ayant trait à Gaius, c-à-d. Caligula: Tac. *H.* 4, 15; Sen. *Tranq.* 11; 24.

Gaioceli, V.▶ *Graioceli* ‖ [mss β].

1 Gāĭus, *Gāī*, m., **Gāĭa**, ae, f., prénom romain: CIL 1, 1547 ‖ appellation de Caligula: Suet. *Cal.* 8, 7 (3) [anc. orth. *Caius, Caia*] ‖ appellations anciennes du marié et de la mariée (*ubi tu Gaius, ego Gaia*), cf. P. Fest. 85, 6; Quint. 1, 7, 28; Cic. *Mur.* 27.
▶ en poésie tantôt *Gāĭŭs*, tantôt *Gājŭs*; abrégé en *C.*, V.▶ *c*.

2 Gāĭus, i, m., célèbre jurisconsulte, 2ᵉ s. apr. J.-C.: Serv. *G.* 3, 306.

Galactēni, ōrum, m. pl., habitants de Calacte [Sicile]: Plin. 3, 91.

gălactĭcus, a, um (γαλακτικός), lacté: M.-Emp. 8, 7.

gălactītēs, ae, m., **-ītis**, ĭdis, f., galactite [pierre précieuse]: Plin. 37, 162.

Galacum, i, n., ville de Bretagne: Anton. 481.

Gălaesus, i, m. ¶ **1** fleuve près de Tarente [auj. Galaso]: Liv. 25, 11, 8; Virg. *G.* 4, 126 ¶ **2** nom d'homme: Virg. *En.* 7, 535.

Galame

Galamē, ēs, f., ville de Phénicie : Plin. 2, 205.

Galanthis, ĭdis, f., servante d'Alcmène, changée en belette par Lucine : Ov. M. 9, 306 ‖ acc. -ĭda Ov. M. 9, 316.

Galasa, ae, f., ville de Syrie : Plin. 5, 74.

Galăta, ae ¶ 1 f., île près de la Numidie : Plin. 3, 92 ¶ 2 m., ⓥ Galatae.

Galătae, ārum, m. pl. (Γαλάται), Galates [habitants de la Galatie appelés aussi Gallograeci] : Cic. Att. 6, 5, 3 ; sg., **Galata** Claud. Eut. 1, 59 ‖ **-tĭcus**, a, um, de Galatie : Col. 2, 9, 16 ; *Galaticus rubor* Tert. Pall. 4, 10, teinture écarlate.

Galătēa, ae, f. (Γαλάτεια), Galatée [une des Néréides] : Virg. En. 9, 103 ‖ nom de bergère : Virg. B. 1, 31.

Galătĭa, ae, f. (Γαλατία), Galatie [province de l'Asie Mineure] Atlas I, D6 ; IX, C2 : Tac. An. 13, 35 ‖ ⓥ Calatia.

galătĭcŏr, āris, ārī, -, intr., imiter les pratiques religieuses mi-juives des Galates [Vulg. Gal. 5, 2] : Tert. Jejun. 14, 1.

Galaulās, ae, m., nom d'un peuple inconnu : Prud. Sym. 2, 808.

galaxĭās, ae, m. (γαλαξίας) ¶ 1 galaxie, voie lactée : Capel. 8, 826 ¶ 2 ⓒ galactites : Plin. 37, 162.

1 **galba**, ae ¶ 1 m., gras [en gaulois] : Suet. Galb. 3 ¶ 2 f., vers (larve) qui naît dans le chêne : Suet. Galb. 3.

2 **galba nux**, ⓥ calvus : Plin. 15, 90.

3 **Galba**, ae, m., surnom des Sulpicius ; not[t] ¶ 1 Servius Sulpicius Galba [célèbre orateur sous la République] : Cic. Brut. 82 ¶ 2 autre du même nom : Caes. G. 2, 4, 7 ¶ 3 l'empereur Galba [68-69] : Suet. Galb. 3, 3 (1) ‖ **-ĭāni**, ōrum, m. pl., partisans de Galba (empereur) : Tac. H. 1, 51.

galbănĕus, a, um (galbanum), de galbanum : Virg. G. 3, 415.

galbănum, i, n. (χαλβάνη), galbanum, suc qu'on tire d'une plante ombellifère de Syrie : Plin. 12, 121.

galbănus, i, f., ⓒ galbanum : Vulg. Eccli. 24, 21.

galbĕi, ōrum, m. pl. (obscur) ¶ 1 bracelet [= armilla] : Cat. d. Fest. 320, 23 ; P. Fest. 41, 2 ¶ 2 sg. galbeus, bandelette de laine entourant une médication : Suet. Galb. 3 [abl. sg.].
▶ galbeum ornamenti genus P. Fest. 85, 12.

Galbĭānī, ōrum, ⓥ 3 Galba.

galbĭnātus, a, um, vêtu d'un galbinum : Mart. 3, 82, 5.

galbĭnĕus, a, um, ⓒ galbinus : Veg. Mul. 4, 3, 7.

galbĭnum, i, n., tissu vert pâle [à l'usage des femmes et des hommes efféminés : pl., Juv. 2, 97.

galbĭnus, a, um (galbus ; fr. jaune), d'un vert pâle ou jaune : Petr. 67, 4 ; Mart. 13, 68, 1 ‖ [fig.] mou, efféminé, ⓥ galbinum : Mart. 1, 96, 9.

galbŭlus, i, m. (dim. de galbus) ¶ 1 loriot [oiseau] : Mart. 13, 68 ¶ 2 cône de cyprès : Varr. R. 1, 40, 1.

galbus, a, um (gaul. ; cf. helvus, al. gelb, an. yellow), de couleur vert pâle, jaune : Gloss. 2, 32, 1 ‖ *galbae nuces* *Plin. 15, 90, espèce de noix.

gălĕa, ae, f. (γαλέη ; a. fr. *jaille*), casque [primitiv. de cuir] : Isid. 18, 14 ‖ casque [en gén.] *galeam induere* Caes. G. 2, 21, 5, se couvrir du casque ‖ casque [en métal] : *galeae aheneae* Cic. Verr. 4, 97, casques d'airain ‖ casque [à visière] : Stat. Th. 4, 20 ‖ huppe [d'oiseau] : Col. 8, 2, 2.

gălĕāris, e (galea), de casque : Quadr. d. Non. 222, 2.

gălĕārĭus, ii, m. (galea), galéaire [valet d'armée] : Ps. Caper 7, 103, 4 ; Veg. Mil. 3, 6.

gălĕātus, a, um, part. de galeo.

gălēna, ae, f. (obscur), galène [minerai de plomb] : Plin. 33, 95 ‖ plomb brut : Plin. 34, 159.

Gălēnē, ēs, f., ville de Phénicie : Plin. 2, 205.

Gălēnus, i, m. (Γαληνός), Galien [célèbre médecin grec né à Pergame ; médecin des empereurs Marc Aurèle, Vérus et Commode] : Cass. Fel. 30, p. 62, 4.

gălĕō, ās, āre, āvi, ātum (galea), tr., coiffer d'un casque : Cinna d. Non. 87, 28 ; B.-Afr. 12, 3 ; *galeata Minerva* Cic. Nat. 1, 100, Minerve casquée ; *galeatus* Juv. 1, 169, soldat casqué ‖ [fig.] *galeatum principium* Hier. d. Vulg. Prol. Reg. 52, début casqué, sur la défensive.

gălĕobdŏlōn, i, n. (γαλεόβδολον), ⓒ galeopsis : Plin. 27, 81.

gălĕŏla, ae, f. (dim. de galea), petit casque : Diom. 325, 30 ‖ vase [en forme de casque] : Varr. d. Non. 547, 23.

gălĕŏlus, i, m., sorte d'oiseau, ⓒ merops : Suet. Frg. 164.

gălĕopsis, is, f. (γαλίοψις), lamier pourpre [plante] : Plin. 27, 81.

gălĕŏs, i, m. (γαλεός), chien de mer, roussette : Plin. 32, 25.

Gălĕōtae, ārum, m. pl. (Γαλεῶται), Galéotes [devins siciliens] : Cic. Div. 1, 39.

gălĕōtēs, ae, m. (γαλεώτης), sorte de lézard : Plin. 29, 90.

Gălĕrĭa, ae, f., femme de Vitellius : Tac. H. 2, 60 ‖ *Galeria tribus* Liv. 27, 6, 3, la tribu Galeria [une des tribus rustiques].

gălērĭcŭlum, i, n. (dim. de galerum), sorte de calotte, de bonnet à poils : Mart. 14, 50 ‖ perruque : Suet. Oth. 12.

gălērītus, a, um (galerus), coiffé d'un galerus : Prop. 4, 1, 29 ‖ subst. m., alouette huppée : Varr. L. 5, 76.

Gălērĭus, ii, m., Galérius Trochalus [orateur du temps d'Othon] : Tac. H. 1, 90 ‖ Galère, empereur romain [292-311] : Eutr. 10, 2, 1.

gălērum, i, n., ⓒ galerus : Front. d. Serv. En. 7, 688.

gălērus, i, m. (galea) ¶ 1 bonnet [de peau avec ses poils] : [coiffure des prêtres] Varr. d. Gell. 10, 15, 32 ‖ [servant primit[t] de casque] Virg. En. 7, 689 ‖ casquette : Suet. Ner. 26 ¶ 2 pétase [de Mercure] : Stat. Th. 1, 305 ¶ 3 perruque : Juv. 6, 120 ¶ 4 [fig.] calice [de fleur] : Aus. App. 2 (361), 25.

Gălēsus, ⓥ Galaesus.

Galeti, ⓒ Caletes.

galgŭlus, ⓒ galbulus : Plin. 30, 94.

Gălĭlaea, ae, f. (Γαλιλαία), la Galilée [partie septentrionale de la Palestine] Atlas IX, E3 : Plin. 5, 70 ‖ **-us**, a, um, de la Galilée : Sedul. 4, 188 ‖ **-aei**, ōrum, m. pl., Galiléens : Tac. An. 12, 54.

gălĭŏn, ii, n. (γάλιον), ⓒ galeopsis : Plin. 27, 81, cf. Diosc. 4, 91.

1 **galla**, ae, f. (peu net ; it. galla > fr. galle, fr. gale), galle, noix de galle : Plin. 16, 26 ‖ [fig.] vin aigre : Lucil. 501.

2 **Galla**, ae, f., nom de femme : Mart. 2, 25, 34 ‖ ⓥ 2 Galli.

Gallae, ārum, f. pl., Galles [prêtres de Cybèle] : Catul. 63, 12 ; ⓥ 1 Galli.

Gallaeci, ōrum, m. pl., Gallèces, habitants de la Gallécie : Plin. 3, 28.

Gallaecĭa, ae, f., Gallécie [province au N.-O. de l'Hispanie, auj. la Galice] Atlas IV, B1 : Plin. 4, 112.

Gallaecus, a, um, le Gallécien [vainqueur des Gallèces] : Vell. 2, 5 ; ⓥ Callaicus.

Gallăĭcus, a, um, ⓒ Gallaecus : Plin. 37, 163.

gallans, ⓥ gallor.

1 **Galli**, ōrum, m. pl., Galles, prêtres de Cybèle : Ov. F. 4, 361 : Plin. 5, 146 ‖ sg., **Gallus**, i, m., Her. 4, 62 ; Mart. 3, 81, 5 ; Quint. 7, 9, 2.

2 **Galli**, ōrum, m. pl., Gaulois, habitants de la Gaule : Caes. G. 1, 1, 1 ‖ sg., **Gallus** Caes. G. 3, 18, 1, un Gaulois ; *Galla* Liv. 22, 57, 6, une Gauloise ‖ **-us**, a, um, des Gaulois : Mart. 5, 1, 10 ‖ **-ĭcus**, a, um, de la Gaule, gaulois : Caes. G. 1, 31, 11 ; Cic. Sull. 53 ; *Oceanus* Plin. 4, 109, Océan gaulois [de l'Armorique aux Pyrénées] ; *sinus* Plin. 32, 21, le golfe de la Narbonnaise, golfe du Lion.

Gallĭa, ae, f., la Gaule Atlas I, C3 : Caes. G. 1, 1, 1 ; *Gallia Transalpina* Cic. Pomp. 35 ; *ulterior* Caes. G. 1, 7, la Gaule transalpine ou Gaule proprement dite [opposée à la Gaule citérieure ou cisalpine] ; *citerior* Suet. Caes. 30 ; *Cisalpina* Caes. G. 6, 1, la Gaule citérieure ou cisalpine ; *Galliae duae* Cic. Prov. 3, les deux Gaules, la Gaule transalpine et la Gaule cisalpine, cf. Caes. 4, 20 ; Liv. 21, 21, 10.

gallĭambus, i, m., galliambe, chant des prêtres de Cybèle : Mart. 2, 85, 5 ; Quint. 9, 4, 6 ‖ **-bus**, a, um, galliambique [vers de quinze syllabes] : Diom. 514, 12 ; **-bĭcus**, *a*, *um*, Serv. Gram. 4, 466, 26.

gallĭca, *ae*, f. (*Gallicus* ¶2 ; cf. fr. *galoche*), galoche, chaussure des Gaulois : Cic. Phil. 2, 76.

Gallĭcānus, *a*, *um*, de la Gaule [province romaine], gaulois : Cic. Cat. 2, 5 ‖ **-āni**, *ōrum*, m. pl., Gaulois : Varr. R. 1, 32, 2 ; [sg.] Cic. Pis. frg. 14.

gallĭcārĭus, *ĭi*, m. (*gallica*), fabricant de chaussures gauloises : Hier. Reg. Pach. praef. 6.

Gallĭcē, adv., à la manière des Gaulois, en langue gauloise : Gell. 11, 7, 4.

Gallĭcĭa, *ae*, f., ▶ *Gallaecia*.

Gallĭciensis, *e*, de Gallécie (Galice) : Greg.-Tur. Hist. 5, 37.

gallĭcĭnĭum, *ĭi*, n. (1 *gallus*, *cano*), chant du coq ; [d'où] l'heure de la nuit où le coq chante = l'aube, le point du jour : Macr. Sat. 1, 3, 12 ; Serv. En. 2, 268 ; *noctis gallicinio* Apul. M. 8, 1, à l'aube ‖ pl., Petr. 62, 3 ; Amm. 22, 14, 4.

gallĭcĭŏla, *ae*, f. (*gallum*), ▶ *callum*, enveloppe de la noix verte : Gloss. 5, 24, 18.

gallĭcrūs, *ūris*, n. (*gallus*, *crus*), renoncule [plante] : Ps. Apul. Herb. 44.

gallĭcŭla, *ae*, f. (dim. de *gallica*), petite chaussure gauloise, galoche : Hier. Reg. Pach. 101.

Gallĭcus, *a*, *um* ¶1 des Galles : Ov. Am. 2, 13, 18 ; ▶ 1 *Galli* ¶2 gaulois (esp. *galgo*), ▶ 2 *Galli* ¶3 du fleuve Gallus : Prop. 2, 13, 48.

gallidraga, *ae*, f.?, cardère poilue [chardon] : Plin. 27, 89.

Galliēnus, *i*, m., Gallien [empereur romain, 253-268] : Treb. Gall. 1, 1 ‖ **-ēnānus**, *a*, *um*, de Gallien : CIL 5, 3329.

1 **gallīna**, *ae*, f. (1 *gallus*, a. fr. *géline*) ¶1 poule : Cic. CM 56 ‖ *gallina Africana* Varr. R. 3, 9, 1, poule de Numidie, pintade ‖ [prov.] *gallinae filius albae* Juv. 13, 44, fils de la poule blanche, mortel favorisé des dieux ‖ [terme de tendresse] Pl. As. 666 ¶2 *ad Gallinas* Suet. Galb. 1, près des Poules [villa de l'empereur sur le Tibre].

2 **Gallīna**, *ae*, m., nom d'un gladiateur : Hor. S. 2, 6, 44.

gallīnācĕus, *a*, *um* (*gallina*), de poule : *gallinaceus gallus* Cic. Div. 1, 74 ; *gallinaceus mas* CIL 8, 2, 9 ; *gallinaceus* [seul] Plin. 37, 144, coq ‖ [prov.] *lactis gallinacei haustum sperare* Plin. praef. 23 u, espérer boire du lait de coq [une chose impossible].

Gallīnārĭa silva, f., forêt Gallinaire, près de Cumes : Cic. Fam. 9, 23 ; *Gallinaria pinus* Juv. 3, 307 ‖ **Gallĭnārĭa insula**, Varr. R. 3, 9, 17, île de la mer Tyrrhénienne.

gallīnārĭum, *ĭi*, n. (*gallina*), poulailler : Plin. 17, 51.

gallīnārĭus, *a*, *um*, de poulailler, de poule : Cels. 8, 8, 5 ‖ subst. m., celui qui a soin du poulailler : Cic. Ac. 2, 86.

gallīnŭla, *ae*, f. (dim. de *gallina*), jeune poule, poulette : Arn. 7, 8.

Gallĭo, *ōnis*, m., Junius Gallio [rhéteur ami de Sénèque le rhéteur, dont il adopta un fils] : Tac. An. 6, 3 ; D. 26.

Gallītae, *ārum*, m. pl., peuple des Alpes : Plin. 3, 137.

Gallitātŭtae, *ārum*, m. pl., peuple des Indes : Plin. 6, 77.

Gallĭus, *ĭi*, m., nom d'homme : Cic. Att. 10, 15, 4.

Gallŏgraecĭa, *ae*, f., Gallogrèce, Galatie : Caes. C. 3, 4, 5 ‖ **-cus**, *a*, *um*, de Gallogrèce : Cic. Har. 28 ‖ **Gallŏgraeci**, *ōrum*, m. pl., Gallogrecs, Galates : Liv. 37, 40, 10.

Gallohispānus, *a*, *um*, Gallohispanien [né en Hispanie, mais Gaulois d'origine] : Hier. Is. 18, 66, 19.

Gallōnĭus, *ĭi*, m., nom d'une famille romaine ; not[t] P. Gallonius, épicurien célèbre : Cic. Fin. 2, 24 ; 25 ; 90.

gallŏr, *ārĭs*, *ārī*, -, intr., se livrer à des transports comme les Galles, prêtres de Cybèle : Varr. Men. 119 ; 150.

gallŭla, *ae*, f. (dim. de 1 *galla*), petite noix de galle : Veg. Mul. 2, 49, 3.

gallŭlascō, *ĭs*, *ĕre*, -, - (1 *gallus*), intr., muer [en parl. de la voix] : Naev. d. Non. 116, 26.

Gallŭlus, *a*, *um* (dim. de *Gallus*), gaulois : Aus. Urb. (292), 74.

1 **gallus**, *i*, m. (cf. bret. *galv*, an. *call*, rus. *golos* ; it. *gallo*, fr. *Jal*), coq : Cic. Div. 2, 56 ; ▶ *gallinaceus* : *gallus in sterquilinio suo plurimum potest* Sen. Apoc. 7, 3, le coq est maître sur son fumier [charbonnier est maître chez soi].

2 **Gallus**, *i*, m. (Γάλλος), Galle, ▶ 1 *Galli*.

3 **Gallus**, *i*, m. (cf. v. irl. *gal*, Γαλάτης), Gaulois : Caes G. 3, 18, 1 ; ▶ 2 *Galli*.

4 **Gallus**, *i*, m., surnom de plusieurs familles *Cornelia*, *Sulpicia*, etc. ; not[t] Cornélius Gallus, ami de Virgile : Virg. B. 10, 2.

5 **Gallus**, *i*, m., fleuve de Galatie : Plin. 5, 147 ‖ fleuve de Phrygie : Plin. 31, 9.

galnapes, ▶ *gaunapes* : Isid. 19, 26, 2.

Galsa, *ae*, f., ville d'Afrique : Plin. 5, 37.

Gamala, *ae*, f., ville de la Palestine : Suet. Tit. 4, 3.

Gamalē, *ēs*, f., ville de Phénicie : Plin. 5, 69.

gamba, *ae*, f. (de καμπή ; it. *gamba*, fr. *jambe*), jarret [des quadrupèdes] : Veg. Mul. 1, 27, 4.

gambōsus, *a*, *um*, qui a le jarret enflé : Veg. Mul. 2, 84.

Gambreves, *um*, f. pl., ville d'Éthiopie : Plin. 6, 179.

gămēlĭōn, *ōnis*, m. (γαμηλιών), gamélion [le 7e mois chez les Athéniens] : Cic. Fin. 2, 101.

gămēlĭus (ca-), *a*, *um* (γαμήλιος), gamélien, qui préside aux noces : *P. Fest. 55, 19.

gamella, *ae*, f., ▶ *camella* : An. Helv. 96, 3.

gamma, indécl. (γάμμα ; cf. fr. *gamme*), troisième lettre de l'alphabet grec : Prisc. Vers. Aen. 6, 134 = 3, 490, 25 ‖ **-a**, *ae*, f., Aus. Techn. 12 (348), 21.

gammărus, ▶ *cammarus* : Varr. R. 3, 11, 3.

gammātus, *a*, *um*, gammé, qui a la forme d'un gamma : Grom. 218, 2.

gammus, *i*, m. (celt. ?, cf. *camox*, *damma* ; esp. *gamo*), espèce de cerf : Gloss 2, 409, 2.

Gamphasantes, *um* ou *ĭum*, m. pl., peuple d'Éthiopie : Plin. 5, 44.

Gandamus, *i*, f., ville près de la mer Rouge : Mel. 3, 8.

Gandari (Can-), *ōrum*, m. pl., peuple asiatique : Plin. 6, 48.

gandeia, *ae*, f.?, sorte de barque africaine : Schol. Juv. 5, 89.

gănĕa, *ae*, f. (obscur), taverne, bouge, mauvais lieu : Cic. Pis. 13 ; Sall. C. 13, 3 ; Liv. 26, 2, 15 ; Tac. An. 3, 52 ‖ orgies : Tac. H. 2, 95.

gănĕārĭus, *a*, *um* (*ganea*), de mauvais lieu : Varr. R. 3, 9, 18 ‖ subst. m., ▶ *ganeo* : Gloss. 2, 247, 23.

gănĕo, *ōnis*, m. (*ganea*), coureur de tavernes, débauché : Cic. Cat. 2, 7.

gănĕum, *i*, n. [forme arch.] ▶ *ganea* : Pl. Men. 703 ; Ter. Ad. 359 ; P. Fest. 85, 17.

gangăba, *ae*, m., (persan), portefaix : Curt. 3, 33, 7.

gangadia, *ae*, f. (celt. ?), sorte d'argile : Plin. 33, 72.

Gangărĭdae, *ārum* ou *um*, Prisc. Perieg. 1050, **Gangărĭdes**, *um*, peuple voisin du Gange : Val.-Flac. 6, 67.

Gangaudē, *ēs*, ville d'Éthiopie sur le Nil : Plin. 6, 184.

Gangēs, *is*, m. (Γάγγης), le Gange [fleuve de l'Inde] : Cic. Rep. 6, 20 ‖ **-ētĭcus**, *a*, *um*, du Gange : Mart. 8, 26, 1 ‖ **-ētis**, *ĭdis*, f., du Gange : Ov. Am. 1, 2, 47.

ganglĭŏn, *ĭi*, n. (γάγγλιον), sorte d'enflure, tumeur : Veg. Mul. 2, 30, 1.

gangraena, *ae*, f. (γάγγραινα), gangrène : Cels. 5, 26, 34 ‖ [fig.] Varr. d. Non. 117, 28.

Gangrē, *ēs*, f. (Γάγγραι), ville de Paphlagonie Atlas I, D6 : Plin. 6, 7.

gannĭō, *īs*, *īre*, -, - (express., cf. *garrio* ; esp. *gañir*), intr. ¶1 japper [en parl. de chiens] : Varr. d. Non. 450, 11 cf. Non. 450 ‖ glapir [en parl. du renard] : Isid. Diff. 1, 607 ‖ gazouiller, crier [en parl. des oiseaux] : Vulg. Is. 10, 14 ¶2 [fig.] grogner, criailler :

gannio

TER. *Ad.* 556; VARR. *L.* 7, 103; AFRAN. d. NON. 450, 11; JUV. 6, 64 ∥ folâtrer : APUL. *M.* 3, 20.

gannītĭo, *ōnis*, f. (*gannio*), jappement [du chien] : P. FEST. 88, 4.

gannītŭs, *ūs*, m. (*gannio*) ¶ 1 jappement, gémissement [des petits chiens] : LUCR. 5, 1069 ∥ [fig.] **a)** grognement : *gannitibus lacessere* MART. 5, 60, 20, poursuivre qqn de ses criailleries **b)** caresse : APUL. *M.* 6, 27 **c)** lamentations : PLIN. 9, 9 ¶ 2 gazouillement [des oiseaux] : APUL. *M.* 6, 6.

gannō, *ās*, *āre*, -, - (cf. *gannio* et *sannor*), railler, bafouer : GLOSS. 2, 32, 22.

Ganŏs, *i*, f., ville de Thrace : PLIN. 4, 47.

ganta, *ae*, f. (germ., al. *Gans*, an. *goose* ; cf. *anser*), oie de Germanie : PLIN. 10, 52.

Gănymēdēs, *is*, m. (Γανυμήδης, cf. *Catamitus*), Ganymède [fils de Tros, roi de Troie, enlevé par l'aigle de Jupiter, il remplaça Hébé comme échanson des dieux] : CIC. *Tusc.* 1, 65 ∥ **-ēus**, *a*, *um*, de Ganymède : MART. 9, 17, 6.

Gărămantes, *um*, m. pl., peuple africain, au S. de la Libye Atlas I, E2-E3 : PLIN. 5, 36 ∥ sg., **Gărămans**, *tis*, m., Garamante : SEN. *Herc. Oet.* 1106 ∥ **-īcus**, *a*, *um*, des Garamantes : PLIN. 37, 92 ∥ **-is**, *ĭdis*, f., du pays des Garamantes : VIRG. *En.* 4, 198.

Gărămās, *antis*, m. ¶ 1 fils d'Apollon, héros éponyme des Garamantes : SERV. *En.* 4, 198 ¶ 2 C. Garamans : SIL. 6, 705.

gărātus, *a*, *um* (*garum*), préparé avec du garum : APIC. *Exc.* 3.

gargăla, *ae*, f. (express., cf. γαργαρίζω), trachée-artère : ORIB. *Eup.* 2, 1 G, 6 Aa.

Gargānus, *i*, m., mont d'Apulie Atlas XII, E5 : PLIN. 3, 111 ; VIRG. *En.* 11, 247 ∥ **-us**, *a*, *um*, du mont Garganus : HOR. *Ep.* 2, 1, 202.

Gargăphĭē, *ēs*, f. (Γαργαφία), vallée de Béotie, près de Platées, consacrée à Diane : OV. *M.* 3, 156 ∥ fontaine dans cette vallée : PLIN. 4, 25.

Gargăra, *ōrum*, n. pl. (τὰ Γάργαρα), **-ron**, *i*, DICT. 2, 27, n., Gargare [un des sommets du mont Ida] : VIRG. *G.* 1, 103 ∥ ville du même nom au pied de l'Ida : PLIN. 5, 122 ∥ **-ĭcus**, *a*, *um*, du mont Gargare : AUS. *Epist.* 24 (418), 16.

gargărīdĭō, *ās*, *āre*, -, -, C. *gargarizo* : NON. 117, 4.

gargărisma, *ătis*, n. (γαργάρισμα), gargarisme : THEOD.-PRISC. 2, 44.

gargărismătĭum, *ĭi*, n., gargarisme : M.-EMP. 14, 28.

gargărisso, C. *gargarizo* : VARR. *L.* 6, 96.

gargărīzātĭo, *ōnis*, f. (*gargarizo*), gargarisme, action de se gargariser : PLIN. 22, 120.

gargărīzātus, *a*, *um*, part. de *gargarizo*.

gargărīzō, *ās*, *āre*, *āvī*, *ātum* (γαργαρίζω) ¶ 1 intr., se gargariser : *aliqua re* CELS. 6, 10, 4 ; *ex aliqua re* CELS. 6, 6, 26, se gargariser avec qqch. ¶ 2 tr., prendre en gargarisme : PLIN. 20, 87 ∥ prononcer comme en se gargarisant : VARR. *L.* 6, 96.

Gargărus, *i*, m., C. Gargara : DICT. 2, 27 ; PRISC. 2, 177, 2 ; SERV. *En.* 5, 732.

Gargettĭus, *a*, *um* (Γαργήττιος), de Gargette [bourg de l'Attique, patrie d'Épicure] : CIC. *Fam.* 15, 16, 1 ; STAT. *S.* 1, 3, 94.

Gargĭlĭus, *ii*, m. ¶ 1 nom d'homme : HOR. *Ep.* 1, 6, 58 ¶ 2 Gargilius Martialis, écrivain du 3ᵉ s. apr. J.-C. : PALL. 4, 9, 9 ∥ **-ĭānus**, *a*, *um*, de Gargilius : DIG. 32, 1, 41, 3.

gărismătĭum, *ĭi*, n. (*garum*), endroit où se prépare le garum : CASSIOD. *Var.* 12, 22, 4.

Garizim, m. indécl., montagne de Samarie : VULG. *Deut.* 11, 29 ∥ **-zaeus (-saeus)**, *a*, *um*, du mont Garizim : CORIP. *Just.* 3, 102.

Garnae, f. pl., port d'Italie : PLIN. 3, 103.

Găronna, C. Garumna : FORT. *Carm.* 1, 19, 1.

gărŏs, *i*, m., C. garus : PLIN. 31, 93.

Garrae, f. pl., île et ville sur le Nil : PLIN. 6, 193.

Garresci, m. pl., ville de Macédoine : PLIN. 4, 35.

garrĭō, *īs*, *īre*, *īvī* (*ĭī*), *ītum* (express. cf. *grus*, *graculus*, bret. *garm*), tr. ¶ 1 [abs¹] **a)** gazouiller [en parl. des oiseaux] : APUL. *Flor.* 17 **b)** coasser : MART. 3, 93, 8 **c)** faire entendre un gazouillis [en parl. d'un chalumeau] : COPA 9 **d)** [fig.] jaser, babiller, parler pour ne rien dire : PL. *Curc.* 604 ; TER. *Eun.* 378 ; *Phorm.* 210 ; CIC. *de Or.* 2, 21 ; *Nat.* 1, 108 ¶ 2 [avec acc.] dire en bavardant, en babillant, en badinant : CIC. *Att.* 6, 2, 10 ; 12, 1, 2 ; PL. *Aul.* 830 ; HOR. *S.* 1, 10, 41 ; 2, 6, 77.

garrītŏr, *ōris*, m. (*garrio*), bavard : AMM. 22, 9.

garrītŭs, *ūs*, m. (*garrio*), bavardage, habil : SIDON. *Ep.* 8, 6, 9.

garrŭlātĭō, *ōnis*, f. (*garrulo*), bavardage : GREG.-TUR. *Martyr.* 12.

garrŭlē, adv. (*garrulus*), à la façon d'un bavard : PORPH. HOR. *S.* 1, 1, 120.

garrŭlĭtās, *ātis*, f. (*garrulus*) ¶ 1 caquetage : [de la pie] OV. *M.* 5, 678 ; [de la corneille] PLIN. 10, 30 ¶ 2 babil [d'enfant] : SUET. *Aug.* 83 ¶ 3 bavardage, caquet : QUINT. 2, 4, 15 ; PLIN. *Ep.* 9, 10, 2.

garrŭlō, *ās*, *āre*, -, - (**garrŭlŏr**, *ārĭs*, *ārī*, -) (*garrulus*, esp. *garlar*), *garrulans ineptias* FULG. *Myth.* 1 pr., p. 11, 7, débitant des sottises.

garrŭlus, *a*, *um* (*garrio*) ¶ 1 qui gazouille, babillard [en parl. d'un oiseau] : VIRG. *G.* 4, 307 ∥ [fig.] *garrulus rivus* OV. *F.* 2, 316, ruisseau qui gazouille ¶ 2 bavard : TER. *Ad.* 624 ; HER. 2, 16 ; HOR. *S.* 1, 9, 33 ; *Ep.* 1, 18, 69 ; *garrula hora* PROP. 3, 23, 18, une heure de causerie.

Garŭli, *ōrum*, m. pl., peuple de Ligurie : LIV. 41, 19.

gărum, *ī*, n. (γάρον), garum, liqueur de poisson [assaisonnement liquide obtenu après décomposition de poissons gras dans du sel et des herbes aromatiques] : PLIN. 31, 93 ; HOR. *S.* 2, 8, 46 ; CELS. 2, 25, 1.

Gărumna, *ae*, m., la Garonne [fleuve d'Aquitaine] Atlas I, C3 ; IV, A3 ; V, E2 : CAES. *G.* 1, 1 ∥ **-mni**, *ōrum*, m. pl., habitants des bords de la Garonne : CAES. *G.* 3, 27, 1.

gărus, *i*, m. (γάρος), garus [un des poissons dont on faisait le garum] : PLIN. 31, 93.

găryŏphyllon, V. *car-*.

Gassaurītis, *ĭdis*, f., partie de la Cappadoce : PLIN. 6, 9.

gassĭnădē, *ēs*, f., pierre précieuse inconnue : PLIN. 37, 163.

gastĕr, *ĕris*, f. (γαστήρ), ventre : CAEL.-AUR. *Chron.* 3, 8, 106.

gastria, V. *gastrum*.

gastrăcĭa, *ae*, f., V. *gaster* panse [de vase ?] : DIOCL. 36, 141.

gastrĭmargĭa, *ae*, f. (γαστριμαργία), voracité : CASSIAN. *Inst.* 5, 1.

gastrĭmargus, *i*, m. (γαστρίμαργος), vorace : CASSIAN. *Inst.* 12, 7.

gastrum, *i*, n. (*gaster*, γάστρα), vase ventru : PETR. 70, 6 ∥ **gastra**, *ae*, f., *PETR. 70, 6.

Gates, *ĭum*, m. pl., peuplade de l'Aquitaine : CAES. *G.* 3, 27, 1.

Gattaei, *ōrum*, m. pl., peuple de l'Arabie : PLIN. 6, 147.

gau, apocope de *gaudium* : ENN. d. AUS. *Techn.* 13 (349), 3.

gaudendus, *a*, *um*, de *gaudeo* : AN. HELV. 57, 7.

gaudentĕr, adv., avec joie : AUG. *Petil.* 2, 37, 89.

gaudĕō, *ēs*, *ēre*, *gāvīsus sum* (cf. γηθέω, γάνυμαι ; fr. *jouir*), intr., qqf. tr. ¶ 1 se réjouir intérieurement, éprouver une joie intime : *gaudere decet, laetari non decet* CIC. *Tusc.* 4, 66, il est séant de se réjouir, il ne l'est pas de manifester sa joie ; *in sinu gaudere* CIC. *Tusc.* 3, 51, se réjouir en secret, cf. SEN. *Ep.* 105, 3 ; *mihi gaudeo* CIC. *Fam.* 6, 15, je me réjouis pour ma part ∥ [avec *in* abl.] se réjouir à l'occasion d'une chose : LUCR. 3, 72 ; PROP. 2, 4, 18 ∥ [ordinᵗ avec abl.] *delicto dolere, correctione gaudere* CIC. *Lae.* 90, s'affliger de la faute, se réjouir de la réprimande ; *otio* LIV. 22, 9, 5, trouver sa joie dans le repos ; *aures meae completo verborum ambitu gaudent* CIC. *Or.* 168, mon oreille se complaît aux périodes bien pleines ∥ [avec gén.] [rare] APUL. *M.* 1, 24 ∥ [avec prop. inf.] *aliquid scire se gaudent* CIC. *Fin.* 5, 48, ils se réjouissent de savoir qqch., cf. CIC. *Lae.* 14 ; CAES. *G.* 4, 13, 6 ∥ [poét. et rare] [avec inf.] HOR. *O.* 3, 6, 21 ; S.

1, 4, 78; QUINT. 1, 2, 30 ‖ [avec *quod*] se réjouir de ce que : CIC. *Leg.* 3, 1; *Att.* 9, 7, 6; [avec *quia*] PL. *Amp.* 958 ‖ [avec *cum*] se réjouir du moment que : PL. *Most.* 1128 ‖ [avec *si*] HOR. *S.* 2, 3, 273 ‖ [avec acc.] *id gaudeo* TER. *And.* 362, je me réjouis de cela ; *gaudia alicujus, gaudium alicujus gaudere* TER. *And.* 964 ; CAEL. *Fam.* 8, 2, 1, se réjouir de la joie de qqn ; *dolorem alicujus* CAEL. *Fam.* 8, 14, 1, se réjouir de la peine de qqn, cf. STAT. *Th.* 4, 231 ¶ **2** [formule de salut, cf. χαίρειν] être en joie : HOR. *Ep.* 1, 8, 1 ¶ **3** [poét., en parl. de choses] se plaire à, se complaire dans : *difficiles terrae Palladia gaudent silva vivacis olivae* VIRG. *G.* 2, 181, les terres ingrates aiment la plantation chère à Pallas de l'olivier vivace, cf. PLIN. 19, 131 ; *oratio gaudebit occasione laetius decurrendi* QUINT. 12, 9, 2, le discours saisira avec joie l'occasion de se déployer plus librement ‖ [avec inf.] aimer à : PLIN. 9, 12 ¶ **4** [tard.] se réjouir de [avec dat. ou *de, in, super*] : *in victoria sua gaudere* VULG. *Judith* 13, 20, se réjouir de sa victoire.
▶ parf. forme act. *gavisi* ANDR. d. PRISC. 2, 420, 12.

gaudĭālis, *e* (*gaudium*), réjouissant : APUL. *M.* 2, 31.

Gaudĭānus, *i*, m., nom d'homme : CAPIT. *Gord.* 25.

gaudĭbundus, *a, um* (*gaudeo*), transporté de joie : CYPR. *Ep.* 76, 4.

gaudĭfĭcō, *ās, āre, -, -* (*gaudium, facio*), tr., réjouir : GLOSS. 2, 475, 49.

gaudĭmōnĭum, *ii*, n., C.▶ *gaudium* : PETR. 61, 3.

Gaudĭōsus, *i*, m., nom d'homme : VOP. *Prob.* 22.

gaudĭum, *ii*, n. (*gaudeo*; fr. *joie*) ¶ **1** contentement, satisfaction, aise, plaisir, joie [plus retenue que *laetitia*, v. *gaudeo* ¶1] : *cum ratione animus movetur placide atque constanter, tum illud gaudium dicitur* CIC. *Tusc.* 4, 13, quand c'est un mouvement de satisfaction raisonnable, calme et durable, nous l'appelons *gaudium* ; *voluptas dicitur etiam in animo, non dicitur laetitia nec gaudium in corpore* CIC. *Fin* 2, 13, volupté se dit même à propos de l'âme, on ne dit ni allégresse ni joie à propos du corps ; *gaudio compleri* CIC. *Fin.* 5, 69, être comblé de joie ; *gaudio efferri* CIC. *Fam.* 10, 12, 2, être transporté de joie ; *aliquem gaudio officere* CIC. *Fin.* 5, 69, combler qqn de joie ; *missa legatio, quae gaudio fungeretur* TAC. *H.* 2, 55, députation envoyée pour être l'interprète de la joie publique ‖ *gaudium saltus superati* LIV. 42, 55, 4, joie d'avoir franchi le défilé, cf. LIV. 39, 50, 9 ‖ pl., joies : CIC. *Cat.* 1, 26 ; *Tusc.* 5, 67 ¶ **2** [contrairement à la définition de Cicéron donnée au début du ¶1] plaisir des sens, volupté : LUCR. 4, 1205 ; 5, 854 ; *dediti corporis gaudiis* SALL. *J.* 2, 4, livrés aux plaisirs des sens ‖ [fig.] *gaudia annorum* PLIN. 16, 95, la riante saison de l'année ;

flos est gaudium arborum PLIN. 16, 95, la fleur est la joie des arbres.

gaudĭvĭgens, *tis* (*gaudium, vigeo*), qui mène joyeuse vie : CIL 10, 297, 1.

Gaugamēla, *ōrum*, n. pl. (Γαυγάμηλα), village près d'Arbèles [auj. Karmelis] : PLIN. 6, 118.

Gaulītānus, *a, um*, V.▶ *Gaulos.*

Gaulōpes, *um*, m. pl., peuple d'Arabie : PLIN. 6, 147.

Gaulŏs, *i*, f., **-lum**, *i*, n., île de la mer de Sicile Atlas XII, H4 : SIL. 14, 274 ‖ **-lītānus**, *a, um*, de Gaulos : CIL 10, 7507.

1 gaulus, *i*, m. ¶ **1** (γαυλός), vase arrondi : PL. *Ru.* 1319 ¶ **2** (γαῦλος), nacelle arrondie : P. FEST. 85, 11.

2 gaulus, *i*, m. (de *galbulus*), guêpier [oiseau] : ISID. 12, 7, 34 ; V.▶ *merops.*

gaunāca, *ae*, f. et, **-cēs**, *is* (*gaunacum*), pelisse persane : *VARR. L. 5, 167 ; GLOSS. 4, 346, 11.

gaunăcārĭus, *ii*, m., fabricant de *gaunaca* : CIL 6, 9431.

gaunăcum, *i*, n. (de καυνάκης, cf. *gausapa*), C.▶ *gaunaca* : *VARR. L. 5, 167.

gaunăpēs (-um), V.▶ *gaunaca* et *gausapa* : NOT. TIR. 97, 57.

gauranis, V.▶ *guaranis.*

Gaurānus, *a, um*, V.▶ *Gaurus.*

Gaurātae, *ārum*, m. pl., peuple d'Asie, près du golfe Persique : PLIN. 6, 99.

Gaureleos, *i*, m., port de l'île d'Andros : LIV. 31, 45.

Gaurus, *i*, m., montagne de Campanie, renommée pour ses vins : CIC. *Agr.* 2, 36 ‖ **-ānus**, *a, um*, du mont Gaurus : PLIN. 3, 60.

gausăpa, *ae*, f. (γαυσάπης), VARR. d. CHAR. 104, 16 ; PETR. 28, 4 ; **-ăpĕ**, *is*, n., HOR. *S.* 2, 8, 11 ; PERS. 4, 37 ; **-ăpa**, *ōrum*, n. pl., PLIN. 8, 193 ; OV. *A. A.* 2, 300 ; **-pēs**, *is*, m., AUGUST. d. CHAR. 104, 12, étoffe de laine à longs poils, serviette, manteau ‖ [fig.] barbe fournie : PERS. 4, 37.

gausăpātus, *a, um* (*gausapa*), vêtu d'une gausape : SEN. *Ep.* 53, 3 ; *Vit.* 25, 2 ‖ [fig.] couvert de son poil : PETR. 38, 15.

gausăpĭna, *ae*, f., MART. 6, 59, 8, *paenula gausapina* MART. 14, 145 tit., gausape, manteau.

găvăta, V.▶ *gabata* : FORT. *Carm.* 11, 10, 3.

găvĭa, *ae*, f. (express. ; esp. *gavia*), sterne [oiseau marin] : PLIN. 10, 91.

Gavīnās, *ātis*, C.▶ *Gabii* : GROM. 349, 31.

Găvis, *is*, f., C.▶ *Gabii* : GROM. 234, 15.

găvīsi, pf., V.▶ *gaudeo* ▶.

găvīsus, *a, um*, part. de *gaudeo.*

Găvĭus, *ii*, m., Gavius [citoyen romain mis en croix par Verrès] : CIC. *Verr.* 5, 61 ‖ **-ĭānus**, *a, um*, de Gavius : LACT. *Inst.* 4, 18.

1 gaza, *ae*, f. (γάζα, mot perse), trésor des rois de Perse : NEP. *Dat.* 5 ‖ trésors, richesses : CIC. *Off.* 2, 76.

2 Gaza, *ae*, f., ville de Palestine Atlas I, E6 ; IX, E3 : PLIN. 5, 65 ‖ **Gazaeus**, *a, um*, de Gaza : CASSIOD. *Eccl.* 6, 4 ‖ **-zensis**, *e*, VULG. *1 Macc.* 11, 62 ‖ **-zētĭcus**, *a, um*, SIDON. *Carm.* 17, 15.

Gazaca, *ae*, f., ville de Médie Atlas I, D8 : AMM. 23, 6, 39.

Gazacēna rĕgĭo, f., partie de Cappadoce : PLIN. 6, 8.

Gazae, *ārum*, f. pl., partie de l'Atropatène : PLIN. 6, 42.

Gazaeus, V.▶ 2 *Gaza.*

Gazaufula, *ae*, f., ville de Numidie : ANTON. 42.

Gazensis, V.▶ 2 *Gaza.*

Gazētae, *ārum*, f. pl., ville de Syrie : PLIN. 5, 81.

Gazētĭcus, V.▶ 2 *Gaza.*

Gazĭura, *ōrum*, n. pl., ville de Paphlagonie : PLIN. 6, 6.

gāzŏphўlăcĭum, *ii*, n. (γαζοφυλάκιον), salle du trésor : HIER. *Ep.* 14, 8.

gazum, *i*, n. (1 *gaza*), trésor [d'une église] ; **gaza**, *ōrum*, n. pl., même sens : COMMOD. *Instr.* 2, 14, 12.

Geba, *ae*, f., ville de Phénicie : PLIN. 5, 75.

Gebadaei, *ōrum*, m. pl., peuple riverain de la mer Rouge : PLIN. 6, 168.

Gebbanītae, *ārum*, m. pl., peuple de l'Arabie Heureuse : PLIN. 12, 63.

Gĕbennae, V.▶ *Cebennae.*

Gĕbūsaei, V.▶ *Jebusaei.*

Gĕdĕōn, *ōnis*, m., Gédéon [juge des Hébreux] : VULG. *Jud.* 6, 13.

Gĕdrōsĭa, *ae*, f., la Gédrosie [province de la Perse, entre la Carmanie et l'Inde, le long de la mer Érythrée] : PLIN. 21, 62 ‖ **Gedrosi (-sĭi)**, *ōrum*, m. pl., les Gédrosiens : PLIN. 6, 78 ; CURT. 9, 10, 3.

Gĕdrūsi, C.▶ *Gedrosi* : PLIN. 6, 94.

Gegānĭus, *ii*, m., nom de plusieurs personnages : LIV. 6, 31 ; 6, 42 ; 2, 34 ; 3, 65.

gĕhenna, *ae*, f. (γέεννα, mot hébreu ; fr. *gêne*), géhenne, enfer : TERT. *Apol.* 47, 12.

gĕhennālis, *e*, de l'enfer : AUG. *Anim.* 3, 6, 8.

Gehon, V.▶ *Geon.*

Geidumni, *ōrum*, m. pl., peuple de la Belgique [pays de Gand] : CAES. *G.* 5, 39.

Gĕlā, *ae*, f., ville de Sicile Atlas XII, H4 : VIRG. *En.* 3, 702 ‖ **-lensis**, *e*, de Géla, **Gelenses**, *ium*, CIC. *Verr.* 4, 73, m. pl., habitants de Géla ‖ **-lōus**, *a, um*, VIRG. *En.* 3, 701 ‖ **-lānus**, *a, um*, PLIN. 3, 91, de Géla.

Gĕlānus, *a, um*, V.▶ *Gela.*

Gĕlās, *ae*, m. (Γέλας), rivière de Sicile [auj. Fiume di Chiozzo] : PLIN. 3, 89.

gĕlascō, *ĭs, ĕre, -, -* (1 *gelo*), intr., se congeler, geler : PLIN. 14, 132.

gelasianus

gĕlăsĭānus, *i*, m. (cf. *Gelasimus*), bouffon, plaisant : Sidon. *Carm.* 23, 301.

Gĕlăsĭmus, *i*, m. (Γελάσιμος), qui fait rire, nom de bouffon : Pl. *St.* 174.

gĕlăsīnus, *i*, m. (γελασινος), fossettes [creusées par le rire] : Mart. 7, 25, 6.

gĕlātĭo, *ōnis*, f. (1 *gelo*), gelée : Plin. 16, 233.

gĕlātus, *a*, *um*, part. de 1 *gelo*.

Gelbēs, *is*, m., fleuve de Bithynie : Plin. 5, 143.

Geldūba, *ae*, f., localité chez les Ubiens [Gellep] : Plin. 19, 90 ; Tac. *H.* 4, 26.

gĕlĕfactus, *a*, *um* (*gelu*, *facio*), gelé : Fort. *Carm.* 8, 3, 213.

gelela, *ae*, f., coloquinte : Cass. Fel. 73, p. 176, 17.

Gĕlensis, *e*, v. *Gela*.

gĕlescō, *ĭs*, *ĕre*, -, - (1 *gelo*), intr., geler : Tert. *Scorp.* 1, 10.

Gĕli, *ōrum*, m. pl., peuple de l'Asie centrale : Prisc. *Perieg.* 942.

gĕlĭcĭdĭum, *ĭi*, n. (*gelu*, *cado*), gelée blanche, verglas : Varr. *R.* 1, 55, 2 ‖ [mais ordin^t au pl.] Cat. *Agr.* 65, 2 ; Col. 2, 8, 3.

gĕlĭda, *ae*, f., v. *gelidus*.

gĕlĭdē, adv. (*gelidus*), avec froideur [fig.] : Hor. *P.* 171.

gĕlĭdus, *a*, *um* (*gelu*), gelé, glacé : Acc. *Tr.* 567 ; Cat. *Agr.* 37, 4 ; *aqua gelida* Cic. *Cat.* 1, 31 ; ou seul^t *gelida* Hor. *S.* 2, 7, 90, eau glacée ; *gelidus tyrannus* Ov. *M.* 6711, Borée ‖ [fig.] glacé [en parl. de l'âge, de la mort] : Virg. *En.* 5, 395 ; Ov. *M.* 6, 277 ‖ [en parl. de la peur] *gelidus tremor* Virg. *En.* 2, 120, un frisson glacé ‖ *gelidior* Cic. *Leg.* 2, 6 ; -*issimus* Plin. 31, 6.

gĕlĭfactus, v. *gelefactus*.

Gellĭa, *ae*, f., nom de femme : Mart. 1, 33.

Gellĭānus, *i*, m., nom d'homme : Mart. 6, 66.

Gellĭus, *ĭi*, m., nom de famille romaine : Cic. *Div.* 1, 55 ; *Balb.* 19 ‖ Aulu-Gelle [grammairien du 2e s. apr. J.-C., auteur des *Nuits attiques*] : Aug. *Civ.* 9, 4, 2.

1 gĕlō, *ās*, *āre*, *āvī*, *ātum* (*gelu* ; fr. *geler*) ¶ **1** tr., geler, congeler : *amnes gelati* Plin. 8, 42, fleuves gelés ‖ [fig.] *gelat ora pavor* Stat. *Th.* 4, 404, l'effroi glace ses traits ¶ **2** intr., se geler : Plin. 17, 222.

2 Gelo, *ōnis*, m., Gélon [roi de Syracuse] : Liv. 23, 30.

Gelōn, *ōntis*, m., nom d'une fontaine de Phrygie : Plin. 31, 19.

Gĕlōni, *ōrum*, m. pl. (Γελωνοί), Gélons [peuple scythe] : Virg. *G.* 2, 115 ; [sg.] *Gelonus* Virg. *G.* 3, 461 ‖ -*nus*, *a*, *um*, des Gélons : Grat. 195.

Gĕlōs, *ōtis*, m. (Γέλως), nom d'homme : CIL 5, 6808 ‖ **Gĕlōtĭānus**, *a*, *um*, de Gelos : Suet. *Cal.* 18.

gĕlōtŏphyĕ, *ēs*, f. (γελωτοφυή), chanvre indien [la plante qui rend joyeux] : Ps. Apul. *Herb.* 8.

gĕlōtŏphyllis, *ĭdis*, f. (γελωτοφυλλίς), v. *gelotophye* : Plin. 24, 164.

Gelōus, *a*, *um*, v. *Gela*.

gĕlū, n. (cf. *glacies*, al. *kalt*, *kühl*, an. *cold* ; esp. *hielo*, fr. *gel*), indécl., [empl. surtout à l'abl.] gelée, glace, grand froid : Virg. *G.* 2, 317 ; 3, 442 ; Hor. *O.* 1, 9, 3 ; Liv. 21, 40, 9 ‖ [fig.] glaces de l'âge, de la mort : Virg. *En.* 8, 508 ; Luc. 4, 653.

▶ autres formes : *gelum*, *i*, n., Lucr. 5, 205 ; 6, 877 ; Varr. *R.* 1, 45, 2 ‖ *gelūs*, *ūs*, m., Acc. *Tr.* 390 ; Afran. *Com.* 106 ; Cat. *Agr.* 40, 4.

gĕlum, gĕlŭs, v. *gelu* ▶.

gĕmĕbundus, *a*, *um* (*gemo*), gémissant : Hier. *Ep.* 22, 25.

Gĕmella (Augusta), f., ville de la Bétique : Plin. 3, 12.

Gĕmellae, *ārum*, f. pl., bourg de Numidie Atlas VIII, B2 : Peut. 3, 2.

gĕmellār, *āris*, n., **-ārĭum**, *ĭi*, n., **-ārĭa**, *ae*, f. (*gemellus*), récipient pour l'huile composé de deux vases accouplés : Col. 12, 52, 10 ; Aug. *Psalm.* 136, 9 ; 80, 17.

Gĕmellenses, *ĭum*, m. pl., habitants d'Augusta Gémella : Plin. 3, 25.

gĕmellĭpăra, *ae*, f. (*gemellus*, *pario*), mère de deux jumeaux [surnom de Latone] : Ov. *M.* 6, 315.

gĕmellus, *a*, *um* (dim. de 1 *geminus* ; fr. *jumeau*), jumeau, jumelle : *gemella proles* Ov. *H.* 6, 12 ; *gemelli fratres* Ov. *H.* 8, 77 ; *gemelli fetus* Ov. *H.* 6, 143, frères jumeaux ‖ subst. m., *se dedicat tibi, gemelle Castor et gemelle Castoris* Catul. 4, 27, il se consacre à toi, jumeau Castor, et à toi, jumeau de Castor ; *gemellos connixa* Virg. *B.* 1, 14, ayant mis bas deux jumeaux ‖ [fig.] double, formé de deux, formant le couple ou la paire : *gemella legio* Caes. *C.* 3, 4, 1, légion formée de deux autres ; *gemella poma* Plin. 15, 51, fruits attachés à la même queue, qui tiennent par paires ‖ pl., semblables, pareils : Mart. 10, 92, 3, cf. Hor. *S.* 2, 3, 244.

gĕmĭbĭlis, *e* (*gemo*), déplorable : Hier. *Ezech.* 2, 5, 15.

gĕmĭnātim, adv., deux par deux : Diom. 407, 8, [mais sans exemple].

gĕmĭnātĭo, *ōnis*, f. (*gemino*), répétition de mots : Cic. *de Or.* 3, 206 ; Quint. 9, 3, 7 ‖ réduplication [répétition d'une syllabe ou d'une lettre] : Quint. 1, 4, 10.

gĕmĭnātus, *a*, *um*, part. de *gemino*.

gĕmĭnē, v. *geminatim* : Suet. *Frg.* 113.

gĕmĭni, *ōrum*, m. pl., frères jumeaux : Cic. *Ac.* 2, 56 ; v. 1 *geminus*, les Gémeaux [signe du zodiaque : Castor et Pollux] : Varr. *R.* 2, 1, 7 ‖ testicules : Solin. 13, 2.

gĕmĭnĭtūdo, *ĭnis*, f. (1 *geminus*), ressemblance de jumeaux : Pacuv. *Tr.* 61.

Gĕmĭnĭăcum, *i*, n, ville de Belgique [Gembloux] : Anton. 378.

Gĕmĭnĭus, *ĭi*, m., nom d'homme : Tac. *An.* 6, 14.

gĕmĭnō, *ās*, *āre*, *āvī*, *ātum* (1 *geminus*), tr. ¶ **1** [avec acc.] **a)** doubler, rendre double [pr. et fig.] : *geminata verba* Cic. *Part.* 21, mots redoublés ; *geminatus sol* Cic. *Nat.* 2, 14, soleil qui paraît double, parhélie ; *geminare aestum* Ov. *M.* 5, 586, doubler la chaleur ; *decem vitae geminare annos* Ov. *Tr.* 4, 10, 31, avoir vingt ans **b)** mettre deux choses ensemble, joindre, réunir : *geminari legionum castra prohibuit* Suet. *Dom.* 7, il défendit de réunir deux légions dans le même camp ; *geminare aera* Hor. *O.* 1, 16, 8, frapper l'airain à coups redoublés ; *serpentes avibus geminantur* Hor. *P.* 13, les serpents vont de pair avec les oiseaux ; *geminata cacumina* Liv. 36, 24, 9, sommets jumelés ¶ **2** [abs^t] doubler, faire des paires : Lucr. 4, 452.

1 gĕmĭnus, *a*, *um* (cf. *gemma*, γέμω, scr. *yama-s* ; roum. *geamăn*) ¶ **1** jumeau, jumelle : *C. et L. Fabricii gemini fuerunt ex municipio Aletrinati* Cic. *Clu.* 46, C. et L. Fabricius étaient deux frères jumeaux du municipe d'Aletrium ; *soror gemina* Pl. *Mil.* 383, sœur jumelle ; *geminus Castor* Ov. *A. A.* 1, 746 ; *geminus Pollux* Hor. *O.* 3, 29, 64, Castor et Pollux ‖ [fig.] *memoria est gemina litteraturae* Cic. *Part.* 26, la mémoire est sœur jumelle de l'écriture ¶ **2** double, qui fait le couple (la paire) : *geminum lucernae lumen* Cic. *Div.* 2, 120, double lumière d'une lampe ; *vos, geminae voragines scopulique rei publicae* Cic. *Pis.* 41, vous, les deux gouffres, les deux écueils de l'État ‖ qui réunit deux natures : *gemini Chironis antrum* Ov. *M.* 2, 630, l'antre de Chiron au double corps [moitié homme, moitié cheval] ¶ **3** semblable, qui va de pair avec : *consors in furtis geminus* Cic. *Verr.* 3, 155, complice bien assorti de tes rapines ; *geminum in scelere par* Cic. *Phil.* 11, 2, couple bien assorti de scélérats, cf. *Amer.* 118 ‖ *geminissimus* Pl. *Pers.* 830.

2 Gĕmĭnus, *i*, m., surnom des Servilius : Liv. 21, 57.

gĕmiscō, *ĭs*, *ĕre*, -, - (*gemo*), intr., gémir : Claud. *Pros.* 3, 130.

gĕmĭti, gén., v. *gemitus* ▶.

gĕmĭtōrĭus, *a*, *um* (*gemo*), *gradus gemitorii* Plin. 8, 145, degrés des Gémonies.

gĕmĭtŭs, *ūs*, m. (*gemo*), gémissement : *urbe tota fletus gemitusque fit* Cic. *Amer.* 24, dans la ville entière ce ne sont que pleurs et gémissements ; *gemitum dare* Virg. *En.* 1, 485 ; *tollere* Virg. *En.* 11, 37 ; pl., Cic. *Clu.* 192 ; *gemitus edere* Lucr. 4, 1012 ; *gemitus ciere* Virg. *G.* 3, 517, pousser des gémissements ‖ [fig.] gémissement, bruit sourd : Virg. *En.* 2, 53 ; 9, 709.

▶ gén. arch. *gemiti* Pl. *Aul.* 722.

gemma, *ae*, f. (peu net, cf. *geminus* ou γόμφος ; it. *gemma*) ¶ **1** pierre précieuse, gemme: ***pocula ex auro gemmis distincta clarissimis*** Cic. Verr. 4, 62, coupes d'or enrichies des pierreries les plus éclatantes; ***gemma vitrea*** Plin. 35, 48, pierre fausse en verre; ***gemma facticia*** Plin. 37, 98, pierre artificielle ‖ pierre formant une coupe, un vase à boire, coupe ornée de pierreries: Virg. G. 2, 506; Prop. 3, 5, 4 ‖ chaton de bague, cachet: Ov. M. 9, 566; Plin. 37, 3; Juv. 13, 138 ‖ perle: Prop. 1, 14, 12 ‖ [fig.] beauté, ornement: Mart. 5, 11, 3 ¶2 bourgeon, œil [de la vigne]: Cic. CM 53; Virg. G. 2, 335; B. 7, 48 ¶3 [chrét.] homme précieux, saint: Sidon. Ep. 4, 22, 1.

gemmărĭus, *a, um* (*gemma*), relatif aux pierres précieuses: Vulg. Exod. 39, 6 ‖ subst. m., lapidaire, joaillier: Vulg. Exod. 28, 11.

gemmascō, *ĭs, ĕre, -, -* (*gemma*), intr., bourgeonner: Col. 5, 10, 12; Plin. 17, 116.

gemmātim, adv., forgé sur *gemma* [inusité]: Diom. 407, 8.

gemmātus, *a, um* (*gemma*), orné de pierreries: Liv. 1, 11, 8 ‖ garni de bourgeons: Pall. 4, 10, 2.

gemmescō, *ĭs, ĕre, -, -* (*gemma*), intr., devenir pierre précieuse: Plin. 37, 158.

gemmĕus, *a, um* (*gemma*), de pierre précieuse: Cic. Verr. 4, 63 ‖ comme une pierre précieuse: Plin. 18, 71 ‖ qui a l'éclat des pierreries: Plin. Ep. 5, 6, 11.

gemmĭfĕr, *ĕra, ĕrum* (*gemma, fero*), qui renferme des pierres précieuses: Plin. 37, 200 ‖ garni de pierres précieuses: Val.-Flac. 5, 448.

gemmō, *ās, āre, āvī, ātum* (*gemma*), intr. ¶1 être couvert de pierres précieuses: Ov. M. 3, 264 ‖ [fig.] ***herbae gemmantes rore recenti*** Lucr. 2, 319, les brins d'herbe que diamante la rosée nouvelle, cf. 5, 461 ¶2 bourgeonner [en parl. de la vigne], gemmer: Cic. de Or. 3, 155.

gemmōsus, *a, um* (*gemma*), garni de pierres précieuses: Apul. M. 5, 8.

gemmŭla, *ae*, f. (dim. de *gemma*), petite pierre précieuse: Front. Caes. 4, 3, 6, p. 65 N ‖ petit bourgeon: Apul. M. 10, 29 ‖ [fig.] pupille de l'œil: Apul. d. Anth. 712, 10.

gĕmō, *ĭs, ĕre, ŭī, ĭtum* (express., cf. *fremo*; fr. *geindre*), intr. et tr.

I intr. ¶1 gémir, se plaindre: Cic. Att. 2, 21, 2; Planc. 101; ***desiderio alicujus*** Cic. Pis. 25, gémir du regret de qqn ‖ [poét.] ***turtur gemit ab ulmo*** Virg. B. 1, 59, la tourterelle gémit au sommet de l'orme ¶2 gémir, craquer, faire entendre un bruit semblable à un gémissement: ***gemuit sub pondere cymba*** Virg. En. 6, 413, l'esquif gémit sous le poids, cf. Hor. O. 1, 14, 6; Plin. Ep. 9, 26, 4; ***gemuit parvo mota fenestra sono*** Ov. Pont. 3, 3, 10, la fenêtre remuée fit entendre un faible gémissement.

II tr., gémir sur, déplorer: ***suum malum*** Cic. Sen. 12, gémir sur son malheur; ***hic status una voce gemitur*** Cic. Att. 2, 18, 1, cette situation provoque des gémissements unanimes; ***multa gemens ignominiam*** Virg. G. 3, 226, pleurant beaucoup son déshonneur ‖ [avec prop. inf.] déplorer que: Cic. Phil. 13, 23; Hor. Ep. 1, 15, 7; 1, 20, 4; Ov. M. 3, 94.

Gĕmōnĭae, *ārum*, f. pl. (s.-ent. *scalae*), les Gémonies [degrés sur la pente du mont Capitolin, où l'on traînait et exposait le corps des suppliciés]: Suet. Tib. 61; ***Gemoniae scalae*** Val.-Max. 6, 3, 3, même sens.

gĕmŭī, parf. de *gemo*.

gĕmŭlus, *a, um* (*gemo*), plaintif: Apul. Flor. 13.

gĕmursa, *ae*, f. ?, durillon au petit orteil: Plin. 26, 8; P. Fest. 84, 10.

gĕna, *ae*, f. [rare au sg.] ¶1 joue: Suet. Cl. 15 ¶2 paupière: Plin. 11, 57 ‖ V. *genae*.

Gĕnăbum, *i*, n., Caes. G. 7, 3, ville de la Gaule Lyonnaise [auj. Orléans] Atlas I, B3; V, D2 ‖ **-ensis**, *e*, de Cénabum: *Caes G. 7, 28, 4; m. pl., les habitants de Cénabum: *Caes. G. 7, 11, 7.
▶ leçon des mss. de César à corriger en *Cenabum*.

gĕnae, *ārum*, f. pl. (cf. 2 *genuinus*, γνάθος, γένυς, al. Kinn, an. chin; roum. *geană*) ¶1 joues [propre^t la partie qui est sous les yeux]: Cic. Nat. 2, 143 ¶2 paupières: Enn. An. 532, cf. P. Fest. 83, 28 ¶3 yeux: Prop. 3, 12, 26 ‖ orbite: Ov. M. 13, 562.

Gĕnauni, *ōrum*, m. pl., peuplade de la Vindélicie: Hor. O. 4, 14; 10 ‖ **Gĕnaunes**, m. pl., Plin. 3, 137.

Gĕnāva, *ae*, f., Genève Atlas V, E3: *Caes. G. 1, 6, 3; V. *Genua* ‖ **-vensis**, *e*, de Genève: CIL 12, 2606.

Gendŏs, *i*, m., fleuve de Bithynie (*Geodos*): Plin. 5, 148.

gĕnĕălŏgĭa, *ae*, f. (γενεαλογία), généalogie: Vulg. 1 Esdr. 2, 62.

gĕnĕălŏgus, *i*, m. (γενεαλόγος), auteur de généalogic: Cic. Nat. 3, 44 ‖ auteur de la Genèse [Moïse]: Prud. Apoth. 315.

gĕnĕr, *ĕri*, m. (cf. γαμβρός, scr. *jāmātar-*, influence de 1 *genus*; fr. *gendre*) ¶1 gendre, mari de la fille: Cic. Off. 1, 129 ¶2 futur gendre: Virg. En. 2, 344; cf. Dig. 38, 10, 6 ¶3 mari de la petite-fille: Ulp. Dig. 50, 16, 136; Tac. An. 5, 6 ¶4 beau-frère: Just. 18, 4.
▶ dat. sg. *generi*; nom. pl. *generes* CIL 8, 3492; dat. pl. *generibus* Acc. Tr. 65.

gĕnĕrābĭlis, *e* (*genero*), générateur: Plin. 2, 116 ‖ qui peut être produit: Manil. 1, 143.

gĕnĕrālis, *e* (1 *genus*) ¶1 qui appartient à une race: Lucr. 1, 591 ¶2 qui a trait à la nature d'une chose: Cic. Inv. 1, 10 ¶3 qui appartient à un genre, général [opposé à particulier]: Cic. Off. 1, 96 ‖ [tard.] général, universel: ***generale mandatum*** Ambr. Luc. 6, 9, commandement adressé à tous les hommes.

gĕnĕrălĭtās, *ātis*, f., généralité, universalité: Serv. G. 1, 21.

gĕnĕrălĭtĕr, adv. (*generalis*), d'une manière générale: Cic. Inv. 1, 39.

gĕnĕrāmĕn, *ĭnis*, n., [C.] *generatio*: Aldh. Virg. 133.

gĕnĕrascō, *ĭs, ĕre, -, -* (*genero*), intr., se produire: Lucr. 3, 745.

gĕnĕrātim, adv. (1 *genus*) ¶1 par races, par nations: Caes. G. 1, 51, 2; 7, 19, 2; 7, 36, 2 ‖ par genres, par espèces: Cic. de Or. 1, 186 ‖ par catégories, par classes, en classant: Cic. Verr 2, 137; Cic. Pis. 86 ¶2 en général, généralement: ***quid... singillatim potius quam generatim atque universe loquar?*** Cic. Verr. 5, 143, pourquoi vous parler en détail... plutôt que d'une façon générale et globale?; ***non nominatim, sed generatim*** Cic. Att. 11, 6, 2, non pas nominativement, mais en masse.

gĕnĕrātĭo, *ōnis*, f. (*genero*), reproduction, génération: Plin. 9, 157 ‖ [chrét.] naissance à la vie éternelle [en parl. du baptême]: Cypr. Ep. 63, 8 ‖ descendance: ***liber generationis Adae*** Vulg. Gen. 5, 1, livre de la descendance d'Adam ‖ une génération [d'hommes]: Ambr. Off. 1, 25, 121; Ep. 73, 22 ‖ ***omnes generationes*** Vulg. Luc. 1, 48, toutes les générations [l'ensemble de tous les hommes, l'humanité].

gĕnĕrātŏr, *ōris*, m. (*genero*), celui qui produit: Cic. Tim. 38 ‖ [chrét.] celui qui régénère, Dieu [en parl. du baptême]: Paul.-Nol. Ep. 32, 5.

gĕnĕrātōrĭus, *a, um* (*generator*), génératif: Tert. Val. 27, 1 ‖ subst. n., organe de la reproduction: Ambr. Psalm. 118 s. 18, 11, 2.

gĕnĕrātrix, *īcis*, f., celle qui produit: Mel. 1, 49.

1 **gĕnĕrātus**, *a, um*, part. de *genero*.

2 **gĕnĕrātŭs**, *ūs*, m., génération: Chalc. 76.

gĕnĕrō, *ās, āre, āvī, ātum* (1 *genus*), tr. ¶1 engendrer: Plin. 24, 102; Virg. En. 7, 734 ‖ ***generatus Herculis stirpe*** Cic. Rep. 2, 24, issu de la souche d'Hercule ‖ [abs^t] concevoir, porter [en parl. d'une femelle]: Plin. 8, 172 ‖ créer, engendrer: ***hominem generavit deus*** Cic. Leg. 1, 27, Dieu a créé l'homme, cf. Off. 1, 103; Phil. 4, 5 ¶2 produire [pr. et fig.]: ***generare mel*** Virg. G. 4, 205, produire le miel; ***virtutes*** Quint. 12, 5, 2, être une source de vertus ‖ produire [au sens littéraire], composer: Quint. 1, 12, 12.

*****gĕnĕrōsē** [inus.], noblement, dignement; compar., *-ius* Hor. O. 1, 37, 21.

gĕnĕrōsĭtās, *ātis*, f. (*generosus*), bonté de la race [d'animaux]: Plin. 8, 198 ‖ bonne qualité: Col. Arb. 1, 3 ‖ magnanimité: Plin. 8, 50 ‖ [chrét.] noblesse d'origine [d'une église, des saints]: Hil. Matth. 5, 4 ‖ générosité morale: Aug. Ep. 149, 27.

gĕnĕrōsus, *a*, *um* (1 *genus*) ¶ 1 de bonne extraction, racé, de bonne race : [hommes] Cic. *Par.* 20 ; *Brut.* 213 ; Sall. *J.* 85, 15 ; [animaux] Plin. 11, 233 ; Quint. 5, 11, 4 ; Virg. *G.* 3, 75 ; [plantes] Col. 3, 2, 17 ; Plin. 32, 61 ; Quint. 5, 11, 4 ; ***vinum generosum*** Hor. *Ep.* 1, 15, 18, vin d'un bon cru ‖ [éloquence] de grande race : Cic. *Brut.* 261 ¶ 2 [fig.] noble, généreux, magnanime : ***rex generosus ac potens*** Cic. *Off.* 3, 85, un roi magnanime et puissant ; ***generosa virtus*** Cic. *Tusc.* 2, 16, une noble vertu ‖ *-sior* Hor. *S.* 1, 6, 2 ; Quint. 8, 3, 76 ; *-sissimus* Sall *J.* 85, 15 ; Plin. 10, 47.

gĕnĕsālĭa, n. (*genesis*), fête de la naissance : *Not. Tir.* 58, 95.

Gēnēsar, m. f., lac et pays de Judée [Gennésareth] : Vulg. *Matth.* 14, 34.

Gēnēsaras, m. et **-reth**, c. ▸ *Genesar* : Vulg. *Marc.* 6, 53.

gĕnĕsĭăcus, *a*, *um*, c. ▸ 1 *genethliacus* : Eustath. *Hex.* 6, 5.

gĕnĕsis, *is*, f. (γένεσις) ¶ 1 génération, création : Plin. 36, 19 ; Ps. Aug. *Serm.* 131, 4 ¶ 2 la Genèse, livre de Moïse : Tert. *Or.* 7, 3 ¶ 3 [chrét.] génération spirituelle : Ps. Aug. *Serm.* 131, 4 ¶ 4 position des astres par rapport à la naissance, étoile, horoscope : Juv. 6, 579 ; Suet. *Vesp.* 14.

Gĕnĕsĭus, *ii*, m., Genès [nom de plusieurs martyrs des Gaules] : Greg.-Tur. *Martyr.* 69.

gĕnesta, c. ▸ *genista*.

Gĕnētae, *ārum*, m. pl., Génètes [peuple du Pont] : Plin. 6, 11 ‖ **-taeus**, *a*, *um*, des Génètes : Val.-Flac. 5, 147.

gĕnethlĭăcē, *ēs*, f., art des horoscopes : Capel. 3, 228.

1 **gĕnethlĭăcus**, *a*, *um* (γενεθλιακός), d'horoscope, généthliaque : Arn. 2, 69 ‖ **-cŏn**, *i*, n., poème anniversaire : Stat. *S.* 2, *ep.* 24.

2 **gĕnethlĭăcus**, *i*, m., faiseur d'horoscope, astrologue : Gell. 14, 1, 1.

gĕnethlĭălŏgĭa, *ae*, f. (γενεθλιαλογία), art des horoscopes, astrologie : Vitr. 9, 6, 2.

gĕnĕtīvus (**gĕnĭt-**), *a*, *um* (*geno*) ¶ 1 de naissance, naturel : ***genetivum nomen*** Ov. *Pont.* 3, 2, 107, nom de famille ¶ 2 qui engendre, créateur : Cat. d. Macr. *Sat.* 3, 6, 5 ¶ 3 [gram.] ***genetivus casus*** Suet. *Aug.* 87 ; et abs^t ***genetivus*** Quint. 1, 5, 63, le génitif.

gĕnĕtrix (**gĕnĭt-**), *īcis*, f. (*genitor*), mère : Virg. *En.* 1, 590 ‖ [Cybèle] Virg. *En.* 2, 788 ‖ [fig.] ***genetrix frugum*** Ov. *M.* 5, 490 mère des moissons, Cérès.

Gĕnēva, c. ▸ *Genava*.

gĕnĭālis, *e* (*genius*) ¶ 1 relatif à la naissance, d'hymen, nuptial : ***lectus genialis*** Cic. *Clu.* 14, lit nuptial [ou *genialis* seul Juv. 10, 334] ; ***genialis praeda*** Ov. *A A.* 1, 125, butin nuptial [destiné à la couche des ravisseurs] ‖ **gĕnĭālĭa**, *ium*, n. pl., Arn. 4, 25, lit nuptial ¶ 2 fécond : Plin. 17, 53 ; ***genialia arva*** Ov. *Am.* 2, 13, 7, champs fertiles ¶ 3 de fête, de plaisir, de réjouissance [v. *genius*] : ***genialis dies*** Juv. 4, 66, jour de fête.

gĕnĭālĭtās, *ātis*, f. (*genialis*), joie, gaieté : Amm. 30, 1, 22.

gĕnĭālĭtĕr, adv. (*genialis*), joyeusement : Ov. *M.* 11, 95.

gĕnĭārĭus, *ii*, m., fabricant de génies : *CIL 6, 363.

gĕnĭātus, *a*, *um* (*genius*), joyeux : Cassiod. *Var.* 1, 43, 4.

gĕnĭcŭlāris herba, f., coquelourde [plante] : Isid. 17, 9, 83.

gĕnĭcŭlātim, adv., par nœuds [d'une tige] : Plin. 21, 68.

gĕnĭcŭlātĭo, *ōnis*, f. (*geniculo*), génuflexion : Tert. *Scap.* 4, 6.

Gĕnĭcŭlātŏr, *ōris*, m., l'Agenouillé [constellation], c. ▸ *Engonasi* : Schol. Germ. *Arat.* 207.

gĕnĭcŭlātus, *a*, *um* (*geniculum*), qui a des nœuds, noueux : Cic. *CM* 51 ‖ courbé, qui fait un coude : Amm. 18, 9 ‖ **Geniculatus**, *i*, m., l'Agenouillé [constellation] : Vitr. 9, 4, 5 ; c. ▸ *Geniculator*.

gĕnĭcŭlō, *ās*, *āre*, -, - (*geniculum*), intr., s'agenouiller, fléchir les genoux, ***alicui***, devant qqn : Char. 294, 6 ‖ **gĕnĭcŭlŏr**, *āris*, *ārī*, -, Diom. 312, 21.

gĕnĭcŭlōsus, *a*, *um*, rempli de nœuds, noueux : Ps. Apul. *Herb.* 78.

gĕnĭcŭlum, *i*, n. (dim. de *genu*), petit genou : Varr. 9, 11 ; ***de geniculis*** Tert. *Cor.* 3, 4, à genoux ‖ nœud dans une tige : Plin. 18, 56 ; c. ▸ *genuculum*.

gĕnĭcŭlus, *i*, m. (dim. de *genu*), coude, objet coudé : Vitr. 8, 6, 6.

gĕnĭmĕn, *ĭnis*, n. (*geno*), production, produit, fruit : Vulg. *Matth.* 26, 29 ‖ race, descendance : Vulg. *Luc.* 3, 7.

gĕnista (**gĕnes-**), *ae*, f. (obscur ; fr. *genêt*), genêt [arbrisseau] : Virg. *G.* 2, 12 ; Plin. 16, 74.

Gĕnĭta Māna, f., déesse : (*quae menstruis praeerat*) Plin. 29, 58.

gĕnĭtābĭlis, *e* (*geno*), susceptible de produire, fécondant : Lucr. 1, 11.

gĕnĭtāle [et surtout pl.] **gĕnĭtālĭa**, *ium*, n., parties sexuelles : Apul. *M.* 10, 22 ; Quint. 1, 6, 36.

gĕnĭtālĭcĭi lūdi (1 *genitalis*), jeux célébrés en l'honneur de la naissance de l'empereur : *Capit. *Pert.* 15, 5.

1 **gĕnĭtālis**, *e* (*geno*) ¶ 1 relatif à la génération, qui engendre, fécond : ***genitalia corpora*** Lucr. 1, 58, les éléments générateurs (atomes) ; ***genitales partes trunci*** Col. 3, 6, 1, les parties du tronc qui produisent ; ***genitales menses*** Gell. 3, 16, 4, les mois de la gestation, où la naissance est possible ; ***genitales dii*** Enn. *An.* 115, les douze grands dieux [créateurs de tous les autres] ¶ 2 de naissance, natal : Tac. *An.* 16, 14 ¶ 3 [chrét.] qui régénère : ***unda genitalis*** Cypr. *Don.* 4, l'eau qui régénère [en parl. du baptême] : Commod. *Instr.* 2, 1, 8.

2 **Gĕnĭtālis**, *is*, f., surnom de Diane : Hor. *Saec.* 16.

gĕnĭtālĭtĕr, adv., d'une façon propre à féconder : Lucr. 4, 1252.

gĕnĭtīvus, c. ▸ *genet-*.

gĕnĭtŏr, *ōris*, m. (*geno*), père : Cic. *Tim.* 47 ‖ un des douze grands dieux : Cic. poet. *Div.* 2, 64 ‖ [fig.] fondateur, créateur, auteur : Hor. *Ep.* 2, 2, 119 ‖ [chrét.] le Créateur, Dieu le Père : Lact. *Inst.* 4, 25, 3.

gĕnĭtrix, c. ▸ *genetrix*.

gĕnĭtūra, *ae*, f. (*geno*) ¶ 1 génération : Plin. 9, 107 ; 18, 202 ¶ 2 semence : Plin. 22, 83 ¶ 3 être créé, créature, animal : Arn. 1, 8 ¶ 4 nativité, horoscope : Suet. *Aug.* 94 ; c. ▸ *genesis*.

1 **gĕnĭtus**, *a*, *um*, part. de *gigno*.

2 **gĕnĭtŭs**, *ūs*, m., procréation : Apul. *Apol.* 36.

gĕnĭus, *ii*, m. (*geno*), génie [dieu particulier à chaque homme, qui veillait sur lui dès sa naissance, qui partageait toute sa destinée et disparaissait avec lui ; de même chaque lieu, chaque état, chaque chose avait son génie propre] : Hor. *Ep.* 1, 7, 94 ; Sen. *Ep.* 2, 2, 187 ; Serv. *G.* 1, 302 ; *En.* 5, 95 ; Liv. 21, 62, 9 ; Mart. 7, 12, 10 ‖ [on invoquait qqn au nom de son génie] Hor. *Ep.* 1, 7, 94 ; Sen. *Ep.* 1, 7, 94 ; Sen. *Ep.* 12, 12 ; Suet. *Cal.* 27 ‖ [les jours de fête, on sacrifiait au génie] Hor. *O.* 3, 17, 14 ; *Ep.* 2, 1, 143 ; Pers. 210 ‖ [le génie partage les joies et les tristesses de l'homme] ***albus et ater*** Hor. *Ep.* 2, 2, 187, tantôt blanc, tantôt noir ‖ [d'où, génie, synonyme de la personne même] ***indulgere genio*** Pers. 5, 151 ou ***genio suo multa bona facere*** Pl. *Pers.* 263, faire bonne chère, se donner du bon temps ; ***genium suum defraudare*** Pl. *Aul.* 724 ; Ter. *Phorm.* 44, se priver, se frustrer de tout plaisir, cf. Pl. *Truc.* 183 ; ***December geniis acceptus*** Ov. *F.* 3, 58, décembre bien venu des génies [Saturnales] ‖ [gourmandise] ***sapis ad genium*** Pl. *Pers.* 108, tu as du goût pour ce qui concerne ton ventre ; ***habes nec cor nec genium*** Mart. 7, 78, 4, tu n'es ni intelligent ni bon vivant ‖ [par ext.] ***victurus genium debet habere liber*** Mart. 6, 60, 10, pour vivre un livre doit avoir son génie [sa personnalité, exister vraiment] ; ***nemo mathematicus genium indemnatus habebit*** Juv. 6, 562, un astrologue n'aura pas de valeur s'il n'aura pas été condamné ‖ génie, bon génie [celui qui fait bonne chère aux parasites] : Pl. *Cap.* 879 ; *Curc.* 301 ; *Men.* 138. ▶ voc. *geni* Tib. 4, 5, 9.

Gennadĭus, *ii*, m., évêque de Marseille et historien [5e s.] : Sidon. *Ep.* 1, 9, 2.

gĕnō, *ĭs*, *ĕre*, -, *ĭtum* (1 *genus*, *genitor*, *gens*, *genius*, *germen*, *natus* ; *genH_1-, cf. γίγνομαι, scr. *jāta-s*, *janati*, al. *Kind*), ancien équivalent de *gigno* : ***genit*** Varr. *R.* 2, 2, 19 ; ***genunt*** Varr. *Men.* 35 ; ***genat***

VARR. *R.* 1, 31, 4; ***genitur*** [dans une formule de testament] CIC. *de Or.* 2, 141; inf. pass. *geni*, LUCR. 3, 795.

Genōnĭa, *ae*, ▶ *Oenunia* : *AMM. 23, 6, 43.

gens, *gentis*, f. (*geno, natio*) it. *gente*, fr. *gens*) ¶ **1** race, souche ; [en part. et surtout] famille [pouvant comprendre plusieurs branches] : *vir patriciae gentis* SALL. *J.* 95, 3, homme de race patricienne ; *gens Cornelia* LIV. 38, 58, 2, la famille (la gens) Cornélia [comprenant les Scipion, les Lentulus, etc.] ; *patres majorum, minorum gentium* CIC. *Rep.* 2, 35, sénateurs des plus anciennes familles [du premier rang], des plus récentes familles [de second rang], cf. CIC. *Fam.* 9, 21, 2 ; LIV. 1, 47, 7 [d'où au fig.] *dii majorum gentium* CIC. *Tusc.* 1, 29, les grands dieux ; *quasi majorum gentium Stoicus* CIC. *Ac.* 2, 126, un Stoïcien pour ainsi dire de la grande lignée ‖ [poét.] = descendant, rejeton : *vigilasne, deum gens, Aenea ?* VIRG. *En.* 10, 228, veilles-tu, descendant des dieux, Énée ? ‖ [en parl. des animaux] race, espèce : VIRG. *G.* 3, 73 ; COL. 9, 9, 6 ; OV. *F.* 4, 711 ¶ **2** race de peuple, peuple [ordre décroissant : *gens, natio, civitas*, cf. CIC. *Nat.* 3, 93 ; *Off.* 1, 53] : *nationis nomen, non gentis* TAC. *G.* 2, le nom de la peuplade, non pas de la race tout entière, cf. TAC. *G.* 38 ; *gens Sabina, Volsca* CIC. *Rep.* 3, 7, le peuple sabin, volsque [les Sabins, les Volsques] ; *Allobrogum* CIC. *Cat.* 4, 12 ; *Nerviorum* CAES. *G.* 2, 28, 1, le peuple des Allobroges, des Nerviens, cf. CAES. *G.* 4, 1, 3 ¶ **3** le peuple d'une cité : CAES. *C.* 3, 80, 1 ; NEP. *Dat.* 4, 1 ; *Milt.* 4, 2 ¶ **4** pays, canton, région [au gén. pl.] : *ubinam gentium sumus ?* CIC. *Cat.* 1, 9, en quel endroit de la terre sommes-nous ? ; *unde haec gentium ?* PL. *Cis.* 668, d'où est-elle ? ; *nusquam gentium* PL. *Ps.* 402, nulle part ; *abes longe gentium* CIC. *Att.* 6, 3, 1, tu es qq. part au loin, cf. CIC. *Fam.* 12, 22, 2 ; *minime gentium* TER. *Eun.* 625, pas le moins du monde ¶ **5** pl. *gentes* = les barbares [par opp. aux Romains] : TAC. *G.* 33 ; B.-HISP. 17, 4 ¶ **6** 1 *genus* : *gens humana* CIC. *Fin.* 5, 65, la race humaine, le genre humain, cf. LUCR. 5, 219 ¶ **7** [chrét.] pl. *gentes*, les non-juifs, ceux qui n'adorent pas le Dieu unique : VULG. *Psal.* 95, 5 ‖ ceux qui ne sont pas chrétiens : LACT. *Inst.* 2, 13, 12.

gentĭāna, *ae*, f. (de *Gentius*, roi illyrien), gentiane [plante] : PLIN. 25, 71.

gentĭcus, *a, um* (*gens*), qui appartient à une nation, national : TAC. *An.* 3, 43 ; 6, 33.

gentīlĭcĭus, *a, um* (*gentilis*), propre à une famille : CIC. *Har.* 5, 14, 52, 4 ; *gentilicium est* [avec prop. inf.] PLIN. 19, 8, c'est une tradition de famille que, cf. PLIN. *Ep.* 6, 15, 1 ‖ national : GELL. 1, 9, 6.

gentīlis, *e* (*gens*) ¶ **1** qui appartient à une famille (à une *gens*), propre à une famille : *gentile nomen* SUET. *Ner.* 41, nom de famille ‖ subst. m., parent [en ligne collatérale], proche : *gentiles sunt, qui inter se eodem nomine sunt, qui ab ingenuis oriundi sunt, quorum majorum nemo servitutem servivit, qui capite non sunt deminuti* CIC. *Top.* 29, les parents sont ceux qui portent le même nom, qui sont nés de parents ayant toujours été libres, dont aucun des ancêtres n'a vécu dans l'esclavage, qui n'ont rien perdu de leur état juridique ; *si furiosus est, agnatum gentiliumque in eo pecuniaque ejus potestas esto* L. XII TAB. d. CIC. *Inv.* 2, 148, s'il est fou, que sa personne et ses biens soient sous la tutelle de ses parents en ligne directe et de ses collatéraux ¶ **2** qui est du même nom : CIC. *Verr.* 2, 190 ¶ **3** qui appartient à la maison d'un maître [en parl. d'un esclave] : PLIN. 33, 26 ¶ **4** qui appartient à une espèce : *arbor induit non gentilia poma* CALP. 2, 41, l'arbre se couvre de fruits d'une espèce étrangère ¶ **5** qui appartient à une nation, national : *gentilis utilitas* TAC. *An.* 12, 17, l'intérêt national ‖ subst. m., compatriote : GELL. 17, 17 ¶ **6** [tard.] **a)** subst. m. pl., les étrangers, les barbares : AUS. *Grat.* (419), 8 ; COD. TH. 3, 14, 1 **b)** [chrét.] païen : PRUD. *Perist.* 10, 464 ; CYPR. *Ep.* 67, 6 ‖ *gentilissimus* HIER. *Jer.* 4, 41, 4.

gentīlĭtās, *ātis*, f. (*gentilis*) ¶ **1** parenté constituée par une *gens*, parenté de famille, gentilité : CIC. *de Or.* 1, 173 ¶ **2** famille, parents : *sparsas gentilitates colligere* PLIN. *Pan.* 39, 3, réunir les membres épars des familles ¶ **3** communauté de nom, air de famille, analogie [en parl. des plantes] : PLIN. 23, 131 ¶ **4** [chrét.] **a)** les gentils, les païens, la gentilité : PRUD. *Perist.* 10, 1086 **b)** paganisme, religion païenne : LACT. *Inst.* 2, 13, 13.

gentīlĭtĕr, adv. (*gentilis*), à la manière du pays : SOLIN. 20, 8 ‖ dans la langue du pays : SOLIN. 11, 8 ‖ comme les gentils : VULG. *Gal.* 2, 14.

gentīlĭtŭs, adv. (*gentilis*), à la manière du pays : TERT. *Pall.* 3, 7.

Gentĭus, *ii*, m., roi illyrien : LIV. 44, 23, 2 ; ▶ *gentiana*.

gĕnŭ, *ūs*, n. (cf. γόνυ, scr. *jānu-*, hit. *genu*, al. *Knie*, an. *knee*), genou : *genu terram tangere* CIC. *Tusc.* 2, 57, toucher la terre du genou ; *genuum orbis* OV. *M.* 8, 809, la rotule ; *genua advolvi* TAC. *An.* 1, 13 ; *genibus advolvi* LIV. 28, 34, 4 ; *se advolvere* LIV. 8, 37, 9, se jeter aux genoux de qqn ‖ nœud [d'une tige] : PLIN. 13, 123.

▶ autres formes : *genum*, n., FRONT. *Caes.* 5, 59, p. 89 N. ; *genus*, n., CIC. *Arat.* 45 ; 399 ; 403 ; *genus*, m., LUCIL. d. NON. 207, 28 ‖ gén. sg. *genuis* ; dat. *genui* et *genu* : CAPEL. 3, 293.

Gĕnŭa, *ae*, f. ¶ **1** ville de Ligurie [auj. Gênes] Atlas I, C3 ; V, E4 ; XII, C1 : LIV. 21, 32 ‖ **-ŭātes (-ŭenses)**, m., habitants de Génua : CIL 1, 584 ¶ **2** ville des Allobroges [auj. Genève] : CAES. *G.* 1, 6, 3 ; 1, 7, 1 et 2 mss ; ▶ *Genava*.

gĕnŭālĭa, *ium*, n. pl. (*genu*), genouillères : OV. *M.* 10, 593.

Genucilius, *ii*, m., nom d'homme : CIC. *Fam.* 13, 53, 1.

Gĕnŭcĭus, *ii*, m., nom de plusieurs personnages : LIV. 2, 54 ; 7, 3.

gĕnŭcŭlum, *i*, n. (fr. *genou*), *geniculum* : GREG.-TUR. *Hist.* 2, 37.

gĕnŭī, parf. de *gigno*.

gĕnŭīnē, adv. (*genuinus*), franchement : CIC. *Q.* 2, 14, 2.

1 **gĕnŭīnus**, *a, um* (*genu*), de naissance, naturel, inné : CIC. *Rep.* 2, 29 ; GELL. 2, 2, 9 ‖ [fig.] authentique, réel : GELL. 3, 3, 7.

2 **gĕnŭīnus dens**, m., **gĕnŭīnus**, *i*, m. (*gena*), dent molaire : CIC. *Nat.* 2, 134 ; JUV. 5, 69.

1 **gĕnus**, *ĕris*, n. (*geno*, cf. γένος, scr. *janas-*)

¶ **1** "origine, naissance" ¶ **2** "race, nation" ¶ **3** "famille, maison" ¶ **4** "race, espèce, genre" **a)** "classe, catégorie", *omnis generis homines* **b)** genre masculin, féminin **c)** [noms de choses] *tormenta cujusque generis* ; [avec acc. adv.] *hoc genus in rebus* = *in hoc genere rerum* "dans ce genre de choses" ¶ **5** [noms abstraits] "sorte espèce" **a)** *genus orationis* "genre de style" ; [acc. adv.] *aliquid id genus* "quelque chose de ce genre" ; *quod genus* "par exemple" **b)** [droit] "cas particulier", *in isto genere* "en pareil cas" **c)** [philos.] "genre".

¶ **1** origine, extraction, naissance : *patricium, plebeium* LIV. 6, 34, 11 ; 4, 9, 4, origine patricienne, plébéienne ; *genere et nobilitate et pecunia facile primus* CIC. *Amer.* 15, le premier aisément par sa naissance, sa noblesse, sa fortune ; *paternum* CIC. *Rep.* 1, 30, souche paternelle ; *genus ducere ab aliquo* PLIN. *Ep.* 9, 22, 1, tirer son origine de qqn, descendre de qqn ; *propter divitias aut genus rempublicam tenere* CIC. *Rep.* 3, 23, tenir le gouvernement par ses richesses ou sa naissance ‖ [en parl. des animaux] OV. *F.* 6, 132 ¶ **2** race, espèce de peuple, nation : *genus Romanum* CIC. *Phil.* 4, 13, la race romaine, le Romain, cf. CAES. *G.* 4, 3, 3 ; 7, 22, 1 ; 7, 42, 2 ; *genus Graecorum* CIC. *Flac.* 9, la race grecque, le Grec, cf. LIV. 27, 32, 4 ; 31, 35, 1 ¶ **3** famille, maison : *nobili genere natus* CIC. *Verr.* 5, 180, né de famille noble ; *malo genere* CIC. *de Or.* 2, 286, de basse naissance ; *genus ejusdem nominis* CIC. *Brut.* 62, famille de même nom ; *genera falsa* CIC. *Brut.* 62, fausses généalogies ‖ [poét.] rejeton, descendant : VIRG. *En.* 4, 12 ; HOR. *O.* 1, 3, 27 ; CATUL. 61, 2 ; OV. *M.* 4, 609 ¶ **4** race, espèce, genre : *genus humanum* CIC. *Lae.* 20, le genre humain ; *genus omne animantum* LUCR. 1, 4 ou *omne genus* LUCR. 1, 160, toute espèce vivante ; *bestiarum genus* CIC. *Inv.* 1, 35, le genre animal ‖ [en

genus

part.] **a)** espèce d'hommes ou d'animaux, genre, classe, catégorie : *unum genus est adversum nobis eorum, quos...* Cic. *Mil.* 3, nous n'avons une seule catégorie d'adversaires, ce sont ceux que... ; *omnis generis homines* Cic. *Dom.* 75, des hommes de tout genre, cf. Liv. 21, 12, 8 ; *cujusque generis beluae* Cic. *Rep.* 3, 14, des bêtes de tout genre, cf. Caes. *G.* 5, 12, 5 ; *C.* 1, 51, 2 ; *genus aliud tyrannorum* Cic. *Rep.* 1, 68, une autre espèce de tyrans ; *militare genus* Liv. 24, 32, 2, les soldats, l'armée ; *genus squamigerum* Lucr. 1, 162, la gent porte-écaille ; *genus irritabile vatum* Hor. *Ep.* 2, 2, 102, l'espèce susceptible des poètes ; *aves omne genus* Varr. *R.* 3, 5, 11, des oiseaux de tout genre ; *conventus is, qui ex variis generibus constaret* Caes. *C.* 2, 36, 1, une colonie romaine caractérisée par une variété d'éléments constitutifs **b)** sexe masculin, féminin : *hominum genus virile, muliebre* Cic. *Inv.* 1, 35 ‖ [gram.] les trois genres : Quint. 1, 4, 23 ; 1, 5, 16 **c)** [noms de choses] *cum omni genere commeatus* Liv. 30, 36, 2, avec toute espèce d'approvisionnements ; *multitudo omnis generis telorum* Caes. *G.* 7, 41, 3, une foule de traits de tout genre ; *tormenta cujusque generis* Caes. *C.* 3, 63, 6, machines de guerre de toute espèce ; *machinae omnium generum* Sall. *J.* 21, 3, des machines de toute espèce ‖ [tour avec acc. adverbial] *omne genus simulacra* Lucr. 4, 735, des simulacres de toute sorte, cf. Cat. *Agr.* 8, 2 ; Varr. *R.* 1, 29, 1 ; *hoc genus in rebus* Lucr. 6, 917, dans des phénomènes de ce genre, cf. Varr. *R.* 2, 1, 23 ; *aliquid id genus* Cic. *Att.* 13, 12, 3, qqch. de ce genre ‖ *praemisso equitatu et essedariis, quo genere uti consuerunt* Caes. *G.* 4, 24, 1, ayant envoyé en avant la cavalerie et les essédaires, corps de troupes dont ils se servent à l'ordinaire ; *in hoc genere* Cic. *Off.* 1, 26, dans ce genre de choses, en ces sortes de choses, cf. *Verr.* 4, 97 ; 4, 129 ; *de hoc genere* Cic. *Off.* 2, 60, au sujet de cette question ‖ [à noter] *amicitia est ex eo genere, quae prosunt* Cic. *Fin.* 3, 70, l'amitié est du genre des choses qui sont utiles ¶ **5** [noms abstraits] genre, sorte, espèce **a)** *simplex rei publicae genus* Cic. *Rep.* 2, 43, forme de gouvernement simple ; *conjunctum civitatis genus* Cic. *Rep.* 3, 23, forme de gouvernement mixte ; *hoc triplex rerum publicarum genus* Cic. *Rep.* 2, 42, ce mélange des trois formes de gouvernement ; *istud ipsum genus orationis exspecto* Cic. *Rep.* 1, 38, c'est précisément le genre d'exposé dont tu parles que j'attends de toi ; *genera furandi* Cic. *Verr.* 2, 18, espèces de vol ; *genus orationis, genus dicendi* Cic. *Or.* 42 ; 20, genre de style ; *quod genus ab hoc, quod proposuimus, abhorret* Cic. *Brut.* 31, or cet ordre d'idées, ce sujet s'éloigne de celui que nous nous sommes proposé ; *haec et alia generis ejusdem* Cic. *Nat.* 3, 62, ces fables et d'autres du même genre ; *tota ratio talium largitionum genere vitiosa est* Cic. *Off.* 2, 60, ce système de largesses est en soi (dans son genre) totalement mauvais ; *quae genere, non numero cernuntur* Cic. *Tusc.* 5, 22, choses qui se jugent par la qualité, non par la quantité ‖ [acc. adv.] *aliquid id genus* Cic. *Att.* 13, 12, 3, qqch. de ce genre ; *quod genus pecunia est* Cic. *Inv.* 2, 157, et l'argent est de ce genre ; [d'où] *quod genus = quo modo*, par exemple, ainsi, cf. Cic. *Inv.* 2, 165 ; 2, 172 ; Lucr. 3, 276 ; 6, 1058 **b)** [droit] espèce, cas particulier, ordre de faits : *genus ipsum cognoscite* Cic. *Verr.* 4, 1, prenez connaissance de la nature même des faits (de l'espèce même du débat), cf. *Verr.* 4 ; 8 ; 115 ‖ [d'où] *in isto genere* Cic. *Fam.* 3, 7, 4, en pareil cas ; *in omni genere* Cic. *Rep.* 2, 35, dans tous les cas, en tout, sous tous les rapports, cf. Cic. *Att.* 16, 5, 2 ; 12, 33, 2 **c)** [phil.] genre : *pars subjecta generi* Cic. *de Or.* 2, 167, l'espèce, cf. Cic. *Inv.* 1, 32 ; *Top.* 31 ; *genus et species cujusque rei* Cic. *Or.* 16, le genre et l'espèce de chaque chose.

2 gĕnus, ▭ genu ▸.

Gĕnusīni, *ōrum*, m. pl., peuple d'Italie : Plin. 3, 105.

Gĕnŭsus, *i*, m., fleuve d'Illyrie [Shkumbin] : Caes. *C.* 3, 75 ; Liv. 44, 30, 10.

Geoaris, *is*, f., île de la mer ionienne : Plin. 4, 53.

gĕōdēs, *is*, m. (γεώδης), nom d'une pierre précieuse : Plin. 36, 140.

gĕōgrăphĭa, *ae*, f. (γεωγραφία), description des lieux, géographie : Cic. *Att.* 2, 4, 3.

gĕōgrăphĭcus, *a, um*, géographique : Amm. 23, 6, 13.

gĕōgrăphus, *i*, m. (γεωγράφος), géographe : Amm. 22, 15, 4.

gĕōmantĭa, *ae*, f. (γεωμαντία), géomancie [divination par la terre] : Isid. 8, 8, 13.

gĕōmantis, *is*, m. (γεωμάντις), géomancien : Serv. *En.* 3, 359.

gĕōmĕtĕr, *tri*, ▭ geometra : Boet. *Top Arist.* 1, 8.

gĕōmĕtra, Capit. *Ant.* 2, 2, **gĕōmetrēs**, Cic. *Ac.* 2, 22, *ae*, m. (γεωμέτρης), géomètre.

gĕōmĕtrĭa, *ae*, f. (γεωμετρία), arpentage, géométrie : Cic. *de Or* 1, 187.

gĕōmĕtrĭca, ▭ geometricus.

gĕōmĕtrĭcālis, *e* (geometrica), géométrique : Ps. Boet. *Geom.* p. 413, 1.

1 gĕōmĕtrĭcē, adv., géométriquement : Vitr. 10, 11, 2.

2 gĕōmĕtrĭcē, *ēs*, f., géométrie : *Plin. 35, 76.

gĕōmĕtrĭcus, *a, um* (γεωμετρικός), géométrique, d'arpentage : Cic. *Div.* 22, 122 ‖ **-ca**, n. pl., la géométrie : Cic. *Fin.* 1, 20 ‖ **-cus**, *i*, m., géomètre : Quint. 1, 10, 40.

Gĕōn (-hōn), *ōnis*, m., Géon [l'un des quatre fleuves du Paradis terrestre] : Vulg. *Gen.* 2, 13.

Gĕorgi, *ōrum*, m. pl. (Γεωργοί), nom d'un peuple d'Asie : Mel. 2, 5.

gĕorgĭca, *ae*, f., culture de la terre : Serv. *G. prooem.* p. 129, 3.

gĕorgĭcus, *a, um* (γεωργικός), relatif à l'agriculture : Col. 7, 5, 10 ‖ **-ca**, n. pl., les Géorgiques [poème de Virgile sur l'agriculture] : Gell. 18, 5, 7 ; gén. pl. grec, *Georgicōn* Macr. *Sat.* 5, 20, 1.

gĕorgĭcŏn, *i*, n., traité d'agriculture : Col. 11, 3, 2.

Gēpīdae (Gīp-), *ārum*, m. pl., Gépides [peuple scythe] : Jord. *Get.* 96 ‖ **-dĭcus**, *a, um*, Gépidique : CIL 11, 11.

Ger (Gir), *m.*, fleuve de Maurétanie : Plin. 5, 15.

Gĕraestĭcus, *i*, m., port d'Ionie : Liv. 37, 27, 9.

Gĕraestus (-ŏs), *i*, m. (Γεραιστός), ville et promontoire de l'Eubée : Liv. 31, 45 ; Plin. 4, 51.

Gĕrānĭa, *ae*, f. (Γεράνεια), ville de la Mégaride : Plin. 4, 23.

Gĕrănĭa, *ae*, f., ville de Laconie : Plin. 4, 16 ‖ ville de Mésie, habitée par les Pygmées : Plin. 4, 44.

gĕrănĭŏn, *ii*, n. (γεράνιον), géranium [plante] : Plin. 26, 108.

gĕrănītēs, *ae* (*-is, ĭdis*), f. (γερανίτης), nom d'une pierre précieuse : Plin. 37, 187.

Gĕrăsēni, *ōrum*, m. pl., habitants de Gérasa [ville de Palestine] : Vulg. *Matth.* 8, 28 ; Sidon. *Ep.* 6, 1, 2.

gerdĭa, *ae*, f. (γερδία), tisseuse : Diocl. 20, 12 [en grec].

gerdĭus, *ii*, m. (cf. γέρδιος), tisserand : Lucil. 1057 ; Firm. *Math.* 8, 25, 9.

gĕrens, *tis*, part. de gero, [pris adj¹ avec gén.] *sui negotii bene gerens* Cic. *Quinct.* 62, faisant une bonne gestion de ses affaires ; *negotii gerentes* Cic. *Sest.* 97, les gens d'affaires.

geres, ▭ gerres.

Gergĕsaei (-ei), *ōrum*, m. pl., Gergéséens [peuple de la terre de Chanaan] : Vulg. *Gen.* 15, 21 ‖ au sg. : Vulg. *Gen.* 10, 16.

Gergīthum *i*, n. (**-a, ae**), f., ville de Troade : Liv. 38, 39 ; Plin. 5, 122.

Gergŏvĭa, *ae*, f., Gergovie [ville principale des Arvernes] Atlas I, C3 ; V, E2 : Caes. *G.* 7, 4.

gĕrĭtĭo, ▭ gestio : Dig. 11, 7, 14.

Germa, *ae*, f., ville de Galatie : Anton. 201.

Germălus, *i*, m., colline de Rome attenant au mont Palatin : Varr. *L.* 5, 53 ; Cic. *Att.* 4, 3, 3 ; ▭ Cermalus.

germāna, *ae*, f. (1 germanus), sœur [germaine] : Ov. *F.* 3, 560.

germānē, adv. (1 *germanus*), réellement, fidèlement : Aug. *Civ.* 2, 13.

Germāni, *ōrum*, m. pl., les Germains : Caes. *G.* 2, 4 ; Cic. *Att.* 14, 9, 3 ‖ **-nĭa**, ae, f., la Germanie Atlas I, B4 : Caes. *G.* 4, 4 ‖ pl., *Germaniae* Tac. *An.* 1, 34, les Germanies [supérieure et inférieure], Atlas V, C3 ; V, D3 ; XII, A1.

Germānĭcīa, *ae*, f. (Γερμανίκεια), ville de Syrie Atlas IX, C3 : Anton. 184 ‖ **-cīensis**, *e*, de Germanicie : Cassiod. *Eccl.* 12, 4.

Germānĭcĭāna, *ae*, f., ville de la Byzacène : Aug. *Bapt.* 7, 6 ‖ **-cĭānenses**, *ium*, m. pl., les habitants de Germaniciana : Aug. *Ep.* 251.

Germānĭcĭānus, *a*, *um*, servant en Germanie : Suet. *Vesp.* 6 ; *Tib.* 25 ; *Galb.* 20.

Germānĭcŏpŏlis, *is*, f., ville de Paphlagonie : Plin. 5, 143.

Germānĭcum, *i*, n., ville de Vindélicie : Peut. 3, 3.

1 Germānĭcus, *a*, *um*, de Germanie, germanique : Caes. *G.* 4, 16, 1.

2 Germānĭcus, *i*, m. ¶ 1 Germanicus [surnom donné à Drusus Néron, neveu et fils adoptif de Tibère, à cause de ses victoires sur les Germains] : Suet. *Tib.* 15 ¶ 2 surnom donné à Domitien : Juv. 6, 205 ; et à plusieurs empereurs : [Claude] CIL 6, 562 ; [Trajan] CIL 10, 6310.

germānĭtās, *ātis*, f. (*germanus*), fraternité, parenté entre frères et sœurs : Cic. *Lig.* 33 ‖ communauté d'origine, parenté [entre cités] : Liv. 37, 56, 7 ‖ affinité, ressemblance, analogie [en parl. des choses] : Plin. 6, 2 ; 15, 51 ; 14, 59.

germānĭtus, adv. (*germanus*), en frère : Non. 118, 14 ; Aug. *Conf.* 3, 2, 3 ‖ sincèrement : Aug. *Conf.* 4, 4, 7.

1 germānus, *a*, *um* (*germen*, *geno* ; esp. *hermano*) ¶ 1 naturel, vrai, authentique : *germani Campani* Cic. *Agr.* 2, 97, Campaniens véritables ; *haec germana ironia est* Cic. *Brut.* 296, c'est de l'ironie pure ; *germanus asinus* Cic. *Att.* 4, 5, 3, un vrai âne ; *-nissimus* Cic. *Ac.* 2, 132 ¶ 2 germain, de frère germain : *frater germanus* Cic. *Verr.* 1, 128, frère germain ‖ [chrét.] fraternel : Aug. *Serm.* 142, 8 ‖ subst. m., frère germain : Virg. *En.* 5, 412 ‖ *-anior* Hier. *Didym.* 7.

2 Germānus, *a*, *um*, de Germanie : Ov. *A. A.* 3, 163.

3 Germānus, *i*, m., saint Germain [évêque de Paris] : Greg.-Tur. *Hist.* 8, 33.

germĕn, *ĭnis*, n. (*geno* ; it. *germe*) ¶ 1 germe, bourgeon, rejeton : Virg. *G.* 2, 76 ; Plin. 16, 98 ; pl., Virg. *G.* 2, 332 ‖ semence [humaine] : Ov. *M.* 9, 280 ‖ [fig.] gène, principe : Lucr. 4, 1079 ‖ origine : Prud. *Cath.* 10, 32 ¶ 2 rejeton, progéniture, enfant : Claud. *Pros.* 2, 76 ¶ 3 production : *autumni germina* Claud. *Cons. Stil.* 2, 465, les fruits de l'automne ‖ [poét.] *germen frontis* Claud. *Pros.* 1, 129, bois du cerf.

Germēni, *ōrum*, m. pl., habitants de Germa [ville de Galatie] : CIL 3, 284.

germĭnābĭlis, *e* (*germino*), susceptible de germer : Isid. 11, 2.

germĭnascō, *ĭs*, *ĕre*, -, - (*germen*), intr., germer : *Cat. *Agr.* 151, 4 ; v. *nasco* : Ambr. *Cain* 2, 8, 26.

germĭnātĭō, *ōnis*, f., Plin. 17, 134 et *-ātŭs*, abl. *ū*, m. (*germino*), Plin. 15, 34, germination, action de germer ; pousse.

germĭnĭsĕca, *ae*, m. (*germen*, *seco*), celui qui coupe les rejets : Ps. Varr. *Sent.* 173.

germĭnō, *ās*, *āre*, *āvī*, *ātum* (*germen* ; fr. *germer*) ¶ 1 intr., germer, pousser des bourgeons : Plin. 19, 146 ‖ [tard., fig.] prospérer : Vulg. *Is.* 27, 6 ¶ 2 tr., produire : Plin. 30, 101.

Germisara, *ae*, f., ville de Dacie : CIL 3, 1395.

gĕrō, *ĭs*, *ĕre*, *gessī*, *gestum* (*ges-*, isolé)

I porter ¶ 1 "porter qq. part qqch." ¶ 2 "porter sur soi, avec soi" ¶ 3 [fig.] "porter, avoir, faire paraître", *personam* "jouer un rôle", [post-class.] *gerere aliquem*, *fortem animum gerere* "montrer du courage", *prae se gerere* "montrer", *ita se gerere ut* "se conduire de telle manière que".
II "porter une chose, s'en charger" ¶ 1 "accomplir, exécuter", [t. milit.] *rem gerere* "combattre", *male (bene) re gesta* "après la défaite (la victoire)", [vie privée] *negotium gerere* "régler une affaire", [vie polit.] *rem publicam gerere* "exercer des fonctions publiques", *res gestae* "action politique", "activités militaires" ¶ 2 *gesta, -orum* "exploits", "actes publics", "miracles" ¶ 3 *gerere morem alicui* "faire plaisir à". ¶ 4 "passer le temps".

I tr., porter ¶ 1 porter qqch. qq. part : *terram* Liv. 7, 6, 2 ; *saxa in muros* Liv. 28, 19, 13, porter (transporter) de la terre, des pierres pour les murs ; *caput abscisum spiculo gerens* Liv. 4, 19, 5, portant au bout d'une pique la tête détachée du tronc ¶ 2 porter sur soi, avec soi : *vestem* Lucr. 5, 1420, porter un vêtement, cf. Nep. *Dat.* 3, 1 ; *in capite galeam, dextra manu clavam* Nep. *Dat.* 3, 2, porter sur sa tête un casque, dans sa main droite une massue ; *virginis os habitumque* Virg. *En.* 1, 315, portant les traits et le costume d'une jeune fille ; *semina rerum permixta gerit tellus* Lucr. 6, 790, la terre porte en elle un mélange confus de germes, cf. Lucr. 6, 539 ‖ [d'où] produire : *fruges gerit terra* Varr. *L.* 5, 64, la terre produit les moissons, cf. Virg. *G.* 2, 70 ; Nep. *Tr.* 3, 12, 6 ¶ 3 [fig.] porter, tenir, avoir, faire paraître : *personam* Cic. *Off.* 1, 115, tenir un rôle ; *personam civitatis* Cic. *Off.* 1, 132, représenter la cité ; *cognomen* Sen. *Ep.* 91, 17, porter un surnom ‖ [d'où, post-class.] *gerere aliquem*, jouer le personnage de qqn, se comporter en telle personne : *principem* Plin. *Pan.* 44, se comporter en empereur, cf. Just. 32, 3, 1 ; Val.-Max. 9, 1, 9 ‖ *fortem animum* Sall. *J.* 107, 1, montrer du courage ; *cum multis graves inimicitias* Cic. *Caecil.* 66, entretenir de graves inimitiés avec bien des personnes, cf. Cic. *Cael.* 32 ; Caes. *C.* 1, 3, 4 ; *amicitiam* Cic. *Fam.* 3, 8, 5, entretenir des sentiments d'amitié ; *odium in aliquem* Liv. 28, 22, 2, entretenir des sentiments de haine contre qqn ; [abs¹] *aliter atque animo gerebat* Sall. *J.* 72, 1, contrairement à sa pensée ‖ *prae se gerere = prae se ferre*, porter devant soi, montrer : Cic. *Inv.* 2, 30 ; 2, 157 ‖ *se gerere aliquo modo*, se comporter de telle ou telle manière ; *se summissius* Cic. *Off.* 1, 90, se comporter avec plus de modestie, avoir une conduite plus modeste, cf. Cic. *Off.* 1, 98 ; *Tusc.* 2, 48 ; *ita se gerere ut* Cic. *Verr.* 4, 72, se comporter (se conduire) de telle manière que ; [avec attribut] *se medium* Liv. 2, 27, 3, se montrer neutre ; *se pro cive* Cic. *Arch.* 11, se comporter en citoyen, cf. Liv. 32, 2, 6 ‖ *seque et exercitum more majorum* Sall. *J.* 55, 1, se conduire soi et son armée à la façon des anciens [zeugma = se conduire et conduire son armée], cf. Sall. *J.* 85, 47.
II porter une chose, s'en charger, cf. Varr. *L.* 6, 77 [d'où] ¶ 1 faire, accomplir, exécuter : *statuere utrum illi qui istam rem gesserunt homicidae sint an vindices libertatis* Cic. *Phil.* 2, 30, décider si les auteurs de cette action dont tu parles [meurtre de César] sont des assassins ou les champions de la liberté ; *haec dum Romae geruntur* Cic. *Quinct.* 28, pendant que tout cela se passe à Rome ‖ [milit.] *rem gerere*, exécuter une entreprise de guerre, combattre ; *res geritur* Cic. *Phil.* 8, 17, l'affaire (la bataille) est engagée ; *gladio comminus rem* Caes. *G.* 5, 44, 11, s'escrimer de près avec l'épée ; *occasio rei bene gerendae* Caes. *G.* 5, 57, 1, occasion de remporter un succès ; *male re gesta* Caes. *G.* 1, 40, 12, après un échec, un échec étant essuyé, cf. Liv. 2, 17, 4, [même sens avec *negotium* Caes. *G.* 3, 18, 5] ‖ [vie privée] *rem, negotium gerere*, mener, administrer une affaire, ses propres affaires, cf. Cic. *CM* 22 ; *Att.* 16, 2, 2 ; *Cat.* 2, 21 ; *Com.* 32 ‖ [vie politique] *rem publicam*, exercer des fonctions publiques, se charger des affaires publiques, cf. Cic. *Rep.* 1, 12 ; *rem publicam bene* Cic. *Brut.* 103, faire une bonne politique ; mais *superatis hostibus, optime re publica gesta* Cic. *Verr.* 3, 185, après avoir triomphé des ennemis et rempli excellemment leur mission officielle, cf. Cic. *Prov.* 14 ; Liv. 2, 24, 5 ; *rem publicam gerere et administrare* Cic. *Fin.* 3, 68, prendre en main et administrer les affaires publiques ; *magistratum* Cic. *Sest.* 79, exercer une magistrature ; *praeturam* Cic. *Verr.* 4, 136, exercer la pré-

gero

ture ‖ **bellum gerere**, diriger, mener les opérations de guerre, faire la guerre, être en guerre : Cic. *Rep.* 2, 15 ; 1, 25 ‖ pl. *res gestae*, choses accomplies, actions aussi bien civiles que politiques ou militaires : **res tuae gestae, res gestae alicujus**, tes actions, les actions accomplies par qqn, les hauts faits, les exploits, cf. Cic. *Marc.* 25 ; *Fin.* 5, 52 ; *Dej.* 12 ; *Verr.* 5, 25 ¶ 2 part. substantivé, **gesta**, *ōrum*, n. pl., exploits : Nep. *Them.* 4, 6 ; *Hann.* 13, 3 ; Liv. 6, 1, 3 ; 8, 40, 5 ‖ [droit] actes publics : **gesta conficere** Cod. Just. 1, 2, 14, 7, rédiger les actes ; **jus gestorum habere** Cod. Just. 8, 53, 27, avoir le droit de dresser des actes publics ‖ [chrét.] procès-verbaux : Aug. *Parm.* 1, 3, 5 ; **gesta martyrum** Gennad. *Vir.* 38, les actes des martyrs ; **gesta episcopalia** Aug. *Ep.* 141, 7, actes épiscopaux ‖ miracles : Prud. *Cath.* 9, 2 ¶ 3 **gerere morem alicui**, déférer aux désirs de qqn, complaire à qqn : Cic. *Tusc.* 1, 17 ; *Rep.* 3, 8 ; **utrique a me mos gestus est** Cic. *Att.* 2, 16, 3, j'ai fait plaisir à tous les deux ¶ 4 passer le temps : **aetatem cum aliquo** Sulp. *Fam.* 4, 5, 3, passer sa vie avec qqn ; **adolescentiae tempus** Suet. *Dom.* 1, passer sa jeunesse.

Gĕrōnĭum (**Gĕrūn-**), *ii*, n., ville d'Apulie : Liv. 22, 18, 7.

gĕrontēa herba, f. (γερόντειος), séneçon [plante] : Ps. Apul. *Herb.* 76.

Gĕrontĭa, *ae*, f., île de la mer Égée, proche de la Thessalie : Plin. 4, 72.

gĕrontĭcōs, adv. (γεροντικῶς), comme des vieillards : Suet. *Aug.* 71, 4.

Gĕrontis arx, forteresse sur la côte de la Bétique : Avien. *Or.* 263.

gĕrontŏcŏmīum, *ii*, n. (γεροντοκομεῖον), hospice de vieillards : Cod. Just. 1, 2, 19.

gerrae, *ārum*, f. pl. (de γέρρον, pl. γέρρα), nattes tressées, claies : P. Fest. 83, 11 ‖ [fig.] bagatelles, balivernes, sottises : Pl. *As.* 600 ; *Ep.* 233.

Gerrhaïcus sinus, m., golfe de Gerra, en Arabie : Plin. 6, 147.

gerrēs, *is*, m. (obscur ; it. *gerro*), sorte d'anchois [petit poisson de mer] : Plin. 32, 148 ; Mart. 12, 32, 15.

Gerrha, *ōrum*, n. pl., ville d'Arabie : Plin. 6, 147.

Gerrhōn, *i*, n., ville de la Basse-Égypte : Plin. 6, 167.

Gerrhŏs (**-rhus, Gerrus**), m., fleuve de la Scythie d'Europe : Plin. 4, 84.

gerrĭcŭla, *ae*, f., petit anchois : Plin. 32, 148.

gerrīnum (**cērīnum**), *i*, n., costume de fantaisie : *Pl. *Ep.* 233.

gerro, *ōnis*, m. (*gerrae*), diseur de riens, sot, imbécile : Pl. *Truc.* 551 ; Ter. *Haut.* 1033.

▶ *cerro* P. Fest. 35, 15.

Gerrunĭum, *ii*, n., ville forte de Macédoine : Liv. 31, 27 ‖ V. *Geronium*.

gĕrŭla, *ae*, f. (*gerulus* ; it. *gerla*), porteuse : Apul. *M.* 6, 4 ‖ bonne d'enfants : Tert. *Anim.* 46, 1.

gĕrŭlānus, *i*, m. (*gerulus*), porteur, messager : CIL 6, 349.

Gerulāta, *ōrum*, n. pl., **-ta**, *ae*, f., ville de la Basse Pannonie : Peut. 4, 2 ; Anton. 247.

gĕrŭlĭfĭgŭlus, *i*, m. (*gerulus, figulus*), le porteur-modeleur (artisan) [mot forgé] : *flagitii* Pl. *Bac.* 381, qui apporte et fabrique le déshonneur.

gĕrŭlus, *a, um* (*gero*) ¶ 1 qui porte, porteur (porteuse) de : m., Pl. *Bac.* 1002 ; f., Apul. *M.* 6, 4 ; Plin. 11, 24 ‖ n., récipient : Solin. 20, 5 ‖ subst. m., **gerulus litterarum** Sidon. *Ep.* 8, 1, 3, messager, courrier ‖ porteur, portefaix : Hor. *Ep.* 2, 2, 72 ¶ 2 auteur [d'une action] : P. Fest. 84, 20 ; Gloss. 2, 33, 30.

Gĕrunda, *ae*, f., ville de la Tarraconaise [auj. Gérone] : Prud. *Perist.* 4, 30 ‖ **-ensis, e**, de *Gerunda* : CIL 2, 4229 ‖ subst. m. pl., habitants de Gérunda : Plin. 3, 23.

gĕrundi modus, ⮞ *gerundium* : Serv. Don. 412, 18.

gĕrundĭum, *ii*, n., gérondif [gram.] : Diom. 356, 13.

gĕrundīvus, *a, um* (*gerundus*), [gram.] qui relève de l'action : **gerundivus modus** An. Helv. 210, 5, gérondif ; 210, 20, adjectif verbal ; 210, 27, supin.

gĕrūsĭa, *ae*, f. (γερουσία), salle du sénat [chez les Grecs] : Varr. *L.* 5, 156 ; P. Fest. 83, 27 ‖ maison de retraite pour les vieillards qui ont bien servi la patrie : Vitr. 2, 8, 10 ; Plin. 35, 172 ‖ conseil des anciens CIL 3, 14195.

gĕrūsĭarchēs, *ae* (γερουσιαρχής), président de la *gerusia* : CIL 10, 1893.

gĕrūsĭarchōn, *ontis* (γερουσιάρχων), c. le précédent : CIL 9, 6221.

Gervăsĭus, *ii*, m., saint Gervais : Fort. *Carm.* 8, 3, 168.

Gēryŏn, *ŏnis*, **-yŏnēs**, *ae*, m. (Γηρυών et Γηρυόνης), Géryon [roi d'Ibérie que les poètes représentent avec trois corps] : Lucr. 5, 28 ; Virg. *En.* 7, 662 ; pl., Plin. 4, 120 ‖ **-nācĕus**, *a, um*, de Géryon : Pl. *Aul.* 554 ; **-nēus**, Apul. *M.* 2, 32.

Gĕrys, *yos*, m., V. *Gerrhos* : Val.-Flac. 6, 68.

gēsa, V. *gaesa*.

gēsomphălŏs, *i*, m. (γῆς ὀμφαλός), nombril de Vénus [plante] : Ps. Apul. *Herb.* 43.

geseorēta, *ae*, f., sorte de navire léger : Gell. 10, 25, 5.

Gesocribate, *is*, n., ville d'Armorique [Brest] : Peut. 1, 2.

Gesorĭăcum, *i*, n., **-ĭăcus**, *i*, m., port des Morins [auj. Boulogne-sur-Mer] Atlas I, B3 ; V, C2 ; Plin. 4, 102 ‖ **-censis, e**, de *Gesoriacum* : Anton. 496.

gessī, parf. de *gero*.

Gessĭus Florus, m., gouverneur de la Judée, sous Néron : Tac. *H.* 5, 10.

Gessus, *i*, m., fleuve d'Ionie : Plin. 5, 113.

gesta, *ōrum*, n. pl. (a. fr. *geste*), V. ⮞ *gero* ¶ II 2.

gestābĭlis, *e* (*gesto*), qui peut être porté : Cassiod. *Var.* 1, 45, 7.

gestāmĕn, *ĭnis*, n. (*gesto*) ¶ 1 objet porté [fardeau, vêtement, ornement, portée, fruit] : Virg. *En.* 3, 286 ; 7, 246 ¶ 2 ce qui sert à porter, à transporter, moyen de transport : **in eodem gestamine** Tac. *An.* 11, 33, dans la même voiture ¶ 3 [tard.] action de porter : Sedul. *Carm.* 4, 297.

Gestăr, *ăris*, m., guerrier carthaginois : Sil. 2, 327.

gestātĭo, *ōnis*, f. (*gesto*) ¶ 1 action de porter : **infantium gestationes** Lact. *Inst.* 3, 22, 10, grossesses ¶ 2 promenade en litière ou en voiture : Sen. *Ep.* 55, 1, cf. Cels. 2, 15, 1 ¶ 3 allée [où l'on se promène en litière ou en voiture], promenade : Plin. *Ep.* 5, 6, 17.

gestātŏr, *ōris*, m. (*gesto*), celui qui porte, porteur : Plin. *Ep.* 9, 33, 8 ‖ qui circule en litière : Mart. 4, 64, 19.

gestātōrĭum, *ii*, n., litière, brancard : Aug. *Serm.* 163, 6 Mai.

gestātōrĭus, *a, um* (*gesto*), qui sert à porter : **gestatoria sella** Suet. *Ner.* 26 ; *Vit.* 16, chaise à porteurs, litière.

gestātrix, *īcis*, f., celle qui porte : Val.-Flac. 4, 605.

1 **gestātus**, *a, um*, part. de *gesto*.

2 **gestātŭs**, *ūs*, m., action de porter, transport : Plin. 15, 103.

gestĭcŭlārĭa, *ae*, f., pantomime [femme] : Gell. 1, 5, 3.

gestĭcŭlārĭus, *ii*, m. (*gesticulor*), pantomime [homme] : Amm. 34, 4, 26.

gestĭcŭlātĭo, *ōnis*, f. (*gesticulor*), gesticulation, gestes de pantomimes : Suet. *Tib.* 68 ; Quint. 11, 3, 183.

gestĭcŭlātŏr, *ōris*, m. (*gesticulor*), gesticulateur : **corporis** Col. 1, praef. 3, pantomime.

gestĭcŭlātus, *a, um*, part. de *gesticulor*.

gestĭcŭlŏr, *āris*, *ārī*, *ātus sum* (*gesticulus*) ¶ 1 intr., gesticuler : Front. *Orat.* 3, p. 156 N. ‖ exécuter la pantomime : Suet. *Dom.* 8 ¶ 2 tr., exprimer par des gestes : **carmina** Suet. *Ner.* 42, exprimer (traduire) des vers par une pantomime.

gestĭcŭlus, *i*, m. (2 *gestus*), petit geste : Tert. *Apol.* 19, 5.

1 **gestĭō**, *īs*, *īre*, *īvī* (*ĭī*), - (2 *gestus*), intr. ¶ 1 (faire des gestes) se démener sous l'empire de la joie, avoir des transports de joie, exulter : **voluptate nimia gestire** Cic. *Off.* 1, 102, se livrer aux transports d'une joie excessive ; **laetitia gestiens** Cic. *Tusc.* 4, 36, joie pétulante ‖ [fig.] **dialogorum libertate gestiendum** Quint. 10, 5, 15, il faut se défouler dans la liberté du dialogue ¶ 2 être transporté de désir, être impatient de, brûler de : **gestio scire**

omnia Cic. *Att.* 4, 11, 1, je brûle de tout savoir, cf. Cic. *Fin.* 5, 48; ***studio gestire lavandi*** Virg. *G.* 1, 387, brûler du désir de se baigner ‖ [abs¹] ***gestiunt pugni mihi*** Pl. *Amp.* 323, les poings me démangent ¶ 3 [tard.] être en gestation : Aug. *Civ.* 16, 35.

2 **gestĭo**, *ōnis*, f. (*gero*), action de gérer, gestion, exécution : Cic. *Inv.* 1, 38; 2, 39.

gestĭtō, *ās*, *āre*, -, - (fréq. de *gesto*), tr., porter souvent ou beaucoup, avoir l'habitude de porter : Pl. *Curc.* 602.

gestĭuncŭla, *ae*, f. (dim. de 2 *gestio*), affaire minime : Gloss. 4, 412, 11.

gestō, *ās*, *āre*, *āvī*, *ātum* (fréq. de *gero*), tr. ¶ 1 porter çà et là : ***caput gestari in pilo*** Cic. *Phil.* 11, 15, il fit porter sa tête au bout d'une pique ‖ ***lectica gestari*** Hor. *S.* 2, 3, 214, porter (promener) en litière ‖ pass. *gestari*, être transporté [à cheval, en voiture, en litière], voyager, circuler : Sen. *Ep.* 122, 9; Mart. 1, 13, 8; 12, 17, 3; Juv. 7, 179 ¶ 2 porter habituellement sur soi, avec soi : Pl. *Ru.* 1081; Hor. *O.* 1, 35, 19; Plin. 2, 158 ‖ ***non obtunsa adeo gestamus pectora*** Virg. *En.* 1, 567, nous n'avons pas des cœurs si grossiers, cf. Pl. *Merc.* 572 ‖ porter : ***arma umeris*** Liv. 27, 48, 16, porter ses armes sur les épaules ‖ porter, attendre [un enfant] : Sen. *Marc.* 11, 1 ¶ 3 [fig.] ***aliquem in sinu*** Ter. *Ad.* 709, porter qqn dans son cœur; ou ***in oculis*** Ter. *Eun.* 401; cf. *in oculis ferre* ¶ 4 transporter : ***ex urbe irritamenta gulae gestabantur*** Tac. *H.* 2, 62, de Rome on transportait des mets excitants ‖ [fig.] colporter : ***crimina*** Pl. *Ps.* 427, colporter des accusations, cf. Sen. *Ep.* 123, 8 ¶ 5 intr., se faire porter en litière : Suet. *Dom.* 11; *Galb.* 8.

gestŏr, *ōris*, m. (*gero*), porteur, colporteur [de nouvelles] : Pl. *Ps.* 429 ‖ qui s'occupe de, administrateur : Scaev. *Dig.* 49, 1, 24.

gestŭōsus, *a*, *um*, qui gesticule beaucoup : Gell. 1, 5, 2.

1 **gestus**, *a*, *um*, part. de *gero*.

2 **gestŭs**, *ūs*, m. ¶ 1 attitude du corps : Cic. *Or.* 83 ‖ mouvement du corps, geste : Cic. *Off.* 1, 130; *Ac.* 2, 145; ***avium*** Suet. *Aug.* 7, battement d'ailes des oiseaux ¶ 2 [en part.] gestes de l'orateur ou de l'acteur, mimique, jeu : ***nescire gestum*** Cic. *de Or.* 1, 124, ignorer l'art du geste; ***in gestu peccare*** Cic. *de Or.* 1, 124, faire une faute d'expression corporelle ¶ 3 gestion, administration : Dig. 26, 10, 9.

Gĕta, *ae*, m. ¶ 1 Gète, habitant du pays des Gètes : Ov. *Pont.* 1, 8, 6 ¶ 2 [surnom romain] Cic. *Clu.* 19 ‖ [nom d'esclave] Ter. *Ad.* 291; *Phorm.* 35 ‖ Antoninus Géta [empereur romain, 209-212] : Spart. *Get.* 2, 2 ¶ 3 **Getae**, *ārum*, m. pl., les Gètes [peuple établi sur le Danube] Atlas 1, C5; Cic. *Att.* 9, 10, 3; Virg. *G.* 3, 462 ‖ **Gĕtēs**, *ae*, adj., du pays des Gètes : Ov. *Pont.* 4, 13, 17 ou **-ĭcus**, *a*, *um*, Ov. *Tr.* 5, 7, 13; *Pont.* 4, 13, 19.

Geth, f. indécl., ville de Palestine : Vulg. 4 Reg. 14, 25 ‖ **-thaei**, *ōrum*, m. pl., habitants de Geth : Vulg. *2 Reg.* 15, 22.

Gethōnē, *ēs*, f., île près de la Chersonèse de Thrace : Plin. 4, 74.

gēthўum (-ŏn), *i*, n. (γήθυον), ciboulette, civette [herbe] : Plin. 19, 117.

Gĕtĭcē, adv., à la manière des Gètes : Ov. *Tr.* 5, 12, 58.

Gĕtĭcus, *a*, *um*, V. *Geta*.

gĕtĭum, c. *gethyum* : Plin. 19, 105.

Getōnē, *ēs*, f., île de la Troade : Plin. 5, 138.

Getta, *ae*, f., ville de Phénicie : Plin. 5, 75.

Gētūlus, V. *Gaetulus*.

Geudŏs, *i*, m., fleuve de Bithynie : Plin. 5, 148.

gēum, *i*, n. (?), benoîte [plante] : Plin. 26, 37.

geusĭae, *ārum*, f. pl. (gaul., cf. *gustus*, γεύομαι; fr. *gosier*), gosier : M.-Emp. 11, 37; 12, 39.

gibba, *ae*, f. (2 *gibbus*), bosse, gibbosité : Suet. *Dom.* 23.

1 **gibbĕr**, *ĕra*, *ĕrum* (2 *gibbus*), bossu : Varr. *R.* 2, 5, 7; 3, 9, 18; Plin. 10, 74; Suet. *Galb.* 3.

2 **gibbĕr**, *ĕris*, m., bosse, gibbosité : Plin. 8, 179.

gibbĕrōsus, *a*, *um* (2 *gibber*), bossu : Orbil. d. Suet. *Gram.* 9, 4‖tortueux, tordu [style] : Front. *Eloq.* 2, 19, p. 148 N.

gibbōsus, *a*, *um* (2 *gibbus*), bossu : Firm. *Math.* 7, 21, 2.

1 **gibbus**, *a*, *um* (2 *gibbus*), convexe : Cels. 8, 1, 18.

2 **gibbus**, *i*, m. (express., cf. κυφός), bosse : Juv. 19, 294 ‖ grosseur, tumeur : Amm. 23, 4 ‖ [tard., fig.] laideur morale : Ambr. *Serm.* 39, 2.

Gĭgantes, **gĭgantēus**, V. *Gigas*.

gĭgantŏmachĭa, *ae*, f. (Γιγαντομαχία), combat des Géants et des dieux : Ampel. 8, 14.

Gigarta, *ae*, f., ville de Phénicie : Plin. 5, 78.

Gigartho, *ūs*, f., fontaine de l'île de Samos : Plin. 5, 135.

gĭgărus, *i*, m. (gaul.), c. *dracontium*, gouet [plante] : M.-Emp. 10, 58.

Gĭgās, *antis*, m. (γίγας; fr. *géant*), un des Géants : Ov. *Pont.* 2, 10, 24 ‖ pl., **Gigantes**, *um*, les Géants [êtres monstrueux, fils de la Terre, qui voulurent escalader l'Olympe pour détrôner Jupiter, mais furent foudroyés par lui] : Cic. *Nat.* 2, 70; ***Gigantum more*** Cic. *CM* 5, à la façon des Géants ‖ [chrét.] les Géants [hommes puissants, nés des fils de Dieu et des filles des hommes] : Vulg. *Gen.* 6, 4‖ hommes impies, révoltés contre Dieu : Hier. *Ezech.* 11, 39, 17 ‖ **-tēus**, *a*, *um*, des Géants : Hor. *O* 3, 1, 7; Ov. *Tr.* 2, 71; [fig.] gigantesque : Sil. 5, 436.

gĭgĕrĭa, *ōrum*, n. pl. (empr. iran., cf. *jecur*; fr. *gésier*), entrailles de volaille, gésier : *Lucil. 309; Non. 119, 16; V. *gizērĭa*.

gignentĭa, *ĭum*, n. pl. du part. de *gigno*, au sens passif, pris subst¹, végétaux, plantes : ***loca nuda gignentium*** Sall. *J.* 79, 6, lieux privés de végétation, cf. Suet. 93, 4‖ corps organiques : Apul. *Plat.* 1, 6.

gignĭbĭlis, *e* (*gigno*), qui peut être engendré, produit : Mar. Vict. *Gen.* 30.

gignō, *ĭs*, *ĕre*, *gĕnŭī*, *gĕnĭtum* (*geno*, cf. γίγνομαι), tr. ¶ 1 engendrer **a) (Hercules) quem Juppiter genuit** Cic. *Nat.* 3, 42, (Hercule) qu'engendra Jupiter **b) Hecuba Alexandrum genuit** Cic. *Fat.* 34, Hécube enfanta Alexandre [Pâris] ‖ mettre bas : Plin. 10, 183 ‖ pondre : Cic. *Nat.* 2, 129‖ [poét.] ***dis genitus*** Virg. *En.* 9, 642, fils des dieux ‖ ***genitus*** [avec *de*] Gell. 13, 4, 3, né de; [avec *ab*] Just. 12, 7, 10 ¶ 2 créer : ***deus animum ex sua mente genuit*** Cic. *Tim.* 8, Dieu créa l'âme, émanation de sa propre intelligence ¶ 3 produire [en parl. du sol] : ***quae terra gignit*** Cic. *Nat.* 1, 4, les productions de la terre; V. *gignentia* : ***quae (res) gignuntur e terra*** Cic. *Ac.* 1, 26, (les choses) qui proviennent de la terre ¶ 4 [fig.] faire naître, produire, causer : ***qui genuit in hac urbe dicendi copiam*** Cic. *Brut.* 255, celui qui a créé chez nous l'abondance oratoire; ***haec virtus amicitiam gignit*** Cic. *Lae.* 20, cette vertu fait naître l'amitié; ***ex maxima libertate tyrannus gignitur*** Cic. *Rep.* 1, 68, d'une liberté sans limite naît la tyrannie; ***sui generis initium ab se gigni voluit*** Cic. *Verr.* 5, 180, il voulut que le commencement de sa race partît de lui-même ¶ 5 [chrét., fig.] engendrer à la vie éternelle : ***in Christo Jesu per evangelium vos genui*** Vulg. *1 Cor.* 4, 15, dans Jésus le Christ, par l'Evangile, je vous ai engendrés ‖ [passif] [en parl. du Christ] ***ex Deo genitus*** Tert. *Prax.* 7, 1, engendré par Dieu (le Père).

Gigurri, *ōrum*, m. pl., peuple de l'Asturie : Plin. 3, 28‖ **-us**, *a*, *um*, des Gigurres : CIL 2, 2610.

gilarus, *i*, m., nom gaulois du serpolet : M.-Emp. 11, 10.

gilbus, c. *gilvus*.

Gilda, *ae*, f., ville de la Maurétanie tingitane : Mel. 3, 107.

Gildo, *ōnis*, m., Gildon [Maure, révolté contre Arcadius, fut vaincu par Stilicon] : Claud. *Gild.* 10 ‖ ***Gildonicum bellum***, la guerre de Gildon [poème de Claudien] : Claud. *Gild. tit.*.

1 **gillo**, *ōnis*, m. (obscur), vase à rafraîchir, bocal : Anth. 117, 16; Cassian. *Inst.* 4, 16, 1.

2 **Gillo**, *ōnis*, m., nom d'homme : Juv. 1, 40.

Gilva, *ae*, f., ville de la Maurétanie césarienne : *Anton. 13; V. *Silva*.

gilvus

gilvus, *a, um* (gaul., cf. *helvus*), jaune pâle, isabelle : Varr. *Men.* 358 ; Virg. *G.* 3, 83.
▶ orth. postér. *gilbus*.

Gindarēni, *ōrum*, m. pl., peuple de la Cœlé-Syrie : Plin. 5, 81.

Gindes, ⓥ ⇨ *Gyndes* : Tac. *An.* 11, 10.

gingĭbĕr, ⓒ ⇨ *zinziber* : Apic. 55.

gingĭdĭŏn, *ii*, n. (γιγγίδιον), carotte sauvage [plante] : Plin. 20, 33.

gingĭlĭphus, *i*, m. (express., cf. *gingrio*, γιγγλισμός), rire bruyant, éclat de rire : Petr. 73, 4.

gingīva, *ae*, f. (redoubl., cf. *genae* ; fr. *gencive*), plus souv^t **-vae**, *ārum*, f. pl., gencives : Cels. 6, 11, 3 ; Plin. 29, 37.

gingīvŭla, *ae*, f. (dim. de *gingiva*), petite gencive : *Apul. *Apol.* 6.

gingrīna, *ae*, f. (γίγγρας), petite flûte, flageolet : P. Fest. 84, 13 ; Solin. 5, 19.

gingrīnātŏr, *ōris*, m., joueur de flageolet : *P. Fest. 84, 14.

gingrĭō, *īs*, *īre*, -, - (onomat., cf. fr. *crincrin*), intr., jargonner [cri de l'oie] : P. Fest. 84, 12.

gingrītŭs, *ūs*, m., **gingrum**, *i*, n., Gloss. 2, 33, 60), cri de l'oie : Arn. 6, 20.

ginnus, *i*, m. (γίννος), bardot, ⓥ ⇨ *hinnus*.
▶.

Gir, ⓥ ⇨ *Ger*.

girba, *ae*, f. (sém. ?), vase à piler, mortier : Cass. Fel. 31 ; 33.

girgillus, *i*, m. (cf. *girus*, ou plutôt γίγγλυμος ?), cylindre enrouleur d'un puits : Isid. 20, 15, 2.

girres, ⓥ ⇨ *gerres* : Plin. 32, 148.

gīrus, ⓥ ⇨ 1 *gyrus* : Apic. 366.

Gisgo, *ōnis*, m., Gisgon [nom carthaginois] : Liv. 30, 37.

Gissa, *ae*, f., île de l'Adriatique : Plin. 3, 140.

Gistatē, *ēs*, f., île du Nil : Plin. 6, 178.

gīt, n. (cf. *frit*, sém. ?), nigelle [plante] : Cels. 2, 33, 5 ; Plin. 20, 182.

Gitanae, *ārum*, f. pl., ville d'Épire : Liv. 42, 38.

Giti (Gitti), n., ville d'Afrique, dans la région des Syrtes : Anton. 60 ; 518.

Gītōn, *ōnis*, m. (Γείτων), Giton [nom de mignon] : Petr. 19, 5.

Giufītānus, *a, um*, de Giuf [ville d'Afrique] : CIL 8, 866.

gĭzērĭa, *ōrum*, n. pl., ⓒ ⇨ *gigeria*, abats : Petr. 66, 2 ; P. Fest. 84, 15.

glăbellus, *a, um* (dim. de *glaber*), Apul. *M.* 2, 17.

glăbĕr, *bra, brum* (cf. al. *glatt*, rus. *gladkij*), sans poil, chauve, glabre : Pl. *Trin.* 541 ; *-brior* Pl. *Aul.* 402 ; *hordeum glabrum* Plin. 18, 15, orge glabre (sans barbe) ‖ épilé : Sen. *Ep.* 47, 7 ‖ subst. m., esclave épilé, mignon : Catul. 61, 142 ; Sen. *Brev.* 12, 5.

glăbrārĭa, *ae*, f. (*glaber*), femme qui aime les esclaves épilés [ou] qui a été épilée, c.-à-d. dépouillée de son bien [jeu de mots] : Mart. 4, 28, 7.

glăbrē, adv., de manière dépouillée : Arn. 7, 59.

glăbrescō, *ĭs*, *ĕre*, -, - (*glaber*), intr., perdre son poil : Col. 2, 19, 2.

glăbrēta, *ōrum*, n. pl. (*glaber*), lieux nus, sans végétation : Col. 2, 9, 9.

Glăbrĭo, *ōnis*, m., surnom de la *gens Acilia* : Liv. 33, 34 ; Cic. *Pomp.* 26.

glăbrĭtās, *ātis*, f. (*glaber*), nudité de la peau [dégarnie de poil] : Arn. 3, 14.

glăbrō, *ās*, *āre*, -, - (*glaber*), tr., dépouiller de poil : *sues* Col. 12, 55, 4, échauder des porcs.

glăcĭālis, *e* (*glacies*), glacial, de glace : Ov. *M.* 2, 30 ; *glacialis hiems* Virg. *En.* 3, 285, l'hiver glacé.

glacĭātus, *a, um*, part. de *glacio*.

glăcĭēs, *ēī*, f. (cf. *gelu* ; fr. *verglas*, *glace*), glace, glaçon : Lucr. 6, 963 ; Virg. *B.* 10, 49 ; Liv. 21, 36, 7 ‖ [fig.] dureté, rigidité [de l'airain] : Lucr. 1, 493.

glăcĭescō, *ĭs*, *ĕre*, -, - (*glacies*), intr., se congeler : Plin. 20, 230.

glăcĭō, *ās*, *āre*, *āvī*, *ātum* (*glacies*) ¶ 1 tr. *a)* changer en glace, geler : Hor. *O.* 3, 10, 7 ‖ [fig.] glacer d'effroi : *corda metu glaciante* Stat. *Th.* 19, 622, l'effroi glaçant les cœurs *b)* durcir, solidifier : *glaciatus caseus* Col. 7, 8, 2, fromage caillé ¶ 2 intr., se congeler, se figer : Plin. 29, 56.

glădĭārĭus, *a, um* (*gladius*), relatif aux épées : CIL 9, 3962 ‖ subst. m., armurier : CIL 13, 6677.

glădĭātŏr, *ōris*, m. (*gladius*) ¶ 1 gladiateur : Cic. *Or.* 228 ‖ *gladiatores dare* Cic. *Sest.* 133, donner un combat de gladiateurs, cf. Ter. *Hec.* 32 ; Cic. *Att.* 2, 1, 5 ; *Phil.* 9, 16 ¶ 2 [injure] spadassin : Cic. *Verr.* 3, 146 ; *Amer.* 17 ; 118 ; *Phil.* 5, 32 ¶ 3 fabricant d'épées : Dig. 50, 6, 6.

glădĭātōrĭcĭa herba, f., glaïeul [fleur] : M.-Emp. 16, 104.

glădĭātōrĭē, adv., à la manière des gladiateurs : Lampr. *Comm.* 15, 4.

glădĭātōrĭum, *ii*, n., salaire des gladiateurs : Liv. 44, 31, 15.

glădĭātōrĭus, *a, um* (*gladiator*), de gladiateur : *ludus gladiatorius* Cic. *Cat.* 2, 9, école de gladiateurs ; *certamen gladiatorium* Cic. *de Or.* 2, 317, combat de gladiateurs ; *locus gladiatorius* Cic. *Mur.* 73, place pour voir un combat de gladiateurs ; *gladiatorius consessus* Cic. *Sest.* 124, foule qui assiste à un combat de gladiateurs ; *gladiatoria familia* Cic. *Sest.* 154, troupe de gladiateurs ‖ [fig.] Cic. *Phil.* 2, 63.

glădĭātrix, *īcis*, f., femme qui se comporte en gladiateur : Schol. Juv. 6, 251.

glădĭātūra, *ae*, f., métier de gladiateur : Tac. *An.* 3, 43.

glădĭātus, *a, um* (*gladius*), armé d'un glaive : Prisc. 2, 442, 2.

glădĭŏla, *ae*, f. (*gladiolus*), glaïeul [fleur] : Plin.-Val. 1, 13.

glădĭŏlum, *i*, n. (*gladium*), poignard : Messal. d. Quint. 1, 6, 42.

glădĭŏlus, *i*, m. (dim. de *gladius* ; fr. *glaïeul*), épée courte, poignard : Gell. 10, 25, 3 ‖ glaïeul [fleur] : Plin. 21, 65.

glădĭus, *ii*, m. (celt., cf. v. irl. *claideb* ; fr. *glai*, *glaive*) ¶ 1 épée, glaive [pr. et fig.] : *gladium destringere* Cic. *Off.* 3, 112 ; *stringere* Caes. C. 3, 93 ; *educere* Caes. *G.* 5, 44, 8, dégainer, mettre l'épée à la main ; *aut tuo, quemadmodum dicitur, gladio aut nostro defensio tua conficiatur necesse est* Cic. *Caecin.* 82, il faut de toute nécessité que dans ta défense tu sois battu ou par tes propres armes, comme on dit, ou par les miennes ; [prov.] *plumbeo gladio jugulare* Cic. *Att.* 1, 16, 2, tuer avec un sabre de plomb [inoffensif] ; *gladiorum impunitas* Cic. *Phil.* 1, 27, impunité des meurtres ‖ [droit] *jus (potestas) gladii* Dig. 2, 1, 3, pouvoir d'infliger la peine de mort [disposer de la justice capitale] ‖ [chrét.] glaive [symbole de la justice rendue par Dieu] : *spiritalis gladius in verbo Dei* Aug. *Ep.* 121, 3, 18, le glaive spirituel est dans le Verbe de Dieu ¶ 2 métier de gladiateur : *se ad gladium locare* Sen. *Ep.* 87, 9, se louer pour être gladiateur ¶ 3 coutre [de la charrue] : Plin. 18, 172 ¶ 4 espadon [poisson de mer] : Plin. 9, 3.
▶ *gladium*, n., Lucil. d. Non. 208, 13 ; Varr. *L.* 9, 81 ; Quint. 1, 5, 16.

glaeba et ses dérivés, ⓥ ⇨ *gleba*.

glaesārĭus, *a, um* (*glaesum*), relatif à l'ambre jaune, qui produit l'ambre jaune : Plin. 4, 97.

Glaesĭae, f. pl., îles entre la Germanie et la Bretagne : Plin. 4, 103.

glaesum, *i*, n. (germ., cf. al. *Glas*, an. *glass*), ambre jaune, succin : Tac. *G.* 45 ; Plin. 37, 42.

glāmae, ⓒ ⇨ *gramiae* : P. Fest. 85, 26.

glandārĭus, *a, um* (*glans*), qui produit des glands : Cat. *Agr.* 1, 7 ; Varr. *R.* 1, 7, 9.

glandĭcŭla, *ae*, f., ⓒ ⇨ *glandula*.

glandĭfĕr, *ĕra*, *ĕrum* (*glans*, *fero*), qui porte des glands : Lucr. 5, 939 ; Cic. *Leg.* 1, 2.

glandĭōnĭda, *ae*, f. (*glandium*), petit languier : Pl. *Men.* 210.

glandium, *ii*, n., languier [langue et gorge de porc] : Pl. *Cap.* 915 ; Plin. 8, 209 ; 16, 185.

glando, *ĭnis*, f., gland : Avien. *Perieg.* 285 ; ⓥ ⇨ *glans*.

glandŭla, *ae*, f. (dim. de *glans* ; fr. *glande*), [ordin^t au pl.] glande : Cels. 4, 1, 2 ‖ glandule, amygdale : Cels. 2, 1, 19 ‖ ⓒ ⇨ *glandium* : Mart. 3, 82, 20 ‖ ris [boucherie]: Apic. 126 [chevreau]; Apic. 167 [porcelet].

glandŭlōsa cervix, ⊳ *glandium*: Col. 7, 9, 1.

1 glănis, *is*, m. (γλάνις), poisson du genre des silures: Plin. 9, 145.

2 Glanis, *is*, m., fleuve de Campanie: Plin. 3, 54 ∥ ⊽ *Clanis*.

Glannibanta, *ae*, f., ville de la Bretagne [Ravenglass]: Not.-Dign. O. 40, 52. ▶ Glannaventa RIB 795.

glans, *dis*, f. (*g^wlH_2-, cf. βάλανος; fr. *gland*) ¶ 1 gland, fruit du chêne: **glande vesci** Cic. Or. 31, se nourrir de glands; **uvidus hiberna venit de glande Menalcas** Virg. B. 10, 20, Ménalque arrive tout humide de la glandée d'hiver ¶ 2 fruit [d'autres arbres]: Dig. 50, 16, 236 ¶ 3 balle de plomb ou de terre cuite qu'on lançait avec la fronde: Caes. G. 7, 81, 4 ¶ 4 gland [anatomie]: Cels. 7, 25, 1.

Glanum Līvĭi, et abs[t] **Glanum**, n., ville de la Narbonnaise [Saint-Rémy] Atlas V, F3: Plin. 3, 36.

Glăphўrus, *i*, m., nom d'homme: Juv. 6, 77.

glārans, *antis* (cf. *gramiae*), chassieux: *Ps. Garg. Med. 15.

glārĕa, *ae*, f. (obscur; it. *ghiaia*), gravier: Cat. Agr. 18, 7; Cic. Q. 3, 2, 4; Liv. 41, 27, 5.

glārĕōsus, *a*, *um* (*glarea*), plein de gravier: Col. 2, 10, 23.

Glari, *ōrum*, m. pl., peuple d'Arabie: Plin. 6, 150.

glārĭa, ⊳ *glarea*: CIL 8, 2532.

glastum, *i*, n. (gaul.), guède, pastel [dont les feuilles servent à teindre en bleu]: Plin. 22, 2.

glattĭo, *īs*, *īre*, -, - (onomat., it. *ghiattire*), intr., japper [en parl. des petits chiens]: Suet. Frg. 161.

Glaucē, *ēs*, f. (Γλαύκη), autre nom de Créuse, femme de Jason: Hyg. Fab. 25 ∥ mère de la troisième Diane: Cic. Nat. 3, 58 ∥ une des Amazones: Hyg. Fab. 163.

glaucĕum, *i*, n., ⊳ *glaucion*: Col. 10, 104, [hiatus].

glaucĕus, *a*, *um* (de *glaucium*), Scrib. 22.

Glaucĭa, *ae*, m., surnom de la *gens Servilia*: Cic. de Or. 2, 263.

glaucĭcŏmans, *tis* (1 *glaucus, coma*), qui a le feuillage glauque [d'un vert pâle]: Juvc. 3, 623.

Glaucĭdēs, *is*, m. (Γλαυκίδης), statuaire grec: Plin. 34, 91.

glaucĭna, *ōrum*, n. pl., essence de glaucium: Mart. 9, 26, 2.

glaucĭo, *īs*, *īre*, -, - (onomat.), intr., bêler [comme les brebis], zézayer: Physiogn. 115.

glaucĭŏn (**-ĭum**), *ii*, n. (γλαύκιον), glaucium [plante]: Plin. 27, 83.

Glaucippē, *ēs*, f., une des Danaïdes: Hyg. Fab. 170.

Glaucis, *ĭdos*, f., nom d'une chienne: Prop. 4, 3, 55.

glauciscus, *i*, m. (γλαυκίσκος), glaucisque [poisson]: Plin. 32, 129.

glaucītō, *ās*, *āre*, -, -, ⊳ *glattio*: Philom. 60.

glaucĭum, ⊽ *glaucion*.

glaucōma, *ătis*, n. (γλαύκωμα), glaucome [maladie des yeux]: Plin. 29, 117.

glaucōmătĭcus, *a*, *um*, atteint de glaucome: Not. Tir. 91, 84.

Glauconnēsŏs, *i*, f., île de la mer Égée: Plin. 4, 65.

glaucūma, *ae*, f., ⊳ *glaucoma*: Pl. Mil. 148.

1 glaucus, *a*, *um* (γλαυκός) ¶ 1 glauque, verdâtre, vert pâle, gris: **glauci oculi** Plin. 8, 30, yeux glauques, pers; **glaucae sorores** Stat. Th. 9, 351, les Néréides ¶ 2 gris pommelé: Virg. G. 3, 82.

2 glaucus, *i*, m. (γλαῦκος), poisson de mer, le bleu: Plin. 9, 58.

3 Glaucus, *i*, m., fils de Sisyphe, père de Bellérophon, déchiré par ses cavales: Virg. G. 3, 267 ∥ pêcheur de Béotie, changé en dieu marin: Ov. M. 13, 906, cf. Virg. En. 5, 823 ∥ guerrier lycien, au siège de Troie: Hor. S. 1, 7, 17.

glaux, *aucis*, f., ⊳ *eugalacton*: Plin. 27, 82.

glēba (**glaeba**), *ae*, f. (cf. *globus, glomus*) ¶ 1 motte de terre, glèbe: Acc. Tr. 496; Cat. Agr. 91; **glebis aut saxis aliquem agere** Cic. Caecin. 60, chasser qqn à coups de mottes de terre ou de cailloux ¶ 2 sol, terrain: Virg. En. 1, 531 ¶ 3 taxe sur une terre, un domaine: Cod. Th. 6, 2, 10; 12, 1, 138 ¶ 4 morceau: **gleba sevi** Caes. G. 7, 25, 2, boule de suif; **marmoris** Plin. 36, 50, bloc de marbre; **turis glebae** Lucr. 3, 327, grains d'encens ¶ 5 [tard.] corps, cadavre: Greg.-Tur. Hist. 1, 48.

glēbālis, *e* (*gleba*), de motte de terre: Amm. 23, 5, 15 ∥ de domaine: Cod. Th. 6, 2, 3.

glēbārĭus, *a*, *um*, de glèbe; [en parl. de bœuf] capable de briser les mottes de terre: Varr. L. 7, 74.

glēbātim, adv., motte par motte: Lact. Mort. 23, 2.

glēbātĭo, *ōnis*, f. (*gleba*), impôt sur une terre: Cod. Th. 6, 2, 12.

glēbo, *ōnis*, m., cultivateur [attaché à la glèbe]: Gloss. 5, 205, 29.

glēbōsus, *a*, *um* (*gleba*), rempli de mottes: Apul. M. 1, 2 ∥ compact: Plin. 35, 191.

glebra, ⊳ *glebo*: Gloss. 5, 364, 8.

glēbŭla, *ae*, f. (dim. de *gleba*), petite motte de terre: Col. 1, 6, 23 ∥ petit champ: Juv. 14, 166 ∥ petit morceau: Vitr. 8, 3, 13 ∥ pépite: Plin. Ep. 10, 74, 3.

glēbŭlentus, *a*, *um*, formé de terre: Apul. Socr. 8.

glēchōn, *ōnis*, m. (γλήχων), pouliot [plante]: Ps. Apul. Herb. 92.

glēchōnītēs, *ae*, m. (γληχωνίτης), vin de pouliot: *Col. 12, 35; Diosc. 5, 74.

glenō, glennō, *ās*, *āre*, -, - (gaul.; fr. *glaner*), glaner: L. Sal. Cap. 4, 10.

glēs-, ⊽ *glaes-*.

gleucīnus, *a*, *um* (γλεύκινος), mélangé de vin doux: Col. 5, 22, 1; Plin. 15, 29.

Glevum (**cl-**), *i*, n., ville de Bretagne [Gloucester]: Anton. 485.

gliccĭō, *īs*, *īre*, -, - (onomat., cf. *gloccio*), intr., jargonner [en parl. des oies]: Suet. Frg. 161.

Glindĭtĭōnes, *um*, m. pl., peuple de Dalmatie: Plin. 3, 143.

glīnŏs, *i*, m. (γλεῖνος), sorte d'érable: Plin. 16, 67.

glīr, ⊳ *glis*: Char. 90, 3.

glīrārĭum, *ii*, n. (1 *glis*), abri pour les loirs: Varr. R. 3, 15.

glīris (arch. pour 1 *glis*), Char. 42, 3.

glīrĭus, *a*, *um*, engourdi [comme le loir]: Gloss. 5, 601, 6.

1 glīs, *īris*, m. (cf. γαλέη, scr. *giri-s*, *loir*), loir: Varr. R. 3, 2, 14; Plin. 8, 223.

2 glĭs, *ĭtis*, f. (gaul., cf. *glisomarga*), glaise: **terra tenax** Gloss. 5, 601, 7, terre collante.

gliscĕrae mensae, f. (*glisco*), tables où s'accumulent les plats: P. Fest. 87, 22.

gliscō, *ĭs*, *ĕre*, -, - (cf. χλίω, χλία, al. *glimmen*), intr., s'enflammer, s'embraser, grossir, se développer, augmenter: **asinus paleis gliscit** Col. 7, 1, 1, l'âne engraisse avec de la paille, cf. 8, 9, 1; **seditio gliscit in dies** Liv. 42, 2, 2, la sédition croît de jour en jour, cf. Pl. Cap. 558; Cic. Frg. F. 5, 74; **ignis** Lucr. 1, 474, la flamme se développe. 5, 1061; **postquam eo magnificentiae venit res publica, gliscunt singuli** Tac. An. 2, 33, depuis que l'État en est venu à ce degré de splendeur, chacun à son tour s'agrandit ∥ [forme déponente] **gliscor gaudio** Turpil. d. Non. 22, 13, mon cœur se gonfle de joie ¶ 2 [abst[t]] se gonfler de joie, de désir: Stat. Th. 8, 756; 12, 639; [avec inf.] **gliscis regnare** Stat. Th. 3, 73, tu brûles de régner.
▶ déponent *gliscor*, même sens: Asell. d. Non. 481, 5; Turpil. d. Non. 22, 13.

glisomarga, *ae*, f. (gaul., cf. 2 *glis*, *marga*; fr. *glaise, marne*), marne blanche: Plin. 17, 46.

Glissās, *antis*, f. (Γλισσάς), ville de Béotie: Plin. 4, 26.

glittus, *a*, *um* (cf. al. *gleiten*, an. *glide*), meuble, friable: Cat. Agr. 45, 1; mais cf. P. Fest. 87, 19.

glŏbātim, adv. (*globo*), par pelotons, en masse: Amm. 27, 9, 6.

glŏbĕus, *a*, *um* (*globus*), rond, sphérique: Chalc. 75.

glŏbŏr, āris, ārī, ātus sum, pass. de l'inus. *globo ¶ **1** s'arrondir : *dependentes guttae parvis globantur orbibus* Plin. 2, 163, des gouttes suspendues s'arrondissent en petites sphères ¶ **2** se grouper, se réunir : *nubes globantur* Plin. 18, 344, les nuages s'amoncellent.

glŏbōsĭtas, ātis, f. (*globosus*), sphéricité : Macr. *Somn.* 1, 19, 23.

glŏbōsus, a, um (*globus*), sphérique, rond : Cic. *Nat.* 2, 116.

glŏbŭlus, i, m. (dim. de *globus*) ¶ **1** globule, petite boule : Plin. 33, 89 ǁ pilule : Scrib. 13 ¶ **2** [fig.] *melliti verborum globuli* Petr. 1, 3, périodes mielleuses et mollement arrondies.

glŏbus, i, m. (cf. *glomus*, *gleba*) ¶ **1** globe, boule, sphère : *globus terrae* Cic. *Tusc.* 1, 68, le globe terrestre ¶ **2** masse, amas, amoncellement : *globus nubium* Tac. *An.* 2, 23, amas de nuages ¶ **3** peloton [de troupes], foule, masse, groupe compact : Liv. 1, 6, 7 ; Sall. *J.* 85, 10 ; Tac. *An.* 16, 27 ¶ **4** sorte de pâtisserie en boulette : Cat. *Agr.* 79 ; Varr. *L.* 5, 107.

glōcĭdō, ās, āre, -, -, ▶ *glocio* : P. Fest. 87, 17.

glōcĭō, īs, īre, -, - (onomat., cf. *glottoro* ; fr. *glousser*), intr., glousser [en parl. des poules] : Col. 8, 5, 4.

gloctŏrō, ās, āre, -, -, ▶ *glottoro*.

glŏmĕrābĭlis, e (*glomero*), arrondi : Manil. 1, 221.

glŏmĕrāmĕn, ĭnis, n. (*glomero*), formation en pelote ; peloton, boule : Lucr. 2, 686 ǁ pl., les atomes de forme sphérique : Lucr. 2, 454.

glŏmĕrārĭus, ii, m. (*glomero*), celui qui brûle d'assembler des hommes pour la guerre : Sen. *Contr.* 1, 8, 13.

***glŏmĕrātē** [inus.] compar., *-tius*, d'une manière plus condensée : Aus. *Grat.* (419), 68.

glŏmĕrātim, adv. (*glomero*), en foule, en masse : Cypr. *Ep.* 5, 2, 1.

glŏmĕrātĭō, ōnis, f. (*glomero*), amble [allure du cheval] : Plin. 8, 166.

glŏmĕrātus, a, um, part. de *glomero*.

glŏmĕrō, ās, āre, āvī, ātum (*glomus*), tr. ¶ **1** mettre en pelote, en boule, en masse : *lanam in orbes* Ov. *M.* 6, 19, mettre de la laine en pelotes ; *offae glomerantur ex ficis* Varr. *R.* 3, 5, 4, on forme des boulettes de figues ; *glomerare tempestatem* Virg. *G.* 1, 323, amonceler une tempête ¶ **2** réunir en peloton : *manum bello* Virg. *En.* 2, 315, rallier une troupe pour combattre ; *glomerari* Tac. *H.* 3, 31 ; *se glomerare* Virg. *En.* 9, 539, se grouper ¶ **3** rassembler, accumuler : *omnia fixa tuus glomerat annus* Cic. poet. *Div.* 1, 19, l'année de ton consulat accumule tous les événements prédits ; *gressus glomerare* Virg. *G.* 3, 117, galoper [en rassemblant les pieds].

glŏmĕrōsus, a, um (*glomus*), qui est en peloton : Col. 9, 3, 1.

glŏmus, ĕris, n. (cf. *globus* ; it. *ghiomo*), peloton, pelote : Hor. *Ep.* 1, 13, 14 ǁ sorte de gâteau sacré : P. Fest. 87, 14.

glōrĭa, ae, f. (obscur) ¶ **1** gloire, renom, réputation : *fortitudinis gloria* Cic. *Off.* 1, 62, le renom d'homme courageux ; *ob amicitiam servatam maximam gloriam capere* Cic. *Lae.* 25, se couvrir de gloire pour avoir conservé les liens de l'amitié ; *dicendi gloriam habere* Cic. *Brut.* 239, avoir le renom d'homme éloquent ǁ [poét.] gloire, ornement, parure : *candidus, armenti gloria, taurus* Ov. *A. A.* 1, 290, un taureau blanc, la gloire du troupeau ǁ pl., titres de gloire : Pl. *Truc.* 889 ; Her. 3, 10 ; Sall. *J.* 41, 7 ; *memorare veteres Gallorum glorias* Tac. *An.* 3, 45, rappeler les anciens exploits des Gaulois ¶ **2** désir de la gloire, désir de se distinguer : Cic. *Tusc.* 2, 46 ; Tac. *H.* 2, 21 ǁ esprit de vanité, d'orgueil, grands airs : *quae tua gloria est* Cic. *Fam.* 7, 13, 1, avec tes grands airs (Rab. Post. 38) ǁ [avec gén.] *generandi gloria mellis* Virg. *G.* 4, 205, point d'honneur à produire du miel ǁ pl., *inanes gloriae* Pl. *Mil.* 22, vaines forfanteries ¶ **3** [chrét.] **a)** splendeur de Dieu, éclat divin : *gloria Domini apparuit in nube* Vulg. *Exod.* 16, 10, la gloire du Seigneur apparut dans les nuées ǁ gloire éternelle des élus : Hil. *Matth.* 27, 5 ǁ gloire du martyre : Cypr. *Laps.* 4 **b)** doxologie [formule qui termine une prière, pour dire la gloire de Dieu] : Bened. *Reg.* 9, 6 **c)** [formule de politesse] *tua gloria* Greg.-M. *Ep.* 1, 74, Votre Gloire.

glōrĭābĭlis, e, tout glorieux, tout fier : Gloss. 2, 34, 28.

glōrĭābundus, a, um, c. le précédent : Gell. 5, 5, 4.

glōrĭātĭō, ōnis, f., action de se glorifier : Cic. *Fin.* 3, 28 ; 4, 50.

glōrĭātĭor, ōris, adj. compar., un peu vantard : Jul.-Val. 2, 16.

glōrĭātŏr, ōris, m. (*glorior*), celui qui se glorifie : Apul. *Flor.* 17.

glōrĭfĭcātĭō, ōnis, f., glorification : Aug. *Serm.* 263, 1.

glōrĭfĭcātōrĭus, a, um, qui glorifie : Eusthat. *Hex.* 4, 7.

glōrĭfĭcō, ās, āre, -, - (*gloria*, *facio*), tr., glorifier : Tert. *Anim.* 26, 4.

glōrĭfĭcus, a, um, glorieux : Cod. Just. 2, 8, 7 ǁ qui rend gloire : Orient. *Carm. app.* 3, 163.

glōrĭŏla, ae, f. (dim. de *gloria*), petite gloire : Cic. *Fam.* 5, 12, 9 ; 7, 5, 3.

glōrĭŏr, āris, ārī, ātus sum (*gloria*), intr., se glorifier : [avec acc. de pron. n.] *idem gloriari, quod Cyrus* CM 32, se glorifier de la même chose que Cyrus, cf. CM 82 ; Liv. 1, 12, 9 ; *aliqua re* Cic. *Or.* 169 ; *de aliqua re* Cic. *Vat.* 29 ; *in aliqua re* Cic. *Off.* 2, 59, se glorifier de qqch. ; *omnes provincias se peragrasse gloriari* Cic. *de Or.* 2, 258, se vanter d'avoir parcouru toutes les provinces, cf. Cic. *Nat.* 1, 72 ; [double constr.] *non ego secundis rebus nostris gloriabor, duos consules... ab nobis sub jugum missos* Liv. 23, 42, 7, je ne me prévaudrai pas de nos succès [passés], deux consuls envoyés par nous sous le joug ǁ [avec quod] Cic. *Tusc.* 5, 40 ǁ [avec gén.] [tard.] Apul. *M.* 7, 16 ; [avec interr. indécl.] Suet. *Cal.* 38, 3 ; [abs[t]] *licet mihi apud te gloriari* Cic. *Off.* 1, 78, je peux me glorifier auprès de toi ǁ *beata vita glorianda est* Cic. *Tusc.* 5, 50, la vie heureuse mérite qu'on la glorifie, est digne d'éloges, cf. *Tusc.* 5, 49.

glōrĭōsē, adv. (*gloriosus*) ¶ **1** avec gloire, glorieusement : Cic. *Fam.* 2, 12, 3 ; *-sissime* Cic. *Att.* 14, 4, 2 ¶ **2** avec gloriole, en fanfaron : Cic. *Mil.* 72 ; *de Or.* 2, 31 ; *Tusc.* 3, 51 ; *gloriosius* Cic. *Dom.* 93.

glōrĭōsus, a, um (*gloria*) ¶ **1** glorieux [en parl. de choses] : Cic. *Fin.* 1, 37 ; *Phil.* 2, 32 ; *dies gloriosissimus* Cic. *Leg.* 37, jour le plus glorieux ; *gloriosa mors* Cic. *Fin.* 2, 97, mort glorieuse ; *gloriosissimae classes* Cic. *Verr.* 5, 97, flottes si glorieuses ǁ *mihi gloriosum est, te florere...* Cic. *Fam.* 9, 14, 2, il est pour moi glorieux que tu brilles... ; *cum quo certare erat gloriosius quam...* Cic. *Brut.* 3, avec lequel il était plus glorieux de lutter que de... ¶ **2** [en parl. des pers.] **a)** glorieux, qui aime la gloire, l'ostentation [sens péjor.] : Cic. *Tusc.* 3, 73 ; *Fam.* 11, 14, 1 **b)** fanfaron, vantard : *miles gloriosus* Cic. *Off.* 1, 137, le soldat fanfaron, cf. Cic. *Lae.* 98.

glōs, **glōris**, f. (γαλόως, rus. *zolobka*), belle-sœur : Dig. 38, 10, 4, 6.

glōsa, ▶ *glossa*.

glōsārĭum, ▶ *glossarium*.

glossa, ae, f. (γλῶσσα langue), mot rare [qui a besoin d'une explication] : Aus. *Epigr.* 78 (127), 2 ǁ pl., recueil, glossaire : Varr. *L.* 7, 10.

glossārĭum, ii, n. (γλωσσάριον), glossaire, dictionnaire où l'on explique les termes rares ou vieillis : Gell. 18, 7, 3.

glossēma, ătis, n. (γλώσσημα), terme peu usité, ▶ *glossa* : Varr. *L.* 7, 34 ; Quint. 1, 8, 15, pl. *glossemata*, titre d'un recueil de ces termes : Fest. 166, 13.

glossēmătĭcus, a, um, rare [en parl. d'un mot] : Diom. 440, 2.

glossŏpĕtra, ae, f., glossopètre, sorte de pierre précieuse : Plin. 37, 164.

glossŭla, ae, f. (dim. de *glossa*), petite glose : Schol. Pers. 1, 94.

glottis, ĭdis, f. (γλωττίς), râle des genêts, roi des cailles [oiseau] : Plin. 10, 67.

glottŏrō, ās, āre, -, - (cf. *glocio* et *crotolo*), intr., craqueter [cri de la cigogne] : Anth. 733, 7.

glūbō, ĭs, ĕre, glupsī, gluptum (cf. γλύφω, al. *kljeben*, an. *cleave*) ¶ **1** tr., écorcer, ôter l'écorce : Cat. *Agr.* 33, 5 ǁ

[sens priapéen] Catul. 58, 5 ¶ **2** intr., peler [en parl. des arbres]: Cat. Agr. 31, 2. ▶ fut. *glubebit* de la 2ᵉ conjug. Cat. Agr. 17, 1.

glŭcĭdātus, *a, um* (de γλυκύς et *acidus*), doux: P. Fest. 87, 24.

gludis, *is*, V.▶ *paeonia*: Ps. Apul. Herb. 65.

glūma, *ae*, f. (cf. *glubo*; fr. *grume*), pellicule [des graines], balle: Varr. R. 1, 48, 1; P. Fest. 87, 20.

glūmŭlum, *i*, n., C.▶ *gluma*: Aldh. Virg. 19.

glunnĭō, *īs*, *īre*, -, -, intr., roucouler: Romul. 74, 10.

glūs, *ūtis*, f. (*glutis, gluten*, cf. *gleba*; fr. *glu*), V.▶ *glutinum*: Aus. Techn. 11 (347), 10.

glūtĕn, *ĭnis*, n. (cf. *glutinum*, γλοιός, al. *kleben*), colle, C.▶ *glutinum*: [au pr.] Lucr. 6, 1069; Virg. G. 4, 40; 160.

glūtĭnāmentum, *i*, n. (*glutino*), collage [des papyrus]: Plin. 13, 81.

glūtĭnārĭus, *ĭi*, m., fabricant de colle: CIL 6, 9443.

glūtĭnātĭo, *ōnis*, f. (*glutino*), agglutination: Cels. 7, 27, 7.

glūtĭnātīvus, *a, um* (*glutino*), cicatrisant: Ps. Apul. Herb. 73.

glūtĭnātŏr, *ōris*, m. (*glutino*), relieur [celui qui colle les feuillets]: Lucil. 793; Cic. Att. 4, 4, 1.

glūtĭnātōrĭus, *a, um*, C.▶ *glutinativus*: Cass. Fel. 39.

glūtĭnātus, *a, um*, part. de *glutino*.

glūtĭnĕus, *a, um*, englué [fig.]: Rutil. 1, 610.

glūtĭnō, *ās*, *āre*, *āvī*, *ātum* (*gluten*), tr. ¶ **1** coller: Plin. 22, 60 ¶ **2** recoller [les chairs], cicatriser: **glutinantia medicamenta** Cels. 7, 4, 1, les agglutinants.

glūtĭnōsus, *a, um* (*gluten*), collant, visqueux: Cels. 2, 22, 1 ‖ *-ior* Cels. 5, 26, 20; *-issimus* Cels. 6, 7, 5.

glūtĭnum, *i*, n. (*gluten*), colle, gomme, glu: Varr., Sall. d. Char. 67, 106; Plin. 11, 231; Plin. Val. 7, 10, 2 ‖ [fig.] lien [de l'amitié]: Hier. Ep. 3, 3.

glūtĭō (-ttĭō), *īs*, *īre*, *īvī* (*ĭī*), *ītum* (express., cf. rus. *glot*), tr., avaler: Pl. Pers. 94; Juv. 4, 29 ‖ étouffer [la voix]: Plin. 10, 33 ‖ [fig.] détruire: Ps. Tert. Mart. 2, 268.

glūtītĭo, *ōnis*, f., déglutition: Ps. Sor. Med. 59.

glūtis, *is*, m. (*glus*), colle: M.-Emp. 1, 26.

glūtītus, *a, um*, part. de *glutio*.

glūtō (**gluttō**), *ās*, *āre*, -, - (*glus, glutus*), agglomérer: Hippocr. Aer. 7.

glutto (**glūto**), *ōnis*, m. (*gluttio*; fr. *glouton*), glouton: *Pers. 5, 112; Anth. 206, 1; P. Fest. 99, 21; Gloss. 2, 358, 10.

1 glūtus (**glutt-**), *a, um* (*glus*), aggluti-né, adhérent: Cat. Agr. 45, 1; Plin. 17, 125.

2 glūtŭs (**glutt-**), *ūs*, m. (*gluttio*), le gosier: Pers. 5, 112 ‖ absorption: Aug. Jul. 4, 14, 71.

Glycĕra, *ae*, f. (Γλυκέρα), Glycère [nom de femme]: Hor. O. 1, 30, 3; 1, 33, 2; Mart. 14, 187.

Glycĕrĭum, *ĭi*, n., nom de femme: Ter. And. 134.

glycīa, *ae*, f. (γλυκεῖα), potion sucrée [réglisse?]: M.-Emp. 22, 22.

Glyco (**-cōn**), *ōnis* (Γλύκων), m., Glycon [nom de différents personnages]: Hor. Ep. 1, 1, 30; Cic. ad Brut. 1, 6, 2; Suet. Aug. 11; Quint. 6, 1, 41 ‖ **-ōnĭus**, *a, um*, de Glycon, glyconien [métrique]: Sidon. Ep. 9, 13, 2.

glycymărĭs, *ĭdis*, f. (γλυκυμαρίς), sorte d'huître: Plin. 32, 147.

glycyrrhiza, *ae*, f. (γλυκύρριζα; fr. *réglisse*), réglisse [racine sucrée]: Plin. 11, 284; V.▶ *liquiritia*.

glycysīdē, *ēs* (γλυκυσίδη), f., pivoine [fleur]: Plin. 27, 84.

Gnaeus, V.▶ *Cnaeus*.

gnăfallum, *i*, n. (γνάφαλλον), bourre: Diocl. 18, 7.

gnăphălĭum, *ĭi*, n. (γναφάλιον), C.▶ *chamaezelon*: Plin. 27, 88.

gnārē, adv. (*gnarus*), avec science, avec art: Gloss. 2, 35, 7.

gnārĭfĭcātĭo et **gnārĭgātĭo**, *ōnis*, f. (*gnarus* et *facio* ou *gnarigo*), information, action de faire part: *Gloss. 5, 24, 23.

gnārĭgō, *ās*, *āre*, -, - (*gnarus*), tr., raconter: P. Fest. 85, 1.

gnārĭō, *īs*, *īre*, *īvī*, -, tr., C.▶ *gnarigo*, faire connaître: P. Fest. 85, 1 ‖ *gnaritur* (γνωρίζεται): Gloss. 2, 35, 12.

gnārĭtās, *ātis*, f. (*gnarus*), connaissance de qqch.: Sall. H. 3, 84; Amm. 16, 2, 10.

gnārŭris, *e* (*gnarus*), qui sait: Pl. Poen. 47; [avec acc.] **gnarures esse hanc rem mecum** Pl. Most. 100, [je veux que vous sachiez cela comme moi].

gnārŭrō, *ās*, *āre*, -, - (*gnaruris*), tr., connaître: Gloss. 2, 35, 6.

gnārus, *a, um* (cf. *narro, gnavus, gnosco*) ¶ **1** qui sait, qui connaît, informé: **gnarus rei publicae** Cic. Brut. 228, habile politique; **gnarus quibus orationis modis animi pellantur** Cic. Or. 15, sachant par quels genres d'éloquence on touche les âmes; **gnarus in Thessalia regem esse** Liv. 33, 5, 4, sachant que le roi était en Thessalie, cf. Liv. 23, 29, 5 ¶ **2** [emploi Tac.] connu: **palus gnara vincentibus** Tac. An. 1, 63, marais connu des vainqueurs, cf. An. 15, 61; H. 3, 8; Apul. Flor. 16, 13.

gnāta, *ae*, f. (c. *nata*), fille [de quelqu'un]: Hor. S. 2, 3, 219.

Gnătho, *ōnis*, m. (Γνάθων " qui a de bonnes mâchoires "), nom de parasite: Cic. Lae. 93 ‖ **-ōnĭci**, *ōrum*, m. pl., gens de la secte de Gnathon: Ter. Eun. 264.

Gnātĭa, *ae*, f., ville d'Apulie [Torre d'Egnazia]: Hor. S. 1, 5, 97.

gnātus, *a, um*, [arch.] C.▶ *nātus*, V.▶ *nascor, natus*.

gnāvē, C.▶ *gnaviter*.

gnāvĭtās, *ātis*, f., V.▶ *navitas*.

gnāvĭtĕr, V.▶ *naviter*.

gnāvō, *ās*, *āre*, -, -, V.▶ *navo*: Gloss. 4, 347, 20.

gnāvus, *a, um* (cf. *gnarus, novi* et *octavus*), actif, empressé: Cic. Verr. 3, 53 ‖ d. Verr. 3, 120; 161, les mss ont *gnavus* et *navus* ‖ V.▶ *navus*.

gnēcus, *i*, m., V.▶ *cnicus*.

gnēphōsus, (et mieux **cnĕ-**), *a, um* (κνέφας), obscur, ténébreux: P. Fest. 84, 24.

Gnesiochartae, *ārum*, m. pl., peuple de Mésopotamie: Plin. 6, 123.

gnēsĭŏs, *ĭi*, f. (γνήσιος), aigle franc: Plin. 10, 8.

Gnēus, ▷ *Gnaeus, Cnaeus*, prénom romain: Quint. 1, 7, 28.

gnīdē, *ēs*, f., V.▶ *cnide*.

Gnĭdĭus, Gnĭdus, V.▶ *Cni-*.

Gnipho, *ōnis*, m., M. Antonius Gniphon [grammairien et rhéteur, contemporain de Cicéron]: Quint. 1, 6, 23.

Gnissi, *ōrum*, m. pl., peuple voisin du Palus-Maeotide: Plin. 6, 19.

gnīxus, *a, um*, C.▶ *nixus*: *P. Fest. 85, 21.

gnōbĭlis, *e*, C.▶ *nobilis*: P. Fest. 182, 13.

gnōmē, *ēs*, f. (γνώμη), sentence, adage: Front. Caes. 3, 12, 1, p. 48 N.

gnōmĭcŏs, *ŏn* (γνωμικός), sentencieux: Jul.-Vict. 11.

gnōmōn, *ŏnis*, m. (γνώμων), aiguille [de cadran solaire]: Vitr. 1, 6, 14.

gnōmŏnĭcē, *ēs*, Vitr. 1, 3, 1; Plin. 2, 187, **-nĭca**, *ae*, f., Gell. 1, 9, 6, gnomonique [construction des cadrans solaires].

gnōmŏnĭcus, *a, um*, gnomonique: Vitr. 9, praef. 18 ‖ subst. m. pl., ceux qui s'occupent de gnomonique: Solin. 37, 3.

gnoscō, *ĭs*, *ĕre*, -, -, [arch.], C.▶ *nosco*: Prisc. 2, 48, 17.

Gnossus (**-ōsus, -ssŏs**), *i*, f. (Κνωσός), Cnosos [ville de Crète, ancienne résidence de Minos] Atlas I, E5; VI, D2: Mel. 2, 113; Plin. 4, 59 ‖ **-ssĭus (-sĭus)**, *a, m*, de Cnosos; de Crète: Plin. 7, 125; Hor. O. 1, 15, 17; Virg. En. 3, 115, **Gnosia**, *ae*, f., = Ariane: Prop. 1, 3, 2 ‖ **-ossĭăs (-ōsĭăs)**, *ădis*, f., **-ossis (-ōsis)**, *ĭdis*, f., de Cnosos, de Crète: Ov. A. A. 1, 293; F. 3, 460 ‖ **Gnossias, ssis**, subst. f., Ariane: Ov. A. A. 1, 156; H. 15, 25.

gnostĭcē, *ēs*, f. (γνωστική), faculté de connaître, entendement: Fulg. Myth. 3, 10, p. 78, 2 H.

gnostĭci, *ōrum*, m. pl., gnostiques [secte dont les membres pensent assurer leur salut par la connaissance d'une révélation particulière, réservée à une élite] : Isid. 8, 5, 6.

gnōtū, ⚫ *notu*. P. Fest. 85, 22.

Gobannitio, *ōnis*, m., oncle de Vercingétorix : Caes. G. 7, 4, 2.

Gobannĭum, *ĭi*, n., ville de Bretagne : Anton. 484.

Gōbārēs, *is*, m. (Γωβάρης), nom d'homme : Plin. 6, 120.

gōbĭo, *ōnis*, m. (κωβιός ; fr. *goujon*), goujon [petit poisson] : Col. 8, 17, 14 ; Juv. 11, 37 ; Plin. 9, 175 ‖ **gōbĭus**, *ĭi*, m., Mart. 13, 88, 2.

goerus, ⚫ 1 *gyrus*.

gŏētīa, *ae*, f. (γοητεία), enchantement, magie : Aug. Civ. 10, 9.

Gogaraei, *ōrum*, m. pl., peuple de l'Inde : Plin. 6, 76.

Golgi, Catul. 36, 14, **Golgoe**, Plin. 5, 130, *ōrum*, m. pl. (Γολγοί), ville de l'île de Chypre, où Vénus était adorée.

Golgŏtha, m. indécl., lieu près de Jérusalem où J.-C. fut crucifié, le Calvaire Atlas XI : Vulg. Matth. 27, 33.

Gŏlīās, *ae*, m., **Goliath**, indécl., Goliath [géant philistin tué par David] : Vulg. 1 Reg. 17, 4.

gŏmia, ⚫ *gumia*.

gommi, ⚫ *cummi*.

gŏmor, n. indécl., gomor [mesure de capacité des Hébreux] : Isid. 12, 26, 17.

Gŏmorrha (-rra), *ae*, Vulg. Gen. 10, 19, f., **-rrhum (-rrum)**, *i*, Tert. Apol. 40, 7, n., Gomorrhe [ville près du Jourdain, consumée par le feu du ciel] ‖ **-aeus**, *a*, *um*, de Gomorrhe : Prud. Ham. 844.

Gomphi, *ōrum*, m. pl. (Γόμφοι), ville de Thessalie : Caes. C. 3, 80 ; Liv. 31, 41 ‖ **-phenses**, *ĭum*, m. pl., habitants de Gomphi : Caes. C. 3, 81.

gomphus, *i*, m. (γόμφος ; fr. *gond*), cheville, clou, jointure : Tert. Apol. 12, 4 ; Stat. S. 4, 3, 48.

gongĕr, gongrus, ⚫ *conger*.

gongўlis, *ĭdis*, f. (γογγυλίς), radis : Col. 10, 421.

gonĭaea, *ae*, f., pierre précieuse : Plin. 37, 164.

Gonni, *ōrum*, m. pl. (Γόννοι), ville de Thessalie : Liv. 33, 10.

Gonnocondylum, *i*, n., ville de Thessalie : Liv. 39, 25.

Gonnus, *i*, m., ⚫ *Gonni* : Liv. 42, 54, 8.

gŏnorrhoea, *ae*, f. (γονόρροια), gonorrhée [maladie] : Cael.-Aur. Acut. 3, 18, 178.

Gophnĭtĭca, *ae*, f., partie de la Judée : Plin. 5, 70.

Gordaei montes, ⚫ *Gordyaei*.

Gordĭānus, *i*, m., Gordien [nom de trois empereurs romains, 238-244] : Capit. Gord. 1, 4.

Gordĭensis, *e*, ⚫ *Gordius* : *Scrib. 172.

Gordītānum prōmontōrĭum, n., promontoire de Sardaigne Atlas XII, E1 : Plin. 3, 84.

Gordĭūcōmē, *ēs*, f., ville de Bithynie : Plin. 5, 143.

Gordĭum, *ĭi*, n. (Γόρδιον), ville de Phrygie : Curt. 3, 1, 12.

Gordĭus, *ĭi*, m., laboureur phrygien qui devint roi : Curt. 3, 1, 14 ‖ **-ĭus**, *a*, *um*, *nodus Gordius* Amm. 14, 11, 1, nœud gordien.

Gordĭūtīchŏs, n. indécl. (Γορδίου τεῖχος), nom d'une bourgade en Carie : Liv. 38, 13.

Gordyaei, *ōrum*, m. pl., peuple d'Arménie [Kurdes] : Curt. 5, 1, 14.

Gordynĭae, *ārum*, f. pl., Gordynies [ville de Macédoine] : Plin. 4, 34.

Gorgădes, *um*, f. pl., île de l'Atlantique : Plin. 6, 200.

Gorgasus, *i*, m., nom d'un peintre : Plin. 35, 154.

Gorgē, *ēs*, f., Gorgé [fille d'Œnée, sœur de Déjanire] : Ov. M. 8, 543.

Gorgĭās, *ae*, m. (Γοργίας), Gorgias, de Léontium, orateur et sophiste célèbre : Cic. Fin. 2, 1 ‖ rhéteur d'Athènes, dont le fils de Cicéron suivit les leçons : Cic. Fam. 16, 21, 6 ‖ nom d'un statuaire : Plin. 34, 49.

Gorgĭs, *ĭdis*, f., ⚫ *Gorge* : Hyg. Fab. 97.

1 **gorgo**, ⚫ *corgo*.

2 **Gorgo**, ⚫ *Gorgones*.

Gorgobĭna, *ae*, f., ville des Boïens, en Gaule : Caes. G. 7, 9, 6.

Gorgŏna, *ae*, f., ⚫ *Gorgon*, ⚫ *Gorgones* : Prud. Perist. 10, 278.

Gorgŏnes, *um*, acc. *nās*, f. pl. (Γοργόνες), les Gorgones [Méduse, Sthényo et Euryalée], filles de Phorcus : Virg. En. 6, 289 ‖ au sg., **Gorgōn (-gō)**, *ŏnis*, f., une Gorgone : Cic. Verr. 4, 124 ; [en part. Méduse, la tête de Méduse, représentée sur l'Égide de Pallas] Ov. M. 9, 26 ; Virg. En. 2, 616 ‖ **-ĕus**, *a*, *um*, des Gorgones ; de Méduse : Ov. M. 4, 801 ; *equus* Ov. F. 3, 450, cheval né du sang de Méduse (Pégase) ; *lacus* Prop. 3, 3, 32, l'Hippocrène [source qui jaillit, sur l'Hélicon, sous le sabot de Pégase].

gorgŏnĭa, *ae*, f., sorte de corail : Plin. 37, 164.

Gorgŏnĭfĕr, *ĕri*, m., celui qui porte la tête de Méduse [Persée] : CIL 6, 594.

Gorgŏphŏna, *ae*, f. (Γοργοφόνη), tueuse de Gorgones [épithète de Minerve] : Ps. Cic. Exil. 24.

Gorgosthĕnēs, *is*, m. (Γοργοσθένης), nom d'un auteur tragique : Plin. 35, 93.

Gornĕae, *ārum*, f. pl., fort d'Arménie [auj. Khorien] : Tac. An. 12, 45.

Gortŷn, *ŷnos*, Val.-Flac. 1, 709, **-na**, *ae*, Luc. 3, 186, **-nĭa**, *ae*, Varr. R. 1, 7, 6, f. (Γόρτυνα), Gortyne [ville de Crète, sur le fleuve Léthé, près de laquelle était le labyrinthe] Atlas I, E5 ; VI, D2 ‖ **-nĭăcus**, *a*, *um*, **-nis**, *ĭdis*, f., de Gortyne : Ov. M. 7, 778 ; Luc. 6, 214 ‖ **-nensis**, *e*, *Scrib. 172 ‖ **-nĭus**, *a*, *um*, Cic. Phil. 5, 13 ; Virg. B. 6, 60, de Crète : *Gortynius arbiter* Stat. Th. 4, 5, 30, = Minos, le juge de Gortyne ‖ **-nĭi**, *ōrum*, m., habitants de Gortyne : Liv. 33, 3.

Gortŷnĭa, *ae*, f., ⚫ *Gortyn*.

gōrўtus (cō-), *i*, m. (γωρυτός), carquois : Virg. En. 10, 169.

gossypĭnus, *i*, f., **-pĭŏn**, *ĭi*, n. (empr. orient.), cotonnier [arbre dont le fruit renferme une sorte de coton] : Plin. 12, 39 ; 19, 14.

Gŏthi, *ōrum*, m. pl., Goths [nation germanique] : Aus. Epigr. 4 (3), 10 ‖ **-ĭcus**, *a*, *um*, des Goths : Trebel. Tyr. 30, 3 ‖ **Gŏthĭa**, *ae*, f., la Gothie [pays des Goths] : Amm. 30, 2, 8.

Gŏthīni (-tīni), *ōrum*, m. pl., peuplade germanique : Tac. G. 43.

Gŏthōnes (-tōnes), *um*, m. pl., Gothons [peuple de Germanie] Atlas I, B4 : Tac. An. 2, 62.

Gothus, *i*, m., un Goth : Treb. Claud. 9, 4.

Grabaei, *ōrum*, m. pl., peuple de Dalmatie : Plin. 3, 144.

1 **grăbātārĭus**, *a*, *um* (*grabatus*), de lit : Diocl. 19, 5.

2 **grăbātārĭus**, *ĭi*, m. (*grabatus*), fabricant de lits : *Gloss. 3, 367, 28.

grăbātŭlus, *i*, m. (dim. de *grabatus*), Apul. M. 1, 11.

grăbātum, *i*, n., ⚫ *grabatus* : Cael.-Aur. Acut 2, 37, 195.

grăbātus, *i*, m. (κράββατος), bois de lit, grabat : Cic. Div. 2, 129 ; Sen. Ep. 20, 9.

Gracchānus, *a*, *um*, des Gracques : Cic. Brut. 128.

Gracchi, *ōrum*, m. pl., les Gracques [Tibérius et Gaïus Gracchus, tribuns de la plèbe, fils de Cornélie et de T. Sempronius Gracchus] : Cic. Brut. 210.

Gracchūris, *ĭdis*, f. (*Gracchus*), ville de la Tarraconaise, nommée plus tard Isuris Atlas IV, B3 : P. Fest. 86, 5 ‖ **-ūrītānus**, *a*, *um*, de Gracchuris : Plin. 3, 24.

Gracchus, *i*, m., nom d'une famille de la *gens Sempronia*, ⚫ *Gracchi*.

graccĭtō, gracĭtō, *ās*, *āre*, -, - (onomat., it. *gracidare*), intr., crier [en parl. de l'oie] : Anth. 762, 19.

graccŭlus, ⚫ *graculus*.

grăcĭlens, *tis*, ⚫ *gracilis* : Non. 116, 8.

grăcĭlentus, *a*, *um*, ⚫ *gracilis* : Enn. An. 253 ; Gell. 4, 12, 2.

grăcĭlescō, *ĭs*, *ĕre*, -, - (*gracilis*), intr., devenir maigre, grêle : Amm. 17, 4, 7.

grăcĭlĭpēs, *ĕdis* (*gracilis, pes*), qui a des jambes grêles : Publ.-Syr. 8.

grăcĭlis, *e* (obscur; fr. *grêle*) ¶ 1 mince, maigre, grêle : *equi, homines graciles* Liv. 35, 11, 7, hommes et chevaux grêles ; *gracilis femina* Ov. *Rem.* 328, femme élancée ¶ 2 étroit : Mart. 2, 86, 7 ¶ 3 maigre, pauvre, misérable, chétif : *graciles vindemiae* Plin. *Ep.* 9, 20, 2, maigres vendanges ¶ 4 sobre, simple [en parl. du style] : Plin. *Ep.* 2, 3, 1 ; Quint. 12, 10, 36 ∥ *gracilior* Plin. 16, 89 ; *gracillimus* Suet. *Ner.* 51.
▶ forme *gracilus* Lucil. 296 ; Ter. *Eun.* 314, cf. Non. 489, 21.

grăcĭlĭtās, *ātis*, f. (*gracilis*) ¶ 1 finesse, forme élancée : *gracilitates corporis consectari* Cic. *Brut.* 64, rechercher les formes élancées ¶ 2 maigreur : Cic. *Brut.* 313 ¶ 3 simplicité, sobriété [du style] : Quint. 4, 3, 2.

grăcĭlĭtĕr, adv., avec sveltesse : Apul. *M.* 3, 3 ∥ [fig.] *-ius*, plus simplement : Quint. 9, 4, 130.

grăcĭlĭtūdo, *ĭnis*, f. (*gracilis*), maigreur [au pr.] : Acc. *Tr.* 88.

grăcĭlus, ▶ *gracilis* ▶.

grăcĭtō, ▶ *graccito*.

grăcŭla (**grag-**), *ae*, f., femelle du choucas : Quer. 86 ; Gloss. 3, 450, 1.

grăcŭlus (**grag-**), *i*, m. (onomat., cf. *gracito, grecillo* ; fr. rég. *graille, grole*), choucas [oiseau] : Phaed. 1, 3, 4 ; Plin. 8, 101 ; 11, 201.

grădābĭlis, *e*, guéable : Jul.-Val. 2, 14.

grădāle, *is*, n. (*gradalis, gradus*), [chrét.] graduel [psaume chanté ou dit entre l'épître et l'évangile] : Cassiod. *Psalm.* 125, p. 927 A.

grădālis, *e* (*gradus*), qui va posément : Diom. 477, 16.

grădārius, *a*, *um* (*gradus*), qui va posément : *gradarius equus* Lucil. d. Non. 17, 25, cheval de pas ∥ [fig.] Sen. *Ep.* 40, 11.

grădātim, adv. (*gradus*), par degrés, graduellement : Cic. *Nat.* 1, 89 ; *de Or.* 3, 227.

grădātĭō, *ōnis*, f. (*gradus*) ¶ 1 gradin : Vitr. 5, 3, 3 ¶ 2 passage successif d'une idée à une autre, gradation : Cic. *de Or.* 3, 207 ; Her. 4, 34.

grădātus, *a*, *um* (*gradus*), disposé en degrés : Plin. 13, 29.

grădātŭs, *ūs*, m., ▶ *gradatio* : Ps. Jul.-Ruf. *Lex.* 19.

grădĭbĭlis, *e* (*gradior*), où l'on peut marcher : Itin. Alex. 33.

grădĭcŭli, *ōrum*, m. (dim. de *gradus*), gradation dans l'expression : Aquil.-Rom. 40.

grădĭlis, *e* (*gradus*), qui a des degrés, où l'on monte : Amm. 23, 1, 6 ∥ *panis gradilis* Cod. Th. 14, 17, 3, pain distribué du haut des degrés.

grădĭor, *dĕris*, *dī*, *gressus sum* (peu net, cf. lit. *grìdyti*, got. *grid* ?) ¶ 1 intr., marcher, s'avancer : *gradietur ad mortem* Cic. *Tusc.* 1, 110, il ira à la mort, cf. Cic. *Nat.* 2, 122 ; *gressi per opaca viarum* Virg. *En.* 6, 633, s'avançant dans ces routes sombres ∥ [en parl. de choses] Lucr. 4, 529 ; 6, 1122 ¶ 2 [acc. de l'objet intér.] parcourir (*viam*, une route) : Col. 6, 37, 11.

grădīvĭcŏla, *ae*, m., belliqueux, qui honore Mars : Sil. 4, 222.

Grădīvus, **Grā-**, Ov. *M.* 6, 427),*i*, m. (*gradior* ?), un des noms de Mars : Virg. *En.* 10, 542.

grădŭis, gén., ▶ *gradus* ▶.

grădŭs, *ūs*, m. (*gradior*; it., esp. *grado*) ¶ 1 pas : *gradum facere* Cic. *de Or.* 2, 249, faire un pas, marcher ; *celerare* Virg. *En.* 4, 641 ; *corripere* Hor. *O.* 1, 3, 33, presser l'allure ; *addere* Liv. 26, 9, 5, augmenter le pas ; *sistere* Virg. *En.* 6, 465 ; *sustinere* Ov. *F.* 6, 398, suspendre sa marche ; *revocare* Virg. *En.* 6, 128 ; *referre* Ov. *F.* 5, 502, revenir sur ses pas ; *suspenso gradu* Ter. *Phorm.* 867, en retenant ses pas, à pas de loup ; *citato gradu* Liv. 28, 14, 17, à vive allure ; *pleno gradu* Sall. *J.* 98, 4, au pas accéléré, cf. Liv. 4, 32, 10 ; [métaph.] *spondeus habet stabilem quendam et non expertem dignitatis gradum* Cic. *Or.* 216, le spondée a une démarche ferme et qui ne manque pas de beauté ∥ [fig.] marche vers, approche : *in Africam ex hac provincia gradus imperii factus est* Cic. *Verr.* 2, 3, de cette province notre empire a fait son premier pas en Afrique ; *gradus reditus mei* Cic. *Att.* 7, 23, 2, un pas vers mon retour ; *ad consulatum* Liv. 6, 42, 2, un pas vers le consulat ; *gradum fecit ad censuram* Liv. 27, 6, 17, il ne fit qu'un pas (bond) jusqu'à la censure ; *gradus mortis* Hor. *O.* 1, 3, 17, approche de la mort ¶ 2 position, posture du combattant : *stabili gradu impetum hostium excipere* Liv. 6, 12, 8, recevoir le choc des ennemis de pied ferme ; *in suo quisque gradu obnixi* Liv. 8, 38, 11, se tenant chacun solidement campés sur leurs jambes ; *de gradu* Sen. *Ep.* 29, 6, à pied, de pied ferme ; *aliquem gradu movere, demovere* Liv. 7, 8, 3 ; 6, 32, 8 ; *depellere* Nep. *Them.* 5, 1, faire lâcher pied à qqn ; [fig.] *de gradu dejici* Cic. *Off.* 1, 80, être déconcerté, déconcerté, lâcher prise ¶ 3 marche [d'ord. au pl.] : *gradus templorum* Cic. *Att.* 4, 1, 5, les marches des temples, cf. Cic. *Sest.* 34 ; *praeceps per gradus ire* Suet. *Cal.* 35, dégringoler de gradin en gradin [au théâtre] ; *subitarii gradus* Tac. *An.* 14, 20, des gradins improvisés ; *spectaculorum gradus* Tac. *An.* 14, 13, tribunes en gradins ; [sg.] *primus gradus ascendir* Vitr. 3, 4, 4, on monte la première marche ∥ [agric.] profondeur d'un coup de bêche en palier : Col. 3, 13, 9 ; 4, 1, 3 ∥ [astron.] degré d'une circonférence : Manil. 1, 581 ∥ rides qui existent au palais du cheval : Veg. *Mul.* 3, 2, 1 ∥ étages de la chevelure : Suet. *Ner.* 51 ; Quint. 1, 6, 44 ; 12, 10, 47 ¶ 4 [fig.] degré, échelle **a)** *sonorum gradus* Cic. *de Or.* 3, 227, degrés, échelle des sons, cf. Cic. *Or.* 59 ; Quint. 11, 3, 15 **b)** *a virtute ad rationem venire gradibus* Cic. *Nat.* 1, 88, passer de la vertu à la raison par une gradation ; *inter se ea quasi gradibus, non genere differunt* Cic. *Nat.* 1, 16, entre ces choses il y a une différence comme de degré, non d'espèce **c)** *temporum gradus* Cic. *Part.* 12, ordre chronologique ; *gradus aetatis scandere adultae* Lucr. 1, 1123, gravir les degrés de l'âge adulte (arriver progressivement à l'âge adulte) **d)** *gradus cognationis* Dig. 38, 10, 1, degrés de parenté, cf. Ov. *M.* 13, 143 ; *eodem gradu* Dig., au même degré ; *artissimo gradu* Suet. *Aug.* 4, à un degré très proche ∥ *non iidem erunt necessitudinum gradus qui temporum* Cic. *Off.* 1, 59, [dans l'accomplissement des devoirs] l'ordre voulu par le niveau des relations ne sera pas celui qu'exigent les circonstances ; *gradus plures sunt societatis hominum* Cic. *Off.* 1, 53, il y a un assez grand nombre de niveaux dans la société humaine **e)** *gradus officiorum* Cic. *Off.* 1, 160, échelle, hiérarchie des devoirs ; *eidem gradus oratorum* Cic. *Brut.* 186, même classement des orateurs ; *gradus et dissimilitudines Atticorum* Cic. *Brut.* 285, les degrés et les différences qu'il y a parmi les orateurs attiques **f)** degré dans les magistratures, rang, échelon : *ad summum imperium per omnes honorum gradus aliquem efferre* Cic. *Cat.* 1, 28, faire monter qqn par tous les degrés des magistratures au pouvoir suprême [consulat] ; *ascendens gradibus magistratuum* Cic. *Brut.* 281, s'élevant progressivement dans l'échelle des magistratures ; *gradus altissimus, amplissimus dignitatis* Cic. *Phil.* 1, 14 ; Mur. 30, le degré le plus élevé de la considération (de l'estime publique) ; *gradus senatorius* Cic. *Pomp.* 61, le rang de sénateur ; *civis hoc gradu* Cic. *Phil.* 6, 18, un citoyen de ce rang, cf. Cic. *Ac.* 2, 6 ; *Fam.* 6, 10, 2 **g)** [gram.] degré de comparaison : Diom. 324, 16 ; *gradus absolutus (primitivus), comparativus, superlativus* Char. 112, 15 ; Diom. 324, 16, positif, comparatif, superlatif ¶ 5 [chrét.] degré dans la perfection : Aug. *Doctr.* 2, 7, 10 ∥ degré dans la hiérarchie ecclésiastique : Cypr. *Ep.* 12, 1.
▶ [arch.] gén. sg. *graduis* Varr. d. Non. 494, 17 ; dat. *gradu* Lucil. 965 ; acc. pl. *grados* Pacuv. *Tr.* 172 ; CIL 3, 167.

Graea, *ae*, f. (Γραῖα), ville de la Béotie : Stat. *Th.* 7, 332.

Graecănĭcē, adv., en grec : Varr. *L.* 9, 89.

Graecănĭcus, *a*, *um* (cf. *Romanicus*), à la manière des Grecs : Varr. *L.* 10, 70 ; *Graecanica toga* Suet. *Dom.* 4, manteau grec ; *Graecanicum pavimentum* Plin. 36, 188, pavé [de salle à manger] à la grecque.

graecatim

graecātim, adv., à la manière des Grecs : Tert. Pall. 4, 1.

graecātĭo, ōnis, f., hellénisme : Gloss. 2, 295, 30.

graecātus, a, um, part. de graecor, adj' qui imite les Grecs : Tert. Pall. 4, 7 ‖ *graecatior epistula* Apul. Apol. 87, 5, lettre écrite en assez bon grec.

Graecē, adv., en langue grecque : Cic. de Or. 1, 155 ; Off. 3, 115 ; *optime Graece scire* Cic. de Or. 2, 265, savoir le grec à la perfection ; *optume Graece respondere* Cic. de Or. 2, 75, répondre en excellent grec.

Graeci, ōrum, m. pl., les Grecs : Cic. Rep. 1, 7 ‖ sg., **Graecus**, un Grec : Cic. Flac. 17.

Graecĭa, ae, f. ¶ 1 la Grèce : Cic. Sest. 142 ‖ *Graecia ulterior* Liv. 7, 26, 15 ; *Graecia magna* Ov. H. 16, 340, la Grèce ¶ 2 *Magna Graecia* Cic. de Or. 3, 139 ; Lae. 13 ; *Graecia* Cic. Arch. 10 ; *Major Graecia* Liv. 31, 7, 11, [et dans la bouche d'un Grec] ; *Graecia exotica* Pl. Men. 236, 4, la Grande-Grèce [partie méridionale de l'Italie].

Graecĭensis, e, de Grec, de Grèce, grec : Plin. 4, 51 ; Gell. 19, 10, 1.

Graecĭgĕnae, ārum, m. pl., les Grecs : Aug. Civ. 18, 18, 3.

Graecīnus, i, m., ami d'Ovide : Ov. Am. 2, 10, 1.

graecissātĭo, ōnis, f. (graecisso), imitation des Grecs : Schol. Pers. 1, 99.

graecissō, ās, āre, -, - (graecus), intr., être de type grec : Pl. Men. 11 ‖ parler grec : Apul. Apol. 98.

graecĭtās, ātis, f., langue grecque, grécité : Cod. Th. 14, 9, 3.

graecizo, ▶ *graecisso* : Consent. 5, 376, 32.

Graecŏ lătīnus, a, um, sachant le grec et le latin : Eger. 47, 4.

graecŏr, āris, ārī, ātus sum (1 Graecus), intr., vivre à la grecque [dans les plaisirs] : Hor. S. 2, 2, 11 ‖ parler grec : Sid. Ep. 2, 2, 8 ; ▶ *graecatus*.

Graecostădĭum, ii, n., Capit. Ant. 8, **Graecostăsis**, is, f., Grécostase [édifice de Rome où se tenaient les ambassadeurs des pays étrangers en attendant l'audience du Sénat] : Varr. L. 5, 155 ; Cic. Q. 2, 1, 3.

Graecŭlĭo, ▶ *Graeculus* : Petr. 76, 10.

Graecŭlus, a, um (dim. de Graecus), grec [méprisant ou familier] : Cic. Tusc. 1, 86 ; Flac. 23 ; de Or. 1, 47 ; Petr. 38, 3 ; 46, 5 ‖ m.pris subst', sale Grec, Grécaillon : Cic. de Or. 1, 102 ‖ Grec au petit pied, élève des Grecs : Cic. Verr. 4, 127.

1 **Graecus**, a, um (cf. Graius, Γραικός, étr. Creice ; it. greco, fr. -grièche, grègues, grive), grec, de Grèce : [n. pl.] *Graeca leguntur* Cic. Arch. 23, on lit le grec, les œuvres grecques ; *Graeci ludi* Cic. Fam. 2, 1, 3, spectacles [tragédies ou comédies] imités des Grecs ; *Graeco more bibere* Cic. Verr. 1, 66, boire à la grecque, porter des toasts ‖ de bon grec : *si quid erit quod homini Attico minus Graecum videatur* Cic. Att. 1, 19, 10, s'il y a qqch. qui à un Attique comme toi ne paraisse pas d'un assez bon grec ‖ n.pris subst', **Graecum**, langue grecque, le grec : *e Graeco in Latinum convertere* Cic. Off. 2, 87, traduire qqch. du grec en latin ‖ [chrét.] païen : Hier. Gal. 2, 4, 27.

2 **Graecus**, i, m., roi qui aurait donné son nom à la Grèce : Plin. 4, 28 ‖ un Grec, ▶ *Graeci*.

grăfĭum, ▶ *graphium*.

grăgŭlus, ▶ *graculus* : Varr. R. 3, 16, 4 ; L. 5, 76.

Grāĭocĕli, ōrum, m. pl., peuple des Alpes : Caes. G. 1, 10, 4.

Grāĭŭgĕna, ae, m., grec : Lucr. 1, 477 ; Virg. En. 3, 550.

Grāĭus, a, um (cf. Graecus) ¶ 1 grec : Lucr. 1, 66 ; Virg. En. 6, 97 ‖ subst. m., un Grec : Cic. Nat. 2, 91 ‖ pl., **Grāĭi**, **Grāi**, ōrum, les Grecs : Pl. Men. 715 ; Lucr. 3, 100 ; Cic. Rep. 1, 58 ¶ 2 *Alpes Graiae* Plin. 3, 134, Alpes Grées Atlas V, E3.

grallae, ārum, f. pl. (*gradlā, gradior), échasses : Varr. Men. 323.

grallātŏr, ōris, m. (grallae), celui qui marche avec des échasses : Pl. Poen. 530 ; Varr. Men. 323 ; Arn. 2, 38, cf. Varr. L. 7, 69 ; P. Fest. 86, 23.

grāmĕn, ĭnis, n. (cf. voro, γράω, scr. grasati ou plutôt al. Gras, an. grass ? ; esp. grama) ¶ 1 gazon, herbe : sg., Lucr. 2, 29 ; Hor. O. 1, 15, 30 ‖ pl., Cat. Agr. 151, 2 ; Lucr. 2, 660 ; Virg. B. 10, 29 ¶ 2 [en gén.] herbe, plante : Virg. G. 4, 63 ; En. 12, 415 ; Quint. 5, 8, 1 ‖ *gramen Indum* Stat. S. 2, 1, 160, costus ‖ chiendent : Plin. 24, 178.

grāmĭae, ārum, f. pl. (cf. glamae, γλαμάω), chassie, maladie des yeux : Plin. 25, 155 ; P. Fest. 85, 26 ; Non. 119, 18.

grāmĭnĕus, a, um (gramen), de gazon : *graminea corona* Liv. 7, 37, 2, couronne de gazon ; ▶ *obsidionalis* ‖ de bambou : Cic. Verr. 4, 125.

grāmĭnōsus, a, um (gramen), herbeux : Col. 7, 9, 8.

grāmĭōsus, a, um (gramiae), chassieux : *Caecil. d. Non. 119, 19.

gramma, ătŏs, n. (γράμμα) ¶ 1 lettre : Prisc. 2, 70, 3 ; Gloss. 4, 242, 3 ¶ 2 (fr. gramme), poids équivalant à un *scripulum* ou à deux *oboli* : Carm. Pond. 9 ; Isid. 16, 25, 12.

grammătĕūs, ĕi, m. (γραμματεύς), scribe : Apul. M. 11, 17.

grammătĭca, ae, f. (γραμματική ; fr. grammaire, grimoire), grammaire, la science grammaticale : Cic. Fin. 3, 5 ; de Or. 1, 187 ‖ -tĭcē, ēs, f., Quint 1, 4, 4.

grammătĭcālis, e, grammatical, de grammaire : Sidon. Carm. 23, 212 ‖ de grammairien : Sidon. Ep. 2, 9, 4.

grammătĭcālĭtĕr, adv., grammaticalement : Treb. Tyr. 10, 5.

1 **grammătĭcē**, adv., conformément aux règles de la grammaire : Quint. 1, 6, 27.

2 **grammătĭcē**, ēs, ▶ *grammatica*.

Grammătĭcŏmastix, ĭgis, m. (cf. l'Homeromastix de Zoïle), le fouet des grammairiens : Aus. Techn. 13 (349), tit.

grammătĭcus, a, um (γραμματικός) ¶ 1 de grammaire : *ars grammatica* Her. 4, 17, la grammaire, cf. Quint. 9, 3, 2 ¶ 2 de grammairien, de critique : *grammaticas ambire tribus* Hor. Ep. 1, 19, 40, faire sa cour aux coteries littéraires ¶ 3 **grammătĭca**, ōrum, n. pl., la grammaire : Cic. de Or. 1, 187 ¶ 4 **grammătĭcus**, i, m., grammairien, maître de langage : Cic. Tusc. 2, 12 ; Or. 93, cf. Suet. Gram. 4 ‖ homme de lettres, érudit, critique, philologue : Cic. Div. 1, 116.

grammătista, ae, m. (γραμματιστής), maître élémentaire, grammatiste : Suet. Gram. 4 ; 24.

grammătŏdĭdascălus, i, m., maître d'école [élémentaire] : Capel. 3, 229.

grammătŏphўlăcĭum, ĭi, n. (γραμματοφυλάκιον), archives : Ulp. Dig. 48, 9, 19.

grammē, ae, f. (γραμμή), ligne : Macr. Somn. 1, 5, 7 [en grec].

grammĭcus, a, um (γραμμικός), linéaire, géométrique : Vitr. 3, praef. 4.

grammonsus [leçon des mss], ▶ *gramiosus*.

Grampĭus mons, ▶ *Graupius mons*.

grānārĭum, ĭi, n. (granum ; fr. grenier), Varr. L. 5, 105 ; Cat. Agr. 92 ; [plus souv. au pl.] **grānārĭa**, ōrum, n. pl. (granum), grenier : Pl. Truc. 523 ; Cic. Fin. 2, 84 ; Hor. S. 1, 1, 53.

grānascō, ĭs, ĕre, -, - (granum), intr., former des graines ; [fig.] fructifier : Aug. Serm. 223, 2.

granāta, ae, ▶ *granatum* : Cass. Fel. 20.

grānātĭcĭus, a, um (granatum), de grenade : Cass. Fel. 47.

grānātĭcum, i, n., impôt sur les greniers : Greg.-M. Ep. 1, 42.

grānātim, adv. (granum), grain à grain : Apul. M. 6, 10.

grānātum, i, n., grenade [fruit] : Col. 12, 46, 2 ; Plin. 15, 115 ; 20, 149.

1 **grānātus**, a, um (granum), abondant en grains, grenu : Col. 12, 42, 1 ; Plin. 13, 90.

2 **grānātŭs**, ūs, m., rassemblement des grains : Cat. Agr. 60.

grandaevĭtās, ātis, f. (grandaevus), grand âge, vieillesse : Pacuv. Tr. 162 ; Acc. Tr. 68 ; 245.

grandaevus, *a, um* (*grandis, aevum*), vieux, avancé en âge : Virg. G. 4, 392 ; Tac. H. 3, 33 ; **grandaeva manus** Sil. 16, 653, troupe de vieillards [le sénat] ; **consilia grandaeva** Val.-Flac. 7, 348, conseils de la vieillesse.

grandescō, *ĭs, ĕre, -, -* (*grandis* ; fr. *grandir*), intr., croître, se développer, grandir : Lucr. 1, 171 ; Col. 2, 20, 2.

grandĭcŭlus, *a, um* (dim. de *grandis*), assez gros : Pl. Poen. 481 ‖ assez grand : Ter. And. 814.

grandĭfĕr, *ĕra, ĕrum* (*grandis, fero*), qui rapporte beaucoup, fertile : Cic. Phil. 2, 101.

grandĭfĭcus, *a, um*, grand, élevé [au fig.] : Amm. 18, 6, 22.

grandĭlŏquus, *a, um* (*grandis, loquor*), qui a le style pompeux : Cic. Tusc. 5, 89 ‖ orateur au grand style : Cic. Or. 20.

grandĭnat (*grando*), impers., il grêle : Sen. Nat. 4, 4, 1.

grandĭnātus, *a, um*, part. de *grandino*.

grandĭneus, *a, um* (*grando*), de grêle : Alcim. Carm. 3, 329.

grandĭnis, gén. de *grando*.

grandĭnō, *ās, āre, -, -* (*grando*), tr., frapper de la grêle : Aug. Serm. 8, 8 ‖ v. *grandinat*.

grandĭnōsus, *a, um* (*grando*), chargé de grêle : Col. 3, 1, 6.

grandĭō, *īs, īre, -, -* (*grandis*) ¶ 1 tr., faire pousser, développer : Pacuv. ; Varr. d. Non. 115, 11 ; Pl. Aul. 49 ¶ 2 intr., grandir, pousser : Cat. Agr. 141, 2.

grandis, *e* (obscur ; fr. *grand*) ¶ 1 grand [en gén.], de vastes proportions : **seges grandissima** Varr. R. 1, 52, 1, les épis les plus gros, cf. Pl. Cas. 914 ; **meliores et grandiores fetus edere** Cic. de Or. 2, 131, produire de meilleures et de plus abondantes moissons ; **grandibus litteris nomen incisum** Cic. Verr. 4, 74, nom gravé en gros caractères ; **grandis epistula** Cic. Att. 13, 21, 1, longue lettre ; **grande fenus** Cic. Flac. 51, gros intérêts ; **vox grandior** Cic. Brut. 289, voix plus forte ; **grandi pondere** Cic. Verr. 4, 32, d'un poids considérable ; **tumulus satis grandis** Caes. G. 1, 43, 1, tertre d'assez grandes proportions ¶ 2 grand, avancé en âge : **grandis natu** Cic. CM 10, âgé, vieux ; **grandis aetas** Cic. Phil. 5, 47, âge avancé ; **grandis jam puer** Cic. Pis. 87, enfant déjà grand ¶ 3 [rhét.] le style sublime ; style aux grandes proportions, imposant : Cic. Brut. 35 ; Or. 30 ; 68 ; 119 ; **grandis verbis** Cic. Brut. 126, sublime dans l'expression ‖ [qqf.] sujet ample, important : Cic. Or. 123.

grandiscāpĭus, *a, um* (*grandis, scapus*), [arbres] dont le tronc est élevé : Sen. Ep. 86, 21.

grandĭsŏnus, *a, um*, sonore, pompeux : Sedul. Carm. 1, 18.

grandĭtās, *ātis*, f. (*grandis*), grandeur : Sisen. d. Non. 115, 13 ‖ [fig.] grandeur, sublimité, élévation [du style] : Cic. Brut. 121 ; Plin. Ep. 6, 21, 5.

grandĭtĕr, adv. (*grandis*), grandement, fortement : *-dius* Ov. H. 15, 30.

grandĭtūdo, *ĭnis*, f. (*grandis*), grandeur : Greg.-M. 1 Reg. 5, 2, 27.

grandĭuscŭlus, *a, um* (dim. de *grandis*), déjà un peu grand, grandet : *Ter. And. 814, cf. Don. ; Aug. Civ. 19, 12, 2.

grando, *ĭnis*, f. (cf. rus. *grad* ; it. *grandine*), grêle : Cic. Nat. 3, 86 ‖ grêle de, multitude : Sil. 2, 38 ‖ [fig.] flux verbal, abondance : Aus. Epist. 16 (406), 13. ▶ m. arch. : Varr. d. Non. 208, 11.

grānĕa, *ae*, f. (*granum*), plat de blé mondé : Cat. Agr. 86.

grānĕus, *a, um* (*granum*), concassé [en parl. du marbre] : Vitr. 7, 3, 6.

grāni, *ōrum*, m. pl. (germ. ; cf. a. fr. *grenon*), moustaches : Isid. 19, 23, 7.

Grānĭcus, *i*, m. (Γρανικός), le Granique [fl. de Mysie] : Plin. 5, 124 ; Curt. 3, 1, 9.

grānĭfĕr, *ĕra, ĕrum*, qui porte des grains : Ov. M. 7, 638.

grānĭgĕr, *ĕra, ĕrum*, c.▶ *granifer* : Aldh. Virg. 19 ; 28.

Granis, *is* ou *ĭdis*, m., fleuve de la Susiane : Plin. 6, 99.

Grānĭus, *ĭi*, m., nom de plusieurs personnages : Cic. Brut. 160 ; Planc. 33.

Grannus, *i*, m., surnom d'Apollon : CIL 2, 5871 ; 6, 36.

grānŏmastix, *ĭgis*, f., v.▶ *mastix* : Isid. 17, 8, 7.

grānōsus, *a, um*, qui contient des grains, grenu : Plin. 21, 14.

Granucomatītae, *ārum*, f. pl., province de Syrie : Plin. 5, 81.

grānŭlātim (*granus*), adv., en forme de natte : Comm. Instr. 2, 19, 11.

grānŭlum, *i*, n. (dim. de *granum*), petit grain : Mamert. Anim. 1, 21.

grānum, *i*, n. (*grHnom, cf. al. *Korn*, an. *corn* ; fr. *grain, graine*), grain, graine : Cic. Div. 1, 78 ; **fici** Cic. CM 52, pépin de figue ; **salis** Plin. 23, 149, grain de sel.

grānus, *i*, m., v.▶ *grani*.

grăphĭārĭum, *ĭi*, n., étui pour mettre les styles : Mart. 14, 21.

grăphĭārĭus, *a, um* (*graphium*), relatif aux styles : Suet. Cl. 35.

1 **grăphĭcē**, adv. (*graphicus*), artistement, parfaitement : Pl. Trin. 767 ; Gell. 10, 17, 2.

2 **grăphĭcē**, *ēs*, f. (γραφική), art du dessin : Plin. 35, 77.

grăphĭcus, *a, um* (γραφικός), dessiné de main de maître ; parfait, accompli : Pl. Ps. 519 ; St. 570 ‖ compar. grec *graphicoterus* Vitr. 4, 4, 4.

grăphĭŏlum, *i*, n. (dim. de *graphium*), [fig.] petite pousse, (tige) : Fort. Carm. 5, 13 tit.

grăphis, *ĭdis* ou *ĭdos*, f. (γραφίς), instrument pour dessiner, crayon : Sept.-Ser. d. Diom. 518, 1 ; **graphidis scientia** Vitr. 1, 1, 4, la science du dessin ; **graphidis vestigia** Plin. 35, 68, dessin, plan, esquisse.

grăphĭum, *ĭi*, n. (γραφίον ; fr. *greffe*), style, stylet, poinçon [pour écrire sur la cire] : Sen. Clem. 1, 15, 1.

grassātĭo, *ōnis*, f. (*grassor*), brigandage : Plin. 13, 126.

grassātŏr, *ōris*, m. (*grassor*) ¶ 1 vagabond, flâneur : Cat. d. Gell. 11, 2, 5 ¶ 2 rôdeur, brigand, voleur à main armée : Cic. Fat. 34 ¶ 3 transgresseur : **juris publici legumque grassator** Novel.-Theod. 15, 2, 1, transgresseur des lois et du droit.

grassātrix, *īcis*, f., brigande : Aldh. Virg. 26.

grassātūra, *ae*, f., c.▶ *grassatio* : Suet. Tib. 37.

grassŏr, *ārĭs, ārī, ātus sum* (fréq. de *gradior*)
I intr. ¶ 1 marcher d'habitude : **hoc grassari gradu** Pl. Poen. 514, marcher de ce pas, cf. Plin. 11, 81 ‖ [fig.] Curt. 5, 6, 6 ¶ 2 rôder, vagabonder, courir çà et là : Liv. 3, 13, 2 ; Tac. An. 13, 25, cf. P. Fest. 86, 21 ‖ [métaph.] Plin. 9, 45 ¶ 3 s'avancer avec idée d'attaque : **in aliquem** Liv. 2, 12, 15, marcher contre qqn, cf. Liv. 6, 5, 4 ; Suet. Ner. 36 ‖ [abs¹] attaquer : Tac. An. 4, 47 ¶ 4 [fig.] s'acheminer, s'avancer, procéder : **ad gloriam virtutis via grassari** Sall. J. 1, 3, s'acheminer vers la gloire par le chemin de la vertu ; **jure grassari, non vi** Liv. 3, 44, 8, procéder par les voies de la justice et non de la violence ; **veneno** Tac. H. 3, 39, procéder par le poison ‖ se pousser, s'insinuer, se faire bien voir : **grassari antiqui ponebant pro adulari** P. Fest. 86, 20, les anciens employaient *grassari* pour dire flatter, cf. Sall. J. 64, 5 ; Hor. S. 2, 5, 93
II tr., attaquer : Stat. Th. 8, 571 ‖ ravager : Aur.-Vict. Caes. 33, 5 ‖ [intr.] se livrer à des actes de pillage envers : **in tutela grassari** Dig. 26, 10, 3, 5, dilapider le patrimoine du pupille.
▶ forme active *grassabamus* Apul. M. 7, 7.

grātantĕr, adv. (*grator*), volontiers, avec joie : Amm. 17, 12.

grātātōrĭus, *a, um* (*grator*), de félicitation : Sidon. Ep. 5, 16, 3.

grātē, adv. (*gratus*) ¶ 1 avec plaisir, volontiers : Cic. Fin. 1, 62 ¶ 2 avec reconnaissance : Cic. de Or. 2, 46 ‖ *-tius* Just. 12, 11, 2 ; *-tissime* Plin. 7, 214.

Grateae insulae, v.▶ *Crateae*.

grātes [sans gén.] f. pl. (*gratus, grātor* ; *gʷrH-, cf. osq. *brateis*, gaul. βρατουδε, v. irl. *bard*, = 2 *bardus*, scr. *gr̥ṇīte* célébrer, invoquer), grâces, action de grâces,

grates

remerciement [surtout aux dieux] : ***grates alicui agere*** Cic. *Rep.* 6, 9 ; ***habere*** Pl. *Trin.* 821, remercier qqn ; ***grates referre*** Virg. *En.* 11, 508 ; ***persolvere*** Virg. *En.* 1, 600 ; ***rependere*** Stat. *S.* 3, 3, 155, témoigner sa reconnaissance, s'acquitter envers qqn ; ***gratibus aliquem venerari*** Tac. *An.* 12, 37, rendre à qqn des actions de grâces.

1 grātĭa, ae, f. (gratus)

I ¶1 "faveur, complaisance", abl. *gratia*, [placé après son régime] "en vue de", "en faveur de", ***ea gratia quod*** "pour cette raison que" **¶2** "remise accordée par complaisance", ***alicui delicti gratiam facere*** "pardonner la faute de" **¶3** "reconnaissance, gratitude", ***habere gratiam*** "éprouver de la reconnaissance", ***referre gratiam***, "manifester de la reconnaissance", pl. "remerciements", ***gratias agere*** "adresser des remerciements", abl. pl. ***gratiis*** "contre de simples remerciements", V.▷ *gratis*.
II ¶1 "faveur d'autrui, bonnes grâces, popularité, crédit" **¶2** "relations amicales" ***in gratiam cum aliquo redire*** "se réconcilier avec qqn", ***cum aliquo in gratia esse*** "être en bons termes avec qqn", ***cum bona (mala) gratia esse*** "de bonne (mauvaise) grâce".
III "agrément, charme, grâce".
IV [chrét.] "faveur divine, grâce", ***gratias agere*** "rendre grâces", "bénir".

manière d'être agréable qui se trouve dans le sujet et se manifeste à autrui ou qui se trouve dans autrui et se manifeste au sujet. **I ¶1** faveur, complaisance, obligeance, grâce : ***aliquid in beneficii loco et gratiae causa petere*** Cic. *Verr.* 3, 189, demander qqch. comme un bienfait et une grâce, cf. *Verr.* 3, 115 ; ***gratiae causa*** Cic. *Fam.* 5, 12, 7, par faveur ; ***alicui gratiam dare*** Ter. *Hec.* 390, accorder une faveur à qqn ; ***alicui gratiam dicendi facere*** Liv. 3, 41, 4, accorder à qqn la faveur de parler, cf. Suet. *Aug.* 38 ; ***in gratiam alicujus*** Liv. 28, 21, 4, pour complaire à qqn, cf. Liv. 28, 39, 12 ; 39, 26, 12 ǁ abl., ***gratia*** gracieusement, pour rendre service [par opposition à *mercede*] : Dig. 1, 15, 1 ǁ pour l'amour de, en vue de [placé après son régime] : ***hominum gratia*** Cic. *Nat.* 2, 158, pour les hommes ; ***honoris gratia***, V.▷ *honor* ; ***Bruti conservandi gratia*** Cic. *Ph.* 14, 4, pour sauver Brutus ; ***si exempli gratia vir bonus…*** Cic. *Off.* 3, 50, si, pour prendre un exemple, un honnête homme… ; ***propter aliam quampiam rem, verbi gratia propter voluptatem*** Cic. *Fin.* 5, 30, en vue de n'importe quelle autre chose, par exemple, en vue du plaisir ǁ en faveur de : ***promissoris gratia tempus adicitur*** Dig. 50, 17, 17, accorder un délai en faveur du promettant ; ***mandare mea gratia*** Dig. 17, 1, 2, donner mandat dans mon propre intérêt ; ***ea gratia, quod…*** Sall. *J.* 54, 4 ; 80, 4, pour ce motif que… ; ***mea gratia*** Pl. *Bac.* 97, à cause de moi **¶2** remise accordée par complaisance : ***alicui jurisjurandi gratiam facere*** Pl. *Ru.* 1415, faire à qqn remise de son serment, l'en délier, cf. Suet. *Tib.* 35 ; ***gratiam fecit conjurandi Bononiensibus*** Suet. *Aug.* 17, il dispensa les habitants de Bologne de faire cause commune avec lui, cf. Suet. *Dom.* 14 ; ***de cena facio gratiam*** Pl. *Most.* 1130, quant au souper, je t'en fais grâce (= non merci) ǁ grâce, pardon : ***alicui delicti gratiam facere*** Sall. *J.* 104, 5, pardonner à qqn une faute **¶3** reconnaissance, gratitude [définie par Cic. *Inv.* 2 ; 161] : ***gratiam alicui referre*** Cic. *Brut.* 217 ; *de Or.* 3, I 4, témoigner à qqn sa reconnaissance en retour ; ***præclaram gratiam alicui referre*** Cic. *Cat.* 1, 28, montrer une belle reconnaissance à qqn ; ***habere gratiam*** Cic. *Off.* 2, 69, avoir de la reconnaissance, (mais ***habebo apud posteros gratiam*** Sen. *Ep.* 21, 5, j'aurai la faveur de la postérité, V.▷ *II* ¶1) ; ***habere, referre gratiam*** Ter. *Eun.* 750 ; Cic. *Fam.* 5, 11, 1 ; V.▷ *refero* II ¶2 b : ***alicui gratias referre*** Cic. *Planc.* 101, donner à qqn des marques (preuves) de reconnaissance, cf. Cic. *Phil.* 3, 39 ; ***gratiam dis persolvere*** Cic. *Planc.* 80, s'acquitter envers les dieux d'une dette de reconnaissance ǁ pl., actions de grâce, remerciements : ***gratias agere alicui*** Cic. *Phil.* 1, 3, adresser des remerciements à qqn ; ***gratiarum actio*** Cic. *Fam.* 10, 19, 1, expression de remerciements ; ***maximas vobis gratias omnes et agere et habere debemus*** Cic. *Phil.* 3, 25, nous devons tous et vous manifester et éprouver à votre égard la plus vive reconnaissance, cf. *Marc.* 33 ; ***gratias habere*** Liv. 24, 37, 7, remercier ; ***alicui pro aliqua re gratias agere*** Cic. *Att.* 16, 16, 16, remercier qqn pour (de) qqch. [***in aliqua re*** Cic. *Att.* 2, 24, 2 ; ***ob aliquam rem*** Liv. 34, 50, 4 ; Plin. *Ep.* 9, 31, 2] ǁ ***est dis gratia, cum…*** Ter. *Ad.* 138, il faut remercier les dieux, du moment que… ; ***dis gratia !*** Ter. *Ad.* 121, dieu merci ! grâce aux dieux ! ; ***gratiast*** Pl. *Men.* 387, bien obligé ! merci bien ! ǁ abl. pl., ***gratiis*** contre de simples remerciements, avec un "dieu vous le rende!", cf. Ter. *Ad.* 744 ; V.▷ *gratis* [adv.].
II ¶1 faveur d'autrui, bonnes grâces, popularité, crédit : ***gratiam alicujus sibi conciliare*** Cic. *Pomp.* 70, se concilier la faveur de qqn ; ***magnam inire gratiam*** Cic. *Fin.* 4, 31, se mettre en grande faveur (en grand crédit) ; ***gratiam inire ab aliquo*** Cic. *Verr.* 4, 143, se mettre dans les bonnes grâces de qqn, (***ad aliquem*** Liv. 33, 46, 7 ; ***apud aliquem*** Liv. 36, 5, 3, auprès de qqn ; ***ab aliquo summan gratiam inire*** Cic. *Att.* 7, 9, 3, gagner au plus haut point la faveur de qqn ; ***aliquam bonam gratiam sibi quaerere*** Cic. *Pomp.* 71, rechercher pour soi quelques bonnes grâces avantageuses ; ***aliquem apud aliquem in maxima gratia ponere*** Cic. *Att.* 5, 11, 6, mettre qqn dans les meilleures grâces de qqn ; ***plures ineuntur gratiae si…*** Cic. *Brut.* 209, on se fait plus d'amis si…), cf. Cic. *Mur.* 24 ; *Agr.* 2, 7 ; ***multas bonas gratias cum optima existimatione provincia afferre*** Cic. *Mur.* 42, rapporter de sa province avec la meilleure réputation une quantité de sympathies ǁ popularité, crédit : ***gratia plurimum posse*** Caes. *G.* 1, 9, 3, avoir le plus grand pouvoir par son crédit, cf. Caes. *G.* 1, 20, 2 ; 7, 63, 2 ; *C.* 2, 44, 1 ; ***Iccius Remus, summa nobilitate et gratia inter suos*** Caes. *G.* 2, 6, 4, le Rémois Iccius, qui tenait parmi les siens le plus haut rang par sa noblesse et son crédit ; ***res contra nos faciunt, summa gratia et eloquentia*** Cic. *Quinct.* 1, nous avons comme adversaires le crédit et la plus haute éloquence, cf. Cic. *Cael.* 19 ; *Off.* 2, 64 ; ***summa apud populum gratia*** Cic. *Rep.* 2, 60, la plus grande popularité ; ***gratia alicujus*** Cic. *Amer.* 28, le crédit, l'influence de qqn ; ***per gratiam contendere, ut…*** Cic. *Verr. prim.* 48, faire appel à ses relations pour obtenir que… **¶2** sentiments de bonne intelligence, de bon accord, relations amicales, amitié : ***si suam gratiam Romani velint…*** Caes. *G.* 4, 7, 4, [ils disent] que si les Romains veulent leur amitié ; ***in gratiam cum aliquo redire*** Cic. *Att.* 1, 14, 7 ; *Prov.* 20, renouer des relations d'amitié avec qqn, se réconcilier avec qqn ; ***restituere aliquem in gratiam cum aliquo*** Cic. *Prov.* 23, remettre qqn en amitié avec qqn [***reducere*** Cic. *Rab. Post.* 19] ; ***Sallustium restituere in ejus veterem gratiam non potui*** Cic. *Att.* 1, 3, 3, je n'ai pu ramener Sallustius à ses anciennes relations avec lui ; ***cum aliquo in gratia esse*** Cic. *Fam.* 1, 9, 4, être en bons termes avec qqn ; ***mihi cum illo magna gratia erat*** Cic. *Fam.* 1, 9, 20, j'étais en fort bons termes avec lui ; ***cum bona gratia, cum mala*** Ter. *Phorm.* 621, en bonne, en mauvaise intelligence ; ***istuc quod postulo inpetro cum gratia*** Ter. *And.* 422, ce que je demande, je l'obtiens de bon gré ; ***per gratiam*** Pl. *Mil.* 979, de bonne grâce.
III agrément, charme, grâce : ***gratia corporis*** Suet. *Vit.* 3, agréments physiques ; ***gratia in vultu*** Quint. 6, pr. 7, grâce dans le visage ; ***sincera sermonis Attici gratia*** Quint. 10, 1, 65, la pure grâce du parler attique ; ***vinis gratiam affert fumus*** Plin. 14, 16, la fumée donne aux vins de l'agrément ǁ V.▷ *2 Gratia*.
IV [chrét.] bienveillance de Dieu pour l'homme : ***ne timeas, Maria, invenisti gratiam apud Deum*** Vulg. *Luc.* 1, 30, n'aie pas peur, Marie, tu as rencontré la bienveillance divine ǁ don de Dieu : ***liberi arbitrii gratiam*** Hier. *Pelag.* 1, 4, le don de la liberté ǁ la grâce [don gratuit de la bonté divine] : ***non ex operibus nostris, sed ex Dei gratia salvati sumus*** Hier. *Ezech.* 5, 16, 59, ce n'est pas par nos œuvres, mais par la grâce de Dieu que nous sommes sauvés ǁ ***gratias agere***, bénir : ***accepto pane gratias egit*** Vulg. *Luc.* 22, 19, prenant le pain, il le bénit.

2 Grātia, *ae*, f., **Grātiae**, *arum*, f. pl., une Grâce, les Grâces [Aglaé, Thalie, Euphrosyne]: Sen. *Ben.* 1, 3, 2; Serv. *En.* 1, 720; Hor. *O.* 1, 30, 6; Quint. 10, 1, 82.

Grātiānŏpŏlis, *is*, f., ville de la Viennoise [auj. Grenoble]: Sidon. *Ep.* 3, 14, 1 ‖ **-ĭtānus**, *a*, *um*, de Gratianopolis: Greg.-Tur. *Stell.* 9.

Gratiānus, *i*, m., Gratien [empereur romain, 367-383]: Ps. Aur.-Vict. *Epit.* 47, 1.

Grātĭdĭānus, *i*, m., M. Marius Gratidianus [neveu de Marius]: Cic. *Brut.* 169.

Grātĭdĭus, *ii*, m., orateur: Cic. *Leg.* 3, 36; *Brut.* 168.

grātĭfĭcātĭo, *ōnis*, f. (*gratificor*), bienfaisance, libéralité: Cic. *Nat.* 1, 122; **Sullana gratificatio** Cic. *Mur.* 42, les libéralités de Sylla [distributions de terre à ses vétérans] ‖ [tard.] partialité: Arn. 7, 39 ‖ [chrét.] grâce de Dieu: Lact. *Ir.* 16, 5 ‖ action de grâces: Aug. *Jul. op. imp.* 4, 125.

grātĭfĭcātus, *a*, *um*, part. de *gratificor*.

grātĭfĭcentĭa, *ae*, f., bienveillance: Ps. Orig. *Job* 1, p. 445 D.

grātĭfĭcŏr, *āris*, *ārī*, *ātus sum* (*gratus*, *facio*) ¶ 1 intr., se rendre agréable à, faire plaisir à, obliger: *de aliqua re gratificari alicui* Cic. *Fin.* 5, 42, faire don à qqn en prenant sur qqch.; *odiis Sejani gratificari* Tac. *An.* 4, 19, servir les haines de Séjan; *Scipioni* Liv. 30, 3, 1, être agréable à Scipion ¶ 2 tr., accorder comme faveur, comme complaisance: *populo gratificari et aliena et sua* Cic. *Rep.* 1, 68, faire largesse au peuple et du bien d'autrui et du sien propre ‖ faire abandon de: Sall. *J.* 3, 3.

▶ *gratifico* [tard.] Cassiod. *Var.* 7, 6, 1; Vulg. *Eph.* 1, 6.

grātĭfĭcus, *a*, *um* (*gratus*, *facio*), bienveillant: Isid. 10, 114.

grātiīs, v. ▶ 1 *gratia*, *gratis*.

grātilla, *ae*, f. (*gratus* ?, *granum* ?), sorte de gâteau sacré: Arn. 7, 24.

grātĭōsē, adv. (*gratiosus*), par faveur: Ulp. *Dig.* 26, 7, 7 ‖ **-sius** Ps. Ascon. *Verr.* 2, 1, 11.

grātĭōsĭtās, *ātis*, f., charme [d'une chose]: Tert. *Marc.* 1, 9, 1.

grātĭōsus, *a*, *um* (*gratia*) ¶ 1 qui est en faveur, qui a du crédit: *apud omnes ordines gratiosus* Cic. *Off.* 3, 58, ayant du crédit (de l'influence) dans toutes les classes de la société; *apud aliquem gratiosus* Cic. *Att.* 15, 4, 3, dans les bonnes grâces de qqn; *causae gratiosiores quam vultus* Cic. *Leg.* 3, 1, les raisons invoquées ayant plus de crédit que l'expression des visages; **-sissimus** Cic. *Quinct.* 2 ¶ 2 fait ou obtenu par faveur: *sententia gratiosa* Ulp. *Dig.* 3, 6, 5, jugement obtenu par faveur, cf. Liv. 43, 14, 9 ¶ 3 qui accorde une faveur, obligeant: *gratiosus in cedendo loco* Cic. *Brut.* 290, empressé à céder sa place, cf. Mur. 73.

grātīs, Cic. *Clu.* 132, **gratiis**, adv. (v. 1 *gratia*), gratuitement, pour rien, gratis ‖ **gratis constare**, ▶ *stare* Cic.] Sen. *Ep.* 104, 34, ne rien coûter ‖ [chrét.] sans raison: *principes persecuti sunt me gratis* VL. *Psal.* 118, 161, les princes m'ont persécuté injustement ‖ en vain: *Christus gratis mortuus est, si...* Vulg. *Gal.* 2, 21, le Christ est mort en vain si....

Grātĭus (**Grattius**), *ii*, m., Gratius Faliscus [poète latin]: Ov. *Pont.* 4, 16, 34.

grātŏr, *āris*, *ārī*, *ātus sum* (*grates*), intr., féliciter: *gratare sorori* Virg. *En.* 4, 478, félicite ta sœur; *mihi grator* Ov. *M.* 9, 244, je me félicite, je m'applaudis, je me réjouis; *gratatur reduces* [s.-ent. *esse*] Virg. *En.* 5, 40, il les félicite de leur retour.

grātŭĭtē, ▶ *gratuito*: Cassiod. *Psalm.* 118, 53.

grātŭĭtō, adv. (*gratuitus*), gratuitement: Cic. *Off.* 2, 66.

grātŭĭtus, *a*, *um* (*grates*, cf. *fortuitus*), gratuit, désintéressé [opp. *mercennarius*]: Cic. *Leg.* 1, 48; *gratuita suffragia* Cic. *Planc.* 54, suffrages gratuits, libres; *gratuitam pecuniam dare* Plin. *Ep.* 3, 11, 2, procurer une somme sans intérêts ‖ spontané, pour rien, sans motif: Liv. 2, 42, 6 ‖ inutile, superflu: Liv. 1, 47, 1.

▶ *gratŭĭtum* Stat. *S.* 1, 6, 16.

grātŭlābĭlis, *e* (*gratulor*), qui se félicite, joyeux: Aug. *Serm.* 285, 6.

grātŭlābundus, *a*, *um* (*gratulor*), qui félicite: Liv. 7, 33, 18 ‖ [avec dat.] Just. 6, 8, 13.

grātŭlantĕr, adv. (*gratulor*), avec joie: Rufin. *Mon.* 9, p. 422 D.

grātŭlātĭo, *ōnis*, f. (*gratulor*) ¶ 1 manifestation (expression) de la joie, de la reconnaissance: Cic. *Verr.* 4, 74; 94: Caes. *G.* 1, 53, 6 ‖ félicitations: Cic. *Mur.* 88 ‖ pl., remerciements, marques de reconnaissance: Cic. *Mil.* 98; *Verr.* 4, 94 ¶ 2 actions de grâces aux dieux, décrétées comme témoignage officiel de satisfaction à qqn: Cic. *Pis.* 97; *Cat.* 4, 20; *gratulationem facere ad omnia templa* Cic. *Fam.* 11, 18, 3, adresser des actions de grâces dans tous les temples.

grātŭlātŏr, *ōris*, m. (*gratulor*), celui qui félicite, qui complimente: Mart. 10, 74, 1.

grātŭlātōrĭē, adv., en félicitant, avec joie: Aug. *Conf.* 8, 6, 14; 2, 29, 1.

grātŭlātōrĭus, *a*, *um* (*gratulator*), de félicitation, propre à féliciter: Capit. *Max. Balb.* 17.

grātŭlŏr, *āris*, *ārī*, *ātus sum* (*grates* et *tollo*, cf. *opitulor*), intr.

I ¶ 1 remercier [arch.]: *diis* Cat. d. Cic. *Fam.* 15, 5, 2, remercier les dieux, cf. Enn. *Tr.* 176; Scip. d. Gell. 4, 18, 3; Afran. d. Non. 116, 33; Ter. *Haut.* 879 ¶ 2 féliciter, complimenter, faire compliment de, congratuler: *alicui de aliqua re* Cic. *Fam.* 1, 7, 7; 3, 12, 1; *pro aliqua re* Cic. *Fam.* 15, 14, 3; *aliqua re* Cael. *Fam.* 8, 13, 1, cf. Cic. *Att.* 5, 20, 1 [leçon de M]; *in aliqua re* Cic. *Planc.* 91; *Fam.* 6, 11, 1, féliciter qqn de qqch.; *ad me venerunt gratulatum* Cic. *Pis.* 51, ils vinrent m'apporter leurs félicitations ‖ *gratulari virtuti tuae* Cic. *Fam.* 4, 8, 1, féliciter ta vaillance, te féliciter de ta vaillance, cf. Cic. *Fam.* 9, 14, 7 ‖ *gratulari quod* Cic. *Sest.* 20; *Fam.* 2, 5, 1; 4, 14, 1, féliciter de ce que ‖ *gratulari cum* Pl. *Ru.* 1179; Cic. *Fam.* 9, 14, 3, complimenter alors que, au moment où v. Gaffiot *Subj.* p. 140, sqq.

II [avec acc. de l'objet de la félicitation] ¶ 1 *gratulari alicui aliquam rem* Cic. *Att.* 5, 20, 1, féliciter qqn de qqch., cf. Curt. 4, 8, 12; Suet. *Cl.* 6 ‖ [avec prop. inf.] Cic. *Phil.* 2, 28; Just. 13, 5, 15; Val.-Max. 3, 1, 2 ¶ 2 remercier de ce que [avec prop. inf.]: Ter. *Haut.* 879.

III se réjouir, se féliciter de [avec *de* et l'abl. seul, ou avec une prop. inf.]: *tot sanctorum talium sermonibus gratulantes* Aug. *Ep.* 32, 1, nous réjouissant de tant d'encouragements de si grands saints.

1 grātus, *a*, *um* (cf. *grates*, pél. *braton*, scr. *gūrta-s* bienvenu; fr. *gré*) ¶ 1 agréable, bienvenu, qui reçoit bon accueil: *nihil erat quod aut patri gratius aut sibi jucundius facere posset* Cic. *Amer.* 51, il ne pouvait rien faire qui fût ou plus agréable à son père ou plus plaisant pour lui-même; *(amor tuus mihi est) gratus et optatus, dicerem jucundus nisi...* Cic. *Fam.* 5, 15, 1, (ce témoignage de ton amitié) est le bienvenu et comble mes vœux, je dirais qu'il me cause du plaisir, si [ce mot n'était à jamais perdu pour moi]; *aliquid gratum acceptumque habere* Cic. *Tusc.* 5, 45, tenir une chose pour agréable et bien venue; *homines immolare diis immortalibus gratissimum esse duxerunt* Cic. *Rep.* 3, 15, ils crurent que les sacrifices humains étaient très agréables aux dieux, cf. Caes. *G.* 6, 16, 5; *eoque erat cujusque gratior in re publica virtus, quod...* Cic. *Rep.* 2, 59, et les vertus politiques de chacun étaient d'autant mieux accueillies que...; *gratum est quod volunt* Cic. *Brut.* 68, applaudissons à leur intention ‖ [avec noms de pers.] *gratus conviva* Hor. *S.* 2, 2, 119, convive bienvenu; *gratus Alexandro regi fuit Choerilus* Hor. *Ep.* 2, 1, 232, Chœrilus trouva bon accueil auprès du roi Alexandre; *classis non amicorum, sed gratorum* Suet. *Tib.* 46, la classe non des amis, mais des bienvenus ¶ 2 aimable, charmant: *gratus locus* Hor. *Ep.* 2, 2, 46, charmant endroit, cf. Hor. *O.* 1, 35, 1 ¶ 3 accepté avec reconnaissance, cher, précieux, dont on a de la gratitude: *ista veritas, etiam si jucunda non est, mihi tamen grata est* Cic. *Att.* 3, 24, 2, cette vérité, même si elle n'est pas attrayante, ne laisse pas de m'être précieuse; *ejus officia jucundiora saepe mihi fuerunt, numquam tamen gratiora* Cic. *Fam.* 4, 6, 1, ses services m'ont souvent causé plus

gratus

de plaisir, mais jamais ils ne m'ont été plus chers; *quae omnia mihi jucunda, hoc extremum etiam gratum fuit* Cic. *Fam.* 10, 3, 1, tous ces renseignements m'ont causé du plaisir, le dernier, je l'ai même reçu avec gratitude; *facere alicui gratum, gratissimum, pergratum*, faire plaisir à qqn (le plus grand, un très grand plaisir): Cic. *Lae.* 16; *Att.* 8, 2, 2; Caes. *G.* 1, 44, 12 ¶ **4** reconnaissant: *gratissimus hominum* Cic. *Fam.* 5, 11, 1, le plus reconnaissant des hommes, cf. Cic. *Leg.* 1, 49; *Fam.* 10, 19, 1; *gratum se praebere alicui* Cic. *Planc.* 91, se montrer reconnaissant à qqn; *gratus erga aliquem* Cic. *Fam.* 5, 5, 2; *in aliquem* Cic. *Planc.* 77; *in aliquo* Cic. *Fam.* 3, 8, 3, reconnaissant envers qqn, à propos de qqn; *pro aliqua re* Sall. *Cott.* 5, pour qqch. ‖ *grato animo* Cic. *Brut.* 5, avec reconnaissance; *gratissimo animo, gratissimis animis* [avec pl.] Cic. *Sull.* 72; *Phil.* 4, 3, avec la plus grande reconnaissance; *gratissima memoria omnium civium* Cic. *Phil.* 10, 7, le souvenir si reconnaissant de tous les citoyens; *grata manu* Hor. *Ep.* 1, 11, 23, d'une main reconnaissante.

2 **Grātus**, *i*, m., surnom romain: Tac. *An.* 15, 50.

Graucōmenē, *ēs*, f., ville d'Égypte: Plin. 6, 179.

Graupĭus mons, m., montagne de la Calédonie [Grampians]: Tac. *Agr.* 29.

grăvābĭlis, *e*, qui alourdit: Cael.-Aur. *Acut.* 1, 15, 136.

grăvāmĕn, *ĭnis* (*-entum, i*, Gloss. 2, 34, 43), n. (*gravo*), incommodité: Cassiod. *Var.* 9, 2, 1.

grăvantĕr, adv. (*gravor*), à regret: Liv. 21, 24, 5; Cassiod. *Var.* 4, 5, 1.

*****grăvastellus**, *a*, *um*, appesanti par l'âge: Pl. *Ep.* 620, [leçon donnée par P. Fest. 85, 23; mais A. et P. Fest. 339, 4 donnent *răvistellus*].

grăvātē, adv., avec peine, à regret, à contrecœur: Cic. *de Or.* 1, 208; *Balb.* 36.

grăvātim, adv. ¶ **1** lentement: Lucr. 3, 387 ¶ **2** ⊕ *gravate*: *Cic. *Arch.* 10 v. R. Phil. 55, p. 352; Liv. 1, 2, 3.

grăvātĭo, *ōnis* (*gravo*), f., pesanteur, engourdissement: Cael.-Aur. *Chron.* 5, 10, 96.

grăvātus, *a*, *um*, part. de *gravo*.

grăvēdĭnōsus, *a*, *um*, catarrheux: Cic. *Tusc.* 4, 27 ‖ qui donne des rhumes: Plin. 18, 139.

grăvēdo, *ĭnis*, f. (*gravis*) ¶ **1** lourdeur des membres, de la tête, pesanteurs: Apul. *M.* 10, 1 ; Plin. 20, 136 ‖ [en part.] coryza, rhume: Pl. *As.* 796; Cels. 4, 2, 4; Cic. *Att.* 10, 16, 6 ¶ **2** gestation [de la femme]: Nemes. *Cyneg.* 132.

▶ orth. *gravido* Catul. 44, 13.

grăveŏlens, *tis* (*gravis, oleo*), dont l'odeur est forte: Virg. *G.* 4, 270 ‖ fétide: Virg. *En.* 6, 201.

grăveŏlentĭă, *ae*, f., odeur forte, mauvaise odeur: Plin. 22, 87.

grăvescō, *ĭs, ĕre*, -, - (*gravis*), intr. ¶ **1** se charger: *nemus fetu gravescit* Virg. *G.* 2, 429, les arbres se chargent de fruits ‖ [en parl. d'une femelle] porter, devenir pleine: Plin. 11, 236 ¶ **2** [fig.] s'aggraver: Lucr. 4, 1069 ‖ empirer: Tac. *An.* 1, 5.

Graviāca, *ōrum*, n. pl., ville du Norique: Peut. 4, 1.

grăvĭdātus, *a*, *um*, part. de 1 *gravido*.

grăvĭdĭtās, *ātis*, f. (*gravidus*), grossesse, gestation: Cic. *Nat.* 2, 119.

1 **grăvĭdō**, *ās, āre, āvī, ātum* (*gravidus*), tr., rendre mère: Caecil. *Com.* 223; Non. 118, 12 ‖ [fig.] *terra gravidata seminibus* Cic. *Nat.* 2, 83, la terre fécondée par les semences.

2 **gravĭdo**, *ĭnis*, f., ➤ *gravedo* ▶.

grăvĭdŭla, *ae*, adj. f. (dim. de *gravidus*), fécondée [coquillage produisant des perles], perlière: Amm. 23, 6, 85.

grăvĭdus, *a*, *um* (*gravis*) ¶ **1** chargé, rempli: *gravidae aristae* Virg. *G.* 1, 111, épis lourds; *manus gravidae* Pl. *Truc.* 89, mains pleines; *gravidus stipes nodis* Virg. *En.* 7, 507, tronc chargé de nœuds, cf. Lucr. 6, 259 ‖ [avec gén.] Sil. 2, 120 ¶ **2** [en parl. de la gestation] *erat gravida uxor* Cic. *Clu.* 31, sa femme était enceinte; *est gravida et ex viro et ex Jove* Pl. *Amp.* 111, elle est enceinte des œuvres et de son mari et de Jupiter [*viro* Pl. *Amp.* 878]; *gravidae pecudes* Virg. *G.* 2, 150, brebis pleines ‖ subst. f., femme enceinte: Pl. *Truc.* 475; Plin. 23, 107.

grăvĭpēs, *pĕdis* (*pĕtis* ?), m., outarde [oiseau]: Isid. 12, 7, 13.

grăvis, *e* (cf. *brutus*, βαρύς, scr. *guru-s* it., esp. *grave*, fr. *grief*) ¶ **1** lourd, pesant: *gravia navigia* Caes. *G.* 5, 8, 3, vaisseaux lourds; *gravius onus* Cic. *CM* 4; Hor. *S.* 1, 9, 21, une charge plus lourde; *tunicae ab imbre graves* Ov. *H.* 10, 138, tuniques alourdies par la pluie; *graves fructu vites* Quint. 8, 3, 8, vignes alourdies par les fruits ‖ [nourriture] lourde: Cic. *Nat.* 2, 24 ‖ [homme] grand et fort, pesant: Virg. *En.* 5, 447 ‖ pesamment armé: Liv. 31, 39, 2; Tac. *An.* 12, 35 ‖ *aes grave*, ➤ *aes*: *argentum grave* Sen. *Tranq.* 1, argenterie massive ¶ **2** [fig.] **a)** grave, de basse [son, voix]: Cic. *de Or.* 1, 251; 3, 216; *syllaba gravis* Quint. 1, 5, 22, syllabe sourde, sans accent [opp. à *acuta*] **b)** qui pèse dans la balance, de poids, puissant, fort, énergique: *gravis civitas* Cic. *Flac.* 56, cité importante; *gravis et vehemens oratio* Cic. *Brut.* 93, parole pleine de force et de véhémence; *auctoritas* Cic. *Rep.* 2, 59, influence puissante; *auctoritate graviores homines* Cic. *de Or.* 2, 154, des hommes ayant plus de poids par leur prestige; *gravis auctor, testis* Cic. *Pis.* 14; *Fam.* 2, 2, répondant, témoin de poids; *causae graves* Cic. *Clu.* 82, des raisons puissantes **c)** grave, digne, noble, imposant: *oratio non abhorrens a persona hominis gravissimi* Cic. *Rep.* 1, 24, des propos qui ne juraient pas avec le caractère d'un personnage si digne, cf. Cic. *de Or.* 2, 228; *Cael.* 35; *genus epistularum severum et grave* Cic. *Fam.* 2, 4, 1, genre de lettres sérieux et digne **d)** grave, dur, rigoureux: *verbum gravius* Cic. *Verr.* 3, 134, parole un peu dure; *haec si gravia aut acerba videantur...* Caes. *G.* 7, 14, 10, si ces mesures paraissaient dures ou cruelles...; *ne quid gravius in fratrem statueret* Caes. *G.* 1, 20, 1, (il le priait) de ne pas prendre de mesure trop rigoureuse contre son frère, cf. Caes. *G.* 1, 20, 4; *gravissimum supplicium* Caes. *G.* 1, 31, 15, le supplice le plus rigoureux; *gravioribus bellis* Cic. *Rep.* 1, 63, dans les guerres un peu difficiles **e)** [odeur] violente, forte, pénétrante: Plin. 21, 28; 21, 60; 25, 118; *ellebori graves* Virg. *G.* 3, 451, l'ellébore nauséabond **f)** fort, élevé [comme prix], accablant: *grave pretium* Sall. d. Non. 314, 25, prix élevé; *grave fenus* Suet. *Aug.* 39, intérêt exorbitant; *gravis annona* Suet. *Aug.* 25, cherté des vivres **g)** pénible, accablant, malsain: *anni tempus gravissimum* Cic. *Q.* 2, 16, 1, saison la plus pénible; *gravis autumnus* Caes. *C.* 3, 2, 3, automne malsain; *loci natura graves* Liv. 25, 26, 7, endroits naturellement malsains **h)** qui est à charge, pénible, dur à supporter, fâcheux, désagréable, importun: *minus aliis gravis aut molesta vita est otiosorum* Cic. *Off.* 1, 70, la vie des gens qui vivent loin des affaires est moins incommode et moins pénible pour les autres; *iis omnis aetas gravis est* Cic. *CM* 4, à eux tous les âges de la vie sont pénibles; *velim, si tibi grave non erit...* Cic. *Fam.* 13, 73, 2, je voudrais, si ce n'est pas une peine pour toi...; *grave est alicui* [avec inf.] Cic. *Fam.* 2, 6, 1; *Att.* 1, 5, 4, il est pénible pour qqn de...; *in populum Romanum grave est non posse...* Cic. *Balb.* 24, il est dur pour le peuple romain de ne pouvoir...; *senes odiosi et graves adulescentibus* Cic. *Rep.* 1, 67, vieillards odieux et insupportables aux jeunes gens ¶ **3** alourdi, embarrassé **a)** *agmen grave praeda* Liv. 21, 5, 8, troupe alourdie par le butin, cf. Liv. 29, 35, 5 **b)** ➡ *gravida*, en état de grossesse: Virg. *En.* 1, 274, cf. Ov. *M.* 10, 495 **c)** accablé, incommodé: *morbo gravis (equus)* Virg. *G.* 3, 95, (cheval) accablé par la maladie; *gravis adhuc vulnere* Liv. 21, 48, 4, encore incommodé par sa blessure; *gravis aetate* Liv. 7, 39, 1, alourdi par le poids de l'âge; *aetate et viribus gravior* Liv. 2, 19, 6, handicapé par l'âge et par sa faiblesse.

Grăviscae, *ārum*, f. pl., Liv. 40, 29, 1; Virg. *En.* 10, 184 et **Gravisca**, *ae*, f., Vell. 1, 15, 2, ville d'Étrurie Atlas XII, D3 ‖ **-ānus**, *a*, *um*, Plin. 14, 67, de Gravisca ‖ **Graviscani**, *ōrum*, m. pl., Dig. 31, 1, 30 habitants de Gravisca.

grăvĭsŏnus, *a*, *um* (*gravis, sono*), retentissant: Serv. *En.* 1, 53.

grăvĭtās, *ātis*, f. (*gravis*) ¶ 1 pesanteur, lourdeur : *armorum* Caes. G. 5, 16, 1 ; *navium* Caes. C. 1, 58, 3, pesanteur des armes, des navires ; *gravitate et pondere moveri* Cic. Fat. 24, se mouvoir sous l'effet de la pesanteur et du poids [atomes], cf. Cic. Nat. 2, 93 ¶ 2 [fig.] **a)** importance, poids, force vigueur : *civitatis* Caes. G. 4, 3, 4, importance d'une cité ; *sententiarum* Cic. de Or. 3, 72, la force des pensées ; *genus hoc sermonum plus videtur habere gravitatis* Cic. Lae. 4, ce genre d'entretien paraît avoir plus de poids, cf. Cic. Leg. 3, 40 ; *acrior verborum* Cic. Off. 1, 136, une énergie plus accentuée dans les paroles, cf. Cic. Att. 9, 9, 2 ; *morbi* Cic. Nat. 3, 76, force (violence) d'une maladie **b)** dignité, élévation, noblesse, solennité : *personae gravitatem intuentes* Cic. Tusc. 2, 49, en considérant la grandeur du personnage ; *verborum vel sententiarum* Cic. Brut. 35, noblesse de l'expression et des pensées **c)** fermeté et dignité de caractère : *virtus et gravitas quam in summo dolore adhibuit* Cic. Q. 3, 8, 3, le courage et la fermeté qu'il a montrés dans une douleur si cruelle, cf. Cic. Flac. 36 ; Nat. 1, 1 ; Ac. 3, 53 ; Att. 9, 19, 3 ‖ gravité, dignité, sérieux : *comitate condita gravitas* Cic. CM 10, gravité relevée de bonne grâce ; *gravitate mixtus lepos* Cic. Rep. 2, 1, enjouement mêlé de gravité, cf. Cic. Brut. 143 ; 158 **d)** dureté, rigueur : *illam gravitatis severitatisque personam non appetivi* Cic. Mur. 6, ce rôle de la rigueur et de la sévérité, je ne l'ai pas recherché **e)** élévation, cherté : *annonae* Tac. An. 6, 13, cherté des vivres (difficulté d'approvisionnement), cf. Tac. An. 11, 4 **f)** force pénétrante d'une odeur : Plin. 21, 37 ; 22, 47 ‖ fétidité de l'haleine : Plin. 20, 91 ; 30, 44 ; 28, 190 **g)** état malsain, insalubrité : *caeli* Cic. Att. 11, 22, 2 ; *loci* Cic. Att. 11, 21, 2, insalubrité d'un climat, d'un lieu, cf. Liv. 23, 34, 11 ; 25, 26, 13 ¶ 3 état de lourdeur, d'embarras ; incommodité, malaise : *si in sensibus est aliqua gravitas* Cic. Ac. 2, 53, s'il y a quelque pesanteur dans ses organes ; *membrorum* Cic. Fin. 4, 31 ; *corporis* Cic. Tusc. 3, 1, lourdeur des membres, malaise physique ; *capitis* Plin. 27, 130, lourdeur de tête ; *aurium, audiendi* Plin. 20, 115 ; 28, 176, dureté d'oreille ; *gravitas senilis* Ov. M. 7, 478, pesanteur de la vieillesse ‖ *linguae* Cic. de Or. 3, 42, lourdeur de la prononciation ¶ 4 état de grossesse : Ov. M. 9, 287 ¶ 5 [tard.] titre de noblesse : *tua gravitas* Aug. Ep. 32, 3, Votre Grandeur ; ▣ ¶ 2 b.

grăvĭtĕr, adv. (*gravis*) ¶ 1 gravement, avec un ton de basse : Cic. Rep. 6, 18 ¶ 2 de manière importante, avec poids : *de aliquo gravissime judicare* Caes. C. 2, 32, 2, porter sur qqn un jugement de la plus haute importance ‖ avec force, avec énergie : *graviter conqueri* Cic. Amer. 9, se plaindre avec énergie ; *gravissime dicere* Cic. Off. 1, 4, parler avec une très grande force ‖ avec gravité, dignité, noblesse : *utrumque egit graviter* Cic. Lae. 77, dans les deux cas il se comporta avec dignité, cf. Cic. Fam. 2, 4, 1 ; Off. 1, 92 ¶ 3 pesamment, violemment, gravement : *graviter cadere* Lucr. 1, 741, tomber lourdement ; *ferire aliquem* Virg. En. 12, 295, porter à qqn un coup violent ; *gravius aegrotare* Cic. CM 67, être plus gravement malade ; *gravissime terreri* Caes. G. 5, 30, 2, éprouver la plus violente frayeur ; *graviter angi* Cic. Lae. 10, être vivement tourmenté ‖ rigoureusement, durement : *gravissime de aliquo decernere* Caes. C. 1, 5, 4, prendre les décisions les plus rigoureuses au sujet de qqn, cf. Caes. G. 16, 4 ; Cic. Cael. 33 ‖ en mauvaise santé : *se non graviter habere* Cic. Att. 7, 2, 3, n'être pas dangereusement malade ‖ avec peine, désagréablement : *aliquid graviter ferre, accipere* Cic. Verr. 1, 152 ; de Or. 2, 211, mal supporter, accueillir qqch. avec peine ; *audire* Ter. Haut. 114, entendre des choses désagréables ‖ difficilement : *audire* Plin. Val. 1, 11, entendre difficilement.

grăvĭtūdo, *ĭnis*, f., ▣ *gravedo* : Vitr. 1, 6, 3 ; Apic. 82.

grăvĭuscŭlus, *a, um*, assez grave : Gell. 1, 11, 13.

grăvō, *ās, āre, āvī, ātum* (*gravis*), tr. **I** [voix active] ¶ 1 appesantir, alourdir : *poma gravantia ramos* Ov. M. 13, 812, fruits qui alourdissent les branches ; *ne unda gravet pennas* Ov. M. 8, 205, pour éviter que l'humidité alourdisse tes ailes ‖ charger : *aliquem sarcinis* Tac. An. 1, 20, charger qqn de bagages ¶ 2 [fig.] aggraver, augmenter : *invidiam alicujus* Tac. An. 14, 12, aggraver la haine à l'égard de qqn ; *injusto fenore gravatum aes alienum* Liv. 42, 5, 9, dettes aggravées par des intérêts excessifs ‖ alourdir, appesantir, accabler : *caput gravans* Plin. 21, 128, qui alourdit la tête ; *gravatus cibo vinoque* Liv. 1, 7, 5, appesanti par la nourriture et le vin ‖ peser sur, incommoder : *mala me gravant* Ov. Tr. 4, 6, 28, les maux m'accablent ¶ 3 [gram.] marquer de l'accent grave [oppos. à *acuo*] : Aud. 7, 360, 22.
II [passif] être incommodé, trouver pesant ¶ 1 faire des difficultés, se résoudre avec peine : *ne gravare* Ter. Ad. 942, ne fais pas de difficultés ; *gravari coepit, quod... dicebat* Cic. Clu. 69, il commença par faire des difficultés, en disant... ; *non gravarer, si...* Cic. Lae. 15, je me résoudrais volontiers, si... ; *gravari militia* Liv. 21, 23, 6, trouver pénible le métier militaire ¶ 2 [avec inf.] répugner à, se refuser à : *gravaris litteras ad me dare* Cic. Fam. 7, 14, 1, tu trouves excessif de m'envoyer une lettre ; *in colloquium venire invitatus gravatur* Caes. G. 1, 35, 2, malgré l'invitation, il se refuse à venir à une entrevue ; *non gravabor dicere...* Cic. de Or. 1, 107, je dirai volontiers... ; *rogo, ut ne graveris...* Cic. de Or. 1, 164, je te prie de consentir de bon cœur à... ¶ 3 [avec acc.] sentir le fardeau de qqn, de qqch., trouver importun, être fatigué de : *matrem* Suet. Ner. 34, trouver sa mère importune ; *aspectum civium* Tac. An. 3, 59, avoir de la répugnance pour la vue de ses concitoyens, cf. Sen. Clem. 1, 13, 1 ; Quint. 1, 1, 11 ; Luc. 7, 284.

grĕgālis, *e* (*grex*) ¶ 1 qui est en troupeau, qui va en troupe : Varr. R. 2, 7, 6 ; Plin. 10, 181 ¶ 2 qui appartient à la foule, commun, vulgaire : *gregale sagulum* Liv. 7, 34, 15, sayon de simple soldat, cf. Tac. An. 1, 69 ; Sen. Ben. 1, 12, 4 ‖ subst. m. pl. *gregales*, compagnons, amis : Cic. de Or. 2, 253 ; Fam. 7, 23, 1 ; Sest. 111 ¶ 3 [chrét.] qui appartient au troupeau du Christ, chrétien : *gregalis plebs* Prud. Perist. 5, 391, la foule chrétienne.

grĕgārĭus, *a, um* (*grex*) ¶ 1 relatif aux troupeaux : *gregarii pastores* Col. 6, pr. 1, bergers de troupeaux ¶ 2 [fig.] du commun, de la foule : *miles gregarius* Sall. J. 45, 2, le simple soldat ; *gregarii milites* Cic. Planc. 72, les simples soldats ‖ *poeta* Sidon. Ep. 9, 15, 1, v. 15, poète ordinaire.

grĕgātim, adv. (*grex*), en troupeau par troupes : Col. 6, 5, 5 ; Plin. 5, 11 ; 8, 11 ‖ [en parl. d'hommes] Cic. Verr. 5, 148 ; Plin. 4, 89 ‖ dans le commun, dans la foule : Plin. 26, 4.

grĕgātus, *a, um*, part. de *grego*.

grĕgĭcŭlus, *i*, m. (dim. de *grex*), petit troupeau, groupuscule [en parlant d'une secte] : Aug. Ep. 93, 49.

grĕgis, gén. de *grex*.

grĕgō, *ās, āre, -, -* (*grex*), tr., attrouper, réunir : Sulp. Sev. Chron. 1, 19, 6 ‖ [passif] se réunir : Stat. Ach. 1, 373.

Grēgŏrĭānus, *i*, m., de Grégoire [jurisconsulte du temps de Justinien] : *Gregorianus codex* Cod. Th. 1, 1, 5, code grégorien.

Grēgŏrĭus, *ii*, m. (Γρηγόριος), nom de plusieurs pers. ; not^t saint Grégoire de Nazianze [auteur ecclésiastique grec] : Hier. Vir. ill. 113, 1 ‖ Grégoire de Tours [historien, 6ᵉ s.] : Fort. Carm. 1, 16, 40 ‖ Grégoire le Grand [pape de 590 à 604] : Greg.-Tur. Hist. 10, 1.

Gremia, gremialis, ▣ *crem-*.

grĕmĭum, *ii*, n. (cf. *grex*, ἀγείρω, scr. *grāma-s* ; it. *grembo*) ¶ 1 giron, sein : *Fortunae in gremio sedens* Cic. Div. 2, 85, assis sur les genoux de la Fortune, cf. Cic. Brut. 211 ; Leg. 2, 63 ‖ [en parl. de la terre] Cic. CM 51 ¶ 2 [fig.] **a)** le sein de la patrie : Cic. Cael. 59 ; *Graeciae* Cic. Pis. 91, le centre, le cœur de la Grèce **b)** soins, surveillance attentive : *ad gremium praeceptoris* Quint. 2, 4, 15, sous la direction du maître **c)** sein, bras, protection, secours : Cic. Clu. 13 ; pl., Virg. En. 9, 261.

gressĭbĭlis, *e* (*gressus*), qui peut marcher : Boet. Top. Arist. 1, 6.

gressĭo, ōnis, f. (*gradior*), marche : Pacuv. d. Macr. Sat. 6, 5, 14 ; Diom. 505, 14.

1 **gressus**, a, um, part. de *gradior*.

2 **gressŭs**, ūs, m., marche, pas : *gressum tendere ad...* Virg. En. 1, 410, diriger ses pas vers ‖ [poét.] marche [d'un navire] : Virg. En. 5, 162 ‖ degré, demi-pas [mesure de longueur = *gradus*, 0,74 m] : Grom. 373, 9.

gressūtus, a, um (2 *gressus*), qui marche, piéton : Gloss. 4, 347, 50.

grex, grĕgis, m. (cf. *gremium*, ἀγείρω ; it. *gregge*) ¶ 1 troupeau : Cic. Att. 7, 7, 7 ; *greges armentorum reliquique pecoris* Cic. Phil. 3, 31, des troupeaux de gros et petit bétail ; [fig.] Hor. Ep. 1, 4, 16 ; *est gregis unum corpus ex distantibus capitibus* Inst. Just. 2, 20, 18, le propre d'un troupeau est de ne former qu'un seul corps composé de têtes distinctes ¶ 2 troupe, bande [d'oiseaux] : Hor. Ep. 1, 3, 19 ¶ 3 troupe [d'hommes], bande : Cic. Sull. 77 ; Att. 1, 18, 1 ; de Or. 1, 42 ‖ *scribe tui gregis hunc* Hor. Ep. 1, 9, 13, inscris-le dans ta bande ‖ troupe [d'acteurs] : Pl. Cas. 22 ; Ter. Haut. 45 ; Phorm. 32 ¶ 4 [en parl. des choses] *grex virgarum* Pl. Ps. 333, poignée de verges ¶ 5 [chrét.] le troupeau des fidèles, les chrétiens : Tert. Marc. 4, 11, 5.

▶ f. Lucr. 2, 663 ; Chir. 192.

grĭās, ădis, f. ?, nom d'une plante de Lucanie : Ps. Apul. Herb. 50 tit.

gricenea, ae, f. (?), câble : P. Fest. 88, 8.

Grillĭus, ĭi, m., nom d'un grammairien latin : Prisc. 2, 35, 27.

grillō (gry-), ās, āre, -, - (*grillus*), intr., crier [en parl. du grillon] : Philom. 62.

grillus (gry-), i, m. (onomat., γρύλλος ; fr. *cri-cri*, it., esp., *grillo*) ¶ 1 grillon [insecte] : Plin. 29, 138 ; Isid. 12, 3, 8 ¶ 2 caricature : Plin. 35, 114.

Grinnes, ĭum, f. pl., ville de la Belgique : Tac. H. 5, 20.

grīphus, i, m. (γρῖφος), énigme : Gell. 1, 2, 4 ; Apul. Flor. 9.

grocĭo, ▶ *crocio*.

grōma, ▶ *gruma*.

grōmătĭcus, a, um (*groma*), qui concerne l'arpentage : Cassiod. Var. 3, 52, 2 ‖ subst. m. pl., auteurs qui ont écrit sur l'arpentage : Ps. Hyg. Mun. castr. 12.

1 **gromphaena**, ae, f. (γρόμφαινα ?), plante [amarante ?] : Plin. 26, 40.

2 **gromphaena**, ae, f. (cf. 1 *gromphaena*), oiseau qui ressemble à la grue : Plin. 30, 146.

grongus, i, m., ▶ *conger* : Apic. 442.

grosa, ae, f. ?, grattoir, racloir : Arn. 6, 14.

Grosphus, i, m., surnom romain : Hor. O. 2, 16, 7 ; Ep. 1, 12, 22.

grossescō, ĭs, ĕre, -, - (*grossus*), intr., grossir : Aldh. Virg. 22.

grossĭtūdo, ĭnis, f., grosseur, épaisseur : Vulg. 3 Reg. 7, 26.

grossĭus, adv. au compar., plus en gros : Aug. Duab. 11, 15.

grossŭlus, i, m. (dim. de 2 *grossus*), petite figue : Col. 5, 10, 10.

1 **grossus**, a, um (cf. *crassus*, bret. *bras* ; fr. *gros*), gros, épais : Cassiod. Hist. 10, 33 ‖ -ior Vulg. Ezech. 41, 25 ; -issimus Cassiod. Psalm. 29, 12.

2 **grossus**, i, m. (1 *grossus*), figue qui n'arrive pas à maturité : Cat. Agr. 94 ; Cels. 5, 12.

Groucasis, ▶ *Caucasus* : *Plin. 6, 50.

Grovi, ōrum, m. pl., peuple de la Tarraconaise : Plin. 4, 112.

Grudĭi, ōrum, m. pl., Groudes [peuple de la Belgique] : Caes. G. 5, 39.

grŭīnus, a, um (*grus*), de grue : M.-Emp. 18, 7.

grŭis, is, f., ▶ *grus* : Phaed. 1, 8, 7.

grūma (grō-), ae, f. (de γνώμων, par l'étr.), alidade [instrument d'arpentage] : P. Fest. 86, 1 ‖ centre d'un camp où la perche d'arpentage était plantée de manière à diviser le camp en quatre rues qui aboutissaient à ce point : Grom. 180, 8.

grūmătĭcus, ▶ *gromaticus*.

Grumbestīni, ōrum, m. pl., peuple de la Calabre : Plin. 3, 105.

Grūmentum, i, n., ville de Lucanie [Saponara] Atlas XII, E5 : Liv. 23, 37, 10 ‖ -tīni, ōrum, m. pl., les habitants de Grumentum : Plin. 3, 98.

Grūmĭo, ōnis, m., nom d'un esclave rural : Pl. Most. 51.

grūmō, ās, āre, -, - (*gruma*), tr., arpenter : Gloss. 2, 36, 17.

***grūmŭlum**, i, n. (cf. *glomus* ?), pépin de raisin sauvage : Ambr. Hel. 6, 18.

grūmŭlus, i, m. (dim. de *grumus* ; it. *grumolo*, fr. *grumeau*), petit tas ; petit tertre : Plin. 19, 112.

grūmus, i, m. (cf. al. *Krume, krauen* ; it. esp. *grumo*), petit tas de terre, petit tertre : Vitr. 2, 1, 5 ; P. Fest. 86, 4.

grunda, ae, f. ?, gargouille, gouttière : Gloss. 2, 36, 24.

Grundīles (-dŭles), ĭum, m., Grundiles, Grundules [nom donné aux dieux lares] : Hemin. d. Diom. 384, 7 ; Non. 114, 31.

grundĭo, ▶ *grunnio* : Quadr. d. Diom. 383, 24.

grundītŭs, ūs, m. (*grundio*), grognement [du porc] : Cic. Tusc. 5, 116.

Grunĭum, ĭi, n., ville de Phrygie : Nep. Alc. 9, 3.

grunnĭō, īs, īre, īvī ou ĭī, ītum (onomat. ; it. *grugnire* ; fr. *gronder, grogner*), intr., grogner [en parl. du cochon] : Varr. d. Non. 114, 27 ; Plin. 32, 19 ; Juv. 15, 220.

grunnītŭs, ūs, m. (*grunnio*), grognement [du porc] : Aug. Nat. grat. 47.

1 **grŭō**, ĭs, ĕre, -, - (*grus*), intr., crier [en parl. de la grue] : P. Fest. 86, 12.

2 **gruō**, ĭs, ĕre, -, - (tiré de *congruo, ingruo*, cf. *ruo* ?), arriver (?) : Consent. 5, 392, 1 ; Gloss. 5, 502, 29.

grūs, grŭis, f. (onomat., cf. γέρανος, gaul. *garanos*, al. *Kranich* ; fr. *grue*), grue [oiseau] : Cic. Nat. 2, 125 ‖ corbeau [machine de guerre] : Vitr. 10, 13, 3.

▶ m. [mâle] Hor. S. 2, 8, 87 ‖ nom. *gruis* Phaed. 1, 8, 7.

Grylĭos, ĭi, m., fleuve d'Éolide : Plin. 5, 122.

gryllo, ▶ *grillo*.

1 **Gryllus**, i, m. (Γρύλλος), fils de Xénophon, mort à Mantinée ; en mémoire de lui, Aristote intitula un de ses écrits le Γρύλλος : Quint. 2, 17, 14 ‖ nom de Romain : Mart. 1, 60, 3.

2 **gryllus**, ▶ *grillus*.

Grynīa, ae, f., -ĭum, ĭi, n., ville d'Éolide, avec un temple d'Apollon : Plin. 32, 59 ‖ -nēus, a, um, de Grynium : Virg. B. 6, 72 ; En. 4, 345.

gryps, ўpis, **grўpus**, i, Mel. 2, 1 ; Plin. 7, 10, m. (γρύψ), griffon [animal fabuleux] : Plin. 10, 136.

▶ la forme *gryphus* (*grifo*) est tardive : Isid. 20, 11, 3.

grȳpus, i, m. (γρυπός) ¶ 1 qui a le nez aquilin : Just. 39, 1, 9 ¶ 2 ▶ *gryps*.

guaranis, e (peu sûr ; germ. ?), fauve, isabelle [couleur du cheval] : Isid. 12, 1, 53.

gŭbernābĭlis, e (*guberno*), gouvernable, qui peut être régi : Sen. Nat. 3, 29, 2.

gŭbernācŭlum, gŭbernaclum sync. poét., i, n. (*guberno* ; fr. *gouvernail*), gouvernail [d'un navire], timon : Cic. Inv. 2, 154 ; Sen. Ep. 90, 24 ‖ [fig. au pl.] : *ad gubernacula rei publicae sedere* Cic. Amer. 51, se tenir au gouvernail de l'État, prendre en main le timon des affaires ; *gubernacula reipublicae tractare* Cic. Sest. 20, manier le gouvernail de l'État, cf. Cic. de Or. 1, 46 ; Liv. 4, 3, 17 ; 24, 8, 13 ‖ [sg. rare] *exercitus non habilis gubernaculo* Vell. 2, 113, 2, armée difficile à gouverner ‖ [tard.] gouvernement : Cypr. Ep. 14, 1, [de l'Église] ; Lact. Epit. 2, 3, [du monde] ‖ gouvernement moral : *gubernaculum rationis* Tert. Apol. 11, 5, la règle de la raison.

gŭbernātĭo, ōnis, f. (*guberno*), conduite d'un navire : Cic. Fin. 4, 76 ‖ [fig.] direction, gouvernement : Cic. de Or. 3, 131 ; Cat. 3, 18.

gŭbernātīvus, a, um (*guberno*), propre à gouverner : Novel.-Just. 98 pr.

gŭbernātŏr, ōris, m. (*guberno* ; fr. *gouverneur*), celui qui tient le gouvernail, timonier : Cic. CM 17 ‖ *gubernator civitatis* Cic. Rep. 2, 51, le pilote de l'État.

gŭbernātrix, īcis, f., directrice, qui gouverne : Cic. de Or. 1, 38.

gŭbernātus, *a*, *um*, part. de *guberno*.

Guberni, *ōrum*, Plin. 4, 109, **Gugerni**, *ōrum*, m. pl., Tac. H. 4, 26, peuple de la Belgique.

gŭbernĭo, *ōnis*, m., [C.] *gubernator* : Isid. 19, 1, 4.

gŭbernĭus, *ĭi*, m., [C.] *gubernator* : Gell. 16, 7, 10.

gŭbernō, *ās*, *āre*, *āvī*, *ātum* (κυβερνάω ; fr. *gouverner*), tr. ¶ 1 [abs¹] diriger un navire, tenir le gouvernail : Cic. 1, 87 ∥ [prov.] *gubernare e terra* Liv. 44, 22, 14, gouverner du rivage, vouloir piloter sans quitter la terre, cf. Liv. 24, 8, 12 ¶ 2 tr., *navem* Enn. An. 483, diriger un navire ∥ [fig.] diriger, conduire, gouverner : Cic. Amer. 131 ; Sull. 78 ; Mil. 25 ; Nat. 2, 73 ; Rep. 3, 47.

gŭbernum, *i*, n., gouvernail ; [au pl.] Lucil. 578 ; Lucr. 2, 553 ; 4, 439.

gŭbĭa (**gulbĭa**), *ae*, f. (gaul. ; fr. *gouge*), burin, gouge : Veg. Mul. 1, 26, 2 ; Isid. 19, 19, 15.

Gudulla, *ae*, f., surnom de femme : CIL 8, 5807.

gŭla, *ae*, f. (cf. *voro*, 1 *gurges*, al. *Kehle* ; it. *gola*) ¶ 1 œsophage, gosier, gorge : *obtorquere gulam* Cic. Verr. 4, 24, tordre la gorge, serrer à la gorge ∥ *frangere gulam laqueo* Sall. C. 55, 5, étrangler qqn ¶ 2 [fig.] bouche, palais : *o gulam insulsam !* Cic. Att. 13, 31, 4, ô le grossier palais ! l'homme sans goût ; *ingenua est mihi gula* Mart. 6, 11, 6, je suis une fine bouche ∥ pl., *proceres gulae* Plin. 9, 66, les fines bouches ∥ gourmandise : Sen. Ep. 29, 5.

gullĭŏca, *ae*, f. ? (peu sûr), écale verte de la noix : P. Fest. 87, 27.

gŭlo, *ōnis*, m. (*gula*), gourmand, glouton : Macr. Sat. 7, 12, 9 ; P. Fest. 99, 21.

***gŭlōsē** [inus.], adv., en gourmand, gloutonnement ∥ -*sius* Col. 1, praef. 5 ; -*issime* Tert. Res. 1, 3.

gŭlōsus, *a*, *um* (*gula* ; it. *goloso*), gourmand, glouton, goulu : *oculi quoque gulosi sunt* Sen. Nat. 3, 18, 7, ils sont gourmands aussi des yeux ; *nihil gulosius Sanctra* Mart. 7, 20, 1, rien de plus vorace que Sanctra ∥ [fig.] *gulosum fictile* Juv. 11, 19, un mets délicat dans un plat grossier ; *gulosus lector* Mart. 10, 59, 5, lecteur avide.

Gulusa (**-ssa**), *ae*, m., fils de Masinissa : Sall. J. 5, 6 ; Liv. 42, 23 ; Plin. 9, 31.

gūmĕn, *ĭnis*, n. (cf. *cummi*), gomme : Pall. 12, 7, 15 ; Isid. 17, 7, 70.

gŭmĭa, *ae*, m. (cf. ombr. *gomia* ?; esp. *gomia*), gourmand : Apul. Apol. 57 ; P. Fest. 99, 22.

gumĭnăsĭum, [C.] 1 *gymnasium* : Varr. R. 1, 55, 4.

gumĭnastĭcus, [C.] *gymnasticus* : *Naev. Com. 52, tit.

gumm-, [V.] *cumm-*.

gumnăsĭum, [V.] *gymnasium*.

gŭnaecēum, [V.] *gynaeceum*.

gunna, *ae*, f. (gaul., a. fr. *gonne*), peau [comme vêtement] : Schol. Bern. G. 3, 383.

Gunugu, n., colonie de Maurétanie Atlas IV, D4 ; VIII, A1 : Plin. 5, 20.

gupsum, [V.] *gypsum*.

Gurdĭaei, *ōrum*, m. pl., peuple de Mésopotamie : Plin. 6, 118.

Gurdinĭi, m. pl., montagnes d'Asie : Plin. 6, 30.

gurdōnĭcus, *a*, *um*, [C.] *gurdus* : Sulp. Sev. Dial. 1, 27, 2.

gurdus, *a*, *um* (esp., cf. *gravis*, βραδύς, lit. *gurdùs* ; fr. *gourd*), balourd, lourdaud : Laber. Com. 13 ; Quint. 1, 5, 57.

1 gurgĕs, *ĭtis*, m. (cf. *gula*, *voro*, 1 *gurgulio*) ¶ 1 tourbillon d'eau : Cic. Pis. 81 ; Liv. 21, 5, 14 ; 22, 6, 7 ∥ masse d'eau : Virg. En. 11, 624 ¶ 2 gouffre, abîme : Virg. En. 6, 295 ; *Carpathius gurges Neptuni* Virg. G. 4, 387, le gouffre marin de Carpathos, cf. Virg. En. 11, 913 ∥ [fig.] *vitiorum* Cic. Verr. 3, 23, abîme de vices, cf. Cic. Sest. 93 ; 111 ; Pis. 41 ¶ 3 [chrét.] eau du baptême : Sedul. Carm. 4, 231.

2 Gurgĕs, *ĭtis*, m., le Gouffre [surnom de Q. Fabius] : Macr. Sat. 3, 13, 6 ∥ autres pers. : Juv. 6, 266 ; Plin. 7, 181.

gurgĭtō, *ās*, *āre*, -, - (*gurges*), tr., gorger : Cassiod. Psalm. 35, 8.

1 gurgulĭo, *ōnis*, m. (cf. 1 *gurges*, *curculio*), gosier, gorge : Pl. Trin. 1016 ; Varr. R. 2, 3, 2 ∥ trachée-artère : Lact. Opif. 11, 7.

2 gurgŭlio, [C.] *curculio*.

gurgustĭŏlum, *i*, n. (*gurgustium*), masure : Apul. M. 1, 23 ; 4, 10.

gurgustĭum, *ĭi*, n. (cf. 1 *gurges* et *angustus*), mauvaise auberge, gargote : Cic. Pis. 13 ∥ cabane, hutte : P. Fest. 88, 6 ; Cic. Nat. 1, 22.

Gurzensis păgus ou **cīvĭtās**, ville de la Byzacène : CIL 8, 68.

gustābĭlis, *e* (*gusto*), qu'on peut goûter : Ambr. Noe 15, 52.

gustātĭō, *ōnis*, f. (*gusto*), action de manger : Garg. Med. 25 ∥ plats d'entrée : Petr. 21, 6.

gustātŏr, *ōris*, m. (*gusto*) ¶ 1 [doigt] qui goûte : Hier. Is. 11, 40, 12 ¶ 2 qui goûte préalablement : Gloss. 2, 36, 40.

gustātōrĭum, *ĭi*, n., entrées [de table] : Plin. Ep. 5, 6, 37 ; Petr. 34, 1.

1 gustātus, *a*, *um*, part. de *gusto*.

2 gustātŭs, *ūs*, m. ¶ 1 goût [sens], palais : Cic. Nat. 2, 141 ; de Or. 3, 99 ¶ 2 goût (saveur) d'une chose : Cic. Nat. 2, 158 ¶ 3 [fig.] action de goûter, sentiment, appréciation : Cic. Phil. 2, 115.

gustō, *ās*, *āre*, *āvī*, *ātum* (fréq., cf. *gustus* ; fr. *goûter*), tr. ¶ 1 goûter [pr. et fig.] : *aquam* Cic. Fam. 7, 26, 1, goûter de l'eau ; *primis labris* Cic. Nat. 1, 20, goûter du bout des lèvres ; *civilem sanguinem* Cic. Phil. 2, 71, goûter au sang des citoyens, cf. Cic. Arch. 17 ; de Or. 1, 145 ; *paululum istarum artium gustavi* Cic. de Or. 3, 75, j'ai goûté un tout petit peu à ces études théoriques ∥ *de potione* Suet. Tit. 2, goûter à un breuvage ¶ 2 [abst¹] faire collation, goûter, manger un morceau : Cic. Mur. 74 ; Plin. Ep. 3, 5, 11.

gustŭlum, *i*, n. (*gustum*), petite entrée de table : Apul. M. 9, 33 ∥ [fig.] préliminaire : Apul. M. 2, 10.

gustum, *i*, n. (*gustus* ¶ 4), entrée de table : Apic. 175.

gustŭs, *ūs*, m. (cf. γεύομαι, al. *Kost*, *kiesen*, scr. *juṣate* ; fr. *goût*) ¶ 1 action de goûter, dégustation : Pl. Cis. 70 ; Plin. 31, 114 ; Tac. An. 12, 66 ; Suet. Ner. 33 ¶ 2 goût d'une chose, saveur : Cels. 6, 8, 6 ; [fig.] Quint. 6, 3, 17 ¶ 3 [fig.] goût, avant-goût, échantillon : Sen. Ep. 114, 18 ; Plin. Ep. 4, 27, 5 ¶ 4 [→] *gustatio*, plat d'entrée : Mart. 11, 31, 4 ; 11, 52, 12 ∥ de quoi goûter, une gorgée : Petr. 77, 7.

Guthălus, *i*, m., fleuve de Germanie Atlas I, A5 : Plin. 4, 100.

Gutones, *um*, m. pl., [C.] *Gothones* : Plin. 4, 99 ∥ Gothons [Goths] : Plin. 37, 35.

1 gutta, *ae*, f. (obscur, cf. *guttus* ; fr. *goutte*) ¶ 1 goutte d'un liquide : Cic. de Or. 3, 186 ; Nat. 2, 14 ∥ larme : Ov. Pont. 2, 3, 90 ∥ larmes qui dégouttent de certains arbres : Mart. 6, 15, 2 ¶ 2 moucheture [des animaux, des pierres] : Virg. G. 4, 99 ; Ov. M. 4, 578 ; Plin. 29, 84 ; 36, 63 ∥ [archit.] goutte [dans l'ordre dorique ou corinthien] : Vitr. 4, 1, 2 ¶ 3 [fig.] une goutte, une parcelle, un brin : Pl. Ps. 397 ; Lucr. 4, 1060.

2 Gutta, *ae*, m., surnom romain : [jeu de mots] *conditor totius rei Guttam adspergit huic Bulbo* Cic. Clu. 71, celui qui assaisonne (mijote) toute l'affaire asperge notre Bulbe [*bulbus* = oignon] de Goutte [*gutta* = une goutte d'huile], c.-à-d. adjoint Goutte à Bulbe [= joint Gutta à Bulbus].

guttātim, adv. (1 *gutta*), goutte à goutte : Enn. d. Non. 116, 1.

guttātus, *a*, *um* (1 *gutta*), tacheté, moucheté : Mart. 3, 58, 15 ∥ [cheval] pommelé : Pall. 4, 13, 4.

guttō, *ās*, *āre*, -, - (1 *gutta*), intr., tomber goutte à goutte : Gloss. 2, 36, 46.

guttŭla, *ae*, f. (dim. de 1 *gutta*), petite goutte, gouttelette : Pl. Ep. 554.

guttŭr, *ŭris*, n. (peu net ; fr. *goitre*), gosier, gorge : Pl. Curc. 106 ; Cic. poet. Div. 1, 14 ; Hor. Epo. 3, 1 ; pl., *guttura* Ov. M. 7, 314 ∥ [fig.] = gloutonnerie : Juv. 2, 114.

▶ m. Varr. Men. 337 ; acc. *gutturem* ; Pl. Mil. 385 ; Aul. 304.

guturnĭum, **gutturnĭum**, *ĭi*, n. (de κωθώνιον, cf. *cuturnium* et *gutta*, *guttus*), vase sacrificiel à col étroit : P. Fest. 87, 28.

gutturosus

guttŭrōsus, *a, um* (*guttur*), goîtreux : Ulp. Dig. 21, 1, 12.

guttus (gūtus), *i*, m. (de κώθων, cf. étr. *qutum* et *gutta* ; it. *gotto*), vase à col étroit, burette : Varr. L. 5, 124 ; Hor. S. 1, 6, 118 ; Juv. 3, 263.

guvĭa, *ae*, f., v. *gubia*.

Gўăra, *ae*, f., Plin. 8, 104, **Gўărŏs**, *i*, f. (Γύαρος), **Gўăra**, *ōrum*, n. pl., Juv. 1, 73 une des Cyclades Atlas VI, C2 : Cic. Att. 5, 12, 1 ; Virg. En. 3, 76 ; Tac. An. 3, 68.

Gўās, Gўēs, *ae*, m. (Γύης), Gyas [un des Géants] : Hor. O. 2, 17, 14 ǁ compagnon d'Énée : Virg. En. 1, 222.

Gygemĕrŏs, *i*, m., montagne de Thrace : Plin. 4, 50.

Gўgēs, *is* (*ae*), m. (Γύγης) ¶ 1 Gygès [roi de Lydie] : Cic. Off. 3, 78 ǁ **-aeus**, *a, um*, de Gygès, lydien : Prop. 3, 11, 18 ¶ 2 nom d'un jeune homme : Hor. O. 2, 5, 20 ¶ 3 Troyen tué par Turnus : Virg. En. 9, 762.

Gўlippus, *i*, m. (Γύλιππος), nom d'homme : Virg. En. 12, 272.

gymnăs, *ădis*, f. (γυμνάς), lutte, exercice de la lutte : Stat. Th. 4, 106 ; S. 4, 2, 47.

gymnăsĭarchus, *i*, m. (γυμνασίαρχος), gymnasiarque, directeur du gymnase : Cic. Verr. 4, 92 ǁ **-chēs**, *ae*, m., Firm. Math. 4, 21, 5.

1 **gymnăsĭum**, *ĭi*, n. (γυμνάσιον) ¶ 1 lieu public chez les Grecs destiné aux exercices du corps, gymnase : Cic. Tusc. 2, 151 ǁ *habere aliquem gymnasium* Pl. Aul. 410, prendre qqn pour un gymnase s'escrimer sur qqn, le battre ¶ 2 école philosophique [les réunions philos. se faisant sous les portiques ou dans les gymnases] : Cic. de Or. 1, 56 ; Par. 1 ǁ gymnase [comme lieu de réunion pour la conversation] : Plin. Ep. 1, 22, 6 ; [Cicéron en avait un dans sa maison de Tusculum] Cic. Div. 1, 8 ¶ 3 [chrét.] exercice spirituel : *gymnasium pudoris* Ambr. Exh. virg. 10, 71, l'entraînement à la pudeur ǁ étude de l'Écriture : Cassiod. Inst. 1, 21, 2.

2 **Gymnăsĭum**, *ĭi*, n., courtisane : Pl. Cis. 107.

gymnastĭcus, *a, um* (γυμναστικός), gymnastique : Pl. Ru. 296.

Gymnētes, *um*, m. pl., Gymnètes [peuple de l'Inde] : Plin. 7, 28 ǁ peuple d'Éthiopie : Plin. 5, 43.

gymnĭcus, *a, um* (γυμνικός), gymnique, de lutte : Cic. Tusc. 2, 62 ; Sen. Ir. 2, 14.

Gymnītes, v. *Gymnetes*.

gymnŏsŏphistae, *ārum*, m. pl., les gymnosophistes [secte de l'Inde] : Plin. 7, 22.

gўnaecēum (-cīum), *i*, n. (γυναικεῖον), gynécée [appartement des femmes chez les Grecs] : Pl. Most. 755 ; Ter. Phorm. 862 ; Cic. Phil. 2, 95 ǁ atelier de femmes : Veg. Mil. 1, 7 ; Cod. Just. 9, 27, 5 ; Cod. Th. 9, 27, 7 ǁ sérail : Lact. Mort. 21, 4.

gўnaecĭārĭus, *ii*, m., chef d'un atelier d'ouvrières : Cod. Just. 11, 7, 3 ; Cod. Th. 10, 20, 3.

Gynaecocrătūmĕnoe, *ōrum*, m. pl., peuple de Sarmatie [soumis par les Amazones] : Plin. 6, 19.

gўnaecōnītis, *ĭdis*, f. (γυναικωνῖτις), gynécée : Nep. praef. 7 ; Vitr. 6, 7, 2.

Gўnaecŏpŏlītēs nomos, m., nome Gynécopolite [dans la Basse-Égypte] : Plin. 5, 49.

Gyndēs, *ae*, m. (Γύνδης), fleuve d'Assyrie [auj. le Kerah] : Tib. 4, 1, 141 ; Sen. Ir. 3, 21, 1.

gypsārĭus plastes, v. *gypsoplastes* : Diocl. 7, 30.

gypsātus, *a, um*, part.-adj. de *gypso*, plâtré ǁ *manibus gypsatissimis* Cic. Fam. 7, 6, 1, avec les mains complètement recouvertes de plâtre [habitude des acteurs jouant les rôles de femmes].

gypsĕus, *a, um* (*gypsum*), de plâtre : Spart. Sept. 22, 3.

gypsō, *ās, āre, āvī, ātum* (*gypsum*), tr., enduire de plâtre, crépir : Col. 12, 42, 3 ǁ *gypsati pedes* Tib. 2, 3, 60, pieds enduits de plâtre [en parl. d'esclaves mis en vente].

gypsŏplastēs, *ae*, m. (γυψοπλάστης), celui qui moule en plâtre, mouleur : Cassiod. Var. 7, 5, 5.

gypsum, *i*, n. (γύψος ; it. *gesso*), pierre à plâtre, gypse, plâtre : Cat. Agr. 39, 1 ; Sen. Nat. 3, 25, 1 ; Plin. 36, 182 ǁ plâtre, statue ou portrait en plâtre : Juv. 2, 4.
▶ *gypsus* Gloss. 3, 132, 53.

gypsus, *i*, f., **-sum**, *i*, n., île de la Haute-Égypte : Cod. Just. 9, 47, 16.

gȳrātus, *a, um*, part. de *gyro*.

gyrgillus, *i*, m., dévidoir : Isid. 20, 15, 2.

Gyri mons, m., montagne d'Afrique : Plin. 5, 37.

gyrīnus, *i*, m. (γυρῖνος), têtard [jeune grenouille] : Plin. 9, 159.

gȳrō, *ās, āre, āvī, ātum* (*gyrus* ; it. *girare*) ¶ 1 tr., faire tourner en rond, faire décrire un cercle : *se* Veg. Mul. 3, 5, faire des voltes [en parl. d'un cheval] ǁ *gyratus* Plin. 5, 62, arrondi ¶ 2 intr., tourner : Ambr. Psalm. 118 s. 12, 20.

gȳrŏvăgus, *a, um*, errant : Bened. Reg. 1, 10.

Gyrtōn, *ōnis*, f., (**-nē**, *ēs*, Sen. Tro. 831), ville de Thessalie : Liv. 36, 10, 2 ǁ ville de Magnésie : Plin. 4, 32.

1 **gȳrus**, *i*, m. (γῦρος ; it. *giro*) ¶ 1 cercle que l'on fait faire au cheval, volte : Virg. G. 3, 115 ; 3, 191 ; Tac. G. 6 ǁ cercle, rond : Virg. En. 5, 85 ; Ov. Am. 2, 66, 33 ; Plin. 10, 59 ; 11, 68 ; [fig.] Hor. S. 2, 6, 26 ; Sen. Ep. 12, 6 ǁ pl., [fig.] détours, subtilités : Gell. 16, 8, 17 ¶ 2 manège où l'on dresse les chevaux : Prop. 3, 14, 11 ǁ [fig.] = dressage : Cic. Off. 1, 90 ǁ = carrière : Cic. de Or. 3, 70 ¶ 3 [tard.] *in giro* Eger. 29, 5 ; *per girum* Chir. 973, autour ǁ [avec abl.] *in giro colliculo* Eger. 14, 2, autour de la colline ; [avec acc.] *in giro parietes* Eger. 3, 8, autour des murs.

2 **Gyrus**, *i*, f., une des Sporades : Plin. 4, 70.

Gythēum (Γύθειον), *i*, **-thĭum**, Mel. 2, 51, *ii*, n. (Γύθιον), Gythéum ou Gythium [ville de Laconie, auj. Palaeopolis] Atlas VI, C2 : Cic. Off. 3, 49 ; Liv. 34, 29, 2 ǁ **-thĕātes sĭnŭs**, golfe de Gythéum : Plin. 4, 16.

Gytisŏs, *i*, f., ville de Crète : Plin. 4, 59.

H

h, n., f. indécl., huitième lettre de l'alphabet, prononcée *hā* : Pomp.-Gr. *5, 101, 14* ‖ **H** abréviation de *heres, honor, habet*; **HH** = *heredes*; **H. E. T.** = *heres ex testamento* ‖ **H. S. E.** = *hic situs est* ‖ **HS.**, v.▶ *2 sestertius*.

hă !, interj., ah ! oh ! ; [gén^t] **ha hae** ou **hahae** ‖ **ha ha hae** ou **hahahae** ah ! ah ! [éclat de rire], cf. Ter. *Haut. 886*; *Hec. 862*; *Eun. 497*.

Hābăcūc, v.▶ *Abacuc*.

hăbēna, *ae*, f. (*habeo*) ¶ **1** courroie : Virg. *En. 7, 380* ‖ courroie de fronde : Luc. *3, 710*‖ lanière, fouet, étrivières : Hor. *Ep. 2, 2, 15*‖ lanière, bande de chair : Cels. *7, 17, 1 C* ¶ **2** bride, rênes, guides [ordin^t au pl.] : Virg. *En. 5, 8, 8*; *conversis habenis* Virg. *En. 11, 713*, tournant bride; *effusissimis habenis* Liv. *37, 20, 10*, à toute bride ‖ [par ext.] la cavalerie : Val.-Flac. *6, 95* ‖ [fig.] *adducere vel remittere habenas amicitiae* Cic. *Lae. 45*, serrer ou relâcher la bride de l'amitié; *classi immittere habenas* Virg. *En. 6, 1*, lâcher la bride à la flotte; *Latiae diffisus habenae* Sil. *13, 34*, se défiant du joug de Rome ¶ **3** [métaph.] ligament, fibre, radicelle : Gell. *13, 21, 5*.

hăbentia, *ae*, f. (*habeo*), ce qu'on possède, l'avoir : Pl. *Truc. 21*.

hăbēnŭla, *ae*, f. (dim. de *habena*), lambeau étroit de chair, bande charnue : Cels. *7, 7, 8*.

hăbĕō, *ēs, ēre, ŭī, ĭtum* (**ghabh-*, cf. v. irl. *gaibim*, lit. *gabénti*, al. *geben*, an. *give*; fr. *avoir*), tr., tenir

I [au pr.] ¶ **1** " avoir en sa possession " ¶ **2** " garder, tenir ", *in custodiis aliquem* "maintenir en prison " ¶ **3** "porter" *vestem*, "contenir" ¶ **4** [abs.] " habiter ".
II [fig.] ¶ **1** *in animo, ante oculos habere*, v. ces mots ¶ **2** "avoir en soi, sur soi", "comporter, occasionner", *hoc habet !* "touché !" ¶ **3** "tenir dans tel ou tel état " ¶ **4** "traiter " *benigne, male,* [avec dat.] *ludibrio, quaestui habere*, v. ces mots ¶ **5** "regarder, considérer comme ", *pro amico habere* (*haberi*), (*in*) *loco,* (*in*) *numero habere* (*haberi*) [avec gén. de prix, de qualité] " être apprécié " ¶ **6** " avoir, tenir " [une assemblée, une conversation] ¶ **7** " (*se*) *habere* " se trouver, être " **a)** [santé] *me bene habeo* "je me porte bien " **b)** [situation] *bene habemus nos* **c)** *res sic se habet* "il en est ainsi "

¶ **8** " connaître, savoir " ¶ **9** " avoir dans telle condition " [collègue, ami], [avec un part. p. pass.] *exploratum, perspectum, persuasum,* v. ces mots ¶ **10** [constr.] **a)** [avec inf. de but] **b)** [avec rel. conséc.] **c)** [avec interr. indir.] **d)** [avec interr. indir. et subj. délibératif] **e)** [avec adj. verb.] ¶ **11** [tard.] **a)** [avec inf.] "devoir, aller " **b)** [avec part. p. pass. = p. composé] *illum invitatum habeo* "je l'ai invité " ¶ **12** [tard.] impers. *habet* "il y a".

I [au pr.] ¶ **1** avoir, avoir en sa possession : *pecuniam* Cic. *Rep. 3, 17*; *naves* Cic. *Verr. 5, 104*; *exercitum* Cic. *Pomp. 50*, avoir de l'argent, des navires, une armée; *patrem clarissimum* Cic. *Amer. 147*, avoir un père très illustre; *triginta annos* Quint. *6, 4, 73*, avoir trente ans, cf. *8, 5, 17*; *hostis habet muros* Virg. *En. 2, 290*, l'ennemi est maître de nos murs; *a te hortos habebo* Cic. *Att. 13, 1, 2*, c'est à toi que je devrai d'avoir les jardins ‖ *Africam initio habuere Gaetuli* Sall. *J. 18, 1*, l'Afrique au début était au pouvoir des Gétules (habitée par), cf. Sall. *C. 6, 1*; *urbem Romam a principio reges habuere* Tac. *An. 1, 1*, la ville de Rome fut d'abord aux mains des rois; *animus habet cuncta neque habetur* Sall. *J. 2, 3*, l'esprit est maître de tout et il n'a pas de maître; *habeo (Laida), non habeor a Laide* Cic. *Fam. 9, 26, 2*, j'ai (Laïs), mais elle ne m'a pas ‖ [abs^t] être propriétaire : *habet in nummis, in urbanis praediis* Cic. *Verr. 3, 199*, il possède en fait d'argent... = il possède de l'argent, des immeubles en ville, cf. Cic. *Att. 8, 10*; *Amer. 132*; *Verr. 5, 45* ‖ *habere aliquid sibi*, prendre pour soi qqch. : *sibi hereditatem* Cic. *Verr. 2, 47*, prendre pour soi l'héritage, cf. Cic. *Flac. 104*; [d'où formule de divorce] : *res tuas tibi habeas, habe, habeto,* prends ce qui t'appartient, cf. Pl. *Amp. 928*; Sen. *Suas. 1, 7*; Contr. *2, 5, 9*; Cic. *Phil. 2, 69* ¶ **2** avoir, garder, tenir : *domi divisores* Cic. *Att. 1, 16, 12*, garder chez soi ceux qui distribuent l'argent; *magnum numerum equitatus circum se* Caes. *G. 1, 18, 5*, avoir autour de soi une forte troupe de cavaliers [attachés à sa personne]; *legio quam secum habebat* Caes. *G. 1, 8, 1*, la légion qu'il avait avec lui ‖ tenir, maintenir : *aliquem in obsidione* Caes. *C. 3, 31, 3*, tenir qqn assiégé; *aliquem in custodiis* Sall. *C. 52, 14*, tenir qqn en prison, cf. Liv. *22, 25, 6*; *in custodiam habiti* Tac. *H. 1, 87*, tenus emprisonnés; *quae res eos in bello inter se habuit* Sall. *J. 79, 3*, fait qui les maintint dans des hostilités réciproques; *quinquaginta milia in armis habere* Liv. *21, 8, 3*, avoir cinquante mille hommes sous les armes; *aciem instructam habuit* Caes. *G. 1, 48, 3*, il tint son armée rangée en bataille; *inclusum in curia senatum habuerunt* Cic. *Att. 6, 2, 8*, ils tinrent le sénat enfermé dans la curie ¶ **3** avoir, tenir, porter : *vestem* Ov. *Am. 1, 8, 51*, porter un vêtement; *anulus subter tenuatur habendo* Lucr. *1, 312*, l'anneau par-dessous s'use à force d'être porté; *fenum in cornu* Hor. *S. 1, 4, 34*, avoir du foin à la corne [manière de signaler un bœuf dangereux]; *apes in juba* Cic. *Div. 2, 67*, avoir des abeilles dans sa crinière ‖ contenir, renfermer : *me somno gravatum infelix habuit thalamus* Virg. *En. 6, 520*, ma couche infortunée abrita mon corps appesanti par le sommeil; *non me impia Tartara habent* Virg. *En. 5, 734*, ce n'est pas le Tartare impie qui me possède; *pro Annio Servilioque M'. Acilium et C. Herennium habent quidam annales* Liv. *21, 25, 4*, à la place d'Annius et Servilius certaines annales ont (portent) M'. Acilius et C. Herennius, cf. Liv. *8, 37, 3*; *22, 27, 3* ¶ **4** [abs^t] habiter, se tenir qq. part : *qui Syracusis habet* Pl. *Men. 69*, celui qui habite à Syracuse, cf. Pl. *Bac. 114*; *Trin. 194*; Varr. *L. 5, 50*.

II [fig.] ¶ **1** *in animo, in ore, in manibus,* avoir dans l'esprit, à la bouche, dans les mains, v.▶ *animus, os, manus*: *ante oculos, in oculis,* avoir devant les yeux, v.▶ *oculus*: *haec tu tecum habeto* Cic. *Att. 4, 15, 6*, garde cela pour toi (n'en parle à personne), cf. Cic. *Fam. 7, 25, 2* ¶ **2** avoir en soi, sur soi : *febrim* Cic. *Fam. 7, 26, 1*, avoir la fièvre; *dissimiles naturas, vitas* Cic. *Div. 2, 95*, avoir des caractères, des existences dissemblables; *summam vim dicendi* Cic. *de Or. 1, 89*, avoir en soi une puissance oratoire incomparable; *timorem* Cic. *Mil. 4*, avoir de la crainte; *metum* Cael. *Fam. 8, 10, 1*, avoir peur; *multas cupiditates* Cic. *Verr. 2, 184*, avoir une foule de passions; *spem de aliquo* Cic. *Lae. 11*, mettre son espoir dans qqn; *odium in aliquem* Cic. *Clu. 151*, avoir de la haine contre qqn; *neque modum neque modestiam victores habere* Sall. *C. 11, 4*, les vainqueurs n'avaient ni mesure ni frein; *habebat hoc omnino Caesar...* Cic. *Phil. 2, 78*, César avait ce trait général de caractère..., cf. Hor. *S. 1, 3, 3* ‖ avoir comme trait caractéristique : *locus nihil habet religionis* Cic. *Leg. 2, 57*, l'emplacement n'a aucun caractère sa-

habeo

cré ; *res maritimae instabilem motum habent* Caes. G. 4, 23, 5, une guerre navale comporte des mouvements incessants ; *habet hoc virtus, ut...* Cic. Pis. 81, la vertu a ce trait caractéristique que... ; *habet hoc sollicitudo, quod...* Plin. Ep. 6, 9, 2, la sollicitude a pour caractère de..., cf. Plin. Pan. 83, 1 ; [avec *in se*] Cic. Mur. 1 ; Tusc. 1, 109 ; Sall. J. 4, 6 ‖ comporter, entraîner avec soi, occasionner : *pax, quae nihil habitura sit insidiarum* Cic. Off. 1, 35, une paix où il n'entrera aucun piège ; *aliquid offensionis* Cic. Off. 3, 105, avoir qqch. de choquant ; *dubitationem* Cic. Off. 3, 9 ; *iniquitatem, difficultatem* Cic. Cat. 4, 7 ; *nihil utilitatis* Cic. Brut. 276, être douteux, injuste, difficile, inutile ; *habet nomen invidiam* Cic. Or. 170, le terme est antipathique ; *habet magnum dolorem... reverti* Cic. Mur. 89, c'est profondément pénible de revenir... ; *admirationem habere* Cic. Marc. 26, être admiré ; *pons magnum circuitum habebat* Caes. C. 1, 63, 2, le pont entraînait un long détour ‖ [dans les combats de gladiateurs] *hoc habet* Virg. En. 12, 296, touché ! il a son compte ; [fig.] Pl. Most. 715 ; Ru. 1143 ; *habet* Ter. And. 82, même sens ¶ **3** tenir dans tel ou tel état : *habebimus mare infestum* Cic. Att. 9, 19, 3, nous infesterons la mer [nous rendrons la navigation impraticable] ; *aliquem sollicitum* Cic. Fam. 6, 13, 3, tenir qqn dans l'inquiétude, cf. Liv. 34, 36, 3 ; 39, 29, 9 ; *anxium me habet petitio Sexti* Plin. Ep. 2, 9, 1, la candidature de Sextus me tient préoccupé ¶ **4** traiter : *aliquem bene* Pl. Curc. 698, bien traiter qqn ; *male* Caes. C. 1, 63, 2, maltraiter ; *his eos suppliciis male haberi malebat* Caes. C. 1, 81, 6, il aimait mieux les voir souffrir de ces tourments ; *accurate ac liberaliter, benigne* Sall. J. 103, 5 ; 113, 2, traiter d'une manière empressée et généreuse, avec bienveillance ; *milites laxiore imperio* Sall. J. 64, 5, tenir les soldats dans une discipline moins rigoureuse ; *hoc male habet virum* Ter. And. 436, cela tourmente mon homme ; *quae Tiberius civiliter habuit* Tac. An. 4, 21, à l'égard de ces faits Tibère eut l'attitude d'un simple citoyen ; *eos non pro vanis hostibus habuit, sed...* Sall. J. 103, 5, il les traita non pas comme des ennemis sans foi, mais... ; *eos habere necessarios* Cic. Lae. 74, les traiter en amis intimes ‖ [avec dat.] *ludibrio aliquem, quaestui rem publicam*, se jouer de qqn, trafiquer de l'État, v. *ludibrium, quaestus* ‖ *graviter habere aliquid* Sall. C. 51, 11 ; *aegre* Liv. 7, 5, 7, mal supporter qqch. ¶ **5** tenir pour = regarder comme, considérer comme : *deos aeternos* Cic. Nat. 1, 45, estimer que les dieux sont éternels ; *maximam illam voluptatem, quae...* ; Cic. Fin. 1, 37, regarder comme le plus grand plaisir celui qui... ; *Bias sapiens habitus est unus e septem* Cic. Lae. 59, Bias passa pour un des sept sages ; *sine metu is habendus est, qui...* ; Cic. Tusc. 5, 41, on doit considérer qu'il est sans crainte celui qui... ; *eos dicit esse habitos deos, a quibus...* ; Cic. Nat. 1, 38, il prétend qu'on a donné le titre de dieux à ceux par qui..., cf. Cic. Leg. 1, 40 ; Verr. 4, 96 ‖ *aliquem pro amico, pro hoste* Caes. G. 1, 44, 11, regarder qqn comme un ami, comme un ennemi ; *incognita pro cognitis* Cic. Off. 1, 18, tenir pour connu l'inconnu ; *ceteris omnibus pro nihilo habitis* Cic. Tusc. 5, 9, tout le reste étant tenu pour rien ; *pro munimento habere* [avec inf.] Sall. J. 31, 13, regardent comme leur sécurité de ‖ *in loco, loco, in numero, numero* [avec gén.] regarder comme, compter au nombre de, voir, v. *locus, numerus* : *aliquid in maximis rebus* Cic. Att. 5, 5, 2, regarder une chose comme très importante ; *omnia, quae secundum naturam fiunt, sunt habenda in bonis* Cic. CM 71, tout ce qui a lieu conformément aux lois de la nature doit être considéré comme un bien ‖ *habere aliquid religioni*, se faire un scrupule de qqch., v. *religio* ; *paupertas probro haberi coepit* : Sall. C. 12, 1, la pauvreté commença à passer pour une honte ; *habere aliquid honori, non praedae* Sall. J. 31, 10, considérer qqch. comme un titre d'honneur et non comme une proie ‖ *parum, satis habere* [avec inf.] Sall. J. 31, 9 ; 31, 20, trouver insuffisant, suffisant de ‖ *haberi* [avec gén. de prix, de qualité] : *ejus auctoritas magni habebatur* Caes. G. 4, 21, 7, son influence était très appréciée ; *magnae habitus auctoritatis* Caes. G. 7, 77, 3, tenu pour un homme très influent ¶ **6** avoir, tenir [une assemblée, une conversation] : *senatum* Cic. Q. 2, 13, 3, réunir le sénat ; *concilia habebant* Caes. G. 5, 53, 4, ils tenaient des assemblées ; *comitia haberi non sinere* Cic. Q. 2, 6, 6, empêcher la tenue des comices ; *Appio comitia contra leges habente* Cic. Brut. 55, Appius présidant (dirigeant) les comices contrairement aux lois ‖ *iter ad legiones* Caes. C. 1, 14, 3, se diriger vers les légions, cf. Caes. C. 1, 51, 1 ; 3, 11, 2 ; 3, 106, 1 ‖ *orationes habitae* Cic. Brut. 91, discours prononcés ; *sermonem* Cic. Tusc. 1, 57, tenir une conversation ; *verba* Cic. de Or. 2, 196 ; Rep. 6, 9, tenir des propos, prononcer des paroles ; *disputationem* Cic. Rep. 1, 12, faire une dissertation ¶ **7** tenir, maintenir, garder : *in obscuro vitam* Sall. C. 51, 12, tenir, passer sa vie dans l'obscurité, cf. C. 4, 1 ‖ *ordines* Sall. J. 80, 2, garder les rangs ¶ **8** accorder, donner : *alicui honorem*, donner à qqn une marque d'honneur, v. *honos* ¶ **9** *se habere* [ou] *habere* [seul], se trouver, être **a)** [santé] : *se non graviter habere* Cic. Att. 7, 2, 3, n'être pas gravement malade ; *vitis quam optime se habeat* Cic. Fin. 4, 38, [obtenir] que la vigne se porte le mieux possible ; *ego me bene habeo* Tac. An. 14, 51, je vais bien ; *Terentia minus belle habuit* Cic. Fam. 9, 9, 1, Térentia a été un peu souffrante **b)** [situation] *bene habemus nos, si...* Cic. Att. 2, 8, 6, cela va bien pour nous, si... ; *praeclare te habes, cum...* Cic. Verr. 2, 149, cela va bien pour toi, du moment que..., cf. Cic. Att. 11, 7, 4 ; **c)** *res sic (ita) se habet*, les choses sont ainsi, il en est ainsi ; *ordo agminis aliter se habebat* Caes. G. 2, 19, 1, l'ordre de marche se trouvait différent ; *male se res habet, cum...* Cic. Off. 2, 22, cela va mal, quand... ; *sic profecto se res habet, ut sit...* Cic. de Or. 2, 271, les choses vont de telle façon qu'il y a... ; *laetus sum ut meae res sese habent* Ter. Phorm. 820, je suis content de la façon dont vont mes affaires ‖ *bene habent tibi principia* Ter. Phorm. 430, tu as bien débuté, cf. Ter. Ad. 364 ; Pl. Cas. 338 ‖ *bene habet* Cic. Mur. 14, tout va bien, cf. Cic. Att. 12, 14, 3 ; Liv. 6, 35, 8 ; 8, 6, 5 ¶ **10** avoir, posséder [formule de conclusion] : *habes meum de oratore judicium* Cic. Or. 237, tu as (voilà) mon opinion sur l'orateur idéal, cf. Cic. Att. 5, 21, 10 ; de Or. 2, 361 ‖ = connaître, savoir : *istius regis matrem habemus, ignoramus patrem* Cic. Rep. 2, 33, nous connaissons la mère de ce roi, nous ignorons son père ; *de me sic habetote* Cic. Lae. 10, pour ce qui me concerne, sachez ceci ; *sic habeto, non esse te mortalem* Cic. Rep. 6, 26, pénètre-toi de cette idée que tu n'es pas mortel ; *habendum est nullam in amicitiis pestem esse majorem...* Cic. Lae. 91, il faut être pénétré de l'idée qu'il n'y a pas dans les amitiés de pire fléau... cf. Cic. Verr. 5, 64 ; Cael. 3 ‖ [abs[t]] *habes de Vatinio* Cic. Fam. 1, 9, 20, voilà pour ce qui concerne Vatinius ¶ **11** avoir dans telle condition, avoir comme [collègue, ami] : *collegam in praetura Sophoclem* Cic. Off. 1, 144, avoir Sophocle comme collègue dans la charge de stratège ; *aliquem miseriorem* Cic. Flac. 71, trouver plus de pitié dans qqn ; *virtus clara aeternaque habetur* Sall. C. 1, 4, la merite est une possession éclatante et éternelle ; *audacia habetur pro muro* Sall. C. 58, 17, l'audace tient lieu de rempart = dans l'audace on a un rempart ‖ [avec part. p. pass.] avoir un objet comme, à l'état de... : *eam possessionem habet a vobis emptam* Cic. Fam. 13, 76, 2, il possède un bien qu'il vous a acheté ; *omnia, quae quisque meminit, habet ea comprensa atque percepta* Cic. Ac. 2, 106, tout ce que chacun se rappelle, il le possède à l'état de chose comprise et perçue (tout souvenir procède d'une connaissance claire et précise) ; *meam fidem habent spectatam jam et cognitam* Cic. Caecil. 11, ils connaissent ma loyauté pour l'avoir éprouvée ‖ [tour fréquent] : *compertum, exploratum, perspectum, persuasum, propositum, susceptum habeo*, v. ces mots ¶ **12** [constr.] **a)** [avec inf. de but] v. Gaffiot Mus. Belge 33, p. 215 sqq., avoir à : *haec fere dicere habui...* Cic. Nat. 3, 93, voilà à peu près tout ce que j'avais à dire... ; *de re publica nihil habeo ad te scribere* Cic. Att. 2, 22, 6, sur la situation politique je n'ai rien à t'écrire ; *habeo polliceri* Cic. *Fam.* 1, 5, 3, j'ai à promettre, je puis promettre **b)** [avec rel. consec.] *haec habui de senectute quae dicerem* Cic. *CM* 85, voilà sur la vieillesse ce que j'avais à dire ; *nihil habeo quod ad te scribam* Cic. *Att.* 7, 19, je n'ai rien à t'écrire, cf. Cic. *Lae.* 103 ; *nihil habeo quod accusem senectutem* Cic. *CM* 13, je n'ai aucune raison d'accuser la vieillesse **c)** [avec interrog. indir.] *habetis de inveniendis rebus quid sentiam* Cic. *de Or.* 2, 350, vous connaissez (voilà) mon sentiment sur l'invention, cf. Cic. *Tusc.* 5, 82 **d)** [avec interrog. indir.] *quid responderet, non habebat* Cic. *Mur.* 26, il ne savait ce qu'il fallait répondre (que répondre), cf. Cic. *Verr.* 4, 51 ; *Off.* 2, 7 ; *quo se reciperent, non habebant* Caes. *G.* 4, 38, 2, ils ne savaient où se réfugier **e)** [avec adj. verb.] [v. *Mus. Belge.* 33, p. 221 sqq.] : *aedem tuendam* Cic. *Verr.* 1, 130, avoir la garde d'un temple, cf. Ter. *Phorm.* 365 ; Varr. *R.* 1, 16, 2 **f)** [avec adj. verb. n.] [v. *Mus. Belge* 33, p. 226] : *pugnandum habere* Sen. *Contr.* 10, 2, 4, avoir la tâche (la mission) de se battre ; *dicendum habere* Tac. *D.* 31, avoir la tâche de parler, avoir la parole, cf. *An.* 14, 44 ; *D.* 37 ‖ [mais] *dicendum habere* Sen. *Contr.* 9, 5, 1, avoir l'obligation de dire, cf. 2, 7, 1 ; Tac. *D.* 36 ; *An.* 14, 40 ; Plin. *Ep.* 1, 8, 12 ¶**13** [tard.] **a)** [avec inf.] v. aussi II ¶12 a, devoir, avoir à [faire, dire ...] : *multa enim habemus dicere vobis* Aug. *Serm.* 215, 9, nous avons en effet beaucoup de choses à vous dire ‖ avoir l'obligation de : *unum habet esse baptisma* Cypr. *Sent.* 73, il ne doit y avoir qu'un seul baptême ‖ aller, devoir [marque un avenir prochain] : *quod a fratribus suis laudari et adorari haberet* Cypr. *Ep.* 63, 6, qu'il allait être loué et adoré par ses frères ; *exire habebamus* Eger. 4, 5, nous devions sortir **b)** [avec un part. p., forme une périphrase comparable à notre p. composé ; v. aussi II ¶11] : *si Dominum iratum haberes* Aug. *Serm.* 211, 2, si tu avais irrité le Seigneur ; *metuo ne vos habeam fatigatos* Aug. *Serm.* 37, 17, je crains de vous avoir fatigués ; *episcopum invitatum habes* Greg.-Tur. *Vit. Patr.* 3, 1, tu as invité l'évêque ¶**14** [tard.] impers., *habet* il y a : *habebat (...) quattuor milia* Eger. 1, 2, il y avait quatre milles ; *non habet hunc numerum* Hier. *Ezech.* 11, 2, il n'y a pas ce nombre.

► *haben = habesne* Pl. *Ps.* 1163 ; *Trin.* 89 ; 964 ; *Truc.* 680 ‖ [arch.] *habessit = habuerit* Cic. *Leg.* 2, 19.

Habesŏs, ī, f., ville de Lycie : Plin. 5, 100.

hăbessit, v. *habeo*.

hăbĭlis, e (*habeo*) ¶**1** commode à tenir, à porter, à manier, qui va bien : *brevitate habiles gladii* Liv. 22, 46, 5, épées facilement maniables à cause de leur courte longueur, cf. Virg. *En.* 9, 305 ; *naves velis habiles* Tac. *An.* 2, 6, navires allant bien à la voile ; *calcei habiles atque apti ad pedes* Cic. *de Or.* 1, 231, chaussures allant bien et adaptées aux pieds ¶**2** [fig.] qui va bien, bien adapté, bien approprié : *figura corporis habilis et apta ingenio humano* Cic. *Leg.* 1, 26, une configuration du corps convenable et appropriée aux goûts de l'homme ; *bos feturae habilis* Virg. *G.* 3, 62, génisse apte à la reproduction ; *vites pinguibus terris habiles* Virg. *G.* 2, 92, vignes appropriées aux sols gras ; *sunt quidam in eisdem rebus habiles* Cic. *de Or.* 1, 115, d'aucuns sont bien adaptés (bien doués) sous ces mêmes rapports ; *ingenium ad res diversissimas habilius* Liv. 21, 4, 3, esprit plus prompt à s'adapter aux choses les plus opposées ‖ [avec inf.] propre à, apte à : Stat. *Th.* 4, 225 ; Luc. 3, 553 ‖ *habilissimus* Cels. 2, 1, 28.

hăbĭlĭtās, ātis, f. (*habilis*), aptitude : *habilitates corporis* Cic. *Leg.* 1, 27, facultés physiques.

hăbĭlĭtĕr, adv., commodément, aisément : Liv. *Epit.* 57 ; Mel. 3, 63.

hăbĭlĭtō, ās, āre, -, - (*habilis*), tr., rendre apte : Not. Tir. 7, 66b.

hăbĭtābĭlis, e (*habito*), habitable : Cic. *Tusc.* 1, 45 ‖ [poét.] habité : Sil. 1, 541.

hăbĭtācŭlum, i, n. (*habito*), demeure : Gell. 5, 14, 21 ‖ [fig.] demeure de l'âme [c.-à-d. le corps] : Prud. *Cath.* 10, 39.

hăbĭtāta, ae, f., la terre habitée [οἰκουμένη], le monde romain : Hier. *Ep.* 140, 6, 6.

hăbĭtātĭo, ōnis, f. (*habito*), action d'habiter, logement : Pall. 1, 9, 1 ‖ demeure, habitation, domicile : Pl. *Most.* 504 ; Cic. *Cael.* 17 ‖ loyer : Suet. *Caes.* 38 ‖ droit d'habiter : *si cui habitatio legata sit* Dig. 2, 15, 8, 1, si qqn a reçu le legs d'habitation ‖ [chrét.] le fait que Dieu habite en l'âme : Hil. *Matth.* 18, 9 ‖ le corps, demeure de l'âme : VL. 2 *Cor.* 5, 1 ‖ le ciel : *habitatio apud Deum* Aug. *Fid. op.* 22, 41, une demeure auprès de Dieu.

hăbĭtātĭuncŭla, ae, f. (dim. de *habitatio*), petite (mesquine) demeure : Salv. *Gub.* 5, 38.

hăbĭtātŏr, ōris, m., habitant : Cic. *Q.* 2, 3, 7.

hăbĭtātrix, īcis, f., habitante : Aus. *Mos.* 82 ; Vulg. *Jer.* 21, 13 ‖ [en parlant de l'âme qui habite le corps] : Aug. *Serm.* 368, 2.

hăbĭtātus, a, um, part. de *habito*.

hăbĭtĭo, ōnis, f. (*habeo*), action d'avoir : *gratiae* Gell. 1, 4, 7, reconnaissance.

hăbĭtīvus, a, um, qui marque la possession : Char. 165, 34.

hăbĭtō, ās, āre, āvī, ātum (fréq. de *habeo*), tr. et intr.

I tr. ¶**1** avoir souvent : Varr. d. Non. 318, 25 ; 318, 27 ¶**2** habiter, occuper : *urbes* Virg. *En.* 3, 106, habiter des villes, cf. Virg. *En.* 8, 352 ; *B.* 2, 29 ; Tac. *Agr.* 11 ; *colitur ea pars et habitatur frequentissime* Cic. *Verr.* 4, 119, cette partie de la ville est très fréquentée et très peuplée ; *arx procul iis, quae habitabantur* Liv. 24, 3, 2, la citadelle éloignée des parties habitées ; *regio habitatur plurimis vicis* Curt. 8, 2, 14, la région est occupée par des bourgs nombreux.

II intr. ¶**1** *in Sicilia, Lilybaei, sub terra, apud aliquem, in via*, habiter en Sicile, à Lilybée, sous terre, chez qqn, sur la route (au bord de ...) : Cic. *Verr.* 3, 95 ; 4, 38 ; *Nat.* 2, 95 ; *Ac.* 2, 115 ; *Phil.* 2, 106 ; *vallibus imis* Virg. *En.* 3, 110, habiter au fond des vallées, cf. Virg. *En.* 6, 673 ; Prop. 2, 16, 20 ‖ [métaph.] : *animus cum his habitans curis* Cic. *Tusc.* 5, 69, l'âme habitant avec ces soucis, cf. Cic. *Fin.* 2, 92 ‖ [pass. impers.] : *habitari ait in luna* Cic. *Ac.* 2, 123, il prétend que la lune est habitée, cf. Cic. *Rep.* 6, 20 ; Liv. 2, 62, 4 ‖ *triginta milibus habitare* Cic. *Cael.* 17, avoir un loyer de trente mille sesterces ; *melius habitare* Cic. *Nat.* 1, 22, avoir un plus beau logement ; *bene* Nep. *Att.* 13, 1, être bien logé ‖ *habitantes*, les habitants, cf. Ov. *M.* 14, 90 (*habitantum*) ; Plin. 2, 180 ; Liv. 29, 26, 7 (*habitantium*) ¶**2** [fig.] habiter, se cantonner : *in foro, in rostris* Cic. *Mur.* 21 ; *Brut.* 305, ne pas bouger du forum, de la tribune aux harangues, cf. Cic. *de Or.* 1, 264 ; *in oculis* Cic. *Planc.* 66, être toujours exposé aux regards ; *Theophrastus habitavit in eo genere rerum* Cic. *Leg.* 3, 14, Théophraste se cantonna dans ces questions ; *habitarunt in hac una ratione tractanda* Cic. *de Or.* 2, 160, ils se sont cantonnés dans cette unique étude ; *eorum in vultu habitant oculi mei* Cic. *Phil.* 12, 3, mes yeux ne quittent pas leur visage ‖ s'arrêter, s'attarder sur une chose : Cic. *Or.* 50 ¶**3** [chrét.] habiter en l'homme [en parlant de Dieu] : Hil. *Matth.* 4, 3 ‖ [en parlant du Christ sur terre] : *habitavit in nobis* Vulg. *Joh.* 1, 14, il a séjourné parmi nous.

hăbĭtūdo, ĭnis, f. (*habeo*), manière d'être, état, extérieur : *corporis bona habitudo* Her. 4, 15, embonpoint, cf. Ter. *Eun.* 242 ‖ [chrét.] manière d'être spirituelle : *converti in habitudinem caelestem* Aug. *Psalm.* 68, 1, 4, passer à un comportement spirituel digne du ciel.

hăbĭtŭŏr, ărĭs, ărī, - (2 *habitus*), intr., avoir telle manière d'être ‖ [avec abl.] être pourvu de : Cael.-Aur. *Chron.* 1, 4, 79.

hăbĭtŭrĭō, īs, īre, -, -, désirer avoir : Pl. *Truc.* 147.

1 **hăbĭtus**, a, um ¶**1** part. de *habeo* ¶**2** adj., bien portant, bien en chair : *habitior* Pl. *Ep.* 10, en assez bon point, cf. Ter. *Eun.* 315 ; *habitissimus* Mas. d. Gell. 4, 20, 11.

2 **hăbĭtŭs**, ūs, m. ¶**1** manière d'être, dehors, aspect extérieur, conformation physique : *oris* Cic. *Nat.* 1, 99, les traits du visage ; *oris et vultus* Cic. *Fin.* 3, 56, la disposition du visage et de la physionomie ; *aetas atque habitus virginalis* Cic. *Verr.* 4, 74, l'âge et l'aspect extérieur

habitus

d'une vierge, cf. Cic. *Verr.* 4, 5; **cultus habitusque** Liv. 23, 34, 6, le costume et l'allure générale; **habitus corporis opimi** Cic. *Brut.* 64, des embonpoints; **corpori mediocris habitus accesserat** Cic. *Brut.* 316, mon corps avait acquis un embonpoint raisonnable ‖ attitude, contenance: **diversus est ascendentium habitus et descendentium** Sen. *Ep.* 123, 14, l'attitude du corps est tout opposée dans la montée et la descente, cf. Suet. *Cl.* 4; **moderati aequabilesque habitus** Cic. *Fin.* 5, 36, contenances réservées et naturelles ¶ 2 mise, tenue: **pastorum habitu** Liv. 9, 2, 2, habillés en bergers; **triumphalis** Quint. 11, 1, 3, tenue du triomphateur, cf. Suet. *Cal.* 52; *Ner.* 38 ‖ vêtement: Quint. 2, 17, 20; 3, 7, 6 ¶ 3 [fig.] manière d'être, état: **a)** *Italiae* Liv. 9, 17, 17, aspect de l'Italie; **vestis armorumve** Liv. 9, 36, 6, la nature des vêtements ou des armes; **pro habitu pecuniarum** Liv. 1, 42, 5, selon la situation de fortune; **naturae ipsius habitu prope divino** Cic. *Arch.* 15, par une disposition presque divine de leur nature même; **orationis** Cic. *Brut.* 227, tenue du style **b)** complexion, constitution: **vir optimo habitu** Cic. *Cael.* 49, homme d'une santé excellente; **qui habitus et quae figura...** Cic. *Brut.* 313, complexion (état physique) et conformation qui...; **prudentem non ex ipsius habitu, sed aliqua re externa judicare** Cic. *Leg.* 1, 45, juger de la prudence d'un homme non pas d'après son caractère propre, mais d'après quelque détail extérieur; **habitus orationis et quasi color** Cic. *de Or.* 3, 199, la complexion et, si j'ose dire, le teint du style; **habitus animorum** Tac. *H.* 1, 8, l'état des esprits **c)** dispositions d'esprit, sentiments: **provinciarum** Tac. *H.* 1, 4, dispositions d'esprit des provinces, cf. Vell. 2, 99, 3 ¶ 4 [phil.] manière d'être acquise, disposition physique ou morale qui ne se dément pas: Cic. *Inv.* 1, 36; 2, 30.

habrŏdĭaetus, *i*, m. (ἁβροδίαιτος), homme efféminé: Plin. 35, 71.

Habrōn, *onis*, m., nom d'un peintre: Plin. 35, 141.

habrŏtŏnum (-ŏnus), ▸ abrotonum.

hăbrus, *a*, *um* (ἁβρός), tendre: Pl. d. Non. 149, 7.

hăbundo, ▸ abundo.

1 **hāc**, abl. f. de *hic*.

2 **hāc**, adv. (cf. *qua*; fr. çà), par ici: **hac, per ripam et umbram** Cic. *Leg.* 1, 14, par ici, en suivant la rive et l'ombre; **hac illac circumcursa** Ter. *Haut.* 512, cours par-ci, par-là, de tous côtés.

hācĕtĕnus, ▸ *hactenus*: Mar. Vict. *Gram.* 6, 9, 19.

hācpropter, adv., à cause de cela: Varr. *Men.* 213.

hāctĕnŭs, adv. (*hac*, *tenus*) ¶ 1 seulement jusqu'ici, seulement jusqu'à cet endroit: Virg. *En* 6, 62; Ov. *Tr.* 1, 10, 22; *M.* 13, 700 ¶ 2 [fig.], seulement jusqu'à ce point, seulement jusque-là: **hactenus mihi videor de amicitia quid sentirem potuisse dicere** Cic. *Lae.* 24, voilà, je crois, tout ce que je pouvais vous dire sur l'amitié, en vous exposant mon sentiment; **hactenus fuit, quod caute a me scribi posset** Cic. *Att.* 11, 4, 2, voilà tout ce que la prudence me permet de t'écrire ‖ **nunc hactenus** Cic. *Div.* 2, 76, maintenant en voilà assez; **si placet, in hunc diem hactenus** Cic. *Rep.* 2, 70, si vous le voulez bien, c'est assez pour aujourd'hui; **sed de Graecis hactenus** Cic. *Brut.* 52, mais en voilà assez sur les Grecs ‖ [en corrél. avec *ut* subj.] Cic. *de Or.* 2, 119; *Div.* 1, 13; [avec *quoad*] Cic. *Fam.* 4, 3, 3; [avec *quod*] Plin. *Ep.* 9, 15, 3; [avec *si*] Sen. *Ep.* 88, 1, dans la mesure où, en tant que ‖ [avec *ne*]: **hic curandus hactenus, ne quid ad senatum "consule" aut "numera"** Cic. *Att.* 5, 4, 2, il faut m'occuper de lui juste assez pour qu'on n'entende pas au sénat un "consulte les sénateurs" ou un "compte-les", cf. Quint. 6, 2, 3; Tac. *An.* 14, 7 ¶ 3 jusqu'à aujourd'hui, jusqu'à ce moment: Virg. *En.* 11, 823; Liv. 7, 26, 6; Ov. *M.* 5, 250.

▸ tmèse (*hac* séparé de *tenus*) Virg. *En.* 5, 603; 6, 62; Gell. 1, 3, 30.

1 **hadra**, *ae*, f., pierre: Schol. Bern. *G.* 2, 158.

2 **Hădra**, ▸ *Hadria*: Schol. Bern. *G.* 2, 158.

Hādrānum, *i*, n., ▸ Adr- ‖ **Hādrānītāni (Adr-)**, *ōrum*, m. pl., habitants d'Hadranum: Plin. 3, 91.

Hădrĭa (Adr-), *ae* ¶ 1 f., ville du Picénum [Atri] Atlas XII, D4: Liv. 24, 10, 10 ‖ ville de Vénétie: Liv. 5, 33, 7 ¶ 2 m., la mer Adriatique: Hor. *O.* 1, 3, 15; Tac. *H.* 3, 42 ‖ **-ĭăcus (-ĭātĭcus)**, *a*, *um*, de la mer Adriatique: Virg. *En.* 11, 405; Liv. 5, 33, 7; **Hadrĭātĭcum**, *i*, n., l'Adriatique: Catul. 4, 6.

Hădrĭānālis, *e*, de l'empereur Hadrien: CIL 14, 3610.

Hădrĭănĭa, *ōn*, n. pl., fêtes en l'honneur d'Hadrien: CIL 3, 296.

Hădrĭănŏpŏlis, *is*, f., ville de Thrace [auj. Andrinople] Atlas VI, A3: Amm. 14, 11, 15 ‖ pl., les villes auxquelles Hadrien donna son nom: Spart. *Hadr.* 20, 4.

1 **Hădrĭānus**, *a*, *um*, d'Hadria [les deux villes de ce nom]: Plin. 3, 110; 14, 67 ‖ de l'Adriatique: Cic. *Pis.* 92.

2 **Hădrĭānus (Ad-)**, *i*, m., Hadrien, empereur romain [P. Aelius Hadrianus, 117-138]: Spart. *Hadr.* 1, 1.

hădrŏbōlŏn, *i*, n. (ἁδρόβωλον), bdellium [gomme]: Plin. 12, 35.

hădrosphaerum, *i*, n. (ἁδρόσφαιρον), sorte de nard: Plin. 12, 44.

Hădrūmētĭnus, ▸ Adr-

Hădrūmētum, ▸ Adr-,: Plin. 5, 25.

Hădȳlĭus, *ii*, m., nom d'une montagne de Béotie: Plin. 4, 25.

Haebudes (He-), *um*, f. pl., îles près de la côte N.-O. de la Bretagne [auj. Hébrides ou Western]: Plin. 4, 103.

haec, f. sg. et n. pl. de *hic*, [ancien f. pl.] ▸ *hic* ▸.

haedĭlĭae, *ārum*, f. pl. (*haedus*), chevrettes: Hor. *O.* 1, 17, 9.

haedillus, *i*, m. (dim. de *haedulus*), petit chevreau [terme affectueux]: Pl. *As.* 667.

haedina, *ae*, f. (*haedinus*), viande de chevreau: Cael.-Aur. *Acut.* 1, 11, 95.

haedīnus, *a*, *um* (*haedus*), de bouc: Cic. *Mur.* 75; **haedinum coagulum** Varr. *R.* 2, 11, 4, fromage de chèvre.

Haedŭēs, ▸ *Aedui*: Aus. *Parent.* 6, 6.

haedulus, *i*, m. (dim. de *haedus*), chevreau, cabri: Juv. 11, 65.

haedus, *i*, m. (arch. *aedus* et *edus*, cf. Quint. 1, 5, 19 et 20; cf. al. Geiss, an. goat; roum. *ied*), petit bouc, chevreau; [sens collectif]: **villa abundat haedo** Cic. *CM* 56, la ferme a du chevreau en abondance ‖ pl., **Haedi** les Chevreaux, constellation: Varr. *R.* 2, 1, 8; Virg. *En.* 9, 668 ‖ ▸ *faedus*.

Haegra, *ae*, f., ville d'Arabie: Plin. 6, 157.

haemăchātēs, *ae*, m. (αἱμαχάτης), agate à veines rouges: Plin. 37, 139.

haemătĭcŏn, *i*, n. (αἱματικός), sorte de plante: Ps. Apul. *Herb.* 7, 7.

haemătĭnus (aem-), *a*, *um*, n. (αἱμάτινος), rouge sang: **vitrum** Plin. 36, 197, verre [opaque]; Grauf. 154.

haemătītēs, *ae*, m. (αἱματίτης; it. *matita*), hématite [minerai de fer d'un rouge brun]: Plin. 36, 129.

Haemĭmontus, *i*, m., partie de la Thrace près du mont Hémus: Vop. *Aur.* 17, 2 ‖ **-tāni**, *ōrum*, m. pl., Hémimontains: Amm. 27, 4, 11.

Haemōn, *ŏnis*, m. (Αἵμων), Hémon [fils de Créon]: Prop. 2, 8, 21.

Haemonensis, ▸ He-.

Haemŏnĭa (Aem-), *ae*, f., Hémonie [anc. nom de la Thessalie]: Hor. *O.* 1, 37, 20; Ov. *M.* 1, 568 ‖ **-nĭs**, *ĭdis*, f., Thessalienne: Ov. *H.* 13, 2 ‖ **-nĭdēs**, *ae*, m., Hémonien, Thessalien; [pl.] = les Argonautes: Val.-Flac. 4, 506 ‖ **-nĭus**, *a*, *um*, Hémonien, Thessalien: Ov. *Tr.* 1, 10, 30; **juvenis** Ov. *M.* 7, 132 = Jason; **puer** Ov. *F.* 5, 400 = Achille; **arcus** Ov. *M.* 2, 81 = le Sagittaire.

haemoptŏis, *ĭdis*, f., crachement de sang: Isid. 4, 7, 16.

haemoptyĭcus, *m*. (αἱμοπτυϊκός), celui qui crache le sang: Cael.-Aur. *Chron.* 3, 2, 35.

haemorrhăgĭa, *ae*, f. (αἱμορραγία), hémorragie: Plin. 23, 132.

haemorrhŏĭa, *ae*, f. (αἱμόρροια), flux de sang : Gloss. 3, 600, 17.

haemorrhŏĭcus, *a*, *um*, qui a des hémorroïdes : Firm. *Math.* 3, 13, 4.

haemorrhŏĭda, *ae*, f. (αἱμορροΐς), hémorroïdes : Plin. 23, 137.

haemorrhŏis, *ĭdis*, f. (αἱμορροΐς) ¶ 1 hémorroïdes : Cael.-Aur. *Chron.* 3, 6, 81 ¶ 2 sorte de serpent venimeux : Plin. 23, 43.

haemorrhŏissa (-hŏusa, Ambr. *Luc.* 6, 60), *ae*, f., femme qui a une perte de sang : Aug. *Serm.* 77, 6 lemm.

haemōsis, ▣ *chemosis*.

haemostăsis, *is*, f., grande consoude [plante] : Ps. Apul. *Herb.* 59.

Haemus, *i*, m. (Αἷμος), fils de Borée et d'Orithye, changé en montagne : Ov. *M.* 6, 87 ; 2, 219 ‖ le mont Hémus, en Thrace : Plin. 4, 41 ‖ nom d'homme : Juv. 3, 99.

haerēd-, ▣ *hered-*.

haerĕō, *ēs*, *ēre*, *haesī*, *haesum* (peu net, cf. *haesito, gaesum* ?, lit. *gaïsti* ?), intr. ¶ 1 être attaché, fixé, accroché : *in equo* Cic. *Dej.* 28 ; *equo* Hor. *O.* 3, 24, 55, se tenir ferme à cheval ; *terra quasi radicibus suis haeret* Cic. *Ac.* 2, 122, la terre se tient comme attachée par ses racines ; *ad radices linguae haerens stomachus* Cic. *Nat.* 2, 135, l'œsophage fixé à la base de la langue ; *scalarum gradus male haerentes* Cic. *Fam.* 6, 7, 3, marches d'escalier mal fixées ; *haesit in corpore ferrum* Virg. *En.* 11, 864, le fer resta enfoncé dans son corps ; *cum tergo haesere sagittae* Virg. *En.* 12, 415, quand des flèches se sont plantées dans leur dos ; *corona haerens capiti* Hor. *S.* 1, 10, 49, couronne fixée à sa tête ; *haeret pede pes* Virg. *En.* 10, 361, le pied est rivé contre le pied (on combat pied contre pied) ; *in complexu alicujus haerere* Quint. 6, 1, 42 ; *amplexibus* Ov. *M.* 7, 143, tenir embrassé qqn étroitement ‖ être arrêté, immobilisé : *alii pugnantium globo illati haerebant* Liv. 22, 5, 5, les uns donnant sur un peloton de combattants étaient arrêtés, cf. Liv. 29, 33, 7 ; *gladius intra vaginam suam haerens* Quint. 8, pr. 15, épée qui reste accrochée à l'intérieur de son fourreau ; [prov.] *aqua haeret* Cic. *Off.* 3, 117, l'eau de la clepsydre s'arrête, une difficulté se présente ¶ 2 [fig.] *a)* être attaché, fixé : *improbis semper aliqui scrupus in animis haeret* Cic. *Rep.* 3, 26, les méchants ont toujours qq. remords attaché dans l'âme ; *haerere in memoria* Cic. *Ac.* 2, 2, être fixé dans la mémoire (cf. *quam parce haec beneficia tribuam, haeret tibi* Traj. d. Plin. *Ep.* 10, 95 (96), tu sais (tu te souviens) combien je suis ménager de ces sortes de grâces) ; *in omnium gentium sermonibus* Cic. *Cat.* 4, 22, rester l'objet des propos de tous les peuples ; *mihi haeres in medullis* Cic. *Fam.* 15, 16, 2, je te porte attaché au fond de mon cœur ; *peccatum haeret in eo qui...* Cic. *Div.* 1, 30, la faute reste attachée à celui qui ... ; *hi in oculis haerebunt* Cic. *Phil.* 13, 6, ces gens seront accrochés à vos regards (= seront constamment sous vos yeux) ; [avec dat.] Cic. *Com.* 17 ; *Sest.* 69 ; *haesit in iis poenis, quas* Cic. *Mil.* 57, il resta accroché [comme aux mailles d'un filet] au châtiment que ... [= il ne put échapper au châtiment que ...] ; *repetundarum criminibus haerebant* Tac. *An.* 4, 19, ils ne pouvaient se dégager des accusations de concussion ; *fama paulum haesit ad metas* Cic. *Cael.* 75, sa réputation resta un peu accrochée à la surface de la borne ; ▣ *flexus* : *proposito apte haerere* Hor. *P.* 195, être étroitement attaché au sujet ; *in scribendo haereo* Cic. *Att.* 13, 39, 2, je suis lié à mon travail de composition, je suis rivé à mon ouvrage *b)* [insistance sur l'idée] rester solidement, tenir bon : *hoc teneo, hic haereo* Cic. *Verr.* 5, 166, c'est à ce point que je m'en tiens, sur ce point que je m'attache, cf. Cic. *de Or.* 2, 292 ; *in eo crimen non haerebat* Cic. *Cael.* 15, l'accusation ne tenait pas contre lui *c)* s'attacher comme une ombre aux pas de qqn (alicui) : Virg. *En.* 10, 780 ; Plin. *Ep.* 7, 27, 2 ; Quint. 1, 2, 10 ‖ être implanté chez qqn : Pl. *Ep.* 192 ; Ter. *Eun.* 1055 ‖ [mil.] *in tergis, tergis, in tergo*, être attaché aux trousses de l'ennemi : Curt. 4, 15, 32 ; Tac. *H.* 4, 19 ; Liv. 1, 14, 11 ‖ s'arrêter obstinément à une chose : *in obsidione castelli* Curt. 5, 3, 4, s'arrêter obstinément au siège d'un fortin, cf. 4, 4, 1 *d)* être arrêté, être en suspens, être embarrassé : *in multis nominibus* Cic. *Nat.* 3, 62, être à court pour de nombreux noms [n'en pas trouver l'étymologie], cf. Cic. *Fin.* 1, 20 ; *Pis.* 74 ; *haerebat nebulo* Cic. *Phil.* 2, 74, le gredin était embarrassé, cf. Cic. *Fin.* 3, 16 ; *Hectoris Aeneaeque manu victoria Graium haesit* Virg. *En.* 11, 289, c'est le bras d'Hector et celui d'Énée qui ont arrêté la victoire des Grecs.

haerēs, *ēdis*, m., ▣ *heres*.

haerescō, *ĭs*, *ĕre*, -, - (*haereo*), intr., s'arrêter, s'attacher : Lucr. 2, 477.

haerĕsĭarcha (-chēs), *ae*, m. (αἱρεσιάρχης), hérésiarque : Sidon. *Ep.* 7, 6, 7.

haerĕsis, *is* ou *ĕōs*, f. (αἵρεσις), opinion, système, doctrine : Cic. *Fam.* 15, 16, 3 ‖ hérésie [groupe de gens qui non seulement s'écartent de la communauté chrétienne (schisme), mais rejettent une partie de sa foi] : Lact. *Inst.* 4, 30, 2 ; Cod. Just. 1, 5 tit. ; Cod. Th. 16, 5 ‖ métier, occupation : Cod. Th. 13, 6, 9 ; Dig. 27, 1, 6, 2.

▶ gén. pl. *haeresum* Aug. *Serm.* 9, 3 ‖ scandé *hĕrĕsis* Prud. *Psych.* 710.

haerĕtĭcē, adv., avec des opinions hérétiques : Cassiod. *Eccl.* 5, 36.

haerĕtĭcus, *a*, *um* (αἱρετικός), d'hérétique, hérétique : Tert. *Praescr.* 37, 1 ‖ subst. m., hérétique : Tert. *Herm.* 27, 1.

haesĭtābundus, *a*, *um*, hésitant : Plin. *Ep.* 1, 5, 13.

haesĭtantĕr, adv., en hésitant : Aug. *Serm.* 117, 10, 17.

haesĭtantĭa, *ae*, f. (*haesito*), embarras : *linguae* Cic. *Phil.* 3, 16, bégaiement.

haesĭtātĭo, *ōnis*, f. (*haesito*), hésitation, incertitude : Cic. *Fam.* 3, 12, 2 ‖ embarras de langue, bégaiement : Cic. *de Or.* 2, 202.

haesĭtātŏr, *ōris*, m. (*haesito*), celui qui hésite, temporise : Plin. *Ep.* 5, 11, 2.

haesĭtō, *ās*, *āre*, *āvī*, *ātum* (fréq. de *haereo*), intr. ¶ 1 être embarrassé, s'arrêter : *haesitantes milites* Caes. *G.* 7, 19, 2, soldats embarrassés dans leur marche, embourbés ; *haesitare in eodem luto* Ter. *Phorm.* 780, patauger dans le même bourbier, se trouver dans le même embarras [prov.] ¶ 2 éprouver un empêchement, une gêne : *lingua* Cic. *de Or.* 1, 115, bégayer ‖ [fig.] hésiter, balancer : *in majorum institutis* Cic. *de Or.* 1, 40, broncher quand il s'agit des institutions des ancêtres ; *de aliqua re* Suet. *Cl.* 11, hésiter sur qqch. ¶ 3 [chrét.] être dégoûté : *ut et de haesitaremus* VL. *2 Cor.* 1, 8, à tel point que nous étions dégoûtés de la vie.

Hageladēs, *is*, m., nom d'un statuaire du 5ᵉ s. : Plin. 34, 49.

Hagesandĕr, *dri*, m., nom d'un statuaire de Rhodes : Plin. 36, 37.

Hagesĭās, *ae*, m., nom d'un statuaire : Plin. 34, 78.

hāgētēr, *ēris*, m. (ἁγητήρ), indicateur du chemin, guide [épithète d'Hercule] : Plin. 34, 56.

hăgĭŏgrăpha, *ōrum*, n. pl. (ἁγιόγραφα), les livres hagiographes [livres de l'Ancien Testament autres que le Pentateuque et les Prophètes] : Cassiod. *Inst.* 1, 3, 4.

hăgĭŏs (ăgĭŏs), adj. m. (ἅγιος), saint [en s'adressant à Dieu] : *rex hagie* Ps. Ambr. *Hymn.* 2, 12, 49, roi saint.

hăgistīa, ▣ *machagistia*.

Hagna, *ae*, f., nom de femme : Hor. *S.* 1, 3, 40.

Hagnōn, *ōnis*, m., nom d'un peintre : Plin. 33, 50.

ha ha hae, hahae, ▣ *ha*.

Hălaesa, *ae*, f. (Ἄλαισα), v. de Sicile Atlas XII, G4 : Cic. *Verr.* 2, 19 ‖ **-īnus**, *a*, *um*, d'Halésa : Cic. *Verr.* 4, 17 ; subst. m. pl., habitants d'Halésa : Plin. 3, 91.

Hălaesus, *i*, m. (cf. *Falerii*), fils d'Agamemnon : Virg. *En.* 7, 724 ‖ un des Lapithes : Ov. *M.* 12, 462 ‖ montagne et rivière de Sicile : Col. 10, 268.

hălăgŏra, *ae*, f., marché au sel : *Pl. Poen.* 1313.

hălăpanta, *ae*, m., imposteur : P. Fest. 90, 24 ; ▣ *halophanta*.

hālātĭo, *ōnis*, f. (1 *halo*), haleine : Cassiod. *Psalm.* 37, 13.

hālātŭs, *ūs*, m. (1 *halo*), odeur exhalée : Capel. 1, 7.

halcēdo, ▣ *alcedo*.

halcy-

halcȳ-, ▸ alcy-.
halec, halec-, ▸ allec-.
Halentīnus, ▸ Alunt-.
Hălĕs, ētis, m., rivière de Lucanie [auj. Alento] : Cic. Fam. 7, 20, 1.
Hălēsa, Hălēsus, ▸ Halaes-.
Haleti, ōrum, m. pl., peuple de Thrace : Plin. 4, 40.
hālex, ▸ allec.
Hălĭacmōn (Al-), ŏnis, m., Haliacmon [fleuve de Macédoine, auj. Vistritza] Atlas VI, A1 : Caes. C. 3, 36 ; Liv. 42, 53, 5.
hălĭaeĕtos (-tus), hălĭaētos (-tus), i, m. (ἁλιαίετος), grand aigle de mer : Plin. 10, 10 ; Ov. M. 8, 146.
Hălĭartus, i, f., Haliarte [ville de Béotie] : Nep. Lys. 3, 4 ; Plin. 4, 26 ‖ **-tii**, ōrum, m. pl., habitants d'Haliarte : Liv. 42, 46.
Hălĭca, etc., ▸ alica, etc.
hălĭcăcăbum, i, n. ou **-bus**, i, f. (ἁλικάκαβον), coqueret ou alkékenge [plante] : Cels. 5, 20, 3 ; Plin. 21, 180.
Hălĭcānum, i, n., ville de la Haute Pannonie : Anton. 262.
Hălĭcarnassus (-ŏs), i, f. (Ἁλικαρνασσός), Halicarnasse [capitale de la Carie] Atlas VI, C3; IX, C1 : Cic. Tusc. 3, 75 ‖ **-sseūs ĕi**, Cic. Div. 2, 88, d'Halicarnasse ‖ **-ssīi**, ōrum et **-ssenses**, ium, m. pl., habitants d'Halicarnasse : Tac. An. 4, 55 ; Liv. 33, 20, 12.
hălĭcastrum, ▸ alicastrum.
Hălĭcўae, ārum, f. pl. (Ἁλικύαι), ville de Sicile [auj. Salemi] Atlas XII, G3 : *Prisc. 2, 133, 16 ‖ **-cŷensis**, e, d'Halicyes : Cic. Verr. 3, 13 ; subst. m. pl., habitants d'Halicyes : Cic. Verr. 3, 91.
hălĭeūs, ĕi, m. (ἁλιεύς), pêcheur [titre du 10ᵉ livre d'Apicius] : Apic. 434 tit.
hălĭeutĭcus, a, um, de pêcheur ; **halieutica**, n. pl., halieutiques [traité de pêche, titre d'un ouvrage d'Ovide] : Plin. 32, 11.
hălĭmōn, i, n., pourpier de mer [plante] : Plin. 17, 239.
hălĭphloeŏs, i, f. (ἁλίφλοιος), espèce de chêne : Plin. 16, 24.
hălĭpleumōn, ŏnis, m. (ἁλιπλεύμων), zoophyte marin [méduse] : Plin. 32, 149.
Hălĭsarna, ae, f., ville d'Étolie : Plin. 4, 6.
Hălĭsarnē (-sernē), ēs, f., ville de Troade : Plin. 5, 126.
Hălĭserni, ōrum, m. pl., peuple sur les bords du Palus-Méotide : Plin. 6, 15.
hālĭtō, ās, āre, āvī, ātum (fréq. de halo), tr., exhaler : Enn. Tr. 154.
hālĭtŭs, ūs, m. (halo) ¶ **1** souffle, exhalaison, vapeur, émanation : *solis* Col. 2, 5, 2, chaleur du soleil ; *cadi* Plin. 14, 142, les fumées du vin (émanations du tonneau) ¶ **2** haleine, souffle, respiration : *efflare extremum halitum* Cic. poet. Tusc. 2, 22, rendre le dernier soupir ‖ l'âme : Prud. Cath. 10, 11.

Hălĭus, ĭi, m., nom d'homme : Ov. M. 13, 258.
Hălizones, um, m. pl., Halizons [peuple de la Bithynie ou du Pont] : Plin. 5, 143.
hallec, ▸ allec.
hallĕlūia, ▸ allel-.
hallex, ▸ allec.
hallūcĭnātĭō (hālūc-, ālūc-), ōnis, f., méprise, hallucination : Sen. Vit. 26, 6 ; P. Fest. 23, 4.
hallūcĭnātŏr (hālūc-, ālūc-), ōris, m., celui qui fait des bévues, gaffeur : P. Fest. 66, 19.
hallūcĭnŏr (hālūc-, ālūc-), ārĭs, ārī, ātus sum (peu net ; *a luce* ?, cf. *vaticinor* ?), intr. ¶ **1** errer, se tromper, avoir des hallucinations : Non. 121, 20 ¶ **2** divaguer, rêver : *quae Epicurus halucinatus est* Cic. Nat. 1, 72, les rêveries d'Épicure ; *epistolae nostrae debent halucinari* Cic. Q. 2, 9, 1, nos lettres doivent divaguer, cf. Att. 15, 29, 2 ; Gell. 4, 20, 8.
hallus, ▸ allus.
Halmўdessŏs (-ssus), i, f., Halmydesse [ville de Thrace] : Plin. 4, 45.
halmyrĭdĭum (-ĭŏn), ĭi, n. (ἁλμυρίδιον), chou des régions maritimes : Plin. 19, 142.
Halmyris, ĭdis, f., lac de la Mésie inférieure : Plin. 4, 79.
halmyrrhax, ăgis, m. (ἁλμύρραξ), espèce de nitre : Plin. 31, 106.
1 **hălō**, ās, āre, āvī, ātum (peu clair, cf. *anhelo*, ou *anima* ?) ¶ **1** intr., exhaler une odeur : *halantes floribus horti* Virg. G. 4, 105, jardins parfumés de fleurs, cf. Virg. En. 1, 417 ¶ **2** tr., exhaler : *nectar halare* Lucr. 2, 848, exhaler un parfum de nectar, cf. Lucr. 6, 221 ¶ **3** [tard.] respirer : Prud. Sym. 2, 215.
2 **halo, halon**, ōnis, m., fatigué d'avoir bu la veille : *P. Fest. 66, 19.
Hălōnē, ēs, f., île de la mer Égée, en face d'Éphèse : Plin. 5, 137 ‖ île dans la Propontide : Plin. 5, 151 ; ▸ Alone.
Hălŏnēsŏs (-sus), -onnēsus, i, f., île de la mer Égée, près de la Macédoine : Plin. 4, 74.
Hălonnēsi, ōrum, f. pl., îles du golfe Arabique : Plin. 6, 169.
hălōphanta, ae, m. (d'après *sycophanta*, cf. ἅλς ? et *halapanta*), imposteur : Pl. Curc. 463.
1 **hălōs**, ō, f. (ἅλως), halo [cercle que l'on voit qqf. autour du soleil ou de la lune] : Sen. Nat. 1, 2, 1.
2 **Hălŏs (-us)**, i, f., ville de Thessalie : Plin. 4, 28.
hălōsis, is, f. (ἅλωσις), prise [de Troie] : Petr. 89, 1.
haltēres, ērum, acc. ēras, m. pl. (ἁλτῆρες), haltères [pour la gymnastique] : Mart. 7, 67, 6.
hālūc-, ▸ hall-.

Haluntīnus, ▸ Aluntinus.
1 **halus**, i, m. (gaul., cf. *alum* ?), ▸ *cotonea* : Plin. 26, 42.
2 **Hălus**, i, f., ville d'Assyrie : Tac. An. 6, 41 ‖ ▸ 2 Halos.
Hălyatt-, ▸ Al-.
Hălŷdienses, ▸ Alindenses.
Hălŷs, yos, m. (Ἅλυς), l'Halys [grand fleuve de l'Asie Mineure, Kizilirmak] Atlas I, D6 : Cic. Div. 2, 115 ; Plin. 6, 6 ‖ nom d'homme : Stat. Th. 2, 574.
hălŷsis, is, f. (ἅλυσις), ▸ 1 halos : Apul. Mund. 16.
hăma (ăma), ae, f. (ἅμη), seau : Cat. Agr. 135, 2 ; Plin. Ep. 10, 42, 2 ; Juv. 14, 305.
hămādrўădes, um, f. pl. (ἁμαδρυάς), hamadryades [nymphes des forêts] : Virg. B. 10, 62 ‖ sg., **hămādrўăs** [rare] Stat. S. 1, 3, 63 ‖ [dat. pl. grec] Hamadryasin Prop. 1, 20, 32.
Hamae, ārum, f. pl., localité en Campanie : Liv. 23, 35.
hămarthrītis, is, f. (ἁμαρθρῖτις), goutte [maladie] : Cael.-Aur. Chron. 5, 2, 28.
hămartĭa (ămartĭa), ae, f. (ἁμαρτία), faute, péché : Inscr. Chr. Diehl 1558.
Hămartĭgĕnīa, ae, f. (ἁμαρτιγένεια), origine du péché, titre d'un poème de Prudence.
hāmātĭlis, e, d'hameçon : *piscatus* Pl. Ru. 299, pêche à la ligne ‖ en forme d'hameçon : Tert. Scorp. 1, 2.
hāmātŏr, ōris, m., pêcheur à la ligne : Gloss. 5, 601, 32.
hāmātus, a, um (hamus) ¶ **1** qui a des crochets, crochu : *hamata corpora* Cic. Ac. 2, 121, atomes crochus ¶ **2** qui a une pointe recourbée : Ov. M. 5, 80 ‖ [fig.] *viscata hamataque munera* Plin. Ep. 9, 30, 2, présents garnis de glu et d'hameçons, c.-à-d. présents intéressés.
Hămaxa, ae, f. (ἅμαξα), le Chariot [constellation] : Capit. Maxim. 6, 9.
Hămaxĭtŏs, i, f., ville de Troade : Plin. 5, 124 ‖ ville de la Doride : Plin. 5, 107.
Hămaxŏbĭoe, ĭōrum, m. pl., peuple scythe : Plin. 4, 80.
hămaxŏpŏdes, um, m. pl. (ἁμαξόποδες), [méc.] chape [pour loger les axes de roues de machines] ▸ *arbuscula* : Vitr. 10, 21, 3.
hāmĭa, ▸ *amias* : Isid. 12, 6, 33.
hāmĭgĕr, ĕra, ĕrum (hamus, gero), garni d'hameçons, crochu : Quer. 15.
Hămilcăr, ăris, m., général carthaginois, père d'Hannibal : Cic. Off. 3, 99 ‖ autres : Cic. Div. 1, 50 ; Val.-Max. 1, 7, 8.
hāmĭō, ōnis, m. (hamus), poisson de roche : Isid. 12, 6, 33.
hāmĭōta, ae, m. (hamus), pêcheur à la ligne : Pl. Ru. 310.

Hamiroei, *ōrum*, m. pl., peuple d'Arabie : Plin. 6, 158.

hammītis (am-), *idis*, f. (ἀμμῖτις), pierre précieuse inconnue : Plin. 37, 167.

hammo-, v. amm-.

hămŏtrăhōnes, *um*, m. pl. (hamus, traho), pêcheurs ou ceux qui traînent les cadavres aux Gémonies : P. Fest. 91, 16.

Hampsăgŏrās ou **-psĭcŏrās**, *ae*, m., potentat sarde : Sil. 12, 345 ; Liv. 23, 32.

hămŭla (ămŭla), *ae*, f. (dim. de hama), petit seau : Col. 10, 387.

hămŭlus, *i*, m. (dim. de hamus), petit hameçon : Pl. St. 289 ∥ instrument de chirurgie : Cels. 7, 7, 4.

hāmus, *i*, m. (obscur ; it. amo, al. Hamen) ¶ 1 crochet, croc : Cæs. G. 7, 73, 9 ∥ *lorica conserta hamis* Virg. En. 3, 467, cuirasse aux jointures assujetties par des crochets ¶ 2 hameçon : Pl. Ru. 294 ; Hor. Ep. 1, 7, 74 ; 1, 16, 51 ∥ [fig.] *meus hic est, hamum vorat* Pl. Curc. 431, il est à moi, il mord à l'hameçon, cf. Hor. S. 2, 5, 25 ¶ 3 érigne [chir.] : Cels. 7, 7, 15 ¶ 4 objet crochu [en gén.] : Ov. M. 11, 342 ¶ 5 sorte de pâtisserie : Apul. M. 10, 13.

Hannĭbăl, *ălis*, m., fils d'Hamilcar, chef des Carthaginois dans la seconde guerre punique : Nep. Hann. ; Cic. ; Liv. ∥ *Hannibal ad portas* Cic. Fin. 4, 22, Hannibal à nos portes = danger pressant.

Hanno, (-nōn, Sil. 2, 285), *ōnis*, m., Hannon [fameux navigateur carthaginois] : Cic. Tusc. 5, 90 ∥ nom de plusieurs personnages carthaginois : Liv. 21, 3 ; 23, 41.

hānŭla, *ōrum*, n., c. *fanula* : P. Fest. 91, 29.

Hanuněa, *ae*, f., ville de Syrie : Anton. 194.

ăpăla, v. apala.

ăpălopsis, *ĭdis*, f., sorte d'assaisonnement : Pl. Ps. 834.

ăphē, *ēs*, f. (ἀφή), poussière dont les athlètes se frottaient le corps avant de combattre : Mart. 7, 66, 5 ∥ [fig.] poussière dont on est couvert : Sen. Ep. 57, 1.

ăplĭus, *a*, *um* (ἅπλιος), ayant subi un bain de teinture : Diocl. 19, 24.

apsis, v. apsis : Plin. Ep. 2, 17, 8.

apsus, *i*, m. (ἅψος), bandage [méd.] : Cels. 4, 13, 3.

ăra, *ae*, f. (cf. hortus, cohors), étable à porcs : Cic. Pis. 37 ∥ poulailler pour les oies : Varr. R. 3, 10, 3.
▶ ara Prisc. 2, 53, 22.

ărēna, etc., v. arena, etc. : Char. 103, 21 [orth. de Cat. Agr.].

Harenātĭum, Arenacium : Anton. 369.

Hareni, *ōrum*, m. pl., montagnes de Bétique : Plin. 3, 7.

Harĭi, *ōrum*, m. pl., nom d'une tribu de Germains : Tac. G. 43.

haringus, v. aringus.

hărĭŏla, *ae*, f. (hariolus), devineresse : Pl. Mil. 692.

hărĭŏlātĭo, *ōnis*, f., prédiction, prophétie : Gell. 15, 18, 3 ∥ pl., Enn. d. Cic. Div. 1, 66.

hărĭŏlor, *ārĭs*, *ārī*, *ātus sum* (hariolus) ¶ 1 intr., être devin, prédire l'avenir : Pl. Mil. 1256 ; Ter. Ad. 202 ; Cic. Att. 8, 11, 3 ; Div. 1, 132 ¶ 2 divaguer, radoter, extravaguer : Pl. Cis. 746 ; Ter. Phorm. 492.

hărĭŏlus, *i*, m. (cf. haruspex ; it. ariolo), devin : Cic. Nat. 1, 55 ; Div. 1, 4 ∥ charlatan : Pl. Amp. 1132 ; Enn. Tr. 272 ; v. ariolus.

hărispex, v. haruspex : CIL 12, 3264.

hărĭŭga, v. arviga.

Harmais, *ĭdis*, m. (Ἁρμάϊς), nom d'un roi : Plin. 36, 77.

harmămaxa, v. armamaxa.

Harmătotrŏpi, *ōrum*, m. pl., peuple de la Bactriane : Plin. 6, 47.

Harmedōn, *ŏnis*, m., île près de la Crète : Plin. 4, 61.

Harmŏdĭus, *ĭi*, m. (Ἁρμόδιος), Athénien qui conspira avec Aristogiton contre les Pisistratides : Cic. Tusc. 1, 116 ∥ pl., Sen. Tranq. 5, 1.

harmŏgē, *ēs*, f. (ἁρμογή), combinaison des couleurs : Plin. 35, 29 ∥ harmonie : Varr. Men. 351.

1 **harmŏnĭa**, *ae*, f. (ἁρμονία) ¶ 1 harmonie, accord : Lucr. 3, 100 ; 131 ¶ 2 harmonie = *concentus*, accord de sons : Cic. Tusc. 1, 19 ; Nat. 3, 27, pl., Tusc. 1, 41.

2 **Harmŏnĭa**, *ae*, f., Harmonie [fille de Mars et de Vénus, femme de Cadmus] : Hyg. Fab. 6 ; 148.
▶ acc. *Harmonien* Ov. A. A. 3, 86.

harmŏnĭcē, *ēs*, f. (ἁρμονική), la science de l'harmonie : Vitr. 5, 3, 8 ∥ **-a**, *ae*, f., Vitr. 5, 4, 1.

harmŏnĭcus, *a*, *um* (ἁρμονικός), bien proportionné, harmonieux : Varr. L. 10, 64 ; Plin. 2, 248.

Harmozaei, *ōrum*, m. pl., peuple voisin de la Carmanie : Plin. 6, 110.

harpa, *ae*, f. (germ., al. Harfe ; fr. harpe), harpe [instrument de musique] : Fort. Carm. 7, 8, 63.

harpăga, *ae*, f. (ἁρπάγη), grappin : Sisen. d. Non. 556, 21.

1 **harpăgō**, *ās*, *āre*, *āvī*, *ātum* (de ἁρπάγη, cf. ἁρπάζω, tr., voler : Pl. Bac. 657 ; Ps. 140.

2 **harpăgo**, *ōnis*, m. (de ἁρπάγη), grappin : Cæs. G. 7, 81, 1 ; C. 1, 57, 2 ; Liv. 30, 10, 16 ∥ [fig.] rapace : Pl. Trin. 239.

Harpăgus, *i*, m. (Ἅρπαγος), ministre d'Astyage : Just. 1, 6 ∥ **-sĭdēs**, *ae*, m., fils d'Harpagus : Ov. Ib. 545.

Harpălus, *i*, m., un esclave de Cicéron : Cic. Fam. 16, 24, 1.

Harpălўcē, *ēs*, f., reine des Amazones : Virg. En. 1, 317.

Harpăsa, *ōrum*, n. pl. (Ἅρπασα), ville de Carie : Plin. 5, 109.

harpastum, *i*, n. (ἁρπαστόν), balle à jouer : Mart. 4, 19, 6.

Harpăsus, *i*, m. (Ἅρπασος), fleuve de Carie : Liv. 38, 13.

1 **harpax**, *ăgis*, m. (ἅρπαξ), qui tire à soi [nom donné à l'ambre, parce qu'il attire les objets légers] : Plin. 35, 176.

2 **Harpax**, *ăgis*, m. (Ἅρπαξ), nom d'esclave (voleur) : Pl. Ps. 653.

harpē, *ēs*, f. (ἅρπη), harpé, sorte de cimeterre : Ov. M. 5, 69 ∥ faucille : Val.-Flac. 7, 364 ∥ sorte d'oiseau de proie : Plin. 10, 204.

Harpŏcrās, *ae*, m. (Ἁρποκρᾶς), nom d'homme : Plin. Ep. 10, 5, 6.

Harpŏcrătēs, *is*, m. (Ἁρποκράτης), Harpocrate [dieu du silence] : Varr. L. 5, 57 ; Catul. 74, 4.

Harpŏcrătĭōn, *ōnis*, m. (Ἁρποκρατίων), l'un des maîtres de l'empereur Vérus : Capit. Ver. 2, 5.

Harpўăcus, *a*, *um*, des Harpies : Anth. 333, 8.

Harpўia [trisyll.], *ae*, f. (Ἅρπυια), [ordin[t] au pl.] *Harpyiae*, Harpies [voir la description dans Virg. En. 3, 216] ∥ sg., Virg. En. 3, 365 ∥ [fig.] harpie, personne rapace : Sidon. Ep. 5, 7, 4 ∥ nom d'un des chiens d'Actéon : Ov. M. 3, 215.

Harūdes, *um*, m. pl., peuple germain : Cæs. G. 1, 31, 10.

harūga, v. arviga.

harund-, v. arund-.

Harusbis, *is*, f., ville d'Éthiopie : Plin. 6, 192.

hăruspex, *icis*, m. (cf. hariolus, hira, χορδή, scr. hirā, al. Garn, et specio), haruspice [qui prédisait en examinant les entrailles des victimes] : Cic. Div. 1, 85 ; Cat. 3, 19 ; Sall. C. 47, 2 ∥ [poét.] = devin : Prop. 3, 13, 59 ; Juv. 6, 550.

hăruspĭca, *ae*, f., devineresse : Pl. Mil. 692.

hăruspĭcālis, *e* (haruspex), des haruspices : Serv. En. 4, 56.

hăruspĭcĭa, *ae*, f., c. *haruspicium* : Plin. 7, 203.

hăruspĭcīnus, *a*, *um* (haruspex), qui concerne les haruspices : Cic. Div. 1, 72 ∥ **hăruspĭcīna**, *ae*, f., science des haruspices : Cic. Div. 2, 50.

hăruspĭcĭum, *ĭi*, n., science des haruspices : Catul. 90, 2.

harvĭga, v. arviga.

hāsa, *ae*, f., v. ara.

Hasbytae, *ārum*, m. pl., peuple d'Afrique : Plin. 5, 34.

Hasdrŭbăl (Asd-), *ălis*, m., nom de plusieurs généraux carthaginois : Cic.

Hasdrubal

Verr. 3, 125; Liv. 27, 18; 28, 1 ‖ **-liānus, a, um**, d'Hasdrubal [frère d'Hannibal]: Sidon. *Ep.* 1, 5, 7.

hăsēna, V. 1 asena.

1 **hasta, ae**, f. (cf. ombr. *hastatu*, v. irl. *gat, gas*, got. *gazds*; it. *asta*) ¶ 1 [en gén., arme formée d'une hampe munie d'un fer] lance, pique, javelot: Cic. *de Or.* 2, 325; *CM* 19; *Fin.* 2, 97 ‖ javeline lancée par le fétial pour déclarer la guerre: Liv. 1, 32, 13 ‖ *pilum proprie est hasta Romana* Serv. *En.* 7, 664, le pilum est proprement l'arme des Romains ‖ [en usage aussi dans les exercices du gymnase]: Pl. *Bac.* 71; *Most.* 151 ‖ [fig.] *abjicere hastas* Cic. *Mur.* 45, quitter la partie, désespérer de sa cause, jeter le manche après la cognée ‖ *hasta pura* Plin. 7, 102, javelot sans fer [récompense militaire] ¶ 2 encan, vente publique annoncée par une pique enfoncée en terre: *hastam ponere* Cic. *Off.* 2, 83, planter la pique = annoncer une vente; *illa infinita hasta* Cic. *Phil.* 4, 9, cet encan [= ces confiscations] sans fin; *sub hasta venditus* Liv. 23, 38, 7, vendu à l'encan; *jus hastae* Tac. *An.* 13, 28, droit de saisie; *hastae ejus generis assueverant* Liv. 24, 18, 11, ils avaient l'habitude de prendre part aux enchères de ce genre ¶ 3 hampe de javelot **a)** *gramineae hastae* Cic. *Verr.* 4, 125, hampes de bambou **b)** *hasta pampinea* Virg. *En.* 7, 396 [ou] *hasta* [seul]: Virg. *B.* 5, 31, thyrse [sceptre de Bacchus, porté par les Bacchantes dans les fêtes de ce dieu] **c)** bâton du centumvir: Suet. *Aug.* 36 **d)** baguette, rappelant la hampe de la javeline, symbole du droit de propriété: Gai. *Inst.* 4, 16 **e)** baguette recourbée qui sert à boucler la chevelure de la mariée, symbole du pouvoir marital: Ov. *F.* 2, 560 **f)** *lampadis hasta* Sidon. *Carm.* 2, 433, tige d'un flambeau.

2 **Hasta, ae**, f., V. Asta.

hastārĭum, ĭi, n., lieu de vente des biens confisqués: Gloss. 4, 21, 51 ‖ salle (liste?) d'enchères: Tert. *Apol.* 13, 5.

hastārĭus, a, um, m. (*hasta*), qui concerne les javelots: P. Fest. 47, 21 ‖ qui concerne les ventes: Tert. *Apol.* 13, 5; CIL 6, 1356.

hastātus, a, um (*hasta*), armé d'un javelot: *prima acies hastata* Tac. *An.* 2, 14, la première ligne était armée de javelines; *ordo hastatus* Liv. 42, 34, 5, compagnie de hastats ‖ *primus hastatus* [s.-ent. *ordo*] Cic. *Div.* 1, 77, première compagnie de hastats, cf. *Div.* 2, 67; Liv. 26, 5 ‖ *primus hastatus* [s.-ent. *centurio*] Veg. *Mil.* 2, 8, centurion de la première compagnie des hastats ‖ **hastātī, ōrum**, m., les hastats: Liv. 22, 5.

hastella (**astella**), **ae**, f. (dim. de *hastula* ¶ 1), brin: Cass. Fel. 32.

Hastensis, e, d'Hasta [auj. Asti]: CIL 5, 7555 ‖ d'Hasta Regia [Bétique]: CIL 1, 614.

hastĭfĕr, ĕri, m. (*hasta, fero*), c. *hastatus*: CIL 12, 814.

hastīlĕ, is, n. (*hasta*) ¶ 1 hampe de javeline, bois d'un javelot: Cic. *Rab. perd.* 21; Nep. *Epam.* 9; Liv. 21, 8, 10 ‖ [poét.] javelot: Ov. *M.* 8, 28 ¶ 2 bâton, branche, baguette: Virg. *En.* 3, 23; *G.* 2, 358 ¶ 3 [chrét.] pied de candélabre: Vulg. *Exod.* 25, 31.

hastīlĭārĭus, ĭi, m. (*hastile*), hastat: CIL 6, 3226.

hastīna, ae, f. (*hasta*), lance: *Eutych. d. *Cassiod. Orth.* 7, 202, 11.

hastŭla, ae, f. (dim. de 1 *hasta*) ¶ 1 C. *assula*: Sen. *Nat.* 2, 31, 2 ¶ 2 (it. *schiarea*) *regia* Plin. 21, 109, asphodèle [plante].

Hatērĭus, ĭi, m., Q. Hatérius, orateur sous Auguste: Tac. *An.* 1, 13; 4, 61.

Hatra, ae, f., ville de Mésopotamie Atlas I, D7; Amm. 25, 8.

1 **hau**, interj., V. *au*.

2 **hau**, V. *haud*.

haud (**haut**) [arch.] **hau** (cf. *au-, aut, où*), adv., ne... pas [généralᵗ négation d'un mot et non d'une prop.] **a)** [devant les verbes *scio, dubito, erro, ignoro, assentior, amo, nitor*, dans la période class., *hauscio* d. Pl.] sur *haud scio an* V. *an* **b)** [devant adj. et adv.]: *haud mediocris vir* Nep. *Rep.* 2, 55, homme pas ordinaire; *haud sane* Cic. *Off.* 2, 5, vraiment pas; *haud ita ut* Cic. *Tim.* 21, non pas comme; *haud paulo plus* Cic. *Fam.* 7, 1, 3, beaucoup plus; *haud facile dixerim* Cic. *Rep.* 1, 6, il ne me serait pas facile de dire **c)** [devant pron. souvent d. Liv.]: *haud quisquam, haud ullus, haud alius, etc.* personne, pas un, pas d'autre **d)** [après une conditionnelle, pour nier toute une prop.]: *quod ni ita se haberet..., haud... niteretur* Cic. *CM* 82, s'il n'en était pas ainsi, (l'âme) ne tendrait pas ...

hauddum, adv., pas encore: Liv. 2, 52, 4; 10, 6, 2; 10, 25, 10; 22, 12, 6.

haudquāquam, adv., en aucune façon, nullement, pas du tout: Cic. *de Or.* 2, 143; 3, 82; Lae. 66.

haurĭi, parf., V. *haurio*.

haurĭō, īs, īre, hausī, haustum (cf. *auster*, αὔω), tr. ¶ 1 puiser: *aquam de, ex puteo* Cic. *Div.* 1, 112; 2, 31, tirer de l'eau d'un puits; *de dolio* Cic. *Brut.* 288, puiser à la cuve; *de faece* Cic. *Brut.* 244, puiser dans la lie ¶ 2 tirer, retirer: *terra hausta* Ov. *M.* 11, 187, terre retirée (creusée); *(ventus) arbusta evolvens radicibus haurit ab imis* Lucr. 6, 141, (le vent) soulevant les arbres les arrache avec leurs plus profondes racines ‖ *sanguinem alicujus* Cic. *Sest.* 54, tirer (verser) le sang de qqn, cf. Ov. *M.* 7, 333; Liv. 26, 13, 13; *reliquum sanguinem jubentes haurire* Liv. 22, 51, 7, demandant qu'on fît s'écouler ce qu'il leur restait de sang ¶ 3 ramasser [des cendres, de la poussière]: Ov. *M.* 8, 538; 9, 35 ¶ 4 enlever, faire disparaître (tuer): Virg. *En.* 2, 600 ¶ 5 [fig.] puiser: *aliquid a fontibus, e fontibus* Cic. *Ac.* 1, 8; *de Or.* 1, 12; *eodem fonte* Cic. *Fam.* 6, 6, 9, puiser qqch. aux sources, à la même source, cf. Cic. *Off.* 1, 6; *Fin.* 1, 71 ‖ *ex aerario sumptum* Cic. *Agr.* 2, 32, tirer du trésor public de quoi subvenir à ses dépenses ¶ 6 vider, absorber, boire: *poculum* Liv. 30, 15, 8, vider une coupe, cf. Virg. *En.* 1, 738; Ov. *M.* 8, 680; 14, 277 ‖ [fig.] *calamitates* Cic. *Tusc.* 1, 86, vider la coupe des malheurs, cf. Cic. *Dom.* 30; *Sest.* 63; *voluptates* Cic. *Tusc.* 5, 16, s'abreuver de voluptés; *libertatem sitiens hausit* Cic. *Rep.* 1, 66, dans sa soif, il a bu la liberté à pleine coupe, cf. Cic. *Phil.* 11, 10; Liv. 39, 26, 7; *mediis supplicia scopulis* Virg. *En.* 4, 383, subir son châtiment au milieu des écueils ¶ 7 creuser, transpercer: *alicujus latus gladio haurire* Curt. 7, 2, 27, percer le flanc de qqn de son épée, cf. Lucr. 5, 1324; Virg. *En.* 10, 314; Liv. 7, 10, 10; Tac. *H.* 1, 41 ¶ 8 épuiser, consumer: *sua* Tac. *An.* 16, 18, dissiper ses biens ‖ achever: *medium sol orbem hauserat* Virg. *G.* 4, 427, le soleil avait achevé la moitié de sa carrière, cf. Stat. *Th.* 1, 369 ‖ [fig.] *haurit corda pavor pulsans* Virg. *G.* 3, 105, la peur épuise (dévore) les cœurs en les agitant; *provincias immenso fenore* Tac. *An.* 13, 42, épuiser les provinces par des taux usuraires ‖ absorber: *integros cibos* Col. 8, 17, 11, avaler des aliments tels quels, cf. Plin. 8, 36; *hauriuntur gurgitibus* Tac. *An.* 1, 70, ils sont engloutis par des abîmes, cf. Tac. *H.* 5, 15 ‖ détruire, dévorer: *vineas incendium hausit* Liv. 5, 7, 3, l'incendie dévora les mantelets; *cunctos qui proelio superfuerant* Tac. *H.* 4, 60, l'incendie dévora tous ceux qui avaient survécu au combat ‖ se pénétrer de qqch. par la vue, par l'ouïe: *aliquid oculis* Virg. *En.* 4, 661, dévorer qqch. des yeux; *hausit caelum* Virg. *En.* 10, 899, il se remplit les regards de la vue du ciel; *vocem his auribus hausi* Virg. *En.* 4, 359, j'ai de mes oreilles recueilli ces paroles; *oculis auribusque gaudium* Liv. 27, 51, 1, goûter une joie par les yeux et les oreilles; *populationes agrorum animo* Tac. *H.* 1, 51, se repaître en imagination de dévastations de territoires; *animo spem inanem* Virg. *En.* 10, 648, se repaître en imagination d'un espoir chimérique.

▶ imparf. arch. *hauribant* Lucr. 5, 1322; parf. *haurierint* Varr. d. Prisc. 2, 540, 4; supin *hauritu* Apul. *M.* 2, 15; part. *hauritus* Apul. *M.* 3, 24; 6, 13; part. fut. *hausurus* Virg. *En.* 4, 383; Sil. 7, 584; Stat. *Ach.* 1, 667 ‖ déponent *hausus sum* Solin. 5, 15.

haurior, dép., V. *haurio* ▶.

haurītōrĭum, ĭi, n., vase à puiser: Aug. *Ev. Joh.* 15, 14.

haurītōrĭus, a, um, qui sert à puiser: Gloss. 5, 601, 33.

haurītus, a, um, V. *haurio* ▶.

hauscio (*haud scio*), V. *haud*.

haustĭo, ōnis, f. (*haurio*), action de puiser: Prisc. 2, 122, 2.

haustŏr, ōris, m. (haurio), celui qui puise : Firm. Math. 8, 29, 6 ‖ celui qui boit : Luc. 9, 591.

haustra, ōrum, n. pl. (haurio), auges [Non. 13, 3] d'une roue à godets : Lucr. 5, 516.

hausturus, part. fut. de haurio.

haustus, a, um, part. de haurio.

haustŭs, ūs, m. ¶ **1** action de puiser de l'eau : Col. 1, 5, 1 ; Virg. G. 4, 229 ; Juv. 3, 227 ¶ **2** droit de puiser de l'eau : Cic. Caecin. 74 ¶ **3** action de boire : Lucr. 1, 412 ; Ov. F. 3, 274 ‖ *haustus aquae* Ov. M. 6, 356, gorgée d'eau, cf. Ov. M. 7, 450 ; *esse apibus partem divinae mentis et haustus aetherios dixere* Virg. G. 4, 220, on dit que les abeilles ont une parcelle de l'intelligence divine et des émanations de l'éther ; [fig.] *hinc justitiae haustus bibat* Quint. 12, 2, 31, qu'il y puise le sentiment de la justice (m. à m. boive des gorgées de justice), cf. Hor. Ep. 1, 3, 10 ¶ **4** [poét.] **a)** mouvement d'avaler, gorgée : Lucr. 5, 1069 **b)** *arenae* Ov. M. 13, 526, poignée de sable.

hausurus, hausus, v. haurio ▶.

haut, v. haud.

hăve, haveo, v. av-.

he, interj., v. ha.

Hĕautontīmōrūmĕnŏs (Haut-), i, m. (ἑαυτὸν τιμωρούμενος), celui qui se punit lui-même [titre d'une comédie de Térence, adaptée de Ménandre] : Ter. Haut. 5.

hebdŏmăda, ae, f. (hebdomas), le chiffre sept : Gell. 3, 10, 17 ‖ sept jours, septénaire, semaine : Gell. 3, 10, 14.

hebdŏmădālis, e (hebdomas), d'une semaine : Sidon. Ep. 9, 3, 5.

hebdŏmădārĭus, ii, m., semainier [moine chargé d'une fonction pour une semaine] : Cassian. Inst. 4, 20 ; Ben. Reg. 38, 10.

hebdŏmădĭcus, v. hebdomaticus.

hebdŏmăs, ădis, acc. ăda, f. (ἑϐδομάς), semaine : Gell. 3, 10, 1 ‖ le septième jour, retour du septième jour [époque critique pour les malades], septénaire : Cic. Fam. 16, 9, 3 ; Gell. 3, 10, 7 ‖ [chrét.] semaine d'années [durée de sept ans] : Hier. Vir. ill. 52 ‖ sabbat : Cassian. Inst. 3, 9, 2 ‖ période consacrée à des exercices pieux, retraite : Hier. Ep. 22, 7, 3.

hebdŏmătĭcus, a, um (ἑϐδοματικός), septénaire ; critique [en parl. des années climatériques] : Firm. Math. 4, 20, 3.

Hebdŏmēcontācōmētae, ārum, m. pl. (Ἑϐδομηκοντακωμῆται), peuple de l'Afrique centrale : Plin. 6, 179.

Hēbē, ēs, f. (Ἥϐη), Hébé [déesse de la jeunesse, épouse d'Hercule] : Ov. M. 9, 400.

hĕbem, v. hebes ▶.

hĕbĕnum, v. ebenum.

hĕbĕō, (ēs), ēre, -, - (obscur), intr., ordin[t] aux 3es pers. de l'ind. prés. ¶ **1** être émoussé : Liv. 23, 45, 9 ¶ **2** [fig.] être engourdi : Tac. G. 15 ; Virg. En. 5, 396 ; Ov. Tr. 4, 1, 48 ‖ être abasourdi : Aus. Epigr. 63 (69), 7.

hĕbĕs, ĕtis, abl. hebeti (hebeo) ¶ **1** émoussé, qui a perdu sa pointe : Pl. Mil. 53 ; Lucr. 5, 1274 ; *tela hebetiora* Cic. Har. 2, traits plus émoussés ‖ obtus [en parl. d'un angle] : Grom. 41, 3 ¶ **2** [fig.] émoussé, qui manque de pénétration, d'acuité, de finesse : *aures hebetes* Cic. Planc. 66, oreilles dures ; *me hebetem molestiae reddiderunt* Cic. Att. 9, 17, 2, les chagrins m'ont émoussé l'esprit ; *hebeti ingenio est* Cic. Phil. 10, 17, il a l'esprit obtus ; *rhetorica forensis paulo hebetior* Cic. Fin. 2, 17, éloquence du forum un peu moins subtile ¶ **3** émoussé, qui manque de vivacité : *spondeus hebetior videtur et tardior* Cic. Or. 216, le spondée semble moins vif et plus lent ‖ mou, engourdi, languissant : Sall. J. 54, 3 ; *ad sustinendum laborem hebes* Tac. H. 2, 99, sans résistance à la fatigue ; *uva gustu hebes* Col. 3, 2, 3, raisin qui manque de saveur ‖ *-tissimus* Plin.

▶ acc. arch. *hebem* Caecil. Com. 71 ; Enn. An. 426, cf. Char. 132, 6.

hĕbescō, ĭs, ĕre, -, - (hebes), intr., s'émousser [pr. et fig.] : *acies mentis hebescit* Cic. Tusc. 1, 73, l'esprit s'émousse, cf. Cic. Cat. 1, 4 ; Ac. 2, 6 ; Sall. C. 12, 1 ; Tac. H. 2, 77 ; *hebescunt sidera* Tac. An. 1, 30, les astres pâlissent.

hĕbĕtātĭo, ōnis, f. (hebeto), affaiblissement, émoussement : Plin. 28, 58 ; Sen. Tranq. 17, 5.

hĕbĕtātrix, īcis, f. (hebeto), qui obscurcit [éclipse] : Plin. 2, 57.

hĕbĕtātus, a, um, part. de hebeto.

hĕbĕtescō, ĭs, ĕre, -, -, intr., s'émousser : Plin. 28, 79 ; Cels. 6, 6, 37.

hĕbĕtō, ās, āre, āvī, ātum (hebes), tr., émousser : Liv. 8, 10, 3 ; 30, 35, 8 ‖ [fig.] enlever la finesse, l'acuité, la pénétration, la force : *oculorum aciem hebetare* Plin. 20, 47, affaiblir l'acuité du regard ; *umbra terrae luna hebetatur* Plin. 2, 57, la lune est obscurcie par l'ombre de la terre ; *ingenium hebetatum* Plin. Ep. 8, 14, 9, esprit émoussé ; *vino tristitia hebetatur* Plin. 23, 38, le vin émousse le chagrin ‖ [chrét.] intr., être émoussé [en parlant de l'esprit], être stupide : Commod. Instr. 1, 22, 1.

hĕbĕtūdo, ĭnis, f. (hebes), état d'une chose émoussée : *sensuum* Macr. Somn. 1, 14, 12, sens émoussés ‖ stupidité : Aug. Conf. 5, 8, 14.

Hĕbōn, ōnis, m., nom de Bacchus chez les Campaniens : Macr. Sat. 1, 18, 9 [en grec].

Hĕbraei, ōrum, m. (Ἑϐραῖοι), les Hébreux : Tert. Apol. 18, 6 ‖ **-braeus (-ăĭcus)**, a, um, de Judée, des Hébreux, hébreu : Tac. H. 5, 2 ; Lact. Inst. 4, 10, 5.

Hĕbrăĭcē, adv., en hébreu, en langue hébraïque : Lact. Inst. 4, 7, 7.

Hĕbrĕĭcē, c. Hebraice : Hier. Vir. ill. 5.

Hĕbrĕĭcus, a, um, c. Hebrăĭcus : Ps. Cypr. Mont. 2.

Hebrōn, m. indécl. ¶ **1** fils de Caath et petit-fils de Lévi : Vulg. 1 Par. 23, 19 ¶ **2** ville de la tribu de Juda, où naquit saint Jean-Baptiste Atlas IX, E3 : Vulg. Num. 13, 23.

Hebrōnītae, ārum, m. pl., Hébronites, descendants d'Hébron : Vulg. 1 Par. 19, 23.

Hĕbrus, i, m. (Ἕϐρος) ¶ **1** Hèbre [Maritza, fleuve de Thrace] Atlas I, D5 ; VI, A3 : Virg. B. 10, 65 ¶ **2** nom d'un jeune homme : Hor. O. 3, 12, 6 ‖ Troyen tué par Mézence : Virg. En. 10, 696.

Hebudes, v. Haebudes.

Hĕcăbē, ēs, f., nom d'une des Danaïdes : Hyg. Fab. 170.

Hĕcăergē, ēs, f. (Ἑκαέργος), nom de Diane : Serv. En. 11, 532 ‖ nymphe, fille de Borée et d'Orithye : Claud. Cons. Stil. 3, 253.

Hĕcălē, ēs, f. (Ἑκάλη), vieille femme pauvre qui donna l'hospitalité à Thésée : Plin. 22, 88.

Hĕcăta, ae, f., c. Hecate : Tib. 1, 2, 52 ; Cic. Nat. 3, 46.

Hĕcătaeus, i, m., Hécatée, de Milet, historien : Plin. 6, 55.

Hĕcătē, ēs, f. (Ἑκάτη), Hécate [divinité qui préside aux enchantements, confondue avec Diane] : Cic. Nat. 3, 46 ; Virg. En. 4, 511 ; Hor. S. 1, 8, 33 ‖ **-tēĭus**, a, um, d'Hécate, de Diane : Ov. M. 14, 44 ; Stat. S. 3, 1, 60 ‖ **-tēis**, ĭdos, f., d'Hécate : Ov. M. 6, 139.

Hĕcătō, ōnis, m. (Ἑκάτων), Hécaton de Rhodes, philosophe stoïcien : Cic. Off. 3, 63.

hĕcătombē, ēs, f. (ἑκατόμϐη), hécatombe [sacrifice de cent victimes, bœufs ou autres] : Juv. 12, 101.

hĕcătombĭon, ii, n., c. hecatombe : Sidon. Carm. 9, 205.

hĕcătompŏlis, is, f. (ἑκατόμπολις), aux cent villes : Isid. 14, 6, 15.

Hĕcătompўlŏs, i, f., [aux cent portes], surnom de Thèbes, ville de la Haute-Égypte : Amm. 17, 4, 2 ‖ ville des Parthes : Plin. 6, 44.

Hĕcătōn, v. Hecato.

hĕcătonstўlŏs, ŏn (ἑκατόνστυλος), à cent colonnes : Hier. Chron. 249.

hĕcătontăs, ădis, f. (ἑκατοντάς), le nombre cent, la centaine : Capel. 7, 734.

hectĭcus, a, um (ἑκτικός), continu [fièvre] : Orib. Syn. 6, 21.

Hectŏr, ŏris, acc. ŏra et ŏrem, m. (Ἕκτωρ), fils de Priam, tué par Achille : Cic. Tusc. 1, 105 ; Virg. En. 1, 483 ‖ **-rĕus**, a, um, d'Hector, Troyen : Virg. En. 2, 543.

Hĕcŭba, ae (**-bē**, ēs), f. (Ἑκάϐη), Hécube, femme de Priam : Cic. Tusc. 3, 63 ; Virg. En. 2, 501 ‖ [fig.] vieille femme : Mart. 3, 76, 4.

Hecyra

Hĕcўra, *ae*, f. (ἑκυρά), l'Hécyre (la Belle-Mère) [titre d'une comédie de Térence] : Ter. *Hec.* 3.

hĕdĕra (ĕdĕra), *ae*, f. (cf. *prehendo, praeda*?; fr. *lierre*, it. *edera*), lierre [enguirlande le thyrse de Bacchus; sert à couronner les poètes, les convives] : Virg. *G.* 2, 258; Ov. *F.* 3, 767.

hĕdĕrācĕus (-cĭus), *a, um*, de lierre : Cat. *Agr.* 111; Plin. 16, 92 ‖ vert de lierre : Vop. *Aur.* 49, 7.

hĕdĕrātus, *a, um*, ceint de lierre : Nemes. *Ecl.* 3, 18.

hĕdĕrĭgĕr, *ĕra, ĕrum* (hedera, gero), qui porte du lierre : Catul. 63, 23.

hĕdĕrōsus, *a, um* (hedera), couvert de lierre : Prop. 4, 4, 3.

Hĕdēssa, ▶ Edessa.

Hĕdŏnē, *ēs*, f. (Ἡδονή), un des Éons de l'hérésiarque Valentin : *Tert. Val.* 8, 2.

Hĕdŭi, etc., ▶ Aedui, etc.

hedychrum, *i*, n. (ἡδύχρουν), espèce d'onguent : Cic. *Tusc.* 3, 46.

Hĕdўlus, *i*, m., nom d'homme : Mart. 9, 58.

Hĕdўmĕlēs, *is*, m., célèbre joueur de lyre du temps de Domitien : Juv. 6, 383.

hĕdўosmŏs, *i*, m. (ἡδύοσμος), variété de menthe : Plin. 35, 181.

Hĕdўphăgētĭca, *ōrum*, n. (ἡδυφαγητικά), Friandises [titre d'un poème d'Ennius, adapté d'Archestrate] : Apul. *Apol.* 39.

Hĕdўphŏs, *i*, m., fleuve de Perse : Plin. 6, 135.

hēdypnŏis, *ĭdis*, f. (ἡδυπνοῖς), sorte de chicorée : Plin. 20, 75.

hēdysma, *ătis*, n. (ἥδυσμα), essence de fleurs : Plin. 13, 7.

Hēgea (-as), *ae*, m., nom d'homme : Liv. 23, 1.

hēgĕmōn, *ŏnis*, m. (ἡγεμών), celui qui marche en avant, le pyrrhique [métr.] : Diom. 475, 10.

hēgĕmŏnĭcŏn, *i*, n. (ἡγεμονικόν), principe directeur dans les actions : Chalc. 213.

Hēgēsĭās, *ae*, m., philosophe cyrénaïque : Cic. *Tusc.* 1, 83 ‖ orateur et historien : Cic. *Brut.* 286.

Hēgēsĭlŏchus, *i*, m., premier magistrat de Rhodes : Liv. 42, 45.

Hēgēsīnus, ▶ Egesinus : Cic. *Ac.* 2, 16.

hĕhae, interj., ▶ hahae : Enn. *Tr.* 333.

hei, ei, interj., hélas! : Pl. *Amp.* 668; Ter. *Phorm.* 491 ‖ **ei mihi** Pl. *Amp.* 1109, pauvre de moi! hélas!, cf. Ter. *Phorm.* 671; Virg. *En.* 2, 274; 11, 57.

heia, ▶ eia.

heic, ▶ hic.

Hēius, *ii*, m., nom d'homme : Cic. *Verr.* 4, 3.

hējŭlor, *āri*, ▶ ejulo : Prisc. 2, 392, 14.

Helagabalus, ▶ Heliogabalus.

Helbo, *ōnis*, f., île près de la Lycie : Plin. 5, 131.

helbŏlus, ▶ helvolus.

Helcebus, ▶ Elcebus.

helcĭārĭus, *ii*, m. (helcium), haleur, qui tire un bateau : Mart. 4, 64, 22.

helcĭum, *ii*, n. (*ἕλκιον, cf. ἕλκω), collier de halage : Apul. *M.* 9, 12.

helcysma, *ătis*, n. (ἕλκυσμα), scorie, écume d'argent : Plin. 33, 105.

Hĕlĕna, *ae*, f., (**-nē**, *ēs*, Hor. *O.* 4, 9, 16) (Ἑλένη), Hélène [fille de Léda et de Jupiter, sœur de Castor, de Pollux, de Clytemnestre, femme de Ménélas, elle fut cause de la guerre de Troie] : Cic. *Phil.* 2, 55 ‖ Flavia Julia Héléna, mère de Constantin : Eutr. 10, 5 ‖ nom donné à une étoile : Plin. 2, 101.
▶ Felena CIL 1, 566; Belena Quint. 1, 4, 15.

hĕlĕnĭum, *ii*, n. (ἑλένιον), aunée [plante] : Plin. 14, 108.

Hĕlĕnĭus, *ii*, m., client d'Atticus : Cic. *Att.* 5, 12, 5 ‖ **Helenius Acro**, Acron, commentateur d'Horace et de Térence : Char. 210, 15.

Hĕlēnōr, *ŏris*, m. (Ἑλήνωρ), nom de guerrier : Virg. *En.* 9, 544.

Hĕlĕnus, *i*, m. (Ἕλενος), fils de Priam, devin célèbre : Cic. *Div.* 1, 89.

Hĕlĕon, ▶ Elaeon.

hĕlĕosĕlīnŏn (hĕlĭo-), *i*, n. (ἑλειοσέλινον), ache de marais : Plin. 20, 117; Pall. 5, 3, 2.

hĕlĕpŏlis, *is*, f. (ἑλέπολις), hélépole, machine de siège : Vitr. 10, 16, 3; Amm. 23, 4, 10.

Hĕlernus, *i*, m., bois sur les bords du Tibre : Ov. *F.* 1, 105.

Heles, *ētis*, m., ▶ Hales.

Helgās, *ădis*, f., ville de Bithynie, nommée aussi Germanicopolis : Plin. 5, 144.

Heli, m. indécl., juge et grand sacrificateur des Hébreux : Vulg. *1 Reg.* 1, 9.

Hĕlĭăcus, *a, um* (Ἡλιακός), d'Hélius [ou Soleil], héliaque : CIL 6, 750.

1 **Hĕlĭădēs**, *is*, m., surnom romain : CIL 6, 13932.

2 **Hĕlĭădĕs**, *um*, f., Héliades [filles du Soleil et de Clymène, sœurs de Phaéthon] : Ov. *M.* 2, 340.

hēlĭanthĕs, *is*, n. (ἡλιανθες), plante inconnue : Plin. 24, 165.

Hĕlĭās, ▶ 2 Elias.

Hĕlĭcāōn, *ŏnis*, m. (Ἑλικάων), fils d'Anténor, fondateur de Patavium (Padoue) : Mart. 10, 93, 1 ‖ **-āŏnĭus**, *ii*, d'Hélicaon : Mart. 14, 152, 2.

Hĕlĭcē, *ēs*, f. (Ἑλίκη), une des Danaïdes : Hyg. *Fab.* 170, 5 ‖ ancienne ville d'Achaïe : Plin. 2, 206 ‖ la Grande Ourse, constellation : Cic. *Ac.* 2, 66 ‖ le Nord : Sen. *Herc. Oet.* 1539.

hĕlĭces, pl. de helix.

hĕlichrŷsŏs (-ŭs), *i*, m. (ἑλίχρυσος), immortelle jaune [fleur] : Plin. 21, 65.

Hĕlĭcōn, *ōnis*, m. (Ἑλικών), Hélicon [montagne de Béotie, consacrée à Apollon et aux Muses] : Plin. 4, 25 ‖ **-cōnĭus**, *a, um*, de l'Hélicon : Catul. 61, 1 ‖ **-cōnis**, *ĭdis*, f., de l'Hélicon : Stat. *S.* 4, 4, 90 ‖ **-cōnĭădĕs** et **-cōnĭdĕs**, *um*, f., nom des Muses : Lucr. 3, 1037; Pers. *Prol.* 4.

Helinĭum, *ii*, n., une des bouches du Rhin : Plin. 4, 101.

hēlĭŏcallis, *ĭdis*, f. (ἡλιοκαλλίς), ▶ helianthes : Plin. 24, 165.

hēlĭŏcămīnus, *i*, m. (ἡλιοκάμινος), chambre exposée au soleil : Plin. *Ep.* 2, 17, 20.

hēlĭŏchrŷsŏn, *i*, n., ▶ helichrysos.

Hēlĭŏdōrus, *i*, m. (Ἡλιόδωρος), Héliodore [rhéteur du temps d'Auguste] : Hor. *S.* 1, 5, 2.

Hēlĭŏgăbălus, *i*, m., Héliogabale, empereur romain [218-222] : Spart. *Car.* 11; Aur.-Vict. *Caes.* 23.

Hēlĭŏpŏlis, *is*, f., ville de la Basse-Égypte : Cic. *Nat.* 3, 54 ‖ ville de Cœlé-Syrie [auj. Balbek] Atlas IX, D3 : Tac. *An.* 6, 28 ‖ **-lītēs nŏmŏs**, m., le nome Héliopolite [en Égypte] : Plin. 5, 49 ‖ **-lītae**, *ārum*, **-lītāni**, *ōrum*, m. pl., habitants d'Héliopolis : Plin. 36, 197; CIL 10, 1579 ‖ **-lītānus**, *a, um*, d'Héliopolis : Amm. 17, 4.

Hēlĭos (-ĭus), *ii*, m. (Ἥλιος), le Soleil : Aug. *Civ.* 22, 22, 3.

hēlĭoscŏpĭŏn, *ii*, n., (**-pĭŏs**, *ĭi*), m. (ἡλιοσκόπιον), héliotrope : Plin. 22, 57 ‖ espèce d'euphorbe [plante] : Plin. 26, 69.

hēlĭŏsĕlīnŏn, *i*, n., ▶ heleoselinon.

hēlĭŏtrŏpĭŏn (-pĭum), *ii*, n. (ἡλιοτρόπιον), tournesol [plante] : Plin. 2, 109 ‖ sorte de pierre précieuse : Plin. 37, 165.

hēlĭŏtrŏpĭos, *ii*, m., héliotrope (pierre précieuse) : Capel. 1, 75.

Hēlĭupŏlis, f. (Ἡλιούπολις), ▶ Heliopolis : Char. 47, 16.

Hēlĭus, ▶ Helios.

hĕlix, *ĭcis*, f. (ἕλιξ), sorte de lierre : Plin. 16, 145 ‖ sorte d'osier : Plin. 16, 177 ‖ hélice, volute [du chapiteau corinthien] : Vitr. 4, 1, 12.

Hellăda, *ae*, f., ▶ Hellas : Cassiod. *Hist.* 6, 1.

Hellădĭcus, *a, um* (Ἑλλαδικός), Grec, de Grèce : Plin. 35, 75.

Hellănĭcē, *ēs*, f., sœur de Clitus, nourrice d'Alexandre le Grand : Curt. 8, 1, 21.

Hellănĭcus, *i*, m., historien de Lesbos, antérieur à Hérodote : Cic. *de Or.* 2, 53 ‖ nom d'homme : CIL 6, 17713.

Hellăs, *ădis*, f. (Ἑλλάς), Hellade, la Grèce : Plin. 4, 23 ‖ nom de femme : Hor. *S.* 2, 3, 277.

Hellē, *ēs*, f. (Ἕλλη), fille d'Athamas, donna son nom à l'Hellespont : Ov. *F.* 3, 857.

hellĕbŏr-, v. *ellebor-*.

Hellēn, *ēnis* (Ἕλλην), m., fils de Deucalion, roi de Thessalie : Plin. 4, 28.

Hellēnes, *um*, m. pl. (Ἕλληνες), Hellènes, Grecs : Plin. 4, 28.

Hellēni, *ōrum*, m. pl., peuple de la Tarraconaise : Plin. 4, 112.

Hellēnĭcus, *i*, m., nom d'homme : CIL 6, 975, 2, 17.

Hellespontĭās, *ae*, m., vent du N.-E. [le même que *caecias*] : Plin. 2, 121.

Hellespontus, *i*, m. (Ἑλλήσποντος), l'Hellespont [détroit qui sépare l'Europe de l'Asie] Atlas VI, A3 : Cic. *Fin.* 2, 112 ‖ le pays autour de la Propontide : Cic. *Fam.* 13, 53, 2 ‖ **tĭus (tĭăcus, -tĭcus)**, *a, um*, de l'Hellespont : Catul. 18, 4 ; Virg. *G.* 4, 111 ; Mel. 1, 10 ‖ **Hellespontĭus**, *ĭi*, m., habitant des bords de l'Hellespont : Cic. *Fam.* 13, 53, 2.

Hellŏpes, *um*, m. pl., peuple d'Épire : Plin. 4, 2.

hellŭātĭo, *ōnis*, f. (*helluor*), gloutonnerie ; [pl.] scènes de gloutonnerie, débauches : Cic. *Sen.* 13.

hellŭātus, *a, um*, part. de *helluor*, sens passif : Catal. 13, 11.

hellŭcus, v. *elucus*.

hellŭo (hēlŭo), *ōnis*, m. (obscur), glouton, goinfre : Cic. *Pis.* 41 ‖ [fig.] *patriae* Cic. *Sest.* 26, dévoreur de sa patrie.

hellŭor (hēlŭŏr), *ārĭs, ārī, ātus sum* (*helluo*), intr., [avec abl.] être glouton de, dévorer, engloutir : Cic. *Dom.* 124 ; *libris* Cic. *Fin.* 3, 7, être glouton de livres ‖ [abs¹] se livrer à la goinfrerie, à la débauche : Cic. *Prov.* 14 ; *Sest.* 111.

Hellusĭi, *ĭorum*, m. pl., peuple de Germanie : Tac. *G.* 46.

hĕlops (ĕl-), *ŏpis*, m. (ἔλοψ), sterlet, c. *acipenser* : Plin. 32, 153 ; Quint. 5, 10, 21.

hĕlor-, v. *Elor-*.

Hĕlŏs, n. (Ἕλος), ville de l'Élide : Plin. 4, 15 ‖ ville d'Ionie : Plin. 5, 117.

hĕlūcus, v. *elucus*.

hĕlŭo, v. *helluo*.

hĕlus (arch. pour *olus*), P. Fest. 89, 3.

Hĕlusa, v. *Elusa*.

hĕlvācĕa, *ae*, f. (*helvus*), sorte d'ornement : P. Fest. 88, 18.

Helveconae, *ārum*, m. pl., peuple de Germanie : Tac. *G.* 43.

helvella, *ae*, f. (dim. de *helvus*), petit légume, petit chou : Cic. *Fam.* 7, 26, 2 ; P. Fest. 91, 28, [n. pl. ?].

helvenāca vītis, f., la vigne helvénaque [vigne à sarment jaunâtre] : Plin. 14, 32.

helvenācĭa vītis, f., c. *helvenaca vitis* : Col. 3, 2, 55.

Helvētĭi, *ōrum*, m. pl., Helvètes [habitants de l'Helvétie, auj. la Suisse] : Caes. *G.* 1, 1, 4 ‖ sg. CIL 13, 6234 ‖ **-tĭcus**, *a, um*, de l'Helvétie : Caes. *G.* 7, 9, 6 ‖ **-tĭus**, *a, um*, Caes. *G.* 1, 2, 3.

Helvi, *ōrum*, m. pl., v. *Helvii* : Plin. 3, 36.

Helvĭānus, *a, um*, de P. Helvius Pertinax : Spart. *Sept.* 7, 8.

Helvĭcus, *a, um*, v. *Helvii*.

Helvĭdĭus, *ĭi*, m., nom d'une famille romaine ; not¹ Helvidius Priscus [sénateur romain, célèbre par ses vertus] : Juv. 5, 36.

helvĭdus, *a, um* (dériv. de *helvus*), jaunâtre : Isid. 19, 28, 7.

Helvĭi (-vi), *ōrum*, m. pl., Helviens [peuple de la Gaule romaine] : Caes. *G.* 7, 7, 5 ; **Alba Helvorum** Plin. 3, 36, capitale des Helviens [auj. Alba, dans l'Ardèche] ‖ **-vĭcus**, *a, um*, helvien : Plin. 14, 18.

Helvillum, *i*, n., ville d'Ombrie : Anton. 315.

Helvīna Cĕrēs (El-), f., Cérès Helvine [honorée à Aquinum en même temps que Diane] : Juv. 3, 320.

1 **Helvĭus**, *ĭi*, m., nom de famille : Cic. *de Or.* 2, 266 ; [not¹] C. Helvius Cinna [poète, ami de Catulle] : Gell. 19, 3, 5 ‖ Helvius Pertinax, empereur romain [193] : Capit. *Pert.* 1, 1.

2 **helvĭus**, *a, um*, c. *helvolus* : Plin. 14, 46.

helvŏlus (el-), *a, um* (*helvus*), [raisin] de couleur blonde, jaunâtre : Cat. *Agr.* 6, 4 ; Col. 3, 2, 23 ; 3, 21, 3.

helvus, *a, um* (cf. *fulvus, fel, holus*, χλωρός, al. *gelb*, an. *yellow*), jaunâtre : Varr. *R.* 2, 5, 8 ; Col. 3, 21, 3 ; P. Fest. 88, 19.

helxīnē, *ēs*, f. (ἑλξίνη), pariétaire [plante] : Plin. 22, 41.

hem, interj., ah ! oh ! eh ! [marquant un sentiment pénible, l'indignation, la douleur] : *hem ! Postume...* Cic. *Rab. Post.* 45, eh quoi ! Postumus... ; *hem ! misera occidi !* Ter. *Eun.* 827, ah ! malheureuse ! je suis perdue ! ; *hem ! nos homunculi indignamur...* Sulp. *Fam.* 4, 5, 3, hé ! êtres chétifs que nous sommes, nous nous indignons ....

Hemasīni, *ōrum*, m. pl., ancien peuple de Dalmatie : Plin. 3, 143.

hēmĕrēsĭŏs, m. f. (ἡμερήσιος), qui se fait en un seul jour : Plin. 35, 124.

hēmĕris, *ĭdis*, f. (ἡμερίς), sorte de chêne : Plin. 16, 22.

Hēmĕrŏbaptistae, *arum*, m. pl. (gr.), Hémérobaptistes [membres d'une secte juive qui se purifiaient chaque jour] : Isid. 8, 4, 10.

hēmĕrŏbĭŏn, *ĭi*, n. (ἡμερόβιον), éphémère [insecte] : Plin. 11, 120.

hēmĕrŏcallēs, *is*, n. (ἡμεροκαλλές), hémérocalle [fleur] : Plin. 21, 59.

hēmĕrŏdrŏmi, *ōrum*, m. pl. (ἡμεροδρόμοι), coureurs, courriers : Liv. 31, 24, 4 ‖ **-dromoe**, *ōrum*, Nep. *Milt.* 4, 3.

Hĕmĕsa, v. *Emesa*.

hēmĭcădĭum, *ĭi*, n. (ἡμικάδιον), la moitié du *cadus* : Isid. 20, 7, 1.

hēmĭcrānĭa, *ae*, f. (ἡμικρανία ; fr. *migraine*), *Plin. Med.* 1, 1, et ordin¹ **hēmĭcrānĭum**, *ĭi*, n., moitié de la tête : M.-Emp. 2, 1 ‖ migraine, mal de tête : M.-Emp. 2, 14.

hēmĭcrānĭci, *ōrum*, m. pl., ceux qui ont la migraine : Orib. *Syn.* 1, 35.

hēmĭcyclĭum, *ĭi*, n. (ἡμικύκλιον) ¶ 1 hémicycle, amphithéâtre : Vitr. 9, 8, 5 ¶ 2 espèce de cadran solaire : Vitr. 9, 8, 1 ‖ hémicycle, siège semi-circulaire : Cic. *Lae.* 2.

hēmĭcyclĭus, *a, um* (ἡμικύκλιος), en forme d'hémicycle, en demi-cercle : *-clior* Grom. 344, 16.

hēmĭcyclus, *i*, m. (ἡμικύκλος), demi-cercle : Chalc. 326.

hēmĭcўlindrus, *i*, m. (ἡμικύλινδρος), demi-cylindre : Vitr. 9, pr. 14.

hēmĭdexĭus, *a, um* (ἡμιδέξιος), qui renferme la moitié [d'un hexamètre] : Sacerd. 6, 514, 28.

hēmĭgrānĭci, v. *hemicranici*.

1 **hēmīna (ēm-)**, *ae*, f. (ἡμίνα ; anc. fr. *mine*), hémine [mesure de capacité, c. *cotyla*] : Cat. *Agr.* 57 ; Pl. *Mil.* 831 ; Sen. *Ir.* 2, 33, 4 ; *Tranq.* 14, 3.

2 **Hēmīna**, *ae*, m., surnom latin ‖ Cassius Hémina [ancien historien latin] : Plin. 13, 84.

hēmīnārĭum, *ĭi*, n., présent de la contenance d'une hémine : Quint. 6, 3, 52.

hēmĭŏlĭus, *a, um* (-ĭos, ŏn) (ἡμιόλιος), c. *sesquialter* : Gell. 18, 14, 4 ; Vitr. 3, 1, 4.

hēmĭŏnĭon, *ĭi*, n. (ἡμιόνιον), cétérac, doradille [plante] : Plin. 26, 41 ; Ps. Apul. *Herb.* 97, 11.

hēmisphaerĭŏn (-ĭum), *ĭi*, n. (ἡμισφαίριον), moitié de sphère : Varr. *L.* 7, 7 ‖ coupole, dôme : Vitr. 5, 10, 5.

hēmistĭchĭum, *ĭi*, n. (ἡμιστίχιον), hémistiche, moitié de vers : Ps. Asc. *Verr.* 2, 1, 18.

hēmistrīgĭum, v. *semistrigium* : Ps. Hyg. *Mun. castr.* 1.

hēmĭthĕa, *ae*, f., demi-déesse : Serv. *En.* 2, 21.

hēmĭthĕus, *i*, m. (ἡμίθεος), demi-dieu : Capel. 2, 156.

hēmĭtŏnĭum (-ĭŏn), *ĭi*, n. (ἡμιτόνιον) ¶ 1 [mus.] demi-ton : Vitr. 5, 4, 3 ¶ 2 [méc.] ressort [dans une machine de jet] : Vitr. 1, 1, 8.

hēmĭtriglўphus, *i*, m. (ἡμιτρίγλυφος), demi-triglyphe : Vitr. 4, 3, 8.

hemitritaeus

hēmĭtrĭtaeus, *i*, m. (ἡμιτριταῖος), hémitritée, fièvre demi-tierce : Mart. 12, 91, 2 ‖ qui souffre d'hémitritée : Mart. 4, 81, 3.

hēmĭtrĭtāĭca febris, f., hémitritée : M.-Emp. 30, 51.

Hemmatae, *ārum*, m. pl., peuple d'Arabie : Plin. 6, 157.

hĕmo, *ōnis*, ▹ *homo* ▸.

Hēmŏdus, ▹ *Emodus*.

hĕmōnus, ▹ *humanus*.

Hemona, ▹ *Aemona* ‖ **-nensis**, *e*, d'Emona : CIL 5, 331.

Hēmŏnĭdae, ▹ *Aemonidae*.

hēmorr-, ▹ *haemorr-*.

hendĕcăchordus, *a*, *um*, à onze cordes : Boet. *Mus.* 1, 20.

hendĕcăsyllăbus (-ŏs), *i*, m. (ἑνδεκασύλλαβος), hendécasyllabe [vers de onze syllabes] : Catul. 12, 10 ; Plin. *Ep.* 4, 14, 8 ; Diom. 509, 21.

Hĕnĕti, *ōrum*, m. pl. (Ἐνετοί), nom grec des Vénètes : Liv. 1, 1 ; ▹ *Veneti*.

Hĕnĕtĭa, *ae*, f., ▹ *Venetia*.

Hēnĭŏchi, *ōrum*, m. pl. (Ἡνίοχοι), peuple sarmate : Plin. 6, 12 ‖ **-chĭus (-chus)**, *a*, *um*, des Hénioques : Plin. 6, 26 ; Ov. *Pont.* 4, 10, 26.

Hēnĭŏchus, *i*, m. (Ἡνίοχος), le Cocher [Érisichthon, changé en constellation] : Plin. 18, 312 ; Manil. 1, 362.

Henna, *ae*, f., ville de Sicile Atlas XII, G4 : Cic. *Verr.* 4, 107 ‖ **-nensĭs**, *e*, d'Henna : Cic. *Verr.* 4, 17, m. pl., les habitants d'Henna : Cic. *Verr.* 4, 107 ‖ **-naeus**, *a*, *um*, Ov. *M.* 5, 385.

Henoch, ▹ *Enoch*.

hĕnōsis, f. (ἕνωσις), action d'unir : *Tert. *Val.* 8, 2.

hĕnōtēs, *tētos*, f. (ἑνότης), l'Unité [Éon de Valentin] : Tert. *Val.* 37, 1.

hēpăr (ēp-), *pătis* et *păris*, n. (ἧπαρ), le foie : M.-Emp. 22, 37 ‖ sorte de poisson : Plin. 32, 149.

hēpătĭa, *ōrum*, n. pl. (ἡπάτια), foies de volaille : Lucil. 310 ; Petr. 66, 7 ; Apul. *Apol.* 41.

hēpătĭārĭus, *a*, *um* (*hepar*), de foie : Pl. *Curc.* 239.

hēpătĭās, *ae*, m. f. (ἡπατίας), du foie : Cael.-Aur. *Chron.* 3, 8, 106.

hēpătĭcus, *a*, *um* (ἡπατικός), du foie, hépatique : Isid. 4, 7, 21 ‖ subst. m., celui qui a une maladie de foie, hépatique : Plin. 27, 130 ‖ de la couleur du foie : Pall. 11, 14, 8.

hēpătītēs, *ae*, m. (ἡπατίτης), hépatite [pierre précieuse] : Plin. 36, 147.

hēpătītis, *ĭdis*, f. ¶ 1 adj., de la nature du foie, analogue au foie : M.-Emp. 8, 1 ¶ 2 subst., pierre précieuse inconnue : Plin. 37, 186.

hēpătizŏn, *ontis*, n. (ἡπατίζον), verdâtre [en parl. de l'airain de Corinthe] : Plin. 34, 8.

Hēphaestĭa, *ae*, f., ville de l'île de Lemnos : Plin. 4, 73.

Hēphaestĭăs, *ădis*, f., une des îles Éoliennes [peut-être auj. Vulcanello] : Isid. 14, 6, 37.

Hēphaesti montes, m. pl., monts Éphestiens [Lycie] : Plin. 5, 100.

Hēphaestĭōn (-tĭo), *ōnis*, m. (Ἡφαιστίων), Héphestion [ami et confident d'Alexandre] : Curt. 3, 12, 9.

hēphaestītis, *ĭdis* ou *ĭdos*, f., pierre précieuse inconnue : Plin. 37, 166 ; Isid. 16, 15, 15.

Hēphaestĭum (-stĭon), *ĭi*, n., ville de Lycie : Sen. *Ep.* 79, 3.

hephthēmĭmĕrēs (hepth-), *is*, f. (ἑφθημιμερής), hephthémimère [césure après la première moitié du quatrième pied] : Diom. 497, 9 ‖ adj., de trois pieds et demi : Ter.-Maur. 6, 375, 1681.

hepsēma, *ătis*, n. (ἕψημα), moût cuit : Plin. 14, 80.

heptăbŏlus, *a*, *um* (ἑπτά, βάλλω), à sept bouches : Vitr. 8, 2, 6.

heptăchordus, *a*, *um* (ἑπτάχορδος), à sept cordes, à sept voix : Boet. *Mus.* 1, 20.

Heptăgōniae, *ārum*, f. pl., lieu-dit près de Sparte : Liv. 34, 38, 5.

heptăgōnus, *a*, *um* (ἑπτάγωνος), heptagone, qui a sept angles : Boet. *Arith.* 2, 15, 3.

heptămĕtrum, *i*, n. (ἑπτάμετρος), heptamètre, vers de sept pieds : Diom. 512, 15.

heptămyxŏs, *ŏn* (ἑπτάμυξος), à sept becs [de lampes] : Heges. 5, 9, 4 ‖ septiforme : Ambr. *David* 2, 9, 49.

heptăneurŏs, *i*, f., ▹ *heptapleuros* : Ps. Apul. *Herb.* 61.

heptăphōnŏs, *ŏn* (ἑπτάφωνος), aux sept échos : Plin. 36, 100.

heptăphyllŏn, *i*, n. (ἑπτάφυλλον), potentille : Ps. Apul. *Herb.* 117.

heptăpleurŏs, *i*, f. (ἑπτάπλευρος), plantain [herbe] : Plin. 25, 80.

Heptăpŏros (-rus), *i*, m., rivière de Troade : Plin. 5, 124.

heptăpўlae et **-loe Thēbae**, f. (ἑπτάπυλοι), Thèbes aux sept portes [Béotie] : Hyg. *Fab.* 275 ; Apul. *M.* 4, 9.

heptăs, *ădis*, f. (ἑπτάς), le chiffre sept : Capel. 2, 108.

heptăsēmus, *a*, *um* (**-mŏs**, *ŏn*) (ἑπτάσημος), qui a sept temps [métr.] : Diom. 500, 6.

heptăstădĭum, *ĭi*, n. (ἑπτάστάδιον), digue de sept stades : Amm. 22, 16, 10.

heptăsyllăbus, *a*, *um* (ἑπτασύλλαβος), qui a sept syllabes : Mar. Vict. *Gram.* 6, 164, 35.

Heptăteuchus, *i*, m. (ἑπτάτευχος), l'Heptateuque [le Pentateuque plus les livres de Josué et des Juges] : Sidon. *Ep.* 5, 15, 1.

heptērēs (-is), *is*, f. (ἑπτήρης), navire à sept rangs de rames : Liv. 37, 23, 5.

Hequaesi, *ōrum*, m. pl., peuple de la Tarraconaise : Plin. 3, 28.

hēr, ▹ *er*.

1 **hĕra**, ▹ *era*.

2 **Hēra**, *ae*, f. (Ἥρα) ¶ 1 la déesse Héra [Junon chez les Romains] : Solin. 2, 10 ¶ 2 ville de Sicile : Cic. *Att.* 2, 1, 5.

Hērāclēa (-clīa), *ae*, f. (Ἡράκλεια), Héraclée [nom des villes fondées par Hercule ou qui lui étaient consacrées] ; noṭ en Lucanie Atlas XII, F5 : Cic. *Arch.* 6 ‖ en Sicile, près d'Agrigente Atlas XII, G4 : Cic. *Verr.* 2, 125 ‖ en Thessalie (la même que Trachis) : Liv. 28, 5, 14 ‖ en Péonie : Caes. *C.* 3, 79, 3, [*Heraclea ex Sintis* Liv. 42, 51, 7 [ou] *Sintice* Liv. 45, 29, 6] ‖ ville maritime du Pont : Liv. 42, 56 ; Plin. 6, 4 ‖ **-ēensis** ou **-īensis**, *e*, d'Héraclée ‖ **-īenses**, m. pl., habitants d'Héraclée : Cic. *Arch.* 6 ; *Verr.* 3, 103.

Hērāclĕo, *ōnis*, m. (Ἡρακλέων), nom d'homme : Cic. *Verr.* 5, 91.

Hērāclĕŏpŏlītēs nŏmŏs, le nome Héracléopolite [dans une île du Nil] : Plin. 36, 84 ‖ **-ītae**, *ārum*, m. pl., Héracléopolitains, habitants de ce nome : Plin. 36, 86.

Hērāclĕōtēs, *ae*, m., d'Héraclée ; Cic. *Ac.* 2, 71 ‖ **-tae**, *ārum*, m. pl., habitants d'Héraclée : Cic. *Fam.* 13, 56, 2 ‖ **-tĭcus**, *a*, *um*, d'Héraclée : Plin. 20, 170.

Hērāclēum, *i*, n. (Ἡράκλειον), Héraclée, ville de Macédoine : Liv. 44, 2.

Hērāclēus (-īus), *a*, *um* (Ἡράκλειος) ¶ 1 d'Hercule : Juv. 1, 52 ‖ *alterum genus (panaces) Heraclion vocant* Plin. 25, 32, une seconde sorte de panacès a pour nom *Heraclion* [parce qu'il aurait été trouvé par Hercule, millefeuille] ¶ 2 d'une certaine ville de Lydie, Héraclée : *Heraclius lapis* Plin. 33, 126, la pierre d'Héraclée [pierre de touche ou aimant].

Hērāclīdae, *ārum*, m. pl., Héraclides, nom patronymique des descendants d'Hercule : Vell. 1, 2.

Hērāclīdēs, *ae*, m. (Ἡρακλείδης), descendant d'Hercule, ▹ *Heraclidae* ‖ Héraclide le Pontique [philosophe] : Cic. *Tusc.* 5, 8 ; Gell. d. Prisc. 2, 246, 7.

Hērāclĭensis, ▹ *Heraclea*.

Hērāclītus, *i*, m. (Ἡράκλειτος), Héraclite [philosophe d'Éphèse, censé pleurer] : Cic. *Div.* 2, 133 ‖ autres du même nom : Cic. *Ac.* 2, 11 ; Liv. 23, 39.

Hērāclĭus, ▹ *Heracleus*.

1 **Hēraea**, *ae*, f. (Ἡραία), ville d'Arcadie : Liv. 28, 7.

2 **Hēraea**, *ōrum*, n. pl. (Ἡραῖα), jeux en l'honneur de Junon [à Argos] : Liv. 27, 30, 9.

Hēraeum, *i*, n., ville de l'île de Leucade : Liv. 33, 17.

herba, æ, f. (peu clair, cf. *helvus*?; fr. *herbe*) ¶ **1** herbe **a)** [au pr.] : Lucr. 5, 816 ; Cic. *de Or.* 2, 287 ‖ pl., herbes : Lucr. 2, 319 ‖ mauvaises herbes : Virg. *G.* 1, 69 ; 2, 411 **b)** [fig.] jeune pousse : **adhuc tua messis in herba est** Ov. *H* 17, 263, ta moisson est encore en herbe ; **primis in herbis** Ov. *F.* 4, 645, au début de la pousse ; **graminis herba** Virg. *B.* 5, 26, les jeunes pousses du gazon ; **seminis herba** Ov. *F.* 1, 154, le germe de la graine ¶ **2** plante [en gén.] : **herbas condire** Cic. *Fam.* 7, 26, 2, assaisonner des légumes, cf. Cic. *Nat.* 2, 161 ; *Div.* 1, 75 ; *Læ.* 68 ¶ **3** [fig.] palme, victoire : **herbam dare** P. Fest. 88, 10, céder la palme, s'avouer vaincu, cf. Serv. *En.* 8, 128 ; Plin. 22, 8 ; Acc., Afran. d. Non. 317, 18.

herbācĕus, *a, um* (*herba*), de couleur d'herbe : Plin. 20, 134.

herbans, *tis*, en herbe : Apul. *M.* 7, 15.

Herbānum, *i*, n., ville d'Étrurie : Plin. 3, 52.

Herbānus, *a, um* (*herba*), qui mange de l'herbe ‖ **-nae**, *ārum*, f. pl., les animaux herbivores : CIL 10, 6012.

herbārĭa, *æ*, f. (*herba*), la botanique : Plin. 7, 196 ‖ [tard.] empoisonneuse, magicienne : Cæs.-Arel. *Serm.* 52, 5.

herbārĭæ, *ārum*, f. pl. (*herba*), les animaux herbivores : CIL 10, 7095.

herbārĭum, *ii*, n. (*herba*), ouvrage de botanique : Cassiod. *Inst.* 1, 31, 2.

herbārĭus, *ii*, m. (*herba*), botaniste : Plin. 25, 174.

herbātĭcus, *a, um* (*herba*), herbivore : Solin. 27, 27.

herbescō, *ĭs, ĕre*, -, - (*herba*), intr., pousser en herbe : **viriditas herbescens** Cic. *CM* 51, la pousse verte de l'herbe.

Herbesus, *i*, f., ville de Sicile : Liv. 24, 30, 10 ; 24, 35.

herbĕus, *a, um* (*herba*), de couleur d'herbe, vert : Pl. *Curc.* 231.

herbĭdō, *ās, āre*, -, - (*herbidus*), tr., rendre vert : Capel. 1, 75.

herbĭdus, *a, um* (*herba*) ¶ **1** couvert d'herbe, de gazon : Liv. 9, 2, 7 ‖ relatif à l'herbe, d'herbe : Plin. 12, 56 ¶ **2** plein de mauvaises herbes : Col. 1, 6, 22 ¶ **3** extrait de plantes : Plin. 24, 28 ¶ **4** de couleur d'herbe, vert : Prud. *Psych.* 863.

herbĭfĕr, *ĕra, ĕrum* (*herba, fero*), qui produit de l'herbe : Ov. *M.* 15, 9 ; Plin. 25, 94.

herbĭgrădus, *a, um* (*herba, gradior*), qui marche dans l'herbe : Poet. d. Cic. *Div.* 2, 133.

herbĭlĭa, *æ*, f., **v.** *ervilia*.

herbĭlis, *e* (*herba*), d'herbe : **herbilis anser** Lucil. 1106, oie nourrie d'herbe [non engraissée] ; P. Fest. 89, 20.

herbĭpŏtens, *tis*, qui connaît la vertu des plantes : Boet. *Cons.* 4, *carm.* 3, 9.

Herbita, *æ*, f. (Ἕρβιτα), ville de Sicile [auj. Nicosia] : Cic. *Verr.* 3, 75 ‖ **-tensis**, *e*, d'Herbita : Cic. *Verr.* 3, 47 ‖ **-tenses**, *ium*, m. pl., habitants d'Herbita : Cic. *Verr.* 2, 156.

herbĭtum, *i*, n. (*herba*), pelouse, pré : Isid. 17, 7, 55.

herbo, **v.** *herbans*.

herbōsus, *a, um* (*herba* ; fr. *herbeux*) ¶ **1** couvert d'herbe, herbeux : Hor. *O.* 3, 18, 9 ; Tib. 2, 5, 25 ¶ **2** bordé de gazon : Virg. *G.* 2, 199 ¶ **3** composé de différentes plantes : Ov. *F.* 4, 367 ¶ **4** de couleur d'herbe, vert : Capel. 1, 66 ‖ **herbosissimus** Cat. *Agr.* 54, 2.

herbŭla, *æ*, f. (dim. de *herba*), petite herbe, brin d'herbe : Cic. *Nat.* 2, 127.

Herbŭlenses, *ium*, m. pl., habitants d'Herbula [ville de Sicile] : Plin. 3, 91.

herbum, *i*, n., **v.** *ervum* : Pall. 1, 24, 3.

herbuscŭla, *æ*, f., **C.** *herbula* : Capel. 2, 100.

Hercātes, *um* ou *ium*, m. pl., peuple de la Gaule transpadane : Liv. 41, 23.

Hercēus (-cīus), *i*, m. (ἑρκεῖος), Hercéen, qui veille aux clôtures [surnom de Jupiter, protecteur de la maison] : Hyg. *Fab.* 91 ‖ **-us**, *a, um*, de Jupiter Hercéen : Luc. 9, 979.

herciscō, **v.** *erciscō*.

Hercīus, **v.** *Herceus*.

hercle, Pl. ; Ter. ; Cic. *Leg.* 2, 34 ; *Brut.* 251, **herculĕ**, Cic. *Rep.* 1, 37 ; *Læ.* 30 ; 37 (*Hercules*, étr. *Hercle*), exclam., par Hercule, **v.** *mehercule*.

Hercŏles, **C.** *Hercules* : CIL 1, 1145.

herctum, **v.** *erctum*.

herctus, **v.** *erctus*.

Hercŭlānensis, **v.** *Herculaneum*.

Hercŭlānĕum, *i*, n. ¶ **1** Herculanum [ville de Campanie détruite par une éruption du Vésuve en 79 apr. J.-C.] Atlas XII, E4 : Sen. *Nat.* 6, 26, 4 ¶ **2** ville du Samnium : Liv. 10, 45 ‖ **-nensis**, *e*, d'Herculanum : Cic. *Fam.* 9, 25, 3 ; subst. n., **in Herculanensi** Sen. *Ir.* 3, 21, 5, sur le territoire d'Herculanum.

1 **Hercŭlānĕus**, Pl., Plin. et **Hercŭlānus**, *a, um*, Gell. 1, 1, 3, d'Hercule : **Herculanea pars** Pl. *Truc.* 562, la dixième partie, la dîme [consacrée à Hercule] ‖ [fig.] très grand, gigantesque : Plin. 21, 92 ; 30, 29 ; Gell. 1, 1, 3 ; **Herculaneus nodus** Sen. *Ep.* 87, 38, nœud herculéen [difficile à dénouer].

2 **Hercŭlānĕus**, Cic., Plin. et **Hercŭlānus**, *a, um*, Flor. 4, 8, 6, d'Herculanum : Cic. *Agr.* 2, 36 ; Plin. 15, 72.

Hercŭlānĭum, **C.** *Herculaneum* : Plin. 3, 62.

Hercŭlānus, **C.** *Herculaneus*.

hercŭle, adv., **v.** *hercle*.

Hercŭlēs, *is* et *i*, m. (Ἡρακλῆς), Hercule [fils de Jupiter et d'Alcmène, célèbre par ses douze travaux] : Cic. *Nat.* 3, 88 ‖ **aerumnæ Herculi** Pl. *Pers.* 2, les peines (= les travaux) d'Hercule ; **Herculis columnae** Liv. 21, 43, 13, les colonnes d'Hercule [Gibraltar] ; **Herculis insulae** Plin. 3, 7, les îles d'Hercule [près de la Sardaigne] ; **portus Herculis Monaeci** Tac. *H.* 3, 42, ville de Ligurie [auj. Monaco] ; **Herculis fons** Liv. 22, 1, 10, source d'Hercule [en Étrurie] ‖ surnom donné à l'empereur Commode [180-192] : Lampr. *Comm.* 8, 9 ‖ **Herculēs !** Cic. *Brut.* 62, par Hercule !, cf. Cic. *Phil.* 12, 4.

▶ gén. *Herculi* Pl. *Ru.* 822 ; Cic. *Ac.* 2, 108 ; *Herculei* (*ei* = *i*) Catul. 55, 13.

Hercŭlĕus, *a, um*, d'Hercule : **Herculeum astrum** Mart. 8, 55, 15, le Lion [signe du Zodiaque] ; **Herculeum fretum** Sil. 1, 199, détroit de Gadès ; **Herculeae metae** Luc. 4, 278, les colonnes d'Hercule ; **Herculea urbs** Ov. *M.* 15, 711, Herculanum, ville de Campanie ; **Herculea gens** Ov. *F.* 2, 237, la famille Fabia, les Fabius [descendants d'Hercule].

Hercŭlĭāni, *ōrum*, m. pl., soldats de la légion herculéenne : Amm. 22, 3, 2.

Hercŭlīnus, *a, um*, d'Hercule : Prisc. 2, 78, 23.

Hercŭlĭus, *ii*, m., surnom de l'empereur Maximien [286-305] : Eutr. 9, 20, 3.

Hercunĭātes, *um* ou *ĭum*, m. pl., peuple de Pannonie : Plin. 3, 148.

Hercyna, **v.** *Hercynna*.

Hercўnĭa silva, f. (cf. *quercus*), la forêt Hercynienne [en Germanie, de la Forêt-Noire aux Carpathes] : Cæs. *G.* 6, 24, 2 ; *Hercynia* [seul] Tac. *An.* 2, 46 ‖ **Hercўnĭus**, *a, um*, de la forêt Hercynienne : Liv. 5, 34 ; Tac. *G.* 30 ; Plin. 4, 100.

Hercўnĭae aves, f. pl., oiseaux de Germanie [qui avaient, disait-on, les ailes lumineuses] : Isid. 12, 7, 31.

Hercynna, *æ*, f., nom d'une compagne de Proserpine : Liv. 45, 27, 8.

Herdōnĕa (-ĭa), *æ*, f., petite ville des Hirpins [auj. Ordona] Atlas XII, E5 : Liv. 25, 21 ; 27, 1 ‖ **-ĭenses**, *ium*, m. pl., habitants d'Herdonée : Plin. 3, 105.

Herdōnĭus, *ii*, m., nom d'homme : Liv. 1, 50 ; 3, 15.

hĕrĕ, **v.** *heri*.

Hĕrĕbus, **v.** *Erebus*.

hērēdes, *is*, **C.** *heres* : Commod. *Apol.* 380.

hērēdĭfĭcō, *ās, āre*, -, - (*heredium*), tr., recevoir en héritage : Iren. 4, 22, 1.

hērēdĭŏlum, *i*, n. (dim. de *heredium*), petit héritage : Gell. 19, 7, 1.

hērēdĭŏlus, *i*, m., **C.** *herediolum* : Apul. *Flor.* 11.

hērēdĭpĕta, *æ*, m. (*heredium, peto*), coureur d'héritages : Petr. 124, 2.

hērēdĭtārĭē, adv., héréditairement, en héritage : Vulg. *Ezech.* 46, 16.

hērēdĭtārĭus, *a, um* (*hereditas* ; fr. *héritier*), relatif à un héritage, d'héritage :

hereditarius

Cic. *Caecin.* 13 ; Quint. *3, 10, 2* ‖ reçu par héritage, héréditaire : Cic. *Rep. 6, 11* ; Curt. *10, 7*.

hērēdĭtās, *ātis*, f. (*heres* ; esp. *heredad*) ¶ **1** action d'hériter, hérédité, héritage : Cic. *Inv. 1, 84* ¶ **2** ce dont on hérite, héritage, succession : ***hereditatem sibi venisse arbitratus est*** Cic. *Verr. 4, 62*, il crut qu'un héritage lui était arrivé ; ***hereditatem capere, accipere***, recevoir un héritage ; ***relinquere***, renoncer à un héritage : Cod. Just. *6, 51, 1, 13* ; Cod. Th. *16, 5, 7* ; *16, 5, 23* ; V.▶ *adire, obire* ‖ [fig.] ***hereditas gloriae*** Cic. *Off. 1, 78*, héritage de gloire ‖ ***hereditatis petitio*** Cod. Just. *3, 31* tit., pétition d'hérédité [action en réclamation de succession] ; ***hereditas jacens*** Dig. *36, 4, 5, 20*, hérédité jacente [quand l'héritier appelé n'a pas encore pris sa décision] ¶ **3** [chrét.] les héritiers de Dieu, le peuple hébreu : Vulg. *Deut. 32, 9* ‖ le peuple chrétien : Hil. *Trin. 4, 37* ‖ le salut éternel donné par Dieu à ses héritiers : Vulg. *Ephes. 1, 18* ‖ l'héritage d'Adam et Ève, le péché originel : Fil. *120, 6*.

hērēdĭto, *ās, āre,* -, - (*hereditas* ; esp. *heredar*), tr., hériter de : Salv. *Eccl. 3, 10, 44* ‖ laisser en héritage : VL. *Deut. 12, 10* ‖ instituer comme héritier : Vulg. *Eccli. 36, 13*.

hērēdĭum, *ii*, n. (*heres*), héritage, unité d'exploitation de deux jugères : Varr. *R. 1, 10, 2* ; Nep. *Cat. 1, 1* ; Plin. *19, 50*.

hērem, V.▶ *heres*.

hērēmus, V.▶ *eremus*.

Hĕrennĭānus, *a, um*, d'Hérennius : Cic. *Att. 13, 6, 2*.

Hĕrennĭus, *ii*, m., nom de famille romaine ; not^t M. Herennius, orateur : Cic. *Brut. 166* ; Herennius Senecio, historien : Tac. *Agr. 2* ; *45*.

hērēs, *ēdis*, m. f. (cf. χῆρος, χηρωστής ; a. fr. (h)oir), héritier, héritière, légataire : ***heredem aliquem facere*** Cic. *Phil. 2, 41* ; ***scribere*** Cic. *Off. 3, 73* ; ***instituere*** Cic. *Clu. 22* ; ***relinquere*** Cic. *Quinct. 14*, instituer qqn son héritier ; ***heres secundus*** Cic. *Fam. 13, 61, 1*, héritier substitué ; ***heres ex asse*** Quint. *6, 1, 20*, héritier institué pour le tout ; ***heres est fratri suo*** Cic. *Fam. 13, 26, 2*, il est héritier de son frère ; ***quem suis bonis heredem esse cupiebat*** Cic. *Caecin. 12*, qu'elle voulait pour héritier de ses biens ‖ ***suus heres (necessarius)*** Inst. Just. *2, 19* pr. ; Dig. *38, 16, 14*, héritier qui, à la mort du défunt, se trouvait sous sa puissance ; ***extraneus*** Dig. *50, 12, 14*, héritier extérieur à la *familia* ; ***pro herede possidere*** Dig. *5, 3, 11* pr., posséder les biens de la succession comme si on était l'héritier [en permet l'acquisition par usucapion] ‖ [fig.] héritier, qui hérite de : Cic. *Brut. 332* ‖ rejeton [d'arbre] : Plin. *16, 173* ; Ov. *M. 9, 74* ‖ [arch.] maître, possesseur : Pl. *Men. 477*, cf. P. Fest. *88, 28*.

▶ [arch.] acc. *herem* Naev. d. Non. *486, 33*.

hērēsis, V.▶ *haeresis*.

hĕrĭ et **hĕrī** (de *here*, V.▶ *heri* ▶ ; cf. *hesternus*, χθές, scr. *hyas*, al. *Gestern*, an. *yesterday* ; fr. *hier*), hier : Cic. *Ac. 2, 11* ; Fin. *3, 8* ; ***heri vesperi*** Cic. *Att. 13, 47, 2*, hier au soir ‖ naguère : Tert. *Apol. 4, 1*. ▶ *here* Cic. *Att. 10, 13, 1* ; sur cette forme v. Quint. *1, 4, 7* ; *1, 7, 22*.

hĕrĭcīnus, V.▶ *ericinus*.

hĕrĭcĭus, V.▶ *ericius*.

hĕrĭēs, *ēī*, f. (cf. *horior*), volonté : *Enn. An. 104* ; Gell. *13, 23, 2*.

hĕrĭfŭga, V.▶ *erifuga*.

hĕrīlis, V.▶ *erilis*.

Hērillus (Eril-), *i*, m., philosophe stoïcien de Carthage : Cic. *Fin. 2, 43* ; *Tusc. 5, 85* ‖ **-lii,** *ōrum*, m. pl., Hérilliens, disciples d'Hérillus : Cic. *de Or. 3, 62*.

Hērilus, *i*, m., roi de Préneste : Virg. *En. 8, 563*.

hĕrĭnācĕus, *i*, m., C.▶ *hericius* : Vulg. *Psal. 103, 18*.

hĕrĭtūdo, V.▶ *eritudo*.

Hĕrĭus, *ii*, m., prénom osque ‖ Herius Pettius [dirigeant de Nole] : Liv. *23, 43*.

Herma, *ae*, C.▶ *Hermes*.

1 hermaeum, *i*, n. (ἑρμαῖον), chambre ornée d'Hermès, de bustes : Suet. *Cl. 10*.

2 Hermaeum, *i*, n. (Ἕρμαιον), localité de la Béotie : Liv. *35, 50, 9*.

hermăfrŏdītus, C.▶ *1 hermaphroditus* : Titin. *Com. 112*.

Hermăgŏrās, *ae*, m. (Ἑρμαγόρας), rhéteur grec : Cic. *Br. 271* ‖ **-rēi,** *ōrum*, m. pl., disciples d'Hermagoras : Quint. *3, 1, 16*.

Hermandĭca, *ae*, f., ville de la Tarraconaise : Liv. *21, 5, 7*.

1 hermăphrŏdītus, *a,* *um* (ἑρμαφρόδιτος), hermaphrodite, androgyne : Plin. *7, 34* ; *11, 262*.

2 Hermăphrŏdītus, *i*, m., Hermaphrodite [fils de Mercure et de Vénus] : Ov. *M. 4, 285*.

Hermarchus, *i*, m. (Ἕρμαρχος), philosophe de Mytilène : Cic. *Fin. 2, 96* ‖ de Chios : Cic. *Har. 34*.

Hermās, *ae*, m., nom d'homme : Vulg. *Rom. 16, 14*.

Hermastus, *i*, f., ville d'Ibérie [Caucase] : Plin. *6, 29*.

Hermăthēna, *ae*, f. (Ἑρμαθήνη), buste à la fois de Mercure et de Minerve : Cic. *Att. 1, 4, 3*.

hermēneuma, *ātis*, n. (ἑρμήνευμα), interprétation, explication : Sen. *Contr. 9, 3, 4*.

Hermērăclēs, *is*, m. (Ἑρμηρακλῆς), buste représentant à la fois Mercure et Hercule : Cic. *Att. 1, 10, 3*.

Hermĕrōtes, *um*, m. pl., bustes à la fois de Mercure et de l'Amour : Plin. *36, 33*.

Hermēs (Herma), *ae*, m. (Ἑρμῆς) ¶ **1** Hermès [à Rome, Mercure] ‖ **Hermae,** *ārum*, m. pl., Hermès, piliers surmontés d'une tête de Mercure ; [en gén.] bustes : Cic. *Leg. 2, 65* ; *Att. 1, 8, 2* ¶ **2** *Hermes Trismegistus*, m., Hermès Trismégiste [dieu ou sage égyptien] : Lact. *Inst. 1, 6, 3* [ou] *Trimaximus* Amm. *21, 14, 15* ¶ **3** nom d'hommes : Mart. *5, 24* ; *10, 56, 7*.

hermēsĭās, *ădis*, f., composition pour engendrer de beaux enfants : Plin. *24, 166*.

Hermesta, *ae*, f., ville d'Ionie : Plin. *5, 117*.

Hermĭnĭus, *ii*, m. ¶ **1** montagne de Lusitanie [auj. Sierra Estrella] : Suet. *Caes. 54* ¶ **2** guerrier troyen : Virg. *En. 11, 642* ‖ combattant romain : Liv. *2, 10* ; *2, 11*.

Hermĭŏnē, *ēs* (**-na,** *ae*), f. (Ἑρμιόνη) ¶ **1** Hermione [fille de Ménélas et d'Hélène] : Virg. *En. 3, 328* ¶ **2** ville et port de l'Argolide : Liv. *31, 45, 1*.

Hermĭŏnes, *um*, m. pl., peuple de Germanie : Tac. *G. 2* ; Plin. *4, 100*.

Hermĭŏnēus, -nĭcus, -nĭus, *a, um*, d'Hermione [ville] : Ciris *471* ; Liv. *31, 44, 1* ; Plin. *4, 56*.

Hermippus, *i*, m. (Ἕρμιππος), nom d'homme : Cic. *Flac. 45*.

Hermĭsĭum, *ii*, n., ville de la Scythie d'Europe : Plin. *4, 87*.

Hermŏcăpēlītae, *ārum*, m. pl., habitants d'Hermocapélie [ville de Lydie] : Plin. *5, 126*.

Hermŏdōrus, *i*, m., Hermodore, philosophe d'Éphèse : Cic. *Tusc. 5, 105* ‖ architecte célèbre de Salamine : Cic. *de Or. 1, 62*.

Hermŏgĕnēs, *is*, m., nom d'homme : Cic. *Att. 12, 25* ; V.▶ *Tigellius* ‖ **-nĭānus,** *a, um*, d'Hermogène : Cod. Th. *10, 6, 1*.

Hermŏlāus, *i*, m. (Ἑρμόλαος), nom d'un statutaire : Plin. *36, 38* ‖ jeune Macédonien, qui conspira contre Alexandre : Curt. *8, 6, 7*.

Hermōnassa, *ae* (**-ē, ē**), f. (Ἑρμώνασσα), ville de Sarmatie, près du Bosphore Cimmérien : Plin. *6, 18*.

Hermonthīthēs nomos, m., le nome Hermonthite : Plin. *5, 49*.

Hermŏpŏlis (Hermū-), *is*, f. (Ἑρμόπολις), ville d'Égypte dans l'Heptanomide Atlas I, F6 ; IX, F2 : Anton. *157* ‖ **-ītēs nomos,** m., le nome Hermopolite : Plin. *5, 49*.

Hermŏtīmus, *i*, m. (Ἑρμότιμος), Hermotime de Clazomènes [philosophe] : Plin. *7, 174*.

hermuaedoeŏn, n. (Ἑρμοῦ αἰδοῖον), pierre précieuse inconnue : Plin. *37, 166*.

hermūbŏtănē, *ēs*, f. (Ἑρμοῦ βοτάνη) et **hermŭpŏa,** *ae*, f. (Ἑρμοῦ πόα), mercuriale [plante] : Ps. Apul. *Herb. 82* ; Plin. *25, 38*.

Hermŭla, *ae*, m., petit Hermès : Cassiod. *Var. 3, 51, 4*.

Hermundŭri, *ōrum*, m. pl., peuple de Germanie Atlas I, B4 : Tac. *G. 41*.

Hermus, *i*, m. (Ἑρμός), l'Hermus [fleuve de Lydie, où se jette le Pactole] Atlas VI, B4 : VIRG. *G. 2, 137*.

herna, *ae*, f., ▷ *saxum* : SERV. *En. 7, 684* ; P. FEST. *89, 24*.

herneum, V.▷ *erneum*.

hernia, *ae*, f. (cf. *haruspex* ? ; fr. *hargne*), hernie : CELS. *7, 18, 3*.

herniăcus (er-), *a*, *um* (*hernia*), qui a une hernie : CIL 12, 5695, 3, 2.

Hernĭci, *ōrum*, m. pl. (*herna*), Herniques [peuple du Latium] : LIV. *2, 22* ‖ **-nĭcus**, *a*, *um*, des Herniques : PLIN. *3, 63* ‖ **-nĭcum**, *i*, n., le pays des Herniques : STAT. *S. 4, 5, 56*.

herniōsus, *a*, *um* (*hernia* ; fr. *hargneux*), qui a une hernie : M.-EMP. *33, tit.*.

¹ **hēro**, *ōnis*, m., V.▷ *ero*.

² **Hēro**, *ūs*, f. (Ἡρώ), prêtresse de Vénus, à Sestos, aimée de Léandre : OV. *Am. 2, 16, 31* ‖ une des filles de Priam : HYG. *Fab. 90* ‖ une des Danaïdes : HYG. *Fab. 170*.

hērŏās, *ădis*, f., C.▷ *herois* : GLOSS. *5, 24, 30*.

Hērōdēs, *is* (*ae*), CHAR. *6, 61*, m. (Ἡρώδης), Hérode ¶ **1** nom d'un affranchi d'Atticus : CIC. *Att. 6, 1, 25* ¶ **2** roi de Judée, sous Auguste : HOR. *Ep. 2, 2, 184* ¶ **3** sophiste grec sous les Antonins [surnommé Atticus] : GELL. *1, 2* ; *9, 2*.

Hērōdĭāni, *ōrum*, m. pl., ministres et courtisans d'Hérode : VULG. *Matth. 22, 16*.

¹ **Hērōdĭānus**, *a*, *um*, d'Hérode : AUG. *Serm. 109, 1*.

² **Hērōdĭānus**, *i*, m., Hérodien [nom d'homme] : CIL 10, 7286.

Hērōdĭās, *ădis*, f., Hérodiade [qui fit mettre à mort saint Jean-Baptiste] : VULG. *Matth. 14, 6*.

hērōdĭo, V.▷ *erodio*.

Hērōdĭum, *ii*, n., ville de Judée : PLIN. *5, 70*.

Hērŏdŏtus, *i*, m. (Ἡρόδοτος), Hérodote [célèbre historien grec, né à Halicarnasse] : CIC. *Leg. 1, 5*.

hērōĭcē, adv. (*heroicus*), à la manière épique [dans le genre héroïque] : MACR. *Sat. 5, 14, 5*.

hērōĭcus, *a*, *um* (ἡρωϊκός) ¶ **1** héroïque (mythique) des temps héroïques : CIC. *Div. 1, 1* ; *Nat. 3, 54* ; *71* ¶ **2** héroïque, épique : **versus heroicus** DIOM. *495, 27*, le vers épique, l'hexamètre, cf. QUINT. *1, 8, 5* ; TAC. *D. 10*.

hērōĭda, *ae*, f., C.▷ *herois* : FULG. *Myth. 1, pr., p. 3, 21*.

hērōĭnē, *ēs*, f. (ἡρωΐνη), demi-déesse, héroïne : PROP. *2, 2, 9* ; pl., PROP. *1, 13, 31* ; *1, 19, 13*.

hērōĭŏn, *ii*, n. (ἡρώειον), asphodèle [plante] : PLIN. *22, 67*.

hērōĭs, *ĭdis*, f. (ἡρωΐς), demi-déesse, héroïne : SUET. *Ner. 21* ‖ **Hērōĭdēs**, f. pl., les Héroïdes, poème d'Ovide : PRISC. *2, 544, 4*.
▶ dat. pl. grec *heroisin* OV. *Tr. 5, 5, 43*.

Hērŏphĭlē, *ēs*, f. (Ἡροφίλη), Hérophile [prêtresse d'Apollon Sminthée] : TIB. *2, 5, 68*.

hērōs, *ōis*, m. (ἥρως) ¶ **1** héros, demi-dieu, de l'âge mythique : CIC. *de Or. 2, 194* ; VIRG. *B. 4, 16* ‖ [épith. des personnages épiques] : VIRG. *En. 6, 103* ; HOR. *S. 2, 3, 193* ; P. *114* ; OV. *Tr. 5, 5, 3* ¶ **2** [fig. en parl. d'homme célèbre] : CIC. *Att. 1, 17, 9* ; *14, 6, 1* ; *Rep. 3, 12* ¶ **3** [chrét.] martyr ou saint ayant pratiqué les vertus d'héroïque façon : PRUD. *Cath. 6, 114*.

Hērostrătus, *i*, m. (Ἡρόστρατος), Hérostrate, qui brûla le temple de Diane à Éphèse : SOLIN. *40, 3*.

hērōum, *i*, n. (ἡρῷον) ¶ **1** tombe d'un héros : PLIN. *10, 18* ¶ **2** C.▷ *heroion*.

hērōus, *a*, *um* (ἡρῷος), héroïque, de l'épopée, épique : **herous versus** CIC. *Leg. 2, 68*, hexamètre dactylique ; **heroum carmen** PROP. *3, 3, 16*, épopée ‖ subst. m., vers héroïque, hexamètre dactylique : QUINT. *9, 4, 88* ; [pl.] **in herois** QUINT. *1, 10, 87*, dans des vers héroïques [= ouvrage en vers héroïques, *Métamorphoses* d'Ovide].

herpēs, *ētis*, m. (ἕρπης), maladie de la peau : PLIN. *26, 145* ‖ animal inconnu : PLIN. *30, 116*.

herpestĭcus, *a*, *um* (ἑρπηστικός), rongeur [en parl. d'une maladie de peau] : LUCIL. d. NON. *117, 22*.

herpēta, *ae*, f., C.▷ *herpes* : M.-EMP. *11, 29*.

herpyllus, *i*, m., (**-llum**, *i*), n. (ἕρπυλλος et -λλον), C.▷ *serpyllum* : PS. APUL. *Herb. 100*.

Hersē, *ēs*, f., fille de Cécrops : OV. *M. 2, 559*.

Hersīlĭa, *ae*, f., femme de Romulus : LIV. *1, 11, 2* ; OV. *M. 14, 830*.

Herticchēi, *ōrum*, m. pl., peuple de la Sarmatie asiatique : PLIN. *6, 22*.

hērūca, V.▷ *eruca*.

Hērŭli (Ĕr-), *ōrum*, m. pl., Hérules [peuple scythe habitant près du Palus Méotide] : AMM. *23, 1, 3* ‖ [sg.] SIDON. *Carm. 7, 236*.

hĕrus, V.▷ *erus*.

hervum, V.▷ *ervum*.

Hēsĭŏdus, *i*, m. (Ἡσίοδος), Hésiode [poète archaïque grec qui vécut à Ascra, en Béotie] : CIC. *Nat. 1, 36* ‖ **-dēus**, **-dĭcus**, **-dīus**, *a*, *um*, d'Hésiode : CIC. *Brut. 15* ; SERV. *G. 2, 176* ; SIDON. *Carm. 9, 213*.

Hēsĭŏna, *ae* (**-nē**, *ēs*, OV. *M. 11, 211*), f., Hésione [fille de Laomédon, sœur de Priam] : VIRG. *En. 8, 157*.

Hespĕrĭa, *ae*, f., l'Hespérie [régions occidentales : l'Italie par rapport à la Grèce] : HOR. *O. 3, 6, 8* ‖ [qqf. l'Espagne par rapport à l'Italie] : HOR. *O. 1, 36, 4*.

Hespĕrĭdes, *um*, f. pl. (Ἑσπερίδες) ¶ **1** les Hespérides, filles d'Hespérus [habitaient, près de l'Atlas, un jardin aux arbres garnis de pommes d'or et gardé par un dragon] : CIC. *Nat. 3, 44* ¶ **2** îles de l'océan Atlantique, près de la côte d'Afrique [Canaries ?] : PLIN. *6, 201*.

Hespĕris, *ĭdis*, f. (Ἑσπερίς) ¶ **1** de l'Hespérie, du couchant : VIRG. *En. 8, 77* ¶ **2** julienne [plante] : PLIN. *21, 39*.

Hespĕrĭus, *a*, *um* (Ἑσπέριος), de l'Hespérie [toute région située à l'ouest], occidental : HOR. *O. 2, 17, 20* ; VIRG. *En. 2, 781* ; OV. *M. 11, 258*.

Hespĕrū Cĕras, cap en Afrique sur l'océan Atlantique : PLIN. *6, 201*.

Hespĕrus (-ŏs), *i*, m. (Ἕσπερος), fils de l'Aurore et d'Atlas, changé en une étoile : OV. *M. 5, 441* ‖ étoile du soir : CIC. *Nat. 2, 53* ; SEN. *Med. 878*.

Hesseni, V.▷ *Esseni*.

hesterno, adv., V.▷ *hesternus*.

hesternus, *a*, *um* (cf. *heri*), d'hier, de la veille : **hesternus dies** CIC. *de Or. 3, 81*, la veille ; **hesterna disputatio** CIC. *Tusc. 1, 10*, la discussion d'hier ; **hesterni crines** PROP. *1, 15, 5*, cheveux tels qu'ils étaient la veille ‖ n. pl., **hesterna** événements de la veille : QUINT. *11, 2, 6* ‖ **hesterno** adv., SISEN. d. CHAR. *200, 20*, hier.

Hestĭaeōtis, *ĭdis*, f. (Ἑστιαιῶτις), l'Hestiéotide, province de Thessalie : PLIN. *21, 13*.

hestĭātēris, *ĭdis*, f., ▷ *protomedia* : PLIN. *24, 165*.

Hēsus, V.▷ *Esus*.

Hĕtaera, *ae*, f., titre d'une comédie de Turpilius : NON. *539, 25*.

hĕtaerĭa, *ae*, f. (ἑταιρία), confrérie, collège, société : PLIN. *Ep. 10, 96, 7*.

hĕtaerĭcē, *ēs*, f. (ἑταιρική), C.▷ *agema*, unité d'élite : NEP. *Eum. 1, 6*.

hĕtĕrŏclĭtus, *a*, *um* (ἑτερόκλιτος), hétéroclitique, irrégulier [gram.] : PRISC. *2, 229, 6*.

hĕtĕrŏcrănĭa, *ae*, f. (ἑτεροκρανία), migraine : PLIN. *31, 99*.

hĕtĕrŏmēcĕs, *is*, n. (τὸ ἑτερόμηκες), rectangle : PS. CENS. *Frg. 7, 4*.

hĕtĕrŏplŏcus, *a*, *um* (ἑτερόπλοκος), à entrelacement varié : DIOM. *481, 13*.

Heth, indécl., fils de Chanaan : VULG. *Gen. 23, 3* ‖ **Hethaei**, *ōrum*, m. pl., Héthéens, Hittites : VULG. *Jos. 24, 11*.

Hetrūr-, V.▷ *Etrur-*.

hetta, *ae*, f. (ἧττα ?), chose sans valeur : **non hettae te facio** P. FEST. *88, 24*, je ne fais aucun cas de toi.

heŭ, interj. (cf. *eheu*), hélas !, ah ! ; **heu me miserum** CIC. *Phil. 7, 14*, ah ! que je suis malheureux ! [étonnement] PL. *Men. 908* ‖ **heu, heu**, V.▷ *eheu*.

Heuresis

Heurĕsis, *ĕos*, f. (εὕρεσις), fête isiaque célébrée à Rome en novembre : CIL 6, 2305.

heurĕtēs, m. (εὑρετής), celui qui trouve : PL. *Ps.* 700.

heūs !, interj. (cf. *eho*), hé ! holà ! hem ! ; *heus ! tu, Rufio !* CIC. *Mil.* 60, holà ! toi, Rufion ! ; *heus tu* TER. *Eun.* 102, hé toi ! ; *heus, etiam mensas consumimus* VIRG. *En.* 7, 116, hé, voilà même que nous mangeons nos tables.

Hēva, v. *Eva*.

hexăchordŏs, *i*, m., f. (ἑξάχορδος), hexacorde [type de dispositif à six tuyaux de l'orgue hydraulique] : VITR. 10, 8, 2.

hexaclīnŏn, *i*, n. (ἑξάκλινον), salle à manger à six lits : MART. 9, 59, 9.

Hexăĕmĕrŏn, *i*, n. (ἑξαήμερον, les six jours de la Création), titre d'un ouvrage de saint Ambroise : AMBR. *Ep.* 45, 1 ‖ nom donné à la partie du *de Laudibus Dei I* de Dracontius, éditée plus tard par Eugène de Tolède, au 7ᵉ s. : ISID. *Vir.* 37.

hexăgōnum, *i* **(-nĭum**, *ii*), n. et **-gōnŭs**, *i*, m., hexagone : COL. 5, 2, 10 ; AMBR. *Hex.* 5, 21, 69 ; BOET. *Arith.* 2, 6, 2.

hexăhĕdrum, *i*, n. (ἑξάεδρον), hexaèdre : CHALC. 53.

hexămĕtĕr, (-metrus, TER.-MAUR. 6, 388, 2105), *tri*, m. (ἑξάμετρος), qui a six pieds, hexamètre : *hexametri versus* CIC. *de Or.* 3, 194, vers hexamètres ‖ [sans *versus*] QUINT. 9, 4, 78 ‖ *iambicus* DIOM. 528, 31, sénaire iambique ; v. *senarius*.

hexăphŏri, *ōrum*, m. pl. (ἑξαφόροι), six porteurs [du même fardeau] : *phalangarii hexaphori* VITR. 10, 3, 7, groupe de six portefaix.

hexăphŏrŏn (-rum), *i*, n. (ἑξάφορον), litière à six porteurs : MART. 2, 81.

hexaptōtŏs, *ŏn* (ἑξάπτωτος), qui a six cas morphologiquement différents [par ex. *unus*] : CONSENT. 5, 351, 22 ‖ **hexaptōta**, n. pl., noms qui ont six cas morphologiquement différents : PRISC. 2, 188, 19.

Hexăpўlŏn, *i*, n. (Ἑξάπυλον), nom d'un quartier de Syracuse : LIV. 24, 21.

hexăs, *ădis*, f. (ἑξάς), le chiffre six : CAPEL. 2, 108.

hexăsēmŏs, *ŏn* (ἑξάσημος), qui a six temps [métr.] : MAR. VICT. *Gram.* 6, 45, 7.

hexastĭchus, *a*, *um* (ἑξάστιχος), qui a six rangs : COL. 2, 9, 14.

hexastўlŏs, *ŏn* (ἑξάστυλος), qui a six colonnes : VITR. 3, 3, 7.

hexăsyllăbus, *a*, *um* (ἑξασύλλαβος), qui a six syllabes : MAR. VICT. *Gram.* 6, 43, 13.

hexēcontălĭthŏs, *i*, m. (ἑξηκοντάλιθος), pierre précieuse [qui a soixante couleurs] : PLIN. 37, 167.

hexĕrēmis, *is*, f. (ἕξ, *remus*), v. *hexeris* : SCHOL. LUC. *Comment.* 3, 536.

hexēris, *is*, f. (ἑξήρης), bateau à six rangs de rameurs : LIV. 29, 9, 8.

hexis, *is*, f. (ἕξις), aptitude, habileté : SEN. *Contr.* 7 pr. ; 3.

hi, m. pl. de *hic*.

hĭans, *tis*, part. de *hio*.

Hĭantēus, v. *Hyanteus*.

hĭantĭa, *ae*, f. (*hio*), action d'ouvrir [la bouche] : *TERT. *Anim.* 10, 5.

Hiarbas, v. *Iarbas*.

hĭascō, *ĭs*, *ĕre*, -, - (*hio*), intr., s'entrouvrir, se fendre : CAT. *Agr.* 17, 2.

hĭaspis, v. *jaspis*.

hĭātŭs, *ūs*, m. (*hio*) ¶ 1 action d'ouvrir : *oris hiatu* CIC. *Nat.* 2, 122, en ouvrant la bouche ¶ 2 ouverture, fente : *terrarum hiatus repentini* CIC. *Nat.* 2, 14, ouvertures subites de la terre, gouffres soudainement ouverts ; *in illum hiatum descendit* CIC. *Off.* 3, 38, il descendit dans cette ouverture béante ¶ 3 [fig.] **a)** action de désirer avidement : *praemiorum* TAC. *H.* 4, 42, soif avide des récompenses ; cf. *hio* ¶ 3 **b)** [gram.] hiatus : CIC. *Or.* 77 ; QUINT. 9, 4, 33 **c)** ouverture de bouche = parole prononcée, parole : HOR. *P.* 138.

Hiber, Hiberia, hiberis, v. *Ib-*.

hĭberna, *ōrum*, n. pl., quartiers d'hiver : CAES. *G.* 1, 10, 3.

hĭbernăcŭla, *ōrum*, n. pl. (*hiberno*), baraquements d'hiver : LIV. 30, 3, 8 ‖ sg., *hibernaculum* ; PLIN. *Ep.* 2, 17, 7, appartement d'hiver.

hĭbernālis, *e* (*hibernus*), d'hiver : VULG. *Sap.* 16, 29.

hĭbernātĭŏ, *ōnis*, f. (*hiberno*), hivernage : GLOSS. 3, 157, 6.

Hĭbernĭa, *ae*, f., Hibernie [auj. Irlande] Atlas I, A2 ; V, A1 : CAES. *G.* 5, 13, 2 ; TAC. *Agr.* 24.

1 hĭbernō, adv. (*hibernus*), pendant l'hiver : CAEL.-AUR. *Chron.* 3, 1, 2.

2 hĭbernō, *ās*, *āre*, *āvī*, *ātum* (*hibernus* ; fr. *hiverner*), intr., hiverner, prendre ses quartiers d'hiver : CIC. *Pomp.* 39 ; *Fam.* 7, 17, 3 ‖ [en gén.] passer l'hiver : VARR. *R.* 1, 8, 6 ; LIV. 29, 1, 14.

hĭbernus, *a*, *um* (*hiems*, cf. χειμερινός ; fr. *hiver*), d'hiver : *hibernum tempus anni* CIC. *Rep.* 1, 18, la saison d'hiver, cf. CIC. *Verr.* 5, 26 ; *hiberna navigatio* CIC. *Fam.* 15, 25, navigation pendant l'hiver ; *hibernae Alpes* HOR. *S.* 2, 5, 41, Alpes à l'hiver éternel ‖ orageux : VIRG. *En.* 6, 355 ; HOR. *Epo.* 17, 55 ‖ [acc. n. de l'objet intér.] : *increpui hibernum* PL. *Ru.* 69, j'ai fait gronder la tempête.

Hĭbērus, v. *Iberus*.

Hibiethēs, *is*, m., fleuve de l'île de Samos : PLIN. 5, 135.

Hibis, v. *Ibis*.

hĭbiscum, *i*, n. (obscur ; ἰβίσκος, empr.), guimauve : PLIN. 20, 29 ; VIRG. *B.* 10, 71.
▶**hibiscus**, *i*, f.cf. SERV. *B.* 2, 30.

hĭbrĭda, v. *hybrida*.

hibus, v. *hic* ▶.

1 hĭc, *haec*, *hŏc*, adj.-pr. démonstr. (*ghe/o-*, *-cĕ*, *hōc* < *hocc*, *hŏd-cĕ*, cf. *hodie*, *hornus* ; fr. *oui* < *hoc ille*), ce, cet, cette ; celui-ci, celle-ci ; ceci, cela [désigne l'objet qui est le plus rapproché dans le temps ou dans l'espace ; par suite, pour un avocat, son client ; pour un écrivain en général, ce qui le concerne lui-même ou ce qui le touche de plus près] ¶ 1 *hic est ille Demosthenes* CIC. *Tusc.* 5, 103, voilà le fameux Démosthène ; *haec civitas, haec aetas* CIC. *Rep.* 1, 1, cette cité, cette génération (notre...) ; *his paucis diebus* CIC. *CM* 50, ces derniers jours seulement ; *haec* [n. pl.] CIC. *Fam.* 5, 13, 3, la situation actuelle ‖ [attraction] *hanc similitudinem scribendi multi secuti sunt* CIC. *de Or.* 2, 53, [*hanc* = *hujus rei* = *horum annalium*] beaucoup ont adopté une ressemblance de style avec ces annales = une manière d'écrire semblable à celle de ces annales ¶ 2 [joint à un autre pronominal] *hoc idem* CAES. *G.* 7, 15, 2, cette même chose ; *hoc id ipsum est quod utile appellatur* CIC. *Off.* 2, 9, la chose qui nous occupe est précisément ce qui s'appelle l'utile ; *hoc meum consilium* CIC. *Fam.* 4, 4, 4, ce dessein que j'avais formé ; *hic ille legatus* CIC. *Flac.* 52, ce fameux ambassadeur ¶ 3 *hic... ille* **a)** [en gén.] *hic* se rapporte au mot le plus rapproché, *ille* au plus éloigné dans la phrase : *ut sint illa vendibiliora, haec uberiora certe sunt* CIC. *Fin.* 1, 12, à supposer que ces études-là soient mieux achalandées, celles-ci sont à coup sûr plus fécondes [mais l'ordre peut être inverse dans la pensée de l'écrivain] : *cave Catoni anteponas Socratem : hujus facta, illius dicta laudantur* CIC. *Lae.* 10, garde-toi de préférer à Caton Socrate ; du premier (du nôtre) ce sont les actes, du second (de l'autre) ce sont les paroles qu'on loue, cf. CIC. *Com.* 7 ; *Fin.* 4, 10 ; LIV. 29, 33, 10 ; 30, 30, 19 **b)** [*hic* renvoie à ce qui précède, *ille* annonce ce qui suit] : *sed hoc commune vitium, illae Epicuri propriae ruinae* CIC. *Fin.* 1, 18, mais ce que je viens de dire est leur défaut commun, voici les parties ruineuses imputables en propre à Épicure **c)** *hic et ille*, tel et tel : *hoc signum et illud* CIC. *Verr.* 1, 53, telle est telle statue, cf. CIC. *Verr.* 4, 140 ; [qqf.] : *hic et hic* : *hoc et hoc* CIC. *Inv.* 1, 99, telle et telle chose ‖ *hic aut ille*, l'un ou l'autre [quand il s'agit de deux objets] : LIV. 24, 3, 17 ¶ 4 [pour résumer ce qui précède ; voilà, tel est : *haec illa sunt tria genera quae* CIC. *Ac.* 1, 22, telles sont ces trois classes que... ; *haec et talia faciundo* SALL. *J.* 85, 36, c'est en faisant cela et des choses analogues que... ; *est haec divina atque incredibilis virtus imperatoris* CIC. *Pomp.* 36, c'est là (vous voyez là) le talent merveilleux et incroyable du capitaine ¶ 5 [annonçant ce qui suit] **a)** [une énumération] : *existimo in summo imperatore quattuor has res inesse oportere, scientiam rei militaris...* CIC. *Pomp.* 28, à mon avis, un grand général doit réunir en lui les quatre avantages suivants, science militaire... **b)** [prop. inf.] Cic. *Rep.* 1, 25 ; 2, 5 ; *haec est illa praestans et divina sapientia... nihil admirari* Cic. *Tusc.* 3, 30, c'est bien là ce qui constitue cette sagesse éminente et divine, savoir... ne s'étonner de rien **c)** *quod*, ce fait que : Cic. *Rep.* 1, 11 ; 1, 19 **d)** *ut* [subj.] : Cic. *Rep.* 1, 8 ; *Fam.* 2, 1, 2 ; *quemquam hoc errore duci, ut arbitretur* Cic. *Off.* 1, 148, être guidé par cette erreur, à savoir penser que..., par cette erreur de croire que... ; *haec universi senatus communis est laus, ut constet...* Cic. *Sull.* 82, c'est à la gloire commune du sénat tout entier, ce fait reconnu que... **e)** [interr. indir.] : *hoc primum videamus, quid sit id ipsum quod quaerimus* Cic. *Rep.* 1, 38, voyons d'abord ceci : en quoi consiste l'objet même de notre enquête ? ¶ **6** n., *hoc* [avec gén.] : *hoc commodi est quod...* Cic. *Amer.* 91, il y a cet avantage de ces ; *hoc muneris* Cic. *Off.* 2, 50, cette tâche, cf. Cic. *Verr.* 3, 32 ; *Har.* 14 ‖ n. pl. : *horum utrumque* Cic. *Caecin.* 86 ; *horum neutrum* Cic. *Ac.* 2, 113, chacune de ces deux choses, aucune de ces deux choses ; *perfecta gloria constat ex tribus his...* Cic. *Off.* 2, 31, la gloire parfaite résulte des trois conditions suivantes... : *his expositis* Cic. *Off.* 1, 99, après cette exposition ‖ [expr.] *hoc est*, c'est-à-dire : *Sull.* 49 ; *Mil.* 24 ; *Phil.* 2, 70 ¶ **7** acc. exclam. : *hanc audaciam !* Cic. *Verr.* 5, 62, une telle audace ! ; *hunc quoque felicem !* Cic. *Phil.* 3, 26, heureux est-il lui aussi ! ¶ **8** *hic homo = ego* : Pl. *Bac.* 161 ; *Curc.* 248 ; Ter. *And.* 310 ; Haut 13 ; Hor. *S.* 1, 9, 47 ¶ **9** [constr. partic.] : *ea quae observata sunt... haec* Cic. *de Or.* 1, 109, les choses qui ont été observées..., ces choses-là (en question)... ; *eum qui... hunc* Cic. *de Or.* 1, 169, celui qui... cet homme... ; *tu istos captivos duos... quos emi... his indito catenas singularias* Pl. *Cap.* 112 mss , toi, ces deux captifs [que tu gardes]... que j'ai achetés... à ces gens-là [geste] mets des chaînes simples ‖ *quid hoc tota Sicilia est clarius quam omnes... virgines convenisse* [*quam* fait pléon. après l'abl. *hoc*] Cic. *Verr.* 4, 77, est-il fait plus connu que celui-ci dans toute la Sicile, savoir que toutes les jeunes filles se sont rassemblées, cf. *de Or.* 1, 169 [et comparer] *Fin.* 1, 19 ; *Nat.* 1, 38.

▶ formes arch. : dat. sg. f. *hae* Cat. *Agr.* 14, 3 ‖ nom. m. pl. *hic* Enn. *An.* 436 ; Pl. *Ps.* 822 ; Varr. *L.* 6, 73 ; nom. m. pl. *heis*, *heisce*, *hisce* ‖ f. pl. *haec* Pl. *Bac.* 1142 ; Ter. *And.* 656 ; Lucr. 3, 599 ; Varr. *L.* 5, 75 ; Cic. *Tusc.* 1, 22 ‖ dat.-abl. *hibus* Pl. *Curc.* 506 cf. Varr. *L.* 8, 78 ; Char. 54, 19 ‖ ▼ *hice*.

hīc (arch. *heice* CIL 1, 1295 ; fr. *y*), adv. ¶ **1** ici, dans ce lieu-ci, en cet endroit : Cic. *Fam.* 6, 20, 3 ; *Verr.* 5, 143 ‖ [avec gén.] : *hic viciniae* Pl. *Mil.* 273, ici dans le voisinage, cf. Ter. *And.* 70 ‖ *hic... illic*, ici... là ; dans un endroit... dans l'autre : Pl. ; Ter. ; Virg. *G.* 1, 54 ; *nec hic nec illic* Liv. 8, 37, 6, ni ici ni là ; *aut hic aut illic* Varr. *R.* 3, 5, 6, ou ici ou là ; *hic illic* Ov. *M.* 7, 581, çà et là ¶ **2** [fig.] **a)** sur ce point, à cette occasion : Cic. *Arch.* 8 ; *Verr.* 2, 109 **b)** alors, à ce moment : Cic. *Sest.* 12 ; *Cat.* 1, 26 ; *Brut.* 148 ; *Fin.* 2, 1 ; *hic tum* Cic. *Verr.* 1, 66, à ce moment alors, cf. Cic. *Clu.* 49 ; 56 ; 73.

hĭcĕ, **haecĕ**, **hōcĕ** (mais non *hicce*, etc.), renforcement de *hic* : Pl., Ter. ; *hujusce modi requies* Cic. *de Or.* 1, 224, un repos de ce genre-ci ; *in orationibus hisce ipsis* Cic. *de Or.* 1, 73, dans ces discours mêmes qui nous occupent.

▶ nom. pl. *hisce* Pl. *Mil.* 486 ; 1334 ; Ter. *Eun.* 269 ; Liv. 9, 10, 9 ‖ gén. pl. *horunc* Pl. *Amp.* 356 ; Ter. *Phorm.* 290 ; CIL 1, 1211 ; *harunc* Pl. *Mil.* 1016 ; Ter. *Haut.* 746.

Hĭcēsĭus, *ĭi*, m., médecin qui a composé plusieurs ouvrages : Plin. 27, 31.

Hĭcĕtāōn, *ŏnis*, m. (Ἰκετάων), fils de Laomédon et frère de Priam : Apul. *Socr.* 18 ‖ **-ŏnĭus**, *a*, *um*, fils d'Hicetaon : Virg. *En.* 10, 123.

Hĭcĕtās, *ae*, m. (Ἰκέτας), nom d'un philosophe pythagoricien : Cic. *Ac.* 2, 123.

1 **hĭcĭnĕ**, **haecĭnĕ**, **hōcĭnĕ** (*hice + ne*, etc.), est-ce que celui-ci, celle-ci, ceci... ? ; *hicine vir... ?* Cic. *Mil.* 104, est-ce que cet homme... ? ; *haecine cadere in sapientem putas ?* Cic. *Tusc.* 3, 8, est-ce qu'à ces passions le sage est exposé, à ton avis ? ‖ [exclam.] : *huncine hominem ! hancine impudentiam !* Cic. *Verr.* 5, 62, un tel homme ! une telle impudence ! ; *huncine solem tam nigrum surrexe mihi !* Hor. *S.* 1, 9, 72, faut-il qu'un soleil si funeste se soit levé pour moi !

▶ on trouve aussi *hicne*, *ex hocne*, *ex hacne*, *cum hocne*, etc. Cic. *Amer.* 141 ; *Fat.* 5 ; *Tusc.* 1, 62 ; *Att.* 9, 7, 3.

2 **hīcĭnĕ**, adv., est-ce qu'ici ? ; Ter. *Ad.* 183.

hĭĕmālis, *e* (*hiems*), d'hiver : Cic. *Div.* 2, 33 ; *Tusc.* 5, 77 ; Sall. *J.* 37, 4 ; *hiemalis navigatio* Cic. *Fam.* 6, 20, 1, navigation pendant l'hiver. n. pl., *hiemalia* ▶ *hiberna* : Vop. *Aur.* 11 ‖ de mauvais temps : Col. 11, 1, 21 ; Plin. 18, 349.

hĭĕmans, *tis*, part. de *hiemo*.

hĭĕmātĭō, *ōnis*, f. (*hiemo*), action de passer l'hiver : Varr. *R.* 3, 16, 34.

hĭĕmātus, *a*, *um*, part. de *hiemo*.

hĭĕmō, *ās*, *āre*, *āvī*, *ātum* (*hiems*) I intr. ¶ **1** passer l'hiver : Cic. *Verr.* 4, 104 ‖ être en quartiers d'hiver, hiverner : Caes. *G.* 2, 10, 3 ¶ **2** être en hiver, être froid : *continui dies hiemant* Plin. 18, 235, il fait froid tous les jours ‖ impers., *hiemat* Col. 11, 2, 4, il fait un temps d'hiver, il fait froid, cf. Plin. 18, 348 ¶ **3** être agité, être mauvais [en parl. de la mer ou du vent] : *hiemat mare* Hor. *S.* 2, 2, 17, la mer est mauvaise, cf. Sen. *Ep.* 114, 19.

II tr., faire geler, congeler : Plin. 19, 55 ; *hiematus* Plin. 9, 75, congelé.

hĭemps, ▼ *hiems* ▶.

Hiempsal, *ălis*, m., roi de Numidie, fils de Micipsa : Sall. *J.* 5, 7 ‖ roi de Maurétanie : Cic. *Vat.* 12.

Hĭempsās, *ae*, m., nom de Carthaginois : *Sil. 1, 408.

hĭems, *ĕmis*, f. (cf. *hibernus*, *bimus*, χειμών, scr. *Himālaya-s*, rus. *zima*) ¶ **1** l'hiver [saison de l'année] : Cic. *Div.* 1, 94 ; *Verr.* 4, 86 ; Caes. *G.* 3, 7, 1 ; 7, 32, 2 ‖ pl., les hivers, l'hiver : Caes. *G.* 4, 20, 1 ; Cic. *Nat.* 2, 49 ‖ [p. ext.] année : Hor. *O.* 1, 15, 35 ¶ **2** mauvais temps, orage : Cic. *Planc.* 96 ; Nep. *Att.* 10, 6 ; Virg. *G.* 1, 321 ; *En.* 5, 11 ‖ [fig.] *flammea montis hiems* Stat. *S.* 3, 5, 72, déluge de feu de la montagne ; *ferrea hiems* Stat. *Th.* 5, 386, grêle de traits ¶ **3** froid [qu'on éprouve], frisson : *spectare hiemem amici* Mart. 2, 46, 7, regarder son ami subir l'hiver ; *letalis hiems* Ov. *M.* 2, 827, le frisson, le froid de la mort.

▶ *hiemps* Enn. *An.* 424 ; nom. *hiemis* *Cat. *Agr.* 30.

1 **hĭĕra**, *ae*, f. (ἱερά) ¶ **1** course où les concurrents arrivent au but en même temps : *hieram facere* Sen. *Ep.* 83, 5, faire ex aequo ¶ **2** composition médicinale, antidote : Scrib. 97tit. ‖ ▼ *hierabotane*.

2 **Hĭĕra**, *ae*, f., Hiéra [une des îles Éoliennes] Atlas XII, G3 : Plin. 2, 238.

hĭĕrābŏtănē, *ēs*, f. (ἱερὰ βοτάνη), verveine [plante] : Plin. 25, 105.

hĭĕrăcītis, *ĭdis*, f., pierre précieuse inconnue : Plin. 37, 167.

hĭĕrăcīum (**-ĭŏn**), *ĭi*, n. (ἱεράκιον), nom d'un collyre : Plin. 20, 60 ‖ épervière [plante] : Plin. 34, 114.

Hĭĕrăcōmē ou **Hĭĕra Cōmē**, *ēs*, f., ville de Lydie : Liv. 38, 12, 10.

Hĭĕrăpŏlis, *is*, f. (Ἱεράπολις), ville de Phrygie Atlas VI, B4 ; IX, C2 : Vitr. 8, 3, 10 ; Plin. 2, 208 ‖ **-ītae**, *ārum* (**-ītāni**, *ōrum*), m., habitants d'Hierapolis : Plin. 5, 105 ; Macr. *Sat.* 1, 17, 66.

Hĭĕrăpytna, *ae*, f., ville de Crète Atlas VI, D3 ; IX, D1 : Plin. 4, 59.

hĭĕrătĭcus, *a*, *um* (ἱερατικός), hiératique : Plin. 13, 74.

Hĭĕrē, *ēs*, f., petite île près de Chypre : Plin. 5, 130.

Hĭĕrĕmīas, ▼ *Jeremias*.

Hĭĕrĭcūs, *untis*, f., Plin. 5, 70 ; 13, 44 et **Jĕrĭchō**, Prud. *Psych.* 536, Jéricho, ville de Palestine ‖ **-chontīnus**, *a*, *um*, de Jéricho : Vulg. *Jer.* 39, 5.

Hĭĕrō (**-rōn**), *ōnis*, m. (Ἱέρων), Hiéron [nom de deux rois de Syracuse] : Cic. *Nat.* 1, 60 ; *Verr.* 4, 49 ; Liv. 22, 56.

hĭĕrŏbŏtănē, ▶ *hierabotane* : Scrib. 163.

hĭĕrŏbulbus, *i*, m., muscari [plante] : Ps. Apul. *Herb.* 21.

Hĭĕrŏcaesărĭa, *ae*, f. (Ἱεροκαισάρεια), ville de Lydie : Tac. *An.* 2, 47 ‖ **-săriĕn-**

Hierocaesarea

ses, *ŭum*, m., habitants d'Hiérocésarée : Tac. *An.* 3, 62.

Hĭĕrŏclēs, *is*, m. (Ἱεροκλῆς), orateur d'Alabanda, contemporain de Cicéron : Cic. *Brut.* 325 ‖ Agrigentin qui livra Zacynthe aux Achéens : Liv. 36, 31.

Hĭĕrŏcōmētae, *ārum*, m., ville de Mysie : Plin. 5, 126.

hĭĕrŏcŏrăcĭca, *ōrum*, n. pl. (*ἱεροκορακικά), attributs mithriaques du grade de *corax* : CIL 6, 751b.

hĭĕrŏdūlus, *i*, m. (ἱερόδουλος), ministre des sacrifices : Firm. *Math.* 8, 21, 11.

hĭĕrŏglўphĭcus, *a*, *um* (ἱερογλυφικός), hiéroglyphique : Amm. 17, 4, 8.

hĭĕrŏgrăphĭcus, *a*, *um* (ἱερογραφικός), emblématique : Amm. 22, 15, 30.

Hĭĕrŏlōphĭenses, *ŭum*, m., habitants d'une ville de l'Asie Mineure : Plin. 5, 126.

Hĭĕromix, *icis*, m., fleuve de Palestine : Plin. 5, 74.

hĭĕromnēmōn, *ŏnis*, m. (ἱερομνήμων), pierre précieuse inconnue : Plin. 37, 160.

1 **Hĭĕrōn**, V.▷ *Hiero*.

2 **Hĭĕron (-rum)**, n., ville d'Asie, près du Palus-Méotide : Plin. 6, 17.

Hĭĕrŏnēsus, *i*, f., île voisine de la Sicile : Plin. 3, 92.

hĭĕrŏnīca (-cēs), *ae*, m. (ἱερονίκης), hiéronique, vainqueur dans les jeux : Suet. *Ner.* 25, **-cus**, *i*, m., CIL 10, 3716.

Hĭĕrōnĭcus, *a*, *um*, de Hiéron, roi de Syracuse : Cic. *Verr.* 2, 32 ; V.▷ *hieronica*.

Hĭĕrōnўmus, *i*, m. (Ἱερώνυμος) ¶ 1 Hiéronyme [philosophe rhodien] : Cic. *Fin.* 2, 8 ¶ 2 roi de Syracuse : Liv. 24, 4 ¶ 3 saint Jérôme, docteur de l'Église : Sulp. Sev. *Dial.* 1, 8.

hĭĕrŏphanta (-tēs), *ae*, m. (ἱεροφάντης), hiérophante [prêtre qui initiait aux mystères] : Arn. 5, 174 ‖ **-trĭa**, *ae*, f., femme hiérophante : CIL 6, 1780.

hĭĕrŏphўlax, *ăcis*, m. (ἱεροφύλαξ), gardien d'un temple : Scaev. *Dig.* 33, 1, 20.

Hĭĕrorenses, *ŭum*, m. pl., peuple de Galatie : Plin. 5, 147.

Hĭĕrŏsŏlўma, *ōrum*, n. (Ἱεροσόλυμα), Cic. *Flac.* 67 ; Tac. *An.* 5, 9, Jérusalem [capitale de la Judée] Atlas I, E6 ; IX, E3 ‖ **Hĭĕrŏsŏlўma**, *ae*, f., **Hĭĕrŭsălem (Jĕrŭ-)**, Vulg. *Jos.* 10,1.

Hĭĕrŏsŏlўmārĭus, *ĭi*, m., surnom que Cicéron donne à Pompée, qui était fier de ses victoires en Asie : Cic. *Att.* 2, 9, 1.

Hĭĕrŏsŏlўmītae, *ārum*, m. pl., habitants de Jérusalem : Iren. 3, 21 ‖ **-mītānus**, *a*, *um*, de Jérusalem : Aug. *Civ.* 17, 21.

Hĭĕrŏsŏlўmus, *i*, m., un chef des Juifs : Tac. *H.* 5, 2.

Hĭĕrum, V.▷ 2 *Hieron*.

Hĭĕrus, *i*, m., nom d'homme : CIL 6, 449.

hĭĕtō, *ās*, *āre*, -, - (fréq. de *hio*) ¶ 1 intr., bâiller : Pl. *Men.* 449 ‖ [fig.] Caecil. *Com.* 274 ¶ 2 tr., *hietantur fores* Laber. *Com.* 89, la porte s'ouvre.

Hĭlāīra, *ae*, f. (Ἱλάειρα), fille de Leucippe, femme de Pollux : Prop. 1, 2, 16.

hĭlărātus, *a*, *um*, part. de *hilaro*.

hĭlărē, adv. (*hilarus*), gaiement, joyeusement : Cic. *Fin.* 5, 92 ; *de Or.* 3, 30 ‖ *hilarius* Cic. *Tusc.* 3, 64.

hĭlărescō, *ĭs*, *ĕre*, -, - (*hilaris*), intr., devenir gai : Varr. d. Non. 121, 11 ; Aug. *Psalm.* 62, 16 ‖ tr., **-escens**, qui égaie : Aug. *Conf.* 5, 13, 23.

1 **hĭlărīa**, *ae*, f., gaieté : Laber. *Com.* 2.

2 **Hĭlărĭa**, *ōrum*, n. pl., fêtes de Cybèle : Macr. *Sat.* 1, 21, 10 ; Lampr. *Sept.* 37, 6.

hĭlărĭcŭlus, *a*, *um* (dim. de *hilarus*), un peu gai : Sen. *Ep.* 23, 4.

Hĭlărĭo (-ōn), *ōnis*, m., saint Hilarion, compagnon de saint Antoine : Sidon. *Ep.* 7, 9, 9.

hĭlăris, *e*, Cic. et **hĭlărus**, *a*, *um*, Cic. (ἱλαρός), gai, joyeux, de bonne humeur : Cic. *Tusc.* 1, 100 ; *hilari animo esse* Cic. *Q.* 2, 13, 1, être d'humeur gaie ; *hilaro vultu* Cic. *Clu.* 72, avec un visage joyeux ; *hilara vita* Cic. *Fin.* 5, 92, vie agréable ‖ [fig.] *litterae hilariores* Cic. *Att.* 72, 5, lettre assez joyeuse ; *hilarioribus oculis* Cic. *Pis.* 11, avec des yeux plus gais ‖ **-issimus** Pl. *Men.* 149.

hĭlărissō ou **-izō**, *ās*, *āre*, -, - (*hilarus*), réjouir : Isid. 1, 4, 15.

hĭlărĭtās, *ātis*, f. (*hilaris*), gaieté, joie, bonne humeur : Cic. *Fin.* 2, 65 ; *de Or.* 3, 197 ‖ [fig.] *hilaritas arboris* Plin. 17, 26, vigueur d'un arbre ‖ pl., *hilaritates* Sen. *Ep.* 23, 3.

hĭlărĭtĕr, C.▷ *hilare* : Aug. *Civ.* 5, 26.

hĭlărĭtūdo, *ĭnis*, f., C.▷ *hilaritas* : Pl. *Mil.* 677 ; *Ru.* 422.

Hĭlărĭus, *ĭi*, m., saint Hilaire, évêque de Poitiers : Sidon. *Ep.* 4, 3, 7 ‖ saint Hilaire, évêque d'Arles : Sidon. *Carm.* 16, 115.

hĭlărō, *ās*, *āre*, *āvī*, *ātum* (*hilarus*), tr., rendre gai, joyeux, de belle humeur, réjouir : Cic. *Fin.* 2, 8 ; *Brut.* 44 ‖ [fig.] Cic. *Nat.* 2, 102.

hĭlărōdŏs, *i*, m. (ἱλαρῳδός), qui chante des chants joyeux : P. Fest. 90, 10.

hĭlărŭlus, *a*, *um* (dim. de *hilarus*), assez gai : Cic. *Att.* 16, 11, 8.

1 **hĭlărus**, *a*, *um*, V.▷ *hilaris*.

2 **Hĭlărus**, *i*, m., nom d'un affranchi : Cic. *Att.* 1, 12, 2.

Hileia, *ae*, f., ville de Mésopotamie : Amm. 18, 10.

Hĭlerda, *ae*, f., V.▷ *Ilerda*.

Hilernus, V.▷ *Helernus*.

hilla, *ae*, f. [et ordin^t] **hillae**, *ārum*, f. pl. (dim. de *hira*), intestin, les intestins : Plin. 11, 200 ‖ intestin farci, andouille, saucisson : Hor. *S.* 2, 4, 60.

Hillevĭōnes, *um*, m. pl., peuple scandinave Atlas I, A4 : Plin. 4, 96.

hillum, *i*, n., C.▷ *hilla* : Char. 102, 15.

Hillur-, V.▷ *Illur-*.

Hillus, *i*, m., nom donné par plaisanterie à ; *Hirrus* : Cic. *Fam.* 2, 10.

Hīlōtae, V.▷ *Ilotae* : Nep. *Paus.* 3, 6.

hīlum, *i*, n. (*nihilum*, v. étym. de Festus : P. Fest. 90, 7, petit point noir au bout des fèves, cf. *filum*?), un rien : **neque proficit hilum** Cic. poet. *Tusc.* 1, 10, il n'avance pas d'un pouce ; **nec defit ponderis hilum** Lucr. 3, 220, il ne se perd pas une once du poids ‖ [sans nég.] : **de summa detrahere hilum** Lucr. 3, 514, retrancher une parcelle à la somme.

Hĭmāni, *ōrum*, m. pl., peuple de Liburnie : Plin. 3, 139.

Hĭmantŏpŏdes, *um*, m. pl., peuple fabuleux de l'Éthiopie : Plin. 5, 44.

hĭmantŏpūs, *ŏdis*, m. (ἱμαντόπους), sorte d'oiseau à longues jambes : Plin. 10, 130.

Hĭmella, *ae*, m., petite rivière de Sabine [auj. Salto] : Virg. *En.* 7, 714.

1 **Hīmĕra**, *ae*, m. (Ἱμέρα), l'Himère, rivière de Sicile Atlas XII, G4 : Sil. 14, 233.

2 **Hīmĕra**, *ae*, f. et **-ra**, *rōrum*, n. pl., ville de Sicile : Cic. *Verr.* 2, 86 ; Ov. *F.* 4, 475 ‖ **-aeus**, *a*, *um*, d'Himère : Plin. 35, 61.

Hīmĕrās, *ae*, m. (Ἱμέρας), V.▷ 1 *Himera* : Vitr. 8, 3, 7.

Hīmertē, *ēs*, f., ancien nom de Lesbos : Plin. 5, 139.

Hīmĕrus, *i*, m., nom d'homme : Just. 42, 1.

Hĭmilco, *ōnis*, m., Himilcon, nom de plusieurs Carthaginois : Liv. 23, 12 ; 24, 35.

hin, indécl., hin (mot hébreu) [mesure pour les liquides] : Vulg. *Exod.* 29, 40.

hinc, adv. (*hic*, cf. *inde*) ¶ 1 d'ici, de cet endroit-ci : Cic. *Fin.* 3, 45 ; *hinc Roma qui veneramus* Cic. *Agr.* 2, 94, qui étions venus d'ici, de Rome ‖ à partir d'ici, de ce point-ci : *jam hinc* Liv. 2, 1, 1 ; 8, 7, 7 ¶ 2 [fig.] de là, de cette source : *hinc furta nascuntur* Cic. *Off.* 3, 36, de là naissent les vols ; *hinc illae lacrimae* Ter. *And.* 126, voilà d'où viennent ces larmes, cf. Cic. *Cael.* 61 ; *Clu.* 191 ; *hinc... quod* Cic. *Amer.* 87, du fait que... ; *hinc ductus est sermo quod...* Cic. *Brut.* 21, le point de départ de notre entretien a été que..., cf. *Phil.* 8, 3 ; *Cat.* 2, 4, V.▷ *inde* ¶ 2 ¶ 3 *hinc* (= *ex hoc homine*) *scibo* Ter. *Ad.* 361, de lui je saurai, cf. Pl. *Mil.* 666 ; *hinc* (= *ex hac re*) *quantum cuique videbitur decidere* Cic. *de Or.* 1, 65, retrancher de là autant que chacun voudra ; = *ex hac opinione* Cic. *Tusc.* 3, 62 ¶ 4 à partir de ce moment-ci, de maintenant, ▷ *abhinc* : Plin. 34, 43 ‖ à partir de là, ensuite : Tac. *Agr.* 14 ; *An.* 2, 67 ¶ 5 *hinc... illinc* Cic. *Cat.* 2, 25, d'un côté..., de l'autre ; *hinc illincque* Cic. *Tim.* 49 ; *hinc atque illinc* Liv. 32, 10, 12, de part et d'autre, des deux côtés ‖ **hinc... hinc** LIV. *1, 13, 2*, d'un côté... de l'autre, cf. LIV. *44, 11, 2* ; **hinc atque hinc** VIRG. *En. 1, 162* ; **hinc et inde** SUET. *Aug. 96* ; **hinc inde** SUET. *Ner. 27*, de part et d'autre, des deux côtés.

hinna, *ae*, f. (*hinnus*), mule : NON. *122, 4*.

hinnībĭlis, *e* (*hinnio*), hennissant : PS. APUL. *Herm. 4* ‖ imitant le hennissement : CAEL.-AUR. *Chron. 5, 10, 119*.

hinnībundus, *a*, *um*, hennissant : SISEN. d. NON. *112, 14*.

hinnĭcŭla, *ae*, f., C. *hinnula* : PS. AUG. *Serm. App. 265, 5*.

hinnĭentĕr, adv. (*hinniens*), en hennissant : NON. *122, 14*.

hinnĭō ou *īs*, *īre*, *īvīĭī*, - (onomat., fr. *hennir*), intr., hennir [en parl. du cheval] : QUINT. *7, 3, 3* ‖ pqp. subj., **hinnisset** VAL.-MAX. *7, 3, 2*.

hinnītŭs, *ūs*, m. (*hinnio*), hennissement : CIC. *Div. 1, 73*.

hinnŭla, *ae*, f., [pour *inulea*], petite biche : ARN. *5, 39*.

hinnŭlĕus, *i*, m. (*hinnulus* et *inuleus*), jeune bardot : VARR. *L. 9, 28* ‖ faon [mauv. orth. pour *inuleus*].

hinnŭlus, *i*, m., dim. de (*hinnus*), jeune bardot : PLIN. *8, 172* ‖ faon : VULG. *Prov. 5, 19* ; C. *inuleus*.

hinnus, *i*, m. (*hinnio*), bardot [hybride provenant du croisement d'un cheval et d'une ânesse] : VARR. *R. 2, 8, 1*, cf. NON. *122, 4*.
▶ *ginnus* est une correction, PLIN. *8, 174* (*hinnus*) et MART. *6, 77, 7* (*mulus*).

hĭō, *ās*, *āre*, *āvī*, *ātum* (cf. *hisco*, al. *gähnen*, rus. *zijat'*)
I intr. ¶ 1 s'entrouvrir, se fendre : SALL. d. NON. *318, 29* ; VIRG. *G. 1, 91* ; PLIN. *34, 41* ; HOR. *Epo. 8, 5* ‖ être béant : CIC. *Nat. 2, 123* ‖ [en part.] avoir la bouche ouverte : VIRG. *En. 6, 473* ; *10, 726* ¶ 2 [rhét.] avoir des rencontres de voyelles, présenter des hiatus : **ut versum facerent, saepe hiabant** CIC. *Or. 152*, pour faire le vers, ils pratiquaient souvent l'hiatus ; **hians oratio** HER. *4, 18* ; QUINT. *8, 6, 62*, style avec hiatus ; **concursus hiantes** CIC. *Part. 21*, rencontres de mots en hiatus ‖ présenter des trous [en parl. d'un style, où les mots, les membres de phrase ne s'enchaînent pas] : CIC. *Or. 32* ¶ 3 [fig.] être béant de convoitise : CIC. *Verr. 3, 8* ; *2, 134* ; **(canis) semper ad spem venturi hiat** SEN. *Ep. 72, 8*, (le chien) ouvre toujours la gueule dans l'attente de qqch. à venir ‖ être béant d'admiration : VIRG. *G. 2, 508* ; TAC. *H. 3, 55*.
II tr., [poét.], ¶ 1 faire sortir en ouvrant la bouche, vomir : VAL.-FLAC. *6, 706* ¶ 2 faire entendre par la bouche ouverte, déclamer : PERS. *5, 3* ; PROP. *2, 31, 6*.

hippăcē, *ēs*, f. (ἱππάκη), fromage de lait de jument : PLIN. *28, 131* ‖ plante inconnue [légumineuse] : PLIN. *25, 83*.

hippăcō, *ās*, *āre*, -, - (onomat. de ἵππος ? ; esp. *hipar* ?), intr., [en parl. des chevaux] respirer fortement, s'ébrouer : P. FEST. *90,5*.

1 **hippăgo**, *ĭnis*, f. (cf. *hippagogus*), navire de transport de chevaux : GELL. *10, 25, 5* ; CIL 8, 27790, 5 ; P. FEST. *89, 28*.

2 **hippăgo** (**ipp-**), *ōnis*, m. (ἱππαγός), cocher : GLOSS. *4, 357, 37*.

hippăgōgŏs, acc. pl., **-ūs**, f. (ἱππαγωγός), navire pour le transport des chevaux : LIV. *44, 28, 7*.

Hippalcus, *i*, m., Argonaute, fils de Pélops : HYG. *Fab. 84, 5*.

Hippalum, *i*, n., promontoire d'Éthiopie : PLIN. *6, 172*.

hippălus, *i*, m. (ἱππαλέος), C. *favonius* : PLIN. *6, 100*.

Hipparchus, *i*, m. (Ἵππαρχος) ¶ 1 Hipparque [célèbre mathématicien de Nicée : CIC. *Att. 2, 6, 1* ¶ 2 fils de Pisistrate [assassiné par Harmodios et Aristogiton] : GELL. *17, 21, 7*.

Hipparenum, *i*, n., ville de Babylonie : PLIN. *6, 123*.

Hipparīnus, *i*, m., second fils de Denys l'Ancien : NEP. *Dion 1, 1*.

Hippăris, *is*, m., fleuve de Sicile : SIL. 14, 230.

Hippăsĭdēs, *ae*, m., fils d'Hippase [Socus, Naubolus] : STAT. *Th. 7, 355*.

Hippăsus, *i*, m. (Ἵππασος), Hippase [un des Centaures] : OV. *M. 12, 352* ‖ fils d'Eurytus, un de ceux qui firent la chasse au sanglier de Calydon : OV. *M. 8, 313*.

Hippēa, *ae*, f. (Ἱππεία), mère de l'Argonaute Polyphème : HYG. *Fab. 14*.

hippēgus, *i*, f., V. *1 hippago* : PLIN. *7, 209*.

hippeūs, *ĕi*, m. (ἱππεύς), comète chevelue : PLIN. *2, 90*.

Hippi, *ōrum*, m. pl., ville de l'Ionie : PLIN. *5, 117*.

Hippĭa, *ae*, f., nom de femme : JUV. *6, 103*.

Hippĭās, *ae*, m. (Ἱππίας), fils de Pisistrate : CIC. *Att. 9, 10, 3* ‖ sophiste d'Elis : CIC. *Brut. 30* ‖ peintre : PLIN. *35, 141*.

hĭppĭcē, *ēs*, f. (ἱππική), équitation : COD. JUST. *3, 43*.

hippĭtō, *ās*, *āre*, -, - (cf. *hio*), intr., bâiller : GLOSS. *4, 524, 30*.

1 **hippĭus**, *ii*, m. (ἵππιος), [métr.] ▶ *molossus* : DIOM. *479, 5* ‖ comète : SERV. *En. 10, 272* ; V. *hippeus*.

2 **Hippĭus**, *ii*, m. (1 *hippius*), surnom de Neptune : P. FEST. *90, 11* ‖ nom d'homme : CIC. *Fam. 13, 76*.

Hippo, *ōnis* et **Hippo Regius**, m. (Ἵππων), Hippone [ville de Numidie, dont saint Augustin fut évêque, auj. Bône, puis Annaba] Atlas XII, G5 : LIV. *29, 3, 7* ; *19, 4, 2* ‖ *Hippo Diarrhytus*, autre port d'Afrique [auj. Bizerte] : PLIN. *5, 23* ‖ **Hippo**, autre nom de Vibo, ville du Bruttium : PLIN. *3, 73* ‖ ville de la Tarraconaise : LIV. *39, 30* ‖ **-nensis**, *e*, d'Hippone : PLIN. *5, 23* ‖ **-ses**, *ium*, m. pl., les habitants d'Hippone : PLIN. *9, 26*.

hippŏcămēlus, *i*, m. (ἱπποκάμηλος), animal fabuleux, moitié cheval et moitié chameau : AUS. *Epigr. 65 (70), 9*.

hippŏcampus (**-ŏs**), *i*, m. (ἱππόκαμπος), hippocampe [cheval marin] : PLIN. *32, 67* ; *32, 149*.

hippŏcentaurus, *i*, m. (ἱπποκένταυρος), hippocentaure, centaure : CIC. *Tusc. 1, 90*.

hippŏcŏmŏs (**-mus**), *i*, m. (ἱπποκόμος), palefrenier : COD. TH. *8, 5, 37*.

Hippŏcŏōn, *ontis*, m. (Ἱπποκόων), fils d'Œbalus : OV. *M. 8, 314* ‖ compagnon d'Énée : VIRG. *En. 5, 492*.

Hippŏcrătēs, *is*, m. (Ἱπποκράτης) ¶ 1 Hippocrate de Cos [célèbre médecin grec du 5e s. av. J.-C.] : CIC. *de Or. 3, 132* ¶ 2 général syracusain : LIV. *24, 35* ‖ **-ĭcus**, *a*, *um*, d'Hippocrate, de médecin : PRUD. *Perist. 10, 497*.

Hippŏcrēnē, *ēs*, f. (Ἵππου κρήνη), Hippocrène [source de l'Hélicon que Pégase fit jaillir en frappant la terre] : OV. *F. 5, 7* ‖ **-nĭdes**, *um*, f. pl., les Muses [à qui Hippocrène était consacrée] : SERV. *B. 7, 21*.

hippŏdămantĭum vīnum, n., variété de vin : PLIN. *14, 75*.

Hippŏdămās, *antis*, m. (Ἱπποδάμας), père de Périmèle : OV. *M. 8, 592*.

Hippŏdămē, *ēs*, f. (Ἱπποδάμη) ¶ 1 Hippodamé [ou] Hippodamie [fille d'Œnomaüs, femme de Pélops] : VIRG. *G. 3, 7* ¶ 2 fille d'Atrax, femme de Pirithoüs : OV. *M. 12, 210*.

Hippŏdămĭa, *ae*, f., C. *Hippodame* ¶ 1 PROP. *1, 2, 20* ¶ 2 OV. *H. 17, 248*.

hippŏdămus, *i*, m. (ἱππόδαμος), dompteur de chevaux, cavalier : MART. *7, 57, 2*.

hippŏdrŏmŏs (**-ŭs**), *i*, m. (ἱππόδρομος), hippodrome, emplacement pour les courses : PLIN. *Ep. 5, 6, 19*.

hippŏlăpăthum (**-ŏn**), *i*, n. (ἱπποπάθαθον), patience [plante] : PLIN. *20, 232*.

Hippŏlŏchus, *i*, m. (Ἱππόλοχος), général thessalien : LIV. *36, 9*.

Hippŏlytē, *ēs* et **-ta**, *ae*, f., Hippolyte [reine des Amazones, femme de Thésée et mère d'Hippolyte : JUST. *2, 4* ; VIRG. *En. 11, 661* ; PL. *Men. 200* ‖ femme d'Acaste, roi de Magnésie : HOR. *O. 3, 7, 18*.

Hippŏlўtus, *i*, m. (Ἱππόλυτος), Hippolyte [fils de Thésée et de l'Amazone Hippolyte] : CIC. *Off. 1, 32* ; OV. *M. 15, 497* ‖ saint Hippolyte, martyr : PRUD. *Perist. 11, 19*.

hippŏmănēs, *is*, n. (ἱππομανές), hippomane *a)* excroissance noire sur le front des poulains : PLIN. *8, 165* *b)* humeur que rendent les juments : VIRG. *G. 3, 280* [l'hippomane, sous ces deux formes, servait pour des philtres].

hippomarathrum

hippŏmărăthrum, *i*, n. (ἱππομάραθρον), fenouil sauvage : Plin. 20, 255.

Hippŏmĕdōn, *ontis*, m. (Ἱππομέδων), un des sept chefs devant Thèbes : Stat. *Th*. 9, 196.

Hippŏmĕnēis, *ĭdis*, f., fille d'Hippomène [Limoné] : Ov. *Ib*. 333.

Hippŏmĕnēs, *ae*, m. (Ἱππομένης), fils de Mégarée et de Mérope [vainquit Atalante à la course et l'épousa] : Ov. *M*. 10, 575 ‖ père de Limoné, v. *Hippomeneis*.

Hippōn, *ōnis*, m. (Ἱππών), ville de Judée : Plin. 5, 71 ‖ v. *Hippo*.

Hippōna, *ae*, f., c. *Hippo* [ville de Numidie] : Cassian. *Inc*. 7, 27.

hippōnactēus, *a*, *um*, d'Hipponax, dans le style d'Hipponax (satirique) : Cic. *Fam*. 7, 24, 1 ‖ **-tēus**, *i*, m., vers d'Hipponax, hipponactéen [sénaire iambique scazon, où le 6ᵉ pied était un trochée ou un spondée] : Mar. Vict. *Gram*. 6, 84, 17.

Hippōnax, *āctis*, m. (Ἱππῶναξ), poète satirique d'Éphèse [6ᵉ s.] : Cic. *Nat*. 3, 91.

Hippōnensis, v. *Hippo*.

Hippŏnēsŏs, *i*, f. (Ἱππόνησος), île de la mer Égée : Plin. 5, 134.

Hippŏnĭcus, *i*, n. (Ἱππόνικος), nom du beau-père d'Alcibiade : Nep. *Alc*. 2.

Hippŏnŏus, *i*, m. (Ἱππόνοος), nom d'homme : Ov. *Ib*. 472.

hippŏpēra, *ae*, f. (ἱπποπήρα), valise, portemanteau : Sen. *Ep*. 87, 9.

hippŏphăĕs, n. (ἱπποφαές), sorte d'euphorbe [plante] : Plin. 21, 91 ; 22, 29.

hippophaestum (-ŏn), *i*, n. (ἱππόφαιστον), plante avec des aiguillons : Plin. 27, 92.

hippŏphĕŏn, *i*, n., c. *epithymum* : Plin. 26, 55.

hippŏphlŏmŏs, *i*, m. (ἱππόφλομος), variété de mandragore [plante] : Plin. 25, 148.

hippŏphŏbăs, *ădis*, f. (ἱπποφοβάς), c. *achaemenis* : Plin. 24, 161.

hippŏphŏnĭa, *ōrum*, n. pl., fête annuelle des Amazones : Jul.-Val. 3, 45.

Hippŏpŏdes, *um*, m. pl. (Ἱππόποδες), peuple de l'île de Basilie [Suède] : Plin. 4, 95.

hippŏpŏtămus, *i*, m. (ἱπποπόταμος), hippopotame : Plin. 5, 10 ; Amm. 22, 15 ‖ **-tămĭŏs**, *ĭi*, m., *Varr. L*. 5, 78.

Hipporum, *i*, n., ville du Bruttium : Anton. 115.

hippŏs, v. *hippus*.

hippŏsĕlīnum (-nŏn), *i*, n. (ἱπποσέλινον), maceron commun [plante] : Plin. 19, 124 ; Isid. 17, 11, 3.

Hippŏtădēs, *ae*, m. (Ἱπποτάδης), descendant d'Hippotès [Éole] : Ov. *M*. 4, 663.

Hippŏthŏus, *i*, m. (Ἱππόθοος), un des chasseurs du sanglier de Calydon : Ov. *M*. 8, 306.

hippŏtoxŏtae, *ārum*, m. pl. (ἱπποτοξόται), archers à cheval : Caes. *C*. 3, 4, 5.

Hippūri, *ōrum*, m. pl., port de l'île de Taprobane [Sri Lanka] : Plin. 6, 84.

1 hippūris, *ĭdis*, f. (ἵππουρις), c. *equisetis* : Plin. 26, 132 ; Ps. Apul. *Herb*. 39.

2 Hippūris, *ĭdis*, f., une des Sporades : Plin. 4, 71.

hippūrus (ŏs), *i*, m. (ἵππουρος), poisson inconnu : Plin. 9, 57 ; Ov. *Hal*. 95.

1 hippus (-pos), *i*, m. (ἵππος), petit poisson : Plin. 32, 149 ‖ crabe vagabond : Plin. 9, 97.

2 Hippus, *i*, m., nom d'un constructeur de bateaux de transport : Plin. 7, 208.

Hippys, *yos*, m., nom d'un peintre : Plin. 35, 141.

hīr (cf. χείρ, hit. *kessar*, toch. A *tsar*), paume de la main [donné par les gram. ou comme m. avec gén. *hiris*, *hirris* ou comme n. indécl.] : Char. 24, 20 ; 35, 28 ; 42, 15 ; 546, 36 ; Prisc. 2, 154, 6 ; 234, 15 ; v. *ir*.

hīra, *ae*, f. (cf. *hilla* et p.-ê. *haruspex*), intestin grêle, jéjunum : Macr. *Somn*. 1, 6, 77 ‖ pl., intestins : Pl. *Curc*. 238.

hirciae, *ārum*, f. pl. (cf. *irceus*), sorte de hachis : Arn. 7, 24.

hircīnus (-quīnus), *a*, *um* (*hircus*), de bouc : Plin. 20 pr. ; 2 ; 37, 59 ‖ en peau de bouc : Hor. *S*. 1, 4, 19 ‖ **hircinum sidus** Prud. *Apoth*. 621, le Capricorne.

hircĭpēs, *ĕdis*, m., qui a des pieds de bouc : Capel. 9, 906.

hircō, *ās*, *āre*, -, - (onomat.; cf. *urco*), intr., crier [en parl. du lynx] : *Anth*. 762, 51.

hircŏcervus, *i*, m. (*hircus*, *cervus*), élan [quadrupède] : Boet. *Herm. pr*. 1, 1 p. ; 44.

hircōsus, *a*, *um* (*hircus*), qui tient du bouc, qui sent le bouc : Pl. *Merc*. 575 ; Pers. 3, 77.

hircŭlus, *i*, m. (dim. de *hircus*), petit bouc : Catal. 3, 16 ‖ espèce de valériane : Plin. 12, 46.

hircŭōsus, *a*, *um* (*hircus*), semblable au bouc : Apul. *M*. 5, 25.

hircus, (irquus, Pl. *Cas*. 550, **ircus** Quint. 1, 5, 20), *i*, m. (cf. *hirquitallus*, *hirtus*, *hirpus* ?) ¶ 1 bouc : Virg. *B*. 3, 8 ; *G*. 3, 312 ; Hor. *P*. 220 ¶ 2 le bouc, odeur de bouc : Hor. *S*. 1, 2, 27 ¶ 3 [en parl. d'un débauché] : Pl. *Merc*. 272 ; Catul. 37, 5 ¶ 4 [chrét.] **hircus emissarius** Hier. *Pelag*. 1, 35, le bouc émissaire ‖ [méton.] le Christ sacrifié : Rufin. *Orig. Lev*. 10, 2.

hirmos, m. (εἱρμός), exposé dogmatique : Serv. *En*. 6, 703.

hirnĕa, *ae*, f. (cf. (h)*erneum*), vase pour mettre du vin : Pl. *Amp*. 429 ‖ terrine, cruche : Cat. *Agr*. 81.

hirnella (irnēla), *ae*, f. (dim. de *hirnea*), petite cruche à vin : P. Fest. 93, 19.

1 hirnĭa, v. *hirnea* : Diom. 326, 22.

2 hirnĭa, v. *hernia* : Gloss. 2, 68, 49.

hirnĭola, *ae*, f. (dim. de 1 *hirnia*), petite cruche : Diom. 326, 22.

hirnĭōsus, v. *herniosus* : Gloss. 2, 348, 63.

hirpex (irpex), *ĭcis*, m. (de *hirpus* ; fr. *herse*), sorte de herse [pour arracher les mauvaises herbes] : Cat. *Agr*. 10, 2 ; Varr. *L*. 5, 136.

Hirpi, *ōrum*, m. pl., nom primitif des *Hirpini* : Plin. 7, 19.

Hirpīni (Irp-), *ōrum*, m. pl., Hirpins [peuple du Samnium] : Liv. 22, 61, 11 ‖ **-īnus**, *a*, *um*, des Hirpins : Cic. *Agr*. 3, 8.

hirpus (irpus), *i*, m. (mot sabin, cf. *hirtus*, *hircus* ?), loup : Serv. *En*. 11, 785 ; P. Fest. 93, 25.

hirquĭcŏmans, *antis*, velu comme un bouc : Quer. 60.

hirquīnus, c. *hircinus*.

hirquĭtallĭō, *īs*, *īre*, -, - (*hirquitallus*), intr., entrer dans l'âge de la puberté : Cens. 14, 7.

hirquĭtallus, *i*, m. (cf. *hircus*), qui entre dans l'âge de la puberté : P. Fest. 90, 1 ; 93, 11.

hirquus, v. *hircus*.

hirrĭō (irrĭō), *īs*, *īre*, -, - (onomat.; cf. *irrito*), intr., gronder [en parl. du chien] : P. Fest. 90, 9 ; Sidon. *Ep*. 7, 3, 2.

hirrītŭs (irr-), *ūs*, m., grognement du chien : Sidon. *Ep*. 9, 16, 3 v. 10.

Hirrius, *ii*, m., nom d'homme : Plin. 9, 171.

Hirrus, *i*, m., nom d'homme : Cic. *Q*. 3, 8, 4.

hirsūtĭa, *ae*, f. (*hirsutus*), hérissement du poil : Solin. 30, 26.

hirsūtus, *a*, *um* (cf. *hirtus*, *horreo*) ¶ 1 hérissé : Cic. *Nat*. 2, 121 ¶ 2 hirsute : Ov. *M*. 13, 766 ‖ [fig.] **hirsutae imagines** Mart. 9, 48, 2, portraits d'hommes hirsutes [c.-à-d. portraits d'hommes d'autrefois] ; **nihil est hirsutius** Ov. *Tr*. 2, 259, il n'y a rien de plus grossier ¶ 3 [bot.] velu [feuillu] : Plin. 22, 75.

Hirtĭānus, *a*, *um*, d'Hirtius : Cic. *Att*. 10, 4, 11.

Hirtīnus, *a*, *um*, c. *Hirtianus* : Poll. *Fam*. 10, 33, 4.

hirtĭola, v. *irtiola*.

Hirtĭus, *ĭi*, m., consul de 43 av. J.-C., auteur du 8ᵉ livre du *Bellum Gallicum* : Cic. *Att*. 7, 4, 2.

hirtus, *a*, *um* (cf. *hirsutus*, *hirpus*, *horreo*) ¶ 1 qui a des pointes, des aspérités, hérissé : Stat. *S*. 3, 1, 13 ‖ hérissé [en parl. du poil] : Ov. *M*. 13, 850 ¶ 2 velu : **hirta tunica** Nep. *Dat*. 3, tunique d'étoffe grossière [à longs poils] ¶ 3 [fig.] qui est sans culture, rude, grossier : Hor. *Ep*. 1, 3, 22 ; Vell. 2, 11 ‖ **hirtior** Ps. Apul. *Herb*. 71.

hĭrūdo, *ĭnis*, f. (obscur), sangsue : Plin. 32, 122 ‖ [fig.] **aerarii** Cic. *Att*. 1, 16, 11, sangsue du trésor public, cf. Hor. *P*. 476.

hirundĭnĕus, *a*, *um* (hirundo), d'hirondelle : Sidon. *Ep.* 2, 14, 2.

hirundĭnīna, f., chélidoine : Ps. Apul. *Herb.* 73.

hirundĭnīnus, *a*, *um* (hirundo), d'hirondelle : Plin. 30, 133.

hirundo, *ĭnis*, f. (obscur, cf. χελιδών ; it. *rondine*, fr. *aronde*) ¶ 1 hirondelle : Virg. *G.* 1, 377 ; Hor. *Ep.* 1, 7, 3 ¶ 2 aronde, poisson : Plin. 9, 81.

hiscō, *ĭs*, *ĕre*, -, - (inch. de *hio*) I intr. ¶ 1 s'entrouvrir, s'ouvrir, se fendre : Lucr. 6, 1069 ; Ov. *M.* 1, 546 ‖ *aedes hiscunt* Pl. *Ps.* 952, la porte bâille ¶ 2 ouvrir la bouche [pour parler], parler : Cic. *Phil.* 2, 111 ; Liv. 6, 13, 3 ; 45, 26, 7 II tr. ¶ 1 dire, raconter : Ov. *M.* 13, 231 ¶ 2 chanter [qqch. sur la lyre] : Prop. 3, 3, 4.

Hispăl, *ălis*, n., Plin. 3, 11 [et ordin¹] **Hispălis**, *is*, f., colonie romaine en Bétique [auj. Séville] Atlas I, D1 ; IV, D1 : Caes. *C.* 2, 18 ; Plin. 2, 219 ‖ **-lensis**, *e*, d'Hispalis : Plin. 3, 11 ‖ **-enses**, *ĭum*, m. pl., habitants d'Hispalis : Tac. *H.* 1, 78.

Hispānē, adv., en espagnol : Enn. *An.* 503.

Hispāni, *ōrum*, m. pl., habitants de l'Hispanie : Liv. 21, 27.

Hispānĭa, *ae*, f., l'Hispanie [auj. l'Espagne] Atlas I, C2 : Cic. *Tusc.* 1, 89 ; *citerior* Caes. *G.* 3, 23, 3, l'Hispanie citérieure [ou Tarraconaise] ; *ulterior* Caes. *C.* 1, 39, l'Hispanie ultérieure [la Bétique et la Lusitanie] ‖ pl., Cic. *Balb.* 34 ‖ **-nus**, Caes. *G.* 5, 26 ; *C.* 3, 88, **-nĭcus**, *a*, *um*, Suet. *Aug.* 82, **-nĭensis**, *e*, Cic. *Nat.* 3, 24 ; *Pomp.* 28, **-nensis**, P. Fest. 53, 11, d'Hispanie, hispanien.

Hispellum, *i*, n., ville d'Ombrie Atlas XII, D3 : Plin. 3, 113 ‖ **-lātes**, *ĭum*, m. pl., habitants d'Hispellum : Plin. *Ep.* 8, 8, 6.

hispĭdus, *a*, *um* (cf. *hirsutus* ; fr. *hideux* ?), hérissé : *corpus hispidum squamis* Plin. 9, 9, corps hérissé d'écailles ‖ velu : Virg. *En.* 10, 210 ; Mart. 3, 58, 37 ‖ âpre, raboteux : Hor. *O.* 2, 9, 1 ‖ [fig.] qui est rude, grossier : Gell. 10, 3, 15.

Hispo, *ōnis*, m., nom d'homme : Cic. *Fam.* 13, 65 ; 14, 1.

Hispulla, *ae*, f., nom de femme : Plin. *Ep.* 4, 19.

histĕr, *tri*, m. (étr. ; cf. 2 Hister ?), ⓒ *histrio* : Liv. 7, 2, 6.

Hister, ⓥ *Ister*.

Histi, *ōrum*, m. pl., peuple de la Scythie d'Asie : Plin. 6, 50.

histōn, *ōnis*, m. (ἱστών), atelier de tisserand : Varr. *R.* 1, 2, 21.

Histōnĭum, *ii*, n., ville des *Frentani* [Vasto] Atlas XII, D4 : Plin. 3, 106.

histŏrĭa, *ae*, f. (ἱστορία) ¶ 1 l'histoire : Cic. *de Or.* 2, 36 ; 51 ‖ œuvre historique, exposé historique, récit, relation : *ut ait in historia sua C. Fannius* Cic. *Brut.* 299, comme C. Fannius le rapporte dans son histoire ; *historiam scribere* Cic. *Brut.* 287, écrire l'histoire, composer un ouvrage historique ; *earum rerum historiam quae erant Athenis gestae perscripsit* Cic. *Brut.* 286, il fit un récit complet des événements qui s'étaient passés à Athènes, cf. *Brut.* 62 ; *historia quaedam Graeca* Cic. *Brut.* 77, une certaine histoire écrite en grec ; *obscura est historia Romana* Cic. *Rep.* 2, 33, l'histoire de Rome est obscure [mais *historia Graeca, Romana* = histoire grecque, romaine d. Gell. 1, 11, 1 ; Val.-Max. 1, 7, 6] ‖ pl., *historiae* Cic. *Fin.* 5, 64, récits historiques, l'histoire, cf. Cic. *Brut.* 42 ; *Div.* 2, 69 ‖ [en gén.] récit : *aliquid historia dignum* Cic. *Att.* 2, 8, 1, qq. fait digne d'être raconté ¶ 2 [poét.] objet de récits historiques : Prop. 1, 15, 24 ¶ 3 racontars, histoires : Prop. 2, 1, 16 ‖ contes, sornettes : Pl. *Bac.* 158 ¶ 4 [chrét.] récit des faits [opposé à leur interprétation figurée] : *secundum historiam facta narrantur, secundum prophetiam futura praenuntiantur* Aug. *Gen. Man.* 2, 2, 3, les événements sont racontés de façon historique et l'avenir annoncé de façon prophétique.

histŏrĭālis, *e* (historia), historique : Sidon. *Ep.* 6, 12, 7.

histŏrĭālĭtĕr, adv., historiquement : Schol. Bern. *B.* 9, praef. ‖ [chrét.] littéralement [opposé à *spiritaliter*] : Isid. *Fid.* 2, 20, 1.

1 **histŏrĭcē**, adv., à la façon des historiens : Plin. *Ep.* 2, 5, 5 ‖ [chrét.] au sens littéral : Aug. *Psalm.* 3, 1.

2 **histŏrĭcē**, *ēs*, f. (ἱστορική) ¶ 1 explication des auteurs : Quint. 1, 9, 1 ¶ 2 connaissance de l'histoire : Diom. 482, 31.

1 **histŏrĭcus**, *a*, *um* (ἱστορικός), d'histoire ou d'historien, historique : *genus historicum* Cic. *Brut.* 286 ; *sermo historicus* Cic. *Or.* 124, style historique ‖ qui s'occupe d'histoire : *homines historici* Cic. *Mur.* 16 ‖ [chrét.] au sens littéral, non allégorique : Aug. *Civ.* 13, 21.

2 **histŏrĭcus**, *i*, m., historien : Cic. *Top.* 78 ; *de Or.* 2, 59.

histŏrĭŏgrăphus, *i*, m., historiographe : Capit. *Gord.* 11, 21.

histŏrĭŏla, *ae*, f. (dim. de *historia*), petite histoire, historiette : Isid. *Vir.* 33.

Histri, Histria, ⓥ *Istri*.

histrĭcōsus, ⓥ *hystricosus*.

histrĭcus, *a*, *um* (hister), d'histrion, de comédien : Pl. *Poen.* 4 ; 44.

histrĭo, *ōnis*, m. (1 *hister*) ¶ 1 histrion, mime : Cic. *Com.* 30 ¶ 2 comédien, acteur [en gén.] : Cic. *Par.* 26 ; *CM* 70 ; *tragicus histrio* Plin. 10, 141, acteur tragique ¶ 3 [fig.] comédien, fanfaron, faiseur d'embarras : Cels. 5, 26, 1.

histrĭōnālis, *e* (histrio), d'acteur, de comédien : Tac. *An.* 1, 16.

histrĭōnĭa, *ae*, f., profession d'acteur : Pl. *Amp.* 90 ; 152 ; Macr. *Sat.* 3, 14, 12.

histrĭōnĭcus, *a*, *um*, ⓒ *histrionalis* : Amm. 14, 6, 18.

histrix, ⓥ *hystrix*.

Histropolis (Istropolis), *is*, f., ville de la Mésie inférieure près de l'embouchure de l'Ister : Plin. 4, 44.

Histrus (Istrus), *a*, *um*, de l'Istrie : Mart. 12, 63, 2.

hittĭō, *īs*, *īre*, -, - (onomat., cf. *hirrio*), intr., japper : Gloss. 3, 450, 33.

hittŭs, *ūs*, m. (hittio), murmure du chien quand il chasse : Gloss. 2, 69, 2.

Hĭulcă pălus, f., nom d'un marais de Pannonie : Ps. Aur.-Vict. *Epit.* 41, 5.

hĭulcātĭo, *ōnis*, f. (hiulco), hiatus : Sacerd. 6, 454, 19.

hĭulcatus, *a*, *um*, part. de *hiulco*.

hĭulcē, adv., *loqui* Cic. *de Or.* 3, 45, avoir une prononciation coupée d'hiatus, heurtée, une parole hésitante.

hĭulcō, *ās*, *āre*, -, *ātum* (hiulcus), tr., entrouvrir, fendre : Catul. 68, 62.

hĭulcus, *a*, *um* (hio) ¶ 1 fendu, ouvert : Virg. *G.* 2, 253 ‖ [fig.] qui a la bouche béante, avide : Pl. *Trin.* 286 ‖ [rhét.] qui bâille : *hiulcus concursus verborum* Cic. *de Or.* 3, 171, mots qui se joignent mal les uns aux autres (qui laissent entre eux des trous béants) ; *hiulcae voces* Cic. *Or.* 150, hiatus ¶ 2 qui fend, qui brise : Stat. *Th.* 1, 26.

hōc ¶ 1 ⓥ *hic* ¶ 2 adv., ⓓ *huc* : Pl. *Cap.* 480 ; *Truc.* 282 ; Ter. *Eun.* 394 ; 501 ; *And.* 386 ; Nep. *Phoc.* 3, 2 ; *hoc accessit manus Ventidii* Brut. d. Cic. *Fam.* 11, 10, 3, à cela s'est ajoutée la troupe de Ventidius.

hōcannīvus, *a*, *um* (de *hoc anno* ; anc. fr. *oan*), de cette année : Ps. Acr. Hor. *Epo.* 2, 47.

hŏcĕdĭē ⓓ *hodie* : Mar. Vict. *Gram.* 6, 9, 19.

hŏdĭē, adv. (hic, dies, cf. scr. *adyām* ; fr. *hui* ; it. *oggi* ; cors. *hoddie*), aujourd'hui, en ce jour : *hodie mane* Cic. *Att.* 13, 9, 1, ce matin ; *qui dies hodie est* Cic. *Phil.* 14, 14, et ce jour est aujourd'hui, cf. *Verr. prim.* 31 ‖ [pendant la nuit] : Ov. *F.* 2, 76 ‖ maintenant, à présent, de nos jours : Cic. *Lae.* 43 ; *Verr.* 5, 64.

hŏdĭēquĕ, adv., encore aujourd'hui : Vell. 1, 4, 3 ; Sen. *Ep.* 90, 16 ; Tac. *G.* 3 ; [mais *hodieque* (= et *hodie*) Cic. *de Or.* 1, 103, et aujourd'hui.

hŏdĭernus, *a*, *um* (hodie), d'aujourd'hui : *hodiernus dies* Cic. *Brut.* 39, aujourd'hui ‖ [tard.] d'à présent, actuel : Cypr. *Ep.* 73, 3.

hŏdoedŏcŏs, *i*, m. (ὁδοιδόκος), voleur de grand chemin : P. Fest. 91, 20.

hŏdoepŏrĭcon, *i*, n. (ὁδοιπορικόν), itinéraire : Hier. *Ep.* 108, 8.

hoe, onomat. exprimant le rire : Char. 238, 24 ; Prisc. 3, 73, 14.

hoed-, ⓥ *haed-*.

holce

holcē, *ēs*, f. (ὁλκή), drachme : Carm. Pond. 19.

holcōnĭa vītis, f., *v.* horconia vitis : Col. 3, 2, 27.

holcus, *i*, m. (ὁλκός), sorte de graminée : Plin. 27, 90.

hŏlĕro, *v.* olero.

hŏlĭsatrum, *v.* olusatrum : Apic. 103.

hŏlĭtŏr, *v.* olitor.

Holmoe, *ōrum*, m. pl. (Ὅλμοι), ville de Cilicie : Plin. 5, 92.

Holmŏn, *i*, n., ville de Thessalie : Plin. 4, 29.

hŏlŏcaustum, *i* (-**cautōma**, *ătis*), n. (ὁλόκαυστον, ὁλοκαύτωμα), holocauste, sacrifice : Prud. Apoth. 357 ; Tert. Or. 28, 7 ∥ -**caustus**, *a, um*, offert en sacrifice : Cypr. Test. 3, 15.

hŏlŏchrȳsus, *i*, f. (ὁλόχρυσος), en or massif : M.-Emp. 29, 33 ∥ joubarbe [plante] : Plin. 21, 148 ∥ espèce de basilic [serpent] : Ps. Apul. Herb. 130.

hŏlŏcyrŏn, *ĭ*, n. (ὁλόκυρον), ivette [plante] : Ps. Apul. Herb. 26.

Hŏlŏfernēs (-pher-), *is*, m., Holopherne, général assyrien, tué par Judith : Vulg. Judith 6, 1.

hŏlŏgrăphus, *a, um* (ὁλόγραφος), olographe, écrit en entier de la main de l'auteur : Isid. 5, 24, 7.

Holon, n. indécl., ville de la tribu de Juda : Vulg. Jos. 21, 15.

hŏlŏporphȳrus, *a, um* (ὁλοπόρφυρος), qui est tout de pourpre : Varr. Men. 229.

Hŏlŏpyxŏs, *i*, f., ville de Crète : Plin. 4, 59.

hŏlŏschœnus, *i*, m. (ὁλόσχοινος), sorte de jonc : Plin. 21, 113.

hŏlŏsērĭcātus, *a, um*, vêtu de soie : Aug. Psalm. 85, 3.

hŏlŏsērĭcŏprāta, *v.* olosiricoprata.

hŏlŏsērĭcus, *a, um* (ὁλοσηρικός), qui est tout de soie : Cod. Th. 15, 19, 1 pr..

hŏlŏsīdērus, *a, um* (ὁλοσίδηρος), qui est tout de fer : Theod.-Prisc. 1, 79.

hŏlŏsphȳrātus, *a, um* (-**ŏs**, **ŏn**) (ὁλοσφύρατος), massif, solide : Plin. 33, 82.

hŏlŏstĕŏn, *i*, n. (ὁλόστεον), sorte de plantain : Plin. 27, 91.

hŏlŏthūrĭa, *ōrum*, n. pl. (ὁλοθύρια), sorte de madrépores : Plin. 9, 154.

hŏlŏvērus, *a, um* (ὅλος, verus), de bon aloi, bien conditionné : Cod. Th. 10, 21, 3.

hŏlŏvĭtrĕus, *a, um*, tout de verre : Ps. Ambr. Act. Seb. 16, 54, p. 1045A ; Gloss. 5, 606, 38.

hŏlus, *v.* olus.

hŏluscŭlum, *v.* olusculum.

hŏmeltĭum, *ii*, n. (?), sorte de bonnet : P. Fest. 91, 21.

Hŏmērĭcus, *v.* Homerus.

hŏmērista, *ae*, m. (ὁμηριστής), homériste [acteur qui récite des vers d'Homère] : Petr. 59, 3.

Hŏmērītae, *ārum*, m. pl., peuple de l'Arabie Heureuse : Plin. 6, 158.

hŏmērŏcento, *ōnis*, m., centon d'Homère : Hier. Ep. 53, 7.

Hŏmērŏmastix, *īgis*, m. (Ὁμηρομάστιξ), fouet d'Homère [surnom ou livre de Zoïle] : Vitr. 7, praef. 8 ∥ [fig.] critique violent : Plin. praef. 28.

Hŏmērŏnĭdēs (-da), *ae*, m., imitateur d'Homère : Pl. Truc. 485.

Hŏmērus, *i*, m. (Ὅμηρος), Homère : Cic. Tusc. 1, 3 ∥ **īcus** (-**rīus**, Suet. Ner. 47, -**ĭăcus**, Priap. 68, 4, *a, um*), d'Homère, homérique : Cic. Div. 1, 52 ; 2, 82 ; Tusc. 3, 62 ∥ [fig.] *Homerici oculi* Tert. Pall. 2, 2, yeux d'aveugle.

hŏmĭcīda, *ae*, m. (homo, caedo), homicide, meurtrier, assassin : Cic. Phil. 2, 30 ∥ f., Sen. Contr. 1, 2 ∥ [épith. d'Hector] tueur d'hommes : Hor. Epo. 17, 12.

hŏmĭcīdālis, *e*, homicide : Aug. Serm. 8, 7 et **hŏmĭcĭdĭālis**, *e*, Iren. 1, 6, 3.

hŏmĭcīdĭālĭtĕr, adv., en meurtrier : Orig. Matth. 14, p. 26, 12.

hŏmĭcīdĭum, *ii*, n., homicide, meurtre, assassinat : Quint. 3, 10, 1 ; Tac. G. 21.

hŏmīlētĭcus, *a, um* (ὁμιλητικός), homilétique : Hier. Ruf. 1, 3.

hŏmīlĭa, *ae*, f. (ὁμιλία), homélie, sermon familier : Hier. Ep. 71, 2 ; Isid. 6, 8, 2.

Homna, *ae*, f., v. de Carmanie : Plin. 6, 149.

hŏmo, *ĭnis*, m. (anc. lat. *hemo*, *v.* *nemo* ; cf. *humanus*, *humus*, gaul. *-gdonio-*, bret. *den*, al. *Bräutigam* ; fr. *homme, on*) ¶ 1 homme : *animal... quem vocamus hominem* Cic. Leg. 1, 22, l'être... que nous appelons l'homme ; *amicitia nihil melius homini est datum* Cic. Lae. 20, rien n'a été donné à l'homme de meilleur que l'amitié ; *homines* Cic. Nat. 1, 40, les hommes ; *genus hominum* Cic. de Or. 1, 36, le genre humain ; *homo Romanus, homines Romani* Cic. de Or. 1, 231 ; Pomp. 41, un Romain, des Romains ; *Graeci homines* Cic. Verr. 4, 21, des Grecs ; *inter homines esse* Cic. Tusc. 1, 32 (*agere* Tac. An. 15, 74) être parmi les hommes = vivre ; *inter homines esse* Cic. Amer. 76, vivre au milieu des hommes (dans la société, le monde) ; *paucorum hominum esse*, fréquenter un petit nombre d'hommes seulement, n'être pas accessible à tout le monde, cf. Ter. Eun. 409 ; Hor. S. 1, 9, 44 ; *acipenser iste paucorum hominum est* Cic. d. Macr. Sat. 3, 16, 4, cet esturgeon n'est pas fait pour tout le monde ∥ *monstrum hominis* Ter. Eun. 696 ; *flagitium hominis* Pl. Cas. 151, monstre, scélérat ∥ *servus homo* Pl. Ep. 60 ; 328, un homme qui est esclave, cf. Ter. Phorm. 62 ; *oculi hominis histrionis* Cic. de Or. 2, 193, les yeux de l'acteur ; *homo nemo* Cic. Fam. 3, 5, 1, personne ∥ [apposition] *dicit causam Heraclius Segestanus, homo domi suae nobilissimo loco natus* Cic. Verr. 5, 111, est cité en justice Héraclius de Ségeste, homme de la plus haute naissance dans sa patrie ; *homo audacissimus Catilina* Cic. Or. 129, le plus audacieux des hommes, Catilina ∥ [opposé à *vir*] *Catonem, magnum mehercule hominem, vel potius summum et singularem virum* Cic. Brut. 293, Caton, un grand homme, par Hercule, ou mieux une personnalité supérieure et unique ; *cervices praestantissimus vir profligatissimo homini daret ?* Cic. Sest. 89, fallait-il qu'un homme si éminent présentât la gorge à un être si déchu ? ; *virum te putabo, si Sallusti Empedoclea legeris, hominem non putabo* Cic. Q. 2, 9, 3, tu seras un homme (un héros) à mon avis, si tu lis l'Empédocle [trad. d'Empédocle] de Sallustius, un simple humain, non ¶ 2 homme, celui qui en a les qualités : *hominem ex homine tollere* Cic. Off. 3, 26 (*exuere* Cic. Fin. 5, 35) ôter à l'homme ce qui constitue l'homme (le dépouiller de l'humanité) ; *homo sum, humani nihil a me alienum puto* Ter. Haut. 77, je suis homme, je pense que rien de ce qui concerne les hommes m'est étranger ; *Socrates Alcibiadi persuaserat eum nihil hominis esse* Cic. Tusc. 3, 77, Socrate avait convaincu Alcibiade qu'il n'avait rien de l'homme ∥ *si homo esset* Cic. Att. 2, 2, 2, si c'était un homme, s'il avait du sens, cf. Ter. Ad. 107 ; Hec. 214 ; *homines visi sumus* Cic. Att. 13, 52, 2, j'ai montré que j'étais un homme, que je savais vivre ; *si vis homo esse* Cic. Att. 4, 15, 2, si tu veux être un homme digne de ce nom ∥ homme, qui en a les imperfections : *summi sunt, homines tamen* Quint. 10, 1, 25, ils sont éminents, mais des hommes pourtant, cf. Petr. 75, 1 ; 130, 1 ; Sulp.-Ruf. Fam. 4, 5, 4 ¶ 3 [*homo* remplaçant un dém.] cet homme, notre homme : Cic. Verr. 4, 11 ; 4, 40 ; 5, 141 ∥ *videte hominis amentiam* Cic. Dom. 40, voyez la folie de l'individu, du personnage, cf. Cic. Verr. 4, 66 ∥ *homo doctus* Cic. Sest. 22, cet homme instruit, notre savant ∥ *hic homo = ego*, *v.* *hic* ¶ 4 homme = esclave : *homo P. Quincti* Cic. Quinct. 61, un homme appartenant à P. Quinctius ¶ 5 *homines*, âmes : *coloniae civium Romanorum deductae sunt... treceni homines in singulas* Liv. 34, 45, 1, on installa des colonies de citoyens romains... à raison de trois cents âmes chacune ∥ *homines*, fantassins [opp. à cavaliers] : Caes. C. 2, 39, 4 ; Liv. 22, 52, 4 ¶ 6 [chrét.] le corps humain : *post hominis functionem* Ambr. Ep. 2, 62, après la mort du corps ∥ la nature humaine : *verum hominem accepit Christus* Leo-M. Ep. 8, 2, le Christ a pris véritablement la nature humaine ∥ l'âme : *est homo noster qui ad imaginem et similitudinem Dei factus* Ambr. Ep. 73, 11, c'est notre âme qui a été faite à l'image et à la ressemblance

de Dieu ¶7 *homo marinus*, monstre marin à figure humaine : Plin. 9, 10 ; 32, 144.
► formes arch. *homonis, homonem* Prisc. 2, 206, 22 ; Enn. *An.* 138 ; *hemonem* ; P. Fest. 89, 8.

Homodoti, *ōrum*, m. pl., peuple scythe : Plin. 6, 50.

hŏmoeŏmĕrĭa, *ae*, f. (ὁμοιομέρεια), identité des parties : Lucr. 1, 830 ; Serv. *En.* 4, 625.

hŏmoeoprŏphŏrŏn, *i*, n. (ὁμοιοπρόφορον), cacophonie résultant de la répétition d'une lettre : Capel. 5, 514.

hŏmoeoptōtŏn, n. (ὁμοιόπτωτον), terminaison semblable [répétition d'un même cas] : Capel. 5, 532.

hŏmoeōsis, *is*, f. (ὁμοίωσις), assimilation : Pomp.-Gr. 5, 312, 14.

hŏmoeŏtĕleutŏn, n. (ὁμοιοτέλευτον), retour de la même désinence : Diom. 447, 5.

hŏmoeūsĭŏs, *ŏn* (ὁμοιούσιος), de substance semblable, analogue [distinct de *homousius*, ὁμοούσιος, qui s'applique à un être de même substance] : Hil. *Syn.* 77.

Hŏmŏlē, *ēs*, f. (Ὁμόλη), mont de Thessalie : Virg. *En.* 7, 675.

Hŏmŏlĭum, *ii*, n., ville de Magnésie : Liv. 42, 38, 10.

hŏmŏlŏgi, *ōrum*, m. pl. (ὁμόλογοι), cultivateurs cédés avec la terre au nouveau propriétaire : Cod. Th. 11, 24, 6.

Hŏmŏlōĭdĕs, *um*, f. pl., nom des portes de Thèbes : Stat. *Th.* 7, 252.

Homonadenses, *ĭum*, m. pl., peuplade de Cilicie : Tac. *An.* 3, 48.

hŏmonis, v.► *homo* ►.

Hŏmŏnoea, f., nom de femme : CIL 6, 24232.
► *Homonia* CIL 6, 3465 ; *Homonya* CIL 6, 34765.

hŏmōnўmē, adv., par homonymie : Jul. d. Aug. *Jul. op. imp.* 1, 48.

hŏmōnўmĭa, *ae*, f. (ὁμωνυμία), homonymie : Ps. Front. *Diff.* 7, 525, 14.

hŏmōnўmus, *a*, *um* (ὁμώνυμος), homonyme : Quint. 8, 2, 13.

hŏmŏtŏnus, *a*, *um* (-ŏs, ŏn) (ὁμότονος), qui a une tension égale : Vitr. 1, 1, 8.

Hŏmoūsĭāni, *ōrum*, m. pl. (Ὁμοουσιανοί), [chrét.] tenants de la consubstantialité entre le Père et le Fils au sein de la Trinité [opposés aux Ariens] : Aug. *Jul. op. imp.* 1, 75.

hŏmoūsĭŏs, *ŏn*, *-sĭus*, *a*, *um* (ὁμοούσιος), de même essence, consubstantiel : Hil. *Syn.* 77 ; Hier. *Ep.* 17, 2, [opp. à *homoeousios*].

hŏmullŭlus, *i*, m. (dim. de *homullus*), Prisc. 2, 102, 4 ; 109, 3

hŏmullus, *i*, m. (dim. de *homo*), pauvre petit homme : Lucr. 3, 12 ; Cic. *Pis.* 59.

hŏmuncĭo, *ōnis*, m., Cic. *Ac.* 2, 134 et **homuncŭlus**, *i*, m., Cic. *Tusc.* 1, 17 ; 5, 64 ; *Nat.* 1, 123, cf.► *homullus*.

Hŏmuncĭōnītae, *ārum*, m. pl., nom donné par certains hérétiques aux catholiques qui admettent une personne humaine dans le Christ : Arn.-J. *Confl.* 1, 2.

hŏnĕr-, v.► *oner-*.

hŏnestāmentum, *i*, n., embellissement : Sen. *Ep.* 66, 2 ‖ ornement : Gell. 10, 26, 4.

hŏnestās, *ātis*, f. (*honestus*) ¶1 honneur, considération dont on jouit : *turpitudinem fugere, honestatem adipisci* Cic. *Tusc.* 2, 66, fuir la honte, rechercher l'honneur ; *honestatem omnem amittere* Cic. *Amer.* 114, perdre toute considération ‖ *honestates* Cic. *Mur.* 87, les honneurs, les dignités ‖ [sens concret] notabilités : Cic. *Sest.* 109 ¶2 [phil.] beauté morale, noblesse d'âme : *fontes honestatis* Cic. *Off.* 3, 96, les sources de la beauté morale ; *utilitas cum honestate pugnat* Cic. *Off.* 3, 12, l'utile est en conflit avec la beauté morale ¶3 noblesse, beauté : *testudinis* Cic. *Q.* 3, 1, 2, beauté d'une voûte ; *in rebus* Cic. *de Or.* 3, 125, beauté dans les idées.

hŏnestātus, *a*, *um*, part. de *honesto*.

hŏnestē, adv. (*honestus*) ¶1 d'une manière honorable, avec dignité : *quae in nostris rebus non satis honeste, in amicorum fiunt honestissime* Cic. *Lae.* 57, actes, qui ne sont guère honorables s'il s'agit de nous, très honorables s'il s'agit d'amis ¶2 honnêtement, vertueusement : *beate et honeste vivere* Cic. *Rep.* 4, 3, vivre dans le bonheur et la vertu ‖ de façon belle, noble : *fastigium honeste vergit in...* Cic. *Q.* 3, 1, 14, le faîte a une belle inclinaison sur... ‖ *honeste geniti* Liv. 26, 2, 11, de naissance honorable ; cf.► Suet. *Aug.* 43.

hŏnestĭtās, *ātis*, f., considération : Gloss. 2, 231, 47.

hŏnestĭtūdo, *ĭnis*, f. (*honestus*), considération : Acc. d. Non. 121, 1 ; 120, 31.

hŏnestō, *ās*, *āre*, *āvī*, *ātum* (*honestus*), tr. ¶1 honorer, faire honneur : *aliquem* Cic. *Off.* 2, 61, honorer qqn ; *aliquem magna laude* Cic. *Cat.* 4, 20, décorer qqn d'une grande gloire ¶2 donner de la beauté, de la noblesse : *domum* Cic. *Off.* 1, 139 ; *currum* ; Cic. *Cat.* 4, 21, rehausser une maison, orner un char de triomphe.

hŏnestum, *ī*, n. (*honestus*), l'honnête, beauté morale : *natura honesti* Cic. *Off.* 1, 18, la nature du beau morale ; *de honesto disserere* Cic. *Off.* 1, 10, disserter sur la beauté morale ; Cic. *Fin.* 2, 14.

hŏnestus, *a*, *um* (*honor*) ¶1 honorable, digne de considération, d'estime : *honestus et honoratus* Cic. *Brut.* 281, honorable et honoré ; *honesto loco natus* Cic. *Tusc.* 5, 58, d'une famille honorable, cf. Cic. *Mur.* 15 ; *eques Romanus honestus et ornatus* Cic. *Fam.* 13, 14, 1, chevalier romain honorable et distingué ; *honesta certatio* Cic. *Lae.* 32, noble rivalité ‖ *honestiores* [par. oppos. à *plebei, humiliores*] personnes qui se distinguent par la naissance : Dig. 2, 15, 8, 23 ; par la fortune : Dig. 47, 2, 52, 21 ‖ [tard.] riche : Vulg. *Sap.* 10, 11 ¶2 honorable, honnête, conforme à la morale : *omnis honesta ratio esset expediendae salutis* Cic. *Mil.* 10, tout moyen serait bon moralement pour assurer notre salut ; *honestum mendacium* Cic. *Lig.* 16, mensonge approuvé par la morale (reposant sur une pieuse intention) ; *nihil nisi honestum et rectum* Cic. *Lae* 82, rien que d'honnête et de juste ; [n. pl.] *honesta* Cic. *Off.* 1, 10 ; 3, 34, les choses honnêtes ; *honestum factu an turpe* Cic. *Off.* 1, 9, beau à faire ou laid, moral ou immoral ‖ *honestum, honestius, honestissimum est alicui* [avec prop. inf.] il est beau, honorable, (plus, très...) pour qqn que..., cf. Cic. *Verr.* 4, 124 ‖ [avec inf.] *honestius est de amicorum pecunia laborare quam de sua* Cic. *Fam.* 13, 14, 2, il est plus honorable de s'inquiéter de l'argent de ses amis que du sien propre ¶3 beau, noble : *honesta facie* Ter. *Eun.* 682, d'un beau visage, cf. Suet. *Tib.* 68 ; Virg. *G.* 2, 392 ; *vestibula honesta* Cic. *Or.* 50, un beau vestibule.

1 hŏnŏr (hŏnōs), *ōris*, m. (obscur ; it. *onore*) ¶1 honneur, témoignage de considération et d'estime, hommage : *honorem alicui habere, exhibere, tribuere* Cic. *Verr.* 4, 25 ; *Rep.* 5, 9 ; *de Or.* 2, 44, rendre un honneur à qqn, donner à qqn une marque d'honneur ; *qui honos togato habitus ante me est nemini* Cic. *Cat.* 4, 5, honneur qui, au titre civil, n'a été rendu avant moi à personne, cf. Cic. *Fam.* 5, 20, 2 ; *Phil.* 14, 33 ; *alicui deorum honores habere* Cic. *Verr.* 4, 151, rendre à qqn les honneurs divins ; *aliquem honore afficere* Cic. *Dej.* 14, conférer un honneur à qqn ; *magnus honos populi Romani rebus adjungitur* Cic. *Arch.* 22, c'est un grand honneur qui s'ajoute à l'histoire du peuple romain ; *in magno honore esse* Cic. *Brut.* 30, être en grand honneur ; *summo honore esse* Cic. *Verr.* 2, 87, être au plus haut degré d'honneur ; *aliquem praecipuo honore habere* Caes. *G.* 5, 54, 4, tenir qqn en honneur particulier ; *magno in honore habere* Caes. *C.* 1, 77, 2 ; 3, 47, 6, avoir (tenir) en grand honneur ; *Druides magno sunt apud eos honore* Caes. *G.* 6, 13, 4, les Druides sont très honorés chez eux ; *honori est alicui* Cic. *Off.* 2, 58, c'est un honneur pour qqn ; *beatos esse, quibus ea res honori fuerit a suis civibus* Cic. *Mil.* 96, [il déclare] que sont heureux ceux qui pour une telle conduite sont honorés de leurs concitoyens ; *ludi incredibili M. Bruti honore celebrati* Cic. *Phil.* 2, 31, jeux célébrés avec un honneur incroyable pour M. Brutus ‖ *honoris causa (gratia) nominare aliquem* Cic. *Phil.* 2, 30, nommer qqn pour lui marquer sa considération (son

honor

respect), cf. Cic. *Verr. prim.* 18; *Amer.* 6; **honoris Divitiaci causa eos in fidem recepit** Caes *G.* 2, 15, 1, il les prit sous sa protection par considération pour Divitiacus; **honoris mei causa** Cic. *Att.* 11, 9, 2, par considération pour moi; **honoris tui habendi causa** Gell. 14, 1, 11, par considération pour toi; **ad honorem deum** Liv. 9, 40, 7, pour honorer les dieux ‖ **honorem praefari** Cic. *Fam.* 9, 22, 4, demander d'avance excuse pour une expression, cf. Cic. *Fin.* 2, 29; **honore dicto** Plin. 28, 87, après avoir présenté ses excuses; **honos auribus sit** Curt. 5, 1, 22, pardon pour l'expression ¶ 2 charge, magistrature: **ita quaestor sum factus, ut mihi honorem illum non solum datum, sed etiam creditum putarem** Cic. *Verr.* 5, 35, quand je fus nommé questeur, je croyais que cette charge m'était, je ne dis pas donnée, mais confiée en dépôt; **honores adipisci, petere** Cic. *de Or.* 3, 136; *Clu.* 133, rechercher, briguer les charges; **honoribus inservire** Cic. *Off.* 2, 4, se mettre au service des charges publiques; **ad honores ascendere** Cic. *Brut.* 241, s'élever aux magistratures; **populus Romanus hominibus novis industriis libenter honores mandat** Cic. *Verr.* 4, 81, le peuple romain aime à confier les magistratures à des hommes nouveaux plein d'activité; **honorum cupiditas** Cic. *Tusc.* 2, 62, la passion des honneurs; **honoribus amplissimis perfunctus** Cic. *Fam.* 1, 8, 3, ayant rempli les plus hautes charges; **honorem agitare** Tac. *An.* 2, 36, exercer une magistrature ¶ 3 **a)** honneurs suprêmes: **honos sepulturae** Cic. *CM* 75, les honneurs de la sépulture; **mortis** Virg. *En.* 6, 333, honneurs funèbres; **supremum honorem comitari** Virg. *En.* 11, 61, accompagner le cortège funèbre; **honorem habere alicui** Curt. 3, 12, 13, rendre à qqn les derniers honneurs **b)** honneurs rendus à une divinité: Virg. *En.* 1, 632; 3, 118 ¶ 4 honoraires [d'un médecin]: Cic. *Fam.* 16, 9, 3 ‖ récompense, prix: Virg. *En.* 5, 265; Ov. *M.* 11, 216 ¶ 5 honneur, beauté: **silvis aquilo decussit honorem** Virg. *G.* 2, 484, l'aquilon a dépouillé les bois de leur parure; **laetos honores oculis adflare** Virg. *En.* 1, 591, mettre dans son regard une beauté joyeuse ¶ 6 [chrét.] gloire de Dieu, hommage qui lui est rendu: Aug. *Civ.* 8, 27 ‖ charge, responsabilité dans l'Église: Cypr. *Ep.* 3, 3.
▶ la forme *honos* était la plus usitée au temps de Cic., *honor* au temps de Quint., cf. Quint. 1, 4, 13.

2 Hŏnŏr, Hŏnōs, *ōris*, m., Honneur [divinité]: Cic. *Verr.* 4, 121; Liv. 27, 25, 7.

hŏnōrābĭlis, *e* ¶ 1 honorable, qui fait honneur: Cic. *CM* 63 ¶ 2 digne d'être honoré: Amm. 30, 4, 16.

hŏnōrābĭlĭtĕr, adv., d'une manière honorable: Amm. 29, 2, 11.

hŏnōrandus, *a*, *um*, honorable: *-issimus* Paul.-Nol. *Ep.* 7, 3.

hŏnōrārĭum, *ii*, n., rétribution d'une charge, somme payée au trésor par le nouveau titulaire d'une charge: Plin. *Ep.* 10, 114 ‖ honoraires, salaire: Dig. 11, 6, 1 ‖ cadeau: Tert. *Idol.* 10, 3.

hŏnōrārĭus, *a*, *um* (*honor*) ¶ 1 qui concerne une ou les magistratures: **honorarium munus** Gell. 16, 13, 6, exercice des magistratures, droit d'exercer les magistratures; **honorarii codicilli** Cod. Th. 6, 22, diplôme qui nomme à une magistrature ‖ qui ressortit à la magistrature du préteur: Pompon. *Dig.* 1, 2, 2, 10; **jus honorarium** [opp. à *civile*] Inst. Just. 1, 2, 7, droit honoraire; **honoraria actio** [opp. à *legitima*] Dig. 6, 2, 1, 1, action prétorienne ¶ 2 [sens class.] accordé par honneur, destiné à honorer, d'honneur, honorifique: Cat. d. Isid. 20, 3, 6; **honorarium frumentum** Cic. *Pis.* 86, blé d'honneur [blé offert par honneur, à titre gracieux aux gouverneurs de province]; **honorarius arbiter** Cic. *Tusc.* 5, 120, arbitre officieux [arbitre non désigné par le préteur, mais choisi à titre honorifique par les parties], cf. Cic. *Com.* 15 ‖ **docere debitum est, delectare honorarium** Cic. *Opt.* 3, instruire est un devoir, charmer est un plus.

hŏnōrātē, adv., en témoignant de l'honneur, des égards: Tac. *H.* 4, 63 ‖ *-tius* Val.-Max. 5, 1, 11; *-issime* Val.-Max. 2, 10, 2.

hŏnōrātĭo, *ōnis*, f., action d'honorer, hommage: Arn. 7, 13.

1 hŏnōrātus, *a*, *um* ¶ 1 part. de *honoro* ¶ 2 adj' **a)** honoré, estimé: **Dionysius apud me honoratior fuit quam apud Scipionem Panaetius** Cic. *Att.* 9, 12, 2, Dionysius fut plus en honneur auprès de moi que Panétius auprès de Scipion, cf. Cic. *CM* 63; **praefectura non tam honorata** Cic. *Planc.* 19, préfecture sans grand prestige; **honoratissimum decretum** Liv. 27, 10, 6, décret le plus honorifique **b)** [le plus souvent] qui a été ou qui est revêtu des charges publiques [chose qui, surtout à Rome, conférait le plus d'honneur]: **clari et honorati viri** Cic. *CM* 22, hommes illustres et occupant des charges officielles; **(Thucydides) honoratus et nobilis** Cic. *Or.* 32, (Thucydide) investi de fonctions publiques et jouissant d'une grande notoriété; **honoratissima imago** Liv. 3, 58, 2, portrait d'ancêtre le plus chargé d'honneurs [magistratures exercées de son vivant].

2 Hŏnōrātus, *i*, m., nom d'homme: Greg.-Tur. *Vit. Patr.* 4, 3.

Hŏnōrĭa, *ae*, f., sœur de Valentinien III: Jord. *Rom.* 328.

Hŏnōrĭăci comites, m. pl., nom d'un corps de cavalerie: Not. Dign. *Or.* 8, 26.

Hŏnōrĭădēs, *ae*, m., fils d'Honorius: Claud. *Nupt. Hon.* 341.

Hŏnōrĭānus, *a*, *um*, ▶ *Honorius*.

Hŏnōrĭăs, *ădis*, f., fille d'Honorius: Claud. *Seren.* 130 ‖ l'Honoriade, province: Not. Dign. *Or.* 1, 104.

hŏnōrĭfĭcābĭlis, *e*, digne d'être honoré, vénérable: Adamn. *Loc. sanct.* 3, 3.

hŏnōrĭfĭcātĭo, *ōnis*, f., glorification: Aug. *Ev. Joh.* 23, 13.

hŏnōrĭfĭcātus, *a*, *um*, part. de *honorifico*.

hŏnōrĭfĭcē, adv., avec honneur, distinction, déférence: **acceptus** Cic. *Verr.* 4, 62, reçu d'une façon pleine d'honneur (dignement), cf. *Verr.* 4, 138 ‖ *-centius* Cic. *Pis.* 35; *-centissime* Cic. *Fam.* 6, 6, 10.

hŏnōrĭfĭcentĭa, *ae*, f., action d'honorer, honneur: Symm. *Ep.* 6, 36, 1.

hŏnōrĭfĭcō, *ās*, *āre*, -, - (*honorificus*), tr., honorer: Lact. *Inst.* 7, 24, 15.

hŏnōrĭfĭcus, *a*, *um* (*honor*, *facio*), qui honore, honorable, honorifique: Cic. *Phil.* 2, 39 ‖ *-centior* Nep. *Eum.* 1, 5; Cic. *Att.* 1, 16, 4; *-centissimus* *Phil.* 14, 29.

hŏnōrĭgĕr, *ĕra*, *ĕrum*, ▶ *honorificus*: Tert. *Virg.* 10, 1.

Hŏnōrīnus, *i*, m., dieu de l'honneur: Aug. *Civ.* 4, 21.

hŏnōrĭpĕta, *ae*, m. (*honor*, *peto*), celui qui court après les honneurs: Apul. *Plat.* 2, 15.

Hŏnōrĭus, *ii*, m., empereur d'Occident, fils de Théodose (395-423): Claud. *Fesc.* 118 ‖ *-iānus*, *a*, *um*, d'Honorius: Cod. Th. 15, 1, 50 ‖ subst. m. pl., Honoriens, corps de troupe formé par Honorius: Not. Dign. *Or.* 5, 23.

hŏnōrō, *ās*, *āre*, *āvī*, *ātum* (*honor*; esp. *honrar*), tr. ¶ 1 honorer: **mortem alicujus non monumento, sed luctu publico** Cic. *Phil.* 9, 5, honorer la mort de qqn non par un monument, mais par un deuil public, cf. Cic. *Div.* 1, 88; Liv. 10, 7, 9 ¶ 2 gratifier: **legato honorari** Call. *Dig.* 48, 10, 15, recevoir un legs ¶ 3 embellir, orner, parer: Petr. 83, 3 ¶ 4 [tard.] aider, soutenir financièrement: **viduas honorare** Vulg. *1 Tim.* 5, 3, aider les veuves.

hŏnōrŏr, *ārĭs*, *ārī*, *ātus sum*, dép., ▶ *honoro*: Solin. 1, 123; 2, 26.

hŏnōrus, *a*, *um* (*honor*) ¶ 1 honorable, qui honore: Tac. *An.* 3, 5; Val.-Flac. 4, 342 ¶ 2 digne d'honneur: Stat. *Th.* 5, 40.

hŏnōs, ▶ *honor* ▶.

hŏnus, hŏnustus, ▶ *onus* ▶.

hŏplītēs, *ae*, m. (ὁπλίτης), hoplite, fantassin lourdement armé: Plin. 35, 71.

hŏplŏmăchus, *i*, m. (ὁπλομάχος), hoplomaque [gladiateur lourdement armé]: Suet. *Cal.* 35.

1 hōra, *ae*, f. (ὥρα; fr. *heure*, al. *Uhr*) ¶ 1 heure: **prima hora, tertia** la première heure [entre six et sept heures du matin], la troisième [à midi commence la septième heure]; **horam amplius moliebantur...** Cic. *Verr.* 4, 95, depuis plus d'une heure ils travaillaient à...; **in hora** Cic. *Fam.* 15, 16, 1, dans l'espace d'une heure; **in horas** Cic. *Att.* 14, 20, 4, d'heure en heure, d'une heure à l'autre; **omnibus**

horis Cic. *Amer.* 154, à toute heure ; **vix quattuor horarum spatio antecedens** Caes. *C.* 3, 79, 7, précédant avec une avance d'à peine quatre heures ; **in horam vivere** Cic. *Phil.* 5, 25, vivre sans souci de l'avenir ; **hora quota est ?** Hor. *S.* 2, 6, 44, quelle heure est-il ? ; *post horam primam noctis...; decem horis nocturnis pervolavit* Cic. *Amer.* 19, après la première heure de la nuit... ; en dix heures de nuit il parcourut à tire d'aile ; *horae legitimae* Cic. *Verr.* 1, 25, heures de parole accordées par la loi à l'avocat ‖ **ad horam venire** Sen. *Nat.* 2, 16, venir à l'heure, ponctuellement ; *omnium horarum homo* Quint. 6, 3, 110, homme de toutes les heures (adapté à toute heure, à toutes les circonstances) [toujours disponible] ; cf. *tempus* ¶ 2 l'heure, le temps, le moment : Hor. *Ep.* 1, 11, 22 ; *O.* 2, 16, 31 ; Virg. *G.* 1, 426 ¶ 3 **horae**, *arum*, f., horloge : **mittere ad horas** Cic. *Brut.* 200, envoyer voir l'heure, cf. Cic. *Nat.* 2, 97 ¶ 4 [chrét.] heures fixes pour la prière : Hier. *Ep.* 130, 15 ‖ moment du jugement dernier : Vulg. *Apoc.* 3, 3.
▶ gén. arch. *hōrāī* Lucr. 1, 1016 ; abl. pl. *hōrābus* CIL 11, 2611.

2 **Hŏra**, *ae*, f., nom sous lequel Hersilie, femme de Romulus, était révérée comme déesse : Enn. *An.* 117 ; Ov. *M.* 14, 851 ; Gell. 13, 22, 2.

Hōrae, *ārum*, f. pl. (*Ὧραι), les Heures [déesses qui président aux saisons et gardent les portes du ciel] : Ov. *F.* 1, 125 ; *M.* 2, 118.

hōraeŏn, *i*, n., miel de saison : Plin. 11, 36.

hōraeus, *a*, *um* (ὡραῖος), de saison : *scomber* Pl. *Cap.* 851, scombre nouveau, fraîchement salé.

hōrālis, *e* (*hora*), d'une heure : Fort. *Mart.* 4, 364.

hŏrāma, v. *horoma*.

hōrārĭum, *ii*, n., horloge [d'eau], clepsydre : Cens. 23, 7.

hŏrāsis, v. *horosis*.

Horātae, v. *Oratae*.

Hŏrātĭa, *ae*, f., sœur des Horaces : Liv. 1, 26, 14.

Hŏrātĭi, *ōrum*, m. pl., les trois Horaces [qui combattirent contre les trois Curiaces] : Liv. 1, 24.

Hŏrātĭus, *ii*, m. ¶ 1 le père des Horaces : Liv. 1, 26, 9 ¶ 2 Horatius Coclès : Liv. 2, 10 ¶ 3 Q. Horatius Flaccus, le célèbre poète lyrique et satirique : Juv. 7, 62 ‖ **-tĭānus, -tĭus**, *a*, *um*, des Horaces, d'un Horace : Gell. 2, 22, 35 ; 6, 7, 2 ; Liv. 1, 26.

horcista, *ae*, m., cf. *orchesta* : Cassiod. *Var.* 4, 51, 8, danseur.

horcōnĭa vītis, f., ⇒ *holconia vitis*, nom d'une espèce de vigne : Plin. 14, 35.

Horcŏs, *i*, m., fleuve de Thessalie : Plin. 4, 31.

horctum (forctum) (cf. *fortis*), bon : P. Fest. 91, 14.

horda, *ae*, f. (forda cf. *fero*) *vacca* Varr. *R.* 2, 5, 6, vache pleine.

hordĕācĕus, *a*, *um*, d'orge : Cat. *Agr.* 157, 5 ; Plin. 18, 103.

hordĕārĭus (orde- et hordi-), *a*, *um* (*hordeum*) ¶ 1 qui concerne l'orge : *hordiarium aes* P. Fest. 91, 10, indemnité [des chevaliers] pour l'orge des chevaux, v. Liv. 1, 43, 9 ¶ 2 qui vit d'orge : *hordearius rhetor* Cael. d. Suet. *Gram.* 26, 2, rhéteur bouffi (gonflé) [d'orge] ‖ subst. m. pl., *hordearii* Plin. 18, 14, hordéaires [nom donné aux gladiateurs] ¶ 3 qui mûrit en même temps que l'orge : Plin. 15, 16.

hordēia [trisyll.], *ae*, f. (*hordeum*?), sorte de poisson de mer ou de mollusque : Pl. *Cas.* 494.

hordĕŏlus (-diŏlus), *i*, m. (dim. de *hordeum* ; esp. *orzuelo*), orgelet [maladie de l'œil] : M.-Emp. 8, 161.

hordĕum (ord-), *i*, n. (cf. *horreo*, al. *Gerste*, alb. *drith*, κριθή ; fr. *orge*), orge : Cat. *Agr.* 35, 2 ; Varr. *R.* 2, 4, 6 ; Cic. *Verr.* 3, 73 ‖ pl., Virg. *G.* 1, 317, v. Quint. 1, 5, 16.
▶ arch. *fordeum* Quint. 1, 4, 14.

hordĭātŏr, *ōris*, m. (*hordeum*), soldat chargé de faire la provision d'orge : CPL 326, 2, 5.

hordĭātus, v. *hordior*.

Hordĭcālĭa, *ĭum*, n. pl. (*horda*), fêtes où l'on sacrifiait des vaches pleines : Varr. *R.* 2, 5, 6.

Hordĭcīdĭa, *ōrum*, n. pl. (*horda, caedo*), Hordicidies [sacrifices en l'honneur de la Terre, dans lesquels on immolait une vache pleine] : P. Fest. 91, 18 ; v. *Fordicidia*.

hordĭŏr, *āris*, *ārī*, *ātus sum* (*hordium = hordeum*), être gonflé [par un excès d'orge] : Pelag. 278.

Horesti, *ōrum*, m. pl., peuple du nord de la Bretagne : *Tac. *Agr.* 38.

hŏrĭa, *ae*, f. (?), barque de pêcheur : Pl. *Ru.* 910 ; Gell. 10, 25, 5 ; Non. 533, 20.

hŏrĭŏla, *ae*, f. (dim. de *horia*), Pl. *Trin.* 942 ; Gell. 10, 25, 5.

hŏrĭŏr, *īrĭs*, *īrī*, - (cf. *hortor, heries* ; osq. *herest*, χαίρω, scr. *haryati*, al. *begehren, gern*), stimuler, exciter : Enn. *An.* 432.

Horisĭus, *ii*, m., fleuve de Mysie : Plin. 5, 142.

hŏristĭcē, *ēs*, f. (ὁριστική), partie de la grammaire qui définit [= théorique] : Diom. 426, 16.

Horītae, *ārum*, m. pl., peuple de Gédrosie : Curt. 9, 10 ; v. *Oritae*.

hŏrītŏr, *āris*, *ārī*, - (fréq. de *horior*), Enn. *An.* 346, cf. Diom. 382, 26.

hŏrizōn, *ontis*, m. (ὁρίζων), horizon [astron.] : Hyg. *Astr.* 1, 4 ; ab *finitor* ‖ horizon [borne de la vue] : Macr. *Somn.* 1, 15, 17 ‖ horizon [d'un cadran solaire] : Vitr. 9, 7, 6.

Hormenium, v. *Ormenium*.

Hormĭae, f. pl., anc. nom de Formiae : Plin. 3, 59.

Hormĭdăc, m., chef des Huns : Sidon. *Carm.* 2, 241.

hormīnum, *i*, n. (ὅρμινον), ormin [plante] : Plin. 37, 168.

hormiscĭŏn, *ii*, n. (dim. de ὁρμίσκος), nom d'une pierre précieuse inconnue : Plin. 18, 96 ; 22, 159.

Hormisda (Ormisda), *ae*, m. (cf. *Ahura Mazdā*), nom de plusieurs rois de Perse : Amm. 16, 10, 16 ‖ nom d'un pape [514-523] : Avell. 92, 4 ; Alcim. *Ep.* 39.

hornō, adv. (*hornus*), dans l'année : Lucil. d. Non. 121, 8 ; Pl. *Most.* 159.

hornōtĭnus, *a*, *um* (*horno* et *diutinus*), de l'année : Cat. *Agr.* 17, 2 ; Cic. *Verr.* 3, 45.

hornus, *a*, *um* (*ho-*, cf. *hodie*, et *yorno-s*, cf. ὧρος, al. *Jahr*, *heuer*, an. *year*), de l'année, produit dans l'année : Hor. *O.* 3, 23, 3 ; *S.* 2, 6, 88.

hōrŏlŏgĭărĭŭs, *a*, *um* et **hōrŏlŏgĭārĭs**, *e* (*horologium*), orné d'un cadran solaire : CIL 3, 1070.

hōrŏlŏgĭcus, *a*, *um*, d'horloge : *Capel. 6, 595.

hōrŏlŏgĭum (hōrĭlĕgĭum, CIL 2, 4316), *ii*, n. (ὡρολόγιον ; esp. *reloj*), horloge [cadran solaire ou clepsydre] Cic. *Fam.* 16, 18, 3 ; Varr. *R.* 3, 5, 17 ; Plin. 2, 187 ; Vitr. 9, 1, 1.

hŏrōma (hŏrāma), *ătis*, n. (ὅραμα, -αμα), vision, songe : Aug. *Faust.* 31, 3.

Hōrŏs, v. *Horus*.

hōroscŏpĭum, *ii*, n. (ὡροσκοπεῖον), instrument à l'usage des astrologues : Sidon. *Ep.* 4, 3, 5.

hōrŏscŏpō, *ās*, *āre*, -, -, intr., fournir un horoscope : Firm. *Math.* 5, 1, 5.

1 **hōroscŏpus**, *a*, *um* (-**ŏs**, **ŏn**) (ὡροσκόπος), qui indique l'heure : Capel. 6, 595.

2 **hōroscŏpus**, *i*, m. (ὡροσκόπος), horoscope, nativité : [astrol.] Manil. 3, 190 ‖ constellation sous laquelle on est né : Pers. 6, 18.

hŏrōsis (hŏrāsis), *is*, f. (ὅρωσις, -ασις), vision, sens de la vue : Ps. Sor. *Quaest.* 72 ‖ songe : Gloss. 5, 127, 30.

horrĕārĭus, *ii*, m. (*horreum*), locataire d'un entrepôt à grain : Dig. 10, 4, 5 pr.

horrĕātĭcus, *a*, *um*, emmagasiné : Cod. Th. 11, 14, 3.

horrendē, adv. (*horrendus*), d'une manière effrayante : Vulg. *Sap.* 6, 6.

horrendum, n. pris adv[t], d'une manière effrayante : Virg. *En.* 6 ; 288 ; 9, 732.

horrendus, *a*, *um* ¶ 1 adj. verb. de *horreo* ¶ 2 adj[t] effrayable, terrible, redoutable : Virg. *En.* 3, 26 ; Hor. *S.* 2, 5, 62 ‖ Liv. 9, 36, 1 ; *horrendum dictu* Virg. 4, 454, chose effroyable à dire, cf. Ov. *M.*

horrendus

15, 298 **b)** qui inspire un frisson religieux, redoutable : Virg. En. 6, 10.

horrens, *tis*, part. prés. de *horreo*, hérissé : Lucr. 5, 25 ; *Latini horrentes Marte* [*Marte = armis*] Virg. En. 10, 237, les Latins hérissés de fer ; *horrens capillus* Plin. Ep. 7, 27, 5, cheveux hérissés.

horrentĭa, *ae*, f. (*horreo*), horreur : *Tert. Marc. 4, 24, 7.

horrĕō, *ēs*, *ēre*, *ŭī*, - (cf. *hirsutus*, *hirtus*, *hordeum* ; scr. *harṣayati*), intr. et tr. **I** [pr.] intr. ¶ **1** être hérissé, se hérisser : *terra horret* Cic. Nat. 2, 19, la terre se hérisse de frimas ; *horrebant densis crura pilis* Ov. F. 2, 348, ses jambes étaient hérissées de poils épais ; *hastis horret ager* Virg. En. 11, 602, les champs sont hérissés de lances, cf. Liv. 44, 41, 6 ; *tergis ferarum et ingentibus telis horrentes* Tac. H. 2, 88, hérissés de peaux de bêtes et d'énormes piques ¶ **2** se tenir raide, hérissé : *pili in corpore horrent* Varr. L. 6, 49, les poils se hérissent sur le corps, cf. Plin. 8, 150 ; Ov. M. 8, 285 ; *horrentes rubi* Virg. G. 3, 315, les ronces épineuses ¶ **3** [chrét.] faire horreur, faire peur : Tert. Marc. 1, 27, 2.
II [fig.] ¶ **1** intr. **a)** grelotter, frissonner, trembler : Ov. H 10, 139 ; A.A. 2, 213 **b)** [surtout] frissonner de peur, trembler d'effroi : *quae cum a te tractanturi, horrere soleo* Cic. de Or. 2, 188, quand tu mets en œuvre ces moyens, je tremble d'ordinaire ; *animo horrere* Cic. Dom. 140, frissonner dans son cœur ; [avec interrog. indir.] *quemadmodum accepturi sitis, horreo* Cic. Phil. 7, 8, je me demande en tremblant comment vous accueillerez mes paroles, cf. Cic. Att. 2, 21, 1 ; [avec *ne* subj.] craindre que : Liv. 34, 4, 3 ¶ **2** tr., redouter : *dolorem* Cic. Tusc. 5, 85 ; *crimen* Cic. Verr. 5, 74, trembler à l'idée de souffrir, d'être accusé, cf. Cic. Fin. 1, 51 ; Fam. 7, 3, 2 ; *crudelitatem alicujus* Caes. G. 1, 32, 4, craindre la cruauté de qqn ; [avec inf.] *non horrui progredi...* Cic. Agr. 2, 101, je n'ai pas tremblé d'avancer..., cf. Liv. 7, 40, 9 ; 28, 29, 4 ; [avec prop. inf.] craindre que : Liv. 10, 10, 11 ¶ **3** [chrét.] avoir en horreur, redouter, refuser : *ille jejunium meum horret* Paul.-Nol. Ep. 22, 2, il refuse ma pratique du jeûne.

horrĕŏlum, *i*, n. (dim. de *horreum*), petit grenier : Val.-Max. 7, 1, 2.

horrescō, *ĭs*, *ĕre*, *horrŭī*, - ¶ **1** intr., se hérisser : *mare horrescit* Cic. Rep. 1, 63, la mer se hérisse de vagues, cf. Virg. G. 3, 199 ; Ov. F. 2, 502 ‖ se mettre à frissonner, à trembler, être pris de frissons, d'effroi : Pl. Truc. 196 ; Lucr. 6, 261 ; Virg. En. 2, 204 ; 6, 710 ¶ **2** tr., redouter : Hor. O. 2, 10, 3 ; Virg. En. 3, 394 ‖ [avec inf.] craindre de : Cic. Har. 37.

1 horrĕum, *i*, n. (peu net) ¶ **1** grenier : Cic. Verr. 3, 20 ; Agr. 2, 89 ; Virg. G. 1, 49 ¶ **2** cellier : Hor. O. 3, 28, 7 ‖ magasin, entrepôt : Dig. 33, 7, 7 ; 41, 1, 60 ¶ **3** [fig., en parl. d'une ruche] : Virg. G. 4, 250 ¶ **4** [chrét.] l'intérieur de l'âme, la conscience : Aug. Ev. Joh. 23, 11.
▶ *horreus*, m. CIL 2, 3222.

2 Horrĕum, *i*, n. ville d'Épire : Liv. 45, 26.

horrĕus, v. *horreum* ▶.

horrĭbĭlis, *e* (*horreo*), qui fait horreur, horrible, effrayant : Cic. Cat. 1, 11 ; Fin. 1, 63 ; Caes. G. 7, 36, 2 ‖ [en bonne part] effrayant = étonnant, surprenant : Cic. Att. 8, 9, 4 ‖ *-bilior* Cic. Quinct. 95.

horrĭbĭlĭtās, *ātis*, f., caractère de ce qui est horrible, horreur : Greg.-M. 1 Reg. 3, 5, 9 (146).

horrĭbĭlĭtĕr, adv. (*horribilis*), d'une manière prodigieuse : Aug. Civ. 1, 8 ‖ *-bilius* Aug. Civ. 4, 3.

horrĭcŏmis, *e* (*horreo*, *coma*), qui a les poils hérissés : Apul. M. 4, 19.

horrĭdē, adv. (*horridus*), d'une manière hérissée, rude, âpre : Cic. Quinct. 59 ‖ *horridius* Cic. Or. 86, avec moins de soin, plus de négligence, cf. Or. 28.

horrĭdŭlus, *a*, *um* (dim. de *horridus*) ¶ **1** [pr.] quelque peu hérissé : Lucil. d. Non. 423, 1 ; Pers. 1, 54 ‖ quelque peu saillant : Pl. Ps. 68 ‖ grelottant : Pers. 1, 54 ¶ **2** [fig.] légèrement négligé : Cic. Att. 2, 1, 1 ; *orationes horridulae Catonis* Cic. Or. 152, les discours qq. peu rugueux de Caton [où il n'y a pas un concours harmonieux de sons].

horrĭdus, *a*, *um* (*horreo* ; anc. fr. *ord*) ¶ **1** hérissé : *barba horrida* Cic. Cael. 33, barbe hérissée ; *silva dumis horrida* Virg. En. 9, 382, forêt hérissée de broussailles ¶ **2** rugueux, âpre : *jecur horridum* Cic. Div. 2, 30, foie grumeleux ; *sapor horridus* Plin. 34, 129 ; *pomum horridum* Plin. 13, 43, goût, fruit âpre ¶ **3** [fig.] **a)** âpre, sauvage : *campus horridus* Cic. Verr. 3, 47, campagne sauvage ; *vita horrida* Cic. Quinct. 93, vie âpre ; *grando* Virg. G. 1, 449, l'âpre grêle **b)** rugueux [opp. à *politus, lēvis*] : *quaedam horridiora verba* Cic. Brut. 68, certains mots quelque peu rugueux ; *oratione horridus* Cic. Brut. 117, ayant un style plein d'aspérités, cf. 83 ; 238 ; Or. 20 **c)** difficile, rébarbatif : *de horridis rebus* Cic. de Or. 3, 51, sur un sujet rébarbatif ¶ **4** qui fait frissonner, terrible : *hoc horridiore sunt aspectu* Caes. G. 5, 14, 2, cela rend leur aspect plus farouche ; *turba horrida aspici* Sen. Nat. 3, 19, 1, foule repoussante à voir, cf. Luc. 3, 347.

horrĭfĕr, *ĕra*, *ĕrum* (*horreo*, *fero*), effrayant : Lucr. 3, 1012 ; Cic. poet. Nat. 2, 111 ; Virg. En. 8, 435.
▶ gén. pl. *horriferum* Pacuv. d. Cic. Or. 155.

horrĭfĭcābĭlis, *e* (*horrifico*), effrayant : Acc. Tr. 617.

horrĭfĭcē, adv., d'une manière effrayante : Lucr. 2, 609 ; 4, 36.

horrĭfĭcō, *ās*, *āre*, *āvī*, *ātum* (*horrificus*), tr. ¶ **1** hérisser : *horrificare mare* Catul. 64, 270, hérisser la mer, soulever les flots ¶ **2** rendre effrayant : Sil. 3, 389 ¶ **3** épouvanter, causer de l'effroi : Virg. En. 4, 465.

horrĭfĭcus, *a*, *um* (*horreo*, *facio*), effrayant, affreux : Lucr. 3, 906 ; Virg. En. 3, 571 ; Gell. 20, 1, 48.

horrĭpĭlātĭo, *ōnis*, f., hérissement du poil : Vulg. Eccli. 27, 15.

horrĭpĭlō, *ās*, *āre*, -, - (*horreo*, *pilus*), intr., avoir le poil hérissé : Apul. M. 3, 24 ‖ *horripilor*, Gloss. 2, 69, 22, dép.

horrĭsŏnus, *a*, *um* (*horreo*, *sonus*), au bruit terrible, produisant un horrible bruit : Cic. poet. Tusc. 2, 23 ; Lucr. 5, 109 ; Virg. En. 9, 55.

horrŏr, *ōris*, m. (*horreo* ; it. *orrore*) ¶ **1** hérissement, frissonnement : *comarum* Val.-Flac. 1, 229, hérissement des cheveux ‖ frissonnement du feuillage : Luc. 5, 154 ¶ **2** [fig.] âpreté : *dicendi* Quint. 8, 5, 34, style raboteux ; *acerbus horror serrae stridentis* Lucr. 2, 411, l'aigre grincement de la scie stridente ¶ **3** frisson de fièvre : Cic. Att. 12, 6a, 2 ¶ **4** [fig.] frisson d'effroi, frémissement de crainte : *mihi frigidus horror membra quatit* Virg. En. 3, 29, un frisson glacé secoue mes membres ; *qui me horror perfudit !* Cic. Att. 8, 6, 3, de quel frémissement j'ai été saisi ! ‖ *horror est spectare...* Plin. 28, 4, cela fait frissonner de regarder ... ‖ [poét.] *Scipiades, Carthaginis horror* Lucr. 3, 1032, Scipion, terreur de Carthage ¶ **5** frisson religieux, sainte horreur : *perfusus horrore* Liv. 1, 16, 6, saisi d'une sainte terreur ¶ **6** frisson de joie : Stat. Th. 1, 494.

horsum, adv. (cf. *2 hoc, *hō-vorsum*), de ce côté-ci [avec mouv^t vers celui qui parle] : Pl. Mil. 304 ; Ter. Hec. 450.

Hortălus, *i*, m., surnom de l'orateur Q. Hortensius et de ses descendants : Cic. Att. 2, 25, 1 ; Tac. An. 2, 37.

hortāmen, *ĭnis*, Liv. 10, 29, 5 ; Tac. G. 7, **hortāmentum**, *i*, Sall. J. 98, 7 ; Liv. 7, 11, 6 ; Tac. H. 4, 18, n. (*hortor*), exhortation, encouragement.

Hortānum, *i*, n., ville d'Étrurie : Plin. 3, 52.

hortātĭō, *ōnis*, f. (*hortor*), exhortation, encouragement : Cic. Fin. 5, 6 ; Phil. 9, 6 ; Sall. J. 60, 2 ; Liv. 40, 4, 12.

hortātīvē, adv., de manière à exhorter : Porph. Hor. Epo. 16, 23.

hortātīvus, *a*, *um*, qui sert à exhorter : *hortativum genus* Quint. 5, 10, 83, genre délibératif.

hortātŏr, *ōris*, m. (*hortor*), celui qui exhorte, qui conseille, instigateur : Cic. de Or. 1, 234 ; Amer. 110 ; Virg. En. 6, 529 ‖ chef des rameurs : Pl. Merc. 696.

hortātōrĭus, *a*, *um*, destiné à exhorter : Aug. Conf. 8, 11, 27.

hortātrix, *īcis*, f. de *hortator*, Quint. 11, 3, 103 ; Stat. Th. 9, 717.

1 **hortātus**, *a, um*, part. de *hortor*.

2 **hortātŭs**, *ūs*, m., exhortation, encouragement ; [à l'abl. sg. d. Cic. et Caes.] : Cic. *Arch.* 1 ; *Fam.* 13, 29, 7 ; Caes. *C.* 3, 86, 1 ‖ dat., **hortatui** Macr. *Sat.* 7, 5, 5 ‖ pl., Ov. *M.* 3, 242 ; 7, 339.

Hortenses, *ĭum*, m. pl., peuple du Latium : Plin. 3, 69 ‖ peuple d'Afrique : *CIL* 8, 7924.

Hortensĭa, *ae*, f., fille de l'orateur Hortensius : Val.-Max. 8, 3, 3.

hortensis, *e* (*hortus*), de jardin, de potager : Col. 9, 4, 4.

1 **hortensĭus**, *a, um*, ▶ *hortensis* : Plin. 20, 105 ; 26, 82 ‖ **hortensĭa**, *ōrum*, n. pl., produits du potager, légumes : Plin. 19, 98 ; 26, 22.

2 **Hortensĭus**, *ĭi*, m., célèbre orateur romain, rival de Cicéron : Cic. *Brut.* 301 ‖ nom d'un traité de Cicéron, dédié à cet orateur : Cic. *Att.* 4, 6, 3 ‖ **-ĭānus**, *a, um*, d'Hortensius : Val.-Max. 8, 3, 3 ; [n. pl.] *illa Hortensiana* Cic. *Att.* 4, 6, 3, cet ouvrage dédié à Hortensius ‖ **-ĭus**, *a, um*, *lex Hortensia* la loi Hortensia [confère aux plébiscites l'autorité des lois, 287 av. J.-C.] : Macr. *Sat.* 1, 16, 30 ; Plin. 16, 37.

hortĭcŏla, *ae*, m. (*hortus, colo*), jardinier : Gloss. 4, 87, 53.

hortīlĭo, *ōnis*, m., gardien d'un jardin : Gloss. 5, 601, 35.

Hortīnus, *a, um*, d'Horta ou Hortanum : Virg. *En*, 7, 716.

horto, *āre*, ▶ *hortor* ▶.

hortogon-, ▶ *orthogon-*.

Hortona, ▶ *Ortona*.

hortŏr, *ārĭs, ārī, ātus sum* (cf. *horitor*, fréq. de *horior*), tr. ¶ 1 exhorter à, engager à, pousser à : *aliquem ad laudem* Cic. *Prov.* 9, exhorter, exciter qqn à la gloire, cf. *Att.* 7, 21, 3 ; Caes. *G.* 3, 18, 6 ; *in proelia* Virg. 11, 521, exhorter aux combats, cf. Liv. 43, 19, 14 ‖ [avec *ut* subj.] : Cic. *Off.* 1, 9 ; *Lae.* 17 ‖ [avec *ne*] Caes. *G.* 5, 38, 2, exhorter à ne pas, cf. Caes. *C.* 1, 19, 1 ‖ [avec subj. seul] : *eos hortatur, revertantur* Caes. *G.* 6, 33, il les exhorte à revenir, cf. Caes. *C.* 1, 19, 1 ‖ [avec inf.] : Cic. *Sest.* 7 ; Nep. *Phoc.* 1, 3 ; Hor. *Ep.* 1, 1, 69 ‖ [avec le supin] : Sall. *Macr.* 17 ‖ [avec acc. d'un pron. n.] : *aliud quiddam majus ingenia me hortantur vestra* Cic. *de Or.* 3, 97, vos talents naturels me poussent à d'autres considérations plus importantes, cf. Cic. *Q.* 1, 1, 36 ; *Att.* 8, 9, 1 ¶ 2 exhorter, encourager, stimuler (*aliquem*), qqn : Cic. *Fam.* 13, 4, 3 ; *Fin.* 5, 6 ; *Att.* 13, 45, 2 ; Caes. *G.* 3, 19, 2 ; Pl. *Cas.* 764 ; Hor. *Ep.* 2, 2, 35 ‖ [un animal] : Ov. *M.* 5, 421 ‖ [abs¹] Caes. *G.* 4, 18, 3 ; 7, 26, 1 ; Cic. *Tusc.* 1, 9 ¶ 3 conseiller : *pacem* Cic. *Att.* 7, 14, 3, conseiller la paix, cf. Nep. *Dat.* 8, 5 ; Tac. *An.* 11, 3.

▶ formes actives *horto, āre* Prisc. 2, 392, 21 ; Lucul. 4, p. 818B ‖ sens passif, v. Gell. 15, 13, 1 ; Varr. d. Prisc. 2, 387, 2 ; *B.-Hisp.* 1, 5 ; Ambr. *Psalm.* 43, 40.

Hortospanum, ▶ *Or-*.

hortŭalis, *e*, ▶ *hortulanus* ; Ps. Apul. *Herb.* 70 ; 99.

hortŭlānus, *a, um* (*hortulus* ; it. *ortolano*, fr. *ortolan*), de jardin : Tert. *Paen.* 11, 3 ‖ *porcellus* Apic. 380, cochon de lait farci de légumes ‖ subst. m., jardinier : Macr. *Sat.* 7, 3, 20 ; Apul. *M.* 9, 39.

hortŭlus, *i*, m. (dim. de *hortus*) ¶ 1 petit jardin, jardinet : Catul. 61, 92 ‖ pl., petit parc : Cic. *Off.* 3, 58 ‖ [fig.] Cic. *Nat.* 1, 120 ¶ 2 coin de vigne : Col. 4, 18, 2.

hortus, *i*, m. (cf. *hara*, χόρτος, v. irl. *gort*, fr. *Gorce*, al. *Garten*, an. *yard*, rus. *gorod, -grad* ; it. *orto*) ¶ 1 clos, jardin : Cic. *CM* 56 ‖ pl., jardins, parc : Cic. *Off.* 3, 58 ‖ *Epicuri hortus* Cic. *Nat.* 1, 93, le jardin = l'école d'Épicure [cf. Académie, Lycée] ¶ 2 maison de campagne, ferme : Plin. 19, 50 ¶ 3 produits du jardin, légumes : Cat. *Agr.* 8, 2 ; Hor. *S.* 2, 4, 16.

horunc, ▶ *hice* ▶.

Hōrus (**-ŏs**), *i*, m. (*Ὧρος), nom d'une divinité égyptienne : Macr. *Sat.* 1, 21, 13.

hŏsa (**ŏsa**), *ae*, f. (germ., al. *Hose*) ; anc. fr. *heuse*), jambière, houseau : Isid. 19, 34, 9.

hōsanna, indécl. (hébreu), louange, bénédiction : Juvc. 3, 641.

hospĕs, *ĭtis*, m. (*hostis, potis*, *ghostipet-s*, cf. rus. *gospod'* ; fr. *hôte*) ¶ 1 hôte, celui qui donne l'hospitalité : Cic. *Div.* 1, 57 ‖ f. [arch.] hôtesse : Acc. *Tr.* 51 ; Ov. *F.* 6, 510 ‖ adj. [fig.] hospitalier : Stat. *Th.* 12, 479 ¶ 2 hôte, celui qui reçoit l'hospitalité : Cic. *Off.* 1, 139 ; *Verr.* 1, 65 ; *Agr.* 2, 94 ¶ 3 hôte de passage, voyageur : *adeone hospes hujusce urbis es ?* Cic. *Rab. perd.* 28, es-tu donc à ce point un hôte de passage dans cette ville ?, cf. *de Or.* 1, 218 ; *Ac.* 1, 9 ; *Mil.* 33 ‖ [trad. de ξένος] étranger : Cic. *Brut.* 172 ; Cic. *Tusc.* 1, 101 ‖ [fig.] *hospes in aliqua re* Cic. *de Or.* 2, 131, étranger à propos de qqch. = qui n'est pas au courant ‖ [adj¹] étranger : Claud. *VI Cons. Hon.* 651 ‖ soldat logé, par réquisition, chez l'habitant : Dig. 50, 4, 3, 13.

hospĭta, *ae*, f. (*hospes*) ¶ 1 hôtesse : Cic. *Verr.* 2, 24 ; 89 ¶ 2 reçue en hospitalité, hébergée : Cic. *Att.* 5, 1, 3 ¶ 3 étrangère : *conjunx hospita* Virg. *En.* 6, 93, épouse étrangère ‖ [fig., en parl. de choses] : Ov. *F.* 1, 340.

hospĭtālĭa, *ĭum*, n. pl. (*hospitalis*), chambres pour les hôtes : Vitr. 6, 7, 4 ‖ chambres d'hôtes [sur la scène] : Vitr. 5, 6, 3.

hospĭtālis, *e* (*hospes* ; fr. *hôtel*) ¶ 1 d'hôte, hospitalier [pr. et fig.] : *hospitalis est in aliquem* Cic. *Off.* 2, 64, il exerce l'hospitalité envers qqn ; *hospitales dei* Cic. *Verr.* 4, 48, dieux protecteurs de l'hospitalité ; *hospitalia fulmina* Sen. *Nat.* 2, 49, 3, les foudres de Jupiter hospitalier ; *hospitale pectus* Hor. *Epo.* 17, 49, cœur généreux ‖ *domus maxime hospitalis* Cic. *Verr.* 4, 3, maison au plus haut point hospitalière ; *hospitalissimus* Cic. *Verr.* 1, 65 ¶ 2 d'hôte [celui qui est reçu] : *cubiculum hospitale* Liv. 1, 58, 2, chambre d'hôte, d'ami ; *hostis hospitalis* Liv. 25, 18, 8, un ennemi qui avait été son hôte ‖ *hospitales, ium*, m. pl., les hôtes [visiteurs] : Plin. 9, 26 ¶ 3 qui concerne l'hospitalité : *hospitalis tessera* Pl. *Poen.* 1047, tessère qui rappelle l'hospitalité ; *aliaque hospitalia* Liv. 44, 24, 10, et les autres droits de l'hospitalité ‖ *hospitalior* Flor. 1, 16, 4.

hospĭtālĭtās, *ātis*, f. ¶ 1 hospitalité : Cic. *Off.* 2, 64 ¶ 2 condition d'étranger : Macr. *Somn.* 1, 21, 34 ¶ 3 [chrét.] lieu où l'on reçoit les hôtes, demeure : Greg.-Tur. *Jul.* 15 ‖ qualité de celui qui est hospitalier : Aug. *Serm.* 111, 2.

hospĭtālĭtĕr, adv. ¶ 1 d'une manière hospitalière : Liv. 1, 9, 9 ¶ 2 comme un hôte [qui est reçu] : Just. 8, 3, 4.

hospĭtātŏr, *ōris*, m. (*hospitor*), hôte : Apul. *M.* 4, 7.

hospĭtĭcīda, *ae*, m. (*hospes, caedo*), meurtrier d'un hôte : Gloss. 2, 378, 1.

hospĭtĭŏlum, *i*, n. (dim. de *hospitium*), petit logement : Hier. *Ep.* 42, 3.

hospĭtĭum, *ĭi*, n. (*hospes* ; gr. mod. σπίτι) ¶ 1 hospitalité, action de recevoir (d'accueillir) comme hôte : Cic. *Div.* 2, 79 ; *Att.* 2, 16, 4 ; *de Or* 2, 233 ¶ 2 [sens concret] toit hospitalier, logement, gîte : *ex vita discedo tanquam ex hospitio* Cic. *CM* 84, je sors de la vie comme d'un séjour hospitalier ; *Piliae paratum est hospitium* Cic. *Att.* 14, 2, 3, le logement est prêt pour Pilia ; *divisi (sunt) in hospitia* Liv. 2, 14, 8, ils furent répartis dans des maisons particulières (cantonnés chez les habitants) ‖ [en parl. d'animaux] gîte, abri, lieu de refuge : Virg. *G.* 3, 343 ; [abeilles] *G.* 4, 24 ¶ 3 rapports entre les hôtes, liens de l'hospitalité : *hospitium cum aliquo publice facere* Cic. *Balb.* 41, contracter avec qqn des liens officiels d'hospitalité, cf. Cic. *Verr.* 4, 145 ; *Q.* 1, 16 ; *Dej.* 39 ‖ pl., Cic. *Cat.* 4, 23 ; Liv. 1, 45, 2.

hospĭtīvus, *a, um*, qui appartient à un hôte : Spart. *Hadr.* 12.

hospĭtŏr, *ārĭs, ārī, ātus sum* (*hospes* ; esp. *hospedar*), intr., être reçu comme un hôte, recevoir l'hospitalité : Cod. Th. 7, 8, 4 ‖ [fig.] *(opes) veniant, hospitentur* Sen. *Vit.* 23, 3, qu'elle (la richesse) vienne, qu'elle soit accueillie comme un hôte [= pour une durée temporaire], cf. Sen. *Ep.* 31, 11 ; Plin. 6, 65 ; 17, 149.

▶ act. *hospito*, être hébergé, Aug. *Serm.* 160, 3 Mai.

*****hospĭtus**, *a, um* [m. inus.] (*hospes*) ¶ 1 qui donne l'hospitalité, hospitalier [pr. et fig.] : *hospita unda plaustris* Virg. *G.* 3, 362, rivière qui porte des chariots ; *hospita aequora* Virg. *En.* 3, 377, flots

hospitus

hospitaliers ¶2 de passage, qui voyage, voyageur : **hirundines hospitae** VARR. d. ARN. 6, 23, hirondelles de passage.
▶ sur le m., PROB. *Inst.* 4, 83, 9.

1 **hostĭa**, *ae*, f. (cf. *1 hostio*) ¶1 compensation, victime [en gén., expiatoire et servant aux prédictions des haruspices, cf. MACR. *Sat.* 3, 5, 1] : **hostia lactens** CIC. *Leg.* 2, 29, victime encore à la mamelle, agneau ; **hostia major** CIC. *Leg.* 2, 29 ; **hostia maxima** CIC. *Leg.* 2, 54 ; P. FEST. 113, 23, victime adulte ; **hostiam fluctibus immolare** CIC. *Nat.* 3, 51, immoler une victime aux flots de la mer ‖ **humanae hostiae** CIC. *Font.* 21, victimes humaines ¶2 groupe d'étoiles faisant partie du Sagittaire : HYG. *Astr.* 3, 37 ¶3 [chrét.] offrande spirituelle : **hostiam laudis** VULG. *Hebr.* 13, 15, un sacrifice de louange ‖ l'hostie de l'Eucharistie : CYPR. *Unit.* 17.

2 **Hostia, Hostiensis**, ➤ *Ost-*.

hostĭātus, *a*, *um* (*hostia*), pourvu de victimes : PL. *Ru.* 270.

hostĭcăpās (*hostis, capio*), preneur d'ennemis : P. FEST. 91, 15.

hostĭcŭlus, *i*, m. (dim. de *hosticus*), petit ennemi : NOT. TIR. 48, 40.

hostĭcus, *a*, *um* (*hostis*) ¶1 d'étranger : PL. *Mil.* 450 ¶2 d'ennemi, ennemi : LIV. 29, 2, 2 ‖ subst. n., **hosticum**, le territoire ennemi : LIV. 8, 38, 2.

hostĭfĕr, *ĕra*, *ĕrum* (*hostis, fero*), d'ennemis : *MANIL. 1, 430.

hostĭfĭcē, adv., en ennemi : ACC. *Tr.* 82.

hostĭfĭcus, *a*, *um* (*hostis, facio*), ennemi, funeste : ACC. *Tr.* 80 ; CIC. *Dom.* 60.

Hostīlĭa, *ae*, f. ¶1 bourg près de Vérone [auj. Ostiglia] : TAC. *H.* 2, 100 ‖ **-ĭensis**, *e*, d'Hostilie : CASSIOD. *Var.* 2, 31 ¶2 ➤ *Hostilius*.

Hostīlīna, *ae*, f. (*1 hostio*), déesse qui rend les épis égaux : AUG. *Civ.* 4, 8.

hostīlis, *e* (*hostis*) ¶1 de l'ennemi, ennemi : **hostilis terra** CIC. *Inv.* 1, 108, pays ennemi ; **hostiles condiciones** CIC. *Off.* 3, 108, pacte conclu avec l'ennemi ; **hostilis pars (jecoris)** LUC. 1, 622, côté de l'ennemi (dans le foie des victimes) ‖ subst. n., **in hostili** VELL. 2, 101, en pays ennemi ¶2 d'un ennemi, qui rappelle un ennemi : **hostilem in modum** CIC. *Prov.* 5, à la manière d'un ennemi, cf. CIC. *Clu.* 12 ‖ hostile : **hostilia loqui** TAC. *H.* 2, 66, tenir un langage hostile ; **omnia hostilia esse** LIV. 21, 16, 1, [ils rapportent] que tout annonce la guerre ¶3 [en parl. d'animaux] funeste, nuisible : PLIN. 11, 65.

hostīlĭtās, *ātis*, f., sentiments hostiles : CASSIOD. *Var.* 4, 50.

hostīlĭtĕr, adv. (*hostilis*), en ennemi, hostilement : CIC. *Phil.* 5, 25.

Hostīlĭus, *ii*, m., nom de famille rom. ; not^t Hostus Hostilius [grand-père de Tullus Hostilius] : LIV. 1, 12 ‖ Tullus Hostilius [3e roi de Rome] : CIC. *Nat.* 2, 9 ‖ nom du préteur : LUCIL. d. CIC. *Nat.* 1, 63 ‖ **-ĭus**, *a*, *um*, d'Hostilius : LIV. 1, 22.

hostīmentum, *i*, n. (*1 hostio*), compensation, cf. P. FEST. 91, 11 ; NON. 3, 26 : PL. *As.* 172.

1 **hostĭō**, *īs*, *īre*, -, - (*hostis, hostia, hospes*, cf. *redhostio*), tr., égaliser, mettre au même niveau : FEST. 416, 5 ‖ [abs^t] rendre la pareille : PL. *As.* 377 ‖ [avec acc.] payer de retour qqch. : PACUV. *Tr.* 346, cf. FEST. 334, 14 et NON. 121, 16.

2 **hostĭō**, *īs*, *īre*, -, - (*1 hostio*, cf. *hostis* ¶ 2), tr., frapper : P. FEST. 91, 9.

hostis, *is*, m. (cf. *hospes, 1 hostio*) esp. *hueste*) ¶1 étranger : CIC. *Off.* 1, 37 ¶2 ennemi [de guerre], ennemi public : **Pompeius saepius cum hoste conflixit quam quisquam cum inimico concertavit** CIC. *Pomp.* 28, Pompée s'est battu plus souvent contre l'ennemi qu'un particulier n'a combattu un adversaire, cf. CIC. *Inv.* 1, 105 ; *Lae.* 29 ; **aliquem hostem judicare** CAES. *G.* 5, 56, 3, déclarer qqn ennemi public ‖ f., ennemie : LIV. 30, 14, 2 ¶3 ennemi [en gén.] : **hostis alicujus** CIC. *Mil.* 39 ; **hostis alicui** CIC. *Phil.* 2, 64, ennemi de qqn ; **inimicus atque hostis alicui** CIC. *Fin.* 5, 29, ayant de l'inimitié, de l'hostilité contre qqn ‖ ennemi [en parl. des animaux] : HOR. *O.* 4, 4, 10 ; PLIN. 8, 71 ‖ pion de l'adversaire, pièce [au jeu de *latrunculi*] : OV. *A.A.* 2, 208 ¶4 [chrét.] l'Ennemi [le diable] : GREG.-M. *Dial.* 2, 30 ¶5 f. [tard.], armée (anc. fr. *ost*) : GREG.-TUR. *Hist.* 2, 32.

hostōrĭum, *ii*, n. (*1 hostio* ; *hostĭtō-rĭum), raclette, instrument de bois pour niveler [faire la juste mesure dans le boisseau] : PRISC. 2, 215, 17.

1 **hostŭs**, *ūs*, m. (cf. *hostorium* ; *hostĭ-tŭs), produit de la cueillette [d'un olivier] : CAT. *Agr.* 6, 2 ‖ produit du pressurage [d'olives] VARR. *R.* 1, 24, 3.

2 **Hostus**, *i*, m., nom d'homme : LIV. 23, 40.

hūc, adv. (2 *hic* ; cf. 2 *quo*), ici [mouv^t vers un lieu], ¶1 ici, en cet endroit, dans ce lieu : **pater huc me misit** PL. *Amp.* 20, mon père m'a envoyé ici ; **locus erat castrorum editus... ; huc contenderunt** CAES. *G.* 3, 19, 1, l'emplacement du camp était sur une hauteur... ; c'est là qu'ils se portèrent... ; **huc atque illuc intueri** CIC. *de Or.* 1, 184, porter ses regards çà et là, de côté et d'autre ; **huc illuc** CIC. *Att.* 9, 9, 2 ; **huc et illuc** CIC. *Off.* 1, 101 ; **huc et illo** SEN. *Ben.* 5, 6, 5 ; **huc et huc** HOR. *Epo.* 4, 9, çà et là ¶2 [= *in* ou *ad* et acc. du pron. *hic*] : **quae minime visa pars firma est, huc (= in hanc) concurritur** CAES. *G.* 7, 84, 2, c'est sur le point qui apparaît le plus faible qu'on se porte en masse au pas de course ; **accedit huc = ad hoc** à cela s'ajoute, ➤ *accedo* ; **huc = ad has naves** CAES. *C.* 1, 56, 1 ; **huc = ad hos** CAES. *C.* 3, 4, 6 ; CIC. *Phil.* 13, 3 ‖ **rem huc deduxi, ut...** CIC. *Cat.* 2, 4, j'ai amené l'affaire à un tel point que... ; **huc prolapsa est ejus libido, ut...** CIC. *Cael.* 47, sa passion en est venue à ce point que... ‖ **huc arrogantiae venerat, ut...** TAC. *An.* 3, 73, il en était venu à ce point d'arrogance que ....

hūcĭnĕ [adv. interrog. amenant d'ordinaire *ut* consec.] est-ce à ce point que... ? : **hucine tandem haec omnia reciderunt, ut civis Romanus virgis caederetur** CIC. *Verr.* 5, 163, est-ce là enfin l'aboutissement de toutes ces garanties, qu'un citoyen romain soit battu de verges ?, cf. SALL. *J.* 14, 9.

hūcusquĕ (**hūc usquĕ**), jusqu'ici, jusque-là : PLIN. 6, 174 ‖ jusqu'à ce point : PLIN. 26, 20 ; **hucusque ut** QUINT. 5, 13, 22, au point que.

huī, interj., [exprime l'étonnement] oh ! ho, ho, ouais ! peste ! : PL. *Pers.* 806 ; TER. *Phorm.* 71 ‖ oui-da ? quoi ? eh quoi ! : CIC. *Att.* 5, 11, 1 ; 6, 6, 3.

huīc, hūjus, de *hic*.

hūjuscĕmŏdi, ➤ *hujusmodi* : CIC. *Verr.* 5, 136 ; *Clu.* 153.

hūjusmŏdi, adv., de cette manière, de cette sorte, de cette espèce : CAES. *C.* 2, 22 ; ➤ *modus*.

hulcus, ➤ *ulcus*.

hūmānē, adv. (*humanus*) ¶1 conformément à la nature humaine : **aliquid ferre** CIC. *Tusc.* 2, 65, supporter qqch. avec résignation, philosophiquement, cf. CIC. *Tusc.* 3, 34 ‖ humainement : TER. *Ad.* 145 ¶2 à la façon d'un homme bien élevé : **fecit humane** CIC. *Att.* 12, 44, 1, c'est fort aimable à lui ‖ avec bienveillance : CIC. *Q.* 3, 1, 20 ¶3 [ironie] agréablement, joliment : CIC. *Ep.* 2, 2, 70 ‖ **-nius** CIC. *Tusc.* 3, 64 ; **-nissime** CIC. *Q.* 3, 1, 20.

hūmānĭtās, *ātis*, f. (*humanus*) ¶1 humanité, nature humaine, ensemble de qualités qui font l'homme supérieur à la bête : **vis humanitatis** CIC. *Amer.* 63, la force des sentiments humains ; **vim omnem humanitatis perspicere** CIC. *de Or.* 1, 53, étudier à fond ce qui constitue essentiellement la nature humaine ; **humanitatem omnem exuere** CIC. *Att.* 13, 2, 1, dépouiller tout caractère humain, cf. CIC. *Lae.* 48 ; **humanitatis est responsio** CIC. *de Or.* 2, 230, c'est humain de répondre ; **humanitatis est** [avec inf.] CIC. *de Or.* 2, 86, il est dans la nature humaine de... ; **id non fuit humanitatis tuae** CIC. *Lae.* 8, ton sentiment humain (ton cœur) ne le permettait pas ¶2 affabilité, bienveillance, bonté, philanthropie : **pro tua facilitate et humanitate** CIC. *Fam.* 13, 24, 2, en raison de ton indulgence et de ta bonté, cf. CIC. *Mur.* 66 ; *Fam.* 12, 27 ; *Sull.* 92 ; *Off.* 1, 106 ; **summa Caesaris erga nos humanitas** CIC. *Fam.* 4, 13, 2, l'extrême bienveillance de César à mon égard ¶3 culture générale de l'esprit : **in omni parte humanitatis perfectus** CIC. *de Or.* 1, 71, excellent dans toutes les branches de la culture humaine ; **doctrinae studium atque humanitatis** CIC. *Cael.* 24, le goût de la science et de la culture ; *politioris humanitatis expers* Cic. *de Or.* 2, 72, dépourvu de tout raffinement ¶ **4** politesse des mœurs, savoir-vivre : *quae abhorrent a litteris, ab humanitate* Cic. Q. 1, 1, 39, toutes choses qui sont incompatibles avec la culture de l'esprit et la politesse des mœurs, cf. Cic. *de Or.* 2, 40 ; *Off.* 1, 145 ; *Verr.* 3, 8 ‖ [en part.] civilisation : *id genus hominum a quo ad alios pervenisse putetur humanitas* Cic. Q. 1, 1, 27, une race d'hommes telle qu'on lui attribue le développement de la civilisation chez les autres peuples, cf. Caes. G. 1, 1, 3 ¶ **5** [chrét.] le genre humain : Minuc. 8, 2 ‖ ce qui soutient la vie de l'homme, les vivres : *nostris humanitatibus aleretur* Cassiod. *Var.* 3, 42, 2, qu'il fût nourri de nos aliments humains ‖ [tard.] titre honorifique : *humanitas tua* Aug. *Ep.* 27, 6, Votre Humanité.

hūmānĭtĕr, adv. (*humanus*) ¶ **1** d'une façon conforme à la nature humaine : *ferre humaniter* Cic. *Att.* 1, 2, 1, supporter avec résignation ¶ **2** en homme qui sait vivre, aimablement : Cic. Q. 2, 1, 1 ‖ agréablement : Cic. *Fam.* 7, 1, 5 ; *Frg. E.* 11, 4.

hūmānĭtŭs, adv. (*humanus*), conformément à la nature humaine : Afran. *Com.* 290 ; Cic. *Phil.* 1, 10 ‖ avec douceur : Ter. *Haut.* 99.

hūmānor, āris, āri, - [pass.] s'incarner : Cassiod. *Hist.* 6, 22.

hūmānus, *a*, *um* (cf. *homo, humus,* χθών) ¶ **1** humain, qui concerne l'homme : *humana species et figura* Cic. *Amer.* 63, l'aspect et la forme d'un homme ; *genus humanum* Cic. *Lae.* 20, le genre humain ; *divinae humanaeque res* Cic. *Lae.* 20, les choses divines et humaines ; *non humanae audaciae* Cic. *Cat.* 2, 10, des audaces qui n'ont rien d'humain ; *humanissima voluptas* Cic. *Ac.* 2, 127, plaisir bien conforme à la nature humaine ; *humanum est* Ter. *Ad.* 471 ; Cic. *Verr.* 5, 117, c'est humain, c'est dans la nature humaine ; *humani nihil* Ter. *Haut* 77, rien de ce qui concerne l'homme ‖ m. pl., *humani* Lucr. 3, 80, les humains ‖ n. pl., *humana* les choses humaines, les événements humains : Cic. *Tusc.* 5, 17 ; les caractères, les attributs humains : Cic. *Tusc.* 1, 65 ¶ **2** aimable, affable, sociable : *homo facillimus atque humanissimus* Cic. *Att.* 16, 16c, 12, homme si complaisant et si aimable, cf. Cic. *CM* 59 ¶ **3** cultivé : *homo doctissimus atque humanissimus* Cic. *Verr.* 4, 98, homme si instruit et si cultivé ‖ policé, civilisé : *homines a fera agrestique vita ad hunc humanum cultum civilemque deducere* Cic. *de Or.* 1, 33, tirer les hommes de leur vie primitive et sauvage pour les amener à notre état de civilisation et d'organisation politique.

▶ arch. *hemonus* P. Fest. 89, 8.

hŭmātĭo, ōnis, f. (*humo*), action d'ensevelir, inhumation : Cic. *Tusc.* 1, 102.

hŭmātŏr, ōris, m. (*humo*), celui qui ensevelit : Luc. 7, 799.

hŭmātus, *a*, *um*, part. de *humo.*

hūmect-, v. *umect-*.

hūmĕfăcĭō, v. *umefacio.*

hūmens, v. *umens.*

hūmĕō, v. *umeo.*

hūmĕr-, v. *umer-*.

hūmescō, v. *umesco.*

hŭmi, v. *humus.*

hūmĭd-, v. *umid-*.

hūmĭf-, v. *umif-*.

hŭmĭlĭātĭō, ōnis, f. (*humilio*), abaissement, humiliation : Tert. *Virg.* 13, 2.

hŭmĭlĭātus, *a*, *um*, part. de *humilio.*

hŭmĭlĭfĭcō, ās, āre, -, -, v. *humilio* : Tert. *Paen.* 9, 3.

hŭmĭlĭō, ās, āre, āvī, ātum (*humilis*), tr., abaisser, humilier : Tert. *Marc.* 5, 20, 7.

hŭmĭlis, *e* (*humus*, cf. χθαμαλός ; fr. *humble*) ¶ **1** bas, près du sol, peu élevé : *ea quae sunt humiliora neque se tollere a terra altius possunt* Cic. *Tusc.* 5, 37, les plantes basses et qui ne peuvent s'élever sensiblement au-dessus du sol ; *turris humilis et parva* Caes. C. 2, 8, 1, une tour basse et petite ; *humilis volat* Virg. *En.* 4, 255, il vole en rasant le sol ; *brevi atque humili corpore homines* Gell. 19, 13, 3, hommes de taille courte et ramassée ¶ **2** [fig.] humble : *homines humiliores* Cic. *Brut.* 62, des gens de basse naissance ; *parentes humiles* Cic. *Lae.* 70, parents obscurs, cf. Cic. *Div.* 1, 88 ; *civitas ignobilis atque humilis* Caes. G. 5, 28, 1, cité obscure et modeste ; *ex humili loco ad summam dignitatem perducere aliquem* Caes. G. 7, 39, 1, amener qqn d'une situation médiocre à la plus haute dignité ‖ faible : *potentiores humiliores expellunt* Caes. G. 6, 22, 4, les puissants chassent les faibles, cf. Caes. G. 7, 54, 4 ‖ de caractère humble, effacé, modeste : *ut ille humilis, ut demissus erat!* Cic. *Att.* 2, 21, 3, comme il était humble ! comme il était effacé ! ‖ abattu, sans ressort : Cic. *Planc.* 50 ; *Fin.* 1, 49 ‖ [péjor.] rampant, bas : Cic. *Phil.* 2, 82 ¶ **3** [rhét.] style simple, modeste : Cic. *Or.* 76 ; 192 ; 196 ‖ *-millimum* Liv. 3, 19, 9.

hŭmĭlĭtās, ātis, f. (*humilis* ; esp. *humilidad*) ¶ **1** peu d'élévation, bassesse : *navium* Caes. G. 5, 1, 3, le peu d'élévation des navires ; *aliorum animalium* Cic. *Nat.* 2, 122, petite taille des autres animaux ; *quanta humilitate luna fertur ?* Cic. *Div.* 2, 91, combien la lune se meut à une faible hauteur ¶ **2** [fig.] état humble, modeste : *alicujus humilitatem despicere* Cic. *Phil.* 13, 23, mépriser la naissance obscure de qqn, cf. Cic. *Tusc.* 5, 29 ; *Off.* 3, 45 ‖ faiblesse, faible puissance : Caes. G. 5, 27, 4 ‖ humilité, abaissement, abattement : Cic. *Tusc.* 3, 27 ; *Inv.* 1, 109 ‖ abjection, platitude, caractère rampant : Cic. *de Or.* 1, 228.

hŭmĭlĭtĕr, adv. (*humilis*) ¶ **1** avec peu d'élévation, bas, dans un lieu peu élevé : Pall. 3, 13, 3 ; *humillime* Plin. *Ep.* 6, 24, 1 ¶ **2** [fig.] *humiliter sentire* Cic. *Tusc.* 5, 24, avoir des sentiments peu élevés ‖ avec humilité, humblement : Liv. 24, 25, 8 ‖ avec faiblesse : Sen. *Ep.* 120, 9 ‖ *humilius* Pall. 3, 13, 3.

hŭmĭlĭtō, Schol. Bob. *Sull.* 25 ; Amm. 29, 2, 15 et **hŭmĭllō**, ās, āre, -, -, Corip. *Joh.* 7, 404, ▶ *humilio.*

hŭmĭnem, v. *hominem* : Prisc. 2, 27, 1.

hŭmō, ās, āre, āvī, ātum (*humus*), tr., mettre en terre, enterrer, recouvrir de terre, inhumer : Cic. *Tusc.* 1, 36 ; 108 ; *Div.* 1, 57 ‖ faire les funérailles de qqn : Nep. *Eum.* 13.

hūmŏr, v. *umor.*

hūmōrōsus, v. *umorosus.*

hŭmus, *i*, f. (de *humi*, loc. χαμαί, cf. *homo,* χθών, rus. *zemlja*, hit. *tekan*) ¶ **1** sol, terre : *humo tectus* Cic. *Tusc.* 1, 36, recouvert de terre ; cf. *Leg.* 2, 58 ‖ *jacere humi* Cic. *Cat.* 1, 26, coucher à terre, sur la dure ; *sermones repentes per humum* Hor. *Ep.* 1, 1, 251, entretiens qui rampent à terre, sans élévation ¶ **2** pays, contrée, région : Ov. *Pont.* 1, 2, 90 ; *F.* 1, 490.

▶ m. arch. Prisc. 2, 169, 13 ‖ abl. *humu* Varr. d. Non. 488, 6.

hunc, acc. de *1 hic.*

Hunni (**Hūni**), ōrum, m. pl., les Huns [peuple de la Sarmatie asiatique] : Amm. 31, 2 ‖ sg., **Chūnus**, *i*, m., Claud. *Eutr.* 2, 238 ‖ **Hunniscus**, *a*, *um*, des Huns : Veg. *Mul.* 3, 6, 2.

hyăcinthaeus, *a*, *um*, d'hyacinthe [pierre précieuse] : Fort. *Carm.* 8, 4, 270.

Hyăcinthĭa, ōrum, n. pl. (Ὑακίνθια), Hyacinthies [fêtes à Lacédémone en l'honneur d'Hyacinthe] : Ov. M. 10, 219.

hyăcinthĭnus, *a*, *um* (ὑακίνθινος), d'hyacinthe [fleur] : Catul. 61, 93 ‖ de couleur d'hyacinthe : Pers. 1, 32.

hyăcinthīzōn, ontis, m. (ὑακινθίζων), de couleur d'hyacinthe [béryl] : Plin. 37, 77.

1 Hyăcinthus (-thŏs), *i*, m. (Ὑάκινθος), Hyacinthe [jeune Lacédémonien métamorphosé en fleur par Apollon] : Ov. M. 10, 162.

2 hyăcinthus (-thŏs), *i*, m. (ὑάκινθος ; anc. fr. *jagonce*), hyacinthe, lis martagon : Virg. G. 4, 183 ; Plin. 21, 66 ‖ sorte d'améthyste : Plin. 37, 125.

Hyădes, *um*, f. pl. (Ὑάδες), les Hyades [sœurs d'Hyas, changées en une constellation qui annonce la pluie, v. Ov. *F.* 5, 159-182] : Cic. *Nat.* 2, 111 ‖ [sg. collectif] **Hyas** Stat. *S.* 1, 6, 22.

hyaena, *ae*, f. (ὕαινα), hyène [bête féroce] : Plin. 8, 105 ‖ poisson plat : Plin. 32, 154.

hyaenĭa, *ae*, f., sorte de pierre précieuse : Plin. 37, 168.

Hyagnis

Hўagnis, *is*, m., père de Marsyas : APUL. *Flor.* 3, 1.

Hўălē, *ēs*, f. (Ὑάλη), une des nymphes de Diane : OV. *M.* 3, 171.

hўălĭnus, *a*, *um* (ὑάλινος), de verre : FULG. *Myth.* 1 pr., p. 14, 11 ‖ hyalin, vert : CAPEL. 1, 66.

hўălŏīdēs, *is*, adj. (ὑαλοειδής), qui ressemble au verre, vitré : CELS. 7, 7, 13 C.

hўălus, *i*, m. (ὕαλος), verre : VIRG. *G.* 4, 335 ‖ couleur du verre : AUS. *Mos.* 418.

Hyampŏlis, *is*, f. (Ὑάμπολις), ville de Phocide : LIV. 32, 18, 6.

Hўantes, *um*, m. pl. (Ὕαντες), ancien nom des Béotiens [Hyantes] : PLIN. 4, 26 ‖ **-ēus** et **-ĭus**, *a*, *um*, de Béotie, des Muses : OV. *M.* 8, 310 ; STAT. *S.* 2, 7, 8.

Hўărōtis, *ĭdis*, m. (Ὑάρωτις), fleuve de l'Inde : CURT. 9, 1, 13.

1 Hўăs, *ădis*, f., ▶ Hyades.

2 Hўăs, *antis*, m. (Ὕας), fils d'Atlas, frère des Hyades, fut déchiré par une lionne : OV. *F.* 5, 170 ; *sidus Hyantis* OV. *F.* 5, 734, les Hyades ‖ acc., *Hўān* OV. *F.* 5, 179.

Hybanda, *ae*, f., île voisine de l'Ionie : PLIN. 2, 204.

Hўbla, *ae*, f. (Ὕβλη) ¶ **1** mont de Sicile, dont le miel était réputé : VIRG. *B.* 7, 37 ‖ **-aeus**, *a*, *um*, de l'Hybla : VIRG. *B.* 1, 55 ; *Hyblaea avena* CALP. 4, 6, 3, le chalumeau de l'Hybla [= de Théocrite] ¶ **2** ville de Sicile [à l'est de Catane] Atlas XII, G5 : LIV. 26, 21 ‖ **-enses**, *ĭum*, m. pl., habitants d'Hybla : CIC. *Verr.* 3, 102.

Hўblē, *ēs*, f., ▶ Hybla : OV. *A.A.* 3, 150.

1 hўbrĭda (hib-, ib-), *ae*, m. (peu clair, cf. *iber, imbrum* ?), animal hybride [issu du croisement d'une femelle domestique et d'un mâle sauvage] : PLIN. 8, 213 [truie et sanglier] ‖ homme né de l'union d'une Romaine libre et d'un barbare affranchi : HOR. *S.* 1, 7, 2 ; SUET. *Aug.* 19, 1 ; MART. 6, 39, 2.
▶ orthographe flottante, normalisée par référence à ὕβρις ; le surnom *Hybrida* n'a que cette forme sur les inscriptions.

2 Hўbrĭda, *ae*, m., surnom de C. Antonius [consul avec Cicéron en 63 av. J.-C.] : PLIN. 8, 213 ; ▶ 1 *hybrida* ▶.

hўbrĭdĭcus, *a*, *um*, d'hybride : NOT. TIR. 92.

Hyctanis, *is*, m., fleuve de Carmanie : PLIN. 6, 98.

Hўda, *ae*, f., ville de Carie : PLIN. 5, 104.

Hўdaspēs, *is*, m. (Ὑδάσπης) ¶ **1** l'Hydaspe [grand fleuve de l'Inde affluent de l'Indus] : MEL. 3, 69 ‖ **-ēus**, *a*, *um*, de l'Hydaspe : SIDON. *Carm.* 2, 447 ¶ **2** compagnon d'Énée : *En.* 10, 747 ¶ **3** nom d'esclave : HOR. *S.* 2, 8, 14.

hўdātis, *ĭdis*, f. (ὑδατίς), sorte de pierre précieuse : CAPEL. 1, 75.

hўdĕrŏs, *i*, m. (ὕδερος), hydropisie : CAEL.-AUR. *Chron.* 3, 8, 97.

Hydissenses, *ĭum*, m. pl., peuple de Carie : PLIN. 5, 109.

hўdra, *ae*, f. (ὕδρα), hydre [serpent d'eau monstrueux et mythique] : LUCR. 5, 27 ; VIRG. *En.* 6, 576 ; OV. *M.* 9, 192 ‖ le Serpentaire [constellation] : CIC. *Arat.* 292.

hўdraeus, ▶ *hydreus*.

hўdrăgōgĭa, *ae*, f., canal, conduit [d'eau] : VARR. *Men.* 290.

1 hўdrăgōgŏs, *i*, f., ▶ *chamaedaphne* : PS. APUL. *Herb.* 27.

2 hўdrăgōgŏs, *ŏn*, adj. (ὑδραγωγός), [méd.] qui attire les sérosités : CAEL.-AUR. *Chron.* 3, 8, 119.

hўdrălĕtēs, *ae*, m. (ὑδραλέτης), moulin à eau : VITR. 10, 5, 2.

hўdrargўrus, *i*, m. (ὑδράργυρος), mercure artificiel : PLIN. 33, 64.

hўdrastĭna, *ae*, f. (ὑδράστινα), chanvre de bois [plante] : *PS. APUL. *Herb.* 115.

hўdraula (-lēs), *ae*, m. (ὑδραύλης), celui qui joue de l'orgue hydraulique : SUET. *Ner.* 54 ; PETR. 36, 6.

hўdraulārĭus, *ĭi*, m., ▶ *hydraula* : CIL 3, 10501.

1 hўdraulĭa, *ae*, f., ▶ *hydraulus* : SERV. *B.* 7, 21.

2 hўdraulĭa, *ōrum*, n. pl., orgue hydraulique : AN. HELV. 234, 30.

hўdraulĭcus, *a*, *um* (ὑδραυλικός), hydraulique : *hydraulica machina* VITR. 1, 1, 9 ; *hydraulicum organum* SUET. *Ner.* 41, 2 ; TERT. *Anim.* 14, 4 ; AMM. 14, 6, 18 ; SIDON. *Ep.* 1, 2, 9, orgue hydraulique [dans lequel l'eau joue un rôle de régulateur de pression].

hўdraulus, *i*, m. (ὕδραυλος), orgue hydraulique : CIC. *Tusc.* 3, 43 ; PLIN. 9, 24.

Hўdrēla, *ae*, f. (Ὕδρηλα), l'Hydrèle [partie de la Carie] : LIV. 37, 56 ‖ **-lītae**, *ārum*, m. pl., habitants de l'Hydrèle : PLIN. 5, 105 ‖ **-lītănus**, *a*, *um*, de l'Hydrèle : LIV. 37, 56, 3.

hўdreuma, *ătis*, n. (ὕδρευμα), réservoir d'eau pour les caravanes, puits : *PLIN. 6, 102 [mss *hydreum*].

hўdrĕus, *a*, *um*, d'hydre, de serpent d'eau : CAPEL. 7, 729.

hўdrĭa, *ae*, f. (ὑδρία), hydrie, aiguière, cruche [à poignée] : CIC. *Verr.* 2, 47 ; 4, 32.

hўdrīnus, *a*, *um*, de serpent : GLOSS. 4, 86, 17 ‖ de l'hydre : PRUD. *Perist.* 10, 885.

hўdrĭus pŭer, ▶ *hydrochous* : PRUD. *Apoth.* 622.

hўdrŏcēlē, *ēs*, f. (ὑδροκήλη), hydrocèle [maladie] : MART. 12, 83.

hўdrŏcēlĭcus, *i*, m., celui qui souffre d'hydrocèle, hydrocélique : PLIN. 30, 74.

Hўdrŏchŏus, *i*, m. (ὑδροχόος), le Verseau [constellation] : CATUL. 66, 94.

hўdrŏgărātus, *a*, *um*, fait avec de l'hydrogarum : *APIC. 49 tit.

hўdrŏgărum (ĭdr-), *i*, n. (ὑδρόγαρον), hydrogarum, garum mélangé d'eau : APIC. 49.

hўdrŏgĕrōn, *ontis*, m., séneçon [plante] : PS. APUL. *Herb.* 76.

hўdrŏlăpăthum (-ŏn), *i*, n. (ὑδρολάπαθον), sorte de patience [plante] : PLIN. 20, 232.

hўdrŏmantīa, *ae*, f. (ὑδρομαντεία), hydromancie, divination par l'eau : PLIN. 37, 192.

hўdrŏmantis, *is*, m. (ὑδρόμαντις), ▶ *hydromantius* : SERV. *En.* 3, 359.

hўdrŏmantĭus, *ĭi*, m., hydromancien : ISID. 8, 9, 12.

hўdrŏmĕlĭ, *ĭtis*, n. (ὑδρόμελι), hydromel : PLIN. 14, 113.

hўdrŏphŏbĭa, *ae*, f. (ὑδροφοβία), hydrophobie : CAEL.-AUR. *Acut.* 3, 9, 98.

hўdrŏphŏbĭcus, *a*, *um*, d'hydrophobie : CAEL.-AUR. *Acut.* 3, 16, 137.

hўdrŏphŏbus, *a*, *um* (ὑδροφόβος), hydrophobe : PLIN. 29, 99.

hўdrŏphўlax, *ăcis*, m. (ὑδροφύλαξ), gardien des eaux : COD. JUST. 11, 43, 10.

hўdrōpĭcus, *i*, m. (ὑδρωπικός), hydropique : HOR. *Ep.* 1, 2, 34.

hўdrōpĭsis, *is*, f. (ὑδρώπισις), PLIN. 20, 43 et **-pismus**, *i*, m. (ὑδρωπισμός), CAEL.-AUR. *Acut.* 1, 14, 108, ▶ *hydrops*.

hўdrops, *ōpis*, m. (ὕδρωψ), hydropisie [maladie] : HOR. *O.* 2, 2, 13.

hўdrŏsĕlīnŏs, *i*, m. (ὑδροσέλινος), ache de marais : *PS. APUL. *Herb.* 80, 48.

Hўdruntum, ▶ 2 *Hydrus*.

1 hўdrus (-drŏs), *i*, m. (ὕδρος), hydre, serpent d'eau : VIRG. *G.* 4, 458 ‖ pl., serpents des Furies : VIRG. *En.* 7, 447 ‖ le Serpentaire [constellation] : GERM. 432 ‖ [chrét.] le serpent tentateur [le diable] : PRUD. *Ham.* 614 ‖ ventre d'une femme enceinte : *FORT. *Carm.* 8, 3, 330 [*hydrops* ?].

2 Hўdrūs, *untis*, f. (Ὑδροῦς), **-untum**, *i*, n., PLIN. 3, 100, Hydronte [ville de Calabre, auj. Otrante] Atlas XII, E6 : CIC. *Fam.* 16, 9, 2 ; *Att.* 15, 21, 3 ‖ **-untīnus**, *a*, *um*, d'Hydronte : CASSIOD. *Var.* 1, 2, 2.

Hydrussa, *ae*, f. (Ὑδροῦσσα), autre nom des îles de Céos, Andros et Ténos : PLIN. 4, 62 ; 65.

Hўēs, *ae*, m. (Ὕης), nom d'un Dioscure : CIC. *Nat.* 3, 53.

Hўettus, *i*, f. (Ὑηττός), ville de Béotie : PLIN. 36, 128.

Hўētussa, *ae*, f. (Ὑετοῦσσα), île voisine de la Carie : PLIN. 5, 133.

Hўgīa, *ae*, f. (Ὑγεία), Hygie [déesse de la santé] : PLIN. 34, 80 ; MART. 11, 60, 6.

Hўgĭaenūsa, *ae*, f., nom de femme : CIL 2, 3923.

Hўgĭēnōn, *ōnis*, m., nom d'un peintre grec : PLIN. 35, 56.

Hўgīnus, *i*, m. (Ὑγῖνος) ¶ **1** C. Julius Hygin, grammairien et fabuliste du siècle d'Auguste : Suet. *Gram.* 20 ¶ **2** agronome : Gell. 1, 14 ; 5, 8.

hygra, *ae*, f. (ὑγρός), sorte de collyre : Scrib. 37.

hygremplastrum, *i*, n. (ὑγρέμπλαστρον), emplâtre humide : Plin. 34, 155.

hygrŏphŏbĭa, *ae*, f. (ὑγροφοβία), horreur de l'eau : Cael.-Aur. *Acut.* 3, 9, 98.

Hўĭus, *ii*, m., nom d'homme : CIL 3, 870.

Hўlactŏr, *ŏris*, m., nom d'un chien d'Actéon : Ov. *M.* 3, 214.

Hўlaei, *ōrum*, m. pl., Hyléens [peuple scythe, à l'embouchure du Borysthène] : Plin. 4, 84 ‖ **Hylaeum mare**, mer Hyléenne : Plin. 4, 83.

Hўlaeus, *i*, m. (Ὑλαῖος) ¶ **1** Hylée [Centaure tué par Thésée] : Virg. *En.* 8, 294 ‖ **-aeus**, *a*, *um*, d'Hylée : Prop. 1, 1, 13 ¶ **2** un des chiens d'Actéon : Ov. *M.* 3, 213.

Hўlās, *ae*, m. (Ὕλας) ¶ **1** Argonaute [jeune compagnon d'Hercule, entraîné au fond d'une source par les Nymphes éprises de sa beauté] : Prop. 1, 20, 6 ; Virg. *B.* 6, 43 ¶ **2** fleuve de Bithynie : Plin. 3, 144 ‖ de Cappadoce : Plin. 6, 8.

Hўlātae, *ārum*, m. pl., peuple de Syrie : Plin. 5, 81.

1 **hўlē**, *ēs*, f. (ὕλη), matière, étoffe, substance [de qqch.] : Macr. *Sat.* 1, 17, 69 ‖ [chrét.] matière, principe du mal chez les Manichéens : Aug. *Faust.* 20, 3.

2 **Hўlē**, *ēs*, f. (Ὕλη), ville de Béotie : Plin. 4, 26.

Hўlerna, *ae*, f., v. *Helernus* : Ov. *F.* 6, 105.

Hўlēs, *ae*, m., nom d'un Centaure : Ov. *M.* 12, 378.

Hўleūs, *ĕī* ou *ĕŏs*, m. (Ὑλεύς), Hylée [un des chasseurs du sanglier de Calydon] : Ov. *M.* 8, 312.

hўlĭcus, *a*, *um* (ὑλικός), matériel : Mar. Vict. *Eph.* 1, 2, 17.

Hyllis, *ĭdis*, f. (Ὑλλίς), péninsule de la Dalmatie : Plin. 3, 141.

Hyllus, *i*, m. (Ὕλλος), fils d'Hercule et de Déjanire : Ov. *H.* 9, 44 ‖ fleuve d'Ionie : Plin. 5, 119.

Hўlŏnŏmē, *ēs*, f. (Ὑλονόμη), femme de Cyllarus : Ov. *M.* 12, 405.

Hўmănē, *ēs*, f. (Ὑμάνη), mère de Tiphys, femme de Phorbas : Hyg. *Fab.* 14.

1 **Hўmĕn**, m.[seul^t aux nom. et voc.] Hymen [dieu du mariage] : Ov. *H.* 6, 44 ; *M.* 1, 480 ‖ chant d'hyménée : Ov. *H.* 12, 137.

2 **hўmēn**, *ĭnis*, m. (ὑμήν), membrane hymen : Serv. *En.* 4, 99.

1 **hўmĕnaeus** (-**ŏs**), *i*, m. ¶ **1** chant d'hyménée, épithalame : Pl. *Cas.* 799 ; Ter. *Ad.* 907 ; Lucr. 1, 97 ; Ov. *M.* 12, 215 ¶ **2** hyménée, mariage : Catul. 6, 6, 11 ; [pl.] Catul. 64, 20 ; Virg. *En.* 1, 651 ‖ accouplement des animaux : Virg. *G.* 3, 60.

2 **Hўmĕnaeus** (-**ŏs**), v. Hymen : Varr. *Men.* 39 ; Virg. *En.* 4, 127 ; Ov. *M.* 10, 2 ‖ **Hymen Hymenaeus** Catul. 62, 5, Hymen Hyménée.

hўmĕnāĭcus, *a*, *um*, de l'hymen, hyménéique [métr.] : Serv. *Gram.* 4, 460, 16.

hўmĕnēĭus, *a*, *um*, d'hymen, relatif au mariage : Capel. 2, 132.

Hўmettĭus, v. Hymettus.

Hўmettus (-**ttŏs**), *i*, m. (Ὑμηττός), l'Hymette [montagne de l'Attique, dont le miel était réputé] : Cic. *Fin.* 2, 112 ‖ **-ttĭus**, *a*, *um*, de l'Hymette : Hor. *S.* 2, 2, 15.

hymnārĭum, *ii*, n., recueil d'hymnes : Gennad. *Vir.* 48.

hymnĭdĭcus, *a*, *um* (hymnus, dico), qui chante des hymnes : Faust. *Trin.* 1, 4.

hymnĭfĕr, *ĕra*, *ĕrum* (hymnus, fero), qui chante des hymnes : *Ov. *M.* 11, 57 a.

hymnĭfĭcō (**ym**-), *ās*, *āre*, -, -, tr., célébrer par des hymnes : Commod. *Instr.* 2, 19, 22.

hymnĭfĭcus, *a*, *um* (hymnus, facio), qui compose un hymne : Adamn. *Loc. sanct.* 1, 9.

hymnĭō, *īs*, *īre*, -, -, Prud. *Perist.* 1, 118 et **hymnĭzō**, *ās*, *āre*, -, -, Aug. *Psalm.* 33, 2, 22, intr., chanter des hymnes.

Hymnis, *ĭdis*, f. (Ὑμνίς), surnom de femme : CIL 1, 1319 ‖ titre d'une comédie de Caecilius : Cic. *Fin.* 2, 22.

hymnĭsŏnus, *a*, *um*, qui chante des hymnes : Paul.-Nol. *Carm.* 25 (22), 200.

hymnŏdĭcus, **-lŏgus**, *i*, m., celui qui chante des hymnes : Firm. *Math.* 8, 25, 1 ; 3, 5, 33.

hymnus, *i*, m. (ὕμνος), hymne, chant religieux : Aug. *Civ.* 22, 8, 8 ; *divinorum scriptor hymnorum* Lact. *Inst.* 4, 8, 14, le psalmiste.

Hymŏs, *i*, f., île près de Rhodes : Plin. 5, 133.

Hynidŏs, *i*, f., ville de Carie : Plin. 5, 109.

hyophthalmŏs (-**us**), *i*, m. (ὑόφθαλμος), v. *bubonium* : Ps. Apul. *Herb.* 60.

hўoscўămĭnus, *a*, *um*, de jusquiame : Plin. 23, 94.

hўoscўămum, *i*, n., Cels. 2, 33, 2 et **hўoscĭămus**, *i*, m. (ὑοσκύαμος, " fève de porc " ; it. *giusquiamo*), jusquiame : Plin. 25, 35 ; v. *jusquiamus*.

hўŏsĕris, *is*, f. (ὑόσερις), sorte de chicorée : Plin. 27, 90.

Hўpăcăris, *is*, m. (Ὑπάκαρις), fleuve de la Sarmatie européenne : Mel. 2, 4.

Hўpaea, *ae*, f. (Ὑπαία), une des îles Stéchades [Porquerolles] : Plin. 3, 79.

Hўpaepa, *ōrum*, n. pl. (τὰ Ὕπαιπα), ville de Lydie : Ov. *M.* 6, 13 ‖ **-pēni**, *ōrum*, m. pl., habitants d'Hypèpes : Plin. 5, 120.

hўpaethrŏs, *ŏs*, *ŏn* (ὕπαιθρος), hypèthre, exposé à l'air, découvert : Vitr. 1, 2, 5.

hўpallăgē, *ēs*, f. (ὑπαλλαγή), hypallage [rhét.] : Serv. *En.* 3, 61.

Hўpănis, *is*, m. (Ὕπανις), l'Hypanis [Boug, fleuve de Sarmatie] Atlas I, B6 ; I, C7 : Cic. *Tusc.* 1, 94 ; Virg. *G.* 4, 370.

Hўpărĕtē, *ēs*, f., une des Danaïdes : Hyg. *Fab.* 170.

Hўpăsis (**Hўph-**), *is*, m. (Ὕφασις), fleuve de l'Inde : Curt. 9, 1, 35 ; Plin. 2, 183.

Hўpăta, *ae*, f. (Ὕπατα), ville de Thessalie : Liv. 36, 16 ‖ **-taei**, *ōrum*, m. pl., les habitants d'Hypate : Liv. 41, 25, 3.

hўpătē, *ēs*, f. (ὑπάτη), hypate, la corde la plus grave de la lyre : Vitr. 5, 4, 6.

hўpătŏīdēs, *is* (ὑπατοειδής), [mus.] grave : Capel. 9, 965.

Hўpătŏn, *i*, n., ville d'Éthiopie [= Molum] : Plin. 6, 181.

hўpēcŏŏn, *i*, n. (ὑπήκοον), hypécoon [lupin cornu, plante] : Plin. 27, 93.

hўpĕlătē, *ēs*, f. (ὑπελάτη), v. *hypoglottion* : Plin. 15, 131.

hўpēnĕmĭus, *a*, *um* (ὑπηνέμιος), [œuf] clair, sans germe : Plin. 10, 160.

hўpĕraeŏlĭus, *a*, *um* (ὑπεραιόλιος), hyperéolien [mode musical] : Cassiod. *Inst.* 2, 5, 8.

Hўpĕrantus, *i*, m., un des fils d'Égyptus : Hyg. *Fab.* 170.

hўpĕraustērŏs, *ŏn* (ὑπεραυστηρός), très âpre : Cael.-Aur. *Chron.* 3, 2, 35.

hўpĕrballontes, m. pl., [jours] supplémentaires : Solin. 1, 42.

hўpĕrbătŏn, *i*, n. (ὑπέρβατον), [rhét.] hyperbate : Quint. 8, 6, 62 ; 9, 3, 91.

hўpĕrbŏlaeoe, gén. pl. **aeōn**, m. pl. (ὑπερβολαῖοι), les sons aigus : Vitr. 5, 4, 5 ; 5, 5, 2.

hўpĕrbŏlē, *ēs* (-**la**, *ae*), f. (ὑπερβολή), hyperbole [rhét.] : Sen. *Ben.* 7, 23, 1 ; Quint. 8, 6, 62.

hўpĕrbŏlĭcē, adv., d'une manière hyperbolique : Hier. *Gal.* 4, 15.

hўpĕrbŏlĭcus, *a*, *um*, hyperbolique : Sidon. *Ep.* 4, 3, 4.

Hўpĕrbŏlus, *i*, m., orateur athénien : Cic. *Brut.* 224.

hyperbŏrĕānus, Hier. *Chron.* 1560 et **hyperbŏrĕus**, *a*, *um* (ὑπερβόρεος), hyperboréen, septentrional : Virg. *G.* 3, 196 ‖ **Hўperbŏrĕi**, *ōrum*, m. pl., les peuples du Nord : Cic. *Nat.* 3, 57.

hypercătălectĭcus, Serv. *B.* 8, 78 [et mieux] **hypercătălectus versus**, vers hypercatalectique [qui a une syllabe de trop] : Diom. 502, 7 ; Prisc. *Vers. Aen.* 3, 460, 5.

hyperdōrĭus, *a*, *um* (ὑπερδώριος), hyperdorien [mode musical] : Cassiod. *Inst.* 2, 5, 8.

Hўpĕrē, *ēs*, f., île de la mer Égée, appelée plus tard Amorgos : Plin. 4, 70.

Hyperea

Hy̆pĕrēa (-īa), *ae*, f. (Ὑπέρεια), fontaine de Phères : Plin. 4, 29.

Hy̆pĕrīa, f., ▶ *Hyperea*.

hy̆pĕrĭastĭus, *a*, *um* (ὑπεριάστιος), hyperionien [mode musical] : Cassiod. *Inst.* 2, 5, 8.

hy̆pĕrĭcŏn, *i*, n. (ὑπέρικον), millepertuis [plante] : Plin. 26, 85.

Hy̆pĕrīdēs, *is*, m. (Ὑπερείδης), Hypéride [célèbre orateur athénien] : Cic. *de Or.* 1, 58.

Hy̆pĕrīōn, *ŏnis*, m. (Ὑπερίων), Hypérion [père du Soleil] : Cic. *Nat.* 3, 54 ‖ le Soleil : Ov. *M.* 8, 565 ‖ **Hy̆pĕrĭŏnĭdēs**, *ae*, m. (Ὑπεριονίδης), fils d'Hypérion, le Soleil : Val.-Flac. 5, 472 ‖ **Hy̆pĕrĭŏnis**, *ĭdis*, f., fille du Soleil, l'Aurore : Ov. *F.* 5, 159 ‖ **Hy̆pĕrĭŏnĭus**, *a*, *um*, du Soleil : Sil. 15, 214.

Hy̆pĕris, *is*, m., fleuve qui se jette dans le golfe Persique : Plin. 6, 99.

Hy̆pĕriscus, *i*, m., fils de Priam : Hyg. *Fab.* 90.

hy̆permĕtrus (-tĕr), *a*, *um* (ὑπέρμετρος), vers hypermètre [vers contenant une syllabe de trop qui s'élide sur l'initiale du vers suivant] : Diom. 494, 24.

hy̆permixŏly̆dĭus, *a*, *um* (ὑπερμιξολύδιος), hypermixolydien [mode musical] : Boet. *Mus.* 4, 47.

Hy̆permnestra, *ae* **(-trēēs)**, f. (Ὑπερμνήστρα), la seule des Danaïdes qui sauva son époux, Lyncée : Hyg. *Fab.* 168.
▶ orth. *Hypermestra* donnée par les meilleurs mss : Ov. *H.* 14, 1 ; Prop. 4, 7, 63.

hy̆pĕrŏcha, *ae*, f. (ὑπεροχή), excédent [d'une somme] : Dig. 20, 4, 20.

hy̆pĕrŏchĭus, *a*, *um* (ὑπέροχος), qui dépasse les autres, supérieur : *CIL 10, 1947.

hy̆perphry̆gĭus, *a*, *um* (ὑπερφρύγιος), hyperphrygien [mode musical] : Cassiod. *Inst.* 2, 5, 8.

hy̆persarcōsis, *is*, f. (ὑπερσάρκωσις), excroissance de chair : M.-Emp. 9, 65.

hy̆perthy̆rum, *i*, n. (ὑπέρθυρον), frise [d'une porte] : Vitr. 4, 6, 2.

Hy̆phăsis, ▶ *Hypasis*.

hy̆phĕăr, *āris*, n. (ὕφεαρ), gui : Plin. 16, 245.

hy̆phĕn, n. indécl. (ὑφ' ἕν), prononciation de deux mots en un son unique : Diom. 424, 36.

Hy̆pĭus, *ii*, m., montagne de Bithynie : Plin. 5, 148.

hypnălē, *ēs*, f. (ὑπναλή), sorte d'aspic : Solin. 27, 31.

hypnōtĭcē, *ēs*, f. (ὑπνωτική), sorte de plante (narcotique) : Ps. Apul. *Herb.* 74.

hypnōtĭcus, *a*, *um* (ὑπνωτικός), narcotique : Theod.-Prisc. 2, 103.

Hypnus, *i*, m. (ὕπνος), nom d'un esclave : Mart. 11, 36, 8.

hy̆pŏaeŏlĭus, *a*, *um* (ὑποαιόλιος), hypoéolien [mode musical] : Cassiod. *Inst.* 2, 5, 8.

Hy̆pŏbărum, *i*, n., fleuve de l'Inde : Plin. 37, 39.

hy̆pŏbăsis, *is*, f. (ὑπόβασις), soubassement [archit.] : CIL 6, 327.

Hy̆pŏbŏlĭmaeus, *i*, m. (ὑποβολιμαῖος), le Substitué [nom d'une comédie de Ménandre] : Quint. 10, 1, 70.

hy̆pŏbrăchys, acc. *yn* (ὑπόβραχυς), la combinaison métrique – ◡ – – – : Diom. 481, 19.

hy̆pŏbry̆chĭum, *ii*, n. (ὑποβρύχιον), gouffre : Tert. *Idol.* 24, 1.

hy̆pŏcausis, *is*, f. (ὑπόκαυσις), foyer souterrain [dans les thermes] : Vitr. 5, 10, 1.

hy̆pŏcaustērĭum, *ii*, n., ▶ *hypocauston* : Fav. 14.

hy̆pŏcaustŏn (-um), *i*, n., chambre voûtée souterraine où était installé le chauffage des appartements, caveau de chauffage : Plin. *Ep.* 2, 17, 11 ; 5, 6, 42.

hy̆pŏcaustus, *a*, *um* (ὑπόκαυστος), chauffé en dessous : Ulp. *Dig.* 32, 55, 3.

hy̆pŏchoeris, *ĭdis*, f. (ὑποχοιρίς), porcelle [plante] : Plin. 21, 89.

hy̆pŏchondrĭa, *ōrum*, n. pl. (ὑποχόνδρια), [anatomie] hypocondres : Orib. *Syn.* 1, 25, 7.

hy̆pŏchondrĭăcus, *a*, *um*, adj. (ὑποχονδριακός), souffrant des hypocondres : Diosc. 5, 23.

hy̆pŏchy̆ma, *ătos*, n. (ὑπόχυμα), fluxion ophtalmique : *M.-Emp. 8, 17 ‖ **hy̆pŏchy̆sis**, *is*, f., Plin. 25, 143.

hy̆pŏcistis, *ĭdis*, f. (ὑποκιστίς), hypocistis [plante parasite] : Plin. 24, 81.

hy̆pŏcŏrĭasis, *is*, f. (ὑποκορίασις), maladie d'yeux [des animaux] : Veg. *Mul.* 2, 16, 1.

hy̆pŏcŏrisma, *ătis*, n. (ὑποκόρισμα), un diminutif : Char. 37, 9.

hy̆pŏcŏristĭcōs, adv. (ὑποκοριστικῶς), au diminutif : Fest. 362, 28.

hy̆pŏcrĭsis, *is*, f. (ὑπόκρισις), mimique, imitation de la manière de parler et des gestes de qqn : Don. *Verg.* 11 ‖ hypocrisie : Vulg. *Luc.* 12, 1.

hy̆pŏcrĭta (-tēs), *ae*, m. (ὑποκριτής), mime [qui accompagnait l'acteur avec les gestes] : Suet. *Ner.* 24 ; Quint. 2, 17, 12 ‖ hypocrite : Vulg. *Job* 8, 13.

hy̆pŏdĭăcŏnus, *i*, m. (ὑποδιάκονος), sous-diacre : Cod. Th. 16, 2, 7.

hy̆pŏdĭdascălus, *i*, m. (ὑποδιδάσκαλος), sous-maître, répétiteur : Cic. *Fam.* 9, 18, 4.

hy̆pŏdōrĭus, *a*, *um*, hypodorien [mode musical] : Ps. Cens. 12, 2.

hy̆pŏdrŏmus, *i*, m. (ὑπόδρομος), promenade couverte : Sidon. *Ep.* 2, 2, 10.

hy̆pŏdy̆ma, *ătis*, n. (ὑπόδυμα), enveloppe des viscères de la poitrine : Cael.-Aur. *Chron.* 1, 4, 75.

hy̆pŏgēum (-gaeum), *i*, n. (ὑπόγειον), construction souterraine, cave : Vitr. 6, 8, 1 ‖ caveau [pour les morts], hypogée : Petr. 111, 2 ‖ [tard.] cave fraîche, lieu de débauche : Ambr. *Ep.* 30, 1.

hy̆pŏgēus (-gaeus, -ŏs), *a*, *um* (ὑπόγειος), souterrain : Cael.-Aur. *Acut.* 2, 37, 191.

hy̆pŏglossa, *ae*, f. (ὑπόγλωσσον), hypoglosse [plante] : Plin. 27, 93.

hy̆pŏglottĭŏn, *ii*, n., laurier alexandrin [plante] : Plin. 15, 131.

hy̆pŏgrăphē, *ēs*, f. (ὑπογραφή), ébauche : *August. d. Don. *Verg.* 10.

hy̆pŏiastĭus, *a*, *um* (ὑποιάστιος), hypoionien [mode musical] : Cassiod. *Inst.* 2, 5, 8.

hy̆pŏliptĭcus, *a*, *um* (ὑπολειπτικός), qui reste en arrière : Chalc. 74.

hy̆pŏly̆dĭus, *a*, *um* (ὑπολύδιος), hypolydien [mode musical] : Boet. *Mus.* 4, 15.

hy̆pŏly̆sŏs, *i*, f., armoise [plante] : Ps. Apul. *Herb.* 10.

hy̆pŏmēlis, *ĭdis*, f. (ὑπομηλίς), sorte de fruit : Pall. 13, 4, 1.

hy̆pomnēmăta, *um*, n. pl. (ὑπόμνημα), notes [abl. *-is* Cic. Fil. *Fam.* 16, 21, 8].

hy̆pomnēmătŏgrăphus, *i*, m., celui qui écrit des mémoires : Cod. Th. 12, 1, 192.

hy̆pŏmochlĭŏn, *ii*, n. (ὑπομόχλιον), [méc.] appui du levier : Vitr. 10, 3, 3.

hy̆pŏphŏra, *ae*, f. (ὑποφορά), objection [rhét.] : Capel. 5, 563.

hy̆pŏphry̆gĭus, *a*, *um* (ὑποφρύγιος), hypophrygien [mode musical] : Cassiod. *Inst.* 2, 5, 8.

hy̆pŏpĭa, *ōrum*, n. pl. (ὑπώπιον), meurtrissure à l'œil : Cass. Fel. 29.

hy̆pŏpŏdĭŏn, *ii*, n. (ὑποπόδιον), marchepied : Paul. *Sent.* 3, 6 ; 65.

hy̆postăsis, *is*, f. (ὑπόστασις), [chrét.] hypostase [personne de la Trinité] : Hier. *Ep.* 15, 3.

hy̆pŏtaurĭum, *ii*, n. (ὑποταύριον), périnée : Chir. 228.

hy̆pŏtēnūsa, *ae*, f. (ὑποτείνουσα), hypoténuse : Grom. 190, 11.

hy̆pŏtēnūsālis, *e*, f., de l'hypoténuse : Grom. 249, 24.

hy̆pŏthēca, *ae*, f. (ὑποθήκη), [droit] hypothèque : Cic. *Fam.* 13, 16, 2 ; Dig. 20, 1, 5, 1.

hy̆pŏthēcārĭus, *a*, *um*, hypothécaire : Ulp. *Dig.* 20, 4, 1.

hy̆pŏthĕtĭci, *ōrum*, m. pl. (ὑποθετικός), qui procèdent par hypothèses : Apul. *Plat.* 3.

hy̆pŏthĕtĭcus syllŏgismus, m., syllogisme conditionnel : Cassiod. *Inst.* 2, 3, 13.

hўpŏtrăchēlĭum, *ĭi*, n. (ὑποτραχήλιον), le haut du fût [d'une colonne]: VITR. *3, 3, 12*.

hўpŏtrimma, *ătis*, n. (ὑπότριμμα), sauce: APIC. *38*.

hўpozeugma, *ătis*, n. (ὑπόζευγμα), rattachement de plusieurs sujets à un seul attribut: DIOM. *444, 20*.

hўpŏzeuxis, *is*, f. (ὑπόζευξις), subjonction [attribut distinct à chaque sujet; contraire de *hypozeugma*]: CHAR. *280, 18*.

hўpŏzўgŏs, *i*, f. (ὑπόζυγος), plèvre: CAEL.-AUR. *Chron. 2, 11, 127*.

Hypsa, *ae*, m., rivière de Sicile Atlas XII, G4: SIL. *14, 228*; PLIN. *3, 90*.

Hypsaeus, *i*, m., surnom de P. Plautius: CIC. *Att. 3, 8, 3*.

Hypsaltae, *ārum*, m. pl., peuple de Thrace: PLIN. *4, 40*.

Hypseūs, *ĕi* ou *ĕos*, m. (Ὑψεύς), nom de guerrier: OV. *M. 5, 98*.

Hypsicrătēs, *is*, m., Hypsicrate, grammairien: GELL. *16, 12, 6*.

Hypsĭpўlē, *ēs*, f. (Ὑψιπύλη), fille de Thoas, roi de Lemnos, sauva son père quand les femmes de Lemnos tuèrent tous les hommes de l'île: OV. *H. 6, 1*; VAL.-FLAC. *2, 90* ‖ **-ēus**, *a, um*, d'Hypsipyle, de Lemnos: OV. *F. 3, 82*.

Hypsĭthylla, *ae*, f., nom de femme: CATUL. *32, 1*.

Hypsizōnus, *i*, m., montagne de Macédoine: PLIN. *4, 36*.

Hypsodores, m. pl., peuple d'Éthiopie: PLIN. *6, 190*.

hypsōma, *ătis*, n. (ὕψωμα), hauteur, zénith: TERT. *Scap. 3, 3*.

Hyrcānĭa, *ae*, f., l'Hyrcanie [province de l'Asie, près de la mer Caspienne]: CIC. *Tusc. 1, 108*; MEL. *3, 43* ‖ **-ānĭus**, PLIN. *6, 36* et **-ānus**, *a, um*, PROP. *2, 30, 20*; VIRG. *En. 4, 367*, d'Hyrcanie, hyrcanien; *mare Hyrcanum* PROP. *2, 30, 20*, la mer Caspienne ‖ **-āni**, *ōrum*, m. pl., les habitants de l'Hyrcanie: TAC. *An. 6, 36* ‖ **Hyrcānus campus**: [vaste plaine de la Lydie, près de Sardes] LIV. *37, 38*.

Hyrgălētĭci campi, m. pl., plaines hyrgalétiques [en Phrygie]: PLIN. *5, 113*.

Hyrĭē, *ēs*, f. (Ὑρίη), ville de Béotie: OV. *M. 7, 371*.

Hўrĭeūs, *ĕi̯ĕŏs*, m. (Ὑριεύς), Hyriée [paysan béotien, père d'Orion]: OV. *F. 5, 499* ‖ **-ēus**, *a, um*, d'Hyriée: OV. *F. 6, 719*.

Hўrīni, *ōrum*, m. pl., peuple d'Apulie: PLIN. *3, 105*.

Hўrĭum, *ĭi*, n., promontoire de l'Apulie: PRISC. *Perieg. 372*.

Hyrmĭnē, *ēs*, f., ville d'Élide: PLIN. *4, 13*.

Hyrminum, *i*, n., fleuve de Sicile Atlas XII, H4: PLIN. *3, 89*.

hyrpex, V. *irpex*.

Hyrtăcus, *i*, m. (Ὕρτακος), nom d'un guerrier troyen: VIRG. *En. 9, 406* ‖ **Hyrtăcĭdēs**, *ae*, m., fils d'Hyrtacus [Nisus]: VIRG. *En. 9, 176*.

hysgīnum, *i*, n. (ὕσγινον), hysgine [suc coloré, rouge écarlate ou pourpre, extrait de la cochenille du chêne kermès]: VITR. *7, 14, 1*; PLIN. *9, 140*.

Hysĭae, *ārum*, f. pl., ville de l'Argolide: PLIN. *4, 12*.

hysōpum, V. *hysso-*.

hyssōpītēs, m. (ὑσσωπίτης), [vin] d'hysope: PLIN. *14, 109*; COL. *12, 35*.

hyssōpum, *i*, n., **-pus**, *i*, f., CELS. *4, 8, 3* (ὕσσωπον), hysope [arbrisseau]: PLIN. *25, 136*; *26, 33*.

Hystaspēs, *is*, m. (Ὑστάσπης), père de Darius Ier: NEP. *Reg. 1, 2*; PLIN. *6, 133*.

hystĕra, *ae*, f. (ὑστέρα), la matrice: IREN. *1, 31, 2*.

hystĕrĭca, *ae*, f. (ὑστερικός), femme hystérique: MART. *11, 7, 11*.

hystĕrŏlŏgĭa, *ae*, f. (ὑστερολογία), hystérologie [figure où l'on renverse l'ordre des idées]: SERV. *En. 9, 816*.

hystrĭcōsus, *a, um*, épineux ‖ [fig.] qui cherche à nuire, dangereux: HIER. *Ruf. 1, 7*.

hystrĭcŭlus, *a, um* (*hystrix*), couvert de poils: TERT. *Pall. 4, 2*.

hystrix, *ĭcis*, f. (ὕστριξ), porc-épic: PLIN. *8, 125*.

Hytanis, m., V. *Hyctanis*.

I

1 ĭ, f., n. indécl., neuvième lettre de l'alphabet latin, prononcée ī: LUCIL. 359 ‖ [abréviations] **I. H. F. C.** = *ipsius heres faciundum curavit* INSCR. ‖ **IDQ.** = *iidemque* ‖ **IM.** = *immunis* ‖ **IMP.** = *imperator, imperium* ‖ [comme chiffre] *I* = *unus, primus*.

2 ī, impér. de *eo*, va.

1 ia, pl. de *ion*.

2 Ia, *ae*, f., fille de Midas et femme d'Atys: ARN. 5, 7.

Ĭacchus, *i*, m. (Ἴακχος), autre nom de Bacchus: CIC. *Leg.* 2, 24 ‖ le vin: VIRG. *B.* 6, 15.

Ĭācōb (Jācōb), m. indécl., Jacob [troisième patriarche]: VULG. *Gen.* 25, 25.

Ĭācōbus, *i*, m., Jacques [nom de deux apôtres]: VULG. *Matth.* 10, 3 ‖ nom d'homme: CLAUD. *Carm. min.* 50 tit.

Ĭactus, *i*, m., affluent du Pô: PLIN. 3, 118.

Ĭādĕr, *ĕris*, m., **Ĭādera**, *ae*, f. (Ἰάδερα), ville d'Illyrie [Zara] Atlas XII, C5: PLIN. 3, 152; MEL. 2, 57; CIL 3, 2925 ‖ **-ertīni**, *ōrum*, m. pl., habitants de Iader: B.-ALEX. 42.

Iadŏvi, *ōrum*, m. pl., peuple de la Tarraconaise: PLIN. 4, 111.

Ĭaera, *ae*, f., nymphe [Oréade] du mont Ida: VIRG. *En.* 9, 673.

Ĭalmĕnus, *i*, m. (Ἰάλμενος), fils de Lycus, un prétendant d'Hélène: HYG. *Fab.* 97.

Ĭālўsus, *i*, m. (Ἰάλυσος) ¶ **1** héros protecteur de Rhodes dont le portrait avait été peint par Protogène; [d'où] *Ialysus*, l'Ialyse [tableau de Protogène]: CIC. *Verr.* 4, 135; *Or.* 5 ¶ **2** ville de l'île de Rhodes Atlas VI, C3: PLIN. 5, 132 ‖ **-lysius**, *a*, *um*, d'Ialyse: OV. *M.* 7, 365.

Ĭambē, *ēs*, f., île de la mer Rouge: PLIN. 6, 168.

ĭambĕlĕgus, *a*, *um* (ἰαμβέλεγος), (vers) formé d'éléments iambiques et dactyliques: SERV. *Gram.* 4, 466, 14.

ĭambēus, *a*, *um* (ἰάμβειος), iambique: HOR. *P.* 253.

ĭambĭcĭnus, *a*, *um*, iambique: CAPEL. 9, 977.

ĭambĭcus, *a*, *um*, iambique: DIOM. 477, 14 ‖ subst. m., un auteur d'iambes, poète satirique: APUL. *Apol.* 10.

Ĭamblĭchus, *i*, m. (Ἰάμβλιχος), dynaste d'Émèse: CIC. *Fam.* 15, 1, 2.

ĭambōdēs, *is* (ἰαμβώδης), analogue à l'iambe: DIOM. 482, 3.

ĭambus, *i*, m. (ἴαμβος), iambe [pied composé d'une brève et d'une longue]: CIC. *de Or.* 3, 182 ‖ poème iambique: CIC. *Nat.* 3, 91 ‖ pl., iambes, vers satiriques: HOR. *Ep.* 1, 19, 23; 2, 2, 59; QUINT. 10, 1, 9.

Ĭamĭdae, *ārum*, m. pl., Iamides, descendants d'Iamus [devins]: CIC. *Div.* 1, 91.

Ĭamo, *ōnis*, f., ville de l'île de Minorque: PLIN. 3, 77 ‖ **Iamontānus**, *a*, *um*, d'Iamo: CIL 2, 4538.

Ĭamphŏrynna, *ae*, f., ville de Thrace: LIV. 26, 25.

Ĭanthē, *ēs*, f., jeune Crétoise qui épousa Iphis: OV. *M.* 9, 715.

ĭanthĭnus, *a*, *um* (ἰάνθινος), violet: PLIN. 21, 45 ‖ **-thĭnum**, *i*, n., couleur violette: DIG. 32, 70 ‖ **-thĭna**, *ōrum*, vêtements violets: MART. 2, 39, 1.

1 Ĭanthis, *ĭdis*, f., violette: M.-EMP. 17, 14.

2 Ĭanthis, *ĭdis*, f. (Ἰάνθις), nom de femme: MART. 6, 21.

ĭāō, sorte d'exclamation: TERT. *Val.* 14, 3.

Ĭăpĕtus, *i*, m. (Ἰαπετός), Japet [père d'Atlas et de Prométhée]: VIRG. *G.* 1, 279 ‖ **-tĭŏnĭdēs**, *ae*, m., fils de Japet: OV. *M.* 4, 632.

Ĭāpis, *ĭdis*, m., médecin d'Énée: VIRG. *En.* 12, 391.

Ĭāpўdes, V. *Iapys*.

Ĭāpўdia, *ae*, f., l'Iapydie, contrée de la Liburnie: TIB. 4, 1, 108.

Ĭāpўgĭa, *ae*, f. (Ἰαπυγία), contrée de l'Apulie: PLIN. 3, 102 ‖ **-gĭus**, *a*, *um*, de l'Iapygie: PLIN. 3, 100.

Ĭāpys, *ўdis*, m., de l'Iapydie: VIRG. *G.* 3, 475 ‖ **-ўdes**, *um*, m., habitants de l'Iapydie: CIC. *Balb.* 32.

Ĭāpyx, *ўgis*, m. (Ἰάπυξ), fils de Dédale: PLIN. 3, 102 ‖ fleuve de l'Iapygie: PLIN. 3, 102 ‖ [adj¹] iapygien, d'Apulie: VIRG. *En.* 11, 678 ‖ vent de l'Adriatique, ouest-nord-ouest: HOR. *O.* 1, 3, 4.

Ĭarba, *ae*, m., C. *Iarbas*: OV. *F.* 3, 552.

Ĭarbās (Hĭarbās), *ae*, m., roi de Gétulie: VIRG. *En.* 4, 36; JUV. 5, 45.

Ĭarbītās, *ae*, m., surnom d'un rhéteur africain, Codrus ou Cordus: HOR. *Ep.* 1, 19, 15.

Ĭardănis, *idis*, f., fille d'Iardanus [Omphale]: OV. *H.* 9, 103.

Ĭăs, *ădis*, f. (Ἰάς), ionienne: PRISC. 2, 68, 13.

Iasae aquae, f., ville de Dacie: *Aquae Iasae* CIL 3, 4121.

Iāsi, V. *Iassii*: PLIN. 3, 147.

Ĭăsĭdēs, *ae*, m. (Ἰασίδης), descendant d'Iasius: VIRG. *En.* 5, 843.

ĭăsĭne, V. *iasione*: *PLIN. 22, 82.

Ĭăsĭōn, *ōnis*, m. (Ἰασίων), roi d'Étrurie: OV. *M.* 9, 422.

ĭăsĭōnē, *ēs*, f. (ἰασιώνη), grand liseron [plante]: PLIN. 21, 105.

Ĭăsis, *ĭdis*, f. (Ἴασις), fille d'Iasus: PROP. 1, 1, 10.

1 Ĭăsĭus, *a*, *um*, d'Iasius, Argien: VAL.-FLAC. 4, 353.

2 Ĭăsĭus, *ii*, m., fils de Jupiter, aimé de Cérès: VIRG. *En.* 3, 168 ‖ roi d'Argos: HYG. *Fab.* 70.

3 Ĭăsĭus sĭnŭs, m., golfe Iasique: MEL. 1, 85.

Ĭāsōn, *ŏnis*, m. (Ἰάσων), Jason [chef des Argonautes, enleva la Toison d'or gardée par un dragon]: CIC. *Tusc.* 4, 69 ‖ tyran de Phères: CIC. *Nat.* 3, 70 ‖ héros des *Argonautica* de Varron de l'Aude: PROP. 2, 34, 85 ‖ **-sŏnius**, *a*, *um*, de Jason: PROP. 2, 25, 45 ‖ **-sŏnĭdēs**, *ae*, m., descendant de Jason: STAT. *Th.* 6, 340.

ĭaspăchātēs, *ae*, m. (ἰασπαχάτης), espèce d'agate: PLIN. 37, 139.

ĭaspĭdeus, *a*, *um*, couleur de jaspe: PLIN. 37, 156.

ĭaspis, *ĭdis*, f. (ἴασπις; it. *diaspro*, cf. fr. *diapré*), agate, jaspe: PLIN. 37, 115.

ĭaspĭus, *a*, *um* (*iaspis*), de jaspe: MAECEN. d. ISID. 19, 32.

ĭaspŏnyx, *ychis*, f. (ἰασπόνυξ), jaspe-onyx: PLIN. 37, 118.

Ĭassus, *i*, m. (Ἴασσος), ville de Carie: LIV. 37, 17 ‖ **Iassenses**, *ĭum*, m. pl., habitants d'Iassus: LIV. 37, 17 ‖ **Iassii**, *ōrum*, m. pl., PLIN. 5, 107.

Ĭastius, *a*, *um* (Ἰάστιος), d'Ionie: [mus.] *tropus* CAPEL. 9, 935, mode ionien.

Iāsus, V. *Iassus*.

ĭātrălipta (-ēs), *ae*, m. (ἰατραλείπτης), qui traite par les frictions, masseur: PLIN. *Ep.* 10, 4, 1; PETR. 28, 3 ‖ **iatroal-** CELS 1, 1.

ĭātrălipticē, *ēs*, f. (ἰατραλειπτική), traitement par les frictions: PLIN. 29, 4.

ĭātrīa, *ae*, f. (ἰατρεία), guérison: ALCIM. *Ep.* 74.

ĭātromēa, *ae*, f. (ἰατρόμεια), sage-femme: CIL 6, 9477.

ĭātrŏnīcēs, *ae*, m. (ἰατρονίκης), vainqueur des médecins: PLIN. 29, 9.

iātrŏsŏphistēs, *ae*, m. (ἰατροσοφιστής), savant médecin : Fulg. *Myth.* 3, 7.

Iaxartēs, *is*, m., fleuve de Scythie [Syr-Daria] : Plin. 6, 36.

Ĭazўges, *um*, m. pl. (Ἰάζυγες), peuplade du Danube : Tac. *An.* 12, 29 ‖ **Ĭazyx, ўgis**, m., Jazyge : Ov. *Pont.* 4, 7, 9.

ībam, imparf. de *eo*.

1 ĭber, *ĭbri*, m. (cf. *hybrida, imber, umber*), mulet : Gloss. 2, 75, 52.

2 Ĭbēr (Hĭbēr), *ēris*, m. (Ἴβηρ), Ibère : Hor. *O.* 2, 20, 20 ; Luc. 6, 258.

Ĭbēra, *ae*, f., ville de Tarraconaise : Liv. 23, 28.

Ĭbēri (Hib-), *ōrum*, m. pl., Ibères : Virg. *G.* 3, 408.

Ĭbērĭa (Hib-), *ae*, f. (Ἰβηρία), Ibérie, nom que les Grecs donnaient à l'Hispanie : Hor. *O.* 4, 5, 28 ‖ contrée d'Asie [auj. Géorgie] Atlas I, C7 ; Val.-Flac. 6, 120.

Ĭbērĭăcus (Hib-) et -ĭcus, *a, um*, d'Ibérie, d'Hispanie : Sil. 13, 510 ; Plin. 3, 6.

Ĭbērīna, *ae*, f., nom de femme : Juv. 6, 53.

ĭbēris, *ĭdis*, f. (ἰβηρίς), lépidion [plante] : Plin. 25, 87.

1 Ĭbērus (Hĭb-), *a, um*, d'Ibérie, d'Hispanie : Virg. *En.* 11, 913 ; Prop. 2, 3, 11 ; Hor. *S.* 2, 8, 46.

2 Ĭbērus (Hĭb-), *i*, m. (Ἴβηρ), l'Èbre [fleuve de la Tarraconaise] Atlas I, C2 ; IV, B3 ; V, F1 ; Plin. 3, 21 ; Caes. *C.* 1, 60 ; Liv. 23, 28.

ibex, *ĭcis*, m. (gaul.), bouquetin [chèvre sauvage] : Plin. 8, 214.

ĭbī, ĭbĭ, adv. (cf. *is, ubi* ; it. *ivi*) ¶ **1** là, dans ce lieu, [sans mouv¹] : *ibi loci* Plin. 6, 30, en cet endroit ; *ibi... ubi* Cic. *Fam.* 6, 1, 1, là où ; *ubi... ibi* Cic. *Rep.* 3, 43, où... là ; *ibi... unde* Cic. *Rep.* 2, 30, à l'endroit d'où ¶ **2** [fig.] alors : Pl. *Amp.* 1094 ; Ter. *Hec.* 128 ; Virg. *En.* 2, 792 ; Liv. 3, 71, 6 ; 39, 31, 4 ; *ubi... ibi* Ter. *And.* 356, quand ... alors ; *cum... ibi tum* Cic. *Caecin.* 27, alors que... alors à ce moment ¶ **3** [= *in* et abl. du pron. *is*] *si quid est quod..., ibi quoque* Cic. *Amer.* 82, s'il y a quelque chose que..., sur cela aussi ; *ibi = in iis rebus* Sall. *C.* 4, 2 ; = *in ea civitate* Liv. 1, 45, 5 ; *ibi imperium fore, unde victoria fuerit* Liv. 1, 24, 2, (= *in eo, a quo*) on décide que l'empire restera à celui (au peuple) du côté de qui sera la victoire ; *ibi = in ea re* Pl. *Ep.* 593 ; Ter. *Ad.* 867.

ĭbĭcīnus, *a, um* (*ibex*), de bouquetin : Plin. Val. 5, 45.

ĭbĭdem, adv. (*ibi*) ¶ **1** au même endroit, là même : *hic ibidem* Cic. *Amer.* 13, ici-même ; *ibidem loci* Pl. *Cis.* 529, au même point ‖ [avec mouv¹, au lieu de *eodem*] Pl. *Trin.* 203 ¶ **2** au même point, au même moment : Cic. *Fin.* 1, 19 ; *Ac.* 2, 44 ¶ **3** [= *in* et abl. de *idem*] *laesit in eo Caecinam, sublevavit ibidem* (= *in eodem*) Cic. *Caecin.* 23, il a nui à Cécina sur ce point ; mais sur ce point aussi il l'a servi.

ĭbĭdum, adv., là : Pl. *Mil.* 505.

1 ībis, *ĭdis* ou *is*, f. (ἶβις), ibis [oiseau] : Cic. *Nat.* 1, 101 ‖ pl., *ibes* ou *ibides*.

2 Ībis, *ĭdis* ou *is*, f., titre d'un poème satirique d'Ovide : *In Ibin* Ov. *Ib. tit.* ; 449.

ībiscum, *i*, n., ▶ *hibiscum*.

ībix, ▶ *ibex*.

ībo, fut. de 3 *eo*.

ĭbrĭda, ▶ *hybrida*.

ībus, hībus [arch pour *iis*] : Pl. *Ru.* 73 ; *Mil.* 74.

Ībўcĭum metrum, n., vers ibycien : Serv. *Gram.* 4, 461, 24.

Ībўcus, *i*, m. (Ἴβυκος), poète lyrique grec : Cic. *Tusc.* 4, 71 ‖ nom d'homme : Hor. *O.* 3, 15, 1.

Ĭcădĭōn, *ōnis*, m., nom d'un fameux brigand : P. Fest. 94, 7.

Ĭcădĭum, *ii*, n., nom de femme : CIL 6, 14211.

Ĭcădĭus, *ii*, m. (Ἰκάδιος) ¶ **1** nom d'un fils d'Apollon : Serv. *En.* 3, 332 ¶ **2** ▶ *Icadion* : Cic. *Fat.* 5.

Ĭcărĭa, *ae*, f. (Ἰκαρία), île de la mer Égée Atlas VI, C3 ; IX, C1 : Mel. 2, 111.

Ĭcărĭōtis, *ĭdis*, f. (Ἰκαριωτίς), fille d'Icarius [Pénélope] : Prop. 3, 13, 10 ‖ **Ĭcăris**, *ĭdis*, f. : Ov. *Ib.* 393.

1 Ĭcărĭus, *a, um* ¶ **1** d'Icarus : Ov. *Am.* 2, 16, 4 ¶ **2** d'Icare : Ov. *Tr.* 1, 1, 90 ; *Icarium mare* Hor. *O.* 1, 1, 15, mer Icarienne [mer Égée].

2 Ĭcărĭus, *ii*, m., Icarius [père de Pénélope] : Ov. *H.* 1, 81.

Ĭcărŏs, *i*, f., ▶ *Icaria* : Plin. 4, 68.

1 Ĭcărus, *i*, m., Icarus, père d'Érigone, qui apprit aux Athéniens la culture de la vigne et qui devint une constellation : Prop. 2, 33, 29 ; Tib. 4, 1, 10 ; Ov. *M.* 10, 450.

2 Ĭcărus, *i*, m. (Ἴκαρος), Icare, [fils de Dédale, s'envola de Crète avec son père, qui avait fabriqué des ailes ajustées avec de la cire ; mais, comme il s'était trop approché du soleil, la cire fondit et il tomba dans la mer qui fut ensuite appelée " mer Icarienne "] : Ov. *M.* 8, 195.

3 Ĭcărus, *i*, f., île du golfe Persique : Plin. 6, 147.

Ĭcărūsa, *ae*, m., fleuve d'Asie : Plin. 6, 17.

ĭcăs, *ădis*, f. (εἰκάς), vingtième jour de la lune : Plin. 35, 5.

Icatalae, *ārum*, m. pl., peuple du Caucase : Plin. 6, 21.

iccirco, ▶ *idcirco*.

1 Iccius, *ii*, m., nom d'homme : Cic. *Phil.* 3, 26.

2 Iccius portus, ▶ *Itius*.

Ĭcĕlus (-ŏs), *i*, m. (Ἴκελος), nom de Morphée : Ov. *M.* 11, 640.

Icēni, *ōrum*, m. pl., peuple de Bretagne : Tac. *An.* 12, 31.

Ichnae, *ārum*, f. pl., ville de Macédoine : Plin. 4, 35.

ichneumōn, *ŏnis*, m. (ἰχνεύμων), ichneumon, rat d'Égypte, mangouste : Cic. *Nat.* 1, 100 ‖ espèce de guêpe : Plin. 10, 294.

Ichnŏbătēs, *ae*, m. (Ἰχνοβάτης), nom d'un chien d'Actéon : Ov. *M.* 3, 207.

ichnŏgrăphĭa, *ae*, f. (ἰχνογραφία), [archit.] ichnographie [tracé en plan] : Vitr. 1, 2, 2.

Ichnūsa, *ae*, f., autre nom de la Sardaigne : Plin. 3, 85.

ichthўŏcolla, *ae*, f. (ἰχθυόκολλα), colle de poisson : Plin. 7, 198 ‖ espèce de poisson : Plin. 32, 72.

Ichthўŏessa, *ae*, f., nom donné à l'île d'Icaros abondante en poisson : Plin. 4, 68.

Ichthўŏphăgi, *ōrum*, m. pl., peuple de l'Arabie : Plin. 6, 149.

Ichthўs, *ўŏs*, m., promontoire de l'Élide : Plin. 4, 14.

Icilius, *ii*, m., nom de plusieurs tribuns du peuple : Liv. 3, 30.

Icini, *ōrum*, m. pl., peuplade de Bretagne : Anton. 479 ; ▶ *Venta*.

īcō (īcĭō), *ĭs, ĕre, īcī, ictum* (obscur), tr. ¶ **1** frapper, blesser : *lapide ictus* Caes. *C.* 3, 22, frappé d'une pierre ; *telo ictus* Cic. *Div.* 2, 135, frappé d'un trait ; *in illo tumultu fracti fasces, ictus ipse* Cic. *Pis.* 28, dans ce tumulte les faisceaux furent brisés et lui-même frappé ; *ictus e caelo* Cic. *Div.* 1, 98, frappé de la foudre ‖ [poét.] *ictum caput* Hor. *S.* 2, 1, 24, tête troublée par le vin ¶ **2** *foedus*, conclure un traité, ▶ *ferio* : *cum T. Tatio foedus icit* Cic. *Rep.* 2, 13, il conclut un traité avec T. Tatius, cf. Cic. *Pis.* 28 ; *Balb.* 34 ; Liv. 2, 33, 4 ¶ **3** [au part.] [fig.] frappé, troublé, alarmé : *nova re consules icti* Liv. 27, 9, 8, les consuls émus par la nouveauté du fait.

▶ les formes les plus usitées sont celles du parf., à l'actif et au passif ; *icturus* Liv. 30, 42, 21.

īcōn, *ŏnis*, f. (εἰκών), image, comparaison : Diom. 463, 12 ; Isid. 1, 37, 32.

īcōna, *ae*, f. (de εἰκών), image : Rufin. *Bas. hom.* 7, p. 1788C.

▶ *iconia* Greg.-M. *Ep.* 13, 1 ; *iconica* Greg.-Tur. *Hist.* 6, 2.

īcŏnĭcus, *a, um* (εἰκονικός), fait d'après nature : Plin. 34, 16.

īcŏnisma, *ătis*, n. (εἰκόνισμα), image : Gloss. 4, 88, 52 ‖ expression imagée : Aug. *Ep.* 135, 1.

īcŏnismus, *i*, m., reproduction, signalement : Sen. *Ep.* 95, 66.

Ĭcŏnĭum, *ĭi*, n. (Ἰκόνιον), capitale de la Lycaonie Atlas I, D6 ; IX, C2 : Cic. *Fam.* 3, 7, 4.

īcŏnŏgrăphĭa, *ae*, f. (εἰκονογραφία), art du dessin : Not. Tir. 78.

īcŏsăhĕdrum, *i*, n. (εἰκοσάεδρον), icosaèdre : CHALC. 326.

īcŏsāprōti, *ōrum*, m. pl., les vingt premiers citoyens d'une ville : DIG. 50, 4, 18 ‖ **-prōtia**, *ae*, f., dignité d'icosaproti : DIG. 50, 4, 18.

Ĭcŏsĭŏn (-ĭum), *ĭi*, n. (Ἰκόσιον), ville de la Maurétanie Césarienne [auj. Alger] Atlas I, D3 ; IV, D4 ; VIII, A1 : PLIN. 5, 20 ; CIL 8, 9252 ‖ habitant d'Icosium [Tarraconaise] : PLIN. 3, 19.

ictĕrĭās, *ae*, m., pierre précieuse : PLIN. 37, 170.

ictĕrĭcus, *a*, *um* (ἰκτερικός), atteint de la jaunisse : JUV. 6, 565 ; PLIN. 20, 87.

ictĕrus, *i*, m. (ἴκτερος), loriot [oiseau de couleur jaune clair] : PLIN. 30, 94.

icti, gén., ▼ *2 ictus* ▶.

ictinus, *i*, m. (ἰκτῖνος ?), poisson indéterminé : PLIN. 32, 149.

1 ictis, *ĭdis*, f. (ἰκτίς), furet : PLIN. 29, 60 ; PL. *Cap.* 184.

2 Ictis, *is*, f., île près de la Bretagne : PLIN. 4, 104.

1 ictus, *a*, *um*, part. de *ico*.

2 ictŭs, *ūs*, m. (*ico* ; port. *eito*) ¶ **1** coup, choc, atteinte : *gladiatoris* CIC. *Mil.* 65, coup porté par un gladiateur ; *pilorum* CAES. *G.* 1, 25, 3, atteinte des javelots ; *ictus moenium cum terribili sonitu editi* LIV. 38, 5, 3, coups portés aux remparts avec un bruit terrible ; *sub ictum venire* LIV. 27, 18, 11, venir à la portée des javelots, cf. TAC. *An.* 13, 39 ; *fulminis* CIC. *Off.* 3, 94, coup de foudre ; *solis* OV. *M.* 3, 183, coup de soleil ; *alae* PLIN. 10, 9, battement d'aile ¶ **2** battement de la mesure : QUINT. 9, 4, 51 ; PLIN. 2, 209 ; *senos reddere ictus* HOR. *P.* 253, présenter six temps frappés ¶ **3** battement du pouls : PLIN. 11, 219 ¶ **4** [fig.] *calamitatis* CIC. *Agr.* 2, 8, coup, atteinte du malheur ; *nullum habet ictum quo pellat animum status hic non dolendi* CIC. *Fin.* 2, 32, cet état de non-souffrance ne peut pas donner d'impulsion qui ébranle l'âme (est incapable de stimuler) ; *subiti ictus sententiarum* SEN. *Ep.* 100, 8, coups frappés soudain par les pensées [= traits] ‖ *sub ictu esse* SEN. *Marc.* 9, 5, être exposé aux coups, être en danger ; *sub ictu nostro poni* SEN. *Ben.* 2, 29, 4, être à portée de notre atteinte, être en notre pouvoir ¶ **5** *ictus foederis* LUC. 5, 372, conclusion d'un traité, cf. VAL.-MAX. 2, 7, 1 ‖ [poét.] plaie, blessure : SEN. *Oed.* 349.
▶ gén. *icti* QUADR. d. GELL. 9, 13, 17.

Ĭcŭlisma, *ae*, f., ville de l'Aquitaine [auj. Angoulême] Atlas IV, A3 ; V, E2 : AUS. *Epist.* 1, 5 (404), 22.

īcuncŭla, *ae*, f. (dim. de *icon*), petite figure : *SUET. Ner.* 56.

Icus (Icŏs), *i*, f., île de la mer Égée : LIV. 31, 45.

Ĭda, *ae*, f. (Ἴδα), **Ĭdē**, *ēs*, f. (Ἴδη) ¶ **1** Ida [mont de Phrygie célèbre à plusieurs titres : enlèvement de Ganymède, jugement de Pâris et surtout culte de Cybèle] Atlas VI, B3 : VIRG. *En.* 2, 801 ; OV. *M.* 10, 71 ‖ mont de Crète, où était né Jupiter Atlas VI, D2 : VIRG. *En.* 12, 412 ; OV. *Am.* 3, 10, 25 ¶ **2** *Ida venatrix* VIRG. *En.* 9, 177, nymphe chasseresse [mère de Nisus].

1 idaea, *ae*, f. (ἰδαία), ⓒ ▶ *helenium* : PLIN. 27, 23.

2 Idaea, *ae*, f., ville de Phénicie : PLIN. 5, 76.

1 Ĭdaeus, *a*, *um* (Ἰδαῖος), de l'Ida ¶ **1** en Phrygie : CIC. *Att.* 1, 18, 4 ‖ = troyen : HOR. *O.* 1, 15, 2 ‖ *judex* OV. *F.* 6, 44, Pâris ¶ **2** en Crète : CIC. *Nat.* 3, 42 ; VIRG. *En.* 3, 105.

2 Ĭdaeus, *i*, m, nom d'homme : VIRG. *En.* 6, 485 ; 9, 500.

Ĭdălē, *ēs*, f., ville de Mysie : PLIN. 5, 126.

Ĭdălĭa, *ae*, f., ⓒ ▶ *Idalium* : VIRG. *En.* 1, 693.

Ĭdălĭē, *ēs*, f. (Ἰδαλίη), surnom de Vénus : OV. *M.* 14, 694.

Ĭdălis, *ĭdis*, f., d'Idalie [ville de Mysie] : LUC. 3, 204.

Ĭdălĭum, *ii*, n. (Ἰδάλιον), ville de l'île de Chypre, célèbre par le culte de Vénus : PLIN. 5, 130.

Ĭdălĭus, *a*, *um*, d'Idalie, de Vénus : *Idalium astrum* PROP. 4, 6, 59, l'astre de Vénus ; *Idaliae volucres* STAT. *Ach.* 1, 372, les colombes de Vénus.

Ĭdās, *ae*, m. (Ἴδας), nom de différents personnages : VIRG. *En.* 9, 575 ; 10, 351 ; OV. *M.* 5, 90 ; 8, 305.

idcircō, adv. (*id* et cf. *quocirca*), pour cela, pour cette raison : *num idcirco est ille praestantior ?* CIC. *CM* 33, est-ce une raison pour qu'il vous soit supérieur ? ‖ [en corrél. avec *quod, quia*, qui suivent ou précèdent *idcirco*] : PL. *Merc.* 33 ; CIC. *Div.* 2, 25 ; [avec *ut, ne*, pour que, pour que ne pas] CIC. *Brut.* 307 ; *Verr.* 4, 7 ; [avec *si*] *non, si Opimium defendisti, idcirco te bonum civem putabunt* CIC. *de Or.* 2, 170, si tu as défendu Opimius, il ne s'ensuit pas qu'ils te prendront pour un bon citoyen ; *si... num idcirco... ?* CIC. *Leg.* 1, 42, si... s'ensuit-il que... ? [avec *quo* subj., pour que par là] : CAES. *G.* 5, 3, 6.

Ĭdē, *ēs*, f., ville de Lycaonie : PLIN. 5, 95 ‖ ▼ *Ida*.

ĭdĕa, *ae*, f. (ἰδέα), idée [de Platon], type des choses : SEN. *Ep.* 58, 18 [CIC. garde le mot grec ἰδέα : CIC. *Ac.* 1, 20 ; *Tusc.* 1, 58].

ĭdĕālis, *e*, idéal : CAPEL. 7, 731.

īdem, *ĕădem*, *ĭdem* (*id-em* c. *quidem* et anal. *-dem* : *is-dem, eadem*) ¶ **1** le même, la même : *idem vultus* CIC. *Off.* 1, 90, le même visage ; *amicus est tamquam alter idem* CIC. *Lae.* 80, l'ami est comme un autre nous-même ¶ **2** = en même temps, aussi, en outre : *cum Academico et eodem rhetore congredi* CIC. *Nat.* 2, 1, lutter contre un Académicien qui est en même temps rhéteur ; *vir innocentissimus idemque doctissimus* CIC. *Nat.* 3, 80, homme absolument irréprochable et en même temps très instruit ; *patria salva per te est, per te eumdem ornata* CIC. *Leg.* 1, 5, la patrie grâce à toi est sauvée, grâce à toi également elle est glorieuse ; *Caninius tuus idem et idem noster* CIC. *Fam.* 9, 2, 1, Caninius, en même temps ton ami et le mien ; *necesse est qui ita dicat, ut a multitudine probetur, eumdem doctis probari* CIC. *Brut.* 184, forcément, celui qui parle de manière à obtenir les suffrages de la multitude, obtient aussi ceux des connaisseurs ‖ [idée d'opposition] : *multi qui volnera exceperunt fortiter et tulerunt, idem dolorem morbi ferre non possunt* CIC. *Tusc.* 2, 65, beaucoup qui ont reçu et supporté vaillamment des blessures ne peuvent pas pourtant supporter la douleur d'une maladie, cf. CIC. *Brut.* 118 ¶ **3** [en corrél. avec *qui, atque, et, ut, quasi, cum*] : *reperta est eadem istius ratio in praesidiis quae in classibus* CIC. *Verr.* 5, 87, on découvrit qu'il avait les mêmes pratiques pour les garnisons que pour les flottes ; *eandem constituit potestatem quam si...* CIC. *Agr.* 2, 30, il établit la même puissance que si... ; *in hanc causam argumentationes ex isdem locis sumendae sunt atque in causam negotialem* CIC. *Inv.* 2, 70, pour cette cause il faut tirer les arguments des mêmes sources que pour un procès d'affaires ; *Dianam et lunam eandem esse putant* CIC. *Nat.* 2, 68, on croit que Diane est la même que la lune ; *eisdem fere verbis, ut actum est* CIC. *Tusc.* 2, 9, presque dans les mêmes termes où la conversation a été tenue ; *illa Attalica emere eodem modo ut signa* CIC. *Verr.* 4, 27, acheter ces tentures d'Attale de la même manière que les statues ; *eodem loco res est quasi...* CIC. *Leg.* 2, 53, les choses sont au même point que si... ; *sensu amisso fit idem quasi natus non esset omnino* CIC. *Lae.* 14, la conscience éteinte, Scipion devient comme s'il n'était pas né du tout ; *omnibus in isdem flagitiis mecum versatus es* CIC. *Verr* 3, 187, tu as été mêlé à tous mes scandales, cf. CIC. *de Or.* 2, 144 ; *in eadem mecum Africa genitus* LIV. 30, 12, 15, né comme moi en Afrique ‖ [avec dat.] *idem facit occidenti* HOR. *P.* 467, il fait la même chose que le meurtrier, cf. LUCR. 3, 1038 ; 4, 1174 ; OV. *Am.* 1, 4, 1 ¶ **4** n. sg. avec gén. : *idem juris* CIC. *Balb.* 29, le même droit, cf. CIC. *Fam.* 9, 2, 2.
▶ dans les mss et les inscr. on trouve les formes suivantes : nom. m. *isdem* et *eidem* ; dat. sg. *idem* ‖ nom. m. pl. *īdem* ; dat. abl. pl. *isdem* ‖ *isdem* sont dissyllabiques *eodem* VIRG. *B.* 8, 82, *eadem* VIRG. *En.* 1, 487, *eosdem* PROP. 4, 7, 7.

ĭdentĭdĕm, adv. (redoubl. de *idem*, n., avec *-t-*, cf. *itidem*), à diverses reprises, sans cesse, continuellement ; CIC. *Rep.* 6, 18 ; *Amer.* 84 ; CAES. *G.* 2, 19, 5 ‖ pareillement, de même [c. *itidem*] : VL. 1 *Cor.* 11, 25.

identitas

ĭdentĭtās, *ātis*, f. (*idem*, cf. ταυτότης), identité : MAR. VICT. *Ar. 1, 48.*

ĭdĕō, adv. (*id* et abl. sg.*eo*), pour cela, pour cette raison, à cause de cela : *jam illa, quae leviora videbuntur, ideo praeteribo* ... CIC. *Verr. 4, 131,* et maintenant ces autres vols, qui paraîtront moins importants, à cause de cela, je les passerai sous silence..., cf. *Fin. 5, 87* ; CAES. *C. 3, 11, 1* ‖ [en corrél. avec *quod, quia,* parce que], [avec *ut* final, voir ces mots] ; [avec *quo* final] : VARR. *L. 5, 90,* pour que par là ‖ *non quin potuerit ..., ideo ... ; sed ut* LIV. *2, 15, 2,* ce n'était pas qu'on ne pût (ce n'était pas) parce qu'on ne pouvait pas..., mais c'était pour ‖ [en corrél. avec *si*] CIC. *Cael. 21,* V. *si.*

id est, c'est-à-dire, V. *is.*

Idicra, *ae*, f., ville de Numidie : ANTON. *28.*

Idimum, *i*, n., ville de la Mésie supérieure : ANTON. *134.*

ĭdĭŏgrăphus lĭber, m. (ἰδιόγραφος), manuscrit autographe : GELL. *9, 14, 7.*

ĭdĭŏlŏgus, *i*, m. (ἰδιόλογος), administrateur du domaine personnel de l'empereur : CIL *10, 4862.*

ĭdĭōma, *ătis*, n. (ἰδίωμα), [gram.] idiotisme : CHAR. *291, 2* ‖ [en parl. d'un auteur] vocabulaire spécial, langage particulier : HIER. *Ep. 85, 5, 2.*

ĭdĭōta, (**-ēs**, TERT. *Prax. 9, 1*), *ae*, m. (ἰδιώτης), qui n'est pas connaisseur, profane, ignorant : CIC. *Verr. 2, 4, 4* ; *Pis. 62* ‖ [chrét.] nouveau converti : VULG. *1 Cor. 14, 16.*

ĭdĭōtĭcē, adv. (*idioticus*), en style ordinaire : IREN. *1, praef. 3* ‖ gauchement : IREN. *5, 30, 1.*

ĭdĭōtĭcus, *a, um* (ἰδιωτικός ; it. *zotico*), ignorant : TERT. *Test. 1, 6.*

ĭdĭōtismus ou **-os**, *i*, m. (ἰδιωτισμός), expression propre à une langue, idiotisme : SEN. *Contr. 2, 3, 21.*

ĭdipsum, = *id ipsum.*

Idistavisus (-taviso), m., plaine de la Germanie : TAC. *An. 2, 16.*

Idmōn, *ŏnis*, m. ("Ἴδμων), père d'Arachné : OV. *M. 6, 8* ‖ **-ŏnĭus**, *a, um*, d'Idmon : OV. *M. 6, 133* ‖ prophète d'Argos, fils d'Apollon : OV. *Ib. 506* ‖ messager des Rutules : VIRG. *En. 12, 75* ‖ médecin d'Adraste : STAT. *Th. 3, 398.*

ĭdōlātrĭa, V. *idololatria* ; SALV. *Eccl. 1, 1.*

ĭdōlēum, *ēi* (**-īum**, *ii*), n., temple d'idole : TERT. *Cor. 10, 7.*

ĭdōlĭcus, *a, um*, d'idole : TERT. *Idol. 13, 1.*

ĭdōlĭum, *ii*, V. *idoleum.*

ĭdōlŏlătra (-ēs), *ae*, m. (εἰδωλολάτρης), idolâtre : TERT. *Idol. 1, 2.*

ĭdōlŏlătrĭa, *ae*, f. (εἰδωλολατρεία), idolâtrie : TERT. *Idol. 1, 1.*

ĭdōlŏlătrĭcus, *a, um*, d'idolâtrie : HESYCH. *15, 19, p. 977 C.*

ĭdōlŏlătris, *ĭdis.*, f., celle qui adore des idoles : PRUD. *Ham. 403.*

ĭdōlŏthўtus, *a, um* (εἰδωλόθυτος), offert en l'honneur des idoles : MAR. VICT. *Gal. 2, 5* ‖ qui concerne l'idolâtrie : TERT. *Spect. 13, 5.*

ĭdōlum ou **-ŏn**, *i*, n. (εἴδωλον) ¶ **1** image, spectre : PLIN. *Ep. 7, 27, 5* ¶ **2** idole : AUG. *Psalm. 78, 3.*

Ĭdŏmĕnenses, *ium*, habitants d'Idomène (Macédoine) : PLIN. *4, 35.*

Ĭdŏmĕneūs, *ĕi* ou *ĕos*, m. (Ἰδομενεύς), Idoménée ¶ **1** roi de Crète : VIRG. *En. 3, 401* ¶ **2** disciple d'Épicure : SEN. *Ep. 21, 3.*

Ĭdŏmĕnĭus, *a, um*, d'Idomène (Macédoine) : CATUL. *64, 178.*

ĭdōnĕē, adv. (*idoneus*), d'une manière convenable : CIC. *Inv. 1, 20* ‖ *idonius* TERT. *Pall. 3, 6.*

ĭdōnĕĭtas, *ātis*, f. (*idoneus*), aptitude, faculté : PS. HIER. *Ep. 5, 7.*

ĭdōnĕus, *a, um* (obscur) ¶ **1** approprié, convenable, suffisant : *idoneum quemdam hominem delegit* CAES. *G. 3, 18, 1,* il choisit qqn d'approprié, de propre à remplir ses desseins ; *auctor idoneus* CIC. *Brut. 57,* un garant suffisant ; *tempus idoneum* CIC. *Amer. 68,* un moment propice ; *idonea verba* CIC. *de Or. 1, 154,* mots appropriés, expressions justes ; *scriptor idoneus* GELL. *10, 26, 5,* un bon écrivain ; *idoneum visum est dicere* SALL. *J. 95, 2,* il m'a paru opportun de parler ... ¶ **2** [avec dat., avec *ad*] propre à, convenable pour : *locus idoneus castris* CAES. *G. 5, 9, 1,* lieu convenable pour un camp, cf. *G. 7, 35, 5* ; *ejus Falernum mihi semper idoneum visum est deversorio* CIC. *Fam. 6, 19, 1,* sa maison de Falerne m'a toujours paru convenable pour une halte ; *ad amicitiam idoneus* CIC. *Lae. 62,* propre à l'amitié, propre à devenir un ami ; *idonea ad agendum tempora* CIC. *Off. 1, 142,* moments propices à l'action ; *portus ad majorum navium multitudinem idonei* CAES. *G. 4, 20, 4,* ports propres à recevoir une quantité de navires de plus fort tonnage ; *ad egrediendum idoneus locus* CAES. *G. 4, 23, 4,* lieu favorable à un débarquement ; [avec dat. de l'adj. verb.] *perferendis militum mandatis idoneus* TAC. *An. 1, 23,* propre à transmettre les réclamations des soldats ‖ [avec *in* acc.] : *materiae in hoc idoneae ut ...* QUINT. *6, 3, 15,* des sujets qui permettent que ... ‖ [avec abl.] : *res idoneae dignitate alicujus* HER. *3, 5,* choses compatibles avec la dignité de qqn ‖ [avec inf.] : *idonei spiritum trahere* SEN. *Ep. 102, 23,* capables de respirer ; *fons rivo dare nomen idoneus* HOR. *Ep. 1, 16, 12,* une source suffisante pour donner un nom à un ruisseau ‖ [avec gér. en *-ndi*] TERT. *Val. 11, 2* ; [avec sup. en *-u*] SALL. *H. 3, 35* ¶ **3** [avec rel. et subj.] qui remplit les conditions pour, digne de : *idoneus qui impetret ...* CIC. *Pomp. 57,* digne d'obtenir, cf. CIC. *Lae. 4* ; *Verr. 3, 41* ; *res idonea, de qua quaeratur* CIC. *Ac. 2, 18,* question qui vaut la peine d'être examinée ‖ [abs¹] méritant : *idonei homines indigentes* CIC. *Off. 2, 54,* des pauvres méritants, cf. SALL. *C. 51, 27.*

▶ tard. compar. *idoneor* ULP. *Dig. 18, 2, 4, 6* ; *-nior* TERT. *Herm. 18, 1.*

Ĭdōs, n. (εἶδος), apparence, forme : SEN. *Ep. 58, 17.*

Ĭdŏthĕa, *ae*, f. (Εἰδοθέα), fille d'Océan : HYG. *Fab. 182, 1.*

Ĭdrŏs (-us), *i*, m., ville de Carie célèbre par son culte d'Hécate : *CATUL. 64, 300.*

ĭdūlis, *e* (*idus*), relatif aux ides : MACR. *Sat. 1, 15, 16.*

ĭdum (*i, dum*), va donc : PL. *Ru. 798.*

Ĭdūmaea, *ae*, f., région de la Palestine Atlas IX, E3 : PLIN. *5, 70* ; **Ĭdŭmē**, *ēs*, f., LUC. *3, 216* ‖ **-maeus**, *a, um*, de l'Idumée : VIRG. *G. 3, 12.*

ĭdŭō, *ās, āre*, -, - (*idus*), diviser : MACR. *Sat. 1, 15, 17.*

Ĭdūs, *ŭum*, f. pl. (étr. ?; osq. *eídúis*), les ides [le jour qui partage le mois en deux ; le 15 des mois de mars, mai, juillet, octobre ; le 13 des autres mois] : CIC. *Fam. 1, 1, 3.*

▶ *eidus* CIL *1, 600, 1062, 1074.*

ĭdūus, *a, um*, divisé : MACR. *Sat. 1, 15, 17.*

Ĭdўia, *ae*, f., femme d'Éétés, mère de Médée : CIC. *Nat. 3, 48.*

ĭdyllĭum, **ēdyllĭum**, *ii*, n. (εἰδύλλιον), idylle, poème pastoral : PLIN. *Ep. 4, 14, 9* ‖ pl., titre donné à qq. poèmes d'Ausone.

ĭens, part. prés. de *eo*, allant [rare au nom.] : CIC. *Att. 16, 1* ‖ gén. *euntis.*

Ĭerax, m., V. *Hierax.*

Ĭerĕmias, V. *Jeremias.*

Ĭericho, V. *Hiericho.*

Ĭernē, *ēs*, = *Hibernia* : CLAUD. *Cons. Stil. 2, 251.*

Ĭerŏsŏlўma, V. *Hierosolyma.*

Ĭessae, Jessae, Jesse, m. indécl., Jessé, Isaï [père de David] : VULG. *Matth. 1, 5* ‖ **-ssaeus**, de Jessé : PRUD. *Cath. 12, 50.*

Ĭessōnĭensis, *e*, d'Iesso [Tarraconaise] : PLIN. *3, 23* ; CIL *2, 4610.*

Ĭēsūs ou **Jēsūs**, *ū* et **Jēsus Christus**, m. (Ἰησοῦς), Jésus-Christ : PRUD. *Apoth. 770.*

Ĭēsūs Nave, C. *Josue* : VULG. *Eccli. 46, 1.*

▶ aussi *Iesus* seul : PRUD. *Cath. 12, 173.*

Ĭĕtae, *ārum*, m. pl., habitants d'Ios : VARR. d. GELL. *3, 11, 6.*

Ĭetenses, *ĭum*, m. pl., peuple de Sicile : PLIN. *3, 91.*

Ĭeterus, *i*, m., fleuve de Mésie : PLIN. *3, 149.*

Igaedĭtāni, *ōrum*, m. pl., peuple de Lusitanie : CIL *2, 760.*

Igilgĭli, n., ville de Maurétanie [Djidjelli] Atlas I, D3 ; VIII, A2 : PLIN. *5, 21* ‖ **-lĭtānus**, *a, um*, d'Igilgili : AMM. *29, 5, 5.*

Igĭlium, *ii*, n., île proche de l'Étrurie Atlas XII, D2 : Caes. *C.* 1, 34, 2.

ĭgĭtŭr, adv. (de *agitur* ?) ¶ **1** dans ces circonstances, alors : *magis quom otium mihi et tibi erit, igitur tecum loquor* Pl. *Cas.* 216, quand nous aurons plus de loisir, alors je te parlerai, cf. Pl. *Amp.* 210 ; *Mil.* 772 ‖ *igitur tum, tum igitur*, alors donc : Pl. *Most.* 689 ; *Trin.* 676 ; *igitur deinde* Pl. *St.* 86, puis alors ; *igitur demum* Pl. *Amp.* 473, alors seulement ; *miserumst opus, igitur demum fodere puteum ubi sitis fauces tenet* Pl. *Most.* 380, c'est une triste besogne que de ne creuser un puits que juste au moment où la soif vous tient la gorge ¶ **2** [coord. logique] donc, par conséquent : *ligna hic apud nos nulla sunt — sunt asseres ? — sunt pol — sunt igitur ligna* Pl. *Aul.* 358, nous n'avons pas de bois ici — il y a un plancher ? — oui, certes — donc il y a du bois ; *si est aliquid in rerum natura, quod... Atqui... Est igitur...* Cic. *Nat.* 2, 16, s'il y a quelque chose dans la nature qui... Or... Il y a donc... ; *quod cum ita sit, certe nec secerni nec dividi nec discerpi nec distrahi potest, ne interire quidem igitur* Cic. *Tusc.* 1, 71, puisqu'il en est ainsi, rien dans les âmes ne peut être ni distingué ni divisé, ni séparé ni arraché, donc rien non plus ne peut périr ¶ **3** [dans les interrog. conclusives] donc : *in quo igitur loco est ? credo equidem in capite* Cic. *Tusc.* 1, 70, où donc est l'âme ? dans la tête, je crois ; *qui potest igitur... ?* Cic. *Fin.* 2, 92, comment se peut-il donc que... ? ; *possumusne igitur... ?* Cic. *Phil.* 12, 27, pouvons-nous donc... ? ‖ [ironie] : *haec igitur est tua disciplina ?* Cic. *Cael.* 39, voilà donc ton enseignement ?, cf. *Fam.* 9, 10, 2 ; *hunc igitur regem agnoscimus ?* Curt. 6, 11, 23, voilà donc celui que nous reconnaissons pour roi ? ‖ [avec impér. ou subj. concessif] donc, ainsi donc : *omitte igitur* Cic. *Div.* 2, 80, laisse donc de côté... ; *sit igitur aliquis, qui nihil mali habeat* Cic. *Tusc.* 1, 85, supposons donc qqn qui n'ait point de maux ; *vide igitur...* Cic. *Div.* 2, 131, prends donc garde... ¶ **4** [après une digression pour reprendre une pensée interrompue] donc : Cic. *Balb.* 11 ; *Off.* 1, 6 ; *Tusc.* 1, 30 ; *Brut.* 177 ; [après une parenthèse] Cic. *Fin.* 3, 45 ; 2, 74 ; *Fam.* 1, 9, 23 ; *Att.* 16, 3, 1 ‖ [reprise emphatique] : Cic. *Mil.* 84 ¶ **5** [pour résumer] donc, ainsi donc : *cum videmus speciem primum candoremque caeli, deinde... tum... tum... ; haec igitur et alia innumerabilia cum cernimus...* Cic. *Tusc.* 1, 70, quand nous voyons d'abord l'aspect et la splendeur du ciel, ensuite... puis... puis..., donc quand nous voyons tout cela et mille autres choses encore..., cf. *Cat.* 4, 23 ; *Fam.* 13, 1, 3 ; *de Or.* 2, 105 ¶ **6** [pour aborder un dévelop annoncé] eh bien, donc : *sed ad rem redeamus ; de hominibus dici non necesse est ; tribus igitur modis video...* Cic. *Fin.* 1, 66, mais revenons à notre sujet, car ce n'est pas des personnes qu'il faut parler ; eh bien ! je vois que de trois façons..., cf. *Brut.* 122.

▶ *igitur* peut être le premier, le deuxième, le troisième et qqf. le quatrième mot de la phrase.

ignārĭus, *a*, *um* (*ignis*), qui donne du feu : *lapis ignarius* M.-Emp. 33, 25, pierre à feu [silex].

ignārŭris, *e* (2 *in-*, *gnaruris*), ignorant : Gloss. 2, 76, 35.

ignārus, *a*, *um* (2 *in-* et *gnarus*) ¶ **1** qui ne connaît pas, ignorant, qui n'est pas au courant ; [avec gén.] : *physicorum* Cic. *Or.* 119, ignorant de la physique ; *totius rei* Cic. *Verr.* 4, 77, ignorant de toute l'affaire ; *faciendae orationis* Cic. *de Or.* 1, 63, ne sachant pas l'art de bâtir une phrase ; *magna pars Pisonis ignari* Tac. *H.* 4, 50, la plupart ne connaissant pas Pison ; *ignara hujusce doctrinae loquacitas* Quint. 12, 2, 20, une prolixité qui n'est pas au courant de cette science ‖ [avec de] : *de caede Galbae ignari* Tac. *H.* 1, 67, ignorant le meurtre de Galba ‖ [avec prop. inf.] : *non sumus ignari multos contra esse dicturos* Cic. *Tusc.* 2, 3, je n'ignore pas que bien des gens contrediront, cf. Liv. 8, 36, 2 ; 21, 22, 1 ; *ignara moveri Atropos* Stat. *Th.* 8, 67, l'inflexible Atropos ‖ [avec interrog. indir.] *ignari, quid virtus valeret* Cic. *Sest.* 60, ignorant ce que pouvait la vertu, cf. Cic. *Top.* 75 ; Liv. 3, 38, 6 ; Quint. 8, 3, 4 ‖ [abst] : *me ignaro* Cic. *Planc.* 40, sans que je sois au courant ; *ubi imperium ad ignaros pervenit* Sall. *C.* 51, 27, quand le pouvoir passe aux mains des ignorants ; *ignarissimi* Pl. *Ps.* 1161, les plus ignorants ¶ **2** [sens passif] inconnu : *regio hostibus ignara* Sall. *J.* 52, 4, contrée inconnue des ennemis, cf. *J.* 18, 6 ; Tac. *An.* 3, 69 ; *per occulta et vigilibus ignara* Tac. *An.* 2, 13, par des voies cachées et inconnues des sentinelles ‖ *quaedam sidera sunt aliis terris ignarissima* Gell. 14, 1, 13, certains astres sont tout à fait inconnus à d'autres régions.

ignāvē, adv., avec faiblesse, sans énergie : Cic. *Tusc.* 2, 55 ‖ [en parl. du style] : Hor. *Ep.* 2, 1, 67.

ignāvescō, *ĭs*, *ĕre*, -, - (*ignavus*), intr., devenir inactif : Tert. *Anim.* 43, 12.

ignāvĭa, *ae*, f. (*ignavus*), inaction, apathie, mollesse, paresse : Cic. *Tusc.* 3, 14 ‖ faiblesse [d'une odeur] : Plin. 12, 119.

ignāvĭtĕr, ▶ *ignave* : Hirt. *Att.* 15, 16, 2.

ignāvō, *ās*, *āre*, -, -, tr., décourager : *Acc. *Tr. praet.* 9.

ignāvus, *a*, *um* (2 *in-* et *gnavus*) ¶ **1** sans activité, indolent, mou, paresseux : *iners, ignava senectus* Cic. *CM* 36, une vieillesse amorphe et indolente ; *homo ignavior* Cic. *Verr.* 2, 192, un homme plus apathique ‖ *ignavissimus ad muniendum hostis* Liv. 9, 4, 8, ennemi très paresseux pour se fortifier, cf. Tac. *An.* 2, 78 ‖ [avec gén.] : *legiones operum et laboris ignavae* Tac. *An.* 11, 18, légions qui rechignent aux travaux et aux fatigues ¶ **2** sans cœur, lâche, poltron : *ignavus miles ac timidus* Cic. *Tusc.* 2, 54, le soldat lâche et craintif ; *ignavissumi homines... fortissumi viri* Sall. *C.* 12, 5, les gens les plus lâches... les hommes les plus courageux ; *ignavus animo, procax ore* Tac. *H.* 2, 23, lâche de cœur, hardi en paroles ‖ [pris subst] *ignavi* Cic. *Caecin.* 46, les lâches ¶ **3** [fig.] sans force, sans vertu, improductif : *ignava nemora* Virg. *G.* 2, 208, bosquets inutiles ; *sucus ignavus* Plin. 20, 202, suc sans vertu, sans action ‖ inerte : *gravitas ignava* Ov. *M.* 2, 821, une pesanteur inerte, impossible à mouvoir, cf. Plin. 2, 33 ¶ **4** qui engourdit, qui rend mou : *ignavum frigus* Ov. *M.* 2, 763, le froid qui engourdit ; *ignavus aestus* Ov. *M.* 7, 529, la chaleur amollissante ‖ *ignava ratio* (ἀργός λόγος) Cic. *Fat.* 28, raisonnement paresseux, qui supprime toute action ; *genus interrogationis ignavum atque iners nominatum est* Cic. *Fat.* 29, on a appelé paresseux et inerte ce genre d'interrogation.

ignĕfactus, *a*, *um* (*ignis, facio*), embrasé : Theod.-Prisc. 2, 64.

ignĕō, *ēs*, *ēre*, -, - (*ignis*), intr., être en feu : Prisc. 2, 466, 25.

ignĕŏlus, *a*, *um*, dim. de *igneus*, : Prud. *Cath.* 3, 186.

ignescō, *ĭs*, *ĕre*, -, - (*ignis*), intr., prendre feu : Cic. *Nat.* 2, 118 ‖ [fig.] s'enflammer [en parl. des passions] : Virg. *En.* 9, 66 ; Val.-Flac. 5, 520.

ignescŏr, *ĕrĭs*, *ī*, -, dép., ▶ *ignesco* Laber. *Com.* 26.

ignĕus, *a*, *um* (*ignis*), de feu, enflammé : Cic. *Nat.* 2, 40 ‖ étincelant, brillant : Plin. 8, 137 ‖ [fig.] enflammé, ardent, véhément : Virg. *En.* 6, 730 ; 11, 746 ; Ov. *M.* 9, 541.

ignĭa, *ōrum*, n. pl. (ἴκνυον), défauts des vases d'argile : P. Fest. 93, 14.

ignĭārĭus (**ignĕā-**), *a*, *um* (*ignis*), de feu : Gloss. 4, 350, 36 ‖ **-rĭum**, *ĭi*, n., qui donne du feu : Plin. 16, 207.

ignĭcans, *tis* (*ignis*), inflammable : Jul.-Val. 3, 21.

ignĭcŏlōrus, *a*, *um* (*ignis, color*), qui a la couleur du feu : Juvc. 4, 559.

ignĭcŏmans, *tis* et **-cŏmus**, *a*, *um* (*ignis, coma*), aux cheveux roux : Avien. *Arat.* 1112 ; Aus. *Epist.* 7, 2 (396), 8.

ignĭcŭlus, *i*, m. (dim. de *ignis*) ¶ **1** petit feu : Plin. 35, 184 ‖ faible éclat [couleur] : Plin. 37, 90 ¶ **2** [fig.] **a)** vivacité : Cic. *Fam.* 15, 20, 2 **b)** pl., étincelles = germes : Cic. *Tusc.* 3, 2 ; *Leg.* 1, 33 ; *Fin.* 5, 18.

ignĭfactus, ▶ *ignefactus*.

ignĭfĕr, *ĕra*, *ĕrum* (*ignis, fero*), ardent, enflammé : Lucr. 5, 459 ; Ov. *M.* 2, 59.

ignĭflŭus, *a*, *um* (*ignis, fluo*), qui fait couler le feu : Claud. *III Cons. Hon.* 196.

ignĭgĕna, *ae*, m. (*ignis, geno*), né du feu [épithète de Bacchus] : Ov. *M.* 4, 12.

ignīnus, *a*, *um* (*ignis*), qui vit dans le feu : Apul. *M.* 7, 20.

ignio

ignĭō, *īs, īre, īvī, ītum* (*ignis*), tr., mettre en feu, brûler : Prud. Perist. 10, 1078 ; Leo-M. Serm. 77, 2.

ignĭpēs, *ĕdis*, m. (*ignis, pes*), aux pieds de feu (qui brûlent le pavé) : Ov. M. 2, 392.

ignĭpŏtens, *tis*, maître du feu [épith. de Vulcain] : Virg. En. 12, 90 ǁ subst. m., = Vulcain : Virg. En. 8, 414.

ignis, *is*, m. (cf. scr. *agni-s*, rus. *ogon'*) ¶ 1 feu : Cic. Nat. 2, 25 ; *ignes* Cæs. G. 2, 7, des feux ǁ pl., brandons enflammés : Cic. Att. 4, 3, 2 ¶ 2 les éclairs : Virg. En. 4, 167 ǁ les étoiles : Hor. O. 1, 12, 47 ¶ 3 [fig.] **a)** aliment à une passion, à la colère : Cic. Rab. Post. 13 **b)** éclat, splendeur : Ov. M. 4, 81 **c)** rougeur [des joues] : Cic. Tim. 49 **d)** feu [d'une passion] : Virg. En. 2, 575 ; [surtout de l'amour] Virg. En. 4, 2 ; Hor. O. 1, 13, 8 **e)** objet aimé, objet de la flamme : Virg. B. 3, 66 ; Hor. Epo. 14, 13 ¶ 4 *ignis sacer*, feu sacré, érysipèle [maladie] : Cels. 5, 28, 4 ; Virg. G. 3, 566.

ignisco, v. *ignesco*.

ignispĭcĭum, *ii*, n. (*ignis, specio*), divination par le feu : Plin. 7, 203.

ignītābŭlum, *i*, n. (*ignitus*), sorte de briquet : P. Fest. 93, 13 ǁ [fig.] ce qui enflamme : Macr. Sat. 2, 8, 4.

ignītōsus, *a, um*, couvert de feu : Adamn. Loc. sanct. 3, 6.

ignītŭlus, *a, um*, dim. de *ignitus*, : Tert. Nat. 1, 10, 47.

1 **ignītus**, *a, um* (*ignis*), part. de *ignio* ǁ adj^t [fig.] enflammé, ardent, brûlant, vif : Cic. d. Serv. En. 6, 33 ; *ignitius vinum* Gell. 17, 8, 10, vin ayant plus de feu ; *ignitissimus* Jul.-Val. 3, 56.

2 **ignītus**, adv., par le feu : Cassiod. Var. 3, 47.

ignĭvăgus, *a, um*, qui se répand comme le feu : Capel. 9, 896.

ignĭvŏmus, *a, um* (*ignis, vomo*), qui vomit du feu : Fort. Carm. 3, 9, 3.

ignōbĭlis, *e* (2 in-, *nobilis*), inconnu, obscur : Cic. Tusc. 3, 57 ; Brut. 315 ǁ de basse naissance : Cic. Verr. 5, 28 ; Virg. En. 1, 149 ; Hor. S. 1, 6, 9.

ignōbĭlĭtās, *ātis*, f. (*ignobilis*), naissance obscure : Cic. Mur. 17 ; Liv. 44, 30, 3 ǁ obscurité, manque de renom : Cic. Tusc. 5, 103 ǁ de qualité inférieure : Col. 3, 21, 10.

ignōbĭlĭtĕr, adv. (*ignobilis*), sans honneur : Eutr. 7, 23.

ignōbĭlĭtō, *ās, āre, -, -* (*ignobilis*), tr., couvrir de honte : Aug. Serm. 166, 3.

ignōmĭnĭa, *ae*, f. (2 in-, *nōmen*, ou *gnasco, nobilis* ?) ¶ 1 ignominie, déshonneur, tache, honte, flétrissure, opprobre, infamie : Cic. Clu. 125 ; Rep. 5, 4 ; *ignominia notare* Cic. Phil. 7, 23, marquer d'infamie ǁ *senatus* Cic. Prov. 16, flétrissure imprimée par le sénat ; mais *rei publicae* Cic. Pomp. 33, honte imprimée à l'État, cf. Nep. Tim. 4, 1 ; *amissarum navium* Cæs. C. 3, 100, 3, navires perdus honteusement ǁ *ignominia est* [avec inf.] Plin. 18, 13, c'est une honte de ¶ 2 [tard.] les parties génitales : Vulg. Lev. 18, 15.

ignōmĭnĭō, *ās, āre, -, -* (*ignominia*), tr., outrager, déshonorer : Gell. 8, 15 ; Aug. Serm. Morin. p. 614, 12.

ignōmĭnĭōsē, adv., honteusement : Eutr. 4, 24 ; *-ius* Arn. 4, 147 ; *-issime* Oros. Hist. 7, 7.

ignōmĭnĭōsus, *a, um* (*ignominia*), ignominieux, dégradant, honteux : Cic. Phil. 3, 34 ; Liv. 2, 38, 4 ; 3, 23, 5 ǁ subst. m., qui est couvert de honte : Tac. G. 6 ǁ *-sissimus* Tert. Apol. 15, 3.

ignōmĭnĭum, *ii*, n., v. *ignominia* : Commod. Instr. 1, 19, 1.

ignōrābĭlis, *e* (*ignoro*), inconnu : Cic. Inv. 2, 99 ǁ *-lior* Gell. 9, 12, 4.

ignōrābĭlĭtĕr, adv., d'une manière obscure : Apul. M. 3, 17.

ignōrans, *tis*, part. de *ignoro*.

ignōrantĕr, adv., par ignorance : Cypr. Ep. 62, 1.

ignōrantĭa, *ae*, f. (*ignoro*), état d'ignorance [en gén., habituel et blâmable] : Cic. Ac. 1, 42 ; Clu. 109 ; mais v. Cæs. C. 3, 68, 2 ǁ erreur, faute : Vulg. Eccli. 23, 3.

ignōrātĭo, *ōnis*, f. (*ignoro*), action d'ignorer, ignorance [en gén., fait accidentel et non blâmable en soi] : Cic. Fam. 2, 9, 1 ; Rep. 1, 29.

ignōrātus, *a, um*, part. de *ignoro*.

ignōrō, *ās, āre, āvī, ātum* (*ignarus* et *ignotus*), tr., ne pas connaître, être dans l'ignorance de : *eventus belli non ignorans* Cæs. G. 6, 42, 1, connaissant bien les hasards de la guerre ; *causam belli* Cic. Phil. 8, 7, ignorer la cause de la guerre ; *alicujus patrem* Cic. Rep. 2, 33, ne pas savoir qui est le père de qqn ; *Cato ignoratur* Cic. Brut. 68, on ignore Caton [écrivain] ; *Archimedis ignoratum a Syracusanis sepulcrum* Cic. Tusc. 5, 64, le tombeau d'Archimède inconnu des Syracusains ; *aliquem ignorare* Ter. Eun. 1089 ; Cic. Ac. 2, 4, ne pas connaître qqn [sa personne, son caractère] ǁ [avec prop. inf.] : *quis ignorabat Q. Pompeium fecisse foedus ?* Cic. Rep. 3, 28, qui ne savait que Q. Pompée avait conclu le traité ? ǁ [avec interrog. indir.] : *ignorante rege, uter eorum esset Orestes* Cic. Lae. 24, le roi ne sachant lequel des deux était Oreste, cf. Cic. Lae. 97 ; Ac. 2, 24 ǁ [avec quin subj., dans phrase négative ou interrog.] : *quis ignorat quin...* Cic. Flac. 64, qui ne sait que..., cf. Quint. 12, 7, 8 ǁ [avec *de*] : *ignorat de filio* Cic. Att. 8, 14, 3, il est sans nouvelles de son fils ǁ [abs^t] être dans l'ignorance : Cic. Mil. 33 ; Quint. 9, 4, 119 ǁ part. *ignoratus, a, um*, inconnu, ignoré ; [qqf.] sans être reconnu, remarqué : Sall. J. 54, 9 ; Tac. H. 4, 36 ; [ou] qui est à l'insu : *ignorata, quae fortuna effecta sunt* Cic. Top. 63, sont à notre insu les choses produites par le hasard.

ignōscens, *tis*, part. prés. de *ignosco* ǁ pris adj^t : *animus ignoscentior* Ter. Haut. 645, cœur plus indulgent.

ignōscentĕr, adv. (*ignoscens*), avec indulgence : Don. Ad. 53.

ignōscentĭa, *ae*, f., action de pardonner : Gell. 6, 3, 47.

ignōscĭbĭlis, *e*, pardonnable, excusable : Gell. 13, 21, 1.

ignōscĭtūrus, *a, um*, v. *ignosco* ▶.

ignōscō, *ĭs, ĕre, nōvī, nōtum* (peu clair, soit de *ignotus*, soit *gnosco* préfixé ?), intr. et tr. ¶ 1 intr., pardonner [avec dat.] : *alicui (rei)* Cic. Agr. 2, 49 ; Fam. 5, 12, 1, pardonner à qqn, à qqch. ǁ [avec pron. n. à l'acc.] *hoc, id alicui* Cic. Phil. 1, 13 ; Att. 1, 1, 4, pardonner en ceci, en cela à qqn ǁ *ignoscendi ratio* Cic. Amer. 3, le pardon ¶ 2 tr. [arch.] : *peccatum* Pl. Amp. 257, pardonner une faute, cf. Ter. Haut. 647 ; *culpa ignoscenda est* Ter. Phorm. 1015, la faute doit être pardonnée ǁ *alicui delicta* Pl. Bac. 1186, pardonner ses torts à qqn ǁ pass. impers., *ignotum est* Ter. Ad. 474, on a pardonné.

▶ part. fut. *ignoturus* Cat. et Cic. d'après Prisc. 2, 510, 19 ; *ignosciturus* Pison d. Prisc. 2, 510, 23 ǁ *ignossem* contr. pour *ignovissem* Sil. 8, 619.

ignōtĭtĭa, *ae*, f. (*ignosco*), ignorance : Vitr. 3, pr. 3 [peut-être *innotitia*].

ignōtūrus, *a, um*, v. *ignosco* ▶.

1 **ignōtus**, *a, um*, v. *ignosco*.

2 **ignōtus**, *a, um* (2 in-, (g)*notus*) ¶ 1 inconnu : *homo* Cic. Flac. 40 ; Brut. 242, homme inconnu ; *alicui ignotissimus* Cic. Rep. 1, 26, tout à fait inconnu de qqn ; *nova et ignota ratio* Cic. Rep. 1, 25, une théorie nouvelle et encore ignorée ; *alter dies in vulgus ignotus* Cic. Att. 9, 5, 2, le second jour ignoré du peuple ; *ille tibi non ignotus cursus animi mei* Cic. Att. 5, 15, 1, l'activité de mon esprit que tu connais bien ¶ 2 qui ne connaît pas ; [surtout au pl.] *ignoti*, des gens qui ne connaissent pas (= *ignari*) : Cic. Verr. 5, 75 ; Fam. 5, 12, 7 ; Nep. Ages. 8, 1 ; Curt. 5, 12, 20.

Īgŭvĭum, *ii*, n., ville d'Ombrie [auj. Gubbio] Atlas XII, D3 : Cic. Att. 7, 13 b, 6 ǁ *-vīnātes, ium* et *-vīni, ōrum*, m. pl., les habitants d'Iguvium : Cic. Balb. 47 ; Plin. 15, 31.

1 **ĭi**, nom. m. pl. de *is*.

2 **ĭi**, parf. de *eo*.

Īkădĭum, v. *Icadium*.

Ildum, *i*, n., ville de Tarraconaise : Anton. 399.

***īlĕ**, *is*, n. [inus.] v. *ilia*.

īlĕātĭcus, *i*, m., atteint de constipation : Cael.-Aur. Diaet. 44.

īlĕōs (**īlĕus**), *i*, m. (εἰλεός), iléus, obstruction intestinale : Plin. 30, 59 ǁ *-ōsus, a, um*, atteint d'iléus : Plin. 20, 53.

Īlercao-, v. *Ilergao-*.

Ĭlerda, *ae*, f., ville de la Tarraconaise [Lerida] Atlas I, C2; IV, B4 : Caes. *C.* 1, 41 ‖ **-enses**, *ium*, m. pl., les habitants d'Ilerda : Plin. 3, 24.

Ĭlergāŏnenses, *ium* (**Ĭlergāŏnes, um**), m. pl., peuple de la Tarraconaise : Liv. 22, 21, 6 ; Caes. *C.* 1, 60, 2 ; Plin. 3, 20.

Ĭlergāŏnĭa, *ae*, f., capitale des Ilergaones : Liv. *Frg.* 91.

Ĭlergētes, *um*, m. pl., Ilergètes [peuple de la Tarraconaise] : Plin. 3, 21 ; Liv. 21, 23.

Ĭlĕtia, *ae*, f., ville de Thessalie : Plin. 4, 29.

īlex, *ĭcis*, f. (cf. αἰγίλωψ ; it. *elce*, fr. *yeuse*), chêne vert, yeuse : Plin. 16, 19 ; Virg. *B.* 7, 1.

1 **Īlĭa**, *ae*, f., = Rhéa Silvia, fille de Numitor, mère de Romulus et Rémus : Virg. *En.* 1, 274 ‖ **-ădēs**, *ae*, m., fils d'Ilia : Ov. *F.* 4, 23.

2 **īlĭa**, *ĭum*, n. pl. (cf. ἰξύς ? ; cf. esp. *ijada* > fr. *jade*), flancs, ventre : Virg. *G.* 3, 507 ; Ov. *M.* 3, 216 ; *ilia ducere* Hor. *Ep.* 1, 1, 9 ; *trahere* Plin. 26, 29, haleter, être essoufflé ‖ entrailles : Hor. *S.* 2, 8, 30 ‖ flanc [d'un navire] : Juvc. 2, 141.

1 **ĭlĭăcus**, *a*, *um*, iliaque : Cass. Fel. 51.

2 **Ĭlĭăcus**, *a*, *um* (Ἰλιακός), d'Ilion, de Troie : Virg. *En.* 2, 117 ; *Iliacum carmen* Hor. *P.* 129, l'Iliade.

1 **Ĭlĭădēs**, *ae*, m., ▶ *1 Ilia*.

2 **Ĭlĭădēs**, *ae*, m. (*Ilion*), le Troyen = Ganymède : Ov. *M.* 10, 160 ; *Tr.* 2, 406.

3 **Ĭlĭădes**, *um*, f. pl., les Troyennes : Virg. *En.* 3, 65.

Ĭlĭăs, *ădis*, f. (Ἰλιάς) ¶ **1** Troyenne : Ov. *Tr.* 2, 371 ¶ **2** l'Iliade [poème d'Homère] : Cic. *Att.* 8, 11, 3 ; Prop. 2, 34, 66.

Ĭlĭberri, ▶ *1 Illiberi*.

īlĭcet, adv. (*i, licet*) ¶ **1** vous pouvez vous retirer, c'est fini : Don. *Phorm.* 208 ; Serv. *En.* 2, 424 ‖ *ilicet parasiticae arti... malam crucem* Pl. *Cap.* 469, le métier de parasite peut s'en aller à la malheure ! la peste soit du métier de parasite ! ¶ **2** c'en est fait : Pl. *Truc.* 592 ; Ter. *Phorm.* 208 ¶ **3** aussitôt, sur-le-champ : Virg. *En.* 2, 758 ; 8, 223 ¶ **4** ▶ *igitur*, donc : Sidon. *Ep.* 1, 5, 1.

īlĭcētum, *i*, n., lieu planté d'yeuses : Mart. 12, 18, 20.

īlĭcĕus, **īlignĕus**, **īlignus**, *a*, *um* (*ilex*), d'yeuse : Stat. *Th.* 6, 101 ; Cat. *Agr.* 18, 9 ; Virg. *G.* 3, 330.

Ilici, *is*, n., ville de Taraconnaise [Elche] : Mel. 2, 93.

īlĭco, ▶ *illico*.

Ĭlĭenses, *ĭum*, m. pl. ¶ **1** (*Ilium*), Troyens : Suet. *Tib.* 52 ¶ **2** peuple de Sardaigne : Liv. 40, 19, 6.

Ĭlĭŏn, *ĭi*, n., ▶ *Ilium*.

Ĭlĭōna, *ae*, f., Cic. *Ac.* 2, 88 et **Ĭlĭōnē**, *ēs*, f. (Ἰλιόνη), Virg. *En.* 1, 653, Ilionée [fille aînée de Priam] ‖ titre d'une tragédie de Pacuvius : Cic. *Tusc.* 1, 106 ; Hor. *S.* 2, 3, 61.

Ĭlĭōnenses, *ĭum*, m. pl., surnom des habitants de Lavinium : Plin. 3, 64.

Ĭlĭōneūs, *ĕi* ou *ĕos*, m. (Ἰλιονεύς), Ilionée [un fils de Niobé] : Ov. *M.* 6, 261 ‖ un des compagnons d'Énée : Virg. *En.* 1, 521.

Ĭlĭŏs, ▶ *2 Ilium*.

ĭlĭōsus, ▶ *ileos* : Plin. 20, 26.

Ĭlĭpa, *ae*, f., ville de Bétique Atlas IV, D2 : Plin. 3, 11 ; Liv. 35, 11 ‖ **-ensis**, *e*, d'Ilipa : CIL 2, 1475.

Ĭlĭpolenses, m., ▶ *Ilipulenses*.

Ĭlĭpula, *ae*, f., ville de Bétique [Niebla] : Plin. 3, 10 ‖ **-enses**, *ĭum*, m. pl., habitants d'Ilipula : CIL 2, 954.

Ĭlĭsos, *i*, m., localité de l'Attique : Plin. 4, 24.

Ĭlissus (-ŏs), *i*, m. (Ἴλισσος), rivière de l'île d'Imbros : Plin. 4, 72.

Ĭlīthyīa, *ae*, f. (Εἰλείθυια), Ilithye [déesse de la naissance] : Ov. *M.* 9, 283.

Ĭlĭturgi, ▶ *Illiturgi*.

1 **īlĭum**, *ĭi*, n., ▶ *ile* : M.-Emp. 36, 73 ; ▶ *ilia*.

2 **Īlĭum (-ŏn)**, *ĭi*, n., **Īlĭŏs**, *ii*, f., Ilion ou Troie Atlas VI, A3 : Cic. *Div.* 6, 24 ; Virg. *En.* 1, 68 ; Ov. *M.* 1, 95 ‖ Hor. *O.* 4, 9, 18 ; Ov. *M.* 14, 467 ‖ **Īlĭus**, *a*, *um*, d'Ilion : Virg. *En.* 9, 285.

1 **illă**, f. et n. pl. de *ille*.

2 **illā**, adv. (cf. *2 qua*), par là : *PL. Mil.* 288 ; Plin. *Ep.* 2, 17, 18 ; Tac. *G.* 34 ; *An.* 2, 17 ; *H.* 3, 8 ; Ov. *F.* 6, 395.

illăbĕfactus (inl-), *a*, *um*, qui n'est pas brisé : Ov. *Pont.* 4, 12, 30.

illăbŏr (inl-), *ĕrĭs*, *ī*, *lapsus sum*, intr., tomber, glisser, s'enfoncer dans ou sur : [in acc.] Cic. *Nat.* 2, 135 ; [avec dat.] Plin. 5, 113 ‖ pénétrer dans : Cic. *Fin.* 1, 49 ; *in animos* Cic. *Leg.* 2, 39, pénétrer dans les âmes [*animis* Virg. *En.* 3, 89].

illăbōrātus (inl-), *a*, *um*, qui n'est pas travaillé : Sen. *Ep.* 90, 40 ; Quint. 12, 10, 79.

illăbōrō (inl-), *ās*, *āre*, -, -, intr., travailler à [dat.] : Tac. *G.* 46, 5.

illāc, adv. (*ille*, cf. *hac*, *qua* ; fr. *là*), par là : Pl. *Ru.* 213 ; Ter. *Eun.* 105 ; *illac facere* Cic. *Att.* 7, 3, 5, être de ce parti-là ‖ [fig.] de cette manière : Tert. *Idol.* 13, 6.

illăcĕrābĭlis (inl-), *e*, qui ne peut être déchiré : Sil. 5, 138.

illăcessītus (inl-), *a*, *um*, qui n'a pas été provoqué : Tac. *G.* 36.

illăcrĭmābĭlis (inl-), *e* (*2 in-*) ¶ **1** qui n'est pas pleuré : Hor. *O.* 4, 9, 26 ¶ **2** sans pitié, inexorable : Hor. *O.* 2, 14, 6.

illăcrĭmō (inl-), *ās*, *āre*, *āvī*, *ātum* (*1 in*), intr. ¶ **1** pleurer sur, à propos de : *alicui rei* Cic. poet. *Tusc.* 2, 21 ; Liv. 40, 56, 6, pleurer sur qqch. ; [avec prop. inf.] Tac. *An.* 2, 71, déplorer que ¶ **2** couler, suinter : Virg. *G.* 1, 480 ‖ larmoyer : Cels. 2, 6, 3.

illăcrĭmŏr (inl-), *ārĭs*, *ārī*, *ātus sum* ¶ **1** intr., pleurer sur ou à propos de : *morti alicujus* Cic. *Nat.* 3, 82, pleurer sur la mort de quelqu'un, cf. Nep. *Alc.* 6, 4 ¶ **2** tr., *alicujus mortem* Just. 11, 12, 6, pleurer la mort de qqn.

illacrĭmōsus (inl-), *a*, *um*, dont on ne pleure pas : Amm. 14, 11, 24.

illactĕnus, ▶ *illatenus* : Gell. 16, 19, 11.

illactō, *ās*, *āre*, -, -, tr., nourrir de son lait : Verec. *Cant.* 4, 2.

illăcuo, ▶ *illaqueo* : Pacuv. *Tr.* 210.

illaec, ▶ *1 illic*.

illaedĭbĭlis, *e*, ▶ *illaesibilis* : Isid. *Ord. creat.* 10, 9.

illaedō (inl-), *ĭs*, *ĕre*, -, *laesum*, ne pas blesser : Drac. *Laud.* 2, 177.

illaesē, adv. (*in*, *laedo*), sans faire de mal : Paul.-Nol. *Carm.* 21, 127.

illaesĭbĭlis, *e*, qui ne peut être blessé : Tert. *Val.* 27, 2.

illaesus (inl-), *a*, *um*, qui n'est pas blessé, pas endommagé : Ov. *M.* 2, 826 ; Sen. *Ep.* 9, 19.

illaetābĭlis (inl-), *e*, qui ne peut réjouir, triste : Virg. *En.* 3, 707.

illaevĭgātus, *a*, *um*, rude, raboteux : Diom. 500, 17.

illāmentātus, *a*, *um* (**inl-**), sur qui on n'a pas prononcé les lamentations funèbres : Vulg. *2 Macc.* 5, 10.

illanc, acc. f. de *1 illic* : Pl. *Cis.* 123 ; *Most.* 1158.

1 **illapsus (inl-)**, part. de *illabor*.

2 **illapsŭs (inl-)**, *ūs*, m., irruption : Col. 2, 2, 11 ; Cassian. *Inc.* 2, 6, 1.

3 **illapsus (inl-)**, *a*, *um* (*2 in-*, *1 lapsus*), qui ne glisse pas, ne bronche pas : Cypr. *Don.* 5.

illăquĕātĭo, *ōnis*, f., enlacement ; [fig.] action de circonvenir : Isid. *Ep.* 6, 3.

illaqueātus (inl-), *a*, *um*, part. de *illaqueo*, enlacé [fig.] : Cic. *Har.* 7.

illăquĕō (inl-), *ās*, *āre*, *āvī*, *ātum*, prendre au piège : Prud. *Cath.* 3, 41 ‖ séduire : Hor. *O.* 3, 16, 16.

illargībō, fut. arch. de *illargio* : Cat. d. Non. 470, 27.

illātābĭlis (inl-), *e*, dépourvu de largeur : Gell. 1, 20, 9.

illătĕbrō (inl-), *ās*, *āre*, -, -, tr., cacher : Quadr. d. Gell. 17, 2, 3.

illātĕnŭs, adv., jusque-là : Gell. 16, 19, 11.

illātĭo (inl-), *ōnis*, f. (*infero*), action de porter dans : Dig. 11, 7, 2, 3 ‖ action d'infliger : *mortis* Aug. *Serm.* 280, 3, la mort ; *stupri* Paul. *Sent.* 5, 4, 1, le viol ‖ impôt : Cassiod. *Var.* 2, 16 ‖ conclusion : Ps. Apul. *Herm.* 7.

illātīvus (inl-), *a*, *um*, qui conclut : Plin. d. Diom. 416, 18.

illātŏr (inl-), *ōris*, m., celui qui fait subir : Boet. *Cons.* 4, 4.

illātrix (inl-), *īcis*, f., celle qui apporte : Aug. *Jul.* 4, 8, 50.

illatro

illatrō (inl-), *ās, āre,* -, -, intr., aboyer contre [dat.]: Luc. 6, 729.

1 illātus (inl-), *a, um,* part. de *infero*.

2 illātŭs, ūs, m., ⊙▶ *illatio,* le fait d'apporter, d'infliger: Ps. Rufin. Joel 3, 4, p. 1054 A.

illaudābĭlis (inl-), *e,* qui ne mérite pas de louanges: Stat. S. 5, 5, 33; Gell. 2, 6, 17.

illaudandus (inl-), *a, um,* indigne de louanges: Ps. Tert. Marc. 3, 181.

illaudātus (inl-), *a, um,* obscur, sans gloire: Plin. Ep. 9, 26, 4 ‖ infâme: Virg. G. 3, 5, cf. Serv.

illaudō, *ās, āre,* -, -, ⊙▶ *laudo,* louer: Act. Petr. 17, p. 65, 1.

illautus (inl-), *a, um,* qui n'est pas lavé, ⊙▶ *illotus*.

ĭllĕ, illă, illŭd, gén. *illīus,* dat. *illī* ; adj. pron. dém. (cf. *olle, olim, ultra, alius,* ἐκεῖνος, rus. *on,* al. *jener,* **olne/o-*; fr. *il, elle, ils, le, la, les, lui, eux*), celui-là, celle-là, cela ; ce, cet, cette ¶ **1** [désigne par rapport à celui qui parle ce qui est le plus éloigné dans l'espace et dans le temps, alors souvent opposé à *hic* ; ou encore il se réfère à une troisième personne ou un troisième objet] ▶ *hic* : *hic illest lepidus quem dixi senex* Pl. Mil. 155, voici [sous nos yeux] ce charmant vieillard dont j'ai parlé [tout à l'heure]; *quantum inter hunc (Metellum) et illum Numidicum intererat!* Cic. Verr. 4, 147, quelle différence il y avait entre ce Métellus-ci et l'autre, le Numidique!; *sed ille Graecus ab omni laude felicior* Cic. Brut. 63, mais l'autre, le Grec, est à tous égards mieux loti sous le rapport de la réputation, cf. Cic. Tusc. 1, 117; [poét.] *ex illo* Virg. En. 2, 169; Ov. M. 3, 394, depuis ce temps-là; *cur ista beatitas aut in solem illum aut in hunc mundum cadere non potest?* Cic. Nat. 1, 95, pourquoi cette félicité dont vous parlez ne peut-elle être le partage soit du soleil là-bas, soit ici de notre monde?; *in his undis maluit jactari quam in illa tranquillitate vivere* Cic. Rep. 1, 1, il aima mieux être ballotté ici [à Rome] dans les flots de la politique que de vivre là-bas [à Tusculum] dans la tranquillité ¶ **2** *ille* repris par *is* [pléonastique]: *ille, qui..., is* Cic. Phil. 2, 30, tandis que l'autre qui..., celui-là... ¶ **3** *ille* [pléonastique] *in quibus (sive ille inridens sive...) me proferebat* Cic. de Or. 1, 91, parmi eux (soit qu'il voulût railler soit ...), il me citait, cf. Hor. O. 4, 9, 51; S. 2, 3, 204 ‖ reprise oratoire: *Parmenides, Xenophanes, minus bonis quamquam versibus, sed tamen illi versibus increpant...* Cic. Ac. 2, 74, Parménide, Xénophane, dans des vers certes assez médiocres, mais enfin dans leurs vers ces gens-là réprimandent...; surtout joint à *quidem*: *haec, quae sunt extrinsecus, id est quae..., sunt illa quidem...* Cic. Fin. 5, 68, ces biens-ci qui sont en dehors de nous, c'est-à-dire qui..., ces biens-là certes... ; *philosophi quidam, minime mali illi quidem, sed...* Cic. Off. 3, 39, certains philosophes, qui ne sont certes pas méchants, mais ..., cf. Cic. Off. 1, 103; Brut. 115 ; Att. 10, 4, 3 ¶ **4** emphatique: *Antipater ille Sidonius* Cic. de Or. 3, 194, ce fameux Antipater de Sidon ; *Xenophon, Socraticus ille* Cic. de Or. 2, 58, Xénophon, cet illustre disciple de Socrate ; *Medea illa* Cic. Pomp. 22, cette fameuse Médée ; *"qua de re agitur" autem illud...* Cic. Brut. 275, quant à ce fameux "point en question" ; *hic est ille Demosthenes* Cic. Tusc. 5, 103, voilà ce fameux Démosthène ¶ **5** renvoyant à ce qui précède : *nec vero M. Antonium consulem... putare debuistis ; quo enim ille die... contionatus est* Cic. Phil. 3, 12, vous ne deviez pas non plus croire M. Antoine consul ; car le jour où il harangua ; *quicquid habuit, quantumcumque fuit, illud totum habuit e disciplina* Cic. Brut. 268, tous ses moyens oratoires, quelle qu'ait été leur importance, il les tenait entièrement de l'étude ‖ interlocuteur d'un dialogue : *tum ille...* Cic. de Or. 1, 45, alors lui... ; *quae cum dixisset, finem ille ; ego autem...* Cic. Fin. 4, 1, ayant dit cela, lui s'arrêta ; quant à moi... ‖ avec attraction : *si omnia populi arbitrio reguntur, dicitur illa libertas* Cic. Rep. 3, 23, si tout se règle par la volonté du peuple, on appelle cet état liberté ; *nec vero de gravitate provinciae Galliae taceri potest ; est enim ille flos Italiae...* Cic. Phil. 3, 13, il n'est pas non plus possible de taire la fermeté de la province de Gaule ; c'est le fleuron de l'Italie ... ‖ [tard.] valeur affaiblie de l'article: *ille sanctus presbyter* Eger. 15, 1, le saint prêtre ; *Macarius ille Aegyptius* Vit. Patr. 6, 3, 4, Macaire l'Égyptien ; *illa acida* Anthim. 84, les (pommes) acides ¶ **6** annonçant ce qui suit : *illa pars epistulae tuae minime fuit necessaria, in qua...* Cic. Att. 1, 17, 5, le passage de ta lettre n'était pas du tout nécessaire, où tu...; [alors souvent opposé à *hic* qui renvoie à ce qui précède, v. *hic*] *haec illa sunt tria genera quae...* Cic. Ac. 1, 22, telles sont les trois classes que..., cf. Cic. Tusc. 3, 31; Nat. 3, 40; Rep. 6, 18; Off. 3, 56; *hoc nimirum est illud, quod...* Cic. Flac. 66, c'est évidemment ce qui explique ce fait que..., cf. Cic. Sest. 96; Clu. 184; *illud audivi, te esse...* Cic. Fam. 7, 14, 2, j'ai appris que tu étais... ; *illud Catonis "melius de quibusdam inimicos mereri quam amicos"* Cic. Lae. 90, ce mot de Caton : "certains ennemis rendent parfois plus de services que des amis" ¶ **7** *hic et ille,* tel et tel, ⊙▶ *hic* ; *ille aut ille* Cic. Amer. 59, un tel ou un tel.

▶ forme renforcée *illemet* Diom. 332, 11 ‖ gén. *illi* Cat. d. Prisc. 2, 228, 3 ‖ arch. *ollus, olle,* ⊙▶ *ollus*.

illĕcĕbra (inl-), *ae,* f. (*illicio*) ¶ **1** attrait, charme: Cic. Cat. 2, 8; *illecebra peccandi* Cic. Mil. 43, attrait qui invite à la faute ‖ qui tente: Pl. Truc. 185 ¶ **2** [au pl.] attraits, séductions, amorces, appas: Cic. CM 40; Cat. 1, 13; Rep. 6, 6 ¶ **3** orpin [plante]: Plin. 25, 162.

illĕcĕbro (inl-), *ās, āre,* -, -, tr., charmer, captiver: Aug. Serm. 310, 1.

*****illĕcĕbrōsē** [inus.], d'une manière séduisante: *illecebrosius* Amm. 30, 5, 7.

illĕcĕbrōsus (inl-), *a, um* (*illecebra*), séduisant : *-sior* Pl. Bac. 87; *-issimus* Aug. Ep. 153, 7.

illectāmentum (inl-), *i,* n., **illectātio** et **illectio**, *ōnis,* f., séduction, charme: Apul. Apol. 98; Gell. 18, 2, 1; Cassiod. Psalm. 120, 8.

illectō (inl-), *ās, āre,* -, - (*illicio*), tr., attirer, séduire: Ps. Tert. Marc. 2, 67.

illectŏr, *ōris,* m., celui qui attire, séduit: Aug. Psalm. 61, 23.

illectrix, *īcis,* f., séductrice : Cassian. Coll. 20, 11.

1 illectus (inl-), *a, um* (2 *in-, lectus*), non lu: Ov. A. A. 1, 469 ‖ non assemblé: Dig. 50, 16, 30, 1.

2 illectus (inl-), part. de *illicio*.

3 illectŭs (inl-), *ūs,* m. (*illicio*), séduction: Pl. Bac. 55.

illĕgĭtĭmē (inl-), d'une manière illégale: Gai. Inst. 1, 89.

illĕgĭtĭmus (inl-), *a, um,* illégal, illégitime: Paul. Sent. 5, 4, 15.

illeic [arch.], ⊙▶ *illic*.

illĕmĕt, ⊙▶ *ille* ▶.

illĕpĭdē (inl-), sans grâce: Pl. Bac. 1169; Hor. Ep. 2, 1, 77; Gell. 18, 13, 5.

illĕpĭdus (inl-), *a, um,* sans grâce, désagréable: Pl. Bac. 514; Gell. 11, 7, 1; 18, 4, 10.

Illergavŏnenses, ⊙▶ *Illurgavonenses*.

Illetia, *ae,* f., île près d'Éphèse: Plin. 5, 137.

illēvi (inl-), parf. de *illino*.

illēvĭgātus, ⊙▶ *illaevigatus*.

1 illex (inl-), *ēgis* (2 *in-, lex*), sans loi, contraire à la loi: Pl. Pers. 108; Caecil. Com. 60.

2 illex (inl-) ou **-lix**, *ĭcis,* adj. (*illicio*), tentateur, séducteur: Prud. Symm. 2, 6 ‖ subst. m., appeau: Pl. As. 221 ‖ séducteur, séductrice: Pl. Poen. 745.

illexĕ (inl-), ⊙▶ *illicio* ▶.

illexi (inl-), parf. de *illicio*.

illī ¶ **1** dat. sg. et nom. pl. m. de *ille,* ⊙▶ *ille* ▶ ¶ **2** adv., à cet endroit-là: Pl. Cap. 275; Amp. 245; Mil. 254; Ter. And. 745; Ad. 116; ⊙▶ 2 *illic*.

illībābĭlis (inl-), *e,* à qui on ne peut rien enlever: Lact. Inst. 2, 7, 3.

illībātē (inl-), entièrement: Greg.-M. Ep. 7, 33.

illībātĭo (inl-), *ōnis,* f., pureté, intégrité: Ps. Hier. Ep. 6, 6, p. 83 D.

illībātus (inl-), *a, um* (*in, libo*), entier, dans son intégrité: Cic. Sest. 93; Liv. 3, 61, 5; 42, 30, 6; Tac. An. 2, 46 ‖ complet, régulier : Diom. 498, 24 ‖ pur, non souillé : Luc. 2, 342.

illībĕrālis (inl-), e, indigne d'un homme libre : Cic. Off. 1, 150 ‖ bas, vulgaire : Cic. Off. 1, 104 ‖ désobligeant : Cic. Fam. 13, 1, 5 ‖ avare, mesquin : Liv. 38, 14, 14.

illībĕrālĭtās (inl-), ātis, f., lésinerie, mesquinerie : Cic. Off. 2, 64 ; Att. 8, 6, 3.

illībĕrālĭtĕr (inl-), d'une manière indigne de l'homme libre, de gens bien nés : Cic. Rep. 1, 22 ‖ mesquinement : Cic. Att. 4, 2, 5 ; 16, 3, 2.

1 Illĭbĕri (Ili-), n., ville de la Bétique [Grenade] : Plin. 3, 10.

2 Illĭbĕri (-berri), n., **Illĭbĕris**, is, f., ville de Narbonnaise [Elne] : Liv. 21, 24, 1 ; Plin. 2, 244.

illībĕris, e (2 in-, liberi), qui est sans enfants : Tert. Marc. 4, 34, 8.

1 illic, aec, ūc ou ōc, Pl. Bac. 870 (ille, -ce), [arch.] 🄲 ille : Pl. Amp. 148 ; 766 ; *illuc aetatis* Pl. Mil. 657, à cet âge ‖ *illicine est?* Pl. Ps. 954, est-ce lui ? ; *illancine mulierem alere...?* Ter. Haut. 751, nourrir cette femme...?
▶ formes primitives en -ce : *illiusce* Cat. Agr. 139 ; *illāce* Cat. Agr. 132 ; *illosce*, *illasce* Varr. ; *illisce* Pl. Amp. 97 ‖ nom. pl. *illisce* Pl. Most. 510 ; 935.

2 illĭc, adv. (cf. 2 hic, 2 illi ; esp. allî) ¶ **1** en cet endroit-là, là-bas, là [sans mouv¹] : *illic... hic* Cic. Clu. 171, là-bas... ici ¶ **2** [= in illo] *bellum a Vitellio coepit et... initium illic fuit* Tac. H. 2, 47, la guerre est née de Vitellius et c'est chez lui que s'est trouvée l'initiative de... ; [= in illo bello] Liv. 2, 48, 9 ; [= in illa re] Pl. Ep. 420, dans cette circonstance, cf. Tert. And. 458 ; 638 ¶ **3** là [question quo, pour illuc] : Tert. Anim. 17, 6.

Illicē, ēs, f., **Illici**, n., ville de la Tarraconaise : Plin. 3, 19 ‖ **-ītānus**, a, um, d'Illicé : Plin. 3, 19.

illĭcentĕr (inl-), indûment : Aug. Ep. 182, 1.

illicet, 🄥 ilicet.

illĭcĭbĭlis (inl-), e (illicio) séduisant : Lact. Inst. 7, 27, 1.

illĭcĭnē, 🄥 1 illic.

illĭcĭō (inl-), ĭs, ĕre, lexī, lectum (in, lacio), tr., tenter, attirer, charmer, séduire : Cic. Tusc. 4, 12 ‖ détourner, égarer : Cic. Att. 9, 13, 3 ‖ engager à, entraîner à : [avec ut] Lucr. 2, 788 ; Liv. 10, 17, 6 ; [avec subj. seul] Tac. An. 6, 36 ; [avec inf.] Tac. An. 2, 37 ‖ au passif, être convoqué : Varr. L. 6, 94.
▶ *illexe* = *illexisse* Acc. Tr. 205, (Cic. Nat. 3, 68).

illĭcĭtāmentum (inl-), i, n., attrait : Pallad. Mon. 1, 25, p. 311 A.

illĭcĭtās, ātis, f. (illicitus), état, qualité de ce qui n'est pas permis : Hesych. 21, 5, p. 1055 A.

illĭcĭtātĭō (inl-), ōnis, f., séduction : Cassian. Coll. 5, 4.

illĭcĭtātŏr (inl-), ōris, m., enchérisseur : Cic. Off. 3, 61 ; Fam. 7, 2, 1.

illĭcĭtē (inl-), d'une manière illégitime : Dig. 32, 1, 11, 14.

illĭcĭtō (inl-), ās, āre, -, - (fréq. de illicio), séduire : Solin. 7, 31.

illĭcĭtus (inl-), a, um, interdit, illégal : Tac. An. 12, 15 ; 15, 37 ; Sen. Ep. 108, 14 ‖ *-issimus* Aug. Ep. 91, 8.

illĭcĭum (inl-), ii, n. (illicio) ¶ **1** appas, charme : Varr. R. 3, 16, 22 ¶ **2** convocation du peuple : Varr. L. 6, 94.

īllĭcō (īlĭcō), adv. (in stlocod > *insloco), sur la place, en place : Caecil. ; Acc. ; Naev. d. Non. 325, 7 ; 12 ; Pl. Most. 1064 ; Ter. Phorm. 195 ; *exadvorsum ilico* Ter. Phorm. 88, juste en face ‖ sur-le-champ : Pl. Amp. 216 ; Cic. Mur. 22 ; Fat. 28.

illīdō (inl-), ĭs, ĕre, līsī, līsum (in et laedo), tr. ¶ **1** frapper sur, pousser contre : *naves vadis* Virg. En. 1, 112, pousser des vaisseaux sur des bancs de sable ; *illisae inter se manus, nubes* Sen. Nat. 2, 27, 4, mains, nuées frappées l'une contre l'autre ; *dentes labellis* Lucr. 4, 1080, imprimer ses dents sur les lèvres, cf. Hor. S. 2, 1, 77 ¶ **2** mettre en morceaux : Cic. Har. 55 ; Varr. R. 3, 7, 10 ¶ **3** [fig.] heurter, rendre hostile, nuire à : Cypr. Ep. 41, 1 ; 🄥 *illaedo*.

illĭgāmentum (inl-), i, n., lien, cordon : Salv. Gub. 7, 19, 83.

illĭgātĭō (inl-), ōnis, f., attache, nœud : Capel. 2, 201.

illĭgātus (inl-), a, um, part. de illigo.

illĭgō (inl-), ās, āre, āvī, ātum (1 in, ligo), tr. ¶ **1** lier à, attacher à : *in poculis* Cic. Verr. 4, 54, enchâsser sur des coupes ; *in sphaeram* Cic. Tusc. 1, 63, monter sur une sphère ‖ entraver : Virg. En. 10, 794 ¶ **2** [fig.] attacher, lier : *in solutam orationem illigari* Cic. Or. 215, s'insérer dans la prose [avec in abl. Cic. Or. 96] ; *illigare sententiam verbis* Cic. de Or. 3, 175, lier la pensée aux mots ‖ *amicitia illigatus Philippo* Liv. 32, 22, 11, attaché à Philippe par les liens de l'amitié ‖ *sermonibus ejus modi nolunt personas tam graves illigari* Cic. Ac. 2, 6, ils ne veulent pas voir de si graves personnages mêlés dans ces sortes d'entretiens ; *angustis disputationibus illigati* Cic. de Or. 2, 61, empêtrés dans des discussions mesquines.

illim (arch. c. illinc), Pl. Men. 799 ; Ter. Hec. 297 ; Lucr. 3, 879 ; Cic. Har. 42 ; Att. 9, 14, 2

illīmis (inl-), e (in, limus), dépourvu de boue, limpide : Ov. M. 3, 407.

illīmĭtātus, a, um, illimité : Itin. Alex. 20.

illīmō (inl-), ās, āre, -, - (in, limus), tr., souiller de limon : Col. 9, 7, 4.

illinc, adv. (illim, ce), de là : Cic. Att. 9, 14, 2 ‖ venant de cette personne, de ce côté : Pl. Ru. 983 ; Cic. Phil. 2, 77 ; Att. 9, 7, 4.

illĭnīmentum (inl-), i, n. (illinio), liniment : Cael.-Aur. Chron. 3, 8, 132.

illĭnĭō (inl-), īs, īre, -, - (cf. illino,), tr., oindre, enduire : Plin. 30, 65 ; Col. 12, 46, 5.

illĭnō (inl-), ĭs, ĕre, lēvī, lĭtum (in, lino), tr. ¶ **1** oindre, enduire : *faces pice* Liv. 42, 64, 3, enduire de poix les torches ‖ [fig.] *fuco inlitus color* Cic. de Or. 3, 199, teint barbouillé de fard ; *donum veneno illitum* Liv. 5, 2, 3, présent imprégné de poison ¶ **2** appliquer sur, frotter sur : *collyria oculis* Hor. S. 1, 5, 31, appliquer un collyre sur les yeux ‖ *aurum marmori* Plin. 33, 64, dorer du marbre ; *nives agris* Hor. Ep. 1, 7, 10, mettre une couche de neige sur les champs ‖ *aliquid chartis* Hor. S. 1, 4, 36, barbouiller quelque chose sur du papier.

illĭquĕfactus (inl-), a, um, rendu liquide : Cic. Tusc. 4, 20.

illĭquŏr (inl-), ĕrĭs, ī, -, 🄲 1 liquor, couler, dégoutter : *Symm. Ep. 1, 33.

illisce, 🄥 1 illic.

illīsi (inl-), parf. de illido.

illīsĭō (inl-), ōnis, f. (illido), choc : Hier. Ep. 43, 3.

1 illīsus (inl-), a, um, part. de illido.

2 illīsŭs (inl-), ūs, m., coup, choc : Sil. 17, 246 ; Plin. 2, 132.

illĭtĭō (inl-), ōnis, f. (illino), onction : M.-Emp. 19, 42.

illittĕrātus (inl-), a, um (2 in-, litteratus) ¶ **1** illettré, ignorant : Caecil. Com. 60 ; Cat. Orig. 2, 1 ; Cic. de Or. 2, 25 ‖ *litterae illitteratissimae* Plin. Ep. 1, 10, 9, lettres très peu littéraires ¶ **2** non écrit : Gell. 11, 18, 4 ¶ **3** inarticulé, qu'on ne peut pas transcrire [en parl. des interjections] : Prisc. 3, 91, 3.

Illiturgi (Iliturgi), n., (-is, f.), ville de Bétique [Espelui] Atlas IV, D2 : Liv. 23, 49, 5 ; 24, 41, 8 ‖ **-gītāni**, ōrum, m. pl., habitants d'Illiturgi : Liv. 28, 19, 2.

1 illĭtus (inl-), a, um, part. de illino.

2 illĭtŭs (inl-), ūs, m., action d'enduire, onction : Plin. 28, 217.

illīusmŏdi, de cette sorte : Cic. Caecil. 31.

illix, 🄥 2 illex.

illō, adv. (ille, cf. quo, illoc, illuc) ¶ **1** là-bas, en cet endroit-là, là [avec mouv¹] : Cic. Verr. 1, 147 ; Caecin. 46 ; Caes. G. 4, 20, 3 ; *huc aut illo* Sen. Nat. 2, 11, 1, ici ou là ¶ **2** [= ad illud] *eodem illo pertinere ut...* Caes. G. 4, 11, 4, aboutir à ce même résultat, à savoir que... ; *illo usque procedere ut...* Sen. Ep. 66, 25, en venir jusqu'à... ¶ **3** [tard.] là [question ubi] : VL. Jac. 2, 3.

illōc, adv. (illo, -ce ; a. fr. *iluec*), ▶ illuc, là-bas, là [avec mouv¹] : Pl. Truc. 647 ; Ter. Eun. 572.

illŏcābĭlis (inl-), e, qu'on ne peut établir (marier) : Pl. Aul. 191.

illŏcālis (inl-), e (in, locus), sans localisation dans l'espace, : Mamert. Anim. 1, 5.

illŏcālĭtās (inl-), ātis, f. (*illocalis*), localisation inexistante dans l'espace : Mamert. *Anim.* 1, 19.

illŏcālĭtĕr (inl-), en dehors de tout lieu : Mamert. *Anim.* 1, 18.

illorsum, adv. (*illo* et *versum*), vers ce lieu-là : Cat. d. P. Fest. 25, 7.

illōtus, illautus, illūtus, (inl-), a, um ¶ 1 sale, non lavé : Plin. 23, 63 ; Macr. *Sat.* 1, 24, 12 ; Pl. *Poen.* 103 ; Hor. *S.* 2, 4, 84 ; Pl. *Poen.* 316 ¶ 2 non essuyé : Virg. *G.* 3, 443.

illŭbrīcō (inl-), ās, āre, -, -, tr., rendre glissant : Apul. *M.* 2, 7.

illūc, adv. (*ille*, cf. *illo, illoc, huc*) ¶ 1 là-bas, là [avec mouv¹] : *huc illuc, huc atque illuc, etc.*, çà et là, v. *huc* : *illuc ex his vinculis* Cic. *Tusc.* 1, 75, (s'en aller) là-bas au sortir de cette prison-ci ¶ 2 [fig.] *a)* [= *ad, in* acc. + *illud*] *oratio redeat illuc (= ad illud, ad illam rem) unde deflexit* Cic. *Tusc.* 5, 80, revenons au point de départ de notre digression ; *confugit illuc, ut neget... posse* Cic. *Fin.* 2, 28, il a ce dernier recours de prétendre qu'il n'est pas possible..., cf. Cic. *Verr.* 5, 25 ; *illuc praevertamus quod...* Hor. *S.* 1, 3, 38, tournons-nous d'abord vers cet autre fait que... *b)* = *ad illum* : *Nero solus erat, illuc cuncta vergere* Tac. *An.* 1, 3, Néron était seul... et c'est vers lui que tout convergeait ¶ 3 [temporel] : *illuc usque* Tac. *An.* 15, 54, jusqu'à ce moment-là.

illūcĕō (inl-), ēs, ēre, -, -, intr., luire, briller sur : *capiti alicujus* Pl. *Cap.* 597, briller sur la tête de qqn ‖ briller : Ambr. *Psalm.* 118, s. 19, 39.

illūcescō (inl-), ĭs, ĕre, lūxī, - ¶ 1 intr., se mettre à luire, à briller : *cum sol inluxisset* Cic. *Nat.* 2, 96, le soleil s'étant mis à briller ; *inlucescet aliquando ille dies, cum* Cic. *Mil.* 69, il finira par briller ce jour où ‖ [fig.] Cic. *Agr.* 1, 24 ¶ 2 tr., se mettre à éclairer, *aliquem* qqn : Pl. *Amp.* 547 ; *Bac.* 256 ¶ 3 impers., *ubi inluxit* Liv. 1, 28, 2, quand il fit jour, cf. Liv. 2, 65, 1.

illūcĭdō (inl-), ās, āre, -, -, tr., éclairer : Ps. Mar. Vict. *Verb. Script.* 1, p. 1009 B.

illuctans (inl-), tis (*in* et *luctor*) [fig.] qui lutte sur : Stat. *Th.* 4, 790.

illūcŭbrātus, a, um, qui n'est pas travaillé : Sulp. Sev. *Ep.* 3, 3.

illūcŭlascō (inl-), ĭs, ĕre, -, -, intr., commencer à luire : Front. *Ant.* 1, 5, 3, p. 103 N.

illŭd, n. de *ille*.

illūdĭō, ās, āre, -, -, c. *illudo* : Gell. 1, 7, 3.

illūdō (inl-), ĭs, ĕre, lūsī, lūsum, intr. et tr. ¶ 1 [au pr.], jouer sur, jouer avec [dat.] : *ima videbatur talis illudere palla* Tib. 3, 4, 35, le bas de sa robe longue semblait jouer autour de ses talons ; *illudere chartis* Hor. *S.* 1, 4, 139, s'amuser à écrire ¶ 2 [fig.] *a)* se jouer de, se moquer de [avec dat.] : *alicujus dignitati* Cic. *Amer.* 54, se jouer de la dignité de qqn ; *capto* Virg. *En.* 2, 64, insulter un prisonnier ‖ [avec *in* acc.] *in aliquem* Ter. *Eun.* 942, se jouer de qqn, ou Cic. *de Or.* 3, 171, se moquer de qqn ; [avec *in* abl.] Ter. *And.* 758 ‖ [abs¹] *illudens* Cic. *Brut.* 292, en se jouant, par manière de plaisanterie, ironiquement ; *illuseras heri inter scyphos, quod dixeram* Cic. *Fam.* 7, 22, tu t'es moqué hier à table, parce que j'avais dit... *b)* se jouer de, ne pas respecter, maltraiter : *frondi uri illudunt* Virg. *G.* 2, 375, les buffles maltraitent le feuillage ; *pecuniae illudere* Tac. *H.* 2, 94, gaspiller l'argent en se jouant ‖ outrager, déshonorer : Tac. *An.* 13, 17 ; 15, 72.

II tr. ¶ 1 se jouer de : *illusae auro vestes* Virg. *G.* 2, 464, étoffes dans lesquelles on s'est joué avec de l'or = brochées d'or ¶ 2 se moquer de, railler, tourner en ridicule : *miseros* Cic. *de Or.* 2, 237 ; *praecepta rhetorum* Cic. *de Or.* 1, 87, se moquer des malheureux, des préceptes des rhéteurs, cf. Cic. *Lae.* 99 ; *Rep.* 1, 20 ; *illusi pedes* Hor. *S.* 2, 7, 108, pieds dont s'amuse la goutte, vacillants ¶ 3 se jouer de, risquer, aventurer : *vitam alicujus* Ter. *And.* 822, risquer la vie de qqn, le bonheur de qqn ‖ ne pas respecter : *corpus alicujus* Tac. *An.* 1, 71, insulter le cadavre de quelqu'un.

illūmĭnābĭlis, e (2 *in-, lumen*), qui ne peut être éclairé : Mamert. *Anim.* 2, 2.

illūmĭnantĕr, adv., clairement : VL. *Psal.* 30, 17.

illūmĭnātē (inl-), avec l'éclat du style [emploi des figures] : Cic. *de Or.* 3, 53.

illūmĭnātĭō, ōnis, f., éclairage : Macr. *Sat.* 1, 18, 13 ‖ [fig.] éclat : Vulg. *Psal.* 89, 8 ‖ inspiration : Vulg. *Psal.* 26, 1.

illūmĭnātŏr, ōris, m., celui qui éclaire : [fig.] Tert. *Marc.* 4, 17, 13.

illūmĭnātrix, īcis, f., celle qui éclaire : Isid. 7, 10, 1.

1 **illūmĭnātus (inl-)**, a, um, part.-adj. de *illumino*, brillant, orné : *-tissimus* Aug. *Serm.* 34, 3, 5.

2 **illūmĭnātus (inl-)**, a, um (2 *in-*), non éclairé, non orné : Pomer. 3, 16, 3.

illūmĭnō (inl-), ās, āre, āvi, ātum (1 *in*), ¶ 1 éclairer, illuminer : Cic. *Nat.* 2, 119 ‖ embellir, orner : Her. 4, 60 ¶ 2 [fig.] mettre en lumière, rendre lumineux : Cic. *de Or.* 3, 170 ; *Or.* 83 ‖ rendre illustre : Vell. 1, 18, 3 ‖ [chrét.] inspirer : Tert. *Res.* 8, 3.

illūmĭnus (inl-), a, um (2 *in-, lumen*), qui est sans lumière : Apul. *M.* 6, 2.

illunc, v. *illic*.

illūnis (inl-), e, **illūnĭus**, a, um (2 *in-, luna*), non éclairé par la lune : Plin. *Ep.* 6, 20, 15 ; Apul. *M.* 4, 18.

Illurcis, is, f., v. *Ilorci*.

Illurco, v. *Ilurco*.

Illurgăvŏnenses, ĭum, m. pl., c. *Ilercaonenses* : Caes. *C.* 1, 60, 2.

Illŭri, Illŭrĭc-, orth. arch. (cf. *Hilurii* Pl. *Men.* 235), v. *Illyr-*.

illūsĭo (inl-), ōnis, f. (*illudo*), [rhét.] ironie : Cic. *de Or.* 3, 202 ‖ illusion, tromperie : VL. *Eph.* 4, 14.

illūsŏr (inl-), ōris, m. (*illudo*), celui qui se joue de : Tert. *Marc.* 4, 35, 7.

illūsōrĭē, adv., par dérision, par moquerie : Ps. Ambr. *Trin.* 24, p. 535 A.

illūsōrĭus (inl-), a, um, illusoire : Ambr. *Luc.* 10, 23.

illuster, v. *illustris* ▶.

illustrābĭlis, e, clair : Cassiod. *Psalm.* 118, 835 D.

illustrāmentum (inl-), i, n., ornement : *Quint. 11, 3, 149.

illustrātĭō (inl-), ōnis, f., action d'éclairer, de rendre brillant [rhét. = hypotypose] : Quint. 6, 2, 32 ‖ [chrét.] apparition, illumination : Vulg. 2 *Thess.* 2, 8 ; Cassian. *Coll.* 10, 10.

illustrātŏr (inl-), ōris, m., celui qui éclaire : Lact. *Inst.* 2, 9, 5.

1 **illustrātus (inl-)**, a, um, part. de *illustro*.

1 **illustrātŭs (inl-)**, ūs, m., illustrat, dignité des *Illustres* : Cod. Just. 3, 1, 13.

ĭllustrĭa, ae, f., célébrité : Schol. Luc. 5, 207.

illustris (inl-), e (1 *in*, **lustrum, lux*) ¶ 1 clair, éclairé, bien en lumière : *aditus illustres* Cic. *Or.* 50, entrées de maison bien claires ‖ qui donne de la clarté, lumineux, brillant : *illustris stella* Cic. *Div.* 1, 130, étoile brillante ; *solis candor illustrior est quam ullius ignis* Cic. *Nat.* 2, 40, l'éclat du soleil est plus brillant que celui d'aucun feu ¶ 2 [fig.] *a)* clair, éclatant, manifeste : *tam illustre somnium, tam certum* Cic. *Div.* 2, 141, un songe si clair, si net ; *oratio nulla illustrior ipsa evidentia* Cic. *Ac.* 2, 17, il n'y a pas de développement plus lumineux que l'évidence même, cf. Cic. *Fin.* 5, 11 ; *verba illustria* Cic. *Fin.* 3, 40, expressions claires ; *Panaetius... illustrior* Cic. *Fin.* 4, 79, Panétius... plus clair, plus lumineux ; *id fuit illustre notumque omnibus* Cic. *Verr.* 5, 34, ce fait fut manifeste et de notoriété publique *b)* brillant, en vue, marquant ; *causae illustres* Cic. *Brut.* 207, causes brillantes, retentissantes ; *homines* Cic. *Brut.* 74, personnages marquants, cf. Cic. *Brut.* 122 ; *Rep.* 2, 55 ; Caes. *G.* 7, 32, 4 ; *nihil illustre praetermittere* Cic. *Or.* 120, ne rien omettre de mémorable, cf. Cic. *Off.* 1, 75 ; Caes. *G.* 7, 3, 2 ; *illustriore loco natus* Caes. *G.* 6, 19, 3, d'une famille en vue ; *philosophorum illustrissimi* Gell. 18, 7, 3, les plus illustres des philosophes ‖ titre honorifique des plus hauts fonctionnaires et officiers au Bas-Empire : Cod. Just. 3, 26, 6 ; *illustris dignitas* Cod. Just. 3, 24, 1, dignité d'un *vir illustris*.

▶ nom. m. *illuster* Val.-Max. 4, 1, 5 ; 4, 3, 11.

illustrius, adv. (sans positif), plus clairement : Cic. *Fam.* 10, 19, 1; *Dom.* 27; **illustrissime** Gell. 9, 13, 4, avec la plus grande clarté.

illustrō (inl-), *ās, āre, āvī, ātum* (*1 in, lustro*), tr. ¶ **1** éclairer, illuminer : *ejus candelabri fulgore collucere atque illustrari Jovis templum oportebat* Cic. *Verr.* 4, 71, il aurait fallu que le temple de Jupiter fût tout resplendissant et illuminé de l'éclat de ce candélabre ¶ **2** [fig.] **a)** mettre en lumière, rendre patent : *ut ea consilia illustrarentur* Cic. *Cat.* 3, 20, pour que ces projets fussent mis en pleine lumière, cf. Cic. *Lae.* 97; *rem disserendo* Cic. *Brut.* 276, éclairer une affaire par l'argumentation; *jus inlustratum a patrono* Cic. *de Or.* 1, 177, point de droit éclairci par l'avocat **b)** rendre brillant, éclatant [le style] : Cic. *Or.* 92; *de Or.* 3, 144 **c)** donner de l'éclat, du lustre : *qui libri populi Romani nomen illustrant* Cic. *Arch.* 21, cet ouvrage jette de l'éclat sur le nom du peuple romain, cf. Cic. *Fam.* 1, 6, 2; 5, 12, 1 **d)** inspirer, sanctifier : Prud. *Cath.* 1, 55.

illūsus (inl-), *a, um*, part. de *illudo*.

illūtibarbus, *a, um* (*illutus, barba*), à la barbe sale : Apul. *Flor.* 3.

illūtilis (inl-), *e* (*2 in-, luo*), qu'on ne peut laver : *Pl. *Men.* 168.

1 illūtus (inl-), V. *illotus*.

2 illūtus (inl-), *a, um*, non mouillé : Arn. 1, 46.

illŭvĭēs (inl-), *ēi*, f. (*2 in-, lavo*) ¶ **1** saleté, malpropreté : Ter. *Haut.* 295; Cic. poet. *Tusc.* 3, 16; Virg. *G.* 3, 561; Tac. *An.* 4, 28 ¶ **2** mare boueuse : Tac. *An.* 12, 51; Curt. 8, 14, 4.

illŭvĭo (inl-), *ōnis*, f., débordement : Hier. *Joel* 2, 1, p. 1012 B.

illŭvĭōsus (inl-), *a, um* (*illuvies*), sale : Non. 413, 7.

illuxi (inl-), parf. de *illucesco*.

Illyrĭa, *ae*, f., l'Illyrie : Prop. 1, 8, 2.

Illyrĭcĭānus, *a, um*, V. *Illyricus* : Cod. Th. 10, 10, 26.

Illyrĭcus, *a, um*, d'Illyrie : Cic. *Pomp.* 35; Virg. *En* 1, 243 ‖ **-cum**, *i*, n., l'Illyrie : Cic. *Att.* 10, 6, 3.

Illyris, *ĭdis*, f. ¶ **1** d'Illyrie : Ov. *Tr.* 2, 225; Luc. 2, 624 ‖ subst. f., l'Illyrie : Ov. *Pont.* 2, 2, 79 ¶ **2** île voisine de la Cilicie : Plin. 5, 131.

Illyrius, *a, um*, illyrien : Cic. *Off.* 2, 40 ‖ **-rii**, *m.*, les Illyriens : Liv. 10, 2.

Ilorci, n., ville de Bétique : Plin. 3, 9 ‖ **-cītāni**, *ōrum*, m. pl., les habitants d'Ilorci : Plin. 3, 9.

Ĭlōtae, *ārum*, m. pl. (εἱλῶται), ilotes, esclaves à Sparte : Liv. 34, 27, 9.

Ilpa, *ae*, f., ville de Bétique : Plin. 3, 11.

Iltŏnŏmus, *i*, m., un des fils d'Égyptus : Hyg. *Fab.* 170.

Ilucia, *ae*, f., ville de la Tarraconaise : Liv. 35, 7.

Ilurcis, V. *Ilorci*.

Ilurco, *ōnis*, f., ville de la Bétique : Plin. 3, 10 ‖ **-ōnensis**, *e*, d'Ilurco : CIL 2, 2064.

Ilūro, *ōnis*, f., ville de la Tarraconaise [Mataró] : Plin. 3, 22 ‖ ville d'Aquitaine [Oloron] Atlas IV, B3; V, F2 : Anton. 453.

Īlus, *i*, m. (Ἶλος), fils de Tros et roi de Troie : Virg. *En.* 6, 650 ‖ surnom d'Ascagne : Virg. *En.* 1, 268 ‖ compagnon de Turnus : Virg. *En.* 10, 400.

Ilva, *ae*, f., île d'Elbe Atlas V, F; XII, D2 : Plin. 3, 81; Liv. 30, 39, 2.

Ilvātes, *ĭum* ou *um*, m. pl., peuple de Ligurie : Liv. 31, 10, 2.

1 im-, pour *in-*, devant *b, m, p* dans les mots composés.

2 im (cf. *1 em, 1 is, is*), *eum* : L. XII Tab. d. Cic. *Leg.* 2, 60; Char. 133, 1.

Imăchărensis, *e*, d'Imachara [ville de Sicile] : Cic. *Verr.* 5, 15 ‖ **-cărenses**, *ĭum*, m. pl., les habitants d'Imachara : Plin. 3, 91.

Imadŭchi, *ōrum*, m. pl., peuple d'Asie : Plin. 6, 21.

ĭmāgĭnābĭlis, *e* (*imago*), imaginable : Boet. *Cons.* 5, pros. 4-5.

ĭmāgĭnābundus, *a, um* (*imaginor*), qui se représente qqch. : Apul. *M.* 3, 1.

ĭmāgĭnālis, *e* (*imago*), figuratif : Mar. Vict. *Ar.* 1, 19.

ĭmāgĭnālĭtěr, adv., par image : Aug. *Gen. litt.* 12, 5.

ĭmāgĭnāriē, adv., selon l'imagination : Sidon. *Ep.* 2, 10, 4.

ĭmāgĭnārĭus, *a, um* (*imago*) ¶ **1** d'image : Diocl. 7, 9 ‖ **-rĭus**, *ii*, m., porteur de l'image de l'empereur : Veg. *Mil.* 2, 7 ¶ **2** ce qui existe en imagination : Liv. 3, 41, 1; Sen. *Ep.* 20, 13 ¶ **3** fait à l'image de : *est mancipatio imaginaria quaedam venditio* Gai. *Inst.* 1, 119, la mancipation est une sorte de vente.

ĭmāgĭnātĭo, *ōnis*, f. (*imaginor*), image, vision : Plin. 20, 68; *Aegyptum secretis imaginationibus agitans* Tac. *An.* 15, 36, évoquant l'Égypte dans ses secrètes pensées.

ĭmāgĭnātus, *a, um*, part. de *imagino*, [sens passif] façonné : Lact. *Inst.* 5, 13, 21.

ĭmāgĭnĕus, *a, um* (*imago*), qui reproduit, qui imite : Fort. *Mart.* 2, 276 ‖ imaginaire : Sedul. *Op.* 1, 17.

ĭmāgĭnĭfĕr, *ĕri*, m. (*imago, fero*), porteur de l'image de l'empereur (comme étendard) : Veg. *Mil.* 2, 7.

ĭmāgĭnō, *ās, āre, -, ātum* (*imago*), tr., donner une image de, représenter : Gell. 16, 18, 3.

ĭmāgĭnŏr, *ārĭs, ārī, ātus sum* (*imago*), tr., se figurer, s'imaginer (*aliquem, aliquid*, qqn, qqch.) : Plin. 20, 143; Quint. 12, 1, 21; Tac. *An.* 15, 69; Plin. *Ep.* 2, 10, 7.

ĭmāgĭnōsus, *a, um*, qui a des hallucinations : Catul. 41, 8.

ĭmāgo, *ĭnis*, f. (cf. *imitor*) ¶ **1** représentation, imitation, portrait : *alicujus picta, ficta* Cic. *Fam.* 5, 1, 7, portrait, statue de qqn; *alicujus ex aere* Cic. *Or.* 110, statue de qqn en airain ¶ **2** [en part.] portrait d'ancêtre, image [en cire, placée dans l'atrium, portée aux funérailles] : Cic. *Verr.* 5, 36; *Sest.* 19; Liv. 3, 58, 2 ‖ [surtout au pl.] *jus imaginum*, le droit d'images, réservé aux nobles; *fumosae imagines* Cic. *Pis.* 1, portraits enfumés des ancêtres, cf. Cic. *Agr.* 2, 100; Sall. *J.* 4, 5; 85, 25; *homo multarum imaginum* Sall. *J.* 85, 10, homme qui compte de nombreux ancêtres, de vieille noblesse ¶ **3** image, ombre d'un mort : Virg. *En.* 2, 773; 4, 654; *imagines mortuorum* Cic. *Div.* 1, 63, les images des morts ‖ fantôme, vision, songe, apparition : Hor. *O.* 3, 27, 40; Tib. 3, 4, 56 ‖ spectre : Plin. *Ep.* 7, 27, 6 ¶ **4** écho : *vocis* Virg. *G.* 4, 50 ou *imago* seul Varr. *R.* 3, 16, 12; Hor. *O.* 1, 20, 6; *gloria virtuti resonat tamquam imago* Cic. *Tusc.* 3, 3, la gloire est comme l'écho de la vertu ¶ **5** portrait, image, copie de qqn : *Alexis, imago Tironis* Cic. *Att.* 12, 10, Alexis, qui est une réplique de Tiron; *filius tuus, imago animi et corporis tui* Cic. *Fam.* 6, 6, 13, ton fils, qui est ton image au moral et au physique; *alicujus imaginem ferre* Pl. *Mil.* 151; *Cap.* 39, prendre les traits de qqn, se faire passer pour qqn ‖ *explicate descriptionem imaginemque tabularum* Cic. *Verr.* 2, 190, déployez la copie et le fac-similé des registres; *imago animi vultus est* Cic. *de Or.* 3, 221, le visage est le miroir de l'âme ¶ **6** [au pl.] images des objets [c. *simulacra* dans Lucrèce] : Cic. *Div.* 2, 137 ¶ **7** comparaison, parabole, apologue : Cic. *Inv.* 1, 49; Hor. *S.* 2, 3, 320; *Ep.* 1, 7, 34; Quint. 6, 1, 28 ¶ **8** [fig.] **a)** image, copie, reproduction : *antiquitatis* Cic. *Sest.* 19, une reproduction de l'ancien temps, cf. Cic. *Amer.* 47; *Fam.* 1, 6, 2; 9, 15, 2 **b)** copie, imitation [opp. à la réalité] : *virtutis* Quint. 10, 1, 16, copie de la vertu; *modestiae imagine* Tac. *H.* 4, 86, sous le masque de la modestie **c)** ombre, fantôme, apparence : *judiciorum* Cic. *Sest.* 30, une ombre de tribunaux; *imaginem rei publicae nullam relinquere* Cic. *Agr.* 2, 88, ne pas laisser une ombre de gouvernement, cf. Cic. *Off.* 3, 69; *Rep.* 2, 52 **d)** représentation par la pensée, évocation, pensée : *tristium laetorumque* Tac. *An.* 2, 53, évocation de choses tristes et gaies; *magnam noctium partem in imagine tua exigo* Plin. *Ep.* 7, 5, 1, je passe une grande partie des nuits à évoquer ton image.

ĭmāguncŭla, *ae*, f. (dim. de *imago*), petit portrait : Suet. *Aug.* 7.

Ĭmāōn, *ōnis*, m., nom d'homme : Virg. *En.* 10, 424.

Imaus

Imăus (Imăvus), *i*, m., montagne faisant partie de l'Himalaya : Plin. 5, 98 ; 6, 214.

imbalnĭtĭēs, *ēi*, f. (*2 in-, balneum*), saleté : Lucil. 600.

imbaptizātus, *a, um*, non baptisé : Greg.-M. *Ep.* 3, 7, p. 166, 34.

imbarbescō, *ĭs, ĕre*, -, - (*1 in, barbesco*), intr., devenir barbu : P. Fest. 96, 27.

Imbărus, *i*, m., montagne de Cilicie : Plin. 5, 93.

imbēcillis, *e*, v.> *imbecillus* ►.

imbēcillĭtās, *ātis*, f. (*imbecillus*) ¶ 1 faiblesse physique : Cic. *Att.* 11, 6, 4 ; *Brut.* 202 || faiblesse [des matériaux] : Caes. C. 2, 15, 2 ¶ 2 faiblesse [en gén.], manque de force : Cic. *Lae.* 26 ; *Tusc.* 5, 3 ¶ 3 faiblesse de réflexion : Cic. *Off.* 1, 117 || de courage, de caractère : Caes. G. 7, 77, 9 ; Cic. *Fam.* 1, 4, 3 || *imbecillitas sexus* Dig. 16, 1, 2, 2, le sexe faible.

imbēcillĭtĕr, adv. (*imbecillus*), faiblement : Aug. *Ep.* 120, 6 || *imbecillius* Cic. *Ac.* 2, 52, plus faiblement.

imbēcillŏr, *ārĭs, ārī*, - (*imbecillus*), être maladif : Dosith. 7, 431, 10.

imbēcillōsus, *a, um*, faible : Aug. *Ver.* 15, 29.

imbēcillus, *a, um* (obscur) ¶ 1 faible [de corps] : Cic. *Fam.* 7, 1, 3 ; *CM* 35 ; *Lae.* 23 || faible [voix] : Quint. 11, 3, 13 || [yeux] : Sen. *Nat.* 1, 17, 2 ; [remède] Cic. *Att.* 10, 14, 2 || stérile [terre] : Plin. 17, 35 || facile à digérer : Cels. 2, 18, 3 ¶ 2 faible [esprit] : Cic. *Div.* 2, 125 || humble : Cic. *Lae.* 70 ; *imbecilli* Cic. *Rep.* 1, 48, des gens faibles, sans caractère || -*ior* Cic. *Att.* 10, 14, 2 ; -*issimus* Sen. *Ep.* 59, 12 ; Cels. 2, 18, 3. ► forme *imbecillis, e* Sen. *Ir.* 3, 28, 3 ; *Clem.* 2, 6, 3.

imbellĭa (inb-), *ae*, f. (*imbellis*), inaptitude à la guerre : Gell. 5, 5, 5, cf. P. Fest. 101, 22.

imbellis, *e* (*2 in-, bellum*) ¶ 1 inapte à la guerre, pacifique, paisible : Cic. *Off.* 1, 83 ; Sall. *J.* 20, 2 ; Liv. 32, 13, 14 ¶ 2 *res imbelles* Cic. *Lae.* 47, faits (actes) qui témoignent de lâcheté || faible, impuissant [en parl. d'un trait lancé] : Virg. *En.* 2, 544 || calme, tranquille [en parl. de la mer] : Stat. S. 3, 5, 84 ¶ 3 sans guerre, *imbellis annus* Liv. 10, 1, 4, année sans guerre, cf. Liv. 4, 20, 9 ; 9, 45, 10.

imbĕnignus, *a, um*, sans bienveillance : Hier. *Eccles.* 3, p. 409 Vall.

1 **imbĕr**, *bris*, m. (cf. *nebula*, osq. *anafríss*, scr. *abhra-m*, ὄμβρος) ¶ 1 pluie, averse, orage de pluie : Cic. *Verr.* 4, 86 ; *Att.* 7, 20, 1 ¶ 2 nuage de pluie : Virg. *En.* 3, 194 || eau de pluie : Tac. *H.* 5, 12 ¶ 3 eau, liquide [en gén.] : Varr. *L.* 7, 37 ; Lucr. 6, 149 || pluie de larmes : Ov. *Tr.* 1, 3, 18 || ruisseau de sang : Stat. *Th.* 1, 437.

2 **imbĕr**, v.> 1 *iber*.

imberbis, *e*, **imberbus**, *a, um* (*2 in-, barba*), qui est sans barbe : Cic. *Nat.* 3, 83 ; *Dom.* 37.
► les deux formes sont cicéroniennes.

imbĭbō, *ĭs, ĕre, ī*, - (*in- bibo* ; it. *imbevere*), tr. ¶ 1 boire, absorber : Plin. 24, 135 ¶ 2 [fig.] *a)* se pénétrer de : *de aliquo malam opinionem animo imbibere* Cic. *Verr. prim.* 42, se mettre dans l'esprit une mauvaise opinion concernant qqn ; *tantum certamen animis imbiberant* Liv. 2, 58, 6, tant ils étaient imprégnés d'un esprit de révolte *b)* [avec inf.] se pénétrer de = prétendre, décider de : Lucr. 6, 72 ; Cic. *Quinct.* 27 *c) neque immemor ejus, quod initio consulatus imbiberat* Liv. 2, 47, 12, et n'oubliant pas le plan qu'il s'était fixé, dès son entrée au consulat.

imbītō, *ĭs, ĕre*, -, - (*1 in, beto*), tr., entrer dans, pénétrer : Pl. *Ep.* 145.

imbŏlus (imbŭlus), *i*, m. (ἔμβολος), portique, lieu de promenade : Isid. 15, 2, 26.

imbŏnĭtās, *ātis*, f. (*2 in-, bonitas*), absence de bonté : Tert. *Mart.* 3, 1.

imbractārĭum (inbrăt-), *ĭi*, n. (*imbractum*), pot, cassole : Grauf. 23.

imbractĕō (-brattĕ-), *ās, āre*, -, - (*1 in, bracteo*), tr., revêtir d'une feuille d'or : Amm. 25, 1, 12.

imbractum (embr-), *i*, n. (de ἐμβρέχω ?), pot-au-feu d'huîtres : Apic. 433.

Imbrăsus, *i*, m., compagnon d'Énée : Virg. *En.* 12, 343 || **-sĭdēs**, *ae*, m., fils d'Imbrasus : Virg. *En.* 12, 343 || rivière de Samos : Plin. 5, 135.

Imbreūs, *ēi* ou *ĕos*, m., nom d'un Centaure : Ov. *M.* 12, 310.

imbrex, *ĭcis*, m. f. (*imber*, cf. *vertex* ; it. *embrice*) ¶ 1 tuile faîtière, tuile creuse : Plin. 36, 159 ; Virg. *G.* 4, 296 ¶ 2 auge : Plin. 17, 114 ¶ 3 filet de porc : Mart. 2, 37, 2 ¶ 4 cloison des narines : Arn. 3, 13 ¶ 5 façon d'applaudir avec le creux des mains : Suet. *Ner.* 20.

imbrĭālis, *e* (*imber*), de pluie : Cael.-Aur. *Chron.* 2, 13, 167.

imbrĭcātim, adv. (*imbrex*), en forme de tuile creuse : Plin. 9, 103.

imbrĭcātus, *a, um*, part. de *imbrico*.

imbrĭcĭtŏr, *ōris*, m. (*imber, cieo*), qui cause la pluie : Macr. *Sat.* 1, 17, 49.

1 **imbrĭcō**, *ās, āre, āvī, ātum* (*imbrex*), tr., couvrir de tuiles creuses : Sidon. *Ep.* 2, 2, 5 || *imbricatus a)* ayant la forme d'une tuile creuse : Plin. 11, 1 ; 21, 247 *b)* imbriqué, disposé comme les tuiles : Vitr. 2, 8, 1.

2 **imbrĭcō**, *ĭs, ĕre*, -, - (*imber*), mouiller de pluie : Gloss. 2, 77, 30.

imbrĭcŭlus, *i*, m. (dim. de *imbrex*), petite tuile creuse : Isid. 19, 10, 14.

imbrĭcus, *a, um* (*imber*), pluvieux, apportant la pluie : Pl. *Merc.* 877 ; Macr. *Sat.* 5, 20, 14.

imbrĭdus, *a, um* (*imber*), pluvieux : Solin. 4, 5.

imbrĭfĕr, *ĕra, ĕrum* (*imber, fero*), qui apporte la pluie, pluvieux : Virg. *G.* 1, 313 ; Ov. *M.* 13, 725 ; Col. 5, 5, 4.

imbrĭfĭcō, *ās, āre*, -, - (*imber, facio*), tr., faire tomber en pluie : Capel. 1, 123 || mouiller, humecter : Capel. 6, 584 ; [fig.] Aug. *Psalm.* 101, s. 2, 14.

imbrĭgĕnus, *a, um* (*imber, geno*), né de la pluie : Anth. 136, 4.

imbrĭlis, *e* (*imber*), de pluie : Cass. Fel. 2.

Imbrĭnĭum, *ĭi*, n., localité du Samnium : Liv. 8, 30, 4.

Imbrŏs (Imbrus), *i*, f. (Ἴμβρος), Imbros, île près de la Thrace Atlas VI, A3 : Plin. 4, 72 || **Imbrĭus**, *a, um*, d'Imbros : Ov. *Tr.* 1, 10, 18.

imbrūmārĭus, *ĭi*, m. (*2 bruma*, βρῶμα), qui manque d'appétit : Isid. 5, 35, 6.

imbrūtē, adv., sottement : Fulg. *Aet.* 11, p. 168, 14 H.

imbrūtus, *a, um* (*1 in*, cf. *imprudens*), sot : Gloss. 5, 210, 3.

imbūbĭnō, *ās, āre*, -, - (*1 in, bubino*), tr., salir, souiller : Lucil. 1186 d. P. Fest. 29, 3.

imbulbĭtō, *ās, āre*, -, - (*1 in,* βόλβιτον), tr., embrener, couvrir d'excréments : Lucil. 1186 ; v.> *imbubino*.

imbŭlus, v.> *imbolus*.

imbŭō, *ĭs, ĕre, bŭī, būtum* (cf. *imber* ?), tr. ¶ 1 abreuver, imbiber, imprégner : *tapetes purpura* Matius d. Gell. 20, 9, 3, imprégner de pourpre les tentures ; *cados amurca* Plin. 15, 33, de marc d'huile les jarres ; *imbuti sanguine gladii* Cic. *Phil.* 14, 6, épées imprégnées de sang ¶ 2 [fig.] *a) gladium scelere* Cic. *Phil.* 5, 20, souiller son épée d'un crime ; *aures promissis* Curt. 4, 10, 17, remplir les oreilles de promesses ; *imbutus superstitione* Cic. *Fin.* 1, 60, imbu de superstition ; *alicujus consiliis imbutus* Liv. 42, 26, 8, pénétré des conseils de qqn *b)* pénétrer qqn d'une chose = le lui inculquer, l'en façonner : *alicujus animum opinionibus* Cic. *Att.* 14, 13 B, 4, inculquer des opinions dans l'âme de qqn ; *variis imbuimur erroribus* Cic. *Tusc.* 3, 2, nous nous imprégnons d'erreurs diverses ; *studiis se imbuere* Cic. *Dej.* 28, s'imprégner de goûts (se former à des pratiques habituelles) || *nemo... cujus mentem non imbuerit deorum opinio* Cic. *Tusc.* 1, 30, personne... dont l'âme ne soit pénétrée de la croyance aux dieux || *nos ita a majoribus instituti atque imbuti sumus, ut...* Cic. *Phil.* 10, 20, nous avons été par nos ancêtres élevés et façonnés de telle sorte que... ; *an dialecticis ne imbutus quidem es ?* Cic. *Tusc.* 1, 14, n'as-tu même pas une teinture de dialectique ?, cf. Hor. *Ep.* 2, 2, 7 || *nec quicquam prius imbuuntur quam contemnere deos* Tac. *H.* 5, 5, et le premier principe dont ils se pénètrent, c'est celui

immemor

de mépriser les dieux; ***imbuendis sociis ad officia legum*** Tac. *An.* 12, 32, pour façonner les alliés au respect des lois ¶ **3** [poét.] imprégner pour la première fois, [d'où] essayer, commencer : ***ubi sanguine bellum imbuit*** Virg. *En.* 7, 542, quand elle eut mis du sang sur la guerre, quand elle eut déchaîné les hostilités ; ***terras vomere*** Val.-Flac. 1, 69, initier la terre au soc de la charrue, labourer pour la première fois ; ***imbue tuum opus*** Ov. *Tr.* 3, 11, 52, éprouve ton ouvrage le premier, essaie-le [taureau d'airain étrenné par l'inventeur] ; ***imbuis exemplum primae palmae*** Prop. 4, 10, 5, tu offres le premier exemple de la palme conquise.

imbūtāmentum, *i*, n. (*imbuo*), enseignement : Fulg. *Myth.* 1, 15.

imbūtĭo, *ōnis*, f., action de former à, initiation : Cassian. *Inst.* 2, 12, 3.

imbūtus, *a*, *um*, part. de *imbuo*.

Imenei, *ōrum*, m. pl., peuple de la Commagène : Plin. 5, 86.

ĭmĭtābĭlis, *e* (*imitor*) ¶ **1** imitable : Cic. *Or.* 76 ‖ **imitabilior** Plin. 37, 112 ¶ **2** imitateur, enclin à imiter : Vitr. 2, 1, 3.

ĭmĭtāmĕn, *ĭnis*, n., imitation, copie : Ov. *M.* 4, 445 ou **ĭmĭtāmentum**, *i*, n., Tac. *An.* 13, 4.

ĭmĭtātĭo, *ōnis*, f. (*imitor*), imitation, copie : Cic. *Phil.* 14, 17 ; *Off.* 3, 1 ‖ faculté d'imitation : Quint. 1, 3, 1 ‖ onomatopée : Her. 4, 42.

ĭmĭtātīvus, *a*, *um* (*imitatio*), d'imitation : Diom. 482, 14.

ĭmĭtātŏr, *ōris*, m. (*imitor*), imitateur : Cic. *Leg.* 3, 31 ; *Vat.* 22 ; *de Or.* 2, 219.

ĭmĭtātōrĭus, *a*, *um*, d'imitation : Aug. *Jul.* 6, 24, 77.

ĭmĭtātrix, *īcis*, f. (*imitator*), imitatrice : Cic. *Leg.* 1, 47 ; Plin. 10, 68.

1 **ĭmĭtātus**, *a*, *um*, part. de *imitor* ‖ sens pass. V. *imitor* ¶ 1.

2 **ĭmĭtātŭs**, *ūs*, m., imitation : Aus. *Perioch.* 39 (458).

ĭmĭtō, *ās*, *āre*, -, -, C. *imitor* : Andr.; Varr. d. Non. 473, 20.

imĭtor, *āris*, *ārī*, *ātus sum* (cf. *imago*), tr. ¶ **1** imiter, reproduire par imitation : ***chirographum*** Cic. *Nat.* 3, 74, imiter une signature ; ***aliquem in persona lenonis*** Cic. *Com.* 20, imiter qqn en jouant le rôle du proxénète ; ***antiquitatem*** Cic. *Brut.* 137, imiter les façons de parler archaïques ; ***alicujus vitia*** Cic. *de Or.* 2, 92, reproduire les défauts de qqn, cf. Cic. *de Or.* 2, 91 ; *Brut.* 68 ‖ [poét.] remplacer un objet par un objet semblable : ***ferrum sudibus*** Virg. *En.* 11, 894, remplacer le fer par des pieux ‖ part., ***imitatus*** [avec sens passif] qui est imité : Cic. *Tim.* 6 ; Quint. 11, 3, 61 ; Ov. *M.* 9, 481 ¶ **2** imiter, être semblable à : ***signa imitantur veritatem*** Cic. *Brut.* 70, des statues reproduisent la réalité ; ***humor sudorem videtur imitari*** Cic. *Div.* 2, 58, l'humidité paraît semblable à de la sueur ¶ **3** rendre, exprimer, représenter : ***summum luctum penicillo*** Cic. *Or.* 74, rendre avec le pinceau le comble de la douleur, cf. *Or.* 19 ; *de Or.* 2, 194 ‖ [poét.] ***hoc (putre solum) imitamur arando*** Virg. *G.* 2, 204, (ce sol friable), nous cherchons à le produire par le labourage ; ***maestitiam*** Tac. *An.* 1, 24, présenter les apparences de la tristesse.
▶ inf. ***imitarier*** Pl. *Cap.* 485 ; Lucr. 5, 1377.

īmĭtŭs, adv. (*imus*), du fond : Gell. 2, 20, 4 ; 17, 10, 13 ; Apul. *M.* 4, 12.

Imĭtyēs, *tyis*, m., fleuve d'Asie : Plin. 6, 21 ‖ **-tyi**, *ōrum*, m. pl., peuple riverain de l'Imitys : Plin. 6, 21.

immăcŭlābĭlis, *e* (2 *in-*, *maculo*), qui ne peut être taché : Aus. *Grat.* (419), 14, 63.

immăcŭlātĭo, *ōnis*, f. (2 *in-*, *maculatio*), état de ce qui est sans tache : Mar. Vict. *Eph.* 1, 4, p. 1242 B.

immăcŭlātus, *a*, *um* (2 *in-*, *maculatus*), qui n'est pas souillé, sans tache : Luc. 2, 736 ; Amm. 19, 2, 9 ‖ [chrét.] exempt de péché : Arn. 4, 19 ‖ **-lātē**, purement [tard.] : Concil. S. 1, 4, p. 97, 13.

1 **immăcŭlō**, *ās*, *āre*, -, - (1 *in*, *maculo*), tr., souiller : Firm. *Math.* 6, 15, 15.

2 **immăcŭlō**, *ās*, *āre*, -, - (*immaculatus*), tr., libérer des taches du péché : Prosp. *Psalm.* 118, 3.

immădescō, *ĭs*, *ĕre*, ***madŭī***, -, intr., se mouiller, s'humecter : Ov. *Tr.* 1, 9, 34 ; Stat. *S.* 3, 1, 73.

immădĭdō, *ās*, *āre*, -, -, tr., mouiller : Ambr. *Exc.* 2, 12.

immădĭdus, *a*, *um* (1 *in*, *madidus*), humide : Avien. *Arat.* 1409.

immānĕ, n. pris adv[t], C. ▶ **immaniter** : Virg. *En.* 10, 726.

immānĕō, *ēs*, *ēre*, -, -, intr., rester, s'arrêter sur : Aug. *Civ.* 1, 28.

immānescō, *ĭs*, *ĕre*, -, - (*immanis*), intr., devenir furieux : Vigil.-Thaps. *Eutych.* 1, 11, p. 101 D.

immănĭfestē, adv., d'une manière obscure : Concil. S. 1, 4, p. 239, 4.

immănĭfestus, *a*, *um* (2 *in-*, *manifestus*), qui n'est pas manifeste : Rufin. *Gram.* 6, 559, 26.

immānis, *e* (2 *in-*, Manes, 1 *manus*) ¶ **1** monstrueux, prodigieux : ***immani corporum magnitudine homines*** Caes. *G.* 4, 1, 9, hommes d'une stature gigantesque ; ***immania pocula*** Cic. *Phil.* 2, 63, coupes immenses ‖ ***immane quantum***, extraordinairement V. ▶ ***quantum*** ¶ **2**, fin] : Sall. *H.* 2, 44 ; Hor. *O.* 1, 27, 6 ; Tac. *H.* 3, 62 ; ***immane quantum pavoris*** Tac. *H.* 4, 34, un degré prodigieux d'effroi ¶ **2** monstrueux, barbare, cruel, sauvage : ***hostis ferus et immanis*** Cic. *Verr.* 2, 51, ennemi farouche et inhumain ; ***tetra et immanis belua*** Cic. *Tusc.* 4, 45, bête sauvage et monstrueuse ; ***immanis in antro bacchatur vates*** Virg. *En.* 6, 78, la Sibylle se débat furieusement dans son antre ‖ pl. n. ***immania***, des choses monstrueuses, prodigieuses : Tac. *An.* 4, 11 ‖ **immanior, immanius** Cic. *Amer.* 71 ; *Rep.* 3, 45 ; **-issimus** Cic. *Part.* 90.

immānĭtās, *ātis*, f. (*immanis*) ¶ **1** grandeur prodigieuse, démesurée : Gell. 6, 3, 1 ; ***vitiorum*** Cic. *Cael.* 14, prodigieux assemblage de vices ¶ **2** caractère monstrueux, férocité, sauvagerie des mœurs, barbarie : Cic. *Off.* 3, 32 ; *Div.* 1, 60 ; *Nat.* 1, 62 ; ***asperitas et immanitas naturae*** Cic. *Lae.* 87, caractère âpre et sauvage ; ***in hac tanta immanitate versari*** Cic. *Amer.* 150, vivre au milieu d'une telle barbarie.

immānĭtĕr, adv. (*immanis*), d'une façon horrible, terrible : Gell. 1, 26, 8 ‖ compar., **immanius** Amm. 18, 7, 5.

immansĭo, *ōnis*, f., action de rester dans : Boet. *Top. Arist.* 4, 4, p. 949A.

immansuētūdo, *ĭnis*, f., cruauté : Hesych. *Lev.* 11, 13, p. 911 B.

immansuētus, *a*, *um* (2 *in-*, *mansuetus*), sauvage, cruel, féroce : Ov. *M.* 4, 237 ; Sen. *Helv.* 6 ; *Ir.* 1, 15.

immarcescĭbĭlis, *e*, qui ne se flétrit pas : Tert. *Cor.* 15, 1.

immassō, *ās*, *āre*, -, - (*in massa*), tr., réduire en bouillie : Isid. 11, 1, 52.

immastĭcātus, *a*, *um* (2 *in-*, *masticatus*), qui n'est pas mâché : Cael.-Aur. *Chron.* 3, 3, 46.

immātĕrĭālĭs, *e*, immatériel : Ambr. *Psalm.* 118, s. 10, 15, 3.

immātūrē, adv., avant le temps, prématurément : Sen. *Suas.* 1, 14 ; Col. 11, 2, 3 ; Vell. 2, 116 ‖ compar., **-urius** Apul. *M.* 6, 16.

immātūrĭtās, *ātis*, f. ¶ **1** manque de maturité : [pour le mariage] Suet. *Aug.* 34 ¶ **2** précipitation : Cic. *Quinct.* 82.

immātūrus, *a*, *um* (2 *in-*, *maturus*) ¶ **1** qui n'est pas mûr : Cels. 2, 30, 3 ; Plin. 12, 49 ¶ **2** prématuré, avant le temps : Cic. *Phil.* 2, 119 ; *Cat.* 4, 3 ‖ qui n'a pas l'âge, non nubile : Suet. *Tib.* 61 ; Dig. 47, 10, 25.

immĕdĭābĭlĭtĕr, adv., sans intermédiaire : Rust. *Aceph.* 1208 D.

immĕdĭātus, *a*, *um* (2 *in-*, *medius*), immédiat : Boet. *Anal. post.* 1, 2, p. 714C.

immĕdĭcābĭlis, *e* (2 *in-*, *medicabilis*), incurable : Virg. *En.* 12, 858 ; Ov. *M.* 1, 190 ‖ [fig.] irrémédiable : Sil. 1, 147 ; 14, 292.

immĕdĭcātus, *a*, *um* (1 *in*, *medico*), fardé : Apul. *Apol.* 76.

immĕdĭĕtās, *ātis*, f. (2 *in-*, *medius*), état de ce qui est immédiat : *Boet. *Herm. sec.* 6, 14.

immĕdĭtātus, *a*, *um* (2 *in-*, *meditatus*), non étudié, naturel : Apul. *M.* 2, 2 ‖ **-dĭtātē**, adv., sans méditation : Gell. *praef.* 10.

immĕiō, *ĭs*, *ĕre*, -, - (1 *in*, *meio*), intr., s'épancher dans : Pers. 6, 73.

immĕmŏr, *ŏris* (2 *in-*, *memor*) ¶ **1** qui ne se souvient pas : ***alicujus rei*** Cic. *Sull.*

immemor

83; *Phil.* 2, 54; *Att.* 5, 16, 1, de qqch. ‖ [avec inf.] Pl. *Ps.* 1104, oublieux de ‖ [avec prop. inf.] Suet. *Cal.* 57, qui oublie que ‖ qui ne songe pas à [gén.] Liv. 5, 43, 4 ‖ ingrat, oublieux : Catul. 64, 123 ¶ **2** qui fait oublier : Stat. *S.* 5, 2, 96; Sil. 16, 478.

immĕmŏrābĭlis, e (2 in-, memorabilis) ¶ **1** qui ne mérite pas d'être rapporté : Pl. *Cap.* 56 ¶ **2** inexprimable, indicible : Lucr. 6, 488 ¶ **3** qui ne veut pas raconter : Pl. *Cis.* 267.

immĕmŏrātĭo, ōnis, f. (2 in-, memoro), oubli : Vulg. *Sap.* 14, 26.

immĕmŏrātus, a, um (2 in-, memoro), nouveau, qui n'a pas encore été dit : Hor. *Ep.* 1, 19, 33.

immĕmŏris, e (arch. pour immemor), Caecil. *Com.* 31.

immendō, ās, āre, -, - (in mendum), tr., mettre dans la faute : Aug. *Mend.* 3, 6.

immensē, adv., immensément : Chalc. 312.

immēnsĭbĭlis, e, incommensurable : Fil. 93, 4.

immensĭtās, ātis, f. (immensus), immensité : Cic. *Nat.* 1, 54; 2, 98.

immensĭtĕr, adv., d'une façon immense : Alcim. *Hom.* 209.

immensum, ⟶ immensus.

immensūrābĭlis, e, qu'on ne peut mesurer : Hier. *Ephes.* 2, 4, 7.

immensūrātim, adv., sans mesure : Salv. *Gub.* 6, 6, 30.

immensūrātus, a, um, démesuré : Salv. *Eccl.* 1, 11, 57.

immensus, a, um (2 in-, metior), sans limites, immense, démesuré, infini : Cic. *Nat.* 1, 54; *de Or.* 3, 70; *immensum argenti pondus* Cic. *Rep.* 1, 27, immense quantité d'argent ‖ *immensum est dicere...* Ov. *F.* 4, 573, c'est une tâche immense que de dire ... ‖ n. pris substᵗ, *immensum*, immensité, infini : Lucr. 1, 74; 1, 957; *in immensum* Sall. *J.* 92, 5; Cic. *Frg. K.* 35, immensément ; *ad immensum aliquid augere* Liv. 29, 25, 3, augmenter à l'infini qqch. ‖ *immensum* pris advᵗ, énormément, prodigieusement : Ov. *F.* 5, 537; Tac. *An.* 3, 30; *immensum quantum* Plin. 4, 110, énormément, ⟶ *quantum 2 fin* ‖ -sissimus Spart. *Hadr.* 19.

immĕō, ās, āre, -, - (1 in, meo), intr., entrer dans [avec dat.] : Plin. 8, 91.

immĕrens, tis (2 in-, merens), innocent, qui ne mérite pas : Hor. *O.* 2, 13, 11; Suet. *Tit.* 10 ‖ qui n'en peut mais : Val.-Max. 9, 12, 8 ‖ **-rentĕr**, adv., sans l'avoir mérité, à tort : Val.-Max. 6, 2, 1.

immergō, ĭs, ĕre, mersī, mersum (1 in, mergo), tr. ¶ **1** plonger dans, immerger : [avec in et acc.] Plin. 28, 114; Cic. *Tim.* 48 ‖ [avec abl.] Virg. *En.* 6, 174 ¶ **2** mettre en terre, planter dans [avec dat.] : Col. 5, 6, 30 ¶ **3** [fig.] *se immergere in ganeum* Pl. *Men.* 703, se plonger dans un bouge ‖ *se in alicujus consuetudinem* Cic. *Clu.* 36, entrer fort avant dans l'amitié de qqn ; *se studiis* Sen. *Polyb.* 18, 1, se plonger dans l'étude.

▶ parf. contr. *immersti* Pl. *Bac.* 677.

immĕrĭtō, adv. (immeritus), injustement : Cic. *de Or.* 2, 322; Suet. *Caes.* 55; Quint. 10, 1, 116 ‖ -issimo Ter. *Phorm.* 290.

*****immĕrĭtum** [inus.], n., chose non méritée : *immerito tuo* Pl. *Men.* 371, sans que tu l'aies mérité.

immĕrĭtus, a, um (2 in-, meritus) ¶ **1** qui n'a pas mérité : Virg. *En.* 3, 2 ; Ov. *M.* 12, 550 ‖ [avec inf.] *immeritis mori* Hor. *O.* 3, 2, 21, à ceux qui n'ont pas mérité de mourir ¶ **2** immérité, injuste : Liv. 4, 13, 13 ; Ov. *F.* 2, 42.

immersābĭlis, e (2 in-, merso), qui ne peut être submergé : Hor. *Ep.* 1, 2, 22.

immersĭo, ōnis, f. (immergo), immersion : Arn. 2, 7.

immersti, ⟶ immergo ▶.

immersus, a, um, part. de immergo.

immētātus, a, um, non séparé par des bornes : Hor. *O.* 3, 24, 12.

immĕtŭens, entis, qui ne craint pas, intrépide : Gloss. 2, 77, 59.

immĭgrō, ās, āre, āvī, ātum (1 in, migro), intr., passer dans, pénétrer [avec in acc.] : Cic. *Phil.* 13, 34 ; *Tusc.* 1, 58 ‖ [fig.] s'introduire dans : Cic. *Brut.* 274; Liv. pr. 11.

immĭnens, tis, ⟶ immineo.

immĭnentĭa, ae, f. (immineo), imminence : Nigid. d. Gell. 9, 12, 6 ‖ menace : Aug. *Faust.* 16, 5.

immĭnĕō, ēs, ēre, -, - (1 in, (pro) mineo, minae), intr. ¶ **1** s'élever au-dessus, être suspendu au-dessus : *collis urbi imminet* Virg. *En.* 1, 420, une colline domine la ville, cf. Liv. 29, 35, 7 ‖ avoisiner : *carcer imminens foro* Liv. 1, 33, 8, une prison touchant au forum, cf. Liv. 2, 33, 7 ‖ [fig.] *caterva in ore hominis imminens* Cic. *Sest.* 118, le chœur fixant les yeux sur le visage de cet homme ¶ **2** être suspendu sur, être imminent : *mors imminet* Cic. *Tusc.* 1, 91, la mort est sur nos têtes, cf. Cic. *Cat.* 1, 30; *imminentes undique insidiae* Suet. *Caes.* 86, complots de toutes parts menaçants ; *taedio praesentium et imminentium* Suet. *Vit.* 14, par dégoût du présent et de l'avenir imminent ‖ *videt imminere hostes* Caes. *G.* 6, 38, 2, il voit que les ennemis sont tout proches, cf. Caes. *C.* 1, 80, 5 ¶ **3** menacer : *imminent duo reges toti Asiae* Cic. *Pomp.* 12, deux rois menacent toute l'Asie, cf. Cic. *Agr.* 2, 87; *Att.* 5, 20, 2 ¶ **4** pencher sur, tendre vers, convoiter : *hujus mendicitas in fortunas nostras imminebat* Cic. *Phil.* 5, 20, son dénuement menaçait nos fortunes ; *in occasionem* Liv. 25, 20, 5, guetter l'occasion [*occasioni* Curt. 5, 11, 1] ; *imminens ei potestati* Liv. 3, 51, 9, convoitant cette charge ; *imminentes futuro* Sen. *Ben.* 3, 3, 4, des gens penchés sur l'avenir, qui n'ont en vue que l'avenir.

immĭnŭō, ĭs, ĕre, ŭī, ūtum (1 in, minuo), tr. ¶ **1** diminuer : *copias* Cic. *Fam.* 3, 3, 2, diminuer des troupes ; *summas* Cic. *Verr.* 3, 81, diminuer des sommes : *verbum imminutum* Cic. *Or.* 157, mot abrégé ¶ **2** amoindrir, réduire, raccourcir : *aestivorum tempus* Sall. *J.* 44, 3, réduire le temps de la campagne militaire ; *oratoris auctoritatem* Cic. *de Or.* 2, 156, diminuer l'autorité de l'orateur ; *imminuitur aliquid de voluptate* Cic. *de Or.* 1, 259, il y a une diminution du plaisir ‖ affaiblir, débiliter : *vires* Lucr. 5, 1017, affaiblir les forces ; *corpus otio, animum libidinibus* Tac. *H.* 2, 93, amollir son corps par l'oisiveté, son âme par la débauche ; [fig.] *bellum imminutum* Cic. *Pomp.* 30, guerre ralentie ; *cupiditas imminuta* Cic. *Phil.* 12, 7, désir émoussé ¶ **3** détruire, ruiner : *jus legationis* Cic. *Verr.* 1, 84, laisser perdre des droits de légat ; *dolor imminutae libertatis* Cic. *Caecin.* 35, le chagrin d'avoir été lésé dans sa liberté, cf. Cic. *Amer.* 109; *Att.* 1, 18, 5 ; *Verr.* 4, 60 ; *Bocchi pacem* Sall. *J.* 81, 4, rompre l'accord de Bocchus [avec les Romains] ; *Rufum Faenium* Tac. *An.* 14, 57, ruiner le crédit de Rufus Faenius.

immĭnūtĭo, ōnis, f. (imminuo) ¶ **1** diminution, raccourcissement : *corporis* Cic. *Fin.* 5, 47, mutilation du corps ¶ **2** [fig.] diminution, affaiblissement : *dignitatis* Cic. *Fam.* 5, 8, 2, affaiblissement de la considération ‖ [rhét.] atténuation, litote : Cic. *de Or.* 3, 207 ; Quint. 9, 3, 90.

1 immĭnūtus, a, um, part. de imminuo ‖ [adjᵗ] -tior, plus faible : Solin. 1, 44.

2 immĭnūtus, a, um (2 in-, minuo), non diminué, intact, entier : Dig. 24, 2, 6.

immiscĕō, ēs, ēre, ŭī, mixtum ou mistum (1 in, misceo), tr. ¶ **1** mêler à [avec dat.] : *feminas turbae virorum* Liv. 22, 60, 2, mêler les femmes à la foule des hommes ; *corpori militum* Curt. 10, 3, 10, incorporer dans son armée ; *manus manibus* Virg. *En.* 5, 429, confondre leurs mains pour combattre ‖ *se immiscere* ou *immisceri* se mêler à : Liv. 31, 35, 5 ; 34, 54, 6 ¶ **2** [fig.] *se immiscere alicui rei* Liv. 21, 32, 10 ; 27, 30, 5, s'immiscer dans quelque chose.

immĭsĕrābĭlis, e ¶ **1** qui n'excite pas la pitié : Hor. *O.* 3, 5, 17 ¶ **2** sans pitié : Serv. *En.* 6, 315.

immĭsĕrĭcordĭa, ae, f., insensibilité : Tert. *Spect.* 20, 5.

immĭsĕrĭcordĭtĕr, adv., sans pitié : Ter. *Ad.* 663 ; Aug. *Lib.* 3, 9, 28.

immĭsĕrĭcors, dis (2 in-, misericors), qui est sans pitié, impitoyable : Cic. *Inv.* 2, 108 ; Gell. 14, 4, 3.

immīsī, parf. de immitto.

immissārĭum, ĭi, n. (immitto), réservoir : Vitr. 8, 6, 1.

immissio, ōnis, f. (*immitto*), action de laisser aller, d'admettre : Ulp. *Dig.* 8, 5, 8, 5 ; *sarmentorum* Cic. *CM* 53, action de laisser les sarments se développer.

immissŏr, ōris, m., instigateur : Greg.-M. *Ep.* 2, 38 ; (22).

immissulus, v. *immusulus*.

1 **immissus**, part. de *immitto*.

2 **immissŭs**, abl. ū, m., action d'envoyer : Macr. *Sat.* 1, 18, 11.

immisti, v. *immitto* ►.

immistus, c. *immixtus*.

immītĕ, n. pris advᵗ (*immitis*), violemment : Sil. 17, 257.

immītescō, ĭs, ĕre, -, - (*immitis*), entrer en fureur : Hier. *Ep.* 100, 15.

immītĭgābĭlis, e, qu'on ne peut adoucir : Cael.-Aur. *Chron.* 4, 3, 33.

immītis, e (2 *in-*, *mitis*) ¶1 qui n'est pas mûr [doux] : Plin. 13, 26 ; Hor. *O.* 2, 5, 10 ¶2 sauvage, rude : Liv. 23, 5, 12 ; Tac. *An.* 15, 27 ; Plin. *Ep.* 8, 17, 1 ∥ affreux, cruel : Liv. 4, 59, 6 ∥ *-ior* Tac. *An.* 1, 20 ; *-issimus* Plin. 10, 207.

immittō, ĭs, ĕre, mīsī, missum (1 *in* et *mitto*), tr. ¶1 envoyer vers (contre), lancer sur (contre) : *servos ad spoliandum fanum* Cic. *Verr.* 4, 101, lancer des esclaves au pillage d'un temple ; *servi in tecta nostra immissi* Cic. *Att.* 14, 10, 1, esclaves lancés contre ma maison ; *naves pice completas in classem* Caes. *C.* 3, 101, 2, lancer contre la flotte des navires chargés de poix ; *pila in hostes* Caes. *G.* 6, 8, 6, faire une décharge de javelots contre l'ennemi ; *se in medios hostes* Cic. *Tusc.* 1, 116, se lancer au milieu des ennemis, cf. Cic. *Font.* 48 ∥ *canalibus aqua immissa* Caes. *C.* 2, 10, 6, eau envoyée dans des canaux ; *tigna immissa in flumen* Caes. *G.* 4, 17, 4, pilotis enfoncés dans le fleuve ; *insuper trabibus immissis* Caes. *G.* 4, 17, 6, des poutres étant implantées (encastrées) par-dessus ; *filis immittitur aurum* Ov. *M.* 6, 68, l'or se mêle aux fils ; *feraces plantae immittuntur* Virg. *G.* 2, 80, on insère (greffe) des rejetons fertiles ; *rami alii in alios immissi* Liv. 40, 22, 3, branches entrelacées ¶2 laisser aller librement : *habenas* Ov. *M.* 1, 680, laisser flotter les rênes ; *immissis frenis* Virg. *En.* 11, 889, à toute bride ∥ laisser croître : *vitem* Varr. *R.* 1, 31, 3, laisser la vigne se développer ; *barba immissa* Virg. *En.* 3, 593, barbe qui a poussé librement, longue barbe pendante ¶3 [droit] envoyer en possession : *aliquem in bona alicujus* Cic. *Verr.* 1, 142, envoyer qqn en possession des biens d'un autre ¶4 envoyer par-dessous main, envoyer comme émissaire : Sall. *C.* 48, 8 ; Tac. *An.* 3, 16 ¶5 [fig.] **a)** *aliquid aures suas* Pl. *Cap.* 548, [*in aures* Pl. *Ep.* 335], laisser pénétrer qqch. dans ses oreilles ; *senarium* Cic. *Or.* 190, laisser échapper un sénaire **b)** *injuriam in aliquem* Cic. *Par.* 28, déployer contre qqn son injustice

c) *Mars immisit fugam Teucris* Virg. *En.* 9, 719, Mars envoya aux Troyens la fuite (sema chez eux la panique).
► parf. contr. *immisti* Sil. 17, 353.

immixtūra, ae, f. (*immisceo*), copulation : Aug. *Serm. Dolbeau* 22, 20.

1 **immixtus**, **immistus**, a, um, part. de *immisceo*.

2 **immixtus**, a, um (2 *in-*, *mixtus*), non mélangé, pur : Aus. *Epigr.* 19 (20), 12.

immō, à tort **īmō**, adv. (v. 1 *in* ; comme *sub* et *summus*, v. *intimus*, ou bien hit. *imma* ?) ¶1 [surtout dans le dial., sert à corriger ce qui vient d'être dit] bien au contraire ; non, au contraire : *causa igitur non bona est ? immo optima* Cic. *Att.* 9, 7, 4, sa cause n'est donc pas bonne ? si, excellente, cf. Cic. *Mur.* 65 ; *Com.* 4 ; Hor. *S.* 1, 3, 20 ; *quem hominem ? levem ? immo gravissimum* Cic. *Com.* 49, quel homme est-ce ? un homme léger ? non, au contraire, un homme très sérieux, cf. Cic. *Off.* 3, 76 ; *Com.* 22 ; *Sull.* 53 ∥ non, plutôt : *quid apud hasce aedes negoti est tibi ? — immo quid tibist ?* Pl. *Amp.* 350, qu'as-tu à faire dans cette maison ? — et toi plutôt ? ; *an meretrix illast... ? immo meretrix fuit* Pl. *Cis.* 565, est-ce une courtisane... ? non, c'était une courtisane, cf. Ter. *And.* 30 ; *die dico ? immo hora atque etiam puncto temporis eodem* Cic. *Sest.* 53, je dis dans ce jour ? non, c'est à la même heure, mieux, c'est au même instant ¶2 [avec *hercle*, *edepol*, *ecastor*] *non. — immo hercle. — immo mihi hercle* Pl. *Cas.* 403, pas à toi. — si fait, par Hercule ! — non, à moi, par Hercule ; *ecquid amas nunc me ? — immo edepol me quam te minus* Pl. *Cas.* 456, m'aimes-tu un peu maintenant ? — non, vrai ! plus que moi-même ; *mala's — immo ecastor stulta* Pl. *Mil.* 443, tu es une maligne — non, une idiote plutôt, par ma foi ¶3 [avec *vero*] **a)** [corrige] : *silebitne filius ? immo vero obscerabit patrem...* Cic. *Off.* 3, 90, le fils gardera-t-il le silence ? non, au contraire, il suppliera son père..., cf. Cic. *Off.* 3, 19 ; *nescis — immo vero scio* Ter. *Hec.* 877, tu ne sais pas — si fait, je sais **b)** [enchérit] : *vivit ? immo vero etiam in senatum venit* Cic. *Cat.* 1, 2, il vit ? mieux que cela (que dis-je ?), il vient au sénat, cf. Cic. *Att.* 12, 43, 1 ; *Sest.* 55 ¶4 [avec *etiam*] bien au contraire : *nihilne attulistis auri ? — immo etiam* Pl. *Bac.* 316, n'avez-vous rien rapporté de cet or ? — si fait ; *nisi si id putas... — immo etiam ; nam...* Ter. *And.* 683, à moins que tu ne croies que... — mais non, car..., cf. Ter. *And.* 695 ∥ [réflexion] non, vrai ! : Ter. *And.* 709 ¶5 *immo contra*, bien au contraire, loin de là : Liv. 41, 24, 8 ; Sen. *Ep.* 23, 3 ; 119, 9 ; *Ir.* 2, 27, 2 ∥ *immo e diverso*, même sens : Suet. *Dom.* 9 ¶6 [chez les Com.] *immo si scias*, mieux ! si tu savais ; ah ! si tu savais : Pl. *Cas.* 668 ; *Curc.* 321 ; *Ps.* 749 ; Ter. *Eun.* 355 ; *immo si audias* Pl. *Ep.* 451, ah ! si tu entendais ¶7 ou plutôt, ou mieux :

Liv. 48, 43, 6 ; Quint. 2, 2, 8 ; 6, 2, 10 ; Plin. *Pan.* 65, 3 ; 85, 5.

immōbĭlis, e (2 *in-*, *mobilis*) ¶1 immobile, qui ne se meut pas : Cic. *Rep.* 6, 18 ; Plin. 9, 13 ¶2 [fig.] calme, insensible : Virg. *En.* 7, 623 ; Tac. *An.* 16, 10 ∥ fidèle, inébranlable : Suet. *Vit.* 5.

īmmōbĭlĭtās, ātis, f. (*immobilis*), immobilité : Just. 36, 3 ∥ insensibilité : Lact. *Inst.* 6, 17, 23.

immōbĭlĭtĕr, adv. (*immobilis*), sans bouger : Cass. Fel. 45, p. 112, 11.

immŏdĕrantĭa, ae, f. (2 *in-*, *moderor*), intempérance : Tert. *Bapt.* 20, 4.

immŏdĕrātē, adv. (*immoderatus*), sans règle, sans ordre : Cic. *Nat.* 2, 149 ∥ [fig.] sans mesure, sans retenue : Cic. *Div.* 1, 60 ; *Fam.* 1, 2 ∥ *-tius* Cic. *Fam.* 5, 16, 5 ; *-issime* Spart. *Sept.* 20.

immŏdĕrātĭo, ōnis, f. (*immoderatus*), défaut de mesure : *verborum* Cic. *Sull.* 30, dans les paroles ∥ absᵗ : Aug. *Mus.* 1, 9, 15.

immŏdĕrātus, a, um (2 *in-*, *moderatus*) ¶1 qui est sans bornes, infini : Lucr. 1, 1013 ; Cic. poet. *Nat.* 2, 65 ¶2 sans mesure, excessif [en parl. des pers. et des choses] : Cic. *Phil.* 10, 23 ; *Cael.* 53 ; *Ac.* 1, 39 ; *Div.* 1, 60 ; *-tior* Gell. 19, 12, 4 ; *-issimus* Suet. *Ner.* 51 ∥ [rhét.] sans cadence, sans rythme : Cic. *Or.* 198.

immŏdestē, adv. (*immodestus*), sans retenue, sans mesure : Pl. *Ru.* 193 ; Liv. 22, 27, 2 ; Suet. *Aug.* 24 ∥ *-tius* Cod. Th. 4, 8, 5, 5.

immŏdestĭa, ae, f. (*immodestus*), manque de retenue, excès, dérèglement : Pl. *Amp.* 163 ; Tac. *An.* 13, 50 ∥ indiscipline : Nep. *Lys.* 1, 2 ; *Alc.* 8, 5.

immŏdestus, a, um (2 *in-*, *modestus*), qui est sans retenue, déréglé : Cic. *Off.* 1, 103 ; Sen. *Contr.* 1, 1 ; Tac. *An.* 13, 28.

immŏdĭcē, adv., sans mesure, excessivement : Liv. 22, 27, 2 ; Plin. 30, 112 ; Gell. 1, 11, 2.

immŏdĭcus, a, um (2 *in-*, *modicus*) ¶1 dé-mesuré, excessif : Ov. *M.* 6, 673 ; Suet. *Aug.* 47 ¶2 [fig.] qui n'a pas de retenue, de mesure : Liv. 38, 23, 8 ; Sall. *H.* 1, 150 ∥ [avec gén.] : *laetitiae, maeroris* Tac. *An.* 15, 26, sans retenue dans la joie, dans la douleur ∥ n. pl., *immodica cupere* Sen. *Ben.* 1, 9, 2, avoir des désirs immodérés.

immŏdŭlātus, a, um (2 *in-*, *modulatus*), sans cadence, sans harmonie : Hor. *P.* 263.

immoenis, arch. pour *immunis*.

immŏlātīcĭus, a, um (*immolo*), qui a été immolé : Aug. *Ep.* 47, 4 ∥ *-tīcĭum*, ii, n., chair des victimes : Aug. *Faust.* 32, 13.

immŏlātĭo, ōnis, f. (*immolo*), immolation, sacrifice : Cic. *Div.* 1, 119 ; Quint. 2, 13, 13 ∥ [concret] victime : Aug. *Ep.* 36, 30 ∥ [chrét.] sacrifice eucharistique : Pallad. *Mon.* 1, 6, p. 274 C.

immŏlātŏr, ōris, m. (*immolo*), sacrificateur : Cic. *Div.* 2, 36.

immŏlātum, *i*, n., victime : VL. *Exod.* 34, 25.

immŏlātus, *a*, *um*, part. de *immolo*.

immōlĭor, -, -, *ītus* (1 *in*, *molior*), tr., construire, édifier : CIL 1, 593, 70 ; 594, 3, 5 ; 14 ; LIV. 39, 44, 4.
▶ seulement *immolitus*, d'emploi passif.

immŏlō, *ās*, *āre*, *āvī*, *ātum* (*in mola*), tr. ¶ 1 [prim¹] saupoudrer la victime de la *mola salsa* [farine sacrée] : SERV. *En.* 4, 57 ; CAT. d. SERV. *En.* 10, 541 ¶ 2 immoler, sacrifier : CAES. *G.* 6, 17, 3 **a)** *aliquid alicui : Musis bovem* CIC. *Nat.* 3, 88, sacrifier un bœuf aux Muses, cf. *Inv.* 2, 95 ; *Nat.* 3, 51 **b)** *alicui aliqua re : Jovi tauro* MACR. *Sat.* 3, 10, 3, sacrifier un taureau à Jupiter, cf. CIC. *Leg.* 2, 29 **c)** [absᵗ] faire un sacrifice : CIC. *Div.* 1, 72 **d)** [poét.] immoler, faire périr : VIRG. *En.* 12, 949 **e)** [tard.] offrir en sacrifice : TERT. *Cult.* 2, 9, 7.
▶ dép. *immolor* VL. 2 *Tim.* 4, 6.

immŏrandus, *a*, *um* (*immoror*), que l'on doit maintenir : CASS. FEL. 30.

immŏrantĕr, adv. (2 *in-*, *moror*), sans tarder : GLOSS. 2, 231, 11.

immŏrātus, abl. *ū*, influence prolongée : PS. RUFIN. *Amos* 5, 1, p. 1074 C.

immordĕō, *ēs*, *ēre*, -, -, *immorsus*.

immŏrĭor, *mŏrĕrĭs*, *mŏrī*, *mortuus sum*, intr. (1 *in*, *morior*), mourir dans, sur, auprès : OV. *M.* 6, 296 ; VAL.-FLAC. 6, 570 ; PLIN. 29, 73 ∥ [fig.] *immoritur studiis* HOR. *Ep.* 1, 7, 85, il se tue à la peine.

immŏror, *ārĭs*, *ārī*, *ātus sum* (1 *in*, *moror*), intr., rester sur, s'arrêter : COL. 8, 5, 14 ; PLIN. 9, 25 ∥ [fig.] s'appesantir, insister : *in aliqua re* QUINT. 2, 16, 6, ou *rei* PLIN. *Ep.* 1, 88, s'arrêter sur qqch.

immorsus, *a*, *um* (1 *in*, *mordeo*), mordu : PROP. 3, 8, 21 ; STAT. *Th.* 2, 628 ∥ [fig.] excité [en parl. de l'estomac] : HOR. *S.* 2, 4, 61.

immortālĕ, n. pris advᵗ (*immortalis*), éternellement : VAL.-FLAC. 7, 362 ; STAT. *Th.* 4, 833.

immortālis, *e* (2 *in-*, *mortalis*), immortel : CIC. *Nat.* 3, 29 ; *CM* 77 ∥ impérissable, éternel : CIC. *Balb.* 40 ; *de Or.* 2, 8 ; *Pis.* 31 ; LIV. 1, 16, 1 ; TAC. *H.* 4, 32 ∥ **-tāles**, *ĭum*, m., les dieux : VARR. *L.* 5, 75 ; LUCR. 5, 165 ∥ [fig.] immortel = égal à un dieu, bienheureux comme un dieu : PROP. 2, 14, 10 ; 2, 15, 39.

immortālĭtās, *ātis*, f., immortalité : CIC. *CM* 78 ; *Nat.* 2, 153 ; [pl.] CIC. *Nat.* 3, 46, êtres immortels ∥ [fig.] CIC. *CM* 74 ; 82 ∥ état semblable à celui des immortels, béatitude : PL. *Merc.* 603 ; TER. *And.* 960.

immortālĭtĕr, adv., éternellement : AUG. *Conf.* 4, 2, 3 ∥ [fig.] *immortaliter gaudere* CIC. *Q.* 3, 1, 9, éprouver une joie infinie.

immortālĭtŭs, adv. (*immortalis*, cf. *divinitus*), venant des dieux immortels : TURPIL. *Com.* 89.

immortŭus, *a*, *um*, part. de *immorior*.

immōtus, *a*, *um* (2 *in-*, 1 *motus*), sans mouvement, immobile : VIRG. *G.* 2, 293 ; PLIN. 17, 222 ; TAC. *An.* 14, 37 ∥ [fig.] ferme, inébranlable : VIRG. *En.* 4, 449 ; OV. *M.* 15, 465 ; LIV. 10, 14, 16 ; 21, 55, 10 ∥ *immotum fixumque Tiberio fuit* [avec inf.] TAC. *An.* 1, 47, Tibère fut inébranlable dans sa résolution de.

immūgĭō, *īs*, *īre*, *ĭī*, - (1 *in*, *mugio*), intr., mugir contre [avec dat.] : SIL. 17, 257 ∥ gronder dans : VIRG. *En.* 3, 674 ∥ retentir : VIRG. *En.* 11, 38.

immulgĕō, *ēs*, *ēre*, -, - (1 *in*, *mulgeo*), tr., traire sur : *teneris ubera labris* VIRG. *En.* 11, 572, traire les mamelles sur les tendres lèvres de l'enfant, cf. PLIN. 28, 72.

immundābĭlis, *e*, qui ne peut être lavé [fig.] : TERT. *Pud.* 20, 7.

immundē, adv., d'une manière impure : OBSEQ. 55.

immundĭtĭa, *ae*, f. (*immundus*), saleté, ordures : PL. *St.* 747 ; [pl.] COL. 1, 6, 11 ∥ [fig., chrét.] impureté : TERT. *Pud.* 13, 25.

immundĭtĭēs, *ēi*, f., impureté : SCHOL. HOR. *S.* 1, 6, 124.

immundō, *ās*, *āre*, -, -, tr., salir, souiller : DRAC. *Romul.* 8, 589.

1 **immundus**, *a*, *um* (2 *in-*, 1 *mundus*) ¶ 1 sale, impur, immonde : CIC. *Frg. A.* 6, 1 ; LUCR. 4, 1160 ; HOR. *S.* 2, 4, 62 ; *immunda dicta* HOR. *P.* 246, paroles ordurières ∥ *-dior* PLIN. 14, 119 ; *-issimus* SEN. *Ep.* 86, 12 ∥ *immundae* subst. f. pl., CIC. *Att.* 9, 10, 2, femmes qui se négligent ¶ 2 [fig., chrét.] impur : *omnis anima... immunda* TERT. *Anim.* 40, 1, toute âme est impure ∥ en état d'impureté : VL. *Deut.* 23, 10 ∥ diabolique : TERT. *Apol.* 23, 14.

2 **immundus**, *i*, m. (2 *in-*, 2 *mundus*), absence d'ornement : TERT. *Cult.* 1, 4, 2.

immūnĭfĭcus, *a*, *um*, avare : *PL. *Trin.* 350.

immūnĭō, *īs*, *īre*, *īvī*, - (1 *in*, *munio*), tr., installer comme protection : *praesidium* TAC. *An.* 11, 19, installer [là] un poste fortifié.

immūnis, *e* (2 *in-*, *moenia*, *munis*) ¶ 1 dispensé de toute charge, libre de tout impôt : CIC. *Off.* 3, 49 ; *Verr.* 5, 53 ∥ *militiā immunis* LIV. 1, 43, 8, exempt de service militaire ; *portoriorum* LIV. 38, 44, 4, exempté de péages ∥ exempté des corvées [en parl. d'un soldat] : CIL 5, 4048 ¶ 2 [fig.] qui se soustrait aux charges, paresseux : VIRG. *G.* 4, 244 ∥ égoïste : CIC. *Lae.* 50 ∥ qui ne donne rien : HOR. *O.* 4, 12, 23 ; *Ep.* 1, 14, 33 ∥ [en parl. d'une chose] dont on ne sait pas de gré : *inmoene facinus* PL. *Trin.* 24 ∥ sans tache, pur ; HOR. *O.* 3, 23, 17 ¶ 3 [en gén.] exempt de, libre de ; [avec gén.] VIRG. *En.* 12, 559 ; OV. *M.* 8, 691 ∥ [avec abl.] VELL. 2, 35, 2 ∥ [avec *ab*] PLIN. 32, 37 ; VELL. 2, 14.
▶ *inmoene* PL. *Trin.* 24.

immūnĭtās, *ātis*, f. (*immunis*), exemption, dispense, remise : CIC. *Font.* 17 ; CURT. 5, 3, 15 ; *omnium rerum* CAES. *G.* 6, 14, 1, dispense de toute espèce de charges, cf. CIC. *Ac.* 3, 121 ∥ pl., CIC. *Phil.* 1, 3 ; *Fam.* 12, 1, 1.

immūnītus, *a*, *um* (2 *in-*, *munitus*) ¶ 1 non fortifié : LIV. 22, 11, 4 ; OV. *M.* 10, 169 ¶ 2 impraticable [route] : CIC. *Caecin.* 54.

immurmŭrātĭo, *ōnis*, f., grondement, murmure : AMBR. *Ep.* 63, 56.

immurmŭrō, *ās*, *āre*, *āvī*, *ātum* (1 *in*, *murmuro*) ¶ 1 intr., murmurer dans, sur [avec dat.] : VIRG. *G.* 4, 261 ; OV. *M.* 6, 558 ; 11, 187 ∥ murmurer contre : OV. *M.* 3, 646 ¶ 2 tr., dire en murmurant, marmotter : PERS. 2, 9 ; MACR. *Sat.* 6, 7, 1.

immŭsŭlus (**-sĭlus**) ou **immĭsŭlus**, *i*, m., aigle pygargue : PLIN. 10, 20 ; FEST. 214, 18 ; ARN. 2, 59.

1 **immūtābĭlis**, *e* (2 *in-*, *mutabilis*), qui ne change pas, immuable : CIC. *Fat.* 28 ; *Nat.* 2, 49 ∥ *-ior* CIC. *Rep.* 1, 49.

2 **immūtābĭlis**, *e* (*immuto*), changé : PL. *Ep.* 577.

immūtābĭlĭtās, *ātis*, f., immutabilité : CIC. *Fat.* 17.

immūtābĭlĭtĕr, adv., d'une façon immuable : DIG. 45, 1, 99, 1.

immūtātĭo, *ōnis*, f. (*immuto*) ¶ 1 changement : CIC. *de Or.* 3, 176 ; *Ac.* 2, 16 ¶ 2 [rhét.] **a)** *verborum immutationes, quos Graeci appellant* τρόπους CIC. *Brut.* 69, figures changeant la signification des mots, que les Grecs appellent tropes **b)** métonymie : CIC. *Or.* 94 ; *de Or.* 3, 207.

immūtātŏr, *ōris*, m., celui qui change : OROS. *Hist.* 7, 43, 6.

1 **immūtātus**, *a*, *um* ¶ 1 part. de *immuto* ¶ 2 [adjᵗ] où tout est brouillé, bouleversé : *concentus immutatus aut discrepans* CIC. *Rep.* 2, 69, concert confus ou discordant.

2 **immūtātus**, *a*, *um* (2 *in-*, *muto*), non changé, invariable, inébranlable : CIC. *Inv.* 2, 162 ; TER. *And.* 242.

immūtescō, *ĭs*, *ĕre*, *mŭtŭī*, -, intr. (1 *in*), se taire, demeurer muet : QUINT. 10, 3, 16 ; STAT. *Th.* 5, 542.

immŭtĭlātus, *a*, *um* (2 *in-*), non mutilé, intact : SALL. *H.* 3, 9 ∥ non entamé, entier : COD. TH. 4, 22, 1.

immūtō (**imm-**), *ās*, *āre*, *āvī*, *ātum*, tr. (1 *in*) ¶ 1 changer, modifier : PL. *Mil.* 432 ; TER. *Eun.* 225 ; CIC. *Div.* 2, 89 ; *Lae.* 54 ; *aliquem alicui* CIC. *Fam.* 5, 8, 2, changer les dispositions de qqn à l'égard de qqn ¶ 2 [rhét.] **a)** employer par métonymie : CIC. *Or.* 92 **b)** *immutata oratio* CIC. *de Or.* 2, 261, allégorie.

immūtŭī, parf. de *immutesco*.

īmō, adv., *immo*.

impācātus, *a*, *um* (2 *in-*, *pacatus*), non pacifié, agité : VIRG. *G.* 3, 408 ; SEN. *Ir.* 3, 27 ∥ non apaisé : CLAUD. *Ruf.* 1, 70.

impācĭfĭcus, *a*, *um* (2 *in-*), non pacifique : AMBR. *Psalm.* 43, 12, 2.

impactĭo, ōnis, f. (impingo), choc, heurt : *Sen. Nat. 2, 12, 6.

impactus, a, um, part. de impingo.

impaenĭtendus, a, um (2 in-), dont on ne doit pas se repentir : Apul. M. 11, 28 ; Cassiod. Var. 1, 30.

impaenĭtens, tis (2 in-, paenitens), [chrét.] qui ne se repent pas, impénitent : Vulg. Rom. 2, 5 ; Hier. Is. 2, 6 ; Ps. Prosp. Prom. 2, 33, 71.

impaenĭtentĭa, ae, f. (impaenitens), impénitence, endurcissement : Aug. Serm. 71, 13, 22.

impaenĭtĭbĭlis, e, dont on ne peut se repentir : Ps. Primas. 2 Cor. 7, 10.

impaenĭtūdo, ĭnis, f. (cf. impaenitentia), impénitence : Greg.-M. 1 Reg. 5, 2, 40.

impaestātor, ōris, m. (empaestatus, ἐμπαιστός), graveur en relief : CIL 8, 9427.

impāgēs, is, f. (1 in, cf. compages, pango), [archit.] traverse : Vitr. 4, 6, 5 ; P. Fest. 95, 28.

impallescō, ĭs, ĕre, palluī, -, intr. (1 in) pâlir de : Stat. Th. 6, 805 ‖ pâlir sur : Pers. 5, 62.

impalpābĭlis, e (2 in-), qu'on ne peut toucher : Greg.-M. Mor. 14, 72.

impalpĕbrātĭo, ōnis, f. (2 in-, palpebro), paralysie des paupières : Cael.-Aur. Chron. 2, 5, 87.

impancrō, ās, āre, āvī, - (in pancra), intr., fondre sur : Varr. Men. 587 ; Non. 59, 20.

impār, ăris (2 in-, par) ¶ 1 inégal, dissemblable [nombre ou qualité] : Cic. Or. 205 ; Rep. 6, 18 ; Caes. C. 1, 40, 6 ¶ 2 [fig.] inégal, inférieur ; *alicui*, à qqn ; *alicui rei*, à qqch. : Hor. O. 4, 6, 5 ; *dolori* Tac. An. 15, 57, incapable de résister à la douleur ; *tantis honoribus* Suet. Tib. 67, au-dessous de si grands honneurs ‖ inéquitable, injuste : Liv. 42, 13, 5 ‖ inégal, où les forces ne sont pas égales [en parl. d'un combat] : Virg. En. 12, 216 ; Ov. M. 11, 156 ¶ 3 impair : Cic. Ac. 2, 32 ‖ subst. n. : *par impar ludere* Hor. S. 2, 3, 248, jouer à pair ou impair.
▶ abl. sg. *impari*, mais *impare* Virg. B. 8, 76 à cause du vers.

impărātĭo, ōnis, f. (imparatus), mauvaise disposition : M.-Emp. 20, 97.

impărātus, a, um (2 in-, paratus), non prêt, sans préparation, pris au dépourvu, surpris ; Cic. Brut. 139 ; Phil. 3, 2 ; Mil. 56 ; Caes. G. 6, 30, 2.

imparcentĕr, adv., sans merci, sans pitié : Ps. Orig. Job 1, 418 A.

impārens (inp-), tis (2 in-, 2 parens), désobéissant : P. Fest. 96, 22.

impărĭlis, e (2 in-, parilis), inégal : Aur. Vict. Caes. 14, 9.

impărĭlĭtās, ātis, f. (imparilis), variété, diversité : Gell. 14, 1, 22 ‖ défaut d'accord, solécisme : Gell. 5, 20, 1.

impărĭlĭtĕr, adv., en nombre inégal : Aug. Hept. 2, 177, 3.

impărĭtās, ātis, f. (impar), inégalité : Boet. Arith. 1, 5, 1.

impărĭtĕr, adv. (impar), inégalement : Hor. P. 75.

impars, tis (2 in-), **C.⊳** expers : Gloss. 5, 602, 34.

impartībĭlis, e, indivisible : Serm. Ar. 1, 17, 623 B.

impartĭcĭpābĭlis, e, qui n'a point part à : Hier. Didym. 61, 152 A.

impartĭcĭpātus, a, um, non partagé : Mar. Vict. Ar. 4, 19, 1127 B.

impartĭlis, -tĭbĭlis, e, indivisible : Mar. Vict. Ar. 1, 49, 1078 C.

impartĭo, -tĭor, **V.⊳** impert-.

impascŏr, ĕrĭs, ī, - (1 in, pascor), intr., paître dans [avec dat.] : Col. 2, 17, 1 ; 6, 5, 2.

impassĭbĭlis, e, qui ne sent pas, sans passions : Tert. Prax. 29, 5.

impassĭbĭlĭtās, ātis, f., impassibilité : Hier. Ep. 133, 3, 5.

impassĭbĭlĭtĕr, adv., avec impassibilité : Cassiod. Eccl. 5, 20.

impassĭōnābĭlis, e, impassible, qui ne peut souffrir : Concil. S. 1, 5, 133, 38.

impassĭōnābĭlĭtĕr, adv., d'une manière impassible : Mar. Vict. Ar. 1, 32, 1065 A.

impastus, a, um (2 in-, pasco), affamé, à jeun : Virg. En. 9, 339 ; Luc. 6, 628.

impătĭbĭlis, **V.⊳** impetibilis.

impătĭens, tis (2 in-, patiens) ¶ 1 qui ne peut supporter, endurer, impatient de [avec gén.] : *solis, pulveris* Tac. H. 2, 99, impatient du soleil, de la poussière, cf. Curt. 3, 2, 17 ; Virg. En. 11, 639 ‖ *irae* Ov. M. 13, 3, qui ne maîtrise pas sa colère ; *impatiens dei* Sen. Ag. 719, qui résiste au dieu ‖ [avec inf.] incapable de : Sil. 11, 98 ¶ 2 [abs¹] a) impatient : -tior Macr. Sat. 5, 7, 5 ; -issimus Gell. 12, 1, 22 b) *animus impatiens* Sen. Ep. 9, 1, impassibilité (ἀπάθεια).

impătĭentĕr, adv. (impatiens), sans résignation, impatiemment : Tac. An. 4, 17 ; Plin. Ep. 2, 7, 6 ‖ -tius Plin. Ep. 6, 1, 1 ; -issime Plin. Ep. 9, 22, 2.

impătĭentĭa, ae, f. (impatiens) ¶ 1 inaptitude à supporter qqch., impatience de : Plin. 11, 77 ; Tac. An. 4, 52 ‖ [abs¹] impuissance à supporter, manque de fermeté : Tac. An. 15, 63 ¶ 2 impassibilité : Sen. Ep. 9, 1.

impătĭor, ĕrĭs, ī, - (de impatiens), intr., être impatient : Tract. Pelag. 71, 25.

impausābĭlis, e, qui ne connaît pas le repos : Fulg. Myth. 1, 6.

impausābĭlĭtĕr, adv., sans discontinuer : Cael.-Aur. Chron. 3, 2, 20.

impăvĭdē, adv. (impavidus), sans crainte : Liv. 30, 15, 8 ; 39, 50, 8.

impăvĭdus, a, um (2 in-, pavidus), inaccessible à la peur, calme, intrépide : Hor. O. 3, 3, 7 ; Virg. En. 8, 633 ; Ov. M. 14, 820 ; Plin. 28, 258.

impeccābĭlis, e, incapable de faute : Gell. 17, 19, 6.

impeccantĭa, ae, f., impeccabilité : Hier. Pelag. 1, 25, 519 A.

impectŏrō, ās, āre, -, - (in pectore), mettre dans le cœur : Vit. Caes.-Arel. 1, 61.

impĕdātĭo, ōnis, f. (impedo), échalassement : Col. 4, 13, 1.

impĕdĭcō, ās, āre, -, - (in pedica, cf. impedio ; fr. empêcher), tr., prendre au piège, entraver : Amm. 30, 4, 18.

impĕdīmentōsus, a, um (impedimentum), qui fait obstacle : Cassiod. Var. 1, 35, 4.

impĕdīmentum, i, n. (impedio), empêchement, ce qui entrave : Sen. Tranq. 10, 1 ; Cic. de Or. 1, 260 ; Tac. An. 15, 9 ; *impedimento esse* Cic. Amer. 149, être un empêchement [*ad aliquid* Caes. G. 1, 25, 3 ; Liv. 8, 32, 5, relativement à qqch.] ‖ pl., *impedimenta*, bagages d'un voyageur ou d'une armée : Cic. Mil. 28 ; Caes. G. 1, 24 ; 1, 26 ‖ [fig.] entraves, embarras : Quint. 1, 8, 19.

impĕdĭō, īs, īre, īvī ou ĭi, ītum (in pedibus, cf. expedio ; it. impedire), tr., embarrasser les pieds ¶ 1 entraver : *impediunt vincula nulla pedes* Ov. F. 1, 410, aucun lien n'entrave ses pieds ; *se in plagas impedire* Pl. Mil. 1388, se prendre dans un filet ; *orbes orbibus* Virg. En. 8, 447, enfermer des cercles dans des cercles, les emboîter l'un dans l'autre ; *caput myrto* Hor. O. 1, 4, 9, ceindre la tête de myrte ‖ rendre inaccessible un lieu : *munitionibus saltum* Liv. 36, 16, 1, barrer un défilé avec des fortifications ¶ 2 [fig.] a) embarrasser : *te ipse impedies* Cic. Verr. 2, 44, tu t'empêtreras toi-même ; *mentem dolore* Cic. Cael. 60, mettre sur l'esprit un écran de douleur b) entraver, empêcher, arrêter : *aliquem* Cic. Fam. 9, 19, 2, empêcher, arrêter qqn ; *profectionem* Cic. Fam. 7, 5, 1, empêcher le départ de qqn ; *morbo impeditus* Cic. Verr. 3, 63, empêché par la maladie ; *ab aliquo in suo jure impediri* Caes. G. 1, 36, 2, être gêné par qqn dans l'exercice de son droit ‖ [avec ab] : *aliquem ab aliqua re* Cic. Rep. 5, 5, empêcher qqn de faire une chose, cf. Sall. J. 30, 2 ; *ab delectatione omni negotiis impediri* Cic. Mur. 39, être écarté de tout plaisir par les affaires ‖ [avec abl.] : *aliquem fuga* Tac. An. 1, 39, empêcher qqn de fuir ‖ [avec ad] : *ad capiendam fugam aliquid aliquem impedit* Caes. G. 7, 26, 3, qqch. empêche qqn de prendre la fuite, cf. G. 1, 25, 3 ‖ *impedire ne*, empêcher que : Cic. Planc. 104 ; Sull. 92 ; Dom. 19 ; Fat. 1 ; Nat. 3, 81 ‖ *aliquid aliquem impedit* [avec inf.] Cic. de Or. 1, 163 ; Nat. 1, 87 ; Off. 2, 8, qqch. empêche qqn de ‖ *non impedire*

impedio

quominus, ne pas empêcher que : Cic. *CM* 60 ; *Fin.* 1, 33 ‖ **non impedire quin** Her. 3, 1. ▶ tmèse : **inque pediri** Lucr. 3, 482.

impĕdītio, *ōnis*, f. (*impedio*), obstacle : Cic. *Div.* 1, 115.

impĕdītō, *ās*, *āre*, -, -, fréq. de *impedio*, : Stat. *Th.* 2, 590.

impĕdītŏr, *ōris*, m., celui qui empêche : Aug. *Civ.* 10, 10.

impĕdītus, *a*, *um* ¶ **1** part. de *impedio* ¶ **2** adj¹ **a)** [mil.] chargé de bagages, embarrassé : Caes. *G.* 3, 24, 3 ; Liv. 43, 23, 1 **b)** embarrassé, difficilement praticable : *impeditioribus locis* Caes. *G.* 3, 28, 4, dans des lieux inaccessibles ; *impeditissima itinera* Caes. *C.* 3, 77, 2, chemins très difficilement praticables **c)** [fig.] embarrassé : *omnium impeditis animis* Caes. *G.* 5, 7, 5, les esprits de tous étant occupés ailleurs ; *victoribus nihil impeditum est* Caes. *G.* 2, 28, 1, pour les vainqueurs aucune difficulté ; *impedita tempora rei publicae* Cic. *Pis.* 3, époque politique troublée ‖ embarrassant : Cic. *Mil.* 54.

impĕdō, *ās*, *āre*, -, - (1 *in*, *pedo*), tr., échalasser : Col. 4, 16, 2.

impēgī, parf. de *impingo*.

impēlīmentum (**inp-**), arch. pour *impedimentum* : P. Fest. 96, 9.

impellō, *ĭs*, *ĕre*, *pŭlī*, *pulsum* (1 *in*, *pello*), tr. ¶ **1** heurter contre, heurter : *chordas* Ov. *M.* 10, 145, heurter (faire vibrer) les cordes ; *aures* Virg. *G.* 4, 349, frapper les oreilles ; *cuspide montem* Virg. *En.* 1, 82, frapper la montagne de sa lance ¶ **2** ébranler, mettre en mouvement : *navem* Virg. *En.* 5, 119, mettre un navire en marche, cf. Caes. *C.* 3, 40, 2 ; *remos* Virg. *En.* 4, 594, mettre en mouvement les rames ; *arma* Virg. *En.* 8, 3, secouer ses armes ‖ donner une poussée : *praecipitantem aliquem* Cic. *Clu.* 70, donner une poussée à qqn qui tombe, cf. Tac. *H.* 2, 63 ; *arbores momento levi impulsae* Liv. 23, 24, 7, les arbres recevant une légère poussée ¶ **3** pousser à qqch. [avec in acc.] : *aliquem in fraudem*, V.▶ *fraus* ; *in fugam* Cic. *Rab. perd.* 22, pousser à la fuite ; *aliquem in eam mentem, ut* Cic. *Mil.* 89, amener qqn à un état d'esprit tel que ‖ [avec *ad*] : *aliquem ad scelus, ad bellum* Cic. *Amer.* 39 ; *Sull.* 36, pousser qqn au crime, à la guerre ; *voluntates quo velit* Cic. *de Or.* 1, 30, entraîner où l'on veut les volontés ‖ [avec *ut* subj.] pousser à faire une chose : Cic. *CM* 77 ; *Nat.* 1, 7 ‖ [avec inf.] : Liv. 22, 6, 7 ; Virg. *En.* 2, 520 ; Tac. *An.* 6, 45 ‖ pousser qqn, le déterminer [surtout au pass.] : *ab aliquo impulsus* Caes. *G.* 2, 14, 3, sous la poussée, l'impulsion de qqn ; *amentia* Caes. *G.* 1, 40, 4, poussé par l'égarement ; *hac impulsi occasione* Caes. *G.* 7, 1, 3, entraînés par cette occasion ‖ pousser qqch. : *cum bellum impelleretur* Tac. *Agr.* 25, comme on mettait la guerre en branle ¶ **4** culbuter, bousculer [l'ennemi] : Liv. 9,

27, 9 ; 9, 40, 9 ; Tac. *An.* 4, 34 ‖ faire tomber, renverser : *impulsas Vitelli opes audietis* Tac. *H.* 3, 2, vous apprendrez que la puissance de Vitellius a été renversée ; *impulsum bellum* Luc. 5, 330, guerre qui tombe, qui touche à sa fin.
▶ part. *impulsus* Ps. Cypr. *Mont.* 9.

impendĕō, *ēs*, *ēre*, -, - (1 *in*, *pendeo*) ¶ **1** intr. **a)** pendre au-dessus de, être suspendu sur qqn, qqch., *alicui*, *alicui rei* : Cic. *Tusc.* 5, 62 ; *Fin.* 1, 60 **b)** [fig.] menacer, être imminent : Cic. *Amer.* 31 ; *Mil.* 76 ; *bellum impendet a Parthis* Cic. *Att.* 6, 2, 6, une guerre nous menace du côté des Parthes **c)** être suspendu, *in aliquem* Cic. *Amer.* 31, sur la tête de qqn, ou *alicui* Cic. *Tusc.* 4, 35 ; *Clu.* 66 ¶ **2** tr., [poét.] **a)** *saxa quae impendent mare* Lucr. 1, 326, les rochers qui surplombent la mer **b)** [fig.] *mala te impendent* Ter. *Phorm.* 180, des malheurs te menacent, cf. Lucil. 1227.

impendĭa, *ae*, f., C.▶ *impendium* : CIL 6, 629.

impendĭō, adv. (*impendium*), beaucoup, en grande quantité : Gell. 19, 7, 10 ‖ [surtout avec compar.] : *impendio magis*, *minus* Cic. *Att.* 10, 4, 9 ; Pl. *Aul.* 18, beaucoup plus, moins.

impendĭōsus, *a*, *um* (*impendium*), dépensier : Pl. *Bac.* 695.

impendĭum, *ii*, n. (*impendo*) ¶ **1** dépense, frais : Cic. *Quinct.* 12 ; Plin. 18, 38 ; Quint. 1, 10, 18 ¶ **2** intérêts [d'un prêt] : Varr. *L.* 5, 183 ; Cic. *Att.* 6, 1, 4 ; [fig.] Cic. *Brut.* 16.

impendō, *ĭs*, *ĕre*, *pendī*, *pensum* (1 *in*, *pendo*), tr., dépenser, débourser : Cic. *Verr.* 4, 68 ; Liv. 6, 15, 9 ‖ [fig.] dépenser, consacrer, employer : *in rem* Cic. *Verr.* 4, 68 ; Vell. 2, 89, à, pour une chose ; *alicui rei* Tac. *An.* 12, 65 ; Quint. *pr.* 1 ; 12, 11, 19 ‖ *curas impendunt distendere* Virg. *G.* 3, 124, ils mettent leurs soins à gonfler... ; [avec *ne*] *aliquid impendere ne* Cic. *Verr.* 5, 51, dépenser quelque chose pour empêcher que.

impĕnētrābĭlis, *e* (2 *in-*, *penetrabilis*), impénétrable : Plin. 8, 95 ; Sen. *Nat.* 4, pr. 5 ; *alicui rei* Liv. 36, 25 ou *adversus rem* Tac. *H.* 1, 79, impénétrable à qqch. ‖ [fig.] inaccessible : *irae* Sil. 7, 561, à la colère ‖ [abs¹] à toute épreuve : Tac. *An.* 4, 12 ‖ **-bĭlĭter**, de manière à empêcher de pénétrer : Greg.-M. *Cant.* 8, 12.

impĕnētrāle (**inp-**), *is*, n., lieu où il est interdit d'entrer : P. Fest. 96, 32.

impennātae agnae, **inpennātae agnae**, f. pl. (2 *in-*, *penna*), [métaph.] épis sans barbes : P. Fest. 231, 5.

impensa, *ae*, f. (*impensus* ; cf. fr. *empois*) ¶ **1** dépense, frais : *impensam facere* Cic. *Phil.* 6, 19 ; *in macrocolla* Cic. *Att.* 13, 25, 3, faire une dépense, pour du papier grand format ; *nullā impensā*, *magnā impensā* Cic. *Verr.* 1, 145 ; 3, 53, sans frais, à grands frais ‖ [droit] dépenses

faites sur la chose d'autrui : *impensae dotales* Dig. 25, 1, impenses dotales ; *impensae necessariae, voluptariae, utiles* Dig. 5, 3, 38, impenses nécessaires, voluptuaires, utiles ‖ [fig.] *impensa cruoris* Ov. *M.* 8, 63, dépense, sacrifice de son sang, cf. Virg. *En.* 11, 228 ; Liv. 37, 53, 12 ; *meis impensis* Nep. *Phoc.* 1, 4, à mes dépens ¶ **2** ustensiles, matériaux, attirail : Frontin. *Aq.* 124 ; Petr. 137, 5 ‖ préparation culinaire, farce : Apic. 371.

impensātĭo, *ōnis*, f. (*impenso*), dépense, emploi : Isid. 4, 7, 25.

impensē, adv. (*impensus*), avec dépense, somptueusement : *impensissime* Suet. *Dom.* 20, à très grands frais ‖ avec zèle, empressement : *impensius* Cic. *Fam.* 13, 64, 1 ; Sall. *J.* 47, 3 ; 75, 1 ‖ énergiquement, rigoureusement : Liv. 40, 35, 7 ‖ beaucoup, fortement : Pl. *Ep.* 564 ; Ter. *Ad.* 993 ; *Eun.* 413 ; Virg. *En.* 12, 20 ; Liv. 1, 40, 2.

impensĭo, *ōnis*, f. (*impendo*), action de dépenser : Pomp.-Gr. 5, 257, 16.

impensō, *ās*, *āre*, -, - (*impensa* ; cf. fr. *empeser*), tr., dépenser : Gloss. 4, 355, 1.

impensŏr, *ōris*, m. (*impendo*), qui emploie, qui met en œuvre : Aug. *Ep.* 192, 2.

1 impensus, *a*, *um* ¶ **1** part. de *impendo* ¶ **2** adj¹ **a)** cher : *impenso pretio* Cic. *Att.* 14, 13, 5 ; *impenso* Hor. *S.* 2, 3, 245, à grand prix, chèrement ‖ *ingrato homine nihil impensius est* Pl. *Bac.* 394, rien n'est plus coûteux que l'ingratitude **b)** largement employé, empressé : *tam impensa voluntas bonorum* Cic. *Sest.* 130, le zèle si empressé des bons citoyens ; *impensa erga aliquem voluntas* Liv. 35, 44, 3, bonne volonté empressée envers qqn ; *impensiore cura* Tac. *H.* 1, 31, avec un soin qui se dépense largement ; *impensissimae preces* Suet. *Tib.* 13, prières les plus pressantes.

2 impensŭs, *ūs*, m. (*impendo*), dépense : Symm. *Ep.* 1, 11, 1.

impĕrābĭlĭter, adv. (*impero*), impérieusement : Cat. d. Char. 202, 11.

impĕrātĭo, *ōnis*, f., ordre, commandement : Boet. *Arith.* 2, 1.

impĕrātīvē, adv. (*imperativus*), en commandant, impérativement : Ulp. *Reg. tit.* 24, 1.

impĕrātīvus, *a*, *um* (*impero*), impératif : Salv. *Eccl.* 2, 9, 39 ‖ *modus* Capel. 3, 313, l'impératif ‖ *imperativae feriae* Macr. *Sat.* 1, 16, 5, féries impératives, ordonnées exceptionnellement.

impĕrātŏr, *ōris*, m. (*impero* ; roum. *împărat*) ¶ **1** celui qui commande, chef, maître : Pl. *Poen.* 4 ; Cic. *Rep.* 4, 7 ; Sall. *C.* 6, 7 ; *J.* 1, 3 ; Plin. 29, 17 ¶ **2** chef d'armée, général : Cic. *de Or.* 1, 210 ; Caes. *C.* 3, 51, 3 ‖ titre décerné au général victorieux : Cic. *Phil.* 14, 11 ; Caes. *C.* 3, 31, 1 ; Liv. 27, 19, 4 ‖ [fig.] homme de guerre, capitaine : Cic. *Verr.* 4, 95 ; 5, 2 ‖ [épithète de Jupiter] Jupiter imperator : Cic. *Verr.* 4, 129 ¶ **3** empereur : Suet. *Caes.* 76 ;

Cl. 12; Plin. Ep. 3, 5, 9‖ [chrét.] le Seigneur suprême: Tert. Or. 29, 3.
▶ arch. **induperator** Enn. An. 86; 332; Lucr. 4, 967; 5, 1227.

impĕrātōrĭē, adv. (*imperatorius*), en empereur: Treb. Claud. 6, 2; Heges. 1, 40, 4.

impĕrātōrissa, ae, f. (*imperator* et *basilissa*), impératrice: Gloss. 4, 585, 2.

impĕrātōrĭus, a, um (*imperator*) ¶1 de général, de commandant: Caes. C. 3, 51, 5; Cic. Fam. 11, 4, 1; Tusc. 2, 62; *haud imperatorium ratus* [avec inf.] Tac. An. 2, 11, jugeant que c'était manquer aux devoirs d'un chef que de ¶2 d'empereur, impérial: Suet. Dom. 10; Vesp. 24.

impĕrātrix, īcis, f., celle qui commande: Cic. Cael. 67.

impĕrātum, i, n., ordre, commandement: *imperatum facere* Caes. G. 5, 37, 1; *imperata* Caes. G. 2, 3, 3, exécuter un ordre, des ordres; *ad imperatum* Caes. G. 5, 2, 3, suivant l'ordre.

1 impĕrātus, a, um, part. de *impero*.

2 impĕrātŭs, ūs, m., ordre: Ambr. Fug. 2, 8; Amm. 18, 6, 10.

imperceptus, a, um (2 *in-*, *percipio*), non perçu: Ov. M. 9, 7, 11‖ imperceptible: *-tior* Gell. 14, 1, 24, plus inintelligible, plus incompréhensible.

impercō, ĭs, ĕre, -, - (1 *in*, *parco*), intr., épargner, ménager, *alicui*, qqn: Pl. Cas. 833; Amp. 500.

impercussus, a, um (2 *in-*, *percutio*), non frappé: Ov. Am. 3, 1, 52.

imperdĭtus, a, um (2 *in-*, *perdo*), non détruit, non tué: Virg. En. 10, 430; Sil. 9, 161.

imperfectē, adv., mal: Gell. 2, 8; Amm. 22, 16, 16.

imperfectĭo, ōnis, f., imperfection: Aug. Gal. 12.

imperfectus, a, um (2 *in-*, *perficio*), non achevé, inachevé, incomplet, imparfait: Cic. Fam. 1, 9, 15; Caes. G. 6, 35, 6; Virg. En. 8, 428; *imperfectus cibus* Juv. 3, 233, aliment mal digéré‖ *-tior* Gell. 1, 7, 20‖ subst. m. pl., gens imparfaits: Sen. Tranq. 11, 1.

imperfŏrābĭlis, e, inébranlable, invulnérable: Vit. Patr. 5, 2, 11.

imperfossus, a, um (2 *in-*, *perfodio*), non percé: Ov. M. 12, 496.

imperfundĭtĭēs, ēi, f. (1 *in*, *perfundo*), saleté: *Lucil. 600.

impĕrĭālis, e (*imperium*), de l'empereur, impérial: Dig. 47, 12, 3; Cod. Th. 3, 12, 2 ‖ *-lĭtĕr*, adv., en empereur: Cod. Just. 6, 51, 1.

impĕrĭōsē, adv. (*imperiosus*), impérieusement: Gell. 2, 29, 1; *-sius* Varr. d. Non. 287, 20.

impĕrĭōsus, a, um (*imperium*) ¶1 qui commande, dominateur: Cic. Or. 120; Liv. 7, 40, 9; Ov. Tr. 5, 3, 32; *-sissimus* Quint. 6, 3, 8 ¶2 impérieux, hautain, tyrannique: Cic. Par. 40; Fin. 2, 105; *-sior* Pl. Cap. 806; Hor. O. 1, 14, 8.

impĕrītē, adv. (*imperitus*), sans s'y connaître, maladroitement: Cic. Brut. 175; Phil. 2, 81; *-tius* Cic. Balb. 20; *-issime* Cic. Balb. 27.

impĕrītĭa, ae, f. (*imperitus*), manque de connaissance, ignorance, inexpérience: Sall. J. 38, 1; Tac. An. 13, 36 ‖ [chrét.] ignorance de la religion chrétienne: Minuc. 3, 1.

impĕrīto, ās, āre, āvī, ātum (fréq. de *impero*) ¶1 intr., commander, avoir le commandement: Pl. Cap. 244; Sall. J. 81, 1; Liv. 1, 17, 5; Tac. H. 4, 61 ‖ *alicui* Lucr. 3, 1028, commander qqn, cf. Hor. S. 1, 6, 4; Liv. 1, 24, 3; Virg. En. 12, 719 ¶2 tr., *aequam rem* Hor. S. 2, 3, 189, commander une chose juste.

impĕrītus, a, um (2 *in-*, *peritus*), ignorant, inexpérimenté, mal informé, qui n'est pas au courant, inhabile: Cic. Flac. 17; *imperitissimi* Cic. Lae. 95, les gens les plus ignorants; *-tior* Cic. Amer. 135‖ non connaisseur: Cic. Or. 209; Part. 92‖ [avec gén.]: *homines nostrae consuetudinis imperiti* Caes. G. 4, 22, 1, des gens qui ne sont pas au courant de notre habitude, cf. Cic. Balb. 47; de Or. 3, 175‖ *in aliqua re* Quint. 1, 4, 27, novice, ignorant dans qqch., cf. Quint. 12, 3, 5.

impĕrĭum, ĭi, n. (*impero*) ¶1 commandement, ordre: *praetoris imperio parere* Cic. Verr. 4, 76, obéir à l'ordre du préteur; *istius imperio* Cic. Verr. 4, 79, sur son ordre; *imperia accipere* Liv. 29, 25, 7, recevoir des ordres du général en chef; *decumarum imperia* Cic. Verr. 4, 111, exigences de dîmes (imposant des dîmes) ¶2 pouvoir de donner des ordres, autorité, pouvoir: *imperium in suos tenere* Cic. CM 37, maintenir son autorité sur les siens, cf. Cic. Caecin. 52; Inv. 2, 140; *terra numquam recusat imperium* Cic. CM 51, la terre ne refuse jamais l'obéissance ¶3 [offic¹] pouvoir suprême [attribué à certains magistrats, ou confié en dehors de la magistrature, c.-à-d. délégation de la souveraineté de l'État et comportant le commandement militaire et la juridiction]: *imperium permittere, prorogare* Liv. 26, 2, 9; 26, 1, 6, confier, proroger le pouvoir suprême; *esse cum imperio* Liv. 26, 10, 9, être revêtu du pouvoir suprême; *mittere aliquem cum imperio* Liv. 26, 2, 5, envoyer qqn avec les pleins pouvoirs; Cic. Sest. 128; P. Fest. 43, 15; *imperium domi militiaeque* Liv. 10, 8, 9, le pouvoir de commandement en ville et en campagne ¶4 [en part.] commandement militaire: *summa imperii* Caes. G. 2, 23, 4, le commandement en chef; *mandare imperia, magistratus* Cic. Rep. 1, 47, confier les commandements militaires, les magistratures, cf. Cic. Lae. 63; *sine imperio* CIL 1, 594, 130, 45, sans pouvoir discrétionnaire [se dit des magistrats qui ne disposent que de la juridiction: censure, édilité, questure] ¶5 [qqf. au pl., sens concret] autorités, magistrats ou commandants, généraux: Cic. Leg. 3, 9; Caes. C. 1, 31, 1; 3, 32, 4 ¶6 [en partic.] le pouvoir juridictionnel des magistrats [gouverneurs, magistrats municipaux sous l'Empire] *imperium aut merum aut mixtum est* Ulp. Dig. 2, 1, 3, le pouvoir est pur [droit de prononcer la mort] ou mélangé [juridiction criminelle et civile] ¶7 [en gén.] domination, souveraineté, hégémonie: *imperium populi Romani* Cic. Verr. 5, 8, la domination du peuple romain; *de imperio decertare* Cic. Lae. 28, lutter pour la domination ‖ [sens concret] étendue de la domination, empire: *duae urbes inimicissimae huic imperio* Cic. Lae. 11, deux villes, ennemies acharnées de notre empire, cf. Cic. Prov. 29; Rep. 6, 16 ¶8 empire, gouvernement impérial: *imperium recipere* Suet. Tib. 24, recevoir l'empire, cf. Suet. Cal. 12; 16.

imperjūrātus, a, um (2 *in-*, *perjuratus*), par qui on ne fait pas de faux serment: Ov. Ib. 78.

impermĕābĭlis, e (2 *in-*, *permeabilis*), qu'on ne peut traverser, pénétrer: Jord. Get. 5.

impermisceō, ēs, ēre, -, *mixtum* (1 *in*, *permisceo*), tr., mêler, mélanger: Boet. Cons. 5, 3.

impermissus, a, um (2 *in-*, *permissus*), défendu: Hor. O. 3, 6, 27.

impermixtus, a, um ¶1 (2 *in-*, *permixtus*), non mêlé: Lucil. d. Non. 212, 3; Ambr. Noe 3, 7 ¶2 part. de *impermisceo*.

impermūtābĭlis, e, immuable: Ps. Cens. 1, 2 ‖ *-bĭlĭtĕr*, immuablement: Rust. Aceph. 1203 D.

impermūtātus, a, um (2 *in-*, *permutatus*), qu'on ne permute pas, non changé: Boet. Categ. 1, 199 D.

impĕrō, ās, āre, āvī, ātum (1 *in*, 1 *paro*), commander, ordonner.
I tr., *aliquam rem, alicui aliquam rem*, commander qqch., qqch. à qqn: *alicui cenam* Cic. Amer. 59, donner à qqn l'ordre de faire préparer le repas; *quae imperarentur, facere dixerunt* Caes. G. 2, 32, 3, ils s'engagèrent à accomplir les ordres; *civitatibus milites* Caes. G. 5, 1, 6, commander aux cités de fournir des soldats; *pecuniam in remiges* Cic. Flac. 33, exiger de l'argent pour des rameurs, cf. Cic. Caecil. 30; *frumentum civitati emendum* Cic. Verr. 3, 173, commander à une cité un achat de blé; *singulis censoribus denarii trecenti ad statuam praetoris imperati sunt* Cic. Verr. 2, 137, les censeurs reçurent l'ordre de verser chacun trois cents deniers pour la statue du préteur ‖ *exercitum* Varr. L. 6, 88; Gell. 15, 27, 5, convoquer, rassembler le peuple [pour les comices centuriates] ‖ [avec prop. inf.]: *naves imperat fieri* Caes. G. 5, 1, 3, il commande de construire les na-

impero

vires; **cohortes proficisci** Caes. G. 7, 60, 3, il commande que les cohortes partent, cf. G. 5, 7, 6; [pass. pers.] Cic. Verr. 5, 68; Hor. Ep. 1, 5, 21; [avec inf.] Sall. C. 16, 2; J. 47, 2; [avec ut, uti] Cic. G. 5, 1, 1; Cic. Pis. 83; [avec ne] Ter. Eun. 578; Caes. G. 1, 46, 2; C. 3, 89, 4; [avec subj. seul] Caes. G. 4, 21, 8; [avec interrog. indir.]: **quid fieri vellet imperabat** Caes. G. 7, 16, 2, il donnait ses ordres pour les manœuvres, cf. G. 7, 11, 5.
II intr. **a)** [avec dat.] **alicui, alicui rei**, commander à qqn, à qqch.: **omnibus gentibus** Cic. Pomp. 56, commander à toutes les nations; **cupiditatibus** Cic. Lae. 82, commander à ses passions; **sibi** Cic. Tusc. 2, 47, se maîtriser soi-même **b)** [abs⁺] avoir le commandement, le pouvoir, la domination: **imperare, parere** Cic. Leg. 3, 5, commander, obéir; **Lucullo imperante** Cic. Arch. 21, sous le commandement de Lucullus ‖ exercer les pouvoirs d'empereur: Plin. Pan. 5, 5; Suet. Cl. 3; Galb. 4; Oth. 1 [gér. avec valeur de subst. verbal] = ordre [v. F. Gaffiot Musée belge 33, p. 220]: **ades ad imperandum vel ad parendum potius** Cic. Fam. 9, 25, 2, viens aux ordres ou plutôt à l'obéissance, cf. Sall. J. 62, 8 [cf. fr. "avancer à l'ordre, se rendre à l'ordre"] **d)** [gram.] **imperandi modus** Capel. 3, 234, l'impératif.
▶ arch. imperassit = imperaverit Cic. Leg. 3, 6.

imperpĕtŭus, a, um (2 in-), non éternel: Sen. Ep. 72, 7.

imperscrūtābĭlĭs, e (2 in-), insondable: Cassiod. Eccl. 1, 14, 912 A.

imperscrūtātus, a, um, qui n'a pas été sondé: Novel.-Just. 13.

impersōnālis, e (2 in-, personalis), impersonnel [gram.]: Char. 164, 24-26 [itur, taedet]; Diom. 336, 24 ‖ **-nālĭtĕr**, adv., sans désignation de personne: Dig. 45, 3, 15 ‖ impersonnellement: Macr. Exc. 5, 646, 18.

impersōnātīvus modus, m., l'infinitif, mode impersonnel: Diom. 340, 37.

imperspĭcābĭlĭs, e, impénétrable: Cassiod. Anim. 3, 1288 C.

imperspĭcax, ācis, non perspicace: Aug. Serm. 79, 3 Mai.

imperspĭcŭus, a, um, impénétrable: Plin. Ep. 1, 20, 17.

impersuādĭbĭlĭs, e, qu'on ne peut persuader, indocile: VL. Is. 65, 2.

impersuāsus, a, um, non persuadé, qui ne se rend pas [à telles raisons]: Concil. S. 1, 3, 182, 19.

imperterrĭtus, a, um, qui est sans effroi: Virg. En. 10, 770; Sil. 14, 187.

impertīlĭs, e (2 in-, partilis), indivisible: Aug. Mus. 6, 17, 57.

impertĭnens, tis, qui n'a pas rapport à: Capel. 1, 43.

impertĭō, (**impartĭō**, Cassian. Coll. 21, 6), īs, īre, īvī ou ĭī, ītum, tr. (in partes), faire part de, partager, communiquer ¶ 1 **alicui aliquid**: **suis aliquid impertire** Cic. Lae. 70, partager qqch. [qu'on possède] avec les siens, cf. Cic. Sull. 9; de Or. 2, 16; **alicui multam salutem** Cic. Att. 2, 12, 4, adresser à qqn mille compliments ‖ **alicui de re familiari** Cic. Off. 2, 54, donner à qqn de (en prenant sur) son patrimoine ‖ consacrer, accorder, impartir: **diem festum Marcellis** Cic. Verr. 2, 51, consacrer un jour de fête aux Marcellus, cf. Cic. Balb. 3; Fin. 5, 6; **suum laborem hominum periculis sublevandis** Cic. Mur. 8, consacrer sa peine à tirer les hommes du danger; [avec ad] Cic. Att. 3, 15, 7 ‖ [pass.] **collegae meo laus impertitur** Cic. Cat. 3, 14, mon collègue reçoit sa part d'éloges ¶ 2 **aliquem aliqua re**, faire participer à qqch.: **aliquem salute impertire** Pl. Ep. 127; Ps. 455; Ter. Eun. 271, présenter à qqn ses compliments; **doctrinis impertiri** Nep. Att. 1, 2, recevoir l'enseignement des sciences.
▶ dép. impertiri Ter. Ad. 320; Sen. Polyb. 7, 3; Phaed. 6, 1, 5.

impertītĭō, ōnis, f. (impertio), action d'accorder: Arn. 2, 3.

impertītīvus, a, um (impertio), distributif: Prisc. 3, 13, 30.

impertītŏr, ōris, m. (impertio), celui qui donne: Aug. Ep. 97, 4.

impertītus, a, um, part. de impertio.

imperturbābĭlĭs, e (2 in-, perturbo), qui ne peut être troublé: Aug. Conf. 2, 10, 18.

imperturbātĭō, ōnis, f., impassibilité: Hier. Ep. 133, 3.

imperturbātus, a, um, non troublé, calme: Ov. Ib. 558; Sen. Nat. 6, 14, 2; Ep. 85, 2.

impervĭus, a, um (2 in-, pervius), impraticable, inaccessible: Ov. M. 9, 106; Quint. 12, 11, 11; Tac. An. 3, 31.

impĕs, ĕtis, m. (de impetus, pour des raisons métriques), [arch.] = impetus, cf. Prisc. 2, 241, 3; [cas employés: [gén. sg.] Lucr. 6, 327; [abl. sg.] Lucr. 2, 330; Ov. M. 3, 79; [abl. pl.] Lucr. 1, 293; **hominem tanto membrorum esse impete natum ... ut ...** Lucr. 5, 913, (dire) qu'un être humain est né avec des membres d'une si prodigieuse mobilité que ... ‖ **(conlectus aquae) despectum praebet sub terras impete tanto ... quantum ...** Lucr. 4, 416, (une flaque d'eau) permet au regard de plonger sous la terre (dans un mouvement en avant aussi grand que), à une profondeur qui égale ...; v. impetus.

impĕtĕ, abl. de impes.

1 **impĕtĭbĭlĭs**, e (impeto), attaquable: Solin. 40, 24 ‖ qui s'emporte: Ambr. Luc. 7, 139.

2 **impĕtĭbĭlĭs**, e (2 in- et patibilis, cf. perpetior) ¶ 1 insupportable: Cic. Fin. 2, 57; Plin. 25, 59 ¶ 2 [chrét.] incapable de souffrir, impassible: Lact. Inst. 2, 8, 38; 7, 20, 7.

impĕtĭgĭnōsus, a, um (impetigo), dartreux: Ulp. Dig. 21, 1, 6.

impĕtīgō, ĭnis, f. (impeto, cf. depetigo; it. impettigine), éruption cutanée, dartre: Cels. 5, 28, 17; Plin. 20, 4 ‖ cal formé aux jambes des chevaux: Col. 6, 31, 2 ‖ gale [sur les figues]: Plin. 17, 223.

impĕtītĭō, ōnis, f., demande: Ps. Aug. Quaest. test. 51, p. 2251.

ĭmpĕtītus, a, um, part. de impeto.

impĕtix, c.▶ impetigo: P. Fest. 97, 8.

impĕtō, ĭs, ĕre, -, ītum (1 in, peto), tr., se jeter sur, fondre sur, attaquer: **aliquem** Varr. R. 3, 77; Stat. Th. 8, 523; Luc. 6, 394 ‖ [fig.] attaquer, accuser: Sidon. Ep. 7, 9.

impetrābĭlĭs, e (impetro) ¶ 1 qu'on peut obtenir: Prop. 4, 1, 101; Liv. 39, 29, 4 ¶ 2 qui obtient facilement: Pl. Most. 1162; **-bilior** Pl. Merc. 605 ‖ **-*bĭlĭtĕr** [inus.], de manière à obtenir: **-bilius** Symm. Or. 4, 4.

impĕtrassĕre, v.▶ impetro ▶.

impĕtrātĭō, ōnis, f. (impetro), action d'obtenir: Cod. Just. 2, 58, 2; Cod. Th. 11, 22, 4; [pl.] Cic. Att. 11, 22, 1.

impĕtrātīvus, a, um, propre à faire obtenir: Serv. En. 6, 190.

impĕtrātŏr, ōris, m. (impetro), celui qui obtient: Cod. Th. 12, 6, 3; Aug. Serm. 83, 6.

1 **impĕtrātus**, a, um, part. p. de impetro.

2 **impĕtrātŭs**, abl. ū, m., obtention: Ambr. Fid. 5, 6, 77.

impĕtrĭō, īs, īre, īvī, ītum (désid. de impetro), tr., chercher à obtenir par de bons augures; prendre les augures: Cic. Div. 1, 28; **impetritum est** Pl. As. 259, il y a de bons augures ‖ **-trītum**, n., bon augure: Val.-Max. 1, 1, 1 ‖ **impĕtrītae** (precationes), Plin. 28, 11, f. pl., prières pour avoir de bons augures.

impĕtrō, ās, āre, āvī, ātum (1 in, patro), tr. ¶ 1 arriver à ses fins, obtenir: **aliquid per aliquem** Cic. Arch. 25, obtenir qqch. par l'entremise de qqn; **aliquid ab aliquo** Cic. Lae. 76, obtenir qqch. de qqn; **aliquid alicui** Cic. Fam. 13, 36, 1, obtenir qqch. pour qqn; **optatum** Cic. Off. 3, 94, avoir son souhait réalisé ¶ 2 [avec ut] obtenir que: Cic. Att. 9, 2 a, 1; Caes. G. 1, 9 ‖ [avec ne] obtenir que ne pas: Cic. Verr. 2, 71 ‖ [avec subj. seul] Pl. Trin. 591; Cael. Fam. 8, 12, 1 ‖ [avec prop. inf.] Tac. An. 12, 27 ¶ 3 [abs⁺] **impetrare de**, obtenir satisfaction au sujet de: Caes. G. 4, 13, 5; 25, 28; Cic. Off. 3, 113; Fam. 4, 13, 5, impetrare seul: Caes. G. 1, 35, 4; 6, 2, 2; Cic. Lae. 39.
▶ inf. fut. act. impetrassere Pl. Aul. 679; Mil. 1128.

impĕtŭōsē, adv., avec impétuosité: Acr. Hor. O. 1, 29, 11.

impĕtŭōsus, *a*, *um*, impétueux, violent : Gloss. 3, 451, 6.

impĕtŭs, *ūs*, m. (*impeto*, cf. *gradus* et *gradior*), mouvement en avant, poussée en avant, ¶ **1 a)** [phil.] faculté d'agir par impulsion propre : **(animalia) quaedam impetum habent** Sen. *Ep.* 58, 14, certains (êtres animés) possèdent une impulsion propre **b)** mouvement de rotation apparent du ciel : **quantum caeli tegit impetus ingens** Lucr. 5, 200, toute l'étendue que recouvre l'immense parcours du ciel ; **cum impetum caeli cum admirabili celeritate moveri vertique videamus** Cic. *Nat.* 2, 97, du moment que nous voyons le ciel lancé dans sa course circulaire avec une prodigieuse vitesse ‖ poussée, pression : Vitr. 6, 3, 1 ¶ **2** élan : **impetu capto** Liv. 2, 65, 6, ayant pris leur élan, cf. Liv. 8, 30, 6 ; 10, 5, 6 ; **continenti impetu** Caes. *G.* 7, 28, 2, d'un même élan, tout d'un trait ¶ **3** charge, assaut, attaque : **impetum in aliquem facere** Caes. *G.* 1, 25, 2 ; **dare** Liv. 4, 28, 1, faire une charge contre qqn ; **impetum sustinere, ferre** Caes. *G.* 3, 2, 4 ; 3, 19, 3, soutenir, supporter le choc, la charge ; **propulsare** Cic. *Mur.* 2, repousser une attaque ‖ impétuosité, violence : [de la mer] Caes. *G.* 3, 8, 1 ; [des vents] Caes. *G.* 3, 13, 6 ‖ [méd.] attaque, accès [de fièvre, de rhume] : Cels. 2, 15, 2 ; Plin. 28, 183 ; **oculorum** Plin. 20, 16, inflammation des yeux ¶ **4** [fig.] élan, mouvement d'impulsion : **in oratione** Cic. *Or.* 229, le mouvement dans le style ; **divinus impetus** Cic. *Div.* 1, 111, élan divin, inspiration divine : **animi** Cic. *Off.* 1, 49, impulsion intérieure ; **fortitudo impetus suos habet** Cic. *Tusc.* 4, 50, le courage a ses élans, ses mouvements impétueux ‖ impétuosité, fougue : **impetus dicendi** Cic. *Dej.* 3, impétuosité (feu) de l'éloquence ; **omni animi impetu in rem publicam incumbere** Cic. *Fam.* 10, 5, 2, se donner au service de l'État avec toute la fougue de son âme ‖ violent désir : **occidendi regis impetum capere** Curt. 5, 12, 1, concevoir un violent désir de tuer le roi, cf. Suet. *Oth.* 9 ‖ pl., mouvements instinctifs, instincts : **indomitos impetus vulgi cohibere** Cic. *Rep.* 1, 9, maîtriser les mouvements impulsifs de la foule ; **animalia quae habent suos impetus** Cic. *Off.* 2, 11, les animaux qui ont leurs instincts, cf. Cic. *Inv.* 2, 164 ‖ [phil.] mouvement passionnel qui suit l'assentiment de l'âme donné à une représentation : Sen. *Ir.* 2, 3, 4.

▶ dat. sg. **impetu** Planc. *Fam.* 10, 24, 3.

impexus, *a*, *um* (2 *in-*, *pecto*), non peigné, avec les cheveux ou la barbe en désordre : Virg. *G.* 3, 366 ; Hor. *S.* 2, 3, 126 ; Tib. 1, 3, 69 ‖ [fig.] Tac. *D.* 20, négligé.

impĭāmentum, *i*, n. (*impio*), souillure [au fig.] : Cypr. *Ep.* 65, 3.

impĭātus, *a*, *um*, part. de *impio*.

impĭcō, *ās*, *āre*, -, - (*in pice* ; esp. *empegar*), tr., couvrir de poix, fermer à la poix : Col. 12, 29 ; 12, 43 ‖ [fig.] Cael. 8, 8, 2, v. Gaffiot *Rev. Phil.* 53, p. 144.

impĭē, adv., d'une manière impie : Cic. *Nat.* 2, 44 ; *Tusc.* 5, 6 ‖ criminellement : Curt. 5, 12 ; Suet. *Dom.* 10 ‖ **-iissime** Aug. *Ep.* 108, 12.

impĭĕtās, *ātis*, f. (*impius*), impiété : Cic. *Fin.* 4, 66 ; [pl.] **in deos impietatum expiatio** Cic. *Leg.* 1, 40, expiation des actes d'impiété envers les dieux ‖ manquement aux devoirs envers les parents, envers la patrie : Quint. 7, 1, 52 ; **impietatis duces** Cic. *Lae.* 42, guides dans une voie sacrilège [contre la patrie] ‖ [chrét.] hérésie : Hil. *Syn.* 27, 500 B.

impĭĕtātĭo, *ōnis*, f., infamie : Cassiod. *Compl.* 19, 17, 1415 B.

impĭĕtō, *ās*, *āre*, *āvī*, *ātum* (de *impietas*), intr., agir d'une manière impie : VL. *Psal.* 105, 6.

impĭgens, *tis* (2 *in-*, *piget*), infatigable, incessant : Cael.-Aur. *Acut.* 3, 11, 102.

impĭger, *gra*, *grum* (2 *in-*, *piger*), actif, diligent, rapide, infatigable : Cic. *Verr.* 5, 27 ; *Fam.* 2, 1, 1 ; Hor. *Ep.* 1, 1, 45 ; *P.* 121 ‖ [en parl. d'un cheval] : Lucr. 5, 883 ‖ [avec gén.] **impiger militiae** Tac. *An.* 3, 48, ardent à la guerre ‖ **impiger vexare...** Hor. *O.* 4, 14, 22, ardent à harceler....

impĭgrē, adv. (*impiger*), avec diligence, rapidité, sans hésiter : Pl. *Ru.* 915 ; Liv. 1, 10, 3 ‖ d'une manière infatigable : Sall. *J.* 88, 2.

impĭgrĭtās, *ātis*, f. (*impiger*), activité, diligence : Cic. *Rep.* 3, 40.

impĭgrĭtĭa, *ae*, f., 🅒 *impigritas* : Non. 125, 10.

impĭlĭa, *ĭum*, n. pl. (ἐμπίλιον), chaussons de feutre : Plin. 19, 32 ; Dig. 34, 2, 25.

1 **impingō**, *ĭs*, *ĕre*, *pēgī*, *pactum* (1 *in*, *pango* ; it. *impingere*), tr. ¶ **1** frapper contre, jeter contre : **pugnum in os** Pl. *Ru.* 710, assener son poing sur la figure ; **caput parieti** Plin. *Ep.* 3, 16, 12, se frapper la tête contre un mur ; **fustem alicui** Cael. *Fam.* 8, 8, 9, frapper qqn d'un bâton ; **compedes alicui** Pl. *Cap.* 734, appliquer des entraves à qqn ; **alicui uncum** Cic. *Phil.* 1, 5, appliquer le croc des gémonies à qqn ; **navem** Quint. 4, 1, 61, heurter son navire, cf. Hor. *Ep.* 1, 13, 8 ; **iam Graeculis calcem impingit** Petr. 46, 5, il donne déjà du pied au derrière des Grécaillons (= il envoie déjà promener le grec) ‖ [fig.] donner qqch. de force, imposer : **alicui calicem mulsi** Cic. *Tusc.* 3, 44 ; **alicui epistulam alicujus** Cic. *Att.* 7, 1, 6, assener à qqn une coupe de bon vin, la lettre de qqn ; **beneficium** Sen. *Ben.* 1, 1, 7, assener un bienfait ¶ **2** pousser violemment, jeter en bousculant : **agmina muris** Virg. *En.* 5, 805, refouler les bataillons contre les murs ; **hostes in vallum** Tac. *H.* 2, 41, refouler les ennemis derrière le retranchement ‖ [fig.] **aliquem in litem** Sen. *Ep.* 117, 1, jeter qqn dans un procès, cf. Sen. *Ep.* 95, 37 ¶ **3** [tard.] intr., s'abattre sur : Tert. *Praescr.* 30, 6.

2 **impingō**, *ĭs*, *ĕre*, *pinxī*, - (1 *in*, *pingo*), tr., peindre : Schol. Pers. 6, 32.

impinguātĭo, *ōnis*, f. (*impinguo*), action d'engraisser : Euch. *Instr.* 1, 1.

impinguescō, *ĭs*, *ĕre*, -, -, intr., engraisser : Hier. *Is.* 58, 11, 571 A.

impinguis, *e*, gras : Heges. 3, 26, 2.

impinguō, *ās*, *āre*, *āvī*, *ātum* (1 *in*, *pinguis* ; cf. *incrasso*) ¶ **1** tr., engraisser : **impinguatus** Tert. *Jejun.* 6, 5, devenu épais ¶ **2** intr., devenir gras : Apic. 371.

impĭō, *ās*, *āre*, *āvī*, *ātum* (*impius*), tr., souiller par un acte d'impiété : Sen. *Phaed.* 1186 ‖ [réfl.] commettre une impiété : Pl. *Ru.* 192.

impĭte (**inĭpĭte** ?), = *impetum facite* P. Fest. 97, 10.

impĭus, *a*, *um* (2 *in-*, *pius*), qui manque aux devoirs de piété [v. *pius*], impie, sacrilège : Cic. *Pis.* 46 ; *Leg.* 2, 15 ; Hil. *Psalm.* 1, 7 ‖ **impium bellum** Cic. *Cat.* 1, 33, guerre impie ‖ m. pl., **impii** Cic. *Leg.* 2, 41 ; *Pis.* 46, les impies ‖ n. pl., **impia** Gell. 1, 15, 7, des choses impies, paroles impies ‖ **impia herba** Plin. 24, 173, sorte de romarin ‖ **impiissimus** Dig. 28, 5, 46.

implācābĭlis, *e* (2 *in-*, *placabilis*), implacable : **alicui** Cic. *Pis.* 81 ; Liv. 8, 35, 12, ou **in aliquem** Cic. *Fam.* 3, 10, 8 ; Liv. 26, 29, 4, à l'égard de qqn.

implācābĭlĭtās, *ātis*, f., inflexibilité : Amm. 26, 10, 13 ; Cassian. *Inst.* 8, 11.

implācābĭlĭus, adv., d'une manière plus implacable : Tac. *An.* 1, 13.

implācātus, *a*, *um* (2 *in-*, *placo*), inapaisé, insatiable : Virg. *En.* 3, 420 ; Ov. *M.* 8, 845.

implācĭdus, *a*, *um* (2 *in-*), remuant, turbulent, sans repos : Hor. *O.* 4, 14, 10.

implăgĭum, *ĭi*, n., petit filet : *Isid. 19, 5, 1.

implăgō, *ās*, *āre*, -, - (*in plaga*), tr., prendre dans des filets : Sidon. *Ep.* 9, 9, 15.

implānātĭo, *ōnis*, f., tromperie : Act. Petr. 20, p. 67, 5.

implānātŏr, *ōris*, m. (*implano*), trompeur : Ps. Cypr. *Sing. cler.* 3.

implānō, *ās*, *āre*, -, - (*in* et πλανάω, 2 *planus*), tr., tromper : Vulg. *Eccli.* 15, 12.

implantō, *ās*, *āre*, -, -, tr., planter dans : Orig. *Matth.* 39.

implānus, *a*, *um* (2 *in-*), inégal, montueux : Aur.-Vict. *Caes.* 27, 2.

implastrō, *ās*, *āre*, -, -, 🅒 *emplastro*.

implaudō, *ĭs*, *ĕre*, -, -, tr., ➤ *infligo* : Hier. *Ruf.* 3, 43.

implēbĭlis, *e* (*impleo*), propre à remplir : Cael.-Aur. *Chron.* 3, 8, 139 ‖ [sens passif] qui peut être rempli : Leporius d. Cassian. *Inc.* 1, 5, 6.

implectĭcus, 🆅 *emplecticus*.

implectō, *ĭs*, *ĕre*, *plexī*, *plexum* (1 *in*), tr. ¶ **1** entrelacer [surtout employé au part. *implexus*] : Lucr. 3, 33 ; Plin. 8, 35 ; [poét.] **implexa crinibus angues** Virg. *G.* 4, 482, ayant des serpents entrelacés dans ses cheveux ¶ **2** [fig.] mêler à, enlacer dans :

implecto

vidua implexa luctu continuo TAC. *An.* 16, 10, veuve enveloppée dans un deuil perpétuel ‖ entremêler: SEN. *Ben.* 4, 7, 2; *Nat.* 1, 1, 4.

implēmentum, *i*, n. (*impleo*), réplétion: *capitis* CAEL.-AUR. *Chron.* 1, 5, 148, lourdeur de tête.

implĕō, *ēs*, *ēre*, *plēvī*, *plētum* (*1 in*, cf. *compleo*, *plenus*; fr. *emplir*), tr. ¶ 1 emplir, remplir: *volumina de aliqua re* CIC. *Rep.* 3, 12; *Ac.* 2, 87, remplir des volumes sur une question; [avec abl.] *aliquid aliqua re*, remplir qqch. de qqch.: CIC. *Phil.* 2, 63; 13, 18; *Div.* 2, 115; [avec gén.] *alicujus rei* CIC. *Fam.* 9, 18, 4; *Verr.* 1, 119 ¶ 2 rassasier: VIRG. *En.* 1, 215 ‖ mettre un corps bien en chair, lui donner de l'embonpoint: *implere se* CELS. 1, 3, 14, prendre de l'embonpoint, cf. HOR. *S.* 2, 4, 30 ‖ féconder, rendre enceinte: OV. *M.* 4, 698; PLIN. 8, 205 ¶ 3 remplir [quant au nombre, à la mesure]: *impleta ut essent sex milia armatorum* LIV. 33, 14, 5, pour constituer un effectif de six mille hommes armés; *crassitudo arboris quattuor hominum ulnas complectentium implebat* PLIN. 16, 202, le tour de l'arbre emplissait les bras de quatre hommes, cf. OV. *M.* 8, 748 ¶ 4 [fig.] **a)** *urbem tumultu* LIV. 24, 26, 12, remplir la ville de tumulte; *multitudinem exspectatione vana* LIV. 36, 29, 3, remplir la foule d'un vain espoir; *aliquem spei animorumque* LIV. 7, 7, 5, remplir qqn d'espoir et d'ardeur, cf. LIV. 1, 46, 8; 4, 41, 7; 5, 28, 4 **b)** saturer, rassasier: *se regum sanguine* CIC. *Agr.* 2, 47, se gorger du sang des rois; *se caedibus* SIL. 9, 528, s'enivrer de carnage; *osculis, lacrimis dolorem* TAC. *An.* 1, 22, par des baisers, par des larmes rassasier sa douleur; *aures alicujus* CIC. *Or.* 104, satisfaire l'oreille de qqn [son goût] **c)** accomplir [un temps d'existence]: *nondum impleverat annum* OV. *M.* 9, 338, il n'avait pas encore accompli une année, cf. HOR. *Ep.* 1, 20, 7; QUINT. 3, 1, 14 **d)** remplir une place: *vicem alicujus* PLIN. *Ep.* 6, 6, 6, remplir le rôle de qqn; *censorem* VELL. 2, 95, remplir le rôle de censeur **e)** remplir, accomplir, satisfaire à: [remplir une promesse] CIC. *Clu.* 51; PLIN. *Ep.* 2, 12, 6; *munus suum* TAC. *An.* 3, 53, remplir sa charge, les fonctions de sa charge (*officium* PLIN. *Ep.* 10, 53, 2; *consilium* TAC. *H.* 1, 16, réaliser un dessein; *vera bona* TAC. *Agr.* 44, réaliser les vrais biens).

▶ formes contr. *implerunt* VIRG. *B.* 6, 48; *implerint* CIC. *Agr.* 2, 47; *implerat* OV. *M.* 9, 280; *implessem* VIRG. *En.* 4, 605; *implesse* LIV. 4, 41, 7.

impler-, **impless-**, v. *impleo* ▶.

implētio, *ōnis*, f. (*impleo*), action d'emplir: HIER. *Is.* 11, 40, 3.

implētŏr, *ōris*, m., qui remplit, accomplit: AUG. *Serm.* 170, 2.

implētus, *a*, *um*, part. de *impleo*.

implexĭo, *ōnis*, f. (*implecto*), entrelacement, enlacement: CAPEL. 2, 176.

1 **implexus**, *a*, *um*, part. de *implecto*.

2 **implexŭs**, abl. *ū*, m., enlacement, étreinte: PLIN. 2, 166.

implĭcāmentum, *i*, n., embarras: AUG. *Psalm.* 17, 34.

implĭcātĭo, *ōnis*, f. (*implico*) ¶ 1 entrelacement: CIC. *Nat.* 2, 139 ¶ 2 [fig.] enchaînement: CIC. *Inv.* 2, 100 ‖ embarras: CIC. *Sest.* 99.

implĭcātŏr, *ōris*, m., qui prend au piège [dans ses filets]: AUG. *Serm. Dolbeau* 17, 1.

implĭcātrix, *īcis*, f., celle qui enlace: GLOSS. 2, 296, 33.

implĭcātūra, *ae*, f. (*implico*), entrelacement: SIDON. *Ep.* 9, 9, 15.

1 **implĭcātus**, *a*, *um* ¶ 1 part. de *implico* ¶ 2 adj¹ **a)** embrouillé, embarrassé, compliqué: CIC. *Fin.* 3, 3; *de Or.* 3, 52; *quaestio implicatissima* GELL. 7, 2, 15, question très complexe **b)** *vox implicata* SEN. *Apoc.* 5, 3, voix bredouillante.

2 **implĭcātŭs**, *ūs*, m., action d'entortiller, de nouer [pour se coiffer]: VL. 1 *Petr.* 3, 3.

implĭciscŏr, *ĕrĭs*, *ī*, - (*implico*), intr., s'embrouiller, s'affoler: PL. *Amp.* 729; *FRONT. *Caes.* 3, 14, 4, p. 51 N.

▶ infin. pass. arch. *impliciscier* PL. *Amp.* 729.

implĭcĭtē, adv. (*implicitus*), d'une manière embrouillée, obscure: CIC. *Inv.* 2, 69.

implĭcĭtō, *ās*, *āre*, -, - (*implico*), tr., enfoncer profondément: *DRAC. *Laud.* 2, 300.

implĭcĭtus, *a*, *um*, part. de *implico* ‖ [fig.] adj¹, -*tissimus*, très enveloppé: AUG. *Ep.* 1, 2.

implĭcō, *ās*, *āre*, *plĭcuī* et *plĭcāvī*, *plĭcātum* et *plĭcĭtum* (*1 in*, *plico*; fr. *employer*), tr. ¶ 1 plier dans, entortiller, emmêler: *implicuere inter se acies* VIRG. *En.* 11, 632, les rangs se mêlèrent; *aciem implicare* SALL. *J.* 59, 3, jeter le désordre dans les rangs; *implicitus laqueis* OV. *A. A.* 2, 580, entortillé dans un filet; *se dextrae alicujus* VIRG. *En.* 2, 724, s'attacher à la main de qqn ‖ *ignem ossibus* VIRG. *En.* 7, 355, faire pénétrer le feu dans les os; *di immortales vim suam hominum naturis implicant* CIC. *Div.* 1, 79, les dieux immortels investissent de leur puissance certains êtres humains ¶ 2 envelopper, enlacer: *bracchia collo alicujus* OV. *M.* 1, 762, enlacer ses bras autour du cou de qqn, ou enlacer de ses bras le cou de qqn; *crinem auro* VIRG. *En.* 4, 148, enlacer d'or ses cheveux, cf. VIRG. *En.* 7, 136 ¶ 3 [fig.] **a)** envelopper: *aliquem bello* VIRG. *En.* 11, 109, envelopper qqn dans les mailles d'une guerre (engager dans une guerre); [surtout] *implicari* ou *se implicare aliqua re*, s'engager dans qqch.: *implicari certo genere vivendi* CIC. *Off.* 1, 117, s'engager dans un genre de vie déterminé; *se societate civium* CIC. *Fin.* 2, 45, s'engager dans la société de ses concitoyens; *familiaritatibus implicari* CIC. *Balb.* 60, faire partie d'un cercle d'amitiés; *multarum aetatum oratoribus implicari* CIC. *Brut.* 174, être mêlé à plusieurs générations d'orateurs ‖ *implicitus morbo* CAES. *C.* 3, 18, 1; *in morbum* NEP. *Ag.* 8, 6; LIV. 23, 34, 11, pris dans une maladie **b)** embrouiller, embarrasser: *aliquem responsis* LIV. 27, 43, 3, embrouiller qqn par des réponses; *ipse tua defensione implicabere* CIC. *Verr.* 2, 44, tu t'embarrasseras toi-même dans ta défense.

▶ parf. *implicavi* préférable; *implicatus* CIC.

implōrābĭlĭs, *e* (*imploro*), qu'on peut implorer: VAL.-FLAC. 1, 573.

implōrātĭo, *ōnis*, f., action d'implorer: [gén. subj.] *alicujus* CIC. *Verr.* 5, 163, invocation faite par qqn; [gén. obj.] *deum* LIV. 22, 5, 2, invocation aux dieux, cf. CIC. *de Or.* 2, 196.

implōrātus, *a*, *um*, part. de *imploro*.

implōrō, *ās*, *āre*, *āvī*, *ātum* (*1 in*, *ploro*), tr. ¶ 1 invoquer avec des larmes: CIC. *Verr.* 5, 129; 162 ¶ 2 invoquer, implorer, *aliquem*, qqn: CIC. *Flac.* 4; *Verr.* 5, 188 ‖ *misericordiam* CIC. *Mur.* 86, implorer la pitié; *jura libertatis* CIC. *Verr.* 1, 7, invoquer les droits de la liberté, cf. CIC. *Verr.* 3, 146; *Mil.* 92; *at ille Heracliti memoriam implorans...* CIC. *Ac.* 2, 11, mais lui, faisant appel aux souvenirs d'Héraclite... ¶ 3 demander avec larmes, avec prières: *auxilium a populo Romano* CAES. *G.* 1, 31, 7, implorer le secours du peuple romain, cf. CIC. *de Or.* 2, 144 ‖ *implorare ne* CAES. *G.* 1, 51, 3, supplier de ne pas.

▶ forme arch. *indoploro* P. FEST. 67, 12.

implumbō, *ās*, *āre*, -, - (*in plumbo*), tr., plomber, souder: VITR. 10, 2, 11.

implŭĭt-, v. *impluo*.

implūmis, *e* (*2 in-*, *pluma*), qui n'a pas encore de plumes: PLIN. 11, 170; HOR. *Epo.* 1, 19 ‖ qui n'a pas d'ailes: OV. *M.* 6, 716 ‖ qui n'a pas de poils: PLIN. 8, 219.

implŭō, *ĭs*, *ĕre*, *ī*, *ūtum* (*1 in*) ¶ 1 impers., il pleut sur, il pleut dans: VARR. *L.* 5, 161; [avec *in* acc.] PLIN. 2, 210; COL. 2, 8, 5 ¶ 2 intr., [avec dat.] OV. *M.* 1, 572; [fig.] PL. *Most.* 171 ¶ 3 tr., arroser de pluie, humecter: NON. 548, 18.

implūtus, *a*, *um*, part. de *impluo*: NON. 548, 18.

implŭvĭātus, *a*, *um* (*impluvium*) ¶ 1 en forme d'impluvium: PL. *Ep.* 224 ¶ 2 de la couleur de l'eau: NON. 548, 18.

implŭvĭum, *ii*, n. (*impluo*), bassin carré au centre de l'atrium où était recueillie l'eau de pluie qui passait par le *compluvium*; [en gén.] tout l'espace libre en l'entour, cour libre intérieure: VARR. *L.* 5, 161; PL. *Amp.* 1108; *Mil.* 158; TER. *Eun.* 589; CIC. *Verr.* 1, 61; LIV. 43, 13, 6.

impoenē, [arch.] C. *impune* : Cat. *Orat.* 167.

impoenĭt-, V. *impaenit-*.

impoenītus, ▶ *impunitus* : Gell. 11, 18, 16.

impŏlītē, adv. (*impolitus*), sans raffinement : Cic. *de Or.* 1, 214.

impŏlītĭa, *ae*, f. (*inpolitus*), négligence à soigner [son cheval] : Gell. 4, 12, 2 ; P. Fest. 95, 26.

impŏlītus, *a, um* (2 *in-, polio*), qui n'est pas poli : *lapis impolitus* Quint. 8, 6, 63, pierre rugueuse, non travaillée ‖ [fig.] qui n'a pas reçu le poli, inculte, grossier : Cic. *Brut.* 294 ; *de Or.* 2, 133 ‖ inachevé : Cic. *Prov.* 34.

impollūtē, adv., d'une manière pure, sans souillure : Greg.-Tur. *Martin.* 1, 3.

impollūtus, *a, um* (2 *in-, pollutus*), non souillé, non violé : Tac. *An.* 14, 35 ; Sil. 13, 679.

impōmenta, *ōrum*, n. pl. (1 *in*, **posimentum*), ▶ *imponimenta*, dessert : P. Fest. 96, 14.

impōnĭmenta, V. *impomenta*.

impōnō, *ĭs, ĕre, pŏsŭī, pŏsĭtum* (1 *in, pono* ; it. *imporre*), tr. ¶ **1** placer sur, poser sur, appliquer : *aliquem in rogum* Cic. *Tusc.* 1, 85, mettre qqn sur le bûcher ; *eo* (= *in equos*) Caes. G. 1, 42, 5 ; *eo* (= *in carros*) Caes. G. 1, 51, 3, mettre là-dessus = sur des chevaux, sur des chars ; *in alteram lancem* (*in altera lance aliquid*) Cic. *Tusc.* 5, 51 ; *Fin.* 5, 91, mettre qqch. sur l'un des plateaux d'une balance ; [fig.] *in cervicibus nostris dominum* Cic. *Nat.* 1, 54, placer sur nos têtes un maître ; *clitellas bovi* Cic. *Att.* 5, 15, 3, mettre un bât sur un bœuf ; *alicui diadema* Cic. *Phil.* 3, 12, placer un diadème sur la tête de qqn ‖ *in naves milites, aeris pondus* Caes. C. 3, 14, 1 ; 3, 103, 1, embarquer des soldats, charger de l'airain sur des navires, cf. Liv. 29, 18, 4 ; 29, 25, 6 ; *vetustissima nave impositi* Caes. d. Suet. *Caes.* 66, embarqués sur le plus vieux navire ; *imponere exercitum Brundisii* Cic. *Div.* 2, 84, embarquer l'armée à Brindes, cf. Cic. *Verr.* 4, 23 ‖ appliquer un remède ; *in vulnera* ou *vulneribus*, sur des blessures : Plin. 20, 50 ; 20, 47 ‖ [chrét.] *manum imponere*, imposer la main [lors du baptême, de la confirmation] : Tert. *Bapt.* 8, 1 ¶ **2** [fig.] **a)** établir sur, préposer, assigner : *villicum* Cic. *Planc.* 62, préposer un intendant ; *consul impositus est nobis, qui...* Cic. *Att.* 1, 18, 3, on nous a donné un consul qui... ; *vocabula rebus* Hor. S. 2, 3, 280, mettre des noms sur des objets ; V. *nomen* **b)** mettre qqch. sur les épaules de qqn, lui donner la charge de qqch. ; *alicui negotium* Cic. *Sest.* 60 ; *personam* Cic. *Agr.* 2, 49, charger qqn d'une affaire, d'un rôle, cf. Cic. *Amer.* 36 ; *Fam.* 6, 7, 6 **c)** imposer : *alicui plus laboris* Cic. *Mur.* 38, imposer à qqn plus de fatigue ; *alicui injurias, contumelias* Cic. *Verr.* 4, 20, faire subir à qqn des injustices, des outrages ; *leges alicui* Cic. *Par.* 36, imposer des lois à qqn, faire la loi à qqn ; *leges civitati per vim* Cic. *Phil.* 7, 15, imposer des lois par la force à la cité ; *stipendium victis* Caes. G. 1, 44, 5, imposer un tribut aux vaincus ; *Atheniensibus triginta viros* Sall. C. 51, 28, imposer aux Athéniens le gouvernement des Trente ; *agris vectigal* Cic. *Agr.* 1, 10, imposer aux terres une redevance, cf. Cic. *Font.* 10 **d)** *manum summam, extremam alicui rei*, mettre la dernière main à qqch. : Plin. 36, 16 ; Sen. *Ep.* 12, 4 ; Virg. *En.* 8, 573 ¶ **3** *alicui*, en imposer à qqn, donner le change à qqn, abuser qqn : Cic. *Q.* 2, 6, 5 ; Nep. *Eum.* 5, 7 ; Plin. *Ep.* 3, 15, 3 ; Quint. 8, 6, 20.

▶ arch. : parf. *imposivit* Pl. *Ru.* 357 ; *imposisse* Pl. *Most.* 434 ; part. *impostus* Lucr. 5, 543 ; Virg. *En.* 9, 716.

imporcĭŏ, *īs, īre, -, ītum* (*in porcis*, cf. *porca*), tr., mettre dans les sillons : Col. 2, 10, 6.

imporcĭtŏr, *ōris*, m. (*imporcio*), celui qui fait des sillons [épith. de divinité] : Fab. Pict. d. Serv. G. 1, 21, cf. P. Fest. 96, 3.

importābĭlis, *e* (2 *in-, portabilis*), qu'on ne peut porter : Cassiod. *Var.* 7, 6 ‖ [fig.] insupportable : Tert. *Marc.* 4, 27, 6 ‖ **-bĭlĭtĕr**, d'une manière insupportable : Cassiod. *Eccl.* 7, 29.

importātĭcĭus, *a, um*, importé : B.-Afr. 20, 4.

importātus, *a, um*, part. de *importo*.

importō, *ās, āre, āvī, ātum* (*in, porto*), tr. ¶ **1** porter dans, importer : Varr. R. 1, 16, 3 ; [in acc.] Caes. C. 3, 40, 5 ; 3, 42, 5 ; [ad se, chez soi] Caes. G. 4, 2, 6 ¶ **2** [fig.] introduire : Cic. *Rep.* 2, 4 ; *de Or.* 1, 38 ; *Off.* 2, 18 ‖ apporter, susciter, attirer : *calamitatem alicui* Cic. *Sest.* 156, attirer le malheur sur qqn, cf. Cic. *Dej.* 43 ; *odium libellis* Hor. *Ep.* 1, 13, 5, faire détester des écrits.

importūnē, adv. (*importunus*), mal à propos, à contretemps, à tort : Gell. 10, 16, 18 ‖ rudement, violemment, cruellement : Just. 42, 1 ‖ **-tunius** Lact. *Inst.* 5, 2, 2 ; **-issime** Gell. 20, 6, 14.

importūnĭtas, *atis*, f. (*importunus*), position désavantageuse [d'un lieu] : Gell. 3, 7, 5 ‖ entêtement : Ter. *And.* 231 ‖ humeur acariâtre : Cic. *CM* 7 ‖ caractère violent : Cic. *Verr.* 2, 74 ‖ rigueur, cruauté : Cic. *de Or.* 1, 230 ; *Fam.* 15, 4, 6 ; *Rep.* 1, 62.

importūnĭum, *ii*, n., vexation : Concil. Matisc. an. 585, p. 168, 11 MGH.

importūnus, *a, um* (2 *in-* et *opportunus*, cf. *portus*) ¶ **1** inabordable, impraticable : *machinationibus locus importunus* Sall. *J.* 92, 7, lieu impraticable pour les machines de guerre, cf. Tac. *An.* 12, 12 ¶ **2** [fig.] **a)** incommode, fâcheux : *importunum tempus* Cic. *de Or.* 2, 20, moment mal approprié, mal choisi ; *sedes non importuna sermoni* Cic. *de Or.* 3, 18, séjour bien choisi pour un entretien ; *importunum est* inf., Sall. *J.* 3, 2, c'est une chose ingrate que de... ; *importuna pauperies* Hor. *O.* 3, 16, 37, la pauvreté malencontreuse ; *importuna clades* Cic. *Brut.* 332, fâcheux désastre **b)** intraitable, dur, brutal, cruel : *importunissimus hostis* Cic. *Cat.* 2, 12, l'ennemi le plus intraitable ; *importunus, crudelis* Cic. *Fin.* 1, 35, dur, cruel ; *dives et importunus* Hor. *Ep.* 2, 2, 185, riche, mais dur à la peine.

importŭōsĭtās, *ātis*, f., manque de port : Adamn. *Loc. sanct.* 2, 30.

importŭōsus, *a, um* (2 *in-, portuosus*), qui manque de port [en parl. d'une mer] : Sall. *J.* 17, 5 ; Tac. *An.* 4, 67 ‖ inabordable [côte] : Plin. *Ep.* 6, 31, 17 ‖ **-sissimus** Plin. 4, 73.

impŏs, *ŏtis* (2 *in-, potis*, cf. *compos*), qui n'est pas maître de [avec gén.] : Pl. *Trin.* 131 ; Sen. *Ep.* 83, 10 ; Suet. *Aug.* 19 ‖ qui ne peut atteindre : Apul. *Socr.* 3 ‖ qui ne peut supporter : Aus. *Mos.* 274.

impŏsĭtīcĭus, *a, um* (*impono*), ajouté sur, appliqué : Paul. *Dig.* 30, 1, 41 ‖ [fig.] Varr. *L.* 8, 5 ; 10, 61 ‖ surajouté, que l'on s'est imposé à soi-même : Dig. 39, 1, 59.

impŏsĭtĭo, *ōnis*, f. (*impono*) ¶ **1** imposition : *manus* (*manuum*) Aug. *Serm.* 99, 10 ; Vulg. *Act.* 8, 18, imposition de la main, des mains ¶ **2** [fig.] application, imposition d'un nom à une chose, dénomination : Varr. *L.* 8, 5 ; 10, 51.

impŏsĭtīvum nomen, n., nom, dénomination : Plin. 28, 33.

impŏsĭtŏr, *ōris*, m. (*impono*), celui qui dénomme : Varr. *L.* 7, 1.

1 **impŏsĭtus**, *a, um*, part. de *impono*.

2 **impŏsĭtŭs**, abl. *ū*, m., application sur : Plin. 28, 41.

impŏsīvi, impŏsisse, V. *impono* ▶.

impossĭbĭlis, *e* (2 *in-, possibilis*), impossible : Quint. 5, 10, 18 ; 5, 13, 34 ‖ incapable : Vulg. *Sap.* 11, 18.

impossĭbĭlĭtās, *ātis*, f., impossibilité : Apul. *M.* 6, 14 ‖ incapacité : Hier. *Daniel* 3, 18.

impossĭbĭlĭtĕr, adv., d'une manière impossible : Boet. *Herm. sec.* 3, 9, p. 218, 8.

impostŏr, *ōris*, m. (*impono*), imposteur : Ulp. *Dig.* 21, 1, 4, 2.

impostūra, *ae*, f., imposture : Ulp. *Dig.* 47, 20, 3 ; Cypr. *Ep.* 49, 2.

impostus, V. *impono* ▶.

impŏsŭī, parf. de *impono*.

impŏtābĭlis, *e* (2 *in-, potabilis*), non potable : Hier. *Ep.* 78, 7, 3.

impŏtens, *entis* (2 *in-, potens*) ¶ **1** impuissant, faible : *homo* Cic. *Fin.* 1, 52, homme sans puissance, sans crédit ; *impotentes* Cic. *Mur* 59, les faibles ¶ **2** [avec gén.] qui n'est pas maître de : *gens impotens rerum suarum* Liv. 9, 14, 5, nation incapable de se gouverner ; *regendi equi* Liv. 35, 11, 10, incapable de diriger sa monture ; *irae* Liv. 29, 9 ; 9, qui n'est pas maître de sa colère ‖ [poét.]

impotens

quidlibet impotens sperare Hor. O. 1, 37, 10, qui ne peut s'empêcher d'espérer n'importe quoi (aux désirs effrénés) ¶ 3 qui n'est pas maître de soi, effréné, immodéré, déchaîné, emporté: *homo impotentior, impotentissimus* Cic. Fam. 4, 9, 3; Phil. 5, 42, homme plus emporté, très emporté; *impotens laetitia* Cic. Tusc. 5, 17, joie immodérée; *rabies* Liv. 29, 9, 6, fureur aveugle; *impotentissimus dominatus* Cic. Fam. 10, 27, 1, pouvoir arbitraire, tyrannique; *impotens postulatum* Liv. 7, 41, 8, demande excessive, exigence abusive.

impŏtentābĭlis, *e* (impotens ¶ 3), puissant: VL. Marc. 1, 27.

impŏtentĕr, adv. (impotens) ¶ 1 violemment, tyranniquement, sans règle ni mesure: Sen. Ep. 42, 3; Quint. 1, 3, 13; 6, 3, 83 ∥ *impotentissime* Sen. Ben. 4, 17, 2 ¶ 2 d'une manière impuissante, sans efficacité: *elephanti impotentius jam regi* Liv. 27, 48, 11, les éléphants se montraient de plus en plus rebelles à toute direction.

impŏtentĭa, *ae*, f. (impotens) ¶ 1 impuissance, faiblesse: Ter. Ad. 607 ¶ 2 impuissance à se maîtriser: *impotentia quaedam animi* Cic. Tusc. 4, 34, un emportement de l'âme, un mouvement passionné; *impotentia muliebris* Liv. 34, 2, 2; Tac. An. 1, 4, impuissance des femmes à se dominer, le caractère passionné de la femme ∥ violence de qqch., excès: Hor. Epo. 16, 62.

impraecīsus, *a*, *um*, non coupé: Greg.-M. Mor. 32, 20, 648 B.

impraegnō, *ās*, *āre*, -, - (1 in, praegno; cf. fr. *imprégner*), tr., féconder, imprégner: Myth. 2, 85; Aug. Faust. 15, 5.

impraejūdĭcātus, *a*, *um*, non jugé d'avance: Gloss. 5, 28, 15.

impraemĕdĭtātus, *a*, *um*, non prémédité: Capel. 2, 99.

impraepărātus, *a*, *um*, improvisé: Hier. Ephes. 6, 11, 543 B.

impraepĕdītē, -pĕdītō, sans obstacle: Amm. 27, 10, 2; 26, 6, 11.

impraepĕdītus, *a*, *um* (2 in-, praepedio), non entravé: Amm. 21, 5, 6; 30, 2, 4.

impraepūtĭātus, *a*, *um* (in), non circoncis: VL. 1 Cor. 7, 18 d., Tert. Mon. 11, 12.

impraescĭentĭa, *ae*, f., manque de prescience: Tert. Marc. 2, 7, 4.

impraescĭus, *a*, *um*, ignorant de l'avenir: Ambrosiast. Ep. Rom. 3, 24.

impraesentĭārum (**inp-**), adv. (*in praesentia rerum* ou plutôt *in praesentia harum*), pour le moment: Cat. Agr. 144, 4; Nep. Hann. 6, 2; Tac. An. 4, 59.

impraestābĭlis, *e*, bon à rien: Firm. Math. 8, 29, 10 ∥ non miséricordieux: Salv. Gub. 4, 53.

impraestrictus, *a*, *um*, non ébloui: Ps.- Fulg. Serm. 53, 921 C.

impraetermissē, adv., sans interruption: Possid. 31.

impraevārĭcābĭlis, *e*, inaliénable: VL. Hebr. 7, 24.

impransus, *a*, *um* (2 in-), qui n'a pas mangé, à jeun: Pl. Amp. 254; Hor. S. 2, 2, 7; Ep. 1, 15, 29.

imprĕcātĭo, *ōnis*, f. (imprecor), imprécation: Sen. Ben. 6, 35, 1; Ep. 94, 52 ∥ [chrét.] prière, invocation: Hier. Lucif. 9, 165 A.

imprĕcŏr, *āris*, *ārī*, *ātus sum* (in, precor), tr. ¶ 1 souhaiter; *aliquid alicui*, qqch. à qqn a) [en bonne part]: Apul. M. 9, 25 b) [en mauvaise part]: Virg. En. 4, 629; Sen. Contr. 1, 3, 1; Tac. An. 6, 24; Suet. Aug. 65 ¶ 2 invoquer, prier: Apul. M. 2, 28; Hier. Virg. 2.

imprensĭbĭlis, *e* (2 in-, prehendo), insaisissable: Gell. 11, 5, 4.

impressē, adv. (impressus), en appuyant: *impressius* Cael.-Aur. Chron. 3, 7, 87 ∥ [fig.] d'une manière pénétrante: Tert. Cast. 3, 1.

impressī, parf. de *imprimo*.

impressĭo, *ōnis*, f. (imprimo) ¶ 1 action d'appuyer sur, application: Apul. Plat. 1, 6 ¶ 2 choc d'un ennemi, irruption, attaque, assaut: Cic. Fam. 5, 2, 8; Flac. 85; *impressionem facere* Varr. R. 2, 4, 1; Hirt. G. 8, 6, 2, faire une attaque, ou *dare* Liv. 4, 28, 6 ¶ 3 pression: Cael.-Aur. Acut. 3, 8, 92 ¶ 4 [fig.] a) impression [sur l'esprit]: Cic. Ac. 2, 58 b) expression (articulation) bien marquée: Cic. Ac. 1, 19 c) *impressiones* Cic. de Or. 3, 185, temps marqués (rythme).

impressō, *ās*, *āre*, -, -, tr., imprimer fort: Corip. Joh. 6, 372.

1 impressus, *a*, *um*, part. de *imprimo* ∥ [adj†] *-sior*, plus enfoncé: Physiogn. 106, 21.

2 impressŭs, *ūs*, m., pression: Prud. Psych. 273.

imprĕtĭābĭlis, *e* (2 in-, pretium), inappréciable: Cassiod. Var. 4, 1, 3.

imprīmis, inprīmīs, in prīmīs, adv., avant tout, principalement, surtout: Cic. Nat. 1, 120; Verr. 2, 86.

imprīmō, *ĭs*, *ĕre*, *pressī*, *pressum* (1 in, premo; fr. *empreindre*), tr. ¶ 1 appliquer sur, appuyer sur: *impresso genu* Virg. En. 12, 303, le genou étant appuyé dessus; *impressa lana* Prop. 3, 6, 17, en appliquant dessus de la laine ∥ *cippus imprimit ossa* Pers. 1, 37, le cippe funéraire presse les os ¶ 2 faire en pressant, en enfonçant: *vestigium* Cic. Caecin. 76, marquer une empreinte de pas; *sulcus altius impressus* Cic. Div. 2, 50, sillon creusé plus profondément, cf. Cic. Att. 2, 21, 2; *impressum vulnus falce, dente, ungue* Col. 7, 11, 2, blessure faite par un coup de faux, de dent, d'ongle ¶ 3 faire une figure en pressant, empreindre, imprimer: *in cera sigillum* Cic. Ac. 2, 86, imprimer un sceau sur la cire, cf. Cic. Div. 1, 23; Part. 26; *memoria publica tabulis publicis impressa* Cic. Mil. 73, mention officielle tracée sur les registres officiels; [fig.] *rei publicae dedecus imprimitur* Cic. Phil. 5, 16, une flétrissure s'imprime sur la république ∥ [phil.] graver des idées, des notions dans l'âme: *in animis* Cic. Nat. 1, 43; Leg. 1, 30, (*in animos*) Cic. Ac. 2, 58 ¶ 4 empreindre de, marquer de: *an imprimi quasi ceram animum putamus?* Cic. Tusc. 1, 61, pensons-nous que l'âme reçoive une empreinte comme la cire?; *signo suo impressas tabulas misit* Liv. 37, 10, 7, il envoya des tablettes scellées de son sceau; *flagitiorum vestigiis municipia imprimere* Cic. Phil. 2, 58, laisser sur les municipes des traces d'infamies; [poét.] *crater impressus signis* Virg. En. 5, 536, coupe portant des ciselures ¶ 5 *imprimi*, s'affaisser, s'enfoncer [sol]: Col. 3, 13, 1.

imprincĭpālĭtĕr, adv. (in, principaliter), en particulier, tout spécialement: Cael.-Aur. Acut. 2, 9, 55.

imprŏbābĭlis, *e* ¶ 1 qui ne mérite pas d'être approuvé, injustifiable: Sen. Ep. 75, 12; Plin. 4, 93; Quint. 7, 4, 7 ¶ 2 qui ne peut être prouvé, incertain: Hil. Psalm. instr. 4.

imprŏbābĭlĭter, adv., de manière inadmissible: Sidon. Ep. 1, 11, 13; Rufin. Hist. 10, 3.

imprŏbātĭo, *ōnis*, f. (improbo), désapprobation: Cic. Verr. 3, 172; Inv. 2, 32.

imprŏbātŏr, *ōris*, m., réprobateur: Apul. Socr. 16; Tert. Pat. 5, 22.

imprŏbātus, *a*, *um*, part. de *improbo* ∥ [adj†] *improbatissimus homo* Gell. 18, 3 lemm., homme très décrié.

imprŏbē, adv. (improbus) ¶ 1 d'une manière mauvaise, défectueuse, mal: Gell. 15, 5, 1 ¶ 2 [moralt] mal, malhonnêtement: Cic. Amer. 104; Off. 2, 79; Fin. 1, 51 ∥ contrairement au droit: *improbe factum* Liv. 10, 9, 5, agir contrairement au droit; *-bius* Cic. Verr. 3, 140; *-issime* Cic. Caes. 23 ¶ 3 d'une manière excessive: Suet. Vesp. 23 ∥ avec impudence: *improbissime respondere* Cic. Pis. 13, répondre avec la dernière impudence.

imprŏbĭtās, *ātis*, f. (improbus) ¶ 1 mauvaise qualité [d'une chose]: Plin 2, 87 ¶ 2 méchanceté, perversité: Cic. Verr. 3, 208; Cat. 2, 1; Brut. 224 ∥ malice d'un singe: Cic. Div. 2, 69 ¶ 3 audace, hardiesse, effronterie: Plin 19, 116; 29, 28.

imprŏbĭter, ⟶ *improbe*: *Petr. 66, 7.

imprŏbĭtō, *ās*, *āre*, *āvī*, - (fréq. de *improbo*), tr., désapprouver: Gell. 20, 1, 11.

imprŏbō, *ās*, *āre*, *āvī*, *ātum* (improbus), tr., désapprouver, condamner: Cic. Div. 1, 72; Ac. 2, 96; de Or. 2, 156; Off. 1, 150; *aliquem testem* Cic. Com. 45, désapprouver qqn comme témoin ∥ rejeter: *judicium alicujus* Cic. Verr. 2, 68, rejeter le jugement rendu par qqn, le tenir pour non avenu.

imprŏbōsus, *a*, *um* (improbus), honteux: Ps. Cypr. Sing. cler. 26.

imprŏbŭlus, *a*, *um* (dim. de *improbus*), quelque peu fripon : Juv. 5, 73.

imprŏbus, *a*, *um* (2 in-, *probus*) ¶ **1** de mauvais aloi, mauvais : *improba merces* Pl. *Ru.* 374, mauvaise marchandise ; *postes improbiores* Pl. *Most.* 824, jambages de porte en plus mauvais état ; *improbior coquus* Pl. *Ps.* 802, cuisinier sans client ‖ dont la conduite ne peut être approuvée : *improbissimus Chrysogoni fautor* Cic. *Amer.* 143, soutien si malencontreux de Chrysogonus ; *negat improbus* Hor. *Ep.* 1, 7, 63, le maladroit refuse ¶ **2** [moral^t] mauvais, méchant, pervers, malhonnête : *homo improbissimus* Cic. *Brut.* 224, le plus méchant des hommes ; *lex improbissima* Cic. *Fam.* 14, 4, 2, la loi la plus détestable ; *amor improbus* Hor. *S.* 1, 3, 24, amour condamnable ; *improbissima verba* Cic. *Sull.* 71, les paroles les plus inconvenantes ; *improbum est* [inf.] Quint. 5, 6, 1, il n'est pas convenable de ¶ **3** qui n'a pas les qualités requises **a)** démesuré : *villus* Plin. 12, 73, touffes de poils démesurées ; *improbae spes* Plin. *Ep.* 8, 18, 3, espoirs extravagants **b)** sans arrêt : *improbior imber* Sen. *Nat.* 4, 4, 3, pluie plus soutenue ; *labor improbus* Virg. *G.* 1, 146, labeur sans merci ; *fertur mons improbus* Virg. *En.* 12, 687, le fragment de montagne est emporté irrésistiblement ; *improba ventris rabies* Virg. *En.* 2, 356, une faim insatiable ; *anguis, anser* Virg. *G.* 3, 431 ; 1, 119, serpent, oie vorace ; *quatit improbus hastam* Virg. *En.* 11, 767, il balance acharné (sans relâche) son trait **c)** qui ne laisse pas de répit : *improbe amor* Virg. *En.* 4, 412, ô cruel amour ; *improba conubii* Stat. *Th.* 7, 300, acharnée au mariage **d)** effronté, impudent : *improba facies* Quint. 11, 3, 160, figure impudente **e)** hardi, audacieux : Virg. *En.* 12, 250.

imprōcērus, *a*, *um* (2 in-, *procerus*), petit de taille : Tac. *G.* 5, 2 ; Gell. 4, 18, 1.

imprōcrĕābĭlĭs, *e*, qui ne peut être créé : Apul. *Plat.* 1, 5.

imprōdictus, *a*, *um*, non ajourné, non retardé : *Cic. *Dom.* 45.

imprōdūcĭbĭlĭs, *e*, qui ne peut s'allonger sous le marteau, non ductile : Hier. *Orig. Jer.* 3, 1.

imprŏfessus, *a*, *um* ¶ **1** qui n'a pas déclaré [sa condition] : Dig. 34, 4, 16 ; Suet. *Dom.* 12 ¶ **2** non déclaré : Ps. Quint. *Decl.* 341 lemm.

imprŏfĭcŭus, *a*, *um*, qui ne profite à personne : Rust. *Aceph.* 1251.

imprōlēs, *is* (2 in-, *proles*), qui est sans enfant : Mar. Vict. *Gram.* 6, 20, 10.

imprōlis (**imprōlus**), qui n'est pas encore inscrit dans la cité : P. Fest. 96, 7.

imprōmiscus, *a*, *um*, pur, sans mélange : Gell. 1, 7, 6 ; 12, 4, 3.

impromptus, *a*, *um*, qui n'est pas prompt, pas résolu, sans ardeur : Tac. *An.* 2, 21 ‖ qui n'a pas de facilité : Liv. 7, 4, 5.

imprōmūtŭō, *ās*, *āre*, -, - (1 in, *promutuor* ; fr. emprunter), tr., emprunter : Gloss. Reich. 2681.
▶ sous la forme *inprumtare*.

imprōnuntĭābĭlĭs, *e*, irrégulier : Concil. S. 2, 2, 2, p. 100, 8.

imprŏpĕrantĕr, adv. (2 in-, *properanter*), lentement : Aus. *Epit.* 35 (252), 3.

imprŏpĕrātus, *a*, *um* (2 in-, *propero*), lent : Virg. *En.* 9, 798.

imprŏpĕrĭum, *ii*, n. (2 *impropero* ; it. *rimproverio*), [chrét.] reproche, affront : Vulg. *Eccli.* 6, 1 ; Fulg. *Aet.* 4, p. 142, 25 H.

1 **imprŏpĕrō**, *ās*, *āre*, -, - (1 in, *propero*), intr., se hâter d'entrer : Varr. d. *Plin. 36, 91.

2 **imprŏpĕrō**, *ās*, *āre*, -, - (*improbo* et *vitupero* ; it. *rimproverare*), tr., reprocher : Vulg. *Rom.* 15, 3 ; Matth. 27, 44 ‖ *alicui* Petr. 38, 11, faire des reproches à qqn.

imprŏpĕrus, *a*, *um*, qui ne se hâte pas : Sil. 3, 96.

imprŏpriē, adv., improprement : Plin. 10, 29 ; Gell. 17, 1 ; 6, 6, 2.

imprŏpriĕtās, *ātis*, f., [gram.] impropriété : Gell. 1, 22, 21.

imprŏprĭus, *a*, *um*, [gram.] impropre : Quint. 8, 4, 16 ; Plin. 37, 116 ‖ **-prium**, *ii*, n., impropriété : Quint 8, 2, 3 ; 10, 3, 20.

imprōpugnātus, *a*, *um*, qui n'est pas défendu : Gell. 1, 6, 4 ; Amm. 26, 5, 12.

improspectē, adv. (2 in-, *prospectus*), imprudemment : Tert. *Anim.* 24, 7 ; Hier. *Jovin.* 1, 23.

improspectus, *a*, *um*, qui n'est pas vu : *Aetna 342.

improsper, *ĕra*, *ĕrum* (2 in-, *prosper*), qui ne réussit pas, malheureux : Tac. *An.* 3, 24 ; 14, 65.

improspĕrē, adv. (2 in-, *prospere*), sans succès : Col. 1, 1, 16 ; Tac. *An.* 1, 8 ; Gell. 9, 9, 12.

improspĕrĭtās, *ātis*, f., infortune : Rufin. *Orig. Hept.* 7, 4.

imprōtectus, *a*, *um* (2 in-, *protego*), non protégé, sans défense : Gell. 13, 28, 4 ; Amm. 21, 8, 1.

imprōvĭdē, adv. (*improvidus*), inconsidérément : Liv. 27, 27, 11 ; Curt. 3, 11, 8 ; Col. 6, 17, 35.

imprōvĭdentĭa, *ae*, f., imprévoyance : Tert. *Marc.* 2, 23, 3 ; Salv. *Gub.* 6, 90.

imprōvĭdus, *a*, *um* (2 in-, *providus*), imprévoyant : Cic. *Tusc.* 5, 62 ; *Lae.* 100 ; *Att.* 7, 20, 2 ‖ [avec gén.] *futuri certaminis* Liv. 26, 39, 7, qui ne s'attend pas à un prochain combat ‖ gén. du point de vue : *consilii* Tac. *H.* 3, 56, incapable de prévoyance dans ses décisions.

imprōvīsē, 🅒 *improviso* : Cod. Th. 11, 1, 9.

imprōvīsō, adv. (*improvisus*), à l'improviste : Pl. *Ru.* 1196 ; Cic. *Div.* 1, 50 ; *Rep.* 1, 7.

imprōvīsus, *a*, *um* (2 in-, *provideo*), imprévu, qui arrive à l'improviste : Cic. *Tusc.* 4, 37 ; *Agr.* 2, 60 ; *Mur.* 55 ‖ *de improviso* Caes. *G.* 2, 3, 1 ; 5, 22, 1 ; Cic. *Amer.* 151 ou *ex improviso* Cic. *Verr.* 1, 112, à l'improviste ‖ *ad improvisa* Tac. *H.* 5, 16, pour les cas imprévus.

imprūdens, *entis* (2 in-, *prudens*) ¶ **1** qui ne sait pas, qui ignore, sans savoir : Cic. *Amer.* 21 ; *de Or.* 1, 94 ; *Verr.* 4, 103 ; *me imprudente et invito* Cic. *Att.* 1, 19, 10, à mon insu et contre mon gré ‖ *legis* Cic. *Inv.* 2, 95, ignorant la loi, cf. Liv. 31, 14, 7 ¶ **2** surpris, non sur ses gardes, sans faire attention, par mégarde : Caes. *G.* 3, 29, 1 ; 5, 15, 3 ; C. 2, 38, 4 ; Cic. *Brut.* 269 ‖ **-tior** Aur. d. Front. *Caes.* 2, 13, 1, p. 49 N. ; **-issimus** Sen. *Ep.* 90, 33.

imprūdentĕr, adv. (*imprudens*), par ignorance : Cic. *Ac.* 1, 22 ‖ imprudemment : Caes. d. Cic. *Att.* 10, 8 B, 1 ; Nep. *Hann.* 2, 6 ‖ **-tius** Ter. *And.* 130.

imprūdentĭa, *ae*, f. (*imprudens*) ¶ **1** ignorance, manque de connaissance, fait de n'être pas au courant : Cic. *Inv.* 2, 95 ; Caes. *G.* 4, 27, 4 ; 5, 3, 6 ; *imprudentia eventus* Liv. 4, 39, 6, ignorance du résultat ‖ imprévoyance, irréflexion : Caes. *G.* 7, 29, 4 ; Cic. *Mur.* 78 ¶ **2** absence de préméditation, d'intention, inadvertance : Cic. *de Or.* 3, 158 ; *Part.* 38 ; *per imprudentiam* Cic. *Or.* 189, sans y penser, sans le vouloir.

īmpūbēs, *ĕris* et **-bis**, *is*, adj. (2 in-, *pubes*), sans poil, impubère **a)** [forme en es] Cic. *Cat.* 4, 13 ; *impuberes* Caes. *C.* 3, 14, 3, les enfants **b)** [forme en is] *malae impubes* Virg. *En.* 9, 751, joues imberbes ; *corpus impube* Hor. *Epo.* 5, 9, corps juvénile, cf. Hor. *O.* 2, 9, 15 ; Virg. *En.* 5, 546 ; Tac. *H.* 3, 25 ; [pl.] *impubes* Liv. 9, 14, 11, les enfants impubères, cf. Liv. 2, 13, 10 ‖ *qui impuberes permanserunt* Caes. *G.* 6, 21, 4, ceux qui sont restés chastes.

impŭdĕfactus, *a*, *um*, qui a perdu toute pudeur : Mont. *Ep.* 1, 7.

impŭdendus, *a*, *um*, dont on doit rougir : Cassian. *Coll.* 20, 9.

impŭdens, *tis* (2 in-), effronté, sans pudeur, impudent [en parl. des pers. et des choses] : Cic. *Verr.* 2, 192 ; *Com.* 21 ; **-tior** Cic. *Verr.* 2, 191 ; **-issimus** Cic. *Flac.* 34 ; *Balb.* 5 ; *Clu.* 168 ; *Verr.* 3, 163.

impŭdentĕr, adv., impudemment, effrontément : Cic. *Lae.* 82 ; *Fam.* 5, 12, 2 ‖ **-tius** Cic. *Fam.* 9, 22, 4 ; **-issime** Cic. *Verr.* 4, 16.

impŭdentĭa, *ae*, f., impudence, audace, effronterie : Cic. *Flac.* 35 ; *de Or.* 1, 172 ; Caes. *C.* 3, 20, 3.

impŭdĭcātus, *a*, *um*, déshonoré, souillé : P. Fest. 96, 24.

impŭdīcē, adv., impudiquement : Sen. Contr. 1, 2, 112 ; Tert. Idol. 2, 3.

impŭdīcĭtĭa, ae, f. (*impudicus*), impudicité : Pl. Amp. 821 ; Tac. An. 5, 3 ; Gell. 18, 3, 1 ‖ mœurs infâmes : Suet. Aug. 71 ; Vesp. 13.

impŭdīcus, a, um, impudent : Pl. Ru. 393 ‖ sans pudeur, impur, impudique, débauché, souillé : Pl. Amp. 905 ; Cic. Cat. 2, 23 ; Phil. 3, 12 ; **-cior** Pl. Curc. 52 ; **-issimus** Cic. Phil. 2, 70 ‖ infect, fétide : Mart. 12, 32, 16.

impūdōrātē, adv., impudemment, effrontément : Iren. 1, 27, 2.

impūdōrātus, a, um, éhonté, impudent : Iren. 3, 21, 3.

impugnāmentum, i, n., attaque, assaut [au fig.] : Greg.-M. 1 Reg. 4, 4, 6.

impugnātĭo, ōnis, f. (*impugno*), attaque, assaut : Cic. Att. 4, 3, 3 ; Cypr. Unit. eccl. 1.

impugnātŏr, ōris, m., ► oppugnator : Ambr. Psalm. 118, s. 13, 6.

impugnātus, a, um, part. de impugno.

impugnō, ās, āre, āvī, ātum (1 in, pugno ; fr. empoigner), tr. ¶ 1 attaquer, assaillir : **aliquem**, qqn : Caes. G. 1, 44, 6 ; Liv. 3, 70, 4 ‖ [abs†] : Caes. G. 3, 16, 4 ‖ **tecta impugnata** Cic. Sen. 7, maisons attaquées ¶ 2 [fig.] Cic. Fam. 3, 12, 1 ; Sall. J. 29, 2 ; Quint. 2, 17, 40 ; Ov. M. 5, 151 ‖ [abs†] Cic. Quinct. 8.

impŭlī, parf. de impello.

impŭlĭtus, a, um, part. tard. de impello : Ps. Cypr. Mont. 9.

impulsātrix, īcis, f., instigatrice : Verec. Cant. 2, 24.

impulsĭo, ōnis, f. (*impello*) ¶ 1 choc, heurt, impulsion : Cic. Tim. 14 ; Fat. 46 ¶ 2 [fig.] **a)** impulsion naturelle, disposition à faire qqch. : Cic. Inv. 2, 17 **b)** impulsion, excitation à : Cic. de Or. 3, 205.

impulsō, ās, āre, -, - (fréq. de impello), tr., pousser contre, exciter : Ps. Cypr. Sing. cler. 41.

impulsŏr, ōris, m. (*impello*), instigateur, conseiller : Cic. Att. 16, 7, 2 ; Vat. 24 ; Tac. H. 4, 68.

impulstrix ou **impultrix**, īcis, f., instigatrice : Non. 150, 29.

1 **impulsus**, a, um, part. de impello.

2 **impulsŭs**, ūs, m., choc, heurt, ébranlement : Cic. Rep. 6, 18 ; Nat. 2, 32 ; Div. 1, 109 ; Caecin. 43 ‖ [fig.] impulsion, instigation : Caes. G. 5, 25, 4 ; Cic. Rep. 6, 26 ; **impulsu meo** Cic. Phil. 2, 49, à mon instigation, cf. Verr. 1, 80 ; de Or. 3, 84.

impulvĕreus, a, um (2 in-, pulvereus), qui est sans poussière ; [fig.] sans peine : Gell. 5, 6, 21.

impunctĭo, ōnis, f., ponction [opération chirurgicale] : Ps. Sor. Quaest. 245.

impunctus, a, um, qui n'a pas de taches : Apul. M. 2, 9.

impūnĕ, adv. (2 in-, poena) ¶ 1 impunément, avec impunité : Cic. Rep. 3, 14 ; Fin. 2, 55 ; Ov. M. 11, 67 ; **impune est** Cic. Att. 1, 16, 4, il n'y a pas de peine établie ¶ 2 sans danger, sans dommage : Cic. Agr. 2, 9 ; Hor. O. 1, 31, 15 ‖ **-nius** Cic. Dej. 18 ; **-issime** Pl. Poen. 411.

impūnis, e, impuni : Apul. M. 3, 6.

impūnĭtās, ātis, f. (*impune*), impunité : Cic. Mil. 43 ; Phil. 1, 27 ; **alicui impunitatem concedere** Caes. G. 1, 14, 15, accorder l'impunité à qqn ‖ [fig.] licence impunie : **gladiorum** Cic. Phil. 1, 27, l'impunité que s'arrogent les épées, cf. Cic. Pis. 21 ; Brut. 316.

impūnītē, ► impune : Cic. Fin. 2, 59 ; Mat. d. Cic. Fam. 11, 28, 3 ‖ **-tius** Fest. 176, 2.

impūnītus, a, um (2 in-, punitus) ¶ 1 impuni : Cic. Caecil. 53 ; Cat. 1, 18 ; Verr. 4, 68 ; 5, 149 ; Off. 2, 28 ¶ 2 [fig.] effréné, sans bornes : Cic. de Or. 1, 226 ‖ **-tior** Hor. S. 2, 7, 105 ; Liv. 3, 50, 7.

impūrātus, a, um, part. de impuro ‖ [adj†] ► *impurus* : Ter. Phorm. 669 ; 962 ; **-tissumus** Pl. Ru. 751.

impūrē, adv. (*impurus*), d'une manière impure, honteuse : Cic. Fin. 3, 38 ; Div. 1, 60 ‖ **-rissime** Cic. Att. 9, 12, 2 ; Dom. 104.

impurgābĭlis, e, inexcusable : Amm. 22, 3, 8.

impūrĭtās, ātis, f., impureté : Cic. Phil. 5, 16 ; [pl.] Cic. Phil. 2, 6.

impūrĭtĭa, ae, f. (*impurus*), impureté, impudicité : [au pl.] Pl. Pers. 411.

impūrō, ās, āre, -, - (*impurus*), tr., rendre impur : Isid. Diff. 1, 255.

impurpŭrātus, a, um (1 in, purpura), bordé de pourpre : Char. 31, 30.

impūrus, a, um (2 in-, purus) ¶ 1 qui n'est pas pur : Ov. Ib. 223 ; Flor. 2, 20, 7 ¶ 2 [fig.] impur, corrompu, infâme : Cic. Cat. 2, 23 ; Com. 20 ; Lae. 59 ‖ **-rior** Cic. Phil. 3, 15 ; **-issimus** Cic. Verr. 4, 77 ; Phil. 5, 20.

impŭtātĭo, ōnis, f. (*imputo*) ¶ 1 compte, mémoire : Call. Dig. 35, 1, 82 ¶ 2 accusation, opprobre : Ps. Hier. Ep. 6, 16, 98 A.

impŭtātīvē, adv., en faisant un reproche : Cassiod. Psalm. 4, 6.

impŭtātīvus, a, um, d'accusateur : Tert. Marc. 2, 25, 2.

impŭtātŏr, ōris, m. (*imputo*), celui qui porte en compte : Sen. Ben. 2, 17, 6.

1 **impŭtātus**, a, um, part. de imputo.

2 **impŭtātus**, a, um (2 in-, putatus), qui n'a pas été taillé : Hor. Epo. 16, 44 ; Plin. 17, 163.

1 **impŭtō**, ās, āre, āvī, ātum (1 in, puto ¶ 2), tr. ¶ 1 porter en compte, imputer : Col. 1, 7, 6 ; Dig. 17, 2, 52, 15 ¶ 2 [fig.] **a)** mettre en ligne de compte, faire valoir, se faire un mérite de : Tac. G. 21 ; Suet. Ner. 36 ; Plin. Ep. 8, 21, 4 ; Pan. 39, 3 **b)** attribuer, imputer qqch. à qqn : **adversa uni imputantur** Tac. Agr. 27, les revers, on les met au compte d'un seul, cf. Tac. H. 4, 14 ; Plin. 18, 2 ; Plin. Ep. 6, 20, 20 **c)** donner, assigner : Mart. 12, 48, 13.

2 **impŭtō**, ās, āre, -, - (1 in, 1 puto ; fr. enter, al. impfen, an. imp), tr., greffer : Gloss. L. 3, Abol. se 40.

► étymologiquement le même verbe que 1 *imputo*.

impŭtrescō, ĭs, ĕre, putrŭī, - (1 in, putresco ; esp. empodrecer), intr., pourrir : Col. 6, 17, 5.

impŭtrĭbĭlis, e (2 in-), qui ne pourrit pas : Hier. Ep. 64, 9 ; Aug. Civ. 21, 7 ‖ **-bĭlĭtĕr**, sans pourrir : Aug. Ep. 27, 2.

īmŭlus, a, um (dim. de *imus*), imula oricilla Catul. 25, 2, le petit bout de l'oreille.

īmum, i, n. de imus pris subst† ¶ 1 **ab imo** Caes. G. 3, 19, 1, depuis le bas [G. 4, 17, 3, à l'extrémité inférieure] ; **ab imo suspirare** Ov. A. A. 3, 675, soupirer profondément ‖ n. pl., **ima maris** Plin. 32, 64, le fond de la mer ; **ima montis** Plin. 4, 40, le pied de la montagne ; **ima summis mutare** Hor. O. 1, 34, 12, mettre tout sens dessus dessous ¶ 2 **ad imum** Hor. P. 126, jusqu'au bout ‖ enfin : Hor. Ep. 1, 18, 35.

īmus, a, um (cf. osq. imad-en, infimus ; it. imo), [sert aussi de superl. à *inferus*] ¶ 1 le plus bas : **imus conviva** Hor. S. 2, 8, 40, le convive placé le plus bas ; **ima vox** Quint. 11, 3, 15, la voix la plus basse ‖ le bas de, le fond de : **in imo fundo** Virg. En. 6, 581, au fond de l'abîme ; **ab imis unguibus** Cic. Com. 20, de l'extrémité des ongles, de la pointe des pieds jusqu'à... ; **superi imique deorum** Ov. F. 5, 665, les dieux d'en haut et d'en bas ¶ 2 [fig.] **a)** le plus humble : **maximi imique** Sen. Clem. 1, 1, 8, les plus grands et les plus humbles **b)** le dernier : **imus mensis** Ov. F. 2, 52, le dernier mois de l'année ; ► *imum*.

1 **ĭn**, prép. (cf. endo, inter, intus, ἐν, εἰς, al. in, an. in ; fr. en)

I [avec accusatif] aboutissement d'un mouvement ¶ 1 [sens local] **a)** "dans, en sur" **b)** [direction] "du côté de" ¶ 2 [temporel] "jusqu'à", **in praesens, in futurum**, ► **tempus, in diem** "au jour le jour", **in annos singulos** "d'année en année" ¶ 3 [rapports divers] **a)** dimensions, **in altitudinem b)** passage à un autre état **c)** division en parties, sens distributif **d)** "en vue de, pour" ¶ 4 "conformément à, selon", **in rem esse**, "à la manière de", "suivant" ¶ 5 "à l'égard de, envers" ¶ 6 "pour, en faveur de ; contre" ¶ 7 aboutissement du mouvement, **in potestatem, in amicitiam esse**.

II [avec ablatif] sans mouvement ¶ 1 [sens local] "dans, en, sur" ¶ 2 [temporel] **a)** espace de temps à l'intérieur duquel se place une action **b)** date d'un événement **c)** avec gérondif ¶ 3 divers rapports **a)** "au milieu de, malgré" **b)** "à l'occasion de" **c)** "étant donné" **d)** état ou situation, *in vitio, in integro* **e)** contenu d'un enseignement **f)** " sous forme de" **g)** "dans, parmi" **h)** personne désignée par rapport à telle qualité, *si quid est in me ingenii*.

I [avec acc.] aboutissement d'un mouvement [pr. et fig.] ¶ **1** [sens local] **a)** dans, en, sur [comparer *ad*] : *in portum accedere* Cic. *Verr.* 5, 138, pénétrer dans le port ; *in Ubios legatos mittere* Caes. *G.* 4, 11, 2, envoyer des députés chez les Ubiens ; *in aram* Cic. *Sen.* 11, se réfugier sur les degrés de l'autel **b)** [direction] du côté de : *Belgae spectant in septentrionem* Caes. *G.* 1, 1, 6, la Belgique regarde du côté du septentrion (est exposée au nord) ; *in meridiem* Tac. *Agr.* 10, du côté du midi ; *in Arvernos versus* Caes. *G.* 7, 8, 5, du côté des Arvernes ¶ **2** [temporel, pour limiter un laps de temps] jusqu'à, pour : *in multam noctem sermonem producere* Cic. *Rep.* 6, 10, prolonger un entretien jusqu'au milieu de la nuit ; *dormire in lucem* Hor. *Ep.* 1, 18, 34, dormir jusqu'au jour ; *aliquid in omne tempus perdidisse* Cic. *Fam.* 5, 15, 1, avoir perdu qqch. pour toujours ; *auctionem in mensem Januarium constituere* Cic. *Agr.* 1, 4, fixer la vente au mois de janvier ; *aliquem invitare in posterum diem* Cic. *Off.* 3, 58, inviter qqn pour le lendemain ; *in multos annos praedicere aliquid* Cic. *Div.* 2, 17, prédire qqch. bien des années à l'avance ; *in ante diem XV Kal. Nov. differre aliquid* Cic. *Att.* 2, 20, 6, remettre qqch. au quinzième jour avant les calendes de novembre (18 octobre) ; *in hunc diem hactenus* Cic. *Rep.* 2, 70, assez pour aujourd'hui ‖ avec **usque**, v. *usque* ‖ [expr. diverses] *in praesens, in posterum, in futurum* Cic. *Cat.* 1, 22 ; 4, 10 ; Liv. 34, 27, 10 ; *in perpetuum* Cic. *Fam.* 13, 4, 2, pour le présent, pour l'avenir, pour toujours ; v. *tempus* ‖ *in horam, in diem vivere* Cic. *Phil.* 5, 25 ; 2, 87, vivre au jour le jour ‖ *in singula diei tempora cognoscere aliquid* Caes. *G.* 7, 16, apprendre ce qui se passe heure par heure ; *in annos singulos pendere* Caes. *G.* 5, 22, 4, payer chaque année ; *in dies singulos* Cic. *Att.* 5, 7 ; *in dies* Liv. 22, 39, 15, jour par jour ; *in horas* Hor. *S.* 2, 7, 10, d'heure en heure ; *in singulos annos* Cic. *Att.* 6, 3, 5, d'année en année ; *in diem et horam* Hor. *S.* 2, 6, 47, jour par jour, heure par heure ‖ *in diem emere* Nep. *Att.* 9, 5, acheter pour un jour déterminé, en fixant le paiement à un jour déterminé ¶ **3** rapports divers **a)** [dimensions] en : *in altitudinem, in latitudinem, in longitudinem*, en hauteur (profondeur), en largeur, en longueur ; *in agrum* Hor. *S.* 1, 8, 12, dans le sens du champ, en profondeur ; cf. *frons* ¶3b **b)** [passage à un autre état] : *mutare in, vertere in*, v. ces mots **c)** [division en parties, *in partes*] v. *divido, describo* ‖ [sens distributif] : *describebat censores binos in singulas civitates* Cic. *Verr.* 2, 133, il assignait deux censeurs pour chaque cité, cf. *Font.* 9 ; *in capita* Liv. 2, 33, 11, par tête ; *in modios* Liv. 4, 16, 2, par boisseau ; *in militem* Liv. 22, 23, 6, par soldat ; *in singulos equites* Liv. 22, 54, 2, par cavalier **d)** en vue de, pour : *consurgitur in consilium* Cic. *Clu.* 75, on se lève pour voter ; *praebere in aliquam rem* Cic. *Verr.* 3, 76, fournir pour qqch. ; *in praesidium legionem mittere* Liv. 28, 28, 2, envoyer une légion pour servir de garnison ; *in aedem sacram reficiendam pecuniam perscribere* Cic. *Flac.* 44, inscrire une somme pour la réfection d'un temple ; *venire in funus* Cic. *Att.* 15, 1 B, 1, venir pour des funérailles ; *in honorem alicujus* Plin. *Ep.* 7, 24, 7, pour honorer qqn ‖ [résultat] : *in familiae luctum nupsit* Cic. *Clu.* 188, elle se maria pour le deuil d'une famille, par son mariage elle mit en deuil une famille ¶ **4** conformément, à selon : *in rem esse*, être conforme à l'intérêt, v. *res* ; *S. C. in meam sententiam factum* Cic. *Att.* 4, 1, 6, sénatus-consulte pris conformément à mon avis ‖ à la manière de, suivant : *servilem in modum* Cic. *Verr. prim.* 13, à la manière des esclaves ; v. *modus, species, sententia, pars, vicis* ; *judicium accipere in ea ipsa verba quae Naevius edebat* Cic. *Quinct.* 63, accepter l'instance suivant la formule même que présentait Naevius ; *senatus consultum in haec verba factum est* Liv. 30, 43, 9, le sénatus-consulte fut fait en ces termes ; v. *juro* ‖ [expr. adv.] *in universum* Liv. 9, 26, 8, en général ; *in totum* Col. 2, 1, 2, en totalité ; *in plenum* Plin. 16, 217, pleinement ; *in majus* Sall. *J.* 73, 5, en plus grand, en exagérant ; *in deterius* Tac. *An.* 3, 10, en pire ; *in barbarum* Tac. *An.* 6, 42, à la façon barbare ¶ **5** à l'égard de, envers : *amor in patriam* Cic. *de Or.* 1, 196, amour pour la patrie ; *illiberalis in aliquem* Cic. *Fam.* 13, 1, 16, peu serviable à l'égard de qqn ; *aliquid in philosophos dictum* Cic. *Off.* 1, 28, qqch. à l'adresse des philosophes ¶ **6** pour, en faveur de [ou] contre : *carmen in aliquem scribere* Cic. *de Or.* 2, 352, composer un poème à la louange de qqn ; *senatus consultum in aliquem factum* Cic. *Agr.* 1, 43, 7, sénatus-consulte pris en faveur de qqn ; *exstat in eam legem oratio* Cic. *Brut.* 160, nous avons le discours prononcé en faveur de cette loi ; *in libertatem Crotonis pugnare* Liv. 24, 2, 4, combattre en faveur de l'indépendance de Crotone ‖ *oratio, quam in Ctesiphontem contra Demosthenem dixerat* Cic. *de Or.* 3, 213, le discours qu'il avait prononcé contre Ctésiphon en visant Démosthène ¶ **7** [avec *esse* (*habere*) marquant en qq. sorte l'aboutissement d'un mouvement] *in potestatem alicujus esse*, être tombé, être venu au pouvoir de qqn : meilleurs mss de Cic. *Verr.* 2, 67 ; 5, 98 ; *Pomp.* 33 d'après Gell. 1, 7, 16 ; v. Liv. 2, 14, 4 ; 24, 1, 13 ; 32, 8, 14 ; *in amicitiam populi Romani dicionemque esse* Cic. *Caecil.* 66, se trouver dans l'alliance et sous la domination du peuple romain, cf. Cic. *Phil.* 3, 48 ; 12, 2, 4 ; *cum talem virum in potestatem habuisset* Sall. *J.* 112, 3, ayant eu un tel homme en son pouvoir ; *mihi in mentem fuit dis gratias agere* Pl. *Amp.* 180, j'avais l'intention de remercier les dieux (= l'intention m'était venue...) ; v. *adsum* ‖ *in vulgus*, pour la foule, dans la foule, v. *vulgus*.

II [avec abl.] sans mouv[t] [pr. et fig.] ¶ **1** [sens local] dans, en, sur : *in eo portu piratae navigaverunt* Cic. *Verr.* 5, 138, des pirates ont navigué dans ce port ; *in foro Syracusis* Cic. *Verr.* 2, 81, sur le forum à Syracuse ; *in senatu litteras recitare* Cic. *Fam.* 3, 3, 2, donner lecture d'une lettre au sénat ; *habere coronam in collo* Cic. *Verr.* 5, 27, avoir une couronne sur la tête, au cou ; *in flumine pons erat, pontem facere* Caes. *G.* 2, 5, 6 ; 1, 13, 1, il y avait un pont, faire un pont sur le fleuve ; *in barbaris erat nomen obscurius* Caes. *C.* 1, 61, 3, le nom était moins connu chez les barbares ; *in oculis, in ore alicujus*, sous les yeux de qqn, v. *oculus, os, manus, equus* ; *anulus in digito* Cic. *Off.* 3, 38, un anneau au doigt ; *Europa in tauro* Cic. *Verr.* 4, 135, Europe sur le taureau ‖ en, avec : *in veste candida* Liv. 45, 20, 5, avec un vêtement blanc ; *in Tyriis* Ov. *A. A.* 2, 297, avec un vêtement de pourpre ; *in catenis ductus* Liv. 35, 40, 6, conduit enchaîné, cf. Liv. 29, 21, 12 ; 32, 1, 8 ; *in armis excubare* Caes. *G.* 7, 11, 6, veiller sous les armes, en armes ‖ *in milibus passuum tribus* Caes. *G.* 6, 36, 2, dans un rayon de trois mille pas ‖ dans tel ouvrage, chez tel auteur : *in Laelio, in Timaeo, in Catone Majore*, dans le Laelius, le Timée, le Cato Major, cf. Cic. *Nat.* 1, 30 ; *in Thucydide aliquid desiderare* Cic. *Or.* 234, regretter l'absence de qqch. chez Thucydide ; *in primo libro, quinto in libro* Cic. *Off.* 3, 74 ; *Att.* 8, 11, 1, dans le premier livre, au cinquième livre ; *in extremis litteris* Cic. *Fam.* 7, 5, 2, à la fin de la lettre ¶ **2** [temporel] **a)** [espace de temps à l'intérieur duquel se place une action] : *in tam multis annis nemo vidit...* Cic. *Har.* 10, durant de si nombreuses années personne n'a vu..., cf. Cic. *Top.* 44 ; *Att.* 6, 3, 5 ; *decrevere, uti in diebus proxumis decem decederent* Sall. *J.* 28, 2, les sénateurs décidèrent que les députés devaient s'en aller dans les dix jours qui suivraient (dans un délai de dix jours) ; *sollertissimus omnium in paucis tempestatibus factus est* Sall. *J.* 96, 1, en peu de temps il devint le plus habile de tous ; *bis in die* Cic. *Tusc.* 5, 100, deux fois par jour ; *ternae epistulae in hora* Cic. *Fam.* 15, 16, 1, trois lettres par heure ; *tempus, in quo res dijudicabitur* Cic. *Att.* 3, 17, 2, l'époque où sera tranchée l'affaire ; *in qua aetate...* Cic. *Brut.* 161, à quelle époque... **b)** [pour dater un événement] : *in consulatu alicujus* Caes. *G.* 1, 35, 2, pendant le consulat d'un tel ; *in primo*

in

congressu Caes. C. 1, 46, 4, au premier choc ; *in ipso negotio* Caes. G. 5, 33, 1, au moment même de l'action ; *qua in aetate* Cic. Cael. 11, à cet âge-là, cf. Cic. CM 9 ; ⬧ *tempus, praesens, praesentia* **c)** [avec gér. ou adj. v.] *in litteris dandis vigilare* Cic. Cat. 3, 6, occuper sa veillée à écrire une lettre ; *in quaerendis suis pugnandi tempus dimittere* Caes. G. 2, 21, 6, en cherchant les siens laisser passer l'occasion de combattre **¶3** [rapports divers] **a)** situation, circonstances où se trouve qqn, qqch. : *magno in aere alieno majores etiam possessiones habent* Cic. Cat. 2, 18, avec de grosses dettes ils ont cependant des biens supérieurs à ces dettes ; *in summo timore omnium advolavit* Cic. Clu. 25, il accourut au milieu de la consternation générale ; *in vulneris dolore aequo animo mori* Cic. Fam. 5, 12, 5, malgré la douleur d'une blessure mourir avec fermeté ; *ei multa in severitate non deerat tamen comitas* Cic. Brut. 148, avec beaucoup de sévérité il ne manquait pas pourtant d'aménité **b)** quand il s'agit de, à propos de, à l'occasion de : *in salute communi maluit* Cic. Pomp. 56, quand il s'agissait du salut commun il aima mieux... ; *in hoc ipso Cotta* Cic. Brut. 137, à propos de ce Cotta précisément ; *in rege tam nobili, re tam eximia, injuria tam acerba* Cic. Verr. 4, 68, à propos d'un roi si connu, d'une œuvre d'art si remarquable, d'une injustice si cruelle, cf. Cic. Verr. 4, 69 ; 5, 73 ; *idem in bono servo dici solet* Cic. de Or. 2, 248, on peut en dire autant à propos d'un bon esclave ; *in oratore probando aut improbando* Cic. Brut. 183, quand il s'agit d'approuver ou de désapprouver un orateur ; [en part., avec adj. ou expr. marquant un sentiment] : *gratum esse in aliquo*, ⬧ *gratus* ; *misericordes in furibus aerari* Sall. C. 52, 12, cléments quand il s'agit des voleurs du trésor ; *talis in hoste* Virg. En. 2, 541, tel à l'égard d'un ennemi ; ⬧ *gaudeo, gratulor* **c)** étant donné = eu égard à, vu [ou] malgré : *in tanta multitudine dediticiorum suam fugam occultari posse existimabant* Caes. G. 1, 27, 4, ils pensaient que, vu cette affluence énorme de gens qui se rendaient, leur fuite pourrait passer inaperçue, cf. Caes. G. 1, 33, 2 ; 2, 22, 2 ; 3, 8, 1 ; 5, 2, 2 ∥ *vidit etiam in confessione facti juris tamen defensionem suscipi posse* Cic. Mil. 15, il a vu que, même avec l'aveu du fait, on pouvait entreprendre la justification du droit ; *Triari in illa aetate plena litteratae senectutis oratio* Cic. Brut. 265, l'éloquence de Triarius pleine, malgré sa jeunesse, d'une savante maturité, cf. Caes. G. 2, 25, 3 ; 2, 27, 3 ; 5, 2, 2 **d)** [état de qqn ou qqch.] : *esse in voluptate* Cic. Fin. 1, 62, avoir le plaisir en partage ; *in multis nummis* Cic. Verr. 4, 11, avoir ses coffres pleins d'écus ; *in vitio* Cic. Off. 1, 23, être en faute ; *in integro* Cic. Fam. 15, 16, 3, être intact ; *in obscuro, in difficili* Liv. pr. 3 ; 3, 8, 11, être obscur, difficile **e)** [ce sur quoi porte un enseignement, un exercice] : *in aliqua re erudire aliquem* Cic. de Or. 1, 253, instruire qqn dans, sur qqch. ; *in aliqua re exerceri* Cic. Brut. 309, s'exercer dans qqch. **f)** [ce dans quoi on formule qqch.] : *in libellis laudationem mittere* Cic. Clu. 197, envoyer sous forme d'écrit l'adresse officielle de remerciements ; *tres libros in disputatione ac dialogo scribere* Cic. Fam. 1, 9, 23, composer un ouvrage en trois livres sous forme de discussion et de dialogue ; *quae legatis in mandatis dederat* Caes. G. 1, 43, 9, ce qu'il avait donné comme instructions aux ambassadeurs **g)** dans, parmi : *in mediocribus oratoribus habitus* Cic. Brut. 100, tenu au rang des orateurs moyens, cf. Cic. Off. 1, 65 ; *Thales, qui sapientissimus in septem fuit* Cic. Leg. 2, 26, Thalès, le plus sage entre les Sept Sages ; *in his* Caes. G. 1, 16, 5, parmi ceux-ci, cf. Caes. G. 5, 4, 2 ; *in his* Caes. G. 5, 53, 6, parmi ces nouvelles, entre autres nouvelles **h)** [la pers. ou la chose en qui se trouve telle qualité] *si quid est in me ingenii* Cic. Arch. 1, s'il y a en moi qq. peu de talent, cf. CM 61 ; Mur. 58 ; *tanta in iis (navibus) erat firmitudo* Caes. G. 3, 13, 8, tant ces navires étaient solides.

▶ en composition il y a, sauf restauration analogique, assimilation de *n* devant *l, m, r*: *illabor, immitto, irrumpo*, changement en *m* devant *b, p* : *imbibo, impello*.

2 in- (cf. *ne*, ἀ-, scr. *a-*, al., an. *un-*), préf. privatif ou négatif [dans les composés marque l'absence ou la non-existence de la chose signifiée par le simple : *indoctus, infans, insanus, illiberalis*. Se joint à des noms, adjectifs ou adverbes, jamais à des verbes personnels, seulement aux participes adjectivés. Les rétroformations sont rares : *impatiens > impatior* ; *indecens > indecet*].

īn', ⬧ *isne*, ⬧ *eo* ▶.

īna, ae, f. (ἴς), feuille de papier très mince : M.-Emp. 31, 44 ; P. Fest. 71, 4 ; 92, 31.

ĭnablūtus, *a, um* (2 *in-, ablutus*), [chrét.] non purifié [par le baptême] : Greg.-M. Ep. 3, 7.

ĭnabruptus, *a, um*, non brisé : Stat. S. 5, 1, 44.

ĭnabsŏlūtus, *a, um*, incomplet : Apul. Plat. 1, 5.

ĭnabstĭnens, *tis*, intempérant : Orib. Syn. 1, 7.

ĭnabstĭnenter, adv., immodérément : Gloss. 4, 90, 18.

ĭnabstĭnentĭa, *ae*, f., intempérance : Ennod. Ep. 4, 12.

ĭnabstractus, *a, um*, inséparable : Boet. Trin. 2, 6.

ĭnaccensus, *a, um*, non enflammé : Sil. 1, 96 ; [fig.] Claud. Pros. 1, 227.

ĭnacceptĭbĭlis, *e*, inadmissible : Ps. Vigil.-Thaps. Trin. 12, 322 D.

ĭnaccessĭbĭlis, *e*, inaccessible : Tert. Prax. 15, 8 ; Serv. En. 7, 11.

ĭnaccessĭbĭlĭtās, *ātis*, f., inaccessibilité : Arn.-J. Psalm. 138, 546 A.

ĭnaccessus, *a, um*, inaccessible : Virg. En. 7, 11 ; Plin. 12, 52.

ĭnaccrescō, *ĭs*, *ĕre*, -, - (1 *in, accresco*), intr., croître, grandir : Tert. Scorp. 1, 10.

ĭnaccūsābĭlis, *e* (2 *in-*), qu'on ne peut accuser : Ps. Cypr. Sing. cler. 44 ; Gloss. 2, 222, 34.

ĭnaccūsātus, *a, um*, non accusé : Tert. Nat. 1, 2, 4.

ĭnăcescō, *ĭs*, *ĕre, ăcŭī*, - (1 *in*), intr., s'aigrir, devenir aigre : Plin. 28, 135 ∥ [fig.] devenir amer (désagréable), déplaire : Ov. Rem. 307.

Īnăchĭa, *ae*, f. (Ἰναχίη), nom de femme : Hor. Epo. 11, 6 ∥ f. de Inachius.

Īnăchĭdēs, *ae*, m. (Ἰναχίδης), fils ou descendant d'Inachus : Ov. M. 4, 720 ; 1, 753 ∥ pl., les Argiens : Stat. Th. 3, 365.

Īnăchis, *ĭdis*, f. (Ἰναχίς), fille d'Inachus [Io] : Prop. 2, 33, 4 ; Ov. M. 1, 611 ∥ [adj.] du fleuve Inachus : Ov. M. 1, 640 ∥ f. pl., les Argiennes : Claud. Get. 407.

Īnăchĭus, *a, um* (Ἰνάχιος), d'Inachus, d'Io : Virg. En. 7, 286 ; Ov. F. 3, 658 ∥ d'Argos, Argien : Virg. En. 11, 286 ; Ov. F. 5, 656.

Īnăchus (**-ŏs**), *i*, m. (Ἴναχος), l'Inachus [fleuve de l'Argolide] : Ov. M. 1, 583 ; Plin. 4, 17 ∥ premier roi d'Argos : Hor. O. 2, 3, 21 ; Virg. En. 7, 372 ∥ **-us**, *a, um*, d'Argos, grec : Stat. Th. 8, 363.

ĭnăcisco, ⬧ *inacesco* : Garg. Arb. 14.

ĭnăcrescō, *ĭs*, *ĕre*, -, -, intr., ⬧ *inaccresco*.

ĭnactŭōsus, *a, um* (2 *in-*), inactif : Aug. Civ. 4, 16 ; Serv. En. 3, 587.

ĭnactus, *a, um*, part. de *inigo*.

ĭnadc-, ⬧ *inacc-*.

ĭnădībĭlis, *e*, inaccessible : Sidon. Ep. 2, 2, 16 ; Cassiod. Eccl. 11, 18, 1200 D.

ĭnadjŭvātus, *a, um*, non aidé, non remplacé : Cassiod. Var. 3, 47, 2.

ĭnadscensus, ⬧ *inascensus*.

ĭnadspectus, *a, um* (2 *in-*), non vu : Stat. Th. 1, 50.

ĭnadspĭcŭus, *a, um* (2 *in-*), invisible : Aus. Epist. 23 (416), 22.

ĭnădūlābĭlis, *e*, inaccessible à la flatterie : Gell. 14, 4, 3.

ĭnădultĕrātus, *a, um*, non falsifié : Iren. 3, 15, 1.

ĭnădustus, *a, um*, non brûlé : Ov. H. 12, 93 ; Prud. Apoth. 131.

ĭnaedĭfĭcō, *ās, āre, āvī, ātum* (1 *in, aedifico*), tr. **¶1** bâtir sur [*inet* abl.] : Caes. C. 2, 16 ; Cic. Har. 31 ∥ [in acc.] Liv. 39, 44, 4 ∥ [fig.] entasser sur [avec dat.] Lucr. 6, 264 ; Sen. Marc. 2, 3 **¶2 a)** couvrir de constructions un emplacement : Scaev.

Dig. 13, 7, 43 **b)** obstruer par une bâtisse, boucher, murer : **plateas** Caes. C. 1, 27, 3, obstruer par des murs les avenues, cf. Liv. 44, 45, 6.

ĭnaequābĭlĭs, e, inégal : Cic. *Part.* 12 ; Liv. 35, 28, 9 ; Plin. 7, 171.

ĭnaequābĭlĭtās, ātis, f., dissemblance, inégalité : Arn. 2, 55 ‖ anomalie : Varr. L. 9, 1.

ĭnaequābĭlĭtĕr, adv., inégalement : Varr. R. 3, 9, 8 ; Suet. *Galb.* 9.

ĭnaequālis, e (2 in-), inégal, raboteux : Mart. 1, 56, 11 ; Tac. *Agr.* 36 ‖ dissemblable, inégal : Ov. M. 5, 408 ; *-lior* Plin. *Ep.* 9, 5, 3 ; *-issimus* Suet. *Aug.* 75 ‖ variable [température] : Ov. M. 1, 117 ‖ inconstant : Hor. S. 2, 7, 10 ; Sen. *Vit.* 12 ‖ [poét.] *tonsor inaequalis* Hor. Ep. 1, 1, 94, coiffeur inégal = qui fait une coupe de cheveux inégale ; *procellae inaequales* Hor. O. 2, 9, 3, tempêtes capricieuses.

ĭnaequālĭtās, ātis, f., inégalité, diversité, variété : Varr. L. 8, 28 ; Quint. 11, 3, 79 ; 12, 9, 17 ‖ anomalie [gram.] : Varr. L. 9, 8 ; Gell. 2, 25, 3.

ĭnaequālĭtĕr, adv., d'une manière inégale : Liv. 37, 53, 6 ; Suet. *Cl.* 15 ; *Galb.* 9.

ĭnaequātus, a, um, inégal : Tib. 4, 1, 43.

ĭnaequĭmŏdus, a, um, de mesure inégale : Boet. *Syll. hyp.* 2, 1, 859 B.

ĭnaequō, ās, āre, -, - (1 in) tr., égaliser : Caes. C. 1, 27, 4.

ĭnaērō, ās, āre, -, -, tr. (1 in, aero), revêtir de bronze : VL. *Exod.* 27, 6.

ĭnaestĭmābĭlis, e (2 in-) ¶ 1 qu'on ne saurait évaluer : Liv. 31, 34, 3 ‖ inestimable, inappréciable : Liv. 29, 32, 2 ; 35, 14, 12 ; Val.-Max. 4, 8, 1 ‖ [à propos de Dieu] : Minuc. 18, 8 ¶ 2 indigne d'être estimé, sans valeur : Cic. *Fin.* 3, 20.

ĭnaestĭmābĭlĭtĕr, adv., d'une manière incalculable : Faust. *Trin.* 2, 7, 56 A ‖ d'une manière incompréhensible, mystérieuse : Cassian. *Inc.* 5, 4, 3.

ĭnaestĭmātus, a, um ¶ 1 qui n'a pas été évalué : Ulp. *Dig.* 23, 3, 10 ¶ 2 inestimable, immense : Mamert. *Anim.* 1, 3.

ĭnaestŭō, ās, āre, -, - (1 in, aestuo), intr., s'échauffer dans, bouillonner dans [avec dat.] : Hor. *Epo.* 11, 15.

ĭnaffectātus, a, um, qui n'est pas affecté, naturel : Quint. 8, 3, 87 ; 9, 4, 17 ; Plin. *Pan.* 67, 1.

ĭnaffectĭo, ōnis, f. (2 in-), manque d'affection : Greg.-M. *Mor.* 31, 18.

ĭnaggĕrātus, a, um (1 in) amoncelé : Sidon. *Ep.* 3, 12, 5 v. 5.

ĭnăgĭtābĭlis, e (2 in-), qui ne peut être agité : Sen. *Nat.* 5, 5, 2.

ĭnăgĭtātus, a, um, non agité : Sen. *Suas.* 1, 2 ; *Nat.* 3, 11, 5.

ĭnalbĕō, ēs, ēre, -, - (1 in), intr., blanchir [en parl. du jour] : Apul. M. 7, 1.

ĭnalbescō, ĭs, ĕre, -, -, intr., devenir blanc : Cels. 2, 7, 35 ; Arn. 1, 17.

ĭnalbō, ās, āre, -, -, tr., blanchir : Apul. M. 10, 20.

ĭnălescō, ĭs, ĕre, ălŭī, - (1 in), intr., ℂ► *inolesco* : Not. Tir. 67, 51.

ĭnalgescō, ĭs, ĕre, -, -, intr., devenir froid : Cels. 3, 3, 3.

ĭnălĭēnābĭlis, e (2 in-), inébranlable : Ps. Orig. *Job* p. 434C.

ĭnălĭēnātus, a, um, non altéré, pur : *Scrib. 214.

ĭnallĭgō, ās, āre, -, - (1 in), tr., lier sur : M.-Emp. 34, 53.

Ĭnalpīnus, a, um (in Alpibus), situé dans les Alpes : Plin. 3, 47 ; Suet. *Aug.* 21 ‖ *-pīni*, ōrum, m. pl., habitants des Alpes : Plin. 3, 37 ; Brut. *Fam.* 11, 4, 1.

ĭnaltĕrō, ās, āre, -, - (in altero), tr., comprendre l'un dans l'autre : *Tert. *Virg.* 4, 2.

ĭnaltō, ās, āre, -, - (in altum), tr., élever : Paul.-Nol. *Carm.* 24, 739.

ĭnămābĭlis, e (2 in-), indigne d'être aimé, déplaisant, désagréable : Pl. *Bac.* 614 ; Virg. *En.* 6, 438 ; Ov. M. 4, 477 ; Plin. *Ep.* 9, 10, 3 ‖ *-bilior* Sen. *Contr.* 7, 5, 11.

ĭnămārescō, ĭs, ĕre, -, - (1 in), intr., devenir amer, s'aigrir : Hor. S. 2, 7, 107.

ĭnămārĭcō, ās, āre, -, - ¶ 1 tr., aigrir, irriter : Aug. *Psalm.* 5, 15 ¶ 2 intr., s'irriter : Aug. *Psalm.* 75, 8.

ĭnămātus, a, um (2 in-), non aimé : Sil. 12, 527.

ĭnambĭtĭōsus, a, um, simple, sans faste : Ov. M. 11, 765.

ĭnambŭlābĭlis, e, inaccessible : Orig. *Matth.* 12, 11.

ĭnambŭlātĭo, ōnis, f. ¶ 1 action de se promener, promenade : Cic. *Brut.* 158 ¶ 2 lieu de promenade : Plin. 14, 11 ; Vitr. 1, 3, 1.

ĭnambŭlō, ās, āre, āvī, ātum (1 in), intr., se promener : *in porticu* Cic. *de Or.* 2, 12 ; *domi* Cic. *Att.* 6, 2, 5, se promener sous le portique ; chez soi, cf. Cic. *Leg.* 1, 15 ; Liv. 23, 43, 8.

ĭnāmissĭbĭlis, e (2 in-), qui ne peut être perdu : Aug. *Civ.* 22, 30.

ĭnămœnus, a, um (2 in-, amoenus), déplaisant, affreux : Ov. M. 10, 15 ; Plin. *Ep.* 9, 10, 3.

ĭnamplexĭbĭlis, e (2 in-, amplexor), qui ne peut être embrassé : Cassiod. *Psalm.* 17, 13.

1 **ĭnānē**, n. pris adv[t] (inanis), en vain : Stat. *Th.* 4, 533.

2 **ĭnānē**, is, n. pris subst[t] ¶ 1 le vide : Cic. *Nat.* 1, 65 ; Lucr. 1, 365 ‖ *per inane* Lucr. 1, 1018 ; *per inania* Lucr. 1, 223, à travers le vide, à travers les vides, les cavités (mais Virg. *En.* 12, 354 ; Ov. M. 2, 506, à travers les airs) ¶ 2 vide, néant : Hor. S. 1, 2, 113 ; Pers. 1, 1 ; ou pl., *inania* Hor. P. 230 ; *inania famae* Tac. *An.* 2, 76, de vains bruits ; *inania belli* Tac. H. 2, 69, guerre sans importance, nulle.

ĭnānescō, ĭs, ĕre, -, -, intr., devenir vide : Amm. 23, 6, 86 ; Aug. *Conf.* 10, 39, 64.

ĭnānĭae, ārum, f. pl., des vides : Pl. *Aul.* 84 ; Non. 123, 19.

ĭnānĭlŏcus, ℂ► *inaniloquus*.

ĭnānĭlŏquĭum, ii, n., vain bavardage : VL. 2 *Tim.* 2, 16.

ĭnānĭlŏquus, i, m., celui qui tient des propos futiles : Pl. *Ps.* 256.

ĭnānĭmal, ālis (2 in-), inanimé : Iren. 5, 7, 1.

ĭnănĭmālis, e, **inanimans**, tis, inanimé : Macr. *Sat.* 4, 6 ; Firm. *Math.* 1, 2, 12.

ĭnănĭmātus, a, um, inanimé : Cael.-Aur. *Acut.* 2, 32, 170.

ĭnănĭmentum, i, n. (inanio), vide : Pl. *St.* 173.

ĭnănĭmis, e (2 in-, anima), sans souffle : Apul. M. 1, 3 ‖ privé de vie : Apul. M. 1, 14.

ĭnănĭmō, ās, āre, -, - (1 in, animo), tr., animer : Lucif. *Moriend.* 5, p. 295, 26.

ĭnănĭmus, a, um (2 in-, anima), inanimé ; Cic. *Ac.* 2, 37 ; *Rep.* 6, 26 ; *Nat.* 2, 76 ; Verr. 5, 171 ; Liv. 41, 18, 4.

ĭnānĭō, īs, īre, īvī, ītum (inanis), tr., rendre vide, vider : Lucr. 6, 1005 ; Plin. 20, 14 ‖ [fig.] anéantir, rendre sans effet : Tert. *Anim.* 12, 3.

ĭnānis, e (obscur, cf. 2 in-, anima) ¶ 1 vide : *vas inane* Cic. *Fat.* 24, vase vide ; *domus inanis* Cic. *Verr.* 2, 84, maison vide ; *navis inanis* Cic. *Verr.* 5, 104, navire sans équipage, cf. Caes. G. 5, 23, 4, sans chargement ; *equus* Cic. *Verr.* 2, 160, cheval sans cavalier ; *inane corpus* Cic. *Leg.* 2, 45, cadavre ; *inanis umbra, imago* Ov. Tr. 3, 11, 25 ; F. 5, 463, ombre vaine, vain fantôme ; *inania regna* Virg. *En.* 6, 269, royaume des ombres ‖ [avec abl.] vide de : *ager centum et septuaginta aratoribus inanior* Cic. *Verr.* 3, 121, territoire vidé de cent soixante-dix cultivateurs, cf. Cic. *Att.* 2, 8, 1 ; [avec gén.] *inane lymphae dolium* Hor. O. 3, 11, 26, jarre vide d'eau ; *corpus inane animae* Ov. M. 13, 488, corps sans vie ; *inanis venter, parasitus inanis* Hor. S. 1, 6, 127 ; Pl. *St.* 232, ventre vide, parasite au ventre vide ¶ 2 à vide ‖ les mains vides : *inanes revertuntur* Cic. *Verr.* 4, 65, ils reviennent les mains vides **b)** qui ne possède rien : Cic. *Verr.* 2, 25 ; 2, 160 ¶ 3 [fig.] vide, vain, sans valeur **a)** *voces inanes* Cic. *Tusc.* 3, 42, vaines paroles ; *inane crimen* Cic. *Verr.* 2, 177, accusation sans fondement ; *inanis spes* Cic. *Com.* 43, vaine espérance ; *causae inanes* Virg. *En.* 9, 219, prétextes frivoles ; *tempus inane* Virg. *En.* 4, 433, délai sans importance ‖ [avec gén.] : *haec inanissima prudentiae reperta sunt* Cic. *Mur.* 26, on a trouvé que tout cela était absolument

inanis

dépourvu de sagesse, cf. Cic. *de Or.* 1, 37 ***b*)** [homme] léger, sans réflexion : Lucr. 1, 639 ; Hor. *S.* 1, 4, 76 ∥ fat, présomptueux : Sall. *J.* 64, 5 ; *inaniora ingenia* Liv. 45, 23, 16, caractères un peu vains.

ĭnānĭtās, *ātis*, f. (*inanis*) ¶ **1** le vide : Cic. *Fat.* 18 ∥ cavité, creux : Quint. 1, 11, 6 ∥ [fig.] vide = inanition : Pl. *Cas.* 803 ¶ **2** futilité, vanité : Cic. *Fin.* 1, 44 ; Tusc. 3, 3.

ĭnānĭtĕr, adv. (*inanis*), sans fondement, sans raison : Cic. *Tusc.* 4, 13 ∥ inutilement : Ov. *M.* 2, 618.

ĭnānītĭo, *ōnis*, f. (*inanio*), action de vider : Isid. 4, 6, 11.

ĭnānītum, *i*, n., le vide : Tert. *Res.* 4, 3.

ĭnānītus, *a*, *um*, part. de *inanio*.

ĭnantĕ, adv. (1 *in*, *ante*, cf. *abante*; it. *dinanzi*, esp. *delante*), [tard.] devant, en face : Veg. *Mil.* 1, 20.

ĭnantĕā, adv. (1 *in*, *antea*; cf. *inante*), [tard.] devant, en avant : Greg.-Tur. *Hist.* 7, 28.

Inapaei, *ōrum*, m. pl., peuple de l'Asie : Plin. 6, 22.

ĭnăpertus, *a*, *um* (2 *in*-), qui n'est pas ouvert ; [fig.] non exposé : Sil. 7, 26.

ĭnappărātĭo, *ōnis*, f., défaut de préparation, négligence : Her. 2, 7.

ĭnapprĕhensĭbĭlis, *e*, insaisissable : Cael.-Aur. *Acut.* 1, 3, 38 ; Tert. *Val.* 11, 3.

ĭnapprĕhensĭbĭlĭtĕr, adv., de manière incompréhensible : Iren. 1, 7, 1.

ĭnapprĕtĭābĭlis, *e*, [tard.] qui ne peut pas être vendu : Concil. S. 2, 2, 2 p. 87, 17.

ĭnapprŏbābĭlis, *e*, [tard.] qu'on ne peut approuver : Op. Imp. Matth. 17, 728.

ĭnăquō, *ās*, *āre*, -, - (*in aquam*), tr., convertir en eau : Cael.-Aur. *Acut.* 1, 14, 118.

1 ĭnăquōsus, *a*, *um* (2 *in*-, *aquosus*), qui manque d'eau : Cypr. *Ep.* 63, 8 ∥ subst. n. pl., *inaquosa* Tert. *Bapt.* 1, 2, le désert.

2 ĭnăquōsus, *a*, *um* (*in aqua*), qui vit dans l'eau : Rufin. *Clem. ep.* 3, 3.

ĭnărātus, *a*, *um* (2 *in*-) ¶ **1** non labouré : Virg. *G.* 1, 83 ; Hor. *Epo.* 16, 43 ¶ **2** part. de *inaro*.

ĭnarctō, *ās*, *āre*, -, -, ◆ *inarto*.

ĭnarcŭlum, *i*, n. (1 *in*, *arculus*), baguette de grenadier recourbée et placée comme une couronne sur la tête du sacrificateur : P. Fest. 101, 5.

ĭnardescō, *is*, *ĕre*, *arsī*, - (1 *in*), intr., prendre feu, s'embraser : Virg. *En.* 8, 623 ; Hor. *Epo.* 3, 18 ; Plin. 13, 140 ∥ [fig.] s'enflammer [d'une passion] : Tac. *An.* 6, 32 ; Quint. 11, 3, 2.

ĭnārēfactus, *a*, *um*, desséché : Plin. 32, 121.

ĭnārescō, *is*, *ĕre*, *ārŭī*, -, intr., se sécher, se dessécher : Plin. 26, 66 ; Vitr. 7, 3, 3 ; Cels. 5, 17, 2 C ∥ [fig.] se tarir : Plin. *Ep.* 2, 4, 4.

ĭnargentātus, p. de *inargento*.

ĭnargentō, *ās*, *āre*, -, - (1 *in*, *argento*), argenter : Paul. *Sent.* 5, 25, 5 ∥ [usité surtout au part.] : Plin. 21, 5 ; Dig. 33, 10, 3.

ĭnargūtē, adv., sans esprit : Gell. 12, 13, 19.

ĭnargūtus, *a*, *um*, sot, qui est sans esprit : Ulp. *Dig.* 7, 5, 5.

Ĭnărĭmē, f. l. pour *Alnaria* : Plin. 3, 82.

ĭnarmō, *ās*, *āre*, -, - (*in armis*), tr., armer : Ps. Fort. *Leob.* 7, 23.

ĭnărō, *ās*, *āre*, *āvī*, *ātum* (1 *in*), tr. ¶ **1** enfouir par le labour : Cat. *Agr.* 37, 3 ; Varr. *R.* 1, 23, 3 ; Plin. 18, 169 ¶ **2** labourer, cultiver : Plin. 18, 136 ; Dig. 43, 23, 9.

ĭnartĭcŭlātus, *a*, *um* (2 *in*-), inarticulé [en parl. du langage] : Prisc. 2, 5, 5.

ĭnartĭfĭcĭālis, *e*, sans artifice, sans art : Quint. 5, 1, 1 ; 5, 5, 2.

ĭnartĭfĭcĭālĭtĕr, adv., sans art, naturellement : Quint. 2, 17, 42.

ĭnartĭfĭcĭōsus, *a*, *um*, non technique : Boet. *Top. Cic.* 6, p. 381, 37.

ĭnartō, *ās*, *āre*, -, - (1 *in*, *arto*), tr. ¶ **1** imprimer dans : Aug. *Fund.* 25, 233, 24 ¶ **2** former, façonner : Max. *Serm.* 29, p. 907 B.

ĭnārŭī, parf. de *inaresco*.

ĭnascensus, *a*, *um* (2 *in*-), non escaladé : Plin. *Pan.* 65, 3.

ĭnasp-, ◆ *inadsp-*.

ĭnassātus, *a*, *um* (1 *in*, *asso*), rôti : Plin. 30, 74 ; 30, 88.

ĭnassĕrō, *ās*, *āre*, -, - (1 *in*, *asser*), tr., planchéier : CIL 1, 698, 2, 1.

ĭnassignātus, *a*, *um* (2 *in*-), non indiqué, non fixé : Grom. 84, 1.

ĭnassuētus, *a*, *um*, qui n'a pas l'habitude : Ov. *F.* 4, 450 ∥ inaccoutumé : *inassuetum est* [avec inf.] Sil. 3, 236, ce n'est pas l'habitude de.

ĭnattāmĭnātus, *a*, *um*, non souillé : *Tert. *Cor.* 15, 1.

ĭnattĕnŭātus, *a*, *um*, non diminué : Ov. *M.* 8, 846.

ĭnattingĭbĭlis, *e*, qu'on ne peut toucher : Isid. *Sent.* 2, 7, 5.

ĭnattrītus, *a*, *um*, non usé : Paul.-Nol. *Carm.* 10, 245.

ĭnaudax, *ācis*, sans audace, timide : Hor. *O.* 3, 20, 3.

ĭnaudībĭlis, *e*, qu'on ne peut entendre : Cens. 3, 1.

ĭnaudĭens, *entis* (2 *in*-, *audiens*), qui n'écoute pas, désobéissant : Hil. *Matth.* 32, 2.

ĭnaudĭentĭa, *ae*, f., désobéissance : Cypr. *Ep.* 34, 2.

ĭnaudĭō, *īs*, *īre*, *īvī* ou *ĭī*, - (1 *in*, *audio*), tr., entendre dire, apprendre : *aliquid de aliquo* Cic. *Att.* 4, 1, 20, apprendre qqch. sur qqn ; *aliquid de aliqua re ex aliquo* Cic. *Frg. E.* 6, 2, apprendre qqch. sur qqch. de la bouche de qqn ; *aliquid* Cic. *Fam.* 9, 24, 1, apprendre qqch. ∥ [avec prop. inf.] Cic. *Att.* 15, 26, 1 ∥ ◆ 2 *inauditus*.

ĭnaudītĭo, *ōnis*, f. (2 *in*-, *auditio*), action de ne pas entendre : Boet. *Categ.* 3, 256 A.

ĭnaudītĭuncŭla, *ae*, f. (dim., 1 *in*, *auditio*), petite leçon : Gell. 5, 21, 4.

1 ĭnaudītus, *a*, *um* (2 *in*-, *auditus*) ¶ **1** qui n'a pas été entendu, sans exemple, inouï : Cic. *Rep.* 2, 12 ; Caecin. 36 ; *Leg.* 1, 1 ; *Sest.* 85 ¶ **2** qui n'a pas été entendu [en parlant d'un accusé] : Tac. *An.* 2, 77 ; 4, 11 ; Suet. *Cl.* 38 ; *Vit.* 14 ¶ **3** sans ouïe, sourd : Gell. 7, 6, 1.

2 ĭnaudītus, *a*, *um*, part. de *inaudio* : Cic. *Balb.* 41.

ĭnaugŭrātĭo, *ōnis*, f., commencement : Tert. *Val.* 11, 1.

ĭnaugŭrātō, adv., après avoir pris les augures : Liv. 1, 36, 3 ; 5, 52, 2.

ĭnaugŭrātus, *a*, *um*, part. de *inauguro*.

ĭnaugŭrō, *ās*, *āre*, *āvī*, *ātum* (1 *in*, *auguro*) ¶ **1** intr., prendre les augures : Varr. *L.* 5, 47 ; Liv. 1, 6, 4 ∥ [avec interrog. indir.] pour savoir si : Liv. 1, 36, 4 ¶ **2** tr., consacrer officiellement la nomination de qqn dans un collège sacerdotal : Cic. *Phil.* 2, 110 ; *inaugurari ab aliquo* Cic. *Brut.* 1, être consacré par un confrère qui sert de parrain, cf. Liv. 27, 8, 4 ; 30, 26, 10 ∥ consacrer, inaugurer un emplacement : Liv. 3, 20, 6 ∥ [fig.] *cena inauguratur dux* Apul. *M.* 7, 9, on inaugure l'élection du chef par un banquet.

ĭnaurātŏr, *ōris*, m. (*inauro*), doreur : Firm. *Math.* 4, 21, 6 ; 8, 26, 6.

ĭnaurātūra, *ae*, f., dorure : Grom. 97, 8.

1 ĭnaurātus, *a*, *um*, part. de *inauro*.

2 ĭnaurātus, *a*, *um* (2 *in*-, *auratus*), qui est sans or : Titin. *Com.* 1.

ĭnaures, *ĭum*, f. pl., ◆ *inauris*.

ĭnaurĭō, *īs*, *īre*, -, - (1 *in*, *auris* ; cf. ἐνωτίζομαι), tr., rendre l'ouïe, faire entendre : Lact. *Epit.* 40, 2 ∥ écouter, exaucer : VL *Psal.* 54, 2.

ĭnaurĭŏr, *īris*, *īrī*, -, -, dép., tr., écouter, exaucer : VL *Psal.* 38, 13 ; Aug. *Serm.* 20, 1 46, p. 898 D..

ĭnauris, *is*, f., [tard.], ordin^t au pl., **ĭnaures**, *ĭum* (*in aure*) ¶ **1** boucles d'oreilles : Pl. *Men.* 541 ; Plin. 9, 172 ; 32, 16 ¶ **2** anneau passé dans le nez : Hier. *Ezech.* 4, 16, 12.

ĭnaurō, *ās*, *āre*, *āvī*, *ātum* (1 *in*, *auro*), tr. ¶ **1** dorer : Plin. 33, 57 ; *inaurata statua* Cic. *Verr.* 4, 138, statue dorée ; *extrinsecus inaurata columna* Cic. *Div.* 1, 48, colonne recouverte d'une couche d'or ¶ **2** combler de richesses : Cic. *Fam.* 7, 13, 1 ; Hor. *Ep.* 1, 12, 9.

ĭnauspĭcātō, adv. (*inauspicatus*), sans prendre les auspices : Cic. *Div.* 1, 33 ; Liv. 21, 63, 7.

ĭnauspĭcātus, *a, um* (2 in-) ¶ **1** fait sans prendre les auspices, malheureux, funeste : Liv. 7, 6, 11 ¶ **2** de mauvais augure : Plin. 18, 4 ; 3, 145 ¶ **3** inespéré, inattendu : Enex. *Ep.* 1, 5.

ĭnausus, *a, um* (2 in-, *audeo*), non osé, non tenté : Virg. *En.* 8, 205 ; Val.-Flac. 1, 807 ; Tac. *An.* 1, 42.

ĭnauxĭlĭātus, *a, um* (2 in-, *auxilior*), non secouru : Vulg. *Sap.* 12, 6.

ĭnăvārus, *a, um*, non avare : Cassiod. *Var.* 1, 3.

ĭnāversĭbĭlis, *e* (2 in-, *averto*), qu'on ne peut détourner : Ps. Apul. *Asclep.* 40.

ĭnāvertĭbĭlis, *e*, qu'on ne peut détourner : VL. *Job* 9, 13.

ĭnāvulsĭbĭlis, *e*, qu'on ne peut arracher : Novel.-Just. 68 pr.

ĭnb-, v. *imb-*.

incădūcus, *a, um* (2 in-), solide : Rust. *Aceph. praef.* 1169 C.

incaedŭus, *a, um*, non coupé : Ov. *F.* 2, 435 ; *Am.* 3, 1, 1 ; Stat. *Th.* 6, 90.

incaelātus, *a, um*, non ciselé : Gloss. 2, 216, 37.

incaelestis, *e* (1 in), céleste : VL. *Hebr.* 8, 5.

incaespĭtātŏr, v. *incespitator*.

incălātĭo, *ōnis*, f. (*incalo*), invocation : P. Fest. 95, 16.

incălātīvus, *a, um* (*incalo*), susceptible d'invocation : P. Fest. 101, 10.

incalcātus, *a, um* (2 in-, *calco*), non foulé [aux pieds] : Paul.-Nol. *Carm.* 16, 119.

incălesco, *ĭs, ĕre, călŭī, -* (1 in), intr., s'échauffer : Liv. 22, 6, 9 ; Sen. *Nat.* 3, 16, 3 ‖ [fig.] s'enflammer d'une passion : Ov. *M.* 2, 641 ; Tac. *H.* 4, 14 ; *G.* 22.

incalfăcĭō, *ĭs, ĕre, -, -*, tr., échauffer : Ov. *M.* 15, 735 ; *F.* 4, 919.

incallesco, *ĭs, ĕre, -, -*, intr., devenir dur, s'endurcir [pr. et fig.] : Hier. *Jovin.* 2, 18.

incallĭdē, adv. (2 in-), sans adresse : Cic. *Off.* 3, 118 ; Gell. 7, 3, 455.

incallĭdus, *a, um*, sans adresse, sans finesse : Cic. *Clu.* 47 ; *Inv.* 1, 4 ; Tac. *An.* 3, 8 ‖ qui ne sait pas, incompétent : Capit. *Macr.* 13, 1.

incallō, *ās, āre, -, -* (1 in), tr., durcir, rendre calleux : Veg. *Mul.* 2, 27, 1.

incălō, *ās, āre, -, -* (1 in), tr., invoquer : P. Fest. 101, 25.

incandĕō, *ēs, ēre, -, -* (1 in), [fig.] brûler, sévir violemment : Greg.-M. *Mor.* 31, 50.

incandesco, *ĭs, ĕre, dŭī, -*, intr., s'embraser [pr. et fig.] : Catul. 64, 13 ; Virg. *G.* 3, 479 ; Ov. *M.* 2, 728.

incandĭdō, *ās, āre, -, -*, tr., [fig.] blanchir, effacer : Firm. *Err.* 28, 1.

incandĭdus, *a, um*, non blanchi : Gloss. 2, 224, 52.

incānesco, *ĭs, ĕre, canŭī, -* (1 in), intr., devenir blanc : Catul. 63, 13 ; Virg. *G.* 271 ‖ grisonner : Sil. 3, 328.

incānĭgĕnĭa, *ae*, f. (*incanus*, cf. *primigenia*), origine : Gloss. 5, 210, 9.

incantāmentum, *i*, n. (*incanto*), enchantement, charme : Plin. 28, 10 ; Amm. 16, 8, 2.

incantātĭō, v. *incantamentum* : Firm. *Math.* 7, 21, 7 ; Tert. *Cult.* 1, 2, 1.

incantātŏr, *ōris*, m. (*incanto*), enchanteur : Tert. *Idol.* 9, 7 ; Isid. 8, 9, 15 ‖ **-tātrix**, *īcis*, f., sorcière, enchanteresse : Ps. Acr. Hor. *O.* 1, 27, 21.

incantātus, *a, um*, part. p. de *incanto*.

incantō, *ās, āre, āvī, ātum* (1 in, *canto* ; fr. *enchanter*) ¶ **1** intr., chanter dans [avec dat.] : Apul. *M.* 8, 20 ¶ **2** tr. **a)** chanter des formules magiques : Plin. 28, 17 [*incantassit* = *incantaverit*] **b)** consacrer par des charmes : Hor. *S.* 1, 8, 49 **c)** enchanter, ensorceler : Amm. 14, 7, 7 ; Apul. *Apol.* 42.

incānŭī, parf. de *incanesco*.

incānus, *a, um* (de *incanesco*, cf. *canus*), blanc, blanchi [cheveux] : Virg. *G.* 3, 311 ; Col. 8, 2, 9 ; Ov. *M.* 8, 804 ‖ [fig.] ancien, antique : Catul. 95, 6.

incăpābĭlis, *e* (2 in-), insaisissable : Aug. *Serm.* 199, 2 ; Iren. 1, 2, 1.

incăpābĭlĭtās, *ātis*, f., propriété d'être insaisissable : Aug. *Maxim.* 1, 2, 9.

incăpācĭtās, *ātis*, f., incapacité : Rufin. *Orig. Lev.* 4, 1.

incăpax, *ācis*, incapable de, qui ne peut recevoir [avec gén.] : Hier. *Ep.* 124, 4 ‖ [avec inf.] : Prud. *Perist.* 10, 348.

incăpessĭbĭlis, *e*, qu'on ne peut saisir : Concil. S. 1, 5, p. 58, 34.

incăpistrō, *ās, āre, -, -* (in *capistrum* ; fr. *enchevêtrer*), tr., mettre un licou à ‖ [fig.] enlacer : Apul. *M.* 11, 20, 6.

incăpĭtālis, *e*, sans chef : Rust. *Aceph.* 1236 B.

incaptus, *a, um*, qui n'est pas pris : Hier. *Ezech.* 14, 47, 6.

incăraxo, v. *incharaxo*.

incarcĕrō, *ās, āre, -, -* (in *carcere*), tr., mettre en prison : Zen. 1, 3, 4.

incardĭnātĭō, *ōnis*, f., [chrét.] action d'élever un diacre au premier rang dans une église : Greg.-M. *Ep.* 1, 81.

incardĭnō, *ās, āre, -, -* (1 in), tr., [chrét.] élever au premier rang dans une église, installer : Greg.-M. *Ep.* 2, 37.

incardŭum, *i*, n. (ἐγκάρδιον et *carduus*), cœur du bois : Vit. Patr. 6, 1, 6.

incarnābĭlis, *e*, qui ne peut devenir chair, incorporel : Mercat. *Nest. ep.* 874 C.

incarnālĭtĕr, adv., en chair : Mar. Vict. *Ar.* 1, 26.

incarnātĭō, *ōnis*, f. (*incarno*), [chrét.] incarnation : Hil. *Trin.* 2, 33.

incarnĕus, *a, um*, non charnel : Ps. Mar. Vict. *Just.* 15.

incarnō, *ās, āre, -, -* (in *carne*), tr., [chrét.] incarner ; [surt. au part.] *incarnatus* : Mar. Vict. *Ar.* 1, 46.

incarpĭbĭlis, *e* (2 in-), qu'on ne peut déchirer [en parl. d'une tunique] : Op. Imp. Matth. 3, 650.

incāsĕātus, *a, um* (1 in, *caseatus*), abondant en fromages ; [fig.] gras, riche : Aug. *Conf.* 9, 3.

incassum, adv. (in *cassum*), en vain, vainement : Sall. *Macr.* 11 ; Liv. 10, 29, 2 ; Tac. *An.* 1, 5 ; v. *cassus*.

incassus, *a, um* (*incassum*), inutile : Sulp. Sev. *Dial.* 3, 10, 3.

incastīgātus, *a, um* (2 in-), non réprimandé : Hor. *Ep.* 1, 10, 45.

incastrātūra, *ae*, f. (1 in, *castro*), emboîtement, encastrement : Vulg. *Exod.* 26, 17 ; 36, 22.

incāsūrus, v. 1 *incido*.

incăthŏlĭcus, *a, um* (2 in-), non catholique : Cassiod. *Anim.* 12, 1303 B.

incaustum, v. *encaustum*.

incautē, adv. (*incautus*) ¶ **1** sans précaution, imprudemment : Cic. *Att.* 7, 10 ‖ **-tius** Caes. *G.* 7, 27, 1 ; *C.* 3, 24, 2, **-tissime** Aug. *Man.* 2, 20, 74 ¶ **2** sans se surveiller, avec du laisser-aller : Plin. *Ep.* 1, 15, 4.

incautēla, *ae*, f., imprudence : Salv. *Gub.* 6, 10, 55.

incautus, *a, um* (2 in-) ¶ **1** qui n'est pas sur ses gardes, imprudent : Cic. *Phil.* 11, 5 ; *Nat.* 2, 1 ; **-tior** Cic. *Fam.* 9, 24, 1 ; **-issimus** Sidon. *Ep.* 8, 11, 4 ‖ *ab aliqua re* Liv. 40, 5, 5, qui ne se méfie pas de qqch. ; [avec gén.] Hor. *S.* 1, 1, 35 ¶ **2** dont on ne peut se garder, dangereux, imprévu : Lucr. 6, 390 ; Liv. 25, 38, 14 ; Tac. *An.* 1, 50.

incăvillātĭō, *ōnis*, f., action de se moquer, raillerie : P. Fest. 95, 15.

incăvillŏr, *āris, ārī, ātus sum* (1 in), tr., tourner en ridicule : Gell. 5, 5 *lemm*.

incăvō, *ās, āre, -, -* (1 in), tr., creuser : Col. 4, 25, 3.

incēdō, *ĭs, ĕre, cessī, cessum* (1 in), intr. et tr.

I intr. ¶ **1** s'avancer, marcher : *quam taeter incedebat !* Cic. *Sest.* 19, comme il marchait avec une mine sombre ! ; *quacumque belua incedebat* Cic. *Div.* 1, 49, partout où la bête passait ; *incedunt magnifici* Sall. *J.* 31, 10, ils s'avancent la tête haute ; *incedunt pueri* Virg. *En.* 5, 553, les enfants s'avancent [à cheval] ‖ marcher en surveillant sa démarche, marcher à pas comptés : Sen. *Nat.* 7, 31, 2 ‖ [milit.] marcher en avant : Sall. *C.* 60, 1 ; Liv. 21, 33, 1 ; *in hostes* Sall. *J.* 101, 7, marcher contre (sur) les ennemis, cf. Liv. 9, 21, 4 ; *incessit itineri et proelio* Tac. *An.* 1, 51, il s'avança en vue de la marche et du combat (il disposa ses troupes en vue de ...) ¶ **2** [fig.] **a)** *tenebrae incedebant*

incedo

Tac. *An.* 15, 37, les ténèbres s'avançaient; **pestilentia incesserat pari clade in Romanos Poenosque** Liv. 28, 46, 15, une épidémie s'était déclarée, causant les mêmes ravages chez les Romains et les Carthaginois, cf. Liv. 29, 10, 3; **ubi illa formido mentibus decessit ... lascivia atque superbia incessere** Sall. *J.* 41, 3, quand cette frayeur eut quitté les esprits..., la licence et l'orgueil vinrent prendre la place **b)** *tantus eo facto timor incessit ut...* Caes. *C.* 3, 101, une si grande frayeur se répandit de ce fait, que..., cf. 3, 44; **exercitui tantus incessit dolor, ut...** Caes. *C.* 3, 74, 1, l'armée fut pénétrée d'un tel regret que..., cf. Caes. *C.* 2, 29, 1; Sall. *C.* 31, 3.
‖ tr. ¶ **1** s'avancer dans, pénétrer dans: **maestos locos** Tac. *An.* 1, 61, s'avancer dans des lieux pleins de tristesse, cf. Tac. *An.* 14, 15; 14, 22 ¶ **2** [fig.] s'emparer de, gagner, saisir: **timor, indignatio, cupido aliquem incessit** Liv. 1, 17, 4; 3, 60, 8; 24, 13, 5, la crainte, l'indignation, le désir s'empara de qqn.
▶ dans ce dernier emploi, comme on ne rencontre que des formes rattachées au parfait, il est impossible de décider si l'on a affaire au verbe *incedo* ou au verbe *incesso*.

incēlātus, *a*, *um*, non caché: Gloss. 2, 224, 11.

incĕlĕbĕr ou **incĕlĕbris**, *is*, *e* (2 in-), sans notoriété, ignoré: Sil. 8, 377; Gell. 5, 14, 1; Macr. *Sat.* 1, 7, 3.

incĕlĕbrātus, *a*, *um*, non mentionné: Tac. *An.* 6, 7.

incēnātus, *a*, *um* (2 in-), qui n'a pas dîné: Pl. *Ps.* 846; Cat. *Agr.* 127, 2.

incendēfăcĭō, *ĭs*, *ĕre*, -, - (incendo, facio), tr., incendier: *Treb. Claud.* 8, 2.

incendĭālis, *e*, qui incendie, qui brûle: Tert. *Nat.* 1, 18, 10.

incendĭārĭus, *a*, *um* (incendium), d'incendie, incendiaire: Amm. 20, 11; Plin. 10, 36 ‖ subst. m., un incendiaire: Tac. *An.* 15, 67; Suet. *Vit.* 17.

incendĭōsus, *a*, *um*, brûlant: **incendiosior** Fulg. *Myth.* 1, 16, p. 28, 4 H. ‖ [fig.] brûlant, corrosif: Ps. Apul. *Herb.* 8.

incendĭum, *ii*, n. (incendo) ¶ **1** incendie, feu, embrasement: **facere, excitare** Cic. *Par.* 31; *Mur.* 51, allumer un incendie ‖ chaleur brûlante: Plin. 2, 172; 18, 329 ‖ [poét.] torche pour mettre le feu: Virg. *En.* 9, 71; Ov. *M.* 14, 539 ¶ **2** [fig.]: **cupiditatum incendia** Cic. *Fin.* 5, 70, le feu des passions; **animorum incendia** Cic. *Or.* 27, ardeur des sentiments, cf. Cic. *de Or.* 2, 197 ‖ **incendium belli** Cic. *Rep.* 1, 1, les flammes de la guerre; **hoc tanto incendio civitatis** Cic. *Fam.* 9, 3, 1, quand la cité est en proie à un tel incendie [de tels troubles], cf. Cic. *Dom.* 129; **incendium populare** Liv. 22, 40, 3, les feux de la passion populaire.

incendō, *ĭs*, *ĕre*, *cendī*, *censum* (1 in, cf. *candeo*, *accendo*; it. *incendere*), tr. ¶ **1** allumer, embraser, brûler: **naves** Cic. *Att.* 9, 6, 3, incendier des vaisseaux, cf. Cic. *Verr.* 5, 91; **odoribus incensis** Cic. *Verr.* 4, 77, en brûlant des parfums; **ut ipse paene incendererer** Cic. *Verr.* 1, 85, en sorte que toi-même tu faillis être brûlé vif ‖ **aras votis** Virg. *En.* 3, 279, allumer l'autel pour le sacrifice en exécution d'un vœu ¶ **2** faire briller: **luna incensa radiis solis** Cic. *Nat.* 1, 87, la lune embrasée par les rayons du soleil, cf. Virg. *En.* 5, 88 ‖ allumer la fièvre: **incensi aestus** Virg. *G.* 3, 459, les feux brûlants de la fièvre ¶ **3** [fig.] mettre en feu, enflammer: **judicem** Cic. *de Or.* 2, 188, enflammer les juges, les passionner; **omnes incenduntur ad studia gloria** Cic. *Tusc.* 1, 4, la gloire nous enflamme tous pour l'étude; **ab aliquo in aliquem incensus** Cic. *Fam.* 1, 9, 9, enflammé, animé par qqn contre qqn; **iratus Sthenio et incensus** Cic. *Verr.* 2, 89, irrité contre Sthénius et tout en feu ‖ allumer, exciter: **cupiditatem** Cic. *Fam.* 15, 21, 1, exciter le désir; **odia improborum in aliquem** Cic. *Att.* 9, 1, 3, allumer la haine des méchants contre qqn ‖ accroître: **pudor incendit vires** Virg. *En.* 5, 455, la honte attise les forces [d'Entelle]; **luctus incendere** Virg. *En.* 9, 500, aviver la douleur; **annonam** Varr. *R.* 3, 2, 16, faire enchérir les denrées ‖ **caelum clamore** Virg. *En.* 10, 895, remplir le ciel de cris enflammés.
▶ arch. *incensit* = *incenderit* P. Fest. 95, 19.

incēnis, *e* (in, cena), qui n'a pas dîné: Pl. *Cas.* 438.

incēnō, *ās*, *āre*, -, - (1 in), intr., dîner dans: Suet. *Tib.* 69.

incensĭō, *ōnis*, f. (incendo), incendie, embrasement: Cic. *Cat.* 3, 9; *Sull.* 33 ‖ pl., fumigations: Cael.-Aur. *Chron.* 1, 4, 122.

incensit, V. incendo ►.

incensĭtus, *a*, *um* (2 in-, censeo), non encore taxé: Cod. Th. 10, 23, 1.

incensō, *ās*, *āre*, -, -, tr., brûler (de l'encens): VL. *Exod.* 30, 1.

incensŏr, *ōris*, m. (incendo), celui qui met le feu: Apul. *Mund.* 26; Dig. 48, 19, 16, 9 ‖ [fig.] instigateur: Amm. 31, 9, 4.

incensōrĭus, *a*, *um* (incendo), qui brûle, caustique: Cass.-Fel. 13.

incensum, *i*, n. (incendo; fr. *encens*), [chrét.] toute matière brûlée en sacrifice; encens: VL. *Exod.* 30, 8; Hil. *Psalm.* 140, 2; Cypr. *Ep.* 39, 8, 2 ‖ [fig.] offrande spirituelle: Aug. *Civ.* 10, 3.

1 **incensus**, *a*, *um*, part. de incendo ‖ [adj¹] **incensior libido** Porph. Hor. *S.* 1, 2, 120, passion plus ardente.

2 **incensus**, *a*, *um* (2 in-, 1 censuss), non recensé: Cic. *Caecin.* 99; Liv. 4, 8, 3.

3 **incensŭs**, *ūs*, m. (incendo), encens: VL. *Gen.* 37, 25.

incentĭō, *ōnis*, f. (incino), action de jouer d'un instrument à vent: **incentiones tibiarum** Gell. 4, 13, 3, des airs de flûte, cf. Gell. 16, 11, 2 ‖ incantation: Amm. 30, 1, 17.

incentīvē, adv., comme par un aiguillon: Ps. Fort. *Leob.* 10, 32.

incentīvum, *i*, n. (incentivus), aiguillon, stimulant [avec gén. obj.]: Prud. *Apoth.* 929; Hier. *Ep.* 54, 9, 1.

incentīvus, *a*, *um* (incino) ¶ **1** qui donne le ton: **tibia incentiva** Varr. *R.* 1, 2, 15, [opp. *succentiva*] flûte qui joue la partie haute ‖ [fig.] qui a le pas sur: Varr. *R.* 1, 2, 16 ¶ **2** qui provoque, qui excite: Prud. *Ham.* 250.

incentŏr, *ōris*, m. (incino), celui qui donne le ton: Paul.-Nol. *Carm.* 15, 32 ‖ [fig.] instigateur: Amm. 15, 1, 2; Oros. *Hist.* 5, 19, 9.

incentrix, *īcis*, f., instigatrice: VL. *Tit.* 2, 3.

incēpī, parf. de incipio.

inceps (de deinceps), ⊂.► deinceps: P. Fest. 95, 10.

incepsit, V.► incipio ►.

inceptātĭō, *ōnis*, f. (incepto), commencement: Ps. Hyg. *Mun. castr.* 23.

inceptĭō, *ōnis*, f. (incipio), action de commencer, entreprise: Ter. *And.* 218; Cic. *Ac.* 2, 119.

inceptīvus, *a*, *um*, qui commence, initial: Diom. 367, 2.

inceptō, *ās*, *āre*, *āvī*, - (fréq. de incipio) ¶ **1** tr., commencer, entreprendre: Pl. *Curc.* 144; *Truc.* 126 ‖ [avec inf.] Pl. *Curc.* 24; *Trin.* 1030; Gell. 1, 11, 3 ¶ **2** intr., **cum aliquo** Ter. *Phorm.* 629, se quereller avec quelqu'un.

inceptŏr, *ōris*, m. (incipio), celui qui commence: Ter. *Eun.* 1035; VL. *Act.* 3, 15.

inceptum, *i*, n. (inceptus), commencement: Hor. *P.* 127 ‖ entreprise, projet: Cic. *Cat.* 2, 27; Sall. *J.* 4, 9; Liv. 31, 26, 5; [pl.] Sall. *C.* 17, 6; *J.* 70, 5; Hor. *P.* 14.

1 **inceptus**, *a*, *um*, part. de incipio.

2 **inceptŭs**, *ūs*, m., commencement: Liv. *praef.* 10; **magno in omnia inceptu veneram** Sen. *Ep.* 108, 15, j'étais venu à tout cela avec un bel entrain de débutant.

incērātus, *a*, *um*, part. p. de incero.

incernĭcŭlum, *i*, n. (incerno), tamis, blutoir, crible: Cat. *Agr.* 13, 2 ‖ (τηλία) planche où les boulangers étalaient leur pain: Plin. 8, 175.

incernō, *ĭs*, *ĕre*, *crēvī*, *crētum* (1 in), tr., tamiser, passer au crible: Cat. *Agr.* 48, 2; Col. 5, 6, 6.

incērō, *ās*, *āre*, *āvī*, *ātum* (in cera), tr., enduire de cire: Cels. 8, 8, 1 ‖ [fig.] attacher des tablettes de cire aux genoux des dieux pour leur soumettre des vœux: Apul. *Apol.* 54; Juv. 10, 55.

incertē, adv. (incertus), d'une manière douteuse, incertaine: Enn. *Tr.* 190; Pacuv. *Tr.* 302; Pl. *Ep.* 505.

incertĭtūdo, ĭnis, f., incertitude : Greg.-M. *Ep.* 1, 50.

1 incertō (*incertus*), ▀▶ *incerte* : Pl. *Ps.* 962.

2 incertō, *ās, āre, -, -* (*incertus*), tr., mettre dans l'incertitude : Pacuv. *Tr.* 150 ; Pl. *Ep.* 545 ‖ rendre indistinct : Apul. *M.* 5, 13.

incertum, *i*, n., ▀▶ *incertus*.

incertus, *a, um* (2 *in-*) ¶ **1** qui n'est pas précis, pas fixé, pas déterminé, incertain : *aetas (puerilis) lubrica et incerta* Cic. *Verr.* 5, 137, (enfance) âge faible et instable ; *spes incertissima* Cic. *Sest.* 50, espoir très incertain ; *incertis ordinibus* Caes. *G.* 4, 32, 5, les rangs étant flottants, les soldats n'étant pas dans les rangs ; *nihil incertius vulgo* Cic. *Mur.* 36, rien de plus incertain que la foule ‖ *incerta securis* Virg. *En.* 2, 224, hache mal assurée (dont le coup a été mal assuré) ‖ *incerti crines* Ov. *Am.* 1, 11, 1, cheveux en désordre ‖ *incertus vultus* Cic. *Clu.* 54, mine troublée, inquiète ; *(umbra) incerta* Sen. *Med.* 964, ombre confuse ; *incertus (vultus)* Sen. *Ag.* 748, visage méconnaissable ‖ irrégulier [en parlant de maçonnerie ou de pierre] : Vitr. 2, 8, 1 ¶ **2** sur quoi on n'est pas fixé, sur quoi on n'a pas de certitude : *Italici, incerti socii an hostes essent* Liv. 30, 35, 9, les Italiens, dont on ne savait s'ils étaient des alliés ou des ennemis, cf. Liv. 27, 37, 5 ; 31, 12, 6 ; Sall. *J.* 49, 5 ‖ [n. *incertum* employé en parenthèse] : *clauserant portas, incertum vi an voluntate* Liv. 31, 41, 2, ils avaient fermé leurs portes, contraints ou de bon gré, on ne sait, cf. Liv. 31, 43, 7 ; 37, 11, 2 ; Sen. *Marc.* 18, 8 ; Tac. *Agr.* 7 ; *H.* 4, 6 [qqf. abl. abs. n. *incerto* = *cum incertum esse* Liv. 28, 36, 12] ‖ *incertum an* Cic. *CM* 74, peut-être, (mais Tac. *H.* 1, 2, 3, on ne sait pas si) ; ▀▶ *an* ¶ **3** n. pris subst[t], *incertum*, l'incertitude, l'incertain : *ne cujus incerti auctor esset* Liv. 4, 13, 9, pour ne pas se porter garant de qqch. d'incertain ; *ad incertum* ou *in incertum revocari* Cic. *Caecin.* 38 ; 76, être mis dans l'incertitude, soumis aux contestations ; *in incertum* Liv. 43, 12, 2, en considération de l'incertitude ; *in incerto est* Sall. *J.* 38, 5, ou *in incerto habetur* Sall. *J.* 46, 8, on ne sait pas ; *incertum habeo* Sall. *J.* 95, 4, je ne sais pas ‖ *incerta belli* Liv. 30, 2, 6, les hasards de la guerre ; *incerta fortunae* Plin. *Ep.* 3, 19, 4, les vicissitudes de la fortune ¶ **4** qui ne sait pas d'une façon certaine, incertain : *quid dicam, incertus sum* Ter. *Hec.* 450, je ne sais pas ce que je dois dire, cf. *Phorm.* 660 ; *cum incertus essem, ubi esses* Cic. *Att.* 1, 9, 1, ne sachant pas bien où tu étais, cf. Sall. *J.* 67, 1 ; 101, 2 ; Virg. *En.* 3, 7 ; 5, 95 ; *nolo suspensam et incertam plebem Romanam... pendere* Cic. *Agr.* 2, 66, je ne veux pas que le peuple de Rome flotte en suspens dans l'incertitude ‖ [avec gén.] incertain de : Enn. d. Cic. *de Or.* 1, 199 ; Liv. 4, 57, 3 ; 24, 24, 9.

▶ gén. pl. arch. *incertum* Pacuv. d. Non. 495, 27.

incespĭtātŏr, *ōris* (1 *in*, *cespitibus*), qui trébuche [cheval] : *Serv. *Aen.* 11, 671.

incessābĭlis, *e* (*in*, *cesso*), incessant : Capel. 1, 39.

incessābĭlĭtĕr et **incessantĕr**, sans cesse : Hier. *Ep.* 64, 18, 9 ; Ruric. *Ep.* 2, 43, 2.

incessans, *antis* (2 *in-*, *cesso*), incessant : Ps. Orig. *Job* 3, 451 C.

incessī, parf. de *incedo* et *incesso*.

incessĭo, *ōnis*, f., faculté de marcher, marche : Orig. *Matth.* 17, 16.

incessō, *ĭs, ĕre, cessīvī* ou *cessi, -* (fréq. de *incedo*, cf. *incessus*), tr. ¶ **1** fondre sur, attaquer, assaillir : *aliquem* Liv. 26, 10, 7, assaillir qqn, cf. Liv. 8, 24, 15 ¶ **2** attaquer, invectiver : Ov. *M.* 13, 232 ; Suet. *Tib.* 11 ; *Ner.* 35 ‖ accuser, inculper : Tac. *H.* 2, 23 ¶ **3** s'emparer de, envahir, saisir, ▀▶ *incedo* II ¶ **2** et ▶.

incessŭs, *ūs*, m. (*incedo*) ¶ **1** action de s'avancer, marche : Cic. *Off.* 1, 128 ; *Or.* 59 ; Sall. *C.* 15, 8 ; Cic. *Fin.* 2, 77 ‖ démarche, allure : Cic. *Lae.* 49 ; Virg. *En.* 1, 405 ¶ **2** invasion, attaque : Tac. *An.* 3, 74 ; 4, 24 ; 12, 50 ‖ pl., les accès, les passes : Tac. *An.* 6, 33.

incestātŏr, *ōris*, m. (*incesto*), qui souille par un inceste : Aug. *Un. eccl.* 2, 3.

incestē, adv. (*incestus*), de manière impure, sans observer la pureté : Liv. 1, 45, 6 ‖ de manière impudique : Cic. *Cael.* 34 ‖ de manière criminelle : Lucr. 1, 98 ‖ *incestius* *Arn. 5, 20.

incestĭfĭcus, *a, um* (*incestus*, *facio*), incestueux : Sen. *Phoen.* 223.

incestō, *ās, āre, āvī, ātum* (*incestus*), tr. ¶ **1** souiller, rendre impur : Virg. *En.* 6, 150 ; Stat. *S.* 5, 5, 4 ¶ **2** déshonorer : Pl. *Poen.* 1096 ; Tac. *An.* 6, 19 ‖ souiller par un inceste : Virg. *En.* 10, 389.

incestum, *i*, n. (*incestus*), souillure, adultère, inceste : Cic. *Leg.* 2, 22 ; *Inv.* 1, 73 ; Quint. 4, 2, 88 ; Liv. 8, 15, 8.

incestŭōsus, *a, um*, impudique : Hil. *Psalm.* 130, 3.

1 incestus, *a, um* (2 *in-*, *castus*) ¶ **1** impur, souillé : Cic. *Phil.* 11, 5 ; Liv. 45, 5, 7 ; Hor. *P.* 472 ‖ subst. m., Hor. *O.* 3, 2, 30 ¶ **2** impudique, incestueux : Cic. *Mil.* 13 ; *Dom.* 105 ; Plin. *Pan.* 52, 3 ; Tac. *An.* 12, 4 ; *incestae nuptiae* Dig. 12, 7, 5, 1, union incestueuse.

2 incestŭs, *ūs*, m. (1 *incestus* et 2 *castus*), inceste : Cic. *Brut.* 122 ; *Mil.* 59.

inchăraxō (**incăraxō**), *ās, āre, -, -* (ἐγχαράσσω, *charaxo*), tr., percer, faire une incision à : Apic. 226.

inchŏāmenta, *ōrum*, n. pl. (*inchoo*), principes : Capel. 6, 576.

inchŏātē, adv. (*inchoatus*), en commençant : Aug. *Gen. litt.* 6, 11, 19.

inchŏātĭo, *ōnis*, f., commencement : Boet. *Arith.* 2, 6, 1 ; Aug. *Conf.* 12, 17, 26.

inchŏātīvum verbum, verbe inchoatif : Diom. 343, 1 ; Char. 252, 10.

inchŏātŏr, *ōris*, m., celui qui commence : Aug. *Gen. litt.* 1, 14, 28 ; Prud. *Ham. praef.* 27.

inchŏātus, *a, um*, part. de *inchoo*.

inchŏō (**incohō**), *ās, āre, āvī, ātum* (1 *in*, 1 *cohum* ?), tr. ¶ **1** commencer, se mettre à faire une chose, entreprendre [matériellement, intellectuellement] : Cic. *Dom.* 132 ; *Fin.* 4, 34 ; *Off.* 3, 9 ; 3, 33 ; *Arch.* 28 ‖ *quod mihi inchoavisti de oratoribus* Cic. *Brut.* 20, l'exposé que tu as commencé pour moi sur les orateurs ; *referamus nos ad eum quem volumus inchoandum* Cic. *Or.* 33, remettons-nous à esquisser le portrait de notre orateur idéal ‖ [avec inf.] Luc. 10, 174 ‖ part. *inchoatus* = commencé, imparfait, inachevé, ébauché : Cic. *de Or.* 1, 5 ; *Off.* 1, 153 ; *Nat.* 1, 56 ; *Top.* 69 ¶ **2** [abs[t]] commencer à parler : Stat. *Th.* 8, 623.
▶ les mss donnent aussi la forme *incoho*.

incĭbō, *ās, āre, -, -* (1 *in*, *cibo*), tr., donner la becquée : Schol. Juv. 10, 231.

incĭcŭr, *ŏris* (2 *in-*, *cicur*), qui n'est pas apprivoisé, intraitable : Pacuv. *Tr.* 386.

1 incĭdō, *ĭs, ĕre, cĭdī, -* (1 *in*, *cado*), intr.

¶ **1** "tomber dans, sur", "se jeter sur", "attaquer" ¶ **2** "tomber sur" [par hasard] ¶ **3** "devenir la proie de", "être soumis à" ¶ **4** "arriver" [par coïncidence] ¶ **5** "arriver, se présenter" **a)** à l'esprit **b)** en général ¶ **6** [fig.] "s'abattre sur".

¶ **1** tomber dans, sur : *in foveam* Cic. *Phil.* 4, 12, tomber dans une fosse ; *ad terram* Virg. *En.* 12, 926, tomber à terre ; [avec dat.] Liv. 21, 10, 10 ‖ se jeter sur, se précipiter vers : *in vallum* Liv. 27, 13, 2, se précipiter vers le retranchement [en fuyant] ; *hi amnes incidunt... flumini* Liv. 44, 31, 4, ces rivières se jettent dans le fleuve... ‖ fondre sur, attaquer : *in hostem* Liv. 8, 8, 13 ; *ultimis* Liv. 28, 13, 9, fondre sur l'ennemi, sur les derniers ¶ **2** tomber dans, sur [par hasard] : *in aliquem* Cic. *Planc.* 99, tomber sur qqn, le rencontrer ; *in insidias* Cic. *Fam.* 7, 3, 3, tomber dans une embuscade ; *in manus alicujus* Cic. *Clu.* 21, tomber entre les mains, au pouvoir de qqn, cf. Cic. *Att.* 8, 11, 4 ; *in sermonem vestrum* Cic. *de Or.* 1, 111, survenir dans votre entretien [mais v. ¶ 3 et ¶ 4 Cic. *Att.* 16, 2, 4 ; Cic. *Lae.* 2] ; *quocumque inciderunt oculi* Cic. *Mil.* 1, partout où tombent mes regards ‖ [avec dat.] *alicui improviso* Cic. *Verr.* 2, 182, tomber chez qqn à l'improviste ¶ **3** tomber dans, devenir la proie de : *in morbum* Cic. *Fam.* 13, 29, 4, tomber malade ; *in furorem et insaniam* Cic. *Pis.* 46, tomber dans la folie et la démence ; *in gloriae cupiditatem* Cic. *Off.* 1, 26, tomber dans la passion de la gloire ‖ *in*

incido

sermonem hominum Cic. *Att.* 16, 2, 4; *Fam.* 9, 3, 1, faire l'objet des conversations ‖ tomber sous le coup de, être soumis à : *in poenam vectigalis* Dig. 39, 4, 16, 5, sous la peine de la confiscation ; *in legem* Dig. 4, 2, 8 *pr.*, être soumis à la loi = la loi s'applique à ce cas ¶ **4** arriver, venir par coïncidence : *in mentionem alicujus* Cic. *Caecil.* 50, en venir à parler de qqn ; *in eum sermonem, qui tum fere multis erat in ore* Cic. *Lae.* 2, tomber sur un sujet de conversation qui était alors dans presque toutes les bouches ; *quoniam in eadem rei publicae tempora incidimus* Cic. *Fam.* 5, 8, 3, puisque nous sommes tombés tous deux dans les mêmes conjonctures politiques ; *ad aliquid faciendum* Cic. *Fam.* 5, 8, 3, en venir à faire qqch. ‖ *in quem diem Romana incidant mysteria* Cic. *Att.* 6, 1, 26, (dire) quel jour tombent les mystères romains ; *quorum aetas in eorum tempora, quos nominavi, incidit* Cic. *Or.* 39, leur génération a coïncidé avec l'époque des écrivains que j'ai nommés (a été contemporaine des écrivains...) ¶ **5** arriver, se présenter **a)** [à l'esprit] : *quodcumque in mentem incidit* Cic. *Fin.* 4, 43, tout ce qui vient à l'esprit ; *mihi incidit suspicio* Ter. *And.* 359, un soupçon me traverse l'esprit **b)** [en gén.] : *incidunt saepe tempora, cum...* Cic. *Off.* 1, 31, il arrive souvent des circonstances où... ; *multis viris tales casus inciderunt* Cic. *Fam.* 5, 17, 3, de semblables malheurs sont arrivés à beaucoup de personnages, cf. Cic. *de Or.* 1, 26 ; *eorum ipsorum, quae honesta sunt, potest incidere contentio et comparatio* Cic. *Off.* 1, 152, pour les choses mêmes qui sont honnêtes, il peut se présenter une confrontation et une comparaison ; *mentio, consultatio incidit de aliqua re* Liv. 1, 57, 6 ; 30, 23, 2, l'entretien, la consultation tombe sur telle chose ; *cum inciderit, ut* Cic. *Fin.* 1, 7, quand il arrivera que ; *forte ita incidit, ut, ne* Liv. 26, 23, 2 ; 1, 46, 5, le hasard voulut que, empêcha que ¶ **6** [fig.] s'abattre sur : *terror incidit ejus exercitui* Caes. *C.* 3, 13, 2, la terreur s'abattit sur son armée, cf. Cic. *de Or.* 1, 26 ; *pestilentia incidit in urbem agrosque* Liv. 27, 23, 6, une épidémie s'abattit sur la ville et dans les campagnes ¶ **7** [avec acc.] [rare] *ballista obruit, quos inciderat* Tac. *H.* 3, 29, la baliste écrasa ceux sur lesquels elle était tombée, cf. Apul. *M.* 6, 8 ; 6, 14.
▶ part. fut. *incasurus* Plin. 2, 97.

2 **incīdō**, *ĭs*, *ĕre*, *cīdī*, *cīsum* (1 *in*, *caedo*), tr. ¶ **1** entailler, inciser : *arbor inciditur vitro* Plin. 12, 115, on fait une entaille dans l'arbre avec du verre ; *pulmo incisus* Cic. *Div.* 1, 85, un poumon entamé ‖ tailler : *pinnas* Cic. *Att.* 4, 2, 5, rogner les ailes ; *vites falce* Virg. B. 3, 11, émonder la vigne ¶ **2** graver, buriner : *in aes aliquid* Cic. *Phil.* 5, 11, graver qqch. sur l'airain ; *aliquem litteris* Sen. *Ep.* 21, 4, graver dans une lettre le nom, l'image de qqn ; *in basi nomen erat incisum* Cic. *Verr.* 4, 74, le nom était gravé sur le socle, cf. Cic. *Verr.* 4, 127 ; *Fam.* 13, 36, 1 ; **(erunt) incisae litterae** Cic. *Phil.* 14, 33, une inscription sera gravée ; *arboribus* Virg. *B.* 10, 53, graver sur les arbres ¶ **3** faire en entaillant, en coupant : *ferro dentes* Ov. *M.* 8, 245, tailler des dents dans le fer ; *faces* Virg. *B.* 8, 29, couper des torches ¶ **4** couper, trancher : *linum* Cic. *Cat.* 3, 10, trancher le fil [qui ferme une lettre cachetée] ; *funem* Virg. *En.* 3, 667, couper le câble ¶ **5** [fig.] couper, interrompre : *inciditur omnis deliberatio, si...* Cic. *de Or.* 2, 336, toute délibération est interrompue, si..., cf. Liv. 32, 37, 5 ; *genus vocis crebro incidens* Cic. *de Or.* 3, 217, une voix entrecoupée ‖ trancher, couper court à : *media* Cic. *Phil.* 2, 47, couper court aux détails intermédiaires, cf. Virg. *B.* 9, 14 ; Hor. *Ep.* 1, 14, 36 ; *spem inciderunt (urbem) capi primo impetu posse* Liv. 44, 13, 3, ils ruinèrent tout espoir de prendre la ville au premier assaut.

incĭdŭus, ⓒ▶ *incaeduus* [qqs mss].

incĭens, *tis* (1 *in*, cf. *fecundus*, *cumulus*, ἐγκυέομαι, κῦμα, scr. *śvayate*), pleine [en parl. d'une femelle] : Varr. *R.* 2, 2, 8 ; Col. 8, 11, 8 ; Plin. 11, 211.

incīle, *is*, n. (*incaidsli-*, cf. 1 *in*, *caedo*, *ancile*), saignée, rigole : Cat. *Agr.* 155, 1 ; Ulp. *Dig.* 43, 21, 1, 5 ‖ [fig.] bourbier : Cael. *Fam.* 8, 5, 3.

incīlis fossa, f., ⓒ▶ *incile* : Cat. *Agr.* 151, 1.

incīlō, *ās*, *āre*, -, - (*incile*), tr., injurier, insulter : Acc. *Tr.* 41 ; 430 ; 458 ; Pacuv. *Tr.* 136 ; Lucil. 1035 ; Lucr. 3, 963.

incincta, *ae*, f. (2 *in*-, *cinctus* ; fr. *enceinte*), femme enceinte : Isid. 10, 151.

incinctus, *a*, *um*, part. p. de *incingo*.

incĭnĕfactus, *a*, *um* (1 *in*), réduit en cendres : Commod. *Instr.* 1, 41, 12.

incingō, *ĭs*, *ĕre*, *cinxī*, *cinctum* (1 *in*, *cingo* ; fr. *enceindre*), tr., enceindre, entourer, ceindre : Ov. *M.* 7, 242 ; *Am.* 3, 8, 4 ‖ pass. réfl., se ceindre, s'entourer : *aliqua re*, de qqch. : Ov. *M.* 4, 483 ; 14, 720 ; *incinctus cinctu Gabino* Liv. 8, 9, 9, ayant la toge ceinte à la manière de Gabies, cf. Liv. 5, 46, 3.

incingŭlum, *i*, n., ⓒ▶ *cingulum* : Non. 47, 25.

incĭnō, *ĭs*, *ĕre*, *uī*, *centum* (1 *in*, *cano*) ¶ **1** intr. **a)** faire entendre un chant [avec la flûte] : Gell. 4, 13, 1 **b)** retentir : Varr. *L.* 7, 37 ¶ **2** tr., faire entendre **a)** chanter : Prop. 2, 22, 6 **b)** jouer sur un instrument : Gell. 1, 11, 12.

incĭpesso (incĭpissō), *ĭs*, *ĕre*, -, - (désid. de *incipio*), commencer : Pl. *Cap.* 532 ; *Mil.* 237 ‖ [avec inf.] Pl. *Cap.* 802 ; *Trin.* 884.

incĭpĭentĭa, *ae*, f., début, commencement : Ruric. 2, 40, 4.

incĭpĭō, *ĭs*, *ĕre*, *cēpī*, *ceptum* (1 *in*, *capio*)
I tr., prendre en main, se mettre à entreprendre, commencer ¶ **1** [avec inf.] *accedere incipiunt Syracusas* Cic. *Verr.* 5, 95, ils se mettent en devoir de pénétrer à Syracuse, cf. Cic. *Lae.* 78 ; *Tusc.* 1, 117 ; Caes. *G.* 5, 51, 4 ; *C.* 1, 64, 7 ‖ *cum maturescere frumenta inciperent* Caes. *G.* 6, 29, 4, les blés commençant à mûrir, cf. *G.* 2, 2, 2 ‖ [tard.] devoir, être sur le point de, aller [futur périphrast.] : Vulg. *Joh.* 4, 47 ¶ **2** [abs[t]] : *incipiendi ratio* Cic. *Off.* 1, 135, une manière de commencer, un commencement ; *ab aliqua re* Cic. *Inv.* 1, 76, commencer à, par qqch., cf. Cic. *Rep.* 1, 56 ; *Verr.* 4, 3 ; Quint. 10, 1, 46 ¶ **3** [avec acc.] *facinus* Pl. *Aul.* 460 ; *iter* Pl. *Cas.* 817, entreprendre une action, un voyage, cf. Sall. *C.* 20, 3 ; *J.* 83, 1 ; Liv. 7, 34, 13 ; 26, 37, 5 ‖ pass.[seul[t] au part. à Cic. et Caes., très rar[t]] : *duobus inceptis verbis* Cic. *Har.* 1, en lançant deux mots ; *incepta oppugnatio* Caes. *G.* 7, 17, 6, siège commencé.
II intr., être à son commencement, à son début, commencer : *incipere ver arbitrabatur* Cic. *Verr.* 5, 27, il pensait que le printemps commençait ; *incipiente febricula* Cic. *Att.* 7, 8, 2, au début de la fièvre ‖ *aliqua re*, à, par qqch., partir de qqch. : *censere ut principium anni inciperet mense decembri* Tac. *An.* 13, 10, proposer que le début de l'année partît du mois de décembre, cf. Plin. 4, 1 ; *cum aliqua re* Plin. 2, 126, en même temps que qqch.
▶ *incepsit* = *inceperit* P. Fest. 95, 19.

incĭpissō, ⓥ▶ *incĭpesso*.

incircum (1 *in*), prép. avec acc., autour de : Varr. *L.* 5, 25.

incircumcīsĭo, *ōnis*, f., état de non-circoncision : Hier. *Jer.* 2, 9, 26.

incircumcīsus, *a*, *um* (2 *in*-), incirconcis : Prud. *Psych.* 389.

incircumscriptē, adv., sans bornes, d'une manière infinie : Greg.-M. *Mor.* 2, 42, 576 B.

incircumscriptĭbĭlis, *e* ¶ **1** qu'on ne peut tromper : Concil. S. 2, 3, 1, p. 145, 18 ¶ **2** qu'on ne peut borner, infini : Concil. S. 1, 4, p. 243, 38.

incircumscriptĭo, *ōnis*, f., [chrét.] état de ce qui n'est pas limité [en parl. de Dieu] : Greg.-M. *Mor.* 10, 14, 929 A.

incircumscriptus, *a*, *um*, sans bornes : Prud. *Apoth.* 863.

incircumspectus, *a*, *um*, irréfléchi, inconsidéré : Cassian. *Coll.* 12, 2 ; Oros. *Hist.* 2, 6 ‖ **-spectē**, étourdiment : Cassian. *Coll.* 4, 3.

incīsē, **incīsim** (2 *incido*), par incises : Cic. *Or.* 212 ; 224 ‖ Cic. *Or.* 213 ; 223 ; 225.

incīsĭo, *ōnis*, f. (2 *incido*) ¶ **1** coupure, entaille : Ambr. *Psalm.* 37, 42 ‖ pl., tranchées, coliques : Veg. *Mul.* 1, 39, 2 ¶ **2** [fig.]

a) petit membre de phrase, incise : Cic. *Or.* 206 ; 216 **b)** césure : Diom. 497, 5.

incīsŏr, *ōris*, m. (2 *incido*), découpeur : Alcim. *Ep.* 77.

incīsum, *i*, n. (2 *incido*), petit membre de phrase, incise : Cic. *Or.* 211 ; 221 ; 223 ; Quint. 9, 4, 122.

incīsūra, *ae*, f. (2 *incido*) ¶ 1 incision, fente : Col. 12, 51, 1 ; Plin. 11, 231 ¶ 2 [fig.] *a)* entailles (sillons) que fait la nature elle-même, lignes de la main, nervures des plantes, etc. : Plin. 11, 274 **b)** contour en peinture [séparation de l'ombre et de la lumière] : Plin. 33, 163.

1 **incīsus**, *a*, *um*, part. de 2 *incido*.

2 **incīsŭs**, abl. *ū*, m. (2 *incido*), taille [des arbres] : Plin. 16, 60.

incĭta, *ōrum*, n. pl., **incĭtae**, *ārum* [s.-ent. *calces*] f. pl. (2 *in-*, *cieo*, V. 2 *incitus*), pièce qu'on ne peut bouger sur l'échiquier, échec et mat ; [d'où au fig.] : **ad incita redire, adigere** Lucil. 101 ; 513, amener, aboutir à une impasse (acculer, être accolé à la dernière extrémité) ; ou **ad incitas redigere** Pl. *Poen.* 907 ; *Trin.* 236 ; ou **ad incitas** Char. 93, 27.

incĭtābĭlis, *e* (*incito*), excitable : Gloss. 2, 399, 11.

incĭtābŭlum, *i*, n. (*incito*), stimulant : Gell. 15, 2, 3.

incitae, f., V. *incita*.

incĭtāmentum, *i*, n. (*incito*), aiguillon, stimulant : **laborum** Cic. *Arch.* 23, encouragement aux fatigues ; [avec *ad*] Curt. 9, 5, 4 ‖ [en parl. de pers.] Tac. *An.* 6, 29 ; [pl.] H. 2, 23.

*****incitātē** [inus.] (*incito*), *incitatius* Cic. *Or.* 67, avec un mouvement plus rapide.

incĭtātĭo, *ōnis*, f. (*incito*) ¶ 1 mouvement rapide, rapidité : Cic. *Ac.* 2, 82 ‖ [fig.] élan : Caes. *C.* 3, 92, 3 ; Cic. *Div.* 1, 89 ; *de Or.* 1, 161 ¶ 2 action de mettre en mouvement, excitation, impulsion, instigation : Cic. *de Or.* 2, 35 ; 2, 183.

incĭtātŏr, *ōris*, m. (*incito*), celui qui excite, instigateur : Prud. *Perist.* 10, 67 ; Amm. 28, 1.

incĭtātrix, *īcis*, f. (*incitator*), celle qui excite : Arn. 2, 30.

incĭtātus, *a*, *um* ¶ 1 part. de *incito* ¶ 2 adj* *a)* lancé d'un mouvement rapide : **incitatissima conversio** Cic. *Rep.* 6, 19, la révolution si rapide [des sphères, des astres] **b)** [fig.] qui a un vif élan, impétueux [en parl. d'un écrivain ou du style] : **alter incitatior fertur** Cic. *Or.* 39, le second écrivain a une allure plus vive, cf. *Or.* 128 ; **oratio incitata** Cic. *Brut.* 93, éloquence impétueuse.

incĭtēga, *ae*, f. (ἐγγυθήκη), support d'amphore : P. Fest. 94, 25.

incĭtō, *ās*, *āre*, *āvī*, *ātum* (1 *in*, *cito*), tr. ¶ 1 pousser vivement : **equi incitati** Caes. *G.* 4, 33, 3, chevaux lancés au galop ; **naves incitatae** Caes. *C.* 2, 6, 5, navires lancés à toute vitesse ; **alii ex castris se incitant** Caes. *C.* 2, 14, 3, d'autres s'élancent hors du camp, cf. Caes. *G.* 3, 12, 1 ; 4, 17, 7 ; *C.* 2, 6, 4 ; Cic. *Att.* 2, 16, 3 ; **stellarum motus incitantur** Cic. *Nat.* 2, 103, le mouvement des astres s'accélère ‖ **currentem incitare** Cic. *Phil.* 3, 19, pousser qqn qui court [besogne inutile] ‖ [fig.] **eloquendi celeritatem** Cic. *de Or.* 1, 90, accélérer (développer) l'agilité de la parole ¶ 2 exciter, animer, stimuler : **aliquem, animos, studium** Cic. *Brut.* 313 ; *Or.* 63 ; *Div.* 2, 5, exciter qqn, les esprits, le zèle ; **ad aliquid** Cic. *de Or.* 1, 262, exciter à qqch. ; **in, contra aliquem** Cic. *Flac.* 66 ; *Ac.* 2, 144, exciter contre qqn ‖ mettre dans un état de transes prophétiques, inspirer : Cic. *Div.* 1, 79 ; *Ac.* 2, 14 ¶ 3 pousser de l'avant, lancer, faire croître : **vitem** Col. 4, 22, 3, lancer la vigne ‖ **amnis incitatus pluviis** Liv. 44, 8, 6, fleuve grossi par les pluies ‖ [fig.] **poenas** Tac. *An.* 3, 25, aggraver des peines.

1 **incĭtus**, *a*, *um* (1 *in*, *cieo*), qui a un mouvement rapide : **venti vis incita** Lucr. 1, 271, la force déchaînée du vent ; **incita hasta** Virg. *En.* 12, 492, la flèche au vol rapide ; **inciti atque alacres** Acc. d. Cic. *Nat.* 89, (les dauphins) agiles et vifs.

2 **incĭtus**, *a*, *um* (2 *in-*, *citus*), qu'on ne peut remuer : Isid. 18, 67 ; V. *incita, incitae*.

3 **incĭtŭs**, abl. *ū*, m. (1 *in*, *cieo*), impulsion rapide : Plin. 2, 116.

incīvīlis, *e* (2 *in-*), violent, brutal : Gell. 10, 6, 3 ; Eutr. 9, 27.

incīvīlĭtās, *ātis*, f. (*incivilis*), violence, brutalité : Amm. 18, 2, 7 ; Cassiod. *Var.* 4, 12, 3.

incīvīlĭter, adv., avec violence, brutalement : **incivilius** Suet. *Tit.* 6.

inclāmātĭo, *ōnis*, f. (*inclamo*), exclamation : Tert. *Marc.* 4, 41, 1.

inclāmātus, *a*, *um*, part. de *inclamo*.

inclāmĭtō, *ās*, *āre*, -, -, fréq. de *inclamo* : Pl. *Ep.* 711.

inclāmō, *ās*, *āre*, *āvī*, *ātum* (1 *in*, *clamo*) ¶ 1 tr. *a)* appeler (invoquer) qqn en criant, **aliquem** : Cic. *Inv.* 2, 14 ; Liv. 26, 15, 11 ; Plin. 9, 25 ‖ [abs*] appeler à l'aide : Cic. *Att.* 2, 18, 4 ; 2, 20, 5 ; [invoquer l'assistance] Cic. *de Or.* 1, 230 **b)** crier après qqn, interpeller, gourmander : Pl. *Cis.* 108 ; Liv. 10, 4, 8 ¶ 2 intr. *a)* crier : **alicui ut** Liv. 1, 25, 9, crier à qqn de, l'inviter par des cris à **b) in aliquem** Gell. 5, 9, 6, crier contre qqn.

inclangō, *ĭs*, *ĕre*, -, - (1 *in*), tr., faire retentir : Julian.-Aecl. d. Aug. *Jul. op. imp.* 6, 28.

inclārescō, *ĭs*, *ĕre*, *clārŭī*, -, intr. ¶ 1 devenir clair, brillant : Amm. 25, 1, 1 ¶ 2 devenir illustre, se distinguer : Suet. *Gram.* 17 ; Tac. *An.* 12, 37 ; Plin. 35, 130.

inclārus, *a*, *um* (2 *in-*), sans éclat, obscur : Symm. *Ep.* 3, 4.

inclaudĭbĭlis, *e*, irrationnel : Gloss. 5, 26, 14.

inclaudĭcābĭlis, *e*, qui ne boite pas : Gloss. 5, 26, 13.

inclausĭbĭlis (**inclausābĭlis**), *e*, qu'on ne peut fermer : *Gloss. 5, 26, 13.

inclausĭo, *ōnis*, f. (1 *in*), action d'enfermer : Greg.-M. *Mor.* 3, 16 ; V. *inclusio*.

inclēmens, *tis* (2 *in-*), dur, impitoyable, cruel : Liv. 8, 32, 13 ; Sil. 8, 440 ‖ **-tior** Liv. 9, 34, 23 ; **-issimus** Macr. *Somn.* 1, 10.

inclēmentĕr, adv., durement, avec rigueur : Plin. 18, 35 ; Liv. 22, 38, 8 ‖ **-tius** Ter. *Eun.* 4 ; Liv. 3, 48, 4.

inclēmentĭa, *ae*, f., dureté, rigueur : Virg. *En.* 2, 602 ; Stat. *S.* 1, 4, 50 ; Just. 9, 2.

1 **inclīnābĭlis**, *e* (*inclino*), qu'on peut faire pencher : Sen. *Ep.* 94, 40.

2 **inclīnābĭlis**, *e* (2 *in-*, *-clino*), inébranlable : Ps. Orig. *Job* 1, p. 434 C.

inclīnāmentum, *i*, n. (*inclino*), dérivation, désinence : Nigid. d. Gell. 4, 9, 2.

inclīnans, V. *inclino*.

inclīnātĭo, *ōnis*, f. (*inclino*) ¶ 1 action de pencher, inclinaison ; [les mouvements du corps pour se baisser] : Cic. *Nat.* 1, 94 ; Quint. 1, 11, 16 ‖ **atomorum** Cic. *Nat.* 1, 73, la déviation des atomes ; V. *clinamen* ‖ inclinaison d'un navire sur un côté : Plin. 8, 208 ‖ inclinaison de la terre de l'équateur vers le pôle, hauteur polaire, zone géographique : Gell. 14, 1, 8 ; Vitr. 1, 1, 10 ; 6, 1, 1 ¶ 2 [fig.] *a)* inclination, tendance, **ad rem**, vers qqch. : Cic. *Sest.* 67 ; Sen. *Clem.* 2, 4 **b)** penchant pour, propension favorable : **voluntatis** Cic. *de Or.* 2, 129 ; **voluntatum** Cic. *Mur.* 53, un penchant favorable de la volonté, des volontés, cf. Tac. *An.* 4, 20 ; H. 2, 92 ‖ [gram.] mode : Diom. 338, 5 **c)** déviation, changement des événements, des circonstances : Cic. *Phil.* 5, 26 ; *Fin.* 5, 11 ; *Agr.* 2, 80 ; *Balb.* 58 **d)** condescendance : Leo-M. *Ep.* 28, 3.

inclīnātīvus, *a*, *um* (*inclino*), encliticus : Prisc. 3, 14, 9.

1 **inclīnātus**, *a*, *um* ¶ 1 part. de *inclino* ¶ 2 pris adj* *a)* infléchi : **inclinata voce** Cic. *Or.* 27, avec des inflexions de voix **b)** qui décline : Cic. *Fam.* 2, 16, 1 ; Nep. *Pel.* 5, 4 *c)* incliné à, porté vers : **plebs inclinatior ad Poenos** Liv. 23, 46, 3, le peuple plus favorable aux Carthaginois ; **animus ad pacem inclinatior** Liv. 34, 33, 9, esprit plus disposé à la paix.

2 **inclīnātŭs**, abl. *ū*, m., inflexion [gram.] : Gell. 3, 12, 2.

1 **inclīnis**, *e* (*inclino* ; fr. *enclin*), penché, incliné : Val.-Flac. 4, 308.

2 **inclīnis**, *e* (2 *in-*, *clino*), qui ne penche pas : Manil. 1, 598.

inclīnō, *ās*, *āre*, *āvī*, *ātum* (1 *in*, *clino* ; it. *inchinare*)

I tr. ¶ 1 faire pencher, incliner, baisser : **malos** Liv. 36, 44, 2, baisser les mâts ; **genua** Ov. *M.* 11, 356, fléchir les genoux

inclino

¶ **2** [fig.] faire changer de direction, tourner : *se ad Stoicos* Cic. *Fin.* 3, 10, se tourner vers les Stoïciens ; *aliquid ad commodum causae* Cic. *Inv.* 1, 31, tourner qqch. à l'avantage de la cause qu'on défend ; *culpam in aliquem* Liv. 5, 8, 12, faire retomber une faute sur qqn ; *onera in aliquem* Liv. 1, 47, 12, faire porter les charges à qqn ; *haec animum inclinant ut credam* Liv. 29, 33, 10, cette situation m'incline à croire... ‖ *fortuna se inclinaverat* Caes. C. 1, 52, 3, la fortune avait tourné ¶ **3** [gram.] **a)** former par flexion : Gell. 4, 9, 12 ; 18, 5, 9 **b)** *in casus inclinari* Gell. 10, 13, 1, se décliner ¶ **4** faire pencher d'un côté ou d'un autre, amener un dénouement : *inclinandam fortunae rem dare* Liv. 3, 61, 14, s'en remettre à la fortune du soin de décider ; *inclinata res est* Cic. *Fam.* 1, 1, 3, l'affaire penche d'un côté (est près du dénouement) ‖ [en part.] faire pencher du mauvais côté : *omnia inclinante fortuna* Liv. 33, 18, 1, la fortune contraire faisant partout pencher la balance ¶ **5** *se inclinare* et surtout *inclinari* **a)** baisser, décliner : [soleil, jour] Liv. 9, 32, 6 ; Cic. *Tusc.* 3, 7 ; [d'une maladie] Cels. 3, 2 **b)** fléchir, lâcher pied : *inclinatur acies* Liv. 1, 12, 3, l'armée fléchit.
II intr. ¶ **1** dévier de la verticale : Lucr. 2, 243 ¶ **2** baisser [soleil] : Hor. *O.* 3, 28, 5 ‖ incliner : *in vesperam inclinat dies* Curt. 6, 11, 9, le jour incline vers le soir ¶ **3** [fig.] incliner, pencher : *inclinant ad meum consilium adjuvandum* Cic. *Att.* 12, 29, 2, ils inclinent à seconder mon dessein ; *sententia senatus inclinat ad foedus faciendum* Cic. *CM* 16, l'avis du sénat penche pour la conclusion d'un traité ; [avec *in* acc] Curt. 10, 7, 12 ‖ [avec prop. inf.] *inclinavit sententia universos ire* Liv. 28, 25, 15, l'avis prévalut d'une démarche commune ‖ [avec *ut* subj.] : *ut arbitrar..., inclinat animus* Liv. 9, 9, 5, j'incline à penser..., cf. Liv. 1, 24, 2 ; *inclinavit sententia ut* Liv. 32, 13, 5, il se décida à... ; *multorum eo inclinabant sententiae, ut* Liv. 27, 46, 7, l'avis de beaucoup inclinait à... ‖ dévier : Tac. *An.* 15, 21 ; *si fortuna belli inclinet* Liv. 3, 61, 5 [cf.▶ *I* ¶ *2 fin*], si le sort de la guerre tournait.

inclĭtus, ▶ *inclutus*.

inclūdō, *ĭs*, *ĕre*, *clūsī*, *clūsum* (1 *in*, *cludo*, *claudo*) ¶ **1** enfermer, renfermer qqn, qqch. dans qqch. **a)** *aliquem, aliquid in aliquam rem* : Cic. *Phil.* 2, 32 ; *Verr.* 5, 144 ; *Or.* 19 ; *Nat.* 2, 64 **b)** *in aliqua re* : Cic. *Phil.* 3, 30 ; *Tim.* 10 ; *Brut.* 275 ; *includit se domi* Cic. *Verr.* 5, 92, il se renferme chez lui ; [constr. fréq. avec *inclusus*] **c)** *aliqua re* : Cic. *Div.* 1, 79 ; *CM* 51 ; *de Or.* 3, 184 **d)** *alicui rei* : Cic. *Att.* 1, 13, 5 ; Suet. *Ner.* 6 ; Val.-Max. 5, 6, 3 ; 4, 6 ¶ **2** enchâsser, incruster : *emblemata in scaphis aureis* Cic. *Verr.* 4, 54, incruster des ornements sur des vases d'or, cf. Cic. *Att.* 1, 10, 3 ; *zmaragdi auro includuntur* Lucr. 4, 1126, des émeraudes sont enchâssées dans l'or ; [fig.] *orationem in epistulam* Cic. *Att.* 1, 16, 10, insérer un discours dans une lettre ¶ **3** fermer, boucher : *vocem* Cic. *Rab. Post.* 48, étouffer la voix, empêcher de parler ; *spiritum* Liv. 21, 58, 4, couper la respiration ‖ limiter : Plin. 5, 102 ‖ clore, terminer : Plin. *Ep.* 2, 11, 18 ; Prop. 2, 15, 54.

inclūsĭo, *ōnis*, f. (*includo*), emprisonnement : Cic. *Vat.* 24.

inclūsŏr, *ōris*, m. (*includo*), sertisseur, joaillier : Hier. *Jer.* 24, 1.

inclūsus, *a*, *um*, part. de *includo*.

inclŭtus (**inclyt-**, **inclĭt-**), *a*, *um* (1 *in*, *clutus*, cf. ἔγκλυτος), célèbre, illustre : Pl. *Pers.* 251 ; Lucr. 5, 8 ; Virg. *En.* 2, 241 ; Liv. 39, 36, 4 ; *-tissimus* Cat. d. Gell. 3, 7, 19 ; Col. 1, 4, 2.

1 **incŏactus**, *a*, *um* (2 *in-*, *cogo*), non forcé : Sen. *Ep.* 66, 17.

2 **incŏactus**, *a*, *um* (1 *in*, *cogo*), coagulé : *Apul. *M.* 8, 19.

incoctĭlis, *e*, ▶ *incoquo* ¶ *2* : *incoctilia (vasa)* Plin. 34, 62, (vases) étamés.

incoctĭo, *ōnis*, f. (*incoquo*), décoction : Cael.-Aur. *Chron.* 4, 3, 62.

1 **incoctus**, *a*, *um*, part. de *incoquo*.

2 **incoctus**, *a*, *um* (2 *in-*), non cuit, cru : Pl. *Mil.* 208.

incoen-, **incoep-**, ▶ *ince-*.

incŏercĭtus, *a*, *um* (2 *in-*, *coerceo*), sans frein, indompté : Julian.-Aecl. d. Aug. *Jul. op. imp.* 4, 41.

incōgĭtābĭlis, *e* (2 *in-*) ¶ **1** inimaginable, incroyable : Capel. 9, 922 ; Amm. 15, 3 ¶ **2** irréfléchi ; Pl. *Mil.* 544 ; Lact. *Inst.* 1, 8, 3.

incōgĭtans, *tis* (2 *in-*), irréfléchi, inconsidéré : Ter. *Phorm.* 155 ; Aus. *Sept.* 10 (308), 15 (228).

incōgĭtantĭa, *ae*, f. (*incogitans*), irréflexion, étourderie : Pl. *Merc.* 37.

incōgĭtātus, *a*, *um* (2 *in-*) ¶ **1** non médité, irréfléchi : Sen. *Ben.* 6, 23, 6 ; *Ep.* 57, 6 ¶ **2** inconsidéré : Pl. *Bac.* 612.

incōgĭtō, *ās*, *āre*, -, - (1 *in*), tr., méditer qqch., *alicui*, contre qqn : Hor. *Ep.* 2, 1, 122.

incognĭtē, adv., sans connaissance : Boet. *Herm. sec.* 3, 9.

incognĭtus, *a*, *um* (2 *in-*) ¶ **1** non examiné : *incognita causa* Cic. *Nat.* 2, 73 ; *Verr.* 2, 81, sans que l'affaire ait été instruite ¶ **2** inconnu : Cic. *Off.* 1, 18 ; *Phil.* 4, 3 ; *alicui* Caes. *G.* 4, 20, 3, inconnu de qqn ‖ non reconnu, non identifié : Liv. 5, 16, 7.

incognoscĭbĭlis, *e*, incompréhensible : Hilar. *Psalm.* 143, 8.

incognoscō, *ĭs*, *ĕre*, -, - (1 *in*), tr., reconnaître : Apul. *Flor.* 19.

incŏhaerens, *entis* (2 *in-*), incohérent, sans lien : Boet. *Mus.* 1, 1.

incŏhĭbescō, *ĭs*, *ĕre*, -, - (1 *in*, *cohibeo*), tr., contenir : *Lucr. 3, 444.

incŏhĭbĭlis, *e* (2 *in-*), difficile à mettre au pas : Gell. 5, 3, 4 ‖ qu'on ne peut arrêter : Amm. 14, 2, 14.

incŏhō, ▶ *inchoo*.

incŏinquĭnābĭlis, *e*, incorruptible : Aug. *Fort.* 1, 1.

incŏinquĭnābĭlĭtĕr, adv., sans souillure : Aug. *Nat. bon.* 44.

incŏinquĭnātus, *a*, *um* (2 *in-*), qui n'est point souillé : Vulg. *Sap.* 8, 20.

incŏla, *ae*, m. (*incolo*) ¶ **1** celui qui demeure dans un lieu, habitant : Cic. *Nat.* 2, 140 ; *Fin.* 5, 3 ; *incolae nostri* Cic. *CM* 78, nos compatriotes, habitants de notre pays ‖ [en parl. des plantes, des animaux] : Cic. *Tusc.* 5, 38 ; Plin. 9, 63 ‖ [en parl. des choses] indigènes : Plin. 12, 14 ; Hor. *O.* 3, 10, 4 ‖ *Padi incolae* Plin. 3, 131, affluents du Pô ¶ **2** opp. à *civis* [μέτοικος], domicilié : Cic. *Off.* 1, 125 ; *Verr.* 4, 26 ; 4, 130 ; *cives quidem origo..., incolas vero... domicilium facit* Cod. Just. 10, 40, 7, c'est la naissance qui fait les citoyens, mais le domicile qui fait les habitants.
▶ f. d. Phaed. 1, 6, 6.

1 **incŏlātus**, *a*, *um* (2 *in-*, 1 *colo*), non filtré : Plin. Val. 2, 30.

2 **incŏlātŭs**, *ūs*, m. (*incola*), fait d'avoir son domicile dans un pays étranger, droits attachés à ce domicile : Cod. Just. 10, 39, 5 ; Dig. 50, 1, 34 ‖ habitation, demeure : Tert. *Anim.* 57, 2.

1 **incŏlō**, *ās*, *āre*, -, - (*incola*), tr., [tard.] habiter : Tert. *Res.* 26, 11.

2 **incŏlō**, *ĭs*, *ĕre*, *uī*, - (1 *in*) ¶ **1** tr., habiter, *locum*, un lieu : Cic. *Rep.* 2, 4 ; *Verr.* 4, 21 ; Caes. *G.* 2, 4, 2 ; Liv. 4, 3, 3 ‖ pass., Cic. *Div.* 1, 93 ; 2, 92 ¶ **2** intr., *salsis locis incolere* Pl. *Ru.* 907, habiter dans les régions salées [mer] ; *trans Rhenum* Caes. *G.* 1, 1, 4, habiter au-delà du Rhin, cf. Caes. *G.* 2, 3, 4 ; 4, 1, 7.

incolŏm-, ▶ *incolum-*.

incŏlŏr, *ōris* (2 *in-*), incolore : Gloss. 2, 583, 51.

incŏlŏrātē, adv., sans alléguer de prétexte : Ulp. *Dig.* 4, 4, 18.

incŏlŭmis, *e* (2 *in-*, cf. *calamitas*, *clades*), intact, entier, en bon état, sans dommage, sain et sauf : [en parl. de pers.] Cic. *Cat.* 3, 25 ; *Fin.* 4, 19 ; *Mil.* 93 ; Caes. *G.* 1, 53 ; 6, 40, 4 ; [de la pers. civile, = qui jouit de tous ses droits de citoyen] Cic. *Dom.* 1 ; *Att.* 3, 15, 2 ; 11, 6, 2 ; [de navires] Caes. *C.* 3, 6 ; [de cités] Cic. *Inv.* 2, 169 ; [d'une citadelle] Cic. *Rep.* 2, 11 ; [d'une somme d'argent] Pl. *Pers.* 324 ‖ [avec *ab*, du côté de, au regard de] Cic. *Planc.* 12 ‖ *incolumior* Quadr. d. Gell. 17, 2, 16.

incŏlŭmĭtas, *ātis*, f., maintien en bon état, conservation, salut : Cic. *Inv.* 2, 169 ; *Quir.* 1 ; Caes. *C.* 3, 28, 2 ; [pers. civile] Cic. *Att.* 3, 15, 2 ‖ pl., Cic. *Dej.* 40 ; Arn. 2, 13.

incŏmĕs, *ĭtis* (2 *in-*), qui est sans compagnon : P. Fest. 95, 20.

incōmis, e (2 in-), grossier, sans affabilité : Macr. Sat. 1, 7, 32.

incŏmĭtātus, a, um (2 in-, comitor), non accompagné, sans suite : Varr. R. 2, 10, 9 ; *Cic. de Or. 1, 234 ; Lucr. 6, 1225 ∥ *aliqua re* Ov. Pont. 2, 3, 36, non accompagné de quelque chose.

incŏmĭtĕr, adv. (incomis), sans affabilité : Flor. 4, 8, 4.

incŏmĭtĭō, ās, āre, -, - (in comitio), tr., injurier en public : Pl. Curc. 400 ; P. Fest. 94, 27.

incomĭum, ĭi, n., onguent inconnu : *Veg. Mul. 3, 28, 18.

incomma (**encomma**), ae, f. ou ātis, n. (ἔγκομμα), sorte de toise [pour mesurer la taille] : Veg. Mil. 1, 5 ; Hier. Jovin. 2, 34.

incommendātus, a, um (2 in-), non recommandé à, exposé à la merci de [dat.] : Ov. M. 11, 434.

incommensūrābĭlis, e, incommensurable : Boet. Top. Arist. 8, 5 ; Arith. 1, 17, 10.

incommĭnūtus, a, um, sans être entamé : Ps. Orig. Job 2, 454 D.

incommiscĭbĭlĭs, e, non susceptible d'être mélangé : Tert. Anim. 12, 2.

incommixtus, a, um, non mélangé : Eustath. Hex. 2, 7.

incommōbĭlĭtās, ātis, f., impassibilité : Apul. Plat. 2, 4.

incommŏdans, antis, mal portant : Rufin. Mon. 1, p. 393 D.

incommŏdē, adv. (incommodus), d'une manière qui ne convient pas, mal à propos, fâcheusement : Cic. Att. 7, 82 ; Caes. G. 5, 33, 4 ; Liv. 4, 8, 6 ∥ **-dius** Cic. Lae. 15 ; **-issime** Cic. Att. 5, 9, 1.

incommŏdestĭcus, a, um (incommodus, domesticus), désagréable [mot forgé] : Pl. Cap. 87.

incommŏdĭtās, ātis, f. (incommodus), désavantage, inconvénient ; dommage, perte, injustice : Ter. And. 567 ; Cic. Att. 1, 17, 7 ; Liv. 10, 11, 3 ∥ *incommoditate abstinere* Pl. Mil. 644, éviter d'ennuyer, d'être importun ∥ pl., Pl. Aul. 525 ; Ter. Haut. 932.

incommŏdō, ās, āre, -, - (incommodus) ¶ 1 intr., être à charge : Ter. And. 162 ; Cic. Fin. 5, 50 ∥ *alicui* Cic. Quinct. 51, à qqn ¶ 2 tr., gêner, incommoder : Ulp. Dig. 43, 12, 1, 15.

incommŏdum, i, n. (incommodus), inconvénient, désavantage, préjudice, ennui : *incommodo valetudinis tuae* Cic. Att. 7, 7, 3, au détriment de ta santé ; *nec id incommodo tuo* Cic. Att. 12, 47, 1, et cela sans que tu sois gêné ; *suum cuique incommodum ferendum est* Cic. Off. 3, 30, chacun doit supporter les désavantages de sa situation ; *plus adjumenti quam incommodi habere* Cic. de Or. 2, 102, offrir plus d'avantages que d'inconvénients ; *magnum alicui afferre incommodum* Caes. C. 3, 63, 5, porter un grand préjudice à qqn ∥ dommage, désastre, malheur : Cic. Verr. 5, 107 ; Brut. 4 ; Nat. 1, 23 ; Tusc. 1, 30 ; *incommodum acceptum resarcire* Caes. C. 3, 73, 4, réparer le dommage subi, cf. Caes. G. 5, 10, 3 ∥ [en part.] *incommoda corporum* Plin. 24, 162, incommodités, malaises, maladies, cf. Plin. 27, 126 ; 28, 75.

incommŏdus, a, um (2 in-, commodus), mal approprié, fâcheux, contraire, malheureux, défavorable : *incommoda valetudo* Cic. Brut. 130, fâcheux état de santé, cf. Cic. Att. 5, 8, 1 ; *exsulem esse non incommodiore loco quam si* Cic. Fam. 7, 3, 5, être en exil aussi commodément que si ; *in rebus ejus incommodissimis* Cic. Clu. 161, dans l'état si fâcheux de ses affaires ∥ [en parl. de pers.] gênant, importun, désagréable, à charge : Pl. Poen. 401 ; Cic. Nat. 3, 73.

incommŏnĭtus, a, um, non averti : Hier. Orig. Ezech. 1, p. 702 A.

incommōtē, adv. (2 in-, commotus), d'une manière immuable : Cod. Just. 1, 1.

incommūnĭcābĭlĭs, e (2 in-, communico), incommunicable : Vulg. Sap. 14, 21 ; Chalc. 51.

incommūnĭcātus, a, um (1 in), partagé avec un autre [alteri] : Jul.-Val. 1, 13.

incommūnis, e (2 in-), qui n'est pas commun à : Tert. Pall. 3, 7 ∥ équivoque : Gell. 12, 9, 1.

incommūtābĭlĭs, e, immuable : Varr. L. 9, 99 ; Cic. Rep. 2, 57.

incommūtābĭlĭtās, ātis, f., ⇨ immutabilitas : Aug. Civ. 8, 6.

incommūtābĭlĭtĕr, ⇨ immutabiliter : Aug. Ep. 147, 47.

incommūtātus, a, um, immuable : Aug. Man. 11.

incōmō, ās, āre, -, - (incomma), intr., passer à la toise : Pass. Maximil. 1.

incompărābĭlĭs, e, incomparable, sans égal : Plin. 7, 94 ; Quint. 1, 2, 11 ∥ **-lior** Ambr. Is. 8, 78 ; **-lissimus** CIL 6, 1487.

incompărābĭlĭtās, ātis, f., manière d'être incomparable : Maximin. d. Aug. Coll. Max. 13, p. 729.

incompărābĭlĭtĕr, adv., incomparablement : Aug. Civ. 21, 9 ; Sidon. Ep. 6, 4, 1.

incompărātus, a, um, incomparable : CIL 6, 16086.

incompassĭbĭlĭs, e, qui ne souffre pas avec : Tert. Prax. 29, 5.

incompellābĭlĭs, e, qui ne peut être nommé : Rufin. Apol. 2, 29.

incompertus, a, um (2 in-, comperio), non découvert, non éclairci, obscur, inconnu : Liv. 4, 23, 3 ; Plin. 34, 137 ∥ *incompertum habeo* [avec interrog. indir.] Plin. 12, 32, je n'ai pas découvert.

incompĕtens, tis, qui ne cadre pas, déplacé : Theod.-Prisc. 2, 3.

incompĕtentĕr, adv., d'une manière inconvenante, déplacée : Cassiod. Var. 5, 14 ; Cod. Just. 1, 3, 19.

incomplēbĭlĭs, e, qui ne peut être rempli : *Gloss. 2, 235, 20.

incomplētus, a, um (2 in-, compleo), non accompli : Firm. Math. 5, 2, 4.

incomplexus, a, um, incompréhensible : Gloss. 2, 234, 41.

incompŏs, ŏtis, qui n'est pas en possession de : Physiogn. 32.

incompŏsĭtē, adv. (incompositus), sans ordre, en désordre : Liv. 25, 37, 11 ∥ sans art, gauchement : Quint. 10, 2, 17.

incompŏsĭtus, a, um (2 in-, compono), qui est sans ordre, en désordre : Liv. 5, 28, 7 ∥ mal agencé, sans harmonie, sans cadence : Hor. S. 1, 10, 1 ; Quint. 9, 4, 6 ; 10, 1, 66 ∥ simple, non composé : Mar. Vict. Ar. 1, 31, p. 1064 A.

incomprĕhensĭbĭlis, e ¶ 1 qu'on ne peut saisir : Col. 10, pr. 4 ; Macr. Somn. 1, 16, 10 ; [métaph.] Plin. Ep. 1, 20, 6 ¶ 2 [fig.] qu'on ne peut embrasser, illimité : Sen. Helv. 10, 11 ; Ep. 94, 14.

incomprĕhensĭbĭlĭtĕr, adv., d'une manière incompréhensible : Hil. Trin. 3, 3.

incomprĕhensus (**-prensus**), a, um (2 in-, comprehendo), non saisi, insaisissable : Prud. Apoth. 812 ; Lact. Inst. 3, 2, 6.

incomptē, adv. (incomptus), grossièrement, sans art : Stat. S. 5, 5, 34 ; Amm. 31, 2, 2.

incomptus (**incomtus**), a, um ¶ 1 non peigné : Hor. O. 1, 12, 41 ; *incomptior capillus* Suet. Aug. 69, chevelure en désordre ¶ 2 sans art, sans apprêt, sans ornement, négligé [en parl. du style] : Cic. Or. 78 ; Att. 2, 1, 1 ; de Or. 1, 234 ; Quint. 8, 6, 41 ; Hor. P. 446 ; Virg. G. 2, 386.

inconceptĭbĭlis, e, incompréhensible, qu'on ne peut concevoir : Hil. Trin. 4, 8.

inconcessĭbĭlis, e (2 in-, concedo), impardonnable : Tert. Pud. 9, 20.

inconcessus, a, um (2 in-, concedo), non permis, défendu : Virg. En. 1, 651 ; Ov. M. 10, 153.

inconcĭlĭātus, a, um (2 in-, conciliatus), non concilié : Boet. Syll. cat. p. 771C.

inconcĭlĭō, ās, āre, āvī, ātum (1 in, concilio), tr. ¶ 1 se ménager, attirer à soi, accaparer [par ruse, en dupant] qqn, qqch. : P. Fest. 95, 7 ; Pl. Trin. 136 ; Bac. 551 ¶ 2 mener dans un sens fâcheux, mettre dans l'embarras : Pl. Most. 613 ∥ [abs[t]] créer de l'embarras : Pl. Pers. 834.

inconcinnē, adv. (inconcinnus), maladroitement : Apul. M. 10, 9.

inconcinnĭtās, ātis, f. (inconcinnus), défaut de symétrie : Suet. Aug. 86 ; Apul. Plat. 2, 4.

inconcinnĭtĕr, adv. (inconcinnus), maladroitement, sans art : Gell. 10, 17, 2.

inconcinnus, *a*, *um* (2 in-), qui n'est pas en harmonie, maladroit : Cic. *de Or.* 2, 17 ; Hor. *Ep.* 1, 17, 29.

inconcrētus, *a*, *um*, incorporel : Naz. *Paneg.* 10, 14, 2.

inconculcābĭlis, *e*, qui ne peut être foulé aux pieds : Fulg.-R. *Inc.* 50.

inconcussē, adv. (*inconcussus*), fermement : Cod. Th. 11, 61, 6 ; Aug. *Retract.* 1, 11.

inconcussĭbĭlis, *e*, inébranlable : VL. *Hebr.* 12, 28.

inconcussus, *a*, *um* (2 in-), ferme, inébranlable : Luc. 2, 268 ; Plin. *Pan.* 82, 2 ; Tac. *An.* 2, 43.

incondĕcens, *entis*, inconvenant : Concil. S. 2, 3, 1, p. 164, 30.

incondemnātus, *a*, *um*, ⊂ indemnatus : Cat. d. Gell. 13, 24, 12.

inconditē, adv. (*inconditus*), sans ordre, confusément, grossièrement : Cic. *Div.* 2, 146 ; *Rep.* 2, 19 ∥ [rhét.] sans art : Cic. *de Or.* 3, 175.

incondĭtus, *a*, *um* (2 in-, *condo*) ¶ 1 non mis en réserve : Col. 1, 5, 6 ; 3, 2, 1 ¶ 2 non enseveli : Luc. 6, 101 ; Sen. *Contr.* 3, pr. 7 ¶ 3 qui n'est pas rangé (réglé), confus, en désordre : **jus civile inconditum** Cic. *de Or.* 1, 197, droit civil confus ∥ style où les mots sont mal ordonnés, disposés sans art : Cic. *de Or.* 3, 173 ; *Or.* 150 ; 173 ; *Brut.* 242 ∥ grossier, informe : **carmina incondita** Liv. 4, 20, 2 ; 4, 53, 11, vers informes [saturniens, refrains chantés par les soldats au triomphe de leur général] ¶ 4 [chrét.] incréé : Tert. *Herm.* 18, 4.

incōnex-, v. *inconnex-*.

inconfectus, *a*, *um* (2 in-), inachevé : Hier. *Ep.* 119, 1.

inconfūsē, adv., sans confusion : Vigil.-Thaps. *Eutych.* 4, 19.

inconfūsĭbĭlis, *e* (2 in-, *confundo*), qui ne peut être confondu, irréprochable : Vulg. 2 Tim. 2, 15.

inconfūsĭbĭlĭtĕr, adv., sans confusion : Cassiod. *Psalm.* 9, 1.

inconfūsus, *a*, *um* (2 in-), non confondu, sans confusion : *Sen. Nat.* 2, 45, 2 ∥ [fig.] non troublé : Sen. *Nat.* 3, pr. 13 ; Ir. 1, 12, 2.

incongĕlābĭlis, *e* (2 in-), réfractaire au gel : Gell. 17, 8, 16.

incongressĭbĭlis, *e* (2 in-, *congredior*), qu'on ne peut aborder : Tert. *Marc.* 2, 27, 6.

incongrŭē, adv. (*incongruus*), d'une manière qui ne convient pas : Hier. *Ep.* 67, 5 ; Macr. *Sat.* 5, 13, 31.

incongrŭens, *tis*, qui ne convient pas : Plin. *Ep.* 4, 9, 19 ; Gell. 12, 5, 6 ; **-tissimus** Aug. *Persev.* 61.

incongrŭentĕr, adv., d'une manière inconvenante : Tert. *Bapt.* 19, 1.

incongrŭentĭa, *ae*, f., inconvenance : Tert. *Marc.* 2, 25, 1 ; Aug. *Civ.* 22, 19.

incongrŭĭtās, *ātis*, f. (*incongruus*), défaut de convenance ; [opp. *congruitas*] proposition où le verbe se construit avec deux cas obliques : Prisc. 3, 211, 26.

incongrŭus, *a*, *um*, ⊂ *incongruens* : Aug. *Faust.* 32, 5.

incōnīv-, v. *inconniv-*.

inconjŭgus, *a*, *um* (2 in-, *conjungo*), indépendant de, non uni à [dat.] : Prisc. 3, 144, 9.

inconjunctus, *a*, *um*, non joint, non lié : Boet. *Arith.* 2, 32, 3.

inconnexĭo, *ōnis*, f., asyndète [rhét.] : Ps. Jul.-Ruf. *Lex.* 20.

inconnexus (inconexus), *a*, *um*, non lié, morcelé : Aus. *Cent.* 1 (350), 17 ∥ [métr.] asynartète : Mar. Vict. *Gram.* 6, 88, 21.

inconnīvens, *tis*, qui ne ferme pas les yeux, ayant les yeux ouverts : Gell. 2, 1, 2.

inconnīvus, ⊂ *inconnivens* : Apul. *M.* 6, 14 ∥ qui ne se ferment pas [en parlant des yeux] : Apul. *M.* 2, 22.

inconsciĕntĭa, *ae*, f., ignorance [d'une chose] : Gloss. 2, 249, 8.

inconscius, *a*, *um*, qui n'a pas connaissance de [gén.] : Capel. 6, 675 ∥ [abs¹] : Cassiod. *Var.* 10, 4 ; Cassian. *Inst.* 6, 20, 1.

inconscriptus, *a*, *um*, confus, mal disposé : Serv. *B.* 2, 4.

inconsentānĕus, *a*, *um*, inconvenant : Capel. 3, 228.

inconsentĭens, *entis*, discordant : Boet. *Herm.* sec. 5, 12, p. 404, 8.

inconsĕquens, *tis*, qui ne s'accorde pas avec, illogique : Ascon. Cic. *Verr.* 2, 9 ; Prisc. 3, 151, 12.

inconsĕquentĕr, adv., contrairement à la logique : Cael.-Aur. *Acut.* 3, 4, 36.

inconsĕquentĭa, *ae*, f., défaut de suite, de liaison : Quint. 8, 6, 50.

inconsīdĕrābĭlis, *e*, impossible à concevoir : Greg.-M. *Mor.* 17, 54.

inconsīdĕrans, *antis*, irréfléchi, inconsidéré ; **-tissimus** Tert. *Marc.* 2, 29, 4.

inconsīdĕrantĕr, ⊂ *inconsiderate* : Ulp. *Dig.* 26, 10, 3, 17.

inconsīdĕrantia, *ae*, f. (*inconsiderans*), défaut de réflexion, inattention, inadvertance : Cic. *Q.* 3, 9, 2 ; Suet. *Cl.* 39.

inconsīdĕrātē, adv. (*inconsideratus*), inconsidérément, sans réflexion : Cic. *Tusc.* 1, 12 ; *Off.* 1, 104 ∥ **-tius** Val.-Max. 1, 5, 9.

inconsīdĕrātĭo, *ōnis*, f., défaut de réflexion : Salv. *Gub.* 1, 11.

inconsīdĕrātus, *a*, *um* ¶ 1 qui ne réfléchit pas, inconsidéré : Cic. *Div.* 2, 59 ; **-tior** Nep. *Con.* 5 ; Quint. 2, 15, 28 ¶ 2 [en parl. de choses] irréfléchi : Cic. *Quinct.* 80 ; **-issimus** Cic. *Har.* 55.

inconsignātus, *a*, *um*, [chrét.] non confirmé par le saint chrême : Greg.-M. *Ep.* 11, 3.

inconsĭtus, *a*, *um* (2 in-), inculte : Varr. L. 5, 36.

inconsōlābĭlis, *e*, qu'on ne peut réconforter (guérir), irréparable : Ov. *M.* 5, 426 ; Amm. 29, 2, 14.

inconsŏnans, *tis*, qui ne s'accorde pas : Pomp.-Gr. 5, 287, 10 ; Aug. *Faust.* 33, 3.

inconsŏnantĕr, adv., de façon discordante : Cassiod. *Psalm.* 58.

inconsŏnantĭa, *ae*, f., dissonance, manque d'harmonie : Prisc. 2, 371, 5.

inconsŏnus, *a*, *um*, dissonant, qui manque d'harmonie : Boet. *Mus.* 1, 20.

inconspectus, *a*, *um* (2 in-), inconsidéré [en parl. de choses] : Gell. 17, 21, 1.

inconspĭcābĭlis, *e*, qu'on ne peut regarder : Hil. *Trin.* 5, 23.

inconspĭcŭus, *a*, *um*, peu visible, peu remarquable : Capel. 8, 838 ∥ sans gloire : Flor. 4, 2, 97.

inconstābĭlis, *e*, qui ne se tient pas, absurde : Iren. 5, 19, 2.

inconstābĭlĭtĭo, *ōnis*, f., manque de solidité : Vulg. 4 Esdr. 15, 16.

inconstābĭlītus, *a*, *um*, instable, troublé : Pass. Petr. Paul. (long.), 47.

inconstans, *tis*, inconstant, inconséquent, changeant : Cic. *Com.* 19 ; *Sull.* 10 ∥ [en parl. de choses] Cic. *Inv.* 1, 93 ; *Fin.* 5, 95 ; **-tior** Cic. *Div.* 2, 127 ; **-tissimus** Gell. 13, 30, 7.

inconstantĕr, adv. (*inconstans*), d'une façon changeante, inconséquente : Cic. *Tusc.* 4, 24 ; *Ac.* 2, 53 ∥ **-tissime** Cic. *Fin.* 2, 88 ; **-tius** Aur. d. Front. *Caes.* 3, 2, p. 40 N.

inconstantĭa, *ae*, f. (*inconstans*), inconstance, humeur changeante : Cic. *Phil.* 7, 9 ; *Fam.* 1, 9 ∥ inconséquence : Cic. *CM* 4 ; *Verr.* 5, 56 ; 105.

inconstructus, *a*, *um* (1 in), construit sur : Ps. Fulg.-R. *Serm.* 1, p. 871 D.

inconsubstantīvus, *a*, *um* (2 in-), qui n'est pas consubstantiel : Ps. Vigil.-Thaps. *Trin.* 7, p. 266.

inconsuētus, *a*, *um* ¶ 1 inaccoutumé : Vitr. 1, 4, 11 ¶ 2 qui n'a pas l'habitude : **alicui rei** Sil. 11, 282, d'une chose.

inconsultē, adv., inconsidérément, imprudemment, à la légère : Cic. *Nat.* 1, 43 ; *Off.* 2, 54 ; Liv. 4, 37, 8 ∥ **-tius** Liv. 41, 10, 5.

inconsultō, ⊂ *inconsulte* : Her. 3, 8 ; Ulp. *Dig.* 28, 4, 1.

inconsultum, *i*, n., ⊂ 2 *inconsultus* : Sil. 8, 217.

1 inconsultus, *a*, *um* (2 in-) ¶ 1 inconsidéré, irréfléchi, imprudent : Cic. *Rab. Post.* 2 ; *Dej.* 16 ; Hor. *Ep.* 1, 5, 15 ; Liv. 5, 20, 20 ; Gell. 19, 1, 17 ¶ 2 non consulté : Liv. 36, 36, 2 ; Suet. *Tib.* 52 ; Plin. *Ep.* 10, 107, 2 ∥ sans avoir reçu de réponse [de l'oracle] : Virg. *En.* 3, 452 ¶ 3 non considéré, non respecté: Amm. 27, 2, 9; Cod. Th. 15, 1, 37.

2 inconsultŭs, abl. *ū*, m., non-consultation: *inconsultu meo* Pl. Trin. 167, sans me consulter.

inconsummābĭlis, *e*, inusable: Euch. Laud. her. 14.

inconsummandus, *a*, *um*, qui ne doit pas périr: Paul.-Nol. Ep. app. 1, 7, p. 434, 20.

inconsummātĭo, *ōnis*, f., imperfection: Iren. 1, 2, 3.

inconsummātus, *a*, *um*, inachevé, incomplet: Ambr. Fid. 2, 15, 129 ‖ [fig.] grossier [pers.]: Amm. 21, 10, 8.

inconsumptĭbĭlis, *e*, qui ne peut se consumer, sans fin: Cassiod. Psalm. 127, 2.

inconsumptus, *a*, *um* (2 in-), non consumé: Ov. M. 7, 592 ‖ [fig.] éternel: Ov. M. 4, 17.

inconsūtĭlis, *e*, qui est sans couture: Vulg. Joh. 19, 23.

inconsūtus, *a*, *um*, non cousu: Hier. Ep. 22, 19, 3.

incontāmĭnābĭlis, *e*, qui ne peut être souillé: Tert. Marc. 4, 9, 5; Aug. Conf. 7, 3, 4.

incontāmĭnābĭlĭter, adv., sans pouvoir être souillé: Aug. Faust. 20, 11.

incontāmĭnātus, *a*, *um*, qui n'est pas souillé: Varr. R. 3, 9, 16; Liv. 4, 2, 5 ‖ *-issimus* Aug. Civ. 9, 16, 1.

incontanter, **incontātus**, ⊳ *incunct-*.

incontemplābĭlis, *e*, qu'on ne peut contempler: Tert. Marc. 5, 11, 5.

incontemptĭbĭlis, *e*, qui n'est pas méprisable: Tert. Apol. 45, 1.

incontentĭbĭlis, *e*, qu'on ne peut contenir: VL. Jac. 3, 8.

incontentus, *a*, *um* (2 in-, *contendo*), qui n'est pas tendu, lâche: Cic. Fin. 4, 75.

incontĭgŭus, *a*, *um*, qu'on ne peut toucher: Arn. 7, 3.

incontĭnens, *tis*, qui ne retient pas: Plin. 8, 168 ‖ incontinent, immodéré: Hor. O. 3, 4, 77 ‖ *sui* Sen. Nat. 3, 30, 5, qui ne se maîtrise pas.

incontĭnenter, adv. (*incontinens*), sans retenue, avec excès: Cic. Off. 3, 37; Cels. 1, 3, 2.

incontĭnentĭa, *ae*, f. (*incontinens*) ¶1 incontinence [d'urine]: Plin. 20, 161 ¶2 incapacité de restreindre ses désirs: Cic. Cael. 25.

incontingens, *entis*, impossible: Ps. Varr. Sent. 59.

incontĭnŭus, *a*, *um*, sans continuité: Boet. Mus. 2, 22.

incontrā, adv. (1 in, *contra*; fr. encontre), en face: Hier. Tract. psal. 1, p. 6, 13; Greg.-Tur. Hist. 3, 14.

incontrādīcĭbĭlis, *e* (2 in-), qui ne peut être contredit: *-bilior* Tert. Marc. 4, 39, 7.

incontrectābĭlis, *e*, insaisissable: Aug. Jul. op. imp. 6, 22.

incontristābĭlis, *e*, qui ne peut être attristé: Fulg.-R. Inc. 50.

incontrītus, *a*, *um*, sans remords: Hier. Orig. Jer. 3, 1.

inconvĕnĭens, *tis* ¶1 qui ne s'accorde pas, discordant: Cass. Fam. 12, 13, 1; Sen. Vit. 12, 3; Quint. 1, 5, 51 ¶2 qui ne convient pas, qui ne sied pas: Apul. Mund. 27.

inconvĕnĭenter, adv., sans convenance: Aug. Trin. 2, 9.

inconvĕnĭentĭa, *ae*, f., défaut d'accord, incohérence: Tert. Marc. 4, 16, 14.

inconversĭbĭlis, *e*, qu'on ne peut intervertir: Aug. Mus. 5, 21 ‖ immuable: Greg.-M. Mor. 24, 34.

inconvertĭbĭlis, *e*, immuable: Tert. Herm. 12, 1; Anim. 21, 7 ‖ qu'on ne peut convertir: Paul.-Med. Vit. Ambr. 17.

inconvertĭbĭlĭtās, *ātis*, f., invariabilité: Cassiod. Eccl. 1, 14.

inconvertĭbĭter, adv., invariablement: Rufin. Orig. princ. 2, 6, 5.

inconvincĭbĭlis, *e*, qui ne peut être persuadé: Hier. Orig. Jer. 3, 1.

inconvŏlūtus, *a*, *um*, ⊳ *involutus*: Amm. 29, 2, 1.

inconvulsĭbĭlis, *e*, inébranlable: Rust. Aceph. p. 1184 D.

inconvulsus, *a*, *um*, non arraché: Cod. Th. 5, 13, 14.

incōpĭōsus, *a*, *um*, sans ressources: Tert. Jejun. 5, 2.

incŏprĭō, *ās*, *āre*, -, - (*in copream*), tr., ridiculiser, bafouer: Commod. Instr. 1, 19, 6.

incŏquō, *ĭs*, *ĕre*, *coxī*, *coctum* (1 in), tr. ¶1 faire cuire dans (*alicui rei* ou *aliqua re*): Plin. 15, 60; Virg. G. 4, 279 ¶2 plonger dans, teindre: Virg. G. 3, 307; Sil. 17, 637 ‖ appliquer un métal fondu: Plin. 39, 162 ¶3 [fig.] *incoctus* Pers. 2, 74, imprégné de, imbu de.

incōram (1 in, *coram*), en face: Apul. M. 7, 21; 9, 10 ‖ [avec gén.] Apul. M. 9, 15; 10, 5.

incordō, *ās*, *āre*, -, - (*in corde*, cf. *recordor*), intr., inspirer: Greg.-M. Ep. 9, 9.

incŏrōnātus, *a*, *um* (2 in-), qui est sans couronne: Apul. M. 4, 29.

incorpŏrālis, *e*, incorporel, immatériel: Sen. Ep. 58, 11; Quint. 5, 10, 116.

incorpŏrālĭtās, *ātis*, f., immatérialité, incorporalité: Macr. Somn. 1, 5, 13; Tert. Anim. 7, 4.

incorpŏrālĭter, adv., immatériellement: Mamert. Anim. 3, 14.

incorpŏrātĭo, *ōnis*, f. (*incorporo*), incorporation: Cod. Th. 10, 9, 1 ‖ [chrét.] incarnation: Ambr. Fid. 1, 15, 96.

incorpŏrātus, *a*, *um*, part. de *incorporo*.

incorpŏrĕus, *a*, *um* (2 in-, *corpus*), immatériel, incorporel: Gell. 5, 15, 1; Macr. Sat. 7, 14, 10.

incorpŏrō, *ās*, *āre*, *āvī*, *ātum* (*in corpore*), tr., incorporer: Solin. 22, 20 ‖ [chrét.] *incorporatus*, incarné: Prud. Cath. 12, 80.

incorrectus, *a*, *um* (2 in-), non corrigé: Ov. Tr. 3, 14, 23.

incorrĭgĭbĭlis, *e* (2 in-, *corrigo*), incorrigible: Isid. Sent. 3, 46, 4.

incorrĭgĭbĭlĭter, adv., d'une manière incorrigible: Isid. Sent. 3, 2, 6.

incorruptē, adv. (*incorruptus*), avec intégrité, d'une manière que rien n'altère: Cic. Fin. 1, 30 ‖ correctement: Gell. 13, 21, 4 ‖ *-tius* Cic. Marc. 29.

incorruptēla, *ae*, f., [chrét.] incorruptibilité: Aug. Ep. 146, 15.

incorruptĭbĭlis, *e*, incorruptible: Lact. Inst. 1, 3, 9; Aug. Civ. 22, 26.

incorruptĭbĭlĭtās, *ātis*, f., incorruptibilité: Tert. Marc. 2, 16, 4.

incorruptĭbĭlĭter, adv., d'une manière incorruptible: *-bilius* Aug. Conf. 3, 2, 3.

incorruptĭo, *ōnis*, f., [chrét.] incorruptibilité, durée éternelle: Tert. Res. 51, 8 ‖ intégrité, virginité: Hier. Tit. 2, 7.

incorruptīvus, *a*, *um*, **incorruptōrius**, *a*, *um*, incorruptible: Hier. Ep. 119, 7, 9; Tert. Marc. 2, 16, 4.

incorruptus, *a*, *um* (2 in-) ¶1 non corrompu, non altéré, non gâté [pr. et fig.], pur, sain, intact, dans son intégrité naturelle: Cic. Brut. 36; Plin. 2, 230 ‖ Cic. Or. 64; Tusc. 1, 43; Ac. 2, 19; Brut. 132; *custos incorruptissimus* Hor. S. 1, 6, 81, le gardien le plus incorruptible ¶2 qui ne se gâte pas, incorruptible = impérissable: Sall. J. 2, 3.

incoxī, parf. de *incoquo*.

incoxō, *ās*, *āre*, -, - (*in coxam*), intr., s'accroupir: Pompon. Com. 97; Non. 39, 9.

incrassescō, *ĭs*, *ĕre*, -, - (1 in), s'épaissir: Rufin. Orig. Psalm. 38, hom. 2, 8.

incrassō, *ās*, *āre*, -, - (1 in, *crassus*), tr., [tard.] engraisser: Tert. Jejun. 6, 3 ‖ rendre épais, lourd: VL. Is. 6, 10.

incrĕābĭlis, *e* (2 in-), qui ne peut être créé: Mercat. Nest. ep. 1, 7.

incrĕātus, *a*, *um*, incréé: Ambr. Hex. 1, 1; Hier. Didym. 8.

incrēbescō, **incrĕbrescō**, *ĭs*, *ĕre*, *creb(r)ŭī*, - (1 in), intr., s'accroître, croître: Pl. Merc. 838; Cic. Fam. 7, 20, 3; Or. 66; Liv. 12, 7 ‖ se développer, se répandre [bruit, nouvelle]: *hoc increbruit* [avec prop. inf.] Cic. de Or. 1, 82, ce bruit s'est répandu que; *inde rem ad triarios*

increbesco

redisse, cum laboratur, proverbio increbuit Liv. 8, 8, 11, de là provient cette expression proverbiale "on en est venu aux triaires" pour parler d'une situation critique.

incrēdendus, *a, um* (2 in-), incroyable : Apul. *M.* 9, 12 ; *Apol.* 47.

incrēdĭbĭlis, *e* ¶ **1** incroyable, inouï, inimaginable, fantastique : Cic. *de Or.* 1, 172 ; *Fam.* 13, 54 ; *Att.* 13, 23, 3 ∥ *incredibile est* [avec interrog. indir.] : Cic. *Att.* 15, 1, 1 ; Quint. 1, 1, 32 ; [avec prop. inf.] Quint. 7, 2, 31 ; [avec sup. en *u*] Cic. *Verr.* 2, 124 ; Sall. *C.* 6, 2 ∥ indigne d'être cru : Pl. *Bac.* 614 ¶ **2** incroyant, incrédule : Ps. Apul. *Ascl.* 28 ; VL. *Tit.* 1, 16.

incrēdĭbĭlĭtās, *ātis*, f., incrédulité : Ps. Apul. *Ascl.* 27 ∥ incrédibilité : Dig. 48, 5, 29.

incrēdĭbĭlĭtĕr, adv., d'une manière incroyable, étonnamment : Cic. *Leg.* 2, 33 ; *CM* 51 ; *Att.* 8, 7, 1.

incrēdĭtus, *a, um*, à quoi l'on n'ajoute pas foi : Apul. *Socr.* 18.

incrēdŭlē, adv., avec incrédulité : Aug. *Serm.* 75, 3.

incrēdŭlĭtās, *ātis*, f., incrédulité : Apul. *M.* 1, 10 ∥ [chrét.] incrédulité religieuse : Cod. Th. 16, 8, 19 ; Tert. *Apol.* 46, 2.

incrēdŭlus, *a, um* ¶ **1** incrédule : Hor. *P.* 188 ; Quint. 10, 3, 11 ; 12, 8, 11 ∥ [chrét.] qui n'a pas la foi : Tert. *Marc.* 4, 23, 1 ¶ **2** incroyable : Gell. 9, 4, 3.

incrĕmātus, *a, um*, part., v. *incremo*.

incrĕmentō, *ās, āre*, -, - (*incrementum*), intr., augmenter : Chrysol. *Serm.* 99, 479 B.

incrĕmentŭlum, *i*, n. (dim. de *incrementum*), petit accroissement : Apul. *M.* 5, 12.

incrĕmentum, *i*, n. (*incresco*), accroissement, développement : Cic. *CM* 52 ; Col. 8 ; 15, 6 ∥ progéniture : Virg. *B.* 4, 49 ; Curt. 5, 1, 23 ∥ augmentation, addition : *incrementum afferre rei* Cic. *Fin.* 2, 88, ajouter qqch. à une chose ∥ gradation [rhét.] : Quint. 8, 4, 3 ∥ ce qui développe : *viperei dentes, populi incrementa futuri* Ov. *M.* 3, 103, les dents du dragon qui feront naître un peuple.

incrĕpātĭō, *ōnis*, f. (*increpo*), réprimande, reproche, blâme : Tert. *Marc.* 4, 7, 15.

incrĕpātīvē, adv. (*increpativus*), avec réprimande : Sidon. *Ep.* 6, 9, 1 ; Ps. Acr. Hor. *Ep.* 2, 2, 154.

incrĕpātīvus, *a, um* (*increpo*), qui reproche : Ps. Hier. *Job* 38.

incrĕpātŏr, *ōris*, m. (*increpo*), celui qui gourmande : Cassiod. *Psalm.* 140, 6 ; Ps. Acr. Hor. *P.* 174.

incrĕpātōrĭus, *a, um* (*increpo*), de reproche : Sidon. *Ep.* 9, 7, 5.

incrĕpātus, *a, um*, v. *increpo* ▶.

incrĕpāvī, v. *increpo* ▶.

incrĕpĭtō, *ās, āre, āvī, ātum* (fréq. de *increpo*) ¶ **1** intr., crier après qqn, *alicui* : Prop. 2, 26, 15 ∥ exhorter, encourager : Virg. *En.* 1, 738 ¶ **2** tr., gronder, blâmer : Caes. *G.* 2, 15, 5 ; Liv. 1, 7, 2 ∥ [avec gén.] à cause de : Sil. 8, 263 ; 9, 6 ∥ frapper : Stat. *Th.* 10, 132 ∥ reprocher, *aliquid alicui*, qqch. à qqn : V.-Max. 3, 3, 2.

1 incrĕpĭtus, part. de *increpo*.

2 incrĕpĭtŭs, abl. *ū*, m., reproche, interpellation : Tert. *Marc.* 4, 8, 7.

incrĕpō, *ās, āre, ŭī (āvī), ĭtum (ātum)* (1 *in, crepo*), intr. et tr.

I intr. ¶ **1** faire du bruit, faire un cliquetis, claquer, craquer : *discus increpuit* Cic. *de Or.* 2, 21, le disque a résonné ∥ [acc. objet intér.] *increpui hibernum* Pl. *Ru.* 69, j'ai fait entendre les grondements de la tempête, cf. *sonitum tuba increpuit* Virg. *En.* 9, 504, la trompette retentit ¶ **2** se faire entendre, éclater, se répandre : *quicquid increpuerit, Catilinam timeri* Cic. *Cat.* 1, 18, au moindre bruit, craindre Catilina ; *simul atque increpuit suspicio tumultus* Cic. *Mur.* 22, dès qu'un soupçon de guerre a éclaté, s'est ébruité.

II tr. ¶ **1 a)** faire rendre un son en heurtant : *lyram* Ov. *H.* 3, 118, faire retentir la lyre **b)** faire retentir : *cum Juppiter increpuit nubes* Ov. *M.* 12, 52, quand Jupiter a fait retentir les nuées [de sa foudre] ; *increpuit quantis viribus unda latus!* Ov. *Tr.* 1, 4, 24, avec quelle violence l'onde fait gémir les flancs du navire ! **c)** heurter, frapper d'un bruit : *ita me increpuit Juppiter* Pl. *Amp.* 1077, tellement Jupiter m'a étourdi de son fracas ¶ **2** [fig.] **a)** apostropher, *aliquem* qqn : Virg. *En.* 10, 830 ; Liv. 45, 23, 19 ; *aliquem maledictis* Sall. *C.* 21, 4, se répandre en invectives contre qqn, cf. Liv. 23, 45, 5 ∥ *Cn. Fulvi similitudinem nominis increpans* Liv. 27, 1, 9, ironisant sur la ressemblance du nom de Cn. Fulvius **b)** réprimander, faire des reproches à, blâmer : *aliquem* Cic. *Sest.* 132 ; *perfidiam alicujus* Cic. *Q.* 2, 3, 3, blâmer qqn, la perfidie de qqn : *aliquem avaritiae* Suet. *Cal.* 39, reprocher à qqn son avarice, cf. Suet. *Galb.* 15 ; [poét.] *stimulo tardos boves* Tib. 1, 1, 30, stimuler avec l'aiguillon la lenteur des bœufs, cf. Virg. *G.* 4, 71 **c)** dire qqch. en invectivant : *haec in regem increpans* Liv. 1, 51, 1, en adressant au roi ces invectives ∥ *increpare quod* Liv. 4, 32, 2, blâmer de ce que ; [avec prop. inf.] invectiver, faire des reproches en disant que : Liv. 3, 3, 6 ; [avec interrog. indir.] demander sur un ton de reproche : Liv. 3, 60, 11 ; [avec *ne*] Hor. *O.* 4, 15, 2, donner l'avertissement de ne pas.

▶ formes *increpavi* Tert. *Pud.* 14, 2 ; Vulg. *Gen.* 21, 25 ; *increpatus* Just. 11, 3, 5.

incrĕpundĭa, *ōrum*, n. pl. (1 *in*), *crepundia* [fig.] : Fulg. *Aet.* 11, p. 167, 16 H.

incrēscō, *ĭs, ĕre, ēvī*, - (1 *in, cresco*) ; it. *rincrescere*, intr. ¶ **1** croître sur [avec dat.] : Plin. 28, 163 ¶ **2** pousser, croître : Ov. *M.* 11, 48 ; Col. 3, 21 ∥ s'accroître : Virg. *En.* 9, 688 ; Liv. 1, 23, 8 ; 10, 5, 2 ∥ [rhét.] aller en gradation : Quint. 8, 4, 2.

incrētō, *ās, āre*, -, - (*in creta*), tr., blanchir avec de la craie : Petr. 102, 14 ; Veg. *Mul.* 2, 82, 4.

1 incrētus, *a, um* (2 *in-, cerno*), non tamisé : Apul. *M.* 7, 15.

2 incrētus, *a, um*, part. de *incerno*.

incribrātus, *a, um* (1 *in*), part. de l'inus. *incribro*, tamisé au-dessus : Plin. 17, 76.

incrīmĭnātĭō, *ōnis*, f., impossibilité d'être accusé, innocence : VL. *Philipp.* 3, 14.

incrīmĭnō, *ās, āre*, -, - (*in crimen*), act., tr., accuser : Greg.-Tur. *Vit. Patr.* 6, 5.

incrīmĭnŏr, *ārĭs, ārī,* - (*in crimine*, cf. *criminor*), dép., tr., accuser : Pallad. *Mon.* 2, 19, p. 376 D.

incrispātĭō, *ōnis*, f. (1 *in, crispo*), frisure : Aug. *Ep.* 112, 22.

incrŏcō, *ās, āre, āvī, ātum* (germ., *in *croco* ; fr. *encroué*), tr., accrocher, suspendre : L. Sal. *capit.* 1, 2.

incrūdēscō, *ĭs, ĕre*, -, -, ⊂ *crudesco* : Not. Tir. 81.

incrŭentātus, *a, um* (2 *in-, cruento*), non ensanglanté : Ov. *M.* 12, 497.

incrŭentē, adv. (*incruentus*), sans répandre de sang : Prud. *Perist.* 10, 1094.

incrŭentus, *a, um*, non ensanglanté : Sall. *C.* 61, 7 ; Liv. 2, 56, 15 ∥ qui n'a pas versé son sang, non blessé : Liv. 8, 29, 12 ; *incruento exercitu* Sall. *J.* 92, 4, sans que l'armée ait perdu de son sang.

incrustātĭō, *ōnis*, f. (*incrusto*), revêtement [de marbre] : Dig. 8, 2, 13 ; 50, 16, 79.

incrustō, *ās, āre, āvī, ātum* (*in crusto*), tr., couvrir d'une croûte, d'une couche d'un enduit : Varr. *R.* 3, 14, 1 ; 3, 15, 1 ∥ salir : Hor. *S.* 1, 3, 56.

incŭba, *ae*, m. (1 *incubo*, cf. 2 *incubo*), possesseur illégitime, usurpateur : *Gloss. 5, 601, 36.

incŭbātĭō, *ōnis*, f. (*incubo*) ¶ **1** couvaison, incubation : Plin. 10, 152 ¶ **2** [fig.] possession illégitime : Cod. Just. 7, 38, 3.

incŭbātŏr, *ōris*, m. (*incubo*) ¶ **1** celui qui couche dans (v. *incubo* ¶ 2) : Tert. *Anim.* 49, 2 ¶ **2** possesseur illégitime, usurpateur : Macr. *Somn.* 1, 10, 16 ; Cod. Th. 16, 10, 20.

incŭbātrix, *īcis*, f., celle qui se couche dessus, qui s'étend au-dessus : Aug. *Serm.* 28, 4 Mai.

incŭbĭtō, *ās, āre, āvī, ātum* (fréq. de *incubo*) ¶ **1** intr., couver dans : Col. 8, 14, 9 ¶ **2** tr.[au pass.], être couvé : Pl. *Pers.* 284.

1 incŭbĭtus, *a, um*, part. de *incubo*.

2 incŭbĭtŭs, *ūs*, m., position de celui qui se couche sur : Plin. 28, 54 ∥ incubation : Plin. 10, 152.

1 incŭbō, *ās, āre, ŭi (āvi), ĭtum (ātum)* (*1 in*), intr. qqf. tr. ¶ **1** être couché (étendu) dans, sur : [avec dat.] Curt. 7, 21, 8 ; Liv. 21, 27, 5 ‖ [fig.] *ponto nox incubat atra* Virg. En. 1, 89, sur la mer s'étend une noire nuit ; *umero incubat hasta* Ov. M. 6, 593, une lance repose sur son épaule ¶ **2** [en part.] être couché dans un temple sur la peau des victimes pour attendre les songes de la divinité et en tirer une interprétation : Virg. En. 7, 88 ; [et aussi pour obtenir la guérison d'une maladie] : Pl. Curc. 61 ; 266 ¶ **3** couver **a)** intr., Col. 8, 5, 10 **b)** tr., Plin. 10, 161 ; *ova incubita* Plin. 29, 45, œufs couvés ¶ **4** [fig.] couver une chose, veiller sur elle jalousement : *pecuniae* Cic. Clu. 72, couver son argent ; *defosso incubat auro* Virg. G. 2, 507, il couve l'or qu'il a enfoui, cf. Liv. 6, 15, 5 ; Quint. 10, 1, 2 ; *dolori* Sen. Marc. 1, 1, couver (entretenir) sa douleur ¶ **5** être couché sur = ne pas lâcher prise ‖ *Italiae* Flor. 2, 6, 57, être rivé à l'Italie ‖ séjourner ‖ *Erymantho* Ov. H. 9, 87, séjourner sur l'Érymanthe [Arcadie] ‖ tr., habiter un lieu : Apul. M. 7, 190 ¶ **6** être contigu à : *jugum incubans mari* Plin. 6, 53, montagne touchant la mer ¶ **7** *incubare rei alienae* Cod. Th. 4, 18, 1, s'emparer de la chose d'autrui, prendre par usurpation.

▶ *incubaturus* Tert. Anim. 48, 3.

2 incŭbo, *ōnis*, m., gardien d'un trésor : Petr. 38, 8 ‖ incube : Tert. Anim. 44, 2.

incŭbŭī, parf. de *incubo* et *incumbo*.

incŭbus, *i*, m. (*1 incubo*), incube [démon nocturne] : Aug. Civ. 15, 23 ; Serv. En. 6, 776 ; Isid. 8, 11, 103.

incūdis, V. *incus*.

inculcātē, adv., inus ; *inculcatius* Aug. Serm. 162, 2, d'une façon plus pénétrante.

inculcātĭo, *ōnis*, f. (*inculco*), action d'inculquer : Tert. Apol. 39, 3.

inculcātŏr, *ōris*, m., qui foule aux pieds : Tert. Scorp. 6, 1 ‖ qui inculque : Cassiod. Var. 12, 1.

inculcātus, *a, um* (*inculco*) ¶ **1** rempli, bourré : Gell. 2, 6, 24 ¶ **2** ressassé, connu : Aug. Nupt. 2, 28, 47.

inculcō, *ās, āre, āvī, ātum* (*1 in, calco*), tr. ¶ **1** fouler : Col. 2, 20, 1 ; 11, 3, 34 ¶ **2** fourrer, intercaler : Cic. Off. 1, 111 ; Or. 50 ; *opus inculcatum* Cic. Att. 16, 3, 1, œuvre avec des additions ¶ **3** faire pénétrer dans [avec dat.] : *aliquid oculis, animis* Cic. Nat. 1, 108, faire entrer dans les yeux, dans les esprits ‖ *Graeci se inculcant auribus nostris* Cic. de Or 2, 19, les Grecs cherchent à envahir nos oreilles, veulent s'imposer à nos oreilles ‖ *inculcatur id quod traditur, vel etiam inculcatur* Cic. de Or 1, 127, ce qu'on enseigne ou même que l'on inculque ‖ *inculcatum est Metello* [avec prop. inf.] Cic. Verr. 3, 156, on a fait pénétrer dans l'esprit de Métellus que ; [avec *ut*] Cic. Vat. 26, suggérer de ¶ **4** mépriser, braver : Tert. Nat. 1, 10, 20.

inculpābĭlis, *e* (*2 in-*), irréprochable : Avien. Arat. 281 ; Solin. 30, 32.

inculpābĭlĭtĕr, adv., irréprochablement : Cassiod. Var. 5, 27 ; Aug. Serm. 53, 6, 6.

inculpandus, *a, um*, non blâmable : Aug. Ord. 1, 1, 1.

inculpātē, adv. (*inculpatus*), sans faute : Ambr. Jac. 2, 3, 12.

inculpātim, adv. (*inculpatus*), sans faute : Cod. Th. 6, 30, 20.

inculpātĭo, *ōnis*, f. (*inculpo*), accusation, inculpation : Boet Top. Arist. 8, 4.

inculpātus, *a, um* (*2 in-, culpatus*), irréprochable : Ov. M. 9, 673 ‖ *-issimus* Gell. 14, 2, 4.

inculpō, *ās, āre, -, -* (*in culpam*), tr., inculper : Boet. Top. Arist. 8, 4.

incultē, adv. (*incultus*), d'une manière négligée : Cic. Quinct. 18 ‖ sans soin, sans apprêt : Cic. Or. 28.

1 incultus, *a, um* (*2 in-, 1 cultus*) ¶ **1** inculte, en friche : Cic. Brut. 16, 259 ; Nat. 1, 24 ¶ **2** non cultivé, non soigné, non paré, rude, négligé : Cic. Brut. 117 ; Agr. 2, 13 ‖ sans éducation : Sall. C. 2, 8 ‖ sans culture : Hor. Ep. 1, 3, 22 ‖ sauvage : Tib. 4, 1, 59.

2 incultŭs, *ūs*, m. (*2 in-, 2 cultus*), défaut de culture, de soin, abandon, négligence [fig.] : Sall. C. 55, 4 ; J. 2, 4 ; Liv. 42, 12, 7.

incumba, *ae*, f. (*incumbo*), imposte [archit.] : Vitr. 6, 8, 4.

incumbō, *ĭs, ĕre, cŭbŭī, cŭbĭtum* (*1 in, cumbo*), intr. ¶ **1** s'étendre sur, s'appuyer sur : *toro* Virg. En. 4, 650, s'étendre sur un lit ; *olivae* Plin. B. 8, 16 ; *in scuta* Liv. 35, 5, 7, s'appuyer sur un bâton d'olivier, sur des boucliers ; *sarcinis* Liv. 22, 2, 8, s'étendre sur les bagages ; *remis* Virg. En. 5, 15, peser sur les rames ¶ **2** se pencher : *ad aliquem* Ov. M. 9, 385 ; *alicui* Quint. 11, 3, 132, se pencher vers qqn ; *silex incumbebat ad amnem* Virg. En. 8, 236, le rocher penchait vers le fleuve ; *laurus incumbens arae* Virg. En. 2, 514, un laurier penché sur l'autel ‖ *in gladium* Cic. Inv. 2, 154 ; *gladio* Her. 1, 18 ; *gladium* Pl. Cas. 308, se jeter sur son épée ¶ **3** peser sur, s'abattre sur : *in hostem* Liv. 30, 34, 2, faire pression sur l'ennemi, cf. Liv. 27, 40, 6 ; *aestas incumbens scopulis* Virg. G. 2, 377, la chaleur d'été pesant sur les rochers ; *tempestas incubuit silvis* Virg. G. 2, 311, la tempête s'est abattue sur la forêt, cf. Virg. En. 1, 84 ; Hor. O. 1, 3, 30 ¶ **4** [fig.] **a)** s'appliquer à : *in aliquam rem, ad aliquam rem* Cic. Phil. 4, 12 ; 6, 2 ; *alicui rei* Tac. D. 3 ; Plin. Ep. 7, 27, 9 **b)** peser sur, faire pression sur (*alicui*, qqn) : Cic. de Or. 2, 324 ; Tac. An. 14, 54 ; *alicui rei* Liv. 3, 16, 5 **c)** se pencher, se porter vers : *idem volunt omnes ordines, eodem incumbunt municipia* Cic. Phil. 6, 18, c'est là aussi ce que veulent tous les ordres de l'État, c'est le but où tendent les municipes ; *eos, qui audiant, quocumque incubuerit (orator), impellere* Cic. de Or. 3, 55, pousser l'auditeur du côté, quel qu'il soit, où il (l'orateur) se porte lui-même, cf. Cic. Mur. 53 **d)** [avec inf.] s'appliquer à faire qqch. : Virg. G. 4, 249 ; Tac. H. 2, 10 ; [à noter] *haec doce, haec profer, huc incumbe decuriasse Plancium* Cic. Planc. 45, montre, étale au jour, attache-toi à prouver que Plancius a formé des cabales ; [avec *ut*] Cic. Fam. 10, 19, 2, se donner à la tâche de ; [abs^t] Virg. En. 4, 397, se mettre au travail ¶ **5** [tard.] incomber à qqn de [avec inf.] : *incumbit Marcioni* Tert. Marc. 5, 15, 5, il incombe à Marcion de.

incūnābŭla, *ōrum*, n. pl. (*1 in, cunabula*), garnitures de berceau, langes, maillot des enfants : Pl. Truc. 877 ; Amp. 1104 ‖ berceau : Ov. M. 3, 317 ‖ lieu de naissance : Cic. Att. 2, 15, 3 ; Ov. M. 8, 99 ‖ enfance : Liv. 4, 36 ; Amm. 14, 6, 4 ‖ [fig.] origine, commencement : Cic. Or. 42 ; de Or. 1, 23.

incunctābĭlis, *e* (*2 in-, cunctor*), qui ne souffre pas d'hésitation : Dig. 22, 5, 21.

incunctābundus, *a, um*, qui ne tarde pas : Consult. Zacch. 1, 18.

incunctans, *tis* (*2 in-, cunctor*), qui n'hésite pas : Paul.-Petr. Mart. 5, 134.

incunctantĕr, adv. (*incunctans*), sans hésitation : Lact. Inst. 6, 12, 23.

incunctātus, *a, um* (*2 in-, cunctor*), fait sans retard : Apul. M. 5, 14.

incŭpĭdus, *a, um* (*1 in*), qui désire vivement [avec gén.], *incupidior* Afran. Com. 361.

incūrābĭlis, *e* (*2 in-*), incurable : Cassiod. Eccl. 2, 6.

incūrābĭlĭtĕr, adv. (*incurabilis*), d'une manière incurable : CIL 4, 3034.

incūrātē, adv., sans soin, négligemment : Boet. Herm. sec. 4, 10, p. 264, 15.

incūrātus, *a, um*, non soigné [plaie] : Hor. Ep. 1, 16, 24 ‖ [fig.] négligé : Vop. Aur. 28.

incūrĭa, *ae*, f. (*2 in-, cura*), défaut de soin, négligence, insouciance : Cic. Lae. 86 ; Prov. 5 ; Hor. P. 352.

incūrĭōsē, adv. (*incuriosus*), négligemment, sans soin : Liv. 8, 38, 2 ; Gell. 2, 6, 1 ; *-ius* Tac. H. 4, 28.

incūrĭōsĭtās, *ātis*, f. (*incuriosus*), négligence : Cassiod. Var. 7, 4 ; Salv. Gub. 1, 1.

incūrĭōsus, *a, um* (*incuria*) ¶ **1** qui n'a pas de souci, indifférent, sans égards [avec gén.] : Plin. Ep. 8, 20, 1 ; Tac. An. 2, 88 ‖ [avec dat.] Tac. An. 14, 38 ‖ [avec en abl.] Suet. Aug. 79 ‖ *pace incuriosus* Tac. An. 4, 45, rendu négligent par la paix ¶ **2** sans soin, négligé : Tac. An. 6, 17 ; Suet. Galb. 3.

incurrō, *ĭs, ĕre, currī* et *cŭcurrī, cursum* (*1 in*), intr., qqf. tr. ¶ **1** courir

incurro

contre, se jeter sur **a)** *in columnas* Cic. *de Or.* 224, donner de la tête en courant contre les colonnes ; *levi armaturae* Liv. 22, 17, 6, venir donner (se heurter) contre les troupes légères ; *armentis* Ov. M 7, 546, se jeter sur les troupeaux ; *Mauris* Sall. *J.* 101, 8 ; *in Romanos* Liv. 5, 49, 5, fondre sur les Maures, sur les Romains **b)** tr., *incurrere hostes* Sall. H. 2, 30 ; Tac. *An.* 1, 51 ; 2, 17, fondre sur les ennemis **c)** *in aliquem* Cic. *Sest.* 14, tomber sur qqn, le rencontrer par hasard, cf. Cic. *Planc.* 17 ¶ 2 courir dans, faire irruption dans : *in agrum Gallorum* Liv. 29, 5, 6, envahir le territoire gaulois ; *in quadrigarum curriculum* Cic. *Mur.* 57, se précipiter sur la piste des quadriges ; *in umbram terrae luna incurrit* Cic. *Div.* 2, 17, la lune dans sa course se jette dans l'ombre de la terre ∥ *agri, qui in publicum Campanum incurrebant* Cic. *Agr.* 2, 82, des terres qui étaient enclavées dans le domaine campanien ¶ 3 [fig.] **a)** *in aliquem* foncer sur qqn, en paroles, faire une sortie contre qqn : Trebon. *Fam.* 12, 16, 3 **b)** tomber sur, arriver à : *casus qui in sapientem potest incurrere* Cic. *Tusc.* 5, 29, le hasard qui peut atteindre le sage ∥ se présenter : *incurrunt tempora* Cic. *de Or.* 2, 139, il se présente des circonstances, cf. Cic. *Top.* 79 ; *Part.* 51 ∥ *in oculos incurrentibus iis quos...* Cic. *Att.* 12, 21, 5, alors que se présentent sous mes yeux des gens que... **c)** se jeter dans, donner dans, encourir : *in odia hominum* Cic. *Off.* 1, 150, encourir la haine des hommes ; *in alterum genus injustitiae* Cic. *Off.* 1, 29, donner dans le second genre d'injustice, s'en rendre coupable, cf. *Off.* 3, 55 ; *in varias reprehensiones* Cic. *Fin.* 1, 1, s'exposer à des critiques variées ; *incurrit laurus non solum in oculos, sed etiam in voculas malivolorum* Cic. *Fam.* 2, 16, 2, mes lauriers attirent non seulement les regards, mais encore les quolibets de la malveillance **d)** tomber dans, se rencontrer avec, coïncider : *quem in diem incurrat (febris) nescio* Cic. *Att.* 7, 7, 3, quel est le jour de ta fièvre, je l'ignore ; *navigatio incurrit in ipsos etesias* Cic. *Fam.* 15, 11, 2, la traversée coïncide juste avec les vents étésiens ; [avec dat.] Suet. *Tib.* 26 **e)** arriver dans sa course (au cours d'un exposé) à : *incurro in memoriam communium miseriarum* Cic. *Brut.* 251, je m'engage dans le souvenir des malheurs publics ; *in nostra tempora incurrens* Cic. *Q.* 3, 5, 2, en m'engageant dans les événements contemporains **f)** tr., assaillir : *ingratos memoria incurrit* Sen. *Ben.* 1, 12, 1, le souvenir assaille les ingrats (s'impose à eux).

incursātĭō, ōnis, f. (*incurso*), incursion : Non. 44, 27.

incursax, ācis (*incurso*), qui fait des incursions : Sidon. *Ep.* 8, 12, 3.

incursĭbĭlis, e (*incurro*), exposé aux incursions : Novel.-Just. 30, 8.

incursim, adv. (*incurro*), rapidement : Caecil. *Com.* 46.

incursĭo, ōnis, f. (*incurro*) ¶ 1 choc contre : Cic. *Nat.* 1, 114 ; *Fin.* 1, 21 ∥ attaque : Cic. *Caecin.* 44 ¶ 2 incursion : Caes. *G.* 6, 10 ; *in fines Romanorum incursionem facere* Liv. 1, 11, 1, faire une incursion sur le territoire des Romains.

incursĭtō, ās, āre, -, - (fréq. de *incurso*) ¶ 1 intr., se jeter sur : [avec in acc.] Sen. *Vit.* 27, 1 ∥ [abs¹] agresser : Sen. *Ir.* 2, 35, 5 ¶ 2 se heurter contre (*in aliquem*, contre qqn) : Sen. *Ir.* 3, 6, 4 ∥ [abs¹] courir en heurtant : Sen. *Ep.* 110, 7.

incursō, ās, āre, āvī, ātum (fréq. de *incurro*), intr. et tr.

I intr. ¶ 1 courir contre, se jeter sur : *in hostem* Liv. 36, 14, 12, fondre sur l'ennemi ; [fig.] *incursabit in te dolor meus* Cic. *Att.* 12, 41, 2, mon chagrin retombera sur toi ¶ 2 heurter contre : *rupibus* Ov. M. 14, 190, donner contre les rochers ¶ 3 [fig.] se présenter : *quae oculis incursant* Quint. 10, 3, 28, ce qui frappe les yeux, s'offre aux regards.

II tr., fondre sur, attaquer : *agmen incursatum ab equitibus* Liv. 24, 41, 4, colonne assaillie par les cavaliers ∥ faire irruption dans : *agros* Liv. 2, 48, 6, faire des incursions dans la campagne.

incursōrĭus, a, um, qui pénètre (s'étend) jusque... : Grom. 336, 23.

1 incursus, a, um, part. de *incurro*.

2 incursŭs, ūs, m., heurt, choc, rencontre, attaque : Cic. *Caecin.* 22 ; Caes. *C.* 1, 71 ; Liv. 2, 25, 4 ∥ [en parl. de choses] : Ov. M. 11, 497 ; 11, 731 ; Quint. 10, 7, 3.

incurvābĭlĭs, e, qui ne peut être courbé : Cassiod. *Var.* 10, 30.

incurvātĭō, ōnis, f. (*incurvo*), action de courber, courbure : Plin. 17, 207 ∥ génuflexion : Cassian. *Inst.* 2, 7, 1 ∥ [fig.] *cordis* Aug. *Ep.* 181, 9, perversion du cœur.

incurvātus, a, um, part. de *incurvo*.

incurvescō (**incurvīscō**), ĭs, ĕre, -, -, intr., se courber, plier : Enn. d. Cic. *de Or.* 3, 154.

incurvĭcervīcus, a, um (*incurvus*, *cervix*), à la nuque recourbée : Pacuv. *Tr.* 408.

incurvĭtās, ātis, f. (*incurvus*), courbure : Chalc. 62.

incurvō, ās, āre, āvī, ātum (1 in, *curvo*), tr. ¶ 1 courber, plier : Virg. *En.* 5, 500 ; [pass. réfl.] se plier : Plin. 16, 222 ∥ courber qqn : Sen. *Nat.* 5, 15, 3 ; [pass. réfl.] Sen. *Polyb.* 7, 1, se courber, plier ∥ *incurvatus* Cic. *Fin.* 2, 33, courbé [bâton] ¶ 2 [fig.] abattre : Sen. *Ir.* 3, 5, 8 ∥ émouvoir : Pers. 1, 91 ∥ = *paedicare* Mart. 11, 43, 5.

incurvus, a, um (*incurvo*), courbé, courbe, arrondi : Cic. *Div.* 1, 30 ; *Verr.* 2, 87 ; Virg. *G.* 1, 494 ∥ [fig.] voûté [vieillard] : Ter. *Eun.* 336.

incūs, ūdis, f. (1 in, *cudo* ; cf. it. *incudine*, fr. *enclume*), enclume : Cic. *Nat.* 1, 54 ; Virg. *G.* 2, 540 ; *uno opere eandem incudem tundere* Cic. *de Or.* 2, 162, dans une tâche invariable frapper sur la même enclume, s'occuper de la même chose ; *incudi reddere versus* Hor. *P.* 441, remettre les vers sur l'enclume, sur le métier ; *juvenes in ipsa studiorum incude positi* Tac. *D.* 20, les jeunes gens encore en voie de se façonner par l'étude.

incūsābĭlis, e (*incuso*), répréhensible : -*bilior* Tert. *Nat.* 1, 12, 4.

incūsātĭō, ōnis, f. (*incuso*), reproche, blâme : Cic. *de Or.* 3, 106.

incūsātīvus casus, 🄲 ▸ accusativus : Diom. 314, 16.

incūsātor, ōris, m., accusateur : Cod. Just. 12, 36, 18.

incūsātus, a, um, part. de *incuso*.

incūsō, ās, āre, āvī, ātum (in causam, cf. *accuso*), tr., accuser [au sens de faire des reproches à], blâmer : *aliquem vehementer* Caes. *G.* 1, 40, 1, accabler qqn de violents reproches, cf. *G.* 2, 15, 5 ; Virg. *En.* 11, 471 ; *aliquem superbiae* Tac. *An.* 2, 78, accuser qqn d'orgueil ∥ reprocher, se plaindre de qqch. : *injurias Romanorum* Liv. 8, 23, 4, dénoncer les injustices des Romains, cf. Liv. 1, 9, 14 ; Tac. *An.* 1, 35 ; 6, 23 ∥ [avec prop. inf.], articuler comme grief, comme reproche, que : Liv. 24, 1, 10 ; 26, 12, 11 ; 31, 6, 4 ; Tac. *An.* 4, 17 ; *incusabatur toleraturus...* Tac. *An.* 6, 3, on arguait contre lui qu'il supporterait ∥ [avec *quod* et subj.] : *incusat se quod me moretur* Plin. *Ep.* 6, 20, 12, elle s'accuse, (se reproche) de me retarder.

incussŏr, ōris, m., celui qui frappe : Paul.-Petr. *Mart.* 5, 287.

1 incussus, a, um, part. de *incutio*, adj., frappant [fig.] : Tert. *Marc.* 2, 25, 2.

2 incussŭs, ūs, m., choc, coup : Sen. *Const.* 6, 4 ; Tac. *H.* 4, 23.

incustōdītus, a, um (2 in-, *custodio*) ¶ 1 non gardé, sans garde : Ov. *Tr.* 1, 6, 10 ; Mart. 1, 35, 1 ∥ négligé, non observé : Tac. *An.* 12, 4 ¶ 2 qui ne prend pas garde, imprudent : Plin. *Ep.* 6, 29, 10.

1 incūsus, a, um (1 in, *cudo*), *incusa auro dona* Pers. 2, 52, présents incrustés d'or ; *lapis incusus* Virg. *G.* 1, 275, pierre piquée au marteau [pour servir de meule], cf. Col. 7, 1, 3.

2 incūsus, a, um (2 in-, *cudo*), non travaillé, brut : *Aus. Epigr.* 92 (131), 4.

incŭtĭō, ĭs, ĕre, cussī, cussum (1 in, *quatio*), tr. ¶ 1 heurter contre, appliquer en frappant : *scipionem in caput* Liv. 5, 41, 9, assener un coup de bâton sur la tête de qqn ; *pedem terrae* Quint. 2, 12, 10, frapper son pied contre la terre ∥ *alicui colaphum* Juv. 9, 5, donner une gifle à qqn ∥ *incussi articuli* Plin. 30, 78, membres contusionnés ; [n. pl.] *incussa* Plin. 29, 33, parties contusionnées, contusions ¶ 2 lancer contre : *hastas, tela,*

saxa Tac. *An.* 13, 39 ; *H.* 3, 31, lancer des javelots, des traits, des pierres ; *imber grandinem incutiens* Curt. 8, 4, 5, pluie mêlée de grêle ¶ **3** [fig.] envoyer, inspirer, susciter : *alicui terrorem* Cic. *Tim.* 37, inspirer de la terreur à qqn ; *timor incutitur* Cic. *de Or.* 2, 209, on inspire de la frayeur ; *animo religionem* Liv. 22, 42, 9, jeter dans l'âme une crainte religieuse ; *alicui negoti aliquid* Hor. *S.* 2, 1, 80, susciter à qqn quelque embarras ‖ *alicui nuntium* Liv. 2, 8, 7, apporter brusquement une nouvelle à qqn.

indăgābĭlis, *e* (*indagare*), qui recherche : Grom. 394, 5.

indăgātĭo, *ōnis*, f. (*indagare*), recherche : Cic. *Off.* 1, 15 ; *Tusc.* 5, 69.

indăgātŏr, *ōris*, m. (*indagare*) ¶ **1** celui qui suit la piste, quêteur : Isid. 10, 282 ‖ qui est à la recherche de : Col. 2, 2, 20 ; 9, 8, 12 ¶ **2** [fig.] investigateur, chercheur, scrutateur : Pl. *Trin.* 240 ; Vitr. 1, 6, 6.

indăgātrix, *īcis*, f. (*indagator*), celle qui cherche : Cic. *Tusc.* 5, 5 ; Val.-Max. 9, 4.

¹ indăgātus, *a*, *um*, part. p. de *indago*.

² indăgātŭs, abl. *ŭ*, m., ⬛▸ *indagatio* : Apul. *M.* 7, 7.

indăgēs, *is*, f. (1 *indago*, cf. *ambages*), recherche : Prud. *Sym.* 2, 846 ; Mamert. *Anim.* 2, 2.

¹ indăgō, *ās*, *āre*, *āvī*, *ātum* (*endo, ago*, cf. *placo, sedo*), tr. ¶ **1** [absᵗ] suivre la piste : Cic. *Fin.* 2, 39 ‖ *feras* Varr. *L.* 51, 94, suivre les animaux à la piste, cf. Col. 3, 10, 9 ¶ **2** [fig.] rechercher, dépister : Cic. *Verr.* 2, 135 ; *Mil.* 103 ; *Or.* 11 ; *Tusc.* 5, 64 ; Plin. 2, 80 ‖ *aliquid de re publica* Cic. *Att.* 2, 4, 4, dépister, découvrir qqch. concernant les affaires publiques.

² indăgō, *ĭnis*, f. (1 *indago*, cf. *compago*) ¶ **1** entourage de filets, cordon de filets ou de chasseurs : Virg. *En.* 4, 121 ; Tib. 4, 3, 7 ‖ filet, réseau : Hirt. *G.* 8, 18 ; Liv. 7, 37, 14 ¶ **2** recherche, investigation : Plin. 9, 16 ; Gell. 7, 16, 6.

indăgŏr, *ārĭs*, *ārī*, -, dép., ⬛▸ 1 *indago* : Varr. *L.* 5, 94.

indăgus, *a*, *um*, qui cherche la piste : *Gloss. 5, 26, 10.

indalbo, ▸ *inalbo*.

indaudio, ▸ *inaudio*.

indĕ, adv. (cf. *is, hinc, unde* et *de*, ou ἔνθεν ; fr. *en*) ¶ **1** [local] de là, de ce lieu : *legiones sese receperunt inde, quo temere erant progressae* Caes. *C.* 3, 45, 6, les légions se retirèrent de l'endroit où elles s'étaient aventurées témérairement ; *inde loci* Lucr. 5, 438, de là ¶ **2** = *ex ea re*, de là : Cic. *Amer.* 75 ; *inde est quod* Plin. *Ep.* 7, 5, 1, de là vient que ; *inde quod* (= *ex eo, quod*) Ter. *Haut.* 54, de ce fait que, cf. Quint. 3, 2, 2 [v. Gaffiot *Subj.* p. 7] ‖ *ex iis* Ter. *Ad.* 47, d'eux, d'entre eux, parmi eux, cf. Liv. 1, 18, 5 ‖ *ab iis* Curt. 3, 1, 8, d'eux, de leur part ¶ **3** [temporel] à partir de là : *jam inde* Liv. 3, 36, 1, à partir de ce moment ; *jam inde ab ortu* Cic. *Nat.* 2, 124, dès la naissance ; *jam inde a principio hujus imperii* Cic. *Prov.* 33, depuis l'origine de notre domination ‖ *castra altera sunt adorti, inde tertia et quarta et deinceps reliqua* Caes. *C.* 3, 9, 7, ils attaquèrent le deuxième camp, puis le troisième et le quatrième et successivement tous les autres ; *deinceps inde* Cic. *Brut.* 12, à partir de là successivement.

indēbĭte, **indēbĭtō** (*indebitus*), indûment, injustement : Dig. 22, 3, 5, 4 ‖ Dig. 12, 6, 25.

indēbĭtus, *a*, *um* (2 *in-, debeo*), qui n'est pas dû : Virg. *En.* 6, 66 ; Ov. *H.* 16, 9 ‖ illégitime, défendu : Stat. *Th.* 2, 428 ; Hier. *Ep.* 38, 4, 4 ‖ subst. n., l'indu : *condictio indebiti* Dig. 12, 6 tit., action en répétition (réclamation) de l'indu.

indĕcens, *entis* (2 *in-*), inconvenant, messéant, repoussant, laid [en parl. des pers. et des choses] : Mart. 5, 147 ; Petr. 128, 1 ; Quint. 11, 3, 158 ; Suet. *Cl.* 30 ‖ -*tior* Sen. *Contr.* 5, pr. ; -*issimus* Sidon. *Ep.* 9, 1, 2.

indĕcentĕr, adv., d'une manière inconvenante : Mart. 12, 22, 1 ; Quint. 1, 5, 64 ‖ -*centius* Sen. *Ep.* 27, 5 ; -*issime* Quint. 8, 3, 45.

indĕcentĭa, *ae*, f. (*indecens*), inconvenance : Vitr. 7, 5, 6.

indĕceptĭbĭlis, *e*, qu'on ne peut tromper : Boet. *Top. Arist.* 5, 3.

indĕcet, *ēre* (2 *in-, indecens, decet*), tr., être inconvenant : *juvenes ea non indecent* Plin. *Ep.* 3, 1, 2, cela ne messied pas à la jeunesse.

indĕcĭdŭus, *a*, *um*, qui ne tombe pas : Boet. *Top. Arist.* 6, 2.

indĕcīsus, *a*, *um*, non tranché, indécis : Greg.-M. *Ep.* 14, 8.

indēclīnābĭlis, *e*, qui ne dévie pas : Sen. *Ep.* 66, 13 ; Gell. 7, 2, 1 ‖ indéclinable : Diom. 309, 34.

indēclīnābĭlĭtĕr, adv., sans dévier : Aug. *Civ.* 9, 22.

indēclīnātus, *a*, *um* (2 *in-, declino*), inébranlable : Ov. *Pont.* 4, 10, 83 ; *Tr.* 4, 5, 24.

indēclīvis, *e*, sans pente : Chalc. *Tim.* 34 B.

indĕcŏr, **indĕcŏris**, *is*, *e*, sans gloire, indigne : Acc. d. Non. 489, 1 ; Virg. *En.* 11, 845 ; Val.-Flac. 1, 810.
▶ *indecor* Char. 85, 27 ; Prisc. 2, 235, 15.

indĕcŏrābĭlĭtĕr, ⬛▸ *indecore* : Acc. *Tr.* 258.

indĕcōrē, adv. (*indecorus*), d'une manière inconvenante : Cic. *Off.* 1, 14 ; Tac. *H.* 5, 23.

indĕcŏris, ▸ *indecor*.

indĕcŏrō, *ās*, *āre*, -, -, tr., déshonorer : Acc. *Tr.* 459.

indĕcōrōsus, *a*, *um*, ⬛▸ *indecorus* : Ps. Orig. *Job* 2, 462 D.

indĕcōrus, *a*, *um*, inconvenant : Cic. *Off.* 1, 94 ; *Or.* 82 ‖ *indecorum est* [avec inf.] Cic. *Or.* 72, il ne convient pas de ‖ laid : Plin. 14, 28.

indēfătīgābĭlis, *e* et **indēfătīgātus**, *a*, *um*, infatigable : Sen. *Ir.* 2, 12, 4 ; Marc. 18, 1.

indēfectĭbĭlĭtĕr, adv., sans défaillance, fermement : Max. 7, 237 D.

indēfectus, *a*, *um* (2 *in-, deficio*), invariable, non affaibli : Apul. *Socr.* 4 ; Tert. *Pall.* 3, 3.

indēfensē, adv. (*indefensus*), sans défense : Cod. Just. 4, 18, 2.

indēfensus, *a*, *um* (2 *in-, defendo*), qui est sans défense : Liv. 25, 15, 2 ; Tac. *An.* 2, 77.

indēfessē et **-fessim** (*indefessus*), sans se lasser : Spart. *Ael.* 5, 10 ; Sidon. *Ep.* 3, 2, 4.

indēfessus, *a*, *um*, non fatigué : Virg. *En.* 11, 651 ; Ov. *M.* 9, 199 ; Tac. *An.* 16, 22 ‖ [fig.] incessant : Hil. *Matth.* 27, 1.

indēfĭcĭens, *tis*, inépuisable : Tert. *Jud.* 14, 5.

indēfĭcĭentĕr, adv. (*indeficiens*), sans fin : Aug. *Conf.* 12, 11, 13.

indēfĭcĭentĭa, *ae*, f. (*indeficiens*), perpétuité : Facund. *Def.* 4, 2.

indēfīnītē, adv. (*indefinitus*), indéfiniment : Gell. 2, 24, 7.

indēfīnītus, *a*, *um* (2 *in-*), indéfini, vague : Gell. 1, 7, 6 ; 16, 2, 3 ‖ [chrét.] infini [à propos de Dieu] : Hil. *Trin.* 8, 48.

indēflēbĭlis, *e*, qui ne peut être pleuré : Gloss. 2, 222, 46.

indēflētus, *a*, *um* (2 *in-, defleo*), non pleuré : Ov. *M.* 7, 611.

indēflexĭbĭlis, *e*, qu'on ne peut dévier : Cassian. *Inst.* 5, 17, 2.

indēflexus, *a*, *um* (2 *in-, deflecto*), non détourné : Apul. *Socr.* 2 ‖ non courbé : Plin. *Pan.* 4, 7 ; Amm. 27, 9.

indējectus, *a*, *um* (2 *in-, dejicio*), non renversé : Ov. *M.* 1, 289.

indēlassātus, *a*, *um* (2 *in-, delasso*), infatigable : Manil. 5, 63.

indēlēbĭlis, *e*, ineffaçable : Ov. *Pont.* 2, 8, 26 ; *M.* 15, 876.

indēlectātus, *a*, *um* (2 *in-, delecto*), contrarié : Petr. 87, 4.

indēlībātus, *a*, *um* (2 *in-, delibo*), non entamé : Ov. *Tr.* 1, 5, 28 ‖ chaste : Sil. 15, 271.

indēlībĕrantĕr, adv. (2 *in-, delibero*), sans réflexion : Ps. Orig. *Job* 3, 447 D.

indēlībĕrātus, *a*, *um* (2 *in-, delibero*), irréfléchi, inconsidéré : Cassiod. *Var.* 7, 8, 4.

indēlĭcātus, *a*, *um*, sans mollesse : Hier. *Orig. Luc.* p. 378, 7.

indēlĭcĭor, āris, āri, ātus sum (in deliciis), être dans les délices : VL. Apoc. 18, 7.

indēlictus, a, um (2 in-, delinquo), irréprochable : Acc. Tr. 384.

indemnātus, a, um (2 in-, damnatus), non condamné, qui n'a pas été jugé : Cic. Agr. 2, 56 ; Liv. 3, 56, 13.

indemnis, e (2 in-, damnum), qui n'a pas éprouvé de dommage : Sen. Const. 5, 7 ; Dig. 50, 8, 9, 4.

indemnĭtās, ātis, f., préservation de tout dommage ; salut, sûreté : Amm. 21, 16, 17 ‖ indemnité : Ulp. Dig. 12, 4, 5.

indēmonstrābĭlis, e, qui ne peut être démontré : Apul. Plat. 3.

indēmonstrātus, a, um, non démontré : Boet. Anal. pr. 2, 1.

indēmūtābĭlis, e, immuable : Tert. Herm. 12, 1.

indēmūtābĭlĭter, adv., d'une manière immuable : Ennod. Ep. 5, 21.

indēmūtātus, a, um [chrét.], immuable : Cassiod. Psalm. 131, 15.

indentō, ās, āre, -, - (in dentibus), tr., museler : VL. Tit. 1, 11.

indēnuntĭātus, a, um (2 in-, denuntio), non déclaré : Sen. Suas. 5, 2.

indēpiscor (cf. indeptus), 🅒 indipiscor : P. Fest. 94, 18.

indēplōrātus, a, um (2 in-, deploro), non pleuré : Ov. M. 11, 670.

indēprāvātus, a, um (2 in-, depravo), non altéré : Sen. Ep. 76, 19.

indēprĕcābĭlis, e (2 in-, deprecor), qui ne peut être détourné par des prières : Gell. 1, 13, 3.

indēprĕhensĭbĭlis, e, imperceptible : Ps. Quint. Decl. 8, 11.

indēprensus, a, um (2 in-, deprehendo), insaisissable : Virg. En. 5, 591 ; Stat. Th. 6, 565.

indeptō, ās, āre, -, - (indeptus), tr., atteindre : P. Fest. 94, 14.

indeptus, a, um, part. de indipiscor.

indescriptus (indi-), a, um (2 in-, discribo), non divisé : Col. 3, 21, 4.

indēsĕcābĭlis, e (2 in-, deseco), qui ne peut être coupé : Hil. Trin. 10, 34.

indēsertus, a, um, non abandonné : Ov. Am. 2, 9, 52.

indēsĕs, ĭdis, non indolent, actif, diligent : Gell. 6, 22, 4.

indēsignātus, a, um, non désigné, non tracé : Ambr. Paen. 8.

indēsĭnens, entis, ininterrompu : Ennod. Ep. 6, 10.

indēsĭnentĕr, adv., sans relâche, incessamment : Aug. Conf. 12, 11.

indespectus, a, um, qui n'a pas été vu d'en haut : Luc. 6, 748.

indēspĭcābĭlis, e, non méprisable : Hesych. Lev. 24, 5-9.

indesponsāta, ae, f., celle qui n'est pas fiancée : Ambr. Luc. 2, 2.

indestrictus, a, um (2 in-, destringo), sans être atteint (blessé) : Ov. M. 12, 92.

indētermĭnābĭlis, e, infini, sans limites : Tert. Marc. 1, 9, 7.

indētermĭnātē, adv. (indeterminatus), d'une manière indéterminée : Boet. Top. Arist. 8, 3, p. 1000 A.

indētermĭnātus, a, um (2 in-, determino), à n'en plus finir : Tert. Val. 3, 4.

indētonsus, a, um (2 in-, detondeo), qui a les cheveux longs : Ov. M. 4, 13.

indētrībĭlis, e (2 in-, detero), incorruptible : Paul.-Nol. Ep. 31, 6.

indētrītus, a, um (2 in-, detero), qui n'est pas usé : Tert. Res. 58, 6.

indēvītātus, a, um (2 in-, devito), non évité : Ov. M. 2, 605.

indēvōtē, adv. (indevotus), sans respect : Ambr. Luc. 7, 28.

indēvōtĭo, ōnis, f., manque de respect, mépris : Cod. Just. 7, 4, 17, 2 ; Dig. 33, 9, 1 ‖ irréligion : Ambr. Psalm. 118, s. 16, 45, 5.

indēvōtus, a, um, qui contrevient à la loi : Cod. Just. 8, 53, 35, 5 ‖ [chrét.] irréligieux : Ambr. Abr. 2, 7, 40.

index, ĭcis, m. f. (1 indico, cf. judex ; it. endice), qui indique ¶**1** [en parl. de pers.] indicateur, révélateur, dénonciateur : Cic. Cat. 4, 5 ; Clu. 21 ‖ espion : Cic. Mur. 49 ; Sest. 95 ¶**2** [en parl. de choses] **a)** index digitus Hor. S. 2, 8, 26, ou index, seul : Cic. Att. 13, 46, 1, l'index ; vox index stultitiae Cic. Rab. perd. 18, voix qui révèle la sottise ; falsi indices Cic. Phil. 11, 5, indices trompeurs ; ut imago est animi vultus, sic indices oculi Cic. Or. 60, si le visage est le miroir de l'âme, les yeux la révèlent **b)** catalogue, liste, table : Sen. Ep. 39, 2 ; Quint. 10, 1, 57 ; Plin. Ep. 3, 5, 2 **c)** titre d'un livre : Cic. de Or. 2, 61 ; Liv. 38, 56 ; Suet. Calig. 49 **d)** inscription : Liv. 41, 28, 8 ; Tib. 4, 1, 30 **e)** pierre de touche : Ov. M. 2, 706.

Indi, ōrum, m. pl., Indiens : Cic. Div. 2, 96 ; Catul. 11, 2 ‖ Arabes : Ov. F. 3, 720 ‖ Éthiopiens : Virg. G. 4, 293.

India, ae, f., l'Inde : Cic. Tusc. 5, 77 ; Virg. G. 1, 57.

Indiānus, a, um, qui séjourne dans l'Inde : CIL 13, 8519.

Indibĭlis, is, m., chef des Ilergètes : Liv. 22, 21.

indĭc, 🅥 2 indico ▶.

indĭcābĭlis, e (indicare), qui indique : Cael.-Aur. Acut. 2, 3, 13.

indĭcasso, 🅥 1 indico ▶.

indĭcātĭo, ōnis, f. (indicare), indication de prix, taxe, mise à prix : Pl. Pers. 586 ; Plin. 22, 109.

indĭcātīvē, adv. (indicativus), d'une manière indicative : Prisc. 3, 432, 4.

indĭcātīvus, a, um (1 indico), qui indique : modus Don. And. 2, 3, 7, le mode indicatif, cf. Diom. 338, 24 ; Prisc. 2, 121, 20.

indĭcātūra, ae, f. (indicare), indication du prix, taxe : Plin. 37, 18.

indĭcātus, a, um, part. de 1 indico.

indĭce, impér., 🅥 2 indico ▶.

indīcendus, a, um (2 in-), qu'il ne faut pas dire : Gloss. 2, 224, 44.

indīcens, tis ¶**1** (2 in-, dico), ne parlant pas : Ter. Ad. 507 ; Liv. 22, 39, 2 ¶**2** part. de 2 indico.

indīcĭbĭlis, e (2 in-), inexprimable : Hier. Orig. Is. 7, 1.

indīcīna, f., l. pour indiciva.

indĭcĭum, ĭi, n. (index) ¶**1** indication, révélation, dénonciation : indiciis expositis atque editis Cic. Cat. 3, 13, les dénonciations ayant été lues et rédigées en protocole, cf. Cic. Div. 2, 46 ; Sall. J. 35, 6 ; Plin. Ep. 3, 16, 9 ‖ droit de révélation, autorisation de faire une dénonciation : Cic. Caecil. 34 ; Att. 2, 24, 4 ‖ récompense pour la révélation d'un crime : Dig. 12, 5, 4, 4 ¶**2** [en gén.] indication, preuve, indice, signe : indicia veneni Cic. Clu. 30, indices d'empoisonnement, cf. Cic. Cat. 3, 13 ; Sull. 17 ; Fam. 7, 6, 1 ‖ alicui rei indicio esse Nep. Att. 16, 3, être la preuve de qqch. ; ou alicujus rei Cic. Dom. 110 ‖ indicio esse [avec interr. indir.] : mihi quale ingenium haberes fuit indicio oratio Ter. Haut. 385, tes paroles m'ont montré ton caractère, cf. Nep. Lys. 3.

indĭcīva, ae, f. (1 indico), dénonciation : Sen. Contr. 9, 3, 1 ‖ prix de la dénonciation [μήνυτρον *Exc. Char. 553, 22] : Apul. M. 6, 8 [cf. 7, 25] ; Jul.-Vict. 4, 4 ; 🅥 indicina.

1 indĭcō, ās, āre, āvī, ātum (1 in, 1 dico), tr. ¶**1** indiquer, dénoncer, révéler **a)** rem ou aliquem, une chose ou qqn : Cic. Clu. 180 ; Fam. 10, 21, 2 ‖ Cic. Mur. 51 ; Arch. 28 ; Tusc. 2, 52 ‖ [absᵗ] faire des révélations, de aliqua re, sur qqch. : Cic. Flac. 92 ‖ [avec prop. inf.] Cic. Off. 1, 134, [pass. pers. Mil. 64] **b)** vultus indicat mores Cic. Leg. 1, 9, le visage révèle, trahit le caractère, cf. Brut. 324 ¶**2** indiquer le prix de, évaluer : Cic. Off. 3, 62 ¶**3** mentionner : Plin. 6, 96 ; 15, 49. ▶ indicasso = indicavero, Pl. Poen. 888.

2 indīcō, ĭs, ĕre, dīxī, dictum (1 in, 2 dico), tr. ¶**1** déclarer officiellement ou publiquement, publier, notifier, annoncer : concilium Caes. G. 5, 56, 1, fixer la date d'une assemblée, convoquer une assemblée ; bellum alicui Cic. Verr. 4, 72 ; Cat. 2, 14, déclarer la guerre à qqn ‖ [avec ut subj.] Liv. 1, 50, 1, notifier de [en part.] convoquer : exercitu indicto ad portam Esquilinam in posterum diem Liv. 6, 22, 8, l'armée ayant été convoquée pour le lendemain à la porte Esquiline, cf. Liv. 10, 38, 4 ; 40, 41, 7 ; 41, 14, 2 ¶**2** notifier, imposer, prescrire [une peine, une contribution] : Plin. 18, 11 ; Liv. 4, 60 ; 39, 52, 9 ;

Sen. *Ep.* 123, 5; **servorum numerum senatoribus** Tac. *H.* 3, 58, fixer aux sénateurs la quantité d'esclaves à fournir.
▶ impér. **indice** Pl. *Ps.* 546; indic. donné par Diom. 349, 23, mais sans exemple.

indictīcĭus, *a, um* (2 *indico*), imposé : Cassiod. *Var.* 5, 14.

indictĭo, *ōnis*, f. (2 *indico*), taxe extraordinaire : Plin. *Pan.* 29; Dig. 33, 2, 28 ‖ notification : *Fest. 304, 2 ‖ déclaration [de guerre] : Flor. 4, 10, 2 ‖ cycle de 15 ans [ponctué par le recensement des individus et des terres soumises à l'impôt], révision du rôle de l'impôt [une année sur 15] : Cod. Th. 7, 4, 31; 11, 1, 18, 35; 11, 28, 3.

indictĭōnālis, *e*, de taxe extraordinaire : Amm. 17, 3, 5.

indictīvus, *a, um* (1 *indictus*), notifié, annoncé par le crieur public : Varr. *L.* 5, 160; P. Fest. 94, 17.

indictōaudĭens, *entis* (2 *in-*), désobéissant : VL. *Is.* 1, 23.

1 **indictus**, *a, um* (fr. *lendit*), part. de 2 *indico*.

2 **indictus**, *a, um* (2 *in-*) ¶ 1 qui n'a pas été dit : Hor. *O.* 3, 25, 8; Virg. *En.* 7, 733 ¶ 2 dont on ne peut parler, ineffable : Apul. *Plat.* 1, 5 ¶ 3 non plaidé : **indicta causa** Cic. *Verr.* 2, 75, sans que la cause soit plaidée, cf. Caes. *G.* 7, 38, 2; Liv. 29, 18, 19.

indĭcŭlum, *i*, n., → *indiculus* : Alcim. *Ep.* 30, p. 61, 34.

indĭcŭlus, *i*, m. (dim. de *index*), notice, résumé : Greg.-Tur. *Hist.* 8, 2.

indĭcus, *a, um* (Ἰνδικός; esp. *indigo*), Indien : Ter. *Eun.* 413; Ov. *Pont.* 1, 5, 80 ‖ subst. n., indigo : Plin. 33, 163.

indīdem (*inde, -dem*, → *idem*), du même lieu : Cic. *Amer.* 74; Nep. *Epam.* 5, 2; Liv. 27, 12, 5; 39, 12, 1 ‖ = **ex eadem re**, provenant de la même chose : Cic. *de Or.* 3, 161.

indifferens, *tis* (2 *in-, differens*), indifférent ¶ 1 [phil.] ni bon, ni mauvais, ni à souhaiter, ni à éviter : Cic. *Fin.* 3, 53; Sen. *Ep.* 82, 10; 117, 8; Vit. 22, 4; Gell. 12, 5, 4 ‖ subst. n., chose indifférente : Gell. 9, 5, 5 ¶ 2 [gram.] syllabe ni longue, ni brève, commune : Quint. 9, 9, 48 ¶ 3 qui ne se préoccupe pas de : Suet. *Caes.* 53.

indifferentĕr, adv. (*indifferens*), indifféremment, indistinctement : Quint. 11, 3, 1; Gell. 10, 24, 8.

indifferentĭa, *ae*, f. (*indifferens*), synonymie : Gell. 13, 3, 6.

indifficultĕr, adv., sans difficulté : Mamert. *Anim.* 1, 21.

indĭgĕna, *ae*, adj. (*indu, geno*), indigène : Virg. *En.* 8, 314; Liv. 23, 5, 11; Plin. 14, 72 ‖ subst. m., indigène, originaire du pays : Liv. 21, 30, 80; Juv. 13, 38.
▶ gén. pl. *indigenum* Prud. *Symm.* 2, 501.

indĭgens, *tis*, → *indigeo*.

indĭgentĭa, *ae*, f. (*indigens*), le besoin : Cic. *Lae.* 27 ‖ besoin insatiable, exigence : Cic. *Tusc.* 4, 21; 4, 16.

indĭgĕnus, *a, um*, → *indigena* : Apul. *M.* 1, 1.

indĭgĕō, *ēs, ēre, ŭī, -* (*indu, egeo*), intr. ¶ 1 manquer de : [avec abl.] Caes. *C.* 4, 35; Nep. *Ages.* 7, 2; Tac. *H.* 3, 73; 4, 17 ‖ **indigentes** Cic. *Off.* 2, 52, ceux qui sont dans le besoin, cf. Cic. *Fin.* 2, 118 ¶ 2 avoir besoin de : [avec gén.] Cic. *Att.* 12, 35, 2; *Fam.* 6, 4, 2; *Inv.* 1, 9; 1, 65; *Lae.* 51 ‖ [avec abl.] Cic. *Q.* 1, 3, 2; *Inv.* 1, 63; *Fam.* 12, 11, 2; *Tusc.* 1, 88 ‖ [avec inf.] Gell. 4, 1, 6.

indĭgĕrĭēs, *ēī*, f. (2 *in-, digeries*), dyspepsie : M.-Emp. 28, 56.

1 **Indĭgĕs**, *etis*, m., → *Indigetes*.

2 **indĭgĕs**, *is* (*indigeo*), privé de : [avec gén.] Pacuv. *Tr.* 328.

indĭgestē, adv. (*indigestus*), sans ordre : Gell. *praef.* 3.

indĭgestĭbĭlis, *e*, indigeste : Cael.-Aur. *Acut.* 2, 9, 55.

indĭgestĭo, *ōnis*, f. (*indigestus*), indigestion : Hier. *Ep.* 22, 17; Schol. Juv. 1, 146.

1 **indĭgestus**, *a, um* (2 *in-, digero*) ¶ 1 confus, sans ordre : Ov. *M.* 1, 7; Sen. *Ben.* 6, 31, 4; Plin. 13, 98 ¶ 2 non digéré : Macr. *Sat.* 7, 7, 8; Veg. *Mul.* 3, 53, 1 ‖ souffrant d'une indigestion : Schol. Juv. 1, 143; Cael.-Aur. *Acut.* 3, 21, 198.

2 **indĭgestŭs**, *ūs*, m. (2 *in-*, 2 *digestus*), indigestion : Schol. Juv. 4, 67.

Indĭgĕtes, *um*, m. pl. (*indigito*) ¶ 1 Indigètes, divinités primitives et nationales des Romains, portant un nom particulier : Virg. *G.* 1, 498; Liv. 8, 9, 6 ‖ sg. *Indiges*, appliqué à Énée : Virg. *En.* 12, 794; Liv. 1, 2, 5 ¶ 2 peuplade d'Espagne : Sall. *Pomp.* 5.

indĭgĭtamenta, *ōrum*, n. pl. (*indigito*), rituel indiquant les attributions des divinités et la manière d'invoquer chacune d'elles : Serv. *G.* 1, 21.

indĭgĭtō, *ās, āre, -, -* (fréq., cf. *indu* et *aio, adagio, axamenta*), tr. ¶ 1 invoquer selon le rituel une divinité, cf. P. Fest. 101, 11; Serv. *En.* 12, 794 : **deam** Varr. d. Non. 152, 34, invoquer une déesse, cf. Serv. *En.* 8, 330; Macr. *Sat.* 1, 17, 15 ¶ 2 prononcer, adresser une prière : Tert. *Jejun.* 16, 5.

indignābundus, *a, um* (*indignor*), rempli d'indignation : Liv. 38, 57, 7; Suet. *Aug.* 40.

indignans, *tis* (*indignor*), qui s'indigne : **indignantissimus servitutis** Col. 8, 18, 7, qui répugne le plus à servir, le plus rétif ‖ **indignantes venti** Virg. *En.* 1, 53, les vents indignés, en révolte.

indignantĕr, adv. (*indignans*), avec indignation : Arn. 3, 7; Amm. 15, 1, 3.

indignātĭo, *ōnis*, f. (*indignor*) ¶ 1 indignation : Liv. 3, 48, 9; 4, 50, 1; Plin. 33, 18; Vell. 2, 66 ‖ pl., manifestations de l'indignation : Liv. 25, 1, 9 ¶ 2 motif, occasion de s'indigner : Juv. 5, 120 ¶ 3 [méd.] irritation : Veg. *Mul.* 1, 47, 2; 2, 13, 4 ¶ 4 [rhét.] indignation = excitation de l'indignation : Cic. *Inv.* 1, 100; Quint. 4, 3, 15.

indignātĭuncŭla, *ae*, f. (dim. de *indignatio*), léger mouvement d'indignation : Plin. *Ep.* 6, 17, 1.

indignātīvus, *a, um* (*indignor*), [gram.] qui sert à marquer l'indignation : Diom. 417, 11 ‖ subst. n., la faculté de se fâcher : Tert. *Anim.* 16, 3.

indignātus, part. de *indignor*.

indignē, adv. (*indignus*), indignement : **indignissime** Cic. *Verr.* 5, 147, de la manière la plus indigne, cf. Caes. *G.* 7, 38, 8 ‖ **indigne ferre, pati** Nep. *Eum.* 1, 3; Cic. *Verr.* 5, 31, mal supporter, s'indigner.

indignĭtās, *ātis*, f. (*indignus*) ¶ 1 indignité de qqn : Cic. *de Or.* 2, 63; *Dej.* 2 ‖ énormité, indignité d'une chose : Caes. *G.* 7, 56; Cic. *Mur.* 51 ¶ 2 outrage, conduite indigne : Cic. *Fam.* 6, 14, 2; Caes. *G.* 2, 14, 3; Liv. 42, 52, 1 ‖ fait d'être traité indignement, traitement indigne : **indignitas nostra** Cic. *Att.* 10, 8, 3, le traitement indigne que nous subissons ‖ sentiment d'être traité indignement ; Liv. 5, 45, 6.

indignĭtĕr, adv. (*indignus*), indignement : CIL 1, 1215.

indignō, *ās, āre, -, -*, → *indignor* : [tard.] Greg.-Tur. *Hist.* 3, 6.

indignor, *āris, āri, ātus sum* (*indignus*, cf. Pl. *Merc.* 172, *indignus videor*), tr., s'indigner, regarder comme indigne **a)** [avec acc.] : **ea quae indignantur adversarii** Cic. *Inv.* 1, 24, les choses dont s'indigne l'adversaire, cf. Cic. *Inv.* 2, 56; Virg. *En.* 2, 93 **b)** [avec prop. inf.] s'indigner de ce que ; trouver révoltant que : Cic. *Inv.* 2, 56; Caes. *C.* 3, 108; Sall. *J.* 31, 9; Liv. 29, 17, 2 **c)** [avec *quod*] Caes. *G.* 7, 19, 4 ‖ [avec *si*] Sulpic. *Fam.* 4, 5, 4; Curt. 5, 6, 5 **d)** [abst] : **de aliqua re** Cic. *Com.* 5, s'indigner à propos de qqch.

1 **indignus**, *a, um* (2 *in-, dignus*) ¶ 1 indigne, qui ne mérite pas : **divitias quivis quamvis indignus habere potest** Cic. *Tusc.* 5, 46, n'importe qui, si indigne qu'il en soit, peut être riche ‖ [avec abl.] : **omni honore indignissimus** Cic. *Vat.* 39, absolument indigne de tout honneur ‖ [avec gén.] Virg. *En.* 12, 649 ‖ [avec *qui*] **indigni erant qui impetrarent** Cic. *Amer.* 119, ils étaient indignes d'obtenir ‖ [avec *ut*] Liv. 22, 59, 17 ‖ [avec inf.] Hor. *Ep.* 1, 3, 35; Ov. *M.* 1, 508 ¶ 2 qu'on ne mérite pas, indigne : **indignae injuriae** Liv. 29, 17, 2, injustices imméritées ; **indigna pati** Liv. 31, 30, 3, subir un traitement indigne ¶ 3 indigne, qui ne convient pas : **vox populi Romani majestate indigna** Caes. *G.* 7, 17, 3, parole indigne de la majesté du peuple romain ; **nobis indigna audimus** Cic. *Off.* 1, 137, nous entendons des choses indignes de nous ‖ honteux,

indignus

révoltant : ***indignum facinus*** Cic. *Verr.* 4, 147, acte révoltant, indignité ǁ ***indignum est, indignius est, indignissimum est*** [avec prop. inf.], il est indigne, il est plus honteux, c'est la plus grande indignité que : Cic. *Quinct.* 95 ; *Clu.* 146 ; *Amer.* 8 ǁ [exclam.] ***indignum***, chose indigne ! ô honte ! : Hor. *Ep.* 1, 6, 22 ; Ov. *M.* 5, 37.

2 **indignus**, *a*, *um* (*indignor*), indigné : Itin. Alex. 5.

indĭgus, *a*, *um* (*indigeo*), qui manque, qui a besoin : [avec abl.] Lucr. 5, 223 ; [avec gén.] Virg. *G.* 2, 428 ; Plin. 8, 143 ; Tac. *H.* 3, 22 ǁ désireux de : Luc. 9, 254.

indĭgŭus, *a*, *um*, ⊂▷ *indigus* : Paul.-Nol. *Carm.* 16, 195 ; Apul. *M.* 9, 12.

indīlĭgens, *tis* (2 *in-*) ¶ 1 sans soin, négligent : Pl. *Bac.* 201 ; *-tior* Caes. *G.* 7, 71, 3 ; Nep. *Att.* 4, 3 ¶ 2 négligé : Plin. 19, 57.

indīlĭgentĕr, adv., sans soin, négligemment : Pl. *Mil.* 28 ; Cic. *Att.* 16, 32 ; *-tius* Caes. *G.* 2, 33, 2.

indīlĭgentĭa, *ae*, f., manque de soin, négligence : Cic. *Q.* 1, 2, 7 ; Caes. *G.* 7, 17 ; Tac. *H.* 4, 49.

indīlūcescō, *ĭs*, *ĕre*, -, - (1 *in*), intr., commencer à luire : Jul.-Val. 3, 27.

indīmensus, *a*, *um* (2 *in-*), innombrable : Amm. 19, 2, 4.

indīmissus, *a*, *um*, non congédié : Tert. *Marc.* 4, 34, 4.

indĭpiscō, *ĭs*, *ĕre*, -, -, ⊂▷ *indipiscor* : Pl. *As.* 279 ; *Aul.* 768.

indĭpiscŏr, *ĕris*, *ī*, *deptus sum* (*indu, apiscor*), tr. ¶ 1 saisir, atteindre : Liv. 26, 39, 12 ; 28, 30, 12 ; Lucr. 3, 212 ǁ acquérir : Pl. *Ru.* 1315 ; *Ep.* 451 ǁ saisir par la pensée : Gell. 17, 2, 1 ¶ 2 commencer, entamer [un combat] : Gell. 1, 11, 8.
▶ ▽ *indepiscor* ; *indeptus* sens pass. Ambr. *Hex.* 5, 15, 52 ; Cod. Th. 9, 42, 13.

indīrectō, adv., indirectement : *Fort. *Carm.* 5, 6, 14.

indīrectus, *a*, *um* (2 *in-*), indirect, détourné : Quint. 5, 13, 2.

indīreptus, *a*, *um* (2 *in-, direptus*), non pillé : Tac. *H.* 3, 71.

indīrumpĭbĭlis, *e*, indestructible : Rust. *Aceph.* p. 1208.

indīruptĭbĭlis, *e*, qu'on ne peut rompre : Hesych. *Lev.* 13, 47.

indīruptus, *a*, *um*, non déchiré [fig.] : Cassian. *Coll.* 2, 22, 2.

indisciplīnātē, adv., sans retenue : Commod. *Instr.* 2, 16, 21.

indisciplīnātĭo, *ōnis*, f., indiscipline : Cassiod. *Var.* 7, 3.

indisciplīnātus, *a*, *um* (2 *in-, disciplinatus*), indiscipliné : Cypr. *Ep.* 62, 4.

indisciplīnōsus, *a*, *um*, indiscipliné : Vl. *Eccli.* 23, 17.

indiscissĭbĭlis, *e* (2 *in-, discindo*), inséparable : Rust. *Aceph.* p. 1203.

indiscissus, *a*, *um* (2 *in-, discindo*), qui n'a pas été déchiré : Hier. *Ep.* 15, 1.

indiscō, *ĭs*, *ĕre*, -, - (1 *in, disco*), tr., apprendre à fond : Schol. Juv. 6, 474.

indiscrĕpans, *is* (2 *in-, discrepans*), convenable, raisonnable [prix] : Aug. *Ep.* 216, 6.

indiscrĕpantĕr, adv., sans écart : Boet. *Arith.* 2, 38, 3.

indiscrētē, **indiscrētim**, adv. (*indiscretus*), confusément : Plin. 11, 174 ǁ Solin. 30, 10.

indiscrētĭo, *ōnis*, f., le fait de ne pas distinguer, indistinction, indivisibilité : Hier. *Didym.* 36 ǁ manque de sagesse, irréflexion : Corip. *Joh.* 2, 36.

indiscrētus, *a*, *um* (2 *in-, discretus*), non séparé, étroitement uni, confondu : Varr. *R.* 3, 1, 7 ; Plin. 11, 129 ; Tac. *H.* 4, 52 ǁ qui ne se distingue pas, indistinct : Sen. *Clem.* 1, 26, 5 ; Cels. 4, 6, 1 ǁ qu'on ne peut distinguer : Plin. 35, 88 ; Virg. *En.* 10, 392 ǁ égal semblable : Cod. Th. 6, 7, 1 ǁ irréfléchi : Cassian. *Coll.* 2, 3, 2.

indiscrīmĭnābĭlis, *e* (2 *in-, discriminabilis*), qu'on ne peut distinguer : Mamert. *Anim.* 2, 10.

indiscrīmĭnātim, adv., sans distinction : Varr. *L.* 18, frg.

indiscussē, adv. (*indiscussus*), sans discussion : Ps. Aug. *Serm.* 55, 4.

indiscussĭbĭlis, *e*, qu'on ne peut discuter : Mamert. *Anim.* 2, 12.

indiscussus, *a*, *um* (2 *in-, discussus*), qui n'a pas été examiné à fond : Mamert. *Anim.* 3, 1.

indisertē, adv. (*indisertus*), sans éloquence : Cic. *Q.* 2, 1, 3.

indisertus, *a*, *um*, sans talent de parole : Cic. *Nat.* 2, 1 ; *Brut.* 79 ; *de Or.* 3, 112.

indisjunctim, adv., sans désemparer : Mamert. *Anim.* 1, 12.

indisjunctus, *a*, *um*, non séparé, indivisible : Greg.-M. *Ep.* 5, 35.

indispensātus, *a*, *um* (2 *in-, dispensatus*), sans mesure : Sil. 16, 341.

indispertībĭlis, *e* (2 *in-, dispertio*), qui ne peut être partagé : Concil. S. 1, 5, p. 203, 29.

indispŏsĭtē, adv. (*indispositus*), sans régularité : Sen. *Ep.* 124, 19.

indispŏsĭtus, *a*, *um*, mal ordonné, confus : Tac. *H.* 2, 68 ǁ [fig.] non préparé : Aug. *Ep.* 59, 1.

indispŭtābĭlis, *e*, incontestable : Cassiod. *Var.* 12, 21.

indisruptē, adv., sans interruption : Cassian. *Coll.* 4, 6, 2.

indisruptus, *a*, *um*, non brisé, inséparable : Fulg.-R. *Monim.* 2, 9 ǁ ininterrompu : Cassian. *Coll.* 2, 22, 2.

indissĕcābĭlis, *e*, indivisible : Isid. 3, 5, 4.

indissĭmĭlis, *e*, semblable : Varr. *L.* 9, 40.

indissĭmŭlābĭlis, *e*, qu'on ne dissimule pas : Gell. 10, 22, 24.

indissĭmŭlantĕr, adv., ouvertement : Aug. *Faust.* 16, 1.

indissŏcĭābĭlis, *e*, inséparable : Ambr. *Ep.* 33, 1.

indissŏcĭābĭlĭtĕr, adv., inséparablement : Mamert. *Anim.* 1, 18.

indissŏcĭātus, *a*, *um*, non séparé : Ps. Orig. *Job* 1, p. 384 D.

indissŏlŭbĭlis, *e*, indissoluble : Plin. 11, 81 ǁ indestructible, impérissable : Cic. *Tim.* 40 ǁ [fig.] insoluble : Hier. *Ep.* 29, 3, 6.

indissŏlŭbĭlĭtĕr, adv., indissolublement : Mamert. *Anim.* 2, 2.

indissŏlūtus, *a*, *um*, non dissous : Cic. *Tim.* 40 ǁ sans interruption : Boet. *Mus.* 1, 3.

indissuāsĭbĭlis, *e*, dont on ne peut dissuader : Boet. *Top. Arist.* 6, 4.

indistantĕr, adv. (2 *in-, distanter*), sans interruption : Prisc. 2, 44, 5 ǁ sans distinction, sans exception : Amm. 27, 9, 4.

indīstinctē, adv. (*indistinctus*), indistinctement : Gell. *pr.* 2.

indistinctus, *a*, *um*, qui n'est pas distingué, confus : Quint. 8, 2, 23 ; Catul. 64, 283 ǁ indistinct, peu net, obscur : Tac. *An.* 6, 8 ; Gell. 10, 20, 9 ; 13, 30, 5 ; Quint. 12, 10, 39.

indistrictus, ▽ *indestrictus*.

indĭtus, *a*, *um*, part. de *indo*.

indĭvĭdŭē, adv. (*individuus*), inséparablement : Cassiod. *Psalm.* 88, 8.

indĭvĭdŭĭtās, *ātis*, f., indivisibilité : Tert. *Anim.* 51, 2 ǁ indissolubilité : Tert. *Mon.* 5, 1.

indĭvĭdŭus, *a*, *um*, adv. (2 *in-*) ¶ 1 indivisible : ***corpora individua*** Cic. *Fin.* 1, 17, atomes ǁ ***individuum***, *i*, n., un atome : Cic. *Nat.* 3, 29 ; *Fat.* 25 ; *Nat.* 1, 67 ¶ 2 inséparable : Tac. *An.* 6, 10.

indĭvīsē, adv., indivisément : Ps. Ascon. *Verr.* 1, 143 ǁ [chrét., à propos de la Trinité ou de la double nature du Christ] sans séparation : Faust. *Trin.* 1, 11, 45 B ; Leo-M. *Ep.* 165.

indĭvīsĭbĭlis, *e*, indivisible : Tert. *Anim.* 51, 5 ; Isid. 3, 5, 3.

indĭvīsĭbĭlĭtĕr, adv., indivisiblement : Tert. *Anim.* 51, 5.

indĭvīsĭo, *ōnis*, f., état d'indivision [en parlant de la Trinité] : Concil. S. 2, 5, p. 80, 16 ǁ ce qui ne peut être divisé, atome : Isid. 13, 2, 4.

indĭvīsīvē, adv., inséparablement, d'une façon indivisible : Ps. Orig. *Job* 3, 516 A.

indĭvīsus, *a*, *um* (2 *in-, divido*) ¶ 1 non partagé : Varr. *R.* 2, 7, 2 ; Stat. *Th.* 8, 312 ¶ 2 indivis : ***pro indiviso***, en commun, [ou] par portions égales : Cat. *Agr.* 137 ; Plin. 17, 1 ; 16, 137 ; ***totius corporis pro indiviso***

induco

pro parte dominium habere Dig. 13, 6, 5, 15, avoir la propriété d'une partie d'un tout en indivision.

indīvulsus, *a, um* (2 in-, divello), inséparable : Macr. Sat. 1, 11, 25.

indō, *ĭs, ĕre, dĭdī, dĭtum* (1 in, 3 -do), tr. ¶ 1 mettre sur, poser sur, appliquer : [avec in acc.] Cat. Agr. 143, 2 ; Pl. Merc. 205 ∥ [avec *in* abl.] Tac. An. 1, 74 ∥ [avec dat.] *aliquid alicui* : Pl. Men. 81 ; Tac. An. 3, 14 ¶ 2 mettre dans, introduire : Tac. H. 5, 4 ∥ *pavorem alicui* Tac. H. 4, 34, inspirer l'effroi à qqn, cf. Tac. An. 12, 3 ∥ *nomen alicui, alicui rei*, donner, appliquer, imposer, attacher un nom à qqn, à qqch. : Pl. Men. 263 ; Sall. Lep. 24 ; Liv. 7, 2, 6 ; 21, 31, 4 ; *nomen indere ab* ou *ex aliqua re*, donner un nom d'après qqch. : Curt. 8, 9, 14 ; Liv. 1, 34, 3 ; Sall. J. 78, 1 ; cf. Tac. An. 2, 56.

indŏcĭbĭlis, *e* (2 in-), rebelle à l'instruction : *Cassiod. Anim. 17, p. 1306 C.

indŏcĭbĭlĭtās, *ātis*, f., incapacité d'être instruit : Rufin. Orig. Psalm. 36, homil. 5, 1.

indŏcĭlis, *e* ¶ 1 qu'on ne peut instruire : Cic. Nat. 1, 12 ¶ 2 rebelle à : [avec gén.] Sil. 12, 726 ; [avec dat.] Juv. 11, 11 ∥ [avec inf.] qui ne peut se mettre à, se faire à : Hor. O. 1, 1, 18 ; Luc. 5, 539 ¶ 3 ignorant, qui ne sait pas : Virg. En. 8, 321 ; *caeli* Plin. 18, 226, qui n'entend rien au temps ∥ qui n'est pas apte à : *arbores indociles nasci alibi* Plin. 14, 1, arbres qui ne peuvent naître ailleurs ∥ ¶ 4 qu'on ne peut enseigner : *indocilis usus disciplina* Cic. Ac. 2, 2, les leçons de l'expérience qui ne s'enseignent pas ∥ non appris, non enseigné : Prop. 1, 2, 12.

indŏcĭlĭtās, *ātis*, f., ► indocibilitas : Apul. Plat. 2, 4.

indoctē, adv. (indoctus), en ignorant : Cic. Nat. 2, 44 ; *-tius* Gell. 12, 5, 6 ∥ maladroitement : Pl. Pers. 563.

indoctus, *a, um* ¶ 1 qui n'est pas instruit, qui n'est pas cultivé, ignorant : Cic. Brut. 178 ; *est habitus indoctior* Cic. Tusc. 1, 4, il fut considéré comme un homme mal dégrossi ; *indocti* Cic. Ac. 1, 4, les ignorants ∥ [avec gén.] ignorant de, qui ne connaît pas : Hor. P. 380 ; Gell. 7, 3, 8 ; [avec acc.] Gell. 9, 10, 5 ∥ [avec inf.] Hor. O. 2, 6, 2 ¶ 2 [en parl. des choses] qui ne doit rien à l'art, à la science : *indocta consuetudo* Cic. Or. 161, la coutume sans l'art, instinctive ∥ [poét.] *canere indoctum* Hor. Ep. 2, 2, 9, faire entendre des chants qui ne doivent rien à l'art.

indŏlātĭlis, *e*, qu'on ne peut polir, perfectionner : Sidon. Ep. 5, 5, 3.

indŏlātus, *a, um* (in, dolo), raboteux, brut, non poli : Arn. 6, 11 ; Hier. Ep. 98, 22.

indŏlens, *tis* (indolentia), qui ne souffre pas : Hier. Ephes. 4, 17.

indŏlentĭa, *ae*, f. (2 in-, doleo), absence de toute douleur : Cic. Fin. 2, 11 ; Off. 3, 12 ∥ insensibilité : Cic. Tusc. 3, 12.

indŏlēs, *is*, f. (indu, cf. alo, suboles, adolesco) ¶ 1 qualités natives, dispositions naturelles, penchants, talents : *bona indole praeditus* Cic. CM 26, doué d'un bon naturel ; *ad virtutem indoles* Cic. Or. 41, naturel porté à la vertu, ou ; *virtutis* Cic. Off. 3, 16, cf. Liv. 21, 4, 10 ∥ pl., Gell. 19, 12, 5 ¶ 2 [en parl. de choses, d'animaux] caractère, nature : Pl. Ru. 424 ; Gell. 12, 1, 16 ; Liv. 38, 17, 10.

indŏlescō, *ĭs, ĕre, dŏlŭī, -* (1 in, doleo) ¶ 1 *a)* intr., souffrir, éprouver une douleur : Plin. 31, 45 ; Cels. 8, 9, 1 A *b)* tr., sentir avec douleur : Just. 12, 13, 9 ¶ 2 intr., s'affliger, être peiné : [avec prop. inf.] Cic. Phil. 2, 61, s'affliger de ce que, cf. Tac. An. 4, 17 ∥ [avec abl.] Ov. M. 4, 173 ; Tr. 2, 570 ∥ [acc. de pron. n.] Ov. M. 2, 469 ¶ 3 [tard.] *indolescendus*, dont on doit s'affliger : Sidon. Ep. 2, 12, 1 ; *indolescendum est* Minuc. 5, 4, il faut s'affliger.

indŏlōrĭa, *ae*, f. (2 in-, dolor), apathie, insensibilité : Hier. Ephes. 4, 17.

indŏlōrĭus, *a, um* (2 in-, dolor), qui ne souffre pas : Hier. Ephes. 2, 4, 17 ∥ pl. n., remèdes calmants, anesthésiques : Cael.-Aur. Chron. 2, 4, 79.

indŏmābĭlis, *e*, indomptable : Pl. Cas. 811.

indŏmĭtābĭlis, *e*, indomptable : Ambr. Paen. 30, p. 1002 C.

indŏmĭtus, *a, um* (2 in-, domitus), indompté, insoumis [en parl. d'animaux, de peuples, de passions] : Varr. R. 2, 5, 11 ; Caes C. 1, 57 ; Cic. Rep. 1, 68 ; 1, 9 ; Verr. 1, 62 ∥ indomptable, invincible : Tib. 2, 3, 45 ; Ov. M. 13, 355.

indōnātus, *a, um* (2 in-, donatus), à qui l'on n'a rien donné : Lampr. Hel. 28, 6.

indormĭō, *īs, īre, īvī, ītum* (1 in), intr., dormir sur : [avec dat.] Hor. S. 1, 1, 71 ∥ [fig.] *causae* Cic. Phil. 2, 30, dormir sur une affaire ; *desidiae* Plin. Ep. 1, 2, 3, être endormi dans la paresse ; [avec *in* abl.] *in homine colendo indormivisse* Cic. Q. 2, 13, 2, avoir négligé de cultiver qqn ∥ se paralyser : Veg. Mul. 2, 88, 15.

indormisco, *ĭs, ĕre, ĭi, -*, s'endormir : Aug. Ep. 1, 2.

indormītābĭlis, *e* (2 in-), qui ne peut s'endormir : Dion.-Exig. Creat. 12.

indōtātus, *a, um* ¶ 1 non doté, sans dot : Ter. Ad. 729 ; Hor. Ep. 1, 17, 46 ¶ 2 [fig.] sans ornement : Cic. de Or. 1, 234 ∥ qui n'a pas reçu les derniers honneurs : Ov. M. 7, 609.

indŭ, ► endo arch. ► in : *indu foro* Enn. An. 243, sur le forum ∥ [surtout en compos.] ► indigena, indipiscor.

indŭbĭē, adv. (2 in-), indubitablement : Aug. Ep. 167, 6.

indŭbĭtābĭlis, *e*, certain, indubitable : Quint. 4, 1, 55 ; Dig. 28, 5, 9, 8.

indŭbĭtābĭlĭtĕr, adv., indubitablement : Arn. 5, 37.

indŭbĭtandus, *a, um*, dont on ne peut douter : Aug. Ep. 82, 7.

indŭbĭtantĕr, ► indubitate : Aug. Ver. 46 ; Dig. 37, 11, 2.

indŭbĭtātē, -bĭtātō, adv. (indubitatus), indubitablement : Liv. Epit. 70 ; Tert. Marc. 1, 9.

indŭbĭtātim, adv., ► indubitate : Gloss. 4, 91, 35.

indŭbĭtātus, *a, um* (2 in-, dubito), qui est hors de doute, incontestable : Plin. 31, 45 ; Quint. 9, 4, 2 ; Dig. 42, 1, 49 ∥ *-tatior* Dig. 43, 13, 1, 8.

indŭbĭtō, *ās, āre, āvī, ātum*, intr., douter de [avec dat.] : Virg. En. 8, 404 ; Stat. S. 3, 5, 110.

indŭbĭus, *a, um*, indubitable : Quint. 5, 13, 24 ; Tac. An. 14, 45.

indūce, ► induco ►.

indūcĭae, ► indutiae.

indūcō, *ĭs, ĕre, dūxī, ductum* (1 in, duco ; it. indurre, fr. enduire), tr.

¶ 1 "conduire dans, contre, vers"
¶ 2 "faire avancer, conduire"
¶ 3 "appliquer sur" ¶ 4 "recouvrir, revêtir" ¶ 5 "étendre, biffer", "abolir"
¶ 6 "porter en compte, inscrire"
¶ 7 [fig.] *a)* "introduire, faire entrer" *b) animum inducere* "se résoudre à", *ut , ne*, avec inf., *non potui inducere quin c) (in) animum inducere* avec prop. inf. "se mettre dans l'idée que" *d)* "amener à" *(ad, ut) e)* "induire en erreur" *f)* "représenter, mettre en scène".

¶ 1 conduire dans, contre, vers : *exercitum in Macedoniam* Liv. 31, 28, 2, introduire une armée en Macédoine ; *in partem regiae inductus erat* Caes. C. 3, 12, 8, il avait été introduit dans une partie du palais ; *cohortem praetoriam in medios hostes* Sall. C. 60, 5, conduire la cohorte prétorienne contre le centre de l'ennemi ; *principes in cornua* Liv. 30, 34, 11, mener aux ailes les soldats de seconde ligne ∥ *mare urbi* Suet. Ner. 16, faire entrer la mer dans la ville ; *filiae novercam* Plin. Ep. 6, 33, 2, donner une belle-mère à sa fille ¶ 2 faire avancer, conduire : *turmas* Virg. En. 11, 620, conduire un escadron ∥ présenter, exhiber : *gladiatorum par* Cic. Opt. 17, présenter un couple de gladiateurs ; *inducta est Afranii togata* Suet. Ner. 11, on représenta une comédie d'Afranius ; *aliquem* Suet. C. 34, faire descendre qqn dans l'arène ¶ 3 appliquer sur : *tectorium* Cic. Verr. 1, 145, appliquer un enduit ; *super lateres coria* Caes. C. 2, 10, 6, appliquer du cuir sur les tuiles ; *parieti ceram* Plin. 33, 122, mettre une couche de cire sur une muraille ; *inducta nubes* Liv. 1, 29, 4, nuage étendu sur les objets ; *pontem saxis* Curt. 5, 5, 4, élever un pont sur des piles de pierre ; *cicatricem* Plin. Ep. 8, 5, 3, cicatriser ∥ *manicatam tunicam in lacertos* Cic. Frg. A 12, 24, recouvrir ses bras d'une tunique à manches ; *calceum* Suet. Aug. 92, mettre un soulier ; [poét.] *victima*

induco

inducta cornibus aurum Ov. M. 7, 161, victime avec de l'or sur ses cornes ¶ **4** recouvrir, revêtir : *scuta pellibus* CAES. G. 2, 33, 2, recouvrir de peaux les boucliers ; [poét.] *tunica inducitur artus* VIRG. En. 8, 457, il se recouvre les membres d'une tunique ¶ **5** étendre : *solum* PLIN. 2, 194, aplanir le sol ǁ étendre la cire sur laquelle on avait écrit, [d'où] biffer, effacer : CIC. Att. 13, 14, 1 ǁ abroger, abolir : *senatus consultum* CIC. Att. 1, 20, 4, casser un décret du sénat ¶ **6** porter en compte, inscrire : *in rationem, in rationibus* CIC. Verr. 1, 106 ; Fam. 3, 10, 6, introduire dans un compte, dans des comptes ; *agrum alicui pecunia ingenti* CIC. Agr. 2, 70, passer un champ en compte à qqn pour une grosse somme, le lui faire payer une grosse somme ¶ **7** [fig.] **a)** introduire, faire entrer : *discordiam in civitatem* CIC. Off. 1, 85, amener la discorde dans la cité ; *novum verbum in linguam Latinam* CIC. Phil. 13, 43, introduire un nouveau mot dans la langue latine ; *aliquem in errorem* CIC. Brut. 293, induire qqn en erreur **b)** *animum inducere*, prendre sur soi, se mettre en tête, se résoudre : *id quod animum induxerat* CIC. Att. 7, 3, 8, ce qu'il s'était mis dans l'esprit ; [avec inf.] *facere inducam animum* PL. Bac. 1191, je prendrai sur moi de faire, cf. CIC. Cat. 1, 22 ; Clu. 45 ; Tusc. 5, 30 ; Div. 1, 22 ; [avec *ut*] PL. Poen. 877 ; CIC. Amer. 53 ; Att. 3, 9, 1 ; [avec *ne*] PL. As. 830 ; Mil. 1269 ǁ *in animum inducere* même sens : [avec inf.] CIC. Sull. 83 ; LIV. 1, 17, 4 ; 28, 18, 4 ; [avec *ut*] LIV. 2, 5, 7 ; 27, 9, 9 ; [avec négation et *quin*] *non potuit inducere in animum quin vindicaret* LIV. 3, 71, 8, il n'a pu se résigner à ne pas revendiquer ; [avec négation et *quominus*] PLIN. Ep. 9, 13, 6 **c)** qqf. *animum* ou *in animum inducere* [avec prop. inf.], se mettre dans l'idée que, se persuader que : PL. Ru. 22 ; CIC. Att. 14, 13, 6 ; LIV. 2, 54, 5 **d)** amener à, déterminer à : *ad misericordiam, ad pudendum, ad pigendum induci* CIC. Brut. 188, être amené à la pitié, à la honte, au mécontentement ; *in spem inducere aliquem* CIC. Off. 2, 53, porter qqn à espérer ; [avec *ut*] *aliquem ut mentiatur* CIC. Com. 46, amener qqn à mentir, cf. CIC. Leg. 2, 2 ; [avec inf.] LUCR. 1, 142 ; TAC. An. 12, 9 ǁ *promissis aliquem* CIC. Amer. 76, déterminer qqn par des promesses ; *ab aliquo inductus* CIC. Amer. 39, gagné, déterminé par qqn **e)** induire en erreur, tromper, abuser : CIC. Pis. 1 ; Amer. 117 ; TIB. 1, 6, 1 **f)** représenter, mettre en scène : *Tiresiam deplorantem caecitatem suam* CIC. Tusc. 5, 115, mettre en scène Tirésias déplorant sa cécité ; *puero me hic sermo inducitur* CIC. Att. 13, 19, 4, ce dialogue se place dans mon enfance ǁ *tanta consuetudo, quanta a vobis inducitur* CIC. Cael. 58, une intimité aussi grande que vous la présentez ; *hanc Epicurus rationem induxit* CIC. Fat. 23, Épicure a mis en avant cette explication.

▶ sync. *induxti* TER. And. 883 ǁ arch. *induxis = induxeris* PL. Cap. 149 ǁ impér. *induce* VARR. R. 3, 2, 18.

inductĭbĭlis, *e* (*induco*), qu'on peut étendre sur : CAEL.-AUR. Acut. 2, 37, 201.

inductīcĭus, *a, um* (*induco*), introduit dans : AUG. Duab. 12, 18.

inductĭlis, *e* (*induco*; fr. andouille), qu'on peut étendre sur : DIOCL. 7, 28.

inductĭo, *ōnis*, f. (*induco*) ¶ **1** action d'amener, d'introduire, de faire entrer : CIC. Nat. 2, 152 ; LIV. 44, 9, 5 ¶ **2** [fig.] *animi* CIC. Q. 1, 11, 32, résolution, détermination, cf. CIC. Fam. 1, 8, 2 ; Tusc. 2, 31 ǁ [raisonnement = ἐπαγωγή] induction : CIC. Top. 42 ; Inv. 1, 51 ǁ [rhét.] *personarum ficta inductio* CIC. de Or. 3, 205, prosopopée ǁ *erroris inductio* CIC. de Or. 3, 205, action d'induire en erreur, tromperie ǁ supposition : PRISC. 3, 245, 23 ¶ **3** action d'étendre sur, de déployer [des rideaux pour garantir du soleil] : VITR. 10, pr. 3 ǁ couche, enduit : PALL. 1, 15 ǁ rature : DIG. 28, 4, 1 ǁ fomentation : CAEL.-AUR. Acut. 2, 27, 216.

inductīvē, adv. (*induco*), par la persuasion : CAEL.-AUR. Chron. 1, 5, 157.

inductīvus, *a, um* (*induco*), hypothétique : PRISC. 3, 246, 11.

inductŏr, *ōris*, m. (*induco*), celui qui introduit : GLOSS. 2, 286, 48 ǁ qui applique sur : *inductores tergi nostri* PL. As. 551, ceux qui nous badigeonnent l'échine [avec les verges].

inductōrĭum, *ii*, n., enduit, enveloppe : PLIN. VAL. 1, 3.

inductōrĭus, *a, um* (*induco*), fallacieux : AUG. Acad. 1, 1, 4.

inductrix, *īcis*, f., celle qui dupe : APUL. Socr. praef. 4, 111, 168 B.

inductum, *i*, n., revêtement, enduit : DIOCL. 15, 33.

inductūra, *ae*, f. (*induco*), substance appliquée : CAEL.-AUR. Acut. 3, 17, 148.

1 **inductus**, *a, um* (fr. enduit) ¶ **1** part. de *induco* ¶ **2** [adj¹] importé, exotique, étranger : PLIN. Ep. 4, 3, 5 ǁ étranger au sujet : PLIN. Ep. 5, 6, 44.

2 **inductŭs**, abl. *ū*, m., instigation : CIC. d. QUINT. 5, 10, 69.

indūcŭla, *ae*, f. (*induo*), chemise de femme : PL. Ep. 223.

indŭgrĕdior [arch.] ➔ *ingredior*.

indulcō, *ās, āre, āvī, ātum*, tr. et **-cŏrō**, *ās, āre*, -, - (1 *in, dulco* ; it. *indolcare*), [tard.] édulcorer : TERT. Jud. 13, 12 ; GLOSS. 3, 132, 17 ǁ intr., parler doucement : VULG. Eccli. 12, 15.

indulgens, *tis* ¶ **1** part. de *indulgeo* ¶ **2** adj¹ **a)** indulgent pour [avec dat.] : CIC. Lae. 89 ; [avec *in* et l'acc.] LIV. 22, 61, 1 ǁ adonné à : SUET. Aug. 70 **b)** [abs¹] indulgent, bon, complaisant, bienveillant : *-tior* CIC. Clu. 12 **c)** pour qui l'on est indulgent, tendrement aimé : PS. QUINT. Decl. 10, 13.

indulgentĕr, adv. (*indulgens*), avec bonté, bienveillance : CIC. Att. 9, 9, 2 ; Fin. 2, 109 ǁ *-tius* SEN. Ben. 4, 32, 1 ; *-tissime* SEN. Helv. 5, 4.

indulgentĭa, *ae*, f. (*indulgens*), indulgence, douceur, ménagement, bonté, bienveillance, complaisance : *in aliquem* CAES. G. 7, 63, 8, bontés pour qqn, cf. PLANC. Fam. 10, 23, 4 ; BALB. Att. 9, 7 a, 2 ; [ou gén.] *indulgentia filiarum* CIC. Verr. 1, 112, tendresse pour ses filles, cf. CIC. Leg. 1, 60 ǁ [en parl. de choses] : *caeli* PLIN. 17, 16, clémence de la température ǁ remise d'une peine : CAPIT. Anton. 6, 3 ǁ [chrét.] pardon, rémission des péchés : TERT. Marc. 4, 10, 4 ǁ remise d'un tribut : AMM. 16, 5, 16.

indulgĕō, *ēs, ēre, dulsī, dultum* (1 *in*, cf. δολιχός ?), intr. et tr.

I intr. ¶ **1** être bienveillant, indulgent, complaisant : *sibi* CIC. Leg. 1, 39, avoir de la complaisance pour soi-même, ne rien se refuser ; *peccatis* CIC. Lae. 89, être indulgent pour les fautes ; *legioni* CAES. G. 1, 40, 15, montrer de la bienveillance à une légion ; *precibus* PLIN. Ep. 4, 15, 11, céder aux prières ¶ **2** se donner complaisamment à, s'abandonner à : *labori* VIRG. En. 6, 135, se donner à une tâche ; *somno* TAC. An. 16, 19, s'abandonner au sommeil ; *novis amicitiis* CIC. Lae. 54, se donner à des amitiés nouvelles ; *si aviditati indulgeretur* LIV. 45, 35, 6, si l'on avait satisfait l'avidité ǁ *valetudini* CIC. Fam. 16, 18, 1, avoir soin de sa santé.

II tr. ¶ **1** [arch.] choyer, *aliquem*, qqn : TER. Haut. 988 ; Eun. 222 ; *quando animus eorum... laxari indulgerique potuisset* GELL. praef. 1, leur esprit ayant pu trouver à se détendre et à se satisfaire ¶ **2** accorder, concéder : *alicui sanguinem suum* LIV. 40, 15, 16, faire à qqn l'abandon de son sang ; *damnatis arbitrium mortis* SUET. Dom. 11, laisser aux condamnés le choix de leur mort, cf. SUET. Aug. 41 ; Cl. 24 ; TAC. An. 11, 20 ; *sese videndum alicui* STAT. S. 4, 6, 37, se laisser voir à qqn [accorder la vue de soi à qqn ; v. GAFFIOT M. Belge 33, p. 221] ǁ [avec inf.] accorder de : SIL. 14, 672 ; STAT. Th. 1, 500 ǁ [chrét.] remettre, pardonner [les péchés] : TERT. Pud. 1, 16.

▶ supin *indulsum* PRISC. 2, 487, 1 sans exemple.

indulgĭtās, *ātis*, f. (*indulgeo*), ⓖ *indulgentia* : COEL.-ANTIP. d. SERV. G. 2, 345.

indultŏr, *ōris*, m. (*indulgeo*), celui qui favorise, qui soutient : TERT. Marc. 4, 9, 12 ǁ qui pardonne : ISID. Vir. 8, 10.

indultum, *i*, n., ⓖ 2 *indultus* : COD. TH. 3, 10, 1.

1 **indultus**, *a, um*, part. de *indulgeo*.

2 **indultŭs**, abl. *ū*, m., concession permission : SIDON. Ep. 1, 11, 13.

indūmentum, *i*, n. (*induo*), vêtement : GELL. 16, 19, 12 ǁ *oris* BASS. d. GELL. 5, 7, masque ‖ enveloppe : Prud. *Cath.* 9, 99 ; Lact. *Inst.* 6, 13, 12.

indŭō, *ĭs, ĕre, dŭī, dūtum* (*indu,* cf. *exuo, omentum, vestis*), tr. ¶ **1** mettre sur qqn, à qqn : *alicui tunicam* Cic. *Tusc.* 2, 20, mettre à qqn une tunique, la lui faire revêtir ‖ [sans *sibi*] : ***anulum*** Cic. *Off.* 4, 38 ; ***galeam*** Caes. *G.* 2, 21, 5, se mettre un anneau au doigt, un casque sur la tête ‖ pass. : ***socci, quibus indutus erat*** Cic. *de Or.* 3, 127, les souliers dont il était chaussé ; ***duabus quasi a natura induti personis*** Cic. *Off.* 1, 107, pourvus par la nature pour ainsi dire de deux masques, de deux rôles ‖ pass. réfl. : ***exuvias indutus Achilli*** Virg. *En.* 2, 275, s'étant revêtu des dépouilles d'Achille, cf. Ter. *Eun.* 1015 ¶ **2** revêtir, couvrir : ***beluae forma homicum indutae*** Cic. *Sull.* 76, bêtes sauvages revêtues d'une forme humaine ; ***Aegyptus segetibus induebatur*** Plin. *Pan.* 30, l'Égypte se couvrait de moissons ; ***pomis se arbor induit*** Virg. *G.* 4, 143, l'arbre se couvre de fruits [promesses de fruits] ‖ ***nux se induit in florem*** Virg. *G.* 1, 188, l'amandier se revêt de fleurs ; ***homines in vultus ferarum*** Virg. *En.* 7, 20, donner à des hommes la figure de bêtes sauvages ; ***cum venti se in nubem induerint*** Cic. *Div.* 1, 44, quand les vents se sont engouffrés dans un nuage ¶ **3** *se aliqua re, in aliquam rem,* s'embarrasser dans qqch., tomber dans, se jeter dans : ***se acutissimis vallis induebant*** Caes. *G.* 7, 73, 4, ils s'enferreraient sur la pointe des pieux, cf. Caes. *G.* 7, 82, 1 ; Liv. 44, 41, 9 ; ***sese mucrone*** Virg. *En.* 10, 681, se jeter sur son épée ; ***se in laqueum*** Pl. *Cas.* 113, se mettre la corde au cou ‖ [fig.] ***se in laqueos*** Cic. *Verr.* 3, 102, s'entortiller dans des filets ; ***se in captiones*** Cic. *Div.* 2, 41, s'empêtrer dans des arguments captieux ; ***sua confessione induatur necesse est*** Cic. *Verr.* 5, 166, il est enveloppé fatalement dans les mailles de son aveu ¶ **4** [fig.] mettre à, faire revêtir à, prêter à : ***personis fictam orationem*** Quint. 4, 1, 28, prêter à des personnages des paroles inventées ; ***sibi cognomen*** Cic. *Fin.* 2, 73, prendre un surnom ‖ [sans *sibi*] revêtir, s'attribuer : ***imaginem mortis*** Cic. *Tusc.* 1, 92, revêtir l'image de la mort [être semblable à un mort, pendant le sommeil] ; ***personam judicis*** Cic. *Off.* 3, 43, assumer le rôle de juge ; ***munia ducis*** Tac. *An.* 1, 69, revêtir les fonctions de chef ; ***proditorem et hostem*** Tac. *An.* 16, 28, assumer le rôle de traître et d'ennemi ; ***seditionem, societatem, hostilia*** Tac. *An.* 2, 15 ; 12, 13 ; 12, 40, s'engager dans une révolte, une alliance, des conflits ‖ [chrét.] ***erat induiturus hominem*** Tert. *Prax.* 12, 3, il s'apprêtait à endosser la condition humaine.

indupedio [arch.] (*indu*), ▶ *impedio.*

indŭpĕrātor, [arch.] ▶ *imperator.*

indūrātĭo, *ōnis,* f. (*induro*), endurcissement : Aug. *Grat.* 20, 41.

indūrātus, *a, um,* part. de *induro.*

indūrescō, *ĭs, ĕre, durŭī,* -, intr., se durcir : Col. 2, 20, 20 ; Cels. 6, 18, 8 ‖ [fig.] s'endurcir : Quint. 1, 3, 12 ; Tac. *H.* 3, 61.

indūrō, *ās, āre, āvī, ātum* (1 *in, duro* ; fr. *endurer*) ¶ **1** tr., durcir, rendre dur : Plin. 8, 212 ; Ov. *Tr.* 3, 9, 14 ‖ [fig.] Sen. *Ben.* 7, 28, 3 ; Plin. *Ep.* 2, 17, 27 ; ***timor induratur*** Liv. 30, 18, 3, la crainte s'affermit = fait place à la fermeté ¶ **2** intr., se durcir : Veg. *Mul.* 2, 146, 2.

1 Indus, *a, um* (2 *Indus*), de l'Inde : Virg. *En.* 12, 67 ; Ov. *Tr.* 4, 6, 7 ▶ *Indi.*

2 Indus, *i,* m. (Ἰνδός cf. v. pers. *Hindus,* scr. *Sindhu-s*), fleuve de l'Inde : Cic. *Nat.* 2, 130 ; Mel. 3, 61 ; Plin. 6, 71 ‖ fleuve de Carie : Liv. 38, 14, 2 ; Plin. 5, 103.

indūsĭārĭus, *ii,* m. (*indusium*), fabricant de chemises : Pl. *Aul.* 505.

indūsĭātus, *a, um,* vêtu d'une chemise : Pl. *Ep.* 231 ; Apul. *M.* 2, 19 ‖ ***intŭsĭātus*** Varr. *L.* 5, 131.

indūsĭō, *ās, āre,* -, -, tr., vêtir : Capel. 1, 65.

indūsĭum, *ii,* n. (ἔνδυσις ? ; cf. *induo*), chemise de femme : Varr. d. Non. 542, 24 ‖ ***intŭsĭum*** Varr. *L.* 5, 131 [d'après *intus*].

1 industrĭa, *ae,* f. (*industrius*), application, activité, assiduité : Cic. *Cael.* 45 ; *Brut.* 323 ; *Pomp.* 29 ; *Fam.* 3, 9, 3 ; Sall. *J.* 95, 4 ; Nep. *Ages.* 3, 2 ‖ ***quibus maxuma industria videtur salutare plebem*** Sall. *J.* 4, 3, ceux qui considèrent comme l'activité essentielle le fait de saluer le peuple ‖ ***de industria*** Cic. *Or.* 164 ; ***ex industria*** Liv. 1, 56, 8 ; 26, 51, 11 ; ***industria*** Pl. *Truc.* 57 ; Plin. 16, 5, volontairement, de propos délibéré, cf. Cic. *Off.* 1, 24 ; ***quasi ob industriam*** Pl. *Cas.* 805, comme un fait exprès ‖ qqf. pl., Pl. *Most.* 334 ; Her. 3, 14 ; Cic. *Verr.* 4, 810.

2 Industrĭa, *ae,* f., ville de Ligurie Atlas XII, B1 : Plin. 3, 49 ; 3, 122 ‖ ***-triensis, e***, d'Industria : CIL 5, 7468.

industrĭē, adv. (*industrius*), avec activité, avec zèle : Caes. *G.* 7, 60 ; Quint. 5, 13, 35.

industrĭōsē, adv. (*industriosus*), avec activité : Cassiod. *Var.* 5, 1, 2 ‖ ***-sius*** Front. *Caes.* 4, 3, 2, p. 62 N. ; ***-sissime*** Cat. *Orig.* 2, 3.

industrĭōsus, *a, um* (*industria*), actif, industrieux : Cassiod. *Var.* 8, 33.

1 industrĭus, *a, um* [*indostruus* P. Fest. 94, 15 (*endo, struo*), qui prépare en lui-même], actif, laborieux, zélé : Cic. *Cael.* 74 ; Tac. *An.* 12, 12 ‖ ***-trior*** Pl. *Most.* 150 ; Cat. d. Prisc. 2, 88, 3.

2 Industrĭus, *ii,* m., nom d'homme : Sidon. *Ep.* 4, 9 tit.

indūtĭae, *ārum,* f. pl. (2 *in-,* cf. *bellum* ? ; it. *indugia*) ¶ **1** armistice, trêve : Cic. *Phil.* 8, 20, faire une trêve ; ***indutias facere*** Cic. *Phil.* 8, 20, faire une trêve ; ***per indutias*** Liv. 30, 37, 6, au cours d'une trêve ; ***in indutiis esse*** Liv. 7, 38, 1, avoir une trêve ¶ **2** [fig.] **a)** relâche, repos : Pl. *Amp.* 389 **b)** délai : Cassiod. *Var.* 5, 34 ‖ [pour la pénitence] : Aug. *Serm.* 211, 5, 4 **c)** tranquillité [de la nuit] : Apul. *M.* 2, 26.

indūtĭlis, *e* (*induo*), qui s'adapte : Cat. *Agr.* 135, 2.

Indutĭŏmārus (Inducĭŏ-), *i,* m., Indutiomaros, chef des Trévires : Cic. *Font.* 17 ; Caes. *G.* 5, 3, 2.

indūtŏr, *ōris,* m. (*induo*), qui revêt : Aug. *Faust.* 8.

indūtōrĭus, *a, um,* qui sert à vêtir : Paul. *Sent.* 3, 6, 79.

1 indūtus, *a, um,* part. de *induo.*

2 indūtŭs, *ūs,* m. [ord^t dat. sg.] : ***indutui*** Varr. *L.* 5, 131, pour vêtir, pour le vêtement ; ***indutui gerere*** Tac. *An.* 16, 4, porter comme vêtement, être vêtu de ‖ abl. pl., ***indutibus*** Amm. 24, 2, 5.

indūvĭae, *ārum,* f. pl. (*induo*), vêtement : Pl. *Men.* 191 ; Prud. *Psych.* 578.

indūvĭēs, *ērum,* f. pl. (*induo*), parure dont quelqu'un est revêtu : *Gell. 9, 13, 3.

indŭvŏlō (*indu*), ▶ *involo* : Enn. *An.* 416.

induxis, induxti, ▶ *induco* ▶.

ĭnēbrae ăves, f. pl. (cf. *enuber, inhibeo*), oiseaux de mauvais augure : P. Fest. 97, 12 ; Serv. *En.* 2, 246.

ĭnēbrĭātĭo, *ōnis,* f. (*inebrio*), action d'enivrer : Aug. *Civ.* 16, 1.

ĭnēbrĭātŏr, *ōris,* m., celui qui enivre : Tert. *Marc.* 5, 18, 7.

ĭnēbrĭō, *ās, āre, āvī, ātum* (1 *in, ebrio* ; fr. *enivrer*), tr., rendre ivre, enivrer : Plin. 12, 103 ; Sen. *Ep.* 83, 27 ‖ saturer ; Plin. 9, 139 ; 17, 247 ; [fig.] ***aurem*** Juv. 9, 113, saturer, étourdir les oreilles ‖ [chrét.] ***calix dominicus sic inebriet, ut sobrios faciat*** Cypr. *Ep.* 63, 11, que le calice dominical enivre pour les rendre sobres.

ĭnĕdax, *ācis,* (2 *in-*), qui mange peu : Gloss. 2, 382, 1.

ĭnĕdĭa, *ae,* f. (2 *in-,* 1 *ĕdo*), privation de nourriture : Pl. *Curc.* 309 ; Cic. *Fin.* 5, 82 ; Plin. *Ep.* 3, 7, 1 ; Gell. 3, 10, 15 ‖ pl., Plin. 11, 283.

ĭnēdĭtus, *a, um* (2 *in-, editus*), qui n'a pas été publié : Ov. *Pont.* 4, 16, 39.

ĭneffābĭlis, *e,* indicible : Plin. 5, pr. 1 ; 28, 20.

ĭneffābĭlĭtās, *atis,* f., nature ineffable, ineffabilité : Aug. *Ep.* 147, 31.

ĭneffābĭlĭtĕr, adv., d'une manière ineffable : Aug. *Ench.* 89.

ĭneffectus, *a, um,* non effectué : Hier. *Didym.* 8.

ĭneffĭcācĭa, *ae,* f. (*inefficax*), inutilité : Itin. Alex. 64.

ĭneffĭcācĭtĕr, adv., inutilement : Dig. 49, 8, 2.

ĭneffĭcax, *ācis,* sans action, sans effet utile : Sen. *Ir.* 1, 10, 3 ; *Ben.* 4, 2 ‖ [avec gén.] qui ne peut produire : ***vox inefficax***

inefficax

verborum Sen. *Ir.* 1, 3, 7, une voix incapable de produire des mots ‖ **-cacior** Plin. 34, 109; **-issimus** Claud.-Don. *En.* 2, 590.

ĭneffĭgĭābĭlis, *e*, qu'on ne peut représenter : Tert. *Anim.* 24, 1.

ĭneffĭgĭātus, *a*, *um* (2 *in-*, *effigio*), informe : Gell. 17, 10, 3 ‖ qui n'a pas de forme, immatériel : Tert. *Anim.* 9, 2.

ĭneffrēnātus, *a*, *um*, sans frein : Iren. 5, 8, 2.

ĭneffŭgĭbĭlis, *e* (2 *in-*, *effugio*), inévitable : Apul. *Mund.* 38.

ĭnēlăbōrātus, *a*, *um*, non travaillé : Sen. *Tranq.* 1, 13 ‖ gagné sans peine : Cassiod. *Var.* 8, 31.

ĭnēlĕgans, *tis*, qui est sans distinction, sans goût, sans finesse, grossier : Cic. *Brut.* 282; *Nat.* 2, 64 ‖ désagréable [odeur] : Plin. 21, 169.

ĭnēlĕganter, adv. (*inelegans*), sans choix, sans goût, sans finesse, gauchement : Cic. *Brut.* 101; *Fin.* 2, 26; Gell. 17, 2, 26.

ĭnēlĕgantĭa, *ae*, f., manque de choix : Gai. *Inst.* 1, 84.

ĭnēlīmātus, *a*, *um*, qui n'est pas limé : Ennod. *Ep.* 3, 7.

ĭnēlĭquātus, *a*, *um* (2 *in-*, *eliquo*), non tiré au clair : Jul. d. Aug. *Jul. op. imp.* 1, 27.

ĭnēlŏquax, *ācis*, indicible : Novat. *Trin.* 29.

ĭnēlŏquens, *tis*, non éloquent : Lact. *Opif.* 20, 5; Aug. *Loc. Hept.* 1, 2, 27.

ĭnēlŏquĭbĭlis, *e*, ineffable : Lact. *Inst.* 7, 5, 9; Mar. Vict. *Ar.* 1, 47.

ĭnēluctābĭlis, *e*, insurmontable, inévitable : Virg. *En.* 2, 324; Vell. 2, 57.

ĭnēluctātus, *a*, *um*, ▶ *ineluctabilis* : Ennod. *Op.* 2, 32.

ĭnēlŭĭbĭlis, *e* (2 *in-*, *eluo*), ineffaçable, indélébile : Lact. *Inst.* 7, 20, 9.

ĭnēmendābĭlis, *e*, qui ne peut être corrigé, incorrigible : Sen. *Ir.* 3, 41, 4; Quint. 1, 1, 37.

ĭnēmendātus, *a*, *um*, incorrect : Hier. *Ezech.* 40, 5.

ĭnēmensus, *a*, *um*, non mesuré : Not. Tir. 18.

ĭnēmĕrĭbĭlis, *e*, qu'on ne peut mériter, obtenir : Tert. *Res.* 18, 1.

ĭnēmĭgrābĭlis, *e*, qu'on ne peut exiler : Ps. Orig. *Job* 2, 449 D.

ĭnēmŏrĭor, *morĕris*, *mŏrī*, *mortuus sum* (1 *in*), intr., mourir dans, à [avec dat.] : Hor. *Epo.* 5, 34.

ĭnemptus (**ĭnemtus**), *a*, *um* (2 *in-*, *emo*), non acheté : Virg. *G.* 4, 133; Hor. *Epo.* 2, 48; [fig.] Tac. *H.* 2, 60.

ĭnēmundābĭlis, *e*, qu'on ne peut nettoyer : Aug. *Ep.* 181, 1.

ĭnēnarrābĭlis, *e*, qu'on ne peut raconter, indicible : Liv. 44, 5, 1; Plin. 8, 21.

ĭnēnarrābĭlĭter, adv., ineffablement : Aug. *Conf.* 13, 20, 28.

ĭnēnarrandus, *a*, *um* (2 *in-*, *enarro*), qu'on ne peut décrire : Hil. *Trin.* 5, 32.

ĭnēnarrātīvus, *a*, *um*, qui ne s'adapte pas à une description : Tert. *Val.* 27, 2.

ĭnēnarrātus, *a*, *um* (2 *in-*, *enarro*), non expliqué : Gell. 12, 6, 1; 19, 14, 5.

ĭnēnātābĭlis, *e* (2 *in-*, *enato*), d'où l'on ne peut se sauver à la nage : Tert. *Idol.* 24, 1.

ĭnēnōdābĭlis, *e* (2 *in-*, *enodo*), qu'on ne peut dénouer, démêler : Apul. *Apol.* 4 ‖ [fig.] inexplicable, insoluble : Cic. *Fat.* 18.

ĭnēnormis, *e*, qui n'est pas démesuré : Apul. *M.* 2, 2.

ĭnēnŭmĕrābĭlis, *e*, qu'on ne peut compter, non compté : Ambr. *Psalm.* 38, s. 20, 1.

ĭnēnuntĭābĭlis, *e* (2 *in-*, *enuntio*), indicible : Cens. 19, 3.

ĭnĕo, *īs*, *īre*, *ĭi* (*īvi*), *ĭtum* (1 *in*, 3 *eo*)
I intr. ¶ **1** aller dans : *in urbem* Liv. 24, 9, 2, entrer dans la ville ¶ **2** commencer : *ineunte vere* Cic. *Pomp.* 35, au début du printemps; *ab ineunte aetate* Cic. *de Or.* 1, 97, dès l'âge le plus tendre.
II tr. ¶ **1** pénétrer dans : *domum alicujus* Cic. *Dej.* 8, entrer chez qqn ; *convivia* Cic. *Amer.* 52, se rendre dans des festins ; *viam* Cic. *Mur.* 26, prendre une route ¶ **2** saillir [une femelle] : Liv. 41, 13, 2; August. d. Suet. *Aug.* 69; Plin. 10, 178 ¶ **3** commencer, engager, entamer : *inita aestate, hieme* Caes. *G.* 2, 35, 2; 3, 7, 1, après le commencement de l'été, de l'hiver ; *inire proelium* Cic. *Off.* 1, 37, engager le combat ; *magistratum* Cic. *Phil.* 3, 2, entrer en charge ; *consulatum* Liv. 24, 9, 7, entrer dans le consulat ; *bellum cum rege initum est* Liv. 31, 5, 1, on entama la guerre avec le roi ¶ **4** entrer dans, entreprendre, se mettre à : *aestimationem rei* Sen. *Ben.* 3, 8, 4, entrer dans l'appréciation d'une chose ; *numerum*, supputer, ▶ *numerus* ; *consilium facinoris* Cic. *Dej.* 4, former le projet d'un crime ; *rationem dierum* Cat. *Agr* 2, 2, faire le compte des jours; [fig.] *rationem*, prendre ses mesures, dresser un plan : Cic. *Verr.* 3, 110; *Fam.* 5, 20, 4; *Phil.* 5, 53; *inita subductaque ratione* Cic. *Nat.* 3, 71, en faisant soigneusement le calcul du début à la fin (après mûre réflexion) ; *societatem cum hominibus* Planc. *Fam.* 10, 8, 3, entrer en alliance avec des gens, s'associer avec … ; *gratiam ab aliquo* Cic. *Verr.* 4, 143, entrer dans les bonnes grâces de qqn, cf. Pl. *Curc.* 405 ; Ter. *Eun.* 557; *Ad.* 914 ; Caes. *G.* 6, 43, 5 ; *plures ineuntur gratiae si…* Cic. *Brut.* 209, on se fait plus d'obligés si… ‖ *suffragium inire* Liv. 3, 17, 4, voter ; *somnum* Virg. *B.* 1, 55, dormir; *imperia* Stat. *Ach.* 1, 281, exécuter des ordres ; *alicujus munera* Virg. *En.* 5, 846, remplir les fonctions de quelqu'un.

▶ parf. *init* = *iniit* Lucr. 4, 339; Stat. *Th.* 1, 69.

ĭneptē, adv. (*ineptus*), maladroitement, gauchement, à contretemps : Cic. *Tusc.* 1, 11; *Brut.* 284; Gell. 13, 24, 7 ‖ **-tius** Aug. *Ep.* 82, 33; **-issime** Quint. 11, 3, 131.

ĭneptĭa, *ae*, ▶ *ineptiae* ▶.

ĭneptĭae, *ārum*, f. pl. (*ineptus*), sottises, niaiseries, impertinences : Cic. *Tusc.* 1, 93 ; Suet. *Aug.* 86.
▶ sg. *ineptia* Pl. *Merc.* 26; Ter. *Eun.* 741; *Ad.* 749, même sens.

ĭneptĭō, *īs*, *īre*, -, - (*ineptus*), intr., être fou, perdre la tête : Ter. *Ad.* 934; Catul. 8, 1.

ĭneptĭŏla, *ae*, f. (dim. de *ineptia*), Aus. *Griph.* 1 (335), 11.

ĭneptĭtūdō, *ĭnis*, f., ▶ *ineptia* : Caecil. *Com.* 61.

ĭneptus, *a*, *um* (2 *in-*, *aptus*), qui n'est pas approprié, déplacé, hors de propos, maladroit, gauche, impertinent [en parl. des choses et des pers.] : Cic. *Or.* 29; *Tusc.* 1, 86, 7; *de Or.* 2, 17 ; 2, 20 ‖ déraisonnable, sot : Cic. *Clu.* 176; *Nat.* 1, 59; *Caecin.* 14 ‖ **-tior** Quint. 9, 2, 70; **-issimus** Quint. 9, 3, 100.

ĭnĕquĭtābĭlis, *e* (2 *in-*), impropre à la cavalerie : Curt. 8, 14, 3.

ĭnĕquĭtō, *ās*, *āre*, -, - (1 *in*, *equito*) ¶ **1** intr. **a)** aller à cheval sur [avec dat.] : Flor. 4, 12, 20 **b)** chevaucher contre, insulter [avec dat.] : Macr. *Sat.* 7, 15, 15 ¶ **2** tr., parcourir : Apul. *M.* 3, 1.

ĭnermis, *e*, **ĭnermus**, *a*, *um* (2 *in-*, *arma*) ¶ **1** non armé, sans armes : Cic. *Fam.* 12, 10, 3 ; *Sest.* 79 ; *Caecin.* 33 ; *Fam.* 11, 12, 1 ; Caes. *G.* 1, 40, 6 ; *C.* 1, 68, 2 ‖ sans armée : Tac. *H.* 2, 81 ‖ sans dent : Juv. 10, 200 ¶ **2** [fig.] **a)** inoffensif : Ov. *Ib.* 2 **b)** sans défense, faible : Cic. *Fin.* 1, 22.
▶ les deux formes, en *-is* et *-us*, se trouvent dans Cic. et Caes.

ĭnermō, *ās*, *āre*, -, - (*inermus*), tr., désarmer : P. Fest. 98, 5.

ĭnerrābĭlis, *e* (2 *in-*, *erro*), qui n'erre pas, fixe : Apul. *Plat.* 1, 11 ‖ [fig.] infaillible : Aug. *Civ.* 21, 8.

ĭnerrans, *tis* (2 *in-*, *erro*), fixe : Cic. *Nat.* 2, 54 ; Lact. *Inst.* 2, 5, 18.

ĭnerrātum, *i*, n. (2 *in-*), absence d'erreur, opposé de l'erreur : Boet. *Arith.* 1, praef. 4.

ĭnerrō, *ās*, *āre*, *āvī*, *ātum* (1 *in*), intr. ¶ **1** errer dans [avec dat.] : Plin. *Ep.* 1, 6, 3 ‖ [fig.] *oculis* Plin. *Ep.* 7, 27, 6, danser devant les yeux ¶ **2** [acc. de l'objet intér.] : *ambitus inerrare* Apul. *M.* 10, 29, former des ronds à l'aventure.

ĭners, *ertis* (2 *in-*, *ars*) ¶ **1** étranger à tout art : Cic. *Fin.* 2, 115 ‖ sans capacité, sans talent : Cic. *Caecil.* 67; *poeta* Cic. *CM* 5, poète sans valeur ¶ **2** sans activité, sans énergie, sans ressort, inactif, mou : *lingua factiosi, inertes opera* Pl. *Bac.* 542, agiles pour la langue, inertes pour l'action, cf. Cic. *Verr.* 2, 192 ; *CM* 36 ; *Sest.* 43 ‖ **inertissimum otium** Cic. *Agr.* 2, 91, l'oisiveté la plus inerte ; **iners genus interrogationis** Cic. *Fat.* 29, le raisonnement de l'inertie [ἀργὸς λόγος] ; **glaebae inertes** Virg. *G.* 1, 94, mottes de terre improductives [à cause de leur masse compacte] ; **inertes horae** Hor. *S.* 2, 6, 61, heures de paresse ; **inertes querelae** Liv. 1, 59, 4, plaintes stériles ¶ **3** fade, insipide : **caro** Hor. *S.* 2, 4, 41, viande fade ¶ **4** [poét.] qui rend inerte, qui engourdit : **iners frigus** Ov. *M.* 8, 790, le froid qui engourdit.

nertĕr, adv. (*iners*), lâchement : *-tissime* Char. 185, 10.

nertĭa, ae, f. (*iners*) ¶ **1** ignorance de tout art, incapacité : Cic. *Part.* 35 ¶ **2** inertie, inaction, indolence : Cic. *Cat.* 1, 4 ; *de Or.* 1, 68 ; Liv. 33, 45, 7 ; Petr. 135, 6 ‖ [avec gén.] : **laboris** Cic. *Com.* 24, aversion, répugnance pour le travail, cf. Liv. 33, 45, 7.

nertĭcŭla vītis, f. (dim. de *iners*), sorte de vigne qui donne un vin léger qui ne grise pas : Plin. 14, 31 ; Col. 3, 2, 24.

nertĭtūdo, ĭnis, f., inertie : Gloss. 2, 81, 33.

nĕrŭbĭdus, a, um (2 in-), qui ne rougit pas : Didasc. 12, 12.

nĕrŭdītē, adv. (*ineruditus*), avec ignorance, en ignorant : Quint. 1, 10, 33 ; Gell. 6, 3, 12.

nĕrŭdītĭo, ōnis, f., défaut de science, ignorance : Vulg. *Eccli.* 4, 30.

nĕrŭdītus, a, um, ignorant, peu éclairé : Cic. *Fin.* 1, 72 ; *Ac.* 2, 132 ; Quint. 10, 1, 32 ‖ [fig.] non raffiné, grossier : Quint. 1, 12, 18.

nĕrumpĭbĭlis, e, qu'on ne peut déchirer : Cassiod. *Eccl.* 1, 14.

nesco, ās, āre, āvī, ātum (1 in, *esca* ; it. *inescare*), tr. ¶ **1** appâter, amorcer : Petr. 140, 15 ‖ Liv. 22, 41, 5 ‖ [fig.] amorcer, leurrer : Ter. *Ad.* 220 ; Liv. 41, 23, 8 ¶ **2** gorger de nourriture, rassasier : Apul. *M.* 7, 14 ; 10, 15.

nesse, inest, ▶ *insum.*

nēsus, a, um (2 in-), non mangé : Gloss. 2, 215, 23.

nĕundus, ▶ *ineo.*

neuschēmē, adv. (2 in-, *euscheme*), sans grâce : Pl. *Trin.* 625.

nĕvectus, a, um (1 in, *evehor*), s'élevant : Culex 101.

nēvĭdens, tis (2 in-), non évident : Boet. *Porph. com.* 2, 1, 1.

nēvincĭbĭlis, e (2 in-, *evinco*), invincible : Cassiod. *Eccl.* 3, 7.

nēvītābĭlis, e, inévitable : Sen. *Nat.* 2, 50 ; Tac. *An.* 1, 74 ‖ pl. n., **inevitabilia** Sen. *Ep.* 30, 8, l'inévitable.

nēvītābĭlĭtĕr, adv., inévitablement : Aug. *Ench.* 13.

nēvŏlūbĭlis, e, insoluble, inextricable : Hil. *Trin.* 9, 41.

ĭnēvŏlūtus, a, um (2 in-, *evolvo*), non déroulé : Mart. 11, 1, 4.

ĭnēvulsĭbĭlis, e (2 in-, *evello*), qu'on ne peut arracher : Aug. *Bapt.* 3, 10, 14.

ĭnexāmĭnātus, a, um, non examiné : Ambr. *Psalm.* 38, 20, 1 ; Capel. 9, 895.

ĭnexceptus, a, um, non excepté : Ambr. *Exc.* 2, 6.

ĭnexcessĭbĭlĭtĕr, adv., sans qu'il y ait d'excès : Rust. *Aceph.* p. 1186 B.

ĭnexcessus, a, um, infini : Hil. *Trin.* 11, 28.

ĭnexcĭtābĭlis, e, [sommeil] léthargique : Sen. *Ep.* 83, 15.

ĭnexcĭtus, a, um (2 in-, *excieo*), non soulevé, calme : Virg. *En.* 7, 623 ; Stat. *Ach.* 2, 353.

ĭnexcoctus, a, um (2 in-, *excoquo*), non cuit, non desséché : Sidon. *Carm.* 7, 380.

ĭnexcōgĭtābĭlis, e, inimaginable : Tert. *Val.* 37, 1 ; Lact. *Inst.* 4, 8, 9.

ĭnexcōgĭtātus, a, um, non inventé : Plin. 36, 107.

ĭnexcultus, a, um (2 in-, *excolo*), négligé, laissé à l'abandon : Gell. 13, 23, 1.

ĭnexcūsābĭlis, e, inexcusable, qu'on ne peut excuser : Hor. *Ep.* 1, 18, 58 ; Ov. *M.* 7, 511 ‖ dont on ne peut s'excuser, qu'on ne peut décliner : Dig. 5, 1, 50 ; Cod. Th. 11, 6, 7.

ĭnexcūsābĭlĭtĕr, adv., sans qu'on puisse se dérober : Alcim. *Ep.* 3 ; Greg. M. *Ep.* 10, 9, p. 244, 19.

ĭnexcūsātus, a, um, non excusé : Ambr. *Jac.* 2, 2, 5.

ĭnexercĭtābĭlis, e, inexercé : Iren. 4, 38, 2.

ĭnexercĭtātus, a, um (2 in-, *exercito*) ¶ **1** qui ne fait pas d'exercice, non occupé : Cels. *pr.* 72 ¶ **2** non exercé, novice, qui n'a pas de pratique : Cic. *Tusc.* 2, 38 ; *de Or.* 2, 72 ; *Brut.* 136 ; *CM* 64.

ĭnexercĭtus, a, um (2 in-, *exerceo*), non impliqué, au repos : Tert. *Nat.* 2, 2, 8 ; Macr. *Sat.* 7, 8, 1.

ĭnexēsus, a, um, non rongé : Minuc. 35, 3.

ĭnexhaustus, a, um (2 in-, *exhaurio*), non épuisé : Sil. 14, 686 ‖ inépuisable : Virg. *En.* 10, 174 ‖ non affaibli : Tac. *G.* 20.

ĭnexĭnānĭbĭlis, e, qui ne peut être anéanti : Concil. S. 1, 3, p. 74, 4.

ĭnexistens, ▶ *inexsistens.*

ĭnexōrābĭlis, e ¶ **1** qu'on ne peut fléchir, inexorable : Cic. *Tusc.* 1, 10 ‖ sans pitié pour : [avec *in* acc.] Cic. *Sull.* 87 ; [avec *adversus*] Liv. 34, 4, 18 ; [avec *contra*] Gell. 14, 4, 3 ‖ [avec dat.] Tac. *An.* 11, 18 ; [abs^t] Cic. *Tusc.* 1, 10 ¶ **2** [en parl. de choses] inflexible implacable : Virg. *G.* 2, 491 ; Ov. *M.* 5, 244 ; Val.-Max. 48, 2 ¶ **3** qu'on ne peut obtenir par prière : Val.-Flac. 5, 321.

ĭnexōrābĭlĭtās, ātis, f. (*inexorabilis*), caractère inexorable : Serv. *En.* 12, 199.

ĭnexōrābĭlĭtĕr, adv., inexorablement : Don. *And.* 189.

ĭnexōrātus, a, um, qu'on n'a pas demandé : Arn. 3, 24 ‖ [pers.] inexorable : Aug. *Cresc.* 3, 46, 50.

ĭnexortus, a, um, sans commencement : Gloss. 2, 81, 45.

ĭnexpĕtātus, a, um, ▶ *inexspectatus.*

ĭnexpĕdĭbĭlis, e, dont on ne peut se tirer : Amm. 31, 13, 15.

ĭnexpĕdītus, a, um (2 in-), embarrassé, gauche : Arn. 7, 43 ‖ **inexpeditissimum est** [avec inf.] Arn. 5, 36, il est très difficile de.

ĭnexpĕrĭens, tis, inexpérimenté : Boet. *Divis.* p. 638.

ĭnexpĕrĭentĕr, adv., sans expérience : Boet. *Top. Arist.* 2, 3.

ĭnexpĕrĭentĭa, ae, f., inexpérience : Tert. *Anim.* 20, 4.

ĭnexperrectus, a, um (2 in-, *expergiscor*), non éveillé : Ov. *M.* 12, 317.

ĭnexpers, tis (2 in-, *expers*, cf. *inexpertus*), qui n'est pas habitué à [gén.] : Avien. *Perieg.* 920 ‖ *-tior* Iren. 1, praef.

ĭnexpertē, adv. ▶ *inexperienter* : Boet. *Elench.* 2, 1.

ĭnexpertus, a, um ¶ **1** inexpérimenté, neuf, novice : Hor. *Ep.* 1, 18, 86 ‖ [avec abl.] qui n'est pas habitué à, ignorant de : Liv. 23, 18, 10 ; Tac. *An.* 16, 5 ; [avec *ad*] Liv. 6, 18, 4 ¶ **2** non essayé, non éprouvé : Liv. 28, 18, 10 ; Tac. *H.* 2, 75 ; Virg. *En.* 4, 415 ‖ nouveau, inusité : Stat. *S.* 4, 5, 11.

ĭnexpĭābĭlis, e (2 in-, *expio*), inexpiable : Cic. *Tusc.* 1, 27 ; *Har.* 57 ; *Phil.* 14, 8 ‖ [fig.] implacable : Liv. 4, 35, 8 ; Quint. 2, 16, 2.

ĭnexpĭābĭlĭtĕr, adv., irrémédiablement : Aug. *Cresc.* 2, 12, 15.

ĭnexpĭātus, a, um, non expié : Aug. *Ep.* 118, 2.

ĭnexplānābĭlis, e, inexplicable : Capel. 4, 329.

ĭnexplānātus, a, um, indistinct, confus : Plin. 11, 174.

ĭnexplēbĭlis, e (2 in-, *expleo*), qui ne peut être rassasié : Plin. 11, 88 ; Sen. *Ep.* 89, 22 ‖ [fig.] insatiable, infatigable : Cic. *Tusc.* 5, 16 ; Liv. 28, 17, 2 ; [poét.] **cratera** Apul. *Flor.* 20, coupe insatiable (toujours vide).

ĭnexplēbĭlĭtĕr, adv., d'une manière insatiable, sans se lasser : Cassiod. *Psalm.* 67, 4.

ĭnexplētus, a, um (2 in-, *expleo*), non rassasié, insatiable : Stat. *Th.* 2, 518 ‖ [fig.] Stat. *S.* 3, 3, 8 ; *Th.* 6, 703.

ĭnexplĭcābĭlis, e ¶ **1** qu'on ne peut dénouer : Curt. 3, 1, 13 ; Quint. 5, 10, 101 ¶ **2** impraticable : Liv. 40, 33, 2 ‖ inextricable, inexplicable : Cic. *Att.* 8, 3,

inexplicabilis

ĭnexplĭcābĭlĭtĕr, adv., d'une façon inextricable : AUG. *Ep.* 108, 16.

ĭnexplĭcātus, *a*, *um*, non développé, non expliqué : ARN. 7, 12.

ĭnexplĭcĭtus, *a*, *um* (*2 in-*, *explico*), qui ne se déroule pas [serpent] : PRUD. *Cath.* 3, 153 ‖ embarrassé, obscur, compliqué : STAT. *Th.* 2, 510 ; MART. 9, 47, 1.

ĭnexplōrātē, adv. (*inexploratus*), sans examen préalable : GELL. 5, 19, 5.

ĭnexplōrātō, adv., sans avoir fait reconnaître la route : LIV. 6, 30, 4.

ĭnexplōrātus, *a*, *um*, non exploré, non essayé, inconnu : LIV. 26, 48, 4 ; PLIN. 35, 43.

ĭnexpressus, *a*, *um* (*2 in-*, *exprimo*), non exprimé, peu clair : SCHOL. LUC. *Comment.* 3, 415.

ĭnexpugnābĭlis, *e* ¶ **1** inexpugnable, imprenable : LIV. 2, 7, 6 ¶ **2** [fig.] invincible : CIC. *Tusc.* 5, 41 ‖ impénétrable : PLIN. 33, 72 ‖ qu'on ne peut arracher : OV. *M.* 5, 486.

ĭnexpugnābĭlĭtĕr, adv., d'une façon invincible : ALCIM. *Hom.* 24, p. 145.

ĭnexpugnandus, *a*, *um*, invincible : JORD. *Get.* 55.

ĭnexpugnātus, *a*, *um*, invincible : PAUL.-NOL. *Ep.* 18, 5.

ĭnexpŭtābĭlis, *e* (*2 in-*, *exputo*), incalculable : COL. 9, 4, 6.

ĭnexquīsītus, *a*, *um*, au-delà de toute recherche : CASSIAN. *Inc.* 7, 28, 2.

ĭnexsătŭrābĭlis, *e*, insatiable : ARN. 2, 40.

ĭnexscrūtābĭlis, *e*, impénétrable, insondable : HIL. *Trin.* 11, 47.

ĭnexsistens, *tis* (*1 in*), existant dans : BOET. *Anal. pr.* 1, 11.

ĭnexsŏlūbĭlis, *e* (*2 in-*), insoluble : AMBR. *Ep.* 19, 18.

ĭnexsŏlūbĭlĭtĕr, adv., d'une façon indissoluble : CASSIAN. *Coll.* 17, 5, 3.

ĭnexspectātus, *a*, *um*, inattendu : CIC. *Or.* 2, 225 ; OV. *M.* 12, 65 ‖ pl. n., *inexspectata* SEN. *Ep.* 91, 3, les choses inattendues.

ĭnexstinctus, *a*, *um* ¶ **1** non éteint : OV. *F.* 6, 297 ¶ **2** [fig.] insatiable : OV. *F.* 1, 413 ; *Ib.* 6, 428 ‖ impérissable : OV. *Tr.* 5, 14, 36.

ĭnexstinguĭbĭlis, *e*, inextinguible : LACT. *Inst.* 7, 19, 5 ‖ [fig.] qu'on ne peut vaincre, ineffaçable : VARR. d. NON. 131, 6.

ĭnexstinguĭbĭlĭtĕr, adv., d'une façon inextinguible : GREG.-M. *Mor.* 18, 35.

ĭnexstirpābĭlis (*2 in-*, *extirpo*), qu'on ne peut arracher : PLIN. 15, 84.

ĭnexsŭpĕrābĭlis, *e*, infranchissable : LIV. 5, 36, 6 ; 44, 35, 8 ‖ *-bilior* LIV. 36, 17, 3 ‖ [fig.] invincible, insurmontable : LIV. 8, 7, 8 ‖ pl. n., *inexsuperabilia*, impossibilités : LIV. 38, 20, 8.

ĭnextermĭnābĭlis, *e*, impérissable, immortel : VULG. *Sap.* 2, 23.

ĭnextĭmābĭlis, V. *inaestimabilis*.

ĭnextrīcābĭlis, *e* (*2 in-*, *extrico*) ¶ **1** d'où l'on ne peut se tirer, inextricable : VIRG. *En.* 6, 27 ‖ qu'on ne peut arracher : PLIN. 16, 188 ¶ **2** [fig.] incurable : PLIN. 20, 232 ‖ indescriptible : PLIN. 11, 2.

ĭnextrīcābĭlĭtĕr, adv., d'une façon inextricable : APUL. *M.* 11, 25.

ĭnextrīcātus, *a*, *um*, non débrouillé : *GLOSS.* 2, 250, 27.

ĭnexustus, *a*, *um* (*2 in-*, *exuro*), non consumé : HEGES. 5, 42, 2.

infabrē, adv., d'une façon où il n'y a pas de main d'ouvrier ; grossièrement, sans art : HOR. *S.* 2, 3, 22 ; LIV. 36, 40, 2.

infābrĭcātus, *a*, *um* (*2 in-*, *fabrico*), non façonné, non travaillé : VIRG. *En.* 4, 400.

infăcētē (qqf. **infĭcētē**), grossièrement : VELL. 2, 33, 4 ; SUET. *Vesp.* 20 ; *inficetissime* PLIN. 35, 25.

infăcētĭae (**infĭcētĭae**), balourdises : CATUL. 36, 19.

infăcētus, (qqf. **infĭcētus**), *a*, *um*, grossier, sans esprit : CIC. *Off.* 3, 58 ; *Cael.* 69.

infācundĭa, *ae*, f., inhabileté à s'exprimer : GELL. 11, 16, 9.

infācundus, *a*, *um*, qui a de la peine à s'exprimer, sans éloquence : LIV. 4, 49, 12 ; GELL. 18, 3, 6 ‖ *-dior* LIV. 7, 4, 5.

infaecō, *ās*, *āre*, -, - (*in faece*), tr., souiller [fig.] : TERT. *Anim.* 53, 5.

infalsātŏr, *oris*, m. (*infalso*), faussaire : AUG. *Faust.* 22, 15.

infalsātus, *a*, *um*, part. de *infalso* : AUG. *Faust.* 13, 4.

infalsō, *ās*, *āre*, -, - (*1 in*, *falsus*), tr., falsifier, altérer : VINC.-LER. 28.

infāmātĭo, *ōnis*, f. (*infamo*), diffamation : JULIAN.-AECL. d. AUG. *Jul. op. imp.* 2, 15 ; NON. 263, 8.

infāmātŏr, *ōris*, m., celui qui diffame, qui décrie : GENNAD. *Vir.* 24.

infāmātus, part. de *infamo*.

infāmĭa, *ae*, f. (*infamis*), mauvaise renommée, déshonneur, infamie : CIC. *Clu.* 61 ; *Att.* 4, 18, 2 ; *infamiam facere alicui* CIC. *Rep.* 4, 12, jeter du discrédit sur qqn ; *res est insigni infamiae* CIC. *Att.* 1, 12, 3, la chose fait scandale ‖ pl., *infamias subire* TAC. *An.* 4, 33, subir des peines infamantes ‖ [en parl. de qqn] honte, déshonneur : *saecli nostri* OV. *M.* 8, 97, honte de notre siècle, cf. OV. *F.* 1, 551.

infāmis, *e* (*2 in-*, *fama*), mal famé, décrié : CIC. *Clu.* 130 ; LIV. 27, 11, 12 ‖ [en parl. de choses] : CIC. *Caecil.* 24 ; *Fin.* 2, 12 ; *Font.* 34.

***infāmĭtĕr** [inus.], d'une manière infâme : [superl.] *infamissime* CAPIT. *Pert.* 13, 8.

infāmĭum, *ii*, n., ⓒ *infamia* : ISID. 5, 27, 26.

infāmō, *ās*, *āre*, *āvī*, *ātum* (*infamis*), tr., faire une mauvaise réputation à, décrier : CIC. *Fam.* 9, 12 ; NEP. *Alc.* 11 ; OV. *M.* 14, 446 ‖ blâmer, accuser : *apud aliquem infamare aliquem temeritatis* SEN. *Ep.* 22, 7, accuser qqn auprès de qqn de témérité.

infāmus, *a*, *um*, ⓒ *infamis* : *LUCIL. 11.

infandus, *a*, *um* (*2 in-*, *fandus*, cf. *nefandus*), dont on ne doit pas parler, honteux, abominable : CIC. *de Or* 2, 322 ; *Sest.* 117 ; LIV. 1, 59, 8 ; *-dissimus* VARIUS d. QUINT. 3, 8, 45 ‖ *infanda furens* VIRG. *En.* 8, 489, ayant des accès de démence criminelle ‖ *infandum !* chose affreuse ! : VIRG. *En.* 1, 251 ‖ [pers.] horrible, monstrueux : *infandi Cyclopes* VIRG. *En.* 3, 644, les Cyclopes repoussants.

infans, *tis* (*2 in-*, *fans* ; esp. *infante*, it. *fante*) ¶ **1** qui ne parle pas : CIC. *Div.* 1, 121 ; GELL. 5, 9, 1 ‖ incapable de parler, sans éloquence : CIC. *Brut.* 278 ; *Or.* 76 ; *-tior* CIC. *Q.* 3, 4, 1 ; *-issimus* CIC. *Clu.* 51 ‖ incapable encore de parler, tout enfant : CIC. *Verr.* 1, 153 ; *Clu.* 27 ; *de Or.* 2, 162 ¶ **2** [subst¹] bébé, petit enfant : CIC. *Fin.* 2, 33 ; CAES. *G.* 7, 28 ‖ enfant qui n'est pas encore né : LIV. 24, 10, 10 ‖ [droit] enfant de moins de 7 ans : COD. TH. 8, 18, 8 pr. ; COD. JUST. 6, 30, 18 ¶ **3** d'enfant, enfantin : OV. *F.* 6, 145 ‖ [fig.] puéril : CIC. *Att.* 10, 18, 1 ¶ **4** ▶ *infandus* : ACC. *Tr.* 189 ¶ **5** [chrét.] *infantes* : AUG. *Serm.* 228, 1, les nouveaux baptisés.

infantārĭus, *a*, *um* (*infans*), qui aime les enfants : MART. 4, 87, 3 ‖ [iron.] m. pl., meurtriers d'enfants : TERT. *Nat.* 1, 2, 9.

infantĭa, *ae*, f. (*infans* ; fr. *enfance*) ¶ **1** incapacité de parler : CIC. *de Or.* 3, 142 ; *Att.* 4, 16, 8 ¶ **2** enfance, bas âge : QUINT. 1, 1, 19 ; TAC. *An.* 1, 4 ‖ jeune âge des animaux, des plantes : PLIN. 8, 171 ; 15, 80 ‖ les enfants, la jeunesse : QUINT. 1, 1, 26.

infantĭcīda, *ae*, m. (*infans*, *caedo*), infanticide, celui qui tue son enfant : TERT. *Apol.* 4, 11 ; *Nat.* 1, 15, 3.

infantĭcīdĭum, *ii*, n., infanticide [crime] : TERT. *Apol.* 2, 5.

infantīlis, *e* (*infans*), d'enfant, enfantin : ULP. *Dig.* 34, 2, 25, 9 ; JUST. 17, 3, 20.

infantīlĭtĕr, adv., en enfant : PS. FULG.-R. *Serm.* 23.

infantō, *ās*, *āre*, -, - (*infans*), tr., nourrir comme un enfant : TERT. *Marc.* 1, 14, 3.

infantŭla, *ae*, f. (*infantulus*), fillette : APUL. *M.* 10, 28 ; SIDON. *Ep.* 7, 2, 6.

infantŭlus, *i*, m. (dim. de *infans*), petit enfant, petit garçon : APUL. *M.* 8, 15 ; HIER. *Is.* 3, 7, 16.

infarcĭō, V. *infercio* ▶.

infascĭnābĭlis, *e*, qui ne peut être fasciné : GLOSS. 2, 215, 5.

infascĭnātē, adv., sans être fasciné : Gloss. 2, 215, 7.

infastīdībĭlis, e, qui ne se rebute pas : Cassiod. *Inst.* 1, 16, 4.

infastīdītus, a, um (2 in-, *fastidio*), non dédaigné : Sidon. *Carm.* 16, 123 ; Cassiod. *Var.* 5, 41, 3.

infătīgābĭlis, e, infatigable : Plin. 28, 357 ; Sen. *Vit.* 7, 3.

infătīgābĭlĭter, adv., infatigablement : Aug. *Ep.* 27, 2.

infătīgātus, a, um, non fatigué, infatigable : Capel. 6, 582.

infătŭātĭo, ōnis, f. (*infatuo*), extravagance : Ps. Orig. 3 *Job*.

infătŭātus, a, um, part. de *infatuo*.

infătŭō, ās, āre, āvī, ātum (1 in, *fatuus*), tr. ¶ 1 rendre sot, déraisonnable : Cic. *Flac.* 47 ; *Phil.* 3, 22 ; Sen. *Ep.* 59, 13 ¶ 2 [chrét.] être vicié [pass.] : Cypr. *Sent.* 7.

infaustē, adv., malheureusement : Cassiod. *Anim.* 12.

infaustus, a, um (2 in-) ¶ 1 funeste, malheureux, sinistre : Virg. *En.* 5, 635 ; Ov. *M.* 3, 36 ∥ subst. n., le malheur : Plin. 16, 169 ¶ 2 éprouvé par le malheur : Tac. *An.* 12, 10.

infăvōrābĭlis, e, défavorable : Dig. 37, 6, 6.

infăvōrābĭlĭter, adv., défavorablement : Ulp. *Dig.* 50, 2, 2.

infēcī, parf. de *inficio*.

infēcō, ās, āre, -, -, ■> *infaeco*.

infectĭo, ōnis, f. (*inficio*), action de teindre, teinture : M.-Emp. 7, 3 ∥ [fig.] c. *stuprum* : Jul.-Val. 3, 31.

infectīvus, a, um (*inficio*), de teinture : Vitr. 7, 14, 2.

infectō, ās, āre, -, - (fréq. de *inficio*), tr., troubler [fig.] : Apul. *M.* 2, 18.

infectŏr, ōris, m. (*inficio*), teinturier : Cic. *Fam.* 2, 16, 7 ; Plin. 20, 59 ∥ [adj¹] qui sert à teindre : Plin. 11, 8.

infectōrĭus, a, um (*infector*), qui sert à teindre, tinctorial : M.-Emp. 4, 24 ∥ subst. n., teinturerie : Gloss. 2, 256, 39.

infectrix, īcis, f., corruptrice : Julian.-Aecl. d. Aug. *Jul. op. imp.* 2, 105.

infectus, a, um, part. de *inficio*.

2 **infectus**, a, um (2 in-, *factus*) ¶ 1 non travaillé : *infectum argentum* Liv. 34, 10, 4 ; *aurum* Virg. *En.* 10, 528, argent, or brut ¶ 2 non fait, non réalisé : *damnum infectum* Cic. *Top.* 22, dommage non causé, menaçant ; *aliquid pro infecto habere* Cic. *Inv.* 2, 80, considérer qqch. comme non avenu ; *omnia pro infectis sint* Liv. 9, 11, 3, que tout soit non avenu ; *infectis iis, quae agere destinaverat* Caes. *C.* 1, 32, 4, sans avoir accompli ce qu'il s'était proposé de faire ; *infecto negotio* Sall. *J.* 58, 7, sans avoir réalisé son dessein ¶ 3 impossible : Sall. *J.* 76, 1 ∥ [gram.] inaccompli [verbe au présent, à l'imparfait ou au futur] : Varr. *L.* 9, 101 [subst. n.] *infectum* [opposé à *perfectum*] : Varr. *L.* 10, 33.

3 **infectŭs**, abl. ū, m. (*inficio*), teinture : Plin. 8, 193.

infēcundē, adv. (*infecundus*), d'une manière non féconde, non copieuse : Gell. 19, 3, 2.

infēcundĭtas, ātis, f. (*infecundus*), infécondité, stérilité : Tac. *An.* 4, 6 ; Plin. 11, 50.

infēcundus, a, um (2 in-), infécond, stérile : Sall. *J.* 17, 5 ; Ov. *Tr.* 3, 14, 34 ∥ *-dior* Col. 3, 4, 7.

infēlīcĭtās, ātis, f. (*infelix*) ¶ 1 le malheur, l'infortune : Cic. *Div.* 2, 62 ; *Pis.* 47 ¶ 2 stérilité : Quint. 10, 2, 8 ¶ 3 [chrét.] dépravation, impiété : Tert. *Pud.* 22, 15.

infēlīcĭter, adv., malheureusement : Ter. *Eun.* 329 ; Liv. 1, 45, 3 ; 2, 35, 8 ∥ *-cius* Quint. 8, 6, 33 ; *-issime* Aug. *Civ.* 12, 13.

infēlīcĭtō, ās, āre, -, - (fréq. de *infelico*), *Caecil. *Com.* 114.

infēlīcō, ās, āre, -, -, tr., rendre malheureux : Pl. *Ru.* 885 ; 1225 ; *Merc.* 436.

infēlix, īcis (2 in-) ¶ 1 improductif, stérile : Plin. 24, 68 ; Virg. *G.* 2, 239 ∥ [fig.] *infelix opera* Quint. 10, 1, 7, travail stérile ¶ 2 malheureux, infortuné : Cic. *Verr.* 5, 162 ; *-cissimus* Cic. *Amer.* 119 ; *-cior* Liv. 5, 12, 1 ∥ [avec gén. sous le rapport de] : Sil. 9, 627 ; 12, 432 ; [avec abl.] Hor. *P.* 34 ¶ 3 qui cause du malheur, misérable, triste, funeste **a)** *infelix rei publicae* Cic. *Phil.* 2, 64, funeste à l'État **b)** *arbor infelix*, arbre sinistre [dont les fruits étaient consacrés aux dieux infernaux, v. Macr. *Sat.* 2, 16, 2 ; ou stérile et condamné par la religion, v. Plin. 16, 108], où l'on pendait les condamnés : Cic. *Rab. perd.* 13 ; *infelix studium* Liv. 3, 56, 9, zèle funeste.

infēlox, ōcis, ■> *infelix* : Ps. Prisc. *Accent.* 34 = 3, 526, 2.

infendĭtŏr, ōris, m., coaccusateur : Gloss. 3, 451, 59.

infendō, ĭs, ĕre, -, - (1 in, *fendo*), tr., accuser, attaquer : *Gloss. 2, 82, 6.

infensē, adv. (*infensus*), en ennemi, d'une manière hostile : Tac. *An.* 5, 3 ; *infensius* Cic. *Or.* 172.

infensō, ās, āre, -, - (*infensus*), tr. ¶ 1 [abs¹] agir en ennemi : Tac. *An.* 13, 41 ¶ 2 ravager, dévaster : Tac. *An.* 13, 37 ∥ rendre dangereux : *pabula* Tac. *An.* 6, 34, rendre dangereux (paralyser) l'approvisionnement en fourrage.

infensus, a, um (1 in, *fendo*, cf. *offensus*) ¶ 1 irrité, hostile, animé contre : Cic. *Verr.* 2, 149 ; [avec dat.] Virg. *En.* 11, 122 ; [avec in acc.] Liv. 39, 6, 5 ¶ 2 [en parl. de choses] hostile, ennemi, funeste : *infensius servitium* Tac. *An.* 1, 81, une servitude plus cruelle ; *infensa valetudo* Tac. *An.* 14, 56, une mauvaise santé, qui fait obstacle ∥ *-issimus* Aug. *Pelag.* 6, 34.

infĕr, ĕra, ■> *inferus*.

infĕrax, ācis (2 in-), stérile : Hier. *Orig. Cant.* 2 ; Boet. *Arith.* 2, 2, 2.

infercĭō, īs, īre, fersī, fertum et fersum (1 in, *farcio*), tr. ¶ 1 bourrer, fourrer dans : [avec in acc.] Col. 12, 53, 2 ∥ [fig.] fourrer, ajouter [des mots] : Cic. *Or.* 231 ¶ 2 remplir, *aliquid aliqua re*, qqch. de qqch. : Plin. 23, 25.
► forme *infarcio* Col. 12, 53, 2 ; parf. *infercivi* Itin. Alex. 54.

infĕri, ōrum, m. pl. (*inferus*), les enfers : Cic. *Phil.* 14, 32 ; *Tusc.* 1, 10 ; *aliquem ab inferis excitare* Cic. *Or.* 85 ; *Brut.* 322, faire sortir qqn des enfers, évoquer, ressusciter ∥ [chrét.] Tert. *Marc.* 4, 34, 10.

infĕrĭae, ārum, f. pl. (*infero*, cf. 2 *inferius*, *arferia*), sacrifice offert aux mânes de qqn, *alicui inferias afferre* Cic. *Nat.* 3, 42 ; *ferre* Virg. *En.* 9, 215 ; *dare* Ov. *F.* 5, 422 ; *mittere* Ov. *M.* 11, 381 ; *facere* Tac. *H.* 2, 95, offrir un sacrifice aux mânes de quelqu'un.

infĕrĭtālis, e (*inferiae*), qui concerne les mânes : Apul. *M.* 8, 7.

infĕrĭŏr, ĭus, ĭōris, compar. de *inferus* ¶ 1 plus bas, inférieur : Caes. *G.* 2, 25, 1 ; 7, 35, 4 ; 7, 46, 3 ; Cic. *Fin.* 1, 19 ; *ex inferiore loco dicere* Cic. *Att.* 2, 24, 3, parler d'en bas [sans monter à la tribune] ∥ *inferior exercitus* Tac. *H.* 1, 61, l'armée de Basse-Germanie ; [subst. pl.] *inferiores* B.-Alex. 6, 3, les habitants de la partie basse (d'une ville) ¶ 2 *versus* Ov. *Am.* 1, 1, 3, le second vers [dans le distique], le pentamètre ¶ 3 *aetate* Cic. *Brut.* 182, plus jeune, cf. *Brut.* 228 ¶ 4 plus faible : *numero navium* Caes. *C.* 1, 57, 1, plus faible sous le rapport du nombre des navires ; *causa inferior* Cic. *Brut.* 30, la cause la plus faible, la moins bonne ; *in jure civili* Cic. *Brut.* 179, moins fort en droit civil ∥ [avec dat.] *nemini inferior* Sall. *H.* 2, 37, qui ne le cède à personne ∥ [avec abl.] *humanos casus virtute inferiores putare* Cic. *Lae.* 7, croire que la vertu est plus forte que les vicissitudes humaines ; [avec *quam*] *belli laude non inferior quam pater* Cic. *Off.* 1, 116, ne le cédant pas à son père pour les mérites guerriers, cf. *Brut.* 155 ; 179 ¶ 5 inférieur, d'un rang plus bas : *omnia inferiora virtute ducere* Cic. *Tusc.* 4, 57, mettre tout au-dessous de la vertu ; *inferioris ordinis esse* Cic. *Leg.* 3, 30, être d'un rang inférieur ∥ subst., *inferior* Cic. *Quinct.* 95, un inférieur ; *inferiores* Cic. *Lae.* 72, les inférieurs.

1 **infĕrĭus**, adv., compar. de *infra*, plus bas, plus au-dessous : Ov. *M.* 2, 137 ; 2, 208 ∥ [fig.] *virtutem inferius adducere* Sen. *Ep.* 79, 10, faire déchoir la vertu.

2 **infĕrĭus**, a, um (*infero*, *inferiae*), offert [dans les sacrifices] : Cat. *Agr.* 132, 2 ; 134, 4, cf. P. Fest. 100, 9 ; Arn. 7, 31 ; Serv. *En.* 9, 641 ∥ ■> *inferiae*.

infermentātus, a, um (2 in-), non fermenté, sans levain : Paul.-Nol. Carm. 26, 47.

infermentō, ās, āre, -, -, tr., faire fermenter : Rufin. Orig. Hept. 4, 23, 7.

infermentum, i, n., ce qui n'a pas fermenté : Gloss. 3, 183, 45.

inferna, ōrum, n. pl. (infernus) ¶ **1** les enfers : Tac. H. 5, 5 ; ⟨v.⟩ inferni ¶ **2** parties inférieures, bas-ventre : Plin. 25, 51.

infernālīs, e (infernus), de l'enfer, infernal : Prud. Sym. 1, 388 ; Alcim. Carm. 2, 290.

Infernās, ātis, de la mer Inférieure [Tyrrhénienne] : Plin. 16, 197 ; Vitr. 2, 9, 17.

infernē, adv. (infernus), en bas : Lucr. 6, 597.

infernī, ōrum, m. pl. (infernus), séjour des dieux ; souterrains, les enfers : Prop. 2, 28, 49 ; ⟨v.⟩ inferna ‖ **infernus**, i, m., **infernum**, i, n., [chrét.] l'enfer : VL. Gen. 42, 38.

infernus, a, um (inferus : fr. enfer, bret. ifern), d'en bas, d'une région inférieure : Cic. poet. Nat. 2, 114 ; Plin. 2, 128 ‖ des enfers, infernal : Virg. En. 6, 106 ; Tac. An. 2, 28 ‖ ⟨v.⟩ inferni.

īnfĕrō, fers, ferre, intŭlī, illātum (1 in, fero), tr. ¶ **1** porter, jeter dans, vers, sur, contre : **in ignem aliquid** Cæs. G. 6, 19, 4 ; **in equum aliquem** Cæs. G. 6, 30, 4, jeter qqch. au feu, jeter qqn sur un cheval ; **scalas ad mœnia** Liv. 32, 24, 5, appliquer des échelles contre les murs ; **aggeri ignem** Cæs. G. 7, 22, 4, mettre le feu à la terrasse, cf. Cic. Cat. 3, 22 ; **fontes urbi** Tac. An. 11, 13, amener des eaux de source dans la ville ; **ærario** Plin. Ep. 2, 11, 20, verser au trésor ; **ne naves terræ inferrentur** Liv. 29, 27, 11, pour éviter que les navires soient jetés à la côte ¶ **2** porter au tombeau, ensevelir : Cic. Leg. 2, 64 ¶ **3** porter sur la table, servir : Plin. 9, 120 ‖ **illata (invecta et illata)**, objets [instruments, esclaves, bétails nécessaires à la culture] introduits sur le fonds [exploité par le fermier], soumis au droit de gage du propriétaire : Dig. 13, 7, 11, 5 ¶ **4** produire des comptes (**rationes**) : Cic. Flac. 20 ‖ porter, inscrire sur des comptes (**rationibus**) : Col. 1, 7, 7 ‖ imputer, **sumptum civibus** Cic. Flac. 45, porter une dépense au compte des citoyens ¶ **5** verser une contribution, payer : Plin. Pan. 39, 6 ; Col. 1, 1, 11 ¶ **6 manus alicui, in aliquem ; vim alicui**, porter les mains sur qqn, faire violence à qqn, ⟨v.⟩ **manus, vis** ‖ **signa in hostem**, porter les enseignes contre l'ennemi, attaquer l'ennemi : Cæs. G. 2, 26, 1 ; **signa patriæ** Cic. Flac. 5, attaquer sa patrie ‖ **bellum alicui** Cic. Pis. 84 ; **Italiæ** Cic. Att. 9, 1, 3 ; **contra patriam** Cic. Phil. 2, 53, porter, faire la guerre contre qqn, contre l'Italie, contre la patrie ; **de bello in provinciam Syriam illato** Cic. Fam. 15, 2, 1, au sujet de la guerre portée dans la province de Syrie, cf. Nep. Ham. 4, 2 ; Liv. 9, 25, 1 ; **arma** Liv. 1, 30, 8, commencer les hostilités ¶ **7 pedem**, porter le pied, poser le pied qq. part, aller qq. part : Cic. Caecin. 39 ‖ [mil.] marcher, aller de l'avant, attaquer : Liv. 10, 33, 4 ; **gradum** Liv. 35, 1, 9, même sens ¶ **8 se inferre** ou **inferri**, se porter (se jeter) sur, dans, contre : **lucus quo se inferebat** Liv. 1, 21, 3, bois, où il se retirait, cf. Cic. Sull. 53 ; **se in mediam contionem** Liv. 5, 43, 8, se porter au milieu de l'assemblée, cf. Liv. 4, 33, 7 ; 7, 17, 5 ; **Galli in Fonteium inferuntur** Cic. Font. 44, les Gaulois se jettent contre Fontéius ; **lucustarum nubes in Apuliam inlatæ sunt** Liv. 42, 10, 7, des nuées de sauterelles se jetèrent sur l'Apulie ; **se inferre concilio** Liv. 33, 16, 8, se présenter dans l'assemblée ; **Tiberis illatus urbi** Liv. 35, 21, 9, le Tibre s'étant jeté (ayant débordé) dans la ville ‖ **se inferre**, s'avancer : Pl. Ps. 911 ‖ se mettre en avant, se faire valoir : Pl. Mil. 1045 ; Cic. Cæs. 13 ¶ **9** [fig.] **a) se in periculum** Cic. Balb. 25, se jeter dans le danger ; **eversionem, vastitatem tectis atque agris** Cic. Har. 3, porter le ravage, la dévastation dans les maisons et les propriétés ; **alicui crimen proditionis** Cic. Verr. 5, 106, porter contre qqn l'accusation de trahison **b)** mettre en avant, produire : **in re severa delicatum inferre sermonem** Cic. Off. 1, 144, dans une circonstance grave tenir des propos légers ; **mentio inlata** Liv. 4, 1, 2, la mention [= la proposition] mise en avant ; **causa illata** Cæs. G. 1, 39, 3, un prétexte étant mis en avant ‖ mettre en avant un raisonnement, une conclusion : Cic. Inv. 1, 73 ; 1, 89 **c)** inspirer, causer, susciter : **alicui terrorem, spem** Cæs. G. 7, 8, 3 ; 2, 25, 3, inspirer à qqn de la terreur, lui donner de l'espoir ; **alicui periculum** Cic. Sest. 2, susciter à qqn des dangers ; **alicui rei moram** Cic. Inv. 1, 12, apporter du retard à qqch.

īnfersī, parf. de infercio.

īnfersus, a, um, part. de infercio.

īnfertĭlis, e (2 in-), infertile, stérile : Julian. Epit. 111, 2.

īnfertĭlĭtās, atis, f., stérilité : Hier. Orig. Ezech. 4, 1.

īnfertŏr, ōris, m. (infero), qui fait le service de table : Gloss. 2, 82, 17 ; Schol. Juv. 9, 109.

īnfĕrus (**infer**, Cat. Agr. 149, 1), a, um (cf. scr. adhara-s, al. unter, an. under), qui est au-dessous, inférieur : **dei inferi** Cic. Læ. 12, dieux d'en bas ; **omnia infera** Cic. Tusc. 1, 64, tout ce qui est au-dessous ; **mare Inferum** Cic. Att. 9, 3, 1, la mer Inférieure (Tyrrhénienne) ; ⟨v.⟩ inferi ‖ ⟨v.⟩ inferior, infimus.

īnfervĕfăcĭō, is, ĕre, fēcī, factum (ferveo), tr., faire chauffer dans, faire bouillir dans : Cat. Agr. 123 ; Col. 12, 17, 2 ‖ pass. infervefio, Scrib. 271 ; Col. 9, 13, 5.

īnfervĕō, ēs, ēre, ferbŭī, - (1 in), intr., bouillir dans : Cat. Agr. 108, 1 ; Col. 12, 38, 5.

īnfervēscō, is, ĕre, ferbŭī, - (inch. de inferveo), intr., se mettre à bouillir : Cat. Agr. 90 ; Cels. 2, 30, 3 ; Hor. S. 2, 4, 67 ‖ [poét.] **sol infervescit fronti** Sil. 13, 341, le soleil devient brûlant sur la tête.

īnfestātĭō, ōnis, f. (infesto), vexation, attaque : Tert. Apol. 1, 1.

īnfestātŏr, ōris, m. (infesto), celui qui a l'habitude d'attaquer, de harceler : Plin. 6, 143.

īnfestātus, a, um, part. de infesto.

īnfestē, adv. (infestus), d'une manière hostile, en ennemi : Liv. 26, 13, 7 ‖ **-tius** Liv. 2, 55, 5 ; **-issime** Cic. Quinct. 66.

īnfestīvĭtĕr, adv. (infestivus), sans agrément : Gell. 9, 9, 9.

īnfestīvus, a, um (2 in-, festivus), dépourvu d'agrément : Gell. 1, 5, 3.

īnfestō, ās, āre, āvī, ātum (infestus), tr., infester, harceler, ravager, désoler : Plin. 6, 205 ; Sen. Ep. 71, 18 ; Ov. M. 13, 730 ‖ [fig.] attaquer, altérer, gâter, corrompre : Plin. 23, 39 ; 27, 16 ; Col. 1, 5, 7.

īnfestus, a, um (1 in, cf. manifestus, esp. enhiesto) ¶ **1** dirigé contre, ennemi, hostile : **alicui** Pl. Cas. 676 ; Cic. Verr. 5, 169, animé contre qqn ; **alicui rei** Cic. Lig. 24, hostile à qqch. ; **urbes huic imperio infestissimæ** Cic. Cat. 4, 21, villes les plus acharnées contre notre empire ; [avec in acc.] Her. 4, 52 ; **animo infestissimo** Cic. Verr. 5, 144, avec les sentiments les plus hostiles ‖ [mil.] **infestis pilis** Cæs. C. 3, 93, avec les javelots prêts au jet ; **infesto spiculo** Liv. 2, 20, 2, avec la lance en arrêt, cf. 2, 19, 8 ; 4, 19, 4 ; **infestis signis** Cæs. G. 6, 8, 6, en formation de combat (enseignes déployées) ¶ **2** exposé au danger ou aux attaques, mis en péril, menacé : **via excursionibus barbarorum infesta** Cic. Prov. 4, route infestée par les incursions des barbares ; **regio infesta ab Samnitibus** Liv. 10, 46, 9, région infestée par les Samnites ; **infestior ager ab nobilitate quam a Volscis** Liv. 6, 5, 3, territoire mis en plus grand péril par la noblesse que par les Volsques ; **tempus ætatis aliorum libidine infestum** Cic. Cæl. 10, âge mis en péril par les passions d'autrui.

īnfībŭlātōrĭum, ii (infibulo), agrafe, fermoir : Vindol. Inv. 93, 1398.

īnfībŭlō (**īnfībŭlō**), ās, āre, -, - (1 in, fibula), tr., attacher avec une agrafe : **infibulatus** Serv. En. 4, 262, ayant son manteau agrafé ‖ **infiblo** brider : Apic. 367.

īnfĭcēt-, ⟨v.⟩ infacet-.

1 **īnfĭcĭēns**, tis (2 in-, faciens), inactif, improductif : Varr. L. 6, 78 ; R. 3, 16, 8.

2 **īnfĭcĭēns**, part. de inficio.

īnfĭcĭō, is, ĕre, fēcī, fectum (1 in, facio), tr. ¶ **1** imprégner, recouvrir, **rem aliqua re**, une chose de qqch. : **hoc (dictamno) amnem inficit** Virg. En. 12, 418, elle imprégna le liquide de ce dictame ; **lana infecta conchylio** Plin. 32, 77, laine imprégnée de pourpre ; **locum sanguine** Tac. H. 2, 55, imprégner un lieu de son sang ‖ *se Britanni vitro inficiunt* Caes. *G. 5, 14, 2*, les Bretons se teignent de pastel; *arma infecta sanguine* Virg. *En. 5, 413*, armes teintes de sang; *ora pallor inficit* Hor. *Epo. 7, 15*, la pâleur s'étend sur le visage; *nigri volumine fumi infecere diem* Ov. *M. 13, 602*, de noires fumées recouvrirent (obscurcirent) le jour de leur tourbillon ‖ [en part.] empoisonner, infecter: *infecit pabula tabo* Virg. *G. 3, 481*, [l'atmosphère] infecta de la corruption les pâturages ¶ **2** [fig.] imprégner [l'âme]: *animum non colorare, sed inficere* Sen. *Ep. 71, 31*, non pas donner à l'âme une teinte légère, mais l'imprégner profondément, cf. Sen. *Ep. 110, 8*, [opp. à *perfundere*]; *infici iis artibus quas...* Cic. *Fin. 3, 9*, être imprégné des connaissances que... ‖ [en part.] infecter: *desidia animum* Cic. *Tusc. 5, 78*, corrompre l'âme par la paresse; *vitiis infici* Cic. *Leg. 3, 30*, être infecté par les vices; [poét.] *infectum scelus* Virg. *En. 6, 742*, la souillure du crime.

inficĭŏr, *ārĭs, ārī*, -, V. *infitior*.

infĭdēlis, *e* (*2 in-*), sur qui l'on ne peut compter, peu sûr, infidèle, inconstant, changeant: Pl. *Cap. 442*; Cic. *Off. 3, 106*; Caes. *G. 7, 59* ‖ [chrét.] infidèle, mécréant: Salv. *Gub. 5, 1* ‖ **-lior** Pl. *Cap. 443*; **-issimus** Cic. *Fam. 15, 4, 14*.

infĭdēlĭtās, *ātis*, f. (*infidelis*), infidélité: Cic. *Tusc. 5, 22*; Caes. *C. 2, 33, 1*; [pl.] Cic. *Mil. 69* ‖ [chrét.] absence de foi: VL. *Marc. 9, 24*.

infĭdēlĭtĕr, adv., d'une manière peu sûre, peu loyale: Cic. *ad Brut. 2, 1, 2* ‖ [chrét.] Vulg. *Is. 21, 2*.

infĭdĭbŭlum, C. *infud-*: mss de Cat. *Agr. 10, 2*.

infĭdĭgrăphus, *a, um*, qui manque à ses engagements: Ps. Orig. *Job 1, 441 D*.

infīdus, *a, um* (*2 in-*) ¶ **1** peu sûr: Cic. *Lae. 53*; Sall. *C. 51, 5* ¶ **2** déloyal: Virg. *G. 2, 496* ‖ [chrét.] incroyant: Hil. *Matth. 2, 6*.

infīgō, *ĭs, ĕre, fīxī, fixum* (*1 in, figo*; it. *infiggere*), tr. ¶ **1** ficher dans, enfoncer: [avec *in* acc.] Cic. *Tusc. 4, 50*; [avec dat.] Virg. *En. 9, 746*; Quint. *9, 4, 134* ¶ **2** [fig.] pass., être fixé, empreint dans: [avec *in* abl.] Cic. *Clu. 17*; [avec dat.] Liv. *29, 18, 1* ‖ *infixum est mihi* [avec inf.] Sil. *4, 432*, je suis bien décidé à ‖ *Vologesi vetus et penitus infixum erat arma Romana vitandi* Tac. *An. 15, 5*, Vologèse avait un principe ancien et profondément ancré, celui d'éviter les armes romaines.

infĭgūrābĭlis, *e*, **infĭgūrātus**, *a, um* (*2 in-, figuro*), non figuré, qui n'a pas de forme: Amm. *24, 4, 15* ‖ Iren. *1, 15, 5*.

infīmās, *ātis*, Prisc. *2, 587, 11*, **infĭmātis** (**infŭ-**), *e* (*infimus*), de basse condition: Pl. *St. 493*.

infīmātus, *a, um*, part. de *infimo*.

infīmē, adv. (*infimus*), tout en bas: Aug. *Ep. 18, 2*.

infĭmĭtās, *ātis*, f. (*infimus*), basse condition: Amm. *17, 13, 12*; Aug. *Mus. 1, 9, 15*.

infĭmō, *ās, āre*, -, *ātum* (*infimus*), tr., rabaisser: Apul. *M. 1, 8*; *Socr. 4*.

infĭmus (**infŭ-**), *a, um*, superl. de *inferus* ¶ **1** le plus bas, le dernier: Cic. *Nat. 2, 84*; *Tusc. 5, 69*; *Verr. 1, 92*; *ab infimo* Caes. *G. 7, 19, 1*, à partir du bas ‖ le bas de, la partie inférieure de: *infimus collis* Caes. *G. 2, 18, 2*, la partie inférieure de la colline, cf. Caes. *G. 7, 73, 7* ¶ **2** [fig.] le plus humble, le dernier: *infimo loco natus* Cic. *Flac. 24*, de la plus basse naissance; *infimus civis* Cic. *Font. 27*, le plus humble citoyen; *infimis precibus* Liv. *29, 30, 2*, avec les prières les plus humbles.

infindō, *ĭs, ĕre, fīdī, fissum* (*1 in*), tr., fendre: Val.-Flac. *1, 687* ‖ creuser dans: *sulcos telluri* Virg. *B. 4, 33*, creuser des sillons dans le sol, cf. Virg. *En. 5, 142*; Dig. *50, 6, 7*.

infingō, *ĭs, ĕre*, -, - (*1 in*), tr., inventer en plus: Tert. *Cult. 2, 5, 4*; Chalc. *326*.

infĭnībĭlis, *e* (*2 in-, finio*), infini: Apul. *Plat. 1, 5*; Capel. *2, 203*.

infĭnĭtās, *ātis*, f. (*infinitus*), immensité, étendue infinie: Cic. *Nat. 1, 73* ‖ pl., Amm. *15, 1, 4*.

infĭnītē, adv. (*infinitus*), sans fin, sans limite, à l'infini: Cic. *Or. 228*; *Ac. 1, 27* ‖ d'une manière indéfinie, en général: Cic. *de Or. 2, 66*; Gell. *14, 7, 9*.

infĭnītĭo, *ōnis*, f., C. *infinitas*; Cic. *Fin. 1, 21*.

infĭnītīvus (*infinitus*), [avec ou sans *modus*] m., infinitif: Diom. *340, 34*; Prisc. *3, 453, 37* ‖ indéfini: Dosith. *7, 403, 10*.

infĭnītō, adv., à l'infini, infiniment: Plin. *25, 94*; Quint. *11, 3, 4*.

infĭnītus, *a, um* (*2 in-, finio*) ¶ **1** sans fin, sans limites, infini, illimité: Cic. *Div. 2, 103*; *Ac. 2, 118*; *Agr. 3, 33* ‖ [fig.] Cic. *Dej. 13*; *Balb. 62*; *Verr. 3, 220* ‖ [en parl. de quantité] Cic. *Tusc. 2, 3*; *Off. 1, 52*; *de Or. 1, 16*; Caes. *G. 5, 12, 3*; *infinitior* Cic. *Top. 33*, presque illimité ¶ **2** indéfini, indéterminé, général: Cic. *Part. 61*; *Top. 79*; *de Or. 2, 42* ¶ **3** [gram.] *infinitum verbum* ou *infinitum* seul, l'infinitif: Quint. *9, 3, 9*; *1, 6, 7*; *infinitus articulus* Varr. *L. 8, 45*, pronom indéfini [c. *quis, quem, quojus*] ¶ **4** [expr. avec le n. pris subst'.]: *ad infinitum* Plin. *34, 35*; *in infinitum* Plin. *17, 243*; Quint. *1, 10, 49*, jusqu'à l'infini ‖ *infinitum quantum* Plin. *18, 277*, infiniment; *infinito plus, magis* Quint. *3, 4, 25*; *11, 3, 172*, infiniment plus.

*****infio** [inus.], V. *infit*.

infirmātĭo, *ōnis*, f. (*infirmo*), action d'affaiblir, d'infirmer: Cic. *Agr. 2, 8* ‖ réfutation: Cic. *Inv. 1, 18*.

infirmātus, *a, um*, part. de *infirmo*.

infirmē, adv. (*infirmus*), sans vigueur, faiblement: Cic. *Fam. 15, 1, 3*; Plin. *Ep. 1,* *20, 21*; *infirmius* Suet. *Aug. 90*, avec trop de faiblesse.

infirmis, *e*, faible: Amm. *20, 6, 6*; V. *infirmus*.

infirmĭtans, *antis* (fréq. de *infirmans*), malade: Greg.-Tur. *Martyr. 77*.

infirmĭtās, *ātis*, f. (*infirmus*; it. *infermità*) ¶ **1** faiblesse du corps, complexion faible: Cic. *CM 33*; *Brut. 202*; *313*; Plin. *Ep. 7, 21* ¶ **2** débilité, maladie, infirmité: Suet. *Tib. 72*; Plin. *Ep. 10, 6, 1* ¶ **3** [fig.] *ingenii* Cic. *Pis. 24*; *animi* Cic. *Amer. 10*, faiblesse d'intelligence, d'âme ‖ [abs'] faiblesse de caractère: Cic. *Lae. 64*; Caes. *G. 4, 5*.

infirmĭtĕr, adv., faiblement: Vulg. *Sap. 4, 4*; Arn. *7, 45*.

infirmō, *ās, āre, āvī, ātum* (*infirmus*), tr. ¶ **1** affaiblir, débiliter: Cels. *2, 12, 1 B*; Tac. *An. 15, 10* ‖ [pass.] être affaibli: Hil. *Matth. 31, 10* ¶ **2** infirmer, affaiblir, détruire, renverser, réfuter: Cic. *de Or. 2, 331*; *Caecin. 38*; *alicujus fidem* Cic. *Att. 15, 26, 1*, affaiblir le crédit de qqn ‖ annuler: Liv. *34, 3, 4*; Quint. *7, 1, 49*.

infirmŏr, *ārĭs, ārī*, -, dép., intr., être malade, débile, infirme: Vulg. *Joh. 4, 46* ‖ **-mantes**, les infirmes, les malades: Sulp. Sev. *Mart. 18, 5*; *Ep. 2, 12*.

infirmus, *a, um* (*2 in-, firmus*; it. *infermo*) ¶ **1** faible [de corps], débile: Cic. *Verr. 4, 95*; *5, 86*; *Brut. 180*; *infirma aetas* Cic. *Fin. 5, 43*, l'enfance ‖ malade: Cic. *Ac. 1, 14*; Plin. *Ep. 7, 26, 1* ¶ **2** [fig.] **a)** faible [en parl. de vin]: Col. *Arb. 3, 7*; [de pain peu nourrissant] Cels. *2, 18, 4* **b)** peu ferme, impuissant, faible: [avec *ad*, au regard de] Caes. *C. 3, 9, 3*; Plin. *36, 145*; [avec *adversus*] Curt. *4, 14* **c)** faible moralement, timoré: *terrentur infirmiores* Caes. *C. 1, 2, 5*, les gens les plus craintifs sont effrayés; *infirmus animus* Caes. *C. 1, 32, 9*, cœur pusillanime **d)** [en parl. de choses] faible, sans poids, sans valeur, sans autorité: *causa infirmissima* Cic. *Clu. 91*, motif des plus frivoles, cf. Cic. *Fam. 7, 18, 1*; *Caecin. 84*; *Com. 6*.

infiscō, *ās, āre*, -, - (*in fisco*), tr., faire rentrer dans le trésor impérial: Aldh. *Virg. 35*.

infit, verbe défectif (*1 in, fio, fit = incipit*), il commence à [avec inf.]: Pl. *Ru. 51*; *Aul. 318*; Lucr. *3, 515*; *5, 1208*; Virg. *En. 11, 242* ‖ [en part.] il commence à parler: Virg. *En. 5, 708*; *10, 860*; Liv. *1, 28, 4*; [avec prop. inf.] il commence à dire que: Liv. *3, 7, 6*. ► 3ᵉ pers. du pl. *infiunt* Capel. *2, 220*.

infĭtĕŏr, *ērĭs, ērī*, - (de *infitior*, cf. *fateor*), tr., ne pas avouer: P. Fest. *100, 5*.

infĭtĭābĭlis, *e* (*infitior*), niable, contestable: Julian.-Aecl. d. Aug. *Jul. op. imp. 6, 30*.

infĭtĭālis, *e* (*infitior*), négatif: Cic. *Top. 92*; Quint. *3, 6, 15*.

infĭtĭās īre (**īre infĭtĭās**) (*2 in-, *fat-, *fatia*, cf. *fateor, suppetias ire*), nier,

infitias ire

contester [ord⁺ avec négation] **a)** [avec acc.] *omnia* PL. *Cis.* 661, nier tout, cf. PL. *Men.* 396; NEP. *Epam.* 10, 4 **b)** [avec prop. inf.] LIV. 6, 40, 4 ; 9, 9, 4 ; 10, 10, 8 ; 31, 31, 9 ; QUINT. 3, 7, 3 **c)** *non eo infitias quin* FRONTIN. *Aq.* 72 ; GELL. 2, 26, 7 ; 19, 8, 5, je ne conteste pas que **d)** [abs⁺] TER. *Ad.* 339 ‖ nier en justice : PAUL. *Dig.* 10, 2, 44, 5.

infĭtĭātĭō, ōnis, f. (*infitior*), dénégation : CIC. *de Or.* 2, 105 ; *Part.* 102 ‖ désaveu d'une dette, d'un dépôt : SEN. *Ben.* 2, 35, 3 ; DIG. 47, 2, 69.

infĭtĭātŏr, ōris, m. (*infitior*), celui qui nie un dépôt : CIC. *de Or.* 1, 168 ; SEN. *Ben.* 3, 27.

infĭtĭātrix, īcis, f., celle qui renie : PRUD. *Psych.* 630.

infĭtĭŏr, ārĭs, ārī, ātus sum (*infitias*), tr. ¶ **1** nier, contester qqch., *aliquam rem* : CIC. *Verr.* 4, 104 ; *Cat.* 3, 11 ; *Fin.* 2, 54 ‖ [avec prop. inf.] CIC. *Tull.* 23 ‖ [abs⁺] CIC. *Part.* 102 ; *Sest.* 40 ‖ *non infitiari potest quin* GELL. 6, 3, 40, il ne peut nier que ¶ **2** nier [une dette, un dépôt] : CIC. *Q.* 1, 2, 10 ; JUV. 13, 60.

infīxī, parf. de *infigo*.

infixus, a, um, part. de *infigo*.

inflābellō, ās, āre, -, - (1 in), tr., souffler sur, exciter en soufflant : TERT. *Val.* 23, 3.

inflābĭlis, e (*inflo*), susceptible d'être gonflé : LACT. *Opif.* 11, 4 ‖ qui gonfle [en parl. de nourriture] : CAEL.-AUR. *Acut.* 2, 40, 233.

inflăgrō, ās, āre, -, -, tr., allumer, enflammer : SOLIN. 5, 23.

inflāmen, ĭnis, n., action de gonfler [ses joues] : FULG. *Myth.* 3, 9.

inflammantĕr, adv., avec feu [fig.] : GELL. 10, 3, 13.

inflammātĭō, ōnis, f. (*inflammo*) ¶ **1** action d'incendier, incendie : CIC. *Har.* 3 ¶ **2** inflammation [maladie] : CELS. 6, 6, 1 ; PLIN. 22, 132 ‖ excitation : *animorum* CIC. *de Or.* 2, 194, ardeur des sentiments, enthousiasme.

inflammātŏr, ōris, m., celui qui allume : GLOSS. 4, 177, 40.

inflammatrix, īcis, f. (*inflammo*), celle qui enflamme, qui excite : AMM. 14, 1, 2.

inflammātus, a, um, part. de *inflammo*.

inflammō, ās, āre, āvī, ātum (*in flammas* ; it. *infiammare*), tr. ¶ **1** mettre le feu à, allumer, incendier : *taedas ignibus* CIC. *Verr.* 4, 106, allumer une torche au (avec le) feu, cf. CIC. *Att.* 8, 2, 4 ; LIV. 10, 2, 8 ¶ **2** enflammer, irriter [méd.] : PLIN. 22, 106 ; 25, 15 ; 25, 94 ‖ exciter, enflammer [une passion] : CIC. *Fin.* 1, 51 ; *Verr. prim.* 2 ; *de Or.* 1, 60 ‖ échauffer, enflammer qqn : CIC. *de Or.* 1, 202 ; *inflammatus ad gloriam* CIC. *Fam.* 1, 7, 9, passionné pour la gloire.

***inflātē** (*inflatus*) [inus.] d'une manière outrée, hyperbolique : compar., *inflatius* CAES. *C.* 2, 17, 3 ; 2, 39, 4 ; 3, 79, 4.

inflātĭlis, e (*inflo*), dans lequel on souffle : CASSIOD. *Inst.* 2, 5, 6.

inflātĭō, ōnis, f. (*inflo*), gonflement ¶ **1** dilatation de l'eau en ébullition : VITR. 8, 3, 3 ¶ **2** gonflement de l'estomac : *habet inflationem magnam is cibus* CIC. *Div.* 1, 62, cet aliment [la fève] produit de forts gonflements (est très flatueux), cf. PLIN. 23, 106 ; 23, 128 ; SEN. *Nat.* 5, 4, 2 ¶ **3** inflammation : SUET. *Aug.* 81 ; CAEL.-AUR. *Chron.* 1, 4, 104 ¶ **4** orgueil : CYPR. *Ep.* 66, 5.

inflātŏr, ōris, m., **inflātrix**, īcis, f. (*inflo*), celui, celle qui gonfle, qui donne de l'orgueil : AUG. *Ep.* 194, 13 ; *Serm.* 118, 5 ‖ qui s'enfle d'orgueil : ANTH. 682, 7.

1 **inflātus**, a, um ¶ **1** part. de *inflo* ¶ **2** adj⁺ **a)** gonflé : *inflato collo* CIC. *Vat.* 4, avec le cou gonflé [en parl. d'un serpent] ; *bucca inflatior* SUET. *Gram.* 29, 1, joue enflée **b)** [fig.] gonflé de colère : *animus* CIC. *Tusc.* 3, 19, cœur gonflé ‖ gonflé = enflé, exalté, enorgueilli : CIC. *Mur.* 33 ; 49 ; *Phil.* 14, 15 ; LIV. 24, 32, 3 ‖ *inflatior* LIV. 39, 53, 8, plein de lui-même **c)** [rhét.] *inflatum orationis genus* CIC. *Brut.* 202, style boursouflé, emphatique.

2 **inflātŭs**, ūs, m., action de souffler dans, insufflation, souffle : CIC. *Brut.* 192 ; *Ac.* 4, 20 ‖ inspiration : CIC. *Div.* 1, 12.

inflectō, ĭs, ĕre, flexī, flexum (1 in), tr. ¶ **1** courber, plier, infléchir : *cum ferrum se inflexisset* CAES. *G.* 1, 25, 3, le fer s'étant courbé ‖ faire tourner, faire dévier : *oculos alicujus* CIC. *Quir.* 8, attirer les regards ‖ *sinus ad urbem inflectitur* CIC. *Verr.* 5, 30, le golfe s'infléchit vers la ville ¶ **2** [fig.] **a)** *jus civile* CIC. *Caecin.* 73, faire plier (changer) le droit civil ; *orationem* CIC. *Brut.* 38, changer le caractère de l'éloquence **b)** *vocem ad miserabilem sonum* CIC. *de Or.* 2, 193, plier la voix à un ton pathétique ; *vox inflexa* CIC. *Or.* 56, intonation plaintive **c)** *suum nomen ex Graeco nomine inflexerat* CIC. *Rep.* 2, 35, il avait adopté un nom [Tarquin] différent du nom grec [Démarate] ; *inflexo immutatoque verbo* CIC. *de Or.* 3, 168, par un mot détourné et changé [figure de mot : trope] **d)** fléchir, émouvoir : VIRG. *En.* 4, 22 **e)** [gram.] marquer de l'accent circonflexe : ARN. 1, 59.

inflētus, a, um (2 in-, *fleo*), non pleuré : VIRG. *En.* 11, 372.

inflexĭbĭlis, e, [pr. et fig.] raide, inflexible : PLIN. 28, 192 ; PLIN. *Ep.* 10, 97, 3.

inflexĭbĭlĭtĕr, adv. (*inflexibilis*), inflexiblement : AUG. *Hept.* 2, 18.

inflexĭō, ōnis, f. (*inflecto*), action de plier : CIC. *de Or.* 3, 220 ‖ [gram.] déclinaison : POMP.-GR. 5, 182, 7 ‖ transformation : MACR. *Exc.* 5, 622, 7.

inflexŭōsus, a, um (2 in-, *flexuosus*), qui n'est pas sinueux : ISID. 12, 4, 26.

1 **inflexus**, a, um ¶ **1** part. de *inflecto* ¶ **2** (2 in-, *flecto*), indéclinable : CAPEL. 3, 305.

2 **inflexŭs**, ūs, m. (*inflecto*) ¶ **1** détour, tournant : JUV. 3, 235 ¶ **2** inflexion : SEN. *Brev.* 12, 4.

inflictĭō, ōnis, f. (*infligo*), action d'infliger une peine : COD. TH. 14, 17, 2.

1 **inflictus**, a, um, part. de *infligo*.

2 **inflictŭs**, abl. ū, m., choc, rencontre : ARN. 3, 111.

inflīgō, ĭs, ĕre, flīxī, flictum (1 in), tr. ¶ **1** heurter contre : *alicui securim* CIC. *Planc.* 70, frapper qqn de la hache, cf. OV. *M.* 5, 83 ‖ infliger une blessure, assener un coup, *alicui*, à qqn : CIC. *Pis.* 32 ; *Vat.* 20 ‖ [fig.] *aliquid in aliquem* CIC. *de Or.* 2, 255, lancer un trait plaisant contre qqn ¶ **2** infliger qqch. à qqn = faire subir : *alicui turpitudinem* CIC. *Pis.* 63, imprimer une flétrissure à qqn ‖ imposer un prix : DIG. 3, 5, 30 ; 22, 1, 11.

inflō, ās, āre, āvī, ātum (1 in, *flo*), tr. ¶ **1** souffler dans : *aquam in os* CAT. *Agr.* 90, insuffler de l'eau dans la bouche ; *tibias* CIC. *Brut.* 192, souffler dans une flûte ; *calamos* VIRG. *B.* 5, 2, souffler dans des chalumeaux ‖ [abs⁺] *simul tibicen inflavit* CIC. *Ac.* 2, 86, aussitôt que le joueur de flûte s'est mis à jouer, cf. CIC. *Leg.* 1, 6 ¶ **2** faire entendre un son : *sonum inflare* CIC. *de Or.* 3, 225, donner une note, un son au moyen de la flûte ¶ **3** gonfler : *utrem* HOR. *S.* 2, 5, 98, gonfler une outre ; *inflatae vesiculae* CIC. *Div.* 2, 33, vésicules gonflées ; *buccas* HOR. *S.* 1, 1, 21, gonfler les joues ; *inflatur carbasus Austro* VIRG. *En.* 3, 357, le lin [la voile] s'enfle au souffle de l'Auster ; *amnis inflatus aquis* LIV. 23, 19, 4, fleuve grossi ‖ *ventrem* CIC. *Div.* 2, 19 ; (*corpus*) CELS. 2, 26, 1, donner des ballonnements ‖ hausser le ton : *aliquid extenuatur, inflatur* CIC. *de Or.* 3, 102, on abaisse, on élève le ton [dans la prononciation] ; *inflata verba* CIC. *de Or.* 3, 41, mots prononcés avec emphase ¶ **4** [fig.] **a)** inspirer : *poeta quasi divino quodam spiritu inflatur* CIC. *Arch.* 18, le poète est inspiré par une sorte de souffle divin, cf. CIC. *Div.* 1, 115 **b)** enfler, augmenter : *tibi animos rumor inflaverat* CIC. *Pis.* 89, la nouvelle avait haussé ton courage, cf. LIV. 37, 26, 4 ; *spem alicujus* LIV. 35, 42, 5, enfler les espérances de qqn **c)** exalter : LIV. 45, 31, 3 ‖ v. *inflatus*.

inflōrescō, ĭs, ĕre, flōrŭī, - (1 in, *floresco*) ; it. *infiorire*), intr., se couvrir de fleurs : CLAUD. *Cons. Stil.* 3, 124.

influctŭābĭlis, e (2 in-), qui résiste aux tempêtes : CONCIL. S. 2, 5, p. 15, 15.

inflŭescō, ĭs, ĕre, -, - (inch. de *influo*), intr., couler dans : CASSIOD. *Var.* 12, 12.

inflŭō, ĭs, ĕre, fluxī, fluxum (1 in), intr. ¶ **1** couler dans, se jeter dans : *in Pontum* CIC. *Tusc.* 1, 94, se jeter dans le Pont-Euxin ; [acc. seul] *Oceanum* PLIN. 6, 108, se jeter dans l'Océan ¶ **2** faire invasion : *influentes in Italiam Gallorum copiae* CIC. *Prov.* 32, les troupes gauloises faisant irruption en Italie ¶ **3** s'insinuer dans, pénétrer dans : *in aures contionis* Cic. *Lae.* 96, s'insinuer dans les oreilles de l'assemblée ; *in animos* Cic. *Off.* 2, 31, s'insinuer dans les esprits ; *ex illa lenitate ad hanc vim influat oportet aliquid* Cic. *de Or.* 2, 212, il faut que de cette douceur qqch. se communique à cette force ¶ **4** affluer, arriver en foule : *influentia negotia* Plin. *Pan.* 81, les affaires qui arrivent en foule.

infIŭus, *a*, *um* (*influo*), qui coule dans : Paul.-Nol. *Carm.* 15, 107.

influxĭo, *ōnis*, f. (*influo*) ¶ **1** action de couler dans : Cael.-Aur. *Acut.* 2, 37, 192 ‖ passage dans, descente dans : Macr. *Somn.* 1, 12 ¶ **2** catarrhe : Cael.-Aur. *Chron.* 2, 7, 94.

1 **influxus**, *a*, *um* (2 *in-, fluxus*), qui n'est pas coulant, qui est stable : Avien. *Or.* 256.

2 **influxŭs**, *ūs*, m. (*influo*), flux, écoulement : Vit. Anton. 58, 2.

infŏdĭō, *ĭs*, *ĕre*, *fŏdī*, *fossum* (1 *in, fodio* ; fr. *enfouir*), tr. ¶ **1** creuser : Col. 3, 13, 5 ¶ **2** enterrer : Cat. *Agr.* 37, 3 ; Virg. *G.* 2, 348 ; Nep. *Paus.* 5 ; *aliquid in terram* Caes. *G.* 7, 73, 9 (ou poét. *terrae* Virg. *En.* 11, 205) enfouir qqch. dans la terre ‖ [fig.] insérer dans [avec dat.] : Plin. 12, *pr.* 2 ; faire entrer dans [avec dat.] : Sil. 10, 238.

infoecundus, V. *infecundus*.

infoedĕrātus, *a*, *um* (2 *in-*), qui n'est pas allié : Tert. *Praescr.* 12, 2.

informābĭlis, *e*, qui ne reçoit pas de forme : Tert. *Prax.* 27, 6.

informātĭo, *ōnis*, f. (*informo*) ¶ **1** idée, conception : Cic. *Nat.* 1, 43 ; 1, 100 ‖ représentation d'une idée par l'image d'un mot : Cic. *de Or.* 2, 358 ‖ explication d'un mot, du sens d'un mot par l'étymologie : Cic. *Part.* 102 ¶ **2** instruction, enseignement : Paul.-Nol. *Ep.* 32, 3.

informātŏr, *ōris*, m. (*informo*), celui qui forme, qui élève : Tert. *Marc.* 4, 22, 3.

informātus, *a*, *um*, part. de *informo*.

informīdābĭlis, *e*, qui n'est pas redoutable : Corip. *Just.* 2, 346.

informīdātus, *a*, *um*, non redouté : Sil. 15, 241.

informis, *e* (2 *in-* et *forma*) ¶ **1** non façonné, brut : Liv. 21, 26, 9 ; Plin. 7, 63 ¶ **2** mal formé, difforme, hideux, horrible : Virg. *En.* 8, 264 ; Prop. 1, 5, 16 ‖ [fig.] *informes hiemes* Hor. *O.* 2, 10, 15, les hivers affreux ; *informis exitus* Tac. *An.* 6, 49, fin affreuse ‖ *-ior* Sen. *Ep.* 94, 58.

informĭtās, *ātis*, f. (*informis*), absence de forme : Tert. *Herm.* 42, 1.

informĭtĕr, adv. (*informis*), sans forme : Aug. *Conf.* 12, 29.

informō, *ās*, *āre*, *āvī*, *ātum*, tr. ¶ **1** façonner, former : Virg. *En.* 8, 447 ; Sil. 17, 525 ; Plin. *Ep.* 9, 7 ¶ **2** [fig.] **a)** représenter idéalement, décrire : *informandus est ille nobis quem...* Cic. *Or.* 75, il nous faut tracer le portrait de cet orateur qui **b)** façonner, disposer, organiser : *animus bene informatus a natura* Cic. *Off.* 1, 13, âme naturellement bien organisée [cf. Molière "une âme bien située"] ; *artes, quibus aetas puerilis ad humanitatem informari solet* Cic. *Arch.* 4, les sciences qui d'ordinaire forment l'enfance à la culture **c)** former dans l'esprit : *in animis hominum deorum notiones informatae sunt* Cic. *Nat.* 2, 13, une idée des dieux est formée dans l'esprit des hommes **d)** se représenter par la pensée, se faire une idée de : *deos conjectura* Cic. *Nat.* 1, 39, se représenter les dieux par conjecture, cf. Cic. *Ac.* 2, 51.

infŏrō, *ās*, *āre*, -, - (1 *in*, *foro*), tr., [obsc.] introduire en perçant, percer : Pl. *Curc.* 401 [forum] ‖ [agric.] Plin. 17, 102.

infortis, *e*, lâche : Carm. Fig. 165.

infortūnātus, *a*, *um*, malheureux, infortuné : Ter. *Eun.* 298 ‖ *-tior* *Cic. *Att.* 2, 24, 4 [correction] ; *-issimus* Apul. *M.* 4, 32.

infortūnĭtās, *ātis*, f., ⚫ *infortunium* : Gell. 6, 1, 5.

infortūnĭum, *ĭi*, n. (2 *in-, fortuna*), infortune, malheur, châtiment : Pl. *Amp.* 286 ; Ter. *Ad.* 178 ; Liv. 1, 50, 9.

infossĭō, *ōnis*, f. (*infodio*), enfouissement : Pall. 3, 16, 1.

infossus, *a*, *um*, part. de *infodio*.

infrā, adv. et prép. (*inferus*, cf. *extra* ; it. *fra*)

I adv. ¶ **1** au-dessous, en bas, à la partie inférieure : Cic. *Rep.* 6, 17 ; *infra scripsi* Cic. *Att.* 8, 6, 2, j'ai transcrit ci-dessous ; *naves paulo infra deiatae sunt* Caes. *G.* 4, 36, 4, les navires furent entraînés un peu plus bas ; *infra quam id quod devoratur* Cic. *Nat.* 2, 135, plus bas que ce qui est avalé, cf. Varr. *R.* 1, 41, 3 ; Plin. 16, 123 ; Ov. *M.* 2, 278 ¶ **2** [fig.] au-dessous [quant au rang] : Liv. 1, 43, 11 ; Tac. *An.* 2, 43.

II prép. avec acc. ¶ **1** au-dessous de, au bas de : *infra oppidum* Cic. *Verr.* 4, 51, au-dessous de la ville [au bas de la hauteur] ‖ [sur le lit de table] Cic. *Fam.* 9, 26, 1 ¶ **2** [fig.] **a)** *infra Lycurgum* Cic. *Brut.* 40, postérieur à Lycurgue **b)** *magnitudine infra elephantos* Caes. *G.* 6, 28, plus petits que les éléphants **c)** *infra duo jugera* Plin. 6, 18, moins de deux arpents **d)** *omnia infra se esse judicare* Cic. *Fin.* 3, 25, juger au-dessous de soi toutes choses, cf. Cic. *Tusc.* 3, 15 ; *infra officium alicujus* Quint. 1, 7, 1, au-dessous de la tâche de qqn [indigne de qqn].

infractĭō, *ōnis*, f. (*infringo*), action de briser ‖ [fig.] *animi* Cic. *Tusc.* 3, 14, abattement.

infractŏr, *ōris*, m., **infractrix**, *īcis*, f. (*infringo*), celui, celle qui brise : Prisc. *Vers. Aen.* 219 = 3, 513, 16.

infractūra, *ae*, f. (*infringo*), action de briser : Prisc. *Vers. Aen.* 219 = 3, 513, 17.

1 **infractus**, *a*, *um*, V. *infringo*.

2 **infractus**, *a*, *um* (2 *in-*, 1 *fractus*), non brisé : Pl. d. Fest. 54, 5 ‖ non abattu : Symm. *Ep.* 1, 3, 4.

3 **infractŭs**, *ūs*, m., ⚫ *infractio* : Prisc. *Vers. Aen.* 219 = 3, 513, 17.

infrāfŏrānus, *a*, *um* (*infra*), placé au-dessous du forum : CIL 9, 1685, 10.

infrăgĭlis, *e* (2 *in-*), qui ne peut être brisé : Plin. 20, *pr.* 2 ‖ [fig.] ferme, inébranlable : Ov. *Tr.* 1, 5, 53 ; Sen. *Vit.* 9, 4.

infrangĭbĭlis, *e*, qu'on ne peut briser : Hier. *Jer.* 3, 70, 3.

infrēgī, parf. de *infringo*.

infrĕmō, *ĭs*, *ĕre*, *ŭī*, - (1 *in*), intr., frémir : Virg. *En.* 10, 711 ‖ [fig.] gronder : Sil. 3, 230.

infrēnātĭō, *ōnis*, f. (*infreno*), action de mettre un frein à : Tert. *Marc.* 1, 29, 6.

1 **infrēnātus**, *a*, *um*, part. de *infreno*.

2 **infrēnātus**, *a*, *um* (2 *in-, freno*), qui n'a pas de bride : Liv. 21, 44, 1 ‖ [fig.] effréné : Cassiod. *Eccl.* 12, 4.

infrendens, *tis*, part. de *infrendeo*.

infrendĕō, *ēs*, *ēre*, -, - (1 *in*), intr., grincer ; [avec ou sans *dentibus*] grincer des dents : Virg. *En.* 3, 664 ; Liv. 30, 20, 1 ; *alicui* Stat. *Th.* 8, 580, grincer des dents contre qqn, s'emporter contre qqn.
▶ *infrendo*, *ĭs*, *ĕre* Tert. *Apol.* 12, 6.

infrendis, *e* (2 *in-, frendo*), qui ne peut grincer des dents : Placid. Stat. *Th.* 5, 663.

infrendo, V. *infrendeo* ▶.

infrēnis, *is* et **infrēnus**, *a*, *um* (2 *in-, frenum*), qui n'a pas de frein : Virg. *En.* 10, 750 ; 4, 41 ‖ [fig.] qu'on ne peut maîtriser : Col. 10, 215 ; Gell. 1, 15, 17.

infrēnō, *ās*, *āre*, *āvī*, *ātum* (1 *in* ; it. *infrenare*), tr. ¶ **1** mettre un frein à, brider : Liv. 37, 20, 12 ‖ *currus* Virg. 12, 287, atteler des chars ¶ **2** [fig.] **a)** assujettir, fixer : Plin. 9, 100 **b)** brider, dompter : Cic. *Pis.* 44 ; Plin. 32, 2.

infrēnus, V. *infrenis*.

infrĕquens, *tis* (2 *in-*) ¶ **1** peu nombreux, qui n'est pas en foule : *exercitus* Liv. 43, 11, 10, armée amoindrie ; *copiae infrequentiores* Caes. *C.* 3, 2, 3, des troupes en nombre plus faible ; *senatus infrequens* Cic. *Q.* 2, 10, 1, le sénat n'ayant pas son quorum, n'étant pas en nombre ‖ *sum in praediis infrequens* Cic. *Q.* 3, 9, 4, je ne suis guère entouré [d'esclaves] dans mes propriétés ¶ **2** peu fréquenté, peu peuplé, solitaire : *infrequentissima urbis* [pl. n.] Liv. 31, 23, 4, les endroits les plus déserts de la ville ; *signa infrequentia armatis* Liv. 10, 20, 8, enseignes qui ne regroupent guère de soldats armés ; *altera pars (urbis) infrequens aedificiis erat* Liv. 37, 32, 2, l'un des deux quartiers comptait peu de maisons ; *infrequentes causae* Cic. *de Or.* 2, 320, causes peu suivies [par le public] ¶ **3** qui ne va pas souvent qq. part, peu assidu : *parcus deorum cultor et infrequens* Hor. *O.* 1, 34, 1, adorateur des

infrequens

dieux négligent et rare ‖ [avec gén.] *rei militaris* Her. 4, 37, peu exact au service militaire ; [fig.] *vocum Latinarum* Gell. 13, 24, 4, qui est peu familier avec le vocabulaire latin ¶ 4 peu usité, rare : Gell. 2, 22, 2 ; 9, 12, 19.

infrĕquentātus, *a*, *um*, peu usité : Sidon. *Ep.* 9, 15, 1.

infrĕquentĕr, adv. (*infrequens*), rarement : Ps. Ambr. *Ep.* 35.

infrĕquentĭa, *ae*, f. (*infrequens*) ¶ 1 petit nombre, rareté : *summa infrequentia senatus* Cic. *Q.* 3, 2, 2, le sénat étant très loin de son effectif, cf. Liv. 2, 23, 12 ¶ 2 solitude : Tac. *An.* 14, 27.

infrĭātus, *a*, *um*, part. de *infrio*.

infrĭcō, *ās*, *āre*, *ŭī*, *cātum* et *ctum* (1 *in*), tr., frotter sur, appliquer en friction (*alicui rei aliquid*) : Col. 12, 30, 2 ; Plin. 30, 26 ‖ frotter, nettoyer : Plin. 28, 178.

infrĭcŏlō (-cŭlō), *ās*, *āre*, -, - (dim. de *infrico*), tr., frotter sans cesse : Pelag. 467.

infrictus, *a*, *um*, part. de *infrico*.

infrīgescō, *ĭs*, *ĕre*, *frīxī*, - (1 *in*), intr., se refroidir : Cels. 5, 25, 4 B ‖ attraper froid : Veg. *Mul.* 2, 92, 3.

infrīgĭdātĭo, *ōnis*, f. (*infrigido*), refroidissement : Veg. *Mul.* 1, 29, 4 ; Isid. 4, 7, 25.

infrīgĭdō, *ās*, *āre*, -, -, tr., rendre froid, refroidir : Cael.-Aur. *Chron.* 1, 1, 44 ; Schol. Juv. 7, 194.

infringō, *ĭs*, *ĕre*, *frēgī*, *fractum* (1 *in*, *frango* ; fr. *enfreindre*), tr. ¶ 1 briser : *infractis hastis* Liv. 40, 40, 7, en brisant les lances ; *infractus remus* Cic. *Ac.* 2, 79, rame brisée [réfraction dans l'eau] ; *articulos* Quint. 11, 3, 158, faire claquer ses doigts ¶ 2 choquer, heurter violemment : *alicui colaphum* Plin. 8, 130, donner une gifle à qqn ¶ 3 [fig.] briser, abattre : *conatus adversariorum* Caes. *C.* 2, 21, 2, briser les efforts des adversaires ; *gloriam alicujus* Cic. *Mil.* 5, abattre la gloire de qqn ; *infracta tributa* Tac. *H.* 4, 57, impôts diminués ‖ *linguam* Porph. Hor. *S.* 1, 3, 47, briser sa voix, se contraindre à balbutier [pour imiter les enfants], cf. Lucr. 3, 155 ; 5, 230 ; *cantus infracti* Sen. *Ep.* 90, 19, chants où la voix se brise, maniérés ‖ briser le rythme, la période : Cic. *de Or.* 3, 186 ; *Or.* 230 ; [n. pl.] *infracta et amputata loqui* Cic. *Or.* 170, parler en phrases brisées et écourtées ‖ abattre, décourager : *aliquem* Cic. *Att.* 7, 2, 12 ; *animos hostium* Liv. 38, 16, 14, abattre qqn, décourager les ennemis ; *infracto animo esse* Cic. *Quir.* 19, être abattu ; *infractus animus* Liv. 2, 59, 4 ; 7, 31, 6, esprit découragé ; *oratio infracta* Liv. 38, 14, 9, ton lamentable.

infrĭō, *ās*, *āre*, *āvī*, *ātum* (1 *in*), tr., concasser, délayer : Cat. *Agr.* 156, 4 ; Cels. 7, 7, 11 ; Plin. 20, 140.

infrīxī, parf. de *infrigesco*.

infrons, *ondis* (2 *in*-), qui est sans feuillage : Ov. *Pont.* 4, 10, 31.

infrontātē, adv. (2 *in*-, *frons*), impudemment, effrontément : Fulg. *Serm.* 22, p. 118, 7 H.

infructĭfĕr, *ĕra*, *ĕrum* (2 *in*-, *fructifer*), improductif : Eustath. 2, 1.

infructŭōsē, adv., infructueusement : Aug. *Civ.* 21, 9 ‖ -*ius* Sidon. *Ep.* 1, 9, 4.

infructŭōsĭtās, *ātis*, f., stérilité [fig.] : Tert. *Res.* 33, 5.

infructŭōsus, *a*, *um*, infructueux, stérile : Col. *Arb.* 8, 4 ; 11, 2, 32 ‖ [fig.] : Sen. *Contr.* 3, 19 ; Tac. *H.* 1, 51 ‖ [chrét.] Hil. *Matth.* 2, 4.

infrūgĭfĕr, *ĕra*, *ĕrum*, ▶ *infructifer* : Ambr. *Paen.* 20.

infrŭnītē, adv. (*infrunitus*), follement : Ps. Orig. *Job* 2, p. 505 D.

infrŭnītus, *a*, *um* (2 *in*-, *fruniscor*), dont on ne jouit pas, insipide, niais : Sen. *Ben.* 3, 16, 3 ; Macr. *Sat.* 5, 1, 15.

1 **infūcātus**, *a*, *um* (1 *in*, *fuco*), fardé : Cic. *de Or.* 3, 100.

2 **infūcātus**, *a*, *um* (2 *in*-), non fardé : Arn. 2, 47.

infūdī, parf. de *infundo*.

infūdĭbŭlum, ▶ *infundibulum*.

infŭla, *ae*, f. (obscur ; dialect., cf. *indo*) ¶ 1 bande, ruban : Cic. *de Or.* 3, 81 ¶ 2 bandelette, bandeau sacré [large bande de laine qui ornait la tête des prêtres des victimes ou que portaient les suppliants] : Cic. *Verr.* 4, 110 ; Virg. *En.* 10, 538 ‖ Lucr. 1, 87 ; Virg. *G.* 3, 487 ‖ Liv. 30, 36, 4 ; Tac. *H.* 1, 66 ¶ 3 [fig.] ornement sacré : *infulae imperii Romani* Cic. *Agr.* 1, 6, les saintes parures (joyaux) de l'empire romain = le domaine sacré du peuple romain ‖ objet de respect, de vénération : Sen. *Ep.* 14, 11 ; *Helv.* 13, 6 ¶ 4 insignes d'une charge : Cod. Just. 7, 63, 1 ; Spart. *Hadr.* 6 ¶ 5 bandelette [sculptée] : Luc. 2, 355.

infŭlātus, *a*, *um* (*infula*), qui porte un bandeau [de victime] : Suet. *Cal.* 26 ‖ [fig.] orné du bandeau royal : Prud. *Cath.* 9, 5.

infulcĭō, *ĭs*, *īre*, *fulsī*, *fultum* (1 *in*), tr. ¶ 1 enfoncer (*aliquid alicui*) : Suet. *Tib.* 53 ¶ 2 [fig.] introduire, insérer, *aliquid alicui rei*, qqch. dans qqch. : Sen. *Ben.* 3, 28, 2 ; *Ep.* 24, 22 ; 114, 19.

infulgĕō, *ĭs*, *ēre*, *fulsī*, - (1 *in*), intr., briller sur [fig.] : Cassiod. *Anim.* 8 ; Greg.-M. *Ep.* 9, 230.

infulgĕrat, impers., il y a des éclairs : Not. Tir. 118.

infullōnĭcātus, *a*, *um* (2 *in*-), non foulé (lavé) : Gloss. 2, 222, 56.

infultūra, *ae*, f. (*infulcio*), support : VL. 3 Reg. 10, 12.

infūmātis, *e*, ▶ *infimas*.

infūmātō, *ās*, *āre*, *āvī*, - (1 *in*, *fumo*), tr., sécher à la fumée : Plin. 28, 225.

infŭmus, *a*, *um*, ▶ *infimus*.

infundĭbŭlum, *i*, n. (*infundo*), entonnoir : Col. 3, 18, 6 ‖ trémie [de moulin] : Vitr. 10, 5, 2.

infundō, *ĭs*, *ĕre*, *fūdī*, *fūsum* (1 *in*, *fundo*), tr. ¶ 1 verser dans, répandre dans : *aliquid in vas* Cic. *Tusc.* 1, 61, verser qqch. dans un vase ; *alicui aurum in os* Plin. 33, 48, verser de l'or dans la bouche de qqn ; *vinum cribro* Sen. *Ben.* 7, 19, 1, verser du vin sur une passoire ‖ [pass. réfl.] se répandre dans : *portus usque in sinus oppidi infusi* Cic. *Rep.* 3, 43, ports qui s'étendent jusqu'au cœur de la ville ; *cum sol in aliquem clausum locum infusus est* Sen. *Nat.* 5, 1, 2, quand le soleil se glisse dans qq. lieu fermé ¶ 2 verser à qqn qqch., faire absorber : *alicui venenum* Cic. *Phil.* 11, 13, verser du poison à qqn, cf. Hor. *Epo.* 5, 77 ¶ 3 faire pénétrer dans : *orationem in aures alicujus* Cic. *de Or.* 2, 355, verser des paroles dans l'oreille de qqn ; *vitia in civitatem* Cic. *Leg.* 3, 32, répandre des vices dans l'État ‖ [pass. réfl.] se glisser dans : Cic. *Brut.* 62 ; *Fam.* 9, 15, 2 ¶ 4 répandre sur : *nimbum desuper alicui* Virg. *En.* 4, 122, répandre un nuage sur qqn ; *gemmas mare litoribus infundit* Curt. 8, 9, 19, la mer répand des pierres précieuses sur les rivages ; *ingentem vim sagittarum ratibus* Virg. *En.* 7, 9, 8, faire pleuvoir (déverser) une masse de flèches sur les radeaux ; *infuso igni* Liv. 37, 30, 5, le feu se propageant ; *sole infuso* Virg. *En.* 9, 461, le soleil répandant ses rayons ; [poét.] *umeris infusa capillos* Ov. *M.* 7, 183, laissant sa chevelure flotter sur ses épaules ‖ [poét.] *infusus gremio alicujus* Virg. *En.* 8, 406, étendu sur le sein de qqn ; *collo* Ov. *H.* 2, 93, attaché au cou de qqn ¶ 5 arroser, mouiller : *(olivas) aceto* Col. 12, 57, 2, arroser les olives de vinaigre.

infuscātĭō, *ōnis*, f., action de noircir, couleur noire : Rufin. *Orig. Cant.* 2.

infuscātus, *a*, *um*, part. de *infusco*.

infuscō, *ās*, *āre*, *āvī*, *ātum* (1 *in*), tr. ¶ 1 rendre brun : Virg. *G.* 3, 389 ; Plin. 2, 137 ; Gell. 2, 26, 8 ¶ 2 [fig.] **a)** *infuscari*, s'obscurcir, s'assourdir, se voiler [en parl. de la voix] : Sen. *Contr.* 1, pr. 16 ; Plin. 10, 82 **b)** ternir, tacher, gâter : Cic. *Brut.* 258 ; Planc. 22.

infuscus, *a*, *um* (*infusco*), noirâtre : Col. 9, 3, 1 ; 9, 10, 1.

infūsĭō, *ōnis*, f. (*infundo*), action de verser dans, infusion, injection : Plin. 20, 228 ‖ action d'humecter, de teindre : Ambr. *David* 1, 8, 45 ‖ épanchement : Cael.-Aur. *Chron.* 3, 8, 99.

infūsŏr, *ōris*, m. (*infundo*), celui qui inculque : Prud. *Cath.* 4, 11.

infūsōrĭum, *ĭi*, n. (*infundo*), burette : Vulg. *Zach.* 4, 2.

infūsūra, *ae*, f., nourriture ingérée : Gloss. 2, 459, 21.

infūsus, *a*, *um*, part. de *infundo*.

Ingaevŏnes, *um*, m. pl., peuple germain des bords de la Baltique : Tac. *G. 2* ; Plin. *4, 96*.

Ingauni, *ōrum*, m. pl., peuple ligure sur la côte du golfe de Gênes : Liv. *40, 41* ‖ **Album Ingaunum**, n., ■▶ *Albingaunum* [Albenga] : Varr. *R. 3, 9, 17* ; Plin. *3, 48*.

ingannātūra, *ae*, f. (*1 in*, cf. *ganno*), raillerie : Gloss. *2, 582, 40*.

ingĕlābĭlis, ■▶ *incongelabilis*.

ingĕmesco, ■▶ *ingemisco*.

ingĕmĭnātus, *a, um*, part. de *ingemino*.

ingĕmĭnō, *ās, āre, āvī, ātum* (*1 in*) ¶ **1** tr., redoubler, répéter, réitérer : Virg. *En. 5, 457* ; *7, 578* ; *G. 1, 411* ; Ov. *M. 1, 653* ¶ **2** intr., redoubler, s'accroître : Virg. *G. 1, 333* ; *En. 3, 199* ‖ *ingeminant plausu* Virg. *En. 1, 747*, ils redoublent d'applaudissements.

ingĕmisco, *ĭs, ĕre, gĕmŭī,* - ¶ **1** intr., gémir, se lamenter sur, à propos de : [abs¹] Cic. *Tusc. 5, 77* ; *in aliqua re* Cic. *Att. 7, 23, 1* ; *alicui rei* Cic. poet. *Tusc. 2, 21* ; Plin. *Pan. 53, 5* ‖ pousser une plainte en faisant un effort : Cic. *Tusc. 2, 56* ¶ **2** tr. **a)** déplorer avec gémissement, déplorer, *aliquid*, qqch. : Apul. *M. 9, 14* ; *ingemiscendus* Amm. *30, 7, 26*, déplorable **b)** [avec prop. inf.] : Cic. *Phil. 13, 23* ; Mart. *9, 59, 10*.

ingĕmĭtŭs, *ūs*, m., gémissement : Gloss. *2, 311, 12*.

ingemmesco, *ĭs, ĕre,* -, -, intr., se changer en pierre précieuse : Isid. *16, 14, 7*.

ingĕmo, *ĭs, ĕre, ŭī, (ĭtum)* ¶ **1** intr., gémir sur, *in aliqua re*, sur qqch. : Cic. *Phil. 2, 64* ; *alicui rei* Virg. *G. 1, 46* ; Liv. *36, 28, 9* ‖ gémir [en parl. des choses], faire du bruit : Ov. *M. 14, 407* ¶ **2** tr., déplorer, gémir sur : Virg. *B. 5, 27* ; Stat. *S. 9, 2*.

ingĕnĕrābĭlis, *e* (*2 in-*), qui n'engendre pas : Mar. Vict. *Ar. 1, 34*.

ingĕnĕrātĭo, *ōnis*, f. (*2 in-*), état de celui qui n'est pas engendré : Ps. Rufin. *Fid. 61, p. 1154 B*.

ingĕnĕrātus, *a, um*, part. de *ingenero*.

ingĕnĕrō, *ās, āre, āvī, ātum* (*1 in, genero* ; fr. *engendrer*), tr. ¶ **1** faire naître dans : *amorem in aliquem* Cic. *Off. 1, 12*, inspirer dès la naissance un amour pour qqn ; *ingenerantur hominibus mores* Cic. *Agr. 2, 95*, les hommes reçoivent dès l'origine un caractère particulier, cf. Cic. *Fin. 5, 36* ‖ *ingenerata familiae frugalitas* Cic. *Sest. 21*, frugalité naturelle à (innée dans) la famille ¶ **2** créer, produire, enfanter : Cic. *Leg. 1, 24* ; Liv. *5, 27, 6*.

ingĕnĭātus, *a, um* (*ingenium*), disposé par la nature : Pl. *Mil. 731* ; Gell. *12, 1, 17* ‖ *ad aliquid*, à qqch. : Apul. *Flor. 18*.

Ingĕnicla imago, f., ■▶ *Ingeniculus* : Manil. *5, 645*.

Ingĕnĭcŭlātus, *i*, m., ■▶ *Ingeniculus* : Vitr. *9, 4, 5*.

ingĕnĭcŭlō, *ās, āre, āvī, ātum* (*in geniculis*), intr., s'agenouiller : Lampr. *Hel. 5, 4* ; Hyg. *Astr. 2, 6*.

Ingĕnĭcŭlus, *i*, m. (cf. *Engonasin*), l'Agenouillé [constellation] : Firm. *Math. 8, 17, 4*, cf. Manil. *5, 645*.

ingĕnĭŏlum, *i*, n. (dim. de *ingenium*), [tard.] faible talent : Hier. *Ruf. 1, 30* ; Arn. *5, 4*.

ingĕnĭōsē, adv. (*ingeniosus*), ingénieusement : Cic. *Inv. 1, 8* ; *Ac. 2, 87* ; Quint. *1, 6, 36* ‖ *-sius* Plin. *15, 42* ; *-issime* Vell. *2, 48, 3*.

ingĕnĭōsĭtās, *ātis*, f., capacité, talent : CIL 6, 33929, 2.

ingĕnĭōsus, *a, um* (*ingenium*) ¶ **1** qui a naturellement toutes les qualités de l'intelligence **a)** intelligent : Cic. *Fin. 5, 36* ‖ d'esprit vif, pénétrant : [opp. *tardus*] Cic. *Tusc. 1, 80* ; [opp. *hebes*] Cic. *Tusc. 4, 32* ‖ *-osior* Cic. *Com. 31* ; *-issimus* Cic. *Mur. 62* **b)** *ad aliquid* Ov. *M. 11, 313* ; *in aliquid* Ov. *Tr. 2, 342* ; [ou datif] Ov. *Am. 1, 11, 4* ; *in aliqua re* Mart. *1, prol. 3*, inventif, ingénieux pour, dans qqch. **c)** [en parl. de choses] [plaisanterie intelligente] Cic. *Off. 1, 104*, cf. Plin. *35, 69* ‖ *res est ingeniosa dare* Ov. *Am. 1, 8, 62*, c'est faire preuve d'intelligence que de donner ¶ **2** naturellement apte à, propre à [en parl. de choses] : *ingeniosus ad segetes ager* Ov. *F. 4, 684*, terre naturellement faite pour les céréales.

ingĕnĭtē, adv. (*2 in-*), sans être engendré : Cand. *Ep. 1*.

1 ingĕnĭtus, *a, um*, part. de *ingigno*.

2 ingĕnĭtus, *a, um* (*2 in-*), incréé : *Prud. *Apoth. 895* ; Arn. *1, 31*.

ingĕnĭum., *ĭi*, n. (*1 in, geno* ; it. *ingegno*, fr. *engin*) ¶ **1** qualités innées (nature) d'une chose : *arvorum ingenia* Virg. *G. 2, 177*, nature des terrains, cf. Sall. *H. 1, 100* ; *3, 28* ; *Cott. 9* ¶ **2** dispositions naturelles d'un être humain, tempérament, nature propre, caractère : Pl. *Trin. 667* ; Ter. *Eun. 880* ; *suum quisque noscat ingenium* Cic. *Off. 1, 114*, que chacun apprenne à connaître sa nature propre, cf. Cic. *Brut. 204* ; *ad ingenium redit* Ter. *Ad. 71*, il revient à son naturel ¶ **3** [surtout] dispositions intellectuelles, intelligence : *vis non ingeni solum, sed etiam animi* Cic. *Brut. 93*, la force non seulement de l'intelligence, mais encore de la sensibilité, cf. Tac. *D. 21* ; *in magnis animis ingeniisque* Cic. *Off. 1, 74*, dans les âmes et les intelligences élevées ‖ dons naturels, talent naturel [condition de l'éloquence] : Cic. *de Or. 1, 113* ; *2, 147* ; *Brut. 237* ; *Or. 143* ¶ **4** talent, génie : *ingenium ad fingendum* Cic. *Font. 40*, génie pour inventer ; *summis ingeniis exquisitaque doctrina philosophi* Cic. *Fin. 1, 1*, les philosophes d'un génie éminent et d'un rare savoir ; *ingenium facere alicui* Ov. *M. 7, 433*, donner à qqn de l'esprit ‖ un talent, un génie = un homme de... ; Cic. *Brut. 147* ; *Arch. 31* ; *Rep. 2, 2* ; Liv. *41, 41* ‖ pl., des talents, des génies : Cic. *Fam. 4, 8, 2* ; Sen. *Ep. 2, 2* ; *Helv. 7, 1* ; Suet. *Aug. 89* ¶ **5** invention, inspiration : *alicujus* Tac. *H. 3, 28*, idée imaginée par qqn ; *vino ingenium faciente* Ov. *M. 7, 433*, sous l'inspiration du vin ; *exquisita ingenia cenarum* Plin. *Pan. 49, 7*, le choix ingénieux des plats.

ingens, *tis* (obscur ; cf. γίγας), d'une grandeur non ordinaire, grand, énorme, démesuré, vaste, immense [Cic. *Lae. 98*] : *ingens pecunia* Cic. *Dom. 55*, somme énorme ; *campus* Cic. *de Or. 3, 70*, carrière immense ; *ingentes imagines* Cic. *Nat. 1, 120*, images (figurations) gigantesques ; *ingens clamor* Liv. *2, 23, 7*, cris formidables ‖ *-tior* Virg. *En. 11, 124* ; [tard.] *-issimus* Veg. *Mil. 4, 8* ‖ [avec gén.] sous le rapport de : Sall. *H. 3, 91* ; Tac. *H. 4, 66* ; [ou abl.] Virg. *En. 11, 124* ; Tac *An. 11, 10* ; *H. 1, 61* ‖ [avec inf.] *ingens ferre mala* Sil. *10, 215*, géant pour supporter l'adversité.

ingĕnŭē, adv. (*ingenuus*), en homme libre : *ingenue educatus* Cic. *Fin. 3, 38*, qui a reçu une éducation libérale ‖ franchement, naïvement, sincèrement : Cic. *Att. 13, 27, 1* ; *Fam. 5, 2, 2* ; Quint. *12, 3, 3*.

ingĕnŭī, parf. de *ingigno*.

ingĕnŭĭtās, *ātis*, f. (*ingenuus*), condition d'homme né libre, bonne naissance : Cic. *Verr. 1, 123* ; Tac. *D. 32* ‖ sentiments nobles, loyauté, sincérité : Cic. *Ac. 1, 33* ; Plin. *35, 66* ‖ pl., Arn. *2, 76*.

ingĕnŭōsus, *a, um*, ■▶ *ingeniosus* : CIL 6, 26112, 4.

1 ingĕnŭus, *a, um* (*1 in, geno* ; cf. *indigena*) ¶ **1** né dans le pays, indigène : Lucr. *1, 230* ; Juv. *3, 20* ‖ inné, naturel, apporté au monde en naissant : Pl. *Mil. 632* ; Prop. *1, 4, 13* ¶ **2** né libre [de parents libres], bien né, de bonne famille : *est hominis ingenui et liberaliter educati velle...* Cic. *Fin. 3, 57*, c'est le fait d'un homme bien né et d'éducation libérale que de vouloir..., cf. *4, 23* ; *Brut. 261* ; *Flac. 84* ; *Phil. 3, 31* ; Hor. *S. 1, 6, 91* ; Liv. *10, 8, 10* ‖ subst., m., homme libre : Cic. *Verr. 2, 58* ; *Pis. 67* ; *Cat. 4, 15* ; Gai. Inst. *1, 11* ‖ [subst. f.] femme libre : Pl. *Mil. 784, 961* ; Gai. *Inst. 1, 194* ¶ **3** digne d'un homme libre, d'un homme bien né, noble : *artes ingenuae* Cic. *Fin. 3, 4* ; *ingenua studia* Cic. *Fin. 5, 48* ; *ingenuae disciplinae* Cic. *Fin. 2, 68*, arts libéraux, occupations libérales, études libérales ; *genus jocandi ingenuum* Cic. *Off. 1, 103*, plaisanterie de bon ton (de bonne compagnie), cf. *Off. 1, 104* ; *Phil. 10, 18* ; *Fam. 5, 21, 3* ‖ [m. pris subst¹] *aperte odisse magis ingenui est quam* Cic. *Lae. 65*, il y a plus de noblesse à haïr ouvertement qu'à ¶ **4** [poét.] faible, délicat : Ov. *Tr. 1, 5, 72*.

2 Ingĕnŭus, *i*, m., un des Trente tyrans, empereur en 260 apr. J.-C. : Treb. *Tyr. 9, 1*.

ingĕr, ■▶ *ingero* ▶.

ingĕrō, *ĭs, ĕre, gessī, gestum* (*1 in*), tr. ¶ **1** porter dans : *aquam in salinas* Plin.

ingero

31, 81, porter de l'eau dans les salines ‖ jeter : **saxa in subeuntes** Liv. 2, 65, 4, jeter des rochers sur les assaillants, cf. Liv. 36, 18, 5 ; **pugnos in ventrem** Ter. Phorm. 988, bourrer de coups de poings dans le ventre ‖ **ignem, verbera** Curt. 6, 11, 16, appliquer à qqn la torture du feu, assener des coups ; **manus capiti** Sen. Ep. 99, 16, se frapper la tête ‖ donner, faire absorber : **aqua ingesta** Plin. 31, 40, ingestion d'eau ‖ **se ingerere, ingeri**, se porter dans, se jeter, se présenter : **periclis** Sil. 10, 5, se jeter dans les périls ; **facies ingesta sopori** Claud. Pros. 3, 81, figure qui se montre dans le sommeil ¶2 [fig.] **a)** lancer contre : **convicia alicui** Hor. S. 1, 5, 12, lancer des invectives contre qqn, cf. Pl. Bac. 875 ; Liv. 2, 45, 10 ; 3, 68, 4 ‖ proférer : Tac. An. 4, 42 **b)** imposer : **alicui nomen** Tac. An. 1, 72, imposer un nom à qqn ; **aliquem** Cic. Verr. 3, 69, imposer qqn [comme juge] ; **se oculis** Sen. Ep. 105, 3, s'imposer aux regards (faire étalage de soi) ; **hoc ingerunt ignotis** Sen. Ben. 7, 22, 2, ils en rebattent les oreilles à des inconnus ‖ inculquer : Tac. D. 7, 4 **c)** mêler dans, introduire : **praeterita** Cic. Att. 11, 6, 3, mêler du passé [au présent]. ▶ impér. **inger** Catul. 27, 2.

ingestābĭlis, e (2 in-), qui ne peut être porté : Plin. 7, 41.

ingestĭo, ōnis, f. (ingero), action d'ingérer : Cod. Th. 9, 24, 1 ‖ action de proférer : Capel. 5, 459 ‖ action d'infliger : Aug. Jul. op. imp. 6, 27.

1 **ingestus**, a, um, part. de ingero.

2 **ingestŭs**, ūs, m., l'attribution, le don (de qqch.) : Tert. Res. 42, 9.

Ingevŏnes, V. Ingaevones.

ingignō, ĭs, ĕre, gĕnŭī, gĕnĭtum (1 in), tr., faire naître dans : **natura ingenuit homini cupiditatem...** Cic. Fin. 2, 46, la nature a mis dans l'homme en le créant le désir de..., cf. Cic. Nat. 2, 124 ‖ **ingenitus**, a, um, inné, naturel : Cic. Fin. 5, 66.

inglŏmĕrō, ās, āre, -, - (1 in), tr., agglomérer, amonceler : Stat. Th. 1, 351.

inglōrĭōsus, a, um (2 in-), qui est sans gloire : Plin. Ep. 9, 26, 4.

inglōrĭus, a, um (2 in-, gloria) ¶1 sans gloire, obscur : Cic. Leg. 1, 32 ; Tusc. 3, 81 ; Virg. G. 4, 94 ‖ **non inglorius militiae** Tac. H. 3, 59, qui n'est pas sans gloire militaire ‖ **inglorium arbitrabatur** [avec inf.] Tac. Agr. 9, il estimait sans gloire de ¶2 peu orné, simple : Stat. Th. 9, 108.

inglūtĭnātus, a, um (2 in-), non collé : Gloss. 2, 583, 18.

inglūtĭnō, ās, āre, -, - (1 in), tr., coller à, unir : Pomer. 2, 4, 2.

inglūtĭō (ingluttĭō), īs, īre, -, - (1 in, glutio ; fr. engloutir), tr., engloutir, avaler : Isid 4, 9, 9.

inglŭvĭēs, ēī, f. (cf. gula, glutio, glutto, v. P. Fest. 99, 21 ; it. gubbio) ¶1 gésier, jabot des oiseaux : Col. 8, 5, 17 ‖ gosier [serpent] : Virg. G. 3, 431 ‖ estomac : Apul. M. 5, 26 ¶2 [fig.] voracité, gloutonnerie : Hor. S. 1, 2, 8 ; Gell. 7, 16, 4.

inglŭvĭōsus, a, um (ingluvies), vorace, glouton : P. Fest. 99, 21.

ingrandescō, ĭs, ĕre, grandŭī, - (1 in), intr., croître, grandir : Col. 2, 10, 15.

ingrātē, adv. (ingratus) ¶1 d'une manière désagréable : Plin. 37, 74 ; Ov. A. A. 2, 435 ‖ à regret, à contrecœur : Plin. 18, 23 ¶2 avec ingratitude, en ingrat : Cic. Fam. 12, 1, 2 ; Tac. H. 1, 52 ; [fig.] Pall. 7, 5, 1.

ingrātĭa, ae, f. (ingratus) ¶1 ingratitude : Tert. Paen. 1, 5 ¶2 abl., **ingratiis a)** [avec gén.] **alicujus ingratiis** Pl. Cas. 315, contre le gré de qqn ; **tuis ingratiis** Pl. Merc. 479, malgré toi, cf. Gell. 17, 1, 7 **b)** [adv¹] **ingratiis** Pl. Ter. ; **ingratis** Lucr. 3, 1069 ; Cic., à regret, à contrecœur : Cic. Tull. 5 ; Quinct. 47 ; Verr. 4, 19 ; Nep. Them. 4, 4.

ingrātĭfĭcātĭo, ōnis, f., Ps. Orig. Job 3, 501 B et **ingrātĭfĭcentĭa**, ae, f., Fulg.-R. Monim. 3, 4, ingratitude.

ingrātĭfĭcus, a, um, ingrat : Acc. Tr. 364.

ingrātis, V. ingratia.

ingrātĭtūdo, ĭnis, f. (ingratus), ingratitude : *Firm. Math. 5, 1, 29 ; Ennod. Ep. 2, 7, 5 ‖ mécontentement : Cassiod. Var. 1, 30, 2.

ingrātus, a, um (2 in-) ¶1 désagréable, déplaisant : Cic. Fam. 5, 5, 3 ; Caes. G. 7, 30 ; Virg. G. 3, 97 ¶2 ingrat, qui n'a pas de reconnaissance : Cic. Att. 8, 4, 2 ; **ingratus animus** Cic. Att. 9, 2, 2, ingratitude ; **ingratus in aliquem** Cic. Nat. 1, 93, ingrat envers qqn ; **nihil ingratius** Cic. Att. 8, 4, 2, rien de plus ingrat ; **-issimus** Sen. Ben. 3, 1, 3 ‖ subst. n., **ingratum**, ingratitude : **aliquem ingrati postulare** Sen. Contr. 3, praef. 17, accuser qqn d'ingratitude ‖ [poét.] [avec gén.] **ingratus salutis** Virg. En. 10, 666, sans reconnaissance pour le salut obtenu ‖ [fig.] **ager** Mart. 10, 47, 4, sol ingrat ¶3 reçu sans reconnaissance, dont il n'est pas su gré : Pl. Truc. 534 ; Virg. En. 7, 425 ; **ingratum ad vulgus judicium** Liv. 1, 26, 5, un jugement impopulaire ¶4 insatiable : Lucr. 3, 1003 ; Hor. S. 1, 2, 8.

ingrăvantĕr, ⓒ ingravate : Greg.-M. Ep. 5, 37.

ingrăvātē, adv., sans contrainte, volontiers : Amm. 17, 10, 10.

ingrăvātĭō, ōnis, f. (ingravo) ¶1 charge : Cod. Th. 7, 13, 7 ¶2 [fig.] endurcissement [du cœur] : Aug. Hept. 2, 30.

ingrăvātus, a, um, part. de ingravo.

ingrăvēdō, ĭnis, f., ennui, inquiétude : Greg.-M. Ep. 9, 104.

ingrăvescō, ĭs, ĕre, -, -, intr. ¶1 devenir pesant : Plin. 31, 79 ‖ s'alourdir : Cic. CM 36 ‖ devenir enceinte : Lucr. 4, 1250 ¶2 [fig.] **a)** croître, augmenter : Cic. CM 6 ; Div. 2, 16 **b)** s'aggraver, s'aigrir, s'irriter : Cic. Att. 10, 4, 2 ; Tac. H. 3, 54.

ingrăvĭdātus, a, um, part. de ingravido.

ingrăvĭdō, ās, āre, -, - (1 in, gravido), tr., féconder : Paul.-Nol. Carm. 27, 253 ‖ surcharger [fig.] : Aug. Conf. 7, 5, 7.

ingrăvō, ās, āre, āvī, ātum (1 in), tr. ¶1 charger, surcharger : Stat. Th. 5, 402 ¶2 **a)** [abs¹] : Phaed. 5, 10, 3 ; Plin. 19, 166 **b)** aggraver, aigrir, irriter : Virg. En. 11, 220 ; Ov. Tr. 3, 4, 60 ‖ endurcir son cœur : Vulg. Exod. 8, 15.

ingrĕdior, ĕrĭs, gredī, gressus sum (1 in, gradior ; esp. engreir, a. fr. engrès), intr. et tr.

I intr. ¶1 aller dans, entrer dans ; **in templum, in navem, in fundum** Cic. Phil. 14, 12 ; Verr. 5, 160 ; Caecin. 21, entrer dans un temple, dans un navire, dans une propriété ; **intra munitiones** Caes. G. 5, 9, 6, pénétrer à l'intérieur du retranchement ; **castris** Virg. En. 10, 148, pénétrer dans le camp ¶2 [fig.] s'engager dans, aborder : **in disputationem** Cic. Rep. 1, 38, aborder une discussion, cf. Cic. de Or. 2, 213 ; Caecil. 40 ; Fam. 6, 1, 4 ; Caes. C. 3, 18, 3 ; **ad dicendum** Cic. de Or. 1, 94, se mettre à parler, aborder l'éloquence, cf. Cic. de Or. 1, 208 ; Fat. 4 ; Fam. 2, 3, 2 ¶3 s'avancer, marcher avec gravité (lentement) : Virg. En. 6, 157 ; 6, 855 ; Quint. 10, 2, 22 ‖ marcher : **manibus** Cic. Fin. 5, 35, marcher sur les mains ; **si stas, ingredere ; si ingrederis, curre** Cic. Att. 2, 23, 3, si tu es debout, marche ; si tu marches, cours, cf. Cic. Cael. 41 ; Or. 77 ‖ [fig.] **vestigiis alicujus** Cic. Rep. 6, 26, marcher sur les traces de quelqu'un.

II tr. ¶1 entrer dans, aborder : **domum** Cic. Phil. 2, 68, entrer dans une maison ; **pontem** Cic. Cat. 3, 6, pénétrer sur un pont ; **viam** Cic. CM 6, s'engager sur une route ; **iter pedibus** Cic. CM 34, se mettre en route à pied ; **mare** Cic. Nat. 3, 51, aborder la mer, s'embarquer ; **vestigia alicujus** Liv. 37, 53, 11, suivre les traces de qqn ; **pericula** Cic. Mur. 4, affronter les dangers ¶2 s'engager dans, aborder, commencer : **disputationem** Cic. Caecin. 79 ; **orationem** Cic. Att. 15, 11, 1, aborder une discussion, un exposé, cf. Cic. Arch. 1 ; Quint. 4, 3, 1 ; **ut Latinium ingressus est** Tac. An. 6, 4, quand il vint à parler de Latinius ‖ **magistratum** Sall. J. 43, 2, entrer en charge, cf. Quint. 6, 1, 35 ‖ [avec inf.] commencer à : **dicere** Cic. Att. 15, 11, 2, commencer à parler, cf. Cic. Ac. 1, 3 ; CM 49 ; Div. 2, 3 ; [abs¹] commencer de parler, prendre la parole : Virg. En. 4, 107 ; 6, 867.

ingressĭo, ōnis, f. (ingredior), entrée dans : Cic. Phil. 5, 9 ‖ allure : Cic. Or. 201 ‖ entrée en matière : Cic. Or. 11.

ingressum, i, n. (ingredior), entrée : Grom. 303, 2.

1 **ingressus**, a, um, part. de ingredior.

2 **ingressŭs**, *ūs*, m. ¶ **1** action d'entrer, entrée : Plin. *Pan.* 5, 4 ; Tac. *An.* 15, 3 ¶ **2** commencement : Quint. 9, 4, 72 ; 10, 1, 48 ¶ **3** allure, démarche : Cic. *Off.* 1, 131 ‖ marche : Cic. *Nat.* 1, 94 ; ***ingressu prohiberi*** Cæs. *C.* 1, 84, 4, ne pouvoir faire un pas librement.

ingrŭentĭa, *æ*, f., approche, imminence : Aug. *Serm.* 52, 2.

ingrŭō, *is*, *ĕre*, *ŭī*, -, (*1 in*, *gruo*), intr., fondre sur, s'élancer contre, tomber violemment sur, attaquer [avec dat. ou *in* acc.] : Virg. *En.* 12, 528 ; Liv. 37, 23, 2 ‖ [abs¹] Virg. *En.* 11, 899 ; Tac. *An.* 4, 2.

Inguaeones, v. *Ingaevones*.

inguĕn, *ĭnis*, n. (cf. ἀδήν ; fr. *aine*, it. *inguina*) ¶ **1** aine : Virg. *G.* 3, 281 ‖ bas-ventre : Suet. *Dom.* 17 ¶ **2** les parties génitales : Hor. *S.* 1, 2, 26 ; Ov *F.* 2, 346 ¶ **3** tumeur à l'aine : Lucil. 1195 ; Cels. 2, 7, 10 ¶ **4** point d'attache d'une branche au tronc : Plin. 16, 163.
▶ acc. *īnguinem* Schol. Juv. 10, 237.

inguīna, *æ*, f. (*inguen*), tumeur à l'aine : Isid. 4, 6, 19.

inguĭnālis, **inguĭnārĭa herba**, f., ⓒ *bubonium*, œil-de-Christ : Plin. 26, 52 ; Ps. Apul. *Herb.* 60.

ingurgĭtātĭo, *ōnis*, f. (*ingurgito*), action d'engouffrer : Aug. *Ep.* 29, 11.

ingurgĭtātus, *a*, *um*, part. de *ingurgito*.

ingurgĭtō, *ās*, *āre*, *āvī*, *ātum* (*in gurgite*), tr. ¶ **1** engouffrer : Pl. *Curc.* 126 ; Apul. *M.* 4, 7 ¶ **2** plonger comme dans un gouffre **a)** ***se in flagitia*** Cic. *Pis.* 42, se plonger dans un abîme de débauches ; ***se in alicujus copias*** Cic. *Phil.* 2, 66, se plonger jusqu'au cou dans les richesses de qqn, cf. Gell. 5, 16, 5 **b)** ***se ingurgitare*** Cic. *Fin.* 3, 23 ; ***ingurgitari*** Petr. 79, 6, se gorger de vin **c)** ***ingenium crebris poculis*** Gell. 15, 2, 3, noyer son intelligence au fond de nombreuses coupes.

ingustābĭlis, *e* (*2 in-*, *gusto*), à quoi on ne peut goûter : Plin. 2, 238 ; 16, 105.

ingustātus, *a*, *um*, à quoi on n'a pas goûté : Hor. *S.* 2, 8, 30.

ingustō, *ās*, *āre*, -, - (*1 in*), tr., donner à goûter : Tert. *Scorp.* 7, 6.

ĭnhăbĭlis, *e* (*2 in-*) ¶ **1** difficile à manier, incommode : Liv. 33, 30, 5 ; Curt. 8, 9, 28 ‖ difficile : ***inhabile iter*** Ulp. *Dig.* 8, 5, 4, 5, route impraticable ¶ **2** [fig.] peu propre à, impropre à : ***inhabilis studiis*** Sen. *Ep.* 15, 8, peu propre à l'étude ; ***inhabilis ad parendum*** Tac. *H.* 2, 87, peu disposé à obéir ; ***ad consensum*** Liv. 26, 16, 10, incapable d'une décision en commun.

ĭnhăbĭtābĭlis, *e* ¶ **1** (*2 in-*), inhabitable : Cic. *Nat.* 1, 24 ; Plin. 6, 53 ¶ **2** (*inhabito*), habitable : *Arn. 1, 2.

ĭnhăbĭtācŭlum, *i*, n. (*inhabito*), habitation : Cassiod. *Psalm.* 18, 4.

ĭnhăbĭtātĭo, *ōnis*, f. (*inhabito*), [tard.] habitation, demeure, séjour : Vl. *Gen.* 27, 39.

ĭnhăbĭtātŏr, *ōris*, m. (*inhabito*), habitant : Hier. *Virg.* 2 ; Ulp. *Dig.* 9, 3, 5, 12.

ĭnhăbĭtātrix, *īcis*, f., celle qui habite : Isid. 12, 7, 60.

ĭnhăbĭtō, *ās*, *āre*, *āvī*, *ātum* (*1 in*, *habito*), tr. ¶ **1** habiter dans, habiter : Sen. *Ep.* 102, 27 ; Plin. 6, 53 ¶ **2** (cf. *habitus*), porter [un vêtement] : Tert. *Pall.* 3, 7.

ĭnhærēdĭto, v. *inheredito*.

ĭnhærĕō, *ēs*, *ēre*, *hæsī*, *hæsum* (*1 in*, *hæreo*), intr. ¶ **1** rester attaché, fixé à, tenir à, adhérer à : [avec dat.] Cic. *Div.* 114 ; *Rep.* 1, 22 ; *Tusc.* 5, 69 ‖ [avec *ad*] Cic. *Nat.* 2, 100 ‖ [avec *in* abl.] Cic. *Tusc.* 4, 24 ; *de Or.* 2, 163 ‖ [abs¹] ***lingua inhaeret*** Cic. *Div.* 2, 96, la langue est attachée [par le filet] ¶ **2** [fig.] tenir à, être inséparable, inhérent : Cic. *Tusc.* 1, 33 ; *Fin.* 1, 68.

ĭnhærescō, *is*, *ĕre*, *hæsī*, -, intr., se fixer à, s'attacher à, adhérer à : [avec dat.] Plin. 12, 74 ‖ [avec *in* abl.] Cic. *Nat.* 2, 144 ; [fig.] Cic. *Tusc.* 2, 3.

ĭnhālātĭo, *ōnis*, f. (*inhalo*), exhalaison : Cassiod. *Anim.* 10.

1 **ĭnhālātus**, *a*, *um*, part. de *inhalo*.

2 **ĭnhālātŭs**, abl. *ū*, m., souffle, haleine : Apul. *M.* 2, 10.

ĭnhālō, *ās*, *āre*, *āvī*, *ātum* (*1 in*, *halo*) ¶ **1** intr., souffler sur : Lact. *Ir.* 10, 20 ¶ **2** tr. **a)** souffler sur (***rem***, sur qqch.) : Apul. *M.* 2, 5 **b)** exhaler une odeur de : ***popinam*** Cic. *Pis.* 13, une odeur de taverne.

ĭnhāmō, *ās*, *āre*, -, - (*in hamo*), tr., [fig.] prendre à l'hameçon : Sidon. *Ep.* 9, 9, 15.

ĭnhērēdĭtō, *ās*, *āre*, -, - (*1 in*, *heredito*), intr., hériter : Vulg. *4 Esdr.* 7, 67 ; Valer. *Hom.* 4, 6.

ĭnhĭantĕr, adv. (*inhio*), avec avidité : Aug. *Conf.* 9, 8, 18.

ĭnhĭātĭo, *ōnis*, f. (*inhio*), admiration, ébahissement : Treb. *Gall.* 9, 5 ‖ avidité : Cod. Th. 10, 10, 15.

ĭnhĭātŏr, *ōris*, m., celui qui convoite : Ruric. *Ep.* 2, 11.

ĭnhĭbĕō, *ēs*, *ēre*, *ŭī*, *ĭtum* (*1 in*, *habeo*), tr. ¶ **1** retenir, arrêter, ***aliquem***, qqn : Cic. *Verr.* 5, 163 ; ***equos*** Ov. *M.* 2, 128, des chevaux ; ***impetum*** Liv. 30, 21, 10, arrêter un élan ‖ ***verecundia inhibemur... credere*** Quint. 10, 1, 18, une pudeur nous empêche de croire..., cf. Plin. *Ep.* 2, 13, 10 ; ***non inhibere quominus*** Plin. 34, 31, ne pas empêcher de ¶ **2** [marine] ramer en arrière, à rebours : Cic. *Att.* 13, 21, 3 ; Curt. 4, 4, 9 ; Liv. 37, 30, 10 ; ***retro navem*** Liv. 26, 39, 12, ramener un vaisseau en arrière, cf. Luc. 3, 659 ¶ **3** appliquer : ***supplicium alicui*** Cic. *Phil.* 13, 37, infliger un supplice à qqn ; ***imperium*** Pl. *Bac.* 448, exercer son autorité, cf. Liv. 3, 50, 12 ; ***imperium in deditos*** Liv. 36, 28, 5, exercer son autorité souveraine sur des peuples rendus à merci.

ĭnhĭbĭtĭo, *ōnis*, f. (*inhibeo*), action de ramer en sens contraire : Cic. *Att.* 13, 21, 3 ‖ gêne : Hil. *Matth.* 24, 4.

ĭnhĭbĭtus, *a*, *um*, part. de *inhibeo*.

ĭnhinnĭō, *īs*, *īre*, -, - (*1 in*), intr., hennir contre [dat.] : Prud. *Sym.* 1, 57.

ĭnhĭō, *ās*, *āre*, *āvī*, *ātum* (*1 in*) ¶ **1** intr. **a)** être a) être ouvert, béant : Stat. *Th.* 1, 626 ‖ avoir la gueule ouverte : Virg. *G.* 4, 483 **b)** avoir la bouche ouverte pour qqch., par avidité [avec dat.] : Cic. *Cat.* 3, 19 ; [fig.] être béant après qqch., aspirer à [dat.] : Val.-Flac. 2, 531 ; Sen. *Herc. f.* 167 ; *Ep.* 72, 7 ; Tac. *An.* 4, 12 ; [avec *in* acc.] Lucr. 1, 36 **c)** avoir une attention avide : Virg. *En.* 4, 64 ‖ [avec dat.] pour qqch. : Val.-Flac. 5, 469 ¶ **2** tr., convoiter avidement qqch. : Pl. *Aul.* 194 ; *Mil.* 707.

inhŏnestāmentum, *i*, n., Gracch. d. Isid. 3, 21 et **inhŏnestās**, *ātis*, f., déshonneur, flétrissure : Tert. *Marc.* 5, 5, 9.
▶ *inhonestas* Cic. *Inv.* 1, 92 qqs mss.

ĭnhŏnestē, adv. (*inhonestus*), malhonnêtement : Ter. *And.* 797 ; Cic. *Att.* 2, 1, 9 ‖ -*tius* Capit. *Ver.* 8, 6.

ĭnhŏnestō, *ās*, *āre*, -, - (*inhonestus*), tr., déshonorer : Ov. *Tr.* 4, 8, 19.

ĭnhŏnestus, *a*, *um* (*2 in-*) ¶ **1** sans honneur (considération), méprisable : Cic. *Amer.* 50 ‖ [écarté des magistratures, privé des honneurs] Sall. *C.* 20, 9 ¶ **2** déshonnête, honteux : Cic. *Fin.* 3, 14 ¶ **3** laid, repoussant, hideux : Ter. *Eun.* 357 ; Virg. *En.* 6, 497 ‖ -*tior* Val.-Max. 7, 8, 9 ; -*issimus* Cic. *Q.* 1, 1, 19.

ĭnhŏnōrābĭlis, *e*, méprisé : Tert. *Marc.* 3, 17, 2.

ĭnhŏnōrātĭo, *ōnis*, f. (*inhonoro*), déshonneur, flétrissure : Vulg. *Eccli.* 1, 38.

ĭnhŏnōrātus, *a*, *um* ¶ **1** qui n'a pas exercé de charges, qui est sans honneur : Cic. *Tusc.* 3, 81 ; Liv. 26, 2, 16 ¶ **2** qui n'a pas reçu de récompense, de marques d'honneur : Liv. 37, 54, 9 ‖ -*tior* Liv. 33, 23, 8 ; -*issimus* Liv. 35, 12, 4.

ĭnhŏnōrē, adv. (*inhonorus*), sans honneur : Cassiod. *Var.* 3, 53 ; 6, 18.

ĭnhŏnōrĭfĭcus, *a*, *um*, qui n'accorde pas de considération : Sen. *Const.* 10, 2.

ĭnhŏnōris, *e*, ⓒ *inhonorus* : Jul.-Val. 1, 32.

ĭnhŏnōrō, *ās*, *āre*, -, - (*inhonorus*), tr., déshonorer : Tert. *Res.* 10, 3.

ĭnhŏnōrus, *a*, *um* (*2 in-*), qui est sans honneur : Tac. *H.* 4, 62 ; Plin. 5, 126 ‖ affreux, laid : Sil. 10, 391.

ĭnhorrĕō, *ēs*, *ēre*, -, - (*1 in*), intr. ¶ **1** être hérissé de qqch. : Liv. 8, 8, 10 ¶ **2** se dresser, se hérisser : Apul. *M.* 8, 4.
▶ pour les formes du parf., v. *inhorresco*.

inhorrescō, *is*, *ĕre*, *horrŭī*, - (*1 in*), intr. ¶ **1** devenir hérissé : ***villis*** Plin. 11, 77, se couvrir de poils ; ***gallinae inhorrescunt et se excutiunt*** Plin. 10, 116, les poules se hérissent et secouent leurs plumes ; ***inhorruit unda tenebris*** Virg. *En.* 3, 195, la

inhorresco

mer se hérissa de vagues ténébreuses ¶2 se dresser, se hérisser : *mihi pili inhorruerunt* Petr. 63, 1, mes poils se sont hérissés ; *spicea campis cum messis inhorruit* Virg. G. 1, 314, quand une moisson d'épis s'est hérissée sur la campagne ¶3 avoir la peau qui se hérisse, avoir la chair de poule, frissonner, grelotter : Cels. 1, 3, 7 ; 3, 12, 4 ; Petr. 17, 7 ‖ [fig.] frissonner de crainte, trembler : Cic. Rep. 4, 6 ; Tac. An. 11, 28 ; *inhorrescit vacuis* Tac. H. 3, 84, il frissonne devant le vide des appartements ¶4 [poét.] *inhorruit aer* Ov. Pont. 3, 3, 9, l'air trembla, s'agita, cf. Val.-Flac. 3, 348.

ĭnhortŏr, *āris, āri, ātus sum* (1 *in,* hortor ; a. fr. *enorter*), tr., exhorter, exciter : Apul. M. 8, 17 ‖ [passiv̆t] *inhortatus*, exhorté : Apul. M. 9, 36.

ĭnhospĭtālis, *e* (2 *in-*), inhospitalier : Plin. Pan. 34 ; Hor. O. 1, 22, 6 ; Plin. 6, 1.

ĭnhospĭtālĭtās, *ātis,* f., inhospitalité : Cic. Tusc. 4, 27.

ĭnhospĭtālĭtĕr, adv., d'une façon inhospitalière : Tert. Marc. 4, 24, 8.

ĭnhospĭtus, *a, um,* inhospitalier : Virg. En. 4, 41 ; Hor. Ep. 1, 14, 19 ‖ *inhospita*, n. pl., contrées inhospitalières : Sil. 4, 753 ‖ [fig.] *non inhospita Baccho terra* Sil. 1, 237, sol tout à fait accueillant à la vigne.

ĭnhūmānātĭō, *ōnis,* f. (1 *in*), incarnation : Cod. Just. 1, 1, 5.

ĭnhūmānātus, *a, um,* incarné : Cod. Just. 1, 1, 6 ; ▶ *inhumanor.*

ĭnhūmānē, adv. (*inhumanus*), durement, sans humanité : Ter. Haut. 1046 ; Cic. Off. 3, 30 ‖ *-nius* Cic. Lae. 46.

ĭnhūmānĭtās, *ātis,* f. (*inhumanus*) ¶1 cruauté, barbarie, inhumanité : Cic. Dej. 32 ; Verr. 5, 115 ¶2 grossièreté, manque de savoir-vivre : Cic. Phil. 2, 8 ; de Or. 1, 99 ‖ caractère difficile : Cic. CM 7 ‖ désobligeance : Cic. Mur. 9 ‖ façon de vivre sordide : Cic. Mur. 76.

ĭnhūmānĭtĕr, adv., incivilement, sans politesse : Cic. Verr. 1, 138 ; Q. 3, 1, 6.

ĭnhūmānŏr, *āris, āri, ātus sum* (1 *in,* humanus), assumer l'humanité, s'incarner [pass.] : Cassiod. Eccl. 6, 20, 1.

ĭnhūmānus, *a, um* (2 *in-*) ¶1 inhumain, barbare, cruel : Cic. Fin. 3, 64 ; Verr. 1, 107 ; 5, 121 ¶2 morose, de caractère difficile : Cic. CM 7 ¶3 incivil, grossier, sans politesse, sans savoir-vivre : Cic. Off. 1, 144 ‖ barbare, grossier, sans culture : Cic. Off. 1, 130 ; Or. 172 ¶4 surhumain, divin : Apul. M. 5, 8 ; Socr. 5 ‖ *-nior* ; *-issimus* Cic.

ĭnhūmātus, *a, um* (2 *in-*, *humatus*), sans sépulture : Cic. Div. 2, 143 ; Virg. En. 11, 22 ; Luc. 7, 820 ; ▶ *inhumo.*

ĭnhūmectus, *a, um,* sec (non mouillé) : Cael.-Aur. Acut. 2, 37, 207.

ĭnhūmĭgō, *ās, āre, -, -,* tr., humecter : Andr. Tr. 18.

ĭnhŭmō, *ās, āre, -, -* (*in humo*), mettre en terre [une plante] : Plin. 17, 130.

ĭnĭbi, adv. (1 *in, ibi,* cf. *inante*) ¶1 là [sans mouv̆t], en ce lieu-là, dans le même endroit : Cic. Agr. 1, 20 ; Cat. Agr. 18, 2 ‖ *inibi* = *in* [et abl. du dém.] : Pl. Pers. 125 ; Gell. 17, 8, 2 ; 17, 12, 13 ¶2 [en parl. du temps] **a)** là, à l'instant : Gell. 1, 3 **b)** *inibi est aliquid* Cic. Phil. 14, 5, qqch. est là, sous la main = sur le point d'arriver.

ĭnĭcĭō, *is, ĕre, -, -,* ▶ *injicio.*

*****ĭnĭens**, nom. inus. *ineuntis,* part. prés. de *ineo.*

ĭnĭgō, *is, ĕre, ēgī, actum* (1 *in,* ago), tr., faire aller dans, pousser (diriger) vers : Varr. R. 1, 52, 2 ; 2, 2, 15.

ĭnĭmīcālis, *e* (*inimicus*), d'ennemi : Sidon. Ep. 1, 3, 2.

ĭnĭmīcē, adv., en ennemi : Cic. Phil. 2, 34 ; Nat. 1, 5 ‖ *-cius* Liv. 28, 29, 8 ; *-issime* Cic. Quinct. 66.

ĭnĭmīcĭtĕr, ▶ *inimice* : Quadr. d. Gell. 3, 8, 8 ; Char. 202, 13.

ĭnĭmīcĭtĭa, *ae,* f. (*inimicus*) ¶1 inimitié, haine : Cic. Tusc. 4, 16 ; 4, 21 ¶2 [ordᵗ au pl.] *inimicitias subire, suscipere* Cic. Verr. 5, 182, affronter, encourir la haine ‖ *habere* Cic. Font. 23 ; *gerere* Cic. Caecil. 66 ; *exercere cum aliquo* Sall. C. 49, entretenir une inimitié avec qqn, être ennemi de qqn ; *alicui denuntiare* Cic. Flac. 2, se déclarer l'ennemi de quelqu'un.

ĭnĭmīcō, *ās, āre, āvī, ātum* (*inimicus*), tr., rendre ennemi : Hor. O. 4, 15, 20 ; Aus. Epist. 25 (417), 63.

ĭnĭmīcŏr, *āris, āri, -,* [pass.] être ennemi, hostile : Vulg. Eccli. 28, 6.

ĭnĭmīcus, *a, um* (2 *in-*, *amicus* ; it. *nemico*) ¶1 ennemi [particulier], d'ennemi, hostile, opposé : Cic. Verr. 2, 149 ; Phil. 10, 21 ‖ [avec gén. ou dat.] Cic. Tusc. 4, 34 ; Phil. 5, 4 ; Fin. 1, 4 ¶2 [poét.] ennemi [de guerre] : Virg. En. 11, 809 ¶3 [en parl. de choses] contraire, funeste : Virg. En. 1, 123 ; Hor. S. 2, 4, 53 ; Plin. 20, 96 ¶4 subst. m., ennemi : Cic. Verr. 2, 18 ; Prov. 19 ; subst. f., ennemie : Cic. Cael. 32 ‖ *ubi vidit fortissimum virum, inimicissimum suum...* Cic. Mil. 25, quand il vit que cet homme si énergique, son plus grand ennemi... ‖ [chrét.] l'ennemi, le diable : Cypr. Unit. eccl. 1 ‖ *-cior* Cic. Or. 194 ; *-cissimus* Cic. Vat. 10 ; Font. 41 ‖ gén. pl., *inimicum* Pl. As. 280.

ĭnĭmĭtābĭlis, *e* (2 *in-*), inimitable : Quint. 8, 3, 25 ; Vell. 2, 97.

ĭnĭnĭtĭābĭlis, *e,* sans commencement : Hil. Psalm. 63, 5.

ĭnĭnĭtĭātus, *a, um,* non commencé : Mamert. Anim. 1, 23.

ĭnintellĕgens, *entis,* inintelligent : Cic. Tim. 10.

ĭnintellĕgĭbĭlis, *e,* inintelligible : Ambr. Off. 1, 14.

ĭninterprĕtābĭlis, *e,* inexplicable : Tert. Val. 14, 1.

ĭninterprĕtātus, *a, um,* non interprété : Hier. Ep. 29, 4.

ĭninventĭbĭlis, *e,* introuvable : Tert. Herm. 45, 5.

ĭninvestĭgābĭlis, *e,* insondable, impénétrable : Tert. Marc. 2, 2, 4.

ĭninvĭcem (1 *in*), ▶ *invicem* : Not. Tir. 84.

ĭnīquē, adv. (*iniquus*), inégalement : Ter. Phorm. 41 ; Cic. Clu. 57 ‖ à tort, injustement : Cic. Verr. 3, 37 ; Hor. Ep. 1, 14, 12 ‖ avec peine, avec impatience : Suet. Caes. 45 ; Lact. Inst. 6, 4, 10 ‖ *-quius* Ter. Ad. 211 ; *-quissime* Cic. Clu. 57 ; Suet. Caes. 45.

ĭnīquĭtās, *ātis,* f. (*iniquus*) ¶1 inégalité [terrain] : Caes. G. 7, 45 ; Liv. 38, 22, 3 ‖ action d'excéder ses forces : Col. 2, 4, 6 ¶2 condition défavorable, désavantage, difficulté, adversité, malheur : Caes. G. 2, 22 ; Cic. Amer. 1 ; Liv. 2, 65, 5 ; Curt. 7, 7, 3 ¶3 injustice, iniquité : Cic. Cat. 2, 25 ; Quinct. 9 ; Verr. 3, 207 ‖ *vestra iniquitas* Cic. de Or. 1, 208, votre demande peu juste, peu raisonnable ¶4 [chrét.] péché, faute : Tert. Spect. 2, 10.

ĭnīquō, *ās, āre, -, -* (*iniquus*), tr., rendre ennemi : Laber. Com. 65.

ĭnīquus, *a, um* (2 *in-*, *aequus*) ¶1 inégal : *locus iniquus* Caes. C. 1, 45, 2, lieu accidenté ¶2 défavorable, incommode : *locus iniquior, iniquissimus* Caes. G. 2, 10, 4 ; 5, 32, 2, terrain assez défavorable, très défavorable ; *defensio angustior et iniquior* Cic. Caecin. 64, défense placée sur un terrain plus étroit et moins favorable ; *iniquo tempore* Liv. 2, 23, 5, en un moment défavorable ¶3 inégal, non calme : *iniquo animo ferre aliquid* Cic. Tusc. 2, 5, supporter qqch. avec peine ; *iniquissimo animo* Cic. CM 83, avec le moins de calme, de sérénité ¶4 qui n'est pas juste, excessif : *iniquum pondus* Virg. G. 1, 164, poids excessif ; *sol iniquus* Virg. En. 7, 227, soleil trop ardent ¶5 injuste, inique : *iniqua condicio* Cic. Att. 8, 11 d. 6, conditions injustes ; *iniquum est* [inf.] Cic. Har. 6, il est injuste de ¶6 hostile : *homines omnibus iniqui* Cic. Planc. 40, hommes ennemis de tout le monde ; *animo iniquissimo aliquem intueri* Cic. Verr. 5, 144, regarder qqn avec les sentiments les plus malveillants ‖ *iniqui mei* Cic. Fam. 11, 27, 7, mes ennemis, cf. Verr. 2, 167 ; *omnes iniquissimi mei* Cic. Verr. 5, 177, tous mes pires ennemis ; *aequi atque iniqui* Liv. 22, 26, 5, partisans et ennemis ¶7 [chrét.] mauvais, impie : Vl. Exod. 23, 1.

ĭnītĭālĭa, *ĭum,* n. pl. (*initialis*), initiation aux mystères [de Cérès] : Capit. Aur. 27, 1.

ĭnītĭālis, *e* (*initium*), primitif, primordial : Apul. M. 4, 30, 1.

ĭnītĭālĭtĕr, adv., en ayant un commencement : Fulg.-R. Ep. 14, 24.

ĭnĭtĭāmenta, ōrum, n. pl. (initio), initiation : Sen. Ep. 90, 28.

ĭnĭtĭātĭo, ōnis, f. (initio), initiation : Suet. Ner. 34.

ĭnĭtĭātŏr, ōris, m. (initio), initiateur : Tert. Marc. 4, 14, 2.

ĭnĭtĭātrix, īcis, f., initiatrice : Tert. Nat. 2, 7, 10.

ĭnĭtĭātus, a, um, part. de initio.

ĭnĭtĭō, ās, āre, āvī, ātum (initium), tr. ¶ 1 initier [aux mystères] : Cic. Leg. 2, 37 ; Liv. 31, 14, 7 ; 39, 14, 8 ‖ baptiser [en parl. de s. Jean-Baptiste] : Tert. Mon. 8, 2 ¶ 2 [fig.] initier à, instruire : Plin. Ep. 5, 15, 8 ; Quint. 1, 2, 20 ¶ 3 commencer : Firm. Math. 2, 22, 3 ; *ver initiatur* Firm. Math. 2, 10, 4, le printemps commence ; Pall. 7, 4.

ĭnĭtĭum, ĭi, n. (ineo, itus) ¶ 1 commencement, début : *initio orationis* Caes. G. 1, 43, 4, au début du discours ; *initium capere ab...* Caes. G. 1, 1, 5, commencer à... ; *initium dicendi sumere* Cic. Leg. 2, 1, commencer à parler ; *rei initium ab aliquo facere* Cic. Fam. 12, 2, 1, commencer une chose par qqn, cf. Cic. Phil. 5, 20 ; *belli initium ducetur a fame* Cic. Att. 9, 9, 2, la guerre commencera par la famine ; *initia male ponere* Cic. Att. 10, 18, 2, mal débuter ‖ *initio* Cic. Fam. 1, 7, 4 ; 1, 7, 5, au début, en commençant ¶ 2 [surtout au pl.] **a)** principes, éléments [du monde] : Cic. Tusc. 5, 69 ; Ac. 1, 26 **b)** principes [d'une science] : Cic. Ac. 2, 116 **c)** principe, origine, fondement : Cic. Ac. 2, 29 **d)** auspices : Curt. 5, 9, 4 **e)** mystères : [de Cérès] Varr. R. 3, 1, 5 ; Cic. Leg. 2, 36 ; Liv. 31, 47, 2 ; [de Bacchus] Liv. 39, 8, 5 **f)** [tard.] prémices : VL. *Exod.* 23, 19.

ĭnĭtō, ās, āre, -, - (fréq. de ineo), tr., entrer souvent dans : Pacuv. Tr. 1.

1 ĭnĭtus, a, um, part. de ineo.

2 ĭnĭtŭs, ūs, m., arrivée : Lucr. 1, 13 ‖ commencement : Lucr. 1, 383 ‖ accouplement : Ov. F. 4, 94 ; Plin. 8, 172.

ĭnīvī, parf. de ineo.

injēcī, parf. de injicio.

injectĭo, ōnis, f. (injicio) ¶ 1 action de jeter sur : *manus injectio in aliquem, in aliquid* Quint. 7, 7, 9 ; Sen. Const. 5, 7, mainmise sur qqn, qqch. ¶ 2 injection [méd.] : Cael.-Aur. Acut. 1, 17, 167 ¶ 3 [fig.] pensée, objection, attaque : Tert. Prax. 27, 3.

injectĭōnālis, e, qui relève d'une injection [clystère] : Vindic. Med. 31.

injectīvus, a, um, relatif à une introduction d'action : Grom. 25, 9.

injectō, ās, āre, -, - (fréq. de injicio), tr., jeter sur : Luc. 3, 611 ; Stat. Th. 9, 133.

1 injectus, a, um, part. de injicio.

2 injectŭs, ūs, m., action de jeter sur : Tac. An. 6, 50 ; Plin. 8, 60 ; [fig.] *in ea corpora animi injectus fieri potest* Lucr. 2, 740, ces corps n'échappent pas à la prise de l'esprit.

injexit, v. injicio ►.

injĭcĭo, ĭs, ĕre, jēci, jectum (1 in, jacio), tr. ¶ 1 jeter dans, sur : *ignem castris* Liv. 40, 31, 9, mettre le feu au camp ; *se in medios hostes* Cic. Dom. 64, se jeter au milieu des ennemis ; *se flammae* Plin. 8, 143, se jeter dans les flammes ; [métaph.] s'élancer ; *in aliquid*, dans qqch. : Cic. Nat. 1, 54 ‖ [fig.] inspirer, susciter : *alicui timorem, amorem* Cic. Att. 5, 23, 3 ; Rep. 2, 26, inspirer la crainte, l'amour ; *alicui causam deliberandi* Cic. Caecin. 4, fournir à qqn un motif de réflexion ; *alicui mentem ut audeat* Cic. Mil. 84, donner à qqn l'idée d'oser ; *tumultum civitati* Cic. Cat. 3, 7, jeter le trouble dans la cité ‖ mentionner, suggérer, insinuer : *alicui nomen alicujus* Cic. Dom. 14, suggérer à qqn le nom de qqn, cf. Cic. Inv. 2, 40 ; [abs^t] *Bruto cum saepe injecissem de...* Cic. Att. 16, 5, 3, ayant fait souvent à Brutus une suggestion au sujet de..., cf. Cic. Quinct. 68 ; Treb. Fam. 12, 16, 2 ‖ blâmer, reprocher : Tert. Apol. 23, 8 ¶ 2 jeter sur, appliquer sur : *plagam alicui rei* Cic. Mur. 48, porter un coup à qqch. ; *alicui catenas* Cic. Verr. 5, 106, charger qqn de chaînes ; *alicui pallium* Cic. Nat. 3, 83, jeter un manteau sur les épaules de qqn ; *manum alicui* Cic. Com. 48, mettre la main sur qqn ; [en part.] mettre la main sur qqn, en signe de possession, de propriété : Liv. 3, 44, 6 ; Sen. Helv. 11, 7 ; Virg. En. 10, 419 ‖ [pour une citation en justice] : *manum te injiciam* Pl. Truc. 762, je te poursuivrai en justice, cf. Pl. Pers. 70.

► *injexit* = *injecerit* Pl. Pers. 70.

***injūcundē** [inus.], désagréablement ; -dius Cic. Att. 1, 20, 1.

injūcundĭtās, ātis, f., manque d'agrément : Cic. Nat. 2, 138.

injūcundus, a, um (2 in-), désagréable : Cic. Fin. 1, 3 ; Plin. 25, 74 ‖ dur, inimical [en paroles] : Tac. Agr. 22.

injūdĭcātus, a, um, non jugé : Cat. d. Gell. 13, 24, 12 ‖ non décidé : Quint. 10, 1, 67 ; Gell. 5, 10, 15.

injŭgātus, a, um (2 in-, jugatus), qui n'a pas été sous le joug : Sidon. Ep. 9, 16, 3, v. 71.

injŭgis, e (2 in-, jugum), qui n'a pas porté le joug : P. Fest. 101, 7 ; Macr. Sat. 3, 5, 5 ‖ [fig.] non uni : *injuges versus* Diom. 498, 25, vers dans lesquels il n'y a pas de conjonction copulative [= avec asyndète].

injunctĭo, ōnis, f. (injungo), action d'imposer [une charge] : Sidon. Ep. 9, 2, 1.

injungō, ĭs, ĕre, junxī, junctum (1 in, jungo ; fr. enjoindre), tr. ¶ 1 appliquer dans : *asses in asseres* Liv. 44, 5, 4, fixer des planches aux madriers ¶ 2 joindre à, relier à : *moenibus prope injunctum vallum* Liv. 27, 41, 3, retranchement touchant presque aux remparts ; *tecta injuncta muro* Liv. 22, 20, 5, maisons attenantes aux remparts ¶ 3 [fig.] **a)** infliger, appliquer sur : *alicui injuriam* Liv. 3, 65, 11, infliger à qqn une injustice ; *alicui ignominiam* Liv. 8, 32, 15, attacher à qqn une flétrissure **b)** imposer : *servitutem alicui* Caes. G. 7, 77, 15, imposer à qqn le joug de l'esclavage ; *alicui munus comitiorum habendorum* Liv. 3, 35, 7, imposer à qqn la charge de tenir les comices ; *alicui ut* Plin. Ep. 4, 9, 4, donner à qqn la mission de ; *mihi injungo ut* Traj. Plin. Ep. 10, 55, je me fais une loi de.

injūrātus, a, um (2 in-), qui n'a pas juré : Cic. Caecin. 3.

injūrĭa, ae, f. (2 in-, jus) ¶ 1 tout acte contraire au droit [injure, injustice, dommage causé] : *injuriam facere, accipere* Cic. Rep. 3, 23, faire, essuyer une injustice ; *injuriis in socios inferendis* Cic. Sest. 58, en se livrant à des actes d'injustice contre les alliés ; *tuae injuriae* Cic. Par. 18, les injustices que tu as commises, cf. *suas injurias persequi* Caes. G. 7, 38, 10, venger les injustices dont on est victime (*ulcisci* Caes. G. 1, 12, 7) ; *imperatoris injurias defendere* Caes. C. 1, 7, 8, repousser les injustices faites au général ; *injuriae alicujus in aliquem* Caes. C. 1, 7, 1, injustices de qqn à l'égard de qqn ‖ *per injuriam* Cic. Verr. 3, 226, ou abl., *injuria* Cic. Mil. 57 ; Fin. 5, 54, injustement ; *nec injuria* Cic. Q. 3, 8, 6, et à bon droit ¶ 2 atteinte à l'honneur d'une femme : Pl. Aul. 794 ; Liv. 1, 13, 1 ¶ 3 violation du droit, tort, dommage : *actio injuriarum* Cic. Caecin. 35, action en dommages, cf. Ter. Phorm. 329 ‖ [fig.] *frigorum* Plin. 13, 134, les injures du froid ; *oblivionis* Plin. Ep. 3, 5, 4, les injures de l'oubli, un oubli injurieux ‖ *injuriam obtinere* Cic. Phil. 2, 3, maintenir une injustice, empêcher la réparation d'un dommage [en soulevant une *intercessio* contre la sentence du juge], cf. Liv. 29, 1, 17.

injūrĭē, adv., injustement : *Naev. Tr. 40.

injūrĭō, ās, āre, -, -, Greg.-M. Ep. 2, 34, **injūrĭŏr**, āris, ārī, - (injuria), dép., [tard.] faire du tort à, outrager : VL. Jer. 15, 18.

injūrĭōsē, adv. (injuriosus), injustement : Cic. Q. 1, 1, 21 ; Val.-Max. 2, 9, 2 ‖ -sius Cic. Pomp. 11 ; -sissime Aug. Quaest. 82, 1.

injūrĭōsus, a, um (injuria), plein d'injustice, injuste : Cic. Off. 1, 44 ; Leg. 1, 40 ‖ [fig.] nuisible, funeste : Hor. Epo. 17, 34 ; Plin. 17, 227 ‖ -sior Sen. Contr. 2, 4, 5 ; -issimus Hadr. d. Vop. Tyr. 8, 5.

injūrĭus, a, um (injuria), injuste, inique : Pl. Aul. 691 ; Ter. Haut. 320 ; Cic. Off. 3, 89.

injūrus, a, um (2 in-, jus), parjure : Naev. Tr. 30 ; Pl. Pers. 408 ; P. Fest. 97, 20.

injussū, abl. m. (2 in-, jussu et 1 injussus), sans l'ordre de : *injussu meo* Cic. Balb. 34, sans mon ordre ; *injussu imperatoris* Cic. CM 73, sans l'ordre du général.

1 injussus, a, um (2 in-, jussus et 1 injussus), qui n'a pas reçu d'ordre, de soi-même : Hor. S. 1, 3, 3 ; Epo. 16, 49 ‖ [fig.] qui se fait de soi-même, spontané : Virg. G. 1, 55.

injussus

2 *injussŭs, v. *injussu*.

injustē, adv. (*injustus*), injustement : Cic. *Off.* 1, 23 ; 2, 79 ‖ *-tissime* : Cic. *Rep.* 3, 44.

injustĭtĭa, ae, f. (*injustus*), injustice : Cic. *Off.* 1, 23 ; *Nat.* 3, 71 ; **in injustitia esse** Cic. *Off.* 1, 42, être injuste ‖ rigueur injuste : Ter. *Haut.* 134.

injustō, adv., injustement : VL. *Job* 35, 6.

injustus, a, um (2 in-) ¶ **1** injuste, qui n'agit pas suivant la justice : Cic. *Tusc.* 5, 57 ; *Flac.* 97 ‖ contraire à la justice [en parl. de choses] : Cic. *de Or.* 2, 203 ; *Fam.* 5, 17, 1 ; *Off.* 3, 82 ¶ **2** qui dépasse la mesure légitime, excessif, énorme ; *injustum onus* Cic. *Or.* 35, tâche excessive ‖ *injustae vires* Stat. *Th.* 6, 774, forces inégales ‖ *-tior* Ter. *Ad.* 98 ; *-issimus* Cic. *Sest.* 144.

injŭvĕnescō, ĭs, ĕre, -, - (1 in), intr., rajeunir : Myth. 2, 138.

injux, ŭgis, v. *injugis* : Gloss. 5, 602, 33.

inl-, v. *ill-*.

inm-, v. *imm-*.

innābĭlis, e (2 in-), innavigable : Ov. *M.* 1, 16.

innarrābĭlis, e, qu'on ne peut raconter : Not. Tir. 72.

innascĭbĭlis, e, incréé : Tert. *Val.* 37, 2.

innascŏr, ĕrĭs, ī, nātus sum (1 in), intr. ¶ **1** naître dans : [avec *in* abl.] Cic. *Off.* 1, 64 ; *Verr.* 5, 139 ; [avec dat.] Hor. *S.* 1, 3, 37 ; *P.* 245 ; Plin. 11, 131 ; [abs¹] Cæs. *G.* 1, 41, 1 ¶ **2** [en part.] *innatus*, né dans, naturel, inné : [avec dat.] Cic. *Fin.* 2, 99 ; *Tusc.* 3, 2 ; Cæs. *C.* 3, 92, 3 ‖ [avec *in* abl.] Cic. *Fin.* 5, 48 ‖ [abs¹] Cic. *Fin.* 4, 4 ; *Top.* 69 ; *Sest.* 88 ‖ *omnibus innatum est esse deos* Cic. *Nat.* 2, 12, nous avons tous le sentiment inné de l'existence des dieux.

innātīvĭtās, atis, f. (2 *innatus*), [chrét.] le fait de ne pas être né [à propos du Père] : Ps. Mar. Vict. *Phys.* 5.

innātō, ās, āre, āvī, ātum (1 in, *nato*), intr. ¶ **1** nager dans, sur [avec dat.] : Plin. 8, 93 ; 18, 360 ‖ [avec acc.] Virg. *G.* 2, 451, voguer sur ‖ déborder sur [dat.] : Plin. 5, 54 ; Plin. *Ep.* 8, 17, 2 ‖ flotter sur [avec abl.] : Val.-Flac. 3, 525 ¶ **2** nager pour entrer dans, pénétrer en nageant [avec *in* acc.] : Cic. *Nat.* 2, 123 ¶ **3** [fig.] *innatans* Quint. 10, 7, 28, flottant à la surface = superficiel.

innātūrālis, e (2 in-), non naturel : Bœt. *Categ.* 3, p. 247 C.

1 innātus, a, um, v. *innascor*.

2 innātus, a, um (2 in-), incréé : Tert. *Herm* 5, 1 ; Prud. *Apoth.* 245.

innāvĭgābĭlis, e, qui n'est pas navigable : Liv. 5, 13, 1.

innāvĭgō, ās, āre, -, - (1 in), intr., naviguer vers, sur : Avien. *Or.* 167.

innectō, ĭs, ĕre, nexŭī, nexum (1 in), tr. ¶ **1** enlacer, lier, attacher : *comas* Virg. *En.* 7, 353, nouer les cheveux ; *tempora sertis* Ov. *Tr.* 5, 3, 3, enlacer les tempes de guirlandes, cf. Virg. *En.* 8, 661 ; *paribus palmas armis* Virg. *En.* 5, 425, attacher aux mains des armes pareilles [cestes] ‖ attacher sur, nouer sur : *bracchia collo* Stat. *Th.* 4, 26, nouer ses bras au cou de qqn ; *innecti cervicibus* Tac. *H.* 4, 46, s'attacher au cou de qqn ‖ [poét.] *innexa pedem vinculis* Virg. *En.* 5, 511, ayant la patte attachée par un lien ¶ **2** [fig.] **a)** entrelacer, joindre ensemble, faire un enchaînement de : Virg. *En.* 4, 51 **b)** lier à : *innexus conscientiae matris* Tac. *An.* 3, 10, lié à la complicité de sa mère, cf. Tac. *An.* 6, 36.

innervis, e (2 in-, *nervus*), sans énergie : *Sidon. *Ep.* 1, 6, 3.

innexŭī, parf. de *innecto*.

innexus, a, um, part. de *innecto*.

innĭgrō, ās, āre, -, - (1 in), rendre noir : VL. *Job* 30, 30.

innīsus, a, um, part. de *innitor*, : Tac. *An.* 2, 29 ; 15, 51 ; Plin. *Ep.* 10, 52.

innītor, ĕrĭs, ī, nixus sum (nīsus sum) (1 in), intr. ¶ **1** s'appuyer sur : [avec *in* acc.] Plin. 7, 182 ; [avec dat.] Ov. *M.* 14, 655 ; [avec abl.] Liv. 4, 19, 4 ‖ [avec dat. ou abl., incertain] Cæs. *G.* 2, 27, 1 ¶ **2** [fig.] *salutem suam incolumitate Pisonis inniti* Tac. *An.* 15, 60, que son salut reposait sur (était attaché à) la conservation de Pison ; *omnia curae unius innixa* Quint. 6, 1, 35, tout reposant sur les soins d'un seul ‖ [gram.] *inniti in bilitteram* Quint. 12, 10, 32, se terminer par la lettre b ‖ *sidus innixum* Avien. *Arat.* 205, l'astre agenouillé ; c. *Engonasi, Ingeniculus*.

innīxus, a, um, part. de *innitor*.

innō, ās, āre, āvī, ātum (1 in, no) ¶ **1** intr. **a)** nager dans : Cic. *Nat.* 2, 100 **b)** surnager, flotter sur, naviguer sur : [avec dat.] Liv. 21, 26, 9 ; Tac. *An.* 1, 60 ‖ [avec abl.] Suet. *Ner.* 12 ‖ se déverser sur [en parl. d'une rivière] : Hor. *O.* 3, 17, 7 ¶ **2** tr., traverser à la nage : Virg. *En.* 6, 134 ; 8, 651 ; *G.* 3, 142.

innōbĭlĭtātus, a, um (2 in-, *nobilitatus*), non anobli : Lampr. *Hel.* 4, 3.

innŏcens, tis (2 in-, *nocens*) ¶ **1** qui ne fait pas de mal, inoffensif [choses] : Cic. *Fam.* 7, 18, 4 ; Hor. *O.* 1, 17, 21 ; Plin. 23, 132 ¶ **2** qui ne fait pas le mal, qui ne nuit pas, irréprochable, vertueux, probe : Cic. *Tusc.* 5, 41 ; *Verr.* 4, 7 ; *-tior* Cic. *Verr.* 3, 43 ; *-issimus* Cic. *Verr.* 2, 88 ¶ **3** qui n'est pas coupable, innocent : Cic. *Verr.* 5, 125 ; 128 ‖ subst. m., un innocent : Cic. *Caecil.* 45 ; *Amer.* 149 ; *Sull.* 92 ; [au pl.] des innocents : Cic. *Rep.* 1, 62 ; *Mur.* 59.

innŏcentĕr, adv. ¶ **1** sans dommage : *-tius* Plin. 18, 321 ¶ **2** sans faire de mal, honnêtement, de manière irréprochable : Quint. 7, 4, 18 ; Tac. *An.* 4, 44 ; *-issime* Ps. Cic. *Sall.* 4.

innŏcentĭa, ae, f. ¶ **1** innocuité : Pall. 1, 35 ; Plin. 37, 201 ¶ **2** mœurs irréprochables, intégrité, vertu : Cic. *Pomp.* 36 ; *Brut.* 258 ; *Tusc.* 3, 16 ‖ innocence, non-culpabilité : Cic. *de Or.* 1, 202 ; *Sull.* 4 ; 92 ; *Phil.* 2, 115 ‖ [en part.] désintéressement, intégrité : Cic. *Verr.* 3, 217 ; *Clu.* 95 ; Cæs. *G.* 1, 40, 13.

Innŏcentĭus, ĭi, m., Innocent, nom d'homme : CIL 5, 5343.

innŏcŭē, adv. (*innocuus*), sans faire de mal : Suet. *Dom.* 19 ‖ d'une manière irréprochable : Ov. *A. A.* 1, 640.

innŏcŭus, a, um (2 in-, *noceo*) ¶ **1** qui ne fait pas de mal, non nuisible : Plin. 8, 123 ; Ov. *F.* 4, 800 ‖ inoffensif, innocent : Ov. *M.* 9, 373 ; *Tr.* 2, 273 ¶ **2** qui n'a subi aucun dommage : Virg. *En.* 10, 302 ; Claud. *Mall. Theod.* (17), 330.

innōdātĭo, ōnis, f., enlacement : Avell. p. 531, 9.

innōdātus, a, um, part. de *innodo*.

innōdō, ās, āre, āvī, ātum (1 in), tr., [tard.] attacher solidement, nouer : Amm. 28, 6, 27 ; Ambr. *Psalm.* 118, s. 8, 44, 1 ‖ ligoter, entortiller [fig.] : Ambr. *Ep.* 73, 2 ; Sidon. *Ep.* 9, 9, 15.

innōmĭnābĭlis, e (2 in-, *nomino*), qui ne peut être nommé : Apul. *Plat.* 1, 5 ; Tert. *Val.* 37, 1.

innōmĭnātus, a, um, non nommé, innomé : Don. *Verg.* 16.

innōmĭnis, e (2 in-, *nomen*), sans nom : Ps. Apul. *Asclep.* 20.

innōtātus, a, um, part. de *innoto*.

innōtescō, ĭs, ĕre, ŭī, - (1 in) ¶ **1** intr. **a)** devenir connu, se faire connaître : Liv. 22, 61, 4 ; Tac. *D.* 10 ‖ *aliqua re*, par qqch. : Ov. *Am.* 3, 12, 7 ; Plin. 35, 140 ; Val.-Max. 8, 14, 3 **b)** devenir clair : Amm. 19, 18 ¶ **2** tr., [tard.] faire connaître : Greg.-M. *Mor.* 2, 42.

innōtĭtĭa, ae, f. (2 in-), ignorance : Vitr. 3, pr. 3 ; Gell. 16, 13, 9.

innōtō, ās, āre, -, - (1 in) tr., marquer, noter : Prud. *Cath.* 6, 128.

innŏvātĭo, ōnis, f., renouvellement : Arn. 1, 7 ; Ps. Apul. *Asclep.* 30.

innŏvātŏr, ōris, m., celui qui renouvelle : Lib. Geneal. 461, p. 185.

innŏvō, ās, āre, āvī, ātum (1 in), tr. ¶ **1** renouveler : Dig. 1, 2, 2 ‖ [fig.] *se ad suam intemperantiam innovare* Cic. *Pis.* 89, revenir de nouveau à son intempérance ¶ **2** [chrét.] rénover : Cypr. *Ep.* 70, 2.

innox, c. *innoxius* : Isid. 10, 125.

innoxĭē, adv., sans faire de mal : Plin. 31, 102 ; Vop. *Aur.* 4, 6 ‖ vertueusement : Minuc. 33, 3.

innoxĭus, a, um (2 in-) ¶ **1** qui ne fait pas de mal, inoffensif : Virg. *En.* 5, 92 ; Plin. 8, 229 ; 10, 109 ¶ **2** qui ne fait pas le mal, sans reproche, innocent, probe : Pl. *Cap.* 665 ; Nep. *Milt.* 8, 4 ; Tac. *An.* 14, 34 ‖ *ab aliquo* Pl. *Aul.* 221, sans reproche au regard de qqn ‖ *criminis* Liv. 4, 44, 11, innocent sous le rapport du grief, n'ayant pas à se reprocher l'objet de l'accusation, cf. Curt. 8, 8, 21 ¶ **3** sans subir de mal, de dommage, intact : Lucr. 6,

394; Sall. C. 39, 2 ∥ **ab aliqua re** Luc. 9, 892, préservé de qqch.
▶ *innoxiior* ou *-xior* Cat. d. Prisc. 2, 88, 9.

innŭba, *ae*, f. (*2 in-, nubo*), qui n'est pas mariée : Ov. M. 10, 567 ; 14, 142 ∥ [fig.] *innuba laurus* Ov M. 10, 92, le laurier toujours vierge [allusion à Daphné].

innūbĭlō, *ās*, *āre*, -, - (*1 in*), tr., obscurcir : Solin. 53, 24 ∥ [fig.] assombrir : Aug. Ep. 69, 1.

innūbĭlus, *a*, *um*, Lucr. 3, 21, **innūbis**, *e* (*2 in-, nubes*), Sen. Herc. Oet. 238, sans nuages, serein.

innūbō, *ĭs*, *ĕre*, *nupsī*, *nuptum*, intr., entrer par mariage [dans une famille] : Liv. 1, 34, 4 ; Ov. M. 7, 856 ∥ [fig.] passer ailleurs : *Lucil. 260.

innŭbus, *a*, *um*, v.▶ *innuba*.

innŭclĕātus, *a*, *um* (*2 in-*), sans noyau, sans grain : Plin. Val. 2, 21.

innŭmĕrābĭlis, *e*, innombrable : Cic. Ac. 2, 55 ; de Or. 2, 142 ; Fin. 2, 28.

innŭmĕrābĭlĭtas, *ātis*, f., nombre infini : Cic. Nat. 1, 73 ; 109.

innŭmĕrābĭlĭtĕr, adv., en nombre infini : Lucr. 5, 274 ; Cic. de Or. 3, 201 ; Div. 1, 25.

innŭmĕrālis, *e*, Lucr. 2, 1086, innombrable.

innŭmĕrandus, *a*, *um*, qu'on ne peut pas compter : Jord. Get. 279.

innŭmĕrātus, *a*, *um*, non compté : Ps. Tert. Marc. 2, 17.

innŭmĕrōsus, *a*, *um*, innombrable : Hil. Psalm. 122, 6.

innŭmĕrus, *a*, *um* (*2 in-, numerus*) ¶ **1** innombrable : Lucr. 2, 1054 ; Virg. En. 6, 701 ; 11, 204 ; Plin. 6, 58 ; Tac. An. 14, 53 ¶ **2** sans rythme : Aus. Nep. 2 (322), 48.

innŭō, *ĭs*, *ĕre*, *ŭī*, *ūtum* (*1 in*) ¶ **1** intr., faire signe : *alicui*, à qqn : Pl. Ru. 731 ; Ter. Eun. 736 ; Plin. Ep. 7, 27, 9 ¶ **2** tr., indiquer : Vitr. 7, 4, 2.

innupsī, parf. de *innubo*.

innupta, *ae*, f. (*2 in-, nubo*), qui n'est pas mariée : Virg. G. 4, 476 ; *innupta Minerva* Virg. En. 2, 31, la chaste Minerve ∥ *innuptae*, pl., vierges, jeunes filles : Catul. 62, 6 ; Virg. En. 12, 24 ∥ *innuptae nuptiae* Poet. d. Cic. de Or. 3, 219, union sans mariage.

innūtrībĭlis, *e*, qui n'est pas nutritif : Cael.-Aur. Acut. 2, 9, 55.

innūtrĭō, *īs*, *īre*, -, - (*1 in, nutrio*), tr., nourrir, élever dans, sur : Sil. 2, 286 ; Plin. Ep. 9, 33, 6 ∥ [fig.] pass., se nourrir de : Sen. Ep. 2, 2.

1 **innūtrītus**, *a*, *um*, part. de *innutrio*.

2 **innūtrītus**, *a*, *um* (*2 in-*), qui n'est pas nourri : Cael.-Aur. Acut. 1, 17, 117.

Ĭnō, *ūs*, acc. *Ĭnō*, f. (Ἰνώ) Ino [fille de Cadmus et d'Harmonie, femme d'Athamas, roi de Thèbes] : Cic. Tusc. 1, 28 ; Ov. M. 4, 416.

▶ gén. *Inonis* Hyg. Fab. 2.

ĭnŏbaudĭentĭa, *ae*, f. (*2 in-*), désobéissance : Tert. Marc. 4, 17, 13.

ĭnŏbaudĭō (**ĭnŏboedĭō**), *īs*, *īre*, -, -, intr., [chrét.] désobéir : Tert. Marc. 3, 16, 5.

ĭnobed-, v.▶ *inoboed-*.

ĭnobjurgātus, *a*, *um*, non blâmé : Char. 57, 2.

ĭnoblectŏr, *āris*, *ārī*, - (*1 in*), pass., se réjouir de qqch. : Tert. Herm. 18, 2.

ĭnoblītĕrābĭlis, *e*, ineffaçable : Euch. Ep. Val. p. 712 D.

ĭnoblītĕrātus, *a*, *um* (*2 in-*), non effacé : Tert. Anim. 24, 6.

ĭnoblītus, *a*, *um* (*2 in-, obliviscor*), qui n'oublie pas : Ov. Pont. 4, 15, 37.

ĭnŏboedĭentĕr, adv., sans obéir : Aug. Civ. 14, 17.

ĭnŏboedĭentĭa, v.▶ *inobaudientia*.

ĭnŏboedĭō, v.▶ *inobaudio*.

ĭnŏboedus, *a*, *um*, désobéissant : Arn. 7, 43.

ĭnobrūtus, *a*, *um* (*2 in-, obruo*), non englouti : Ov. M. 7, 356.

ĭnobsaeptus ou **-septus**, *a*, *um*, non fermé : Lact. Opif. 8, 7.

ĭnobscūrābĭlis, *e*, qui ne peut être obscurci [fig.] : Tert. Anim. 3, 4.

ĭnobsecrābĭlis, *e*, intraitable : Pacian. Ep. 1, 5.

ĭnobsĕquens, *tis* (*2 in-, obsequor*), qui n'obéit pas : Sen. Nat. 1, praef. 16 ∥ rétif : Sen. Phaed. 1068.

ĭnobsĕquentĭa, *ae*, f., désobéissance : Jul.-Val. 2, 16.

ĭnobservābĭlis, *e*, qui ne peut être observé : Catul. 64, 115 ; Plin. 2, 77.

ĭnobservans, *tis*, qui ne fait pas attention : Pall. 1, 35, 12.

ĭnobservantĭa, *ae*, f., manque d'observation : Quint. 4, 2, 107 ∥ négligence : Suet. Aug. 76.

ĭnobservātus, *a*, *um*, non observé : Sen. Nat. 3, 26, 8 ; Ov. M. 2, 544 ; F. 3, 116.

ĭnobsŏlētus, *a*, *um*, non usé (non vieilli) : Tert. Res. 58, 6.

ĭnobumbrābĭlis, *e*, qui ne peut être voilé : Aug. Jul. op. imp. 4, 5.

ĭnoccātus, *a*, *um*, part. de *inocco*.

ĭnoccĭdŭus, *a*, *um*, qui ne se couche pas : Luc. 8, 175 ∥ [fig.] *inoccidui visus* Stat. Th. 6, 277, yeux toujours ouverts ; *ignes* Claud. Pros. 3, 400, feux qui ne s'éteignent pas.

ĭnoccō, *ās*, *āre*, *āvī*, *ātum* (*1 in*), tr., herser : Col. 3, 15, 1 ; 11, 2, 82.

ĭnŏcŭlātĭo, *ōnis*, f. (*inoculo*), greffe en écusson : Cat. Agr. 42 ; Col. 11, 2, 54.

ĭnŏcŭlātŏr, *ōris*, m. (*inoculo*), celui qui greffe : Plin. 18, 329.

ĭnŏcŭlō, *ās*, *āre*, *āvī*, *ātum* (*in oculo* ; it. *inocchiare*), tr., greffer en écusson, greffer : Col. 11, 2, 59 ∥ [fig.] *pectoribus* Macr. Somn. 1, 1, 5, greffer dans les cœurs, inculquer ∥ *inoculatus*, parsemé de : Apul. M. 6, 28 ∥ *inoculari* Tert. Anim. 19, 3, bourgeonner.

ĭnŏdĭō, *ās*, *āre*, *āvī*, *ātum* (*in odium* ; fr. *ennuyer*), tr., rendre odieux : VL. Exod. 5, 21 ; CIL 8, 13134 ; Not. Tir. 46, 89.

ĭnŏdōrō, *ās*, *āre*, -, - (*1 in*), tr., rendre odorant : Col. 11, 3, 22.

ĭnŏdōrus, *a*, *um* (*2 in-*) ¶ **1** non parfumé : Pers. 6, 35 ¶ **2** privé de l'odorat : Gell. 7, 6, 1 ; Non. 129, 11.

ĭnoffensē, adv. (*inoffensus*), sans heurt : Sen. Ep. 52, 11 ; Ambr. Ep. 37, 19 ∥ *-sius* Gell. 6, 2, 8.

ĭnoffensus, *a*, *um* (*2 in-*) ¶ **1** non heurté : Luc. 8, 201 ∥ non incommodé, sans encombre : Plin. Ep. 6, 4, 2 ∥ non troublé : Ov. Tr. 1, 9, 1 ; Gell. 2, 1, 4 ¶ **2** sans heurter, sans rencontrer d'obstacle : Tib. 1, 7, 62 ; Virg. En. 10, 292 ∥ [fig.] Tac. H. 1, 48 ; Quint. 1, 1, 31 ; 1, 10, 23.

ĭnoffĭcĭōsĭtās, *ātis*, f., manque d'égards : Salv. Ep. 4, 11.

ĭnoffĭcĭōsus, *a*, *um* (*2 in-*) ¶ **1** qui manque d'égards : Cic. Att. 13, 27, 1 ∥ qui manque à ses devoirs : **Dei** Tert. Apol. 40, 10, à l'égard de Dieu ¶ **2** [choses] contraire aux devoirs : ***testamentum inofficiosum*** Cic. Verr. 1, 107, testament inofficieux [qui lèse les proches].

ĭnŏlens, *tis* (*2 in-*), inodore : Lucr. 2, 850.

ĭnŏlĕō, *ēs*, *ēre*, -, - (de *inolesco*), s'implanter dans : Ambr. Hex. 4, 6, 28.

ĭnŏlescō, *ĭs*, *ĕre*, *olēvī*, *olĭtum* (*1 in*, cf. *adolesco*) ¶ **1** intr., pousser avec, croître dans, s'enraciner, s'implanter : [avec dat.] Virg. G. 2, 77 ; Col. 4, 29, 14 ∥ [fig.] se développer dans : [avec dat.] Gell. 5, 21, 3 ; [abst] Virg. En. 6, 738 ¶ **2** tr., faire croître dans, implanter : Gell. 12, 5, 7 ∥ développer : Gell. 12, 2, 20.
▶ parf. contr. *inolesti* Aus. Grat. (419), 80.

ĭnŏlesti, v.▶ *inolesco* ▶.

ĭnŏlĭtus, *a*, *um*, part. de *inolesco*.

ĭnōmĭnālis, *e* (*2 in-, omen*), d'un mauvais présage : Gell. 5, 17, 3 ; Macr. Sat. 1, 16, 26.

ĭnōmĭnātus, *a*, *um* (*2 in-, omen*), sinistre, funeste : Hor. Epo. 16, 38.

ĭnŏpācō, *ās*, *āre*, -, - (*1 in*), tr., ombrager : Col. 8, 15, 4.

ĭnŏpācus, *a*, *um*, qui est sans ombre : Gloss. 2, 247, 51.

ĭnŏpĕrātĭo, *ōnis*, f., [tard.] action d'opérer dans, opération : VL. Sap. 7, 26.

ĭnŏpĕrātus, *a*, *um* (*2 in-*) ¶ **1** inoccupé, oisif : Tert. Marc. 2, 11, 2 ¶ **2** non travaillé : Ambr. Fid. 3, 14, 113.

ĭnŏpĕrō, *ās*, *āre*, -, -, c.▶ *inoperor* : Concil. S. 4, 2, p. 5, 35.

ĭnŏpĕrŏr, *āris*, *ārī*, - (*1 in, operor*), tr., effectuer, opérer : Tert. Marc. 5, 17, 6 ; [pass.] Rufin. Orig. princ. 1, 3, 7.

ĭnŏpĕrōsus, *a, um* (*2 in-*), inactif : Serv. G. 4, 104.

ĭnŏpertus, *a, um* (*2 in-, operio*), découvert, non couvert : Hier. Ep. 64, 13.

ĭnŏpĭa, *ae*, f. (*inops*, cf. *copia*) ¶ 1 manque, disette, défaut, privation, **alicujus rei**, de qqch. : Caes. G. 3, 6 ; 5, 2 ; 5, 24 ; Cic. Amer. 48 ; Att. 6, 3, 2 ¶ 2 [abs¹] absence de ressources, dénuement, disette, besoin, pénurie : Cic. Lae. 26 ; Cat. 2, 24 ; Off. 3, 50 ‖ privation de secours, détresse, abandon : Cic. Quinct. 5 ; 84 ; Amer. 20 ; Clu. 57 ‖ abstinence : Ter. Haut. 367 ‖ [rhét.] sécheresse du style : Cic. Brut. 202.

ĭnŏpīmus, *a, um* (*1 in*), très riche : Oros. Hist. 3, 5, 3.

ĭnŏpīnābĭlis, *e* (*2 in-*), inconcevable : Gell. 17, 9, 18 ‖ surprenant, paradoxal : Gell. 17, 12, 1.

ĭnŏpīnābĭlĭter, adv., à l'improviste : Cassiod. Eccl. 1, 3 ; 8, 1.

ĭnŏpīnans, *tis*, qui ne s'y attend pas, pris au dépourvu : Caes. G. 4, 4 ; C. 2, 3 ; Nep. Dat. 3, 4 ; Liv. 27, 48, 14.

ĭnŏpīnantĕr, Suet. Tib. 60, **ĭnŏpīnāto**, Liv. 26, 6, 9, **ĭnŏpīnātē**, Aug. Conf. 8, 6, 14, inopinément, à l'improviste.

ĭnŏpīnātus, *a, um* ¶ 1 inattendu, inopiné : Cic. Verr. 2, 69 ; Dom. 9 ; Fam. 12, 5, 1 ; Tusc. 3, 76 ‖ **ex inopinato** Cic. Nat. 2, 123, à l'improviste ¶ 2 qui ne s'y attend pas, pris à l'improviste : Val.-Max. 7, 4, 5.

ĭnŏpīnus, *a, um*, ▶ *inopinatus* 1 : Virg. En. 4, 857 ; 6, 104 ; 8, 476 ; Plin. Pan. 30, 2 ; Tac. An. 1, 68.

ĭnŏpĭōsus, *a, um*, ▶ *inops* : Pl. Poen. 130.

ĭnoppĭdātus, *a, um* (*2 in-*), qui n'a pas de ville : Sidon. Ep. 5, 13, 2.

ĭnopportūnē, adv., mal à propos : Aug. Faust. 22, 72.

ĭnopportūnus, *a, um* (*2 in-*), qui ne convient pas : Oros. Apol. 29, 1.

ĭnops, *ŏpis* (*2 in-, ops*) ¶ 1 sans ressources, pauvre : Varr. L. 5, 92 ; Cic. Verr. 5, 89 ; **aerarium inops** Cic. Verr. 3, 164, trésor épuisé, vide ‖ [fig.] **lingua inops** Cic. Fin. 1, 10, langue pauvre ; **(patronus) inops** Cic. Brut. 238, (avocat) à l'éloquence indigente ‖ sans moyens, dépourvu, incapable : Cic. Brut. 118 ¶ 2 pauvre sous le rapport de, dépourvu de, dénué de : **ab amicis** Cic. Att. 1, 1, 2, dépourvu d'amis ; **verbis** Cic. Brut. 247, pauvre de vocabulaire ; **amicorum** Cic. Lae. 53, pauvre d'amis ; **consilii** Liv. 26, 18, 6, irrésolu ¶ 3 sans puissance, faible ; [pris subst¹] le faible : Liv. 9, 1, 8 ; 29, 8, 8 ; [pl.] les faibles : Sall. Mithr. 17 ‖ [avec inf.] impuissant à : Prop. 2, 10, 23.

ĭnoptābĭlis, *e* (*2 in-*), non souhaitable : Apul. M. 9, 12.

ĭnoptātus, *a, um*, non souhaité : Sen. Contr. exc. 8, 6, 3.

Ĭnōpus, *i*, m. (Ἰνωπός), fleuve de Délos : Plin. 2, 229 ; Val.-Flac. 5, 105.

ĭnōrātus, *a, um* (*2 in-, oro*), non exposé [par la parole] : **re inorata** Cic. Amer. 26, sans faire l'exposé de l'affaire.

ĭnordĭnābĭlis, *e* (*2 in-*), contraire à l'ordre : Ps. Cypr. Sing. cler. 6.

ĭnordĭnābĭlĭtĕr, Ps. Sor. Med. 184, **ĭnordĭnālĭtĕr**, Cael.-Aur. Acut. 3, 4, 36, irrégulièrement.

ĭnordĭnātē, Cels. 3, 3, 6, **ĭnordĭnātim**, Amm. 19, 7, 3, irrégulièrement, sans ordre.

ĭnordĭnātĭo, *ōnis*, f., désordre, confusion : Ps. Apul. Asclep. 26 ‖ dérèglement : Vulg. Sap. 14, 26.

ĭnordĭnātus, *a, um*, en débandade, non rangé, en désordre : Liv. 22, 50, 8 ; 23, 27, 5 ‖ **inordinatum, i**, n., désordre : Cic. Tim. 7 ; Quint. 1, 10, 46 ; 10, 4, 1 ‖ **-tissimus** Plin. 22, 91.

ĭnōris, *e*, *P. Fest. 101, 24, **ĭnōrus**, *a, um* (*2 in-, os*), qui n'a pas de bouche : Turpil. d. Non. 216, 8.

ĭnornātē, adv., sans ornement : Her. 4, 42 ‖ **-tius** ; Front. Ver. 2, 1, 17, p. 126 N.

ĭnornātus, *a, um* (*2 in-, orno*) ¶ 1 sans parure, sans apprêt : Cic. Or. 78 ; Ov. M. 1, 497 ; 9, 3 ¶ 2 [rhét.] sans ornement : Cic. Or. 29 ‖ **inornata verba** Hor. P. 234, style sans figures ¶ 3 non loué, non célébré : Hor. O. 4, 9, 31.

ĭnornō, *ās, āre, -, -* (*1 in, orno*), tr., orner : Tert. Val. 12, 5.

ĭnōrus, *a, um*, ▶ *inoris*.

Ĭnōus, *a, um*, d'Ino : Virg. G. 1, 437 ; Ov. M. 4, 497.

ĭnŏvans, *antis* (*1 in, ovo*), triomphant : Apul. M. 11, 15.

inp-, ▶ *imp-*.

inquaesītus, *a, um*, non examiné : Naev. Com. 13.

inquam, *ĭs, it* (subj. prés. = veux-je dire ; cf. *inseque*, ἐννέπω, al. *sagen*, an. *say*, v. irl. *insce*, rus. *socit'*), verbe défect. [après un ou plusieurs mots] dis-je, dis-tu, dit-il ¶ 1 [dans une citation des paroles de qqn] : **inquam et inquit interponere** Cic. Lae. 3, intercaler des "dis-je, dit-il", cf. Cic. Verr. 4, 32 ; Or. 169 ‖ [avec compl. au dat.] : **en, inquit mihi**... Cic. Att. 5, 1, 3, voilà, me dit-il... ; [v. place des mots : Liv. 4, 40, 6 ; 22, 8, 6 ; 3] ¶ 2 [dans une répétition de mots pour insister] : **in foro... in foro, inquam**... Cic. Verr. 4, 67, dans le forum, dis-je..., cf. Cic. Phil. 2, 112 ; Att. 1, 20, 7 ; Fin. 2, 72 ; Mil. 67 ¶ 3 [pl. inquiunt, sens indéfini] dit-on : Cic. de Or. 1, 124 ; Or. 168 ; Tusc. 3, 71 ‖ [sg., même sens, avec interlocuteur fictif] : Cic. Verr. 5, 248 ; Brut. 287 ; Sen. Ir. 2, 12, 1 ¶ 4 [pléonastique] : Nep. Hann. 2, 2 ; Sen. Ir. 3, 3, 2 ‖ [répété à court intervalle] : Cic. de Or. 2, 13 ; 2, 298 ; Nat. 1, 17.
▶ parf. *inquii* Catul. 10, 27, *inquisti* Cic. de Or. 2, 259 ‖ impér. *inque* Pl. Bac. 883 ; Ter. Haut. 829 *inquito* Pl. Aul. 788, Ru. 1342 ‖ fut. *inquies* Cic. Or. 101 ; *inquiet* Cic. Fin. 4, 71 ‖ [tard.] 1ère pers. sg. *inquio* Aug. Serm. 261, 5 ; Prisc. 2, 420, 16.

inquassātus, *a, um* (*2 in-*), non ébranlé : Gloss. 2, 582, 48.

1 **inquĕ** (*1 in, que*), et dans.

2 **inquĕ**, impér. de *inquam*.

1 **inquĭēs**, *ētis*, adj. (de *inquietus*, cf. *mansues*), [rare], agité, qui ne connaît pas le repos : Sall. H. 1, 7 ; Tac. An. 1, 68 ; 16, 14 ; Vell. 2, 68, 2.

2 **inquĭēs**, *ētis*, f. (*2 in-*), défaut de repos : Tert. Anim. 25, 3 ‖ [fig.] agitation, trouble : Plin. 14, 142 ; Gell. 19, 9, 5.

1 **inquĭescō**, *ĭs, ĕre, ēvī, -* (*1 in, quiesco*), intr., cesser, finir : Mut. Hom. 1, 1.

2 **inquĭescō**, *ĭs, ĕre, -, -* (*inquietus*), tr., troubler, inquiéter : *Idiom. 4, 569, 2.

inquĭētātĭo, *ōnis*, f. (*inquieto*), mouvement, agitation : Sen. Suas. 2, 1 ; M.-Emp. 8, 1.

inquĭētātŏr, *ōris*, m. (*inquieto*), celui qui trouble [l'âme] : Tert. Spect. 23, 2 ; Cod. Th. 6, 10, 1.

inquĭētātus, *a, um*, part. de *inquieto*.

inquĭētē, adv. (*inquietus*), sans repos : Vulg. 2 Thess. 3, 11 ‖ **-tius** Amm. 15, 5, 4.

inquĭētō, *ās, āre, āvī, ātum* (*inquietus*), tr., troubler, agiter, inquiéter : Quint. 11, 3, 80 ; Sen. Vit. 12, 1 ; Plin. Ep. 1, 9, 5 ; Tac. H. 3, 84.

inquĭētūdo, *ĭnis*, f. (*inquietus*), agitation, trouble : Cod. Just. 7, 14, 5 ‖ fièvre : M. Emp. 20, 46.

inquĭētus, *a, um* (*2 in-, quietus*), troublé, agité : Hor. O. 3, 3, 5 ; Epo. 5, 95 ; Tac. H. 1, 20 ; D. 13 ‖ [fig.] qui s'agite, qui n'a pas de repos, remuant, turbulent : Liv. 1, 46, 2 ; 22, 21, 2 ; 26, 2, 11 ; Sen. Ep. 3, 5 ‖ **-tior** Amm. 22, 5 ; **-tissimus** Sen. Ben. 7, 26, 5.

inquĭi, ▶ *inquam* ▶.

inquĭlīna, *ae*, f. (*inquilinus*), locataire, habitante : Varr. Men. 495 ; Tert. Carn. 46, 14.

inquĭlīnātŭs, *ūs*, m., état de locataire : Tert. Anim. 38, 5 ; Sidon. Ep. 5, 19, 1.

inquĭlīnus, *i*, m. (*incolo*, cf. *incola*) ¶ 1 locataire : Cic. Phil. 2, 105 ; Att. 14, 9, 1 ; Suet. Ner. 44 ‖ [fig.] [injure adressée à Cicéron, comme n'étant pas né à Rome] citoyen de rencontre : Sall. C. 31, 7 ‖ [en parl. d'élèves qui ne profitent pas des leçons du maître] piliers d'école, pensionnaires : Sen. Ep. 108, 5 ¶ 2 colocataire : Sen. Ep. 56, 4 ; Mart. 1, 87, 12, cf. P. Fest. 94, 22 ¶ 3 habitant : Plin. 21, 73 ¶ 4 colon [exploitant attaché au sol] : Dig. 30, 112 pr. ; Cod. Just. 11, 48, 6 ; 12 ; 13 pr.

inquĭnābĭlĭtĕr, adv., en souillant : Greg.-M. Mor. 18, 24.

inquĭnābŭlum, *i*, n., souillure : Gloss. 2, 582, 38.

inquĭnāmentum, *i*, n. (*inquino*), immondice, ordure : Vitr. 8, 4, 2 ; Gell. 2, 6,

inquĭnātē, adv. (*inquinatus*), **loqui** Cic. *Brut.* 140; 258, parler sans pureté, mal, un langage incorrect.

inquĭnātĭo, ōnis, f. (*inquino*), souillure, action de souiller : Vulg. *Sap.* 14, 26.

inquĭnātus, *a*, *um* ¶ **1** part. de *inquino* ¶ **2** [adj^t] souillé, sale, ignoble : *ratio inquinatissima* Cic. *Off.* 2, 21, mobile le plus ignoble ‖ [rhét.] grossier, vulgaire : Cic. *Opt.* 7 ‖ *-tior* Cic. *Cael.* 13.

inquĭnō, *ās*, *āre*, *āvī*, *ātum* (*1 in*, cf. *cunio*), tr. ¶ **1** barbouiller [de torchis] : Vitr. 7, 3, 11 ; [métaph.] Sen. *Ep.* 59, 9 ¶ **2** gâter, corrompre : *aqua cadaveribus inquinata* Cic. *Tusc.* 5, 97, eau souillée par des cadavres ‖ [fig.] souiller, flétrir, déshonorer : *agros turpissimis possessoribus* Cic. *Phil.* 2, 43, infliger à des terres la honte de propriétaires les plus diffamés ; *se parricidio* Cic. *Tusc.* 5, 6, se souiller d'un parricide ; *versus inquinatus insuavissima littera* Cic. *Or.* 163, vers gâté par une lettre fort peu harmonieuse ‖ [chrét.] VL. *Lev.* 5, 3 ; Prud. *Perist.* 2, 366.

inquīrō, *īs*, *ĕre*, *quīsīvī*, *quīsītum* (*1 in*, *quaero* ; it. *inchiedere*), tr. ¶ **1** rechercher, chercher à découvrir : Cic. *Tusc.* 3, 3 ; Liv. 22, 7, 11 ¶ **2** faire une enquête **a)** [droit] *in aliquem* Cic. *Verr.* 4, 145 ; Mur. 45, contre, sur qqn ; *in Siciliam* Cic. *Verr. prim.* 6, aller enquêter en Sicile ; *de aliqua re* Curt. 6, 8, 17, au sujet de qqch., cf. Liv. 40, 20, 3 **b)** [en gén.] *in se nimium* Cic. *Brut.* 283, s'observer trop scrupuleusement ; *in eum, quemadmodum vivat, inquiritur* Cic. *Off.* 2, 44, on le soumet à une enquête pour savoir comment il vit ; *in aliquam rem* Cic. *Leg.* 1, 4, se livrer à un examen de qqch.
▶ parf. *inquisii* Paul. *Dig.* 47, 2, 67 ‖ *inquisissent*, *inquisisse* Liv. 22, 7, 11 ; 40, 14, 7.

inquīsītē, adv. (*inquisitus*), avec soin, d'une manière approfondie : Gell. 1, 3, 9 ‖ *-tius* Gell. 1, 3, 21.

inquīsītĭo, ōnis, f. (*inquiro*) ¶ **1** faculté de rechercher [phil.] : *hominis est propria inquisitio atque investigatio* Cic. *Off.* 1, 13, l'homme a en apanage l'instinct de recherche et d'étude ¶ **2** recherche, investigation : Curt. 4, 6 ; Plin. 8, 106 ¶ **3** information, enquête : Cic. *Verr.* 2, 14 ; Scaur. 30 ; *candidati* Cic. *Mur.* 44, contre un candidat ‖ *inquisitionem in aliquem postulare* Plin. *Ep.* 3, 9, demander une enquête contre qqn ; *inquisitionem dare alicui* Plin. *Ep.* 5, 20, donner à qqn le droit d'informer ; *inquisitionem annuam impetrare* Tac. *An.* 13, 43, obtenir pour un an les pouvoirs d'enquête ‖ [droit] enquête préalable du préteur [pour la désignation d'un tuteur, par ex. en matière civile] : Dig. 26, 2, 4 ; 26, 6, 4, 4 ‖ instruction d'un procès criminel [dans la procédure évoluée, inquisitoire] : Cod. Th. 7, 18, 8 pr.

inquīsītīvus, *a*, *um*, qui exprime la recherche : Prisc. 3, 274, 7.

inquīsītŏr, ōris, m. (*inquiro*) ¶ **1** celui qui examine, recherche : Cic. *Ac. frg.* 19, p. 21, 11 ; Sen. *Nat.* 6, 13, 2 ‖ celui qui quête [le gibier] : Plin. 8, 147 ¶ **2** enquêteur, celui qui est chargé d'une information : Cic. *Verr. prim.* 6 ; Sen. *Ben.* 5, 25, 2 ; Plin. *Ep.* 3, 9, 29 ; Tac. *An.* 15, 66.

1 inquīsītus, *a*, *um*, part. de *inquiro*.

2 inquīsītus, *a*, *um* (*2 in-*, *quaesitus*), non examiné, non recherché : Pl. *Amp.* 847 ; 1017.

inquŏquo, v.> *incoquo*.

inr-, v.> *irr-*.

inrectus, *a*, *um* (*2 in-*), qui n'est pas droit : Non. 46, 24.

inrŏgassit, v.> *irrogo* ▶.

insaeptio (**inseptĭo**), ōnis, f. (*1 in*, *saeptio*), facette [de polyèdre] : *Sen. *Nat.* 1, 7, 3.

1 insaeptus, *a*, *um* (*1 in*), part. de l'inus. *insaepio*, entouré, ceint : Sen. *Ben.* 4, 19, 1.

2 insaeptus, *a*, *um* (*2 in-*, *saeptus*), non entouré : P. Fest. 99, 12.

insaevĭo, *īs*, *īre*, -, - (*1 in*), intr., entrer en fureur : Cassiod. *Var.* 1, 37.

insăgittō, *ās*, *āre*, -, - (*1 in*, *sagitta*), tr., viser à coups de flèches : VL. *Psal.* 10, 2.

insălō, *ās*, *āre*, *āvī*, *ātum* (*in sale*), tr., saler : Anthim. 12.

insălūber, *bris*, Plin. 36, 190, **insălūbris**, *e*, Col. 1, 4, 2 ; Curt. 7, 10, 13 (*2 in-*), malsain, insalubre : Plin. 18, 27 ; Quint. 3, 2, 3 ‖ *insalubre est* Plin. 17, 20, il n'est pas salutaire (profitable) de ‖ *-brior* Gell. 19, 5, 7 ; *-berrimus* Plin. 23, 40 ; Plin. *Ep.*

insălūbrĭtĕr, adv., dangereusement : Salv. *Eccl.* 3, 4.

insălūtāris, *e* (*2 in-*), non salutaire, nuisible : Hil. *Psalm.* 118, s. 13, 11.

insălūtātus, *a*, *um*, non salué : Sidon. *Ep.* 4, 10, 1 ; Hier. *Ep.* 3, 1 ‖ avec tmèse : *inque salutatam* Virg. *En.* 9, 288.

īnsānābĭlis, *e* (*2 in-*), incurable, qui ne peut être guéri : Cic. *Tusc.* 5, 3 ; Plin. 7, 64 ‖ [fig.] irrémédiable, qu'on ne peut améliorer : Cic. *Or.* 89 ; Liv. 1, 28, 9 ‖ *-lior* Liv. 28, 25, 7.

insānābĭlĭtĕr, adv. (*insanabilis*), d'une manière incurable : Cael.-Aur. *Chron.* 5, 2, 45.

insanctus, *a*, *um* (*2 in-*), qui n'est pas saint : Gloss. 3, 452, 29.

insānē, adv. (*insanus*), follement, d'une manière insensée : Pl. *Curc.* 179 ‖ prodigieusement : *Pl. *Mil.* 24, cf. Varr. *L.* 7, 86 ‖ *-nius* Hor. *S.* 1, 10, 34 ; *-nissime* Aug. *Ep.* 69, 2.

Insāni montes, m., montagne de Sardaigne : Liv. 30, 39, 2 ; Flor. 2, 6, 35.

insānĭa, *ae*, f. (*insanus* ; esp. *saña*) ¶ **1** démence [maladie mentale] : Cels. 3, 18, 2 ¶ **2** déraison, folie, manque de santé, d'équilibre dans l'esprit : Cic. *Tusc.* 3, 8 ; 3, 9 ; 3, 11 ; 4, 52 ‖ *concupiscere aliquid ad insaniam* Cic. *Verr.* 2, 87, désirer qqch. à en perdre la tête ‖ *populares insaniae* Cic. *Mil.* 22, les folies démagogiques (les actes insensés des démagogues) ¶ **3** extravagance, excès insensé, folie : *libidinum* Cic. *Sull.* 70, passions désordonnées ; *orationis* Cic. *Brut.* 284, écarts d'une éloquence en délire ‖ folies, dépenses folles : *villarum* Cic. *Q.* 3, 1, 5, pour des villas, cf. Plin. 13, 91 ¶ **4** [= μανία] délire poétique : Hor. *O.* 3, 4, 6.

insānĭfūsŏr, ōris, m., qui verse la folie : Aug. *Faust.* 19, 22.

insānĭō, *īs*, *īre*, *īvī* et *ĭī*, *ītum* (*insanus*), intr. ¶ **1** être fou, insensé : Cels. 3, 18, 66 ; Plin. 27, 101 ¶ **2** [fig.] avoir perdu la tête, n'être pas dans son bon sens, n'avoir pas de raison : Cic. *Fam.* 9, 21, 1 ; *Verr.* 4, 39 ‖ agir en fou, être extravagant : Virg. *B.* 3, 36 ; *in libertinas* Hor. *S.* 1, 2, 49, faire des folies pour des affranchies ; *statuas emendo* Hor. *S.* 2, 3, 64, montrer sa folie en achetant des statues, cf. Hor. *S.* 2, 3, 301 ¶ **3** [avec acc. interne] *insaniam hilarem insanire* Sen. *Vit.* 12, avoir une folie gaie ; *errorem similem* Hor. *S.* 2, 3, 63, être atteint du même égarement ; *sollemnia* Hor. *Ep.* 1, 1, 101, avoir une folie commune, ordinaire ; *seros amores* Prop. 2, 34, 25, avoir la folie d'aimer sur le tard.
▶ imparf. arch. *insanibat* Ter. *Phorm.* 642.

insānĭtās, *ātis*, f. (*insanus*), mauvais état de santé mentale : Varr. *Men.* 133 ; Cic. *Tusc.* 3, 8.

insānĭtĕr, Pompon. *Com.* 17, v.> *insane*.

insānum, n. pris adv^t, follement = extrêmement ; Pl. *Bac.* 761 ; *Most.* 895 ; *Trin.* 673.

insānus, *a*, *um* (*2 in-*, *sanus*) ¶ **1** qui a l'esprit en mauvais état, fou, aliéné : Cic. *Ac.* 2, 52 ; Juv. 6, 620 ¶ **2** insensé, déraisonnable : Cic. *Verr.* 4, 148 ; *Rep.* 1, 9 ; Hor. *S.* 2, 3, 102 ¶ **3** qui rend fou : Plin. 16, 239 ; Luc. 7, 413 ¶ **4** monstrueux, excessif, extravagant : Cic. *Mil.* 85 ; Virg. *En.* 6, 135 ¶ **5** qui a le délire prophétique, inspiré : Virg. *En.* 3, 443 ‖ *-nior* Cic. *Verr.* 4, 39 ; *-issimus* Cic. *Mil.* 45.

insăpĭens, v.> *insipiens*.

insăpŏrō, *ās*, *āre*, -, - (*1 in*), tr., ajouter une saveur à : Cassiod. *Var.* 12, 4, 3.

insătĭābĭlis, *e* (*2 in-*, *satio*) ¶ **1** qui ne peut être rassasié, insatiable : Cic. *Tusc.* 1, 44 ; *Phil.* 11, 8 ‖ [avec gén.] *spectaculi* Sen. *Helv.* 8, 6, insatiable d'un spectacle ¶ **2** dont on ne peut se rassasier, se lasser : Cic. *Nat.* 2, 38 ; *-bilior* Cic. *Nat.* 2, 155.

insătĭābĭlĭtās, *ātis*, f., insatiabilité : Amm. 31, 4, 11.

insătĭābĭlĭtĕr, adv. (*insatiabilis*), sans pouvoir être rassasié [fig.] : Lucr. 3, 905 ; Tac. *An.* 4, 38.

insatiatrix

insătĭātrix, *trīcis*, f., celle qu'on ne peut rassasier : Fort. *Carm*. 2, 4, 12.

insătĭātus, *a*, *um*, insatiable : Stat. *Th*. 6, 305 ; Prud. *Psych*. 478.

insătĭĕtās, *ātis*, f., appétit insatiable : Pl. *Aul*. 483.

insătŭrābĭlis, *e* (2 *in-*, *saturo*), insatiable : Cic. *Sest*. 110.

insătŭrābĭlĭtĕr, adv., sans pouvoir être rassasié : Cic. *Nat*. 2, 64.

insătŭrātus, *a*, *um*, non rassasié ; Avien. *Arat*. 183.

insătŭrus, *a*, *um*, [C.> insaturatus : Corip. *Joh*. 3, 368.

insaucĭātus, *a*, *um* (2 *in-*), sans être blessé : Cassian. *Inst*. 12, 6, 2.

inscalpo, [V.> *insculpo*.

inscendō, *ĭs*, *ĕre*, *ī*, *scensum* (1 *in*, *scando*) ¶ 1 intr., monter sur : [avec *in* acc.] Pl. *Aul*. 678 ; Cic. *Div*. 1, 47 ¶ s'embarquer : Pl. *Mil*. 116 ¶ 2 tr., **quadrigas** Pl. *Amp*. 450, monter sur un quadrige ; **equum** Suet. *Ner*. 48, monter sur un cheval [pass. *inscendi* Gell. 5, 2, 3, être monté, recevoir un cavalier] ǁ saillir [femelle] : Apul. *M*. 7, 21.

inscensĭo, *ōnis*, f. (*inscendo*), action de monter sur : Pl. *Ru*. 503.

1 inscensus, *a*, *um*, part. de *inscendo*.

2 inscensŭs, abl. *ū*, m., action de saillir : Apul. *M*. 7, 19.

inscĭē, adv. (2 *in-*), avec ignorance : Apul. *Socr*. 3.

inscĭens, *tis* (2 *in-*, *sciens*), qui ignore : **insciente me** Cic. *Fam*. 5, 2, 3, à mon insu : **insciens feci** Ter. *Haut*. 632, j'ai agi sans savoir ǁ pris subst^t, ignorant, sot : Ter. *Phorm*. 59.

inscĭentĕr, adv. (*insciens*), avec ignorance : Cic. *Top*. 32 ; Liv. 25, 10, 4 ǁ *-tissime* Hyg. *Astr*. 2, 12.

inscĭentĭa, *ae*, f. (*insciens*), ignorance : Cic. *Sull*. 14 ; *de Or*. 1, 203 ǁ **alicujus rei** Caes. *G*. 3, 9, 3, ignorance de qqch., cf. Nep. *Epam*. 7 ǁ incapacité : Tac. *D*. 28 ; 33 ǁ [phil.] le non-savoir [cf.> *inscitia*] : Cic. *Nat*. 1, 1 ; *Ac*. 1, 41.

inscindō, *ĭs*, *ĕre*, -, - (1 *in*, *scindo*), tr., déchirer : Apul. *M*. 8, 17.

inscissus, *a*, *um* (2 *in-*, *scissus*), sans coupure, d'une pièce [vêtement] : Hil. *Trin*. 10, 52.

inscītē, adv. (*inscitus*), sans art, grossièrement, gauchement : Cic. *Fin*. 3, 25 ; *Div*. 2, 30 ; Liv. 36, 43, 6 ǁ *-tissime* Gell. 10, 16, 5, tout à fait en ignorant.

inscītĭa, *ae*, f. (*inscitus*) ¶ 1 inhabileté, incapacité, gaucherie, maladresse, inexpérience : Cic. *Off*. 1, 122 ; Liv. 26, 2, 7 ǁ **inscitia temporis** Cic. *Off*. 1, 144, méconnaissance de l'à-propos ; **belli** Nep. *Epam*. 7, 4, incapacité militaire ¶ 2 ignorance, non-connaissance : Tac. *H*. 1, 54 ; *An*. 15, 58 ; *D*. 19 ǁ **multorum inscitia, unde hostes advenirent** Liv. 7, 12, 2, la foule ne sachant pas d'où étaient venus les ennemis.

inscītŭlus, *a*, *um* (dim. de *inscitus*), qq. peu maladroit : *Afran. *Com*. 386.

inscītus, *a*, *um* (2 *in-*, *scitus*), ignorant, gauche, maladroit : **quid inscitius est quam** [prop. inf.] Cic. *Nat*. 2, 36, quelle plus grande absurdité que ; [avec inf.] Cic. *Div*. 2, 127 ǁ *-issimus* Pl. *Most*. 1135.

inscĭus, *a*, *um* (*nescius*, *insciens*) ¶ 1 qui ne sait pas, ignorant : Cic. *Ac*. 2, 22 ; Caes. *G*. 4, 4 ǁ [avec gén.] Cic. *Brut*. 292 ǁ [poét. avec acc. de pronom n.] Turpil. *Com*. 65 ǁ *de aliqua re* Dig. 16, 3, 31 ǁ [avec inf.] Stat. *Th*. 3, 387 ; Varr. d. Non. 168, 17 ǁ [avec interr. indir.] Caes. *G*. 7, 77 ; Virg. *En*. 1, 718 ¶ 2 inconnu : Apul. *M*. 5, 26.

inscrībō, *ĭs*, *ĕre*, *scripsī*, *scriptum* (1 *in*) ¶ 1 écrire sur, inscrire : **vestris monimentis suum nomen inscripsit** Cic. *Har*. 58, il a inscrit son nom sur vos monuments, cf. *Arch*. 26 ; **in femore nomen Myronis erat inscriptum** Cic. *Verr*. 4, 93, sur la cuisse était inscrit le nom de Myron, cf. Cic. *Pis*. 92 ; [poét.] **flores inscripti nomina regum** Virg. *B*. 3, 106, fleurs portant inscrits des noms de princes ; [fig.] Cic. *Cat*. 1, 32 ; *de Or*. 2, 355 ¶ 2 assigner, attribuer : **sibi nomen philosophi** Cic. *Tusc*. 5, 73, s'attribuer le nom de philosophe ǁ imputer comme auteur : **deos sceleri** Ov. *M*. 15, 128, assigner les dieux comme auteurs d'un crime [le leur imputer], cf. *M*. 10, 199 ¶ 3 mettre une inscription à, intituler : **statuas** Cic. *Verr*. 2, 167, mettre une inscription à des statues ; **libros rhetoricos** Cic. *de Or*. 3, 122, donner à des traités le titre de " traités de rhétorique " ; **liber qui inscribitur Laelius** Cic. *Off*. 2, 31, le livre intitulé Laelius, cf. Cic. *Off*. 2, 87 ; *Ac*. 2, 12 ; *Nat*. 1, 41 ǁ **inscribere aedes venales** Pl. *Trin*. 168, mettre en vente une maison (afficher la vente, mettre l'écriteau " à vendre ") ; **aedes mercede** Ter. *Haut*. 144, mettre une maison en location ǁ part. n. pl. pris subst^t, **inscripta**, *ōrum*, titres : Gell. *pr*. 9 ǁ faire une marque sur, imprimer une trace sur : **versa pulvis inscribitur hasta** Virg. *En*. 1, 478, la lance renversée trace un sillon dans la poussière ; **sua quemque deorum inscribit facies** Ov. *M*. 6, 74, chaque dieu est marqué de son caractère distinctif ǁ stigmatiser : Plin. 18, 21 ; Juv. 14, 24.

inscriptĭlis, *e* (2 *in-*), qui ne peut être écrit : Diom. 420, 13.

inscriptĭo, *ōnis*, f. (*inscribo*), action d'inscrire sur : Cic. *Dom*. 51 ǁ titre d'un livre : Cic. *Att*. 16, 11, 4 ǁ inscription : Cic. *Phil*. 13, 9 ǁ stigmate : Sen. *Ir*. 3, 3, 6 ǁ enregistrement [sur un registre officiel] de l'acte d'accusation [bref sommaire de l'accusation criminelle effectué par le plaignant] : Cod. Just. 9, 1, 3 ; 9, 2, 17.

inscriptŏr, *ōris*, m., graveur [d'une inscription] : CIL 6, 29942.

inscriptūra, *ae*, f., [C.> *inscriptio* : Tert. *Val*. 30, 1.

1 inscriptus, *a*, *um*, part. de *inscribo*.

2 inscriptus, *a*, *um* (2 *in-*), non écrit : Quint. 3, 6, 37 ǁ non enregistré, non inscrit sur les registres, non déclaré : Lucil. 722 ; Varr. *R*. 2, 1, 16 ǁ non inscrit dans les lois : Quint. 7, 4, 36.

inscrūtābĭlis, *e*, qui ne peut être scruté : Aug. *Ep*. 106, 4.

inscrūtābĭlĭtĕr, adv. (2 *in-*), d'une manière insondable : Concil. S. 1, 5, p. 50, 18.

inscrūtŏr, *ārĭs*, *ārī*, -, tr. (1 *in*), chercher au fond : VL. *Gen*. 31, 33.

insculpō, *ĭs*, *ĕre*, *sculpsī*, *sculptum* (1 *in*), tr., graver sur : [avec *in* abl.] Cic. *Div*. 2, 85 ; [avec dat.] Plin. *Ep*. 8, 6, 14 ; Hor. *S*. 2, 3, 90 ǁ [fig.] graver dans [avec *in* abl.] : Cic. *Nat*. 1, 45 ; *Ac*. 2, 2.

insculptĭo, *ōnis*, f., action de graver : Jul.-Val. 2, 28.

insculptus, *a*, *um*, part. de *insculpo*.

insĕcābĭlis, *e* (2 *in-*), qui ne peut être coupé, indivisible : Sen. *Ep*. 118, 17 ; **insecabilia corpora** Quint. 2, 17, 38, atomes.

insĕce, impér. de 2 *inseco*.

1 insĕcō, *ās*, *āre*, *ŭī*, *sectum*, tr. (1 *in*), couper, disséquer : Col. 12, 47 ; Plin. 19, 86 ǁ **dentibus aliquid** Her. 4, 62, déchirer qqch. avec les dents ǁ [fig.] mettre en menus morceaux : Her. 3, 24.

2 insĕcō (**insĕquō**), *insequis*, -, -, - (1 *in*, cf. *inquam*, ἐννέπω), [arch.], dire, raconter : impér. **insece** Enn. *An*. 326, cf. Gell. 18, 9, 5 ; ou *inseque* d'après P. Fest. 99, 10 ; subj. parf. *insexit* P. Fest. 99, 10 ; adj. verbal *insecenda* Cat. d. Gell. 18, 9, 1.

insecta, *ōrum*, n. pl. (1 *insectus*), insectes : Plin. 11, 1.

insectantĕr, adv. (*insector*), avec âpreté : Gell. 19, 3, 1.

insectātĭo, *ōnis*, f. (*insector*) ¶ 1 poursuite, action de poursuivre : Liv. 21, 47, 2 ¶ 2 pl., vives attaques âpres, **alicujus, alicujus rei**, contre qqn, contre qqch. : Brut. d. Cic. *Fam*. 11, 1, 2 ; Liv. 22, 34, 2 ; Quint. 6, 3, 28.

insectātŏr, *ōris*, m. (*insector*), persécuteur : Liv. 3, 33, 7 ǁ censeur infatigable : Quint. 10, 1, 129.

insectātus, *a*, *um*, part. de *insector*.

1 insectĭo, *ōnis*, f. (1 *inseco*), section [chir.] : Ps. Sor. *Quaest*. 235.

2 insectĭo, *ōnis*, f. (2 *inseco*), récit : Cat. d. Gell. 18, 9, 11.

insectō, *ās*, *āre*, -, -, [V.> *insector* ►.

insectŏr, *ārĭs*, *ārī*, *ātus sum* (fréq. de *insequor*), tr. ¶ 1 poursuivre sans relâche, être aux trousses de : Cic. *Leg*. 1, 40 ; *Div*. 2, 114 ¶ 2 [fig.] **a)** presser vivement, s'acharner après : Cic. *Att*. 1, 16, 8 ; 10, 1, 4 ; *Fin*. 2, 80 ; *Nat*. 1, 5 **b)** **assiduis herbam rastris** Virg. *G*. 1, 155, pourchasser sans relâche l'herbe avec un sarcloir *c)* reprocher: Phaed. 3, 11, 3. ▶ forme active *insectabit* Pl. *Cap.* 593 ∥ part. à sens passif, B.-Afr. 71, 2.

insectum, v.▶ *insecta*.

1 **insectus**, *a*, *um*, part. de 1 *inseco*, [adj.] découpé, dentelé: Plin. 16, 90.

2 **insectus**, *a*, *um* (2 *in-*, *sectus*), non coupé: P. Fest. 99, 13.

insecundus, *a*, *um* (2 *in-*), défavorable: Not. Tir. 95.

insecus, adv. (1 *in*, *secus*), près de: Gloss. 2, 86, 47.

insecutio, ōnis, f. (*insequor*), poursuite: Apul. *M.* 8, 16; Aug. *Psalm.* 29, 8.

insecutor, ōris, m. (*insequor*), celui qui poursuit: Apul. *M.* 8, 2; Tert. *Apol.* 5, 4.

insecutus (**insequutus**), *a*, *um*, part. de *insequor*.

insedabilis, *e* (2 *in-*), qui ne peut être apaisé: Gloss. 2, 584, 26.

insedabiliter, adv. (2 *in-*, *sedo*), sans pouvoir être apaisé: Lucr. 6, 1175.

insedi, parf. de *insideo* et *insido*.

inseducibilis, *e* (2 *in-*), qui ne peut être écarté: Ps. Orig. *Job* 2, 486 B.

insedulus, *a*, *um*, sans zèle: Gloss. 2, 248, 24.

insegnis, *e* (1 *in*), débile: Gloss. 2, 87, 6.

insemel, adv., tout d'un coup: Flor. 1, 35; Gai. *Dig.* 18, 1, 35.

inseminatus, *a*, *um*, part. de *insemino*.

insemino, *ās*, *āre*, *āvī*, *ātum* (1 *in*), tr., semer dans, répandre dans: Gell. 19, 5, 3 ∥ féconder: Vitr. 8, *pr.* 1 ∥ procréer: Arn. 2, 93; Macr. *Sat.* 1, 17, 35.

insemitatio, ōnis, f., manque de routes: Gloss. 2, 86, 55.

insenescibilis, *e* (2 *in-*), qui ne peut vieillir: *Gloss. 3, 423, 5.

insenesco, *is*, *ere*, *senui*, -, intr. (1 *in*), vieillir dans [avec dat.]: Hor. *Ep.* 2, 2, 82; *iisdem negotiis* Tac. *An.* 4, 6, vieillir dans le même emploi ∥ [fig.] pâlir (blanchir) sur: Quint. 10, 3, 11.

insensate, adv. (2 *in-*), follement: Vulg. *Sap.* 12, 21.

insensatio, ōnis, f. (*insensatus*), folie: Iren. 2, 17, 1.

insensatus, *a*, *um*, insensé: Tert. *Marc.* 4, 43, 4.

insensibilis, *e* ¶ 1 incompréhensible: Gell. 17, 10, 17 ¶ 2 insensible, qui ne peut sentir: Lact. *Inst.* 6, 13 13 ¶ 3 stupide, inintelligent: Ambr. *Psalm.* 118, s. 16, 24.

insensibilitas, ātis, f., insensibilité: Ambr. *Bon. mort.* 7, 26.

insensibiliter, adv., insensiblement: Cassian. *Inst.* 2, 10, 1.

insensilis, *e*, imperceptible, insensible: Lucr. 2, 866.

insensualis, *e*, qui n'est pas doué de sens: Cassiod. *Var.* 2, 40, 12.

insensualitas, ātis, f. (*insensualis*), absence de sensibilité: Aug. *Faust.* 15, 4.

inseparabilis, *e*, inséparable, indivisible: Sen. *Ep.* 118, 10; Gell. 1, 9, 12; *-lior* Aug. *Trin.* 15, 23.

inseparabilitas, ātis, f., union indissoluble: Aug. *Ep.* 11, 3; *Trin.* 15, 23.

inseparabiliter, adv. (2 *in-*), inséparablement: Macr. *Somn.* 1, 22, 2.

inseparatus, *a*, *um*, indivisible: Tert. *Prax.* 18, 3.

inseptus, v.▶ *insaeptus*.

insepultus, *a*, *um* (2 *in-*), non enseveli, sans sépulture: Cic. *Cat.* 4, 11; Liv. 29, 9, 10; *insepulta sepultura* Cic. *Phil.* 1, 5, funérailles indignes, honneurs déshonorants.

1 **insequenter**, adv. (*insequor*), ensuite: Non. 376, 19.

2 **insequenter**, adv. (2 *in-*, *sequor*), sans suite, sans liaison: Gell. 10, 29, 4.

insequo, v.▶ *inseco* 2.

insequor, *ĕris*, *ī*, *secutus sum* (*sequutus sum*) (1 *in*, *sequor*; fr. *ensuivre*), tr. ¶ 1 venir immédiatement après, suivre: *proximus huic insequitur Salius* Virg. *En.* 5, 321, le plus près de lui vient ensuite Salius ∥ [fig.] *improborum facta suspicio insequitur* Cic. *Fin.* 1, 50, le soupçon s'attache aux actes des méchants; *mors insecuta est Gracchum* Cic. *Div.* 2, 62, la mort vint ensuite atteindre Gracchus; *hunc proximo saeculo Themistocles insecutus est* Cic. *Brut.* 41, un siècle immédiatement après lui vint Thémistocle; *insequens annus* Hirt. *G.* 8, 48, 10, l'année suivante; *nocte insequenti* Hirt. *G.* 8, 23, 1, pendant la nuit suivante; *nisi vocalis insequebatur* Cic. *Or.* 161, si une voyelle ne venait pas ensuite, cf. *Or.* 150 ¶ 2 poursuivre, continuer: *pergam atque insequar longius* Cic. *Verr.* 3, 51, je continuerai et poursuivrai plus avant; *itaque insequebatur* Cic. *Nat.* 3, 44, et il poursuivait ainsi son argumentation ∥ [poét. avec inf.]: *convellere... insequor* Virg. *En.* 3, 32, je continue à arracher. ¶ 3 poursuivre, se mettre aux trousses de: *aliquem gladio* Cic. *Phil.* 2, 21, poursuivre qqn l'épée à la main; *cedentes insecuti* Caes. *G.* 7, 80, 8, s'étant attachés à la poursuite des fuyards ∥ [fig.] harceler: *aliquem ut* Cic. *de Or.* 2, 10, poursuivre, harceler qqn pour; *aliquem contumelia* Cic. *Att.* 14, 14, 5, poursuivre qqn d'outrages, cf. Cic. *Sest.* 25; *Clu.* 24; *alicujus turpitudinem* Cic. *Sull.* 81, poursuivre la vie honteuse de quelqu'un.

inserabiliter, adv. (2 *in-*, *sera*), avec impossibilité d'ouvrir: *Itin. Alex. 44.

inserenus, *a*, *um*, qui n'est pas serein: Stat. *S.* 1, 6, 21.

1 **insero**, *is*, *ere*, *ui*, *sertum* (1 *in*, 2 *sero*), tr. ¶ 1 mettre dans, insérer, introduire, fourrer: *collum in laqueum* Cic. *Verr.* 4, 37, passer son cou dans un lacet, s'étrangler, cf. Cic. *Phil.* 2, 82; *oculos in curiam* Cic. *Font.* 43, jeter les yeux dans la curie; *gemmas soleis* Curt. 9, 1, 29, enchâsser des pierreries sur des sandales; *falces insertae affixaeque longuriis* Caes. *G.* 3, 14, 5, faux insérées et assujetties dans de longues perches ¶ 2 [fig.] introduire, mêler, intercaler: *jocos historiae* Ov. *Tr.* 2, 444, mêler à l'histoire des badinages; *minimis rebus deos* Liv. 27, 23, 2, faire intervenir les dieux dans les plus petites choses; *nomen famae* Tac. *D.* 10, faire entrer son nom dans la renommée; *se bellis* Ov. *M.* 3, 117, se mêler aux guerres; *insertus familiae, numero civium* Suet. *Tib.* 3; *Aug.* 42, introduit dans une famille, au nombre des citoyens ∥ *lyricis vatibus inserere aliquem* Hor. *O.* 1, 1, 35, mettre qqn au nombre des poètes lyriques, cf. Sen. *Ep.* 95, 72.

2 **insero**, *is*, *ere*, *sēvī*, *situm* (1 *in*, 3 *sero*), tr. ¶ 1 semer, planter: Col. 5, 7, 3 ¶ 2 introduire par greffe, enter: *pirum bonam in pirum silvaticam* Varr. *R.* 1, 40, 5, enter un bon poirier sur un poirier sauvage, cf. Cic. *Brut.* 213 ∥ greffer: *vitem* Col. *Arb.* 8, 2, greffer la vigne; *arbutus insita nucibus* Plin. 15, 57, arbousier greffé avec un noyer, cf. Virg. *G.* 2, 69 ¶ 3 [fig.] *a)* greffer: *in Calatinos insitus* Cic. *Sest.* 72, incorporé parmi les Calatins; *animos corporibus* Cic. *Tim.* 44, faire l'union intime des âmes et des corps ∥ [abs¹] *insitus* Tac. *An.* 13, 14, un intrus *b)* implanter, inculquer: *haec inseri ab arte non possunt* Cic. *de Or.* 1, 114, ces qualités, l'art ne peut les implanter, cf. Cic. *Or.* 97; Hor. *S.* 1, 3, 35; [surtout au part.] *insitus, a, um*, implanté, inné, naturel: *notio insita in animis nostris* Cic. *Fin.* 1, 31, notion implantée dans nos âmes; *insitus menti cognitionis amor* Cic. *Fin.* 4, 18, désir d'apprendre implanté dans l'esprit; *hoc natura est insitum ut* Cic. *Sull.* 83, c'est un sentiment naturel que; *insitum est* [avec inf.] Sen. *Ben.* 4, 17, 2, il est naturel de.

inserpo, *is*, *ere*, *serpsi*, -, intr., ramper sur, se glisser dans [avec dat.]: Stat. *Th.* 1, 340; Claud. *Pros.* 1, 256.

insertatio, ōnis, f. (*inserto*), action d'introduire dans: Cael.-Aur. *Chron.* 1, 1, 43.

insertatus, *a*, *um*, part. de *inserto*.

inserticius, *a*, *um*, inséré: Gloss. 2, 300, 15.

1 **insertio**, ōnis, f. (1 *insero*), insertion: Chalc. 12.

2 **insertio**, ōnis, f. (2 *insero*), greffe, action de greffer: Isid. 17, 6, 2; Aug. *Ep.* 120, 20.

insertivus, *a*, *um* (*insertus*), greffé [fig.], illégitime: Calp.-Flac. 24.

inserto, *ās*, *āre*, -, - (fréq. de 1 *insero*; esp. *enjertar*), tr., introduire dans [avec dat.]: Virg. *En.* 2, 672; Stat. *Th.* 12, 460.

insertor, ōris, m. (2 *insero*), celui qui greffe: Aug. *Psalm.* 134, 7.

insertus, a, um, part. de 1 insero.

insĕrŭī, parf. de 1 insero.

inservībo, v. *inservio* ▶.

inservĭō, īs, īre, īvī ou ĭī, ītum (1 in), intr. et tr. ¶ **1** être asservi à, donner ses soins à, être au service de, servir **a)** [avec dat.] : Cic. *Off.* 1, 49 ; Liv. 2, 21, 6 ; *suis commodis* Cic. *Fin.* 2, 117, être esclave de ses intérêts ; *honoribus* Cic. *Off.* 2, 4, se vouer à la poursuite des magistratures ; *nihil est a me inservitum temporis causa* Cic. *Fam.* 6, 12, 2, il n'y a pas eu de ma part le moindre asservissement de circonstance **b)** [avec acc.] : Pl. *Most.* 216 ; *Poen.* 927 ¶ **2** être asservi, être vassal : Tac. *H.* 2, 81.

▶ imparf. *inservibat* Sil. 7, 341 ; fut. *inservibis* Pl. *Most.* 216.

inservō, ās, āre, -, - (1 in), tr., observer avec soin : Stat. *Th.* 6, 935 ; 10, 886.

insessĭō, ōnis, f. (*insideo*), action d'assiéger, siège : Cassiod. *Psalm.* 21, 12.

insessŏr, ōris, m. (*insideo*) ¶ **1** qui assiège les chemins, voleur de grands chemins : P. Fest. 99, 18 ¶ **2** passager [d'un bateau] : Jul.-Val. 1, 1.

insessus, a, um, part. de *insideo* et *insido*.

insēvī, parf. de 2 *insero*.

insexit, v. ▶ 2 *inseco*.

insībĭlātŏr, ōris, m., celui qui siffle [dans] : Aug. *Ev. Joh.* 8, 6.

insībĭlō, ās, āre, -, - (1 in) ¶ **1** intr., siffler [dans] : Ov. *M.* 15, 603 ¶ **2** tr., faire pénétrer en sifflant : Sil. 2, 626 ‖ [chrét.] inspirer : Mar. Vict. *Gen.* 26.

insiccābĭlis, e (2 in-), qui ne peut être séché : Aug. *Psalm.* 41, 2 ; Sidon. *Ep.* 9, 16, 2.

insiccātus, a, um, non séché : Stat. *Th.* 3, 364 ; 8, 246.

insĭci-, v. ▶ *isici-*.

insĭdĕō, ēs, ēre, sēdī, sessum (1 in, *sedeo*), intr. et tr.

I tr. ¶ **1** être assis sur, dans : *immani beluae* Cic. *Rep.* 2, 67, être assis sur un animal monstrueux ¶ **2** [fig.] être installé sur, dans **a)** *insidens capulo manus* Tac. *An.* 2, 21, la main ferme sur la garde de l'épée **b)** *insidebat in ejus mente species eloquentiae* Cic. *Or.* 18, il portait dans son esprit un idéal de l'éloquence, cf. Cic. *Arch.* 29 ; *Or.* 9 ; *his tribus figuris insidere debet...* Cic. *de Or.* 3, 199, sur ces trois genres de style doit se répandre....

II tr. ¶ **1** tenir occupé, occuper : *locum* Liv. 21, 54, 3, occuper un lieu ; *viae hostium praesidiis insidentur* Liv. 25, 13, 2, les routes sont occupées par les détachements ennemis ¶ **2** habiter : Tac. *An.* 12, 62.

▶ les formes du parf. se rapportent plutôt à *insido*.

insĭdĭae, ārum, f. pl. (*insideo*), embuscade, piège, guet-apens : *in insidiis collocare* Caes. *G.* 3, 30, mettre en embuscade ‖ *insidias facere (dare)* Pl. *Mil.* 303 ; *facere* Ter. 274 ; *alicui* Cic. *Mil.* 23 ; *ponere* Cic. *Sest.* 41 ; *parare* Cic. *Amer.* 26 ; *tendere* Cic. *Com.* 46 ; *collocare* Cic. *Mil.* 27 ; *comparare* Cic. *Clu.* 47 ; *struere* Cic. *Clu.* 190 ; *componere* Tac. *H.* 5, 22, dresser, tendre des embûches, des pièges, à qqn ; *per insidias interfici* Cic. *Dom.* 59, *insidiis* Cic. *Att.* 13, 10, 3, *ex insidiis* Cic. *Off.* 2, 26, être tué dans une embuscade, dans un guet-apens, traîtreusement ‖ [avec gén. obj.] *insidiae caedis* Cic. *Cat.* 2, 6, complot visant au massacre ; *capitis* Cic. *Clu.* 20, pièges tendus contre la vie de qqn ‖ embuscade = soldats embusqués : Hirt. *G.* 8, 19, 3 ; Tac. *H.* 2, 24.

insĭdĭātĭo, ōnis, f. (*insidior*), action de tendre des pièges : Orig. *Matth.* 103.

insĭdĭātŏr, ōris, m. (*insidior*) ¶ **1** celui qui guette, qui tend des pièges, traître : Cic. *Mil.* 19 ; 54 ‖ *viae* Cic. *Cat.* 2, 27, qqn qui tend des embuscades sur une route ; *imperii* Nep. *Reg.* 2, 2, qui guette traîtreusement le pouvoir ¶ **2** homme en embuscade : Hirt. *G.* 8, 18.

insĭdĭātrix, īcis, f. (*insidiator*), celle qui tend une embuscade, en embuscade : Amm. 24, 4, 29.

insĭdĭātus, a, um, part. de *insidior*.

insĭdĭō, ās, āre, -, -, c. ▶ *insidior* : Call. *Dig.* 48, 9, 28.

insĭdĭŏr, ārĭs, ārī, ātus sum (*insidiae*) ¶ **1** tendre un piège, une embuscade, un guet-apens, des embûches, *alicui*, à qqn : Cic. *Cat.* 1, 11 ; 1, 32 ‖ *in legatis insidiandis* Cic. *Cael.* 51, en préparant un attentat contre des ambassadeurs ¶ **2** [fig.] être en embuscade, guetter pour surprendre, être à l'affût : Cic. *de Or.* 1, 136 ; *huic tempori* Liv. 23, 35, 16, être à l'affût de ce moment-là.

insĭdĭōsē, adv. (*insidiosus*), traîtreusement, par fraude : Cic. *Rab. Post.* 33 ; -*sissime* Cic. *Q.* 1, 3, 8.

insĭdĭōsus, a, um (*insidiae*) ¶ **1** qui dresse des embuscades, traître, perfide : -*sior* Cic. *Verr.* 2, 192 ¶ **2** plein de pièges, perfide, insidieux : Cic. *Cat.* 2, 28 ; Flac. 87 ; *Agr.* 2, 7 ‖ -*issimus* Plin. 29, 28.

insīdō, ĭs, ĕre, sēdī, sessum (1 in, *sido*), intr. et tr. ¶ **1** s'asseoir sur, se poser sur **a)** intr. : *apes floribus insidunt* Virg. *En.* 6, 708, les abeilles se posent sur les fleurs, cf. Virg. *En.* 1, 719 ; *credit digitos insidere membris* Ov. *M.* 10, 257, il croit que ses doigts pressent ses membres **b)** tr., *locum* Stat. *Th.* 2, 151, s'arrêter dans un lieu ; *apex fessis insiditur astris* Stat. *Th.* 2, 36, le sommet où se reposent les astres fatigués ¶ **2** s'installer, prendre position qq. part. **a)** intr., *silvis* Virg. *En.* 11, 531, s'établir dans une forêt ; *cum in locis semen insedit* Cic. *Nat.* 2, 128, quand la semence s'est fixée dans la matrice **b)** tr., *vias* Liv. 27, 18, 20, occuper les routes ; *saltus ab hoste insessus* Liv. 7, 34, défilé occupé par l'ennemi ¶ **3** [fig.] se fixer, s'attacher, s'enraciner : *in memoria* Cic. *de Or.* 2, 122 ; *memoriae* Quint. 10, 7, 2, se fixer dans la mémoire, cf. Cic. *Tusc.* 2, 11 ; Pomp. 7.

insignĕ, is, n. (*insignis* ; fr. *enseigne*) ¶ **1** marque, signe, marque distinctive : Cic. *Att.* 1, 4, 3 ; *Verr* 1, 152 ; *insigne veri* Cic. *Ac.* 2, 36, la marque de la vérité, le critérium de la vérité ; *insigne nocturnum trium luminum* Liv. 29, 25, 11, signal de nuit consistant en trois fanaux ‖ *quod insigne erat* [avec prop. inf.] Cic. *de Or.* 3, 133, ce qui était un signe que... ¶ **2** [en part.] insigne d'une fonction : *insigne auguratus* Cic. *Div.* 1, 30, l'insigne de l'augurat ; [pl.] *insignia regia* Cic. *Rep.* 2, 31, insignes royaux, emblèmes de la royauté, cf. Cic. *Sest.* 57 ; Caes. *C.* 3, 96 ‖ [milit.] marques distinctives, insignes : Caes. *G.* 2, 21, 5 ; 7, 45, 7 ¶ **3** [fig.] **a)** *insignia virtutis* Cic. *Fam.* 3, 13, 1, les distinctions de la valeur, cf. Cic. *Sull.* 88 **b)** décorations, parure [aux jours de fêtes] : Cic. *Or.* 134 ; fig. [en parl. des figures dans le style] : Cic. *Or.* 135 ; *de Or.* 2, 36 ; 3, 96.

insignĭārĭus, ii, m., gardien des insignes, armurier : Gloss. 5, 582, 51.

insignĭfĭcātīvus modus, m., l'infinitif : Diom. 348, 38.

insignĭō, īs, īre, īvi ou ĭi, ītum (1 *insignitus*), tr. ¶ **1** mettre une marque, signaler, distinguer : Virg. *En.* 7, 790 ; Plin. 9, 64 ‖ pass., se distinguer, se faire remarquer : Sen. *Ep.* 18, 4 ; Tac. *Agr.* 41 ¶ **2** désigner, signaler : Plin. *Ep.* 8, 22, 4 ‖ v. ▶ *insignitus*.

insignis, e (1 *in*, *signum*), qui porte une marque distinctive, remarquable, distingué, singulier [en bonne et mauvaise part] : *insignis vestis* Liv. 1, 20, 2, vêtement particulier, distinctif ; *virtus insignis* Cic. *Lae.* 102, vertu singulière ; *studium insigne erga aliquem* Cic. *Fin.* 2, 72, dévouement remarquable envers qqn ; *homo insignis notis turpitudinis* Cic. *Rab. Post.* 24, homme marqué des stigmates de la honte ; *insignis ad deformitatem puer* Cic. *Leg.* 3, 19, enfant dont la difformité attire les regards ; *insignis impudentia* Cic. *Verr.* 4, 66, insigne impudence ; *ornatus* Cic. *Or.* 78, parure voyante, qui attire l'œil ‖ -*ior* Liv. 10, 15, 5 ; -*issimus* Tert. *Apol.* 21, 1.

insignīta, ōrum, n. pl. (*insignio*), marques, meurtrissures : Plin. 27, 128.

insignītē, adv. (1 *insignitus*), d'une manière remarquable : Cic. *Quinct.* 73 ; *de Or.* 2, 349 ‖ -*tius exprobrare* Liv. 8, 13, 1, faire un reproche plus insigne, plus éclatant.

insignĭtĕr, adv. (*insignis*), d'une manière remarquable, singulière, insigne, extraordinaire : Cic. *Part.* 80 ; Plin. *Ep.* 9, 29, 1 ; Suet. *Tib.* 14 ‖ *insignius* Nep. *Ages.* 3, 2 ; -*issime* [tard.] Hier. *Chron.* 2060.

insignītīvus, a, um, qui désigne, qui marque : Boet. *Porph. com.* 1, 15, p. 42, 17.

insignītŏr, ōris, m., celui qui orne : *gemmarum* Aug. *Civ.* 21, 4, joaillier, lapidaire.

1 insignītus, *a, um* ¶1 part. de *insignio* ¶2 (*insignis*) **a)** significatif, qui se distingue nettement : Cic. *de Or.* 2, 358 ‖ clair : Cic. *Div.* 1, 64 **b)** remarquable : *no-men insignitius* Liv. 7, 6, 6, nom plus remarquable ; *insignitior infamia* Tac. *An.* 3, 70, plus insigne par son infamie.

2 insignītus, *a, um* (2 *insigne*), pourvu d'un étendard [rangé autour d'un étendard] : Enn. *An.* 332.

insignō, *ās, āre*, -, - (1 *in*, *signo* ; fr. enseigner), marquer, graver : Gloss. 2, 284, 17.

insĭlĭa, *ĭum*, n. pl. (*insilio*), ensouples [d'un métier de tisserand] : Lucr. 5, 1353.

insĭlĭō, *īs, īre, ŭī, sultum* (1 *in*, *salio*), intr. et tr. ¶1 sauter sur (dans), bondir sur (dans) : [avec *in* acc.] *in equum* Liv. 6, 7, 3, sauter à cheval ; *in phalangas* Caes. *G.* 1, 52, 5, se jeter à l'intérieur des phalanges ‖ [avec acc.] Hor. *P.* 466 ; Luc. 3, 626 ; Ov. *M.* 8, 142 ‖ [avec dat.] Ov. *Tr.* 1, 4, 8 ; Luc. 9, 152 ‖ apostropher, injurier : Ambr. *Job* 2, 2, 4 ¶2 [fig.] **a)** s'élancer, grimper : Plin. 17, 175 **b)** *maxumum in cruciatum insulire* Pl. *Mil.* 279, sauter, s'élancer dans les pires tourments.
▶ *insulire* Pl. *Mil.* 279 ‖ parf. *insilivi* Liv. 8, 9, 9 ; *insilii* Heges. 4, 30 ‖ imparf. *insilibat* Gell. 9, 11, 7.

insĭmĭlō, *ās, āre*, -, -, 🅥▸ *insimulo*.

insĭmŭl, adv. (1 *in*, *simul* ; fr. ensemble), à la fois, en même temps : Stat. *S.* 1, 6, 36.

insĭmŭlātĭo, *ōnis*, f. (*insimulo*), accusation : *criminis* Cic. *Verr.* 5, 23, articulation d'un chef d'accusation.

insĭmŭlātŏr, *ōris*, m. (*insimulo*), accusateur : Apul. *Apol.* 30.

insĭmŭlō, *ās, āre, āvī, ātum* (1 *in*, *simulo*), tr., accuser faussement, [ou simpl^t] accuser : *se peccati* Cic. *Tusc.* 3, 64, s'accuser d'une faute ; *aliquem aliquid fecisse* Cic. *Verr.* 4, 100, accuser qqn d'avoir fait qqch. ; *neque aliud quam patientia insimulari potest* Liv. 29, 20, 3, on ne peut incriminer qu'une trop grande tolérance.

insincērus, *a, um* (2 *in-*), gâté, vicié : Virg. *G.* 4, 285 ‖ [fig.] de mauvaise qualité : Gell. 5, 3, 7 ‖ impur d'intention, non sincère : Ambr. *Cain* 2, 6, 18.

insĭnŭātĭo, *ōnis*, f. (*insinuo*) ¶1 action de s'introduire dans un endroit sinueux [en parlant de la mer] : Avien. *Perieg.* 397 ¶2 exorde insinuant : Cic. *Inv.* 1, 20 ¶3 action d'introduire, de suggérer, de persuader : Tert. *Anim.* 46, 12 ¶4 transcription d'un acte sur les registres tenus par l'autorité judiciaire [à fin d'authentification ou de publicité] : Cod. Just. 5, 3, 20 pr.

insĭnŭātŏr, *ōris*, m., introducteur [fig.] : Tert. *Nat.* 2, 1, 9.

insĭnŭātrix, *īcis*, f., introductrice : Aug. *Ep.* 110, 1.

insĭnŭātus, *a, um*, part. de *insinuo*.

insĭnŭō, *ās, āre, āvī, ātum* (*in sinum*), tr. et intr.
I tr. ¶1 faire entrer dans l'intérieur de, introduire, insinuer : *aestum per saepta domorum* Lucr. 6, 860, faire pénétrer la chaleur à travers les murs des maisons ; *quacumque intervalla essent, insinuabant ordines suos* Liv. 44, 41, 8, partout où il y avait des intervalles, ils glissaient leurs files ; *se inter equitum turmas* Caes. *G.* 4, 33, 1, se glisser entre les escadrons de cavaliers ; *insinuari nascentibus* Lucr. 1, 113, se glisser dans le corps au moment de la naissance ‖ [avec 2 acc.] *pecudes alias se insinuare* Lucr. 1, 116, s'introduire dans d'autres animaux ¶2 [fig.] **a)** *aliquem animo alicujus* Plin. *Pan.* 62, insinuer qqn dans les bonnes grâces de qqn ; *insinuatus Neroni* Suet. *Oth.* 2, s'étant insinué dans la faveur de Néron **b)** [surtout réfl.] : *se insinuare* Cic. *Læ.* 99, s'insinuer ; *se insinuare in familiaritatem alicujus* Cic. *Verr.* 3, 157, s'insinuer dans l'intimité de qqn, cf. Cic. *Tusc.* 5, 34 ; *Agr.* 2, 12 ; *plebi* Liv. 3, 15, 2, s'insinuer dans la faveur du peuple ¶3 [tard.] communiquer, faire savoir : Cypr. *Ep.* 49, 2 ‖ expliquer, enseigner : Aug. *Serm.* 341, 3.
II intr., s'insinuer [pr. et fig.] : *in forum insinuare* Cic. *Phil.* 5, 8, pénétrer dans le forum ; *insinuat pavor* Virg. *En.* 2, 229, la peur s'insinue ; *in consuetudinem alicujus* Cic. *Fam.* 4, 13, 6, s'insinuer dans l'intimité de qqn, cf. Cic. *de Or.* 2, 149 ‖ procéder à l'*insinuatio* (🅥▸ *insinuatio* ¶4) : Cod. Just. 1, 23, 3.

insĭpĭdus, *a, um* (2 *in-*, *sapidus*), fade, insipide : Paul.-Nol. *Ep.* 39, 4.

insĭpĭens, *tis* (2 *in-*, *sapiens*), déraisonnable : Cic. *Læ.* 54 ; *Fin.* 2, 50 ‖ *-entior* Cic. *Div.* 2, 51 ; *-tissimus* Sen. *Nat.* 2, 59, 7 ‖ [phil.] *insipientes* [opp. à *sapientes*] Cic. *Tusc.* 3, 9, ceux qui ne sont pas en possession de la sagesse.

insĭpĭentĕr, adv. (*insipiens*), sottement : Cic. *CM* 68.

insĭpĭentĭa, *ae*, f. (*insipiens*), folie, sottise : Pl. *Amp.* 36 ; *Mil.* 877 ‖ absence de la sagesse : Cic. *Tusc.* 3, 10.

1 insĭpĭō, *ĭs, ĕre*, -, -, intr. (*insipiens*), n'être pas dans son bon sens : Symm. *Ep.* 1, 8.

2 insĭpĭō (-sŭpo), *ĭs, ĕre, ŭī*, - (1 *in*, cf. *supo*), tr., jeter sur, dans : Pompon. *Com.* 86 ‖ *insipio* Cat. *Agr.* 90 ‖ *insipito* Cat. *Agr.* 85 ; *insipitur* Varr. *L.* 5, 105.

insistentĕr, adv., avec insistance : Nepot. 21, 1.

insisto, *ĭs, ĕre, stĭti*, - (1 *in*), intr. et tr.
I intr. ¶1 se placer sur, se poser sur : *firmiter* Caes. *G.* 4, 26, 1, prendre pied solidement [sur le rivage] ; *jacentibus* Caes. *G.* 2, 27, 3, mettre le pied sur les hommes abattus ; *alternis pedibus* Quint. 11, 3, 128, se poser tantôt sur un pied, tantôt sur un autre ; *in jugo* Caes. *G.* 33, 3, se tenir sur le joug, cf. Cic. *de Or.* 3, 6 ; *Rep.* 6, 21 ; *in sinistrum pedem* Quint. 11, 3, 125, se tenir sur le pied gauche ‖ *insistebat in manu Cereris simulacrum* Cic. *Verr.* 4, 110, il y avait dans la main de Cérès une statue ; *villae margini insistunt* Plin. *Ep.* 8, 8, 7, des villas se fixent sur la rive ¶2 se mettre aux trousses de : *hostibus* Liv. 26, 24, 4, se mettre aux trousses de l'ennemi, cf. Liv. 27, 13, 4 ; Curt. 8, 11, 18 ¶3 [fig.] se donner à : *in bellum* Caes. *G.* 6, 5, 1, se donner à la guerre ; *ad spolia legenda* Liv. 22, 51, 5, s'occuper à ramasser les dépouilles ; *alicui rei* Liv. 37, 60, 2, s'occuper à qqch. ; *perdomandae Campaniae* Tac. *H.* 3, 77, s'attacher à soumettre la Campanie ‖ être toujours après qqn, assiéger qqn : Hor. *S.* 2, 5, 88 ¶4 s'arrêter [pr. et fig.] : Cic. *Nat.* 2, 103 ; *Phil.* 12, 8 ; *Fin.* 5, 75 ‖ [rhét., en parl. de l'arrêt de la période] Cic. *Or.* 170 ; 187 ; 221 ; *de Or.* 3, 190 ‖ s'arrêter à, sur qqch. (*alicui rei*) : Cic. *Verr.* 3, 172 ; Plin. 13, 100.
II tr. ¶1 marcher sur, fouler : *limen* Virg. *En.* 6, 563, fouler le seuil ‖ *vestigia* Lucr. 1, 406, suivre des traces ; *iter* Liv. 37, 7, 4, suivre une route ; [fig.] *rationem pugnae* Caes. *G.* 3, 14, 3, suivre une méthode de combat, cf. Pl. *Mil.* 593 ; Ter. *Eun.* 294 ¶2 s'appliquer à, poursuivre la réalisation de : *munus* Cic. *de Or.* 3, 176, poursuivre une tâche, cf. Pl. *Mil.* 929 ‖ [avec inf.] se mettre avec insistance à, s'attacher à : *flagitare senatus institit Cornutum ut...* Cic. *Fam.* 10, 16, 1, le sénat se mit à prier Cornutus de..., cf. Liv. 8, 35, 2 ; 24, 26, 11 ; *Appium institit sequi* Liv. 25, 19, 8, il décida de poursuivre Appius.

insĭtīcĭus, *a, um* (*insitus*) ¶1 inséré dans, intercalé : *somnus* Varr. *R.* 1, 2, 5, sieste ¶2 enté, hybride : Varr. *R.* 2, 8, 1 ‖ [fig.] étranger : Plin. *Ep.* 4, 3, 5.

insĭtĭo, *ōnis*, f. (2 *insero*) ¶1 greffe, action de greffer, d'enter : Cat. *Agr.* 41, 1 ; Cic. *CM* 54 ¶2 greffon : Pall. 5, 2 ; Col. *Arb.* 8, 3 ‖ époque de la greffe : Ov. *Rem.* 195.

insĭtīvus, *a, um* (1 *insitus*) ¶1 greffé, qui provient de greffe : Hor. *Epo.* 2, 19 ¶2 [fig.] qui vient d'autrui, de l'étranger : Cic. *Rep.* 2, 34 ‖ *heres* Sen. *Contr.* 2, 8, héritier adoptif ‖ *insitivus Gracchus* Cic. *Sest.* 101, un faux Gracchus ; *liberi insitivi* Phaed. 3, 3, 10, enfants illégitimes.

insĭtŏr, *ōris*, m. (2 *insero*), greffeur : Plin. 18, 329 ; Prop. 4 (5), 2, 17 ‖ divinité présidant à la greffe : Serv. *G.* 1, 21.

insĭtum, *i*, n. (1 *insitus*), greffon : Col. 5, 11, 8.

1 insĭtus, *a, um*, part. de 2 *insero*.

2 insĭtŭs, abl. *ū*, m., 🅒▸ *insitio* ; Plin. 15, 52.

insŏcĭābĭlis, *e* (2 *in-*), insociable, qu'on ne peut associer à, incompatible [avec dat.] : Liv. 27, 39, 8 ; Plin. 17, 137 ; Tac. *An.* 4, 12 ‖ *insociabile regnum* Tac. *An.* 13, 17, pouvoir qu'on ne peut se partager.

insŏcĭālis, *e*, insociable : Porph. Hor. *Ep.* 1, 18, 6.

insōlābĭlĭtĕr, adv. (2 in-, solor), sans consolation possible : HOR. Ep. 1, 14, 8.

insōlātĭo, ōnis, f. (insolo), exposition au soleil : PLIN. 21, 84.

insōlātus, a, um, part. de insolo.

insŏlens, entis (2 in-, solens) ¶ 1 inaccoutumé, insolite : *belli* CAES. C. 2, 36, 1, qui n'a pas l'habitude de la guerre ; *verbum* CIC. Or. 25, mot insolite ¶ 2 sans mesure, outré, excessif : *in aliena re* CIC. Amer. 33, sans mesure parce qu'il s'agit du bien d'autrui, cf. CIC. de Or. 2, 342 ; *alacritas* CIC. Tusc. 5, 42, allégresse excessive ǁ *ne in re nota multus et insolens sim* CIC. de Or. 2, 358, pour éviter sur un sujet connu d'être prolixe et importun ¶ 3 effronté, orgueilleux : CIC. CM 31 ; Dom. 92 ; *secundis rebus insolentiores* HIRT. G. 8, 13, 4, rendus plus présomptueux par le succès ; *insolentissimi homines* CAEL. Fam. 8, 12, 3, ces impertinents ¶ 4 [lieu] non fréquenté, peu habité : PALL. 12, 4, 2.

insŏlentĕr, adv. (insolens), contrairement à l'habitude, rarement : CIC. Inv. 1, 43 ; GELL. 1, 21, 5 ǁ immodérément : CIC. Phil. 9, 7 ; *-tius* CIC. Or. 176 ǁ insolemment : CAES. G. 1, 14, 4 ; C. 3, 46 ǁ *-issime* VAL.-MAX. 3, 2, 21.

insŏlentĭa, ae, f. (insolens) ¶ 1 inexpérience, manque d'habitude, *alicujus rei*, d'une chose : CIC. Amer. 88 ; Dej. 5 ; de Or. 1, 99 ; SALL. J. 94, 2 ¶ 2 nouveauté, étrangeté, affectation [dans le style] : CIC. Brut. 284 ; de Or. 3, 44 ; GELL. 13, 21, 22 ¶ 3 manque de modération [= prodigalité, faste, ou orgueil, arrogance] : CIC. Phil. 9, 13 ; Fam. 9, 1 ; Verr. 4, 89 ; de Or. 2, 209 ; SALL. J. 40, 5.

insŏlescō, ĭs, ĕre, -, - (insolens), intr. ¶ 1 devenir arrogant, insolent : CAT. d. GELL. 7, 3, 15 ; SALL. C. 6, 7 ; TAC. H. 2, 7 ¶ 2 prendre un aspect inaccoutumé : TERT. Nat. 2, 12, 7.

insŏlĭdus, a, um (2 in-, solidus), faible : OV. M. 15, 203.

insŏlĭtē, adv., contre la coutume : AUG. Doctr. 2, 23, 36.

insŏlĭtus, a, um (2 in-, solitus) ¶ 1 inaccoutumé à : [avec ad] CAES. C. 3, 85, 2 ǁ [avec gén.] SALL. J. 39, 1 ǁ [avec inf.] SEN. Tranq. 1, 11 ǁ [abs¹] qui n'a pas l'habitude : CIC. Verr. 1, 94 ¶ 2 dont on n'a pas l'habitude, inusité, insolite, étrange, inouï : *insolita adulescentibus gloria* CIC. Brut. 282, gloire inconnue d'ordinaire aux jeunes gens, cf. CIC. de Or. 2, 361 ǁ *verbum insolitum* CIC. Balb. 36, mot insolite ǁ n. pris subst¹, *insolitum* TAC. H. 4, 23, chose inusitée ǁ *insolitum est* [avec ut] PLIN. Pan. 60, 6 ; [avec prop. inf.] DIG. 48, 19, 27, il est sans exemple que.

insollers, ertis (2 in-), fait sans art : BOET. Syll. cat. 2, p. 806 C.

insollertĕr, adv., sans art : BOET. Porph. dial. 1, 1.

insollĭcĭtus, a, um, sans souci : GLOSS. 3, 452, 36.

insōlō, ās, āre, -, - (in sole), tr., exposer au soleil : COL. 12, 39, 2.

insŏlūbĭlis, e (2 in-) ¶ 1 indissoluble : MACR. Somn. 1, 6, 24 ǁ indestructible : PS. APUL. Asclep. 40 ¶ 2 [fig.] dont on ne peut s'acquitter, sans prix : SEN. Ben. 4, 12, 1 ǁ indubitable, incontestable : QUINT. 5, 9, 3.

insŏlūbĭlĭtās, ātis, f., état insoluble : SIDON. Ep. 4, 11, 2.

insŏlūbĭlĭtĕr, adv., indissolublement : MACR. Somn. 1, 6 ; AUG. Civ. 21, 10.

insŏlūtus, a, um, non dénoué, non séparé : GROM. 6, 29 ǁ non résolu : AUG. Civ. 15, 23 ǁ non racheté, non pardonné : AUG. Jul. 2, 4, 9.

insomnĭa, ae, f. (insomnis), insomnie, privation de sommeil : CAECIL. d. NON. 209, 15 ; SUET. Cal. 50 ǁ pl., SALL. C. 27, 2 ; CIC. CM 44.

insomnĭĕtās, ātis, f., insomnie : THEOD.-PRISC. 2, 4 ; CASS. FEL. 48.

insomnĭōsus, a, um, privé de sommeil : CAT. Agr. 157, 8.

insomnis, e (2 in-, somnus), qui ne dort pas, privé de sommeil : HOR. O. 3, 7, 8 ; TAC. An. 1, 65 ǁ [choses] VIRG. En. 9, 167 ; LUC. 4, 552.

insomnĭtās, ātis, f., insomnie : SCHOL. PERS. 3, 84.

insomnĭum, ĭi, n. (in somno ; it. *insogno*) ¶ 1 songe, rêve : TAC. An. 11, 4 ; ARN. 7, 244 ; MACR. Somn. 1, 3, 2 ǁ pl., VIRG. En. 4, 9 ; 6, 896 ; PLIN. 18, 118 ¶ 2 pl., insomnia, insomnie : PLIN. 20, 82 ; PROP. 2, 25, 47 ; VAL.-FLAC. 1, 329 ; 2, 140 ; 7, 6 ǁ *TER. Eun. 219.

insŏnābĭlĭtĕr, adv. (2 in-, sonabilis), sans produire un son : AUG. Ep. 147, 37.

insŏnans, antis (insono), qui ne produit pas de son : ISID. 1, 4, 4.

insŏnō, ās, āre, ŭī, - (1 in, sono) ¶ 1 intr., résonner, retentir : VIRG. En. 2, 53 ; 12, 366 ; *insonuit flagello* VIRG. En. 5, 579, il a fait claquer son fouet ǁ tousser [pour dégager la gorge] : QUINT. 11, 3, 121 ǁ être prononcé [nom, parole] : AUG. Ep. 126, 4 ¶ 2 tr., faire résonner : *verbera* VIRG. En. 7, 451, faire claquer son fouet.

insons, tis (2 in-, sons) ¶ 1 innocent, non coupable : VIRG. En. 2, 93 ; 5, 350 ǁ subst. m. : SALL. C. 16, 3 ǁ [avec gén.] : *culpae cladis* LIV. 22, 49, 7, innocent de la responsabilité du désastre, cf. PL. Amp. 869 ǁ *regni crimine* LIV. 4, 15, 1, innocent du grief d'aspirer au trône ¶ 2 qui ne fait pas de mal, inoffensif : HOR. O. 2, 19, 29 ; OV. Tr. 3, 10, 66 ; STAT. Th. 12, 682.

insŏnus, a, um, qui ne fait pas de bruit : AMM. 27, 12 ǁ *insonae litterae* APUL. Mund. 20, les lettres muettes.

insōpībĭlis, e (2 in-, sopio), qui ne peut s'assoupir, s'éteindre : CAPEL. 1, 7 ; 9, 910.

insōpītus, a, um, non endormi : OV. M. 7, 36 ; LUC. 9, 357 ǁ inextinguible : CLAUD. Pros. 3, 401.

insordescō, ĭs, ĕre, sordŭī, - (1 in), intr., devenir sale : SIDON. Ep. 5, 13, 1 ǁ devenir sombre, horrible : RUTIL. 1, 617 ; SIDON. Ep. 2, 2, 16.

1 insors, tis, f. (2 in-, sors), infortune : GLOSS. 5, 29, 23.

2 insors, tis, adj. (2 in-, sors, cf. exsors), qui ne participe pas de, privé de [gén.] : FIL. 152, 4.

inspargō, ĭs, ĕre, sparsī, sparsum, PLIN. 18, 115 ; 26, 140 (1 in), ⟶ inspergo.

inspătĭor, ārĭs, ārī, - (1 in), intr., marcher dans : *PRUD. Apoth. 130.

inspĕcĭātus, a, um (2 in-), informe, sans forme : TERT. Val. 10, 5.

inspĕcĭōsus, a, um, laid : PETR. 74, 8.

inspectābĭlis, e (inspecto), remarquable, digne d'être vu : GELL. 4, 18, 3.

inspectātĭo, ōnis, f., action de regarder, examiner : TERT. Marc. 4, 35, 4 ; CHALC. Tim. 158.

inspectātŏr, ōris, m., ⟶ inspector : CHALC. Tim. 188.

inspectĭo, ōnis, f. (inspicio), action de regarder : COL. 1, 4, 1 ǁ examen, inspection : QUINT. 5, 5, 2 ; PLIN. Ep. 10, 57, 1 ǁ réflexion, spéculation : QUINT. 2, 18, 3 ; DIG. 41, 1, 63, 3.

inspectĭōnālis, e, relatif à l'observation : PS. SOR. Quaest. 7 ; 28.

inspectīvus, a, um, spéculatif [logique] : ISID. 2, 24, 10 ; GROM. 394, 5.

inspectō, ās, āre, āvī, ātum (inspicio), tr., examiner : *aliquid* PL. Poen. 682 ǁ *inspectante praetore* CIC. Pomp. 33, sous les yeux du préteur, cf. CIC. Fam. 1, 9, 19 ; CAES. G. 7, 25 ; C. 2, 20.

inspectŏr, ōris, m. (inspicio), observateur : SEN. Ben. 1, 9, 3 ǁ inspecteur, examinateur : COD. JUST. 11, 57 ; [fig.] *cordis* AUG. Serm. 50, 3, scrutateur des cœurs.

inspectrix, īcis, f. (inspector), celle qui examine : AMBR. Ep. 5, 10.

1 inspectus, a, um, part. de inspicio.

2 inspectŭs, ūs, m., examen, inspection : SEN. Contr. 2, 1, 21 ; AMM. 22, 1, 2 ǁ observation : SEN. Ep. 92, 6.

inspērābĭlis, e (2 in-), qu'on ne peut espérer : AMM. 15, 5, 17.

***inspērans** [nom. inus.], tis (2 in-, spero), qui n'espère pas, qui ne s'attend pas à : *insperanti mihi cecidit, ut* CIC. de Or. 1, 96, contre mon attente il est arrivé que, cf. CIC. Marc. 21.

inspērātē, VULG. Sap. 11, 8 ; CASSIOD. Var. 7, 6, ⟶ insperato.

inspērātō, adv. (insperatus), d'une manière inattendue : LUCIL. 1093 ; APUL. M. 9, 38 ǁ *-ratius* VAL.-MAX. 3, 8, 2.

inspērātus, a, um (2 in-, spero), inattendu : CIC. Phil. 10, 24 ; Tusc. 3, 28 ; *ex insperato* LIV. 1, 25, 9, contre toute attente

∥ inespéré : CIC. Cat. 2, 20 ∥ -issimus PL. Poen. 1127.

inspergō, ĭs, ĕre, spersī, spersum (1 in, spargo), tr. ¶ 1 répandre sur : CIC. Div. 2, 37 ∥ [avec dat.] *aliquid alicui rei* : PLIN. 26, 73 ; COL. 11, 2, 18 ¶ 2 saupoudrer de : *aliquid aliqua re* CAT. Agr. 65.

inspersĭo, ōnis, f. (inspergo), action de répandre : PALL. 4, 9, 13.

1 **inspersus**, a, um, part. de inspergo.

2 **inspersŭs**, abl. ū, m., APUL. M. 7, 22, ☞ inspersio.

inspex, ĭcis, m. (inspicio), observateur : CIL 2, 5078.

inspĭcĭō, ĭs, ĕre, spexī, spectum (1 in, specio), tr. ¶ 1 [abs¹] regarder dans, plonger ses regards dans [avec in acc.] : PL. Bac. 723 ; TER. Ad. 415 ∥ [avec acc.] regarder, porter ses regards sur : OV. F. 4, 389 ; JUV. 1, 97 ¶ 2 regarder attentivement, de près : *leges* CIC. Balb. 32, compulser les recueils de lois, cf. LIV. 25, 12, 11 ; *candelabrum* CIC. Verr. 4, 64, regarder de près un candélabre, cf. CIC. Verr. 2, 186 ; Flac. 36 ¶ 3 examiner, inspecter : *fundum* CIC. de Or. 1, 249, inspecter une terre, cf. CIC. Fam. 9, 7, 2 ; Caecin. 61 ; LIV. 44, 1, 6 ¶ 4 [fig.] considérer attentivement, passer en revue : *aliquem a puero* CIC. Phil. 2, 44, examiner la vie de qqn depuis son enfance ; *inspicere quid discat* CIC. Q. 12, 2, examiner ce qu'il apprend.

inspĭcĭum, ĭi, n. (inspicio), inspection : PS. TERT. Marc. 1, 13.

inspīcō, ās, āre, -, - (1 in, spica), tr., rendre pointu [en forme d'épi] : VIRG. G. 1, 292.

inspīrācŭlum, i, n. (inspiro), inspiration : GREG.-M. Mor. 9, 50, 887 A.

inspīrāmĕn, ĭnis, **inspīrāmentum**, i, n. (inspiro), insufflation : CASSIOD. Anim. 7 ; CAEL.-AUR. Chron. 2, 13, 150.

inspīrantĭa, ae, f., inspiration [mystique] : PAUL.-NOL. Ep. 33, 2.

inspīrātĭo, ōnis, f. (inspiro), souffle, haleine : CHALC. 26 ∥ inspiration : SOLIN. 7, 23 ; TERT. Pat. 1, 2.

inspīrātor, ōris, m. (inspiro), celui qui inspire [avec gén.] : CAEL.-AUR. Chron. 1, 5, 144.

inspīrātrix, īcis, f., celle qui inspire [avec gén.] : JULIAN.-AECL. d. AUG. Jul. op. imp. 1, 98.

inspīrātus, a, um, part. de inspiro.

inspīrĭtālis, e, matérialiste : PAUL.-NOL. Ep. 22, 1.

īnspīrō, ās, āre, āvī, ātum (1 in) ¶ 1 intr., souffler dans [avec dat.] : QUINT. 10, 3, 24 ∥ [gram.] donner une aspiration à [avec dat.] (*litterae*, à une lettre) : GELL. 2, 3, 2 ¶ 2 tr. **a)** souffler dans : *foramen* PLIN. 10, 84, souffler dans un trou **b)** introduire en soufflant : PLIN. 34, 127 **c)** communiquer, insuffler, faire passer dans : *occultum ignem alicui* VIRG. En. 1, 688, souffler

en qqn une flamme secrète, cf. VIRG. En. 6, 12 ∥ inspirer [le courage, la pitié, etc.] : CURT. 4, 13, 12 ; QUINT. 12, 10, 62 **d)** donner le ton avec un instrument à vent : GELL. 1, 11, 13 **e)** émouvoir, exalter : QUINT. 2, 5, 8 **f)** inspirer [en parlant de l'inspiration divine] : HIL. Trin. 2, 32.

inspissātus, a, um (1 in), épaissi : CHIR. 99.

inspissō, ās, āre, -, -, tr., épaissir : M.-EMP. 36, 38.

inspŏlĭātus, a, um (2 in-, spolio), [pers.] non dépouillé : QUINT. 7, 1, 33 ∥ [chose] non enlevé : VIRG. En. 11, 594.

inspūmō, ās, āre, -, - (in spuma), intr., écumer [fig.] : TERT. Apol. 12, 6.

inspŭō, ĭs, ĕre, ī, ūtum ¶ 1 intr., cracher sur, contre [avec in acc.] : SEN. Ir. 3, 38 ; Helv. 13, 7 ¶ 2 tr. **a)** lancer avec la bouche : *sal oculis jumentorum* PLIN. 31, 105, cracher du sel sur les yeux des bêtes de somme **b)** couvrir de crachats : SERV. En. 2, 247.

inspurcō, ās, āre, āvī, -, tr., souiller : SEN. Ep. 87, 16.

inspūtō, ās, āre, -, - (fréq. de inspuo), tr., couvrir de crachats : PL. Cap. 553.

instăbĭlĭō, īs, īre, -, -, tr., fortifier : PS. HYG. Mun. castr. 54.

instăbĭlis, e (2 in-) ¶ 1 qui ne se tient pas ferme, chancelant, qui n'a pas une assiette solide, instable, mouvant : OV. M. 1, 16 ; CURT. 8, 11, 13 ; LIV. 9, 35, 6 ; 24, 34, 15 ; 27, 18, 14 ¶ 2 [fig.] instable, variable, inconstant, changeant : CAES. G. 4, 23 ; TAC. An. 13, 19 ; H. 4, 47.

instăbĭlĭtās, ātis, f. (instabilis), mobilité : PLIN. 24, 162 ; ARN. 7, 44.

instăbĭlĭter, adv., d'une manière changeante : AUG. Conf. 13, 20.

instagnō, ās, āre, -, - (1 in), intr., ☞ stagno : NOT. TIR. 183.

instans, tis ¶ 1 part. prés. de insto ¶ 2 [adj¹] **a)** présent : CIC. Tusc. 4, 11 ; de Or. 2, 105 ∥ [gram.] *tempus instans* QUINT. 5, 10, 42, le présent **b)** pressant, menaçant : NEP. Paus. 3, 5 ; -tior TAC. H. 4, 83 ; QUINT. 11, 3, 164 ; -issimus AUG. Ep. 130, 15.

instanter, adv. (instans), d'une manière pressante, avec insistance : QUINT. 9, 3, 30 ; PLIN. Ep. 5, 19, 6 ∥ -tius TAC. An. 6, 35 ; -tissime GELL. 4, 18, 7.

instantĭa, ae, f. (instans) ¶ 1 [fig.] imminence, proximité, présence : NIGID. d. GELL. 9, 12, 6 ; CIC. Fat. 27 ¶ 2 application assidue (constante) : PLIN. Ep. 3, 5, 18 ; SOLIN. 2, 46 ∥ allure pressante [du style], véhémence : PLIN. Ep. 5, 8, 10 ∥ demande pressante, instances : APUL. M. 2, 20, 8 ; DIG. 32, 1, 32.

Instantĭus, ĭi, m., Instantius Rufus, ami de Martial : MART. 8, 51, 21.

instăr, n. indécl. (peu net, cf. *insto* ?) ¶ 1 valeur, quantité, grandeur [fig.] : *(navis) urbis instar habere videbatur* CIC.

Verr. 5, 89, (ce navire) semblait avoir la valeur (le rôle) d'une ville, cf. CIC. Off. 3, 11 ; *quasi puncti instar obtinere* CIC. Tusc. 1, 40, occuper pour ainsi dire l'espace d'un point ; *Plato mihi unus instar est centum milium* CIC. Brut. 191, Platon à lui seul vaut pour moi cent mille auditeurs, cf. CIC. Or. 44 ; Att. 10, 4, 1 ; Fam. 15, 4, 9 ∥ *parvum instar eorum, quae... concepisset, receptas Hispanias ducebat* LIV. 28, 17, 2, il considérait la reprise de l'Espagne comme un faible échantillon des projets qu'il avait conçus ; *quantum instar in ipso !* VIRG. En. 6, 865, quelle grandeur en lui ! ¶ 2 [acc. pris advᵗ] de la valeur de, aussi grand (aussi gros) que, à la ressemblance de, à l'instar de, équivalent de : *navem, triremis instar, tibi datam dico* CIC. Verr. 5, 44, je dis qu'on t'a donné un navire aussi gros qu'une trirème, cf. CAES. G. 2, 17, 4 ; C. 3, 66, 1 ; LIV. 26, 28, 11 ; *mearum epistularum... ; sed habet Tiro instar septuaginta* CIC. Att. 16, 5, 5, de mes lettres [il n'y a pas de recueil], mais Tiron en a l'équivalent [aux environs de soixante-dix ∥ [gén.] *ad instar* APUL. M. 2, 9, à la façon de.

instātūrus, a, um, part. f. de insto.

instaurātīcĭus dies, m., jour de la reprise des jeux du cirque, MACR. Sat. 1, 11, 5.

instaurātĭo, ōnis, f. (instauro) ¶ 1 reconstruction, réparation : PANEG. Constant. (4), 21, 2 ¶ 2 [fig.] renouvellement, reprise : CIC. Har. 23 ; LIV. 2, 36, 1 ; 5, 52, 9 ; GELL. 15, 18, 2.

īnstaurātīvī lŭdī, m., jeux qui recommencent : CIC. Div. 1, 55.

instaurātor, ōris, m., restaurateur [archit.] : AMM. 27, 3, 7.

instaurātus, a, um, part. de instauro.

instaurō, ās, āre, āvī, ātum (cf. *insto*, σταυρός ?), tr. ¶ 1 renouveler, célébrer de nouveau : CIC. Q. 2, 6, 4 ; Div. 1, 55 ; Att. 1, 13, 3 ∥ [en gén.] recommencer, reprendre, renouveler : *caedem* CIC. Dom. 6, recommencer le carnage, cf. CIC. Verr. prim. 14 ; LIV. 37, 19, 5 ; *vinum* PLIN. 14, 126, rajeunir un vin ∥ [fig.] *instaurati animi succurrere...* VIRG. En. 2, 451, l'ardeur [me] revient toute fraîche de porter secours ¶ 2 établir solidement, établir, dresser, faire : *sibi monumenta* PLIN. 31, 6, s'élever des monuments, cf. PLIN. 11, 77 ; 34, 46 ; *sacrum* TAC. H. 2, 70, offrir un sacrifice ¶ 3 [chrét.] récapituler, résumer : VULG. Rom. 13, 9.

insternō, ĭs, ĕre, strāvī, strātum (1 in), tr. ¶ 1 étendre sur [avec dat.] : HOR. P. 279 ∥ [poét.] *sese ignibus* STAT. Th. 12, 800, se jeter sur le brasier ¶ 2 couvrir, recouvrir ; *aliquid aliqua re*, qqch. de qqch. : VIRG. En. 7, 277 ; PLIN. 19, 84 ; *instrati equi* LIV. 21, 27, 9, chevaux sellés ¶ 3 [poét.] faire en étendant : *instrata cubilia fronde* LUCR. 5, 987, couches de feuillage

instigatio

instīgātĭo, ōnis, f. (*instigo*), action d'émouvoir, d'exciter : Her. 2, 47 ‖ instigation : Gai. Dig. 5, 2, 4.

instīgātŏr, ōris, m. (*instigo*), celui qui excite, instigateur : Tac. H. 1, 38 ; Aus. Epist. 17 (407), 29 ‖ *accusationis* Papin. Dig. 3, 2, 20, auteur d'une accusation.

instīgātōrĭus, a, um, propre à exciter : Cassian. Coll. 16, 20.

instīgātrix, īcis, f., instigatrice : Tac. H. 1, 51.

1 instīgātus, a, um, part. de *instigo*.

2 instīgātŭs, abl. ū, m., instigation : Ulp. Dig. 9, 1, 1.

instīgō, ās, āre, āvī, ātum (1 *in*, cf. *instinctus, stimulus*, στίγω), tr., exciter, stimuler : Ter. And. 692 ; *instigante te* Cic. Pis. 26, à ton instigation, cf. Virg. En. 5, 228 ; 11 ; 730 ; Liv. 33, 47, 4 ‖ [avec inf.] pousser à : Lucr. 4, 1082, ou [avec *ut*] Ter. Phorm. 547.

instillātĭo, ōnis, f., instillation : Plin. 29, 133 ; Pall. 12, 10.

instillō, ās, āre, āvī, ātum, tr. ¶ 1 instiller, verser goutte à goutte dans [avec dat.] : Cic. CM 36 ; Hor. S. 2, 2, 62 ; [avec *in* acc.] Cat. Agr. 157, 16 ‖ [fig.] introduire dans, insinuer, inculquer : *Cic. Att. 9, 7, 1 ; Hor. Ep. 1, 8, 16 ¶ 2 dégoutter sur, mouiller : Cic. poet. Tusc. 2, 25.

instĭmŭlātŏr, ōris, m. (*instimulo*), instigateur : Cic. Dom. 11.

instĭmŭlō, ās, āre, -, -, tr., exciter, stimuler : Ov. F. 6, 508 ; Stat. Th. 1, 715.

instinctĭo, ōnis, f. (*instingo*), ➧ 2 *instinctus* : Rufin. Orig. princ. 3, 2, 2.

instinctŏr, ōris, m. (*instingo*), instigateur : Tac. H. 1, 22 ; Amm. 21, 12, 20.

1 instinctus, a, um, part. de *instingo*.

2 instinctŭs, ūs, m., instigation, excitation, impulsion : Cic. Tusc. 1, 64 ; Tac. H. 1, 70 ; *instinctu divino* Cic. Div. 1, 34, par une inspiration divine.

instingō (-guō), ĭs, ĕre, stinxī, stinctum (1 *in*, cf. *instigo*), tr., pousser, exciter : Tert. Anim. 26, 4 ; Vell. 1, 12, 1 ; [part.] *instinctus* Cic. Ver. 5, 188 ; Liv. 9, 40, 7.

instīpō, ās, āre, -, - (1 *in*), tr., presser, entasser : M.-Emp. 10, 64 ‖ serrer : Cat. Agr. 113, 2.

instĭpŭlŏr, āris, ārī, - (1 *in*), ➧ *stipulor* : Pl. Ru. 1381.

instĭta, ae, f. (*insto*) ¶ 1 garniture (volant) d'une robe : Hor. S. 1, 2, 29 ‖ [fig.] matrone [qui porte une *instita*] : Ov. Am. 2, 600 ¶ 2 bande : Scrib. 133 ‖ bandelette : Stat. Th. 7, 654 ‖ sangle [de lit] : Petr. 97, 4.

instĭtī, parf. de *insisto* et de *insto*.

instĭtĭo, ōnis, f. (*insisto*), arrêt, repos : Cic. Tusc. 1, 62.

instĭtĭum, ĭi, n. (*insisto*), arrêt [du soleil], solstice : CIL 1, 1, p. 280.

instĭtŏr, ōris, m. (*insto*), installé pour vendre, marchand préposé [par le maître d'une affaire] à la gestion d'une filiale, représentant, fondé de pouvoir : Dig. 14, 3, 3 ; *tabernae praepositus*, préposé à la tenue d'une boutique ‖ colporteur : [seul] Hor. Epo. 17, 20 ; [avec *mercis*] Liv. 22, 25, 19 ‖ [fig.] *eloquentiae* Quint. 11, 1, 50, qui colporte l'éloquence, qui en trafique, cf. Quint. 8, 3, 12.

instĭtōrĭa, ae, f., marchande, femme colporteur : Dig. 14, 3, 5.

instĭtōrĭus, a, um (*institor*), de colporteur, de marchand : Suet. Ner. 27 ‖ *actio institoria* Gai. Inst. 4, 71, action contre le maître de l'affaire pour les opérations faites par son préposé.

instĭtŭō, ĭs, ĕre, stĭtŭī, stĭtūtum (1 *in*, *statuo*), tr. ¶ 1 placer dans : *argumenta in pectus* Pl. Most. 86, grouper des raisonnements dans son esprit (faire des raisonnements à part soi) ; *aliquem in animo* Ter. Ad. 38, installer qqn dans son cœur, dans son affection ¶ 2 mettre sur pied, disposer, ménager, établir : *remiges ex Provincia* Caes. G. 3, 9, 1, lever des rameurs dans la Province ; *duplicem aciem* Caes. G. 3, 24, 1, disposer l'armée sur deux lignes ; *aliquem heredem* Cic. Fam. 13, 61, instituer qqn héritier, cf. Cic. Brut. 195 ; de Or. 1, 228 ; *sibi amicos* Cic. Verr. 4, 21, se créer des amis ‖ disposer, construire : [un pont] Caes. G. 4, 18, 4 ; [des navires] Caes. G. G. 5, 11, 4 ; [des tours, des retranchements] Caes. G. G. 5, 52, 2 ‖ créer : Aug. Civ. 12, 17 ¶ 3 [fig.] ménager, préparer, commencer : *historiam* Cic. Leg. 1, 9, entreprendre d'écrire l'histoire ; *certamen* Cic. Tusc. 3, 51, engager une bataille (discussion) ; *perge ut instituisti* Cic. de Or. 2, 124, continue comme tu as commencé ‖ [avec inf.] se mettre en devoir de, entreprendre de : Cic. Fam. 7, 19 ; Att. 5, 21, 9 ¶ 4 établir, instituer, fonder : *portorium* Cic. Font. 19, établir un péage ; *regnum* Cic. Sest. 21, instituer une tyrannie ; *diem festum* Liv. 2, 21, 2, établir une fête ; *ut instituerat* Caes. G. 6, 3, 4, comme il en avait établi l'usage ; *quos habere secum instituerat* Caes. G. 7, 13, 1, qu'il avait institués ses gardes (son escorte) ; *instituit ut... adurerent* Cic. Tusc. 5, 58, il établit qu'elles brûleraient..., cf. Cic. Fin. 2, 2 ; *instituit subsortitio fieret* Suet. Caes. 41, il établit que le tirage au sort aurait lieu... ¶ 5 organiser qqch. qui existe, ordonner, régler : *civitates* Cic. de Or. 1, 86, organiser les cités, les États ; *philosophorum praeceptis instituta vita* Cic. Fin. 4, 17, vie réglée sur les préceptes des philosophes ‖ former (dresser) qqn : *adulescentes* Cic. Cael. 39, former les jeunes gens ; *oratorem* Quint. 1, 1, 21, former un orateur ; *aliquem ad dicendum* Cic. de Or. 2, 162, dresser, façonner qqn à l'art de parler ‖ [avec inf.] enseigner à : Col. 1, 1, 12 ; Virg. B. 3, 32 ; *amphora fumum bibere instituta* Hor. O. 3, 8, 11, amphore instruite à boire la fumée [soumise à l'action de...].

instĭtūtĭo, ōnis, f. (*instituo*) ¶ 1 disposition, arrangement : Cic. Nat. 2, 35 ‖ *institutionem suam conservare* Cic. Att. 1, 17, 10, conserver son plan de conduite ¶ 2 formation, instruction, éducation : Cic. de Or. 3, 95 ; 2, 1 ; Off. 1, 7 ‖ ouvrages de droit élémentaire destinés à l'enseignement : *Institutiones sive Elementa* [de Justinien, 533 apr. J.-C.] *tit.*, Institutions [Institutes] ou Éléments ¶ 3 principe, méthode, système, doctrine : Cic. Nat. 1, 8 ; Sen. Ben. 2, 20, 2 ¶ 4 [chrét.] création : Cypr. Ep. 2, 2.

instĭtūtŏr, ōris, m. (*instituo*), qui dispose, qui administre : Sen. Ben. 6, 17, 1 ‖ précepteur, maître : Lampr. Comm. 1, 7 ; Lact. Inst. 1, 22, 7 ‖ [chrét.] créateur : Lact. Inst. 2, 8, 17.

instĭtūtōrĭus, a, um, qui a pour but d'enseigner, d'instruire : Pomp.-Gr. 5, 165, 17.

instĭtūtum, i, n. (*instituo*) ¶ 1 plan établi, manière d'agir réglée, habitude : Cic. Ac. 2, 13 ; Att. 4, 17, 1 ; Caecil. 5 ; de Or. 2, 113 ; *instituto Caesaris* Caes. G. 7, 24, 5, conformément à la manière de faire habituelle de César ; *instituto suo copias eduxit* Caes. G. 1, 50, 1, suivant son habitude établie, il fit sortir les troupes ‖ *ex instituto* Liv. 6, 10, 6, d'après l'usage établi, cf. Liv. 45, 13, 8 ‖ dessein, plan d'un ouvrage, objet : Cic. Top. 28 ¶ 2 [politique, religion] disposition, organisation, [gén^t au pl.] *instituta*, institutions : Cic. Sest. 17 ; Tusc. 4, 1 ; Liv. 3, 31, 8 ‖ [phil.] idées établies comme fondement, idées préalablement posées ‖ enseignements, principes : Cic. Off. 1, 1 ; Brut. 31 ; 119 ; Lae. 13.

instĭtūtus, a, um, part. de *instituo*.

instō, ās, āre, stĭtī, stātūrus (1 *in*, *sto*), intr. et tr.

I intr. ¶ 1 se tenir sur ou au-dessus de : *saxo in globoso* Pacuv. Tr. 367, être debout sur un globe de pierre ; *jugis* Virg. En. 11, 529, se tenir sur les hauteurs ‖ *vestigiis* Liv. 27, 19, 9, marcher sur les traces de qqn ¶ 2 serrer de près, presser vivement : *hosti* Liv. 2, 65, 2, serrer de près l'ennemi ; [abs^t] Cic. Div. 2, 149 ‖ [fig.] *alicui, ut* Quint. 34, presser vivement qqn de ¶ 3 s'appliquer sans relâche à qqch. : *operi* Virg. En. 1, 504, presser un travail ‖ [avec inf.] mettre de l'insistance à : *instat poscere* Cic. Verr. 3, 136, il réclame avec insistance ¶ 4 être tout près : *cum legionibus instare Varum* Caes. C. 2, 43, 2, [ils disaient] que Varus avec ses légions était tout près ‖ être imminent : *tibi multa bona instant a me* Pl. Pers. 492, de moi vont t'arriver une foule de bonnes choses ; *bellum instat* Cic. Att. 14, 9, 3, la guerre est imminente ; *illi iter instat* Cic. Att. 13, 23, 1, il est à la veille d'un voyage ‖ menacer : *tibi ab iis instat periculum* Brut. Fam. 11, 20, 1, tu es menacé d'un danger de leur part

II tr. ¶**1** être sur : *rectam viam* Pl. *As.* 54, être dans la bonne voie ¶**2** serrer de près, poursuivre : *hostes* Nep. *Epam.* 9, 1, poursuivre les ennemis ¶**3** presser l'accomplissement d'une chose : *currum* Virg. *En.* 8, 434, se hâter de fabriquer un char ¶**4** être suspendu sur, menacer : *tantum eum instat exiti* Pl. *Poen.* 918, voilà le malheur qui le menace ¶**5** dire avec insistance, insister : *unum instare de indutiis* Caes. *C.* 3, 17, 5, il insistait sur une seule chose, la question de la trêve ; *instat illud factum (esse)* Ter. *And.* 147, il soutient que la chose a été faite ‖ [abs¹] *alicui instanti negare aliquid* Cic. *de Or.* 1, 99, refuser qqch. aux instances de quelqu'un.

➤ *instaturus* Liv. 10, 36, 3 ‖ pour les formes du parf. confusion avec *insisto*.

instrāgŭlum, *i*, n., Cat. *Agr.* 10, 5, **instrātum**, *i*, n., Cat. *Agr.* 10, 3, bât, ℭ. *stragulum*.

1 instrātus, *a*, *um* (2 in-), non couvert, sans litière : Virg. *G.* 3, 230.

2 instrātus, *a*, *um*, part. de *insterno*.

3 instrātŭs, abl. *ū*, m. (*insterno*), selle : Plin. 8, 154.

instrāvī, parf. de *insterno*.

instrēnŭē, adv., lâchement : Just. 17, 2, 1.

instrēnŭus, *a*, *um* (2 in-), nonchalant, mou : Pl. *Most.* 106 ; Ter. *Haut.* 120 ‖ qui est sans courage : Suet. *Vesp.* 4.

instrĕpĭtō, *ās*, *āre*, -, - (fréq. de *instrepo*), intr., bourdonner sur [avec dat.] : Fort. *Carm.* 3, 9, 26.

instrĕpō, *ĭs*, *ĕre*, *ŭī*, *ĭtum* ¶**1** intr., faire du bruit, crier, grincer [essieu] : Virg. *G.* 3, 172 ‖ *dentibus* Claud. *Mall. Theod.* (17), 223, grincer des dents ¶**2** tr., faire retentir [des plaintes] : Apul. *M.* 2, 27.

instrictūra, *ae*, f. (*instringo*), action de tremper le fer : Isid. 19, 10, 1.

instrictus, *a*, *um*, part. de *instringo*.

instrīdens, *tis* (1 *in*), qui siffle sur : Sil. 14, 436.

instringō, *ĭs*, *ĕre*, *strinxī*, *strictum* (1 *in*), tr. ¶**1** lier : Ps. Quint. *Decl.* 5, 16 ‖ [abs¹] faire adhérer, lier [maçonnerie] : Isid. 19, 10, 1 ‖ [fig.] assujettir : *Ov. M.* 11, 167 ¶**2** stimuler, inciter : Gell. 17, 20, 7 ; Apul. *M.* 8, 22.

instructē [inus.], adv. (*instructus*), avec faste : compar., *-tius* Liv. 1, 35, 7.

instructĭō, *ōnis*, f. (*instruo*) ¶**1** action d'adapter : Vitr. 5, 9, 7 ¶**2** action de ranger, disposition : Cic. *Caecin.* 43 ; Her. 3, 18 ¶**3** construction, bâtisse : Plin. *Ep.* 10, 35 ¶**4** [fig.] instruction : *Arn. 5, 15 ‖ [chrét.] catéchèse : Aug. *Conf.* 8, 2, 4.

instructŏr, *ōris*, m. (*instruo*), ordonnateur : *convivii* Cic. *Sen.* 15, d'un repas.

instructūra, *ae*, f. (*instruo*) ¶**1** ordre de bataille : Frontin. *Strat.* 2, 3, 17 ‖ [fig.] arrangement [des mots] : *Front. *Caes.* 1, 9, 3, p. 22 N ¶**2** mur, barrière, balustrade, entourage : Grom. 347, 8 ; 255, 25.

1 instructus, *a*, *um* ¶**1** part. de *instruo* ¶**2** [adj¹] **a)** pourvu, muni, outillé : *instructior ab aliqua re* Cic. *Brut.* 161 ; *aliqua re* Cic. *Fin.* 1, 36, mieux pourvu sous le rapport de, mieux pourvu de qqch. ; *in aliqua re* Cic. *de Or.* 1, 249, versé dans qqch. (outillé en matière de) ; *-issimus* Cic. *de Or.* 3, 31 ; *vitiis instructior* Hor. *Ep.* 1, 18, 25, plus garni de vices **b)** [choses] muni, pourvu, fourni : *domicilia instructa rebus omnibus* Cic. *Nat.* 2, 95, domiciles fournis de tout, cf. Cic. *Verr.* 2, 84 ; *Pomp.* 8.

2 instructŭs, abl. *ū*, m., [fig.] bagage, équipement, attirail : Cic. *de Or.* 3, 23.

instrūmentum, *i*, n. (*instruo*) ¶**1** mobilier, ameublement, matériel, outillage : *in instrumento atque in supellectile Verris* Cic. *Verr.* 4, 97, dans le mobilier et dans le ménage de Verrès, cf. *Dom.* 62 ; *belli instrumentum et apparatus* Cic. *Ac.* 2, 3, équipement et matériel de guerre, cf. Liv. 30, 10, 3 ; 42, 53, 4 ; *venatorium instrumentum* Plin. *Ep.* 3, 19, 3, équipage de chasse ‖ *instrumentum publicum* Suet. *Cal.* 8, documents officiels ; *litis* Quint. 12, 8, 12, pièces d'un procès ; *imperii* Suet. *Vesp.* 8, archives de l'Empire ¶**2** [fig.] outillage, ressources, bagage : *oratoris* Cic. *de Or.* 1, 165, bagage de l'orateur ; *instrumenta naturae* Cic. *Brut.* 268, les dons naturels (l'outillage naturel) ; *ad intellegentiam alicujus rei a natura minus habere instrumenti* Cic. *de Or.* 3, 195, être moins bien doué par la nature pour apprécier qqch. ‖ *instrumenta virtutis* Cic. *Cat.* 2, 9, les ressources d'énergie ‖ ornement, parure, vêtement : Ov. *Tr.* 1, 1, 9 ; *M.* 14, 766 ; Suet. *Aug.* 73 ¶**3** écrit à fonction probatoire : *instrumentis vel testibus probare* Dig. 2, 13, 10, 3, prouver à l'aide d'écrits ou de témoins ; *instrumentum dotale* Dig. 24, 3, 49, l'acte contenant la convention de dot ¶**4** [chrét.] ce qui sert d'outillage [la Bible] : Tert. *Apol.* 47, 9.

➤ *istrumentum* Tab. Alb. 3, 46 ; *strumentum* Tab. Alb. 3, 52.

instrŭō, *ĭs*, *ĕre*, *struxī*, *structum*, tr. ¶**1** assembler dans, insérer : *tigna* Caes. *C.* 2, 9, 7, enfoncer des poutres [dans un mur] ¶**2** élever, bâtir : *muros* Nep. *Them.* 6, 4 ; *aggerem* Tac. *H.* 2, 22, élever des murs, une terrasse ¶**3** dresser, disposer : *mensas* Virg. *En.* 3, 231, dresser les tables ; *insidias* Liv. 6, 23, 6, tendre une embuscade ; [fig.] *fraudem* Liv. 23, 35, 14, tendre un piège ¶**4** [fam.] fourrer : *alicui aurum* Pl. *Mil.* 981, pourvoir qqn de bijoux d'or ¶**5** munir, outiller, équiper : *aliquem aliqua re* Cic. *Phil.* 5, 6, munir qqn de qqch. ; *socios armis* Virg. *En.* 8, 80, armer ses compagnons ; *a doctissimo viro instructus omni copia* Cic. *Brut.* 250, muni par un savant maître de toutes les ressources de la science ; *eo modo instructus* Sall. *J.* 75, 6, ainsi outillé ‖ *domum suam* Cic. *Verr.* 4, 9, monter sa maison ; *domus instructa* Cic. *Verr.* 2, 84, maison bien montée ‖ *testes* Cic. *Clu.* 18, documenter (armer) des témoins, préparer leurs dépositions ; *se ad aliquid* Cic. *Verr.* 4, 41, s'outiller, se munir en vue de qqch., cf. Cic. *CM* 29 ; *causam* Plin. *Ep.* 10, 85, 3, armer sa cause, préparer tous ses moyens de défense ‖ informer, instruire : *aliquem, qua ratione... possit* Quint. 10, 1, 4, enseigner à qqn par quel moyen il peut... ¶**6** [milit.] disposer, ranger les troupes en ordre de bataille : *exercitum* Cic. *Cat.* 2, 24, disposer l'armée en ordre de bataille ‖ [d'où] *aciem instruere* Caes. *G.* 1, 22, 3, former la ligne de bataille ; *triplicem aciem* Caes. *G.* 1, 24, 2, former la triple ligne ; *acie instructa, acie triplici instructa*, en ordre de bataille, en ordre de bataille sur trois lignes, cf. Caes. *G.* 1, 49, 1 ‖ *in plures ordines instruebantur* Liv. 8, 8, 4, ils étaient disposés en plusieurs compagnies.

➤ parf. contr. *instruxti* Pl. *Mil.* 981.

instŭdĭōsus, *a*, *um* (2 *in*-), qui n'a pas de goût pour : Apul. *Apol.* 40.

instŭpens, *tis* (1 *in*), paralysé : Plin. 28, 38.

insuādĭbĭlis, *e* (2 *in*-), qu'on ne peut persuader, indocile : VL. *Deut.* 21, 18.

insuāsĭbĭlĭtās, *ātis*, f., impossibilité d'être persuadé : Hier. *Ephes.* 5, 6.

insuāsum, *i*, n. (1 *in*), couleur qui rappelle la boue : *P. Fest. 99, 6; ℣. *suasum*.

insuāvis, *e* (2 *in*-), qui n'est pas doux, désagréable : [au goût] Plin. 24, 154 ; [à l'oreille] Cic. *Or.* 163 ‖ [fig.] Cic. *Att.* 10, 4 ; *Lae.* 88 ; *de Or.* 2, 25 ‖ *-vior* Her. 3, 22 ; *-issimus* Cic. *Or.* 163.

insuāvĭtās, *ātis*, f., manque de douceur, amertume : Tert. *Paen.* 10, 10 ‖ [fig.] expression déplaisante : Gell. 1, 21, 4.

insuāvĭtĕr, adv., désagréablement [son] : Boet. *Mus.* 1, 8.

insubdĭtīvus, *a*, *um* (2 *in*-, *subditus*), non exposé à : Tert. *Val.* 27, 3.

Insŭbĕr, *bris*, adj., insubre : Liv. 22, 6, 3 ‖ **Insŭbres**, *ĭum* (*um*), m. pl., les Insubres [peuple de la Gaule transpadane] : Cic. *Balb.* 32 ; Liv. 30, 18, 1 ; Plin. 10, 77 ; 3, 125.

insŭbĭdē, adv. (*insubidus*), étourdiment : Gell. 1, 2, 4 ; Macr. *Sat.* 7, 14, 3.

insŭbĭdus, *a*, *um* (1 *in*, *subidus*), étourdi, inconsidéré : Gell. 18, 8, 1 ; 19, 9, 9 ; *-ior* Gell. 6, 1, 2.

insubjectĭbĭlis, *e*, rebelle : VL. *Num.* 20, 10.

insubjectus, *a*, *um* (2 *in*-, *subjectus*), qui n'est pas placé sous : Avien. *Arat.* 1412 ‖ indépendant : Hier. *Ep.* 55, 5.

insūblum, ℣. *insubulum*.

Insŭbres, ℣. *Insuber*.

insubsĭdĭātus, *a*, *um* (2 *in*-), non secouru : Vulg. 3 *Esdr.* 9, 11.

insubstantialis

insubstantĭālis, e, qui n'a pas de substance, de réalité : Mar. Vict. Gen. 13.

insubstantīvus, a, um, sans substance : Ambr. Hex. 1, 2 ; Fid. 3, 7.

insubtīlis, e, sans finesse : Papin. Dig. 30, 1, 11.

insubtīlĭtĕr, adv., sans finesse : Ulp. Dig. 2, 14, 7.

insŭbŭlō, ās, āre, -, - (*in subula*), tr., enrouler sur l'ensouple : Isid. 19, 29, 1.

insŭbŭlus, i, m. (*insuo*, cf. *subula* ; fr. *ensouple*, it. *subbio*), ensouple, gros cylindre du métier d'un tisserand : Isid. 19, 29, 1.
▶ *insubulum* Gloss. 3, 366, 41, la voyelle longue est appuyée par l'italien *subbio* et par *subula*.

insubvertībĭlis, e, qui ne peut être renversé : Ps. Orig. Job 2, 486 B.

insuccĭdus (**insūcĭdus**, a, um), non humide, sec : Aug. Serm. app. 17, 1.

insuccō (**insūcō**, ās, āre, āvī, ātum) (1 *in*, *suco*), tr., faire tremper dans : Col. 7, 4, 5 ; 7, 5, 18.

insūdō, ās, āre, -, - (1 *in*), intr., suer sur [avec dat.] : Hor. S. 1, 4, 72 ‖ suer, transpirer : Cels. 1, 4, 6.

insuēfactus, a, um (*insuesco*, *facio*), habitué : Caes. G. 4, 24, 3.

insuērat, contr. pour *insueverat* : Tac. An. 4, 57.

insuēscō, *ĭs*, *ĕre*, *suēvī*, *suētum* (1 *in*, *suesco*) ¶ 1 intr., s'accoutumer à : [avec dat.] Tac. An. 11, 29 ‖ [avec inf.] Ter. Ad. 55 ; Sall. C. 11, 6 ; J. 8, 2 ; Liv. 5, 6, 1 ¶ 2 tr., accoutumer qqn à qqch., *aliquem aliqua re* : Col. 6, 4 ; Hor. S. 2, 2, 109 ‖ [acc. pron. n.] Hor. S. 1, 4, 105 ‖ pass., *insuetus* Liv. 24, 48, 6 ; *insuesci* Col. 11, 3.

insuētē, adv. (*insuetus*), contre la coutume : Cael.-Aur. Chron. 5, 3, 54 ‖ *-tius* Aug. Ep. 137, 5.

insuētūdo, *ĭnis*, f., manque d'habitude : Spart. Sept. 16, 2.

1 **insuētus**, a, um (2 *in-*, *suetus*) ¶ 1 qui n'est pas habitué à : [avec gén.] *alicujus rei* : Cic. Att. 2, 21 ; Caes. G. 5, 6, 3 ; 7, 30, 4 ; C. 1, 44, 3 ; Nep. Dion 7 ‖ [avec dat.] Liv. 28, 18, 6 ‖ [avec *ad*] Caes. C. 1, 78, 2 ; Liv. 31, 35, 6 ; 41, 20, 11 ; [avec inf.] Liv. 4, 31, 4 ; 31, 18, 3 ¶ 2 à quoi on n'est pas habitué, inusité, inaccoutumé, nouveau : Virg. B. 5, 56 ; En. 6, 16 ; Liv. 30, 37, 8 ; 38, 17, 5 ‖ *insueta* [acc. pl. n. pris adv[t]] Virg. En. 8, 248, d'une manière inusitée.

2 **insuētus**, a, um, part. de *insuesco* : Liv. 24, 48, 6.

insufficĭens, tis (2 *in-*, *sufficio*), insuffisant : Tert. Herm. 15, 2.

insufficĭentĭa, ae, f. (*insufficiens*), insuffisance : Tert. Ux. 1, 4, 6.

insufflātĭō, ōnis, f., insufflation : Cael.-Aur. Chron. 1, 4, 136.

insufflō, ās, āre, -, - (1 *in*), tr., souffler sur ou dans : Prud. Perist. 10, 20 ; Tert. Res. 5, 8.

insŭla, ae, f. (cf. νῆσος, bret. *enez* ; it. *isola*, fr. *île*, al. *Insel*) ¶ 1 île : Cic. Fam. 15, 16, 2 ; *Mil.* 74 ‖ quartier de Syracuse : Cic. Verr. 4, 117 ; Liv. 24, 21, 6 ¶ 2 maison isolée [ou plus gén[t]] pâté, îlot de maisons [à usage de location, v. *insularius*] : Cic. Cael. 17 ; Off. 3, 66 ; Vitr. 1, 6, 8 ; Tac. An. 6, 45 ; Suet. Tib. 48 ¶ 3 [bibl.] [pour tous les rivages lointains] Vulg. Psal. 71, 10 ‖ [chrét.] lieu de retraite, monastère : Hier. Ep. 60, 10, 2.

insŭlānus, a, um (*insula*), qui habite une île : Serv. En. 8, 725 ‖ qui habite un monastère : Sidon. Ep. 9, 3, 4 ‖ subst. m., insulaire : Cic. Nat. 3, 45.

insŭlāris, e (*insula*), relatif à une île, d'île : *poena* Amm. 15, 7, 2, déportation dans une île ‖ subst. m., gardien et habitant d'un temple : Just. 32, 2, 2.

insŭlārĭus, ĭi, m. (*insula*) ¶ 1 celui qui perçoit les loyers, gérant d'immeuble : Dig. 50, 16, 203 ¶ 2 locataire : Petr. 95, 8 ; Dig. 1, 15, 4.

insŭlātus, a, um (*insula*), changé en île : Apul. Mund. 34.

insulcātĭō, ōnis, f., action de tracer des sillons : Jul.-Val. 1, 24.

insulcō, ās, āre, -, - (1 *in*), tracer des sillons : Not. Tir. 155.

insŭlĭo, v. ▶ *insilio*.

insŭlōsus, a, um (*insula*), rempli d'îles : Amm. 23, 6, 10.

insulsē, adv. (*insulsus*), d'une manière insipide, sottement : Cic. Att. 15, 4, 1 ; de Or. 2, 221 ‖ *-sius* Gell. 16, 12, 6 ; *-sissime* Gell. 12, 2, 6.

insulsĭtās, ātis, f. (*insulsus*), sottise : Cic. Att. 13, 29, 1 ‖ manque de finesse, de goût : Cic. Brut. 284.

insulsus, a, um (2 *in-*, *salsus* ; esp. *soso*) ¶ 1 non salé, insipide : Col. 2, 9, 10 ¶ 2 [fig.] sot, niais, dépourvu d'esprit : Cic. de Or. 2, 217 ; 259 ; Tusc. 1, 15 ‖ *-sior* Hier. Ep. 22, 40 ; *-sissimus* Catul. 17, 12.

insultābĭlis, e, qui est l'objet d'une mauvaise joie : VL. Prov. 11, 4.

insultābundus, a, um, insolent : Aug. Ep. 35, 3.

insultantĕr, adv. (*insulto*), avec insolence : Don. Eun. 926 ; Aug. Serm. 88, 18.

insultātĭō, ōnis, f. (*insulto*) ¶ 1 action de sauter sur : Solin. 52, 20 ¶ 2 [fig.] a) outrages, insultes : Flor. 4, 12, 36 b) attaque, assaut : Quint. 8, 5, 11.

insultātŏr, ōris, m. (*insulto*), insulteur : Aug. Serm. 105, 8.

insultātōrĭē, adv. (*insultatorius*), outrageusement : Sidon. Ep. 1, 7, 2.

insultātōrĭus, a, um, insultant, outrageux : Tert. Marc. 5, 10, 16.

insultātrix, īcis, f., celle qui insulte : Hier. Is. 5, 23, 1.

insultō, ās, āre, āvī, ātum (1 *in*, *salto*), tr. et intr. ¶ 1 sauter sur, dans, contre a) [avec acc.] frapper des pieds, fouler des pieds : Ter. Eun. 285 ; Virg. En. 7, 581 b) [avec dat.] Virg. G. 4, 11 ; Hor. O. 3, 3, 40 ¶ 2 [fig.] a) se démener avec insolence, être insolent : Virg. En. 10, 20 ; Liv. 2, 45, 10 ‖ *insultans* Virg. En. 2, 330, triomphant b) braver [avec dat.] : Tac. An. 2, 8 c) insulter, donner cours à son insolence à l'égard de : [avec dat.] Cic. Verr. 5, 132 ; Liv. 1, 48, 2 ; 3, 62, 1 ; [avec in acc.] Cic. Mil. 87 ; Nat. 2, 74 ; [avec abl.] Prop. 3, 6, 24 ; [avec acc.] Sall. H. 2, 23 ; Tac. An. 4, 59.

insultūra, ae, f. (*insilio*), action de sauter sur : Pl. Mil. 280.

insultŭs, ūs, m. (*insilio*), insulte : Carm. Epigr. 701, 8.

insum, *infŭi*, *ĭnesse* (1 *in*) ¶ 1 être dans ou sur : [avec dat.] Pl. Amp. 144 ; Ov. F. 4, 658 ; Am. 1, 14, 32 ¶ 2 être contenu dans, résider dans, appartenir à : [avec *in* abl.] Cic. Pomp. 28 ; Tusc. 1, 56 ; 1, 88 ‖ [avec dat.] : *huic homini non minor vanitas inerat quam audacia* Sall. C. 23, 2, cet homme n'avait pas moins de légèreté que d'audace, cf. Sall. C. 17, 2 ; Cic. Off. 1, 151 ; Liv. 26, 4, 4.

insūmentum, i, n. (*insuo*), morceau rapporté : VL. Marc. 2, 21.

insūmō, *ĭs*, *ĕre*, *sumpsī*, *sumptum* (1 *in*), tr. ¶ 1 employer à, consacrer à : *aliquid in aliquem* Cic. Att. 5, 17, 2 ; *in aliquam rem* Cic. Inv. 2, 113, dépenser qqch. pour qqn, consacrer qqch. à qqch. ‖ *dies paucos reficiendae classi* Tac. An. 2, 53, consacrer quelques jours à la réfection de la flotte ‖ *operam in aliqua re* Tac. D. 29, consacrer ses soins à qqch. ; *ad aliquam rem* Plin. 9, 153 ¶ 2 prendre pour soi, assumer : Stat. Th. 12, 43 ¶ 3 user, épuiser : Cael.-Aur. Chron. 2, 2, 60 ; Acut. 2, 37, 213.

insumptĭo, ōnis, f., **insumptum**, i, n. (*insumo*), dépense : Cod. Th. 6, 24, 3 ; Not. Tir. 68.

insŭō, *ĭs*, *ĕre*, *sŭī*, *sūtum* (1 *in*), tr. ¶ 1 coudre dans, enfermer dans [en cousant] : *aliquem in culleum* Cic. Amer. 70, coudre qqn dans un sac ; *culleo* Sen. Clem. 1, 23, 1 ; Suet. Aug. 33 ¶ 2 coudre sur, broder : *insutum vestibus aurum* Ov. A. A. 3, 131, or brodé sur des vêtements ‖ appliquer sur : *plumbo insuto* Virg. En. 5, 405, avec des applications de plomb, avec des lames de plomb.

insŭpĕr, adv. et prép. (1 *in*, *super*)

I adv. ¶ 1 dessus, par-dessus, au-dessus : Lucr. 6, 192 ; Caes. G. 4, 17 ; C. 2, 9 ‖ de dessus : Luc. 3, 610 ; Liv. 21, 34, 6 ¶ 2 de plus, en outre : Pl. Amp. 889 ; Merc. 693 ; Liv. 3, 67, 4 ; Virg. En. 2, 593 ‖ *insuper habere aliquid* Gell. 1, 19, 8 ; Apul. M. 4, 25, tenir qqch. pour superflu, dédaigner qqch. ; *non insuper habere* [avec inf.] Gell. 4, 1, 18, ne pas négliger de.

II prép. ¶ 1 [avec acc.] dessus, au-dessus : Cat. Agr. 18, 5 ; Vitr. 5, 12, 4 ¶ 2 [avec abl.] : Vitr. 5, 1 ; 10, 21 ‖ [fig.] outre : Virg. En. 9, 274.

insŭpĕrābĭlĭs, *e* (2 *in-*) ¶ **1** qu'on ne peut gravir, infranchissable : Liv. 21, 23 ¶ **2** insurmontable, invincible : Virg. En. 4, 40 ; Ov. M. 12, 613 ‖ inévitable : Ov. M. 15, 807 ‖ incurable : Plin. Ep. 2, 2.

insŭpĕrābĭlĭtĕr, adv., d'une manière insurmontable : Aug. Civ. 5, 8.

insŭpĕrātus, *a*, *um* (2 *in-*), non dompté : Maxim. 1, 34.

insŭpĕrō, *ās*, *āre*, -, -, tr., dompter, vaincre : Jul.-Val. 3, 3.

insŭpō, *ās*, *āre*, -, -, ⚠ 2 *insipio* : P. Fest. 99, 14.

insupportābĭlis, *e* (2 *in-*), insupportable : Ps. Orig. Job 1, 429 C.

insurgō, *ĭs*, *ĕre*, *surrēxī*, *surrectum* (1 *in*), intr. ¶ **1** se lever, se dresser, se mettre debout : Tac. G. 39 ‖ se dresser pour attaquer : Virg. En. 12, 902 ‖ *insurgere remis* Virg. En. 3, 207, se dresser pour appuyer sur les rames, faire force de rames ‖ [choses] : *tenebrae insurgunt campis* Virg. En. 9, 34, des ténèbres [nuages de poussière] s'élèvent sur la plaine ‖ [collines] Liv. 22, 4, 2 ; [rocher] Virg. En. 8, 233 ; [vent] Hor. Epo. 10, 7 ; [eau] Ov. M. 11, 530 ¶ **2** [fig.] **a)** s'élever, monter, grandir, devenir plus puissant : Tac. An. 1, 2 ; 11, 16 **b)** [écrivain] s'élever, hausser le ton : Quint. 10, 1, 96 ; 12, 2, 28 **c)** se dresser, faire des efforts : Plin. Pan. 66, 2 ‖ contre qqch. [avec dat.] : Ov. M. 9, 445 ¶ **3** tr., escalader, grimper : Apul. M. 1, 2.

insurrectĭo, *ōnis*, f. (*insurgo*), attaque : VL. 2 Par. 25, 27 ‖ [méd.] tumeur : Cass. Fel. 43, p. 105, 14.

insusceptus, *a*, *um* (2 *in-*), non entrepris : Cons. Liv. 197.

insuspĭcābĭlis, *e*, inattendu : Vulg. Eccli. 11, 5.

insustentābĭlis, *e*, insupportable : Lact. Mort. 49, 4 ; Cael.-Aur. Acut. 2, 16, 100.

insŭsurrātĭo, *ōnis*, f., racontars : Capit. Aur. 19, 11.

insŭsurrō, *ās*, *āre*, *āvī*, *ātum* (1 *in*), tr., chuchoter à l'oreille ¶ **1** [absᵗ] *alicui* Cic. Tusc. 5, 103, chuchoter à l'oreille de qqn, *ad aurem* Cic. Verr. 5, 107, *in aures* Cic. Q. 1, 1, 13 ‖ [acc.] : *alicui cantilenam* Cic. Att. 1, 19, 8, chuchoter un refrain à l'oreille de qqn ¶ **2** [fig.] *Favonius ipse insusurrat navigandi nobis tempus esse* Cic. Ac. 2, 147, Zéphyr lui-même nous murmure qu'il est temps de mettre à la voile.

1 **insūtus**, *a*, *um*, part. de *insuo*.

2 **insūtŭs**, abl. *ū*, m., action de coudre dans : Apul. M. 7, 4.

intābescō, *ĭs*, *ĕre*, *tabŭī*, - (1 *in*), intr. ¶ **1** se fondre, se liquéfier : Ov. M. 3, 487 ¶ **2** [fig.] se miner, se consumer : Hor. Epo. 5, 39 ; Ov. M. 2, 780.

intactĭlis, *e* (*intactus*), impalpable : Lucr. 1, 437.

1 **intactus**, *a*, *um* (2 *in-*, *tactus*) ¶ **1** non touché, intact : Liv. 21, 36, 5 ; 29, 18, 4 ‖ sans blessure : Sall. J. 54, 10 ‖ *intacta cervix* Virg. G. 4, 540, cou qui n'a pas encore porté le joug ‖ non tenté, non éprouvé : Sall. J. 66, 1 ‖ non traité, neuf : Hor. S. 1, 6, 66 ¶ **2** [fig.] **a)** pur, chaste : Hor. O. 1, 7, 5 ; Juv. 6, 162 **b)** [avec abl.] préservé de, à l'abri de, épargné par : *infamia intactus* Liv. 38, 51, 4, que le déshonneur n'a pas atteint, cf. Liv. 5, 15, 6 ‖ [avec *ab*] *intactus ab sibilo* Cael. Fam. 8, 2, 1, épargné par les sifflets, cf. Curt. 4, 6, 12.

2 **intactŭs**, *ūs*, m., intangibilité : Lucr. 1, 454.

intāmĭnābĭlis, *e* (2 *in-*, **tamino*), qui ne peut être souillé : Aug. Leg. 1, 24, 50.

intāmĭnātē, adv., sans souillure, sans tache ; Iren 3, 2, 2.

1 **intāmĭnātus**, *a*, *um* (2 *in-*, cf. *contaminatus*), non souillé : Hor. O. 3, 2, 18.

2 **ĭntāmĭnātus**, *a*, *um* (*intamino*), souillé : Gloss. 2, 88, 40.

intāmĭnō, *ās*, *āre*, -, - (1 *in*, cf. *contamino*, *tango* ; fr. entamer), tr., souiller, profaner : Heges. 2, 10, 4.

intantum, = *in tantum*, ⚠ *tantus*.

Intarabus, *i*, m., nom d'une divinité des Trévires : CIL 13, 4128.

intardō, *ās*, *āre*, -, - (1 *in*), tr., retarder : Cael.-Aur. Acut. 1, 4, 33 ; Chron. 2, 3, 70.

intectāmentum, *i*, n. (*intego*), ce qui recouvre : Gloss. 2, 433, 7.

1 **intectus**, *a*, *um*, part. de *intego*.

2 **intectus**, *a*, *um* (2 *in-*, *tectus*), non vêtu, nu : Tac. G. 17 ; H. 5, 22 ‖ [fig.] franc, sincère : Tac. An. 4, 1.

intĕgellus, *a*, *um* (dim. de *integer*), peu endommagé : Cic. Fam. 9, 10, 3 ; Catul. 15, 5.

intĕgĕr, *gra*, *grum* (2 *in-*, cf. *tango*, *attigam* ; **-tagro-s* ; esp. *entero*, fr. entier) ¶ **1** non touché, qui n'a reçu aucune atteinte, non entamé, intact : *integri et recentes* Caes. G. 5, 16, 4, les troupes intactes et fraîches ; *sublicarum pars inferior integra remanebat* Caes. G. 7, 35, 4, la partie inférieure des pilotis restait intacte ; *integra valetudo* Cic. Fin. 2, 64, bonne santé ; *aetate integra* Ter. And. 72, à la fleur de l'âge ‖ [constructions] **a)** *integer aevi* Virg. En. 9, 254, intact sous le rapport de l'âge, à la fleur de l'âge **b)** *fama et fortunis* Sall. Cott. 5, n'ayant subi aucune atteinte dans sa renommée et ses biens ; *omnibus rebus* Cic. Fam. 13, 4, 3, préservé de tout dommage **c)** *ab petulantia alicujus* Cic. Verr. prim. 14, à l'abri de l'agressivité de qqn ; *a cladibus belli* Liv. 9, 41, 8, que n'ont jamais atteint les désastres d'une guerre ; *a populi suffragiis* Sall. H. 1, 86, qui n'a pas eu d'échec dans une candidature ; *a conjuratione* Tac. An. 15, 52, qui ne participe pas à la conjuration ‖ [expressions] : *in integrum restituere aliquem, aliquid* Cic. Clu. 98 ; Caes. C. 3, 1, 4, rétablir qqn, qqch. dans son intégrité, dans son état primitif ‖ [droit] *restitutio in integrum* décret du préteur visant à anéantir les effets d'un acte valable en droit civil, rétablissement dans l'état antérieur : Dig. 46, 3, 95, 3 [*ob aetatem*, " du fait de la minorité "] ‖ *in integro* Cic. Fam. 5, 20, 7, [les choses sont] en l'état ; *de integro* Cic. Clu. 28 ; Phil. 5, 10 ; Brut. 208, sur nouveaux frais ; ou *ab integro* Cic. Verr. 1, 147 ; ou *ex integro* Quint. 10, 3, 18 ¶ **2** [au sens intell. et moral] **a)** intact, entier, sans changement : *alicui integram causam reservare* Cic. Fam. 13, 4, 2, réserver à qqn une question entière ; *re integra* Cic. Mur. 43, rien n'étant décidé ; *integrum est mihi* ; *in integro mihi res est* Cic. Fam. 5, 2, 8 ; *de Or.* 3, 14, la situation est encore intacte pour moi, j'ai les mains libres, les coudées franches ; *vobis nihil est integrum nisi...* Cic. Phil. 5, 2, vous n'avez plus le choix qu'entre... ; *res est in integro* ; *alicui integrum est de aliqua re* Cic. Fam. 5, 20, 7 ; Phil. 1, 26, les choses sont en l'état à propos de..., qqn a toute liberté au sujet de qqch. ; *integrum non est alicui* [avec inf.] Cic. Pis. 58, [avec *ut*] Cic. Tusc. 5, 62, qqn n'est pas libre de **b)** sain, raisonnable : *mentis* Hor. S. 2, 3, 65, qui a son bon sens ‖ impartial, sans prévention, sans passion : Cic. Att. 7, 26, 2 ‖ neutre, indifférent, calme : Cic. de Or. 2, 187 ‖ qu'on ne peut entamer : *integrae sententiae* Cic. de Or. 2, 188, pensées solides ‖ pur, intègre : *nemo integrior* Cic. de Or. 1, 229, personne de plus irréprochable ; *integerrima vita* Cic. Planc. 3, la vie la plus pure ; *integer vitae* Hor. O. 1, 22, 1, irréprochable dans sa vie.

intĕgĭmentum, *i*, ⚠ *integumentum*.

intĕgō, *ĭs*, *ĕre*, *texī*, *tectum* (1 *in*, *tego*), tr., couvrir, recouvrir : *coriis turres* Caes. G. 7, 22, 3, revêtir de peaux des tours ‖ protéger : Liv. 7, 23, 6.

intĕgrascō, *ĭs*, *ĕre*, -, - (*integro*), intr., se renouveler : Ter. And. 688.

intĕgrātĭo, *ōnis*, f. (*integro*), renouvellement : Ter. And. 555 ‖ rétablissement : Symm. Ep. 3, 73.

intĕgrātŏr, *ōris*, m. (*integro*), celui qui restaure : Tert. Apol. 46, 18.

intĕgrātus, *a*, *um*, part. de *integro*.

intĕgrē, adv. (*integer*) ¶ **1** d'une manière intacte, purement, correctement [style] : Cic. Opt. 12 ; Gell. 7, 11, 2 ¶ **2** d'une manière irréprochable : Cic. Pomp. 1, Fin. 4, 63 ‖ avec intégrité, impartialité : Cic. Fin. 1, 30 ‖ *integerrime* Suet. Vesp. 4.

intĕgrĭtas, *ātis*, f. (*integer*) ¶ **1** état d'être intact, totalité, intégrité : Cic. Fin. 2, 34 ; 5, 84 ‖ le tout [opposé à *pars*] : Macr. Somn. 2, 14, 8 ; Sat. 7, 16, 12 ¶ **2** solidité [de l'esprit], état sain : Cic. Ac. 2, 52 ‖ innocence, honnêteté, probité : Cic. Lig. 1 ;

integritas

Q. 1, 1, 16; Nep. *Phoc. 1* ‖ chasteté, vertu : Cic. *Verr.* 1, 64; Flor. 2, 6 ‖ pureté, correction [du langage] : Cic. *Brut.* 132.

intĕgrĭtĕr, adv. [condamné par Char. 202, 19], ⓥ *integre*.

intĕgrĭtūdo, *ĭnis*, f. (*integer*), désintéressement : Traj. d. Ulp. *Dig.* 29, 1, 1.

intĕgrō, *ās*, *āre*, *āvī*, *ātum* (*integer*; esp. *entregar*) ¶ **1** tr., réparer, remettre en état : Lucr. 1, 1032 ; Tac. *H.* 4, 81 ¶ **2** renouveler, commencer de nouveau : Liv. 1, 29 ; 5, 25 ; Virg. *G.* 4, 514 ¶ **3** [fig.] récréer, refaire, délasser : Cic. *Inv.* 1, 25 ; Gell. 15, 2, 5.

intĕgŭlātus, *a*, *um* (1 *in*, *tegula*), couvert de tuiles : Aug. *Psalm.* 128, 11.

intĕgŭmentum, *i*, n. (*intego*) ¶ **1** couverture, enveloppe, vêtement : Liv. 10, 38, 12 ; 40, 59, 7 ¶ **2** [fig.] **a)** manteau, voile, masque : Cic. *Cael.* 47 ; *de Or.* 2, 350 ; Sen. 15 **b)** armure défensive, bouclier, garde : Pl. *Bac.* 601 ; *Trin.* 313.

intellectĭbĭlis, *e*, ⓒ *intellegibilis* ; [chrét.] qui est l'objet de l'intellect : Boet. *Porph. dial.* 1, 3.

intellectĭo, *ōnis*, f. (*intellego*), sens, signification : Tert. *Nat.* 2, 12, 22 ‖ [rhét.] synecdoque : Her. 4, 44.

intellectīvus, *a*, *um*, intellectif : Boet. *Anal. post.* 1, 1, p. 711.

intellectŏr, *ōris*, m., celui qui comprend : Aug. *Ep.* 148, 15.

intellectŭālis, *e*, intellectuel : Capel. 2, 202 ; Tert. *Val.* 32, 2.

intellectŭālĭtās, *ātis*, f., faculté de compréhension : Tert. *Anim.* 38, 6.

intellectŭālĭtĕr, adv., intellectuellement : Cassian. *Coll.* 6, 10, 1.

intellectŭō, *ās*, *āre*, -, - (2 *intellectus*), tr., douer d'intelligence spirituelle : Aug. *Psalm.* 118, s. 18, 4.

1 **intellectus**, *a*, *um*, part. de *intellego*.

2 **intellectŭs**, *ūs*, m. ¶ **1** perception, action de discerner [par les sens] : Plin. 11, 174 ; 11, 280 ‖ compréhension, action de comprendre : Tac. *An.* 6, 36 ; Plin. 8, 1 ‖ *intellectum habere* Tac. *G.* 26, être compris ¶ **2** sens, signification : Quint. 7, 9, 2 ; 8, 3, 44 ¶ **3** faculté de comprendre, intelligence : Quint. 2, 5, 18 ; 21 ; Apul. *Plat.* 1, 10.

intellĕgens, *tis* ¶ **1** part. de *intellego* ¶ **2** [adj¹] éclairé, judicieux, connaisseur : Cic. *Fin.* 3, 19 ‖ -*gentior* Aug. *Retract.* 1, 19 ‖ [pris adv¹] : *intellegentes* Cic. *Brut.* 183, les connaisseurs.

intellĕgentĕr, adv. (*intellego*), d'une manière intelligente : Cic. *Part.* 28 ; Plin. *Ep.* 5, 16, 3 ‖ avec discernement, en connaissance de cause : Cic. *Off.* 3, 117.

intellĕgentĭa, *ae*, f. (*intellegens*) ¶ **1** action de discerner, de comprendre : *rei* Cic. *de Or.* 3, 195, intelligence (compréhension) de qqch., cf. Cic. *Phil.* 9, 10 ‖ [absᵗ] compréhension, compétence, connaissance de cause, goût : Cic. *Amer.* 49 ; *Verr.* 4, 98 ¶ **2** faculté de comprendre, intelligence, entendement : *id honestum quod in nostram intelligentiam cadit* Cic. *Off.* 3, 17, le bien moral qui est à la portée de notre intelligence ; *ratione et intellegentia* Cic. *Off.* 3, 68, par la raison et par l'intelligence ‖ notion, connaissance, idée : Cic. *Fin.* 3, 21 ; pl., Cic. *Leg.* 1, 26 ; 1, 30 ; 1, 57.

intellĕgĭbĭlis, *e* (*intellego*), qu'on peut comprendre, qui peut être saisi : Sen. *Ep.* 124, 2 ‖ sensible, qui tombe sous les sens : Macr. *Somn.* 1, 6, 19 ‖ qui est du domaine de la pensée pure, spirituel [opp. à matériel] : Aug. *Trin.* 3, 4, 9 ‖ intelligent, avisé : Vulg. *Sap.* 7, 23 ‖ -*bilior* Boet. *Divis.* 1, p. 882 C.

intellĕgĭbĭlĭtĕr, adv., intelligiblement : Aug. *Ep.* 13, 3 ; Chalc. 137 ‖ -*bilius* Grom. 1, 9.

intellĕgō (-*ligō*), *ĭs*, *ĕre*, *lexī*, *lectum* (*inter*, 2 *lego*), tr. ¶ **1** discerner, démêler, s'apercevoir, remarquer, se rendre compte, reconnaître : *ubi eum castris se tenere intellexit* Caes. *G.* 1, 49, 1, quand il se fut rendu compte qu'il se maintenait dans son camp, cf. *G.* 1, 33, 2 ; 1, 50, 2 ; 3, 10 ; 4, 20, 1 ; Cic. *Brut.* 118 ; *Fin.* 1, 13 ; *Fam.* 2, 4, 1 ‖ [part. n. à l'abl. absolu] *intellecto in quos saeviretur* Tac. *An.* 1, 49, quand on eut compris contre qui s'exerçaient les rigueurs, cf. Just. 38, 3, 6 ‖ *intellexi ex tuis litteris, te... audisse* Cic. *Att.* 6, 9, 3, je me suis rendu compte par ta lettre que tu avais appris... ; *ex quo intellegitur, ut* Cic. *Div.* 1, 126, par quoi l'on voit bien que ; *ex quo intellegi potest nihil te... reliqui fecisse* Cic. *Verr.* 3, 178, par quoi l'on peut se rendre compte que tu n'as rien laissé... ¶ **2** comprendre, entendre, saisir : *in deo quid sit "quasi corpus" intellegere non possum* Cic. *Nat.* 1, 71, en parlant d'un dieu qu'est-ce que signifie "comme un corps" ? je ne puis le comprendre ; *linguas, scripta* Cic. *Tusc.* 5, 116 ; *de Or.* 2, 55, comprendre des langues, des écrits ; *hoc ex se intellegitur* Cic. *Inv.* 1, 70, cela se comprend de soi-même ; *ita loquitur, ut non intellegatur* Cic. *Fin.* 2, 51, il parle de façon à n'être pas compris ‖ concevoir, se faire une idée de : *qualis differentia sit... facilius intellegi quam explanari potest* Cic. *Off.* 1, 94, la différence ... est plus facile à comprendre qu'à expliquer, cf. Cic. *Off.* 1, 126 ; *Nat.* 2, 54 ‖ [avec *ab*, d'après] : Her. 4, 45 ‖ *ex quo esse beati (dei) intellegantur* Cic. *Nat.* 1, 106, ce qui permet de comprendre que les dieux sont bienheureux ; *quid ergo aliud intellegetur, nisi uti ne quae pars naturae neglegatur ?* Cic. *Fin.* 4, 41, que comprendra-t-on alors sinon l'obligation de ne laisser de côté aucune partie de la nature ? ‖ entendre, donner tel ou tel sens à un mot : *quid intellegit honestum ?* Cic. *Fin.* 2, 50, qu'entend-il par honnête ? ; *eos sanos intellegi necesse est, quorum...* Cic. *Tusc.* 3, 11, il faut nécessairement entendre par sains ceux dont..., cf. *Tusc.* 4, 17 ; *Nat.* 1, 73 ; *Off.* 1, 153 ; *illa est* εὐταξία, *in qua intellegitur ordinis conservatio* Cic. *Off.* 1, 142, il s'agit là de l'εὐταξία, par laquelle on entend le maintien des choses à leur place ; *sub verbo multa intellegere* Sen. *Contr.* 1, 2, 15, entendre bien des choses sous une expression, cf. 9, 28, 10 ; Macr. *Sat.* 1, 23, 5 ; *per sagittas vim radiorum* Macr. *Sat.* 1, 17, 12, entendre par flèches la force des rayons ¶ **3** comprendre, apprécier, sentir : *ea quam pulchra essent, intellegebat* Cic. *Verr.* 4, 98, il avait la compréhension de leur beauté ; *postrema apparent et intelleguntur* Cic. *de Or.* 3, 192, les fins de phrase se remarquent et s'apprécient ‖ se connaître à, être connaisseur : *multum in aliqua re* Cic. *Verr.* 4, 94, être connaisseur en qqch. ; *doctor intellegens* Cic. *Brut.* 204, un maître qui s'y entend ; *intellegens, intellegentes* Cic. *Brut.* 199 ; 183, un connaisseur, des connaisseurs ‖ *meum intellegere nulla pecunia vendo* Petr. 52, 3, à aucun prix je ne veux vendre mon talent de connaisseur ¶ **4** comprendre qqn [son caractère] : Sen. *Const.* 1 ; Quint. 11, 1, 10 ; Tac. *An.* 3, 3.

▶ parf. contr. *intellexti* Pl. *Ru.* 1103 ; Ter. *And.* 291 ; subj. pqp. *intellexes* Pl. *Cis.* 625 ‖ parf. arch. *intellegit* Lucr. 6, 17 ; Sall. *J.* 6, 2.

intellexes, -lexti, ⓥ *intellego* ▶.

intellĭgo, ⓥ *intellego*.

Intĕmĕlĭum, *ĭi*, n., ville maritime de Ligurie [auj. Ventimiglia] : Varr. *R.* 3, 9, 17 ; Liv. 33, 26 ‖ *Albium Intemelium* : même ville : Plin. 3, 48 ; Tac. *H.* 2, 13 ‖ -*ĭi*, *ōrum*, m. pl., habitants d'Intémélium : Cael. *Fam.* 8, 15, 2 ; Liv. 40, 41, 6.

intĕmĕrābĭlis, *e* (2 *in-*, *temero*), inviolable : Mamert. *Anim.* 1, 3.

intĕmĕrandus, *a*, *um*, inviolable : Val.-Flac. 5, 642.

intĕmĕrātē, adv. (*intemeratus*), sans être gâté : Cod. Th. 15, 5, 3.

intĕmĕrātus, *a*, *um* (2 *in-*, *temeratus*), non gâté, pur, sans tache : Virg. *En.* 11, 584 ; Tac. *An.* 1, 42 ‖ -*tior* Capel. 1, 6.

intĕmĕrō, *ās*, *āre*, -, - (1 *in*, *temero*), tr., souiller, profaner : Gloss. 5, 28, 9.

intempĕrābĭlis, *e* (2 *in-*), qu'on ne peut modérer : Cael.-Aur. *Chron.* 1, 4, 124.

intempĕrans, *tis* (2 *in-*), qui n'a pas de mesure, de retenue, immodéré, excessif, désordonné : Cic. *CM* 29 ; *Ac.* 1, 2 ; *Att.* 13, 26, 1 ‖ débauché, dissolu : Cic. *Verr.* 3, 160 ; *Pis.* 72 ‖ -*tior* Cic. *Vat.* 1 ; -*tissimus* Cic. *Pis.* 72.

intempĕrantĕr, adv., sans retenue, sans mesure, excessivement, immodérément : Cic. *Tusc.* 1, 6 ‖ -*tius* Cic. *Phil.* 5, 48 ; Liv. 31, 37, 6 ; -*tissime* Apul. *Apol.* 74.

intempĕrantĭa, *ae*, f. ¶ **1** intempérie [de l'air] : Sen. *Const.* 9 ¶ **2** défaut de modération, de retenue, excès : Cic. *Tusc.*

4, 22 ; *libidinum* Cic. *Off.* 1, 123, la licence des passions; *risus* Plin. 11, 205, rire immodéré ‖ licence, indiscipline : Nep. *Arist.* 2, 3 ; *Eum.* 8, 2.

intempĕrantĭēs, *ēi*, f., C.▶ *intemperantia* : *Aur.-Vict. Caes.* 1, 4.

intempĕrātē, adv., sans retenue : Cic. *Tim.* 45 ‖ *-tius* Cic. *Or.* 175, avec trop peu de mesure.

intempĕrātus, *a*, *um* ¶1 non mélangé, pur : Cael.-Aur. *Acut.* 3, 17, 158 ¶2 immodéré, excessif : Cic. *Lae.* 75.

intempĕrĭae, *ārum*, f. pl. (*intemperies*) ¶1 intempéries [de l'air] : Cat. *Agr.* 141, 2 ¶2 emportements, fureurs : Pl. *Aul.* 71 ; *Mil.* 434.

intempĕrĭēs, *ēi*, f. (2 *in-*, *tempus*) ¶1 état déréglé, excessif, immodéré de qqch. : *caeli* Liv. 8, 18, 1, inclémence de l'atmosphère, intempérie ; *aquarum* Liv. 3, 31, 1, excès de pluies ; *ex verna intemperie* Liv. 22, 2, 10, à la suite des intempéries du printemps ‖ orage, calamité : Pl. *Cap.* 911 ¶2 [fig.] caprices, humeur mal équilibrée : Cic. *Att.* 4, 6, 3 ; Gell. 1, 23, 11 ; 1, 17, 2 ; 18, 7, 4 ‖ indiscipline, insubordination : Tac. *H.* 1, 64.

intempestīvē, adv., d'une manière intempestive, inopportune, mal à propos, à contretemps : Cic. *Fam.* 11, 16, 1 ; *accedentes* Cic. *Off.* 1, 88, les importuns, les fâcheux.

intempestīvĭtās, *ātis*, f., inopportunité : Gell. 3, 16, 21.

intempestīvĭtĕr, C.▶ *intempestive* : Gell. 4, 20.

intempestīvus, *a*, *um*, qui est hors de saison, déplacé, inopportun, intempestif : Lucr. 2, 873 ; Cic. *Lae.* 22 ; *Att.* 4, 14, 2 ‖ importun : Plin. 18, 363 ‖ *-tivior* Val.-Max. 7, 8, 9.

intempestus, *a*, *um* (2 *in-*, *tempestus*) ¶1 [temps] défavorable, qui n'est pas propre à l'action, qui ne permet pas de faire qqch., cf. Serv. *En.* 2, 268 ; [d'où] *nox intempesta* Cic. *Verr.* 4, 94, le milieu de la nuit, une nuit profonde, cf. Cic. *Phil.* 1, 8 ; Virg. *En.* 3, 587 ¶2 défavorable, malsain : Virg. *En.* 10, 184 ‖ orageux : Stat. *Th.* 2, 153.

intempŏrālis, *e*, éternel : Apul. *Plat.* 2, 20 ‖ inopportun : Cael.-Aur. *Acut.* 2, 10.

intempŏrālĭtās, *ātis*, f., inopportunité : Cael.-Aur. *Acut.* 1, 9, 64.

intempŏrālĭtĕr, adv., à contretemps : Cael.-Aur. *Acut.* 2, 9, 50 ; *Chron.* 1, 4, 87 ‖ hors du temps : Ambr. *Fid.* 4, 9, 98.

intempt-, V.▶ *intent-*.

intendĭtus, V.▶ *intendo* ▶.

intendō, *ĭs*, *ĕre*, *tendī*, *tentum* (1 *in*, *tendo* ; fr. *entendre*), tr.

I tendre dans une direction ¶1 "tendre vers", "diriger sur" ¶2 [fig.] "tourner, diriger", *animum in rem*, *in aliquem intentus* ¶3 [abs^t] **a)** "se diriger vers" **b)** [fig.] "viser à".

II donner de la tension ¶1 "tendre" ¶2 "augmenter" ¶3 [fig.] "raidir" ¶4 *(animo) intendere* "tendre vers" ¶5 "soutenir, prétendre".

I tendre dans une direction, ¶1 étendre, tendre vers : *dextram ad statuam* Cic. *Att.* 16, 15, 3, étendre sa main droite vers une statue ; *brachia remis* Virg. *En.* 5, 136, tendre les bras sur les avirons ‖ *telum in jugulum alicujus* Plin. *Ep.* 3, 9, 21, diriger une arme contre la gorge de qqn ; *tela in patriam* Cic. *Prov.* 23, diriger des armes contre la patrie ; *tela intenta jugulis civitatis* Cic. *Pis.* 5, armes dirigées sur la gorge de la cité ¶2 [fig.] tendre vers, tourner, diriger : *aciem in omnes partes* Cic. *Tusc.* 4, 38, tourner ses regards de tous côtés ; *iter in aliquam partem* Liv. 10, 43, 13, diriger sa marche d'un certain côté ; *quacumque se intenderat* Liv. 4, 19, 2, de quelque côté qu'il se portât ; *animum in rem* Cic. *Ac.* 2, 46, diriger son esprit sur qqch. ; *oculis mentibusque ad pugnam intentis* Caes. *G.* 3, 26, 2, les yeux et les esprits étant tournés vers le combat, cf. Caes. *C.* 3, 19, 5 ; Cic. *Phil.* 11, 22 ; *in aliquem intentus* Liv. 2, 33, 6, portant son attention sur qqn ; *intentus pugnae animus* Liv. 22, 5, 3, esprit attentif au combat ; *in ea re nostrorum intentis animis* Caes. *G.* 3, 22, 1, les nôtres ayant leur attention concentrée sur cette opération ‖ *aliquem ad aliquid* Liv. 24, 37, 3, tourner l'attention de qqn vers une chose ‖ *alicui actionem, litem* Cic. *Mil.* 36 ; *de Or.* 1, 42, intenter contre qqn une action, un procès ; *periculum in aliquem* Cic. *Amer.* 7, diriger contre qqn la menace d'un danger ; *alicui probra et minas* Tac. *An.* 3, 36, lancer contre qqn des insultes et des menaces ¶3 *intendere*, pris abs^t **a)** se tourner vers, se diriger vers : *aliquo* Cic. *de Or.* 2, 179, se diriger qq. part. **b)** [fig.] tendre vers, viser à : *eodem* Cic. *de Or.* 2, 89, viser au même but, cf. Cic. *Or.* 1, 135. **II** donner de la tension ¶1 tendre, bander : *arcum* Cic. *Sest.* 15, tendre un arc ‖ *tabernacula carbaseis intenta velis* Cic. *Verr.* 5, 30, tentes dressées en voiles de lin ; *sellam loris* Quint. 6, 3, 25, dresser un siège avec des courroies ‖ tendre sur : *vincula stupea collo* Virg. *En.* 2, 237, raidir des câbles autour du cou ¶2 donner de l'extension, de l'intensité, augmenter : *primis se intendentibus tenebris* Liv. 1, 57, 8, les ténèbres commençant à s'étendre ; *intendetur socordia* Tac. *An.* 2, 38, l'apathie prendra de l'extension, grandira ; *gloriam* Tac. *An.* 4, 26, accroître la gloire, cf. Tac. *An.* 4, 2 ; 4, 40 ¶3 [fig.] tendre les ressorts de, raidir : *corpus intenditur* Cic. *Tusc.* 2, 56, le corps se raidit (tend ses ressorts) ; *se ad firmitatem* Cic. *Tusc.* 2, 56, se raidir pour tenir bon ¶4 tendre vers une chose ; *intendere animo aliquid* Cic. *Phil.* 10, 9, se proposer qqch. ; [sans *animo*] Sall. *J.* 25, 10 ‖ *fuga salutem petere intenderunt* Caes. *G.* 3, 26, 5, ils n'eurent plus qu'une pensée, sauver leur vie par la fuite ; *quo ire intenderant* Sall. *J.* 107, 7, où ils s'étaient proposé d'aller ; *intendentes ut oratores fiant* Quint. 10, 1, 45, ceux qui visent à devenir orateurs ¶5 soutenir, prétendre : *intendit se oportere facere* Cic. *Fam.* 1, 2, 2, il prétendit qu'il devait faire....

▶ part. irrég. *intenditus* Front. *Als.* 3, 4, p. 225 N.

intĕnĕbrescō, *ĭs*, *ĕre* (1 *in*), intr., s'obscurcir : VL. *Job* 3, 9.

intĕnĕbrĭcō, *ās*, *āre*, -, -, tr., couvrir de ténèbres : Orig. *Matth.* 13, 24.

intĕnĕbrō, *ās*, *āre*, -, -, tr., [chrét.] obscurcir : Priscill. *Tract.* 5, 86.

intĕnĭbĭlis, *e* (2 *in-*), qu'on ne peut tenir, saisir [Dieu] : Aug. *Fort.* 3.

*****intensē** [inus.] adv., violemment ‖ *-sius* Front. *Als.* 3, 7, 227 N. V.▶ *intente*.

intensĭo, *ōnis*, f. (*intendo*), action de tendre, tension : Theod.-Mops. *Psalm.* 68, 60 ; 111, 35 (CC 88A).

intensus, *a*, *um* (*intendo*), intense, violent : *intensa oratio* Boet. *Elench.* 169 a 29, l'intimation aiguë.

▶ comme *intense* et *intensio*, variante tardive et médiévale analogique (cf. *defensus*, *defensio*) de *intentus*.

intentābĭlis (**intentālis**), *e* (2 *in-*), qu'on ne peut tenter : *Gloss.* 2, 234, 12.

intentātĭo, *ōnis*, f. (*intento*), action de diriger contre : Sen. *Ir.* 2, 4, 2 ‖ [fig.] Tert. *Apol.* 46, 1.

intentātŏr, *ōris*, m. (2 *in-*), celui qui ne tente pas : VL. = Vulg. *Jac.* 1, 13 ; Aug. *Pecc. mer.* 2, 4.

1 **intentātus**, *a*, *um*, part. de *intento*.

2 **intentātus**, *a*, *um* (2 *in-*), non touché, non essayé : Hor. *P.* 285 ; Tac. *An.* 1, 50.

intentē, adv. (*intentus*), avec tension, avec force, avec attention, avec activité : Plin. *Ep.* 5, 19, 6 ; Liv. 8, 17, 7 ; 25, 30, 5 ‖ *-tius* Liv. 25, 30 ; *-tissime* Lampr. *Hel.* 14, 5.

intentĭo, *ōnis*, f. (*intendo*) ¶1 tension, action de tendre, de raidir : Cic. *Tusc.* 1, 20 ‖ [fig.] Cic. *Tusc.* 2, 54 ¶2 application : *cogitationum* Cic. *Tusc.* 4, 3, l'application de la pensée, la tension de l'esprit ; *operis* Quint. 10, 3, 23, application à un travail, cf. Plin. *Ep.* 1, 3, 2 ‖ attention : *alicui suam intentionem accommodare* Sen. *Ep.* 113, 3, prêter son attention à qqn, cf. Quint. 4, 1, 38 ¶3 effort vers un but, intention : Plin. *Pan.* 87, 3 ‖ volonté : Cic. *Inv.* 2, 125 ¶4 intensité : *doloris* Sen. *Ep.* 78, 7, intensité de la douleur ‖ extension, augmentation : Gell. 16, 5, 5 ¶5 [rhét.] ce que soutient le demandeur ; *criminis* Cic. *Inv.* 2, 15, thèse de l'accusation, cf. Cic. *Inv.* 2, 52 ‖ [log.] majeure du syllogisme : Quint. 5, 14, 6 ¶6 partie principale de la formule d'une action en justice exposant la prétention du demandeur : Gai. *Inst.* 4, 41.

intentiōsē, adv., avec ardeur : SCHOL. JUV. 11, 15.

intentīvus, a, um, augmentatif [gram.] : PRISC. 3, 30, 22.

intentō, ās, āre, āvī, ātum (fréq. de *intendo*), tr., tendre vers, diriger contre [pr. et fig.] : *sicam alicui* CIC. *Mil.* 37, diriger un poignard contre qqn, cf. LIV. 4, 37, 4 ; *manus in aliquem* LIV. 3, 47, 7, tendre ses mains dans la direction de qqn, cf. LIV. 6, 39, 7 ; *alicui mortem* VIRG. *En.* 1, 91, mettre la mort sous les yeux de qqn ‖ *arma Latinis* LIV. 6, 27, 7, menacer les Latins de la guerre ‖ *crimen* QUINT. 3, 10, 4, intenter une accusation.

1 intentus, a, um ¶ **1** part. de *intendo* ¶ **2** [adj^t] **a)** énergique, intense, violent : CIC. *de Or.* 2, 211 ; *sermone paulo intentiore* CIC. *Or.* 1, 255, avec un ton familier, mais un peu plus animé **b)** tendu, attentif : *intentis oculis* CIC. *Flac.* 26, avec des yeux attentifs ‖ *aliquo negotio intentus* SALL. *C.* 2, 9, absorbé par qq. affaire, cf. SALL. *J.* 44, 3 ‖ appliqué à, **rem, in rem, alicui rei** : LIV., TAC., SEN. **c)** attentif, vigilant : *intentissima conquisitio* LIV. 29, 35, 10, le recrutement le plus minutieux ; *intentissima cura* LIV. 25, 22, 4, le soin le plus vigilant ‖ sévère, strict : TAC. *An.* 12, 42.

2 intentŭs, ūs, m., action de tendre : CIC. *Sest.* 117.

intĕpĕō, ēs, ēre, -, - (1 *in*), intr., être tiède : PROP. 4, 1, 124 ‖ [fig.] être enflammé [d'amour] : STAT. *Th.* 2, 377.

intĕpescō, ĭs, ĕre, tĕpŭī, -, intr. ¶ **1** devenir tiède : OV. *H.* 10, 54 ; COL. 11, 2, 2 ¶ **2** [fig.] se refroidir, se calmer : AMM. 14, 5, 5 ; PETR. 94, 5.

intĕr (1 *in*, *-ter*, cf. ἔντερα, *subter* ; cf. scr. *antar*, gaul. *inter-*, al. *unter-* ; fr. *entre*) **I** adv., entre, dans l'entre-deux : VAL.-FLAC. 5, 337 ; 6, 220 ; 8, 382 ‖ comme préverbe *inter* marque un intervalle dans le temps ou l'espace, mais aussi l'exclusion ou l'élimination : *interdico, interficio, intereo*.
II prép. avec acc. ¶ **1** entre, parmi, au milieu de : *inter Sequanos et Helvetios* CAES. *G.* 1, 2, entre les Séquanes et les Helvètes ; *ista inter Graecos dicuntur* CIC. *de Or.* 1, 45, cela se dit parmi (chez) les Grecs ; *inter falcarios* CIC. *Cat.* 1, 8, au milieu des fabricants de faux = dans la rue des..., cf. LIV. 35, 41, 10 ‖ [rare] *inter ceteram planitiem* SALL. *J.* 92, 5, dans une région par ailleurs plate ‖ [avec mouv^t] VIRG. *B.* 2, 8 ; *En.* 12, 437 ; LIV. 4, 18, 3 ; TAC. *An.* 14, 33 ¶ **2** [temps] pendant, dans l'espace de : *inter tot annos* CIC. *Pomp.* 68, dans le cours de tant d'années, cf. CIC. *Verr.* 1, 37 ; *inter noctem* LIV. 32, 29, 2, pendant la nuit ; *inter cenam* CIC. *Phil.* 2, 63, pendant le repas ‖ *inter agendum* VIRG. *B.* 9, 24, tout en menant [les chèvres], cf. QUINT. 12, 3, 10 ; *inter rem agendam istam* PL. *Cis.* 721, tout en faisant cela ; *inter res agendas* SUET. *Caes.* 45, dans l'exercice de ses fonctions, cf. ENN. *Inc.* 2 ; CAECIL. *Com.* 193 ; LIV. 6, 11, 5 ¶ **3** [rapports divers] **a)** [circonstances] parmi, au milieu de : *inter has turbas* CIC. *Fam.* 16, 11, au milieu de ces troubles **b)** [catégorie] parmi, entre : *adolescens inter suos nobilis* CIC. *Clu.* 11, jeune homme connu parmi les siens ; *inter omnes excellere* CIC. *Or.* 6, être éminent entre tous ; *honestissimus inter suos* CIC. *Amer.* 16, le plus honorable parmi ses concitoyens **c)** [débat, choix] : *inter Marcellos et Claudios patricios judicare* CIC. *de Or.* 1, 176, juger entre les Marcellus et la branche patricienne des Claudius ; [différence] *inter optime valere et gravissime aegrotare nihil interest* CIC. *Fin.* 2, 43, il n'y a aucune différence entre se bien porter et être gravement malade ; [*inter* répété] *nihil interest inter te atque inter quadrupedem aliquam* CIC. *Par.* 14, il n'y a pas de différence entre toi et un quadrupède, cf. CIC. *Fin.* 1, 30 ; *Lae.* 95 **d)** [relations, échange, réciprocité] : *colloquimur inter nos* CIC. *de Or.* 1, 32, nous conversons entre nous, ensemble ; *inter nos conjuncti sumus* CIC. *Fin.* 3, 66, nous sommes unis entre nous ; *colent inter se ac diligent* CIC. *Lae.* 82, ils auront des égards et une affection réciproques ; *complexiones atomorum inter se* CIC. *Fin.* 1, 19, les réunions d'atomes entre eux ‖ *inter nos*, entre nous, confidentiellement : CIC. *Nat.* 1, 74 ; *Att.* 2, 4 **e)** [expressions] : *quaestio inter sicarios* CIC. *Fin.* 2, 54, chambre d'enquête concernant les assassinats, cf. CIC. *Clu.* 147 ; *Amer.* 11 ; *Phil.* 2, 8 ‖ *inter manus*, v. *manus* ‖ *inter pauca* PLIN. 35, 150, tout particulièrement ; *inter paucos disertus* QUINT. 10, 3, 13, éloquent comme peu de gens l'ont été ; *clades inter paucas memorata* LIV. 22, 7, 1, désastre mémorable comme bien peu d'autres ‖ *inter cuncta, inter omnia, inter cetera* HOR. *Ep.* 1, 18, 96 ; CURT. 3, 3, 17 ; LIV. 37, 12, 8, avant tout ‖ *inter alia* PLIN. *Ep.* 3, 16, 10, entre autres choses ‖ *inter haec, inter quae = interea*, pendant ce temps-là, cependant : LIV. 3, 57, 7 ; TAC. *An.* 1, 15 ‖ *inter moras* PLIN. *Ep.* 9, 13, 20, en attendant.
▶ *quos inter* PL. *Merc.* 752 ; CIC. *Lae.* 83 ‖ [en composition] *intel* devant *l*, ex. *intellego* ‖ [sens] **a)** "entre" : *intercedo, interpono* **b)** "par intervalles" ; "de temps en temps" : *intermitto, interviso* ; [ou] "dans l'intervalle" : 1 *intercido* **c)** idée de destruction : *intereo, interficio, interimo*.

intĕraestŭō, ās, āre, -, -, intr., être enflammé par intervalles : AMBR. *Hex.* 5, 11, 35 ‖ avoir de temps en temps des suffocations : PLIN. *Ep.* 6, 16, 19.

intĕrāmenta, ōrum, n. pl. (*interior*, cf. *armamenta*, ἐντερόνεια), varangues [marine] : *LIV. 28, 45, 15.

Intĕramna, ae, f. (*inter amnes* ; cf. fr. *Antrain*) ¶ **1** ville d'Ombrie [auj. Terni] Atlas XII, D3 : CIC. *Mil.* 46 ; TAC. *H.* 3, 63, 2 ¶ **2** ville du Latium, sur le Liris [auj. Teramo] : CIC. *Phil.* 2, 105 ; LIV. 26, 9, 3.

1 intĕramnānus, LAMPR. *Alex.* 56, 6, **intĕramnus**, a, um, SOLIN. 32, 1 (*inter, amnis*), situé entre deux fleuves.

2 Intĕramnānus, a, um, d'Interamna : CIC. *Mil.* 46.

Intĕramnās, ātis, m. f. n., d'Interamna : LIV. 10, 39, 1 ‖ **-ātes**, ĭum, m. pl., habitants d'Interamna : CIC. *Att.* 4, 15, 5 ; PLIN. 3, 113.

Intĕramnĭum, ĭi, n., ⚫ *Interamna* : FLOR. 3, 21, 27.

intĕrānĕus, a, um (*in* et *extraneus*, cf. ἔντερα et *intestina*), intérieur, intestinal : SCRIB. 96 ‖ **-nĕum**, i, n., intestin : PLIN. 32, 105 ‖ **-nĕa**, ōrum, n. pl. (fr. entrailles), intestins : COL. 9, 14, 15 ; PLIN. 30, 64.

intĕrăpĕrĭō, īs, īre, -, -, tr., entrouvrir : GLOSS. 2, 273, 7.

intĕrārescō, ĭs, ĕre, -, -, intr., se dessécher entièrement : CIC. *Tusc.* 5, 40 ; VITR. 7, 8, 2.

intĕrătim, ⚫ *interim* : P. FEST. 98, 24.

interbĭbō, ĭs, ĕre, -, -, tr., boire entièrement : PL. *Aul.* 550.

interbītō, ĭs, ĕre, -, - (*inter, bito*), intr., mourir : PL. *Most.* 1096.

interblandĭens, tis, flattant par moments : AUG. *Conf.* 9, 12.

intercaelestis, e, situé au milieu du ciel : MAMERT. *Anim.* 2, 12.

intercălāris, e, intercalé, intercalaire : CIC. *Quinct.* 79 ; *Fam.* 6, 14, 2 ; LIV. 43, 11, 13 ‖ [fig.] *intercalaris versus* SERV. *B.* 8, 21, vers répété en refrain.

intercălārĭus, a, um, ⚫ *intercalaris* : LIV. 1, 19, 6 ; 37, 59, 2 ‖ *intercalarius* (= *mensis intercalarius*) CIC. *Verr.* 2, 130, mois intercalaire.

intercălātĭō, ōnis, f. (*intercalo*), intercalation : PLIN. 2, 122 ; MACR. *Sat.* 1, 13, 14.

intercălātus, a, um, part. de *intercalo*.

intercalcō, ās, āre, -, -, tr., fouler aux pieds dans l'intervalle : COL. 12, 45, 2.

intercălō, ās, āre, āvī, ātum (*inter, calo*), tr., [litt^t publier entre, intercaler par publication] ¶ **1** intercaler [un jour, des jours, un mois] ; [surtout au pass.] : SUET. *Caes.* 40 ; MACR. *Sat.* 1, 14, 6 ‖ [pass. impers.] : *pugnare ne intercaletur* CIC. *Att.* 5, 9, 2, lutter pour qu'il n'y ait pas intercalation, cf. CIC. *Att.* 5, 21, 14 ; *Fam.* 7, 2, 4 ¶ **2** différer, remettre : LIV. 9, 9, 2.

intercăpēdĭnans, tis, qui tarde, qui hésite : FULG. *Myth.* 1, pr. 9.

intercăpēdĭnātus, a, um, séparé par un intervalle : CAPEL. 9, 921 ‖ intermittent : CAEL.-AUR. *Chron.* 1, 1, 7.

intercăpēdo, ĭnis, f. (*inter, capio* ; cf. *torpedo*), intervalle, interruption, relâche, suspension : CIC. *Fin.* 1, 61 ; SUET. *Vesp.* 10 ; *intercapedinem scribendi facere* CIC. FIL. *Fam.* 16, 21, 1, tarder d'écrire [à qqn].

intercăpĭō, ĭs, [arch.] ⚫ *intercipio* : PRISC. 2, 122, 20.

intercardĭnātus, *a, um*, à tenons : Vitr. 10, 14, 2.

Intercātĭa, *ae*, f., ville de la Tarraconaise Atlas IV, B2 : Liv. *Ep.* 48 ; Val.-Max. 3, 2, 6 ‖ **-tiensis**, *e*, d'Intercatia : Plin. 37, 9 ; m. pl., habitants d'Intercatia : Plin. 3, 26.

intercēdō, *ĭs, ĕre, cessī, cessum*, intr. ¶ **1** venir, aller entre : *intercedente luna* Plin. 2, 49, la lune s'interposant ‖ *una nox intercesserat, cum...* Cic. *Verr.* 2, 89, une seule nuit s'était écoulée que ... (et déjà ...), cf. *de Or.* 2, 89 ; *nullum intercedebat tempus quin* Caes. *C.* 1, 78, 4, il ne s'écoulait pas un moment sans que ¶ **2** intervenir contre, s'opposer à [veto] : *rogationi* Cic. *de Or.* 2, 197, s'opposer à un projet de loi ; *alicui* Cic. *Leg.* 3, 18, faire opposition à qqn ; *lex qua intercedi de provinciis non licebit* Cic. *Prov.* 17, la loi d'après laquelle il ne pourra être fait d'opposition au sujet de l'attribution des provinces ; *non intercedere alicui, quominus* Liv. 38, 60, 3, ne pas empêcher par son veto qqn de ... ¶ **3** intervenir pour, s'interposer : *cum vestra auctoritas intercessisset, ut* Cic. *Fam.* 15, 2, 4, comme votre autorité s'était entremise pour que ... ‖ répondre pour qqn, se porter caution : *pro aliquo* Cic. *Phil.* 2, 45, cautionner qqn ; *pro aliquo magnam pecuniam* Cic. *Att.* 6, 1, 5, cautionner qqn pour une grosse somme ¶ **4** se trouver entre, être dans l'intervalle : *inter singulas legiones impedimentorum magnus numerus intercedit* Caes. *G.* 2, 17, 2, les légions sont séparées les unes des autres par le grand nombre de leurs bagages respectifs ; *palus intercedebat* Caes. *G.* 7, 26, un marais remplissait l'intervalle, cf. *G.* 5, 52 ‖ exister entre : *inter nos vetus usus intercedit* Cic. *Fam.* 13, 23, il y a de vieux liens entre nous ; *mihi inimicitiae cum eo intercedunt* Cic. *Cael.* 32, il existe de l'inimitié entre lui et moi, cf. Caes. *G.* 1, 43, 6 ; 5, 11, 9 ¶ **5** survenir : *magni casus intercedunt* Caes. *C.* 1, 21, 2, de grands événements surviennent ; *inter bellorum curas intercessit res...* Liv. 34, 1, 1, au milieu des préoccupations causées par les guerres survint un incident ....

interceptĭo, *ōnis*, f. (*intercipio*), soustraction, vol : Cic. *Clu.* 167 ; Cassiod. *Psalm.* 49, 20.

interceptŏr, *ōris*, m. (*intercipio*), celui qui intercepte, qui dérobe, qui soustrait : Liv. 4, 50, 1 ; Tac. *H.* 3, 10.

1 **interceptus**, *a, um*, part. de *intercipio*.

2 **interceptŭs**, abl. *ū*, m., action de surprendre : Fulg. *Myth.* 3, 10.

intercessī, parf. de *intercedo*.

intercessĭo, *ōnis*, f. (*intercedo*) ¶ **1** intervention, comparution : Gell. 14, 2, 7 ¶ **2** opposition, intercession : Caes. *C.* 1, 7 ; Cic. *Phil.* 2, 6 ; *Mil.* 14 ¶ **3** médiation, entremise, intercession : Cic. *Att.* 1, 4, 1 ‖ [chrét.] Hil. *Trin.* 3, 11.

intercessīvus, qui intercède : Cassian. *Inc.* 7, 22.

intercessŏr, *ōris*, m. (*intercedo*) ¶ **1** celui qui s'interpose, qui forme opposition : *agrariae legi intercessor fuit* Cic. *Sull.* 65, il s'opposa à la loi agraire, cf. Cic. *Leg.* 3, 11 ; *intercessor legis* Liv. 4, 53, 4, opposant à une loi ¶ **2** médiateur, celui qui s'entremet : Cic. *Fam.* 7, 27, 1 ; *Amer.* 110 ‖ garant, répondant : Sen. *Ep.* 119, 1.

intercessŭs, abl. *ū*, m. (*intercedo*), entremise, intercession : Val.-Max. 5, 4, 2 ; Alcim. *Ep.* 10 (8).

1 **intercĭdō**, *ĭs, ĕre, cĭdī*, - (*inter, cado*), intr. ¶ **1** tomber entre : Liv. 21, 8, 10 ; 26, 39, 13 ¶ **2** [fig.] **a)** arriver dans l'intervalle, survenir : Cic. *Fam.* 5, 8, 3 **b)** tomber, s'éteindre, se perdre, périr : Cic. *Dej.* 25 ; Plin. 9, 163 ‖ tomber en désuétude : Quint. 10, 2, 13 **c)** *memoria intercidere* Liv. 2, 8, 5 [mss] ou *intercidere* [seul] Hor. *S.* 2, 4, 6, disparaître de la mémoire [pendant un intervalle de temps], cf. Ov. *F.* 2, 443.

2 **intercĭdō**, *ĭs, ĕre, cĭdī, cīsum* (*inter, caedo*), tr. ¶ **1** couper par le milieu : Col. 4, 32, 4 ‖ ouvrir, fendre : Plin. 11, 174 ; *interciso monte* Cic. *Att.* 4, 15, 5, en fendant la montagne ‖ *jugum mediocri valle a castris intercisum* Hirt. *G.* 8, 14, 4, plateau séparé du camp par une vallée moyenne ‖ couper çà et là, avec des intervalles [des feuilles dans un registre] : Plin. *Ep.* 6, 22, 4 ¶ **2** [fig.] **a)** morceler, mutiler, hacher [les phrases] : Gell. 13, 30, 9 **b)** *dies intercisi* Varr. *L.* 6, 31, jours entrecoupés [où le matin et le soir sont interdits pour ce qui est de vaquer aux affaires publiques, le milieu de la journée étant seul admis].

Intercīdōna, *ae*, f. (2 *intercido*), déesse qui protégeait les femmes contre les attaques de Sylvain : Aug. *Civ.* 6, 9, 2.

intercĭlĭum, *ii*, n. (*inter cilia*), l'entre-deux des sourcils : Isid. 11, 1, 42.

intercĭnō, *ĭs, ĕre*, -, - (*inter, cano*), chanter dans l'intervalle de : Hor. *P.* 194.

intercĭpĭō, *ĭs, ĕre, cēpī, ceptum* (*inter, capio*), tr. ¶ **1** intercepter : *litteras* Cic. *Att.* 1, 13, 2, intercepter une lettre ; *magnum numerum jumentorum* Caes. *C.* 1, 55, 1, s'emparer [au cours de leur trajet] d'un grand nombre de bêtes de somme ‖ prendre, recevoir au passage qqch. qui a une autre destination : Cic. *Clu.* 166 ; Virg. *En.* 10, 402 ‖ prendre par surprise : Cic. *Agr.* 2, 3 ¶ **2** enlever, soustraire, dérober : *aliquid alicui* Ov. *Pont.* 4, 7, 25 ; *aliquid ab aliquo* Liv. 3, 17, 7 ¶ **3** enlever avant le temps : *interceptus veneno* Tac. *Agr.* 43, enlevé par le poison, cf. Tac. *An.* 2, 71 ; Plin. *Ep.* 6, 25, 4 ; *interceptus* Quint. 10, 1, 121, emporté par la mort avant l'âge ¶ **4** couper, barrer : *loca opportuna* Liv. 9, 43, 3, couper les passages favorables [intercepter les communications] ; *medio itinere intercepto* Liv. 25, 39, 2, le milieu du chemin étant barré, cf. Curt. 4, 2, 9 ; Tac. *An.* 15, 3 ‖ interrompre [une conversation] : Quint. 6, 4, 11.

intercīsē, adv. (*intercisus*), d'une manière coupée ; en séparant les mots joints d'ordinaire : Cic. *Part.* 24 ‖ par fragments : Gell. 11, 2, 5 ‖ par syncope : Gell. 15, 3, 4.

intercīsĭo, *ōnis*, f. (2 *intercido*), action de couper, coupure : Varr. d. Aug. *Civ.* 6, 9, 2.

intercīsīvus, *a, um* (*intercisus*), qui coupe, qui morcelle : Grom. 217, 7.

intercīsus, *a, um*, part. de 2 *intercido*.

interclāmans, *tis*, qui trouble par des clameurs : Amm. 31, 13, 1.

interclūdō, *ĭs, ĕre, clūsī, clūsum* (*inter, claudo*), tr. ¶ **1** couper, barrer **a)** *fugam* Caes. *G.* 7, 11, 8 [ms. α] ; *iter* Cic. *Att.* 8, 11, d. 2, couper la fuite, le chemin ‖ [fig.] *voluptatis aditus* Cic. *Fin.* 2, 118, fermer les voies d'accès au plaisir, cf. Cic. *Rab. Post.* 3 **b)** *aliquem*, cerner, envelopper qqn : Caes. *G.* 4, 12, 5 ; *C.* 3, 69 ; Cic. *Fam.* 14, 14, 1 ; *Caecin.* 84 ; *Leg.* 2, 75 ¶ **2** [avec compl. indir.] **a)** *alicui iter* Cic. *Att.* 8, 11 d, 4, couper le chemin à qqn ; *alicui omnes aditus ad aliquem* Cic. *Amer.* 110, fermer à qqn tout accès auprès de qqn **b)** *aliquem aliqua re*, séparer qqn de qqch. : *frumento aliquem* Caes. *G.* 1, 48, 2, couper à qqn les approvisionnements de blé ; *omni interclusus itinere* Caes. *C.* 2, 20, 7, tous les chemins lui étant coupés, cf. *G.* 1, 23, 3 ; 3, 23, 6 ; 7, 44, 4 ; *C.* 1, 72, 1 ; Cic. *Att.* 8, 2 **c)** *aliquem ab aliqua re* : *legiones a praesidio atque impedimentis interclusae* Caes. *G.* 7, 59, 5, les légions séparées de leurs réserves et de leurs bagages, cf. *G.* 7, 1, 6 ; *C.* 1, 43, 2 ; 3, 41, 3 ; Cael. *Fam.* 3, 1, 4 ; Liv. 1, 27, 10 ; 30, 70, 5 ; 26, 40, 4 ¶ **3** [fig.] *dolore intercludi quominus* subj., Cic. *Att.* 8, 8, 2, être empêché par la douleur de ...

interclūsĭo, *ōnis*, f. (*intercludo*), action de boucher : *animae* Cic. *de Or.* 3, 181, suffocation ‖ parenthèse : Quint. 9, 3, 23.

interclūsus, *a, um*, part. de *intercludo*.

intercŏlumnĭum, *ii*, n. (*inter columnas*), entrecolonnement, intervalle séparant des colonnes : Cic. *Verr.* 1, 51 ; Vitr. 3, 2, 6.

intercrĕātus, *a, um*, formé dans l'intérieur : Cael.-Aur. *Chron.* 5, 1.

interculcō, *ās, āre*, -, -, Col. 12, 43, 10, ⊙ *intercalco*.

intercurrō, *ĭs, ĕre, currī* et *cŭcurrī, cursum* ¶ **1** intr. **a)** courir dans l'intervalle, s'étendre dans l'intervalle : Plin. 3, 100 **b)** s'interposer : Cic. *Phil.* 8, 17 ; [fig.] Lucr. 2, 373 **c)** courir pendant un intervalle de temps : Liv. 5, 19, 4 **d)** se mêler à, survenir [avec dat.] : Cic. *Tusc.* 2, 36 ¶ **2** tr., parcourir, traverser : Amm. 15, 10, 25.

intercursō, *ās, āre*, -, - (fréq. de *intercurro*), intr. ¶ **1** courir (se jeter) au milieu : Liv. 21, 35, 1 ¶ **2** [fig.] se trouver

intercurso

entre, entrecouper : Plin. 14, 42 ; 15, 88 ‖ [avec tmèse] *inter enim cursant* : Lucr. 3, 262.

1 intercursus, *a*, *um*, part. de *intercurro*.

2 intercursŭs, abl. *ū*, m., action de venir à la traverse, intervention : Liv. 21, 46, 7 ; 37, 42, 4 ‖ apparition par intervalles : Sen. Ben. 5, 6, 5 ; Nat. 3, 27, 10.

intercŭs, *ŭtis*, adj. (*inter cutem*), qui est sous la peau, sous-cutané : *aqua intercus* Pl. Men. 891 ; Cic. Off. 3, 92, hydropisie, cf. Lucil. 764 ‖ [fig.] intérieur, caché : *Cat. Orat. 60, ▶ intercutitus*] ; Gell. 13, 8, 5.

intercŭtānĕus, *a*, *um*, sous-cutané : Gloss. 5, 611, 4.

intercŭtītus (*intercus, cutitus*), sodomisé : P. Fest. 100, 24, cf. 98, 22.

interdătus, *a*, *um* (*interdo*), distribué, répandu : Lucr. 4, 868.

interdĭānus, *a*, *um* (*interdiu*), diurne, de la journée, de jour : Cael.-Aur. Chron. 3, 7, 95.

interdīcō, *is*, *ĕre*, *dīxī*, *dictum* (*inter* exclusif, *dico*), intr. et tr.

I intr. ¶ **1** interdire : *alicui aliqua re*, interdire à qqn qqch. : *omni Gallia Romanis* Caes. G. 1, 46, 4, interdire toute la Gaule aux Romains, cf. G. 6, 13, 6 ; Cic. CM 22 ; *alicui aqua et igni* Caes. G. 6, 44, 3, interdire à qqn l'eau et le feu ; [pass. impers.] *alicui aqua et igni interdicitur* Cic. Phil. 1, 23 ; Dom. 82, on interdit... ‖ [avec *ut ne* ou *ne*] interdire [à qqn] de : Caes. G. 7, 40, 4 ; Cic. de Or. 1, 216 ; Div. 1, 62 ¶ **2** formuler un interdit [préteur] : Cic. Caecin. 85 ; *cum de vi interdicitur* [pass. impers.] Cic. Caecin. 86, quand l'interdit est accordé (quand il y a interdit) sur un cas de violence ‖ [avec *ut* ou subj. seul] enjoindre expressément de : Cic. Rep. 1, 61 ; Caes. G. 5, 58, 4.

II tr. ¶ **1** *rem alicui*, interdire, défendre qqch. à qqn : [à l'actif] Ov. M. 6, 333 ; Val.-Max. 2, 9, 9 ; Suet. Dom. 7, 2 ; Nep. 32 ; [au pass.] *res interdicitur alicui* Cic. Har. 12 ; Balb. 26 ; Planc. 45 ; Nep. Ham. 2, 2 ¶ **2** [pers.] *aliquis interdicitur aliqua re*, qqn est exclu de qqch. : Gell. 15, 11, 4 ; 17, 2, 7.

▶ pqpf contr. *interdixem* Catul. d. Gell. 19, 9, 4.

interdictālis, *e*, d'interdiction : Ps. Hier. Ep. 19, 4, 192 B.

interdictĭo, *ōnis*, f. (*interdico*), interdiction, défense : Liv. 41, 24, 16 ; *aquae et ignis* Cic. Dom. 78, interdiction de donner à qqn l'eau et le feu [exil].

interdictŏr, *ōris*, m. (*interdico*), celui qui interdit : Tert. Marc. 2, 9, 9.

interdictōrĭus, *a*, *um*, qui interdit, d'interdiction : Salv. Eccl. 3, 73.

interdictum, *i*, n. (*interdico*) ¶ **1** interdiction, défense : Cic. Pis. 48 ¶ **2** interdit [ordres du préteur, publiés dans son édit, interdisant qu'un trouble soit apporté au droit d'autrui ; mesures conservatoires : les interdits possessoires] : Cic. Caecin. 9 ; de Or. 1, 41 ; Inst. Just. 4, 15 pr. ; Dig. 43, 1, 2, 1.

1 interdictus, *a*, *um*, part. de *interdico*.

2 interdictŭs, *ūs*, m., interdiction : Aug. Jul. op. imp. 6, 20.

interdidĭum, *ĭi*, n., emplacement dans Alexandrie : Jul.-Val. 1, 30.

interdĭgĭtĭa, *ōrum*, n. pl. (*inter digitos*), excroissances entre les doigts : M.-Emp. 3, 27.

interdĭū, adv. (*inter, 1 diu*), pendant le jour, de jour : Cat. Agr. 124 ; Caes. G. 7, 69, 7 ; C. 1, 67, 5 ; Liv. 1, 47, 1 ; 21, 32, 10. ▶ arch. *interdius* Pl. Aul. 72 ; Cat. Agr. 83 ; Varr. R. 2, 10, 5 ; Gell. 17, 10, 11.

interdĭūs, ▶ *interdiu* ▶.

interdixem, ▶ *interdico* ▶.

interdixī, parf. de *interdico*.

interdō, *ās*, *ăre*, -, *ătum*, tr. ¶ **1** donner par intervalles, répartir : Lucr. 4, 227 ; ▶ *interdatus* ¶ **2** [subj. arch.] : *floccum non interduim* Pl. Trin. 994, je ne donnerais pas en échange un fétu, je ne m'en soucie pas.

interdŭătim [arch.], ▶ *interdum* : P. Fest. 98, 24.

Interdūca, *ae*, f., ▶ *Domiduca* : Capel. 2, 149.

interductŭs, abl. *ū*, m., ponctuation : Cic. Or. 228.

interdŭim, ▶ *interdo*.

interdum, adv. ¶ **1** quelquefois, parfois, de temps en temps : Pl. Amp. 864 ; *interdum... interdum* Cic. Or. 201, parfois... parfois ¶ **2** cependant, pendant ce temps-là : Modest. Dig. 40, 5, 15.

intĕrĕā, adv. (cf. *postea*) ¶ **1** pendant ce temps, dans l'intervalle : Cic. Verr. 2, 37 ; *interea loci* Pl. Men. 446 ; Ter. Eun. 126, même sens ‖ *cum interea* Cic. Verr. 5, 162 ; Clu. 82, cependant que, pendant que ‖ et cependant : Cic. Fam. 5, 12, 10 ; Virg. G. 1, 83 ; Catul. 101, 7 ¶ **2** quelquefois : Sil. 7, 395.

intĕrēmī, parf. de *interimo*.

intĕremptĭbĭlis, *e* (*interimo*), qui peut être tué : Tert. Marc. 3, 6, 4.

intĕremptĭo, *ōnis*, f. (*interimo*), meurtre : Tert. Prax. 27, 7 ; Aug. Faust. 22, 92.

intĕremptŏr, *ōris*, m. (*interimo*), meurtrier : Sen. Ep. 70, 14 ; Vell. 2, 129.

intĕremptōrĭus, *a*, *um* (*interimo*), mortel, funeste : Aug. Lib. 3, 25 ; Isid. 17, 7, 7.

intĕremptrix, *īcis*, f., celle qui tue : Lact. Inst. 1, 10, 4 ‖ [fig.] celle qui immole : Tert. Spect. 17, 4.

1 intĕremptus ou **intĕremtus**, *a*, *um*, part. de *interimo*.

2 intĕremptŭs, *ūs*, m., meurtre : Ps. Placid. Fab. Ov. 11, 11.

intĕrĕō, *īs*, *īre*, *ĭi*, *ĭtum* (*inter* exclusif, *eo* ; cf. *interficio*), intr. ¶ **1** se perdre dans, disparaître dans : Cic. Fin. 3, 45 ; Aetna 450 ¶ **2** périr, disparaître, mourir : Cic. Nat. 3, 33 ; Verr. 4, 87 ; Tusc. 1, 82 ; *non ex insidiis interire, non a paucis* Cic. Off. 2, 26, trouver la mort non pas dans un attentat, non pas sous les coups de quelques hommes ‖ [avec *ab*] Lucr. 6, 708 ; [avec abl.] Cic. Phil. 9, 14, périr de, par l'effet de ‖ [au parf. chez les com.] être perdu : *interii !* je suis perdu ! c'est fait de moi !

▶ part. *interitus, a, um* " détruit " : Quadr. d. Prisc. 2, 483, 26 ; Sidon. Ep. 2, 10 ‖ formes contr. *interissent, interisse* Cic. Div. 2, 20, 1, 119.

intĕrĕquĭtō, *ās*, *āre*, -, - ¶ **1** intr., aller à cheval au milieu : Liv. 34, 15, 4 ; 35, 5, 10 ¶ **2** tr., parcourir à cheval : Liv. 6, 7, 3 ; Curt. 4, 15, 1.

intĕrerrō, *ās*, *āre*, -, -, intr., errer parmi : Minuc. 10 ‖ [fig.] Prud. Cath. 6, 43.

intĕrest, impers., ▶ *intersum*.

interfārī, *interfŏr [inus.], *ātŭr*, *ārī*, *ātus sum* (*inter, fari*), cf. ▶ *interdico*, tr. ¶ **1** interrompre, couper la parole : *aliquem* Liv. 32, 34, 2, interrompre qqn, cf. Plin. Ep. 1, 23, 2 ¶ **2** dire en interrompant : Virg. En. 1, 386 ; Liv. 3, 47, 4.

interfātĭo, *ōnis*, f. (*interfari*), interruption [de parole] : Cic. Sest. 79 ; Quint. 4, 2, 50.

interfātus, *a*, *um*, part. de *interfari*.

interfectĭbĭlis, *e* (*interfacio*), qui donne la mort à, mortel pour : Ps. Apul. Herb. 90.

interfectĭo, *ōnis*, f. (*interficio*), meurtre : Brut. d. Cic. ad Brut. 2, 3.

interfectīvus, *a*, *um* (*interficio*), mortel, qui cause la mort : Cael.-Aur. Acut. 1, praef. 12.

interfectŏr, *ōris*, m. (*interficio*), meurtrier, assassin : Cic. Mil. 72 ; Phil. 1, 35 ; Nep. Att. 8, 3 ‖ destructeur : Tert. Carn. 5, 2.

interfectŏrĭē, adv., mortellement : Aug. Parm. 3, 14.

interfectōrĭus, *a*, *um* (*interficio*), mortel, qui cause la mort : Aug. Lib. 3, 25 ; Isid. 17, 7, 7.

interfectrix, *īcis*, f. (*interfector*), celle qui tue : Tac. An. 3, 17.

interfĕmĭnĭum, *ĭi*, n. (*inter femina*), sexe [de la femme] : Apul. Apol. 33.

interfĕmus, *ŏris*, n. (*inter femora*), intervalle entre les cuisses : Gloss. 2, 368, 16.

interfĭcĭō, *is*, *ĕre*, *fēcī*, *fectum* (*inter* exclusif, *facio*, cf. *intereo, interimo*), tr. ¶ **1** détruire, anéantir : *herbas* Cic. d. Non. 450, 2 ; *messes* Virg. G. 4, 330, détruire les plantes, les moissons ¶ **2** tuer, massacrer : *aliquem* Cic. Cat. 1, 15 ; *senatum* Cic. Pis. 15 ; *exercitus* Cic. Phil. 2, 55, tuer qqn, massacrer le sénat, des armées ; *se ipsi interficiunt* Caes. G. 5, 37, 6, ils se suicident, cf. Sulp. Fam. 4, 12, 2 ; Liv. 31, 18, 7.

interfīnĭum, *ĭi*, n. (*inter fines*), espace intermédiaire : Isid. 11, 1, 48.

interfĭō, fīs, fĭĕrī, -, pass. de *interficio*, être détruit : Pl. *Trin.* 532 ; Lucr. 3, 872.

interflŭō, ĭs, ĕre, -, - ¶ **1** intr., couler entre : Liv. 41, 23, 16 ; Plin. 3, 76 ; [avec dat.] Sen. *Ben.* 6, 7, 3 ¶ **2** tr., séparer : Liv. 27, 29, 9 ; Tac. *An.* 2, 9.

interflŭus, *a, um*, qui coule entre : Plin. 6, 121 ; Solin. 53, 3 ∥ **interfluum**, *i,* n., détroit : Avien. *Or.* 312.

interfŏdĭō, ĭs, ĕre, fōdī, fossum, tr., percer entre, crever : Lucr. 4, 716.

*****interfor** [inus.] **▶** *interfari*.

interfrīgescō, ĭs, ĕre, -, - (cf. *intereo*), intr., mourir de froid ; [fig.] cesser peu à peu : Fragm. Vat. 155.

interfringō, ĭs, ĕre, frēgi, fractum (*inter, frango*), tr., briser, rompre : Cat. *Agr.* 44 ; Plin. 17, 127.

interfŭgĭō, ĭs, ĕre, -, -, intr., pénétrer entre : Lucr. 6, 332.

interfŭī, parf. de *intersum*.

interfulgens, *tis*, qui brille entre : Liv. 28, 33, 4.

interfundō, ĭs, ĕre, fūdī, fūsum, tr., [pass.] *interfundi*, couler entre, se répandre dans : Avien. *Or.* 370 ; *interfusus* Virg. *G.* 4, 480 ; Hor. *O.* 1, 14, 19 ; [poét.] *maculis interfusa genas* Virg. *En.* 4, 644, ayant les joues parsemées de taches livides.

interfŭrō, ĭs, ĕre, -, -, tr., exercer ses fureurs dans : Stat. *Ach.* 1, 395.

interfuscātus, *a, um*, obscurci [fig.] : Avell. p. 99, 12.

interfūsĭo, ōnis, f. (*interfundo*), épanchement entre : Lact. *Inst.* 7, 3, 25.

interfūsus, *a, um*, part. de *interfundo*.

interfŭtūrus, *a, um*, part. f. de *intersum*.

intergarrītus, *a, um* (*inter, garrio*), chuchoté dans l'intervalle : Apul. *Apol.* 17.

intergĕrĭēs, ēi, f., mur mitoyen : Gloss. 2, 89, 57.

intergĕrīvus, *a, um* (*intergero*), mitoyen, qui sépare : Plin. 13, 82 ∥ subst. m. pl., *intergerivi*, murs mitoyens : Plin. 11, 23 ; 35, 137.

intergĕrō, ĭs, ĕre, -, -, tr., placer entre, interposer : P. Fest. 98, 19.

intergressŭs, abl. ū, m., intervention : Minuc. 15, 1.

intĕrhĭō, ās, āre, -, -, intr., s'ouvrir entre : Tert. *Apol.* 48, 12.

intĕrĭbi, adv. (*inter, ibi* ; cf. *interea, inibi*), cependant, pendant ce temps : Pl. *Cap.* 951 ; *Ru.* 1224 ; Apul. *Apol.* 73.

intĕrĭbĭlis, *e* (*intereo*), sujet à la mort, périssable : Tert. *Herm.* 34, 4.

intĕrim, adv. (*inter, olim* ; cf. *interatim*) ¶ **1** pendant ce temps-là, dans l'intervalle, cependant : Cic. *de Or.* 2, 353 ; *Sull.* 16 ; *Fam.* 10, 12, 2 ; *Att.* 8, 11 d, 4 ; Caes. *G.* 5, 37, 2 ∥ en attendant : Cic. *Att.* 7, 12, 3 ¶ **2** pendant un moment, pour l'instant : Quint. 1, 10, 27 ; 2, 4, 3 ; 3, 8, 5 ¶ **3** parfois : Quint. 2, 1, 1 ; Sen. *Ir.* 2, 21, 8 ∥ *interim ... interim* Tac. *An.* 14, 41, parfois ... parfois, tantôt ... tantôt, cf. Plin. *Ep.* 10, 27.

intĕrĭmō, ĭs, ĕre, ēmī, emptum ou emtum (*inter, emo* ; cf. *interficio*), tr., enlever du milieu de, enlever, abolir, détruire, tuer : Virg. *En.* 10, 128 ; Cic. *Mur.* 27 ; *Nat.* 1, 50 ; 3, 56 ∥ *se* Cic. *Fin.* 2, 66 ; *Off.* 1, 112, se tuer ∥ [fig.] tuer, porter un coup mortel à : Cic. *Mil.* 93 ; Pl. *Merc.* 607.

intĕrĭor, intĕrĭus, ōris, compar. (*in,* **interus*, cf. *interulus, intimus, interior, ultimus*) ¶ **1** plus en dedans : *quid interius mente* Cic. *Nat.* 1, 26, qu'y a-t-il de plus intérieur que l'esprit ∥ intérieur : *interiores templi parietes* Cic. *Verr.* 4, 122, les parois intérieures du temple ; *interiore epistola* Cic. *Q.* 3, 1, 18, vers le milieu de la lettre ; *rota* Ov. *Am.* 3, 2, 12, la roue intérieure [la plus rapprochée de la borne que l'on contourne] ; *Falernum interiore nota* Hor. *O.* 2, 3, 8, un Falerne dont l'étiquette [avec la jarre] est au fond du cellier = de qualité supérieure [cf. " de derrière les fagots "] ; *interior ibat* Ov. *F.* 5, 68, il tenait le haut du pavé [opposé à *exterior*, cf. Hor. *S.* 2, 5, 17] ; *interior ictibus* Liv. 24, 34, 10, en dedans des coups, en deçà de la portée ∥ *interiores* les habitants de l'intérieur : Caes. *G.* 5, 14, 2, les assiégés : Caes. *G.* 7, 82, 3 ∥ *interiora* les parties intérieures, l'intérieur (*aedium* Cic. *Att.* 4, 3, 3, d'une maison) ; = les parties internes du corps, intestins : Cels. 1, pr. 68 ∥ *interiores nationes* Cic. *Pomp.* 64, nations de l'intérieur ¶ **2** [fig.] **a)** plus rapproché du centre, plus petit [cercle] : Hor. *S.* 2, 6, 26 **b)** à l'abri de : *periculo* Liv. 7, 10, 10, à l'abri du péril **c)** plus personnel, qui touche de plus près qqn : Cic. *Ac.* 2, 4 ; *de Or.* 2, 209 **d)** plus étroit, plus intime : *societas* Cic. *Off.* 3, 69, société plus restreinte ; *litterae interiores* Cic. *Fam.* 3, 10, 9, correspondance plus intime, cf. Cic. *Fam.* 7, 33, 2 ; *interior potentia* Tac. *H.* 1, 2, puissance plus intime (s'exerçant plus à l'intérieur du palais) **e)** qui n'est pas du domaine commun : *interiores et reconditas litteras scrutari* Cic. *Nat.* 3, 42, fouiller des documents d'un caractère spécial et peu connus, cf. Cic. *Div.* 2, 125 ; *Dom.* 138.

intĕrĭtĭo, ōnis, f. (*intereo*), destruction, anéantissement : Cic. *Verr.* 3, 125 ; Vitr. 2, 2, 1.

1 **intĕrĭtus**, *a, um*, **▶** *intereo* ▶.

2 **intĕrĭtŭs**, ūs, m. (*intereo*) ¶ **1** [choses] destruction, anéantissement : Cic. *Div.* 2, 37 ¶ **2** [personnes] mort, meurtre : Cic. *Brut.* 125 ; *Cat.* 3, 23 ; *Rep.* 2, 20 ∥ *exercitus nostri interitus ferro, fame* Cic. *Pis.* 40, la destruction de notre armée par le fer, par la faim ∥ pl., Cic. *Nat.* 1, 42.

intĕrĭus, compar. ¶ **1** n. de *interior* ¶ **2** adv., compar. de *intra*, plus en dedans, intérieurement : Cic. *de Or.* 3, 190 ; Plin. 3, 150.

interjăcĕō, ēs, ēre, -, -, intr., être placé entre : [abs¹] *quamquam via interjacente* Plin. *Ep.* 10, 33 (42), 1, quoiqu'il y eût une rue dans l'intervalle ∥ [avec *inter*] *haec inter eam (insulam) et Rhodum interjacet* Plin. 4, 60, elle se trouve entre l'île et le Rhône ∥ [avec dat.] *campus interjacens Tiberi ac moenibus Romanis* Liv. 21, 30, 11, plaine qui s'étend entre le Tibre et les murs de Rome ; [fig.] Quint. 11, 3, 18 ∥ [avec acc.] Liv. 7, 29, 6 ; 27, 41, 4 : Plin. 5, 27.

interjăcĭo, **▶** *interjicio*.

interjectĭō, ōnis, f. (*interjicio*), intercalation, insertion : Quint. 4, 2, 121 ; Her. 1, 9 ∥ parenthèse : Quint. 8, 2, 15 ∥ interjection : Quint. 1, 4, 19 ∥ intervalle de temps : Cels. 3, 21, 6.

interjectīvē, adv., en forme d'interjection : Prisc. 3, 91, 23.

interjectīvus, *a, um* (*interjicio*), intercalé : Grom. 41, 8.

1 **interjectus**, *a, um*, part. de *interjicio*.

2 **interjectŭs**, ūs, m., interposition : Cic. *Nat.* 2, 103 ∥ intervalle de temps : Tac. *An.* 3, 51 ; 6, 39.

interjĭcĭō, ĭs, ĕre, jēcī, jectum (*inter, jacio*), tr., placer entre, interposer : Caes. *C.* 1, 73, 3 ; *brevi spatio interjecto* Caes. *G.* 3, 4, 1, après un court intervalle de temps ; *interjecto mari* Cic. *Or.* 25, ayant une mer comme séparation ; *interjectus inter ...* Cic. *Nat.* 2, 66 ; *Off.* 1, 92 ; *Brut.* 228, placé entre ; [avec dat.] *oculis interjectus* Cic. *Nat.* 2, 143, interposé entre les deux yeux, cf. Cic. *Ac.* 1, 36 ; *Opt.* 2 ; Liv. 21, 54, 7.

interjunctus, *a, um*, part. de *interjungo*.

interjungō, ĭs, ĕre, junxī, junctum, tr. ¶ **1** joindre, unir : Liv. 22, 30, 6 ¶ **2** dételer : Mart. 3, 67, 7 ∥ [abs¹] faire halte : Sen. *Ep.* 83, 6 ; *Tranq.* 17, 7.

interkalo, **▶** *intercalo* : Cat. *Agr.* 150, 1.

interlābor, *lapsus sum*, lābī ¶ **1** intr., se glisser entre, couler entre : Virg. *G.* 2, 349 ; Stat. *Th.* 2, 649 ¶ **2** tr., traverser en coulant : Amm. 22, 8, 17.

interlătĕō, ēs, ēre, -, -, intr., être caché en dedans : *Sen. Nat.* 6, 16, 4.

interlătrō, ās, āre, -, -, intr., aboyer dans l'intervalle : Paul.-Nol. *Ep.* 4, 4.

interlĕgō, ĭs, ĕre, lēgī, lectum, cueillir (enlever) par intervalles : Virg. *G.* 2, 366, [avec tmèse.].

interlīdō, ĭs, ĕre, līsi, līsum (*inter, laedo*), tr., supprimer dans l'intervalle : Macr. *Sat.* 3, 18, 3 ∥ enfoncer au milieu : Paul.-Nol. *Carm.* 10, 261.

interlĭgō, ās, āre, -, -, tr., lier ensemble : Stat. *Th.* 7, 571.

interlĭnō, ĭs, ĕre, lēvī, lĭtum, tr. ¶ **1** enduire entre, mélanger : *caementa interlita luto* Liv. 21, 11, 8, ciment mêlé de boue, cf. Plin. 28, 132 ∥ relier par un enduit : Curt. 5, 1, 9 ¶ **2** effacer (raturer)

interlino

interlīsus, *a*, *um*, part. de *interlido*.

interlĭtus, *a*, *um*, part. de *interlino*.

interlŏcūtĭo, *ōnis*, f. (*interloquor*), action d'interrompre en parlant, interpellation: QUINT. 5, 7, 26 ǁ sentence interlocutoire [préalable]: DIG. 1, 15, 3.

interlŏquĭum, *ii*, n. (*interloquor*), interruption, contradiction: DON. *Eun.* 254.

interlŏquŏr, *ĕrĭs*, *ī*, *locūtus sum* (cf. *interfari*) ¶ 1 intr., couper la parole à qqn [*alicui*], interrompre: TER. *Haut.* 691; [abs^t] SEN. *Clem.* 1, 9, 9 ǁ intervenir dans une discussion: PLIN. *Ep.* 7, 6, 6 ¶ 2 tr., dire qqch. en intervenant, en interrompant: SEN. *Ben.* 4, 26, 1 ¶ 3 rendre une sentence interlocutoire: DIG. 48, 19, 32.

interlūcātĭo, *ōnis*, f. (*interluco*), taille [des arbres], émondage: PLIN. 17, 257.

interlūcātus, *a*, *um*, part. de *interluco*.

interlūcĕō, *ēs*, *ēre*, *lūxī*, -, intr. ¶ 1 briller à travers: TAC. *G.* 45 ¶ 2 impers., *nocte interluxit* LIV. 29, 14, 3, il y eut un intervalle de jour pendant la nuit ¶ 3 [fig.] *a)* briller entre, apparaître: HER. 3, 31 *b)* *aliquid interlucet inter...* LIV. 1, 42, 4, une différence se montre entre... *c)* se montrer par intervalles, être clairsemé: VIRG. *En.* 9, 508.

interlūcescō, *ĭs*, *ĕre*, -, -, intr., luire entre: GLOSS. 2, 275, 27.

interlūcō, *ās*, *āre*, -, - (*lux*), tr., élaguer, éclaircir: PLIN. 17, 94; 17, 214.

interlūdō, *ĭs*, *ĕre*, -, -, intr., jouer (badiner) par intervalles: AMBR. *Ep.* 47, 4; AUS. *Mos.* 76.

interlūnis, *e* (*inter*, *luna*), avant la nouvelle lune: AMM. 19, 6, 7.

interlūnĭum, *ii*, n. (*interlunis*), temps de la nouvelle lune, interlunium [astron.]: HOR. *O.* 1, 25, 11; PLIN. 7, 38.

interlŭō, *ĭs*, *ĕre*, -, - (*inter*, 2 *lavo*), tr. ¶ 1 laver dans l'intervalle: CAT. *Agr.* 132 ¶ 2 couler entre, baigner de part et d'autre: VIRG. *En.* 3, 419; 7, 717; CURT. 4, 3, 6; TAC. *An.* 6, 1.

interlŭvĭēs, *ēi*, f. (*interluo*), bras de mer, détroit: SOLIN. 22, 14; AMM. 24, 2, 4.

intermănĕō, *ēs*, *ēre*, -, -, intr., rester au milieu: LUC. 6, 47.

intermănō, *ās*, *āre*, -, -, intr., couler entre: CHALC. 214.

intermĕdĭus, *a*, *um* (it. *intermezzo*), interposé, intercalé: *PAUL.-NOL. *Carm.* 19, 637.

intermenstrŭus, *a*, *um* (cf. *intermestris*), qui est entre deux mois: CIC. *Rep.* 1, 25; *luna intermenstrua* PLIN. 18, 322, nouvelle lune ǁ subst. n., <small>C</small>▸ *interlunium*: VARR. *R.* 1, 37, 1; CIC. *Rep.* 1, 25.

intermĕō, *ās*, *āre*, -, -, tr., couler entre, traverser: PLIN. 5, 126; AMM. 15, 11, 16.

intermestris, *e* (*inter menses*), qui est entre deux mois: VARR. *L.* 6, 10 ǁ abl. n., *intermestri* CAT. *Agr.* 37, 4, entre deux mois ǁ *intermestris luna = interlunium*, nouvelle lune: PLIN. 16, 194.

intermētĭum, *ĭi* (*inter*, *meta*), espace entre deux bornes: GLOSS. 2, 90, 9.

intermĭcō, *ās*, *āre*, *ŭī*, -, briller entre, par intervalles ¶ 1 intr., [avec dat.]: CLAUD. *Pros.* 1, 183 ¶ 2 tr., VAL.-FLAC. 4, 662 ǁ [abs^t] STAT. *Th.* 12, 252.

intermĭnābĭlis, *e* (2 *in-*, *termino*), interminable: SIDON. *Ep.* 2, 7, 2.

intermĭnātĭo, *ōnis*, f. (*interminor*), menace conditionnelle, condition: COD. TH. 8, 7, 21; CYPR. *Ep.* 4, 4.

1 intermĭnātus, *a*, *um* (2 *in-*, *termino*), sans bornes, non limité: CIC. *Nat.* 1, 54 ǁ [fig.]: VELL. 2, 33, 2; AMM. 30, 4, 18.

2 intermĭnātus, *a*, *um*, part. de *interminor*.

intermĭnis, *e*, <small>C</small>▸ *interminus*: JUL.-VAL. 1, 30.

intermĭnŏr, *ārĭs*, *ārī*, *ātus sum* (cf. *interloquor*) ¶ 1 menacer fortement; *alicui* [et prop. inf.] annoncer à qqn avec menaces que: PL. *As.* 363; *Ps.* 776 ǁ *alicui vitam* PL. *Cas.* 658, menacer la vie de qqn ¶ 2 défendre avec force menaces de [avec *ne* subj.]: PL. *Cap.* 788; TER. *And.* 496; *Eun.* 830; GELL. 15, 22, 8 ǁ [pass.] *cibus interminatus* HOR. *Epo.* 5, 39, nourriture défendue.

intermĭnus, *a*, *um*, infini [en étendue, en durée]: AVIEN. *Perieg.* 74; AUS. *Epist.* 16, 2 (406), 39.

intermiscĕō, *ĭs*, *ēre*, *ŭī*, *mixtum*, tr., mêler, mélanger, *aliquid alicui rei*, qqch. avec qqch.: VIRG. *B.* 10, 5; LIV. 4, 56, 3; COL. 11, 3, 57.

intermissĭo, *ōnis*, f. (*intermitto*), discontinuité, interruption, suspension, relâche: *officii* CIC. *Lae.* 8, interruption dans l'accomplissement de son devoir, cf. CIC. *Div.* 2, 142; *eloquentiae* CIC. *Off.* 2, 65, éclipse de l'éloquence; *sine ulla intermissione* CIC. *Nat.* 1, 114, sans aucune trêve, sans relâche ǁ *verborum* CIC. *Part.* 19, phrase coupée.

1 intermissus, *a*, *um*, part. de *intermitto*.

2 intermissŭs, *ūs*, m., interruption: PLIN. 10, 81.

intermittō, *ĭs*, *ĕre*, *mīsī*, *missum*, tr. et intr.

I tr. ¶ 1 laisser au milieu, dans l'intervalle: *intermisso loci spatio inter cohortes* CAES. *G.* 5, 15, 4, un espace étant laissé entre les cohortes; *mille passuum intermisso spatio* CAES. *G.* 6, 7, 4, avec un espace intermédiaire de mille pas; *dies intermissus* CIC. *Mur.* 35, l'intervalle d'un jour, cf. CAES. *G.* 1, 27, 4; 5, 15, 3; *C.* 3, 84, 1 ǁ *(pars) intermissa a flumine et a paludibus* CAES. *G.* 7, 17, 1, (partie) laissée libre entre le fleuve et les marais; *planities intermissa collibus* CAES. *G.* 7, 70, 1, plaine laissée libre par les collines [ou *collibus* dat., cf. *interjicio*] plaine s'étendant entre les collines; *intermissa custodiis loca* LIV. 24, 35, 8, intervalles laissés libres par (entre) les postes de garde ¶ 2 laisser du temps en intervalle: *noctem, diem* CAES. *G.* 5, 38, 1, laisser s'écouler une nuit, un jour d'intervalle; *nihil* CIC. *Div.* 1, 74, ne laisser aucun intervalle, ne pas discontinuer; *ne quod tempus ab opere intermitteretur* CAES. *G.* 7, 24, 2, pour qu'aucun moment ne fût soustrait au travail; *nulla pars nocturni temporis ad laborem intermittitur* CAES. *G.* 5, 40, 5, il n'y a pas un moment de la nuit qui ne soit employé sans interruption au travail, cf. *G.* 5, 11, 6; *nullum intermisi diem quin... darem* CIC. *Att.* 7, 15, 1, je n'ai pas laissé passer un jour sans t'envoyer..., cf. PL. *Bac.* 210; TER. *Ad.* 293; CAES. *G.* 5, 55, 1; 7, 36, 4 ¶ 3 mettre de la discontinuité dans un tout, interrompre, suspendre: *iter, opus, dilectus, proelium* CAES. *G.* 1, 41, 5; *C.* 1, 42, 3; *C.* 1, 10, 4; *G.* 3, 5, 3, interrompre sa marche, un travail, des levées de troupes, suspendre le combat, cf. CIC. *Or.* 34; *Off.* 2, 24; *Brut.* 303; *verba vetustate ab usu cotidiani sermonis jamdiu intermissa* CIC. *de Or.* 3, 153, mots qui du fait de leur ancienneté ont été laissés depuis longtemps en dehors de la langue usuelle; *intermissa moenia* LIV. 34, 37, 8, vides, ouvertures dans les remparts ǁ [avec inf.] s'interrompre de, cesser de: CAES. *G.* 4, 31, 1; CIC. *Div.* 2, 1; *Tusc.* 1, 68 ¶ 4 mettre de l'intervalle entre des objets, espacer, séparer: *trabes paribus intermissae spatiis* CAES. *G.* 7, 23, 3, poutres séparées par des intervalles égaux, cf. SEN. *Nat.* 1, 3, 8; PLIN. *Ep.* 2, 17, 27.

II intr., admettre de la discontinuité, s'interrompre: *subeuntes intermittere* CAES. *G.* 2, 25, 1, s'arrêter de monter; *qua flumen intermittit* CAES. *G.* 1, 38, 5, sur l'étendue que le fleuve laisse libre, cf. PLIN. 17, 171; SEN. *Ep.* 29, 8.

intermixtĭo, *ōnis*, f., mélange, immixtion: MAR. VICT. *Gram.* 6, 64, 25.

intermixtus, *a*, *um*, part. de *intermisceo*.

intermŏrĭŏr, *morĕrĭs*, *morī*, *mortŭus sum* (cf. *intereo*), intr., mourir, dépérir, s'éteindre: CAT. *Agr.* 161, 3; PLIN. 21, 114; CURT. 6, 6, 31 ǁ [fig.] BITHYN. d. CIC. *Fam.* 6, 16; LIV. 34, 49, 2 ǁ part., *intermortuus, a, um*, mort, disparu, éteint [pr. et fig.]: LIV. 37, 53, 10; SUET. *Ner.* 42; CIC. *Mur.* 16; *Pis.* 16; *Mil.* 12.

intermortŭus, *a*, *um*, part. de *intermorior*.

intermŏvĕō, *ēs*, *ēre*, -, -, tr., creuser [un sillon] entre: SYMM. *Ep.* 8, 69.

intermundĭa, *ōrum*, n. pl. (*inter*, *mundus*), espaces entre les mondes, intermondes: CIC. *Fin.* 2, 75; *Div.* 2, 40; *Nat.* 1, 18.

intermūnus, *ĕris*, n., don réciproque: *ENNOD. *Dict.* 21, 19.

intermūrālis, *e*, qui est entre des murs : Liv. 44, 46, 7.

intermūtātus, *a*, *um*, *intermutatae manus* Tert. Bapt. 8, 2, mains croisées.

internāscor, *ĕris*, *ī*, *nātus sum*, naître entre, au milieu, çà et là : Plin. 18, 146 ; Liv. 28, 2, 8.

internātĭum, *ĭi*, n. (*inter nates*), ▶ *spina sacra*, le sacrum : *Front. Amic. 1, 13, p. 182 N.

internātō, *ās*, *āre*, -, -, intr., nager entre : Avien. Or. 129.

internē, adv. (*internus*), au-dedans : Aus. Epist. 5 ; (394), 21 ; Urb. (298), 142.

internĕcīda, *ae*, m. f. (*interneco*), celui, celle qui tue qqn pour faire valoir un testament supposé : Isid. 10, 149.

internĕcĭēs, *ēi*, f., mort, meurtre : Hymn. Ambr. 2, 72, 19.

internĕcĭo (-nĭcĭo), *ōnis*, f. (*interneco*), massacre, carnage, extermination : Cic. Sull. 33 ; Pomp. 30 ; Att. 2, 20 3 ; *prope ad internecionem gente ac nomine Nerviorum redacto* Caes. G. 2, 28, 1, le peuple nervien et même son nom étant presque réduit à l'anéantissement ‖ *memoriae* Plin. 14, pr. 3, anéantissement de la mémoire.
▶ les 2 formes d. Cic. mais *-nicio* plus fréquent.

internĕcĭum, *ĭi*, n., ⟨> *internecio* : Isid. 5, 26, 17.

internĕcīvē, adv., en exterminant : Amm. 30, 3, 7.

internĕcīvus (-nĭcīvus), *a*, *um*, qui aboutit au carnage, très meurtrier : Cic. Phil. 14, 7 ‖ *internecivum bellum* Liv. 9, 25, 9, guerre à mort (sans merci).

internĕcō, *ās*, *āre*, *āvī*, *ātum* (cf. *interficio*), tr., faire mourir, détruire : Pl. Amp. 189 ; Amm. 23, 6, 50.
▶ forme *internectus* donnée par Prisc. 2, 122, 2.

internectō, *ĭs*, *ĕre*, -, -, tr., entrelacer : Virg. En. 7, 816 ‖ unir : *plagam* Stat. Th. 8, 168, réunir les bords d'une plaie.

internectus, *a*, *um*, ⟨> *interneco* ▶.

internĭcĭo, *ōnis*, f., ⟨> *internecio* ▶.

internīdĭfĭcō, *ās*, *āre*, -, -, intr., nicher dans, entre : Plin. 10, 95.

internĭgrans, *tis*, qui est noir entre : Stat. Th. 6, 336.

internĭtĕō, *ēs*, *ēre*, -, -, intr., briller entre, à travers, par places : Curt. 5, 4, 25 ; Plin. 37, 65.

internoctātĭo, *ōnis*, f., veille : Gloss. 3, 452, 64.

internōdĭum, *ĭi*, n. (*inter nodos*) ¶ 1 espace entre deux nœuds : Plin. 7, 21 ¶ 2 partie qui est entre deux jointures [du corps] : Ov. M. 6, 256 ‖ [fig.] jambe : Calp. 1, 26.

internōscō, *ĭs*, *ĕre*, *nōvi*, *nōtum*, tr., discerner, distinguer, reconnaître : Cic. Ac. 2, 48 ; Lae. 95.

▶ *internosse* Pl. Men. 20.

internundĭnum, *i*, n. (*inter nundinas*), intervalle entre deux marchés : Macr. Sat. 1, 16, 35 ; *internundino* *Lucil. 637, dans l'intervalle entre deux marchés, dans l'espace de huit jours [neuf jours, selon la façon de compter romaine].
▶ *internundinium* d'après Mar. Vict. Gram. 6, 25, 6.

internuntĭa, *ae*, f. (*internuntius*), celle qui porte des messages : Cic. Div. 2, 72.

internuntĭō, *ās*, *āre*, -, -, tr., discuter par messages réciproques : Liv. 42, 39, 4.

internuntĭus, *ĭi*, m., messager entre deux parties, intermédiaire, négociateur, parlementaire : Cic. Phil. 13, 12 ; Verr. 5, 14 ; Caes. C. 1, 20 ‖ [à propos des démons] Aug. Civ. 8, 22.
▶ n. pl. *internuntia* Apul. Plat. 1, 16.

internupta, *ae*, f., femme remariée ou déjà mariée une fois : Caes.-Arel. Serm. 1, 14.

internus, *a*, *um* (*inter*) ¶ 1 interne, intérieur : Sen. Nat. 6, 27, 2 ; Plin. 2, 173 ‖ domestique, civil : Sall. Mithr. 13 ; Tac. An. 2, 26 ¶ 2 subst. n. pl., *interna* *a)* Plin. 2, 4, le dedans *b)* Tac. An. 4, 32, affaires intérieures *c)* intestins, entrailles : Veg. Mul. 1, 39, 1.

1 intĕrō, *ĭs*, *ĕre*, *trīvī*, *trītum* (1 *in*), tr., broyer dans : [avec *in* acc.] Cat. Agr. 156, 6 ; [avec dat.] Plin. 28, 261 ‖ *intritus*, délayé dans : *panis intritus in aquam* Varr. R. 3, 9, 21 ; *in lacte* Varr. R. 2, 9, 10, pain trempé dans l'eau, dans le lait ‖ [prov.] *tute hoc intristi ; tibi omne exedendum* Ter. Phorm. 318, c'est toi qui as trempé cette soupe, tu dois toute la manger [quand le vin est tiré, il faut le boire].

2 intĕrō, *ās*, *āre*, -, -, ⟨> *intro*, *are* : CIL 3, 10233.

intĕrordĭnātus, *a*, *um*, disposé, rangé entre : Vitr. 10, 14, 2.

intĕrordĭnĭum, *ĭi*, n. (*inter ordines*), espace entre deux rangs d'arbres, allée : Col. 4, 14, 2.

interpătĕō, *ēs*, *ēre*, -, -, intr., être ouvert entre : Macr. Sat. 1, 18, 11 ‖ s'étendre entre : Amm. 14, 8, 8.

interpĕdĭō, *īs*, *īre*, -, - (cf. *impedio*), tr., empêcher : Macr. Sat. 7, 12, 38.

interpellātĭo, *ōnis*, f. (*interpello*) ¶ 1 interruption, interpellation : Cic. Part. 30 ; de Or. 2, 39 ‖ interruption, obstacle : Cic. Fam. 6, 18, 5 ¶ 2 citation, sommation : Ulp. Dig. 5, 1, 23 ¶ 3 intercession, supplication (prière) : Aug. Catech. 21, 37.

interpellātŏr, *ōris*, m. (*interpello*) ¶ 1 celui qui interrompt, interrupteur : Cic. Or. 138 ¶ 2 qui dérange, importun, fâcheux : Cic. Off. 3, 58 ; Att. 15, 13, 6 ‖ *matrimoniorum* Paul. Dig. 47, 11, 1, qui trouble les ménages.

interpellātrix, *īcis*, f., celle qui interpelle, qui réclame : Hier. Ep. 60, 11.

1 interpellātus, part. de *interpello*.

2 interpellātŭs, abl. *ū*, m., empêchement : Itin. Alex. 31.

interpellō, *ās*, *āre*, *āvī*, *ātum* (1 *appello*, cf. *interloquor*), tr. ¶ 1 interrompre qqn qui parle : *aliquem* Cic. Tusc. 1, 16 ; Brut. 292 ‖ *orationem alicujus* Caes. C. 1, 22, 5, interrompre le discours de qqn ¶ 2 dire qqch. à titre d'interruption : *in testimonio alicujus aliquid* Cic. Verr. 1, 71, dire qqch. en interrompant le témoignage de qqn ‖ [avec prop. inf.] Cic. Verr. 4, 142 ¶ 3 interrompre qqn au cours d'une action, déranger, troubler : *in suo jure aliquem* Caes. G. 1, 44, 8, interrompre qqn dans l'exercice de son droit, cf. Cic. Q. 2, 8, 1 ; Att. 12, 9 ‖ *aliquem, quominus* Brut. Fam. 11, 10, 1, empêcher par obstruction de ; *non interpellare, quin* Mat. Fam. 11, 28, 7, ne pas s'interposer pour empêcher de : *aliquem, ne* Liv. 4, 43, 8, empêcher par obstruction de ‖ [avec inf.] *pransus non avide, quantum interpellet inani ventre diem durare* Hor. S. 1, 7, 127, ayant déjeuné sans avidité, juste de quoi m'empêcher par cette coupure de rester tout le jour le ventre vide ‖ interrompre qqch. : *fortuna partam jam victoriam interpellavit* Caes. C. 3, 73, 5, le hasard a suspendu la victoire déjà acquise ; *res interpellata bello* Cic. Att. 1, 19, 4, affaire interrompue par la guerre ¶ 4 s'adresser à qqn, lui faire des propositions : Curt. 6, 10, 19.

interpensīva, *ōrum*, n. pl. (*inter*, *pendeo*), sablières [archit.] : Vitr. 6, 3, 1.

interplĭcō, *ās*, *āre*, -, -, tr., entrelacer, embarrasser : Stat. Th. 2, 282.

interpŏlāmentum, *i*, n., interpolation : Mamert. Anim. praef. p. 19.

interpŏlātĭo, *ōnis*, f. (*interpolo*) ¶ 1 action de changer çà et là : Plin. 13, 75 ¶ 2 altération, erreur : Tert. Praescr. 38, 6.

interpŏlātŏr, *ōris*, m., celui qui change, qui altère : Tert. Spect. 2, 12.

interpŏlātrix, *īcis*, f., celle qui altère : Naz. Paneg. 10, 15 ; Tert. Praescr. 7, 8.

interpŏlātus, *a*, *um*, part. de *interpolo*.

interpŏlis, *e* (*interpolo*, cf. *interpolus*, *polio*), remis à neuf, réparé, refait : Marc. Dig. 18, 1, 45 ‖ [fig.] qui rajeunit, se renouvelle : Pl. Most. 274 ; Plin. 29, 11.

interpŏlō, *ās*, *āre*, *āvī*, *ātum*, tr. (*inter*, *polio*), tr. ¶ 1 donner une nouvelle forme, refaire, réparer : Cic. Q. 2, 12, 3 ‖ changer : Pl. Amp. 317 ; Most. 262 ¶ 2 altérer, falsifier : Amm. 15, 5, 12 ‖ interpoler : Cic. Verr. 1, 158.

interpŏlus, *a*, *um*, remis à neuf : Dig. 18, 1, 45.

interpōnō, *ĭs*, *ĕre*, *pŏsŭī*, *pŏsĭtum*, tr. ¶ 1 placer entre, interposer, intercaler : *pilae interponuntur* Caes. C. 2, 15, 2, des piliers sont intercalés ; *interponere orationes* ; *"inquam, inquit"* Cic. Brut. 287 ; Lae. 3, intercaler des discours ; des *"disje, dit-il"* ‖ *huic (equitatui) interponit auxilia* Hirt. G. 8, 17, 2, dans la cavalerie,

interpono

il intercale les troupes auxiliaires, cf. 13, 2 ; 19, 2 ; *inter eos Numidas interposuerant* B.-AFR. 13, 1, entre eux ils avaient intercalé des Numides ¶2 laisser un intervalle de temps : CAES. C. 3, 74, 3 ; *nox interposita* CIC. Mur. 35, l'intervalle d'une nuit ‖ *moram* CIC. Phil. 6, 2, laisser s'écouler un délai, admettre un retard ; *nullam moram, quin...* CIC. Ac. 1, 1, ne mettre aucun retard à... ¶3 mettre entre, interposer : *operam, studium pro aliquo* CIC. Caecil. 63, faire intervenir son activité, son zèle pour qqn ; *nulla belli suspicione interposita* CAES. G. 4, 32, 1, aucun soupçon de guerre n'étant survenu ; *interposita causa* CAES. G. 1, 42, 5, en faisant intervenir un prétexte ; *judicium suum* CIC. Div. 2, 150, faire intervenir son jugement ; *falsas tabulas* CIC. Caecin. 71, faire intervenir de fausses pièces ‖ *rationes suas communibus* CIC. Phil. 8, 12, opposer son intérêt particulier à l'intérêt général ‖ *fidem alicui* CAES. G. 5, 6, 6, engager sa parole envers qqn ; *in rem* CAES. G. 5, 36, 2 ; CIC. Amer. 114, pour une affaire ‖ *rationes non interpositae* CIC. Verr. 3, 175, des comptes qui ne sont pas interposés (supposés) ¶4 *se interponere*, s'interposer *a)* s'entremettre, *in rem* CIC. Fam. 10, 27, 2, pour une chose *b)* faire obstacle à : *audaciae alicujus* CIC. Phil. 2, 9, s'opposer à l'audace de qqn ; [avec interr. ou négation, suivi de *quominus*] s'opposer à ce que : CIC. Vat. 37 ; LIV. 34, 62, 14 ‖ *me nihil interpono* CIC. Q. 3, 4, 5, je ne mets aucun obstacle *c)* se mêler à : *bello* LIV. 35, 48, 9, à la guerre ; *mediis Caesaris scriptis* HIRT. G. 8, praef. 3, se faufiler au milieu des écrits de César.

interpŏsĭtĭo, ōnis, f. (*interpono*), interposition : VITR. 6, 3, 8 ‖ introduction, insertion : CIC. Inv. 1, 8 ; QUINT. 10, 3, 32 ‖ intercalation : CIC. Fam. 16, 22, 1 ; PRISC. 2, 355, 25 ‖ parenthèse : QUINT. 9, 3, 23.

interpŏsĭtōrĭum, ĭi, n., haie, clôture : VL. Exod. 38, 24.

1 interpŏsĭtus, *a*, *um*, part. de *interpono*.

2 interpŏsĭtŭs, abl. ū, m., interposition : CIC. Nat. 2, 103.

interprĕs, ĕtis, m., f. (*inter*, cf. *pretium*, πέρνημι) ¶1 agent entre deux parties, intermédiaire, médiateur, négociateur : PL. Curc. 434 ; Mil. 910 ; *interpres corrumpendi judicii* CIC. Verr. prim. 36, agent de corruption des actions judiciaires, cf. LIV. 21, 12, 6 ; VIRG. En. 4, 356 ¶2 interprète, celui qui explique : *juris* CIC. Top. 4, interprète du droit, cf. CIC. Div. 1, 39 ; 1, 132 ; Rep. 3, 33 ; Inv. 2, 139 ; Fam. 9, 19 ‖ traducteur, qui traduit une langue : CIC. Opt. 14 ; Fin. 3, 15 ; HOR. P. 133 ‖ interprète, truchement : CAES. G. 1, 19, 3 ; CIC. Fin. 5, 89.

interprĕtāmentum, *i*, n. (*interpretor*), interprétation : GELL. 5, 18, 7 ; PETR. 10, 1.

interprĕtātĭo, ōnis, f. (*interpretor*) ¶1 interprétation, explication ; CIC. Off. 1, 33 ; Div. 1, 45 ; de Or. 1, 140 ; Part. 107 ¶2 interprétation, traduction : CIC. Balb. 14 ; QUINT. 2, 14, 2 ‖ [rhét.] explication d'une expression par l'expression suivante : HER. 4, 38 ¶3 action de démêler, de décider ; LIV. 2, 8, 8 ; **cf.** *interpretor* ¶5.

interprĕtātĭuncŭla, ae, f. (dim. de *interpretatio*), courte interprétation : HIER. Ep. 112, 19.

interprĕtātŏr, ōris, m. (*interpretor*), interprète, commentateur : TERT. Mon. 6, 3 ; SALV. Ep. 7, 1.

interprĕtātōrĭus, *a*, *um*, propre à expliquer : TERT. Nat. 2, 4, 6.

interprĕtātrix, īcis, f., celle qui explique : CHAR. 50, 2.

interprĕtātus, *a*, *um*, part. de *interpretor*.

interprĕtĭum, ĭi, n. (*interpres*), bénéfice de courtage : CASSIOD. Var. 2, 26 ; AMM. 28, 1, 18.

interprĕtō, ās, āre, -, -, **v.** *interpretor* ▶.

interprĕtor, āris, ārī, ātus sum (*interpres*), tr. ¶1 expliquer, interpréter, éclaircir : *alicui jus* CIC. Leg. 1, 14, expliquer à qqn le droit, cf. CIC. Div. 1, 12 ; 1, 46 ; Brut. 144 ; [avec prop. inf.] expliquer que : LIV. 1, 44, 4 ‖ [absᵗ] être un interprète : *memoriae alicujus* PL. Ep. 552, servir d'interprète à la mémoire de qqn [l'aider] ¶2 traduire, interpréter : CIC. Fin. 2, 100 ; QUINT. 8, 6, 44 ¶3 prendre, (entendre, interpréter) dans tel ou tel sens : *bene dicta male* CIC. Nat. 3, 37, prendre en un mauvais sens un bon enseignement ; *in mitiorem partem aliquid* CIC. Mur. 64, donner à une chose une interprétation adoucie ; *virtutem ex consuetudine vitae* CIC. Lae. 21, donner au mot vertu le sens qu'il a dans la vie courante, cf. CIC. Lae. 17 ; *aliquid ad salutem* CIC. Scaur. 30, interpréter qqch. dans le sens du salut, y voir l'annonce de... ; *felicitatem alicujus* CIC. Brut. 5, reconnaître le bonheur de qqn ‖ [avec prop. inf.] entendre que, prétendre que : CIC. Off. 3, 113 ‖ juger : *consilium ex necessitate* CIC. Rab. Post. 29, juger de l'intention par ce qui est un effet de la nécessité ¶4 interpréter, comprendre : *sententiam alicujus* CIC. Fin. 2, 20, comprendre la pensée de qqn, cf. CIC. Tusc. 3, 37 ; Inv. 2, 139 ¶5 chercher à démêler, à décider : *recte an perperam, non interpretor* LIV. 1, 23, 8, est-ce à raison ou à tort ? je ne cherche pas à le décider.

▶ forme active *interpretat* PS. CYPR. Mont. 2 ‖ part. sens pass. *interpretatus, a, um* : CIC. Div. 1, 53 ; 1, 118 ; Leg. 2, 29 ; SALL. J. 17, 7.

interprĭmō, is, ĕre, pressī, pressum (*inter, premo*), tr., presser (serrer) par le milieu : PL. Ru. 655 ‖ supprimer : MINUC. 10, 2.

Interprōmĭnus pāgus, m., bourgade chez les Péligniens : CIL 9, 3046 ‖ **Interprōmĭum**, ĭi, n., ANTON. 102.

interpunctĭo, ōnis, f. (*interpungo*), séparation [des mots] par des points : CIC. Mur. 25.

interpunctum, *i*, n. (*interpunctus*), intervalle pour la respiration, repos, pause : CIC. de Or. 3, 181 ; QUINT. 9, 4, 108.

interpunctus, *a*, *um*, part. de *interpungo*.

interpungō, ĭs, ĕre, punxī, punctum, tr., ponctuer : SEN. Ep. 40, 11 ‖ *interpunctus* CIC. Or. 53, séparé par une pause ; *narratio interpuncta sermonibus* CIC. de Or. 2, 328, narration entrecoupée de dialogues.

interpurgō, ās, āre, -, -, tr., émonder, élaguer : PLIN. 18, 243.

interpŭtō, ās, āre, -, -, tr., émonder, élaguer, éclaircir : CAT. Agr. 50 ; VARR. R. 1, 30.

interquĭescō, ĭs, ĕre, quĭēvī, quĭētum, intr., se reposer par intervalles, cesser pendant un temps, avoir quelque relâche : *interquiesce* CAT. Agr. 158, 2, prends un intervalle de repos ; CIC. Brut. 91 ; PLIN. Ep. 8, 21, 2.

interrādō, ĭs, ĕre, rāsī, rāsum, tr. ¶1 racler par intervalles : PAUL.-NOL. Carm. 27, 254 ¶2 ciseler : PLIN. 33, 139 ¶3 élaguer, éclaircir [un arbre] : PLIN. 15, 4.

interrāsĭlis, *e* (*interrado*), entaillé par intervalles, creusé, ciselé, orné de moulures : PLIN. 12, 94.

interrāsŏr, ōris, m., ciseleur : GLOSS. 3, 371, 19.

interrāsus, *a*, *um*, part. de *interrado*.

interregnum, *i*, n. (*inter regna*), interrègne, [temps qui s'écoule entre deux règnes] : CIC. Rep. 2, 23 ‖ [sous la République, temps qui s'écoule entre la sortie de charge des consuls et l'élection de leurs successeurs] CIC. Att. 9, 9, 3 ; Q. 3, 2, 3 ; LIV. 5, 31, 7.

interrex, ēgis, m. (*inter reges*), interroi *a)* magistrat patricien qui disposait du droit d'auspice jusqu'à la désignation d'un roi : LIV. 1, 17 ; 1, 32 *b)* [sous la République, jusqu'à l'élection des nouveaux magistrats] CIC. Agr. 3, 5 ; Leg. 1, 42.

interrĭgō, ās, āre, -, -, tr., arroser entre : RUTIL. 1, 539.

interrĭtē, adv. (*interritus*), intrépidement : CAPEL. 1, 16.

interrĭtus, *a*, *um* (*terreo*), non effrayé, intrépide : VIRG. En. 5, 427 ; TAC. An. 1, 64 ; QUINT. 1, 3, 4 ‖ [avec gén.] *leti* OV. M. 10, 616, qui ne craint pas la mort.

interrīvātĭo, ōnis, f., détroit : CAPEL. 6, 661.

interrīvātus, *a*, *um* (*inter rivos*), délimité par les eaux : CAPEL. 6, 584.

interrŏgāmentum, *i*, n., interrogation : GLOSS. 2, 406, 37.

interrŏgantĕr, C. interrogative : AUG. *Job* 34.

interrŏgātio, *ōnis*, f. (*interrogo*) ¶ 1 question, interrogation, interpellation : CIC. *Har.* 1 ; *Fam.* 1, 9, 7 ‖ interrogatoire de témoins : TAC. 6, 47 ; QUINT. 5, 7, 3 ‖ [rhét.] interrogation : QUINT. 9, 2, 15 ¶ 2 raisonnement par interrogation, argument : CIC. *Ac.* 2, 46 ; 2, 49 ; *Fat.* 29 ‖ stipulation verbale : SEN. *Ben.* 3, 15, 2.

interrŏgātiuncŭla, *ae*, f. (dim. de *interrogatio*), petite question : MACR. *Sat.* 4, 2, 4 ‖ petit argument : CIC. *Par.* 2 ; *Fin.* 4, 7.

interrŏgātīvē, adv., d'une manière interrogative : *TERT. *Marc.* 4, 41, 5.

interrŏgātīvus, *a*, *um*, interrogatif [gram.] : PRISC. 3, 136, 19 ; DIOM. 437, 29.

interrŏgātŏr, *ōris*, m., questionneur : AUG. *Serm.* 13, 4 ; ULP. *Dig.* 11, 1, 11.

interrŏgātōrius, *a*, *um*, interrogatif : TERT. *Marc.* 2, 25, 2 ‖ d'interrogatoire : DIG. 11, 1, 1.

interrŏgātus, *a*, *um*, part. de *interrogo*.

interrŏgō, *ās*, *āre*, *āvī*, *ātum* (*inter*, *rogo* ; a. fr. *enterver*), tr. ¶ 1 interroger, questionner a) *aliquem*, qqn, *de aliqua re*, sur qqch. : CIC. *Part.* 2 ; *Vat.* 13 ; [en part.] *testem* CIC. *Flac.* 22, interroger un témoin b) [avec interrog. indir.] : *interrogabat suos quis esset qui...* CIC. *Q.* 2, 3, 2, il demandait à ses partisans quel était celui qui... ; *cum interrogaretur, cur constituisset...* CIC. *Amer.* 70, comme on lui demandait pourquoi il avait établi..., cf. CIC. *de Or.* 2, 220 c) *aliquid*, interroger sur qqch. : *si quid voles, interrogare* CIC. *Amer.* 73, interroger, si tu en as le désir ; [en part.] *interrogare sententias* SUET. *Caes.* 21, demander les avis [dans le sénat] ; *sententiae interrogari coeptae* LIV. 45, 25, 1, on en vint au vote d) [avec 2 acc.] : *aliquem aliquam rem* CIC. *Tusc.* 1, 57, interroger qqn sur qqch. ; *ad haec, quae interrogatus es, responde* LIV. 8, 32, 8, réponds aux questions qui te sont posées ; *testimonium interrogatus miles* SUET. *Tib.* 71, un soldat invité à déposer e) [abs^t] *interrogare aut interrogari* CIC. *Fin.* 1, 29, procéder par demandes et par réponses ‖ [phil.] argumenter en forme de syllogisme : SEN. *Ep.* 87, 31 ‖ [gram.] *interrogandi casus* GELL. 20, 6, 8, le génitif ¶ 2 poursuivre en justice, accuser : *aliquem lege* CIC. *Dom.* 77, poursuivre en vertu d'une loi ; *legibus ambitus interrogati* SALL. *C.* 18, 2, traduits en justice au nom des lois sur la brigue, cf. SALL. *C.* 31, 4 ; LIV. 38, 50, 8 ; 45, 37, 4 ‖ [sans *lege* ni *legibus* et avec gén. du grief] : TAC. *An.* 13, 14 ; 14, 46 ; 16, 21.

interrumpō, *is*, *ēre*, *rūpī*, *ruptum*, tr. ¶ 1 mettre en morceaux, briser, détruire : CIC. *Nat.* 2, 116 ‖ *pontem* CAES. *G.* 7, 34, 3, couper un pont ; *extremum agmen* CAES *C.* 1, 64, couper l'arrière-garde, cf. LIV. 21, 33, 9 ; 40, 40, 4 ¶ 2 interrompre : *orationem* CAES. *C.* 3, 19, 7, interrompre un discours ‖ *voces interruptae* CIC. *Cael.* 59, sons de voix entrecoupés.

interruptē, adv., d'une manière hachée : CIC. *de Or.* 2, 329.

interruptĭo, *ōnis*, f. (*interrumpo*) ¶ 1 interruption, discontinuation : HIER. *Is.* 9, 30, 12 ; MACR. *Somn.* 2, 5, 32 ¶ 2 interruption [de l'usucapion] : DIG. 41, 3, 2 ‖ réticence [rhét.] : QUINT. 9, 2, 54.

interruptŏr, *ōris*, m., interrupteur : AMBR. *Exc.* 1, 72.

interruptus, *a*, *um*, part. de *interrumpo*.

intersaepĭō, *īs*, *īre*, *saepsī*, *saeptum*, tr. ¶ 1 boucher, fermer, obstruer, barrer : CIC. *Tusc.* 1, 47 ; LIV. 34, 40, 1 ¶ 2 [fig.] *iter* CIC. *Balb.* 43, barrer la route ‖ *vallo urbem ab arce* LIV. 25, 11, 2, séparer par un retranchement la ville de la citadelle ; *alicui conspectum alicujus rei* LIV. 1, 27, 9, fermer à qqn la vue de qqch.

intersaeptĭo, *ōnis*, f., obstruction : EUSTATH. *Hex.* 7, 1.

intersaeptum, *i*, n., le diaphragme : GLOSS. 2, 275, 45 ‖ limite : AUS. *Grat.* (419), 82.

interscalmĭum, *ii*, n. (*inter scalmos*), espace entre deux rangs de rameurs : VITR. 1, 2, 4.

interscalptus, *a*, *um*, ciselé : JUL.-VAL. 3, 58.

interscăpŭlum (-pĭlĭum, -pŭlĭum), *i*, n. (*inter scapulas*), échine, l'entre-deux des épaules : APUL. *Flor.* 14 ; CAEL.-AUR. *Chron.* 1, 4, 77 ; HYG. *Astr.* 3, 1.

interscătens, *tis*, qui jaillit entre : ITIN. ALEX. 20.

interscindō, *is*, *ĕre*, *scĭdī*, *scissum* ¶ 1 rompre par le milieu, couper : CIC. *Leg.* 2, 10 ; CAES. *G.* 2, 9 ; 7, 24 ‖ ouvrir [les veines] : TAC. *An.* 15, 35 ¶ 2 [fig.] diviser, séparer : LIV. 28, 7, 2 ‖ interrompre : SEN. *Ep.* 72, 4 ‖ briser : GELL. 12, 1, 21.

interscrībō, *is*, *ĕre*, *scripsī*, *scriptum*, tr., écrire entre les lignes : PLIN. *Ep.* 7, 9, 5 ‖ [fig.] entrecroiser : SOLIN. 33, 11.

intersĕcō, *ās*, *āre*, *uī*, *sectum*, tr., couper par le milieu, séparer, diviser : AMM. 29, 6, 17 ; CAPEL. 6, 626.

intersectĭo, *ōnis*, f., la coupure des denticules [archit.] : VITR. 3, 5, 11.

intersectus, *a*, *um*, part. de *interseco*.

intersēmĭnātus, *a*, *um*, semé çà et là : APUL. *Apol.* 40.

intersēpĭo, V. *intersaepio*.

1 **intersĕrō**, *is*, *ĕre*, *sēvī*, *sĭtum*, tr., planter, semer entre : COL. 3, 16, 1 ; LUCR. 5, 1377 ‖ [avec *se* ou au pass.] se trouver entre : PALL. 9, 11, 2 ; PLIN. 9, 45.

2 **intersĕrō**, *is*, *ĕre*, *uī*, *sertum*, tr., entremêler : OV. *M.* 10, 559 ; H. 4, 32.

intersertĭo, *ōnis*, f. (2 *intersero*), épiphonème, exclamation : CARM. FIG. 73.

intersībĭlo, *ās*, *āre*, -, -, intr., siffler parmi : PAUL.-NOL. *Ep.* 44, 6.

intersignum, *i*, n., intervention : GREG.-TUR. *Hist.* 10, 16.

intersĭlĕō, *ēs*, *ēre*, *uī*, -, intr., se taire : AUG. *Ord.* 1, 19.

intersistō, *is*, *ĕre*, *stĭtī*, -, intr., s'arrêter au milieu, s'interrompre : QUINT. 8, 3, 45 ; 10, 70, 1 ‖ [pass. impers.] : QUINT. 9, 4, 36 ; 9, 4, 106.

1 **intersĭtus**, *a*, *um*, part. de 1 *intersero*.

2 **intersĭtus**, *a*, *um*, placé entre : GELL. 2, 22, 18 ; GALL. d. GELL. 16, 5, 3.

intersŏnō, *ās*, *āre*, -, -, intr., retentir au milieu : STAT. *Th.* 5, 344.

interspătĭum, *ii*, n., intervalle [de temps] : TERT. *Or.* 25, 1.

interspersus, *a*, *um*, répandu çà et là : APUL. *Apol.* 40 ‖ parsemé : APUL. *M.* 5, 15.

interspīrātĭo, *ōnis*, f., respiration dans l'intervalle, pause pour respirer : CIC. *de Or.* 3, 173 ; *sine interspiratione* PLIN. 23, 29, sans reprendre haleine.

interspīrō, *ās*, *āre*, -, -, intr., respirer au travers : CAT. *Agr.* 112, 1.

intersternō, *is*, *ĕre*, -, -, V. *interstratus*.

insterstes, *ĭtis*, m. (*intersto*), qui sert d'intermédiaire : TERT. *Marc.* 4, 33, 8.

interstinctĭo, *ōnis*, f. (*interstinguo* 2), différence, nuance : ARN. 6, 3 ; 6, 12.

interstinctus, *a*, *um*, part. de *interstinguo* 1-2.

interstinguō, *is*, *ĕre*, *stinxī*, *stinctum* (cf. *ex-*, *dis-*), tr. ¶ 1 éteindre complètement : LUCR. 5, 761 ; CAPEL. 9, 915 ‖ faire périr : APUL. *M.* 4, 12 ¶ 2 parsemer, nuancer [*interstinctus* = *distinctus*] : PLIN. 37, 143 ; TAC. *An.* 4, 57 ; STAT. *S.* 3, 5, 90.

interstĭtĭēs, *ēi*, f. (*intersisto*), interstice : CHALC. 93.

interstĭtĭo, *ōnis*, f. (*intersisto*) ¶ 1 espace entre : GROM. 206, 8 ¶ 2 cessation, répit : GELL. 20, 1, 43 ‖ distinction, différence, V. *interstinctio*.

interstĭtĭum, *ii*, n. (*intersisto*), interstice : MACR. *Somn.* 1, 6, 36 ‖ [fig.] intervalle : CAPEL. 6, 600.

interstō, *ās*, *āre*, *stĭtī* ou *stĕtī*, - ¶ 1 intr., être placé dans l'intervalle, se trouver entre : AMM. 16, 9, 24 ; 22, 11, 3 ¶ 2 tr., séparer par le milieu : AVIEN. *Perieg.* 840.

interstrātus, *a*, *um* (*inter*, *sterno*), étendu entre : PLIN. 29, 34 ; JUST. 1, 2, 7.

interstrĕpō, *is*, *ĕre*, -, - ¶ 1 intr., faire du bruit entre [avec dat.] : CLAUD. *Ruf.* 2, 203 ¶ 2 tr., CLAUD. *Pros.* 3, 303.

interstringō, *is*, *ĕre*, -, -, tr., serrer au milieu : PL. *Aul.* 651.

interstrŭō, ĭs, ĕre, -, -, tr., joindre ensemble, emboîter : Sil. 10, 149 ‖ [fig.] établir, former : Tert. Marc. 4, 39, 12.

intersŭm, es, esse, fŭī, -, intr.

> ¶ 1 "être dans l'intervalle" ¶ 2 "être séparé par un intervalle" ¶ 3 [fig.] "être distant, différer" ¶ 4 "être parmi, participer à" avec le dat. ¶ 5 [impers.] "il importe" **a)** *alicujus (rei)* **b)** avec *ad*, avec l'inf., avec *ut, ne*, avec interr. indir. ¶ 6 impers. **a)** avec adverbes *maxime, magni, tanti interest* **b)** avec pron. neutre *hoc, illud interest* **c)** [droit] intérêt, profit avec *quod, quantum, quatenus* et un génitif.

¶ 1 être entre, dans l'intervalle : *Tiberis inter eos intererat* Cic. Cat. 3, 5, le Tibre était entre eux, cf. Caes. G. 6, 35 ; Liv. 22, 4, 2 ; *cujus inter primum et sextum consulatum sex et quadraginta anni interfuerunt* Cic. CM 60, entre son premier et son sixième consulat il y eut un intervalle de quarante-six ans, cf. Cic. Leg. 3, 8 ¶ 2 être séparé par un intervalle : *clatros interesse oportet pede* Cat. Agr. 4, il faut que les barreaux soient espacés d'un pied ¶ 3 [fig.] être distant (séparé), différer : *inter hominem et beluam hoc maxime interest quod* Cic. Off. 1, 11, entre l'homme et la bête il y a cette différence essentielle que..., cf. Cic. Fin. 1, 30 ; *in his rebus nihil omnino interest* Cic. Ac. 2, 47, entre ces choses il n'y a absolument aucune différence ; *tantum id interest venerítne... an* Liv. 26, 11, 13, la seule différence est de savoir s'il est venu... ou si... ‖ *hoc pater ac dominus interest* Ter. Ad. 76, voilà ce qui fait la différence du père et du maître ; *illa visa negant quidquam a falsis interesse* Cic. Ac. 2, 27, ils prétendent que ces perceptions-là ne diffèrent en rien des fausses, cf. Cic. Ac. 2, 83 ; Fin. 3, 25 ; [avec gén. d'un mot grec] Cic. Att. 5, 19, 3 ; [avec dat.] *stulto intellegens quid interest ?* Ter. Eun. 232, quelle différence d'un intelligent à un sot ?, cf. Gell. 3, 14, 4 ¶ 4 être parmi, être présent, assister, participer ; *alicui rei* : *consiliis* Cic. Att. 14, 22, 2, assister aux projets ; *crudelitati* Cic. Att. 9, 6, 7, participer à un acte de cruauté, cf. Cic. Att. 2, 23, 3 ; Sest. 111 ; Balb. 5 ; Lig. 35 ; *foederi feriendo* Cic. Har. 43, participer à la conclusion d'un traité ‖ *in aliqua re* : *in convivio* ; *in testamento faciendo* Cic. Amer. 39 ; Clu. 162, assister à un banquet ; à la rédaction d'un testament ‖ *ratiocinatio interfuisse dicitur cum...* Cic. Inv. 2, 18, on dit que la réflexion est intervenue quand... ¶ 5 [impers.] *interest*, il est de l'intérêt de, il importe **a)** *alicujus, alicujus rei, mea, tua, sua, nostra, vestra*, il importe à qqn, à qqch., à moi, à toi, à lui, à nous, à vous : Cic. Mil. 56 ; Caes. G. 2, 5, 2 ; Cic. Fam. 16, 4 ; *vestra qui... vixistis* Cic. Sull. 79, il importe à vous qui avez vécu... **b)** [avec *ad*] *ad laudem civitatis* Cic. Nat. 1, 7, il importe à la gloire de l'État, cf. Cic. Fam. 16, 1, 1 ; 5, 12, 2 ; Fin. 2, 90 **c)** [avec prop. inf.] : *multum interest rei familiaris tuae, te quam primum venire* Cic. Fam. 4, 10, 2, il est d'une grande importance pour tes intérêts domestiques de hâter le plus possible ton retour, cf. Cic. Fam. 12, 9, 2 ; 16, 4, 4 ; Mur. 4 ; Mil. 56 ; Brut. 256 ‖ [avec inf.] : *interest omnium recte facere* Cic. Fin. 2, 72, tout le monde a intérêt à bien faire, cf. Cic. Off. 3, 57 ‖ [qqf. avec *ut*] : *illud mea magni interest, ut ut videam* Cic. Att. 11, 22, 2, ce qui m'importe beaucoup, c'est que je te voie, cf. Suet. Caes. 86 ‖ [avec *ne*] Tac. H. 1, 30 ‖ [avec interrog. indir.] : *interest, qualis primus aditus sit* Cic. Fam. 13, 10, 4, il importe de considérer quel est le premier abord ; *neque multum interest, utrum ipse rem publicam vexet an alios vexare patiatur* Cic. Pis. 10, la différence n'importe guère, qu'il maltraite lui-même la république ou la laisse maltraiter par d'autres, cf. Cic. Verr. 3, 141 ; 5, 160 ; Liv. 29, 18, 19 **d)** un ex. de *interest*, non impers., Cic. Att. 3, 19, 1 ¶ 6 [impers., constr. avec adv. et pron. n.] **a)** il importe beaucoup, combien, le plus, grandement, très grandement, tellement, vivement, combien, davantage : *multum* Cic. Fam. 4, 10, 2 ; Pis. 10 ; *quantum* Cic. Mil. 56 ; *maxime* Cic. Fam. 16, 4, 4 ; *magni* Cic. Att. 14, 16, 3 ; *permagni* Cic. Att. 2, 23, 3 ; *tanti* Cic. Fam. 13, 10 ; *vehementer* Cic. Fam. 15, 4, 8 ; *quantopere* Caes. G. 2, 5, 2 ; *plus* Cic. Brut. 256 **b)** *hoc, id, illud* Cic. Sull. 79, il importe en cela ; *quod et mea et rei publicae et maxime tua interesse arbitror* Cic. Fam. 2, 19, 2, en cela il s'agit à la fois de mon intérêt, de celui de l'État et plus encore du tien, cf. Top. 2 ; Part. 114 ; Fam. 13, 55 ; 1 ; 15, 48 **c)** [droit] estimation du dommage subi [cf. dommages-intérêts] : *quod, quantum, quanti, quatenus interest alicujus* : *tantum ei praestabis quanti ejus interfuerit frui* Dig. 19, 2, 33, tu paieras autant qu'il aurait eu de profit à jouir de la chose.

intertălĕō (-ĭo), ās, āre, -, - (*talea*), tr., couper [un surgeon] : Non. 414, 27.

intertexō, ĭs, ĕre, ŭī, textum, tr. ¶ 1 entremêler en tissant, par le tissage : Virg. En. 8, 167 ; Quint. 8, 5, 25 ‖ entrelacer : Ov. M. 6, 128 ¶ 2 assembler, combiner : Macr. Somn. 1, 6, 2.

intertignĭum, ĭī, n. (*inter, tignum*), entrevous, espace entre deux solives : Vitr. 4, 2, 4.

intertornō, ās, āre, -, -, tr., ciseler : VL. Exod. 25, 18.

intertrăhō, ĭs, ĕre, traxī, -, tr., enlever, ôter : Pl. Amp. 673.

intertrĭgĭnōsus, a, um, écorché, excorié : Not. Tir. 180.

intertrīgo, ĭnis, f. (*inter, tero* ; cf. *intertrimentum, impetigo*), écorchure, excoriation : Varr. L. 5, 176 ; Cat. Agr. 159 ; Plin. 20, 151.

intertrīmentum, ī, n. (*inter, tero*), usure (d'une chose), déchet : Liv. 32, 2, 2 ‖ dommage, perte : Cic. Verr. 1, 132 ; Font. 3.

intertrītūra, ae, f. (*inter, tero*), déchet : Scaev. Dig. 13, 7, 43.

intertrūdō, ĭs, ĕre, -, -, tr., pousser dans, fourrer dans : Aug. Ord. 1, 3, 7.

interturbō, ās, āre, -, -, tr., troubler [au milieu de, en dérangeant, en interrompant] : Pl. Bac. 733 ; Ter. And. 633 ; Amm. 18, 2, 5.

intĕrŭla, ae, f., chemise : Apul. M. 8, 9 ; Vop. Tyr. 15, 8.

intĕrŭlus, a, um (**interus*, dim. ; cf. *interior, externus*), intérieur : Capel. 9, 888.

intĕrundātus, a, um, ondé, varié : Solin. 17, 5.

intĕrūsūrĭum, ĭī, n. (*usura*), intérêt pendant un certain temps : Ulp. Dig. 15, 1, 9 ; 35, 2, 66.

intĕrŭtrasquĕ, adv. (cf. *alias*), entre les deux, de l'un à l'autre : Lucr. 2, 518 ; 5, 472.

intervăcans, tis (*intervaco*), laissé vide entre : Col. 4, 32, 2.

intervādō, ĭs, ĕre, vāsī, -, intr., venir entre : *Trag. Inc. 90.

intervallātus, a, um, séparé par des intervalles [de temps] : *intervallata febris* Gell. 1, 12, fièvre intermittente ‖ intermédiaire [temps] : Amm. 26, 1, 3.

intervallō, ās, āre, -, -, tr., séparer par des intervalles : Amm. 27, 11 ; **V.** *intervallatus*.

intervallum, ī, n. (*inter vallos*) ¶ 1 [litt¹] espace entre deux pieux ; [d'où] intervalle, espace, distance : Cic. Rab. perd. 15 ; Ac. 2, 19 ; Fam. 1, 7 ; *eodem intervallo* Cic. Verr. 5, 6, l'intervalle étant le même ; *pari intervallo* Caes. G. 1, 43, 3, à égale distance ¶ 2 intervalle de temps : *litterarum* Cic. Fam. 7, 18, 3, intervalle entre des lettres ; *tanto intervallo te videre* Cic. Fam. 15, 14, 2, te voir après un si long intervalle, cf. Cic. Brut. 18 ; Tusc. 1, 1 ‖ pause : *sine intervallis* Cic. de Or. 3, 15, sans pauses ; *intervallo dicere* Cic. Or. 222, dire en faisant une pause ¶ 3 [fig.] différence, distance : Cic. Agr. 2, 89 ‖ [musique] intervalle : Cic. Nat. 2, 146.

intervectus, a, um (*veho*), élevé jusqu'à : Jul.-Val. 3, 38.

intervellō, ĭs, ĕre, vulsī, vulsum, tr., arracher par intervalles, çà et là, par places : Sen. Ep. 114, 21 ; [fig.] Quint. 10, 7, 5 ; 12, 9, 17 ‖ élaguer, éclaircir des arbres : Col. 5, 10.

intervĕnĭō, īs, īre, vēnī, ventum, intr., qqf. tr. ¶ 1 survenir pendant, intervenir : *querelis alicujus* Cic. Q. 1, 2, 2, survenir au milieu des plaintes de qqn ; *orationi* Liv. 1, 48, au milieu d'un discours ; *interveniunt equites* Caes. G. 6, 37, les cavaliers surviennent ‖ [fig.] *casus mirificus intervenit* Cic. Fam. 7, 5, 2, un événement merveilleux survint ¶ 2 venir, se trouver entre : *flumine interveniente*

intimus

Plin. 5, 13, le fleuve se trouvant entre ¶ **3** venir en travers, interrompre **a)** *nox intervenit proelio* Liv. 23, 18, 6, la nuit interrompit le combat ‖ tr., *ludorum dies cognitionem intervenerant* Tac. An. 3, 23, les jours consacrés aux jeux avaient interrompu l'instruction **b)** *bellum coeptis intervenit* Liv. 1, 36, 1, la guerre se mit en travers de l'entreprise ¶ **4** intervenir, se mêler à : *alicui discenti* Cic. Att. 14, 16, 3, intervenir dans les études de qqn ; *exigua fortuna intervenit sapienti* Cic. Tusc. 5, 26, la fortune intervient peu dans la vie du sage ‖ survenir à qqn : *res alicui intervenit* Ter. Haut. 679, il arrive qqch. à qqn ‖ intervenir, faire valoir son autorité entre des parties : *senatu non interveniente* Suet. Caes. 30, le sénat n'intervenant pas ‖ intervenir comme caution ou comme accusateur : Dig. 7, 5, 5, 1 ; 48, 16, 1, 10.

intervēnĭum, *ĭi*, n. (*vēna*), vide, interstice : Vitr. 2, 6, 1 ; 2, 7, 2 ; Pall. 9, 8, 3.

interventĭo, *ōnis*, f. (*intervenio*), garantie, caution : Ulp. Dig. 4, 4, 7 ‖ aide, intervention : Greg.-M. Mor. 9, 23, p. 873 A.

interventŏr, *ōris*, m. ¶ **1** survenant, visiteur : Cic. Fat. 2 ¶ **2** répondant, garant : Dig. 15, 1, 3 ‖ médiateur : Lampr. Comm. 4 ¶ **3** [chrét.] évêque intérimaire : Aug. Ep. 44, 8 ‖ médiateur [le Christ ou un saint] : VL. Hebr. 8, 6.

interventŭs, *ūs*, m. (*intervenio*) ¶ **1** fait de survenir, arrivée, intervention de qqn, de qqch. : Cic. Part. 30 ; Cat. 3, 6 ‖ Cic. Nat. 1, 111 ; Caes. G. 3, 15, 5 ¶ **2** médiation, assistance : Dig. 33, 1, 7 ‖ caution : Suet. Caes. 18.

interversĭo, *ōnis*, f. (*interverto*) ¶ **1** action de prendre à contresens, falsification : Tert. Marc. 1, 20, 1 ¶ **2** malversation : Cod. Just. 10, 70, 12.

1 **interversŏr**, *āris*, *ārī*, -, intr., se mouvoir au travers : Plin. 9, 157.

2 **interversŏr**, *ōris*, m. (*interverto*), concussionnaire : Cod. Just. 10, 1, 8.

interversūra, *ae*, f. (*interverto*), coude, courbure [d'un champ] : Grom. 192, 7.

interversus, *a*, *um*, part. de *interverto*.

intervertō (-**vortō**), *ĭs*, *ĕre*, *vertī* (*vortī*), *versum* (*vorsum*), tr. ¶ **1** donner une autre direction : Vitr. 4, 3, 5 ; Dig. 43, 20, 8 ‖ [fig.] pass., *interverti*, se gâter, dégénérer [en parl. du naturel] : Sen. Marc. 22, 2 ¶ **2** détourner de sa destination : *aliquid intervertere ad seque transferre* Cic. Phil. 2, 32, détourner et s'approprier qqch., cf. Tac. An. 16, 10 ; H. 2, 95 ‖ soustraire : *interverso hoc regali dono* Cic. Verr. 4, 68, ayant détourné ce don royal ‖ escamoter : *interversa aedilitate* Cic. Dom. 112, en escamotant l'édilité [= sans passer par l'édilité] ¶ **3** dépouiller qqn de qqch. (*aliquem aliqua re*) : Gell. 11, 18, 13 ‖ escamoter qqch. à qqn (*aliquem*, *aliqua re*) : Pl. As. 258 ; Ps. 900.

intervĭbrans, *tis*, étincelant entre : Capel. 6, 586.

intervĭgĭlō, *ās*, *āre*, -, -, intr., veiller par instants : Lampr. Alex. 61, 3.

intervĭrĕō, *ēs*, *ēre*, -, -, intr., être vert au milieu de : Stat. Th. 4, 98.

intervīsō, *ĭs*, *ĕre*, *vīsī*, *vīsum*, tr., aller voir par intervalles, visiter, rendre visite : Cic. Fam. 7, 1, 5 ‖ surveiller (inspecter) secrètement : Pl. St. 455.

intervōcālĭtĕr, adv., à haute voix, distinctement : Apul. M. 9, 30.

intervŏlĭtō, *ās*, *āre*, -, -, intr., voltiger entre : Liv. 3, 10, 6.

intervŏlō, *ās*, *āre*, *āvī*, *ātum* ¶ **1** intr., voler entre : Col. 8, 10, 1 ‖ tr., *auras* Stat. Th. 2, 539, fendre les airs ¶ **2** [fig.] *oculis* Val.-Flac. 5, 27, flotter devant les yeux.

intervŏmō, *ĭs*, *ĕre*, *ŭī*, *ĭtum*, tr., vomir ou répandre parmi : Luc. 6, 894.

intervulsus, *a*, *um*, part. de *intervello*.

1 **intestābĭlis**, *e* (cf. *intestatus*) ¶ **1** qui ne peut témoigner [en justice] : Gai. Dig. 28, 1, 26 ‖ qui ne peut tester : Gai. Dig. 28, 1, 18 ¶ **2** maudit, infâme, abominable, exécrable : Sall. J. 67, 3 ; Hor. S. 2, 3, 81 ; Tac. An. 6, 40 ‖ *-lior* Tac. H. 4, 42.

2 **intestābĭlis**, *e* (2 *in-*, cf. 2 *testis*), eunuque : Pl. Curc. 30.

intestātō, v. *intestatus*.

intestātus, *a*, *um* (2 *in*, *testatus*) ¶ **1** intestat, qui n'a pas testé : Cic. Verr. 2, 53 ‖ *intestato* Cic. de Or. 1, 183 ; *ab intestato* Dig. 37, 7, 1, 8, intestat, ab intestat ‖ qui ne mérite pas confiance : Pomp. d. Non. 323, 28 ¶ **2** non confondu par des témoins : Pl. Curc. 695 ¶ **3** [jeu de mots sur *testis*] eunuque : Pl. Mil. 1416.

intestīnārĭus făbĕr, et abs^t *-rĭus*, *ĭi*, m., ouvrier en marqueterie : CIL 10, 1922, 3 ; Cod. Th. 13, 4, 2.

intestīnum, *i*, Lucr. 4, 118 et *-na*, *ōrum*, n. pl., intestins, entrailles : *ex intestinis laborare* Cic. Fam. 7, 26, 1, souffrir de la colique ; *medium intestinum* Cic. Nat. 2, 55, le mésentère.

▶ m. *intestini* Varr. Men. 54 ; f. *intestinae* Petr. 76, 11.

intestīnus, *a*, *um* (*intus* ; cf. *tempus*, *tempestus*), intérieur : Cic. Ac. 2, 48 ; *bellum intestinum* Cic. Cat. 2, 28, guerre civile ‖ *intestinum opus* Varr. R. 3, 1, 10 ; Plin. 16, 225, ouvrage de marqueterie ; v. *intestinum* ▶.

intexō, *ĭs*, *ĕre*, *ŭī*, *textum* (1 *in* ; it. *intessere*), tr. ¶ **1** tisser dans, entrelacer, entremêler, mêler : *purpureas notas filis albis* Ov. M. 6, 577, entrelacer dans les fils blancs des marques (lettres) de pourpre ; *diversos colores picturae* Plin. 8, 196, mêler à la peinture des couleurs diverses ‖ *viminibus intextis* Caes. G. 2, 33, 2, avec des branches tressées ‖ *arteriae, venae toto corpore intextae* Cic. Nat. 2, 138, artères, veines entrelacées à travers tout le corps ¶ **2** [fig.] insérer dans : *Varronem nusquam possum intexere* Cic. Att. 13, 12, 3, je ne puis incorporer Varron dans aucun ouvrage [le mettre comme interlocuteur] ; *aliquid in causa* Cic. de Or. 2, 68, faire entrer qqch. dans une plaidoirie ‖ mêler : *parva magnis* Cic. Part. 12, mêler le petit au grand ¶ **3** entrelacer de, entremêler de, broder, brocher : *palla purpurea coloribus variis intexta* Her. 4, 60, manteau de pourpre brodé de couleurs diverses ‖ *hastas foliis* Virg. B. 5, 31, envelopper les thyrses de feuillage ¶ **4** faire en entrelaçant : *ex lino nidum* Plin. 10, 96, faire son nid avec du lin entrelacé ; *tribus intextum tauris opus* Virg. En. 10, 785, œuvre formée de trois cuirs entrelacés.

intextĭo, *ōnis*, f. (*intexo*), entrelacement : Ambr. Luc. 10, 23, 118.

1 **intextus**, *a*, *um*, part. de *intexo*.

2 **intextŭs**, abl. *ū*, m., assemblage : Plin. 2, 30.

inthrŏnĭzō, *ās*, *āre*, -, -, tr., introniser, installer (un évêque) : Cassiod. Eccl. 12, 8.

Intibili, n., ville de la Tarraconaise : Liv. 23, 49, 12.

intĭbum (-**ŭbum**, -**ўbum**), *i*, n. (sém. ; fr. *endive*), chicorée sauvage : Pl. Most. 86 ; Virg. G. 1, 120 ; 4, 120 ‖ Plin. 19, 129.

intĭbus (-**tŭbus**, -**tўbus**), *i*, m. f., c. *intibum* : Pompon. d. Non. 209, 4 ; Plin. 19, 129.

intĭmātĭo, *ōnis*, f. (*intimo*), démonstration, exposition : Capel. 4, 897 ‖ accusation : Cod. Just. 9, 40, 1.

intĭmātŏr, *ōris*, m., celui qui expose : Capit. Pert. 10, 9.

intĭmātus, *a*, *um*, part. de *intimo*.

intĭmē, adv. (*intimus*) ¶ **1** intérieurement : Apul. M. 2, 7 ¶ **2** [fig.] avec intimité, familièrement : Nep. Att. 5 ‖ cordialement, du fond du cœur : Cic. Q. 1, 2, 4 ‖ *-ius* CIL 9, 2826, 6.

Intĭmĕlĭi, v. *Intemelii*.

*****intĭmĭdē** [inus.], intrépidement ‖ *-dius* Amm. 26, 6, 17.

intĭmō, *ās*, *āre*, *āvī*, *ātum* (*intimus*), tr. ¶ **1** mettre ou apporter dans : Solin. 32, 16 ; Amm. 22, 8, 40 ‖ conduire dans : Symm. Ep. 10, 33 ¶ **2** annoncer, publier, faire connaître : Cod. Th. 14, 3, 1 ; Treb. Gall. 16 ; Amm. 21, 11, 1.

intĭmōrātē, adv. (*timoratus*), sans crainte, avec intrépidité : Iren. 1, 6, 3.

1 **intĭmōrātus**, *a*, *um* (*in timore*), rempli de crainte : VL. Act. 22, 9.

2 **intĭmōrātus**, *a*, *um* (2 *in-*, *timor*), sans crainte : VL. Prov. 19, 23.

intĭmus, *a*, *um* (1 *in* ; superl., v. *interior*, cf. *ultimus*) ¶ **1** ce qui est le plus en dedans, le plus intérieur, le fond de : *in eo sacrario intimo* Cic. Verr. 4, 99, au fond de ce sanctuaire ; *intima Macedonia* Cic. Fam. 13, 29, 4, le cœur de la

intimus

Macédoine ‖ *in intimum se conjicere* Cic. *Cael.* 62, s'enfoncer à l'intérieur de la maison ‖ *intima*, n. pl., *finium* Liv. 34, 47, 8, l'intérieur du pays ¶ **2** [fig.] *ex intima philosophia haurire* Cic. *Leg.* 1, 17, puiser au cœur de la philosophie; *ars intima* Cic. *Or.* 179, le domaine le plus secret de l'art; *disputatio* Cic. *de Or.* 1, 96, le cœur d'une dissertation; *intima alicujus consilia* Cic. *Verr. prim.* 17, projets les plus secrets de qqn ‖ intime: *familiares intimi, amici intimi* Cic. *Att.* 1, 3; *Mur.* 45, amis intimes; *alicui* Cic. *Phil.* 2, 48, intime de qqn ‖ [pris subst^t] m. pl., *mei intimi* Cic. *Fam.* 13, 3, mes intimes; *intima mea* n. pl., Aug. *Conf.* 7, 10, 16, l'intimité de mon âme.

intinctĭo, ōnis, f. (*intingo*), action de mouiller: Hier. *Ep.* 125, 1 ‖ trempe [du fer]: Isid. 19, 101 ‖ baptême: Tert. *Paen.* 6, 3.

1 intinctus, *a*, *um*, part. de *intingo*.

2 intinctŭs, ūs, m., sauce, assaisonnement: Plin. 20, 65 [pl.] 15, 118.

intingō (-guō), ĭs, ĕre, tinxī, tinctum (1 *in*, *tingo*; it. *intingere*), tr. ¶ **1** tremper dans: [avec *in* abl.] Vitr. 1, 5; [avec *in* acc.] Cat. *Agr.* 156 ‖ imprégner: Quint. 10, 3, 31 ¶ **2** mettre dans la sauce, mariner: Plin. 20, 185 ¶ **3** [chrét.] baptiser: Tert. *Paen.* 6, 15.

intĭtŭbābĭlis, *e*, qui ne chancelle pas: Cassiod. *Psalm.* 134, 2.

intĭtŭbantĕr, adv., sans chanceler, sans hésiter: Boet. *Arith.* 2, 1, 8.

intĭtŭlō, ās, āre, āvī, - (*in titulo*), tr., appeler, intituler: Rufin. *Apol.* 2, 8.

intŏlĕrābĭlis, *e* ¶ **1** intolérable, insupportable: Cic. *Nat.* 2, 127; *Tusc.* 1, 111; *Or.* 220; *-bilior* Cic. *Fam.* 4, 3, 1 ¶ **2** qui ne peut supporter: Afran. *Com.* 255.

intŏlĕrābĭlĭtās, ātis, f., manière d'être insupportable: Gloss. 2, 231, 14.

intŏlĕrābĭlĭtĕr, adv., d'une manière insupportable: Col. 1, 4, 9; Aug. *Civ.* 3, 21.

intŏlĕrandus, *a*, *um*, intolérable: Cic. *Agr.* 1, 15; *Verr.* 4, 78; Liv. 5, 14 ‖ *-dum* [n. adv.], d'une manière insupportable: Gell. 17, 8, 8.

intŏlĕrans, tis ¶ **1** qui ne peut supporter: [avec gén.] Tac. *An.* 2, 75; *H.* 4, 80; *secundarum rerum intolerantior* Liv. 9, 18, qui sait moins bien supporter la prospérité; *intolerantissimus laboris* Liv. 10, 28, 4, très peu capable de supporter la fatigue ¶ **2** intolérable: Laev. d. Gell. 19, 7, 10.

intŏlĕrantĕr, adv., d'une manière intolérable, sans mesure: Cic. *Tusc.* 2, 22; *intolerantius insequi* Caes. *G.* 7, 51, 1, poursuivre de trop près; *-issime* Cic. *Vat.* 29.

intŏlĕrantĭa, ae, f. ¶ **1** fait d'être insupportable, nature insupportable de qqch.: Oros. *Hist.* 5, 15 ‖ insolence, tyrannie insupportable: Cic. *Clu.* 112; *Agr.* 2, 33 ¶ **2** action de ne pouvoir supporter, impatience, humeur peu endurante: Gell. 17, 19, 5.

intŏlĕrātus, *a*, *um*, qui n'est pas nourri: Cael.-Aur. *Acut.* 2, 19, 124.

intŏlĕrō, ās, āre, -, - (*intolerans*), tr., ne pas supporter, prendre en mal: Not. Tir. 140.

intollō, ĭs, ĕre, -, - (1 *in*), tr., pousser [des cris]: Apul. *M.* 9, 26.

intŏnātus, *a*, *um*, part. de *intono*.

intŏnāvī, v. *intono* ►.

intondĕō, ēs, ēre, -, -, tr., couper, tondre autour: Col. 11, 3, 31.

intŏnō, ās, āre, ŭī, ātum

I intr. ¶ **1** tonner: Cic. poet. *Div.* 1, 106; Virg. *En.* 1, 90 ‖ [impers.] Virg. *En.* 2, 693; Ov. *M.* 14, 542 ¶ **2** faire du bruit, résonner: Virg. *En.* 9, 709; Sil. 2, 213 ‖ retentir [en parl. de la voix]: Cic. *Mur.* 81.

II tr. ¶ **1** faire entendre avec fracas, en grondant, crier d'une voix de tonnerre: Liv. 3, 48, 3; Ov. *Am.* 1, 7, 46 ¶ **2** faire gronder, faire mugir, faire tomber avec fracas: Val.-Flac. 3, 169 ‖ *Eois intonata fluctibus hiems* Hor. *Epo.* 2, 52, tempête grondant sur les flots de l'Orient.

► part. fut. *intonaturus* Sidon. *Ep.* 9, 14 ‖ parf. *intonavi* Paul.-Nol. *Carm.* 21, 904; Jul.-Val. 1, 8.

intonsus, *a*, *um* (2 *in-*) ¶ **1** non rasé, non tondu: Prop. 3, 13, 52; Col. 7, 3, 7 ‖ feuillu: Virg. *En.* 5, 63; Stat. *S.* 4, 7, 10 ¶ **2** grossier: Liv. 21, 32; Ov. *Pont.* 4, 2, 2.

intorpĕō, ēs, ēre, -, - (1 *in*) intr., être engourdi: Not. Tir. 94.

intorquĕō, ēs, ēre, torsī, tortum (1 *in*), tr. ¶ **1** tordre en dedans ou de côté, tordre, tourner: *mentum* Cic. *de Or.* 2, 266, tordre le menton; *oculos* Virg. *G.* 4, 451, tourner les yeux sur qqn ‖ pass., *intorqueri* Plin. 17, 183 ou *se intorquere* Lucr. 6, 124, se tordre, s'enrouler, cf. Pl. *Cis.* 729 ‖ [fig.] *intorta oratio* Pl. *Cis.* 730, paroles contournées, entortillées; *sonus intortus* Plin. 10, 82, roulade; *mores intorti* Pers. 5, 38, mœurs tordues, de travers = corrompues ¶ **2** faire en tordant: *rudentes intorti* Catul. 64, 235, cordages tordus, cf. Ov. *M.* 3, 679 ¶ **3** brandir, darder, lancer: Virg. *En.* 2, 231; 10, 322; 10, 882 ‖ *navis vertice retro intorta* Liv. 28, 30, 9, navire lancé violemment en arrière par un remous ‖ [fig.] Cic. *Tusc.* 4, 77.

***intortē** [inus.], avec torsion; *-tius* Plin. 16, 68.

intortĭo, ōnis, f. (*intorqueo*), action de tordre, torsion: Aug. *Ep.* 262, 9; Arn. 3, 14.

intortus, *a*, *um*, part. de *intorqueo*.

intrā (*in*, *interior*, cf. *extra*; it. *tra*)

I adv., en dedans, dans l'intérieur: Quint. 1, 10, 43; Cels. 5, 28, 13.

II prép. avec acc., en dedans de, dans l'intérieur de ¶ **1** *intra parietes meos* Cic. *Att.* 3, 10, 2, dans mes murs, dans l'intérieur de ma maison; *intra montem Taurum* Cic. *Sest.* 58, en deçà du mont Taurus; *intra finem ingredi* Cic. *Cael.* 22, pénétrer en dedans de la limite, cf. Cic. *de Or.* 2, 147 ¶ **2** avant l'expiration de: *intra annum vicesimum* Caes. *G.* 6, 21, 5, avant la vingtième année; *intra paucos dies trajiciet* Liv. 29, 19, 1, il effectuera la traversée sous peu de jours; *intra decimum diem quam... venerat* Liv. 36, 10, 1, moins de dix jours après son arrivée..., cf. Liv. 43, 9, 2 ¶ **3** moins de: *intra centum usque ad quinque et septuaginta milium censum* Liv. 1, 43, 4, avec une fortune allant de cent mille as à soixante-quinze mille ¶ **4** [fig.] *intra modum* Cic. *Fam.* 4, 4, 4, en deçà de la mesure [plutôt moins que trop]; *intra legem* Cic. *Fam.* 9, 26, 9, en deçà des limites fixées par la loi; *intra verba* Curt. 7, 1, 25, sans dépasser les mots, seulement en paroles; *intra famam* Quint. 11, 3, 8, au-dessous de la renommée; *quasi dicere intra se* Quint. 10, 7, 25, parler en qq. sorte en dedans de soi; *intra vos esse* Plin. *Ep.* 3, 10, 4, rester entre vous, ne pas être divulgué.

► après son régime: *lucem intra* Tac. *An.* 4, 48, " avant la fin du jour ", cf. Tac. *An.* 3, 75.

intrābĭlis, *e* (*intro*), où l'on peut entrer: Liv. 22, 19, 12.

intrāclūsus, *a*, *um*, enfermé dans: Grom. 37, 19; 341, 31.

intractābĭlis, *e* (2 *in-*), intraitable, indomptable: Virg. *En.* 1, 339; Sen. *Ep.* 25, 1 ‖ qu'on ne peut manier (utiliser): Virg. *G.* 1, 211 ‖ inhabitable: Just. 24, 4 ‖ incurable: Plin. 19, 89 ‖ qu'on ne peut toucher, immatériel: Cassian. *Inc.* 3, 15, 5 ‖ *-lior* Gell. 18, 7, 1.

intractātus, *a*, *um* (2 *in-*), indompté: Cic. *Lae.* 68 ‖ non essayé: Virg. *En.* 8, 206 ‖ non travaillé: *intractatus decor* Grat. 134, beauté sans apprêt.

intractĭo, ōnis, f. (*intraho*), action de traîner: *Plin. 7, 55.

intrăhō, ĭs, ĕre, traxī, tractum (1 *in*), tr. ¶ **1** traîner: Apul. *M.* 5, 20 ‖ amener: Apul. *M.* 11, 23 ¶ **2** [fig.] outrager: P. Fest. 98, 26.

intrāmĕātŭs, ūs, m., passage entre: Not. Tir. 85.

intrāmūrānus, *a*, *um*, qui est dans l'enceinte des murs: Ps. Ascon. *Verr.* 2, 17.

intrānĕus, *a*, *um* (*intra*), intérieur, privé: Cassiod. *Eccl.* 1, 12.

intranscensĭbĭlis, *e* (2 *in-*), qu'on ne peut dépasser: Cassiod. *Jos. Ap.* 2, 293.

intransgressĭbĭlis, *e*, infranchissable: Cassiod. *Eccl.* 1, 14.

intransībĭlis, *e*, qu'on ne peut traverser: Hier. *Is.* 4, 11, 15.

intransĭtīvē, adv., d'une manière intransitive: Prisc. 2, 552, 25.

intransĭtīvus, *a*, *um*, intransitif [gram.]: Prisc. 2, 186, 15.

intransmĕābĭlĭs, *e*, ▶ *intransibilis* : MAMERT. *Anim.* 3, 9.

intrāro, contr. pour *intravero*.

intrassīs, ▶ *intro* ▶.

intrātus, *a*, *um*, part. de *intro*.

intrectātus, *a*, *um*, ▶ *intractatus* : CAEL.-AUR. *Acut.* 3, 5, 57.

intrĕmĕfactus, *a*, *um* (2 *in*-), ébranlé, vibrant : OPT.-PORF. 20 b ; (50), 24.

intrĕmiscō, *is*, *ĕre*, *trĕmŭī*, - (inch. de *intremo*) ¶ **1** intr., se mettre à trembler : PLIN. 8, 9 ; CELS. 7, praef. ; *intremuit malus* VIRG. *En.* 5, 505, le mât trembla ¶ **2** tr., redouter : SIL. 8, 60.

intrĕmō, *is*, *ĕre*, -, - (1 *in*), intr., trembler, frissonner : CELS. 3, 3, 3 ; VIRG. *En.* 3, 581 ‖ *alicui* SIL. 16, 666, trembler devant quelqu'un.

intrĕmŭlus, *a*, *um* (2 *in*-, *tremulus*), qui ne tremble pas : CASSIOD. *Var.* 12, 19, 2.

intrĕpĭdans, *antis*, ▶ *intrepidus* : CIL 3, 1898.

intrĕpĭdantĕr, adv., intrépidement : NON. 530, 5.

intrĕpĭdē, adv. (*intrepidus*), intrépidement : LIV. 23, 33, 6 ; 26, 4, 6 ; SEN. *Ep.* 18, 13 ; PLIN. 15, 136.

intrĕpĭdus, *a*, *um* (2 *in*-, *trepidus*) ¶ **1** courageux, intrépide : CURT. 8, 11, 8 ; LIV. 30, 33, 14 ; 44, 6, 6 ; TAC. *H.* 1, 35 ; GELL. 19, 12, 10 ¶ **2** qui ne donne pas lieu à de l'effroi : TAC. *Agr.* 22.

intrĕsĕcus CIL 14, 137, 1, ▶ *intrinsecus*.

intrĭbŭō, *is*, *ĕre*, -, - (1 *in*), tr., payer une contribution : PLIN. *Ep.* 10, 24, 35.

intrĭbūtĭo, *ōnis*, f., contribution : ULP. *Dig.* 49, 8, 4.

intrīcō, *ās*, *āre*, -, *ātum* (*in tricis* ; it. *intrigare*), tr., embrouiller, empêtrer, embarrasser : PL. *Pers.* 457 ; CIC. d. GELL. 6, 2 ‖ *peculium* ULP. *Dig.* 15, 1, 21, engager son pécule.

intrīmentum, *i*, n. (*intero*), assaisonnement : APUL. *M.* 10, 13.

1 intrīnsĕcus, adv. (cf. *intra*, *utrimque*, *extrinsecus*, 2 *secus*) ¶ **1** au-dedans, intérieurement : LUCR. 6, 1147 ; CAT. *Agr.* 152 ; VARR. *R.* 2, 11, 17 ¶ **2** en allant vers l'intérieur : PLIN. 11, 190 ; SUET. *Aug.* 95.

2 intrīnsĕcus, *a*, *um*, intérieur : CHIR. 832.

intrīta, *ae*, f. (*intero*) ¶ **1** mortier : PLIN. 36, 176 ¶ **2** soupe, panade : PLIN. 9, 32.

intrītum, *i*, n. (*intero*), soupe : APUL. *M.* 11, 16.

1 intrītus, *a*, *um*, part. de 1 *intero*.

2 intrītus, *a*, *um* (2 *in*-) ¶ **1** non broyé : COL. 12, 51, 2 ¶ **2** [fig.] *cohortes intritae ab labore* CAES. *G.* 3, 26, 2, cohortes non brisées par la fatigue [fraîches].

intrīvī, parf. de 1 *intero*.

1 intrō, adv. (cf. *intra*, 3 *quo* ; it. *entro*), dedans, à l'intérieur [avec mouv⟨t⟩] : LUCIL. 1217 ; CIC. *Verr.* 1, 66 ; 5, 118 ; CAES. *C.* 3, 26, 5 ‖ [sans mouv⟨t⟩] CAT. *Agr.* 157, 7, cf. QUINT. 1, 5, 50.

2 intrō, *ās*, *āre*, *āvī*, *ātum* (*intra* ; fr. *entrer*), intr. et tr., entrer dans, pénétrer dans ¶ **1** intr., [avec *in* acc.] : *in Capitolium* CIC. *Dom.* 5, entrer dans le Capitole, cf. CIC. *Tusc.* 1, 57 ; *in rerum naturam* CIC. *Fin.* 5, 44, pénétrer les secrets de la nature ; *in familiaritatem alicujus* CIC. *Q.* 1, 1, 15, entrer dans l'intimité de qqn ; *intrare ad* LIV. 6, 2, 9, pénétrer jusqu'à ‖ [avec dat.] [poét.] SIL. 11, 473 ; 14, 550 ‖ [abs⟨t⟩] comparaître : PLIN. *Ep.* 5, 4, 2 ; 6, 31, 10 ¶ **2** tr. **a)** *limen* CIC. *Phil.* 2, 68, franchir un seuil, cf. CIC. *Caecin.* 22 ; *pomoerium* CIC. *Nat.* 2, 11, franchir l'enceinte sacrée de la ville ; *terram* CIC. *Ac.* 2, 122, sonder les profondeurs de la terre ; *animos* CURT. 4, 16, 17, pénétrer dans les cœurs ; *Phoebo intrata* SIL. 12, 323, inspirée d'Apollon **b)** attaquer : STAT. *Th.* 6, 774 **c)** transpercer : MART. 7, 27, 3.

▶ [arch.] *intrassis* = *intraveris* PL. *Men.* 416.

intrōcēdō, *is*, *ĕre*, -, - (1 *intro*), intr., entrer : APUL. *M.* 5, 3, 5.

intrōcurrō, *is*, *ĕre*, -, -, intr., aller rapidement dans : NAEV. d. NON. 205, 27.

intrōdō, *ās*, *āre*, -, - (1 *intro*, 1 *do*), tr., mettre dans : CHALC. 264.

intrōdūcō, *is*, *ĕre*, *duxī*, *ductum*, tr. ¶ **1** conduire dans, amener dans, introduire : SALL. *J.* 12, 4 ; CAES. *C.* 1, 13, 2 ‖ [avec *in* acc.] CAES. *G.* 2, 5, 3 ; LIV. 10, 45, 4 ‖ [avec *ad* acc.] CURT. 6, 7, 17 ‖ [avec *eo*] CAES. *C.* 3, 26, 4 ¶ **2** [fig.] **a)** amener, introduire : CIC. *Phil.* 11, 19 ; *Tusc.* 5, 10 **b)** introduire un sujet ou un personnage : CIC. *Lae.* 3 ; QUINT. 9, 2, 30 **c)** [avec prop. inf.] exposer, avancer que : CIC. *Nat.* 1, 20 ; *Ac.* 2, 131.

intrōductĭo, *ōnis*, f. (*introduco*), action d'introduire, introduction : CIC. *Att.* 1, 16, 5.

intrōductŏr, *ōris*, m. (*introduco*), celui qui fait entrer dans : AUG. *Faust.* 26, 19 ‖ [fig.] introducteur, guide : AUG. *Civ.* 18, 39.

intrōductōrĭus, *a*, *um*, qui introduit [fig.], qui initie : CASSIOD. *Inst.* 1 praef. 1.

intrōductus, *a*, *um*, part. de *introduco*.

intrŏĕō, *īs*, *īre*, *īvī* (*ĭī*), *ĭtum*, intr. et tr. ¶ **1** intr., aller dans, entrer : [avec *in* acc.] CIC. *Att.* 7, 7 ; 16, 11 ; LIV. 30, 43, 5 ‖ [avec *ad*] SALL. *C.* 28, 1 ¶ **2** tr., *curiam*, *urbem* SUET. *Caes.* 81 ; 18, entrer dans la curie, dans la ville ; *domum* PL. *Men.* 662 ; CIC. *Phil.* 2, 68 ; *Caecin.* 89, entrer dans la maison (*Mutinam* CIC. *Phil.* 6, 6, à Modène) ‖ [pass. impers.] VARR. *R.* 1, 63 ; SALL. *H.* 4, 10 ‖ ▶ *introiet*.

intrōfĕrō, *fers*, *ferre*, *tŭlī*, *lātum*, tr., porter dans : CIC. *Verr.* 5, 34 ; 5, 118 ; LIV. 43, 7, 5.

intrōgrĕdĭor, *ĕrĭs*, *gredī*, *gressus sum*, intr. et tr. ¶ **1** intr., entrer, pénétrer dans : VIRG. *En.* 1, 520 ; GELL. 5, 14, 21 ¶ **2** tr., franchir : STAT. *Th.* 3, 345.

▶ toujours au parf. sauf GLOSS. 2, 286, 61.

1 intrōgressus, *a*, *um*, part. de *introgredior*.

2 intrōgressŭs, *ūs*, m., entrée, introduction : TERT. *Marc.* 3, 21, 4.

intrŏĭens, *euntis*, part. de *introeo*.

intrŏĭet, fut., pour *introibit* : HIER. *Lucif.* 5 ; ▶ *introeo*.

intrŏĭtōrĭus, *a*, *um*, qui concerne l'entrée : GLOSS. L. 2, Philox. in 707.

intrŏĭtūra, *ae*, f., taxe, droit d'entrée [dans une corporation] : GREG.-M. *Ep.* 9, 113.

intrŏĭtŭs, *ūs*, m. (*introeo*) ¶ **1** action d'entrer, entrée : CIC. *Phil.* 11, 5 ; CAES. *C.* 1, 21 ¶ **2** entrée d'un lieu, accès, avenue : *ad introitum Ponti* CIC. *Verr.* 4, 130, près de l'entrée du Pont-Euxin, cf. CIC. *Nat.* 2, 144 ; CAES. *G.* 5, 9 ; *C.* 3, 39 ‖ [fig.] *aperto suspicionis introitu* CIC. *Verr. prim.* 17, la porte étant ouverte au soupçon ‖ entrée, introduction, commencement : CIC. *Att.* 1, 18, 2 ; *Cael.* 3 ; PLIN. 6, 141.

intrŏjŭgi, *ōrum*, m. pl., limoniers [chevaux de l'intérieur, placés contre le timon du quadrige] : CIL 6, 10048.

intrōlātus, *a*, *um*, part. de *introfero*.

intrōmissus, *a*, *um*, part. de *intromitto*.

intrōmittō, *is*, *ĕre*, *mīsī*, *missum*, tr., faire entrer, introduire, admettre : CAES. *G.* 7, 11 ; LIV. 24, 13, 10 ; TAC. *An.* 15, 61 ‖ [fig.] introduire des mots dans une langue : GELL. 19, 13, 3 ‖ introduire un exemple : GELL. 1, 13, 4.

intrōpōnō, *is*, *ĕre*, -, -, tr., mettre dedans : NOT. TIR. 38.

intrōportō, *ās*, *āre*, -, -, tr., porter dedans, introduire : NOT. TIR. 11.

intrōrēpō, *is*, *ĕre*, -, -, intr., s'introduire en rampant : APUL. *M.* 2, 25.

introrsum (-sus) (*intro*, *vors*-) ¶ **1** vers l'intérieur, vers le dedans, en dedans : CAES. *G.* 2, 18 ; 7, 22 ; LIV. 10, 33 ¶ **2** dans l'intérieur, en dedans [sans mouv⟨t⟩] : LIV. 25, 21, 6 ; HOR. *Ep.* 1, 16, 45 ; *S.* 2, 1, 65 ; SEN. *Vit.* 2, 4.

▶ *introsum* LUCR. 3, 534 ; *introsus* CIL 5, 3082.

intrōrumpō, *is*, *ĕre*, *rūpī*, *ruptum*, intr., se précipiter à l'intérieur, pénétrer de force, entrer brusquement : PL. *Mil.* 460 ; CAES. *G.* 5, 51, 4 ; GELL. 15, 22, 9.

introspectō, *ās*, *āre*, -, -, tr., regarder dans : PL. *Most.* 936.

introspectŭs, *ūs*, m., action de regarder dans : *AETNA 342.

intrōspĭcĭō, *is*, *ĕre*, *spexī*, *spectum* ¶ **1** tr., regarder dans, à l'intérieur : *casas* CIC. *Div.* 2, 105, regarder à l'intérieur des demeures, cf. CIC. *Har.* 33 ; *Sull.* 76 ; TAC. *An.* 11, 38 ¶ **2** intr. [avec *in* acc., fig.] CIC. *Font.* 43 ; *Fin.* 2, 118.

intrōsum, **intrōsus**, v. *introrsum* ►.

intrōtrūdō (**intrōtrūdō**), *ĭs*, *ēre*, -, -, tr., introduire de force : CAT. *Agr.* 157, 14.

intrōvĕnĭō (**intrōvĕnĭō**), *īs*, *īre*, -, -, intr., s'interposer : *OBSEQ. 127.

intrōversŭs, c. *introrsus* : *LUCIL. 988 ; VARR. *R.* 2, 7, 5 ; PETR. 63, 7.

intrōvŏcātŭs, abl. *ū*, m., introduction : AMM. 29, 1, 25.

intub-, v. *intib-*.

intŭĕor, *ēris*, *ērī*, *ĭtus sum* (1 *in*), tr. et qqf. intr. ¶ 1 porter ses regards sur, fixer ses regards sur, regarder attentivement ***a)*** [avec acc.] : **terram intuens** TER. *Eun.* 580, les yeux fixés sur le sol, cf. CIC. *Cat.* 3, 13 ; *Rep.* 6, 19 ; *Tusc.* 1, 73 ; *Mil.* 42 ; *Sest.* 20 ; *CM* 59 ***b)*** [avec in acc.] **in aliquem** CIC. *Brut.* 331 ; *Tim.* 34, jeter les yeux sur qqn ***c)*** [en parl. de lieux] être tourné vers, regarder : [avec acc.] PLIN. *Ep.* 5, 6, 28 ¶ 2 [fig.] ***a)*** avoir les regards [la pensée] fixés sur : [avec acc.] CIC. *de Or.* 2, 89 ; *Or.* 24 ; *Phil.* 11, 39 ‖ considérer attentivement, se représenter par la pensée : CIC. *Or.* 24 ; *Fam.* 1, 9, 17 ; NEP. *Att.* 9, 5 ; *Them.* 7, 6 ***b)*** [avec in acc.] CIC. *de Or.* 1, 6 ; *Tusc.* 3, 28 ***c)*** [avec acc.] contempler avec admiration : CIC. *Q.* 1, 1, 7 ; *Pomp.* 41. ► arch. **indotueor** ENN. *An.* 70 ‖ formes *intuor, intui* 3ᵉ conj. *PL. *Most.* 836 ; *Cap.* 557 ; TER. *Haut.* 403 ; ACC. *Tr.* 614 ; TURP. *Com.* 159 ; NEP. *Chabr.* 3, 3 ‖ actif **intuo**, *ēre* COMMOD. *Instr.* 31, 1 ; 39, 5 ‖ **intueri** pass. AMM. 23, 5, 13.

intŭĭtĭo, *ōnis*, f. (*intueor*), image réfléchie par un miroir : CHALC. 239 ‖ vue, regard : RUFIN. *Orig. Hept.* 1, 1, 17.

intŭĭtŭs, *ūs*, m. (*intueor*), coup d'œil, regard, vue : VARR. *L.* 7, 7 ‖ [fig.] considération de qqch., égard pour : DIG. 23, 2, 67 ‖ but, intention [surtout à l'abl.] : **pietatis intuitu** FORT. *Carm.* 3, 4, 13, par bonté.

intŭlī, parf. de *infero*.

intŭmescō, *ĭs*, *ēre*, *tŭmŭī*, - (1 *in*, esp. *entumecer*), intr. ¶ 1 se gonfler, s'enfler : PLIN. 2, 196 ; OV. *F.* 6, 700 ‖ s'élever, se renfler : COL. 1, 4, 10 ; HOR. *Epo.* 16, 52 ¶ 2 [fig.] ***a)*** croître, grandir : TAC. *An.* 1 38 ; *H.* 4, 19 ***b)*** se gonfler de colère : OV. *M.* 8, 582 ; *alicui* OV. *Pont.* 4, 14, 34, contre qqn ***c)*** se gonfler d'orgueil : SEN. *Polyb.* 17, 5 ; PLIN. *Ep.* 7, 31, 3.

intŭmŭlātus, *a*, *um* (2 *in-*, *tumulo*), privé de sépulture : OV. *H.* 2, 136.

intundō, *ĭs*, *ēre*, -, - (1 *in*), tr., piler : SCRIB. 71.

intŭo, **-tŭor**, v. *intueor* ►.

inturbātus, *a*, *um* (2 *in-*), non troublé : PLIN. *Pan.* 64, 2.

inturbĭdus, *a*, *um*, non troublé, calme, tranquille : TAC. *An.* 3, 52 ‖ sans passion, sans ambition : TAC. *H.* 3 ; 39.

inturbŭlentĭa, *ae*, f., tranquillité : DIDASC. 33, 12.

inturgescō, *ĭs*, *ēre*, -, - (1 *in*), intr., s'enfler : VEG. *Mul.* 1, 56, 19.

intŭs (1 *in*, cf. ἐντός, *subtus*, a. fr. *enz*)
I adv. ¶ 1 au-dedans, dedans, intérieurement : CIC. *Cat.* 2, 11 ; *Mur.* 78 ; **intus in animis, intus in corpore** CIC. *Fin.* 1, 44 ; 3, 18, au-dedans des âmes, du corps ‖ [poét.] [avec abl. seul] **membris, templo intus** LUCR. 4, 1091 ; VIRG. *En.* 7, 192, à l'intérieur des membres, du temple, cf. LUCR. 6, 202 ; 278 ; LIV. 25, 11, 15 ¶ 2 [avec mouvement] : LUCR. 2, 711 ; OV. *M.* 10, 457 ; TAC. *H.* 1, 35 ¶ 3 de dedans, de l'intérieur : PL. *Cis.* 639 ; *Amp.* 770
II prép. avec gén. [hellénisme, cf. ἐντός] : APUL. *M.* 8, 29.

intŭsĭum, *ii*, n. (*intus*), v. *indusium* : VARR. *L.* 5 ; 131.

intūtus, *a*, *um* (2 *in-*, *tutus*) ¶ 1 non gardé, qui n'est pas en sûreté : SALL. *Phil.* 17 ; LIV. 5, 45, 2 ¶ 2 peu sûr : TAC. *An.* 2, 42 ; *H.* 1, 33 ; **intutum est** [avec inf.] PLIN. 34, 139, il est dangereux de ‖ *-tior* NAZ. *Paneg.* 10, 26, 1.

intybus, **intybum**, v. *intibus*.

ĭnūber, *ĕris* (2 *in-*), maigre : GELL. 20, 8, 3.

ĭnūbĕrō, *ās*, *āre*, -, - (1 *in*), intr., déborder sur [in acc.] : ALCIM. *Ep.* 48.

Inuca, *ae*, f., ville de la Zeugitane : *PEUT. 4, 4.

ĭnūdō, *ās*, *āre*, -, - (1 *in*), tr., mouiller : PAUL.-NOL. *Carm.* 18, 418.

ĭnŭla, *ae*, f. (de ἑλένιον ; fr. *aunée*), aunée [plante] : HOR. *S.* 2, 2, 44 ; PLIN. 19, 91 ; COL. 11, 3, 35.

ĭnulcĕrō, *ās*, *āre*, -, - (1 *in*), tr., faire une plaie : VEG. *Mul.* 2, 59, 2.

ĭnŭlĕus, *i*, m. (cf. ἔνελος et *eculeus*), faon : HOR. *O.* 1, 23, 1 ; v. *hinnuleus*.

inulte, adv. (2 *in-*), impunément : GREG.-M. *Mor.* 1, 37, p. 544 B.

ĭnultus, *a*, *um* (*ulciscor*) ¶ 1 non vengé, sans vengeance : CIC. *Sest.* 50 ; *Caecil.* 53 ; *Div.* 1, 57 ; LIV. 25, 37, 10 ¶ 2 impuni : CIC. *Clu.* 172 ; SALL. *J.* 58, 5 ; 70, 4 ; 106, 6 ‖ [fig.] = impunément, sans dommage : TER. *Haut.* 918 ; *And.* 610 ; HOR. *S.* 2, 3, 189 ‖ inassouvi : HOR. *Ep.* 1, 2, 61.

ĭnumbrātĭo, *ōnis*, f. (*inumbro*), obscurité : CAPEL. 1, 20.

ĭnumbrātus, part. de *inumbro*.

ĭnumbrō, *ās*, *āre*, *āvī*, *ātum* (in *umbra* ; it. *inombrare*), tr. ¶ 1 couvrir d'ombre, mettre dans l'ombre : LUCR. 5, 289 ; VIRG. *En.* 11, 66 ; CURT. 3, 4, 9 ; PLIN. 19, 24 ‖ ombrager : LUCR. 3, 913 ‖ voiler, obscurcir : VARR. *L.* 6, 4 ¶ 2 [fig.] obscurcir, éclipser : PLIN. *Pan.* 19, 1 ; COD. JUST. 1, 17, 2, 6.

ĭnūmectus, v. *inhumectus*.

ĭnūmĭgo, v. *inhumigo*.

ĭnuncō, *ās*, *āre*, *āvī*, *ātum* (*in unco*), tr., saisir avec des crochets, accrocher : APUL. *Flor.* 2, 11 ; **inuncari** COL. 7, 3, 10, s'accrocher ‖ [fig.] chercher à saisir, agripper : LUCIL. 492.

ĭnunctĭo, *ōnis*, f. (*inungo*), action d'oindre, de frotter, de bassiner : PLIN. 28, 117 ‖ application sous forme de liniment : CELS. 7, 7, 14 ; COL. 6, 33, 2.

ĭnunctus, *a*, *um*, de *inungo*.

ĭnundātĭo, *ōnis*, f. (*inundo*), inondation, débordement : COL. 3, 11, 8 ; SUET. *Aug.* 30 ‖ **terrarum** PLIN. 5, 68, déluge ‖ [fig.] déluge de paroles : CHALC. *Tim.* 19 B.

ĭnundō, *ās*, *āre*, *āvī*, *ātum* (in *unda* ; it. *inondare*), tr. ¶ 1 inonder : **terram** CIC. *Nat.* 1, 103, submerger la terre, cf. LIV. 8, 24, 7 ; 24, 38, 5 ; 30, 38, 10 ‖ [fig., en parl. de la foule] VIRG. *En.* 12, 280 ; CURT. 4, 12, 20 ; 5, 7, 8 ¶ 2 [absᵗ] ***a)*** déborder : LIV. 22, 2, 2 ***b)*** [avec abl.] déborder de, regorger de : VIRG. *En.* 10, 24 ; 11, 382.

ĭnungĭtō, *ās*, *āre*, -, - (fréq. de *inungo*), tr., enduire souvent : *CAT. *Orig.* 7, 10.

ĭnungo ou **ĭnunguo**, *ĭs*, *ēre*, *unxī*, *unctum* (1 *in*), tr. ¶ 1 enduire, oindre, frotter : PLIN. 28, 141 ; CELS. 7, 7, 3 ; **oculos** VARR. *L.* 5, 8, se bassiner les yeux, cf. CAT. *Agr.* 157, 10 ; HOR. *Ep.* 1, 1, 29 ‖ imprégner de : **oleo** PLIN. 18, 308, d'huile, cf. MART. 7, 78, 2 ¶ 2 étendre sur, appliquer sur : PLIN. 28, 168.

ĭnūnītus, *a*, *um* (in *unis*), réuni en un seul, réuni, confondu : TERT. *Val.* 29, 1.

ĭnurbānē, adv. (2 *in-*), sans élégance, sans esprit : CIC. *Nat.* 3, 50 ; PLIN. *Ep.* 2, 14, 5 ; QUINT. 8, 3, 54.

ĭnurbānĭtĕr, adv., sans culture, sans urbanité : AUG. *Faust.* 12, 1.

ĭnurbānus, *a*, *um*, grossier, qui est sans délicatesse, sans élégance, sans esprit : CIC. *Brut.* 227 ; *de Or.* 2, 365 ; 2, 217 ; HOR. *P.* 273 ; QUINT. 6, 3, 26.

ĭnurgĕō, *ēs*, *ēre*, -, - (1 *in*), tr., se lancer contre, poursuivre : LUCR. 5, 1033 ‖ [fig.] lancer contre, lancer : APUL. *M.* 8, 10.

ĭnūrīnō, *ās*, *āre*, -, -, intr., se plonger dans : COL. 8, 14, 2.

ĭnūrō, *ĭs*, *ēre*, *ussī*, *ustum* (1 *in*), tr. ¶ 1 brûler sur, graver en brûlant, imprimer par l'action du feu : **picturas** PLIN. 35, 49, peindre à l'encaustique, cf. PLIN. 35, 27 ; **notas** VIRG. *G.* 3, 158, faire des marques au fer rouge [sur les animaux], cf. CURT. 5, 5, 6 ‖ [fig.] imprimer, attacher : **alicui nota turpitudinis inuritur** CIC. *Sull.* 88, une marque d'infamie est imprimée sur qqn, cf. *Cat.* 1, 13 ; *Clu.* 129 ; **alicui famam superbiae inurere** CIC. *Mur.* 8, faire peser sur qqn une réputation d'orgueil ; **mala rei publicae** CIC. *Phil.* 2, 117, causer des maux profonds à l'État ; **alicui dolorem** CIC. *Mil.* 99, causer à qqn une douleur cuisante, cf. CIC. *Tusc.* 3, 19 ; *Verr.* 1, 113 ‖ [fig.] **Trasimenus lacus ille inustus memoria** VAL.-MAX. 7, ext. 6, le lac Trasimène marqué (entaché) par un souvenir funeste ¶ 2 ***a)*** empreindre un objet au moyen du feu : **comas** QUINT. 2, 5, 12, friser les cheveux ‖ [fig.] **aliquid**

calamistris Cic. *Brut.* 262, passer qqch. aux fers à friser, enjoliver, embellir; *monumentum cruentis litteris inustum* Cic. *Fam.* 1, 9, 15, monument portant une inscription ignominieuse **b)** brûler, détruire par le feu : Ov. *M.* 12, 272 ; Col. 8, 2, 3 ; Just. 2, 4, 11 ∥ pl. n., *inusta* Plin. 22, 37, brûlures.

ĭnūsĭtātē, adv. (2 *in*-), d'une manière inusitée, contre l'usage : Cic. *Q.* 1, 2, 9 ; *Brut.* 260 ∥ *-ius* Cic. *Or.* 155 ; *-tissime* Macr. *Sat.* 1, 4, 19.

ĭnūsĭtāto, c. *inusitate* : *Plin. *Pan.* 5, 2.

ĭnūsĭtātus, *a*, *um*, inusité, inaccoutumé, rare, extraordinaire : Cic. *Caecin.* 36 ; *Marc.* 1 ; *Arch.* 3 ; *de Or.* 2, 98 ; Caes. *C.* 3, 47, 1 ∥ *-tior* Caes. *G.* 4, 25 ; *-tissimus* Aug. *Civ.* 10, 12.

ĭnusquĕ ou **in usque**, = *usque in*, jusqu'à : Stat. *Th.* 1, 440.

ĭnustĭo, ōnis, f. (*inuro*), brûlure : Jul.-Val. 3, 37.

inustus, *a*, *um* ¶ 1 part. de *inuro* ¶ 2 (2 *in*-), non brûlé : Luc. 8, 787.

ĭnūtĭlis, *e* (2 *in*-) ¶ 1 inutile, d'aucun secours, sans profit : Cic. *Off.* 3, 31 ; Liv. 21, 53, 9 ∥ [avec *ad*] inutile pour : Caes. *G.* 2, 16, 4 ; 7, 77, 12 ∥ [avec dat.] Cic. *Inv.* 1, 1 ; Caes. *G.* 7, 78, 1 ; Liv. 29, 1, 6 ∥ *inutile est* [avec inf.] Cic. *Off.* 3, 57, il n'est pas utile de ; [avec prop. inf.] Quint. 1, 1, 27 ; 2, 5, 10, il n'est pas utile que ¶ 2 nuisible, préjudiciable : Cic. *Off.* 2, 49 ; 1, 32 ; 3, 7 ; 3, 57 ; 3, 84 ; Sen. *Nat.* 6, 27 ¶ 3 [tard.] non capable, invalide : Lact. *Inst.* 5, 20, 6 ∥ *-lior* Ov. *M.* 13, 37 ; *-issimus* Col. 3, 10, 6.

ĭnūtĭlĭtās, ātis, f. ¶ 1 inutilité : Lucr. 5, 1274 ¶ 2 fait d'être nuisible, caractère nuisible de qqch., danger : Cic. *Inv.* 2, 158.

ĭnūtĭlĭtĕr, adv., inutilement : Quint. 2, 4, 18 ∥ d'une manière nuisible : B.-Alex. 65, 1 ; *-lius* Varr. *R.* 3, 5, 2.

Ĭnŭus, *i*, m. (*ineo*), divinité qui féconde, la même que le Pan des Grecs : Liv. 1, 5, 2 ; Arn. 3, 23 ∥ ***Castrum Inui*** Virg. *En.* 6, 775, ville forte du pays des Rutules.

invādo, *is*, *ĕre*, *vāsī*, *vāsum* (1 *in* ; fr. *envahir*), intr. et tr.

I intr. ¶ 1 faire invasion : *in urbem* Cic. *Verr.* 1, 54, faire invasion dans une ville ∥ *pestis in vitam hominum invadit* Cic. *Off.* 3, 34, un fléau fait invasion dans la vie humaine ∥ [abs¹] Caes. *C.* 1, 14, 1 ; Sall. *C.* 2, 5 ; 10, 6 ¶ 2 se jeter sur : *in aliquem cum ferro* Cic. *Caecin.* 25, se jeter sur qqn le fer à la main ; *in fortunas alicujus* Cic. *Phil.* 2, 65, se jeter sur les biens de qqn (s'en emparer) ; *in collum alicujus* Cic. *Phil.* 2, 74, se jeter au cou de qqn ; *in philosophiam* Cic. *Tusc.* 2, 4, attaquer la philosophie ∥ [avec dat.] [rare] *furor invaserat improbis* Cic. *Fam.* 16, 2, 2, un souffle de folie s'était abattu sur les mauvais citoyens.

II tr. ¶ 1 envahir : *urbem* Liv. 10, 10, 4, envahir une ville ∥ *veluti tabes animos invaserat* Sall. *C.* 36, 5, une sorte de maladie contagieuse avait envahi les cœurs, cf. Sall. *J.* 35, 9 ; 89, 6 ∥ poét., = *ingredi*, entrer dans, parcourir : *viam* Virg. *En.* 6, 260, prendre une route, s'avancer ; *tria milia stadiorum* Tac. *An.* 11, 8, parcourir trois mille stades ¶ 2 assaillir, attaquer : *agmen hostium* Hirt. *G.* 8, 27, 5, attaquer l'armée ennemie, cf. Sall. *J.* 87, 4 ; Nep. *Dat.* 6, 7 ; Liv. 9, 35, 6 ∥ apostropher : Virg. *En.* 4, 265 ; Tac. *An.* 6, 4 ; *H.* 1, 33 ¶ 3 [poét.] se jeter dans une chose, l'entreprendre : *pugnam* Virg. *En.* 9, 186 ; *Martem* Virg. *En.* 12, 712, commencer un combat, la lutte, cf. Curt. 7, 6, 2 ¶ 4 se jeter sur, saisir : *barbam alicujus* Suet. *Caes.* 71, se jeter sur la barbe de qqn ; *consulatum* Suet. *Aug.* 26, s'emparer du consulat ¶ 5 manger, dévorer : Tert. *Pall.* 5, 6.

▶ inf. parf. contr. *invasse* Lucil. 57.

invălentĭa, *ae*, f. (2 *in*-, *valens*), faiblesse [de complexion] : Gell. 20, 1, 27 ; Apul. *Plat.* 1, 18.

invălĕō, *ēs*, *ēre*, -, - (1 *in*), intr., être fort : Amm. 21, 15, 2.

invălescō, *is*, *ĕre*, *valŭī*, - (1 *in*), intr., se fortifier, prendre de la force, s'affermir [pr. et fig.] : Quint. 2, 1, 1 ; 10, 2, 13 ; Tac. *H.* 2, 98 ; Plin. *Ep.* 6, 8, 2 ; Suet. *Ner.* 27 ∥ [tard.] l'emporter, prévaloir : VL. *Exod.* 17, 11.

invălētūdo, *ĭnis*, f. (2 *in*-), mauvaise santé : Tert. *Val.* 21, 1.

invălĭdē, adv., faiblement : Arn. 7, 45.

invălĭdus, *a*, *um*, faible, débile, impuissant, sans force [pr. et fig.] : Liv. 6, 8 ; 10, 34 ; 23, 16 ; 41, 2 ; Tac. *An.* 1, 46 ; 1, 65 ; 12, 16 ; Gell. 20, 1, 11 ∥ *-dior* Just. 41, 6, 3 ; *-issimus* Plin. 8, 130.

invălĭtūdo, v. *invaletudo*.

invānescō, *is*, *ĕre*, -, -, intr., devenir vain : Caes.-Arel. *Serm.* 159, 3.

invāsī, parf. de *invado*.

invāsĭo, ōnis, f. (*invado*), invasion : Gloss. 2, 321, 17 ∥ [fig.] usurpation : Symm. *Ep.* 10, 41.

invāsŏr, ōris, m., celui qui envahit, usurpateur : Cod. Just. 7, 4, 5 ; Ps. Aur.-Vict. *Epit.* 35, 2.

1 **invāsus**, *a*, *um*, part. de *invado*.

2 **invāsŭs**, abl. *ū*, m., attaque, invasion [de maladie] : Cael.-Aur. *Chron.* 1, 4, 82.

invectīcĭus, *a*, *um* (*inveho*), importé, exotique, étranger : Plin. 10, 79 ∥ non sincère, affecté : Sen. *Ep.* 23, 5.

invectĭo, ōnis, f. (*inveho*), importation : Cic. *Off.* 2, 13 ; *Fin.* 5, 70 ∥ [fig.] invectives : Fulg. *Myth.* 1, 15.

invectīvălĭtĕr, adv., avec des invectives : Sidon. *Ep.* 1, 11, 2.

invectīvus, *a*, *um* (*invehor*), qui invective : Amm. 21, 10, 7 ∥ *invectivae* (s.-ent. *orationes*) : Prisc. 3, 82, 12, les Catilinaires [de Cicéron].

invectŏr, ōris, m., celui qui importe : Symm. *Ep.* 10, 27.

invectrix, *īcis*, f., celle qui importe : Ambr. *Ep.* 63, 3.

1 **invectus**, *a*, *um*, part. de *inveho*.

2 **invectŭs**, abl. *ū*, m., transport, charriage : Plin. 2, 201 ; 4, 5 ∥ importation : Varr. *R.* 1, 16, 2.

invĕhō, *is*, *ĕre*, *vexī*, *vectum* (1 *in*), tr. ¶ 1 transporter dans, v. *veho* : [avec in acc.] *in aerarium pecuniam* Cic. *Off.* 2, 76, faire entrer de l'argent dans le trésor public, cf. Cic. *Nat.* 2, 130 ∥ [avec dat.] *legiones Oceano* Tac. *An.* 2, 23, amener les légions à l'Océan, cf. Curt. 9, 2, 27 ; Suet. *Aug.* 41 ∥ [abs¹] importer : Plin. 29, 24 ¶ 2 [fig.] amener : *quae tibi casus invexerat* Cic. *Tusc.* 3, 26, les événements que le sort t'avait amenés, cf. Cic. *Tusc.* 4, 38 ; *Inv.* 1, 1 ; Liv. *praef.* 12 ¶ 3 **a)** [pass.] être transporté = arriver, aller [en bateau, à cheval] : *in portum invehi* Cic. *Mur.* 4, entrer dans le port ; *urbem triumphans invehitur* Liv. 2, 31, 3, il entre dans Rome sur le char triomphal ; *invectus in medias stationes* Liv. 25, 34, 4, se portant [à cheval] au milieu des postes de garde ∥ [avec acc.] [poét.] *mare invectus* Ov. *M.* 11, 54, porté à la mer ; *ordines invehi* Curt. 4, 15, 20, pénétrer dans les rangs ennemis **b)** *se invehere* Liv. 6, 32, 8, se transporter, se porter en avant : Liv. 28, 15, 7 ; 30, 11, 9 ; 40, 39, 10 **c)** [pass. intrinsèque] faire une sortie [fig.] : *cur tam vehementer invehor?* Cic. *Verr.* 4, 8, pourquoi cette sortie si violente de ma part ?; *in aliquem* Cic. *de Or.* 2, 304, attaquer qqn [en paroles], cf. Cic. *de Or.* 3, 2 ; *Lae.* 57 ∥ *multa invehi in aliquem* Nep. *Epam.* 6, 1, faire une longue sortie contre qqn, cf. *Timol.* 5, 3 **d)** [part. prés. sens réfléchi] *in aliquem invehens* Cic. *Phil.* 2, 74, se livrant à des attaques contre qqn **e)** n. pl., *invecta* Paul. *Dig.* 2, 14, 4, objets apportés avec lui par le locataire, cf. *invecta et illata* Marc. *Dig.* 20, 2, 2, 6 ; v. *infero* ¶ 3.

invēlātus, *a*, *um*, nu : Ambr. *Psalm.* 43, 22 ; Capel. 1, 5.

invĕnālis, *e*, qui ne se vend pas : Gloss. 2, 243, 5.

invendĭbĭlis, *e*, qu'on ne peut vendre, invendable : Pl. *Poen.* 210.

invendĭtus, *a*, *um*, invendu : Dig. 18, 5, 10.

invĕnĭābĭlis, *e* (*venia*), impardonnable : Ambr. *Psalm.* 35, 12.

invĕnĭbilis, v. *inventibilis*.

invĕnĭō, *is*, *īre*, *vēnī*, *ventum* (1 *in*, *venio*, cf. rus. *na-iti* ; it. *rinvenire*), tr. ¶ 1 venir sur qqch. (qqn), trouver, rencontrer : *naves paratas* Caes. *G.* 5, 5, 2, trouver les navires prêts ; *adulescentes inventi sunt mortui* Cic. *Tusc.* 3, 23, on trouva les jeunes gens morts ∥ *his adjutor inventus est nemo* Cic. *Lae.* 42, il ne se trouva personne pour les seconder ∥ *apud auctores invenio descisse Antiates* Liv. 3, 23, 7, je trouve dans les sources historiques que les Antiates firent défec-

invenio

tion ‖ trouver [après recherches] : *ubi istum invenias qui...* Cic. *Lae.* 64, où le trouverais-tu cet homme capable de... ; *quomodo crimen confirmaret, non inveniebat* Cic. *Amer.* 42, il ne trouvait pas le moyen d'appuyer l'accusation ; *ad quas (calamitatum societates) non est facile inventu qui descendant* Cic. *Lae.* 64, à ces partages de l'infortune il n'est pas facile de trouver des consentants ¶ **2** [fig.] trouver, acquérir : *cognomen* Cic. *Tusc.* 4, 49, recevoir un surnom ; *ab aliqua re nomen* Cic. *Leg.* 1, 58, tirer son nom d'une chose ; *ex quo illi opes inventae* Sall. *J.* 70, 2, ce qui lui avait fait trouver la richesse ¶ **3** inventer : *multa a majoribus nostris inventa sunt* Cic. *Dom.* 1, beaucoup de choses ont été inventées par nos ancêtres ; *ubi primum fruges inventae sunt* Cic. *Verr.* 5, 99, où l'usage des céréales a été découvert, cf. Cic. *Tusc.* 1, 62 ; *auspiciis majoribus inventis* Cic. *Rep.* 2, 26, les grands auspices ayant été fondés, institués, cf. Cic. *Leg.* 2, 11 ‖ [invention oratoire] Cic. *Top.* 6 ; *Brut.* 202 ; Quint. 10, 1, 69 ¶ **4** apprendre en s'enquérant, découvrir : [avec prop. inf.] *inveniebat ex captivis...* Caes. *G.* 2, 16, il apprenait par les captifs que... ; *invenitur serrula... pervenisse* Cic. *Clu.* 180, on découvre que la petite scie est parvenue ¶ **5** *se invenire*, se retrouver, se reconnaître : Sen. *Ben.* 5, 12, 6 ; [métaph.] Ov. *H.* 15, 113.
▶ fut. arch. *invenibit* Pompon. *Com.* 25.

inventārĭum, *ĭi*, n., inventaire : Ulp. *Dig.* 37, 9, 1.

inventĭbĭlis, *e*, trouvable : *Hier. *Orig. Is.* 2, 2, p. 251, 15.

inventĭo, *ōnis*, f. (*invenio*) ¶ **1** action de trouver, de découvrir, découverte : Cic. *Off.* 1, 6 ‖ trouvaille de qqch. = origine : Cic. *Div.* 2, 85 ¶ **2** faculté d'invention, invention : Cic. *Tusc.* 1, 61 ‖ [rhét.] l'invention : Cic. *Inv.* 1, 9 ; 1, 43 ; 2, 79.

inventĭuncŭla, *ae*, f. (dim. de *inventio*), petite invention : Quint. 8, 5, 22.

inventŏr, *ōris*, m. (*invenio*), celui qui trouve, qui découvre, inventeur, auteur : Cic. *Fin.* 1, 32 ; *Nat.* 3, 45 ; Caes. *G.* 6, 16 ‖ *legis* Liv. 2, 56, 6, auteur d'une loi ; *Stoicorum* Cic. *Ac.* 2, 131, fondateur du Stoïcisme.

inventrix, *īcis*, f. (*inventor*), celle qui trouve, qui invente : Cic. *Nat.* 3, 53 ; *doctrinarum inventrices (Athenae)* Cic. *de Or.* 1, 13, (Athènes) mère des sciences.

inventum, *i*, n. (*inventus*), découverte, invention : Cic. *Mur.* 61.

1 **inventus**, *a*, *um*, part. de *invenio*.

2 **inventŭs**, abl. *ū*, m., invention : Plin. 17, 162.

invĕnustē, adv. (2 *in-*), sans grâce, sans élégance : Quint. 1, 6, 27 ; Gell. 17, 12, 3.

invĕnustus, *a*, *um* ¶ **1** qui est sans beauté, sans grâce, sans élégance : Cic. *Brut.* 237 ; Catul. 12, 5 ¶ **2** que Vénus ne favorise pas, malheureux, infortuné (en amour) : Ter. *And.* 245.

invĕrēcundē, adv., sans pudeur, impudemment : Sen. *Ep.* 114, 1 ; Quint. 7, 4, 10 ‖ *-dius* Hier. *Ep.* 128, 2.

invĕrēcundĭa, *ae*, f., impudence : Arn. 4, 34 ; Schol. Juv. 6, 456.

invĕrēcundus, *a*, *um*, impudent : Cic. *Inv.* 1, 83 ; Quint. 2, 4, 16 ; *inverecundus deus* Hor. *Epo.* 11, 13, le dieu effronté (Bacchus) ‖ *-dior* Val.-Max. 7, 7, 1 ; *-dissimus* Pl. *Ru.* 652.

invergō, *is*, *ĕre*, -, - (1 *in*), tr., [en parl. d'un liquide] renverser sur, verser sur : [avec *in* acc.] Pl. *Curc.* 108 ; [avec dat.] Virg. *En.* 6, 244.

invērīsĭmĭlis, *e* (2 *in-*), invraisemblable : Prisc. 2, 263, 8.

inversābĭlis, *e*, invariable : Mar. Vict. *Ar.* 1, 22.

inversē, adv. (1 *in*), à l'envers [fig.] : Aug. *Psalm.* 143, 19.

inversĭbĭlis, *e* (2 *in-*), inchangeable, qui ne peut être conçu autrement : Mar. Vict. *Gen.* 9.

inversĭo, *ōnis*, f. (*inverto*), inversion : *verborum* Cic. *de Or.* 2, 261, antiphrase, ironie ‖ allégorie : Quint. 8, 6, 44 ‖ anastrophe : Quint. 1, 5, 40.

inversō, *ās*, *āre*, -, - (fréq. de *inverto*), Fulg. *Virg.* p. 86, 2 H.

inversum, adv. (1 *in*, *versum* ; fr. *envers*), en sens contraire, à l'envers : Solin. 2, 47.

inversūra, *ae*, f., courbure, coude : Vitr. 5, 3, 5.

invertĭbĭlis, *e* (2 *in-*), invariable, immuable : Aug. *Lib.* 22, 8, 24.

invertĭbĭlĭtas, *ātis*, f., invariabilité, immutabilité : Aug. *Mor. eccl.* 1, 13, 25.

invertō, *is*, *ĕre*, *ī*, *versum* (1 *in*), tr. ¶ **1** retourner, tourner sens dessus dessous, renverser : Cic. *Off.* 3, 98 ; Virg. *G.* 1, 64 ; Sall. *J.* 18, 5 ‖ faire changer de couleur, teindre : Sil. 16, 568 ¶ **2** transposer, changer, intervertir : Cic. *Part.* 24 ; Tac. *An.* 15, 63 ‖ prendre (les mots) dans un autre sens [antiphrase] : Cic. *de Or.* 2, 262 ‖ *inversi mores* Hor. *O.* 3, 5, 7, mœurs perverties, décadence des mœurs.

invespĕrascit, *ĕre*, impers., il se fait tard, il commence à faire nuit : Cic. *Verr.* 5, 91 ; Liv. 39, 50, 1.

1 **investīgābĭlis**, *e* (*investigo*), qui peut être découvert : Lact. *Inst.* 3, 27, 13.

2 **investīgābĭlis**, *e* (2 *in-*, *vestigo*), qu'on ne peut découvrir, insondable : Vulg. *Prov.* 5, 6 ; *Rom.* 11, 33.

investīgātĭo, *ōnis*, f. (*investigo*), recherche attentive, investigation : Cic. *Ac.* 1, 34 ; *Fin.* 5, 10.

investīgātŏr, *ōris*, m. (*investigo*), qui recherche, investigateur, scrutateur : Cic. *Brut.* 60 ; *Sull.* 85.

investīgātrix, *īcis*, f., celle qui fait des recherches : Capel. 5, 442.

investīgō, *ās*, *āre*, *āvī*, *ātum* (1 *in*), tr. ¶ **1** chercher (suivre) à la piste, à la trace : Cic. *Verr.* 4, 106 ; *Nat.* 2, 158 ; Suet. *Dom.* 10 ¶ **2** [fig.] rechercher avec soin, scruter : Cic. *Sull.* 3 ; *Fin.* 4, 20 ‖ déchiffrer : Suet. *Caes.* 56.

investĭō, *īs*, *īre*, *īvī*, *ītum* (1 *in*, *vestio* ; esp. *embestir*), tr., revêtir, garnir : Enn. *Tr.* 100 ‖ *focum* Maecen. d. Sen. *Ep.* 114, 5, entourer le foyer.

investis, *e* (2 *in-*, *vestis*) ¶ **1** nu : Tert. *Pall.* 3, 4 ¶ **2** imberbe, impubère : P. Fest. 506, 1 ; Macr. *Sat.* 3, 8, 7 ‖ vierge : Tert. *Virg.* 8, 3.

investītus, *a*, *um*, part. de *investio*.

invĕtĕrascō, *is*, *ĕre*, *veterāvī*, - (inch. de *invetero*), intr. ¶ **1** devenir ancien, s'enraciner, s'affermir par le temps : Cic. *Cat.* 3, 26 ; Nep. *Att.* 2 ‖ s'implanter, s'établir : Caes. *G.* 2, 13 ; 5, 40 ‖ mûrir, prendre de l'âge : Plin. 23, 44 ¶ **2** [fig.] s'établir, se fixer : Cic. *Pomp.* 7 ‖ se fixer dans [avec dat.] : Cic. *Sull.* 24 ‖ [impers.] *inveteravit* Cic. *Fam.* 14, 3, 3, il est passé à l'état de coutume, c'est devenu une coutume établie que ; *inveteravit ut* Cic. *Off.* 2, 57, c'est une coutume établie que ¶ **3** devenir vieux, s'affaiblir : Tac. *An.* 11, 24 ; Vulg. *Psal.* 6, 8.

invĕtĕrātĭo, *ōnis*, f. (*invetero*), maladie invétérée : Cic. *Tusc.* 4, 81.

invĕtĕrātŏr, *ōris*, C.▶ *veterator* : Isid. 10, 139.

invĕtĕrātus, *a*, *um*, part. de *invetero*.

invĕtĕresco, C.▶ *inveterasco* : CIL 14, 2112.

invĕtĕrō, *ās*, *āre*, *āvī*, *ātum* (1 *in*, *vetus*) ¶ **1** laisser, faire vieillir : Col. 12, 12 ; Plin. 19, 115 ; Curt. 10, 3, 13 ¶ **2** [pass.] devenir vieux, prendre de l'âge : Cic. *CM* 72 ‖ s'enraciner : Cic. *Nat.* 2, 5 ‖ *inveteratus* Cic. *Fam.* 3, 9, 4 ; *Rep.* 2, 29, enraciné, implanté, invétéré, ancien ¶ **3** faire tomber en désuétude : Lact. *Inst.* 2, 16, 20.

invĕtĭtus, *a*, *um* (2 *in-*), non défendu, permis : Sil. 2, 441.

invexātus, *a*, *um*, non ébranlé : Aug. *Jul. op. imp.* 1, 21.

invexī, parf. de *inveho*.

invĭābĭlis, *e*, inaccessible, impraticable : Jul.-Val. 1, 38 ; 1, 61.

invĭcĕm, adv. (*in vicem*, V.▶ *vicis*) ¶ **1** à son tour (par roulement), alternativement : Caes. *G.* 7, 85, 5 ; 4, 1, 5 ; Liv. 9, 43, 17 ¶ **2** [postclass.] réciproquement, mutuellement : *invicem diligere* Plin. *Ep.* 7, 20, 7, s'aimer mutuellement ; *invicem se exacuere ad...* Plin. *Ep.* 3, 7, 15, s'exciter mutuellement à... ; *haec invicem obstant* Quint. 4, 5, 13, ces choses se font obstacle réciproquement ¶ **3** en retour : *invicem rusticas (res) scribe* Plin. *Ep.* 2, 11, 25, à ton tour, écris-moi les nouvelles de la campagne ¶ **4** [tard.] [avec prép.] *ab*

invicem Cypr. *Demetr.* 19; **ad invicem** Hier. *Is.* 3, 6, 2; **pro invicem** Aug. *Conf.* 4, 6, 11.

invictē, adv. (*invictus*), invinciblement : Aug. *Serm.* 382, 5 ¶ **-tissime** Aug. *Ep.* 166, 26.

invictrix, *īcis*, f., celle qu'on ne peut vaincre, invincible : Apon. 12, p. 222.

invictus, *a*, *um*, non vaincu, invaincu, dont on ne triomphe pas : [avec *ab*] **invictus a labore** Cic. *Off.* 1, 68, invincible aux fatigues ; **ab hostibus** Sall. *J.* 31, 20, dont les ennemis n'ont pu triompher ; **corpus invictum a vulnere** Ov. *M.* 12, 167, corps impénétrable aux blessures ǁ [avec abl.] : **armis** Cic. *Agr.* 2, 95, que les armes n'ont pu vaincre, cf. Virg. *En.* 6, 878 ; Ov. *M.* 5, 107 ǁ [avec *ad*, relativement à, à l'égard de] : Liv. 9, 16, 14 ; Ov. *M.* 12, 167 ; [avec *adversus*] Sall. *J.* 43, 5 ; Sen. *Helv.* 5, 5 ; Tac. *An.* 15, 21 ; [avec *in* acc.] Just. 12, 15, 4 ; [avec *in* abl.] Plin. 12, 29 ; [avec *contra*] Plin. 8, 89 ǁ [avec gén.] [poét.] Sil. 3, 326 ǁ [abs^t] Cæs. *G.* 1, 36, 7 ; Cic. *Par.* 29 ; *Tusc.* 3, 15 ; *Cat.* 2, 19 ǁ invincible [épith. de divinités] : **Hercules** CIL 2, 1660, Hercule ; **Sol** CIL 8, 2675, le Soleil ǁ **-tior** Aug. *Imm.* 8; **-issimus** Pl. *Mil.* 57.

1 **invĭdens**, *tis*, part. prés. de *invideo*.

2 **invĭdens**, *tis* (2 *in-*), qui ne voit pas : Apul. *Apol.* 51.

invĭdentĭa, *ae*, f. (*invideo*), sentiment de jalousie, d'envie : Cic. *Tusc.* 3, 20 ; 4, 16 ; Apul. *Plat.* 2, 16.

invĭdĕō, *ēs*, *ēre*, *vīdī*, *vīsum* (1 *in*, *video*), intr., qqf. tr. ¶ **1** prim^t tr., regarder d'un œil malveillant et funeste, jeter le mauvais œil : Acc. *Tr.* 424 ; Catul. 5, 12 ¶ **2** intr., être malveillant, vouloir du mal : Cic. *Planc.* 7; *de Or* 2, 185 ¶ **3** [surtout] porter envie, jalouser : [abs^t] Cic. *Brut.* 183 ; *Tusc.* 4, 17 ǁ **alicui, alicui rei**, envier qqn, qqch. : Cic. *de Or.* 2, 209 ; 210 ; **alicui** [et acc. de pron. n.] Cic. *Mur.* 88 ; *Fam.* 9, 16, 5, envier qqn relativement à qqch. ǁ **alicui in aliqua re**, envier qqn à propos de qqch. : Cic. *de Or.* 2, 228 ; *Flac.* 70 ǁ **alicui alicujus rei** Hor. *S.* 2, 6, 84, être chiche de qqch. à l'égard de qqn ǁ **alicui aliqua re**, envier qqch. à qqn, priver jalousement qqn de qqch. : Liv. 2, 40, 11 ; Sen. *Nat.* 4, pr. 7; Vit. 24, 5 ; Plin. *Ep.* 2, 10, 2 ǁ **aliqua re** Tac. *An.* 1, 22, priver de qqch. ǁ **invidere quod**, être jaloux de ce que : Cic. *Flac.* 70 ; *Fam.* 7, 33, 1 ; Poll. *Fam.* 10, 31, 6 ¶ **4** tr., **alicui aliquam rem (aliquem)**, être jaloux de qqch. (de qqn) par rapport à qqch. (à qqn), envier qqch. (qqn) à qqn : Virg. *G.* 1, 504 ; *En.* 8, 509 ; Liv. 44, 30, 4 ; Curt. 9, 4, 21 ; Plin. 15, 8ǁ [avec inf. ou prop. inf.] Pl. *Bac.* 543 ; *Truc.* 744, [ou avec *ut*, *ne*] ; Virg. *En.* 11, 269 ; 11, 43, par jalousie (malveillance) ne pas admettre (vouloir) que, refuser que (de), empêcher que ; **invideor** Hor. *P.* 55, je suis jalousé ; **invidendus** Hor. *O.* 2, 10, 7, digne d'envie.

invĭdĭa, *ae*, f. (*invidus* ; fr. *envie*) ¶ **1** malveillance, antipathie, hostilité, haine : Cic. *Off.* 1, 84 ; **non nullam habebat invidiam ex eo quod...** Cic. *de Or.* 2, 283, il était l'objet d'une assez grande hostilité du fait que... ; **habet nomen invidiam** Cic. *Or.* 170, le terme est antipathique ; **alicui invidiam conflare** Cic. *Cat.* 1, 23, exciter la haine contre qqn ; **invidiae esse alicui** Cic. *Verr.* 3, 144, valoir la haine à qqn ; **invidia Numantini foederis** Cic. *de Or.* 1, 181, impopularité du traité de Numance ; **temporis** Cic. *Fam.* 3, 10, 10, la haine d'une époque (manifestée pendant une époque), cf. Cic. *Clu.* 80 ; *Rab. Post.* 10 ǁ récrimination, reproche : Tac. *H.* 4, 68 ; **invidiam facere** Sen. *Herc. Oet.* 1861, adresser des reproches ǁ critique, dénigrement : Cæs. *C.* 1, 7, 1 ¶ **2** jalousie, envie : **esse in invidia apud aliquem** Cic. *Verr.* 5, 81, être en butte à la jalousie de qqn [différence avec *invidentia* Cic. *Tusc.* 3, 20] ; **invidia adducti** Cæs. *G.* 7, 77, 15, poussés par la jalousie ; **invidia est** [avec prop. inf.] Virg. *En.* 4, 350, interdire ; C. **invideo** ¶ **4**.

invĭdĭōsē, adv. (*invidiosus*) ¶ **1** avec malveillance, avec jalousie : Cic. *Ac.* 2, 146 ; *Mil.* 12 ¶ **2** en excitant la jalousie, en étant mal vu : Her. 4, 28 ǁ **-sius** Vell. 2, 45.

invĭdĭōsus, *a*, *um* (*invidia*) ¶ **1** qui envie, qui jalouse, envieux, jaloux : Cic. *Balb.* 56 ; Ov. *M.* 15, 234 ; **alicui** Prop. 2, 28, 10, jaloux de qqn ¶ **2** qui excite l'envie : Cic. *Balb.* 66 ; Ov. *M.* 11, 88 ; Prop. 2, 1, 73 ; Juv. 13, 179 ¶ **3** qui excite la malveillance, la haine, odieux, révoltant : Cat. *Agr.* pr. 4 ; Cic. *Verr.* 2, 42 ; 3, 145 ; *Font.* 19 ; *de Or.* 2, 304 ǁ **ad aliquem** Cic. *Att.* 8, 3, 6, odieux aux yeux de qqn ǁ **res invidiosa in aliquem** Cic. *Cael.* 21, cause de haine contre qqn, qui fait mal voir qqn ǁ **-sior** Cic. *de Or.* 2, 304 ; **-issimus** Cic. *Font.* 19 ; *Clu.* 103.

invĭdus, *a*, *um* (*invideo*) ¶ **1** envieux, jaloux : Cic. *Verr.* 5, 182 ; *Mur.* 20 ; *Nat.* 1, 5 ; **alicui** Hor. *Ep.* 1, 15, 7, de qqn ǁ subst. m. : Cic. *Quir.* 21 ; *Att.* 13, 9, 2 ; **mei invidi** Cic. *Fam.* 7, 2, 3, mes envieux, cf. *Fam.* 1, 4, 2 ; **laudis** Cic. *Flac.* 2, un envieux de la gloire ¶ **2** [poét., avec des noms de ch.] Hor. *Ep.* 1, 10, 18 ; *O.* 1, 11, 7 ; 4, 8, 24 ; Ov. *M.* 9, 485.

invĭgĭlātus, *a*, *um*, V. *invigilo* ▶.

invĭgĭlō, *ās*, *āre*, *āvī*, *ātum* (1 *in*), intr. ¶ **1** veiller dans, passer les veilles (ses nuits) dans : **malis** Ov. *F.* 4, 530, passer ses nuits à souffrir ¶ **2** consacrer ses veilles à, s'adonner à, veiller à, s'appliquer à [avec dat.] : Cic. *Phil.* 14, 20 ; Virg. *G.* 4, 158 ; *En.* 9, 605 ; Plin. *Pan.* 66, 2 ; [avec inf.] Val.-Flac. 5, 257.

▶ *invigilatus* sens pass., "fait dans les veilles " : Cinn. d. Isid. 6, 12, 2.

invīlescō, *ĭs*, *ĕre*, -, - (1 *in*), intr., s'avilir : Not. Tir. 66.

invīlītō, *ās*, *āre*, -, -, tr., rendre vil, avilir : Gloss. 2, 91, 51.

invincĭbĭlis, *e* (2 *in-*), invincible : Tert. *Herm.* 11, 3.

invincĭbĭlĭtĕr, adv., invinciblement : Apul. *Flor.* 18.

invīnĭus, *a*, *um* (2 *in-*, *vinum*), qui ne boit pas de vin : Apul. *M.* 11, 23.

invĭō, *ās*, *āre*, -, - (*in via*), tr., marcher sur, parcourir : Solin. 2, 4.

invĭŏlābĭlis, *e* (2 *in-*), inviolable, invulnérable : Lucr. 5, 305 ; Tac. *H.* 2, 61 ; *An.* 3, 62.

invĭŏlābĭlĭtĕr, adv., inviolablement : Aug. *Serm.* 117, 6.

invĭŏlātē, adv., inviolablement, d'une manière inviolable : Cic. *CM* 81 ; Gell. 7, 18, 1.

invĭŏlātus, *a*, *um* ¶ **1** qui n'est pas violé, pas maltraité, qui est respecté : Cic. *Sest.* 140 ; *Sull.* 140 ; *Cael.* 11 ¶ **2** inviolable : Liv. 3, 55 ; 8, 54.

invĭŏlentus, *a*, *um*, (2 *in-*), non violent : Cassiod. *Inst.* 1, 20.

inviscĕra, *um*, n. pl. (1 *in*), entrailles : Iren. 5, 3, 2.

inviscĕrātus, part. de *inviscero*.

inviscĕrō, *ās*, *āre*, *āvī*, *ātum* (*in visceribus*), tr., mettre dans les entrailles : Nemes. *Cyn.* 208 ǁ enraciner profondément : Aug. *Serm.* 24.

inviscō, *ās*, *āre*, -, - (*in visco*), tr., engluer : Not. Tir. 160.

invīsē, adv. (2 *invisus*), invisiblement : Fulg. *Myth.* 3, 6.

invīsĭbĭlis, *e* (2 *in-*), invisible : Tert. *Herm.* 29, 2 ; Aug. *Ep.* 159, 3.

invīsĭbĭlĭtās, *ātis*, f., invisibilité : *Tert. *Prax.* 14, 6.

invīsĭbĭlĭtĕr, adv., invisiblement : Tert. *Val.* 1, 4, 3 ; Aug. *Gen. litt.* 6, 6, 10.

invīsĭō, *ōnis*, f., privation de la vue : Boet. *Categ.* 3, p. 256 A.

invīsĭtātus, *a*, *um* (2 *in-*, *visitatus*) ¶ **1** non visité : Ps. Quint. *Decl.* 12, 18 ¶ **2** non vu, inaccoutumé, tout nouveau, extraordinaire : **magnitudine invisitato** Cic. *Off.* 3, 38, d'une grandeur extraordinaire, cf. *Div.* 2, 138 ; *Phil.* 11, 2 ; Liv. 4, 33, 1 ; 5, 35, 4 ; Tac. *H.* 2, 50.

invīsĭtō, *ās*, *āre*, -, - (fréq. de *inviso*), Cassiod. *Psalm.* 134, 6.

1 **invīsō**, *ĭs*, *ĕre*, *ī*, *vīsum* (1 *in*, *viso*), tr. ¶ **1** aller voir, visiter, faire visite : Cic. *Att.* 12, 30, 1 ; *de Or.* 1, 249 ; *Fin.* 2, 5 ¶ **2** voir, regarder : Catul. 64, 233 ¶ **3** [arch., abs^t] : **ad aliquem** Pl. *St.* 66, aller faire une visite chez qqn ; **ad me invisam domum** Pl. *Merc.* 555, j'irai voir chez moi à la maison.

2 **invīso**, abl. sg. de *invisus*.

invīsŏr, *ōris*, m. (*invideo*), celui qui porte envie, envieux : Ambr. *Ep.* 46, 1 ; Apul. *Flor.* 9.

1 **invīsus**, *a*, *um* ¶ **1** part. de *invideo* ¶ **2** [adj^t] *a)* odieux, haï, détesté : **alicui**

invisus

Cic. *Pomp.* 47, odieux à qqn, détesté de qqn, cf. *Nat.* 2, 167; *Tusc.* 2, 4; **invisior** Cic. *Off.* 2, 34; **-issimus** Plin. *Ep.* 2, 20 ‖ **invisus ad aliquem** Liv. 24, 32, 2, odieux auprès de, pour qqn **b)** [rare] qui hait, malveillant, ennemi : Virg. *En.* 11, 364.

2 **invīsus**, *a*, *um* (2 *in-*, *visus*), qui n'a pas encore été vu : Cic. *Har.* 57; Cat. *Agr.* 141, 2 ‖ invisible : Virg. *En.* 2, 574; Apul. *M.* 5, 3.

invītābĭlis, *e* (*invito*), qui attire : Varr. d. Gell. 13, 11, 4.

invītālis, *e* (2 *in-*), impropre à la vie, non vital : Boet. *Syll. hyp.* 1, p. 619.

invītāmentum, *i*, n. (*invito*) ¶ 1 invitation : Apul. *Apol.* 76 ¶ 2 appât, attrait : Cic. *Fin.* 5, 17; *Fam.* 10, 10, 2; *Sull.* 74 ‖ **temeritatis** Liv. 2, 42, 6, encouragement à l'audace.

invītassitis, v. *invito* ▶.

invītātĭo, *ōnis*, f. (*invito*), invitation [avec qqn] : Cic. *Phil.* 9, 6; *Att.* 9, 12, 1; *Verr.* 2, 83 ‖ invitation, sollicitation à faire une chose : [avec ad] Cic. *Tusc.* 3, 82; [avec ut] Cic. *Verr.* 1, 66; **vini** Gell. 15, 2, 4, invitation à boire.

invītātĭuncŭla, *ae*, f. (dim. de *invitatio*), Gell. 15, 2 tit.

invītātŏr, *ōris*, m. ¶ 1 serviteur chargé de faire les invitations : Mart. 9, 91, 2; Cod. Just. 12, 60, 10 ¶ 2 qui invite : **alicujus rei** Tert. *Marc.* 4, 25, 18, à qqch.

invītātōrĭus, *a*, *um*, d'invitation, qui invite : Tert. *Anim.* 57, 2; Hier. *Ep.* 14, 1.

invītātrix, *īcis*, f., celle qui invite [au fig.] : Symm. *Ep.* 1, 59; Cassiod. *Var.* 11, 38, 4.

1 **invītātus**, *a*, *um*, part. de *invito*.

2 **invītātŭs**, abl. *ū*, m., invitation : Cic. *Fam.* 7, 5, 2.

invītē, adv. (*invitus*), non volontiers, malgré soi : Cic. *Att.* 8, 3, 4; Sen. *Oed.* 1011 ‖ **-tius** Cic. *de Or.* 2, 364.

invĭtĭābĭlis, *e*, incorruptible : Prud. *Psych.* 626.

1 **invītō**, adv. (*invitus*), contre la volonté : Pl. d. Char. 202, 31.

2 **invītō**, *ās*, *āre*, *āvī*, *ātum* (1 *in*, fréq. de 1 *vis*, 2 sg. de *volo*; it. *invitare*), tr. ¶ 1 inviter : **aliquem in legationem** Cic. *Att.* 2, 18, 3, prier qqn d'accepter une légation; **ad aliquid** Cic. *de Or.* 3, 182, inviter à une chose; [avec inf.] inviter à : Virg. *G.* 4, 23 ‖ [en part.] inviter à table; [puis] recevoir, traiter : **ad prandium** Cic. *Mur.* 73, inviter à un repas; **ad cenam in hortos in posterum diem** Cic. *Off.* 3, 58, inviter à dîner dans sa propriété pour le lendemain; **hospitio** Cic. *Phil.* 12, 23, offrir l'hospitalité à Liv. 28, 18, 2); **aliquem tecto ac domo** Cic. *Verr.* 4, 25, inviter qqn sous son toit et dans sa maison (**domum suam** Cic. *Verr.* 2, 89); **invito eum per litteras ut apud me devertsetur** Cic. *Att.* 13, 2 a, 2, je lui écris pour l'inviter à descendre chez moi ‖ **se invitare**, se bien traiter, se régaler : Pl. *Amp.* 283; Sall. *H.* 4, 11; **aliquem clavis** Pl. *Ru.* 811, traiter qqn à coups de bâton, le régaler de coups ¶ 2 inviter, engager, convier : **praemiis** Cic. *Lig.* 12, engager par l'appât des récompenses, cf. Cic. *CM* 57; *Lae.* 99 ‖ [avec ut] engager à : Caes. *G.* 4, 6, 3.

▶ [arch.] *invitassitis* = *invitaveritis* Pl. *Ru.* 811.

invittātus, *a*, *um* (*in vittis*), enroulé dans : Hier. *Reg. Pach.* 101.

invĭtŭpĕrābĭlis, *e* (2 *in-*), irrépréhensible : Tert. *Marc.* 2, 10, 3.

invītus, *a*, *um* (2 *in-*, adj. en -*tus* apparenté à *1 vis*, cf. scr. *vīta-s*; a. fr. *envizy*) ¶ 1 qui agit à contrecœur, contre son gré, à regret : **eum invitissimus dimisi** Cic. *Fam.* 13, 63, je l'ai congédié bien malgré moi; **viatores invitos consistere cogunt** Caes. *G.* 5, 5, 2, ils forcent les voyageurs à s'arrêter malgré eux ‖ [abl. abs.] : **me, te ... invito**, malgré moi, malgré toi; **invita Minerva** Cic. *Off.* 1, 110, malgré Minerve; **illud me invitissimo fiet** Cic. *Att.* 5, 21, 9, cela se fera tout à fait malgré moi ‖ **invita in hoc loco versatur oratio** Cic. *Nat.* 3, 85, mon exposé traite ce point à regret; **verba non invita sequentur** Hor. *P.* 311, les mots suivront d'eux-mêmes ¶ 2 [poét.] involontaire : **invita ope** Ov. *Pont.* 2, 1, 16, par une aide involontaire, cf. Val.-Flac. 3, 391.

invĭus, *a*, *um* (2 *in-*, *via*), où il n'y a pas de route, inaccessible, inabordable : Virg. *En.* 4, 151; Liv. 9, 14, 10; Plin. 12, 52 ‖ impénétrable : Virg. *En.* 6, 514 ‖ **invia**, n. pl., endroits non frayés, impraticables : Liv. 23, 17, 6; 38, 23, 1.

invŏcātĭo, *ōnis*, f. (*invoco*), action d'invoquer, invocation : Quint. 6, 1, 33; 9, 2, 104; 11, 3, 115.

invŏcātīvus, *a*, *um*, propre à invoquer : Serv. *En.* 1, 1.

invŏcātŏr, *ōris*, m., celui qui invoque : Cod. Th. 9, 16, 4 interpr.

1 **invŏcātus**, *a*, *um*, part. de *invoco*.

2 **invŏcātus**, *a*, *um* (2 *in-*) ¶ 1 non appelé : Cic. *Nat.* 1, 108 ¶ 2 non invité : Pl. *Cap.* 70; Ter. *Eun.* 1059; Nep. *Cim.* 4.

3 **invŏcātŭs**, abl. *ū*, m. (2 *in-*, 2 *vocatus*), **invocatu meo** Front. *Eloq.* 1, 4, p. 114 N, sans que je [les] aie appelés.

invŏcō, *ās*, *āre*, *āvī*, *ātum* (1 *in*, *voco*), tr. ¶ 1 appeler, invoquer : **Junonem** Cic. *Nat.* 2, 68, invoquer Junon; **deos testes** Liv. 41, 25, 4, prendre les dieux à témoin, invoquer le témoignage des dieux ‖ appeler au secours : Tac. *H.* 4, 79 ¶ 2 appeler, nommer : Curt. 3, 11, 25; 10, 5, 9.

invŏlātŏr, *ōris*, m., voleur : Gloss. 2, 350, 20.

invŏlātŭs, abl. *ū*, m. (*involo*), action de voler vers, vol : Cic. *Fam.* 6, 6, 7.

involgō, *ās*, *āre*, -, -, v. *invulgo*.

invŏlĭtō, *ās*, *āre*, -, - (fréq. de *involo*), intr., voler sur : Prud. *Perist.* 13, 100 ‖ flotter sur [avec dat.] : Hor. *O.* 4, 10, 3.

involnĕrābĭlis, *e*, v. *invuln.*

invŏlō, *ās*, *āre*, *āvī*, *ātum* (1 *in*, 1 *volo*; a. fr. *embler*) ¶ 1 intr., voler dans ou à, se précipiter sur : [avec *in* et acc.] Varr. *R.* 3, 7, 1; Cic. *de Or.* 3, 122 ‖ [avec *ad*] B.-Alex. 52 ¶ 2 tr., attaquer, saisir, prendre possession de : Tac. *H.* 4, 33; *An.* 1, 49 ‖ faire main basse sur qqch. : Catul. 25, 6.

invŏlŭcer, *cris*, *cre* (2 *in-*), qui ne peut voler : Gell. 2, 29, 5.

invŏlūcrĕ, *is*, n. (*involvo*), enveloppe, peignoir : Pl. *Cap.* 267.

invŏlūcrum, *i*, n. (*involvo*) ¶ 1 enveloppe, couverture; étui d'un bouclier : Cic. *Nat.* 2, 37 ‖ voile recouvrant un candélabre : Cic. *Verr.* 4, 65 ¶ 2 [fig.] **per quaedam involucra perspicere** Cic. *Or.* 1, 161, distinguer à travers certains voiles; **simulationum involucra** Cic. *Q.* 1, 1, 15, enveloppe (masque) de la dissimulation ¶ 3 bourse, sac d'argent : Vl. *Prov.* 7, 20.

invŏlūmĕn, *ĭnis*, n. (*involvo*), enveloppe : Gloss. 2, 298, 34.

invŏlūmentum, *i*, n. (*involvo*), enveloppe : Aug. *Civ.* 4, 8 ‖ pl., langes : Vulg. *Sap.* 7, 4.

invŏluntārĭē, adv. (2 *in-*), involontairement : Boet. *Top. Arist.* 4, 2.

invŏluntārĭus, *a*, *um*, involontaire : Cael.-Aur. *Chron.* 1, 4, 104; *Acut.* 2, 5, 24.

invŏlūtē, adv. (*involutus*), d'une manière obscure [fig.] : Spart. *Carac.* 2, 10.

invŏlūtĭo, *ōnis*, f. (*involvo*), action d'envelopper : Cael.-Aur. *Acut.* 3, 11, 103 ‖ enroulement : Vitr. 10, 6, 3.

invŏlūtō, *ās*, *āre*, -, -, tr., envelopper, enrouler : Aug. *Psalm.* 57, 7.

invŏlūtus, *a*, *um* ¶ 1 part. de *involvo* ¶ 2 [adj¹] enveloppé, obscur : **res involutas explicare** Cic. *Or.* 102, débrouiller les obscurités; **res omnium involutissima** Sen. *Nat.* 6, 5, 3, question la plus voilée de toutes.

invŏlvō, *ĭs*, *ĕre*, *ī*, *vŏlūtum* (1 *in*; it. *involgere*), tr. ¶ 1 faire rouler en bas, faire tomber en roulant : **mons silvas virosque involvens secum** Virg. *En.* 12, 689, le pan de montagne roulant avec lui dans sa chute les forêts et les gens ‖ pass., **involvi**, rouler : **cupas de volvunt; involutae labuntur** Caes. *C.* 2, 11, 2, ils font rouler des tonneaux du haut des murs; ces tonneaux descendent en roulant sur eux-mêmes; **oppositis a tergo involvitur aris in caput inque umeros** Virg. *En.* 12, 292, il roule à la renverse sur la tête et sur le dos contre l'autel placé derrière lui ¶ 2 faire rouler sur : **Ossae Olympum** Virg. *G.* 1, 282, rouler l'Olympe sur l'Ossa ¶ 3 enrouler, envelopper : **sinistras sagis involvunt** Caes. *C.* 1, 75, 3, ils enveloppent leur main gauche de leur manteau; **involutum candelabrum** Cic. *Verr.* 4, 65, candélabre enveloppé (dissimulé sous des voiles), cf. Verr. 5, 157 ‖ [fig.] *litteris me involvo* Cic. *Fam.* 9, 20, 3, je m'enveloppe (m'ensevelis) dans l'étude ; *si qua iniquitas involveretur* Tac. *An.* 3, 63, si qq. injustice se dissimulait ; *res ab ipsa natura involutae* Cic. *Ac.* 1, 15, questions voilées par la nature elle-même ‖ **se involvere** effectuer une giration, tourner [en parlant de roues à aubes] : Vitr. 10, 9, 7.

involvŭlus, *i*, m. (*involvo*), sorte de petit ver (ou de chenille) qui s'enroule sur lui-même : Pl. *Cis.* 729.

invulgō, *ās*, *āre*, *āvī*, *ātum* (1 *in*), tr., publier, divulguer : Gell. 20, 5, 7 ‖ *invulgatum verbum* Gell. 11, 7, 1, mot banal.

invulnĕrābĭlis, *e* (2 *in*-), invulnérable : Sen. *Ben.* 5, 5, 1 ; *Ep.* 9, 2.

invulnĕrātus, *a*, *um*, qui n'a reçu aucune blessure : Cic. *Sest.* 140.

1 ĭō, interj. (ἰώ), io ! [cri de joie dans les triomphes, dans les fêtes] : Hor. *O.* 4, 2, 49 ; Tib. 2, 5, 121 ; Plin. *Ep.* 3, 9 ‖ [cri de douleur] ah ! las ! : Tib. 2, 4, 6 ‖ [appellation véhémente] holà, oh ! : Virg. *En.* 7, 400 ; Ov. *M.* 4, 513.

2 Ĭō, *Ĭūs*, f. (Ἰώ) Io [fille d'Inachus, métamorphosée en génisse par Jupiter qui voulait la soustraire à la jalousie de Junon] : Ov. *H.* 14, 85 ; *M.* 1, 588 ; Prop. 2, 28, 17.
▶ formes *Ion* Ov. *Am.* 2, 2, 45 ; dat. *Ioni* Pl. *Aul.* 556 ; acc. *Ionem* Serv. *G.* 3, 153 ou *Io* Ov. *M.* 1, 584 ; abl. *Io* Prop. 2, 30, 29.

Ĭōannēs (Ĭōhannēs) (Ἰωάννης), ◆ *Joannes*.

Ĭŏb (Ἰώϐ), ◆ *Job*.

Ĭŏcasta, *ae* (**Ĭŏcastē**, *ēs*), f. (Ἰοκάστη), Jocaste [femme de Laïus, roi de Thèbes, mère d'Œdipe] : Stat. *Th.* 1, 181 ; Hyg. *Fab.* 66.

Iol, f. indécl., = Caesarea [ville de Maurétanie, auj. Cherchell] Atlas I, D2 ; IV, D4 ; VIII, A1 ; Mel. 1, 30 ; Plin. 5, 20.

Ĭŏlās, ◆ *Iollas*.

Ĭŏlāus, *i*, m. (Ἰόλαος), Iolaüs, fils d'Iphiclès, compagnon d'Hercule : Ov. *M.* 8, 310 ; 9, 399.

Ĭolcŏs (-us), *i*, f. (Ἰωλκός), Iolcos [ville de Thessalie, patrie de Jason] : Liv. 44, 13, 4 ; Plin. 4, 32 ‖ **-cĭăcus**, *a*, *um*, d'Iolcos : Prop. 2, 1, 54 ‖ **Ĭolci**, *ōrum*, m. pl., habitants d'Iolcos : Serv. *B.* 4, 34.

Ĭŏlē, *ēs*, f. (Ἰόλη), Iole [fille d'Eurythus, enlevée par Hercule] : Ov. *M* 9, 140 ; Hyg. *Fab.* 35 ‖ nom d'une esclave : Prop. 4, 5, 35.

Ĭolītānus, *a*, *um*, d'Iol (Césarée) : Plin. 9, 173.

Ĭollās, *ae*, m., un Troyen : Virg. *En.* 11, 640 ‖ berger : Virg. *B.* 2, 57 ; 3, 76 ‖ écrivain grec : Plin. 34, 104.

1 Ĭōn, *ōnis*, m. (Ἴων) ¶ **1** fils de Xouthos, chef des Hellènes, qui donna son nom à l'Ionie : Vitr. 4, 1, 4 ; Stat. *Th.* 8, 454 ¶ **2** ◆ *Io* ▶.

2 Ĭōn, *ōnis*, adj., ionique [nom d'un pied en métrique] : Ter.-Maur. 6, 386, 2047 ; 410, 2883.

3 ĭŏn, *ii*, n. (ἴον), violette : Plin. 21, 64 ; [pl.] *ia* Plin. 21, 27 ‖ sorte de pierre précieuse : Plin. 37, 170.

Ĭōnaeus, *a*, *um* (Ἰωναῖος), de Jonas : Juvc. 2, 705.

Ĭōnās, ◆ *Jonas* : Paul.-Nol. *Carm.* 21, 169.

Ĭōnĕs, *um*, m. pl. (Ἴωνες), Ioniens, habitants de l'Ionie : Cic. *Flac.* 64 ; Liv. 38, 13, 7.

Ĭōnĭa, *ae*, f. (Ἰωνία), l'Ionie [province maritime d'Asie Mineure] : Plin. 5, 112 ; Mel. 1, 14 ; Nep. *Alc.* 5, 6.

Ĭōnĭcus, *a*, *um* (Ἰωνικός), d'Ionie : Plin. 6, 7 ; Hor. *Epo.* 2, 54 ‖ *motus Ionici* Hor. *O.* 3, 6, 21, danse ionique ; n. pl., **Ionica** Pl. *Ps.* 1274 ‖ *ionicus a majore, a minore*, ionique majeur, ionique mineur [métrique] : Fortun. 6, 289, 2 ; 18 ‖ *genus Ionicum* Vitr. 4, 1, 8, ordre ionique.

Ĭōnis, *ĭdis*, f. (Ἰωνίς), femme ionienne : Sen. *Tro.* 363 ‖ *Ionides insulae*, les Ionides, îles près de l'Ionie : Avien. *Perieg.* 712.

Ĭōnĭus, *a*, *um* (Ἰόνιος), ionien : Plin. 10, 133 ; *Ionium mare* Liv. 23, 33, 2 ; *Ionium* Virg. *En.* 3, 211, mer Ionienne Atlas I, D4 ; VI, C1 ; XII, G6.

Ĭōpās, *ae*, m., nom d'homme : Virg. *En.* 1, 740.

Ĭope, **Ĭoppe**, ◆ *Joppe*.

Iordānes, ◆ *Jordanes*.

Ĭŏs (Ĭus), *i*, f. (Ἴος), une des Sporades [auj. Nios] Atlas VI, C3 : Plin. 4, 69 ; *Mel. 2, 111.

Ĭōseph, **Ĭōsēphus**, ◆ *Jos-*.

iōta, n. indécl. (ἰῶτα), iota [lettre de l'alphabet grec] : Cic. *de Or.* 3, 46 ‖ **iota**, *ae*, f., Aus. *Techn.* 1 (348), 7.

iōtăcismus, *i*, m. (ἰωτακισμός), iotacisme [prononciation défectueuse de l'*i*] : Diom. 453, 6 ‖ répétition fréquente de l'*i* : Capel. 5, 514.

Ĭotapē, *ēs*, f., ville de Cilicie Atlas IX, D2 : Plin. 5, 92.

Ipanenses, *ĭum*, m. pl., ville de Sicile : Plin. 3, 91.

Ipagrensis, *e*, habitants d'Ipagrum : CIL 2, 1515.

Ipagrum, *i*, n., ville de Bétique : Anton. 412.

Ĭphĭănassa, *ae*, f. (Ἰφιάνασσα), autre nom d'Iphigénie : Lucr. 1, 85.

Ĭphĭăs, *ădis*, f. (Ἰφιάς), (Évadné) fille d'Iphis : Ov. *Tr.* 5, 14, 38.

Ĭphĭclus, *i*, m. (Ἴφικλος), fils d'Amphitryon et d'Alcmène : Ov. *H.* 13, 25.

Ĭphĭcrātensis, *e*, d'Iphicrate, armé à la manière d'Iphicrate : Nep. *Iph.* 2, 4.

Ĭphĭgĕnīa, *ae*, f. (Ἰφιγένεια), Iphigénie [fille d'Agamemnon et de Clytemnestre] : Cic. *Tusc.* 1, 146 ; Ov. *M.* 12, 27.
▶ acc. *-ian* Ov. *Pont.* 3, 2, 62.

Ĭphĭmĕdīa, *ae*, f. (Ἰφιμέδεια), mère des géants Éphialte et Otus : Serv. *En.* 6, 582 ; Hyg. *Fab.* 28.

Ĭphĭnŏē, *ēs*, f. (Ἰφινόη), nom de femme : Val.-Flac. 2, 162.

Ĭphĭnŏus, *i*, m. (Ἰφίνοος), nom d'un Centaure : Ov. *M.* 12, 379.

1 Ĭphis, *ĭdis*, f. (Ἶφις), fille de Lygdus, élevée sous des vêtements d'homme : Ov. *M.* 9, 667.

2 Ĭphis, *is*, m. (*Ἶφις), amant dédaigné d'Anaxarète, se pendit de désespoir : Ov. *M.* 14, 699 ‖ un des Argonautes : Val.-Flac. 1, 441.

Ĭphĭtus, *i*, m. (Ἴφιτος), un des Argonautes : Hyg. *Fab.* 14 ‖ un roi d'Élide : Val.-Flac. 1, 363 ‖ nom de guerrier : Virg. *En.* 2, 435.

ĭphўŏn, *ii*, n. (ἴφυον), sorte de légume : Plin. 21, 67.

Iporcenses, *ĭum*, m. pl., habitants d'Iporca [ville de la Bétique] : CIL 2, 1046.

Ippŏcentaurus, ◆ *Hippocentaurus*.

Ipra, f., ville de la Bétique : Plin. 3, 10.

ipsĕ, *a*, *um*, gén. *ipsīus* et *ipsĭus*, dat. *ipsi* (*is*, -*pse*, cf. -*pte*, ◆ *eapse*, *reapse*, *sapse*, et ▶ ; it. *esso*) ¶ **1** même, en personne ; lui-même, elle-même, etc. : *ipse Caesar* Cic. *Fam.* 6, 10, 2, César lui-même ; *ipsum Latine loqui* Cic. *Brut.* 140, le fait même de parler latin correctement ; *ei praesidio... praefecit ; ipse...* Caes. *G.* 6, 29, 3, à la tête de ce détachement il mit ... ; lui-même, de son côté, il ... ‖ *ille ipse factus sum* Cic. *Fam.* 2, 9, 1, je suis devenu lui en personne, je suis entré dans la peau du personnage ‖ *ipse dixit* Cic. *Nat.* 1, 10, lui-même (le maître, Pythagore) l'a dit ‖ *ipse quoque* Cic. *Amer.* 33 ; *Nat.* 2, 125 ; *etiam ipse* Cic. *Nat.* 2, 46 ; *Mil.* 21 ; *Planc.* 73 ; *ipse etiam* Cic. *Brut.* 113 ; 206, lui-même aussi, lui-même de son côté ; *pauca, neque ea ipsa enucleate, ab hoc dicta* Cic. *Fin.* 5, 88, il a dit peu de choses, et même encore sans netteté ‖ *et ipse*, lui aussi, de son côté : Cic. *Amer.* 48 ; *Caecin.* 58 ; *Att.* 8, 7, 1 ¶ **2** précisément, justement : *eo ipso die casu Messanam venit* Cic. *Verr.* 5, 160, justement ce jour-là par hasard il vint à Messine ; *triginta dies erant ipsi, per quos* Cic. *Att.* 3, 21, il y a juste trente jours, pendant lesquels ... ; *triennio ipse minor* Cic. *Brut.* 161, juste de trois ans plus jeune, cf. Cic. *Brut.* 61 ; *Att.* 5, 11, 4 ; *Fam.* 2, 8, 3 ‖ *nunc ipsum* Cic. *Att.* 7, 3, 2 ; 12, 40, 2, en ce moment même ; *tum ipsum* Cic. *de Or.* 1, 123, juste à ce moment-là ; *tum ipsum* Cic. *Off.* 2, 60, alors même ; *tum ipsum, cum* Cic. *Div.* 1, 118, au moment même où ¶ **3** de soi-même, spontanément : *ego ipse commemorabo* Cic. *Verr.* 5, 9, moi-même, bénévolement, je rappellerai ; *valvae se ipsae aperuerunt* Cic. *Div.* 1, 74, les portes s'ouvrirent d'elles-mêmes, cf. Cic. *Off.* 1, 77 ; *de Or.* 1, 111 ¶ **4** par soi-même, à soi seul : *quod est ipsum miserabile* Cic. *Brut.* 289, chose qui est à elle seule lamen-

ipse

table, cf. Cic. *Lae.* 10 ; Pomp. 38 ; [avec *per se*] Cic. *Div.* 2, 126 ; *Leg.* 3, 40 ; *Fam.* 3, 9, 2 ¶ 5 [tard.] [avec val. d'anaphorique = *is*] **in ipso bello** Oros. *Hist.* 3, 23, 48, dans cette guerre ‖ [avec val. de *idem*] **(pluma) numquam ipsa, semper alia, etsi semper ipsa quando alia** Tert. *Pall.* 3, 1, ce n'est jamais la même plume, elle est toujours différente, même si c'est toujours la même quand elle est différente.

▶ [arch.] *eapse* Pl. *Curc.* 161 ; *eampse* Pl. *Cis.* 170 ; *eumpse* Pl. *Pers.* 603 ; cf. *is* ▶ ‖ m. arch. *ipsus* Pl. *Ps.* 1142 ; Ter. *Her.* 455 ; Cat. *Agr.* 70 ‖ [plais¹] *ipsissimus* Pl. *Tr.* 988, "tout à fait lui-même" ‖ *ipsimus, ipsima* Petr. 75, 11, "le maître", "la maîtresse" ‖ formes vulgaires *isse, issa,* v. *issi* Suet. *Aug.* 88, cf. CIL 4, 148 ; 10, 1568 ‖ gén. *ipsi* Afran. *Com.* 230 ; dat. *ipso* Apul. *M.* 10, 10 ; dat. *ipsae* Apul. *Plat.* 2, 5 ; n. tard. *ipsud* Eger. 7, 6.

ipsĕmet, lui-même : Pl. *Amp.* 102 ; Sen. *Ep.* 117, 21 ; *ipsimet* Cic. *Verr.* 3, 3, nous-mêmes.

ipsi, gén. arch., v. *ipse* ▶.

ipsilles, pl. (?), feuilles de métal sacrificielles représentant un homme ou une femme : Fest. 398, 28 ; *P. Fest. 93, 21.

ipsĭmus, *a*, v. *ipse* ▶.

ipsĭplex, *ĭcis*, qui se plie soi-même : Gloss. 2, 91, 66.

ipsippe, m. pl. (cf. *ipse, -pte, quippe*), eux-mêmes : P. Fest. 93, 15.

ipsullices, pl., effigies d'homme ou de femme en feuilles de métal : *Fest. 93, 21 ; v. *ipsilles*.

ipsus, v. *ipse* ▶.

Iptuci, n., ville de la Bétique : Plin. 3, 15.

īr, v. *hir*.

īra, *ae*, f. (*eisā*, cf. scr. *iśirá-s*, οἶστρος, gaul. *Isara* ; it. *ira*) ¶ 1 colère, courroux : Cic. *Tusc.* 4, 21 ; *Att.* 11, 18, 2 ‖ **in aliquem, adversus aliquem** Liv. 25, 15, 7 ; 36, 6, 1, colère contre qqn ‖ [gén. obj.] **ira fugae** Liv. 27, 7, 13, colère excitée par la fuite, cf. Liv. 1, 5 ; 9, 8 ; 21, 2 ; Virg. *En.* 2, 413 ‖ *irae* pl., Liv. 4, 30, 12, les manifestations de la colère, la vengeance ¶ 2 motif de colère : Ov. *Pont.* 4, 3, 21 ‖ objet de colère ou de haine : Virg. *En.* 10, 174 ; Sil. 11, 604 ‖ [en parl. de choses] violence, impétuosité, furie : Val.-Flac. 7, 149 ; Sil. 7, 344 ; 17, 253.

▶ *eira* Pl. *Truc.* 262 ; 264.

īrācundē, adv. (*iracundus*), avec colère : Cic. *Phil.* 8, 16 ; *Tusc.* 3, 51 ‖ **-dius** Cic. *Com.* 31 ; *Sull.* 44.

īrācundĭa, *ae*, f. (*iracundus*) ¶ 1 irascibilité, humeur irascible, penchant à la colère : Cic. *Q.* 1, 1, 37 ; *Tusc.* 4, 27 ; Sen. *Ir.* 1, 4, 1 ¶ 2 mouvement de colère, colère : Ter. *Haut.* 920 ; Cic. *Verr.* 2, 48 ; *Tusc.* 4, 50 ‖ pl., Cic. *Q.* 1, 39.

īrācundĭtĕr, C. *iracunde* : Caecil. *Com.* 78 ; Enn. d. Prisc. 3, 71, 3.

īrācundus, *a*, *um* (*ira*, cf. *fecundus, inciens*), irascible, irritable, emporté : Cic. *Tusc.* 4, 54 ; *CM* 65 ; Sen. *Ir.* 1, 4, 1 ; 2, 6, 3 ‖ en colère, irrité, furieux : Cic. *Planc.* 63 ‖ **-dior** Hor. *S.* 1, 3, 29 ; **-dissimus** Sen. *Ir.* 2, 6, 4 ; 2, 15, 1.

īrascentĭa, *ae*, f., C. *iracundia* : Apul. *Plat.* 1, 13 ; 1, 18.

īrascĭbĭlis et **īrascĭtīvus**, *a*, *um*, irascible : Hier. *Matth.* 13, 33 ; *Ezech.* 1, 7.

īrascō, *ĭs*, *ĕre*, -, -, intr., v. *irascor* ▶.

īrascŏr, *ĕrĭs*, *ī*, *īrātus sum* (*iratus*), intr., se mettre en colère, s'emporter ; contre qqn, qqch. [avec dat.] : Cic. *Sull.* 50 ; *Mil.* 42 ‖ [avec *in* et acc.] Sen. *Contr.* 5, 32, 14 [mais **irasci in cornua** Virg. *G.* 3, 232, porter sa colère dans ses cornes, combattre avec les cornes] ‖ [avec acc. de pron.] : *nihil* Gell. 19, 12, 10, ne s'irriter en rien, cf. Cat. *Orig.* 5, 3, *g* = Gell. 6, 3, 50 ‖ **pro** : Sen. *Ir.* 1, 12, 4 ‖ [abs¹] : Cic. *Tusc.* 3, 19 ; Sen. *Ir.* 2, 9, 1.

▶ inf. *irascier* Pl. *Cap.* 845 ‖ forme active : *irascere* Pompon. *Com.* 30.

īrātē, adv. (*iratus*), avec colère, en colère : Phaed. 4, 24, 14 ‖ **-tius** Col. 7, 12, 5.

īrātus, *a*, *um* (*ira*) ¶ 1 part. de *irascor* ¶ 2 [adj¹] en colère, irrité, indigné : **alicui** Cic. *de Or.* 1, 220, contre qqn ; **de aliqua re** Cic. *Flac.* 11, au sujet de qqch. ‖ [en parl. de choses] : Hor. *Epo.* 2, 6 ; *S.* 2, 8, 5 ‖ *iratior* Cic. *Tusc.* 4, 78 ; **-issimus** Cic. *Phil.* 8, 19.

ircĕus (cf. *hira, hirciae*), *i*, m., sorte de boudin [pour les sacrifices] : P. Fest. 93, 10.

ircĭŏla, v. *irtiola*.

ircus, v. *hircus*.

īrĕ, inf. de *eo*.

īrēnācĕus, *i*, m., hérisson [animal] : Plin. 8, 133.

īrēnarcha (-chēs), *ae*, m. (εἰρηνάρχης), irénarque, officier de paix : Marc. *Dig.* 48, 3, 6.

Īrēnē, *ēs*, f. (Εἰρήνη), Irène, nom de femme : CIL 6, 2172.

Īrēnēus (-aeus), *i*, m., saint Irénée, évêque de Lyon : Greg.-M. *Ep.* 11, 40.

Īrēnŏpŏlītānus, *a*, *um*, d'Irénopolis [ville de Cilicie] : Not. Dign. *Or.* 11, 24.

Ireseum, *i*, n., ville de Béotie : Plin. 4, 26.

Iresĭae, *ārum*, f. pl., ville de Thessalie : Liv. 32, 13, 9 ‖ ville de Magnésie : Plin. 4, 32.

īrī, v. *eo*.

Irĭa, *ae*, f., ville de Ligurie [auj. Voghera] : Plin. 3, 49.

īrĭcŏlŏr, *ōris* (*iris, color*), irisé : Aus. *Ep.* 3 (392), 15.

Irini, *ōrum*, m. pl., ville d'Italie : Plin. 3, 105.

īrĭnus, *a*, *um* (ἴρινος), d'iris : Plin. 30, 142 ; Cels. 5, 18, 8.

īrĭo, *ōnis*, m. (?), vélar [plante] : Plin. 22, 158.

1 Īris, *is*, *ĭdis*, f. (*Ἶρις), fille de Thaumas et d'Électre et messagère de Junon : Virg. *En.* 5, 606 ; Ov. *M.* 1, 271.

2 Iris, m., fleuve d'Asie qui se jette dans le Pont-Euxin : Plin. 6, 8.

3 īris, *is*, *ĭdis*, f. (ἴρις) **a)** arc-en-ciel : Apul. *Mund.* 16 **b)** iris (pierre précieuse) : Plin. 37, 136 **c)** iris [plante] : Plin. 21, 40 ; Col. 12, 27.

4 īris acc. *irim*, hérisson, v. *er* : Pl. *Cap.* 184.

īrītis, *ĭdis*, f., C. 3 *iris a* : Plin. 37, 138.

Irmenē, *ēs*, f., ancienne ville d'Italie : Plin. 3, 131.

irnea, **irnella**, v. *hirn-*.

īrōnīa, *ae*, f. (εἰρωνεία), ironie [socratique et fig. de rhét.] : Cic. *Brut.* 292 ; *de Or.* 2, 270 ; *Q.* 3, 4, 4 ; Quint. 8, 6, 54.

īrōnĭcē, adv., ironiquement : Ps. Ascon. *Verr.* 1, 38.

īrōnĭcōs (εἰρωνικῶς), C. *ironice* : Schol. Juv. 14, 15.

īrōnĭcus, *a*, *um*, ironique : Fulg. *Myth.* 1 praef., 25.

Īrŏs, v. *Irus*.

irp-, irq-, v. *hirp-, hirq-*.

irrădĭātĭo, *ōnis*, f. (*irradio*), action de rayonner : Serv. *En.* 10, 18.

irrădĭō, *ās*, *āre*, -, - (1 *in, radius*) ¶ 1 tr., projeter ses rayons sur : Stat. *Th.* 6, 64 ; Capel. 8, 810 ¶ 2 intr., rayonner, briller : Sedul. *Carm.* 5, 316.

irrādō, *ĭs*, *ĕre*, -, - (1 *in, rado*), tr., racler sur, dans : Cat. *Agr.* 157, 7.

1 irrāsus, *a*, *um*, part. de *irrado*.

2 irrāsus, *a*, *um* (2 *in-*), non raclé, non poli : Sil. 8, 584 ‖ non rasé : Pl. *Ru.* 1303.

irrătĭōnābĭlis, *e* (2 *in-, rationabilis*), dépourvu de raison, déraisonnable : Amm. 31, 12, 15 ‖ n. pl., les animaux, les brutes : Lact. *Inst.* 2, 2, 17.

irrătĭōnābĭlĭtās, *ātis*, f. (*irrationabilis*), privation de raison : Ps. Apul. *Asclep.* 26.

irrătĭōnābĭlĭtĕr, adv., contre toute raison : Tert. *Paen.* 1, 4.

irrătĭōnālis, *e* (2 *in-, rationalis*), dépourvu de raison : Quint. 7, 3, 3 ; Sen. *Ep.* 113, 17 ‖ où la raison n'intervient pas : **usus** Quint. 10, 7, 11, routine.

irrătĭōnālĭtĕr, adv. (*irrationalis*), déraisonnablement : Tert. *Marc.* 2, 6, 2.

irraucescō, *ĭs*, *ĕre*, *rausī*, - (1 *in, raucesco*), intr., s'enrouer : *Cic. *de Or.* 1, 259 ; v. *irraucio, irravio*.

irraucĭō, C. *irraucesco* : Prisc. 2, 539, 3.

irraucus, *a*, *um*, enroué : Plin.-Val. 1, 1.

irrăvĭō, *ĭs*, *īre*, *irrausi*, - (1 *in, ravio*), intr., v. *irraucesco*.

▶ *irrausi* Cic. *de Or.* 1, 259 ne peut pas provenir d'un autre verbe, cf. *ravio*.

irrĕceptĭbĭlis, *e* (2 *in-*), inacceptable, irrecevable : Concil. S. 1, 5, p. 261, 12.

irrĕcessĭbĭlis, *e*, qui ne peut se retirer : Orig. *Matth*. 63.

irrĕcĭtābĭlĭtĕr, adv. (*2 in-*, *recito*), ineffablement : Fort. *Carm*. 3, 9, 49.

irrĕconcĭlĭābĭlis, *e* (*2 in-*, *reconcilio*), irréconciliable : Heges. 1, 40, 8.

irrĕcordābĭlis, *e* (*2 in-*, *recordabilis*), dont on ne peut se souvenir : Arn. 2, 28.

irrĕcŭpĕrābĭlis, *e* (*2 in-*, *recupero*), irrémédiable : Tert. *Pud*. 14, 16.

irrĕcŭpĕrābĭlĭtĕr, adv., inévitablement : Ps. Acr. Hor. *P*. 452.

irrĕcūsābĭlis, *e* (*2 in-*, *recusabilis*), qui ne peut être refusé : Cod. Just. 3, 1, 13 ‖ inévitable : Hier. *Ep*. 60, 14, p. 1247 B.

irreddĭbĭlis, *e*, qu'on ne peut rendre : Boet. *Top. Arist*. 4, 4.

irrĕdux, *ŭcis* (*2 in-*, *redux*), par où l'on ne doit pas revenir : Luc. 9, 408.

irrĕfectus, *a*, *um*, non restauré : Ps. Aug. *Serm*. 85, 3.

irrĕflexus, *a*, *um* (*2 in-*, *reflecto*), qui ne se recourbe pas : Boet. *Cons*. 4, 7, 29.

irrĕformābĭlis, *e* (*2 in-*, *reformo*), irréformable : Tert. *Val*. 29, 3.

irrĕfrăgābĭlis, *e* (*2 in-*, *refrago*), irréfutable : Hesych. *Lev*. 21, 9.

irrĕfrēnābĭlis, *e* (*2 in-*, *refreno*), qu'on ne peut refréner, maîtriser : Chalc. 106 ; Aug. *Bon. conj*. 5.

irrĕfūtābĭlis, *e* (*2 in-*, *refuto*), qui ne peut être réfuté : Arn. 4, 18.

irrĕfūtābĭlĭtĕr, adv., irréfutablement : Julian.-Aecl. d. Aug. *Jul. op. imp*. 1, 48.

irrĕfūtātus, *a*, *um* (*2 in-*, *refuto*), non réfuté : Lact. *Inst*. 5, 16, 13.

irrĕgĭbĭlis, *e*, qui ne peut être gouverné : Veg. *Mul*. 2, 3 ‖ exagéré, outré : Cael.-Aur. *Acut*. 1, 14, 107.

irrĕgressĭbĭlis, *e* (*2 in-*, *regredior*), pour qui il n'y a pas de retour ; [fig.] irrémédiable : Aug. *Civ*. 8, 22.

irrĕlĭgātus, *a*, *um* (*2 in-*, *religo*), non lié : Ov. *A. A*. 1, 530.

irrĕlĭgĭo, *ōnis*, f. (*2 in-*, *religio*), irréligion, impiété : Ps. Apul. *Asclep*. 26.

irrĕlĭgĭōsē, adv. (*irreligiosus*), irréligieusement : Tac. *An*. 2, 50 ‖ *-sius* Arn. 1, 24.

irrĕlĭgĭōsĭtās, *ātis*, f. (*irreligiosus*), impiété : Tert. *Apol*. 24, 2 ; Iren. 2, 14, 2.

irrĕlĭgĭōsus, *a*, *um* (*2 in-*, *religiosus*), irréligieux, impie : **irreligiosum est** [avec inf.] Liv. 5, 40, 10 ; Plin. *Ep*. 4, 1, 5, il est impie de ‖ irréligieux [en parl. des pers.], impie : Tert. *Nat*. 1, 17, 2 ‖ *-sior* Arn. 5, 40 ; *-sissimus* Tert. *Or*. 16, 6.

irrĕmĕābĭlis, *e* (*2 in-*, *remeabilis*), d'où l'on ne peut revenir : Virg. *En*. 5, 591 ; 6, 425.

irrĕmĕābĭlĭtĕr, adv., sans pouvoir retourner sur ses pas : Vigil.-Thaps. *Ar*. 1, 2.

irrĕmĕdĭābĭlis, *e* (*2 in-*, *remediabilis*), qui est sans remède, irrémédiable : Plin. 25, 152 ; [fig.] 11, 279 ‖ [fig.] implacable : Maecen. d. Sen. *Ep*. 114, 5.

irrĕmissē, adv., sans rémission : Amm. 29, 2, 10.

irrĕmissĭbĭlis, *e* (*2 in-*, *remissibilis*), irrémissible : Tert. *Pud*. 2, 12 ; Cassiod. *Var*. 12, 10.

irrĕmissĭbĭlĭtĕr, adv., d'une manière irrémissible : Vigil.-Thaps. *Ar*. 2, 40.

irrĕmissus, *a*, *um*, [chrét.] sans relâche, inébranlable : Cassian. *Coll*. 6, 14, 3.

irrĕmōtus, *a*, *um* (*2 in-*, *removeo*), immobile : Prud. *Perist*. 5, 408.

irrĕmūnĕrābĭlis, *e* (*2 in-*, *remuneror*), dont on ne peut s'acquitter [en parl. d'un bienfait] : Apul. *M*. 3, 22.

irrĕmūnĕrātus, *a*, *um* (*2 in-*, *remuneror*), non récompensé : Cassiod. *Var*. 1, 16 ; 2, 11.

irrĕpărābĭlis, *e* (*2 in-*, *reparabilis*), impossible à recouvrer, irréversible, sans retour : **irreparabile tempus** Virg. *G*. 3, 284 ; *En*. 10, 467, le temps irrévocable ; Sen. *Ep*. 123, 10.

irrĕpărābĭlĭtĕr, adv., irréparablement, d'une manière irréparable : Aug. *Faust*. 15, 3.

irrĕpercussus, *a*, *um* (*2 in-*, *repercutio*), non réfuté : Tert. *Apol*. 16, 14.

irrĕpertus, *a*, *um* (*2 in-*, *reperio*), non trouvé : Hor. *O*. 3, 3, 49 ; Sen. *Med*. 648.

irrĕplētus, *a*, *um* (*2 in-*, *repleo*), non rassasié [fig.] : Paul.-Nol. *Carm*. 17, 60.

irrēpō (inr-), *īs*, *ĕre*, *repsī*, *reptum* (*1 in*, *repo*), intr. et qqf. tr. ¶ **1** intr. **a)** ramper dans, sur, vers : [avec *ad*] Suet. *Aug*. 94 ‖ [avec dat.] Plin. 29, 74 ‖ [avec acc.] Apul. *M*. 3, 24, 1 ‖ [abs^t] Petr. 87, 3 **b)** [fig.] s'introduire peu à peu, d'une manière imperceptible, se glisser, s'insinuer : [avec *in* acc.] Cic. *Or*. 97 ; *Arch*. 10 ; *Off*. 3, 75 ‖ [avec dat.] Sen. *Polyb*. 8, 1 ‖ [abs^t] Tac. *An*. 13, 12 ; *H*. 2, 63 ¶ **2** tr., pénétrer insensiblement : Tac. *An*. 4, 2.

irrĕposcĭbĭlis, *e* (*2 in-*, *reposco*), qui ne peut être réclamé : Apul. *Apol*. 92 ; Sidon. *Ep*. 8, 15, 2.

irrĕprĕhensĭbĭlis, *e* (*2 in-*, *reprehendo*), irrépréhensible, irréprochable : Arn. 2, 15 ; Tert. *Res*. 23, 11.

irrĕprĕhensĭbĭlĭtās, *ātis*, f., état d'une personne irréprochable : Greg.-M. *Past*. 1, 8.

irrĕprĕhensĭbĭlĭtĕr, adv., d'une manière irrépréhensible : Mamert. *Anim*. 1, 3, 7.

irrĕprĕhensus, *a*, *um* (*2 in-*, *reprehendo*), irréprochable : Ov. *M*. 3, 340.

irrĕprŏbābĭlis, *e* (*2 in-*, *reprobo*), qu'on ne peut réprouver, rejeter : Iren. 4, 26, 5.

irreptĭo, *ōnis*, f. (*irrepo*), action de se glisser vers : Aug. *Ep*. 217, 5.

irreptō, *ās*, *āre*, -, - (fréq. de *irrepo*) ¶ **1** intr., se glisser vers ou sur : **umeris** Stat. *S*. 3, 177, monter furtivement sur les épaules ¶ **2** tr., s'introduire furtivement dans : Stat. *Th*. 11, 731.

irreptŏr, *ōris*, m. (*irrepo*), celui qui se glisse dans [fig.] : Cod. Th. 2, 26, 2.

irrĕquĭēbĭlis, *e* (*2 in-*, *requiesco*), inapaisable : M. Emp. 20, 10 ; Scrib. 105.

irrĕquĭēs, adj. (*2 in-*, *requies*), qui ne se repose pas [seul^t au nom.] : Aus. *Techn*. 5 (341), 5 ; Paul.-Nol. *Carm*. 5, 16.

irrĕquĭētus, *a*, *um* (*2 in-*, *requietus*), qui n'a pas de repos : Plin. 2, 11 ; Sen. *Brev*. 10, 6 ; Ov. *M*. 1, 579 ‖ sans relâche : Ov. *Tr*. 2, 236.

irrĕquīsītus, *a*, *um* (*2 in-*, *requiro*), non recherché : Sidon. *Ep*. 9, 3, 2.

irrĕsectus, *a*, *um* (*2 in-*, *reseco*), non coupé : Hor. *Epo*. 5, 47.

irrĕsĕrātus, *a*, *um* (*2 in-*), fermé : Ps. Hier. *Ep*. 6, 6, p. 84 B.

irrĕsŏlūbĭlis, *e* (*2 in-*, *resolubilis*), qui ne peut être dénoué : Apul. *Plat*. 2, 13.

irrĕsŏlūtus, *a*, *um* (*2 in-*, *resolvo*), non relâché, non détaché : Ov. *Pont*. 1, 2, 21 ‖ [fig.] indissoluble : Boet. *Cons*. 3, carm. 2, 4.

irrespīrābĭlis, *e* (*2 in-*, *respiro*), qui ne peut être respiré : Tert. *Idol*. 24, 1.

irrestinctus, *a*, *um* (*2 in-*, *restinguo*), non éteint : Sil. 3, 29 ; Capel. 9, 915.

irrĕtĭcentĭa, *ae*, f., irréticence, franc-parler : Carm. Fig. 130, [fig. de rhét. que les Grecs appelaient παρρησία].

irrētĭō (inr-), *īs*, *īre*, *īvī* (*ĭī*), *ītum* (*in rete*), tr., envelopper (prendre) dans un filet ‖ [fig.] enlacer, embarrasser, envelopper : Cic. *Ac*. 2, 94 ; *Tusc*. 5, 62 ; *Vat*. 2 ‖ enlacer, séduire : Cic. *Fin*. 5, 49 ; *Cat*. 1, 13.

irrētītus, *a*, *um*, part. de *irretio*.

irrĕtortus, *a*, *um* (*2 in-*, *retorqueo*), qu'on ne détourne pas : Hor. *O*. 2, 2, 23.

irrĕtractābĭlis, *e* (*2 in-*, *retracto*), irrévocable : Aug. *Conf*. 10, 33.

irrĕverbĕrātus, *a*, *um*, non ébloui, non aveuglé : Greg.-M. *Mor*. 9, 48, p. 884 D.

irrĕvĕrens, *tis* (*2 in-*, *reverens*), irrespectueux, irrévérencieux : Plin. *Ep*. 8, 21, 3 ‖ *irreverens est* [avec inf.] Tert. *Or*. 16, 6, c'est manquer au respect que de ‖ *-tissimus* Aug. *Civ*. 2, 2.

irrĕvĕrentĕr, adv. (*irreverens*), avec irrévérence, sans respect : Plin. 2, 14, 2 ; 6, 13, 2.

irrĕvĕrentĭa, *ae*, f. (*irreverens*), manque de respect, licence, excès : Tac. *An*. 13, 26 ‖ **studiorum** Plin. *Ep*. 6, 2, 5, mépris des études.

irrĕvertĭbĭlis, *e*, qui ne peut revenir : Orig. *Matth*. 13, 1.

irrĕvŏcābĭlis, *e* (*2 in-*, *revoco*) ¶ **1** qu'on ne peut rappeler, irrévocable :

irrevocabilis

LUCR. 1, 468; HOR. Ep. 1, 18, 71; LIV. 42, 62, 3 ¶2 qu'on ne peut ramener en arrière : PLIN. 32, 2 ; 16, 159 ‖ [fig.] **irrevocabilior** TAC. Agr. 32, plus implacable.

irrĕvŏcābĭlĭtĕr, adv. (irrevocabilis), sans pouvoir être retenu : SEN. Nat. 2, 35, 2 ; AUG. Civ. 22, 20.

irrĕvŏcandus, *a*, *um*, irrévocable : CLAUD. Get. 122.

irrĕvŏcātus, *a*, *um* (2 in-, revoco) ¶1 sans être invité à recommencer : HOR. Ep. 2, 1, 223 ¶2 irrévocable : STAT. Th. 7, 773.

irrĕvŏlūbĭlis, *e*, irrévocable : OROS. Apol. 28, 9.

Irrhesĭa (Īresĭa), *ae*, f., île de la mer Égée : PLIN. 4, 72.

irrīdentĕr, adv., par moquerie : LABER. Com. 93 ; AUG. Ep. 138, 13.

irrīdĕō (inr-), *ēs*, *ēre*, *rīsī*, *rīsum* (1 in, rideo) ¶1 intr., se moquer : CIC. Att. 12, 6, 3 ; Off. 1, 128 ; NEP. Milt. 1, 5 ¶2 tr., se moquer de, rire de, tourner en ridicule, **aliquem, aliquid**, qqn, qqch. : CIC. Nat. 2, 7 ; Agr. 2, 96 ; Ac. 2, 123 ; Fin. 3, 75.
► *irrido, ere* de la 3ᵉ conj. : BRUT. d. DIOM. 383, 7 ; cf. CAECIL. Com. 74.

irrīdĭcŭlē, adv. (2 in-, ridicule), sans plaisanter : **non irridicule** CAES. G. 1, 42, 6, assez plaisamment.

irrīdĭcŭlum (inr-), *i*, n. (irrideo), objet de risée, moquerie : PL. Poen. 1183.

irrīdō, *is*, *ĕre*, -, -, ▣ *irrideo* ►.

irrĭgātĭo (inr-), *ōnis*, f. (irrigo), irrigation : CIC. CM 53 ; Off. 2, 41 ; VARR. R. 1, 35, 1 ; PLIN. 36, 81.

irrĭgātŏr, *ōris*, m, celui qui arrose : AUG. Ep. 177, 7.

irrĭgātus, *a*, *um*, part. de irrigo.

irrĭgescō, *is*, *ĕre*, -, -, intr., être paralysé : GREG.-TUR. Martin. 4, 2.

irrĭgivus, ▣ *irriguus* : CAT. Agr. 8, 1.

irrĭgō (inr-), *ās*, *āre*, *āvī*, *ātum* (1 in, rigo ; it. irrigare), tr. ¶1 conduire (amener) l'eau dans [avec in acc.] : CAT. Agr. 36 ; 151 ‖ [fig.] **Venus Ascanio placidam per membra quietem irrigat** VIRG. En. 1, 692, Vénus fait couler un doux sommeil dans les membres d'Ascagne ¶2 arroser, irriguer : CIC. Nat. 2, 130 ; Q. 3, 1, 3 ‖ **Pactolus irrigat culta auro** VIRG. En. 10, 142, le Pactole inonde d'or (répand l'or sur) les champs ; **terram sanguine** PLIN. 2, 159, arroser de sang la terre ; **vino aetatem** PL. Poen. 700, arroser de vin sa jeunesse ¶3 [fig.] baigner : **sol irrigat caelum candore recenti** LUCR. 5, 282, le soleil baigne le ciel d'un éclat renaissant ‖ **fessos sopor irrigat artus** VIRG. En. 3, 511, le sommeil baigne (se répand dans) les membres fatigués.

irrĭgŭē, adv., de manière à arroser : FORT. Mart. 4, 70.

irrĭgŭus (inr-), *a*, *um* (irrigo) ¶1 approvisionné d'eau, arrosé, irrigué, trempé : PL. Trin. 31 ; CAT. Agr. 1, 7 ; HOR. S. 2, 4, 16 ; PLIN. 5, 70 ‖ **irriguus mero** HOR. S. 2, 1, 9, arrosé de vin ¶2 qui arrose, qui irrigue : VIRG. G. 4, 32 ; OV. Am. 2, 16, 2 ‖ [fig.] qui baigne, qui rafraîchit : PERS. 5, 56 ¶3 produit au moyen de l'eau : **irriguum carmen** AETNA 295, sons de l'orgue hydraulique.

irrīmŏr (inr-), *āris*, *ārī*, -, - (1 in, rimor), tr., sonder, scruter : PACUV. d. NON. 382, 9.

irrĭo, ▣ *hirrio*.

irrīsi (inr-), parf. de irrideo.

irrīsĭbĭlis, *e* (irrideo), ridicule : AUG. Serm. 87, 9.

irrīsĭo (inr-), *ōnis*, f., moquerie : CIC. de Or. 2, 205 ; Ac. 2, 123 ; [gén. subj.] **cum inrisione audientium** CIC. Off. 1, 137, en s'attirant les moqueries des auditeurs ; [gén. obj.] **ad irrisionem narrationis** DON. And. 925, pour se moquer du récit ‖ une dérision, une moquerie : CIC. Verr. 4, 144.

irrīsīvē, adv., par dérision : AMM. 16, 12, 67 ; SCHOL. JUV. 4, 13.

irrīsŏr (inr-), *ōris*, m., celui qui se moque, moqueur : CIC. Par. 13 ; PROP. 1, 9, 1.

irrīsōrĭē, adv. (irrisorius), par moquerie : SERV. B. 7, 27.

irrīsōrĭus, *a*, *um* (irrisor), de moquerie, moqueur : CAPEL. 8, 809.

1 **irrīsus (inr-)**, *a*, *um*, part. de irrideo.

2 **irrīsŭs (inr-)**, *ūs*, m., moquerie, raillerie : LIV. 7, 10, 5 ; PLIN. 28, 114 ; **irrisui esse** CAES. C. 2, 15, 1, être un objet de moquerie, cf. TAC. An. 14, 39.

irrītābĭlis (inr-), *e* (irrito) ¶1 irritable, susceptible : CIC. Att. 1, 17, 4 ; HOR. Ep. 2, 2, 102 ¶2 qui irrite : LACT. Inst. 6, 23, 5.

irrītābĭlĭtās, *ātis*, f. (irritabilis), irritabilité, susceptibilité : APUL. Plat. 1, 18.

irrītāmĕn, *ĭnis*, n., OV. M. 9, 133 ; 13, 434 et **irrītāmentum**, *i*, n. (irrito), objet qui irrite, stimulant, excitant : SALL. J. 89, 7 ; LIV. 30, 11, 7 ; TAC. An. 3, 9.

irrītasso, *is*, ▣ *irrito* ►.

irrītātē, adv., en excitant la colère ‖ -*tius* AMM. 22, 15, 19.

irrītātĭo (inr-), *ōnis*, f., action d'irriter, irritation, stimulant, aiguillon : LIV. 31, 14, 10 ; SEN. Ep. 9, 17 ; Helv. 6, 6 ; TAC. G. 19.

irrītātŏr, *ōris*, m., **irrītātrix**, *īcis*, f. (irrito), celui, celle qui irrite, excite : SEN. Ep. 108, 8 ; VULG. Ezech. 24, 3.

1 **irrītātus**, *a*, *um*, part. de 1 irrito.

2 **irrītātŭs**, abl. *ū*, m., excitation, irritation : PAUL. Sent. 1, 15, 3.

irrītē, adv. (irritus), vainement : CASSIOD. Var. 1, 4.

1 **irrītō (inr-)**, *ās*, *āre*, *āvī*, *ātum* (fréq. de (h)irrio, NON. 31, 22 ; ▣ *r*), tr. ¶1 exciter, stimuler, provoquer : CIC. Rep. 1, 30 ; **ad bellum** LIV. 31, 5, 5, exciter à la guerre, cf. LIV. 6, 27, 11 ; QUINT. 1, 2, 26 ‖ **iracundiam** SEN. Ir. 3, 8 ; **iras** LIV. 29, 16, 5, provoquer la colère ; **exitium** TAC. An. 13, 1, provoquer la perte de qqn ; **sibi simultates** LIV. 33, 46, 8, s'attirer des haines ¶2 irriter, indisposer, provoquer : **aliquem** CIC. Mil. 84, irriter qqn, cf. VIRG. En. 10, 644.
► fut. antér. arch. inritassis PL. Amp. 454.

2 **irrītō**, *ās*, *āre*, -, - (irritus), annuler : COD. TH. 3, 12, 2.

3 **irrītō**, adv., vainement : PANEG. Grat. Constantin. (8), 11, 4.

irrītus (inr-), *a*, *um* (2 in-, ratus) ¶1 non ratifié, non fixé, non décidé, annulé : **aliquid inritum facere** CIC. Phil. 2, 109, annuler qqch., cf. CIC. Verr. 2, 63 ; Leg. 2, 21 ¶2 vain, inutile, sans effet : **irrito incepto** LIV. 29, 35, 12, son entreprise ayant échoué ; **irrita promissa cadunt** LIV. 2, 31, 5, les promesses demeurent stériles, cf. LIV. 6, 35, 10 ‖ [en parlant d'un acte indigne] frappé de nullité, nul : DIG. 2, 15, 8, 17 ¶3 [pers.] **a)** [avec gén.] qui ne réussit pas dans, malheureux dans : **irritus legationis** TAC. H. 4, 32, sans succès dans son ambassade, cf. CURT. 6, 5, 31 ; VELL. 2, 63, 2 ; VAL.-MAX. 1, 5 **b)** [abst] qui n'a pas réussi : **domum irritus redit** SEN. Ben. 6, 11, 1, il revient chez lui sans succès, cf. TAC. An. 15, 25 ¶4 n., **irritum** : **spes ad irritum redacta** LIV. 28, 31, 1, espoir anéanti ; **ad irritum cadere** LIV. 2, 6, 1 ; **in irritum** TAC. H. 3, 13, aboutir à néant.

irrōbŏrascō, *is*, *ĕre*, *roborāvī*, - (1 in, roborasco), intr., se fortifier [fig.] : GELL. 1, 22, 1.

irrŏgātĭō (inr-), *ōnis*, f., action d'infliger : **multae** CIC. Rab. perd. 8, une amende ‖ condamnation à payer : PLIN. Pan. 40, 5.

irrŏgātus (inr-), *a*, *um*, part. de irrogo.

irrŏgō (inr-), *ās*, *āre*, *āvī*, *ātum* (1 in, rogo), tr. ¶1 proposer devant le peuple qqch. contre qqn : **legem alicui** CIC. Dom. 43, proposer une loi contre qqn, cf. CIC. Sest. 65 ; Leg. 3, 11 ; **alicui multam** CIC. Mil. 36, proposer au peuple de prononcer une amende contre qqn ¶2 imposer, infliger : **poenas aequas peccatis** HOR. S. 1, 3, 118, prononcer des peines proportionnées aux fautes, cf. LIV. 5, 11, 13 ; TAC. An. 13, 28 ; **labori plus irrogare** QUINT. 10, 3, 26, accorder plus au travail ; **sibimet mortem** TAC. An. 4, 10, se condamner à la mort.
► [arch.] inrogassit = irrogaverit CIC. Leg. 3, 6.

irrōrātĭo, *ōnĭs*, f. (irroro), action d'arroser : AUG. Psalm 38, 6 ; CASSIOD. Var. 12, 14.

irrōrō (inr-), *ās*, *āre*, *āvī*, *ātum* (1 in, roro), tr. et intr. ¶1 humecter de rosée, couvrir de rosée **a)** tr., COL. 12, 24, 2 ; 12, 39, 1 ; 9, 14, 10 **b)** intr. impers., *COL. 11, 2, 93 ¶2 rendre humide, asperger : **crinem aquis** OV. M. 7, 189, mouiller d'eau ses cheveux ‖ *oculos lacrimis* Sil. 2, 123, baigner ses yeux de larmes ¶ **3** répandre sur [avec dat.] : *liquores capiti* Ov. M. 1, 371, répandre des liquides parfumés sur la tête, cf. Sil. 11, 302 ‖ *oculis quietem* Sil. 10, 355, répandre le sommeil sur les yeux ¶ **4** intr., tomber en rosée sur [avec dat.] : *lacrimae irrorant foliis* Ov. M. 9, 369, les larmes tombent en rosée sur les feuilles ‖ [abs¹] verser de la pluie : Virg. G. 3, 304.

irrŏto, *ās*, *āre*, -, - (1 *in*, *roto*), tr., faire rouler sur : Minuc. 3, 6.

irrŭbescō, *ĭs*, *ĕre*, *rŭbŭī*, - (1 *in*, *rubesco*), intr., rougir, devenir rouge : Stat. Th. 6, 231 ; 9, 647 ; S. 5, 3, 32.

irructō (inr-), *ās*, *āre*, -, - (1 *in*, *ructo*), intr., roter : *alicui in os* Pl. Ps. 1295, roter au nez de quelqu'un.

irrūfō, *ās*, *āre*, -, - (1 *in*, *rufo*), tr., rendre roux : Hier. Ep. 107, 5 ; Tert. Apol. 22, 12.

irrūgātĭō, *ōnis*, f. (*irrugo*), formation de rides : Serv. En. 1, 648.

irrūgĭō, *īs*, *īre*, -, - (1 *in*, *rugio*), intr., rugir [fig.] : Vulg. Gen. 27, 34.

irrūgō, *ās*, *āre*, -, - (1 *in*, *rugo* ; esp. *arrugar*), tr., rider, couvrir de rides : Gell. 12, 1, 8 ‖ faire des plis sur, plisser : Stat. Th. 4, 266.

irrŭmātĭō, *ōnis*, f., de *irrumo* : Catul. 21, 8.

irrŭmātŏr, *ōris*, m. (*irrumo*), débauché, vicieux : Catul. 10, 12 ; CIL 4, 1529.

irrŭmō (inr-), *ās*, *āre*, *āvī*, *ātum* (1 *in*, *ruma*), tr., *aliquem*, mettre dans la bouche de qqn, donner à téter à qqn [sens obsc.] : Catul. 16, 1 ; Mart. 4, 50.

irrumpĭbĭlis, *e* (2 *in-*), qu'on ne peut rompre : Gloss. 2, 245, 54.

irrumpō (inr-), *ĭs*, *ĕre*, *rūpī*, *ruptum* (1 *in*, *rumpo*), intr. et tr. ¶ **1** *a)* intr., faire irruption dans, se précipiter dans : *in castra* Caes. G. 4, 14, 3, faire irruption dans le camp ; *in aciem Latinorum* Cic. Div. 1, 51, s'élancer au milieu des rangs des Latins, cf. Cic. Phil. 14, 26 ‖ [avec dat.] Virg. En. 6, 528 ; Sil. 2, 378 *b)* tr., forcer, envahir : *oppidum* Caes. C. 2, 13, 4, forcer une place forte, cf. Caes. C. 3, 111, 1 ; Sall. J. 25, 9 ; 58, 1 *c)* [abs¹] passer en force, foncer : Caes. C. 3, 67, 5 ; Tac. Agr. 25 *d)* [réfl.] *inrumpit se in curiam* Varr. Men. 411, il s'élance dans la curie ¶ **2** [fig.] *a)* tr., *in alicujus patrimonium* Cic. de Or. 3, 108, envahir le patrimoine de qqn ; cf. de Or. 3, 168 ; Lig. 13 ; Ac. 2, 136 ‖ [avec *ad*] Quint. 2, 1, 2, s'élever jusqu'à *b)* tr., *mentem* Stat. Th. 10, 341, envahir, pénétrer l'esprit, cf. Sen. Ben. 3, 3, 2.

irrŭo (inr-), *ĭs*, *ĕre*, *ī*, -, intr. et qqf. tr. ¶ **1** se précipiter dans, (fondre) sur, contre : *in mediam aciem* Cic. Fin. 2, 61, foncer au milieu des rangs ; *in aliquem* Cic. Mil. 76, foncer sur qqn (l'attaquer) ; *caeca ambitio et in gladios irruens* Sen. Ben. 7, 26, 4, ambition aveugle qui fonce droit sur les épées ‖ [avec dat.] Claud. Mall. Theod. 194 ; Aug. Serm. 99, 1 ‖ tr., envahir : Claud. Epigr. 77, 5 ¶ **2** [fig.] faire invasion dans : *in alienum locum* Cic. Brut. 274, faire invasion dans un emploi qui n'est pas le sien [en parl. d'un mot métaphorique], cf. Cic. de Or. 1, 41 ; 3, 265 ‖ se jeter contre = s'exposer à [avec *in* acc.] : Cic. Verr. prim. 35 ‖ se jeter contre, heurter [un écueil] : (*aliquo = in aliquid*) Cic. de Or. 2, 301 ¶ **3** tr. *a)* *se inruere* Ter. Ad. 550, se lancer, se ruer dans *b)* faire se précipiter : *cachinnos* Laev. d. Non. 209, 30, déchaîner les rires.

irruptĭō (in-), *ōnis*, f. (*irrumpo*), irruption, invasion : *inruptionem facere* Pl. Poen. 42, faire irruption, cf. Cic. Pomp. 15 ; Tac. An. 2, 7 ‖ *aquarum* Sen. Nat. 3, 30, 5, irruption des eaux, cf. Nat. 6, 2, 6.

1 irruptus (inr-), *a*, *um*, part. de *irrumpo*.

2 irruptus (inr-), *a*, *um* (2 *in-*, *ruptus*), non rompu, indissoluble : Hor. O. 1, 13, 18.

3 irruptŭs, *ūs*, m. (*irrumpo*), invasion : Fulg. Aet. 11, p. 169, 6 H.

irrŭtĭlō (inr-), *ās*, *āre*, -, - (1 *in*) intr., rougir : Ambr. Isaac 7, 60.

irtĭŏla (hirt-), *ircĭŏla*, *ae*, f. (cf. *hirtus*), vigne d'Ombrie : Col. 3, 2, 28 ; Plin. 14, 37.

Īrus, *i*, m. (Ἶρος), mendiant d'Ithaque, tué par Ulysse : Prop. 3, 3, 39 ‖ [fig.] un pauvre, un indigent : Ov. Tr. 3, 7, 42.

1 ĭs, *ĕă*, *ĭd* (cf. *ibi*, *ita*, *iterum*, *idem*, ιν, scr. *ayam*, al. *er*, *ihn*, *es*, an. *it*) ¶ **1** *a)* [pronom] il, lui, elle, celui-ci : *venit mihi obviam tuus puer ; is mihi... reddidit* Cic. Att. 2, 1, 1, ton esclave est venu au devant de moi ; il m'a remis... ; *objecit M. Nobilori, quod is... duxisset* Cic. Tusc. 1, 3, il reprocha à M. Nobilior d'avoir conduit... ; *ego me credidi... mandare, is mando...* Pl. Merc. 632, j'ai cru confier, et voilà que je confie... *b)* [adjectif], ce, cet, cette : *is Sisenna* Cic. Verr. 4, 43, ce Sisenna ; *ea res est Helvetiis enuntiata* Caes. G. 1, 4, 1, ce plan fut dévoilé aux Helvètes ; *is dies erat* Caes. 1, 6, 4, ce jour c'était le... ; *ejus disputationis sententias memoriae mandavi* Cic. Lae. 3, de cette discussion j'ai noté les idées dans ma mémoire ; *ea duo genera* Cic. Div. 1, 113, ces deux espèces ‖ [attraction] : *ebriis servire, ea* [= *id*] *summa miseria est* Cic. Phil. 3, 35, être esclave d'hommes ivres, c'est le comble du malheur, cf. Cic. Rep. 1, 53 ; 2, 69 ; Leg. 1, 27 ; Sest. 135 ; Mil. 21 ; *ea civitas = eorum c.* Caes. G. 1, 9, 3 ; *is usus = ejus rei usus* Caes. G. 3, 13, 6 ; *ex eo numero = ex eorum numero* Cic. Arch. 31 ¶ **2** [apposition augmentative ou limitative] *et is, et is quidem, is quidem, isque, neque is*, et encore, et qui plus est ; *vincula, et ea sempiterna* Cic. Cat. 4, 7, la détention, et en particulier à perpétuité ; *cum una legione, eaque vacillante* Cic. Phil. 3, 31, avec une seule légion, et encore qui chancelait ; *certa merces, nec ea parva* Cic. Phil. 2, 44, salaire fixé, et à haut prix ; *legionem, neque eam plenissimam despiciebant* Caes. G. 3, 2, 3, la légion, et encore n'était-elle pas au complet, ils la méprisaient ‖ [au n.] et cela : *eos laudo, idque merito* Cic. Or. 171, je les loue, et cela à juste titre ; *studiis deditus, idque a puero* Cic. Fam. 13, 16, 4, adonné aux études, et cela depuis l'enfance ; *atque id* Cic. Att. 12, 9 ¶ **3** [en corrél. avec un relatif] : *is qui*, celui qui ‖ [en redoublement] *a)* *haec is feci, qui eram* Lent. Fam. 12, 14, 6, j'ai fait cela moi, l'homme qui était... ; *qui... tibi viderere, is cucurristi* Cic. Phil. 2, 76, toi qui pourtant te croyais... toi, cet homme, tu as couru ; *ego ipse pontifex qui... arbitror, is... velim* Cic. Nat. 1, 61, moi-même grand pontife, qui crois que... eh bien ! moi je voudrais..., cf. Cic. Pomp. 55 ; *Marcellus, qui... is* ; *Verres qui... is* Cic. Verr. 4, 123 ; *candelabrum quod... id* Cic. Verr. 4, 67 ; *illud quod... id* Cic. Off. 1, 137 ; 3, 13 ‖ [avec un rel. mis en appos.] *A. Albinus, is qui... scripsit* Cic. Brut. 81, A. Albinus, celui qui écrivit..., cf. Cic. Brut. 81 ; de Or. 1, 62 ; *id quod... est* Cic. Brut. 200, ce qui est..., cf. Cic. Fam. 15, 10, 1 *b)* [en accord avec un subst.] *is homo qui*, l'homme qui, un homme qui : *ii dies quibus conservamur* Cic. Cat. 3, 2, les jours où notre vie est préservée *c)* [remplaçant le relatif] *Pythagoras, quem Phliuntem ferunt venisse eumque... disseruisse* Cic. Tusc. 5, 8, Pythagore qui, dit-on, vint à Phlionte et disserta..., cf. Cic. Or. 9 ; Tusc. 3, 16 ; de Or. 2, 299 ; Brut. 258 *d)* [explicité par un rel.] *eorum, qui absolverunt, misericordiam non reprehendo* Cic. Clu. 106, je ne critique pas leur indulgence, à eux qui se prononcèrent en faveur de l'accusé, cf. Cic. Verr. 4, 107 ¶ **4** [en corrélation avec *ut* ou *qui* conséc.] tel que : *non is vir est, ut (qui) sentiat*, il n'est pas un homme tel qu'il comprenne, un homme à comprendre : Cic. Flac. 34 ; Div. 2, 139 ; de Or. 1, 27 ; Q. 1, 1, 38 ; Fam. 5, 12, 6 ; Caes. G. 5, 30, 2 ‖ *id, quod constituerant, facere conantur, ut... exeant* Caes. G. 1, 5, 1, ils entreprennent de faire ce qu'ils avaient décidé, à savoir de sortir..., cf. G. 1, 13, 2 ¶ **5** [en corrél. avec *ac*, comme *idem*] *in eo honore ac si* Liv. 37, 54, 21 dans la même considération que si ¶ **6** [en part., emplois de *id*] *a)* [avec gén.] *quoniam id nobis, hominibus id aetatis, oneris imponitur* Cic. de Or. 1, 207, puisque voilà ce qu'à des hommes de notre âge on nous impose comme tâche ; *id temporis cum* Cic. Mil. 28, à un moment où ; *id temporis ut* Cic. Att. 13, 33, 4, à un moment tel que... ; *alicui id consilii est, ut* Caes. G. 7, 5, 5, qqn a l'intention de *b)* [acc. de relation] relativement à cela : *id gaudeo* Cic. Q. 3, 1, 9, je me réjouis de cela ; *idne estis auctores mihi ?* Ter. Ad. 939, est-ce que vous me conseillez ? *c)* à ce point : *non est in eo* Cic. Att. 12, 40, 4, ce n'est pas à ce point ; *in eo est ut, in eo res est ut* Liv. 2, 17, 5 ; 28, 22, 8, il est sur le point d'arriver que ‖ *omnis oratio versatur in eo, ut de*

is

Or. 1, 244, tout le discours roule sur ce point, à savoir que, cf. Cic. *Q.* 3, 1, 1 ; **in eo nervos contendere, ne** Cic. *Fam.* 15, 14, 5, porter tous ses efforts sur ce point : empêcher que **d) id est cum** Pl. *Ru.* 664, c'est un moment où **e) id est,** c'est-à-dire : ***poscere quaestionem, id est, jubere dicere...*** Cic. *Fin.* 2, 1, solliciter une question, c'est-à-dire inviter à dire ....
▶ nom. m. pl., *eeis, eei* [arch.], *īī, ī* ; dat. abl. pl. *eeis, ībus* [arch.], *īīs, ēīs, īs* ‖ sur les innombrables formes de la décl. de *is*, v. Neue *Formenl.* ‖ renforcé par *-pse, -pte* : *eapse* ; Pl. *Curc.* 534 = *ea ipsa* ; *eumpse* Pl. *Pers.* 603 ; *eampse* Pl. *Aul.* 815 ; *eopse* Pl. *Curc.* 538 ; *eopte* P. Fest. 97, 21, **v.** *ipse* ‖ en latin tard., *is* tend à s'effacer au profit de *iste, ille* et *ipse*.

2 **īs**, abl. pl., contraction de *iis, eis*.

3 **īs**, [2ᵉ pers. sg. prés. de 3 *eo*].

Īsăāc (Īsāc), m. indécl., patriarche, fils d'Abraham et père de Jacob : Vulg. *Gen.* 17, 19.

Īsāc, **v.** *Isaac*.

Isacĭa, *ae*, f., île en face de Vélia : Plin. 3, 85.

Īsaeus, *i*, m., Isée [orateur grec, maître de Démosthène] : Quint. 12, 20, 22 ‖ orateur contemporain de Pline : Plin. *Ep.* 2, 3, 7.

īsăgōgē, *ēs*, f. (εἰσαγωγή), introduction, préliminaire : Gell. 1, 2, 6.

īsăgōgĭcus, *a, um*, servant d'introduction : Varr. d. Gell. 14, 7, 2.

īsăgōgeūs, dat. *gī*, m. (εἰσαγωγεύς), officiel [dans les jeux publics] : AE (R. Arch.) 1932, 88.

Īsăīās (Ĕs-), *ae*, m., Isaïe [le premier des quatre grands prophètes] : Paul.-Nol. *Carm.* 23, 195 ; Vulg. *4 Reg.* 19, 2 ; Paul.-Nol. *Carm.* 24, 501.

Īsāpis, m., **v.** *Sapis* : Luc. 2, 406.

Īsăra, *ae*, m., l'Isère [rivière de la Gaule Viennoise] Atlas V, C3 : Plin. 3, 33 ; Planc. *Fam.* 10, 15, 3 ‖ l'Oise : Anton. 384.

Isarci, *ōrum*, m. pl., peuple des Alpes Rétiques, sur les bords de l'Isar : Plin. 3, 137.

Īsargus (Ītargus), *i*, m., fleuve de Germanie : *Cons. Liv.* 386.

Isari, *ōrum*, m. pl., peuple de l'Inde en deçà du Gange : Plin. 6, 64.

īsătis, *ĭdis*, f. (ἴσατις), sorte de laitue [*isatis tinctoria*] : Plin. 20, 59.

Īsaura, *ōrum*, n. pl., principale ville de l'Isaurie : Plin. 5, 94.

Īsauri, *ōrum*, m. pl. (Ἴσαυροι), Isauriens, habitants de l'Isaurie : Liv. *Epit.* 93 ‖ = l'Isaurie : Cic. *Fam.* 15, 2, 1.

Īsaurĭa, *ae*, f., l'Isaurie [province de l'Asie Mineure, entre la Pisidie et la Cilicie] : Amm. 14, 8, 1 ‖ **Īsaurĭcus**, *a, um*, de l'Isaurie : Cic. *Att.* 5, 21, 9 ; Plin. 5, 94 ‖ Isaurien [surnom de Servilius Vatia, vainqueur de l'Isaurie] : Liv. *Epit.* 93.

1 **Ĭsaurus**, *i*, m., fleuve du Picénum : Luc. 2, 406.

2 **Ĭsaurus**, *a, um*, isaurien : Ov. *F.* 1, 593.

Isbeli, *ōrum*, m. pl., peuple d'Éthiopie : Plin. 6, 194.

Isca, *ae*, f., ville de Bretagne [Caerleon] Atlas I, B3 ; V, B1 : Anton. 485 ; 486 bis [Exeter] Atlas V, C1.

Iscarĭōtēs (-thēs), *ae*, m., l'Iscariote [surnom de Judas] : Vulg. *Matth.* 10, 4.

ischaemōn, *ŏnis*, f. (ἴσχαιμον), plante hémostatique [barbon] : Plin. 25, 83 ; 26, 131.

ischas, *adis*, f. (ἰσχάς), cirse [plante] : Plin. 22, 40.

ischĭa (tard. *scia*), *ōrum*, n. pl. (ἰσχία), hanches : Gell. 4, 13, 1 ; Cael.-Aur. *Chron.* 5, 1, 1.

ischĭăcus, *a, um* (ἰσχιακός), atteint de sciatique : Cat. *Agr.* 123 ‖ **-ădĭcus**, *a, um* (ἰσχιαδικός), it. *sciatico*), relatif à la sciatique : Plin. 26, 42 ‖ **-dĭci**, *ōrum*, m. pl., gens atteints de sciatique : Plin. 25, 169.

ischĭās, *ădis*, f. (ἰσχιάς), sciatique : Plin. 27, 33.

Ischŏmăchē, *ēs*, f. (Ἰσχομάχη), Ischomaque, ou Hippodamie [femme de Pirithoüs] : Prop. 2, 2, 9.

ischūrĭa, *ae*, f. (ἰσχουρία), rétention d'urine : Veg. *Mul.* 2, 79, 2.

Iscĭa, *ae*, f., **v.** *Isacia*.

īsĕlastĭcus, *a, um* (εἰσελαστικός), qui concerne une entrée en triomphe : **iselasticum certamen** Plin. *Ep.* 10, 118, 1, combat qui procure [aux athlètes] les honneurs du triomphe ‖ subst. n., pension faite aux athlètes vainqueurs : Plin. *Ep.* 10, 118, 1.

ĭsēmĕrīnŏs, *ŏn* (ἰσημέρινος), dont les jours sont égaux aux nuits, équinoxial : Chalc. 65.

Īsera, *ae*, m., **v.** *Isara*.

Īsēum, Īsīum, *i*, n. (Ἴσειον), temple d'Isis Atlas II : Plin. 5, 51 ; Lampr. *Alex.* 26.

Īsĭăcus, *a, um*, d'Isis : Ov. *Pont.* 1, 1, 52 ‖ subst. m., prêtre d'Isis : Plin. 27, 53 ; Suet. *Dom.* 1.

īsĭcĭārĭus, *ii*, m. (*isicium*), charcutier : Hier. *Ruf.* 1, 4.

īsĭcĭātus, *a, um* (*isicium*), farci : Apic. 391.

īsĭcĭŏlum, *i*, n., **v.** *isicium* : Apic. 53.

īsĭcĭum (ēs-), Apic. 42 ; 43 ; Diocl. 4, 13 et **insĭcĭum**, *ii*, n. (*inseco* ; it. *ciccia*, *salsiccia*), Varr. *L.* 5, 110 ; Macr. *Sat.* 7, 8, 1, quenelle, saucisse.

Īsĭdōrus, *i*, m., géographe : Plin. 4, 9 ‖ autres du même nom : Cic. *Verr.* 3, 78 ; Suet. *Ner.* 39 ‖ Isidore de Séville, évêque et écrivain du 7ᵉ s. : Ildef. *Vir.* 2.

Īsĭdŏtus, *i*, m., sculpteur : Plin. 34, 78.

Īsĭgŏnus, *i*, m., écrivain de Nicée : Plin. 7, 12 ‖ sculpteur : Plin. 34, 79.

Isinda, *ae*, f., ville de Paphlagonie : Inscr. Dess. 2483.

Isinisca (Isu-), *ae*, f., ville de Vindélicie : Peut. 3, 3.

Isĭondenses, *ĭum*, m. pl., peuple de Pisidie : Liv. 38, 15, 4.

Īsis, *is* et *ĭdis* ou *ĭdos* ¶ 1 f. (Ἶσις), divinité égyptienne : Cic. *Nat.* 3, 47 ; Ov. *M.* 9, 772 ; Luc. 9, 158 ‖ *Isidis crinis* Plin. 13, 142, corail noir ; *Isidis sidus* Plin. 2, 37, l'étoile de Vénus ¶ 2 m., fleuve de Colchide : Plin. 6, 12.

Isīum, **v.** *Iseum*.

Ismăēl, *ēlis*, m., fils d'Abraham et d'Agar : Vulg. *Gen.* 16, 15.

Ismăēlītae, *ārum*, m. pl., Ismaélites : Vulg. *Gen.* 37, 25 ‖ sg., **-tēs**, Vulg. *1 Par.* 2, 17.

1 **Ismăra**, *ōrum*, n. pl., ville de Thrace, près du mont Ismarus : Virg. *En.* 10, 351.

2 **Ismăra**, *ōrum*, n. pl., Lucr. 5, 31 ; Virg. *G.* 2, 37, **Ismarus**, *i*, m., Virg. *B.* 6, 30 (Ἴσμαρος), l'Ismarus, montagne de Thrace où séjourna Orphée.

Ismărĭcus, Ismărĭus, *a, um*, de l'Ismarus, de Thrace : Avien. *Perieg.* 33 ‖ Ov. *M.* 9, 642 ; 10, 305.

Ismărus, **v.** *2 Ismara*.

Ismēnē, *ēs*, f. (Ἰσμήνη), Ismène [fille d'Œdipe et sœur d'Antigone] : Stat. *Th.* 8, 623.

Ismēnĭās, *ae*, m., célèbre musicien de Thèbes : Plin. 37, 6 ‖ nom d'un chef des Béotiens : Nep. *Pelop.* 5, 1 ; Just. 5, 9, 6.

Ismēnis, *ĭdis*, f., Thébaine : Ov. *M.* 3, 169.

Ismēnĭus, *a, um*, du fleuve Isménus, de Thèbes : Ov. *M.* 13, 682.

Ismēnus (-ŏs), *i*, m. (Ἰσμηνός), l'Isménus [fleuve de Béotie] : Plin. 4, 25 ; Ov. *M.* 2, 244.

Ismuc, n. indécl., ville de Numidie : Vitr. 8, 4, 1.

ĭsŏcinnămōn, *i*, n. (ἰσοκίνναμον), sorte de cannelle : Plin. 12, 98.

Īsŏcrătēs, *is*, m. (Ἰσοκράτης), Isocrate [orateur athénien] : Cic. *de Or.* 2, 57 ; *Or.* 176.

Īsŏcrătēus (-tīus), *a, um*, d'Isocrate : Cic. *Or.* 207 ‖ Gell. 18, 8, 1.

ĭsŏdŏmus, *a, um* (**-ŏs, ŏn**) (ἰσόδομον n.), [maçonnerie] à assises de hauteur égale : Vitr. 2, 8, 5 ; Plin. 36, 171.

ĭsŏĕtĕs, *is*, n. (ἰσοετές), joubarbe [plante] : Plin. 25, 160.

ĭsŏpleurŏn, *i*, n. (ἰσόπλευρον), **v.** *isosceles* : Grom. 341, 9.

ĭsŏpўrŏn, *i*, n. (ἰσόπυρον), corydallis [plante] : Plin. 27, 94.

ĭsoscĕlēs, *is*, m. (ἰσοσκελής), isocèle : Ps. Cens. 7, 3.

ĭsŏsyllăbus, *a, um* (ἰσοσύλλαβος), parisyllabique : Serv. *En.* 1, 156.

ĭsox, **v.** *esox*.

Ispalenses, ▶ *Hispalenses*.

Isrāēl, m. indécl., **Isrāēl**, *ēlis*, m., nom de Jacob et de ses descendants : Just. 36, 2, 3 ; Prud. *Psych.* 30.

Isrāēlītae, *ārum*, m. pl., Israélites [la race d'Israël] : Vulg. *1 Reg.* 14, 22 ‖ sg., *Israelita* : Vulg. *Lev.* 24, 10.

Isrāēlītĭcus, *a, um*, des Israélites : Aug. *Civ.* 15, 20 ; 16, 16.

Isrāēlītis, *ĭdis*, f., femme israélite ou juive : Hier. *Ep.* 70, 2 ; Vulg. *Lev.* 24, 10.

1 Issa, *ae*, f. (Ἴσσα), île de l'Adriatique [Lissa] Atlas XII, D5 : Caes. *C.* 3, 9 ; Liv. 43, 9 ‖ **-aeus**, *a, um*, Liv. 31, 45 ; **-ensis**, *e*, Liv. 43, 9 et **-aĭcus**, *a, um*, Liv. 32, 31, d'Issa.

2 Issa, *ae*, f. (cf. *3 issa*), nom d'une chienne : Mart. 1, 110.

3 issa, ▶ *ipse* ▶.

Issatis, *ĭdis*, f., ville de Parthie : Plin. 6, 44.

1 isse, **issem**, de *3 eo*.

2 issĕ, **issa**, ▶ *ipse* ▶.

3 Issē, *ēs*, f., fille de Macarée, qui fut aimée d'Apollon : Ov. *M.* 6, 124.

Issensis, ▶ *1 Issa*.

Issi, *ōrum*, m. pl., peuple de l'Asie septentrionale : Plin. 6, 22.

issŭla, *ae*, f. (dim. de *3 issa*), petite maîtresse : *Pl. *Cist.* 450.

issŭlus, *i*, f. (dim. de *2 isse*), petit maître : CIL 6, 12156.

Issus, **Issŏs**, *i*, f. (Ἰσσός), Issus [ville de Cilicie], célèbre par la victoire d'Alexandre : Cic. *Fam.* 2, 10, 3 ; Plin. 5, 91 ‖ **-ĭcus**, *a, um*, d'Issus : Plin. 2, 243.

istāc, adv. (cf. *hac, qua*), par là (où tu es) : Pl. *Ep.* 660 ; Ter. *Haut.* 588 ‖ *istac judico* Pl. *Trin.* 383, je vote de ton côté (pour toi).

istactĕnus, adv., jusqu'à ce point : Pl. *Bac.* 168.

istae, dat., ▶ *iste* ▶.

istaec, istanc, ▶ *istic*.

Istaevones, *um*, m. pl., peuple des bords du Rhin : Tac. *G.* 2.

istĕ, *ă, ŭd*, gén. *īus* et *ĭus*, dat. *ī* (ombr. *esto* ; cf. *is-* et *-te*, cf. τόν, al. *der*, an. *the* ; esp. *este*, fr. *cet*), adj.-pron. démonstr. désignant la 2ᵉ pers. ou ce qui se rapporte à la 2ᵉ pers., celui-là, celle-là, ce, cet : **sunt ista, Laeli** Cic. *Lae.* 6, 2, c'est comme tu le dis, Laelius ; **cum ista sis auctoritate** Cic. *Mur.* 13, avec l'autorité que tu as ; **multae istarum arborum** Cic. *CM* 59, beaucoup de ces arbres que tu vois ; **qua tua est ista vita?** Cic. *Cat.* 1, 16, quelle est cette vie qui t'est réservée ? ; **"non dolere" istud** Cic. *Fin.* 2, 9, ton expression " absence de douleur " ; **istud "quasi corpus"** Cic. *Nat.* 1, 73, votre " une sorte de corps " ; **ista** Cic. *Mur.* 66, ces qualités que tu as en partage ; **isto tu pauper es, cum** Pl. *Ru.* 1234, toi, tu es pauvre en cela que ... ‖ [dans les plaidoiries en parl. de l'adversaire] *iste*, cet homme-là, cet individu-là ‖ [et en gén. en parl. de gens ou de choses que l'on combat] de cette sorte, de cet acabit : *isti* Cic. *Cat.* 2, 16, ces gens-là ; *iste centurio* Cic. *Cat.* 2, 14, cette espèce de centurion ‖ [dans Sén. surtout, valeur emphatique et ironique] *ista quae laudo* Sen. *Ep.* 87, 4, ces belles choses que je loue ‖ [référence aux auditeurs] *iste phaselus* Catul. 4, 10, ce canot (que vous voyez = ledit canot) ; Cic. *Verr.* 4, 11 ; *de Or.* 1, 113 ‖ [démonstratif fort] *fuit ista virtus ut* Cic. *Cat.* 1, 3, il y eut ce courage qui [= un tel courage que] ‖ [postclass.] au sens de *hic* : *sub istis oculis* Apul. *M.* 2, 14, sous mes yeux ; opposé à *ille* : Val.-Max. 5, 4, 3 ; *iste dies* Juv. 4, 67, (le jour d') aujourd'hui.

▶ gén. arch. *isti* Pl. *Truc.* 930 ; Ter. *Haut.* 382 ; dat. f. *istae* Pl. *Truc.* 790 ‖ avec apocope *ste* Pl. d. Gell. 3, 3, 5 ; Caecil. *Com.* 137 ; v. Neue. *Formenl*.

Istĕr, Histĕr, *tri*, m., l'Ister, nom du Danube inférieur : Virg. *G.* 3, 350.

Isthmĭa, *ōrum*, n. pl. (Ἴσθμια), les jeux Isthmiques : Plin. 15, 36 ; Liv. 33, 32.

Isthmĭăcus, Isthmĭcus, Isthmĭus, *a, um*, isthmique, des jeux Isthmiques : Sil. 14, 341 ; Stat. *Th.* 6, 557 ‖ Val.-Max. 4, 8, 5 ‖ Hor. *O.* 4, 3, 3 ; Liv. 33, 32.

isthmus (-ŏs), *i*, m. (ἰσθμός) ¶ 1 isthme, et surtout l'isthme de Corinthe : Cic. *Fat.* 7 ; Caes. *C.* 3, 55, 2 ; Liv. 45, 28, 2 ¶ 2 détroit : Prop. 3, 21, 1.
▶ f. Apul. *M.* 1, 1, 3.

1 isti, gén., [arch.] ▶ *iste* ▶.

2 istī, adv., ▶ *2 istic* : Pl. *Ep.* 721 ; Curc. 717 ; Mil. 255 ; Ru. 1078 ; Virg. *En.* 2, 66 ; Apul. *M.* 4, 13.

Istĭaeones, *um*, m. pl., peuple de Germanie : Plin. 4, 100 ; ▶ *Istaevones*.

1 istĭc, *aec, ŏc* ou *ŭc*, pl. n. **istaec** (*iste, ce*), même sens que *iste*.
▶ formes primitives : abl. f. *istāce* ; Cat. *Agr.* 132, 2 ; acc. *istunc, -anc* Pl. *Amp.* 699 ; 754 ; abl. pl. *istisce* Pl. *Ru.* 745.

2 istīc, adv. (cf. *2 hic, illic*), là (où tu es) : Cic. *Fam.* 1, 10 ; 7, 13, 2 ‖ [fig.] *istic sum* Cic. *Fin.* 5, 78, je suis à ce que tu dis [tout oreilles] ; **quid istic ?** [s.-ent. *dicam*] Ter. *Eun.* 171 ; *Ad.* 133 ; Sen. *Ep.* 17, 11, que dire à cela ?, eh ! bien, soit ; **neque istic neque alibi** Ter. *And.* 420, ni dans la circonstance ici, ni dans une autre ‖ [tard.] = *hic*, ici : Aug. *Acad.* 1, 2, 3.

1 istĭcĭnĕ, interrog., ▶ *istene* : *istacine causa...?* Pl. *Ps.* 846, est-ce pour cette raison [que tu allègues] que ...?, cf. Pl. *Ps.* 81 ; *As.* 932 ; Ter. *Eun.* 830 ; *Ad.* 732.

2 istĭcĭnĕ, adv. interr., est-ce là ? : Pl. *Ru.* 110.

istim, adv., ▶ *istinc* : Cic. *Att.* 14, 12, 1 ; *Fam.* 6, 20, 2.

istīmōdi, ▶ *istiusmodi* ▶.

istinc (cf. *hinc, inde*), de là où tu es : *qui istinc veniunt* Cic. *Fam.* 1, 10, ceux qui viennent de tes parages, cf. *Clu.* 83 ; *Att.* 1, 14, 4 ‖ = *ex (de) ista re*, de cette chose que tu as : Pl. *Ru.* 1077 ; *Ps.* 1164.

istīpendĭum, *ĭi*, [tard.] ▶ *stipendium* : CIL 8, 9838.

istīusmodi, adv., de cette manière (que tu dis) : Cic. *Verr.* 4, 9.
▶ *istimodi* Pl. *Truc.* 930.

istō, adv. (cf. *istuc, quo II*), là où tu es [mouvᵗ] : Cic. *Fam.* 9, 16, 22 ; 10, 17, 4 ‖ [fig.] = *ad istam rem, in istam rem* Cic. *Q.* 3, 1, 9.

1 istŏc, n. de *istic*.

2 istŏc, adv., ▶ *istuc* : Pl. *Truc.* 717.

istorsum, adv. (*isto, vorsum*), du côté d'où tu viens [avec mouvᵗ] : Ter. *Phorm.* 741 ; *Haut.* 588.

Istri (Histri), *ōrum*, m. pl., habitants de l'Istrie : Liv. 41, 11 ; Plin. 3, 129.

Istrĭa (Histria), *ae*, f., Istrie [contrée à l'ouest de l'Adriatique] Atlas XII, B4 : Plin. 3, 129 ; Liv. 39, 55.

Istrĭāni, *ōrum*, m. pl., ▶ *Istri* : Juv. 9, 2, 1.

Istrĭcus, Histrĭcus, *a, um*, de l'Istrie : Liv. 41, 1 ; Plin. 32, 62.

Istrŏpŏlis, ▶ *Histropolis*.

Istrus, ▶ *Histrus*.

1 istŭc, n. de *istic*.

2 istŭc, adv. (cf. *isto, huc*), là (où tu es) [avec mouvᵗ] : Cic. *Fam.* 7, 14, 1 ‖ = *ad istam rem* Cic. *Phil.* 11, 23 ; *Att.* 13, 32, 1 ; Mur. 29.

Isturgi, *ōrum*, m. pl., peuple de Bétique : Plin. 3, 10.

Isunisca, ▶ *Isinisca*.

Isura, *ae*, f., île près des côtes de l'Arabie : Plin. 6, 150.

ĭtă, adv. (*itaque, item, itidem, is* ; cf. *aliuta, 1 utique*, scr. *iti*), [ayant la valeur démonstrative] de cette manière, de la sorte, comme cela, ainsi

¶ 1 " ainsi " **a)** renvoie à ce qui précède, [dans le dialogue] " oui " **b)** annonce ce qui suit. ¶ 2 [dans les compar.] " à cette condition que " **a)** en corrélation avec *ut* **b)** *ut... ita* **c)** [pour affirmer solennellement] *ita... ut* " aussi vrai que ", *ita me di ament*. ¶ 3 " de cette façon, dans de telles circonstances ", [conclusion] " par conséquent ". ¶ 4 " dans ces conditions " [en relation avec ce qui suit] **a)** avec *ut* final (*ut ne, ne*), avec *ut* consécutif **b)** avec *si* ▶ *si*] **c)** avec *quod* **d)** avec *quoad*. ¶ 5 en corrélation avec *ut* consécut. " tellement que, à tel point que ", *non ita* " pas vraiment ", *non ita diu* " guère longtemps ".

¶ 1 **a)** [renvoyant à ce qui précède] *si ita commodum vestrum fert* Cic. *Agr.* 2, 77, si c'est là ce que comporte votre intérêt ; *quae cum ita sint* Cic. *Mur.* 2, puisqu'il en est ainsi ; *non ita est, judices* Cic. *Verr.* 4,

ita

132, il n'en est pas ainsi, juges (non, juges); *quid ita?* Cic. *Verr.* 5, 110, pourquoi cela? ǁ = *talis* Cic. *Brut.* 57; *Arch.* 31 ǁ [dans le dialogue] *ita* = oui, exactement: *ita plane, ita prorsus, prorsus ita*, c'est cela exactement; Cic. *Tusc.* 1, 13; 2, 67; *Leg.* 3, 26; *itane?* Ter. *Eun.* 1058, bien vrai? ǁ [renforçant le démonstr. ou le relatif] *id si ita est* Cic. *Lae.* 14; *quod si ita esset* Cic. *Lae.* 29, s'il en est, s'il en était ainsi; *istuc quidem ita necesse est* Cic. *Lae.* 16, il ne peut en être autrement; *quod... ita me malle dixeram* Cic. *Fin.* 2, 17, chose que j'avais dit préférer, cf. Cic. *Div.* 2, 21; *Att.* 16, 9; *Tusc.* 5, 46; *Leg.* 2, 28 **b)** [annonçant ce qui suit] *ita censeo: "cum..."* Cic. *Phil.* 9, 15, voici ma proposition de décret: "étant donné que...", cf. Cic. *Tusc.* 4, 13; *Fam.* 5, 19, 2; *Caecin.* 35; *itane? itane est? itane vero? itane tandem?* ce qui va suivre est-il possible? = eh quoi!; Cic. *Div.* 2, 83; *Amer.* 113; *Verr.* 5, 77; *Clu.* 182 ǁ [surtout annonçant une prop. inf.] *cum iis ita loquitur, se consulem esse...* Cic. *Verr. prim.* 27, il leur dit ceci, qu'il est consul...; *ita constitui, fortiter esse agendum* Cic. *Clu.* 51, j'ai décidé ceci, qu'il fallait agir énergiquement; *nec vero ita dici potest...* Cic. *Tusc.* 3, 41, et on ne peut pas soutenir ceci que...; [*ita* renforcé par *illud*] Cic. *Brut.* 143.

¶ **2** [dans les compar.] **a)** [en corrél. avec *ut*, et plus rarement avec *quomodo, quemadmodum, quasi, quam*] **(urbs) est ita, ut dicitur** Cic. *Verr.* 4, 117, la ville est bien comme on le dit; *ita vero, ut precamini, eveniat!* Cic. *Phil.* 4, 10, puisse l'événement être conforme à vos prières!; *ita ut... audistis* Cic. *Verr.* 5, 101, comme vous avez entendu... ǁ *ita... quomodo* Cic. *Agr.* 2, 3; *quemadmodum* Cic. *Verr.* 5, 4, de la manière que, comme ǁ *quasi* Cic. *CM* 12; *tamquam* Cic. *Verr.* 4, 49, tout comme si; *quasi... ita* Cic. *Fin.* 4, 36; *ita... veluti* Just. 12, 12, 1, comme si ǁ *ita... quam* Prop. 3, 5, 11, de même que; *ita... qualis* Quint. 1, 5, 67, tel que; *ita... atque* Enn. *Tr.* 279, de même que; *ita... ac si* Lex Rubr. 2, 47 (Hyg. d. Gell. 10, 16, 13) de même que si **b)** [souvent] *ut (quomodo, quemadmodum)... ita*, de même que... de même; [avec une idée d'oppos.] si (s'il est vrai que)... du moins (en revanche); *ut quisque... ita...*, v. *ut*; **c)** [pour affirmer solennellement] *ita... ut*, aussi vrai que: *ita mihi... liceat, ut ego non atrocitate animi moveor* Cic. *Cat.* 4, 11, puissé-je... aussi bien qu'il est vrai que..., puissé-je être aussi assuré de... que je le suis de n'être point mû par la cruauté; *ita mihi meam voluntatem vestra existimatio comprobet, ut ego... accepi* Cic. *Verr.* 5, 35, puisse votre opinion approuver mes intentions, aussi vrai que j'ai reçu...; *ita vivam, ut maxiimos sumptus facio* Cic. *Att.* 5, 15, 2, que je meure, si je ne fais pas de très grosses dépenses; [avec un subj. de souhait après *ut*] Ter. *Phorm.* 165 ǁ [sans *ut*] *ita me di ament*, *honestus est* Ter. *Eun.* 474, j'en jure par les dieux, il est très bien, cf. *Eun.* 615; *nam, ita vivam, putavi* Cic. *Fam.* 2, 13, 3, car, sur ma vie, je le pensais (que je meure si je ne...), cf. Cic. *Fam.* 16, 20, 1; *ita me di amabunt, rogo* Ter. *Hec.* 106, j'en jure par les dieux, je demande...

¶ **3** de cette façon, dans de telles circonstances, dans de telles conditions: *sin ingredienti cum armata multitudine obvius fueris et ita venientem reppuleris* Cic. *Caecin.* 76, mais s'il pénétrait avec une troupe armée quand tu t'es porté à sa rencontre, et s'il arrivait ainsi, quand tu l'as repoussé; *ita... datur* Cic. *Verr.* 2, 127, et c'est ainsi qu'on donne; *ita fit, ut...* Cic. *Off.* 1, 101, de cette façon, il arrive que, cf. Cic. *Tusc.* 5, 66; Caes. *G.* 6, 12, 8 ǁ [conclusion] partant, par conséquent: *ita, quicquid honestum, id utile* Cic. *Off.* 3, 35, par conséquent, tout ce qui est honnête est utile, cf. Cic. *Nat.* 1, 110; *crassum caelum Thebis, itaque pingues Thebani* Cic. *Fat.* 7, l'air est épais à Thèbes, c'est pourquoi les Thébains sont lourds ǁ [exemple] c'est ainsi que, par exemple: Cic. *de Or.* 1, 66.

¶ **4** dans ces conditions [en relation avec ce qui suit] **a)** [avec *ut* final, *ut ne, ne*] *sed ita, ut ea res aut prosit aut certe ne obsit rei publicae* Cic. *Off.* 2, 72, mais sous la condition que cela soit utile ou du moins que cela ne nuise pas à l'État, cf. Cic. *Off.* 3, 21; *Amer.* 55; Liv. 22, 61, 5; 31, 35, 6; 38, 4, 6 ǁ [avec *ut* consécutif]: *consulibus ita missis ut* Cic. *Mur.* 33, les consuls étant envoyés avec les ordres suivants, savoir que...; *ita quemquam cadere in judicio, ut... videretur* Cic. *Mur.* 58, (ils ne voulurent pas) que quelqu'un succombât dans un procès dans des conditions telles qu'il parût... (en paraissant), cf. Caecil. 2; v. *ut* II B ¶ **5 b)** [avec *si*] v. *si* **c)** [avec *quod*] *ita intercessit, quod iste... decrevisset* Cic. *Verr.* 1, 119, il est intervenu, seulement en raison de ce que cet homme avait pris des décisions... **d)** [avec *quoad*] dans la mesure où: Cic. *Rep.* 2, 43.

¶ **5** [en corrél. avec *ut* conséc.] tellement que, à tel point que, de telle sorte que: *ita diligenter ut... appareat* Cic. *Verr.* 3, 20, avec tant de soin qu'il apparaît...; *ita vivunt, ut eorum probetur fides* Cic. *Lae.* 19, ils vivent de telle sorte que leur bonne foi se constate; *Graecos ita non amas, ut...* Cic. *Fam.* 7, 1, 3, tu aimes si peu les Grecs que, cf. *Fin.* 2, 63 ǁ tellement, tant, à ce point [sans corrélatif]: *ita multa meminerunt* Cic. *Tusc.* 1, 59, tant ils se rappellent de choses, cf. Cic. *Fam.* 2, 5, 2 ǁ *non ita diu* Cic. *Brut.* 233, pas tellement longtemps, guère longtemps; *non ita sane vetus* Cic. *Brut.* 41, pas vraiment vieux à ce point, pas précisément vieux; *non ita multis ante annis* Cic. *Amer.* 64, il n'y a pas encore bien des années de cela; *plura me scribere, non ita necesse arbitrabar* Cic. *Fam.* 10, 25, 3, je ne crois pas bien nécessaire de t'écrire davantage.

itaeomēlis, *is*, m., sorte de vin aromatisé: Plin. 14, 111.

Ĭtălē, *ēs*, f., ville d'Éolide: Plin. 5, 121.

Ĭtăli, *ōrum*, m. pl., les Italiens: Cic. *Har.* 9; Virg. *En.* 1, 109; Plin. 3, 71.

Ĭtălĭa, *ae*, f., l'Italie [péninsule au sud de l'Europe] Atlas I, C4: Cic. *Arch.* 5; *Dej.* 11; Plin. 3, 38; Gell. 11, 1, 1.

Ĭtălĭca, *ae*, f. ¶ **1** ville de la Bétique, fondée par Scipion l'Africain Atlas IV, D2: Caes. *C.* 2, 20; Plin. 3, 10 ¶ **2** nom donné à la ville de Corfinium pendant la guerre sociale: Vell. 2, 16, 5 ǁ **-censis**, *e*, d'*Italica* ¶ 1: B.-Alex. 52; Gell. 16, 13, 4.

Ĭtălĭcĭānus, *a*, *um*, qui concerne l'Italie: Aug. *Conf.* 6, 10.

Ĭtălĭcus, *a*, *um*, italique, d'Italie: *Italicum bellum* Cic. *Verr.* 5, 39 la guerre sociale ǁ [en part.] de la Grande Grèce: *Italicae mensae* Cic. *Tusc.* 5, 100, repas italiques [à la façon des Sybarites].

Ĭtălis, *ĭdis*, f., italienne: Ov. *Pont.* 2, 3, 84; Mart. 11, 53.

1 **Ĭtălus**, *a*, *um*, d'Italie: Virg. *En.* 1, 252; 7, 643; *Italum mare* Plin. 3, 54, mer Tyrrhénienne.

2 **Ĭtălus**, *i*, m. ¶ **1** ancien roi d'Italie, qui lui donna son nom: Virg. *En.* 7, 178 ¶ **2** Italien.
▶ scansion *Ĭtăl-* partout devant brève.

ĭtănĕ, v. *ita*.

Itanum, *i*, n., promontoire de la Crète: Plin. 4, 61.

ĭtăquĕ ¶ **1** = *et ita*, et ainsi, et de cette manière: Cic. *Fin.* 1, 34; *Clu.* 51; *Dej.* 19; *Caecil.* 2; Caes. *G.* 1, 52; Nep. *Alc.* 4, 2 ¶ **2** conj. **a)** donc, aussi, ainsi donc, par conséquent, c'est pourquoi: Cic. *Lae.* 4; Caes. *G.* 1, 9 ǁ [à la deuxième place]: Curt. 7, 10, 7; Liv. 34, 34, 9 ǁ [à la troisième place]: Liv. 4, 54, 6; 6, 17, 8; 32, 16, 7 **b)** [en part. pour introduire un exemple] ainsi, par exemple: Cic. *Fin.* 2, 12; *Ac.* 1, 26; *itaque adeo* Ter. *Hec.* 201, c'est ainsi en particulier **c)** *itaque ergo* [pléonasme]: Ter. *Eun.* 317; Liv. 1, 25, 2; 3, 31, 5.

Ĭtargus, v. *Isargus*.

ĭtătĕnŭs, adv., à un tel point, tellement: Mamert. *Anim.* 2, 10.

Ĭtĕa, *ae*, f., une des Danaïdes: Hyg. *Fab.* 170.

ĭtem, adv. (*ita, idem*), de même, pareillement: *placuit Scaevolae... itemque ceteris* Cic. *Leg.* 2, 52, l'avis de Scévola... et pareillement de tous les autres fut que...; *id erat necesse, nunc non est item* Cic. *Att.* 14, 12, 2, c'était nécessaire, maintenant non; *item... ut (quemadmodum)* Cic. *Verr.* 4, 21; 2, 54, de la même façon que; *ut (quemadmodum)... item* Cic. *Verr.* 4, 132; *Ac.* 2, 110, de même que... pareillement (*sicut... item* Cic. *Nat.* 1, 3); *item quasi* Pl. *Ru.* 732; Liv. 39, 19, 5, tout comme si; *ut... sic item* Caes. *G.* 1, 44, 8, de même que... de même pareillement ǁ *non item* équivaut souvent à notre "non": *spectaculum uni Crasso jucundum,* *ceteris non item* Cic. Att. 2, 21, 4, spectacle agréable pour le seul Crassus, pour les autres, non, cf. Cic. Tusc. 4, 31 ; Nat. 2, 62 ; Fin. 3, 51 ‖ [pour ajouter à d'autres choses une chose de même espèce] **et item, itemque, item**, et de même, et en outre, et aussi, et pareillement : Ter. And. 77 ; Cic. Div. 2, 17 ; Caes. G. 1, 36 ; 1 ; 1, 43, 1 ‖ du même genre, de même nature : *lapides aut quid item* Varr. R. 2, 5, 16 ; (2, 9, 12), des pierres ou quelque chose du même genre.

iter, **ĭtĭnĕris**, n. (3 *eo, itio, obiter* ; hit. *itar* ; toch. A *ytār*, a. fr. *erre*) ¶ 1 chemin qu'on fait, trajet, voyage : *dicam in itinere* Ter. Phorm. 566, je le dirai chemin faisant ; *committere se itineri* Cic. Phil. 12, 25, se risquer à un voyage ; *iter facere, habere* Caes. G. 1, 7, 3 ; C. 1, 51, 1, faire route ; *iter ejus erat ad Lentulum* Cic. Att. 8, 11, 5, il se rendait auprès de Lentulus ; *nobis iter est in Asiam* Cic. Att. 3, 6, je vais en Asie ; *iter contendere* Cic. Amer. 97, faire en hâte le chemin ; *iter pedestre, terrestre* Liv. 36, 21, 6 ; 30, 36, 3, chemin à pied, par voie de terre ; *iter facere pedibus* Cic. Att. 5, 9, 1, faire une route à pied ; *in itinere* Caes. G. 1, 27, 1, pendant la marche ; *ex itinere* Caes. G. 1, 25, 6, aussitôt après la marche, sans désemparer, sans faire de pause ; *ex itinere aliquid mittere* Cic. Fam. 2, 9, 1 ; Top. 5, envoyer qqch. en cours de route ‖ marche, parcours : *abesse ab Amano iter unius diei* Cic. Fam. 15, 4, 8, être à un seul jour de marche du mont Amanus ; *novem dierum iter* Caes. G. 6, 25, 1, neuf jours de marche ‖ étape : *itinera componere* Cic. Att. 15, 26, 3, disposer les étapes ; *quam maximis itineribus* Cic. Fam. 15, 4, 7, à marches forcées ; *magnis, minoribus itineribus* Caes. G. 1, 10, 3 ; 7, 16, 1, par grandes, petites étapes ‖ libre passage : Caes. G. 1, 8, 3 ‖ [fig.] *iter disputationis meae* Cic. de Or. 2, 234, chemin parcouru dans mon exposé ; *iter hujus sermonis quod sit vides* Cic. Leg. 1, 37, tu vois la marche suivie dans cet entretien ¶ 2 [sens concret] = *via*, chemin, route : *itineribus deviis* Cic. Att. 14, 10, 1, par des chemins détournés, cf. Caes. G. 1, 6 ; 1 ; *pedestria itinera* Caes. G. 3, 9, 4, routes de terre ; *iter per Alpes patefieri volebat* Caes. G. 3, 1, 2, il voulait qu'on ouvrît une route à travers les Alpes ‖ [fig.] *iter amoris nostri* Cic. Att. 4, 2, 1, le cours de notre affection ; *gloriae* Cic. Phil. 1, 33, le chemin de la gloire ; *natura suo quodam itinere ad... pervenit* Cic. Nat. 2, 35, la nature par une voie qui lui est propre parvient à... ¶ 3 servitude de passage : [par rapport à autrui] *iter est jus eundi ambulandi homini* Dig. 8, 3, 1 pr., le passage est le droit, pour un individu, d'aller et venir, cf. Cic. Caecin. 74 ; *iter aquae* Dig. 8, 3, 15, servitude d'aqueduc.

► nom. arch. *itiner* Enn. Tr. 383 ; Acc. Tr. 457 ; Pl. Merc. 913 ; Lucr. 6, 339 ‖ gén. *iteris* Naev. Tr. 38 ; Acc. Tr. 627 ‖ abl. *itere* Acc. Tr. 499 ; Lucr. 5, 653 ; Varr. Men. 79 ‖ formes *iten-* CIL 1, 585, 26 ; 5, 1622.

ĭtĕrābĭlis, *e* (*itero*), qu'on réitère : Tert. Marc. 2, 28, 2.

ĭtĕrātĭo, *ōnis*, f. (*itero*) ¶ 1 répétition, redite : Cic. Or. 85 ; de Or. 3, 203 ; Quint. 10, 1, 19 ¶ 2 second labour, seconde ou nouvelle façon : Col. 11, 2, 64 ‖ second pressurage [de marc] : Col. 12, 50, 11 ¶ 3 droit de second affranchissement : Ulp. Reg. 3, 4.

ĭtĕrātīvum verbum, n., verbe fréquentatif : Diom. 344, 19.

ĭtĕrātō, adv., une seconde fois : Just. 5, 4, 2 ; Dig. 48, 16, 17.

ĭtĕrātus, *a*, *um*, part. de *itero*.

ĭterdūca, *ae*, f. (*iter, duco*), qui guide en voyage [surnom de Junon à Rome] : Aug. Civ. 7, 3 ; 1 ; Capel. 2, 149.

ĭtĕrĕ et **ĭtĕris**, ▶ *iter* ►.

1 **ĭtĕrō**, *ās, āre, āvī, ātum* (*iterum*), tr. ¶ 1 recommencer, reprendre, répéter qqch. : Cic. Att. 14, 14, 1 ; Or. 135 ; Part. 21 ‖ renouveler : Liv. 6, 32, 7 ¶ 2 *agrum* Cic. de Or. 2, 131, donner une seconde façon à la terre, cf. Col. 11, 3, 12 ¶ 3 redire, répéter : Pl. Amp. 211 ; Asell. d. Gell. 5, 18 ; Hor. Ep. 1, 18, 12 ‖ [avec prop. inf.] Pacuv. Tr. 370 ; Pl. Trin. 382.

2 **ĭtĕrō**, *ās, āre*, -, - (*iter* ; fr. *errer*), intr., voyager : Fort. Germ. 136.

3 **ĭtĕrō**, ► *iterum* : CIL 6, 7578.

ĭtĕrum, adv. (cf. *is, uter*, ombr. *etram-a*, scr. *itara-s*) ¶ 1 pour la seconde fois, derechef : *C. Flaminius consul iterum* Cic. Div. 1, 77, C. Flaminius, consul pour la seconde fois, cf. Cic. Brut. 71 ; *iterum ac tertio* Cic. Amer. 60, une seconde et une troisième fois ; *iterum ac tertium* Cic. Div. 2, 121, deux et trois fois ; *semel iterumque* Cic. Div. 1, 54, à deux reprises ; *semel aut iterum* Cic. Brut. 308, une ou deux fois ; *semel atque iterum* Caes. G. 1, 31, 6, à plusieurs reprises ; *iterum et saepius* Cic. Fam. 13, 42, 2, avec insistance ‖ *iterum atque iterum* Hor. S. 1, 10, 39 ; Virg. En. 8, 527 ; *iterumque iterumque* Virg. En. 2, 770, à diverses reprises, encore et encore ‖ [succession] : *primo... iterum... tertio*. Cic. Inv. 1, 71, une première fois... une deuxième... une troisième ¶ 2 en retour, de son côté : Tac. An. 12, 65.

Ĭthăca, *ae* et **Ĭthăcē**, *ēs*, f. (Ἰθάκη), Ithaque [île de la mer Ionienne, patrie d'Ulysse] : Plin. 4, 54 ; Cic. Off. 3, 27 ; Leg. 2, 3 ‖ **-censis**, *e*, Hor. Ep. 1, 6, 63, d'Ithaque, **-cēsĭus**, *a*, *um*, Sil. 8, 541 ou **-cus**, *a*, *um*, Ov. M. 13, 512 ; Pont. 2, 7, 60, subst. m., *Ithacus*, le héros d'Ithaque, Ulysse : Virg. En. 2, 104 ; Ov. M. 13, 98.

Ĭthăcēsiae, *ārum*, f. pl., Ithacésies [groupe d'îles près de la côte du Bruttium] : Plin. 3, 85.

Ĭthōmē, *ēs*, f. (Ἰθώμη), montagne et fort de la Messénie : Liv. 32, 13 ‖ port d'Achaïe : Plin. 4, 15.

ĭthyphallĭcum mĕtrum, **ĭthyphallĭcum mĕtrum**, n. (ἰθυφαλλικός), vers ithyphallique : Ter.-Maur. 6, 380, 1840 ‖ c. *phalaecius* : Mar. Vict. Gram. 6, 118, 10.

ĭthyphallus, *i*, m. (ἰθύφαλλος), phallus en érection porté dans les fêtes de Bacchus : Rufin. Greg. Naz. orat. 3, 4, 4.

ĭtīdem, adv. (*ita, -dem*) ¶ 1 de la même manière, de même, semblablement : Cic. Leg. 1, 30 ; Nat. 3, 62 ; 2, 37 ¶ 2 [en corrél. avec *ut*] de même que : Pl. Amp. 992 ; Aul. 214 ; Ter. Eun. 385 ; Lucr. 3, 12 ‖ [avec *quasi*] comme si : Pl. Cap. 1006 ; Ru. 660.

ĭtĭnĕr, *ĕris*, n., ► *iter* ►.

ĭtĭnĕrārĭum, *ii*, n., itinéraire, carte de voyage : Veg. Mil. 3, 6 ‖ signal du départ : Amm. 24, 1.

ĭtĭnĕrārĭus, *a*, *um* (*iter*), de voyage : Lampr. Comm. 9 ‖ de chemin, de route : Amm. 21, 15, 2.

ĭtĭnĕrŏr, *ārīs, ārī*, - (*iter*), intr., voyager : Aug. Mus. 6, 1 ‖ **-rantes**, *ium*, m. pl., les voyageurs : Ambr. Psalm. 1, 25, 1.

ĭtĭo, *ōnis*, f. (*eo*), action d'aller : Cic. Att. 11, 6, 1 ; 13, 50, 4 ; *domum itio* Cic. Div. 1, 68, ▶ *reditio*, la possibilité d'aller dans sa patrie ‖ pl., allées et venues : Ter. Phorm. 1012.

Ĭtĭus portus, m., port des Morins [auj. Boulogne-sur-Mer] : Caes. G. 5, 2, 3 ; 5, 5, 1.

ĭtō, *ās, āre*, -, - (fréq. de 3 *eo*), intr., aller fréquemment : Cic. Fam. 9, 24, 2 ; Plin. 9, 24.

Ĭtōnaei, *ōrum*, m. pl., habitants d'Itone : Stat. Th. 7, 330.

Ĭtōnē, *ēs*, f. (Ἰτώνη), Stat. Th. 2, 721 et **Ĭtōnus**, *i*, m. (Ἴτωνος), Catul. 64, 228, Itone [mont et ville de Thessalie où Minerve avait un temple].

Ĭtōnĭa, *ae*, f., Liv. 36, 20, 3, **Ĭtōnĭda**, *ae*, f., P. Fest. 93, 22, surnom de Minerve, (d'Itone).

Ĭtōnus, *i*, ▶ *Itone*.

ĭtōrĭa, *ōrum*, n. pl., **ĭtōrĭa**, *ae*, f. (*itorius*), argent que l'on donne aux amis au moment du départ : Ps. Aug. Serm. 9, 3, p. 621, 15 Morin.

ĭtōrĭus, *a*, *um* (*itor*), ▶ *itoria*.

Ituci, **Itucci**, n., ville de la Bétique : Plin. 3, 12.

ĭtum, supin de 3 *eo*.

ĭtur, pass. impers. de 3 *eo*.

Ĭtūraeus, *a*, *um* (Ἰτουραῖος), d'Iturée [province de la Cœlé-Syrie] : Virg. G. 2, 448 ; Plin. 5, 81 ‖ pl. *Ituraei*, Ituréens (renommés comme habiles archers) : Cic. Phil. 2, 19 ; 2, 112.

Iturissa (**Turissa**, *ae*), f., ville de la Tarraconaise : *Anton. 455.

Iturium

Iturĭum, *ĭi*, n., île sur les côtes de la Provence [Riou] : *Plin. *3, 79*.

ĭtūrus, *a*, *um*, part. fut. de 3 *eo*.

ĭtŭs, *ūs*, m. (3 *eo*), action de partir, d'aller : Cic. *Att. 15, 5, 3* ; Suet. *Tib. 38* ‖ action de marcher, marche : Lucr. *3, 388* ; Titin. d. Non. *123, 10* ‖ droit d'aller vers, d'approcher : *CIL 6, 10562, 6*.

Ĭtўlus, *i*, m. (Ἴθυλος), fils de Zethus, roi de Thèbes : Catul. *65, 14*.

Ĭtўraeus, V. *Ituraeus*.

Ĭtўs, *ўŏs*, m. (Ἴτυς), fils de Térée et de Progné, changé après sa mort en faisan ou en chardonneret : Ov. *M. 6, 652* ‖ nom de guerrier : Virg. *En. 9, 574*.

ĭūgō, *ĭs*, *ĕre*, -, - (onomat.), intr., crier [en parl. du milan] : Varr. *Men. 464* ; P. Fest. *92, 21*.

Ĭūlēus, *a*, *um* ¶ **1** d'Iule, fils d'Énée : Virg. *En. 1, 288* ; Ov. *M. 14, 583* ‖ *Iuleus mons*, le mont Albain [à cause d'Iule, fondateur d'Albe] : Mart. *13, 108, 2* ¶ **2** de César, d'Auguste, d'un César, d'un empereur [surtout de Domitien] : Mart. *9, 36, 9* ‖ du mois de Jules (juillet) : Ov. *F. 6, 797*.

ĭūli, *ōrum*, m. pl. (ἴουλοι), chatons [du coudrier] : Plin. *16, 120*.

1 Ĭūlis, *ĭdis*, f. (Ἰουλίς), ville de l'île de Céos [auj. Zea, dans la mer Égée] : Plin. *4, 62* ; Val.-Max. *2, 6, 8*.

2 ĭūlis, *ĭdis*, f. (ἰσυλίς), girelle [poisson] : Plin. *32, 94*.

1 Ĭūlus, *i*, m., Iule ou Ascagne [fils d'Énée et de Créüse, duquel la famille Julia se prétendait issue] : Virg. *En. 1, 288* ; Ov. *M. 14, 583* ‖ pl., Tac. *An. 1, 10*.

2 ĭūlus, V. *iuli*.

ĭuscĭămus, V. *hyoscyamus*.

Ĭvernĭa, V. *Hibernia*.

ix, n., f., indécl., V. *x*.

Ixămătae, **Exŏmătae**, *ārum*, m. pl., peuple scythe : Val.-Flac. *6, 146* ; Amm. *22, 8, 31* ; V. *Jaxamatae*.

ixĭa, *ae*, f. (ἰξία), carline [plante] : Plin. *22, 45*.

Ixīōn, *ŏnis*, m. (Ἰξίων), roi des Lapithes, condamné par Jupiter à être attaché à une roue tournant sans fin : Virg. *En. 6, 601* ; Ov. *M. 4, 465* ‖ **-nĭdēs**, *ae*, m., Prop. *2, 1, 38*, fils d'Ixion, Pirithoüs ‖ **-nĭus**, *a*, *um*, d'Ixion : Virg. *G. 4, 484*.

ixĭŏs, cf. *ixos*.

ixŏs, *i*, m., sorte de vautour : Vulg. *Deut. 14, 13*.

ĭynx, *ngis*, f. (ἴυγξ), hoche-queue ou bergeronnette [oiseau qui servait dans la magie] : Plin. *11, 256*.

Izgi, **Izi**, *ōrum*, m. pl., peuple de l'Inde en deçà du Gange : Plin. *6, 64*.

J K

j, f., n., indécl., lettre introduite à la Renaissance (Ramus) pour noter *i* consonne /j/ que les Romains, tout en la connaissant, ne distinguaient pas graphiquement de la voyelle *i* : Quint. 1, 4, 10 ; Don. *Gram.* 4, 367, 12 ; Diom. 422, 14 ; Prisc. 2, 13, 16 ; Ter.-Maur. 6, 330, 152.

Jabolēnus, v. *Javolēnus*.

jacca, *ae*, f. (cf. *jaculum*), mangeoire, crèche : Veg. *Mul.* 1, 56, 5.

jăcĕō, *ēs*, *ēre*, *cŭī*, *cĭtūrus* (cf. *jacio* ; fr. *gésir*), intr. ¶ **1** être étendu, être couché, être gisant : **in limine** Cic. *Verr.* 5, 118 ; **alicui ad pedes, ad pedes alicujus** Cic. *Verr.* 5, 129 ; *Quinct.* 96 ; **humi** Cic. *Cat.* 1, 26, sur le seuil, aux pieds de qqn, sur le sol ; **saxo** Ov. *M.* 6, 100, sur un rocher ‖ être alité : **te jacente** Cic. *Fam.* 9, 20, 3, pendant que tu es alité, malade ‖ être gisant [blessé ou mort] : Caes. *G.* 2, 27, 3 ; 7, 25, 3 ; Nep. *Thras.* 2, 6 ; Liv. 44, 45, 3 ; **Aeacidae telo jacet Hector** Virg. *En.* 1, 99, Hector gît percé du fer d'Achille ‖ séjourner qq. part [avec idée d'abandon] : **Brundisii** Cic. *Att.* 11, 6, 2, languir à Brindes ‖ s'étendre [géographiquement], être situé : **(locus) jacet inter...** Brut. *Fam.* 11, 13, 2, (ce lieu) est situé entre..., cf. Nep. *Eum.* 3, 2 ; *Dat.* 4, 1 ; Liv. 5, 48, 2 ; 22, 3, 3 ; Plin. 18, 216 ; **in vertice montis planities jacet** Virg. *En.* 11, 527, au sommet de la montagne s'étend un plateau ‖ s'étendre en contrebas : **domus depressa, caeca, jacens** Cic. *Scaur.* 45, une maison enfouie, sombre, à l'abandon ; **jacentia urbis loca** Tac. *H.* 1, 86, quartiers bas de la ville ‖ être stagnant, être calme, immobile [eau] : Luc. 1, 260 ; 3, 523 ‖ être gisant, en ruines, en décombres : Enn. d. Cic. *Tusc.* 3, 44 ; Ov. *M.* 13, 505 ‖ être traînant [vêtements] : Ov. *Am.* 3, 2, 25 ; 3, 13, 24 ‖ être appesanti, languissant, affaissé [corps, yeux, visage] : Ov. *M.* 4, 144 ; 11, 618 ¶ **2** [fig.] être à terre, être gisant, abattu, démoralisé : **ut totus jacet!** Cic. *Att.* 7, 21, 1, comme il est totalement anéanti !, cf. Cic. *Att.* 12, 40, 2 ; Liv. 10, 35, 6 ; **in maerore** Cic. *Att.* 10, 4, 6, être abîmé dans la douleur, cf. Cic. *Lae.* 59 ‖ être abattu, terrassé : **jacent suis testibus** Cic. *Mil.* 47, ils sont terrassés (confondus) par leurs propres témoins ; **jacet tota conclusio** Cic. *Div.* 2, 106, toute la conclusion est par terre ‖ rester dans l'obscurité, dans l'oubli, végéter : **in pace jacere quam in bello vigere maluit** Cic. *Phil.* 10, 14, il aima mieux végéter dans la paix que s'épanouir dans la guerre, cf. Cic. *Off.* 3, 79 ‖ être écroulé à terre, sans vie, être négligé : **cum judicia jacebant** Cic. *Par.* 22, quand les tribunaux chômaient ; **jaceat utilitatis species, valeat honestas** Cic. *Off.* 3, 46, foin de l'intérêt apparent et vive l'honnête !, cf. Cic. *Off.* 3, 118 ‖ être bas, à bas [prix, valeur] : **jacent pretia praediorum** Cic. *Com.* 33, les prix des propriétés sont tombés bas ; **omnia ista jacere puto propter nummum caritatem** Cic. *Att.* 9, 9, 4, tout cela a bien diminué, je crois, à cause de la rareté de l'argent ‖ rester à l'abandon, être oublié : **cur tamdiu jacet hoc nomen in adversariis ?** Cic. *Com.* 8, pourquoi cette créance reste-t-elle depuis si longtemps oubliée dans les paperasses ?, cf. Cic. *Com.* 4 ; Plin. *Ep.* 10, 62, 1 ‖ être là à la disposition de tous : **ea (verba) cum jacentia sustulimus e medio** Cic. *de Or.* 3, 177, quand ces mots qui s'offrent à tous, nous les avons pris au domaine commun ‖ être terre à terre, être traînant, languissant [style, ton] : Quint. 8, 5, 32 ; Gell. 1, 11, 15 ‖ être endormi, engourdi [tempérament, oreille] : Gell. 1, 7, 20 ‖ **hereditas jacens** Dig. 36, 4, 20, 5, succession vacante [non encore recueillie par l'héritier appelé à la succession].

▶ *jaciturus* Stat. *Th.* 7, 777.

Jăcĕtāni, *ōrum*, m. pl., peuple du nord de l'Espagne : Caes. *C.* 1, 60, 2.

jăcĭō, *ĭs*, *ĕre*, *jēcī*, *jactum* (cf. *jaceo*, ἵημι), tr. ¶ **1** jeter : **lapides, telum** Cic. *Mil.* 41 ; *Quinct.* 8, jeter des pierres, un trait ; **in aliquem scyphum de manu** Cic. *Verr.* 4, 24, jeter de sa propre main une coupe à la tête de qqn ; **fulmen in mare** Cic. *Div.* 2, 45, lancer la foudre dans la mer ; **se in profundum** Cic. *Sest.* 45, se jeter dans l'abîme [de la mer] ‖ jeter les dés : **talum** Cic. *Fin.* 3, 54, jeter un dé ; **volturios quattuor** Pl. *Curc.* 357, faire le coup des quatre vautours [mauvais coup de dés] ; v. **alea** ‖ **ancoras** Caes. *G.* 4, 28, 3, jeter les ancres ‖ **scuta** Pl. *Trin.* 1034, jeter les boucliers ; **vestem procul** Ov. *M.* 4, 357, jeter son vêtement au loin ‖ **oscula** Tac. *H.* 1, 36, envoyer des baisers à qqn ‖ semer, répandre : **flores** Virg. *En.* 5, 79, semer des fleurs ; **semen, semina** Virg. *G.* 1, 104 ; 2, 57, jeter les semences, faire les semailles ; **proprium de corpore odorem** Lucr. 2, 846, exhaler une odeur spéciale ¶ **2** [fig.] jeter, lancer : **contumeliam in aliquem** Cic. *Sull.* 23, jeter un outrage à qqn ; **ridiculum** Cic. *Or.* 87, lancer un trait plaisant ‖ faire entendre, proférer : **suspicionem** Cic. *Flac.* 6, proférer un soupçon ; **aliquid obscure** Cic. *Att.* 2, 7, 4, donner à entendre vaguement qqch. ; [avec prop. inf.] jeter l'idée que : Sall. *J.* 11, 5 ; [abs[t]] **de lacu Albano per ambages** Liv. 5, 15, 15, lancer des paroles obscures au sujet du lac d'Albe ¶ **3** jeter, élever, fonder : **aggerem** Caes. *G.* 2, 12, 5, construire une terrasse, cf. Caes. *C.* 1, 25, 5 ; Cic. *Att.* 9, 14, 1 ‖ [fig.] **fundamenta pacis** Cic. *Phil.* 1, 1, jeter les fondements de la paix ; **quasi gradum quendam atque aditum ad rem** Cic. *Agr.* 2, 38, établir comme une sorte de perron et d'entrée pour accéder à qqch. ¶ **4** jeter hors, chasser : VL. *Matth.* 9, 25.

jăcĭtūrus, *a*, *um*, v. *jaceo* ▶.

Jācōb, Jācōbus, v. *Iacob*.

jactābĭlis, *e* (*jacto*), mobile, facile à mouvoir : Cassiod. *Eccl.* 7, 2.

jactābundus, *a*, *um* (*jacto*), qui ballotte : Gell. 19, 1, 1 ‖ [fig.] plein de jactance : Gell. 15, 2, 2.

jactans, *tis* ¶ **1** part. de *jacto* ¶ **2** adj. **a)** [avec gén.] **sui** Quint. 11, 1, 50, qui se vante **b)** [abs[t]] prétentieux, plein de jactance : Plin. *Ep.* 3, 9, 13 **c)** [en bonne part] fier, superbe : Stat. *S.* 4, 1, 6 ‖ *-antior* Hor. *S.* 1, 3, 49 ; Plin. *Ep.* 9, 23, 6 ; *-issimus* Spart. *Hadr.* 17, 7.

jactantĕr, adv. (*jactans*), avec ostentation, vantardise : Amm. 27, 2, 3 ; Prud. *Ham.* 170 ‖ *-ius* Tac. *An.* 2, 77 ; *H.* 3, 53.

jactantĭa, *ae*, f. (*jacto*), vantardise, étalage, ostentation : Tac. *An.* 2, 46 ; Quint. 1, 6, 20.

jactantĭcŭlus, *i*, m., qui a un peu de jactance : Aug. *Acad.* 3, 8 ; Schol. Juv. 11, 34.

jactātĭo, *ōnis*, f. (*jacto*) ¶ **1** action de jeter ou de ballotter de-ci, de-là, d'agiter, de remuer, mouvement violent ou fréquent : Cic. *Mur.* 4 ; **corporis** Cic. *Or.* 86, mouvements du corps, gestes ‖ agitation : Cic. *Tusc.* 5, 15 ¶ **2** ostentation, vantardise, étalage, vanité : Cic. *Tusc.* 4, 20 ; Tac. *G.* 6 ‖ action de se faire valoir : Cic. *Clu.* 95 ; **(eloquentia) jactationem habuit in populo** Cic. *Or.* 13, (l'éloquence) sut se faire valoir auprès du peuple.

jactātŏr, *ōris*, m. (*jacto*), celui qui vante, qui fait étalage de : Quint. 11, 1, 17 ; Suet. *Cl.* 35 ; [avec inf.] Sil. 11, 403.

1 jactātus, *a*, *um*, part. de *jacto*.

2 jactātŭs, *ūs*, m., agitation, remue-ménage, mouvement : Ov. *M.* 6, 703 ; Plin. 14, 118 ; Sen. *Marc.* 11, 3.

jactĭtābundus, *a*, *um* (*jactito*), vantard : Sidon. *Ep.* 3, 13, 11.

jactĭtātĭo, ōnis, f., parade de charlatan : AMBR. *Hel.* 8.

jactĭtātŏr, ōris, m., vantard : ALCIM. *Ep.* 4.

jactĭto, ās, āre, āvī, - (fréq. de *jacto*), tr., lancer [des paroles] publiquement : LIV. 7, 2, 11 ∥ **se jactitare** se vanter sans cesse, se vanter : TERT. *Jejun.* 17, 1.

jactō, ās, āre, āvī, ātum (fréq. de *jacio* ; fr. *jeter*), tr., jeter souvent ou précipitamment.
I jeter, lancer ¶ **1** *radices palmarum jactabant* CIC. *Verr.* 5, 99, ils allaient jetant des racines de palmiers ; *de muro vestem argentumque jactabant* CAES. *G.* 7, 47, 5, elles jetaient du haut du rempart sans désemparer étoffes et argenterie ∥ *talos* SUET. *Aug.* 71, jeter les dés ; *basilicum* PL. *Curc.* 359, faire le coup royal ∥ jeter loin de soi : PL. *Ru.* 374 ; *arma* LIV. 9, 12, 7, ses armes ∥ semer, répandre : *semen* VARR. *R.* 1, 42, faire les semailles ; *florem* OV. *Tr.* 4, 2, 50, répandre des fleurs ¶ **2** [fig.] lancer, proférer : *minas* CIC. *Quinct.* 47, lancer des menaces ; *probra in aliquem* LIV. 29, 9, 4, lancer des insultes contre qqn ; *querimoniae ultro citroque jactatae erant* LIV. 7, 9, 2, des plaintes avaient été articulées de part et d'autre ∥ rejeter [avec mépris] : LUCIL. d. CIC. *Fin.* 2, 24.
II jeter de côté et d'autre, ballotter, agiter ¶ **1** [pr.] *cerviculam* CIC. *Verr.* 3, 49, hocher la tête ; *bracchium* CAES. *G.* 1, 25, 4, balancer le bras ; *bidentes* VIRG. *G.* 2, 355, manœuvrer le hoyau ; *jactari tempestate* CIC. *Inv.* 2, 95, être ballotté par la tempête, cf. CIC. *Verr.* 1, 67 ; *Planc.* 17 ; *aestu febrique jactari* Cat. 1, 31, être secoué, agité par le feu de la fièvre ; *se jactare* CIC. *Brut.* 217, se démener, gesticuler [orateur] ¶ **2** [fig.] **a)** *jactabatur nummus* CIC. *Off.* 3, 80, la valeur de la monnaie était ballottée, subissait des fluctuations ; *jactantibus se opinionibus* CIC. *Tusc.* 4, 24, les idées s'entrechoquant ; *se jactare* ou *jactari in aliqua re* CIC. *de Or.* 1, 173 ; 1, 73, se démener dans qqch. ; [*de aliquo*] CIC. *Att.* 2, 9, 1, au sujet de qqn ; *convicio jactari* CIC. *Fam.* 1, 5 b, 1, être assailli d'invectives **b)** agiter, débattre : *jactata res erat in contione* CIC. *Clu.* 130, l'affaire avait été débattue dans une réunion publique, cf. CIC. 1, 18, 1 ; LIV. 1, 50, 3 ; 10, 46, 16 ; 22, 23, 7 **c)** jeter qqch. en avant [à toute occasion ou avec ostentation] : *peditum nubes* LIV. 35, 49, 5, annoncer à grand fracas des nuées de fantassins ; *aetatis honorem ostentare, urbanam gratiam jactare* CAES. *C.* 3, 83, 1, faire parade de son âge comme d'un titre d'honneur, vanter la popularité dont on jouit à Rome ; *Romam vos expugnaturos jactabatis* LIV. 23, 45, 9, vous proclamiez avec emphase que vous prendriez Rome d'assaut ; *jactamus te beatum* HOR. *Ep.* 1, 16, 18, nous jetons à tous les échos que tu es bien heureux ∥ *jactat se de Calidio* CIC. *Verr.* 4, 46, il se rengorge (il triomphe) à propos de Calidius ; *se magnificentissime* CIC. *Att.*

2, 21, 3, se faire valoir pompeusement, cf. CIC. *Att.* 2, 1, 5 ; *in insperatis pecuniis se sumptuosius* CIC. *Cat.* 2, 20, dotés d'une fortune inespérée faire étalage d'un luxe démesuré ∥ [d'où] vanter, tirer vanité de : *genus* HOR. *O.* 1, 14, 13, vanter son origine **d)** jeter avec mépris, rejeter : PL. *Ru.* 374 ; LUCIL. 1235 ; CIC. *Att.* 4, 9, 1.

jactūra, ae, f. (*jacio*) ¶ **1** action de jeter par-dessus bord, sacrifice de la cargaison : *in mari jacturam facere* CIC. *Off.* 3, 89, jeter qqch. à la mer ¶ **2** [fig.] sacrifice, perte, dommage : *alicujus rei jacturam facere* CIC. *Off.* 1, 84 ; *Fin.* 2, 79, faire (subir) une perte de qqch. ; *rei familiaris jactura* CAES. *G.* 7, 64, 3, le sacrifice du patrimoine ; *non magna jactura suorum id effecerunt* CAES. *G.* 7, 26, 2, ils réalisèrent ce projet sans perdre beaucoup des leurs ; *jacturam criminum facere* CIC. *Verr.* 1, 33, sacrifier (renoncer à) des chefs d'accusation ∥ frais, dépenses, sacrifices d'argent : CIC. *Clu.* 23 ; *Att.* 6, 1, 2 ; CAES. *G.* 6, 12, 2 ; *C.* 3, 112, 11.

jactūrālis, e, préjudiciable, dommageable : GLOSS. 2, 75, 28.

jactūrārĭus, a, um, qui essuie beaucoup de pertes : GLOSS. 4, 88, 25.

1 jactus, a, um, part. de *jacio*.

2 jactŭs, ūs, m. (fr. *jet*), action de jeter, de lancer : CIC. *Cat.* 3, 18 ; VIRG. *G.* 4, 87 ; *vix teli jactu abesse* LIV. 8, 7, 1, être à peine à une portée de trait ∥ coup de dé : CIC. *Div.* 2, 121 ∥ ➤ *jactura* : DIG. 14, 2, 1 ; SEN. *Tro.* 1037∥ émission : PLIN. 2, 116∥ coup de filet : VAL.-MAX. 4, 1, 7∥ émission [de voix] : VAL.-MAX. 1, 5, 9 ∥ action de jeter par-dessus bord [notam' une partie de la cargaison pour sauver le reste] : *lex Rhodia de jactu* DIG. 14, 2, tit., loi rhodienne sur le jet à la mer [principe de la répartition égale du risque sur toutes les marchandises].

jăcŭi, parf. de *jaceo*.

jăcŭlābĭlis, e (*jaculor*), qu'on peut lancer, qu'on lance, de jet : OV. *M.* 7, 680 ; STAT. *Th.* 6, 658.

jăcŭlāmentum, i, n. (*jaculor*), trait, arme de jet : NON. 556, 19.

jăcŭlātĭo, ōnis, f. (*jaculor*), action de lancer : SEN. *Nat.* 2, 12, 1 ; PLIN. 8, 162 ∥ [fig.] QUINT. 6, 3, 43.

jăcŭlātŏr, ōris, m. (*jaculor*), celui qui lance : HOR. *O.* 3, 4, 55 ; STAT. *Th.* 12, 562 ; SEN. *Brev.* 13, 6∥ lanceur de javelot : LIV. 21, 21, 11 ; 36, 18, 3∥ lanceur de filet, pêcheur : PL. d. ISID. 19, 5, 2∥ accusateur : JUV. 7, 193.

jăcŭlātōrĭus, a, um, qui sert à l'exercice du javelot : ULP. *Dig.* 9, 2, 9, 4.

jăcŭlātrix, īcis, f. (*jaculator*), chasseresse [Diane] : OV. *F.* 2, 155 ; *M.* 5, 375.

1 jăcŭlātŭs, a, um, part. de *jaculor*.

2 jăcŭlātŭs, ūs, m., exercice du javelot : TERT. *Spect.* 18, 2.

jăcŭlō, ās, āre, -, -, ➤ *jaculor* : FORT. *Mart.* 2, 139 ; ISID. 18, 7, 8.

jăcŭlŏr, āris, ārī, ātus sum (*jaculum*), tr., lancer, jeter : QUINT. 8, 2, 5 ; PLIN. 2, 92 ; VIRG. *En.* 2, 276∥ lancer le javelot : CIC. *Off.* 2, 45 ; *Div.* 2, 121 ; LIV. 22, 50, 11∥ émettre, répandre : PLIN. 11, 151 ; 36, 72 ∥ atteindre en lançant, frapper : HOR. *O.* 3, 12, 11 ; OV. *Ib.* 49∥ [fig.] lancer [des paroles], *in aliquem*, contre qqn : LUCR. 4, 1129 ; LIV. 42, 54, 1 ; QUINT. 11, 3, 120 ; PETR. 109, 8.

jăcŭlum, i, n. (*jacio* ; it. *giacchio*), javelot : CIC. *Tusc.* 1, 101 ; CAES. *G.* 5, 45, 4∥ sorte de filet, épervier : OV. *A. A.* 1, 763 ; AUS. *Epist.* 4 (393), 56.

1 jăcŭlus, a, um, qu'on jette : *jaculum rete* PL. *Truc.* 35, filet, épervier.

2 jăcŭlus, i, m., sorte de serpent : LUC. 9, 720 ; PLIN. 8, 85.

Jahel, f. indécl., femme qui tua le général chananéen Sisara : VULG. *Jud.* 5, 24.

jājūno, ⊙ *jejuno* [leçon de qqs mss].

Jălўsus, V. *Ialysus*.

jăm, adv. (cf. *is* et *tam*, *etiam* ; it. *già*, a. fr. *ja*), dans ce moment, maintenant, déjà.
I [temporel] ¶ **1** à l'instant, dès maintenant : *eloquar jam* PL. *Aul.* 820, je vais parler à l'instant ; *remove..., jam intelleges* CIC. *Phil.* 2, 104, écarte..., à l'instant (aussitôt) tu comprendras, cf. CIC. *Verr.* 5, 167 ; *Tusc.* 4, 54 ; *jam concedo...* CIC. *Tusc.* 1, 14, dès maintenant j'accorde... ; *ac jam* CIC. *Verr.* 4, 116, et maintenant ∥ *jam jamque* CIC. *Tusc.* 1, 14, dans cet instant même, cf. CAES. *C.* 1, 14, 1 ; *jam jam* PL. *Curc.* 233 ; TER. *Ad.* 853 ; CIC. *de Or.* 3, 90, dès maintenant ; *jam... cum* CIC. *Brut.* 171, aussitôt que ; *jam... si* PL. *Cap.* 251, aussitôt que ¶ **2** il y a un instant : *quae jam posui* CIC. *Fin.* 3, 26, les principes que j'ai posés tout à l'heure ¶ **3** dans un instant [avenir], à l'instant : *jam hic ero* PL. *Aul.* 104, je serai ici à l'instant, cf. TER. *Eun.* 739, 765 ; *jam audietis* CIC. *Har.* 53, vous allez entendre ; *jam jamque* CIC. *Att.* 7, 20, 1, sur l'heure (de façon imminente) ; bientôt : *jam te premet nox* HOR. *O.* 1, 4, 16, bientôt sur toi pèsera la nuit, cf. VIRG. *En.* 4, 566 ; 6, 676 ; TIB. 1, 1, 70 ∥ *jam parce...* VIRG. *En.* 3, 41, allons, épargne... ¶ **4** déjà, jusqu'à maintenant : *jam anni prope quadringenti sunt, cum...* CIC. *Or.* 171, il y a déjà près de quatre cents ans que... ; *septingentos jam annos vivunt* CIC. *Flac.* 63, voilà sept cents ans qu'ils vivent... ; *jam diu*, *jam dudum*, *jam pridem* CIC. *Brut.* 19, depuis longtemps ∥ *jam non* LIV. 5, 10, 8 ; *non jam* CIC. *Cat.* 2, 6, ne... plus déjà, ne... plus maintenant, ne... plus ; *jam nemo* CIC. *Leg.* 2, 59, plus personne ; *non jam..., sed...* CIC. *Verr.* 4, 60, non plus..., mais... ¶ **5** déjà : *jamne abis ?* PL. *Ru.* 584, est-ce que tu t'en vas déjà ? ; *senescente jam Graecia* CIC. *Rep.* 1, 58, la Grèce arrivant déjà à la vieillesse ; *et jam* CIC. *Brut.* 96, et même déjà ¶ **6** dorénavant, enfin : *jam desine* TER. *Haut.* 879, cesse enfin, une bonne fois ; *ut redeat jam in viam* TER. *And.* 190, pour qu'il revienne désormais dans le bon

chemin; **aliquando jam** Cic. *Att.* 1, 4, 1, enfin une bonne fois; **jam tandem** Liv. 22, 12, 10, enfin; **ac jam** Caes. *G.* 3, 9, 6, et enfin ‖ **jam nunc** Cic. *Att.* 1, 8, 2; **jam tum** Ter. *Eun.* 725, dès maintenant, dès lors, alors; **jam a pueritia** Cic. *Fam.* 4, 7, 1, dès l'enfance, cf. Cic. *Mil.* 22; *Fam.* 1, 9, 67; 2, 16, 9.

II [rapports logiques] ¶ **1** [conclusion] dès lors: *id muta quod..., jam neminem antepones Catoni* Cic. *Brut.* 68, change ce que..., alors il n'y aura personne que tu mettes au-dessus de Caton, cf. Cic. *Off.* 3, 76; *Cat.* 1, 21; *Leg.* 1, 34; *Verr.* 5, 165 ¶ **2** [transitions] maintenant, d'autre part: Cic. *Verr.* 4, 30; *de Or.* 2, 176; 2, 211; 2, 215 ‖ **jam vero**, et maintenant, j'ajoute: Cic. *Tusc.* 5, 110; *Quir.* 4 ‖ [énumérations] maintenant, d'autre part: Cic. *Nat.* 2, 141 ‖ **jam... jam** Virg. *B.* 4, 43; *En.* 4, 157; 6, 647; Hor. *O.* 4, 1, 38; *S.* 2, 7, 13; 20; 114; Tib. 1, 2, 47; Ov. *M.* 1, 111; Plin. *Ep.* 7, 27, 8, tantôt... tantôt [mais anaphore d. Virg. *En.* 4, 566; Tib. 1, 1, 70; Liv. 30, 30, 10].

jamdĭū, 🇻 *diu*.

jamdūdum (jam dūdum), adv., depuis longtemps, longtemps auparavant: Pl. *Trin.* 923; Cic. *de Or.* 2, 26 ‖ immédiatement, sans délai: Virg. *En.* 2, 103; Ov. *M.* 11, 482; Sen. *Ep.* 75, 7.

jamjam (jam jam), 🇻 *jam*.

jamprīdem (jam prīdem), adv., depuis longtemps: Cic. *Com.* 42; *Att.* 11, 14, 4 ‖ voici longtemps: Cic. *Att.* 2, 5, 1; *Fam.* 3, 11, 1; Virg. *En.* 6, 717.

jam tum, 🇻 *jam*.

Jāna, *ae*, f. ¶ **1** 🇨 *Diana*, la Lune: Varr. *R.* 1, 37, 3; Nigid. d. Macr. *Sat.* 1, 9, 8 ¶ **2** déesse des passages [f. de *Janus*]: Tert. *Nat.* 2, 15, 3.

Jānālis, *e*, de Janus: Ov. *F.* 6, 165.

jānĕus, *i*, m., 🇨 *janitor*: P. Fest. 92, 2.

Jānĭcŭlāris mons, collis, m., Serv. *En.* 6, 783 ‖ **Jānĭcŭlum**, *i*, n., le Janicule [colline de Rome]: Liv. 1, 33; Cic. *Agr.* 1, 16; Virg. *En.* 8, 358.

Jānĭgĕna, *ae*, m. f. (*Janus, geno*), enfant de Janus: Ov. *M.* 14, 381.

jānĭtŏr, *ōris*, m. (*janua*), portier [esclave parfois enchaîné, à proximité du chien de garde]: Cic. *Att.* 6, 15; Hor. *S.* 2, 7, 45; *janitor Orci* et abs*ᵗ janitor* Virg. *En.* 6, 400, Cerbère; *caeli* Ov. *F.* 1, 139, Janus ‖ [chrét.] portier [premier des ordres mineurs ecclésiastiques]: Optat. 5, 10.

jānĭtōs, *ōris*, 🇨 *janitor*: Varr. *L.* 7, 27.

jānĭtrīcēs, *īcum*, f. pl. (cf. εἰνατέρες, scr. *yātar-*, rus. *jatrov*), belles-sœurs [femmes des frères du mari]: Modest. *Dig.* 38, 10, 4, 6; Isid. 9, 7, 17.

jānĭtrīx, *īcis*, f. (*janitor*), portière, esclave chargée d'ouvrir: Pl. *Curc.* 76 ‖ [fig.] qui garde l'entrée: *janitrix Caesarum laurus* Plin. 15, 127, laurier planté à la porte des Césars.

jantācŭlum, 🇨 *jentaculum*: Mart. 1, 87, 3.

janto, 🇨 *jento*: Mart. 8, 67, 10.

jānŭa, *ae*, f. (*Janus*), porte d'entrée: Cic. *Nat.* 2, 67; *januam claudere* Cic. *Verr.* 1, 66, fermer la porte ‖ entrée: *Asiae* Cic. *Mur.* 33, la porte de l'Asie, cf. Virg. *En.* 6, 106 ‖ [fig.] entrée, accès, chemin: Cic. *Planc.* 8; *de Or.* 1, 204.

jānŭal, *ālis*, n., gâteau offert à Janus: P. Fest. 93, 4.

Jānŭālis, *e*, de Janus: *Janualis porta*, une des portes de Rome: Varr. *L.* 5, 165; Ov. *F.* 1, 127.

Jānŭārĭa, *iōrum*, n. pl., fête des calendes de janvier: Aur.-Vict. *Caes.* 17, 10.

Jānŭārĭus, *a, um* (*Janus*; it. *gennaio*, fr. *janvier*), de janvier: **Kalendae Januariae** Cic. *Agr.* 2, 6, calendes de janvier; **Januarius (mensis)**, mois de janvier: Cic. *Agr.* 1, 4; Caes. *C.* 1, 5, 4.

Jānus, *i*, m. (cf. scr. *yāti, yāna-s*) ¶ **1** ancien roi d'Italie qui fut divinisé: Macr. *Sat.* 1, 7, 19 ‖ dieu des portes (des passages) représenté avec deux visages [surveillant entrée et sortie, par conséquent dieu également des commencements et présidant au début de chaque année; son temple, placé sur le forum, était ouvert pendant la guerre et fermé pendant la paix]: Ov. *F.* 1, 245; 1, 281 ‖ on l'appelait aussi *Geminus* ou *Quirinus*: Macr. *Sat.* 1, 9, 9; Suet. *Aug.* 22 ¶ **2** le temple de Janus: Liv. 1, 19, 2 ¶ **3** passage couvert, arcade, arc: Liv. 41, 27, 12; Cic. *Nat.* 2, 67 ‖ passage sur le forum où les marchands et les changeurs avaient leurs boutiques: Cic. *Off.* 2, 90; **Janus summus ab imo** Hor. *Ep.* 1, 1, 54, d'un bout à l'autre du passage; **Janus medius** Hor. *S.* 2, 3, 19, le milieu du Janus [où étaient surtout les banquiers] = la Bourse de Rome, Atlas II ¶ **4** année: Aus. *Epist.* 20 (410), 13 ‖ mois de janvier: Ov. *F.* 2, 1.

▶ dat. *Janui* Fest. 204, 17; abl. *Janu* Inscr. *Dess.* 5384.

Jānŭspătĕr, m., 🇨 *Janus*: Gell. 5, 12, 5.

Jăphēt (Jăphĕth), m. indécl., troisième fils de Noé: Vulg. *Gen.* 10, 21.

Jāson, 🇻 *Iason*.

Jassus, 🇻 *Iassus*.

Javolēnus, *i*, m., jurisconsulte, sous Trajan et Hadrien: Capit. *Anton.* 12, 1.

▶ écrit aussi *Jabolenus, Diabolenus*.

Jaxămătae, *ārum*, m. pl., nom d'un peuple près du lac Méotide: Val.-Flac. 6, 146; Amm. 22, 8, 31.

Jĕbūsaei (Gĕb-, Zĕb-), *ōrum*, m. pl., Jébuséens [peuple de Palestine]: Vulg. *Gen.* 15, 21; sg., *Jebusaeus* Vulg. *Gen.* 10, 16 ‖ *-ĭăcus*, *a, um*, des Jébuséens: Prud. *Ham.* 416.

jēci, parf. de *jacio*.

jĕcĭnĕrōsus (jŏc-), *i*, m., qui a le foie malade: M.-Emp. 20, 128; Scrib. 105.

jĕcĭnŏris, gén. de *jecur*.

jĕcŏr, 🇻 *jecur*: Diom. 422, 16.

jĕcŏrālis, *e*, de foie: Gloss. 2, 325, 29.

jĕcŏrĭtĭcus, M.-Emp. 22, 25 et **jĕcŏrōsus**, Sidon. *Ep.* 5, 14, 1, 🇨 *jecinerosus*.

jĕcŭnānus, *i*, m., 🇨 *victimarius*: P. Fest. 101, 23.

jĕcŭr, *cŏris* ou *cĭnŏris*, **jŏcŭr**, *jŏcĭnŏris* ou *ĕris*, n. (cf. ἧπαρ, scr. *yakṛt*), foie: Cic. *Nat.* 1, 99; Liv. 8, 9, 1; Plin. 10, 52 ‖ siège des passions: Hor. *Ep.* 1, 18, 72; Juv. 1, 45.

▶ *jecur, ŏris* Cic.; *jecinoris* Cels.; *jocur* Plin.; *jocinoris* Char. 48, 20; *jocineris* Liv., Plin., Sen.; *jocinerum* P. Fest. 80, 6.

jĕcuscŭlum (jŏcus-), *i*, n. (dim. de *jecur*), petit foie: Cic. *Nat.* 2, 33; Plin. 11, 196.

jējentācŭlum (jāj-), *i*, n. (*jejento*), 🇨 *jentaculum*: *Pl. *Curc.* 73.

jējentō, *ās, āre, āvī*, - (cf. *jejunus* et *jento*), déjeuner: Afran. *Com.* 19; 43.

jējūnātĭo, *ōnis*, f. (*jejuno*) ¶ **1** jeûne: Vulg. *Act.* 14, 23 ‖ jeûne complet 🇩 *jejunium*, et opposé à *xerophagia, statio*: Tert. *Jejun.* 13, 4 ¶ **2** faim, famine: Vulg. *Act.* 27, 21.

jējūnātŏr, *ōris*, m., jeûneur: Aug. *Ep.* 36, 5, 10; Hier. *Jov.* 2, 16.

jējūnē, adv. (*jejunus*), avec sécheresse, maigrement, sans développement: Cic. *de Or.* 1, 50; *Or.* 119; 123; Plin. *Ep.* 1, 20, 20; Gell. 19, 3 ‖ *jejunius* Cic. *Fin.* 3, 17; *Att.* 12, 21, 1.

jējūnĭdĭcus, *a, um* (*jejunus, dico*), à l'éloquence maigre: Gell. 6, 14, 5.

jējūnĭōsus, *a, um*, qui est à jeun, affamé: *-sior* Pl. *Cap.* 466.

jējūnĭtās, *atis*, f. (*jejunus*) ¶ **1** grande faim: Pl. *Merc.* 574 ¶ **2** sécheresse, absence d'humidité: Vitr. 2, 6, 4 ‖ [fig.] sécheresse [du style], maigreur: Cic. *Brut.* 202 ‖ sobriété [de pensées, d'expressions; caractère du style simple]: Cic. *Brut.* 285; *Or.* 20 ‖ [avec gén.] manque de, absence de: Cic. *de Or.* 2, 10.

jējūnĭum, *ii*, n. (*jejunus*), jeûne [en gén.]: Cels. 3, 18, 12 ‖ jeûne, abstinence [pratique religieuse]: Hor. *S.* 2, 3, 291; Liv. 36, 37, 4; *jejunium solvere* Ov. *M.* 5, 534, rompre le jeûne ‖ faim: Ov. *M.* 8, 820; [poét.] *jejunia aquae* Luc. 4, 332, soif ‖ [fig.] maigreur [d'un animal]: Virg. *G.* 3, 128 ‖ stérilité du sol: Col. 3, 12, 3.

jējūnō, *ās, āre, -, -* (*jejunus*; fr. *jeûner*), intr. et tr. ¶ **1** jeûner, s'abstenir de nourriture: Arn. 5, 26 ‖ [abs.] Hier. *Ep.* 84, 9 ‖ [avec acc.] Hier. *Ep.* 41, 3, 2 ¶ **2** [fig.] se priver de, se tenir à l'écart [avec dat.]: Tert. *Jejun.* 3, 2 ‖ [avec *ab* et abl.] *jejunantes a philosophia* Tert. *Anim.* 6, 7, ignorant la philosophie.

jējūnum intestīnum, n., le jejunum, intestin grêle: Cels. 4, 1, 7; Fest. 90, 4.

jējūnus, *a, um* (cf. *jento*, obscur; fr. *jeun*) ¶ **1** qui est à jeun, qui n'a rien mangé: Cic. *Fam.* 7, 26, 1; *jejuna plebecula* Cic. *Att.* 1, 16, 11, populace affamée; **jejuna**

jejunus

cupido Lucr. 4, 876, faim ∥ **jejuna saliva** Plin. 28, 35, salive d'un homme à jeun ; **jejunus sonus** Prop. 4, 5, 4, cris d'un animal affamé ∥ altéré : Prop. 3, 13, 18 ∥ [avec abl.] dépourvu de : Lucr. 2, 845 ¶ **2** sec ; [en parl. du sol] maigre, pauvre : Cic. *Verr.* 3, 84 ; Virg. *G.* 2, 212 ∥ [en parl. du style] maigre, aride, décharné : Cic. *de Or.* 3, 16 ; *Brut.* 48 ∥ borné [en parl. de l'esprit], étroit : Cic. *Phil.* 14, 17 ∥ pauvre d'idées : *illud animi ipsā malevolentiā jejuni atque inanis quod...* Cic. *Fam.* 2, 17, 7, voici qui est d'un esprit que la méchanceté même laisse à court et met au dépourvu ... ∥ peu abondant, rare : Virg. *G.* 3, 493 ∥ stérile, insignifiant, creux, vide : **jejuna calumnia** Cic. *Caecin.* 61, pauvre chicane, cf. *Off.* 1, 157 ; *Fam.* 14, 4, 14 ∥ [avec gén.] à jeun sous le rapport de, étranger à, qui ignore : Cic. *Or.* 106 ∥ **jejunior** Cic. *de Or.* 3, 16.

jentāculum, *i*, n. (*jento*), le déjeuner, (petit déjeuner) : Pl. *Curc.* 72 ; Suet. *Vit.* 13 ∥ ce qu'on mange au déjeuner : Mart. 14, 233.

jentātor, *ōris*, m. (*jento*), qui déjeune : Not. Tir. 103, 7.

jentō (jantō), *ās, āre, āvī*, - (cf. *jejento*), intr., déjeuner : Suet. *Vit.* 7 ; Mart. 8, 67 ∥ tr., manger au déjeuner : Varr. *Men.* 278.

Jephtē (Jephthē), m. indécl., juge des Hébreux qui immola sa fille, pour remplir un vœu : Vulg. *Jud.* 11, 40.

Jĕrĕmĭās, *ae*, m., Jérémie [prophète des Hébreux] : Vulg. 2 *Par.* 36, 22.

Jĕrĭcho, ⓥ *Hiericho* : Vulg. *Jos.* 6, 2.

Jĕrŭs-, Jĕrōs-, ⓥ *Hier-*.

Jessae (Jesse), ⓥ *Iessae*.

Jēsūs, ⓥ *Iesus*.

Jŏanna, *ae*, f., Jeanne [nom de femme] : Vulg. *Luc.* 8, 3.

Jŏannēs (Jōhannēs), *is*, m., Vulg. 1 *Macc.* 2, 1 ; *Matth.* 3, 1 ; *Act.* 3, 1, Jean [nom de différents personnages] ∥ **Joannes Baptista** et abs[t] **Baptista**, m., saint Jean-Baptiste : Lact. *Inst.* 4, 15, 2 ; Prud. *Cath.* 7, 46 ∥ saint Jean [apôtre et évangéliste] : Prud. *Apoth.* 9 ∥ Jean de Giscale [vaincu par Titus] : Tac. *H.* 5, 12 ∥ Jean [qui usurpa l'empire d'Occident à la mort d'Honorius] : Jord. *Rom.* 327 (423-425) ∥ Jean Troglita [général de Justinien, vainqueur en Afrique] : Corip. *Joh. ex* 2.

Jŏās, m. indécl., fils d'Ochozias, petit-fils d'Athalie : Vulg. 4 *Reg.* 11, 2.

Jōb, m. indécl., personnage célèbre par ses malheurs et sa résignation : Vulg. *Job* 1, 1.

jōbēlēus (jūbĭlaeus), *i*, m. (hébr. *jōbēl*, corne de bélier servant d'instrument de musique ; ἰωβηλαῖος), jubilé [grande solennité des Juifs, qui revenait tous les cinquante ans] : Hier. *Is.* 16, 58, 6 ∥ [adj[t]] **annus jubilaeus** Vulg. *Lev.* 25, 10, année jubilaire.

Jōbus, *i*, m., ⓒ *Job* : *Paul.-Nol. Carm.* 28, 25.

jŏca, *ōrum*, n. pl., ⓥ *jocus*.

jŏcābundus, *a, um* (*jocor*), qui folâtre : Val.-Max. 2, 4, 4 ∥ qui plaisante, qui badine : Lact. *Inst.* 2, 7, 11.

jŏcālĭtĕr, adv., en plaisantant : *Amm. 15, 12, 3.

jŏcātĭō, *ōnis*, f. (*jocor*), badinage, plaisanterie : Cic. *Fam.* 9, 16, 7 ; *Att.* 2, 8, 1.

1 **jŏcātus**, *a, um*, ⓥ *jocor*.

2 **jŏcātŭs**, *ūs*, m., ⓒ *jocatio* : Vop. *Aur.* 23, 3.

jŏcĭnĕrōsus, *a, um*, ⓥ *jecinerosus*.

jŏcĭnŏris, gén., ⓥ *jecur* : Char. 48, 20.

jŏcista, *ae*, m. (*jocor*), plaisant, railleur : Gloss. 5, 305, 7.

jŏcō, *ās, āre*, -, -, n., ⓒ *jocor* : Isid. *Reg. mon.* 17, 1.

jŏcondus, ⓥ *jucundus*.

jŏcŏr, *ārĭs, ārī, ātus sum* (*jocus* ; fr. *jouer*) ¶ **1** intr., plaisanter, badiner : Cic. *Nat.* 2, 46 ; *Div.* 2, 25 ; 2, 40 ; *jocansve an ita sentiens?* Cic. *Ac.* 2, 63, est-ce en plaisantant ou en parlant sérieusement ?, cf. Cic. *Brut.* 293 ¶ **2** tr., dire en plaisantant : *haec jocatus sum* Cic. *Fam.* 9, 14, 4, j'ai dit cela par manière de badinage, cf. Hor. *S.* 1, 5, 62 ; [avec prop. inf.] Quint. 5, 13, 46.

jŏcōsē, adv. (*jocosus*), en plaisantant, plaisamment : Cic. *Q.* 2, 12, 2 ; *jocosius* Cic. *Fam.* 9, 24, 4.

jŏcōsus, *a, um* (*jocus*), plaisant : **homo** Varr. *R.* 2, 5, homme enjoué ∥ **res jocosae** Cic. *Off.* 1, 134, sujets plaisants ∥ **jocosum furtum** Hor. *O.* 1, 10, 7, vol fait par badinage, plaisanterie ∥ **jocosus Nilus** Ov. *Tr.* 1, 2, 80, le Nil folâtre [= l'Égypte qui mène joyeuse vie].

jŏcŭlantĕr, ⓒ *jocose* : *Sidon. *Ep.* 1, 2, 7.

jŏcŭlāris, *e* (*joculus*), [en parl. de choses] plaisant, drôle, risible : Cic. *Leg.* 1, 20 ; Ter. *Phorm.* 134 ∥ subst. n. pl., *jocularia*, plaisanteries, railleries : Hor. *S.* 1, 1, 23 ; Liv. 7, 2, 5.

jŏcŭlārĭtās, *ātis*, f., humeur railleuse : Hier. *Ephes.* 5, 4, 520 A.

jŏcŭlārĭtĕr, adv. (*jocularis*), plaisamment : Plin. 22, 80 ∥ par badinage : Suet. *Caes.* 49.

jŏcŭlārĭus, *a, um*, ⓒ *jocularis* : Ter. *And.* 782 ; Porphyr. Hor. *Ep.* 2, 2, 60.

jŏcŭlātŏr, *ōris*, m. (*joculor* ; fr. *jongleur*), rieur, railleur, bon plaisant : Cic. *Att.* 4, 16, 3.

jŏcŭlātōrĭus, *a, um*, plaisant ; *joculatoria*, n. pl., plaisanteries : *Diom. 488, 25.

jŏcŭlŏr, *ārĭs, ārī*, - (*joculus*), tr., dire des plaisanteries : *quaedam joculantes* Liv. 7, 10, 13, faisant entendre des saillies plaisantes.

jŏcŭlus, *i*, m. (dim. de *jocus*), petite plaisanterie : Pl. *Truc.* 108 ; *joculo* Pl. *Merc.* 993, en plaisantant ∥ m. pl., jouets : Vitr. 4, 1, 9.

jōcundus, ⓥ *juc-* : Vop. *Prob.* 12, 6.

jŏcŭr, ⓥ *jecur*.

jŏcus, *i*, m. (ombr. *iuka*, bret. *yezh*, al. *Beichte*, fr. *jeu*), pl. *joci* m. et *joca* n. ¶ **1** plaisanterie, badinage : Cic. *Off.* 1, 103 ; *Fin.* 2, 65 ; *Phil.* 2, 42 ; **joca, seria** Cic. *Fin.* 2, 85, le plaisant, le sérieux ; **per jocum** Cic. *Nat.* 2, 7, en plaisantant ; **extra jocum, remoto joco** Cic. *Fam.* 7, 16, 2 ; 7, 11, 3, plaisanterie à part ; **joco serioue** Liv. 7, 41, 3, en plaisantant ou sérieusement ¶ **2** *joci*, les jeux, les ébats, les amusements : Hor. *O.* 3, 21, 2 ; *Ep.* 1, 6, 65 ∥ *Jocus*, le Jeu [personnifié] : Hor. *O.* 1, 2, 34. ▶ pl. *joca* Cic. ; *joci* Liv., Plin., Tac., poètes.

jŏcuscŭlum, *i*, n., ⓥ *jecusculum*.

Joël, m. indécl., fils aîné de Samuel : Vulg. 1 *Reg.* 8, 2.

jŏgālis, *e*, ⓥ *jugalis* : Cat. *Agr.* 10, 5.

Jōhannēs, ⓥ *Joannes*.

Jōĭāda, *ae*, m., Joiad (Joad), grand-prêtre, artisan de la perte d'Athalie : Vulg. 4 *Reg.* 11, 15.

Jōnās, *ae*, m., un des prophètes : Prud. *Cath.* 7, 105 ∥ *-aeus, a, um*, Juvc. 2, 705, de Jonas.

Jŏnăthās, *ae*, m., fils de Saül : Prud. *Psych.* 397.

Jŏpē (Joppē), *ēs*, f. (Ἰόπη), ville maritime de Judée [auj. Jaffa] : Plin. 5, 69 ; Mel. 1, 64 ∥ nom de femme : CIL 3, 423 ∥ *-ĭcus, a, um*, Plin. 5, 70, de Jopé [ville] ∥ *-pītae, ārum*, m. pl., habitants de Jopé : Vulg. 2 *Macc.* 12, 3.

1 **Jordānēs (Jordānis)**, *is*, m., le Jourdain [fleuve de Palestine] Atlas IX, E3 : Plin. 5, 71 ; Tac. *H.* 5, 6 ; Lact. *Inst.* 4, 15, 2 ∥ *-icus, a, um*, Aug. *Serm.* 43, 1, du Jourdain.

2 **Jordānēs**, *is*, m., nom d'un historien latin [appelé qqf. Jornandès] : Jord. *Get.* 266.

Jōsĕph (Iōsĕph), m. indécl., fils de Jacob : Just. 36, 2, 6 ∥ époux de la Sainte Vierge : Vulg. *Matth.* 1, 16 ∥ Joseph d'Arimathie, qui embauma J.-C. : Vulg. *Matth.* 27, 57 ; Juvc. 4, 719.

Jŏsŭē, m. indécl., chef des Israélites après Moïse : Vulg. *Exod.* 24, 13.

joubĕō, ⓥ *jubeo* ▶.

Jŏva, *ae*, f., fille de Jupiter : Varr. *L.* 9, 55.

jŏvestōd, ⓥ 1 *justus*.

Jŏvĭālis, *e*, de Jupiter : Arn. 5, 10 ; **Jovialis stella** Macr. *Somn.* 1, 19, 25, Jupiter [planète].

1 **Jŏvĭānus**, *a, um*, de Dioclétien [surnommé Jovius] d'où *Joviani*, m., les Joviens [soldats de deux légions romaines] : Amm. 22, 3, 2.

2 **Jŏvĭānus**, *i*, m., Jovien [empereur romain, successeur de Julien, 363-364] : Amm. 25, 5, 4.

Jŏvīnĭānistae, *ārum*, m. pl., jovinianistes [hérétiques de la secte de Jovinien]: Isid. 8, 5, 56.

Jŏvīnĭānus, *i*, m., Jovinien [hérésiarque]: Isid. 8, 5, 56.

Jŏvīnus, *i*, m., nom d'homme: Amm. 27, 2, 1.

1 Jŏvisjurandum, *i*, n. (cf. *jusjurandum*), serment par Jupiter: Enn. d. Apul. Socr. 5, 131.

2 Jŏvis, gén. de *Juppiter*, v. *Juppiter* ►.

jŏvistē, adv. (*juste*, cf. *jovestod*, CIL 1, 1 et *Jovis jurandum*), avec justice: P. Fest. 93, 12.

1 Jŏvĭus, *a*, *um*, de Jupiter: Arn. 6, 7; Chalc. 72.

2 Jŏvĭus, *ii*, m., surnom de Dioclétien: Aur.-Vict. *Caes.* 39, 18 ‖ **-us**, *a*, *um*, de Jovius [Dioclétien]: *Jovia cohors* Claud. Gild. 418, cohorte jovienne; *Jovii* m. pl., Not. Dign. *Oc.* 5, 145, soldats de la cohorte jovienne.

1 jŭba, *ae*, f. (cf. *jubeo*), crinière de cheval et en gén. de tout autre animal: Cic. *Div.* 1, 73; Caes. *G.* 1, 48; Plin. 37, 142 ‖ crinière [d'un casque], panache: Virg. *En.* 7, 785 ‖ chevelure [d'une comète]: Plin. 2, 89 ‖ chevelure pendante: Sen. *Brev.* 12, 3 ‖ poils, plumes du cou [d'un chien, d'un coq]: Val.-Flac. 6, 111; Col. 8, 2, 9 ‖ crête, (collerette?) [d'un dragon]: Virg. *En.* 2, 206; Val.-Flac. 8, 88 ‖ cime [d'un arbre]: Plin. 6, 87 ‖ [fig.] Plin. *Ep.* 5, 8, 10.

2 Jŭba, *ae*, m. ¶ **1** roi de Numidie, du parti de Pompée contre César: Caes. *C.* 2, 25, 4; Suet. *Caes.* 66 ¶ **2** fils du précédent, amené à Rome, auteur d'ouvrages sur l'histoire, la géographie: Plin. 5, 16; 6, 139; Tac. *An.* 4, 5.

jŭbar, *ăris*, n. (1 *juba*), Lucifer [l'étoile du matin (Vénus)]: Pacuv. d. Varr. *L.* 6, 6; Virg. *En.* 4, 130; Serv. ‖ [poét.] étoile: Ov. *M.* 15, 841 ‖ lumière du soleil [en général]: Ov. *M.* 1, 768; 7, 663; Sen. *Phaed.* 889; [du soleil couchant] Sen. *Ag.* 463; *Herc. Oet.* 722 ‖ lumière de la lune: Sen. *Med.* 6; Petr. 89, 54 ‖ [fig.] éclat, majesté, gloire: Sen. *Tro.* 448; Mart. 8, 65, 4.

► m. d. Enn. *An.* 557; Aetna 332.

jŭbātus, *a*, *um* (1 *juba*), qui a une crinière: Plin. 8, 53 ‖ qui a une crête [en parl. d'un serpent]: Pl. *Amp.* 1108; Liv. 41, 21, 13 ‖ *jubata stella* Varr. *L.* 6, 6, comète chevelue.

jŭbĕdum (*jube*, *dum*), v. *dum*.

jŭbĕō, *ēs*, *ēre*, *jussi*, *jussum* (cf. 1 *juba*, ὑσμίνη, scr. *yudhyate*, bret. *Iudwal*), marque le désir ou la volonté qu'une chose se fasse.

I [désir] inviter à, engager à: *sperare nos amici jubent* Cic. *Fam.* 14, 1, 2, mes amis m'invitent à espérer, cf. Cic. *Att.* 12, 6, 3; *Fam.* 7, 2, 3; *Dionysium jube salvere* Cic. *Att.* 4, 14, 2, donne le bonjour à Dionysius; *jubeo Chremetem* [s.-ent. *salvere*] Ter. *And.* 533, je salue Chrémès; *ut me jubet Acastus, confido...* Cic. *Att.* 6, 9, 1,

comme m'y invite Acastus, je me persuade que....

II [volonté] ¶ **1** ordonner, commander, faire [avec inf.]: *sic jubeo, sit pro ratione voluntas* Juv. 6, 223, tel est mon ordre, que ma volonté tienne lieu de raison **a)** [avec prop. inf.] *eos suum adventum exspectare jusserat* Caes. *G.* 1, 27, 2, il leur avait ordonné d'attendre son arrivée; *pontem jubet rescindi* Caes. *G.* 1, 7, 2, il fait couper le pont ‖ [pass. pers.] *consules jubentur scribere exercitum* Liv. 3, 30, 3, les consuls reçoivent l'ordre de lever une armée; *his progredi jussis* Caes. *G.* 7, 35, 4, ces troupes ayant reçu l'ordre de s'avancer; *jussus es renuntiari consul* Cic. *Phil.* 2, 79, ordre fut donné [par César] de te proclamer consul; *locus lautiaque legatis praeberi jussa* Liv. 28, 39, 19, on décida que le logement et l'entretien seraient fournis aux députés **b)** [avec inf. seul, le sujet étant indéterminé ou facile à suppléer] Cic. *Off.* 1, 48; Liv. 3, 22, 6; 10, 9, 1; 22, 51, 7; 25, 10, 6 **c)** [avec *ut*] ordonner que: Cic. *Verr.* 4, 28; Liv. 28, 36, 1; *hoc praecepto jubemur ut* Sen. *Contr.* 1, 2, 15, ce principe nous commande de ‖ *alicui, ut* Tac. *An.* 13, 40, ordonner à qqn de ‖ [double constr.] *hoc tibi erus me jussit ferre atque ut...* Pl. *Ps.* 1150, mon maître m'a ordonné de te porter cela et que... ‖ [avec *ne*] Hirt. *G.* 8, 52, 5 **d)** [avec subj. seul] *jube veniat* Pl. *Most.* 930, commande qu'il vienne, cf. Ter. *Eun.* 691; Liv. 24, 10, 4; 30, 19, 2 ‖ [avec acc. d'anticipation] *jube famulos, apparent* Pl. *St.* 396, ordonne aux esclaves qu'ils préparent ‖ [avec double constr., prop. inf. et subj.] Liv. 3, 27, 2; 24, 10, 3 ‖ [avec dat. de la pers.] *Britannico jussit, exsurgeret* Tac. *An.* 13, 15, il ordonna à Britannicus de se lever **e)** [avec acc. de la pers. et acc. n. d'un pron.] *litterae, non quae te aliquid juberent* Cic. *Fam.* 13, 26, 3, une lettre, non pour te donner un ordre ‖ [passif] *quod jussi sunt, faciunt* Caes. *G.* 3, 6, 1, ils exécutent les ordres reçus ¶ **2** prescrire, ordonner [médecine]: Ter. *And.* 484; Petr. 56, 3; *jussus est vinum sumere* Cic. *Nat.* 3, 78, on lui a prescrit de prendre du vin ¶ **3** [officiel¹] ordonner **a)** *senatus decrevit populusque jussit, ut...* Cic. *Verr.* 2, 161, le sénat décréta et le peuple ordonna que...; *velitis jubeatis, ut...* Cic. *Dom.* 44, daignez vouloir et ordonner que... **b)** [avec prop. inf.] Liv. 31, 6, 1 **c)** [avec acc.] *legem de civitate tribuenda populus Romanus jussit* Cic. *Balb.* 38, le peuple romain a voté une loi sur l'octroi du droit de cité; *rogationem* Sall. *J.* 40, 3, adopter un projet de loi; *aliquem regem* Liv. 1, 22, 1, élire, faire qqn roi; *alicui provinciam Numidiam* Sall. *J.* 84, 1, faire donner à qqn la Numidie comme province **d)** [abs¹] *de omnibus his bellis populus jussit* Liv. 38, 45, 6, le peuple a voté toutes ces guerres, cf. Liv. 30, 43, 3 ¶ **4** autoriser, donner pouvoir de [aussi bien de la part d'un magistrat que d'un *pater familias*: idée d'un ordre qui engage celui

qui le donne et qui investit d'un pouvoir celui qui le reçoit]: *is damnum dat, qui jubet dare* Dig. 50, 17, 169 pr., est considéré comme auteur du dommage celui qui l'autorise (ou l'ordonne); *si jusserit pater filio credi* Dig. 14, 6, 12, si un père a autorisé (un tiers) à prêter de l'argent à son fils; *debitorem jubere solvere* Dig. 2, 14, 51, 1, autoriser (de la part du créancier) son débiteur à payer à un tiers.

► arch. *juben* = *jubesne* Pl. *Mil.* 315 ‖ *justi* Pl. *Men.* 1146; Ter. *Eun.* 831 ‖ *jusse*; Ter. *Haut.* 1001 ‖ *jussim*, *-it* Pl. *Men.* 185; Cic. *Leg.* 2, 21 ‖ *iusit, iousit* CIL 1, 478; 614; 633; *iusit* 585; 593; 633, *iouserunt* 584, *iuserunt* 584, cf. Quint. 1, 7, 21 ‖ fut. ant. *jusso* Virg. *En.* 11, 467; Sil. 12, 175 ‖ *ioubeatis* CIL 1, 581, 27; fut. ant. pass. *jussitur* Cat. *Agr.* 14, 1.

jūbĭlaeus, v. *jobeleus*.

jūbĭlātĭō, *ōnis*, f. (*jubilo*), cris, vacarme: Apul. *M.* 8, 17; chants joyeux: Cassian. *Coll.* 21, 26.

jūbĭlātŭs, *ūs*, m., c. *jubilatio*: Front. *Ver.* 2, 1, 17, p. 126 N.

jūbĭlō, *ās*, *āre*, *āvī*, *ātum* (express., cf. ἰύζω et *sibilo*) ¶ **1** tr., appeler, crier après [en parlant des gens de la campagne]: Varr. *L.* 6, 68 ¶ **2** intr., pousser des cris de joie: *Deo* Vulg. *Psal.* 46, 2, en l'honneur de Dieu.

jūbĭlum, *i*, n., c. *jubilatio*: Hil. *Psalm.* 65, 3 et **jūbĭla**, *ōrum*, n. pl., Sil. 14, 475.

jūbĭlus, *i*, m., chant pastoral: Hier. *Psalm.* 88.

jūcundātĭo, *ōnis*, f. (*jucundo*), action de réjouir: Arn.-J. *Psalm.* 146.

jūcundē, adv., agréablement, d'une façon charmante: Cic. *Cael.* 13; Suet. *Tib.* 3 ‖ *-dius* Cic. *Fin.* 1, 72 ‖ *-dissime* Cic. *Fin.* 2, 70.

jūcundĭtās, *ātis*, f. (1 *jucundus*), charme, agrément, joie, plaisir: Cic. *Fin.* 1, 59; *Agr.* 2, 79; *Off.* 1, 122 ‖ enjouement: Cic. *de Or.* 1, 27 ‖ pl., manifestations aimables, gentillesses: Cic. *Att.* 10, 8, 9.

jūcundō, *ās*, *āre*, *āvī*, *ātum* (1 *jucundus*), tr., charmer, réjouir, récréer: Aug. *Psalm.* 127, 10.

jūcundŏr, *ārĭs*, *ārī*, -, pass. ou dép., se réjouir: Lact. *Inst.* 4, 6, 8; *jucundans* VL. *Psal.* 112, 9; Greg.-Tur. *Hist.* 7, 33.

1 jūcundus, *a*, *um* (*juvo* et cf. *fecundus*), plaisant, agréable, qui charme [surt. en parl. de choses]: Cic. *Cat.* 4, 1; *Agr.* 2, 40; Caes. *C.* 1, 86 ‖ [pers.] Cic. *de Or.* 2, 304; *Cat.* 4, 11; *Arch.* 19 ‖ *-dior* Cic. *Fam.* 4, 6, 1; Juv. 13, 180 ‖ *-dissimus* Pl. *Poen.* 206; Cic. *Pomp.* 1.

► graphie *jocundus* influencée par *jocus*.

2 Jūcundus, *i*, m. et **Jūcunda**, *ae*, f., nom d'homme, nom de femme: CIL 9, 3318.

Jūda, *ae*, m., fils de Jacob, chef d'une des douze tribus d'Israël: Vulg. *Num.* 1, 26.

Judaea

Jūdaea, *ae*, f. (Ἰουδαία), la Judée Atlas I, E6; IX, E3 : PLIN. 5, 70 ; SUET. *Tit.* 4 ; TAC. *H.* 2, 79 ‖ **-aeus**, *a*, *um* (fr. *juif*), de Judée, juif : PLIN. 13, 46 ; 31, 95 ‖ [subst¹ m. pl.] les Juifs : CIC. *Flac.* 67 ; HOR. *S.* 1, 5, 100 ; TAC. *H.* 5, 2 ‖ *Judaea*, f., femme juive : JUV. 6, 543.

Jūdăĭcē, adv., en juif : VULG. *Gal.* 2, 14 ‖ en hébreu [langue] : VULG. *4 Reg.* 18, 28.

Jūdăĭcus (Judaeĭcus), *a*, *um* (Ἰουδαϊκός), qui concerne les Juifs, judaïque : CIC. *Flac.* 66 ; TAC. *H.* 2, 4 ; JUV. 14, 111 ; *Judaicus panis* TAC. *H.* 5, 4, pain azyme.

jūdăismus, *i*, m. (ἰουδαϊσμός), judaïsme, religion juive : TERT. *Marc.* 1, 20, 3.

jūdăizō, *ās*, *āre*, -, - (ἰουδαΐζω), intr., judaïser, suivre la loi judaïque : VULG. *Gal.* 2, 14 et **judaeĭdĭo**, COMMOD. *Inst.* 1, 37 tit.

Jūdās, *ae*, m. (Ἰούδας), Judas [surnommé Iscariote, un des apôtres, celui qui livra J.-C.] : JUVC. 4, 427 ‖ saint Jude, apôtre : VULG. *Jud. ep.* 1, 1.

jūdex, *ĭcis*, m. (de *judico* ; fr. *juge*), juge : VARR. *L.* 6, 61 ; *judicem dare* CIC. *Verr.* 2, 30, désigner un juge [en parl. du préteur] ; *judicem dicere* LIV. 3, 56, 4, choisir un juge [en gén.] ; *judicem ferre alicui* CIC. *de Or.* 2, 285, proposer qqn comme juge à qqn (lui demander de l'agréer) ; *apud judices* CIC. *de Or.* 2, 199, devant les juges ; *judicem sedere in aliquem* CIC. *Clu.* 105, siéger comme juge dans une affaire concernant qqn ‖ juge, arbitre en toute matière : CIC. *Fin.* 3, 6 ; VIRG. *B.* 2, 27 ‖ [en part.] *judex Phrygius* CATUL. 61, 18, le juge phrygien (Pâris), cf. HOR. *O.* 3, 3, 19 ‖ [droit] *judex pedaneus* DIG. 2, 7, 3, 1, juge délégué ; *judex compromissarius* DIG. 4, 8, 41, arbitre ; magistrat, mais dans sa fonction de juge : DIG. 1, 18, 11, [allusion au gouverneur] ‖ [bibl.] juge [chef militaire hébreu] : VULG. *Jud.* 2, 16 ‖ [chrét.] le Juge [Dieu] : GREG.-M. *Mor.* 8, 41, 826 C.

jūdĭcābĭlis, *e*, litigieux, contestable : CAPEL. 5, 461.

jūdĭcassit, V. *judico* ▸.

jūdĭcātĭo, *ōnis*, f. (*judico*) ¶ 1 action de juger, d'enquêter, délibération : CIC. *Fam.* 3, 9, 2 ‖ point à juger : CIC. *Inv.* 1, 19 ; 2, 15 ¶ 2 jugement, opinion : CIC. *Tusc.* 4, 26.

jūdĭcātīvus, *a*, *um*, propre, apte à juger : BOET. *Anal. post.* 2, 18.

jūdĭcātō, adv., avec réflexion, mûrement : GELL. 14, 1, 22.

jūdĭcātor, *ōris*, m., celui qui juge : Ps. FULG.-R. *Serm.* 17, 880 D.

jūdĭcātōrĭum, *ii*, n. ¶ 1 tribunal : GLOSS. 2, 584, 51 ¶ 2 faculté de juger, raison : AUG. *Civ.* 11, 27, 2.

jūdĭcātōrĭus, *a*, *um* (*judico*), qui juge, qui appartient à un juge : AUG. *Ep.* 153, 10.

jūdĭcātrix, *īcis*, f. (*judico*), celle qui juge : QUINT. 2, 15, 21.

jūdĭcātum, *i*, n. (*judicatus*), question jugée, décision, jugement, autorité : HER. 2, 19 ; CIC. *Inv.* 2, 68 ; DIG. 27, 3, 21 ‖ *solvere* CIC. *Quinct.* 44 ou *facere* L. XII TAB. d. GELL. 20, 1, 45, se soumettre au jugement, payer la dette.

1 jūdĭcātus, part. de *judico*.

2 jūdĭcātŭs, *ūs*, m., fonctions, office de juge : CIC. *Phil.* 1, 20.

jūdĭcĭālis, *e* (*judicium*), relatif aux jugements, judiciaire : CIC. *Verr.* 4, 103 ; *Brut.* 243 ; *Inv.* 1, 7.

jūdĭcĭālĭtěr, adv., par jugement : JULIAN.-AECL. d. AUG. *Jul. op. imp.* 6, 28 ‖ [fig.] en juge : SIDON. *Ep.* 5, 15, 1.

jūdĭcĭārĭus, *a*, *um* (*judicium*), judiciaire, relatif aux tribunaux : CIC. *Pis.* 94 ; SUET. *Aug.* 56.

jūdĭcĭŏlum, *i*, n. (dim. de *judicium*), faible jugement, faibles lumières : AMM. 27, 11, 1 ; 28, 4, 14.

jūdĭcĭum, *ii*, n. (*judico*)
I [droit] ¶ 1 action judiciaire, procès : *hereditatis* CIC. *Brut.* 197 ; *ambitus* CIC. *Clu.* 132, procès sur une question d'héritage, de brigue ; *inter sicarios* CIC. *Amer.* 11, action judiciaire contre meurtriers [*de aliqua re* CIC. *Nat.* 3, 74, au sujet de qqch.] ; *privatum* CIC. *de Or.* 1, 178, procès privé [entre particuliers, sur des intérêts privés] ; *publicum* CIC. *Rab. perd.* 16, procès public [crimes contre particuliers ou contre l'État] ; *judicium dare in aliquem* CIC. *Verr.* 3, 152 ; *Flac.* 88, accorder une action judiciaire contre qqn [autorisation donnée par le préteur de poursuivre qqn] ; *accipere* CIC. *Verr.* 3, 55, accepter l'action judiciaire ; *exercere* CIC. *Arch.* 3, diriger les débats ; *constituere* CIC. *Verr.* 4, 71, instituer, constituer une action judiciaire, cf. *Verr.* 3, 130 ; *Caecin.* 9 ; *committere* CIC. *Amer.* 11, l'engager ; *in judicium vocare* CIC. *Verr.* 4, 25, appeler en justice ; *in judicium venire* CIC. *Verr.* 4, 71, venir devant le tribunal ; *habere* CIC. *Verr.* 1, 139 ; 2, 71, avoir un procès ; *cum judicia fiebant* CIC. *Verr.* 4, 133, quand les tribunaux fonctionnaient régulièrement ; *ab senatu judicia auferre* CIC. *Verr.* 1, 23, enlever au sénat le pouvoir judiciaire ; *causa in judicium deducta* CIC. *Opt.* 19, cause portée devant le tribunal ‖ *judicia* QUINT. 10, 1, 70, plaidoiries ‖ lieu où se rend la justice, tribunal : NEP. *Epam.* 8, 2 ¶ 2 jugement, sentence, décision, arrêt : *judicia populi* CIC. *Dom.* 45, jugements prononcés par le peuple lui-même ; *judiciis indignus* CIC. *Verr.* 5, 178, indigne de juger, de remplir les fonctions de juge ; *judicium facere de aliqua re* CIC. *Caecil.* 12, rendre un arrêt sur qqch., juger une affaire, cf. CIC. *Clu.* 88 ; *habere* NEP. *Att.* 6, 3, remplir les fonctions de juge ¶ 3 [chrét.] le Jugement dernier : TERT. *Test.* 6, 4.
II [langue générale] ¶ 1 jugement, opinion : *populare* CIC. *Brut.* 188, jugement de la foule ; *meo quidem judicio* CIC. *Brut.* 32, selon moi, du moins ; *judicium facere de aliquo* CIC. *Pomp.* 43, porter un jugement sur qqn ; *nullum habere judicium* CIC. *Ac.* 2, 33, ne former aucun jugement ¶ 2 faculté de juger, jugement, discernement ; goût : *judicia rerum in sensibus ponere* CIC. *Fin.* 1, 22, faire des sens les juges de la réalité ; *bestiarum judicium nullum puto* CIC. *Fin.* 2, 33, je crois que les bêtes n'ont pas de jugement ; *firmum, intellegens* CIC. *Or.* 24 ; *Opt.* 11, goût sûr, éclairé ‖ réflexion : *judicio* CIC. *Off.* 1, 49, avec réflexion, cf. CAES. *G.* 6, 31, 1 ; *sine judicio* CIC. *Off.* 1, 49, sans réflexion.

jūdĭco, *ās*, *āre*, *āvī*, *ātum* (1 *jus*, 1 *dico* ; fr. *juger*), tr.
I [langue technique] ¶ 1 appliquer (déclarer) le droit, juger, faire l'office de juge [par oppos. à *jus dicere* : énoncer la règle de droit applicable au litige, fonction du magistrat, préteur, et non du juge] : CIC. *Verr.* 2, 32 ¶ 2 rendre un jugement, prononcer un arrêt : *inter Marcellos et Claudios de aliqua re* CIC. *de Or.* 1, 176, prononcer sur une affaire entre les Marcelli et les Claudii ; *ob judicandum accipere* CIC. *Att.* 1, 17, 8, vendre son suffrage ‖ juger : *rem* CIC. *Caecin.* 63, juger une affaire ; *homo in rebus judicandis spectatus* CIC. *Verr. prim.* 29, homme éprouvé dans le jugement des affaires, cf. CIC. *Rep.* 3, 48 ; *populi Romani hereditatem* CIC. *Agr.* 2, 44, prononcer sur l'héritage du peuple romain ; *aliquem hostem* CAES. *G.* 5, 56, 3, déclarer qqn ennemi public, cf. NEP. *Hann.* 7, 7 ; *innocens judicatur* CIC. *Sull.* 84, il est jugé (reconnu) innocent ‖ [avec prop. inf.] déclarer par un jugement, reconnaître par une sentence que : CIC. *Clu.* 136 ; *Caecin.* 72 ; [pass. pers.] CIC. *Inv.* 2, 149 ‖ *res judicatae* CIC. *Agr.* 2, 8 ; *Top.* 28, choses jugées, cf. CIC. *Rab. Post.* 8 ; *aliquem judicatum ducere* CIC. *Flac.* 45, emmener en prison un homme jugé (condamné), cf. CIC. *de Or.* 2, 255 ¶ 3 [en parl. du magistrat] se prononcer sur la peine à requérir devant le peuple, requérir : *aliquam multam judicare* CIC. *Dom.* 45, requérir telle ou telle peine ; *alicui capitis, pecuniae* LIV. 26, 3, 8, requérir contre qqn la peine de mort, une amende, cf. GELL. 20, 1, 47 ‖ se prononcer sur le chef de culpabilité : *alicui perduellionem* LIV. 43, 16, 11 ; *alicui perduellionis* LIV. 26, 3, 9, déclarer qqn coupable d'attentat contre l'État ¶ 4 condamner : *judicatus pecuniae* LIV. 6, 14, 3, condamné pour dette, cf. LIV. 23, 14, 3.
II [langue commune] ¶ 1 juger, décider : CIC. *Nat.* 3, 95 ; *sibi ipsi* CAES. *G.* 7, 52, 1, décider pour soi-même ; *mihi judicatum est deponere...* CIC. *Fam.* 7, 33, 2, je suis décidé à déposer... ¶ 2 porter un jugement : *bene* CIC. *Phil.* 11, 11, bien juger ; *de aliquo, de aliqua re aliquid* CIC. *Dej.* 4 ; *Fin.* 2, 119, porter tel ou tel jugement sur qqn, sur qqch. ; *plura* CIC. *de Or.* 2, 178, porter plus de jugements ‖ juger, apprécier : *aliquid oculorum sensu* CIC. *Div.* 2, 91, juger de qqch. par le sens de la vue ; *de meo sensu judico* CIC. *Cat.* 4, 11, je juge d'après mon sentiment ; *bonum et malum natura judicatur* CIC. *Leg.* 1, 46, on juge du bien et du mal d'après la nature ; *aliquid ex aliqua re* CIC. *Inv.* 1, 42, juger

qqch. d'après qqch.; [avec interr. indir.] Cic. *Fam.* 5, 2, 4 ‖ regarder comme, penser, être d'avis: **mortem malum** Cic. *Tusc.* 1, 97, regarder la mort comme un mal, cf. Cic. *Mil.* 73; *Cat.* 1, 29; [avec prop. inf.] Cic. *de Or.* 2, 22 ‖ déclarer, juger publiquement: **aliquem hostem** Cic. *Phil.* 11, 15, déclarer qqn ennemi public, cf. Cic. *Phil.* 3, 14.
▶ arch. *jouos dicase = judicare* CIL 1, 2833 a ‖ *judicassit = judicaverit* L. XII Tab. d. Cic. *Leg.* 3, 6.

Jūdīth, f. indécl., femme de Béthulie qui tua Holopherne: Vulg. *Judith* 8, 1.

jŭĕrint, v. *juvo* ▶.

jūga, f., v. ▶ 1 *jugus*.

jŭgābĭlis, *e* (1 *jugo*), qu'on peut unir: Macr. *Somn.* 1, 6, 24.

jŭgālis, *e* (*jugum*), de joug: **jumenta jugalia** Curt. 9, 10, 22, animaux de trait, attelage ‖ subst. m., **gemini jugales** Virg. *En.* 7, 280, attelage de deux chevaux ‖ qui a la forme d'un joug: **jugale os** Cels. 8, 1, 7, os jugal, os de la pommette ‖ enroulé sur l'ensouple [du tisserand]: Cat. *Agr.* 10, 5 ‖ [fig.] conjugal, nuptial, d'hymen: Virg. *En.* 4, 16; **jugales anni quindecim** Mart. 10, 38, quinze ans de mariage ‖ subst. m. f., époux, épouse: Fort. *Carm.* 6, 1, 100; Ambr. *Ep.* 6, 16.

jŭgālĭtās, *atis*, f. (*jugalis*), alliance, union: Fulg. *Myth.* 1, 16.

jŭgām-, v. *jugum-*.

jŭgārĭus, *a*, *um*, de joug, attelé: Hyg. *Fab.* 183 ‖ subst. m., gardien de bœufs: Col. 1, 6, 6 ‖ **Vīcus Jŭgārĭus**, m., nom d'une rue de Rome: Liv. 27, 37, 13.

Jŭgātīnus, *i*, m. ¶ **1** dieu du mariage: Aug. *Civ.* 4, 11; 6, 9 ¶ **2** dieu des sommets: Aug. *Civ.* 4, 8.

jŭgātĭo, *ōnis*, f. (1 *jugo*), action de lier la vigne [à un treillage]: Varr. *R.* 1, 8, 2; Cic. *CM* 53 ‖ mesure agraire: Cod. Th. 10, 48, 1 ‖ impôts attachés à la superficie d'un *jugum*: **jugatio terrena** [par oppos. à *capitatio humana*, impôt personnel, par tête], impôt foncier: Cod. Th. 8, 11, 1; 5, 11, 8; Cod. Just. 11, 52 pr.

jŭgātŏr, *ōris*, m. (1 *jugo*), celui qui attelle: Arn. 5, 25.

jŭgātus, *a*, *um*, part. de 1 *jugo*.

jūgĕ, adv., c. *jugiter*: Prud. *Perist.* 10, 472.

jūgĕrālis, *e*, d'un jugère: Pall. 2, 12; 3, 9, 9.

jūgĕrātim, adv., par jugère: Col. 3, 3, 3.

jūgĕrātĭo, *ōnis*, f., action de diviser par jugère, arpentage: Grom. 211, 6 ‖ mesure d'un jugère: Cod. Th. 12, 1, 33.

jūgĕrum, *i*, n., pl. F**jūgĕra**, *um* (*jungo*, 2 *jugis*, cf. ζεῦγος), jugère, arpent [mesure agraire, rectangle de 28 800 pieds carrés, c.-à-d. 240 pieds de long sur 120 de large = 25,18 ares]: Cat. *Agr.* 1, 7; Cic. *Verr.* 3, 113; Juv. 9, 60 ‖ mesure de longueur de 100 pieds grecs ou 104 pieds romains [30,75 m]: Plin. 6, 18; 12, 111.
▶ sg. 2ᵉ décl. ‖ pl., gén. *-um*, dat.-abl. *-ibus*, sauf *-is* d. Varr. *R.* 1, 10, 1.

jūgĕs auspĭcĭum (*jungo*), auspice d'attelage: Cic. *Div.* 2, 77; **juges auspicium est cum junctum jumentum stercus fecit** P. Fest. 92, 12, il y a *juges auspicium* quand une bête d'attelage a fienté; **jugetis**: Ps. Serv. *En.* 3, 537.

jūgĭflŭus, *a*, *um* (1 *jugis, fluo*), qui coule sans cesse: Paul.-Nol. *Carm.* 31, 439.

1 **jūgis**, *e* (*jungo, jugum, jumentum*), qui dure toujours, perpétuel, inépuisable: Gell. 12, 8, 6; Pl. *Ps.* 84 ‖ qui coule toujours, (eau) courante, vive, de source: Sall. *J.* 89, 6; **ex puteis jugibus** Cic. *Nat.* 2, 10, de puits jamais taris.

2 **jūgis** (**jux**), *is*, compagnon de joug: P. Fest. 92, 22; v. **juges auspicium**.

jūgĭtās, *ātis*, f. (1 *jugis*), écoulement continuel: **jugitas lacrimarum** M.-Emp. 8, 121, larmoiement continuel ‖ continuité, perpétuité: Cod. Just. 5, 17, 7; Cod. Th. 12, 1, 186.

jūgĭtĕr, adv., avec un écoulement continuel: Mamertin. *Gen. Maxim.* (3), 15, 3 ‖ sans interruption: Apul. *Mund.* 30; Vulg. *Exod.* 29, 38 ‖ immédiatement: Aus. *Epist.* 19 (409), 10.

jūglans nux, Plin. 15, 86, **jūglans**, *dis*, f. (*Jovis glans*), noix: Varr. *L.* 5, 102; Cic. *Tusc.* 5, 58 ‖ **juglans arbor** Macr. *Sat.* 3, 18, 3 et absᵗ **juglans** Plin. 16, 74; 17, 89, noyer [arbre].

1 **jŭgō**, *ās*, *āre*, *āvī*, *ātum* (*jugum*), tr., attacher ensemble, joindre, unir à [avec dat.]: **jugare vineam** Col. 4, 26, 1, lier la vigne [à un treillage] ‖ [fig.] unir: Naev. d. Macr. *Sat.* 1, 18, 16; Cic. *Tusc.* 3, 17; **jugata verba** *Cic. *Top.* 38; **jugata** Quint. 6, 3, 66, mots apparentés ‖ [poét.] unir par l'hymen, marier: Virg. *En.* 1, 345.

2 **jŭgō**, *ĭs*, *ĕre*, -, -, v. ▶ *iugo*.

jŭgōsus, *a*, *um*, montueux: Ov. *H.* 4, 85; *Am.* 1, 1, 9.

Jŭgŭla, *ae*, f. (*jugulus*) ¶ **1** Orion [constellation]: Varr. *L.* 7, 50; P. Fest. 92, 16 ‖ **Jŭgŭlae**, *ārum*, f. pl., Pl. *Amp.* 275 ¶ **2** [au pl.] c. *aselli*, v. *asellus*: Manil. 5, 175.

jŭgŭlātĭo, *ōnis*, f., action d'égorger, massacre: B.-Hisp. 16, 5.

jŭgŭlātŏr, *ōris*, m., celui qui égorge, assassin: Salv. *Eccl.* 3, 94.

jŭgŭlātrix, *trīcis*, f., celle qui égorge: Drac. *Orest.* 590.

jŭgŭlātus, *a*, *um*, part. de *jugulo*.

jŭgŭlō, *ās*, *āre*, *āvī*, *ātum* (*jugulum*), tr., couper la gorge, égorger, tuer, assassiner: Cic. *Tusc.* 5, 116; *Phil.* 3, 4; Cels. 1, 70 ‖ [fig.] confondre, terrasser, abattre: Cic. *Verr.* 2, 64; 5, 66 ‖ gâter: Mart. 1, 19, 5.

jŭgŭlum, *i*, n., Cic. *Fat.* 10; *Att.* 1, 16, 4 et **jŭgŭlus**, *i*, m. (*jungo*; cf. *fingo, figulus*) ¶ **1** m. pl., les clavicules: Cels. 8, 1, 70 ¶ **2** n. pl., creux au-dessus de la clavicule: Cic. *Fat.* 10 ¶ **3** m. ou n., gorge: **jugulum resolvere** Ov. *M.* 227; **perfodere** Tac. *An.* 3, 15, couper la gorge, égorger; **dare** Cic. *Mil.* 31, (**porrigere** Hor. *S.* 1, 3, 89; **praestare** Sen. *Ep.* 30, 8), tendre la gorge ‖ [fig.] **petere jugulum** Quint. 8, 6, 51, viser à la gorge.
▶ m. Plin. 11, 243; Sen. *Ir.* 1, 2, 2; Juv. 4, 110.

jŭgum, *i*, n. (*jungo, jugulum*, cf. ζυγόν, scr. *yuga-m*, hit. *iugan*, al. *Joch*, an. *yoke*; fr. *joug*) ¶ **1** joug: Cic. *Nat.* 2, 151; Plin. 8, 55; Virg. *En.* 3, 542 ¶ **2** attelage de bêtes de trait: Cic. *Verr.* 3, 120 ‖ couple de chevaux: Virg. *En.* 5, 147 ‖ char: Virg. *En.* 10, 594 ¶ **3** joug symbolique sous lequel défilaient les vaincus: Cic. *Off.* 3, 109; Caes. *G.* 1, 12, 5; Quint. 3, 8, 3 ‖ une constellation [la Balance]: Cic. *Div.* 2, 98 ‖ ensouple [partie du métier du tisserand]: Ov. *M.* 6, 55 ‖ traverse [dans une machine]: Vitr. 10, 13, 2 ‖ banc de rameurs: Virg. *En.* 6, 411 ‖ crête, sommet d'une montagne: Caes. *C.* 1, 70, 4; Liv. 44, 4, 4; Juv. 9, 57 ¶ **4** [fig.] liens du mariage: Pl. *Curc.* 50; Hor. *O.* 3, 9, 18 ‖ joug [de l'esclavage]: Cic. *Phil.* 1, 6 ‖ **pari jugo niti** Plin. *Ep.* 3, 9, 9, donner le même coup de collier; [fig.] hauteur, cime: Cic. *de Or.* 3, 69 ¶ **5** [superficie susceptible d'être labourée en une journée (cf. fr. *journal*) par un attelage] jugère [2 518 m² ou 25,18 ares, unité d'imposition]: **pro capitius seu jugis** Cod. Just. 12, 23, 1, soumis aux contributions personnelles et foncières.

jŭgŭmentō, *ās*, *āre*, -, - (*jugumentum*), tr., lier avec des traverses: Vitr. 2, 1, 3.

jŭgŭmentum ou **jŭgāmentum**, *i*, n. (1 *jugo*), linteau, traverse: Cat. *Agr.* 14, 1; 4.

Jŭgurtha, *ae*, m., roi de Numidie, vaincu par Marius: Sall. *J.* 5, 1; Flor. 3, 1 ‖ **-īnus**, *a*, *um*, de Jugurtha: Cic. *Nat.* 3, 74; Hor. *Epo.* 9, 23; Ov. *Pont.* 4, 3, 45.

1 **jŭgus**, *a*, *um* (1 *jugo*) ¶ **1** joint, réuni: Cat. *Agr.* 10 ¶ **2** [fig.] qui unit: **Juno juga** P. Fest. 92, 30, Junon qui préside aux mariages.

2 **jŭgus**, *i*, m., c. ▶ *jugum*: Inscr. Chr. Diehl 4689.

jūli, m. pl., v. *iuli*.

Jūlĭa, *ae*, f., nom de plusieurs femmes, notᵗ Julie, fille d'Auguste, qui épousa successivement Marcellus, Agrippa et Tibère, célèbre par ses débordements: Tac. *An.* 3, 24; 4, 44; 6, 51.

Jūlĭăcum, *i*, n., ville de Belgique [auj. Juliers]: Amm. 17, 2, 1.

1 **Jūlĭānus**, *a*, *um*, de Jules César: Anton. d. Cic. *Phil.* 13, 31 ‖ **Juliani**, m. pl., soldats ou partisans de César: Suet. *Caes.* 75.

2 **Jūlĭānus**, *i*, m., nom d'hommes ¶ **1** *Didius Julianus*, empereur romain [193]: Spart. *Did.* 1, 1 ¶ **2** Julien, surnommé l'Apostat, empereur romain [360-

Julianus

363] : Eutr. 10, 8 ¶ **3** saint Julien, martyr de Brioude : Sidon. *Ep.* 7, 1, 7.

Jūlĭăs, *ădis*, f., ville de Galilée : Plin. 5, 71.

Jūlĭenses, *ĭum*, m. pl., habitants d'une des nombreuses villes dérivant leur nom de Julius, cf. Plin. 2, 23 ; 3, 52 ; 3, 130.

Jūlĭŏbŏna, *ae*, f., ville de Gaule, chez les Calètes [auj. Lillebonne, près de Rouen] Atlas V, C2 : Anton. 382.

Jūlĭŏbrĭga, *ae*, f., ville de la Tarraconaise Atlas IV, B2 ; V, F1 : Plin. 3, 27.

Jūlĭŏbrĭgensis, *e*, de Juliobriga : Plin. 4, 110.

Jūlĭŏmăgus, *i*, f., ville de Gaule [auj. Angers] Atlas V, D2 : Peut. 1, 3.

Jūlĭŏpŏlis, *is*, f., ville de Bithynie Atlas VI, A4 ; ville d'Égypte Atlas I, E6 ; IX, E2 : Plin. 5, 143 ; 6, 102 ¶ **-lītae**, *ārum*, Plin. 5, 149 et **-lītāni**, *ōrum*, m. pl., Plin. *Ep.* 10, 77, habitants de Juliopolis [en Bithynie].

1 Jūlĭus, *a*, *um*, de Jules César, de la famille des Jules : *Julia domus* Ov. *F.* 4, 40, la famille Julia ; *Julia lex* Cic. *Balb.* 21, loi Julia ; *Julia edicta* Hor. *O.* 4, 15, 22, lois juliennes [portées par Auguste] ; *portus Julius* Suet. *Aug.* 16, 1, port de Jules [près de Baïes] ; *Julia unda* Virg. *G.* 2, 163, les eaux du port de Jules ‖ *Julius mensis* et abs* *Julius* m. (it. *luglio*) Sen. *Ep.* 86, 16 ; Mart. 10, 62, le mois de Jules César [juillet] ; *Juliae calendae* Mart. 12, 32, 1, les calendes de juillet ‖ *castrum Julium* Plin. 3, 15 ; ⓒ *Urgia* ‖ *Forum Julium* Plin. 3, 10 ; ⓒ *Illiturgi* ‖ *claritas Julia*, V. *Claritas, Constantia, Fidentia, Virtus.*

2 Jūlĭus, *ii*, m., nom d'une famille romaine ; not* *Gaius Julius Caesar*, Jules César, et *Gaius Julius Caesar Octavianus*, Octave, fils adoptif du précédent, qui devint l'empereur Auguste [27 av. J.-C.- 14 apr. J.-C.] : Suet. *Aug.* 7, 2 ‖ *forum Julii*, ⓒ *forum* ‖ le mois de juillet, V. *1 Julius.*

Jullus, *i*, m., Jules Antoine, fils de Marc Antoine le triumvir : Hor. *O.* 4, 2, 2.

jūmentālis, *e*, ⓒ *1 jumentarius* : Ambr. *Hex.* 5, 3, 9.

jūmentārĭum, *ii*, n., écurie : Gloss. 2, 584, 54.

1 jūmentārĭus, *a*, *um* (*jumentum*), de bêtes de somme : Apul. *M.* 9, 13, 1 ; *molae jumentariae* Javol. *Dig.* 33, 7, 26, 1, meules tournées par des bêtes de somme.

2 jūmentārĭus, *ii*, m., éleveur : Gloss. 2, 585, 1.

jūmentum, *i*, n. (*jungo*, 2 *jugis* ; fr. *jument*), bête de somme ou de trait [surtout cheval, mulet, âne] : Cic. *Tusc.* 1, 113 ; Caes. *C.* 1, 60, 3 ; *jumenta sarcinaria* Caes. *C.* 1, 81, 7, bêtes de somme ‖ voiture, véhicule : L. XII Tab. d. Gell. 20, 1, 28.

▶ *jouxmenta* CIL 1, 1.

Juncārĭa, *ae*, f., ville de Tarraconaise : Anton. 390.

junctētum, *i*, n. (*juncus*), lieu où il croît du jonc, jonchère : Varr. *R.* 1, 8, 3.

juncĕus, *a*, *um* (*juncus*), de jonc : Ov. *F.* 4, 870 ; Plin. 21, 84 ‖ semblable au jonc : Plin. 25, 85 ‖ [fig.] *juncea (virgo)* Ter. *Eun.* 316, (jeune fille) mince comme un jonc.

juncĭnus, *a*, *um* (*juncus*), de jonc : Plin. 15, 30 ‖ subst. f., jonc : Grom. 325, 8.

juncōsus, *a*, *um* (*juncus*), plein de joncs : Ov. *M.* 7, 231 ; Plin. 18, 46.

junctim, adv. (*jungo* et *juxtim*), en étant joint : *junctim locari* Gell. 12, 8, 2, être placés côte à côte ‖ consécutivement, à la suite : Suet. *Cl.* 14.

junctĭo, *ōnis*, f. (*jungo*), union, liaison, cohésion : Cic. *Tusc.* 1, 71 ‖ [rhét.] *verborum* Cic. *de Or.* 3, 191, la liaison harmonieuse des mots.

junctīvus mŏdus, m., le mode subjonctif : Prob. *Inst.* 4, 156, 3.

junctŏr, *ōris*, m., celui qui joint : Alfen. *Dig.* 50, 16, 203.

junctūra, *ae*, f. (*jungo* ; fr. *jointure*), jointure, joint, assemblage : Virg. *En.* 12, 274 ; Ov. *M.* 2, 823 ; Plin. 16, 214 ‖ pl., harnais : Capit. *Ver.* 5 ‖ attelage : Paul. *Sent.* 3, 6, 91 ‖ parenté, lien du sang : Ov. *H.* 4, 135 ‖ [rhét.] assemblage des mots dans la phrase : Quint. 9, 4, 32 ‖ alliance [de mots] : Hor. *P.* 47.

1 junctus, *a*, *um* ¶ **1** part. de *jungo* ¶ **2** [adj*] lié, attaché : *causa cum exitu junctior* Cic. *Fat.* 36, cause plus liée à l'effet ‖ *junctissimus illi comes* Ov. *M.* 5, 69, le compagnon qui lui était le plus attaché.

2 junctŭs, abl. *ū*, m., union : Varr. *L.* 5, 47.

juncula, ⓒ *junctura* : Pl. *Ps.* 68.

juncus, *i*, m. (cf. *jungo* ? ; fr. *jonc*), jonc : Ov. *M.* 8, 336 ‖ tige semblable à un jonc : Plin. 26, 72.

jungō, *ĭs*, *ĕre*, *junxi*, *junctum* (*jugum*, *conjux*, *juxta*, *jugerum*, 2 *jugis*, *jumentum* ; cf. ζεύγνυμι, scr. *yunakti* ; fr. *joindre*), tr. ¶ **1** joindre, lier, unir, assembler, attacher : *naves ; rates ac lintres* Caes. *G.* 1, 8, 4 ; 1, 12, 1, joindre ensemble des bateaux, des radeaux, et des barques ; *terram ignemque* Cic. *Tim.* 13, joindre la terre et le feu ; *dexteras* Virg. *En.* 11, 165, se serrer la main ; *oscula* Ov. *M.* 2, 357, échanger des baisers ; *fluvium ponte* Liv. 21, 45, 1, jeter un pont sur un fleuve, cf. Liv. 21, 47, 2 ; *juncto ponte* Tac. *An.* 1, 49, un pont ayant été jeté ‖ *tigna inter se* Caes. *G.* 3, 17, 3, joindre entre eux des pilotis, cf. Cic. *Nat.* 2, 115 ; *Tusc.* 5, 5 ‖ *ut (opus) aedificio jungatur* Caes. *C.* 2, 10, 7, pour que (l'ouvrage) se joigne à l'édifice ; *dextram dextrae jungere* Virg. *En.* 1, 408, se serrer la main ‖ *extrema cum consequentibus primis* Cic. *de Or.* 3, 172, unir la fin des mots avec le commencement des mots suivants ; *erat cum pede pes junctus* Ov. *M.* 9, 44, les pieds se touchaient ‖ [pris abs*] [poét.] opérer une jonction : *castris* Virg. *En.* 10, 240, faire leur jonction avec le camp ¶ **2** [en part.] **a)** atteler : *tauros* Virg. *En.* 8, 316, atteler des taureaux ; *equos curru* [dat.] Virg. *En.* 7, 724 ; *leones ad currum* Plin. 8, 54, atteler des chevaux, des lions à un char ‖ *reda equis juncta* Cic. *Att.* 6, 1, 25, carrosse attelé de chevaux ; *juncta vehicula* Liv. 42, 65, 3, chariots attelés **b)** joindre les lèvres d'une blessure, fermer [des plaies] : Cels. 7, 17, 1 ; Stat. *Th.* 10, 733 **c)** accoupler : Ov. *M.* 10, 464 **d)** réunir ensemble [des terres] : Luc. 1, 167 ; [au pass.] être joint à, contigu à : Ov. *Tr.* 4, 10, 110 ; *M.* 2, 132 **e)** unir dans le temps, faire succéder : *diei noctem pervigilem* Just. 12, 13, 7, faire suivre le jour d'une nuit de veille ; *cyathos* Stat. *S.* 1, 5, 10, faire succéder les coupes sans interruption ; *laborem* Plin. *Ep.* 4, 9, 10, ne pas interrompre un travail **f)** [milit.] réunir [des troupes] : *se jungere* Liv. 25, 37, 10, opérer sa jonction **g)** faire en joignant [au part.] : *camera lapideis fornicibus juncta* Sall. *C.* 55, 4, voûte formée par un assemblage de cintres de pierre ¶ **3** [fig.] **a)** *cum hominibus nostris consuetudines, amicitias, res rationesque jungebat* Cic. *Dej.* 27, il liait avec nos compatriotes des rapports familiers, des amitiés, des relations d'affaires et d'intérêt ; *decus omne virtutis cum summa eloquentiae laude* Cic. *Brut.* 331, unir tout l'éclat de la vertu à la plus haute réputation d'éloquence ‖ *(eloquentia est) probitate jungenda* Cic. *de Or.* 3, 55, (l'éloquence) doit s'unir à l'honnêteté, cf. Cic. *de Or.* 2, 237 ; *Att.* 9, 10, 4 ‖ *sapientia junctа eloquentiae* Cic. *de Or.* 3, 142, la sagesse unie à l'éloquence, cf. Cic. *Inv.* 2, 36 **b)** *pacem, foedus, amicitiam cum aliquo* Liv. 1, 1, 6 ; 23, 33, 9, faire la paix, un traité, une alliance avec qqn ; *matrimonium alicujus* Sen. *Frg.* 39 Haase, marier qqn ; *juncta societas Hannibali* Liv. 24, 6, 3, une alliance fut conclue avec Hannibal **c)** [rhét.] *verba* Cic. *Or.* 68, lier les mots dans la phrase [cf. *junctio* Cic. *de Or.* 3, 191] ; *copulando verba* Cic. *Or.* 154, lier les mots en les fondant ensemble **d)** faire en joignant, [au part.] *junctus*, fait d'une union, d'un assemblage : *causa ex pluribus quaestionibus juncta* Cic. *Inv.* 1, 17, cause composée d'un assez grand nombre de questions ; *est ex me et ex te junctus Dionysius M. Pomponius* Cic. *Att.* 4, 15, 1, Dionysius a reçu le nom de M. Pomponius par la jonction de nos deux noms **e)** [gram.] *juncta verba* Cic. *Or.* 159 ; 186 ; *Part.* 53, mots formés par composition, cf. *Or.* 68 ; Quint. 1, 5, 68.

Jūnĭa, *ae*, f., Junie [nom de femme] : Tac. *An.* 3, 76 ; 12, 4.

Jūnĭădēs, *ae*, m., fils ou descendant de Junius Brutus : Aus. *Griph.* 2 (336), 37.

Jūnĭānus, *a*, *um*, ⓒ *1 Junius* : Cic. *Clu.* 1, 1 ‖ n. pl., *Juniana cerasa* Plin. 15, 103, variété de cerises [ainsi nommée d'un certain Junius].

jūnĭcŭlus, f. l. pour *funiculus*.

Jūnīlĭcĭa, ōrum, n. pl. (cf. aedilicius), fêtes célébrées au mois de juin : CIL 12, 4378.

jūnĭor, v. juvenis.

1 jūnĭpĕrus (-pĭrus), i, f. (peu clair, juvenis et pario, cf. opiparus, vipera?; fr. genièvre), genévrier [arbuste] : Cat. Agr. 122; 123; Virg. B. 7, 53; Plin. 8, 99; 16, 73.

2 jūnĭpĕrus, a, um, de genévrier : Grom. 138, 22.

1 Jūnĭus, ĭi, m., nom de famille rom.; not^t, M. et D. Junius Brutus, v. Brutus.

2 Jūnĭus, a, um, de Junius : Tac. An. 3, 24; **Junia domus** Liv. 2, 5, la maison Junia.

3 Jūnĭus mensis, ĭi, m. (cf. Juno; fr. juin), Cic. Att. 6, 2, 6 et abs^t **Junius**, ĭi, m., Cic. Att. 5, 21, 9, mois de juin.

jūnix, īcis, f. (cf. juvenis, junior, Juno), génisse, jeune vache : Pers. 2, 47; Paul.-Nol. Carm. 20, 19.

Jūno, ōnis, f. (cf. junix, 3 Junius), Junon [sœur et femme de Jupiter] : **Juno Regina** Cic. Verr. 5, 184, Junon, reine des dieux; **Juno Lucina** Cic. Nat. 2, 68, Junon-Lucine, qui présidait à l'enfantement; **Juno Inferna** Virg. 6, 138; **Averna** Ov. M. 14, 114; **Infera** Stat S. 2, 1, 147; **Stygia** Stat. Th. 4, 526, la Junon des enfers (Proserpine) ‖ chaque femme avait sa Junon protectrice : Plin. 2, 7; Sen. Ep. 110, 1; Tib. 3, 6, 47; 4, 6, 1 ‖ **stella Junonis** Plin. 2, 3, 7 = Vénus [planète]; **urbs Junonis** Ov. H. 14, 28 = Argos.

Jūnōnālis, e, de Junon : Ov. F. 6, 63.

Jūnōnĭcŏla, ae, m. f. (Juno, colo), qui adore Junon : Ov. F. 6, 49.

Jūnōnĭgĕna, ae, m. (Juno, geno), fils de Junon [Vulcain] : Ov. M. 4, 173.

Jūnōnĭus, a, um, de Junon : Virg. En. 1, 671; **Junonius ales** Ov. Am. 2, 6, 55, l'oiseau de Junon [le paon]; **custos** Ov. M. 1, 678, Argus; **Junonius mensis** Ov. F. 6, 61, le mois de Junon [juin] : **Junonia Hebe** Ov. M. 9, 400, Hébé, fille de Junon; **Junonia insula** Plin. 6, 202, une des îles Fortunées.

junxi, parf. de jungo.

Juppĭter (Jūpĭtĕr), Jŏvis, m. (cf. dius, diu, dies, juglans, deus et pater, Marspiter, Ζεύς, Ζεῦ πάτερ, scr. dyau-s, v. isl. Tȳr; fr. jeudi, joubarbe), Jupiter [fils de Saturne, roi des dieux et des hommes, dieu du jour] : Cic. Nat. 2, 64; 3, 42 ‖ l'air, le ciel : Enn. d. Cic. Nat. 2, 165; 1, 40; Hor. O. 1, 1, 25; Virg. G. 2, 419; **sub Jove** Ov. F. 3, 527, en plein air ‖ **Juppiter Stygius** Virg. En. 4, 638, Pluton ‖ la planète Jupiter : Cic. Nat. 2, 52; Luc. 10, 207 ‖ [exclamat.] **Juppiter** Pl. Merc. 865, ô Jupiter.

▶ nom. arch. 2 Jovis Enn. d. Apul. Socr. 2, 121 = An. 63 ‖ gén. Juppiteris, Juppitris d. Prisc. 2, 229, 9, cf. Tert. Nat. 1, 10, 42; Apol. 14, 9 ‖ gén. arch. Diovos CIL 1, 60; Diovis CIL 360 ‖ dat. arch. Diovei 802; Diove 20; Divei 39; Iovei 364 a; Iove 366 ‖ gén. pl. Jovum ou Joverum d'après Varr. L. 8, 74; Jovium d'après Prob. Inst. 4, 122, 20.

Jūppĭtĕrĭs, -ĭtris, v. Juppiter ▶.

Jūra, ae, m., le Jura [mont de la Gaule] Atlas V, E3 : Caes. G. 1, 2, 6 ‖ **-ensis**, e, du Jura : Sidon. Ep. 4, 25, 5.

jūrāmentum, i, n. (juro), serment : Amm. 21, 5, 7 ‖ **praestare juramentum** Cod. Just. 2, 55, 4, 1, jurer.

jūrārĭus, a, um, invoqué dans un serment : CIL 1, 990.

jūrātĭcus, i, m., jurisconsulte : Gloss. 5, 601, 52.

jūrātĭo, ōnis, f. (juro), action de jurer, serment : Macr. Sat. 1, 6, 30; Tert. Idol. 21, 1.

jūrātīvus, a, um, dont on se sert pour jurer : Prisc. 3, 85, 22.

jūrātō, adv., avec serment : Paul. Dig. 2, 8, 16.

jūrātŏr, ōris, m. (juro) ¶ 1 celui qui fait un serment : **falsus jurator** Macr. Sat. 5, 19, 21, parjure ¶ 2 témoin qui a prêté serment : Symm. Or. 7, 2 ¶ 3 taxateur (répartiteur) assermenté [assistant du censeur] : Pl. Trin. 872; Poen. 58; Liv. 39, 44, 2.

jūrātōrĭus, a, um, juratoire [droit] : Cod. Just. 12, 19, 12.

jūrātus, a, um ¶ 1 part. de juro ¶ 2 [adj^t] qui a juré, qui a prêté serment : Cic. Off. 3, 99; Att. 13, 28, 2; Ac. 2, 146; cf. juror ‖ -issimus Plin. praef. 22.

jūrĕ, abl. de jus pris adv^t, justement, à bon droit, à juste titre, avec raison : Cic. Cat. 3, 14; Tusc. 3, 26.

jūrĕconsultus, c. jurisconsultus : Cic. Mur. 27.

jūrĕ pĕrītus (jūrĕpĕrītus), i, m., v. peritus.

Jūres, ŭum, m. pl., le mont Jura : Plin. 3, 31; 4, 105.

jurgātĭo, ōnis, f., contestation en justice, procès : P. Fest. 92, 9.

jurgātŏr, ōris, m., querelleur : Chrys. Serm. 162, p. 627 C.

jurgātōrĭus, a, um (jurgo), querelleur : Amm. 27, 1, 5.

jurgātrix, īcis, f., querelleuse : Hier. Ep. 117, 4.

jurgĭō, ās, āre, -, -, tr., invectiver, injurier : Commod. Apol. 437.

jurgĭōsē, adv., d'une manière querelleuse, agressive : *Jul.-Vict. 446, 22.

jurgĭōsus, a, um (jurgium), querelleur : Gell. 1, 17, 1; 19, 9, 7.

jurgĭum, ĭi, n. (jurgo), querelle, dispute, altercation : Pl. Men. 127; Cic. Rep. 4, 8; CM 8; Tac. H. 2, 53 ‖ contestation, divorce : Dig. 23, 3, 31.

jurgō, ās, āre, āvī, ātum (1 jus, ago, cf. litigo) ¶ 1 intr. **a)** être en différend, se disputer, se quereller : **cum aliquo** Ter. And. 389; 838; **inter se** Cic. Rep. 4, 8 **b)** être en contestation litigieuse, être en procès, plaider : Cod. Th. 2, 1, 6 ¶ 2 tr. **a)** dire qqch. en réprimandant [haec] : Liv. 8, 33, 23; 10, 35, 11 **b)** réprimander : **aliquem** Hor. S. 2, 2, 100, qqn.
▶ arch. jurigo Pl. Merc. 118.

jurgŏr, ārīs, ārī, ātus sum, intr., plaider : Amm. 27, 3, 14, cf. Prisc. 2, 396, 17.

jūrĭdĭcĭālis, e (juridicus), relatif à un point de droit : **juridicialis constitutio, quaestio**, question de droit : Cic. Inv. 2, 69; Top. 92.

jūrĭdĭcīna, ae, f., c. jurisdictio : Tert. Pall. 3, 7.

jūrĭdĭcĭum, ĭi, n., mot forgé pour expliquer judicium : Cassiod. Var. 11, 9.

jūrĭdĭcus, a, um (1 jus, dico), relatif aux tribunaux, à la justice, juridique : **juridici conventus** Plin. 3, 9, sièges de justice, cercles de juridiction; **juridici dies** Cod. Th. 3, 12, 7, jours d'audience ‖ subst. m., juge, celui qui rend la justice [en part. dans une province sous l'empire] : Dig. 1, 20 tit.; 40, 5, 41, 5.

jūrĭgo, v. jurgo ▶.

jurisconsultus, i, m., [plutôt en deux mots] jurisconsulte : Cic. de Or. 1, 212; Quint. 5, 14, 34; Gell. 11, 18, 16.

jūrisdictĭo, ōnis, f. ¶ 1 juridiction, action et droit de rendre la justice [attribution des préteurs urbain et pérégrin] : Cic. Fam. 2, 13, 3 ‖ [fig.] autorité, compétence : Sen. Clem. 1, 1, 2 ¶ 2 ressort, juridiction [dans les provinces impériales] : Tac. An. 1, 80; Plin. 5, 105.

jūrĭsŏnus, a, um (1 jus, sono), qui cite souvent les lois : Anth. 649, 25.

jūrispĕrītĭa, ae, f., c. juris peritia : Boet. Top. Cic. 4, p. 335.

jūris pĕrītus (jūrispĕrītus), i, m., v. peritus.

jūrisprūdentĭa (jūris prūdentĭa), ae, f., science du droit et des lois : Ulp. Dig. 1, 1, 10, 2; Inst. Just. 3, 2, 3.

jūrō, ās, āre, āvī, ātum (jovesat CIL 1, 4; 1 jus; fr. jurer), intr. et tr.
I intr. ¶ 1 jurer, faire serment : Cic. Flac. 90; Off. 3, 108; Fam. 5, 2, 7; **per aliquem, per aliquid**, au nom de (par) qqn, qqch. : Cic. Ac. 2, 65; Virg. En. 9, 300; **in haec verba jurat** Caes. C. 1, 76, 2, il jure suivant cette formule, il prête ce serment, cf. Cic. Inv. 2, 133; **in verba alicujus** Liv. 28, 29, 12, jurer suivant la formule donnée par qqn, prêter à qqn le serment qu'il demande; [fig.] **in verba magistri** Hor. Ep. 1, 1, 14, prêter serment d'allégeance à un maître; **in nomen principis** Suet. Cl. 10, jurer obéissance au prince; **in legem** Cic. Sest. 37, jurer fidélité à une loi, la reconnaître; **alicui** Plin. Pan. 68, 4, s'engager par serment envers qqn ¶ 2 [avec acc. d'objet intér.] **verissimum jusjurandum** Cic. Fam. 5, 2, 7, faire le serment le plus conforme à la vérité; [pass.] Gell. 5, 19, 6 ‖ **calumniam** Cael. Fam. 8, 8, 3, prêter le serment touchant la mauvaise foi = jurer qu'on n'est pas de mauvaise

foi, cf. Liv. 33, 47, 5 ¶ **3** se conjurer, conspirer : Ov. H. 10, 117 ; M. 1, 242.
II tr. ¶ **1** jurer, affirmer avec serment : ***morbum*** Cic. *Att.* 1, 1, 1, jurer qu'on est malade, cf. Cic. *Att.* 12, 13, 2 ; ***laetae jurantur aves*** Luc. 5, 396, on jure que les oiseaux (auspices) sont favorables ; ***aliquid in litem*** Cic. *Com.* 4, affirmer sous serment qqch. devant les juges ; ***quod juratum est*** Cic. *Off.* 3, 107, ce qui a été juré ; ***jurata*** Cic. *Part.* 6, les serments ‖ [avec prop. inf.] jurer que : Cic. *Ac.* 2, 65 ; Caes. *C.* 3, 13, 3 ; 3, 87, 5 ‖ [attribut au part. n.] ***jurabo integer esse*** Prop. 3, 6, 39, je jurerai que je suis irréprochable ¶ **2** jurer par qqn (qqch.), attester qqn (qqch.) : ***Jovem lapidem*** Cic. *Fam.* 7, 12, 2, jurer par le Jupiter de pierre, V.▶ *lapis* ; ***Stygiae paludis numen*** Virg. *En.* 6, 323, jurer par la divinité du Styx ; ***dis juranda palus*** Ov. *M.* 2, 46, le marais par lequel doivent jurer les dieux ; ***jurata numina*** Ov. *H.* 2, 25, divinités par lesquelles on a juré.
▶ *jurassit* = *juraverit* CIL 6, 10298, 19.

jŭrŏr, ātus sum, ▶ juro [employé seulement au parf. et au part.] ***judici demonstrare, quid juratus sit*** Cic. *Inv.* 2, 126, montrer au juge ce qu'il a juré ; ***jurati dicunt...*** Cic. *Caecin.* 3, ils disent sous serment....

jŭrŭlentĭa, ae, f. (*jurulentus*), jus de viande : Tert. *Jejun.* 1, 4.

jŭrŭlentus, a, um (2 *jus*), cuit dans son jus : Cels. 1, 6, 1.

jŭrum, V.▶ *1 jus* ▶.

1 jūs, jūris, n. (arch. *jovos* CIL 1, 2833 a, cf. *1 justus, judico, juro, jungo*)

¶ **1** "justice" ¶ **2** "droit" [coutume, édits, lois] ¶ **3** application de la justice, *jus dicere, in jus rapere, trahere* ¶ **4** "droit" par rapport aux personnes, aux choses, *sui juris esse ; alicui jus est* ¶ **5** [langue commune] *a)* "droit" *b)* "pouvoir, autorité".

¶ **1** le droit [en gén.], la justice : ***omnes viri boni jus ipsum amant... ; per se jus est expetendum et colendum*** Cic. *Leg.* 1, 48, tous les gens de bien aiment le droit en lui-même... ; c'est pour lui-même que le droit doit être recherché et cultivé ; ***hominum*** Cic. *Tusc.* 1, 64, le droit humain ; ***jura divina et humana*** Cic. *Off.* 1, 26, les lois divines et humaines ¶ **2** le droit [qui résulte de la coutume, des lois, de la jurisprudence, des édits] : ***consuetudinis*** Cic. *Inv.* 4, 67, le droit né de la coutume ; ***civile*** Cic. *Top.* 10, droit civil, droit propre à une cité [le plus souv^t désigne le droit propre aux seuls citoyens romains] ; ***gentium*** Cic. *Off.* 3, 69, droit des gens [= des citoyens de toute nationalité, opposé au *jus civile* réservé aux Quirites ; mais d. Sall. *J.* 35, 7 ; Liv. 21, 10, 6, droit des gens = droit international public], cf. Cic. *Rep.* 1, 2 ; ***praetorium*** Cic. *Off.* 1, 32, droit prétorien [tiré des édits des préteurs, qui complétaient le droit civil, borné au début aux règles issues de la coutume, de la loi et des consultations de jurisconsultes] ; ***publicum*** Cic. *Brut.* 269, droit public ; ***praediatorium*** Cic. *Balb.* 45, droit en matière d'immeubles ; ***testamentorum*** Cic. *Brut.* 195, droit en matière de testaments ‖ ***jus est*** prop. inf., Cic. *Att.* 9, 9, 3, le droit, la règle veut que ‖ ***jura*** = lois, constitution : ***nova jura condere*** Liv. 3, 33, 5, fonder un nouveau code ; ***jura inde petere*** Liv. 23, 10, 2, demander là [à Capoue] des lois ¶ **3** le droit en tant qu'application, ce qui est le droit : ***summum jus summa injuria*** Cic. *Off.* 1, 33, comble du droit, comble de l'injustice ; ***de jure alicui respondere*** Cic. *de Or.* 2, 142, donner à qqn une consultation de droit ; ***jus dicere***, dire le droit, office des magistrats supérieurs, qui théoriquement sont tous investis de la *jurisdictio* ‖ [en part. la justice appliquée par le préteur] ***Volcatius, qui Romae jus dicit*** Cic. *Fam.* 13, 14, 1, Volcatius, qui rend la justice à Rome [= préteur urbain] ; ***in jus ad Metellum vocare*** Cic. *Verr.* 2, 187, appeler en justice devant Métellus [préteur] ; ***in jus rapere, trahere*** Hor. *S.* 1, 9, 77 ; Juv. 10, 87, traîner devant le préteur ; ***ad praetorem in jus adire*** Cic. *Verr.* 4, 147, se présenter en justice devant le préteur ; ***in jus pervenimus*** Cic. *Verr.* 4, 148, nous finissons par arriver devant le préteur ¶ **4** le droit par rapport aux personnes, aux choses [point de vue subjectif : avoir le droit de] : ***jus capiendi*** Dig. 49, 14, 2, 2, droit de recueillir ; ***connubii, honorum***, droit de se marier, de briguer les magistratures ; ***civitatis***, droit de cité ; ***cum plebe agendi*** Cic. *Leg.* 2, 31, droit de convoquer la plèbe et de lui présenter une motion ; ***jus suum obtinere*** Cic. *Verr.* 4, 146, garder la jouissance de ses droits ; ***jus suum persequi, recuperare*** Cic. *Caecin.* 8, poursuivre, recouvrer ses droits ; ***nimium sui juris esse*** Cic. *Verr.* 1, 18, être trop indépendant, être trop attentif à ses droits ; ***eodem, optimo, praecipuo, aequissimo jure esse*** Cic. *Verr.* 3, 13 ; 3, 211 ; Pomp. 58 ; *Arch.* 6, jouir des mêmes droits, du meilleur droit, d'un droit privilégié, d'une égalité de droits absolue ; ***suo jure, optimo jure*** Cic. *Arch.* 18 ; *Off.* 1, 111, en usant de son plein droit, avec son plein droit ; ***jure*** Cic. *Tusc.* 3, 26, à bon droit ; ***jus est, alicui jus est*** [avec inf.] Cic. *Top.* 12 ; Cic. *de Or.* 1, 177, on a le droit de, qqn a le droit de ; [avec *ut*] Pl. *Aul.* 740 ; ***non jus est*** prop. inf., Ter. *Ad.* 686 = *injustum est* ‖ ***(praedia) libera meliore jure sunt quam serva*** Cic. *Agr.* 3, 9, les terres franches jouissent d'un meilleur droit que celles qui ont des servitudes ‖ ***placitum ut mitterent civitates jura*** Tac. *An.* 3, 60, on décida que les cités enverraient la justification de leurs droits, leurs titres ¶ **5** [langue commune] *a)* droit : ***jura belli conservare*** Cic. *Off.* 1, 34, observer (respecter) les droits (= les lois) de la guerre ; ***jure victoriae*** Cic. *Verr.* 4, 116, d'après les droits de la victoire ; ***jus est belli ut*** subj., Caes. *G.* 1, 36, 1, le droit de la guerre est que *b)* pouvoir, autorité [résultant du droit] : ***jus patrium*** Liv. 1, 26, 9, puissance paternelle [droit de vie et de mort] ; ***in jus dicionemque recipere*** Liv. 21, 61, 7, recevoir sous son pouvoir discrétionnaire et sous sa domination ; ***(haec) sui juris sunt*** Sen. *Ep.* 11, 7, (ce phénomène) ne dépend que de lui-même ; ***sub jus judiciumque alicujus venire*** Liv. 39, 24, 8, tomber sous le pouvoir et la dépendance de qqn ; ***aliquem proprii juris facere*** Just. 9, 1, 3, rendre qqn indépendant ; mais ***aliquem sui juris facere*** Vell. 2, 69, 2, mettre qqn sous sa dépendance.
▶ gén. pl. *jurum* Cat. *Orig.* 7, 14 ‖ dat. arch. *jure* dans la formule *jure dicundo* Liv. 42, 28.

2 jūs, jūris, n. (cf. scr. *yūṣ*, v. prus. *iuse*, rus. *uha*, ζύμη ; fr. *jus*), jus, sauce, brouet : Cic. *Fam.* 9, 18, 3 ; 9, 20, 2 ; 16, 4, 1 ; *Tusc.* 5, 98 ; ***jus Verrinum*** Cic. *Verr.* 1, 121, jus de porc (et justice de Verrès) ‖ jus de pourpre : Plin. 35, 44.

juscellārĭus, ii, m., cuisinier qui apprête les sauces : Gloss. 3, 470, 24.

juscellātus, a, um, cuit au court-bouillon : Apic. *Exc.* 26.

juscellum, i, n. (dim. de *jusculum*), bouillon : Theod.-Prisc. 2, 13 ‖ sauce : Fort. *Carm.* 6, 8, 18.

juscŭlentus, a, um, cuit au jus : Apul. *Apol.* 39.

juscŭlum, i, n. (dim. de *2 jus*), bouillon : Cat. *Agr.* 156, 7.

jūsi, V.▶ *jubeo* ▶.

jusjūrandum, i, n., serment : Cic. *Off.* 3, 104 ; V.▶ *jurare, adigere* ; ***jusjurandum dare*** Pl. *Most.* 1084, prêter serment ; ***conservare*** Cic. *Off.* 3, 100, respecter son serment ; ***alicui deferre, offerre*** Quint. 5, 6, 4 ; 5, 6, 1, déférer à qqn le serment, offrir de s'en rapporter à son serment ; ***jurejurando obstringere*** Caes. *G.* 1, 31, 7, lier par un serment.
▶ tmèse *jus igitur jurandum* Cic. *Off.* 3, 104 ; *jurisque jurandi* Cic. *Cael.* 54 ‖ pl. *jura juranda* P. Fest. 118, 13.

jusquĭămus, i, m., ▶ *hyosciamus* : Gloss. 3, 580, 5.

jussi, parf. de *jubeo*.

jussĭo, ōnis, f. (*jubeo*), ordre, commandement : Modest. *Dig.* 40, 4, 44 ; Lact. *Inst.* 4, 15, 9.

jussĭtur, V.▶ *jubeo* ▶.

jusso, V.▶ *jubeo* ▶.

jussŏr, ōris, m. (*jubeo*), celui qui donne des ordres : Gloss. 2, 347, 28.

jussōrĭum, ii, n. (*jussor*), ordre, directive : Caes.-Arel. *Serm.* 7, 3.

jussŭlentus, ▶ *jurulentus* : Apul. *Apol.* 39.

jussum, ī, n. (*jubeo*), ordre, commandement, injonction : ***jussa deorum*** Cic. *Amer.* 66, les ordres des dieux ; ***jussis obtempe-***

rare Cic. *Leg.* 3, 3, obéir aux ordres ‖ [en part.] volontés [du peuple] : Cic. *Vat.* 8, cf. *jubeo*.

1 jussus, *a, um*, part. de *jubeo*.

2 jussŭs, abl. *ū*, m., [C.] *jussum* : *vestro jussu* Cic. *Pomp.* 26, par votre ordre ; *jussu senatus, populi* Cic. *Cat.* 3, 8 ; *Rep.* 2, 31, sur l'ordre du sénat, du peuple ‖ autorisation : *quod jussu actio* Dig. 15, 1, 1, 1, action du fait de l'autorisation (et de l'ordre) donnée.

justa, *ōrum*, n. pl. de *justus* pris subst[t] ¶ **1** le dû : *servis justa praebere* Cic. *Off.* 1, 41, donner aux esclaves ce qui leur revient en toute justice, (cf. Sen. *Ben.* 3, 21, 2) ¶ **2** usages requis, formalités requises : *omnia justa perficere* Liv. 9, 8, 7, accomplir toutes les formalités voulues ; *militaria* Liv. 24, 48, 12, devoirs (exigences) de la vie militaire, cf. Liv. 9, 6, 7 ‖ [en part.] honneurs, (devoirs) funèbres : *omnia paterno funeri justa solvere* Cic. *Amer.* 23, s'acquitter de tous les honneurs dus aux funérailles paternelles, cf. Caes. *G.* 6, 19, 4 ; *alicui justa facere* Sall. *J.* 11, 2, faire à qqn des funérailles.

justē, adv. (1 *justus*), avec justice, justement, équitablement : Cic. *Clu.* 42 ; *Fin.* 3, 59 ; *Mil.* 23 ; *Rep.* 3, 16 ‖ **-tius** Hor. *S.* 2, 4, 86 ; **-issime** Quint. 10, 1, 82.

justi, parf., [v.] *jubeo* ►.

justĭfĭcātĭō, *ōnis*, f. (*justifico*) ¶ **1** prescription, ordonnance : Vulg. *Psal.* 118, 112 ; Aug. *Civ.* 16, 36 ¶ **2** [chrét.] justification : Vulg. *Rom.* 5, 18 ¶ **3** justice, droiture : Vulg. *Rom.* 8, 10.

justĭfĭcātŏr, *ōris*, m., celui qui justifie : Aug. *Spir.* 26.

justĭfĭcātrix, *īcis*, f., celle qui justifie : *Tert. *Marc.* 4, 36, 1.

justĭfĭcātus, *a, um*, part. de *justifico*, **-catior** Tert. *Or.* 17, 2.

justĭfĭcō, *ās, āre, āvī, ātum* (1 *justus*, *facio*) ¶ **1** [chrét.] traiter avec justice, rendre justice à : Tert. *Marc.* 2, 19, 2 ¶ **2** justifier, sauver : Vulg. *Rom.* 3, 30 ; Aug. *Jul. op. imp.* 2, 121.

justĭfĭcus, *a, um* (1 *justus, facio*), qui agit justement, juste : Catul. 64, 406.

Justīna, *ae*, f., Justine [deuxième femme de l'empereur Valentinien Ier] : Amm. 30, 10, 4 ; Aug. *Conf.* 9, 7, 15.

1 Justīnĭānus, *a, um*, de Justin II, empereur d'Orient : Corip. *Just.* 1, 277.

2 Justīnĭānus, *i*, m., Justinien, empereur d'Orient [527-565] : Jord. *Rom.* 2.

Justīnus, *i*, m., nom de deux empereurs d'Orient, Justin Ier [518-527], oncle de Justinien : Jord. *Rom.* 360 ‖ Justin II [565-578], neveu de Justinien : Corip. *Just.* 1, 46 ‖ Justin, historien latin, abréviateur de Trogue Pompée : Aug. *Civ.* 4, 6 ‖ nom d'un martyr : Hier. *Ep.* 70, 4.

justĭtĭa, f. (1 *justus*) ¶ **1** justice, conformité avec le droit : Cic. *Fin.* 5, 65 ; *justitia erga deos* Cic. *Part.* 78, accomplissement des devoirs envers les Dieux ‖ la justice [écrite], le droit, les lois : Flor. 1, 24 ‖ droiture, sainteté : Vulg. *Gen.* 15, 6 ¶ **2** sentiment d'équité, de justice, esprit de justice : Caes. *G.* 5, 41, 8 ; Cic. *Marc.* 12 ‖ pl., jugements, préceptes : Vulg. *Psal.* 18, 9.

justĭtĭum, *ĭi*, n. (1 *jus*, *statio*), vacances des tribunaux, arrêt des affaires de justice [ordin[t] dans une calamité publique] : *justitium edicere* Cic. *Phil.* 5, 31 ; Liv. 9, 7, 8, fermer les tribunaux ; *remittere* Liv. 26, 26, 9, rouvrir les tribunaux ‖ suspension des affaires [en gén.] : Tac. *An.* 2, 82 ‖ deuil public : Sidon. *Ep.* 2, 8, 1.

justum, *i*, n., [v.] 1 *justus, justa*.

1 justus, *a, um* (arch. *iouestod* CIL 1, 1 ; 1 *jus*) ¶ **1** qui observe le droit, juste : *vir* Cic. *Off.* 2, 42, homme juste ¶ **2** qui est conforme au droit, juste, équitable : *justa bella* Cic. *Dej.* 13 ; *justissima causa* Caes. *G.* 7, 37, 4, guerres justes, cause très juste ‖ *justum* [n. pris subst[t]], le juste, la justice : Cic. *Leg.* 2, 11 ¶ **3** juste, fondé, légitime : *justa excusatio* Cic. *Verr.* 4, 125, excuse légitime ; *causa* Cic. *Phil.* 2, 53, juste raison ¶ **4** équitable, raisonnable : Ter. *And.* 36 ; Cic. *Fin.* 1, 2 ¶ **5** régulier, normal : *justa eloquentia* Cic. *Brut.* 309, éloquence régulière, exacte ; *justus exercitus* Liv. 23, 28, 2, armée régulière, à effectif régulier ; *justa acies* Liv. 26, 46, 7, disposition normale de l'armée en bataille ; *justo proelio* Liv. 23, 37, 8, dans un combat en règle ; *justa victoria imperator appellatus* Cic. *Fam.* 2, 10, 3, ayant reçu le titre d'*imperator* après une victoire conforme à la règle [consécutive à un véritable combat, v. Phil. 14, 12] ; *justum iter* Caes. *C.* 1, 23, 5, étape normale [de 20 à 25 km par jour] ¶ **6** qui convient, qui est bien : *justa muri altitudo* Caes. *G.* 7, 23, 4, une bonne hauteur de mur (la hauteur voulue) ‖ [avec n. pris subst[t]] *plus justo* Hor., Ov., Sen., plus que de raison, plus qu'il ne convient, trop ; *praeter justum* Lucr. 4, 1241, même sens ; *longior justo* Quint. 9, 4, 126, trop long ; [v.] *justa* ¶ **7** [chrét.] vertueux, pieux : Cypr. *Ep.* 63, 4.

2 Justus, *i*, m., saint Just [évêque du 4e s., enterré à Lyon] : Sidon. *Ep.* 5, 17, 3.

jūsum, adv. (évolution de *deorsum* ; a. fr. *jus*), en bas, à terre [opp. *susum*] : *jusum facere Deum* Aug. *Ep. Joh.* 8, 2, ravaler la Divinité.

Jūthungi, *ōrum*, m. pl., Juthunges [peuple germain] : Sidon. *Carm.* 7, 233.

jūtŏr, *ōris*, m. (*juvo*), qui aide, auxiliaire : CIL 9, 5531.

jūtrix, *īcis*, f., celle qui aide, qui secourt : CIL 10, 354.

Jūturna, *ae*, f., Juturne [sœur de Turnus, devint une divinité des Romains] : Virg. *En.* 12, 146 ; Cic. *Clu.* 101 ; Ov. *F.* 2, 585 ‖ source voisine du Numicius : Serv. *En.* 12, 139.

Jūturnālĭa, *ĭum*, n. pl., Juturnalia, fêtes de Juturne : Ps. Serv. *En.* 12, 139.

jūtūrus, *a, um*, [v.] *juvo* ►.

jūtus, *a, um*, part. de *juvo*.

jŭvābĭlis, *e*, secourable, salutaire : Boet. *Top. Arist.* 6, 4.

jŭvāmĕn, *ĭnis*, n. (*juvo*), secours, aide, assistance : Cassiod. *Var.* 12, 2, 5 ; Ennod. *Ep.* 2, 16, 2.

jŭvāmentum, *i*, n., [C.] *juvamen* : Didasc. 21, 13.

jŭvantĭa, *ae*, f., aide, secours : Boet. *Top. Arist.* 6, 4.

jŭvat, impers., [v.] *juvo*.

jŭvātūrus, *a, um*, [v.] *juvo* ►.

Juvāvum, *i*, n., ville du Norique [Salzbourg] : Peut. 3, 4.

jŭvĕna, *ae*, f. (2 *juvenis*), jeune fille : Fil. 150, 1 ; CIL 5, 5907.

Jŭvĕnālĭa, *ĭum*, n. pl. (1 *juvenalis*), Juvénalia [fêtes en l'honneur de la jeunesse] : Tac. *An.* 14, 15 ; 15, 33 ; 16, 21.

1 jŭvĕnālis, *e*, jeune, juvénile, de jeunes gens, digne des jeunes gens : Liv. 1, 57, 11 ; Virg. *En.* 5, 475 ; Sil. 2, 312 ‖ *juvenales ludi* Suet. *Ner.* 11, jeux institués par Néron en 59, [C.] *Juvenalia*.

2 Jŭvĕnālis, *is*, m., Juvénal [poète satirique de Rome] : Mart. 7, 24, 1 ‖ Flavius Juvénalis, préfet du prétoire sous Septime Sévère : Spart. *Sept.* 6, 5.

jŭvĕnālĭtĕr, [C.] *juveniliter* : Ov. *M.* 10, 675.

jŭvenca, *ae*, f. (2 *juvencus*) ¶ **1** génisse, jeune vache : Varr. *R.* 2, 5, 6 ; Hor. *Ep.* 1, 3, 36 ; Virg. *G.* 3, 219 ¶ **2** jeune fille : Hor. *O.* 2, 6, 6 ; Ov. *H.* 5, 117 ; Val.-Flac. 4, 350.

jŭvencŭla, *ae*, f. (dim. de *juvenca*), jeune fille : Tert. *Jud.* 9, 8 ; Vulg. *Eccli.* 29, 2.

jŭvencŭlescō, *ĭs*, *ĕre*, -, - (*juvenculus*), intr., devenir jeune homme : Ambr. *Cain* 2, 1, 2.

jŭvencŭlus, *a, um* (dim. de *juvencus*) ¶ **1** jeune : Ambr. *Tob.* 7, 25 ; Vulg. *Psal.* 67, 26 ¶ **2** subst. m., jeune homme : Hier. *Ep.* 128, 3 ‖ jeune taureau : Vulg. *Jer.* 31, 18.

1 juvencus, *a, um* (*juvenis* ; cf. al. *jung*, an. *young*), jeune [en parl. d'animaux] : Lucr. 5, 1074 ; Plin. 10, 146.

2 juvencus, *i*, m. (1 *juvencus*, cf. *junix* ; it. *giovenco*) ¶ **1** jeune taureau : Varr. *R.* 2, 5, 6 ; Virg. *B.* 2, 66 ‖ [poét.] peau de bœuf : Stat. *Th.* 3, 591 ¶ **2** jeune homme, jouvenceau : Hor. *O.* 2, 8, 21.

jŭvĕnescō, *ĭs*, *ĕre*(*nŭī*, Tert. *Cast.* 6, 3), - (*juvenis*), intr. ¶ **1** acquérir la force de la jeunesse, grandir : Hor. *O.* 4, 2, 54 ¶ **2** redevenir jeune, rajeunir [en parl. de l'homme, des animaux et des plantes] : Ov. *Am.* 3, 7, 41 ; Plin. 8, 224 ; 21, 69 ‖ [fig.] reprendre de l'éclat, de la vigueur : Claud. *Cons. Stil.* 2 (22), 202 ; Stat. *Th.* 3, 584.

jŭvĕnīlis, *e* (*juvenis*) ¶ **1** jeune, relatif à la jeunesse : Cic. *Brut.* 316 ; *Or.* 108 ; Virg. *En.* 2, 518 ; Ov. *M.* 8, 632 ‖ juvénile, plein d'entrain : Ov. *Tr.* 5, 1, 7 ‖ *juvenilior*, Ov.

juvenilis

M. 14, 639; ***juvenile*** [n. pris adv¹] : Stat. S. 3, 5, 25 ¶**2** violent, fort : Stat. S. 1, 4, 50.

jŭvĕnīlĭtās, *ātis*, f., temps de la jeunesse, jeunesse : Varr. d. Non. 123, 6; 433, 16.

jŭvĕnīlĭter, adv. (*juvenilis*), en jeune homme, comme un jeune homme : Cic. CM 10; Aug. Serm. 216, 7.

1 jŭvĕnis, *is*, adj. (*2 juvenis*; fr. *jeune*), jeune : Tib. 3, 4, 31; ***juvenes anni*** Ov. M. 7, 295, les jeunes années, les années de jeunesse ‖ comp., ***junior*** (fr. *geindre*) Cic. Tim. 46; Hor. Ep. 2, 1, 44; ***juvenior*** Varr. L. 10, 71; Sen. Ep. 66, 34.

2 jŭvĕnis, *is*, m. f. (*juvencus, juventus, junior, junix, Juno, juvo, aevum*; cf. scr. yuvan-, rus. junyĭ, al. *Jugend, jung*, an. *youth, young*, bret. *yaouank*), jeune homme, jeune fille, celui ou celle qui est dans la fleur de l'âge : Cic. CM 33; Virg. En. 5, 361 ‖ f., Plin. 7, 122 ‖ la jeunesse, les jeunes gens : Sil. 4, 219 ‖ **jūnĭōrēs**, les plus jeunes = les jeunes gens destinés à former l'armée active, de 17 à 45 ans, les citoyens capables de porter les armes [opp. aux *seniores*] : Caes. G. 7, 1, 1; Liv. 3, 41, 6 ‖ [constituant des centuries de vote] : Cic. Verr. 5, 38; Rep. 2, 39.

jŭvĕnĭtās, *ātis*, f., ⬛▷ *juvenilitas* : Varr. Men. 545.

jŭvĕnix, *īcis*, f. (cf. *junix*), génisse; [par ext.] jeune fille : *Pl. Mil. 304.

jŭvĕnŏr, *āris, ārī*, - (*2 juvenis*), intr., se comporter en jeune homme : Hor. P. 246.

jŭventa, *ae*, f. (*juvenis*) ¶**1** jeunesse, jeune âge : Virg. En. 4, 559; Liv. 35, 42, 12; Plin. 10, 154; Ov. M. 4, 17 ¶**2** ***Juventa***, la Jeunesse [déesse] : Ov. M. 7, 241.

jŭventās, *ātis*, f. ¶**1** jeunesse, jeune âge [poét.] : Lucr. 5, 888; Virg. G. 3, 63; En. 5, 398; Hor. O. 2, 11, 6 ¶**2** la Jeunesse [déesse] : Cic. Nat. 1, 112; Att. 1, 18, 3; Tusc. 1, 65; Hor. O. 1, 30, 7.

Jŭventĭus, *ĭi*, m., nom de famille rom. ‖ **-ĭus**, *a, um*, de Juventius : Cic. Planc. 19.

1 jŭventus, *a, um* (cf. *juventa*), jeune : ***aetate ju(v)enta*** CIL 1, 1603, dans ton jeune âge.

2 jŭventūs, *ūtis*, f. (*juvenis*) ¶**1** jeunesse, jeune âge : Cic. CM 15; Sall. C. 5, 2 ¶**2** [collectif] les jeunes gens : Pl. Amp. 154; Caes. G. 3, 16, 2; Cic. Vat. 24; *de Or.* 3, 93 ‖ [en part.] jeunesse qui porte les armes : Caes.; Cic.; Virg.; Liv.

jŭvĕnŭlus, *i*, m. (dim. de *juvenis*), tout jeune homme, jouvenceau : Greg.-Tur. Vit. Patr. 19, 3.

Jūverna, *ae*, f. (cf. Ἰουερνία), ⬛▷ *Hibernia* : Mel. 3, 53; Juv. 2, 160.

jūvi, parf. de *juvo*.

jŭvō, *ās, āre, jūvī, jūtum* (cf. *juvenis, aevum*; it. *giovare*), tr. ¶**1** aider, seconder, assister, être utile, servir : ***aliquem*** Cic. Tusc. 1, 32, aider qqn; ***in aliqua re*** Cic. Fam. 11, 17, 2, en qqch.; ***hostes frumento*** Caes. G. 1, 26, 6, ravitailler les ennemis en blé; ***audentes fortuna juvat*** Virg. En. 10, 284, la fortune seconde les audacieux; ***dis juvantibus*** Cic. Fam. 7, 20, 2, avec l'assistance des dieux; ***deis bene juvantibus*** Liv. 29, 25, 13, avec l'heureuse assistance des dieux ‖ [pass.] ***lex Cornelia proscriptum juvari vetat*** Cic. Verr. 1, 123, la loi Cornélia défend de venir en aide à un proscrit; ***viatico a me juvabitur*** Liv. 44, 22, 13, je lui fournirai les frais du voyage; ***sollertia tempore etiam juta*** Tac. An. 14, 4, combinaison habile, aidée même des circonstances ‖ ***juvat***, impers. avec inf., il est utile de : Virg. G. 2, 37; ***quid juvat…?*** Ov. M. 7, 858; 13, 965, en quoi est-il utile de… ? à quoi sert de… ? ¶**2** faire plaisir, ***aliquem***, à qqn : ***nec me vita juvaret invisa civibus meis*** Liv. 28, 27, 10, et il ne me plairait pas de mener une vie odieuse à mes concitoyens; ***ita se dicent juvari*** Cic. Or. 159, [les oreilles] diront qu'elles sont charmées ainsi [mais v. Gell. 2, 17, 2] ‖ [surtout emploi impers.] ***me juvat*** [avec prop. inf.] ou que, je suis charmé que : Cic. Verr. 4, 12; Fam. 5, 21, 3; ***juvat***, avec inf.[sujet s.-ent.] : ***juvat evasisse tot urbes*** Virg. En. 3, 283, ils se réjouissent d'avoir échappé à tant de villes, cf. Virg. En. 1, 203; 6, 135 ‖ [avec *quod*] ***juvat me quod vigent studia*** Plin. Ep. 1, 13, 1, je suis heureux de voir les études florissantes.

▶ part. fut. *juvaturus* Sall. J. 47, 2; Plin. Ep. 4, 15, 13; *juturus* Col. 10, 121; Juvc. 1, 58 ‖ *juerint* = *juverint* Catul. 66, 18.

◆

jux, ⬛▷ *2 jugis*.

juxtā, adv. et prép. (cf. *jungo, jugum, juxtim* et *mixtus, extra*; fr. *jouxte*)

I adv. ¶**1** côte à côte, à proximité l'un de l'autre : Plin. 36, 117 ¶**2** tout près : ***legio, quae juxta constiterat*** Caes. G. 2, 26, 1, légion, qui s'était arrêtée tout près; ***sellam juxta ponere*** Sall. J. 65, 2, placer son siège tout à côté; ***juxta accedere*** Ov. M. 8, 809, s'avancer tout près ¶**3** immédiatement après : ***quae juxta dicit*** Gell. 7, 3, 15, ce qu'il dit aussitôt après ¶**4** également, autant : ***aestatem et hiemem juxta pati*** Sall. J. 85, 33, souffrir également le chaud et le froid, cf. Liv. 24, 5, 13; 32, 14, 2; Tac. An. 1, 6 ‖ [avec *ac, atque*] autant que, de même que : Sall. C. 37, 8; J. 95, 3; ***juxta ac si*** Cic. Sen. 20, comme si, cf. Sall. J. 45, 2; Liv. 22, 31, 3 ‖ [avec dat.] ***res parva ac juxta magnis difficilis*** Liv. 24, 19, 6, affaire mineure, difficile à l'égal des grandes ‖ [avec *cum*] ***juxta eam curo cum mea*** Pl. Trin. 197, je la soigne comme la mienne, cf. Pl. Aul. 682; Sall. C. 58, 5.

II prép. avec acc. ¶**1** près de, à côté de : ***juxta murum*** Caes. C. 1, 16, 4, près des murs, cf. 3, 41, 1; 3, 65, 4; Nep. Dat. 1, 1; Att. 22, 4 ¶**2** immédiatement après : Liv. 9, 9, 4; Plin. 2, 26; Gell. 4, 9 ¶**3** [fig.] près de : ***velocitas juxta formidinem est*** Tac. G. 30, la promptitude touche à la lâcheté, cf. Tac. An. 6, 42; ***juxta seditionem ventum*** Tac. An. 6, 13, on en vint presque à une sédition ‖ ***juxta finem vitae*** Tac. D. 22, près de la fin de sa vie ¶**4** [tard.] conformément à, suivant, d'après : ***juxta praeceptum*** Just. 2, 12, 25, suivant le conseil; ***juxta nostra*** Tert. Anim. 2, 1, selon nos principes; ***in Evangelio juxta Matthaeum*** Hier. Ep. 55, 1, 1, dans l'Évangile selon saint Matthieu; ***juxta tabulas*** Ulp. Reg. 23, 6, suivant le testament.

juxtim (cf. *juxta, junctim*), ⬛▷ *juxta* ¶**1** adv., à côté : Andr. Tr. 11; Suet. Tib. 33 ‖ de près : Lucr. 4, 501 ‖ à égalité : Lucr. 4, 1213 ¶**2** prép. avec acc., près de : Sisen. d. Non. 127, 29; Apul. M. 2, 13.

---

k, n., f. indécl., dixième lettre de l'alphabet latin [prononcée *kā*] : CPL 58; Scaur. 7, 15, 6 [*kă* Mar. Vict. Gram. 6, 7, 8]; employée à l'origine devant *a* [*c* devant *e, i*, et *q* devant *o, u*], *k*, inutile, est vite sorti d'usage et ne s'est conservé que dans quelques abréviations : ***K.*** = ***Kaeso***; ***K.*** ou ***Kal.*** = ***Kalendae, Calendae***, ainsi que pour les mots correspondants, outre quelques graphies affectées : *kaput; karus; kastra; arkarius; vikani*.

Kaeso, ⬛▷ *Caeso*.

kălendae, ⬛▷ *calendae*.

kānăba, ⬛▷ *canaba*.

kanna, ⬛▷ *canna*.

kānus, ⬛▷ *canus*.

kăput, ⬛▷ *caput*.

Kărŏlus (Căr-), *i*, m. (germ.; cf. rus. *korol'*, roi), Charles [nom de plusieurs rois carolingiens à partir de Charlemagne] : ***Carulus*** Cont. Hisp. 104, Charles (Martel).

Karthāgo, ⬛▷ *Carthago*.

koenōsis, *ĕos*, f. (κοίνωσις), communication [rhét.] : Isid. 2, 21, 28.

koppa (co-), n. indécl. (κόππα), koppa [lettre grecque, modèle de *q* et conservée seulement comme signe numérique valant 90] : Quint. 1, 4, 9.

kȳrĭe ĕlĕĭsŏn (κύριε ἐλέησον; cf. fr. *kyrielle*), [chrét.] invocation chantée : ***kyrie eleyson, quod dicimus nos miserere Domine*** Eger. 24, 5, Kyrie eleison, ce que nous disons : Seigneur, prends pitié !

L

l, n., f., indécl., onzième lettre de l'alphabet latin, prononcée el [ll], ιλλε CIL 58; MAR. VICT. Gram. 6, 5, 21 ‖ [abréviation] **L.** = **Lucius** ‖ employé dans la numération, L vaut cinquante.

Labaetĭa, *ae*, f., ville d'Arabie: PLIN. 6, 160.

Lābăn, m. indécl. et **Lābānus**, *i*, m., Laban [père de Lia et de Rachel]: VULG. Gen. 24, 29.

lăbans, ▶ labo.

lăbărum, *i*, n. (?), labarum [étendard impérial sur lequel Constantin avait fait mettre une croix et les initiales de J.-C.]: PRUD. Sym. 1, 487; AMBR. Ep. 40, 9.

lăbascō, *ĭs*, *ĕre*, -, - (labo), intr., chanceler: LUCR. 1, 537 ‖ [fig.] se laisser ébranler, fléchir: PL. Ru. 1394; TER. Eun. 178; Ad. 239.
▶ labascor dép. VARR. d. NON. 473, 11.

Labatānis, *is*, f., île de la mer Rouge: PLIN. 6, 151.

labda, n. indécl. (λάβδα), lettre grecque [λ]: QUINT. 1, 11, 5 ‖ **labda**, *ae*, m., (f.) (cf. λείχω ou plutôt λαικάζω), ▶ *laecasin* = *irrumator*: VARR. Men. 48, cf. AUS. Epigr. 78 (128), 8; ▶ *lambda*.

Labdăcĭdae, *ārum*, m. pl., les Thébains [les Labdacides, la race de Labdacus]: STAT. Th. 9, 777; 10, 36.

labdăcismus, *i*, m. (λαβδακισμός), abus de mots commençant par la lettre *l*: CAPEL. 5, 514 ‖ labdacisme, prononciation vicieuse de la lettre *l*: DIOM. 453, 8; SERV. Gram. 4, 445, 12.

Labdăcus, *i*, m. (Λάβδακος), roi de Thèbes, aïeul d'Œdipe: SEN. Herc. f. 495 ‖ **-cĭus**, *a*, *um*, des Labdacides, Thébain: *Labdacius dux* STAT. Th. 2, 210, le chef thébain [Étéocle].

lăbĕa, *ae*, f. (cf. *labium*, 1 *labrum*, *lambo*) ¶ **1** lèvre: PL. St. 721; TITIN. Com. 172; LUCIL. 336, cf. GELL. 10, 4, 4 ¶ **2** bord du pressoir: CAT. Agr. 20, 2.

Lăbĕātes, *um* ou *ĭum*, m. pl., peuple d'Illyrie: LIV. 44, 32, 3 ‖ **-ātis**, *ĭdis*, adj. f., des Labéates: *Labeatis palus* LIV. 44, 31, 3, lac Labéatien, cf. LIV. 44, 31, 10 ‖ **-ātae**, *ārum*, m. pl., les Labéates: PLIN. 3, 144.

Labecĭa, *ae*, f., ▶ *Labaetia*.

lābēcŭla, *ae*, f. (dim. de *labes*), légère tache (flétrissure): CIC. Vat. 41.

lăbĕfăcĭō, *ĭs*, *ĕre*, *fēcī*, *factum* (labo, facio), faire chanceler, secouer, ébranler: CAES. C. 2, 22; TAC. An. 1, 75 ‖ renverser, ébranler [principes, etc.]: CIC. Sest. 101 ‖ détruire, ruiner: CIC. Har. 60; LIV. 3, 64, 3.

lăbĕfactātĭō, *ōnis*, f. (labefacto), ébranlement: PLIN. 23, 56; QUINT. 8, 4, 14.

lăbĕfactātus, *a*, *um*, part. de labefacto.

lăbĕfactĭō, ▶ *labefactatio*: OROS. Hist. 7, 41.

lăbĕfactō, *ās*, *āre*, *āvī*, *ātum* (fréq. de labefacio), tr. ¶ **1** faire chanceler, faire glisser, renverser: CIC. Verr. 4, 94; SUET. Ner. 38 ‖ affaiblir, endommager, ruiner: LUCR. 1, 694; OV. Am. 2, 13, 1 ¶ **2** [fig.] secouer renverser, faire crouler, ruiner: LUCR. 6, 798; CIC. Fam. 12, 5, 2; Dom. 27 ‖ ébranler un projet, faire céder: PL. Merc. 402; TER. Eun. 508.

lăbĕfactus, *a*, *um*, part. de labefacio.

lăbĕfīō, *fīs*, *fĭĕrī*, pass. de labefacio.

1 **lăbellum**, *i*, n. (dim. de 1 *labrum*), petite lèvre [d'enfant]: CIC. Div. 1, 78 ‖ lèvre délicate, lèvre: VIRG. B. 2, 34 ‖ terme d'affection: PL. Poen. 235.

2 **lābellum**, *i*, n. (dim. de 2 *labrum*), petit bassin: CAT. Agr. 10, 2; COL. 12, 44, 1 ‖ coupe à libations: CIC. Leg. 2, 66.

lābens, *tis*, part. de labor.

1 **lăbĕo**, *ōnis*, m. (labea), qui a de grosses lèvres, lippu: ARN. 3, 4; ▶ *labio*.

2 **Lăbĕo**, *ōnis*, m., surnom romain des Fabii, des Antistii, cf. PLIN. 11, 159 ‖ [not^t] Antistius Labéon, célèbre jurisconsulte: GELL. 13, 10, 1; DIG. 1, 2, 2, 44.

lăbĕōnĭa, *ae*, f. (labeo), marrube [plante]: PS. DIOSC. 3, 105.

lăbĕōsus, *a*, *um* (labea), lippu: LUCR. 4, 1169.

Lăbĕrĭa, *ae*, f., nom de femme: CIL 6, 2257.

Lăbĕrĭānus, *a*, *um*, de Labérius [le poète]: SEN. Ir. 2, 11, 4.

Lăbĕrĭus, *ii*, m., nom d'une famille romaine [not^t] D. Labérius [célèbre auteur de mimes]: CIC. Fam. 12, 18, 2; HOR. S. 1, 10, 6.

lābēs, *is*, f. (1 labor) ¶ **1** chute, éboulement: *agri* CIC. Div. 1, 97, affaissement du sol; *ut multis locis labes factae sint* CIC. Div. 1, 78, tellement qu'en maints endroits il y eut des affaissements, des éboulements; *terrae* LIV. 42, 15, 5, éboulement de terre; *labem dare* LUCR. 2, 1145, s'écrouler ¶ **2** [fig.] effondrement, ruine, destruction: *prima mali labes* VIRG. En. 2, 98, commencement de ma chute et de mes malheurs; *innocentiae labes et ruina* CIC. Flac. 24, écroulement et ruine de l'innocence ‖ agent destructeur, fléau: *labes atque pernicies provinciae* CIC. Verr. prim. 2, fléau et ruine de la province, cf. CIC. Dom. 53 ¶ **3** tache, souillure: [tache d'encre] HOR. Ep. 2, 1, 235; *sine labe toga* OV. A. A. 1, 514, toge immaculée ‖ [fig.] *animi* CIC. Leg. 2, 24, tache morale; *labem alicui aspergere, inferre* CIC. Vat. 15; Cael. 42, jeter une tache sur l'honneur de qqn; *labem sceleris in familia relinquere* CIC. Sull. 88, laisser la tache d'un crime sur une famille; *hunc quas conscientiae labes in animo censes habuisse?* CIC. Off. 3, 85, quels stigmates la conscience ne lui avait-elle pas imprimés dans l'âme, à ton avis? ‖ *caenum illud ac labes* CIC. Sest. 26, cet homme qui n'est que boue et souillure.

lābescō, *ĭs*, *ĕre*, -, -, act. ?, part. prés. *labescens* (1 labor), intr., glisser, s'écouler: CONCIL. S. 1, 3, p. 155, 16.

lābescŏr, *scĕrĭs*, *scī*, -, dép., ▶ *labesco*: GLOSS. 5, 214, 30.

lābĭa, *ae*, f., ▶ *labea* lèvre: APUL. M. 2, 24; 3, 24.

lābĭbundus (lābĕ-), *a*, *um* (1 labor), qui coule, qui s'écoule: TIBER. 1, 14.

Lăbīcum, *i*, n., ville du Latium, entre Tusculum et Préneste: SIL. 12, 534; **Lăbīcī**, *ōrum*, m. pl., CIC. Agr. 2, 96; LIV. 2, 39, 4 ‖ **-bīcī**, *ōrum*, m. pl., habitants de Labicum: VIRG. En. 7, 796; SIL. 8, 368 ‖ **-bīcānus**, *a*, *um*, de Labicum: CIC. Planc. 23; LIV. 26, 9, 11, m. pl., habitants de Labicum: LIV. 4, 45; 6, 21 ‖ **-bīcānum**, n., territoire de Labicum: CIC. Par. 50.
▶ *Lăbīcānus* MART. 1, 88, 2.

lābĭdus, *a*, *um* (1 labor), glissant: VITR. 6, pr. 2; CHALC. 328.

Lăbĭēnānus, *a*, *um*, de Labiénus: B. AFRIC. 29.

Lăbĭēnus, *i*, m., lieutenant de César: HIRT. G. 8, 52, 2; CAES. C. 3, 13, 3.

lābĭlis, *e* (1 labor), glissant, instable: AMM. 31, 13, 6 ‖ [fig.] enclin à: ARN. 2, 45 ‖ qui rend glissant: AMM. 27, 10, 11.

lābĭlĭtĕr, adv., en s'écoulant doucement: AUG. Gen. litt. 2, 11; 3, 3.

lābīna, *ae*, f. (1 labor; al. *Lawine*), éboulement: AUG. Psalm. 36, s. 3, 12.

Lăbīnĭus, *ii*, m., ▶ *Labienus* [Q., fils de T. Labienus], général des Parthes: JORD. Rom. 237.

lăbĭo, *ōnis*, m., ▶ 1 *labeo*: VERR. d. CHAR. 103, 8.

labiosus

lăbĭōsus, v. labeosus.

lābiscŏr, *scĕrĭs*, *scī*, - (1 labor), v. labescor, intr., commencer à glisser : Diom. 344, 22.

lăbĭum, *ĭi*, n. (cf. 1 labrum ; esp. labio), [et ordin¹] **lăbĭa**, *ōrum*, pl., lèvre, lèvres : Plin. 29, 46 ; 34, 115 ‖ *ductare aliquem labiis* Pl. Mil. 93, mener qqn par le bout du nez.

lăbō, *ās*, *āre*, *āvī*, *ātum* (cf. 1 labor et 1 dico, 2 dico), intr. ¶ **1** chanceler, vaciller, vouloir tomber : *signum labat* Cic. Verr. 4, 95, la statue chancelle ; *sermone labare* Plin. 14, 146, bredouiller ¶ **2** [fig.] menacer ruine, être ébranlé : *omnes rei publicae partes labantes confirmare* Cic. Mil. 68, affermir tout le corps chancelant de l'État ; *labantem fortunam populi Romani sustinere* Liv. 26, 41, 17, soutenir la fortune chancelante du peuple romain ‖ vaciller, n'être pas ferme (stable) : *labat meum consilium* Cic. Att. 8, 14, 2, mon projet est vacillant ; *labamus* Cic. Tusc. 1, 78, nous hésitons, cf. Cic. Phil. 6, 10 ; *cohortes labare dicuntur* Cic. Att. 10, 15, 1, ces cohortes menacent, dit-on, de faire défection.

1 lābor, *bĕris*, *bī*, *lapsus sum* (cf. labo, labes, 2 labor, scr. lambate, al. schlaff), intr. ¶ **1** glisser, trébucher, tomber : *anguis lapsus* Virg. En. 7, 349, le serpent se glissant ; *rate per aequora labi* Ov. H. 10, 65, glisser en bateau sur les eaux ; *labere, nympha, polo* Virg. En. 11, 588, nymphe, (laisse-toi glisser) descends du ciel ; *per genas lacrimae labuntur* Ov. H. 7, 185, les larmes coulent le long de ses joues ; *folia lapsa cadunt* Virg. En. 6, 310, les feuilles détachées tombent ; *labitur exsanguis, labuntur lumina* Virg. En. 11, 818, elle glisse à terre (elle s'affaisse) inanimée, ses yeux défaillent ; *lapsus temone* Virg. En. 12, 470, ayant glissé du timon ; *effigies de caelo lapsa* Cic. Verr. 5, 187, image descendue du ciel ; *continenter labuntur et fluunt omnia* Cic. Ac. 1, 31, tout glisse et s'écoule continuellement [tout est en perpétuel mouvement] ; *lapsus in rivo* Cic. Fat. 5, tombé dans un ruisseau ‖ *e manibus custodientium lapsus* Curt. 3, 13, 3, échappé des mains de ses gardiens ¶ **2** [fig.] **a)** glisser, couler : *brevitate et celeritate syllabarum labi putat verba proclivius* Cic. Or. 191, grâce à la brièveté et à la rapidité de ces syllabes, la phrase, selon lui, coule d'une allure plus rapide **b)** se laisser aller : *labor longius* Cic. Fam. 9, 10, 3, je me laisse aller trop loin ; *ad opinionem labi* Cic. Ac. 2, 138, se laisser aller à une opinion ; *labor eo, ut adsentiar...* Cic. Ac. 2, 139, je me laisse aller à approuver... **c)** s'en aller, s'écouler : *ne voces laberentur atque errarent* Cic. Nat. 2, 144, pour empêcher que les sons ne s'en aillent et ne se perdent ; *labuntur anni* Hor. O. 2, 14, 2, les années s'écoulent ; *labente disciplina* Liv. 1 pr. 9, la discipline glissant, s'en allant **d)** chanceler, menacer de tomber : *labentem et prope cadentem rem publicam fulcire* Cic. Phil. 2, 51, soutenir l'État chancelant et sur le point de tomber, cf. Cic. Rab. Post. 43 **e)** trébucher, tomber, se tromper *in aliqua re* Cic. Nat. 1, 29 ; Brut. 185 ; de Or. 1, 169, trébucher, défaillir dans qqch., à propos de qqch. ; *hac spe lapsus* Caes. G. 5, 55, 3, déçu dans cette espérance **f)** [chrét.] déchoir, pécher : Prud. Ham. 665.

▶ inf. *labier* Lucr. 4, 445 ; Hor. Ep. 2, 1, 94 ‖ *labundus, a, um* Acc. Tr. 570.

2 lăbor, *ōris*, m. (cf. labo, 1 labor, labes ; esp. labor) ¶ **1** peine qu'on se donne pour faire qqch., fatigue, labeur, travail : *labor est functio quaedam vel animi vel corporis gravioris operis et muneris* Cic. Tusc. 2, 35, le labeur est un accomplissement déterminé, soit moral, soit physique, d'un travail ou d'une tâche qq. peu pénible ; *res est magni laboris* Cic. de Or. 1, 150, la chose demande un grand travail ; *multo labore meo* Cic. Verr. 4, 146, en me donnant beaucoup de peine ; *nullo labore aliquid facere* Cic. Verr. 2, 135, accomplir qqch. sans peine ; *ex labore se reficere* Caes. G. 3, 5, 3 ; 7, 83, 7, se remettre de ses fatigues ; *tantum laborem suscipere* Cic. Verr. 5, 180, assumer un si lourd labeur ; *non mediocribus inimicitiis ac laboribus contendere, ut* Cic. Verr. 5, 181, en affrontant des haines et des fatigues peu ordinaires s'efforcer de ; *labores Herculis* Cic. Verr. 4, 95, les travaux d'Hercule ; *labores gerere* Cic. Phil. 6, 17, assumer des labeurs ‖ *labor major est totam causam dicere* Cic. Brut. 209, cela coûte plus de travail (peine) de plaider une cause entière ; *labor erat capere...* Liv. 39, 1, 5, c'était tout un travail que de prendre... ¶ **2** travail, activité dépensée : *labore et diligentia aliquid consequi* Cic. Cael. 74, atteindre qqch. par son travail et son zèle ; *non ab industria, sed ab illiberali labore aliquem deterrere* Cic. Fin. 1, 3, détourner qqn non pas de l'activité, mais d'un travail servile ; *maximi laboris (legatus)* Cic. Mur. 34, (lieutenant) qui a dépensé la plus grande activité ‖ résistance à la fatigue : *summi laboris (sunt jumenta)* Caes. G. 4, 2, 2, (les bêtes de somme) sont très dures à la fatigue ¶ **3** travail, tâche à accomplir : *labores magnos excipere* Cic. Brut. 243, soutenir de grandes tâches [affaires à plaider] ; *labor forensis* Cic. Sull. 11, le travail du forum, cf. Cic. de Or. 1, 1 ; *labor imperatorius* Cic. Tusc. 2, 62, la tâche du général ¶ **4** travail, résultat de la peine : *ita multorum mensium labor hostium perfidia et vi tempestatis puncto temporis interiit* Caes. C. 2, 14, 4, ainsi le travail de plusieurs mois périt en un instant grâce à la perfidie des ennemis et à la violence de la tempête, cf. Virg. G. 1, 325 ¶ **5** situation pénible, malheur : *cujus erga me benevolentiam vel in labore meo vel in honore perspexi* Cic. Fam. 15, 8, dont j'ai vu pleinement le dévouement pour moi quand j'étais, soit à la peine, soit à l'honneur ; *quoniam in tantum luctum et laborem detrusus es* Cic. Q. 1, 4, 4, puisque tu as été poussé à ce degré de chagrins et de tribulations ¶ **6** malaise, maladie : *apium labor* Col. 9, 13, 2, maladie des abeilles, cf. Pl. Curc. 2, 19 ; *nervorum* Vitr. 8, 3, 4, maladie des nerfs ‖ douleur physique : Pl. Cas. 306 ‖ chagrin, peine : Ter. And. 720 ; Haut. 82 ‖ [poét.] *labores lunae, solis* Virg. G. 1, 478 ; En. 1, 742, les défaillances, les éclipses de la lune, du soleil.

▶ arch. *labos* Pl., Ter., Catul. 55, 13 Plin. 6, 60.

lăbōrātĭo, *ōnis*, f., action de travailler, travail : Ps. Fort. Leob. 1, 4.

lăbōrātŏr, *ōris*, m., celui qui travaille : Cassiod. Jos. ant. 8, 59.

1 lăbōrātus, *a*, *um* ¶ **1** part. de laboro ¶ **2** [adj¹] rempli de fatigue, laborieux : Stat. Th. 1, 341 ; Val.-Flac. 5, 255 ‖ pénible : *laboratior* Tert. Virg. 10, 3.

2 lăbōrātŭs, *ūs*, m., effort : Fort. Rad. 13, 32.

Lăbōrĭae, *ārum*, f. pl., **Lăbōrīni campi**, m. pl., Labories [canton de la Campanie] : Plin. 3, 60 ; 17, 28 ; 18, 111.

lăbōrĭfĕr, *ĕra*, *ĕrum* (labor, fero), qui supporte le travail, la peine, laborieux : Ov. M. 9, 285 ; Stat. Th. 6, 25.

Lăbōrīni, v. Laboriae.

lăbōrĭōsē, adv. (laboriosus), avec travail, avec peine, laborieusement : Cels. 5, 17, 2 ; *-sius* Cic. Com. 31 ; *-issime* Cic. Caecil. 71 ‖ avec de la souffrance : Catul. 38, 1.

lăbōrĭōsus, *a*, *um* (2 labor) ¶ **1** qui demande du travail, de la peine, laborieux, pénible : *exercitatio corporis laboriosa* Cic. Fin. 1, 32, exercice physique pénible ‖ *-sior* Cic. Leg. 3, 19 ; *-issimus* Cic. Pomp. 70 ¶ **2** qui se donne au travail, actif, laborieux : Cic. Tusc. 2, 35 ‖ qui est dans le travail, dans la fatigue, dans la peine : Cic. Mil. 5 ; Phil. 11, 8 ‖ qui est dans la souffrance : Cic. Tusc. 4, 18.

lăbōrō, *ās*, *āre*, *āvī*, *ātum* (2 labor ; fr. labourer), intr. et qqf. tr.

I intr. ¶ **1** travailler, prendre de la peine, se donner du mal : *aratores sibi laborant* Cic. Verr. 3, 121, les cultivateurs travaillent pour eux ; *pro aliquo* Cic. de Or. 2, 206, en faveur de qqn ; *in aliqua re* Cic. Nat. 3, 62, dans, à qqch. ‖ [avec *ut* subj.] travailler à ce que, prendre de la peine pour que : Cic. Verr. 5, 126 ; Brut. 92 ; Planc. 50 ; Prov. 28 ; Caes. G. 7, 31, 1 [avec *ne*] pour que ne pas : Cic. Att. 7, 17, 3 ‖ [avec inf.] s'occuper de, s'efforcer de : Hor. P. 435 ; Plin. Ep. 1, 10, 2 ; 2, 5, 9 [surtout avec nég.] ne pas s'occuper de : Cic. Verr. 3, 127 ; Att. 5, 2, 2 ; Nep. Pel. 3, 1 ‖ [avec prop. inf.] tâcher que : Sen. Ep. 124, 1 ¶ **2** être en peine, s'inquiéter : *si delectamur, sin laboramus* Cic. Fin. 1, 3, si nous éprouvons du

plaisir..., mais si au contraire nous éprouvons de la peine ; *hoc laborant* Cic. *Caecil.* 68, voilà ce qui les met en peine ; *de aliqua re* Cic. *Verr.* 4, 67 ; *Clu.* 198, se mettre en peine de qqch. ; *de aliquo* Cic. *Phil.* 8, 27, au sujet de qqn ; *in aliqua re* Cic. *Att.* 4, 1, 3, à propos de qqch. ‖ [avec interrog. ind.] : *quam sibi constanter dicat, non laborat* Cic. *Tusc.* 5, 26, à quel point est-il d'accord avec lui-même ? il ne s'en met pas en peine, cf. Cic. *Fam.* 3, 7, 6 ; *Amer.* 97 ; *Com.* 43 ¶ **3** peiner, être dans l'embarras, être en danger : *ab re frumentaria* Caes. *G.* 7, 10, 1 ; *C.* 3, 9, 5, avoir des difficultés pour l'approvisionnement en blé ; *laborantibus nostris... submittit* Caes. *G.* 7, 20, 2, aux nôtres qui étaient en danger il envoie en secours..., cf. *G.* 7, 85, 1 ; *ab equite hoste, a pedite laborare* Liv. 9, 19, 15, être mis en danger par la cavalerie des ennemis, par leur infanterie [pass. impers.] *ad munitiones laboratur* Caes. *G.* 7, 85, 4, la situation est critique près des retranchements ‖ être dans un malaise, être tourmenté, incommodé : *a frigore et aestu* Varr. *R.* 2, 2, 17, être incommodé par le froid et la chaleur ; *morbo aliquo* Cic. *Fin.* 1, 59, être incommodé de qq. maladie ; *ex renibus* Cic. *Tusc.* 2, 60, souffrir des reins, cf. Cic. *Fam.* 7, 26, 1 ; 9, 23 ; *ex desiderio* Cic. *Fam.* 16, 11, 1, souffrir de l'absence ; *ex aere alieno* Caes. *C.* 3, 22, 1, être tourmenté par les dettes ; *aliud est dolere, aliud laborare* Cic. *Tusc.* 2, 25, autre chose est de souffrir, autre chose est de peiner ; *sine febri* Cic. *Att.* 5, 8, 1, être indisposé sans fièvre ‖ *ejus artus laborabant* Cic. *Tusc.* 2, 61, il souffrait de la goutte ‖ [en parlant des éclipses] : *curare, cum Luna laboret* Cic. *Tusc.* 1, 92, être inquiet quand la Lune est défaillante.
II [mise au pass. pers. du tour *laborare id, illud* acc. de l'objet intér.] ¶ **1** *haec mihi ampliora multo sunt, quam illa ipsa propter quae haec laborantur* Cic. *Fam.* 3, 13, 1, de telles démonstrations d'amitié sont beaucoup plus importantes pour moi que ces avantages mêmes pour lesquels elles sont dépensées ¶ **2** *minus id nobis laborandum est, qualis...* Cic. *Verr.* 2, 76, nous n'avons guère à nous inquiéter de savoir quel....
III tr. ¶ **1** faire par le travail, élaborer ; *rem,* qqch. : Hor. *Epo.* 5, 60 ; Prop. 4, 3, 33 ; *arte laboratae vestes* Virg. *En.* 1, 639, étoffes travaillées avec art ; *laborata Ceres* Virg. *En.* 8, 181, le pain ¶ **2** travailler, cultiver : Tac. *G.* 45.

lăbōs, ōris, [V.] *2 labor* ► ‖ **Labos** Virg. *En.* 6, 277, la Peine [travail pénible].

lăbōsus, *a, um* (*labi*), glissant : Lucil. 109.

lăbrātūra, *ae*, f., lèvres d'une blessure : Chir. 86.

lăbrātus, *a, um*, qui a de grosses lèvres, lippu : Char. 102, 3.

Lăbrax, m. (Λάβραξ), nom d'un leno : Pl. *Ru.* 344.

Lăbrăyndŏs, *i*, m. (Λαβράυνδος), Labraynde [surnom de Jupiter, qui avait un temple à Labrande, ville de Carie] : Plin. 32, 16.

Labro, ōnis, m., port d'Étrurie [auj. Livourne] : Cic. *Q.* 2, 6, 2.

Lăbrŏs, *i*, m. (λάβρος " vorace "), nom de chien : Ov. *M.* 3, 224.

lăbrōsus, *a, um* (*labrum*), qui a la forme d'une lèvre : Cels. 7, 26, 2.

1 lăbrum, *i*, n. (*labea, labium, lambo* ; it. *labbro*) ¶ **1** lèvre : Cic. *Div.* 2, 66 ; Hor. *Ep.* 1, 16, 60 ‖ *labra labris conserere* Matius d. Gell. 20, 9, 2, embrasser ; *linere alicui labra* Mart. 3, 42, 2, tromper qqn ‖ *primis labris gustare* Cic. *Nat.* 1, 20, effleurer, étudier superficiellement ‖ *a summis labris venire* Sen. *Ep.* 10, 3, venir du bout des lèvres [paroles] ¶ **2** bord, rebord : Caes. *G.* 7, 72 ; Liv. 37, 37, 11 ; Plin. 31, 28.

2 lăbrum, *i*, n. (*1 lavo*), grand vase [en terre, en pierre ou en métal], bassin, cuve, baignoire : Cat. *Agr.* 11 ; Cic. *Fam.* 14, 20 ; Plin. *Ep.* 5, 6, 20 ‖ *labra Dianae* Ov. *F.* 4, 761, le bain de Diane ; *labrum Venerium* Plin. 25, 171, chardon à foulon.

lăbrusca, *ae*, f. (cf. *laburnum*, ou *lambo* ? ; fr. *lambris*), lambruche, vigne sauvage : Virg. *B.* 5, 7 ; Plin. 23, 19 ‖ [adj^t] *labrusca vitis* Plin. 12, 48, même sens ; *uva* Col. 8, 5, raisin sauvage.

lăbruscum, *i*, n., fruit de la lambruche : Culex 53.

Lăbulla, *ae*, f., **Lăbullus**, *i*, m., nom de femme, nom d'homme : Mart. 4, 9 ; 11, 24.

lăbundus, *a, um*, qui tombe, [V.] *1 labor* ►.

laburnum, *i*, n. (cf. *labrusca* et *viburnum* ; fr. *aubour*), aubour [arbre] : Plin. 16, 76 ; 17, 174 ; [V.] *alburnum*.

lăbўrinthēus, *a, um*, du labyrinthe : Catul. 54, 114.

lăbўrinthĭcus, *a, um*, de labyrinthe, sinueux : Sidon. *Ep.* 9, 13, 5 v. 91 ‖ [fig.] embrouillé, insoluble : Sidon. *Ep.* 4, 11, 2.

lăbўrinthus (-thŏs), *i*, m. (λαβύρινθος), labyrinthe, en gén. bâtiment dont il était difficile de trouver l'issue ; le labyrinthe d'Égypte : Plin. 5, 61 ; 36, 84 ‖ de Crète, construit par Dédale : Virg. *En.* 5, 588 ; Plin. 36, 85 ‖ de Clusium en Étrurie : Varr. d. Plin. 36, 91 ‖ [fig.] difficulté inextricable : Sidon. *Ep.* 2, 5, 1

lāc, *lactis*, n. (*lactes, dēlĭcus* ?, cf. γάλα ; it. *latte*, bret. *laezh*), lait : Lucr. 5, 814 ; Cic. *Tusc.* 3, 2 ‖ *a lacte cunisque* Quint. 1, 1, 21, dès la première enfance ‖ suc laiteux des plantes : Virg. *En.* 4, 514 ; Ov. *M.* 11, 606 ‖ de couleur laiteuse : Ov. *A. A.* 1, 290.
► nom. arch. *lacte* Enn. *An.* 352, cf. Char. 102, 4 ; Pl. *Mil.* 240 ; acc. Cat. *Agr.* 86 ; 150, 1 ‖ *lact* *Varr. *Men.* 26 ; Aus. *Techn.* 3 (349), 13 ; Capel. 3, 307 ‖ acc. m. *lactem* Petr. 71, 1 ; Apul. *M.* 8, 28.

Lăcaena, *ae*, f. (Λάκαινα), Laconienne, Lacédémonienne : Cic. *Tusc.* 1, 102 ; Virg. *G.* 2, 487 ‖ = Hélène : Virg. *En.* 2, 601 ; 6, 511 ‖ = Léda : Mart. 9, 103, 2 ‖ = Clytemnestre : Val.-Flac. 7, 150.

1 lacca, *ae*, f. (cf. *lacertus* ?), sorte de tumeur aux jambes [des bêtes de somme] : Veg. *Mul.* 1, 27, 4.

2 lacca, *ae*, f. (λακχα, cf. *laccar* ; fr. *laque*), orcanette [plante tinctoriale] : Gloss. 3, 547, 48.

laccănĭum, *ii*, n. (cf. *1 lacca* ?), plante du pied : VL. *Act.* 3, 7.

laccăr, *ăris*, n., [C.] *2 lacca* : Plin. Val. 2, 17.

laccārĭus, *ii*, m. (*laccus*), fabricant de citernes : Cod. Just. 10, 66, 1.
► lire p.-ê. *laquearius*.

laccātum, *i*, n. (*2 lacca*), vin teinté : CIL 4, 5641.

laccus, *i*, m. (λάκκος), citerne : CIL 3, 6627 ; [V.] *lacus*.

Lăcĕdaemōn, *mŏnis*, f., Lacédémone, nom. **Lacedaemo**, Cic. *Leg.* 2, 39 ; *Rep.* 1, 50, abl. **Lacedaemone**, Cic. *Tusc.* 5, 77, loc. **Lacedaemoni**, Nep. *praef.* 4.

Lăcĕdaemŏnĭus, *a, um*, de Lacédémone ‖ subst. m., Lacédémonien : Cic. *Tusc.* 1, 100 ; *Div.* 1, 95.

lăcĕr, *ĕra, ĕrum* (cf. *lancino*, λακίζω, rus. *lohma*) ¶ **1** mutilé, déchiré, mis en pièces [pr. et fig.] : Lucr. 3, 403 ; Virg. *En.* 6, 495 ; 9, 491 ; Liv. 1, 28, 10 ; Tac. *H.* 3, 10 ; Plin. *Pan.* 39, 3 ¶ **2** qui déchire : Ov. *M.* 8, 877.
► m. *lacerus* Fort. *Mart.* 1, 116 ; 1, 492.

lăcĕrābĭlis, *e*, qu'on peut déchirer : Aus. *Idyl.* 15 (362), 17.

lăcĕrans, *antis*, part.-adj. de *lacero*, *maritimus aer lacerantior est* Cael.-Aur. *Chron.* 3, 8, 113, l'air de la mer est plus vif, plus coupant.

lăcĕrātĭo, ōnis, f. (*lacero*), action de déchirer : Cic. *Pis.* 42 ; Liv. 7, 4, 2 ‖ pl., Cic. *Tusc.* 3, 62 ; Sen. *Ir.* 3, 3, 6.

lăcĕrātŏr, ōris, m., **lăcĕrātrix**, *īcis*, f., celui, celle qui déchire : Aug. *Mor. eccl.* 1, 1, 1 ; Cassiod. *Psalm.* 37, 21.

lăcĕrātus, *a, um*, part. de *lacero*.

Lăcĕrĭus, *ii*, m., nom d'un tribun de la plèbe : Liv. 5, 10.

lăcerna, *ae*, f. (cf. *lacer, lacinia* ? étr. ?), lacerne, manteau de grosse étoffe sans manches, souvent muni d'un capuchon et qui se mettait par-dessus la tunique : Cic. *Phil.* 2, 76 ; Hor. *S.* 2, 7, 55 ; Sen. *Ep.* 114, 21.

lăcernātus, *a, um*, revêtu d'une lacerne : Vell. 2, 80, 3 ; Juv. 1, 62.

lăcernŭla, *ae*, f. (dim. de *lacerna*), petite cape : Arn. 2, 19.

lăcĕrō, *ās, āre, āvī, ātum* (*lacer*), tr. ¶ **1** mettre en morceaux, déchirer : Cic.

lacero

Tusc. 1, 106 ; Lucr. *3, 880* ; Virg. *En. 12, 98* ; Ov. *M. 11, 726* ; Liv. *3, 58, 8* ‖ briser, fracasser [vaisseaux] : Curt. *4, 3, 18* ; Liv. *29, 18, 5* ‖ couper, découper : Petr. *36* ‖ dévaster : Juv. *4, 37* ¶**2** déchirer [en paroles], railler : Cic. *Brut. 156* ; *Phil. 11, 5* ; Sall. *J. 85, 26* ; Tac. *An. 15, 73* ¶**3** déchirer, faire souffrir : Cic. *Ac. 2, 23* ; *Dom. 59* ; *Att. 3, 8, 2* ‖ déchirer [la patrie, l'État] : Cic. *Off. 1, 57* ; Liv. *2, 57, 3* ‖ dissiper, mettre en pièces, gaspiller [patrimoine, argent] : Pl. *Merc. 48* ; Sall. *C. 14, 2* ; Cic. *Verr. 3, 164*.

lăcerta, *ae*, f. (2 *lacertus* ; fr. *lézarde*), lézard : Hor. *O. 1, 23, 7* ; Plin. *8, 141* ; Sen. *Ep. 108, 29* ‖ variété de maquereau : Cic. *Att. 2, 6, 1*.

lăcertōsus, *a*, *um* (1 *lacertus*), qui a des muscles ; fort, robuste : Cic. *Phil. 8, 26* ; Ov. *M. 11, 33* ; Col. *1, 9, 4*.

lăcertŭlus, *i*, m. (dim. de 2 *lacertus*), sorte de pâtisserie : *Apul. M. 10, 13, 6*.

lăcertum, *i*, n., C.▶ 1 *lacertus* : *lacerta* Acc. *Tr. 222*, les bras.

1 lăcertus, *i*, m. (2 *lacertus*, peu clair, esp. *lagarto*), [surtout au pl.] **lăcerti**, les muscles : Quint. *8, pr. 19* ; [fig.] Cic. *Brut. 64* ‖ [en part.] muscles de la partie supérieure du bras, biceps : Lucr. *4, 829* ; Ov. *M. 1, 501* ; *14, 304* ‖ [en gén.] bras : Cic. *Tusc. 2, 37* ; *CM 27* ; Ov. *Am. 3, 8, 11* ; **excusso lacerto** Sen. *Ben. 2, 6, 1*, en secouant fortement le bras (de toute la force de son bras) ‖ [fig.] force du bras, bras puissant, force : Hor. *Ep. 2, 2, 48* ‖ coup porté par un bras puissant : Sil. *1, 262*.

2 lăcertus, *i*, m. (1 *lacertus*, fr. *lézard*), lézard : Virg. *B. 2, 9* ; *G. 4, 13* ‖ maquereau : Cels. *2, 18* ; Plin. *32, 146* ; *149* ; Mart. *10, 48, 11* ; Juv. *14, 131*.

lăcĕrus, v.▶ *lacer* ▶.

lăcessītĭō, *ōnis*, f. (*lacesso*), attaque : Amm. *19, 3, 1*.

lăcessītŏr, *ōris*, m. (*lacesso*), agresseur : Isid. *10, 160*.

lăcessītus, *a*, *um*, part. de *lacesso*.

lăcessō, *ĭs*, *ĕre*, *īvī* ou *ĭī*, *ītum* (désid., cf. lacio), tr. ¶**1** harceler, exciter, provoquer, irriter, exaspérer : Ter. *Phorm. 13* ; **aliquem ferro** Cic. *Mil. 84*, provoquer qqn par le fer (**maledictis** Cic. *Phil. 2, 1*, par des injures) ‖ **hostes proelio** Cæs. *G. 4, 11, 6*, attaquer (assaillir) l'ennemi ; [fig.] Cic. *de Or. 1, 17* ‖ [poét.] assaillir, frapper : [pr.] Ov. *Tr. 5, 9, 30* ; Lucr. *4, 597* ; Sen. *Br. 4, 1* ; [fig.] Virg. *En. 7, 527* ‖ harceler, fatiguer [la mer] : Hor. *O. 1, 35, 7* ¶**2** exciter à, stimuler vers, pousser à : **ad scribendum** Cic. *Att. 1, 13, 1*, engager à écrire, cf. Liv. *2, 45, 3* ‖ provoquer, amener par excitation, allumer : **sermones** Cic. *Fam. 3, 8, 7*, provoquer des propos, des racontars ; **bella** Virg. *En. 11, 254*, provoquer des guerres, cf. Lucr. *4, 691* ; **pugnam** Liv. *33, 7, 6* (Virg. *En. 5, 429*, préluder au combat), amorcer, entamer la lutte, cf. Liv. *37, 16, 9* ; *44, 4, 2*.

▶ inf. pass. de la 4ᵉ conj. *lacessiri* Col. *9, 8, 3* ; *9, 15, 4*.

Lacetānĭa, *ae*, f., Lacétanie [auj. Jaca, en Tarraconaise, au pied des Pyrénées] : Liv. *21, 23, 2* ; Plin. *25, 17* ‖ **-āni**, *ōrum*, m. pl., Lacétains : Liv. *21, 60, 3* ; Plin. *3, 24*.

lăchănĭzō, *ās*, *āre*, -, - (λάχανον et *betizo*), intr., être mou (comme une tige de bette) : Suet. *Aug. 87*.

Lăchēs, *ētis*, m. (Λάχης), général athénien : Cic. *Div. 1, 123* ‖ nom de personnage comique : Ter. *Hec. 727*.

Lăchĕsis, *is*, f. (Λάχεσις), une des trois Parques : Ov. *Tr. 5, 10, 45* ; Juv. *3, 27* ; *9, 136* ; Mart. *4, 54, 9*.

lachrim-, **lachrum-**, v.▶ *lacr-* : Gell. *2, 3, 3*.

lăci, gén., v.▶ *lacus* ▶.

Lacĭăcum, *i*, n., ville de Norique : Anton. *235*.

Lăcĭădēs, *ae*, m. (Λακιάδης), habitant de Lacia, bourg de l'Attique : Cic. *Off. 2, 64*.

Lacimurga, *ae*, f., ville de Bétique : Plin. *3, 14*.

lăcĭnĕa, C.▶ *lacinia* : Grom. *230, 5*.

1 lăcĭnĭa, *ae*, f. (cf. *lacer*, *lacerna*) ¶**1** pan de vêtement : Pl. *Merc. 126* ; Cic. *Fil. Fam. 16, 21, 7* ‖ bout, extrémité : **aliquid obtinere lacinia** Cic. *de Or. 3, 110*, tenir qqch. par le bout [= à peine] ¶**2** vêtement [en gén.] : Petr. *12, 2* ; Macr. *Sat. 2, 3, 9* ¶**3** bout, morceau, parcelle ***a)*** fanon [dans le bétail] : Plin. *8, 202* ***b)*** petit groupe : Plin. *19, 120* ; Col. *7, 5, 3* ***c)*** petite langue de terre : Plin. *5, 148*.

2 Lăcīnĭa, *ae*, f., Lacinia [surnom de Junon] : Cic. *Div. 1, 48* ; v.▶ 2 *Lacinium*.

lăcĭnĭātim, adv. (*lacinia*), par morceaux : **laciniatim dispersus** Apul. *M. 8, 15, 8*, éparpillé.

Lăcīnĭenses, m. pl., peuple de Liburnie : Plin. *3, 139*.

lăcĭnĭōsus, *a*, *um* (*lacinia*), formé de plis, divisé en segments, découpé, dentelé : Plin. *5, 62* ; *25, 124* ; *32, 60* ‖ [fig.] embarrassé, empêtré : Tert. *Marc. 4, 29, 6* ; **longo sermone et laciniosis periodis** Hier. *Joh. 8, p. 361 C*, en un long discours et des périodes embarrassées.

1 lăcĭnĭum, *ii*, n., C.▶ *lacinia* : Not. Tir. *97, 10*.

2 Lăcĭnĭum, *ii*, n. (Λακίνιον), promontoire Lacinium [à l'entrée du golfe de Tarente, où il y avait un temple de Junon] Atlas XII, F6 : Liv. *27, 25, 12* ; Plin. *3, 43* ‖ **-ĭus**, *a*, *um*, de Lacinium : Ov. *M. 15, 13* ; Cic. *Div. 1, 48* ; Liv. *24, 3, 3* ; Plin. *2, 240*.

lăcĭō, *ĭs*, *ĕre*, -, - (*lax*, *deliciae*, *pellax* ; cf. *laqueus*), tr., attirer, faire tomber [dans un piège] : P. Fest. *103, 25* ; *104, 16*.

Lacippo, *ōnis*, f., ville de Bétique : Mel. *2, 94*.

lăcis, abl., v.▶ *lacus* ▶.

Lăco, **Lăcōn**, *ōnis*, m. (Λάκων) ¶**1** lacédémonien, laconien : Cic. *Tusc. 5, 40* ; Nep. *Timoth. 1, 3* ; Hor. *O. 2, 6, 11* ‖ **Lacones**, m. pl., les Lacédémoniens : Prop. *3, 14, 33* ‖ = Castor et Pollux, les Dioscures : Mart. *1, 37, 2* ; *9, 4, 11* ¶**2** chien de Laconie : Hor. *Epo. 6, 6* ; Ov. *M. 3, 219*.

Lăcŏbrĭga (**Lacco-**), *ae*, f., ville de Lusitanie : Mel. *3, 7* ‖ ville de la Tarraconaise : Anton. *449* ‖ **-ĭgenses**, *ium*, habitants de Lacobriga [en Tarraconaise] : Plin. *3, 26*.

Lăcōn, v.▶ *Laco*.

Lăcōnĭa, Plin. *17, 133*, **Lăcōnĭca**, *ae*, f., Plin. *25, 94*, **Lăcōnĭcē**, *ēs*, f., Nep. *Tim. 2, 1* ; Mel. *2, 39*, la Laconie [contrée méridionale du Péloponnèse] Atlas VI, C2.

Lăcōnĭcus, *a*, *um*, de Laconie : Mel. *2, 50* ; Hor. *O. 2, 18, 7* ‖ **Laconicae canes** Plin. *10, 177*, chiennes de Laconie [pour la chasse] ‖ subst. n., **laconicum**, étuve : Cic. *Att. 4, 10, 2* ; Vitr. *5, 10, 5*.

Laconimurgi, n., C.▶ *Lacimurga*.

Lăcōnis, *ĭdis*, f., de Laconie, laconienne : Ov. *M. 3, 223* ‖ la Laconie : *Mel. 2, 41*.

lăcrĭma, (arch. **-ŭma**), **lăchrĭma** (**-chrŭma**), *ae*, f. (δάκρυμα ; fr. *larme*) ¶**1** larme : **effundere**, **profundere lacrimas** Cic. *Planc. 101* ; *Font. 38* ; **dare** Virg. *En. 4, 370* ; **mittere** Sen. *Ep. 76, 20*, verser des larmes ; **lacrumas alicui excutere**, **ciere**, **movere** Ter. *Haut. 167* ; Virg. *En. 6, 468* ; Quint. *4, 2, 77*, faire pleurer qqn, arracher des larmes à qqn ¶**2** larme ou goutte de gomme [issue de certaines plantes] : Virg. *G. 4, 160* ; Plin. *11, 14*.

▶ ancᵗ *dacrima*, *dacruma* P. Fest. *60, 5*.

lăcrĭmābĭlis, *e* (*lacrimo*) ¶**1** digne d'être pleuré, déplorable, triste : Virg. *En. 7, 604* ; Ov. *M. 796* ‖ lamentable : **gemitus lacrimabilis** Virg. *En. 3, 39*, un gémissement lugubre ¶**2** qui ressemble à des larmes, qui découle goutte à goutte : Arn. *7, 27* ‖ **-bilior** Salv. *Gub. 6, 87*.

lăcrĭmābĭlĭtĕr, adv., avec larmes : Hier. *Ep. 140, 15*.

lăcrĭmābundus, *a*, *um* (*lacrimo*), qui est tout en pleurs : Liv. *3, 46, 8*.

lăcrĭmātĭo, *ōnis*, f. (*lacrimo*), larmoiement : Plin. *23, 9* ‖ pleurs : Vulg. *Tob. 3, 22*.

lăcrĭmātōrĭus, *a*, *um* (*lacrimo*), qui combat le larmoiement : Placit. *17, 1*.

lăcrĭmātus, *a*, *um*, part. de *lacrimo*.

lăcrĭmō (**-crŭmō**), *ās*, *āre*, *āvī*, *ātum* (*lacrima* ; it. *lagrimare*) ¶**1** intr., pleurer, verser des larmes : Cic. *Att. 15, 27, 2* ; *Verr. 5, 121* ‖ [pass. impers.] **lacrimandum est** Sen. *Ep. 63, 1*, il faut pleurer ¶**2**, **lacrimandus** : Stat. *S. 5, 2, 93* ; *Th. 9, 100*, digne d'être pleuré [mais ***id lacrumare*** Ter. *Eun. 828* = pleurer relativement à cela] ¶**3** exsuder, distiller [en parlant des plantes] : Plin. *17, 107* ‖ **lacrimatae cortice myrrhae** Ov. *F. 1, 339*, myrrhes distillées par l'écorce.

▶ forme dép. *lacrimor* Hyg. *Fab.* 126; Tert. *Paen* 9, 4; Aug. *Conf.* 3, 2, 2.

lăcrĭmōsē, adv. (*lacrimosus*), en pleurant : Gell. 10, 3, 4 ‖ **-sius** Schol. Bob. Cic. *Planc.* 34.

lăcrĭmōsus, *a*, *um* (*lacrima*) ¶ **1** qui pleure, larmoyant : Ov. *M.* 1, 8, 111; Plin. 3, 8, 34 ¶ **2** qui provoque les larmes, triste, lamentable : Hor. *S.* 1, 5, 80; Ov. *M.* 10, 6 ¶ **3** suintant, coulant [plante] : Plin. 17, 261.

lăcrĭmŭla, *ae*, f. (dim. de *lacrima*), Ter. *Eun.* 67; Cic. *Planc.* 76 ‖ pl., Catul. 66, 16.

lăcrĭmūsa, *ae*, f. (cf. 2 *lacertus* et *lacrima*), lézard vert : Pol. Silv. p. 543, 4.

lăcrŭma, arch. pour *lacrima*.

lact, v.▶ *lac* ▶.

lacta, *ae*, f., c.▶ *casia* : Plin. 12, 97.

lactānĕus, *a*, *um*, de lait : CIL 6, 1424.

lactans, *tis*, part. de 1-2 *lacto*.

Lactantĭus, *ĭi*, m., Lactance [écrivain chrétien] : Hier. *Vir. ill.* 80.

lactāris, *e* (*lac*), qui allaite : M.-Emp. 23, 61.

lactārĭus, *a*, *um* (*lac*; cf. fr. *laiteron*), qui a rapport au lait; ***opus lactarium*** [ou abs^t] *lactaria* n. pl. : Lampr. *Hel.* 32, 4; 27, 3 laitage; ***lactaria herba*** Plin. 26, 62, tithymale, euphorbe [plante] ‖ qui tète : Varr. *R.* 2, 1, 17 ‖ subst. m., crémier : Lampr. *Hel.* 27, 3.

1 lactātĭo, *ōnis*, f. (1 *lacto*), allaitement : Ps. Rufin. *Os.* 2, 14, p. 977 D ‖ [fig.] nourriture : Iren. 4, 38, 1.

2 lactātĭo, *ōnis*, f. (2 *lacto*), caresse, flatterie : Symm. *Ep.* 1, 3, 2.

lactātum, *i*, n., breuvage au lait : Isid. 20, 3, 10.

lactĕ, *is*, v.▶ *lac* ▶.

lactens, *tis*, part. de *lacteo* pris subst^t **a)** *lactentes*, *ium*, f., animaux (victimes) encore à la mamelle : Liv. 37, 3, 6, cf. Cat. *Agr.* 141, 3 **b)** *lactentia*, *ium*, n. pl., laitage : Cels. 2, 28, 1.

lactĕō, *ēs*, *ēre*, -, - (*lac*), intr. ¶ **1** téter, être à la mamelle : Cic. *Cat.* 3, 19; *Leg.* 2, 29; Ov. *F.* 6, 137 ¶ **2** être laiteux [plante] : Virg. *G.* 1, 315; Ov. *F.* 1, 351; Plin. 20, 67.

lactĕŏlus, *a*, *um* (dim. de *lacteus*), qui ressemble à du lait, blanc comme du lait : Catul. 55, 17.

lactĕris, *idis*, f., **lacterida**, *ae*, f. (λαθυρίς et *lac*), épurge [plante] : Al.-Trall. 2, 153; Gloss. 3, 592, 20.

lactes, *ĭum*, f. pl. (cf. γαλακτίδες et *lac*), l'intestin grêle : Plin. 11, 200 ‖ intestins : Pl. *Curc.* 318 ‖ laitance des murènes : Suet. *Vit.* 13.

▶ [nom. sg. *lactis* donné par Prisc. 2, 213, 2].

lactescō, *ĭs*, *ĕre*, -, - (inch. de *lacteo*), intr. ¶ **1** se convertir en lait : Cic. *Nat.* 2, 128 ¶ **2** commencer à avoir du lait : Plin. 11, 237 ‖ devenir laiteux [plantes] : Plin. 17, 15; Serv. *G.* 1, 315 ¶ **3** [mét.] nourrir : Aug. *Conf.* 7, 18, 24.

lactĕus, *a*, *um* (*lac*) ¶ **1** de lait, laiteux : Ov. *M.* 15, 79 ‖ gonflé de lait : Virg. *G.* 2, 525 ¶ **2** qui tète : Mart. 3, 47, 12; 58, 22 ¶ **3** laiteux, couleur de lait : Virg. *En.* 8, 660; Mart. 8, 45, 2; ***lacteus circulus*** Cic. *Rep.* 6, 16, la Voie lactée [ou ***lactea via*** Ov. *M.* 1, 168 ‖ doux, agréable comme le lait : Quint. 10, 1, 32.

lactĭcŏlŏr, *ōris* (*lac, color*), blanc comme le lait : Aus. *Epist.* 7 (396), 2, 54.

lactĭcŭlārĭus, *a*, *um*, Gloss. Phil., c.▶ *lacticulosus* : Gloss. 2, 361, 33.

lactĭcŭlōsus, *i*, m., qui tète encore, non sevré : Petr. 57, 8.

lactĭdĭātus, *a*, *um* (λακτίζω), qui a reçu des coups de pied : Schol. Pers. 2, 30.

lactĭgĕr, *ĕra*, *ĕrum* (*lac, gero*), gonflé de lait : Apon. 9, p. 181.

lactĭlāgō, *ĭnis*, f., c.▶ *chamaedaphne* : Ps. Apul. *Herb.* 27.

lactĭnĕus, *a*, *um* (*lac*), blanc comme le lait : Fort. *Carm.* 8, 1, 27.

lactĭnus, *a*, *um* (*lactineus*), d'une blancheur laiteuse : Caes.-Arel. *Virg.* 44.

lactis, *is*., f., v.▶ *lactes* ▶.

1 lactō, *ās*, *āre*, *āvī*, *ātum* (*lac*) ¶ **1** intr. **a)** avoir du lait, allaiter : Lucr. 5, 885; Ov. *M.* 6, 342; Gell. 12, 1, 17 **b)** téter : Andr. d. Non. 153, 26; Aus. *Epit.* 34 (249), 3 **c)** se composer de lait : ***lactans meta*** Mart. 1, 43, 7, fromage conique ¶ **2** tr., nourrir de son lait : Vulg. *Lam.* 4, 3; *Is.* 60, 16.

2 lactō, *ās*, *āre*, *āvī*, *ātum* (*lacio*), tr., caresser, séduire, leurrer : Acc. d. Non. 16, 17; Pl. *Cis.* 217; Ter. *And.* 912.

Lactodurum, *i*, n., ville de Bretagne [auj. Towcester] : Anton. 470.

Lactōra, *ae*, f., ville d'Aquitaine [auj. Lectoure] : Peut. 1, 2 ‖ **-rātes**, *ĭum*, m. pl., habitants de Lectoure : CIL 13, 520.

lactŏris, *is*, f. (*lac*), plante laiteuse : Plin. 24, 168.

lactōsus, *a*, *um*, qui a du lait : Gloss. 2, 261, 12.

lactūca, *ae*, f. (*lac*; fr. *laitue*), laitue : Col. 10, 179; Plin. 19, 125 ‖ ***lactuca marina*** Cels. 2, 12, 1 A; Col. 6, 15, 2 [ou] ***caprina*** Plin. 19, 58, sorte d'euphorbe [plante].

lactūcārĭus, *ĭi*, m., marchand de laitues : Diom. 326, 13.

Lactūcīnus, *i*, m., surnom romain : Plin. 19, 59.

lactūcōsus, *a*, *um* (*lactuca*), où il vient beaucoup de laitues : Diom. 326, 17.

lactūcŭla, *ae*, f. (dim. de *lactuca*), petite laitue : Col. 10, 111; Suet. *Aug.* 77.

Lactūra, *ae*, f., c.▶ *Lactora* : Anton. 462.

Lacturnus, *i*, m. (*lac*), dieu des Romains qui veillait sur les blés en lait [sève] : Aug. *Civ.* 4, 8.

lăcŭlāta vestis, f., vêtement à carreaux : Isid. 19, 22, 11.

lăculla, *ae*, f. (dim. de *lacuna*), fossette : *Varr. *Men.* 371.

lăcullŏr, *āris*, *ārī*, - (*laculla*), intr., avoir une fossette : Apul. *Flor.* 15, 7.

lăcūna, *ae*, f. (*lacus*; cf. Varr. *L.* 5, 26; P. Fest. 104, 14 esp. *laguna*) ¶ **1** fossé, creux, trou : Lucr. 6, 552; Virg. *G.* 1, 117; ***lacunae salsae***, profondeurs de la mer : Lucr. 5, 794; Cic. *Arat.* 431 ¶ **2** [en gén.] cavité, crevasse, ouverture : Cat. *Agr.* 38, 1; Varr. *R.* 2, 7, 3 ‖ fossette : Ov. *A. A.* 3, 283 ¶ **3** [fig.] brèche, vide, manque de, défaut : Varr. *R.* 2, 1, 28; Cic. *Verr.* 2, 138; *Att.* 12, 6, 1; Gell. 1, 3, 23.

▶ forme *lucuna* Lucr 3, 1031.

lăcūnăr, *āris*, n., Cic. *Tusc.* 5, 62; Hor. *O.* 2, 18, 2, **lăcūnārĭum**, *ĭi*, n., Vitr. 4, 3, 1; 6, 3, 9 (*lacuna*), plafond lambrissé, plafond à caissons, lambris, panneau : ***spectare lacunar*** Juv. 1, 56, regarder au plafond, être distrait ‖ cadran solaire, c.▶ *plinthium* : Vitr. 9, 8, 1.

lăcūnārĭus, *a*, *um* (*lacuna*), marécageux, défoncé : Gloss. 2, 358, 4.

lăcūnō, *ās*, *āre*, *āvī*, *ātum* (*lacuna*), tr., couvrir comme d'un lambris [en parlant de coquillages formant une voûte] : Ov. *M.* 8, 564 ‖ ***lacunatus*** Plin. 15, 35, qui a la forme d'une voûte, voûté.

lăcūnōsus, *a*, *um* (*lacuna*), qui a des creux, inégal : Cic. *Nat.* 2, 47; Apul. *M.* 1, 7; Plin. 16, 226.

lăcŭs, *ūs*, m. (cf. λάκκος, v. irl. *loch* ; it. *lago*) ¶ **1** réservoir, bassin, cuve : Cat. *Agr.* 25; Col. 12, 18, 3; Cic. *Brut.* 288; Virg. *G.* 4, 173; Ov. *F.* 4, 888 ¶ **2** lac, étang : Cic. *Agr.* 3, 7; *Div.* 1, 100; *Tusc.* 1, 37; Lucr. 5, 463 ¶ **3** réservoir d'eau, fontaine, citerne : Hor. *S.* 1, 4, 37; Liv. 39, 44, 5; Plin. 36, 121 ¶ **4** case pour les grains : Vitr. 7, 2, 2 ‖ fosse [aux lions] : Prud. *Cath.* 4, 65 ‖ caisson de plafond : Lucil. d. Serv. *En.* 1, 726.

▶ dat.-abl. pl. *lacubus* Varr. *R.* 1, 7, 7; Ov. *M.* 12, 278; qqf. *lacibus* Plin. 23, 33; Frontin. *Aq.* 3 ‖ 2e décl. : [gén. *laci* CIL 1, 721; Vulg. *Dan.* 6, 17] nom. pl. *laci* Grom. 296, 8; acc. *lacos* Grom. 401, 21; dat.-abl. pl. *lacis* Anth. 394, 12.

lăcuscŭlus, *i*, m. (dim. de *lacus*), petite fosse : Col. 4, 8, 2 ‖ compartiment, case : Col. 12, 52, 3.

***lăcŭturris**, *is*, m., espèce de chou : *Plin. 19, 141.

▶ f. l. pour *lacuturnensis*, cf.▶ *Turni lacus* Col. 10, 138, " le lac de Turnus ".

Lăcȳdēs, *is*, m. (Λακύδης), philosophe académicien, disciple d'Arcésilas : Cic. *Tusc.* 5, 107; *Ac.* 2, 16.

Lacydōn, *ōnis*, m., port de Narbonnaise [Vieux-Port, Marseille] : Mel. 2, 77.

lāda, *ae*, f. (cf. λῆδον), espèce de cannelle : Plin. 12, 97.

lādănum (lēd-), *i*, n. (lada, λήδανον), gomme de *lada* : Plin. 12, 73.
▶ ladane Diocl. 34, 81.

Lādās, *ae*, m. (Λάδας), célèbre coureur du temps d'Alexandre : Her. 4, 4 ; Catul. 55, 25 ; Mart. 10, 100, 5 ; Sen. Ep. 85, 4.

Lādē, *ēs*, f., île de la mer Égée, près de Milet : Plin. 5, 135.

Ladĭcus, *i*, m., surnom de Jupiter [du mont Ladicus, en Galice] : CIL 2, 743.

Lādōn, *ōnis*, m. (Λάδων), fleuve d'Arcadie consacré à Apollon : Sen. Nat. 6, 25, 2 ; Ov. M. 1, 702.

Laeāna, *ae*, f., ville de l'Arabie Pétrée, nommée aussi Aelana : Plin. 6, 156 ‖ **Laeānītĭcus sinus**, Plin. 6, 156, golfe Léanatique ‖ **-nīta**, *ae*, m., habitant de Léana : Plin. 6, 156.

Laebactes, *ĭum*, m. pl., habitants d'une ville de Vénétie Cadore [auj. Castello Lavazzo] : CIL 5, 2035.

Laeca, *ae*, m., M. Porcius L., un des complices de Catilina : Cic. Cat. 1, 9 ; Sall. C. 17, 3.

Laecānĭa, *ae*, f., nom de femme : Mart. 5, 44.

Laecānĭus, *ii*, m., nom d'homme : Rutil. 1, 595.

laecasīn, inf. (λαικάζειν), V.▶ labda aller se faire foutre, aller au diable : Petr. 42, 2, cf. Mart. 11, 58, 12.

laedō, *ĭs*, *ĕre*, *laesī*, *laesum* (obscur ; cf. *lassus* et *caedo*), tr. ¶ 1 blesser, endommager : Pl. Truc. 783 ; Cic. Nat. 2, 142 ; 129 ; Virg. G. 2, 301 ‖ *laedere collum zona* Hor. O. 3, 27, 60, se pendre avec sa ceinture ¶ 2 blesser, outrager, offenser : Cic. Mur. 87 ; Verr. 5, 110 ‖ **fidem** Cic. Amer. 111, trahir sa foi ‖ [abst] blesser, faire du tort : Ter. Eun. 6 ; Cic. Verr. 4, 19 ‖ toucher, faire impression sur : Hor. P. 103.

Laeētānĭa, *ae*, f., Laeétanie [région de Tarraconaise] : Mart. 1, 50, 22 ‖ **-ānus**, *a*, *um*, de Laeétanie : Plin. 14, 71 ‖ subst. m. pl., Laeétans : Plin. 3, 21.

Laelaps, *ăpis*, m. (λαῖλαψ), nom d'un chien : Ov. M. 7, 771 ; 3, 211.

Laelĭa, *ae*, f., nom de femme : Cic. Brut. 211 ; Tac. An. 15, 22 ‖ ville de Bétique : Plin. 3, 12.

Laelĭānus, *a*, *um*, de Laelius : Caes. C. 3, 100, 2.

Laelĭus, *ii*, m., nom d'une famille romaine ; [nott] C. Laelius, ami du premier Scipion l'Africain : Liv. 26, 42, 5 ‖ le second Laelius, surnommé le Sage (**Sapiens**), ami du Second Africain : Cic. Lae. 1 ‖ D. Laelius, pompéien, commandant de la flotte d'Asie : Caes. C. 3, 40, 4.

laena, *ae*, f. (χλαῖνα), manteau d'hiver [qu'on mettait par-dessus la tunique] : Varr. L. 5, 133 ; Cic. Brut. 56 ; Juv. 5, 131.

Laenās, *ātis*, m., surnom de la famille Popilia : Cic., Liv. ‖ pl., **Laenates** ; Quint. 1, 4, 25.

Laenĭus, V.▶ Lenius.

laeŏtŏmus, *i*, m. (λαιότομος), corde d'un arc de cercle, segment : Vitr. 9, 7, 6.

Laepĭa, *ae*, f., ville de Bétique : Plin. 3, 15.

Laerŏs (-us), *i*, m., fleuve de la Tarraconaise : Mel. 3, 10.

Lāerta, *ae*, m., Sen. Tro. 699 ; Hyg. Fab. 173, **Lāertēs**, *ae*, m. (Λαέρτης), Laërte [père d'Ulysse] : Cic. CM 54 ; Ov. H. 1, 113.

Lāertĭădēs, *ae*, m., fils de Laërte [Ulysse] : Hor. O. 1, 15, 21 ; S. 2, 5, 59.

Lāertĭus, *a*, *um*, de Laërte : Virg. En. 3, 272 ; Ov. M. 13, 124.

Laerus, V.▶ Laeros.

laesi, parf. de *laedo*.

laesĭo, *ōnis*, f. (laedo) ¶ 1 lésion, blessure : Dig. 10, 3, 28 ¶ 2 action de léser, tort, dommage : Dig. 2, 14, 7, 14 ‖ [fig.] sortie de l'orateur contre l'adversaire, charge : Cic. de Or. 3, 205.

Laestrȳgŏnes, *um*, m. pl. (Λαιστρυγόνες), Lestrygons [ancien peuple anthropophage, qui habitait près de l'Etna] : Plin. 3, 59 ; Gell. 15, 21 ‖ sg., gén. *Laestrygonis* et acc. *Laestrygona*, Ov. M. 14, 233 ; Pont. 2, 9, 41 ‖ **-ĭus**, *a*, *um*, des Lestrygons : Hor. O. 3, 16, 34 ; Sil. 7, 276 ; Plin. 3, 89.

laesūra, *ae*, f., dommage, perte [de biens] : Tert. Pat. 7, 3.

laesus, *a*, *um*, part. de *laedo*.

laetābĭlis, *e* (laetor), qui cause de la joie, agréable, heureux : Cic. Tusc 1, 49 ; 4, 37 ; Ov. M. 9, 255 ‖ **-lior** Mamertin. Gen. Maxim. (3), 18, 3.

laetābundus, *a*, *um* (laetor), tout joyeux : Gell. 11, 15, 8 ; Hier. Ep. 123, 11.

laetāmen, *ĭnis*, n. (2 laeto ; it. *letame*), engrais [en gén.], fumier : Plin. 18, 141 ; Pall. 3, 1.

laetandus, *a*, *um* (laetor), dont il faut se réjouir : Sall. J. 14, 22.

laetans, *tis*, part. adj. de *laetor*, joyeux : Cic. Clu. 28 ‖ riant, agréable : Lucr. 2, 344.

laetantĕr, adv., avec joie : Lampr. Comm. 5, 3 ; Cassiod. Anim. 10.

laetātĭo, *ōnis*, f. (laetor), mouvement de joie, joie : Caes. G. 5, 52, 6.

laetātus, *a*, *um*, part. de *laetor*.

laetē, adv. (*laetus*) ¶ 1 avec joie : Cic. Phil. 9, 7 ‖ **-tius** Cic. Phil. 1, 8 ; *laetissime gaudere* Gell. 3, 15, 2, se livrer à des transports de joie ¶ 2 d'une manière enjouée : Quint. 8, 3, 40 ; Plin. Ep. 2, 5, 6 ¶ 3 abondamment, avec fertilité : Plin. 33, 89 ; Col. 5, 9, 10.

laetĭcus (let-), *a*, *um* (2 laetus, cf. al. *ledig* ; fr. *lige*), qui concerne les lètes : *terrae laeticae* Cod. Th. 13, 11, 9, terres attribuées aux lètes.

laetĭfĭcans, *tis*, part. de *laetificor*, pris adjt, joyeux : Pl. Pers. 760.

laetĭfĭcō, *ās*, *āre*, *āvī*, *ātum* (laetus, facio), tr. ¶ 1 réjouir, enchanter : Cic. Nat. 2, 102 ¶ 2 rendre abondant, productif, enrichir, fumer (la terre) : Cic. Nat. 2, 130 ; Plin. 18, 120.

laetĭfĭcŏr, *āris*, *ārī*, *ātus sum*, intr., se réjouir : Pl. Aul. 725.

laetĭfĭcus, *a*, *um* (laetus, facio), qui rend joyeux : Lucr. 1, 193 ; *laetifica referre* Sen. Tro. 596, apporter d'heureuses nouvelles ‖ qui marque la joie : Stat. Th. 8, 261 ; 12, 521.

laetiscō, *ĭs*, *ĕre*, -, - (laetus), intr., se réjouir : Sisen. d. Non. 133, 1.

laetĭtĭa, *ae*, f. (laetus ; fr. *liesse*) ¶ 1 allégresse, joie débordante : Cic. Tusc. 4, 14 ; Gell. 2, 27, 3 ‖ *dare alicui laetitiam* Cic. Planc. 103, causer de l'allégresse à qqn ; *id mihi maximae laetitiae fuit* Cic. Fam. 15, 2, 5, cela m'a causé la plus grande joie ; *salutis laetitia* Cic. Cat. 3, 2, joie d'être sauvé ‖ beauté, charme, grâce : Stat. Th. 6, 571 ‖ fertilité : Col. 4, 24, 12 ; Col. 4, 21, 2 ‖ agrément du style : Tac. D. 20 ; cf.▶ laetus ¶ 5.

laetĭtĭēs, *ēi*, f., C.▶ laetitia : An. Helv. 8, 131, 16.

laetĭtūdo, *ĭnis*, f., joie : Acc. Tr. 61 ; 259.

laetō, *ās*, *āre*, *āvī*, *ātum* (laetus), tr. [arch.] ¶ 1 réjouir : Andr. Tr. 7 ; Acc. Tr. 513 ; Apul. M. 3, 11 ; 5, 14 ¶ 2 fertiliser : Pall. 1, 6, 13 ; 1, 6, 18.

laetŏr, *āris*, *ārī*, *ātus sum* (laetus), intr. ¶ 1 se réjouir, éprouver de la joie ; *aliqua re*, de qqch. : Ter. Hec. 835 ; Cic. Lae. 47 ‖ [avec *in* et abl.] Cic. Verr. 5, 121 ; Phil. 11, 9 ‖ [avec *de*] Cic. Marc. 33 ‖ [avec *ex*] Sall. J. 69, 3 ‖ [avec *super*] Vulg. Is. 39, 2 ‖ [avec prop. inf.] se réjouir de ce que : Ter. Lae. 14 ; Verr. 5, 163 [ou avec *quod*] Cic. Cat. 2, 2 ; Fam. 13, 28, 2 ; Att. 16, 7, 5 ‖ [avec acc. des pron. n. *illud*, *quod*] : Cic. Pomp. 3 ; Fam. 13, 28, 2 ¶ 2 se réjouir, se plaire, s'acclimater : Col. 3, 9, 8 ; Pall. 1, 6, 15.

Laetōrĭa, *ae*, f., nom de femme : Mart. 6, 45.

Laetōrĭus, *ii*, m., nom d'homme : Liv. 2, 27 ; Val.-Max. 9, 3, 6 ; Mart. 12, 26, 13 ‖ **-us**, *a*, *um*, de Létorius [tribun de la plèbe] **(lex) Laetoria**, loi Létoria : Prisc. 2, 387, 24.

laetum, n. pris advt, d'une manière gaie : Stat. Ach. 1, 323.

1 **laetus**, *a*, *um* (obscur ; it. *lieto*), marque l'abondance, la prospérité ¶ 1 joyeux : *laeti atque erecti* Cic. Font. 33, joyeux et la tête haute ; *laetus animi* Tac. An. 2, 26, joyeux [en son cœur] ; *laeta laborum* Virg. En. 11, 73, heureuse de travailler ; *laetus est de amica* Ter. Ad. 252, il est joyeux d'avoir vu sa maîtresse ; *laetus equino sanguine* Hor. O. 3, 4, 34, qui aime le sang de cheval ; *laetus est nescio quid* Ter. And. 340, il est joyeux pour je ne sais quoi ; *laetus sum laudari me abs te* Naev. Tr. 17, je suis joyeux d'avoir tes éloges ; *laetus sum fratri obtigisse quod vult* Ter. Phorm. 820, je me réjouis que mon frère ait obtenu ce qu'il désire, cf. Eun. 392 ; *laetus bellare Latinis* Sil. 16, 564, joyeux de combattre les Latins ;

laetus animi quod... Tac. *An.* 2, 26, joyeux en son cœur de ce que... ‖ *laetus vultus* Cic. *Att.* 8, 9, 2, visage joyeux ; *dies laetissimi* Cic. *Lae.* 12, jours de plus grande joie ; *laeta, tristia* Plin. *Ep.* 5, 9, 1, choses joyeuses, tristes ‖ [appos.] *laetus eum audivit* Liv. 28, 35, 12, il l'écouta avec joie, cf. Sall. *J.* 84, 3 ¶ **2** qui réjouit, agréable : *quid potest esse fructu laetius ?* Cic. *CM* 53, que peut-il y avoir, quant au profit, de plus agréable ? ; *nec vero segetibus solum... res rusticae laetae sunt, sed...* Cic. *CM* 54, et puis ce ne sont pas seulement les moissons... qui font le charme de l'agriculture... ; *laetum militibus nomen* Tac. *H.* 4, 68, nom qui fait plaisir aux soldats ¶ **3** favorable, d'heureux augure : *laetum augurium* Tac. *H.* 1, 62, heureux augure ; *laeta exta* Tac. *H.* 2, 4, entrailles favorables, offrant des présages favorables ; *laetum est* [avec inf. ou prop. inf.], c'est un présage favorable que... ; Plin. 8, 185 ; 32, 17 ¶ **4** riche, abondant, gras, riant : *laetae segetes* Cic. *de Or.* 3, 155 ; Virg. *G.* 1, 1, grasses moissons ; *colles frondibus laeti* Curt. 5, 4, 8, collines couvertes de frondaisons ; *ager crassus et laetus* Varr. *R.* 1, 23, une terre grasse et riche (fertile) ; *tellus justo laetior* Virg. *G.* 2, 252, sol plus riche que de raison ; *laeta armenta* Virg. *En.* 3, 220, beaux troupeaux (belles bêtes, grasses) ‖ *lucus laetissimus umbrae* Virg. *En.* 1, 441, bois très riche en ombrage ; *glande sues laeti redeunt* Virg. *G.* 2, 520, les porcs rentrent rassasiés de glands ; *laeta pressis manabunt flumina mammis* Virg. *G.* 3, 310, des flots abondants couleront des mamelles pressées ¶ **5** [rhét.] style fleuri, orné : Cic. *de Or.* 1, 81 ; Quint. 10, 1, 46 ; *loci laetiores* Tac. *D.* 22, développements plus brillants.

2 **laetus** (**let-**), *i*, m. (germ.), V.▶ *laeticus* lète [étranger qui recevait, comme colon, une portion du territoire de l'État à cultiver] : Cod. Th. 7, 20, 10.

laeva, *ae*, f., V.▶ *laevus*.

laevāmentum, *i*, n., V.▶ *levamentum*.

laevātus, *a*, *um*, V.▶ *lev-*.

laevē, adv. (*laevus*), gauchement, mal : Hor. *Ep.* 1, 7, 52.

Laevi, *ōrum*, m. pl., peuplade ligurienne dans la Gaule transpadane : Liv. 33, 37, 6 ; Plin. 3, 124.

Laeviānus, *a*, *um*, de Lévius : Gell. 19, 7, 2 ; 19, 7, 12.

laevĭg-, **laevis**, **laeva**, V.▶ *lev-*.

Laevīna, *ae*, f., nom de femme : Mart. 1, 63.

Laevīnus, *i*, m., surnom romain : Liv. 26, 40 ; 40, 44 ; Hor. *S.* 1, 6, 12.

Laevĭus, *ii*, m., nom d'un ancien poète latin : Gell. 2, 24, 8.

laevorsum, Apul. *Flor.* 2, 9, **laevorsŭs**, Amm. 31, 10, vers la gauche, à gauche [avec mouv'].

laevŭm, n. pris adv', du côté gauche : Virg. *En.* 2, 693 ; 9, 631.

1 **laevus**, *a*, *um* (cf. λαιός, rus. *levyj*) ¶ **1** gauche, du côté gauche : Pl. *Aul.* 624 ; Cic. *Ac.* 2, 145 ; Ov. *M.* 12, 415 ‖ subst. f., *laeva* **a)** main gauche : Virg. *En.* 1, 611 **b)** côté gauche : Virg. *En.* 3, 563 ‖ [expr. adv.] *laeva*, à gauche : Liv. 4, 32, 8 ; *ad laevam* Cic. *Tim.* 48 ; *a laeva* Cic. *Div.* 2, 80 ‖ [avec le n.] *in laevum* Ov. *Tr.* 1, 10, 17 ‖ pl. n. *laeva*, côté gauche : Virg. *En.* 5, 825 ; Ov. *F.* 5, 257 ¶ **2** [fig.] **a)** maladroit, stupide, aveuglé, sot : Virg. *B.* 1, 16 ; Hor. *P.* 301 **b)** malheureux, hostile, de mauvais présage : Virg. *En.* 10, 275 ; Hor. *O.* 3, 27, 15 ; *S.* 2, 4, 4 ; Juv. 14, 228 ‖ [mais dans la langue des augures] favorable, propice : Plin. 2, 142 ; Ov. *F.* 4, 833.

2 **Laevus**, *i*, m., nom d'homme : Cic. *Fam.* 10, 18.

lăgălōpex, *ĕcis*, f. (λαγώς, ἀλώπηξ), animal exotique (fennec ?) : Mart. 7, 87, 1.

Lagānĭa, *ae*, f., ville de Galatie : Peut. 8, 4.

lăgănum, *i* (λάγανον), sorte de beignet : Hor. *S.* 1, 6, 115 ; Cels. 8, 7, 23.

Lagarīnus, *a*, *um*, de Lagarie [ville de Lucanie] : Plin. 14, 69.

lăgēa, *ae*, f., V.▶ *lageos*.

Lagecĭum, *ii*, n., ville de Bretagne : Anton. 478.

lăgēŏs, *i*, f. (λάγειος), variété de vigne : Virg. *G.* 2, 93 ; *lăgēa*, *ae*, f., Plin. 14, 39 ; Macr. *Sat.* 2, 16, 7.

Lāgēus, *a*, *um*, de Ptolémée-Lagus, des Lagides, d'Égypte : Luc. 1, 684 ; Sil. 1, 196 ; Mart. 10, 26, 4.

Lagĭa, *ae*, f., nom de l'île de Délos : Plin. 4, 66.

Lăgīdae, *ārum*, m. pl., les Lagides, descendants de Lagus : Jord. *Rom.* 250.

Lăgīdēs, *ae*, m., Lagide, fils de Lagus : Prisc. 2, 67, 11.

lăgĭnē, *ēs*, f. (λάγινος), liseron : Plin. 24, 139.

lăgīta, *ae*, f. (gr.), petit poisson à écailles : Apic. 148.

Lagnus, *i*, m., golfe de la mer Baltique : Plin. 4, 97.

lăgoena (**-gōna**, **-gūna**), *ae*, f. (λάγυνος), bouteille, pichet, flacon : Pl. *Curc.* 78 ; Q. Cic. *Fam.* 16, 26, 2 ; Hor. *S.* 2, 8, 41 ; Plin. 16, 128.
▶ formes vulg. *laguna, lagena, laguena, laguina*.

lăgoenāris, *e* (*lagoena*), formé par une bouteille : Grom. 344, 25.

lăgōis, *ĭdis*, f. (λαγωΐς), lièvre de mer [poisson] : Hor. *S.* 2, 2, 22.

Lāgōn, *ōnis*, m. (al. *Langon*), nom d'enfant : Mart. 9, 51, 5.

lăgōna, V.▶ *lagoena*.

lăgophthalmŏs, *i*, m. (λαγωφθαλμός), lagophtalmie : Cels. 7, 7, 9.

lăgōpūs, *ŏdis*, f. (λαγώπους), lagopède [oiseau] : Plin. 10, 133 ‖ pied-de-lièvre [plante] : Plin. 26, 53.

Lagōs, *i*, f., ville de la Grande-Phrygie : Liv. 38, 15, 2.

Lagōus, *i*, m. (Λαγώς), fleuve d'Asie, au-delà du Palus-Méotide : Plin. 6, 21.

lăguēna, **lăguīna**, **lăgūna**, V.▶ *lagoena*.

lăguncŭla, *ae*, f. (dim. de *lagoena*), petite bouteille, carafon : Col. 12, 38, 6 ; Plin. *Ep.* 2, 6, 2.

lăguncŭlāris, *e*, mis en bouteille : M.-Emp. 34, 69.

Lāgus, *i*, m., Ptolémée-Lagos, un des capitaines d'Alexandre, chef de la dynastie des Lagides : Luc. 10, 527 ; *Lagi flumina* Sil. 17, 596, le Nil.

Lăgūsa, **Lăgussa**, f., île de la mer Égée, près de la Lycie : Plin. 5, 131.

Lăgussae, *ārum*, f. pl., îles de la mer Égée, près de la Troade : Plin. 5, 138.

lăgȳnŏs, V.▶ *lagoena* : Scaev. *Dig.* 32, 27, 2.

Lāĭădēs, *ae*, m., fils de Laïos [Œdipe] : Ov. *M.* 7, 759.

lāĭcālis, *e* (*laicus*), de laïque, des laïques, laïque : Greg.-Tur. *Hist.* 9, 42.

lāĭcus, *a*, *um* (λαϊκός ; fr. *lai*), commun, ordinaire : Vulg. 1 *Reg.* 21, 4 ‖ subst. m., un laïque : Tert. *Cast.* 7, 2.

Lāĭda, *ae*, f., C.▶ *Lais* : Anth. 374, 1.

laina, *ae*, f., sorte de lentisque : Plin. 12, 72.

Lāis, *ĭdis* ou *ĭdŏs* (Λαΐς), deux célèbres courtisanes de Corinthe **a)** au temps de la guerre du Péloponnèse : Cic. *Fam.* 9, 26, 2 ; Ov. *Am.* 1, 5, 12 ; Prop. 2, 6, 1 **b)** contemporaine de Démosthène : Gell. 1, 8, 3 ; Plin. 28, 81.

1 **laius**, *a*, *um* (?), blanc sobre, blanc simple : Caes.-Arel. *Virg.* 44 ; V.▶ *lactinus*.

2 **Lāius** (**Lājus**), *i*, m. (Λάϊος), Laïos, roi de Thèbes, père d'Œdipe : Cic. *Tusc.* 4, 71 ; Stat. *Th.* 2, 7.

Lălăgē, *ēs*, f., nom de femme : Hor. *O.* 1, 22, 10.

Lalasis, *ĭdis*, f., ville de l'Isaurie Atlas IX, C2 : Plin. 5, 94.

Lālētănĭa, V.▶ *Laeetania*.

lălīsĭo, *ōnis*, m., [mot africain] ânon sauvage : Plin. 8, 174 ; Mart. 13, 97.

lallō, *ās*, *āre*, -, - (onomat.), intr., chanter *lalla* [pour endormir les enfants] : Pers. 3, 18 ; Hier. *Ep.* 14, 3.

lallum (**-us ?**), *i*, n. (m.?), berceuse de nourrice : Aus. *Epist.* 16, 2 (406), 91.

lāma, *ae*, f. (cf. lit. *lomà* ?; esp. *lama*), fondrière, bourbier : P. Fest. 104, 15 ; Hor. *Ep.* 1, 13, 10.

Lambaesis (**Lambēsis**), *is*, f., Lambèse [ville de Numidie] Atlas I, E3 ; VIII, A2 : CIL

Lambaesis

8, 2662 ‖ **-sītānus**, *a*, *um*, de Lambèse : CIL 8, 2661.

lambdă, n. (λάμβδα), lambda, l grec : Capel. 9, 943 ; ⮕ labda.

lambdăcismus, *i*, m., ⮕ labdacismus.

lamběrō, *ās*, *āre*, -, - (lambo ?), tr., déchirer : P. Fest. 105, 19 ‖ mordre, ronger, grignoter : Lucil. 585 ‖ [fig.] maltraiter : Pl. Ps. 743.

lambĭō, *īs*, *īre*, *īvī*, -, ⮕ lambo : Aug. Conf. 9, 4, 10 ; Cassiod. Orth. 7, 195, 15.

lambiscō, *ĭs*, *ĕre*, -, -, ⮕ lambo : Grom. 124, 16.

lambĭtō, *ās*, *āre*, -, - (fréq. de *lambo*), laper : Solin. 15, 12.

lambĭtŭs, abl. *ū*, m., action de lécher : Ps. Aur.-Vict. Orig. 20, 3.

lambō, *ĭs*, *ĕre* (rar[t] *lambī*, *bĭtum*, Prisc. 2, 506, 24) (cf. *labia*, 1 *labrum*, an. *lap*, fr. *laper*, esp. *lamer*), tr. ¶ 1 lécher, laper : Cic. Verr. 3, 28 ; Phaed. 1, 25, 10 ¶ 2 baigner, laver [fleuve] : Hor. O. 1, 22, 7 ‖ lécher [feu], effleurer : Hor. S. 1, 5, 73 ; Virg. En. 2, 684 ‖ [fig.] Pers. prol. 5 ‖ caresser, choyer : Juv. 2, 49.
▶ parf. *lambui* Vulg. Jud. 7, 5 ; Ennod. Carm. 1, 5, 38.

Lambrīca, *ae*, f., ville d'Espagne : Mel. 3, 1.

Lambrus, ⮕ 2 Lamprus.

lambŭi, ⮕ lambo ▶.

lămella, *ae*, f. (dim. de *lamina* ; it. *mella*), petite lame [de métal] : Vitr. 7, 3, 9 ; Sen. Brev. 12, 2 ; ***paucae lamellae argenti*** Sen. Vit. 11, 3, quelques minces ustensiles d'argent.

lămellŭla, *ae*, f. (dim. de *lamella*), Petr. 57, 6.

Lamensis, *e*, f., de Lama [ville de la Lusitanie] : CIL 2, 513.

1 **lāmenta**, *ae*, f. (de 2 *lamenta*), lamentation : Pacuv. Tr. 175.

2 **lāmenta**, *ōrum*, n. pl. (express., cf. *lallo*, 1 *latro*), lamentations, gémissements : Cic. CM 73 ; Tusc. 2, 48 ; Virg. En. 4, 667 ‖ gloussement [des poules] : Plin. 10, 155.
▶ sg. *lamentum* Vulg. Jer. 9, 10.

lāmentābĭlis, *e* (*lamentor*) ¶ 1 plaintif : Cic. Tusc. 2, 32 ; Stat. S. 5, 3, 1 ; ***funera lamentabilia*** Cic. Leg. 2, 64, funérailles accompagnées de lamentations ¶ 2 déplorable : Virg. En. 2, 4 ; Ov. M. 8, 263.

lāmentārĭus, *a*, *um*, qui excite les lamentations : Pl. Cap. 96.

lāmentātĭō, *ōnis*, f. (*lamentor*), lamentations, gémissements : Cic. Tusc. 4, 18 ; Or. 131 ‖ [pl.] Cic. Verr. 4, 47 ; Font. 47 ‖ lamentations de Jérémie : Vulg. 2 Par. 35, 25.

lāmentātŏr, *ōris*, m., celui qui se lamente : Gloss. 2, 120, 41, f., **lāmentātrix**, *īcis*, Vulg. Jer. 9, 17.

lāmentātus, *a*, *um*, part. de *lamentor*.

lāmentō, *ās*, *āre*, -, -, ⮕ lamentor, ¶ 1 intr., se lamenter : Vulg. Luc. 7, 32 ¶ 2 tr., pleurer sur : Vulg. 3 Esdr. 1, 32 ; Cassian. Coll. 8, 8, 1.

lāmentŏr, *āris*, *ārī*, *ātus sum* (2 *lamenta* ; it. *lamentare*) ¶ 1 intr., pleurer, gémir, se plaindre : Pl. Mil. 1031 ; Cic. Phil. 12, 2 ; Tusc. 2, 49 ¶ 2 tr., se lamenter sur, déplorer : ***caecitatem*** Cic. Tusc. 5, 112, déplorer la cécité, cf. Cic. Tusc. 1, 75 ; Cat. 4, 4 ‖ [avec prop. inf.] déplorer que : Pl. Ps. 313 ; Hor. Ep. 2, 1, 224 ¶ 3 *lamentatus* [au sens pass.] ***a)*** pleuré, déploré : Sil. 13, 712 ***b)*** qui retentit de lamentations : Stat. Th. 12, 224 ‖ [pass. impers.] *lamentatur* Apul. M. 4, 33, on se lamente.
▶ inf. *-arier* Pl. Pers. 742.

lāmentum, *i*, n., ⮕ 2 lamenta ▶.

1 **lămĭa**, *ae*, f. (λαμία), lamie [sorte de vampire dont on menaçait les enfants] : Hor. P. 340 ; Apul. M. 1, 17 ‖ lamie [requin] : Plin. 9, 78 ‖ bête féroce : Vulg. Lam. 4, 3 ‖ sorte de démon qui tuait les enfants : Vulg. Is. 34, 14.

2 **Lămĭa**, *ae*, m., surnom de la famille Aelia : Cic. Sest. 29 ; Hor. O. 1, 26, 8 ‖ **-ĭānus**, *a*, *um*, de Lamia : Cic. Att. 12, 21, 2 ; Suet. Calig. 59.

3 **Lămĭa**, *ae*, f. (Λαμία), ville de la Phthiotide Atlas VI, B2 : Liv. 27, 30, 1 ; 32, 4, 3 ; Plin. 4, 28.

Lămĭae, *ārum*, f. pl., îles de la mer Égée, près de la Troade : Plin. 5, 138 ‖ ville de Béotie : Plin. 4, 26.

lāmĭna (lammĭna, lamna), *ae*, f. (étr. ? ; fr. *lame*) ¶ 1 mince pièce [métal, bois, laine], feuille, plaque, lame : Cic. Leg. 2, 58 ; Caes. C. 2, 10, 3 ; Plin. 34, 166 ; Quint. 2, 4, 7 ; ***lamina serrae*** Virg. G. 1, 143, lame d'une scie, cf. Sen. Ben. 4, 6, 2 ¶ 2 lame rouge [instrument de supplice] : Cic. Verr. 5, 163 ; Hor. Ep. 1, 15, 36 ‖ lame = morceau, lingot, pièce [d'or, d'argent] : Hor. O. 2, 2, 2 ; Ov. F. 1, 209 ; Sen. Ben. 7, 10, 1 ‖ lobe de l'oreille : *Arn. 2, 41 ;
lanna, ⮕ *lanna* ‖ jeune coquille de noix : Nux 95.

Lāmĭnĭtānus, *a*, *um*, de Laminium [ville de la Tarraconaise] : Plin. 36, 165 ‖ subst. m. pl., habitants de cette ville : Plin. 3, 6.

lāmĭnōsus, *a*, *um* (*lamina*), qui se divise en lames, lamelleux : Isid. 16, 4, 20.

lămĭrus, ⮕ lamyrus.

lămĭum, *ii*, n. (*lamia*), lamier [plante] : Plin. 21, 93 ; 22, 37.

lammella, ⮕ lamella.

lammĭna, **lamna**, ⮕ lamina.

lampābĭlis, *e*, brillant, éclatant : Cassiod. Psalm. pr. 17.

lampăda, *ae*, f., ⮕ lampas : Hier. Ep. 53, 8 ; Vulg. Ezech. 1, 13.

lampădārĭus, *ii*, m., porte-flambeau : Cod. Just. 12, 60, 10.

lampădĭās, *ae*, m. (λαμπαδίας), météore ou comète ressemblant à un flambeau : Plin. 2, 90.

lampădĭfĕr, *ĕra*, *ĕrum*, qui porte un flambeau : Not. Tir. 102, 1.

1 **lampădĭo**, *ōnis*, m. (de *lampada*), muscari [plante] : Orib. Syn. 4, 12 Aa.

2 **Lampădĭo**, *ōnis*, m., nom d'un esclave : Pl. Cis. 594.

Lampădiscus, *i*, m. (Λαμπαδίσκος, dim. de *lampadio*), Pl. Cis. 544.

Lampădĭum, *ii*, n. (Λαμπάδιον), petit flambeau : Not. Tir. 101, 99 ‖ appellation familière à l'adresse d'une femme : Lucr. 4, 1165.

Lampădĭus, *ii*, m., nom d'homme : Amm. 15, 5, 4.

lampāgo, *ĭnis*, f., saxifrage [plante] : Ps. Apul. Herb. 98.

lampăs, *ădis*, f. (λαμπάς ; fr. *lampe*) ¶ 1 torche, flambeau : Cic. Verr. 2, 115 ; Ov. M. 4, 403 ‖ flambeau [du mariage] : Ter. Ad. 907 ; [d'où poét.] ***lampade prima*** Stat. S. 4, 8, 59, à son premier mariage ¶ 2 lampe : Col. 12, 18, 5 ; Ov. H. 14, 25 ¶ 3 [fig.] ***a)*** allusion à la course aux flambeaux des Grecs : ***nunc cursu lampada tibi trado*** Varr. R. 3, 16, 9, à ton tour maintenant, cf. Lucr. 2, 79 ***b)*** splendeur, éclat : Lucr. 5, 402 ; Virg. En. 3, 637 ***c)*** flambeau du jour : Lucr. 6, 1198 ***d)*** flambeau de la lune : ***lampade Phoebes sub decima*** Val.-Flac. 7, 366, pendant la dixième nuit ***e)*** espèce de météore, ressemblant à une torche : Plin. 2, 96 ; Sen. Nat. 1, 15, 4 ; Luc. 1, 532.
▶ acc. sg. *-pada* mais *-padem* Pl. Cas. 840 ; acc. pl. *-pades* et *-padas*.

Lampēa (-īa), *ae*, f., ville d'Arcadie : Plin. 4, 20 ; Stat. Th. 4, 290.

1 **lampēna**, *ae*, f. (λαμπήνη), voiture couverte : VL. Jud. 5, 10.

2 **lampēna**, *ae*, f. (*lampas* ?), étoile, astre : *Gloss. 4, 253, 27.

Lampĕtĭē, *ēs*, f. (Λαμπετίη), nymphe, fille du Soleil, sœur de Phaéthon : Prop. 3, 12, 29 ; Ov. M. 2, 3, 49 ; Hyg. Fab. 154.

lampetra, *ae*, f., ⮕ lampreda.

Lampīa, ⮕ Lampea.

lampō, *ās*, *āre*, *āvī*, - (λάμπω), intr., briller [fig.] : Cassiod. Inst. 1, 21, 1.

Lampon, *ōnis*, m., nom d'un cheval : Sil. 16, 334.

Lampōnĭa, *ae*, f., île voisine de la Thrace : Plin. 4, 74.

lamprēda (-prĭda), *ae*, f. (? ; fr. *lamproie*), murène : Gloss. 5, 621, 25 ; ⮕ naupreda.

Lamprĭdĭa, *ae*, f., mère de Pescennius Niger : Spart. Pesc. 1, 3.

Lamprĭdĭus, *ii*, m., Lampride, écrivain latin : Vop. Prob. 2 ‖ orateur latin du 5e siècle : Sidon. Ep. 8, 11, 3.

1 **Lamprus**, *i*, m., célèbre musicien : Nep. Epam. 3, 1.

2 Lamprus (Lambrus), *i*, m., rivière de la Gaule transpadane, affluent du Pô [Lambro] : Plin. 3, 118.

Lampsa, *ae*, f., île du golfe Céramique : Plin. 5, 134.

Lampsăcēnus, *a*, *um*, de Lampsaque : Cic. *Verr.* 1, 63 ; Val.-Max. 7, 3, 4 ‖ subst. m. pl., habitants de Lampsaque : Cic. *Verr.* 1, 81.

Lampsăcĭus, *a*, *um*, de Lampsaque : Mart. 11, 51, 2 ; *Lampsacius versus* Mart. 11, 16, 3, vers priapéens [obscènes], priapées.

Lampsăcum, *i*, n. ou **Lampsăcus**, *i*, f. (Λάμψακος), Lampsaque [ville de Mysie, sur l'Hellespont, où Priape était honoré] : Cic. *Verr.* 1, 63 ; Plin. 6, 216 ‖ Liv. 33, 38, 3 ; 35, 42, 2 ; Ov. *Tr.* 1, 10, 26.

lampsāna, V. *lapsana*.

Lampsus, *i*, f., ville de Thessalie : Liv. 32, 14, 3.

1 lamptēr, *ēris*, m. (λαμπτήρ), chandelier : Plin. 36, 25.

2 Lamptēr, *ēris*, m., nom d'un lieu élevé de la ville de Phocée, où l'on allumait un phare : Liv. 37, 31, 8.

Lampus, *i*, m. (Λάμπος), un des chevaux du Soleil : Fulg. *Myth.* 1, 11 ‖ un des chiens d'Actéon : Hyg. *Fab.* 181 ‖ nom de guerrier : Stat. *Th.* 2, 623.

lampyris, *ĭdis*, f. (λαμπυρίς), ver luisant : Plin. 11, 98.

Lamsē, *ēs*, f., une des Sporades : Plin. 4, 71.

Lămus, *i*, m. (Λάμος), fils d'Hercule et d'Omphale : Ov. *H.* 9, 54 ‖ roi des Lestrygons, fondateur de Formies : Hor. *O.* 3, 17, 1 ; Ov. *M.* 14, 233 ‖ nom d'un cheval : Sil. 16, 474.

lămўrus, *i*, m., sorte de poisson de mer : Plin. 32, 149 ; Ov. *Hal.* 120.

lāna, *ae*, f. (cf. λῆνος, scr. *ūrṇā*, al. *Wolle*, an. *wool* ; fr. *laine*) ¶ **1** laine : Cic. *de Or.* 2, 277 ; Varr. 2, 2, 18 ; Virg. *G.* 2, 465 ; *lanam trahere* Juv. 2, 54, carder la laine ¶ **2** travail de la laine : Liv. 1, 57, 9 ‖ pl., Hor. *O.* 3, 15, 13 ‖ *cogitare de lana sua* Ov. *A. A.* 2, 686, s'occuper de ses affaires ¶ **3** plumes, duvet, cheveux soyeux : Dig. 32, 1, 70 ; Mart. 14, 161 ‖ [fig.] flocons de laine = nuages, moutons : Virg. *G.* 1, 397 ; Plin. 18, 356.

lānārĭa, *ae*, f., atelier de laine, filature : *CIL* 9, 2226.

lānāris, *e* (*lana*), lanifère [en parlant des animaux] : *pecus lanare* Varr. *R.* 2, 9, 1, troupeau de bêtes à laine.

lānārĭus, *a*, *um* (*lana*), qui a rapport à la laine : *lanaria herba* Plin. 24, 169 [ou] *radix* Col. 11, 2, 35, plante servant à dégraisser les laines [saponaire] ‖ subst. m., ouvrier en laine : Arn. 2, 38 ; Firm. *Math.* 8, 19, 12.

Lanassa, *ae*, f., petite-fille d'Hercule, enlevée par Pyrrhus [fils d'Achille] : Just. 17, 3, 14.

lānāta, *ae*, f. (*lanatus*), brebis : Juv. 8, 155.

1 lānātus, *a*, *um* (*lana*), couvert de laine, laineux : Col. 7, 3, 2 ; Veg. *Mul.* 2, 7, 1 ; V. *lanata* : *pelles lanatae* Vitr. 10, 8, 1, peaux avec leur laine [garniture d'étanchéité autour des pistons de l'orgue hydraulique] ‖ duveteux, couvert de duvet : Col. 2, 2 ; Plin. 15, 48 ‖ *dii lanatos pedes habent* Petr. 44, 18, les dieux ont les pieds pris dans des bandelettes (en flanelle) = sont paralysés, c.-à-d. sont lents à nous secourir, (Porph. Hor. *O.* 3, 2, 31) lents à punir ‖ *lanatior* Plin. 21, 147 ‖ *lupi qui appellantur lanati a candore mollitiaque carnis* Plin. 9, 61, loups [poissons], appelés laineux à cause de leur chair blanche et tendre.

2 Lānātus, *i*, m., surnom de la gens Menenia : Liv. 4, 13.

lancĕa, *ae*, f. (celt., cf. λόγχη ; fr. *lance*), lance, pique : Hirt. *G.* 8, 48 ; Tac. *H.* 1, 79 ‖ [fig.] coup de lance = grosse inquiétude : Apul. *M.* 1, 11.

lancĕārĭus (lancĭārĭus), *ii*, m. (*lancea* ; fr. *lancier*), lancier : Amm. 21, 13, 16 ; Cassiod. *Eccl.* 6, 35.

lancĕātus, *a*, *um*, muni d'un fer de lance : Vulg. *2 Reg.* 23, 7.

lancĕō, *ās*, *āre*, -, - (*lancea* ; fr. *lancer*), intr., manier la lance : Tert. *Marc.* 3, 13, 3.

lancĕŏla (lancĭŏla), *ae*, f. (dim. de *lancea*), petite lance, lancette : Apul. *M.* 8, 27 ; Vulg. *3 Reg.* 18, 28.

lancĕŏlātus, *a*, *um*, orné de lancettes : Lyd. *Mag.* 2, 4, [en grec].

lances, pl. de *lanx*.

1 lancĭa, V. *lancea* : Gloss. 2, 121, 3.

2 Lancĭa, *ae*, f., ville des Asturies Atlas IV, B2 ; Flor. 4, 12 ‖ **-cienses**, *ĭum*, m. pl., habitants de Lancia : Plin. 3, 28 ‖ habitants d'une ville de Lusitanie : Plin. 4, 118.

lancĭārĭus, V. *lancearius*.

lancĭcŭla, *ae*, f. (dim. de *lanx*), petite balance : Arn. 2, 23.

lancĭnātĭo, *ōnis*, f., action de déchirer : *Sen. *Clem.* 2, 4, 2 [mss N R].

lancĭnātŏr, *ōris*, m., écorcheur : Prud. *Perist.* 10, 1057.

lancĭnātus, part. de *lancino*.

lancĭnō, *ās*, *āre*, *āvī*, *ātum* (cf. *lacero*), tr., mettre en morceaux, déchiqueter : Sen. *Ir.* 1, 2, 2 ; Plin. 9, 13 ‖ [fig.] : Catul. 29, 18 ; Sen. 32, 2.

lancĭŏla, V. *lanceola*.

lancĭum, *ii*, n., V. *lanx* : Isid. 16, 25, 4.

lanctans, V. *lactans* : Diocl. 4, 46.

lancŭla, *ae*, f. (dim. de *lanx*), plateau [de la statère] : Vitr. 10, 3, 4.

landĭca, *ae*, f. (cf. *glans* ?), clitoris : Priap. 78, 5, cf. Cic. *Fam.* 9, 22, 2.

landĭcōsa, (m. et n. inus.), qui a un gros clitoris : *CIL* 4, 10004.

lānĕrum, *i*, n. (*lana*), étoffe faite de laine grasse [sorte de feutre] : *P. Fest. 105, 20.

lānestris, *e* (*lana*), de laine : Vop. *Aur.* 29, 1.

lānĕus, *a*, *um* (*lana* ; fr. *lange*), laineux, de laine : Cic. *Nat.* 3, 83 ; Virg. *G.* 3, 487 ‖ lanugineux [bot.] : Plin. 15, 55 ‖ doux comme de la laine : Mart. 13, 89, 1 ‖ *dii laneos pedes habent* Macr. *Sat.* 1, 8, 5 ; V. *lanatus*.

langa, *ae*, f., C. *langurus* : Plin. 37, 34.

Langia, *ae*, f., source d'Arcadie : Stat. *Th.* 4, 775.

Langŏbardi, *ōrum*, m. pl., les Langobards, Lombards [peuple de la Germanie septentrionale, qui envahit l'Italie] Atlas I, B4 : Tac. *G.* 40 ; *An.* 2, 45 ; Vell. 2, 106, 2.

Langŏbrĭga, *ae*, f., ville de Lusitanie : Anton. 421.

1 langōn, *ōnis*, m. (λάγγων), homme lent, lambin : Schol. Veron. *G.* 2, 93.

2 Langōn, *ōnis*, m., V. *Lagon*, Mart. 9, 50, 5.

languĕfăcĭō, *ĭs*, *ĕre*, -, -, tr., rendre languissant : Cic. *Leg.* 2, 38.

languens, *tis*, adj., V. *langueo*.

languĕō, *ēs*, *ēre*, -, - (cf. *laxus*, λαγγάζω), intr. ¶ **1** être languissant, abattu : Cic. *Phil.* 1, 12 ; Ov. *H.* 18, 161 ; [poét.] *languet aequor* Mart. 10, 30, 12, la mer est calme ‖ être faible, abattu : Tib. 3, 5, 28 ; Virg. *G.* 4, 252 ¶ **2** [fig.] être languissant, nonchalant, languir : Cic. *Pis.* 82 ; *Ac.* 2, 6 ‖ *languens*, indolent, mou, languissant : *vox languens* Cic. *Off.* 1, 133, ton de voix languissant ; *languentem commovere* Cic. *de Or.* 2, 186, mettre en mouvement un endormi, cf. Cic. *Leg.* 2, 38 ‖ être malade : Hier. *Ep.* 54, 15.

languescō, *ĭs*, *ĕre*, *gŭī*, - (*langueo*), intr. ¶ **1** devenir languissant, s'affaiblir : Cic. *Fin.* 4, 65 ; *CM* 28 ‖ se faner : Virg. *En.* 9, 436 ‖ s'obscurcir [lune] : Tac. *An.* 1, 28 ¶ **2** [fig.] devenir nonchalant, se refroidir, décliner, s'éteindre : Cic. *Phil.* 8, 4 ; *Or.* 6 ; Quint. 11, 3, 2 ; Plin. *Ep.* 8, 20, 1.

languĭdē, adv. (*languidus*), languissamment, faiblement : Plin. 18, 53 ; *languide dulcis* Plin. 13, 34, douceâtre ‖ nonchalamment, mollement : Petr. 98, 1 ; *-dius* Caes. *G.* 7, 27, 1 ; lâchement, sans courage : *-dius* Cic. *Tusc.* 5, 25.

languĭdŭlus, *a*, *um* (dim. de *languidus*), un peu fané [en parlant d'une couronne] : Cic. d. Quint. 8, 3, 66 ‖ d'une molle douceur : Catul. 64, 331.

languĭdus, *a*, *um* (*langueo*) ¶ **1** affaibli, languissant : Cic. *Verr.* 3, 31 ; *Cat.* 2, 10 ; Hor. *O.* 2, 14, 17 ; *languidioribus nostris* Caes. *G.* 3, 5, 1, les nôtres étant trop affaiblis ¶ **2** mou, paresseux, inactif : Cic. *CM* 26 ; Sall. *J.* 53, 6 ‖ lâche, sans énergie : Cic. *de Or.* 1, 226 ; *Phil.* 8, 21 ‖ amollissant : *languidae voluptates* Cic. *Tusc.* 5, 16, plaisirs énervants.

languificus, *a*, *um* (*langueo*, *facio*), qui rend languissant : Aus. *Ecl.* 17 (383), 6.

langŭla, *ae*, f., <small>C.</small> lancula : Varr. *L.* 5, 120.

languŏr, *ōris*, m. (*langueo*) ¶ **1** faiblesse, abattement, lassitude, langueur : Cic. *Div.* 2, 128 ; Caes. *G.* 5, 31, 5 ‖ faiblesse des couleurs : Plin. 37, 130 ‖ calme [mer] : Sen. *Ag.* 161 ¶ **2** maladie, faiblesse : Hor. *O.* 2, 2, 15 ; Suet. *Ner.* 41 ; Juv. 3, 233 ¶ **3** inactivité, paresse, mollesse, tiédeur : Cic. *Off.* 1, 123 ; *Att.* 14, 6, 2 ; *Phil.* 7, 1.
▶ langŏr Tert. *Marc.* 4, 8, 4.

langūrĭum, *ĭi*, n. (cf. *lyncurium*), ambre jaune : Plin. 37, 34.

langūrus, *i*, m. (cf. *langa, langurium*), animal de Cisalpine produisant l'ambre : Plin. 37, 34.

lănĭāmentum, *i*, n., action de mettre en pièces : Aug. *Ep.* 2, 26.

lănĭārĭum, *ĭi*, n. (*lanius*), boucherie : Varr. *R.* 2, 4, 3.

lănĭātĭo, *ōnis*, f. (1 *lanio*), action de déchirer : *Sen. *Clem.* 2, 4, 2 [mss F P].

lănĭātŏr, *ōris*, m., <small>C.</small> lanius : Gloss. 2, 364, 5.

lănĭātōrĭum, *ĭi*, n., boucherie : Gloss. 2, 364, 6.

1 **lănĭātus**, *a*, *um*, part. de *lanio*.

2 **lănĭātŭs**, *ūs*, m., action de déchirer, morsures : Cic. *Tusc.* 1, 104 ; Gell. 20, 1, 19 ; Amm. 24, 2, 8 ; **ferarum laniatibus objectus** Val.-Max. 1, 611, exposé aux bêtes ‖ [fig.] déchirements [de l'âme] : Tac. *An.* 6, 6.

lănĭcĭa, *ae*, f., <small>V.</small> lanitia.

lănĭcĭum, *ĭi*, n., <small>V.</small> lanitium.

lănĭcŭtis, *e* (*lana, cutis*), qui a une toison : Laber. d. Tert. *Pall.* 1, 3.

lănĭēna, *ae*, f. (*lanius*), boucherie, étal de boucher : Pl. *Ep.* 199 ; Varr. *Men.* 456 ; Liv. 44, 16, 10 ‖ action de déchirer les chairs, opération chirurgicale : Prud. *Perist.* 10, 398 ‖ torture, mutilation : Amm. 29, 1, 44.

lānĭfĭca, *ae*, f. (*lanificus*), ouvrière en laine, fileuse : Ulp. *Dig.* 33, 7, 12.

lānĭfĭcĭum, *ĭi*, n. (*lanificus*), travail de la laine : Plin. 35, 138 ; Suet. *Aug.* 64 ; Just. 2, 6, 5.

lānĭfĭcus, *a*, *um* (*lana, facio*), qui travaille la laine : Tib. 2, 1, 10 ; **lanificae sorores** Mart. 6, 58, 7, les sœurs filandières [les Parques].

lānĭgĕr, *ĕra*, *ĕrum* (*lana, gero*) ¶ **1** qui porte de la laine : Virg. *G.* 3, 287 ‖ **arbores lanigerae** Plin. 12, 38, cotonniers ¶ **2** subst. m., mouton : Ov. *M.* 7, 312 ‖ la constellation du Bélier : Manil. 1, 672.

lānĭgĕra, *ae*, f., brebis : Varr. *Men.* 242 ; Sil. 15, 703.

lānĭlūtŏr (-lōtŏr), *ōris*, m., laveur de laine : Gloss. 2, 314, 22.

1 **lănĭo**, *ās*, *āre*, *āvī*, *ātum* (cf. *lancino, lanista* ; it. *lagnarsi*), tr., mettre en pièces, déchirer, lacérer : Cic. *Tusc.* 1, 108 ; *Fam.* 7, 1, 3 ; Liv. 9, 1, 9 ‖ [poét.] **laniatus genas** Virg. *En.* 12, 606, s'étant lacéré les joues, cf. Ov. *M.* 4, 139 ‖ [fig.] Sen. *Ep.* 51, 13 ; Ov. *Rem.* 367.

2 **lănĭo**, *ōnis*, m. (1 *lanio*), boucher : Dig. 33, 7, 18 ‖ bourreau : Sedul. *Carm.* 2, 127.

lănĭŏlum, *i*, n., petit étal, petite boucherie : Fulg. *Myth.* 1, pr. 16, p. 9, 14 H.

lănĭōnĭus, *a*, *um* (2 *lanio*), de boucher, qui sert à écorcher : **lanionia mensa** Suet. *Cl.* 15, étal (billot) de boucher.

lānĭpendens, *tis*, f., celle qui pèse la laine : Gloss. 2, 436, 33.

lānĭpendĭa, *ae*, f., <small>C.</small> lanipendens : Pompon Dig. 24, 1, 31 pr.

lānĭpendĭum, *ĭi*, n., lieu où on pèse la laine : Caes.-Arel. *Virg.* 28 ; 30.

lānĭpendĭus (-dus), *ĭi*, n., celui qui pèse la laine : Gloss. 2, 120, 50.

lānĭpens, *entis*, f., <small>C.</small> lanipendens.

Lănīsē, f., <small>V.</small> Lamse : Plin. 4, 71.

lănista, *ae*, m. (étr. ? ; cf. 1 *lanio*), laniste, maître de gladiateurs : Cic. *Att.* 1, 16, 3 ; Juv. 11, 8 ‖ [fig.] **lanista avium** Col. 8, 2, 5, celui qui dresse des oiseaux au combat ‖ directeur de combat [celui qui oppose les adversaires l'un à l'autre] : Anton. d. Cic. *Phil.* 13, 40 ; Liv. 35, 33, 6.

lănistātūra, *ae*, f., métier de laniste : CIL 1, 593, 123.

lănistĭcĭus, *a*, *um* (*lanista*), de laniste : Petr. 45, 4.

lānĭtĭa, *ae*, f. (*lana*), lainage : Laber. *Com.* 67.

lānĭtĭēs, *ēi*, f., <small>C.</small> lanitia : Ps. Tert. *Marc.* 2, 123.

lānĭtĭum, *ĭi*, n. (*lana*), lainage, toison : Virg. *G.* 3, 384 ‖ **lanitium silvarum** Plin. 6, 54, le coton ‖ pl., troupeaux de bêtes à laine : Arn. 1, 11.

lānĭtondĭum, *ĭi*, n., tonte : Schol. Hor. *Epo.* 2, 16.

lănĭus, *ĭi*, m. (1 *lanio*), boucher : Cic. *Off.* 1, 150 ; **pendere ad lanium** Phaed. 3, 4, 1, être suspendu à l'étal d'un boucher ‖ victimaire, sacrificateur : Pl. *Ps.* 327 ; Varr. *R.* 2, 5, 11 ‖ [fig.] bourreau : Pl. *Ps.* 332.

Lānīvīnus, <small>C.</small> Lanuvinus : CIL 14, 3900.

Lānīvĭum, <small>C.</small> Lanuvium.

lanna, *ae*, f. (*lamina*), lobe [de l'oreille] : Arn. 2, 41.

lānŏcŭlus, *i*, m. (*lana, oculus*), celui qui a un bandeau sur l'œil : P. Fest. 105, 18.

Lanos (-us), *i*, m., fleuve du pays des Sères : Plin. 6, 55.

lānōsĭtās, *ātis*, f., nature laineuse : Tert. *Pall.* 3, 6.

lānōsus, *a*, *um* (*lana* ; fr. *laineux*), laineux, couvert de laine : Col. 7, 3, 7.

lanterna (lāt-), *ae*, f. (λαμπτήρ, cf. *lucerna, lateo* ? ; fr. *lanterne*, al. *Laterne*), lanterne : Pl. *Amp.* 149 ; Cic. *Att.* 4, 3, 5 ; Juv. 5, 88 ; Plin. 11, 49.

lanternārĭus (lāt-), *ĭi*, m., esclave qui porte la lanterne ‖ [fig.] esclave, séide : Cic. *Pis.* 20.

Lanŭenses (Ivanenses), *ĭum*, m. pl., peuple d'Italie : Plin. 3, 106.

lānūgĭnans, *antis*, lanugineux, floconneux : Aug. *Job* 38, 36, p. 613, 23.

lānūgĭnĕus, *a*, *um*, lanugineux, cotonneux : Ps. Apul. *Herb.* 62.

lānūgĭnōsus, *a*, *um*, lanugineux : Plin. 25, 83 ‖ qui tisse une toile, un cocon : Plin. 29, 85 ; 30, 139 ‖ **lanuginosior** Plin. 22, 50.

lānūgo, *ĭnis*, f. (*lana*) ¶ **1** laine, substance laineuse ; coton des plantes : Lucr. 5, 817 ; Plin. 24, 108 ¶ **2** duvet, poil follet, barbe naissante : Virg. *En.* 10, 324 ‖ tendre jeunesse : Juv. 13, 59 ‖ copeaux : Col. 4, 29, 16.

lānŭla, *ae*, f. (dim. de *lana*), petit flocon de laine : Cels. 6, 9, 6 ; 7, 27, 1.

Lānumvĭum, *ĭi*, n., <small>V.</small> Lanuvium.

Lānŭvĭānus, *a*, *um*, <small>C.</small> Lanuvinus : Capit. *Anton.* 8, 3.

Lānŭvīnus (Lānīv-), *a*, *um*, de Lanuvium : Cic. *Div.* 1, 79 ; *Fam.* 9, 22, 4 ‖ subst. m. pl., habitants de Lanuvium : Cic. *Nat.* 1, 82 ‖ subst. n., terre (maison de campagne) de Lanuvium : Cic. *Att.* 9, 9, 4.

Lānŭvĭum (Lānī-), *ĭi*, n., ville du Latium : Cic. *Agr.* 2, 96 ; *Mil.* 27 ; Liv. 3, 29.

lanx, *cis*, f. (peu clair ; cf. λέκος) ¶ **1** plat, écuelle : Cic. *Att.* 6, 1, 13 ; Virg. *En.* 8, 284 ; Hor. *S.* 2, 2, 4 ‖ **per lancem liciumque**, <small>V.</small> licium ¶ **2** plateau d'une balance : Cic. *Ac.* 2, 38 ; *Tusc.* 5, 51 ; *Fin.* 5, 91 ; Virg. *En.* 12, 725 ‖ [fig.] balance : Plin. 7, 44.

Lăŏcŏōn, *ontis*, m. (Λαοκόων), Troyen, prêtre d'Apollon : Virg. *En.* 2, 41 ; Hyg. *Fab.* 135.
▶ forme Laucoon *Petr. 89, v. 19.

Lăŏdămīa, *ae*, f. (Λαοδάμεια), Laodamie [fille d'Acaste, femme de Protésilas] : Catul. 68, 74 ; Ov. *Pont.* 3, 1, 110 ; Hyg. *Fab.* 243.

1 **Lăŏdĭcē**, *ēs*, f. (Λαοδίκη), fille de Priam, épouse d'Hélicaon : Hyg. *Fab.* 80 ‖ femme d'Antiochus : Val.-Max. 9, 14 ; *Ext.* 1 ‖ autre du même nom : Ov. *H.* 19, 135.

2 **Lăŏdĭcē**, *ēs*, f., <small>C.</small> Laodicea : Prisc. *Perieg.* 857.

Lăŏdĭcēa (Laud-), *ae*, f. (Λαοδίκεια), Laodicée [port, capitale de la Syrie, auj. Latakieh] Atlas I, D6 ; IX, D3 : Mel. 1, 69 ‖ autres villes du même nom [en Phrygie, en Médie, en Mésopotamie] Atlas I, D6 ; VI, C4 ; IX, C2 : Cic. *Fam.* 2, 17, 4 ; Plin. 5, 105 ; Vulg. *Apoc.* 1, 11 ‖ **-censis**, *e*, de Laodicée : Cic. *Fam.* 5, 20, 2 ‖ **-cēni**, *ōrum*, m., habitants de Laodicée : Cass. *Fam.* 12, 13, 4 ; Plin. 5, 82.

Lăŏdĭcīa, Vulg. *Col.* 2, 1, <small>C.</small> Laodicea.

Lăŏdĭcīus, *a*, *um*, de Laodicée : CIL 13, 3162.

Lāŏmăchē, *ēs*, f., une des Amazones : Hyg. *Fab.* 163.

Lāŏmĕdōn, *ontis*, m. (Λαομέδων), père de Priam, roi de Troie : Cic. *Tusc.* 1, 65 ; Ov. *M.* 6, 96 ‖ **-ontēus** et **tīus**, *a*, *um*, Virg. *En.* 4, 542 ; 7, 105, de Laomédon, troyen.

Lāŏmĕdontĭădēs, *ae*, m., fils ou descendant de Laomédon : Virg. *En.* 8, 158 ‖ pl., les Troyens : Virg. *En.* 3, 248.

Lāŏmĕdontĭus, v.▶ *Laomedon*.

lăpăris, *is*, f. (λαμπυρίς), insecte [luciole ?] : Pol.-Silv. p. 544, 2.

lăpăthĭum, *ii*, n., c.▶ *lapathum* : Varr. *Men.* 318 ; L. 5, 103.

lăpăthum, *i*, n. ou **lăpăthus**, *i*, f. (λάπαθον), sorte d'oseille [employée comme laxatif] : Plin. 20, 21, 85 ‖ Hor. *S.* 2, 4, 29.

Lăpăthūs, *untis*, f., Lapathonte [forteresse de Thessalie] : Liv. 44, 2.

lăpătis, *is*, f. (sém.), navet : *Vulg. *Judith* 10, 5.

Lăpēthŏs, *i*, f., ville de l'île de Chypre : Plin. 5, 130.

Lăphīās, *ae*, m., fleuve de Bithynie : Plin. 5, 149.

lăpĭcaedīnae, c.▶ *lapicidinae* : Cat. *Agr.* 135, 6 ; CIL 3, 75.

lăpĭcīda, *ae*, m. (*lapis*, *caedo*), tailleur de pierres, graveur sur pierre, lapicide : Varr. *L.* 8, 62 ; Liv. 1, 59, 9.

lăpĭcīdīnae, *ārum*, f. pl. (*lapis*, *caedo*), carrières de pierre : Pl. *Cap.* 736 ; 1000 ; Cic. *Div.* 1, 23 ; **marmorum** Plin. 3, 30, carrières de marbre.
▶ *lapidicinae* *Pl. *Cap.* 944 ; Varr. *L.* 5, 151.

lăpĭcīdīnārĭus, *ii*, m., carrier : Gloss. 3, 528, 54.

Lapicīni, *ōrum*, m. pl., peuple de Ligurie : Liv. 41, 19.

lăpĭdāris, *e* (*lapis*), de pierre : CIL 11, 4638.

lăpĭdārĭus, *a*, *um* (*lapis*), qui a rapport à la pierre, de pierre, à pierre : Pl. *Cap.* 723 ; Petr. 117, 12 ; **lapidariae litterae** Petr. 58, 7, lettres gravées sur la pierre ‖ pierreux : Solin. 2, 6 ‖ subst. m., tailleur de pierres, marbrier : Petr. 65, 5 ; Ulp. *Dig.* 13, 6, 5, 7.

lăpĭdăt, *āre*, *āvit*, -, impers., il pleut des pierres : **imbri lapidavit** Liv. 43, 13, 4 ; **de caelo lapidavit** Liv. 27, 37, 2, il y eut des pluies de pierres, des pierres tombèrent du ciel.

lăpĭdātĭo, *ōnis*, f. (*lapido*), action de jeter des pierres : **fit magna lapidatio** Cic. *Verr.* 4, 95, une grêle de pierres s'abat ; **lapidationes facere** Cic. *Dom.* 67, faire pleuvoir une grêle de pierres ‖ chute (pluie) de pierres : Flor. 3, 8 ‖ lapidation : Tert. *Res.* 55, 9.

lăpĭdātŏr, *ōris*, m. (*lapido*), celui qui lance des pierres : Cic. *Dom.* 13 ‖ celui qui lapide : Aug. *Serm.* 382, 3.

lăpĭdātrix, *īcis*, f., celle qui lapide : Orig. *Matth.* 28.

lăpĭdātus, *a*, *um*, part. de *lapido*.

Lăpĭdĕi campi, m., les Champs pierreux [auj. les champs de Crau] : Plin. 3, 34.

Lăpĭdes Ātri, m. pl., lieu près d'Illiturgi : Liv. 26, 17.

lăpĭdescō, *īs*, *ĕre*, -, -, intr., se pétrifier : Plin. 16, 21.

lăpĭdĕus, *a*, *um* (*lapis*) ¶ 1 de pierre, en pierre : Varr. *R.* 3, 5, 9 ; Cic. *Leg.* 2, 45 ; **lapideus imber** Cic. *Div.* 2, 60, pluie de pierres ¶ 2 [fig.] pétrifié : Pl. *Truc.* 818 ‖ dur, insensible : Enn. *Tr.* 130 ¶ 3 plein de pierres, pierreux : **Campi Lapidei** Plin. 3, 34 ; 21, 57, la plaine de Crau [Narbonnaise] ; Mel. 2, 78.

lăpĭdĭcaesŏr, *ōris*, m., Gloss. 2, 358, 54

lăpĭdĭcīda, *ae*, m., c.▶ *lapicida* : Sidon. *Ep.* 3, 12, 5.

lăpĭdĭcĭn-, v.▶ *lapicidin-*.

lăpĭdĭfĕr, *ĕra*, *ĕrum*, qui porte des pierres : Ps. Aug. *Serm.* 114, 3.

lăpĭdō, *ās*, *āre*, *āvī*, *ātum* (*lapis*) ¶ 1 tr. a) attaquer à coups de pierres, lapider : Suet. *Cal.* 5 ; Flor. 1, 22 ‖ [fig.] Macr. *Sat.* 2, 6, 1 b) recouvrir de pierres : Petr. 114, 11 ¶ 2 impers., v.▶ *lapidat*.

lăpĭdōsĭtās, *ātis*, f., substance pierreuse : Tert. *Cult.* 1, 6, 2.

lăpĭdōsus, *a*, *um* (*lapis*) ¶ 1 pierreux, plein de pierres : Varr. *R.* 1, 9, 2 ; Ov. *M.* 1, 44 ¶ 2 pierreux [en parlant des fruits] : Virg. *G.* 2, 34 ‖ dur : **lapidosus panis** Hor. *S.* 1, 5, 91, pain dur comme de la pierre ‖ qui durcit les articulations [en parlant de la goutte] : Pers. 5, 58 ‖ **lapidosior** Plin. 34, 120.

lăpillātus, *a*, *um*, orné de pierreries [bague] : Ps. Aug. *Serm.* 49, 1.

lăpillescō (-llisco), *īs*, *ĕre*, -, -, intr., se durcir : Tert. *Nat.* 2, 12, 7.

lăpillōsus, *a*, *um*, couvert de cailloux : Schol. Bern. *G.* 2, 212.

lăpillŭlus, *i*, m. (dim. de *lapillus*), Solin. 10, 12.

lăpillus, *i*, m. (dim. de *lapis*) ¶ 1 petite pierre, petit caillou : Ov. *M.* 11, 604 ; Plin. 10, 59 ; **dies signare melioribus lapillis** Mart. 9, 52, 5 ; **diem numerare meliore lapillo** Pers. 2, 1, marquer un jour comme heureux [avec un caillou blanc] ; v.▶ *lapis* ¶ 2 pierre précieuse : Hor. *S.* 1, 2, 80 ; Mart. 1, 110, 4 ‖ pierre [de la vessie], calcul : Plin. 28, 42 ‖ marbre : Hor. *Ep.* 1, 10, 19 ‖ pierre tumulaire : CIL 6, 13830.

lăpĭō, *īs*, *īre*, -, - (*lapis* ?), tr., pétrifier, faire souffrir : Pacuv. *Tr.* 276 ; P. Fest. 105, 21.

lăpis, *ĭdis*, m. (peu net, cf. λεπάς ? ; esp. *laude*) ¶ 1 pierre : **lapides jacere** Cic. *Mil.* 41, jeter des pierres ; **lapide percussus** Cic. *de Or.* 2, 197, frappé d'une pierre ; **lapis durus** Plin. 36, 171, pierre dure ¶ 2 [emblème de la stupidité] : Pl. *Mil.* 236 ; *Merc.* 3, 632 ; Ter. *Haut.* 831 ‖ [de l'insensibilité] : Cic. *de Or.* 1, 245 ; Tib. 1, 10, 59 ‖ [prov.] : **lapidem ferre altera manu, altera panem ostentare** Pl. *Aul.* 193, tenir d'une main une pierre, de l'autre montrer du pain ; **lapidem verberare** Pl. *Curc.* 197, perdre sa peine ‖ **lapide candidiore diem notare** Catul. 68, 148, marquer la journée d'une pierre blanche ; v.▶ *lapillus* ¶ 3 borne, pierre milliaire : **ad quartum lapidem a Roma** Varr. *R.* 3, 2, 14, à quatre milles de Rome ; **intra vicesimum lapidem** Liv. 5, 4, 12, à moins de vingt milles ; [s.-ent. *lapidem*] **ad quartum, ad octavum** Tac. *H.* 2, 39 ; 3, 15, à quatre, à huit milles ¶ 4 tribune de pierre [où se tenait le crieur public dans la vente des esclaves] : Pl. *Bac.* 815 ; **de lapide emptus** Cic. *Pis.* 35, acheté à la tribune des ventes [= vendu, soudoyé] ¶ 5 borne des propriétés : Tib. 1, 1, 12 ; 1, 3, 44 ¶ 6 pierre tumulaire : Tib. 1, 3, 54 ; Prop. 1, 17, 20 ; 3, 1, 37 ¶ 7 pierre précieuse : Catul. 69, 3 ; Hor. *O.* 3, 24, 48 ¶ 8 marbre : **Parius** Virg. *En.* 1, 592, marbre de Paros ‖ **albus** Hor. *S.* 1, 6, 116, table de marbre blanc ¶ 9 **lapides varii** Hor. *S.* 2, 4, 83, mosaïque ¶ 10 **Juppiter lapis**, Jupiter de pierre [pierre que l'on tenait à la main comme un symbole de Jupiter au nom duquel se faisaient les serments] v. P. Fest. 102, 13 **Jovem lapidem jurare** Cic. *Fam.* 7, 2, 2, jurer par le Jupiter de pierre, cf. Gell. 1, 21, 4.
▶ gén. pl. arch. *lapiderum* Cn.-Gell. d. Char. 54, 26 ‖ f. Enn. *An.* 553 ; Varr. *R.* 3, 5, 14.

lăpiscŭlus, *i*, m. (dim. de *lapis*), petite pierre : M.-Emp. 8, 2.

Lăpĭtha, *ae*, f., héroïne, fille d'Apollon, donna son nom aux Lapithes : Prop. 2, 2, 9.

Lăpĭthae, *ārum*, m. pl. (Λαπίθαι), les Lapithes [luttèrent contre les Centaures dans une rixe suscitée par Arès aux noces de Pirithoüs] : Cic. *Pis.* 22 ; Ov. *M.* 12, 250 ‖ sg., **Lapithēs** Val.-Flac. 5, 516, un Lapithe.
▶ gén. pl. *Lapithum* Virg. *En.* 7, 304.

Lăpĭthaeus, **Lăpĭthēĭus**, *a*, *um*, des Lapithes : Ov. *M.* 12, 530 ‖ Ov. *M.* 14, 670.

Lăpĭthōnĭus, *a*, *um*, c.▶ *Lapithaeus* : Stat. *Th.* 7, 297.

lappa, *ae*, f. (cf. *lippus*, scr. *lipta-s* ; it. *lappa*), bardane [plante] : Virg. *G.* 1, 153 ; Plin. 18, 153.

lappācĕus, *a*, *um*, qui ressemble à la bardane : Plin. 22, 41.

lappāgo, *ĭnis*, f., sorte de bardane : Plin. 26, 102.

Laprĭus, *ii*, m., surnom de Jupiter : Lact. *Inst.* 1, 22, 23.

lapsābundus, *a*, *um* (*lapso*), chancelant : Pomer. 2, 4, 3.

lapsāna (lamps-), *ae*, f. (λαμψάνη), Varr. *R.* 3, 16, 25 ; Plin. 20, 96 ; **lapsă-**

lapsana

nĭum, ĭi, n., Hier. *Reg. Pach.* 52, sorte de chou sauvage, ravenelle.

lapsĭlis, e, glissant : Gloss. 2, 263, 28.

lapsīna, ae, f. (cf. *lapsus, labina*), chute : Gloss. 2, 585, 14.

lapsīnōsus, a, um, fertile en chutes : VL. *Jer.* 23, 12.

lapsĭo, ōnis, f. (1 *labor*, cf. 2 *lapsus*), chute [fig.] : Cic. *Tusc.* 4, 28.

lapsō, ās, āre, -, - (fréq. de 1 *labor*), intr., glisser, chanceler, tomber : Virg. *En.* 2, 551 ; Tac. *An.* 1, 65 ‖ [fig.] *verba lapsantia* Gell. 1, 15, 1, paroles qui s'échappent en torrent.
▶ dép. *lapsor* Diom. 344, 21.

1 lapsus, a, um ¶1 part. de *labor* ¶2 [chrét.] **lapsi**, ōrum, m. pl., les faillis, ceux qui ont renié pendant les persécutions : Cypr. *Laps.* 16 ‖ ceux qui sont tombés dans le péché : Aug. *Civ.* 10, 24.

2 lapsŭs, ūs, m. (1 *labor*) ¶1 tout mouvement de glissement, d'écoulement, de course rapide [en parlant d'étoiles, de fleuves, d'oiseaux, de serpents] : *cum medio volvuntur sidera lapsu* Virg. *En.* 4, 524, quand les astres roulent au milieu de leur course ; *si lacus emissus lapsu et cursu suo ad mare profluxisset* Cic. *Div.* 1, 100, si les eaux du lac déversé, abandonnées à leur mouvement et à leur cours naturel, se portaient vers la mer ; *volucrium lapsus* Cic. *Nat.* 2, 99, le vol des oiseaux ; *gemini lapsu dracones effugiunt* Virg. *En.* 2, 225, les deux serpents en glissant s'échappent ; *vitis serpens multiplici lapsu et erratico* Cic. *CM* 52, la vigne qui déploie en rampant ses rameaux exubérants et vagabonds ; *pedibus rotarum subjiciunt lapsus* Virg. *En.* 2, 236, sous les pieds du cheval on met le glissement de roues (des roues qui glissent, qui tournent) ¶2 action de glisser, de trébucher, chute : *sustinere se a lapsu* Liv. 21, 35, 12, s'empêcher de glisser ; *lapsus terrae* Liv. 21, 36, 2, éboulement du sol ‖ chutes, contusions, meurtrissures : Plin. 22, 43 ¶3 [fig.] faux pas, trébuchement, erreur : Cic. *de Or.* 2, 339 ; *Ac.* 1, 45 ‖ [chrét.] péché : Vulg. *Psal.* 55, 13 ‖ reniement : Cypr. *Ep.* 56, 1.

Lapurdum, i, n., ville d'Aquitaine [auj. Bayonne, cf. *Labourd*] Atlas IV, B3 ; V, F1 : Not. Dign. *Oc.* 42, 19 ‖ **-densis**, e, de Lapurdum : Sidon. *Ep.* 8, 12, 7.

lăquĕar (cf. *laqueus*, ou *lacus*, V. *lacunar* ?), Prisc. 2, 222, 6 : **lăquĕāre**, is, n., Culex 64, **lăquĕārĭum**, ĭi, n., Isid. 19, 12, ordin^t **lăquĕārĭa**, ĭum, n., Virg. *En.* 1, 726 ; Sen. *Ep.* 90, 15 ; Plin. 33, 57, plafond lambrissé (à caissons), lambris.
▶ abl. pl. *laqueariis* Amm. 29, 2, 4.

1 lăquĕārĭus, ĭi, m. (*laquear*), lambrisseur : Cod. Th. 13, 4, 2.

2 lăquĕārĭus, ĭi, m. (*laqueus*), gladiateur laquéaire [qui jetait un lacet à son adversaire] : Isid. 18, 56.

lăquĕātŏr, ōris, m. (2 *laqueo*), qui enlace, qui lie : Isid. 18, 56.

lăquĕātus, a, um, part. p. de 1 et 2 *laqueo*.

1 lăquĕō, lăquĕans, lăquĕātus (de *laquear*, 1 *laqueatus*), tr., lambrisser, couvrir d'un plafond avec caissons : Manil. 1, 534 ‖ *laqueatus auro* Liv. 41, 20, 9, avec un plafond garni d'or ; *tecta laqueata* Cic. *Leg.* 2, 2, toits à plafonds lambrissés, cf. Cic. *Verr.* 1, 133.
▶ *lacuatus* Serv. *En.* 1, 726.

2 lăquĕō, ās, āre, āvī, ātum (*laqueus* ; fr. *lacer*), tr., garrotter, lier : Manil. 5, 659 ; Amm. 31, 2, 9 ‖ [fig.] enserrer, enlacer : Juvc. 1, 524.

lăquĕus, i, m. (cf. *lacio* ?; fr. *lacs*) ¶1 lacet, nœud coulant : Cic. *Verr.* 4, 37 ; *Fin.* 5, 28 ; Caes. *G.* 7, 22 ; Sall. *C.* 55, 4 ; J. 94, 2 ¶2 a) lacs, filet, panneau : Virg. *G.* 1, 139 ; Hor. *Ep.* 1, 16, 51 ‖ [fig., surt. au pl.] filets, pièges : Cic. *de Or.* 1, 43 ; *Mil.* 40 ; *Tusc.* 7, 56 ; *Fat.* 7 ‖ sg., Cic. *Caecin.* 83 b) liens, chaînes : Sen. *Tranq.* 10, 1 ; Plin. *Ep.* 2, 8, 3.

1 Lār, Lăris, m., obscur, arch. **Lases**, Carm. Arv. *CIL* 1, 2 (it. *alari*), gén. pl. **Larum**, Cic. *Rep.* 5, 7 ; qqf. **Larium**, Liv. 40, 52, 3 ¶1 Lare, Lares, les Lares [divinités protectrices, âmes des ancêtres défunts] ‖ *Lar familiaris*, le Lare de la famille [dieu du foyer, était l'objet d'un culte dans la maison ; le paterfamilias lui offrait des sacrifices aux dates importantes du mois et dans des circonstances solennelles] : Pl. *Aul.* 2 ‖ les Lares étendaient leur protection en dehors de la maison : *compitales, viales, permarini* Suet. *Aug.* 31 ; Pl. *Merc.* 865 ; Liv. 40, 52, 4, dieux tutélaires des carrefours, des rues, de la mer ‖ *Lares praestites* Ov. *F.* 5, 129, les Lares protecteurs de la cité ¶2 [fig.] = foyer, demeure, maison : Cic. *Verr.* 3, 27 ; 3, 125 ; *Att.* 16, 4, 2 ; Sall. *C.* 20, 11 ; Hor. *Ep.* 1, 7, 58 ; 2, 2, 51 ‖ [en parlant des oiseaux] : Ov. *F.* 3, 242 ; Val.-Flac. 4, 45.

2 lar, *lartis*, m., C. *lars* : Char. 136, 13.

Lăra, **Lărunda**, ae, f., nymphe du Tibre, mère des Lares, à qui Jupiter enleva la langue à cause de son bavardage (*Lala*, λαλεῖν) : Ov. *F.* 2, 599 ; Varr. *L.* 5, 74.

Lărālĭa, ĭum, n. pl., fête des Lares : P. Fest. 298, 25.

lărārĭum, ĭi, n., laraire, chapelle pour des dieux lares : Lampr. *Alex.* 29, 2 ; 31, 4.

larbăsŏn, i, n., **larbăsis**, is, f., C. *stibium* : Plin. 33, 101.

Larcĭus, ĭi, m., nom de famille romaine [not^t] Sp. Larcius [qui seconda la défense de Coclès] : Liv. 2, 10 ‖ T. Larcius [premier dictateur de Rome] : Cic. *Rep.* 2, 56 ; Liv. 2, 18.

1 lardārĭus, a, um, de charcutier : *lardaria (taberna)* Not. Tir. 103, 70, charcuterie.

2 lardārĭus, ĭi, n. (fr. *lardier*), morceau de lard, lardon : *CIL* 12, 4483.

lardum, i, n. (*laridum*), lard : Hor. *S.* 2, 6, 64 ; Plin. 28, 227 ; Mart. 5, 78 ; Juv. 11, 84 ‖ pl., Ov. *F.* 6, 169.

Larendāni, ōrum, m. pl., peuple de l'Arabie Heureuse : Plin. 6, 153.

Lārentālĭa, ĭum, n., Larentalia, fêtes en l'honneur d'Acca Larentia : Varr. *L.* 6, 23 ; Ov. *F.* 3, 57 ; P. Fest. 106, 1.

Lārentĭa, **Laurentĭa**, ae, f., Acca Larentia ou Laurentia [nourrice de Romulus] : Liv. 1, 4, 97 ; Gell. 6, 7 ; Varr. *L.* 6, 23 ; Ov. *F.* 3, 55.

Lārentīna, **Laurentīna**, ae, f., C. *Larentia* : Varr. *L.* 6, 23 ; Lact. *Inst.* 1, 20, 2.

Lārentīnālĭa, n. pl., C. *Larentalia* : Lact. *Inst.* 1, 20, 4 ; Macr. *Sat.* 1, 10, 11 ‖ **Lārentīnal**, sg., Varr. *L.* 6, 23.

1 Lăres, V. *1 Lar*.

2 Lăres, ĭum, pl., ville de Numidie : Sall. *J.* 90, 2.

larex, C. *larix* : Isid. 17, 7, 44.

largātus, a, um (*largo*), multiplié, amplifié, abondamment développé : Cassiod. *Var.* 2, 39, 8.

largē, adv. (*largus*), abondamment, amplement, libéralement : Cic. *Mur.* 10 ; *Nat.* 2, 121 ‖ **-gius** Hor. *Ep.* 2, 2, 215 ; **-gissime** Cic. *Verr.* 1, 158 ; Plin. 7, 167.

Largĭānus, a, um, de Largus : Cod. Just. 3, 7.

largībor, V. *largior* ▶.

largĭfĭcus, a, um (*largus, facio*), abondant : Pacuv. *Tr.* 414 ; Lucr. 2, 627.

largĭflŭus, a, um (*large, fluo*), qui coule abondamment : Lucr. 5, 598.

largĭlŏquus, a, um (*large, loquor*), bavard : Pl. *Mil.* 318 ; *Cis.* 122.

largīmentum, i, n., don, présent : Fulg. *Myth.* 2, pr.

largĭō, īs, īre, -, -, V. *largior* ▶.

largĭor, īrĭs, īrī, ītus sum (*largus*), tr., donner largement [soit beaucoup de choses à beaucoup de pers., soit une seule chose à une seule pers., mais généreusement] ¶1 *eripiunt aliis, quod aliis largiantur* Cic. *Off.* 1, 43, ils enlèvent aux uns pour faire des largesses aux autres ‖ [abs^t] *ex alieno largiri* Cic. *Fam.* 3, 8, 8, faire des largesses avec le bien d'autrui [*de alieno* Liv. 3, 1, 3] ¶2 *patriae suum sanguinem* Cic. *Tusc.* 1, 117, donner généreusement son sang à la patrie ; *Hortensio summam facultatem dicendi natura largita est* Cic. *Quinct.* 8, la nature accorda généreusement à Hortensius le plus grand talent d'orateur ; *rei publicae injurias* Tac. *An.* 3, 70, faire prodigalement remise des injustices commises envers l'État ‖ [avec *ut* subj.] accorder généreusement de : Cic. *CM* 83.
▶ imparf. *largibar* Prop. 1, 3, 25 ; fut. *largibere* Pl. *Bac.* 828 ; inf. *largirier* Lucr. 5, 166 ‖ formes actives *largio, -ire* Acc. *Tr.* 282 ; part. sens pass. *largitus* Tib. 4, 1, 129.

largĭtās, *ātis*, f. (*largus*), largesse, libéralité : Cic. *Nat.* 2, 156 ‖ *muneris* Cic. *Brut.* 16, magnificence, générosité d'un présent.

largĭtĕr, adv., abondamment, copieusement, largement : Pl. *Truc.* 903 ‖ [fig.] = beaucoup : *largiter distare* Lucr. 6, 1112, différer largement ; *posse* Caes. *G.* 1, 18, avoir beaucoup de puissance ‖ [avec le gén.] Pl. *Ru.* 1188, beaucoup de.

largĭtĭo, *ōnis*, f. (*largior*), dons abondants, distribution généreuse, libéralité : Cic. *Off.* 2, 52 ; *Balb.* 31 ; Caes. *C.* 1, 39 ; *largitiones facere* Cic. *Tusc.* 3, 48, faire des largesses ‖ largesse [intéressée], corruption : Cic. *de Or.* 2, 55 ; *Mur.* 80 ; *Planc.* 37 ‖ prodigalité, profusion : Sen. *Ben.* 1, 2, 1 ‖ *largitiones* ; *sacrae largitiones*, caisse des largesses sacrées [au Bas-Empire, trésor impérial, fisc] : Cod. Just. 7, 62, 21 ; Cod. Th. 12, 6, 13 ; *comes sacrarum largitionum* Cod. Just. 12, 23, 2, comte des largesses sacrées.

largĭtĭōnālis, *e*, qui concerne les distributions faites au peuple : Cod. Th. 12, 6, 13 ‖ subst. m., distributeur des largesses du prince : Vop. *Car.* 20, 2.

1 largĭtŏr, *ārĭs*, *ārī*, - (fréq. de *largior*), tr., accorder, répandre : Ambr. *Spir.* 2, 152.

2 largĭtŏr, *ōris*, m. (*largior*) ¶ **1** celui qui fait des largesses, donneur : Sall. *J.* 95 ; Liv. 6, 16, 6 ¶ **2** faiseur de largesses (corrupteur) : Cic. *Off.* 2, 64 ; *Planc.* 37.

largĭtūdo, *ĭnis*, f., ▣▶ *largitas* : Nep. d. Char. 101, 3.

1 largĭtus, *a, um*, part. de *largior*, pass., ▣▶ *largior* ▶.

2 largĭtus, adv., ▣▶ *large* : Afran. *Com.* 212.

largĭuscŭlus, *a, um* (dim. de *largus*), un peu plus abondant : Solin. 7, 4.

1 largus, *a, um* (peu clair ; cf. *laridum* ? ; it. *largo*) ¶ **1** copieux abondant, considérable : Lucr. 5, 869 ; Cic. *Nat.* 2, 49 ‖ [avec gén.] abondant en : Pl. *As.* 533 ; Virg. *En.* 11, 338 ‖ [avec abl.] : Pl. *As.* 598 ; Plin. 25, 161 ¶ **2** qui donne largement, libéral, large : Cic. *Off.* 2, 55 ; *Verr.* 3, 118 ; Juv. 10, 119 ; Tac. *H.* 2, 59 ‖ [avec inf.] Hor. *O.* 4, 12, 9 ‖ *-ior* Hor. *S.* 1, 8, 44 ; Liv. 40, 14, 1 ‖ *-issimus* Cic. *Verr.* 3, 118.

2 Largus, *i*, m., surnom romain surtout dans la gens *Scribonia* : Cic. *de Or.* 2, 240 ; *Fam.* 6, 8, 1 ; Tac. *An.* 11, 33.

lārĭda, *ae*, f., ▣▶ *laridum* : Cod. Th. 8, 4, 17.

lārĭdum, adv., i, n. (peu net, cf. *largus*, λαρινός ?, forme syncopée *lardum* ; fr. *lard*), lard : Pl. *Men.* 210 ; *Cap.* 847.

lărĭfŭga, *ae*, m. (*lares, fugio*), vagabond : Petr. 57, 3.

lărignus, *a, um* (*larix*), de mélèze : Vitr. 2, 9, 16.

Lārīnās, *ātis*, adj., de *Larinum* : Cic. *Clu.* 11 ; 21 ‖ subst. m. pl., habitants de Larinum : Cic. *Clu.* 38.

Larinē, *ēs*, f., fontaine de l'Attique : Plin. 4, 24.

Lārīnum, *i*, n., ville sur les confins de l'Apulie chez les Frentani Atlas XII, E5 ; Cic. *Att.* 7, 12, 2 ; *Clu.* 27.

Lārīsa (Lārissa), *ae*, f. (Λάρισσα), Larissa [ville de Thessalie, patrie d'Achille] Atlas VI, B2 ; Caes. *C.* 3, 80 ; Plin. 4, 29 ; Hor. *O.* 1, 7, 11 ‖ *Larissa Cremaste* Liv. 31, 46, 12, petite ville de Thessalie ‖ nom de la citadelle d'Argos : Liv. 32, 25, 5 ‖ autres villes du même nom : Vell. 1, 4, 4 ; Plin. 5, 121.

Lārīsaeus (Lārissaeus), *a, um*, de Larisse [en Thessalie] : Virg. *En.* 2, 197 ; Ov. *M.* 2, 542 ‖ de Larissa [citadelle d'Argos] : Stat. *Th.* 4, 5 ‖ subst. m. pl., habitants de Larisse [en Thessalie] : Caes. *C.* 3, 81, 2.

Lārīsenses ou **Lārissenses**, *ĭum*, m. pl., habitants de Larisse [en Thessalie] : Liv. 31, 31, 4.

Lārissus (Lārisus), *i*, m., fleuve du Péloponnèse : Liv. 27, 31, 11.

Lārĭus, *ĭi*, m., lac Larius [dans l'Italie supérieure, auj. lac de Côme] Atlas XII, B2 : Virg. *G.* 2, 159 ; Plin. 3, 131 ‖ *-us, a, um*, du lac Larius : Catul. 35, 4.

Lārōnĭa, *ae*, f., nom de femme : Mart. 2, 32, 5 ; Juv. 2, 65.

Lārōnĭus, *ĭi*, m., nom de guerrier : Sil. 14, 534.

lărŏphŏrum, *i*, n., sorte de trépied [pour porter des statuettes ou des lampes] : CIL 3, 1952.

lars, lar, Char. 136, 13, *lartis*, m., [mot étr.] lar, chef militaire : Cic. *Phil.* 9, 4 ; Liv. 4, 17, 1 ; 4, 58, 7.

Lartidĭus, *ĭi*, m., nom d'homme : Cic. *Att.* 7, 1, 9.

lărŭa-, diérèse pour *larva-*.

Larumna, ▣▶ *Larymna*.

Lărunda, ▣▶ *Lara*.

lărus, *i*, m. (λάρος), sorte de mouette : Vulg. *Lev.* 11, 16 ; *Gloss.* 4, 253, 55.

larva, (arch. **lārŭa**) *ae*, f. (1 *Lar*) ¶ **1** figure de spectre, larve, fantôme : Pl. *Cap.* 598 ; Sen. *Apoc.* 9, 3 ; Planc. d. Plin. *pr.* 31 ‖ [injure] Pl. *Merc.* 981 ¶ **2** masque [de fantôme ?] : Hor. *S.* 1, 5, 64 ‖ squelette : Petr. 34, 8.
▶ diérèse *lārŭa* Pl. *Cap.* 596.

larvālis, *e* (*larva*), de larve, de spectre : Sen. *Ep.* 25, 18.

larvātĭo, *ōnis*, f. (*larva*), visions, délire : Isid. 4, 7, 10.

larvātus (larŭātus), *a, um* (*larva*), ensorcelé, délirant : Pl. *Men.* 890, cf. Serv. *En.* 6, 229 ; Non. 44, 28.

larvĕus, *a, um*, de démon : *larveus hostis* Fort. *Carm.* 5, 6, p. 117, 13, le démon.

Larymna (-umna), *ae*, f., ville de Locride : Mel. 2, 45 ; Plin. 4, 27 ‖ ville de Carie : Mel. 1, 84 ; 5, 104.

lăryngŏtŏmĭa, *ae*, f. (λαρυγγοτομία), laryngotomie : Cael.-Aur. *Acut.* 3, 4, 39.

Lās, *ae*, f. (λᾶς), ville maritime de Laconie : Liv. 38, 30, 7.

lăsănum (-us), *i*, n., (m.) (λάσανον), pot de chambre : Petr. 41, 9 ; 47, 5 ; Hor. *S.* 1, 6, 109.

lāsăr, ▣▶ *laser* : Plin. 5, 33.

lāsarpĭcĭum, ▣▶ *laserpicium*.

lascīvans, *tis*, ▣▶ *lasciviens* : Anth. 176, 13.

lascīvē, adv. (*lascivus*), en folâtrant, d'une manière pétulante : Mart. 8 pr. ; Apul. *Apol.* 9 ‖ *lascivius* Sen. *Contr.* 2, 6, 8 ; Avien. *Arat.* 1840.

lascīvĭa, *ae*, f. (*lascivus*) ¶ **1** humeur folâtre, gaieté, enjouement : Cic. *Fin.* 2, 65 ; Lucr. 5, 1400 ; Liv. 1, 5, 2 ¶ **2** défaut de retenue, licence, dérèglement ; lubricité, libertinage, débauche : Sall. *J.* 39, 5 ; Quint. 9, 2, 76 ; Tac. *An.* 11, 13 ¶ **3** [fig.] afféterie, agrément affecté, maniérisme : Sen. *Ep.* 114, 2 ; Quint. 10, 1, 43.

lascīvībundus, *a, um* (*lascivio*), folâtre : Pl. *St.* 288.

lascīvĭō, *īs*, *īre*, *ĭi*, *ītum* (*lascivus*), intr., folâtrer, badiner, s'ébattre, jouer : Cic. *Rep.* 1, 63 ; Liv. 2, 29, 9 ; Suet. *Caes.* 67 ‖ [fig., en parlant du style] Quint 9, 4, 142 ; 11, 1, 56 ; 12, 10, 73.

lascīvĭōsus, *a, um*, immodéré, exagéré : Isid. 6, 8, 7.

lascīvĭtās, *ātis*, f. (*lascivus*), gaieté : Cael.-Aur. *Chron.* 3, 8, 118.

lascīvĭtĕr, adv. (*lascivus*), en folâtrant : Laev. d. Char. 204, 17.

lascīvō, *ās*, *āre*, -, -, ▣▶ *lascivans*.

lascīvŭlus (-vŏlus), *a, um* (dim. de *lascivus*), un peu folâtre : Laev. d. Prisc. 2, 536, 19.

lascīvus, *a, um* (cf. λιλαίομαι, scr. *lasati*, al. *Lust*, an. *lust*) ¶ **1** folâtre, badin, enjoué, gai : Lucr. 1, 260 ; Virg. *B.* 2, 64 ; Hor. *S.* 1, 3, 134 ; *P.* 107 ‖ *-vior* Ov. *M.* 13, 791 ¶ **2** qui en prend à son aise : Cic. *Att.* 2, 3, 1 ‖ pétulant, lascif : Varr. *R.* 1, 14 ; Ov. *A. A.* 1, 523 ; Mart. 5, 2, 5 ; *-issimus* Suet. *Tib.* 43 ¶ **3** [en parlant du style] **a)** qui s'ébat, pétulant, badin : Quint. 10, 1, 88-93 **b)** maniéré : Gell. 12, 2, 9.

Lascuta, *ae*, f., ville de Bétique Atlas IV, E2 : Plin. 3, 15.

lāsĕr (lassĕr), *ĕris*, n. (abrègement de *laserpicium*), laser [condiment extrait d'une férule, le *silphium*] : Col. *Arb.* 23, 1 ; Plin. 22, 101 ‖ ▣▶ *silphium* [plante] : Plin. 19, 153.

lāsĕrātus, *a, um*, préparé avec du laser : Pelag. 193 ‖ subst. n., sauce au laser : Apic. 33.

Lāserpĭcĭārĭus mimus, m., le mime du Marchand de silphium : Petr. 35, 6.

laserpiciatus

lāserpīcĭātus, *a*, *um* (*laserpicium*), où il entre du laser : CAT. *Agr.* 116 ; PLIN. 18, 308.

lāserpīcĭfĕr, *ĕra*, *ĕrum*, qui produit du laserpicium : CATUL. 7, 4.

lāserpīcĭum, *ĭi*, n. (de *lac*, **serpicium*, ■ *sirpe*), laserpicium, silphium [plante qui donne le laser] : PLIN. 19, 38 ; COL. 6, 17, 7.
▶ *lasserpicium* ou *lasarpicium* PL. *Ps.* 816 ; *lasserp-* PL. *Ru.* 630.

Lăses, (arch. pour **Lares**), CIL 1, 2 ; QUINT. 1, 4, 13 ; [abl. *Lasibus* VARR. L. 6, 1], ■ *1 Lar*.

lasfe, ■ *fellas*, à l'envers : CIL 4, 2319

Lasĭa, *ae*, f., île voisine du Péloponnèse : PLIN. 5, 139 ‖ île près de la Lycie : PLIN. 5, 131.

Lasŏs, *i*, f., ville de Crète : PLIN. 4, 59.

lassāmĕn, *ĭnis*, n., ■ *laxamen* : NOT. TIR. 71, 54.

lassātus, *a*, *um*, part. de *lasso*.

lassescō, *ĭs*, *ĕre*, -, -, intr., se lasser, se fatiguer : PLIN. 7, 130 ; 14, 33.

lassĭtūdo, *ĭnis*, f. (*lassus*), fatigue, lassitude : CIC. *Inv.* 2, 14 ; *Fam.* 12, 25, 6 ; CAES. G. 2, 23 ; 4, 15 ; C. 2, 41 ‖ **armorum equitandive** PLIN. 23, 92, fatigue provenant du maniement des armes ou de l'équitation.

lassō, *ās*, *āre*, *āvī*, *ātum* (*lassus* ; fr. *lasser*) ¶ 1 tr., lasser, fatiguer : CURT. 9, 5, 1 ; OV. *H.* 20, 241 ; SEN. *Ep.* 68, 13 ; 70, 3 ; 88, 10 ‖ [fig.] lasser par sa constance, par son endurance : MART. 4, 3, 5 ‖ **aequor lassatum fluctibus** LUC. 5, 703, la plaine liquide lasse des vagues = devenue calme, cf. LUC. 9, 453 ¶ 2 intr., se fatiguer, souffrir de : AUG. *Serm.* 216, 4.

lassŭlus, *a*, *um* (dim. de *lassus*), CATUL. 63, 35.

Lassunni, *ōrum*, m. pl., peuple d'Aquitaine : PLIN. 4, 104.

lassus, *a*, *um* (cf. *laedo*, al. *lassen*, an. *let* ; fr. *las*) ¶ 1 las, harassé, fatigué, épuisé ; **aliqua re**, par qqch. : SALL. *J.* 53 ; QUINT. 2, 3, 9 ‖ **ab equo indomito** HOR. S. 2, 2, 10, fatigué du fait de (par) un cheval indompté ‖ **maris et viarum** HOR. O. 2, 6, 7, fatigué de la mer et des routes ‖ [avec inf.] PROP. 2, 13, 28 ¶ 2 [en parlant des choses] épuisé, affaibli : HOR. *S.* 2, 8, 8 ; OV. *Pont.* 1, 4, 14 ; PLIN. *Ep.* 6, 21, 2.

lastaurus, *i*, m. (λάσταυρος), débauché : SUET. *Gram.* 15.

Lastigi, n., nom de deux villes différentes en Bétique : PLIN. 3, 12 ; 3, 14.

1 **lătē**, adv. (*latus*), largement, sur un large espace, avec une large étendue : **quam latissime** CAES. *G.* 4, 3, sur la plus large étendue possible, cf. CAES. G. 4, 35 ; CIC. *Pomp.* 31 ; **equites late ire jubet** SALL. *J.* 68, 4 il ordonne que les cavaliers aillent en ordre déployé ‖ [fig.] avec une grande extension, largement, abondamment : **se latius fundet orator** CIC. *Or.* 125, l'orateur se donnera plus libre carrière, cf. CIC. *Tusc.* 3, 22 ; *Ac.* 2, 66 ; **locus longe et late patens** CIC. *Or.* 72, chapitre (= matière, question) étendu et vaste.

2 **Latē**, *ēs*, f., ■ *Lade* : PLIN. 5, 135.

lătebra, *ae*, f. (*lateo*) ¶ 1 cachette, refuge, abri, retraite [gén^t au pl.] : CAES. *G.* 6, 43 ; CIC. *Pomp.* 7 ; *Rab. perd.* 22 ; VIRG. *En.* 3, 424 ‖ sg., CIC. *Cael.* 62 ¶ 2 [fig.] **a)** LUCR. 1, 408 ; CIC. *Sest.* 9 ; *Cael.* 53 ; [sg.] CIC. *Div.* 2, 111 ; *Fam.* 3, 12, 1 **b)** subterfuge, prétexte, excuse [au sg.] : CIC. *Fin.* 2, 107 ; *Div.* 2, 46 ; *Off.* 3, 106 ; OV. *A. A.* 3, 754.

lătebrĭcŏla, *ae*, m. (*latebra*, *colo*), celui qui fréquente les lieux de débauche : PL. *Trin.* 240.

lătebrŏr (**brō** ?), *āris*, *ārī*, - (*ās*, *āre*, -, -), se cacher, se dissimuler : GREG.-TUR. *Martin.* 1, 14.

lătebrōsē, adv. (*latebrosus*), dans un lieu caché : PL. *Trin.* 278.

lătebrōsus, *a*, *um* (*latebra*), plein de cachettes, retiré, secret : CIC. *Sest.* 126 ; LIV. 21, 54, 1 ‖ [fig.] secret, obscur : AUG. *Retract.* 1, 19.

latena, *ae*, f. (serm. ; cf. *stlatta*), navire de transport : VIT. CAES.-AREL. 2, 9.

lătens, *tis* ¶ 1 part. de *lateo* ¶ 2 [adj^t] caché, secret, mystérieux [pr. et fig.] : VIRG. *En.* 1, 108 ; PLIN. 13, 93 ‖ CIC. *Brut.* 152 ‖ **latentior** AUG. *Gen. litt.* 12, 18.

lătentĕr, adv. (*latens*), en cachette, en secret, secrètement : CIC. *Top.* 63 ; OV. *Pont.* 3, 6, 59.

lătĕō, *ēs*, *ēre*, *ŭī*, - (cf. λανθάνω) ¶ 1 intr., être caché, se cacher : CIC. *Cael.* 67 ; *Rab. perd.* 21 ; *Agr.* 2, 41 ; *Phil.* 12, 17 ; *Rep.* 2, 37 ‖ être caché, être en sûreté : CIC. *Mur.* 22 ; LIV. 34, 9, 10 ; CURT. 6, 10, 22 ‖ mener une vie tranquille : OV. *Tr.* 3, 4, 25 ¶ 2 [analogue au grec λανθάνειν] être inconnu de [avec acc.] : PLIN. 2, 83 ; VIRG. *En.* 1, 130 ; OV. *Pont.* 4, 9, 126 ¶ 3 [avec dat.] être caché : VARR. *L.* 9, 92 ; CIC. *Sen.* 13 ¶ 4 [abs^t] être caché, obscur, inconnu : CIC. *Top.* 63 ; VIRG. *En.* 5, 5 ; NEP. *Lys.* 1.

lătĕr, *ĕris*, m. (obscur ; cf. *3 latus* ?) ¶ 1 brique : CIC. *Div.* 2, 98 ; CAES. *C.* 2, 9 ; VARR. *R.* 1, 14, 4 ; VITR. 2, 3, 1 ‖ [prov.] **laterem lavare** TER. *Phorm.* 186 = perdre sa peine ¶ 2 lingot : PLIN. 33, 56 ; VARR. d. NON. 131, 15 ; 520, 17.

lătĕrālĭa, *ŭm*, n. pl. (*lateralis*), sacoche : SCAEV. *Dig.* 32, 1, 102.

lătĕrālis, *e* (*latus*), qui tient au côté, des côtés : CALP. 6, 40 ; **lateralis dolor** LUCIL. 1314, la pleurésie.

lătĕrāmĕn, *ĭnis*, n. (*later*), paroi [d'un vase] : LUCR. 6, 233.

1 **Lătĕrānus**, *i*, m., nom d'une famille romaine, branche des Claudii, des Sextii, des Plautii ; pl., JUV. 8, 148 TAC. *An.* 15, 49 ‖ **-nus**, *a*, *um*, des Laterani : PRUD. *Sym.* 1, 585.

2 **Lătĕrānus**, *i*, m. (*later*), dieu du foyer [foyer en briques] : ARN. 4, 130.

1 **lătĕrārĭa**, *ae*, f. (*later*), briqueterie : PLIN. 7, 194.

2 **lătĕrārĭa**, *ōrum*, n. pl. (*latus*), pannes [dans la charpente d'une tortue] : VITR. 10, 14, 3.

lătĕrārĭus, *a*, *um* (*later*), de briques, à briques : PLIN. 19, 156 ‖ subst. m., briquetier : NON. 445, 22.

lătercŭlenses, *ĭum*, m. pl. (*laterculum*), gardiens du registre des charges : COD. JUST. 12, 34, 5.

lătercŭlum, *i*, n. (*laterculus*), registre contenant la liste de toutes les charges et dignités de l'empire romain : COD. JUST. 1, 27, 1, 7 ‖ registre, liste : TERT. *Val.* 29, 4.

lătercŭlus, (**lătĕrĭcŭlus** CAES. *C.* 2, 9, 2), *i*, m. (dim. de *later*) ¶ 1 petite brique : PLIN. 7, 193 ; 30, 63 ¶ 2 [fig.] sorte de pâtisserie : PL. *Poen.* 325 ; CAT. *Agr.* 109 ‖ morceau de champ en forme de brique : GROM. 122, 18 ; 136, 18 ¶ 3 ■ *laterculum*.

lătĕrĕ, abl. de *later* et de *3 latus*.

1 **lătĕrensis**, *is*, m. (*3 latus*), garde du corps : TERT. *Marc.* 4, 43, 2.

2 **Lătĕrensis**, *is*, m., surnom des Juvencii : CIC. *Planc.* 2 ; *Fam.* 10, 15.

Lătĕrĭāna pĭra, PLIN. 15, 54 ; **Lătĕrēsĭāna pĭra**, MACR. *Sat.* 3, 19, 6, **Lătĕrītāna pĭra**, n. pl., COL. 5, 10, 18, sorte de poire.

lătĕrīcĭus, *a*, *um* (*later*), de brique, en brique : CAES. *C.* 2, 10 ; 2, 14 ; SUET. *Aug.* 28 ‖ **lătĕrĭcĭum**, *ĭi*, n., CAES. *C.* 2, 9, 4, briquetage, maçonnerie de brique.

Laterĭum, *ĭi*, n., maison de campagne de Q. Cicéron, à Arpinum : CIC. *Att.* 4, 7, 3 ; 10, 1, 1.

lătĕrna, ■ *lanterna* : PRISC. 2, 120, 20.

lătĕrō, *ās*, *āre*, -, - (*3 latus*), mettre sur le côté : PRISC. 2, 274, 24.

1 **lătescō**, *ĭs*, *ĕre*, -, - (*lateo*), intr., se cacher : CIC. *Arat.* 385.

2 **lătescō**, *ĭs*, *ĕre*, -, -, intr. (*2 latus*), s'élargir, grossir : COL. 2, 10, 24 ; CELS. 8, 1, 14 ; *MANIL. 1, 682.

1 **lătex**, *ĭcis*, m. (cf. λάταξ), [en gén.] liqueur, liquide : [en parlant de l'eau] VIRG. *En.* 4, 512 ; OV. *M.* 4, 353 ; LIV. 44, 33, 2 ‖ [en parlant du vin] LUCR. 5, 15 ; VIRG. *En.* 1, 686 ; OV. *M.* 13, 653 ‖ [de l'absinthe] LUCR. 4, 16 [de l'huile] OV. *M.* 8, 274 ‖ f., ACC. *Tr.* 666.

2 **lătex**, *ĭcis*, m., ■ *latebra* : COMMOD. *Apol.* 174.

Lāthūrus, **Lāthȳrus**, *i*, m., Lathyre (pois chiche) [surnom de Ptolémée VIII, roi d'Égypte] : PLIN. 6, 188.

lăthȳris, *ĭdis*, f. (λαθυρίς), PLIN. 27, 95, épurge [plante].

lăthȳrus, *i*, f. (λάθυρος), sorte de gesse, jarosse [plante] : ORIB. *Syn.* 4, 13.

Lătĭālis, *e*, du Latium, latin : OV. *M.* 15, 481.

lator

Lătĭălĭtĕr, Capel. *5, 426*, **-rĭtĕr**, *Sidon. Carm. 23, 235*, en latin.

Lătĭar, *āris*, n., sacrifice à Jupiter Latiaris : Cic. *Q. 2, 4, 2* ; Macr. *Sat. 1, 16, 16*.

Lătĭāris, *e*, du Latium, latin : Ov. *M. 15, 481* ‖ **Lătĭāris Juppĭter**, m., Jupiter Latiaris [fêté chaque année par tous les peuples du Latium sur le mont Albain] : Cic. *Mil. 85* ; Luc. *1, 198* ‖ de Juppiter latiaris : Luc. *1, 535* ; *Latiare caput*, le mont Albain.

lătĭbŭlō, *ās, āre, -, -* et **lătĭbŭlŏr**, *āris, ārī, -* (*latibulum*), intr., se cacher : Laev. ; Publil. d. Non. *133, 8* ; *10*.

lătĭbŭlum, *i*, n. (*lateo*), cachette, retraite, repaire : Cic. *Off. 1, 11* ; *Flac. 31* ‖ [fig.] asile : Cic. *Att. 12, 13, 2* ‖ moyen de cacher : Apul. *Apol. 1*.

lătĭcis, gén. de 1-2 latex.

lătĭclāvĭum, *ii*, n., droit de porter le laticlave : Lampr. *Comm. 4, 7* ; Gai. *Dig. 24, 1, 42*.

lătĭclāvĭus, *a, um* (*laticlavus*) ¶ 1 garni d'une bande de pourpre : [en parlant d'une serviette] Petr. *32, 2* ; *laticlavia tunica* Val.-Max. *5, 1, 7*, laticlave [large bande de pourpre ornant la tunique, insigne d'une dignité particulière, not^t celle de sénateur] ¶ 2 qui porte le laticlave : Suet. *Dom. 10* ; *laticlavia dignitas* Cassiod. *Var. 5, 14*, la dignité de patricien ‖ subst. m., patricien qui porte le laticlave : Suet. *Ner. 26* ; *Aug. 38* ‖ dignité sénatoriale : Cod. Just. *6, 21, 4*.

lătĭclāvus, *i*, m. (*lātus, clavus*), laticlave : Cod. Th. *6, 4, 17* ; V.▶ *clavus*.

lătĭfĭcō, *ās, āre, -, -* (*lātus, facio*), tr., élargir : VL. *Gen. 9, 27* ; Gloss. *2, 409, 4*.

lătĭfŏlĭus, *a, um* (*lātus, folium*), qui a des feuilles larges : Plin. *15, 27*.

lătĭfundĭum, *ii*, n. (*lātus, fundus*), grande propriété territoriale : Sen. *Ep. 88, 10* ; Plin. *18, 35*.

lătĭlŏquens, *tis*, bavard : Gloss. *2, 409, 3*.

Lătīnae, *ārum*, f. pl., (s.-ent. *feriae*), Féries latines : Cic. *Att. 1, 3, 1* ; *Q. 2, 4, 2* ; Liv. *5, 17, 2*.

Lătīnē, adv. (*Latinus*) ¶ 1 en latin : Pl. *Cas. 34* ; Cic. *de Or. 1, 153* ; Liv. *40, 42, 13* ‖ *Latine scire* Cic. *Phil. 5, 14* ; *nescire* Cic. *Brut. 140*, savoir, ne pas savoir le latin ¶ 2 en bon latin, purement, correctement : Cic. *Opt. 4* ; *Brut. 166*.

1 **Lătīnĭensis**, *e*, du Latium : Cic. *Har. 20* ; Plin. *3, 69* ‖ subst. m. pl., habitants du Latium : Cic. *Har. 62*.

2 **Lătīnĭensis**, *is*, m., surnom d'homme : Cic. *Pomp. 58*.

Lătīnĭgĕna, *ae*, m., né dans le Latium, Latin : Prisc. *3, 515, 21*.

lătīnĭtās, *ātis*, f., latinité, langue latine correcte : Her. *4, 17* ; Cic. *Att. 7, 3, 10* ; Diom. *439, 15* ‖ le latin : Pomp.-Gr. *5, 181, 34* ‖ droit latial ou latin : Cic. *Att. 14, 12, 1* ; Suet. *Aug. 47*.

Lătīnĭus, *ii*, m., nom d'homme : Tac. *An. 4, 68* ; *2, 66*.

lătīnizo, Cael.-Aur. *Acut. 2, 1, 8* et **lătīnō**, *ās, āre, -, -*, Cael.-Aur. *Chron. 5, 4, 77*, traduire en latin, latiniser.

1 **Lătīnus**, *a, um* (*Latium* ; esp. *ladino*) ¶ 1 relatif au Latium, latin : *Latina lingua* Cic. *Fin. 1, 10*, la langue latine ; *Latinus casus* Varr. d. Diom. *302, 5*, l'ablatif [cas dont manque le grec] ‖ n. subst., *in Latinum convertere* Cic. *Tusc. 3, 29*, traduire en latin ; pl., *Latina* Cic. *Arch. 23*, les œuvres en latin ‖ *nihil Latinius* Hier. *Ep. 58, 3*, rien de plus latin (en latin plus correct) ; *homo Latinissimus* Hier. *Ep. 50, 2*, qui possède le latin à fond ¶ 2 **Lătīnī**, *ōrum*, m. pl., les Latins : Cic. *Off. 1, 38* ‖ ceux qui avaient le *jus Latii* : Cic. *Balb. 21* ; *Sest. 30* ; *Lae. 12* ‖ V.▶ *Latinae* ‖ [en part. conditions juridiques variées, de droit privé et public] *Latini prisci, veteres* [peuples latins relevant du *nomen Latinum*] Cic. *Rep. 1, 31*, la ligue, la confédération latine ; *Latini Juniani* Gai. *Inst. 1, 22*, Latins juniens [affranchis de condition inférieure jouissant de la *Latina libertas*, la liberté latine, et non de la citoyenneté].

2 **Lătīnus**, *i*, m., roi du Latium, dont Énée épousa la fille Lavinie : Virg. *En. 7, 45* ; Liv. *1, 2*.

lātĭo, *ōnis*, f. (*latum* de *fero*), action de porter [une loi, du secours] : Cic. *Att. 3, 26* ; Liv. *2, 33, 1* ‖ *latio suffragii* Liv. *9, 43, 24*, droit de voter, vote ‖ *expensi latio* Gell. *14, 2, 7*, enregistrement d'une somme payée.

lātĭpēs, *ĕdis*, m., f. (*latus, pes*), qui a les pieds larges : Avien. *Arat. 1684*.

lătĭtābundus, *a, um* (*latito*), qui se tient caché : Sidon. *Ep. 1, 6, 4*.

lătĭtans, *tis*, V.▶ *latito*.

lătĭtātĭo, *ōnis*, f. (*latito*), action de se tenir caché : Quint. *7, 2, 47* ; Dig. *42, 4, 7*.

lătĭtĭa, *ae*, f., C.▶ *latitudo* : Grom. *308, 17*.

1 **lătĭtō**, *ās, āre, āvī, ātum* (fréq. de *lateo*), intr. ¶ 1 être caché, demeurer caché : Cic. *Clu. 38* ; Hor. *O. 3, 12, 11* ; Lucr. *1, 875* ; Caes. *C. 2, 14* ¶ 2 se cacher pour ne pas comparaître en justice : Cic. *Quinct. 54* ; *Dom. 83* ; Ulp. *Dig. 42, 4, 7*.

2 **lătĭtō**, *ās, āre, -, -* (fréq. de *latum*, de *fero*), porter souvent : Cat. d. P. Fest. *108, 20*.

1 **lātĭtūdo**, *ĭnis*, f. (2 *latus*) ¶ 1 largeur : Cic. *Nat. 1, 54* ; Caes. *G. 2, 12* ¶ 2 ampleur, étendue : Cic. *Agr. 2, 67* ; Caes. *G. 3, 20, 1* ‖ extension, diffusion : Tert. *Idol. 2, 1* ¶ 3 [fig.] **a)** *verborum* Cic. *de Or. 2, 91*, prononciation appuyée, accent traînant **b)** ampleur du style : Plin. *Ep. 1, 10, 5*.

2 **lătĭtūdo**, *ĭnis*, f. (*lateo*), action de se tenir caché : Cael.-Aur. *Chron. 4, 3, 67*.

Lătĭum, *ii*, n., le Latium [contrée d'Italie] Atlas XII, E3 : Cic. *Rep. 2, 44* ; *Arch. 5* ; Liv. *6, 21* ‖ *jus Latii* Gai. *Inst. 1, 96* [et simpl^t] *Latium* Tac. *H. 3, 55*, le droit latin ou latial ; *Latium dare, Latio donare* Plin. *5, 20* ; *3, 7*, donner le droit latin ‖ *Latium majus, minus* Gai. *Inst. 1, 96* ; *Frg. August. 7*, latinité large, restreinte [accès ou non des décurions des municipes latins à la citoyenneté romaine].

Lătĭus, *a, um*, du Latium, latin, C.▶ *Latinus* : Ov. *F. 2, 553* ; *4, 42* ; *Pont. 2, 3, 75* ; Plin. *3, 7* ‖ romain : Ov. *F. 1, 639* ; *3, 243* ; *4, 133*.

Latmĭătēus, Latmĭădēus, *a, um*, C.▶ *Latmius* : Capel. *9, 919*.

Latmŏs (-us), *i*, m. (Λάτμος), le mont Latmus [en Carie, sur lequel Diane venait voir le berger Endymion endormi] : Cic. *Tusc. 1, 92* ; Plin. *5, 113* ‖ **Latmĭus**, *a, um*, du mont Latmus : Ov. *A. A. 3, 84* ; Val.-Flac. *8, 28*.

Lătŏbĭus, *ii*, m., dieu indigène du Norique : CIL 3, 5320.

Latobrĭgi, *ōrum*, m. pl., Latobriges [peuple celtique, voisin des sources du Danube] : Caes. *G. 1, 5* ; *1, 28*.

Lătŏĭdēs (Lēt-), *ae*, m. (Λατωΐδης), fils de Latone [Apollon] : Stat. *Th. 1, 695* ‖ pl., **-dae**, *dārum* ou *dum*, m. pl., Apollon et Diane : Aus. *Epit. 28 (244), 2*.

Lătŏis (Lēt-), *ĭdis* ou *ĭdos*, adj. f. (Λατωΐς), de Latone : Ov. *M. 7, 384* ‖ subst. f., fille de Latone [Diane] : Ov. *H. 21, 153* ; *M. 8, 278*.

Lătŏĭus (Lēt-), *a, um*, de Latone : Ov. *Tr. 3, 2, 3* ‖ Ov. *M. 8, 15* ‖ **Lătŏĭus**, m. = Apollon, **Lătŏĭa**, f. = Diane : Ov. *M. 11, 196*.

lătŏmĭae (lautŭmĭae), *ārum*, f. pl. (λατομίαι), latomies ou lautumies [carrières de pierre de Syracuse servant de prison] : Pl. *Poen. 827* ; *Cap. 723* ; Cic. *Verr. 1, 14* ; *5, 68* ‖ prison à Rome : Liv. *26, 27, 3* ; *32, 26, 17* sq., *lautumia* : Varr. *L. 5, 151*.

▶ formes *lato-* Pl. *Cap.* ; *lautu-* Pl. *Poen.* ; Cic. ; Liv.

lătŏmus, *i*, m. (λάτομος), carrier, tailleur de pierres : Hier. *Ep. 129, 5*.

Lătōna, *ae*, f. (Λατώ, cf. *Bellona*), Latone [mère d'Apollon et de Diane, persécutée par Junon qui envoya contre elle le serpent Python] : Cic. *Nat. 3, 58* ; *Verr. 1, 48* ; Virg. *En. 1, 502*.

▶ gén. arch. *Latonas* Andr. d. Prisc. *2, 198, 14*.

Lătōnĭa, *ae*, f., fille de Latone [Diane] : Catul. *34, 5* ; Virg. *En. 9, 405* ; Ov. *M. 1, 696*.

Lătōnĭgĕna, *ae*, m., f. (*Latona, geno*), enfant de Latone [Apollon, Diane] : Ov. *M. 6, 160* ; Sen. *Ag. 320*.

Lătōnĭus, *a, um*, de Latone : Virg. *G. 3, 6* ; *En. 11, 557* ; Stat. *Th. 1, 701*.

Lătŏpŏlis, *is*, f., ville de la Basse-Égypte [d'où] **Lătŏpŏlītēs nŏmŏs**, Plin. *5, 49*, le nome Latopolite.

lātŏr, *ōris*, m. (*latum* de *fero*), celui qui propose une loi : [avec *legis*] Cic. *Cat. 4*,

lator

10; *Nat.* 3, 90; Quint. 12, 10, 5; [avec *rogationis*] Liv. 3, 9, 6.

Lătōus, *a, um*, cf. *Latoius* : Ov. *M.* 6, 274 ∥ subst. m., Apollon : Hor. *O.* 1, 31, 18; Ov. *M.* 6, 384.

Latovĭci, *ōrum*, m. pl., peuple de la Pannonie : Plin. 3, 148.

lātrābĭlis, *e* (*latro*), qui aboie : Cael.-Aur. *Acut.* 3, 11, 103.

lātrans, *tis*, part. prés. de *latrare* pris subst^t, [poét.] chien : Ov. *M.* 8, 412; 8, 344.

lātrātŏr, *ōris*, m. (*latro*), celui qui aboie : Virg. *En.* 8, 698; Mart. 12, 1 ∥ [fig.] aboyeur, brailleur : Quint. 12, 9, 12.

lātrātōrĭus, *a, um*, qui aboie : Isid. 19, 23, 6.

1 **lătrātus**, *a, um*, part. de *latro*.

2 **lătrātŭs**, *ūs*, m., aboiement : Virg. *G.* 3, 411; Plin. 8, 142 ∥ *latratus edere* Ov. *M.* 4, 450, aboyer ∥ [fig.] cris [de l'orateur] : Val.-Max. 8, 3, 2.

Lătreūs, *ĕi* ou *ĕos*, m. (Λατρεύς), nom d'un Centaure : Ov. *M.* 12, 463.

latrīa, *ae*, f. (λατρεία), culte de latrie, adoration : Aug. *Civ.* 10, 16.

lātrīna, *ae*, f. (*lavatrina*, 1 *lavo*) ¶ 1 bain : Lucil. 400 ¶ 2 latrines, lieux d'aisances : Pl. *Curc.* 580; Col. 10, 85; Apul. *M.* 1, 17 ∥ lieu de débauches : Apul. *Plat.* 1, 13.

lātrīnum, *i*, n. (*latrina*), bain : Lucil. 253 ∥ Laber. *Com.* 36.

1 **Lătris**, *is*, f., nom de femme : Prop. 4, 7, 75 ∥ île au nord de la Germanie : Plin. 4, 97.

2 **Latris**, *is*, m., nom d'un chef ibérien : Val.-Flac. 6, 121.

lātrix, *īcis*, f. (*lator*), celle qui apporte une lettre : Greg.-M. *Ep.* 9, 86.

1 **Lătrō**, *ās, āre, āvī, ātum* (onomat. esp. *ladrar*) ¶ 1 intr., aboyer : Cic. *Amer.* 56; *alicui latratur* Ov. *Tr.* 2, 459, on aboie contre qqn ∥ [fig.] brailler, crier : *latrant, non loquuntur* Cic. *Brut.* 58, ils aboient (crient), mais ne parlent pas ∥ gronder, retentir : Sil. 5, 396; Stat. *Ach.* 1, 451 ¶ 2 tr., aboyer après qqn, qqch (*aliquem, aliquid*) : Pl. *Poen.* 1234; Hor. *Epo.* 6, 57; *Ep.* 1, 2, 66; *latratur a canibus* Plin. 25, 126, les chiens aboient après lui ∥ demander à grands cris qqch. : Lucr. 2, 17; *latrans stomachus* Hor. *S.* 2, 2, 17, l'estomac qui crie (qui réclame) ∥ être aux trousses de qqn, l'attaquer : Hor. *S.* 2, 1, 85.

2 **lătro**, *ōnis*, m. (Λάτρων; fr. *larron*) ¶ 1 garde du corps, soldat mercenaire : Enn. *An.* 59; 538; Pl. *Aul.* 949; *Poen.* 535; Varr. *L.* 7, 141 ¶ 2 voleur, bandit, brigand : Cic. *Phil.* 2, 62; *Mil.* 55; *Off.* 2, 40; Hor. *S.* 1, 3, 106; P. Fest. 105, 28; Dig. 50, 16, 118 ¶ 3 pièce du jeu d'échecs : Ov. *A. A.* 3, 357; Mart. 14, 20, 1.

3 **Lătro**, *ōnis*, m., surnom romain [not^t] M. Porcius Latro [rhéteur, ami de Sénèque le Père] : Sen. *Contr.* 1, pr. 13; Quint. 10, 5, 18.

lătrōcĭnālis, *e*, de brigand : Apul. *M.* 2, 14; Amm. 27, 2.

lătrōcĭnālĭtĕr, adv., en brigand : Capel. 6, 642.

lătrōcĭnantĕr, adv., en bandit, en brigand : Aug. *Jul. op. imp.* 5, 64.

lătrōcĭnātĭo, *ōnis*, f. (*latrocinor*), brigandage : Plin. 19, 59 ∥ pl., Aug. *Jul.* 3, 1, 5.

lătrōcĭnātus, *a, um*, part. de *latrocinor*.

lătrōcĭnĭum, *ii*, n. (*latrocinor*) ¶ 1 service militaire : Pl. d. Non. 134, 28 ¶ 2 vol à main armée, attaque faite par des brigands, brigandage : Cic. *Cat.* 2, 1; *Dej.* 22; Caes. *G.* 6, 23, 6 ∥ pl., *latrocinia* Vell. 2, 73, 3, actes de piraterie ¶ 3 bande de brigands : Cic. *Cat.* 1, 31 ¶ 4 jeu des latroncules, cf. 2 *latro* ¶ 3 : Ov. *A. A.* 2, 207.

lătrōcĭnor, *āris, ārī, ātus sum* (2 *latro* et *vaticinor, cano*), intr. ¶ 1 être au service militaire, servir : Pl. *Trin.* 598; *Mil.* 499 ¶ 2 voler à main armée, exercer des brigandages : Cic. *Cat.* 2, 16; *Mil.* 17 ∥ exercer la piraterie : Cic. *Rep.* 2, 9 ∥ chasser [en parlant des animaux] : Plin. 9, 144.

▶ forme active *latrocino* Vop. *Prob.* 16, 6.

Lătrōnĭānus, *a, um*, de M. Porcius Latro : Sen. *Contr.* 1, 7.

Latrum, *i*, n., ville de la Mésie Inférieure : Peut. 7, 1.

lătruncŭlārĭa tabula, f., table du jeu des latroncules : Sen. *Ep.* 117, 30.

lătruncŭlātor, *ōris*, m. (*latrunculus*), juge en matière de vol à main armée : Ulp. *Dig.* 5, 1, 61, 1.

lătruncŭlus, *i*, m. (dim. de *latro*) ¶ 1 soldat mercenaire : Vulg. 4 *Reg.* 24, 2 ¶ 2 [ordin^t] brigand, voleur : Cic. *Prov.* 15; Ulp. *Dig.* 49, 15, 24 ∥ usurpateur : Vop. *Tyr.* 2, 1 ¶ 3 pion, pièce du jeu des latroncules [sorte d'échecs] : *ludere latrunculis* Varr. *L.* 10, 22, jouer aux latroncules, aux échecs, cf. Sen. *Ep.* 106, 11; *Tranq.* 14, 7; Ov. *A. A.* 2, 207; 3, 358.

lattuca, cf. *lactuca*.

lātūra, *ae*, f. (*latum* de *fero*), action de porter : Aug. *Serm.* 345, 3; Sen. *Apoc.* 14, 3.

lātūrārĭus, *ii*, m. (*latura*), porteur [fig.] : Aug. *Serm.* 60, 8.

Laturus sĭnus, m., golfe près de la Numidie [auj. golfe d'Arzew] : Mel. 1, 31.

1 **lātus**, *a, um* (*tlatus*, cf. *tollo*), part. de *fero*.

2 **lātus**, *a, um* (**stlātos*, cf. *stella, sterno*; fr. *lé*) ¶ 1 large : *latum mare* Cic. *Verr.* 4, 103, large bras de mer; *palus non latior pedibus quinquaginta* Caes. *G.* 7, 19, 1, marais dont la largeur ne dépasse pas cinquante pieds; *fossae quindecim pedes latae* Caes. *G.* 7, 72, 3, fossés de quinze pieds de large; *lati fines* Caes. *G.* 6, 22, 3, propriétés étendues, vastes ∥ n. pris subst^t, *latum*, largeur : Ov. *M.* 1, 336 ∥ [poét.] en tenant un large espace = en personnage important : Hor. *S.* 2, 3, 183; Sen. *Ep.* 76, 31; 80, 7, cf. Cic. *Ac.* 2, 127 ¶ 2 [fig.] **a)** étendu : *lata gloria* Plin. *Ep.* 4, 12, 7, une gloire qui s'étend au loin **b)** [prononciation] large, aux sons trop ouverts : Cic. *de Or.* 3, 46 **c)** [style] large, abondant, riche : Cic. *Brut.* 102; Quint. 11, 3, 50.

3 **lătus**, *ĕris*, n. (cf. v. irl. *leth*; it. *lato*) ¶ 1 [en parlant d'êtres vivants] **a)** côté, flanc : *latus offendit* Cic. *Clu.* 175, il s'est blessé au flanc; *dolor lateris* Cic. *de Or.* 3, 6, point de côté, pleurésie; *laterum flexio* Cic. *Or.* 59, inflexion du buste; *ad latus alicujus sedere* Cic. *Verr.* 5, 107, être assis à côté de qqn; *a latere alicujus numquam discedere* Cic. *Lae.* 1, ne pas quitter les côtés de qqn ∥ *latus dare* Val.-Flac. 4, 304, prêter le flanc, donner prise; *latus praebere adulatoribus* Sen. *Nat.* 4, pr. 3, prêter le flanc aux adulateurs ∥ *alicui latus tegere* Hor. *S.* 2, 5, 18; *claudere* Juv. 3, 131; *cingere* Liv. 32, 29, 8, couvrir le côté de qqn, marcher à sa gauche ∥ flancs [d'un cheval] : Cic. *Off.* 3, 38 **b)** [surtout au pl.] *latera*, poumons : Cic. *Verr.* 4, 67; *CM* 14; *de Or.* 1, 255; *laterum contentio* Cic. *Brut.* 313, effort des poumons [au sg.] Quint. 10, 7, 2; 12, 11, 2 **c)** [poét.] = corps : *latus fessum longa militia* Hor. *O.* 2, 7, 18, les membres fatigués par une longue campagne **d)** [métaph. pour exprimer l'attachement] *ab latere tyranni* Liv. 24, 5, 13, de l'entourage du tyran, cf. Curt. 3, 5, 15; *ille tuum dulce latus* Mart. 6, 68, 4, lui, ton compagnon chéri **e)** côté (parenté) : *a meo tuoque latere* Plin. *Ep.* 8, 10, 3, de mon côté comme du tien [en part.] ligne collatérale : Dig. 38, 10, 10, 8 ¶ 2 [en parlant de lieu] côté : *latus unum castrorum* Caes. *G.* 2, 5, 5, un des côtés du camp ∥ flanc [d'une armée] *a lateribus* : Cic. *Phil.* 3, 32; Sall. *J.* 50, 6; *ab utroque latere* Caes. *G.* 2, 25, 1; *C.* 2, 25, 9, sur les deux flancs, des deux côtés [avec *ex*] Lucr. 2, 1049; Sall. *C.* 60, 5; Plin. *Ep.* 2, 17, 10; *equites ad latera disponere* Caes. *G.* 6, 8, 5, disposer la cavalerie sur les ailes ∥ côté [d'un angle, d'un triangle] : Quint. 1, 10, 3; Plin. 37, 26.

Latusātes, *ĭum*, m. pl., peuple d'Aquitaine : Plin. 4, 108.

lātusclāvus, cf. *clavus*.

lătuscŭlum, *i*, n. (dim. de 3 *latus*), côté : Catul. 25, 10 ∥ face d'un miroir : Lucr. 4, 305 (335).

Laud, m. indécl., fleuve de la Maurétanie Tingitane : Plin. 5, 18.

laudābĭlis, *e* (*laudo*), louable, digne d'éloges [en parlant des pers. et des choses] : Cic. *Off.* 1, 14; Hor. *P.* 408 ∥ estimé, renommé : Plin. 11, 38; 17, 28 ∥ -*lior* Cic. *Rep.* 3, 6; *Or.* 67.

laudābĭlĭtās, *ātis*, f., honneur, excellence [titre qu'on donnait à l'intendant des mines] : Cod. Th. 10, 19, 3.

laudābĭlĭtĕr, adv. (*laudabilis*), d'une manière louable, honorablement, avec honneur : Cic. *Tusc.* 5, 12 ‖ **-lius** Val.-Max. 5, 1, 2.

laudābundus, *a*, *um*, louangeux : Char. 155, 30.

Laudāmīa, *ae*, f., fille de Pyrrhus, roi d'Épire : Just. 28, 3, 5 ; v.▶ *Laodamia*.

laudandus, *a*, *um*, c.▶ *laudabilis* : **laudandus laborum** Sil. 5, 561, qui mérite l'éloge par ses travaux ‖ subst. n. pl. *laudanda*, belles actions : Plin. *Ep.* 1, 8, 15 ; 2, 21, 3.

laudātīcĭus, *a*, *um*, servant à louer : *Not. Tir. 28, 24.

laudātĭo, *ōnis*, f. (*laudo*), discours à la louange, éloge [prononcé], panégyrique : Cic. *Fam.* 15, 6, 1 ; *Tusc.* 1, 116 ; *de Or.* 2, 347 ; **laudationes mortuorum** Cic. *Brut.* 61 ; [abs¹] **laudatio** Cic. *Mil.* 33 ; *Brut.* 62, éloge (oraison) funèbre ; **judicialis** Suet. *Aug.* 56 ; [et abs¹] **laudatio** Cic. *Verr.* 4, 17 ; 4, 151 ; *Cael.* 5, déposition élogieuse en faveur de qqn dans un procès.

laudātīvē, adv., d'une manière démonstrative : Don. *Eun.* 1035.

laudātīvus, *a*, *um*, qui concerne l'éloge [en part.] démonstratif [rhét.] : Quint. 3, 4, 12 ‖ **laudativa**, *ae*, f. (s.-ent. *pars*) genre démonstratif : Quint. 2, 15, 20 ; 3, 3, 14.

laudātŏr, *ōris*, m. (*laudo*), celui qui loue, panégyriste, apologiste : Cic. *Sest.* 23 ; *Att.* 6, 2, 8 ; Hor. *P.* 173 ‖ celui qui prononce un éloge funèbre : Liv. 2, 47, 11 ; Plin. *Ep.* 2, 1, 6 ‖ témoin à décharge, celui qui fait une déposition élogieuse : Cic. *Balb.* 41 ; *Verr.* 5, 57.

laudātōrĭus, *a*, *um*, approbateur : Fulg. *Myth.* 1, pr. 19, p. 10, 9 H.

laudātrix, *īcis*, f. (*laudator*), celle qui loue : Cic. *Tusc.* 3, 4 ; Ov. *H.* 17, 126.

laudātus, *a*, *um* ¶ 1 part. de *laudo* ¶ 2 [adj¹] loué, estimé, considéré, renommé : Cic. *de Or.* 1, 9 ; *Fam.* 5, 12, 7 [Naev. *Tr.* 17] ; Plin. 22, 74 ‖ **-tior** Plin. 12, 32 ; **-tissimus** Plin. 11, 241 ; Ov. *M.* 9, 715.

Laudĭcēa (**-cīa**), v.▶ *Laodicea* : Anton. 147 ; CIL 10, 867.

laudĭcēnārĭus (**laudē-**), *ĭi*, m. (*Laudicenus*), commerçant en laines de Laodicée : *CIL 13, 2003.

laudĭcēnus, *i*, m. (*laudo*, *cena*), parasite [qui dîne grâce à ses éloges] : Plin. *Ep.* 2, 14, 5.

Laudĭcĭānus, *a*, *um*, de Laodicée [en Phrygie] : Symm. *Ep.* 4, 63, 1.

laudĭdignus, *a*, *um* (*laude dignus*), digne de louange, louable : Gloss. 2, 305, 12.

laudĭfĭcō, *ās*, *āre*, -, -, tr., louer, célébrer : Gloss. 2, 462, 63.

laudĭum, gén. pl., v.▶ *laus* ▶.

laudō, *ās*, *āre*, *āvī*, *ātum* (*laus* ; fr. *louer*), tr. ¶ 1 louer, approuver, prôner, vanter : Cic. *Fam.* 5, 20, 4 ; *Sest.* 74 ; *Phil.* 4, 6 [avec *quod*] louer qqn de ce que, de : Cic. *Off.* 2, 76 ‖ [avec *cum*] Cic. *Mil.* 99 v. Gaffiot *Subj.* p. 145 ‖ [passif avec inf.] [poét.] : Virg. *En.* 2, 585 ‖ proclamer heureux, vanter le bonheur de qqn : *agricolam laudat juris peritus* Hor. *S.* 1, 1, 9, le jurisconsulte vante le bonheur de l'homme des champs ; [avec génitif] *laudabat juvenem leti* Sil. 4, 259, il trouvait enviable la mort du jeune homme ‖ [pass.] se réjouir : Vulg. *Psal.* 33, 3 ¶ 2 [rhét.] vanter, faire valoir [contr. *vituperare*] : Cic. *Brut.* 47 ; 65 ¶ 3 prononcer un éloge funèbre : Cic. *Mur.* 75 ; *Q.* 3, 8, 5 ¶ 4 faire une déposition élogieuse en faveur de qqn : Cic. *Fam.* 1, 9, 19 ; Ascon. Cic. *Scaur.* 46, p. 24 ¶ 5 citer, nommer [Gell. 2, 6, 16 ; P. Fest. 105, 9] : *Pl. *Cap.* 426 ; Cic. *de Or.* 3, 68 ; 3, 187.
▶ v.▶ *laudandus*, *laudatus*.

Laugŏna, *ae*, n., rivière de Germanie qui se jette dans le Rhin [Lahn] : Fort. *Carm.* 7, 7, 58.

Laumellum, *i*, n., ville de la Gaule transpadane, chez les Insubres [Lomello] : Anton. 282 ‖ **-ensis**, *e*, de Laumellum : Not. Tir. 84, 26.

Laupās, m., port d'Arabie : Plin. 6, 151.

laura, *ae*, f. (λαύρα), village : Arn. 3, 41 ‖ monastère : Concil. S. II 5, p. 134, 9.

laurĕa, *ae*, f. (*laureus*) ¶ 1 laurier : Hor. *O.* 2, 15, 9 ; Liv. 32, 1, 12 ; Plin. *Pan.* 8, 3 ‖ couronne de laurier : Cic. *Rep.* 6, 8 ; *Pis.* 74 ; Hor. *O.* 4, 2, 9 ¶ 2 [fig.] gloire militaire, lauriers du triomphe : Cic. *Off.* 1, 77 ; *Fam.* 15, 6, 1 ; Suet. *Tib.* 17 ; *Ner.* 13 ‖ palme, victoire : Plin. 7, 117.

Laurĕācum, v.▶ *Lauriacum*.

laurĕātus, *a*, *um* (*laurea*), orné de laurier : Cic. *Mur.* 88 ; *Att.* 7, 10, 1 ; *Div.* 1, 59 ; **laureatae litterae** Liv. 5, 28, 13 ; **laureatae** Tac. *Agr.* 18, lettre ornée de laurier [d'un général victorieux].

Laurens, *entis*, m., f., n. ¶ 1 des Laurentes : Virg. *En.* 5, 797 ; 7, 661 ; **Laurentes**, m., Laurentes : Virg. *En.* 12, 137 ‖ **Laurens Castrum**, v.▶ *Castrum Inui* ¶ 2 [par ext.] Romain : Ov. *F.* 6, 60 ; Sil. 3, 83.

Laurentālĭa, v.▶ *Larentalia*.

Laurentes Lāvīnātes, m., habitants de Lavinium, Laurentes : Symm. *Ep.* 1, 71.

Laurentĭa, v.▶ *Larentia*.

Laurentīnus, *a*, *um*, des Laurentes : Mart. 10, 37 ; Val.-Max. 8, 5, 6 ‖ **-tīnum**, *i*, n., terre, domaine des Laurentes : Plin. *Ep.* 2, 17, 1.

Laurentis, *e* (*Laurentes*), des Laurentes : Enn. *An.* 34.

1 **Laurentĭus**, *a*, *um*, des Laurentes : Virg. *En.* 10, 709.

2 **Laurentĭus**, *ĭi*, m., nom d'homme : CIL 5, 1593 ‖ saint Laurent, martyr : Prud. *Perist.* 2, 3.

Laurentum, *i*, n., le Laurentum, territoire des Laurentes : Mel. 2, 71.

laurĕŏla, *ae*, f. (dim. de *laurea*), feuille de laurier ; couronne de laurier : **laureolam in mustaceo quaerere** Cic. *Att.* 5, 20, 4, chercher un succès à bon compte [litt¹, une feuille de laurier dans un gâteau qui en est couvert] ‖ [fig.] petit triomphe, faible succès : Cic. *Fam.* 2, 10, 2.

laurĕŏlum, *i*, n. (*laureola*), scalpel : Cael.-Aur. *Chron.* 5, 2, 33.

Laurĕŏlus, *i*, m., voleur fameux : Juv. 8, 184 ; Suet. *Cal.* 57.

Laurētum, Varr. 5, 152 ; Suet. *Galb.* 1, **Lōrētum**, *i*, n., Plin. 15, 138, nom d'une portion du mont Aventin [plantée de lauriers].

laurĕus, *a*, *um* (*laurus*), de laurier : Cic. *Pis.* 58 ; Liv. 23, 11 ; **laurea pira** Col. 12, 10, sorte de poire ayant le goût du laurier ; **laurea cerasa** Plin. 15, 104, cerises qui viennent sur des lauriers [greffés] ‖ en bois de laurier : Cat. *Agr.* 31.

laurex, v.▶ *laurices*.

Lauri, *ōrum*, m. pl., ville de la Belgique : Peut. 1, 3.

Laurĭăcum, *i*, n., ville du Norique [auj. Lorch] : Amm. 31, 10, 20 ‖ **-censis**, *e*, de Lauriacum : Not. Dign. Oc. 34, 43.

laurĭces, *um*, m. pl. (hisp.), petits lapereaux pris sous la mère : Plin. 8, 217.

laurĭcŏmus, *a*, *um* (*laurus*, *coma*), ayant une chevelure (ombragé) de lauriers [en parlant d'une montagne] : Lucr. 6, 152.

laurĭcŭlus, *i*, m. (dim. de 1 *laurus*), branche ou pousse de laurier : M.-Emp. 30, 72.

laurĭfĕr, *ĕra*, *ĕrum* (*laurus*, *fero*), qui produit des lauriers : Plin. 15, 134 ‖ orné (couronné) de laurier : Luc. 5, 332 ; 8, 25.

laurĭgĕr, *ĕra*, *ĕrum* (*laurus*, *gero*), qui porte du laurier : Prop. 4, 6, 54 ‖ orné (couronné) de laurier : Ov. *A. A.* 3, 389 ; Mart. 7, 6, 6.

laurīnus, *a*, *um* (*laurus*), de laurier : Plin. 12, 34 ; 23, 86.

laurĭo, *ōnis*, f. (gaul.), serpolet : Plin.-Val. 1, 33.

laurĭōtis spŏdŏs, f., [du Laurium, contrée de l'Attique célèbre par ses mines d'argent] scorie d'argent : Plin. 34, 132.

laurĭpŏtens, *tis* (*laurus*, *potens*), celui à qui le laurier est consacré, Apollon : Capel. 1, 24.

Lauro, *ōnis*, m., ville de la Tarraconaise [Laury] : Flor. 3, 22, 7 ‖ **-ōnensis**, *e*, de Lauron : Plin. 14, 71.

Laurŏlāvīnĭum, *ĭi*, n., nouveau nom de Lavinium quand les Laurentes y eurent été transportés, environ à l'époque des Antonins : Serv. *En.* 1, 3 ; 4, 620.

1 **laurus**, *i*, f. (cf. δάφνη), laurier : Virg. *En.* 3, 91 ; Hor. *O.* 2, 7, 19 ; Plin. 15, 132 ‖ couronne de laurier, palme, victoire, triomphe : Cic. *Fam.* 2, 16, 2 ; Stat. *S.* 4,

laurus

1, 4 ; **Sarmatica laurus** Mart. 7, 6, 10, victoire sur les Sarmates.
▶ formes de la 4ᵉ décl. : gén. *laurus* Plin. 12, 98 ; abl. *lauru* Hor. O. 2, 7, 19 ; Plin. 10, 157 ; Gell. 5, 6, 7 ; nom. et acc. pl. *laurus* Virg. En. 3, 91 ; Catul. 64, 289 ; Virg. B. 6, 83 ; dat.-abl. pl. *lauribus* Serv. En. 10, 689, mais *lauris* Plin. 15, 101 ; 17, 88 ‖ m. Pall. 12, 22, 4, cf. Prisc. 2, 169, 10.

2 **Laurus**, *i*, m., nom d'homme : Mart. 2, 64.

1 **laus**, *laudis*, f. (obscur ; cf. *leudus*, al. *Lied* ; afr. *los*, fr. *lods*), louange, éloge : estime, gloire, honneur, ce qui fait qu'on loue, mérite ¶ **1** *laudem adipisci, vituperationem vitare* Cic. Prov. 44, obtenir des éloges, éviter le blâme ; *summam laudem tribuere* Cic. Fam. 5, 2, 10, accorder les plus grands éloges ; *aliquem laudibus ferre* Cic. Rep. 1, 67, louer qqn ; *aliquem summis laudibus ad caelum efferre* Cic. Fam. 9, 14, 1, louer qqn en le portant aux nues ; *funebres laudes* Liv. 8, 40, 4, éloges funèbres ‖ *singularum rerum laudes vituperationesque conscribere* Cic. Brut. 47, rédiger sur chaque objet le pour et le contre, la thèse favorable et la thèse contraire ¶ **2** *maximam laudem sibi parere* Cic. Off. 2, 47, s'attirer la plus grande considération ; *cum laude* Cic. Off. 2, 47, honorablement ; *in laude vivere* Cic. Fam. 15, 6, 1, vivre estimé ; *magnam eloquentiae laudem consequi* Cic. Brut. 279, atteindre une grande réputation d'éloquence ; *sapientiae laude perfrui* Cic. Brut. 9, jouir sans interruption de l'estime accordée à la sagesse ; *populi Romani laus est urbem Cyzicenorum esse servatam* Cic. Arch. 21, au peuple romain revient l'honneur de ce que Cyzique fut sauvée, cf. Cic. Verr. 5, 5 ¶ **3** *quarum laudum gloriam adamaris* Cic. Fam. 2, 4, 2, les mérites dont la gloire t'a séduit ; *brevitas laus est...* Cic. Brut. 50, la brièveté est un mérite... ; *ut esset perfecta illa bene loquendi laus* Cic. Brut. 252, que cette qualité de bien parler fût portée à sa perfection ; *quod quartum numerat in orationis laudibus* Cic. Or. 79, ce qui vient en quatrième lieu, selon lui, parmi les qualités du style ; *virtutis laus in actione consistit* Cic. Off. 1, 19, le mérite de la vertu consiste dans l'action ; *quae sunt ex media laude justitiae* Cic. Off. 1, 63, choses qui sont en plein dans ce qui constitue le mérite de la justice ; *sed tamen est laus aliqua humanitatis* Cic. Mur. 65, mais pourtant il y a qq. mérite à être humain ; *quae forsitan laus sit* Cic. Brut. 33, ce qui est peut-être un mérite ; *ut et in laude et in vitio nomen hoc sit* Cic. Tusc. 4, 17, en sorte que ce mot est pris à la fois en bonne et en mauvaise part ; *si cothurni laus illa esset* Cic. Fin. 3, 46, si le mérite d'un cothurne était... ; *signi vitia..., laudes* Plin. Ep. 3, 6, 2, défauts..., qualités d'une statue ¶ **4** [chrét.] louange [à Dieu] : Cypr. Ep. 78, 2 ‖ office divin, *laudes* Bened. Reg. 13, 11.

▶ gén. pl. *laudum* qqf. *laudium* Cic. Phil. 2, 28 (ms V) ; Sidon. Carm. 23, 31.

2 **Laus**, **Laus Pompēia**, *Laudis*, f., ville de la Gaule Cisalpine [auj. Lodi] Atlas V, E4 : Plin. 3, 124 ; CIL 6, 29728.

lausĭae, *ārum*, f. pl. (celt. ; fr. *lause*), pierres plates : CIL 2, 5181, 54.

Lausōnĭus lăcŭs, m., le lac Léman : Anton. 348.

Lausus, *i*, m., fils de Numitor : Ov. F. 4, 55 ‖ fils de Mézence, tué par Énée : Virg. En. 7, 649.

lautē, adv. (*lautus*), soigneusement, élégamment, somptueusement : Cic. Verr. 1, 64 ; Tusc. 1, 2 ; Suet. Cal. 55 ‖ excellemment, à merveille : Pl. Mil. 1161 ; Cic. Att. 2, 18, 2 ‖ -*tius* Cic. Leg. 2, 3 ‖ -*tissime* Poet. d. Cic. Lae. 99.

lautĭa, *ōrum*, n. pl. (*lautus* ?), objets d'entretien que le sénat allouait avec le logement aux ambassadeurs envoyés à Rome : Liv. 28, 39, 19 ‖ [fig.] présents d'hospitalité : Sen. Contr. 2, 9, 11 ; Apul. M. 3, 26.

▶ arch. *dautia* d'après P. Fest. 60, 6.

lautīcĭa, *ae*, f. (*lautus, 2 lavo*), farine délayée dans l'eau : P. Fest. 105, 10.

lautĭtās, *ātis*, f., ▶ *lautitia* : Gloss. 2, 413, 6.

lautĭtĭa, *ae*, f., **lautĭtĭae**, *ārum*, pl. (*lautus*), luxe [surtout de la table], magnificence, somptuosité, faste : Cic. Fam. 9, 16, 8 ; Sen. Ep. 114, 9 ; Suet. Caes. 46, cf. P. Fest. 104, 9.

lautĭuscŭlus, *a, um* (dim. de *lautus*), assez riche, assez élégant [en parlant d'un vêtement] : Apul. M. 7, 9.

Lautŭlae (**-ŏlae**), *ārum*, f. pl., Lautules [emplacement de Rome où se trouvait une source thermale] : Varr. L. 5, 156 ‖ lieu du Latium, près d'Anxur : Liv. 7, 39, 7 ; 9, 23, 4.

lautŭmĭae, ▶ *latomiae*.

lautus, *a, um* (2 *lavo*), [pris adjᵗ] ¶ **1** brillant, somptueux, riche : *lauta supellex* Cic. de Or. 1, 165, mobilier somptueux ¶ **2** distingué, brillant : *homines lauti et urbani* Cic. Verr. 1, 17, personnes pleines de distinction et d'urbanité, cf. Cic. Att. 13, 52, 2 ; (*beneficentia*) *lautior ac splendidior* Cic. Off. 2, 52, (générosité) plus distinguée (plus noble) et plus éclatante ‖ -*issimus* Cic. Planc. 65 ; Plin. Ep. 9, 17, 1.

lăvābrum, *i*, n. (1 *lavo*), baignoire : Lucr. 6, 799.

lăvācrum, *i*, n. (1 *lavo*) ¶ **1** bain : Claud. Eut. 2, 410 ; Apul. M. 5, 3 ‖ salle de bains : Gell. 1, 2, 2 ¶ **2** [chrét.] baptême : Aus. Idyl. 1 (317), 21 ; Tert. Bapt. 2, 2 ‖ [fig.] ce qui purifie : *quotidiana lavacra* Aug. Serm. 388, 2, purifications quotidiennes.

lăvāmentum, *i*, n. (1 *lavo* ; fr. *lavement*), lavage [fig.] : *Ps. Hier. Ep. 13, 11.

lăvandārĭa, *ōrum*, n. pl. (1 *lavo*), linge à laver : Laber. d. Gell. 16, 7, 5.

lăvātĭo, *ōnis*, f. (1 *lavo*) ¶ **1** action de laver, lavage, nettoyage : Varr. L. 5, 119 ; P. Fest. 22, 24 ¶ **2** bain : Cic. Fam. 9, 5, 3 ; *lavatio calida* Cels. 1, 3, 71, bain chaud ¶ **3** bain [édifice] : Vitr. 5, 11, 2 ¶ **4** [chrét.] *lavatio divina* Cypr. Sent. 22, le baptême.

lăvātŏr, *ōris*, m. (1 *lavo*), celui qui lave, laveur : Diocl. 7, 54.

lăvātōrĭum, *ii*, n. (1 *lavo* ; fr. *lavoir*), bassin : Gloss. 3, 77, 48.

lăvātrīna, *ae*, f. (1 *lavo*), salle de bains : Varr. L. 9, 68 ‖ latrines : Varr. L. 5, 118.

lăvātus, *a, um*, part. de 1 *lavo*.

lăvĕr, *ĕris*, n. (?), cresson : Plin. 26, 50.

Laverna, *ae*, f., Laverne [déesse des voleurs] : Pl. Aul. 442 ; Hor. Ep. 1, 16, 60.

Lăvernālis porta, f., porte Lavernale [porte de Rome près de laquelle se trouvait un autel de Laverne] Atlas II : Varr. L. 5, 136 ; P. Fest. 105, 2.

lăvernĭo, *ōnis*, m. (*Laverna*), voleur : P. Fest. 104, 28.

Lăvernĭum, *ii*, n., lieu de la Campanie : Cic. Att. 7, 8, 4.

Lăvĕrnum, ▶ *lanernum*.

lāvi, parf. de 2 *lavo*.

Lăvīcānus, ▶ *Labicanus*.

Lăvīnās, ▶ *Laurentes Lavinates*.

Lăvīnĭa, *ae*, f., Lavinie [promise à Turnus et donnée pour épouse à Énée] : Virg. En. 6, 764 ; Varr. L. 5, 144 ; Liv. 1, 1.

Lăvīnĭum, *ii*, Liv. 1, 1, 11 ; Ov. M. 15, 728, **Lăvīnum**, *i*, n., Juv. 12, 71, ville fondée par Énée dans le Latium [auj. Pratica] Atlas XII, E3 ‖ -**nienses**, m. pl., habitants de Lavinium : Varr. R. 2, 4, 18 ‖ **Lăvīnĭus**, Virg. En. 4, 236 et **Lăvīnus**, *a, um*, de Lavinium : Virg. En. 1, 2 ; Prop. 2, 25, 64.

1 **lăvō**, *ās, āre*, -, *ātum* (2 *lavo*, cf. 1 *dico* et 2 *dico* ; fr. *laver*) ¶ **1** tr. **a)** laver, nettoyer : *manus lava* Sest. d. Cic. de Or. 2, 246, lave-toi les mains ‖ *lavari* Cic. Off. 1, 129 ; Caes. G. 4, 1 **b)** baigner, arroser [en parlant de rivières] : Plin. Ep. 5, 6, 40 ¶ **2** intr., se baigner : Pl. Truc. 322 ; Aul. 579 ; Bac. 105 ; Liv. 44, 6, 1.

▶ le parf. *lavavi* inus. est remplacé par *lavi* de *lavere*, le part. *lavatus* par *lotus*.

2 **lăvō**, *ĭs, ĕre*, *lāvī*, *lautum*, part. *lautus*, *lōtus* (cf. λούω, gaul. *lautro*, al. *Lauge*, an. *lye*, *lather*), tr. ¶ **1** laver, nettoyer : Cat. Agr. 65 ; Pl. Truc. 902 ; Titin. d. Non. 504, 17 ; *lautis manibus* Hor. S. 2, 3, 282, avec les mains propres ¶ **2** [seulᵗ au part.] : *lotus* Cic. Dej. 20, s'étant baigné, après son bain ¶ **3** baigner, humecter, arroser : Pl. Ps. 10 ; Lucr. 5, 950 ; Virg. G. 3, 221 ; En. 10, 727 ; Hor. O. 2, 3, 18 ; 3, 12, 2 ; Ov. M. 9, 680 ¶ **4** [chrét.] baptiser : Hier. Ep. 4, 2, 2.

▶ le supin en prose class. est *lavatum*, de *lavare* ; *lavaturus* Ov. F. 3, 12.

lax, *ăcis*, f. (*lacio*), fraude : P. Fest. 103, 25.

laxāmĕn, ĭnis, n. (laxo), rêne : Gloss. 5, 603, 44.

laxāmentum, i, n. (laxo) ¶ 1 développement, extension : Sen. Nat. 6, 18, 3 ‖ vaste espace : Vitr. 5, 9, 1 ¶ 2 relâche, repos, répit : Treb. Fam. 12, 16, 3 ; Liv. 9, 41, 12 ; 22, 37, 9 ‖ relâchement, adoucissement : Cic. Clu. 89 ; Liv. 2, 3, 4.

laxāmĭna, n. pl., **V.** laxamen.

laxātĭo, ōnis, f. (laxo), espace vide [en parlant d'archit.] : Vitr. 4, 7, 4 ‖ relâchement : Cael.-Aur. Chron. 2, 1, 13.

laxātīvus, a, um, émollient : Cael.-Aur. Acut. 3, 17, 151.

laxātus, a, um, part. de laxo pris adjᵗ, relâché, lâche [non serré, non strict] : *laxatior* Plin. 19, 17, [fig.] Sen. Contr. 9, 5, 15.

laxē, adv. (laxus) ¶ 1 spacieusement, avec de l'étendue en tous sens, largement, amplement : Cic. Dom. 115 ; Plin. 2, 217 ; *laxius* Plin. 33, 61 ; *-issime* Plin. 2, 66 ¶ 2 avec de la latitude : *laxius* Cic. Att. 13, 14, 1, avec plus de latitude, avec plus de liberté, cf. Cic. Att. 15, 20, 4 ‖ *laxe vincire* Liv. 9, 10, 7, attacher sans serrer ‖ [fig.] largement, librement, sans contrainte : Liv. 28, 24, 6.

laxĭtās, ātis, f. (laxus) ¶ 1 étendue en tous sens, large espace, état spacieux : Cic. Off. 1, 139 ; Dom. 116 ; Plin. 8, 169 ; Col. 4, 18, 2 ¶ 2 [fig.] aisance : Sen. Ep. 66, 14 ‖ relâchement : Arn. 6, 12.

laxĭtūdo, ĭnis, f., action de relâcher : Hier. Nom. Hebr. 38.

laxō, ās, āre, āvī, ātum (laxus ; fr. *laisser*), tr., qqf. intr. ¶ 1 étendre, élargir : *forum* Cic. Att. 4, 16, 8, agrandir le forum ; *manipulos* Caes. G. 2, 25, 2, donner de l'extension aux manipules, espacer les files ‖ amincir, atténuer : *tenebras* Stat. Th. 12, 254, éclaircir les ténèbres ; *aer laxatus* Quint. 5, 9, 16, air moins dense ‖ prolonger le temps : Quint. 10, 5, 22 ¶ 2 détendre, relâcher : *habenas* Curt. 4, 9, 24, lâcher les rênes ; *vincula epistolae* Nep. Paus. 4, 1, desserrer le lien qui ferme une lettre ; *claustra* Virg. En. 2, 259, ouvrir les portes ‖ *pedem ab stricto nodo* Liv. 24, 7, 5, dégager son pied du nœud trop étroit qui tenait sa chaussure [donner de l'aise à son pied en relâchant un nœud trop étroit] ‖ lâcher, laisser libre : *dolor vocem laxavit* Just. 42, 4, 13, la douleur laissa de la liberté à sa voix ‖ intr., *compages operis laxavere* Curt. 4, 3, 6, les joints de l'ouvrage cédèrent ¶ 3 [fig.] **a)** relâcher, donner du repos : *judicum animos* Cic. Brut. 322, détendre l'esprit des juges ; *ab hac contentione disputationis animos nostros laxemus* Cic. de Or. 3, 230, après la tension où nous a contraints cette discussion, donnons relâche à notre esprit ; *ab assiduis laboribus animum* Liv. 32, 5, 2, se reposer des fatigues continuelles ‖ pass. *laxatus* avec abl., délivré : *vinculis, curis* Cic. CM 7 ; Tusc. 1, 44, délivré des liens, des soucis, cf. Cic. Rep. 6, 16 **b)** diminuer : *alicui*

laxare aliquid laboris Liv. 9, 16, 15, alléger qq. peu le travail (la tâche) de qqn ; *annonam* Liv. 2, 34, 12, abaisser le prix du blé ‖ intr., *annona haud multum laxaverat* Liv. 26, 20, 11, le prix du blé ne s'était pas beaucoup relâché ‖ [pass.] *pugna laxata* Liv. 21, 59, 6, un répit dans le combat ; *laxatae custodiae* Liv. 21, 32, 12, un relâchement des postes de garde ¶ 4 [chrét.] accorder [paix, pardon], pardonner : Cypr. Ep. 55, 3 ; Ps. Ambr. Hymn. 67, 29.

laxus, a, um (cf. *langueo*, λαγώς) ¶ 1 large, spacieux, vaste, étendu : Virg. G. 4, 247 ; 3, 166 ; Liv. 10, 5, 6 [fig.] Liv. 24, 8, 1 ; *laxus calceus* Hor. S. 1, 3, 31, une chaussure large ‖ [en parlant du temps] *dies satis laxa* Cic. Att. 6, 1, 11, délai assez prolongé, cf. Plin. Ep. 4, 9 ¶ 2 détendu, desserré, lâche : *laxissimae habenae* Cic. Lae. 45, rênes très lâches, flottantes, cf. Hor. S. 2, 7, 20 ; Virg. En. 11, 874 ‖ [fig.] *laxius imperium* Sall. J. 64, 5, un commandement moins sévère, une discipline moins stricte ; *laxior annona* Liv. 2, 52, 1, cours (prix) du blé (se relâchant) plus bas.

Lazărus, i, m. (hébr. *Eleazar* ; fr. *ladre*), Lazare [qui fut ressuscité par J.-C.] : Vulg. Joh. 11, 1 ‖ autres du même nom [un pauvre et un riche] : Vulg. Luc. 16, 20.

Lazi, ōrum, m. pl., Lazes, peuple de la Colchide : Plin. 6, 12.

1 lĕa, ae, f. (de *leo*), lionne : Lucr. 5, 1318 ; Virg. B. 2, 63 ; Ov. M. 4, 102.

2 Lēa, ae, f., une des Sporades : Plin. 4, 71 ‖ ville d'Éthiopie : Plin. 6, 178 ‖ **V.** *Lia*.

1 lĕaena, ae, f. (λέαινα), lionne : Varr. L. 5, 100 ; Cic. Frg. F. 8, 12 ; Catul. 64, 154 ; Plin. 8, 45 ; Gell. 13, 7, 1.

2 Lĕaena, ae, f., nom grec de femme : Plin. 7, 87 ; Lact. Inst. 1, 20, 3.

Lĕandĕr (-drus), dri, m. (Λείανδρος), Léandre [amant d'Héro] : Ov. H. 18 ; Tr. 3, 10, 41 ; Mart. 14, 181 ‖ *-drĭus*, Sil. 8, 622 et *-drĭcus*, a, um, Fulg. Myth. 1, 4, pr., p. 4, 3 H, de Léandre.

Lĕarchus, i, m. (Λέαρχος), Léarque [fils d'Athamas et d'Ino, tué par son père en délire] : Ov. M. 4, 515 ‖ *-chēus*, a, um, de Léarque : Ov. F. 6, 491.

Lĕbădēa, Stat. Th. 7, 345, **Lĕbădīa**, ae, f. (Λεβάδεια), Lébadée ou Lébadie [ville de Béotie, auj. Livadia] : Cic. Div. 1, 74 ; Liv. 45, 27, 8 ; Gell. 12, 5.

Lĕbĕdŏs (-us), i, f. (Λέβεδος), ville d'Ionie : Hor. Ep. 1, 11, 6 ; Mel. 1, 88.

Lĕbēna, ae, f., ville de Crète : Plin. 4, 59.

lĕbēs, ētis, m. (λέβης), bassin recevant l'eau lustrale qu'on versait sur les mains, cuvette : Virg. En. 3, 466 ; 5, 266 ; Ov. H. 3, 31, 11 ‖ chaudron, marmite, casserole : Isid. 22, 8, 11.

▶ acc. grec *lĕbētās*.

lĕbēta, ae, f., **C.** *lebes* : App.-Prob. 4, 197, 8 ; Vulg. 2 Par. 35, 13.

Lĕbinthŏs (-us), i, f. (Λέβινθος), Lébinthe [une des Sporades] : Ov. A. A. 2, 81 ; Mel. 2, 111.

lĕbĭtōn, ōnis, m. (empr.), vêtement sans manches des moines égyptiens : Vit. Patr. 7, 12, 8.

lĕbĭtōnārĭum, ii, n. (*lebiton*), **C.** *lebiton* : Hier. Reg. Pach. pr. 4.

Leborīni, **C.** *Laborini*.

Lebūni, ōrum, m. pl., peuple de la Tarraconaise : Plin. 3 ; 28.

Lĕcānĭa, **V.** *Laecania*.

lĕcātŏr, ōris, m. (germ. *lekk-*, al. *lecken*, fr. *lécher*), gourmand : Gloss. 5, 602, 51.

Lecca, **V.** *Laeca*.

Lĕchaeum, i, n. (Λέχαιον), Liv. 32, 23 ; Prop. 3, 20, 19 et **Lĕchĕae (Lĕchīae)**, ārum, f. pl., Léchée [petite ville qui servait de port à Corinthe] : Plin. 4, 12 ; Stat. S. 4, 3, 59 ‖ *-chaeus*, *-chēus*, a, um, de Léchée : Grat. 227 ; Porph. Hor. O. 1, 7, 2.

Lechĭēni, ōrum, m. pl., peuple d'Arabie : Plin. 6, 155.

lectārĭum, ii, n., couverture de lit : Caes.-Arel. Virg. 44.

lectārĭus, ii, m., ouvrier en lits : CIL 6, 7988 ; **V.** *lectuarius*.

lectē, adv. (*lectus*), avec choix : *lectissime* Varr. L. 6, 36.

lectīca, ae, f. (2 *lectus* ; it. *lettiga*), litière, chaise à porteurs : Cic. Verr. 5, 27 ; Hor. S. 2, 3, 214 ; *comparare homines ad lecticam* Catul. 10, 15, se procurer des porteurs ‖ bifurcation du tronc d'un arbre : Plin. 17, 99.

lectīcālis, is, m., ouvrier en lits [ou en litières] : Gloss. 4, 533, 11.

lectīcārĭŏla, ae, f. (*lecticarius*), celle qui aime les porteurs [de litière] : Mart. 12, 58, 2.

lectīcārĭus, ii, m. (*lectica*), porteur de litière : Cic. Amer. 134 ; Suet. Cal. 58 ‖ préposé à la vaisselle : *Petr. 34, 3 [pour *supellecticarius*].

lectĭcŭla, ae, f. (dim. de *lectica*), petite litière : Cic. Div. 1, 55 ; Liv. 24, 42, 5 ‖ civière : Nep. Att. 22, 2 ‖ lit de repos : Suet. Aug. 78 ‖ nid : Apul. M. 9, 232.

lectĭcŭlus, i, m. (*lectulus*), lit de repos : Catul. 57, 7.

lectĭo, ōnis, f. (2 *lego* ; fr. *leçon*) ¶ 1 action de ramasser, de recueillir, cueillette : Col. 2, 2, 12 ¶ 2 lecture : Cic. Ac. 2, 4 ; Tusc. 2, 7 ; Brut. 69 ; Quint. 1, 8, 2 ‖ ce qui est lu, texte : Macr. Sat. 7, 7, 5 ; Cod. Just. 6, 61, 5 ‖ *nothas lectiones* Arn. 5, 36, fausses leçons ‖ [chrét.] passage de l'Écriture, Écriture : Cypr. Mort. 1 ¶ 3 choix : Cic. Phil. 5, 16 ‖ [en part.] *lectio senatus* Liv. 27, 11, 9, (choix) recrutement du sénat, établissement de la liste des sénateurs ‖ *Sempronii lectio erat (principis)* Liv. 27, 11, 9, c'était à Sempronius

lectio

qu'était échu le choix (la désignation) du prince du sénat.

lectisphagītēs, *ae*, m., type de vin, ⓒ *itaeomelis* : PLIN. 14, 111.

lectisterniātŏr, *ōris*, m., celui qui dispose les lits devant la table : PL. *Ps.* 162.

lectisternĭum, *ĭi*, n. (*lectus, sterno*) ¶ 1 lectisternium [repas qu'on offrait aux dieux dans certaines solennités] : LIV. 5, 13, 6 ¶ 2 [chrét.] festin funèbre, religieux : SIDON. *Ep.* 4, 15, 1.

lectistĭtĭum, *ĭi*, n., action de disposer des lits : GLOSS. 5, 602, 50.

lectĭtō, *ās, āre, āvī, ātum* (fréq. de *lecto*) ¶ 1 ramasser, cueillir à diverses reprises : VAL.-MAX. 8, 8, 1 ; ARN. 5, 37 ¶ 2 lire souvent : CIC. *Fam.* 9, 25, 1 ; *Brut.* 121 ; *lectitati libri* TAC. *An.* 14, 51, livres lus et relus.

lectĭuncŭla, *ae*, f. (dim. de *lectio*), petite lecture : CIC. *Fam.* 7, 1, 1 ; PAUL.-NOL. *Ep.* 50, 1.

lectō, *ās, āre*, -, - (fréq. de *2 lego*), lire souvent : SCHOL. HOR. *S.* 1, 6, 162 ; CHAR. 168, 18 ; MAR. VICT. *Gram.* 6, 28, 23.

Lectŏn (-um), *i*, n. (Λέκτον), promontoire de la Troade : LIV. 37, 37 ; PLIN. 5, 123.

lectŏr, *ōris*, m. (*2 lego*) ¶ 1 lecteur, qui lit pour soi : CIC. *Fam.* 5, 12, 4 ; *Tusc.* 1, 6 ‖ qui lit à haute voix pour le compte de qqn : CIC. *de Or.* 2, 223 [en part.] dans les lectures publiques : PLIN. *Ep.* 9, 17, 3 ¶ 2 [chrét.] lecteur, le deuxième des quatre ordres mineurs : TERT. *Praescr.* 41, 8.

lectrix, *īcis*, f., lectrice : SERV. *En.* 12, 159.

lectrum, *i*, n. (λέκτρον), pupitre : GLOSS. 5, 602, 52.

lectŭālis, *e*, de lit, qui fait garder le lit : SPART. *Hadr.* 23, 1.

lectŭārĭus, *a, um*, de lit, qu'on met sur un lit : NON. 537, 31.

lectŭlus, *i*, m. (dim. de *lectus*), petit lit, lit [en gén.] : CIC. *Cat.* 1, 9 ; *Fin.* 2, 97 ; *Att.* 14, 13 ‖ lit de repos, d'étude : CIC. *de Or.* 3, 17 ; OV. *Tr.* 1, 1, 38 ; PLIN. *Ep.* 5, 5, 5 ‖ lit de table : CIC. *Mur.* 75 ‖ lit funèbre : TAC. *An.* 16, 11 ‖ lit nuptial : MART. 10, 38, 7 ; PS. QUINT. *Decl.* 1, 13.

lectum, *i*, n., lit : ULP. *Dig.* 32, 1, 52 ; 34, 2, 19.

lectŭrĭō, *īs, īre*, -, - (désid. de *2 lego*), intr., avoir envie de lire : SIDON. *Ep.* 2, 10, 5 ; 9, 7, 1 ; PRISC. 2, 429, 12.

1 lectus, *a, um*, part. de *2 lego* pris adjᵗ, choisi, de choix, d'élite : *lectissima verba* CIC. *Or.* 227, les termes les mieux choisis ; *lectissimi viri* CIC. *Verr.* 1, 15, hommes d'élite ; *lectior femina* CIC. *Inv.* 1, 52, femme plus distinguée.

2 lectus, *i*, m. (cf. λέχος, al. *liegen*, an. *lay* ; fr. *lit*), lit : CAT. *Agr.* 10 ; CIC. *Fam.* 9, 23 ; *Tusc.* 5, 59 ; *Verr.* 5, 16 ‖ lit nuptial : CIC. *Clu.* 14 ; VIRG. *En.* 4, 496 ‖ lit de table : CIC. *Verr.* 2, 183 ; HOR. *Ep.* 1, 5, 1 ‖ lit de repos : SEN. *Ep.* 72, 2 ‖ lit funèbre : TIB. 1, 1, 61 ; QUINT. 6, 1, 31.
▶ gén. *lectus* PL. *Amp.* 513 ; HER. d. PRISC. 2, 257, 5 ; *SEN. *Ep.* 95, 72.

3 lectŭs, *ūs*, m. ¶ 1 (*2 lego*), lecture : PRISC. *Vers. Aen.* 1, 17 = 3, 463, 26 ¶ 2 ⓥ *2 lectus* ▶.

lēcythus, *i*, f. (λήκυθος), lécythe, fiole ou flacon à huile : VULG. *3 Reg.* 17, 12.

1 Lēda, *ae*, f., HOR. *O.* 1, 12, 25 et **Lēdē**, *ēs*, f., OV. *Am.* 1, 10, 3 (Λήδα), femme de Tyndare, mère de Pollux, Hélène, Castor et Clytemnestre ‖ **Lēdaeus**, *a, um*, de Léda : VIRG. *En.* 3, 328 ; 7, 364 ‖ de Castor et Pollux : MART. 8, 21, 5 ‖ de Sparte : STAT. *S.* 2, 6, 45.

2 lēda, *ae*, f., ⓥ *lada* : PLIN. 12, 75.

lēdănum, *i*, n., ⓥ *ladanum* : PLIN. 12, 75.

Lēdās, *ae*, m., nom d'homme : JUV. 6, 63.

Lēdē, ⓥ *Leda* ‖ **Lēdēĭus**, *a, um*, de Léda : PRUD. *Sym.* 1, 228.

lēdo, *ōnis*, f. (gaul. ?), marée basse : GLOSS. 5, 571, 37 ; ⓥ *malina*.

lēdŏn, *i*, n., ⓒ *lada* : PLIN. 26, 47.

Lēdus, *i*, m., rivière de la Narbonnaise [auj. le Lez] : SIDON. *Carm.* 5, 208 ; **Ledum** MEL. 2, 80.

lēgālis, *e* (*lex*, fr. *loyal*), relatif aux lois : QUINT. 3, 5, 4 ; 3, 6, 46 ; *legalis pars* QUINT. 2, 15, 25, [trad. de ἡ νομοθετική de Platon], la partie législative, la législation ‖ conforme à la loi divine : TERT. *Marc.* 4, 25, 15.

lēgālĭtĕr, adv. (*legalis*), légalement, conformément aux lois : CASSIOD. *Var.* 4, 37.

lēgărĭcum, *ĭi*, n., ⓒ *legumen* : VARR. *R.* 1, 32.

lēgāta, *ae*, f. (*legatus*), ambassadrice [fig.] : CIC. *Att.* 14, 19, 4 ; OV. *H.* 3, 127.

lēgātārĭa, *ae*, f. (*legatarius*), légataire, celle à qui on fait un legs : ULP. 19, 11, 43 ; 33, 4, 2.

lēgātārĭum, *ĭi*, n., legs : SCHOL. JUV. 9, 62.

lēgātārĭus, *a, um* (*legatus*), imposé à un légataire, stipulé par un testateur : TERT. *Spect.* 6, 3 ‖ subst. m., légataire, celui à qui on fait un legs : SUET. *Galb.* 5 ; DIG. 41, 3, 14 ; ⓥ *legataria*.

lēgātĭo, *ōnis*, f. (*1 lego*) ¶ 1 députation, ambassade, légation : CIC. *Phil.* 9, 1 ; CAES. *G.* 1, 3 ; 6, 2 ‖ légation libre : *legatio libera* CIC. *Fam.* 12, 21 ; *Att.* 15, 11 [ou simplᵗ] *legatio* CIC. *Leg.* 3, 18 ‖ *legatio votiva* CIC. *Att.* 4, 2, 7 ; 15, 8, 1 [ou] *voti causa* CIC. *Att.* 2, 18, 3, légation libre ayant pour objet d'acquitter un vœu, mission votive ¶ 2 les personnes composant l'ambassade : CAES. *G.* 1, 13 ; 3, 8 ; LIV. 45, 13, 12 ¶ 3 fonction de légat, de lieutenant : CIC. *Verr.* 4, 9 ; *Ac.* 2, 5.

lēgātĭuncŭla, *ae*, f. (dim. de *legatio*), *legatio* : ADAMN. *Vit. Col.* 1, 31 (17).

lēgātīvum, *i*, n. (*1 lego*), frais de route des ambassadeurs : DIG. 50, 4, 18, 12.

lēgātīvus, *a, um* (*legatio*) ¶ 1 relatif à une ambassade : ULP. *Dig.* 50, 7, 3 ¶ 2 ⓒ *legatarius* : CIL 10, 6090, 11.

lēgātŏr, *ōris*, m. (*1 lego*), celui qui lègue, testateur : SUET. *Tib.* 31.

lēgātōrĭus, *a, um* (*legatus*), de légat, de lieutenant : *legatoria provincia* CIC. *Att.* 15, 9, 1, province légatoire, gouvernée par un légat.

lēgātum, *i*, n. (*1 lego*), legs, don par testament [dont l'exécution s'impose à l'héritier testamentaire] : DIG. 30, 116 pr. ; 31, 36 ; CIC. *Att.* 7, 3, 9 ; *legata dare* SUET. *Aug.* 101, faire des legs ‖ *legatum per damnationem*, par obligation [ouvre une créance au légataire contre l'héritier] ; *per praeceptionem*, par préciput ; *per vindicationem*, par revendication : GAI. *Inst.* 2, 192 ; 193 ; 201 ; 216.

1 lēgātus, *a, um*, part. de *1 lego*.

2 lēgātus, *i*, m., ⓒ *1 legatus* ¶ 1 député, ambassadeur : CIC. *Vat.* 35 ; *Pomp.* 35 ¶ 2 délégué dans une fonction, dans une mission ; délégué, commissaire : LIV. 29, 20, 4 ‖ [en part.] légat, lieutenant, assesseur d'un général : CIC. *Fam.* 1, 9, 21 ; *Off.* 2, 79 ; *Mur.* 20 ; CAES. *G.* 1, 10, 3 ; *C.* 1, 8 ‖ assesseur d'un gouverneur de province : CIC. *Verr.* 4, 9 ; *legatum sibi legare* CIC. *Pis.* 33, s'adjoindre un lieutenant ‖ [sous les empereurs] gouverneur de province : TAC. *Agr.* 33 ; *An.* 12, 40 ‖ commandant de légion : SUET. *Tib.* 19 ; *Vesp.* 4.

1 lĕgĕ, abl. de *lex*.

2 lĕgĕ, impér. de *2 lego*.

lĕgenda, *ae*, f. (*lectio, 2 lego*), lecture [publique] : SACRAM. GALL. 451.

lĕgens, *tis*, part. de *2 lego*, subst. m., lecteur : OV. *Tr.* 1, 7, 25 ; pl., LIV. *pr.* 4 ; QUINT. 3, 1, 2 ; TAC. *An.* 4, 33.

Legeolĭum, *ĭi*, n., ville de la Bretagne : ANTON. 475.

lēgi, parf. de *2 lego*.

lĕgĭbĭlis, *e* (*2 lego*), lisible : ULP. *Dig.* 23, 4, 1.

lēgĭcrĕpa, *ae*, m. (*lex, crepo*), orateur qui cite souvent les lois : *GLOSS. 2, 122, 2.

lēgĭfĕr, *ĕra, ĕrum* (*lex, fero*), qui établit des lois : VIRG. *En.* 4, 58 ; OV. *Am.* 3, 10, 41 ‖ subst. m., le législateur [Moïse] : LACT. *Inst.* 4, 17, 7.

lĕgĭo, *ōnis*, f. (*2 lego*) ¶ 1 légion, corps de troupe [comptant à partir de Marius environ 6000 h., répartis en 10 cohortes ; chaque cohorte comprenant 3 manipules et 6 centuries ; les légions étaient désignées soit par un nᵒ d'ordre, soit par le nom ou de celui qui l'avait levée ou d'une divinité, soit par un surnom] : VARR. *L.* 5, 87 ; CIC., CAES., LIV., TAC. ¶ 2 [poét.] armée : PL. *Most.* 129 ; *Ep.* 58 ; VIRG. *En.* 9, 368 ‖ [fig.] *legiones parat* PL. *Cas.* 50, il rassemble ses troupes, dresse ses batteries.

lĕgĭōnārĭus, *a*, *um*, d'une légion, de légion, légionnaire: Caes. *G.* 1, 42; 3, 11.

lēgĭrŭpa, *ae*, Pl. *Pers.* 68, **lēgĭrŭpĭo**, *ōnis*, m. (*lex, rumpo*), Pl. *Ru.* 709, celui qui viole les lois.

lēgĭrŭpus, *a*, *um*, qui viole les lois: Prud. *Ham.* 238.

lēgis, gén. sg. de *lex*.

lēgisdătĭo, *ōnis*, f., ⓒ *legislatio*: Iren. 4, 4, 2.

lēgisdoctŏr, *ōris*, m. [ou en deux mots] législateur: Tert. *Marc.* 4, 25, 14.

lēgislātĭo, *ōnis*, f. [ou en deux mots] législation: Vulg. *Rom.* 9, 4.

lēgislātŏr, Val.-Max. 6, 5 et **lēgumlātŏr**, *ōris*, m., Liv. 34, 31, 18, celui qui propose une loi, législateur.
▶ mieux en deux mots.

lēgispĕrītus, *i*, m., jurisconsulte: Vulg. *Luc.* 7, 30.

lēgĭtĭma, *ōrum*, n. pl. (*legitimus*), formalités légales: Nep. *Phoc.* 4, 2 ∥ préceptes: Vulg. *Lev.* 18, 26.

lēgĭtĭmē, adv. (*legitimus*), conformément aux lois, légalement, légitimement: Cic. *Off.* 1, 13; *Caecin.* 57; Juv. 10, 338 ∥ convenablement, comme il faut: Tac. *D.* 32; Plin. 23, 64.

lēgĭtĭmus, *a*, *um* (*lex*, cf. *finitimus*) ¶ 1 fixé, établi par la loi, légal, légitime: Cic. *Phil.* 11, 26; *Verr.* 2, 128; *Inv.* 2, 125; *Off.* 3, 109; Quint. 3, 6, 72; Ov. *M.* 10, 437 ¶ 2 qui est dans la règle, conforme aux règles, régulier: Cic. *Verr.* 5, 57; *Fam.* 7, 6, 1; *Brut.* 82; Hor. *P.* 274 ¶ 3 désigné (ou appelé) par la loi: **tutor legitimus, heres legitimus** [par oppos. à *testamentarius* ou *datus*] Dig. 26, 4 tit.; 38, 7, 1, tuteur, héritier légitime ¶ 4 conforme à la loi juive ou à la loi chrétienne: Aug. *Spec. pr.*; Tert. *Jejun.* 2, 2.

lĕgĭto, *ās*, *āre*, -, - (fréq. de *2 lego*), Prisc. 2, 430, 3.

lĕgĭuncŭla, *ae*, f. (dim. de *legio*), petite légion, légion incomplète: Liv. 35, 49, 10.

1 lĕgō, *ās*, *āre*, *āvī*, *ātum* (*lex*, *2 legatus*), tr. ¶ 1 envoyer avec une mission, députer: **aliquem ad aliquem** Cic. *Verr.* 3, 114, déléguer qqn à qqn ∥ **verba ad aliquem** Gell. 15, 31, faire tenir des paroles à qqn par voie d'ambassade ¶ 2 nommer (donner) comme lieutenant, comme légat: **aliquem alicui** Cic. *Att.* 4, 15, 9; *Pomp.* 57; **Dolabella me sibi legavit** Cic. *Att.* 15, 11, 4, Dolabella m'a nommé son lieutenant; **ab aliquo legari** Cic. *Att.* 4, 2, 6, recevoir de qqn une lieutenance ¶ 3 laisser par testament, léguer: **aliquid alicui** Cic. *Caecin.* 11; *Top.* 14; **alicui testamento legat pecuniam a filio** Cic. *Clu.* 33, il lègue à qqn par testament une somme à prendre sur (imputable à) l'héritage de son fils, à la charge de son fils, cf. Cic. *Top.* 21; *Att.* 13, 46, 3.
▶ arch. *legassit* = *legaverit* L. XII Tab. d. Cic. *Inv.* 2, 148.

2 lĕgō, *ĭs*, *ĕre*, *lēgī*, *lectum* (*legio, collega, lignum*; cf. λέγω; fr. *lire*, bret. *lenn*), tr.
I ¶ 1 ramasser, recueillir: **nuces** Cic. *de Or.* 2, 265, ramasser des noix; **oleam** Cat. *Agr.* 144, faire la récolte des olives; **homini mortuo ossa** Cic. *Leg.* 2, 60, recueillir les ossements d'un mort [brûlé sur le bûcher], cf. Sen. *Ir.* 2, 33, 6; Quint. 8, 5, 21; Suet. *Aug.* 100 ∥ **alicui ossa** Sen. *Prov.* 3, 2, extraire les os à qqn, cf. Sen. *Marc.* 22, 3; *Ben.* 5, 24, 3; Quint. 6, 1, 30 ¶ 2 enrouler, pelotonner: **fila** Virg. *En.* 10, 815, enrouler les fils, filer, cf. Ov. *F.* 3, 462; **vela** Virg. *G.* 1, 373, carguer les voiles ¶ 3 ramasser en dérobant, enlever, voler: **sacra, sacrum,** enlever des objets sacrés [d'où] **sacrilegus** cf. Her. 2, 49; Hor. *S.* 1, 3, 117 ¶ 4 parcourir [un lieu]: **iter** Prop. 3, 22, 12, une route; **saltus** Ov. *M.* 5, 578, les bois; **aequora** Ov. *F.* 4, 289, traverser la mer; **alicujus vestigia** Virg. *En.* 9, 393, parcourir les lieux foulés par qqn; **tortos orbes** Virg. *En.* 12, 481, faire des détours; **raser, effleurer: pontum** Virg. *En.* 2, 207, la mer ∥ longer, côtoyer: **navibus oram Italiae** Liv. 21, 51, 7, côtoyer les rivages de l'Italie, cf. Virg. *G.* 2, 44; Ov. *M.* 14, 89 ¶ 5 choisir: **judices** Cic. *Phil.* 5, 16, choisir des juges; **decem legatos ex senatu** Liv. 29, 20, 4, choisir dans le sénat dix commissaires; **sorte, qui duo... irent** Liv. 29, 20, 9, tirer au sort les deux qui iraient...; **senatum** Cic. *Clu.* 128, dresser la liste des sénateurs; **cives in patres** Liv. 23, 22, 4, recruter des citoyens pour le sénat, nommer des sénateurs; **eis dictum, ut vir virum legerent** Liv. 10, 38, 12, ils reçurent l'ordre de choisir chacun un homme; **virum a viro lectum esse diceres** Cic. *Mil.* 55, on eût dit qu'il avait une troupe triée sur le volet ∥ **quinque argenti lectae minae** Pl. *Ps.* 1149, cinq bonnes mines d'argent, cf. Ter. *Phorm.* 53.
II [fig.] ¶ 1 recueillir par les oreilles: Pl. *Ps.* 414 [sublegere Pl. *Mil.* 1090] ¶ 2 recueillir par les yeux, passer en revue: Virg. *En.* 6, 755 ¶ 3 [surtout] lire: **libros, poetas, Graecos** Cic. *Top.* 2; *Tusc.* 3, 3; *Fin.* 8, lire des livres, les poètes, les Grecs ∥ [avec prop. inf.]: **legi apud Clitomachum A. Albium jocantem dixisse...** Cic. *Ac.* 2, 137, j'ai lu dans Clitomaque qu'A. Albius dit en plaisantant..., cf. Cic. *Dom.* 64 ∥ **legentes**, *ium*, m. pl., les lecteurs: Liv. *pr.* 4; Quint. 3, 1, 2 ¶ 4 lire à haute voix [*alicui* à qqn]: Cic. *Brut.* 191; Plin. *Ep.* 9, 34.

lĕgŭla, *ae*, f., ⓒ *ligula* pavillon de l'oreille: Sidon. *Ep.* 1, 2, 2.

lēgŭlēius, *i*, m. (*lex*), procédurier: Cic. *de Or.* 1, 236; Quint. 12, 3, 11.

lēgŭlus, *i*, m. (*2 lego*), celui qui cueille les olives, le raisin: Cat. *Agr.* 144; Varr. *L.* 6, 66.

lĕgūmĕn, *ĭnis*, n. (cf. ἐρέβινθος; esp. *legumbre*), légume [surtout légume à cosse, à gousse], légumineuse: Cic. *Nat.* 2, 156; Varr. *R.* 1, 23, 32; Col. 2, 7, 1; Plin. 18, 165.

lĕgūmentum, *i*, n., ⓒ *legumen*: Gell. 4, 11, 4.

lĕgūmĭnārĭus, *a*, *um*, qui a rapport aux légumes: CIL 6, 9683 ∥ subst. m., marchand de légumes, grainetier: Gloss. 2, 586, 30.

lĕgumlātĭo, *ōnis*, f., [ou en deux mots]: législation, lois: Arn. 6, 26.

lĕgumlātŏr, v. *legislator*.

lēiostrĕa (**līo-**), *ae*, f. (λεῖος, ὄστρεον, cf. *liostraca*), huître à coquille lisse: *Lampr. *Hel.* 19, 6; v. *lithostrea*.

Lelantus, *i*, m., fleuve de l'Eubée: Plin. 4, 64.

Lĕlĕges, *um*, m. pl. (Λέλεγες), peuple de Locride, de Carie, de Thessalie: Virg. *En.* 8, 725; Ov. *M.* 9, 645; Plin. 4, 27; Luc. 6, 383 ∥ **Lĕlĕgēis**, *ĭdis*, f., des Lélèges: Ov. *M.* 9, 651 ∥ ancien nom de Milet [habitée d'abord par les Lélèges]: Plin. 5, 112 ∥ **Lĕlĕgēius**, *a*, *um*, des Lélèges: Ov. *M.* 8, 8.

lĕlĕpris, f. (gr.), poisson non identifié: *Plin. 32, 149.

Lĕlex, *ĕgis*, m., nom d'un guerrier: Ov. *M.* 8, 566.

lēma, *ae*, f. (λήμη), chassie: Plin. 23, 49.

Lēmānē, v. *Limane*.

Lemanis portus, m., port de la Bretagne [auj. Lymne]: Anton. 473 bis.

Lĕmannus (**Lĕmānus**), *i*, m., lac Léman Atlas V, E3: Plin. 3, 33; Luc. 1, 396; Mel. 2, 74.

lembŭlus, *i*, m. (dim. de *lembus*), Prud. *Perist.* 5, 455.

lembuncŭlus, *i*, m., v. *2 lenunculus* [mss].

lembus, *i*, m. (λέμβος), barque légère, canot: Virg. *G.* 1, 201; Liv. 45, 10, 2.
▶ f. Turpil. *Com.* 98 cf. Prisc. 2, 169, 15.

Lemincum, *i*, n., ville de la Narbonnaise [p.-ê. Chambéry]: Anton. 346.

lemma, *ătis*, n. (λῆμμα) ¶ 1 sujet, matière d'un écrit: Plin. *Ep.* 4, 27, 3 ∥ titre d'un chapitre, d'une épigramme: Mart. 14, 2, 3 ¶ 2 la majeure (d'un syllogisme): Gell. 9, 16, 7 ¶ 3 pl., contes [de nourrice]: Aus. *Epist.* 16, 2 (406), 90.

Lemnĭăcus, *a*, *um*, de Lemnos: Mart. 5, 7, 7; Stat. *S.* 3, 1, 131.

Lemnĭăs, *ădis*, f. (Λημνιάς), femme de Lemnos: Ov. *H.* 6, 53; *A. A.* 3, 672.

Lemnĭcŏla, *ae*, m. (*Lemnos, colo*), habitant de Lemnos [Vulcain]: Ov. *M.* 2, 757.

Lemnĭensis, *e*, de Lemnos: Pl. *Cis.* 100.

lemniscātus, *a*, *um* (*lemniscus*), orné de lemnisques: Cic. *Amer.* 100; *Tert. *Anim.* 1, 3; Serv. *En.* 5, 269.

lemniscus, *i*, m. (λημνίσκος), lemnisque [ruban attaché aux couronnes, aux palmes des vainqueurs et des suppliants, ou ornant la tête des convives dans un festin]: Plin. 16,

lemniscus

65; Pl. *Ps.* 1265; Liv. 33, 33, 2; P. Fest. 102, 6 ‖ compresse, charpie : Veg. *Mul.* 2, 14, 3; 2, 48, 7.

Lemnĭus, *a*, *um*, de Lemnos : Cic. *Tusc.* 2, 23 ‖ **Lemnius**, m., habitant de Lemnos = Vulcain : Ov. *M.* 4, 185, **Lemnii**, m. pl. : Nep. *Milt.* 1, habitants de Lemnos.

Lemnŏs (-us), *i*, f. (Λῆμνος), Lemnos [île de la mer Égée, où Vulcain fut élevé] Atlas I, D5; VI, B2 : Cic. *Nat.* 3, 55; Ov. *M.* 13, 46; Plin. 4, 73.

Lĕmōnĭa, *ae*, f., une des tribus de la campagne, chez les Romains : Cic. *Planc.* 38; *Phil.* 9, 15; P. Fest. 102, 20.

Lemonii, f.l. pour *Lemovii*.

lĕmōnĭum, V. *limonium*.

Lemōnum, *i*, n., ville de la Gaule Celtique [Poitiers] : Hirt. *G.* 8, 26, 1.

lĕmŏres, m. pl., C. *lemures* : Char. 32, 23.

Lĕmŏvīces, *um*, m. pl., peuple de l'Aquitaine [les Limousins] : Caes. *G.* 7, 4, 6; Plin. 4, 109; Greg.-Tur. *Hist.* 4, 20 ‖ Limoges : Sidon. *Ep.* 7, 6, 7.

Lĕmŏvīcīnum, *i*, n., pays des Lémovices [le Limousin] : Greg.-Tur. *Hist.* 4, 20.

Lĕmŏvīcīnus, *a*, *um*, limousin : *Lemovicina urbs* Greg.-Tur. *Hist.* 6, 22, Limoges.

Lemovii, *ĭōrum*, m., Lémoviens [peuple de la Germanie septentrionale] : *Tac. *G.* 44.

lĕmŭres, *um*, m. pl. (cf. λάμιαι, λαμυρός), lémures, âmes des morts, spectres (revenants) : Hor. *Ep.* 2, 2, 209; Ov. *F.* 5, 483.

Lĕmŭrĭa, *ĭum* et *ĭōrum*, n., Lémuries, fêtes en l'honneur des lémures : Ov. *F.* 5, 421.

lēna, *ae*, f. (*leno*), entremetteuse, maquerelle : Pl. *Pers.* 243; Ov. *Am.* 1, 15, 17 ‖ qui prostitue : *quasi sui lena (natura)* Cic. *Nat.* 1, 77, la nature est en qq. sorte sa propre entremetteuse [chaque espèce s'aime elle-même et se préfère aux espèces voisines] ‖ [fig.] séductrice : Ov. *A. A.* 3, 316.

Lēnaeus, *i*, m. (Ληναῖος) ¶ **1** un des noms de Bacchus : Virg. *G.* 3, 510 ¶ **2** grammairien du temps de César : Suet. *Gram.* 15 ‖ **-us**, *a*, *um*, de Bacchus : Virg. *G.* 2, 7; *Lenaei latices* Virg. *G.* 3, 510; *Lenaea dona* Stat. *S.* 4, 6, 80, le vin; *Lenaeum honorem libare* Virg. *En.* 4, 207, faire une libation de vin.

Lēnās, V. *Laenas*.

lēnātus, *a*, *um*, part. de *1 leno*.

lēnĕ (*lenis*), n. pris adv.ᵗ, doucement : Ov. *F.* 2; 704.

lēnībo, V. *lenio* ►.

lēnĭfĭcō, *ās*, *āre*, -, -, adoucir : Cass. Fel. 48.

lēnĭfĭcus, *a*, *um*, adoucissant : Cass. Fel. 34.

lēnīmĕn, *ĭnis*, n. (*lenio*), adoucissement, consolation : Hor. *O.* 1, 32, 14; Ov. *M.* 6, 500.

lēnīmentum, *i*, n. (*lenio*), adoucissement, lénitif : Plin. 25, 59 ‖ [fig.] soulagement : Tac. *H.* 2, 67.

lēnĭo, *īs*, *īre*, *īvi* ou *ii*, *ītum* (*lenis*) ¶ **1** tr., rendre doux, adoucir, alléger, calmer : Plin. 20, 96; Hor. *S.* 2, 2, 18 ‖ [fig.] calmer, pacifier : Cic. *Att.* 6, 2, 2; Mur. 65; *Fin.* 1, 47; *Phil.* 2, 116; Liv. 2, 45, 3 ¶ **2** intr., devenir doux, s'adoucir : Pl. *Mil.* 583.
► imparf. *lenibat, lenibant* Virg. *En.* 6, 468; 4, 258 ‖ fut. *lenibunt* Prop. 3, 20, 32.

1 lēnĭs, *e* (peu net; cf. *1 leno, lentus,* rus. *len'*?; roum. *lin*) ¶ **1** doux [relativement à tous les sens] : Cic. *Fin.* 2, 36; *Nat.* 2, 146; Plin. 28, 53 ‖ [en parlant d'une pente] Caes. *C.* 2, 24, 3; Liv. 6, 24, 2 ‖ [d'un cours d'eau] Plin. 5, 54 ‖ [du vent] Cic. *Att.* 7, 2, 1 ‖ [en parlant du style] Cic. *de Or.* 2, 183; Quint. 9, 4, 127 ¶ **2** modéré, calme : Cic. *Fam.* 5, 2, 9; 5, 15, 1; *Amer.* 154; Caes. *C.* 1, 2, 2 ¶ **3** [avec inf.] qui se laisse facilement aller à : Hor. *O.* 1, 24, 17 ‖ **-nior** Cic. *Off.* 1, 46; **-issimus** Cic. *Ac.* 2, 11.

2 lēnis, *is*, m. (ληνίς), cuve, vase, récipient : Afran. et Laber. d. Non. 544, 31.

lēnĭtās, *ātis*, f. (*lenis*) ¶ **1** douceur, lenteur : Caes. *G.* 1, 12, 1; Cic. *de Or.* 2, 182; Plin. 14, 120 ¶ **2** [fig.] : Cic. *Cat.* 2, 6; *Fam.* 13, 1, 4; *Sull.* 18 ‖ [en parlant du style] Cic. *Or.* 53; *Brut.* 177; *de Or.* 2, 64.

lēnĭter, adv. (*lenis*), doucement : *arridere* Cic. *Rep.* 6, 12, sourire doucement; *acclivis* Caes. *G.* 7, 19, 1, en pente douce ‖ avec placidité, nonchalance : Cic. *Brut.* 277; *lenius* Caes. *C.* 1, 1, 4 ‖ avec calme, modération : Pl. *Amp.* 25; *lenissime sentire* Cic. *Fam.* 5, 2, 9, avoir les sentiments les plus doux ‖ [en parlant du style] : Cic. *Brut.* 164; *de Or.* 3, 102; *lenius* Cic. *de Or.* 1, 255.

lēnĭtĭa, *ae*, f., douceur : Chir. 227.

lēnĭtūdo, *ĭnis*, f. (*lenis*), douceur, bonté : Cic. *Verr.* 4, 136; Amm. 18, 104 ‖ douceur du style : Pacuv. d. Cic. *Tusc.* 5, 46.

lēnītus, *a*, *um*, part. de *lenio*.

Lenĭum (Lennĭum), *ii*, n., ville de Lusitanie : B.-Hisp. 35.

Lēnĭus, Laenĭus, *ii*, m., nom d'homme : Cic. *Sest.* 131.

1 lēnō, *ōnis*, m. (obscur; cf. *1 lenis* ?), marchand d'esclaves [femmes], entremetteur, proxénète [personnage ordinaire de la comédie latine] : Cic. *Com.* 20; *Verr.* 4, 7 ‖ entremetteur, racoleur : Cic. *Cat.* 4, 17.

2 lēnō, *ās*, *āre*, -, - ¶ **1** intr., faire le *leno*; être pourvoyeur de femmes : Anth. 127, 1 ¶ **2** tr., prostituer : Schol. Juv. 6, 233; *lenata puella* Anth. 302, 9, jeune fille prostituée.

lēnōcĭnāmentum, *i*, n., séduction, charme : Sidon. *Ep.* 7, 9, 12.

lēnōcĭnātĭo, *ōnis*, f. (*lenocinor*), séduction : Cassiod. *Psalm.* 15.

lēnōcĭnātōr, *ōris*, m., C. *2 leno* : Tert. *Marc.* 1, 22, 10.

lēnōcĭnĭum, *ii*, n. (*lenocinor*) ¶ **1** métier d'entremetteur : Dig. 3, 2, 4; Suet. *Tib.* 35 ¶ **2** [fig.] charme : Cic. *Mur.* 74; *Sest.* 138; Sen. *Ben.* 1, 11, 3 ‖ artifice de la toilette, parure recherchée : Cic. *Nat.* 2, 146 ‖ [en parlant du style] moyen de séduction, faux brillant, afféterie, recherche : Tac. *H.* 1, 18; Quint. 8, 26; Suet. *Cal.* 38.

lēnōcĭnŏr, *ārĭs*, *ārī*, *ātus sum* (*leno* et *latrocinor*), intr., faire l'entremetteur [d'où] chercher à séduire, faire sa cour à, cajoler [avec dat.] : Cic. *Caecil.* 48; Plin. 20, 160 ‖ se mettre au service de qqch., aider, favoriser : Plin. *Ep.* 2, 19, 7; Quint. 5, 12, 17.

lēnōnĭcē ou **lēnōnĭē**, à la manière des entremetteurs : Lampr. *Comm.* 15, 4.

lēnōnĭus, *a*, *um* (*leno*), d'entremetteur, de corrupteur : Pl. *Ru.* 1386; Pers. 406.

1 lens, *lendis*, m. (peu net, cf. κονίδες, al. *Nisse*; it. *lendine*), lente, œuf de pou : Plin. 29, 111; Diom. 327, 28 ‖ f., Samm. 69.

2 lens, *lentis*, f. (cf. λάθυρος, rus. *ljača*, al. *Linse*; it. *lente*), lentille [plante] : Cat. *Agr.* 35; Virg. *G.* 1, 228; Plin. 18, 123 ‖ pl., lentilles [graine] : Ov. *F.* 5, 268 ‖ lentille d'eau : Veg. *Mul.* 2, 83 ‖ m., Titin. *Com.* 163.
► nom. *lentis* Prisc. 2, 341, 22; acc. *lentim* Cat. *Agr.* 35; 116; Varr. d. Char. 126, 6; abl. *lenti* Titin. *Com.* 163.

lentātus, *a*, *um*, part. de *lento*.

lentē, adv. (*lentus*), lentement, sans hâte : Caes. *C.* 1, 80, 1; Ov. *Am.* 1, 13, 40; Plin. 18, 167 ‖ **-tius** Caes. *C.* 2, 40, 1; **-issime** Col. 2, 14, 4 ‖ [fig.] avec calme, sans passion, avec indifférence : Cic. *de Or.* 2, 190; **-tius** Cic. *Par.* 10 ‖ avec circonspection : Cic. *Att.* 2, 1, 1.

lentēcŭla, C. *lenticula*.

lentĕō, *ēs*, *ēre*, -, - (*lentus*), intr., se ralentir : Lucil. 299.

lentescō, *ĭs*, *ĕre*, -, - (*lenteo*), intr., devenir collant, visqueux, devenir souple : Virg. *G.* 2, 250; Col. 11, 2, 92; Tac. *G.* 45 ‖ [fig.] s'adoucir, se ralentir : Ov. *A. A.* 2, 357; Ambr. *Luc.* 8, 1.

Lentĭa, *ae*, f., ville du Norique [Linz] : Not. Dign. *Oc.* 34, 32.

lentĭārĭus, *a*, *um* (*linteum*), de linge, de drap, C. *lintearius* : CIL 13, 1995.

lentĭcŭla, *ae*, f. (dim. de *2 lens*; fr. *lentille*), lentille [plante] : Pall. 3, 4 ‖ lentille [graine] : Cels. 2, 18, 5 ‖ petit vase à huile [en forme de lentille] : Cels. 2, 17, 25; Vulg. *1 Reg.* 10, 1 ‖ pl., taches de rousseur : Cels. 6, 5, 1; Plin. 26, 7.

lentĭcŭlāris, *e* (*lenticula*), de lentille, lenticulaire : Apul. *Flor.* 9, 22.

lentĭcŭlātus, *a*, *um* (*lenticula*), qui a la forme de la lentille : Cass. Fel. 24; Ps. Apul. *Herb.* 92.

Lentĭenses, *ĭum*, m. pl., peuple germain : Amm. 31, 10.

lentīgĭnōsus, *a*, *um* (*lentigo*), [visage] couvert de lentilles : Val.-Max. 1, 7, 6.

lentīgo, *ĭnis*, f. (2 *lens* ; it. *lentiggine*), lentilles, taches de rousseur : Plin. 30, 16 ; *lentigines*, pl., Plin. 20, 9, même sens ‖ [en gén.] taches de la peau : *plenus lentigine (stellio)* Plin. 29, 90, (lézard) tacheté.

lentīgrădus, *a*, *um*, qui va lentement : Cypr.-Gall. Gen. 1064.

Lentīnus, *i*, m., nom d'homme : Mart. 3, 43.

lentĭpēs, *ĕdis* (*lentus, pes*), qui marche lentement : Aus. Epist. 21, 2 (413), 40.

lentis, *is*, f. (arch. pour 2 *lens*), Prisc. 2, 341, 22.

lentiscĭfĕr, *ĕra*, *ĕrum*, planté de lentisques : Ov. M. 15, 713.

lentiscīnus, *a*, *um*, de lentisque : Plin. 23, 67 ; Pall. 2, 20.

lentiscum, *i*, n. (empr. ; it. *lentischio*), Mart. 14, 22, 1 et **lentiscus**, *i*, f., Cic. poet. Div. 1, 15, lentisque [arbre] ‖ bois de lentisque : *tonsis lentiscis* Mart. 6, 74, 3, avec des aiguilles de lentisque [employées comme cure-dents] ‖ huile de lentisque : Varr. R. 1, 60 ; Plin. 15, 21.

lentĭtĭa, *ae*, f. (*lentus*), flexibilité, souplesse : Plin. 16, 174 ‖ viscosité [méd.] : Plin. 20, 64.

lentĭtĭēs, *ēi*, f., mollesse [du plomb], ductilité : Aetna 544.

lentĭtūdo, *ĭnis*, f. (*lentus*), mollesse, nature flexible : Vitr. 2, 9, 11 ‖ [fig.] lenteur : Tac. An. 15, 51 ‖ froideur, langueur [du style] : Tac. D. 21, 6 ‖ apathie, indifférence : Cic. Tusc. 4, 43 ; Q. 1, 1, 38.

1 Lento, *ōnis*, m., surnom : Caesennius Lento [partisan d'Antoine] : Cic. Phil. 11, 3 ; 12, 23.

2 lentō, *ās*, *āre*, *āvī*, *ātum* (*lentus*), tr., rendre flexible, [d'où] ployer courber : Stat. Ach. 1, 436 ‖ faire plier : Virg. En. 3, 384 ‖ [fig.] prolonger, faire durer [en parlant du temps] : Sil. 8, 11 ‖ modérer : Sidon. Carm. 22, 191.

lentŏr, *ōris*, m. (*lentus*), flexibilité, souplesse, viscosité : Plin. 16, 229 ; 16, 53.

Lentŭlĭtās, *ātis*, f., la noblesse d'un Lentulus : Cic. Fam. 3, 7, 5.

lentŭlĭzō, *ās*, *āre*, -, -, imiter Lentulus : Consent. 5, 376, 33.

1 lentŭlus, *a*, *um* (dim. de *lentus*), Cic. Att. 10, 11, 2.

2 Lentŭlus, *i*, m., nom d'une branche de la *gens Cornelia* ; [not¹] P. Cornélius Lentulus Sura, complice de Catilina ; Lentulus Spinther, consul qui contribua au rappel de Cicéron : Sall. C. 17, 3 ; Cic. Att. 10, 11, 2.

lentus, *a*, *um* (cf. *lenis*, al. *lind* ; it. *lento*) ¶ **1** tenace, visqueux, glutineux : Virg. G. 4, 41 ¶ **2** souple, flexible : *lenta vitis* Virg. B. 3, 38, vigne, flexible, cf. Virg. B. 1, 26 ; G. 2, 12 ; 4, 558 ¶ **3** tenace, qui dure longtemps : *lentus amor* Tib. 1, 4, 81, long amour ; *tranquillitas lentissima* Sen. Ep. 70, 3, calme persistant ¶ **4** lent, paresseux : *lentus amnis* Plin. 36, 190, fleuve au cours lent ; *lentum marmor* Virg. En. 7, 28, le miroir immobile de la mer ; *lentum venenum* Tac. An. 6, 32, poison lent à agir ‖ [avec gén.] *lentus coepti* Sil. 3, 176, lent à entreprendre ; [avec inf.] *lentus incaluisse* Sil. 5, 19, lent à s'échauffer ¶ **5** [fig.] lent : *lentus in dicendo* Cic. Brut. 178, lent dans sa parole, son débit ; *infitiatores lenti* Cic. Cat. 2, 21, mauvais débiteurs, lents à payer ; *lentum negotium* Cic. Att. 1, 12, 1, affaire qui traîne ¶ **6** calme, flegmatique, insensible, indifférent : *lentus existimor* Cic. de Or. 2, 305, je passe pour flegmatique, cf. Cic. de Or. 2, 279 ; *lentissima pectora* Ov. H. 15, 169, cœurs insensibles.

lēnullus, Pl. Poen. 471, **lēnŭlus**, *i*, m., Prisc. 2, 109, 6, dim. de 2 *leno*.

lēnunculārĭus, *ii*, m. (2 *lenunculus*), batelier : CIL 14, 250, 2.

1 lēnuncŭlus, *i*, m. (dim. de 2 *leno*), Pl. Poen. 1286.

2 lēnuncŭlus, *i*, m. (cf. 2 *lenis*), barque : Caes. C. 2, 43, 3 ; Sall. d. Non. 534, 32 ; Amm. 14, 2, 10.

1 lĕo, *lēre*, *lēvi*, *lētum*, prim. factice de *deleo* : Prisc. 2, 178, 13.

2 lĕo, *ōnis*, m. (de λέων ; fr. *lion*), lion : Lucr. 5, 985 ; Cic. Sest. 135 ; Off. 1, 41 ; Tusc. 4, 50 ; Fin. 5, 38 ‖ peau de lion : Val.-Flac. 8, 126 ‖ constellation : Hor. Ep. 1, 10, 16 ; Plin. 24, 162 ; Petr. 44, 4 ‖ espèce de homard : Plin. 9, 97 ‖ gueule-de-lion [plante] : Col. 10, 260 ‖ [fig.] Sidon. Ep. 5, 7, 5.

3 Lĕo, *ōnis*, m., Léon le Grand, pape [440-461] : Jord. Get. 223 ‖ Léon, empereur [457-474] : Sidon. Carm. 2, 27.

Lĕocadĭa, *ae*, f., **Lĕocadĭus**, *ii*, m., nom de femme, nom d'homme : Greg.-Tur. Vit. Patr. 6, 1 ; Conf. 90.

Lĕocŏrĭon, *ii*, n. (Λεωκόριον), temple élevé à Athènes en l'honneur des filles de Léos, qui, pour éloigner la famine, s'offrirent en sacrifice aux dieux : Cic. Nat. 3, 50.

1 Lĕōn, *ontis*, m. (Λέων), roi des Philasiens, du temps de Pythagore : Cic. Tusc. 5, 8 ‖ peintre : Plin. 35, 141.

2 Lĕōn, *ontis*, m., bourg près de Syracuse [auj. Magnisi] : Liv. 24, 39, 13.

Leōnātus, V. *Leonnatus*.

Lĕōnĭcenses, *ĭum*, m. pl., peuplade de la Tarraconaise : Plin. 3, 24.

Lĕōnĭda, *ae*, m. (*Leonidas*), nom d'esclave : Pl. As. 58.

Lĕōnĭdās, *ae*, m. (Λεωνίδας), roi de Sparte, qui périt aux Thermopyles : Nep. Them. 3 ; Cic. Tusc. 1, 101 ‖ nom d'un architecte : Vitr. 8, pr. 14.

Lĕōnĭdēs, *ae*, m. (Λεωνίδης), maître d'Alexandre le Grand : Plin. 12, 62 ; Quint. 1, 1, 9 ‖ maître du jeune Cicéron à Athènes : Cic. Att. 14, 16, 3 ; 15, 16 A.

Lĕōnĭdĭānus, *i*, m. (*Leonides*), surnom d'affranchi : CIL 6, 9060.

1 Lĕōnīnus, *a*, *um*, de l'empereur Léon : Cod. Just. 1, 3, 50.

2 lĕōnīnus, *a*, *um* (*leo*), de lion : Varr. R. 2, 9, 3 ; Plin. 37, 142 ‖ [fig.] *leonina societas* Ulp. Dig. 17, 2, 29, 2, société dont un membre prend la part du lion.

Lĕonnātus (Lĕōnātus), *i*, m. (Λεοννάτος), un des généraux d'Alexandre le Grand : Nep. Eum. 2 ‖ un des officiers de Persée : Liv. 42, 51.

lĕontēus, *a*, *um* (λεόντειος), de lion [fig.] : Fulg. Myth. 3, 1.

lĕontĭca, *ōrum*, n. pl. (λεοντικά), attributs du Lion [4ᵉ degré de la hiérarchie mithriaque] : CIL 6, 749.

lĕontĭcē, *ēs*, f. (λεοντική), chervis sauvage [plante] : Plin. 25, 135.

Lĕontīni, *ōrum*, m. pl. (Λεοντῖνοι), Léontini [ville de Sicile, auj. Lentini] Atlas XII, G5 : Cic. Verr. 2, 160 ; Liv. 24, 7, 2 ; Plin. 3, 89 ‖ **-īnus**, *a*, *um*, de Léontini : Cic. Phil. 2, 43 ; subst. m. pl., habitants de Léontini : Cic. Verr. 3, 109.

lĕontĭŏs, *ii*, m. (λεόντειος), pierre précieuse inconnue : Plin. 37, 190.

Lĕontĭum, *ii*, n. (Λεόντιον), nom d'une courtisane d'Athènes : Cic. Nat. 1, 93.

Lĕontĭus, *ii*, m., nom d'homme : CIL 3, 6399.

lĕontŏcăron, *ontŏs*, n. (λεοντοχάρων), germandrée : Ps. Apul. Herb. 57, 7 ; V. *polion*.

lĕontŏpĕtălŏn, *i*, n. (λεοντοπέταλον), *leontopodion* : Plin. 27, 96.

lĕontŏphŏnŏs, *i*, m. (λεοντοφόνος), petit animal dont l'urine est un poison pour le lion : Plin. 8, 136.

lĕontŏpŏdĭŏn, *ii*, n. (λεοντοπόδιον), léontice [plante] : Plin. 26, 52 ; Ps. Apul. Herb. 7.

Lĕontŏpŏlis, *is*, f., ville d'Égypte dans le Delta Atlas IX, F2 : Plin. 5, 64 ‖ **-lītēs nŏmŏs**, m., le nome Léontopolite : Plin. 5, 49.

lĕopardălis, *is*, m. (λέων et πάρδαλις), *leopardus* : P. Fest. 30, 23.

lĕopardīnus, *a*, *um*, de léopard : M.-Emp. 36, 5 ; Diocl. 8, 39.

lĕopardus, *i*, m. (λεοπάρδαλος), léopard : Vop. Prob. 19, 7 ; Lampr. Hel. 21, 1.

Lĕōtychĭdēs, *ae*, m., frère d'Agésilas : Nep. Ag. 1.

Lĕpărēses, *ĭum*, m. pl., V. *Liparenses* : P. Fest. 108, 16.

Lepcis, V. *Leptis*.

lepesta, V. *lepista* : Varr. L. 5, 123.

Lepethymnus, *i*, m., montagne de Lesbos : Plin. 5, 140.

Lepida

1 **Lĕpĭda**, *ae*, f., nom de femme : CIL 6, 33423.

2 **lĕpĭda**, *ae*, f., ⊂> *lepis* : PELAG. 177.

3 **lĕpĭda**, *ae*, f., ⊂> *lopada* : PRISC. 2, 108, 21.

Lĕpĭdānus, SALL. H. 3, 47, **Lĕpĭdiānus**, *a*, *um*, MACR. *Sat.* 1, 13, 17, de Lépidus.

lĕpĭdās, acc. pl., V> *lopada* ▶.

lĕpĭdē, adv. (*lepidus*), avec charme, avec grâce, agréablement, joliment : PL. *Poen.* 297 ‖ oui, très bien : PL. *Bac.* 35 ‖ très bien, parfaitement : PL. *Mil.* 241 ; TER. *Eun.* 427 ‖ *lepidius* PL. *Mil.* 925 ‖ *-issime* PL. *Mil.* 941 ‖ spirituellement, finement : CIC. *de Or.* 2, 171 ; *Or.* 149 ; GELL. 13, 10, 3.

Lĕpĭdīna, *ae*, f., surnom de femme : CIL 2, 23.

lĕpĭdĭum, *ii*, n. (λεπίδιον), passerage [plante] : COL. 11, 3, 16 ; PLIN. 19, 166.

lĕpĭdōtis, *is*, f. (λεπιδωτός), pierre précieuse inconnue : PLIN. 37, 171.

lĕpĭdŭlus, *a*, *um*, dim. de 1 *lepidus* : CAPEL. 7, 726.

1 **lĕpĭdus**, *a*, *um* (*lepos*), plaisant, agréable, charmant, élégant : PL. *Cap.* 956 ; *lepidum est* [avec inf.] TER. *Eun.* 1018, il est charmant de ‖ gracieux, efféminé : CIC. *Cat.* 2, 23 ‖ spirituel, fin : HER. 4, 32 ; HOR. *P.* 273 ‖ *-ior* PL. *Mil.* 660 ; *-issimus* TER. *Eun.* 531.

2 **Lĕpĭdus**, *i*, m., Lépidus [Lépide, branche de la *gens Aemilia*] ; entre autres le collègue d'Octave et d'Antoine dans le triumvirat : CIC. *Mil.* 13 ; *Phil.* 5, 39.

Lĕpīnus, *i*, m., montagne du Latium : COL. 10, 131.

lĕpĭs, *ĭdis*, f. (λεπίς), écaille de cuivre : PLIN. 34, 107.

lĕpista, *ae*, f. (λεπαστή), vase, aiguière [pour les temples] : VARR. d. NON. 547, 26 ; P. FEST. 102, 14 ‖ **lĕpesta**, VARR., d., NON. 547, 24 ; SERV. *B.* 7, 33 ; VARR. *L.* 5, 123.

Lĕpontĭī, *ōrum*, m. pl., Lépontiens [peuple celtique des Alpes] : CAES. G. 4, 10 ; PLIN. 3, 134 ‖ **Lĕpontĭcus**, *a*, *um*, lépontique : SIL. 4, 235.

1 **lĕpŏr**, V> *lepos* : SERV. *En.* 1, 253 ; GLOSS. 5, 368, 14.

2 **lĕpŏr**, *ŏris*, n., ⊂> *lepus* : GLOSS. 2, 358, 1.

lĕpŏrārĭus, *a*, *um* (*lepus*), relatif aux lièvres : *leporaria vitis* SERV. *G.* 2, 93, vigne produisant un vin couleur de lièvre ‖ subst. m., lévrier : ANTH. 761, 72 ‖ subst. n., parc à lièvres ; parc [en gén.] : VARR. *R.* 3, 3 ; 3, 12 ; GELL. 2, 20, 4.

lĕpŏrīnus, *a*, *um* (*lepus*), de lièvre : VARR. *R.* 2, 14, 4 ; PLIN. 28, 166 ‖ **lĕpŏrīna**, *ae*, f., viande de lièvre : GLOSS. 2, 357, 61.

lĕpōs, *ōris*, m. (cf. *volup*, 2 *volo*, ἔλπομαι) ¶1 grâce, charme, agrément : PL. *Poen.* 242 ; LUCR. 2, 502 ; 4, 1133 ; *leporis causa* CIC. *Brut.* 140, en vue de l'agrément, de la beauté esthétique, cf. CIC. *Brut.* 143 [dans une personne] CIC. *Verr.* 5, 142 ; *Tusc.* 5, 55 ‖ [terme d'affection] : PL. *Cas.* 235 ¶2 esprit, humour, enjouement : CIC. *de Or.* 2, 220 ; *Ac.* 2, 16 ; *Clu.* 141 ; [pl.] *Or.* 96.

lĕpra, *ae*, f. (λέπρα, it. *lebbra*), lèpre : VULG. *Lev.* 13, 9 ‖ **leprae**, *ārum*, f. pl., PLIN. 20, 181 ; 22, 156 ; 24, 48.

Lĕprĕōn, *i*, n., ⊂> *Leprion* : CIC. *Att.* 6, 2, 3 ‖ ville d'Arcadie : PLIN. 4, 20.

Lepria, *ae*, f., île de la mer Égée, près de la Carie : PLIN. 5, 137.

Lĕprĭum, *ii*, n., ville maritime d'Achaïe : PLIN. 4, 14.

lĕprōsus, *a*, *um* (*lepra* ; *lebbroso*), lépreux : SEDUL. *Carm.* 3, 253 ; 4, 191 ; ISID. 10, 162 ‖ [fig.] corrompu : PRUD. *Perist.* 2, 286.

Lepsĭa, *ae*, f., île près de la Carie : PLIN. 5, 133.

Lepta, *ae*, m., nom d'homme : CIC. *Fam.* 3, 7, 4 ; 5, 20, 4.

Leptē Acra (Lepteacra), f., nom d'un promontoire du golfe Arabique : PLIN. 6, 175.

Leptĭmagensis, *e*, de Leptis Magna : COD. JUST. 1, 27, 2, 1.

Leptis, *is*, f. (Λέπτις), nom de deux villes maritimes d'Afrique [l'une, *Leptis parva*, dans la Numidie ; l'autre, *Leptis altera* ou *Lepcis magna*, dans la Tripolitaine) Atlas I, E4 : SALL. *J.* 19, 1 ; CIC. *Verr.* 5, 155 ; LIV. 30, 25, 12 ‖ SALL. *J.* 19, 3 ; 77, 1 ; MEL. 1, 37 ; INSCR. *Dess.* 9408 ‖ **Leptĭtānus**, *a*, *um*, de Leptis : SIDON. *Ep.* 8, 12, 3 ‖ **Leptĭtāni**, *ōrum*, m. pl., habitants de Leptis : CAES. *C.* 2, 38 ; SALL. *J.* 77 ; TAC. *H.* 4, 50.

leptŏmĕrēs, *ēs* (λεπτομερής), composé de parties très fines : CAEL.-AUR. *Acut.* 1, 14, 113.

leptŏmĕrīa, *ae*, f. (λεπτομέρεια), particule : CAEL.-AUR. *Chron.* 3, 4, 65.

leptŏn centaurĭōn, ⊂> *centaureum minus* : PLIN. 25, 68.

leptŏphyllŏn, *i*, n. (λεπτόφυλλον), espèce d'euphorbe : PLIN. 26, 71.

leptopsēphŏs, *i*, m. (λεπτόψηφος), sorte de porphyre : PLIN. 36, 57.

leptŏpyrĕtĭa, *ae*, f. (λεπτοπυρετία), fièvre bénigne : M.-EMP. 20, 127.

leptŏrax, *ăgis*, f. (λεπτόραξ), espèce de raisin : PLIN. 14, 15.

leptyntĭcus, *a*, *um* (λεπτυντικός), amincissant [méd.] : GARG. *Med.* 29.

lĕpŭs, *ŏris*, m. (empr., cf. *laurices* ; lièvre), lièvre : VARR. *R.* 3, 12 ; PLIN. 8, 217 ; HOR. *Epo.* 2, 35 ‖ poisson venimeux de la couleur du lièvre : PLIN. 9, 155 ; 32, 8 ‖ une constellation : CIC. *Arat.* 365 ; *Nat.* 2, 114 ; HYG. *Astr.* 3, 22.

lĕpusclus, sync. pour *lepusculus*, POET. d. LAMPR. *Alex.* 38, 6 ‖ **lĕpuscŭlus**, *i*, m. (dim. de *lepus*), petit lièvre, levraut : CIC. *Nat.* 1, 88 ; COL. 9, 1, 8.

lērĭa, *ōrum*, n. pl. (cf. ληρός), ornements d'or sur une tunique : P. FEST. 102, 3.

lērĭae, *ārum*, f. pl. (ληρεῖαι), bagatelle, sornettes : EXC. CHAR. 549, 20.

Lērīna, *ae*, f., nom de deux îles de la Méditerranée près d'Antibes [auj. îles de Lérins] : PLIN. 3, 79.

Lērīnensis, *e*, de Lerinus : SIDON. *Ep.* 6, 1, 3.

Lērīnus (Lir-), *i*, f., une des îles de Lérins [Saint-Honorat] : SIDON. *Carm.* 16, 104.

Lerna, *ae*, f., CIC. poet. *Tusc.* 2, 22 ; VIRG. *En.* 6, 287 ; **Lernē**, *ēs*, f., *PROP. 2, 26, 48 ; MEL. 2, 51, Lerne [marais de l'Argolide où Hercule tua l'Hydre] ‖ **-naeus**, *a*, *um*, de Lerne : LUCR. 5, 26 ; VIRG. *En.* 8, 300 ; PROP. 2, 19, 9 ‖ argien, grec : STAT. *Th.* 4, 638 ; 5, 499.

1 **Lēro**, *ōnis*, f. (Λήρων), une des îles de Lérins [Sainte-Marguerite] : PLIN. 3, 79 ; V> *Lerina*.

2 **lēro**, *ās*, *āre*, *āvī*, -, [arch.] V> *liro*.

1 **lĕrŏs**, *i*, f. (λέρος), pierre précieuse : PLIN. 37, 138.

2 **Lĕrŏs**, *i*, f., une des Sporades : PLIN. 5, 133.

Lĕrus, *i*, f., ⊂> 2 *Leros* : ENNOD. *Op.* 3, 93.

Lesbĭa, *ae*, f. (Λεσβία), Lesbie [nom de femme ; not^t Lesbie, chantée par Catulle] : CATUL. 5, 1.

Lesbĭăcus, *a*, *um* (Λεσβιακός), lesbien, de Lesbos ‖ *Lesbiacum metrum* SIDON. *Ep.* 9, 13, 2 v. 11, vers saphique ; *Lesbiaci libri* CIC. *Tusc.* 1, 77, les livres lesbiens [dialogue de Dicéarque dont la scène se situe à Mytilène].

Lesbĭăs, *ădis* (Λεσβιάς), **Lesbis**, *ĭdis*, f. (Λεσβίς), Lesbienne, femme de Lesbos : OV. *F.* 2, 82 ; *H.* 15, 16 ‖ **Lesbias**, pierre précieuse inconnue : PLIN. 37, 171 ‖ **Lesbis**, subst. f., la Lesbienne = Sapho : OV. *H.* 15, 100.

Lesbĭus, *a*, *um* (Λέσβιος), lesbien : *Lesbius civis* HOR. *O.* 1, 32, 5, citoyen de Lesbos, Alcée ; *Lesbia vates* OV. *Tr.* 3, 7, 20, Sapho ‖ [archit.] lesbique [qualifie *cymatium* et *astragalus*] : VITR. 4, 6, 2 ‖ **Lesbōus**, *a*, *um*, HOR. *O.* 1, 1, 34.

Lesbōnĭcus, *i*, m., personnage de Plaute : *Trin.* 401.

Lesbŏs, *i*, f. (Λέσβος), île de la mer Égée Atlas I, D5 ; VI, B3 : CIC. *Att.* 9, 9, 2 ; VIRG. *G.* 2, 90 ; OV. *M.* 11, 55.

Lesbōus, V> *Lesbius*.

Lesbus, *i*, f., ⊂> *Lesbos* : TAC. *An.* 2, 54.

Lēsŏra (Laes-), *ae*, m., le mont Lozère [dans les Cévennes] : SIDON. *Carm.* 24, 44.

lessŭs, acc. **um**, m. pl. (?), lamentations [dans les funérailles] : L. XII TAB. d. CIC. *Leg.* 2, 59.

Lestrygŏnes, V> *Laestrygones*.

Lĕsūra, *ae*, m., le Léser [rivière de la Belgique] : Aus. *Mos.* 365 ‖ montagne de la Gaule, **v.** Lesora : Plin. 11, 240.

lētābĭlis, *e* (*leto*), mortel, qui cause la mort : Amm. 19, 4, 7.

lētălĕ, n. pris adv^t, mortellement : Stat. *Th.* 12, 760.

lētālis, *e* (*letum*), mortel, qui cause la mort, meurtrier : Virg. *En.* 9, 580 ; Ov. *M.* 13, 392 ; Suet. *Caes.* 82.

lētălĭtĕr, adv. (*letalis*), de manière à causer la mort : Plin. 11, 206 ; Aug. *Jul.* 2, 10, 33.

lētātus, *a*, *um*, part. de *leto*.

Lētē, *ēs*, f., ville de Mygdonie [en Macédoine] : Plin. 4, 36.

Lēthaeus, *a*, *um*, du Léthé : Virg. *En.* 6, 705 ; Tib. 3, 5, 24 ‖ des enfers : Luc. 6, 685 ; Col. 10, 271 ‖ qui donne l'oubli, le sommeil : Virg. *G.* 1, 78 ; *En.* 5, 854 ; Ov. *M.* 7, 152.

lēthālis, etc., **v.** letalis.

lēthargĭa, *ae*, f. (ληθαργία), **C.** lethargus : Cael.-Aur. *Acut.* 1, 6, 49 ; 2, 9, 45.

lēthargĭcus, *a*, *um*, léthargique : Plin. 23, 10 ; Aug. *Ep.* 48 ‖ **-cus**, *i*, m., personne en léthargie : Hor. *S.* 2, 3, 30 ; Plin. 24, 25 ; 26, 118.

lēthargus, *i*, m. (λήθαργος), léthargie : Hor. *S.* 2, 3, 145 ; Plin. 30, 97 ‖ pl., même sens : Plin. 20, 119 ; 28, 116.

Lēthē, *ēs*, f. (Λήθη), le Léthé [fleuve des enfers, dont l'eau faisait oublier le passé] : Ov. *Pont.* 2, 4, 33 ; Luc. 5, 221.

Lēthōn, *ōnis*, m., fleuve de la Cyrénaïque : Plin. 5, 31.

lēthum, mauv. orth., **v.** letum.

lēthūsa, *ae*, f., pavot : Ps. Apul. *Herb.* 53.

lētĭfĕr, *ĕra*, *ĕrum* (*letum*, *fero*), qui donne la mort, meurtrier : Virg. *En.* 10, 169 ; Stat. *Th.* 5, 628.

lētĭfĭcus, *a*, *um* (*letum*, *facio*), mortel, meurtrier : Sen. *Med.* 577.

lētō, *ās*, *āre*, *āvī*, *ātum* (*letum*), tr., tuer : Culex 325 ; Ov. *M.* 3, 55 ; *Ib.* 501.

Lētŏĭa, *ae*, f., île de la mer Ionienne : Plin. 4, 55.

Lētōis, **Lētōĭus**, **C.** Latois.

Lētōn, **v.** Lethon.

lētum, *i*, n. (cf. *aboleo*, ὄλλυμαι), la mort, trépas : Pl. *Aul.* 661 ; Lucr. 3, 1041 ; Varr. *L.* 7, 42 ; Cic. *Att.* 10, 10, 5 ; *Div.* 1, 56 ; Virg. *En.* 5, 806 ; [arch.] *leto dati* Cic. *Leg.* 2, 22, morts, défunts ‖ ruine, destruction : Virg. *En.* 5, 690 ; Liv. 12, 53, 11.

Letus, *i*, m., montagne de Ligurie : Liv. 41, 18 ; Val.-Max. 1, 5.

1 **leuca**, **leuga**, *ae*, f. (gaul. ; fr. *lieue*), lieue, mesure itinéraire des Gaulois [1500 pieds] : Amm. 15, 11, 17 ; Hier. *Joel* 3, 18.

2 **Leuca**, *ae*, f., ville de Calabre : Luc. 5, 376.

leucăcantha, *ae*, **leucăcanthŏs**, *i*, f. (λευκάκανθα), espèce de chardon : Plin. 22, 40 ; 21, 94 ‖ **C.** phalangites : Plin. 27, 124.

leucăchātēs, *ae*, m. (λευκαχάτης), agate blanche : Plin. 37, 139.

1 **Leucădĭa**, *ae*, f. (λευκαδία), Leucade [île de l'Acarnanie avec un temple d'Apollon] Atlas VI, B1 : Plin. 4, 5 ; Mel. 2, 110 ; Liv. 33, 17, 8 ; Ov. *M.* 15, 289.

2 **Leucădĭa**, *ae*, f., Leucadie [nom de femme] : Prop. 2, 34, 86 ‖ titre d'une pièce de Turpilius : Cic. *Tusc.* 4, 72.

Leucădĭi, *ōrum*, m. pl., Leucadiens [surnom d'une peuplade de Syrie] : Plin. 5, 82.

1 **Leucădĭus**, *a*, *um*, de Leucade : Ov. *H.* 15, 166 ‖ subst. m., surnom d'Apollon, qui avait un temple à Leucade : Ov. *Tr.* 5, 2, 76 ‖ subst. m. pl., habitants de Leucade : Liv. 33, 17, 12.

2 **Leucădĭus**, **C.** Leocadius.

Leucae, *ārum*, f. pl., nom de cinq îles voisines de Lesbos : Plin. 5, 140.

leucanthĕmis, *ĭdis*, f., **C.** anthemis : Plin. 22, 53.

leucanthĕmŏn (-um), *i*, n., camomille sauvage : Plin. 22, 53 ‖ phalangère [plante] : Plin. 27, 124.

leucanthĕs, *is*, m., **C.** parthenium : Plin. 21, 176.

leucargillŏs, *i*, f. (λευκάργιλλος), argile blanche : Plin. 17, 42.

Leucarum, *i*, n., ville de Bretagne [auj. peut-être Connington] : Anton. 484.

Leucas, *ădis*, f. (Λευκάς), **C.** 1 Leucadia : Ov. *M.* 15, 289 ‖ promontoire de l'île de Leucade : Ov. *H.* 15, 172 ‖ ville de Leucade : Liv. 33, 17, 7 ; Plin. 4, 5 ; Mel. 2, 53.

Leucasĭa, **v.** Leucosia.

1 **leucaspis**, *ĭdis*, f. (λεύκασπις), qui porte un bouclier blanc : Liv. 44, 41.

2 **Leucaspis**, *ĭdis*, m., un des compagnons d'Énée : Virg. *En.* 6, 334.

Leucātās, *ae*, m. (Λευκάτας), Cic. *Tusc.* 4, 41 ; Liv. 26, 26, 1 ; 44, 1, 4 ; Virg. *En.* 3, 274 et **Leucātēs**, Cic. *Tusc.* 15, 15, 9 ; Virg. *En.* 8, 677 ; Plin. 4, 5, promontoire de Leucate, au S. de l'île de Leucade [auj. capo Ducato].

1 **leucē**, *ēs*, f. (λευκή), **C.** lamium : Plin. 27, 102 ‖ raifort blanc : Plin. 19, 82 ‖ **C.** vitiligo : Cels. 5, 28, 19.

2 **Leucē**, *ēs*, f. (Λευκή), Leucé [île du Pont-Euxin, à l'embouchure du Borysthène, où était le tombeau d'Achille] : Mel. 2, 98 ; Plin. 4, 93 ‖ nom de deux îles près de la Crète : Plin. 4, 61 ‖ ville de Laconie : Liv. 35, 27.

leucĕŏron, *i*, n. (λευκήορον), **C.** leontopodion : Plin. 26, 52.

***Leucĕtĭus**, **Leucesie**, voc., **v.** Lucetius, surnom de Jupiter : Carm. Sal. 2, 1.

Leuci, *ōrum*, m. pl., Leuques [peuple de la Gaule Celtique, pays de Toul] : Caes. *G.* 1, 40, 10 ; Plin. 4, 106 ‖ sg., **Leucus** : Luc. 1, 424.

Leucĭa, *ae*, f., pays des Leuques : Licent. *Aug.* 64.

Leucippē, *ēs*, f. (Λευκιππή), épouse d'Ilos, mère de Laomédon : Hyg. *Fab.* 250 ‖ autres femmes du même nom : Hyg. *Fab.* 14 ; 190.

Leucippis, *ĭdis*, f. (λευκιππίς), fille de Leucippe : Prop. 1, 2, 15 ‖ pl., Phébé et Hilaïra : Ov. *H.* 16, 327.

Leucippus, *i*, m. (Λεύκιππος), Leucippe [de Messénie, père de Phébé et d'Hilaïra] : Ov. *F.* 5, 709 ‖ fils d'Hercule et d'Augé : Hyg. *Fab.* 162 ‖ nom d'un philosophe : Cic. *Ac.* 3, 118 ; *Nat.* 1, 66.

Leucŏaethĭŏpes, *um*, **Leucoe Aethĭŏpes**, m. pl., peuple de la Libye inférieure : Mel. 1, 23 ; Plin. 37, 172.

leucŏcŏmŏs, *i*, **leucŏcŏmis**, f., grenadier à feuilles blanches : Plin. 37, 128.

leucŏchrȳsŏs, *i*, f. (λευκόχρυσος), pierre précieuse blanche : Plin. 37, 128.

leucŏcōum, *i*, n., vin blanc de Cos : Plin. 14, 78.

leucŏfris, *ĭos*, f. (λευκόφρυς), armoise : Ps. Apul. *Herb.* 10.

leucŏgaea, *ae*, f. (λευκόγαια), **C.** galactitis : Plin. 37, 162.

leucŏgaeus, *a*, *um*, m. (λευκόγαιος), dont la terre est blanche [d'où **Leucogaeus collis**, colline située en Campanie entre Naples et Pouzzoles : Plin. 18, 114 ; 35, 174 ‖ **Leucogaei fontes**, m. pl., source sortant de cette colline : Plin. 31, 12.

leucŏgrăphis, *ĭdis*, f. (λευκογραφίς), sorte de chardon : Plin. 27, 103.

leucŏgrăphītis, acc. *im*, nom d'une pierre précieuse : Plin. 37, 162.

leucŏĭon, *ii*, n. (λευκόϊον), violier blanc : Col. 9, 4, 4.

Leucŏlĭthi, *ōrum*, m. pl., peuple de la Lycaonie : Plin. 5, 95.

Leucolla, *ae*, f., île voisine de la Lycie : Plin. 5, 131 ‖ promontoire de Pamphylie : Plin. 5, 96.

leucōma, *ătis*, n., tache blanche, taie [sur l'œil] : M.-Emp. 8, 142.

1 **leucŏn**, *i*, n., héron blanc : Plin. 10, 164.

2 **Leucōn**, *ōnis*, m., nom d'un roi du Pont : Ov. *Ib.* 312 ‖ chien d'Actéon : Ov. *M.* 3, 218.

Leucŏnĭcus, *a*, *um*, relatif aux Leucones [peuple de Gaule] : Mart. 11, 56, 9 ; 14, 159, 2.

Leucŏnŏē, *ēs*, f., une des filles de Minée : Ov. *M.* 4, 168.

leucŏnŏtus, *i*, m. (λευκόνοτος), le vent du sud-ouest [qui amène le beau temps] : Vitr. 1, 6, 10 ; Sen. *Nat.* 5, 16, 6.

Leuconum, *i*, n., ville de Pannonie : Anton. 260.

Leucŏpĕtra, *ae*, f. (λευκοπέτρα), promontoire de Rhégium [auj. Capo dell' Armi] : Cic. *Phil.* 1, 7 ; *Att.* 16, 6, 1 ; 16, 7, 1.

leucŏphaeātus, *a, um*, qui a un vêtement gris cendré : Mart. 1, 96, 5.

leucŏphaeus, *a, um* (λευκόφαιος), qui est gris cendré : Vitr. 8, 3, 14 ; Plin. 32, 114.

leucŏphlegmătĭa, *ae*, f. (λευκοφλεγματία), pâleur annonçant l'hydropisie : Cael.-Aur. *Chron.* 3, 8, 102.

leucŏphŏrŏn (-um), *i*, n. (λευκοφόρον), chrysocolle : Plin. 33, 64 ; 35, 36.

Leucŏphrўna, *ae*, f. (Λευκοφρύνη), Diane Leucophryne [qui avait un temple célèbre chez les Magnésiens] : Tac. *An.* 3, 62 ; Arn. 6, 6.

Leucŏphrys, *yŏs*, f. (Λευκόφρυς), ancien nom de Ténédos : Plin. 5, 140 ; Serv. *En.* 2, 21.

leucophthalmŏs, *i*, f. (λευκόφθαλμος), pierre précieuse : Plin. 37, 171.

leucŏpoecĭlŏs, *i*, f. (λευκοποίκιλος), sorte de pierre précieuse : Plin. 37, 171.

Leucŏpŏlis, *is*, f., ville de Carie : Plin. 5, 107.

Leucŏsĭa, *ae*, f. (Λευκοσία), île de la mer Tyrrhénienne, près de Paestum [auj. Licosia] : Ov. *M.* 15, 708 ‖ nom d'une sirène qui fut enterrée dans cette île : Plin. 3, 85.

leucostictŏs, *i*, m., variété de porphyre : Plin. 36, 7.

Leucŏsȳri, *ōrum*, m. pl. (Λευκόσυροι), ancien nom des habitants de la Cappadoce : Plin. 6, 9 ; Nep. *Dat.* 1, 1 ; Curt. 6, 4, 17.

Leucŏthĕa, *ae*, f. (Λευκοθέα), Cic. *Nat.* 3, 39 ; *Tusc.* 1, 28, **Leucŏthĕē**, *ēs*, f., Prop. 2, 26, 10 ; Ov. *M.* 4, 542, Leucothée [nom d'Ino changée en divinité de la mer, confondue ensuite avec Matuta] ‖ **Leucothea** Mel. 2, 121 ; ⬥ Leucosia ‖ nom d'une fontaine de Samos : Plin. 5, 135.

Leucŏthŏē, *ēs*, f., Leucothoé [fille d'Orchame, aimée d'Apollon] : Ov. *M.* 4, 196 ; 204.

leucozōmus, *a, um* (*λευκόζωμος), à la sauce blanche : Apic. 251.

leucrŏcota (-cŭta), f., animal de l'Inde inconnu : Plin. 8, 72 ; Solin. 52, 34.

Leuctra, *ōrum*, n. pl. (Λεῦκτρα), Cic. *Tusc.* 1, 110 ; Nep. *Epam.* 8, 3 et **Leuctrae**, *ārum*, f. pl., Solin. 7, 7, Leuctres [bourg de Béotie célèbre par la victoire d'Épaminondas sur les Spartiates] ‖ **-ĭcus**, *a, um*, de Leuctres : Cic. *Tusc.* 1, 110 ; *Div.* 1, 74 ‖ petite ville de Laconie : Plin. 4, 16.

Leucus, *i*, m., ⬥ Leuci.

leudus, *i*, m. (germ., al. *Lied* ; ⬥ *laus*), sorte de chant guerrier : Fort. *Carm.* 7, 8, 69.

leuga, ⬥ leuca : Amm. 15, 11, 7.

lĕuncŭlus, *i*, m. (dim. de *leo*), lionceau : Vulg. *3 Reg.* 10, 20.

Leuni, *ōrum*, m. pl., peuple de la Tarraconaise : Plin. 4, 112.

Leupitorga, *ae*, f., ville d'Éthiopie : Plin. 6, 178.

Leusaba, *ae*, f., ville de Pannonie [auj. Koltor] : Anton. 269.

Leusinĭum, *ii*, n., ville de Dalmatie [auj. Zaccula] : Anton. 338.

Leva, *ae*, f., nom d'une déesse chez les Bataves : Peut. 1, 3.

lĕvābĭlis, *e* (2 *levo*), qui peut être soulagé : Cael.-Aur. *Acut.* 3, 7, 71.

Levāci, *ōrum*, m. pl., peuple de la Belgique : Caes. *G.* 5, 39.

lĕvāmĕn, *ĭnis*, n. (2 *levo* ; fr. *levain*), soulagement : Cic. *Att.* 12, 16 ; Catul. 68, 61 ; Virg. *En.* 3, 709 ; Liv. 6, 35, 1.

lĕvāmentārĭus, *ii*, m., pilote d'une allège [barge] : Cod. Th. 13, 5, 1.

1 lĕvāmentum, *i*, n. (2 *levo*), soulagement, allégement, consolation, réconfort : Cic. *Fin.* 5, 53 ; *esse levamento alicui* Cic. *Att.* 12, 43, 1, être un soulagement pour qqn ; Tac. *An.* 1, 17 ; *H.* 1, 8 ; Plin. *Ep.* 8, 19.

2 lĕvāmentum, *i*, n. (1 *levo*), niveau, équerre : Varr. d. Non. 9, 18.

Lĕvāna, *ae*, f. (2 *levo*), déesse qui protégeait l'enfant nouveau-né soulevé de terre [acte par lequel le père reconnaissait l'enfant] : Aug. *Civ.* 4, 11.

levasso, ⬥ 2 levo ▸.

***lĕvātē** [inus.] adv., *levatius*, de manière à soulager davantage : Cael.-Aur. *Acut.* 3, 3, 11 ; *Chron.* 5, 10, 96.

lĕvātĭo, *-ōnis*, f. (2 *levo*) ¶ 1 soulagement, allégement, adoucissement : Cic. *Fam.* 6, 4, 5 ; *Tusc.* 1, 119 ; 5, 121 ‖ atténuation : Cic. *Fin.* 4, 67 ; Vell. 2, 130 ¶ 2 action de soulever [un poids] : Vitr. 10, 3, 1.

lĕvātŏr, *ōris*, m. (2 *levo*), celui qui allège, qui soulage : Ital. 123 ‖ voleur : Petr. 140, 15.

1 lĕvātus, *a, um*, part. de 2 *levo*.

2 lĕvātus, part. de 1 *levo* pris adjᵗ, poli, lisse : *-tior* Gell. 17, 8, 15.

lĕvenna, *ae*, m. (2 *lĕvis*), tête en l'air, homme léger : Laber. d. Gell. 16, 7, 11.

1 lēvi, parf. de *lino*.

2 Lēvī, m. indécl., troisième fils de Jacob : Vulg. *Gen.* 35, 23 ‖ surnom de l'apôtre saint Matthieu : Vulg. *Luc.* 5, 27.

lĕvĭănĭmus, *a, um*, qui a l'esprit léger : Mar. Vict. *Gram.* 6, 23, 9.

Leviathan, m. indécl., nom d'un monstre symbolique : Vulg. *Job* 40, 20.

lĕvĭcŭlus, *a, um* (dim. de 2 *levis*), de peu d'importance, futile : Gell. 13, 30, 15 ‖ un peu vain : Cic. *Tusc.* 5, 103.

lēvĭcŭtis, *e*, à la peau lisse : Carm. Sod. 143.

lĕvĭdensis, *e* (2 *levis*, *densus*), mince [en parlant d'un tissu], léger : Isid. 19, 22, 19 ‖ [fig.] *levidense munusculum* Cic. *Fam.* 9, 12, 2, mince présent.

lēvĭfăcĭō, *ĭs*, *ĕre*, -, -, faire peu de cas de : Gloss. 2, 122, 29.

lēvĭfĭcō, *ās*, *āre*, -, -, tr., rendre lisse : Hil. *Psalm.* 51, 8.

lēvĭfĭdus, *a, um* (*lĕvis*, *fides*), perfide, trompeur : Pl. *Pers.* 243.

1 lēvĭgātĭo (laev-), *ōnis*, f. (1 *levigo*), polissage : Vitr. 7, 1, 4 ‖ le poli : Jul.-Val. 3, 35.

2 lĕvĭgātĭo, *ōnis*, f. (2 *levigo*), allégement : Cael.-Aur. *Ac.* 2, 10, 68.

1 lēvĭgātus (laev-), *a, um*, part. de 1 *levigo* pris adjᵗ, *levigatior* Macr. *Sat.* 7, 12, 30, plus glissant, plus onctueux.

2 lĕvĭgātus, *a, um*, de 2 *levigo*.

lēvĭgīnō, *ās*, *āre*, -, - (*lēvis*), tr., épiler : Capit. *Pert.* 8, 5.

1 lēvĭgō (laev-), *ās*, *āre*, *āvī*, *ātum* (1 *levis*, *ago*) ¶ 1 rendre lisse, rendre uni, polir : Varr. *R.* 3, 11, 3 ; Plin. 17, 101 ; *cutem* Plin. 20, 20, adoucir la peau ; *alvum* Gell. 4, 11, 4, lâcher le ventre ¶ 2 réduire en poudre, pulvériser : Col. 12, 42, 2.

2 lĕvĭgō, *ās*, *āre*, *āvī*, *ātum* (2 *levis*, *ago*), tr., alléger : Cael.-Aur. *Acut.* 1, 17, 173 ; Greg.-M. *Ep.* 7, 76 ; Apul. *M.* 4, 1.

lĕvĭō, *ās*, *āre*, -, -, tr., alléger : Greg.-M. *Mor.* 5, 5, 7, 683 C.

lĕvĭpēs, *ĕdis*, m., f., léger à la course, aux pieds légers : Varr. *R.* 3, 12, 6 ; Cic. *Arat.* 121.

lēvĭr, *ĭri*, m. (cf. scr. *devar*-, δαήρ, rus. *dever*), beau-frère, frère du mari : Dig. 38, 10, 4 ; P. Fest. 102, 22.

1 lēvis (laevis), *e* (cf. *lino*, λεῖος) ¶ 1 lisse, uni : *corpuscula levia, aspera* Cic. *Nat.* 1, 66, des corpuscules (atomes) lisses, rugueux ‖ *levia pocula* Virg. *En.* 5, 91, coupes polies, brillantes ‖ [poét.] sans poil, sans barbe : *levis juventas* Hor. *O.* 2, 11, 6, jeunesse imberbe, cf. Juv. 8, 115 [d'où] blanc, tendre, délicat : *leve pectus* Virg. *En.* 11, 40, blanche poitrine, cf. Virg. *En.* 7, 815 ‖ glissant, qui fait glisser : Virg. *En.* 5, 328 ¶ 2 [rhét.] lisse, bien uni, où il n'y a rien de rugueux : *oratio levis* Cic. *Or.* 20, style qui coule bien ; *levis verborum concursus* Cic. *de Or.* 3, 171, mots se rencontrant sans heurt, dont l'assemblage forme comme une surface lisse ‖ *-ior* Ov. *A. A.* 3, 437 ; *-issimus* Lucr. 4, 659.

2 lĕvis, *e* (*legʷhw-i-s*, cf. ἐλαχύς, ἐλαφρός, scr. *raghu-s*, al. *leicht*, *Lunge*, an. *light*, rus. *lëgkij* ; it. *lieve*)

I [pr.] ¶ 1 léger, peu pesant : Lucr. 2, 227 ; 3, 196 ; 5, 459 ; *levis armaturae pedites* Caes. *G.* 7, 65, 4, fantassins à armure légère, armés à la légère ; *levis armatura* Cic. *Phil.* 10, 14, troupes légères ‖ *terra sit super ossa levis* Tib. 2, 4, 50, que la terre soit légère à tes os ; *levius onus* Cic. *de Or.* 1, 135, fardeau assez léger ¶ 2 léger à la course, rapide, agile : *ad motus levior* Nep. *Iph.* 1, 3, plus léger pour se

mouvoir, cf. Virg. En. 12, 489; *leves venti* Ov. M. 15, 346, les vents légers ‖ *levior discurrere* Sil. 4, 549, plus prompt à courir çà et là, cf. Sil. 10, 605; 16, 488 ¶ 3 [nuances diverses] *terra levis* Virg. G. 2, 92, terre légère, qui n'est pas grasse ‖ *levis cibus* Cels. 1, 3, 11, aliment léger, facile à digérer, cf. Hor. O. 1, 31, 16 ‖ *levis tactus* Sen. Ir. 1, 20, 3, léger contact ‖ *loca leviora* Varr. R. 1, 6, 3, régions où l'air est plus léger, plus vif.
II [fig.] ¶ 1 léger, de peu d'importance: *levis auditio* Caes. G. 7, 42, 2, un bruit sans consistance; *leve proelium* Caes. G. 7, 36, 1, escarmouche; *leviore de causa* Caes. G. 7, 4, 10, pour une cause moins importante; *levis dolor* Cic. Fin. 1, 40, douleur légère; *ei pecunia levissima est* Cic. Com. 15, pour lui l'argent n'a pas la moindre importance; *levia quaedam* Cic. Planc. 63, des bagatelles ‖ *in levi habere* Tac. An. 3, 54; H. 2, 21, faire peu de cas de ¶ 2 léger, doux: *aliquem leviore nomine appellare* Cic. Amer. 93, prendre un terme plus doux pour désigner qqn; *levior reprehensio* Cic. Ac. 2, 102, reproche assez léger; *leve exsilium* Suet. Aug. 51, léger exil; *his mihi rebus levis est senectus* Cic. CM 86, voilà pourquoi je trouve la vieillesse légère ¶ 3 [moral¹] léger, inconsistant: *homo levior quam pluma* Pl. Men. 488, homme plus léger que la plume, cf. Cic. Lae. 91; Fin. 3, 38; *leves amicitiae* Cic. Lae. 100, amitiés superficielles.

lĕvĭsomnus, *a*, *um*, qui a le sommeil léger: Lucr. 5, 864.

lĕvistĭcum, *i*, n., V.▸ *ligusticum*: Veg. Mul. 2, 116, 2.

lĕvīta, C.▸ *Levites*.

1 lĕvĭtās (laev-), *ātis*, f. (1 *levis*), le poli: Cic. Tim. 49; de Or. 3, 99 ‖ [méd.] *intestinorum* Cels. 2, 1, 8, diarrhée, flux lientérique ‖ [fig.] poli du style: Cic. Or. 110; Quint. 10, 1, 52.

2 lĕvĭtās, *ātis*, f. (2 *levis*) ¶ 1 légèreté: Lucr. 3, 387; Caes. G. 5, 34; Plin. 13, 123 ‖ mobilité: Ov. F. 3, 673 ¶ 2 légèreté, inconstance, frivolité: Cic. Phil. 7, 9; Off. 1, 90; Brut. 103; Quint. 10, 3, 17 ‖ faiblesse, futilité d'une opinion: Cic. Nat. 2, 45.

lĕvĭtĕr, adv. (2 *levis*) ¶ 1 légèrement: Curt. 4, 13; *levius* Caes. C. 3, 92, 2 ¶ 2 légèrement, faiblement, peu, à peine: Lucr. 6, 248; Cic. Div. 1, 30; Off. 1, 83; Fin. 2, 33; de Or. 3, 24; *ut levissime dicam* Cic. Cat. 3, 17, pour employer l'expression la plus adoucie ‖ facilement, sans difficulté: *levius, levissime ferre* Cic. Fam. 4, 3, 2; Prov. 47, supporter plus facilement, très facilement.

lĕvītēs (lĕvīta), *ae*, m. (λευείτης, *Levi*), lévite, ministre du temple de Jérusalem: Vulg. Deut. 12, 19 ‖ diacre: Sidon. Ep. 9, 2, 1.

1 lĕvītĭcus, *a*, *um*, des lévites: Vulg. Deut. 17, 9.

2 Lĕvītĭcus lĭbĕr, *i*, m., le Lévitique, troisième livre de Moïse: Isid. 6, 1, 4.

Lĕvītis (ĭdis), adj. f., *gens*, les lévites: Prud. Psych. 502.

lĕvītōn (lĕbē-), *ōnis*, m. (λεβιτών), C.▸ *levitonarium*: *Vit. Patr. 6, 3, 10.

lĕvītōnārĭum (lĕbī-), *ii*, n. (ég., λεβιτονάριον), vêtement sans manches à l'usage des moines d'Égypte: Isid. 19, 22, 24.

lĕvītūdo, *ĭnis*, f. (1 *levis*), le poli: Lact. Ir. 10, 7.

1 lĕvō (laevō), *ās*, *āre*, *āvī*, *ātum* (1 *levis*), tr., lisser, unir, polir, aplanir: Lucr. 5, 1267; Cels. 7, 33, 2 ‖ épiler [par le frottement]: Cic. Frg. A. 13, 22 ‖ [fig.] *aspera* Hor. Ep. 2, 2, 123, polir les expressions rugueuses.

2 lĕvō, *ās*, *āre*, *āvī*, *ātum* (2 *levis*; fr *lever*), tr., alléger ¶ 1 alléger, soulager, diminuer: *annonam* Cic. Mil. 72, diminuer le prix du blé; *innocentium calamitatem* Cic. Amer. 7, soulager le malheur des innocents; *luctum alicujus* Cic. Phil. 9, 12, alléger la douleur de qqn; *alicui metum* Cic. Tusc. 2, 59, alléger la crainte que qqn éprouve ¶ 2 alléger qqn de qqch.: *onere aliquem* Cic. CM 2, soulager qqn d'un fardeau, cf. Sall. J. 75, 3; *litterae me molestia levarunt, utinam omnino liberassent* Cic. Fam. 16, 9, 2, ta lettre m'a soulagé de mon inquiétude, que ne m'en a-t-elle pas tout à fait délivré!, cf. Cic. Att. 6, 2, 4 ‖ débarrasser de, délivrer de: *opinione aliquem* Cic. Lae. 72, débarrasser qqn d'une opinion fausse, cf. Cic. Verr. 5, 13; 3, 141; Brut. 136 ‖ [avec gén.]: *aliquem laborum* Pl. Ru. 247, délivrer qqn de ses peines, cf. Pacuv. Tr. 306 ¶ 3 soulager, ranimer, réconforter: *me levant tuae litterae* Cic. Att. 11, 8, 1, tes lettres me soulagent, cf. Cic. Att. 12, 50; 5, 16, 3; *viros auxilio* Virg. En. 2, 452, soutenir par son aide les combattants, cf. En. 4, 538 ¶ 4 affaiblir, détruire: *inconstantiā levatur auctoritas* Cic. Ac. 2, 69, la palinodie affaiblit son autorité, cf. Hor. Ep. 2, 2, 10 ¶ 5 soulever, élever en l'air: *aqua levata vento* Liv. 21, 58, 8, l'eau soulevée par le vent; *se levare sublimius* Col. 9, 12, 1, s'élever plus haut dans les airs; *de caespite se levare* Ov. M. 2, 427, se lever d'un tertre.
▸ fut. ant. arch. *levasso* Enn. An. 335.

lĕvŏr (laev-), *ōris*, m. (1 *levis*), le poli: Lucr. 2, 423; 4, 552; Plin. 13, 78; 30, 127.

lex, *lēgis*, f. (2 *lego, legatus*; fr. *loi*) ¶ 1 motion faite par un magistrat devant le peuple, proposition de loi, projet de loi: *legem ferre, rogare*, présenter un projet de loi au peuple: *promulgare*, l'afficher [avant qu'il ne soit soumis au vote]; *perferre*, le faire voter; *sciscere, jubere*, l'agréer [en parlant du peuple]; *antiquare, repudiare*, le repousser, le rejeter; *suadere, dissuadere*, parler pour, contre; le soutenir, le combattre [devant l'assemblée du peuple] ¶ 2 projet sanctionné par le peuple (*populus*), ordonnance émanant du peuple, la loi, différente du *plebiscitum*, V.▸ Gell. 10, 20; *lex ambitus, de pecuniis repetundis*, loi sur la brigue, sur les concussions: *lex agraria*, loi agraire;*salva lege Aelia et Fufia* Cic. Vat. 37, sans enfreindre les lois Aelia et Fufia; *sua lege damnatus* Cic. Brut. 305, condamné par application de sa propre loi; *cum pro se ipse lege Varia diceret* Cic. Tusc. 2, 57, comme il plaidait pour lui-même sous le coup de la loi Varia; *utitur hac lege, qua judicium est* Cic. Verr. 4, 17, il fait appel à cette loi, en vertu de laquelle ces débats sont institués; *lege agere*, V.▸ *ago*;*ex lege rem judicare* Cic. Inv. 2, 131, juger une affaire d'après une loi; *per legem non licet...* Cic. Agr. 2, 78, la loi ne permet pas...; *lex est ut* Cic. Inv. 2, 96; 98, il y a une loi ordonnant que; *lex est ne* Cic. Inv. 2, 95; Phil. 1, 19, il y a une loi défendant que; *suis legibus uti* Caes. G. 1, 45, 3, conserver son indépendance [en parlant d'un peuple] ‖ [fig.] loi, règle, précepte: *sibi graves leges imponere* Cic. Ac. 2, 23, s'imposer des lois rigoureuses; *leges imponere alicui* Cic. Par. 36, faire la loi à qqn, le gouverner à sa guise; *unius disciplinae leges* Cic. Tusc. 4, 7, les lois d'une seule école; *alias in historia leges observandas, alias in poemate* Cic. Leg. 1, 5, [tu penses] qu'il faut observer dans l'histoire d'autres lois que dans la poésie; *primam esse historiae legem, ne* Cic. de Or. 2, 62, que la première loi de l'histoire est de ne pas...; *vetus est lex amicitiae, ut...* Cic. Planc. 5, c'est une ancienne loi de l'amitié que...; *lex naturae* Cic. Off. 3, 69, loi naturelle; *grammatica lex* Gell. 13, 21, 22, loi grammaticale; *citharae leges* Tac. An. 16, 4, les lois du joueur de lyre [poét.] *sparsi sine lege capilli* Ov. H. 15, 73, cheveux épars en désordre ¶ 3 contrat, convention, condition, pacte [fixé par une formule immuable]: *lex mancipii* Cic. de Or. 1, 178, contrat de vente ‖ cahier des charges d'une entreprise, cf. Cic. Verr. 1, 134; Cat. Agr. 145; 146; CIL 1, 698 [en part.] *leges censoriae* Cic. Verr. 3, 16, contrats des censeurs [fixés aux fermiers de l'État] ‖ *Manilianae leges* Cic. de Or. 1, 246, les formules de Manilius ‖ clause, condition: *pacem iis legibus constituerunt ut* Nep. Timoth. 2, ils établirent la paix avec des conditions telles que, cf. Liv. 30, 43, 4 ‖ [fig.] *lex vitae* **a)** condition imposée dès la naissance aux êtres vivants: Cic. Tusc. 4, 62; *homines ea lege nati, ut...* Cic. Fam. 4, 16, 2, des hommes que leur naissance assujettit à cette loi; **b)** règle de conduite: Sen. Ben. 1, 4, 2; Ep. 108, 6 ‖ convention, pacte, clause contractuelle: *lex commissoria* Cod. Just. 8, 34, 1, pacte commissoire ‖ loi du contrat: *contractus legem ex conventione accipiunt* Dig. 16, 3, 1, 6, les contrats reçoivent leur loi de l'accord des parties ¶ 4 [chrét.] loi mosaïque: Vulg.

Rom. 3, 19 ‖ loi chrétienne : Tert. *Pud.* 20, 5.

lexeis (λέξεις), ➨ *verba* [raillerie à l'adresse d'un grécisant] : Lucil. d. Cic. *de Or.* 3, 171.

Lexĭānae, *ārum*, m. pl., peuple d'Arabie : Plin. 6, 154.

lexĭdĭum (-ŏn), *ii*, n. (λεξίδιον), petit mot : Gell. 18, 7, 3.

lexĭpўrĕtŏs, *ŏn*, M.-Emp. 16, 9 et **-tus**, *a*, *um*, Plin. 20, 201 (ληξιπύρετος), fébrifuge.

lexis, *ĕos*, f. (λέξις), mot, expression : Char. 279, 23 ; 283, 15 ; Don. *Gram.* 4, 397, 5 ; ▼ lexeis.

lexĭva, *ae*, f., ⓒ *lixiva* : Plin. Val. 2, 14.

Lexobĭi, ▼ *Lexovii* : Caes. G. 3, 9, 11 mss α.

Lexŏvĭi, *ōrum*, m. pl., Lexoviens [peuple de l'Armorique, établi dans le pays de Lisieux] : Caes. G. 3, 9, 11 ; Plin. 4, 107.

Līa, *ae*, f., Léa [sœur aînée de Rachel] : Vulg. *Gen.* 29, 16.

liăcŭlum, *i*, n. (*lio*), batte, outil de maçon : Vitr. 2, 4, 3 ; Gloss. 2, 122, 32.

lībācuncŭlus, *i*, m., sorte de petit gâteau : Tert. *Spect.* 27, 5.

Libadē, *ēs*, f., ville d'Ionie : Plin. 5, 117.

lĭbădĭŏn, *ii*, n. (λιβάδιον), petite centaurée [plante] : Plin. 25, 68.

lĭbădĭŏs, *ii*, f., sorte de vigne ayant l'odeur de l'encens : Plin. 14, 117.

lībāmĕn, *ĭnis*, n. (*libo*), libation, offrande aux dieux : Virg. *En.* 6, 246 ; Val.-Flac. 1, 204 ‖ [en gén.] Stat. *Th.* 6, 224 ‖ [fig.] prémices : Ov. *H.* 4, 27.

libāmentum, *i*, n. (*libo*) ¶ 1 libation, offrande aux dieux dans les sacrifices : Cic. *Leg.* 2, 29 ; *Rep.* 2, 44 ¶ 2 [fig.] prélèvement, extrait : Sen. *Ep.* 84, 5 ; Gell. *pr.* 13 ; 16, 8, 5.

1 lĭbănītis, *ĭdis*, f., ⓒ *polion* : Ps. Apul. *Herb.* 57, 7 adn.

2 Lĭbănītis, *ĭdis*, f., du Liban : Expos. Mund. 30.

lĭbănochrūs, *i*, f. (λιβανόχρους), pierre précieuse inconnue : Plin. 37, 171.

lĭbănōtis, *ĭdis*, f. (λιβανωτίς), romarin [plante] : Plin. 20, 172.

1 Lĭbănus, *i*, m. (Λίβανος), le Liban [montagne de Syrie] : Plin. 5, 77 ; Tac. *H.* 5, 6 ‖ **-us**, *a*, *um*, du Liban : Sedul. *Carm.* 4, 55.

2 Lĭbănus, *i*, m., nom d'esclave : Pl. *As.* 35.

3 lĭbănus, *i*, m., encens : Vulg. *Eccli.* 39, 18.

lībārĭus, *ii*, m. (*libum*), marchand de gâteaux, pâtissier : *Sen. *Ep.* 56, 2.

Lĭbarna, *ae*, f., ville de Ligurie Atlas XII, C1 : Plin. 3, 49 ‖ **-ensis**, *e*, de Libarna : CIL 11, 1147, XVI.

Lĭbās, *ădis*, f., nom de femme : Ov. *Am.* 3, 7, 24.

lībātĭo, *ōnis*, f. (*libo*), libation : Cic. *Har.* 21 ‖ offrande, sacrifice : Vulg. *Eccli.* 30, 19.

lībātŏr, *ōris*, m., celui qui offre en libation : Front. *Als.* 6, p. 226 N.

lībātōrĭum, *ii*, n., libatoire, vase pour les libations : Vulg. *1 Macc.* 1, 23.

lībātus, *a*, *um*, part. de *libo*.

lībella, *ae*, f. (dim. de *libra* ; cf. fr. *niveau*) ¶ 1 *a)* as [petite pièce de monnaie d'argent] : Varr. L. 5, 174 ; Plin. 33, 42 *b)* petite somme d'argent : Pl. *Cap.* 944 ; *Ps.* 96 ; Cic. *Com.* 11 ; *Verr.* 2, 26 ‖ *ex libella = ex asse* Cic. *Att.* 7, 2, 3, ▼ *as* ¶ 2 niveau, niveau d'eau : Lucr. 4, 515 ; Plin. 36, 188.

lībellāris, *e* (*libellus*), constitué de livres : *libellare opus* Sidon. *Ep.* 9, 11, 7, livre, ouvrage.

lībellārĭus, *ii*, m. (*libellus*), fondé sur titre, sur contrat : Cassiod. *Var.* 5, 7.

lībellātīci, *ōrum*, m. pl. (*libellus*), libellatiques [chrétiens qui achetaient des certificats témoignant qu'ils avaient sacrifié aux faux dieux] : Cypr. *Ep.* 55, 13.

lībellenses, *ĭum*, m. pl., maîtres des requêtes : Cod. Just. 3, 24, 3.

lībellĭo, *ōnis*, m. (*libellus*), amateur de grimoires [fam.] : Varr. *Men.* 256 ‖ bouquiniste : Stat. *S.* 4, 6, 21.

lībellō, *ās*, *āre*, -, - (*libellus*), tr., certifier, attester : Ps. Pacian. *Sim.* p. 536 (119).

lībellŭlus, *i*, m., petit livre : Tert. *Nat.* 1, 20, 14 ; Capel. 3, 289.

lībellus, *i*, m. (dim. de *liber*), petit livre, opuscule [de toute espèce, soit d'un petit nombre de pages, soit de faible importance] ¶ 1 petit traité : Cic. *de Or.* 1, 94 ‖ [avec idée de mépris] Liv. 29, 19, 12 ¶ 2 recueil de notes, agenda, cahier, journal : Cic. *Phil.* 1, 16 ; 1, 19 ¶ 3 pétition : Cic. *Att.* 16, 16, 4 ; Suet. *Aug.* 53 ; Plin. *Ep.* 1, 10, 9 ; *Epaphroditus a libellis* Suet. *Dom.* 14, Épaphrodite chargé des requêtes ‖ supplique, placet : Cic. *Arch.* 25 ¶ 4 programme : Cic. *Phil.* 2, 97 ; Tac. *D.* 9 ¶ 5 affiche, placard : *libellos proponere* Cic. *Quinct.* 50, exposer des affiches, cf. Cic. *Quinct.* 27 ; Suet. *Caes.* 41 ; Sen. *Ben.* 4, 12, 3 ¶ 6 lettre : Cic. *Att.* 6, 1, 5 ; Brut. *Fam.* 11, 11, 1 ¶ 7 libelle : Suet. *Aug.* 55 ; *Vit.* 14 ¶ 8 certificat : Paul. *Dig.* 39, 4, 4.

libens (**lŭbens**), *tis*, part.-adj. de *libet* ¶ 1 qui agit volontiers, de bon gré, de bon cœur, avec plaisir, étant content : *libens agnovit* Cic. *Mil.* 38, il a reconnu volontiers, il a eu plaisir à reconnaître ; *libente te* Cic. *Fam.* 13, 58, avec ton agrément ; *me libente eripies mihi hunc errorem* Cic. *Att.* 10, 4, 6, je serai bien content que tu me tires de mon erreur ; *libentissimis Graecis* Cic. *Fam.* 13, 65, 1, avec le consentement le plus empressé des Grecs ; *fecit animo libentissimo, ut* Cic. *Verr. prim.* 25, avec le plus grand empressement il fit en sorte que ‖ [dans les Inscr. formule fréq.] *v. s. l. m.* = *votum solvit lubens merito*, il a acquitté son vœu de bon gré, comme de juste : Pl. *Pers.* 254 ¶ 2 joyeux, content : Pl. *Pers.* 760 ; Ter. *Ad.* 756 ; *lubentior* Pl. *As.* 568.

lĭbentĕr (**lŭb-**) (*libens*), volontiers, de bon gré, de bon cœur, avec plaisir, sans répugnance : Cic. *Rep.* 1, 30 ; *Att.* 2, 2, 1 ‖ *libentius* Cic. *Fam.* 9, 19, 1 ; *Lae.* 68 ; **-issime** Cic. *Verr.* 4, 63 ; *Leg.* 3, 1.

1 lĭbentĭa (**lŭb-**), *ae*, f. (*libens*), joie, plaisir : Pl. *St.* 276 ‖ pl., Pl. *Ps.* 396 ; Gell. 15, 2, 7.

2 Lĭbentĭa (**Lŭb-**), *ae*, f., déesse de la Joie : Pl. *As.* 268.

Lĭbentīna (**Lŭb-**), f., déesse de la Volupté : Cic. *Nat.* 2, 61 ; Varr. L. 6, 47.

lĭbentĭōsē, adv. (*libentia*), avec plaisir, volontiers : Hist. Apol. B 39.

1 lībĕr, *ĕra*, *ĕrum* (cf. ἐλεύθερος, al. *Leute*, rus. *ljudi*) ¶ 1 [socialement] libre, de condition libre : *qui est matre libera, liber est* Cic. *Nat.* 3, 45, celui qui est né d'une mère libre, est libre ‖ m. pris subst^t, *liber*, homme libre : *(adsentatio) non modo amico, sed ne libero quidem digna* Cic. *Lae.* 89, (la flatterie) indigne non seulement d'un ami, mais même d'un homme libre ‖ [politiq^t] libre [peuple, ou qui se gouverne lui-même ou qui n'est soumis à aucun autre peuple] : cf. Cic. *Rep.* 1, 48 ; 1, 68 ; 3, 46 ¶ 2 [en gén.] affranchi de charges *a) liberi ab omni sumptu* Cic. *Verr.* 4, 23, affranchis de tous frais ; *agri liberi* Cic. *Verr.* 2, 166, terres exemptes de charges [en part.] *praedia libera* Cic. *Agr.* 3, 9, terres franches, sans servitudes *b)* libre, non occupé, vacant : *loca ab arbitris libera* Cic. *Att.* 15, 16 a, endroits soustraits aux regards ; *liber lectulus* Cic. *Att.* 14, 13, 5, couche solitaire ; *liberae aedes* Liv. 24, 7, 3, maison inhabitée *c)* sans dettes : Brut. *Fam.* 11, 10, 5 ¶ 3 [fig.] *a)* libre de, affranchi de : *ab observando homine perverso* Cic. *Att.* 1, 13, 2, dispensé d'avoir des égards pour un mauvais homme ; *a delictis* Cic. *Agr.* 1, 27, sans reproche ; *curā* Cic. *Fin.* 1, 49, exempt de soucis ; *laborum* Hor. *P.* 212, débarrassé de ses travaux ‖ [poét.] *libera vina* Hor. *P.* 85, le vin qui libère *b)* libre, sans entraves, indépendant : *integro animo ac libero causam alicujus defendere* Cic. *Sull.* 86, défendre la cause de qqn sans prévention et en toute indépendance ; *an ille mihi liber, cui mulier imperat...?* Cic. *Par.* 36, pour moi, est-il libre l'homme à qui sa femme commande... ? ; *liberum fenus* Liv. 35, 7, 2, intérêts illimités, usure sans frein ; *libera custodia* Liv. 24, 45, 8, une garde à vue [qui laisse la liberté des mouvements] ; *hoc liberiores et solutiores sumus quod* Cic. *Ac.* 2, 8, nous sommes plus libres et plus indépendants en ce que ; *liberiores litterae* Cic. *Att.* 1, 13, 3, une lettre un peu libre : *liberrime Lolli* Hor. *Ep.* 1, 18, 1, ô mon cher Lollius, le plus indépendant des hommes ; *vocem*

libertas

liberam mittere Liv. 35, 32, 6, faire entendre des paroles libres, s'exprimer librement ; *verba inusitata sunt poetarum licentiae liberiora quam nostrae* Cic. de Or. 3, 153, les mots inusités, les poètes ont la faculté de les employer plus librement que nous ; *res alicui libera* Cic. Or. 78, chose libre pour qqn, pour laquelle il a toute liberté, cf. Cic. Cat. 1, 18; Quint. 8, 6, 19 ‖ *liberum est alicui* [avec inf.], il est loisible à qqn de : Cic. Phil. 1, 12 ; [abl. abs. au n.] *libero, quid firmaret mutaretve* Tac. An. 3, 60, la liberté lui étant donnée de décider ce qu'il maintenait ou modifiait.
► *leiber* CIL 1, 585.

2 līber, ĕri, m., v. ► *liberi* ►.

3 Līber, ĕri, m. (cf. 1 *liber*, got. *liudan*, scr. *rodhati*), Liber [vieille divinité latine, confondue plus tard avec Bacchus] : Varr. R. 1, 1, 5 ; Cic. Nat. 2, 62 ‖ [fig.] le vin : Ter. Eun. 732 ; Hor. O. 4, 12, 14.
► *Leiber* CIL 1, 563.

4 lĭbĕr, bri, m. (cf. rus. *lupit'*, scr. *lumpati*, an. *leaf*, al. *Laube*)
I liber [partie vivante de l'écorce] : Cic. Nat. 2, 120 ; Varr. R. 1, 8, 4 ; Virg. G. 2, 77 ‖ sur quoi l'on écrivait autrefois : Plin. 13, 69.
II écrit composé de plusieurs feuilles, livre ¶ **1** livre, ouvrage, traité : *Demetrii liber de concordia* Cic. Att. 8, 12, 6, le livre de Démétrius sur la concorde ; *librum de aliqua re scribere* Cic. CM 54, écrire un livre sur qqch. ; *libros pervolutare, evolvere, volvere, legere* Cic. Att. 5, 12, 2 ; Tusc. 1, 24 ; Brut. 298 ; Fam. 6, 6, 8, lire des ouvrages ; *librum edere* Cic. Fat. 1, publier un livre ¶ **2** [en part. au pl.] **a)** division d'un ouvrage, livre : *tres libri perfecti sunt de Natura deorum* Cic. Div. 2, 3, j'ai composé un traité en trois livres sur la Nature des dieux ; *legi tuum nuper quartum de Finibus* Cic. Tusc. 5, 32, j'ai lu dernièrement ton quatrième livre du *de Finibus*, cf. Quint. 9, 2, 37 ; 9, 1, 26 **b)** les livres Sibyllins : *ad libros ire* Cic. Div. 1, 97 ; *libros adire* Liv. 21, 62, 6, consulter les livres Sibyllins ‖ livres auguraux : Cic. Nat. 2, 11 **c)** recueil : *litterarum* Cic. Verr. 3, 167, recueil de lettres **d)** [chrét.] livres saints : *libri spiritales* Cypr. Testim. pr. ¶ **3** toute espèce d'écrit : [lettre] Nep. Lys. 4, 2 [rescrit] décret] Plin. Ep. 5, 14, 8 [manuscrit] Plin. Ep. 2, 1, 5.

Lībĕra, ae, f. (3 *Liber*, vén. *Louderai*), partenaire féminine de Liber : Cic. Nat. 2, 62 ‖ identifiée à Proserpine : Cic. Verr. 4, 106 ‖ nom prêté à Ariane, compagne de Bacchus : Ov. F. 3, 512.

Lībĕrālĭa, ĭum, n. (3 *Liber*), fêtes de Liber : Cic. Att. 14, 101 ; Ov. F. 3, 713 ; Macr. Sat. 1, 4, 15, cf. P. Fest. 103, 11 ‖ *ludi Liberales* : Naev. Com. 113 ; cf. ► *ludus* ¶ 1.

lībĕrālis, e (1 *liber*) ¶ **1** relatif à une personne de condition libre : *causa* Cic. Flac. 40, affaire où la condition d'homme libre est en jeu [v. Liv. 3, 44, 13] ¶ **2** [fig.]
qui sied à une personne de condition libre **a)** [en parlant du physique] noble, gracieux, bienséant : Pl. Mil. 63 ; 963 ; Ter. Hec. 863 ; Phorm. 896 ; Eun. 682 **b)** [en parlant du moral] noble, honorable, généreux : Ter. Hec. 164 ; Ad. 683 [en part.] libéral, bienfaisant : Cic. Leg. 1, 48 ; Off. 2, 56 ; Lae. 31 ; *in aliquem* Cic. Planc. 63, envers qqn [avec gén.] *pecuniae liberalis* Sall. C. 7, 6, libéral sous le rapport de l'argent **c)** [en parlant de choses] : *liberalissima studia* Cic. Arch. 4, les plus nobles études ; *liberales artes, doctrinae* Cic. Inv. 1, 35 ; de Or. 3, 3, 127 ; Tusc. 2, 27, arts libéraux, belles lettres ; *liberale responsum* Cic. Att. 3, 15, 4, réponse généreuse ; *liberalior fortuna* Liv. 22, 26, 1, une condition plus honorable, plus belle.

1 lībĕrālĭtās, ātis, f. (*liberalis*) ¶ **1** bonté, douceur, indulgence : Cic. Verr. 4, 136 ‖ affabilité : Cic. Brut. 97 ¶ **2** [surtout] libéralité, générosité : Cic. de Or. 2, 105 ; Off. 1, 20 ; 1, 43 ; Lae. 11 ; Leg. 1, 48 ¶ **3** [sens concret] libéralités, don, présent : Tac. H. 1, 20 ; Suet. Tib. 46 ‖ pl., Suet. Cl. 29 ; Galb. 15.

2 Lībĕrālĭtās Jūlĭa, f., c. ► *Ebora* : Plin. 4, 117.

lībĕrālĭtĕr, adv. (*liberalis*), à la manière d'un homme libre **a)** courtoisement, amicalement : *respondere* Caes. G. 4, 18, 3, faire une réponse bienveillante, cf. Caes. G. 2, 5, 1 ; *liberalissime* Cic. Att. 5, 13, 2 **b)** noblement, dignement : *liberaliter vivere* Cic. Lae. 86, avoir une belle existence ; *liberaliter educatus* Cic. Fin. 3, 57, qui a reçu une éducation libérale, cf. Cic. Tusc. 2, 6 ; Liv. 2, 26, 11 **c)** généreusement, libéralement, largement, avec munificence : Cic. Verr. 3, 204 ; *liberalius* Cic. Att. 16, 6, 1 ; Q. 2, 6, 3.

lībĕrāmentum, i, n. (*libero*), délivrance : Aug. Civ. 6, 9, 1.

lībĕrātĭo, ōnis, f. (*libero*) ¶ **1** délivrance, libération de qqch. : Cic. Fin. 1, 37 ; Quint. 5, 10, 33 ; *liberationem culpae impetrare* Cic. Lig. 1, obtenir l'absolution d'une faute ‖ [chrét.] rédemption : Tert. Marc. 1, 25, 7 ¶ **2** acquittement en justice ;[pl.] Cic. Pis. 87 ‖ acquittement de dettes : Dig. 50, 16, 47 ¶ **3** affranchissement, libération d'un état : Just. 5, 8, 12.

lībĕrātŏr, ōris, m. (*libero*), Cic. Att. 14, 12, 2 ; Phil. 1, 6, et **lībĕrātrix**, īcis, f., [chrét.] celui ou celle qui délivre, libérateur, libératrice : Arn. 2, 32 ‖ *Liberator*, épithète de Jupiter : Tac. An. 15, 64 ; 16, 35.

lībĕrātus, a, um, part. de *libero*.

lībĕrē, adv. (1 *liber*) ¶ **1** librement, sans empêchement, franchement, sans crainte, ouvertement : Cic. Par. 34 ; Div. 2, 100 ; Lae. 44 ; Or. 77 ‖ *-rius* Cic. Planc. 33 ; Hor. S. 1, 4, 103 ¶ **2** librement, spontanément : Virg. G. 1, 127.

lībĕri, rōrum (*rum*), m. pl. (cf. 1 *liber*, 3 *Liber*, vén. *louderobos*) ¶ **1** enfants [par rapport aux parents et non à l'âge] : *liberos procreare* Cic. Tusc. 5, 109, avoir des enfants ; *ex aliqua liberos habere* Cic. Att. 16, 11, 1, avoir des enfants d'une femme ; v. ► *suscipio* : *jus trium liberorum* Suet. Galb. 14, droits accordés aux pères de trois enfants [prérogatives, privilèges que l'empereur accordait même en dehors de toute question de paternité, cf. Plin. Ep. 2, 13, 8 ¶ **2** [en parlant d'un seul enfant] Ter. And. 891 ; Haut. 151 ; Cic. Phil. 1, 2 ; Pomp. 33 ¶ **3** enfants mâles : Hyg. Fab. 9.
► sg. *liber* Cod. Just. 3, 28, 33 ; 5, 9, 8 ; Ps. Quint. Decl. 2, 8.

Lībĕrĭus, ii, m., nom d'homme : Jord. Rom. 385 ‖ le pape Libère [352-366] : Amm. 15, 7, 6.

lībĕrō, ās, āre, āvī, ātum (1 *liber* ; fr. *livrer*), tr., rendre libre ¶ **1** donner la liberté, affranchir [un esclave] : Pl. Men. 1024 ; Caes. C. 3, 9, 3 ; Cic. de Or. 1, 182 ‖ délivrer de la royauté : *patriam* Cic. Tusc. 4, 2, donner la liberté à la patrie ¶ **2** [en gén.] délivrer, dégager de qqch. : *aliquem aliqua re*, délivrer qqn de qqch. : Cic. Rep. 1, 25 ; Nat. 1, 13 ; Att. 6, 2, 4 ; Cat. 3, 15 ‖ *a Venere se* Cic. Caecil. 55, s'affranchir de Vénus ; *a quartana liberatus* Cic. Att. 10, 15, 4, délivré de la fièvre quarte, cf. Cic. Rep. 2, 57 ; Tim. 19 ‖ *ex incommodis pecunia se liberare* Cic. Verr. 5, 23, se tirer des embarras avec de l'argent ¶ **3** exempter d'impôts : Cic. Prov. 10 ; Phil. 5, 12 ; Agr. 1, 10 ‖ libérer qqn [d'une dette] : Cic. Fam. 5, 20, 4 ‖ délivrer d'une obligation : *fidem* Cic. Flac. 47, dégager sa foi, remplir ses engagements ; *omnes liberati decesserant* Cic. Verr. 4, 140, tous avaient quitté leurs fonctions absolument déchargés (dégagés de toute responsabilité) ¶ **4** délier : *promissa* Cic. Off. 1, 32, délier d'une promesse, relever d'une promesse ; *obsidionem* Liv. 26, 8, 5, lever un siège ¶ **5** dégager, absoudre : *aliquem culpae* Liv. 41, 19, 6, absoudre qqn d'une faute ; *voti liberari* Liv. 5, 28, 1, se dégager, s'acquitter d'un vœu ; *liberatur Milo... profectus esse* Cic. Mil. 47, Milon est dégagé de l'accusation d'être parti... ¶ **6** [tard.] traverser (passer) librement : *flumen* Frontin. Strat. 5, 3 ; Hyg. Fab. 257, traverser un fleuve, cf. Petr. 136, 9 ¶ **7** [chrét.] sauver, racheter : Aug. Corrept. 2, 3.
► arch. fut. ant. *liberasse* Pl. Most. 223.

lībertă, ae, f. (*libertus*), affranchie [par rapport au maître] : Cic. Caecil. 55.
► qqf. dat.-abl. pl. *libertabus* Dig. 50, 16, 105 pour distinguer de *libertis* m., mais d'ordinaire *libertis* Tac. An. 12, 53 ; Plin. Ep. 10, 5, 2.

1 lībertās, ātis, f. (1 *liber*) ¶ **1** [civil^t] liberté **a)** *servo libertatem dare* Cic. Rab. perd. 31, donner la liberté à un esclave ‖ pl., *pecunias et libertates servis dono datas* Tac. An. 15, 55, [il dit] qu'il avait gratifié ses esclaves de sommes d'argent et d'affranchissements **b)** usage des droits du citoyen : *ad usurpandam libertatem paucas tribus vocare* Cic. Agr. 2, 17, appeler quelques tribus seulement à

libertas

user de leurs libertés [= droit de vote] ¶ **2** [politiq¹] liberté [d'un peuple qui n'est soumis ni à la monarchie ni à un autre peuple], indépendance : *aut exigendi reges non fuerunt aut plebi re, non verbo danda libertas* Cic. *Leg.* 3, 25, ou bien il ne fallait pas bannir les rois, ou bien il fallait donner au peuple une liberté de fait, non de mot ; *in optimatium dominatu vix particeps libertatis potest esse multitudo* Cic. *Rep.* 1, 43, sous la domination de l'aristocratie la multitude est à peine libre ; *civibus suis libertatem eripere* Cic. *Rep.* 1, 28, enlever à ses concitoyens la liberté [établir la tyrannie] ; *Brutus, conditor Romanae libertatis* Liv. 8, 34, 3, Brutus, fondateur de la liberté romaine ; *si populus plurimum potest omniaque ejus arbitrio reguntur, dicitur illa libertas* Cic. *Rep.* 3, 23, si le peuple est le maître et si sa volonté règle tout, cela s'appelle la liberté ∥ *libertatem Graeciae defendere* Cic. *Off.* 3, 48, défendre l'indépendance de la Grèce ; *in libertate permanere* Caes. *G.* 3, 8, 4, garder l'indépendance, cf. Caes. *G.* 7, 1, 8 ¶ **3** [en gén.] liberté, libre pouvoir : *quid est libertas ? potestas vivendi, ut velis* Cic. *Par.* 34, qu'est-ce que la liberté ? le pouvoir de vivre à sa guise ; *vivendi libertas* Cic. *Verr.* 3, 3 ; *vitae* Caes. *G.* 4, 1, 9, liberté de la vie, existence indépendante ; *omnium rerum libertatem tenere* Cic. *de Or.* 1, 226, garder en tout sa liberté, cf. Liv. 34, 2, 11 ; *testamentorum* Quint. 3, 6, 84, liberté en matière de testaments [limitée par le droit civil] ; *verborum* Quint. 10, 1, 28, liberté dans l'emploi des mots ∥ indépendance de qqn [conduite et paroles] : Cic. *Planc.* 91 ; 93 ; 94 ; *summa libertas in oratione* Cic. *Brut.* 173, une extrême indépendance de langage, cf. Cic. *Brut.* 267 ∥ hardiesse, franc-parler (παρρησία) : Quint. 10, 1, 65 ; 10, 1, 94 ; 10, 1, 104 ¶ **4** [chrét.] libération [des observances de l'ancienne loi ou du péché] : Vulg. *Gal.* 2, 4 ; Aug. *Corrept.* 12, 33.

2 Lībertās, *ātis*, f., déesse de la Liberté : Cic. *Nat.* 2, 61 ; Liv. 24, 16, 19.

lībertīna, *ae*, f. (*libertinus*), affranchie : Pl. *Mil.* 962 ; Hor. *S.* 1, 2, 48 ; Suet. *Vit.* 2.

lībertīnĭtās, *ātis*, f., condition d'affranchi : Dig. 4, 8, 32 ; 49, 4, 2.

1 lībertīnus, *a*, *um* (*libertus*), d'affranchi : *libertinus homo* Cic. *Balb.* 28, un affranchi [condition sociale], cf. Quint. 5, 10, 60 ; Gai. *Inst.* 1 ; 10 ; 11 ; *libertinus miles* Suet. *Aug.* 25, soldats recrutés parmi les affranchis ∥ *libertinum*, subst. n., propriété d'un affranchi : Calp.-Flac. 14.

2 lībertīnus, *i*, m. ¶ **1** affranchi, esclave qui a reçu la liberté, 🅥▸ *libertinus homo* ¶ **2** [au temps d'Appius Claudius] fils d'affranchi : Suet. *Cl.* 24 ; Isid. 9, 4, 47.

lībertus, *i*, m., 🅒▸ *liberatus* esclave qui a reçu la liberté, affranchi [par rapport au maître] : *alicujus* Cic. *Mil.* 90, affranchi de qqn, cf. Cic. *Sest.* 76 ; *Fam.* 13, 21, 2.

lĭbet (**lŭb-**), *ēre*, *bŭĭt*, *bĭtum est* (scr. *lubhyati*, al. *lieb*, an. *love*, rus. *ljubit'*) ¶ **1** impers., il plaît, il fait plaisir : *adde, si libet* Cic. *Tusc.* 5, 45, ajoute, s'il te plaît ; *cum Metrodoro lubebit* Cic. *Fam.* 16, 20, quand il plaira à Métrodore ∥ *mihi, tibi, alicui libitum est* [avec inf.], j'ai, tu as, qqn a trouvé bon de : Cic. *de Or.* 2, 348 ; *Tull.* 32 ; *quam vellem tibi dicere... liberet* Cic. *Brut.* 248, combien je voudrais qu'il te plût de parler... ; *quid exspectem, non libet augurari* Cic. *Lae.* 41, ce que je dois attendre, il ne me plaît pas de le conjecturer, cf. Cic. *Rep.* 1, 28 ¶ **2** intr., [avec pron. sg. n. sujet] : *id quod mihi maxime libet* Cic. *Fam.* 1, 8, 3, ce qui me plaît le plus, cf. Cic. *CM* 58 ; *persuasi id mihi non libere* Cic. *Att.* 14, 19, 4, je l'ai persuadé que cela ne m'agréait pas ∥ [except¹ n. pl. sujet] *quae cuique libuissent* Suet. *Caes.* 20, ce qui plaisait à chacun.

Lībēthra, *ōrum*, n. pl. (Λείβηθρα), Mel. 2, 36 ; Plin. 4, 32, **Lībēthrŏs**, -**us**, *i*, m., fontaine de Thessalie, consacrée aux Muses : Serv. *B.* 7, 21 ∥ **Lībēthris**, *ĭdis*, f. (Λειβηθρίς), de Libethra : Capel. 6, 654 ∥ *nymphae Libethrides* Virg. *B.* 7, 21, les Muses.

Lībēthrum, *i*, n. (Λείβηθρον), ville de Thessalie : Liv. 44, 5, 12.

Lĭbĭcĭi, *m.*, peuple gaulois de la Transpadane : Plin. 3, 124, 🅒▸ *Libui* : Liv. 21, 38, 7.

lĭbīdĭnĭtās (**lub-**), *ātis*, f. (*libido*), débauche : Laber. *Com.* 81.

lĭbīdĭnŏr (**lub-**), *ārĭs*, *ārī*, *ātus sum* (*libido*), intr., se livrer à la débauche : Mart. 7, 67, 13 ; Suet. *Ner.* 28 ∥ être pris d'amour, énamouré : *Petr. 138, 6.

lĭbīdĭnōsē (**lŭb-**) (*libidinosus*), suivant son bon plaisir, arbitrairement, tyranniquement : Cic. *Off.* 1, 14 ; *Rep.* 2, 63 ; Liv. 3, 36, 7, d'une manière licencieuse : Aug. *Doctr.* 3, 18 ∥ *libidinosius* Tert. *Mon.* 16, 5.

lĭbīdĭnōsus (**lŭb-**), *a*, *um* (*libido*) ¶ **1** qui suit son caprice, sa fantaisie, ses désirs ; capricieux, arbitraire, tyrannique ; voluptueux, passionné, débauché [en parlant de pers. et de choses] : Cic. *Fin.* 5, 62 ; *Phil.* 2, 115 ; *Cael.* 38 ; *homo libidinosissimus* Cic. *Verr.* 2, 192, le pire des débauchés ; *libidinosae sententiae* Cic. *Tusc.* 3, 46, idées voluptueuses ; *libidinosissimae liberationes* Cic. *Pis.* 87, les acquittements les plus arbitraires ; *libidinosior* Cic. *Pis.* 66 ¶ **2** [tard.] passionné pour [avec gén.] : Tert. *Apol.* 47, 3.

lĭbīdō (**lŭb-**), *ĭnis*, f. (*libet*) ¶ **1** envie, désir : *voluptatis* Cic. *CM* 40, le désir de la volupté ; *bonorum futurorum* Cic. *Tusc.* 4, 11, envie des biens à venir ; *ulciscendi* Cic. *Tusc.* 4, 44, désir de la vengeance, cf. Cic. *Off.* 1, 54 ; *tanta lubido cum Mario eundi plerosque invaserat* Sall. *J.* 84, 3, tant le désir de marcher avec Marius avait pénétré la plupart des esprits ∥ *est libido* [avec inf.] = *libet*, il plaît de : Pl. *Pers.* 808 ; *Trin.* 626 ¶ **2** [en part.] désir déréglé, envie effrénée, fantaisie, caprice : *quod positum est in alterius voluntate, ne dicam libidine* Cic. *Fam.* 9, 16, 3, ce qui dépend de la volonté, pour ne pas dire du caprice d'autrui ; *ad libidinem* Cic. *Fin.* 1, 19, arbitrairement, suivant le bon plaisir ; *ad libidinem suam vexare bona alicujus* Cic. *Amer.* 141, bouleverser à sa guise, à sa fantaisie les biens de qqn ; *quaestoris libidinem coercere* Cic. *Caecil.* 57, réprimer les fantaisies (abus de pouvoir) d'un questeur ∥ *libidines*, les passions, les excès de tout genre : *libidines comprimere* Cic. *Marc.* 23 ; *Leg.* 3, 31, réprimer les excès [luxe] ; *istorum audacias ac libidines resecare* Cic. *Verr.* 3, 208, couper court aux audaces et aux excès de ces gens-là ; *eorum divitias in profundissimum libidinum suarum gurgitem profundit* Cic. *Sest.* 93, il jette leurs richesses dans le gouffre sans fond de ses passions ¶ **3** sensualité, désir amoureux, débauche, dérèglement : *vacat (is amor) omni libidine* Cic. *Tusc.* 4, 72, (cet amour) est dépourvu de toute sensualité, cf. Cic. *Verr.* 1, 68 ; *Prov.* 24 ; Tac. *An.* 11, 16 ∥ *in poculis libidines caelare* Plin. 33, pr. 4, ciseler des scènes de débauche sur les coupes, cf. Plin. 35, 72.

Libienses, *ĭum*, m. pl., habitants de Libia [ville de Tarraconaise, Leiva] : Plin. 3, 24.

Libisōsāna, *ae*, f., colonie de Libisosa en Tarraconaise [Lezuza] Atlas IV, D3 : Plin. 3, 25 ∥ -**sāni**, m. pl., habitants de Libisosa : CIL 2, 4254.

Libistŏs, *i*, f., ville de Thrace : Plin. 4, 44.

lībĭta, *ōrum*, 🅥▸ *1 libitus*.

Lĭbĭtīna, *ae*, f. ¶ **1** déesse des morts : Suet. *Ner.* 39 ¶ **2** appareil des funérailles : Liv. 40, 19, 3 ∥ cercueil : Mart. 10, 97 ; Plin. 37, 45 ∥ administration des pompes funèbres : Val.-Max. 5, 2, 10 ∥ la Mort [poét.] : Hor. *O.* 3, 36, 6 ; Juv. 14, 122.

lĭbĭtīnārĭus, *ii*, m. (*Libitina*), entrepreneur de pompes funèbres : Sen. *Ben.* 6, 38, 4 ; Ulp. *Dig.* 14, 3, 6.

Lĭbĭtīnensis porta, f., porte de l'amphithéâtre par laquelle on emportait les gladiateurs tués : Lampr. *Comm.* 16, 7.

1 lĭbĭtum, *i*, n., 🅥▸ *1 libitus*.

2 lĭbĭtum est, parf. de *libet*.

1 lĭbĭtus, *a*, *um*, de *libet* ; subst. n. pl. *libita*, volontés, caprices, fantaisies : Tac. *An.* 6, 1 ; 12, 6.

2 lĭbĭtŭs, *ūs*, m., fantaisie, caprice : Alcim. *Carm.* 3, 142.

1 lībō, *ās*, *āre*, *āvī*, *ātum* (*libum* ; cf. *lino*, λείβω, λοιβή, rus. *lit'*), tr. ¶ **1** enlever une parcelle d'un objet, détacher de : *ex variis ingeniis excellentissima quaeque* Cic. *Inv.* 2, 4, détacher de la variété des talents ce qu'ils ont de meilleur, cf. Cic. *Tusc.* 5, 82 ; *de Or.* 1, 159 ; *a natura deorum libatos animos habemus* Cic. *Div.* 1, 110, nous avons des âmes qui sont détachées de la divinité ; *nil libatum de toto corpore* Lucr. 3, 213, rien ne s'est détaché de l'ensemble du corps ǁ **terra libatur** Lucr. 5, 260, la terre perd qqch. d'elle-même ; **libatis viribus** Liv. 21, 29, 6, les forces étant entamées ¶**2** goûter à qqch., manger ou boire un peu de : **libato jocinere** Liv. 25, 16, 3, après avoir mangé un peu du foie ; **cibos** Ov. Am. 1, 4, 34, goûter à des mets ; **vinum** Varr. L. 6, 21, goûter au vin ; **apes omnia libant** Lucr. 3, 11, les abeilles goûtent à tout ǁ [fig.] **artes** Tac. D. 31, goûter aux sciences ¶**3** effleurer : **cibos digitis** Ov. A. A. 1, 577, toucher légèrement les mets de ses doigts, cf. Ov. M. 10, 653 ; **oscula natae** Virg. En. 1, 256, effleurer les lèvres de sa fille d'un baiser ǁ **altaria pateris** Virg. En. 12, 174, arroser les autels du vin des patères [dans un sacrifice] ¶**4** verser, répandre en l'honneur d'un dieu : **in mensam honorem laticum** Virg. En. 1, 736, verser sur la table la libation en l'honneur des dieux ; **alicui** Virg. G. 4, 381, faire des libations à un dieu ǁ [abl. abs. du part. n.] **libato** Virg. En. 1, 737, la libation faite ǁ [poét.] **rorem in tempora nati** Val.-Flac. 4, 17, verser de la rosée sur le front de son fils ¶**5** offrir en libation aux dieux, consacrer : **certas bacas publice** Cic. Leg. 2, 19, employer certains fruits dans les libations officielles ; **diis dapes** Liv. 39, 43, 4, offrir des mets en libation aux dieux, cf. Tib. 1, 11, 21 ; Ov. M. 8, 274 ; [avec abl.] **lacte, vino libare** Plin., faire des libations avec du lait, avec du vin ǁ [fig.] **Celso lacrimas adempto** Ov. Pont. 1, 9, 41, verser des larmes en offrande à Celsus ravi par la mort ; **carmen recentibus aris** Prop. 4, 6, 8, offrir un chant à l'autel nouvellement construit.

▶ dép. *libor* VL. 2 Tim. 4, 6.

2 **Lĭbo**, *ōnis*, m., Libon [surnom de la *gens Marcia* et de la *gens Scribonia*] : Cic. Att. 12, 5, 3 ; Brut. 89.

Lĭbōnĭānus, *a*, *um*, de Libon : Dig. 26, 2, 29.

lĭbŏnŏtus, *i*, m. (λιβόνοτος), vent du sud-ouest [nommé aussi *austro-africus*] : Vitr. 1, 6, 10 ; Plin. 2, 120.

lĭbra, *ae*, f. (**loudhrā*, cf. λίτρα, an. lead ; fr. *livre*) ¶**1** livre romaine [poids = 324 g] : Varr. L. 5, 169 ; Liv. 4, 20, 4 ¶**2** mesure pour les liquides : Suet. Caes. 38 ¶**3** balance : Cic. Tusc. 5, 51 ; Fin. 5, 91 ǁ balance utilisée dans l'acte ritualiste : Gai. Inst. 1, 119 ; **libra et aere** Hor. Ep. 2, 2, 158, par la balance et par l'airain, au prix officiel, selon les formes ; Liv. 6, 14, 5 ; **per libram et aes** Varr. L. 7, 105, selon les règles d'achat ; **testamentum per aes et libram** Gai. Inst. 2, 103, testament par l'airain et la balance [officiel, avec achat simulé par un tiers] ǁ niveau : **pari libra cum aequore maris** Col. 8, 17, 4, au niveau de la mer ; **ad libram** Caes. C. 3, 40 ; Vitr. 8, 6, de niveau ǁ contrepoids : Plin. 16, 161 ǁ la Balance [astr.] : Virg. G. 1, 208 ; Ov. F. 4, 386 ; Plin. 18, 221.

lĭbrālis, *e* (*libra*), d'une livre, pesant une livre : Col. 6, 2, 7 ; Plin. 19, 34.

lĭbrāmĕn, *ĭnis*, n., balance [fig.] : Mamert. Anim. 3, 14.

lĭbrāmentum, *i*, n. (*libro*) ¶**1** contrepoids des machines de guerre, poids : Liv. 24, 34, 10 ; Tac. H. 3, 23 ¶**2** action de balancer, de mettre de niveau, en équilibre, égalité de niveau, surface plane : Cic. Ac. 2, 116 ; Sen. Nat. 1, 12, 1 ǁ [fig.] égalité : Col. 1, 5, 8 ǁ niveau d'une eau en équilibre : Plin. Ep. 4, 30, 10.

1 **lĭbrārĭa**, *ae*, f. (4 *liber*), boutique de libraire, librairie : Gell. 5, 4, 1 ǁ femme bibliothécaire ou copiste : Capel. 1, 65.

2 **lĭbrārĭa**, *ae*, f. (*libra*), celle qui (pèse) donne la tâche : Juv. 6, 475.

lĭbrārĭŏlus, *i*, m. (dim. de *librarius*), copiste : Cic. Att. 4, 4, 6 ǁ écrivassier : Cic. Leg. 1, 7.

lĭbrārĭum, *ĭi*, n. (4 *liber*), cassette à papiers, portefeuille : Cic. Mil. 33 ; Amm. 29, 2, 4.

1 **lĭbrārĭus**, *a*, *um* (*libra*), pesant une livre : Cat. Agr. 21, 4 ; Col. 12, 53, 4 ; Gell. 20, 1, 31.

2 **lĭbrārĭus**, *a*, *um* (4 *liber*), relatif aux livres : **libraria taberna** Cic. Phil. 2, 21, boutique de libraire ; **scriptor librarius** Hor. P. 354, copiste.

3 **lĭbrārĭus**, *ĭi*, m., copiste, scribe, secrétaire : Cic. Agr. 2, 13 ; Att. 12, 40, 1 ǁ libraire : Sen. Ben. 7, 6, 1 ; Gell. 5, 4, 2, professeur élémentaire : Hier. Ep. 107, 4.

lībrātē, adv. (*libro*), avec réflexion, judicieusement : Serv. En. 2, 713.

lībrātĭo, *ōnis*, f. (*libro*), action de mettre de niveau, nivellement : Vitr. 8, 6, 3 ǁ position horizontale : Vitr. 6, 1, 5 ǁ mouvement régulier, balancement : Minuc. 17, 5 ǁ [fig.] équilibre : *Diom. 477, 9.

lībrātŏr, *ōris*, m. (*libro*) ¶**1** niveleur, celui qui prend le niveau : Plin. Ep. 10, 41, 3 ; Cod. Th. 13, 4, 2 ; Frontin. Aq. 105 ¶**2** celui qui fait jouer les machines de guerre : Tac. An. 2, 20.

lībrātus, *a*, *um*, part. de *libro*.

lībrĭgĕr, *ĕri*, m. (4 *liber*, *gero*), porteur de lettres : Paul.-Nol. Ep. 28, 4.

lībrīle, *is*, n. (*librilis*) ¶**1** fléau d'une balance : P. Fest. 103, 8 ǁ balance : Gell. 20, 1, 34 ¶**2** casse-tête [pierre attachée à un manche] : Caes. G. 7, 81, 4 ; P. Fest. 103, 9.

lībrīlis, *e* (*libra*), d'une livre : Vop. Tyr. 15, 8 ǁ **fundae libriles** Caes. G. 7, 81, 4, frondes lançant des projectiles d'une livre.

lībrilla, ▣ librile, librilia

lībrĭpens, *dis*, m. (*libra*, *pendo*) ¶**1** libripens [celui qui dans les ventes simulées tenait la balance où l'on faisait semblant de peser le lingot de cuivre destiné à payer le vendeur] : Gai. Inst. 1, 113 ; Ulp. Reg. 19, 3 ¶**2** trésorier-payeur [des troupes] : Plin. 33, 43.

lībrĭtŏr, *ōris*, m., ▣ *librator* : Tac. An. 2, 20 ; 13, 39.

lībrō, *ās*, *āre*, *āvī*, *ātum* (*libra*), tr. ¶**1** peser avec la balance, [d'où] peser [fig.] : Pers. 1, 86 ; Stat. Th. 9, 166 ¶**2** mettre de niveau : **pavimenta** Cat. Agr. 18, 7, mettre une aire de niveau ; **aquam** Vitr. 8, 6, 3, déterminer le niveau de l'eau ǁ mettre en équilibre, balancer : **quibus librata ponderibus (terra)** Cic. Tusc. 5, 69, [chercher] par quels poids la terre se tient en équilibre, cf. Ov. M. 1, 13 ; **librari medio spatio tellurem** Plin. 2, 10, que la Terre se tient en équilibre au milieu de l'espace ; **geminas libravit in alas suum corpus** Ov. M. 8, 201, il se balança en équilibre sur les deux ailes ǁ [fig.] Tac. H. 1, 16 ¶**3** balancer, lancer en balançant : **summa telum ab aure** Virg. En. 9, 417, balancer un trait à la hauteur de l'oreille ; **glans librata** Liv. 38, 29, 6, le gland (projectile) balancé [par la fronde] ; **per inania nubila sese librare** Virg. G. 4, 196, s'élancer dans le vide des nuées, cf. Plin. 10, 8 ǁ **corpus in herba** Ov. F. 1, 429, marcher sur l'herbe avec précaution, s'avancer en se balançant ǁ **vela librantur ab aura dubia** Ov. F. 3, 585, les voiles se balancent (oscillent) sous le souffle hésitant du vent.

1 **libs**, **lubs** (abrév. de *libens*, *lubens*), CIL 1, 392 ; 388.

2 **libs**, *lĭbis*, m. (λίψ Sen. Nat. 5, 16, 5,), vent du sud-ouest : Aus. Techn. 7 (343), 12 ǁ acc. *liba* Plin. 2, 119.

3 **Libs**, *Lĭbis*, m., de Libye : Sidon. Carm. 9, 94.

Lĭbŭi Galli, **Lĭbŭi**, *ōrum*, m. pl., peuple de la Gaule transpadane : Liv. 5, 35 ; 21, 38.

lībum, *i*, n. (*libo*), sorte de gâteau [ordin[t] gâteau sacré] : Cat. Agr. 76 ; Virg. En. 7, 109 ; Varr. R. 2, 8, 1 ǁ libation, offrande de vin : Vulg. Num. 4, 7.

lĭburna, Caes. C. 3, 9, 1 ; Hor. O. 1, 37, 30 ; Tac. G. 9, et **lĭburnĭca**, *ae*, f., Plin. 10, 63 ; Suet. Aug. 17, liburne, navire léger [des Liburniens].

lĭburnātus, *a*, *um*, en forme de liburne : Schol. Juv. 6, 477.

Lĭburni, *ōrum*, m. pl., Liburnes [habitants de la Liburnie] : Virg. En. 1, 244 ; Mel. 2, 56 ; Liv. 10, 2.

1 **lĭburnĭa**, *ae*, f. (*Liburnus* ?), aigremoine [plante] : Ps. Apul. Herb. 31.

2 **Lĭburnĭa**, *ae*, f., Liburnie [province située entre l'Istrie et la Dalmatie] : Plin. 3, 141 ; 8, 191.

lĭburnĭca, *ae*, f., ▣ *liburna*.

Lĭburnĭcus, *a*, *um*, de Liburnie, des Liburniens : Plin. 3, 152.

Lĭburnĭdĕs, acc. *ăs*, f. pl., îles près de la Liburnie : Prisc. Perieg. 518.

Lĭburnus, *a*, *um*, de Liburnie, liburnien : Luc. 8, 38 ǁ subst. m., porteur, portefaix [ils étaient ordin[t] liburniens] : Juv. 3, 239 ; 4, 75.

libus

lībus, *i*, m., ⓒ *libum* : Nigid. d. Non. 211, 31.

Libya, *ae*, f., Cic. Nat. 1, 101 ; Plin. 5, 39, **Libyē**, *ēs*, f. (Λιβύη), Ov. M. 2, 237 ; Sil. 1, 194 ; Juv. 5, 119, la Libye [partie septentrionale de l'Afrique] Atlas IX, E1 ‖ fille d'Épaphus, qui donna son nom à la Libye : Isid. 14, 5, 1.

▶ arch. *Libua* Pl. Curc. 446.

Libycus, *a*, *um*, libyen, de Libye : Virg. En. 1, 339 ; Hor. Ep. 1, 10, 19 ; Luc. 7, 880.

Libyē, *ēs*, f., ⓥ *Libya*.

Libyes, *um*, m. pl., Libyens [hab. de la Libye], Libys : Sall. J. 18, 1 ‖ **Libyes Aegyptii**, m. pl., Libyégyptiens [Libyens égyptisés] : Mel. 1, 23 ; Plin. 5, 43.

Libyphoenīces, *um*, m. pl. (Λιβυφοίνικες), Libyphéniciens [Libyens mélangés aux Phéniciens, habitant le pays de Tunis] : Liv. 21, 22, 3 ; Plin. 5, 24.

1 **Libys**, *yos*, adj. (Λίβυς), de Libye : Stat. S. 4, 2, 27 ; *Libys lectulus* Ciris 440, lit d'ivoire.

2 **Libys**, *yos*, m., Libyen : Sen. Herc. Oet. 24 ; ⓥ *Libyes*.

Libysonis turris, f., ville de Sardaigne Atlas XII, E1 : Plin. 3, 85.

Libyssus, *a*, *um*, de Libye, Africain : Catul. 7, 3 ; Sil. 8, 206 ; *Libyssa ficus* Col. 10, 418, sorte de figue [d'Afrique] ‖ **Libyssa**, surnom de Cérès : P. Fest. 108, 15.

Libysticae fabulae, f. pl., fables libyennes [composées primitivement par un auteur libyen] : Isid. 1, 39, 2.

Libystīnus, *a*, *um* (Λιβυστῖνος), de Libye : Catul. 60, 1 ‖ **Libystinus Apollo** Macr. Sat. 1, 17, 24, Apollon Libystinien [adoré en Sicile, contrée qu'il avait protégée contre les Africains].

Libystis, *ĭdis*, f. (Λιβυστίς), de Libye : Virg. En. 5, 37.

Libyus, *a*, *um*, Libyen, de Libye : Varr. d. Non. 86, 10 ; *Libya terra* Tac. An. 2, 60, la terre libyenne, la Libye.

Licātes, *um* ou *ĭum*, m. pl., peuple de la Vindélicie : Plin. 3, 137.

licēbit, fut. de *licet*.

1 **lĭcens**, *tis*, part.-adj. de *licet*, libre, hardi, déréglé, sans frein [en parlant des pers.] : Gell. 15, 9, 4 ; Prop. 4, 1, 26 ; Sen. Phaed. 780 ‖ [en parlant des choses] Ov. A. A. 1, 569 ; Stat. S. 1, 6, 93 ; *licentior* Cic. de Or. 3, 185.

2 **licens**, *tis*, part. de *liceor*.

lĭcentĕr, adv. (*licens*), capricieusement, trop librement, trop hardiment, sans frein : Cic. Or. 77 ; Nat. 1, 109 ; Quint. 1, 8, 6 ; *licentius vivere cum aliquo* Cic. Cael. 57, vivre trop librement avec qqn.

lĭcentĭa, *ae*, f. (*licet*) ¶ 1 liberté, permission, faculté, pouvoir [de faire ce que l'on veut] : *nobis nostra Academia magnam licentiam dat, ut... liceat defendere* Cic. Off. 3, 20, notre Académie nous donne une grande liberté, en sorte que nous sommes libres de défendre... ; *ludendi* Cic. Off. 1, 103, permission de jouer ; *verborum* Cic. de Or. 1, 70, liberté dans le choix des mots ; *poetarum* Cic. de Or. 3, 152, les droits concédés aux poètes ; *hujus juris quinquennii* Cic. Att. 15, 11, 4, la jouissance de ce privilège pendant cinq ans ; *homo ad scribendi licentiam liber* Cic. Nat. 1, 123, un homme plein de hardiesse en écrivant pour les libertés qu'il prend ‖ *hac licentia permissa ut...* Cic. Verr. 3, 29, la permission étant octroyée de... ¶ 2 liberté sans contrôle, sans frein, licence : *juvenilis dicendi impunitas et licentia* Cic. Brut. 316, hardiesse de style des jeunes gens qui se lancent impunément et se croient tout permis ; *dicitur illa libertas, est vero licentia* Cic. Rep. 3, 23, on appelle cela liberté, mais c'est de la licence ; *alicujus licentia libidoque* Cic. Verr. 3, 77, licence et bon plaisir de qqn, cf. Cic. Off. 1, 28 ; Mil. 84 ‖ [moral¹] licence, laisser-aller : Caes. C. 3, 110, 2 ; Hor. O. 3, 24, 29 ‖ **Licentia** Cic. Leg. 2, 42, la Licence.

lĭcentĭātŭs, abl. *ū*, m., permission : Laber. Com. 71.

lĭcentĭōsē, adv., d'une manière démesurée : Aug. Gen. litt. 8, 11.

lĭcentĭōsus, *a*, *um* (*licentia*), libre, déréglé, licencieux, sans retenue : Quint. 1, 6, 23 ; Apul. M. 5, 14, 1 ‖ *-sior* Sen. Contr. 6, 8, 5 ‖ *-sissimus* Aug. Pelag. 2, 7.

Lĭcentĭus, *ii*, m., nom d'un poète latin, ami de saint Augustin : Paul.-Nol. Ep. 47, 51.

*****lĭcĕō**, *et*, *ēre*, *cŭit*, *cĭtum* [seult à la 3ᵉ pers.] (*licet*, *liceor*, osq. *líkítud*, cf. *linquo*?), intr. ¶ 1 être à vendre, mis à prix, évalué : Pl. Men. 1159 ; *quanti* Cic. Att. 12, 23, 5, être mis à quel prix, cf. Hor. S. 1, 6, 13 ¶ 2 mettre en vente, fixer un prix : Plin. 35, 88 ; Mart. 6, 66, 4.

lĭcĕor, *ēris*, *ērī*, *cĭtus sum* (**licĕo*), tr., offrir un prix, se porter acquéreur ¶ 1 [abst] *illo licente contra liceri audet nemo* Caes. G. 1, 18, 3, lui offrant un prix, personne n'ose en offrir un à l'encontre ; *liciti sunt usque adeo quoad...* Cic. Verr. 3, 77, ils poussèrent les enchères aussi loin que..., cf. Cic. Caecin. 16 ¶ 2 [avec acc.] : *hortos liceri* Cic. Att. 12, 28, 4, se porter acquéreur de jardins par voie d'enchères ‖ [fig.] apprécier, évaluer : Plin. 14, 141.

Licerĭāna pira, n., sorte de poires [de Licérius] : Plin. 15, 54.

Licerĭus, *ii*, m., nom d'homme, ⓥ *Liceriana* ‖ nom d'un évêque d'Arles : Greg.-Tur. Hist. 9, 23.

lĭcessit, ⓥ *licet* ▶.

1 **lĭcĕt**, *ēre*, *cŭit* et *cĭtum est* (**liceo*; fr *loisir*), intr. et impers.

I intr., être permis [avec pron. n. pour sujet] : *non idem licet mihi, quod iis qui...* Cic. Verr. 5, 188, je n'ai pas les mêmes prérogatives que ceux qui... ; cf. Cic. Phil. 13, 14 [défin.] ; *nihil, quod per leges liceret* Cic. Mil. 43, rien qui fût permis par les lois ‖ [pl. rare] *cum in servum omnia liceant* Sen. Cl. 1, 18, 2, quoique tout soit permis envers un esclave.

II impers., il est permis ¶ 1 *si per te licebit* Cic. Phil. 2, 51, si tu le permets ; *si per vos licitum erit* Cic. Amer. 127, si vous le permettez [fut. d. st. indir.] *liciturum esse* Cic. Att. 2, 1, 5 ‖ *quoad licet* Cic. Agr. 2, 17, tant que cela est permis ¶ 2 [avec inf.] *videre licuit* Caes. C. 3, 27, 1, on aurait pu voir ; *stultitiam accusare quamvis copiose licet* Cic. Tusc. 3, 73, on peut accuser autant qu'on voudra la sottise [inf. pass.] *intellegi jam licet* Cic. Rep. 1, 60, on peut comprendre dès lors, cf. Cic. Or. 202 ; Caes. C. 3, 28, 4 ‖ *licet nemini contra patriam ducere exercitum* Cic. Phil. 13, 14, personne n'a le droit de conduire une armée contre sa patrie ; *licuit esse otioso Themistocli* Cic. Tusc. 1, 33, Thémistocle aurait pu jouir du repos ; *si civi Romano licet esse Gaditanum* Cic. Balb. 29, si un citoyen romain peut être citoyen de Cadix ‖ [avec prop. inf.] : *loci in quibus te habere nihil licet* Cic. Verr. 5, 46, lieux où tu ne peux rien avoir, cf. Verr. 5, 84 ; 5, 154 ; *licet etiam mortalem esse animum judicantem aeterna moliri* Cic. Tusc. 1, 91, il est permis à qqn même s'il croit l'âme mortelle de méditer sur l'éternité, cf. Cic. Off. 1, 92 ; Tusc. 5, 44 ‖ [avec inf. pass.] *totum illud concludi sic licet* Cic. Fin. 2, 104, on peut conclure tout cela par ce raisonnement, cf. Cic. Tusc. 1, 27 ; Off. 1, 20 ; Div. 2, 34 ‖ [avec subj.] : Pl. Cap. 303 ; Ru. 139 ; Ter. Ph. 347 ; *licet dicat...* Cic. Verr. 4, 133, il peut dire..., cf. Att. 1, 16, 8 ; 5, 1, 4 ; *studium deponat licebit* Cic. Amer. 49, il lui sera loisible de renoncer à ses goûts, cf. Pis. 87 ‖ [avec ut] [tard.] : Aug. Psalm. 147, 16 ; Prud. Apoth. 410.

▶ arch. *licessit* = *licuerit* Pl. As. 603 ; impér. *liceto* CIL 1, 366.

2 **lĭcĕt** (1 *licet*), [employé comme conj. avec subj.] bien que, encore que : Cic. Att. 3, 12, 3 ; Tusc. 1, 55 ‖ *quamvis licet insectemur istos* Cic. Tusc. 4, 53, nous pouvons bien les attaquer tant que nous voudrons... pourtant..., cf. Cic. Leg. 3, 24 ‖ [devant des adj. ou des adv.] Sen. Marc. 8, 1 ; Prop. ; Ov. ‖ [avec indic.] [tard.] Ambr. Ep. 60, 9.

lĭcēto, ⓥ *licet* ▶.

Lĭchădes, *um*, f. pl., nom de trois îles de la mer Égée, près de la Grèce : Plin. 4, 62.

Lĭchănŏs, *i*, m. (λίχανος), une des notes de la musique grecque : Vitr. 5, 4, 5.

Lĭchās, *ae*, m. (Λίχας), compagnon d'Hercule : Ov. M. 9, 155 ; 211.

līchēn, *ēnis*, m. (λειχήν), lichen, ¶ 1 plante : Plin. 26, 21 ¶ 2 maladie de la peau, ⓒ *impetigo* : Plin. 23, 118 ; 30, 88 ; Mart. 11, 98, 5 ¶ 3 excroissance charnue qui pousse sur les jambes des chevaux : Plin. 28, 180 ; 28, 230.

līchēnĭcŏs, *ŏn* (λειχηνικος), traitant l'impétigo : Cass. Fel. 11.

līcĭa, *ōrum*, ⓥ *licium*.

līcĭāmentum, *i*, n., tissu : Not. Tir. 99, 19 a.

līcĭātōrĭum, *ii*, n., ensouple [d'un métier de tisserand] : Vulg. 1 Reg. 17, 7.

līcĭātus, *a*, *um* (*licium*), mis sur le métier, commencé [fig.] : Aug. Civ. 22, 14.

1 lĭcĭnĭa, *ae*, f. (*licinus*), verveine : Ps. Apul. Herb. 3.

2 Lĭcĭnĭa, *ae*, f., nom de femme : Cic. Brut. 221 ; 160 ; Dom. 136 ‖ adj. f., ▶ Licinius.

1 Lĭcĭnĭānus, *a*, *um*, de Licinius : Col. 1, 3, 10 ; *Liciniana olea* Cat. Agr. 6, 2, sorte d'olive ‖ subst. m. pl., Liciniens [descendants de Caton le Censeur, par Licinia, sa première femme] : Plin. 7, 62.

2 Lĭcĭnĭānus, *i*, m., nom d'homme : Mart. 1, 49.

līcĭnĭum, *ii*, n. (*licium* ; it. *lezzino*), compresse, charpie : Veg. Mul. 2, 22, 2.

Lĭcĭnĭus, *ii*, m., nom d'une famille romaine où l'on distingue l'orateur C. Licinius Crassus et le triumvir M. Licinius Crassus : Varr. R. 1, 2, 9 ; Cic. Brut. 143 ; Lae. 96 ; Div. 2, 22 ; Ov. F. 6, 465 ‖ **-ĭus**, *a*, *um*, de Licinius : Cic. Planc. 36 ; Liv. 34, 4.

1 lĭcĭnus, *a*, *um* (cf. λεκροί ?), [bœuf] qui a la pointe des cornes tournée en haut : Serv. G. 3, 55 ‖ qui a les cheveux relevés sur le front : Gloss. 5, 506, 23.

2 Lĭcĭnus, *i*, m., surnom romain : Hor. P. 301 ; Juv. 1, 109 ; Mart. 8, 3, 6.

lĭcĭtātĭō, *ōnis*, f. (*licitor*), vente aux enchères, licitation : Cic. Att. 11, 15, 4 ; Verr. 2, 133 ; *ad licitationem rem deducere* Dig. 10, 2, 6, en venir à une vente judiciaire, faire liciter.

lĭcĭtātor, *ōris*, m. (*licitor*), enchérisseur : Cic. Dom. 115 ‖ gladiateur : Gloss. 5, 603, 20.

lĭcĭtātus, *a*, *um*, part. de *licitor*.

lĭcĭtē, Dig. 30, 1, 114 ; Aug. Ep. 125, 3 (*licitus*), **lĭcĭtō**, Solin. 11, 8, adv., légitimement, légalement.

lĭcĭtor, *āris*, *ārī*, *ātus sum* (fréq. de *liceor*) ¶ **1** enchérir, surenchérir : Pl. Merc. 441 ¶ **2** lutter, combattre : Enn. An. 74 ; Caecil. Com. 69 ; P. Fest. 104, 2.

lĭcĭtūrum esse, ▶ *licet*, impers.

lĭcĭtus, *a*, *um* (*licet*), permis, licite, légitime : Virg. En. 8, 468 ; *licita* Tac. An. 15, 37, les choses permises.

līcĭum, *ii*, n. (?; fr. *lisse*) ¶ **1** lisse du métier à tisser : Virg. G. 1, 285 ; *tela* = la chaîne, pl., Tib. 1, 6, 79 ; Luc. 10, 126 ¶ **2** fil, cordon [en gén.] : Virg. B. 8, 73 ; Ov. F. 2, 575 ; 3, 267 ; Plin. 23, 125 ; 28, 48 ¶ **3** petite ceinture, cordelette : *per lancem liciumque* Gell. 11, 18, 9 [ou] *cum lance et licio* Gell. 16, 10, 8, sorte d'enquête faite dans une maison à la suite d'un vol qui s'y est commis [question très obscure, v. Gai. Inst. 3, 192 ; P. Fest. 104, 5].

lictŏr, *ōris*, m. (1 *ligo* ?), licteur ; *lictores*, les licteurs [appariteurs attachés aux magistrats possédant l'*imperium* ; ils portaient les faisceaux, *fasces*, avec une hache au milieu] : *primus lictor* Cic. Q. 1, 1, 21, le licteur de tête ; *proximus* Liv. 24, 44, 10, le plus rapproché du magistrat.

lictōrĭus, *a*, *um* (*lictor*), de licteur : Flor. 1, 26, 3.

lĭcŭi, parf. de *liceo* et de *liqueo*.

lĭcŭĭa, *ae*, f. (*liques* ? gaul. ?), sorte de vase : Grauf. 2.

lĭcŭit, parf. de *licet*.

Lĭcus, *i*, m., rivière de Vindélicie [auj. le Lech] : Fort. Mart. 6, 641.

Lĭcymnĭa, *ae*, f., nom de femme : Hor. O. 2, 12, 13.

Lĭcymnĭus, *a*, *um*, de Licymne [ville d'Argolide] : Stat. Th. 4, 734.

līdō, *is*, *ĕre*, -, -, ▶ *laedo* : Lucr. 5, 1001.

lĭen, *ēnis*, m. (cf. σπλήν), Pl. Merc. 123 ; Plin. 11, 204 et **lĭēnis**, *is*, m., Cels. 2, 8, 34, la rate.

lĭēnĭcus, *a*, *um* (*lien*), relatif à la rate : subst. m., celui qui a mal à la rate : Cael.-Aur. Chron. 3, 4, 56 ‖ subst. n. pl., remèdes contre la maladie de la rate : Cael.-Aur. Chron. 3, 4, 58.

lĭēnōsus, *a*, *um* (*lien*), qui a mal à la rate : Plin. 7, 20 ‖ [fig.] *cor lienosum* Pl. Cas. 414, cœur gonflé, splénique.

lĭentĕrĭa, *ae*, f. (λειεντερία), lientérie [maladie] : Th.-Prisc. 2, 2 ; Isid. 4, 7, 37.

lĭentĕrĭcus, *a*, *um*, atteint de lientérie : Plin. 29, 44.

lĭgāmen, *ĭnis*, n. (1 *ligo* ; fr. *lien*, bret. *liamm*), lien, ruban, cordon : Prop. 2, 22, 15 ; Col. 11, 2, 92 ‖ bandage, bande : Col. 6, 6, 4.

lĭgāmentum, *i*, n. (*ligo*), bandage, bande [méd.] : Tac. An. 15, 54 ; Quint. 11, 3, 144.

Lĭgārĭus, *ii*, m., Q. Ligarius [proconsul d'Afrique, que Cicéron défendit auprès de César] : Quint. 11, 1, 80 ‖ **-ĭānus**, *a*, *um*, qui concerne Ligarius : *Ligariana* [avec *oratio* exprimé ou s.-ent.] : Cic. Att. 13, 44, 4 ; 13, 12, 2, discours pour Ligarius.

lĭgātĭo, *ōnis*, f. (1 *ligo* ; fr. *liaison*), ligature : Scrib. 225 ; Cael.-Aur. Acut. 2, 37, 195.

lĭgātŏr, *ōris*, m., [chrét.] celui qui lie [les péchés] : Orig. Matth. 13, 31, 1182 ‖ celui qui applique les amulettes : *Caes.-Arel. Serm. 200, 6 add. in fine H 2.

lĭgātūra, *ae*, f. (*ligo* ; it. *legatura*), ligature, action de lier : Pall. 1, 16, 11 ‖ amulette : Aug. Ev. Joh. 7, 6 ; Isid. 8, 9 ‖ enlacement dans la lutte : Ambr. Psalm. 36, 55.

1 lĭgātus, *a*, *um*, part. de *ligo*.

2 lĭgātus, *i*, m., poisson inconnu : Aus. Epist. 4 (393), 61.

Lĭgauni, *ōrum*, m. pl., peuple de la Narbonnaise : Plin. 3, 85 ; Sil. 4, 206.

Ligdĭnus, ▶ *Lygdinus*.

Ligdus, *i*, m., Crétois, père d'Iphis : Ov. M. 9, 670.

Lĭgēa, *ae*, f. (Λίγεια), nom d'une nymphe : Virg. G. 4, 336 ‖ île près du Bruttium : Solin. 2, 9.

Lĭgella, *ae*, f., nom de femme : Mart. 10, 90.

Lĭgĕr, *ĕris*, m., la Loire [fl. de la Gaule] Atlas I, B3 ; V, D2 ; V, E3 : Caes. G. 7, 55, 10 ; Tib. 1, 7, 12 ; Plin. 4, 107 ‖ **-rĭcus**, *a*, *um*, de la Loire : CIL 13, 1709.

Lĭgĭi (**Lygĭi**), *ōrum*, m. pl., peuple de Germanie : Tac. G. 43 ; An. 12, 29.

lignāmĕn, *ĭnis*, n. (*lignum*, cf. *aeramen* ; it. *legname*), boiserie : Gloss. 2, 557, 40.

lignārĭus, *a*, *um* (*lignum* ; it. *legnaio*) ¶ **1** relatif au bois, de bois, ligneux : Capit. Pert. 1 ; Scrib. 141 ¶ **2** subst. m., charpentier, menuisier : Pall. 1, 6, 2 ; *inter lignarios* Liv. 35, 41, 10, [endroit de Rome] quartier des charpentiers ‖ esclave chargé de porter le bois : Hier. Ep. 108, 8 ‖ bûcheron : Gloss. 2, 378, 28 ¶ **3 lignārium**, subst. n., réserve à bois : Cassian. Inst. 4, 24, 2.

lignātĭō, *ōnis*, f. (*lignor*), action de faire du bois, approvisionnement en bois : Caes. G. 5, 39, 2 ; Vitr. 5, 9, 8 ‖ lieu d'où on tire du bois : Col. 1, 5, 1.

lignātŏr, *ōris*, m. (*lignor*), celui qui va faire du bois : Caes. G. 5, 26, 2 ; Liv. 41, 1, 7.

lignĕŏlus, *a*, *um* (dim. de *ligneus*), Lucil. 224 ; Cic. Q. 3, 7, 2 ; *ligneolae hominum figurae* Apul. Mund. 27, marionnettes.

lignĕtēr, *tēris*, m. (de λίκνον), fourche à remuer le grain : Diocl. 15, 50.

lignĕus, *a*, *um* (*lignum*), de bois, en bois : Cic. Tusc. 5, 59 ; Inv. 2, 170 ; Caes. C. 3, 9, 3 ; Plin. 34, 123 ‖ semblable au bois, ligneux : Plin. 15, 86 ; 16, 110 ‖ semblable à du bois sec : Lucr. 4, 1161 ; Catul. 23, 6.

lignĭcīda, *ae*, m. (*lignum*, *caedo*), bûcheron : Varr. L. 8, 62.

lignĭcŏla, *ae*, m., f., qui adore les arbres : Vit. Caes.-Arel. 1, 55.

lignĭfĕr, *ĕri*, m. (*lignum*, *fero*), porteur de bois : An. Helv. 8, 101, 6.

lignŏr, *āris*, *ārī*, *ātus sum* (*lignum*), intr., faire du bois, aller à la provision de bois : Caes. C. 3, 15, 2 ; 3, 76, 2 ‖ *lignatum ire* Cat. Orig. 2, 6 ; Liv. 10, 25, 6 ; 40, 25, 4 ; Pl. Cap. 658 [jeu de mots sur *lora* destinés à lier les fagots ou à fouetter].

lignōsus, *a*, *um* (*lignum* ; it. *legnoso*), ligneux, semblable à du bois : Plin. 13, 112 ; 24, 69 ‖ *lignosior* Plin. 19, 88.

lignum, *i*, n. (2 *lego*, cf. *signum*), bois : Cat. Agr. 130 ; Cic. Verr. 1, 27, 69 ; Hor. O. 1, 9, 5 ; *in silvam ligna ferre* [prov.] Hor. S. 1, 10, 34, porter de l'eau à la rivière ‖ bois [de construction] : Juv. 11, 118 ‖ planche, tablette : Juv. 13, 137 ‖ partie dure et ligneuse des fruits ; coquille, noyau, pépin : Plin. 15, 111 ; 15, 10 ; 13, 40 [poét.] arbre : Virg. En. 12, 767 ; Hor. S. 1, 8, 1 ; O. 2, 13, 11 ‖ bâton : Vulg. Marc.

lignum

14, 43 ∥ [chrét.] le bois de la croix, croix : Aug. *Conf.* 9, 13, 35.

lignyzōn, *ontis*, m. (λιγνύς), couleur de fumée, noirâtre [en parlant d'une sorte d'escarboucle] : Plin. 37, 94.

1 **lĭgō**, *ās, āre, āvī, ātum* (cf. *lictor*, alb. *lidh* ; fr. *lier*), tr., attacher, lier, assembler : Ov. *M.* 3, 575 ; Gell. 12, 3, 1 ; Luc. 8, 61 ∥ entourer, encercler : Val.-Flac. 4, 94 ; Ov. *M.* 2, 375 ∥ fixer, attacher : Plin. 36, 200 ∥ unir, joindre : Ov. *M.* 1, 25 ∥ ratifier : Prop. 4, 4, 82 ; Quint. 5, 14, 32.

2 **lĭgo**, *ōnis*, m. (cf. λίσγος ?; esp. *legón*), hoyau, houe : Cat. *Agr.* 135, 1 ; Hor. *Epo.* 5, 30 ; Plin. 18, 42 ∥ [fig.] travail de la terre, agriculture : Juv. 7, 33.

lĭgŭla (lingŭla), *ae*, f. (*lingo* ; esp. *legra*) ¶ 1 petite langue, parcelle de terre : Caes. *G.* 3, 12, 1 ¶ 2 languette : Cat. *Agr.* 18, 2 ; P. Fest. 103, 21 ; Vitr. 9, 8, 12 ¶ 3 petite épée : Naev. d. Gell. 10, 25, 3 ¶ 4 cuiller : Cat. *Agr.* 84 ; Plin. 21, 84 ; Col. 9, 15, 13 ; Mart. 8, 33, 23 ¶ 5 cuillerée : Plin. 20, 36 ¶ 6 bout aminci [d'un tuyau dans l'orgue hydraulique] : Vitr. 10, 8, 4 ¶ 7 aiguille de balance : Schol. Pers. 1, 6 ∥ aiguille d'horloge : Vitr. 9, 8, 12 ¶ 8 bec : [du levier] Vitr. 10, 3, 3 ; [de flûte] P. Fest. 103, 21 ¶ 9 arête : Apul. *Apol.* 35.
▶ les sens 1-3 relèvent de *lingula* dim. de *lingua* ; sur l'attraction exercée par *lingula* sur *ligula*, v. Mart. 14, 120.

lĭgūmĕn, etc., V.▶ *legumen*.

1 **Lĭgŭr**, *ŭris*, Luc. 1, 442, **Lĭgus**, *ŭris*, m., Virg. *En.* 11 ; 715 ; Cic. *Sest.* 68, Ligure ∥ adj. m. f., de Ligurie : Tac. *An.* 2, 13.

2 **Lĭgŭr**, *ŭris*, m., surnom dans la *gens* Aelia et la *gens* Octavia : Cic. *Clu.* 72 ; *Att.* 12, 23, 3.

Lĭgŭres, *um*, m. pl., Ligures, habitants de la Ligurie : Cic. *Agr.* 2, 95 ; Plin. 3, 47 ; V.▶ 1 *Ligur*.

Lĭgŭrĭa, *ae*, f., Ligurie [province maritime de la Cisalpine] Atlas V, E4 ; XII, C1 : Tac. *H.* 2, 15 ; Plin. 3, 48 ∥ **-rīnus**, *a, um*, de Ligurie : Grat. 510.

lĭgūrĭō (lĭgurrĭō), *īs, īre, īvī* ou *ĭī*, -(*lingo*), tr., lécher : Varr. *R.* 3, 16, 6 ; Hor. *S.* 1, 3, 81 ∥ [abs¹] toucher du bout des lèvres : Ter. *Eun.* 936 ∥ [fig.] goûter à : Cic. *Verr.* 3, 177 ∥ convoiter : Cic. *Fam.* 11, 21, 5.
▶ imparf. *ligurribant* Macr. *Sat.* 2, 12, 17.

lĭgūrītĭō (lĭgurr-), *ōnis*, f., gourmandise : Cic. *Tusc.* 4, 26.

lĭgūrītŏr (lĭgurr-), *ōris*, m., un délicat, un gourmand : Macr. *Sat.* 2, 12, 17 ; P. Fest. 80, 3.

1 **lĭgŭrĭus**, *ii*, m., C.▶ *lyncurium* : Hier. *Ep.* 64, 16.

2 **Lĭgŭrĭus**, *ii*, m., nom d'homme : Liv. 33, 22.

3 **lĭgŭrĭus**, C.▶ *ligurrus* : *Gloss. 2, 361, 6 ; 48.

Lĭgurra, *ae*, f., nom de femme : Mart. 12, 62.

lĭgurrĭō, V.▶ *ligurio*.

lĭgurrus (-ūrus), *i*, m. (*ligurrio*), gourmand : Gloss. 2, 361, 6 ; 48.

Lĭgus, *ŭris*, m., V.▶ *Ligur*.

Lĭguscus, C.▶ *Ligusticus* : Varr. *R.* 1, 18, 6.

lĭgustĭcum, *i*, n. (*Ligusticus* ; fr. *livèche*), livèche [plante] : Col. 12, 59, 5.

Lĭgustĭcus, Plin. 3, 75, **Lĭgustīnus**, *a, um*, Liv. 44, 35, de Ligurie, ligure ∥ **-īni**, *ōrum*, m. pl., les Ligures : Plin. 10, 71.

Lĭgustīnus, *i*, m., nom d'homme : Liv. 42, 34 ∥ V.▶ *Ligusticus*.

Lĭgustis, *ĭdis* (Λιγυστίς), Ligurienne : Sidon. *Ep.* 9, 15, 1 v. 44.

lĭgustrum, *i*, n. (*Ligus* ?), troène : Virg. *B.* 2, 18 ; Ov. *M.* 13, 789 ∥ henné : Plin. 12, 109 ; 24, 74.

Lĭgўes, *um*, m. pl., C.▶ *Ligures* : Avien. *Or.* 613.

Lĭlaea, *ae*, f. (Λίλαια), ville de Phocide : Stat. *Th.* 7, 348 ; Plin. 4, 8.

Lĭlaeus, *i*, m., fleuve de Bithynie : Plin. 5, 149.

lĭlĭācĕus, *a, um*, de lis : Antid. Brux. 3 ; Pall. 6, 14 (*in lemmate*).

lĭlĭētum, *i*, n., parterre de lis : Pall. 3, 21, 3.

lĭlĭnum, *ii*, n. (cf. λείριον), essence de lis : Plin. 21, 22.

lĭlĭum, *ii*, n. (cf. λείριον ; it. *giglio*, fr. *lis*), lis [plante et fleur] : Virg. *En.* 6, 709 ; Ov. *A. A.* 2, 115 ; Plin. 21, 22 ∥ chevaux de frise [milit.] : Caes. *G.* 7, 73, 8.

Lĭlўbaeum (-ŏn), *i*, n. (Λιλύβαιον), Lilybée [promontoire de Sicile] : Plin. 3, 87 ∥ ville près du promontoire de Lilybée [auj. Marsala] Atlas XII, G3 : Cic. *Caecil.* 39 ∥ **-baetānus**, Cic. *Fam.* 13, 34, **-baeus**, Luc. 4, 583, **-bēius**, *a, um*, Virg. *En.* 3, 706, de Lilybée.

Lĭlўbē, *ēs*, f. (Λιλύβη), C.▶ *Lilybaeum* : Prisc. *Perieg.* 482.

1 **līma**, *ae*, f. (obscur ; cf. 1 *levis* ? ; fr. *lime*), lime : Pl. *Men.* 85 ; Plin. 9, 109 ; Quint. 2, 12, 8 ∥ [fig.] travail de la lime, révision, retouche, correction : Hor. *P.* 291 ; Ov. *Tr.* 1, 7, 30 ; Vell. 2, 9, 2.

2 **Līma**, *ae*, f. (*limen*), déesse qui veillait au seuil des portes : Arn. 4, 9.

līmācĕus, *a, um* (2 *limus*), fait de limon : Tert. *Res.* 49, 2.

Līmaea, *ae*, m., fleuve de Lusitanie : Plin. 4, 115.

Līmāne (Lem-), *is*, n. et **-nis**, f., la Limagne [Auvergne] : Greg.-Tur. *Hist.* 5, 33 ; 3, 9.

Līmānĭcus, *a, um*, de la Limagne : Greg.-Tur. *Conf.* 30.

līmārĭus, *a, um* (2 *limus*), épuratoire : Frontin. *Aq.* 15.

līmātē, adv., avec travail, avec correction ∥ *limatius* [compar.] Amm. 15, 13, 2.

līmātĭo, *ōnis*, f. (2 *limo*), action de limer, limure : Cael.-Aur. *Chron.* 5, 4, 141.

līmātŏr, *ōris*, m. (2 *limo*), celui qui lime : Gloss. 2, 428, 16.

līmātŭlus, *a, um* (dim. de *limatus*), finement limé, délicat : Cic. *Fam.* 7, 33, 2.

līmātūra, *ae*, f. (2 *limo*), limaille : Gloss. 3, 568, 22.

līmātus, *a, um*, part. de *limo* pris adj¹, passé à la lime = poli, châtié : **limatius ingenium** Plin. *Ep.* 1, 20, 21, esprit plus cultivé ∥ [rhét.] qui supprime toute superfluité dans son style, simple, sobre : Cic. *Brut.* 93 ; *Or.* 20 ; *de Or.* 1, 180.

līmax, *ācis*, m., f. (2 *limus* ; cf. λείμαξ, rus. *slimak*, al. *Schleim* ; fr. *limace*), limace [mollusque] : Varr. *L.* 7, 64 ; P. Fest. 103, 14 ∥ escargot : Plin. 29, 113 [injure] Pl. d. Non. 4, 274 ∥ f., courtisane : Pl. d. Varr. *L.* 7, 64.

limbātus, *a, um*, garni d'une bordure : Treb. *Claud.* 17, 6.

limbŏlārĭus, **limbŭlārĭus**, *ii*, m. (*limbulus, limbus*), passementier, frangier : Pl. *Aul.* 514.

limbus, *i*, m. (peu clair ; cf. scr. *lambate*, al. *Lumpen*, an. *limp* ; it. *lembo*), bordure, lisière, frange : Virg. *En.* 4, 137 ; Ov. *M.* 5, 51 ∥ ceinture : Stat. *Th.* 6, 367 ∥ le Zodiaque : Varr. *R.* 2, 3, 7 ∥ piège : Grat. 26.

līmĕn, *ĭnis*, n. (cf. *limes*, 1 *limus*), seuil : Pl. *Merc.* 830 ; Cic. *Phil.* 2, 45 ; Cael. 34 ∥ porte, entrée : Cic. *Nat.* 2, 67 ; Hor. *Ep.* 1, 18, 73 ∥ maison, habitation : Liv. 34, 1 ; Virg. *En.* 7, 579 ∥ [fig.] début, commencement [poét.] : Lucr. 6, 1157 ; Tac. *An.* 3, 74 ∥ fin, achèvement : Apul. *M.* 11, 21 ∥ [poét.] la barrière [dans un champ de courses] : Virg. *En.* 5, 316 ∥ [chrét.] [au pl.] tombeau et basilique de Sts-Pierre-et-Paul : Cassiod. *Var.* 12, 20, 4.

līmĕnarcha, *ae*, m. (λιμενάρχης), liménarque, inspecteur de port : Paul. *Dig.* 11, 4, 4.

Līmentīnus, *i*, m. (*limen*), dieu qui veillait au seuil des portes : Tert. *Idol.* 15, 5 ; Arn. 1, 15.

Līmēra, *ae*, f., surnom d'Épidaure, ville d'Argolide : Plin. 4, 17.

līmĕs, *ĭtis*, m. (cf. *limen*, 1 *limus, comes*) ¶ 1 sentier, passage entre deux champs : Col. 1, 8, 7 ; Varr. *R.* 2, 4, 8 ∥ bordure, limite : Virg. *G.* 1, 126 ; Juv. 16, 38 ∥ rempart : Tac. *An.* 2, 7 ; *G.* 29 ¶ 2 [en gén.] sentier, chemin, route : Liv. 22, 12, 2 ; Ov. *M.* 2, 19 [fig.] Cic. *Rep.* 6, 26 ∥ frange [dans une pierre précieuse] : Plin. 37, 184 ∥ sillon, trace : Virg. *En.* 2, 697 ∥ [fig.] limite, frontière : Juv. 10, 169 ∥ frontière fortifiée de l'Empire : **limes Raeticus** Cod. Just. 18, 48, 12, la ligne de défense de la Rétie.

limēum, *i*, n. (gaul.), plante vénéneuse : Plin. 27, 101.

Līmĭa, *ae*, m., fleuve de Tarraconaise : Plin. 4, 112 ; Mel. 3, 10, ville sur le Limia :

*Anton. 429 ‖ **-ĭcus**, *a*, *um*, de Limia : CIL 2, 4963.

Lĭmĭci, *ōrum*, m. pl., peuple de la Tarraconaise : Plin. 3, 28.

līmĭcŏla, *ae*, f. (*2 limus*, *colo*), qui vit dans la vase : Aus. *Epist. 7 (396), 2, 36*.

Limigantes, *um*, m. pl., peuple sarmate, sur les confins de la Pannonie : Amm. 17, 13, 21.

līmĭgĕnus, *a*, *um* (*2 limus*, *geno*), qui naît dans la vase : Aus. *Mos. 45*.

līmĭnāris, *e* (*limen*), relatif au seuil : Vitr. 6, 3, 4 ‖ [fig.] liminaire, initial : Aug. *Ep. 40, 2*.

līmĭnĭum, *ĭi*, n., Sulp.-Ruf. d. Cic. *Top. 36*.

līmis, *e*, ⓒ *1 limus* : Amm. 17, 7, 13 ; 20, 9, 2 ‖ qui regarde de travers : Don. *Eun. 601* ; Ⓥ *1 limus*.

līmĭtālis, *e* (*limes* ; fr. *linteau*), ⓒ *limitaneus* : CIL 1, 594, 104.

līmĭtānĕus, *a*, *um* (*limes*), placé aux frontières : Cod. Just. 11, 59, 3 ; Lampr. *Alex. 58* ‖ qui garde les frontières : Spart. *Pesc. 7* ‖ **līmĭtānus**, *a*, *um*, Prisc. 2, 78, 19.

līmĭtāris, *e* (*limes*), relatif aux limites : Grom. 206, 8 ; *limitare iter* Varr. *L. 5, 21*, sentier qui fait limite.

līmĭtātĭo, *ōnis*, f. (*limito*), bornage, délimitation : Col. 3, 12, 1.

līmĭtātŏr, *ōris*, m., arpenteur : Serv. *B. 9, 7*.

līmĭto, *ās*, *āre*, *āvī*, *ātum* (*limes*), tr., entourer de frontières, limiter : Plin. 17, 169 ; P. Fest. 103, 7 ‖ fixer, déterminer : Varr. *R. 2, 2, 1*.

līmĭtrŏphus, *a*, *um* (*limes*, τρέφω), limitrophe : *limitrophi fundi* Cod. Th. 5, 13, 38, terres attribuées aux soldats des frontières pour leur subsistance.

limma, *ătis*, n. (λεῖμμα), demi-ton [mus.] : Macr. *Somn. 2, 1, 23* ; Boet. *Mus. 2, 38*.

Limnaeum, *i*, n., bourg de Thessalie : Liv. 36, 13, 9 ; 36, 14, 2.

Limnātis, *ĭdis*, f. (Λιμνᾶτις, -ῆτις), surnom de Diane, protectrice des pêcheurs : Tac. *An. 4, 43*.

limnētis (**limnēstis**), *is* ou *ĭdos*, f. (λίμνηστις, λίμνητις), grande centaurée [plante] : Ps. Apul. *Herb. 34, 18*.

1 līmō, abl. de *1 limus* pris advᵗ, de côté, obliquement : Solin. 27, 20.

2 līmō, *ās*, *āre*, *āvī*, *ātum* (*lima* ; fr. *limer*), tr. ¶ **1** limer : Plin. 36, 54 ‖ aiguiser, frotter : Plin. 8, 71 ; *caput cum aliquo* Andr. *Tr. 28*, frotter sa tête contre celle d'un autre, embrasser qqn, cf. Pl. *Merc. 537* ; *Poen. 292* ¶ **2** [fig.] **a)** polir, achever, perfectionner, affiner : *neque haec ita dico, ut ars aliquos limare non possit* Cic. *de Or. 1, 115*, et en disant cela je ne prétends pas que l'art ne puisse perfectionner tels ou tels, cf. *de Or. 3,*

190 ; *Nat. 2, 74* **b)** amoindrir, diminuer : Cic. *de Or. 3, 9, 36* ; *Fam. 3, 8, 8* ; *se limare ad...* Cic. *Opt. 9*, se restreindre à ....
▶ *limassis* = *limaveris* Caecil. *Com. 112* ; Turpil. *Com. 112*.

3 līmō, *ās*, *āre*, -, - (*2 limus*), couvrir de boue [jeu de mots] : Pl. *Poen. 893*.

4 Līmo, *ōnis*, m. (Λειμών), titre d'un ouvrage de Cicéron : Suet. *Vit. Ter.* ‖ surnom romain : Ascon. Cic. *Scaur.*

līmōcinctus, *i*, m., huissier [m. à m. ceint d'un *limus*] : CIL 5, 3401.

līmŏdōrŏn, *i*, n., plante inconnue : Plin 19, 176.

Līmōnes, *um*, m. pl. (*1 limus*), divinités : Arn. 4, 9.

līmōnĭa, *ae*, f. (λειμωνία), variété d'anémone [fleur] : Plin. 21, 65 ‖ ⓒ *scolymos* : Plin. 22, 86.

Līmōnĭădes, *um*, f. pl. (Λειμωνιάδες), Limoniades, nymphes des prairies : Serv. *B. 10, 62*.

līmōnĭātis, *tĭdis*, f. (λειμωνιᾶτις), sorte d'émeraude : Plin. 37, 172.

līmōnĭum, *ĭi*, n. (λειμώνιον), bette sauvage [plante] : Plin. 20, 72.

Līmōnum (**Lem-**), *i*, n., ville des Pictons [auj. Poitiers] Atlas V, E2 : Hirt. *G. 8, 26*.

līmōsĭtās, *ātis*, f., état fangeux : Cass. Fel. 32.

līmōsus, *a*, *um* (*2 limus* ; esp. *limoso*), bourbeux, vaseux, fangeux : Virg. *B. 1, 49* ; *limosa radix* Plin. 27, 34, racine limoneuse ; *in limosis* Plin. 9, 142, dans les lieux marécageux.

limpĭdē, adv., clairement [au fig.] : Cael.-Aur. *Chron. 4, 1, 6* ; *4, 3, 30* ‖ **-dius** Aug. *Rhet. 20, p. 150*.

limpĭdĭtās, *ātis*, f. (*limpidus*), limpidité : Jord. *Get. 16*.

limpĭdō, *ās*, *āre*, -, - (*limpidus* ; esp. *limpiar*), tr., rendre clair, éclaircir, nettoyer : Veg. *Mul. 3, 28, 3*.

limpĭdus, *a*, *um* (*lympha*, ou *liqueo* ? ; esp. *limpio*), clair, transparent, limpide : Catul. 4, 24 ; Vitr. 8, 4, 2 ‖ pur, propre : Cael.-Aur. *Chron. 1, 1, 2* ; *Acut. 2, 18, 103*.

limpŏr, Ⓥ *lymphor*.

līmŭla, *ae*, f. (dim. de *lima*), Ter.-Maur. 6, 334, v. 284.

līmŭlus, *a*, *um* (dim. de *1 limus*), *limis (oculis) intueri* Pl. *Bac. 1130* ; ⓒ *limis d. 1 limus*.

1 līmus, *a*, *um* (cf. *sublimis*, *limes* ?), oblique : *limi oculi* Plin. 11, 145, yeux qui regardent de côté, obliquement ; *limis (oculis) adspicere* Pl. *Mil. 1217* ; *spectare* Ter. *Eun. 601*, regarder de côté, du coin de l'œil, à la dérobée, cf. Hor. *S. 2, 5, 53* ; Ⓥ *limis*.

2 līmus, *i*, m. (λειμών, al. *Leim*, an. *lime*) it., esp. *limo*), limon, vase, boue, fange :

Lucr. 5, 496 ; Cic. *Frg. E 7, 6* ; Liv. 2, 5, 3 ; Virg. *G. 1, 116* ‖ dépôt, sédiment : Hor. *S. 2, 4, 80* ‖ déjections, excréments : Pall. 3, 31, 2 ‖ [fig.] boue, souillure : Ov. *Pont. 4, 2, 17*.
▶ n. *limum* Varr., Grom.

3 līmus, *i*, m. (*1 limus*), sorte de jupe [bordée dans le bas d'une bande de pourpre, à l'usage des victimaires] : Virg. *En. 12, 120*.
▶ n. *limum* Tir. d. Gell. 12, 3, 3.

Līmўra, *ae*, f., Mel 1, 82, **-rē**, *ēs*, f., Ov. *M. 9, 646*, **-ra**, *ōrum*, n. pl., Vell. 2, 102, 5, Limyre [ville de Lycie, sur le fleuve Limyra, cf. Plin. 5, 100].

līnābrum, *i*, n. (*linum*), magasin à lin : Not. Tir. 110.

līnāmĕn, *ĭnis*, n., objet en lin : Not. Tir. 110.

līnāmentum, *i*, n. (*linum*), toile de lin : Plin. 32, 129 ‖ compresse, bande : Cels. 7, 9, 5 ‖ pl., charpie : Cels. 5, 6, 21 ‖ mèche de lin : Cels. 4, 20, 1.

līnārĭa, *ae*, f., atelier où l'on travaille le lin : Not. Tir. 110.

līnārĭus, *ĭi*, m. (a. fr. *linier*), ouvrier qui travaille le lin : Pl. *Aul. 508* ; CIL 13, 639 ‖ ⓒ *retiarius* : Gloss. 4, 108, 18.

līnātārĭus, *ĭi*, m., marchand de lin : CIL 10, 7330.

linctĭo, *ōnis*, f., action de lécher : Greg.-M. *Ev. 40, 2*.

linctŏr, *ōris*, m. (*lingo*), celui qui lèche : Gloss. 2, 361, 5.

1 linctus, *a*, *um*, part. de *lingo*.

2 linctŭs, *ūs*, m., action de sucer : Plin. 31, 104.

lincūrĭus, Ⓥ *lyncurium*.

Lindus (**-ŏs**), *i*, f. (Λίνδος), Lindos [ville de l'île de Rhodes] : Cic. *Nat. 3, 54* ; Mel. 2, 101 ‖ **-dĭus**, *a*, *um*, de Lindos : Plin. 33, 155 ‖ **Lindĭa**, titre d'une comédie de Turpilius : Prisc. *Metr. Ter. 18 = 3, 426, 1*.

līnĕa (**līnĭa**), *ae*, f. (*lineus* ; fr. *ligne*) ¶ **1** fil de lin, cordon, ficelle : *nectere lineas* Varr. *R. 1, 23, 6*, tisser des ficelles ; *linea dives* Mart. 8, 78, 7, riche collier, collier de perles ‖ *Lineae* Plin. 11, 82, fils [qui forment les ouvertures dans les filets] [d'où] filet : Plin. 9, 145 ; Sen. *Clem. 1, 12, 5* ¶ **2** ligne [pour la pêche] : Mart. 3, 58, 27 ; Pl. *Most. 1070* ¶ **3** cordeau [pour aligner] : *perpendiculo et linea uti* Cic. *Q. 3, 1, 2*, se servir du plomb et du cordeau ‖ [d'où] alignement perpendiculaire : *ad lineam ferri* Cic. *Fin. 1, 18*, tomber à la verticale ‖ *rectis lineis* Cic. *Tusc. 1, 40*, en droite ligne ; *ad perpendiculum rectis lineis* Cic. *Fat. 22*, en ligne droite perpendiculairement ¶ **4** ligne, trait [fait avec une plume, un pinceau] : *circumcurrens* Quint. 1, 10, 41, circonférence ; *lineam scribere* Cic. *Tusc. 5, 113*, tracer une ligne ; *lineam ducere* Plin. 35, 84, jeter qques traits sur la toile [peindre] ‖ [fig.] *primas lineas ducere* Quint. 2, 6, 2, esquisser ; *primis lineis aliquid designare* Quint. 4, 2, 120, faire

linea

l'esquisse de qqch. ¶ 5 [sens divers] **a)** ligne [tracée à la craie, dans le cirque au bout de la carrière, c. *creta*]: Hor. *Ep.* 1, 16, 79 ‖ [fig.] **transire lineas** Cic. *Par.* 20, dépasser le but, la limite, cf. Varr. *L.* 9, 5; ***admoveri lineas sentio*** Sen. *Ep.* 49, 4, je sens s'approcher le terme [la mort]; ***extrema linea amare*** Ter. *Eun.* 640, aimer de loin, se contenter de voir la personne aimée **b)** ligne de séparation des places au cirque: Ov. *Am.* 3, 2, 19; *A. A.* 1, 14, 1 [fig.] Quint. 11, 3, 133 **c)** traits du visage, ▶ *lineamenta*: Arn. 5, 31 **d)** ligne de parenté: Paul. *Dig.* 38, 10, 9.

līnĕālis, *e* (*linea*), de ligne, fait de lignes: Amm. 22, 16, 7.

līnĕālĭtĕr, adv., par le moyen de lignes: Capel. 8, 834.

līnĕāmentum (līnĭā-), *i*, n. (*linea*), ligne, trait de plume, de craie: Cic. *de Or.* 1, 187; *Ac.* 2, 116 ‖ pl., linéaments, contours, traits: Cic. *Nat.* 1, 75; ***operum lineamenta*** Cic. *Verr.* 4, 98, les contours (la ligne) de ces œuvres d'art, cf. Cic. *Or.* 186‖ dessin du style: Cic. *Brut.* 298‖ traits [du visage]: Cic. *Div.* 1, 23.

līnĕāris, *e* (*linea*), de ligne, linéaire: ***linearis pictura*** Plin. 35, 17, dessin [au trait], esquisse ‖ géométrique: Quint. 1, 10, 49; ***linearis ratio*** Quint. 1, 10, 36, la géométrie.

līnĕārĭtĕr, adv. (*linearis*), par des lignes: Boet. *Mus.* 3, 9.

līnĕārĭus, *a*, *um* (*linea*), de ligne: Grom. 168, 10; 206, 14.

līnĕātim, adv., par des lignes: Boet. *Herm. sec.* 1, 1, p. 29, 3.

līnĕātĭo, *ōnis*, f. (*lineo*), ligne: Vitr. 9, 1, 13; 10, 16, 10.

līnĕātus, *a*, *um* ¶ 1 part. de *lineo* ¶ 2 (*linea*) rayé, marqué de lignes: Isid. 12, 4, 7; 16, 12, 4.

līnĕō (līnĭō), *ās*, *āre*, *āvī*, *ātum* (*linea*), tr., aligner: Cat. *Agr.* 14, 3; Pl. *Mil.* 916; Vitr. 9, 4, 13 ‖ *lineatus* Hier. *Ep.* 117, 6, bien aligné = tiré à quatre épingles.

līnĕŏla, *ae*, f. (dim. de *linea*), petite ligne [tracée]: Gell. 10, 1, 9.

līnĕus, *a*, *um* (*linum*; fr. *linge*), de lin: Virg. *En.* 5, 510; Plin. 12, 25; ***linea terga*** Virg. *En.* 10, 784, les épaisseurs de toile [du bouclier], cf. Cic. *Att.* 4, 3, 5.

lingō, *īs*, *ĕre*, *linxī*, *linctum* (*ligula*, *ligurio*; λείχω, scr. *lihati*, al. *lecken*; roum. *linge*), lécher, sucer: Pl. *Cas.* 458; Catul. 98, 5; Plin. 35, 177; Vulg. *Luc.* 16, 21.

Lingŏnes, *um*, m. pl., Lingons [peuple de la Gaule Celtique, habitant le pays de Langres]: Caes. *G.* 1, 26; Tac. *H.* 1, 53; Luc. 1, 398‖ peuple de la Gaule cispadane: Liv. 5, 35, 2 ‖ **-ŏnĭcus**, *a*, *um*, des Lingons: Mart. 1, 54, 5 ‖ **Lingŏnus**, *i*, m., un Lingon: Tac. *H.* 4, 55; Mart. 8, 75, 2.

lingua, *ae*, f. (anc^t *dingua* Mar. Vict. *Gram.* 6, 26, 2; cf. scr. *jihvā*, al. *Zunge*, an. *tongue*, rus. *jazyk*; fr. *langue*) ¶ 1 la langue: Cic. *Nat.* 2, 149; ***lingua haesitare*** Cic. *de Or.* 1, 115, parler avec difficulté, avoir la langue embarrassée; ***ejecta lingua*** Cic. *de Or.* 2, 266, tirant la langue ¶ 2 langue, parole, langage: ***linguam continere*** Cic. *Q.* 1, 1, 38, tenir sa langue, se taire; ***operarii lingua celeri et exercitata*** Cic. *de Or.* 1, 83, des exécutants à la langue agile et exercée; ***linguas hominum vitare*** Cic. *Fam.* 9, 2, 2, éviter les propos du monde ¶ 3 langue d'un peuple: ***Latina, Graeca*** Cic. *Fin.* 1, 10; ***utraque lingua*** Hor. *S.* 1, 10, 23, les deux langues [grec et latin] ‖ dialecte, idiome: Quint. 12, 10, 34; Sen. *Ep.* 77, 14 [poét.] ***lingua volucrum*** Virg. *En.* 3, 361, le langage des oiseaux ¶ 4 façon de parler: ***interpretatio linguae secretioris*** Quint. 1, 1, 36, interprétation des expressions un peu plus rares ¶ 5 [métaph.] **a)** plantes diverses: = ***lingulaca*** Plin. 24, 70; ***lingua bubula*** Cat. *Agr.* 40, 4; Plin. 17, 112, buglosse; ***canina*** Cels. 5, 27, 18, cynoglosse **b)** langue de terre: Liv. 44, 11, 3; Luc. 2, 614 **c)** bec du levier [v. *ligula*]: Vitr. 10, 3, 2 **d)** biseau d'une flûte: Plin. 10, 84.

linguārĭum, *ii*, n. (*lingua*), amende pour avoir eu la langue trop longue: Sen. *Ben.* 4, 36, 1.

linguātŭlus, *a*, *um* (dim. de *linguatus*), qui a une assez bonne langue: Tert. *Nat.* 1, 8, 8.

linguātus, *a*, *um* (*lingua*), qui a bonne langue, éloquent: Tert. *Anim.* 3, 1; Vulg. *Eccli.* 8, 4 ‖ parlant [fig.], expressif: Anth. 114, 3.

linguax, *ācis* (*lingua*), bavard: Gell. 1, 15, 20.

lingŭla, ▶ *ligula*: Cat. *Agr.* 84; Mart. 14, 120; Char. 104, 5; Prisc. 2, 113, 17.

1 **lingŭlāca**, *ae*, m. f. (*lingula*), femme bavarde: Pl. *Cas.* 388; Varr. *Men.* 381; P. Fest. 104, 4.

2 **lingŭlāca**, *ae*, f. (*lingula*), scolopendre [plante]: Plin. 25, 133‖ poisson plat [sole ou limande]: Varr. *L.* 5, 77; P. Fest. 104, 4.

lingŭlātus, ▶ *ligulatus*: Vitr. 8, 6, 8; Isid. 19, 34, 13.

lingŭlus, *i*, m., querelleur: Anth. 199, 88.

linguo, ▶ *lingo*: Aug. *Serm.* 121, 3; Prisc. 2, 504, 6.

linguōsus, *a*, *um* (*lingua*), grand parleur, bavard: Hier. *Ep.* 108, 20; Petr. 43, 3 ‖ [fig.] qui a un langage expressif: ***linguosi digiti*** Cassiod. *Var.* 4, 51, doigts expressifs [qui expriment par des signes].

lini, ▶ *lino* ▶.

līnĭa, *ae*, f., ▶ *linea*.

līnĭāmentum, ▶ *lineamentum* [meill. mss de Cic.].

līnĭātūra (līnīt-?), *ae*, f., action d'oindre: *Gloss. 2, 478, 48.

līnĭfārĭus, ▶ *linypharius*.

līnĭfĕr, *ĕra*, *ĕrum* (*linum*, *fero*), qui porte du lin: Plin. 13, 90.

līnĭfĭcus, *a*, *um* (*linum*, *facio*), qui file du lin: Aug. *Serm.* 37, 6 ‖ subst. m., tisserand: Cod. Th. 8, 16.

līnĭfĭum, ▶ *linyphium*.

līnĭgĕr, *ĕra*, *ĕrum* (*linum*, *gero*), vêtu de lin: ***linigera turba*** Ov. *M.* 1, 747; ***grex liniger*** Juv. 6, 532, la troupe vêtue de lin, les prêtres d'Isis; ***linigera juvenca*** Ov. *A. A.* 1, 77 = Isis.

līnīmentum, *i*, n. (2 *linio*), onction, onguent, enduit [pour luter un vase], lut: Theod.-Prisc. *Eup. faen.* 1, 84; Pall. 11, 14, 16.

1 **līnĭō**, *ās*, *āre*, -, -, ▶ *lineo*.

2 **līnĭō**, *īs*, *īre*, *īvī*, *ītum*, ▶ *lino*: Pall. 4, 10, 29; Vitr. 5, 10, 3; Col. 6, 30, 3; Plin. 17, 266.

līnĭŏla, ▶ *lineola*.

līnĭphī-, ▶ *liny-*.

līnĭtĭo, *ōnis*, f. (2 *linio*), vernissage, vernis: Vulg. *Eccli.* 38, 34.

1 **līnītus**, *a*, *um*, part. de 2 *linio*.

2 **līnītŭs**, abl. *ū*, m., friction: Plin. 20, 118.

linna, *ae*, f. (mot gaulois), vêtement gaulois: Isid. 19, 23, 3.

līnō, *īs*, *ĕre*, *līvī* ou *lēvī*, *lĭtum* (cf. 1 *libo*), tr., enduire, frotter, oindre; ***aliqua re***, de qqch.: Virg. *G.* 4, 39; Hor. *P.* 331; Ov. *Pont.* 1, 2, 18; Liv. 21, 8, 10; Col. 12, 16, 5‖ couvrir, recouvrir [ce qui est écrit sur les tablettes], effacer: Ov. *Pont.* 1, 5, 16 ‖ barbouiller, souiller, ***aliqua re***, de qqch.: Ov. *F.* 3, 760; Mart. 9, 22, 13 [fig.] Hor. *Ep.* 2, 1, 237.

▶ parf. *livi* Cat. *Agr.* 69; Col. 12, 50, 17; *levi* Hor. *O.* 1, 20, 3; *lini* Prisc. 2, 529, 25, ▶ 2 *lino*.

līnostēmus, *a*, *um*, Isid. 19, 22, 17 et **līnostīmus**, *a*, *um*, Aug. *Faust.* 6, 9, tissé de lin et de laine.

līnostrŏphŏn, *i*, n. (λινόστροφον), ▶ *marrubium*: Plin. 20, 241.

līnozostis, *ĭdis*, f. (λινόζωστις), ▶ *mercurialis*: Plin. 25, 38.

linquō, *īs*, *ĕre*, *līquī*, - (cf. *reliquus*, λείπω, scr. *riṇakti*, al. *leihen*) ¶ 1 laisser qqn, qqch. [sur place]: ***lupos apud oves*** Pl. *Ps.* 140, laisser les loups dans la bergerie ‖ planter là qqn: Hor. *S.* 1, 9, 74 ‖ laisser derrière soi [en s'en allant]: Cic. *Rep.* 6, 2; Luc. 9, 162; Val.-Flac. 5, 231 ‖ [fig.] laisser de côté qqch. (ne pas s'occuper de): Cic. *de Or.* 3, 38; 3, 180 ‖ [avec deux acc.] ***serpentem seminecem*** Virg. *En.* 5, 275, laisser un serpent à demi mort, cf. Hor. *P.* 285 ‖ [pass. impers.] ***linquitur*** [avec *ut*] Lucr. 2, 914; [avec inf.] Sil. 4, 626, il reste que, il reste à ¶ 2 abandonner: [sa ville, son pays] Cic. *Planc.* 26; *Div.* 1, 112 [qqn] Cic. *Fat.* 36 ‖ **linquere lumen, animam, vitam** Pl. *Cas.* 643; Lucr. 5, 989; Virg. *En.* 3, 140; Ov. *M.* 13, 522, quitter la vie ‖ ***linqui animo*** Suet. *Caes.* 45; ***linqui*** Ov. *H.* 2, 130, s'évanouir.

lintĕămĕn, *ĭnis*, n. (*linteum*), linge : Lampr. *Hel.* 26, 1 ; Apul. *M.* 11, 10.

lintĕărĭa, *ae*, f., lingère, marchande de toile : CIL 2, 4318 a.

lintĕărĭus, *a*, *um* (*linteum*), relatif au linge, à la toile : Dig. 14, 4, 5, 15 ¦ m., tisseur de lin : Cod. Th. 10, 20, 16.

lintĕātus, *a*, *um* (*linteum*), vêtu de lin, de toile : Liv. 10, 38, 2 ; Sen. *Vit.* 26, 8 ; P. Fest. 102, 15.

lintĕo, *ōnis*, m. (*linteum*), tisserand : Pl. *Aul.* 506 ; Serv. *En.* 7, 14.

lintĕŏlum, *i*, n. (dim. de *linteum* ; fr. *linceul*), petite étoffe de toile : Pl. *Ep.* 230 ; Plin. 14, 106 ; **linteola concerpta** Plin. 31, 100, charpie ¦ mèche de lampe : Prud. *Cath.* 5, 18.

lintĕŏlus, *a*, *um* (*linteus*), de toile : Prud. *Perist.* 3, 180.

lintĕr (lunter), *tris*, f. (obscur) ; gén. pl. *lintrium*, petite embarcation fluviale : Cic. *Mil.* 74 ; Cæs. *G.* 1, 12 ¦ récipient de bois [à l'usage des vignerons], auge à fouler le raisin : Cat. *Agr.* 11, 5 ; Tib. 1, 5, 23 : Virg. *G.* 1, 262.
▶ forme *lunter* Cic. *Brut.* 216 ; Quint. 11, 3, 129 ¦ nom. *lintris* Sidon. *Carm.* 5, 283 ¦ *linter* m. Tib. 2, 5, 34 ; Vell. 2, 107, 2.

Lintern-, ▶ *Lit-*.

lintĕum, *i*, n., toile de lin : Pl. *Most.* 267 ; Cic. *Rab. Post.* 40 ; Plin. 25, 164 ¦ toile : Liv. 28, 45, 15 ¦ voile : Virg. *En.* 3, 686 ; Hor. *O.* 1, 14, 9 ¦ ceinture : Gai. *Inst.* 3, 192 ¦ rideau : Mart. 2, 57, 6 ¦ [en gén.] tissu, étoffe : Plin. 12, 38.

lintĕus, *a*, *um*, de lin : Cic. *Verr.* 5, 146 ; **lintei libri** Liv. 4, 7, 12, livres de lin [chronique ancienne de Rome écrite sur lin, cf. Plin. 13, 69] : Plin. 19, 8.

lintĭārĭus, *a*, *um*, ▶ *lintearius* : CIL 13, 1998.

lintĭo, ▶ *linteo* : CIL 12, 5970.

lintrārĭus, *ĭi*, m., batelier : Ulp. *Dig.* 4, 9, 1.

lintrĭcŭlus, *i*, m. (dim. de *linter*), Cic. *Att.* 10, 10, 5.

lintris, *is*, ▶ *linter* ▶.

Lintuma, *ae*, f., ville située sur le Nil : Plin. 6, 180.

līnum, *i*, n. (cf. *linea*, λίνον, al. *Leinen* ; fr. *lin*) ¶ 1 lin [plante et tissu] : Virg. *G.* 1, 77 ; Cic. *Verr.* 5, 27 ¶ 2 fil : Cels. 7, 4, 4 A ; Cic. *Cat.* 3, 10 ¦ ligne pour la pêche : Ov. *M.* 13, 923 ¦ vêtement de lin : Hor. *S.* 2, 4, 54 ; Ov. *F.* 5, 519 ¦ voile de navire : Sen. *Med.* 321 ¦ corde, câble : Ov. *F.* 3, 587 ¦ filet [pour la pêche ou la chasse] : Ov. *M.* 7, 768 ; Virg. *G.* 1, 142 ¦ cuirasse de toile : Sil. 4, 292 ¦ fil d'un collier de perles : Tert. *Cult.* 1, 9, 3 ¦ mèche de lampe : Vulg. *Is.* 42, 3.

Lĭnus (-ŏs), *i*, m. (Λίνος), joueur de lyre [maître d'Orphée et d'Hercule qui, un jour, blâmé par son maître, le tua en le frappant de sa lyre ; v. Pl. *Bac.* 155] ; Virg. *B.* 4, 56 ¦ petit-fils de Crotope, dévoré par des chiens : Stat. *Th.* 6, 64 ¦ autres du même nom : Mart. 9, 86, 4 ; Vulg. *2 Tim.* 4, 21 ¦ fontaine d'Arcadie : Plin. 31, 10.

līnўphărĭus (līnўfărĭus), *ĭi*, Cod. Th. 10, 20, 16 ; **līnўphĭo (līnĭfĭo)**, *ōnis*, Vop. *Tyr.* 8, 6, **līnўphus (līnўfus)**, *i*, m. (λίνυφος), Cod. Th. 10, 20, 8, tisserand.

līnўphĭum (-fĭum), *ĭi*, n., tissage : Not. Dign. *Oc.* 11, 62.

1 **līo**, *ās*, *āre*, -, - (λειόω), tr., rendre uni, enduire : Tert. *Idol.* 8, 2 ¦ écraser, délayer, clarifier : Apic. 179 ; 182.

līostrăca, *ōrum*, n. pl. (λειόστρακα), huîtres [à coquille lisse] : Ambr. *Hex.* 5, 2, 5.

līostrĕa, ▶ *leiostrea*.

līŏthăsĭus (leiŏ-), *ĭi*, m. (λειοθασία), espèce de navet à peau lisse de Thasos : Plin. 19, 75.

1 **lĭpăra**, ▶ *liparae*.

2 **Lĭpăra**, *ae*, f., Lipara [une des îles Éoliennes, auj. Lipari] Atlas XII, G5 : Plin. 3, 93 ¦ pl., **-ae**, Liv. 5, 28, 2 ¦ **-ē**, *ēs*, f., Val.-Flac. 2, 96 ; Virg. *En.* 8, 415 ¦ **Lĭpăraeus**, *a*, *um* (Λιπαραῖος), Hor. *O.* 3, 12, 6 ;-**rensis**, *e*, Cic. *Verr.* 3, 84, **-rītānus**, *a*, *um*, Val.-Max. 2, 7, 4, de Lipari ¦ pl., **-raei**, Plin. 3, 92, **-renses**, Cic. *Verr.* 3, 84, **-rītāni**, Val.-Max. 1, 1, 4, habitants de Lipari.

lĭpărae, *ārum*, f. pl. (λιπαρός), emplâtres gras : Plin. 23, 162 ; 33, 110.

lĭpărĕa, *ae*, f. (2 *Lipara* ?), pierre précieuse : Plin. 37, 172 ; Isid. 16, 15, 22.

Lĭpăris, *is*, m., fleuve de Cilicie : Plin. 5, 93 ; Vitr. 8, 3, 8 ¦ source d'Éthiopie : Plin. 31, 17.

Lĭpărus, *i*, m., ancien roi des îles Éoliennes : Plin. 3, 93.

lĭpĭo, *īs*, *īre*, -, - (onomat.), intr., crier [en parlant du milan] : Philom. 24.

lippescō, *ĭs*, *ĕre*, -, -, intr., ▶ *lippio* : Hier. *Sophon.* 3, 19.

lippĭō, *īs*, *īre*, *īvī*, - (*lippus*), intr., avoir les yeux chassieux, enflammés : Cic. *Att.* 7, 14, 1 ; Plin. 28, 94 ; Cels. 1, 9, 5.

lippĭtūdo, *ĭnis*, f. (*lippus*), lippitude, inflammation des yeux, ophtalmie : Cic. *Tusc.* 4, 8 ; Plin. 28, 169.

lippōsus, *a*, *um*, ▶ *lippus* : Ps. Fulg. *Serm.* 17.

lippŭlus, *a*, *um* (dim. de *lippus*), Arn. 7, 34.

lippus, *a*, *um* (cf. *lino*, *lappa*, scr. *limpati*, rus. *lepitʼ*, λιπαρός ?), chassieux [en parlant des yeux] : Pl. *Bac.* 913 ; Pers. 11 ; Mart. 5, 59, 2 ¦ chassieux [en parlant des pers.] : Pl. *Mil.* 291 ; Hor. *Ep.* 1, 1, 29 ¦ qui a les yeux malades par la débauche : Pers. 1, 79 ¦ aveuglé : Juv. 10, 130 ¦ [fig.] **lippa ficus** Mart. 7, 20, 12, figue qui coule [très mûre].

Lips, ▶ *Libs* : Sen. *Nat.* 5, 16, 5.

lĭquābĭlis, *e* (*liquo*), susceptible de se fondre : Apul. *Apol.* 30 ; Prud. *Ham.* 743.

lĭquāmĕn, *ĭnis*, n. (*liquo*), liquide, suc : Col. 7, 4, 7 ; 6, 2, 7 ; Pall. 3, 25, 12 ¦ ▶ *garum*, sauce, jus : Vop. *Aur.* 9, 6 ; Apic. 63 ¦ ▶ *lixivium* : Cael.-Aur. *Chron.* 2, 13, 167.

lĭquāmentum, *i*, n., ▶ *liquamen* : Veg. *Mul.* 2, 130, 2.

lĭquāmĭnārĭus, *ĭi*, m. (*liquamen*), marchand de garum : Gloss. 3, 470, 48.

lĭquāmĭnātus, *a*, *um*, accommodé au garum : Apic. 250.

lĭquāmĭnōsus, *a*, *um*, plein de jus, juteux : M.-Emp. 5, 18.

lĭquārĭus, *a*, *um*, qui concerne les liquides : CIL 11, 5695.

lĭquātĭo, *ōnis*, f. (*liquo*), fonte [des métaux], fusion : Vop. *Aur.* 46, 1.

lĭquātōrĭum, *ĭi*, n. (*liquo*), chausse, filtre : Cael.-Aur. *Acut.* 2, 29, 229.

lĭquātus, *a*, *um*, part. de *liquo*.

lĭquĕfăcĭō, *ĭs*, *ĕre*, *fēcī*, *factum* (*liqueo*, *facio*), tr. ¶ 1 faire fondre, liquéfier [au pass. d. Cic.], ▶ *liquefio* : Plin. 21, 84 ¶ 2 [fig.] amollir : Cic. *Tusc.* 5, 16 ; Sil. 11, 416.

lĭquĕfactus, *a*, *um*, part. de *liquefacio*.

lĭquĕfīō, *fīs*, *fĭĕrī*, *factus sum*, pass. de *liquefacio*, se fondre, se liquéfier : **glacies liquefacta** Cic. *Nat.* 2, 26, glace fondue, cf. Cat. 3, 19 ; Ov. *M.* 9, 175 ; Plin. 28, 144 ; Virg. *G.* 4, 555 ¦ [fig.] se miner : Ov. *Pont.* 1, 2, 57.

lĭquens et **līquens**, *tis*, part. de *liqueo* et de *liquor*.

Liquentĭa, *ae*, m., rivière de la Vénétie [auj. Livenza] : Plin. 3, 126 ; Serv. *En.* 9, 679 ; Cod. Th. 11, 10, 2.

lĭquĕō, *ēs*, *ēre*, *cŭī* (*quī*), - (1 *liquor*, cf. *video*), intr. ¶ 1 être liquide : Cic. *Tim.* 43 ; **res liquentes** Varr. *R.* 2, 11, 1, les liquides, cf. Virg. *G.* 4, 442 ; *En.* 5, 238 ; 6, 724 ¶ 2 être clair, pur, limpide : Prud. *Perist.* 1, 88 ¦ [fig.] **ut liqueant omnia** Pl. *Most.* 1156, [je ferai en sorte] que tout s'éclaircisse ; **nihil habere quod liqueat** Cic. *Nat.* 1, 29, ne rien savoir de net, cf. *Nat.* 1, 117 ¦ **līquet**, impers., il est clair, certain, évident, manifeste : [avec prop. inf.] Cic. *Inv.* 1, 64 ; [avec inf.] **liquet mihi dejerare** Ter. *Eun.* 331, je n'ai aucune hésitation (aucun scrupule) à jurer ; **de aliqua re alicui liquet** Pl. *Trin.* 233, une chose est claire pour qqn ; [avec interrog. indir.] **non liquet mihi an debeam** Plin. *Ep.* 2, 2, 1, je ne sais pas bien si je le dois, cf. Sen. *Nat.* 6, 5, 1 ; [formule de droit] **non liquet** il y a doute, **liquet** la cause est entendue [en part., le juge inscrivait N. L. sur sa tablette (= *non liquet*) concluait à un plus ample informé, cf. Cic. *Clu.* 76 ; *Caecin.* 29 ; *Div.* 1, 6 ; Gell. 14, 2, 25 ; Quint. 9, 3, 27.

lĭquescō, *ĭs*, *ĕre*, *lĭcŭī*, - (*liqueo*), intr. ¶ 1 devenir liquide, se liquéfier, fondre : Liv. 21, 36, 7 ; Virg. *B.* 8, 80 ; Ov. *M.* 5, 431 ¦ devenir clair, limpide : B.-Alex. 5 ¶ 2 [fig.]

liquesco

s'efféminer: Cic. Tusc. 2, 52 ¶ fondre, disparaître, s'évanouir: Ov. Ib. 425; Sen. Ep. 26, 4.

lĭquet, v. liqueo.

lĭqui, parf. de linquo et qqf. de liqueo.

lĭquĭdē, c. liquido: Gell. 2, 21, 2.

lĭquĭdĭtās, ātis, f., pureté [de l'air]: Apul. Mund. 1.

lĭquĭdiuscŭlus, a, um (dim. de liquidius), un peu plus pur, plus serein: Pl. Mil. 665.

lĭquĭdō, adv. (liquidus), avec pureté, sérénité: Gell. 2, 21, 2; Plin. 10, 191 ‖ clairement, nettement, avec certitude: *confirmare liquido* Cic. Verr. 4, 124, affirmer nettement, cf. Cic. Fam. 11, 27, 7; Gell. 14, 1, 7 ‖ -ius Cic. Fam. 10, 10, 1; Fin. 2, 38 ‖ -issime Aug. Ep. 28.

lĭquĭdus, a, um (liqueo) ¶ 1 liquide fluide, coulant: *crassus, liquidus* Lucr. 4, 1259, épais, fluide ‖ *liquidum,* n. pris subst^t, eau: Hor. S. 1, 1, 54; Ov. M. 5, 454 ‖ [fig.] (style) coulant: Cic. de Or. 2, 159 ‖ [gram.] les liquides [consonnes]: Prisc. 2, 10, 5 ¶ 2 clair, limpide: *fontes liquidi* Virg. B. 2, 59, sources limpides: *liquidum lumen* Lucr. 5, 28, lumière limpide; *liquida nox* Virg. En. 10, 272, nuit transparente; *vox liquida* Hor. O. 1, 24, 3, voix limpide; *cæli liquidissima tempestas* Lucr. 4, 168, état si limpide du ciel ‖ [fig., en parlant du style] limpide: Cic. Brut. 274; *voluptas liquida et libera* Cic. Fin. 1, 58, plaisir pur et libre, cf. Cic. Cæcin. 78 ¶ 3 calme, serein [en parlant d'un homme, de l'esprit]: Pl. Most. 751; Ps. 232; Catul. 63, 46 ¶ 4 clair, certain: *auspicium liquidum* Pl. Ps. 762, présage certain ‖ n. pris subst^t, *liquidum,* clarté, certitude: *veritas ad liquidum explorata* Liv. 35, 8, 7, vérité tirée au clair; *ad liquidum redigere aliquid* Sen. Ep. 71, 32; *perducere* Quint. 5, 14, 28, tirer qqch. au clair.

lĭquĭrītĭa, ae, f. (fr. réglisse), c. glycyrrhiza: *Theod.-Prisc. 2, 64; *Veg. Mul. 3, 13, 2.

lĭquis, e (obliquus), oblique: Grom. 100, 1; 414, 20.

lĭquō, ās, āre, āvī, ātum (liqueo), tr. ¶ 1 rendre liquide, liquéfier: Cic. poet. Tusc. 2, 25; Luc. 7, 159; Plin. 36, 194 ¶ 2 filtrer, clarifier: Hor. O. 1, 11, 6; Plin. 15, 124 ‖ [fig.] Quint. 12, 6, 4.

1 lĭquŏr, quĕris, quī, - (liqueo, liquo, lixa; cf. linquo, limpidus), dép., être liquide, couler, fondre, se dissoudre: Virg. En. 9, 813; Plin. 15, 22 ‖ [fig.] fondre, s'évanouir: Pl. Trin. 243; Lucr. 2, 1132.

2 lĭquŏr, āris, ārī, -, passif de liquo.

3 lĭquŏr, ōris, m. (liqueo), fluidité, liquidité: Lucr. 1, 454; Cic. Nat. 2, 126; Plin. 33, 39 ‖ fluide, liquide: Lucr. 5, 14; Cic. Nat. 2, 98 [en parlant de la mer] Hor. O. 3, 3, 46.

▶ lĭquŏr Lucr. 1, 454.

līra, ae, f. (deliro; cf. al. Gleis, rus. leha), billon, ados, sillon [agric.]: Col. 2, 4, 8; 2, 8, 3; Non. 17, 32.

līrātim, adv., en sillons: Col. 11, 3, 20.

Lirĭa, ae, m., fleuve de la Narbonnaise [auj. Lez]: Plin. 3, 32.

Līrīnātes, um ou **ĭum,** m. pl., habitants des bords du Liris: Plin. 3, 54.

līrĭnŏn, i, n. (λείριον), huile de lis: Plin. 21, 22; 25, 40; v. lilinum.

Līrīnus, i, f., c. Lerina: Sidon. Carm. 16, 104 ‖ -nensis, e, de Lérins [île Saint-Honorat]: Sidon. Ep. 8, 14, 2.

līrĭŏn, ĭi, n. (λείριον), c. lilium: Ps. Apul. Herb. 107.

Līrĭŏpē, ēs, f. (Λειριόπη), nymphe, mère de Narcisse: Ov. M. 3, 342.

Līris, is, m. (Λεῖρις), rivière entre la Campanie et le Latium [Liri, Gargliano] Atlas XII, E4: Hor. O. 1, 31, 7; Mel. 2, 71; Cic. Leg. 2, 6.

▶ acc. Lirem Cic., Lirim Hor., Liv.

līrō, ās, āre, āvī, ātum (lira), tr. ¶ 1 labourer en billons [en relief]: Varr. R. 1, 29, 2; Plin. 18, 180 ‖ [fig.] gratter, égratigner: Pompon. d. Non. 18, 5 ¶ 2 être fou, divaguer: Aus. Epist. 10 (399), 9.

līs, lītis, f. (?; esp. lid) ¶ 1 différend, querelle, dispute: *si quis pugnam exspectat, lites contrahat* Pl. Cap. 63, si qqn veut se battre, qu'il cherche des disputes; *aetatem in litibus conterere* Cic. Leg. 1, 53, passer sa vie à se quereller ¶ 2 [droit] débat devant le juge, contestation en justice, procès: *tres lites judicare* Pl. Merc. 281, être juge dans trois procès; *si lis in judicio est* Cic. Off. 1, 59, s'il y a un procès devant le juge; *privata lis* Cic. Com. 24, instance privée; *sedasti lites illorum* Cic. Verr. 3, 132, tu as apaisé leur contestation ‖ *litem suam facere* Cic. de Or. 2, 305, faire sienne la contestation, plaider pour soi, en oubliant son client [ou prendre fait et cause, être partial en parlant du juge qui n'observe pas strictement la formule donnée par le préteur: Gai. Inst. 2, 52; Dig. 44, 7, 4, 4]; *fidejussores pro lite dati* [ou] *sponsores pro praede dati* Dig. 46, 7, 11, des cautions pour l'exécution du jugement; *jusjurandum in litem* Dig. 12, 3, 2, serment relatif à l'objet du litige [serment par lequel le demandeur fixe lui-même le montant de son intérêt] ‖ *litis contestatio* Gai. Inst. 3, 180, confirmation publique du litige [liaison de l'instance] ¶ 3 objet du débat, chose réclamée [res ou *lis* Varr. L. 7, 93, cf. Cic. Mur. 27]: *orare litem* Cic. Off. 1, 43, exposer sa réclamation, présenter sa cause; *totam litem aut obtinere aut amittere* Cic. Com. 10, gagner ou perdre la totalité de la réclamation; *dare litem secundum tabulas alicujus* Cic. Com. 3, trancher le débat en faveur des registres de qqn ‖ [d'où, dans les procès de péculat et concussion] amende ou peine réclamée contre l'accusé: *in aliquem litem capitalem inferre* Cic. Clu. 116, requérir contre qqn une peine qui touche à l'existence; *in inferendis litibus* Cic. Rab. Post. 10, dans les réquisitions de peine; *in litibus aestimandis* Cic. Clu. 116, quand il s'agit d'évaluer la peine; *lites severe aestimatae* Cic. Mur. 42, évaluation sévère des amendes; *aestimatio litium non est judicium* Cic. Clu. 116, l'évaluation de la peine est autre chose que le jugement.

▶ arch. leiteis = lites Pl. Merc. 281 ‖ forme anc. stlis Cic. Or. 158; Quint. 1, 4, 16, abrév. STL.

līsa, ae, f. (?), veine jugulaire: Claud.-Don. En. 8, 289.

Lisinae, ārum, f. pl., ville de Thessalie: Liv. 32, 13.

Lissa, ae, f., ancienne ville de Maurétanie: Plin. 5, 2.

Lissum, i, n., c. Lissus: Plin. 3, 144.

Lissus, i, f. (Λισσός), ville de Dalmatie, au sud de Scutari [auj. Lezhë, en Albanie] Atlas VI, A1: Cæs. C. 3, 26, 4; Liv. 43, 20, 2.

lĭtābĭlis, e (lito), qui peut rendre favorable (un sacrifice): Lact. Inst. 1, 21, 5; -lior Lact. Epit. 65, 8 ‖ [fig.] Minuc. 32, 2.

lĭtāmĕn, ĭnis, n. (lito), sacrifice, offrande: Stat. Th. 10, 610; Prud. Ham. pr. 50.

Lĭtăna, ae, f., forêt de la Gaule Cisalpine: Cic. Tusc. 1, 89; Liv. 23, 24, 7.

lĭtănīa (lēt-), ae, f. (λιτανεία), prière: Sidon. Ep. 5, 7, 4; *litanias facere* Cod. Just. 1, 5, 3, prier en commun ‖ procession solennelle avec chants: Greg.-M. Ep. 3, 54.

lĭtātĭo, ōnis, f. (lito), sacrifice heureux: Pl. Ps. 334; Liv. 27, 23, 4.

lĭtātŏr, ōris, m., celui qui expie, médiateur: VL. 1 Joh. ep. 4, 10.

lĭtātus, a, um, part. de lito, qui a été offert avec de bons présages, agréé des dieux: Ov. M. 14, 156; *litato* [abl. abs.] Liv. 5, 38, 1, après avoir obtenu d'heureux présages.

lĭtĕra, etc., v. littera.

Līternum (Lint-), i, n., Literne [port de Campanie] Atlas XII, E4: Liv. 22, 16, 4; Ov. M. 15, 714; Plin. 3, 61 ‖ -us, a, um, de Literne: Cic. Agr. 2, 66; *Literna palus* Stat. S. 4, 3, 66, l'étang de Literne [ou] -nīnus, a, um, Plin. 14, 49 ‖ Līternīnum, i, n., Liv. 38, 52, 1; Sen. Ep. 86, 3, maison de campagne de Literne [du premier Africain].

Līternus, i, m., rivière de Campanie [le Clanis]: Liv. 32, 29, 3.

lĭthargўrīnus, a, um, de litharge: Boet. Elench. 1, p. 733.

lĭthargўrus (-ŏs), i, m. (λιθάργυρος), litharge [monoxyde de plomb]: Plin. 26, 101.

lĭthognōmōn, ŏnis, m., qui connaît les pierres: Ambr. Psalm. 118, s. 16, 41.

lĭthospermŏn, *i*, n. (λιθόσπερμον), grémil [plante] : PLIN. 27, 98.

lĭthostrăca, v. *liostraca.*

lĭthostrĕa, *ōrum*, n. pl., huîtres de pierre (?), v. *leiostrea* : LAMPR. *Hel.* 16, 6.

lĭthostrōtum, *i*, n. (λιθόστρωτον), pavement en mosaïque : VARR. *R.* 3, 2, 4 ; PLIN. 36, 184.

1 lĭthostrōtus, *a, um* (λιθόστρωτος), VARR. *R.* 3, 1, 10, de mosaïque.

2 Lĭthostrōtus, *i*, m., salle pavée en mosaïque (dans le tribunal de Pilate) : VULG. *Joh.* 19, 13.

lĭthŏtŏmĭa, *ae* (λιθοτομία), lithotomie, taille des calculs de la vessie : CAEL.-AUR. *Chron.* 5, 4, 77.

lĭtĭcĕn, *ĭnis*, m. (*lituus, cano*), celui qui joue du *lituus* : CAT. d. GELL. 20, 2, 1 ; CIC. *Rep.* 2, 40.

lītĭgātĭo, *ōnis*, f. (*litigo*), contestation, débat : AUG. *Serm.* 359, 4 ; LACT. *Inst.* 3, 8.

lītĭgātŏr, *ōris*, m. (*litigo*), celui qui est engagé dans une dispute : PLIN. *pr.* 32 ‖ plaideur : CIC. *Fam.* 12, 30, 1 ; QUINT. 2, 21, 16 ; TAC. *An.* 13, 42.

lītĭgātrix, *īcis*, f., plaideuse : NOT. TIR. 21, 53.

lītĭgātŭs, abl. *ū*, m., contestation, litige : PS. QUINT. *Decl.* 6, 19.

lītĭgĕr, *ĕra, ĕrum* (*lis, gero*), qui concerne les procès, les tribunaux : ANTH. 254, 19.

lītĭgĭōsē, adv., d'une manière querelleuse : AUG. *Pelag.* 3, 4, 13.

lītĭgĭōsus, *a, um* ¶ **1** qui aime les procès, processif, querelleur : CIC. *Verr.* 2, 37 ¶ **2** litigieux : CIC. *de Or.* 3, 106 ‖ où l'on plaide : OV. *F.* 4, 188 ‖ **litigiosa disputatio** CIC. *Fin.* 5, 76, discussion vive ‖ **litigiosior** SIDON. *Ep.* 8, 3, 2 ; **-issimus** AUG. *Ep.* 88, 3.

lītĭgĭum, *ĭi*, n. (*litigo*), contestation, querelle, dispute : PL. *Men.* 151 ; 755 ; *Cas.* 561.

lītĭgō, *ās, āre, āvī, ātum* (*lis, ago*, cf. *jurgo* ; esp. *lidiar*), intr., se disputer, se quereller : PL. *Ru.* 1060 ; CIC. *Att.* 13, 37, 2 ‖ être en litige, plaider : CIC. *Fam.* 9, 25, 3 ; *PETR. 138, 6 ‖ passif impers., **litigatur** GELL. 14, 2, 14, il y a procès, poursuite.

lĭtō, *ās, āre, āvī, ātum* (cf. λιτή), intr. et tr. **I** intr. ¶ **1** sacrifier avec de bons présages, obtenir de bons présages pour une entreprise : **Manlium egregie litasse** LIV. 8, 9, 1, [il disait] que Manlius dans son sacrifice avait obtenu des présages particulièrement heureux ‖ [pass. impers.] *ab collega litatum est* LIV. 8, 9, 1, le sacrifice du collègue a eu d'heureux présages ; **litatur alicui deo** CIC. *Div.* 2, 38, on fait à un dieu un sacrifice avec des présages heureux ; **proximā hostiā litatur saepe pulcherrime** CIC. *Div.* 2, 36, avec la victime immolée tout de suite après, on a souvent les présages les plus beaux du monde ‖ [avec le dat.] **(Mercurio) humanis hostiis litare** TAC. *G.* 9, offrir à Mercure des victimes humaines en sacrifice propitiatoire ; [abl. abs. n.] *nec auspicato nec litato instruunt aciem* LIV. 5, 38, 1, sans avoir consulté les auspices ni obtenu d'heureux présages dans un sacrifice, ils rangent leur armée en bataille ¶ **2** [fig.] donner satisfaction à : **publico gaudio** PLIN. *Pan.* 52, 4, satisfaire à la joie publique ¶ **3** donner de bons présages, annoncer le succès : **victima litavit** SUET. *Oth.* 8, la victime donna de bons présages, cf. *Aug.* 96 ; MART. 10, 73, 6.
II tr. ¶ **1** *sacra litare*, sacrifier de façon heureuse, avec d'heureux présages : **litare sacra fordā bove** OV. *F.* 4, 630, faire un sacrifice agréable au moyen d'une vache pleine ; **sacris litatis** VIRG. *En.* 4, 50, le sacrifice ayant été heureux, avec d'heureux présages, cf. OV. *M.* 14, 156 ‖ [avec dat. de la divinité à qui on offre le sacrifice] : STAT. *Th.* 10, 338 ; LUC. 1, 632 ¶ **2** offrir en sacrifice : **plura non habui, dolor, quae tibi litarem** SEN. *Med.* 1020, je n'avais pas davantage à te sacrifier, ma rancœur ‖ [chrét.] TERT. *Pat.* 10, 4 ¶ **3** apaiser par un sacrifice : **sacris deos** SERV. *En.* 4, 50, apaiser les dieux par un sacrifice ; **numen hostiis** AMM. 29, 1, 31, apaiser la divinité en immolant des victimes ‖ faire expier : **centurionum interitio hac poena adversariorum est litata** B.-HISP. 24, 6, la mort des centurions fut vengée par ce châtiment infligé aux adversaires.

lītŏrālis, *e* (*litus*), du rivage, du littoral : PLIN. 9, 65 ; CATUL. 4, 22.

lītŏrārĭus, *a, um*, du rivage : CAEL.-AUR. *Chron.* 5, 11, 134.

lītŏrĕus, *a, um* (*litus*), du littoral : VIRG. *En.* 12, 248 ; OV. *M.* 15, 725.

lītŏrōsus, *a, um* (*litus*), qui avoisine le rivage : PLIN. 37, 151 ‖ **ager litorosissimus** FAB. MAX. d. SERV. *En.* 1, 3, champ tout semblable à un rivage rempli de gravier.

lītŏtēs, *ĕtos*, f. (λιτότης), [rhét.] litote : SERV. *En.* 1, 77 ; DON. *Ad.* 141 non.

Littămum, *i*, n., ville de Rhétie : ANTON. 280.

littĕra, *ae*, f. (obscur ; cf. διφθέρα, ou plutôt *lino* ? ; it. *lettera*, bret. *lizher*), caractère d'écriture, lettre : **A litteram humi imprimere** CIC. *Div.* 1, 23, marquer sur le sol la lettre A ; **salutaris, tristis littera** CIC. *Mil.* 15, la lettre salutaire (**A** = *absolvo*), fâcheuse (**C** = *condemno*) ; *litteris minutis argenteis nomen inscriptum* CIC. *Verr.* 5, 93, nom inscrit en petites lettres d'argent : **litteris parcere** CIC. *Verr.* 4, 27, économiser l'écriture [le papier] ; **Graecis litteris uti** CAES. *G.* 1, 29, 1 ; 6, 14, 3, employer l'alphabet grec ; **cum litteram scripsisset nullam** CIC. *Arch.* 18, sans avoir écrit une seule lettre ; **si unam litteram Graecam scisset** CIC. *Verr.* 4, 127, s'il avait su un seul mot de grec ; **litteras nescire** INST. JUST. 1, 25, 8, ne pas savoir ses lettres, être illettré ; **trium litterarum homo** PL. *Aul.* 325, l'homme aux trois lettres [*fur*, voleur] ‖ manière de former les lettres, écriture de qqn : **ad similitudinem tuae litterae prope accedebat** CIC. *Att.* 7, 2, 3, il se rapprochait beaucoup de ton écriture ‖ [pl.] lettre, missive, épître : PL. *Bac.* 801 ; v. *litterae II* ‖ [poét., au lieu du pl.] lettre, épître : OV. *M.* 9, 515 ; TIB. 3, 2, 27 ‖ le sens littéral : **juxta litteram** HIER. *Jer.* 1, 2, 16, (interpréter) selon la lettre, littéralement.

littĕrae, *ārum*, f. pl.
I pl. de *littera*, v. ci-dessus.
II toute espèce d'écrit ¶ **1** lettre, missive, épître : **binae litterae** CIC. *Fam.* 4, 14, 1, deux lettres ; **dare alicui litteras ad aliquem** CIC. *Cat.* 3, 9, confier à qqn une lettre pour un destinataire ; **reddere** CIC. *Att.* 5, 4, remettre la lettre au destinataire ; **remittere** CIC. *Att.* 11, 16, 4, envoyer une lettre en réponse, cf. CAES. *G.* 5, 47, 5 ¶ **2** **publicae** CIC. *Verr.* 2, 93 ; 4, 79, écritures publiques, actes officiels [en part.] registre, procès-verbal : **praetoris litterae rerum decretarum** CIC. *Verr.* 5, 56, le registre du préteur mentionnant les décrets ¶ **3** ouvrage, écrit : **Graecae de philosophia litterae** CIC. *Div.* 2, 5, les écrits grecs sur la philosophie, cf. CIC. *Fin.* 1, 4 ; *Tusc.* 1, 1 ; 1, 38 ; *de Or.* 1, 192 ; *Ac.* 1, 12 ‖ documents écrits : **litterae ac monumenta** CIC. *Verr.* 4, 106, documents écrits et monuments ‖ littérature, lettres, production littéraire d'un pays : **abest historia litteris nostris** CIC. *Leg.* 1, 5, l'histoire manque à notre littérature, cf. CIC. *Brut.* 228 ‖ [chrét.] **litterae sanctae** TERT. *Apol.* 22, 3, les Saintes Écritures ¶ **4** lettres, connaissances littéraires et scientifiques, culture : **litteras nescire** CIC. *Brut.* 259, être sans lettres [culture] ; **multis litteris et iis quidem reconditis et exquisitis** CIC. *Brut.* 252, grâce à des connaissances abondantes et, qui plus est, peu accessibles et d'une qualité rare ; **erant in eo plurimae litterae** CIC. *Brut.* 265, il avait une culture très étendue ; **litterarum scientia** CIC. *Brut.* 153, la connaissance de la littérature ; *litterarum radices amarae, fructus dulces* CIC. *Frg.* I, 18, les racines de l'instruction (du savoir) sont amères, les fruits en sont doux ¶ **5** **litteris contrahere** GAI. *Inst.* 3, 89, engager par un contrat écrit [l'écrit n'est pas un élément de preuve, mais la source des obligations] ; **obligatio litterarum** GAI. *Inst.* 3, 134, contrat écrit [même sens] ‖ rescrit impérial : DIG. 31, 87, 1.

▶ l'orth. *littera* est la meilleure, garantie par les mss et les langues romanes : it. *lettera*, etc. ; *litera* se rencontre toutefois.

littĕrālis, *e* (*littera*), de lettres, formé de lettres : PRISC. 2, 44, 5 ‖ qui a rapport aux lettres [caractères] : DIOM. 421, 11 ‖ épistolaire : SYMM. *Ep.* 4, 52 ‖ de livres : **litteralis lectio** CAEL.-AUR. *Chron.* 1, 5, la lecture.

littĕrārĭus, *a, um* (*littera*), relatif à la lecture et à l'écriture : QUINT. 1, 4, 27 ; TAC. *An.* 3, 66 ‖ **magister** VOP. *Tac.* 6, 5, maître d'école.

littĕrātē, adv. (*litteratus*) ¶ **1** en caractères nets, lisibles : Cic. *Pis.* 61 ¶ **2** à la lettre, littéralement : Cic. *Har.* 17 ¶ **3** en homme instruit, savant : Cic. *Brut.* 205 ; *de Or.* 2, 253 ‖ *-tius* Cic. *Brut.* 108.

littĕrātĭo, *ōnis*, f. (*littera*), études élémentaires : Varr. d. Aug. *Ord.* 2, 12 ; Isid. 1, 3, 1 ; Capel. 3, 229.

littĕrātŏr, *ōris*, m. (*littera*), celui qui enseigne la lecture et l'écriture, professeur de classes élémentaires : Apul. *Flor.* 20 ‖ grammairien, philologue : Catul. 14, 9 ; Capel. 3, 229 ‖ [en oppos. à *litteratus*] demi-savant : Gell. 18, 9, 2 ; Suet. *Gram.* 4.

littĕrātōrĭus, *a*, *um*, littéraire : Tert. *Idol.* 10, 5 ‖ subst. f. *litteratoria*, la grammaire : Quint. 2, 14, 3.

littĕrātrix, *īcis*, f., grammairienne : Quint. 2, 14, 3.

littĕrātŭlus, *a*, *um* (dim. de *litteratus*), qq. peu instruit : Hier. *Rufin.* 1, 31.

littĕrātūra, *ae*, f. (*litterae*) ¶ **1** écriture : Cic. *Part.* 26 ‖ alphabet : Tac. *An.* 11, 13 ¶ **2** grammaire, philologie : Quint. 2, 1, 4 ‖ enseignement élémentaire : Sen. *Ep.* 88, 20 ‖ science, érudition : Tert. *Spect.* 17, 6.

littĕrātus, *a*, *um* (*litterae*) ¶ **1** marqué de lettres, portant des caractères : Pl. *Ru.* 1156 ; Apul. *M.* 3, 17, 4 ¶ **2** instruit, qui a des lettres : Cic. *Off.* 3, 58 ; *Brut.* 81 ‖ relatif aux lettres, savant : **litteratum otium** Cic. *Tusc.* 5, 105, loisir studieux ; *-tior* Sen. *Nat.* 4, 13, 1 ; *-issimus* Cic. *de Or.* 3, 43 ‖ subst. m., *litteratus*, interprète des poètes, critique : Suet. *Gram.* 4.

littĕrĭo, *ōnis*, m. (*litterae*), méchant pédagogue : Aug. *Ep.* 118, 26 ; Amm. 17, 11, 1.

littĕrōsus, *a*, *um*, lettré : Hemin. d. Non. 133, 5.

littĕrŭla, *ae*, f. (dim. de *littera*) ¶ **1** petite lettre : Cic. *Att.* 6, 9, 1 ; *Fam.* 16, 15, 2 ¶ **2** pl., **littĕrŭlae**, petit mot, lettre courte : Cic. *Att.* 12, 1, 1 ‖ modestes études littéraires : Cic. *Att.* 7, 2, 8 ; *Fam.* 16, 10, 2.

littor-, v. *litor-*.

littus, v. *litus*.

Litubium, *ii*, n., ville de Ligurie : Liv. 32, 29, 7.

lĭtūra, *ae*, f. (*lino*) ¶ **1** enduit : Col. 2, 24, 6 ¶ **2** rature, action de rayer : **nominis** Cic. *Arch.* 9, rature d'un nom ‖ rature, ce qui est rayé : **esse in litura** Cic. *Verr.* 2, 187, porter des ratures, cf. *Verr.* 2, 191 ; **litterae lituraeque adsimulatae** Cic. *Verr.* 2, 189, reproduction en fac-similé des lettres intactes et des ratures ‖ tache de larmes : Ov. *Tr.* 3, 1, 15 ‖ ride : Mart. 7, 18, 2.

lĭtūrārĭus, *a*, *um* (*litura*), portant des ratures : **liturarii (libri, codices)**, m., brouillon : Aus. *Cent. 1 (350)*.

līturgĭa, *ae*, f. (λειτουργία), service divin, du culte : Aug. *Psalm.* 135, 3.

līturgus, *i*, m. (λειτουργός), esclave public : Cod. Th. 11, 24, 1.

lĭtūrō, *ās*, *āre*, -, - (*litura*), tr., raturer : Sidon. *Ep.* 9, 3, 7.

1 lĭtŭs, (et non **littus**, *ŏris*), n. (obscur ; it. *lido*), rivage, côte, littoral : Cic. *Top.* 32 ; Amer. 72 ‖ site sur la plage : Virg. *En.* 4, 212 ; Tac. *H.* 3, 63 ‖ lieu de débarquement : Suet. *Tib.* 40 ‖ rive d'un fleuve : Cic. *Inv.* 2, 97 ; Virg. *En.* 8, 83 ‖ [d'un lac] : Catul. 35, 4 ; Plin. *Ep.* 9, 7, 2.

2 lĭtus, *a*, *um*, part. de *lino*.

3 lĭtŭs, abl. *ū*, m. (*lino*), action d'enduire : Plin. 33, 110.

lĭtŭus, *i*, m., gén. pl. **lituum** (étr. ?) ¶ **1** bâton augural : Liv. 1, 18, 7 ; Cic. *Div.* 1, 30 ¶ **2** trompette [à pavillon courbé, v. *liticen*] : P. Fest. 103, 26 ; Virg. *En.* 6, 167 ‖ signal : Cic. *Att.* 2, 12, 2 ‖ [fig.] qui donne le signal, promoteur : Cic. *Att.* 11, 12, 1.

līvēdo, *ĭnis*, f. (*liveo*), tache bleue, marque d'un coup : Apul. *M.* 9, 12 ; v. *lividinus*.

līvens, *tis*, part. de *liveo*.

līventĕr, adv., d'une manière livide : *Paul-Petr. Mart.* 4, 192.

līvĕō, *ēs*, *ēre*, -, - (cf. rus. *sliva*, bret. *liou*, al. *Schlehe*, an. *sloe*), intr., être d'une couleur bleuâtre, livide : Ov. *M.* 2, 776 ; Prop. 4, 7, 65 ‖ [fig.] être envieux : Mart. 8, 61, 6 ; [avec le dat.] envier : Tac. *An.* 13, 42 ; Mart. 6, 86, 6.

līvescō, *ĭs*, *ĕre*, -, - (*liveo*), intr., devenir bleuâtre, livide : Lucr. 3, 527 ‖ [fig.] devenir jaloux, envieux : Claud. *Pros.* 3, 27.

līvī, parf. de *lino* : Col. 12, 50, 17.

Līvĭa, *ae*, f., Livie [nom de femme ; not' Livie Drusilla, épouse d'Auguste ; Livie ou Livilla, épouse de Drusus, fils de Tibère] : Suet. *Aug.* 29 ; *Tib.* 4 ; Ov. *F.* 5, 157 ‖ *-ānus*, *a*, *um*, de Livie : Plin. 13, 80 ‖ de Livius Andronicus : Cic. *Brut.* 71.

Līvĭānus, *a*, *um*, v. *Livius* et *Livia*.

Līvĭăs, *ădis*, f., ville de Palestine : Plin. 13, 44.

*līvĭdē [inus.], avec une teinte livide : [compar.] **lividius** Plin. 37, 94.

līvĭdĭnus, *a*, *um*, tirant sur le bleu, bleuâtre : Apul. *M.* 9, 12.

1 līvĭdō, *ās*, *āre*, -, - (*lividus*), tr., rendre livide : Paul-Nol. *Carm.* 24, 620.

2 līvĭdo, *ĭnis*, f., c. *libido* : Diocl. *pr.* 29.

līvĭdŭlus, *a*, *um* (dim. de *lividus*), un peu livide : Anth. 893, 91 ‖ un peu envieux : Juv. 11, 110.

līvĭdus, *a*, *um* (*liveo*), bleuâtre, noirâtre : Virg. *En.* 6, 320 ; Hor. *O.* 2, 5, 10 ‖ qui provient d'un coup, bleu, livide : Hor. *O.* 1, 8, 10 ; Ov. *H.* 20, 82 ‖ rendu livide : Juv. 6, 631 ‖ [fig.] envieux, jaloux : Cic. *Tusc.* 4, 28 ; Hor. *Ep.* 2, 1, 89 ‖ *-dior* Sen. *Contr.* 2, 6, 12 ; *-issimus* Catul. 17, 11.

Līvilla, *ae*, f., fille de Germanicus et d'Agrippine : Suet. *Cal.* 7.

Līvinēius, *i*, m., nom d'homme : Tac. *An.* 14, 17.

Līvĭŏpŏlis, *is*, f., ville du Pont : Plin. 6, 11.

līviscŏr, *scĕrīs*, *scī* (tiré de *obliviscor*), Cassiod. *Orth.* 7, 206, 2.

Līvĭus, *ii*, m., nom de famille romaine [not' Livius Salinator, qui eut comme esclave Livius Andronicus, de Tarente, devenu poète dramatique] : Cic. *Brut.* 72 ; Liv. 7, 2, 8 ‖ Tite-Live, historien célèbre : Quint. 10, 1, 32 ‖ **Forum Livii**, v. *Forum* ‖ *-ĭus*, *a*, *um*, de Livius : Cic. *Leg.* 2, 11 ; **Livia arbos** Col. 10, 413, sorte de figuier ‖ *-iānus*, Cic. *Leg.* 3, 39 ; Liv. 28, 9.

līvŏr, *ōris*, m. (*liveo*), couleur bleu plombé, bleu provenant d'un coup : Pl. *Truc.* 793 ; Quint. 2, 21, 19 ; pl., **livores** Suet. *Cal.* 1, taches livides ‖ [fig.] envie, jalousie, haine : Brut. d. Cic. *Fam.* 11, 10, 1 ; Plin. *Pan.* 3, 4.

līvōrōsus, *a*, *um*, bleuâtre, livide : Ad-Amn. *Vit. Col.* 3, 5.

1 lixa, *ae*, f. (*prolixus*, 1 *liquor*, cf. *laxus*), (s.-ent. **aqua**) eau (chaude) pour la lessive : Non. 62, 6.

2 lixa, *ae*, m. (*lixo* ; étr. ?), valet d'armée, vivandier : Sall. *J.* 44, 5 ; Just. 38, 10, 2 ; Liv. 21, 63, 9 ‖ appariteur : Apul. *M.* 1, 24.

lixābundus, *a*, *um* (1 *lixa*), qui marche en désordre : P. Fest. 104, 1.

lixĭo, *ōnis*, m. (*lixo*), porteur d'eau : Gloss. 5, 368, 22.

lixĭus, *a*, *um* (1 *lixa*), de lessive : Varr. d. Plin. 36, 203.

lixīva, *ae*, f. (fr. *lessive*), c. *lixivia*, v. *lixivius* : Scrib. 184.

lixīvĭus, *a*, *um* (1 *lixa*), de lessive : Plin. 28, 244 ‖ subst. f., **lixivia**, *ae* : Col. 12, 16 ; 12, 50 ; **lixivium**, *ii*, n., Pall. 12, 7, 13, lessive.

lixīvus, *a*, *um* (1 *lixa*), de lessive : Cat. *Agr.* 23 ; **lixivum** n., Col. 12, 50, 10 ; Pall. 2, 15, 18, lessive ‖ **lixivum mustum** Cat. *Agr.* 23, mère goutte.

lixo, *ōnis* (2 *lixa*), valet d'armée : AE 1936 (R. Arch. 25).

lixoperitus, *a*, *um*, c. *lexipyretus* : Plin. Val. 3, 3.

Lixŏs (-us) ¶ **1** f., , ville de Maurétanie tingitane : Plin. 5, 2 ¶ **2** m., fleuve de Maurétanie : Plin. 5, 4.

lixŭlae, *ārum*, f. pl. (sab., dim.), gâteaux faits de farine, de fromage et d'eau : Varr. *L.* 5, 107.

lŏbus, *i*, m. (λοβός), écale, balle : Ps. Apul. *Herb.* 75.

lŏca, v. *locus*.

lŏcālis, *e* (*locus* ; esp. *lugar*), local, du lieu : Tert. *Marc.* 4, 34, 12 ; Amm. 14, 7, 5 ; **localia adverbia** Char. 203, 12, adverbes de lieu.

lŏcālĭtās, *ātis*, f., propriété d'être dans l'espace : Mamert. *Anim.* 3, 3.

lŏcālĭtĕr, adv. (*localis*), dans le lieu, dans le pays : Amm. 19, 12, 3 ‖ dans certaines localités, par places : Cassiod. *Var.* 1, 35.

lŏcārĭum, ĭi, n. (*locus*; fr. *loyer*), prix d'un emplacement: Varr. *L.* 5, 15.

lŏcārĭus, ĭi, m., loueur de places [au spectacle]: Mart. 5, 24, 9.

lŏcassim, v. *loco*.

lŏcātīcĭus, *a*, *um* (*loco*), donnée à loyer, de louage: Sidon. *Ep.* 6, 8, 1; Salv. *Ep.* 1, 6.

lŏcātim, adv., par places, à certains endroits: Jord. *Get.* 7, 55.

lŏcātĭō, ōnis, f. (*loco*) ¶ **1** disposition, arrangement: Quint. 7, 1, 1 ¶ **2** loyer, location, louage: Cic. *Att.* 4, 3, 2; Col. 1, 7, 3 ‖ bail, adjudication, contrat de location: Cic. *Att.* 1, 17, 9; Liv. 39, 46, 8; v. *conductio*, *conduco*.

lŏcātŏr, ōris, m. (*loco*), celui qui loue, loueur, locataire: Dig. 19, 2, 60; Firm. *Math.* 4, 13, 4 ‖ bailleur [d'un marché]: Vitr. 1, 1, 10.

lŏcātōrĭus, *a*, *um* (*locator*), adjudicataire: Gloss. 2, 372, 8.

lŏcellus, i, m. (dim. de *loculus*), boîte, écrin: Caes. d. Char. 79, 20; Val.-Max. 7, 8, 9; Mart. 14, 13, 1.

1 Lŏchīa, ae, f. (λοχεία), qui préside à l'accouchement [épith. de Diane]: CIL 10, 1555.

2 lŏchīa, ae, f. (1 *Lochia*), nom de l'aristoloche [plante]: Plin. 25, 95.

lŏcīservātŏr, ōris, m., vicaire, représentant: Greg.-M. *Ep.* 3, 49.

lŏcĭtō, ās, āre, -, - (fréq. de *loco*), tr., donner à loyer: Ter. *Ad.* 949.

1 lŏcō, ās, āre, āvī, ātum (*locus*, cf. *locarium*; fr. *louer*), tr. ¶ **1** placer, établir, disposer: *castra ad Cybistra* Cic. *Fam.* 15; 2, 2, établir son camp près de Cybistra; *membra suo quaeque loco locata* Cic. *Brut.* 209, membres placés chacun à sa place; *vicos locare* Tac. *G.* 16, établir des villages ‖ *in matrimonium, nuptiis, nuptum* [ou simplt] *locare alicui virginem*, donner une jeune fille en mariage à qqn: Pl. *Trin.* 782; Enn. d. Her. 2, 38; Ter. *Phorm.* 752; Pl. *Aul.* 192 ‖ *aliquem in amplissimo gradu dignitatis* Cic. *Mur.* 30, placer, faire parvenir qqn au degré le plus élevé de la considération; *eo loco locati sumus, ut* Cic. *Lae.* 40, nous sommes placés dans une situation telle que; *civitas in Bruti fide locata* Cic. *Att.* 6, 1, 5, ville placée sous la protection de Brutus; *prudentia est locata in dilectu bonorum et malorum* Cic. *Off.* 3, 71, la prudence réside dans le discernement du bien et du mal ‖ *apud gratos beneficia locata* Liv. 7, 20, 5, bienfaits placés chez des gens reconnaissants ¶ **2** donner à loyer, à ferme [v. *conduco*]: *agrum, vectigalia* Cic. *Verr.* 2, 13; *Agr.* 1, 7, affermer un territoire, les impôts ‖ [d'où] *locatum*, n. pris subst¹, louage, location, bail: Cic. *Nat.* 3, 74 ‖ mettre en adjudication: *tollendam basim* Cic. *Verr.* 4, 79, mettre en adjudication l'enlèvement du socle; *simulacrum tollendum locatur* Cic. *Verr.* 4, 76, on met en adjudication l'enlèvement de la statue ‖ *se locare* Cic. *Com.* 28, se louer; *operam suam tribus nummis* Pl. *Trin.* 844, louer son travail trois écus ‖ placer de l'argent: Pl. *Most.* 302; *alicui* Pl. *Most.* 535, prêter à qqn à intérêts.

▶ subj. arch. *locassim* Pl. *Aul.* 226; *locassint* Cic. *Leg.* 3, 11.

2 lŏco, abl. sg. de *locus*.

lŏcor, v. *loquor*.

Lŏcri, ōrum, m. pl. (Λοκροί) ¶ **1** Locres [ville à l'extrémité méridionale du Bruttium] Atlas XII, G5: Plin. 3, 74; Cic. *Fin.* 5, 87 ¶ **2** Locriens, habitants de Locres [dans le Bruttium, surnommés Épizéphyriens]: Cic. *Nat.* 2, 6; Plin. 3, 74 ‖ Locriens Ozoles [peuple d'Étolie, sur le golfe de Corinthe]: Plin. 4, 7 ‖ Locriens Épicnémidiens [peuple de Béotie]: Plin. 4, 27 ‖ **-ensis**, *e*, locrien: Plin. 11, 95 ‖ **-enses**, *ium*, m. pl., les Locriens [Bruttium]: Cic. *Verr.* 5, 90.

Lŏcris, ĭdis, f. (Λοκρίς), la Locride, partie d'Étolie: Liv. 26, 26 ‖ une Locrienne: Catul. 66, 54.

Lŏcrus, sg. de *Locri*: Prisc. 2, 224, 14.

lŏcŭlāmentum, i, n. (*loculus*), casier, boîte: Sen. *Tranq.* 9, 7 ‖ alvéole des dents: Veg. *Mul.* 2, 32 ‖ alvéoles des ruches: Col. 8, 8, 3 ‖ [méc.] châssis [de l'hodomètre]: Vitr. 10, 9, 2 ‖ étui [pièce qui ferme le cadre du treuil à l'arrière du fût de la catapulte], v. *scamillum*, *buccula*: Vitr. 10, 10, 3.

lŏcŭlāris, *e*, local: Chalc. 121; 137.

lŏcŭlātus, Varr. *R.* 3, 17, 4, **lŏcŭlōsus**, *a*, *um*, Plin. 15, 88, qui est à compartiments, qui a des cases, des cellules.

lŏcŭlus, i, m. (dim. de *locus*) ¶ **1** petit endroit: Pl. *Mil.* 853 ¶ **2** cercueil: Plin. 7, 76; Vulg. *Luc.* 7, 14 ‖ mangeoire, stalle: Veg. *Mul.* 1, 56, 4 ‖ pl., *loculi*, boîte à compartiments, cassette: Hor. *Ep.* 2, 1, 175 / *S.* 1, 3, 17; Suet. *Galb.* 12.

lŏcŭplēs, ētis (*locus*, *pleo*) ¶ **1** riche en terres, opulent: Cic. *Rep.* 2, 16; Gell. 10, 5; Plin. 18, 11 ¶ **2** [en gén.] fortuné, riche: Cic. *Com.* 22; *praeda* Sall. *J.* 84, riche de butin ‖ subst. m., un riche: Cic. *Rep.* 3, 16, subst. f., Juv. 6, 141 ¶ **3** [fig.] *oratione locuples* Cic. *Fin.* 5, 13, riche de style [mais pauvre d'idées] ‖ qui peut répondre, solvable: *cognitorem locupletem dare* Cic. *Verr.* 5, 168, fournir un bon répondant; *locuples auctor (Thucydides)* Cic. *Brut.* 47, une autorité digne de foi (Thucydide), cf. *Div.* 2, 119; *Rep.* 1, 16; *testis locuples* Cic. *Off.* 3, 10, un témoin sûr ‖ **-tior** Cic. *Fin.* 1, 10; **-issimus** Cic. *Or.* 172.

lŏcŭplētātĭō, ōnis, f. (*locupleto*), richesse: Vulg. *Judith* 2, 16.

lŏcŭplētātŏr, ōris, m., celui qui enrichit: Eutr. 10, 15, 2; CIL 6, 958 ‖ [chrét.] Ps. Greg.-Tur. *Thom.* p. 123, 16 B.

lŏcŭplētātus, *a*, *um*, part. de *locupleto*.

*lŏcŭplētissĭmē [inus. au positif] adv., très richement: Spart. *Hadr.* 3 ‖ [fig.] **-letius** Front. *Ant.* 1, 3, 1, p. 101 N.

lŏcŭplētō, ās, āre, āvī, ātum (*locuples*), tr., rendre riche, enrichir: Acc. *Tr.* 170; Cic. *Agr.* 2, 68; *Rep.* 2, 15 ‖ [fig.] Cic. *Fin.* 2, 90; *Inv.* 2, 1; *Brut.* 331.

lŏcŭplētus, *a*, *um*, c. *locuples*: Fort. *Mart.* 2, 380.

lŏcus, i, m. (obscur, cf. *stella*?; arch. *stlocus* P. Fest. 411, 13 fr. lieu, esp. *luego*)

¶ **1** "lieu, endroit, place" ¶ **2** [fig.] "place, occasion" ¶ **3** "place, rang, rôle", *parentis loco esse* "tenir lieu de père", *loco dicere* "parler à son tour", "condition sociale, famille", *loco nobili natus* ¶ **4** "situation, état" ¶ **5** "point, question", "matière, sujet", "thème d'un développement", *loci (communes)*, "lieux communs" ¶ **6** "passage" d'un livre" ¶ **7** expressions avec sens temporel, *ad id locorum* "jusqu'à ce moment-là".

loci, m. pl., lieux isolés, particuliers; *loca*, n. pl., emplacements, pays, contrée, région [mais parfois emploi indistinct] ¶ **1** lieu, endroit, place: *in locum inferiorem concidere* Caes. *G.* 5, 44, 12, tomber dans un endroit en contrebas; *loca aperta* Caes. *G.* 2, 19, 5, terrains découverts, cf. *G.* 3, 23, 6; *ea loca incolere* Caes. *G.* 2, 4, 2, habiter ce pays, cf. Cic. *Div.* 2, 93; *Pomp.* 34; *loca sunt temperatiora* Caes. *G.* 5, 12, 7, le pays, le climat est plus tempéré ‖ *ex (de) superiore loco*, parler du haut du tribunal, [fig.] parler en supérieur, en maître: Verr. 2, 102; 4, 86; *ex aequo loco*, parler sur un pied d'égalité [dans le sénat ou en particulier]: Cic. *Fam.* 3, 8, 2; *ex inferiore loco*, parler d'en bas devant le tribunal, parler en inférieur à des supérieurs: Cic. *de Or.* 3, 23 ‖ *(dixit) quo loci nasceretur (radicula)* Cic. *Div.* 2, 135, (il dit) en quel endroit poussait (cette racine); *ex loco dejici* Cic. *Caecin.* 80, être chassé d'un lieu; *locum dare alicui* Cic. *CM* 63, faire place à qqn [mais Brut. *Fam.* 11, 1, 3, "céder la place, le pas"]; *ad locum venire* Cic. *Off.* 1, 33, venir sur les lieux ‖ *verbum loco positum* Cic. *de Or.* 3, 153, mot mis à la bonne place, employé opportunément, cf. Cic. *Verr.* 5, 37, édilité placée au bon endroit, en bonnes mains; *in locum anulum invertere* Cic. *Off.* 3, 38, ramener l'anneau à sa position normale ‖ place au théâtre, au cirque: Cic. *Mur.* 72; 73 ‖ lieu d'habitation, logement assigné aux ambassadeurs à Rome: Liv. 38, 39, 19 ‖ portion d'une terre, d'une propriété: Dig. 50, 16, 60 ‖ *loca communia* Cic. *Verr.* 2, 112; Cic. *Fam.* 13, 11, 1, bâtiments d'intérêt commun ‖ *loci, loca* (grec τόποι), utérus: Cic. *Nat.* 2, 128 ¶ **2** [fig.] place, occasion, prétexte: *locum suspicioni dare, aperire* Cic. *Cael.* 9; *Verr.* 5, 181, donner place, prise au soupçon, ouvrir le champ au soupçon; *furandi*

locus

locus qui potest esse? Cic. *Verr.* 5, 10, quelle place peut-il y avoir pour le vol?; *alicui... existimandi non nihil loci dare* Cic. *Fam.* 3, 6, 6, donner à qqn qq. occasion de penser...; *maledicto nihil loci est* Cic. *Mur.* 12, il n'y a pas de place pour le blâme; *alicui rei locum non relinquere* Cic. *Fam.* 1, 1, 2, ne pas laisser à qqch. l'occasion de se produire ‖ *nec vero hic locus est, ut... loquamur* Cic. *Tusc.* 4, 1, et ce n'est pas l'endroit de parler..., cf. Cic. *Amer.* 33 ¶ **3** place, rang, rôle : *summus locus civitatis* Cic. *Clu.* 150, le plus haut rang dans la cité ; *locum apud aliquem obtinere* Cic. *Phil.* 2, 71, tenir un rang auprès de qqn ; *locum quendam tenere* Cic. *Brut.* 81, tenir une certaine place ; *apud eum quem habet locum fortitudo?* Cic. *Off.* 3, 117, à ses yeux quelle place tient le courage?; *in hoc genere quid habet ars loci?* Cic. *de Or.* 2, 219, dans ce genre quelle place y a-t-il pour l'art?; *loci multum, plurimum est alicui rei* Cic. *Lae.* 97, (qqch.) tient une grande, une très grande place ; *in poetis non Homero soli locus est* Cic. *Or.* 4, en poésie, la place n'est pas réservée à Homère ‖ *meo loco* Cic. *Amer.* 73, à ma place, en te substituant à moi ; *parentis loco esse* Cic. *Caecil.* 61, tenir lieu d'un père ; *aliquem hostis loco habere* Caes. *C.* 3, 21, 1, traiter qqn comme un ennemi, cf. Caes. *G.* 1, 26, 6 ; 6, 13, 1 ; *in hostium loco* Caes. *C.* 2, 25, 6, comme des ennemis, cf. Caes. *G.* 1, 42, 6 ; Cic. *Brut.* 1 ; *de Or.* 2, 200 ; *aliquid in maledicti loco ponere* Cic. *Pis.* 32, mettre qqch. au rang des reproches ; *honestatem eo loco habere, ut* Cic. *Fin.* 2, 50, faire un tel cas de l'honnêteté que ; *voluptatem nullo loco numerare* Cic. *Fin.* 2, 90, ne compter pour rien le plaisir ‖ *loco dicere* Cic. *Leg.* 3, 40, parler à son tour ; *priore, posteriore loco* Cic. *Quinct.* 95 ; 33, plaider le premier, le second ; *decimo loco* Cic. *Caecin.* 28, en dixième lieu ; *praetorio loco dicere* Cic. *Att.* 12, 21, 1, prendre la parole à son rang de préteur ; *loco sententiae* Tac. *An.* 2, 37, son tour de parole venu [*sententiae loco dicendae* Sen. *Apoc.* 10, 1] ‖ *loco versus Accianos posuisti* Cic. *Fam.* 9, 16, 4, tu as cité à leur place (heureusement) les vers d'Accius ; *epistolae non loco redditae* Cic. *Fam.* 11, 16, 1, lettres remises mal à propos ; *quae suo loco dicemus* Cic. *Part.* 30, les choses que nous dirons à leur place ‖ condition sociale, famille : *obscuro loco, loco nobili natus* Cic. *Verr.* 5, 167 ; *Arch.* 4, de naissance obscure, né d'une famille connue ; *infimo, summo loco* Cic. *Flac.* 14 ; *Planc.* 60, de basse, de haute naissance ; *equestri loco* Cic. *Mur.* 16, d'une famille de chevaliers ¶ **4** situation, état : *exploratum est omnibus, quo loco causa tua sit* Cic. *Verr.* 5, 164, tout le monde voit parfaitement où en est ta cause, cf. Caes. *G.* 2, 26, 5 ; *res eodem est loci* Cic. *Att.* 1, 13, 5, les affaires sont dans le même état ; *eo loco locati sumus, ut* Cic. *Lae.* 40, nous sommes placés dans une situation telle que ; *saepe in eum locum ventum est, ut* Caes. *G.* 6, 43, 4, souvent on en vint à ce point que ¶ **5** point, question, matière, sujet : *locum longe et late patentem tractare* Cic. *Or.* 72, traiter une question étendue et vaste, cf. Cic. *Div.* 2, 2 ; *Fin.* 1, 6 ; *Or.* 162 ‖ partie d'un sujet, chef, chapitre, article, point : *ex quattuor locis, in quos... divisimus* Cic. *Off.* 1, 18, des quatre points (chefs) qui forment notre division de... ; *locum praetermittere, breviter tangere* Cic. *Off.* 1, 152 ; 3, 8, omettre, traiter brièvement un point ; *magnus locus* Cic. *Or.* 73, chapitre important ; *necessarius* Cic. *Off.* 3, 8, dont l'étude est nécessaire ; *omnes philosophiae loci* Cic. *Or.* 118, tous les chapitres de la philosophie ‖ thème d'un développement : *qui locus est talis..., hunc judico esse dicendum* Cic. *de Or.* 2, 102, un thème d'argumentation qui est d'une nature telle..., j'estime devoir le traiter ; *ad oratoris locos Opimii persona non pertinet* Cic. *de Or.* 2, 134, la personne d'Opimius n'influe pas sur les thèmes d'argumentation de l'orateur ; *gravitatis locis uti* Cic. *Or.* 111, utiliser les thèmes du sublime ; *locorum multitudo* Cic. *de Or.* 2, 136, le nombre des thèmes généraux, des sources de développement, cf. Cic. *de Or.* 2, 191 ‖ [avec ou sans *communes*] lieux communs [grec τόποι] : Cic. *Inv.* 2, 47 ; *de Or.* 3, 106 ; 2, 146 [sur la Topique en gén., v. Cic. *de Or.* 2, 145-146 et le traité *Topica*] ¶ **6** passage d'un écrit, d'un discours : *verti istum ipsum locum* Cic. *Fin.* 1, 49, j'ai traduit précisément ce passage que vous allez entendre ; *hoc loco* Cic. *Verr.* 4, 68 ; *Brut.* 269, à ce point de mon discours (ici, à cet endroit) ¶ **7** [expr. avec sens temporel] : *ad id locorum* Sall J. 63, 6, jusqu'à ce moment, cf. Liv. 22, 38, 12 ; *post id locorum* Sall. J. 72, 2 ; *postea loci* Sall. J. 102, 1, depuis ce moment-là, ensuite ; *interea loci, adhuc locorum, postidea loci*, v. *interea, adhuc, postidea*.

1 lŏcusta, *ae* et **lŭcusta**, *ae*, f. (cf. ληκάω, λάξ, an. *leg* ; esp. *langosta*) ¶ **1** langouste : Plin. 9, 95 ; Petr. 35, 4 ¶ **2** sauterelle : Liv. 30, 2, 10 ; 42, 2, 5 ; Plin. 11, 101.

2 Lŏcusta, *ae*, f., Locuste [célèbre empoisonneuse, complice de Néron] : Suet. *Ner.* 33 ; Juv. 1, 71 ; Tac. *An.* 12, 66.

lŏcūtĭlis, *e* (*loquor*), éloquent : Apul. *M.* 11, 3.

lŏcūtĭo, *ōnis*, f. (*loquor*), action de parler, parole, langage : Cic. *Off.* 1, 146 ; *Or.* 64 ‖ manière de parler, langage : Cic. *Brut.* 258 ‖ prononciation : Quint. 1, 6, 20 ‖ expression, tournure de style : Quint. 1, 5, 2 ; Gell. 1, 7, 18.

Lŏcūtĭus, *ii*, m., Aius Locutius, dieu de la parole : Liv. 5, 50, 5.

lŏcūtŏr, *ōris*, m., celui qui parle : Aug. *Civ.* 14, 5 ; Apul. *M.* 1, 1 ‖ grand parleur : Gell. 1, 15, 1.

lŏcūtōrĭum, *ii*, n. (*loquor*), parloir : Hier. *Ephes.* 1, 2, 19.

lŏcūtŭlēius, *i*, m. (*loquor*), grand parleur, bavard : Gell. 1, 15, 20 ; Non. 50, 8.

1 lŏcūtus (-quū-), part. de *loquor*.

2 lŏcūtŭs, abl. *ū*, m., action de parler : *soluto locutu* Apul. *Flor.* 15, en prose.

lōdĭcŭla, *ae*, f. (dim. de *lodix*), Suet. *Aug.* 83 ; Petr. 20, 2.

lōdix, *īcis*, f. (celt. ?, cf. al. *Loden*), couverture [de lit] : Mart. 14, 152, 1 ; Juv. 7, 66 ‖ m., Poll. d. Quint. 1, 6, 42.

Loebāsĭus, *ii*, m. (sabin), ⊂ *Liber* [Bacchus] : Ps. Serv. *G.* 1, 7.

loebertās, loebĕsum, [arch. pour *libertas, liberum*] : P. Fest. 108, 5.

lœdŏrĭa, *ae*, f. (λοιδορία), calomnie : Macr. *Sat.* 7, 3, 2.

lœdus, *i*, m. arch., ⊂ *ludus* : Cic. *Leg.* 2, 22.

lŏgăœdĭcus, *a*, *um* (λογαοιδικός), logaédique [se dit des vers dactyliques où le dactyle se change en trochée] : Mar. Vict. *Gram.* 6, 111, 26.

lŏgărĭŏn (-ĭum), *ii*, n. (λογάριον), compte des menues dépenses : Ulp. *Dig.* 33, 9, 3.

lŏgēum (-ĭum), *i*, n. (λογεῖον ou λόγιον) ¶ **1** archives : Cic. *Fam.* 5, 20 ¶ **2** ⊂ *pulpitum* : Vitr. 5, 7, 2.

lŏgĭca, *ae*, f., Isid. 2, 22, 1 et **lŏgĭcē**, *ēs*, f. (λογική), la logique : Boet. *Herm. pr.* 1, 1, [Cic. *Fin.* 1, 22 λογική].

lŏgĭcē, adv., logiquement : Boet. *Anal. post.* 1, 18.

lŏgĭcum, *i*, n., la logique : Sidon. *Carm.* 15, 101.

lŏgĭcus, *a*, *um* (λογικός), logique, raisonnable : Isid. 4, 4, 1 ; Capel. 9, 949 [Cic. *Tusc.* 4, 33 λογικά = la logique].

lŏgista, *ae*, m. (λογιστής), receveur, percepteur : Cod. Just. 1, 54, 3 ; CIL 13, 1807.

lŏgistĭca ars, f. (λογιστικός), l'art du raisonnement (ou du calcul) : Cassiod. *Var.* 3, 52, 3.

Lŏgistŏrĭcus, *i*, m., titre d'un ouvrage de Varron : Gell. 4, 19, 2 ; 20, 11, 4.

lŏgĭum, *ii*, n. (λόγιον, λογεῖον), pectoral, rational [pièce d'étoffe que le grand prêtre des Hébreux portait sur la poitrine et les épaules] : VL *Lev.* 8, 8.

lŏgŏdædălĭa, *ae*, f. (λογοδαιδαλία), recherche de langage : Aus. *Techn.* 13 (349), 1.

lŏgŏgrăphus, *i*, m. (λογογράφος), percepteur, receveur : Arcad. *Dig.* 50, 4, 18 ; Cod. Just. 10, 69.

Logonpori, *ōrum*, m. pl., peuple d'Ethiopie : Plin. 6, 194.

lŏgŏs et **lŏgus**, *i*, m. (λόγος) ¶ **1** [pl.] paroles, discours : Pl. *Men.* 779 ‖ vains mots, bavardage : Ter. *Phorm.* 493 ‖ bons mots, plaisanteries : Pl. *Pers.* 394 ; *St.* 221 ; 393 ; Cic. *Orat. Frg.* 4, 6 ‖ fables : Sen.

longinquus

Polyb. 8, 3 ¶ **2** raison : Aus. *Griph.* 2 (336), 68 ¶ **3** rapport, proportion : Varr. *L.* 10, 43. ▶ nom. pl. *logoe* Varr.

lŏlĭăcĕus, *a*, *um* (*lolium*), d'ivraie : Varr. *R.* 3, 9, 20.

lŏlĭārĭus, *a*, *um*, qui appartient à l'ivraie : Col. 9, 5, 16.

lŏlĭum, *ii*, n. (expr., cf. *lallo*, scr. *lalati*; it. *loglio*, al. *Lolch*), ivraie [plante] : Plin. 18, 153; Virg. *G.* 1, 154 ‖ *lolio victitare* Pl. *Mil.* 321, se nourrir d'ivraie, [par suite] avoir de mauvais yeux [l'usage de l'ivraie ayant une influence mauvaise sur les yeux].

Lollĭa, *ae*, f., nom de femme : Cic. *Fam.* 9, 22, 4; Tac. *An.* 12, 1; Plin. 9, 117.

Lollĭānus, *i*, m., nom d'un général qui prit le titre d'empereur sous Gallien : Treb. *Tyr.* 4, 1 ‖ ▶ *Lollius*.

lollīgo (lŏlī-), *ĭnis*, f. (expr., ▶ *lolium*) ¶ **1** calmar : Plin. 9, 83; 84; 158 ¶ **2** *lolligo volitans*, exocet [poisson] : Varr. *L.* 5, 79; Cic. *Div.* 2, 145; Plin. 32, 15; 149.

lollīguncŭla (lŏlī-), *ae*, f. (dim. de *lolligo*), Pl. *Cas.* 493.

Lollĭus, *ii*, m., nom d'une famille romaine : Cic. *Verr.* 2, 100; Hor. *O.* 4, 9; Suet. *Tib.* 13 ‖ -**ĭānus**, *a*, *um*, de Lollius : Tac. *An.* 1, 10.

lōmentārĭus, *ii*, m., marchand de savon : Gloss. 2, 434, 43.

lōmentum, *i*, n. (2 *lavo*, *lotus*), savon, mélange de farine de fève et de riz employé par les Romaines : Mart. 3, 42, 1; Pall. 11, 14, 9 ‖ sorte de couleur bleue : Plin. 33, 162 ‖ farine de fève : Plin. 18, 117 ‖ [fig.] savon : Cael. *Fam.* 8, 14, 4.

lonchītis, *ĭdis*, f. (λογχῖτις), le sérapias-langue [plante] : Plin. 25, 137; 26, 76.

loncha, *ae*, f. (λόγχη), lance : CIL 250, 20.

Londĭnĭum (**Lund-**), *ii*, n., ville de Bretagne [auj. Londres] Atlas I, B3; V, C2 : Tac. *An.* 14, 33; Amm. 27, 8, 7 ‖ -**nĭensis**, *e*, de Londinium : Paneg. *Const.* (4), 17, 1.

longaevĭtās, *ātis*, f. (*longaevus*), longévité : Ambr. *Bon. mort.* 2, 3; Macr. *Sat.* 7, 5, 11.

longaevĭtō, *ās*, *āre*, -, - (fréq.), tr., rendre durable : Alcim. *Ep.* 56 ‖ **longaevō**, *ās*, *āre*, -, - : Ps. Fort. *Med.* 15, 37.

longaevus, *a*, *um* (*longus*, *aevum*), d'un grand âge, ancien : Virg. *En.* 3, 169; Stat. *Th.* 10, 864 ‖ subst. f., une vieille femme : Ov. *M.* 10, 462.

longănĭmis, *e* (*longus*, *animus*), qui a de la longanimité, patient : Vulg. *Psal.* 102, 8.

longănĭmĭtās, *ātis*, f., longanimité : Vulg. *2 Petr.* 3, 15; Cassiod. *Eccl.* 5, 42.

longănĭmĭtĕr, adv. (*longanimis*), patiemment : Vulg. *Hebr.* 6, 15; Cassiod. *Eccl.* 10, 33.

longăno, ▶ *longavo* : Cael.-Aur. *Acut.* 3, 22, 221, rectum.

longăo, *ōnis*, m. (*longavo*), gros intestin : Veg. *Mul.* 1, 42, 1 ‖ saucisse : Apic. 140.

Longārēnus, *i*, m., nom d'homme : Hor. *S.* 1, 2, 67.

longārĭus, *a*, *um*, tiré en longueur, long [en parlant de lettres] : An. Helv. *Gram.* 8, 22, 3; ▶ *longurius*.

Longātĭcum, *i*, n., ville de la Haute-Pannonie : Peut. 3, 5.

longăvo, *ōnis*, m. (*longus* ?), Varr. *L.* 5, 111, -**vus**, *i*, m., Arn. 7, 24, saucisse, ▶ *longao*.

longē, adv. (*longus*; fr. *loin*) ¶ **1** en long, en longueur : *longe lateque* Cic. *Div.* 1, 79, en long et en large ; Caes. *G.* 4, 35, sur une vaste étendue ; *longe gradi* Virg. *En.* 10, 572, faire de grands pas ‖ [mais surtout] loin, au loin [pr. et fig.] : *longe abesse* Cic. *Fam.* 2, 7, 1, être éloigné ; *longe procedere* Cic. *Verr.* 2, 65, s'avancer loin ; *quam longe videmus ?* Cic. *Ac.* 2, 80, à quelle distance porte notre vue ? ; *domi aut non longe a domo esse* Cic. *Phil.* 12, 23, être chez soi ou non loin de chez soi, cf. Cic. *Verr.* 4, 94; CM 55 ; *locum castris deligit ab Avarico longe milia passuum sedecim* Caes. *G.* 7, 16, 1, il choisit un emplacement pour son camp à une distance de seize mille pas d'Avaricum ; *tria milia passuum longe a castris considere* Caes. *G.* 5, 47, 5, prendre position à trois mille pas du camp ; *non longe ex eo loco abesse* Caes. *G.* 5, 21, 2, n'être pas éloigné de ce lieu ; *longe gentium abesse* Cic. *Att.* 6, 3, 1, être à l'autre bout du monde ‖ [compar. sans infl. sur la constr., c. *amplius*] *non longius milia passuum octo abesse* Caes. *G.* 5, 53, 7, n'être pas à plus de huit mille pas de distance ¶ **2** [fig.] longuement, loin, au loin : *aliquid longius dicere* Cic. *Or.* 162, exposer qqch. plus longuement ; *labi longius* Cic. *Leg.* 1, 52, se laisser aller trop loin de son sujet ; *verbum longius ductum* Cic. *Brut.* 274, mot tiré de trop loin, recherché ; *longe aliquid repetere* Cic. *Leg.* 1, 28, aller chercher qqch. bien loin en arrière, cf. Cic. *Fam.* 13, 29, 2 ‖ *longe prospicere casus futuros rei publicae* Cic. *Lae.* 40, voir au loin dans l'avenir les dangers qui menacent la république ; *quoad longissime potest mens mea respicere* Cic. *Arch.* 1, aussi loin que mon esprit peut revoir en arrière ; *alicujus vitam longius producere* Cic. *Brut.* 60, faire vivre qqn plus longtemps, lui attribuer une vie plus longue ; *longius anno, triduo* Caes. *G.* 4, 1, 7; 7, 9, 2, plus d'un an, plus de trois jours ; *paullo longius* Caes. *G.* 7, 71, 4, un peu plus longtemps ¶ **3** grandement, beaucoup [mais avec des adj., adv. ou verbes marquant éloignement, différence, préférence] : *longe abhorrere, dissentire, praestare, excellere, antecellere, anteponere, longe alius, dissimilis, aliter, secus*, etc. ; *a vulgo longe longeque remoti* Hor. *S.* 1, 6, 18, à l'écart, loin, bien loin de la foule ‖ [devant les superl.] de beaucoup, sans contredit : *longe plurimum ingenio valere* Cic. *Brut.* 55, avoir une très haute supériorité intellectuelle ; *longe eloquentissimus* Cic. *Caecin.* 53, de beaucoup le plus éloquent ; *longe omnium princeps* Cic. *Or.* 62, de beaucoup le premier de tous ; *longe longeque plurimum tribuere honestati* Cic. *Fin.* 2, 68, faire la part belle, très belle à la moralité ‖ [devant les compar.] *longe melior* Virg. *En.* 9, 556, bien supérieur, cf. Sall. *Macr.* 9; Liv. 24, 28, 5; Curt. 10, 3, 10; Tac. *An.* 4, 40; Quint. 10, 1, 7.

longĭlătĕrus, *a*, *um* (*longus*, *latus*), qui a de longs côtés : Boet. *Arith.* 1, 27, 8.

longĭlŏquĭum, *ii*, n. (*longus*, *loquor*), discours sans fin : Don. *Eun.* 265; Isid. 1, 33, 8.

Longĭmănus, *i*, m., Longuemain [surnom d'Artaxerxès] : Hier. *Chron. Olymp.* 79.

Longīna, *ae*, f., nom de femme : CIL 9, 1153.

longinquē, adv. (*longinquus*), au loin, à distance : Enn. d. Non. 515, 14; -**quius** Gell. 1, 22, 12 ‖ après un long intervalle : Front. *Eloq.* 1, 2, p. 114 N.

longinquĭtās, *ātis*, f. (*longinquus*) ¶ **1** longueur, étendue : Flor. 4, 12, 62; Tac. *An.* 6, 44 ‖ distance, éloignement : Cic. *Fam.* 2, 9, 1; Tac. *Agr.* 19 ¶ **2** longue durée : Ter. *Hec.* 296; Cic. *Phil.* 10, 16 ‖ longue période : Cic. *Tusc.* 5, 117; Liv. 9, 33, 6.

1 **longinquō**, adv. (*longinquus*), à une grande distance, loin : Dig. 3, 3, 44; 30, 3, 39.

2 **longinquō**, *ās*, *āre*, -, -, tr., éloigner : Mamert. *Anim.* 1, 1 ‖ intr., s'éloigner : Aug. *Psalm.* 34, 2, 6.

longinquum, adv., longtemps, longuement : Pl. *Merc.* 610.

longinquus, *a*, *um* (*longus*, cf. *propinquus*) ¶ **1** long, étendu : *longinqua linea* Plin. 9, 59, longue ligne ; *oculorum acies* Gell. 14, 1, 5, longue portée de la vue ¶ **2** à une grande distance, éloigné, lointain : *loci longinquiores* Caes. *G.* 4, 27, 6, lieux plus éloignés ; *longinquae nationes* Caes. *G.* 7, 77, 16, nations éloignées ‖ *ex longinquo* Plin. 35, 97; Tac. *An.* 1, 47, de loin ‖ n. pl., *longinqua imperii* Tac. *An.* 3, 34, les parties éloignées de l'Empire, cf. Plin. *Ep.* 8, 20, 1; *longinqua commemorare* Cic. *Pomp.* 32, parler de faits qui se passent au loin ¶ **3** vivant éloigné, étranger : *homo longinquus et alienigena* Cic. *Dej.* 10, d'un pays lointain et un étranger ‖ *longinqui, propinqui* Cic. *Mil.* 76, les gens éloignés, les voisins ¶ **4** long, qui dure longtemps : *longinqui dolores* Cic. *Fin.* 2, 94, les douleurs longues ; *longinqua consuetudo* Caes. *G.* 1, 47, 4, rapports de longue durée ; *longinquiore tempore* Nep. *Them.* 4, 4, en un temps plus long ‖ éloigné : *in longinquum tempus aliquid differre* Cic. *Part.* 112, repor-

longinquus

ter qqch. à une date lointaine ; *spes longinqua et sera* Tac. *An*. 13, 37, lointaines et tardives espérances ¶ ancien : *longinqua monumenta* Plin. 13, 83, monuments antiques.

Longīnus, *i*, m., surnom romain, surtout dans la *gens Cassia* : Cic. *Leg*. 3, 35 ∥ philosophe et auteur grec, maître de Zénobie : Vop. *Aur*. 38 ∥ nom d'un évêque : Greg.-Tur. *Hist*. 2, 3.

longĭō, *ās*, *āre*, -, - (*longus*, cf. *amplio*), tr., allonger : Diom. 494, 13.

longĭpēs, *ĕdis* (*longus*, *pes*), à longues jambes, longipède : Plin. 29, 30 ; 11, 257.

longiscō, *ĭs*, *ĕre*, -, - (*longus*), inch., intr., s'allonger : Enn. *An*. 450 ; 451 ; Gloss. 5, 643, 60.

longĭtĕr, adv. (*longus*), à distance, loin [forme attestée par Non. et Char. d. Lucr. 3, 675 ; 789 ; 5, 133 les mss ont *longius*].

longĭtĭa, *ae*, f. (*longus*), longueur : Grom. 316, 2 ; 321, 14.

longĭtrōsus, en long, en longueur : P. Fest. 107, 11.

longĭtūdo, *ĭnis*, f. (*longus*) ¶ 1 longueur : Cic. *Nat*. 1, 54 ; *Phil*. 9, 2 ¶ 2 longueur, durée, longue période : Cic. *Verr*. 5, 26 ; Quint. 4, 1, 62.

longĭturnĭtās, *ātis*, f. (*longiturnus*), longue durée : Vulg. *Bar*. 3, 14.

longĭturnus, *a*, *um* (cf. *aeternus*), de longue durée : Vulg. *Bar*. 4, 35.

longĭuscŭlē, un peu plus loin, un peu trop loin : Aug. *Ep. Joh*. 8, 11 ; Sidon. *Ep*. 8, 11, 14.

longĭuscŭlus, *a*, *um* (dim. de *longior*), un peu plus long : *alterni versus longiusculi* Cic. *Arch*. 25, des vers un peu plus longs une fois sur deux = des distiques.

longīvīvax, *ācis*, qui vit longtemps : Schol. Juv. 14, 251.

longō, *ās*, *āre*, -, - (*longus*), tr., prolonger [le temps] : Fort. *Carm*. 7, 12, 70 ∥ éloigner : Arn.-J. *Psalm*. 87.

Longob-, V. *Lang-*.

Longŭla, *ae*, f., ville des Volsques : Liv. 2, 23, 4 ∥ **-lāni**, *ōrum*, m. pl., habitants de Longula : Plin. 3, 69.

Longŭlānus, *i*, m., auteur consulté par Pline : Plin. 1, 35.

longŭlē, adv., un peu loin, plutôt loin, assez loin : Pl. *Ru*. 226 ; Ter. *Haut*. 239 ; Apul. *Flor*. 2.

longŭlus, *a*, *um* (dim. de *longus*), assez long, plutôt long : Cic. *Att*. 16, 13 a, 2.

longum, n. de *longus* pris adv^t, longtemps : Pl. *Ep*. 376 ; Virg. *En*. 10, 740 ; Hor. *P*. 459 ; Juv. 6, 65.

Longuntĭca, *ae*, f., ville de la Tarraconaise : Liv. 22, 20, 6.

longŭrĭo, *ōnis*, m. (*longus*), grande perche [en parlant d'un homme] : Varr. *Men*. 562.

longŭrĭus, *ii*, m. (*longus*), longue perche, gaffe : Varr. *R*. 1, 14, 2 ; Caes. *G*. 3, 14, 5.

1 **longus**, *a*, *um* (cf. al. *lang*, an. *long*, δολιχός ; fr. *long*) ¶ 1 long, étendu [espace et temps] : *longissima epistula* Cic. *Att*. 16, 11, 2, la plus longue lettre ; *longum intervallum* Cic. *Off*. 1, 30, un long intervalle ; *uno die longiorem facere mensem* Cic. *Verr*. 2, 129, allonger le mois d'un jour ; *horae longae videbantur* Cic. *Att*. 12, 5, 4, les heures paraissaient longues ; *longa aetas* Cic. *CM* 66, longue vie ; *longa syllaba* Cic. *de Or*. 3, 183, syllabe longue ; *littera* Cic. *Or*. 159, lettre longue [quantité] ; *longus versus* Enn. d. Cic. *Leg*. 2, 68, hexamètre ∥ *mensis quadraginta quinque dies longus* Cic. *Verr*. 2, 130, mois long de quarante-cinq jours ∥ [en parlant de pers.] : *longus an brevis, formosus an deformis sit* Cic. *Inv*. 1, 35 [on considère] si l'individu est long ou court [grand ou petit], beau ou laid, cf. Pl. *Trin*. 903 ; Catul. 67, 47 ∥ [poét.] au loin : Virg. *G*. 3, 223 ; *En*. 7, 288 ∥ spacieux, vaste : Hor. *O*. 3, 3, 37 ; 3, 27, 43 ; Ov. *M*. 6, 64 ∥ éloigné : Cels. 4, 6, 6 ; Sil. 6, 628 ¶ 2 [fig.] qui dure, long, trop long : *in rebus apertissimis nimium longi sumus* Cic. *Fin*. 2, 85, c'est trop m'étendre sur un sujet très clair ; *longior fui quam vellem* Cic. *Q. Fr*. 1, 1, 36, j'ai été plus long que je n'aurais voulu ; *nolo esse longus* Cic. *Nat*. 1, 101, je ne veux pas m'étendre trop ; *longum est commemorare* Cic. *Verr*. 4, 135, il serait trop long de rappeler, cf. Cic. *Phil*. 2, 27 ; *Sest*. 12 ; *ne longum sit* Cic. *Cat*. 3, 10, pour abréger ; *non faciam longius* Cic. *Leg*. 1, 22, je ne tarderai pas plus longtemps, cf. Cic. *Fin*. 5, 16 ; *nec in longum dilata res est* Liv. 5, 16, 4, et la chose ne fut pas traînée en longueur ; *in longum parare* Tac. *An*. 3, 27, préparer pour un long temps ; *odia in longum jaciens* Tac. *An*. 1, 69, semant la haine à longue échéance ; *ex longo* Virg. *En*. 9, 64, depuis longtemps ∥ *nec mihi longius quidquam est quam videre...* Cic. *Rab. Post*. 35, je n'ai rien tant à cœur que de voir... ; *nihil ei longius videbatur quam dum videret...* Cic. *Verr*. 4, 39 (*quam ut videret...* Cic. *Fam*. 11, 27, 1) rien ne lui tardait tant que de voir... ; *nihil umquam longius his Kalendis Januariis mihi visum est* Cic. *Phil*. 5, 1, rien ne m'a jamais paru plus long à venir que ces calendes de janvier.

2 **Longus**, *i*, m., surnom romain : Tac. *An*. 4, 15 ∥ *Velius Longus*, grammairien : Gell. 18, 9, 4.

lŏpăda, *ae*, f. et **lŏpăs**, *ădis*, f. (λοπάς), patelle [coquillage] : Pl. *Ru*. 297 ; Non. 551, 5.

▶ acc. pl. *lepidas* Pl. *Cas*. 493 mss ; Prisc. 2, 108, 21.

Lŏpădūsa, *ae*, f., île entre la Sicile et l'Afrique [Lampedusa] : Plin. 3, 92 ; 5, 42.

Lopsi, *ōrum*, m. pl., peuple de Liburnie : Plin. 3, 139.

Lopsica, *ae*, f., ville de Liburnie Atlas XII, C5 : Plin. 3, 140.

lŏquācĭtās, *ātis*, f. (*loquax*), bavardage, loquacité, verbosité, prolixité : Cic. *Fam*. 6, 4, 4 ; *Leg*. 1, 7 ; Liv. 44, 35, 3 ∥ jacassement [de la pie], caquet : Plin. 10, 110.

lŏquācĭtĕr, adv., verbeusement : Cic. *Mur*. 26 ; Hor. *Ep*. 1, 16, 4 ∥ *loquacius* Paul.-Nol. *Ep*. 39, 8.

lŏquācŭlus, *a*, *um* (dim. de *loquax*), un peu bavard : Lucr. 4, 1165.

lŏquax, *ācis* (*loquor*), bavard, loquace, verbeux : Cic. *de Or*. 2, 160 ; *CM* 55 ∥ [avec gén.] Tert. *Apol*. 16, 3 ∥ bavard, gazouilleur, babillard : Virg. *G*. 3, 431 ; Ov. *Am*. 1, 4, 17 ; Hor. *O*. 3, 13, 15 ∥ *-cior* Cic. *Par*. 40 ; *-issimus* Cic. *Flac*. 11.

lŏquēla (**-ella**), *ae*, f. (*loquor*), parole, langage, mots : Pl. *Cis*. 741 ; Lucr. 5, 230 ; Virg. *En*. 5, 842 ∥ langue : *Graia* Ov. *Tr*. 5, 2, 68, langue grecque.

lŏquēlāris praepŏsĭtĭo, f., [gram.] préposition ou particule inséparable, préfixe : Ps. Prob. *Ult. syll*. 4, 253, 5 ; P. Fest. 4, 22.

lŏquens, *tis*, part. de *loquor*.

lŏquentĭa, *ae*, f., facilité à parler, faconde : Plin. *Ep*. 5, 20, 5 ; Gell. 1, 15, 18.

lŏquĭtŏr, *ārĭs*, *ārī*, *ātus sum* (fréq. de *loquor*), intr., parler beaucoup, abondamment : Pl. *Bac*. 803 ; Apul. *Flor*. 15.

lŏquŏr, *quĕrĭs*, *quī*, *lŏcūtus sum* (**lŏquūtus sum**) (peu net, cf. v. irl. *-tluchur*), intr. et tr.

I intr., parler [dans la conversation, dans la vie ordinaire ; *dicere*, *orare*, parler en orateur] : *bene, recte, male loqui* Cic. *de Or*. 3, 150 ; *Brut*. 258, avoir un bon, un mauvais langage ; *inquinate, diligenter, Latine* Cic. *Brut*. 140, avoir un parler incorrect, scrupuleux, en bon latin ; *bene Latine* Cic. *Brut*. 228, parler le latin purement ; *non tam bene quam suaviter loquendo (superabit)* Cic. *de Or*. 3, 43, (il aura le dessus) moins pour la correction que pour la douceur de son parler ; *ita tum loquebantur* Cic. *Brut*. 68, telle était la langue du temps ; *de aliquo cum aliquo* Cic. *Fam*. 6, 8, 3, parler de qqn à qqn ; *loquor de tuo monumento* Cic. *Verr*. 4, 69, je parle de ton monument (mes paroles concernent...) ; *secum* Cic. *Off*. 3, 1, s'entretenir avec soi-même ∥ *male loqui* Ter. *And*. 873 ; Cic. *Amer*. 140, mal parler, dire du mal ∥ *res loquitur ipsa* Cic. *Mil*. 53, les faits parlent d'eux-mêmes ; *muta quaedam loquentia inducere* Cic. *Or*. 138, faire parler certaines choses inanimées.

II tr. ¶ 1 dire : *pugnantia* Cic. *Tusc*. 1, 13, dire des choses contradictoires ; *quid turres loquar ?* Liv. 5, 5, 6, à quoi bon parler de tours ? ∥ *loquuntur*, on dit : *vulgo loquebantur Antonium mansurum esse Casilini* Cic. *Att*. 16, 10, 1, le bruit courait qu'Antoine s'arrêterait à Casilinum ∥ *oculi nimis arguti, quemadmodum animo adfecti simus, loquuntur* Cic. *Leg*.

1, 27, les yeux trop expressifs disent quels sentiments nous affectent ¶ **2** parler sans cesse de, avoir toujours à la bouche: **Curios, Luscinos** Cic. *Par.* 50, ne parler que des Curius, des Luscinus, cf. Cic. *Mil.* 63; *Fam.* 9, 13, 8.

lōra, *ae*, f. (cf. 1 *lotus*), piquette: Cat. *Agr.* 57; Varr. *R.* 1, 54, 3; Plin. 14, 86.

Loracīna, *ae*, m., fleuve du Latium: Liv. 43, 4, 7.

lōrāmentum, *i*, n. (*lorum*), courroie: Just. 11, 7, 16; Diocl. 8, 8 ǁ assemblage [en bois]: Vulg. *Eccli.* 22, 19.

lorandrum, *i*, n., forme populaire pour *rhododendron*: Isid. 17, 7, 54.

lōrārĭus, *ii*, m. (*lorum*), fouetteur, celui qui donne les étrivières [aux esclaves]: Gell. 10, 3, 19 ǁ fabricant de courroies: CIL 4, 7989.

lōrātus, *a*, *um*, attaché avec une courroie: Moret. 121.

lordus, *a*, *um* (λορδός), boiteux: Gloss. 3, 499, 44.

lōrĕa, [C.] *lora*: Cat. *Agr.* 25; Gell. 10, 23, 2.

lōrĕŏla, *ae*, f., [C.] *laureola*: Cic. *Att.* 5, 20, 4.

Lōrētānus Portūs, m., port d'Étrurie: Liv. 30, 39, 1.

1 lōrētum, [v.] *lauretum*.

2 Lōrētum, *i*, n., forêt située sur le mont Aventin: Plin. 15, 138.

lōrĕus, *a*, *um* (*lorum*), de courroie, fait de courroies: Cat. *Agr.* 3, 5; 12, 63; Pl. *Mil.* 157.

lōrīca, *ae*, f. (de θώραξ? cf. aussi *lorum* esp. *loriga*) ¶ **1** cuirasse: Pl. *Bac.* 71; Cic. *Mur.* 52 ¶ **2** parapet [en clayonnage ajouté à la palissade]: Caes. *G.* 5, 40, 6; 7, 72, 4; Tac. *H.* 4, 37; Curt. 9, 4, 30 ǁ barrière, haie, clôture: Apul. *M.* 6, 30, 6; Amm. 24, 5, 2 ǁ [archit.] protection [provisoire ou définitive]: Vitr. 2, 8, 18 [tuiles sur mur]; 7, 1, 4 [couche provisoire de mortier sur un pavement]; 7, 9, 4 [cire sur une peinture], cf. Plin. 30, 89.

lōrīcārĭus, *a*, *um*, de cuirasse: Veg. *Mil.* 2, 11 ǁ subst. m., faiseur de cuirasses: CIL 2, 3359.

lōrīcātĭo, *ōnis*, f. (*lorico*), action de revêtir: **duplex** Vitr. 7, 1, 5; Dig. 50, 16, 79, double plancher.

lōrīcātus, *a*, *um*, part. de *lorico*.

lōrīcĭfĕr, *ĕri*, m., celui qui porte une cuirasse: Gloss. 2, 330, 18.

lōrīcō, *ās*, *āre*, *āvī*, *ātum* (*lorica*), tr., cuirasser, revêtir d'une cuirasse: Plin. 88, 8; *loricatus* Liv. 23, 19, 18, cuirassé ǁ recouvrir d'un enduit, crépir: Varr. *R.* 1, 57.

lōrīcŭla, *ae*, f. (*lorica*), petit parapet: Hirt. *G.* 8, 9, 3; Veg. *Mil.* 4, 28.

lōrĭfĭcĭum, *ii*, n. (*lorum*, *facio*), assemblage de courroies: Apul. *M.* 9, 40.

lōrĭŏla, *ae*, f., [C.] *lora*: Varr. d. Non. 551, 30.

lōrĭpēs, *ĕdis*, m. f. (*lorum*, *pes*), qui a les pieds en lanières (en coton), qui ne se tient pas sur ses jambes, aux jambes flageolantes: Pl. *Poen.* 510; Juv. 2, 23; Plin. 7, 25.

Lorĭum, *ii*, n., site d'une villa d'Antonin le Pieux: Capit. *Ant.* 1, 8; 12, 6.

lōrŭlum, *i*, n. (dim. de *lorum*), licou: Aug. *Serm. Dolbeau*. 2, 12 (M. 5).

lōrum, *i*, n. (cf. εὔληρα, arm. *lar*), courroie, lanière: Pl. *Ep.* 684; Liv. 9, 10, 48; Plin. 8, 147; Quint. 6, 3, 25 ǁ cuir [en gén.]: Juv. 5, 165 ǁ pl., les rênes: Virg. *G.* 3, 107; Ov. *Am.* 3, 2, 72; Juv. 1, 61 ǁ fouet, martinet: Pl. *Merc.* 1002; Hor. *Ep.* 1, 16, 47; Cic. *Phil.* 8, 24 ǁ ceinture de Vénus: Mart. 6, 21, 9 ǁ branche de vigne: Plin. 14, 11 ǁ **lorum vomitorium** Scrib. 180, lanière [qu'on enfonçait dans la gorge] pour faire vomir ǁ bulle en cuir [des enfants pauvres]: Juv. 5, 165 ǁ [prov.] **lorum in aqua** Petr. 134, 9, une lanière de cuir dans l'eau = une chose molle.

lōrus, *i*, m., [C.] *lorum*: Petr. 57, 8; Apul. *M.* 3, 14.

Loryma, *ōrum*, n. pl., ville et port de Carie: Liv. 37, 17; Plin. 5, 104.

Lot (**Loth**), m. indécl., Loth [neveu d'Abraham]: Prud. *Psych.* 32; Vulg. *Gen.* 11, 27.

Lotăpēs, *is*, m., nom d'un physicien: Plin. 30, 11.

lōtīcĭus, *a*, *um* (1 *lotus*), mouillé, trempé: Chir. 241.

lōtĭo, *ōnis*, f. (2 *lavo*, [v.] *lavatio*), action de laver, lotion: Vitr. 7, 9, 1.

lōtĭŏlentus, *a*, *um* (*lotium*), pisseux: Titin. *Com.* 137.

Lōtis, *ĭdis*, f., Ov. *M.* 9, 347, 9 et **Lōtŏs**, *i*, f., Serv. *G.* 2, 84, nymphe aimée de Priape et changée en lotus.

lōtĭum, *ii*, n. (2 *lavo*, 1 *lotus*), urine: Vitr. 7, 9, 1; Plin. *Med.* 1, 2, 3.

lōtŏmētra, *ae*, f. (λωτομήτρα), sorte de lotus [plante aquatique]: Plin. 22, 56.

Lōtŏphăgĭ, *ōrum* (*ōn*, Plin. 5, 28), m. pl. (Λωτοφάγοι), Lotophages: Mel. 1, 37; Amm. 14, 6, 21.

Lōtŏphăgītis, *ĭdis*, f., l'île des Lotophages, près de la côte d'Afrique: Plin. 5, 41.

lōtŏr, *ōris*, m. (2 *lavo*, [v.] *lavator* celui qui lave: Paul.-Nol. *Ep.* 23, 4 ǁ blanchisseur: Inscr. Dess. 9421 ǁ [chrét., fig.] celui qui purifie, Sauveur: Optat. 3, 9.

lōtŏs (**lōtus**), *i*, f. (λωτός), micocoulier [arbre]: Plin. 13, 104; Virg. *G.* 2, 84 ǁ flûte de micocoulier: Ov. *F.* 4, 190; Sil. 11, 432 ¶ **1** lotus aquatique: Plin. 13, 107 ¶ **2** mélilot [plante]: Virg. 3, 394; Plin. 13, 107 ¶ **3** fruit du micocoulier: Plin. 24, 6 ¶ **4** sorte de jujubier: Prop. 3, 12, 27; Ov. *Pont.* 4, 10, 18.

▶ m. Mart. 8, 51, 14.

lotta, *ae*, f. (gaul.; fr. *lotte*), lotte [poisson]: Schol. Corn. Juv. 5, 81.

lōtūra, *ae*, f., lavage, nettoiement: Expos. Mund. 5 ǁ lavure [métallurgie]: Plin. 34, 128; Cael.-Aur. *Acut.* 3, 32, 167.

1 lōtus, *a*, *um*, part. de *lavo*.

2 lōtus, *i*, f., [v.] *lotos*.

Loxĭās, *ae*, m. (*luo*), surnom d'Apollon: Macr. *Sat.* 1, 17, 31.

loxŏtŏmus, *i*, m. (gr.), nom d'une droite qui dans l'analemme coupe l'écliptique: Vitr. 9, 7, 6.

Lŭa, *ae*, f. (*lues*, 2 *luo*), déesse qui présidait aux expiations: Varr. *L.* 8, 36; Liv. 8, 1, 6; Gell. 13, 22.

lŭbens, **lŭbet**, **lŭbīdo**, [v.] *lib-*.

Lŭbentĭa, **Lŭbentīna**, [v.] *Lib-*.

Lubĭenses, *ĭum*, m. pl., [v.] *Lib-*.

lŭbrĭcātĭo, *ōnis*, f. (*lubrico*), action de glisser: Eustath. 3, 4; Cassiod. *Psalm.* 120, 3.

lŭbrĭcē, adv., d'une manière glissante [fig.] d'une manière trompeuse: Hier. *Jovin.* 2, 24.

lŭbrĭcĭtās, *ātis*, f., nature glissante, inconstante: Zen. 1, 2, 8.

lŭbrĭcō, *ās*, *āre*, *āvī*, *ātum* (*lubricus*), tr., rendre glissant: Juv. 11, 173; Apul. *M.* 7, 18 ǁ [fig.] rendre vacillant, instable: Prud. *Psych.* 571.

lŭbrĭcum, *i*, n. de *lubricus*, lieu lubrifié, glissant: Cels. 8, 3, 3; Plin. 36, 95 ǁ **lubrico paludum** Tac. *An.* 1, 65, sur les marécages glissants ǁ [fig.] **in lubrico versari** Cic. *Or.* 98, être sur un terrain glissant (risquer de trébucher); **lubricum aetatis** Plin. *Ep.* 3, 3, 4, âge instable, cf. Tac. *An.* 6, 49; 14, 56.

lŭbrĭcus, *a*, *um* (cf. got. *sliupan*, al. *schleifen*, an. *slip*, ὄλιβρος) ¶ **1** glissant: Pl. *Mil.* 852; Liv. 44, 9, 9; Mart. 4, 18, 2 ǁ lisse, uni: Mart. 9, 58, 3 ¶ **2** qui glisse facilement, mobile: Cic. *Nat.* 2, 142; Virg. *En.* 5, 84 ¶ **3** [fig.] glissant, incertain, dangereux hasardeux: Cic. *Flac.* 105; *Rep.* 1, 44; [avec inf.] Hor. *O.* 1, 19, 8 ǁ qui glisse, fuyant: Quint. 9, 4, 129; Ov. *A. A.* 3, 364 ǁ décevant, trompeur: Virg. *En.* 11, 716 ǁ disposé, prêt à [avec inf. pass.]: Sil. 5, 18 ǁ chancelant, qui trébuche facilement: Tac. *An.* 13, 2 ¶ **4** impudique, lubrique: Prud. *Cath.* 2, 103.

Lubs, [v.] *Libs*.

1 Lūca bōs, **Lūcae bŏvis**, m. f. (osq. *luvkans*), [C.] *Lucanus*, éléphant [nommé improprement bœuf de Lucanie par les Romains]: Pl. *Cas.* 846; Plin. 8, 16; Varr. *L.* 7, 39; Lucr. 5, 1302 ǁ [avec tmèse]: **Lucas Maurum in bella boves** Sil. 9, 572.

2 Lūca, *ae*, f., ville d'Étrurie [auj. Lucques]: Cic. *Fam.* 1, 9, 9; Liv. 21, 59, 10; Frontin. *Strat.* 3, 2.

Lūcăgus, *i*, m., nom de guerrier: Virg. *En.* 10, 575.

Lucania

Lūcānĭa, *ae*, f., Lucanie [province méridionale d'Italie] Atlas XII, E5 : Cic. *Tusc.* 1, 89 ; Mel. 2, 59 ‖ **-ānus**, *a*, *um*, de Lucanie : Cic. *Phil.* 13, 12 ‖ **Lūcāni**, *ōrum*, m. pl., les Lucaniens : Varr. *L.* 7, 39 ; Caes. *C.* 1, 30 ; Liv. 8, 17, 9.

lŭcānĭca, *ae*, f. (*Lucania*), Cic. *Fam.* 9, 16, 8 ; Mart. 13, 35 ; Apic. 61 ; **lŭcānĭcum**, *i*, n., Arn. 2, 42 ; Stat. *S.* 4, 9, 35 ; **lŭcānĭa**, *ōrum*, n. pl., *Apic. 140 ; **lŭcāna**, *ae*, f., Varr. *L* 5, 111, saucisse.

▶ Char. 94, 12 donne les trois formes *lucanica*, *lucanicus*, *lucanicum* en s.-entendant *hira*, *botellus*, *farcimen*.

1 Lūcānus, *a*, *um*, ▽ *Lucania*.

2 Lūcānus, *i*, m., Lucain [poète latin, du temps de Néron] : Mart. 1, 62, 7 ; Quint. 10, 1, 90 ; Tac. *An.* 15, 70 ; Juv. 7, 79.

3 lŭcānus, *a*, *um* (*antelucanus*), *ante lucanum (lucanam)* VL. *Luc.* 24, 22, avant le jour.

lūcar, *āris*, n. (*lucus*), impôt sur les bois sacrés : P. Fest. 106, 12 ; CIL 6, 32324, 1 ‖ salaire des acteurs : Tac. *An.* 1, 77 ; Tert. *Scorp.* 8, 3.

▶ = *lucus* : CIL 1, 401 *loucarid*.

Lūcārĭa, *ĭum*, n. (*lucus*), les Lucaria [fête des bois sacrés] : Macr. *Sat.* 1, 4, 15.

lūcāris pecūnĭa, f., ▽ *lucar* : P. Fest. 106, 8.

Lūcās, *ae*, m., saint Luc, évangéliste : Prud. *Apoth.* 1002.

Luccēia, *ae*, f., nom de femme : Plin. 7, 158.

Luccēius, *i*, m., ami de Cicéron : Cic. *Att.* 5, 21, 13.

lūcĕ, abl. de *lux*.

Luceium, n., forteresse de Galatie : Cic. *Dej.* 17.

lŭcellum, *i*, n. (dim. de *lucrum*), petit gain, léger profit : Cic. *Verr.* 3, 72 ; Hor. *S.* 2, 5, 82 ; Sen. *Ep.* 5, 7.

Lucēni, *ōrum*, m. pl., peuple de l'Hibernie : Oros. *Hist.* 1, 2, 81.

lūcens, *tis*, part.-adj. de *luceo*, brillant, éclatant, en relief : *-ior* *Mall.-Th. 6, 598, 19.

Lūcensis, *e*, de Luca, ville d'Étrurie : Cic. *Fam.* 13, 13 ‖ de Lucus, ville d'Asturie : Plin. 3, 18 ‖ **Lūcenses**, *ĭum*, m. pl., habitants d'une ville des Marses : Plin. 3, 106.

Lūcentĭa, *ae*, f., ▽ *Lucentum* : Mel. 2, 93.

Lūcentum, *i*, n., ville de la Tarraconaise [auj. Alicante] Atlas IV, D3 : Plin. 3, 20 ‖ **Lūcentĭus**, *a*, *um*, de Lucentum : Plin. 3, 28.

lūcĕō, *ēs*, *ēre*, *lūxi*, - (*lux* ; fr. *luire*), intr. ¶ **1** luire, briller, éclairer [en parlant des astres, du jour] : Cic. *Rep.* 4, 16 ; Tib. 1, 1, 6 ; Ov. *H.* 11, 104 ‖ apparaître, naître [le jour] : Sil. 16, 91 ; Amm. 21, 15, 2 ‖ impers. *lucet*, il fait jour : Cic. *Ac.* 2, 96 ; *Div.* 1, 47

¶ **2** briller à travers, être visible : Prop. 2, 2, 25 ; Mart. 8, 68, 7 ‖ [fig.] être évident, apparent, clair : Cic. *Pomp.* 41 ; *Att.* 3, 15, 4 ; *Off.* 1, 30 ; *Brut.* 327 ¶ **3** tr., faire luire, faire briller : Enn. *An.* 156 ; Pl. *Curc.* 9 ; *Cas.* 118.

Lūceres, *um*, m. pl., Luceres [une des trois tribus établies par Romulus] : Varr. *L.* 5, 55 ; Cic. *Rep.* 2, 14 ; Ov. *F.* 3, 132 ; Liv. 1, 13, 8 ; Prop. 4, 1, 31.

▶ *Lucereses* P. Fest. 106, 13.

Lūcĕrĭa, *ae*, f., Lucérie [ville d'Apulie] Atlas XII, E5 : Cic. *Fam.* 15, 15, 4 ; *Att.* 7, 12, 2 ‖ **-īnus**, *a*, *um*, de Lucérie : Liv. 10, 35, **-īni**, m. pl., habitants de Lucérie : Liv. 9, 26.

lŭcerna, *ae*, f. (*luceo*, cf. *cisterna* ; it. *lucerna*, cf. fr. *luzerne*), lampe : Varr. *L.* 5, 119 ; Cic. *Fin.* 4, 29 ‖ travail de nuit : Juv. 1, 51 ‖ [fig.] guide, maître : Vulg. *Prov.* 6, 23 ; *Psal.* 118, 105 ‖ poisson phosphorescent : Plin. 9, 82.

lŭcernārĭa, *ae*, f., ▽ *verbascum* : M.-Emp. 20, 28.

lŭcernāris, *e* (*lucerna*), relatif à la lampe : Cassian. *Coll.* 3, 3 ‖ **lucernaris herba** Isid. 17, 9, 73 ; ▽ *phlomus*.

lŭcernārĭum, *ii*, n. (*lucerna*), moment où on allume les lampes : Eger. 27, 6 ‖ lampe : Cassiod. *Eccl.* 9, 38 ‖ [chrét.] office du soir, vêpres : Hier. *Tract. Psal.* 119, p. 229, 11.

lŭcernātus, *a*, *um*, illuminé, éclairé : Tert. *Ux.* 2, 6, 1.

lŭcernīnae kalendae, premier jour du mois où l'on travaille à la lumière [décembre ou janvier] : Test. Porcell. p. 347, 22 B.

lŭcernŭla, *ae*, f. (dim. de *lucerna*), petite lampe : Hier. *Ep.* 107, 9 ; 117, 12.

lūcescō (lūciscō), *ĭs*, *ĕre*, *lūxi*, - (*luceo*) ¶ **1** intr., commencer à luire : Virg. *B.* 6, 37 ‖ commencer à briller : Ov. *F.* 5, 417 ¶ **2** impers., *luciscit* le jour commence : Pl. *Amp.* 543 ; Cic. *Fam.* 15, 4, 8.

Lūcĕtĭa, *ae*, f., **Lūcĕtĭus**, *ii*, m. (*luceo*), surnoms de Junon et de Jupiter : Gell. 5, 12, 6 ; Serv. *En.* 8, 570 ; Capel. 2, 149.

lūcī, ▽ *lux* ▶.

lŭcĭbĭlis, *e*, lumineux : Serv. *En.* 6, 725 ; Gloss. 5, 554, 18.

lūcĭdātĭō, *ōnis*, f., lucidité, clarté : Cassiod. *Inst.* 1, 28, 6.

lūcĭdē, adv. (*lucidus*), clairement ; avec lucidité : *Cic. de Or.* 2, 108 ; Quint. 8, 3, 1 ‖ ouvertement, en public : Gloss. 5, 30, 3 ‖ *lucidius* Sen. *Ep.* 71, 16 ; *-issime* Quint. 4, 5, 12.

lūcĭdĭtās, *ātis*, f., clarté, splendeur [fig.] : Orig. *Matth.* 32.

lūcĭdō, *ās*, *āre*, *āvī*, -, tr., éclaircir [fig.] : Cassiod. *Var.* 3, 31.

lūcĭdum (*lucidus*), n. pris adv^t, d'une manière brillante : Hor. *O.* 2, 12, 14.

lūcĭdus, *a*, *um* (*luceo*) ¶ **1** clair, brillant, éclatant, plein de lumière : Lucr. 4, 315 ; Ov. *H.* 15, 74 ; Quint. 12, 10, 60 ; Ov. *H.* 19, 133 ; Hor. *O.* 3, 3, 33 ¶ **2** [fig.] plein de lumière, de pureté : Vulg. *Luc.* 11, 34 ‖ clair, lumineux, manifeste : Quint. 4, 2, 31 ; Hor. *P.* 41 ‖ *-dior* Quint. 7, 3, 21 ; *-issimus* Vitr. 9, 4, 1.

1 lūcĭfĕr, *ĕra*, *ĕrum* (*lux*, *fero*), qui apporte la lumière, qui donne de la clarté : Cic. *Nat.* 2, 68 ; Lucr. 5, 726 ; Ov. *H.* 11, 46 ‖ qui porte un flambeau : Ov. *H.* 20, 192 ‖ [fig.] qui produit la lumière [la vérité] : Prud. *Psych.* 625.

2 Lūcĭfĕr, *ĕri*, m., planète de Vénus, l'étoile du matin : Cic. *Nat.* 2, 53 ; Plin. 2, 36 ; Ov. *Tr.* 1, 3, 71 ‖ journée, jour : Ov. *F.* 1, 46 ; *paucis luciferis* Prop. 2, 15, 28, dans quelques jours.

Lūcĭfĕra, *ae*, f., surnom de Diane [la lune] : Cic. *Nat.* 2, 68.

lūcĭfĕrax, *ācis* (*lux*, *ferax*), très lumineux : Fort. *Carm.* 2, 4, 3.

lūcĭfĭcō, *ās*, *āre*, -, - (*lux*, *facio*), tr., éclairer, illuminer : Aug. *Faust.* 22, 9.

lūcĭfĭcus, *a*, *um*, qui produit la lumière : Aug. *Faust.* 22, 9 ; Cael.-Aur. *Acut.* 2, 9, 45.

lūcĭflŭus, *a*, *um* (*lux*, *fluo*), d'où découle la lumière : Juvc. 3, 293 ‖ [fig.] d'où sort la lumière [la vérité] : Juvc. 4, 119.

lūcĭfŭga, *ae*, m., ▽ *lucifugus* : Sen. *Ep.* 122, 15 ; Apul. *M.* 5, 19.

lūcĭfŭgax, *ācis*, ▽ *lucifugus* : Philom. 40.

lūcĭfŭgus, *a*, *um* (*lux*, *fugio*), qui fuit le jour, lucifuge : Virg. *G.* 4, 243 ; *lucifuga avis* Isid. 12, 8, 7, oiseau de nuit ‖ [fig.] Cic. *Fin.* 1, 61.

Lūcīlĭus, *ii*, m., nom d'une famille romaine ; [not^t] C. Lucilius, chevalier romain, poète satirique : Cic. *de Or.* 1, 72 ; Hor. *S.* 1, 4, 6 ; Quint. 10, 1, 62 ; Juv. 1, 65 ‖ Q. Lucilius Balbus, stoïcien, disciple de Panétius : Cic. *Nat.* 1, 15 ; *Div.* 1, 9 ‖ **Lūcīlĭānus**, *a*, *um*, de Lucilius [le poète] : Varr. *R.* 3, 2, 17 ; Plin. 36, 185.

Lūcilla, *ae*, f., Capit. *Aur.* 7, 7, **Lūcillus**, *i*, m., Treb. *Gall.* 12, 1, nom de femme, nom d'homme.

Lūcīna, *ae*, f. ¶ **1** Lucine [nom d'Hécate] : Tib. 3, 4, 13 ¶ **2** Lucine, président aux accouchements, assimilée, tantôt à Diane [Virg. *B.* 4, 10 ; Catul. 34, 13 ; Cic. *Nat.* 2, 68 ; Hor. *Saec.* 15], tantôt à Junon [Pl. *Aul.* 692 ; Ov. *F.* 6, 39] ‖ [fig.] l'accouchement lui-même : Virg. *G.* 4, 340 ; Ov. *A. A.* 3, 785 ‖ *Lucinam pati* Virg. *G.* 3, 60, vêler.

1 lūcīnus, *a*, *um* (*lux*), qui concerne la naissance : *lucina hora* Prud. *Sym.* 2, 222, heure natale.

2 lŭcĭnus, ▽ *lychnus*.

Lūcĭŏla, *ae*, f., Anth. 684, 1 et **Lūcĭŏlus**, *i*, m., Aus. *Prof.* 4 (193), 1, nom de femme, nom d'homme.

lūcĭpărens, *tis*, m., f., père ou mère du jour : Avien. *Arat.* 854.

lūcĭpĕtă, *ae*, m., f. (*lux, peto*), qui recherche la lumière : Aug. *Faust.* 19, 24 ; Isid. 12, 8, 7.

lūcĭpŏr, *ŏris*, m. (*Lucius, puer*), esclave de Lucius : Plin. 33, 26.

lūcĭsător, *ōris*, m. (*lux, sator*), père de la lumière : Prud. *Cath.* 3, 1.

lūcisco, ▶ lucesco.

1 **lūcĭus**, *ĭi*, m. (peu net, cf. *luceo* ?; it. *luccio*), brochet [poisson] : Aus. *Mos.* 123 ; Anthim. 40.

2 **Lūcĭus**, *ĭi*, m., prénom romain : P. Fest. 106, 21.

Lucmo, ▶ Lucumo : Prop. 4, 1, 29.

Lūcŏfĕrōnenses, *ĭum*, m. pl., habitants de Lucus Feroniae, ville d'Étrurie : CIL 11, 3938.

Lŭcŏmēdi, *ōrum*, m. pl., ▶ Lucerenses : P. Fest. 107, 3.

lŭcrātĭo, *ōnis*, f. (*lucror*), gain : Tert. *Ux.* 2, 7, 1.

lŭcrātīvus, *a*, *um* (*lucror*), lucratif, profitable, avantageux : *Cic. *Att.* 7, 11, 1 ; Quint. 10, 7, 27 ∥ à titre de legs, de donation : Paul. *Sent.* 5, 11, 5 ; Cod. Just. 10, 35, 1.

lŭcrātŏr, *ōris*, m. (*lucror*), celui qui gagne [fig.] : Arn.-J. *Psalm.* 88 ; Hier. *Tit.* 1, 11.

lŭcrātus, *a*, *um*, part. de *lucror*.

Lŭcrētĭa, *ae*, f., Lucrèce [épouse de Tarquin Collatin, célèbre par sa vertu] : Liv. 1, 58 ; Ov. *F.* 2, 685 ; Juv. 10, 293 ∥ une Lucrèce [une femme honnête] : Mart 11, 104, 21 ; Petr. 9, 5.

Lŭcrētĭlis, *is*, m., Lucrétile [montagne des Sabins, auj. Monte Gennaro] : Hor. *O.* 1, 7, 1 ; P. Fest. 106, 28.

Lŭcrētĭus, *ĭi*, m., nom d'une famille romaine [not[t]] le père de la fameuse Lucrèce : Liv. 1, 59, 8 ∥ Lucrèce [T. Lucretius Carus, poète latin] : Cic. *Q.* 2, 11, 14 ; Quint. 10, 1, 87 ; 12, 11, 26.

lŭcrĭcŭpīdo, *ĭnis*, f., soif du gain, cupidité : Apul. *Plat.* 2, 15.

lŭcrī făcĭo (**lŭcrĭfăcĭo**), ▶ lucrum.

lŭcrĭfĭcābĭlis, *e*, qui apporte du gain [mot forgé] : Pl. *Pers.* 712.

lŭcrĭfĭcō, *ās*, *āre*, -, -, tr., gagner : Tert. *Praescr.* 24, 2.

lŭcrĭfĭcus, *a*, *um*, ▶ lucrificabilis : Pl. *Pers.* 515.

lŭcrĭfīo, plutôt **lŭcrī fīo**, ▶ lucrum.

lŭcrĭfŭga, *ae*, m. (*lucrum, fugio*), qui fuit le gain : Pl. *Ps.* 1131.

Lŭcrĭi dĭi, m. (*lucrum*), dieux qui président au gain : Arn. 4, 9.

Lŭcrīnensis, ▶ Lucrinus.

Lŭcrīnus lacus, [ou abs[t]] **Lŭcrīnus**, m., le lac Lucrin [dans la Campanie, près de Pouzzoles] : Cic. *Att.* 4, 16, 1 ; Virg. *G.* 2, 161 ∥ **-nus**, *a*, *um*, du lac Lucrin : Prop. 1, 11, 10 ∥ **-nensis**, *e*, Cic. *Att.* 4, 10, 1 ∥ **Lucrīna**, *ōrum*, n. pl., huîtres du lac Lucrin : Mart. 6, 11, 5.

lŭcrĭo, *ōnis*, m. (*lucrum*), homme cupide : P. Fest. 49, 13.

lŭcrĭpes, *ĕtis*, Cassiod. *Var.* 12, 11.

lŭcrĭpĕta, *ae*, m. (*lucrum, peto*), âpre au gain, cupide : Pl. *Argum. Most.* 6.

lŭcrĭus, *a*, *um* (*lucrum*), qui préside au gain : Arn. 4, 9.

lŭcrō, *ās*, *āre*, -, -, ▶ lucror : Cod. Just. 5, 17, 8, 7.

lŭcrŏr, *ārĭs*, *ārī*, *ātus sum* (*lucrum* ; esp. *lograr*), tr., gagner, avoir comme bénéfice, comme profit : Cic. *Par.* 21 ; *Off.* 2, 84 ; **non lucrari** Dig. 4, 6, 27, subir un manque à gagner [opp. à *amittere*, éprouver une perte effective] ∥ économiser, mettre de côté : Plin. 18, 68 ∥ [fig.] acquérir, obtenir : Hor. *O.* 4, 8, 19 ; **lucretur indicia veteris infamiae** Cic. *Verr.* 1, 33, qu'il gagne (= qu'on lui épargne) les révélations sur son infamie d'autrefois ∥ gagner, persuader, convertir : Vulg. 1 Cor. 9, 20 ∥ faire l'économie de, échapper à : Apul. *M.* 8, 12, 5 ; Cypr. *Mort.* 15.

lŭcrōsē, adv. (*lucrosus*), avec gain, bénéfice : Cassiod. *Var.* 12, 20 ∥ **lucrosius** Hier. *Ep.* 22, 13.

lŭcrōsus, *a*, *um* (*lucrum*), lucratif, profitable, avantageux : Ov. *Am.* 1, 10, 35 ; Plin. 37, 197 ; Tac. *Agr.* 19 ∥ **-sior**, **-issimus** Plin. 18, 320 ; 37, 197.

lŭcrum, *i*, n. (v. irl. *lóg*, al. *Lohn*, ἀπολαύω ; roum. *lucru*), gain, profit, avantage : Cic. *Tusc.* 5, 9 ; *Phil.* 3, 30 ; **in lucris ponere** Cic. *Fam.* 7, 24, 1, compter comme bénéfice ; **lucrum facere** Pl. *Pers.* 503 ; Cic. *Verr.* 3, 110 ; **lucra facere** Cic. *Verr.* 3, 86, faire du bénéfice, faire des bénéfices ; **lucri facere aliquid** Pl. *Poen.* 771, gagner qqch. ; **lucri fieri tritici modium centum milia** Cic. *Verr.* 3, 111, [je montre] qu'il y a un bénéfice de cent mille boisseaux de blé ; **ab isto omnem illam pecuniam ... lucri factam videtis** Cic. *Verr.* 3, 174, vous voyez que pour lui tout cet argent a été un bénéfice ; **de lucro vivere** Cic. *Fam.* 9, 17, 1, vivre comme par miracle (par un bénéfice inespéré), cf. Liv. 40, 8, 2 ; **lucri ducere** Tert. *Marc.* 5, 20, 6, considérer comme un gain ; [opposé à *damnum*] **pensare lucrum cum damno debet** Dig. 3, 5, 10, ils doit équilibrer le gain et la perte ∥ amour du gain, avarice : Luc. 4, 96 ; Sen. *Phaed.* 540 ∥ fortune, bien : Ov. *Am.* 3, 8, 35 ; Phaed. 5, 4, 8 ∥ [chrét.] **mihi vivere Christus est et mori lucrum** Vulg. *Philipp.* 1, 21, ma vie, c'est le Christ, et c'est un gain pour moi que la mort.

lucta, *ae*, f. (*luctor* ; it. *lotta*), lutte, exercice de la lutte : Aus. *Epigr.* 96 (93), 7 ∥ [fig.] Aug. *Serm.* 57, 9, 9.

luctāmĕn, *ĭnis*, n. (*luctor*), lutte : Lampr. *Alex.* 30, 4 ∥ effort, lutte : Virg. *En.* 8, 89 ∥ [fig.] influence [d'un agent chimique] : Pall. 3, 9, 13.

luctāmentum, *i*, n., ▶ luctamen : Arn.-J. *Confl.* 1, 7, p. 249 A.

luctans, *tis*, part. prés. de *luctor*.

Luctātĭānus, **Luctātĭus**, ▶ Lut-.

luctātĭo, *ōnis*, f. (*luctor*), lutte, combat [pr. et fig.] : Cic. *Fat.* 30 ; *Leg.* 2, 38 ; *Fin.* 2, 43 ; Liv. 21, 36, 7 ; Sen. *Nat.* 7, 9, 2.

luctātŏr, *ōris*, m. (*luctor*), lutteur : Plin. 34, 80 ; Ov. *Tr.* 4, 6, 31 ; Sen. *Ben.* 5, 3, 1.

luctātōrĭum, *ĭi*, n., arène de lutteurs, palestre : Gloss. 4, 135, 20.

1 **luctātus**, *a*, *um*, part. de *luctor*.

2 **luctātŭs**, *ūs*, m., lutte, effort : Plin. 8, 33 ; 29, 26.

lucti, gén., ▶ luctus ►.

luctĭfĕr, *ĕra*, *ĕrum* (*luctus, fero*), porteur de deuil, malheureux : Val.-Flac. 3, 454 ; Sen. *Herc. f.* 687.

luctĭfĭcābĭlis, *e*, pitoyable : Pacuv. d. Pers. 1, 78.

luctĭfĭcus, *a*, *um* (*luctus, facio*), qui cause de la peine, du chagrin, triste : Cic. poet. *Tusc.* 2, 25 ; Virg. *En.* 7, 324.

luctĭsŏnus, *a*, *um* (*luctus, sono*), qui rend un son triste : Ov. *M.* 1, 732.

luctĭtō, *ās*, *āre*, -, -, **luctĭtŏr**, *ārīs*, *ārī*, - (fréq. de *lucto* et de *luctor*), [sans ex.] : Prisc. 2, 392, 14.

luctō, *ās*, *āre*, -, -, ▶ luctor : Enn. *An.* 300 ; Pl. d. Non. 468, 32 ; Ter. *Hec.* 829 ; Varr. *L.* 5, 61.

luctŏr, *ārīs*, *ārī*, *ātus sum* (cf. *luxus*, *lugeo*, 1 *luma*, λυγίζω, scr. *rujati*, al. *Locke*, an. *lock* ; it. *lottare*), intr., lutter : Pl. *Bac.* 428 ; Cic. *Off.* 1, 107 ; *Fat.* 30 ∥ lutter, combattre : Liv. 7, 38, 7 ; Plin. 18, 177 ; Virg. *G.* 2, 526 ∥ [avec inf.] Virg. *En.* 7, 28 ; Ov. *Pont.* 1, 5, 13, lutter pour ∥ lutter contre : **cum aliquo** Cic. *de Or.* 1, 74 ; *Sull.* 47 [avec dat.] Stat. *Th.* 11, 522 ; [avec abl.] Luc. 3, 503 ; Vell. 2, 86, 2 ∥ [dat. ou abl. incertain] Hor. *O.* 1, 1, 15 ; *Ep.* 2, 2, 74.

luctŭōsē, adv. (*luctuosus*), d'une façon pitoyable : Varr. *L.* 5, 76 ∥ **-sius** Liv. 28, 39, 6, d'une manière plus déplorable.

luctŭōsus, *a*, *um* (*luctus*) ¶ 1 qui cause de la peine, du chagrin, douloureux : **fuit hoc luctuosum suis** Cic. *de Or.* 3, 8, ce fut un deuil pour les siens, cf. Cic. *Sest.* 27 ; *Fam.* 5 ; 14, 1 ¶ 2 plongé dans le deuil : Hor. *O.* 3, 6, 7 ∥ **-sior** Cic. *Quint.* 95 ; **-issimus** Cic. *Sull.* 33 ; 90.

luctŭs, *ūs*, m. (*lugeo* ; it. *lutto*) ¶ 1 douleur, chagrin, affliction, détresse [qui se manifeste extérieurement, d'ordin. à l'occasion de la mort d'une personne chère, v. Cic. *Tusc.* 4, 18] : Cic. *Amer.* 13 ; *Tusc.* 3, 58 ; *Leg.* 2, 60 ; [avec gén obj.] **luctus filii** Cic. *de Or.* 2, 193, douleur au sujet de la mort d'un fils, cf. Ov. *M.* 13, 578 ∥ pl., crises d'affliction : Cic. *Off.* 1, 32 ; *Fam.* 5, 16, 5 ¶ 2 les signes extérieurs de la douleur, deuil, appareil funèbre : Cic. *Sest.* 32 ; 145 ;

luctus

Pis. 17; Liv. 22, 56, 5 [avec gén. obj.] Tac. An. 2, 75 ‖ sujet de douleur, source d'affliction : Ov. M. 1, 655 ‖ **Luctus**, le dieu de la douleur : Virg. En. 6, 274.
▶ gén. arch. *lucti* Acc. d. Non. 485, 31.

lŭcŭbrātĭo, ōnis, f. (*lucubro*), travail de nuit : Cat. Agr. 37; Cic. Div. 2, 142 ‖ toute chose faite de nuit : Cic. Fam. 9, 2, 1.

lŭcŭbrātĭuncŭla, ae, f. (dim. de *lucubratio*), courte veillée : Aur. d. Front. Caes. 1, 4, 1, p. 9 N ‖ pl., opuscules : Gell. pr. 14.

lŭcŭbrātōrĭus, a, um (*lucubro*), de veille, qui sert pour veiller : Suet. Aug. 78.

lŭcŭbrātus, a, um, part. de *lucubro*.

lŭcŭbrō, ās, āre, āvī, ātum (*luceo*, cf. *tenebrae*, *candelabrum*, *lucubrum*) ¶ **1** intr., travailler à la lueur de la lampe, de nuit : Liv. 1, 57, 9; Plin. Ep. 3, 5, 8 ¶ **2** tr., faire de nuit : Cic. Par. 5; Apul. M. 6, 30.

lŭcŭbros, i, f. (cf. *lucubrum*), molène [plante], C.▶ *phlomos* : Isid. 17, 9, 73.

lŭcŭbrum, i, n. (*lucubro*), petite lumière : Isid. 20, 10, 8.

lūcŭlāris, e (*luculus*), d'un bois sacré : CIL 11, 5215.

lūcŭlentās, ātis, f., somptuosité, magnificence : *Capel. 1, 6.

lŭcŭlentastĕr, tri, m. (*lucuns*, cf. *luculentus*), beignet : Titin. Com. 166.

lŭcŭlentē, adv. (*luculentus*), nettement : Gell. 13, 31, 6 ‖ splendidement, excellemment : *Pl. Ep. 158; Merc. 424; Cic. Brut. 76; *hoc quidem sane luculente ut ab homine perito definiendi* Cic. Off. 3, 60, réponse ma foi fort brillante, comme il fallait l'attendre d'un homme expert à définir.

lŭcŭlentĕr, adv. (*luculentus*), fort bien : Cic. Fin. 2, 15.

lŭcŭlentĭa, ae, f., élégance [du style] : Oros. Hist. 5, 15 ‖ pl., Arn. 3, 6.

lŭcŭlentĭtās, ātis, f. (*lucutentus*), splendeur, magnificence : Laber. Com. 90; Caecil. Com. 61.

lŭcŭlentus, a, um (*luceo*) ¶ **1** brillant, lumineux : Pl. Most. 818; Cic. Fam. 7, 10, 2 ¶ **2** [fig.] distingué, qui frappe le regard, de bel aspect : Pl. Mil. 958; Ter. Haut. 523 ‖ qui fait impression, important : [en parlant de fortune] Pl. Ru. 1320; Cic. Phil. 12, 19; Att. 4, 16, 4 ‖ *luculenta plaga* Cic. Phil. 7, 17, blessure d'importance, belle blessure, cf. Att. 16, 4, 4; 10, 12, 6 [en parlant de discours, de témoignages] qui a de l'autorité, du poids (par la netteté) : *verba luculentiora* Cic. Att. 12, 21, 1, paroles plus nettes, plus précises, cf. Att. 10, 14, 2; 10, 12, 2; Sall. C. 31, 6.

lŭculla, C.▶ *laculla*.

Lūcullānus, Frontin. Aq. 22, 2, **Lūcullĭānus**, Tac. An. 11, 32 et **Lūcullēus**, a, um, Suet. Dom. 10, de Lucullus : *Luculleum marmor* Plin. 36, 6, marbre lucculléen [trouvé par Lucullus, dans une île du Nil]; **Lucullanum castellum** Jord. Get. 242, place forte de Campanie.

Lūcullus, i, m., nom d'une branche de la *gens Licinia* [not L. Licinius Lucullus, célèbre par ses victoires sur Mithridate et par ses richesses] : Cic. Pomp. 20; Hor. Ep. 1, 6, 40.

lūcŭlus, i, m. (*lucus*), petit bois, bosquet : Suet. Vit. Hor. p. 47.

1 **Lŭcŭmo**, (et sync. **Lucmo**), **Lucmōn**, ōnis, m. (étr., 2 *lucumo*), Lucumo [allié de Romulus] : Cic. Rep. 2 ‖ nom que portait Tarquin l'Ancien avant de s'établir à Rome : Liv. 1, 34, 1 ‖ autre du même nom : Liv. 5, 33, 3.

2 **lŭcŭmo**, ōnis, m. (étr.), chef de tribu chez les Étrusques : Serv. En. 2, 270; 8, 475; Prop. 4, 1, 29 ‖ [fig.] **Samius Lucumo** Aus. Epist. 4 (393), 70, Pythagore.

3 **lŭcŭmo**, ōnis, m., insensé, maudit : P. Fest. 107, 1.

lŭcŭmōnĭus, ĭi, m., C.▶ *lucumo* : *Prop. 4, 2, 51.

lŭcūna [plus. mss], V.▶ *lacuna*.

lŭcuncŭlus, i, m. (dim. de *lucuns*), sorte de pâtisserie délicate, petit gâteau : Afran. Com. 162; Stat. S. 1, 6, 17; Apul. M. 10, 13.

lŭcuns, untis, m. (étr., cf. γλυκοῦς), pâtisserie, gâteau : Varr. Men. 417; 508; P. Fest. 106, 27.

Lucurgentum, i, n., ville de Bétique : Plin. 3, 11.

1 **lūcus**, i, m., (arch. **loucos**, CIL 1, 366), V.▶ *luceo* (*lucaris*, *colluco*; cf. scr. *loka-s*, al. *Loh*, an. *lea*, voir *Waterloo*, *Oslo*; fr. *Luc*), bois sacré : Cic. Mil. 85; Quint. 10, 1, 88 ‖ bois [poét.] : Virg. G. 2, 122; En. 11, 456.

2 **Lūcus**, i, m. (1 *lucus*), nom de plusieurs villes, not dans la Viennoise [auj. Luc-en-Diois, Drôme] : Plin 3, 37; **Lucus Augusti** Tac. H. 1, 66, même ville.

1 **lŭcusta**, ae, f., V.▶ 1 *locusta* : Liv. 42, 2, 4; 42, 10, 7.

2 **Lūcusta**, ae, f., V.▶ 2 *Locusta*.

lūdĭa, ae, f. (*ludius*), danseuse : Mart. 5, 24, 10 ‖ femme de gladiateur : Juv. 6, 103; 265.

lūdĭārĭus, a, um, qui concerne les danseurs : CIL 11, 5276.

lūdĭbrĭōsē, adv., avec dérision : Tert. Res. 61, 4 ‖ d'une manière insultante, outrageante : Amm. 26, 6, 16.

lūdĭbrĭōsus, a, um, insultant, insolent : Gell. 6, 11, 5 ‖ dérisoire : Aug. Civ. 6, 1, 4 ‖ subst. n. pl., outrages : Amm. 17, 11, 4.

lūdĭbrĭum, ĭi, n. (*ludus*, cf. *fero*, *opprobrium*) ¶ **1** moquerie, dérision : *ludibrio habere aliquem* Pl. Men. 396, se moquer de qqn; *ludibrio esse Urbis gloriam piratico myoparoni* ! Cic. Verr. 5, 100, la gloire de Rome servir de risée à une galère de pirate !; **per ludibrium** Liv. 24, 4, 2, d'une façon ridicule; **hoc quoque ludibrium casus ediderit fortuna, ut...** Liv. 30, 30, 5, ç'aura été encore un hasard ironique amené par la fortune que...; **ludibrium oculorum** Liv. 22, 16, 6, chose destinée à abuser la vue, à faire illusion, cf. Liv. 24, 44, 8 ‖ outrage : **corporum ludibria** Curt. 10, 1, 3, outrages faits aux personnes, cf. Curt. 4, 10, 27 ¶ **2** objet de moquerie, jouet, risée : *is ludibrium verius quam comes* Liv. 1, 56, 9, lui, plutôt un jouet qu'un compagnon; **ludibria fortunae** Cic. Par. 9, jouets de la fortune.

lūdĭbundus, a, um (*ludo*), qui joue, folâtre : Pl. Ps. 1275; Liv. 24, 16; Suet. Ner. 26 ‖ sans difficulté, sans danger, en se jouant : Cic. Fam. 16, 9, 2; Verr. 3, 156.

lūdĭcĕr (**-crus**), *cra*, *crum*, divertissant, récréatif : Cic. Nat. 1, 102; Ac. 2, 6; Sen. Ep. 88, 22.
▶ nom. m. sg. inus..

lūdĭcrē, adv., en jouant, en badinant : Enn. An. 73; Pl. Men. 821; Apul. M. 9; 7.

lūdĭcrum, i, n., jeu public [au cirque ou au théâtre] : Liv. 28, 7, 14; Suet. Aug. 43 ‖ amusement, plaisir : Catul. 61, 24; Hor. Ep. 1, 1, 10.

lūdĭcrus, V.▶ *ludicer*.

lūdĭfĭcābĭlis, e (*ludifico*), propre à duper : Pl. Cas. 761.

lūdĭfĭcābundus, a, um, qui dupe, qui mystifie : Sidon. Ep. 7, 14, 4.

lūdĭfĭcātĭo, ōnis, f., action de se jouer, mystification : Cic. Sest. 75; Liv. 22, 18, 9; 26, 6, 16.

lūdĭfĭcātŏr, ōris, m., trompeur, celui qui dupe : Pl. Most. 1066.

lūdĭfĭcātōrĭus, a, um, décevant : Aug. Civ. 11, 26.

1 **lūdĭfĭcātus**, a, um, part. p. de *ludifico*.

2 **lūdĭfĭcātus**, a, um, part. de *ludificor*.

3 **lūdĭfĭcātŭs**, ūs, m., [seul au dat.] moquerie, risée : Pl. Poen. 1139.

lūdĭfĭcō, ās, āre, āvī, ātum (*ludus*, *facio*), tr., rire de, se jouer de, railler, décevoir : Pl. Amp. 585; Mil. 495 ‖ [au pass.] Pl. Amp. 952; Bac. 642; Lucr. 1, 939; Sall. J. 50, 4 ‖ [abs] user de détours : Cic. Quinct. 54.

lūdĭfĭcŏr, āris, ārī, ātus sum (*ludus*, *facio*), tr., se jouer de, se moquer de, tourner en ridicule, décevoir, tromper : **aliquem** Pl. Amp. 565; Most. 1147; Ter. Eun. 645; **aliquam rem** Cic. Rep. 3, 9, se jouer de qqn, de qqch., cf. Plin. Ep. 6, 20 [abs] Cic. Amer. 55 ‖ esquiver en se jouant; éluder : Liv. 2, 34, 2; 39, 44, 8; Tac. An. 3, 21.

lūdĭmentum, i, n., jouet : Gloss. 2, 391, 57.

lūdĭo, ōnis, C.▶ *ludius* : Liv. 7, 2, 4; Apul. Flor. 18, 4.

lūdĭus, ĭi, m. (*ludus*), histrion, pantomime, danseur : Pl. Aul. 399; Cic. Sest.

116; Ov. *A. A.* 1, 112 ‖ gladiateur : Juv. 6, 82.

lūdĭvăgus, *a*, *um*, qui se joue : Cassiod. *Psalm.* 1, 6.

lūdō, *ĭs*, *ĕre*, *lūsī*, *lūsum* (obscur, cf. λίζω, λοιδορέω?), intr. et tr.
I intr. ¶ **1** jouer : **tesseris** Ter. *Ad.* 739 ; **aleā** Cic. *Phil.* 2, 56, jouer aux dés, aux jeux de hasard ; **pilā** Cic. *de Or.* 1, 73, jouer à la paume ; **ludis circensibus elephanti luserunt** Liv. 44, 18, 8, des éléphants figurèrent aux jeux du cirque ‖ [acc. de l'objet intér.] **consimilem ludum** Ter. *Eun.* 586, jouer le même jeu ; **aleam** Suet. *Aug.* 70 ; *Cl.* 33 ; *Ner.* 30, jouer aux jeux de hasard ; **proelia latronum** Ov. *A. A.* 3, 357, jouer aux échecs ¶ **2** folâtrer, s'amuser, s'ébattre : **ad ludendumne an ad pugnandum ?** Cic. *de Or.* 2, 84, pour jouer ou pour se battre ? ; **severe ludere** Cic. *de Or.* 2, 269, plaisanter avec sérieux ; **alicujus persona** Cic. *de Or.* 3, 171, plaisanter sous le masque, le couvert de qqn = en faisant parler qqn ; **armis** Lucr. 2, 631, s'amuser aux armes ; **versibus** Virg. *G.* 2, 386, s'amuser à faire des vers ‖ **in numerum** Virg. *B.* 6, 28, s'ébattre en cadence ‖ [ébats amoureux] : Hor. *Ep.* 2, 2, 214 ; Catul. 61, 207 ; Suet. *Tib.* 44.
II tr. ¶ **1** employer à s'amuser : **otium** Mart. 3, 67, ses loisirs ¶ **2** s'amuser à, faire en s'amusant : **causam** Cic. *de Or.* 2, 222, présenter une cause avec agrément, en badinant ; **carmina pastorum** Virg. *G.* 4, 565, reproduire en s'amusant les chansons des bergers ¶ **3** **civem bonum** Cael. *Fam.* 8, 9, 1, jouer de façon comique le rôle de bon citoyen, cf. Apul. *M.* 9, 11, 8 ¶ **4** se jouer de, se moquer de, tourner en ridicule : **aliquem** Cic. *Q.* 2, 12, 2, plaisanter qqn, s'égayer sur le compte de qqn, cf. Cic. *Fin.* 2 ; 2 ; **ea facillime luduntur quae** Cic. *de Or.* 2, 238, les objets qui se prêtent le plus à la plaisanterie sont ceux qui ‖ [avec prop. inf.] dire en se moquant que : Cic. *Q.* 2, 15 a, 3 ‖ se jouer de, duper, abuser : Hor. *O.* 3, 4, 5 ; Tib. 1, 6, 9.

lūdus, *i*, m., arch. **loidos**, CIL 1, 364, ludo ¶ **1** jeu, amusement : Cic. *de Or.* 3, 58 ; **campestris** Cic. *Cael.* 11, jeux au champ de Mars ; **militaris** Liv. 7, 33, 1, jeux militaires ‖ [en part.] **ludi**, jeux publics : **ludos facere Apollini** Cic. *Brut.* 87, célébrer des jeux en l'honneur d'Apollon ; **trinos ludos facere** Cic. *Mur.* 40, donner trois fois des jeux [appos. du n. pl. qui désigne la fête] **ludi Floralia, Megalesia, Consualia** Quint. 1, 5, 52, jeux à propos des Floralia, etc. ; **festi dies ludorum** Cic. *Arch.* 13, les jours de fête marqués par des jeux ; **ludis circensibus** Cic. *Verr.* 4, 33, **ludis Olympiae** Cic. *Nat.* 2, 6, à la date des jeux du cirque, à la date des jeux à Olympie ; **quo die ludi committebantur** Cic. *Q.* 3, 4, 6, le jour où l'on commençait les jeux ¶ **2** [fig.] **a)** jeu, bagatelle, enfantillage : **ludus est perdiscere...** Cic. *Fin.* 1, 27, c'est un jeu d'apprendre parfaitement... ; **oratio ludus est homini non hebeti** Cic. *de Or.* 2, 72, un discours est un jeu pour un homme qui n'a pas l'esprit émoussé, cf. Cic. *Flac.* 12 ; **per ludum** Cic. *Verr.* 2, 181, en se jouant, sans peine **b)** badinage, amusement, plaisanterie : **amoto ludo** Hor. *S.* 1, 1, 27, en écartant la plaisanterie ; **per ludum et jocum** Cic. *Verr.* 1, 155, par jeu et par plaisanterie ; **aliquem, aliquid ludos facere** Pl. *Aul.* 253 ; *Ru.* 900, se jouer de qqn, de qqch. ; **alicui ludos facere** Pl. *Ru.* 593 [ou] **reddere** Ter. *And.* 479, jouer des tours à qqn, se jouer de qqn, se moquer de qqn ; **alicui ludum suggerere** Cic. *Att.* 12, 44, 2, jouer un bon tour à qqn ; **ludos praebere** Ter. *Eun.* 1010, apprêter à rire, donner la comédie ; **aliquem pessumos ludos dimittere** Pl. *Ru.* 791, jouer un mauvais tour à qqn ; **ludum dare alicui, alicui rei** Pl. *Cas.* 25 ; *Bac.* 1083, permettre à qqn, à qqch. de s'ébattre, donner les coudées franches ‖ **ludus aetatis** Liv. 26, 50, 5, les plaisirs de la jeunesse ¶ **3** école : Cic. *Brut.* 32 ; *de Or.* 2, 94 ; **ludum aperire** Cic. *Fam.* 9, 18, 1, ouvrir une école ; **ludi magister** Cic. *Nat.* 1, 72, maître d'école ; **litterarius ludus, litterarum ludus** Pl. *Merc.* 303 ; Liv. 3, 44, 6, école élémentaire ; **discendi, non lusionis** Cic. *Q.* 3, 4, 6, école pour apprendre, non pour jouer ; **in ludum alicujus mittere aliquem** Hor. *S.* 1, 6, 72, envoyer un enfant à l'école d'un maître.
▶ pseudo-arch. *loedus* Cic. *Leg.* 2, 22.

lŭĕcŭla, *ae*, f. (dim. de *lues*), Gloss. 5, 603, 45.

lŭĕla, *ae*, f. (*luo*), châtiment, punition : Lucr. 3, 1015.

lŭella, *ae*, v. *luela*.

lŭēs, *is*, f. (*Lua*, 2 *luo*) ¶ **1** chose en liquéfaction : Licin. Mac. d. Non. 52, 8 ‖ neige fondue : Petr. 123, v. 192 ¶ **2** peste, maladie contagieuse, épidémie : Ov. *M.* 15, 626 ; Virg. *En.* 3, 139 ; Mart. 1, 79, 2 ‖ calamité malheur public : Tac. *H.* 3, 15 ; *An.* 2, 47 ‖ corruption des mœurs : Plin. 29, 27 ‖ [terme d'injure] Cic. *Har.* 24.
▶ nom. *luis* Prud. *Ham.* 249 ; *Psych.* 508.

Lugdūnum, *i*, n. ¶ **1** ville de la Gaule Lyonnaise [Lyon] Atlas I, C3 ; V, E3 : Plin. 4, 107 ; Suet. *Cal.* 20 ‖ **-nensis**, *e*, de Lugdunum : Tac. *H.* 1, 51 ; Sen. *Ep.* 91, 2 ¶ **2** [autres villes] : **Batavorum** Anton. 368, ville des Bataves [Leyde] ; **Clavatum**, n., Greg.-Tur. *Hist.* 6, 4, ville de Belgique [Laon] ; **Convenarum** Anton. 462, capitale des Convenae [auj. St-Bertrand-de-Comminges].
▶ anc[t] Lugudunum CIL 10, 6087 ; 13, 5174 ; Lugudunensis CIL 13, 2023.

lūgens, *tis*, part. de *lugeo* pris adj[t], où l'on pleure : **lugentes campi** Virg. *En.* 6, 441, le champ des larmes [dans les enfers].

lūgĕō, *ēs*, *ēre*, *lūxī*, *luctum* (cf. *luxus*, *luctor*, λυγρός) ¶ **1** intr., se lamenter, être dans le deuil [douleur manifestée extérieur[t], v. Cic. *Tusc.* 1, 83] : Cic. *Mil.* 20 ; Sen. *Ep.* 63, 13 ¶ **2** tr., pleurer, déplorer : **alicujus mortem** Cic. *Phil.* 12, 25, pleurer la mort de qqn ; **rem publicam** Cic. *Brut.* 4, pleurer l'état des affaires publiques ‖ [avec prop. inf.] déplorer que : Cic. *Cat.* 2, 2 ‖ [pass. pers.] **lugebere nobis** Ov. *M.* 10, 141, tu auras nos larmes.
▶ parf. contr. *luxti* Catul. 66, 21.

lūgĭum, *ii*, v. *luctus* : Commod. *Instr.* 1, 29, 18.

lūgŭbrĕ, n. pris adv[t], d'une manière sinistre : Virg. *En.* 10, 273.

lūgŭbrĭa, *ĭum*, n. (*lugubris*), deuil, vêtements de deuil : Prop. 4, 12, 97 ; Ov. *M.* 11, 669 ; Sen. *Helv.* 16, 2.

lūgŭbris, *e* (*lugeo*), de deuil : Cic. *Tusc.* 1, 30 ; Tac. *An.* 13, 32 ; Hor. *O.* 1, 24, 2 ‖ qui provoque le deuil, désastreux, sinistre : Hor. *O.* 2, 1, 33 ; 3, 3, 61 ‖ en deuil, triste, plaintif : Lucr. 4, 536 ; Ov. *Ib.* 99 ‖ [fig.] d'aspect misérable : Hor. *Epo.* 9, 28.

lūgŭbrĭtĕr, adv. (*lugubris*), lugubrement, d'un ton lugubre : Apul. *M.* 3, 8 ; Sil. 12, 140.

Lŭgŭdūnensis, **-dūnum**, v. *Lugdunum* ▶.

Luguvalĭum, *ii*, n., ville de la Bretagne [auj. Carlisle] Atlas V, A1 : Vindol. 250 ; Anton. 474.

lŭi, parf. de 2 *luo*.

lŭis, nom., v. *lues* ▶.

lŭĭtĭo, *ōnis*, f. (2 *luo*), paiement : Dig. 49, 15, 15 ; Paul. *Sent.* 3, 7.

lŭĭtūrus, *a*, *um*, v. 2 *luo*.

1 **lūma**, *ae*, f. (cf. *luctor*, λύγος), épines, ronces : P. Fest. 107, 22.

2 **lūma**, *ae*, f. (λῶμα), sagum : *Gloss. 5, 602, 70, (= *linna* ?).

lūmārĭus, *a*, *um* (1 *luma*), qui concerne les ronces : Varr. *L.* 5, 137.

lumbāgō, *ĭnis*, f. (*lumbus*), faiblesse des reins : P. Fest. 107, 23.

lumbāre, *is*, n. (*lumbus*), ceinture, caleçon : Hier. *Jer.* 13, 1 ; *Ep.* 7, 3 ; Isid. 19, 22, 25.

lumbĭfrăgĭum, *ii*, n. (*lumbus*, *frango*), rupture des reins [mot forgé] : Pl. *Amp.* 454.

lumbo, *ōnis*, v. *lumbare* : Gloss. 5, 602, 48.

lumbrīcus, *i*, m. (peu net ; it. *lombrico*), ver de terre : Pl. *Aul.* 620 ; Col. 7, 9, 7 ‖ ver intestinal : Col. 6, 25, 1 ; Plin. 27, 145.

lumbŭli, *ōrum*, m. pl. (dim. de *lumbus*), rognons, filet : Plin. 28, 169 ; Apic. 289.

lumbus, *i*, m. (*londhwo-s, cf. al. *Lende*, rus. *ljadveja*; it. *lombo*), reins, dos, échine : Pl. *Ps.* 24 ; Cic. *Arat.* 82 ; Quint. 11, 3, 131 ‖ [fig.] [siège du désir amoureux] : Pers. 1, 20 ‖ [chrét.] procréation, descendance : **in lumbis benedixerit Abraham** Hier. *Ep.* 72, 4, il bénit Abraham dans sa postérité ‖ partie inférieure de la vigne, qui porte le fruit : Col. *Arb.* 3.

lumectum

lūmectum, *i*, n. (1 *luma*), lieu plein de ronces, broussailles : Varr. L. 5, 137.

lūměn, *ĭnis*, n. (**leuksmn, luceo, lux* ; it. *lume*)

I [pr.] ¶ **1** lumière : **solis** Cic. Div. 2, 91 ; **lucernae** Cic. Fin. 3, 45, lumière du soleil, d'une lampe ; **tabulas in bono lumine collocare** Cic. Brut. 261, mettre des tableaux dans un jour favorable ¶ **2** flambeau, lampe : **lumine adposito** Cic. Div. 1, 79, un flambeau étant placé à côté ; **lumini oleum instillare** Cic. CM 36, mettre de l'huile dans une lampe ; **luminibus accensis** Plin. 11, 65, les flambeaux étant allumés [poét.] **sub lumina prima** Hor. S. 2, 7, 33, à la tombée de la nuit [quand on commence à allumer les lumières] ‖ feux, fanaux [sur des navires] : Liv. 29, 25, 11 ¶ **3** lumière du jour, jour : **lumine quarto** Virg. En. 6, 356, au quatrième jour ‖ [d'où] lumière de la vie, vie : **lumine adempto** Lucr. 3, 1033, la lumière étant ravie ¶ **4** lumière des yeux, les yeux : **luminibus amissis** Cic. Tusc. 5, 114, ayant perdu la vue ; **lumine torvo** Virg. En. 3, 677, avec un œil farouche ; **lumina flectere** Ov. M. 5, 232, tournez les yeux ; **lumen effossum** Virg. En. 3, 663, œil crevé ; **fodere lumina alicui** Ov. A. A. 1, 339, crever les yeux à qqn ¶ **5** lumière, vue d'une maison : **lumina** Cic. de Or. 1, 179, les vues d'une maison ; **alicujus luminibus obstruere** Cic. Dom. 115, boucher la vue de qqn [fig.] **Catonis luminibus obstruxit haec posteriorum quasi exaggerata altius oratio** Cic. Brut. 66, Caton a été rejeté dans l'ombre par le style plus élevé des modernes qui faisait écran ¶ **6** lumière en peinture [opp. aux ombres] : Plin. 35, 29 ; 35, 131 ; Ep. 3, 13, 4 ¶ **7** jour, ouverture par où passe la lumière : **duo lumina ab animo ad oculos perforata** Cic. Nat. 3, 9, deux ouvertures pratiquées pour faire communiquer l'âme avec la vue [avec les objets visibles], cf. Cic. Tusc. 1, 46 ‖ [d'où] fente : Val.-Flac. 1, 128 ‖ cheminée d'aération : Plin. 31, 57 ‖ fenêtre : Cic. Att. 2, 3, 2.

II [fig.] ¶ **1** clarté, lumière : **oratio lumen adhibere rebus debet** Cic. de Or. 3, 50, le discours doit mettre de la clarté dans un sujet ; **lumen adferre** Cic. de Or. 3, 353, apporter la lumière, éclairer ¶ **2** flambeau, ornement : **lumina civitatis** Cic. Cat. 3, 24, les flambeaux de la cité, les hommes qui donnent l'éclat à la cité, cf. Cic. Phil. 11, 24 ¶ **3** éclat, rayon de qqch. : **in aliquo quasi lumen aliquid probitatis perspicere** Cic. Lae. 27, voir nettement chez qqn comme une lumière de vertu ; **honestatis quasi lumen aliquod aspicere** Cic. Tusc. 2, 58, voir briller comme des rayons d'honnêteté ¶ **4** [rhét.] ornements [du style] (σχήματα), figures : **lumina** Cic. Or. 83 ; **dicendi lumina** Cic. de Or. 2, 119, ornements du style ; **verborum** Cic. Or. 95, figures de mots ; **verborum et sententiarum** Cic. Brut. 275, ornements d'expressions et de pensées, figures de mots et de pensées ¶ **5** [chrét.] lumière [en parlant de Dieu] : Aug. Ep. 140, 3, 8.

lumfor, ⟶ *lymphor* : Dosith. Gram. 7, 431, 16.

lūmĭnāre, *is*, n. (*lumen*) ¶ **1** qui produit de la lumière, astre : Vulg. Gen. 1, 16 ¶ **2** pl. **luminaria a)** lumière, lampe : Vulg. Exod. 25, 6 **b)** fenêtre : *Cat. Agr. 14 ; Cic. Att. 15, 26, 4.

lūmĭnārĭum, *ii*, n., ⟶ *luminare* : Eustath. 6, 2, 5.

lūmĭnātĭo, *ōnis*, f., éclairage, illumination : Iren. 1, 29, 1.

lūmĭnātŏr, *ōris*, m. (*lumino*), celui qui éclaire : Aug. Faust. 20, 12.

lūmĭnātus, *a*, *um*, part. de *lumino*.

lūmĭnō, *ās*, *āre*, *āvī*, *ātum* (*lumen*), tr., éclairer, illuminer : Apul. M. 11, 25 ‖ **male luminatus** Apul. M. 9, 12, qui a une mauvaise vue ‖ [fig. chrét.] **luce gratiae luminati** Cypr. Domin. 1, illuminés par la grâce.

lūmĭnōsus, *a*, *um* (*lumen*), clair, lumineux : **-sior** Aug. Ep. 78 9 ‖ [rhét.] brillant, remarquable : Cic. Or. 125 ‖ **-sissimus** Aug. Ep. 145, 6.

lumpa, ⟶ *lympha* : CIL 4, 5607.

1 lūna, *ae*, f. (**leuksnā*, prén. *losna* CIL 1, 549, cf. *luceo*, *lumen*, v. irl. *luan*, rus. *luna* ; fr. *lune*, *lundi*) ¶ **1** lune : Varr. R. 1, 37 ; **plena luna** Cic. Rep. 1, 23, pleine lune ; **luna nova** Cic. Att. 10, 5, 1, nouvelle lune ; **tertia, quarta** Col. 2, 10, le troisième, le quatrième jour après la nouvelle lune ; **luna laborat** Cic. Tusc. 1, 92, il y a éclipse de lune ; **lunae defectus** Liv. 26, 5, 9, éclipse de lune [**defectiones** Cic. Div. 2, 17] ; **luna decrescens** Col. 2, 5, lune en décours ¶ **2** mois : Plin. 18, 217 ‖ la nuit : Virg. G. 3, 337 ¶ **3** cartilages semi-circulaires de la gorge, la gorge : Sidon. Carm. 7, 191 ¶ **4** ⟶ *lunula* : Juv. 7, 192 ; Stat. S. 5, 2, 12, lunule [croissant sur la chaussure des sénateurs].

2 Lūna, *ae*, f., ville maritime d'Étrurie Atlas V, F4 ; XII, C2 ; Liv. 39, 21, 5 ; Mel. 2, 72 ; Sil. 8, 480 ; **Lunae portus** Liv. 34, 8, 4, le port de Luna [auj. La Spezia] ‖ **-ensis**, *e*, de Luna : Plin. 11, 241 ; Mart. 13, 30 ; [pl.] habitants de Luna : Plin. 36, 14.

lūnāris, *e*, de la lune, lunaire : Cic. Rep. 6, 18 ; Ov. M. 9, 689.

lūnātĭcus, *a*, *um* ¶ **1** qui vit dans la lune : Lact. Inst. 3, 23, 13 ¶ **2** lunatique, maniaque, épileptique : Paul. Dig. 21, 1, 43, 6 ¶ **3** subst. m., un fou : Vulg. Matth. 4, 24.

lūnātĭo, *ōnis*, f., lunaison, mois lunaire : Isid. 6, 17, 21.

lūnātus, *a*, *um*, ⟶ *luno*.

Lundĭnĭum, ⟶ *Londinium*.

lūnō, *ās*, *āre*, *āvī*, *ātum* (*luna*), tr., courber, ployer en forme de croissant : Ov. Am. 1, 1, 23 ‖ disposer en arc, en demi-lune : Prop. 4, 6, 25 ‖ **lūnātus**, *a*, *um*, qui a la forme d'un croissant : Virg. En. 1, 490 ‖ **lunatum agmen** Stat. Th. 5, 145, bataillon armé de boucliers échancrés [Amazones] ‖ orné de la lunule : Mart. 1, 49, 31.

luntěr, ⟶ *linter*.

lūnŭla, *ae*, f. (dim. de *luna*), lunule, petit croissant [ornement des femmes] : Pl. Ep. 640 ; Tert. Cult. 2, 10, 4 ; Vulg. Is. 3, 18 ‖ [croissant ornant la chaussure des sénateurs] Schol. Juv. 7, 192.

Lūnus, *i*, m., Lunus [la lune adorée sous la forme d'un homme] : Spart. Carac. 6, 6 ; 7, 3.

1 lŭō, *is*, *ěre*, -, - (2 *lavo*), tr., laver, baigner : **Graecia luitur Ionio** Sil. 11, 22, la Grèce est baignée par la mer Ionienne.
▶ tiré des préfixés *abluo*, *alluo*, *diluo*.

2 lŭō, *is*, *ěre*, *lŭī*, *lŭĭtūrus* (*lues*, *solvo* ; cf. λύω, al. *los*, *verlieren*, an. *loose*, *loss*), tr., délier, ⟶ *solvo* [fig.] ¶ **1** délier une terre d'une dette : Dig. 36, 1, 78, 6 ¶ **2** payer, acquitter : **aes alienum** Curt. 10, 2, 25, payer une dette [une amende] ; Plin. 17, 7 ¶ **3** subir un châtiment : **luere poenam, poenas** Cic. Phil. 14, 32 ; Leg. 1, 40, subir un châtiment ; **peccati poenas** Cic. Att. 3, 9, 1, subir le châtiment d'une faute ¶ **4** effacer par une expiation, racheter, expier : **aliquid voluntaria morte** Cic. Fin. 5, 64, racheter qqch. par une mort volontaire, cf. Liv. 9, 5, 5 ; **innocentium sanguis istius supplicio luendus est** Cic. Verr. 1, 8, le sang des innocents doit être racheté par le supplice de cet individu ; **pericula publica luere** Liv. 10, 28, 13, détourner les malheurs publics en s'offrant en expiation.
▶ **luiturus** Claud. VI Cons. Hon. 141.

lŭpa, *ae*, f. (*lupus*) ¶ **1** louve : Liv. 1, 4, 6 ; Hor. O. 3, 27, 2 ¶ **2** courtisane, prostituée : Pl. Ep. 403 ; Cic. Mil. 55 ; Liv. 1, 4, 7 ¶ **3** nom d'un chien : Col. 7, 12, 13.

lŭpāna, *ae*, f., ⟶ *lupa* ¶ **2** : Cypr. Hab. virg. 12 ‖ [adj.¹] **l. cultura** : Comm. Instr. 2, 18, 22, mise de courtisane.

lŭpānăr, *āris*, n. (*lupa* ¶ **2**, cf. *bacchanal*), bordel, lieu de prostitution, lupanar : Pl. Bac. 454 ; Quint. 7, 3, 6 ‖ [injure] : Catul. 42, 13.

lŭpānāris, *e* (*lupanar*), qui concerne les lieux de débauche : Apul. M. 9, 26.

lŭpānārĭum, *ii*, n., ⟶ *lupanar* : Ulp. Dig. 4, 8, 21 ; Ps. Cypr. Spect. 5.

lŭpānus, *a*, *um*, de prostituée : Commod. Instr. 2, 18, 22.

lŭpārĭus, *ii*, m. (*lupus*), chasseur de loups : Serv. G. 1, 139.

lŭpāta, *ōrum*, n. pl. (*lupi*), Mart. 1, 105, 6 et **lŭpāti**, *ōrum*, m. pl., Solin. 45, sorte de mors garni de pointes, cf. Virg. G. 3, 208 ‖ [adj¹], **lupata frena** Hor. O. 1, 8, 6, même sens.

lŭpātrĭa, *ae*, f. (*lupa* ¶ **2**, cf. *psaltria*), salope, putain [injure] : Petr. 37, 6.

Lupenĭi, *ōrum*, m. pl., peuple du Caucase : Plin. 6, 29.

Luperca, *ae*, f., nom d'une ancienne divinité romaine, peut-être la Louve [nourrice de Romulus et Rémus] divinisée, peut-être la même que Acca Larentia : Arn. 4, 3 ; Liv. 1, 4.

Lŭpercăl, *ālis*, n. (*Lupercus*), Lupercal [grotte sous le mont Palatin, dédiée à Pan par Évandre, où d'après la légende la louve nourrit Romulus et Rémus] : Cic. *Fam.* 7, 20, 1 ; Virg. *En.* 8, 342.

Lŭpercālĭa, *ĭum* ou *ĭōrum*, n., Lupercales [fêtes à Rome en l'honneur de Lupercus ou Pan] : Cic. *Phil.* 2, 84 ∥ sg., **Lupercal ludicrum** : Liv. 1, 5, 1, la fête des Lupercales.

Lŭpercālis, *e*, de Lupercus, des Luperques : **Lupercale sacrum** Suet. *Aug.* 31 ; ▶ *Lupercalia*.

Lŭpercus, *i*, m. (*lupus*, *arceo*, ou cf. *noverca* ?) ¶ 1 Lupercus [un des noms de Pan] : Just. 4, 3, 1 ¶ 2 Luperque [prêtre de Lupercus ou Pan] : Cic. *Phil.* 2, 85 ; Virg. *En.* 8, 663 ; Ov. *F.* 2, 267 ¶ 3 nom d'homme : Mart. 1, 117.

lŭpi, *ōrum*, m. pl., ▶ *lupata* : Ov. *Tr.* 4, 6, 3 ; Stat. *Ach.* 1, 281 ∥ ▶ 1 *lupus*.

1 **Lŭpĭa**, *ae*, m. (Λουπίας), rivière de Germanie affluent du Rhin [auj. la Lippe] : Vell. 2, 10, 5 ; Mel. 3, 30 ; Tac. *An.* 1, 60.

2 **Lŭpĭa**, *ae*, f., Plin. 3, 101 et **Lŭpĭae**, *ārum*, f. pl., Mel. 2, 66, ville de Calabrie [Lecce] ∥ **-ĭenses**, *ĭum*, m., habitants de Lupia : CIL 10, 1795.

Lŭpĭcīnus, *i*, m., nom d'homme : Paul.-Petr. *Mart.* 1, 369.

lŭpillus, *i*, m. (dim. de *lupinus*), petit lupin : Pl. *St.* 691.

lŭpīnācĕus, *a*, *um*, de lupin : Ps. Apul. *Herb.* 21, 2.

lŭpīnārĭus, *a*, *um*, qui concerne le lupin, à lupins : Cat. *Agr.* 10 ∥ subst. m., marchand de lupin : Lampr. *Alex.* 33, 2.

lŭpīnum, *i*, n., lupin, ▶ 2 *lupinus* : Cat. *Agr.* 34, 2 ∥ [fig.] coffret [pour des reliques] : Greg.-Tur. *Martyr.* 83.

1 **lŭpīnus**, *a*, *um* (*lupus*), de loup : Cic. *Cat.* 3, 19 ; Plin. 28, 257.

2 **lŭpīnus**, *i*, m. (1 *lupinus* ; it. *lupino*), lupin : Ov. *Med.* 69 ; Mart. 5, 78, 21 ∥ lupins [dont on se servait comme monnaie d. les comédies, v. Pl. *Poen.* 597] : Hor. *Ep.* 1, 7, 25.

lŭpĭo, *īs*, *īre*, -, - (onomat.), intr., crier [en parlant du milan] : Anth. 762, 24.

Lŭpŏdūnum, *i*, n., ville de Germanie, sur les bords du Danube [Ladenburg] : Aus. *Mos.* 423.

lŭpor, *ārĭs*, *ārī*, - (*lupa*), intr., se prostituer [ou] fréquenter les courtisanes [Non. 133, 11] : Atta *Com.* 3 ; Lucil. 207.

lŭpŭla, *ae*, f. (dim. de *lupa* ¶ 2), petite putain : Apul. *M.* 5, 11.

lŭpŭlus, *i*, m. (dim. de *lupus* ¶ 2 ; it. *luppolo*), houblon : Gloss. 3, 547, 42.

1 **lŭpus**, *i*, m. (cf. *Ulpius*, *vulpes*, al. *Wolf*, an. *wolf*, λύκος, scr. *vŗka-s*, rus. *volk* ; esp. *lobo*) ¶ 1 loup : Cic. *Phil.* 3, 27 ; Plin. 10, 173 ; Quint. 1, 6, 12 ; **lupus in fabula** Cic. *Att.* 13, 33 a, 1, comme le loup de la fable [prov., quand on parle du loup, on en voit la queue], cf. Ter. *Ad.* 537 ; Serv. *B.* 9, 54 ; **auribus teneo lupum** Ter. *Phorm.* 506, je suis dans un grand embarras [il est dangereux de tenir le loup et aussi dangereux de le lâcher] ¶ 2 espèce de poisson : Hor. *S.* 2, 2, 31 ; Plin. 9, 169 ; espèce d'araignée : Plin. 29 ; 85 ∥ mors armé de pointes : Ov. *Tr.* 4, 6, 3 ; Stat. *Ach.* 1, 281 ∥ croc, grappin : Liv. 28, 3, 7 ∥ petite scie à main : Pall. 1, 42, 2 ∥ le houblon : Plin. 21, 86 ∥ m. de *lupa*, courtisane : Nov. *Com.* 7.

2 **Lŭpus**, *i*, m., surnom dans la *gens* Rutilia : Cic. *Nat.* 1, 63 ∥ saint Loup, évêque de Troyes : Sidon. *Ep.* 4, 17, 3.

lūra, *ae*, f. (obscur), ouverture d'un sac de cuir ou d'une outre : P. Fest. 107, 26.

lurchĭnābundus, *a*, *um* (*lurcho*), qui mange gloutonnement : Cat. d. Quint. 1, 6, 42.

lurcho, arch., ▶ 2 *lurco* : Serv. *En.* 4, 6.

1 **lurcō (lurcho)**, *ās*, *āre*, -, -, Pompon. *Com.* 169, **lurcŏr (lurchor)**, *ārĭs*, *ārī*, - (cf. *lura* ou λάρυγξ ?), tr., s'empiffrer de : Lucil. 79 ; Non. 10, 31.

2 **lurco**, *ōnis*, m. (1 *lurco*), goinfre, glouton : Pl. *Pers.* 421 ; Lucil. 75 ; Suet. *Gr.* 15 ; P. Fest. 107, 26.

3 **Lurco**, *ōnis*, m., surnom romain : Varr. *R.* 3, 6, 1 ; Plin. 10, 45.

Lurcōnĭānus, *a*, *um*, de Lurco ou de gourmand : Tert. *Anim.* 33, 4.

lurcŏr, ▶ 1 *lurco*.

lūrĭa, *ae*, f. (cf. *lora*), oxymel [vinaigre miellé] : Isid. 20, 3, 12.

lūrĭdātus, *a*, *um* (*luridus*), devenu livide : Tert. *Marc.* 4, 8, 1.

lūrĭdus, *a*, *um* (cf. *lividus* ; fr. *lourd*) ¶ 1 jaune pâle, blême, livide, plombé : P. Fest. 108, 3 ; Pl. *Cap.* 595 ; Lucr. 4, 307 ; Hor. *O.* 3, 4, 74 ; Plin. *Ep.* 6, 20, 18 ¶ 2 qui rend livide, pâle : Ov. *M.* 14, 198 ; Sil. 13, 560.

lūrŏr, *ōris*, m. (*luridus*, cf. *livor*), couleur jaunâtre, teint livide : Lucr. 4, 333 ; Claud. *Pros.* 3, 238 ; Apul. *M.* 1, 6.

Lursenses, *ĭum*, m. pl., peuple de la Tarraconaise : Plin. 3, 24.

Luscĭēnus, *i*, m., nom d'homme : Cic. *Att.* 7, 5, 3.

luscĭnĭa, *ae*, f. (*luscus*, cf. *tibicen*), rossignol [oiseau] : Hor. *S.* 2, 3, 245 ; Plin. 10, 80 ; Apul. *Flor.* 17.

luscĭnĭŏla, *ae*, f. (dim. de *luscinia* ; fr. *rossignol*), petit rossignol : Pl. *Bac.* 38 ; Varr. *R.* 3, 5, 14.

1 **luscĭnĭus**, *ii*, m., ▶ *luscinia* : Phaed. 3, 18 ; Sen. *Ep.* 76, 9.

2 **luscĭnĭus**, *a*, *um* (*luscus*), aveuglé, éborgné : Lampr. *Comm.* 10, 6.

1 **luscĭnus**, *a*, *um* (*luscus*), éborgné : Plin. 11, 105.

2 **luscĭnus**, *i*, m., rossignol : Gloss. 2, 125, 24.

3 **Luscĭnus**, *i*, m., surnom romain : Val.-Max. 4, 3, 6 ; Liv. 33, 42 ; 37, 4.

luscĭōsus, *a*, *um*, ▶ *luscitiosus* : Plin. 28, 170.

luscĭtĭo, *ōnis*, f., nyctalopie, vue qui se trouble aux lumières, qui voit mieux dans l'obscurité : P. Fest. 107, 24 ; Ulp. *Dig.* 21, 1, 10.

luscĭtĭōsus, *a*, *um*, qui a la vue faible, myope : Pl. *Mil.* 322 ∥ qui ne voit pas à la lumière : Non. 135, 9.

Luscĭus, *ĭi*, m., nom d'homme : Cic. *Com.* 43.

luscus, *a*, *um* (**luk-s-kos* ; cf. *luceo*, *mancus* ; fr. *louche*), borgne : Pl. *Trin.* 465 ; Cic. *de Or.* 2, 246 ; Mart. 9, 37, 10 ; **statua lusca** Juv. 7, 128, statue borgne [représentant un borgne].

1 **lūsi**, parf. de *ludo*.

2 **Lūsi**, *ōrum*, m. pl., source d'Arcadie : Plin. 31, 14.

lūsĭo, *ōnis*, f. (*ludo*), jeu, divertissement : Cic. *Q.* 3, 4, 6 ; *Fin.* 5, 55.

Lūsĭtānĭa, *ae*, f., la Lusitanie [une des trois grandes provinces de l'Hispanie, auj. le Portugal] Atlas I, C2 ; IV, C1 : Plin. 4, 113 ; Caes. *C.* 1, 38, 2 ; Liv. 21, 43, 8 ∥ **-tānus**, *a*, *um*, de Lusitanie : Sil. 5, 335 ∥ subst. m. pl., habitants de la Lusitanie, Lusitaniens : Cic. *Brut.* 89 ; Liv. 35, 1 ; Plin. 4, 116.

lūsĭtātĭo, *ōnis*, f., action de jouer souvent : Jul.-Val. 1, 37.

lūsĭto, *ās*, *āre*, *āvī*, *ātum*, intr. (fréq. de *ludo*), jouer souvent, s'amuser : Pl. *Cap.* 1003 ; Gell. 18, 13, 1.

1 **lūsĭus**, *a*, *um*, qui aime jouer, joueur : Tert. *Apol.* 3, 3.

2 **Lūsĭus**, *ii*, m., fleuve d'Arcadie : Cic. *Nat.* 3, 57.

lūsŏr, *ōris*, m. (*ludo*) ¶ 1 joueur : Ov. *A. A.* 1, 451 ; Sen. *Ben.* 2, 17, 3 ∥ pantomime : CIL. 5, 2877 ¶ 2 [fig.] écrivain folâtre : Ov. *Tr.* 4, 10, 1 ∥ celui qui se joue de qqn, moqueur : Pl. *Amp.* 694.

lūsŏrĭae, *ārum*, f. pl. (*lusorius*), navires croiseurs, croisières : Cod. Th. 7, 17 ∥ navires de plaisance : Sen. *Ben.* 7, 20, 3.

lūsŏrĭē, adv. (*lusorius*), collusoirement, par collusion : Ulp. *Dig.* 30, 1, 50.

lūsŏrĭum, *ĭi*, n. (*lusorius*), amphithéâtre pour les jeux : Lampr. *Hel.* 25, 8 ; Salv. *Gub.* 6, 3, 15.

lūsŏrĭus, *a*, *um* (*lusor*), de joueur, de jeu : Plin. 7, 205 ; 37, 13 ∥ qui sert au divertissement, récréatif : Plin. 7, 180 ; Sen. *Ep.* 117, 25 ∥ ce qui est donné par plaisanterie, dérisoire, vain : Sen. *Ben.* 5, 8, 3 ; Dig. 35, 3, 4.

lussus, *i*, m. (cf. *glos* ?), frère du mari : Gloss. 4, 111, 27.

lustrabilis

lustrābĭlis, *e* (1 *lustro*), digne d'être regardé : Gloss. 2, 402, 14.

lustrāgo, *ĭnis*, f. (1 *lustro*), verveine [plante] : Ps. Apul. *Herb.* 4.

lustrālis, *e* (2 *lustrum*) ¶ 1 lustral, qui sert à purifier, expiatoire : Liv. 1, 28, 2 ; Virg. *En.* 8, 183 ; Ov. *Pont.* 3, 2, 73 ; Val.-Flac. 3, 414 ¶ 2 relatif à une période de 5 ans, de lustre, quinquennal : Tac. *An.* 6, 4 ‖ concernant une taxe levée tous les cinq ans : *lustrale aurum* Cod. Th. 13, 1, 11, l'or quinquennal.

lustrāmĕn, *ĭnis*, n. (1 *lustro*), objet expiatoire : Val.-Flac. 3, 409.

1 lustrāmentum, *i*, n. (1 *lustro*), balayures : Fulg. *Aet.* 9, p. 161, 3 H. ‖ rebut : VL. 1 *Cor.* 4, 13 d. Ambr. *Psalm.* 118, 8, 7, 5.

2 lustrāmentum, *i*, n. (*lustror*), stimulant pour la débauche : Marcian. *Dig.* 48, 8, 3, 3.

lustrātĭo, *ōnis*, f. (1 *lustro*) ¶ 1 lustration, purification par sacrifices : Liv. 40, 13, 2 ¶ 2 action de parcourir, parcours : Cic. *Tusc.* 5, 79 ; *Phil.* 2, 57.

lustrātŏr, *ōris*, m. (1 *lustro*) ¶ 1 celui qui parcourt : Apul. *Apol.* 22 ¶ 2 celui qui purifie : Schol. Juv. 6, 542.

lustrātus, *a, um*, part. de *lustro* et de *lustror*.

lustrĭcus, *a, um* (2 *lustrum*), de purification, lustral : Suet. *Ner.* 6 ; Arn. 3, 4 ; *lustricus dies* P. Fest. 107, 28, jour lustral [où l'on purifiait les enfants nouveau-nés].

lustrĭfĭcus, *a, um* (2 *lustrum*), expiatoire : Val.-Flac. 3, 448.

lustrĭvăgus, *a, um* (1 *lustrum, vagor*), errant dans les lieux sauvages : Anth. 682, 1.

1 lustrō, *ās, āre, āvī, ātum* (2 *lustrum* ; cf. *luceo* II ¶ 4 ?), tr.

I [pr.] purifier par un sacrifice expiatoire [la victime était conduite autour de l'objet à purifier, cf. Cat. *Agr.* 141] : **coloniam, exercitum** Cic. *Div.* 1, 102 ; Liv. 1, 44, 2, purifier une colonie, l'armée [ou bien on promenait autour de lui des torches, du soufre et on l'aspergeait d'eau, cf. Serv. *En.* 6, 229 ; Ov. *M.* 7, 261] : **taedis, flamma** Tib. 1, 2, 61 ; Ov. *M.* 7, 261, purifier au moyen des torches, de la flamme ‖ *lustramur Jovi* Virg. *En.* 3, 279, nous nous purifions en l'honneur de Jupiter.

II [fig.] ¶ 1 tourner autour : *aliquem choreis* Virg. *En.* 10, 224, environner qqn de chœurs, danser autour de qqn ¶ 2 passer en revue [le peuple, une colonie prête à partir, une armée, acte accompagné du sacrifice expiatoire] : Cic. *Div.* 1, 102 ; Liv. 1, 44, 2 ¶ 3 parcourir, faire le tour de, visiter : **Aegyptum** Cic. *Fin.* 5, 87, parcourir l'Égypte, cf. *Tusc.* 4, 44 ; *Nat.* 2, 53 ; *Tim.* 9 [acc. d'objet intér.] : **cursus perennes** Lucr. 5, 79, fournir des courses éternelles ‖ [poét.] parcourir des yeux, examiner : Virg. *En.* 8, 153 ; 2, 564 ; 11, 773 ‖ [métaph.] **animo** Cic. *Fin.* 2, 115, passer en revue par la pensée, cf. Cic. *Off.* 1, 57 ¶ 4 [avec *luce, lumine*] parcourir de sa lumière qqch., répandre sa lumière sur qqch. : Lucr. 5, 693 ; 5, 1437 ; *flammis terrarum opera omnia* Virg. *En.* 4, 607, éclairer de ses flammes toutes les œuvres d'ici-bas ; *sol omnia lustrans* Lucr. 6, 737, le soleil qui illumine toutes choses.

2 lustro, *ōnis*, m. (1 *lustrum*), coureur de mauvais lieux : Naev. *Com.* 118 ; 119.

lustrŏr, *ārĭs, ārī, ātus sum* (1 *lustrum*), intr., courir les mauvais lieux : Pl. *Ps.* 1107 ; *Cas.* 245.

1 lustrum, *i*, n. (*lutum, polluo*), [d'ordin. au pl. *lustra*] ¶ 1 bourbier : Varr. *R.* 2, 4, 8 ¶ 2 tanière, repaire, [ou en gén.] lieux sauvages, escarpés : Virg. *G.* 2, 471 ; *En.* 3, 647 ¶ 3 bouge, mauvais lieu : Cic. *Phil.* 13, 24 ; *Sest.* 20 ‖ [d'où] débauches, orgies, cf. P. Fest. 107, 12 ; Cic. *Cael.* 57 ; Liv. 23, 45, 3.

2 lustrum, *i*, n. (2 *lavo*, 1 *luo*, ou *luceo* ?) ¶ 1 sacrifice expiatoire [fait par les censeurs tous les cinq ans à la clôture du cens pour purifier le peuple romain] v. *suovetaurilia* ; cf. Liv. 1, 44, 2 ; *vota quae in proximum lustrum suscipi mos est* Suet. *Aug.* 97, les vœux qu'il est d'usage de faire pour le sacrifice suivant [c.-à-d. qu'exécutera le censeur suivant] ; *lustrum condere* Cic. de *Or.* 2, 268, faire le sacrifice de clôture du cens ; *sub lustrum censeri* Cic. *Att.* 1, 18, 8, être recensé à la fin de la censure ¶ 2 [en gén.] sacrifice expiatoire : *lustra Apollini sacrificare* Liv. 45, 41, 3, faire un sacrifice expiatoire à Apollon ¶ 3 période quinquennale, lustre : Liv. 27, 33, 8 ‖ [en part.] bail, fermage [les censeurs affermant les biens de l'État tous les cinq ans] : Cic. *Att.* 6, 2, 5 ; *Fam.* 2, 13, 3 ‖ spectacles donnés tous les cinq ans : Stat. *S.* 4, 2, 62 [jeux Capitolins, cf. Suet. *Dom.* 4] ¶ 4 [= *annuus solis cursus*] révolution annuelle du soleil, année : Lucr. 5, 931 ; Manil. 3, 321 ; Sen. *Ag.* 42.

1 lūsus, *a, um*, part. de *ludo*.

2 lūsŭs, *ūs*, m. ¶ 1 jeu, divertissement : *aleae* Suet. *Cal.* 41 ; *calculorum* Plin. *Ep.* 7, 24, 5, jeu de dés, de dames [ébats des Naïades] Ov. *M.* 14, 536 [jeux d'enfants] Quint. 1, 3, 10 ¶ 2 [fig.] badinage [en vers] : Plin. *Ep.* 7, 9, 10 ‖ ébats amoureux : Prop. 1, 10, 9 ; Ov. *Am.* 2, 3, 13 ‖ plaisanterie, bon mot, moquerie : Quint. 5, 13, 46.

3 Lūsus, *i*, m., fils de Liber, donna son nom à la Lusitaine : Plin. 1, 8.

lŭtāmentum, *i*, n. (*lŭto*), aire en mortier : Cat. *Agr.* 128.

lŭtārĭus, *a, um* (*lŭtum*), qui se tient dans la vase : Plin. 32, 32 ‖ qui vit de vase : Plin. 9, 65.

Lŭtātĭānus (Luct-), *a, um*, de Lutatius : Paul. *Dig.* 33, 1, 12.

Lŭtātĭus (Luct-), *ĭi*, m., nom de famille romaine [notᵗ] Q. Lutatius Catulus, auteur de la *lex Lutatia* : Cic. *Mur.* 36 ; *Cael.* 70.

lŭtātus, *a, um*, part. de *luto*.

Lutebani, v. *Lutevani*.

lŭtensis, *e*, c. *lutarius* : Plin. 9, 131.

lŭtĕŏlus, *a, um* (dim. de 2 *luteus*), jaunâtre : Virg. *B.* 2, 50 ; Col 9, 4, 4.

lŭtĕr, *ēris*, m. (λουτήρ), baignoire, bassin : Hier. *Jovin.* 1, 20 ; Vulg. 3 *Reg.* 7, 26.

lŭtescō, *ĭs, ĕre, -, -* (*lŭtum*), intr., devenir bourbeux : Furius d. Gell. 18, 11, 4 ; Col. 8, 17, 9.

Lŭtētĭa (-cĭa), *ae*, f., Lutèce [capitale des Parisiens, dans une île de la Seine, auj. Paris] Atlas I, B3 ; V, D2 : Caes. *G.* 7, 57 ; Amm. 15, 11, 3 ; *Lutetia Parisiorum* Caes. *G.* 6, 3, 5, Lutèce.

lŭtĕum, *i*, n. (2 *luteus*), jaune : Plin. 24, 136 ; 27, 133 ‖ jaune d'œuf : Plin. 30, 141.

1 lŭtĕus, *a, um* (1 *lutum*), de boue, d'argile : Hor. *S.* 1, 10, 37 ; Ov. *F* 1, 157 ‖ sale, boueux : Plin. 30, 93 ‖ souillé : Mart. 11, 47, 5 ; Juv. 10, 132 ‖ [fig.] sale, vil, méprisable : Pl. *Truc.* 854 ; Cic. *Verr.* 3, 35 ‖ *luteum negotium* Cic. *Verr.* 4, 32, une chose méprisable.

2 lŭtĕus, *a, um* (2 *lutum*), jaune [tirant sur le rouge] : Lucr. 4, 76 ; Plin. 30, 141 ‖ couleur de feu : Luc. 2, 361 ‖ rougeâtre [en parlant de l'Aurore] : Virg. *En.* 7, 26.

Lutevāni, *ōrum*, m. pl., habitants de Lutève, ville de la Narbonnaise [auj. Lodève] : Plin. 3, 37.

Lutevensĭum cīvĭtās, ville de la Narbonnaise [auj. Lodève] : Not. Gall. 15, 8.

lŭtīna, *ae*, f., ouvrage fait de boue : Char. 33, 16.

lŭtĭtō, *ās, āre, -, -* (fréq. de 1 *luto*), tr., salir de boue [fig.] : Pl. *Trin.* 292.

1 lŭtō, *ās, āre, āvī, ātum* (1 *lutum*), tr., enduire de boue, d'argile : Cat. *Agr.* 92 ; Calp. 5, 17 ‖ enduire, oindre : Mart. 14, 50, 1 ; Pers. 3, 104.

2 lŭtō, *ās, āre, āvī, -* (fréq. de 2 *luo*), s'acquitter [envers les dieux] : Varr. d. Non. 131, 21.

lŭtŏr, *ōris*, m., c. *lotor* : Gloss. 3, 455, 23.

lŭtōsus, *a, um* (1 *lutum*), boueux, bourbeux, limoneux : Cat. d. Plin. 18, 176 ; Col. 2, 45 ‖ couvert de boue : Col. 12, 54.

lŭtra, *ae*, f. (cf. ἔνυδρις, scr. *udra-s*, al., an. *otter*, 1 *lutum* ?, esp. *lodra*), loutre : *Varr. L 5, 79 ; Plin. 8, 109.

lŭtŭlentē, adv. (*lutulentus*), salement : Non. 131, 32.

lŭtŭlentō, *ās, āre, -, -*, tr., souiller de boue : Gloss. 5, 30, 10.

lŭtŭlentus, *a, um* (1 *lutum*), enduit de boue, boueux : Hor. *Ep.* 2, 2, 75 ; Ov. *M.* 1, 434 ‖ oint : Mart. 7, 67, 7 ‖ sale, fangeux : *-tior* Pl. *Poen.* 158 ‖ [fig.] Cic. *Pis.* 27 ; Juv. 7, 131 ‖ [style] Hor. *S.* 1, 4, 11 ; 1, 10, 50.

1 lŭtum, *i*, n. (cf. *polluo*, λύθρον, v. irl. *loth* ; it. *loto*), boue, limon, fange, vase : Cic. *Verr.* 4, 53 ; Caes. *C.* 2, 15 ; Juv. 14, 66 [fig.] *in luto haerere* Pl. *Pers.* 535, être embourbé, cf. *Ps. 984*; ***pro luto esse*** Petr. *44, 10*, être à vil prix ‖ [terme d'injure] bourbier, ordure : Pl. *Most. 1167*; Cic. *Pis. 62* ‖ terre de potier, argile : Tib. *1, 1, 40*; Mart. *8, 6, 2* ‖ [fig.] limon : Juv. *14, 34* ‖ poussière dont s'aspergeaient les gladiateurs : Sen. *Ep. 88, 18*.

2 **lūtum**, *i*, n. (obscur), gaude [plante employée en teinturerie, donnant une couleur jaune] : Virg. *B. 4, 44*; Plin. *33, 87* ‖ couleur jaune : Ciris *317*; Tib. *1, 9, 52*.

lŭtus, *i*, m., [arch.] Quadr. d. Non. *212, 26*; cf. 1 lutum.

lux, *lūcis*, f. (*luceo, lucus, lumen, luna, lucerna, 2 lustrum, luscus*; cf. λευκός, scr. *rocate*, al. *Licht*, an. *light*; it. *luce*) ¶ 1 lumière : ***solis*** Cic. *Div. 1, 6*, lumière du Soleil; ***lychnorum*** Cic. *Cael. 67*, lumière des lampes; ***aliquid luce clarius*** Cic. *Tusc. 1, 90*, une chose plus claire que le jour ‖ éclat, clarté, brillant [des pierres précieuses] : Lucr. *4, 1126*; Plin. *37, 94* ¶ 2 lumière du jour, jour : ***cum prima luce*** Cic. *Att. 4, 3, 4*; ***prima luce*** Caes. *G. 1, 22, 1*, à la pointe du jour, au commencement du jour; ***ante lucem*** Cic. *de Or. 2, 259*, avant le jour ‖ ***luce, luci*** Cic. *Off. 3, 93*; *Phil. 12, 25*, en pleine lumière, pendant le jour ‖ ***centesima lux est haec ab interitu ejus*** Cic. *Mil. 98*, voici le centième jour depuis sa mort; ***crastina*** Virg. *En. 10, 244*, le jour de demain ¶ 3 la lumière du monde (de la vie) : ***in lucem edi*** Cic. *Tusc. 3, 2*, venir au monde; ***corpora luce carentum*** Virg. *G. 4, 255*, les cadavres [des abeilles] privées de la lumière; ***lucem intueri, relinquere*** Cic. *Mil. 7*; *Fin. 5, 32*, voir, abandonner la lumière ¶ 4 lumière, vue : ***damnum lucis ademptae*** Ov. *M. 14, 197*, le malheur de la lumière perdue [cécité]; ***lux effossa*** Stat. *Th. 11, 585*, yeux crevés ¶ 5 lumière, grand jour : ***in luce atque in oculis civium*** Cic. *CM 12*, en public et sous les yeux des concitoyens; ***lux forensis*** Cic. *Brut. 32*, le grand jour de la place publique; ***e tenebris in lucem vocare*** Cic. *Dej. 30*, ramener des ténèbres au grand jour, cf. Cic. *Ac. 2, 62* ¶ 6 lumière du salut : ***lucem adferre rei publicae*** Cic. *Pomp. 33*, apporter à l'État la lumière, cf. Cic. *Phil. 1, 40* ‖ aide, secours : ***civibus lucem ingenii porrigere*** Cic. *de Or. 1, 184*, offrir à ses concitoyens les lumières de son talent; ***lucem auctoris desiderare*** Cic. *Nat. 1, 11*, avoir besoin des lumières d'un défenseur, d'un répondant ¶ 7 lumière [comme celle du soleil, centre de l'univers] : ***haec urbs, lux orbis terrarum*** Cic. *Cat. 4, 11*, cette ville, lumière du monde ‖ ***o lux Dardaniae*** Virg. *En. 2, 281*, ô gloire de la Dardanie ¶ 8 [chrét.] lumière [de Dieu, du ciel] : Cypr. *Ep. 30, 7*; Ambr. *Hymn. 1, 7*.

► loc. *luci* employé comme un subst. m. ou n., cf. ***mane, vesperi*** : ***cum primo luci***, à la pointe du jour : Pl. *Cis. 525*; Ter. *Ad. 841*; Cic. *Off. 3, 112*; Non. *210, 15*; Gell. *2, 99, 14*; Varr. *Men. 67*; *238*; *512*.

luxātĭo, *ōnis*, f., Gloss. *2, 586, 51* et **luxātūra**, *ae*, f. (*luxo*), luxation, déboîtement d'un os : M.-Emp. *36, 74*.

luxī, parf. de *luceo* et de *lugeo*.

Luxĭa, *ae*, m., fleuve de la Bétique : Plin. *3, 7*.

luxō, *ās*, *āre*, *āvī*, *ātum* (1 *luxus*), tr., luxer, déboîter, disloquer, démettre : Cat. *Agr. 157*; Plin. *30, 79*; Sen. *Ep. 104, 18* ‖ déplacer [une racine] : Plin. *17, 227*.

luxŏr, *ārĭs*, *ārī*, - (1 *luxus*, cf. 2 *luxus*), intr., vivre dans la mollesse (la débauche) : Pl. *Ps. 111*; P. Fest. *107, 21*.

Luxŏvĭum, *ii*, n., Luxeuil [abbaye fondée par st. Colomban en 590] : Jon. *Col. 1, 10*.

luxti, v. *lugeo* ►.

luxŭrĭa, *ae* et **-ĭēs**, *ēi*, f. (2 *luxus*) ¶ 1 exubérance, excès, surabondance : [dans la végétation] Cic. *de Or. 2, 96*; *3, 155*; Virg. *G. 1, 112*; Plin. *17, 181* ‖ [poét.] excès d'ardeur, fougue : Val.-Flac. *7, 65* ¶ 2 [fig.] somptuosité, profusion, luxe : Cic. *Amer. 75*; *Mur. 76*; Caes. *G. 2, 15*; ***ad hominum luxuriem facta*** Cic. *Verr. 4, 98*, [des objets] faits pour le luxe ‖ intempérance dans l'exercice du pouvoir : Liv. *3, 64, 1* ‖ vie molle, voluptueuse : Ter. *Haut. 945*; Cic. *Off. 1, 106*; *Verr. 1, 34*.

► les deux formes *-ia*, *-ies* sont d. Cic. ‖ *luxŭrĭi*, arch. pour *luxuriei* : C. Gracch. d. Gell. *9, 14, 16*.

luxŭrĭātus, *a*, *um*, de *luxurior*.

luxŭrĭō, *ās*, *āre*, *āvī*, *ātum* (*luxuria*), intr. ¶ 1 être surabondant, luxuriant, exubérant : [en parlant d'arbres, de plantes] Col. *Arb. 11*; Plin. *19, 113*; Ov. *A. A. 1, 360* ‖ [en parlant d'animaux] être exubérant, plein de fougue : Virg. *En. 11, 497*; Ov. *F. 1, 156*; Val.-Flac. *6, 613* ‖ être abondant en qqch. [*aliqua re*], abonder de, être riche de : Virg. *G. 3, 81*; Ov. *F. 4, 644* ¶ 2 [fig.] **a)** [en parlant du style] surabondant : Hor. *Ep. 2, 2*; *122*; Quint. *10, 4, 1* **b)** s'abandonner à la mollesse, à la volupté, aux excès : ***ne luxuriarent otio animi*** Liv. *1, 19, 4*, pour éviter que la paix incite les esprits à des désordres, cf. Curt. *10, 7, 11* **c)** ***vereor ne haec laetitia luxuriet*** Liv. *23, 12, 12*, je crains que cette allégresse ne dépasse les bornes.

luxŭrĭor, *ārĭs*, *ārī*, *ātus sum*, cf. *luxurio* : Quint. *9, 3, 7*.

luxŭrĭōsē, adv. (*luxuriosus*), d'une manière déréglée, sans retenue : Cat. d. Gell. *7, 3* ‖ voluptueusement, dans la mollesse : Cic. *Cael. 13*; Sall. *C. 11, 5* ‖ *-sius* Nep. *Paus. 3*; *-issime* Aug. *Mor. eccl. 34*.

luxŭrĭōsus, *a*, *um* (*luxuria*) ¶ 1 surabondant, luxuriant, exubérant : Cic. *Or. 81*; Ov. *F. 1, 690* ¶ 2 [fig.] excessif, immodéré : Sall. *J. 100*; Liv. *2, 21, 6* ‖ ami du luxe, voluptueux, sensuel : Cic. *Fin. 2, 21*; *Phil. 266* ‖ *-sior* Cic. *Pis. 66*; *issimus* Col. *8, 16*.

1 **luxus**, *a*, *um* (cf. *luctor, lugeo, 2 luo, 2 luxus*), ôté de sa place : Non. *55, 14* ‖ luxé, démis : Sall. *H. 5, 6*; P. Fest. *106, 25* ‖ *luxum*, n., luxation : M.-Emp. *36, 72*.

2 **luxŭs**, *ūs*, m. (*luxuria, 1 luxus*), excès, débauche : *Cic. *Verr. 3, 62*; Sall. *C. 13, 3*; *J. 2, 4* ‖ splendeur, faste, luxe : Virg. *En. 1, 637*; *6, 604*; pl., Sen. *Ep. 83, 25*.

► dat. *u* Sall. *J. 6, 1*.

3 **luxŭs**, *ūs*, m. (1 *luxus*), luxation : Cat. *Agr. 160*; Apul. *Flor. 16*.

Lyaeus, *i*, m. (Λυαῖος), un des noms de Bacchus : Virg. *G. 2, 229* ‖ vin : Ov. *Am. 2, 11, 49*; Hor. *O. 1, 7, 22* ‖ *-us*, *a*, *um*, de Bacchus : Virg. *En. 1, 686*.

Lўcăbās, *ae*, m. (Λυκάβας), nom d'un Étrusque changé en dauphin : Ov. *M. 3, 624* ‖ nom d'un Lapithe : Ov. *M. 12, 302*.

Lўcăbettus, *i*, m., montagne de l'Attique Atlas VII : Plin. *4, 24*.

Lўcaeās, *ae*, m., Lycéas, une des sources de Pline : Plin. *1, 36*; *36, 84*.

Lўcaeus, *i*, m. (Λυκαῖος), le Lycée [mont d'Arcadie consacré à Pan] : Virg. *B. 10, 15*; Plin. *4, 21* ‖ *-us*, *a*, *um*, du Lycée : Virg. *En. 8, 344*; Ov. *M. 1, 698*.

Lўcambēs, *ae*, acc. *am*, m. (Λυκάμβης), Lycambès [Thébain, qui avait refusé sa fille Néobulé à Archiloque; celui-ci, pour se venger, écrivit contre eux des iambes si mordants qu'il les réduisit à se pendre] : Hor. *Epo. 6, 13* ‖ *-baeus*, *-bēus*, *a*, *um*, de Lycambès : Ov. *Ib. 54*.

1 **lўcāōn**, *ŏnis*, m. (λυκάων), lycaon, sorte de loup d'Éthiopie : Mel. *3, 88*; Plin. *8, 123*.

2 **Lўcāōn**, *ŏnis*, m. (Λυκάων), roi d'Arcadie, changé en loup par Jupiter : Hyg. *Fab. 176*; Cic. *Fam. 3, 10, 10*; Ov. *M. 1, 198* ‖ petit-fils du précédent, père de Callisto, aussi nommé Arcas : Ov. *F. 6, 225* ‖ *-ŏnĭus*, *a*, *um*, de Lycaon : Catul. *66, 66*.

Lўcāōnes, *um*, m. pl. (Λυκάονες), habitants de la Lycaonie : Plin. *5, 105*; Mel. *1, 13* ‖ *-nĭus*, *a*, *um*, Lycaonien : Virg. *En. 10, 749*.

Lўcāōnĭa, *ae*, f., la Lycaonie, contrée de l'Asie Mineure Atlas I, D6; IX, C2 : Cic. *Att. 5, 15, 3*; Liv. *37, 54, 11*.

Lўcāōnis, *ĭdis*, f., fille de Lycaon [Callisto] : Ov. *F. 2, 173*.

lycapsŏs, *i*, m. (λύκαψος), plante analogue à la langue-de-bœuf : Plin. *27, 97*.

Lўcastum, *i*, n., ville de Cappadoce : Plin. *6, 9*.

Lўcastŏs, *i*, f., ville de Crète : Plin. *4, 59*.

Lўcaunus, *i*, m., nom d'un guerrier : Sil. *4, 203*.

Lўcē, *ēs*, f. (Λύκη), nom de femme : Hor. *O. 4, 13, 1*.

Lўcētus, *i*, m., nom d'homme : Ov. *M. 5, 86*.

Lўcēum, et mieux **Lўcīum**, *i*, n. (Λύκειον), le Lycée [célèbre gymnase situé hors d'Athènes sur l'Ilissos et où enseignait Aristote] : Cic. *de Or. 1, 98*; Gell. *20, 5, 4* ‖

Lyceum

lycée édifié par Cicéron dans sa campagne de Tusculum : Cic. *Div.* 1, 8 ‖ réplique du lycée par l'empereur Hadrien [à Tibur] : Spart. *Hadr.* 26, 5.

Lў̆cēus, *i*, m., C. *Lycaeus*.

lў̆canchē, *ēs*, f. (*λυκάγχη), angine : Cael.-Aur. *Acut.* 3, 1, 1 ; V. *cynanche*.

lychnĭcus lapis, m. (λυχνικός), marbre de Paros, V. *lychnites* : Hyg. *Fab.* 223.

Lychnĭdus, *i*, f. (Λυχνιδός), ville d'Illyrie Atlas VI, A1 : Liv. 27, 32 ‖ 43, 9.

lychnĭŏn, *ii*, n. (λυχνίον), petite lampe : Isid. 17, 9, 73.

1 lychnis, *ĭdis*, adj. f., qui porte une lampe : Fulg. *Myth.* 1, pr. p. 11, 6 *H* ; Plin. 37, 103.

2 lychnis, *ĭdis*, f. (λυχνίς), pierre précieuse : Plin. 37, 103 ‖ **lychnis agria** Plin. 25, 129, muflier orontium ‖ coquelourde [plante] : Plin. 21, 18.

lychnītēs, *ae*, m. (λυχνίτης), marbre blanc de Paros : Plin. 36, 14.

lychnītis, *ĭdis*, f. (λυχνῖτις), bouillon-blanc [plante] : Plin. 25, 121.

lychnŏbĭus, *ii*, m. (λυχνόβιος), celui qui vit à la clarté des lampes [qui fait de la nuit le jour] : Sen. *Ep.* 122, 16.

lychnūchus, *i*, m. (λυχνοῦχος), lychnuque, lampadaire, chandelier à branches, candélabre, lustre : Cic. *Q.* 3, 7, 2 ; Plin. 34, 14 ; Suet. *Caes.* 37.

lychnus, *i*, m. (λύχνος), lampe : Lucr. 5, 295 ; Cic. *Cael.* 67 ; Virg. *En.* 1, 726 ; **pendentes lychni** Lucr. 1, 43, lustres.

Lў̆cĭa, *ae*, f. (Λύκια), la Lycie [province de l'Asie Mineure] : Mel. 1, 14 ; Plin. 5, 100 ; Ov. *M.* 6, 340.

Lў̆cĭdās, *ae*, m. (Λυκίδας), nom d'un Centaure : Ov. *M.* 12, 310 ‖ nom de berger : Virg. *B.* 7, 67 ‖ nom d'un jeune homme : Hor. *O.* 1, 4, 19.

Lў̆cĭdē, *ēs*, f., ville de Mysie : Plin. 5, 126.

Lў̆cisca, *ae*, f., nom de femme : Juv. 6, 122 ‖ nom de chienne : Virg. *B.* 3, 18.

1 lў̆ciscus, *i*, m. (λυκίσκος), chien-loup : Isid. 12, 2, 28.

2 Lў̆ciscus, *i*, m., nom d'homme : Hor. *Epo.* 11, 24.

1 lў̆cĭum, *ii*, n. (λύκιον), lycium, médicament extrait de certains végétaux : Cels. 5, 26, 30 ; Plin. 24, 124.

2 Lў̆cīum, *ii*, n., V. *Lyceum*.

Lў̆cĭus, *a*, *um*, de Lycie, des Lyciens, lycien : Virg. *En.* 8, 166 ; **Lycius deus** [et abs¹] *Lycius*, m., Apollon lycien : Prop. 3, 1, 38 ‖ m. pl., Lyciens, habitants de la Lycie : Cic. *Div.* 1, 25.

Lў̆co, *ōnis*, m., Lycon [philosophe péripatéticien] : Cic. *Tusc.* 3, 78 ‖ chef des Achéens dans l'armée de Persée : Liv. 42, 51.

Lў̆comēdēs, *is*, m. (Λυκομήδης), Lycomède [roi de Scyros] : Cic. *Lae.* 75 ; Stat. *Ach.* 1, 207.

Lў̆comēdĭus, *ii*, m., un Étrusque : Prop. 4, 2, 51 ‖ pl., **Lucomedi = Lucereses** : P. Fest. 107, 3.

Lў̆conīdēs, m., nom d'homme : Pl. *Aul.* 779.

lў̆cophōs, *ōtis*, m. (λυκόφως), le crépuscule du matin : P. Fest. 108, 7, cf. Macr. *Sat.* 1, 17, 37.

Lў̆cophrōn, *ŏnis*, m. (Λυκόφρων), poète hellénistique de Chalcis, célèbre par l'obscurité de son style : Stat. *S.* 5, 3, 157 ; Ov. *Ib.* 531.

lў̆cophthalmŏs, *i*, m. (λυκόφθαλμος), pierre précieuse inconnue : Plin. 37, 187 ; Isid. 16, 15, 20.

Lў̆cōreūs, *ĕi* ou *ĕos*, m. (Λυκωρεύς), Lycorée [fils d'Apollon et de la nymphe Corycia] : Hyg. *Fab.* 161.

Lў̆cōrĭās, *ădis*, f. (Λυκωριάς), nom d'une Naïade : Virg. *G.* 4, 339 ; Hyg. *Fab. pr.* 8.

Lў̆cōris, *ĭdis*, f. (Λυκωρίς), affranchie aimée par le poète Gallus : Virg. *B.* 10, 22 ; Ov. *A. A.* 3, 537.

Lycormās, *ae*, m. (Λυκόρμας), rivière d'Étolie : Ov. *M.* 2, 245 ; Hyg. *Fab.* 242.

Lў̆cortās, *ae*, m. (Λυκόρτας), chef de la ligue achéenne [père de Polybe] : Liv. 39, 35.

1 lў̆cŏs, *i*, m. (λύκος), araignée-loup : Plin. 30, 52 ; 30, 104.

2 Lў̆cŏs, *i*, m. (Λύκος), fleuve de Phénicie : Plin. 5, 78.

Lў̆cōtās, *ae*, m. (Λυκώτας), nom d'un Centaure : Ov. *M.* 12, 350 ‖ nom d'homme : Prop. 4, 3, 1.

Lў̆cothersēs, *is*, m., roi d'Illyrie, époux d'Agavé : Hyg. *Fab.* 184 ; 340.

Lyctus (**-tŏs**), *i*, f. (Λύκτος), ville de Crète : Plin. 4, 59 ; Mel. 2, 113 ‖ **-ctĭus**, *a*, *um*, de Lyctus : Virg. *En.* 3, 401 ; Ov. 7, 490.

Lў̆curgēus, *a*, *um*, de Lycurgue [législateur] ‖ [fig.] sévère, inflexible : Cic. *Att.* 1, 13, 3.

Lў̆curgīdēs, *ae*, m., fils de Lycurgue [Ancée, un des Argonautes] : Ov. *Ib.* 503.

Lў̆curgus, *i*, m. (Λυκοῦργος) ¶ **1** Lycurgue [roi de Thessalie, que Bacchus rendit dément pour avoir arraché les vignes] : Hyg. *Fab.* 132 ; Ov. *M.* 4, 22 ¶ **2** roi de Némée, père d'Archémore : Stat. *Th.* 5, 39 ¶ **3** Lycurgue [législateur de Sparte] : Cic. *Div.* 1, 96 ¶ **4** orateur athénien : Cic. *Brut.* 138 ¶ **5** dernier roi de Lacédémone : Liv. 34, 26.

Lў̆cus (**-ŏs**), *i*, m. (Λύκος), roi de Béotie, époux d'Antiope : Ov. *M.* 15, 273 ‖ fils de Pandion : Mel. 1, 80 ‖ nom d'un Centaure : Ov. *M.* 12, 332 ‖ guerrier troyen : Virg. *En.* 1, 222 ‖ nom d'homme : Hor. *O.* 1, 32, 11 ‖ historien de Rhégium : Plin. 31, 27 ‖ nom de plusieurs fleuves d'Asie : Plin. 5, 91, 105, 115 ; V. **2 Lycos** ‖ fleuve du Pont : Virg. *G.* 4, 367.

Lydda, *ae*, f., ville de Palestine Atlas IX, E3 : Plin. 5, 70.

Lў̆dē, *ēs*, f. (Λύδη), Lydé [femme du poète Antimaque] : Ov. *Tr.* 1, 6, 1 ‖ autre du même nom : Juv. 2, 141.

Lў̆dĭa, *ae*, f. (Λυδία), la Lydie [province d'Asie Mineure] Atlas I, D5 ; VI, B3 : Cic. *Flac.* 65 ; Varr. *R.* 3, 17, 4 ‖ [fig.] nom de l'Étrurie : Rutil. 1, 596 ‖ nom de femme : Hor. *O.* 1, 8, 1.

lў̆dĭastēs (**-ta**), *ae*, m. (λυδιαστής), C. *bucolista* : Diom. 487, 4.

Lў̆dĭus, *a*, *um* (Λύδιος), lydien, de Lydie : Tib. 4, 1, 199 ; Prop. 3, 15, 30 ‖ étrusque : Virg. *En.* 2, 781 ; Stat. *S.* 4, 4, 6 ‖ **Lydius lapis** Plin. 33, 126, pierre de touche ; **Lydii moduli** Plin. 7, 204, modes lydiens.

Lў̆dus, *a*, *um* (Λυδός), lydien, de Lydie : Cic. *Flac.* 65 ; Ov. *F.* 2, 365 ; Val.-Flac. 4, 369 ‖ **Lў̆dus**, *i*, m., nom d'esclave : Pl. *Bac.* 121 ‖ **Lў̆di**, m. pl. ¶ **1** les Lydiens : Cic. *Flac.* 3 ¶ **2** les Étrusques : Virg. *En.* 9, 11.

Lygdămum, *i*, n., ville de Mysie : Plin. 5, 126.

Lygdămus, *i*, m., nom d'homme : Luc. 3, 710 ; Prop. 3, 4, 2.

lygdĭnus (**-ŏs**), *a*, *um*, du marbre appelé *lygdos* : Plin. 36, 62 ; Isid. 16, 5, 8.

lygdŏs, *i*, f. (λύγδος), espèce de marbre blanc : Mart. 6, 13, 3 ; 6, 42, 21.

Lygdus, V. *Ligdus*.

Lygii, V. *Ligii*.

1 Lў̆gŏs (**-us**), *i*, f. (Λύγος), ancien nom de Byzance : Plin. 4, 46.

2 lў̆gŏs, *i*, f. (λύγος), C. *vitex* : Plin. 24, 59.

lympha, *ae*, f., (arch. **lumpa**, Gloss. 4, 362, 20) (cf. *nympha* et osq. *Diumpaís*) ¶ **1** eau : Lucr. 6, 1174 ; Virg. *En.* 4, 635 ¶ **2** nymphe des eaux : Hor. *S.* 1, 5, 97.

lymphācēus, *a*, *um*, qui est vert d'eau : Capel. 6, 569.

Lymphae, f., C. *Nymphae* : Hor. *S.* 1, 97 ; Aug. *Civ.* 4, 22.

lymphaeum, V. *lympheum*.

lymphātĭcum, *i*, n., délire : Pl. *Poen.* 346.

lymphātĭcus, *a*, *um* (*lympho* ¶ 2, cf. νυμφόληπτος), qui a le délire, fou : Plin. 25, 60 ; **lymphatici nummi** Pl. *Poen.* 345, écus atteints de folie ‖ [en parlant de frayeur] panique : Liv. 10, 28, 10 ; Sen. *Ep.* 13, 9.

lymphātĭlis, *e*, de délire, de folie : Fort. *Mart.* 3, 134.

lymphātĭōnes, *um*, f. pl. (*lympho*), visions : Plin. 34, 151 ; Solin. 52, 53.

1 lymphātus, *a*, *um* (*lympha* ¶ 2), aliéné, égaré : Pacuv. *Tr.* 422 ; Catul. 64, 254 ; Virg. *En.* 7, 377 ; V. *lymphor*.

2 lymphātŭs, *ūs*, m., folie, aliénation mentale : Plin. 37, 146.

lymphĭgĕr, *ĕra*, *ĕrum* (*lympha*, *gero*), qui roule de l'eau : Corip. *Joh.* 7, 246 ‖ qui conduit de l'eau : Corip. *Joh.* 3, 145.

lymphō, *ās*, *āre*, *āvī*, *ātum* (*lympha*, *lymphatus*), tr. ¶ **1** arroser, étendre d'eau :

CAEL.-AUR. *Chron.* 4, 3, 68 ¶ **2** affoler, rendre fou : VAL.-FLAC. *3, 46* ; STAT. *Th.* 7, 313.

1 lymphŏr, *āris, ārī, ātus sum* (*lympho, lymphatus*), intr., être en proie à l'égarement : PLIN. *24, 164* ; GLOSS. *5, 30, 26* ‖ **lymphans**, en proie à l'égarement : PLIN. *27, 107* ; APUL. *Mund.* 17 ; ▣ *lumfor, lymphatus.*

2 lymphŏr (**limpŏr**), *ōris*, m. (*lympha*), eau : *LUCIL. 1196.

Lyncestae, *ārum*, m. pl. (Λυγκησταί), peuple de Macédoine : LIV. *45, 30, 6* ; PLIN. *4, 35* ‖ **-tus**, *a, um*, de Lyncestide, canton de la Macédoine : VITR. *8, 3, 17* ‖ **-tĭus amnis**, m., le Lynceste, fleuve de la Lyncestide : Ov. *M. 15, 329* ‖ **Lyncestis ăqua**, f., PLIN. *2, 230*, l'eau du Lynceste.

1 Lyncēus, *a, um* (Λύγκειος), de Lyncée : Ov. *F. 5, 709* ‖ à la vue perçante : CIC. *Fam.* 9, 2, 2.

2 Lyncēus, *ĕi* ou *ĕos*, m. (Λυγκεύς), Lyncée [un des Argonautes, célèbre pour sa vue perçante] : Ov. *M. 8, 304* ; HOR. *Ep.* 1, 1, 128 ; PLIN. *2, 78* ‖ un des fils d'Égyptus sauvé par Hypermnestre, sa femme : Ov. *H. 14, 123* ‖ compagnon d'Énée : VIRG. *En.* 9, 768.

Lyncīdēs, *ae*, m., descendant de Lyncée : Ov. *M. 4, 767.*

Lyncōn montes, m. pl., les monts Lyncon [dans le Pinde] : LIV. *32, 13, 2.*

lyncūrĭum, *ĭi*, n. et **-rĭus**, *ĭi*, m., ISID. *12, 2, 20* (λυγκούριον), sorte d'ambre : PLIN. *8, 137.*

Lyncus, *i*, m. (Λύγκος), roi de Scythie, qui fut changé en lynx par Cérès : Ov. *M.* 5, 650 ; HYG. *Fab. 259* ‖ f., ville de Macédoine : LIV. *26, 25, 4.*

lyntĕr, lyntrārĭus, ▣ *lint-.*

lynx, *cis*, acc. pl. *căs*, f. (λύγξ ; it. *lonza*), lynx : VIRG. *G. 3, 264* ‖ m., HOR. *O.* 2, 13, 40, cf. PRISC. *2, 218, 6* ‖ on lui attribuait une vue plus perçante qu'aux autres animaux : PLIN. *28, 122.*

lўra, *ae*, f. (λύρα), lyre, instrument à cordes : HYG. *Astr. 2, 7* ; HOR. *O. 1, 10, 6* ‖ chant, poème lyrique : HOR. *O. 1, 6, 10* ; Ov. *Am. 2, 18, 26* ‖ poésie : STAT. *Th.* 10, 445 ‖ [constellation] la Lyre : HYG. *Astr. 3, 6* ; VARR. *R. 2, 5.*

Lyrcēĭus, VAL.-FLAC. *4, 355*, **Lyrcēus**, Ov. *M. 1, 598*, **Lyrcīus**, *a, um*, STAT. *Th. 4, 711*, du Lyrceum (Λύρκειον) [montagne et ville d'Argolide].

Lyrcĭus, *ĭi*, m., nom d'une source [dans le Péloponnèse] : STAT. *Th. 4, 117* ; *4, 711.*

lўrĭcus, *a, um* (λυρικός), lyrique, de lyre, relatif à la lyre : Ov. *F. 2, 94* ; HOR. *O. 1, 1, 35* ‖ **-ca**, *ōrum*, n. pl., poésies lyriques : PLIN. *Ep. 7, 17, 3* ‖ **-ci**, *ōrum*, m. pl., poètes lyriques : QUINT. *10, 1, 96* ; PLIN. *Ep. 5, 3, 2.*

lўristēs, *ae*, m. (λυριστής), joueur de lyre : PLIN. *Ep. 1, 15, 2* ‖ poète lyrique : SIDON. *Ep. 8, 11, 3* v. *25.*

lўristrĭa, *ae*, f. (λυρίστρια), joueuse de lyre : AUG. *Serm. 153, 6* ; SCHOL. JUV. *11, 162.*

Lyrnēsis, Lyrnēsĭus, ▣ *Lyrnessis.*

Lyrnessĭădes, *um*, f. pl., femmes de Lyrnesse : P. FEST. *108, 4.*

Lyrnessis, *ĭdis*, f. (Λυρνησσίς), de Lyrnesse [Briséis] : Ov. *Tr. 4, 1, 15* ; *A. A. 2, 403.*

Lyrnessŏs (**-us**), *i*, f. (Λυρνησσός), ville de la Troade, patrie de Briséis aimée d'Achille : VIRG. *En. 12, 547* ; PLIN. *5, 122* ‖ **-ssĭus**, *a, um*, de Lyrnesse : Ov. *M. 12, 108* ; *13, 176.*

lўrŏn, *i*, n. (λύρον), ▣ *alisma* : PLIN. *25, 124.*

Lȳsander, *dri*, m. (Λύσανδρος), Lysandre [célèbre général lacédémonien] : NEP. *Lys.* 1, 1 ; CIC. *Off. 1, 76* ‖ éphore de Lacédémone exilé pour ses prévarications : CIC. *Off. 2, 80.*

Lysanĭās, *ae*, m., père du médecin Archagathus : PLIN. *29, 12.*

Lȳsanītae, *ārum*, m. pl., peuple d'Arabie : PLIN. *6, 158.*

Lȳsĭăcus, *a, um*, de Lysias : QUINT. *12, 10, 24.*

Lȳsĭădēs, *ae* ou *is*, m., nom grec : CIC. *Phil. 5, 13.*

1 Lȳsĭăs, *ădis*, f., ville de Carie : PLIN. *5, 108.*

2 Lȳsĭăs, *ae*, m. (Λυσίας), orateur athénien : CIC. *Brut. 35* ‖ autres du même nom : CELS. *5, 18, 5* ; PLIN. *36, 2.*

Lȳsĭdĭcus, *i*, m., nom d'homme : CIC. *Phil. 11, 14.*

1 lȳsĭmăchĭa, *ae*, f. (λυσιμαχία), salicaire [plante] : PLIN. *26, 131* ; *26, 141.*

2 Lȳsĭmăchīa, *ae*, f. (Λυσιμάχεια), Lysimachie [ville de la Chersonèse de Thrace] Atlas VI, A3 : LIV. *32, 34, 6* ; MEL. *2, 24* ‖ **-chensis**, *e*, de Lysimachie : LIV. *33, 38, 12.*

1 lysĭmăchus (**-ŏs**), *i*, m. (λυσίμαχος), pierre précieuse inconnue : PLIN. *37, 172.*

2 Lȳsĭmăchus, *i*, m. (Λυσίμαχος), Lysimaque [un des généraux d'Alexandre] : CIC. *Tusc.* 1, 102 ; PLIN. *8, 143* ; JUST. *17, 1* ‖ nom d'un Acarnanien, maître d'Alexandre : JUST. *15, 3* ‖ autres du même nom : PL. *Merc. 272* ; PLIN. *25, 72.*

Lȳsĭnŏē, *ēs*, f. (Λυσινόη), ville de Pisidie : LIV. *38, 15, 8.*

Lȳsippus, *i*, m. (Λύσιππος), Lysippe [sculpteur, contemporain d'Alexandre le Grand] : CIC. *Brut. 296* ; HOR. *Ep. 2, 1, 240.*

1 lўsis, *is*, f. (λύσις), [archit.] congé [moulure concave] : VITR. *3, 4, 5* ; *5, 6, 6* ‖ [gram.] asyndète : DON. *Eun. 582.*

2 Lȳsis, *ĭdis*, m. (Λῦσις), pythagoricien, maître d'Épaminondas : CIC. *de Or. 3, 139* ; *Off. 1, 155.*

3 Lȳsis, *is*, m., le Lysis [fleuve d'Ionie] : LIV. *38, 15, 3.*

Lȳsistrătus, *i*, m. (Λυσίστρατος), sculpteur, frère de Lysippe : PLIN. *34, 91.*

Lȳsĭtĕles, *is*, m., nom de personnage comique : PL. *Trin. 1115.*

Lȳsĭthŏē, *ēs*, f. (Λυσιθοή), fille de l'Océan : CIC. *Nat. 3, 42.*

Lȳso (**Lȳsōn**), *ōnis*, m. (Λύσων), nom d'homme : PLIN. *34, 34.*

lyssa, *ae*, f., ▣ *lytta.*

Lystra, *ae*, f., ville de Lycaonie Atlas IX, C2 : VULG. *Act. 14, 8* ‖ **-strēni**, *ōrum*, m. pl., habitants de Lystra : PLIN. *5, 147.*

Lystrae, *ārum*, f. pl., ▣ *Lystra* : VULG. *2 Tim. 3, 11.*

Lytharmis, *is*, m., promontoire de la Gaule Celtique : PLIN. *6, 34.*

1 lўtra, *ae*, f., ▣ *lutra* : VARR. *L. 5, 79.*

2 lўtra, *ōrum*, n. pl. (λύτρον), rançon : *Hectoris Lytra* *FEST. 334, 16*, la Rançon d'Hector [titre d'une tragédie d'Ennius].

Lytrōtēs, *ae*, m. (λυτρωτής), un des Éons de l'hérésiarque Valentin : TERT. *Val. 9, 3.*

lytta (**lyssa**), *ae*, f. (λύττα, λύσσα), frénésie : PLIN. *3, 8* ‖ rage [petit ver (ou filet ?) placé sous la langue des jeunes chiens et qui passait pour provoquer la rage] : PLIN. *29, 100.*

M

m, n., f. indécl., douzième lettre de l'alphabet latin, prononcée *em* (*mm*), υμμε: CPL 58; PRISC. 2, 8, 18, cf. PL. *Merc.* 304; v.▶ *1* ‖ [abréviations] **M.** = *Marcus* ; **M.** = *magister*, *municipium*, *monumentum* dans les INSCR. ; **M'** = *Manius* ‖ **M** = 1000 dans la numération.

Mabog, n. indécl., ville de Syrie : PLIN. 5, 81.

Măcae, *ārum*, m. pl. (Μάκαι), peuple d'Afrique, dans le voisinage des Syrtes : PLIN. 5, 34 ; SIL. 3, 275 ‖ v.▶ *Maces*, sg.

Măcărēis, *ĭdis*, f. (Μακαρηΐς), fille de Macarée : Ov. *M.* 6, 124.

Măcăreūs, *ĕi* ou *ĕos*, m. (Μακαρεύς), Macarée [fils d'Éole] : Ov. *H.* 11, 21 ‖ nom d'un Centaure : Ov. *M.* 12, 452 ‖ compagnon d'Ulysse qui vint s'établir à Caïete : Ov. *M.* 14, 159.

Măcăria, *ae*, f., nom des îles de Lesbos, Chypre et Rhodes : PLIN. 5, 139 ; 5, 129 ; 5, 132.

măcărintē, acc. *ēn*, f. (grec), ombellifère [plante] : PS. APUL. *Herb.* 80, 38.

Măcărĭŏtēs, *tētis*, f. (μακαριότης), un des Éons de Valentin : TERT. *Val.* 8, 2.

Măcărĭus, *ĭi*, m. (μακάριος), nom d'homme : CIL 15, 7174 ‖ saint Macaire, martyr à Lyon : GREG.-TUR. *Martyr.* 48 ‖ pl. *Macarii*, des saints Macaires : SIDON. *Carm.* 16, 100.

Măcărōn, f., ancien nom de la Crète : PLIN. 4, 58 ; c.▶ *Achillea* : PLIN. 4, 93.

Măcātus, *i*, m., surnom romain : LIV. 27, 34.

Macchăbaei, v.▶ *Machabaei*.

maccis, *ĭdis*, f., cf.▶ *Maccius*, condiment fantaisiste : PL. *Ps.* 832.

Maccĭus, *ĭi*, m., cf.▶ *maccus*, nom de famille de Plaute : *PL. As. 11.

maccus, *i*, m. (cf. *maxilla*), un des personnages traditionnels des atellanes, sorte de niais grotesque analogue à Polichinelle : DIOM. 490, 20 ‖ un niais, un polichinelle, un imbécile : APUL. *Apol.* 81.

Măcĕdae, v.▶ *Macetae*.

1 Măcĕdo, CIC. *Phil.* 5, 48, **Măcĕdōn**, *ōnis*, m., Luc. 8, 694, Macédonien ‖ *vir Macedo* HOR. *O.* 3, 16, 14, le héros macédonien [Philippe II de Macédoine] ‖ *Macedonum robur* LIV. 36, 18, 2, l'élite des Macédoniens.

2 Măcĕdo, *ōnis*, m., fils de famille poussé au parricide par ses dettes, sous Vespasien : DIG. 14, 6, 1 pr. ‖ nom d'un philosophe : GELL. 13, 8, 4.

Măcĕdŏnes, *um*, m. pl., Macédoniens, habitants de la Macédoine : CIC. *Off.* 2, 76 ‖ *Macedones Hyrcani* TAC. *An.* 2, 47, peuple de Lydie.

Măcĕdŏnĭa, *ae*, f. (Μακεδονία), la Macédoine [province septentrionale de la Grèce ; Atlas I, D5 ; VI, A1 : CIC. *Agr.* 1, 5 ; LIV. 9, 18 ; PLIN. 4, 33.

Măcĕdŏnĭānus, *a*, *um*, macédonien [v. *2 Macedo*] : **senatus consultum Macedonianum** DIG. 14, 6, 1 pr., sénatus-consulte macédonien [interdisant les poursuites contre un *filius familias* victime d'un usurier] ‖ pl., partisans de l'hérésiarque Macedonius : COD. TH. 16, 5, 2.

Măcĕdŏnĭcus, *a*, *um*, de Macédoine : CIC. *Fam.* 12, 23, 2 ; TAC. *H.* 3, 22 ; PLIN. 4, 51 ‖ subst. m., Macédonique [surnom de Caecilius Métellus, vainqueur de la Macédoine] : VELL. 1, 11 ; PLIN. 7, 144.

Măcĕdŏnĭensis, *e*, PL. *Ps.* 1041 et **Măcĕdŏnĭus**, **Măcĕd-**, Ov. *M.* 12, 466), *a*, *um*, de Macédoine : PL. *Ps.* 51 ; 346 ; Ov. *M.* 12, 466.

Măcella, *ae*, f., ville de Sicile : LIV. 26, 21.

măcellārĭus, *a*, *um* (*macellum* ; it. *macellaio*), qui a rapport au marché, à la viande : *macellaria taberna* VAL.-MAX. 3, 4, 4, étal de boucher ‖ subst. m., boucher, charcutier, marchand de comestibles : VARR. *R.* 3, 2, 11 ; 3, 4, 2 ; SUET. *Caes.* 26.

Măcellīnus, *i*, m. (*macellum*), le Boucher [surnom donné à l'empereur Macrin à cause de sa cruauté] : CAPIT. *Macr.* 13, 3.

măcellum, *i*, n. (μάκελλον ; it. *macello*) ¶ 1 marché [surtout des viandes] : PL. *Aul.* 373 ; CIC. *Div.* 2, 59 ‖ abattoir : GLOSS. 5, 310, 11 ¶ 2 marché, provisions qu'on fait au marché : PLIN. 19, 52 ; MANIL. 5, 377.

1 măcellus, *a*, *um* (dim. de *1 macer*), un peu maigre : LUCIL. 242 ; VARR. *L.* 8, 79, cf. P. FEST. 7, 3.

2 măcellus, *i*, m., c.▶ *macellum* : MART. 10, 96, 9.

măcĕō, *ēs*, *ēre*, -, - (*1 macer*), intr., être maigre : PL. *Aul.* 564 ; NON. 509, 11.

Macepracta, f., village de Mésopotamie : AMM. 24, 2, 6.

1 măcĕr, *cra*, *crum* (*maceo*, cf. μακρός, hit. *maklant-* ; fr. *maigre*), maigre : VARR. *R.* 2, 5, 12 ; QUINT. 6, 3, 58 ; **macerrimus** SEN. *Ep.* 78, 8 ; **macrior** VARR. *R.* 1, 24, 2 ; **solum exile et macrum** CIC. *Agr.* 2, 67, terrain pauvre et maigre ‖ mince [en parl. d'un livre] : MART. 2, 6, 10.

2 Măcĕr, *cri*, m., C. Licinius Macer [historien latin sous la République] : CIC. *Leg.* 1, 7 ; LIV. 4, 7, 18 ‖ Aemilius Macer [poète latin né à Vérone] : Ov. *Tr.* 4, 10, 44.

măcĕra, v.▶ *machaera* : CAPIT. *Pert.* 8, 4.

măcĕrātĭo, *ōnis*, f. (*macero*) ¶ 1 macération, infusion [de la chaux] dans de l'eau : VITR. 7, 2, 1 ¶ 2 putréfaction : ARN. 4, 35 ¶ 3 mortification : TERT. *Jejun.* 3, 4.

măcĕrātus, *a*, *um*, part. de *macero*.

măcĕrescō, *ĭs*, *ĕre*, -, - (*macero*), intr., se détremper : CAT. *Agr.* 90.

măcĕrĭa, *ae*, f. (*macero* ; fr. Mézières, bret. *moger*), CIC. *Fam.* 16, 18, 2 ; CAES. *G.* 7, 69, 5, qqf. **măcĕrĭēs**, *ēi*, f., VARR. *R.* 3, 5, 11, mur de clôture [en pierres sèches ; primit en une sorte de torchis : DON. *Ad.* 908].

măcĕrĭātĭo, *ōnis*, f. (*maceria*), construction d'un mur en pierres sèches : *GLOSS. 2, 458, 60.

măcĕrĭātus, *a*, *um*, pourvu d'un mur en pierres sèches : CIL 6, 13478, 7.

1 măcĕrĭēs, *ēi*, f., peine, affliction : AFRAN. *Com.* 150.

2 măcĕrĭēs, *ēi*, f., v.▶ *maceria*.

Măcĕrĭo, *ōnis*, m., surnom romain : PLIN. 7, 143.

măcĕrĭŏla, *ae*, f. (dim. de *maceria*), CIL 6, 22437.

măcĕrō, *ās*, *āre*, *āvī*, *ātum* (cf. μαγίς, μάσσω, al. *machen*, an. *make* ; it. *macerare*), tr. ¶ 1 rendre doux, amollir en humectant, faire macérer : PL. *Poen.* 242 ; CAT. *Agr.* 156, 6 ; COL. 1, 6, 21 ; PLIN. 24, 66 ¶ 2 *a)* affaiblir [le corps], énerver, épuiser : PL. *Cap.* 554 ; LIV. 26, 13, 8 ; VELL. 2, 112, 4 *b)* consumer, miner, tourmenter [l'esprit] : PL. *Poen.* 98 ; *Ps.* 4 ; TER. *And.* 685 ; *Eun.* 187 ; LUCR. 3, 75 ; LIV. 5, 54, 3 ; 26, 13, 8 ; QUINT. 12, 10, 77 ; **unum hoc maceror et doleo tibi deesse** CAES. d. SUET. *Vit. Ter.* p. 34, 13, c'est la seule chose dont je m'afflige et déplore que tu sois privé *c)* mortifier : GREG.-M. *Ev.* 12, 1.

Măcēs, *ae*, acc. *ēn*, m., v.▶ *Macae* : SIL. 2, 60 ; 9, 222.

măcescō, *ĭs*, *ĕre*, -, - (*maceo*), intr., maigrir, devenir maigre : PL. *Cap.* 134 ; VARR. *R.* 3, 16 ‖ [en parl. de la terre] s'appauvrir : COL. 2, 9, 14.

Macestŏs, *i*, m. (Μάκηστος), rivière de Mysie : PLIN. 5, 142.

Macetae

Măcĕtae, *ārum* et *um*, m. pl. (Μακέται), Macédoniens : Luc. 10, 269 ; Stat. S. 4, 6, 106.

Māchăbaei, *ōrum*, m. pl., les Machabées [nom de plus. chefs des Juifs, et aussi des sept frères martyrs sous Antiochus Épiphane] : Aug. Civ. 18, 36 ǁ sg., **-aeus**, *i*, m., Judas Machabée [tué en 160 av. J.-C.] : Vulg. 1 Macc. 2, 4.

măchaera, *ae*, f. (μάχαιρα), sabre, coutelas : Pl. Curc. 424 ; Mil. 53 ; Suet. Cl. 15.

Măchaerĭo, *ōnis*, m. (Μαχαιρίων), nom de cuisinier : Pl. Aul. 398.

măchaerĭum, *ĭi*, n., petit sabre : *Pl. Ru. 315.

măchaerŏphŏrus, *i*, m. (μαχαιροφόρος), soldat armé d'un sabre : Cic. Q. 2, 10, 2.

măchaerŏphyllŏn, *i*, n. (μαχαιρόφυλλον), espèce d'iris : Ps. Apul. Herb. 79.

Măchaerūs, *untis*, f. (Μαχαιροῦς), Machéronte [ville forte de Palestine] Atlas IX, E3 : Plin. 5, 72.

***machăgistīa**, *ae*, f. (μαγική ἁγιστεία), culte des mages : *Amm. 23, 6, 32.
▶ texte altéré, on corrige *magica hagistia*.

Măchănĭdās, *ae*, m. (Μαχανίδας), tyran de Lacédémone : Liv. 27, 29, 9.

Măchāōn, *ŏnis*, m. (Μαχάων), **Machaon**, [fils d'Esculape, médecin des Grecs au siège de Troie] : Virg. En. 2, 263 ; Ov. Pont. 3, 4, 7 ǁ [en gén.] médecin : Mart. 2, 16, 5 ǁ **-ŏnĭcus** et **-ŏnĭus**, de Machaon, de médecin : Sidon. Ep. 2, 12 ; Ov. Rem. 546.

Măchăres, *is*, m., fils de Mithridate : Liv. Epit. 98.

Macharius, v. Macarius.

Machĭa, *ae*, f., île de la mer Égée : Plin. 4, 70.

māchilla, *ae*, f. (dim. de *machina*), Petr. 74, 13.

Machĭmus, *i*, m., nom d'un chien d'Actéon : Hyg. Fab. 181.

māchĭna, *ae*, f. (μαχανά, μηχανή ; it. *macina*) ¶ 1 machine, assemblage [ouvrage composé avec art] : Lucr. 5, 96 ¶ 2 [en gén.] machine, engin : Cic. Verr. 1, 145 ; Pis. 43 ; Sest. 133 ; Hor. Ep. 2, 2, 73 ǁ [oppos. à *organum*] Vitr. 10, 1, 3 ¶ 3 plateforme [où les esclaves à vendre étaient exposés] : Q. Cic. Pet. 8 ǁ échafaud [de maçon, peintre] : Plin. 19, 30 ; Vitr. 7, 2, 2 ¶ 4 [fig.] expédient, artifice, machination : Pl. Bac. 232 ; Cic. Dom. 27 ; Agr. 2, 50 ; Quint. 11, 1, 44.

māchĭnālis, *e* (*machina*), qui a rapport aux machines : *scientia* Plin. 7, 125, la mécanique.

māchĭnāmĕn, *ĭnis*, n. (*machinor*), manigance, machination : Cassiod. Eccl. 9, 14.

māchĭnāmentum, *i*, n. (*machinor*) ¶ 1 machine, instrument : Liv. 24, 34, 7 ; Tac. H. 4, 30 ; An. 12, 45 ǁ instrument [de chirurgie] : Cels. 8, 20 ; Sen. Ep. 24, 14 ¶ 2 [fig.] organe des sens : Apul. Plat. 1, 13

ǁ expédient : Cod. Th. 6, 28, 6 ǁ invention, sophisme : Aug. Conf. 5, 14, 25.

māchĭnārĭus, *a*, *um* (*machina*), de machine : Dig. 33, 7, 12.

māchĭnātĭo, *ōnis*, f. (*machinor*) ¶ 1 système mécanique, mécanisme, machine : Cic. de Or. 2, 72 ; Nat. 2, 97 ǁ engin [milit.] : Caes. G. 2, 30, 3 ; Sall. J. 92, 7 ; Liv. 24, 19, 8 ǁ mécanisme divin [en parlant du Ciel] : Apul. Mund. 1 ¶ 2 intelligence, capacité d'invention, ruse : Cic. Nat. 2, 123 ǁ [en mauvaise part] machination : Cypr. Ep. 43, 2 ; Dig. 4, 3, 1 ¶ 3 mécanique [partie de l'architecture] : Vitr. 1, 3, 1.

māchĭnātīvus, *a*, *um*, de machine, mécanique : Boet. Anal. post. 1, 7.

māchĭnātŏr, *ōris*, m. (*machinor*) ¶ 1 mécanicien, inventeur ou fabricant d'une machine : Liv. 24, 34, 2 ; Sen. Ep. 88, 22 ǁ architecte, ingénieur : Tac. An. 15, 42 ¶ 2 [fig.] machinateur, artisan de [ord^t en mauv. part] : Cic. Agr. 1, 16 ; Amer. 132 ; Cat. 3, 6 ; Tac. An. 1, 10.

māchĭnātrix, *īcis*, f., celle qui machine : Sen. Med. 266.

1 **māchĭnātus**, *a*, *um*, part. de *machinor*.

2 **māchĭnātŭs**, *ūs*, m., c. *machinatio* : Apul. Apol. 74 ; Sidon. Ep. 5, 6, 2.

māchĭnŏr, *ārĭs*, *ārī*, *ātus sum* (*machina*), tr. ¶ 1 combiner, imaginer, exécuter [qqch. d'ingénieux] : Lucr. 3, 944 ; Cic. Nat. 2, 149 ; de Or. 3, 174 ¶ 2 [fig.] machiner, tramer, ourdir [en mauvaise part] : Pl. Cap. 530 ; Cic. Verr. prim. 15 ; Nat. 3, 66 ; Cat. 1, 2.
▶ *machinatus* au sens pass. Sall. C. 48, 7 ; H. 2, 70 ; 4, 8 ; Vitr. 10, 1, 4 ; Apul. Mund. 21, v. *macino*.

māchĭnōsus, *a*, *um* (*machina*), combiné, machiné : Suet. Ner. 34.

māchĭnŭla, *ae*, f. (dim. de *machina*), P. Fest. 94, 25 ; Paul.-Nol. Carm. 19, 458.

Machlyes, *um*, m. pl., peuple fabuleux d'Afrique : Plin. 7, 15.

Machorones, *ĭum*, m. pl., peuple du Pont : Plin. 6, 11.

macia, *ae*, f., sorte de mouron, c. *anagallis* : M.-Emp. 1, 35.

măcĭēs, *ēi*, f. (*maceo*) ¶ 1 maigreur : Cic. Phil. 7, 12 ; Agr. 2, 93 ; Caes. C. 3, 58 ; Hor. O. 3, 27, 53 ; Plin. 30, 60 ¶ 2 maigreur, pauvreté, aridité, sécheresse, stérilité **a)** du sol : Col. 1, 4, 3 ; Ov. F. 1, 689 ; Mart. 10, 21 **b)** du style : Tac. D. 21.

măcĭlentus, *a*, *um* (*macies*), maigre : Pl. Cap. 647 ; -*tior* : Vulg. Daniel 1, 10.

măcĭnō, *ās*, *āre*, -, - (*machina* ; it. *macinare*), tr., moudre : Orib. Syn. 4, 35 ; Anton. Plac. A 34.

1 **măcĭō**, *ās*, *āre*, -, - (*macies*), tr., faire maigrir, diminuer : Solin. 15, 18.

2 **măcĭo**, *ōnis*, m. (germ., v. *macero* ; fr. *maçon*), maçon : Isid. 19, 8, 2.

macir (μάκερ), écorce d'un arbre de l'Inde : Plin. 12, 32.

Mācistum, *i*, n., ville d'Arcadie : Plin. 4, 20.

Mācistus, *i*, m., montagne de l'île de Lesbos : Plin. 5, 140.

Macomades, *um*, m. pl., peuple de la Byzacène : Plin. 5, 25 ; Aug. Don. 6, 29.

măcŏr, *ōris*, m. (*maceo*), maigreur : Pacuv. Tr. 275, cf. Prisc. 2, 235, 1.

1 **Macra**, *ae*, m., le Magra [fleuve de Ligurie] : Liv. 39, 32, 2 ; Plin. 3, 48 ; Luc. 2, 426.

2 **Măcra Cōmē**, f., ville de la Thessaliotide : Liv. 32, 13, 10.

Macrāles, *ĭum*, m. pl., habitants d'une ville du Latium : Plin. 3, 67.

măcrescō, *ĭs*, *ĕre*, *crŭī*, - (1 *macer* ; fr. *maigrir*), intr., maigrir : Varr. R. 2, 5, 15 ; Col. 6, 3, 1 ǁ [fig.] sécher, dépérir : *alterius rebus opimis invidus macrescit* Hor. Ep. 1, 2, 57, l'embonpoint [= le bon état des affaires] d'autrui fait maigrir l'envieux.

Macrĭa, *ae*, f., île séparée de l'Eubée : Plin. 2, 204.

Măcrĭānus, *i*, m., Macrien [usurpateur, 260] : Treb. Gall. 2.

Măcri campi, *ōrum*, m. pl., canton de la Gaule cisalpine : Varr. R. 2, pr. 6 ; Liv. 41, 18, 5 ; Col. 7, 2, 3.

măcrĭcŭlus, *a*, *um* (1 *macer*), un peu maigre, maigrichon : Varr. L. 8, 79.

Măcrīnus, *i*, m., nom d'homme : Pers. 2, 1 ǁ Macrin [empereur romain, 217-218] : Aus. Caes. 2 (23 = 283) 94 ǁ **-nĭānus**, *a*, *um*, de Macrin : Lampr. Diad. 1, 1.

Măcris, *ĭdis*, f. (Μακρίς), île de la mer Égée, voisine de l'Ionie : Liv. 37, 13 ǁ ancien nom des îles d'Eubée, d'Icarie et de Chios : Plin. 4, 21 ; 4, 68 ; 5, 136.

măcrĭtās, *ātis*, f. (1 *macer*), finesse [du sable, du sol] : Vitr. 2, 4, 3 ; Pall. 11, 1, 2.

măcrĭtūdo, *ĭnis*, c. *macies* : Non. 126, 2.

Măcro, *ōnis*, m., nom d'homme : Cic. Att. 4, 12.

Măcrŏbĭi, *ōrum*, m. pl. (Μακρόβιοι), **Măcrŏbĭōtae**, *ārum*, m. pl., Sen. Ir. 3, 20, 2, Macrobiens [peuple d'Éthiopie] : Plin. 6, 190 ; Val.-Max. 8, 13, 5 ǁ nom donné aux habitants d'Apollonie en Macédoine : Plin. 4, 37.

Măcrŏbĭus, *ĭi*, m., Macrobe, érudit latin [Ambrosius Theodosius Macrobius, début du 5e s.] : Avian. pr..

Măcrŏcĕphăli, *ōrum*, m. pl. (Μακροκέφαλοι), peuple du Pont : Plin. 6, 11 ; Mel. 1, 107.

măcrŏchērus, *a*, *um* (μακρόχειρ), qui a des manches longues : Lampr. Alex. 33, 4.

Măcrŏchīr, *īros*, adj. m. (Μακρόχειρ), Longuemain, surnom d'Artaxerxès Ier : Nep. Reg. 1, 3 ; Amm. 30, 8, 1.

măcrŏcollum, *i*, n. (μακρόκολλος), papier de grand format : Cic. *Att.* 13, 25, 3 ; Plin. 13, 80.

Măcrŏcremni montes, m. pl., monts près du Palus-Méotide : Plin. 4, 82.

măcrŏlŏgĭa, *ae*, f. (μακρολογία), prolixité : Isid. 1, 33, 8.

Măcron Tīchos (Măcrontīchos), n., ville maritime de Thrace : Plin. 4, 43.

mactăbĭlis, *e* (*macto*), qui peut causer la mort, mortel : Lucr. 6, 805.

Mactaris, f., (*Colonia Aelia Aurelia*) Maktar [ville de Tunisie] Atlas VIII, A3 ; XII, H1 : CIL 8, 11804 || **-ītānus**, *a*, *um*, de Maktar : CIL 8, 11813.

mactātĭo, *ōnis*, f. (*macto*), action d'immoler une victime, sacrifice sanglant : Arn. 7, 4 ; 7, 36 : Isid. 6, 19, 31.

mactātŏr, *ōris*, m. (*macto*), meurtrier : Sen. *Tro.* 1002.

1 **mactātus**, *a*, *um*, part. de *macto*.

2 **mactātŭs**, *ūs*, abl. *ū*, m., ▶ *mactatio* : Lucr. 1, 99.

macte, macti, ▶ *mactus*.

mactō, *ās*, *āre*, *āvī*, *ātum* (*mactus*), tr. ¶ 1 honorer a) [les dieux] : ***puerorum extis deos manes*** Cic. *Vat.* 14, honorer les dieux mânes avec les entrailles d'enfants immolés, cf. *Div.* 1, 18 b) [qqn : ***aliquem honoribus*** Cic. *Rep.* 1, 67, honorer qqn de magistratures, gratifier de ... c) [en mauvaise part] ▶ *afficere* : ***aliquem malo, infortunio*** Pl. *Aul.* 535 ; *Poen.* 517, faire éprouver du mal, du dommage à qqn || punir : ***aliquem summo supplicio, morte*** Cic. *Cat.* 1, 33 ; *Rep.* 2, 60, punir qqn du dernier supplice, de la mort ¶ 2 sacrifier, immoler [en l'honneur des dieux] : ***Cereri bidentes*** Virg. *En.* 4, 57, sacrifier des brebis à Cérès, cf. Cat. *Agr.* 134, 2 ; Lucr. 3, 52 || [fig.] ***hostiam alicui*** Cic. *Flac.* 95, sacrifier une victime à qqn ¶ 3 [par ext.] a) tuer, mettre à mort : Cic. *poet. Tusc.* 2, 22 ; Virg. *En.* 10, 413 b) ruiner, détruire : Cic. *Flac.* 52 ; *Verr.* 4, 26 ; Tac. *An.* 2, 13. ▶ *mactassint = mactaverint* Afran. *Com.* 264 ; Pomp. *Com.* 134 ; Enn. *Tr.* 288.

Mactocalingae, *ārum*, m. pl., peuple de l'Inde : Plin. 6, 64.

mactus, *a*, *um* (*magmentum*, cf. 1 *magnus*, vén. *magetlon*), [employé ord^t au voc. sg., qqf. pl.] glorifié, honoré, adoré ¶ 1 [dans les sacrif.] : ***mactus hoc porco piaculo immolando esto*** Cat. *Agr.* 139, (sois satisfait de) accepte le sacrifice expiatoire de ce porc, cf. Cat. *Agr.* 132, 2 ; 134, 3 ; ***mactus hoc fercto*** Cat *Agr.* 134, 2, reçois ce gâteau sacré ¶ 2 [exclam. de souhait, d'encouragement] : ***macte virtute esto, macte virtute este***, aie, ayez bon courage ! Liv. 10, 40, 11 ; 7, 36, 5 ; ***aliquem macte virtute esse jubere*** Liv. 2, 12, 14, féliciter qqn de son courage ; pl., ***macti*** Curt. 4, 1, 18 : Plin. 2, 54 || [dans les réponses] ***macte virtute*** Cic. *Tusc.* 1, 40, bravo ! à merveille, cf. Cic. *Att.* 12, 6, 2 ; ***macte*** [seul] Cic. *Att.* 15, 29, 3 || ***macte animo*** Stat. *Th.* 7, 280 ; ***animi*** Mart. 12, 6, 7, sois heureux dans ton cœur, courage || [avec acc. d'exclam.] : Flor. 2, 18, 16.

Macŭa, *ae*, f., ville située sur le Nil : Plin. 6, 179.

1 **măcŭla**, *ae*, f. (obscur, cf. σμάω ? ; fr. *maille*, it. *macchia*) ¶ 1 tache, marque, point : Virg. *G.* 3, 56 ; Cic. *Rep.* 6, 19 ¶ 2 maille d'un filet : Varr. *R.* 3, 11, 3 ; Col. 8, 15, 1 ; Cic. *Verr.* 5, 27 ¶ 3 tache, souillure [sur le corps, sur un vêtement, etc.] : Pl. *Cap.* 595 ; Cic. *Nat.* 1, 79 ; Ov. *F.* 3, 821 ; Plin. 12, 123 ; 28, 109 || [fig.] flétrissure, honte, ▶ *concipio* II, 2 : Cic. *Pomp.* 7 ; *Clu.* 12 ; *Balb.* 15 ; *Planc.* 30 ; *Verr.* 5, 121.

2 **Măcŭla**, *ae*, m., surnom romain : Cic. *Fam.* 6, 19, 1.

măcŭlābĭlis, *e*, qui peut être souillé : Drac. *Laud.* 1, 130.

măcŭlātim, adv. (*maculo*), avec des parties tachetées : Aug. *Gen. litt.* 5, 10.

măcŭlātĭo, *ōnis*, f. (*maculo*), tache : Apul. *Apol.* 50 ; Firm. *Math.* 1, 7, 25.

măcŭlātus, *a*, *um*, part. de *maculo*.

măcŭlentus, *a*, *um*, ▶ *maculosus* : Not. Tir. 40, 79.

măcŭlō, *ās*, *āre*, *āvī*, *ātum* (*macula* : it *macchiare*), tr. ¶ 1 marquer, tacheter : Val.-Flac. 4, 368 ; 6, 704 ¶ 2 tacher, souiller : Catul. 63, 7 ; Virg. *En.* 3, 29 || [fig.] flétrir, déshonorer : Cic. *Rep.* 2, 46 ; *Sest.* 60 ; *Mil.* 85 ; Liv. 1, 13, 2 ; ***maculantia verba*** Gell. 16, 7, 4, mots faisant tache || altérer, corrompre : Lucr. 5, 1151.

măcŭlōsus, *a*, *um* (*macula*) ¶ 1 plein de taches, tacheté, moucheté : Virg. *En.* 1, 323 ; Col. 6, 37, 6 ; Plin. 36, 44 ¶ 2 taché, sali, souillé : Cic. *Phil.* 2, 73 ; Hor. *O.* 4, 5, 22 ; Ov. *A. A.* 3, 395 || [fig.] flétri : Cic. *Att.* 1, 16, 3 ; Tac. *H.* 3, 38 || **-sior** Front. *Orat.* 18, p. 162 N.

Macurēbi, *ōrum*, m. pl., peuple de la Maurétanie : Plin. 5, 21.

Macynĭa, *ae*, f. (Μακυνία), ville d'Étolie : Plin. 4, 6.

Macynĭum, *ii*, n., mont d'Étolie : Plin. 4, 6.

Mădărus, *i*, m. (Μαδαρός), surnom de C. Matius [le chauve] : Cic. *Att.* 14, 2, 2.

Madauri (Madaura, n. pl. ?), *ōrum*, m. pl., Madaure [ville entre la Numidie et la Gétulie, patrie d'Apulée, auj. Mdaourouch] : Aug. *Conf.* 2, 3, 5 || **-ensis**, *e*, de Madaure : Aug. *Ep.* 49.

madda, *ae*, f., vêtement militaire : Vl. *Jud.* 3, 16.

mădĕfăcĭō, *ĭs*, *ĕre*, *fēcī*, *factum* (*madeo, facio*), tr. ¶ 1 humecter, mouiller, arroser : ***rem aliqua re*** Cic. *Div.* 1, 68 ; Plin. 32, 77 ; Ov. *M.* 4, 253 || macérer, faire infuser : Plin. 21, 47 ; 26, 29 ¶ 2 [sujet nom de chose] ***sanguis madefecerat herbas*** Virg. *En.* 5, 330, le sang avait mouillé les herbes.

mădĕfactō, *ās*, *āre*, -, - (fréq. de *madefacio*), tr. : Pl. *Ps.* 184 ; Fort. *Carm.* 1, 21, 26.

mădĕfactus, *a*, *um*, part. de *madefacio*.

mădĕfīō, *fīs*, *fĭĕrī factus sum*, pass. de *madefacio*, être mouillé : Cic. *Phil.* 14, 6 ; Plin. 21, 47 ; Suet. *Caes.* 64.

madeia perimadeia, chant accompagnant le cordax : Petr. 52, 9.

Madēna, *ae*, f., une région de la Grande Arménie : Eutr. 8, 3 ; Ruf. *Brev.* 15, 3.

mădens, *entis*, part.-adj. de *madeo* ¶ 1 humecté, trempé, mouillé : Tac. *H.* 5, 17 ; ***sanguine*** Quint. 6, 1, 31, trempé de sang || ruisselant de parfums : Cic. *Pis.* 25 ¶ 2 imprégné de vin, ivre : Suet. *Cl.* 33 ¶ 3 plein de [avec abl.] : Mart. 7, 51, 5 ; Gell. 13, 8.

mădĕō, *ēs*, *ēre*, *ŭī*, - (cf. μαδάω, scr. *madati*), intr. ¶ 1 être mouillé, imprégné : Cic. *Phil.* 2, 105 ; ***unguento, sanguine*** Plin. 13, 3 ; Virg. *En.* 12, 690, être humide de parfums, de sang ¶ 2 être imprégné [de vin] : Pl. *Truc.* 855 || [abs^t] être ivre : Pl. *Most.* 331 ; Tib. 2, 1, 29, cf. Lucr. 3, 479 ¶ 3 être amolli par la cuisson, cuire : Pl. *Men.* 326 ; Virg. *G.* 1, 196 ¶ 4 ruisseler de, être plein de, regorger de [avec abl.] : Hor. *O.* 3, 21, 9 ; Tib. 3, 6, 5 || être ruisselant, être en abondance : Plin. 17, 31.

mădescō, *ĭs*, *ĕre*, *mădŭī*, - (*madeo*), intr., s'humecter, s'imbiber : Virg. *En.* 5, 697 ; Ov. *M.* 1, 66 ; Val.-Flac. 3, 391 || s'amollir, macérer : Col. 6, 30 ; Plin. 18, 76 || s'enivrer : Front. *Als.* 3, 6, p. 227 N.

Madĭan, m. indécl., pays de Madian (Arabie) : Vulg. *Exod.* 4, 19 || **-nīta**, *ae*, m., **-nītis**, *ĭdis*, f., de Madian, Madianite : Vulg. *Gen.* 37, 28 ; *Num.* 25, 6.

mădĭdātus, *a*, *um*, part. de *madido*.

mădĭdē, adv. (*madidus*), de manière à être trempé ; [fig.] ***madere*** Pl. *Ps.* 1297, être humecté à fond, être complètement ivre.

mădĭdō, *ās*, *āre*, *āvī*, *ātum* (*madidus*) ¶ 1 tr., mouiller, humecter : [surtout au pass.] Arn. 1, 2 ¶ 2 enivrer : ***mero madidari multo*** Arn. 5, 11, être gorgé de vin pur ¶ 3 intr. *madidans*, Claud. *Pros.* 2, 88, mouillé.

mădĭdus, *a*, *um* (*madeo*) ¶ 1 humide, mouillé : Cic. *Q.* 2, 12, 4 ; Ov. *M.* 5, 53 ; Plin. 31, 79 || parfumé, humide de parfums : Ov. *H.* 14, 30 | teint : Mart. 5, 23, 5 || ivre : Pl. *Aul.* 573 ; Mart. 14, 1, 9 ¶ 2 tendre, amolli par la cuisson, cuit : Pl. *Men.* 212 ; Pers. 94 ; Juv. 6, 473 ; ***madidior*** Plin. 27, 38 || ramolli, gâté : Luc. 1, 621 ; [fig.] Caecil. *Com.* 31 ¶ 3 [fig.] imbu de, imprégné de [avec abl.] : Mart. 1, 40, 3 ; 4, 14, 12.

mădŏs, *i*, m. (μάδος), bryone [plante] : Plin. 23, 21.

mădŏr, *ōris*, m. (*madeo*), moiteur, humidité : Sall. *H.* 4, 16 ; Capel. 1, 82.

Maduateni

Mădŭatēni, ōrum, m. pl., peuple de Thrace : Liv. 38, 40.

mădŭī, parf. de madeo et madesco.

mădulsa, ae, f. (madeo), humectation [= état d'ivresse] : Pl. Ps. 1252, cf. P. Fest. 113, 9.

Madum, i, n., ville d'Éthiopie : Plin. 6, 193.

Mădўtŏs (-us), f., ville de la Chersonèse de Thrace : Liv. 31, 16 ; Mel. 2, 26.

maea, ae, f. (μαῖα), araignée de mer : Plin. 9, 97.

Maeander, Liv. 38, 13, 6, **-drus**, Sil. 7, 139 ou **-drŏs**, i, m., Ov. M. 2, 246 (Μαίανδρος) ¶ **1** Méandre [fleuve d'Asie Mineure au cours sinueux] Atlas VI, B4 ; IX, C1 ¶ **2** [fig.] tours, détours : Cic. Pis. 53 ; Amm. 30, 1, 12 ; *dialecticae Maeandri* Gell. 16, 8, 17, les méandres de la dialectique ‖ bordure circulaire, bande qui serpente : Virg. En. 5, 251, cf. Non. 140 ; P. Fest. 121, 16.

maeandrātus, a, um (Maeander), sinueux, tortueux : Varr. Men. 534.

Maeandrĭa, ae, f., ville d'Épire : Plin. 4, 4.

maeandrĭcus, a, um, sinueux : *Tert. Pall. 4, 8.

Maeandrĭus, a, um (Μαιάνδριος), du Méandre : Prop. 2, 34, 35 ; Ov. M. 9, 573.

Maeandrŏpŏlis, is, f., ville de Carie : Plin. 5, 108.

Maecēnās, ātis, m., Mécène [descendant d'une noble famille étrusque, chevalier romain, ami d'Auguste, protecteur des Lettres, et en part. de Virgile et d'Horace] : Hor. O. 1, 1, 1 ; Sen. Prov. 3, 9 ; Ep. 114, 4, **-ātiānus**, a, um, de Mécène : Suet. Ner. 38 ; Plin. 14, 67.

1 **Maecĭa trĭbus**, f., la tribu Mécia [une des tribus rustiques de Rome] : Cic. Planc. 38 ; Liv. 8, 17, 11.

Maecĭa Faustīna, ae, f., fille de l'empereur Gordien Ier [238] : Capit. Gord. 4, 2.

Maecĭānus, i, m., nom d'homme : Capit. Aur. 25, 3.

Maecilĭus, ii, m., nom d'un tribun de la plèbe : Liv. 4, 48.

Maecĭus, ii, m., Mécius Tarpa [critique dramatique du siècle d'Auguste] : Cic. Fam. 7, 1, 1 ; Hor. P. 387 ; S. 1, 10, 38.

Maedi, ōrum, m. pl. (Μαῖδοι), Mèdes [peuple de Thrace] : Liv. 26, 25, 6 ; Plin. 4, 3.

Maedĭca, ae, f., pays des Mèdes [en Thrace] : Liv. 26, 25 ; 40, 21 ‖ **Maedĭcus**, a, um, des Mèdes : Liv. 26, 25, 8.

maelēs, v. 1 meles : *Ps. Caper 7, 110, 11.

Maelĭānus, a, um, de Mélius : Liv. 4, 16 ‖ **Maeliani**, orum, m. pl., partisans de Mélius : Liv. 4, 14.

Maelĭus, ii, m., nom d'une famille romaine ; not Spurius Maelius [chevalier romain qui fut tué parce qu'on l'accusait d'aspirer à la royauté] : Liv. 4, 13 ; Cic. Cat. 1, 3 ; CM 56 ; Rep. 2, 49 ‖ autres : Liv. 5, 12 ; 9, 8.

maena (mēna), ae, f. (μαίνη ; esp. mena), mendole, petit poisson de mer : Pl. Poen. 1312 ; Cic. Fin. 2, 1 ; Plin. 32, 149 ; Ov. Hal. 120.

Maenăla, ōrum, n. pl., Virg. B. 10, 54 ; G. 1, 17 et **Maenălŏs (-us)**, i, m., Ov. F. 5, 89 ; Plin. 4, 21 ; Virg. B. 8, 22, le Ménale [mont d'Arcadie, consacré à Pan].

Maenălĭdēs, ae, m. (Μαιναλίδης), **-lis**, ĭdis, f. et, **-lĭus**, a, um, du Ménale : Aus. Techn. 7 (343), 8 ‖ Ov. Tr. 3, 11, 8 ; F. 3, 84 ‖ Virg. B. 8, 31 ; Ov. Am. 1, 7, 14 ; F. 4, 650.

Maenălŏs (-us), v. Maenala.

maenăs, ădis, f. (μαινάς) ¶ **1** ménade (bacchante) : Prop. 3, 6, 14 ‖ pl., Ov. F. 4, 458 ; 6, 504 ¶ **2** prêtresse de Cybèle : Catul. 63, 23 ‖ prêtresse de Priape : Juv. 6, 317 ‖ prophétesse [épithète de Cassandre] : Prop. 3, 13, 62.

Maenĭa cŏlumna, f., colonne Maenia, v. columna ¶ 1.

maenĭānum, i, n. (d'un certain censeur Maenius : Fest. 120, 1), balcon, galerie saillante [ord au pl.] : Cic. Ac. 2, 70 ; Vitr. 5, 1, 2 ; Suet. Cal. 18 ; Dig. 50, 16, 242 ‖ [sg.] galerie, étage : Val.-Max. 9, 12, 7 ; Vulg. 3 Esdr. 6, 25.

Maenĭum ātrĭum, n., le Maenium [probabl une salle de vente, cf. *atria auctionaria*] : Liv. 39, 44, 7.

Maenĭus, ii, m., nom d'une famille rom. : Liv. 8, 13, 1 ; 30, 18.

maenŏmĕnŏn mel, n. (μαινόμενον), sorte de miel : Plin. 21, 77.

Maenuba, ae, f., ville de la Bétique Atlas IV, D2 : Plin. 3, 8 ‖ m., fleuve voisin de cette ville : Plin. 3, 11.

Maeōn, ŏnis, m. (Μαίων), Méon [roi qui donna son nom à la Méonie] Claud. Eutr. 2, 245 ‖ nom d'un Thébain, prêtre d'Apollon : Stat. Th. 2, 693.

Maeōnes, um, Claud. Eutr. 2, 246 ou **Maeŏni**, ōrum, m. pl. (Μαίονες), Méoniens [peuple de Lydie] : Plin. 6, 20 ; 5, 111.

Maeŏnĭa, ae, f. (Μαιονία), la Méonie [Lydie] : Plin. 5, 110 ‖ l'Étrurie : Virg. En. 8, 499.

Maeŏnĭānus, a, um, de Méonie [ville de Lydie] : CIL 6, 2669.

Maeŏnĭdēs, ae, m. (Μαιονίδης) ¶ **1** de Méonie [en part., le poète de Méonie, Homère] : Ov. Am. 3, 9, 25 ; Mart. 5, 10, 8 ¶ **2** Etrusque : Virg. En. 11, 759 ; *Maeonidum tellus* Sil. 6, 607, l'Étrurie.

Maeŏnĭi, ōrum, m. pl., population de Lydie : Plin. 5, 111.

Maeŏnis, ĭdis, f. (Μαιονίς), femme de Méonie : Ov. Am. 2, 5, 40 ‖ = Arachné, = Omphale : Ov. M. 8, 103 ; F. 2, 310.

Maeŏnĭus, a, um (Μαιόνιος) ¶ **1** de Méonie, lydien : Virg. En. 9, 546 ; Ov. M. 2, 252 ‖ d'Homère, épique : Ov. Pont. 3, 3, 31 ; 4, 12, 27 ¶ **2** Étrusque : Ov. M. 4, 423 ; Sil. 10, 40.

Maeōtae, ārum, m. pl. (Μαιῶται), peuple du Palus-Méotide Atlas I, B7 : Plin. 4, 88.

maeōtēs, m. (gr., cf. Maeotis), poisson non identifié : Plin. 32, 149.

Maeōtĭcus et **Maeōtĭus**, a, um (Μαιωτικός et Μαιώτιος), des Méotes ou du Palus-Méotide [Mer d'Azov] : Juv. 4, 42 ‖ Virg. En. 6, 799 ‖ **-ca palus** et **-itius lacus**, Plin. 2, 168 ; 4, 76, v. *Maeotis* ‖ **-tĭci**, m. pl., v. *Maeotae* : Plin. 6, 19 ; Mel. 1, 14.

Maeōtĭdae, ārum, m. pl. (Μαιωτίδαι), v. *Maeotae* : Vop. Aur. 16, 4.

Maeōtis, ĭdis (ĭdos qqf. ĭs), adj. f., des Méotes, scythique : *Maeotis hiems* Ov. Tr. 3, 12, 2, l'hiver scythe ‖ *palus Maeotis* Plin. 10, 24 ; *lacus Maeotis* Plin. 4, 76 [ou abst] *Maeotis* [f.] Plin. 4, 84, le Palus-Méotide.

Maeōtĭus, v. *Maeoticus*.

Maera, ae, f. (Μαῖρα), nom d'une femme changée en chienne : Ov. M. 7, 362 ‖ prêtresse de Vénus : Stat. Th. 8, 478.

maerens, tis, part. de maereo pris adjt, triste, affligé : Cic. Sull. 74 ; de Or. 2, 195 ; Fam. 4, 6, 2 ‖ *fletus maerens* Cic. Tusc. 1, 30, les larmes de l'affliction.

maerĕō, ēs, ēre, -, - (maestus, cf. miser?) ¶ **1** intr., être chagriné, être triste, s'affliger : Cic. Or. 74 ; Sest. 84 ; *sedatio maerendi* Cic. Tusc. 3, 65, apaisement de l'affliction ; *suo incommodo* Cic. Tusc. 1, 30, s'affliger pour un malheur subi personnellement ¶ **2** tr., s'affliger sur, déplorer : *mortem alicujus* Cic. Tusc. 1, 115, s'affliger de la mort de qqn, cf. Cic. Sest. 39 ; Fam. 14, 2, 2 ‖ *talia maerens* Ov. M. 1, 664, proférant ces plaintes ‖ [avec prop. inf.] déplorer que : Cic. Sest. 25 ¶ **3** pass. impers., *maeretur* : Apul. M. 4, 33, on s'afflige.

▶ parf. *maerui* Vopisc. Car. 1, 4, inusité : Prisc. 2, 419, 12.

maerŏr, ōris, m. (maereo), tristesse, affliction profonde [avec manif. extér.] : Cic. Tusc. 4, 18 ; Att. 12, 28, 2 ; Phil. 14, 34 ; *in maerore esse, jacere*, être affligé profondément, être accablé de tristesse : Ter. And. 693 ; Cic. Att. 10, 4, 6 ‖ pl. *maerores* Cic. Fin. 1, 159.

Maesesses, um, m. pl., Mésesses [peuple espagnol, voisin de Castulo] : Liv. 28, 3, 3.

Maesĭa Silva, f., v. *Mesia*.

Maesa, ae, f., grand-mère d'Héliogabale [Élagabal] : Capit. Macr. 9, 1.

Maesĭus, m., le mois de mai, en osque : P. Fest. 121, 4.

Maesōn, ōnis, m., nom de personnages comiques : Fest. 118, 23.

maestē, adv. (maestus), tristement, avec affliction : Her. 3, 24.

maestĭfĭcō, *ās, āre, āvī, ātum* (*maestus, facio*), tr., attrister, affliger : AUG. *Ep.* 99, 1 ; CAPEL. 9, 888.

maestĭfĭcus, *a, um*, affligeant : PS. FULG.-R. *Serm.* 14, p. 876 C.

maestĭtĕr, ⮕ maeste : PL. *Ru.* 265.

maestĭtĭa, *ae,* f. (*maestus*), tristesse, abattement, affliction : CIC. *Off.* 1, 146 ; *Phil.* 2, 37 ‖ [fig.] tristesse, rudesse : *orationis* CIC. *Or.* 53, tristesse du style ; *frigorum* COL. 7, 3, 11, rigueur du froid.

maestĭtūdo, *ĭnis,* ⮕ maestitia : ACC. *Tr.* 616 ; PL. *Aul.* 725.

maestō, *ās, āre, -, -* (*maestus*), tr., attrister, affliger : LABER. *Com.* 91.

maestus, *a, um* (*maereo*) ¶ **1** abattu, profondément affligé : CIC. *Or.* 74 ; *Mur.* 49 ; *Div.* 1, 59 ; *Fam.* 4, 6, 2 ; VIRG. *En.* 1, 202 ¶ **2** sévère, sombre : VIRG. *En.* 12, 514 ; TAC. *D.* 24 ¶ **3** qui cause de la tristesse, funèbre, sinistre : VIRG. *En* 5, 48 ; OV. *F.* 6, 660 ; *Ib.* 128.

Maesŭlĭi, *ōrum,* m. pl., peuple d'Afrique [probabl[t] le même que les Massyli] : LIV. 24, 48, 13.

Maevĭa, *ae,* f., nom de femme : PAPIN. *Dig.* 31, 34, 7.

Maevĭānus, *a, um*, de Mévius : DIG. 34, 5, 1.

Maevĭus, *ĭi,* m., nom d'un mauvais poète du temps de Virgile : VIRG. *B.* 3, 90 ; HOR. *Epo.* 10, 2 ‖ autre du même nom : CIC. *Verr.* 3, 175.

Maezaei, *ōrum,* m. pl., Mézéens [peuple de Dalmatie] : PLIN. 3, 142 ‖ **Maezeius**, *a, um*, Mézéen : CIL 10, 867.

măfors, *tis,* m. et **măforte**, *tis,* n. (sém., cf. μαφόριον), voile de femme, capeline : SERV. *En.* 1, 282 ; HIER. *Ep.* 22, 13 ‖ petit manteau : CASSIAN. *Coll.* 4, 13 ; 1, 6.

măga, *ae,* f. (*magus*), magicienne : OV. *M.* 7, 195 ; AUG. *Civ.* 18, 17.

Magăba, *ae,* m., montagne de Galatie : LIV. 38, 19 ; FLOR. 2, 11.

Magada, *ae,* f., ville située sur le Nil : PLIN. 6, 179.

1 **māgālĭa**, *ĭum,* n. pl. (pun., cf. *mapalia*), gourbis, cases, huttes de nomades : VIRG. *En.* 1, 421 ; 4, 259 ; SERV.

2 **Māgālĭa**, *ĭum,* n., quartier de Carthage : PL. *Poen.* 86 ; SERV. *En.* 1, 368. ▶ var. *Magaria*.

Māgantĭa, *ae,* f., Mayence : FORT. *Carm.* 9, 9, 1 ; NOT. TIR. 86 ; ⮕ *Mogontiacum*. ▶ var. *Magontia*.

Māgārĭa, *ĭum,* n. pl., ⮕ *Magalia*.

Magarum, *i,* n., vase à vin : *PS. ACR. O.* 1, 9, 8.

Magasnĕi, *ōrum,* m. pl., ville d'Éthiopie ou d'Égypte : PLIN. 6, 179.

Magassa, *ae,* f., ville située sur le Nil : PLIN. 6, 180.

Magdalēnē, *ēs,* f., Marie-Madeleine, sœur de Lazare : VULG. *Luc.* 8, 2.

magdălĭa, *ae,* **-lĭo**, *ōnis,* f., **-lĭum**, *ĭi,* n. (μαγδαλία), magdaléon [emplâtre] : SCRIB. 201 ; M.-EMP. 20, 149.

Magdălus, *i,* m. et **-um**, *i,* n. (Μάγδωλος), ville d'Égypte sur la mer Rouge : ALCIM. *Carm.* 5, 526 ; VULG. *Exod.* 14, 2.

măgĕ, ⮕ magis ▶.

Magēa, *ae,* f., source de Sicile, près de Syracuse : PLIN. 3, 89.

Măgeddo, f. indécl. (Μαγέδδω), ville de Palestine : VULG. *Jos.* 17, 11 ‖ **-dae**, m. pl., habitants de Magedddo : JUVC. 3, 220.

Magellini, *ōrum,* m. pl., peuplade de Sicile : PLIN. 3, 91.

măgester, ⮕ magister ▶.

Magetobrĭa (-briga), *ae,* f., ville de la Lyonnaise, chez les Séquanes : CAES. *G.* 1, 31, 12.

1 **măgīa**, *ae,* f. (μαγεία), magie : APUL. *Apol.* 25 ; PRUD. *Sym.* 1, 89.

2 **Magia**, *ae,* f., nom de femme : CIC. *Clu.* 21.

măgĭcē, ēs, f. (μαγική), ⮕ 1 magia : PLIN. 30, 10 ; 30, 11.

măgĭcus, *a, um* (μαγικός), magique, de la magie : VIRG. *En.* 4, 493 ; TIB. 1, 8, 24 ; OV. *M.* 5, 197 ; PLIN. 30, 1 ‖ mystérieux : JUV. 15, 5.

măgĭda, *ae,* f., plateau, plat : VARR. *L.* 5, 120 ; ⮕ 2 magis.

Magiovinium, *ĭi,* n., ville de Bretagne [Atlas V, B2] : ANTON. 476.

măgīra, f. (*magirus*), cuisinière : CAT. *Orat.* 96, cf. FRONT. *Als.* 2, p. 223 N.

măgīriscĭum, *ĭi,* n. (*μαγειρίσκιον), marmiton [vase] : PLIN. 33, 157.

Magirtŏs, *i,* f., ville de Cilicie : PLIN. 5, 91.

măgīrus, *i,* m. (μάγειρος), cuisinier : HELIOG. d. LAMPR. 10, 5.

1 **măgĭs**, adv. (*magister, malo, 1 magnus*, cf. *majus,* osq. *mais,* al. *mehr,* an. *more* ; fr. *mais*), plus ¶ **1** *quod est magis verisimile* CAES. 3, 16, 6, ce qui est plus vraisemblable ‖ [devant un compar. chez les com.] : *magis majores nugae* PL. *Men.* 55, bagatelles encore bien plus grandes ‖ *magis... quam...* CIC. *Pomp.* 52, plus... que... ‖ *magis... atque* TER. *And.* 698, plus... que ‖ [avec l'abl.] *quid philosophia magis colendum ?* CIC. *Fin.* 3, 76, que faut-il cultiver plus que la philosophie ? ; *alius alio magis* CIC. *Fin.* 4, 43, à qui mieux mieux ; *alii aliis magis* LIV. 29, 15, 11, les uns plus que les autres, à l'envi ; *magis solito* LIV. 5, 44, 6, plus que d'ordinaire ¶ **2** [constr. part.] **a)** *multo magis,* beaucoup plus : *magis etiam* CIC. *Brut.* 325 ; *multo etiam magis* CIC. *de Or.* 2, 139, plus encore ; et bien plus encore ; *nihilo magis,* en rien davantage ; *impendio magis,* beaucoup plus ; *eo, hoc, tanto magis,* d'autant plus ; *atque eo magis, si* CIC. *Verr.* 3, 1, et à plus forte raison si ;

eoque magis quod CIC. *Lae.* 7, et d'autant plus que ; *immo vero etiam hoc magis quam illi veteres Campani, quod* CIC. *Agr.* 2, 97, et même beaucoup plus que ces anciens Campaniens par la raison que **b)** [poét.] *magis quam... tam magis* PL. *Bac.* 1091, plus... plus ; *tam magis... quam magis* VIRG. *En.* 7, 787, d'autant plus... que ; *quanto mage... tam magis* LUCR. 4, 81, plus... plus ; *quam magis... magis* PL. *Bac.* 1076, plus... plus, cf. VIRG. *G.* 3, 310 **c)** [redoubl[t] avec *cotidie* ou *in dies*] : *magis magisque* CIC. *Brut.* 308 ; *Phil.* 1, 5 ; *magis et magis* CIC. Att. 14, 18, 4, tous les jours de plus en plus ‖ *magis ac magis* SUET., TAC., SEN., PLIN. ; *magis atque magis* VIRG., CATUL. ; *magis magis* VIRG., CATUL., de plus en plus **d)** *magis aut minus* SEN. *Ep.* 40, 11, plus ou moins ; *aut minus aut magis* SEN. *Ep.* 82, 14, ou moins ou plus ; *magis minusve* QUINT. 11, 1, 27 ; *magis ac minus* QUINT. 11, 1, 14, plus ou moins **e)** *non magis... quam,* [plus. sens] : *domus erat non domino magis ornamento quam civitati* CIC. *Verr.* 4, 5, la maison ne rehaussait pas le propriétaire plus que la ville [= rehaussait la ville autant que le propriétaire, ou le propriétaire et la ville également], cf. CIC. *Fam.* 13, 3, 1 ; LIV. 22, 27, 2 ; *qui est animus in aliquo morbo non magis est sanus quam id corpus quod in morbo est* CIC. *Tusc.* 3, 10, l'âme qui a quelque maladie n'est pas plus saine qu'un corps qui est malade (= qui l'est aussi peu), cf. CIC. *Verr.* 3, 162 ; *Fam.* 5, 12, 3 ; LIV. 10, 4, 10 ; *aditus ad consulatum non magis nobilitati quam virtuti patet* CIC. *Mur.* 17, l'accès au consulat n'est pas ouvert à la noblesse plus qu'au mérite (est ouvert au mérite au moins autant qu'à la naissance), cf. CIC. *Fam.* 13, 24, 2 ; SALL. *C.* 9, 1 **f)** *magis audacter quam parate* CIC. *Brut.* 241, avec plus d'audace que de préparation ; *disertus magis quam sapiens* CIC. *Att.* 10, 1, 4, ayant plus d'habileté de parole que de sagesse ¶ **3** ⮕ *potius,* plutôt : *tum magis id diceres, si* CIC. *Lae.* 25, tu aurais bien plutôt l'occasion de le dire, si ; *tum magis adsentiare, si* CIC. *Rep.* 1, 62, tu donnerais plus volontiers encore ton assentiment, si ; *istum victorem magis relinquendum puto quam victum* CIC. *Att.* 10, 8, 2, je crois qu'il faut que je le quitte victorieux plutôt que battu ; *magis potius quam* PL. *Trin.* 274, bien plutôt que ‖ *magis velle = malle* TER. *Eun.* 1002, aimer mieux ; *malo... multo magis* CIC. *Tusc.* 1, 76, j'aime mieux... encore bien davantage ‖ *quam quod* CIC. *Att.* 16, 5, 2 ; *magis est ut... quam ut* CIC. *Cael.* 14, il y a bien plutôt lieu de... que de ‖ *ac magis* SALL. *J.* 107, 3, mais plutôt.

▶ arch. *mage* PL. *Men.* 386 ; LUCR. 4, 79 ; VIRG. *En.* 10, 481.

2 **măgĭs**, *ĭdis,* f. (μαγίς ; fr. *maie*), magide, sorte de plat : PLIN. 33, 156 ‖ pétrin : M.- EMP. 1, 38 ; ⮕ *magida*.

măgistĕr, *tri*, m. (1 *magis*, cf. ombr. *mestru*, étr. *Mastarna* ; fr. *maître*) ¶ **1** celui qui commande, dirige, conduit, chef, directeur : **populi** Cic. *Fin.* 3, 75, ancienne appellation du dictateur, cf. Cic. *Rep.* 1, 63 ; **equitum** Varr. *L.* 5, 82, maître de cavalerie [adjoint au dictateur] ; **morum** Cic. *Fam.* 3, 13, 2, directeur des mœurs, censeur ; **sacrorum** Liv. 39, 18, 9, chef des sacrifices ; **scripturae, in scriptura** Cic. *Att.* 5, 15, 3 ; *Verr.* 2, 169, directeur d'une société de fermiers [percevant les droits de pâturages] ; **societatis** Cic. *Verr.* 2, 182, directeur d'une société ‖ syndic dans une vente : Cic. *Quinct.* 50 ; *Att.* 1, 1, 3 ; 6, 1, 15 ‖ **magister navis** Liv. 29, 25, 7, commandant de navire [pilote Virg. *En.* 1, 115] **convivii** Varr. *L.* 5, 122, le roi du festin, président du banquet [qui fixait le nombre des coupes à boire] ¶ **2** maître qui enseigne : **pueri apud magistros exercentur** Cic. *de Or.* 1, 244, les enfants s'exercent devant les maîtres d'école ; **artium liberalium, virtutis magistri** Cic. *Inv.* 1, 35 ; *Mur.* 65, ceux qui enseignent les arts libéraux, la vertu ; **dicendi** Cic. *Brut.* 30, maître d'éloquence ; **timor, non diuturnus magister officii** Cic. *Phil.* 2, 90, la crainte, maître éphémère du devoir ‖ **dux isti et magister ad spoliandum Dianae templum fuit** Cic. *Verr.* 3, 54, il lui avait servi de guide, de maître pour le pillage du temple de Diane ‖ [à propos de Dieu] **magister innocentiae, nocentiae judex** Tert. *Apol.* 40, 10, maître de l'innocence, juge de l'iniquité ‖ [au Bas-Empire, titre de nombreux officiers supérieurs et chefs de services] : **magister officiorum** Cod. Just. 1, 31 tit., maître des offices ; **magister memoriae** Cod. Just. 10, 48, 11, chancelier. ▶ orth. *magester* ; Quint. 1, 4, 17.

măgistĕrĭum, *ĭi*, n. (*magister*) ¶ **1** fonction de président, chef, directeur : Cic. *Prov.* 46 ; Suet. *Tib.* 3 ‖ [en part.] royauté du festin : Cic. *CM* 46 ¶ **2** fonction de maître, de précepteur : Pl. *Bac.* 148 ‖ enseignement, leçons, direction : Pl. *Most.* 33 ; Tib. 1, 4, 84 ; Cels. 5, 27, 2.

măgistĕrĭus, *a*, *um* (*magister*), souverain, de magistrat suprême : Cod. Th. 3, 13, 7 ; Cassiod. *Var.* 6, 6.

măgistĕrō (-trō), *ās*, *āre*, -, - (*magister*), tr., commander, diriger : P. Fest. 139, 5 ‖ **vitam militarem** Spart. *Hadr.* 10, 2, donner l'exemple de la vie militaire.

măgistra, *ae*, f. (*magister*), maîtresse, directrice : Ter. *Hec.* 204 ‖ [fig.] qui enseigne : Cic. *Tusc.* 5, 5 ; *de Or.* 2, 36 ; *Nat.* 1, 40 ; Virg. *En.* 8, 442.

măgistrālis, *e* (*magister*), magistral, de maître : Vop. *Tac.* 6, 6 ; *Tyr.* 10, 4.

măgistrās, *ātis*, m., ▶ *magistratus* : CIL 3, 1008.

măgistrātĭō, *ōnis*, f. (*magistro*), enseignement : Apul. *Plat.* 2, 6 ‖ école : Cod. Th. 14, 9, 3.

măgistrātŭs, *ūs*, m. (*magister*) ¶ **1** charge, fonction publique, magistrature : Cic. *Lae.* 63 ; *Planc.* 61 ; ▶ *petere, inire, adipisci, gerere, obtinere, dare, mandare, deponere* ¶ **2** fonctionnaire public, magistrat : Cic. *Pis.* 35 ; *Off.* 1, 124 ; *Leg.* 3, 15 ; Nep. *Hann.* 7 ‖ sg. collectif, = administration : Nep. *Them.* 7, 4 ; *Lys.* 4, 3.

1 măgistrĭānus, *a*, *um*, de maître : Fulg. *Virg. p.* 101, 21 H.

2 măgistrĭānus, *i*, m., fonctionnaire supérieur envoyé par un empereur, un pape : Leo-M. *Ep.* 95 (75).

măgistrō, *ās*, *āre*, -, -, ▶ *magistero*.

Magĭus, *ii*, m., nom d'homme : Liv. 23, 7, 4.

magma, *ătis*, n. (μάγμα), résidu d'un parfum : Plin. 13, 19 ; Scrib. 157.

magmătārĭus, *ĭi*, m., parfumeur : *Gloss.* 2, 126, 12.

magmentārĭus, *a*, *um*, relatif aux offrandes supplémentaires : Varr. *L.* 5, 112 ‖ subst., dépôt : Cic. *Har.* 31 ; Gloss. 2, 126, 13.

magmentum, *i*, n., offrande supplémentaire aux dieux, addition à une offrande : Varr. *L.* 5, 112 ; Arn. 7, 24.

Magna Graecia, ▶ *Graecia*.

magnaevus, *a*, *um*, ▶ *grandaevus* : Gloss. 2, 587, 7.

magnālĭa, *ĭum*, n. pl. (1 *magnus*), choses surprenantes, merveilles : Tert. *Ux.* 2, 7, 2.

magnănĭmis, *e*, ▶ *magnanimus* : Mamert. *Anim.* 1, 20.

magnănĭmĭtās, *ātis*, f. (*magnanimus*), grandeur d'âme, magnanimité : Cic. *Off.* 1, 152 ; Sen. *Ep.* 74, 13 ; 115, 3 ; Plin. 7, 93.

magnănĭmĭtĕr, adv., avec magnanimité : Placid. Stat. *Th.* 11, 704.

magnănĭmus, *a*, *um* (1 *magnus*, *animus*), magnanime, noble, généreux : [personnes] Cic. *Off.* 1, 63 ; 65 ; 88 ; *Tusc.* 4, 61 ; [choses] Gell. 6, 19, 1. ▶ gén. pl. *magnanimum* Virg. *En.* 3, 704.

magnārĭus, *ĭi*, m. (1 *magnus*), marchand en gros : Apul. *M.* 1, 5.

magnātes, *um*, m. pl. (1 *magnus*), les grands : Vulg. *Judith* 5, 26 ; Amm. 31, 15, 10.

magnātus, *i*, m. (1 *magnus*), un personnage éminent : Vulg. *Eccli.* 4, 7 ; 8, 10.

magnē, adv. (1 *magnus*), grandement : Cledon. 5, 63, 19 ; Aug. *Serm.* 61, 5.

Magnentĭus, *ĭi*, m., Germain qui se fit proclamer empereur romain [350-353] : Aur.-Vict. *Caes.* 41, 23 ‖ **-ĭāni**, m. pl., partisans de Magnence : Aur.-Vict. *Caes.* 42, 28.

Magnēs, *ētis*, m. (Μάγνης), de Magnésie : Cic. *Brut.* 316 ‖ **magnēs lapis** [ou abs¹] **magnēs**, aimant minéral : Cic. *Div.* 1, 86 ; Lucr. 6, 908 ; Plin. 36, 126.

Magnēsĭa, *ae*, f. (Μαγνησία), Magnésie [contrée orientale de la Thessalie] : Plin. 4, 32 ; Liv. 42, 54, 10 ; Mel. 2, 39 ‖ ville de Carie près du Méandre Atlas I, D5 ; VI, B3 : Nep. *Them.* 10, 2 ; Plin. 5, 114 ; Liv. 37, 45, 1 ‖ de Lydie, près du mont Sipyle : Liv. 36, 43, 9 ; Plin. 2, 205.

Magnēsĭus, *a*, *um*, qui est de Magnésie : Lucr. 6, 1064.

Magnessa, *ae*, f., de Magnésie : Hor. *O.* 3, 7, 18.

magnētarchēs, *ae*, m. (μαγνητάρχης), magnétarque, premier magistrat des Magnètes : Liv. 35, 31, 11 ; 35, 39, 6.

Magnētes, *um*, m. pl., habitants de la Magnésie ou de Magnésie, ville : Lucr. 6, 909 ; Liv. 33, 32 ; Ov. *M.* 11, 408 ; Luc. 6, 385.

magnētĭcus, *a*, *um* (*magnes*), d'aimant : Claud. *Carm. min.* 29 *Magn.* 26.

Magnētis, *ĭdis*, f., de Magnésie : Ov. *H.* 12, 9.

1 magni, gén. de prix, v. 1 *magnus*.

2 Magni, *ōrum*, m. pl., ville de Bretagne : Anton. 484.

3 Magni Campi, m. pl., canton de l'Afrique, près d'Utique : Liv. 30, 8, 3.

magnĭdĭcus, *a*, *um* (1 *magnus*, *dico*), emphatique, fanfaron : Pl. *Mil.* 923 ; Amm. 23, 6, 80.

magnĭfăcĭō [ou plutôt] **magnī făcĭō**, *is*, *ĕre*, -, -, tr., faire grand cas de, Pl. *As.* 407 ; *Ps.* 577 ; ▶ *facio*.

magnĭfĭcātĭō, *ōnis*, f. (*magnifico*), action de vanter, d'exalter : Macr. *Sat.* 5, 13, 41.

magnĭfĭcē, adv., noblement, grandement, généreusement, splendidement, somptueusement : Cic. *Brut.* 254 ; *Verr.* 1, 65 ; *Off.* 1, 92 ; *Cat.* 2, 1 ‖ pompeusement, hautainement : Her. 4, 29 ; Liv. 2, 6, 7 ‖ **-ficentius** Cic. *Or.* 119 ; **-ficentissime** Cic. *Fam.* 4, 7, 2 ; *Att.* 14, 4, 2 ; **-ficius** Cat. d. P. Fest. 143, 2.

magnĭfĭcentĕr, ▶ *magnifice* : Vitr. 1, 6, 1 ; 6, 8, 9.

magnĭfĭcentĭa, *ae*, f. (*magnificus*) ¶ **1** noblesse, magnanimité, grandeur d'âme : Cic. *Inv.* 2, 163 ; *Off.* 1, 72 ; *Agr.* 2, 22 ¶ **2** [en parl. de choses] grandeur, splendeur, magnificence : Cic. *Or.* 83 ; *Off.* 1, 140 ; *Leg.* 2, 66 ‖ [en parl. du style] : Quint. 4, 2, 61 ‖ [en mauv. part] style pompeux : Cic. *Lae.* 219 ; Ter. *Phorm.* 930 ¶ **3** grand talent, sublimité du génie : Plin. 36, 19.

magnĭfĭcĭum, *ĭi*, n., grande action : Gloss. 2, 365, 48.

magnĭfĭcō, *ās*, *āre*, *āvī*, *ātum* (*magnificus*), tr. ¶ **1** faire grand cas de : Pl. *Men.* 370 ; Ter. *Hec.* 260 ¶ **2** vanter, exalter, glorifier : Plin. 35, 155 ; 36, 41 ¶ **3** augmenter, allonger : Vulg. *Is.* 9, 3 ‖ rendre grand, glorieux : Vulg. *Gen.* 12, 2.

magnĭfĭcor, *āris*, *ārī*, -, intr., s'exalter, se réjouir : Vulg. *Psal.* 19, 6.

magnĭfĭcus, a, um (1 magnus, facio), compar. *magnificentior*; superl. *magnificentissimus*, qui fait grand **I** [pers.] ¶1 qui fait de grandes dépenses, fastueux, magnifique : *in suppliciis deorum magnifici, domi parci* Sall. C. 9, 2, magnifiques dans le culte des dieux, économes dans la vie privée, cf. C. 51, 5 ; *elegans, non magnificus* Nep. Att. 13, 5, de la distinction, sans faste ¶2 imposant, qui a grand air, grande allure : *vir factis magnificus* Liv. 1, 10, 5, héros imposant par ses exploits ǁ *facio me magnificum virum* Pl. As. 351, je me donne l'air d'un grand personnage ¶3 grand, noble, généreux : *animus excelsus magnificusque* Cic. Off. 1, 79, âme haute et grande ǁ [au Bas-Empire, titre honorifique des principaux grands officiers] magnifique : *magnificus vir praefectus praetorio* Cod. Just. 1, 55, 8, 1, homme magnifique, préfet du prétoire. **II** [choses] ¶1 de grand air, somptueux : *magnificae villae* Cic. Leg. 2, 2, villas somptueuses, cf. Cic. Q. 3, 8, 6 ; *Tusc.* 5, 61 ; *Off.* 1, 25 ǁ brillant, magnifique : *magnificentissima aedilitas* Cic. Off. 2, 57, édilité pleine de magnificence [réjouissances somptueuses données au peuple] ¶2 [rhét.] style sublime, pompeux : Cic. de Or. 2, 89 ; Brut. 123 ǁ [péjor.] *magnifica verba* Ter. Eun. 741, belles paroles, hâbleries [Pl. Curc. 579, fanfaronnades, vanteries], cf. Sall. J. 55, 1 ; Liv. 7, 32, 11 ; Tac. H. 3, 73 ¶3 beau, grandiose : *magnifica vectigalia* Cic. Agr. 2, 80, revenus splendides ; *magnificae res gestae* Liv. 26, 2, 1, actions grandioses ǁ *magnificum illud Romanisque hominibus gloriosum, ut* Cic. Div. 2, 5, il serait beau, il serait glorieux pour des Romains que ¶4 merveilleux [médicament] : Plin. 19, 38. ▶ magnificior, magnificissimus, cf. Acc. Poet. 15 ; -cissimei P. Fest. 137, 9 ; -cissima Prisc. 2, 91, 24.

magnĭlŏcus, v. ▶ *magniloquus*.

magnĭlŏquax, ⓒ ▶ *magniloquus* : VL. Psal. 11, 4.

magnĭlŏquentĭa, ae, f. ¶1 style sublime, majesté du style : Cic. Fam. 13, 15, 2 ; Or. 191 ; Gell. 4, 7, 1 ¶2 jactance, grandiloquence : Liv. 44, 15, 2 ; Gell. 1, 2, 6.

magnĭlŏquĭum, ĭi, n., jactance : Aug. Civ. 17, 4, 3.

magnĭlŏquus, a, um (1 magnus, loquor) ¶1 dont le langage est sublime : Stat. S. 5, 3, 62 ¶2 emphatique, fanfaron : Tac. Agr. 27 ; Ov. M. 8, 396 ; Mart. 2, 43, 2.

magnĭsŏnans, tis (1 magnus, sono), qui fait un grand bruit : Acc. d. Non. 413, 15.

magnĭsŏnus, a, um, ⓒ ▶ *magnisonans* : Hier. Orig. Jer. 3, 1.

magnĭtās, ātis, f., v. ▶ *magnitudo* : Acc. Tr. 248.

magnĭtĭēs, ēi, f., grandeur : Lact. Phoen. 145.

magnĭtūdo, dĭnis, f. (1 magnus) ¶1 grandeur : *mundi* Cic. Off. 1, 154, grandeur de l'univers ; *fluminis* Caes. C. 1, 50, largeur d'un fleuve ; *ingens corporum* Caes. G. 1, 39, 1, stature gigantesque ; *magnitudines regionum* Cic. Phil. 13, 5, l'étendue des régions ; *sidera magnitudinibus immensis* Cic. Nat. 2, 92, des astres d'une grandeur immense ǁ *aquae magnitudo* Caes. C. 1, 50, la hauteur de l'eau [dans un fleuve] ¶2 grande quantité, abondance : *pecuniae, fructuum* Cic. Amer. 20 ; Agr. 2, 95, grande quantité d'argent, de récoltes ¶3 force, puissance : *frigorum* Cic. Verr. 5, 26, rigueur des froids ; *vocis* Her. 3, 30, étendue de la voix ¶4 durée : *dierum, noctium magnitudines* Plin. 37, 72, longueur des jours, des nuits ¶5 grandeur, importance : *beneficii* Cic. Fam. 1, 7, 2, grandeur d'un bienfait ; *causarum* Cic. de Or. 1, 15, importance des causes à plaider ; *periculi* Cic. Quinct. 6, grandeur du péril ; *odii* Cic. Dej. 30, violence de la haine ¶6 élévation, force, noblesse : *animi* Cic. Part. 77, grandeur d'âme.

magnŏpĕrĕ (magnō ŏpĕrĕ), adv. ¶1 vivement, avec insistance [avec les verbes signifiant demander, prier, désirer, exhorter, appeler] ǁ grandement, fortement : [avec *mirari*] Cic. Off. 2, 56 ; [*contemnere*] Cic. Cat. 2, 5 ; [*providere*] Cic. Verr. 2, 28 ¶2 [au compar. et superl.] : *quo majore opere dico* Cat. d. Gell. 7, 3, 4, je dis avec d'autant plus d'insistance ; *a te maximo opere peto* Cic. Fam. 3, 2, 1, je te demande avec la plus grande insistance ; *rogare opere maximo* Pl. St. 248, prier très instamment ¶3 beaucoup, très : *jucundus* Cic. Att. 1, 8, 1, très agréable ǁ [surtout avec nég.] pas considérablement, pas beaucoup : *nihil magnopere metuo* Cic. Att. 7, 2, 8, je ne crains pas grand-chose ; *mihi dicendum nihil magnopere videtur* Cic. Amer. 124, je crois n'avoir pas grand-chose à dire ; *nulla magno opere clade accepta* Liv. 3, 26, 3, aucune défaite sérieuse n'ayant été essuyée, cf. Cic. Att. 4, 17, 2 ; *est autem in officio adhuc Orpheus ; praeterea magno opere nemo* Cic. Fam. 14, 4, 4, Orphée exerce encore son office ; à part lui, vraiment personne.

Magnŏpŏlis, is, f., ville du Pont : Plin. 6, 8.

1 magnus, a, um (1 magis, 2 Maia, cf. μέγας, an. *much*, scr. *mahant-* ; fr. *Magneville*, esp. *tamaño*), compar. *major* ; superl. *maximus* ¶1 grand : *magna domus* Cic. Nat. 2, 17, grande, vaste maison ; *epistula maxima* Cic. Q. 3, 1, 11, la plus grande lettre ; *magnus homo* Lucil. d. Varr. L. 7, 32, homme grand, cf. Mart. 9, 50, 4 ; *oppidum maximum* Caes. G. 1, 23, 1, la ville la plus grande ; *magnae aquae fuerunt* Liv. 24, 9, 6, il y eut de l'eau en abondance [pluies, inondations] ; *prout ille (Nilus) magnus influxit aut parcior* Sen. Nat. 4, 2, 2, selon que ses eaux sont abondantes ou restreintes ¶2 grand [comme quantité] : *magnus numerus frumenti* Cic. Verr. 2, 176, une grande quantité de blé ; *magna pecunia mutua* Cic. Att. 11, 3, 3, gros prêt d'argent ; *magna multitudo peditatus* Caes. G. 4, 34, 6, une grande masse d'infanterie ; *magna pars*, une grande partie, v. ▶ *pars* ǁ abl. et gén. de prix *magno, magni* : *magno emere*, acheter cher ; *magni aestimare*, estimer beaucoup ¶3 grand [comme force, intensité] : *magna voce* Cic. Caecin. 92, à haute voix ǁ n. pris advᵗ : *magnum clamare* Pl. Mil. 823, crier fort ; *maximum exclamare* Pl. Most. 488, hurler ; *majus exclamare* Cic. Tusc. 2, 56, crier plus fort ¶4 [en parl. du temps, rare] : *magno post tempore* Just. 11, 10, 14, après un long temps ǁ [en part.] *magnus annus* Cic. Nat. 2, 51, la grande année ¶5 [fig.] *magno natu* Nep. Paus. 5 [ou] *magnus natu* Liv. 10, 38, 6, d'un grand âge ; *natu major* Cic. Tusc. 1, 3, plus âgé ǁ *magnae virtutis homo* Caes. G. 2, 15, 4, homme d'un grand courage ; *major alacritas* Caes. G. 1, 46, une ardeur plus grande ¶6 grand, important [pers. et choses] : *vir magnus* Cic. Nat. 2, 167, grand homme ; *magnus homo* Mart. 2, 32, 2, grand personnage ; *magna di curant, parva neglegunt* Cic. Nat. 2, 167, les dieux s'occupent des grandes choses et ne se soucient pas des petites ; *magnum est scire* Cic. Brut. 199, c'est une chose importante de savoir ǁ difficile : *magnum fuit mittere* Cic. Verr. 5, 168, c'était une grosse affaire, c'était difficile d'envoyer ¶7 grand, noble, généreux : *magno animo esse*, avoir une grande âme, un grand cœur ; *magnus homo* Mart. 11, 56, 7, homme magnanime ǁ [sens péjor.] *magna verba* Virg. En. 11, 381, grands mots, phrases pompeuses ; *lingua magna* Hor. O. 4, 6, 2, langue orgueilleuse ¶8 *maximus* [marque la supériorité absolue et la perfection, souvent lié à *optimus*] : *Jupiter optimus maximus* Liv. 3, 17, 3, Jupiter très bon très grand [parfait] ; [à propos de la vente d'un fonds] *uti optimus maximusque est* Dig. 50, 16, 90, comme étant libre de toute servitude ; *Ludi maximi* Suet. Ner. 11, 2, les grands Jeux ; *comitiatus maximus* L. XII Tab. 9, 1, les grands comices [centuriates] ; *pontifex maximus* Cic. Dom. 104, le grand pontife.

2 Magnus, i, m., surnom de Pompée : Luc. 2, 392.

Māgo, ōnis, m. (Μάγων) ¶1 Magon [général carthaginois, frère d'Hannibal] : Nep. Hann. 7, 4 ; 8, 2 ; Liv. 21, 47 ; Sil. 11, 556 ¶2 Carthaginois, auteur de 28 livres sur l'agriculture : Cic. de Or. 1, 249 ; Varr. R. 1, 1, 10 ; Col. 1, 1, 13 ¶3 père d'Hamilcar l'ancien [du 1ᵉʳ Hamilcar] : Just. 19, 1, 1 ¶4 ville de l'île Minorque [auj. Port-Mahon] : Plin. 3, 77.

Magoa, ae, f., ville d'Asie, près du Tigre : Plin. 6, 135.

Magog

Magog, m., peuple septentrional, dans les prophéties d'Ézéchiel : VULG. *Ezech.* 38, 2.

Măgōntānus, *a*, *um*, de Magon [ville des Baléares, à Minorque] : CIL 2, 3710.

Măgontĭa, *ae*, f., ◼▸ Mogontiacum : FORT. *Carm.* 9, 9, 1.

Magorās, *ae*, m., fleuve de Phénicie : PLIN. 5, 78.

Magrada, *ae*, m., fleuve de la Tarraconaise : MEL. 3, 15.

măgūdărĭs (măgȳd-), *is*, acc. *im*, f. (μαγύδαρις), sorte de silphium [férule] : PL. *Ru.* 633 ; PLIN. 19, 45 ; PRISC. 2, 329, 5.

Magudulsa, *ae*, f., ville de Maurétanie : *PS. AUR.-VICT. *Vir.* 66, 6.

Măgulla, *ae*, f., nom de femme : MART. 12, 91.

magūlum, *i*, n. (gr. mod. μάγουλον), gueule : *SCHOL. JUV. 2, 16.
▶ mot très incertain ; suivant qqs-uns dim. magulus de 2 magus.

1 măgus, *a*, *um*, de magie, magique : OV. *Med.* 36 ; *A A.* 1, 8, 5 ; SEN. *Herc. Oet.* 467.

2 măgus, *i*, m. (μάγος ; it. *mago*), mage, prêtre chez les Perses : CIC. *Div.* 1, 46 ; *Nat.* 1, 43 ∥ magicien, sorcier : OV. *M.* 7, 195.

3 Măgus, *i*, m., nom d'homme : VIRG. *En.* 10, 521.

Măgūsānus, *i*, m., épithète d'Hercule : CIL 7, 1090.

măgȳdăris, V.▸ magudaris.

Măharbăl (Măherbăl), *ălis*, m., chef de la cavalerie carthaginoise à Cannes : LIV. 21, 12 ; 22, 46.

1 māia, *ae*, f. (μαῖα), sage-femme : GLOSS. 3, 9, 33 ; *CYPR.-GALL. *Exod.* 32.

2 Māia, *ae*, f. (Μαῖα), Maïa ¶ **1** fille d'Atlas et de Pleioné, mère de Mercure : CIC. *Nat.* 3, 56 ; HOR. *S.* 2, 6, 5 ; VIRG. *En.* 1, 297 ; OV. *M.* 11, 303 ∥ est aussi une des Pléiades : VIRG. *G.* 1, 225 ; CIC. *Arat.* 270 ; OV. *F.* 4, 174 ¶ **2** cf.▸ *magnus*, fille de Faunus, divinité romaine incarnant le printemps, dont la fête se célébrait en mai : MACR. *Sat.* 1, 12, 24.

Māĭădēs, *ae*, m., fils de Maïa [Mercure] : PRISC. 2, 64, 3.

māĭālis, ◼▸ majalis.

Maielli (Majelli), *ōrum*, m. pl., peuple d'Italie : PLIN. 3, 47.

Māĭŭǧĕna, **māĭūma**, V.▸ maju-.

1 Māius (cf. 2 Maia ¶2) et **Mājusdeus**, le grand dieu [Jupiter] : MACR. *Sat.* 1, 12, 17.

2 Māius, *a*, *um* (2 Maia ¶2 ; fr. *mai*), du mois de mai : CIC. *Fam.* 4, 2, 1 ∥ subst. m., mai [le mois] : CIC. *Phil.* 2, 100 ; OV. *F.* 5, 185.

mājālis, *is*, m. (2 Maia ¶2 ; it. *maiale*), porc châtré : VARR. *R.* 2, 4, 21 ; TITIN. *Com.* 33 ; [injure] CIC. *Pis.* 19.

Mājesta, *ae*, f., ◼▸ 2 Maia ¶2 : MACR. *Sat.* 1, 12, 18.

mājestās, *ātis*, f. (1 *major*, 1 *magnus*) ¶ **1** grandeur, dignité, majesté [en parl. des dieux] : CIC. *Div.* 1, 82 ; SEN. *Ep.* 95, 50 ∥ [du Dieu chrét.] TERT. *Apol.* 17, 1 ∥ [des magistrats, des juges] : CIC. *Pis.* 27 ; CAES. *C.* 3, 106 ; *ex majestate esse alicui* SEN. *Clem.* 1, 7, 4, être conforme à la majesté de qqn ∥ souveraineté de l'État, du peuple romain : CIC. *Phil.* 3, 13 ; SALL. *J.* 14, 25 ; *crimen majestatis* CIC. *Verr.* 4, 88, accusation de lèse-majesté ; *lex majestatis* CIC. *Clu.* 97, loi concernant le crime d'État, la haute trahison ¶ **2** [fig.] honneur, dignité, majesté [en parl. de pers., du style, d'un lieu] : LIV. 34, 2, 1 ; CIC. *Lae.* 96 ; LIV. 1, 53, 3.

1 mājŏr, *ŭs*, *ōris* (*măg-yōs ; fr. *maire*), compar. de *magnus*, V.▸ 1 *magnus* ; noter : *annos natus major quadraginta* CIC. *Amer.* 39, âgé de plus de quarante ans ; *cum liberis majoribus quam quindecim annos natis* LIV. 45, 32, 3, avec les enfants âgés de plus de quinze ans ; *majores natu* CIC. *CM* 43, les aînés ; *majores*, les ancêtres ; *more majorum*, d'après la coutume des ancêtres ∥ *Caesar major* SEN. *Nat.* 5, 18, 4, le premier César [Jules César] ∥ *majus et minus* CIC. *Inv.* 1, 41, le plus et le moins, cf. CIC. *Off.* 1, 32 ; *a minore ad majus, a majore ad minus* PORPH. HOR. *Ep.* 1, 18, 53 ; 1, 17, 35, raisonnement du moins au plus, du plus au moins ; *in majus celebrare* SALL. *J.* 73, 5, vanter en exagérant ; *majoris aestimare, facere, habere* PHAED. SEN. [au lieu du class. *pluris*] estimer plus ∥ [tard.] les grands (en dignité) : *majores natu* CASSIOD. *Var.* 5, 22, les grands, les nobles.

2 Mājŏr, m., f., épithète pour distinguer par la date ou l'étendue deux pers. ou deux choses portant le même nom : *Cato Major*, CIC. *Off.* 1, 151 Caton l'Ancien ; *Armenia Major*, PLIN. 6, 9 la Grande Arménie.

mājōrāna (fr. *marjolaine*), V.▸ mezurana.

mājōrātŭs, *ūs*, m. (1 *major*), condition plus élevée : APP.-PROB. 4, 193, 20.

mājōres, *um*, V.▸ 1 *major*.

Mājōriānus, *i*, m., Majorien, empereur d'Occident [457-461] : SIDON. *Carm.* 5, 145.

mājōriārĭus, *ii*, m., officier supérieur : CIL 6, 1611.

Mājōrĭca, *ae*, f., Majorque [une des îles Baléares] : ISID. 14, 6, 44.

mājōrīnus, *a*, *um* (1 *major* ; esp. *merzino*), de la plus grosse espèce : PLIN. 15, 15 ; *majorina pecunia* COD. TH. 9, 23, 1, monnaie d'argent du plus grand module.

mājōrĭus, *i*, m. (1 *major*), supérieur, patron : CIL 8, 14691.

Mājŭǧĕna, *ae*, m. (2 Maia ¶1, *gigno*), [Mercure] fils de Maïa : CAPEL. 1, 92.

mājūma (maiu-), *ae*, f. (sém. Μαϊουμᾶς), fête des provinces orientales : COD. TH. 5, 6, 1.

mājus, V.▸ *major* et 2 *Maius*.

mājuscŭlus, *a*, *um* (dim. de 1 *major*), un peu plus grand : CIC. *Fam.* 9, 10, 3 ; [avec *quam*] PLIN. 26, 30 ∥ un peu plus âgé : [avec *quam*] TER. *Eun.* 527.

māla, *ae*, f., (ord^t au pl. **mālae**, *ārum*) (*makslā ; cf. Maccus, maxilla) ¶ **1** mâchoire supérieure : LUCR. 2, 638 ; HOR. *O.* 2, 19, 23 ; VIRG. *En.* 3, 257 ¶ **2** joue : PL. *Cas.* 288 ; LUCR. 5, 889 ; VIRG. *En.* 10, 324 ; OV. *M.* 12, 391.

mălăbathron, V.▸ malobathron.

Mălăca, *ae*, f. (Μάλακα), ville de Bétique [auj. Malaga ; Atlas I, D2 ; IV, D2] : PLIN. 3, 8 ; MEL. 2, 94 ∥ **-cītānus**, *a*, *um*, de Malaga : CIL 2, 1964.

mălăchē (mŏlŏ-), *ēs*, f. (μαλάχη, μολόχη), mauve [plante] : VARR. *L.* 5, 103 ; COL. 10, 247 ; PLIN. 20, 222.

mălăcĭa, *ae*, f. (μαλακία ; cf. it. *bonaccia* ; fr. *bonasse*), bonace, calme plat de la mer : CAES. *G.* 3, 15, 3 ∥ [fig.] langueur, apathie : SEN. *Ep.* 67, 14 ∥ *stomachi* PLIN. 27, 48, atonie de l'estomac, anorexie, absence d'appétit ; *malacia* [seul] PLIN. 23, 105.

mălăcissō, *ās*, *āre*, -, - (μαλακίζω), tr., adoucir, apprivoiser : PL. *Bac.* 73.

mălactĭcus, *a*, *um* (μαλακτικός), émollient : CASS. FEL. 78.

mălăcus, *a*, *um* (μαλακός), doux, moelleux [en parl. d'une étoffe] : PL. *Bac.* 71 ∥ [en parl. d'une friction] : PL. *St.* 227 ∥ [fig.] agréable, voluptueux : PL. *Bac.* 355 ∥ flexible, souple : PL. *Mil.* 368.

malagĭnum, *i*, n., cataplasme préparé à froid : *PLIN. VAL. 3, 12.

mălăgma, *ae*, f., VEG. *Mul.* 2, 48, 9 ; PELAG. 233 et **mălagma**, *ătis*, n. (μάλαγμα), onguent : CELS. 4, 6, 4 ; PLIN. 22, 117 ; SCRIB. 254 ∥ dat. pl., *malagmatis* PLIN. 31, 63.

malandrĭa, *ae*, f. (de μελάνδρυον), malandrie, ulcération des genoux [chevaux] : M.-EMP. 34, 91 ; pl., ulcères PLIN. 24, 44 ; 26, 49 ∥ **malandrĭa**, *ōrum*, n. pl., VEG. *Mul.* 2, 42, 1.

malandrĭōsus, *a*, *um*, atteint de malandrie : M.-EMP. 19, 23.

mālārĭum, *ii*, n. (*malus*), pommeraie, verger : GLOSS. 5, 604, 31.

mălaxātĭo, *ōnis*, f. (*malaxo*), action d'adoucir, adoucissement : DIOSC. 1, 51.

mălaxō, *ās*, *āre*, -, - (μαλάσσω), tr., amollir : LABER. d. GELL. 16, 7, 7 ; SEN. *Ep.* 66, 53 ; PLIN. VAL. 1, 8.

malba, V.▸ *malva* : DIOCL. 6, 5.

Malchīnus, *i*, m., nom d'homme : HOR. *S.* 1, 2, 25 [qqs mss].

Malchĭo, *ōnis*, m. (sém. *mlk* roi), nom d'un parvenu ignoble : MART. 3, 82, 32.

maldăcŏn, *i*, n., bdellium, gomme-résine : PLIN. 12, 35.

mălĕ, adv. (*malus* ; fr. *mal*), compar. *pejus* ; superl. *pessime* ¶ **1** mal, autrement qu'il ne

maligne

faut : *male olere* Cic. de Or. 2, 242, avoir une mauvaise odeur ; **V.** *audio, habeo, loqui* Cic. Amer. 140, parler de façon préjudiciable, mal parler ; *male loqui alicui* Ter. Phorm. 372, parler mal de qqn ; *pejus existimare* Cic. Fam. 3, 8, 7, avoir plus mauvaise opinion ; *male accipere aliquem verbis* Cic. Verr. 1, 140, accueillir qqn avec des paroles désobligeantes ; *male, pessime Latine* Cic. Tusc. 3, 20 ; Brut. 210, en mauvais, en très mauvais latin ‖ à tort, injustement : *male reprehendunt* Cic. Tusc. 3, 24, ils ont tort de critiquer ‖ d'une façon qui ne convient pas : *male sustinere arma* Liv. 1, 25, 12, ne pas bien tenir ses armes ‖ [presque syn. de *non*] : *male pinguis harena* Virg. G. 1, 105, terre qui n'est pas grasse, cf. Hor. O. 1, 9, 24 ; *male sanus* Cic. Att. 9, 15, 5, qui n'a pas sa raison ¶ **2** de façon fâcheuse, malheureuse : *male est alicui* Cic. Verr. 4, 95, cela va mal pour qqn, il est dans une situation pénible ; *Antonio male sit, siquidem* Cic. Att. 15, 15, 1, maudit soit Antonius, puisque... ; *dei isti Segulio male faciant* Cic. Fam. 11, 21, 1, que les dieux confondent ce Ségulius ¶ **3** violemment, fortement [avec adj. et verbes ayant un sens défavorable] : *male odisse aliquem* Caes. d. Cic. Att. 14, 1, 2, détester violemment qqn ; *pejus odisse* Cic. Fam. 7, 2, 3, détester plus ; *male metuere* Ter. Hec. 337, craindre fortement ; *male parvus* Hor. S. 1, 3, 45, diablement petit, trop petit, cf. S. 1, 3, 31.

Mălĕa (Mălēa), *ae*, f. (Μαλέα, Μάλεια), cap Malée [promontoire du Péloponnèse] Atlas VI, C2 : Plin. 4, 22 ; Virg. En. 5, 193 ; Liv. 34, 32, 19.
► pl. *Maleae, arum*, Cic. Fam. 4, 12, 1.

mălĕbarbis (mălĭbarbĭus), qui a peu de barbe : Gloss. 2, 126, 31 ; 3, 329, 63.

mălĕcastus, *a, um*, peu chaste : Aug. Mus. 4, 11, 12 ; Serv. Gram. 4, 465, 24 [écrit en deux mots].

mălĕdĭcax (mălĕ dĭcax), *ācis*, médisant : Pl. Curc. 512 ; Macr. Sat. 7, 3, 12, [écrit en deux mots].

mălĕdĭcē, adv., en médisant : Cic. Off. 134 ; Liv. 45, 39, 16.

mălĕdĭcens, *tis*, médisant : Pl. Merc. 410 ‖ *-tior* Pl. Merc. 142 ; *-tissimus* Cic. Flac. 7 ; Nep. Alc. 11, 1.

mălĕdĭcentĭa, *ae*, f. (*maledico*), médisance, attaques injurieuses : Gell. 3, 3, 15 ; 17, 14, 2.

mălĕdĭcō, *ĭs, ĕre, dīxī, dictum* (fr. *maudire*), intr., tenir de mauvais propos, injurier : *alicui* Cic. Dej. 28, outrager qqn, cf. Cic. Nat. 1, 93 ; Cael. 8 ‖ tr., *aliquem* Petr. 96, 7, réprimander ‖ maudire : Vulg. Gen. 4, 11.

mălĕdictĭo, *ōnis*, f., médisance : injures : Cic. Cael. 6 ‖ [chrét.] promesse du châtiment divin : Aug. Psalm. 108, 21.

mălĕdictĭtō, *ās, āre*, -, -, fréq. de *maledico* : Pl. Trin. 99.

mălĕdictŏr, *ōris*, m., **C.** *maledicus* : *Cat. d. Fest. 140, 29.

mălĕdictum, *i*, n. (*maledico*), parole injurieuse, injure, outrage : *maledicta in aliquem dicere* Cic. Q. 2, 3, 2, cf. Cic. Att. 11, 8, 2, injurier, outrager qqn ; *in vitam alicujus conjicere* Cic. Planc. 31, lancer des critiques contre la vie de qqn ; *aliquem maledictis figere* Cic. Nat. 1, 93, déchirer qqn en propos outrageants ‖ malédiction : Plin. 11, 232.

mălĕdĭcus, *a, um* (*maledico*), médisant : Cic. Fin. 1, 61 ; Mur. 13 ; Flac. 48 ‖ compar. et superl., **C.** *maledicens*.

mălĕfăbĕr (mălĕ făbĕr), *bra, brum*, qui machine le mal, pernicieux : Prud. Ham. 714.

mălĕfăcĭō, *ĭs, ĕre, fēcī, factum*, intr., faire du tort, nuire (*alicui*, à qqn) : Pl. Mil. 166 ‖ avec acc. du pron. n., Ter. Ad. 164 [*male facio*].

mălĕfactĭo, *ōnis*, f., défaillance, évanouissement : Vindic. Med. 33.

mălĕfactŏr, *ōris*, m., homme malfaisant, malfaiteur : Pl. Bac. 395 ; Vulg. Joh. 18, 30.

mălĕfactum, *i*, n., [aussi en deux mots], mauvaise action : Enn. d. Cic. Off. 2, 62 ; Cic. Inv. 2, 108.

mălĕfaxit, [aussi en deux mots] = *male fecerit* Pl. Men. 861.

mălĕfĭca, *ae*, f., sorcière : Ambr. Ep. 1, 12.

mălĕfĭcē, adv., en faisant du tort à autrui, méchamment : Pl. Ps. 1211.

mălĕfĭcentĭa, *ae*, f., malfaisance, action de faire du mal : Plin. 9, 34 ; Lact. Ir. 1, 1.

mălĕfĭcĭum, *ii*, n. (*maleficus*) ¶ **1** mauvaise action, méfait, crime : Cic. Phil. 5, 15 ; Amer. 8 ; *suscipere* Cic. Amer. 92 ; *admittere* Cic. Amer. 73, commettre un méfait, un crime ¶ **2** fraude, tromperie : Pl. Truc. 501 ; Quint. 7, 4, 36 ; Plin. 12, 120 ¶ **3** torts, dommages, déprédations : Caes. G. 1, 7, 5 ; 1, 9, 4 ; 2, 28, 3 ; Liv. 7, 20, 8 ‖ délit [source d'une obligation de réparer, par oppos. à *contractus*] : *ex maleficio obligatum esse* Dig. 44, 7, 5, 2, se trouver obligé du fait d'un délit ¶ **4** vermine, insecte nuisible : Plin. 18, 308 ; 20, 133 ¶ **5** sortilège, maléfice : Vulg. Is. 47, 9.

mălĕfĭcus, *a, um* (*male facio*) ¶ **1** malfaisant, méchant, criminel : Cic. Tusc. 5, 57 ; Verr. 5, 144 ‖ *-ficentissimus* Suet. Galb. 15 ¶ **2** nuisible, malfaisant, funeste : Nep. Ages. 8, 1 ; Suet. Ner. 16 ; Plin. 7, 160 ¶ **3 mălĕfĭcus,**, *i*, m., faiseur de tort, malfaisant, criminel : Pl. Trin. 551 ‖ magicien, enchanteur : Cod. Just. 9, 18, 5 ¶ **4 mălĕfĭcum,**, *i*, n., charme, enchantement : Tac. An. 2, 69.

mălĕfĭdus, *a, um* [aussi en deux mots], peu sûr : Amm. 30, 7, 8.

mălĕformis, *e*, difforme : Gloss. 2, 126, 29.

mălĕfortis, *e*, peu solide, faible : Prud. Sym. 2, 453.

mălĕlŏquax (mălĭlŏquax), *ācis* (*male, loquor*), médisant : Ps. Syr. Sent. 187.

mălĕlŏquĭum (mălĭ-), *ii*, n., médisance : Tert. Apol. 45, 3.

mălĕlŏquŏr, *quĕris, quī*, -, intr., dire du mal de, injurier [avec dat.] : Ter. Phorm. 372.

mălĕlŏquus (mălĭ-), *a, um*, médisant : Hier. Ep. 148, 16.

mălĕmōrātus, *a, um*, de mauvaises mœurs : Gloss. 2, 282, 18.

mălĕnōtus (mălĕ nōtus), *a, um*, peu connu, obscur : Mart. 5, 13, 2.

mālens, *tis*, **V.** *malo* ►.

mălĕsuādus, *a, um* (*suadeo*), qui conseille le mal : Pl. Most. 213 ; Virg. En. 6, 276.

mălĕtractātĭo, *ōnis*, f., traitement indigne : Arn. 4, 23 ; 32.

1 Mălĕus, *a, um*, du cap Malée : Flor. 2, 9, 4 ; 3, 6, 3.

2 Maleus, *i*, m., montagne de l'Inde : Plin. 2, 184 ; 6, 69.

3 mălĕus, *i*, m., **C.** *malis* : Veg. Mul. 1, 2, 1 ; 1, 10, 1.

Mălĕventum, *i*, n., ancien nom de Bénévent, **V.** *Beneventum* : Liv. 9, 27, 14 ; Plin. 3, 105.

mălĕvŏlens (mălĭ-), malintentionné, malveillant : Pl. Cap. 583 ‖ *-tissimus* Cic. Fam. 1, 7, 7 ; 1, 9, 17.

mălĕvŏlentĭa (mălĭ-), *ae*, f., malveillance, jalousie, haine : Cic. Tusc. 4, 20 ; Planc. 22 ; Fam. 1, 9, 22.

mălĕvŏlus (mălĭ-), *a, um*, mal disposé, envieux, malveillant : Cic. Fam. 2, 17, 7 ; 3, 10, 10 ; Att. 7, 2, 7 ‖ subst. m., personne malintentionnée, jaloux : Cic. Balb. 56 ; Tusc. 4, 28 ‖ subst. f., Pl. Poen. 262.

Mălĭăcus sinus, m. (κόλπος Μαλιακός), golfe Maliaque [entre la Locride et la Thessalie, en face de l'Eubée] : Plin. 4, 27 ; Liv. 27, 30, 3 ; Mel. 2, 45 ‖ **Mălĭus**, *a, um*, du golfe Maliaque : Catul. 68, 54 ‖ **Mălĭensis**, *e*, Liv. 42, 40, 6, du golfe Maliaque.

Mălĭanda, *ae*, f., ancien nom de la Bithynie : Plin. 5, 143.

Malichu, n. indécl., île près de l'Inde : Plin. 6, 175.

mālĭcŏrĭum, *ii*, n. (3 *malum, corium*), écorce de la grenade : Cels. 2, 33, 4 ; 4, 23, 2 ; Plin. 23, 107.

Mălĭensis, **V.** *Maliacus*.

mālĭfĕr, *ĕra, ĕrum* (3 *malum, fero*), qui produit des pommes : Virg. En. 7, 740.

mălĭfĭcus, **V.** *maleficus*.

mălignē, adv. (*malignus*) ¶ **1** méchamment, avec envie, avec malveillance : Liv. 45, 39, 16 ; *malignius* Curt. 8, 1, 8

maligne

¶ **2** jalousement, chichement, mesquinement : Hor. *Ep.* 2, 1, 209 ; Liv. 8, 12, 12 ; Sen. *Ep.* 18, 9 ; Ben. 6, 16, 7 ‖ [fig.] petitement, peu : Mel. 2, 2 ; Sen. *Ben.* 6, 34, 3 ; Plin. 34, 112.

mălignĭtās, *ātis*, f. (*malignus*) ¶ **1** mauvaise disposition, malignité, méchanceté, envie : Liv. 38, 50, 3 ; Tac. *H.* 1, 1 ; Sen. *Vit.* 18, 2 ; Plin. *Ep.* 5, 7, 6 ¶ **2** malveillance, parcimonie, mesquinerie : Pl. *Cap.* 465 ; Liv. 10, 46, 15 ‖ avarice : Liv. 2, 42, 1 ; 5, 22, 1 ‖ [fig.] stérilité : Col. 3, 10, 8.

mălignō, *ās, āre, -, -* (*malignus*), tr., préparer, effectuer [qqch.] avec une intention mauvaise : Vulg. *Psal.* 82, 4 ; Amm. 22, 15, 26.

mălignŏr, *āris, ārī, ātus sum*, intr., se comporter méchamment : Vulg. *Psal.* 73, 3.

mălignōsus, *a, um*, malfaisant : Gloss. 2, 126, 33.

mălignus, *a, um* (1 *malus, gigno*, ⓥ *benignus* ; fr. malin) ¶ **1** de nature mauvaise, méchant, perfide, envieux : Hor. *O.* 2, 16, 40 ; *S.* 1, 5, 4 ; Juv. 10, 111 ; Ov. *M.* 10, 329 ‖ *malignissimus* Sen. *Vit.* 18 ‖ [chrét.] subst. m., le Malin, le diable : Vulg. 1 *Joh. ep.* 2, 13 ¶ **2** chiche, avaricieux, avare : Pl. *Bac.* 401 ; Ter. *Hec.* 159 ; Hor. *O.* 1, 28, 23 ; Quint. 2, 2, 6 ‖ [en parl. du sol] mauvais, stérile : Virg. *G.* 2, 179 ; *malignior* Plin. *Ep.* 2, 17, 15 ‖ petit, chétif, insuffisant, étroit : Virg. *En.* 11, 525 ; Sen. *Nat.* 3, 27 ; Plin. 7, 167 ; Luc. 9, 500.

mălĭlŏqu-, ⓥ *maleloqu-*.

mālim, subj. prés. de *malo*.

malina, *ae*, f. (gaul. ?), marée haute : Gloss. 5, 572, 23 ; ⓥ *ledo*.

mālinus, *a, um* (μάλινος, μήλ-), de pommier : Plin. 15, 42 ‖ vert pomme : Plin. 22, 53.

mālis, *im, is* ou *ĕōs*, f. (μᾶλις), morve [maladie des chevaux] : Pelag. 204 ; ⓥ 3 *maleus*.

Mălīsĭānus, *i*, m., nom d'homme : Mart. 4, 6, 3.

mălĭtās, *ātis*, f. (1 *malus*), méchanceté : Gloss. 1, p. 248, 5.

mălĭtĭa, *ae*, f. (1 *malus*) ¶ **1** mauvaise qualité, stérilité : Pall. 1, 6, 7 ; 11, 8, 3 ¶ **2** nature mauvaise, méchante, malignité, méchanceté : Cic. *Tusc.* 4, 34 ; *Nat.* 3, 75 ; *Quinct.* 56 ‖ le mal moral : *numquid malitiam simul Deus creavit ?* Ambr. *Hex.* 1, 8, 30, est-ce que Dieu créa en même temps le mal ? ¶ **3** malice, ruse, finesse : *sine mala malitia* Pl. *Aul.* 215, sans mauvaise malice, cf. Pl. *Ep.* 546 ; Cic. *Att.* 15, 26 ; *Fam.* 9, 19, 1.

mălĭtĭēs, *ēi*, f., ⓒ *malitia* : Gloss. 2, 337, 1.

Mălĭtĭōsa silva, f., forêt en Sabine : Liv. 1, 30, 9.

mălĭtĭōsē, adv. (*malitiosus*), avec déloyauté, de mauvaise foi : Pl. *Mil.* 887 ; Cic. *Off.* 3, 61 ; *Verr.* 2, 132 ‖ *-sius* Cic. *Amer.* 111.

mălĭtĭōsĭtās, *ātis*, f. (*malitiosus*), malice, méchanceté, ruse : Tert. *Marc.* 3, 15, 7.

mălĭtĭōsus, *a, um* (*malitia*), méchant, trompeur, fourbe : Cic. *Off.* 3, 57 ; 1, 33 ‖ *-sior* Aug. *Man.* 19.

Mālĭus, ⓥ *Maliacus sinus*.

mălĭvŏl-, ⓥ *malev-*.

mallĕātŏr, *ōris*, m. (*malleus*), celui qui travaille avec le marteau : *balucis* Mart. 12, 57, 9, ouvrier qui bat le minerai ‖ ouvrier qui frappe la monnaie : CIL 6, 44 [*malliat-*].

mallĕātus, *a, um* (*malleus*), battu au marteau : Col. 12, 9, 4 ; Ulp. *Dig.* 32, 1, 52.

mallĕŏlāris, *e* (*malleolus*), relatif aux boutures : Col. *Arb.* 3, 3.

mallĕŏlus, *i*, m. (dim. de *malleus* ; esp. *majuelo*) ¶ **1** petit marteau : Cels. 8, 3, 29 ¶ **2** crossette [de vigne ou d'arbre en gén.] : Col. 3, 6, 3 ; Plin. 17, 156 ¶ **3** trait incendiaire [qui renferme des matières combustibles] : Cic. *Cat.* 1, 32 ; Liv. 42, 64, 3.

mallĕus, *i*, m. (peu net ; cf. rus. *molot* ; fr. *mail*), marteau, maillet : Pl. *Men.* 403 ; Plin. 34, 144 ‖ [pour assommer les victimes] : Ov. *M.* 2, 624 ; Suet. *Cal.* 32.

Malli, *ōrum*, m. pl., peuple de l'Inde, en deçà du Gange : Plin. 6, 64.

Mallĭa, *ae*, f., nom de femme : Spart. *Did.* 3, 4.

Mallĭus, *ĭi*, m., nom d'homme : Cic. *Amer.* 18 ‖ Cic. *Planc.* 12 ; *Mur.* 36 ‖ Mallius Theodorus, auteur d'un traité sur les mètres latins : Bed. *Metr.* 7, 257, 13.

1 **mallo**, *ōnis*, m. (de μαλλός), tige sèche des oignons : Veg. *Mul.* 1, 63 ; 2, 60, 1.

2 **mallo**, *ōnis*, m. (cf. *malandria*), abcès aux genoux des chevaux : Veg. *Mul.* 2, 48, 1.

3 **mallō**, *ās, āre, āvī, ātum* (2 *mallus*) tr., accuser, convoquer au tribunal : L. Sal. 16, 1.

Mallobaudēs, m., nom d'un roi des Francs : Amm. 14, 11, 21 ; 31, 10, 6.

mallobergus, *i*, m. (germ., cf. 2 *mallus, al. Berg*), tribunal : L. Sal. 54, 4.

Malloea, *ae*, f., ville de Thessalie : Liv. 32, 41, 5 ; 36, 10, 5.

Mallŏs (Mallus), *i*, f. (Μαλλός), ville de Cilicie Atlas IX, C3 : Mel. 1, 70 ; Luc. 3, 227 ‖ ville d'Éthiopie : Plin. 6, 179 ‖ m., montagne chez les Malli : Plin. 6, 64 ‖ *-ōtēs, ae*, m., de Mallos : Varr. *R.* 1, 1, 8 ; Suet. *Gram.* 2.

1 **mallus**, *i*, m. (μαλλός), fil de laine : Cat. *Agr.* 157, 15.

2 **mallus**, *i*, m. (germ., cf. al. *Gemahl*), jugement : L. Sal. 1, 1.

mallŭvĭae, *ārum*, f. pl. (*manus*, 1 *luo*), eau pour se laver les mains : P. Fest. 153, 13.

mallŭvĭum, *ĭi*, n. (cf. *malluviae*), cuvette pour se laver les mains : P. Fest. 153, 13.

mālō, *māvīs, malle, mālŭī, -* (*magis volo* Cic. *Or.* 154), tr. ¶ **1** aimer mieux, préférer : *bonos* Cael. *Fam.* 8, 4, 2, préférer le parti des bons citoyens ; *incerta pro certis* Sall. *C.* 17, 8, préférer l'incertain au certain, cf. Tac. *H.* 2, 86 ; *multo malo* Cic. *Att.* 15, 18, 2, j'aime beaucoup mieux ; *nihil malle quam pacem* Cic. *Fam.* 2, 16, 3, ne rien préférer à la paix ‖ [avec inf.] : *servire quam pugnare* Cic. *Att.* 7, 15, 2, aimer mieux être esclave que combattre ; *statuite utrum colonis vestris consulere malitis an iis...* Cic. *Font.* 15, examinez si vous aimez mieux vous intéresser à vos colons qu'à ceux... ‖ [avec prop. inf.] : *scripta nostra nusquam malo esse quam apud te* Cic. *Att.* 13, 22, 3, mes écrits, il n'y a pas d'endroit où j'aime mieux les voir que chez toi ; *principem se esse mavult quam videri* Cic. *Off.* 1, 65, il aime mieux être que paraître le premier ; *esse quam videri bonus malebat* Sall. *C.* 54, 5, il aimait mieux être que paraître bon, cf. Cic. *Phil.* 8, 27 ; 10, 7 ; [inf. pass. Caecil. 21] ‖ [avec subj.] : *malo non roges* Cic. *Tusc.* 1, 17, j'aime mieux que tu ne poses pas de question ; *mallem... cognoscerem* Cic. *Fam.* 7, 14, 2, j'aurais mieux aimé apprendre... ‖ [avec *potius*] : *se ab omnibus desertos potius quam abs te defensos esse malunt* Cic. *Caecil.* 21, ils aiment mieux être abandonnés par tout le monde plutôt que d'être défendus par toi ; [avec *magis*] Liv. 22, 34, 11 ‖ [compl. à l'abl., poét.] : *nullos his mallem ludos spectasse* Hor. *S.* 2, 8, 79, il n'y a pas de spectacle que j'eusse mieux aimé voir que celui-là, cf. Tac. *An.* 12, 46 ‖ [avec attribut] *utrum malles te semel ut Laelium consulem an ut Cinnam quater ?* Cic. *Tusc.* 5, 54, qu'aurais-tu préféré ? être une fois un consul comme Laelius ou quatre fois un consul comme Cinna, cf. Cic. *Brut.* 148 ¶ **2** aimer mieux qqch. pour qqn : *illi omnia malo quam mihi* Cic. *Planc.* 59, j'aime mieux tous les avantages pour lui que pour moi ‖ [abs¹] être plutôt favorable à : *in hac re malo universae Asiae* Cic. *Att.* 2, 16, 4, en cette affaire je suis plutôt pour l'ensemble de l'Asie.

▶ *mavolo* Pl. *Curc.* 320 ; *mavelim* Pl. *Cap.* 270 ; *Trin.* 360 ; *mavellem* Pl. *Amp.* 512 ; *mavoluit* Petr. 77, 5 ‖ part. *malens* Tert. *Pud.* 2, 4 ; 18, 17 ; Hier. *Ep.* 100, 2.

mālŏbăthrātus, *a, um*, parfumé de malobathrum : Sidon. *Ep.* 8, 3, 5.

mālŏbăthrĭnus, *a, um* (μαλοβάθρινος), de malobathrum : Cael.-Aur. *Acut.* 3, 3, 24 ; *Chron.* 5, 1, 12.

mālŏbăthrŏn (-um), *i*, n. (μαλόβαθρον), malobathrum [arbre qui fournissait un parfum] : Plin. 12, 129 ‖ huile, essence de malobathrum : Hor. *O.* 2, 7, 7 ; Cels. 5, 23, 3 B ; Plin. 23, 93.

mālŏgrānātum, *i*, n. (3 *malum, granatum*), grenadier [arbre] : Vulg. *Num.* 20,

5 ‖ grenade, fruit du grenadier : Isid. *17, 7, 6.*

mālŏgrānātus, *i*, f., grenadier [arbre] : Vulg. *1 Reg. 14, 2.*

mālŏmellum, *i*, n. (3 *malum, mel* ; cf. *melimelum*), pomme douce : Isid. *17, 7, 5.*

mālŏpē, *ēs*, f. (gr.), malope [sorte de mauve] : Plin. *20, 222.*

Maltaecorae, *ārum*, m. pl., peuple de l'Inde : Plin. *6, 74.*

maltha, *ae*, f. (μάλθα ; it. *malta*), malthe [sorte de bitume, de naphte, d'asphalte d'un lac de Samosate] : Plin. *2, 235* ‖ enduit fait de chaux et de graisse de porc pour imperméabiliser : Plin. *36, 181* ; Pall. *1, 40, 1* ‖ [fig.] homme mou, efféminé : Lucil. *732.*

Malthăcē, *ēs*, f., île près de Corcyre : Plin. *4, 53.*

Malthīnus, *i*, m., nom d'homme : Hor. *S. 1, 2, 25.*

malthō, *ās, āre, -, -* (*maltha*), tr., enduire de malthe : Plin. *36, 181* ; Schol. Juv. *5, 48.*

Maltīnus, V. *Malthinus*.

Mălūgĭnensis, *is*, m., surnom romain : Liv. *4, 21, 1.*

1 mălum (2 *malum*), [pris adv^t comme interj.] diantre ! diable ! [surtout après des pron. ou adv. interrog.] : *quae, malum, est ista tanta audacia !* Cic. *Verr. 1, 54,* quel est, malheur ! ce degré d'audace !, cf. Cic. *Off. 2, 53.*

2 mălum, *i*, n. (1 *malus*) ¶ 1 mal : *corporis mala* Cic. *Ac. 2, 134,* maux du corps ; *nihil mali accidit ei* Cic. *Lae. 10,* il ne lui est rien arrivé de mal ; *majus malum* Cic. *Tusc. 2, 28,* plus grand mal ; *bona, mala,* les biens, les maux ¶ 2 malheur, calamité : *clementia illi malo fuit* Cic. *Att. 14, 22, 1,* sa clémence lui a été funeste ; *culpa contractum malum* Cic. *Tusc. 3, 52,* malheur attiré par notre faute ; *olet homo quidam malo suo* Pl. *Amp. 321,* je sens qqn pour son malheur (gare à lui !) ; *at malo cum tuo* Pl. *As. 130,* mais tant pis pour toi ¶ 3 dureté, rigueur, mauvais traitement : *vi, malo, plagis adductus est ut* Cic. *Verr. 3, 56,* il a été amené par la violence, les mauvais traitements, les coups à, cf. Sall. *J. 100, 5* ; *malum habere* Cic. *Leg. 1, 41,* être châtié ¶ 4 maladie : Cels. *3, 15, 6* ¶ 5 [chrét.] le mal : Tert. *Carn. 8, 2* ‖ le péché : Comm. *Instr. 1, 30, 20.*

3 mălum, *i*, n. (μῆλον), pomme : *ab ovo usque ad mala* Hor. *S. 1, 3, 8,* de l'œuf aux pommes, depuis le commencement jusqu'à la fin du repas ‖ [désigne aussi : coing, grenade, pêche, orange, citron] ‖ *malum terrae* Plin. *25, 95,* aristoloche.

malundrum, *i*, n. ?, plante inconnue : Plin. *26, 40.*

1 mălus, *a, um* (peu clair, cf. μελέος ou plutôt μῆλον, " petit bétail ", rus. *malyj,* al. *schmal,* an. *small* ; fr. *mal*), compar. *pejor* ; superl. *pessimus* ¶ 1 mauvais : *malus poeta* Cic. *Arch. 25,* mauvais poète ; *mala consuetudo* Cic. *Nat. 2, 168,* habitude détestable ; *in pejorem partem mutari* Cic. *Amer. 103,* empirer ; *pessimi cives* Cic. *Phil. 3, 18,* les plus mauvais citoyens ‖ misérable : *malo genere natus* Cic. *de Or. 2, 286,* de naissance misérable ¶ 2 malheureux, funeste : *mala pugna* Cic. *Div. 2, 54,* combat malheureux, défaite ; *alicujus malae cogitationes* Cic. *Amer. 67,* pensées pénibles de qqn ¶ 3 méchant, malin, rusé : *delituit mala* Pl. *Ru. 466,* elle s'est cachée, la friponne ¶ 4 malade : *cum aeger pejor fiat* Cels. *3, 5, 5,* le malade étant plus mal ¶ 5 [chrét.] subst. m., le diable, le Malin : Tert. *Idol. 16, 4.*

2 mălus, *i*, f. (3 *malum*), pommier : Virg. *G. 2, 70* ; *malus granata* Isid. *17, 7, 6,* grenadier.

3 mălus, *i*, m. (cf. al. an. *mast* et 1 *palus*), mât de navire : Cic. *Verr. 5, 88* ; CM 17 ‖ mât [auquel sont fixées les toiles au théâtre] : Lucr. *6, 110* ; Liv. *39, 7, 8* ‖ arbre du pressoir : Plin. *18, 317* ‖ poutre [ressemblant à un mât] : Caes. *G. 7, 22, 5.*

malva, *ae*, f. (cf. μαλάχη ; fr. *mauve*), mauve [plante] : Cic. *Fam. 7, 26, 2* ; Plin. *20, 222* ; Hor. *O. 1, 31, 16.*

malvācĕus, *a, um*, de mauve : Plin. *21, 19* ; Char. *37, 16.*

Malvane, *is*, n., fleuve d'Afrique, sortant de l'Atlas : Plin. *5, 18.*

malvella, *ae*, f., tunique faite de fibres de mauve : Isid. *19, 22, 12.*

Māmaea, Māmaeānus, V. *Mamm-*.

Mamaeus, *a, um*, de Mama [ville d'Égypte ou d'Éthiopie] : Plin. *6, 150.*

Mambli, *ōrum*, m. pl., ville d'Éthiopie ou d'Égypte : Plin. *6, 180.*

Mambra, *ae*, f. et **Mambrē**, indécl., Mambré [vallée dans la tribu de Juda] : Vulg. *Gen. 13, 18.*

Māmercīnus, *i*, m., surnom romain : Liv. *7, 1, 2.*

Māmercus, *i*, m. (*Mamerticus, Mamers*), prénom osque : Fest. *116, 2* ‖ tyran de Catane, vaincu par Timoléon : Nep. *Tim. 2, 4* ‖ surnom de familles romaines, not^t de la gens Aemilia : Cic. *Brut. 175* ; Juv. *8, 192.*

Māmers, *tis*, m. (cf. *Mavors, Mars*), Mars [en osque] : P. Fest. *117, 23* ; Varr. *L. 5, 73.*
▶ Mamartei CIL 1, 2832 a.

Māmertīnus, *a, um*, de Messine : Cic. *Verr. 2, 13* ; *4, 22* ; Plin. *14, 66* ; Mart. *13, 117* ‖ subst. m. pl., Mamertins, habitants de Messine : Cic. *Verr. 2, 13* ; Plin. *3, 88* ‖ subst. m., Mamertin, orateur, élevé au consulat par Julien : Amm. *21, 8, 1.*

Māmertus, *i*, m., saint Mamert, évêque de Vienne : Sidon. *Ep. 5, 14, 2* ‖ Claudien Mamert, frère du précédent et auteur ecclésiastique : Sidon. *Ep. 5, 2, 1.*

1 Māmĭlĭa, *ae*, f., fille de Télégone, de laquelle descendaient les Mamilius : P. Fest. *117, 28* ‖ nom d'une sainte qui fut martyrisée à Lyon : Greg.-Tur. *Martyr. 48.*

2 Māmĭlĭa lex, loi Mamilia, proposée par le tribun C. Mamilius Limetanus : Cic. *Brut. 128* ; Sall. *J. 65, 5.*

Māmĭlĭus, *ii*, m., nom d'une famille romaine : Cic. *Verr. 2, 123* ; Sall. *J. 40, 1* ; Liv. *1, 50* ; *3, 29.*

măm*ĭ**lla**, *ae*, f. (dim. de *mamma*) ¶ 1 mamelle, sein : Vell. *2, 70, 5* ; Juv. *6, 400* ; *12, 74* ‖ [terme d'affection] mon petit cœur : Pl. *Ps. 180* ¶ 2 robinet : Varr. *R. 3, 14, 2.*

măm*ĭ**llāna fīcus**, f., figue qui est en forme de mamelle : Plin. *15, 69.*

măm*ĭ**llāre**, *is*, n., soutien-gorge, V. *strophium* : Mart. *14, 66 tit.*

măm*ĭ**llātus**, *a, um*, pourvu de mamelles : Aug. *Serm. 243, 7, 6.*

mamma, *ae*, f. (express., cf. *mater, amo*, μάμμη, bret. *mamm,* fr. *maman* ; it. *mamma*) ¶ 1 sein, mamelle [en parl. des femmes, des hommes, des animaux] : Cic. *Div. 2, 85* ; *Fin. 3, 18* ; *Nat. 2, 18* ¶ 2 bourgeon [d'un arbre] : Plin. *17, 118* ¶ 3 maman [dans le lang. des enfants] : Varr. d. Non. *81, 4* ; Mart. *1, 101, 1.*

Mammaea, *ae*, f., mère d'Alexandre Sévère : Lampr. *Alex. 3, 1* ‖ **-ānus**, *a, um*, de Mammaea : Lampr. *Alex. 57, 7.*

mammāle, *is*, n. (*mamma*), ivette commune [pour le traitement des indurations du sein] : Ps. Apul. *Herb. 26, 10.*

mammātus, *a, um* (*mamma*), qui a la forme d'une mamelle : Plin. *35, 159.*

mamměāta, f., qui a de grosses mamelles : Pl. *Poen. 262.*

Mammensis, *e*, de Mamma [petite ville de la Byzacène] : Corip. *Joh. 7, 283.*

mammĭcŭla, *ae*, f., petite mamelle : Pl. *Ps. 1261.*

Mammisĕa tetrarchĭa, f., nom d'une tétrarchie de Syrie : Plin. *5, 82.*

mammō, *ās, āre, -, -* (it. *mammare*), intr., donner la mamelle : Aug. *Psalm. 39, 28.*

mammōna (-nās), *ae*, m. (sém., μαμμωνᾶς), argent, richesse, gain : Aug. *Civ. 1, 10* ; Vulg. *Matth. 6, 24.*

mammōnĕus, *a, um* (*mammona*), intéressé, qui recherche l'argent : Prud. *Ham. 428.*

mammōsus, *a, um* (*mamma*), qui a de grosses mamelles : Laber. d. Gell. *3, 12* ; Varr. *R. 2, 9, 5* ‖ qui a la forme d'une mamelle : Plin. *15, 54* ; *18, 54.*

mammōthreptus, *i*, m. (μαμμόθρεπτος), élevé par son aïeule : Aug. *Psalm. Don. 30.*

mammŭla, *ae*, f. (dim. de *mamma*), petite mamelle : Varr. *R. 2, 3, 2* ; Cels. *7, 26, 1 C* ‖ petite mère = grand-mère, aïeule : CIL 8, 1774, 5.

māmōna, ᴠ. *mammona*.

Mamortha, ae, f., ville de Judée, nommée ensuite Néapolis [auj. Naplouse] : Plin. 5, 69.

mamphŭla, ae, f. (sém.), sorte de pain de Syrie : Fest. 126, 11.

mamphur (peu clair ; it. *manfano*), arbre d'un tour : P. Fest. 117, 32.

Mamucĭum, ii, n., ville de Bretagne [auj. Manchester] Atlas V, B1 : Anton. 468.

Mamuda, ae, f., ville d'Éthiopie ou d'Égypte : Plin. 6, 179.

Māmŭrĭānus, i, m., nom d'homme : Mart. 1, 92, 2.

Māmŭrĭus, ii, m., Ov. F. 3, 389 et **Māmurrius**, ii, Prop. 4, 2, 61 ; P. Fest. 117, 13, Mamurius Véturius [qui fabriqua les *ancilia*].

Māmurra, ae, m., nom d'homme : Cic. Att. 7, 7, 6 ; Catul. 29, 3 ; Plin. 36, 48 ; Suet. Caes. 73 ‖ ***Mamurrarum urbs*** Hor. S. 1, 5, 37, Formies [patrie des Mamurra].

mamzer, ᴠ. *manzer*.

Māna (**Māna Gĕnĭta**), ae, f., déesse des funérailles : Plin. 29, 58 ; Capel. 2, 164.

mānābĭlis, e (*mano*), qui pénètre : Lucr. 1, 534.

Manais, is, m., fleuve de Gédrosie : Plin. 6, 94.

mānăle, is, n. (1 *manalis*), aiguière : Non. 547, 9.

1 mānălis, e (*mano*), d'où l'eau coule : Varr. d. Non. 547, 10 ; P. Fest. 115, 3.

2 mānălis, e (1 *manes*), ***lapis*** P. Fest. 115, 6, porte des mânes [par où ils remontaient sur la terre].

mānāmĕn, ĭnis, n. (*mano*), écoulement : Aus. Mos. 82.

Mānassē, m. indécl., **Mānassēs**, ae, m., Manassé [fils aîné de Joseph] : Vulg. Gen. 41, 51 ‖ autres du même nom : Vulg. 4 Reg. 20, 21 ; Judith 8, 2.

Manātes, um ou *ium*, m. pl., peuple du Latium : Plin. 3, 69.

mānātĭo, ōnis, f. (*mano*), écoulement : Frontin. Aq. 110 ; Aug. Ep. 109.

manceps, cĭpis, m. (*manus, capio*, cf. *princeps*) ¶ **1** adjudicataire de marchés conclus avec l'État romain : Dig. 19, 2, 53 ; P. Fest. 137, 12 : Cic. Dom. 48 ; Amer. 21 ‖ Caecil. 33 ; Verr. 1, 141 ; Plin. 10, 122 ¶ **2** entrepreneur de travaux pour l'État : Tac. An. 3, 31 ‖ ***operarum*** Suet. Vesp. 1, qui prend à gages des manœuvres ‖ entrepreneur d'applaudissements, chef de claque : Plin. Ep. 2, 14, 4 ‖ qui prend à ferme une dette, qui se charge de la payer, caution : Pl. Curc. 515 ; Cic. Fam. 5, 20, 3 ¶ **3** maître, propriétaire : Tert. Apol. 11, 2 ¶ **4** surveillant de la poste impériale : Cod. Th. 8, 5, 35.

Mancĭa, ae, m., surnom romain : Cic. Off. 1, 109.

Mancīnus, i, m., C. Hostilius Mancinus, consul romain : Cic. Rep. 3, 28 ; Off. 3, 109 ‖ **-nĭānus**, a, um, de Mancinus : Flor. 3, 14, 2.

mancĭŏla, ae, f. (dim. de *manus*), ᴠ. *manicula*, *mancus* petite main, menotte : Laev. d. Gell. 19, 7, 10.

mancĭpārĭus, ii, m., marchand d'esclaves : Schol. Juv. 11, 148.

mancĭpātĭo (**mancŭpātĭo**), ōnis, f. (*mancipo*), mancipation [procédé formaliste d'aliénation d'une chose (vente, donation, remise en gage), ou du droit sur une personne, pour la placer sous la puissance d'autrui (*manus, mancipium*) ou l'émanciper] : Gai. Inst. 1, 119-121 ; 132 ; 141 ; ***mancipatio familiae*** Gai. Inst. 2, 102, mancipation du patrimoine [forme primitive d'un type de testament].

1 mancĭpātus, a, um, part. de *mancipo*.

2 mancĭpātŭs, ūs, m. ¶ **1** vente : Plin. 9, 124 ¶ **2** fonction de contrôleur des postes impériales : Cod. Th. 8, 5, 36 ; 46.

mancĭpi, gén. de *mancipium*.

mancĭpĭum (**-cŭpĭum**), ii ou i, n. (*manceps* ; esp. port. *mancebo*) ¶ **1** mancipation [syn. de *mancipatio* ; acte formaliste] ᴠ. *mancipatio* : ***res mancipi*** Gai. Inst. 1, 120, choses aliénables par mancipation [par oppos. à *res nec mancipi*] ; ***mancipio dare*** Gai. Inst. 2, 101, manciper [aliéner par une mancipation] ; ***mancipio accipere*** Gai. Inst. 1, 121, acquérir par mancipation ; Pl. Curc. 495 ; Cic. Att. 13, 50, 2 ; Top. 45 ‖ [fig.] Lucr. 3, 971, cf. Sen. Ep. 72, 7 ¶ **2** dépendance, soumission [état, proche de l'esclavage, d'une personne transférée par *mancipatio* sous la puissance d'un tiers : fils remis à un tiers pour réparer un délit, ou pour éteindre une dette] : ***in mancipio esse*** Gai. Inst. 1, 49, être sous la dépendance de qqn ¶ **3** esclave : ***servi mancipia dicti sunt, quod ab hostibus manu capiuntur*** Inst. Just. 1, 3, 3, les esclaves sont appelés *mancipia* parce qu'ils sont enlevés par la main (*manu capti*) aux ennemis ‖ [pl.] Cic. Par. 35 ; Att. 8, 11, 4 ‖ [sg.] Pl. Ep. 686 ‖ [fig.] Ov. Pont. 4, 5, 40.

mancĭpō (**-cŭpō**), ās, āre, āvī, ātum (*manceps*), tr. ¶ **1** aliéner, vendre : Pl. Curc. 496 ; Tac. An. 2, 30 ; Hor. Ep. 2, 2, 159 ‖ émanciper, faire sortir de sa puissance [notam.ᵗ pour donner en adoption] : Ulp. Reg. 10, 1 ; Cod. Th. 15, 14, 8 ¶ **2** [fig.] ***luxu et saginae mancipatus emptusque*** Tac. H. 2, 71, vendu et adonné au luxe et à la nourriture ‖ ***curiis mancipari*** Cod. Th. 12, 1, 14 ; 18, être renvoyé aux charges des décurions ; ***carceris custodiae*** Cod. Th. 9, 40, 19 ; 9, 3, 4, mis en prison ‖ [chrét.] vouer à, consacrer à : ***mancipare se Deo*** Arn. 2, 32, se consacrer à Dieu ¶ **3** saisir avec la main, attraper : Solin. 20, 7.

mancŭp-, ᴄ. *mancip-*.

mancus, a, um (*manus*, cf. *pecco* ; it. *manco* ; bret. *mank*), manchot, mutilé, estropié : Cic. Rab. perd. 21 ; Liv. 7, 13, 6 ; Ov. F. 3, 825 ‖ [fig.] défectueux, incomplet : Cic. Fin. 3, 30 ; Off. 1, 153 ; Mil. 25 ; Hor. Ep. 2, 2, 21.

Mandacandēni, ōrum, m. pl., peuple de Mysie : Plin. 5, 123.

Mandaei, ōrum, m. pl., peuple voisin de l'Indus : Plin. 6, 64.

Mandalum, i, n., lac d'Afrique, dans la Troglodytique : Plin. 6, 172.

Mandānī, ōrum, m. pl., peuple de l'Arabie : Plin. 6, 117.

mandātēla, ae, f. (*mandatum*), mandat, commission : Dig. 41, 1, 37.

mandātīvus, a, um, dont on se sert pour donner une commission : Diom. 339, 17.

mandātŏr, ōris, m. (*mando*) ¶ **1** celui qui donne mandat de faire qqch., mandant : Dig. 17, 1, 46 ¶ **2** [en part.] celui qui donne mandat de prêter de l'argent ou de faire crédit à un tiers : Dig. 17, 1, 12, 14, [forme de cautionnement : le mandant garantit le remboursement du prêt] ¶ **3** qui donne mandat à un *delator* de dénoncer un crime : Dig. 49, 14, 23.

mandātōrĭus, a, um, ***mandatorio nomine***, à titre de mandant : Cod. Just. 8, 41, 19.

mandātrix, īcis, f. (*mandator*), celle qui commande : Claud. IV Cons. Hon. 235.

mandātum, i, n. (*mando*) ¶ **1** [droit] mandat [mission de remplacer une personne dans une affaire, acceptée primit.ᵗ sans contrat, et n'engageant que la bonne foi], cf. Cic. Amer. 111 ; Off. 3, 70 ; Nat. 3, 74 ; ***mandati judicium*** Cic. Amer. 111, action judiciaire pour mandat [= pour non-accomplissement d'un mandat] ¶ **2** [en gén.] commission, charge, mandat : Cic. Att. 5, 7, 3 ‖ [surtout au pl.] Cic. Phil. 6, 10 ; 8, 23 ; Fam. 3, 1, 2 ¶ **3** rescrit de l'empereur : Plin. Ep. 10, 110, 1 ‖ ordre secret de l'empereur : Suet. Galb. 9 ; Tib. 52 ¶ **4** [chrét.] commandement de Dieu : Vulg. Psal. 88, 32.

1 mandātus, a, um, part. de 1 *mando*.

2 mandātŭs, abl. ū, m. (1 *mando*), commission, recommandation : Cic. Caecin. 19 ; Fam. 2, 11, 2.

Mandēi, m. pl., ᴠ. *Mandaei*.

Mandēla, ae, f., bourg de Sabine : Hor. Ep. 1, 18, 105 ‖ **-lānus**, a, um, de Mandéla : CIL 14, 3482.

Mandi, ōrum, m. pl., peuple de l'Inde : Plin. 7, 29.

mandĭbŭla, ae, f. (2 *mando*, cf. *infundibulum*), mâchoire : Tert. Anim. 10, 5 ; Macr. Somn. 1, 6, 69 ; Sat. 7, 4, 14.

1 mandō, ās, āre, āvī, ātum (2 *manus*, 3 *-do*, cf. osq. *manafum* ; fr. *mander*) ¶ **1** confier à qqn la tâche de, donner un mandat de : ***alicui administrationem negotium*** Dig. 3, 3, 46, 7 ; ***res administran-***

das Dig. 3, 3, 63 ; *ut negotia administret* Dig. 17, 1, 6, 1, confier le mandat d'administrer une affaire ; *rem mandatam gerere* Cic. Amer. 111, s'acquitter d'un mandat ‖ [avec subj. seul] *huic mandat Belgas adeat* Caes. G. 3, 11, il le charge d'aller trouver les Belges ‖ *ad aliquem* Suet. Cal. 25, faire une recommandation à qqn ¶ **2** confier : *alicui magistratus* Cic. Verr. 5, 35, confier à qqn des magistratures ; *fugae vitam suam* Cic. Cat. 1, 20, chercher son salut dans la fuite ; *aliquid memoriae* Cic. Mil. 78, graver dans sa mémoire ; *aliquid monumentis* Cic. Ac. 1, 3 ; 2, 2, confier à la mémoire, mettre par écrit ; *aliquid litteris, scriptis, litteris Latinis* Cic. de Or. 2, 52 ; Off. 2, 3 ; Fin. 1, 1, consigner qqch. par écrit, rédiger qqch. en latin ; *historiis* Cic. Div. 2, 69, consigner dans l'histoire.

2 **mandō**, *ĭs, ĕre, mandī, mansum* (cf. μασάομαι, μάθυια), tr. ¶ **1** mâcher : Cic. Nat. 2, 122 ; *tristia vulnera saevo dente* Ov. M. 15, 92, broyer d'une dent cruelle d'affreux lambeaux de chair ; *omnia minima mansa infantibus pueris in os inserere* Cic. de Or. 2, 162, introduire dans la bouche des enfants les aliments mâchés en parcelles minimes ¶ **2** manger, dévorer en mâchant : Liv. 23, 19, 13 ; Plin. 8, 210 ‖ [poét.] *corpora mandier igni* Matius d. Varr. L. 7, 95, les corps être consumés par la flamme.

▶ forme dép. *mandor* Prisc. 2, 397, 1.

3 **mando**, *ōnis*, m. (2 mando), goinfre : Lucil. 946.

Mandŏnĭus, *ĭi*, m., chef espagnol [2ᵉ guerre punique] : Liv. 22, 21, 3.

mandor, ▶ 2 mando ▶.

mandra, *ae*, f. (μάνδρα ; it., esp. *mandra*) ¶ **1** troupe (convoi) de bêtes de somme : Mart. 5, 22, 7 ; Juv. 3, 237 ¶ **2** rangée de pions dans le jeu des latroncules : Mart. 7, 72, 8.

Mandragaeum, *i*, n., fleuve de l'Asie ultérieure : Plin. 6, 51.

mandrăgŏra, *ae*, f. (it. *mandragola*, cf. fr. *main de gloire*), Vulg. Gen. 30, 14, **-gŏrās**, *ae*, m. (μανδραγόρας), mandragore [plante] : Col. 10, 20 ; Plin. 25, 147.

mandrăgŏrĭcus, *a, um*, de mandragore : Aug. Faust. 22, 56 ; Isid. 25, 19, 20.

Mandri, ▶ Mandi.

Mandrŏclēs, *is*, m., nom d'homme : Nep. Dat. 5, 5.

Mandrŭāni, *ōrum*, m. pl., peuple de la Bactriane : Plin. 6, 47.

Mandrum flūmĕn, n., fleuve de la Bactriane : Plin. 6, 48.

Mandūbĭi, *ōrum*, m. pl., Mandubiens [peuple gaulois ayant Alésia pour chef-lieu] : Caes. G. 7, 68.

mandūcābĭlis, *e* (manduco), mangeable : Iren. 1, 11, 4.

mandūcātŏr, *ōris*, m. (1 manduco ; fr. *mangeur*), celui qui mange, mangeur : Aug. Ev. Joh. 27, 11.

1 **mandūcō**, *ās, āre, āvī, ātum* (manducus ; fr. *manger*), tr., mâcher : Varr. R. 3, 7 ; Sen. Ep. 95, 27 ‖ manger : Suet. Aug. 76, cf. Schol. Pers. 1, 4.

2 **mandūco**, *ōnis*, m. (1 manduco), mangeur : Apul. M. 6, 31 ; Pompon. d. Non. 17, 13.

mandūcŏr, *ārĭs, ārī*, -, dép., ▶ manduco : Pomp. Com. 100 ; Lucil. 456, cf. Prisc. 2, 396, 25.

mandūcus, *i*, m. (2 mando, cf. *caducus*), goinfre, glouton : Pomp. d. Non. 17, 15 ‖ mannequin qui avait une tête avec des mâchoires énormes, la bouche ouverte et remuant les dents à grand bruit : P. Fest. 115, 20 ; Pl. Ru. 535 ‖ personnage de l'atellane : Varr. L. 7, 95.

Manduessĕdum, *i*, n., ville de Bretagne [Mancetter] : Anton. 470.

Mandūrĭa, *ae*, f., ville d'Italie, chez les Salentins : Liv. 27, 15, 4 ; Plin. 2, 226.

1 **mănĕ**, adv. (manis ; fr. *demain*) ¶ **1** subst. n. indécl., le matin : *a mani ad vesperum* Pl. Amp. 253 ; Most. 763, du matin jusqu'au soir ; *multo mane* Cic. Att. 5, 4, 1, de grand matin ; *a primo mane* Col. 11, 1, 14, dès le début du matin ; *mane novum* Virg. G. 3, 325, le petit matin ; *ad ipsum mane* Hor. S. 1, 3, 18, jusqu'au matin même, cf. Mart. 1, 49, 36 ; *mane erat* Ov. F. 1, 547, c'était le matin ¶ **2** adv., au matin, le matin : Caes. G. 4, 13, 4 ; 5, 10, 1 ; *hodie mane* Cic. Att. 13, 9, 1, ce matin, cf. Cic. Cat. 3, 21 ; *cras mane* Cic. Att. 14, 11, 2, demain matin ; *tam mane* Cic. Rep. 1, 14, de si bonne heure ; *bene mane* Cic. Att. 10, 16, 1, de bon matin.

▶ forme en *i* dans Pl., cf. ▶ *luci*, v. Char. 203, 29.

2 **mănĕ**, impér. de maneo et **mănēdum** [arch., v. *dum*], attends, reste : Pl. Bac. 571 ; As. 585 ; Ter. And. 658 ; Hec. 844.

mănendus, *a, um*, adj. verb. de maneo, qui doit être attendu : Lucr. 3, 1088.

mănentĭa, *ae*, f. (maneo), permanence, principe de la permanence : Aug. Ep. 11, 3.

mănĕō, *ēs, ēre, mansī, mansum* (cf. μένω, μίμνω ; fr. *manoir*), intr. et tr.

I intr. ¶ **1** rester : *domi* Caes. G. 4, 1, 1, rester dans ses foyers ‖ [pass. impers.] : *manetur*, on reste ; *manendum est*, on doit rester : Caes. G. 5, 31, 5 ; C. 3, 74, 2 ; Cic. Att. 8, 3, 7 ; 11, 15, 3 ¶ **2** séjourner, s'arrêter : Cic. Att. 4, 18, 3 ; 7, 13, 7 ; Liv. 22, 13, 8 ¶ **3** persister : [en parl. de pers.] *in sententia* Cic. Att. 9, 2, 1, persister dans son opinion ; *in condicione atque pacto* Cic. Verr. prim. 16, rester dans les termes d'un accord et d'un pacte ‖ [en parl. de choses] *nihil semper suo statu manet* Cic. Nat. 1, 29, rien ne demeure toujours dans son même état ; *munitiones integrae manebant* Caes. G. 6, 32, 5, les fortifications étaient encore en bon état ; *incolumis numerus manebat aratorum* Cic. Verr. 3, 125, le nombre des cultivateurs restait intact, cf. Font. 3 ; Rep. 2, 7 ; *manent ingenia senibus* Cic. CM 22, les vieillards conservent leurs facultés ; *manet iis bellum* Liv. 1, 53, 7, la guerre subsiste pour eux, ils sont toujours sous le coup de la guerre ‖ [phil.] *vitia adfectiones sunt manentes, perturbationes autem moventes* Cic. Tusc. 4, 30, les vices sont des dispositions durables (stables), les passions des dispositions changeantes ‖ [chrét.] demeurer éternellement, exister : Aug. Ev. Joh. 42, 8 ‖ rester acquis, hors de discussion : *hoc maneat* Cic. Mil. 11, que ce principe demeure acquis ; [avec prop. inf.] *maneat ergo quod turpe sit, id numquam esse utile* Cic. Off. 3, 49, qu'il soit donc acquis que ce qui est immoral n'est jamais utile ¶ **4** rester pour qqn, être réservé à qqn : *cujus tibi fatum manet* Cic. Phil. 2, 11, dont le destin t'est réservé ¶ **5** [tard.] habiter : *Marcella quae manet in Aventino* Hier. Ep. 47, 3, Marcella qui habite sur l'Aventin ‖ [chrét., l'habitation de Dieu en l'homme] : Cypr. Patient. 19.

II tr. ¶ **1** attendre qqn, qqch. : *nox, quae me mansisti* Pl. Amp. 596, ô nuit, toi qui m'as attendu ; *hostium adventum* Liv. 42, 66, 3, attendre l'arrivée des ennemis ¶ **2** être réservé à : *te triste manebit supplicium* Virg. En. 7, 596, un châtiment cruel te sera réservé ; *indigna quae manent victos* Liv. 26, 13, 18, les indignes traitements qui attendent les vaincus ; *si me aliud fatum manet* Anton. d. Cic. Phil. 13, 45, si un autre destin m'attend.

▶ parf. contr. *mansti* Lucil. d. Gell. 18, 8, 9.

1 **mānēs**, *ŭum*, m. (manis, 1 manus ; cf. 1 *maturus*, gaul. *mat-*, bret. *mat*), [litt¹] les bons ¶ **1** mânes, âmes des morts : *dii manes* Cic. Leg. 2, 22, les dieux mânes, cf. Lucr. 6, 759 ‖ mânes d'un mort : Virg. En. 4, 427 ; 6, 119 ; Liv. 3, 58, 11 ; Juv. 2, 154 ¶ **2** séjour des mânes, les enfers : Virg. G. 1, 243 ; En. 4, 387 ; Juv. 3, 149 ‖ châtiments infligés après la mort : Virg. En. 6, 743 ; Stat. Th. 8, 84 ‖ cadavre : Prop. 2, 13, 62 ; Liv. 31, 30, 5 ; Plin. 11, 148.

▶ acc. sg. *manem* Apul. Socr. 15 ‖ f. CIL 6, 18817.

2 **Mănēs**, *ētis*, m., Manès (Mani) [hérésiarque perse, chef de la secte des Manichéens, 3ᵉ s.] : Isid. 8, 5, 31.

mangănum, *i*, n. (μάγγανον ; it. *mangano*), machine de guerre : Heges. 4, 20 ; Nebr. d. Aug. Ep. 8.

mango, *ōnis*, m. (cf. μάγγανον ; esp. *mangón*), marchand d'esclaves : Sen. Ep. 80, 9 ; Mart. 1, 58, 1 ‖ maquignon, fraudeur : Quint. 2, 15, 25 ‖ joaillier : Plin. 37, 200.

mangōnĭcō, *ās, āre, āvī, ātum* (mango), tr., parer (maquiller) faire valoir [une marchandise] : Plin. 9, 168 ; 32, 135.

mangōnĭcus, *a, um* (mango), de marchand d'esclaves : Plin. 21, 170 ‖ de maquignon : Suet. Vesp. 4.

mangonium

mangōnĭum, *ĭi*, n. (*mango*), maquignonnage : Plin. 10, 140.

māni, v. *mane* ▶.

1 mănĭa, *ae*, f. (μανία), folie : Cael.-Aur. *Acut.* 3, 12, 107.

2 Mānĭa, *ae*, f. (*2 Manes*), divinité romaine, mère des Lares : Varr. *L.* 9, 61 ; Macr. *Sat.* 1, 7, 34 ; Arn. 3, 41 ‖ sorte de fantôme dont on menaçait les enfants : Fest. 114, 17 ‖ personne affreuse : P. Fest. 129, 12 ; Arn. 6, 26, cf. Fest. 114, 15.

3 Manĭa, *ae*, f., ville de Parthie : Plin. 6, 179.

mănĭbĭae, c. *manubiae* [plus. mss].

mănĭbŭla, *ae*, f., v. *manicula*.

mănĭca, *ae*, f. (*manus* ; fr. *manche*), [surtout au pl.] ¶ 1 longue manche de tunique couvrant la main : Cic. *Phil.* 11, 26 ; Virg. *En.* 9, 616 ; Tac. *G.* 17 ¶ 2 gant : Plin. *Ep.* 3, 5, 15 ¶ 3 fers pour les mains, menottes : Pl. *Cap.* 619 ; Hor. *Ep.* 1, 16, 76 ; Virg. *G.* 4, 439 ¶ 4 main de fer, grappin d'abordage : Luc. 3, 565.

mănĭcārĭus, *ii*, m. (*manica*), fabricant de brassards [pour les gladiateurs] : CIL 6, 631.

mănĭcātus, *a*, *um* (*manica*), qui a des manches : Cic. *Cat.* 2, 22 ; Col. 1, 8, 9.

mănĭcha, *ae*, c. *manica* : Hier. *Ep.* 22, 13.

Mănĭchaei, *ōrum*, m. pl., manichéens, sectateurs de Manès : Prud. *Apoth.* 1025 ‖ au sg. Cod. Just. 1, 5, 4.

mănĭcĭum, *ii*, n. (*manica*), gant, moufle : Gloss. 2, 476, 27.

mănĭcla, c. *manicula* : Laev. d. Gell. 19, 7, 10.

mănĭclĕātus, *a*, *um*, c. *manicatus* : Isid. 19, 22, 8.

mānĭcō, *ās*, *āre*, -, - (*mane*), intr., arriver dès le matin : Schol. Juv. 5, 79 ; Vulg. *Luc.* 21, 38.

mănĭcŏs, *ŏn* (μανικός), qui rend fou : Plin. 21, 179.

mănĭcŭla, *ae*, f. (dim. de *manica*), petite main : Pl. *Ru.* 1169 ; Gell. 19, 7, 10 ‖ manche (mancheron) de la charrue : Varr. *L.* 5, 135.

maniculus, *i*, m. (*2 manus*, cf. *manipulus*), poignée, botte : Sen. *Vit.* 25, 2 ; Apul. *M.* 9, 39, 7.

mănĭcum (-us ?), *i*, n. (m. ?) (*manica*, fr. *manche*), poignée, manche [de charrue] : Gloss. 5, 115, 17.

mănĭfestārĭus (mănŭf-), *a*, *um* (*manifestus*), manifeste, avéré : [choses] Pl. *Mil.* 444 ; Gell. 1, 7, 3 ‖ [pers.] Pl. *Aul.* 469 ; *Bac.* 918 ; **teneo hunc manifestarium** Pl. *Trin.* 895, je prends mon homme sur le fait [en flagrant délit].

mănĭfestātĭō, *ōnis*, f. (*manifesto*), [chrét.] manifestation, révélation : Aug. *Catech.* 4, 8 ‖ apparition [surtout à propos du Christ] : **per suae praesentiae manife-** stationem Aug. *Civ.* 20, 30, par la manifestation de sa présence.

mănĭfestātŏr, *ōris*, m. (*manifesto*), celui qui découvre : Non. 14, 6 ; Ps. Acr. Hor. *O.* 1, 9, 21.

mănĭfestātus, *a*, *um*, part. de *manifesto*.

mănĭfestē, adv. (*manifestus*), manifestement, avec évidence, clairement : *Cic. Clu.* 48 ‖ **-tius** Virg. *En.* 8, 16 ; Tac. *H.* 1, 88 ; 4, 23 ; **-tissime** Apul. *Apol.* 66 ; Dig. 33, 2, 32, 6 ; Cod. Just. 4, 18, 2, 1.

1 mănĭfestō (mănŭ-), adv., c. *manifeste* : Cic. *Brut.* 277 ‖ sur le fait : Pl. *Bac.* 858 ; *Men.* 562.

2 mănĭfestō, *ās*, *āre*, *āvī*, *ātum* (*manifestus*), tr., manifester, montrer, découvrir : Ov. *M.* 13, 105 ; Just. 24, 6, 10 ‖ révéler [théol.] : Tert. *Prax.* 27, 7.

mănĭfestus (arch. **mănŭf-**), *a*, *um* (*manus*, cf. *infestus*) ¶ 1 manifeste, palpable, évident : Cic. *Amer.* 68 ; 95 ; *Verr. prim.* 48, cf. Gell. 11, 18, 11 ‖ **-ior** Plin. 12, 123 ; **-issimus** Plin. 37, 165 ¶ 2 [en parl. de qqn] pris en flagrant délit : [abs¹] Sall. *C.* 52, 36 ‖ [avec gén.] **a)** convaincu de : *sceleris* Sall. *J.* 35, 8, convaincu d'un crime, cf. Sall. *C.* 52, 36 **b)** laissant paraître : **offensionis manifestus** Tac. *An.* 4, 53, laissant voir son ressentiment, cf. Tac. *An.* 14, 29 ; Ov. *F.* 5, 313 ; Sen. *Nat.* 4, 2, 8 ‖ [avec inf.] laissant voir que : Tac. *An.* 2, 57.

mănĭfĭcus, *a*, *um*, c. *manufactus* : Cael.-Aur. *Chron.* 2, 16.

mănĭfŏlĭum, *ii*, n., bardane [plante] : Ps. Apul. *Herb.* 36.

Mānīlĭa, *ae*, f., nom de femme : Juv. 6, 242 ; Gell. 4, 14, 3.

Mānīlĭānus, *a*, *um*, de M'. Manilius : Cic. *de Or.* 1, 246.

Mānīlĭus, *ii*, m., nom de famille romaine ; not¹, le tribun de la plèbe qui proposa la loi Manilia : Cic. *Pomp.* 69 ‖ adj¹, **lex Manilia** Cic. *Or.* 102, loi Manilia.

Mānĭŏlae, *ārum*, f. pl. (dim. de *2 Mania*), figurine caricaturale : Ael. Stilo d. Fest. 114, 17.

mănĭŏpoeŏs, *i*, m. (μανιοποιός), jusquiame : Ps. Apul. *Herb.* 4.

mănĭōsus, *a*, *um* (*1 mania*), furieux : Amm. 28, 4, 16.

mănipl-, v. *mănĭpŭl-*.

mănĭprĭtĭum, v. *manupretium*.

mănĭpŭlāris, (sync. **mănĭplāris**, Ov. *F.* 3, 117), e ¶ 1 du manipule : Cic. *Phil.* 1, 20 ‖ subst. m., simple soldat : Cic. *Att.* 9, 10, 1, [ou] camarade de manipule : Caes. *G.* 7, 47 ¶ 2 sorti du manipule, qui a été simple soldat : Plin. 33, 150 ‖ **manipularis judex** Cic. *Phil.* 1, 20, juge pris dans un manipule.

mănĭpŭlārĭus, *a*, *um*, de simple soldat : Suet. *Cal.* 9.

mănĭpŭlātim, adv., par poignée, en gerbe, en botte : Plin. 12, 48 ‖ par manipules : Liv. 8, 8 ; Tac. *H.* 1, 82 ‖ en troupe : Pl. *Ps.* 181.

mănĭpŭlus, (sync. [poét.] **mănĭplus**), *i* m. (*2 manus* et *pleo*, *plenus*) ¶ 1 javelle, poignée, gerbe, botte [herbe, fleurs] : Varr. *R.* 1, 49 ; Col. 11, 2, 40 ; Virg. *G.* 3, 297 ¶ 2 manipule [trentième partie de la légion] : Caes. *G.* 2, 25 ; 6, 34 ; *C.* 2, 28 ; Ov. *F.* 3, 117 ; Gell. 16, 4, 6 ‖ [fig.] = compagnie, troupe : Ter. *Eun.* 776.

mānis, *is*, m., v. *1 manes* ▶.

Mānĭus, *ii*, m. (*1 mane*, *1 manus*), prénom romain, abrégé M'. : Varr. *L.* 9, 61 ; P. Fest. 135, 26 ‖ [prov.] **multi Mani Ariciae** Fest. 128, 18, les Manius pullulent à Aricie ‖ bonhomme : Petr. 45, 7.

Manlĭānus, *a*, *um*, de Manlius : Liv. 6, 20 ‖ à la façon de Manlius, qui rappelle Manlius : **Manliana imperia** ; Liv. 4, 29, 6 ; 8, 27, 2 = ordres durs, rigoureux, autorité despotique ‖ subst. n. *Manlianum*, nom d'une maison de campagne de Cicéron : Cic. *Q.* 3, 1, 1.

Manlĭus, *ii*, m., nom d'une famille rom. ; not¹ M. Manlius Capitolinus et Manlius Torquatus, v. *Capitolinus* et *Torquatus* : Cic. *Rep.* 2, 49 ; *Phil.* 1, 32 ; 2, 113 ‖ Cic. *Off.* 3, 112 ; *Fin.* 2, 60 ‖ **-lĭus**, *a*, *um*, de Manlius : Cic. *Phil.* 1, 32 ; Liv. 6, 20, 14.

1 manna, *ae*, f. (μάννα), grain, [d'où] parcelle : Plin. 12, 62 ; 29, 119.

2 manna, n. indécl., *Tert. *Carn.* 6, 12 (hébr. μάννα) et **manna**, *ae*, f., Hier. *Psalm.* 131, 16 ; Sulp. Sev. *Chron.* 1, 20, 3, manne [des Hébreux].

Mannarĭtĭum, *ii*, n., ville de la Belgique : Anton. 369.

mannĭō, *īs*, *īre*, -, - (germ., al. *mahnen*), tr., citer en justice, v. *mallus* : L. Sal. 1, 1.

mannisnavĭus (manis-), *ii*, m. (?), prêtre (ou magistrat) : CIL 5, 3932.

mannŭlus, *i*, m. (dim. de *1 mannus*), petit cheval, petit poney : Plin. *Ep.* 4, 2, 3 ; Mart. 12, 24, 8.

1 mannus, *i*, m., (gaul., cf. alb. *mëz*) petit cheval, poney : Lucr. 3, 1063 ; Hor. *O.* 3, 27, 6 ; Ov. *Am.* 2, 16, 49.

2 Mannus (Mănus), *i*, m., nom d'un esclave : Liv. 26, 27 ‖ dieu que les Germains regardaient comme fondateur de leur race : Tac. *G.* 2.

mānō, *ās*, *āre*, *āvī*, *ātum* (cf. v. irl. *móin* ; p.-ê. *mare*, al. an. *moor*), intr. et tr. **I** intr. ¶ 1 couler, se répandre : **fons sub ilice manat** Ov. *M.* 9, 664, une source coule sous le chêne ; **ex corpore toto (toto corpore) sudor manat** Lucr. 6, 944 ; Virg. *En.* 3, 175, la sueur coule de tout le corps ; **alvei manantes per latera** Tac. *An.* 2, 23, cales laissant pénétrer l'eau (faisant eau) par les flancs ; **patribus plebique manare gaudio lacrimae** Liv. 5, 7, 11, [inf. hist.] les sénateurs et le peuple versent des larmes de joie ‖ **simulacrum multo**

sudore manavit Cic. *Div.* 1, 74, une statue dégoutta d'une sueur abondante, cf. Liv. 23, 31, 15 ; *culter manans cruore* Liv. 1, 59, 1, couteau dégouttant de sang ‖ n. pl. *manantia*, suintements de plaie : Plin. 23, 18 ; 26, 139 ¶ **2** se répandre, circuler : *aer, qui per maria manat* Cic. *Nat.* 1, 40, l'air qui circule sur les mers ; *sonitus manant per auras* Lucr. 6, 927, les sons se répandent dans les airs ¶ **3** [fig.] **a)** se répandre : *malum manavit per Italiam* Cic. *Cat.* 4, 6, le mal se répandit dans l'Italie, cf. Cic. *Phil.* 1, 15 ; *cum tristis a Mutina fama manaret* Cic. *Phil.* 14, 15, comme de fâcheuses nouvelles circulaient venant de Modène **b)** découler : *peccata ex vitiis manant* Cic. *Par.* 22, les fautes découlent des vices ; *omnis honestas manat a partibus quattuor* Cic. *Off.* 1, 152, toute la beauté morale découle de quatre vertus [sources] ; *ab Aristippo Cyrenaica philosophia manavit* Cic. *de Or.* 3, 62, la philosophie cyrénaïque a eu pour fondateur Aristippe **c)** s'échapper de : *pleno de pectore* Hor. *P.* 337, s'échapper de l'esprit trop plein [= être rejeté par]. **II** tr., faire couler, distiller : *sudorem purpureum* Plin. 37, 170, distiller une sueur pourprée [en parl. de pierre précieuse] ; *lacrimas marmora manant* Ov. *M.* 6, 312, le marbre pleure ‖ [fig.] *mella poetica* Hor. *Ep.* 1, 19, 44, distiller le miel de la poésie.

manŏn, *i*, n. (μανόν), **manŏs**, *i*, m. (μανός), espèce d'éponge : Plin. 9, 148.

manser, ▶ *manzer*.

mansi, parf. de *maneo*.

mansĭo, *ōnis*, f. (*maneo* ; fr. *maison*) ¶ **1** action de rester, de demeurer, séjour : Cic. *Fam.* 4, 4, 5 ; *Att.* 9, 5, 1 ; *Fin.* 3, 60 ¶ **2** lieu de séjour, habitation, demeure : Plin. 18, 194 ; Pall. 1, 9, 5 ‖ auberge, gîte d'étape : Suet. *Tit.* 10 ; Plin. 12, 52 ‖ *mala mansio* Dig. 16, 3, 7 ; 47, 10, 15, 41, le dur séjour [le criminel était attaché tout au long sur une planche jusqu'à ce qu'il avouât] ‖ étape [pour la poste publique] : Dig. 50, 10, 18 ‖ quartiers [pour l'armée] : Cod. Th. 7, 1, 12.

mansĭōnārĭus, *a*, *um*, qui se passe dans un gîte d'étape : Fulg. *Myth.* 3, 6.

mansĭto, *ās*, *āre*, -, - (fréq. de *maneo*), intr., se tenir habituellement dans un lieu, habiter : Plin. 10, 7 ; Tac. *An.* 14, 42.

mansĭuncŭla, *ae*, f. (dim. de *mansio*), petite chambre, loge : Vulg. *Gen.* 6, 14.

mansŏr, *ōris*, m., hôte [chez qqn] : Sedul. *Carm.* 5, 294.

mansōrĭus, *a*, *um* (*maneo*), qui reste, permanent : Aug. *Doctr.* 1, 35, 39.

mansti, ▶ *maneo* ▶.

mansuēfăcĭo, *ĭs*, *ĕre*, *fēcī*, *factum* (*mansues*, *facio*), tr., apprivoiser : Quint. 9, 4, 5 ‖ [fig.] rendre traitable, adoucir : Liv. 3, 14, 6.

mansuēfactĭo, *ōnis*, f., action d'apprivoiser : Aug. *Nat. grat.* 15, 16.

mansuēfactus, *a*, *um*, part. de *mansuefacio*, ▶ *mansuefio*.

mansuēfīō, *fīs*, *fĭĕrī*, *factus sum*, pass. de *mansuefacio*, s'apprivoiser : Caes. *G.* 6, 28, 4 ; *mansuefactus* Plin. 8, 65, apprivoisé ‖ [fig.] s'adoucir [en parl. du caractère] *mansuefactus* Cic. *Tusc.* 1, 62, adouci.

mansuēs, *suētis* et *suis*, adj. (*mansuetus*), [arch.] ▶ *mansuetus* : Acc. *Tr.* 453 d. Fest. 140, 37 ; Gell. 5, 14, 21. ▶ acc. sg. et pl. *mansuem, mansues* Varr. *Men.* 364 ; Apul. *M.* 11, 8 ; 7, 23 ‖ acc. *mansuetem* Pl. *As.* 145.

mansuesco, *ĭs*, *ĕre*, *suēvī*, *suētum* (*mansuetus*) ¶ **1** tr., apprivoiser : Varr. *R.* 2, 1, 4 ‖ adoucir : *Lucr. 5, 1368 ‖ apaiser : Corip. *Joh.* 6, 484 ¶ **2** intr., s'apprivoiser : Col. 6, 2, 4 ; Luc. 4, 237 ‖ s'adoucir : Lucr. 2, 475 ; Virg. *G.* 4, 470.

mansuētārĭus, *ĭi*, m., celui qui apprivoise, qui dresse des animaux : Lampr. *Hel.* 21 ; Firm. *Math.* 8, 17, 6.

mansuētē, adv., doucement, avec douceur : Cic. *Marc.* 9 ; Liv. 3, 29, 3 ‖ -*tius* Apul. *M.* 9, 39.

mansuētō, *ās*, *āre*, -, - (*mansuetus*), tr., adoucir, apaiser : Vulg. *Sap.* 16, 18.

mansuētūdo, *ĭnis*, f. ¶ **1** douceur [des animaux apprivoisés] : Just. 15, 4, 19 ¶ **2** douceur, bonté, bienveillance : Caes. *G.* 2, 14 ; Cic. *Off.* 2, 32 ; *Verr.* 5, 114 ; *de Or.* 2, 200 ‖ *mansuetudo tua*, ta bonté [titre donné aux empereurs] : Eutr. *Valent.* pr.

mansuētus, *a*, *um* (2 *manus, suetus*) ¶ **1** apprivoisé [en parl d'animaux] : Varr. *R.* 1, 20, 2 ; Liv. 35, 49, 8 ; Plin. 11, 12 ¶ **2** doux, traitable, tranquille, calme : Cic. *Leg.* 1, 24 ; *Phil.* 3, 23 ; Liv. 3, 16, 4 ; Prop. 1, 17, 28 ‖ -*tior* Cic. *Fam.* 1, 9, 23 ; Ov. *Tr.* 3, 6, 29 ; -*tissimus* Cic. *de Or.* 2, 201 ; Val. Max. 2, 7, 11.

mansuēvi, parf. de *mansuesco*.

mansūrus, *a*, *um*, part. fut. de *maneo*.

mansus, *a*, *um*, part. de 2 *mando* et de *maneo*.

Manteium ou **Mantium**, *i*, n. (Μαντεῖον), villes de Cappadoce et de Lydie ; deux ville d'Ionie : Plin. 5, 115.

mantēlē (-tīlē), *is*, n., Varr. *L.* 6, 85 et **mantēlĭum**, *ĭi*, n. (2 *manus, tergeo*, *man-terg-s-li-*), essuie-mains, serviette : Virg. *G.* 4, 377 ; Plin. 7, 12 ‖ nappe : Isid. 19, 26, 6.

mantellum, *i*, n. (gaul. ; fr. *manteau*), manteau, voile [fig.] : Pl. *Cap.* 520.

mantēlum, *i*, n. (*mantele*), serviette : Lucil. 1206 ; Fest. 118, 18 ; P. Fest. 119, 7 ; ▶ *mantelium*.

mantĭa, *ae*, f. (dace ; cf. alb. *man*), mûre : *Ps. Apul. *Herb.* 88, 32.

Mantĭāni, ▶ *Matiani*.

mantĭca, *ae*, f. (cf. *mantellum* ; it. *mantice*), bissac : Lucil. 1207 ; Catul. 22, 21 ; Hor. *S.* 1, 6, 106 ; Apul. *M.* 1, 18.

Mantĭcē, *ēs*, f. (μαντική), déesse de la divination : Capel. 1, 23.

mantĭchŏrās, *ae*, m. (μαντιχόρας), manticore [animal fabuleux de l'Inde] : Plin. 8, 75 ; 8, 107.

mantĭcĭnŏr, ▶ *mantiscinor*.

mantĭcŭla, *ae*, f. (dim. de *mantica*), petit sac, bourse : Fest. 118, 3.

mantĭcŭlārĭa, *ĭōrum*, n. pl., choses qu'on a sous la main : P. Fest. 119, 5.

mantĭcŭlārĭus, *ĭi*, m. (*manticula*), coupeur de bourses, filou : Tert. *Apol.* 44, 2.

mantĭcŭlātĭo, *ōnis*, f. (*manticulor*), fourberie, tromperie : Gloss. 5, 33, 4.

mantĭcŭlātŏr, *ōris*, m. (*manticulor*), coupeur de bourses : Pacuv. *Tr.* 376.

mantĭcŭlō, *ās*, *āre*, -, -, Gloss. 5, 523, 45, **mantĭcŭlŏr**, *ărĭs*, *ārī*, - (*manticula*), tr., fouiller dans les bourses, voler : Pacuv. *Tr.* 377, cf. Fest. 118, 5 ‖ dérober : Apul. *Apol.* 55.

mantīl-, ▶ *mantel-*.

Mantĭnēa, *ae*, f. (Μαντινεια), Mantinée [ville d'Arcadie, célèbre par la victoire et la mort d'Épaminondas] : Nep. *Epam.* 9, 1 ; Cic. *Fin.* 2, 97 ; *Fam.* 5, 12, 5 ‖ nom d'une localité dans l'Argolide : Plin. 4, 17.

mantīsa (-tissa), *ae*, f. (étr.), surplus du poids, rabiot : Lucil. d. P. Fest. 119, 11 ‖ supplément (à payer) : Petr. 65, 10.

mantiscĭnŏr, *ārĭs*, *ārī*, - (μάντις, *cano*, cf. *vaticinor, lenocinor*), intr., prophétiser : *Pl. *Cap.* 896.

1 **mantō**, *ās*, *āre*, -, - (fréq. de *maneo*) ¶ **1** intr., persister : Caecil. *Com.* 87 ‖ rester, attendre : Pl. *Most.* 116 ; *Ru.* 444 ¶ **2** tr., attendre qqn : Pl. *Poen.* 134 ; Caecil. *Com.* 34.

2 **Mantō**, *ūs*, f. (Μαντώ), fille du devin Tirésias, mère du devin Mopsus : Hyg. *Fab.* 128 ; Ov. *M.* 6, 157 ‖ nymphe italienne, mère d'Ocnus : Virg. *En.* 10, 198.

Mantŭa, *ae*, f., Mantoue [ville d'Italie, sur le Pô, patrie de Virgile] Atlas V, E4 ; XII, B2 : Plin. 3, 130 ; Virg. *En.* 10, 200 ; Liv. 24, 10, 7 ; Ov. *Am.* 3, 15, 7 ‖ *-ānus*, *a*, *um*, de Mantoue, de Virgile : Stat. *S.* 4, 7, 26 ; Macr. *Sat.* 1, 16, 43 ; [subst. m.] Macr. *Sat.* 5, 1, 4, l'homme de Mantoue, Virgile.

mantŭātus, *a*, *um* (2 *mantus*), qui a un manteau militaire : Gloss. 4, 418, 26.

mantŭēlis, *e*, qui ressemble à un *mantus* : Treb. *Claud.* 17, 6.

Manturna, *ae*, f., déesse qui présidait à la durée du mariage : Aug. *Civ.* 6, 9.

1 **Mantus**, *i*, m., le dieu des enfers, chez les Étrusques : Serv. *En.* 10, 199.

2 **mantŭs**, *ūs*, m. ou f. (cf. *mantellum* ; it., esp., port. *manto*), manteau court : Caes.-Arel. *Test.* 107 ; Isid. 19, 24, 15.

mănŭa, *ae*, f. (*manus* ; it. *manna*), poignée : Schol. Juv. 8, 153.

manuale

mănŭāle, *is*, n. (*manualis*), étui de livre : Mart. 14, 84 *tit*. ‖ livre portatif [manuel] : Gloss. 5, 605, 6.

mănŭālis, *e* (*manus*), de main, qu'on tient dans la main : *manualis fasciculus* Plin. 19, 16, petite botte qu'on tient dans la main, javelle ; *manuale saxum* Tac. An. 4, 51, pierre qu'on lance avec la main.

Manuana, v. 3 *mana*.

1 mănŭārius, *a*, *um* (fr. manière), c. *manualis* : Dig. 33, 7, 26 ; Char. 118, 34 ‖ *aes manuarium* Gell. 18, 13, 4, argent gagné au jeu [au maniement des dés].

2 mănŭārius, *ii*, m. (1 *manuarius*, cf. *manuor*), voleur : Laber. d. Gell. 16, 7, 3.

mănŭātus, *a*, *um* ¶ 1 muni de mains : Capel. 4, 378 ¶ 2 part. de *manuor*, qui a volé.

mănŭballista, *ae*, f., arbalète : Veg. Mil. 2, 15 ; 4, 42.

mănŭballistārius, *ii*, m., arbalétrier : Veg. Mil. 3, 14 ; 4, 21.

mănŭbĭae, *ārum*, f. pl. (2 *manus*, *habeo*) ¶ 1 argent obtenu par la vente du butin, argent du butin : Gell. 13, 24, 25 ; Cic. Verr. 3, 186 ; Agr. 1, 13 ; Rep. 2, 31 ; Plin. 7, 97 ‖ [fig.] butin, profit : *qui manubias sibi tantas ex L. Metelli manubiis fecerit* Cic. Verr. 1, 154, lui qui s'est fait un si riche butin du butin conquis par L. Metellus, cf. Amer. 108 ‖ butin, dépouilles : Petr. 79, 12 ; Flor. 2, 18, 6 ‖ pillage : Suet. Vesp. 16 ; Cal. 41 ¶ 2 [langue des augures] sg., *manubia*, foudre [l'un des trois foudres tenus par Jupiter] : Sen. Nat. 2, 41, 2 ; Serv. En. 11, 259 ; P. Fest. 236, 21 ; 114, 5.

▶ orth. *manibiae* Vel. 7, 67, 3 CIL 6, 1316.

mănŭbĭālis, *e* (*manubiae*), provenant du butin fait sur l'ennemi : Suet. Aug. 30.

mănŭbĭārius, *a*, *um* (*manubiae*), qui sert de butin, qui rapporte du profit : *Pl. Truc. 880.

mănŭbrĭātus, *a*, *um* (*manubrium*), qui a un manche, emmanché : Pall. 1, 43, 2 ; Amm. 25, 1, 15.

mănŭbrĭŏlum, *i*, n. (dim. de *manubrium*), petit manche : Cels. 7, 6, 4.

mănŭbrĭum, *ii*, n. (2 *manus*, *fero*, cf. *probrum*), manche, poignée : Cic. Verr. 4, 62 ; Col. 5, 10, 2 ; Juv. 11, 133 ; *eximere alicui ex manu manubrium* Pl. Aul. 468, couper l'herbe sous le pied à qqn [prov.] ‖ poignée de robinet : Vitr. 10, 8, 3.

mănŭcĭŏlus, *i*, m. (2 *manus*, cf. *manipulus*), petite botte [de paille] : Petr. 63, 8.

mănŭcla, *ae*, f. (dim. de 2 *manica*), détente [de la catapulte] : Vitr. 10, 10, 4.

mănŭcŭlātus, v. *manuleatus*.

mănŭfactĭlis, *e*, fait de main d'homme : VL. Lev. 26, 1.

mănŭfactum, *i*, n., œuvre faite de main d'homme : Vulg. Act. 7, 48.

mănŭfest-, v. *manifest-*.

mănŭinspex, *ĭcis*, m., chiromancien : Gloss. 2, 476, 41.

mănŭlĕārĭus, *ii*, m. (*manuleus*), celui qui fait des tuniques à manches : Pl. Aul. 511.

mănŭlĕātus, *a*, *um* (*manuleus*), muni de manches : Pl. Ps. 778 ‖ vêtu d'une tunique à manches : Suet. Cal. 52 ; Sen. Ep. 33, 2.

mănŭlĕus, *i*, m. (*manus*), manche longue : Acc. Poet. 12 ; Ps. Caper Orth. 7, 110, 10.

mănūmissālĭa, *ĭum*, n., formalités de l'affranchissement des esclaves : App.-Prob. 4, 196, 7.

mănūmissĭo, *ōnis*, f. (*manumitto*) ¶ 1 fait de libérer de sa puissance un esclave : *manumissio id est datio libertatis* Dig. 1, 1, 4, l'affranchissement c'est donner la liberté [sur les modes d'affranchissement, cf. Cic. Top. 10 ; Gai. Inst. 1, 17] ¶ 2 fait de libérer un enfant soumis à la puissance paternelle, émancipation : Dig. 5, 2, 16, 1 ¶ 3 remise de peine, pardon : *Sen. Clem. 1, 3, 1.

mănūmissŏr, *ōris*, m., celui qui affranchit un esclave : Dig. 37, 15, 3 ‖ celui qui émancipe un fils : Dig. 37, 12, 1 ‖ [fig.] Tert. Marc. 5, 4, 9.

mănūmissus, *a*, *um*, part. de *manumitto*.

mănūmittō (mănū mittō), *is*, *ĕre*, *mīsī*, *missum*, tr., affranchir [un esclave], lui donner la liberté : Cic. Mil. 58 ; Fam. 13, 77, 3 ; Tac. An. 13, 32 ; *ut si a me manumissus esset* Cic. Fam. 13, 21, 2, comme s'il me devait son affranchissement ‖ *manu* séparé de *mitto* Cic. Mil. 57 ‖ émanciper un fils [le libérer de la puissance paternelle] : Dig. 35, 1, 92.

mănŭŏr, *ārĭs*, *ārī*, *ātus sum*, tr., voler, dérober : Laber. d. Gell. 16, 7, 2.

mănŭprĕtĭōsus, *a*, *um*, qui est d'un travail précieux : Cat. d. Gell. 13, 23, 1.

mănŭprĕtĭum, mănĭp-, Cic., *ii*, n. ou **mănūs prĕtĭum**, Dig. 50, 16, 13 ¶ 1 prix de la main-d'œuvre : Pl. Men. 544 ; Cic. Verr. 1, 147 ; Liv. 34, 7, 4 ; Plin. 34, 37 ‖ [fig.] salaire, récompense : Cic. Pis. 57 ; Sen. Ep. 101, 6 ¶ 2 main-d'œuvre, travail de l'ouvrier : Dig. 50, 16, 13.

1 mānus, *a*, *um* (cf. 1 *manes*), [arch.] bon : *manom* CIL 1, 4 ; Varr. L. 6, 4 ; Macr. Sat. 1, 3, 13 ; Serv. En. 1, 139 ; 2, 268 ; v. *cerus*.

2 mănŭs, *ūs*, f. (*manica, malluviae, manceps*, 1 *mando*, cf. osq. *manim*, al. *Mund* f., εὐμαρής, p.-ê. *ansa*, fr. *main*) ¶ 1 main : *urbs manu munitissima* Cic. Verr. 2, 4, ville très fortifiée par la main de l'homme, cf. Caes. C. 3, 44, 3 ; *hydria Boethi manu facta* Cic. Verr. 4, 32, hydrie faite de la main de Boethus ; *mea manu scriptae litterae* Cic. Fam. 3, 6, 2, lettre écrite de ma propre main ; *templo manus impias adferre* Cic. Verr. 1, 47, porter ses mains impies sur un temple [= le dépouiller, le piller] ‖ *manum injicere alicui* Cic. Com. 48, mettre la main au collet de qqn (l'arrêter) ‖ *manum adire alicui* [prov.], berner, tromper qqn (sous couleur de lui procurer un avantage ou du plaisir), v. 2 *adeo* fin ; *manum tangere* Sen. Ben. 6, 16, 2, tâter le pouls ‖ [fig.] *manu facere*, faire de sa propre main : *morbi quos manu fecimus* Sen. Brev. 3, 2, maladies que nous nous sommes données (artificielles) ; *liberos ejurare et orbitatem manu facere* Sen. Marc. 19, 2, renier ses enfants et se créer une solitude artificielle ‖ *dare manus* Pl. Pers. 855, tendre les mains, s'avouer vaincu, cf. Cic. Lae. 99 ; Caes. G. 5, 31, 3 ; Nep. Ham. 1, 4 ‖ *in manus sumere aliquid* Cic. Verr. 4, 62, prendre qqch. en mains ‖ *in manibus nostris hostes videntur* Caes. G. 2, 19, 7, les ennemis semblent sur nos bras, cf. Liv. 4, 57, 1 ; *in manibus habere aliquid* Cic. Lae. 102, avoir une chose sous la main, la toucher du doigt ; *occasio in manibus est* Liv. 7, 36, 10, l'occasion est sous la main ‖ *haec non sunt in nostra manu* Cic. Fam. 14, 2, 3, cela n'est pas en notre pouvoir ; *neque mihi in manu fuit, Jugurtha qualis foret* Sall. J. 14, 4, je n'étais pas le maître de former Jugurtha ; *uti tuti simus, in vostra manu est* Sall. J. 14, 13, notre sécurité est entre vos mains ‖ *habere opus in manibus* Cic. Ac. 1, 2, avoir en mains (sur le chantier) un ouvrage ; *septimus mihi liber Originum est in manibus* Cic. CM 38, je travaille au septième livre des Origines (*inter manus* Plin. Ep. 2, 5, 2 ; 5, 5, 7) ; *quamcumque rem habent in manibus* Cic. Tusc. 5, 18, quelque matière qu'ils traitent ‖ *aliquem in manibus habere* Cic. Fam. 1, 9, 10, dorloter, choyer qqn ‖ *est in manibus oratio* Cic. Lae. 96, le discours est entre les mains du public, cf. Cic. CM 12 ; Brut. 125 ‖ *proelium in manibus facere* Sall. J. 57, 4, combattre de près ‖ *inter manus e convivio auferri* Cic. Verr. 5, 28, être emporté dans les bras hors du festin, cf. Liv. 3, 13, 3 ; *agger inter manus proferebatur* Caes. C. 2, 2, 3, le terrassement avançait entre les mains des travailleurs, cf. Sen. Ep. 12, 1 ‖ *inter manus esse* Virg. En. 11, 311, être sous la main, palpable, manifeste ‖ *ad manum habere, esse* Quint. 12, 5, 1 ; Liv. 9, 19, 6, avoir sous la main, à la disposition ; *ad manum intueri* Plin. 35, 97, regarder de près ‖ *servum habere sibi ad manum* Cic. de Or. 3, 225, avoir un esclave qui vous serve de secrétaire ; *servus a manu* Suet. Caes. 74, secrétaire ‖ *de manu in manum tradere* Cic. Fam. 7, 5, 2, remettre de la main à la main ‖ *per manus* Caes. G. 6, 37, 6, de mains en mains, cf. G. 7, 25, 2 ; 7, 47, 6 ‖ *per manus alicujus* Cic. Att. 1, 12, 3, par les mains, par les soins de qqn ‖ *per manus* Sall. J. 31, 22, par la force ‖ *sub manu* Planc.

Fam. 10, 23, 2, sous la main, à proximité ; *sub manum* Suet. *Aug.* 49, aisément ∥ *manibus aequis* Tac. *An.* 1, 63 ; *aequa manu* Sall. *C.* 39, 4, avec un égal avantage, sans résultat décisif ∥ [chrét.] *manus ponere super aliquem* Vulg. *Gen.* 48, 14 ; *Num.* 27, 18, imposer les mains [en signe de bénédiction ou d'accession à une fonction particulière au sein du peuple de Dieu] ¶ **2** [sens fig. divers] **a)** *manus ferrea* Caes. *C.* 1, 57, 2 [qqf. seul[t]] *manus* Curt. 4, 2, 12, grappin **b)** bras, action : *manu et consilio promptus* Liv. 2, 33, 5, homme de tête et d'action ∥ force, main armée : *manum conserere, conferre*, v. *conserere, conferre* ; *manum committere Teucris* Virg. *En.* 12, 60, en venir aux mains avec [combattre] les Troyens ; *manu decertare* Cic. *Off.* 1, 81, chercher dans la force la solution d'un conflit **c)** violence, mêlée, voie de fait : *res venit ad manus* Cic. *Verr.* 5, 28, la chose en vint aux voies de fait ; *venire ad manum* Liv. 2, 30, 12, en venir aux mains, cf. Sall. *J.* 89, 2 ; *pugna jam in manus venerat* Liv. 2, 46, 3, le combat en était déjà venu au corps à corps ; *manus adferre (alicui)* Cic. *Verr.* 1, 67 ; Quinct. 85, porter la main (se livrer à des voies de fait) sur qqn ; *manus sibi adferre* Planc. *Fam.* 10, 23, 4, attenter à ses jours ; [fig.] *beneficio suo manus adfert* Sen. *Ben.* 2, 5, 3, il attente à son bienfait [il l'annihile] **d)** main de l'artiste : *manus extrema non accessit operibus ejus* Cic. *Brut.* 126, ses ouvrages n'ont pas reçu la dernière main ∥ [sens péjor.] : *oratio manu facta* Sen. *Ep.* 115, 2, style affecté, apprêté ∥ *artificum manus inter se miratur* Virg. *En.* 1, 455, il admire la main [l'habileté] des artistes luttant entre eux, cf. Virg. *En.* 1, 592 **e)** main, écriture du scribe : *Alexidis manum amabam* Cic. *Att.* 7, 2, 3, j'aime l'écriture d'Alexis, cf. Cic. *Cat.* 3, 12 ∥ écrit autographe [sg. et pl.] Quint. 1, 7, 20 ; Plin. 13, 83 **f)** coup au jeu de dés : *manus alicui remittere* Suet. *Aug.* 71, faire abandon de coups gagnés à qqn **g)** coup, botte [escrime] : Quint. 5, 13, 54 ; 9, 1, 20 **h)** trompe de l'éléphant : Cic. *Nat.* 2, 120 **i)** troupe : *facta manu* Cic. *Verr.* 4, 96, ayant rassemblé une troupe ; *fugitivorum* Cic. *Verr.* 4, 94, troupe d'esclaves fugitifs ∥ poignée d'hommes : Caes *G.* 6, 8, 1 ; 7, 61, 5 **j)** [droit] pouvoir, puissance : *majores nostri feminas voluerunt in manu esse parentium, fratrum, virorum* Liv. 34, 2, 11, nos ancêtres ont voulu mettre les femmes sous la dépendance des pères, des frères, des maris ∥ puissance paternelle : *sua manu dimittere filios* Inst. Just. 1, 12, 6, émanciper ses enfants (cf. *manu missio*) ∥ [en part.] puissance du mari sur l'épouse, [acquise par un procédé distinct du mariage] *in manum convenire (conventio)* Gai. *Inst.* 1, 109, passer sous la puissance (du mari) ; *in manu habere uxorem* Gai. *Inst.* 2, 90, avoir la puissance sur son épouse ; *cum mulier viro in manum convenit* Cic. *Top.* 23, quand une femme tombe sous la puissance légale d'un mari [= se marie], cf. Cic. *Flac.* 84 **k)** [chrét.] [pour exprimer le moyen] *locutus est dominus in manu Isaiae* Vulg. *Is.* 20, 2, le Seigneur parla par l'intermédiaire d'Isaïe.

▶ dat. *manu* Prop. 1, 11, 12 cf. Prisc. 2, 363, 9.

3 Mănus, v. *Mannus*.

mănŭtergĭum, *ĭi*, n. (2 *manus*, *tergeo*), essuie-mains : Isid. 19, 26, 7.

mănūtĭgĭum, *ĭi*, n. (*manus, tango*), friction avec la main : Cael.-Aur. *Chron.* 1, 4, 121.

mănūtus, *a*, *um*, qui a de longues mains : Gloss. 5, 605, 5.

manzĕr, *ĕris*, adj. (hébr.), bâtard, né d'un commerce illégitime : Sedul. *Carm.* 5, 256 ∥ [fig.] n. pl., *manzera* Fort. *Carm.* 5, 5, 75, bâtards.

măpālĭa, *ĭum*, n. pl. (cf. 1 *magalia*) ¶ **1** cabane, hutte : Cat. *Orig.* 4, 2 ; Fest. 132, 8 ; Sall. *J.* 18, 8 ; Virg. *G.* 3, 340 ∥ sg., *mapale* Aus. *Periocb.* 16, 41 (460), 2 ; [avec sens collectif] Val.-Flac. 2, 460 ¶ **2** [fig.] **a)** vétilles, sornettes : Petr. 58, 13 **b)** sottises, niaiseries : *Sen. *Apoc.* 9, 1.

mappa, *ae*, f. (pun. ; fr. *nappe*) ¶ **1** serviette ; serviette de table : Cat. *Agr.* 10, 5 ; Hor. *S.* 2, 8, 63 ; Mart. 4, 46, 17 ; Juv. 5, 27 ¶ **2** serviette qu'on jetait dans le cirque pour donner le signal des jeux : Quint. 1, 5, 57 ; Mart. 12, 29, 9 ; *mittere mappam* Suet. *Ner.* 22, donner le signal des jeux ; *spectacula mappae* Juv. 11, 191, jeux du cirque.

mappŭla, *ae*, f. (*mappa*), petite serviette : Hier. *Ep.* 108, 27, 2.

Maracanda, *ōrum*, n. pl., capitale de la Sogdiane [auj. Samarkand] : Curt. 7, 6, 16 ; 7, 9, 20.

Maraces, *um*, m. pl., peuple d'Étolie : Plin. 4, 6.

Mărăthē, *ēs*, f. (Μαράθη), île voisine de Corcyre : Plin. 4, 53.

Mărăthēnus, *a*, *um*, de Marathos : Cic. *Brut.* 100.

Mărăthesĭum, *ĭi*, n., ville d'Ionie : Plin. 5, 114.

Mărăthōn, *ōnis*, f. (Μαραθών), m. Mel. 2, 45, Marathon [bourg et plaine de l'Attique, où Miltiade vainquit les Perses] Atlas VI, B2 : Cic. *Off.* 1, 61 ; Nep. *Milt.* 4, 2 ; Plin. 35, 57 ∥ **-ōnis**, *ĭdis*, adj. f., de Marathon : Stat. *Th.* 11, 644 ; 12, 730 ∥ **-ōnĭus**, *a*, *um*, de Marathon : Cic. *Tusc.* 4, 50 ; *Att.* 9, 10, 3.

Mărăthŏs (-us), *ĭ*, f. (Μάραθος), ville de Phénicie : Mel. 1, 67 ; Plin. 5, 78 ; Curt. 4, 1, 6.

măräthrītēs, *ae*, m. (μαραθρίτης), vin de fenouil : Col. 12, 35.

măräthrum, *i*, n. (μάραθρον), fenouil [plante] : Plin. 8, 99 ; 20, 110 ∥ acc. pl. *-ros* Ov. *Med.* 91.

1 Măräthŭs, *i*, m., nom d'homme : Tib. 1, 8, 49 ∥ affranchi d'Auguste qui avait écrit sa vie : Suet. *Aug.* 79 ∥ f., v. *Marathos*.

2 Măräthŭs, *untis*, f., Marathonte [ville de Syrie] : Plin. 12, 124.

Măräthūsa, *ae*, f., ville de Crète : Plin. 4, 59 ∥ île de la mer Égée : Plin. 5, 137.

Maratōcuprēni, *ōrum*, m. pl., brigands syriens [ainsi nommés de la ville où ils s'étaient retirés] : Amm. 28, 2, 11.

Marazānia, *ōrum*, f. pl., ville de la Byzacène [auj. Haouch Sultani] : Anton. 47.

Marcella, *ae*, f., nom de femme : CIL 6, 9892.

Marcellĭa, *ōrum*, n. pl., fêtes de Marcellus [célébrées à Syracuse] : Cic. *Verr.* 2, 51 ; 2, 154.

Marcellĭānus, *a*, *um*, de Marcellus : Suet. *Vesp.* 19.

Marcellīnus, *i*, m. et **-na**, *ae*, f., nom d'homme et de femme : CIL 11, 830 ; 6, 1343.

1 marcellus, *i*, m. (*marcus*), petit marteau : Isid. 19, 7, 2.

2 Marcellus, *i*, m., nom d'une branche de la *gens Claudia* ; not[t] ¶ **1** M. Claudius Marcellus qui prit Syracuse : Cic. *de Or.* 1, 176 ; Liv. 25, 23 ¶ **2** le jeune Marcellus, neveu d'Auguste : Virg. *En.* 6, 861 ; Vell. 2, 93 ; Tac. *An.* 1, 3, 1.

marcens, *entis*, part.-adj., v. *marceo*.

marcĕō, *ēs*, *ēre*, -, - (cf. *fraces* et p.-ê. 1 *murcus*, *braces*, v. irl. *mraich*, al. *morsch* ; it. *marcire*), intr. ¶ **1** être fané, flétri : Stat. *S.* 5, 5, 29 ∥ *marcens*, fané, flétri : Mart. 5, 78, 12 ¶ **2** être affaibli, languissant : *annis corpus marcet* Lucr. 3, 946, le corps est flétri [décrépit] par les années ; *marcere Campana luxuria* Liv. 23, 45, 2, être affaibli par les délices de Capoue ∥ être engourdi : Curt. 4, 13, 18 ∥ *marcens* Hor. *S.* 2, 4, 58, alourdi, engourdi, cf. Tac. *H.* 3, 36 ; *marcens pax* Tac. *G.* 36, paix engourdissante.

marcĕrō, *ās*, *āre*, -, - (*marceo* et *macero*), se faner, se flétrir : Not. Tir. 113, 48.

marcescĭbĭlis, *e*, sujet à se faner, à se flétrir : Not. Tir. 113, 48 a.

marcescō, *ĭs*, *ĕre*, -, -, intr. ¶ **1** se flétrir, se faner : Plin. 16, 218 ; 21, 2 ¶ **2** s'affaiblir, languir : Plin. 37, 125 ; Col. 7, 7, 1 ∥ s'engourdir, s'alourdir : *marcescere desidia* Liv. 28, 35, 3, s'engourdir dans l'inaction ; *otii situ* Liv. 33, 45, 7, se rouiller dans l'inaction ; Ov. *Pont.* 1, 5, 45.

▶ parf. *marcui* Aug. *Conf.* 13, 26, 39.

Marchadae, *ārum*, m. pl. ou f. pl., peuple ou ville près du golfe Arabique : Plin. 6, 165.

Marchubi, *ōrum*, m. pl., peuple de la Maurétanie césarienne : Plin. 5, 30.

1 Marcĭa, *ae*, f., nom de femme ; en part., femme de Caton, ensuite d'Hortensius : Luc. 3, 228 ; 2, 344.

2 Marcĭa Aqua, f., eau Marcia [nom d'un aqueduc romain commencé en 144 av. J.-C. par le préteur Q. Marcius Rex] : Plin.

Marcia Aqua

31, 41 ‖ [synonymes]: **Marcia lympha** Tib. *3, 6, 58*; **Marcius liquor** Prop. *4, 1, 52* ‖ **Marcia frigora** Stat. S. *1, 5, 25*, la fraîcheur de l'eau Marcia.

Marciānē, adv., à la façon de Marcius: Ps. Prisc. Acc. *47* = *3, 528, 25*.

Marciānŏpŏlis, *is*, f., ville de la Mésie inférieure [auj. Reká Dévnja]: Treb. Claud. *9, 3*; Amm. *27, 4, 12*.

1 **Marciānus**, *a, um*, de Marcius: Cic. Balb. *39*; Liv. *25, 12* ‖ **Marciana Silva** Amm. *21, 8, 2*, forêt de la Germanie.

2 **Marciānus**, *i*, m., nom d'homme: Cic. Att. *12, 17* ‖ Marcien, empereur d'Orient [450-457]: Jord. Get. *49, 255* ‖ jurisconsulte: Inst. Just. *4, 3, 1*.

marcĭdō, *ās, āre, -, -* (*marcidus*), intr., se gâter: Gloss. *2, 127, 29*.

marcĭdŭlus, *a, um* (dim. de *marcidus*), un peu languissant [en parl. des yeux]: Capel. *7, 727*.

marcĭdus, *a, um* (*marceo*) ¶ 1 fané, flétri: Ov. M. *10, 92* ‖ pourri: Vitr. *2, 8, 20* ¶ 2 faible, languissant: Sen. Med. *69*; Stat. Th. *4, 652* ‖ languissant, langoureux [œil]: Apul. M. *3, 14, 5* ‖ énervé, engourdi: Tac. An. *6, 4*.

Marcilius, nom d'homme: Cic. Fam. *13, 54*.

Marcĭo, *ōnis*, m., nom d'homme: CIL *6, 648*.

Marciōn, *ōnis*, m. (cf. *Marcio*, Μαρκίων), Marcion [écrivain de Smyrne]: Plin. *28, 38* ‖ Marcion [hérésiarque de Sinope]: Tert. Marc. *1, 1, 1* ‖ **-nensis**, *e*, de Marcion: Tert. Praescr. *30, 5*; **-nīta** et **-nista**, *ae*, m., de Marcion: Prud. Ham. *129*; Cod. Just. *1, 5, 5*.

Marcĭpŏr, *ŏris*, m. (= *Marci puer*), esclave de Marcus: Plin. *33, 26*; Prisc. *2, 236, 12* ‖ titre d'une satire ménippée de Varron: Varr. Men. *269 tit..*

Marcĭus, *ĭi*, m. (*Marcus*), nom d'une famille romaine; notᵗ Ancus Marcius, roi de Rome: Cic. Rep. *2, 33* ‖ [au pl.] *Marcii*, les frères Marcius, devins: Cic. Div. *1, 84*; *1, 115*; *2, 113* ‖ **-cĭus**, *a, um*, de Marcius, v. *Marcia aqua*; *Marcius saltus* Liv. *39, 20, 10*, défilé des Marcius en Ligurie.

Marcŏdūrum, *i*, n., ville des Ubiens [Duren] Atlas V, C3: Tac. H. *4, 28*.

Marcolica, *ae*, f., ville d'Hispanie: Liv. *45, 4*.

Marcŏmăgus, *i*, m., ville de Germanie [Marmagen]: Peut. *2, 1*.

Marcŏmăni (-manni), *ōrum*, m. pl., Marcomans, peuple de Germanie Atlas I, B4: Caes. G. *1, 51*; Tac. G. *42*; An. *2, 46* ‖ Vell. *2, 108, 1*.

Marcŏmānĭa (-mannia), *ae*, f. (fr. Marmagne), pays des Marcomans: Capit. Aur. *24, 5* ‖ **-mănĭcus (-mannĭcus)**, *a, um*, Eutr. *8, 12, 2*, des Marcomans.

Marcŏmēdi, *ōrum*, m. pl., peuple de l'Arménie: Eutr. *8, 3, 1*.

Marcŏmĕrēs, *ae* (**-mĭrus**, *i*), m., Marcomir, chef des Francs: Claud. Cons. Stil. *1, 241*.

marcŏr, *ōris*, m. (*marceo*) ¶ 1 état d'une chose flétrie, pourriture, putréfaction: Sen. Nat. *3, 27, 4*; Plin. *22, 94* ¶ 2 assoupissement, engourdissement: Stat. Th. *10, 269*; Cels. *3, 20, 1* ‖ abattement, langueur: Sen. Tranq. *2, 10*.

marcŭlentus, *a, um*, v. *marcidus*: Fulg. Myth. *2, 5*.

marcŭlus, *i*, m. (cf. *malleus*, 1 *marcus*; esp. *macho*), hache, marteau: Isid. *19, 7, 2*; Plin. *7, 195*; Mart. *12, 57, 6*.

1 **marcus**, *i*, m. (de *marculus*, cf. *malleus*), marteau: Isid. *19, 7, 2*.

2 **Marcus**, *i*, m. (*Marticus*, Mars), prénom romain, en abrégé M. ‖ Marc Aurèle, empereur [161-180]: Capit. Aur. *1, 5* ‖ saint Marc, évangéliste: Fort. Carm. *8, 3, 151*.

3 **marcus**, *i*, m. (gaul., cf. bret. *marc'h*, cheval, cépage [vigne]: Col. *3, 2, 25*.

Mardāni, m. pl., v. *Mandani*.

Mardi, *ōrum*, m. pl., peuple voisin de l'Hyrcanie: Plin. *6, 134*; Tac. An. *14, 23*.

Mardŏchaeus, *i*, m., Mardochée, oncle d'Esther: Vulg. Esther *2, 5*.

Mardōnĭa, *ae*, f., ancienne ville de Lucanie: Plin. *3, 98*.

Mardōnius, *ĭi*, m. (Μαρδόνιος), général des Perses, vaincu par Pausanias: Nep. Paus *1, 2*; Curt. *4, 1*.

Mardus, *i*, m., fleuve de l'Hyrcanie: Avien. Perieg. *909*.

mărĕ, *is*, n. (cf. bret. *mor*, al. *Meer*, rus. *more*; fr. *mer*) ¶ 1 la mer: Cic., Caes., Virg., etc. ‖ *terra marique*, v. *terra* ‖ pl. *maria* Cic. Tusc. *5, 69* Caes. G. *5, 1, 2* ‖ *mare Oceanus* Caes. G. *3, 7, 2*, l'Océan ‖ *nostrum mare* Caes. G. *5, 1, 2*; Sall. J. *17, 4*, mer Méditerranée ‖ bras de mer: Cic. Verr. *4, 103* ¶ 2 eau de mer, eau salée: Hor. S. *2, 8, 15*; Plin. *14, 73* ‖ vert de mer [couleur]: Plin. *37, 80* ¶ 3 [fig.] *aeris magnum mare* Lucr. *5, 276*, le vaste océan de l'air; *mare caelo confundere* Juv. *6, 283*, remuer ciel et terre ‖ *maria et montes pollicere* Sall. C. *23, 3*, promettre monts et merveilles ‖ *in mare fundere aquas* Ov. Tr. *5, 6, 44*, verser de l'eau dans la mer (porter de l'eau à la rivière) ‖ vaste récipient: Vulg. 4 Reg. *25, 13*.

▶ au lieu de *mari*, abl. *mare* Pl. Mil. *1309*; Lucr. *1, 161*; Ov. Tr. *5, 2, 20* ‖ gén. pl. *marum* Naev. d. Prisc. *2, 352, 5*.

Mărĕa, v. *Mareota*.

Marēnē, *ēs*, f., partie de la Thrace: Liv. *42, 67*.

Marĕōta, *ae*, f., ville d'Égypte [auj. Mariout]: Cod. Just. *13, 1, 9*.

Marĕōtae, *ārum*, m. pl. (Μαρεῶται), habitants de la Libye Maréotis: Plin. *5, 39*; *5, 62* ‖ **-tĭcus**, *a, um*, de la Maréotide: Hor. O. *1, 37, 14*; Col. *3, 2, 24* ‖ d'Égypte: Mart. *8, 36, 3* [ou] **-tis**, *ĭdis*, f., Virg. G. *2, 91*; Plin. *14, 39*; *ĭdŏs* Luc. *10, 161*.

Marēum, *i*, n., ville de l'île de Chypre: Plin. *5, 130*.

marga, *ae*, f. (gaul.; esp. *marga*), marne [terre]: Plin. *17, 42*.

margăris, *ĭdis*, f. (μαργαρίς), datte qui a la forme d'une perle: Plin. *13, 41*.

margărīta, *ae*, f. (μαργαρίτης; fr. marguerite) et **-tum**, *i*, n., perle: Cic. Or. *78*; Verr. *4, 1*; Sen. Helv. *16, 3*; Quint. *11, 1, 3*; Plin. *6, 81* ‖ Tac. Agr. *12*; Dig. *19, 5, 17* ‖ [fig.] une perle, un trésor: Aug. d. Macr. Sat. *2, 4, 12*; Petr. *63, 3*.

margărītārĭa, *ae*, f. (*margaritarius*), marchande de perles, joaillière: CIL *5, 5972*.

margărītārĭus, *a, um* (*margarita*), qui a rapport aux perles ‖ subst. m., marchand de perles, joaillier, bijoutier: Firm. Math. *4, 13, 1*.

margărītātus, *a, um* (*margarita*), orné de perles: Fort. Carm. *8, 3, 266*.

margărītĭfĕr, *ĕra, ĕrum* (*margarita, fero*), qui produit des perles, à perles: Plin. *32, 147*.

margărītĭo, *ōnis*, m. (*margarita* et *unio*), perle fine [terme de tendresse]: CIL *6, 13637*.

margărītum, v. *margarita*.

margella, *ae*, f. (cf. *margarita*), corail: Gloss. *2, 353, 36*.

Margiānē, *ēs*, f. (Μαργιανή), la Margiane [contrée de l'Asie, au-delà de la mer Caspienne]: Plin. *6, 46* ‖ **-ĭāna**, *ae*, f.: Curt. *7, 10, 15*.

Margĭdūnum, *i*, n., ville de Bretagne: Anton. *477*.

marginō, *ās, āre, āvī, ātum* (*margo*), tr., entourer d'une bordure, border: *censores glarea vias extra urbem substruendas marginandasque locaverunt* Liv. *41, 27, 5*, les censeurs mirent en adjudication la tâche d'ensabler les routes en dehors de la ville et de les munir d'accotements; *tabulae marginatae* Plin. *35, 154*, cadres de bois.

margo, *ĭnis*, m. et f. (cf. v. irl. *mruig*, bret. *bro*, al. *Mark*; it. *margine*), bord, bordure: Varr. R. *3, 5, 9*; Liv. *44, 33, 9*; Plin. *9, 130*; *30, 113*; Ov. M. *3, 162* ‖ borne, frontière: Val.-Max. *5, 6, 4* ‖ rive: Ov. M. *1, 13*; Juv. *3, 14* ‖ f., Vitr. *5, 12, 6*; Juv. *5, 6*.

Margum, *i*, n., ville de la Mésie supérieure [auj. Passarowitz]: Eutr. *9, 20, 2*.

Margus, *i*, m., fleuve de la Margiane: Plin. *6, 47* ‖ fleuve de Mésie [Morava]: Plin. *3, 149*.

Măria, *ae*, f. ¶ 1 nom de femme; [en part.] mère de Jésus: Prud. Psych. *88* ‖ épouse d'Honorius: Claud Epig. *95, 7* ¶ 2 ville de la Parthie: Plin. *6, 113*.

măriambŭlus, *i*, m. (*mare, ambulo*), qui marche sur la mer: Aug. Psalm. *39, 9*.

Mariamnītāni, *ōrum*, m. pl., habitants de Mariamna, en Syrie: Plin. *5, 82*.

Măriandȳnus, *a, um*, des Mariandynes: Val.-Flac. *4, 733*; Plin. *6, 4* ‖ subst. m. pl., Mariandynes, peuple de la Bithynie: Mel. *1, 97*; Val.-Flac. *4, 171*.

1 Măriānus, *a, um*, de Marius: Cic. *Brut. 175*; *Agr. 3, 7* ‖ subst. m. pl., autre nom des Cereatini (Latium): Plin. *3, 64* ‖ **Măriāna**, *ae*, f., colonie établie en Corse par Marius Atlas I, C3; V, F4; XII, D2: Plin. *3, 80*; Mel. *2, 122*.

2 Măriānus, *i*, m., nom d'homme: Mart. *2, 31, 12*.

Mariba, *ae*, f., ville d'Arabie: Plin. *6, 159*.

Maribba, *ae*, f., ville d'Arabie: Plin. *6, 157*.

măribus, dat. et abl. pl. de *mare* et de *mas*.

Mărica, *ae*, f., nymphe du Latium, femme de Faunus [avait un bois sacré et un temple à l'embouchure du Liris]: Virg. *En. 7, 47*; Liv. *27, 37*, cf. Hor. *O. 3, 17, 7*; *Maricae pălus* Vell. *2, 19, 2*, marais de Marica [près de Minturnes, dans lequel se cacha Marius].

Mărīcās, *ae*, m., personnage d'Eupolis: Quint. *1, 10, 18*.

Mărĭccus, *i*, m., Gaulois qui, sous Vitellius, excita ses compatriotes à la révolte: Tac. *H. 2, 61*.

Mărīci, *ōrum*, m. pl., peuple de Ligurie: Plin. *3, 124*.

Marigarri, *ōrum*, m. pl., peuple d'Éthiopie: Plin. *6, 192*.

Mărīna, *ae*, f., nom de femme: CIL 11, 830.

1 mărīnus, *a, um* (*mare*; fr. *marin*), marin, de mer: Cic. *Nat. 2, 43*; *Div. 2, 34*; Virg. *G. 2, 160*; *marinus morsus* Plin. *36, 191*, âcreté de l'eau de mer ‖ **mărīna**, *ae*, f., Porph. Hor. *S. 2, 8, 15*, eau de mer: *ros marinus*, v. *ros*.

2 Mărīnus, *i*, nom d'homme: Mart. *10, 83*.

măris, gén. de *mare* et de *mas*.

1 mărisca fīcŭs, f. ou abs¹, **mărisca**, *ae*, f., marisque, espèce de figue: Cat. *Agr. 8*; Plin. *15, 72*; Col. *10, 415* ‖ fic de l'anus [maladie]: Mart. *7, 25, 7*; Juv. *2, 13*.

2 mărisca, *ae*, f. (germ., an. *marsh*; fr. *marais*), marécage: Gloss. *5, 621, 20*.

mariscalcus, *i*, m. (germ., al. *Mähre* et *Schalk*; fr. *maréchal*), palefrenier: L. Sal. 10 add. *4, 1*.

măriscus juncus, m. (cf. 2 *marisca*?), grand jonc: Plin. *21, 112*.

marisopa, *ae*, f. (?), poisson inconnu: Pol.-Silv. *544, 6*.

mărīta, *ae*, f., femme mariée, épouse: Hor. *Epo. 8, 13*; Ov. *F. 2, 139*.

mărītālis, *e*, conjugal, marital, nuptial: Ov. *A. A. 2, 258*; Col. *12, pr. 1*; Juv. *6, 43*; Val.-Max. *9, 1, 9*.

mărītātus, *a, um*, part. de *marito*.

Mărītīma Avaticōrum, ville aux bouches du Rhône [Martigues]: Plin. *3, 34*.

mărītĭmensis, *e*, qui est sur le rivage de la mer: Grom. *328, 19*.

mărītĭmus (-ŭmus), *a, um* (*mare*, cf. *finitimus*; it. *maremma*), de mer, marin, maritime: Caes. *G. 2, 34*; Cic. *Tusc. 5, 40*; *maritimi homines* Cic. *Verr. 5, 69*; *Rep. 2, 9*, habitants des côtes, marins; *res maritimae* Cic. *Verr. 5, 70*, les choses de la mer, la vie maritime; n. pl., *maritima* Cic. *Fam. 2, 16, 2*, les côtes, le littoral, cf. Liv. *38, 7, 3*.

mărītō, *ās, āre, āvī, ātum* (*maritus*; it. *maritare*), tr. ¶ **1** donner en mariage, marier: Tac. *An. 12, 6*; Suet. *Vesp. 14* ‖ accoupler: *maritari* Varr. *R. 2, 10, 11*, s'accoupler, cf. Col. *8, 2, 12* ¶ **2** marier, unir [un arbre, un échalas avec la vigne]: Hor. *Epo. 2, 10*; Col. *8, 2, 12*.

mărītŭmus, v. *maritimus*.

1 mărītus, *a, um* (cf. *avitus*, μεῖραξ, bret. *merc'h*, scr. *marya-s*; fr. *mari*) ¶ **1** de mariage, conjugal, nuptial: Prop. *4, 11, 33*; Ov. *H. 11, 101*; *marita lex* Hor. *Saec. 20*, loi d'Auguste sur le mariage ¶ **2** uni, marié à la vigne [en parl. des arbres]: Cat. *Agr. 32, 2*; Col. *11, 2, 32*; Catul. *62, 54* ¶ **3** qui féconde, fécondant: Avien. *Perieg. 340*.

2 mărītus, *i*, m., mari, époux: Cic. *Inv. 1, 52*; *Cat. 1, 26*; Liv. *1, 57, 10*; Quint. *6, 2, 14* ‖ *mariti*, les époux [le mari et la femme]: Papin. *Dig. 24, 1, 52, 1* ‖ prétendant, fiancé: Virg. *En. 4, 35*; Prop. *2, 21, 10* ‖ [en parl. des animaux] le mâle: Virg. *G. 3, 125*; Hor. *O. 1, 17, 7*; Col. *7, 6, 4*.

mărĭum, gén. pl. de *mare*.

Mărĭus, *ii*, m., nom d'une famille romaine; not¹ C. Marius [157-86 av. J.-C.], d'Arpinum, vainqueur de Jugurtha et des Cimbres, rival de Sylla: Cic. *Phil. 8, 7*; Sall. *C. 59, 3* ‖ **-ĭus**, *a, um*, de Marius: Cic. *Leg. 3, 38*.

Marma, f., ville de l'Arabie Heureuse: Plin. *6, 154*.

Marmărĭcus, *a, um*, de la Marmarique [contrée de l'Afrique]: Plin. *13, 127* ‖ [par ext.] de Libye, d'Afrique: Luc. *3, 293*.

1 Marmărĭdēs, *ae*, m. (Μαρμαρίδης), habitant de la Marmarique: Ov. *M. 5, 124* ‖ subst. m. pl., **-dae**, *ārum*, Marmarides, habitants de la Marmarique: Plin. *5, 32*; Luc. *9, 893*; Sil. *5, 184*.

2 Marmărĭdes, *um*, m. pl., peuple de Libye: Plin. *5, 39*; *13, 137*.

marmărītis, *ĭdis*, acc. *im*, f. (μαρμαρῖτις), c. *aglaophotis*: Plin. *24, 160*.

marmărȳga, *ae*, f. (μαρμαρυγή) et **marmărygma**, *ătis*, n., éblouissements [maladies des yeux]: Cael.-Aur. *Chron. 1, 4, 62*; *1, 2, 52*.

Marmessus, *i*, f. (Μαρμησσός), village de Troade: Varr. d. Lact. *Inst. 1, 6, 12*.

marmŏr, *ŏris*, n. (μάρμαρος; fr. *marbre*) ¶ **1** marbre: Cic. *Div. 2, 48*; Quint. *2, 19, 3*; Hor. *O. 2, 18, 17*; Virg. *G. 3, 13*; Plin. *36, 48* ¶ **2** poussière de marbre: Cat. *Agr. 2, 3*; Col. *12, 20*; Plin. *14, 120* ¶ **3** un marbre, statue: Plin. *7, 127*; Hor. *O. 4, 8, 13*; Ov. *M. 5, 234*; *7, 790* ‖ bâtiment de marbre: Mart. *10, 2, 9*; Juv. *6, 430* ‖ borne miliaire: Mart. *7, 31, 10* ‖ plaque de marbre [sur un meuble]: Juv. *3, 205* ¶ **4** tumeur [cheval]: Veg. *Mul. 2, 48, 1* ¶ **5** pierre [en gén.]: Ov. *M. 5, 214*; *11, 404* ¶ **6** surface unie de la mer, la mer: Lucr. *2, 767*; Virg. *En. 7, 28*; Catul. *63, 88*. ▶ pl. *marmŭra* Anton. Gnipho d. Quint. *1, 6, 23* ‖ [tard.] m. Plin. Val. *3, 14*; Greg.-Tur. *Conf. 71*.

marmŏrārĭus, *a, um* (*marmor*), du marbre: CIL 6, 9556 ‖ **-rĭus**, *ii*, m., marbrier: Vitr. *7, 6, 1*; Sen. *Ep. 90, 15*.

marmŏrātĭo, *ōnis*, f. (*marmoro*), revêtement de marbre: Apul. *Flor. 18*.

marmŏrātum, *i*, v. *marmoro* fin.

marmŏrātus, *a, um*, part. de *marmoro*.

marmŏrĕus, *a, um* ¶ **1** de marbre, en marbre: Cic. *Verr. 4, 1*; *Par. 13*; Virg. *B. 7, 35*; Hor. *O. 4, 1, 20*; *marmorea ars* Vitr. *4, 1, 10*, la statuaire ¶ **2** blanc, poli, dur comme le marbre: Lucr. *2, 765*; Virg. *G. 4, 523*; *En. 6, 729* ‖ [gelée] qui rend blanc et dur: Ov. *F. 4, 918* ‖ orné de statues: Juv. *7, 80*.

marmŏrō, *ās, āre, āvī, ātum*, tr. ¶ **1** revêtir, incruster de marbre: Lampr. *Alex. 25, 7*; Petr. *77, 4* ¶ **2** faire avec de la poussière de marbre: *tectorium marmoratum* [ou subst. n. *marmoratum*], enduit fait de poussière de marbre: Varr. *R. 1, 57, 1*; *1, 59, 3*; *3, 7, 3*; Plin. *36, 176*.

marmŏrōsus, *a, um* (*marmor*), qui est de la nature du marbre: Plin. *33, 159*.

marmur, arch. pour *marmor*, Ant. Gnipho d. Quint. *1, 6, 23*.

marmuscŭlum, *i*, n. (dim. de *marmor*), Isid. *1, 27, 3*.

Marnās, *ae*, m., dieu adoré à Gaza, en Phénicie: Hier. *Is. 7, 17*.

1 Mărō, *ōnis*, m. ¶ **1** surnom de Virgile: Lact. *Inst. 1, 15, 12* ‖ Virgile [désigné par son surnom]: Mart. *8, 56, 5* ¶ **2** compagnon de Bacchus: Enn. d. Varr. *L. 5, 14*; Fulg. *Myth. 2, 12* ‖ **-rōnĕus**, *a, um*, de Maro, de Virgile: Stat. *S. 8, 4, 55* ou **-nĭānus**, *a, um*, Stat. *S. 2, 7, 74* ¶ **3** colline de Sicile: Plin. *3, 88*.

2 măro, *ōnis*, m. (étr. *maru*), magistrat municipal ombrien: CIL 1, 2112.

Marobodŭus, *i*, m., roi des Marcomans, élevé à Rome dans sa jeunesse: Vell. *2, 108*; Tac. *An. 2, 26*.

Marogamatrae, *ārum*, m. pl., peuple de l'Inde: Plin. *6, 77*.

Mărōjalensis, *e*, c. *Marojalicus*: Greg.-Tur. *Hist. 7, 12*.

Mărōjălĭcus, *a, um*, de Marojalum [auj. Mareuil, Dordogne]: Paul.-Nol. *Carm. 10, 242*.

Maronea

Mărōnēa (-īa), *ae*, f. (Μαρώνεια), Maronée ¶ **1** ville de Thrace, renommée pour son vin : Mel. 2, 28 ; Liv. 31, 16, 3 ; 37, 60, 7 ‖ **-neus**, *a*, *um*, de Maronée : Plin. 14, 53 ; Tib. 4, 1, 57 ¶ **2** ville du Samnium : Liv. 27, 1, 1.

Mărōnēus, *a*, *um*, v.▶ 1 Maro et Maronea.

Mărōnĭa, v.▶ Maronea.

Mărōnĭānus, *a*, *um*, v.▶ 1 Maro.

Mărōnilla, *ae*, f., nom de femme : Mart. 1, 10, 1.

mărōnĭŏn, *ii*, n. (Maronea), grande centaurée [plante] : Ps. Apul. Herb. 34.

Mărōnītēs, *ae*, m., de Maronée, en Thrace : Plin. 35, 134.

Marotĭāni, *ōrum*, m. pl., peuple d'Asie : Plin. 6, 48.

Marpēsus (-ssus), *i*, m. (Μαρπησσός) ¶ **1** mont de l'île de Paros : Serv. En. 6, 471 ‖ **-pēsĭus** ou **-pessĭus**, *a*, *um*, de Marpessos, [poét.] de Paros, de marbre : Virg. En. 6, 471 ¶ **2** bourg de Troade : Varr. d. *Lact. Inst. 1, 6, 12 ‖ **-pēsĭus**, *a*, *um*, de Marpessos : Tib. 2, 5, 67.

marra, *ae*, f. (empr., cf. μάρρον ; fr. marre), sorte de houe : Col. 10, 72 ; Plin. 17, 159 ; Juv. 15, 166 ‖ sorte de harpon : Plin. 9, 45.

1 **marrŭbĭum (-vĭum)**, *ii*, n. (2 *Marrubium*?), marrube, ballotte fétide [plantes] : Col. 10, 356 ; Plin. 14, 105 ; Scrib. 167.

2 **Marrŭbĭum (-vĭum)**, *ii*, n., ville des Marses, près du lac Fucin Atlas XII, D4 : Sil. 8, 507 ‖ **-vĭus**, *a*, *um*, marruvien : Virg. En. 7, 750 ‖ **-vīni**, m. pl., habitants de Marruvium : Plin. 3, 106.

Marruca, *ae*, f., ville de Bétique : Plin. 3, 12.

Marrūcīnē, adv., à la manière des Marrucins : Tert. Marc. 5, 17, 14.

Marrūcīnī, *ōrum*, m. pl., Marrucins [peuple d'Italie] : Cic. Clu. 197 ; Caes. C. 1, 23 ; Liv. 8, 29, 4 ; Plin. 3, 106 ‖ **-us**, *a*, *um*, des Marrucins : Liv. 27, 43 ; Plin. 2, 199 ; Stat. S. 4, 4, 86.

Marrus, *i*, m., fondateur de Marrubium : Sil. 8, 507.

Marrŭvĭum, v.▶ Marrubium.

Mars, Martis, m. (arch. *Mavors*, cf. *Mamers*, *Marcus*, *Marsus* ; fr. *mardi*) ¶ **1** dieu de la guerre, père de Romulus et du peuple romain : Cic. Phil. 4, 5 ; [donne son nom au premier mois de l'année primitive romaine] Ov. F. 3, 73 ; *dies Martis* Isid. 5, 30, 9, jour de Mars, mardi ‖ dieu de la fécondation, du printemps : Ov. F. 1, 151 ; 3, 235 ¶ **2** [fig.] **a)** guerre, bataille, combat : *Martem accendere cantu* Virg. En. 6, 165, enflammer les combats par les accents de la trompette ; *Mars apertus* Ov. M. 13, 27, combat en rase campagne ; *Martis vis* Cic. Marc. 17, les violences de la bataille ; *sub Marte Pelasgo occumbere* Enn. An. 17, succomber sous les coups des Grecs (dans la guerre contre les Grecs) ; *ubi Mars est atrocissimus* Liv. 2, 46, 3, où la mêlée est la plus violente (le combat le plus acharné) ; *suo Marte cadunt* Ov. M. 3, 123, ils tombent en se combattant ; *femineo Marte* Ov. M. 12, 610, dans un combat avec une femme ‖ manière de combattre : *equitem suo alienoque Marte pugnare* Liv. 3, 62, 9, [ils avaient honte de voir] les cavaliers se battre à leur manière et à celle des autres [des fantassins] ‖ *suo (nostro, vestro) Marte*, avec ses (nos, vos) propres forces (moyens) : Cic. Phil. 2, 95 ; Off. 3, 34 ; Verr. 3, 9 ‖ [poét.] *Mars forensis* Ov. Pont. 4, 6, 29, luttes du barreau **b)** résultat de la guerre, fortune du combat : *omnis belli Mars communis* Cic. Fam. 6, 4, 1, dans toute guerre la fortune est égale pour tous [de Or. 3, 167 sur l'emploi de cette métaphore], cf. Sest. 12 ; Mil. 56 ; Liv. 5, 12, 1 ; *aequo Marte* Caes. 7, 19, 3, avec des chances égales (*pari Marte* Hirt. G. 8, 19) ; *verso Marte* Liv. 29, 3, 11, la fortune du combat ayant tourné ; *incerto Marte* Tac. H. 4, 35 ; *ancipiti Marte* Liv. 7, 29, 2, sans avantage marqué, avec un succès incertain ¶ **3** la planète Mars : Cic. Nat. 2, 53 ; Plin. 2, 34 ; Hyg. Astr. 2, 42.

▶ forme *Maurs*, dat. *Maurte* CIL 12, 49.

Marsāci (-sācĭi), *ōrum*, m. pl., Marsaciens, peuple de Belgique : Tac. H. 4, 56 ; Plin. 4, 101.

Marsaeus, *i*, m., nom d'homme : Hor. S. 1, 2, 55.

Marsarēs, *is* ou *ae*, m., fleuve de Babylonie : Amm. 23, 6, 25.

Marses, v.▶ Marsares.

Marsi, *ōrum*, m. pl., les Marses [peuple du Latium] : Caes. C. 1, 15 ; Cic. Div. 2, 70 ; Plin. 7, 15 ; Liv. 8, 6 ; Flor. 3, 18, 6 ‖ peuple germain : Tac. G. 2 ; An. 1, 50 ; H. 3, 59.

marsĭcŭlus, *a*, *um* (dim. de *Marsicus*?), irascible : Pl. d. Gloss. 5, 605, 4.

Marsĭcus, *a*, *um*, des Marses : Cic. Div. 1, 99 ; Agr. 2, 90 ; Mart. 13, 121.

Marsĭdĭa, *ae*, f., nom de femme : CIL 6, 22251.

Marsigni, *ōrum*, m. pl., peuple germain : Tac. G. 43.

Marspĭtĕr, *tris*, m. (*Mars, pater*), le dieu Mars : Varr. L. 8, 33 ; Gell. 5, 12, 5.

▶ *Maspiter, pitris, piteris* Prisc. 2, 229, 8.

Marsŭa, *ae*, c.▶ *Marsya* : Plin. 21, 8 ; v.▶ Marsyas.

marsūppĭum (-sūpĭum, marsī-), *ii*, n. (μαρσύπιον), bourse : Pl. Cas. 490 ; Ru. 547 ; Varr. Men 391.

1 **Marsus**, n. (cf. *Martius*), *a*, *um*, des Marses : Cic. Div. 2, 70 ; Caes. C. 2, 27 ; Hor. Epo. 17, 29 ; Ov. A. A. 2, 102.

2 **Marsus**, *i*, m., nom d'un fils de Circé : Gell. 16, 11, 1 ‖ poète latin du siècle d'Auguste : Ov. Pont. 4, 16, 5 ; Mart. 2, 71, 3.

Marsўās et **-sўa**, *ae*, m. (Μαρσύας) ¶ **1** Marsyas [satyre, célèbre joueur de flûte] : Liv. 38, 13, 6 ; Ov. F. 6, 705 ; Luc. 3, 207 ; Stat. Th. 4, 186 ‖ statue de Marsyas : Hor. S. 1, 6, 120 ; Mart. 2, 64, 8 ; Sen. Ben. 6, 32, 1 ¶ **2** fleuve de Phrygie : Liv. 38, 13, 6 ; Ov. M. 6, 400 ¶ **3** fleuve de Syrie : Plin. 5, 81 ; 5, 86.

Marta (-tha), *ae*, f., rivière et ville d'Étrurie : Peut. 4, 1 ; Anton. 291.

martellus, *i*, m. (dim. de 2 *martulus* ; fr. *marteau*), petit marteau : Isid. 19, 7, 2.

martensis lăcertus, *i*, m. (cf. *martisium*?), lézard pilé (?) : M.-Emp. 6, 30.

Martha, *ae*, f., sœur de Lazare et de Marie : Vulg. Luc. 10, 38.

Martĭāles, *ĭum*, m. pl., soldats de la légion de Mars : Cic. Phil. 4, 5 ‖ prêtres de Mars : Cic. Clu. 43 ‖ peuple de Bétique : Plin. 3, 10.

1 **Martĭālis**, *e*, de Mars : Varr. L. 5, 84 ; Hor. O. 1, 17, 9 ; Suet. Cl. 4.

2 **Martĭālis**, *is*, m., Martial [épigramatiste latin] : Plin. Ep. 3, 21, 1.

Martĭānus, *i*, m., nom du grammairien Capella : Greg.-Tur. Hist. 10, 18.

martĭātĭca, *ōrum*, n. pl., solde militaire : Prisc. Vers. Aen. 3, 515, 1.

Martĭcŏla, *ae*, m. (*Mars, colo*), qui adore Mars : Ov. Tr. 5, 3, 21 ; P. 4, 14, 14.

Martĭcultŏr, *ōris*, m., adorateur de Mars : CIL 3, 5790.

Martĭgĕna, *ae*, m. f. n. (*Mars, geno*), enfant de Mars : Ov. F. 1, 199 ‖ *Martigena vulgus* Sil. 16, 533, foule guerrière.

Martīna, *ae*, f., nom de femme : Tac. An. 2, 74.

Martīnĭānus, *i*, m., nom d'homme : Paul.-Nol. Carm. 24, 1.

Martīnus, *i*, m. (*Mars*), nom d'un général sous Justinien : Jord. Rom. 369 ‖ saint Martin : Sulp. Sev. Mart. ep. 1.

martīsĭum, *ĭi*, n. (cf. *martensis, mortarium*?), poisson pilé dans un mortier : Isid. 20, 2, 29.

Martĭus, *a*, *um* (*Mars* ; fr. *mars*), de Mars : *Martia legio* Cic. Phil. 3, 6, la légion de Mars ; *lupus Martius* Virg. En. 9, 566, le loup consacré à Mars ; *Martia proles* Ov. F. 3, 59, la descendance de Mars [Romulus et Rémus] ‖ guerrier, de guerre, courageux : Virg. En. 11, 661 ; Mart. 5, 21, 1 ; Ov. Am. 3, 6, 33 ‖ de la planète Mars : Cic. Rep. 6, 17 ‖ **-tius**, *ii*, m., Mars [mois] : Varr. L. 6, 4, 33 ‖ *Idus Martiae, Kalendae Martiae*, ides, calendes de mars.

1 **Martŭlus**, *i*, m. (*Mars*, dim.), prêtre de Mars : Ps. Caper Orth. 7, 105, 21.

2 **martŭlus**, v.▶ *marculus* : Plin. 7, 195.

martўr (-ŭr, -ўs), ўris, m. f. (μάρτυρ, μάρτυς), martyr, martyre : Prud. Cath. 12, 125 ; Vulg. Apoc. 17, 6.

martўra, *ae*, f., martyre : Ennod. Carm. 1, 17, 22.

martўrĭālis, *e*, de martyr, du martyre : Aug. *Serm.* 151, 4.

martўrĭum, *ĭi*, n. (μαρτύριον), [chrét.] action de témoigner : Vl. *Psal.* 118, 2 ; [de témoigner sa foi] Cypr. *Ep.* 38, 2 ‖ martyre : Tert. *Scorp.* 1, 11 ‖ lieu où un martyr est enseveli, tombe : Cod. Just. 1, 2, 16 ‖ église consacrée à un saint : Hier. *Vit. Hil.* 31.

Mārŭcīni, [V.] *Marru-*.

Marullīnus (**Măry-**), *i*, m., ancêtre d'Hadrien : Spart. *Hadr.* 1, 2.

Mărullus, *i*, m., **Mărulla**, *ae*, f., nom d'homme et de femme : Val.-Max. 5, 7, 2 ; Mart. 10, 55, 1.

1 mărum (**-ŏn**), *i*, n. (μάρον), marum ou germandrée maritime [plante] : Plin. 12, 111 ; 13, 18.

2 mărum, pour **marium**, [V.] *mare* ▶.

Marus, *i*, m., fleuve de Germanie [March] : Tac. *An.* 2, 63 ; Plin. 4, 81.

Maryllīnus, [V.] *Marullinus*.

mās, *măris*, m. (obscur ; roum. *mare*), mâle : Cic. *Rep.* 1, 38 ; *Nat.* 1, 95 ; 2, 128 ; *emissio maris anguis* Cic. *Div.* 2, 62, le fait de laisser échapper le serpent mâle ; *mas vitellus* Hor. *S.* 2, 4, 14, jaune d'œuf mâle [= devant produire un mâle] ; *mares oleae* Ov. *F.* 4, 741, olives mâles ‖ [fig.] mâle, viril : *mares Curii* Hor. *Ep.* 1, 1, 64, les mâles Curius ; *mares animi* Hor. *P.* 402, les mâles courages ; *male mas* Catul. 16, 13, mou, efféminé ; *marem strepitum fidis Latinae intendere* Pers. 6, 4, faire retentir [sur la corde tendue] les mâles accents de la lyre latine.

▶ gén. pl. habituel *marium* Cic. *Part.* 35.

Masada (**Mass-**), *ae*, f., place forte de Judée : Plin. 5, 73.

Măsaesŭli ou **Măsaesỹli**, [V.] *Massaesyli*.

Masati, *ōrum*, m. pl., peuple de Maurétanie : Plin. 5, 9.

1 mascarpĭo, *ōnis*, m. (*mas, carpo* ? ; cf. *Mascarpio, Mascarpius, masturbor*), flagellateur (?) : *Petr. 134, 5.

2 Mascarpĭo, *ōnis*, m., surnom masculin : CIL 12, 5876.

Mascarpĭus, *ĭi*, m., nom d'homme : CIL 5, 6349.

Mascliānae, *ārum*, f. pl., ville de la Byzacène : Anton. 53.

Mascŭla, *ae*, f., ville de Numidie [auj. Khenchela] : Anton. 33.

mascŭlātus, [C.] *masculus* : Ps. Apul. *Herb.* 82.

mascŭlescō, *ĭs*, *ĕre*, -, -, intr., prendre le sexe masculin [en parl. d'une plante] : Plin. 18, 129.

mascŭlētum, *i*, n., vigne mâle : Plin. 17, 182.

mascŭlīnē, adv. (*masculinus*), au masculin : Arn. 1, 59 ; Char. 71, 19.

mascŭlīnĭtĕr, adv., au masculin : Iren. 1, 5, 8.

mascŭlīnus, *a*, *um*, masculin, de mâle : Phaed. 4, 14, 15 ; Plin. 19, 75 ‖ d'homme, digne d'être à l'âge d'homme : Quint. 5, 12, 20.

mascŭlŏfēmĭna, *ae*, f., androgyne, hermaphrodite : Iren. 1, 30, 3.

Mascŭlŭla, *ae*, f., ville de Numidie : CIL 8, 15775.

mascŭlus, *a*, *um* (dim. de *mas* ; it. *maschio*, port., esp. *macho*, fr. *mâle*) ¶ **1** mâle, masculin : Liv. 31, 12, 6 ; Plin. 10, 87 ; *mascula tura* Virg. *B.* 8, 66, encens mâle ‖ subst. m., un mâle : Pl. *Cis.* 705 ‖ subst. n., genre masculin : Plin. 10, 189 ¶ **2** [fig.] **a)** [archit.] *cardo masculus* Vitr. 9, 8, 11, emboîtage mâle **b)** mâle, viril, digne d'un mâle : Hor. *O.* 3, 6, 37 ; *Ep.* 1, 19, 28 ; Quint. 5, 12, 10.

Masēi, *ōrum*, m. pl., peuple d'Arabie : Plin. 6, 118.

Masgăba, *ae*, m., fils de Masinissa : Liv. 45, 13 ‖ autre du même nom : Suet. *Aug.* 98.

Masicitus, *i*, m., montagne de Lycie : Plin. 5, 100.

Măsinissa, *ae*, m., roi des Numides : Cic. *Rep.* 6, 9 ; CM 34 ; Sall. *J.* 5, 5 ; Ov. *F.* 6, 769.

1 Māso, *ōnis*, m., surnom des Papirii : Cic. *Balb.* 53 ; Plin. 15, 126.

2 maso, *ās*, *āre*, -, -, [V.] *masso*.

maspĕtum, *i*, n. (μάσπετον), la feuille du silphium : Plin. 19, 42.

1 massa, *ae*, f. (μάζα ; fr. *masse*), masse, amas, tas : Virg. *G.* 1, 275 ; *En.* 8, 453 ; Plin. 31, 78 ; [bloc de marbre] Plin. 36, 49 ‖ *lactis coacti* Ov. *M.* 8, 666, fromage ‖ [abs†] masse d'or : Ov. *M.* 11, 112 ‖ le chaos : Ov. *M.* 1, 70 ‖ [fig.] la foule, la masse : *massa Adae* Aug. *Pecc. mer.* 3, 3, 5, la masse des descendants d'Adam.

2 Massa, *ae*, m., surnom romain : Liv. 31, 50 ; 40, 35 ‖ Plin. *Ep.* 3, 4 ; 7, 33.

Massăbātae, *ārum*, m. pl., peuple de la Babylonie : Avien. *Perieg.* 1208.

Massabatēnē, *ēs*, f., nom d'une partie de l'Élymaïde : Plin. 6, 134.

Massada, [V.] *Masada*.

Massaesỹli, *ōrum*, m. pl., Massésyles [peuple de Maurétanie] : Liv. 28, 17, 5 ; 29, 32 ; Plin. 5, 17.

Massaesỹlĭa, *ae*, f., pays des Massésyles : Plin. 10, 22.

Massaesỹlii, [V.] *Massaesyli*.

Massăgĕtae, *ārum*, m. pl., Massagètes [peuple scythe] : Plin. 6, 50 ; Nep. *Reg.* 1, 2 ; Hor. *O.* 1, 35, 40.

Massălĭōtĭcus, *a*, *um*, de Marseille : Plin. 3, 33 ; Capel. 6, 635.

massālis, *e* (*1 massa*), du chaos : Tert. *Herm.* 30, 1 ‖ total, complet : Tert. *Marc.* 4, 18, 4.

massālĭtĕr, adv. (*massalis*), en masse, en totalité : Tert. *Val.* 16, 3.

massāris, *is*, f. (empr.) fleur de la vigne sauvage d'Afrique : Plin. 12, 133.

massātus, *a*, *um*, part. de *masso*.

Massĭcē, *ēs*, f., ville de Mésopotamie : Plin. 5, 90.

Massĭcus, *i*, m., **Massica**, *ōrum*, n. pl., Virg. *En.* 7, 726, Massique [montagne de Campanie célèbre pour son vin] : Cic. *Agr.* 2, 66 ; Liv. 22, 14 ‖ **Massĭcum vinum** ou **Massĭcum**, *i*, n., vin du Massique : Hor. *O.* 1, 1, 19 ; 2, 7, 21 ; *Massicus umor* Virg. *G.* 2, 143.

Massĭēni, *ōrum*, m. pl., peuple près de Gadès : Avien. *Or.* 422.

Massĭlĭa, *ae*, f. (Μασσαλία), ville de la Narbonnaise, Marseille Atlas I, C3 ; V, F3 : Plin. 3, 35 ; Caes. *C.* 2, 1 ; Cic. *Off.* 2, 28 ; Luc. 4, 257 ‖ **-ĭensis**, *e*, de Marseille : Pl. *Cas.* 795 ; m. pl., habitants de Marseille : Cic. *Rep.* 1, 43 ; *Phil.* 2, 94.

Massĭlĭōtĭcus, [V.] *Massalioticus*.

Massĭlītānus, *a*, *um*, de Marseille : Mart. 3, 82, 23.

massīpĭărĭus, *ĭi*, m. (*marsupium*), fabricant de bourses : Not. Tir. 48.

massīpŏcampester (**masip-**), *tris*, *tre*, à poche ventrale : Diocl. 28, 65.

Massiva, *ae*, m., prince numide, neveu de Masinissa : Liv. 27, 19.

massō, *ās*, *āre*, -, - (μασάομαι ; cf. *mastico*), tr., mâcher : Theod.-Prisc. *Eup.* 1, 21, 40.

massŭla, *ae*, f. (dim. de *1 massa*), petit morceau, miette : Col. 12, 38, 2 ; M.-Emp. 34, 46.

Massŭrĭus, [V.] *Masurius*.

Massycītes, *ae*, [V.] *Masicitus*.

Massỹli, *ōrum*, m. pl. (Μασσύλιοι), Massyles [peuple voisin de la Numidie] : Plin. 5, 30 ; Virg. *En.* 6, 60 ; Sil. 4, 512 ‖ **-lus**, Virg. *En.* 4, 132, **-lĕus**, Mart. 9, 23, 14, **-lĭus**, *a*, *um*, Sil. 16, 184, des Massyles, Massylien.

Massyni, *ōrum*, m. pl., peuple du Pont : Plin. 6, 11.

Mastanăbal, *ălis*, m., fils de Masinissa : Sall. *J.* 57.

Mastarna, *ae*, m. (cf. *magister*), nom étrusque du futur roi de Rome Servius Tullius : CIL 13, 1668, 22.

Mastaurenses, *ĭum*, m. pl., habitants de Mastaura : Plin. 5, 120.

mastĭcātĭo, *ōnis*, f., mastication : Cael.-Aur. *Chron.* 4, 3, 70.

mastĭcātus, *a*, *um*, part. de *mastico*.

mastĭchātus ou **-cātus**, *a*, *um*, aromatisé avec du mastic : Lampr. *Hel.* 19, 4.

mastĭchē ou **-cē**, *ēs*, f. (μαστίχη), mastic, résine du lentisque : Plin. 12, 72.

mastĭchīnus, *a*, *um* (μαστίχινος), de mastic : Pall. 4, 9, 3 ; M.-Emp. 19, 7.

mastichum

mastĭchum (-tĭcum), *i*, n., ⊂▶ mastiche : Pall. 11, 14, 13.

mastīcō, *ās, āre, -, -* (μαστιχάω ; fr. mâcher), tr., mâcher : Pelag 435 ; Cael.-Aur. Chron. 1, 1, 47.

mastīgĭa, *ae*, m. (μαστιγίας), homme bon pour le fouet = souvent fouetté, vaurien : Pl. Cap. 600 ; Ter. Ad. 781 ‖ fouet : Sulp. Sev. Dial. 2, 3, 6.

mastīgō, *ās, āre, -, -* (μαστιγόω), fouetter : VL. 4 Esdr. 15, 12.

mastīgŏphŏrus, *i*, m. (μαστιγοφόρος), mastigophore, officier public porteur du fouet : Prud. Sym. 2, 516 ; Arn. 2, 23.

1 mastix, *ĭcis*, f., ⊂▶ mastiche : Isid. 17, 8, 7 ; M.-Emp. 10, 76.

2 mastix, *igis*, m. (μάστιξ), fouet, punition : VL. 4 Esdr. 16, 20.

mastŏs, *i*, m. (μαστός), plante inconnue : Plin. 26, 163.

Mastrōmĕla, Mastrābăla, *ae*, f., étang de la Narbonnaise [auj. Berre] : Plin. 3, 34 ; Avien. Or. 701.

mastrūca (-ga), *ae*, f. (phén. ?), vêtement de peau des Sardes et des Germains : Pl. Poen. 1171 ; Cic. Scaur. 45 ; Quint. 1, 5, 8.

mastrūcātus, *a, um*, qui porte la mastruca : Cic. Prov. 15.

masturbātor, *ōris*, m., onaniste : Mart. 14, 203, 2.

masturbŏr, *ārĭs, ārī, ātus sum* (manus et turbo ?, cf. μαστροπεύω ?, mascarpio ?), intr., se masturber : Mart. 11, 104, 13.

Mastūsĭa, *ae*, f., promontoire de Thrace : Plin. 4, 49 ‖ montagne d'Asie : Plin. 5, 118.

Mastўa, *ae*, f., ville de Paphlagonie : Plin. 6, 5.

māsucĭus, *ĭi*, m. (cf. 2 mando), goinfre : P. Fest. 123, 1.

Măsŭrĭus, *ĭi*, m., Masurius Sabinus [célèbre jurisconsulte] : Pers. 5, 90 ; Gell. 3, 16, 23 ‖ **-ĭānus**, *a, um*, de Masurius Sabinus : Aur. d. Front. Caes. 2, 8, 4, p. 32 N.

matăra, Caes. G. 1, 26, 3 ; **matăris**, Liv. 7, 24, 3, V.▶ materis.

matauitatau (μάτ Η τ c.-à-d. μὰ τὴν Ἡρακλέους τύχην), juron-sigle ?, par Hercule, n. d. D. : Petr. 62, 9.

mătaxa (met-), *ae*, f. (μάταξα ; it. matassa), corde : Lucil. 1192 ; Vitr. 7, 3, 2.

mătella, *ae*, f. (dim. de matula), pot [à liquides] : Pl. d. Non. 543, 17 ; Cat. Agr. 10, 11 ‖ pot de chambre : Mart. 12, 32, 13 ; Sen. Ben. 3, 26, 2.

mătellĭo, *ōnis*, m. (dim. de matella), broc, pot à eau : Cat. Agr. 10, 2 ; Cic. Par. 38 ; Varr. L. 5, 119.

matĕŏla, *ae*, f. (cf. malleus, scr. matyam ?), outil pour enfoncer : Cat. Agr. 45 ; Plin. 17, 126.

Matĕŏlāni, *ōrum*, m. pl., habitants de Matéola [Matera, ville d'Apulie] : Plin. 3, 105.

mātĕr, *tris*, f. (μήτηρ, μά-, scr. mātar-, al. Mutter, an. mother, rus. mat' ; fr. mère) ¶ 1 mère : *pietas in matrem* Cic. Læ. 11, tendre respect pour sa mère ; *quae matre Asteria est* Cic. Nat. 3, 46, qui a pour mère Astéria ; *matrem esse de aliquo* Ov. H. 9, 48, être rendue mère par qqn ‖ [famil¹] bonne mère : Pl. Ru. 262 ‖ [épith. des déesses] : *Vesta mater* Virg. G. 1, 498, auguste Vesta, [en part.] *Mater Magna* Cic. Sest. 56 [ou] *Mater* Virg. G. 4, 64, la grande déesse, Cybèle ¶ 2 mère [des animaux] : Varr. R. 2, 4 ; Virg. G. 3, 398 ‖ [souches des arbres] : Virg. G. 2, 23 ; Plin. 12, 23 ‖ cité mère, patrie : Virg. En. 10, 172 ‖ métropole : Flor. 3, 18, 5 ¶ 3 la mère = l'affection maternelle : Ov. M. 7, 629 ; Sen. Med. 928 ‖ la maternité : Sen. Herc. Œt. 389 ¶ 4 mère, cause, origine, source : *mater omnium bonarum artium sapientia est* Cic. Leg. 1, 58, la sagesse est la mère de tout ce qui est bon ; *voluptas, malorum mater omnium* Cic. Leg. 1, 47, la volupté, mère de tous les maux ; *similitudo est satietatis mater* Cic. Inv. 1, 76, la monotonie engendre la satiété ¶ 5 [chrét., fig.] *mater Ecclesia* Tert. Or. 2, 6, l'Église mère (des fidèles).
▶ dat. matre CIL 1, 379.

mātercŭla, *ae*, f. (dim. de mater), Pl. Cis. 452 ; Cic. Flac. 91 ; Hor. Ep. 1, 7, 7.

Mātĕrense oppĭdum, n., ville de la Byzacène : Plin. 5, 30.

māter fămĭlĭās, mère de famille ‖ épouse : *honestius est patrono libertam concubinam quam matrem familias habere* Dig. 25, 7, 1 pr., il est plus honorable pour un patron d'avoir son affranchie comme concubine que comme épouse ‖ qui a le statut d'une matrone : *mater familias ea quae non inhoneste vixit ; proinde nihil interierit, nupta sit an vidua* Dig. 50, 16, 46, 1, la mater familias est celle qui a vécu honnêtement : peu importera qu'elle soit mariée ou veuve ‖ femme jouissant de la personnalité juridique [par oppos. à *filia familias*] : Dig. 1, 6, 4.

mātĕrĭa, *ae*, f. et **mātĕrĭēs**, *ēi*, f. (mater ; esp. madera) ¶ 1 la matière : *rerum* Cic. Nat. 3, 92, la matière, le principe des choses, cf. Cic. Fin. 1, 18 ‖ la matière [dont une chose est faite et s'entretient] : *sua de materie grandescere* Lucr. 1, 91, se développer par ses éléments propres ‖ les choses matérielles : *a Deo vero ad materias avocant* Minuc. 27, 2, (les démons) détournent du vrai Dieu vers les choses matérielles ¶ 2 matériaux [pour un travail] : Ov. M. 2, 5 ; Tac. H. 5, 5 ¶ 3 [en part.] le bois de construction : *materia caesa* Caes. G. 3, 29, 1, bois coupé, cf. Cic. Nat. 2, 151 ‖ bois de la vigne : Cic. de Or. 2, 88 ¶ 4 [fig.] a) matière, sujet, thème : *ad jocandum* Cic. de Or. 2, 239, matière à plaisanterie ; *sermonum* Cic. Q. 1, 2, 3, sujet d'entretiens ; *materia facilis est in te et in tuos dicta dicere* Cic. Phil. 2, 42, c'est un thème facile que de faire des mots sur toi et les tiens b) aliment, occasion, prétexte : *materiam invidiae dare* Cic. Phil. 11, 21, fournir un aliment à la haine c) ressources de l'esprit, étoffe, fonds : *M. Catonis* Cic. Verr. 3, 160, le fonds moral de M. Caton, cf. Cic. Inv. 1, 2 ‖ *ingentis decoris* Liv. 1, 39, 3, un fonds de gloire immense ; *nihil materiae in viro ad cupiditatem esse* Liv. 1, 46, 6, que dans son mari il n'y avait pas de ressources du côté de l'ambition ; *materia perire tua* *Ov. H. 4, 86, périr victime de ton naturel [insensible] d) sujet traité, question, exposé : Sen. Ep. 87, 11 ; Quint. 5, 10, 9 ; 10, 3, 14 ; Plin. Ep. 2, 5, 5 ; 3, 13, 2.
▶ gén. arch. materiai Lucr. 1, 1051.

mātĕrĭālis, *e* (materia), matériel, formé de matière : Macr. Somn. 1, 12, 7 ; Ambr. Virg. 3, 1, 1.

mātĕrĭālĭtĕr, adv. (materialis), essentiellement : Sidon. Ep. 8, 11, 4.

mātĕrĭāmen, *ĭnis*, n. (materia ; fr. merrain), bois de construction : L. Sal. 7, 4, add. 11.

Mātĕrĭānus, *i*, m., nom d'homme : Spart. Sept. 13, 6.

mātĕrĭārĭus, *a, um* (materia), relatif au bois de construction : Plin. 7, 198 ‖ **-rĭus**, *ĭi*, m., marchand de bois : Pl. Mil. 920.

mātĕrĭātĭo, *ōnis*, f. (materio), ouvrage de charpente : Vitr. 4, 2, 1.

mātĕrĭātūra, *ae*, f., travail de charpente : Vitr. 4, 2, 2.

mātĕrĭātus, *a, um*, part. de materio.

mātĕrĭēs, V.▶ materia.

Mātĕrīna, *ae*, f., région de l'Ombrie : Liv. 9, 41.

mātĕrīnus, *a, um* (materia), dur, qui a de la consistance : Cat. Agr. 34, 2.

mātĕrĭō, *ās, āre, -, ātum* (materia), tr., construire avec des charpentes : Vitr. 5, 12, 7 ; *male materiatus* Cic. Off. 3, 54, avec une mauvaise charpente.

mātĕrĭŏla, *ae*, f. (dim. de materia), petit sujet : Tert. Bapt. 17, 1.

mātĕrĭŏr, *ārĭs, ārī, -* (materia), intr., aller à la provision de bois [de construction] : Caes. G. 7, 73, 1, cf. Ulp. Dig. 32, 53, 1.

mātĕrĭōsus, *a, um* (materia), enflé, engorgé [veine] : Vindic. Med. 24.

mătĕris (gaul.), Sisen. d., Non. 556, 8 ; Her. 4, 43 ou **mătăris**, *is*, f. et **mătăra**, *ae*, f., javelot (gaulois) : Caes. G. 1, 26, 3 ; Liv. 7, 24, 3.

Māterna, *ae*, f., sainte martyrisée à Lyon : Greg.-Tur. Martyr. 48.

1 māternus, *a, um* (mater), maternel, de mère : Cic. Clu. 12 ; Phil. 10, 14 ; Ov. M. 3, 312.

matula

2 Māternus, *i*, m., surnom romain; not[t] l'orateur Curiatius Maternus : Tac. *D.* 2.

mātertĕra, *ae*, f. (*mater*), tante maternelle : Dig. 38, 10, 10 ; Cic. *Div.* 1, 104 ; *magna* = *aviae soror* Dig. 38, 10, 1, 15, grand-tante ; *major* = *proaviae soror* Dig. 38, 10, 1, 16, arrière-grand-tante.

măthēmătĭca, *ae* ou **-ē**, *ēs*, f., mathématique, sciences exactes : Sen. *Ep.* 88, 28 ‖ astrologie : Suet. *Tib.* 69.

măthēmătĭcus, *a*, *um* (μαθηματικός) ¶ 1 mathématique, qui a rapport aux mathématiques : Vitr. 1, 1, 8 ; Plin. 30, 2 ¶ 2 subst. m., mathématicien : Cic. *de Or.* 1, 10 ; *Tusc.* 1, 5 ‖ savant : Vitr. 1, 1, 17 ‖ astrologue : Tac. *H.* 1, 22 ; Juv. 14, 248.

Mathena, *ae*, f., ville située sur le Nil : Plin. 6, 179.

măthēsis, *is* ou *ĕos*, acc. *in* ou *im*, f. (μάθησις), action d'apprendre, connaissance : Cassiod. *Var.* 1, 45, 5 ‖ astrologie : Firm. *Math.* 1 pr. 8 ; Spart. *Hadr.* 16.
▶ *māthĕsis* ; Prud. *Sym.* 2, 479 ; 894.

Mathītae, v.▶ *Mattitae*.

Mătho (Mathon), *ōnis*, m., nom d'homme : Juv. 1, 32 ; 7, 129.

Mathōae, *ārum*, m. pl., peuple de l'Inde : Plin. 6, 77.

mātĭa, v.▶ *mattea*.

Mătĭāni (-iēni), *ōrum*, m. pl., peuple voisin de l'Hyrcanie : Plin. 6, 48 ; Avien. *Perieg.* 1195.

mātĭānum, *i*, n. (s.-e. 3 *malum*, cf. C. *Matius* ; esp. *manzana*), espèce de pomme : Col. 5, 10, 19.

Mātĭānus, *a*, *um*, de Matius : Suet. *Dom.* 21.

Matidĭa, *ae*, f., nièce de Trajan, belle-mère d'Hadrien : Spart. *Hadr.* 5, 9.

Matiēnus, *i*, m., nom d'homme : Liv. 29, 6.

Mātĭlĭca, *ae*, f., ville d'Ombrie : Grom. 240, 8 ‖ **-cātes**, *um*, m. pl., habitants de Matilica : Plin. 3, 313.

Mātīnus, *i*, m., montagne d'Apulie : Luc. 9, 185 ‖ **-us**, *a*, *um*, du Matinus : Hor. *O.* 4, 2, 27 ; 1, 28, 3.

matĭŏla, c.▶ *mateola* : Cat. *Agr.* 46, 2.

Matisco, *ōnis*, f., ville des Éduens [Mâcon] Atlas V, E3 : Caes. *G.* 7, 90, 7.

Matĭum, *ii*, n., ville de Crète : Plin. 4, 59 ‖ ville de Colchide : Plin. 6, 10 ‖ ville d'Ionie : Plin. 5, 115.

Mātĭus, *ii*, m., nom de fam. rom. ; not[t] C. Matius, ami de César et de Cicéron : Cic. *Fam.* 6, 12, 2 ; Plin. 12, 13 ; Col. 12, 4, 2.

Mātrae, dat. **Mātrābus Mātrīs**, f. pl. (cf. *mater*), déesses gauloises tutélaires : CIL 12, 1302 ; 634.

Mātrālĭa, *ium*, n. pl., fête de la déesse Matuta : Varr. *L.* 5, 106 ; Ov. *F.* 6, 475.

mātrastra, *ae*, f. (*mater*, cf. *patraster* ; fr. *marâtre*), belle-mère : CIL 11, 6730, 4.

mātrĕa, *ae*, f. (ματρυιά), marâtre : Gloss. 4, 364, 17.

Matreium, *ii*, n., ville de Rétie : Peut. 3, 2.

mātrescō, *is*, *ĕre*, -, - (*mater*), intr., devenir semblable à sa mère : Pacuv. *Tr.* 139.

mātrĭcālis, *e* (*matrix*), qui concerne la matrice, l'utérus : Veg. *Mul.* 1, 10, 7 ‖ *herba*, chanvre d'eau [plante] : Ps. Apul. *Herb.* 65.

mātrĭcīda, *ae*, m. f. (*mater*, *caedo*), celui ou celle qui a tué sa mère, parricide : Cic. *Har* 39 ; Q. 1, 2, 4 ; Nep. *Alc.* 6, 2.

mātrĭcīdĭum, *ii*, n. (*matricida*), crime d'un parricide, de celui qui tue sa mère : Cic. *Inv.* 1, 18.

mātrĭcŭla, *ae*, f. (*matrix*), matricule, rôle, registre : Veg. *Mil.* 1, 26 ; Cod. Just. 12, 20, 3.

mātrĭcŭlārĭus, *ii*, m. (fr. *marguillier*), celui qui tient une matricule : Lyd. *Mag.* 3, 66 [grec] ‖ pauvre, inscrit sur les rôles de la paroisse : Greg.-Tur. *Hist.* 7, 29.

matrigna, f. l. pour *matrinia*.

mātrĭmēs, v.▶ *matrimus*.

mātrĭmōnĭālis, *e*, matrimonial : Firm. *Math.* 7, 12, 1 ; Ps. Quint. *Decl.* 1, 13.

mātrĭmōnĭum, *ii*, n. (*mater*) ¶ 1 mariage : *in matrimonium ire* Pl. *Trin.* 732, se marier [en parl. d'une f.] ; *alicujus matrimonium tenere* Cic. *Cael.* 34, être la femme de qqn ; *alicujus m. jungere* Sen. *Frg.* 39 Haase, marier qqn ; *in matrimonium aliquam ducere* Cic. *Clu.* 125, épouser une femme ; *in matrimonium collocare* Cic. *Div.* 1, 104 ; *dare* Caes. *G.* 1, 3, donner en mariage [ou *in matrimonio locare* Cic. *Phil.* 2, 44 ¶ 2 n. pl., femmes mariées : Tac. *An.* 2, 13 ; Suet. *Caes.* 51 ; Flor. 1, 1, 10.

mātrĭmus, *a*, *um* (cf. *patrimus*), qui a encore sa mère : Cic. *Har.* 23 ; Liv. 37, 3, 6 ; Tac. *H.* 4, 53 ; Gell. 1, 12, 2.
▶ *matrimes* : nom. sg. P. Fest. 82, 16 ; nom. pl. P. Fest. 113, 5.

mātrīnĭa, *ae*, f. (*mater*, cf. *patrinius* ; it. *matrigna*, belle-mère, marâtre : Gloss. 4, 262, 46 ; v.▶ *matrigna*.

Mātrīnĭa, *ae*, f., nom de femme : *Mart. 3, 32, 1.

Matrīnus, *i*, m., fleuve du Picénum : Mel. 2, 65.

mātrix, *īcis*, f. (*mater* ; it. *matrice*) ¶ 1 reproductrice, femelle : Varr. *R.* 2, 5, 12 ; Col. 7, 3, 12 ‖ utérus, matrice : Veg. *Mul.* 2, 17, 5 ; Sen. *Contr.* 2, 13, 6 ‖ mère souche [en parl. d'arbres] : Suet. *Aug.* 94 ¶ 2 [fig.] souche, matrice, registre : Tert. *Fug.* 13, 3 ‖ source, origine, cause : Tert. *Marc.* 2, 16, 6 ; *Res.* 6, 8.

1 mātrōna, *ae*, f. (*mater*), femme mariée, dame, matrone, cf. Gell. 18, 6, 8 ; Pl. *Aul.* 503 ; Cic. *Nat.* 3, 47 ; Hor. *O.* 4, 15, 27 ; *S.* 1, 2, 94 ‖ [appliqué à Junon] l'auguste Junon : Hor. *O.* 3, 4, 59 ‖ femme [en gén.],

épouse [rare] : *matrona bellantis tyranni* Hor. *O.* 3, 2, 7, la femme du roi en guerre.

2 Mātrōna, *ae*, m., montagne des Alpes cottiennes : Amm. 15, 10, 6.

3 Mātrōna, *ae*, m. (s.-ent. *fluvius*) et f. (cf. *mater*), Marne [rivière de Gaule] Atlas V, D3 : Caes. *G.* 1, 1, 2 ; Amm. 15, 11, 3 ; f., Aus. *Mos.* 462.

mātrōnālis, *e* (*matrona*), de femme mariée, de femme, de dame : Liv. 26, 49, 15 ; Plin. *Ep.* 5, 16, 2 ; Suet. *Tib.* 35 ; Ov. *F.* 2, 828 ‖ **Mātrōnālĭa**, *ium*, n. pl., fête des femmes le 1er mars : Ps. Acr. *Hor. O.* 3, 8, 1.

mātrōnālĭtĕr, adv., en femme honnête : CIL 8, 870.

mātrōnātŭs, *ūs*, m. (1 *matrona*), tenue d'une femme respectable : Apul. *M.* 4, 23.

mātrōnĭmĭcus (-nўm-), *a*, *um* (μητρωνυμικός), formé d'après le nom de la mère : Serg. 4, 537, 14.

mātrŭēlis, *is*, m. (*mater*), cousin germain du côté maternel : Ps. Aur.-Vict. *Orig.* 13, 8 ; Marc. *Dig.* 48, 9, 1.

matta, *ae*, f. (empr. ; fr. *natte*), natte de jonc : Aug. *Faust.* 5, 5 ; Schol. Juv. 6, 117.

mattārĭus, *ii*, m. (*matta*), celui qui couche sur une natte : Aug. *Faust.* 5, 5.

mattĕa (-ttĭa), *ae*, f. (ματτύη), mets délicat, friandise : Sen. *Contr.* 9, 4, 20 ; Petr. 65, 1 ; 74, 6 ; Mart. 10, 59, 4.

mattĕŏlae, *ārum*, f. pl. (dim. de *mattea*), Arn. 7, 25.

Matthaeus et **-theūs**, *i*, m. (Ματθαῖος), saint Matthieu : Vulg. *Matth.* 10, 4 ‖ Prud. *Apoth.* 981.

Matthĭās, *ae*, m., un apôtre : Arat. 1, 106.

Mattĭăcus, *a*, *um*, de Mattium [ville des Chattes] : Mart. 14, 27, 2 ; Tac. *An.* 11, 20 ; Plin. 31, 20.

Mattĭānus, v.▶ *Matianus*.

mattĭcus, *a*, *um* (cf. 2 *mando*, μάθνιαι), qui a de grosses mâchoires : P. Fest. 113, 3.

mattĭŏbarbŭlus, *i*, m. (cf. *mattea*, *barbulus*), balle de plomb barbelée : Veg. *Mil.* 3, 14 ‖ soldat qui lance des balles de plomb : Veg. *Mil.* 1, 17.

Mattītae, *ārum*, m. pl., peuple d'Éthiopie : Plin. 6, 190.

Mattium, *ii*, n., capitale des Chattes : Tac. *An.* 1, 56.

Mattĭus, *ii*, m., poète latin : Gell. 6, 6, 5 ; 9, 14, 14.

mattus ou **mātus**, *a*, *um* (cf. *madeo*, de *maditus* ? ; fr. *mat*, it. *matto*), imbibé, abruti [totalement ivre] : Petr. 41, 12.

mătŭla, *ae*, f. (de μαθαλίς), vase : Ulp. *Dig.* 24, 2, 25 ‖ pot de chambre : Varr. *L.* 5, 119 ; Pl. *Most.* 386 ; P. Fest. 113, 1 ‖ = homme niais, cruche : Pl. *Pers.* 533.

Matura

Mātūra, *ae*, f. (1 *maturus*), nom d'une déesse qui veillait à la maturation des fruits : Aug. *Civ.* 14, 8.

mātūrasco, *is, ĕre*, -, - (1 *maturo*), intr., mûrir : Aug. *Serm.* 223, 2.

mātūrātē, adv. (1 *maturatus*), promptement : Pl. *Ps.* 1157.

mātūrātĭo, *ōnis*, f. (1 *maturo*), célérité : Her. 3, 3.

mātūrātō, cf.> 1 *maturate* : Schol. Veron. Virg. *En.* 7, 266.

mātūrātŏr, *ōris*, m. (1 *maturo*), celui qui hâte : Constant. *V. Germ.* 10, 38.

mātūrātus, *a, um*, part. de 1 *maturo*.

mātūrē, adv. (*maturus*) ¶1 en son temps, à point, à propos : Cic. *Verr.* 4, 96 ; Caes. C. 3, 7, 2 ¶2 promptement, de bonne heure, bientôt : Cic. *CM* 32 ; *Fam.* 3, 3, 1 ; *maturius* Cic. *Verr.* 3, 60 ; Caes. *G.* 4, 6, 1 ; -*urissime* Cic. *Caecin.* 7 ; -*urrime* Cic. de *Or.* 3, 74 ; Caes. *G.* 1, 33, 4 ¶3 prématurément, trop tôt : Nep. *Att.* 2, 1 ‖ v. les trois sens réunis : Pl. *Curc.* 380.

mātūrĕfăcĭo, *is, ĕre*, -, - (1 *maturus, facio*), tr., adoucir : Non. 82, 8.

mātūresco, *is, ĕre, rŭī*, - (1 *maturus*), intr. ¶1 devenir mûr, mûrir : Caes. *G.* 6, 29, 4 ; Plin. 16, 107 ¶2 acquérir le développement convenable : Cic. *Nat.* 2, 69 ‖ devenir nubile : Ov. *M.* 14, 335 ‖ [fig.] atteindre son plein développement : Plin. *Ep.* 5, 9, 5.

mātūrĭtās, *ātis*, f. (1 *maturus*) ¶1 maturité [moissons, fruits] : Cic. *Tusc.* 1, 68 ; Caes. *C.* 1, 48, 5 ; Quint. 6, pr. 10 ¶2 [fig.] plein développement, perfection : [âge] Cic. *Fam.* 4, 4, 4 ; [talent] Cic. *Brut.* 318 ‖ opportunité d'une chose, d'une circonstance : Cic. *Q.* 3, 8, 1 ; Liv. 22, 40, 9 ; [pl.] *temporum maturitates* Cic. *Nat.* 1, 100, l'arrivée à point (régulière) des saisons ‖ promptitude : Suet. *Tib.* 61.

1 mātūrō, *ās, āre, āvī, ātum* (1 *maturus* ; esp. *madurar*), tr. et intr.

I tr. ¶1 faire mûrir, mûrir : *uva maturata* Cic. *CM* 53, raisin mûr, cf. Cic. *Nat.* 1, 4 ‖ [méd.] mûrir un abcès : Plin. 22, 156 ‖ amener à son terme : Plin. 30, 123 ‖ [fig.] faire à loisir : Virg. *G.* 1, 261 ¶2 mener à sa fin, accélérer : *coepta* Liv. 24, 13, 4, hâter l'achèvement d'une entreprise ; *iter* Caes. *C.* 1, 63, 1, hâter un départ ; *alicui mortem* Cic. *Clu.* 171, hâter la mort de qqn ‖ [avec inf.] se hâter de : *maturat venire* Cic. *Att.* 4, 1, 7, il hâte sa venue ; *exercitum traducere maturavit* Caes. *G.* 2, 5, 4, il se hâta de faire traverser [le fleuve] à son armée ; *quodni Catilina maturasset signum dare* Sall. *C.* 8, 2, si Catilina ne s'était hâté de donner le signal = n'avait pas donné trop vite le signal.

II intr. ¶1 devenir mûr : Pall. 4, 10, 27 ¶2 [fig.] se hâter, se presser : Cic. *Fam.* 2, 17, 1 ; Sall. *J.* 22, 1 ; Liv. 2, 22, 1 ; *maturato opus est* Liv. 24, 23, 9, il faut se hâter.

2 mātūrō, adv., cf.> *mature* : Cat. d. Char. 205, 20.

māturrĭmē, māturrĭmus, cf.> *mature, maturus*.

1 mātūrus, *a, um* (cf. 2 *Manes, mane, matutinus* ; fr. *mûr*) ¶1 mûr : *poma matura* Cic. *CM* 71, fruits mûrs ‖ n. pris subst. : *quod maturi erat* Liv. 34, 26, 8, ce qu'il y avait de mûr ¶2 [fig.] mûr, dans le développement voulu : *maturi soles* Virg. *G.* 1, 66, des soleils dans leur pleine ardeur ; *filia matura viro* Virg. *En.* 7, 53, fille en âge de prendre époux ; *progenies matura militiae* Liv. 42, 52, 2, une jeunesse en âge de servir ‖ mûr, à point : *Thucydides... multo maturior fuisset* Cic. *Brut.* 288, Thucydide aurait été beaucoup plus mûr, aurait eu un style moins rude ; *tempus maturum mortis* Cic. *CM* 76, le moment propice de la mort ; *matura mors* Cic. *Div.* 1, 36, mort qui arrive à l'âge normal ; *mihi ad nonas bene maturum videtur fore* Cic. *Fam.* 9, 5, 1, il me semble que l'époque des nones sera le bon moment ; *scribendi tempus maturius* Cic. *Att.* 15, 4, 3, un moment plus favorable pour écrire ¶3 prompt, hâtif : *maturae hiemes* Caes. *G.* 4, 20, 1, hivers hâtifs ; *matura decessio* Cic. *Q.* 1, 1, 1, prompt retour de province ; *maturo judicio* Cic. *Caecin.* 7, par un prompt jugement ; *supplicium maturius* Cic. *Verr.* 5, 147, un supplice plus prompt ; *robur aetatis quam maturrimum precari* Tac. *An.* 12, 65, souhaiter dans des prières de hâter sa maturité le plus possible ¶4 qui a atteint tout son développement : *maturus aevi* Virg. *En.* 5, 73, vieux ; *centurionum maturi* Suet. *Cal.* 44, ceux des centurions qui ont fait leur temps ; *animi maturus* Virg. *En.* 9, 246, d'esprit mûri par l'expérience, cf. Tac. *An.* 1, 4.

► superl. *maturissimus* Her. 4, 25 ; Col. 12, 17, 2.

2 Mātūrus, *i*, m., nom d'homme : CIL 7, 43.

mātus, *a, um*, v.> 1 *mattus*.

Mātūta, *ae*, f. (cf. 1 *manus, mane*, 1 *maturus*), déesse du matin, l'Aurore : Lucr. 5, 656 ; Cic. *Tusc.* 1, 28 ; Ov. *F.* 6, 479.

mātūtīnālis, *e*, du matin : Philom. 16.

mātūtīnē, -tīnō (*matutinus*), au matin : Prisc. 2, 137, 7 ‖ Plin. 7, 181 ; 18, 27 ; Apul. *M.* 5, 17.

mātūtīnum, *i*, n. (*matutinus*), le matin : Sen. *Ep.* 83, 14 ; Quint. 12, 8, 2 ; Plin. 2, 36 ‖ pl. Plin. 4, 90 ; 20, 50.

mātūtīnus, *a, um* (*Matuta* ; fr. *matin*), du matin, matinal : Cic. *Nat.* 2, 52 ; *Att.* 12, 53 ; *Fam.* 7, 1, 1 ; Hor. *S.* 2, 6, 45 ; Ov. *F.* 5, 160.

Maumarum, *i*, n., ville d'Égypte ou d'Éthiopie : Plin. 6, 180.

maurella (*mor-*), *ae*, f. (*Maurus*), morelle [plante] : Gloss. 3, 630, 40.

Maurētānĭa, *ae*, f., Maurétanie [partie occidentale de l'Afrique] Atlas I, D2 : Caes. *C.* 1, 6, 3 ; Cic. *Sull.* 56 ; Tac. *H.* 1, 11 ; Plin. 5, 2 ; Mel. 1, 25 ; CIL 8, 2615.

Mauri, *ōrum*, m. pl., Maures, hab. de la Maurétanie : Sall. *J.* 18, 10 ; Liv. 21, 22, 3 ; Plin. 5, 17 ; Mel. 1, 22 ‖ sg., *Maurus* Juv. 11, 125, un Maure.

Maurĭcātim, Maurĭcē, adv., à la manière des Maures : Laber. d. Char. 206, 7 ‖ Varr. d. Gell. 2, 25, 8.

Maurīcĭus, *ii*, m., saint Maurice : Fort. *Carm.* 2, 14, 5.

1 Maurīcus, *i*, m., nom d'homme : Mart. 5, 28, 5.

2 Maurīcus, *a, um*, des Maures : Corip. *Joh.* 2, 137.

Maurītānĭa, *ae*, f. (Μαυριτανία), cf.> *Mauretania* : Ps. Aur.-Vict. *Epit.* 45, 7.

Maurus, *a, um* (it. esp. *moro*), de Maurétanie, africain : Hor. *O.* 3, 10, 18 ; Juv. 10, 148 ; Mart. 14, 90, 1 ; Stat. *S.* 1, 3, 35.

Maurūsĭa, *ae*, f. (Μαυρουσία), nom de la Maurétanie chez les anciens Grecs : Vitr. 8, 2, 6 ‖ **-ĭăcus**, *a, um*, Mart. 12, 66, 6, **-ūsĭus**, *a, um*, Virg. *En.* 4, 206, de Maurétanie : *Maurusii* Liv. 24, 49, les Maures.

Mausōlēum, *i*, n. (Μαυσώλειον), tombeau de Mausole : Plin. 36, 30 ; Mel. 1, 85 ‖ mausolée, tombeau magnifique : Mart. 5, 64, 5 ; Suet. *Aug.* 100.

Mausōlēus, *a, um*, de Mausole : Prop. 3, 1, 56.

Mausōlus, *i*, m. (Μαύσωλος), Mausole [roi de Carie, à qui sa femme, Artémise, fit élever un tombeau compté parmi les sept merveilles du monde] : Cic. *Tusc.* 3, 75 ; Gell. 10, 18, 1 ; Mel. 1, 85.

Mavĭtāni, m. pl., v.> *Mevanates*.

mavolo, -velim, -vellem, v.> *malo* ►.

Māvors, *tis*, m. (p.-ê. *magis* et *verto*, cf. *malo* v.> *Mars, Mamers*), [arch. et poét.] = *Mars*, la guerre : Cic. *Nat.* 2, 67 ; Virg. *En.* 8, 630 ; Hor. *O.* 4, 8, 23 ‖ guerre, combat : Aus. *Idyl.* 6, 2 (325), 85.

māvortis, *is*, m. ; **-te**, *is*, n., cf.> *mafors, maforte*.

Māvortĭus, *a, um*, de Mars : *Mavortia moenia* Virg. *En.* 1, 276, les murs de Mars, Rome ; *Mavortia tellus* Virg. *G.* 4, 462, la terre de Mars, la Thrace ‖ belliqueux, martial : Val.-Flac. 5, 90 ; Stat. *Ach.* 1, 626 ‖ subst. m., = Méléagre, fils d'Arès (Mars) : Ov. *M.* 8, 437.

Maxalla, f. ou n., ville de Libye : Plin. 5, 37.

Maxentĭus, *ii*, m., Maxence [compétiteur de Constantin] : Eutr. 10, 2 ; Ps. Aur.-Vict. *Epit.* 40, 12 ‖ **-ĭānus**, *a, um*, de Maxence : Lact. *Ir.* 44, 3.

Maxeras, *ae*, m., v.> *Maziris*.

maxilla, *ae*, f. (dim. de *mala* ; it. *mascella*), mâchoire inférieure : Cic. *Or.* 153 ;

Plin. 11, 159; Suet. Cal. 58; Aug. d. Suet. Tib. 21 ‖ joue: Vulg. Matth. 5, 39.

maxillāris, e (maxilla), de la mâchoire, maxillaire: Plin. 11, 166; Cels. 6, 9, 5.

maxillō, ās, āre, -, -, tr., frapper à la figure: Gloss. 2, 438, 23.

Maxilŭa, ae, f., ville de la Bétique: Plin. 35, 171.

Maxima, ae, f., nom de femme: CIL 6, 1636.

maxĭmē (-ŭmē), adv., superl. de magis I très grandement, très, ou le plus ¶ 1 res maxime necessaria Cic. Lae. 86, la chose la plus nécessaire; carus maxime Cic. Sest. 6, très cher ‖ puer ad annos maxime natus octo Gell. 17, 8, 4, esclave âgé d'une huitaine d'années tout au plus ‖ maxime confidere Caes. G. 1, 40, 15, avoir la plus grande confiance ¶ 2 [constructions part.] **a)** unus maxime, unus omnium maxime, le plus... de tous: Cic. Com. 24; vel maxime Cic. de Or. 1, 32, même le plus **b)** quam maxime, autant que possible, le plus possible: Cic. de Or. 1, 149; quam maxime possum, potest, le plus que je peux, qu'il peut: Cic. de Or. 1, 154 **c)** tam... quam qui maxime Cic. Fam. 5, 2, 6, autant que celui qui l'est le plus, autant qu'homme au monde; provincia ut quae maxime omnium belli avida Liv. 23, 49, 12, province avide de guerre comme il n'y en eut jamais, cf. Liv. 7, 33, 5 **d)** ut quisque maxime... ita maxime Cic. Off. 1, 64, plus on... plus; ita maxime... ut quisque maxime Cic. Off. 1, 47, d'autant plus... que; ut quisque maxime... ita minime Cic. Leg. 1, 49, plus... moins **e)** maxime vellem ut...; secundo autem loco, ne... Cic. Phil. 8, 31, ce que je voudrais le plus (en premier lieu), c'est que... en second lieu, c'est que ne... pas ‖ non maxime Cic. de Or. 1, 79, pas au plus haut point, pas absolument ‖ [tard.; interpolation de Just.] maxime cum, si Dig. 4, 4, 39, 1, surtout quand, si. II ▷ potissimum, praecipue ¶ 1 surtout, principalement: poetae maximeque Homerus Cic. Nat. 2, 6, les poètes et surtout Homère; et maxime Cic. Att. 7, 12, 4, et surtout; maxime scilicet Cic. Or. 120, surtout évidemment ‖ cum... tum maxime Cic. Off. 3, 47, d'une part... d'autre part surtout ¶ 2 précisément: nuper maxime Caes. C. 3, 9, 6, naguère précisément; cum maxime, nunc cum maxime Cic. Verr. 4, 82; CM 38, au moment précisément où; maintenant plus que jamais, maintenant surtout que: Cic. Clu. 12; Liv. 29, 17, 20; [au passé] cum maxime Cic. de Or. 1, 84, alors surtout, plus que jamais ¶ 3 dans ses lignes générales, essentiellement: hoc maxime modo Liv. 21, 38, 1, telle est pour l'essentiel la manière dont, cf. Liv. 37, 30, 10; in hunc maxime modum Liv. 37, 41, 6, en gros de la manière suivante ¶ 4 [d. le dial. pour acquiescer] très bien, parfaitement, volontiers: Pl. Curc. 315; Most. 1009; Ter. And. 818.

Maxĭmĭāna, ae, f. (s.-ent. legio), nom d'une légion impériale: Not. Dign. Or. 31, 37.

Maxĭmĭănŏpolis, is, f., ville de Samarie: Anton. 586.

Maxĭmĭānus, i, m., Maximien Hercule, empereur romain [286-305]: Lact. Mort. 52, 3.

Maxĭmĭlĭānus, i, m., surnom romain: Symm. Ep. 8, 48.

Maxĭmĭna, ae, f., nom de femme: Mart. 2, 41.

Maxĭmĭnĭānus, a, um, de Maximin: Capit. Gord. 13.

Maxĭmīnus, i, m., Maximin, empereur romain [235-238]: Capit. Maxim. 1, 4.

maxĭmĭtās, ātis, f., grandeur: Lucr. 2, 498; Arn. 6, 18.

maxĭmŏpĕrĕ, ▷ magnopere.

1 **maxĭmus**, arch. **maxumus** (anc. fr. maisme), superl. de magnus, ▷ magnus.

2 **Maxĭmus**, i, m., surnom romain, not^t de Q. Fabius, surnommé aussi Cunctator; pl., Maximi Cic. de Or. 2, 110; Sest. 143, les hommes comme Fabius Maximus.

Maxŭla, ae, f., ville de Zeugitane Atlas VIII, A4; XII, H2: Plin. 5, 24.

maza, ae, f. (μᾶζα), sorte de pâtée: Grat. 307.

Mazăca, ae, f. (Μάζακα), ville de Cappadoce: Eutr. 7, 11, 2 ‖ ou **-ca**, ōrum, n. pl., Vitr. 8, 3, 9; Plin. 2, 244 ou **-cum**, i, n., Plin. 6, 8.

Mazāces, um, m. pl., peuple de Numidie: Suet. Ner. 30 ‖ sg. coll., **Mazax**, Luc. 4, 681.

Māzăcum, ▷ Mazaca.

Mazaei, ōrum, m. pl. (Μαζαῖοι), peuple de Liburnie: Plin. 3, 142 ‖ sg. Mazaeus, non d'un guerrier: Sil. 4, 627.

Mazagae, ārum, f. pl., ville de l'Inde: Curt. 8, 10, 22.

Mazămacae, ārum, m. pl., peuple d'Asie: Plin. 6, 21.

Mazara, ae, m. ¶ 1 ville et fleuve de Sicile: Plin. 3, 90 ¶ 2 **Mazz-**, nom d'un Syrien: Flor. 3, 12.

Mazax, ▷ Mazaces.

Mazi, ōrum, m. pl., peuple d'Arachosie: Plin. 6, 92.

Mazices, um, m. pl. (Μάζικες), habitants de Mazaca: Amm. 29, 5, 21.

Maziris, is, m., fleuve d'Hyrcanie: Plin. 6, 46.

mazŏnŏmus, i, m. (μαζονόμος), plat creux, bassin: Varr. R. 3, 4, 3; Hor. S. 2, 8, 86.

mē, acc. et abl. de ego.

mĕābĭlis, e (meo) ¶ 1 où l'on peut passer, praticable: Plin. 6, 2 ¶ 2 qui pénètre facilement [air]: Plin. 2, 10.

mĕăcŭlum, i, n. (meo), passage: Capel. 8, 813.

Meae, ārum, f. pl., ville située sur le Nil: Plin. 6, 178.

mĕāmĕt, mĕaptĕ, abl., ▷ meus.

Meandaraei, ōrum, m. pl., peuple de l'Asie du nord: Plin. 6, 22.

Mĕandĕr, ▷ Maeander.

Mearus, i, m., fleuve de Tarraconaise: Mel. 3, 13.

mĕātim, adv. (meus), à ma manière: Char. 186, 2; Prisc. 2, 594, 2.

mĕātĭo, onis, f. (meo), marche, cours: Cael.-Aur. Acut. 2, 18, 105.

mĕātŏr, ōris, m. (meo), voyageur: CIL 6, 520.

mĕātŭs, ūs, m. (meo) ¶ 1 action de passer d'un lieu dans un autre, passage, course: Lucr. 1, 128; Virg. En. 6, 850; Tac. H. 1, 62 ‖ [en parl. de la respiration, du souffle]: Quint. 7, 10, 10; Plin. Ep. 6, 16, 13 ¶ 2 chemin, passage: Val.-Flac. 3, 403; Plin. 19, 85; Luc. 1, 664.

mēcastŏr, par Castor: Pl. Aul. 172; Ter. Hec. 83; ▷ Castor.

mēchănēma, ătis, m. (μηχάνημα), tour d'adresse: Sidon. Ep. 1, 9, 1.

mēchănĭcus, a, um (μηχανικός), mécanique: Gell. 10, 12, 9; Firm. Math. 6, 30, 26 ‖ **-nĭcus**, i, m., mécanicien: Col. 3, 10, 2; Suet. Vesp. 18 ‖ **-nĭca**, ae, f., la mécanique: Symm. Ep. 10, 38 ou **-nĭca**, ōrum, n., Apul. Apol. 61.

mēchănisma, ătis, n., ▷ mechanema: Cassiod. Var. 1, 45.

mechir, iris, m., méchir [un des mois du calendrier égyptien, correspondant à janvier et à une partie de février]: Plin. 6, 106.

mecĭa, ae, f. (?), mouron bleu [plante]: M.-Emp. 1, 35.

Mēcĭus, ▷ Maecius.

mēcōn, ōnis, f. (μήκων), euphorbe maritime: Plin. 20, 209 ‖ pavot: Ps. Apul. Herb. 53.

mēcōnis, ĭdis, f., espèce de laitue: Plin. 19, 126.

mēcōnītēs, ae, m. (μηκωνίτης), pierre précieuse: Plin. 37, 173.

mēcōnĭum, ii, n. (μηκώνιον), opium: Plin. 20, 202 ‖ excréments des nouveau-nés: Plin. 28, 52 ‖ plante appelée peplis: Plin. 27, 119.

mēcum, pour cum me, ▷ cum.

Mecyberna (-Meg), ae, f., ville de Macédoine: Mel. 2, 34 ‖ **-aeus**, a, um, de Mecyberna: Plin. 4, 36.

med, ▷ me, ▷ ego.

Medaba, f., ville d'Arabie: Vulg. Num. 21, 30.

Mĕdamna, ae et **-ē**, ēs, f., la Mésopotamie: Prisc. Perieg. 917; ▷ Mediamna.

Mĕdardus, i, m., saint Médard: Fort. Carm. 2, 16, 2.

meddix, ĭcis, m. (osq., cf. medeor et 1 dico, judex), médix, magistrat suprême

meddix

chez les Osques : Enn. An. 298 ‖ **meddix tuticus**, médix tutique : Liv. 24, 19, 2 ; 26, 6, 13.

Mēdēa, ae, f. (Μήδεια) ¶ 1 Médée [fille d'Eétés, fameuse magicienne] : Cic. Cael. 18 ; Hor. P. 185 ; Ov. M. 7, 9 ‖ [titre de tragédie] Quint. 10, 1, 98 ¶ 2 pierre précieuse : Plin. 37, 173.
▶ Media Plin. 37, 173.

Mēdēis, ĭdis, f., de Médée : Ov. A. A. 2, 101.

mĕdēla, ae, f. (medeor), médicament, remède : Just. 11, 1, 7 ; Gell. 12, 5, 3 ‖ [fig.] Gell. 20, 1, 22 ‖ [tard.] guérison : Vulg. Jer. 8, 15.

mĕdēlĭfer, ĕra, ĕrum, qui apporte la guérison : Fort. Mart. 1, 362.

mĕdens, tis, part. de medeor, m. pris subst^t, médecin : Lucr. 1, 936 ; Plin. 25, 87.

Mĕdentĭus, autre forme de **Mezentius** : Prisc. 2, 24, 6.

mĕdĕo, **v.** ▶ medeor ▶.

Mĕdĕōn, ōnis, m., ville de Béotie : Plin. 4, 26.

mĕdĕor, ēris, ērī, - (meditor, modus, mos, metior, cf. μέδομαι, al. messen, an. mete), intr. et tr. ¶ 1 intr., soigner, traiter (**alicui**, qqn) : Cic. de Or. 2, 186 ; **vulneribus** Plin. 24, 36, soigner des blessures ‖ [fig.] remédier à, porter remède à, guérir, réparer [avec dat.] : Cic. Agr. 1, 26 ; Fam. 7, 28, 3 ; Caes. G. 5, 24 ¶ 2 tr., Ter. Phorm. 822 ; **medendis corporibus** Liv. 8, 36, 7, en soignant les corps, cf. Suet. Tit. 8 ‖ [pass.] **ut ex vino stomachi dolor mederetur** Hier. Ep. 22, 4, pour guérir par le vin les douleurs de l'estomac ; [pass. impers. Vitr. 6, 8, 7] ¶ 3 [abs^t méd.] être bon [avec **contra**, contre, pour lutter contre] : Plin. 9, 90.
▶ forme active medeo Fort. Mart. 2, 21.

Mederĭăcum, i, n., lieu de la Belgique : Anton. 375.

Mēdi, ōrum, m. pl. (Μῆδοι), Mèdes, Perses : Cic. Off. 2, 41 ; Hor. O. 1, 2, 51 ; Luc. 8, 386 ; Pers. 3, 53 ‖ **-dus**, i, m., un Mède : Hor. O. 4, 14, 42.

1 Mēdĭa, ae, f. (Μηδία), Médie [contrée de l'Asie] : Plin. 6, 114 ; Virg. G. 2, 126.

2 Mēdĭa, ae, **v.** Medea.

mĕdĭāle, is, n. (1 medius), le milieu, le cœur [d'un arbre] : Solin. 20, 9 ; 52, 53.

1 mĕdĭālis, e (1 medius), qui est au milieu, central : Capel. 2, 114.

2 mĕdĭālis, is, f. (*mĕdīdĭālis ; cf. meridie), victime noire qu'on immole à midi : P. Fest. 111, 16.

Mĕdĭamna, ae, **v.** Medamna : Prisc. 3, 182, 8.

mĕdĭans, tis, part. de medio.

mĕdĭānus, a, um (1 medius ; fr. moyen), du milieu : Vitr. 3, 5, 15 ; Veg. Mul. 2, 40, 3 ‖ **mĕdĭānum**, i, le milieu : Ulp. Dig. 9, 3, 5 ; pl., **mediana** Apic. 140, les côtes (des bettes).

mĕdĭastīnus, i, m. (1 medius), esclave à tout faire, du dernier rang : Hor. Ep. 1, 14, 14 ; Col. 2, 13, 7 ‖ assistant [d'un méd.] : Plin. 29, 4 ; Dig. 4, 9, 1, 5.
▶ mediastrinus Cat. d. Non. 143, 8 ; Lucil. 512.

mĕdĭātĕnŭs, adv. (cf. hactenus), jusqu'à la moitié : Capel. 6, 688.

mĕdĭātĭo, ōnis, f. (medio), médiation, entremise : Aug. Civ. 9, 16, 2.

mĕdĭātŏr, ōris, m. (medio), médiateur : Apul. M. 9, 36 ; [à propos du Christ] Vulg. Gal. 3, 19 ; Lact. Inst. 4, 25, 8.

mĕdĭātrix, īcis, f. (mediator), celle qui se place entre, secourable : Alcim. Carm. 5, 566 ‖ [chrét.] médiatrice : Aug. Serm. 47, 12, 21.

mĕdĭbĭlis, e (medeor), remédiable : P. Fest. 111, 1.

1 mĕdĭca, ae, f. (medicus), femme médecin : Apul. M. 5, 10.

2 mĕdĭca, ae, f. (μηδική), luzerne [plante] : Virg. G. 1, 215 ; Plin. 18, 144.

mĕdĭcābĭlis, e (medicor) ¶ 1 qu'on peut guérir : Ov. M. 1, 523 ; Sil. 10, 412 ¶ 2 qui peut donner la guérison : Col. 7, 10, 8 ; Pall. 2, 15, 19 ; Val.-Flac. 4, 87.

mĕdĭcābĭlĭter, adv. (medicabilis), en guérissant : Pall. 3, 31, 2.

mĕdĭcābŭlum, i, n. (medicor), lieu de cure : [pl.] Apul. Flor. 16, 2.

mĕdĭcāmĕn, ĭnis, n. (medicor) ¶ 1 médicament, remède : Cic. Pis. 13 ; Tac. An. 12, 51 ‖ [fig.] remède : Ov. A. A. 2, 489 ; Sil. 15, 7, 1 ¶ 2 drogue, ingrédient : Tac. An. 12, 67 ; Flor. 2, 20, 7 ; Val.-Fl. 8, 17 ‖ matière colorante, teinture : Plin. 9, 135 ; Luc. 3, 238 ‖ fard, cosmétique : Ov. A. A. 3, 205 ; Petr. 126, 1 ‖ [fig.] moyen artificiel pour améliorer qqch. : Col. 7, 8, 2 ; Plin. 14, 136 ‖ engrais : Plin. 17, 99.

mĕdĭcāmentārĭus, a, um (medicamentum) ¶ 1 relatif aux médicaments : Plin. 7, 192 ¶ 2 subst., **-ārĭus**, ĭi, m., pharmacien : Plin. 19, 110 ‖ fabricant de drogues, de poisons : Cod. Th. 3, 16, 1 ‖ **-ārĭa**, ae, f., Plin. 7, 196.

mĕdĭcāmentōsus, a, um (medicamentum), qui soulage, guérit : Vitr. 8, 3, 4.

mĕdĭcāmentum, i, n. (medicor) ¶ 1 médicament, remède, drogue : Cic. Nat. 2, 132 ; **ad aquam intercutem** Cic. Off. 3, 92, remède contre l'hydropisie ‖ onguent : Cic. Brut. 217 ¶ 2 poison, drogue : Cic. Clu. 32 ; Liv. 8, 18, 9 ; Plin. 27, 101 ‖ breuvage magique, philtre : Pl. Ps. 870 ; Suet. Cal. 50 ‖ teinture : Sen. Nat. 1, 3 ; Plin. 35, 44 ‖ préparation, apprêt : Col. 12, 20, 1 ‖ cosmétique : Sen. Ben. 7, 9, 2 ¶ 3 [fig.] **a)** remède contre qqch., antidote : **doloris medicamenta** Cic. Fin. 2, 22, remèdes contre la douleur, cf. Cic. Clu. 201 **b)** fard dans le style : **fucati medicamenta candoris et ruboris** Cic. Or. 79, les fards qui donnent un blanc et un rouge artificiels.

mĕdĭcātĭo, ōnis, f. (medicor), emploi d'un remède : Col. 2, 10, 16.

mĕdĭcātīva, ōrum, n. pl., remèdes : Boet. Top. Arist. 6, 6.

mĕdĭcātŏr, ōris, m. (medicor), médecin : Avien. Arat. 216 ; Tert. Marc. 3, 17, 5.

1 mĕdĭcātus, a, um ¶ 1 part. de medico et medicor ¶ 2 [adj^t], **v.** medico ¶ 3, médicinal, propre à guérir, qui a une vertu curative : Sen. Nat. 3, 25, 10 ; Plin. Ep. 8, 20, 4 ; Curt. 3, 6, 2 ‖ **-tior** Plin. 28, 124 ; **-tissimus** Plin. 28, 78.

2 mĕdĭcātŭs, ūs, m., composition magique : Ov. H. 12, 165.

mĕdĭcīna, ae, f. (medicinus) ¶ 1 science de la médecine, médecine, chirurgie : Cic. Off. 1, 151 ; Fin. 5, 16 ; Quint. 2, 17, 9 ; Plin. 25, 25 ; **medicinam exercere** Cic. Clu. 178, exercer la médecine [ou] **factitare** Quint. 7, 2, 26 ¶ 2 cabinet [de docteur] : Pl. Amp. 1013 ; Men. 994 ¶ 3 **a)** remède, potion : **medicinam alicui adhibere** Cic. Att. 16, 5, 5 [ou] **facere** Cic. Fam. 14, 7, donner, faire une potion à qqn ‖ poison : Acc. Tr. 579 **b)** [fig.] remède, soulagement : Cic. Lae. 12 ; Rep. 2, 59 ; Att. 2, 1, 7 ; **doloris** Cic. Ac. 1, 11, remède contre la douleur, cf. Cic. Fin. 5, 54 ; Sest. 51 ; **consilii** Cic. Cat. 2, 17, le remède de la persuasion ; [pl.] Cic. de Or. 2, 339 ¶ 4 taille de la vigne : Plin. 17, 191 ¶ 5 moyen artificiel pour améliorer qqch. : **medicina figurae** Prop. 1, 2, 7, moyen d'embellir le visage.

mĕdĭcīnālis, e (medicina), médical, de médecine : Plin. 32, 123 ; 36, 157 ‖ **digitus** Macr. Sat. 7, 13, 7, le doigt annulaire.

mĕdĭcīnālĭter, adv., avec ou par des remèdes : Aug. Civ. 5, 5.

mĕdĭcīnus, a, um (medicus), de médecin : Varr. L. 5, 93.

mĕdĭcō, ās, āre, āvī, ātum (medicus), tr. ¶ 1 soigner, traiter : Pl. Most. 387 ; Col. 9, 13, 7 ¶ 2 traiter [une substance, en l'imprégnant ou en la mélangeant] : **semina** Virg. G. 1, 193, préparer (chauler) des graines : Col. 11, 30, 40 ; Plin. 16, 118 ‖ teindre : Ov. Am. 1, 14, 6 ¶ 3 part.-adj., **medicatus, a, um**, traité, préparé : Virg. G 4, 65 ; En. 6, 420 ; Col. 1, 3, 64 ; **lana medicata fuco** Hor. O. 3, 5, 28, laine traitée par une teinture ‖ empoisonné : Suet. Cl. 44 ; Col. 11, 3, 64 ; Sil. 7, 453.

mĕdĭcor, āris, ārī, ātus sum (medicus), dép. ¶ 1 soigner, traiter [avec dat.] : Virg. G. 2, 135 ‖ [avec acc. Virg. En. 7, 756] ¶ 2 [fig.] **alicui** Ter. And. 944, guérir qqn.

mĕdĭcōsus, a, um (medicus), médicinal : Cael.-Aur. Acut. 2, 29, 158.

1 mĕdĭcus, a, um (medeor ; anc. fr. mire), propre à guérir, qui soigne, guérit : Virg. G. 3, 455 ; Ov. Tr. 5, 6, 12 ; Plin. 36, 202 ‖ magique : Sil. 3, 300.

2 mĕdĭcus, i, m. (1 medicus), médecin : Pl. Men. 875 ; Cic. Clu. 57 ; Suet. Ner. 37 ; Plin. 29, 22 ‖ doigt annulaire (**cf.** *medicinalis*) : Plin. 30, 108 ‖ [chrét.] [à propos de Dieu] Tert. *Pat.* 15, 1.

3 **Mĕdĭcus**, *a, um* (Μηδικός), de Médie, de Perse : Luc. 8, 368 ; Plin. 12, 15 ; Aus. *Epist.* 25 (417), 50.

mĕdĭē, adv. (1 *medius*), moyennement : Apul. *Plat.* 2, 19 ; Lact. *Inst.* 6, 15, 17.

mĕdĭĕtās, *ātis*, f. (1 *medius* ; fr. *moitié*), le milieu, centre : Cic. *Tim.* 23 ; Lact. *Opif.* 10, 19 ‖ moitié : Pall. 4, 10, 30 ; Cod. Th. 4, 18, 1 ‖ juste milieu : Dig. 5, 4, 3 ‖ nature intermédiaire : Arn. 2, 31.

Medilītānus, *a, um*, de Médila (Numidie) : CIL 8, 885.

mĕdĭlūnĭa, *ae*, f. (1 *medius, luna*), premier quartier de la lune : Capel. 7, 738.

Medimni, *ōrum*, m. pl., peuple d'Éthiopie : Plin. 6, 190.

mĕdimnum, *i*, n. (μέδιμνος), médimne, [mesure grecque de capacité] : Cic. *Verr.* 3, 112-113 ‖ et **-nus**, *i*, m., Lucil. d. Non. 213, 21 ; Nep. *Att.* 2.

▶ gén. pl. habituel *medimnum* Cic. *Verr.* 3, 84 ; 90.

mĕdĭō, *ās, āre, -, -* (*medius*) ¶ 1 tr., partager en deux : Apic. 88 ¶ 2 intr., être à son milieu, à moitié : Pall. 4, 10, 32 ‖ s'interposer : Sidon. *Ep.* 9, 3, 1 ; **v.** *medior*.

mĕdĭŏcĕr, arch. pour *mediocris* : Ps. Prisc. *Acc.* 23 = 3, 523, 28.

mĕdĭŏcrĭcŭlus, *a, um* (dim. de *mediocris*), Cat. d. Fest. 142, 17.

mĕdĭŏcris, *e* (1 *medius, ocris*) ¶ 1 moyen, de qualité moyenne, de grandeur moyenne, ordinaire [en parl. de pers. et de choses] : Cic. *Brut.* 94 ; 136 ; *Rep.* 3, 19 ; *Lae.* 10 ; *Cat.* 2, 10 ; Sall. *J.* 92, 5 ¶ 2 faible, médiocre, petit : Cic. *Tusc.* 3, 22 ; *de Or.* 1, 133 ; *mediocris animi est* Cæs. C. 3, 20, 3, c'est le fait d'un petit esprit que de ‖ [litote] **non mediocris**, qui compte, non commun : Cic. *Rep.* 2, 55 ; *Lae.* 61 ; Cæs. *G.* 3, 20, 1 ¶ 3 [en parl. d'une syllabe] de quantité moyenne, intermédiaire entre la longue et la brève, douteuse : Gell. 16, 18, 5.

▶ *mĕdiōcris* Hor. *P.* 370.

mĕdĭŏcrĭtās, *ātis*, f. (*mediocris*) ¶ 1 état moyen, moyenne, juste milieu : Cic. *Off.* 1, 89 ; *Fin.* 1, 2 ; *Brut.* 149 ; 166 ; 235 ; pl., Cic. *Ac.* 2, 135 ; *Tusc.* 3, 22 ¶ 2 infériorité, médiocrité, insignifiance : Cic. *Phil.* 2, 2 ; Vell. 2, 130, 3 ; Gell. 14, 2, 25 ; Quint. 11, 2, 39 ‖ [en parl. du niveau social ou économique] : Dig. 27, 1, 6, 19 ; *mediocritas facultatium* Dig. 31, 30, faiblesse des moyens financiers.

mĕdĭŏcrĭtĕr, adv. (*mediocris*), moyennement, modérément : Cic. *Fam.* 5, 12, 5 ; *Tusc.* 3, 22 ‖ avec modération, calmement, tranquillement : Cic. *Verr.* 3, 95 ; **mediocrius** Cic. *Att.* 1, 20, 5 ‖ [litote avec *haud, non*] grandement, extrêmement, beaucoup : Pl. *Merc.* 237 ; Cæs. *G.* 1, 39, 1 ; Quint. 11, 1, 17.

mĕdĭŏcrĭus, compar. de *mediocriter*.

Mĕdĭŏlānum ou **-nĭum**, *i*, n., Plin. 3, 124 ; Tac. *H.* 1, 70, Liv. 5, 34, 9 ; 34, 46, 1 ; Suet. *Aug.* 20 ¶ 1 Mediolanum (Milan) ville de la Gaule transpadane Atlas I, C3 ; V, E4 ; XII, B2 ‖ **-nensis**, *e*, de Mediolanum : Cic. *Pis.* 62 ; pl., Varr. *R.* 1, 8, 2, les habitants de Mediolanum ¶ 2 ville de Gaule sur la Charente [auj. Saintes] Atlas IV, A3 ; V, E1 : Amm. 15, 11, 12.

mĕdĭŏlum, *i*, n. (dim. de 1 *medius*), le jaune [de l'œuf] : Plin. *Med.* 1, 24 ; Anthim. 35.

Mĕdĭŏmātrĭci, *ōrum*, m. pl., Mediomatrices [peuple de la Gaule celtique, près de Metz] : Cæs. *G.* 4, 10, 13 ; Plin. 4, 106 ‖ **-trĭcus**, *a, um*, médiomatrice : CIL 13, 7007.

1 **mēdĭon**, *ii*, n. (μήδιον), plante inconnue : Plin. 27, 104.

2 **Mĕdĭōn**, *ōnis*, f., ville d'Acarnanie : Liv. 36, 11, 10 ; 36, 12, 1 ‖ **-ōnĭi**, *ōrum*, m. pl., habitants de Médion : Liv. 36, 12, 3.

mĕdĭŏr, *āris, ārī, ātus sum*, intr., être au milieu : Aug. *Civ.* 9, 13, 1.

mĕdĭoxĭmē, adv., modérément : Varr. *Men.* 320.

mĕdĭoxĭmus (-xumus), *a, um* (1 *medius*, cf. *proximus*), intermédiaire : Pl. *Cist.* 339 ; 241 ‖ médiocre, exigu : P. Fest. 110, 26.

mĕdĭpontus, *i*, m., sorte de câble : Cat. *Agr.* 3, 5 ; **cf.** *melip-*.

mĕdĭtābundus, *a, um* (*meditor*), qui médite : Just. 38, 3, 7.

mēdĭtāmĕn, *inis*, n. (*meditor*), projet : Sil. 8, 324 ; Prud. *Psych.* 234.

mĕdĭtāmentum, *i*, n. (*meditor*), exercice, préparation : Tac. *An.* 15, 35 ; *H.* 4, 26 ‖ éléments [enseignés aux enfants] : Gell. 8, 10.

mĕdĭtātē, adv. (*meditatus*), à dessein, de propos délibéré : Sen. *Const.* 11, 3 ‖ avec réflexion, précision : Pl. *Bac.* 545 ; *Mil.* 40.

mĕdĭtātĭo, *ōnis*, f. (*meditor*) ¶ 1 réflexion, méditation : *mali* Cic. *Tusc.* 3, 32, action de penser à un malheur, la pensée d'un malheur ¶ 2 préparation : *obeundi muneris* Cic. *Phil.* 9, 2, action de se préparer à remplir une mission ; *mortis* Sen. *Ep.* 54, 2, préparation à la mort, apprentissage de la mort ‖ [en part.] préparation de discours, exercice préparatoire : Cic. *Brut.* 139 ; *de Or.* 2, 118 ‖ pratique habituelle, habitude : Plin. 17, 137.

mĕdĭtātĭuncŭla, *ae*, f. (dim. de *meditatio*), petit exercice préparatoire : Mamert. *Anim.* 1, 3.

mĕdĭtātīva verba, n. (*meditor*), verbes méditatifs = désidératifs : Diom. 346, 2 ; Prisc. 2, 429, 15.

mĕdĭtātŏr, *ōris*, m., celui qui médite : Paul.-Nol. *Ep.* 11, 7.

mĕdĭtātōrĭum, *ĭi*, n. (*meditor*), endroit où se prépare qqch. : Hier. *Jovin.* 2, 12 ‖ préparation, prélude : Hier. *Ep.* 78, 43, 6.

1 **mĕdĭtātus**, *a, um*, [sens pass. **v.** *meditor* ▶].

2 **mĕdĭtātŭs**, *ūs*, m., pensée, projet : Apul. *M.* 3, 14.

Mĕdĭterrānĕum mărĕ, mer Méditerranée : Isid. 13, 16, 1.

mĕdĭterrānĕus, *a, um* (1 *medius, terra*), qui est au milieu des terres : Cic. *Verr.* 5, 70 ; Cæs. *G.* 5, 12, 5 ; Plin. 5, 63 ; Quint. 5, 10, 37 ‖ subst. n., **mediterraneum**, *i*, l'intérieur des terres : Plin. 3, 10 ; ou pl., *mediterranea* Liv. 21, 31, 2 ; Plin. 33, 158.

mĕdĭterrĕus, *a, um*, **c.** *mediterraneus* : P. Fest. 111, 2.

mĕdĭtŏr, *āris, ārī, ātus sum* (fréq. de *medeor*, donner ses soins à qqch.), tr. ¶ 1 méditer, penser à, réfléchir à : *semper forum, subsellia curiamque* Cic. *de Or.* 1, 32, penser toujours au forum, aux tribunaux, à la curie, cf. Cic. *Rep.* 1, 35 ; *Fam.* 2, 5, 2 ; *meditare, quibus verbis comprimas* Cic. *Pis.* 59, médite par quelles paroles tu peux réprimer…, cf. Cic. *Nat.* 3, 1 ; *Att.* 9, 17, 1 ‖ [abst] *de aliqua re* Cic. *Fam.* 1, 8, 4, réfléchir sur qqch. ¶ 2 préparer, méditer qqch., avoir en vue qqch. : *fugam* Cic. *Cat.* 1, 22, se préparer à fuir ; *ad hujus vitae studium meditati illi sunt qui feruntur labores tui* Cic. *Cat.* 1, 26 [noter le pass., **v.** *meditor* ▶] c'est pour la pratique de cette vie qu'ont été préparés (ménagés) tous tes exercices si pénibles dont on parle ‖ *multos annos regnare meditatus* Cic. *Phil.* 2, 116, visant depuis maintes années au pouvoir absolu ; *alio incessu esse meditabatur* Cic. *Agr.* 2, 13, il se proposait d'avoir une autre démarche ‖ [abst] *ad aliquid* Cic. *Fam.* 2, 3, 1, se préparer à qqch. ¶ 3 préparer, travailler, étudier : *causam alicujus* Cic. *Att.* 5, 21, 13, préparer la défense de qqn ; *ea, quia meditata putantur esse, minus ridentur* Cic. *de Or.* 2, 246 [noter le passif, v. *meditor* ▶] ces plaisanteries, parce qu'elles semblent préparées, font moins rire ‖ [abst] : *sed satin estis meditati ?* Pl. *Pers.* 465, mais avez-vous suffisamment étudié votre rôle ? ; *non in agendo solum, sed etiam in meditando* Cic. *Brut.* 88, non seulement dans la plaidoirie, mais encore dans le travail de préparation ; [en part.] faire des exercices oratoires : Cic. *Brut.* 302 ; *de Or.* 1, 136 ¶ 4 [chrét.] figurer allégoriquement, préfigurer : Hil. *Matth.* 21, 3.

▶ [sens pass. (très rare) Minuc. 25, 1] ‖ mais *meditatus, a, um* a souvent le sens pass. : Cic. *Cat.* 1, 26 ; *Off.* 1, 27 ; *Phil.* 2, 85 ; 10, 6 ; *de Or.* 1, 257 ; [noter en parlant des pers.] *probe meditatus* Pl. *Mil.* 903 ; *Trin.* 817 bien instruit, bien dressé.

Mĕdĭtrīna, *ae*, f. (de *Meditrinalia*), Meditrina [déesse qui présidait aux guérisons] : P. Fest. 110, 24.

Mĕdĭtrīnālĭa, *ĭum*, n. (*medeor*, cf. *doctrina*), Meditrinalia, fêtes en l'hon-

Meditrinalia

neur de Jupiter : Varr. *L.* 6, 21 ; P. Fest. 110, 21.

mědĭtullĭum, *ii*, n. (1 *medius*, *tellus*), milieu, espace intermédiaire : Cic. *Top.* 36 ; Hier. *Gal.* 5, 19 ; Apul. *M.* 10, 32.

mědĭum, *ii*, n. (1 *medius*) ¶ **1** milieu, centre : *in medio aedium* Liv. 1, 57, 9, au milieu de la maison ; *in agmine in primis modo, modo in postremis, saepe in medio adesse* Sall. *J.* 45, 2, dans les marches, il accompagnait la colonne tantôt en tête, tantôt en queue, souvent en centre ; *hostes in medio circumventi* Liv. 10, 2, 11, les ennemis pris des deux côtés furent enveloppés ; *medium ferire* Cic. *Fat.* 39, frapper au milieu, tenir le milieu ; *medium diei* Liv. 27, 48, 17, le milieu du jour ¶ **2** [sens fig.] **a)** milieu, lieu accessible à tous, à la disposition de tous : *in medio omnibus palma est posita* Ter. *Phorm.* 16, la palme est placée devant tous, accessible à tous ; *bona interfectorum in medium cedant* Tac. *H.* 4, 64, que les biens de ceux qui seront tués soient mis en commun ; *communes utilitates in medium afferre* Cic. *Off.* 1, 22, mettre en commun nos avantages à tous ; *consulere in medium* Liv. 24, 22, 15, prendre des mesures dans l'intérêt commun, vouloir le bien commun **b)** lieu exposé aux regards de tous : *rem in medio ponere* Cic. *Verr.* 5, 149, mettre un fait sous les yeux, exposer une affaire [ou] *in medium proferre* Cic. *Verr.* 4, 115 ; *in medium evocare cogitationes* Liv. 9, 17, 2, amener à exposer des réflexions ; *tabulae sunt in medio* Cic. *Verr.* 2, 104, les registres sont sous les yeux de tous ‖ [en part.] *rem in medio relinquere* Cic. *Cael.* 48, laisser une chose en suspens, au jugement de la foule ; *in medium vocare* Cic. *Clu.* 77, soumettre qqch. au jugement public ‖ *venient in medium* Cic. *Verr.* 2, 175, ils viendront sous vos yeux [pour témoigner] ; *prima veniat in medium Epicuri ratio* Cic. *Fin.* 1, 13, faisons d'abord comparaître la doctrine d'Épicure ; *recede de medio* Cic. *Amer.* 112, cède la place, retire-toi ‖ *aliquid e medio pellere* Cic. *Off.* 3, 37 ; *tollere* Cic. *de Or.* 3, 177 ; *de medio removere* Cic. *Verr.* 2, 175, bannir, écarter, supprimer qqch. ; *hominem de medio tollere* Cic. *Amer.* 20, faire disparaître un homme ; *e medio excedere, abire* Ter. *Phorm.* 967, 1019, sortir du monde, mourir ¶ **3** moitié : Varr. *R.* 2, 7, 8 ¶ **4** masse, ensemble [not^t masse successorale, réunissant créances, dettes et choses pour le calcul des parts] *e medio deducere* Dig. 31, 9, déduire de la masse ; *ex medio praecipere* Dig. 32, 92 pr., prélever de la masse.

1 mědĭus, *a*, *um* (osq. *mefiaí*, cf. μέσος, scr. *madhya-s*, gaul. *medio-*, al. *mittel*, an. *mid* ; fr. *mi*, it. *mezzo*) ¶ **1** qui est au milieu, au centre, central : *media pars* Cic. *de Or.* 3, 192, le milieu ; *medius locus mundi* Cic. *Tusc.* 1, 40, le centre du monde, cf. Cic. *Tusc.* 5, 69 ; *Nat.* 2, 84 ; *globus, quem in hoc templo medium vides* Cic. *Rep.* 6, 15, le globe que tu vois au milieu de ce temple ; *quae regio totius Galliae media habetur* Caes. *G.* 6, 13, 10, région que l'on considère comme au centre de toute la Gaule, cf. Caes. *G.* 4, 19, 3 ; *uti aliquem locum medium utriusque conloquio deligeret* Caes. *G.* 1, 34, 1, de choisir en vue d'un entretien un endroit à égale distance de l'un et de l'autre ; *ne medius ex tribus foret* Sall. *J.* 11, 3, pour qu'il ne fût pas celui des trois qui tiendrait la place du milieu ; *medius Polluce et Castore* Ov. *Am.* 2, 16, 13, entre Pollux et Castor ¶ **2** qui constitue le milieu d'un objet [p. la constr. compar. *extremus, imus*] : *in media insula* Cic. *Verr.* 4, 106, au milieu de l'île ; *medio in foro* Cic. *Verr.* 4, 86, au milieu du forum ; *medium arripere aliquem* Ter. *Ad.* 316, saisir qqn par le milieu du corps, cf. Liv. 23, 9, 9 ; *ingressio e media philosophia repetita* Cic. *Or.* 11, exorde tiré du cœur de la philosophie ; *in medio jure civili versari* Cic. *de Or.* 1, 180, être en plein droit civil ; *hoc e medio est jure civili, ut* Cic. *Leg.* 2, 53, c'est du pur droit civil que de ; *in media potione* Cic. *Clu.* 30, pendant même qu'il buvait ; *inter media argumenta* Cic. *Or.* 127, au milieu même de l'argumentation ¶ **3** [en parlant du temps] intermédiaire : *ultimum, proximum, medium tempus* Cic. *Prov.* 43, le temps le plus reculé, le plus rapproché, intermédiaire ; *medius dies* Cic. *Brut.* 87, un jour d'intervalle ; *media aetas* Cic. *CM* 76, âge intermédiaire [entre la jeunesse et la vieillesse], âge mûr ; *medio tempore* Suet. *Caes.* 76, dans l'intervalle ‖ *media aestate* Cic. *Pomp.* 35, au milieu de l'été ¶ **4** [fig.] **a)** intermédiaire entre deux extrêmes : *non placuit Epicuro medium esse quiddam inter dolorem et voluptatem* Cic. *Fin.* 1, 38, Épicure ne voulait pas qu'il y eût un état intermédiaire entre la douleur et le plaisir, cf. Cic. *Phil.* 8, 4 ; *modo intellegas inter illum qui... et eum qui... esse illum medium* Cic. *Fin.* 2, 14, pourvu que tu comprennes qu'entre celui-là qui... et celui qui... il y a cet autre qui tient le milieu, cf. Cic. *Ac.* 2, 139 ‖ *medium officium* Cic. *Off.* 1, 8, devoir moyen, devoir commun, cf. Cic. *Off.* 3, 14 ; *Fin.* 3, 58 **b)** intermédiaire entre deux partis, entre deux opinions : *medium quoddam tuum consilium fuit* Cic. *Fam.* 4, 7, 3, ta résolution tint une sorte de milieu ; *nego quidquam esse medium* Cic. *Phil.* 2, 31, je déclare qu'il n'y a pas de milieu ; *medium quiddam sequi* Cic. *Brut.* 149, suivre un juste milieu ‖ neutre : *medios esse jam non licebit* Cic. *Att.* 10, 8, 4, on ne pourra plus garder la neutralité ; *medium se gerere* Liv. 2, 27, 3, se montrer neutre, ne pas prendre parti ‖ indéterminé, équivoque : *responsum medium* Liv. 39, 39, 8, réponse équivoque ; *media vocabula* Gell. 12, 9, 1, termes ambigus **c)** moyen : *eloquentia medius* Vell. 2, 29, 2, d'une éloquence moyenne ; *ipsi medium ingenium* Tac. *H.* 1, 49, lui-même avait d'honnêtes qualités morales **d)** intermédiaire = participant à deux choses contraires : *medium erat in Anco ingenium et Numae et Romuli memor* Liv. 1, 32, 4, le caractère d'Ancus tenait le milieu, participant à la fois de celui de Numa et de celui de Romulus ; *pacis eras mediusque belli* Hor. *O.* 2, 19, 28, tu participais à la paix et à la guerre **e)** intermédiaire, médiateur : *paci medium se offert* Virg. *En.* 7, 536, il s'offre comme médiateur pour la paix, cf. Ov. *Rem.* 678 ; Sil. 16, 222 **f)** en travers : *ne medius occurrere possit* Virg. *En.* 1, 682, pour qu'il ne puisse se mettre en travers de mes desseins ¶ **5** moitié : *cibus medius* Varr. *R.* 3, 7, 10, la moitié de la nourriture, cf. Col. 11, 2, 39.

2 mědĭŭs Fĭdĭŭs (pour *me Dius Fidius*, s.-ent. *juvet*), que le Ciel (Jupiter), dieu de la Fides, me soit en aide [expr. adverbiale] = j'en atteste le Ciel, par (sur) ma foi : Cic. *Fam.* 5, 21, 1.

mědix, v. *meddix*.

Medma, *ae*, f., ville du Bruttium : Plin. 3, 73 ; Mel. 2, 69.

Medmassa, *ae*, f., ville de Carie : Plin. 5, 107.

Mědŏăcus mājŏr, Mědŏăcus mĭnŏr, m., noms de deux fleuves de la Gaule cisalpine Atlas XII, B3 [Brenta, Brentella] : Plin. 3, 121.

Medobrĭga (-brĕga), v. *Medubriga*.

Mědŏē, *ēs*, f., ville d'Éthiopie : Plin. 6, 193.

Mědōn, *ontis*, m. (Μέδων), un des Centaures : Ov. *M.* 12, 303 ‖ fils de Codrus : Vell. 1, 2, 2.

Mědontĭdae, *ārum*, m. pl., Médontides, descendants de Médon : Vell. 1, 2, 2.

Mědŏrēs, *is*, m., nom de guerrier : Val.-Flac. 6, 211.

Meduacus, v. *Medoacus*.

Mědŭāna, *ae*, m., la Mayenne [rivière] : Luc. 1, 438.

Medubricenses, *ĭum*, m. pl., *Medubrigenses* : Plin. 4, 118.

Medubrĭga (Meid-, Medob-), *ae*, f., ville de Lusitanie : B.-Alex. 48, 4 ‖ **-genses**, *ĭum*, m. pl., habitants de Medubriga : B.-Alex. 48, 4 ; Plin. 4, 118.

Mědŭli, *ōrum*, m. pl., Méduliens [peuple d'Aquitaine, cf. Médoc] : Aus. *Epist.* 4, (393) 2 ; 7 (396), 2, 1 ‖ **-lus** et **lĭcus**, *a, um*, des Méduliens : Plin. 32, 62 ; Sidon. *Ep.* 8, 12, 7.

1 mědulla, *ae*, f. (1 *medius* ?, mais cf. μυελός, al. *Schmer* ; fr. *moelle*) ¶ **1** moelle [des os] : Hor. *Ep.* 5, 37 ; Ov. *M.* 14, 208 ; Plin. 11, 178 ; pl., *omne bonum in visceribus medullisque condere* Cic. *Tusc.* 5, 27, renfermer tout le bien dans ses entrailles et dans ses moelles [= dans les satisfactions du corps] ‖ [en part.

des plantes] : Col. *3, 18, 5* ; Plin. *16, 103* ‖ farine : Plin. *18, 87* ¶ **2** [fig.] moelle = cœur, entrailles : *quae mihi sunt inclusa medullis* Cic. *Att. 15, 4, 3*, ces choses sont gravées au fond de moi-même ; *tu qui mihi haeres in medullis* Cic. *Fam. 15, 16, 2*, toi qui habites au fond de mon cœur ‖ la fleur, la moelle d'une chose : *suadae medulla* Enn. *An. 308*, la moelle de la persuasion, cf. Cic. *Brut. 59* ; Gell. *18, 4, 2*.

2 **Mĕdulla**, *ae*, m., surnom d'homme : CIL *5, 2822*.

mĕdullāris, *e* (1 medulla), qui pénètre jusqu'à la moelle des os : Apul. *M. 7, 17*.

mĕdullātus, *a, um* (1 medulla), plein de moelle, riche, gras : Vulg. *Psal. 65, 15* ; Is. *25, 6*.

Mĕdulli, *ōrum*, m. pl., Médulles [peuple des bords de l'Isère] : Plin. *3, 137* ; Vitr. *8, 3, 20*.

Mĕdullĭa, *ae*, f., ville du Latium : Liv. *1, 33, 38* ; Plin. *3, 68*.

Mĕdullīna, *ae*, f., nom de femme : Juv. *6, 322* ; Suet. *Cl. 26* ‖ f. de Medullinus.

Mĕdullīnus, *a, um*, des Méduliens : Aus. *Epist. 5 (394), 28* [Meduli] ‖ **-ni**, *ōrum*, m. pl., les habitants de Medullia : CIL *11, 1826* ‖ **-nus**, *i*, m., surnom romain : Liv. *4, 25, 5*.

nĕdullĭtus, adv. (1 medulla), jusqu'à la moelle des os : Varr. d. Non. *139, 9* ‖ au fond du cœur, cordialement : Pl. *Most. 243* ; Amm. *14, 1, 9*.

nĕdullōsus, *a, um* (1 medulla), moelleux, rempli de moelle : Cels. *8, 1, 102*.

nĕdullŭla, *ae*, f. (dim. de 1 medulla), Catul. *25, 2*.

Mĕdullum, *i*, n., ancienne ville du Latium : Plin. *3, 68*.

Mĕdullus, *a, um*, V.▷ Meduli.

2 **Mĕdullus**, *i*, m., montagne de la Tarraconaise : Flor. *4, 12, 50* ; Oros. *Hist. 6, 21*.

Mĕdŭlus, V.▷ Meduli.

mēdus, *i*, m. (germ., al. Met, an. mead), hydromel : Fort. *Rad. 15, 36* ; Isid. *20, 3, 13*.

▶ n. Anthim. *15* ; *76*.

Mēdus, *a, um* (Μῆδος), de Médie, des Mèdes : Virg. *G. 4, 211* ; Hor. *O. 1, 27, 5* ‖ subst., **Medus**, *i*, m. ¶**1** V.▷ Medi ¶**2** fleuve de Perse : Curt. *5, 4, 7* ¶**3** fils de Médée [sujet d'une tragédie de Pacuvius] : Cic. *Off. 1, 114*.

Mĕdūsa, *ae*, f. (Μέδουσα), Méduse [une des Gorgones] : Ov. *M. 4, 655* ; Luc. *9, 626* ‖ **-saeus**, *a, um*, de Méduse : Ov. *M. 10, 22* ; *F. 5, 8*.

mĕfītis (-phĭtis), *is*, f. (cf. 1 medius), exhalaison méphitique [sulfureuse] : [venant du sol] Virg. *En. 7, 84* ; [venant du gosier] Pers. *3, 99* ; V.▷ 1 mephitis.

2 **Mĕfītis (-phĭtis)**, *is*, f. (1 mefitis), déesse des exhalaisons pestilentielles : Varr. *L. 5, 49* ; Plin. *2, 208* ; Tac. *H. 3, 33* ; Serv. *En. 7, 84* ; V.▷ 2 Mephitis.

Megabarri, *ōrum*, m. pl., peuple d'Éthiopie : Plin. *6, 189*.

Mĕgăbazus, *i*, m., V.▷ Megabyzus.

Mĕgăbocchus (-boccus), *i*, m., complice de Catilina : Cic. *Scaur. 40* ‖ nom donné par Cicéron à Pompée : Cic. *Att. 2, 7, 3*.

Mĕgăbyzus, *i*, m. (Μεγάβυζος), nom d'homme : Quint. *5, 12, 21* ; Plin. *35, 93* ; Just. *7, 3, 7*.

Megada, *ae*, f., ville d'Égypte : Plin. *6, 178*.

Mĕgădōrus, *i*, m. (μεγάδωρος), nom d'un personnage : Pl. *Aul. 183*.

Mĕgaera, *ae*, f. (Μέγαιρα), Mégère [une des Furies] : Virg. *En. 12, 846* ; Amm. *14, 1, 2*.

1 **Mĕgălē**, *ēs*, f. (Μεγάλη), surnom de Cybèle, d'où Megalensis, Megalensia, V.▷ Megalensis, Megalensia.

2 **Mĕgălē pŏlis**, V.▷ Megalopolis.

Mĕgălensĭa, Cic. *Fam. 2, 11, 2* et **-lēsĭa**, *ĭum*, n. pl., Cic. *Har. 24*, mégalésiennes, fêtes en l'honneur de Cybèle : Ov. *F. 4, 357* ; Varr *L. 6, 15* ; Liv. *29, 14, 14* ; Quint. *1, 5, 52*.

Mĕgălensis (-ēsis), *e*, relatif à Cybèle : Tac. *An. 3, 6* ; Gell. *2, 24, 1* ; Plin. *7, 123*.

Mĕgălēsĭăcus, *a, um*, des mégalésiennes : Juv. *11, 193*.

Mĕgălēsĭus, *a, um*, des mégalésiennes, de Cybèle : Prud. *Sym. 2, 862*.

Mĕgālĭa, *ae*, f., petite île près de Naples : Stat. *S. 2, 2, 80* ; Plin. *3, 82*.

mĕgālīum, *ii*, n. (μεγαλεῖον), sorte d'onguent : Plin. *13, 13*.

Megallae, *ārum*, m. pl., peuple de l'Inde : Plin. *6, 73*.

Mĕgălŏbūlus, *i*, m. (cf. μεγάλη βουλή), nom d'homme : Pl. *Bac. 308*.

mĕgălŏgrăphĭa, *ae*, f. (μεγαλογραφία), mégalographie [doit s'entendre de la dimension du tableau à personnages plutôt que de son sujet moralement élevé] : Vitr. *7, 5, 2*.

Mĕgălŏpŏlis, *is*, f. (Μεγαλόπολις), ville d'Arcadie Atlas VI, C2 : Liv. *36, 31, 6* ; *45, 28, 4* et **Mĕgălē pŏlis**, Plin. *4, 20*, acc. *Megalen polin*, Liv. *32, 5, 5* ; *35, 36, 10*.

Mĕgălŏpŏlītae, *ārum* et **-pŏlītāni**, *ōrum*, m. pl., habitants de Mégalopolis, mégalopolitains : Liv. *28, 8* ; *32, 22* ‖ **-tānus**, *a, um*, de Mégalopolis : Liv. *36, 13*.

Mĕgăpenthēs, *is*, m. (Μεγαπένθης), fils de Proetus : Hyg. *Fab. 244*.

1 **Mĕgăra**, *ae*, f. (Μέγαρα), Mégare [femme d'Hercule] : Hyg. *Fab. 31*.

2 **Mĕgăra**, *ae*, f. (Μέγαρα), Cic. *Div. 1, 57* et **-ăra**, *ōrum*, n. pl., Liv. *28, 7, 16*, Mégare ¶**1** ville de Grèce Atlas VI, B2 ¶**2** ville de Sicile Atlas XII, G5 : Liv. *24, 30* ; Sil. *14, 273*.

▶ abl. *Megaribus* Pl. *Pers. 137* ‖ *Megares* corr. de Ritschl Pl. *Merc. 646*.

Mĕgărēa, *ōrum*, n. pl., Mégare [ville de Sicile] : Ov. *F. 4, 471*.

Mĕgărensis, *e*, de Mégare [Grèce] : Plin. *7, 196* ; Gell. *6, 10, 3*.

Mĕgăres, V.▷ 2 Megara ▶.

1 **Mĕgărēus**, *a, um*, de Mégare : Cic. *Ac. 2, 129*.

2 **Mĕgărēŭs**, *ĕi* ou *ĕos*, m. (Μεγαρεύς), Mégarée [fils de Neptune] : Ov. *M. 10, 605* ; Hyg. *Fab. 157* ‖ **Mĕgărēĭus**, *a, um*, de Mégarée : Stat. *Th. 12, 219*.

Mĕgări, *ōrum*, m. pl., peuple de l'Inde : Plin. *6, 77*.

Mĕgăribus, V.▷ 2 Megara ▶.

Mĕgărĭcus, *a, um* (Μεγαρικός), de Mégare (Grèce) : Cic. *Att. 1, 8, 2* ; *1, 9, 2* ; Plin. *17, 42* ‖ m. pl., les philosophes de Mégare, disciples d'Euclide : Cic. *Ac. 2, 129*.

Mĕgărĭi, *ōrum*, m. pl., Mégariens : Quint. *5, 11, 40*.

Mĕgăris, *idis*, f. (Μεγαρίς), C.▷ Megalia : Plin. *3, 82* ‖ ville de Sicile : Cic. *Verr. 5, 63* ; Mel. *2, 117* ‖ Mégaride [contrée de Grèce] : Plin. *4, 23* ; Mel. *2, 39*.

Mĕgărōnĭdēs, *ae*, m., personnage de comédie : Pl. *Trin. 104*.

Mĕgărus, *a, um*, de Mégare [en Sicile] : Virg. *En. 3, 689*.

Mĕgās, m. (μέγας), surnom grec : Cic. *Fam. 13, 36, 1*.

Mĕgasthĕnēs, *is*, m., nom d'homme : Plin. *6, 58*.

Mĕgă Tīchos (Mĕgătīchos), n., ville d'Égypte ou d'Éthiopie : Plin. *6, 179*.

Megeda, *ae*, f., V.▷ Megada.

Mĕgēs, *ētis*, m., un des prétendants d'Hélène : Hyg. *Fab. 97* ‖ nom d'un médecin : Cels. *5, 28, 7*.

Mĕgilla, *ae*, f., nom de femme : Hor. *O. 1, 27, 11*.

Megisba, *ae*, f., grand lac de l'île Taprobane (Ceylan) : Plin. *6, 86*.

mĕgistānes, *um*, m. pl. (μεγιστᾶνες), les grands, les seigneurs : Tac. *An. 15, 27* ; Sen. *Ep. 21, 4* ; Suet. *Cal. 5*.

Mĕgistē, *ēs*, f., île et port de Lycie : Liv. *37, 22*.

Mĕgistō, *ūs*, f. (Μεγιστώ), fille de Céteus : Hyg. *Fab. 12*.

mehe, arch. pour *me*, V.▷ ego.

mehercŭlĕ, meherclĕ, me hercŭlĕ, mehercŭlēs, par Hercule, cer-

mehercule

tes, assurément, juron des hommes : PL. ; TER., cf. CIC. Or. 157.

Meidubrĭgenses, v.> *Medubrigenses* : CIL 2, 760.

meilĕs, v.> *miles* ►.

mēiō, *ās*, *āre*, -, -, DIOM. 369, 11 ; PRISC. 2, 495, 5 et **mēiō**, *is*, *ĕre*, -, - (cf. *mingo*, scr. *mehati*, ὀμιχέω), intr., pisser, uriner : PERS. 1, 114 ; CATUL. 97, 8 ‖ s'épancher [dans] : CATUL. 67, 30 ; HOR. S. 1, 2, 44 ; 2, 7, 52 ‖ [en parl. d'un vase] fuir : MART. 12, 32, 13.
► parf. *meii* DIOM. 369, 11.

mĕl, *mellis*, n. (cf. *mulsus*, μέλι, hit. *milit*, bret. *mel* ; fr., esp. *miel*) ¶ **1** miel : CIC. CM 56 ; 11, 33 ; PLIN. ‖ pl., VIRG. B. 4, 30 ; COL. 9, 15, 1 ¶ **2** [fig.] douceur, charme : HOR. Ep. 1, 19, 44 ; PLIN. Ep. 4, 3, 3 ; OV. A. A. 1, 748 ‖ *melli est (mihi)* HOR. S. 2, 6, 32, c'est un vrai miel pour moi ‖ [terme de tendresse] chéri, aimé : CAEL. Fam. 8, 8, 1 ; PL. Curc. 164.

Mĕla, *ae*, m., surnom romain : CIC. Phil. 12, 3 ‖ Pomponius Méla [géographe, au temps de l'empereur Claude] : PLIN. 1, 3 auct. ‖ fleuve, v.> *3 Mella*.

Mĕlaena, *ae*, f., nom de l'île de Céphallénie : PLIN. 4, 54 ‖ surnom de l'île de Corcyre : PLIN. 3, 152.

mĕlaenăĕtŏs, *i*, m., v.> *melanaetos*.

Mĕlaenis, *ĭdis*, f., personnage de comédie : PL. Cis. 171.

Melambĭum, *ii*, n., lieu de Thessalie : LIV. 33, 6.

mĕlamphyllŏn, *i*, n. (μελάμφυλλον), acanthe brancursine [plante] : PLIN. 22, 76.

Melamphyllŏs, *i*, m., montagne de Thrace : PLIN. 4, 50 ‖ nom de l'île de Samos : PLIN. 5, 135.

mĕlampŏdĭum, *ii*, n. (μελαμπόδιον), ellébore noir [plante] : PLIN. 25, 49.

mĕlampsȳthĭum, *ii*, n., sorte de raisin grec : PLIN. 14, 80.

Mĕlampūs, *ŏdis*, m. (Μελάμπους), médecin et devin d'Argos : CIC. Leg. 2, 33 ; VIRG. G. 3, 550 ; STAT. Th. 3, 453 ‖ fils d'Atrée : CIC. Nat. 3, 53 ‖ nom d'un chien : OV. M. 3, 206.

Mĕlăna (-nĭa), *ae*, f., sainte Mélanie : PAUL.-NOL. Ep. 28, 5.

mĕlānăĕtŏs, *i*, m. (μελανάετος), aigle noir : PLIN. 10, 6.

Mĕlanchaetēs, *ae*, m. (Μελαγχαίτης), nom d'un chien : OV. M. 3, 232.

Mĕlanchlaeni, *ōrum*, m. pl., peuple scythe : PLIN. 6, 15 ; AVIEN. Perieg. 445.

mĕlanchŏlĭa, *ae*, f. (μελαγχολία), humeur noire, atrabile : ISID. 4, 5, 5 ; CAEL.-AUR. Acut. 2, 12, 108.

mĕlanchŏlĭcus, *a*, *um* (μελαγχολικός), causé par la bile noire : PLIN. 22, 133 ; 27, 130 ‖ mélancolique, atrabilaire : CIC. Tusc. 1, 80 ; Div. 1, 81.

mĕlancŏrȳphŏs, *i*, m. (μελαγκόρυφος), c.> *atricapilla* : P. FEST. 111, 28 ; PLIN. 10, 86.

mĕlancrānis, *is*, f. (μελάγκρανις), sorte de jonc : PLIN. 21, 112.

mĕlander, *i*, m., VARR. L. 5, 77 et **mĕlandrȳa**, *ōrum*, n. pl. (μελάνδρυον, -δρύα), tranches de thon : PLIN. 9, 48 ; MART. 3, 77, 7.

Mĕlănē, *ēs*, f., île près d'Ephèse : PLIN. 5, 137.

Mĕlăneūs, *ĕi* ou *ĕos*, m., nom d'un Centaure : OV. M. 12, 306 ‖ nom d'un chien : OV. M. 3, 223.

1 **mĕlănĭa**, *ae*, f., tache noire de la peau : *PLIN. 24, 44 ; 26, 149.

2 **Mĕlănĭa**, *ae*, f., v.> *Melana*.

Mĕlănĭon, v.> *Milanion*.

Mĕlănippē, *ēs* et **-ppa**, *ae*, f. (Μελανίππη), Mélanippe [fille d'Eole] : HYG. Fab. 186 ; VARR. R. 2, 5, 5 ‖ [titre d'une trag. d'Accius] : CIC. Off. 1, 114 ; VARR. L. 7, 65 [et d'Ennius] : GELL. 5, 11, 12 ‖ sœur d'Antiope : JUST. 2, 4, 23.
► mss souvent *Menal-*.

Mĕlănippus, *i*, m., nom d'un Thébain : STAT. Th. 8, 740 ‖ [trag. d'Accius] : CIC. Tusc. 3, 20.
► mss de STAT. ; *Menal-*.

Mĕlănō, *ūs*, f., île dans le golfe Céramique : PLIN. 5, 134.

mĕlanspermŏn, *i*, n., v.> *melaspermon*.

mĕlantērĭa, *ae*, f. (μελαντηρία), poix de cordonnier : SCRIB. 208 ; CAEL.-AUR. Acut. 3, 4, 44.

mĕlanthĕmum, *i*, n., c.> *anthemis* : PLIN. 22, 53.

Mĕlanthĕus, *a*, *um*, de Mélanthus [matelot] : OV. Ib. 621.

Mĕlanthĭa, *ae*, f., nom d'une île déserte : PLIN. 4, 74.

Mĕlanthĭo ou **-thĭōn**, *ōnis*, m., nom d'homme : MART. 10, 67, 7.

1 **mĕlanthĭum**, *ii*, n., c.> *melanspermon* : CAT. Agr. 102 ; PLIN. 20, 182.
► *melanthum* ; SAMM. 569.

2 **Mĕlanthĭum**, *ii*, n., fleuve du Pont : PLIN. 6, 11.

Mĕlanthĭus, *ii*, m. (Μελάνθιος), berger d'Ulysse : OV. H. 1, 95 ‖ peintre célèbre : PLIN. 35, 50 ; 76.

Mĕlanthō, *ūs*, f. (Μελανθώ), nymphe, fille de Protée : OV. M. 6, 120 ; SERV. En. 5, 373.

mĕlanthum, v.> *1 melanthium*.

1 **Mĕlanthus**, *i*, m. (Μέλανθος), le Mélanthe [fleuve] : OV. Pont. 4, 10, 54.

2 **Mĕlanthus**, *i*, m., Mélanthus [matelot changé en dauphin par Bacchus] : OV. M. 3, 617 ‖ roi d'Athènes, père de Codrus : VELL. 1, 2, 1.

Mĕlantĭāna, *ae*, f., village de Thrace : PEUT. 8, 1.

mĕlănūrus, *i*, m. (μελάνουρος), sorte de poisson : OV. Hal. 113 ; PLIN. 32, 17 ; 32, 149.

mĕlăpĭum, *ii*, n. (μηλάπιον), pomme-poire : PLIN. 15, 51.

1 **mĕlās**, *ănos*, m. (μέλας), c.> *1 melania* : CELS. 5, 28, 18.

2 **Mĕlās**, acc. *ăna* et *an*, m. ¶ **1** fleuve d'Ionie, v.> *3 Meles* ¶ **2** fleuve de Sicile : OV. F. 4, 476 ¶ **3** fleuve de Thessalie : LIV. 36, 22, 8 ‖ de Béotie : SEN. Nat. 3, 25, 3 ; STAT. Th. 7, 273 ‖ de Thrace : LIV. 38, 40, 5 ; OV. M. 2, 274.

3 **Mĕlās**, *ănis*, m., fils de Phryxos : HYG. Fab. 3 ; VAL.-FLAC. 6, 196.

4 **Mĕlās sinus**, m., golfe Mélas en Thrace : PLIN. 4, 43.

mĕlaspermŏn, *i*, n. (μελάσπερμον), nigelle [plante] : PLIN. 20, 182.

melca, *ae*, f. (germ., al. *Milch*, an. *milk*), lait aigri avec des épices : APIC. 304.

Melchisedech, m., roi de Salem : VULG. Gen. 14, 18.

melcŭlum, *i*, n., **-cŭlus**, *i*, m., terme de caresse, c.> *melliculum* : PL. Cas. 837 ‖ AUG. d. MACR. Sat. 2, 4, 12.

Melcumani, *ōrum*, m. pl., peuple de Dalmatie : PLIN. 3, 143.

Meldi, *ōrum*, m. pl., peuple de Gaule [> Meaux] : CAES. G. 5, 5, 1 ; PLIN. 4, 107 ‖ **-ensis**, *e*, des Meldes, de Meaux : GREG. TUR. Hist. 7, 4.

mĕlē, n. pl. de *1 melos*.

Mĕlĕăgĕr et **-grus** ou **-grŏs**, *i*, m. (Μελέαγρος), Méléagre [qui tua le sanglier suscité par Diane pour ravager Calydon] : OV. M. 8, 299 ; VAL.-FLAC. 1, 435 ; HYG. Fab. 171 ‖ **-grĭus**, STAT. Th. 4, 103, **-grĕus**, *a*, *um*, LUC. 6, 365, de Méléagre.

Mĕlĕăgrĭdes, *um*, f. pl., sœurs de Méléagre : OV. M. 8, 534 ; HYG. Fab. 174.

mĕlĕagris, *idis*, f., méléagride [oiseau] : PLIN. 10, 74.

Mĕlĕăgrĭus, v.> *Meleager*.

1 **mēlēs** ou **mēlis**, *is*, f. (pas clair, cf. *feles*), martre, blaireau : VARR. R. 3, 12, 3 ; PLIN. 8, 138.

2 **Meles**, *ĭum*, f., ville du Samnium : LIV. 27, 1, 1.

3 **Mĕlēs**, *ētis*, m. (Μέλης), fleuve de Smyrne sur les bords duquel Homère, dit-on, naquit : PLIN. 5, 118 ; STAT. S. 2, 7, 33 ‖ **-lētēus**, *a*, *um*, du Mélés, d'Homère : PANEG.-MESSAL.. 200.

Mĕlĕtē, *ēs*, f. (Μελέτη), une des quatre Muses primitives : CIC. Nat. 3, 54.

Mĕlētēus, *a*, *um*, v.> *3 Meles*.

Mĕlētĭdēs, *ae*, m., nom d'un Athénien : APUL. Apol. 24.

mĕlĭa, *ae*, f. (μελία), lance, pique [de bois de frêne] : P. FEST. 111, 25.

Mĕlĭăcus, *a (ē)*, *um* (Μηλιακός), de Mélos [alun] : DIOCL. 34, 23.

Mĕlĭboea, *ae*, f. (Μελίβοια), ville de Thessalie : Mel. 2, 35 ; Liv. 36, 13, 6 ; Plin. 4, 32 ‖ **-boeensis**, *e*, Serv. En. 5, 521 et **-boeus**, *a*, *um*, de Méliboea : *Meliboea purpura* Lucr. 2, 500 ; Virg. En. 5, 251, pourpre de Méliboea [fort estimée].

Mĕlĭboeus, *i*, m., nom de berger : Virg. B. 1, 6 ‖ adjᵗ, **-oeus**, *a*, *um*, ⟦v.⟧ Meliboea.

1 mĕlĭca, *ae*, f. (*2 Melicus* ?), sorte de vase : *Varr. Men. 114.

2 mĕlĭca, *ae*, f. (*2 Melicus*), poule : Varr. R. 3, 9, 19.

mĕlĭcēria, *ae*, f. (μελικηρία) pus de mélicéris : Cels. 5, 26, 20.

mĕlĭcēris, *ĭdis*, f. (μελικηρίς), mélicéris [sorte de tumeur] : Plin. 21, 151 ; Veg. Mul. 2, 30, 1.

Mĕlĭcerta, Virg. ; Ov., (**Mĕlĭcertēs**, Hyg. Fab. 2), *ae*, m., Mélicerte [dieu marin] : Virg. G. 1, 437 ; Ov. M. 4, 522 ; F. 6, 494.

mĕlĭchlōrŏs, *i*, m. (μελίχλωρος), pierre précieuse inconnue : Plin. 37, 191 ; Isid. 16, 7, 15.

mĕlĭchrōs (-chrūs), m. (μελιχροῦς), pierre précieuse inconnue : Plin. 37, 191.

mĕlĭchrȳsŏs (-us), *i*, m. (μελίχρυσος), sorte d'hyacinthe, [pierre précieuse] : Plin. 37, 128 ; Isid. 16, 15, 6.

mĕlĭcrātum, *i*, n. (μελίκρατον), hydromel : Veg. Mul. 2, 79, 21.

mĕlĭcus, *a*, *um* (μελικός) ¶ 1 musical, harmonieux : Lucr. 5, 334 ‖ lyrique : Cic. Opt. 1 ¶ 2 subst. m., poète lyrique : Plin. 7, 89 ‖ subst. f., mélodie lyrique : Petr. 64, 2.

Mĕlĭcus, *a*, *um* (de *3 Medicus*), mède, de Médie : Varr. R. 3, 9, 19 ; Col. 8, 2, 4 ; Plin. 10, 48.

Mĕlĭel, *ēs*, f. (Μελία), fille de l'Océan : Ov. Am. 3, 6, 25.

Meligunis, *idis*, f., nom de l'île Lipara : Plin. 3, 93.

mĕlĭlōtŏs, *i*, f. (μελίλωτος), mélilot [plante] : Plin. 21, 63 ; 31, 39 ‖ acc. *-ton* Ov. F. 4, 440.

mĕlĭmēli, n., ⟦v.⟧ melomeli.

mĕlĭmēlum, *i*, n. (μελίμηλον ; port. *marmelo*), pomme de miel [sorte de pomme très douce] : Isid. 17, 7, 5 ‖ [ordinᵗ pl.] : Varr. R. 1, 59, 1 ; Hor. S. 2, 8, 31 ; Plin. 15, 51 ; 23, 104.

▶ *melimelon* ; Cael.-Aur. Chron. 3, 2, 34.

mēlĭnum, *i*, n., parfum au coing : Plin. 13, 5 ; 13, 11.

mēlĭnum, *i*, n., fard de Mélos : Pl. Most. 264 ; Vitr. 7, 7, 3 ; Plin. 35, 37.

mēlĭnus, *a*, *um* (μήλινος), de coing, de fleur de coing : Plin. 13, 11 ; 23, 103.

Mēlīnus, *a*, *um*, de Mélos : Plin. 35, 188 ; Scrib. 226 ; ⟦v.⟧ *2 melinum*.

mĕlĭor, *us*, *ōris* (*melyŏs, cf. multus, μᾶλλον ; fr. meilleur), compar. de *bonus*, meilleur : *non laborant, ut meliores fiant* Cic. Brut. 92, ils ne se soucient pas de s'améliorer [pour les sens différents, v. *bonus*] ‖ *quaerere melius* Cic. Brut. 268, chercher mieux, être plus exigeant ‖ *melius est* [avec inf.] Cic. Off. 1, 156, il vaut mieux ; *melius fuit, fuerat* Cic. Nat. 3, 81 ; Off. 3, 94, il aurait mieux valu ‖ *di meliora* [s.-ent. *dent* ou *velint*] Cic. CM 47, que les dieux m'en préservent !

▶ acc. arch. *meliosem* Varr. L. 7, 27 ; dat.-abl. *meliosibus* P. Fest. 323, 5.

mĕlĭōrātĭo, *onis*, f. (*melioro*), amélioration, réparation : Cod. Just. 2, 19, 24 ; 4, 66, 2.

mĕlĭōrātus, *a*, *um*, part. de *melioro*.

mĕlĭōrō, *ās*, *āre*, -, - (*melior* ; it. *megliorare*), tr., améliorer : Ulp. Dig. 7, 1, 13 ; *melioratus* Cod. Just. 5, 71, 16 ‖ [chrét.] [à propos de l'âme ou des mœurs] Hier. Orig. Jer. 9, 660 A.

mĕlĭphyllum, ⟦v.⟧ melisphyllum.

melip-, ⟦c.⟧ medip- : Cat. Agr. 12 ; 68.

mēlis, ⟦v.⟧ *1 meles*.

mēlisphyllum, *i*, n. et **mēlissŏphyllŏn**, *i*, n., mélisse [plante] : Virg. G. 4, 63 ‖ Plin. 20, 116 ; 21, 149.

Mēlissa, *ae*, f. (Μέλισσα), nymphe qui trouva le moyen de recueillir le miel : Col. 9, 2, 3 ‖ fille de Melissus qui nourrit Jupiter : Lact. Inst. 1, 22, 19.

Mēlisseūs, *ĕi* ou *ĕos*, m. (Μελισσεύς), Mélissée [roi de Crète] : Lact. Inst. 1, 22, 19 ; 28.

mēlissōn (-ittōn), *ōnos*, f. (μελισσών), ruche : Varr. R. 3, 16, 12.

Mēlissus, *i*, m. (Μέλισσος), philosophe de Samos : Cic. Ac. 2, 118 ‖ grammairien du siècle d'Auguste : Suet. Gram. 21 ; Ov. Pont. 4, 16, 30.

Mĕlĭta, *ae*, *-tē*, *ēs*, f. ¶ 1 nom d'une Néréide : Virg. En. 5, 825 ¶ 2 Mélita, île de Malte Atlas XII, H4 : Cic. Verr. 4, 103 ‖ île de l'Adriatique Atlas XII, D6 : Plin. 3, 152 ; Ov. F. 3, 567 ¶ 3 ville d'Ionie : Vitr. 4, 1, 4 ‖ de Cappadoce : Plin. 6, 8.

Mĕlĭtaeus, *a*, *um* (Μελιταῖος), de Mélita [Dalmatie] : Plin. 30, 43.

Mĕlĭtē, *ēs*, f., ville de Magnésie : Plin. 4, 32 ‖ ⟦v.⟧ Melita.

Mĕlĭtēnē, *ēs*, f., Mélitène [région de Cappadoce] : Plin. 5, 84 ‖ ville de Cappadoce : Tac. An. 15, 26.

Mĕlĭtensis, *e*, de Mélita [Malte] : Cic. Verr. 2, 176 ; 5, 27 ‖ **-sĭa**, *ĭum*, n., étoffes de Malte : Cic. Verr. 2, 183.

Mĕlĭtēsĭus, *a*, *um*, de Mélite, de Malte : Grat. 404.

mĕlĭtīnus, *a*, *um* (μελίτινος), de miel : Plin. Val. 3, 26 ‖ *lapis* Plin. 36, 140, pierre précieuse.

mĕlītis, f. (μηλίτις), pierre précieuse : Plin. 37, 191.

mĕlĭtītēs, *ae*, m. (μελιτίτης), vin miellé : Plin. 14, 85.

mĕlĭtrŏphĭum, *ĭi*, n. (*μελιτροφεῖον), ruche : Varr. R. 3, 16, 12.

mĕlittaena, *ae*, f. (μελίτταινα), ⟦c.⟧ melisphyllum : Plin. 21, 149.

mĕlitturgus, *i*, m. (μελιττουργός), celui qui soigne les abeilles, apiculteur : Varr. R. 3, 16, 3.

Mĕlītus, *i*, m., nom d'un poète d'Athènes : Tert. Anim. 1, 3.

mĕlĭum, *ĭi*, n. (cf. *monile* ?), collier de chien : Varr. R. 2, 9, 15 ; ⟦v.⟧ *mellum* [forme correcte].

1 mĕlĭus ¶ 1 compar. n. de *bonus* ¶ 2 adv., compar. de *bene*, mieux, ⟦v.⟧ *bene* ‖ [expr.] *di melius faciant* Pl. Cas. 813, les dieux m'en préservent ; *di melius* Sen. Ep. 47, 8, justes dieux ! ‖ [avec verbe s.-ent.] : *melius Graii qui... voluerunt* Cic. Leg. 2, 11, les Grecs ont mieux fait : ils ont voulu..., cf. Cic. de Or. 1, 253 ; *melius Accius* Cic. Tusc. 1, 105, Accius s'exprime mieux, cf. Cic. Tusc. 2, 49 ; *di melius* Sen. Ep. 98, 5, les dieux ont mieux jugé que moi ‖ ▶ *potius* : *melius probas honesta quam sequeris* Sen. Ep. 21, 1, tu sais mieux approuver le bien que le suivre ‖ *melius peribimus quam viduae vivemus* Liv. 1, 13, 3, il vaudra mieux pour nous mourir que vivre veuves, cf. Liv. 7, 40, 13.

2 Mēlĭus, *a*, *um*, de l'île de Mélos : Cic. Nat. 1, 2.

3 Mēlĭus, *ĭi*, m., ⟦v.⟧ Mael-.

mĕlĭusculē, adv., un peu mieux : Cic. Fam. 16, 5, 1 ; Att. 4, 6, 2.

mĕlĭuscŭlus, *a*, *um* (dim. de *melior*), un peu meilleur, qui est un peu mieux : Pl. Cap. 968 ; Varr. Men. 153 ; Sen. Ben. 1, 3, 9 ‖ *meliusculum est*, inf., Pl. Curc. 489, il vaut un peu mieux de ‖ un peu mieux portant : Ter. Hec. 354.

Melizitānum, *i*, n., ville de la province d'Afrique : Plin. 5, 30.

mĕlĭzōmum, *i*, n. (μελίζωμον), vin miellé : Apic. 2.

1 mella, *ae*, f. (*mel*), eau miellée : Col. 12, 11, 1 ; 12, 49, 3.

2 mella, *ae*, f. (*mel* ?), micocoulier : Isid. 17, 7, 9.

3 Mella, *ae*, m., rivière d'Italie, près de Brescia : Catul. 67, 33.

mellācĕum, *i*, n., ⟦c.⟧ sapa : Non. 551, 21.

Mellāria, *ae*, f., ville de Bétique Atlas IV, D2 : Plin. 3, 14 ‖ **-ĭenses**, *ĭum*, m. pl., habitants de Mellaria : CIL 2, 2345.

mellārĭum, *ĭi*, n., rucher, ruche d'abeilles : Varr. R. 3, 16, 12.

mellārĭus, *a*, *um* (*mel*), à miel, fait pour le miel : Plin. 21, 82 ‖ subst. m., celui qui élève des abeilles : Varr. R. 3, 16, 17.

mellātĭo, *ōnis*, f. (*mel*), récolte du miel : Col. 11, 2, 50 ; Plin. 11, 41.

mellĕus, *a*, *um* (*mel*), de miel : Plin. 14, 51 ; 36, 140 ‖ [fig.] doux, suave : Aus. Epist. 19 (409), 32 ; Apul. M. 6, 6.

mellicras, -cratum, ⟦v.⟧ melicratum.

mellĭcŭlum, *i*, n., petit miel [terme de tendresse] : *Pl. Cas. 837 ; 843.

mellifer

mellĭfĕr, ĕra, ĕrum, qui produit le miel : Ov. M. 15, 383.

mellĭfex, fĭcis, m. (mel, facio), celui qui cultive le miel, apiculteur : Col. 9, 8, 8.

mellĭfĭcĭum, ii, n., production du miel : Varr. R. 3, 16, 4 ; Col. 9, 13, 13.

mellĭfĭcō, ās, āre, -, -, intr., faire du miel : Ps. Virg. d. Anth. 257, 2.

mellĭfĭcus, a, um (mel, facio), relatif à la production du miel : Col. 9, 8, 8 ; 9, 13, 14.

mellĭflŭens, tis (mel, fluo), dont la parole est douce comme le miel : Aus. Epist. 16, 2 (406), 14.

mellĭflŭus, a, um, d'où coule le miel : Avien. Perieg. 468 ‖ doux, suave : Boet. Cons. 5 ; Carm. 2, 3.

mellīgo, ĭnis, f. (mel), propolis [matière résineuse employée par les abeilles] : Plin. 11, 14 ; 16, 28 ‖ verjus : Plin. 12, 131.

mellilla, ae, f. (dim. de 1 mellina), [terme affectueux] : Pl. Cas. 135, ma petite poupée en sucre.

1 mellīna, ae, f. (mel, 1 mella), eau miellée ‖ [fig.] douceur, délice : Pl. Truc. 704.

2 mellīna, ae, f. (1 meles), sacoche [en peau de blaireau] : Pl. Ep. 23.

mellītŭlus, a, um (dim. de mellitus), doux comme le miel, suave : Hier. Ep. 79, 6 ‖ *mea mellitula* Apul. M. 3, 22, ma petite poupée en sucre.

mellītus, a, um (mel), de miel : Varr. R. 3, 16, 22 ; Gell. 13, 11 ; Suet. Ner. 17 ‖ assaisonné de miel : Hor. Ep. 1, 10, 11 ‖ doux comme le miel, cher : Cic. Att. 1, 18, 1 ; Catul. 47, 1 ; *-tissimus* Aur. d. Front. Caes. 4, 6, 3, p. 70 N.

Mellŏdūnum (Metlŏ-), i, n., ville de Gaule [Melun] : *Caes. G. 7, 58, 2 ; 7, 60, 1 ; ⓥ Metlosedum.

Mellōna (-nĭa), ae, f. (mel), déesse qui protégeait les abeilles : Aug. Civ. 4, 34 ‖ Arn. 4, 8 ; 12.

mellŏproxĭmus, i, m. (μέλλω et proximus), près d'être nommé "proxime" : Cod. Just. 12, 19, 5 ; Cod. Th. 6, 26, 16.

mellōsus, a, um (mel), de miel : Cael.-Aur. Acut. 2, 29, 151.

mellum, ⓥ millus : Varr. R. 2, 9, 15.

1 mēlo, ōnis, m. (abrév. de melopepo), melon : Pall. 4, 9, 6 ; Arn. 2, 59.

2 mēlo, ōnis, m., ⓒ 1 meles : Isid. 12, 2, 40.

3 Mēlo, ōnis, m., nom latin du Nil : P. Fest. 111, 24 ; Serv. G. 4, 291 ; Aus. Epist. 4 (393), p. 75 N.

meŏcarpŏn, i, n., ⓒ aristolochia : Ps. Apul. Herb. 19.

mĕlōdĭa, ae, f. (μελῳδία), mélodie : Capel. 9, 905.

mĕlōdīna, ōrum, n. pl., mélodies : Varr. d. Non. 49, 33.

melŏdūnum ⓒ Mellodunum.

mĕlōdus, a, um (μελῳδός), mélodieux : Aus. Prof. 16 (205), 8.

Mĕlŏessa, ae, f., île voisine du Bruttium : Plin. 3, 96.

mēlŏfŏlĭa, ōrum, n. pl. (μῆλον et folium), espèce de pommes : Plin. 15, 52.

mēlŏgrăphĭa, ae, f. (μῆλον, γραφή), peinture de fruits : Vitr. 7, 4, 4.

mēlŏmĕli, n. indécl. (μηλόμελι), sirop de coing : Col. 12, 45, 3.

mēlŏpĕpo, ŏnis, m. (μηλοπέπων), melon : Plin. 19, 67.

mēlŏpoeia, ae, f. (μελοποιΐα), mélopée : Capel. 9, 938.

mēlōpŏs, ⓥ metopon : *Solin. 27, 47.

1 mĕlŏs, n. (μέλος), chant, poème lyrique : Hor. O. 3, 4, 2 ; pl., *mele* Lucr. 2, 412. ▶ acc. m. sg. *melum* Pacuv. Tr. 312 ; acc. m. pl. *melos* Acc. Tr. 238 ; Cat. d. Non. 213, 17.

2 Mĕlŏs (-us), i, f., Mélos [île de la mer Égée = Milo] Atlas VI,C2 ; Plin. 4, 70 ; Mel. 2, 111.

mĕlosmŏs, i, n. (μελόσμιον), ⓒ polion : Ps. Apul. Herb. 57.

mĕlōta, ae, **-lōtē**, ēs, **-lōtēs**, ae, **-lōtis**, ĭdis (μηλωτή), peau de brebis servant de vêtement : Vulg. Hebr. 11, 37 ‖ Isid. 19, 24, 19 ‖ Ambr. Ep. 15, 9.

mĕlōthrŏn, i, n. (μήλωθρον), bryone, couleuvrée [plante] : Plin. 21, 53 ; 23, 21.

mĕlōtris, ĭdis, f. (μηλωτρίς), sonde : Cael.-Aur. Chron. 5, 4, 63.

Melpēs (Melphēs), m., fleuve de Lucanie : Plin. 3, 72.

Melpŏmĕnē, ēs, f. (Μελπομένη), Melpomène [muse de la tragédie] : Hor. O. 1, 24, 3 ; Mart. 4, 37, 1.

Melpum, i, n., ville de la Gaule transalpine : Plin. 3, 125.

Melsyăgum, i, n., marais de Germanie : Mel. 3, 29.

meltom, [arch.] f. l. pour *meliosem* ? : P. Fest. 109, 3.

1 mĕlum, ⓥ melos ▶.

2 mēlum, i, n. (μῆλον ; it. melo), pomme : Pall. 7, 5, 1 ‖ pommier : Pall. 3, 25, 13 ; ⓥ 3 malum.

mēlus, i, f. (2 melum), pommier : Pall. 3, 25, 17.

Melzītānum, ⓥ Melizitanum.

Memacēni, ōrum, m. pl., peuple d'Asie : Curt. 7, 6, 17.

mēmaecylon, ⓥ mimae-.

membrāna, ae, f. (membrum, cf. μῆνιγξ) ¶ 1 membrane : Cic. Nat. 2, 142 ; Cels. 8, 4, 7 ; Plin. 11, 96 ; 11, 228 ¶ 2 peau [des serpents] : Ov. M. 7, 272 ; Luc. 6, 679 ‖ enveloppe [des fruits, de l'œuf] : Plin. 19, 111 ; 29, 46 ¶ 3 parchemin [pour écrire] : Hor. S. 2, 3, 2 ; Quint. 10, 3, 31 ; Plin. 7, 85 ¶ 4 extérieur, surface de qqch. : Lucr. 4, 95.

membrānācĕus, a, um (membrana), formé d'une membrane : Plin. 10, 168 ‖ semblable à une peau : Plin. 16, 126.

membrānārius, ii, m. (membrana), parcheminier, fabricant ou marchand de parchemin : Diocl. 7, 38.

membrānĕus, a, um (membrana), de parchemin : Ulp. Dig. 32, 50, 1 ; Mart. 14, 7.

membrānŭla, ae, f. (dim. de membrana), petite membrane : Cels. 8, 4, 8 ‖ parchemin : Cic. Att. 4, 4 a, 1.

membrānŭlum, i, n. (dim. de membranum), Apul. M. 6, 26.

membrānum, i, n. (membrana, cf. corium), [pl.] parchemins : *Juv. 7, 23 ; Isid. 6, 11, 1 ; 4 ‖ membranes, méninges : Chir. 256.

membrātim, adv. (membrum) ¶ 1 de membre en membre, membre par membre : Lucr. 3, 527 ; Plin. 26, 107 ¶ 2 [fig.] pièce par pièce, point par point, en détail : Varr. R. 1, 22 ; Cic. Part. 121 ‖ par membres de phrase, en phrases courtes : Cic. Or. 212 ; 225 ; Quint. 9, 4, 126.

membrātūra, ae, f. (membro), membrure, conformation des membres : Vitr. 8, 5, 1.

Membressa, ae, f., ville de la Zeugitane : Anton. 45.

membrĭpŏtens, entis, robuste, fort : Aug. Jul. op. imp. 2, 11.

membrō, ās, āre, -, - (membrum), tr., former les membres ; [pass.] avoir ses membres formés : Cens. 11, 7.

membrōsĭtas, ātis, f., masse des membres : Eustath. 9, 5.

membrōsus, a, um (membrum), bien bâti : Priap. 1, 5.

membrum, i, n. (cf. scr. māṃsa-m, toch. B misa, rus. mjaso, alb. mish, μῆνιγξ, μηρός ; it. membro) ¶ 1 un membre du corps, [et au pl.] les membres du corps : Cic. Fin. 3, 18 ; Virg. G. 4, 438 ; Suet. Vesp. 20 ; Gell. 4, 2, 15 ‖ *si membrum rupsit* L. XII Tab 8, 2 d. Gell. 20, 1, 14, s'il brise un membre (toute partie du corps ou organe) ¶ 2 [fig.] partie d'un tout, portion, morceau : Cic. Nat. 1, 9 ; de Or. 3, 119 ‖ [en parl. de l'État] : Just. 5, 10, 10 ; Suet. Aug. 48 ; Sil. 12, 318 ‖ appartement, pièce : Cic. Q. 3, 1, 2 ; Plin. Ep. 2, 17, 9 ; Col. 6, 1, 3 ‖ membre de phrase : Cic. Or. 211.

mēmĕcylon, i, n. (μημέκυλον), arbouse [fruit] : Plin. 15, 99.

mĕmento [sert d'impér. à memini] souviens-toi ! : Pl. As. 480 ; Cic. de Or. 1, 78 ; Virg. B. 3, 7 ‖ pl., *mementote*, souvenez-vous ! : Pl. Poen. 767.

mēmĕt, ⓥ egomet.

mĕmĭnens, tis, ⓥ memini ▶.

1 mĕmĭnī, isti, isse (moneo, mens, reminiscor, cf. μέμνημαι, μέμονα, scr. mamne, rus. pomnit') ¶ 1 avoir à l'esprit, à la pensée : *si non moneas, nosmet*

meminimus Pl. *Ru.* 159, quand même tu ne nous le dirais pas, nous y songeons nous-mêmes, cf. Ter. *Eun.* 216 ¶ **2** se souvenir, se rappeler : *aliquem, aliquid* Cic. *Phil.* 5, 17 ; *Ac.* 2, 106 ; *alicujus, alicujus rei* Cic. *Fin.* 5, 3 ; *Verr.* 2, 73 ; *de aliquo* Cic. *Att.* 15, 27, 3 ‖ [avec interrog. indir.] *meministi, quanta hominum esset admiratio* Cic. *Lae.* 2, tu te rappelles quelle fut la surprise des gens, cf. Ter. *Phorm.* 224 ‖ [avec *cum*] *memini, cum mihi desipere videbare* Cic. *Fam.* 7, 28, 1, je me souviens du temps où tu me paraissais perdre la tête ‖ [avec prop. inf.] je me souviens que ; [inf. prés.] Cic. *Lae.* 11 ; *Verr.* 2, 32 ; *Dej.* 38 ; *Mur.* 57 ; [inf. parf.] Cic. *Amer.* 112 ; *Sest.* 50 ; *de Or.* 1, 78 ‖ **memento** [avec inf.], souviens-toi de : Pl. *Ep.* 658 ‖ inf. *meminisse* = faculté du souvenir, mémoire : Lucr. 4, 765 ¶ **3** faire mention de, mentionner [avec gén.] : Caes. *C.* 3, 108, 2 ; Plin. *Ep.* 1, 5, 13 ; Quint. 11, 2, 16 ; [avec *de* et abl.] Cic. *Phil.* 2, 91.
▶ part. prés. *meminens* Laev. d. Prisc. 2, 560, 23 ; Aus. *Prof.* 2 (191), 40 ; Sidon. *Ep.* 4, 12, 1.

Memini, *ōrum*, m. pl., peuple de la Narbonnaise, autour de Carpentras : Plin. 3, 36.

Memmia, *ae*, f., femme d'Alexandre Sévère : Lampr. *Alex.* 20, 3.

Memmiădēs, *ae*, m., un descendant de Memmius, de la famille Memmia : Lucr. 1, 26.

Memmiānus, *a, um*, de Memmius : Cic. *Att.* 5, 1, 1.

Memmius, *ii*, m., nom des membres d'une famille romaine : Lucr. 1, 42 ; Virg. *En.* 5, 117.

Memnōn, *ŏnis*, m. (Μέμνων), Memnon [fils de Tithon et de l'Aurore] : Virg. *En.* 1, 489 ; Ov. *M.* 13, 600 ; Plin. 10, 74 ; Juv. 15, 5 ; Tac. *An.* 2, 61.

Memnŏnes, *um*, m. pl., peuple d'Éthiopie : Plin. 6, 190.

memnŏnia, *ae*, f., pierre précieuse inconnue : Plin. 37, 173.

Memnŏnĭdes, *um*, f. pl., oiseaux qui sortirent du bûcher de Memnon : Ov. *M.* 13, 600 ; Plin. 10, 74.

Memnŏnius, *a, um*, de Memnon : Solin. 40, 19 ‖ d'Orient, mauresque, noir : Ov. *Pont.* 3, 3, 96 ; Luc. 3, 284.

mĕmŏr, *ŏris* (cf. μέρμερος, scr. *smarati ?*) ¶ **1** qui a le souvenir (la pensée), *alicujus, alicujus rei*, de qqn, de qqch. : Ter. *And.* 281 ; Cic. *Cat.* 4, 19 ; *Off.* 3, 25 ; *memor, quae essent dicta* Cic. *Brut.* 302, se souvenant de ce qui avait été dit ‖ *memor Lucullum periisse* Plin. 25, 25, se rappelant que Lucullus était mort ‖ *memor et gratus* Cic. *Fam.* 13, 25, qui a de la mémoire et de la reconnaissance ¶ **2** [en parl. de choses] *supplicium exempli parum memoris legum humanarum* Liv. 1, 28, 11, supplice, qui donnait l'exemple d'un trop grand oubli des lois humaines, cf. 3, 36, 5 ; *memor Junonis ira* Virg. *En.* 1, 4, la colère toujours vivace de Junon ¶ **3** qui a une bonne mémoire : Cic. *de Or.* 3, 194 ¶ **4** [poét.] qui fait souvenir, qui rappelle : Hor. *O.* 3, 11, 51 ¶ **5** qui aime, cultive [avec gén.] : *pudoris magis memores quam salutis* Tert. *Paen.* 10, 1, plus préoccupés par leur honte que par leur salut.
▶ formes de nom. *memoris, memore* et compar. *memorior* d'après Prisc. 2, 235, 15.

2 **Mĕmŏr**, *ŏris*, m., Scaevus Mémor, poète : Mart. 11, 9, 2.

mĕmŏrābĭlis, *e* (*memoro*) ¶ **1** qu'on peut raconter = vraisemblable : Ter. *And.* 625 ¶ **2** digne d'être raconté : Pl. *Curc.* 8 ‖ mémorable, fameux, glorieux : Cic. *Lae.* 4 ; *Brut.* 49 ; *Phil.* 13, 44 ‖ *memorabilior* Liv. 38, 53, 9.

mĕmŏrācŭlum, *i*, n. (*memoro*), monument : Apul. *Apol.* 56.

mĕmŏrādum (*memora dum*), allons dis, raconte : Pl. *Poen.* 1063 ; ▼ *dum* I ¶ 2.

mĕmŏrālis, ▶ -rialis : Arn. 6, 11.

mĕmŏrālĭtĕr, adv. (*memoralis*), en faisant souvenir : Fort. *Carm.* 5, 5, 147.

mĕmŏrālĭus, *ii*, m., auteur de mémoires : *Gloss.* 2, 467, 8.

mĕmŏrandus, *a, um* ¶ **1** adj. verb. de *memoro* ¶ **2** adj*t*, mémorable, glorieux, fameux : Pl. *Ep.* 433 ; Virg. *En.* 10, 793 ; Juv. 2, 102.

mĕmŏrātim, adv., par un récit, en racontant : *Diom.* 407, 8.

mĕmŏrātĭo, *ōnis*, f. (*memoro*), action de rappeler, récit : Cael.-Aur. *Chron.* 3, 5, 79.

mĕmŏrātīvus, *a, um* (*memoro*), qui sert à mentionner : Prisc. 3, 48, 28.

mĕmŏrātŏr, *ōris*, m. (*memoro*), celui qui parle de, qui rappelle : Prop. 3, 1, 33.

mĕmŏrātrix, *īcis*, f. (*memorator*), celle qui rappelle : Val.-Flac. 6, 142.

1 **mĕmŏrātus**, *a, um* ¶ **1** part. de *memoro* ¶ **2** adj*t*, célèbre, fameux : Virg. *En.* 5, 391 ; 7, 564 ‖ *-issimus* Gell. 10, 18, 4.

2 **mĕmŏrātŭs**, *ūs*, m., action de rappeler, de raconter : *lepida memoratui* Pl. *Bac.* 62, choses jolies à dire ; *digna memoratu* Plin. 3, 95, faits dignes d'être rapportés.

mĕmordi, parf. de *mordeo*.

1 **mĕmŏrĕ**, n., ▼ *memoris*.

2 **mĕmŏrĕ**, adv., ▶ *memoriter* : Pompon. *Com.* 109.

mĕmŏria, *ae*, f. (1 *memor*) ¶ **1** mémoire : *bona* Cic. *Att.* 8, 4, 2, bonne mémoire ; *Hortensius memoria tanta fuit, ut* Cic. *Brut.* 301, Hortensius avait une telle mémoire de ; *rerum, verborum* Cic. *Ac.* 2, 2, mémoire des faits, des mots ; *ars memoriae* Cic. *Ac.* 2, 2, système mnémotechnique ; *memoria tenere aliquid* Cic. *Verr.* 4, 77 ; *custodire* Cic. *de Or.* 1, 127, garder qqch. dans sa mémoire ; *alicujus nomen in memoria alicui est* Cic. *Sull.* 38, le nom de qqn est dans la mémoire de qqn ; *ex memoria aliquid deponere* Cic. *Sull.* 18, laisser tomber qqch. de sa mémoire ¶ **2** ressouvenir, souvenir, souvenance : *alicujus rei memoriam deponere* Caes. *G.* 1, 14, 3, consentir à l'oubli de qqch. ; *ex memoria exponere* Cic. *Cat.* 3, 13, exposer de mémoire ; *aliquid memoriae prodere* Cic. *de Or.* 3, 14, transmettre qqch. au souvenir ; *memoria digni viri* Cic. *Fin.* 5, 2, hommes dignes de mémoire ; *ad memoriam laudum domesticarum* Cic. *Brut.* 62, pour rappeler les gloires domestiques ; *memoriae proditum est* [avec prop. inf.] Cic. *Brut.* 3, la tradition rapporte que ‖ un souvenir, un fait : Cic. *de Or.* 1, 4 ¶ **3** période embrassée par le souvenir, époque : *patrum nostrorum memoria* Caes. *G.* 1, 12, 5, du temps de nos pères ; *patrum memoria* Caes. 6, 32, 5, du temps de leurs pères ; *nostra memoria* Caes. *G.* 2, 4, 7, de notre temps ; *paulo supra hanc memoriam* Caes. *G.* 6, 19, 4, un peu avant notre temps ; *princeps hujus memoriae philosophorum* Cic. *Off.* 3, 5, le premier des philosophes de notre temps ; *quod in omni memoria est omnino inauditum* Cic. *Vat.* 33, une chose qui est absolument inouïe à n'importe quelle époque ; *hominum memoria* Caes. *G.* 3, 22, 3 [ou] *post hominum memoriam* Cic. *Cat.* 1, 16, de mémoire d'hommes ; *in memoriam notam et aequalem incurrere* Cic. *Brut.* 244, arriver à une époque connue et contemporaine ¶ **4** souvenir rapporté, relation : *omnium rerum memoriam complecti libro* Cic. *Brut.* 14, embrasser dans un livre l'histoire universelle, cf. Cic. *Or.* 120 ; *variat memoria actae rei* Liv. 21, 28, 5, il y a des variations dans le récit de cette opération ; *memoria annalium* Liv. 22, 27, 3, souvenir transmis par les annales, la tradition des annales ‖ pl., *memoriae* Gell. 4, 6, 1 ; 7, 8, 1, monuments historiques, annales ‖ *memoriam publicam incedere* Cic. *Cael.* 78, mettre le feu à des registres publics [du cens] ¶ **5** monument consacré au souvenir de qqn : *memoria beati Cypriani* Aug. *Conf.* 5, 8, 15, chapelle dédiée au bienheureux Cyprien ¶ **6** *scrinium a memoria* [ou *memoriae*] *Cod. Just.* 12, 19, 3, bureau de la conservation des actes [l'une des quatre directions de la chancellerie impériale, chargée en part. de la rédaction de toutes les lettres, nominations] ; *magister memoriae* [ou *a memoria*] *Cod. Just.* 10, 48, 11, le chef du bureau de la conservation des actes.

mĕmŏrĭāle, *is*, n. (*memorialis*), monument, souvenir : Vulg. *Exod.* 3, 15 ; VL. *Exod.* 17, 14 ‖ pl., *memorialia* : Macr. *Sat.* 3, 6, 11, mémoires.

mĕmŏrĭālis, *e* (*memoria*), qui aide la mémoire : Suet. *Caes.* 56 ‖ subst. m., secrétaire appartenant au bureau de la conservation des actes (*scrinium memoriae*) : *Cod. Just.* 12, 19, 10.

měmŏrĭŏla, ae, f. (dim. de memoria), mémoire : Cic. Att. 12, 1, 2.

měmŏrĭōsē, adv., avec une mémoire sûre : Ps. Front. Diff. 7, 522, 5.

měmŏrĭōsus, a, um (memoria), qui a beaucoup de mémoire : P. Fest. 112, 4.

měmŏris, e, ▶ 1 memor ▶.

měmŏrĭtěr, adv. (memor), de mémoire, avec mémoire, avec l'aide seule de la mémoire [sans secours aucun] : Cic. de Or. 1, 88 ; Vat. 10 ; Brut. 303 ; Suet. Ner. 10 ‖ [d'où] avec une bonne mémoire, une mémoire fidèle : Cic. de Or. 1, 64 ; Fin. 1, 34 ; 4, 1.

Měmŏrĭus, ii, m., nom d'homme : Amm. 23, 2, 5.

měmŏrō, ās, āre, āvī, ātum (1 memor ; port. lembrar), tr., rappeler, raconter, mentionner, rem, une chose : Pl. Aul. 524 ; Cic. Verr. 1, 122 ; Leg. 2, 62 ; *oppidi conditor Hercules memorabatur* Sall. J. 99, 4, on disait qu'Hercule était le fondateur de la ville ‖ [abst, avec de] faire mention de, parler de : Cic. Fin. 2, 15 ‖ [avec prop. inf.] rappeler que : Pl. Truc. 83 ; Cic. Tim. 39 ; Liv. 1, 7, 4 ; Tac. An. 11, 8 ; [au pass. pers.] Cic. Verr. 4, 107 ; [au pass. impers.] Mel. 3, 100 ‖ *levia memoratu* Tac. An. 4, 32, faits insignifiants à rapporter ‖ *vocabula memorata priscis Catonibus* Hor. Ep. 2, 2, 117, mots employés par les Catons d'autrefois.

měmŏror, ārīs, ārī, ātus sum, tr. et intr. ¶ 1 se rappeler : *fratres meos vetustissimos memorabar* Cypr. Ep. 21, 1, je me souvenais de mes plus anciens frères ¶ 2 dire, parler de : Facund. Def. 9, 1.

Memphis, is, f. (Μέμφις), capitale de l'Égypte Atlas I, F6 ; IX, F2 : Liv. 45, 11 ; Plin. 5, 50 ; Mel. 1, 60 ; Hor. O. 3, 26, 10 ‖ **-ītēs**, ae, adj. m., de Memphis : Tib. 1, 8, 28 ; Plin. 36, 56 ou **-ītĭcus**, a, um, Ov. A. A. 1, 77 ; Luc. 10, 6 ou **-ītis**, ĭdis, f., Juv. 15, 122 ; Ov. A. A. 3, 193 ; Luc. 4, 136.

měn', apocope pour mene.

1 **mēna**, ▶ maena.

2 **Mēna**, ae, f. (μήν), déesse qui présidait aux maladies de femmes : Aug. Civ. 4, 11 ; 7, 2.

3 **Mēna**, ae, m., surnom romain : Hor. Ep. 1, 7, 55.

Měnăcē, ēs, f., ancien nom de Malaca : Avien. Or. 431.

Měnaechmi, ōrum, m. pl., les Ménechmes, comédie de Plaute : Varr. R. 2, 4, 16 ‖ **-us**, i, m., nom d'un personnage : Pl. Men. 43.

Měnaenus, a, um, de Mènes [Sicile] : Cic. Verr. 3, 55 ‖ **-i**, ōrum, m. pl., les habitants de Mènes : Cic. Verr. 3, 102.

1 **mēnaeus**, i, m. (μηναῖος), cercle mensuel (dans l'analemme) : *Vitr. 9, 7, 6.

2 **Měnaeus**, a, um, de Mènes [Sicile] : Sil. 14, 266.

Menainus, ▶ Menaenus : Plin. 3, 91.

Měnalcās, ae, m., nom d'un berger : Virg. B. 5, 4 ; 2, 15.

Měnălip-, ▶ Melan-.

Měnander, **-drŏs**, **-drus**, i, m. (Μένανδρος), Ménandre ¶ 1 [poète comique] : Ter. And. 9 ; Cic. Fin. 1, 4 ‖ Ov. Am. 1, 15, 18 ‖ Prop. 3, 21, 28 ; Vell. 1, 16, 3 ¶ 2 nom d'esclave : Cic. Fam. 16, 13 ; d'affranchi : Cic. Fam. 13, 70.

Měnandrēus, a, um, de Ménandre : Prop. 2, 5, 3 ou **-drĭcus**, a, um, Tert. Pall. 4, 8.

Měnăpĭa, ae, f., la Ménapie [contrée de Belgique] : Aur.-Vict. Caes. 39, 20 ‖ **-pii**, ōrum, m. pl., Ménapiens : Caes G. 2, 4, abl. *Menanpis*, Mart. 13, 54, 2 ‖ **-pĭcus**, a, um, ménapien : Diocl. 4, 8.

Menaria, ae, f., île près de la Corse : Plin. 3, 81.

Menariae, ārum, f. pl., île près des Baléares : Plin. 3, 78.

Mēnas, ae, m., affranchi de Sextus Pompée : Vell. 2, 73 ; Plin. 35, 200.

menceps, ĭpis (mente captus), qui a perdu l'esprit : Prisc. 2, 26, 13.

menda, ae, f. (mendum ; it. menda), tache sur le corps, défaut physique : Ov. Am. 1, 5, 18 ; A. A. 1, 249 ‖ faute, erreur [de langage, de copiste] : Suet. Aug. 87 ; Gell. 20, 6, 14.

mendācĭlŏquens, entis, ▶ mendaciloquus : Vl. 1 Tim. 4, 2.

mendācĭlŏquĭum, ii, n., mensonge : Gloss. 2, 480, 22.

mendācĭlŏquus, a, um (mendax, loquor), menteur : Aug. Faust. 15, 6 ; **-loquior** Pl. Trin. 200.

mendācĭtās, ātis, f. (mendax), disposition au mensonge : Tert. Praescr. 31, 1.

mendācĭtěr, adv. (mendax), en mentant, faussement : Solin. 1, 87 ‖ **-cissime** Aug. Mor. eccl. 1, 17.

mendācĭum, ii, n. (mendax) ¶ 1 mensonge, fausseté [en paroles] : Cic. Mur. 62 ; Fam. 3, 10, 7 ; Off. 3, 61 ‖ [en part.] illusion, erreur [des sens] : Cic. Ac. 2, 80 ¶ 2 fable, fiction : Curt. 3, 1, 4 ¶ 3 contrefaçon, imitation, reproduction : Plin. 37, 112 ; 35, 48.

mendācĭuncŭlum, i, n. (dim. de mendacium), petit mensonge : Cic. de Or. 2, 241.

Mendae, ārum, f. pl., **Mendis**, is, f., Mendes [ville de Macédoine] : Plin. 4, 36 ‖ **Mendaeum**, i, n., Liv. 31, 45, 14.

mendax, ācis, adj. (mendum) ¶ 1 menteur : Cic. Div. 2, 146 ; Agr. 2, 95 ; de Or. 2, 51 ; m. pris subst, Cic. Com. 46 ‖ **-dacior** Hor. Ep. 2, 1, 112 ; **-cissimus** Pl. Ru. 754 ‖ [avec gén.] à propos de qqch. : Pl. As. 855 ‖ *alicui* Ov. H. 2, 11 ; *in aliquem* Hor. O. 3, 11, 35, à l'égard de qqn ¶ 2 [en parl. de choses] menteur, mensonger, trompeur, faux : Cic. Div. 2, 127 ; Hor. O. 3, 1, 30 ; Ov. Tr. 3, 738 ; Juv. 10, 174.

Mendēs, ētis et **-dēsĭcus** ou **-dēsĭus**, a, um, de Mendès [ville d'Égypte] Atlas IX, E2 : Suet. Aug. 94 ‖ Plin. 5, 64 ‖ Plin. 5, 49 ; 13, 17.

Mendeterum, i, n., ville de l'île de Calydna : Plin. 5, 133.

mendĭcābŭlum, i, n. (mendico), mendiant : Pl. Aul. 695 ; Apul. M. 9, 4.

mendĭcābundus, a, um (mendico), qui mendie : Aug. Ep. 261, 1.

mendĭcātĭo, ōnis, f. (mendico), action de mendier qqch. : Sen. Ep. 101, 13.

mendĭcātus, a, um, part. de mendico.

mendĭcē, adv. (mendicus), chichement, pauvrement : Sen. Ep. 33, 6 ‖ **-cius** Tert. Pall. 5, 6.

mendĭcĭmōnĭum, ii, n., ▶ mendicitas : Laber. d. Gell. 16, 7, 2.

mendĭcĭtās, ātis, f. (mendicus), mendicité, état d'indigence extrême : Cic. Amer. 86 ; Fin. 5- 32.

mendĭcō, ās, āre, āvī, ātum (mendicus ; fr. mendier) ¶ 1 intr., demander l'aumône, mendier : Pl. Cap. 322 ; Bac. 508 ; Juv. 3, 16 ‖ **mendicantes ium**, m. pl., mendiants : Sen. Contr 10, 4 (33), 24 ¶ 2 tr., mendier qqch. : Pl. Amp. 1032 ; Apul. Mag. 20, 3 ‖ **mendicatus panis** Juv. 10, 227, pain mendié.

mendĭcor, āris, ārī, -, dép., ▶ mendico, intr. : Pl. Cap. 13.

mendĭcŭlus, a, um (dim. de mendicus), de pauvre mendiant : Pl. Ep. 223.

mendĭcum vēlum, i, n. (mendicus ?, mendum ?), voile à la proue d'un navire : P. Fest. 112, 2.

mendĭcus, a, um (mendum ; it. mendico) ¶ 1 de mendiant, mendiant, indigent : Cic. Fin. 5, 84 ; **mendicior** *Tert. Anim. 33, 10 ; **-cissimus** Cic. Mur. 61 [subst] mendiant : Pl. Bac. 514 ; Cic. Phil. 8, 9 ; **mendici** Hor. S. 1, 2, 2, mendiants, quêteurs [prêtres de Cybèle ou d'Isis] ‖ gueux, gredin : Ter. And. 816 ¶ 2 [fig., en parl. de moyens oratoires] pauvre, misérable, indigent : Cic. de Or. 3, 92.

Mendis, ▶ Mendae.

mendōsē, adv. (mendosus), d'une manière défectueuse : Cic. Q. 3, 5, 6 ; Pers. 5, 85 ‖ **-sissime** Cic. Inv. 1, 8.

mendōsĭtās, ātis, f. (mendosus), défectuosité, fautes, incorrections [dans un ms.] : Aug. Ep. 71, 5 ; Civ. 15, 13.

mendōsus, a, um (mendum) ¶ 1 plein de défauts, de tares [physiquement] : Ov. M. 12, 399 ¶ 2 défectueux, fautif : *mendosum est* Cic. de Or. 2, 83, c'est une faute ; **mendosior** Cic. Brut. 62, plus défectueux ; **-sissimus** Aug. Ep. 120, 1 ‖ défectueux [moralt] : Hor. S. 1, 6, 66 ¶ 3 qui fait des fautes : Cic. Verr. 2, 188 ¶ 4 n. pris advt, d'une façon trompeuse, décevante : Pers. 5, 106.

mendum, i, n. (menda, mendax, mendicus ; cf. scr. mindā, gall. mann ?), faute, erreur [dans un texte] : Cic. *Verr.* 2, 104 ; *Att.* 13, 23, 2 ; [dans la manière d'agir] Cic. *Att.* 14, 22, 2 ‖ défaut physique : Ov. *A. A.* 3, 261.

mendus, *a, um*, menteur, mensonger : VL. *Hab.* 2, 18.

Měněclēs, *is*, m. (Μενεκλῆς), rhéteur d'Alabanda : Cic. *de Or.* 2, 95 ‖ **Měněclīus**, *a, um*, de Ménéclès : Cic. *Brut.* 326.

Měněclīdēs, *is*, m., nom d'un noble thébain : Nep. *Epam.* 5, 2.

Měněcrātēs, *is*, m. (Μενεκράτης), général de Persée : Liv. 44, 24 ‖ poète d'Éphèse : Varr. *R.* 1, 1, 9 ‖ affranchi de Sextus Pompée : Plin. 35, 200.

Měnědēmus, *i*, m. (Μενέδημος), Ménédème [philosophe d'Érétrie] : Cic. *Ac.* 2, 129 ‖ rhéteur athénien : Cic. *de Or.* 1, 85 ‖ lieutenant d'Alexandre : Curt. 7, 6, 13 ; 7, 7, 15 ‖ autres du même nom : Cic. *Att.* 15, 19, 2 ; Gell. 13, 5, 3 ‖ personnage de Térence : Ter. *Haut.* 159.

Měnělāis, *idis*, f., ville de Macédoine : Liv. 39, 26.

Měnělāītēs nŏmŏs, m., le nome Ménélaïte [dans le port de Ménélas] : Plin. 5, 49.

Měnělāius, *ii*, m., montagne de Grèce : Liv. 34, 28.

Měnělāus et **-lāŏs**, *i*, m. (Μενέλαος) ¶ 1 Ménélas [époux d'Hélène] : Cic. *Brut.* 50 ; Ov. *M.* 13, 203 ; *Menelai portus* Nep. *Ag.* 8, 6, port de Ménélas [Égypte] ‖ **Měnělāēus**, *a, um*, de Ménélas : Prop. 2, 15, 14 ¶ 2 autre du même nom : Cic. *Brut.* 100.

Měnēniānus, *a, um*, V. *Menenius*.

Měnēnius, *ii*, m. ¶ 1 nom d'une famille romaine ; not^t Ménénius Agrippa [qui apaisa le peuple révolté en lui racontant l'apologue "les membres et l'estomac"] : Liv. 2, 16, 7 ; 2, 32, 8 ‖ autre du même nom : Hor. *S.* 2, 3, 287 ¶ 2 **-nĭus**, *a, um*, de Ménénius : Cic. *Fam.* 13, 9, 2 ou **-nĭānus**, *a, um*, Liv. 2, 52, 8.

Měněphrōn, *ōnis*, m. (Μενέφρων), homme qui fut changé en bête féroce : Ov. *M.* 7, 386.

Měnerva, arch. pour *Minerva* : Quint. 1, 4, 17.

Měnēs, *ētis*, m. ¶ 1 lieutenant d'Alexandre : Curt. 5, 1 ¶ 2 l'inventeur, suivant la légende, des lettres [caractères d'écriture] : Plin. 7, 193.

Měnesthěūs, *ěi* ou *ěos*, m. (Μενεσθεύς), Ménesthée [roi d'Athènes] : Just. 2, 6 ‖ fils d'Iphicrate : Nep. *Iph.* 3, 4 ‖ cocher de Diomède : Stat. *Th.* 6, 661.

Měnĭa, **Měnĭus**, **Měnĭanus**, V. *Maen-*.

měninga, *ae*, f. (μῆνιγξ), méninge : Theod. Prisc. *Log.* 9.

Měninx, *ingis*, f. (Μῆνιγξ), île de la côte d'Afrique [Djerba] : Plin. 5, 41.

▶ *Menix* ; Liv. 22, 31, 2 ; *Menis* ; Mel. 2, 105.

mēnĭŏn (-ěŏn), *ĭi*, n., pivoine : Ps. Apul. *Herb.* 65.

Měnippēae satirae, f. (Μενίππειος), satires ménippées [de Varron] : Gell. 2, 18, 7 ; Macr. *Sat.* 1, 1, 42.

Měnippus, *i*, m. (Μένιππος) ¶ 1 Ménippe [philosophe cynique] : Cic. *Ac.* 1, 8 ; Gell. 2, 18, 7 ; Macr. *Sat.* 1, 11, 42 ‖ **-ēus**, *a, um*, de Ménippe : Varr. *Men.* 542 ; Arn. 6, 23 ¶ 2 orateur de Stratonicée : Cic. *Brut.* 315 ¶ 3 général de Philippe : Liv. 27, 32 ‖ député d'Antiochus : Liv. 34, 57.

mēnis, *ĭdis*, f. (μηνίς), demi-lune, croissant placé au frontispice des livres : Aus. *Prof.* 26 (215), 1.

měniscor, V. *miniscor*.

Měniscus, *i*, m., nom d'homme : Cic. *Verr.* 3, 200.

Menismeni, *ōrum*, m. pl., peuple nomade d'Éthiopie : Plin. 7, 31.

Mēnius, *ii*, m., fils de Lycaon foudroyé par Jupiter : Ov. *Ib.* 472.

Mennis, *is*, f., ville de la Babylonie : Curt. 5, 1, 15.

Měno, V. *Menon*.

Měnoba, V. *Maen-*.

Menobardi, *ōrum*, m. pl., peuple d'Asie : Plin. 6, 28.

Měnoeceūs, *ěi* ou *ěos*, m. (Μενοικεύς), Ménécée [fils de Créon, roi de Thèbes] : Cic. *Tusc.* 1, 116 ; Stat. *Th.* 10, 620 ‖ **-cēus**, *a, um*, de Ménécée : Stat. *Th.* 10, 756.

Měnoetēs, *ae*, m., un des compagnons d'Énée : Virg. *En.* 5, 161 ‖ Arcadien tué par Turnus : Virg. *En.* 12, 517.

Měnoetĭădēs, *ae*, m., fils de Ménétius [Patrocle] : Prop. 2, 1, 38.

Měnoetĭus, *ĭi*, m. (Μενοίτιος), Ménétius [Ménoetios, père de Patrocle] : Val.-Flac. 6, 343.

1 **Měnŏgěnēs**, *is*, m. ¶ 1 nom d'homme : Plin. 7, 54 ; Val.-Max. 9, 14, 5 ¶ 2 sculpteur célèbre : Plin. 34, 88.

2 **měnŏgěnēs** (cf. μηνογένειον), C. *menion* : Ps. Apul. *Herb.* 65.

mēnŏgěnĭŏn, *ĭi*, n. (μήνη, γένειον), plante contre le somnambulisme : Ps. Apul. *Herb.* 64.

mēnŏīdēs lūna, f. (μηνοειδής), la nouvelle lune : Firm. *Math.* 4, 1, 10.

Měnōn, *ōnis*, m. (Μένων) ¶ 1 le Ménon [ouvrage de Platon] : Cic. *Tusc.* 1, 57 ¶ 2 lieutenant de Persée : Liv. 42, 58 ‖ lieutenant d'Alexandre : Curt. 4, 8, 11.

Menoncaleni, *ōrum*, m. pl., peuple des Alpes : Plin. 3, 133.

Měnophrus, *i*, m., C. *Menephron* : Hyg. *Fab.* 253.

Menosca, *ae*, f., ville de la Tarraconaise [Saint-Sébastien] : Plin. 4, 110.

Menotharus, *i*, m., fleuve d'Asie : Plin. 6, 21.

mens, *mentis*, f. (*mentior, moneo*, 1 *memini* ; scr. *mati-s, -ματος*, an. *mind* ; it. *mente*) ¶ 1 faculté intellectuelle, intelligence : *mens animi* Lucr. 4, 758, faculté intellectuelle de l'esprit, cf. Pl. *Cis.* 209 ; *Ep.* 530 ; Catul. 65, 4 ; *quae pars animi mens vocatur* Cic. *Rep.* 2, 67, la partie de l'âme qu'on appelle intelligence ; *totus et mente et animo in bellum insistit* Caes. *G.* 6, 5, 1, il se donne à la guerre de toute son intelligence comme de tout son cœur ; *mentes animosque perturbare* Caes. *G.* 1, 39, 1, troubler les intelligences et les cœurs ‖ raison : *ut ad bella suscipienda Gallorum promptus est animus, sic mollis ac minime resistens ad calamitates perferendas mens eorum est* Caes. *G.* 3, 19, 6, si les Gaulois ont le cœur prompt à entreprendre des guerres, ils ont en revanche une raison insuffisamment ferme et solide pour supporter les revers ; *mentis suae esse* Cic. *Pis.* 50 ; *mentis compotem esse* Cic. *Pis.* 48, être en possession de sa raison ; *captus mente* Cic. *Ac.* 2, 53, qui n'a pas toute sa raison ; *mentem amittere* Cic. *Har.* 31, perdre la raison ; *malam mentem habere* Sen. *Ben.* 3, 27, 2, n'avoir pas sa tête à soi, n'avoir pas son bon sens ¶ 2 [en gén.] esprit, pensée, réflexion : *in mente, mente aliquid agitare* Cic. *Nat.* 1, 114 ; *CM* 41, remuer qqch. dans son esprit, élaborer une pensée ; *res alicui in mentem venit* Cic. *Att.* 12, 37, 2, une chose vient à l'esprit de qqn ; *tibi in mentem non venit jubere* Cic. *Verr.* 4, 28, il ne t'est pas venu à l'esprit d'ordonner ; *venit in mentem non esse vitandum illum nobis conventum* Cic. *Verr.* 4, 138, il nous vint à l'esprit que nous ne devions pas éviter cette réunion ; [avec *ut* subj.] Pl. *Curc.* 559 ‖ [avec gén.] : *mihi venit in mentem alicujus rei*, il me souvient de qqch., il me vient à l'esprit l'idée, le souvenir, la pensée de : Cic. *Fin.* 5, 2 ; *Verr.* 5, 180 ¶ 3 [en part.] disposition d'esprit : *senatus, princeps salutis mentisque publicae* Cic. *Har.* 58, le sénat, responsable du salut et de l'esprit publics ; *nemini dubium esse debet, quin reliquo tempore eadem mente sim futurus* Nep. *Hann.* 2, 5, personne ne doit douter que dans l'avenir je ne garde les mêmes dispositions d'esprit ; *scire ex te cupio, quo consilio aut qua mente feceris ut* Cic. *Vat.* 30, je désire savoir de toi dans quel dessein ou dans quel esprit tu as fait en sorte de..., cf. Cic. *Cat.* 2, 11 ‖ intention : *ea mente ut* Cic. *Phil.* 1, 6, avec l'intention de, cf. Cic. *Fam.* 12, 14, 1 ; *hac mente esse, ut* Cic. *de Or.* 1, 180, avoir l'intention que ‖ *mens legis*, l'esprit de la loi : *ex mente legis sumere* Dig. 24, 3, 47, tirer de l'intention du législateur (ou de la volonté de la loi) ¶ 4 courage : Virg. *En.* 12, 609 ; Hor. *Ep.* 2, 2, 36 ¶ 5 *Mens* Cic. *Leg.* 2, 19, déesse de la raison, cf. Liv. 22, 10, 10.

▶ nom. sg. *mentis* Enn. d. Varr. *L.* 5, 59 ‖ gén. pl. toujours *mentium* Varr. *L.* 8, 67.

mensa

mensa, ae, f. (metior; esp., port. mesa) ¶ 1 table [pour repas] : **ad mensam consistere** Cic. Tusc. 5, 61, se tenir près de la table ‖ [fig.] nourriture, plats, repas : Cic. Tusc. 5, 100 ; **de mensa mittere** Cic. Att. 5, 4, 1, renvoyer les plats de la table ; **prior, secunda mensa** Plin. 14, 16 ; Cic. Att. 14, 6, 2, premier, second service, cf. Nep. Ages. 8, 4 ‖ invités, hôtes : Suet. Aug. 70 ¶ 2 comptoir, table de banquier : Hor. S. 2, 3, 148 ; Cic. Flac. 44 ‖ activité liée au comptoir du banquier, la banque [abs¹] : **argentariae mensae exercitor** Dig. 2, 13, 4 pr., qui pratique la banque, banquier ; **institor apud mensam** Dig. 14, 3, 20, préposé à une banque, fondé de pouvoir ; **apud mensam deponere pecunias** Dig. 42, 5, 24, 2, déposer de l'argent à la banque ¶ 3 table [dans les temples ; où l'on déposait les objets sacrés ; table de sacrifice] : Virg. En. 2, 764 ; Plin. 25, 105 ‖ [en part.] **mensae Delphicae** Cic. Verr. 4, 131, tables delphiques [de luxe], cf. Plin. 34, 3 ; Mart. 12, 66 ¶ 4 étal de boucher : Suet. Cl. 15 ‖ plateforme, où se tenaient les esclaves mis en vente : Apul. M. 8, 26 ; Apol. 17 ‖ table [dans la baliste] : Vitr. 10, 11, 6 ‖ petit autel sur un tombeau : Cic. Leg. 2, 66 ¶ 5 [chrét.] la (sainte) table : Aug. Civ. 17, 20, 2.

mensālis, e (mensa), de table à manger, qu'on sert à table : Vop. Aur. 9, 6.

mensārĭus, a, um (mensa), relatif au comptoir de banque [d'où] ¶ 1 subst. m. **a)** banquier : P. Fest. 112, 1 ; Suet. Aug. 4 **b)** banquier d'État : Cic. Flac. 44 ; [en part.] **quinqueviri, triumviri mensarii** Liv. 7, 21, 5 ; 26, 36, 8, commission de cinq, trois membres faisant des opérations de banque au nom de l'État ¶ 2 **-rĭum**, subst. n., ce qui est sur une table : *Prisc. 2, 75, 8.

mensātim, adv. (mensa), de table en table, table par table : Juvc. 3, 214.

mensĭo, ōnis, f. (metior), appréciation, mesure : Cic. Or. 177.

mensis, is, m. (metior, cf. μήν, scr. mās, al. Monat, an. month ; fr. mois) ¶ 1 mois : Varr. L. 6, 33 ; Cic. Nat. 2, 69 ; **paucos menses regnavit** Cic. Læ. 41, il régna quelques mois seulement ¶ 2 pl., menstrues : Plin. 21, 156 ‖ sg., Plin. 17, 267 ; [en parl. de cavales] Varr. R. 2, 7, 8.
▶ gén. pl. mensium mais aussi mensum et mensuum d. les mss : Cic. Att. 15, 20, 4 ; Verr. 2, 182 ‖ mensum Cic. Fam. 7, 17, 1 ; Att. 15, 20, 4 ; Cæs. G. 1, 5, 3 (α) Liv. 3, 24, 4 ; 8, 2, 4 ; 9, 33, 6 ; 10, 5, 12 ; 29, 3, 5 ; 45, 15, 9 ‖ mensuum mss Pl. Most. 82 ; Cic. Fam. 3, 6, 5.

mensŏr, ōris, m. (metior), mesureur : Hor. O. 1, 28, 1 ; Paul. Dig. 27, 1, 26 ‖ arpenteur : Col. 5, 1, 3 ; Ov. M. 1, 136 ; Cassiod. Var. 3, 52 ‖ architecte : Plin. Ep. 10, 27, 5 ‖ ingénieur : Amm. 19, 11, 8.

mensōrĭum, ii, n. (mensorius), plateau d'une balance : Cassiod. Eccl. 10, 15.

mensōrĭus, a, um, de mesure, de mesureur : Grom. 31, 12.

menstrŭa, ōrum, n. pl. (menstruus), menstrues : Lucr. 6, 796 ; Sall. H. 4, 40 ; Cels. 6, 6, 38 ; Plin. 22, 65 ‖ sg. menstruum [en parl. d'une femelle], Plin. 29, 98.

menstrŭālis, e (menstruus) ¶ 1 mensuel : Pl. Cap. 483 ¶ 2 qui a des menstrues, menstruel : Plin. 7, 63 ; 19, 177.

menstrŭans, tis (*menstruo), qui a ses menstrues : Pall. 1, 35, 3.

menstrŭātus, a, um (menstrua), taché de menstrues ; [fig.] taché, souillé : Vulg. Ezech. 18, 6 ; Jer. 64, 6.

menstrŭum, ▶ menstruus.

menstrŭus, a, um (mensis) ¶ 1 de chaque mois, mensuel : Varr. L. 6, 13 ; Cic. Att. 6, 1, 3 ; Plin. 2, 128 ; 33, 132 ‖ ▶ menstrua ¶ 2 qui dure un mois : Cic. Fin. 4, 30 ; Nat. 1, 87 ; Verr. 3, 72 ¶ 3 subst. n., **menstruum a)** service mensuel : Plin. Ep. 10, 8, 3 **b)** vivres pour un mois : Liv. 44, 2, 4 **c)** ▶ menstrua.

mensŭālis, e (mensis), mensuel : Grom. 393, 12.

mensŭla, ae, f. (dim. de mensa), petite table : Pl. Most. 308 ; Apul. M. 2, 11.

mensŭlārĭus, ii, m. (mensula), banquier, changeur : Sen. Contr. 9, 4, 12 ; Scaev. Dig. 2, 14, 47, 1 ; Ulp. Dig. 42, 5, 24, 2.

mensum ¶ 1 gén. pl. de mensis, ▶ mensis ▶. ¶ 2 n. de mensus (mentior).

mensūra, ae, f. (metior, mensa ; it. misura) ¶ 1 mesure, mesurage : Cæs. G. 5, 13, 4 ; Cic. Ac. 2, 126 ; Plin. Ep. 10, 28, 5 ; Col. 5, 3, 1 ‖ [fig.] **aurium** Cic. Or. 67, mesure, appréciation de l'oreille ¶ 2 mesure (résultat du mesurage), quantité, dimension, capacité, degré : **eadem mensura, majore mensura, cumulatiore mensura** Cic. Brut. 15 ; Off. 1, 48 ; Verr. 3, 118, dans (avec) la même mesure, avec une mesure plus grande, en faisant meilleure mesure ; **mensuras itinerum nosse** Cæs. G. 6, 25, connaître les mesures itinéraires [l'évaluation des distances] ; **noscenda est mensura sui** Juv. 11, 35, il faut apprendre sa mesure, sa capacité ; **se ad mensuram alicujus submittere** Quint. 2, 3, 7, se mettre à la portée de qqn ¶ 3 quantité [en métrique] : Quint. 10, 1, 10.

mensūrābĭlis, e (mensuro), mesurable : Prud. Apoth. 813.

mensūrālis, e (mensura), qui sert à mesurer : Grom. 7, 20 ; 22.

mensūrālĭtĕr, adv., au moyen d'une mesure : Grom. 181, 15.

mensūrātē, adv., avec mesure, modérément : Cassiod. Jos. Ap. 2, 24.

mensūrātĭo, ōnis, f. (mensuro), arpentage : Grom. 359, 11 ; Jul.-Vict. 3, 5.

mensūrātus, a, um, part. de mensuro.

mensurnus, a, um (mensis, cf. diurnus), mensuel : Cypr. Ep. 34, 4 ; 39, 5.
▶ *Cic. Inv. 1, 39 cf. Prisc. 2, 81, 12.

mensūrō, ās, āre, -, - (mensura), tr., mesurer : Veg. Mil. 1, 25 ‖ [fig.] estimer : Coripp. Just. 3, 372.

mensus, a, um, part. de metior.

menta (mentha), ae, f. (μίνθη ; it. esp. menta, al. Minze, an. mint), menthe [herbe] : Cat. Agr. 119 ; Varr. L. 5, 103 ; Ov. M. 10, 729 ; Plin. 19, 159 ; Mart. 10, 48, 10.

mentagra, ae, f. (1 mentum, ἄγρα), mentagre, dartre pustuleuse du menton : Plin. 26, 2.

mentastrum, i, n. (menta), menthe sauvage : Cels. 5, 27, 7 ; Col. 11, 3, 37 ; Plin. 14, 105.

Mentēsa, ae, f., ville de la Tarraconaise : Plin. 3, 9 ‖ **-ānus**, a, um, de Mentésa [et au pl.] les habitants de Mentésa : Plin. 3, 19. ▶ Mentissa ; Liv. 26, 17, 4.

mentha, ▶ menta.

mentībor, ▶ mentior ▶.

mentĭens, tis, part. de mentior pris subst¹, le menteur, (argument captieux, cf. ψευδόμενος) : Cic. Div. 2, 11.

mentīgo, ĭnis, f. (mentum), tac, maladie des agneaux : Col. 7, 5, 21.

1 **mentĭo**, ōnis, f. (mens, 1 memini, comminiscor), action de mentionner, de rappeler, mention : **tui** Cic. Att. 5, 9, 3 ; **civitatis** Cic. Verr. 5, 166, le fait de parler de toi, de rappeler le titre de citoyen ; **in eorum mentionem incidi** Cic. Cæcil. 50, j'ai été amené à parler d'eux ; **alicujus mentionem facere** Cic. Brut. 279, faire mention de qqn, cf. Brut. 117 ; **mentio de lege nulla fiebat** Cic. Verr. 5, 178, il n'était fait aucune mention de la loi, cf. Cic. Agr. 3, 4 ; Leg. 3, 14 ‖ proposition, motion : **in senatu consules faciunt mentionem placere statui...** Cic. Verr. 2, 95, au sénat les consuls proposent qu'on décide de statuer..., cf. Cic. Att. 1, 13, 3 ; **alicujus rei mentionem movere** Liv. 28, 11, 10, soulever, provoquer une motion ; **fatua** Cæl. Fam. 8, 4, 3, proposition extravagante ; **mentio illata a tribunis, ut...** Liv. 4, 1, 2, la motion proposée par les tribuns, que..., cf. Liv. 4, 8, 4 ; **erat mentio inchoata affinitatis** Liv. 29, 23, 3, on avait entamé des pourparlers (des projets) de mariage ‖ **secessionis mentiones ad vulgus militum sermonibus occultis serere** Liv. 3, 43, 2, par des propos secrets semer dans la foule des soldats des projets de révolte.

2 **mentĭō**, īs, īre, -, - (forme active de mentior), Vl. Hebr. 6, 18 ; Julian.-Tol. Gram. 5, 318, 11 ; **ut Escotus mentit** Form.-Sen. Ep. 3, 4, il ment comme un Irlandais ; ▶ mentior ▶.

mentĭor, īris, īri, ītus sum (mens ; fr. mentir), intr. et tr.

I intr. ¶ 1 mentir, ne pas dire la vérité : **in (de) re aliqua** Cic. Att. 12, 21, 4 ; Nat. 3, 14, à propos de qqch. ; **alicui** Pl. Cap. 704 ; Ter. Eun. 704 ; Cic. Fin. 1, 16, mentir à qqn ; **mentior, mentiar nisi**, je suis un menteur, que je sois un menteur si... ne pas, cf. Sen. *Ep.* 106, 5 ¶ **2** se tromper : **mentire** Pl. *Trin.* 362, tu dis une chose fausse ¶ **3** [fig.] ***frons, oculi, vultus saepe mentiuntur*** Cic. *Q.* 1, 1, 15, le front, les yeux, le visage mentent (trompent) souvent, cf. Cic. *Nat.* 2, 15 ¶ **4** feindre, imaginer [fictions poétiques] : Hor. *P.* 151 ¶ **5** manquer de parole : ***honestius mentietur*** Cic. *Off.* 3, 93, il sera plus honorable pour lui de manquer à sa parole.

II tr. ¶ **1** dire mensongèrement : ***tantam rem*** Pl. *Mil.* 35 ; Sall. *C.* 48, 6, dire un tel mensonge ; [avec prop. inf.] Liv. 24, 5, 12 ; Ov. *Tr.* 1, 3, 53 ¶ **2** promettre faussement [en ne tenant pas parole] : Prop. 3, 9, 1 ¶ **3** abuser, décevoir : ***spem mentita (est) seges*** Hor. *Ep.* 1, 7, 87, la moisson a trompé l'espérance ¶ **4** feindre, controuver : ***auspicium*** Liv. 10, 40, 4, annoncer de faux auspices ¶ **5** imiter, contrefaire : ***color, qui chrysocollam mentitur*** Plin. 35, 48, couleur qui imite celle de la chrysocolle ; ***nec varios discet mentiri lana colores*** Virg. *B.* 4, 42, la laine n'apprendra plus à simuler des couleurs diverses ; ***mentiris juvenem tinctis capillis*** Mart. 2, 43, 1, tu fais le jeune homme en te teignant les cheveux.

▶ fut. arch. mentibitur, mentibimur Pl. *Mil.* 35 ; 254 ‖ il est difficile de reconnaître si le part. mentitus, a, um est pris au sens pass. Tert. *Pat.* 16, 3, on peut le plus souvent le traduire par "menteur", "trompeur", "qui imite", etc.

1 mentiōsus, *a*, *um* (menta), qui sent la menthe : M.-Emp. 33, 8.

2 mentiosus, *a*, *um* (mentior), menteur : Gloss. 5, 653, 10.

Mentissa, *ae*, f., ville du pays des Orétani : Liv. 26, 17, 4.

mentītus, *a*, *um*, v. mentior ▶.

mento, *ōnis*, m. (mentum ; fr. menton), celui dont le menton est saillant : Arn. 3, 14.

1 mentŏr, *ōris*, m. (miniscor), inventeur : Gloss. 5, 33, 21.

2 Mentŏr, *ŏris*, m. (Μέντωρ), Mentor ¶ **1** ami d'Ulysse dont Minerve prit les traits [suivant une tradition suivie par Fénelon] pour instruire et former Télémaque : Cic. *Att.* 9, 8, 2 ¶ **2** célèbre ciseleur : Cic. *Verr.* 4, 38 ; Plin. 33, 147 ; [d'où] un Mentor = une coupe ciselée, un vase ciselé : Juv. 8, 104 ; Mart. 11, 11, 5.

Mēntŏres, *um*, m. pl., peuple de Liburnie : Plin. 3, 139.

Mentŏrēus, *a*, *um*, de Mentor [ciseleur] : Prop. 1, 14, 2 ; Mart. 4, 39, 5.

mentŭla, *ae*, f. (mentum, emineo, minae ; it. minchia), membre viril : Catul. 20, 18 ; Mart. 6, 23, 2 ; [d'où] **-lātus**, Priap. 36, 11.

1 mentum, *i*, n. (emineo, mons, cf. al. *Mund*, an. *mouth* ; it. *mento*), menton [de l'homme et d'animaux] : Cic. *Verr.* 4, 94 ; Plin. 11, 251 ; Virg. *En.* 6, 809 ‖ ***triste mentum*** Mart. 11, 98, 5 ; ➤ mentagra ‖ partie en saillie d'une corniche : Vitr. 4, 3, 6.

2 mentum, *i*, n. (miniscor), ➤ commentum : P. Fest. 112, 3.

menui, nom (indien ?) d'une pierre précieuse blonde : *Plin. 37, 169.

Menula, *ae*, m., nom d'homme : Cic. *Dom.* 81.

Menzana, *ae*, m., épithète de Jupiter à Salente : Fest. 190, 27.

mĕō, *ās*, *āre*, *āvī*, *ātum* (migro, muto, cf. rus. mimo, minovat', bret. mont), intr., aller, passer, circuler [en parl. des pers.] : Hor. *O.* 1, 4, 77 ; Tac. *An.* 3, 34 ; Quint. 8, 4, 3 ‖ [en parl. des choses] : Lucr. 2, 151 ; Curt. 3, 5, 6 ; Tac. *An.* 4, 5 ; Quint. 11, 2, 22.

mĕoptĕ, v. meus.

mĕphīticus, *a*, *um* (1 mephitis), fétide : Sidon. *Ep.* 3, 13, 6.

1 mĕphĭtis, v. 1 mefitis.

2 Mĕphītis, v. 2 Mefitis.

mepte, v. ego : Pl. *Men.* 1059.

Mēra, v. Maera.

***mĕrācē**, adv. (inus. au positif), sans mélange, purement : meracius Cels. 1, 3, 37 ; Solin. 33, 18.

mĕrācŭlus, *a*, *um* (dim. de meracus), assez pur : Cels. 3, 19, 4 ; Plin. 20, 209.
▶ sync. meraclus, *Pl. *Cas.* 639.

mĕrācus, *a*, *um* (1 merus), pur, sans mélange : [vin] Cic. *Nat.* 3, 78 ; [ellébore] Hor. *Ep.* 2, 2, 137 ‖ [fig.] ***meraca libertas*** Cic. *Rep.* 1, 66, liberté sans mélange ‖ **-cior** Cic. *Nat.* 3, 78 ; **-cissimus** Sidon. *Ep.* 3, 10, 1.

mĕrālis, *e* (merus), de vin pur : M.-Emp. 27, 36.

mĕramĕlās, *antis*, m. (μέρος, μέλας), pierre précieuse inconnue : Isid. 16, 11, 6 ; v. mesomelas.

mĕrārĭa, *ae*, f., cabaret : Gloss. 5, 605, 15 ‖ buveuse de vin pur : Gloss. 2, 128, 57.

mĕrăthum, *i*, n., v. marathrum : Gloss. 5, 621, 30.

mĕrātus, *a*, *um*, c. meracus : Cael.-Aur. *Chron.* 1, 1, 17.

mercābĭlis, *e* (mercor), qui peut être acheté, achetable : Ov. *Am.* 1, 10, 21 ou **mercālis**, *e*, Cod. Just. 4, 7, 6.

mercātĭo, *ōnis*, f. (mercor), achat ou vente, trafic : Gell. 3, 3, 14 ; Firm. *Math.* 3, 7, 25.

mercātŏr, *ōris*, m. (mercor ; esp. mercador), marchand, commerçant : Cic. *Or.* 232 ; Caes. *G.* 4, 3 ‖ trafiquant de qqch. [avec gén.] : Cic. *Sen.* 10 ; *Verr.* 1, 60.

mercātōrĭus, *a*, *um*, de marchand : Pl. *Bac.* 236.

mercatrix, *īcis*, f., celle qui achète : Hil. *Psalm.* 118, 14, 4.

mercātūra, *ae*, f. (mercor), métier de marchand, négoce : Pl. *Trin.* 332 ; Cic. *Off.* 1, 151 ; *Verr.* 5, 72 ; ***haec emendi et vendendi turpissima mercatura*** Cic. *Agr.* 2, 65, ce trafic si honteux d'acquisitions et de ventes ‖ [fig.] achat, trafic, commerce : Cic. *Off.* 3, 6.

1 mercātus, *a*, *um*, part. de mercor.

2 mercātŭs, *ūs*, m. (mercor ; fr. marché), commerce, trafic, négoce : Cic. *Phil.* 2, 6 ‖ place du marché, marché : Pl. *Most.* 971 ‖ marché public, marché, foire : Cic. *Verr.* 2, 133 ; *Rep.* 2, 37 ; ***mercatus Olympiacus*** Just. 13, 5, 3, la foire d'Olympie [qui se tenait en même temps que les jeux], cf. Cic. *Tusc.* 5, 9 ; Liv. 33, 32, 2.

mercēdārĭus, *ii*, m. (merces), celui qui donne un salaire : Sen. *Contr.* 10, 4, 5.

mercēdĭtŭus, *i*, m., mercenaire : P. Fest. 111, 18.

mercēdōnĭus, *a*, *um* (merces), (jour) de paye des ouvriers : Fest. 111, 15 ‖ subst. m., payeur, caissier : Gloss. 5, 604, 53 ‖ ancien mois intercalaire de 22 ou 23 jours à la fin de février tous les deux ans : Plut. *Num.* 18, 18, [en grec].

mercēdŭla, *ae*, f. (dim. de merces), maigre salaire : Cic. *de Or.* 1, 198 ; Sen. *Ben.* 6, 15, 1 ‖ modeste revenu [d'une terre] : Cic. *Att.* 13, 11, 1.

mercēnārĭus (**-nnārĭus**), *a*, *um* (merces), mercenaire, loué contre argent, payé, loué : Cic. *Pis.* 49 ; *Verr.* 5, 54 ; Liv. 24, 49, 8 ; ***liberalitas mercennaria*** Cic. *Leg.* 1, 48, générosité intéressée ; ***mercennaria vincla*** Hor. *Ep.* 1, 7, 67, les liens d'un travail mercenaire [d'un métier payé] ‖ **-nārĭus**, *ii*, m., mercenaire, domestique à gages : Cic. *Off.* 1, 41 ; *Clu.* 163 ; Sen. *Ben.* 3, 22, 1.

1 mercēs, *cēdis*, f. (merx) ¶ **1** salaire, récompense, prix pour qqch. : ***mercedem missionis accipere*** Cic. *Verr.* 5, 110, recevoir le prix d'un congé (se faire payer un congé qu'on accorde), cf. Cic. *Verr.* 5, 134 ; ***data merces est erroris mei magna*** Cic. *Dom.* 29, j'ai payé cher mon erreur ; ***nullam virtus aliam mercedem laborum praeter hanc laudis et gloriae desiderat*** Cic. *Arch.* 28, la vertu ne réclame pas d'autre récompense pour ses peines que celle de l'estime et de la gloire, cf. Cic. *Phil.* 5, 35 ; *Tusc.* 1, 34 ; ***istuc nihil dolere non sine magna mercede contingit immanitatis in animo, stuporis in corpore*** Cic. *Tusc.* 3, 12, votre " ne pas souffrir ", on l'obtient au prix fort d'une réputation de férocité morale, d'insensibilité physique ‖ ***spe mercedis adductus*** Cic. *Lae.* 31, guidé par l'espoir d'une récompense ¶ **2** paye, solde, appointements : ***mercede docere*** Cic. *de Or.* 1, 126, enseigner contre salaire (se faire payer ses leçons), cf. Cic. *Phil.* 2, 8 ; ***haec merces erat dialecticorum*** Cic. *Ac.* 2, 98, c'étaient les honoraires des dialecticiens ; ***una mercede*** Cic. *Amer.* 80, pour un seul salaire ; ***mercede accepta*** Cic. *Verr.* 4, 77, ayant reçu un salaire ¶ **3** loyer, fermage, salaire : ***locatio et conductio contrahi in-***

merces

tellegitur, si de mercede convenerit Dig. 12, 2, 2 pr., le contrat de louage [▶ conduco] est formé si l'on est convenu d'un loyer (ou fermage, ou salaire) ‖ intérêt, rapport: **praediorum** Cic. Fin. 2, 85, revenu des terres, cf. Cic. Att. 15, 20, 4; **plus mercedis ex fundo refectum** Cic. Verr. 3, 119, plus de revenu tiré du fonds; **mercedes habitationum annuae** Caes. C. 3, 21, 1, les loyers annuels; **quinas capiti mercedes exsecat** Hor. S. 1, 2, 14, il rogne sur le capital un intérêt de cinq pour cent par mois, cf. Hor. S. 1, 3, 88 ‖ [fig.] **magna mercede res tuas colui** Sen. Tranq. 11, 2, cela m'a rapporté beaucoup de cultiver ton bien [ironie].
▶ acc. mercem Claud. VI Cons. Hon. 578.

2 merces, ▶ merx.

mercĭmōnĭum, ĭi, n. (merx), denrée, marchandise: Pl. Amp. 1; Most. 912; Turpil. Com. 204; Tac. An. 15, 18 ‖ les affaires: Tert. Pat. 7, 12.

mercŏr, āris, ārī, ātus sum (merx; it. mercare), tr. ¶1 acheter: **aliquid ab, de aliquo** Cic. Off. 1, 150; Flac. 46, acheter qqch. à qqn; **magno pretio** Cic. Amer. 133, acheter cher; **quanti** Plin. 9, 68, acheter à quel prix? ‖ [fig.] **aliquid vita** Cic. Att. 9, 5, 3, acheter qqch. au prix de sa vie ¶2 [abs⁺] faire le commerce: Pl. Merc. 83; Cic. Rep. 2, 9.
▶ part. mercatus qqf. pris au sens passif Sall. H. 2, 86; Prop. 1, 2, 5.

Mercŭrĭālis, e ¶1 de Mercure: **Mercuriale cognomen** Hor. S. 2, 3, 25, titre de favori de Mercure; **Mercuriales viri** Hor. O. 2, 17, 29, favoris de Mercure [les poètes] ¶2 subst. f., mercuriale [plante]: Cat. Agr. 158; Plin. 25, 38 ‖ **Mercŭrĭāles**, ĭum, m. pl., membres du collège des marchands: Cic. Q. 2, 5, 2 ¶3 de la planète Mercure: Macr. Somn. 2, 4.

Mercŭrĭŏlus, i, m. (dim. de 1 Mercurius), petite statue de Mercure: Apul. Apol. 61.

1 Mercŭrĭus, ĭi, m. (merx; cf. fr. mercredi), Mercure [messager des dieux, dieu de l'éloquence, des poètes, du commerce]: Cic. Nat. 3, 56, 22; Virg. En. 4, 222; Hor. O. 2, 7, 13; [inventeur de la lyre] Hor. O. 1, 10, 6; P. Fest. 111, 10 ‖ statue de Mercure (Hermès): Nep. Alc. 3, 2 ‖ la planète Mercure: Cic. Nat. 2, 54 ‖ **Mercurii dies** Isid. 5, 30, 9, mercredi ‖ **Mercurii Aqua** Ov. F. 5, 673, fontaine de Mercure [sur la voie Appienne]; **tumulus Mercurii** Liv. 26, 44, 6, le Tombeau de Mercure [lieudit près de Carthagène en Tarraconaise]; **promunturium Mercurii** Liv. 29, 27; Plin. 3, 87, le promontoire de Mercure [cap Bon, en Zeugitane].

2 mercŭrĭus, ĭi, m. (cf. 1 Hermes), garrot, partie du corps [entre nuque et dos] de certains animaux: Veg. Mul. 2, 59, 3; Pelag. 169.

merda, ae, f. (cf. σμερδαλέος, rus. smerdet', lit. smardas; esp. mierda), fiente, excréments: Hor. S. 1, 8, 37; Mart. 3, 17, 6; Veg. Mul. 2, 8, 4.

merdācĕus, merdālĕus, a, um (merda, σμερδαλέος), souillé d'excréments, merdeux: Anth. 902, 6; Priap. 68, 8.

mĕrē, adv. (1 merus), purement, sans mélange: *Hemin. d. Non. 133, 6; Pl. Truc. 43 (mss).

1 mĕrenda, ae, f. (mereor; esp. merienda, bret. merenn), [= prandium] repas de midi: P. Fest 111, 4; [après midi] Non. 28, 32; Pl. Most. 966 ‖ collation: Isid. 20, 2, 12 ‖ nourriture d'animaux: Enn. d. P. Fest. 51, 23.

2 Mĕrenda, ae, m., surnom romain: Liv. 3, 35.

mĕrendō, ās, āre, -, - (1 merenda; it. merendare), intr., dîner: Isid. 20, 2, 12.

mĕrens, tis, part. prés. de mereo ou mereor ¶1 qui mérite, digne: **increpare merentes** Sall. J. 100, 3, blâmer ceux qui le méritent ¶2 qui rend service: **bene merens alicui** Pl. Men. 693, qui rend de bons services à qqn; **de republica** Cic. d. Non. 344, 19, qui mérite bien de l'État ‖ **bene merens** Pl. Cap. 935; Most. 232, bienfaiteur.
▶ merentissimus CIL 3, 3544.

mĕrĕō, ēs, ēre, ŭī, ĭtum et **mĕrĕŏr**, ēris, ērī, ĭtus sum (cf. μείρομαι, gaul. Smertrios; anc. fr. mérir), tr. et intr.
I tr. ¶1 gagner, mériter: **merere praemia, odium** Caes. G. 7, 34, 1; 6, 5, 2, mériter des récompenses, la haine; **laudem mereri** Caes. G. 1, 40, 5, mériter des louanges ‖ **merere ut** Cic. de Or. 1, 232; **mereri ut** Pl. Cap. 422; Ter. And. 281; Liv. 28, 19, 6, mériter de ‖ [avec ne] Plin. 35, 8 ‖ [avec inf.] Ov. Tr. 5, 11, 16; Quint. 10, 1, 72 ‖ [avec prop. inf.] Ov. M. 9, 258 ¶2 gagner, toucher [comme paiement]: **quid meres?** Pl. Ps. 1192, que touches-tu? que te donne-t-on?; **merere non amplius duodecim aeris** Cic. Com. 28, ne pas gagner plus de douze as ‖ **non meream alterum tantum auri, ut non** Pl. Bac. 1184, je ne voudrais pas toucher le double d'or pour ne pas ... = on m'offrirait le double d'or à condition de ne pas ... que je refuserais, cf. Pl. St. 24; Men. 217; **quid mereas, merearis ut** Cic. Nat. 1, 67; Fin. 2, 74, que voudrais-tu toucher, que demanderais-tu, pour que ... ?; **quid arbitramini Reginos merere velle, ut ... ?** Cic. Verr. 4, 135, qu'est-ce que, à votre avis, les habitants de Régium demanderaient pour que ... ? ‖ **quid merear, quamobrem mentiar** Pl. Most. 987, qu'est-ce que je gagnerais qui justifierait mes mensonges? [... à mentir?] ‖ **uxores, quae vos dote meruerunt** Pl. Most. 281, des femmes qui vous ont achetés avec leur dot ¶3 [mil.] **mereri, merere stipendia, merere**, toucher la solde militaire, faire son service militaire: Cic. Cael. 11; Mur. 12; Verr. 5, 161; **merere equo** Cic. Phil. 1, 20; **pedibus** Liv. 24, 18, 9, servir dans la cavalerie, dans l'infanterie ¶4 [poét.] mériter l'imputation d'une faute, d'un crime: Virg. En. 7, 307; **ob meritam noxiam** Pl. Trin. 23, pour une faute justement imputée, cf. Liv. 8, 28, 8.
II intr., être bien, mal méritant à l'égard de qqn, c.-à-d. rendre un bon, un mauvais service; se comporter bien, mal, envers qqn: **male mererer de meis civibus, si** Cic. Fin. 1, 7, je rendrais un mauvais service à mes concitoyens si; **de re publica bene meritos aut merentes colere** Cic. Off. 1, 149, honorer ceux qui ont rendu ou qui rendent des services à l'État; **male de se mereri** Cic. Fin. 5, 29, se maltraiter, se traiter durement; **quoquo modo merita de me erit** Cic. Mil. 93, quelle que soit la conduite qu'elle aura à mon égard; **utut erga me meritast** Pl. Amp. 1101, quelle qu'ait été sa conduite à mon égard ‖ **nec meruerant Graeci, cur deriperentur** Liv. 31, 45, 13, et la conduite des Grecs ne justifiait pas le pillage de leur territoire.
▶ répartition majoritaire mereor, merui, mais anciennement c'est mereo, meritus sum; mereor a plutôt le sens de mériter: **bene meritus, mereo** celui de gagner: **meritus, acquis**.

mĕrĕtrīcātĭō, onis, f. (meretricor), conduite ou métier de courtisane: Cassian. Inst. 5, 20.

mĕrĕtrīcĭē, adv. (meretricius), en courtisane: Pl. Mil. 872.

mĕrĕtrīcĭus, a, um (meretrix), de courtisane, de femme publique: Pl. Bac. 41; Cic. Phil. 2, 44; Cael. 48 ‖ **-cĭum**, ĭi, n., métier de courtisane: Suet. Cal. 40.

mĕrĕtrīcŏr, āris, ārī, ātus sum (meretrix), intr., faire le métier de courtisane: Aug. Psalm. 136, 9.

mĕrĕtrīcŭla, ae, f. (meretrix), petite putain: Cic. Verr. 3, 30; Nat. 1, 93.

mĕrĕtrix, īcis, f. (mereo), courtisane, femme publique: Cic. Cael. 49; Sen. Ben. 1, 14, 4; Ov. Am. 1, 10, 21; **meretrix mulier** Pl. St. 746, femme vénale, cf. Plin. 9, 119.

mergae, ārum, f. pl. (cf. ἀμέργω), fourches [pour soulever les gerbes]: Pl. Poen. 1018; Col. 2, 20, 3: P. Fest. 111, 6 ‖ [plais⁺] **mergae pugneae** Pl. Ru. 763, poings servant de fourches.

Mergentīni, ōrum, m. pl., peuple d'Ombrie: Plin. 3, 114.

mergĕs, ĭtis, f. (mergae), botte, gerbe: Virg. G. 2, 517; Plin. 18, 296.

mergĭtō, ās, āre, -, - (fréq. de mergo), tr., Tert. Cor. 3, 3.

mergō, ĭs, ĕre, mersī, mersum, tr. (scr. majjati, lit. mazgoti), tr. ¶1 plonger, enfoncer, faire pénétrer dans **a) in aquam, in mari** Cic. Nat. 2, 7; 2, 124, plonger dans l'eau, dans la mer ‖ **mersurae aquae** Ov. Ib. 340, eaux qui doivent submerger **b) mersis in effossam terram capitibus** Liv. 22, 51, 8, la tête enfouie dans la terre creusée; **mersis in corpore rostris** Ov. M. 3, 249, avec leurs becs enfoncés dans le corps ‖ **fluvius in Euph-**

ratem mergitur Plin. 6, 128, le fleuve se jette dans l'Euphrate ‖ *liberos, si debiles editi sunt, mergimus* Sen. Ir. 1, 15, 2, nous noyons les enfants nés malformés ¶ 2 [fig.] **a)** engloutir, précipiter dans: *aliquem malis* Virg. En. 6, 512, plonger qqn dans le malheur; *mergi (se mergere) in voluptates* Liv. 23, 18, 11; Curt. 10, 3, 9, se plonger dans les plaisirs; *mersus secundis rebus* Liv. 9, 18, 1, submergé, écrasé par la prospérité, cf. Liv. 41, 3, 10‖ *mergentibus sortem usuris* Liv. 6, 14, 7, les intérêts engloutissant le capital; *censum domini* Plin. 9, 67, engloutir la fortune du maître **b)** cacher, rendre invisible: *caelum mergens sidera* Luc. 4, 54, la partie occidentale de la terre, l'Occident [où plongent les astres]; *mergunt Pelion* Val.-Flac. 2, 6, ils perdent de vue le Pélion [en naviguant].

mergŭla, *ae*, f., C. *mergulus*: Gloss. 3, 361, 22.

mergŭlus, *i*, m. (dim. de *mergus*), plongeon [oiseau]: Vulg. Deut. 14, 17.

mergus, *i*, m. (*mergo*; it. *smergo*), plongeon [oiseau]: Varr. L. 5, 78; Virg. G. 1, 361; En. 5, 128; Plin. 18, 362; Ov. M. 8, 625 ‖ marcotte, provin: Col. 4, 15, 1; Pall. 3, 16, 1.

mĕrĭbĭbŭlus, *a*, *um*, V. *merobibus*: Aug. Conf. 9, 8.

mĕrīdĭālis, *e* (*meridies*), du Midi, méridional: Gell. 2, 22, 14.

mĕrīdĭānō, adv. (*meridianus*), à midi: Plin. 2, 96.

mĕrīdĭānus, *a*, *um* (*meridies*) ¶ 1 de midi, relatif au midi: Cic. de Or. 3, 17; *somnus* Plin. Ep. 9, 40, 2, la méridienne; *meridiani* Suet. Cl. 34, gladiateurs qui combattaient à midi [la matinée était réservée aux bestiaires] ¶ 2 du sud, méridional: Varr. R. 1, 7, 1; Plin. 2, 50 ‖ subst. n. pl., *meridiana*, le Midi, les contrées méridionales: Plin. 7, 24.

mĕrīdĭātĭo, *ēnis*, f. (*meridio*), méridienne, sieste: Cic. Div. 2, 142.

mĕrīdĭēs, *ēi*, m. (de *meridie, medius, dies*, V. *medialis*; it. *meriggio*) ¶ 1 midi: Varr. L. 6, 4; Cic. Or. 158; Quint. 1, 6, 39 ¶ 2 sud: Cic. Nat. 2, 49 ¶ 3 [en gén.] moitié: Varr. d. Non. 451, 9.
► f. Amm. 26, 1, 9.

mĕrīdĭō, *ās*, *āre*, -, -, C. *meridior*: Suet. Cal. 38, 7 (3); Isid. 20, 3, 3.

mĕrīdĭōnālis, *e* (*meridies*), situé au midi, méridional: Front. Hist. 2, 8, p. 206 N.

mĕrīdĭŏr, *āris*, *ārī*, - (*meridies*), intr., faire la sieste: Catul. 32, 3; Cels. 1, 2, 5; Vulg. Job 24, 1.
► act. et dép. Prisc. 2, 396, 12.

Merīnātes, *um* ou *ĭum*, m. pl., habitants de Mérinum [ville d'Apulie]: Plin. 3, 105.

Mērĭŏnēs, *ae*, m. (Μηριόνης), Mérion [écuyer d'Idoménée]: Ov. M. 13, 358.

nĕris, *ĭdis*, f. (μερίς), pièce de terre isolée: CIL 11, 1147.

mĕrismŏs, *i*, m. (μερισμός), énumération des parties d'un tout: Sacerd. 6, 460, 4.

Merisus, *i*, m., montagne de Thrace: *Plin. 4, 50.

mĕrĭtissĭmō, V. 1 *merito* et *meritum* ¶ 3b.

1 mĕrĭtō, adv., avec raison, justement: Cic. Verr. 3, 158; Cat. 3, 14; Marc. 3 ‖ -*issimo* Cic. de Or. 1, 234; -*issime* Solin. 7, 18.

2 mĕrĭtō, *ās*, *āre*, *āvī*, *ātum* (fréq. de *mereo*), tr., gagner [un salaire]: Cic. Verr. 3, 119 ‖ travailler pour un salaire, être soldat: Cat. d. P. Fest. 143, 1; Sil. 10, 655.

mĕrĭtōrĭa, *ōrum*, n. pl., bâtiments, appartements qu'on loue: Juv. 3, 234 ‖ auberge: Ulp. Dig. 17, 2, 52, 15 ‖ sg., maison de débauche: Firm. Math. 6, 30, 10.

mĕrĭtōrĭus, *a*, *um* (*mereo*), qui procure un gain, qui rapporte un salaire: Suet. Cal. 39; Plin. Ep. 2, 17; *meritoria salutatio* Sen. Brev. 14, 3, visite [du matin] intéressée ‖ [en part.] prostitué: Cic. Phil. 2, 105.

mĕrĭtum, *i*, n. (*mereo*) ¶ 1 gain, salaire: Tert. Apol. 21, 16; Apul. M. 8, 28 ¶ 2 service [bon ou mauvais, mais le plus souvent bon], conduite à l'égard de qqn, V. *mereo*: *meriti sui in Harpagum oblitus* Just. 1, 6, 8, oubliant sa conduite [criminelle] à l'égard d'Harpage; *Bruti praestantissimum meritum in rem publicam* Cic. Phil. 5, 36, le service si éminent rendu par Brutus à l'État, cf. Cic. Phil. 3, 14; Cat. 3, 15; *alicujus in rem publicam merita* Cic. Phil. 14, 31, services rendus par qqn à l'État, cf. Fam. 1, 1, 1; *merita dare et recipere* Cic. Lae. 26, rendre et recevoir des services ¶ 3 acte (conduite) qui mérite, qui justifie qqch. **a)** [en mauv. part]: *nullo meo merito* Cic. Sest. 39, sans que j'aie rien fait pour cela; *eo gravius ferre quo minus merito populi Romani res accidissent* Caes. G. 1, 14, 1, il en était d'autant plus fâché que le peuple romain était moins responsable de ce qui était arrivé, cf. Liv. 40, 15, 10; 25, 6, 4 **b)** [en bonne part]: *meritum tuomst* Ter. Phorm. 1051, tu l'as bien mérité; *merito tuo feci* Cic. Att. 5, 11, 6, tu as bien mérité ce que j'ai fait; *Pisonem merito ejus amo plurimum* Cic. Fam. 14, 2, 2, j'ai la plus grande affection pour Pison et il la mérite bien, cf. Caes. G. 5, 4, 3 ‖ *meritissumo ejus quae volet faciemus* Pl. As. 737, nous lui donnerons satisfaction comme il l'a si bien mérité ‖ [poét.] *quo sit merito quaeque notata dies* Ov. F. 1, 7, [tu verras] quel acte a valu à chaque jour d'être noté dans le calendrier ¶ 4 [tard.] valeur, mérite: Cod. Just. 1, 38, 1; 4, 44, 15 ‖ [chrét.] mérite (ou démérite): *merita autem cum corpori adscribantur* Tert. Res. 48, 10, puisque les mérites sont attribués au corps ¶ 5 [tard., à l'abl. avec valeur de prép.] grâce à, à cause de: *avaritiae merito* Tert. Apol. 14, 5, à cause de sa cupidité.

1 mĕrĭtus, *a*, *um* ¶ 1 part. de *mereor*, qui a mérité, V. *mereor* ¶ 2 part. de *mereo*, *nihil suave meritumst* Ter. Phorm. 305, rien de doux n'est mérité (ils ne méritent rien d'agréable); *iracundia merita ac debita* Cic. de Or. 2, 203, ressentiment bien mérité et légitime; *fama meritissima* Plin. Ep. 5, 15, 3, renommée très justifiée; V. *mereo*.

2 *Meritus, V. *Merisus*.

Mermē, *ēs*, f., ville d'Arabie: Plin. 6, 154.

Mermĕrŏs (-us), *i*, m. (Μέρμερος), nom d'un Centaure: Ov. M. 12, 305.

***Mermessus**, C. *Marmessus* f. l. pour *Marpes(s)us*: *Lact. Inst. 1, 6, 12.

Mĕro, *ōnis*, m. (*merum*), surnom donné à Tibère (Ti. Claudius Nero) [parce qu'il s'enivrait]: Suet. Tib. 42.

Mĕrŏbaudēs, *is*, m., Mérobaud, général franc au service de Gratien [367-383]: Ps. Aur.-Vict. Epit. 45, 10.

mĕrŏbĭbus, *a*, *um* (*merum, bibo*), qui aime le vin pur, buveur: Pl. Curc. 77.

Merobrĭca (-brĭga), *ae*, f., ville de Lusitanie: Plin. 4, 116; V. *Mirobriga*.

meroctes, V. *morochites*.

Mĕrŏē, *ēs*, f. (Μερόη), Méroé [île du Nil]: Mel. 1, 50.

mĕrŏis, *ĭdis*, f. (μεροίς), plante magique [de Méroé]: Plin. 24, 163.

Mĕrŏītānus (-tĭcus), *a*, *um*, de Méroé: Fulg. Myth. 2, 12; *Luc. 10, 117.

Mĕrŏpē, *ēs*, f. (Μερόπη), Mérope [une des Pléiades]: Ov. F. 4, 175.

Mĕrŏpĭa, *ae*, C. *Siphnus*: Plin. 4, 65.

Mĕrŏpis, *ĭdis*, f., autre nom de l'île de Cos: Plin. 5, 134.

1 mĕrops, *ŏpis*, m. (μέροψ), guêpier [oiseau]: Virg. G. 4, 14; Plin. 10, 99.

2 Mĕrops, *ŏpis*, m., Mérops [époux de Clymène]: Ov. M. 1, 763; Tr. 3, 4, 30 ‖ roi de l'île de Cos: Quint. 8, 6, 71.

Mĕros, C. 2 *Merus*: Curt. 8, 10, 12.

mĕrōsus, *a*, *um*, C. *meracus*: Isid. Diff. 1, 440 (41).

Mĕrŏvēchus, *i*, m., Mérovée [père de Childéric]: Greg.-T. Hist. 2, 9 ‖ [fils de Chilpéric]: 5, 18.

mers, *mercis*, f., V. *merx*.

mersātus, *a*, *um*, part. de *merso*.

mersi, parf. de *mergo*.

mersĭo, *ōnis*, f. (*mergo*), immersion: Gloss. 2, 282, 15.

mersĭtō, *ās*, *āre*, -, - (fréq. de *merso*), Solin. 45, 18.

mersō, *ās*, *āre*, *āvī*, *ātum* (fréq. de *mergo*), tr., plonger à différentes reprises: Virg. G. 1, 272; Tac. An. 15, 69 ‖ [fig.] *leto mersare* Lucr. 5, 1008, plonger dans la mort ‖ *mersari* [en parl. des astres] se coucher: Capel. 8, 844.

mersūra, *ae*, dépression, profondeur: Cassiod. Psalm. 54, 25.

mersus, *a, um*, part. de *mergo*.

mertō, *ās, āre*, -, -, arch. pour *merso*, Acc. *Tr.* 122 ; 134 ; P. Fest. 71, 13 ; 111, 19 ; Quint. 1, 4, 14.

1 **mĕrŭla**, *ae*, f. (cf. al. *Amsel* ; fr. *merle*), merle [oiseau] : Varr. 5, 76 ; Cic. *Fin.* 5, 42 ‖ poisson de mer inconnu : Plin. 9, 52 ; Ov. *Hal.* 114 ‖ merle [figurine que le mouvement de l'eau fait chanter] : Vitr. 10, 7, 4.

2 **Mĕrŭla**, *ae*, m., surnom romain : Liv. 33, 55 : Tac. *An.* 3, 52.

mĕrŭlātŏr, *ōris*, m. (1 *merula*), preneur de merles : CIL 6, 13481.

mĕrŭlentĭa, *ae*, f. (*merulentus*), ivresse : Fulg. *Aet.* 2, p. 138 H.

mĕrŭlentus, *a, um* (*merum*), ivre : Fulg. *Myth.* 1 pr., p. 8 H.

mĕrŭlus, *i*, m., ▶ 1 *merula* : Philom. 13.

mĕrum, *i*, n. (1 *merus*), vin pur : Pl. *Curc.* 126 ; Hor. *Ep.* 1, 19, 11 ; Plin. 14, 145.

1 **mĕrus**, *a, um* (cf. μαρμαίρω, scr. *marīci-s* ; fr. *mère goutte*, an. *mere*) ¶ 1 pur, sans mélange : Ov. *M.* 15, 331 ; Col. 3, 21, 10 ; *mero meridie* Petr. 37, 5, en plein midi ‖ [poét.] nu, dépouillé : Juv. 6, 158 ; Prud. *Perist.* 6, 91 ¶ 2 [fig.] **a)** seul, unique, rien que : *merum bellum loqui* Cic. *Att.* 9, 13, 8, ne parler que de la guerre ; *meri principes* Cic. *de Or.* 2, 94, rien que des maîtres, des chefs ; *amicos habet meras nugas* Cic. *Att.* 6, 3, 5, il n'a pour amis que des farceurs, cf. *Att.* 4, 7, 1 ; Hor. *Ep.* 1, 7, 84 ; Quint. 11, 1, 52 **b)** pur, vrai, sans mélange : Hor. *Ep.* 1, 18, 8 ; Liv. 39, 26, 7 ; Plin. *Ep.* 8, 24, 2.

2 **Merus**, *i*, m., montagne de l'Inde : Plin. 6, 79.

merx, *mercis*, gén. pl. **mercium**, f. (cf. 1 *Mercurius*, βρακεῖν, scr. mr̥śati ; it. *merce*) ¶ 1 marchandise : *merces adventiciae* Cic. *Rep.* 2, 7, marchandises venant de l'étranger, cf. Cic. *Verr.* 5, 154 ; *Rab. Post.* 40 ; *Inv.* 2, 54 ¶ 2 [métaph. en parl. des pers.] : *mers tu mala's* Pl. *Pers.* 238, tu es une mauvaise denrée, cf. Pl. *Cas.* 754 ; *Truc.* 409 ‖ [choses] *(aetas) mers mala (est)* Pl. *Men.* 758, l'âge est une mauvaise marchandise.
▶ arch. nom. *mers*, v. *merces* Sall. d. Char. 42, 12 ; *mercis* Pl. *Merc.* 87.

mĕsa, *ae*, f. (μέσος), qui est au milieu du milieu : Plin. 19, 174.

Mesaches, m. pl., peuple d'Éthiopie : Plin. 6, 190.

Mesae, *ārum*, m. pl., peuple de l'Inde, près de l'Indus : Plin. 6, 77.

Mesala, *ae*, f., ville d'Arabie : Plin. 6, 158.

Mesalum, *i*, n., ville d'Arabie : Plin. 12, 69.

Mesammŏnes, *um*, m. pl., ▶ *Nasamones* : Plin. 5, 33.

mĕsancȳlum, *i*, n. (μεσάγκυλον), P. Fest. 112, 8 ; **-cula**, *ae*, f., Gell. 10, 25, 2, sorte de trait auquel tient une courroie.

Mĕsāpĭa, etc., ▶ *Messapia*.

mĕsauloe, *ōn*, f. pl. (μέσαυλος), couloir, corridor : Vitr. 6, 7, 5.

1 **mĕsē**, *ēs*, f. (μέση), mèse, note du médium dans la musique grecque : Vitr. 5, 4, 5 ; 5, 5, 4.

2 **Mĕsē**, *ēs*, f., une des îles Stéchades [près de la Crète] : Plin. 3, 79.

Mĕsembrĭa, *ae*, f. (Μεσημβρία), ville de Thrace Atlas I, C5 ; Plin. 4, 45 ; Mel. 2, 22 ‖ **-ĭacus**, *a, um*, de Mésembrie : Ov. *Tr.* 1, 10, 37.

Mĕsēnē, *ēs*, f. (Μεσηνή), île du Tigre : Plin. 6, 129 ; Amm. 24, 3, 12.

mĕsēs, *ae*, m. (μέσης), vent du nord-est : Plin. 2, 120.

Meseūs, *ĕi*, m., fleuve de la Perside : Amm. 23, 6, 26.

mesgus, *i*, m. (gaul., fr. *mégot*), petit-lait : Gloss. 5, 623, 18.

Mĕsĭa silva, *ae*, f., colline boisée voisine du Tibre : Liv. 1, 33, 9 ; Plin. 8, 225.

Mesĭātes, *um* ou *ĭum*, m. pl., peuple de la Rhétie : Peut. 2, 5.

1 **mēsis**, ▶ *mensis* : CIL 10, 2532.

2 **mēsis**, ▶ *messis* : Not. Tir. 72.

mĕsŏbrăchys, *is*, m. (μεσόβραχυς), pied composé d'une brève précédée et suivie de deux longues : Diom. 481, 20.

mĕsŏchŏrus, *i*, m. (μεσόχορος), coryphée : Plin. *Ep.* 2, 14, 6 ; Schol. Juv. 11, 172.

Mĕsŏgītēs, *ae*, adj. m., du mont Mésogis [en Lydie] : Plin. 14, 75.

mĕsŏīdēs, *is*, f. (μεσοειδής), qui correspond à la corde du médium appelée mèse : Capel. 9, 965.

mĕsŏlăbĭum, *ii*, n. (μεσολάβιον), mésolabe [instrument permettant de prendre des moyennes proportionnelles] : Vitr. 9, pr. 14.

mĕsŏleucŏs, *i*, m. (μεσόλευκος), pierre précieuse : Plin. 37, 174 ‖ f., plante : Plin. 27, 102.

Mĕsōlum, ▶ *Mausoleum* : CIL 5, 3801.

mĕsŏmăcrŏs, *i*, m. (μεσόμακρος), pied composé d'une longue précédée et suivie de deux brèves : Diom. 481, 16.

Mĕsŏmēdēs, *is*, m., poète lyrique : Capit. *Anton.* 7, 8.

mĕsŏmĕlās, *ănos*, m. (μεσομέλας), sorte de pierre précieuse : Plin. 37, 174.

mĕsŏnauta, *ae*, m. (μεσοναύτης), matelot de moyen rang : Pomp. *Dig.* 4, 9, 1.

mĕsŏnyctĭum, *ii*, n. (μεσονύκτιον), cérémonie accomplie à minuit [culte de Cybèle] : CIL 13, 1751.

mĕsŏnyctĭus, *ii*, m. [s.-e. *ventus*], brise du milieu de la nuit : Isid. 5, 30, 4.

Mĕsŏpŏtămĭa, *ae*, f. (Μεσοποταμία), Mésopotamie [contrée de l'Asie entre le Tigre et l'Euphrate] Atlas I, D7 ; IX, C4 : Cic. *Nat.* 2, 130 ; Plin. 5, 66 ‖ **-mēnus, -mĭus**, *a, um*, de Mésopotamie : Valer. d. Vop. Aur. 11 ‖ **-mēni**, m. pl., habitants de la Mésopotamie : Spart. *Hadr.* 21, 12.

mĕsŏpȳlus, *a, um* (μεσοπύλη), placé à la porte centrale d'un temple : *CIL 6, 630.

mēsŏr, *ōris*, m., ▶ *mensor*.

mĕsosphaerum, *i*, n., sorte de nard : Plin. 12, 44.

mĕsŏzeugma, *ătis*, n. (μεσόζευγμα), mot qui relie plusieurs mots ou plusieurs propositions : Diom. 444, 14.

mespĭlum, *i*, n. (μέσπιλον ; fr. *nèfle*), nèfle [fruit] : Plin. 15, 84 ‖ néflier [arbre] : Pall. *Insit.* 69.

mespĭlus, *i*, f., néflier [arbre] : Plin. 15, 84 ‖ nèfle : Pall. *Insit.* 91.

Messa, *ae*, f., ville de Thrace : Plin. 4, 45.

Messăbătae, ▶ *Massabatae*.

Messăla (Messalla), *ae*, m., surnom dans la famille Valéria : Cic. *Att.* 15, 17, 2 ; Tib. 4, 1, 1 ; Hor. *P.* 371.

Messălīna, *ae*, f. ¶ 1 Messaline [femme de l'empereur Claude] : Tac. *An.* 11, 2 ; Juv. 10, 333 ; Suet. *Cl.* 17 ; 26 ¶ 2 Messaline Statilie : Tac. *An.* 15, 68 ; Suet. *Ner.* 53.

Messālīnus, *i*, m., surnom romain : Plin. *Ep.* 4, 22, 5 ; Tac. *An.* 2, 33.

Messălum, ▶ *Mesalum*.

Messāna, *ae*, f. (Μεσσάνα), Messine [ville grecque de Sicile] Atlas I, D4 ; XII, G5 : Cic. *Verr.* 4, 17 ; Caes. *C.* 2, 3 ; ▶ *Zancle, Messena*.

Messānĭcus, *i*, m., une des bouches du Pô : Plin. 3, 119.

Messānĭus, ▶ *Messenius*.

Messāpĭa, *ae*, f., Messapie [contrée de l'Italie du Sud-Est] : Plin. 3, 99 ; Fest. 112, 12 ‖ **-pĭus**, *a, um*, messapien : Ov. *M.* 14, 513 ‖ **-pĭi**, m. pl., les Messapiens : Liv. 8, 24.

Messāpus, *i*, m., Messapus [fils de Neptune] : Virg. *En.* 7, 691.

Messē, *ēs*, f., village de Cythère : Stat. *Th.* 4, 226.

Messēis, *ĭdis*, f. (Μεσσηΐς), fontaine de Thessalie : Plin. 4, 30 ; Val.-Flac. 4, 374.

Messembrĭa, ▶ *Mesembria*.

Messēna, *ae*, f., **Messēnē**, *ēs*, f. (Μεσσήνη), Messène [ville du Péloponnèse] Atlas VI, C1 : Liv. 36, 31, 1 ; Ov. *M.* 6, 417.

Messēnĭa, *ae*, f., Messénie [pays de Messène] Atlas VI, C1 : Plin. 4, 15.

Messēnĭāni, *ōrum*, m. pl., peuple sur les bords du Tanaïs [Don] : Plin. 6, 19.

Messēnĭus, *a, um* (Μεσσήνιος), de Messène : Ov. *M.* 2, 679 ‖ **Messenii**, les Messéniens : Liv. 36, 31.

1 **Messĭa**, *ae*, f. (*messis*), déesse des moissons : Tert. *Spect.* 8, 3.

2 **Messĭa silva**, ▶ *Mesia silva*.

Messĭās, *ae*, m., (hébr. *l'oint*), le Messie : Lact. *Inst.* 4, 7.

Messĭdĭus, *ii*, m., nom d'homme : Cic. *Q.* 3, 1, 1.

Messĭēnus, *i*, m., nom d'homme : Cic. *Fam.* 13, 51.

messĭo, *ōnis*, f. (2 *meto* ; fr. *moisson*), la moisson : Varr. *R.* 1, 50, 1.

messis, *is*, f. (2 *meto* ; it. *messe*), récolte des produits de la terre, moisson : Varr. *R.* 1, 50, 1 ; Cic. *de Or.* 1, 249 ; Virg. *G.* 1, 219 ‖ récolte [à faire], moisson : Tib. 1, 2, 98 ; [prov.] *messis in herba est* Ov. *H.* 17, 263, la moisson est encore en herbe [être encore loin du but] ‖ temps de la moisson : Virg. *B.* 5, 70 ‖ [fig.] Cic. *Par.* 46.
▶ *messis*, m. Lucil. 707 ‖ acc. arch. *messim* Cat. *Agr.* 134 ; Pl. *Most.* 161 ; Varr. *R.* 3, 3, 6 ; abl. *messi* Varr. *L.* 5, 21 ; *R.* 1, 53.

Messĭus, *ii*, m., nom d'homme : Hor. *S.* 1, 5, 52.

1 messŏr, *ōris*, m. (2 *meto*), moissonneur : Cic. *de Or.* 3, 46 ‖ [fig.] celui qui recueille des fruits de : Pl. *Cap.* 661 ‖ dieu de la moisson : Serv. *G.* 1, 21.

2 messŏr, ▣ mensor : CIL 8, 2935.

messŏrĭus (1 *messor*), Cic. *Sest.* 82, **-suārius**, *a*, *um*, Serv. *B.* 8, 82, de moissonneur.

messŭi, parf. de 2 *meto*.

messūra, *ae*, f., moisson : Hier. *Gal.* 6, 9.

messus, *a*, *um*, part. de 2 *meto*.

Mestrĭus, *ii*, m., nom d'homme : Suet. *Vesp.* 21.

Mestus, *i*, m., fleuve de Thrace : Plin. 4, 40 ; 8, 45.

Mesŭa, *ae*, f., presqu'île de la Narbonnaise : Mel. 2, 80.

-mĕt (obscur ; cf. ἄμμε, ἡμεῖς, scr. *asmat*, ▣ *nosmet?*, scr. *sma* ; fr. *même*), particule inséparable qui se place à la fin des pron. pers. : *egomet* ; *nosmet*.

mĕta, *ae*, f. (cf. *metior* ; fr. *Les Mées*) ¶ **1** pyramide, cône : Cic. *Rep.* 1, 22 ; Liv. 37, 27, 7 ; Col. 2, 18, 2 ¶ **2** borne [autour de laquelle on tournait dans le cirque] : Hor. *O.* 1, 1, 5 ; Prop. 3, 20, 25 ; [fig.] *ad metas haerere* Cic. *Cael.* 75, se heurter aux bornes = être endommagé ¶ **3** *a)* toute espèce de but : Hor. *P.* 412 ; Virg. *En.* 5, 159 *b)* extrémité, terme, fin, bout : Virg. *En.* 3, 714 ; 10, 472 ; 12, 546 ; Ov. *M.* 3, 145 *c) Meta Sudans* Sen. *Ep.* 56, 4, la Meta Sudans [fontaine qui ressemblait à la borne du cirque].

mĕtăbăsis, *is*, f. (μετάβασις), métabase [rhét.] : Rutil.-Lup. 2, 1.

mĕtăbŏlē, *ēs*, f. (μεταβολή), changement de mode [musique] : Fulg. *Myth.* 3, 9, p. 76 H [en grec d. Quint. 9, 4, 50].

Mĕtăbus, *i*, m. (Μέταβος), chef des Volsques, père de Camille : Virg. *En.* 11, 540 ; Hyg. *Fab.* 252 ‖ fils de Sisyphus, fondateur de Métaponte : Serv. *En.* 11, 540.

mētăcismus, ▣ *myotacismus*.

mĕtăfŏra, ▣ *-phora*.

Mĕtăgōgeūs, *ĕi*, m. (μεταγωγεύς), nom d'un des Éons de Valentin : Tert. *Val.* 10, 3.

mĕtăgōn, *ontis*, m. (μετάγων), chien courant : Grat. 264.

Mĕtăgōnītis, *ĭdis*, f. (Μεταγωνῖτις), nom grec de la Numidie : Plin. 5, 22.

Mĕtăgōnĭum, *ii*, n., promontoire de Numidie : Mel. 1, 33.

Mĕtalcēs, *ae*, m. (Μεταλκής), un des fils d'Égyptus : Hyg. *Fab.* 170.

mĕtălepsis, *is*, f. (μετάληψις), métalepse [rhét.] : Quint. 6, 3, 52 ; 8, 6, 38.

mētālis, *e* (*meta*), conique, pyramidal : Fest. 484, 36.

mētālĭtĕr, adv., en forme de cône, de pyramide : Capel. 8, 859.

1 Mĕtalla, *ōrum*, n. pl., ville de Sardaigne : Anton. 84.

2 mĕtalla, ▣ 1 *metella*.

mĕtallārĭa, *ae*, f. (*metallarius*), ouvrière des mines : Cod. Just. 11, 6, 7.

mĕtallārĭus, *ii*, m., ouvrier mineur : Cod. Just. 10, 19, 15.

mĕtallĭca, *ae*, f. (1 *metallicus*), métallurgie : Chalc. 337.

1 mĕtallĭcus, *a*, *um* (*metallum*), de métal : Plin. 34, 173 ; 27, 15.

2 mĕtallĭcus, *i*, m., ouvrier qui travaille les métaux : Plin. 34, 157 ; Cod. Just. 11, 6, 7 ‖ celui qui est condamné au travail des mines : Dig. 48, 19, 10 ‖ tailleur de pierre : Cassiod. *Var.* 7, 15.

mĕtallĭfĕr, *ĕra*, *ĕrum*, riche en métaux [or et argent] : Stat. *S.* 4, 4, 23 ; Sil. 15, 498.

Mĕtallīnum, ▣ *Mete-*.

mĕtallum, *i*, n. (μέταλλον) ¶ **1** mine, filon : Vitr. 7, 7, 5 ; Plin. 33, 118 ; *instituere metalla* Liv. 39, 24, 2, ouvrir des mines ; *damnare in metallum* Plin. *Ep.* 2, 11, 8, condamner aux mines [*ad metalla* Suet. *Cal.* 27] ‖ la mine : Plin. 33, 96 ; Virg. *En.* 8, 445 ‖ toute production minérale : Plin. 18, 114 ; Stat. *S.* 4, 3, 98 ‖ [fig.] métal, matière : Claud. *III Cons. Hon.* 184 ¶ **2** pierre : Cypr. *Ep.* 77, 3.

Mĕtămēlŏs, *i*, m. (μεταμέλος), le Repentir personnifié : Varr. *Men.* 239.

mĕtămorphōsis, *is*, f. (μεταμόρφωσις), métamorphose, changement de forme : Sen. *Apoc.* 9, 5 ; Quint. 4, 1, 77 ; Tert. *Val.* 12, 1.

mĕtangismŏs, acc. *ŏn*, m. (μεταγγισμός), transvasement (du Fils dans le Père) : Fil. 51, 1.

Mĕtangismŏnītae, *ārum*, m. pl., partisans du métangismos : Aug. *Haer.* 58.

Mĕtănoea, *ae*, f. (μετάνοια), le Repentir : Aus. *Epigr.* 11 (12), 12.

mĕtăphŏra, *ae*, f. (μεταφορά), métaphore : Quint. 8, 6, 4 ; 8, 6, 18 ; Schol. Juv. 1, 169.

mĕtăphŏrĭcē, Ps. Acr. Hor. *Ep.* 1, 20, 1 et **-rĭcōs** (μεταφορικῶς), Schol. Juv. 1, 169, métaphoriquement, par métaphore.

mĕtăphrăsis, *is*, f. (μετάφρασις), paraphrase : Sen. *Suas.* 1, 12.

mĕtăphrĕnum, *i*, n. (μετάφρενον), le haut du dos : Cael.-Aur. *Acut.* 3, 16, 129 ; *Chron.* 3, 2, 31.

Mĕtăpīnum ostium, n., une des embouchures du Rhône : Plin. 3, 33 ; Capel. 6, 635.

mĕtăplasmus, *i*, m. (μεταπλασμός), métaplasme [forme différente de la norme] : Quint. 1, 8, 14.

mĕtăplastĭcōs, adv. (μεταπλαστικῶς), par métaplasme : Fest. 138, 2.

Mĕtăpontum, *i*, n., Métaponte [ville de Lucanie] Atlas XII, E6 : Cic. *Fin.* 5, 4 ; Liv. 1, 18, 8 ‖ **-tīnus**, *a*, *um*, de Métaponte : Liv. 24, 20 ‖ **-tīni**, *ōrum*, m. pl., les habitants de Métaponte : Liv. 22, 61.

mētārĭus, *a*, *um* (*meta*), qui borne, qui circonscrit : Arn. 2, 39.

mĕtăsyncrĭtĭcus, *a*, *um*, dépuratif : Cael.-Aur. *Acut.* 3, 16, 134 ; *Chron.* 1, 1, 24.

mĕtăthĕsis, *is*, f. (μετάθεσις), métathèse [gram.] : Diom. 442, 31.

mētātĭo, *ōnis*, f. (*metor*), action de délimiter, de mesurer : Col. 3, 15, 1 ; Grom. 154, 17 ‖ demeure, séjour : Tert. *Pall.* 2, 2.

mētātŏr, *ōris*, m. (*metor*), celui qui délimite, qui mesure : Cic. *Phil.* 11, 12 ; 14, 10 ‖ celui qui prépare le logement, la voie : Cypr. *Ep.* 6, 4 ; Aug. *Serm.* 289, 3.

mētātōrĭa pagina, *ae*, f. (*metator*), lettre qui sert à préparer le logement : Sidon. *Ep.* 8, 11, 3.

mētātūra, *ae*, f., ▣ *metatio* : Lact. *Inst.* 4, 11, 13.

1 mētātus, *a*, *um*, part. de *metor*.

2 mētātŭs, *ūs*, m., hospitalité, séjour : Greg.-M. *Ep.* 9, 207.

Mĕtaurenses, *ĭum*, m. pl., habitants des bords du Métaure : Plin. 3, 114.

Mĕtaurum, *i*, n., ville du Bruttium sur le Métaure : Mel. 2, 68 ; Solin. 2, 11.

Mĕtaurus, *i*, m. (Μέταυρος), Métaure ¶ **1** fleuve d'Ombrie Atlas XII, C3 : Plin. 3, 113 ; Liv. 27, 43 ‖ **-us**, *a*, *um*, Hor. *O.* 4, 4, 38, du Métaure ¶ **2** fleuve du Bruttium : Plin. 3, 73.

mĕtaxa, *ae*, f. (μέταξα), soie brute : Marc. *Dig.* 39, 4, 16 ; Cod. Just. 11, 7, 10 ‖ fil, cordelette : Lucil. 1192 ; Vitr. 7, 3, 2 ; ▣ *mataxa*.

mĕtaxārĭus, *ii*, m. (*metaxa*), marchand de soie : Cod. Just. 8, 13 (14), 27 pr.

1 mĕtella, *ae*, f. (1 *metellus* ou *matella?*), panier rempli de pierres qu'on jetait sur la tête des assiégeants : *Veg. Mil.* 4, 6.

Metella

2 Mĕtella, *ae*, f., nom de femme : Cic. *Sest.* 101 ; *Att.* 12, 52, 2 ; Hor. *S.* 2, 3, 239.

3 Metella, [C.] 1 Metalla.

Mĕtellīnensis, *e*, de *Metellinum* : Plin. 4, 117.

Mĕtellīnum, *i*, n., ville de Lusitanie Atlas IV, D2 [Medellin] : Anton. 416.

Mĕtellītēs nŏmŏs, nome Métélite [Égypte] : Plin. 5, 49.

1 mĕtellus, *i*, m. (étr. ?), valet d'armée : Fest. 132, 13.

2 Mĕtellus, *i*, m., nom d'une branche de la *gens Caecilia* : Cic. *Tusc.* 1, 85 ; Vell. 1, 11, 1 ; Liv. *Epit.* 19 ; Juv. 6, 265 ‖ **-llīnus**, *a*, *um*, de Métellus : *Metellina oratio* Cic. *Att.* 1, 13, 5, discours contre Métellus (Nepos).

mĕtempsÿchōsis, *is*, f. (μετεμψύχωσις), métempsycose : Tert. *Anim.* 31, 5 ; Porph. Hor. *Ep.* 1, 2, 51.

mĕtensōmătōsis, *is*, f. (μετενσωμάτωσις), passage d'un corps à un autre : Tert. *Anim.* 31, 5.

Mĕteōn, *ōnis*, m., village d'Illyrie : Liv. 44, 23, 3.

mĕteōrĭa, *ae*, f. (μετεωρία), distraction, étourderie : Aur. d. Front. *Caes.* 4, 7, 1, p. 70 N.

Mĕtĕrēa turba, f., peuplade scythe : Ov. *Tr.* 2, 191.

Mĕthīōn, *ŏnis*, m. (Μηθίων), père de Phorbas : Ov. *M.* 5, 74.

mĕthŏdĭārĭus, *ii*, m., relatif au *methodium* : Not. Tir. 107.

mĕthŏdĭcē, *ēs*, f. (μεθοδική), méthode [partie de la grammaire] : Quint. 1, 9, 1 ; **mĕthŏdĭcŭs**, *a*, *um* (μεθοδικός), qui procède d'après une règle, une méthode : Cael.-Aur. *Chron.* 4, 1, 6.

mĕthŏdĭum, *ii*, n. (μεθόδιον), artifice, tour plaisant : Petr. 36, 5, cf. Gloss. 5, 524, 8.

mĕthŏdus (-dŏs), *i*, f., méthode [méd.] : Vitr. 1, 1, 4 ; Cael.-Aur. *Chron.* 2, 1, 49.

Mĕthōnē, *ēs*, f., ville de Messénie : Plin. 4, 15 ‖ ville de Magnésie Atlas VI, A2 : Plin. 4, 32.

Mĕthōra, *ōrum*, n. pl. (Μέθορα), ville de l'Inde [Mathura] : Plin. 6, 69.

Mĕthorcum, *i*, n., ville de Gédrosie : Plin. 6, 94.

Mĕthūrĭdes, *um*, f. pl. (Μεθουρίδες), nom de quatre îles près de l'Attique : Plin. 4, 57.

Methydrĭum, *ii*, n. (Μεθύδριον), ville d'Arcadie : Plin. 4, 20.

Mĕthymna, *ae*, f. (Μήθυμνα), Méthymne [ville de Lesbos] Atlas VI, B3 : Liv. 45, 31, 14 ‖ **-aeus**, *a*, *um*, de Méthymne : Cic. *Tusc.* 2, 67 ; Virg. *G.* 2, 90 ‖ **-ĭăs**, *ădis*, f., de Méthymne : Ov. *H.* 15, 15.

Mĕtĭa, *ae*, f., nom de femme : CIL 12, 166.

mĕtĭca vītis, [V.] *mettica vitis*.

mĕtĭcŭlōsus (arch. **mĕtŭ-**), *a*, *um* (1 *metus*) ¶ **1** craintif, timide : Pl. *Amp.* 293 ; Ulp. *Dig.* 4, 2, 7 ¶ **2** qui fait peur, effrayant : Pl. *Most.* 1101.

Mĕtīlĭa lex, loi Métilia : Plin. 35, 197.

Mĕtīlĭus, *ii*, m., nom de famille : Plin. 35, 197 ; Liv. 5, 11.

Metīna, *ae*, f., île à l'embouchure du Rhône : Plin. 3, 79.

mētĭor, *īrĭs*, *īrī*, *mensus sum* (*meH₁-*, cf. *meta, mensa, mensis, medeor, modus, mos*, scr. *mātra-m*, μῆτις, μέτρον, hit. *mehur*, al. *Mahl, -mal, messen*, an. *meal*, esp. *medir*), tr. ¶ **1** mesurer : Cic. *Fam.* 9, 17, 2 ; *Ac.* 2, 128 ‖ répartir en mesurant : *frumentum militibus* Caes. *G.* 1, 16, 5, mesurer du blé aux soldats, cf. 1, 23 ; 7, 71 ¶ **2** [poét.] mesurer une distance en marchant, en naviguant, parcourir : Hor. *Epo.* 4, 7 ; Virg. *G.* 4, 389 ; Ov. *M.* 9, 446 ; Luc. 5, 556 ; Catul. 34, 17 ¶ **3** [fig.] mesurer, estimer, juger, évaluer, [avec abl.] *aliqua re*, qqch. d'après une chose : Cic. *Phil.* 2, 111 ; *Leg.* 1, 41 ; *Fam.* 7, 12, 2 ; Quint. 12, 11, 29 ; [avec *ex*] Planc. *Fam.* 10, 4, 2 ; Cic. *Par.* 14 ; [avec *ad*] Juv. 6, 358 ‖ franchir, traverser, passer par : Ov. *H.* 10, 28 ; Val.-Flac. 5, 476.

▶ sens passif : Arn. 2, 86 ; *mensus, a, um*, mesuré : Cic. *Nat.* 2, 69 ; part. n., *bene mensum* Sen. *Nat.* 4, 4, 1 une bonne mesure ‖ parf. *metitus sum* Ulp. *Dig.* 32, 1, 52 ; Apul. *Plat.* 1, 14 ; fut. *metibor* Vulg. *Psal.* 59, 8.

Metis, [V.] *Mettis*.

Mĕtiscus, *i*, m., Métisque [cocher de Turnus] : Virg. *En.* 12, 469.

mētītĭo, *ōnis*, f., [C.] *mensura* : Diom. 378, 11.

mētītŏr, *ōris*, m., [C.] *mensor* : *Frontin. Aq.* 79.

mētītus sum, [V.] *metior* ▶.

Mētĭus, *ii*, m., nom d'homme : Varr. *L.* 5, 149.

Mĕtlŏsēdum, [V.] *Mellodunum*.

1 mētō, *ās*, *āre*, -, -, tr., mesurer : Prisc. 2, 396, 13 ; Culex 174 ‖ occuper, habiter : Paul.-Nol. *Carm.* 21, 380 ; [V.] *castrametor*.

2 mĕtō, *ĭs*, *ĕre*, *messŭi* (rare), *messum* (cf. bret. *med*, ἀμάω, al. *mähen*, an. *mow*, it. *mietere*) ¶ **1** intr., faire la moisson, récolter : Varr. *R.* 1, 50, 3 ; Caes. *G.* 4, 32, 5 ; [prov.] **ut sementem feceris, ita metes** Cic. *de Or.* 2, 261, on recueille ce qu'on a semé ; **mihi istic nec seritur nec metitur** Pl. *Ep.* 265, cela ne me fait ni chaud ni froid ; **tibi metis** Pl. *Merc.* 71, c'est ton affaire ¶ **2** tr., cueillir, récolter, moissonner, couper : Virg. *G.* 4, 54 ; Prop. 4, 10, 30 ; Ov. *F.* 2, 706 ; Plin. 17, 185 ; [fig.] Juv. 3, 186 ‖ [en part. en parl. des batailles] faucher : Virg. *En.* 10, 513 ; Hor. *O.* 4, 14, 31 ‖ [poét.] habiter [un pays], cultiver : Sil. 8, 566.

▶ *messui* Prisc. 2, 537, 7 ; Mamertin. *Julian.* (11), 22, 1 ; Capel. 3, 319.

3 Mĕto, **Mĕtōn**, *ōnis*, m., Méton [astronome d'Athènes, inventeur du cycle de 19 ans, appelé nombre d'or] : Aus. *Epist.* 2 (391), 12 ; Cic. *Att.* 12, 3, 2.

mĕtŏchē, *ēs*, f. (μετοχή), participe : Aus. *Epist.* 6 (395), 6.

mĕtoecus, *i*, m. (μέτοικος), métèque [étranger domicilié dans une ville] : Eum. *Paneg.* 5, 4, 4.

mĕtōnўmĭa, *ae*, f. (μετωνυμία), métonymie [rhét.] : Fest. 138, 13 ; Char. 273, 10.

mĕtōnўmĭcōs, adv. (μετωνυμικῶς), métonymiquement, par métonymie : Porph. Hor. *Epo.* 13, 16.

mĕtōpa, *ae*, f. (μετόπη), métope [archit.], intervalle entre les triglyphes : Vitr. 4, 2, 4.

mĕtōpĭon, *i*, n. (μετώπιον), onguent égyptien à base de *metopon* : Plin. 13, 8 ; 15, 28.

mĕtōpŏn (-um), *i*, n. (μετώπον), métopon [férule africaine qui produit de la gomme ammoniaque] : Plin. 12, 107 ; *Solin. 27, 47 ‖ huile d'amandes amères : Plin. 15, 26 ‖ sorte d'onguent : Plin. 13, 8.

Mĕtōpon, [V.] *Criumetopon*.

mĕtōposcŏpŏs, *i*, m. (μετωποσκόπος), celui qui pratique la métoposcopie, physionomiste : Suet. *Tib.* 2 ; Plin. 35, 88.

mētŏr, *āris*, *ārī*, *ātus sum* (*meta*), tr. ¶ **1** mesurer (arpenter) : [le stade] Gell. 1, 1, 2 ; [le ciel] Ov. *F.* 1, 309, cf. Plin. 6, 57 ‖ [poét.] parcourir : Sen. *Phaed.* 506 ; Sil. 6, 58 ¶ **2** délimiter, fixer les limites de : *Alexandriam* Plin. 5, 62, arrêter le plan d'Alexandrie ; *agrum* Liv. 21, 25, 5, partager les terres [en lots] ‖ [en part.] **castra metari**, mesurer (fixer) l'emplacement d'un camp : Caes. *C.* 3, 13, 3 ; Sall. *J.* 106, 5 ; Liv. 21, 25, 5 ‖ [sans *castra*] Liv. 44, 7, 2 ‖ [fig.] installer, ériger [des tentes] : Plin. 6, 143.

▶ passif : *metatur* Sen. *Thy.* 462 ‖ part. pass., *metatis castris* Hirt. *G.* 8, 15, 2 le camp ayant été tracé (fixé), cf. Liv. 44, 37, 1 ; *metatus agellus* Hor. *S.* 2, 2, 114, camp mesuré [pour le partage].

mĕtrēta, *ae*, f. (μετρητής), métrète [vase pour le vin ou l'huile] : Cat. *Agr.* 100 ; Juv. 3, 246 ‖ mesure de liquides : Pl. *Merc.* 75 ; Col. 12, 47, 11.

Mĕtrĭcŏs, *i*, m., un des Éons de Valentin : Tert. *Val.* 8, 2.

mĕtrĭcus, *a*, *um* (μετρικός), rythmique : Plin. 11, 219 ‖ métrique : Quint. 9, 4, 52 ‖ subst. m., métricien : Gell. 18, 15, 1.

mĕtrŏcōmĭa, *ae*, f. (μητροκωμία), bourg qui est un chef-lieu [*metropolis*] : Cod. Th. 11, 24, 6 ; Just. 8, 10, 19.

Mĕtrŏdōra, *ae*, f., nom de femme : CIL 6, 29722.

Mĕtrŏdōrus, *i*, m. (Μητρόδωρος), Métrodore [disciple d'Épicure] : Cic. *Tusc.* 2, 8 ; Sen. *Ep.* 79, 15 ; Tac. *D.* 31, 7 ‖ philosophe de Scepsis, disciple de Carnéade : Cic. *Ac.* 2, 16 ; *de Or.* 1, 45 ‖ disciple de Démocrite : Cic. *Ac.* 2, 73.

mĕtrŏn, *i*, n., v.> *metrum*: Ter.-Maur. 6, 392, 2219.

Mĕtrōnax, *actis*, m. (Μητρῶναξ), philosophe dont Sénèque suivit les leçons: Sen. Ep. 76, 4.

Mĕtrŏpātōr, *ŏris*, m. (μητροπάτωρ), un Éon de Valentin: Tert. Val. 18, 3.

Mĕtrŏphănēs, *is*, m. (Μητροφάνης), nom d'homme: Mart. 11, 90, 4.

1 **mĕtrŏpŏlis**, *is*, f. (μητρόπολις), ville-mère, métropole, capitale d'une province: Spart. Hadr. 14, 1 ‖ source, origine: Hier. Jovin. 2, 3.

2 **Mĕtrŏpŏlis**, *is*, f. (Μητρόπολις), ville de Thessalie: Caes. C. 3, 80, 7; Liv. 32, 13, 11 ‖ ville de Phrygie et d'Ionie, v.> *Metropolitae*.

mĕtrŏpŏlīta, *ae*, m. (μητροπολίτης), [évêque] métropolitain: Fort. Carm. 3, 6, 20.

Mĕtrŏpŏlītae, *ārum (um)*, m. pl., habitants de Métropolis **a)** en Thessalie: Caes. C. 3, 81 **b)** en Phrygie ou Ionie, Plin. 5, 106; 5, 120.

1 **mĕtrŏpŏlītānus**, *a, um*, de métropole: Cod. Just. 11, 21, 1 ‖ **-num**, *i*, n., dignité de l'évêque métropolitain: Sidon. Ep. 7, 9, 6.

2 **Mĕtrŏpŏlītānus**, *a, um*, de Métropolis [en Phrygie]: Liv. 38, 15, 13.

mĕtrum, *i*, n. (μέτρον), mètre, mesure d'un vers: Quint. 9, 4, 46 ‖ vers: *Col. 3, 10, 20; Fort. Carm. 9, 7, 6.

Mettensis, *e*, de Metz, messin: Greg.-Tur. Hist. 4, 7.

mettĭca vītis (ūva), f. (2 *Mettius*), cépage: Col. 3, 2, 27; Plin. 14, 35.

Mettis, *is*, f., capitale des Médiomatrices [Gaule; auj. Metz]: Fort. Carm. 3, 13, 9 ‖ **-ĭcus**, *a, um*, de Metz: Fort. Carm. 10, 9, 1.

1 **Mettĭus**, *ii*, m., nom d'homme: Cic. Att. 15, 27, 3.

2 **Mettĭus**, *i*, m., Mettius Curtius [général sabin du temps de Romulus]: Liv. 1, 12 ‖ Mettius Fufetius [dictateur d'Albe]: Liv. 1, 23, 4.

▶ **Mettus**: Virg. En. 8, 642.

Metubarbis, *is*, f., île de la Save: Plin. 3, 148.

nĕtŭcŭlōsus, v.> *metic-*.

nĕtŭendus, *a, um*, adj. verb. de *metuo*, redoutable: Cic. Brut. 146.

nĕtŭens, *tis*, part.-adj. de *metuo*, qui craint: Hor. S. 2, 2, 110 ‖ **-tior** Tac. An. 13, 15.

nĕtŭla, *ae*, f. (dim. de *meta*), petite pyramide: Plin. Ep. 5, 6, 35.

nĕtŭō, *ĭs, ĕre, tŭī, tūtum* (1 *metus*), tr. et intr.

I tr., craindre, redouter [*aliquem*, qqn]: Cic. CM 37; *aliquid*, qqch: Cic. Verr. 5, 78 ‖ *aliquid ab aliquo* Cic. Amer. 8, craindre qqch. de la part de qqn, cf. Cic. Fam. 5, 6, 2; Att. 7, 13, 1; *ex aliquo* Sall. C. 52, 16 ‖ *aliquid alicui* Liv. 1, 9, 13, craindre qqch. pour qqn ‖ [avec inf.] craindre de: Pl. Ps.

304; Hor. S. 2, 5, 65; Her. 4, 25 ‖ [avec *ne*] craindre que: Cic. Tusc. 1, 6; [avec *ne non* ou *ut*] craindre que ne pas: Cic. Fat. 21; Planc. 96; Pl. Bac. 762.

II intr., *de aliqua re*: Cic. Att. 10, 4, 6, craindre au sujet de qqch., pour qqch. ‖ *ab Hannibale metuens* Liv. 23, 36, 1, ayant des craintes du côté d'Hannibal ‖ [avec dat.]: *pueris* Pl. Amp. 1113, craindre pour les enfants, cf. Virg. G. 1, 186; En. 10, 94 ‖ [avec interrog. indir.] attendre avec inquiétude, se demander avec inquiétude: Pl. Truc. 809; Ter. Haut. 569; 720; Eun. 758 ‖ *non metuo, quin* Pl. Amp. 1106, je ne doute pas que ne.

▶ part. n. pris subst¹ *nimis ante metutum* Lucr. 5, 1140, ce que l'on a trop craint auparavant [le part. ne se trouve pas ailleurs].

Metuonis, *is*, m., estuaire de Germanie: Plin. 37, 35.

1 **mĕtŭs**, *ūs*, m. (obscur; esp. *miedo*) ¶ **1** crainte, inquiétude, anxiété: *esse in metu* Cic. Cat. 1, 18, être dans les alarmes; *vulnerum* Cic. Tusc. 2, 59; *mortis* Cic. Verr. 5, 160, crainte des blessures, de la mort; *animi tui metum abstergere* Cic. Fam. 9, 16, 9, effacer ton inquiétude ‖ *metus a praetore Romano* Liv. 23, 15, 7, la crainte du préteur romain; *metus poenae a Romanis* Liv. 32, 23, 9, la crainte d'un châtiment des [venant des] Romains ‖ *metus pro universa republica* Liv. 2, 24, 4, une crainte pour l'État tout entier ‖ [avec *ne*] craindre que: Cic. Off. 2, 22; Liv. 5, 7, 4 ‖ [avec inf.]: Ter. Phorm. 482 ‖ [avec prop. inf.]: Liv. 3, 22, 2 ¶ **2** crainte religieuse, effroi religieux: Virg. En. 7, 60; Hor. O. 2, 19, 5 ¶ **3** objet de crainte: Stat. Th. 12, 606.

▶ f. Enn. An. 549; Tr. 387 ‖ gén. *metuis*, Cic. Amer. 145; dat. *metu*, Virg. En. 1, 257; Tac. An. 11, 32; 15, 69.

2 **Mĕtŭs**, *ūs*, m., la Crainte personnifiée: Cic. Nat. 3, 44; Virg. En. 6, 276.

mĕtūtus, *a, um*, v.> *metuo* ▶.

mĕtȳcus, v.> *metoecus*: Grom. 234, 19.

mēum, *i*, n. (μῆον), baudremoine [plante]: Plin. 20, 253.

mĕus, *a, um* (cf. *me*, ἐμός; it. *moi*, fr. *mien, mon*), mien, qui est à moi, qui m'appartient, qui me regarde, qui me concerne [emplois et tours part.] ¶ **1** *nomen meum absentis* Cic. Planc. 26, mon nom, de moi absent; *meum factum dictumve consulis* Liv. 7, 40, 9, ce que j'ai fait ou dit comme consul ¶ **2** *meum est* [avec inf.], il m'appartient de, c'est mon devoir de, ou mon droit de ‖ *non est meum* [avec inf.] Ter. Haut. 549, ce n'est pas ma manière de, dans mon caractère de; *non meast simulatio* Ter. Haut. 782, la feinte n'est pas mon fait ¶ **3** *nisi plane esse vellem meus* Cic. Leg. 2, 17, si ce ne voulais être absolument moi-même [garder ma personnalité, mon originalité] ¶ **4** *meus est*, il est à moi, je le tiens, il est pris: Pl. Mil. 334 ¶ **5** *Nero meus tibi gratias egit* Cic. Fam. 13, 64, 1, mon

cher Néron, mon ami Néron, t'a remercié; *sollicitat me tua, mi Tiro, valetudo* Cic. Fam. 16, 20, je suis inquiet, mon cher Tiron, pour ta santé; *obsecro, mea Pythias* Ter. Eun. 657, de grâce, ma chère Pythias; *mea tu* Ter. Ad. 289, ô ma chère; *mi homines* Pl. Cis. 678, hé, braves gens! ¶ **6** n. pris subst¹, *meum*, mon bien; *mea*, mes biens: *omnia mecum porto mea* Cic. Par. 8, je porte tous mes biens avec moi ‖ m., *mei, orum* les miens, mes parents, mes amis: Cic. Fam. 7, 3, 3; Quir. 18.

▶ arch. *mius*, etc., cf. Diom. 331, 13; *mieis* = *miis* CIL 1, 15; *mis*: Pl. Trin. 822 ‖ voc. *meus* au lieu de *mi*: Sidon. Ep. 1, 9, 6 ‖ gén. pl. *meum* Pl. Pers. 390.

Mēvānās, *ātis*, adj., de Mévanie: Sil. 4, 546 ‖ **-nātes**, *ĭum*, m. pl., les habitants de Mévanie: Plin. 3, 113.

Mēvānĭa, *ae*, f., ville d'Ombrie [Bevagna] Atlas XII, D3: Liv. 9, 41, 13 ‖ **-nĭensis**, *e*, de Mévanie: Philarg. Virg. G. 2, 146; v.> *Mevanas*.

Mēvānĭōnenses, *ĭum*, m. pl., peuplade d'Ombrie: Plin. 3, 113.

Mēvĭus, v.> *Maevius*.

Mezentĭus, *ii*, m., Mézence [allié de Turnus contre Énée]: Liv. 1, 2; Virg. En. 7, 648; v.> *Medentius*.

mezūrāna, *ae*, f. (μεζουράνα), marjolaine: Ps. Diosc. Vind. 3, 39; v.> *majorana*.

1 **mī**, voc. sg. m. de *meus*.

2 **mī** (cf. μοι, scr. *me*), variante atone de *mihi*.

mĭa, *ae*, f. (transcription du mot grec μία), une: Lucr. 4, 1162.

mīca, *ae*, f. (cf. *minor*, μικρος; fr. *mie*) ¶ **1** parcelle, miette: Lucr. 1, 839; Plin. 33, 68; *mica salis* Cat. Agr. 70, 1, grain de sel [fig., grain d'esprit Catul. 86, 3], cf. Hor. O. 3, 23, 12 ‖ pl., particules, corpuscules = *atomi*: Sen. Ben. 4, 19, 3 ¶ **2** petite salle à manger: Mart. 2, 59, 1; *Sen. Ep. 51, 12.

mĭcans, *tis*, part. de *mico*, adj¹, brillant, étincelant: Liv. 6, 13, 2; Cic. poet. Div. 2, 110; Ov. M. 7, 100 ‖ **-tior** Prud. Cath. 5, 44.

mĭcārĭus, *ii*, m. (*mica*), ramasse-miettes: Petr. 73, 6.

mĭcātĭo, *ōnis*, f. (*mico*), mourre [jeu avec les doigts]: Gloss. 2, 587, 35.

mĭcātŭs, *ūs*, m. (*mico*), mouvement rapide [de la langue]: Capel. 4, 331.

Miccĭădēs, *ae*, m. (Μικκιάδης), sculpteur de Chios: Plin. 36, 11.

miccĭō, *īs, īre*, -, - (onomat.; cf. μηκάομαι), intr., bêler [en parl. du bouc]: Philom. 58.

Miccĭōn, *ōnis*, m., nom d'un botaniste: Plin. 20, 258.

Miccŏtrōgus, *i*, m. (Μικκότρωγος), Ronge-miettes [surnom d'un parasite]: Pl. St. 242.

Mĭcēlae, *ārum*, m. pl., peuple sarmate: Val.-Flac. 6, 129.

Michaeas

Mīchaeās, *ae*, m., Michée [nom de deux prophètes] : VULG. *3 Reg.* 22, 8.

Mĭchăēl, *ēlis*, m., l'archange saint Michel : VULG. *Dan.* 10, 13.

Mĭchăēlĭum, *ii*, n., église de Saint-Michel : CASSIOD. *Hist.* 2, 19.

mīcĭdus, *a*, *um* (*mica*), mince, grêle : GROM. 321, 24.

Mĭcĭo, *ōnis*, m., pers. de comédie : TER. *Ad.* 60.

Mĭcipsa, *ae*, m., fils de Masinissa : SALL. *J.* 5 ǁ **-psae**, *ārum*, m. pl., Numides : JUV. 5, 89.

mĭcō, *ās*, *āre*, *ŭī*, - (**meik*-, bret. *dismeg*), intr. ¶ **1** s'agiter, aller et venir, tressaillir, palpiter **a)** *arteriae micant* CIC. *Nat.* 2, 24, les artères battent, cf. OV. *F.* 3, 36 ; *micant digiti* VIRG. *En.* 10, 396, les doigts s'agitent convulsivement **b)** *micat auribus* VIRG. *G.* 3, 84, il a de brusques mouvements d'oreilles [le cheval] ; *linguis micat ore trisulcis* VIRG. *G.* 3, 439, [le serpent] fait vibrer dans sa gueule sa triple langue ǁ *micare digitis* [et d'ordin. *micare* seul] jouer à la mourre : CIC. *Div.* 2, 85 ; *Off.* 3, 90 ; [prov.] *dignus est, quicum in tenebris mices* CIC. *Off.* 3, 77, on peut l'en croire sur parole (jouer à la mourre avec lui dans le noir) ¶ **2** [poét.] pétiller, scintiller, briller, étinceler **a)** *oculis micat ignis* VIRG. *En.* 12, 102, un feu pétille dans ses yeux ; *micat sidus* HOR. *O.* 1, 12, 46, l'astre scintille ; *micant gladii* LIV. 6, 12, 9, les épées étincellent **b)** *crebris micat ignibus aether* VIRG. *En.* 1, 90, l'air étincelle de feux (d'éclairs) répétés ¶ **3** jaillir : SEN. *Oed.* 345 ; LUC. 4, 300.

▶ parf. *micavi* SOLIN. 53, 25 ; superl. *mictum* inus. PRISC. 2, 472, 21.

Mĭcōn, *ōnis*, m. (Μίκων), nom d'homme : VIRG. *B.* 3, 10.

mĭcrŏcosmos (-mus), *i*, m. (μικρόκοσμος), microcosme, le monde en abrégé : ISID. 3, 22, 2.

mĭcrŏlŏgus, *i*, m., personne mesquine : RUFIN. *Greg. Naz. orat.* 3, 16, 2.

mĭcropsȳchus (-chŏs), *a*, *um* (μικρόψυχος), pusillanime : PLIN. 22, 110.

mĭcrosphaerum, *i*, n. (μικρόσφαιρος), sorte de nard [parfum] : PLIN. 12, 44.

mĭcrŏtŏcistēs, *ae*, m. (*μικροτοκιστής), petit usurier : CIL 9, 823.

mictĭlis, *e* (*mingo*), méprisable : LUCIL. d. NON. 137, 30.

mictĭo, ▽ *minctio*.

mictĭtō, *ās*, *āre*, -, - (fréq. de *mingo*), intr., uriner fréquemment : PRISC. 2, 501, 6.

mictōrius, *a*, *um* et **mictŭālis**, *e* (*mingo*), diurétique : CAEL.-AUR. *Acut.* 3, 8, 86 ǁ CAEL.-AUR. *Chron.* 5, 10, 91.

mictŭrĭō, *īs*, *īre*, -, - (*mingo*), intr., avoir envie d'uriner : JUV. 6, 308.

mictŭs, *ūs*, m., action d'uriner : CAEL.-AUR. *Chron.* 2, 1, 12.

mictȳris, *is*, f., ratatouille (?) : *LUCIL. 1077.

mĭcŭi, parf. de *mico*.

mĭcŭla, *ae*, f. (dim. de *mica*), petite miette : CELS. 2, 5, 3.

Mīcȳthus, *i*, m. (Μίκυθος), favori d'Épaminondas : NEP. *Epam.* 4, 1.

Mĭda, *ae*, ▽ *Midas* : JUST. 11, 7, 14.

Mĭdăcrĭtus, *i*, m., nom d'homme : PLIN. 7, 197.

Mĭdaīum, *ĭi*, n. (Μιδάϊον), ville de Phrygie : PLIN. 5, 145 ǁ **-daeenses**, *ĭum*, m. pl., habitants de Midaïum : CIC. *Fam.* 3, 8, 3 ǁ **-daei**, *ōrum*, m. pl., PLIN. 5, 105.

Mĭdămus, *i*, m., un des fils d'Égyptus : HYG. *Fab.* 170.

Mĭdās, *ae*, m. (Μίδας), Midas [roi de Phrygie] : OV. *M.* 11, 85 ; CIC. *Tusc.* 1, 114 ; *Div.* 1, 78.

Mĭdē, *ēs*, f., ville de Béotie : STAT. *Th.* 7, 331.

Mĭdĕa, *ae*, f. (Μιδέα), ville d'Arcadie : STAT. *Th.* 4, 45.

Mĭdĭās, *ae*, m. (Μειδίας), Midias [inventeur de la cuirasse] : PLIN. 7, 200.

Midĭdĭtānus, *a*, *um*, de Midid [dans la Byzacène] : CIL 8, 609.

Mĭdīnus, *a*, *um*, de Midas : [fig.] *Midinum sapere* CAPEL. 6, 577, avoir l'esprit d'un âne.

Mĭdŏē, *ēs*, f., ancien nom de la Troglodytique : PLIN. 6, 169.

Mĭeza, *ae*, f. (Μίεζα), ville de l'Émathie [Macédoine] : PLIN. 4, 34.

mĭgălē, ▽ *mygale*.

***migdĭlix**, m., hypocrite (?) : PL. *Poen.* 1033.

migma, *atis*, n. (μίγμα), ▽ *farrago* : VULG. *Is.* 30, 24.

mĭgrassit, ▽ *migro*.

mĭgrātĭo, *ōnis*, f. (*migro*), migration, passage d'un lieu dans un autre : CIC. *Cael.* 18 ; *Tusc.* 1, 98 ǁ [fig., métaphore] : CIC. *Tusc.* 1, 27 ; *Fam.* 16, 17, 1.

mĭgrātŏr, *ōris*, m., celui qui change de demeure : GLOSS. 369, 21.

mĭgrātus, *a*, *um*, part. de *migro*.

mĭgrō, *ās*, *āre*, *āvī*, *ātum* (cf. *meo*, *muto*, ἀμείβω) ¶ **1** intr., s'en aller d'un endroit, changer de séjour, partir, émigrer : CIC. *Att.* 14, 9, 1 ; *Fam.* 7, 23, 4 ; *ex urbe rus habitatum* TER. *Hec.* 589, quitter la ville pour habiter la campagne ; *a Tarquiniis* LIV. 1, 34, 5, quitter Tarquinies ; *ad generum* CIC. *Verr.* 2, 89, aller s'établir chez le gendre ; *in caelum* CIC. *Tusc.* 1, 82, s'en aller au ciel ǁ [fig.] *ex vita* CIC. *Rep.* 6, 9 ; *de vita* CIC. *Fin.* 1, 62, quitter la vie ǁ *in marmoreum colorem* LUCR. 2, 775, passer à la blancheur du marbre, cf. PLIN. 11, 125 ¶ **2** tr., déménager, emporter, transporter : GELL. 2, 29, 16 ; LIV. 10, 34, 12 ; SIL. 7, 43 ǁ [fig.] CIC. *Fin.* 3, 67 ; *Off.* 1, 13.

▶ *migrassit* arch. = *migraverit* ; CIC. *Leg.* 3, 11.

mĭhi, dat. de *ego*.

mĭhimĕt, dat. de *egomet*.

mĭhipte, ▽ *ego*.

Mīlănĭōn, *ōnis*, m. (Μειλανίων), mari d'Atalante : OV. *A. A.* 2, 188 ; PROP. 1, 1, 9.

mīlax, *ăcis*, f. (μῖλαξ), liseron épineux, salsepareille : PLIN. 24, 83 ǁ variété d'yeuse [arbre] : PLIN. 16, 19 ; ▽ *1 smilax*.

mīle, ▽ *mille*.

mīlĕs, *ĭtis*, m. (peu net, *mille* ?, cf. *eques* ; roum. *mire*) ¶ **1** soldat : CAES., CIC., SALL., LIV. ; ▽ *scribere, conscribere, deligere, conducere* ǁ [sg. collectif] les soldats, l'armée : VIRG., LIV., TAC., etc. ; [en part.] infanterie [opposée à cavalerie] ǁ [fig., en parl. d'une nymphe] *miles erat Phoebes* OV. *M.* 2, 415, elle était de la suite de Diane ǁ officier, fonctionnaire du palais impérial : DIG. 4, 6, 10 ǁ pion [au jeu des latroncules] : OV. *Tr.* 2, 477 ¶ **2** [chrét.] soldat de la foi, fidèle : VULG. *2 Tim.* 2, 3 ǁ martyr : TERT. *Fug.* 10, 1 ; MINUC. 37, 3.

▶ arch. *meiles*, *meilites* LUCIL. 358 ; CIL 1, 589 ǁ *milex* GROM. 246, 19.

Mīlēsĭa, *ae*, f., ▽ *2 Miletus* : APUL. *M.* 4, 32.

Mīlēsĭae, ▽ *Milesius*.

mīlēsĭmus, ▽ *millesimus*.

Mīlēsĭus, *a*, *um*, de Milet, Milésien : CIC. *Clu.* 32 ; VIRG. *G.* 3, 306 ǁ **Mīlēsĭi**, *ōrum*, m. pl., les habitants de Milet ǁ **Mīlēsĭae**, *ārum*, f. pl. (s.-ent. *fabulae*) contes Milésiens = contes licencieux érotiques [OV. *Tr.* 2, 413] : CAPIT. *Alb.* 11, 8 ǁ [fig.] TERT. *Anim.* 23, 4.

Mīlētis, *ĭdis* ¶ **1** f., fille de Milétus [Byblis] : OV. *M.* 9, 634 ¶ **2** adj. f., de Milet : OV. *Tr.* 1, 10, 41.

Mīlētŏpŏlis, *is*, f. (Μιλητόπολις), ville de Mysie Atlas VI, A4 : PLIN. 5, 142.

Mīlētŏs, *i*, f. (Μίλητος), ville d'Éolide : PLIN. 5, 122 ǁ ville de Crète : PLIN. 4, 59.

1 Mīlētus, *i*, m., fils d'Apollon, fondateur de Millet : OV. *M.* 9, 443.

2 Mīlētus, *i*, f., Milet [ville d'Ionie, célèbre pour ses laines, sa pourpre ; patrie de Thalès, des conteurs licencieux comme Aristide ; donnée comme type du luxe et de la licence, cf. JUV. 6, 296] Atlas VI, C3 ; IX, C1 : CIC. *Att.* 9, 9, 2 ; PLIN. 5, 112 ; MEL. 1, 86.

Milevi, *ōrum*, m. pl. et **-levum** ou **-leum**, *i*, n., ville de Numidie, Milève [auj. Mila] Atlas VIII, A2 : AUG. *Ep.* 34, 5 ; DON. 6, 20 ǁ **-vētānus**, *a*, *um*, de Milève : AUG. *Ep.* 31, 9.

mīlex, ▽ *miles* ▶.

Milgis gĕmella, *ae*, f., ville d'Afrique : PLIN. 5, 37.

mīlĭa, pl. de *mille*.

mĭlĭācĕus (-cĭus), *a*, *um* (*milium*), de mil, de millet : P. FEST. 73, 26.

mĭlĭăcus, *a*, *um* (*milium*), engraissé avec du mil : CAEL.-AUR. *Chron.* 1, 1, 27.

Mĭlĭārensis portĭcus, f., portique à Rome, qui avait mille pas de long : VOP. *Aur.* 49, 1.

mĭlĭărĭum, V. ▸ *milliarium* et *2 miliarius*.

1 mĭlĭārĭus, V. ▸ *milliarius*.

2 mĭlĭārĭus, *a*, *um* (*milium*), relatif au mil : *miliariae aves* VARR. *L.* 5, 76 ; PALL. 5, 8, 7, ortolans (qui vivent de mil) ; *miliaria herba* PLIN. 22, 161, cuscute ‖ **milĭārĭum**, *ii*, n., vase en forme de mil : *vas aeneum miliario simile, id est, altum et angustum* PALL. 5, 8, 7, vase de bronze semblable à un mil, c.-à-d. élevé et étroit) : CAT. *Agr.* 20 ; 22 ; vase [pour l'eau chaude dans les bains] SEN. *Nat.* 3, 24, 2 ; 4, 9, 2 ; PALL. 1, 39, 3.

Mĭlĭchĭē, *ēs*, f. (Μειλιχίη), source près de Syracuse : PLIN. 3, 89.

Mĭlĭchus, *i*, m. (Μείλιχος), nom d'homme : SIL. 3, 104.

mĭlĭēs, **mĭlĭens**, V. ▸ *millies*.

mĭlĭcĭnus, *a*, *um* (*milium*), de millet : DYNAM. 1, 14.

mĭlĭfŏlĭum, V. ▸ *millefolium*.

mĭlimindrum, *i*, n. (?; esp. *milmandro*), jusquiame : ISID. 17, 9, 41.

mĭlinctor, *āris*, *āri*, -, C. ▸ *milingior* : CHAR. 465, 17 B.

mĭlingĭŏr, *āris*, *āri*, - (?), intr., chicaner : DOSITH. 7, 431, 20.

Mĭlĭōnĭa, *ae*, f., ville des Marses : LIV. 10, 3.

Mĭlĭōnĭus, *ii*, m., nom d'homme : LIV. 8, 11, 4.

mĭlĭpĕda, *ae*, f., C. ▸ *millepeda*.

mĭlĭtărĭē, adv., à la manière des soldats : TREB. *Tyr.* 22, 3.

mĭlĭtăris, *e* (*miles*), de la guerre, de soldat, militaire, guerrier : *res militaris* CAES. *G.* 1, 21, 4, art de la guerre ; *tribunus militaris* CIC. *Clu.* 99, tribun militaire ; *homo militaris* SALL. *C.* 45, 2, soldat expérimenté, cf. LIV. 35, 26, 10 ; *panis* PLIN. 18, 67, pain de munition ; *militaris aetas* SALL. *J.* 85, 47 ; LIV. 22, 11, 8, âge requis pour le service militaire [dix-sept ans] ‖ *aes militare* GAI. *Inst.* 4, 27, la solde ‖ *militaris herba* PLIN. 24, 168, millefeuille [plante] ‖ **mĭlĭtāres**, *ŭm*, m. pl., guerriers : CURT. 8, 5, 3 ; TAC. *An.* 3, 1 ; 14, 33 ‖ *-ior* TERT. *Apol.* 11, 16.

mĭlĭtărĭtĕr, adv., militairement, comme les soldats : LIV. 4, 41 ; 27, 3 ; TAC. *H.* 2, 80.

mĭlĭtārĭus, *a*, *um*, C. ▸ *militaris* : PL. *Ps.* 1048.

mĭlĭtĭa, *ae*, f. (*miles*) ¶ **1** service militaire, métier de soldat : CIC. *Off.* 3, 97 ; CAES. *G.* 6, 18, 3 ; *militiae disciplina* CIC. *Pomp.* 28, apprentissage de la guerre ; *militiae magister* LIV. 22, 23, 2, directeur des opérations militaires ‖ [loc.] *militiae* CIC. *Leg.* 3, 6, en temps de guerre ; *domi militiaeque* CIC. *Tusc.* 5, 55 ; *et domi et militiae* CIC. *Rep.* 2, 1 ; *militiae domique* LIV. 7, 32, 16, en paix comme en guerre ‖ *vacatio eis militiae esto* CIL 1, 583, 77, qu'ils soient dispensés du service militaire ; *militiae nomen dare* DIG. 49, 16, 8, s'engager (dans l'armée) ¶ **2** campagne de guerre : VELL. 2, 120 ; JUST. 20, 1, 3 ¶ **3** esprit militaire, bravoure, courage : FLOR. 4, 5 ‖ armée : LIV. 4, 26, 3 ; OV. *H.* 8, 46 ; PLIN. 4, 97 ¶ **4** charge à la cour [sous les empereurs] : COD. JUST. 3, 25 ¶ **5** [chrét.] la milice des anges : VULG. *Luc.* 2, 13 ‖ la milice chrétienne, la lutte pour la foi : TERT. *Mart.* 3, 1.

1 mĭlĭtō, *ās*, *āre*, *āvī*, *ātum* (*miles*) ¶ **1** intr., être soldat, faire son service militaire : CIC. *Off.* 1, 36 ; LIV. 23, 42, 11 ; SUET. *Caes.* 68 ¶ **2** [avec acc. de l'objet intérieur] *prima stipendia militare* APUL. *M.* 9, 20, faire ses premières armes ‖ [pass.] *militia illa militatur* PL. *Pers.* 232, ce service militaire-là s'accomplit ; [*a me*] *omne militabitur bellum* HOR. *Epo.* 1, 23, je prendrai part à n'importe quelle guerre ¶ **3** [avec inf.] servir à [en parl. de choses] : TERT. *Pall.* 1, 3 ¶ **4** [chrét.] servir Dieu : CYPR. *Mort.* 2 ‖ exercer une charge dans l'Église : AUG. *Cresc.* 3, 5, 5.

2 mĭlĭtō, *ōnis*, m., soldat, combattant : ALDELH. *Virgin.* 44.

mĭlĭum, *ii*, n. (cf. μελίνη ; fr. *mil*), millet, mil [plante] : CAT. *Agr.* 6, 1 ; VARR. *R.* 1, 57, 2 ; VIRG. *G.* 1, 216 ; OV. *F.* 4, 743.

millăgo, C. ▸ *milvago*.

millĕ, n., indécl. au sg., pl. **millia** et mieux **milia**, *ium* (p.-ê. *smī-ghslī*, cf. μία, χίλιοι, scr. *sahasram*, it. *mille*, *miglia* (mille) : PL., TER., CIC.) ¶ **1** mille *a)* *mille passus*, mille pas, cf. CAES. *G.* 1, 22, 1 *b)* *mille passuum* CAES. *G.* 1, 25, 5, un millier de pas, cf. CIC. *Phil.* 6, 15 ; [abl.] *illo mille nummum* PL. *Trin.* 959, [l'escroquer] de ce millier de philippes ‖ [avec verbe au sg.] *hominum mille versabatur* CIC. *Mil.* 53, un millier d'hommes se tenait, cf. MIL. 4, 16, 4 ; TER. *Haut.* 601 ; GELL. 1, 16, 1 *c)* [= un nombre indéfini] LIV. 2, 28, 4 ; 3, 14, 4 ; VIRG. *En.* 4, 701 ; HOR. *O.* 3, 7, 12 ¶ **2** *milia* [quand il s'agit de plus. milliers] *a)* [en apposition] *sagittarios* [mss β] *tria milia numero habebat* CAES. *C.* 3, 4, il avait des archers au nombre de trois mille ; *talenta Attica duodecim milia* LIV. 38, 38, 13, des talents attiques au nombre de douze mille ; *quadraginta milibus sestertiis* VARR. *R.* 3, 2, 17, au prix de quarante mille sesterces, cf. LIV. 37, 40, 11 ; 37, 58, 4 *b)* [avec gén.] CIC. *Nat.* 1, 96 *c)* [distributif] *in milia aeris asses singulos* LIV. 29, 15, 9, demander un as par mille as de capital *d)* = mille pas, un mille : *quadringenta milia* CIC. *Att.* 3, 4, quatre cents milles.

▸ arch. *meile*, *meilia* LUCIL. 358 ; abl. sg. *milli* LUCIL. 327, cf. GELL. 1, 16, 11 ; MACR. *Sat.* 1, 5, 7.

millĕfŏlĭum, *ii*, n. (cf. μυλιόφυλλον), PLIN. 25, 42 ; **mīlĭfŏlĭum**, PLIN. 24, 152, **millĕfŏlĭa**, *ae*, f., MISC. TIR. 55, 22, millefeuille [plante].

▸ *herba milefolia* M.-EMP. 12, 22 ; 26, 27.

millĕformis, *e*, qui a ou qui prend mille formes : PRUD. *Cath.* 9, 55 ; AUG. *Civ.* 22, 22.

millĕmŏdus, *a*, *um*, C. ▸ *multimodus* : FORT. *Mart.* 3, 303.

millēnārĭus, *a*, *um* (*millenus*), millénaire, qui contient mille unités : VARR. *L.* 9, 82 ; AUG. *Civ.* 20, 7, 2.

millēnus, *a*, *um*, AUG. *Serm.* 101, 3 et **millēni**, *ae*, *a*, mille chacun, au nombre de mille : DIG. 31, 89, 1 ; VULG. *1 Esdr.* 8, 27.

millĕpĕda, *ae*, f. (*mille*, *pes*), espèce de mille-pattes, scolopendre : PLIN. 29, 136.

millēsĭmus, *a*, *um* (*mille*), millième : CIC. *Att.* 2, 4, 1 ; *millesima usura* SEN. *Ir.* 3, 33, 3, intérêt à un pour mille par mois ‖ subst. f., *millesima* PETR. 67, 7, la millième partie ‖ adv., *millesimum* CIC. *Att.* 12, 5, 1, pour la millième fois.

▸ *millensimus* CIC. *Fat.* 13.

millĭa, *ium*, V. ▸ *mille*.

Millĭārensis, *e*, V. ▸ *Miliarensis*.

millĭārĭi, *ōrum*, m. pl. (*milliarius*), millénaires, secte d'hérétiques : AUG. *Civ.* 20, 7.

millĭārĭum, *ĭi*, n. (*milliarius* ; it. *migliaio*) ¶ **1** un millier : VARR. *L.* 9, 821 ¶ **2** borne, colonne, pierre miliaire : CIC. *Brut.* 54.

1 millĭārĭus, *a*, *um* (*mille*), qui renferme le nombre mille : *milliaria ala* PLIN. *Ep.* 7, 31, aile de mille cavaliers ‖ *milliarius aper* SEN. *Ep.* 110, 12, un sanglier de mille livres ‖ *milliarius clivus* VARR. *R.* 3, 1, pente de mille pas, cf. SUET. *Ner.* 31.

2 millĭārĭus, *ĭi*, m., millénaire : AUG. *Civ.* 20, 7.

millĭēs (**mīlĭēs**, **mīlĭens**), mille fois : CIC. *Rep.* 3, 17 ; *Rab. Post.* 21 ; PLIN. 2, 85 ‖ = nombre indéterminé : CIC. *Rab. perd.* 15 ; *Off.* 1, 113 ; *Sest.* 12, 3 ; *Att.* 14, 9, 2.

millĭformis, **millĭmŏdus**, V. ▸ *milleformis*.

millo, *ōnis*, m. (*milvus*), milan : M.-EMP. 33, 7.

millus, *i*, m. (*mellum*, *melium*), collier de chien de chasse, armé de clous : P. FEST. 137, 3.

1 Mĭlo et **Mĭlōn**, *ōnis*, m. (Μίλων), Milon [de Crotone, célèbre athlète] : CIC. *Fat.* 30 ; *CM* 27.

2 Mĭlo, *ōnis*, m., T. Annius Milon [meurtrier de Clodius, et défendu par Cicéron] ‖ **-nĭānus**, *a*, *um*, de T. Annius Milon : BALB. d. CIC. *Att.* 9, 7 b, 2 ‖ *Miloniana*, f., la Milonienne, discours prononcé pour Milon : CIC. *Or.* 165.

Milogonis, f., ancien nom de l'île Lipara : PLIN. 3, 93.

Milolitum, *i*, n., ville de Thrace : ANTON. 322.

Milonius

Mīlōnĭus, *ii*, m., nom d'homme : HOR. S. 2, 1, 24.

Milphĭo, *ōnis*, m., nom d'esclave : PL. *Poen.* 129 ‖ **Milphĭdiscus**, m., petit Milphio : PL. *Poen.* 421.

Miltĭădēs, *is* et *i*, m. (Μιλτιάδης), célèbre général athénien : CIC. *Tusc.* 4, 44; *Rep.* 1, 5; *Sest.* 141.

miltītēs lăpis, m. (μιλτίτης), sorte de sanguine ou d'hématite [pierre précieuse] : PLIN. 36, 147.

Miltopēs stătĭo, f., lieu près de Tarente : PLIN. 3, 101.

miltos, *i*, f. (μίλτος), vermillon, minium, cinabre : PLIN. 33, 115.

mīlŭĭnus, **milŭus**, V. *milvinus, milvus*.

Milus, V. *Melos*.

milva, *ae*, f., milan femelle [terme injurieux, cf. harpie, pie-grièche] : PETR. 75, 6.

milvāgo (**millāgo**), *ĭnis*, f. (*milvus*), poisson de mer volant : ISID. 12, 6, 36.

milvīnatībĭa, (**mīlŭĭnatībĭa**), f. et **milvīna**, *ae*, f. (*milvinus*) ¶ 1 petite flûte à son aigu : SOLIN. 5, 19; P. FEST. 110, 3 ¶ 2 V. *milvinus* fin.

milvīnus (**mīlŭĭnus**), *a*, *um*, de milan, qui a rapport au milan : PLIN. 37, 167 ‖ [fig.] rapace : PL. *Ps.* 852; CIC. *Q.* 1, 2, 6 ‖ **milvinus pes**, COL. 12, 7, 1, sorte de plante ‖ **milvīna**, *ae*, f., appétit vorace : PL. *Men.* 212.

Milvĭus pons, V. 2 *Mulvius pons* [qqs mss].

milvus (**mīlŭus**), *i*, m. (cf. μέλας ?), milan, oiseau de proie : PL. *Aul.* 316; TER. *Phorm.* 330; CIC. *Nat.* 2, 125; PLIN. 10, 28; [prov.] *arare quantum non milvus errat* PERS. 4, 26, avoir plus de labours que n'en parcourt un milan, cf. JUV. 9, 55; PETR. 37, 8 ‖ milan marin (poisson volant) : PLIN. 9, 82; HOR. *Ep.* 1, 16, 51 ‖ [fig.] homme rapace, vautour : PL. *Poen.* 1150 ‖ constellation : OV. *F.* 3, 794; PLIN. 18, 237.

Milyădes, *um*, f. pl., V. *Milyas*.

Milyae, *ārum*, m. pl., peuple de Thrace : PLIN. 5, 95.

Milyăs, *ădis*, f., canton de la Lycie : LIV. 38, 39, 16 ‖ **commune Milyădum**, CIC. *Verr.* 1, 95, la communauté des Milyades.

mīma, *ae*, f., mime, comédienne : CIC. *Phil.* 2, 58; 13, 24; HOR. S. 1, 2, 56 ‖ dat. et abl. pl., *mimabus*; CLED. 7, 11, 14 [sans ex.].

Mīmallis, *ĭdis*, f., autre nom de l'île de Mélos : PLIN. 4, 70.

Mīmallōnes, *um*, f. pl. (Μιμαλλόνες), les Bacchantes : STAT. *Th.* 4, 660 ‖ **-nĕus**, *a*, *um*, des Bacchantes : PERS. 1, 99.

Mĭmallŏnĭdes, *um*, f. pl., les Bacchantes : OV. *A. A.* 1, 541.

mīmārĭus, *a*, *um*, C. *mimicus* : CAPIT. *Ver.* 8, 11 ‖ subst. m., pantomime [acteur] : EXPOS. MUND. 32.

Mĭmās, *antis*, m., montagne d'Ionie : OV. *M.* 2, 222; CIC. d. AMM. 31, 14, 8 ‖ géant foudroyé par Jupiter : HOR. *O.* 3, 4, 53; SIL. 4, 278 ‖ un des compagnons d'Énée : VIRG. *En.* 10, 702.

Mimblis, f., autre nom de l'île de Mélos : PLIN. 4, 70.

mīmētĭcŏs, *ŏn* (μιμητικός), imitatif : DIOM. 482, 15; DOSITH. *Gram.* 7, 428, 7.

mīmĭambi, *ōrum*, m. (μιμίαμβοι), mimiambes, mimes en vers iambiques : PLIN. *Ep.* 6, 21, 4; GELL. 15, 25, 1.

mīmĭcē, adv. (*mimicus*), à la manière des mimes : CATUL. 42, 8; SEN. *Contr.* 2, 12, 5.

mīmĭcus, *a*, *um* (μιμικός), de mime, digne d'un mime : CIC. *de Or.* 2, 239; QUINT. 6, 1, 47 ‖ [fig.] = faux, simulé : PLIN. *Ep.* 7, 29, 3; PETR. 94, 15.

Mimnermĭa, *ae*, f., un des noms de Vénus : SERV. *En.* 1, 720.

Mimnermus, *i*, m. (Μίμνερμος), Mimnerme [poète contemporain de Solon] : PROP. 1, 9, 11; HOR. *Ep.* 1, 6, 65 ‖ autre du même nom : OV. *Ib.* 550.

mīmŏfābŭla, *ae*, f., mime, sorte de pièce de théâtre : JUL.-VICT. 26.

mīmŏgrăphus, *i*, m. (μιμογράφος), mimographe, auteur de mimes : SUET. *Gram.* 18; SCHOL. JUV. 8, 186.

mīmŏlŏgus, *i*, m. (μιμολόγος), mime, comédien : FIRM. *Math.* 8, 8, 1.

mīmŭla, *ae*, f., **-lus**, *i*, m., ARN. 2, 38, dim. péjor. de *mima* et de *mimus* : CIC. *Phil.* 2, 61; *Planc.* 30.

mīmus, *i*, m. (μῖμος) ¶ 1 mime, pantomime, acteur de bas étage : CIC. *Verr.* 5, 81; *de Or.* 2, 242; QUINT. 6, 23, 9; OV. *A. A.* 1, 501 ¶ 2 mime, farce de théâtre : CIC. *Cael.* 65; *Phil.* 2, 65; OV. *Tr.* 2, 497; SUET. *Caes.* 39; JUV. 13, 110 ‖ [fig.] farce : SUET. *Cal.* 45; PLIN. 7, 53; SEN. *Ep.* 80, 7.

1 **mĭn**, = *mihine ?* : PERS. 1, 2.

2 **min**, mot tronqué, peut-être pour *minium* (?) : AUS. *Techn.* 13 (349), 8; *CATAL. 2, 4.

1 **mĭna**, *ae*, f. (μνᾶ), mine, poids de cent drachmes chez les Grecs : PLIN. 12, 62 ‖ mine d'or [monnaie grecque = 10 mines d'argent, 6ᵉ partie du talent] : PL. *Truc.* 936; *Mil.* 1420 ‖ mine d'argent [= 100 drachmes] : PL. *Trin.* 403; CIC. *Tusc.* 5, 91; *Off.* 2, 56.

2 **mĭna**, *ae*, f. (cf. 3 *mina, minuo, minor*), mamelle tarie : P. FEST. 109, 10.

3 **mĭna ŏvis**, f. (cf. 2 *mina*), brebis sans laine sous le ventre : VARR. *R.* 2, 2, 6; [jeu de mots] PL. *Truc.* 654.

4 **mĭna**, *ae*, f., V. *minae*.

mĭnācĭae, *ārum*, f. pl. (*minae*) fr. menace), menaces : PL. *Truc.* 948.

mĭnācĭtĕr, adv. (*minax*), en menaçant, d'une manière menaçante : PL. *St.* 79; CIC. *de Or.* 1, 90; **-cius** CIC. *Phil.* 5, 21.

mĭnae, *ārum*, f. pl. (cf. *mineo, mons, mentum*; esp. *almena*) ¶ 1 saillies en surplomb : **ingentes minae murorum** VIRG. *En.* 4, 88, les énormes saillies des murs, V. *minax* ‖ merlons [*pinnae*] : SERV. *En.* 4, 88; AMM. 20, 6, 2; 24, 2, 12; 29, 6, 11 ¶ 2 menaces : **mortis, exsilii** CIC. *Par.* 17, menaces de mort, d'exil; *alicujus* CIC. *Att.* 2, 19, 1, menaces de qqn; *alicui* CIC. *Att.* 9, 10, 2, contre qqn; **minas jactare** CIC. *Quinct.* 47, lancer des menaces.

Mĭnaei (**Minnaei**), *ōrum*, m. pl., peuple de l'Arabie Heureuse : PLIN. 6, 155; AVIEN. *Perieg.* 1136 ‖ **-us**, *a*, *um*, des Minéens : PLIN. 12, 53; 12, 69.

mĭnantĕr, C. *minaciter* : OV. *A. A.* 3, 582.

mĭnātĭo, *ōnis*, f. (*minor*), action de menacer, menace : **minationes** CIC. *de Or.* 2, 288.

mĭnātŏr, *ōris*, m. (*minor*), celui qui excite un animal par des menaces : *TERT. *Nat.* 2, 3, 11.

mĭnātōrĭus, *a*, *um*, menaçant : *AMM. 17, 7, 14.

mĭnax, *ācis* (*minor, minae*), menaçant : CIC. *Font.* 36; **minaces litterae** CIC. *Fam.* 16, 11, 2, lettre de menaces ‖ [poét.] **minax scopulus** VIRG. *En.* 8, 668, rocher qui menace de sa chute ‖ **-cior** LIV. 4, 52, 3; **-issimus** SUET. *Cal* 51.

Mincĭădēs, *ae*, m., né sur les bords du Mincius [Virgile] : JUVC. *Praef.* 10.

Mincĭus, *ii*, m., rivière de la Gaule transpadane [auj. Mincio] : LIV. 24, 10, 7; PLIN. 2, 224; VIRG. *G.* 3, 15.

minctĭo, *ōnis*, f., **-tūra**, *ae*, f., action d'uriner, miction : VEG. *Mul.* 1, 50, 1.

minctŭs, abl. **ū**, m., C. *minctio* : CASS. FEL. 45.

mĭnĕō, *ēs*, *ēre*, -, - (e-, im-, promineo, mentum, minae, mons, monile; cf. bret. *menez*), intr., faire saillie, avancer : LUCR. 6, 563.

mĭnerrĭmus, V. *minimus*.

Mĭnerva (arch. *Mĕnerva*, cf. QUINT 1, 4, 17), *ae*, f., Minerve [identifiée avec Pallas des Grecs, fille de Jupiter] : **invita Minerva** CIC. *Off.* 1, 301, malgré Minerve, malgré les dispositions naturelles; **pingui Minerva** CIC. *Lae.* 19; **crassa Minerva** HOR. S. 2, 2, 3, avec le gros bon sens ‖ travail de la laine : VIRG. *En.* 8, 409 ‖ **Minervae promunturium** LIV. 40, 18, 8, promontoire de Minerve [en Campanie].

mĭnervăl, *ālis*, n., cadeau fait en retour de l'instruction donnée : VARR. *R.* 3, 2, 18; TERT. *Idol.* 10, 3.

Mĭnervālĭa, *ĭum*, n. pl., les Minervalies, fêtes de Minerve : SERV. *Gram.* 4, 434, 32.

mĭnervālĭcĭum, *ii*, n., C. *minerval* : GLOSS. 2, 129, 41.

Mĭnervālis, *e*, de Minerve : TERT. *Spect.* 11, 3.

Mĭnervīnus, *i*, m., nom d'esclave : CIL 6, 25615.

1 **Mĭnervĭum**, *ii*, n., temple de Minerve : VARR. *L.* 5, 47; ARN. 6, 6.

2 Mĭnervĭum, *ĭi*, n., ville de Calabre: Liv. 45, 16, 5; Vell. 1, 15, 4.

Mĭnervĭus, *a, um*, de Minerve: Arn. 4, 16; *Minervii*, m. pl., les soldats de la légion de Minerve: Not. Dign. *Or.* 9, 15; *Minervii cives* Arn. 5, 26, les Athéniens.

1 mĭnĕus, *a, um*, ▶ *1 minius*: Apul. M. 4, 2; Flor. 12.

2 Mĭnĕus, ▶ *2 Minius*.

mingō, *ĭs, ĕre, minxī, minctum* et *mictum* (cf. *meio*) ¶ 1 intr., uriner: Hor. S. 1, 8, 38 ¶ 2 tr., Vop. *Tyr.* 14, 5; ▶ *meio*.

mĭnĭācĕus, *a, um* (*minium*), de minium, de cinabre: Vitr. 7, 4, 4.

mĭnĭārĭa, *ae*, f. (*miniarius*), mine de minium, de cinabre: Plin. 33, 121.

mĭnĭārĭus, *a, um* (*minium*), de minium, de cinabre: Plin. 33, 118.

mĭnĭastrum, *i*, n., cinabre qui n'est pas épuré: Not. Tir. 98, 89.

mĭnĭātŭlus, *a, um* (dim. de *miniatus*), légèrement teinté au minium: Cic. *Att.* 16, 11, 1.

mĭnĭātus, *a, um*, part. de *1 minio*.

Mĭnĭcĭa, Mĭnĭcĭanus, ▶ *Minu-*.

mĭnĭmē (-ŭmē), superl. de *parum*, [sens relatif] le moins **a)** [avec des verbes] *minime displicebat* Cic. *Brut.* 207, il déplaisait le moins, cf. *Nat.* 1, 16; *Or.* 222 ‖ *quod ad te minime omnium pertinebat* Cic. *Amer.* 96, ce qui te regardait moins que personne **b)** [avec des adj.] *in hac quadriremi minime multi remiges deerant* Cic. *Verr.* 5, 88, c'est dans cette quadrirème qu'il manquait le moins de rameurs, cf. *Fam.* 14, 13 ‖ [sens absolu] très peu, nullement: *scis me minime esse blandum* Cic. *Att.* 12, 5 c, tu sais que je ne suis pas du tout complimenteur; *homo minime malus* Cic. *Tusc.* 2, 44, [Épicure] homme sans la moindre malice, cf. *Nat.* 1, 85 **c)** [avec adv., rare] Caes. G. 1, 1, 3; *quam minime indecore* Cic. *Off.* 1, 14, avec le moins d'inconvenance possible **d)** [dans le dial.] *minime, minime vero*, non, pas du tout: Cic. *Rab. Post.* 16; *Brut.* 232; *minime gentium* Ter. *Phorm.* 1033, pas le moins du monde, cf. 342; *Eun.* 625; Pl. *Poen.* 689 **e)** pour le moins, à tout le moins: Col. 1, 6, 6; 5, 9, 12; Cels. 2, 8, 38.

mĭnĭmissĭmus, ▶ *minimus*.

mĭnĭmŏpĕre, (mĭnĭmo ŏpĕre), adv., pas du tout: Licin. d. Prisc. 2, 243, 2.

1 mĭnĭmum, n. de *minimus* pris adv[t], très peu, le moins possible: Cic. *Fam.* 1, 9, 11; *ne minimum quidem* Cic. *Verr.* 2, 179, pas même si peu que ce soit ‖ *cum minimum* Plin. 18, 146 [ou] *minimum* Varr. R. 2, 1, 12; Quint. 5, 10, 5, au moins ‖ *non minimum* Liv. 33, 6, 6, principalement.

2 mĭnĭmum, *i*, n. pris subst[t], la plus petite quantité, très peu: *quam minimum temporis* Cic. *Verr.* 4, 19, le moins de temps possible; *minimum virium* Cic. *Lae.* 46, le moins de force physique ‖ [gén. et abl. de prix] *aliquid minimi putare* Cic. *Fam.* 1, 9, 5, regarder qqch. comme de la moindre importance; *minimo aestimare* Cic. *Verr.* 3, 221, estimer à la moindre valeur, au taux le plus faible.

mĭnĭmus, *a, um* (*minor, minuo*; fr. *marmot*), superl. de *parvus*, très petit, minime, ou le plus petit, le moindre, ▶ *parvus*; *minimus natu omnium* Cic. *de Or.* 2, 58; *ex omnibus* Cic. *Clu.* 107, le moins âgé de tous [sans *natu*]; Sall. J. 11, 3 ‖ *minima de malis* Cic. *Off.* 3, 105, entre des maux il faut choisir les moindres.

▶ *minimissimus* Arn. 5, 7 ‖ arch. *minerrimus* P. Fest. 109, 25.

mĭnīnus, *a, um* (*1 mina*), qui coûte une mine: Pl. *Ps.* 329.

1 mĭnĭō, *ās, āre, āvī, ātum*, tr., vermillonner, enduire de minium: Plin. 33, 112; 35, 157 ‖ *miniatus, a, um*, enduit de rouge: Cic. *Fam.* 9, 16, 8; *Att.* 15, 14, 4 ‖ intr., devenir rouge: Apic. 65.

2 Mĭnĭo (Mŭ-), *ōnis*, m., rivière d'Étrurie [Mignone]: Virg. *En.* 10, 183; Rutil. 1, 279; *Mel. 2, 72 ‖ confident d'Antiochus le Grand: Liv. 35, 15.

mĭniscŏr, *scĕrĭs, scī*, - (*1 memini, mens*), tiré secondairement de *comminiscor, eminiscor* et *reminiscor*: P. Fest. 109, 26.

1 mĭnister, *tra, trum* (*minus*, cf. *magister*), qui sert, qui aide: Lucr. 5, 297; Ov. H. 21, 114.

2 mĭnister, *tri*, m., serviteur, domestique: Virg. *En.* 1, 705; Catul. 27, 1; Cic. *Rep.* 1, 66 ‖ ministre [d'un dieu]: Cic. *Clu.* 43 ‖ officier en sous-ordre: *ministri imperii tui* Cic. Q. 1, 1, 10, tes subordonnés ‖ ministre, instrument, agent: Cic. *Fam.* 1, 9, 13; *Lae.* 35; *Verr.* 3, 21; *Clu.* 60; [poét.] *minister ales fulminis* Hor. O. 4, 4, 1, l'oiseau qui porte la foudre [aigle]; *sit anulus tuus non minister alienae voluntatis* Cic. Q. 1, 1, 13, que ton anneau (ton sceau) soit, non pas l'instrument d'une volonté étrangère, mais... ‖ intermédiaire, agent: Tac. H. 2, 99 ‖ prêtre [de Dieu]: Vulg. *Rom.* 15, 16 ‖ [à propos des anges] Minuc. 25, 11.

mĭnistĕrĭāles, *ĭum*, m., Cod. Th. 8, 7, 5; Grom. 372, 7, fonctionnaires impériaux.

mĭnistĕrĭāni, *ōrum*, m. pl., ▶ *ministeriales*: Cod. Just. 12, 25 tit.

mĭnistĕrĭum, *ĭi*, n. (*minister*; fr. *métier*) ¶ 1 fonction de serviteur, service, fonction: Cic. *Tim.* 50; Sen. *Ben.* 3, 18, 1; Liv. 42, 15, 3; Virg. *En.* 6, 223; Ov. M. 11, 625 ‖ service d'esclave: *in ministerio secum habere servos* Dig. 40, 2, 22, avoir des esclaves à son service; *mancipia in ministerio alicui esse (= alicujus esse)* Dig. 33, 7, 12, 35, esclaves au service de qqn; *servi ad uxoris ministerium* Dig. 7, 8, 12, 5, esclaves attachés au service de l'épouse ‖ tâche, travail [en gén.]: *tutelae* Inst. Just. 1, 26, 10, la charge de la tutelle; *in ministerium metallicorum damnari* Ulp. Dig. 48, 19, 8, 8, être condamné à la peine des mines ‖ aide, secours: *ministerio suo alium possessorem facere* Dig. 41, 2, 18 pr., rendre par son aide autrui possesseur ‖ [sens concret] suite [de domestiques], personnel: Liv. 4, 8, 4; Plin. 12, 10; Suet. *Ner.* 12; Tac. *An.* 13, 27 ‖ service de table: Paul. Sent. 3, 6, 86 ‖ *ministeria*, les différents services ou ministères ou départements établis auprès des empereurs et confiés à des affranchis: *a rationibus*, comptabilité; *a libellis*, requêtes; *ab epistulis*, correspondance: Tac. H. 2, 59 ¶ 2 [chrét.] service de Dieu, ministère: Vulg. *Hebr.* 8, 6; Aug. *Symb.* 4, 1.

mĭnistra, *ae*, f. (*minister*) ¶ 1 servante, femme esclave: Ov. M. 9, 90; M. 14, 705 ‖ diaconesse: Plin. Ep. 10, 96 (97), 8 ¶ 2 [fig.] aide: Cic. *Tusc.* 1, 75 ‖ ministre, instrument, agent: Cic. *Fin.* 2, 37.

mĭnistrārĭus, *a, um*, subalterne, de serviteur: Gloss. 2, 278, 15.

mĭnistrātĭo, *ōnis*, f. (*ministro*), service: Vitr. 6, 6, 2; Vulg. 2 Cor. 3, 7.

mĭnistrātŏr, *ōris*, m. (*ministro*), serviteur [en part., qui sert à table]: Cic. *Tusc.* 5, 62; Sen. *Ep.* 95, 24; Petr. 31, 2 ‖ celui qui assiste un orateur dans une cause pour lui suggérer des arguments, lui rappeler des faits; assesseur: Cic. *de Or.* 2, 305; *Flac.* 53.

mĭnistrātŏrĭus, *a, um* (*ministrator*), relatif au service de table: Mart. 14, 105 tit..

mĭnistrātrix, *īcis*, f. (*ministrator*), celle qui aide, qui seconde: *Cic. de Or. 1, 75; Gloss. 5, 644, 43.

mĭnistrātus, *a, um*, part. de *ministro*.

mĭnistrō, *ās, āre, āvī, ātum* (*minister*; it. *minestrare*), tr. ¶ 1 servir **a)** pass. impers. avec dat.: *quo tibi commodius ministretur* Cic. *Fam.* 16, 14, 2, pour que ton service soit mieux fait **b)** *aliquem* Col. 12, 1, 6, servir qqn ¶ 2 [en part.] servir à table **a)** [abs[t]] Pl. *Curc.* 369; Cic. *Fin.* 2, 23; *cum maximis poculis ministraretur* Cic. *Verr.* 3, 105, alors que l'on servait à boire dans les plus grandes coupes **b)** *aliquem* Pl. *St.* 689, servir qqn; *pocula* Cic. *Tusc.* 1, 65, servir les coupes; *ministrare bibere* Cic. *Tusc.* 1, 65, faire le service des boissons, être échanson ¶ 3 [en gén.] **a)** *jussa* Ov. H. 20, 133, exécuter les ordres **b)** [surtout] fournir, présenter, mettre au service de, *aliquid alicui*: Cic. *Pis.* 26; Varr. R. 1, 31, 2; 3, 17, 5; Tac. H. 4, 12; Tib. 2, 2, 21; Hor. *Ep.* 1, 15, 20 ‖ [abs[t]] *sumptibus* Varr. R. 2 pr. 6, fournir (satisfaire) aux dépenses; *velis* Virg. *En.* 6, 302, fournir aux voiles = satisfaire aux manœuvres des voiles (servir les voiles; cf. servir une bouche à feu), cf. Prop. 3, 14, 7 ‖ *qui publicanis in vectigali ministrant* Dig. 39, 4, 1, 5, ceux qui sont au service des publicains pour la perception de l'impôt; *familia, quae publico vectigali ministrat* Dig. 39, 4, 1, 5, le personnel qui sert à la

ministro

perception de l'impôt **c)** [poét.] *ipse ratem vento stellisque ministrat* Val.-Flac. 3, 38, lui-même fait le service de la barque au moyen de la voile et des étoiles (conduit la barque à la voile en se guidant sur les astres), cf. *Tac. G. 44.

mĭnĭtābĭlĭtĕr, adv. (*minitor*), avec menaces, d'une manière menaçante : Pacuv. d. Non. 139, 22.

mĭnĭtābundus, *a*, *um*, faisant des menaces : Liv. 39, 41, 3 ; Tac. An. 2, 10.

mĭnĭtātĭo, *ōnis*, f. (*minitor*), menace : Avien. Arat. 250 ; Ambr. Ep. 24, 8.

mĭnĭtō, *ās*, *āre*, -, -, [arch.] ⚫▷ *minitor* : Andr. Tr. 19 ; Pl. Cap. 743.

mĭnĭtŏr, *āris*, *ārī*, *ātus sum* (fréq. de 1 *minor*), menacer souvent : *alicui rem* Cic. Phil. 13, 21 ; Tusc. 1, 102, menacer qqn de qch ; *alicui* Cic. Att. 2, 19, 3, menacer qqn ; [rem, sans dat.] *bellum minitari* Quint. 3, 8, 19, menacer sans cesse de la guerre, cf. Pl. Ru. 792 ; *aliqua re alicui* Cic. Phil. 11, 37 ; Cat. 2, 1 ; Sall. C. 49, 4 ; [avec inf.] Ter. Hec. 427 ; [avec prop. inf.] Cic. Phil. 3, 1.

mĭnĭum, *ĭi*, n. (hisp., cf. 2 *Minius*), minium, vermillon, cinabre : Vitr. 7, 5, 8 ; Virg. B. 10, 27 ; Plin. 33, 118.

1 mĭnĭus, *a*, *um*, couleur de vermillon, d'un rouge vermeil : Apul. M. 4, 2.

2 Mĭnĭus, *ii*, m., fleuve de Lusitanie [Miño] Atlas I, C2 ; IV, B1 : Plin. 4, 112 ; Mel. 3, 10 ‖ nom d'une famille campanienne qui conspira contre les Romains : Liv. 39, 13.

Mĭnizus (**Mnizos**), *i*, m., ville de Galatie : Anton. 142 ; 575.

Minnaei, ⚫▷ *Minaei*.

Minnica, *ae*, f., ville de Syrie [Minnigh] : Anton. 193.

Minnŏdūnum, *i*, n., ville d'Helvétie [Moudon] : Anton. 352 ‖ **-nensis**, *e*, de Minnodunum : CIL 13, 5042.

1 mĭnō, *ās*, *āre*, *āvī*, *ātum* (de *minor* ; fr. *mener*), tr., chasser, pousser devant soi : Apul. M. 3, 28 ; 8, 30 ; P. Fest. 21, 13 ; Vulg. Exod. 3, 1 ; Jac. 3, 4.

2 mĭnō, *ās*, *āre*, -, -, [arch.] ⚫▷ *1 minor* : Prisc. 2, 396, 11, [sans ex., cf. *minito*] ; [tard.] : Greg.-Tur. Martyr. 60.

Mīnōĭs, *ĭdis*, acc. *ĭdă*, f. (Μινωίς) ¶ 1 fille de Minos [Ariane] : Catul. 64, 60 ; Prop. 3, 19, 27 ; Ov. M. 8, 174 ‖ Pasiphaë [femme de Minos] : Aus. Techn. 11 (347), 7 ¶ 2 ancien nom de l'île de Paros : Plin. 4, 67.

Mīnōĭum, *ii*, n., ville de Crète : Plin. 4, 59.

Mīnōĭus, *a*, *um*, de Minos : Virg. En. 6, 14 ; Luc. 5, 406.

1 mĭnŏr, *āris*, *ārī*, *ātus sum* (*minae*) ¶ 1 menacer : *alicui* Cic. Verr. 5, 110, menacer qqn, cf. Verr. 4, 149 ‖ *alicui aliquam rem* Cic. Tusc. 1, 102 ; Phil. 3, 18, menacer qqn de qqch. ‖ *alicui aliqua re* Sall. C. 23, 3 ‖ [avec prop. inf.] : *universis se... eversurum esse minabatur* Cic. Verr. 4, 76, il les menaçait en bloc de détruire..., cf. Tusc. 5, 75 ; *minatur sese abire* Pl. As. 604, il menace de s'éloigner ¶ 2 [poét.] annoncer en se vantant, promettre hautement : Hor. S. 2, 3, 9 ; Ep. 1, 8, 3 ; Phaed. 4, 24, 4 ‖ menacer = viser : Hor. P. 350 ‖ *ornus minatur* Virg. En. 2, 628, l'orne menace (de tomber).

2 mĭnŏr, *ŭs*, *ōris* (tiré de *minus*, cf. *minuo*, *major* ; fr. *moindre*), compar. de *parvus*, plus petit, moindre [pr. et fig.] ⚫▷ *parvus* : *quod in re majore valet, valeat in minore* Cic. Top. 23, qui prouve le plus prouve le moins ; *minor capitis = capite deminutus* Hor. O. 3, 5, 42, déchu de ses droits de citoyen ‖ *aliquot annis minor natu* Cic. Ac. 2, 61, plus jeune d'un certain nombre d'années ; *filia minor regis* Caes. C. 3, 112, 10, la plus jeune des deux filles du roi ; *minor triginta annis natus* Cic. Verr. 2, 122, âgé de moins de trente ans : *minor annis sexaginta* Cic. Amer. 100, âgé de moins de soixante ans ‖ *minores* Cic. Brut. 232, les plus jeunes [d'une génération] ; [poét.] les descendants : Virg. En. 1, 532 ‖ [avec inf. poét.] : *tanto certare minor* Hor. S. 2, 3, 313, si inférieur pour rivaliser, si loin de rivaliser, cf. Sil. 5, 76 ‖ n. pris subst¹ : *non minus inerat auctoritatis quam* Cic. Sull. 12, il n'y avait pas dedans moins d'autorité que ; *uno signo ut sit minus quam ex lege oportet* Cic. Verr. 1, 117, en sorte qu'il y ait un sceau de moins que la loi ne l'exige, cf. Cic. Verr. 1, 150 ; *minoris vendere* Cic. Off. 3, 51, vendre moins cher ; *aliquid minoris ducere* Sall. J. 32, 5, regarder qqch. comme de moindre valeur.

3 Mĭnŏr, *ōris*, épithète qui sert à distinguer deux hommes ou deux choses portant le même nom : *Minor Scipio* Cic. Brut. 77, Scipion le Jeune [Scipion Émilien] ; *Armenia Minor* B.-Alex. 34, 1, la Petite Arménie, ⚫▷ *2 Major*.

mĭnōrātĭo, *ōnis*, f. (*minoro*), diminution, amoindrissement : Vulg. Eccli. 20, 11.

mĭnōrātŭs, *ūs*, m. (*minoro*), état moindre, inférieur : App.-Prob. 4, 193, 20.

Mĭnōrĭca, *ae*, f., Minorque [une des Baléares] : Isid. 14, 6, 44.

mĭnōrō, *ās*, *āre*, *āvī*, *ātum* (*minor*), tr., [chrét.] rendre plus petit, diminuer : Tert. Anim. 43, 4.

Mīnōs, *ōis*, m. (Μίνως), Minos [roi de Crète, un des juges des enfers] : Cic. Tusc. 1, 98 ; Ov. M. 9, 440 ; [père d'Ariane] : Ov. M. 7, 456 ; Suet. Tib. 70.

Mīnōtaurus, *i*, m. (Μινώταυρος), Minotaure [monstre moitié homme, moitié taureau, fils de Pasiphaé ; fut tué par Thésée] : Virg. En. 6, 25 ; Ov. M. 7, 456 ; Hyg. Fab. 41 ; P. Fest. 135, 23 ‖ [plais¹] Cic. Fam. 12, 25, 1.

Mīnōum, *i*, n., ⚫▷ *Minoium*.

Mīnōus, *a*, *um*, de Minos : Prop. 4, 18, 21 ; Ov. H. 6, 114 ‖ de Crète : Ov. Ib. 511.

mintha, **minthe**, ⚫▷ *menta* : Plin. 19, 159.

mintrĭō, *īs*, *īre*, -, -, intr., ravir [en parl. du cri du rat] : Philom. 61.

Minturnae, *ārum*, f. pl., Minturnes [ville du Latium] Atlas XII, E4 : Plin. 3, 59 ; Liv. 9, 25, 3 ‖ **-ensis**, *e*, de Minturnes : Cic. Att. 5, 3, 2 ‖ **-enses**, *ium*, m. pl., les habitants de Minturnes : Vell. 2, 19, 2.

mĭnŭātim, adv. (*minus*), par morceaux, par petits fragments : Boet. Herm. sec. 3, 9 ; Gloss. 2, 341, 48 ; ⚫▷ *minutatim*.

Mĭnŭcĭa, *ae*, f., nom d'une vestale : Liv. 8, 15, 7.

Mĭnŭcĭānus, *a*, *um*, de Minucius : CIL 11, 1941.

Mĭnŭcĭus (**-tĭus**), *ii*, m. ¶ 1 nom d'une famille rom. : Nep. Hann. 5, 3 ; Liv. 22, 8, 6 ; Sil. 7, 386 ; Luc. 6, 126 ‖ **-cĭus**, *a*, *um*, de Minucius : Cic. Verr. 1, 115 ; Phil. 2, 84 ; Att. 9, 6, 1 ¶ 2 *Minucius Felix* Lact. Inst. 1, 11, 55, Minucius Félix [apologiste chrétien du 2ᵉ siècle apr. J.-C.].

mĭnŭiscō, *ĭs*, *ĕre*, -, - (*minuo*), intr., diminuer : *Aus. Ephem. 7 (157), 16.

mĭnŭm-, ⚫▷ *mĭnĭm-*.

mĭnŭō, *ĭs*, *ĕre*, *ŭī*, *ūtum* (2 *minus*, cf. μινύθω, μείων ; esp. *menguar*), tr., diminuer, rendre plus petit, ¶ 1 [au pr., poét.] mettre en pièces, en miettes : *ramalia, ligna* Ov. M. 8, 645 ; F. 2, 647, casser en menus morceaux de branches sèches, du bois ¶ 2 [fig.] diminuer **a)** amoindrir, réduire : *sumptus* Cic. Fam. 3, 8, 2, réduire des dépenses ; *minuuntur corpora* Plin. 11, 283, les corps maigrissent ; *minuitur memoria* Cic. CM 21, la mémoire diminue ; *censuram* Liv. 4, 24, 3, réduire l'autorité des censeurs **b)** affaiblir : *gloriam alicujus* Cic. Flac. 28, affaiblir la gloire de qqn ; *majestatem populi* Cic. Phil. 1, 21, porter atteinte à la majesté du peuple **c)** chercher à détruire : *suspicionem, opinionem* Cic. Att. 10, 16, 4 ; Off. 1, 72, faire disparaître des soupçons, réfuter une opinion ; *controversias* Caes. G. 5, 26, 4, supprimer les controverses ¶ 3 [abs¹] : *minuente aestu* Caes. G. 3, 12, 1, quand la marée diminuait ¶ 4 [avec inf.] cesser petit à petit de : *Lucr. 2, 1029.

mĭnŭrĭō (**mĭnurrĭō**), *īs*, *īre*, -, - (onomat.), intr., gazouiller : Sidon. Ep. 2, 2, 14.

mĭnurrītĭōnes, *um*, f. pl., gazouillement : P. Fest. 109, 12.

1 mĭnŭs, n. pris subst¹, ⚫▷ *2 minor*.

2 mĭnŭs (*minuo*, cf. *plus*, *magis* ; fr. *moins*), compar. de *parum*, moins ¶ 1 *minus minusque* Ter. Haut. 594 ; *minus atque minus* Virg. En. 12, 616, de moins en moins, toujours de moins en moins ; *nihil minus* Cic. Off. 3, 81, pas le moins du monde ¶ 2 *minus quam*, moins que : Cic. Phil. 6, 1 ; *non minus... quam* Cic. Sest. 28, non moins... que, cf. Cic. Cat. 3, 2 ‖ *non minus ac, atque* Virg. En. 3,

561; Hor. S. 2, 7, 96, non moins que ‖ [sans *quam*] *a milibus passuum minus duobus* Caes. G. 2, 7, 3, à une distance de moins de deux mille pas [pas tout à fait], cf. Cic. *Rep.* 1, 58; *Verr.* 2, 161; *minus dimidium* Cic. *Verr.* 1, 123, moins de la moitié ‖ [avec abl.] *nemo illo minus fuit emax* Nep. *Att.* 13, 1, personne ne fut moins acheteur que lui ¶ **3** [abl. marquant la quantité] *dimidio minus* Varr. R. 1, 22, 3, moitié moins; *uno minus teste* Cic. *Verr.* 1, 149, en diminution d'un témoin, un témoin de moins; v. *minor*; *eo minus* Cic. *Verr.* 4, 139, d'autant moins; *multo, paulo minus*, beaucoup moins, un peu moins: *quo minus dixi quam volui animum advortas volo* Pl. *Cap.* 430, je veux que tu sois attentif, du fait que j'en ai moins dit que je n'aurais voulu; *quo tu minus scis aerumnas meas* Ter. *And.* 655, du fait que (en quoi) tu connais mal mes misères; *bis sex ceciderunt me minus uno* Ov. *M.* 12, 554, [nous étions douze enfants de Nélée] tous les douze, excepté moi, tombèrent (succombèrent) [sous les coups d'Hercule] ¶ **4** moins qu'il ne faut, pas assez, trop peu: *plus minusve* Ter. *Phorm.* 554, trop ou pas assez; *minus diligenter* Cic. *Har.* 21, avec insuffisamment de soin, cf. Cic. *Sest.* 108 ¶ **5** assez peu, médiocrement, guère: *nonnumquam ea quae praedicto sunt, minus eveniunt* Cic. *Div.* 1, 24, parfois ce qui a été prédit n'arrive guère (n'arrive pas), cf. Cic. *Fam.* 3, 1, 2 ‖ *si minus*, sinon, si... ne pas; *sin minus*, sinon, dans le cas contraire: Cic. *Off.* 1, 120 ‖ *quo minus*, que... ne, v. *quominus*.

3 **mĭnus**, *a*, *um*, v. 3 *mina ovis*.

mĭnuscŭlārĭus, *a*, *um* (*minusculus*), moindre, petit: Cod. Just. 11, 42, 10 ‖ **-lārii**, m., minusculaires, percepteurs de dernier ordre: Cod. Th. 11, 28, 3; Aug. *Civ.* 7, 4.

mĭnuscŭlus, *a*, *um* (dim. de 1 *minor*), un peu plus petit, assez petit: Varr. R. 3, 5, 5; Cic. *Att.* 14, 13, 5; Q. 3, 1, 4.

mĭnūtăl, *ālis*, n. (*minutus*) ¶ **1** chose menue: *-lia* Tert. *Cult.* 1, 6, 1, menus objets ¶ **2** hachis: Mart. 11, 31, 11; Juv. 14, 129; Apic. 162.

mĭnūtālis, *e* (*minutus*), exigu, petit, chétif: Tert. *Marc.* 1, 4, 5.

mĭnūtātim, adv. (*minutus*) ¶ **1** en petits morceaux: Varr. R. 3, 10, 6 ‖ en miettes: Plin. 17, 75 ¶ **2** [fig.] par le menu, morceau par morceau, par degrés: Cic. *Ac.* 2, 79; 92; Varr. R. 1, 20, 2; Lucr. 5, 1384.

mĭnūtātus, *a*, *um* (*minuto*), réduit en petits morceaux: Rufin. *Orig. Hept.* 3, 2, 1.

mĭnūtē, adv. (*minutus*), en petits morceaux, en parcelles: Cat. *Agr.* 129; *-tissime* Cat. *Agr.* 95; Sen. *Ep.* 95, 2; [fig.] *-tius* Cic. *Ac.* 2, 42 ‖ [fig.] par le menu, v. *concise*: Quint. 5, 14, 28 ‖ [rhét.] de façon mesquine, d'une manière étriquée: Cic. *Or.* 123; *-tius* Cic. *Fin.* 4, 7.

mĭnūtĭa, *ae*, f. (*minutus*; fr. *menuise*), très petite parcelle, poussière: Sen. *Ep.* 90, 23; Lact. *Ir.* 10, 9 ‖ **-tĭēs**, *ēi*, f., Apul. *M.* 9, 27; Arn. 2, 49.

Mĭnūtĭānus, *a*, *um*, de Minutius: CIL 11, 1147, 1, 15; 17; 34; v. *Minucianus*.

mĭnūtĭlŏquĭum, *ii*, n. (*minutus, loquor*), concision: Tert. *Anim.* 6, 7.

mĭnūtim, c. *minutatim*: Cat. *Agr.* 123; Plin. 34, 171; Gell. 17, 8, 2.

mĭnūtĭo, *ōnis*, f. (*minuo*), amoindrissement, diminution: Quint. 8, 4, 28; Gell. 1, 12, 9; *capitis minutio = deminutio*, v. *caput*.

Mĭnūtĭus, v. *Minucius*.

mĭnūtō, *ās*, *āre*, -, -, tr., briser, mettre en pièces: VL. *Is.* 30, 22.

mĭnūtŭlus, *a*, *um* (dim. de *minutus*), tout petit: Pl. *Poen.* 28; Macr. *Sat.* 7, 3, 13.

mĭnūtum, *i*, n., petite chose: Sen. *Ep.* 124, 5 ‖ petite pièce de monnaie: Vulg. *Marc.* 12, 42.

mĭnūtus, *a*, *um* (fr. *menu*), part. de *minuo* pris adj^t **a)** petit, menu: Varr. d. Non. 14, 18; Pl. *Cis.* 522; *Bac.* 991; *litterae minutae* Cic. *Verr.* 4, 93, petites lettres, cf. *Verr.* 5, 27; *-tior* Lucr. 4, 318; *-issimus* Suet. *Vit.* 17 **b)** [péjor.] *minuti imperatores* Cic. *Brut.* 256, généraux de peu d'envergure, cf. Cic. *Div.* 1, 62; *Fin.* 1, 61 **c)** [rhét.] style haché, coupé: Cic. *Brut.* 287; *Or.* 39; 40; 78; réduit, simple: Cic. *Brut.* 291.

minxi, parf. de *mingo*.

Mĭnỹae, *ārum*, m. pl., les Minyens, les Argonautes: Ov. *M.* 7, 1; Hyg. *Fab.* 14, cf. P. Fest. 109, 13.

mĭnyanthĕs, *is*, n. (μινυανθές), psoralée bitumineuse [plante]: Plin. 21, 54; 21, 152.

1 **mĭnỹăs**, *ădis*, f. (μινυάς), plante inconnue: Plin. 24, 157.

2 **Mĭnỹās**, *ae*, m. (Μινύας), roi d'Orchomène: Hyg. *Fab.* 14.

Mĭnỹēĭăs, *ădis*, f. (Μινυηϊάς), fille de Minyas: Ov. *M.* 4, 1.

Mĭnỹēĭdes, *um*, f. pl. (Μινυηΐδες), filles de Minyas [changées en chauves-souris pour avoir travaillé pendant les fêtes de Bacchus]: Ov. *M.* 4, 32; 125.

Mĭnỹēĭus, *a*, *um*, de Minyas: Ov. *M.* 4, 389.

Mĭnỹēus (-nỹīus), *i*, m. (Μινυεῖος), Minyée [ancien nom d'Orchomène, en Thessalie]: Plin. 4, 29.

Minysus, v. *Minizus*.

Mĭnỹus, *a*, *um* (Μίνυος), des Minyens: Mart. 11, 99.

mĭŏ, *ās*, *āre*, -, -, c. *meio*: CIL 3, 1966.

mīrābĭlĭārĭus, *ii*, m. (*mirabilis*), faiseur de miracles: Aug. *Ev. Joh.* 13, 17.

mīrābĭlis, *e* (*miror*; *mirabilia* > fr. *merveille*), admirable, merveilleux; étonnant, singulier: Cic. *Or.* 39; *Verr.* 4, 64; *Par.* 35 ‖ *-lior* Cic. *de Or.* 2, 74 ‖ *-lissimus* Col. 6, 36, 3 ‖ *mirabile est quam, quomodo* [subj.] il est étonnant combien: Cic. *Div.* 2, 44; *de Or.* 3, 197; *mirabile quantum = mirum quantum* Sil. 6, 620, étonnamment [v. *quantum* fin]; *mirabile dictu!* Virg. *G.* 2, 30, chose étonnante à dire, ô prodige!; *mirabile videtur quod non rideat haruspex...* Cic. *Nat.* 1, 71, on trouve étonnant qu'un haruspice ne rie pas... ‖ [chrét.] miraculeux: Vulg. *Eccli.* 11, 4.

mīrābĭlĭtās, *ātis*, f. (*mirabilis*), étrangeté: Lact. *Inst.* 7, 4, 1.

mīrābĭlĭtĕr, adv. (*mirabilis*), admirablement, merveilleusement: Cic. *de Or.* 3, 15; *Nat.* 2, 136 ‖ étonnamment, extraordinairement: Cic. *Fam.* 11, 14, 1; 13, 16, 4 ‖ *-bilius* Cic. *de Or.* 1, 94.

mīrābundus, *a*, *um* (*miror*), qui admire, qui s'étonne: Curt. 9, 9, 26 ‖ [avec interrog. indir.] se demandant avec étonnement: *mirabundi unde* [subj.] Liv. 25, 37, 12, se demandant avec étonnement d'où..., cf. 3, 38 ‖ [avec acc.] regardant avec étonnement: Apul. *M.* 4, 16.

mīrācŭla, *ae*, f. (*miror*), femme qui est un prodige de laideur: Pl. d. Varr. *L.* 7, 64.

mīrācŭlōsē, adv., miraculeusement: Aug. *Serm.* 178, 1.

mīrācŭlum, *i*, n. (*miror*; esp. *milagro*), prodige, merveille, chose extraordinaire: Cic. *Nat.* 1, 18; Liv. 25, 8, 7; *magnitudinis* Liv. 25, 9, 14, un prodige de grosseur; *miraculo est* [avec prop. inf.] Liv. 25, 8, 7, c'est un objet d'étonnement que, il semble surprenant que ‖ abl. pris adv^t *miraculo* Plin. 34, 83, étonnamment ‖ *miracula* Quint. 10, 7, 11, tours d'adresse ‖ [chrét.] miracle: Aug. *Civ.* 4, 27.

Mirana, *ae*, f., ville de Phocide: Plin. 4, 8.

mīrandē, adv., étonnement: Lucr. 4, 419; 462.

mīrandus, *a*, *um*, part.-adj. de *miror*, étonnant, merveilleux, prodigieux: Cic. *Verr.* 5, 60; *mirandum in modum* Cic. *Att.* 9, 7, 3; *Fam.* 15, 8, d'une façon étonnante.

mīrātĭo, *ōnis*, f. (*miror*), admiration, étonnement: *mirationem facere* Cic. *Div.* 2, 49, provoquer l'étonnement.

mīrātīvus, *a*, *um*, qui exprime l'étonnement: Isid. 2, 21, 26.

mīrātŏr, *ōris*, m. (*miror*), admirateur: Prop. 2, 13, 9; Ov. *M.* 4, 640; Sen. *Vit.* 8, 3.

mīrātrix, *īcis*, f. (*mirator*), admiratrice: Sen. *Phaed.* 750; Juv. 4, 62.

mīrātus, *a*, *um*, part. de *miror*.

mīrē, adv. (*mirus*), étonnement, prodigieusement: Cic. *Brut.* 90; *Att.* 16, 11, 6; *mire quam* Cic. *Att.* 1, 11, 3, étonnamment; v. *quam*.

mīrĭdĭcus, *a*, *um* (*mirus, dico*), qui dit des choses étonnantes: Gloss. 5, 605, 9.

mīrĭfĭcātĭo, *ōnis*, f., œuvre merveilleuse: Eustath. 8, 8, 954 B.

mirifice

mīrĭfĭcē, ◇ mire : CIC. *Ac.* 2, 4 ; *Mil.* 34 ; *Nat.* 2, 140.

mīrĭfĭcentia, *ae*, f. (*mirificus*), admiration : CHRYSOL. *Serm.* 63.

mīrĭfĭcō, *ās, āre*, -, - (*mirus, facio*), tr., faire paraître admirable, glorifier : VULG. *Psal.* 4, 4 ; 15, 3.

mīrĭfĭcus, *a, um* (*mirus, facio*), étonnant, prodigieux, extraordinaire : [pers] CIC. *Att.* 4, 11, 1 ; [choses] CIC. *Fam.* 3, 11, 3 ; *Div.* 2, 47 ; CAES. *C.* 3, 112, 1 ‖ *-ficissimus, -ficentissimus* : TER. *Phorm.* 871 ; AUG. *Civ.* 18, 42.

mīrĭmŏdis, adv. (*miris modis*), étonnamment : PL. *Trin.* 931.

mīrĭo, *ōnis*, m. (*mirus*), prodige de laideur : ACC. d. VARR. *L.* 7, 64 ‖ admirateur naïf : TERT. *Praescr.* 3, 1.

mirmillo (**murm-**), *ōnis*, m. (empr. expr., cf. μορμύρω, μόρμυλος, *murmur*), mirmillon, sorte de gladiateur : CIC. *Phil.* 3, 31 ; 6, 10 ; SUET. *Ner.* 30, cf. FEST. 358, 7 ; P. FEST. 359, 1.

mirmillōnĭcus, *a, um*, de mirmillon : P. FEST. 131, 5.

mirmillōnĭum, *ii*, n., sorte d'armure gauloise : SCHOL. JUV. 8, 199.

mīrō, *ās, āre*, -, -, [arch.] ◇ miror : VARR. *Men.* 128 ; CIL 3, 70.

mĭrŏbălănus, ◇ myrobalanum : THEOD.-PRISC. *Eup.* 1, 14.

Mirobrīca (**-brīga**), *ae*, f., ville de Bétique [Capilla] Atlas IV, C1 : PLIN. 3, 14 ‖ *-īcenses* ou *-īgenses*, *ium*, m. pl., les habitants de Mirobriga : PLIN. 4, 118 ; *CIL 2, 5033.

mīrŏr, *āris, ārī, ātus sum* (*mirum*) ; it. *mirare*), tr. ¶ 1 s'étonner, être surpris : *inconstantiam alicujus* CIC. *Fin.* 4, 39, s'étonner de l'inconséquence de qqn, cf. CIC. *Tusc.* 1, 48 ; *Verr.* 2, 37 ; *id admirans, illud jam mirari desino* CIC. *de Or.* 2, 59, en admirant cela, voici une chose dont je ne m'étonne plus désormais... ; *aliquem* CIC. *Har.* 46, s'étonner au sujet de qqn ‖ [avec prop. inf.] s'étonner que : CIC. *Caecil.* 1 ; *Pomp.* 39 ‖ [avec *quod*] s'étonner de ce que : [subj. CIC. *Div.* 2, 51 ; indic. *Att.* 14, 18, 3] ‖ [avec interrog. indir.] se demander avec étonnement : [subj.] *miror cur* CIC. *Fam.* 7, 27, 1, je me demande avec étonnement pourquoi, cf. CIC. *Sest.* 1 ; *Verr.* 2, 134 ; *Nat.* 1, 95 ; *Or.* 11 ‖ [avec *si*] s'étonner si : *miror si... potuit* CIC. *Lae.* 54, je m'étonne qu'il ait pu... ; [avec subj.] s'il arrive que : CIC. *Cael.* 69 ¶ 2 voir avec étonnement, admirer : *aliquid, aliquem*, admirer qqch., qqn : CIC. *Inv.* 2, 2 ; *Verr.* 4, 63 ; *Tusc.* 1, 102 ; [avec gén.] *quibus caelo te laudibus aequem ? justitiaene prius mirer ?* VIRG. *En.* 11, 126, par quelles louanges pourrais-je t'égaler aux cieux ? est-ce pour ta justice d'abord que je dois t'admirer ? ‖ [intr.] *et audientes turbae mirabantur in doctrina ejus* VULG. *Matth.* 22, 33, et en l'écoutant les foules admiraient sa doctrine ¶ 3 [abs'] être dans l'étonnement : *de aliqua re* CIC. *Verr.* 1, 6, être surpris de qqch.

▶ sens pass. (tard.) JUVC. 3, 58 ; GREG.-TUR. *Hist.* 2, 22.

Mirsion, *ii*, n., ville entre l'Égypte et l'Éthiopie : PLIN. 6, 179.

mirta, ◇ myrta : APIC. 218.

Mirtyli, *ōrum*, ◇ *Myrtilis*.

mīrum, *i*, n., merveille, ◇ *mirus*.

mīrus, *a, um* (cf. scr. *smayate, smera-s*, μειδιάω, an. *smile*), étonnant, merveilleux : *mirum desiderium urbis* CIC. *Fam.* 2, 11, 11, un désir étonnant de revoir la ville ; *mirus civis* CIC. *Att.* 15, 29, 2, un merveilleux citoyen, cf. CIC. *Att.* 3, 18, 2 ; *mirum in modum* CAES. *G.* 1, 41, 1, d'une manière surprenante ; *multa mira facere* CIC. *Rep.* 5, 9, faire beaucoup de choses merveilleuses ‖ *mirum mihi videtur, quomodo* CIC. *Div.* 2, 146, je me demande avec surprise comment, cf. CAES. *G.* 1, 34, 4 ; *mirum est, ut* PLIN. *Ep.* 1, 6, 2, il est étonnant comment, cf. PLIN. *Ep.* 4, 7, 1 ‖ *quid mirum... si ?* qu'y a-t-il d'étonnant si ? ; *non mirum si*, il n'est pas étonnant si : [avec indic.] CIC. *Nat.* 1, 77 ; *Div.* 2, 114 ; *Mur.* 24 ; *Har.* 8 ; *CM* 32 ; [avec subj.] s'il arrive que : CIC. *Lae.* 29 ; *Div.* 2, 81 ; *Amer.* 22 ; 131 ‖ *mirum ni, nisi* ; *mira sunt ni, nisi*, il serait étonnant si... ne... pas, [c.-à-d.] très probablement, sans doute : PL. *Amp.* 283 ; *Cap.* 805 ; *Ps.* 1216 ; *Trin.* 861 ; CAECIL. *Com.* 101 ; OV. *M.* 7, 12 ‖ *mirum quin* PL. *Trin.* 495 ; 967, c'est une merveille comment ne... pas, il ne manquerait plus que cela que, évidemment ne... pas... ‖ *non est mirum, ut* CIC. *Div.* 2, 66, il n'est pas étonnant que ‖ [expr. adverbiale] *mirum quam, mirum quantum*, étonnamment, extraordinairement : CIC. *Att.* 13, 40, 2 ; LIV. 2, 1, 11 ; ◇ *quam* ¶ 8 et *quantum*.

▶ compar. *mirior* TITIN. *Com.* 161 ; *mirius* ; VARR. *Men.* 206.

mis [arch.] ¶ 1 ◇ *mei*, ◇ *ego* ▶ ¶ 2 ◇ *meis*, ◇ *meus* ▶.

Mīsăgĕnēs, *is*, m., Misagène [fils de Masinissa] : LIV. 42, 29.

Mīsargўrĭdēs (**-gŭrĭdēs**), *ae*, m. (μισαργυρία), qui méprise l'argent [iron., nom d'un usurier] : PL. *Most.* 568.

Miscella, *ae*, f., ville de Macédoine : PLIN. 4, 37.

miscellānĕus, *a, um* (*miscellus*), mêlé, mélangé : APUL. *M.* 3, 2 ‖ *-nĕa*, *ōrum*, n. pl., nourriture grossière des gladiateurs : JUV. 11, 20 ‖ *-nĕa*, *ae*, f., mélanges (écrits) : TERT. *Val.* 12, 4.

miscellĭo (**miscillĭo**), *ōnis*, m. (*miscellus*), homme versatile, brouillon : P. FEST. 110, 8.

miscellus, *a, um* (*misceo*), mêlé, mélangé : SUET. *Cal.* 20 ; CAT. *Agr.* 23.

miscĕō, *ēs, ēre, miscŭī, mixtum* (*mixtus, mesgus*, cf. μίσγω, μείγνυμι, scr. *miśra-s*, al. *mischen*), tr. ¶ 1 mêler, mélanger : *Surrentina vina faece Falerna* HOR. *S.* 2, 4, 55, mélanger aux vins de Surrentum de la lie de Falerne ; *fletum cruori* OV. *M.* 4, 140, mêler des larmes au sang qui coule ; *inter caeruleum virides zmaragdos* LUCR. 2, 805, mêler au bleu le vert des émeraudes ; *cum meis lacrimis suas miscuit* OV. *Pont.* 1, 9, 20, il a mêlé ses larmes aux miennes ‖ [fig.] *animum alicujus cum suo* CIC. *Lae.* 81, mêler l'âme de qqn avec la sienne ; *quos numeros cum quibus tamquam purpuram misceri oporteat, dicendum est* CIC. *Or.* 196, quels rythmes faut-il mélanger, comme on mélange la pourpre, c'est ce que nous devons exposer ; *ut tu illa omnia odio, invidia, misericordia miscuisti !* CIC. *de Or.* 2, 203, comme tu as mêlé dans tout cela la haine..., comme tu as su à travers tout cet exposé exciter la haine, l'hostilité, la pitié ; *mixta modestia gravitas* CIC. *de Off.* 2, 48, force mêlée de modération, cf. CIC. *Tim.* 44 ; *Scaur.* 13 ‖ *tres legiones in unam* TAC. *An.* 1, 18, fondre trois légions en une seule ¶ 2 *se miscere* [avec dat.] se mêler à, se joindre à : VIRG. *En.* 1, 440 ; VELL. 2, 86, 3 ‖ *desertores sibi miscere* TAC. *An.* 1, 21, s'adjoindre les déserteurs ; *oriundi a Zacyntho insula dicuntur mixtique etiam Rutulorum quidam generis* LIV. 21, 7, 2, ils étaient venus de l'île de Zacynthe, dit-on, et il s'était mélangé à eux certains éléments rutules ‖ *corpus cum aliqua, se alicui* CIC. *Div.* 1, 60 ; OV. *M.* 13, 866, s'accoupler ¶ 3 [poét.] *miscere manus, proelia* PROP. 2, 20, 66 ; 4, 1, 28, en venir aux mains, engager les combats, la mêlée ; *vulnera* VIRG. *En.* 12, 720, échanger des coups ¶ 4 troubler, confondre, bouleverser : *rem publicam malis contionibus* CIC. *Agr.* 2, 91, troubler l'état par des harangues séditieuses ‖ *caelum ac terras* LIV. 4, 3, 6, bouleverser ciel et terre ¶ 5 [avec acc. du résultat] **a)** former par mélange : *mulsum alicui* CIC. *Fin.* 2, 17, faire pour qqn du vin miellé ; *pocula* OV. *M.* 10, 160, préparer les coupes ‖ [fig.] *ex dissimillimis rebus misceri et temperari* CIC. *Off.* 3, 119, être un mélange et une combinaison d'éléments les plus différents, cf. CIC. *Tusc.* 1, 66 ; *inter bona malaque mixtus* TAC. *An.* 6, 51, étant un mélange de bien et de mal ; *haec partim vera, partim mixta* LIV. 29, 20, 1, ces propos en partie vrais, en partie mélange de vrai et de faux **b)** produire en remuant, en agitant, en troublant : *ceteros animorum motus judicibus miscere atque agitare* CIC. *de Or.* 1, 220, faire bouillonner et soulever les autres passions dans l'âme des juges ; *nova quaedam misceri et concitari mala videbam* CIC. *Cat.* 4, 6, je voyais bien que des maux d'un genre nouveau se préparaient dans le trouble et l'agitation ; *seditiones miscere* TAC. *H.* 4, 68, fomenter des révoltes.

▶ l'orth. *mistus* est très tardive : *VULG. *Dan.* 2, 41.

miscillĭo, ◇ *miscellio*.

miscillus, *a, um*, ◇ *miscellus* : CAPEL. 9, 996.

miscĭpŭlō, *ās*, *āre*, -, -, intr., appeler en sifflant : Gloss. 2, 129, 52 ∥ **V.** ▶ *muscipulo*.

miscĭtātus, *a*, *um* (fréq. de *misceo*) ; it. *mestare*), bien mélangé : Grom. 361, 31.

miscix (**mixcix**) (*misceo*), **C.** ▶ *miscellio* : *Petr. 45, 6.

Misco, *ōnis*, m., fleuve du Picénum : Peut. 4, 3.

mĭsellus, *a*, *um* (dim. de *miser*, anc. fr. *mesel*), pauvre, pauvret : Cic. Att. 3, 23, 6 ; Fam. 14, 4, 3 ; Catul. 3, 16 ∥ [en parl. de choses] chétif, misérable : Pl. Ru. 550 ; Lucr. 4, 1096.

Mīsēna, *ōrum*, n. pl., le cap Misène : Prop. 1, 11, 4.

Mīsēnātes, *um* ou *ĭum*, m. pl., habitants du cap Misène : Veg. Mil. 4, 31.

Mīsēnum prōmuntŭrĭum, n., le cap Misène : Tac. An. 14, 4 ; P. Fest. 110, 10 ∥ **Mīsēnum**, *i*, n., Cic. de Or. 2, 60 ; Plin. Ep. 6, 20 ; *promunturium Miseni* Liv. 24, 13, 6 ; Tac. An. 6, 50 ∥ **-nensis**, *e*, du cap Misène : Tac. H. 3, 57.

Mīsēnus, *i*, m. ¶ 1 Misène [trompette venu avec Énée] : Virg. En. 6, 162 ¶ 2 le cap Misène : Virg. En. 6, 234 ; **V.** ▶ *Misenum et Misena*.

mĭsĕr, *ĕra*, *ĕrum* (peu clair, cf. *maestus*, toch. A *msär*?) ¶ 1 misérable, malheureux **a)** [pers.] : Cic. Quinct. 94 ; Part. 57 ; Tusc. 1, 9 ; Font. 36 ; *heu me miserum* Cic. Phil. 7, 14, hélas ! malheureux que je suis ; *o miserum te si..., miseriorem si* Cic. Phil. 2, 54, malheureux que tu es, si..., plus malheureux encore, si... ; *o miser cum re, tum hoc ipso quod non sentis quam miser sis* Cic. Phil. 13, 34, ô malheureux, non seulement en fait, mais surtout par la raison même que tu ne sens pas ton malheur ; *o multo miserior Dolabella quam ille quem tu miserrimum esse voluisti* Cic. Phil. 11, 8, ô Dolabella, mille fois plus malheureux que celui-là même dont tu as voulu consommer le malheur ; *miserrimum habere aliquem aliqua re* Cic. Fam. 14, 7, 1, tourmenter qqn [moral^t] par qqch. ∥ *miser ambitionis* Plin. Pan. 58, 5, malheureux à cause de l'ambition ∥ [ironie] *hominem miserum !* Ter. Eun. 418, pauvre diable ! **b)** malheureux, déplorable, lamentable [choses] : Cic. CM 15 ; Sull. 75 ; Fin. 3, 35 ; 5, 84 ; Tusc. 1, 86 ; *miserum est* [avec prop. inf.] Cic. Verr. 4, 67 ; Quinct. 95, c'est une chose lamentable que ; *estne hoc miserum memoratu* Pl. Cis. 229, n'est-ce pas malheureux à raconter ? ; [exclam.] *miserum !* Virg. En. 6, 21, ô malheur ! ; *o miseram atque indignam praeturam tuam !* Cic. Verr. 1, 137, ô la malheureuse, l'indigne préture que la tienne !, cf. Att. 8, 11, 4 ; Virg. En. 5, 655 ¶ 2 **a)** en mauvais état [physiq^t] : Pl. Truc. 520 ; Cap. 135 ; [moral^t] Pl. Truc. 595. **b)** qui souffre d'amour : Ter. Eun. 71 ; Lucr. 1076 **c)** [ironie] : Virg. B. 3, 26.

mĭsĕrābĭlĕ, n. pris adv^t, **C.** ▶ *miserabiliter* : Virg. En. 12, 338 ; Juv. 6, 65.

mĭsĕrābĭlis, *e* (*miseror*), digne de pitié, triste, déplorable : [en parl. de choses] Cic. Phil. 2, 73 ; Brut. 289 ; CM 56 ∥ pathétique : Cic. de Or. 2, 193 ∥ [pers.] Ov. Ib. 117 ∥ *-lior* Liv. 1, 59, 9.

mĭsĕrābĭlĭtĕr, adv. (*miserabilis*), de manière à exciter la compassion : Cic. Tusc. 1, 96 ; Att. 10, 9, 2 ; *laudare* Cic. Att. 14, 10, 1, louer d'une manière pathétique ∥ *-bilius* Sen. Contr. pr. 4.

mĭsĕrāmĕn, *ĭnis*, n., compassion, pitié : Juvc. 4, 289.

mĭsĕrandus, *a*, *um*, adj. verb. de *miseror*, digne de pitié [pers.] : Cic. de Or. 1, 169 ∥ déplorable [choses] : Cic. Cat. 4, 12 ; Prov. 5.

mĭsĕrantĕr, adv. (*miseror*), en excitant la compassion : Gell. 10, 3, 4.

mĭsĕrātĭo, *ōnis*, f. (*miseror*) ¶ 1 commisération, pitié, compassion : Cic. Fam. 5, 12, 5 ; Quint. 6, 1, 46 ; Plin. 9, 33 ∥ [chrét.] effets de la miséricorde de Dieu : Vulg. Psal. 68, 17 ¶ 2 pathétique [rhét.] : Cic. Brut. 88 ; Or. 131 ∥ pl., mouvements pathétiques : *miserationibus uti* Cic. Brut. 82, se servir de développements pathétiques, cf. de Or. 3, 118 ; Or. 130.

mĭsĕrātŏr, *ōris*, m. et **-trix**, *īcis*, f. (*miseror*), celui, celle qui a pitié, miséricordieux : Tert. Marc. 5, 11, 1 ; Prosp. Ingr. 31.

mĭsĕrātus, *a*, *um*, part. de *miseror*.

mĭsĕrē, adv. (*miser*), misérablement, d'une manière digne de pitié : Cic. Fin. 3, 50 ; Att. 3, 23, 5 ∥ d'une façon fâcheuse, excessive : Pl. Cist. 131 ; Ter. Ad. 522 ; Eun. 412 ; Haut. 365 ; Hor. S. 1, 9, 14 ∥ *-ius* Liv. 34, 24, 2 ; *-errume* Pl. Ps. 74.

mĭsĕrĕō, *ēs*, *ēre*, *rŭī*, *rĭtum* ou *rtum* (*miser*), intr. ¶ 1 avoir pitié, **C.** ▶ *misereor* : Enn. An. 171 ; Lucr. 3, 881 ¶ 2 pass. impers., *ut supplicum misereatur* Cic. Inv. 1, 48, qu'on ait pitié des suppliants ∥ **V.** ▶ *miseret me*.

mĭsĕrĕŏr, *ērĭs*, *ērī*, *rĭtus* ou *rtus sum*, intr., avoir compassion, pitié de [avec gén.] : Cic. Att. 4, 5, 2 ; Verr. 1, 72 ; Inv. 2, 51 ; [abs^t] Mur. 63 ; Tusc. 3, 83 ; Fam. 4, 9, 3 [avec dat. Hyg. Fab. 58 Hier. Is. 8, 26, 15 Am. 3, 7, 4].

▶ inf. *misererier* Lucr. 5, 1023.

mĭsĕrescō, *ĭs*, *ĕre*, -, - (*misereo*), intr., prendre pitié [avec gén.] : Virg. En. 2, 145 ; 8, 573 ∥ impers., *te miserescat mei* Ter. Haut. 1026, [je te prie] de prendre pitié de moi, cf. Pl. Trin. 363.

mĭsĕrĕt (**mē**), j'ai pitié : *eorum nos miseret* Cic. Mil. 92, nous avons pitié d'eux ; *nilne te miseret ?* Pl. Ps. 308, n'as-tu pas la moindre pitié ? ∥ **miseretur** (**mē**) [avec gén.] : Turp. d. Non. 477, 15 ; Quadr. d. Gell. 20, 6, 11 ; Pl. Trin. 430 ; Scip. Afr. d. Macr. Sat. 3, 14, 7 ; Cic. Verr. 1, 77 ; Lig. 14 d'après Prisc. 2, 392, 18 ; *me ejus miseritumst*, j'ai eu pitié de lui, cf. Ter. Phorm. 99.

mĭsĕrĭa, *ae*, f. (*miser*) ¶ 1 malheur, adversité : Cic. Fin. 5, 95 ; *in miseria esse* Cic. Fin. 3, 48, être dans le malheur, être malheureux ¶ 2 inquiétude, souci : Cic. Div. 2, 86 ; *in miserias incidere* Cic. Phil. 2, 24 ; *in miseriis versari* Cic. Fam. 7, 3, 1, être exposé aux ennuis ∥ peine, difficulté : Quint. 1, 8, 18 ∥ la Misère [personnifiée] : Cic. Nat. 3, 44.

mĭsĕrĭcordĭa, *ae*, f. (*misericors*), compassion, pitié : Cic. Tusc. 4, 18 ; Mur. 65 ; *misericordia capi* Cic. de Or. 2, 195, être touché de compassion ; *magnam misericordiam habere* Cic. Mur. 87, mériter une grande compassion ; [avec gén. obj.] *puerorum* Cic. Att. 7, 12, 3, pitié pour les enfants ; [gén. subjectif] *vulgi* Caes. G. 7, 15, 6, la commisération de la foule ∥ [chrét. ; de la part de Dieu] Tert. Paen. 2, 7 ∥ aumône : Cypr. Elem. 17.

mĭsĕrĭcordĭtĕr, adv. (*misericors*), avec compassion : Quadr. d. Non. 510, 20 ; Lact. Inst. 6, 18, 9 ∥ *-dius* Aug. Doctr. 1, 16 ; *-issime* Ep. 149.

mĭsĕrĭcors, *cordis* (*miser*, *cor*), compatissant, sensible à la pitié : Cic. Lig. 15 ; Fin. 4, 22 ; [choses] inspiré par la pitié : Cic. Lig. 16 ∥ *-dior* Cic. Sull. 72 ; *-dissimus* Aug. Civ. 5, 26, 1.

mĭsĕrĭmōnĭum, *ii*, n. (*miser*), malheur : Laber. Com. 18.

mĭsĕrĭtĕr, adv. (*miser*), malheureusement, misérablement : Laber. Com. 149 ∥ d'une manière touchante : Catul. 63, 49 ; Apul. M. 8, 5.

mĭsĕrĭtūdō, *ĭnis*, f. (*miser*), compassion, pitié : Acc. Tr. 79 ∥ malheur : Acc. Tr. 185.

mĭsĕrĭtus, *a*, *um*, part. de *misereor*.

mĭsĕrō, *ās*, *āre*, -, -, [arch.] **C.** ▶ *miseror* : Acc. Tr. 195.

mĭsĕrŏr, *ārĭs*, *ārī*, *ātus sum* (*miser*), tr., plaindre, déplorer : *aliquem, aliquid* Pl. Ep. 534 ; Cic. Mur. 55 ; Virg. En. 6, 332 ∥ compatir, s'apitoyer : Virg. En. 5, 452 ∥ [avec gén.] Acc. d. Non. 445, 12 ; Sil. 11, 381.

mĭsertŏr, *ōris*, m., **C.** ▶ *miserator* : Fort. Mart. 2, 478.

mĭsertus, *a*, *um*, de *misereor*.

mĭsĕrŭlus, *a*, *um* (dim. de *miser*), **C.** ▶ *misellus* : Laev. Poet. 19 ; Sept.-Ser. Poet. 16.

mīsi, parf. de *mitto*.

misisŭla, *ae*, f. (de μυστίλη), morceau de pain creusé utilisé comme cuiller, mouillette : Gloss. 3, 456, 54.

▶ *mesisula* Not. Tir. 103.

Misĭum, *ii*, n., ville de Scythie : Peut. 10, 4.

missa, *ae*, f. (*mitto* ; fr. *messe*), action de laisser aller : Cod. Th. 6, 26, 3 ∥ congé donné aux fidèles : Eger. 24, 11 ∥ messe : Isid. 6, 19, 4 ; Ambr. Ep. 20, 4.

▶ n. pl. Aug. Serm. Dolbeau 2, 6 ; 23.

missarium

missārĭum, ii, n., ⟨→⟩ missum : Schol. Juv. 8, 227.

missĭbĭlis, e, ⟨→⟩ missilis, de jet : *securis missibilis* Sidon. Ep. 4, 20, 3, hache de jet, francisque ‖ **missibilia**, n., traits, javelots : Veg. Mil. 2, 11.

missīcĭus, a, um (*missus*), soldat libéré : Suet. Ner. 48.

missĭcŭlō, ās, āre, -, - (*mitto*), tr., envoyer très souvent : Pl. Epid. 132.

missile, is, n. (*missilis*) ¶ 1 toute arme de jet [flèche, javelot] : Luc. 7, 485 ; [surtout au pl.] *missilia* Liv. 34, 39, 2 ; Virg. En. 10, 716 ¶ 2 **-lĭa**, ĭum, n. pl., cadeaux jetés au peuple sur ordre de l'empereur : Suet. Ner. 11 ; Aug. 98 ‖ [fig.] Sen. Ep. 74, 6.

missĭlis (c. *mitto*), qu'on peut lancer : Stat. Th. 8, 524 ; *missile telum* Liv. 22, 37, 8 ; *ferrum* Virg. En. 10, 421, trait, javelot ‖ *missiles res*, ⟨→⟩ *missilia*, ⟨V.⟩ *missile* ¶ 1.

missĭo, ōnis, f. (*mitto*) ¶ 1 action d'envoyer, envoi : Cic. Att. 1, 5, 3 ; Phil. 7, 14 ; *sanguinis* Suet. Cal. 29, saignée ¶ 2 libération d'un prisonnier, élargissement : Cic. Tusc. 1, 114 ‖ envoi en congé [d'un soldat] : Cic. Verr. 5, 62 ; 101 ; 122 ; Sall. J. 64, 1 ; [congé définitif] Liv. 26, 1, 10 ; 43, 14, 9 ; Suet. Caes. 7 ; *missionum generales causae sunt tres : honesta, causaria, ignominiosa* Dig. 49, 16, 13, il y a en général trois causes de libération militaire : les honneurs, la maladie, l'ignominie ‖ fin, achèvement [des jeux] : Cic. Fam. 5, 12, 8 ‖ pardon : Petr. 52, 6 ‖ [en parl. des gladiateurs] répit, ajournement (remise) du combat : *sine missione* Liv. 41, 20, 12, sans merci, jusqu'à la mort, cf. Sen. Ben. 2, 20, 3 ; Mart. 12, 20, 7 ; [fig.] *sine missione nascimur* Sen. Ep. 37, 2, nous naissons sans espoir de grâce [pour lutter jusqu'à la mort en vue d'acquérir la sagesse] ¶ 3 *missio in bona* Dig. 36, 4, 5, 12, envoi en possession des biens du débiteur [accordé par le préteur aux créanciers en défense de leurs droits] ; *missio in possessionem* Dig. 5, 1, 26, envoi en possession [notam^t des éléments d'une succession].

missĭtātus, a, um, part. de missito.

missĭtō, ās, āre, āvī, ātum (fréq. de *mitto*), tr., envoyer fréquemment, à diverses reprises : Sall. J. 38, 1 ; Liv. 9, 45, 5 ; Plin. 33, 12.

missŏr, ōris, m. (*mitto*), celui qui lance [la foudre] : Cic. Arat. 84.

missōrĭum, ii, n. (*mitto*), plateau pour servir à table : Fort. Germ. 13, 44 ; Gloss. 4, 75, 53.

missum, i, n. (*mitto*), prix du concours : Gloss. 2, 219, 50.

1 **missus**, a, um, part. de mitto.

2 **missŭs**, ūs, m. (fr. mets) ¶ 1 [seul^t à l'abl.] action d'envoyer : *missu Caesaris* Caes. G. 5, 27, 1, (sur l'envoi de) envoyé par César ‖ action de lancer, jet, lancement : Liv. 9, 19, 7 ‖ lancer [d'un javelot] : Lucr. 4, 408 ‖ service [à table] : Capit. Pert. 12 ¶ 2 action de laisser aller ; entrée des chars, des gladiateurs dans le cirque ; course, combat : Suet. Ner. 22 ; Dom. 4.

mistārĭus, **mistīcĭus**, ⟨V.⟩ mixt-.

misti, contr. pour misisti, ⟨V.⟩ mitto ▸.

mistim, **mistĭo**, adv., ⟨V.⟩ mixtim.

mistron, ⟨V.⟩ mystron.

mistūr-, ⟨V.⟩ mixt-.

Mistyllus, i, m. (Μιστύλλω), surnom d'un cuisinier : Mart. 1, 50, 1.

Mĭsŭa, ae, f., ville de la Zeugitane : Plin. 5, 24.

misy̆, y̆ŏs, n. (μίσυ), sorte de truffe : Plin. 19, 36 ‖ sorte de métal : Cels. 5, 19, 7 ; Veg. Mul. 6, 26, 3 ; Plin. 34, 114.
▸ gén. *misys* Scrib. 34 ; *misy* indécl. Cels. 5, 19, 27 ; *-y̆is* Plin. 33, 84.

mītĕ, n. de mitis pris adv^t, avec douceur, doucement ‖ *-tius* Ov. Pont. 3, 7, 27 ; *-tissime* Caes. G. 7, 43, 4.

mĭtella, ae, f. (dim. de *mitra*), bande [pour pansement] : Apul. M. 7, 8 ; Cels. 8, 10, 3 ‖ bandeau, espèce de turban : Copa 1.

mītescō (**mītiscō**), is, ĕre, -, - (*mitis*), intr. ¶ 1 s'adoucir, mûrir : Cic. Frg. F. 1, 17 ; Plin. 15, 51 ; Col. 7, 9, 6 ‖ s'amollir [par la cuisson], devenir tendre : Ov. M. 15, 78 ¶ 2 s'adoucir [en parl. de la température] : Liv. 23, 19, 1 ; 33, 45, 7 ; Hor. O. 4, 7, 9 ‖ [en parl. d'animaux] s'apprivoiser : Liv. 33, 45 ‖ [en parl. d'une pers.] devenir traitable : Hor. Ep. 1, 1, 39 ‖ [en parl. d'une montagne] prendre une pente douce : Plin. 3, 147.

Mĭthrās, Stat. Th. 1, 717 et **Mĭthrēs**, Curt., ae, m. (Μίθρας) ¶ 1 divinité perse bienfaisante souvent assimilée au soleil : Curt. 4, 13, 12 ‖ **-rĭăcus**, a, um, de Mithra, Mithriaque : Lampr. Comm. 9 ¶ 2 nom propre du prêtre d'Isis : Apul. M. 11, 22 ; 25.

mĭthrax (**mĭtrax**), ācis, m., sorte d'opale : Plin. 37, 173.

Mĭthrĭdātēs, is, m. (Μιθριδάτης), Mithridate [roi du Pont] : Cic. Ac. 2, 3 ; Mur. 32 ‖ autres qui du même nom : Cic. Flac. 41 ; Tac. An. 11, 8 ‖ **-tēus**, Manil. 5, 515, **-tĭcus**, Cic. Flac. 41 ; Pomp. 7, **-tĭus**, a, um, Plin. 25, 62, de Mithridate.

Mĭthrĭdātĭos antidotus, f., l'antidote de Mithridate : Gell. 17, 16, 6 ‖ **-tīum antidotum**, n., Plin. 29, 24.

mĭthrĭdax, ācis, f., ⟨→⟩ mithrax : Solin. 36, 12.

mĭtĭfĭcātus, a, um, part. de mitifico.

mĭtĭfĭcō, ās, āre, āvī, ātum (*mitis*, *facio*), tr., attendrir, amollir ; [en parl. de la nourriture] digérer : Cic. Div. 2, 57 ‖ apprivoiser : Plin. 8, 23 ‖ [fig.] adoucir, fléchir qqn : Gell. 2, 12, 4.

mĭtĭfĭcus, a, um (*mitis*, *facio*), doux, paisible : Sil. 12, 474.

mĭtĭgābĭlĭtĕr, **mĭtĭgantĕr** (*mitigo*), en adoucissant, en détendant : Cael.-Aur. Acut. 3, 4, 32 ; Chron. 4, 3, 62.

mītĭgātĭo, ōnis, f. (*mitigo*), action d'adoucir, de calmer : Cic. de Or. 3, 118 ; Her. 4, 49.

mītĭgātīvus, a, um, ⟨→⟩ mitigatorius : Cael.-Aur. Acut. 1, 5, 45.

mītĭgātōrĭus, a, um, adoucissant, calmant : Plin. 28, 63.

mītĭgātus, a, um, part. de mitigo.

mītĭgō, ās, āre, āvī, ātum (*mitis*, *ago*), tr. ¶ 1 amollir, rendre doux : Cic. Rep. 4, 6 ; *cibum* Cic. Nat. 2, 151, amollir des aliments [par la cuisson] ; *agros* Cic. Nat. 2, 130, ameublir la terre ; *vina* Plin. 14, 149, adoucir des vins ¶ 2 [fig.] rendre doux, calmer, pacifier, apaiser : Cic. Balb. 57 ; Q. 1, 2, 6 ; *te aetas mitigabit* Cic. Mur. 65, l'âge te calmera, cf. Tac. H. 1, 66 ‖ *invidiam* Cic. Clu. 81, adoucir l'hostilité, cf. Sull. 64 ; Inv. 1, 30 ; de Or. 2, 236 ; Att. 3, 15, 2.

Mĭtĭlēnē, ⟨V.⟩ Mytilene.

mĭtĭlō, ās, āre, -, -, intr., chanter [en parl. de l'alouette] : *Philom. 16.

mītĭō, īs, īre, -, - (*mitis*), tr., adoucir : *Gloss. 4, 361, 30.

mītis, e (cf. v. irl. *meth*, *moíth*, scr. *mayas*-, rus. *milyj*) ¶ 1 doux, mûr [fruits] : Virg. B. 1, 81 ; G. 1, 448 ‖ tendre, fertile [sol] : Hor. O. 1, 18, 2 ‖ moelleux [vin] : Virg. G. 1, 344 ‖ calme, tranquille : [en parl. d'un cours d'eau : *mitis* attribut] Virg. En. 8, 88 ‖ [plaist] *mitis sum fustibus* Pl. Mil. 1424, je suis moulu de coups ¶ 2 [fig.] doux, aimable, gentil : Cic. Att. 5, 1, 3 ‖ [avec dat.] : *alicui mitis* Ov. Pont. 2, 1, 48, doux à l'égard de qqn ; *paenitentiae mitior* Tac. Agr. 16, plus indulgent à l'égard du repentir ‖ [en parl. des choses] : *dolorem mitiorem facere* Cic. Tusc. 2, 53, adoucir la douleur ; *doctrina mitis* Cic. Mur. 60, doctrine philosophique aimable, indulgente ; *mitiorem in partem interpretarere* Cic. Mur. 64, tu aurais donné [à tes paroles] une interprétation moins rigoureuse ‖ [rhét., en parl. du style] doux, sans âpreté : Cic. Brut. 288 ; CM 28 ; Quint. 11, 1, 31 ; [sans véhémence] Tac. D. 18 ; [n. pl.] *duriorum, mitiorum exempla* Cic. Or. 131, exemples de sentiments plus violents, plus doux ‖ **-tissimus** Cic. Verr. 1, 26 ‖ ⟨V.⟩ mite.

mītisco, ⟨V.⟩ mitesco : Acc. Tr. 684.

mītĭusculus, a, um (dim. de *mitior*), un peu plus doux : Cael.-Aur. Acut. pr. 18.

mĭtra, ae, f. (μίτρα) ¶ 1 mitre, turban, coiffure des Orientaux : Cic. Har. 44 ¶ 2 câble de navire : Carm. Jon. 44.

mĭtrātus, a, um (*mitra*), coiffé d'une mitre : Prop. 4, 7, 62 ; Plin. 6, 162.

Mĭtrĭdātēs, ⟨V.⟩ Mithridates [qqs mss].

mĭtrŭla, ae, f. (dim. de *mitra*), petite mitre : Solin. 27, 51.

mittendārĭus, ii, m. (*mittendus*), qui est envoyé : Rufin. Symb. 39 ‖ mittendaire, envoyé pour percevoir l'impôt : Cod. Th. 6, 30, 8.

mittō, *ĭs*, *ĕre*, *mīsī*, *missum* (peu clair, cf. *migro*, *muto*?; fr. *mettre*), tr.

> I ¶1 "envoyer", *missi* "envoyés", *mittere rogatum* ¶2 "envoyer en dédicace" ¶3 [poét.] "produire" ¶4 "envoyer de soi, émettre" ¶5 "jeter, lancer", [fig.] ¶6 [méd.] "tirer" [du sang] ¶7 [expr.] *missum facere* "faire envoyer" ¶8 [tard.] "mettre".
> II ¶1 "laisser aller", [fig.] "laisser voir", "laisser partir, lâcher", [fig.] "renoncer à", "laisser de côté", "omettre" ¶2 "congédier" ¶3 *(manu) mittere* "affranchir" ¶4 [en part.] *missum facere aliquem* a) "congédier" b) "envoyer en congé", "licencier, libérer du service militaire" c) "dégager d'une poursuite" d) "laisser de côté, ne pas parler de" [V.] *II* ¶1].

deux sens principaux suivant qu'il y a ou non activité du sujet: faire aller, partir; ou laisser aller, partir.

I ¶1 envoyer: ***aliquem, aliquid ad aliquem***, envoyer qqn, qqch. à qqn: Cɪc. *Brut.* 55; *Fam.* 1, 8, 2; ***epistulam, litteras ad aliquem (alicui)*** Cɪc. *Sull.* 67; *Att.* 7, 1, 7, envoyer une lettre à qqn; ***equitatum auxilio alicui*** Caes. *G.* 1, 18, 10, envoyer la cavalerie au secours de qqn; ***filium suum foras ad propinquum suum quendam mittit ad cenam*** Cɪc. *Verr.* 1, 65, il envoie dîner son propre fils au dehors chez un de ses proches parents; ***legionibus nostris sub jugum missis*** Cɪc. *Off.* 3, 109, nos légions ayant été envoyées sous le joug; ***mittere ad mortem*** Cɪc. *Tusc.* 1, 97 [***morti*** Pʟ. *Cap.* 692] envoyer à la mort ‖ ***mittere aliquem*** [avec *ut* ou *qui* et subj.], envoyer qqn pour: ***commeatus petendi causa***, pour faire les approvisionnements; ***rogatum*** [supin] ***auxilium***, pour demander du secours; ***legatos ad me misit se... esse venturum*** Cɪc. *Fam.* 15, 4, 5, il m'a envoyé des ambassadeurs pour me dire qu'il viendrait, cf. Cɪc. *Verr.* 2, 65; ***litteras ad Jugurtham mittunt, quam ocissume accedat*** Sall. *J.* 25, 5, ils envoient une lettre à Jugurtha pour lui enjoindre de venir le plus rapidement possible; m. pl. pris subst[t], *missi* Caes. *G.* 5, 40, 1, les envoyés ‖ *mittere* [seul]: ***mittit rogatum vasa*** Cɪc. *Verr.* 4, 63, il envoie demander les vases; ***mittere ad horas*** Cɪc. *Brut.* 200, envoyer en quête de l'heure; ***misi Curio, ut daret*** Cɪc. *Fam.* 16, 9, 3, j'ai fait dire à Curius de donner, cf. Cɪc. *Phil.* 5, 27; ***in Aequimaelium misimus, qui adferat*** Cɪc. *Div.* 2, 39, nous avons envoyé qqn à l'Aequimelium pour apporter; ***misit ad me Brutus*** Cɪc. *Att.* 13, 10, 3, Brutus m'a fait tenir un avis, cf. Cɪc. *Fam.* 5, 20, 1 ¶2 envoyer en dédicace, dédier: ***hunc librum ad te de senectute misimus*** Cɪc. *CM* 3, je t'ai dédié ce livre sur la vieillesse; ***Cato Major ad te missus*** Cɪc. *Att.* 14, 21, 3, mon Cato Major qui t'est dédié, cf. Cɪc. *Div.* 2, 3; *Nat.* 1, 16 ¶3 [poét.] = produire: ***India mittit ebur*** Virg. *G.* 1, 57, l'Inde nous envoie son ivoire ‖ ***quos frigida misit Nursia*** Virg. *En.* 7, 715, les guerriers qu'envoya la froide Nursie [= venus de] ¶4 [c. *emittere*] envoyer de soi, émettre: ***fumum, vaporem*** Lucr. 4, 56, émettre de la fumée, de la chaleur, cf. Cɪc. *Nat.* 1, 29; ***folium*** Plɪn. 18, 58; ***florem*** Plɪn. 24, 59, émettre, pousser des feuilles, des fleurs; ***vocem pro aliquo*** Cɪc. *Sest.* 42, faire entendre sa voix pour qqn; ***vox quaesturae missa nulla est*** Cɪc. *Flac.* 6, de propos sur sa questure, il n'y en eut point d'émis, cf. Cɪc. *Cael.* 55; ***haec Scipionis oratio ex ipsius ore Pompei mitti videbatur*** Caes. *C.* 1, 2, 1, ce discours de Scipion semblait émaner de la bouche de Pompée en personne; ***diu vocem non misit*** Lɪv. 3, 50, 4, il resta longtemps sans prononcer une parole ¶5 jeter, lancer: ***pila*** Caes. *C.* 3, 93, 1, lancer des traits; ***aliquem praecipitem ex arce*** Ov. *M.* 8, 250, précipiter qqn du haut de la citadelle; ***se saxo ab alto*** Ov. *M.* 11, 340, se jeter du haut d'un rocher; ***manum ad arma*** Sen. *Ir.* 2, 2, empoigner ses armes ‖ ***talos*** Hor. *S.* 2, 7, 17, jeter les dés [dans le cornet]; ***canem*** Suet. *Aug.* 71, amener aux dés le coup du chien ‖ [fig.] ***jacere, mittere ridiculum*** Cɪc. *Or.* 87, lancer, décocher le trait plaisant ‖ ***tanta repente caelo missa vis aquae dicitur, ut*** Sall. *J.* 75, 7, soudain il tomba du ciel, dit-on, une si grande quantité d'eau que ¶6 [méd.] ***sanguinem mittere alicui*** Cels. 2, 10, 1, tirer du sang à qqn; [fig.] Cɪc. *Att.* 6, 1, 2; 1, 16, 11 ¶7 [expr.] ***cohortes ad aliquem missum facere*** Pomp. d. Cɪc. *Att.* 8, 12 B, 2, faire envoyer à qqn des cohortes ‖ [droit] ***mittere in possessionem*** Dig. 10, 3, 8, 7, mettre en possession de; ***in bona mitti*** Ulp. *Dig.* 4, 6, 21, 2, recouvrer les biens ¶8 [tard.] mettre: ***oleum mittis*** Apic. 179, vous mettez de l'huile.

II ¶1 laisser aller: ***mittin me intro?*** Pʟ. *Truc.* 756 [*mittin* = *mittisne*, cf. *scin, viden*, etc.] me laisses-tu entrer?; ***mitte me*** Ter. *Ad.* 780, laisse-moi aller; ***virum mittens*** Catul. 66, 29, laissant partir son époux, cf. Tɪʙ. 1, 3, 9; ***unde mittuntur equi*** Varr. *L.* 5, 153, l'endroit d'où partent les chevaux [dans le cirque] ‖ [fig.] laisser voir: ***eos sui timoris signa misisse*** Caes. *C.* 1, 71, 3, [disant] qu'ils avaient laissé voir (donné) des signes de leur frayeur ‖ laisser partir, lâcher: ***mitte rudentem*** Pʟ. *Ru.* 1015, lâche le câble; ***imprudentia teli missi*** Cɪc. *de Or.* 3, 158, l'imprudence qui consiste à lâcher (laisser échapper) le trait; ***cutem*** Hor. *P.* 476, lâcher la peau ‖ [fig.] ***timorem mittite*** Virg. *En.* 1, 202, laissez-là les craintes; ***Syphacis reconciliandi curam ex animo non miserat*** Lɪv. 30, 3, 4, il n'avait pas renoncé à la tâche de ramener Syphax à l'alliance romaine; ***mitte leves spes*** Hor. *Ep.* 1, 5, 8, quitte tes espoirs frivoles ‖ laisser de côté, ne pas parler de: ***mitto haec omnia*** Cɪc. *Verr.* 4, 116, je laisse de côté tout cela; ***mitto C. Laelium*** Cɪc. *Brut.* 258, je ne parle pas de C. Laelius; ***mitto quaerere*** Cɪc. *Sull.* 22, j'omets de rechercher, cf. Cɪc. *Quinct.* 85; *Amer.* 53; ***mitto quod habent*** Cɪc. *Prov.* 3, j'omets ce fait qu'ils ont; [abs[t]] ***mitto de amissa maxima parte exercitus*** Cɪc. *Pis.* 47, je ne dis rien de la perte presque totale de l'armée ¶2 congédier: ***senatu misso*** Cɪc. *Brut.* 218, la séance du sénat étant levée ‖ envoyer en congé: ***ab imperatore suo Romam missus*** Cɪc. *Off.* 3, 79, envoyé en congé à Rome par son général ¶3 [c.] ***manu mittere***, affranchir: Pʟ. *Poen.* 100 ¶4 [en part.] ***missum facere aliquem*** a) congédier qqn: Cɪc. *Verr.* 2, 28 b) envoyer en congé [individuel[t] et temporairement]: Cɪc. *Verr.* 5, 61 ‖ licencier, libérer du service militaire: Cɪc. *Off.* 1, 37; ***eas legiones bello confecto missas fieri placere*** Cɪc. *Phil.* 5, 53, le sénat décide que ces légions, la guerre achevée, seront libérées ‖ licencier ses licteurs: Cɪc. *Att.* 9, 1, 3 c) renvoyer des fins d'une plainte, dégager d'une poursuite: Cɪc. *Off.* 3, 112; ***poterone missum facere eum cui potestatem imperiumque permisi?*** Cɪc. *Verr.* 5, 104, pourrai-je laisser hors de cause celui à qui j'ai confié l'autorité et le commandement d) laisser de côté: ***missos faciant honores*** Cɪc. *Sest.* 138, qu'ils donnent congé aux magistratures [qu'ils ne les briguent pas] ‖ ne pas parler de: Cɪc. *Amer.* 122; *Verr.* 3, 104.

▶ parf. sync. *misti* Catul. 14, 14 ‖ inf. pass. *mittier* Pʟ. *Cap.* 438; Lucr. 4, 43.

mītŭlus, *i*, m. (μίτυλος), it. *nicchio*), moule [coquillage]: Plɪn. 9, 132; Hor. *S.* 2, 4, 28; *Cat. Agr.* 158, 1.

Mĭtўlēnē, [V.] *Mytilene*.

Mitys, *yos*, *yis*, m. (Μίτυς), fleuve de Macédoine: Lɪv. 44, 7.

mĭūrus, *i*, m., **mīŭrum** (-**ŏn**), *i*, n. (μειοῦρος, μιοῦρος), vers hexamètre terminé par un iambe: Ter.-Maur. 6, 383, 1929.

mĭus, *a*, *um*, [arch.] [V.] *meus*.

mixŏbarbarŏn (μιξοβάρβαρος), à moitié barbare [suite de deux épigrammes en latin et en grec]: Aus. *Epigr.* 30 (30), tit.

mixtārius, *ii*, m. (*misceo*), cratère, vase dans lequel on mélange l'eau avec le vin: Lucɪʟ. 221.

mixtē, adv., pêle-mêle: Greg.-Tur. *Hist.* 2, pr.

mixtīcĭus, *a*, *um* (*mixtus*; fr. *métis*), né d'une race mélangée: Hier. *Jer.* 5, 25, 19.

mixtim, adv. (*mixtus*), en se mélangeant: Lucr. 3, 564.

mixtĭo, *ōnis*, f. (*misceo*), mélange, mixture: Pall. 1, 34, 5 ‖ mélange = contexture [d'un corps]: Vɪtr. 1, 4, 7.

mixtūra, *ae*, f. (*misceo*; it. *mestura*), mélange, fusion: Lucr. 2, 968; Plɪn. 13, 4; [fig.] Quint. 9, 3, 40; Suet. *Dom.* 3 ‖ mixture: Col. 7, 5, 22; Vulg. *Joh.* 19, 39 ‖ accouplement: Plɪn. 8, 213.

mixtūrō, *ās*, *āre*, *āvī*, *ātum* (*mixtura*), tr., mélanger: Pelag. 71.

1 **mixtus**, *a, um* (it. *misto*), part. de *misceo* pris adj‡, **mores vigore ac lenitate mixtissimi** VELL. 2, 98, 3, caractère où s'alliaient au mieux la force et la douceur.

2 **mixtŭs**, abl. *ū*, m., mélange : COL. 6, 37, 7.

Mizaei, *ōrum*, m. pl., peuple proche de la Susiane : PLIN. 6, 133.

Mizāgus, *i*, f., ville de la Galatie : PEUT. 8, 4.

Mizi, *ōrum*, m. pl., peuple d'Arabie : PLIN. 6, 152.

mna, *ae*, f. (μνᾶ), C. 1 *mina* : PLIN. 35, 107.

Mnāsēās, *ae*, m. (Μνασέας), auteur d'un traité sur l'agriculture : VARR. R. 1, 1, 9 ; COL. 1, 1, 9.

mnāsĭterna, V. *nasiterna*.

Mnāsĭthĕus, *i*, m. (Μνασίθεος), artiste de Sicyone : PLIN. 36, 146.

Mnāsĭtĭmus, *i*, m. (Μνασίτιμος), artiste grec : PLIN. 35, 146.

Mnāsȳlus, *i*, m., nom de berger : VIRG. B. 6, 13.

Mnāso (Mnāsōn), *ōnis*, m., disciple du Christ : VULG. Act. 21, 16.

Mnēmōn, *ŏnis*, m. (Μνήμων), surnom d'Artaxerxès II : NEP. Reg. 2, 3.

mnēmŏnĭca, *ōrum*, n. pl. (μνημονικά), mnémonique, mémoire artificielle : HER. 3, 30.

mnēmŏnĭcum, *i*, n., C. *mnemonica* : LAMPR. Alex. 14, 6.

Mnēmŏnĭdes, *um*, f. pl., les Muses : OV. M. 5, 268.

Mnēmŏsȳnē, *ēs*, f. (Μνημοσύνη), Mnémosyne [déesse de la mémoire, mère des Muses] : CIC. Nat. 3, 54 ; OV. M. 6, 114 ; PHAED. 3, pr. 18 ‖ **-nae**, *ārum*, f. pl., les Muses : AUS. Griph. 2 (336), 30.

mnēmŏsȳnon (-num), *i*, n. (μνημόσυνον), souvenir, ce qui évoque qqn : CATUL. 12, 13.

Mnēsarchus, *i*, m., père de Pythagore : APUL. Flor. 15, 13 ‖ philosophe stoïcien : CIC. de Or. 1, 45 ; 1, 83.

Mnēsĭdēs, *ae*, m. (Μνησίδης), médecin grec : PLIN. 20, 203.

Mnēsĭgītōn, *ŏnis*, m. (Μνησιγείτων), écrivain grec : PLIN. 7, 208.

Mnēsĭlŏchus, *i*, m. (Μνησιλόχος), Mnésiloque [nom d'un Acarnanien] : LIV. 36, 11.

Mnēsĭthĕus, *i*, m. (Μνησίθεος), Mnésithée [médecin grec] : GELL. 13, 31, 14.

mnestēr, *ēris*, m. (μνηστήρ), poursuivant, prétendant [de Pénélope] : HYG. Fab. 126.

Mnestheūs, *ĕi* ou *ĕos*, m. (Μνησθεύς), Mnesthée [un des compagnons d'Énée] : VIRG. En. 4, 288.

Mnēvis, *ĭdis*, m. (Μνεῦις), nom d'un bœuf noir adoré à Héliopolis et consacré au soleil : PLIN. 36, 65.

Mnigus (Mnyzus), V. *Minizus*.

Mŏăb, m. indécl., fils de Loth : VULG. Gen. 19, 37 ‖ territoire de Moab : VULG. Num. 22, 4 ‖ **-bītēs**, *ae*, m., Moabite : VULG. 1 Par. 11, 46.

Mŏăbītis, *ĭdis*, f. (Μωαβῖτις), femme moabite : VULG. Ruth 1, 22 ‖ de la Moabitide [canton de Palestine] : VULG. Ruth 1, 1 ; 1, 6.

mōbĭlis, *e* (*moveo*, 1 *motus* ; fr. *meuble*) ¶ 1 mobile, qui peut être mû [ou] déplacé : CIC. Nat. 2, 142 ; PLIN. 11, 138 ; **res mobiles** ULP. Dig. 6, 1, 1, 1, biens meubles ¶ 2 [fig.] **a)** flexible, qui se plie : **aetas** VIRG. G. 3, 165, souplesse de l'âge ; **populus mobilior ad** LIV. 6, 6, 1, le peuple plus porté à **b)** agile, rapide, prompt : **mobile agmen** CURT. 4, 14, 16, armée aux mouvements rapides ; **hora mobilis** HOR. Ep. 2, 2, 172, l'heure rapide, cf. SEN. Ep. 94, 30 ‖ [fig.] **ingenium mobile et erectum** [opp. *tardum, hebes*] SEN. Ep. 94, 30, intelligence prompte (éveillée) et hardie (pénétrante) **c)** mobile, changeant : **animo mobili in aliquem esse** CIC. Fam. 5, 2, 10, avoir des sentiments changeants à l'égard de qqn ; **Galli sunt in consiliis capiendis mobiles** CAES. G. 4, 5, 1, les Gaulois sont capricieux dans leurs résolutions ; **caduca et mobilia (fortunae munera)** CIC. Dom. 146, (présents de la fortune) caducs et instables.

mōbĭlĭtās, *ātis*, f. (*mobilis*) ¶ 1 mobilité, facilité à se mouvoir, rapidité : CIC. Nat. 2, 42 ; de Or. 1, 127 ; CAES. G. 4, 33, 3 ¶ 2 inconstance, humeur changeante : CIC. Phil. 7, 9 ; SALL. J. 88, 6 ‖ vivacité, promptitude [de l'esprit] : QUINT. 10, 7, 8.

mōbĭlĭtĕr, adv. (*mobilis*), rapidement, vivement : CIC. Nat. 2, 24 ; CAES. G. 3, 10, 3 ‖ **-ius** LUCR. 5, 635.

mōbĭlĭtō, *ās, āre, āvī, -* (*mobilis*), tr., rendre mobile : LUCR. 3, 248 ‖ rendre léger, alerte : CAECIL. d. NON. 346, 14.

Mobsŭestĭa, V. *Mopsuhestia*.

Mochorbae, *ārum*, f. pl., port d'Arabie : PLIN. 6, 149.

Moci, *ōrum*, m. pl., peuple d'Asie : PLIN. 6, 48.

Mōcilla, *ae*, m., surnom romain : NEP. Att. 11.

mŏdĕrābĭlis, *e* (*moderor*), modéré, mesuré : OV. Am. 1, 6, 59.

mŏdĕrāmĕn, *ĭnis*, n. (*moderor*) ¶ 1 ce qui sert à diriger, gouvernail : OV. M. 15, 726 ¶ 2 direction, conduite : OV. M. 2, 48 ‖ [fig.] direction des affaires, gouvernement de l'État : OV. M. 6, 677 ‖ mesure, modération : COD. TH. 11, 30, 64 pr. ¶ 3 modération, tempérance, accommodation : AUG. Pecc. mer. 2, 36, 59.

mŏdĕrāmentum, *i*, n. (*moderor*), ce qui règle : THEOD.-PRISC. Gyn. 19 ‖ **vocum moderamenta** GELL. 13, 6, 1, la prosodie.

mŏdĕranter, adv. (*moderans*), en dirigeant : LUCR. 2, 1096.

mŏdĕrātē, adv. (*moderatus*), modérément, avec modération, avec mesure : CIC. Font. 31 ; Fam. 6, 1, 4 ; CAES. C. 3, 20, 2 ‖ **-tius** CIC. Fin. 1, 2 ; **-tissime** CIC. Leg. 3, 12.

mŏdĕrātim, adv. (*moderatus*), avec mesure, par degrés : LUCR. 1, 323.

mŏdĕrātĭo, *ōnis*, f. (*moderor*) ¶ 1 action de modérer, de tempérer ; modération, mesure : CIC. Cael. 42 ; de Or. 2, 35 ; Nat. 2, 92 ; **dicendi** CIC. Agr. 2, 2, mesure dans l'expression ; **animi tui** CIC. CM 1, l'équilibre de ton âme ¶ 2 action de diriger, gouvernement : **mundi** CIC. Nat. 3, 185, gouvernement de l'univers, du monde, cf. Leg. 3, 5 ; V. *moderor*.

mŏdĕrātŏr, *ōris*, m. (*moderor*), celui qui modère, qui règle : CIC. Nat. 2, 90 ; Tusc. 1, 70 ; OV. M. 4, 245 ; MART. 2, 90, 1 ; V. *moderor*.

mŏdĕrātrix, *īcis*, f. (*moderator*), celle qui modère, qui règle, qui dirige : PL. Cis. 538 ; CIC. Tusc. 5, 42 ; Nat. 3, 92.

mŏdĕrātūra, *ae*, f., C. *moderatio* : *VARR. d. NON. 490, 25.

mŏdĕrātus, *a, um*, part. de *modero* et *moderor* pris adj‡, [de *modero*] modéré, mesuré, réglé, sage : CIC. CM 7 ; **in aliqua re** CIC. Phil. 2, 40, modéré dans, à propos de qqch. ‖ [en parl. de choses] modérés, qui tient dans de justes limites, dans une juste mesure, raisonnable : CIC. Mur. 13 ; Brut. 8 ‖ [en parl. du style] bien rythmé : CIC. Or. 178 ; de Or. 2, 34 ‖ **-ior** CIC. Rep. 1, 65 ; **-tissimus** CIC. Vat. 21.

mŏdernus, *a, um* (*modo*), moderne, récent, actuel : PS. PRISC. Acc. 46 = 3, 528, 18 ; CASSIOD. Var. 4, 51.

mŏdĕrō, *ās, āre, āvī, ātum* (*modus*, 1 *modestus*), tr., tenir dans la mesure, modérer, régler : PACUV. Tr. 306 ; ACC. Tr. 303 ‖ pass., PAUL. Dig. 3, 5, 15 ; ULP. Dig. 23, 3, 39.

mŏdĕrŏr, *āris, ārī, ātus sum* (*modus, modestus*), tr. et intr. [deux acceptions très voisines]

I tr. ¶ 1 tenir dans la mesure, être maître de, régler, diriger, conduire : **equum frenis** LUCR. 5, 1298, conduire un cheval avec le mors ; **equos sustinere et brevi moderari ac flectere** CAES. G. 4, 33, 3, arrêter les chevaux et en un clin d'œil régler leur allure et les faire tourner ; [fig.] CIC. de Or. 1, 226 ; Rep. 6, 26 ; **mens, quae omnia moderatur** CIC. Ac. 2, 119, une intelligence qui a la haute main sur tout ; **res rusticas non ratio neque labor, sed res incertissimae, venti tempestatesque, moderantur** CIC. Verr. 3, 227, les choses de la campagne, ce n'est pas le calcul ni le travail, ce sont les choses les plus variables, le vent et le temps, qui en règlent le cours ; **linguam** SALL J. 82, 2, être maître de ses propos ; **tuus dolor magnopere moderandus est** CIC. Att. 12, 10, ta douleur doit être vigoureusement maîtrisée ; **victoriam moderari** CIC. Fam.

11, 27, 8, régler le cours de la victoire, en rester le maître ‖ [abs¹]: **nulla moderante natura** Cic. *Nat.* 1, 67, sans que la nature dirige; **quid tandem in causis existimandum est, quibus totis moderatur oratio?** Cic. *Or.* 51, que penser alors de ces plaidoiries, où, d'un bout à l'autre, le grand maître, c'est le style?, cf. Sall. *J.* 73, 4 ¶2 imposer une limite à, modérer: **gaudium** Tac. *An.* 2, 75, modérer sa joie, cf. Suet. *Cl.* 14; *Dom.* 7.
II intr., avec dat. ¶1 imposer une limite à, apporter un tempérament à, réprimer les excès de: **linguae** Pl. *Curc.* 486, retenir sa langue (se taire); **animo, dictis** Pl. *Mil.* 1215; *Curc.* 195, mettre un frein à ses sentiments, à ses paroles; **alicui** Cic. *Att.* 5, 20, 9, tenir la bride à qqn, veiller sur sa conduite; **et animo et orationi** Cic. *Q.* 1, 1, 38, réfréner à la fois ses sentiments et ses paroles; **uxoribus** Cic. *Rep.* 4, 6, tenir la bride aux femmes ¶2 régler, diriger: Cic. *Inv.* 2, 154; Sall. *C.* 51, 25.
▶ inf. *moderarier* Pl. *Men.* 443; Lucr. 5, 1296; 1310.

Mŏdesta, *ae*, f., surnom de femme: CIL 6, 11027.

nŏdestē, adv. (*modestus*), avec modération, discrètement, modestement, modérément: Cic. *Att.* 9, 19, 1; Liv. 30, 42, 15; **qui modeste paret** Cic. *Leg.* 3, 5, celui qui obéit sagement, cf. *Fam.* 14, 14, 1 ‖ *-ius* Quint. 4, 1, 8; *-issime* Varr. d. Non. 1, 274.

nŏdestĭa, *ae*, f. (*modestus*) ¶1 ce qui fait qu'on garde la mesure, modération, mesure; conduite modeste, modestie: Cic. *Tusc.* 3, 16; Her. 3, 3 ¶2 discrétion, sentiment de respect, docilité: **modestiam ab milite desiderare** Cæs. *G.* 7, 52, 4, exiger du soldat la docilité, l'obéissance, cf. Cic. *Att.* 7, 5, 2; Liv. 8, 7, 20 ‖ pudeur, modestie: Pacuv. d. Cic. *Div.* 1, 66; Quint. 4, 1, 55 ¶3 vertu, sens de l'honneur, dignité: **modestiae non parcere** Sall. *C.* 14, 6, faire bon marché de l'honneur ¶4 [phil.] sentiment de l'opportunité, sagesse pratique, convenance, bienséance [grec εὐταξία]: Cic. *Off.* 1, 142 ¶5 [en parl. de choses]: **hiemis** Tac. *An.* 12, 43, douceur de l'hiver; **aquarum** Plin. 6, 71, cours tranquille des eaux.

Mŏdestīnus, *i*, m., Herennius Modestinus [jurisconsulte]: Lampr. *Alex.* 68.

mŏdestus, *a*, *um* (*modus*, cf. *moderor*), modéré, mesuré, calme, doux, tempéré, honnête, réservé, discret, vertueux, sobre, modeste: Cic. *Att.* 13, 29, 1; *Agr.* 2, 84; *-tissimus* Cic. *Planc.* 27; **modestior epistula** Cic. *Fam.* 3, 13, 2, lettre plus réservée; *(di) mendici modesti sint* Pl. *Trin.* 831, que les dieux ménagent les indigents ‖ qui se tient strictement dans les limites du droit, scrupuleux: Cic. *Sen.* 4; *Arch.* 9.

Mŏdestus, *i*, m., Julius Modestus [grammairien]: Mart. 10, 21, 1.

Mŏdĭăcus, *i*, m., montagne de Galatie [Magaba]: Ruf. *Brev.* 11, 3.

mŏdĭālis, *e* (*modius*), qui contient la mesure appelée *modius*: Pl. *Cap.* 916 ‖ qui a la forme du *modius*: Tert. *Nat.* 2, 8, 16.

mŏdĭātĭo, *ōnis*, f. (*modius*), mesurage au moyen du *modius*: Cod. Just. 11, 25 (24), 2.

mŏdĭcē, adv. (*modicus*), en se tenant dans la mesure, avec modération, en gardant le juste milieu: Cic. *Fam.* 4, 4, 4; *CM* 45; *Sull.* 80 ‖ avec calme, tranquillement, posément: **modice ferre** Cic. *Brut.* 5, supporter patiemment; **modice se recipere** Liv. 28, 15, 8, se retirer en bon ordre ‖ modérément, moyennement: Cic. *Att.* 2, 19, 1; **modice locuples** Liv. 38, 14, 9, qui a une fortune moyenne ‖ à l'échelle: Vitr. 1, 2, 2.

mŏdĭcĭtās, *ātis*, f. (*modicus*), faibles ressources: Fort. *Carm.* 5, 6, 7.

mŏdĭcum, *i*, n. (*modicus*), peu de chose: Juv. 9, 9.

mŏdĭcus, *a*, *um* (*modus*), qui est dans la mesure, modéré: Cic. *Div.* 1, 115; **modica convivia** Cic. *CM* 44, repas où règne la mesure; **modica severitas** Cic. *CM* 65, sévérité raisonnable; **modicum (genus) in delectando** Cic. *Or.* 69, (style) modéré quand il s'agit de plaire; **mea pecunia est ad volgi opinionen mediocris, ad tuam nulla, ad meam modica** Cic. *Par.* 47, ma fortune, si elle est médiocre selon l'opinion de la foule et inexistante selon la tienne, est suffisante selon la mienne, cf. *de Or.* 2, 137; **Graecis hoc modicum est** Cic. *Fin.* 2, 62, cela est limité chez les Grecs ‖ [tard.] de peu d'importance, petit: **modicum delictum** Tert. *Or.* 7, 2, une faute bénigne ‖ acc. n., **modicum**, abl., **modico**, pris adv¹, peu, un peu: Apul. *M.* 6, 19, 1; 1, 7, 6.

mŏdĭfĭcātĭo, *onis*, f. (*modifico*), disposition mesurée, réglée: Sen. *Ep.* 88, 3; Gell. 10, 3, 15.

mŏdĭfĭcātŏr, *ōris*, m., celui qui règle, qui dirige: Apul. *Flor.* 4.

mŏdĭfĭco, *ās*, *āre*, *āvī*, *ātum* (*modus*, *facio*), tr., régler, ordonner (suivant une mesure): Aug. *Mus.* 6, 17, 58; **modificata membra** Cic. *de Or.* 3, 186, membres de la période distribués suivant une cadence ‖ **modificata verba** Cic. *Part.* 17, mots soumis à une autre règle que la leur = détournés de leur emploi ordinaire ‖ [pass. de sens réfléchi] se régler, se modérer: Apul. *Plat.* 2, 18.

mŏdĭfĭcŏr, *āris*, *ārī*, *ātus sum*, tr., mesurer: Gell. 1, 1, 3 ‖ [fig.] régler, modérer [avec le dat.]: Apul. *M.* 11, 21.

mŏdĭfĭcus, *a*, *um* (*modus*, *facio*), mesuré, réglé, cadencé: Aus. *Parent.* 29 (186), 2.

mŏdimpĕrātŏr, *ōris*, m. (*modi imperator*), roi du festin [qui règle le nombre des coupes à boire]: Varr. d. Non. 142, 7.

mŏdĭŏlus, *i*, m. (dim. de *modius*) (fr. *moyeu*), petit vase à boire: Scaev. *Dig.* 34, 2, 37 ‖ cylindre [d'une pompe]: Vitr. 10, 7, 1 ‖ auget [dans une roue pour élever l'eau]: Vitr. 10, 4, 3 ‖ moyeu de roue: Plin. 9, 8; Vitr. 10, 9, 2 ‖ moyeu [des meules du trapète]: Cat. *Agr.* 20 ‖ sorte de trépan [chirurgie]: Cels. 8, 3, 1 ‖ barillet [pièce métallique qui supporte la clavette (*cuneolus*) et à travers laquelle passe le ressort dans les machines de jet]: Vitr. 10, 11, 5.

mŏdĭus, *ii*, m., **mŏdĭum**, *ii*, n., Cat. *Agr.* 58, gén. pl. **mŏdĭōrum** et *ĭum* (*modus*, fr. *muid*), *modius* [mesure de capacité servant surtout pour le blé = 16 *sextarii*, 8 75 l.], boisseau: Cic. *Verr.* 3, 174; 191; *Lae.* 67; *Off.* 2, 58; **modio nummos metiri** Petr. 37, 2, mesurer les écus au boisseau, remuer l'argent à la pelle ‖ [fig.] **modio pleno** Cic. *Att.* 6, 1, 16, abondamment, largement ‖ [arpentage] le tiers du jugère: Pall. 6, 4, 1 ‖ cavité où s'engage le mât d'un vaisseau: Isid. 19, 2, 8.

mŏdŏ, adv. (anc. abl.*mŏdō*, de *modus*)

> **I** dans cette mesure ¶1 "seulement" ¶2 *modo (ut)* avec subj. "pourvu que" ¶3 avec rel. indic. ou subj., restrictif, sans verbe "du moins" ¶4 *modo non* "presque" ¶5 *non modo ... sed etiam, non modo (non) ... sed ne ... quidem , ne ... quidem, non modo*.
> **II** temporel ¶1 "à l'instant" ¶2 "il y a un instant" ¶3 "peu après" ¶4 *modo... modo* "tantôt... tantôt" ¶5 [tard.] "maintenant".

I dans cette mesure, ni plus ni moins ¶1 seulement: **fac modo, ne...** Cic. *Fam.* 16, 11, 1, fais seulement en sorte de ne pas...; **litterae secundis rebus delectationem modo habere videbantur, nunc vero etiam salutem** Cic. *Fam.* 6, 12, 5, l'étude des lettres paraissait dans les beaux jours n'apporter que du plaisir, maintenant c'est aussi le salut qu'elle apporte ¶2 *modo ut*; *modo* [seul avec subj.], pourvu que; *modo ne*, pourvu que ne pas: Cic. *Verr.* 4, 10; **modo legant illa ipsa, ne simulent** Cic. *Fin.* 1, 10, pourvu qu'ils lisent bien ces écrits eux-mêmes et qu'ils ne fassent pas semblant, cf. Cic. *CM* 22; *Brut.* 64; *Or.* 28; *Off.* 1, 105; *Ac.* 2, 132 ¶3 [avec rel., indic. ou subj.]: **qui modo curavit** Cic. *Flac.* 64, qui a seulement pris soin; **qui modo sit** Cic. *Cat.* 4, 16, pourvu qu'il soit; v. Gaffiot *Subj. Sub.* p. 66 ‖ [restrictif, sans verbe]: **quam plurimis modo dignis se utilem praebere** Cic. *Off.* 1, 92, rendre service au plus grand nombre, pourvu qu'ils en soient dignes, cf. Cic. *Off.* 2, 58; *Amer.* 138; **ratione quamvis falsa, modo humana** Cic. *Verr.* 3, 224, par des moyens controuvés, si l'on veut, mais du moins relevant de l'homme; **nocentem, modo ne nefarium defendere** Cic. *Off.* 2, 51, défendre un coupable, pourvu qu'il ne soit pas un sacrilège, cf. *Pis.* 55 ‖ *si modo*, indécl., si seulement, si du moins: Cic. *de Or.* 3, 125; [subj.] Hor. *Ep.* 1, 1, 40; Prop., Ov. ¶4 *modo non*, presque: Ter. *Phorm.* 68;

modo

Val.-Max. 8, 11, 7 ¶ **5** *non modo, sed (verum) etiam*, non seulement, mais encore ; ***non modo, sed***, non seulement, mais || [2ᵉ terme enchérissant] je ne dis pas... mais : ***non modo consilio, verum etiam casu*** Cic. *Agr.* 2, 6, je ne dis pas avec réflexion, mais même par hasard ; ***si non modo omnes, verum etiam multi Catones essent in civitate nostra*** Cic. *Fam.* 15, 6, 1, si dans notre cité les citoyens étaient, je ne dirai pas tous, mais seulement en grand nombre des Catons, cf. Cic. *Planc.* 78 ; ***non modo videre, sed suspicari*** Cic. *de Or.* 1, 136, je ne dis pas voir, mais soupçonner, cf. Cic. *Verr.* 4, 90 ; 4, 126 || [cas exceptionnel où *modo* n'est qu'en apparence en corrélation avec *sed (etiam)*] ***tantus pavor, ut non modo alius quisquam arma caperet, sed etiam ipse rex perfugerit*** Liv. 24, 40, 12, une telle panique qu'il n'y avait pas seulement une autre personne pour prendre les armes (= que pas même une autre personne ne prenait les armes), mais que le roi lui-même s'enfuit, cf. Liv. 4, 21, 6 || ***non modo non, sed etiam***, non seulement ne... pas, mais encore : Cic. *de Or.* 1, 219 ; *Fam.* 9, 26, 4 ; *Att.* 11, 6, 1 || ***non modo non, sed ne... quidem***, non seulement ne pas, mais pas même : Cic. *Mur.* 8 ; *Verr.* 3, 114 ; Liv. 4, 3, 10 ; [souvent, avec le même sens] ***non modo, sed ne... quidem*** : Cic. *Off.* 3, 77 ; *Tusc.* 4, 43 ; *Pis.* 23 ; *Att.* 11, 24 ; [tour inverse] ***ne... quidem, non modo***, pas même... à plus forte raison : Cic. *Tusc.* 1, 92 ; *Div.* 2, 113 ; Liv. 25, 15, 2 ; ***quos clientes nemo habere velit, non modo illorum cliens esse*** Cic. *Phil.* 2, 107, car personne ne voudrait les avoir comme clients, encore moins être leur client. **II** temporel ¶ **1** à l'instant, tout de suite : Pl. *Trin.* 908 ; Ter. *Hec.* 458 ¶ **2** il y a un instant, tout à l'heure, naguère : Ter. *Eun.* 697 ; Cic. *Verr.* 4, 7 ; *Leg.* 2, 4 ; *Nat.* 1, 57 ; *Off.* 1, 26 ; ***modo modo*** Sen. *Helv.* 2, 5, tout récemment ; ***modo... nunc*** Cic. *Mur.* 86, récemment..., maintenant ¶ **3** peu après : Liv. 26, 15, 13 ; Tac. *An.* 4, 50 ; 6, 32 ¶ **4** ***modo... modo*** Cic. *Nat.* 1, 47, tantôt... tantôt ; ***modo... tum*** Cic. *Nat.* 1, 31, tantôt... puis ; ***modo... vicissim*** Cic. *Leg.* 2, 43, tantôt... successivement ; ***modo... aliquando*** Tac. *An.* 1, 70 ; *H.* 2, 74 ; *An.* 6, 35, tantôt... parfois ; ***modo... aliquando... plerumque*** Tac. *An.* 1, 81, tantôt... parfois... le plus souvent ¶ **5** [tard.] maintenant : Aug. *Ev. Joh.* 22, 3.

Modogalinga, ae, f., île du Gange : Plin. 6, 67.

Modressae, ārum, m. pl., peuple de l'Inde : Plin. 6, 67.

Modubae, ārum, m. pl., peuple de l'Inde : Plin. 6, 67.

mŏdŭlābĭlis, e (*modulor*), harmonieux, mélodieux : Calp. 4, 63.

mŏdŭlāmĕn, ĭnis, n. (*modulor*), cadence, harmonie [du style] : Gell. 13, 21, 16 || harmonie [des astres] : Macr. *Somn.* 2, 12, 13.

mŏdŭlāmentum, i, n. (*modulor*), nombre, harmonie [du style] : Gell. 1, 7, 19.

mŏdŭlātē, adv. (*modulatus*), avec mesure, mélodieusement : Cic. *Nat.* 2, 22 ; Aus. *Epist.* 19 (409), 26 || -*latius* Amm. 16, 5, 10 ; Gell. 11, 13, 2.

mŏdŭlātĭo, ōnis, f. (*modulor*) ¶ **1** action de mesurer, de régler, mesure régulière : Vitr. 5, 9, 3 ; Gell. 1, 11, 18 ¶ **2** mesure rythmée, modulation, cadence, mélodie : Quint. 9, 4, 139 ; 11, 3, 57 ; 59 ; Aus. *Epist.* 24 (418), 13.

mŏdŭlātŏr, ōris, m. (*modulor*) ¶ **1** celui qui mesure, qui règle : Col. 1, pr. ; 3 ¶ **2** musicien : Hor. *S.* 1, 3, 130.

mŏdŭlātrix, īcis, f. (*modulator*), celle qui mesure, qui règle : Tert. *Bapt.* 3, 3.

1 **mŏdŭlātus**, a, um, part. de *modulor*, adjˈ, cadencé, modulé, mélodieux : Plin. 10, 81 ; Ov. *M.* 14, 428 || -*ior* Gell. 1, 11, 1 ; 13, 24, 9 ; -*issimus* Flor. 2, 7, 15.

2 **mŏdŭlātūs**, abl. ū, m., modulation : Sen. *Herc. f.* 263 ; Tert. *Nat.* 1, 8, 7.

mŏdŭlō, ās, āre, -, -, 🗨 *modulor* : Prisc. 2, 396, 12 [cf. *modero*] ; Chalc. 304.

mŏdŭlor, ārĭs, ārī, ātus sum (*modulus*), tr. ¶ **1** mesurer, régulariser : Gell. 1, 1, 1 ; Plin. 2, 142 ¶ **2** soumettre à des lois musicales, à une mesure, à un rythme, à une cadence : ***orationem*** Cic. *Or.* 58, soumettre le discours à des lois musicales || marquer le rythme, cf. *de Or.* 3, 185 ; Plin. 2, 209 ; Liv. 27, 37, 14 ¶ **3 a)** moduler des vers, les chanter [avec accompagnement de la lyre] : Hor. *Ep.* 2, 2, 144 **b)** les noter musicalement, leur donner une mélodie [sur le chalumeau] : Virg. *B.* 10, 51 **c)** tirer une mélodie d'un instrument : ***lyram*** Tib. 3, 4, 39, faire vibrer la lyre en accord avec le chant ; ***barbite, Lesbio modulate civi*** Hor. *O.* 1, 32, 5, ô lyre, dont le citoyen de Lesbos a tiré des accords.

▶ *modulatus*, sens pass. : Hor. *O.* 1, 32, 5 ; Quint. 9, 2, 35 ; Suet. *Aug.* 57.

mŏdŭlus, i, m. (dim. de *modus* ; fr. *moule*) ¶ **1** mesure : Varr. *R.* 2, 2, 20 ; [prov.] ***metiri se suo modulo ac pede*** Hor. *Ep.* 1, 7, 98, se mesurer à son aune et se chausser à son pied ¶ **2** module [archit.] : Vitr. 5, 9, 3 ¶ **3** tuyau d'aqueduc : Frontin. *Aq.* 36 ¶ **4** mouvement réglé ; mesure [mus.], mode, mélodie : Plin. 7, 204 ; Gell. 1, 11, 1 || [fig.] Hor. *S.* 1, 3, 78.

Modura, ae, f., ville de l'Inde [Madura] : Plin. 6, 105.

mŏdus, i, m. (*meddix*, 1 *modestus, modius, medeor, mos*) ¶ **1** mesure [avec quoi on mesure qqch.] : Varr. *R.* 1, 10, 1 ; 2 ¶ **2** mesure, étendue, quantité : ***agri*** Cic. *Att.* 13, 33, 2, mesure d'un champ ¶ **3** [mus.] mesure : ***percussionum modi*** Cic. *Or.* 198, mesures battues à intervalles réguliers ; ***extra modum*** Cic. *Or.* 198, en dehors de la mesure ; ***ad tibicinis modos saltare*** Liv. 7, 2, 4, danser à la cadence de la flûte || mélodie, mode : ***flebilibus modis aliquid concinere*** Cic. *Tusc.* 1, 106, débiter qqch. avec accompagnement d'une mélodie lugubre, cf. Cic. *Leg.* 2, 39 || cadence générale de la période : Cic. *Brut.* 32 ¶ **4** mesure, juste mesure, limite convenable : ***suus cuique modus est*** Cic. *Or.* 73, il y a une juste mesure appropriée à chaque objet ; ***est puniendi modus*** Cic. *Off.* 1, 33, il y a une mesure à observer dans le châtiment ; ***alicujus rei modum facere*** Cic. *Leg.* 1, 53 ; ***statuere*** Cic. *Sull.* 48 ; ***alicui rei modum constituere*** Cic. *Verr.* 2, 145 ; ***statuere*** Cic. *Fin.* 1, 3, fixer une limite (imposer une mesure) [à qqch.] ; ***modum ludendi retinere*** Cic. *Off.* 1, 104, garder une mesure dans le divertissement ; ***fruendae voluptatis modum tenere*** Cic. *Off.* 1, 104, garder une mesure dans la jouissance des plaisirs ; ***modum transire*** Cic. *Tusc.* 4, 40, dépasser la mesure ; ***ad quemdam modum*** Sen. *Polyb.* 7, 3, dans une certaine mesure || modération dans le caractère, dans la conduite : Cic. *Marc.* 1 ¶ **5** manière, façon, sorte, genre : ***tres modi rerum publicarum*** Cic. *Rep.* 1, 46, trois formes de gouvernements ; ***oratoris modo*** Caes. *G.* 4, 27, 3, à la manière d'un ambassadeur ; ***bono modo*** Cat. *Agr.* 5, 2, d'une bonne manière, honnêtement, sans exagérer, cf. Cic. *Att.* 13, 23, 3 ; Q. 2, 4, 3 ; ***nullo modo*** Cic. *Verr.* 2, 186, d'aucune façon ; ***omni modo*** Cic. *Att.* 6, 2, 7, de toute façon ; ***miris modis*** Liv. 1, 57, 6, de façon étonnante ; ***isto modo*** Cic. *Brut.* 296, à ta manière ; ***miserandum in modum*** Cic. *Prov.* 5, d'une façon lamentable ; ***in servilem modum*** Caes. *G.* 6, 19, 3, comme cela se pratique pour les esclaves, cf. Cic. *Verr.* 1, 13 ; ***ad hunc modum*** Caes. *G.* 3, 13, 1, de cette manière, cf. *G.* 5, 24 ; ***ad quemdam modum*** Sen. *Polyb.* 7, 3, jusqu'à un certain point ; ***majorem in modum*** Cic. *Fam.* 13, 16, 4 ; ***in majorem modum*** Cic. *Fam.* 13, 2, de façon plus pressante, vivement ; ***vaticinantis in modum*** Liv. 5, 15, 4, à la manière d'un prophète ; ***cujusque modi***, de toute espèce : Cic. *Verr.* 4, 7 ; *Fin.* 2, 3 ; 2, 22 ; *Off.* 1, 139 ; *de Or.* 2, 289 ; Caes. *G.* 7, 22, 1 ; ***ejusmodi, hujusmodi, illiusmodi, istiusmodi***, de cette façon || [droit] condition : ***sub hoc modo ut*** Dig. 46, 1, 72, dans la mesure où, à condition de ; ***sub modo legatum videtur*** Dig. 35, 1, 17, 4, le legs est considéré comme fait sous condition ; ***in legatis modus adscriptus pro conditione observatur*** Cod. Just. 6, 4, 5, 1, dans le legs la mesure prescrite vaut condition ¶ **6** [gram.] **a)** ***patiendi, faciendi modus*** Quint. 9, 3, 7, voix passive, voix active **b)** mode des verbes : Quint. 1, 5, 41 ; ***fatendi modus*** Quint. 1, 6, 7, l'indicatif.

moecha, ae, f. (μοιχή), femme adultère, putain : Catul. 42, 3 ; Juv. 6, 278.

moechās, *ădis*, f. (μοιχάς), femme adultère : Varr. Men. 205.

moechātio, *ōnis*, f., adultère : Ps. Cypr. Sing. cler. 28.

moechīa, *ae*, f. (μοιχεία), adultère, concubinage : Tert. Pud. 5, 5.

moechĭmōnĭum, *ii*, n., ⓒ> *moechatio* : Laber. d. Non. 140, 31 et Gell. 15, 7, 2.

moechissō, *ās*, *āre*, -, -, tr., ⓒ> *moechor* : Pl. Cas. 976.

moechŏr, *āris*, *āri*, *ātus sum* (*moechus*), tr., commettre un adultère, vivre avec une concubine : Catul. 94, 1 ; Hor. S. 1, 2, 49.

1 moechus, *i*, m. (μοιχός), homme adultère, débauché : Pl. Mil. 975 ; Ter. Eun. 957 ; Hor. O. 1, 25, 9 ; Juv. 9, 25.

2 moechus, *a*, *um*, licencieux, indécent : Lux. d. Anth. 319, 4.

moene, *is*, anc. sg. de *moenia*, Naev. d. Fest. 128, 22.

moenĕra, *um*, [arch. pour *munera*] : Lucr. 1, 29.

1 moenĭa, *ĭum*, n. pl. (= *munia*, *munis* ; *munus* ; *munio* ; *murus*, *muto* ; al. *Meineid*, *gemein*, an. *mean*), murailles [de ville], murs, remparts, fortifications : Varr. L. 5, 141 ; Cic. Sest. 91 ; Rep. 1, 17 ; Caes. C. 3, 80, 7 ; Virg. En. 2, 234 ‖ [poét.] murs [en gén.], enceinte : Lucr. 4, 82 ; Ov. M. 1, 1, 532 ‖ ville : Cic. Cat. 2, 1 ; Virg. En. 6, 549 ‖ maison, palais : Virg. En. 6, 541.
▶ gén. pl. *moeniorum* Tert. Marc. 3, 24, 4.

2 moenĭa, *ĭum* (= 1 *moenia*), (arch. pour **munia**), P. Fest. 151, 6.

moenĭānum, ⓥ> *maen-*.

moenĭmentum, *i*, n., ⓒ> *muni-* : Enn. d. Cic. Fin. 2, 106.

moenĭō, *īs*, *īre*, -, -, arch. pour *munio*.

Moenis, *is*, m., Mel. 3, 30 et **-nus**, *i*, m., Tac. G. 28, fleuve de Germanie [le Main].

Moenĭus, *ii*, m., nom d'homme : CIL 3, 2436.

1 moenus, *ĕris*, n., ⓥ> *munus* : Lucr. 1, 29.

2 Moenus, ⓥ> *Moenis*.

moera, *ae*, f. (μοῖρα), sort, destin, destinée : Sidon. Carm. 15, 66.

moerĕō, *ēs*, *ēre*, -, -, ⓥ> *maereo*.

1 Moerĭs, *ĭdis*, m. ¶1 nom d'un roi d'Égypte : Plin. 5, 50 ¶2 roi de la Palatène, contrée de l'Inde : Curt. 9, 8, 28.

2 Moeris, *ĭdis*, f., lac Moeris [que fit creuser près de Memphis le roi d'Égypte Moeris] Atlas IX, F2 : Mel. 1, 55 ; [appelé aussi] *Moeridis lacus* Plin. 5, 50.

3 Moeris, *is*, m., nom de berger : Virg. B. 8, 97.

moerŏr, *ōris*, m., ⓥ> *maeror*.

moerus, *i*, m., [arch. pour *murus*] : Varr. L. 5, 41 ; Enn. An. 419 ; Virg. En. 10, 24.

Moesa, ⓥ> *Maesa*.

Moesi, *ōrum*, m. pl., habitants de la Mésie : Plin. 13, 149 ; Tac. An. 15, 6.

Moesĭa, *ae*, f., la Mésie [province entre le Danube et la Thrace, auj. la Bulgarie et la Serbie] Atlas I, C5 : Plin. 3, 149 ; Tac. An. 1, 80 ‖ au pl., les Mésies [supérieure et inférieure] : Suet. Vit. 15 ‖ **-sĭacus**, *a*, *um*, de Mésie : Tac. H. 2, 32 ‖ ou **-sĭcus**, Plin. 4, 3.

moestĭtĭa, **moestus**, etc., ⓥ> *maes-*.

moetăcismus, ⓥ> *myotacismus*.

Mogetĭāna, *ae* (**nae**, *ārum*), f., ville de Basse Pannonie : Anton. 233.

mŏgĭlălus, *i*, m. (μογιλάλος), celui qui a de la difficulté à parler : VL. Exod. 4, 11.

Mŏgontĭăcum, *i*, n., ville de Germanie [Mayence] Atlas I, B4 ; V, C4 : Tac. H. 4, 14 ; Eutr. 7, 13 ‖ **-tĭăcus**, *i*, m., Amm. 15, 11, 8 ; ⓥ> *Magantia*.

Mogorē, *ēs*, f., ville située sur le Nil : Plin. 6, 180.

Mogrus, *i*, m., fleuve de la Colchide : Plin. 6, 12.

moirōs, arch., ⓒ> *muros* : CIL 1, 1722.

1 mŏla, *ae*, f. (*molo* ; fr. *meule*) ¶1 meule, meule de moulin : *molam versare* Juv. 8, 67, tourner la meule ¶2 moulin ; [surt. au pl.] *molae*, *ārum* : Pl. Men. 974 ; Enn. d. Non. 506, 4 ; Cic. Att. 2, 1, 9 ; *molae oleariae* Varr. R. 1, 55, moulin à olives ; *trusatiles* Gell. 3, 3, 14, moulin à bras ; *pumiceae molae* Ov. F. 318, le moulin aux meules rugueuses (comme la pierre ponce) [v. *cava machina* Ov. F. 6, 381] ¶3 *mola salsa* Pl. Amp. 740 ; Plin. 18, 7 ; Mart. 7, 5, 4 ; *mola* [seul] Cic. Div. 2, 37, farine sacrée [de blé torréfié, mêlée de sel, qu'on répandait sur la tête des victimes], cf. Fest. 124, 13 ¶4 [méd.] môle, faux germe : Plin. 7, 63 ¶5 mâchoire : Vulg. Psal. 57, 7.

2 Mŏla, gén. arch. *ās*, f., déesse des moulins [plais^t] : Pl. Ps. 1100.

mŏlāris, *e* (1 *mola*), de moulin : Plin. 36, 137 ‖ **-ris**, *is*, m. **a)** meule : Virg. En. 8, 250 ; Tac. H. 2, 22 **b)** pierre meulière : Isid. 19, 10, 10 **c)** dent molaire : Juv. 13, 212.

mŏlārĭus, *a*, *um* (1 *mola*), qui tourne la meule : Cat. Agr. 11, 4 ; Varr. R. 1, 19, 3.

mŏlātĭo, *ōnis*, f. (2 *molo*) mouture : Gloss. 2, 224, 49.

mŏlātŏr, *ōris*, m. (2 *molo*) meunier : Gloss. 2, 224, 50.

molemōnĭum, *ii*, n. ?, plante inconnue : Plin. 25, 108.

mŏlendārĭus, *a*, *um* (*molo*, *molendus*), de moulin, de meule : Paul. Dig. 33, 7, 18, 5.

mŏlendīnārĭus, *a*, *um*, ⓒ> *molendarius* : Amm. 17, 4, 15.

mŏlendīnum, *i*, n., moulin : Aug. Psalm. 36, 1, 2.

mŏlendō, *ās*, *āre*, -, - (*molo*, *molendus*), tr., moudre : Pomp.-Gr. 5, 309, 12.

1 mōlēs, *is*, f. (cf. 1 *mola*, μῶλος, μόλις) ¶1 masse : *moles opere magnifico* Cic. Phil. 14, 33, masse d'un travail imposant ; *rudis indigestaque* Ov. M. 1, 7, masse informe et confuse ¶2 levée, jetée, digue, môle : *moles oppositae fluctibus* Cic. Off. 2, 14, digues opposées aux flots, cf. Cic. Verr. 4, 118 ; Att. 4, 16, 13 ¶3 appareils de siège, machines de guerre : Virg. En. 5, 439 ; Liv. 2, 17, 5 [mais *tota moles belli* Tac. H. 1, 61, toute la masse de guerre = toutes les forces guerrières] ¶4 [fig.] **a)**, masse, poids, charge : *molem invidiae sustinere* Cic. Cat. 1, 23, soutenir le fardeau de la haine, cf. Cat. 3, 17 ; *moles pugnae* Liv. 26, 6, 9, l'importance du combat ; *tantae corporum moles* Liv. 38, 46, 4, ces corps gigantesques ; *tantae moli par* Tac. An. 1, 4, à la hauteur d'une tâche si lourde ; *fortunae* Tac. An. 15, 52, le faste gênant du rang suprême ; *densa ad muros mole feruntur* Virg. En. 12, 575, ils se portent en masse compacte vers les murs **a)** effort, difficulté, peines : *haud magna mole* Liv. 25, 11, 17, sans grande difficulté ; *tantae molis erat Romanam condere gentem !* Virg. En. 1, 33, tant il était laborieux de fonder la nation romaine ! **b)** embarras, danger : *major domi exorta moles* Liv. 6, 14, 1, un plus grand danger survenu à l'intérieur **c)** bouleversement des flots : Virg. En. 5, 790 ; 1, 134 ; Curt. 3, 1, 5.

2 Mōlēs, f. pl., personnification des efforts du combat, les Moles [filles de Mars] : Gell. 13, 22, 2.

mŏlestē, adv. (*molestus*) ¶1 avec peine, avec chagrin : *moleste ferre* [avec prop. inf.] Cic. Att. 13, 22, 4, supporter avec peine que ; *molestissime fero, quod* Cic. Fam., 3, 6, 5, je suis très peiné de ce que ; *molestius ferre* Cic. Q. 1, 1, 2, supporter avec plus de peine ¶2 d'une manière choquante, désagréable, rebutante : Catul. 42, 8 ; Quint. 11, 3, 181.

mŏlestĭa, *ae*, f. (*molestus*), chose qui est à charge, ¶1 peine, chagrin, inquiétude ; désagrément, embarras, gêne, inconvénient : *habeo illam molestiam quod* Cic. Fam. 16, 12, 5, je suis chagriné de ce que ; *molestiam trahere ex, capere ex* Cic. Fam. 4, 3, 1 ; Sull. 1, s'affecter de ; *sine tua molestia* Cic. Fam. 13, 23, sans que cela ne cause d'ennui ; *molestiam exhibere alicui* Cic. Fam. 12, 30, 1, causer du désagrément à qqn ; *adspergere alicui* Cic. Q. 2, 10, 2, causer à qqn un brin d'ennui ; *fasces habent molestiam* Cic. Att. 8, 3, 6, les faisceaux sont une cause d'ennuis ¶2 [en parl. du style] affectation : Cic. Brut. 143 ; 315 ¶3 boutons sur la figure : Plin. 28, 109.

mŏlestō, *ās*, *āre*, -, - (*molestus*), tr., fatiguer, ennuyer : Dig. 34, 3, 20.

mŏlestus, *a*, *um* (cf. 1 *moles*) ¶1 qui est à charge, pénible, désagréable, fâcheux : Cic. Mur. 18 ; Nat. 2, 39 ; *alicui* Cic. Brut. 117, importun pour qqn [en parl. d'une pers.] ; *est in hoc genere moles-*

molestus

tum quod Cic. *Off.* 1, 26, le fâcheux en ces sortes de choses, c'est que ; *molestum est* [avec inf.] Cic. *Nat.* 1, 2, il est ennuyeux de ¶ **2** déplaisant, choquant : Cic. *Top.* 92 ‖ affecté : Cic. *Brut.* 116 ; Quint. 11, 3, 183 ; Suet. *Tib.* 56 ; Ov. *A. A.* 1, 464 ‖ difficile : Dig. 9, 2, 27, 14‖ dangereux : Catul. 51, 12 ‖ *-ior* Cic. *Leg.* 3, 19 ; *-issimus* Cic. *Caecin.* 36.

mŏlētrīna, *ae*, f. (*molo*), moulin : Cat. d. Non. 63, 26.

mŏlĭle, *is*, n. (1 *mola*), attache de l'âne tournant le meule : Cat. *Agr.* 10, 11.

mŏlīmĕn, *inis*, n. (*molior*), gros effort : Lucr. 4, 902 ; Ov. *M.* 12, 357 ; Liv. 5, 22, 6 ; *res suo ipsa molimine gravis* Liv. 2, 56, 4, affaire difficile par elle-même à cause des efforts qu'elle demande : *molimen sceleris* Ov. *M.* 6, 473, efforts pour accomplir un crime ‖ [fig.] *quanto molimine* Hor. *Ep.* 2, 2, 92, avec quel air important.

mŏlīmentum, *i*, n. (*molior*), effort pour réaliser qqch. : Caes. *G.* 1, 34, 3 ; Liv. 37, 14, 7 ; *magni res molimenti est* Sen. *Marc.* 11, 4, il faut un gros effort.

mŏlīna, *ae*, f. (*molo*), moulin : Amm. 18, 8, 11 ; Cassiod. *Inst.* 1, 29, 1.

mŏlīnārĭus, *ii*, m. (*molina* ; fr. *meunier*), meunier [d'un moulin à eau] : CIL 3, 5866 ‖ moulin à eau : Gloss. 3, 371, 41.

Molindae, *ārum*, m. pl., peuple de l'Inde : Plin. 6, 67.

mŏlīnum saxum, *i*, n. (1 *mola* ; fr. *moulin*), meule : Tert. *Marc.* 4, 35, 1.

mōlĭō, *īs*, *īre*, -, -, tr., bâtir, construire : Prisc. 2, 392, 12 ; Frontin. *Aq.* 129.

mōlĭŏr, *īrĭs*, *īrī*, *ītus sum* (1 *moles*), tr. ¶ **1** mettre en mouvement, déplacer : *montes sua sede* Liv. 9, 3, 3, déplacer des montagnes ; *corpora ex somno* Liv. 36, 24, 3, s'arracher au sommeil ; *ancoras* Liv. 28, 17, 15, lever l'ancre ; *manibus habenas* Virg. *En.* 12, 327, manier les rênes ; *in vites bipennem* Virg. *G.* 4, 331, manier la cognée contre les vignes ‖ *terram* Virg. *G.* 1, 494, remuer la terre, cf. Lucr. 5, 934 ‖ *portas* Liv. 23, 18, 2, forcer, enfoncer des portes, cf. Curt. 6, 8, 20 ¶ **2** bâtir, construire : *muros, classem, arcem* Virg. *En.* 3, 132 ; 3, 6 ; 1, 424, construire des murs, une flotte, une citadelle ; [un retranchement] Liv. 25, 36, 7 ¶ **3** [fig.] faire, réaliser : *nec ea quae agunt molientes cum labore operoso* Cic. *Nat.* 2, 59, sans que pour accomplir ce qu'ils font leur travail soit pénible ; *nulla opera moliri* Cic. *Nat.* 1, 51, ne rien faire ; *datum molitur iter* Virg. *En.* 6, 477, il suit le trajet fixé ¶ **4** entreprendre, préparer, machiner, ourdir : *alicui calamitatem* Cic. *Clu.* 178 ; *perniciem rei publicae* Cic. *Cat.* 1, 5, machiner la perte de qqn, la ruine de l'État ; *dubitamus quid iste in hostium praeda molitus sit ?* Cic. *Verr.* 1, 154, doutons-nous de ce qu'il a pu tenter pour s'emparer des dépouilles des ennemis ? ; *crimina et accusatorem* Tac. *An.* 12, 22, chercher des griefs et un accusateur contre qqn : *regna* Liv. 1, 47, 4, se préparer un trône ‖ [avec inf.] *molimur aliquid exquisitius dicere* Cic. *Or.* 37, nous entreprenons de dire qqch. de plus approfondi ; *mundum efficere moliens* Cic. *Tim.* 13, voulant faire le monde ¶ **5** mettre en mouvement, provoquer [des sentiments] : Cic. *de Or.* 2, 206 ¶ **6** [abs[t]] ***a)*** se remuer, s'occuper : *in demoliendo signo* Cic. *Verr.* 4, 95, travailler, s'occuper à desceller une statue ‖ [fig.] *de occupando regno* Cic. *Rep.* 2, 60, se livrer à des machinations pour monter sur le trône ***b)*** se mettre en mouvement : *ceterae naves uno in loco moliebantur* Cic. *Verr.* 5, 88, les autres navires faisaient les manœuvres à la même place ; *naves dum moliuntur a terra* Liv. 37, 11, 12, pendant que les navires cherchent à s'éloigner de terre, cf. Tac. *H.* 2, 35 ; Liv. 28, 44, 6.
▶ inf. *molirier* Lucr. 5, 934.

mōlis, *is*, f., 1 *moles* : Grom. 92, 16.

1 **mōlītĭo**, *ōnis*, f. (*molior*) ¶ **1** action de remuer, de déplacer : *agrorum* Col. 11, 2, 98, culture de la terre ; *valli* Liv. 33, 5, 6, démolition du retranchement ¶ **2** préparation, mise en œuvre, construction : Cic. *Nat.* 1, 19 ; 23 ‖ la création : Tert. *Marc.* 1, 11, 8.

2 **mŏlītĭo**, *ōnis*, f. (*molo*), mouture : Ps. Ambr. *Serm.* 29 [Max. *Hom.* 3].

1 **mŏlītŏr**, *oris*, m. (*molo*), meunier [d'un moulin à bras] : Ulp. *Dig.* 33, 7, 12.

2 **mōlītŏr**, *ōris*, m. (*molior*), celui qui construit : *mundi* Cic. *Tim.* 17, l'architecte du monde, cf. Ov. *M.* 8, 302 ‖ [fig.] celui qui ourdit, qui trame, artisan de : Tac. *An.* 11, 29 ; Sen. *Tranq.* 7, 5.

mōlītrix, *īcis*, f. (*molitor*), celle qui machine qqch. : Suet. *Ner.* 35.

mŏlītum, *i*, n. (*molo*), ce qui est moulu, farine : Pl. *Men.* 979.

1 **mŏlītus**, *a*, *um*, part. de *molo* : *molita cibaria*, Caes. *G.* 1, 5, 3, farine.

2 **mōlītus**, *a*, *um*, part. de *molior*.

mollescō, *ĭs*, *ĕre*, -, - (*mollis*), intr., devenir mou : Catul. 64, 38 ; Ov. *M.* 10, 283 ‖ s'adoucir : Lucr. 5, 1014 ; Ov. *Pont.* 1, 6, 8 ‖ s'efféminer : Ov. *M.* 4, 386 ; Vulg. *Jer.* 51, 46.

mollestra, *ae*, f. (de μηλωτή, cf. *mollis*), peau de brebis servant à fourrir les casques : P. Fest. 119, 15.

mollĭa, *ĭum*, n. pl. (*mollis*), mollusques : Plin. 11, 267.

mollĭcellus, *a*, *um* (dim. de *molliculus*), Catul. 25, 10.

mollĭcĭna, *ae*, f., étoffe moelleuse : Nov. d. Non. 540, 22.

mollĭcŏmus, *a*, *um*, dont la tige est tendre : Avien. *Perieg.* 1081.

mollĭcŭlus, *a*, *um* (dim. de *mollis*), tendre, délicat : Pl. *Cas.* 492 ; Catul. 16, 4.

mollĭfĭcō, *ās*, *āre*, -, - (*mollificus*), tr., amollir : Gloss. 2, 232, 51.

mollĭfĭcus, *a*, *um* (*mollis, facio*), qui amollit : Cael.-Aur. *Chron.* 4, 1, 9.

mollĭflŭus, *a*, *um* (*mollis, fluo*), qui coule doucement : Drac. *Romul.* 7, 11‖ qui souffle doucement : Serv. *Gram.* 4, 462, 11.

mollīgo, *ĭnis*, f., ⊕ *mollugo* : M.-Emp. 26, 45.

mollīmentum, *i*, n. (*mollio*), adoucissement, consolation : Sen. *Tranq.* 10, 2.

mollĭō, *īs*, *īre*, *īvī* ou *ĭī*, *ītum* (*mollis*), tr. ¶ **1** rendre souple, flexible, assouplir, amollir : *artus oleo* Liv. 21, 55, 1, assouplir les membres en les frottant d'huile ; *frigoribus durescit umor et mollitur tepefactus* Cic. *Nat.* 2, 26, l'eau sous l'action du froid durcit, puis fond à la chaleur ; *humum foliis* Ov. *M.* 4, 741, atténuer la dureté du sol par un lit de feuillage ; *glebas* Ov. *M.* 6, 220, ameublir les mottes ; *agri molliti* Cic. *Nat.* 2, 130, champs ameublis ¶ **2** [fig.] adoucir, atténuer : *clivum* Caes. *G.* 7, 46, 2, adoucir une pente, cf. Liv. 21, 37, 3 ; *Hannibalem exsultantem* Cic. *CM* 10, amortir la fougue d'Hannibal ; *translationem* Cic. *de Or.* 3, 165, adoucir une métaphore, cf. Cic. *Nat.* 1, 95 ‖ amollir : *lacrimae meorum me molliunt* Cic. *Att.* 10, 9, 2, les larmes des miens m'ôtent toute énergie ; *legionem* Cic. *Phil.* 12, 8, amollir le courage d'une légion ‖ [péjor.] amollir, affaiblir : *animos* Cic. *Tusc.* 2, 27, briser les énergies ; *vocem* Quint. 11, 3, 24, efféminer la voix.
▶ imparf. *mollibat* Acc. *Tr.* 630 ; Ov. *M.* 6, 21 ; inf. pass. *mollirier* Ter. *Phorm.* 632.

mollĭpēs, *pĕdis* (*mollis, pes*), qui a les pieds nonchalants : Cic. *Arat. B.* 4, 10.

mollis, *e* (*mldwis, cf. ἁμαλός, ἁμαλδύνω, scr. mṛdu-s, rus. molodoj-*; fr. *mou*) ¶ **1** ***a)*** souple, flexible : *juncus* Virg. *B.* 2, 72, le jonc flexible ; *molles commissurae* Cic. *Nat.* 2, 150, articulations souples ***b)*** mou, tendre : *mollissima cera* Cic. *de Or.* 3, 177, cire très molle ; *mollia prata* Virg. *G.* 2, 384, tendres prairies ; *molles genae* Ov. *H.* 10, 44, joues délicates ‖ n. pl., *mollia panis* Plin. 13, 82, mie de pain ***c)*** doux, non escarpé : *molle fastigium, molle litus* Caes. *C.* 2, 10, 3 ; *G.* 5, 9, 1, légère inclinaison, rivage en pente douce ***d)*** non âpre, doux : *mollissima vina* Virg. *G.* 1, 341, vins sans âpreté ; *odor mollissimus* *Plin. 12, 97, odeur très suave ; *mollior aestas* Virg. *G.* 1, 312, été plus doux ***e)*** souple, sans raideur : *signa molliora* Cic. *Brut.* 70, statues ayant plus de souplesse, cf. Quint. 12, 10, 7 ; *molles imitabitur aere capillos* Hor. *P.* 33, il reproduira dans le bronze la souplesse d'une chevelure ¶ **2** [fig.] ***a)*** souple, flexible : *mollis et pellucens oratio* Cic. *Brut.* 274, style souple et diaphane, cf. Cic. *Or.* 77 ; Hor. *S.* 1, 10, 45 ; *est oratio mollis et tenera et ita flexibilis ut sequatur quocumque torqueas* Cic. *Or.* 52, le langage est souple, malléable et si flexible qu'il suit toutes les directions qu'on lui imprime (qu'il se prête à toutes les formes qu'on veut lui donner); **nihil est tam molle quam voluntas erga nos civium** Cic. *Mil.* 42, rien n'est aussi souple que les dispositions des citoyens à notre égard; *mollis animus et ad accipiendam et ad deponendam offensionem* Cic. *Att.* 1, 17, 2, esprit aussi prompt à sentir qu'à oublier une offense **b)** doux, tendre : *auricula infima mollior* Cic. *Q.* 2, 13, 4, plus tendre que le bout inférieur de l'oreille [de bonne composition], cf. *Caecin.* 28; *mollissima corda* Juv. 15, 131, cœurs très tendres, sensibles **c)** doux, agréable : *mollem et jucundam senectutem efficere* Cic. *CM* 2, rendre la vieillesse douce et agréable; *quanto molliores sunt flexiones in cantu* Cic. *de Or.* 2, 98, combien sont plus douces (plus caressantes) les modulations dans le chant; *molliora referre* Tac. *H.* 4, 32, faire un rapport adouci ‖ *cuncta in mollius relata* Tac. *An.* 14, 39, tout fut rapporté avec des adoucissements; *translationes mollissimae* Cic. *Or.* 85, les métaphores les moins hardies, cf. Cic. *Off.* 1, 37 **d)** touchant : *molles versus* Ov. *Tr.* 2, 307, poésie élégiaque **e)** mou, sans énergie : *molles sententiae* Cic. *Cat.* 1, 30, décisions molles; *mens mollis* Caes. *G.* 3, 19, 6, raison sans fermeté ‖ efféminé : *disciplina* Cic. *Fin.* 1, 30, secte efféminée, cf. *Fin.* 5, 12; *de Or.* 1, 226; [subst¹] **Cleopatrae molles** Sen. *Ep.* 87, 16, les mignons de Cléopâtre **f)** tendre, favorable, propice : *mollissima fandi tempora* Virg. *En.* 4, 293, les occasions les plus favorables pour parler, cf. Ov. *Pont.* 3, 3, 84.

mollĭtĕr, adv. (*mollis*) ¶ **1** moelleusement, mollement : **mollissime** Cic. *Nat.* 2, 129; *de Or.* 3, 63 ‖ avec souplesse : *excudere mollius aera* Virg. *En.* 6, 847, travailler l'airain avec plus de souplesse ‖ en pente douce, graduellement : Col. 1, 2, 3 ¶ **2** [fig.] avec douceur, sans âpreté : *molliter ferre* Cic. *CM* 5, supporter avec douceur [sans révolte], cf. Liv. 30, 3, 7 ‖ voluptueusement : Cic. *Off.* 1, 106 ‖ avec faiblesse, sans énergie : *non molliter ferre* Cic. *Fin.* 2, 64, supporter sans faiblir, cf. Sall. *J.* 82, 2; *mollius* Liv. 30, 7, 3, avec trop peu d'énergie.

mollĭtestĭa, *ĭum*, n. pl. (*mollis, testa*), animaux pourvus d'une carapace molle [crustacés] : Eustath. 7, 2, 2.

mollĭtĭa, *ae*, qqf. **-ĭēs**, *ĭēi*, f. (*mollis*; fr. *mollesse*) ¶ **1** souplesse, flexibilité : *nulla mollitia cervicum* Cic. *Or.* 59, pas de flexibilité excessive [laisser-aller] du cou ‖ douceur, moelleux [de la laine] : Plin. 19, 48 ‖ *lapidis* Plin. 36, 162, pierre tendre ‖ mollesse, état d'une chose encore tendre, qui n'a pas encore toute sa fermeté et sa consistance : Cic. *Fin.* 5, 28 ¶ **2** [fig.] douceur, sensibilité : Cic. *Sull.* 18 ‖ flexibilité [des sentiments] : Cic. *Att.* 1, 17, 5 ‖ faiblesse de caractère, manque d'énergie : Cic. *Part.* 81; *Fin.* 1, 33 ‖ mollesse, vie molle, vie efféminée : Cic. *Leg.* 2, 38; *Tusc.* 2, 52 ‖ mœurs efféminées : Tac. *An.* 11, 2.

mollĭtōrĭus, *a*, *um* (*mollis*), émollient, adoucissant : Cass. Fel. 78.

mollĭtūdo, *ĭnis*, f. (*mollis*) ¶ **1** souplesse, flexibilité [de la voix] : Her. 3, 20 ‖ mollesse, qualité de ce qui est mou [au pr.] : Cic. *Nat.* 2, 135 ; Vitr. 10, 2, 11 ‖ douceur, moelleux [au toucher] : Cic. *de Or.* 3, 99 ¶ **2** [fig.] la douceur, le poli des manières : Cic. *de Or.* 3, 161 ‖ douceur, séduction : Arn. 2, 30.

mollītus, *a*, *um*, part. de *mollio*.

mollūgo, *ĭnis*, f., bardanette [plante] : Plin. 26, 102.

mollusca nux, f., et absᵗ **mollusca**, *ae*, f. (*mollis*), sorte de noix dont l'écale est tendre : Pl. d. Macr. *Sat.* 3, 18, 9 ; Plin. 15, 90.

molluscum, *i*, n., nœud de l'érable : Plin. 16, 68.

1 **mŏlō**, *ĭs*, *ĕre*, *ŭī*, *ĭtum* (1 *mola*, *molina*, 1 *moles*, cf. μύλη, ἀλέω, scr. *mṛnāti*, al. *mahlen*, rus. *melju*; fr. *moudre*), tr. ¶ **1** [absᵗ] moudre, tourner la meule : Ter. *Ad.* 847; *Phorm.* 249 ¶ **2** [avec acc.] : *hordeum* Plin. 18, 73, moudre de l'orge ‖ [sens obscène] : Petr. 23, 5 ; Aus. *Epigr.* 67 (71), 7.

2 **mŏlō**, *ās*, *āre*, -, -, tr., moudre : Vl. *Matth.* 24, 41.

3 **Mŏlo** ou **Mŏlōn**, *ōnis*, m. (Μόλων), Molon [de Rhodes, célèbre professeur de rhétorique] : Cic. *Brut.* 312 ; Quint. 12, 6, 7 ; Suet. *Caes.* 4.

Moloch, m. indécl., Moloch : Vulg. *Lev.* 18, 21.

mŏlŏchē, *ēs*, f. (μολόχη), mauve : Col. 10, 247 ; Plin. 20, 29 ; ➤ *malache*.

mŏlŏchĭna, *ae*, f., vêtement mauve : *Nov. Com.* 71.

mŏlŏchĭnārĭus, (**-cĭnārĭus**, Pl.), *ii*, m., teinturier [en mauve] : Pl. *Aul.* 514; *CIL* 6, 690.

mŏlŏchĭnĭa, *ae*, f. (*molochinus*), étoffe faite avec des fibres de mauves : Isid. 19, 22, 12.

mŏlŏchĭnus, *a*, *um* (μολόχινος, ➤ *moloche*), couleur de mauve : Caecil. *Com.* 139.

mŏlŏchītis, *ĭdis*, f. (μολοχῖτις), sorte de pierre précieuse : Plin. 37, 114.

1 **mōlōn**, *ōnis*, f., ➤ *moly* : Plin. 26, 33.

2 **Mŏlōn**, ➤ 3 *Molo*.

Mŏlorchus, *i*, m. (Μόλορχος), Molorchus [berger de Cléones, près de Némée, qui donna l'hospitalité à Hercule venu pour tuer le lion de Némée] : Virg. *G.* 3, 19 ; Stat. *S.* 3, 1, 29 ‖ **-ēus**, *a*, *um*, de Molorchus : Tib. 4, 1, 13.

Mŏlossi, *ōrum*, m. pl. (Μολοσσοί), Molosses, habitants de la Molossie : Cic. *Div.* 1, 76 ; Nep. *Them.* 8, 4 ‖ **Mŏlossĭa**, *ae*, f., Molossie [partie de l'Épire] : Serv. *En.* 3, 297 ‖ **-sis**, *ĭdis*, f., Liv. 8, 24, 3.

mŏlossĭambŏs, *i*, m., molossiambe, pied composé d'un molosse et d'un iambe : Diom. 481, 21.

Mŏlossĭcus, *a*, *um* (1 *Molossus*), relatif aux Molosses : *parasiti Molossici* Pl. *Cap.* 86, parasites voraces comme des dogues ‖ *molossicum carmen* Diom. 513, 15, vers composé de molosses.

Mŏlossis, ➤ *Molossia*.

mŏlossŏpyrrhĭchus, *i*, m., molossopyrrhique, pied composé d'un molosse et d'un pyrrhique : Diom. 481, 26.

mŏlossŏspondēus (**-dīŏs**), *i*, m., molossospondée, pied composé d'un molosse et d'un spondée : Diom. 482, 9.

1 **Mŏlossus**, *a*, *um* (μολοσσος), du pays des Molosses : Ov. *M.* 1, 226 ; *molossi canes* Hor. *S.* 2, 6, 114, chiens molosses ‖ **-sus**, *i*, m. (gén. pl. *molossum* Lucr. 5, 1060), chien molosse : Virg. *G.* 3, 405 ‖ molosse, pied de trois longues : Quint. 9, 4, 82.

2 **Mŏlossus**, *i*, m., Molosse [fils de Pyrrhus, donna son nom à une partie de l'Épire] : Serv. *En.* 3, 297 ; ➤ *Molossi*.

Molpeūs, *ĕi* ou *ĕos*, m., Molpée [guerrier tué par Persée] : Ov. *M.* 5, 163.

mŏlucrum, *i*, n. (de μυλήκορον ; cf. *mola*) ¶ **1** balai de moulin : P. Fest. 124, 2. ¶ **2** billot de sacrifice : Cloat. d. Fest. 124, 9 ‖ support de la meule : Ael. d. Fest. 124, 11 ‖ môle [obstétrique] : Afran. *Com.* 338 d. Fest. 124, 7.

mŏlui, parf. de *molo*.

Mŏlus, *i*, m., père de Mérion : Hyg. *Fab.* 97.

mōlÿ, *ўos*, n. (μῶλυ), moly, espèce d'ail [utilisé contre les enchantements] : Ov. *M.* 14, 292 ; Plin. 25, 26 ‖ ➤ *morion* : Plin. 21, 180.

mŏlybdaena, *ae*, f. (μολύβδαινα) ¶ **1** molybdène, ➤ *galena* : Plin. 34, 173 ¶ **2** ➤ *plumbago* [plante] : Plin. 25, 155.

mŏlybdis, *ĭdis*, f. ou **-dus**, *i*, m. (μολυβδίς, μόλυβδος), fil à plomb : Stat. *S.* 3, 2, 30.

mŏlybdītis, *ĭdis*, f. (μολυβδῖτις), cendre de plomb, cendrée : Plin. 33, 106.

Mŏlycrĭa, *ae*, f., ville d'Étolie : Plin. 4, 6.

mōmar, m. (mot sicilien, cf. μῶμος), sot, insensé : P. Fest. 123, 16.

mōmĕn, *ĭnis*, n. (*moveo, motus*), action de se mouvoir, mouvement : Lucr. 6, 474 ‖ impulsion : Lucr. 3, 188 ‖ importance : Arn. 2, 49.

mōmentālĭtĕr, adv. (*momentum*), à l'instant : Fulg. *Myth.* 2, 1, p. 39, 1.

mōmentāna, *ae*, f. (*momentum*), petite balance pour les matières précieuses : Isid. 16, 25, 4.

mōmentānēus, *a*, *um*, momentané, passager : Tert. *Marc.* 3, 17, 4.

mōmentārĭus, *a*, *um* (*momentum*), d'un moment, qui ne dure qu'un moment : Dig. 34, 1, 8 ‖ instantané : Apul. *M.* 10, 25.

mōmentōsus, *a*, *um*, prompt, rapide : Ps. Quint. *Decl.* 13, 12.

momentum

mōmentum, *i*, n. (cf. *momen*, *moveo*) ¶ **1** mouvement, impulsion : *arbores levi momento impulsae* Liv. 23, 24, 7, les arbres recevant une légère poussée ; *astra sua momenta sustentant* Cic. *Nat.* 2, 117, les astres maintiennent leurs impulsions propres, se maintiennent en équilibre, cf. Cic. *Tusc.* 1, 40 ‖ [fig.] *perleve momentum fortunae* Cic. *Agr.* 2, 80, une très légère impulsion de la fortune ; *omnia ex altera parte collocata vix minimi momenti instar habent* Cic. *Off.* 1, 11, tous les biens placés dans l'autre plateau de la balance n'exercent pas la plus petite poussée ¶ **2** [d'où] influence, poids, importance : *ad rem momentum habere* Cic. *Fin* 4, 47, avoir de l'importance pour qqch. ; *sunt in plerisque contrariarum rationum paria momenta* Cic. *Ac.* 2, 124, dans la plupart des cas des raisons opposées ont un poids égal ; *nihil habere momenti* Cic. *Fin.* 2, 38, n'avoir pas d'importance, cf. Cic. *Verr.* 5, 3 ; *Mur.* 62 ; 90 ; *res nullius momenti putatur* Cic. *Vat.* 1, cette chose est considérée comme sans importance ; *ne minimi quidem momenti esse ad...* Cic. *Fin.* 4, 47, n'avoir pas même la plus petite importance pour... ; *apud te, cujus nullum in re publica momentum unquam fuit* Cic. *Verr.* 5, 153, auprès de toi qui n'as jamais eu qu'un rôle insignifiant dans l'État ; *magnum afferre momentum alicui ad salutem* Caes. *C.* 1, 51, 6, être de grande importance pour assurer le salut de qqn ; *nullum momentum in dando regno facere* Liv. 1, 47, 7, n'exercer aucune influence sur l'attribution du trône ; *magnae rei momentum facere* Liv. 25, 18, 3, donner l'impulsion à (provoquer) un grand événement ; *momenti aliquid apud Magnetas ad repetendam societatem Romanam facere* Liv. 35, 39, 3, avoir passablement d'influence sur les Magnètes pour une reprise de l'alliance avec Rome ; *levi momento aestimare aliquid* Caes. *G.* 7, 39, 3, estimer de peu d'importance qqch. ‖ *momenta officiorum perpendere* Cic. *Mur.* 3, peser les valeurs respectives des devoirs ; *argumentorum* Cic. *Or.* 47, la valeur des arguments ; *omnia verborum momentis, non rerum ponderibus examinare* Cic. *Rep.* 3, 12, examiner tout d'après la force des mots et non d'après le poids des idées ‖ influence, raison déterminante : *alieni momenti animi circumagi* Liv. 39, 5, 3, se laisser ballotter au gré d'une volonté étrangère ¶ **3** espace où se produit un mouvement : *parvo momento antecedere* Caes. *G.* 2, 6, 4, devancer d'une faible longueur ; *momenta currentis (stellae)* Sen. *Nat.* 1, 14, 4, les points successifs de la course ¶ **4** durée d'un mouvement, moment, instant : *momento, momento temporis* Liv. 21, 14, 3 ; 21, 33, 10, en un instant, en un clin d'œil ; *horae momento* Hor. *S.* 1, 1, 7 ; Liv. 5, 7, 3, dans l'espace d'une heure ¶ **5** moments, points d'un discours : Quint. 5, 10, 71.

mōmērĭum, *ii*, n. (*μωμήριον), affront : *Commod. *Instr.* 2, 14 (18), 18.

mŏmordi, parf. de *mordeo*.

Mŏna, *ae*, f., île entre la Bretagne et l'Hibernie [Anglesey] Atlas V, B1 : Caes. *G.* 5, 13, 3.

mŏnăcha, *ae*, f. (μοναχή), moniale, religieuse : Hier. *Ep.* 39, 5, 2.

mŏnăchālis, *e* (*monachus*), monacal, monastique : Paul.-Nol. *Ep.* 17, 1.

mŏnăchātŭs, *ūs*, m. (*monachus*), état monastique : Greg.-M. *Ep.* 1, 40.

mŏnăchĭcus, *a*, *um*, relatif aux moines, monacal : Novel.-Just. 133, 5 ; Greg.-M. *Ep.* 5, 1.

mŏnăchīum, *ii*, n. (μοναχεῖον), monastère : Cod. Just. 1, 2, 13.

1 mŏnăchus, *i*, m. (μοναχός ; fr. *moine*, *Monge*, al. *Mönch*, an. *monk*), moine, solitaire, anachorète : Rutil. 1, 441 ; Eger. 3, 4 ; v. *monicus*.

2 mŏnăchus, *a*, *um*, de moine, de solitaire : *Paul.-Nol. *Ep.* 23, 8.

Monadi, *ōrum*, m. pl., peuple d'Apulie : Plin. 3, 104.

mŏnădĭcus numerus, m. (μοναδικός), l'unité : Isid. 3, 5, 8.

Monaedes, m. pl., v. *Monedes*.

Mŏnaesēs, *is*, m. (Μοναίσης), roi des Parthes : Hor. *O.* 3, 6, 9.

Monapĭa, *ae*, f., île entre la Bretagne et l'Hibernie [Man] Atlas V, A1 : Plin. 4, 103 ; v. *Mona*.

mŏnarchĭa, *ae*, f. (μοναρχία), monarchie [gouvernement d'un seul] : Lact. *Inst.* 1, 5, 23.

mŏnarchĭāni, *ōrum*, m. pl. (*monarchia*), partisans de la monarchie (trinitaire) : Tert. *Prax.* 10, 1.

mŏnārĭus, *a*, *um* (μόνος), qui n'a qu'un seul cas : Prob. *Inst.* 4, 121, 12.

mŏnăs, *ădis*, f. (μονάς), monade, unité : Macr. *Somn.* 1, 6, 7.

mŏnastērĭālis, *e* (*monasterium*), de monastère : Sidon. *Ep.* 7, 9, 11.

mŏnastērĭŏlum, *i*, n. (dim. de *monasterium* ; fr. *Montreuil*), petit monastère : Hier. *Ep.* 105, 4 ; Not. Tir. 119, 66.

mŏnastērĭum, *ii*, n. (μοναστήριον ; fr. *moutier*, al. *Münster*, an. *minster*), ermitage : Eger. 3, 1 ‖ monastère : Sidon. *Ep.* 4, 25, 5.

mŏnastĭcus, *a*, *um* (μοναστικός), monastique : Greg.-M. *Ep.* 5, 49.

mŏnastrĭa, *ae*, f. (μονάστρια), religieuse : Novel.-Just. 123, 21 pr..

mŏnaulēs, *ae*, m. (μοναύλης), celui qui joue de la flûte simple : Not. Tir. 107, 10.

mŏnaulĭtĕr, adv., en jouant de la flûte simple : Capel. 9, 906.

mŏnaulŏs (-us), *i*, m., flûte simple : Plin. 7, 204 ; Mart. 14, 64, 2.

mŏnāzontes, *ōn*, m. pl. (μονάζοντες), moines solitaires : Cod. Th. 12, 1, 63.

Monda, v. 2 *Munda*.

Monedes, *um*, m. pl., peuple de l'Inde en deçà du Gange : Plin. 6, 69.

mŏnēdŭla, *ae*, f. (*moneo*, cf. *ficedula*), choucas [oiseau] : Cic. *Flac.* 76 ; Plin. 10, 77 ‖ terme de caresse : Pl. *Cap.* 1002.

mŏnēla, *ae*, f. (*moneo*), avertissement : Tert. *Pat.* 8, 2.

mŏnēmĕrum (-ŏn), *i*, n. (μονήμερον), collyre pour un jour : M.-Emp. 8, 16.

mŏnĕō, *ēs*, *ēre*, *ŭī*, *ĭtum* (*mon-, 1 Moneta*, *mens*, *memini*, caus.-itér., cf. *doceo*), tr. ¶ **1** faire penser à qqch., faire souvenir : *aliquem de aliqua re* Cic. *Att.* 11, 16, 5, faire songer qqn à qqch., cf. Cic. *Q.* 2, 3, 6 ‖ [avec acc. de pron. n.] : *id ipsum, quod me mones* Cic. *Att.* 14, 19, 1, ce à quoi précisément tu me fais penser, cf. Cic. *Fam.* 3, 3, 1 ; *Cat.* 2, 20 ; Sall. *C.* 58, 3 ; *nec ea, quae ab natura monemur, audimus* Cic. *Lae.* 88, nous n'entendons pas les avertissements de la nature ‖ *aliquem alicujus rei* : *milites temporis ac necessitatis monet* Tac. *An.* 1, 67, il appelle l'attention des soldats sur les circonstances et sur la nécessité du moment ‖ [avec prop. inf.] faire observer que : Cic. *Verr. prim.* 43 ; *Dom.* 105 ; Caes. *C.* 3, 89, 4 ; *res ipsa monebat tempus esse* Cic. *Att.* 10, 8, 1, les événements eux-mêmes me rappelaient qu'il était temps ; *cum Nicanorem insidiari Piraeo a Dercillo moneretur* Nep. *Phoc.* 2, 4, étant prévenu par Dercillus que Nicanor préparait qqch. contre le Pirée ¶ **2** avertir, engager, exhorter ; [avec *ut* subj.] avertir de, engager à : Caes. *G.* 1, 20, 6 ; Cic. *Fam.* 10, 1, 2 ‖ [avec *ne*] avertir de ne pas : Cic. *Div.* 1, 55 ‖ [avec subj. seul] Cic. *Verr. prim.* 36 ‖ [avec inf.] *ratio ipsa monet amicitias comparare* Cic. *Fin.* 1, 66, la raison même avertit de se ménager des amitiés, cf. Cic. *Inv.* 2, 66 ; *CM* 32 ; Sall. *C.* 52, 3 ; *J.* 19, 2 ; Tac. *An.* 1, 63 ; [avec inf. pass.] Mart. 1, 109, 13 ¶ **3** donner des avertissements, des inspirations, éclairer, instruire : *tu vatem, tu diva, mone* Virg. *En.* 7, 41, toi à ton poète, toi, déesse, donne l'inspiration ; *velut divinitus mente monita* Liv. 26, 19, 4, comme avec une intelligence inspirée des dieux ‖ prédire, annoncer : Virg. *En.* 3, 712.

▶ subj. parf. *monerim*, *is*, Pacuv. d. Non. 507, 24.

mŏnĕrim, *is*, v. *moneo* ▶.

mŏnēris, *is*, f. (μονήρης), navire à un seul rang de rames : Liv. 38, 38, 8.

Monesi, *ōrum*, m. pl., peuple de l'Aquitaine : Plin. 4, 108.

1 Mŏnēta, *ae*, f. (*moneo*), mère des Muses : Cic. *Nat.* 3, 47 ; Andr. d. Prisc. 2, 198, 12 ‖ surnom de Junon, qu'elle reçut pour avoir averti les Romains d'un tremblement de terre : Cic. *Div.* 1, 101 ; Liv. 7, 28, 5 ; Ov. *F.* 1, 638.

2 **mŏnēta**, *ae*, f. (*1 Moneta*; fr. *monnaie*, al. *Münze*, an. *mint*) ¶1 hôtel de la monnaie [près du temple de Junon Monéta] : Cic. *Att.* 8, 7, 3 ¶2 argent monnayé, monnaie : Ov. *F.* 1, 222 ; Mart. 1, 100, 13 ¶3 coin, empreinte de la monnaie : Mart. 12, 55, 8 ǁ [fig.] Juv. 7, 55 ; Sen. *Ben.* 3, 35, 1.

mŏnētālis, *e*, relatif à la monnaie : *triumviri monetales* Pompon. *Dig.* 1, 2, 2, 30, les triumvirs directeurs de la monnaie ǁ *monetalis* Cic. *Att.* 10, 11, 5, [par plaisanterie] homme de la monnaie ǁ monnayé : Apul. *M.* 7, 6.

mŏnētārius, *a*, *um*, de monnaie, relatif à l'argent : CIL 6, 298, 8 ǁ **-tārĭus**, *ii*, m., monnayeur, ouvrier qui fabrique la monnaie de l'État : Eutr. 9, 14 ; Vop. *Aur.* 38, 2.

Mŏnĭca, *ae*, f. (cf. *Monnica*), nom de femme : CIL 8, 9151 ǁ [mère de saint Augustin] : Aug. *Conf.* 9, 13, 37 ; Anth. 670 tit.

mŏnĭcus, C.> *monachus* : CIL 13, 2431.

mŏnīlĕ, *is*, n. (cf. *mons*, scr. *manyā*, al. *Mähne*, an. *mane*), collier [plus ordinair^t de femme] : Cic. *Verr.* 4, 39 ǁ pl., bijoux, joyaux : Juv. 2, 85 ; Ov. *H.* 9, 57.

mŏnĭment-, V.> *monument-*.

Monimus, *i*, m., nom d'homme : Curt. 3, 13, 15.

mŏnĭtĭo, *ōnis*, f. (*moneo*), avertissement, avis, conseil, recommandation : Cic. *Lae.* 89 ; Sen. *Ep.* 94, 39 ; Suet. *Tib.* 18.

mŏnĭtō, *ās*, *āre*, -, - (fréq. de *moneo*), Fort. *Mart.* 2, 387.

mŏnĭtŏr, *ōris*, m. (*moneo*), celui qui rappelle, qui conseille ; guide, conseiller : Ter. *Haut.* 171 ; Cic. *de Or.* 2, 99 ; Sall. *J.* 85, 10 ; Sen. *Ep.* 94, 72 ǁ conseiller [droit] : Cic. *Caecil.* 52 ǁ esclave nomenclateur : Cic. *Mur.* 77 ǁ qui avertit (met en garde), qui remontre, sermonneur : Hor. *P.* 163 ; Col. 1, 9, 4 ǁ souffleur [au théâtre] : CIL 3, 3423 ; P. Fest. 123, 12.

mŏnĭtōrĭus, *a*, *um* (*monitor*), qui donne un avertissement [en parl. de la foudre] : Sen. *Nat.* 2, 39, 4.

mŏnĭtum, *i*, n. (*moneo*), rappel, avertissement, conseil, avis : Cic. *de Or.* 2, 175 ; *Fam.* 5, 8, 2 ; 5, 13, 3 ǁ prophétie, prédiction, oracle : Cic. *Har.* 54 ; Virg. *En.* 8, 336.

1 **mŏnĭtus**, *a*, *um*, part. de *moneo*.

2 **mŏnĭtŭs**, *ūs*, m, rappel, conseil, avis : Ov. *H.* 18, 115 ; Juv. 14, 228 ǁ avertissement des dieux, oracles, prophétie : Cic. *Div.* 2, 86 ; Plin. *Pan.* 76.

monna, *ae*, f. (cf. *nonna*, *mamma*), épouse chérie : CIL 9, 3215.

Monnĭca, *ae*, f. (*monna*), nom de femme : CIL 8, 4406 ; V.> *Monica*.

monnŭla, *ae*, f. (dim. de *monna*), petite maman : CIL 6, 27009.

mŏnōbĭlis, *e* (μονόβελος), d'une seule pièce, monolithique, énorme : *Itin. Burdig.* p. 23, 12 ; *Lampr. Hel.* 8, 7 ; V.> *monolithus*.

mŏnŏbĭblon (-blion), *i*, n. (μονόβιβλον, -ίον), ouvrage en un volume : Hier. *Ep.* 33, 4, 4.

mŏnŏbĭblŏs, *i*, m. (μονόβιβλος), livre unique : Prop. 1, *tit.* ; Mart. 14, 189 tit..

mŏnŏbŏlŏn, *i*, n. (μονόβολον), sorte de jeu où l'on saute sans perche : Cod. Just. 3, 43, 3.

Mŏnŏcălēni, *ōrum*, m. pl., peuple des Alpes : Plin. 3, 133.

mŏnŏcentaurus, *i*, m., monstre avec une tête de bœuf : Isid. 11, 3, 38.

mŏnŏcĕrōs, *ōtis*, m. (μονόκερως), unicorne, rhinocéros : Plin. 8, 76 ; Solin. 52, 39.

mŏnŏchordŏs, *ŏn* (μονόχορδος), à une corde : Ps. Acr. Hor. *P.* 216 ǁ **-chordon**, *i*, n., monocorde : Boet. *Mus.* 4, 6.

mŏnŏchrōmăta, *ōrum*, n. pl. (μονοχρώματος), peintures monochromes : Plin. 33, 117 ; 35, 56.

mŏnŏchrōmătŏs, *ŏn* (μονοχρώματος), monochrome : Plin. 35, 15.

mŏnŏchrŏnŏs, *ŏn* (μονόχρονος), d'un seul temps : Capel. 9, 982.

mŏnŏclōnŏs, *ŏn* (μονόκλωνος), qui n'a qu'une tige : Ps. Apul. *Herb.* 10.

mŏnŏcnēmos, *i*, m. (μονόκνημος), celui qui n'a qu'une jambe : *Petr.* 83, 2 [en grec].

mŏnŏcōlŏs (-lus), *i*, m. (μονόκωλος), qui n'a qu'un membre, qu'une jambe : Plin. 7, 23 ; Gell. 9, 4, 9.

mŏnŏcrēpis, m. (μονοκρηπίς), qui n'a qu'une chaussure, qu'un pied chaussé : Hyg. *Fab.* 12.

mŏnŏcŏpus, *i*, m. (μονόκοπος ?), à un seul grain [légumineuse] : Tab. Murec. 15 = 51.

mŏnŏcŭlus, *a*, *um* (μόνος, *oculus*), borgne : Gloss. 3, 252, 67.

mŏnōdĭa, *ae*, f. (μονῳδία), chant d'une seule personne, solo : Isid. 6, 19, 6.

mŏnōdĭārĭa, *ae*, f. et **mŏnōdĭārĭus**, *ii*, m., soliste : CIL 6, 10120 ; Not. Tir. 107, 53.

mŏnōdĭum, *ii*, n., Diom. 492, 13, V.> *monodia*.

Mŏnŏdūs, *dontŏs*, m. (μονόδους), ayant une seule dent : P. Fest. 135, 19, [surnom du fils de Prusias].

Mŏnoecus, *i*, m. (Μόνοικος), surnom d'Hercule : *arx Monoeci* Virg. *En.* 6, 830 ; Luc. 1, 408 ; *saxa Monoeci* Sil. 1, 586, forteresse de Monoecus [en Ligurie, auj. Monaco] ; *Herculis Monoeci portus* Tac. *H.* 3, 42, port d'Hercule Monoecus.

mŏnŏgămĭa, *ae*, f. (μονογαμία), mariage unique : Tert. *Mon.* 2, 1.

mŏnŏgămus, *i*, m. (μονόγαμος), celui qui ne s'est marié qu'une fois : Hier. *Jovin.* 1, 15 ; *Ep.* 69, 3.

mŏnŏgĕnēs, *is*, m. (μονογενής), né seul, unique : Tert. *Val.* 7, 6.

mŏnŏgramma, *ătis*, n. (μονόγραμμα), monogramme : Paul.-Nol. *Carm.* 19, 618.

mŏnŏgrammus, *a*, *um* et **-ŏs**, **-ŏn**, fait simplement de lignes, ébauché, linéaire ǁ [fig.] *monogrammi dei* Cic. *Nat.* 2, 59, ombres de dieux (dieux réduits à des lignes, à des contours) ǁ émacié, décharné : Lucil. 20 ; Non. 37, 11 ǁ **-mus**, m., espèce de jaspe : Plin. 37, 118.

mŏnŏīdēs, *ĕs* (μονοειδής), uniforme : Mar. Vict. *Gram.* 6, 102, 16.

Mŏnōleus lăcus, m., lac de la Troglodytique : Plin. 6, 171.

mŏnŏlīnum, *i*, n. (*μονόλινον), collier d'un seul rang de perles : Capit. *Maxim.* 27, 28.

mŏnŏlĭthus, *a*, *um* (μονόλιθος), formé d'une seule pierre : Laber. *Com.* 39.

mŏnŏlōris, *e* (μόνος, *lorum*), qui a une seule bande de pourpre : Vop. *Aur.* 46, 6.

mŏnŏmăchĭa, *ae*, f. (μονομαχία), combat singulier : Cassiod. *Var.* 3, 24 ; Serv. *En.* 6, 136.

mŏnŏmăchus, *i*, m. (μονομάχος), qui lutte en combat singulier : Cassiod. *Eccl.* 1, 9 ; 4, 37.

mŏnŏmĕtĕr, *tra*, *trum* (μονόμετρος), qui n'a qu'un pied, monomètre [métr.] : Mar. Vict. *Gram.* 6, 85, 15.

mŏnŏpĕdĭus, V.> *monopodius*.

mŏnŏphōnŏs, *ŏn* (μονόφωνος), d'un seul son : Mar. Vict. *Gram.* 6, 7, 7.

mŏnŏphtongus, *a*, *um* (*ŏs*, *ŏn*), qui a un son simple : Gloss. L. 4 ; Plac. *A* 8.

mŏnŏpŏdĭum, *ii*, n. (μονοπόδιον), table à un seul pied, guéridon : Liv. 39, 6, 7.

mŏnŏpŏdĭus, *a*, *um* (πονοπόδιος), qui n'a qu'un pied : Lampr. *Comm.* 10, 6.

mŏnŏpōlĭum, *ii*, n. (μονοπώλιον), monopole, privilège réservé à une seule personne de vendre ou d'acheter une certaine marchandise : Suet. *Tib.* 71 ; Plin. 8, 135.

mŏnŏptĕrŏs, *ŏn* (μονόπτερος), monoptère [qualifie un édifice circulaire à colonnade, sans cella] : Vitr. 4, 8, 1.

mŏnŏptĭcus, *a*, *um*, borgne (?) : Gloss. 5, 603, 57.

mŏnŏptōtŏs, *ŏn* (μονόπτωτος), qui n'a qu'un cas : Consent. 5, 351, 21 ǁ pl. n., noms qui n'ont qu'un cas : Capel. 3, 242.

mŏnŏschēmătistus, *a*, *um* (μονοσχημάτιστος), d'une seule forme : Sacerd. 6, 509, 14.

mŏnŏschēmus, *a*, *um* (μονόσχημος), [vers] constitué de pieds identiques : Sedul. d. Aldh. *Metr.* p. 89, 9.

mŏnŏsŏlis, *e* (μόνος, *solea*), ayant une simple semelle : Diocl. 9, 13 ; 16.

mŏnŏstĭchĭum, *ii* (μονοστίχιον) et **mŏnŏstĭchum**, *i*, n., monostique : Aus. *Ecl.* 19 (374), 8 ; 11 (375), 2.

mŏnostrŏphus, *a, um* (μονόστροφος), d'une seule strophe : Mar. Vic. *Gram.* 6, 59, 6.

mŏnŏsyllăbŏn, *i*, n. (μονοσύλλαβον), monosyllabe : Quint. 9, 4, 42 ‖ **-lăbus**, *a, um*, Capel. 3, 294, monosyllabique.

Mŏnŏtēs, acc. *ētă*, f. (μονότης), l'Un, nom d'un Éon de Valentin : Tert. *Val.* 37, 1.

mŏnŏtŏnus, *a, um* (μονότονος), uniforme, qui se suit sans interruption : Cael.-Aur. *Acut.* 3, 1, 4.

mŏnŏtrĭglўphus, *a, um* (μονοτρίγλυφος), monotriglyphe [archit.] : Vitr. 4, 3, 7.

mŏnŏtrŏphus, *i*, m. (μονότροφος), qui vit seul, solitaire : Pl. *St.* 689.

mŏnoxўlus, *a, um* (μονόξυλος), fait d'une seule pièce de bois : Plin. 6, 105 ; Veg. *Mil.* 2, 25.

mons, *tis*, m. (*mentum, mineo, minae*, cf. bret. *menez* ; fr. *mont*), montagne, mont : Cic. *Nat.* 2, 98 ; Caes. *G.* 3, 1, 5 ‖ montagne = masse énorme : Pl. *Mil.* 1065 ; Cic. *Pis.* 48 ; Virg. *En.* 1, 105 ; Sil. 10, 549 ; **montes et maria polliceri** Sall. *C.* 23, 3, promettre monts et merveilles ‖ [poét.] toute espèce de proéminence rocheuse : [rivage] Virg. *En.* 6, 390 ; [rocher] Virg. *En.* 12, 687 ; Stat. *Th.* 1, 145.

monstrābĭlis, *e* (*monstro*), remarquable, distingué : Plin. *Ep.* 6, 21, 3.

monstrātĭo, *ōnis*, f. (*monstro*), action de montrer [le chemin] : Ter. *Ad.* 71 ‖ indication : Vitr. 6, 1, 12.

monstrātīvus, *a, um*, qui sert à montrer : Boet. *Anal. post.* 1, 21.

monstrātŏr, *ōris*, m. (*monstro*), celui qui montre, qui indique : Tac. *G.* 21 ‖ qui enseigne, propagateur : Virg. *G.* 1, 19.

1 monstrātus, *a, um*, part. de *monstro*, adj^t, signalé, distingué : Tac. *G.* 31 ; *H.* 1, 88.

2 monstrātŭs, abl. *ū*, m., action de montrer, de désigner : Apul. *M.* 1, 22.

monstrĭfĕr, *ĕra, ĕrum* (*monstrum, fero*), qui produit des monstres : Val.-Flac. 5, 222 ‖ monstrueux, horrible, contrefait : Plin. 6, 187.

monstrĭfĭcābĭlis, *e*, monstrueux : *Lucil. 608 ; v. *mortificabilis*.

monstrĭfĭcē, adv. (*monstrificus*), monstrueusement : Plin. 28, 181.

monstrĭfĭcus, *a, um* (*monstrum, facio*), monstrueux : Plin. 2, 7 ‖ surnaturel : Val.-Flac. 6, 152 ; Plin. 6, 188 ; 36, 88.

monstrĭgĕnus, *a, um* (*monstrum, gigno*), qui produit des monstres : Avien. *Perieg.* 789.

monstrĭger, *ĕra, ĕrum* (*monstrum, gero*), monstrueux : Salv. *Gub.* 8, 8.

monstrĭvŏrus, *a, um* (*monstrum, voro*), qui dévore les monstres : Commod. *Instr.* 1, 13, 6.

monstrō, *ās, āre, āvī, ātum* (*monstrum* ; it. *mostrare*), tr. ¶ **1** montrer [à qqn son chemin, un objet], indiquer : Cic. *Off.* 3, 54 ; *Leg.* 1, 2 ; Hor. *S.* 2, 8, 26 ¶ **2** *a)* [fig.] faire voir, faire connaître : Cic. *Fam.* 16, 22, 1 ; [avec inf.] montrer à faire qqch. : Lucr. 5, 1106 ; Hor. *S.* 2, 8, 51 ; Plin. 17, 139 ; [avec interrog. indir.] Hor. *P.* 73 ‖ désigner, prescrire : Virg. *G.* 4, 549 ; *En.* 4, 636 *b)* indiquer, dénoncer : Tac. *H.* 4, 1 ; 4, 41 *c)* avertir, conseiller : [abs^t] **alicui bene** Pl. *Bac.* 133, donner de bonnes leçons à qqn ‖ **aliquid** Pl. *Ps.* 289, conseiller qqch. ‖ [avec inf.] Virg. *En.* 9, 44 ; [avec *ut*] Pl. *Men.* 780, conseiller de.

monstrōsus, v. *monstruosus* : Luc. 1, 562 ; Sen. *Ir.* 1, 15, 2.

monstrōsĭtās, *ātis*, f. (*monstrosus*), caractère monstrueux, monstruosité : Aug. *Civ.* 7, 26.

monstrum, *i*, n. (*moneo, Mostellaria*, it., esp. *mostro*, v. Fest. 122, 7 ; P. Fest. 125, 5) ¶ **1** fait prodigieux [avertissement des dieux] : Cic. *Div.* 1, 93 ; Virg. *En.* 3, 59 ¶ **2** tout ce qui sort de la nature, monstre, monstruosité : **hominis** Ter. *Eun.* 696, monstre d'homme, cf. Cic. *Cat.* 2, 1 ; *Pis.* 31 ‖ pl., actes monstrueux : Cic. *Att.* 5, 16, 2 ‖ [en parl. des choses] : Cic. *Verr.* 3, 171 ; **monstra narrare** Cic. *Att.* 4, 7, 1, raconter des prodiges, des choses incroyables, cf. *Tusc.* 4, 54.

monstrŭōsē (-trōsē), à la façon d'un prodige : Cic. *Div.* 2, 146.

monstrŭōsus, *a, um* (*monstrum*), monstrueux, bizarre, extraordinaire : Cic. *Div.* 2, 69 ; Prud. *Perist.* 2, 7 ‖ difforme, mal formé [en parlant d'un enfant] : Dig. 1, 5, 14 ‖ **-ior** Petr. 69, 6 ; **-issimus** Cic. *Div.* 2, 69 ; v. *monstrosus*.

Montāna, *ae*, f., nom de femme : CIL 1, 1332.

Montānĭānus, *a, um*, caractéristique de l'orateur Votienus Montanus : Sen. *Contr.* 9, 5, 17.

montānĭcŭlus, *a, um* (dim. de *1 montanus*), Char. 155, 12.

montānĭōsus, *a, um*, montagneux : Grom. 331, 30.

1 montānus, *a, um* (*mons* ; it. esp. *montano*), relatif à la montagne, de montagne : Cic. *Agr.* 2, 95 ; Caes. *C.* 1, 57, 3 ; Virg. *En.* 2, 305 ; **loca montana** Liv. 39, 1, 50, régions montagneuses ‖ subst. m. pl., les montagnards : Caes. *C.* 1, 39, 2 ; Cic. *Pis.* 96.

2 Montānus, *i*, m., surnom romain ; not^t Julius Montanus, poète, ami de Tibère : Ov. *Pont.* 4, 16, 11 ‖ autre : Tac. *An.* 13, 25 ‖ hérésiarque : Tert. *Prax.* 1, 5.

montensis, *e* (esp. *montes*), des collines : CIL 6, 377 [dieux, à Rome] ‖ montagneux : Descr. Mund. 52.

▶ *montēsis*, des montagnes : Commod. *Instr.* 1, 21, 1 [dieux].

Montēsĭānī, *ōrum*, m. pl. (*montensis*), idolâtres qui adoraient les montagnes : Commod. *Instr.* 1, 21 tit.

montĭcellŭlus, *i*, m. (dim. de *monticellus*), toute petite montagne : Pomp.-Gr. 5, 143, 33.

montĭcellus, *i*, m. (dim. de *monticulus* ; fr. *monceau*), colline : Grom. 345, 16.

montĭcŏla, *ae*, m. f. (*mons, colo*), habitant des montagnes : Ov. *M.* 1, 193.

montĭcŭlus, *i*, m. (dim. de *mons* ; fr. *Monteil*), Grom. 328, 29 ; Eger. 13, 3.

montĭfĕr, *ĕra, ĕrum* (*mons, fero*), qui porte une montagne : Sen. *Herc. Oet.* 1212.

Montīnus, *i*, m., dieu des montagnes : Pomp.-Gr. 5, 144, 13.

montis, gén. de *mons*.

montĭus, *a, um* (*mons*), de montagne : Pomp.-Gr. 144, 13.

montĭvăgus, *a, um* (*mons, vagus*), qui parcourt les montagnes : Lucr. 1, 404 ; Cic. *Tusc.* 5, 79.

montŭōsus (-tōsus, Virg. *En.* 7, 744), *a, um* (*mons*), montagneux, montueux : Cic. *Planc.* 22 ; *Part.* 36 ‖ **tŭōsa**, *ōrum*, n., région montagneuse : Plin. 11, 280.

mŏnūbĭlis, v. *monobilis* : Sidon. *Ep.* 2, 2, 10.

mŏnŭi, parf. de *moneo*.

mŏnŭmentālis, *e* (**-tārius**, *a, um*, Apul. *Flor.* 4), de monument, de tombeau : Grom. 306, 28.

mŏnŭmentum (mŏnĭ-), *i*, n. (*moneo* ; roum. *mormînt*) ¶ **1** tout ce qui rappelle qqn ou qqch., ce qui perpétue le souvenir : Cic. *Cat.* 3, 26 ; *Dej.* 40 ; *Verr.* 4, 11 ; 4, 26 ; 4, 73 ¶ **2** [en part.] tout monument commémoratif, monument, (stèle, portique) : Cic. *Phil.* 14, 41 ; *Mil.* 17 ; Caes. *C.* 2, 21 ‖ monument funéraire : Serv. d. Cic. *Fam.* 4, 12, 3 ; Nep. *Dion* 10 ¶ **3** monuments écrits : **monumenta hujus ordinis** Cic. *Phil.* 5, 17, actes commémoratifs du sénat (décrets), cf. Cic. *Rab. Post.* 43 ; *Fam.* 5, 12, 1 ‖ marque, signe de reconnaissance : Ter. *Eun.* 753.

▶ forme *moni-* Cic. *Marc.* 28 ; *Phil.* 12, 12 ; *Fin.* 2, 116.

Mŏnūnĭus, *ii*, m., notable dardanien : *Liv. 44, 30, 4.

Monustē, *ēs*, f., une des Danaïdes : Hyg. *Fab.* 170.

Mŏnўchus, *i*, m. (Μόνυχος), un des Centaures : Ov. *M.* 12, 499 ; Luc. 6, 388.

Mopsĭi, *ōrum*, m. pl., les Mopsii [famille de Compsa] : Liv. 23, 1, 1 ‖ **-iāni**, *ōrum*, m. pl., Mopsiens, partisans des Mopsii : Liv. 23, 1, 2.

Mopsĭum, *ii*, n. (Μόψιον), montagne de Thessalie : Liv. 42, 61.

Mopsōpĭa, *ae*, f. (Μοψοπία), la Mopsopie [l'Atttique] : Sen. *Phaed.* 121 ; 1276 ‖ ville de Pamphylie : Plin. 5, 96 ‖ **-us**, *a, um*, d'Attique : Ov. *H.* 8, 72.

Mopsŏs (-sus), *i*, f., ville de Cilicie : Plin. 5, 91.

Mopsū Crēnae, Mopsūcrēnae, *ārum*, f. pl., ville de Cappadoce : Amm. 21, 15.

Mopsū Hestĭa, Mopsūhestĭa, -ūestĭa, *ae*, f. (Μοψουεστία), Mopsueste, ville de Cilicie [Messis], la même que Mopsos Atlas IX, C3 : Cic. *Fam.* 3, 8, 10 ; Amm. 14, 8, 3.

Mopsus, *i*, m., devin fameux et roi des Argiens : Cic. *Nat.* 2, 7 ; *Div.* 1, 88 ; *Leg.* 2, 33 ∥ devin de Thessalie, un des Argonautes : Ov. *M.* 12, 456 ∥ nom d'un berger : Virg. *B.* 5, 1.

1 mŏra, *ae*, f. (cf. 1 *murcus* ?, bret. *mar*) ¶ **1** délai, retard, retardement : *ut aliquid esset morae* Cic. *Verr.* 4, 142, pour gagner du temps ; *moram supplicio quaerere* Cic. *Verr.* 5, 165, chercher à retarder le supplice ; *supplicii aliquam parvam moram adferre* Cic. *Verr.* 5, 165, apporter un tant soit peu de retard au supplice ; *inferre nullam moram ad insequendum* Caes. *C.* 3, 75, 2, ne mettre aucun retard à la poursuite ; *alicui moram facere* Cic. *Sull.* 58, faire attendre un créancier ; *nulla interposita mora* Caes. *C.* 3, 75, 1 ; *sine mora* Cic. *Ep. Br.* 1, 18, 1, sans retard ; *inter moras* Plin. *Ep.* 9, 13, 20, sur ces entrefaites, pendant ce temps-là ; *per hunc nullast mora* Ter. *And.* 693, il n'apporte aucun retard ; *saltus... nequaquam tanta in mora est quanta...* Poll. *Fam.* 10, 31, 1, le défilé ne cause pas autant de retard que... ; *in mora esse alicui* Ter. *And.* 468, faire attendre qqn ∥ *mora, dum proficiscantur legati* Cic. *Phil.* 5, 31, attente du départ des ambassadeurs ; *nullam moram interponere, quin* Cic. *Phil* 10, 1 ; *Ac.* 1, 1, ne mettre aucun retard à ; *nulla mora est quin eam uxorem ducam* Ter. *And.* 971, je vais l'épouser à l'instant même ; *si tantulum morae fuisset, quominus ei pecunia illa numeraretur* Cic. *Verr.* 2, 93, [il aurait vendu les biens] si l'on eût apporté le moindre retard à lui compter cette somme ∥ *mora est* [avec inf.] Ov. *M.* 3, 225, ce serait long de ; *longa mora est enumerare* Ov. *M.* 1, 124, ce serait trop long d'énumérer ; *quae memini, mora merast monerier* Pl. *Cap.* 396, ce que j'ai bien en mémoire, c'est pure perte de temps de me le rappeler ∥ *moram facere*, apporter du retard à : *facere in solvendo fideicommisso* Dig. 22, 1, 14 pr., tarder à exécuter le fidéicommis ; *moram facere restitutioni fideicommissi* Dig. 35, 1, 92, apporter du retard dans la restitution du fidéicommis ; *semper moram fur facere videtur* Dig. 13, 1, 8, 1, le voleur est toujours considéré comme en demeure [= mis en demeure : situation du débiteur sommé par le créancier d'exécuter et considéré comme en retard à partir de cette date] ¶ **2** pauses dans le débit oratoire : Cic. *Or.* 53 ¶ **3** empêchement, obstacle : *restituendae Romanis Capuae mora atque impedimentum es* Liv. 23, 9, 11, tu es un obstacle et un empêchement à la reddition de Capoue aux Romains ; *clipei mora* Virg. *En.* 12, 541, l'obstacle du bouclier, cf. Virg. *En.* 9, 143 ; 10, 485 ¶ **4** [poisson] rémora : Plin. 32, 6.

2 mŏra, *ae*, f. (μόρα), more, corps de troupes chez les Lacédémoniens : Nep. *Iph.* 2, 3.

3 mŏra, *ae*, f., ⓒ *morum*, mûre : Ps. Apul. *Herb.* 88.

mŏrācĭae nŭces, f. pl. (*mora* ?), noix longues dont l'écale est dure : P. Fest. 123, 5.

mŏrācillum, *i*, n. (dim. de *moraciae*), noix longue dont l'écale est dure : Titin. *Com.* 185.

mōrālis, *e* (*mores*), relatif aux mœurs : Cic. *Fat.* 1 ; *(philosophia) moralis* Sen. *Ep.* 89, 9, philosophie morale, éthique.

mōrālĭtās, *ātis*, f. (*moralis*), caractère, caractéristique : Macr. *Sat.* 5, 1, 16 ∥ rectitude, perfection des mœurs : Ambr. *Ep.* 63, 71.

mōrālĭter, adv. (*moralis*), conformément au caractère [d'un personnage dramatique] : Don. *And.* 360 ; *Ad.* 958 ∥ selon l'interprétation morale : Gaud. 8, 19.

mŏrāmentum, *i*, n. (*moror*), retard, empêchement : Apul. *Flor.* 21.

mŏrārĭa, V. *murraria*.

mŏrātim, adv. (*moror*), lentement : Solin. 3, 1.

mŏrātĭo, *ōnis*, f. (*moror*), retard, empêchement : Vitr. 9, 1, 11.

mŏrātŏr, *ōris*, m. (*moror*) ¶ **1** celui qui retarde : Liv. 2, 44, 6 ¶ **2** traînard, soldat maraudeur : Curt. 4, 10, 10 ¶ **3** méchant avocat, avocat subalterne [qui parlait pour laisser aux autres le temps de se reposer] : Cic. *Caecil.* 49 ¶ **4** lad [garçon qui dans les courses retenait le cheval sur la ligne de départ.] : CIL 6, 10046, 11.

mŏrātōrĭus, *a, um* (*moror*), qui retarde : Ulp. *Dig.* 26, 7, 6 ; Paul. *Sent.* 5, 35, 7 ∥ dilatoire : Cod. Just. 4, 31, 14.

1 mŏrātus, *a, um*, part. de *moror*.

2 mōrātus, *a, um* (*mores*) ¶ **1** qui a telles ou telles mœurs : Pl. *Most.* 290 ; *Cap.* 107 ; Cic. *Fin.* 1, 63 ; *de Or.* 2, 184 ; Liv. 26, 22, 14 ; *bene morata et bene constituta civitas* Cic. *Brut.* 7, État ayant un bon fondement de mœurs (de traditions) et une bonne constitution ¶ **2** adapté aux mœurs et au caractère d'une personne : *moratum poema* Cic. *Div.* 1, 66, vers conformes à la nature, naturels, cf. *Top.* 97 ; *recte morata fabula* Hor. *P.* 319, pièce où la nature est bien observée, dont les caractères sont naturels.

mŏrax, *ācis* (*moror*), qui retarde, arrête : Varr. d. Non. 451, 13.

morbescō, *ĭs, ĕre, -, -* (*morbus*), intr., tomber malade : Fort. *Carm.* 5, 6, pr. 1.

morbĭdus, *a, um* (*morbus* ; it. *morbido*) ¶ **1** malade, maladif : Varr. *R.* 3, 16, 22 ; Plin. 8, 96 ¶ **2** malsain : *morbida vis* Lucr. 6, 1090, le principe infectieux ; *aer fit morbidus* Lucr. 6, 1095, l'air devient infectieux.

morbĭfĕr, *ĕra, ĕrum* (*morbus, fero*), qui engendre la maladie : Paul.-Nol. *Carm.* 28, 242.

morbĭfĭcus, *a, um* (*morbus, facio*), Boet. *Top. Arist.* 6, 6

morbōsĭtās, *ātis*, f., état maladif, maladie : Pall. 1, 16.

morbōsus, *a, um* (*morbus*), malade, maladif : Cat. *Agr.* 2 ; Varr. *R.* 2, 1, 21 ∥ passionné, fou de : Petr. 46, 3 ∥ *-ior* Priap. 47.

Morbōvia, *ae*, f. (*morbus*), pays de la maladie : *Morboviam abire jubere* Suet. *Vesp.* 14, envoyer à tous les diables.

morbus, *i*, m. (peu net, cf. *morior* ?, *fio* ?) ¶ **1** maladie, désordre physique, malaise général [v. Cic. *Tusc.* 4, 29] : *in morbo esse* Cic. *Tusc.* 3, 9, être malade ; *in morbum cadere* Cic. *Tusc.* 1, 79, tomber malade ; *aeger morbo gravi* Cic. *Cat.* 1, 31, atteint d'une maladie grave, cf. *Tusc.* 4, 28 ∥ pl., manifestations (effets) d'une maladie : Liv. 4, 30, 8 ¶ **2** maladie de l'âme, passion : Cic. *Fin.* 1, 59 ; *Verr.* 4, 1 ; *Tusc.* 3, 9 ∥ chagrin, peine : Pl. *As.* 393 ; *Truc.* 466 ∥ maladie [en parl. des plantes] : Plin. 17, 116 ∥ *Morbus*, la Maladie, divinité, fils de l'Érèbe et de la Nuit : Cic. *Nat.* 3, 44.

mordācĭtās, *ātis*, f. (*mordax*), aptitude à piquer, nature piquante [de l'ortie] : Plin. 21, 91 ∥ saveur piquante : Plin. 21, 120 ∥ aptitude à mordre [fig.], paroles mordantes, virulence de langage : Arn. 2, 45 ; Cassiod. *Inst.* 1, 21, 1.

mordācĭter, adv. (*mordax*), en mordant : Macr. *Sat.* 7, 3, 8 ∥ compar., *-cius* : Ov. *Pont.* 1, 5, 19.

mordax, *ācis* (*mordeo*) ¶ **1** habitué à mordre, mordant : Pl. *Bac.* 1146 ∥ pointu, tranchant, mordant, piquant : Hor. *O.* 4, 6, 9 ; Ov. *A. A.* 2, 417 ; Plin. 18, 61 ¶ **2** [fig.] mordant, caustique, satirique : Hor. *Ep.* 1, 17, 18 ; Ov. *Tr.* 2, 563 ∥ *mordaces sollicitudines* Hor. *O.* 1, 18, 4, inquiétudes qui rongent ∥ *-cior* Plin. 18, 61 ; *-issimus* Plin. 17, 45.

mordĕō, *ēs, ēre, mŏmordī, morsum* (cf. *mortarium*, scr. *mardati*, al. *schmerzen*, an. *smert* ; fr. *mordre*), tr. ¶ **1** mordre : *canes, qui mordere possunt* Cic. *Amer.* 67, des chiens, qui peuvent mordre ; *humum* Virg. *En.* 11, 418, mordre la poussière [en mourant] ; *morsi a rabioso cane* Plin. 29, 100, mordus par un chien enragé ¶ **2** mordre dans : *pabula* Ov. *M.* 13, 943, mordre dans le fourrage ; *ostrea* Juv. 6, 302, mordre dans des huîtres ¶ **3** [fig.] *fibula mordet vestem* Ov. *M.* 8, 318, l'agrafe mord le vêtement, cf. Virg. *En.* 12, 274 ; *locus corporis qui mucronem momordit* Cels. 7, 5, 4, la partie du corps où la pointe s'est engagée ∥ *rura, quae Liris quieta mordet aqua* Hor. *O.* 1, 31, 7, les champs que le Liris

mordeo

ronge de ses eaux paisibles ‖ ***parum cautos jam frigora mordent*** Hor. *S.* 2, 6, 45, déjà le froid mord [pince] les gens qui ne se protègent pas suffisamment ; ***radix mordet*** Plin. 27, 133, le radis pique ¶ **4** [métaph.] mordre en paroles, déchirer à belles dents : Ter. *Eun.* 411 ‖ piquer, chagriner, tourmenter : Ter. *Eun.* 445 ; *Ad.* 807 ; ***valde me momorderunt epistolae tuae de Attica nostra*** Cic. *Att.* 13, 12, 1, tes lettres m'ont donné de fortes inquiétudes sur notre chère Attica ; ***morderi conscientia*** Cic. *Tusc.* 4, 45, avoir des remords de conscience, être bourrelé par sa conscience.
▶ arch. *memordi* cité par Gell. 7, 9, 11.

mordĭcans, *tis* (*mordeo*), âpre, piquant : Cael.-Aur. *Acut.* 2, 8, 34.

mordĭcātĭō, *ōnis*, f. (*mordicans*), colique, tranchée : Cael.-Aur. *Acut.* 2, 20, 161 ; Plin. Val. 5, 9.

mordĭcātīvus, *a*, *um*, ⒞ *mordicans* : Cael.-Aur. *Chron.* 3, 8, 144.

mordĭco, ⓥ *mordicans*.

1 **mordĭcŭs**, *adv.* (*mordeo*), en mordant, avec les dents : Pl. *Cap.* 605 ; Varr. *R.* 2, 7, 9 ; Cic. *Nat.* 2 ; 124 ; Q. 3, 4, 2 ‖ [fig.] opiniâtrement, obstinément : ***rem mordicus tenere*** Cic. *Ac.* 2, 51, tenir bon sur un point, cf. *Fin.* 4, 78.

2 **mordĭcus**, *a*, *um* (*mordeo*), qui aime à mordre : Hyg. *Fab.* 273.

mordōsus, *a*, *um*, qui mord, qui aime à mordre : Gloss. 2, 269, 8.

mōrē, *adv.* (μωρῶς), sottement, bêtement : Pl. *St.* 641.

mōres, *um*, ⓥ *mos*.

mŏrētārium, *ii*, n., ⒞ *moretum* : Don. *Phorm.* 318.

mŏrētārĭus, *a*, *um* (*moretum*), relatif au plat appelé *moretum* : Apic. 222.

1 **mŏrētum**, *i*, n. (cf. *mortarium*), plat composé d'herbes, d'ail, de fromage et de vin : Ov. *F.* 4, 367 ; Moret. 116.

2 **mŏrētum**, *i*, n. (*morum*), lieu riche en mûres : Gloss. 2, 526, 51.

morganegyba, *ae*, f. (germ., al. *Morgengabe*), cadeau fait à la mariée après la nuit de noces : Greg.-Tur. *Hist.* 9, 20.

Morgēs, *ētis*, f., ancien nom d'Éphèse : Plin. 5, 115.

Morgētes, *ĭum*, m. pl. (Μόργητες), ancien peuple de Lucanie : Plin. 3, 71.

Morginnum, *i*, n., ville sur le lac Léman [auj. Morges] : Peut. 2, 1.

Morgus, *i*, m., ⓥ *Orgus*.

mŏrĭbundus, *a*, *um* (*morior*), mourant, moribond : Cic. *Sest.* 85 ; Liv. 26, 15, 15 ‖ mortel, qui provoque la mort : Catul. 81, 3.

mōrĭfĭcō, *ās*, *āre*, -, -, **mōrĭfĭcŏr**, *āris*, *ārī*, -, tr. (*mora*, *facio*), retarder : Gloss. 5, 604, 10.

mōrĭgĕrātĭō, *ōnis*, f., complaisance : Afran. d. Non. 2, 6.

mōrĭgĕrō, *ās*, *āre*, -, -, Pl. *Amp.* 981, surtout **mōrĭgĕrŏr**, *āris*, *ārī*, *ātus sum* (*mos*, *gero*), condescendre à, être complaisant pour, essayer de plaire à [avec dat.] : Pl. *Cap.* 198 ; Ter. *Ad.* 218 ‖ [fig.] ***voluptati aurium*** Cic. *Or.* 159, flatter l'oreille.

mōrĭgĕrus, *a*, *um* (*morem*, *gero*), complaisant, docile, soumis : Pl. *Amp.* 1004 ; *Cap.* 966 ; Ter. *And.* 294 ; Lucr. 5, 80 ; 4, 1273.

Morimarūsa, *ae*, f., océan Glacial : Plin. 4, 95.

Morimenē, *ēs*, f., partie de la Cappadoce : Plin. 6, 9.

mŏrīmur, **mŏrīri**, ⓥ *morior* ▶.

Mŏrīni, *ōrum*, m. pl., les Morins [peuple maritime de la Belgique] : Caes. *G.* 2, 4, 9 ; Plin. 4, 106.

mōrĭo, *ōnis*, m. (2 *morus*, Μωρίων), un fou, un bouffon : Plin. *Ep.* 9, 17, 1 ; Mart. 8, 13, 1 ‖ un imbécile : Aug. *Ep.* 166, 17 ‖ monstre, personne contrefaite : Mart. 6, 39, 17.

1 **mōrĭŏn**, *ii*, n. (μώριον), ⒞ *strychnos* : Plin. 21, 180 ‖ graine de la mandragore [qui rend fou] : Plin. 25, 148.

2 **mōrĭŏn**, *ii*, n. (μόριον), particule [gram.] : Serv. *En.* 3, 91.

mŏrĭŏr, *rĕris*, *rī*, *mortŭus sum* (cf. *mors*, bret. *marv*, scr. *mriyate*, βροτός, rus. *mërtvyj* ; fr. *mourir*), intr. ¶ **1** mourir : ***fame*** Cic. *Att.* 6, 1, 6, mourir de faim ; ***a latronibus*, *cruditate*** Cic. *Fam.* 15, 17, 2, mourir sous les coups des voleurs, d'une indigestion ; ***moriuntur non alter ab altero*, *sed uterque a patre*** Sen. *Contr.* 5, 3, ils sont morts non pas sous les coups l'un de l'autre, mais tous les deux sous les coups de leur père ; ***in aliqua re*** Cic. *CM* 49, se consumer dans une chose ‖ ***moriar si...*** Cic. *Att.* 8, 6, 4, que je meure si... ; ***potius mori miliens quam...*** Cic. *Att.* 7, 11, 1, mourir mille fois plutôt que... ¶ **2** [en parl. des plantes] Plin. 28, 78 ; [du jour] Pl. *Men.* 155 ; [des verges qui se brisent sur le dos du patient] Pl. *Cap.* 650 ; [du souvenir de qqn] Cic. *Pis.* 93 ; [des bras] Cic. *CM* 27 ; [des lois] Cic. *Verr.* 5, 45 ; ⓥ *mortuus* ‖ part. fut *moriturus* ¶ **3** [chrét.] se détacher de qqch. [avec dat.] : ***moriuntur homines culpae veteri*** Ambr. *Ep.* 50, 10, les hommes meurent à l'ancienne faute.
▶ formes de la 4ᵉ conj. : inf. *moriri* Pl. *Cap.* 732 ; *Ps.* 1222 ; *Ru.* 675 ; Ov. *M.* 14, 215 ; *morimur* Enn. *An.* 392.

mŏrīri, ⓥ *morior* ▶.

1 **mōrĭs**, gén. de *mos*.

2 **mōrĭs**, dat. abl. pl. de *morum*.

Morisēni, *ōrum*, m. pl., peuple de Thrace, sur les bords du Pont-Euxin : Plin. 4, 41.

Moritasgus, *i*, m., nom d'un dieu gaulois d'Alésia : CIL 13, 2873.

mŏrĭtŭrĭō, *īs*, *īre*, -, - (désid. de *morior*), intr., désirer mourir : *Aug. *Gram.* 5, 516, 17.

mŏrĭtūrus, *a*, *um*, part. fut. de *morior*.

mormŏrĭon, *ōnis*, f. (gr.), sorte de cristal de roche : Plin. 37, 173.

mormўr, *ўris*, f. (μορμύρος ; fr. *morme*), morme [espèce de pagel, poisson de mer] : Plin. 32, 152 ; Ov. *Hal.* 110.

mŏrō, *ās*, *āre*, -, -, ⓥ 1 *moror* ▶.

Morōae, *ārum*, m. pl., peuple de l'Inde : Plin. 6, 74.

mŏrŏchītēs, *ae* (*-chthos*, *i*), m., sorte de pierre précieuse : *Plin. 37, 173.

Morogi, *ōrum*, m. pl., peuple de Tarraconaise, près des Pyrénées : Plin. 4, 110.

mōrŏlŏgus, *a*, *um* (μωρολόγος), qui dit des extravagances : Pl. *Pers.* 49 ; *Ps.* 1264.

1 **mŏrŏr**, *āris*, *ārī*, *ātus sum* (1 *mora* ; esp., port. *morar*), intr. et tr.

I intr. ¶ **1** s'attarder : Ter. *Eun.* 460 ‖ [fig.] ***ne multis morer*** Cic. *Verr.* 4, 104, pour ne pas m'attarder beaucoup, pour abréger ; ***quid multis moror*** Ter. *And.* 114, pourquoi m'attarder ? abrégeons [cf. *ne te morer*, ⓥ *II* ¶ 1] ‖ ***nec morati sunt*, *quin decurrerent*** Liv. 40, 31, 8, et, sans tarder, ils descendirent en courant ¶ **2** s'arrêter, rester, demeurer : ***Brundisii*** Cic. *Fam.* 15, 17, 2 ; ***in provincia*** Cic. *Att.* 7, 1, 5, rester à Brindes, dans sa province, cf. Sen. *Ep.* 32, 1 ‖ *morati*, part. pris subst^t, gens (soldats) arrêtés, séjournant : Liv. 21, 47, 3 ; 21, 48, 6 ; 24, 41, 4 ‖ ***in Italia morari*, *dum litterae veniant*** Cic. *Fam.* 11, 24, 2, attendre en Italie jusqu'à l'arrivée d'une lettre.

II tr. ¶ **1** retarder, suspendre, arrêter : ***alicui manum*** Caes. *G.* 5, 44, 8, arrêter la main de qqn ; ***non hos paludes*, *non silvae morantur*** Caes. *G.* 6, 35, 7, ni les marais ni les forêts ne les arrêtent ; ***aliqua re morari aliquem ab itinere proposito*** Liv. 23, 28, 9, par qqch. faire obstacle au plan de marche de qqn ‖ ***ne te longis ambagibus morer*** Hor. *Ep.* 1, 7, 82, pour ne pas te retarder par de trop longs détails, pour abréger ‖ [avec inf.] balancer à, hésiter à : Cic. *Phil.* 5, 33 ‖ ***non moror quominus...*** Liv. 3, 54, 4, je ne mets aucun retard à ce que..., cf. Liv. 9, 11, 10 ‖ ***non morari aliquem quin...*** Pl. *Aul.* 612, ne pas retarder qqn en l'empêchant de..., cf. B.-Alex. 55, 2 ¶ **2** ***aliquem nihil (non) morari***, ne pas retenir qqn, le laisser libre d'aller : Pl. *Cis.* 457 ; Ter. *Eun.* 460 ; *Phorm.* 718 ‖ [en parl. d'un accusé] : Liv. 4, 42, 8 ; 8, 35, 8 ¶ **3** ***aliquid nihil (non) morari***, ne pas se soucier de qqch., n'avoir cure de, ne pas faire cas de : Pl. *Aul.* 162 ; *Poen.* 490 ; Ter. *Eun.* 184 ; Hor. *Ep.* 1, 15, 16 ; 2, 1, 264 ‖ [avec prop. inf.] **a)** je ne veux pas : ***nil moror eum tibi esse amicum*** Pl. *Trin.* 337, je ne tiens pas à ce que tu l'aies pour ami **b)** je ne m'oppose pas à ce que, je veux bien que : ***nihil moror eos salvos***

esse Ant. d. Cic. Phil. 13, 35, je veux bien qu'ils soient saufs.
▶ formes actives *moro, are* Naev. *Com.* 68; Pacuv. *Tr.* 181; *Enn. *Com.* 5.

2 **mŏror**, *ăris, ări, -* (2 *morus*), intr., être fou : Suet. *Ner.* 33.

mōrōsē, adv. (*morosus*), avec une humeur chagrine : Cic. *Brut.* 236 ‖ scrupuleusement, avec soin, minutie : Plin. 18, 128 ‖ *-sius* Tert. *Pall.* 4, 10 ‖ *-sissime* Suet. *Aug.* 66.

mōrōsĭtās, *ătis*, f. (*morosus*), morosité, humeur chagrine, morose : Cic. *Off.* 1, 88 ‖ raffinement, purisme : Suet. *Tib.* 70.

1 **mōrōsus**, *a, um* (*mos*) ¶ **1** morose, dont l'humeur est difficile : Cic. *CM* 65 ; Hor. *O.* 1, 9, 17 ‖ difficile, exigeant, maussade : Cic. *Or.* 104; *-ior* Suet. *Caes.* 45 ¶ **2** [en parl. des choses] difficile, pénible : Plin. 16, 139 ; Ov. *A. A.* 2, 323.

2 **mŏrōsus**, *a, um* (*mŏra*), lent : Cassian. *Coll.* 17, 5, 3.

Morpheūs, *ĕi* ou *ĕos*, m. (Μορφεύς), Morphée [fils du Sommeil et de la Nuit] : Ov. *M.* 11, 635.

morphnŏs, *i*, m. (μορφνός), espèce d'aigle : Plin. 10, 7.

mors, *mortis*, f. (*morior* ; it. *morte*) ¶ **1** mort [naturelle ou violente, ou comme châtiment suprême] : **mortem obire** Cic. *Phil.* 5, 48, mourir ; **adpropinquante morte** Cic. *Div.* 1, 64, à l'approche de la mort ; **repentina morte perire** Cic. *Clu.* 173, périr d'une mort soudaine ; **tempus mortis** Cic. *Tusc.* 1, 49, le moment de la mort ; **dies mortis** Sen. *Ben.* 5, 17, 6, le jour de la mort, cf. Cic. *Tusc.* 1, 83 ; *Div.* 2, 71 ; *Off.* 1, 112 ; Caes. *G.* 1, 4, 3 ; **mortem oppetere** Cic. *Verr.* 3, 129, aller au-devant de la mort ; **mortem alicui offerre** Cic. *Vat.* 24, menacer qqn de mort ; **mors illata per scelus** Cic. *Mil.* 17, mort donnée criminellement ; **mors voluntaria** Cic. *Fin.* 3, 61, mort volontaire ; **clarae mortes pro patria oppetitae** Cic. *Tusc.* 1, 116, les belles morts recherchées pour la patrie ; **morte multare** Cic. *Tusc.* 1, 50, punir de mort, cf. Cic. *Verr.* 1, 14 ; **afficere** Cic. *Clu.* 169, frapper de mort ; **morti addicere** Cic. *Off.* 3, 45, condamner à mort ‖ **mors memoriae** Plin. 14, 92, perte de la mémoire [personnif.] Cic. *Nat.* 3, 44 ‖ **mortis causa**, à cause de mort : **donatio mortis causa** Inst. Just. 2, 7, 1, donation à cause de mort [prend effet à la mort du donateur, si le donataire lui a survécu] ; **manumittere mortis causa** Dig. 10, 1, 15, affranchir à cause de mort ¶ **2** cadavre : Prop. 3, 5, 22 ; [fig.] Pl. *Bac.* 1152 ; Cic. *Mil.* 86 ¶ **3** [syn. de meurtrier] **mors terrorque sociorum lictor Sextius** Cic. *Verr.* 5, 118, perte de la mémoire, Sextius, mort et terreur des alliés ¶ **4** [chrét.] mort spirituelle, causée par le péché : Vulg. *Jac.* 1, 15 ; Tert. *Pud.* 20, 10.

morsĭcātim, adv. (*morsico*), en mordillant : Non. 139, 25.

morsĭcātĭo, *ōnis*, f. (*morsico*), action de mordiller [des aliments] : P. Fest. 127, 3.

morsĭcō, *ās, āre, -, -* (dim. de *mordeo*, cf. *mordico* ; it. *morsicare*), tr. ¶ **1** mordre à différentes reprises : P. Fest. 60, 12 ¶ **2** mordiller : Apul. *M.* 7, 21 ; **morsicantes oculi** Apul. *M.* 2, 10, yeux aguichants.

morsĭuncŭla, *ae*, f. (dim. de *morsus*), petite morsure : Pl. *Ps.* 67 ; Apul. *M.* 8, 22.

morsum, *i*, n. (*mordeo*), morceau enlevé en mordant : Catul. 64, 316.

1 **morsus**, *a, um*, part. de *mordeo*.

2 **morsŭs**, *ūs*, m. (it. *morso*, fr. *mors*) ¶ **1** morsure : Cic. *CM* 51 ; Tac. 4, 42 ‖ [poét., en parl. d'une agrafe, d'une ancre, de qqch. qui saisit et retient] Sil. 7, 624 ; Virg. *En.* 12, 782 ‖ goût âpre ou piquant : Mart. 7, 25, 5 ; Plin. 36, 191 ¶ **3** [fig.] **rubiginis** Luc. 1, 243, la rouille qui ronge ; **doloris** Cic. *Tusc.* 2, 53 ; 4, 15, la morsure de la douleur ‖ morsure, attaque : Cic. *Off.* 2, 24 ; [de l'envie] Hor. *Ep.* 1, 14, 38.

Morta, *ae*, f. (*mereor*?), nom donné à l'une des trois Parques : Andr. d. Gell. 3, 16, 11.
▶ *Maurtia* CIL 1, 2846 cf. ▶ *Mavors*.

mortālis, *e* (*mors*) ¶ **1** mortel, sujet à la mort, périssable : Cic. *Leg.* 1, 61 ; *Nat.* 3, 32 ‖ *-ior* Plin. 36, 110 ¶ **2** humain, mortel, des mortels : Cic. *Phil.* 14, 33 ; Liv. 1, 2, 6 ; Ov. *Tr.* 1, 2, 97 ‖ subst. m. sg., mortel, être humain : Cic. *Phil.* 2, 114 ; *Lae.* 18 ; *Par.* 16 ; *Marc.* 22 ; pl., Verr. 5, 76 ; 127 ; *Div.* 2, 127 ‖ *mortalia*, n. pl., les affaires humaines : Virg. *En.* 1, 462 ; Tac. *An.* 14, 54 ‖ [en parl. des choses] périssable : Cic. *Rab. Post.* 32 ; *Nat.* 1, 30 ; *Rep.* 6, 17 ; Liv. 34, 6, 5 ¶ **3** [chrét.] qui donne la mort : **mortalia delicta** Tert. *Pud.* 19, 28, les péchés mortels.

mortālĭtās, *ātis*, f. (*mortalis*), mortalité, condition d'un être mortel, nature mortelle : Cic. *Nat.* 1, 26 ; **mortalitatem explere** Tac. *An.* 6, 50, mourir ‖ les mortels, les humains, les hommes, l'homme : Plin. 2, 15 ; Curt. 5, 5, 17 ; Lact. *Inst.* 4, 25, 1.

mortālĭtĕr, adv., dans la condition mortelle : Aug. *Ench.* 64.

mortārĭŏlum, *i*, n., (dim. de *mortarium*) : Hier. *Ep.* 52, 10.

mortārĭum, *ii*, n. (cf. *moretum*, *mordeo* ; fr. *mortier*) ¶ **1** mortier, vase à piler : Pl. *Aul.* 95 ; Cat. *Agr.* 74 ; Plin. 33, 123 ¶ **2** ustensile dans lequel on fait le mortier, auge : Vitr. 7, 3, 10 ; Plin. 36, 177 ‖ creux dont la forme rappelle un mortier : Pall. 4, 8, 1 ‖ ce qui est préparé dans un mortier, drogue, potion : Juv. 7, 170.

mortĭcĭnĭum, *ii*, n., c. ▶ *morticinum* : Hier. *Ezech.* 4, 13.

mortĭcīnum, *i*, n. (*morticinus*), cadavre, charogne, corps mort : Aug. *Faust.* 32, 13.

mortĭcīnus, *a, um*, crevé, mort [en parl. d'anim.] : Varr. *R.* 2, 9, 10 ; *L.* 7, 84 ‖ **caro morticina** Sen. *Ep.* 122, 4, chair morte ‖ **morticini clavi** Plin. 22, 103, cors aux pieds ‖ [t. d'injure] charogne : Pl. *Pers.* 283.

mortĭfĕr, (**-fĕrus**, Cels. 4, 2, 3), **ĕra, ĕrum** (*mors, fero*), mortel, qui cause la mort, fatal : Cic. *Tusc.* 1, 1 ; *Div.* 1, 63.
▶ nom. m. très rare.

mortĭfĕrē, adv. (*mortifer*), mortellement, de manière à causer la mort : Plin. *Ep.* 3, 16, 3.

mortĭfĕrus, v. ▶ *mortifer*.

mortĭfĭcābĭlis, *e*, qui cause la mort : *Lucil. 608 [mss] v. ▶ *monstrificabilis*.

mortĭfĭcātĭo, *ōnis*, f., mort, destruction : Aug. *Serm.* 361, 10.

mortĭfĭcātŏr, *ōris*, m., celui qui mortifie, dompte : Aug. *Contin.* 5, 13.

mortĭfĭcō, *ās, āre, -, -* (*mors, facio*), tr., faire mourir : Tert. *Res.* 37, 5 ‖ mortifier, abaisser : Vulg. *Col.* 3, 5 ; *Rom.* 8, 13.

mortĭfĭcus, *a, um* (*mors, facio*), mortel, qui cause la mort : Val.-Max. 5, 6, 1 ; Ps. Tert. *Marc.* 3, 167.

mortĭgĕnus, *a, um*, m. f. (*mors, gigno*), qui engendre la mort : Inscr. Ross. 2, p. 78, 1, 11.

mortŭālĭa, *ĭum*, n. (*mortuus*) ¶ **1** vêtements de deuil : Naev. *Tr.* 46 ¶ **2** chants funèbres : Pl. *As.* 808.

mortŭōsus, *a, um* (*mortuus*), cadavéreux : Cael.-Aur. *Acut.* 1, 3, 38 ‖ mortel : Cael.-Aur. *Acut.* 1, 10, 72.

mortŭrĭō, *īs, īre, -, -* (désid. de *morior*), intr., avoir envie de mourir : Cic. *Frg.* K. 22.

mortŭus, *a, um* (it. *morto*), part. de *morior*.

mŏrŭla, *ae*, f. (dim. de *mora*), court délai : Aug. *Conf.* 11, 15, 20.

mōrum, *i*, n. (cf. μόρον ▶ 3 *mora* ; fr. *mûre*), mûre, fruit du mûrier : Virg. *B.* 6, 22 ; Plin. 15, 96 ‖ mûre sauvage : Ov. *M.* 1, 105.

Morūni, *ōrum*, m. pl., peuple de l'Inde : Plin. 6, 74.

1 **mōrus**, *a, um* (μωρός), fou, extravagant : Pl. *Trin.* 669 ; *Men.* 571.

2 **mōrus**, *i*, f. (*morum* ; it. *moro*), mûrier [arbre] : Ov. *M.* 4, 90 ; Plin. 16, 74.

Morvinnĭcus, *a, um*, surnom romain : CIL 6, 11090.

Moryllī, *ōrum*, m. pl., habitants de Moryllos [Macédoine] : Plin. 4, 35.

mōs, *mōris*, m. (*mH₁-ōs, cf. *metior, modus, lepos* ; fr. *mœurs*) ¶ **1** volonté de qqn, désir, caprice : **ex alicujus more, alieno more vivere** Ter. *Haut.* 203 ; *And.* 152, vivre à la guise d'un autre ; **oboediens mori atque imperiis patris** Pl. *Bac.* 459, obéissant à la volonté et aux ordres de son père ; **morem alicui gerere** Cic. *Tusc.* 1, 17, exécuter les volontés de qqn, se plier aux désirs de qqn ¶ **2** usage, coutume : **mos est hominum, ut…** Cic. *Brut.* 84 ; **moris est Graecorum, ut…** Cic. *Verr.* 1, 66, c'est la coutume des hom-

mos

mes, des Grecs que...; ***mos traditur a patribus, ut...*** Liv. 27, 11, 10, la coutume est transmise par nos pères de...; ***mos est ita rogandi*** Cic. Fam. 12, 17, 1, l'usage est de faire cette demande; ***hic mos erat patrius Academiae adversari*** Cic. de Or. 1, 84, c'était une coutume traditionnelle de l'Académie que de contredire; ***perducere aliquid in morem*** Cic. Inv. 2, 162, introduire qqch. dans l'usage; ***contra morem consuetudinemque civilem aliquid facere*** Cic. Off. 1, 148, faire qqch. de contraire aux coutumes et aux pratiques de ses concitoyens; ***more majorum*** Cic. Verr. 5, 22; ***Gallorum*** Caes. G. 5, 56, 2, selon la coutume des ancêtres, des Gaulois; ***more Asiatico*** Cic. Or. 27; ***nostro more*** Cic. CM 22, suivant l'usage asiatique, suivant nos usages; ***more belli*** Cic. Verr. 4, 116, d'après les usages de la guerre; ***more et exemplo populi Romani*** Caes. G. 1, 8, 3, d'après les usages et les précédents du peuple romain; ***discedere a communi more verborum*** Cic. Or. 36, s'écarter de l'usage ordinaire de la langue ¶ **3** genre de vie, mœurs, caractère: ***omnium istius modi querelarum in moribus est culpa, non in aetate*** Cic. CM 7, s'il y a toutes ces plaintes, la faute en est au caractère, non à l'âge; ***mores disciplinamque alicujus imitari*** Cic. Dej. 28, imiter les mœurs et les maximes de qqn; ***praefectus moribus*** Cic. Fam. 9, 15, 5, préfet des mœurs; ***antiqui mores*** Cic. Rep. 5, 2, les mœurs d'autrefois; ***unis moribus vivunt (Lacedaemonii)*** Cic. Flac. 63, (les Lacédémoniens) vivent avec les mêmes mœurs ǁ ***omnem morem Lacedaemoniorum inflammatum esse cupiditate vincendi*** Cic. Off. 1, 64, [au dire de Platon] c'est un trait général du caractère des Lacédémoniens que d'être enflammés du désir de vaincre; ***scaenicorum mos tantam habet verecundiam, ut...*** Cic. Off. 1, 129, c'est une tradition chez les acteurs d'observer une telle pudeur que... ǁ mœurs publiques, traditions [morales et surtout religieuses, v. Fest. 146, 3]: Liv. 1, 19, 1; ***mores institutaque majorum*** Cic. Tusc. 4, 1, les traditions et les institutions des ancêtres; ***seu legibus seu moribus*** Liv. 26, 3, 8, conformément soit aux lois soit à la tradition ¶ **4** [métaph.] ***mos caeli*** Virg. G. 1, 51; ***mores siderum*** Plin. 18, 206, les caractères d'un climat, des astres ǁ principes, règles, lois: ***mores viris et moenia ponet*** Virg. En. 1, 264, il donnera à ses guerriers des lois et des remparts; ***pacis imponere morem*** Virg. En. 6, 852, imposer les principes de la paix (les règles de l'état de paix); ***in morem*** Virg. En. 5, 556, régulièrement; ***sine more*** Virg. En. 8, 635, contrairement à la règle; [ou] Virg. En. 5, 694; 7, 377, sans règle = en se déchaînant.

Mŏsa, *ae*, m., Meuse [rivière de la Gaule Belgique] Atlas V, C3: Caes. G. 4, 10; Plin. 4, 100; Tac. An. 2, 6.

Moschēni, *ōrum*, m. pl., peuple d'Asie: Plin. 6, 28.

Moschi, *ōrum*, m. pl., peuple d'Arménie: Plin. 6, 29; Mel. 1, 13 ǁ **-ĭcus**, *a*, *um*, des Mosques: Plin. 5, 99; *Mel. 1, 109.

1 **Moschus**, *a*, *um*, ⊂▶ *Moschicus*: *Mel. 1, 109.

2 **Moschus**, *i*, m., rhéteur de Pergame: Hor. Ep. 1, 5, 9.

moscilli, *ōrum*, m. pl. (dim. de *mos*), mauvaises mœurs: Cat. d. Fest. 148, 35; P. Fest. 149, 5.

Mōsēĭus, de Moïse: Paul.-Nol. Carm. 26, 356 (354).

Mŏsella, *ae*, m. f., Moselle [fleuve de la Gaule] Atlas V, D3: Tac. An. 13, 53; H. 4, 71 ǁ **-lēus**, *a*, *um*, de la Moselle: Symm. Ep. 1, 8.

Mōsēs, Plin. 30, 11, **Mōÿsēs**, *is*, m., Tac. H. 5, 4; Juv. 14, 102, Moïse [prophète, législateur et chef des Juifs] ǁ acc. *Moysen* Tac. H. 5, 3.

Mōsĭtĭcus, *a*, *um*, de Moïse: Fort. Mart. 2, 28.

Mossylĭcum prōmuntŭrĭum, n., **Mossylĭtēs portŭs**, m., promontoire et port d'Éthiopie: Plin. 6, 175; 6, 174.

Mossȳni (Mosȳni), *ōrum*, m. pl. (Μοσσύνοι), Curt. 6, 4, 17, **-synoeci**, *ōrum*, m. pl. (Μοσσύνοικοι), Amm. 22, 8, 21, peuple scythe.

Mostellāria, *ae*, f. (*mostellum*), titre d'une comédie de Plaute [comédie du fantôme]: Prisc. 2, 444, 19.

mostellum, *i*, n., (dim. de *monstrum*), spectre, fantôme: Gloss. 2, 470, 22.

Mostēni, *ōrum*, m. pl., habitants de Mostène [Lydie]: Tac. An. 2, 47.

Mŏsŭla, *ae*, m., ⊂▶ *Mosella*: Flor. 3, 10, 14.

Mōsyni, ᴠ▶ *Mossyni*.

mōtābĭlis, *e* (*moto*), qui se meut, doué d'un mouvement: Vulg. Gen. 1, 21.

mōtăcilla, *ae*, f. (dim., *moto*, *culus*), hoche-queue [oiseau]: Varr. L. 5, 76; Plin. 37, 156.

mōtăcismus, ⊂▶ *myotacismus*: Isid. 1, 32, 6.

mōtāmen, *inis*, n., ⊂▶ *motatio*: Paul.-Petr. Mart. 5, 683.

mōtārĭum, *ii*, n. (μοτάριον), charpie: Cael.-Aur. Chron. 3, 8, 134.

mōtātĭo, *ōnis*, f. (*moto*), mouvement fréquent: Tert. Anim. 45, 1.

mōtātŏr, *ōris*, m. (*moto*), moteur, celui qui met en mouvement: Tert. Anim. 12, 1; Arn. 3, 31.

mōtātus, *a*, *um*, part. de *moto*.

Motherūdēs, *is*, m., ancien roi d'Égypte: Plin. 36, 84.

Mŏthōnē, *ēs*, f., ville de Crète: Sen. Tro. 825.

Mothris, f., ville sur les bords de l'Euphrate: Plin. 5, 90.

mōtĭo, *ōnis*, f. (*moveo*), action de mouvoir, mouvement, impulsion: Cic. Fat. 43; Tim. 30; Nat. 2, 145 ǁ [phil.] [ἐνδελέχεια] Cic. Tusc. 1, 22 ǁ [méd.] mouvement de fièvre, frisson: Cels. 3, 5, 28.

mōtĭtō, *ās*, *āre*, -, - (fréq. de *moto*), Gell. 9, 6, 3.

mōtĭuncŭla, *ae*, f. (dim. de *motio*), léger accès de fièvre: Sen. Ep. 53, 6; Suet. Vesp. 24.

mōtīvus, *a*, *um* (*moveo*), relatif au mouvement, mobile: Chalc. 57.

mōtō, *ās*, *āre*, -, - (fréq. de *moveo*), tr., mouvoir fréquemment: Virg. B. 5, 5; 6, 28.

mōtŏr, *ōris*, m., celui qui remue, qui berce: Mart. 11, 39.

mōtōrĭus, *a*, *um* (*motor*), plein de mouvement: Don. Ad. 24 ǁ **motoria**, *ae*, f.: Prisc. 2, 75, 9, pièce [de théâtre] vive, animée [oppos. à *stataria*] ǁ **-rĭum**, *ii*, n., faculté de mouvoir: Tert. Anim. 14, 3.

1 **mōtus**, *a*, *um*, part. de *moveo*.

2 **mōtŭs**, *ūs*, m. (*moveo*) ¶ **1** [en gén.] mouvement: ***sphaerae genus, in quo solis et lunae motus inessent*** Cic. Rep. 1, 22, un genre de sphère, où se trouvaient représentés les mouvements du soleil et de la lune; ***terrae motus*** Cic. Div. 1, 35, tremblement de terre ǁ ***corporis*** Cic. Arch. 17, mouvement du corps [de l'acteur]; ***motus dare*** Liv. 7, 2, 4, exécuter des mouvements, cf. Virg. G. 1, 350; ***flexi fractique motus*** Cic. Fin. 5, 35, démarches nonchalantes et affectées ǁ geste, action oratoire: Cic. Brut. 116; 250 ǁ mouvements de la vigne, d'une plante; degrés d'accroissement: Cels. 4, 28, 2 ¶ **2** [fig.] **a)** mouvement de l'âme: ***animi*** Cic. Brut. 93, mouvement, agitation de l'âme; ***qui motus cogitationis celeriter agitatus per se ipse delectat*** Cic. Or. 134, et ce mouvement de la pensée provoqué promptement est agréable par lui-même; [en part.] ***motus animi = perturbationes*** Cic. Off. 1, 136, émotions, passions **b)** mouvement de foule: ***servorum*** Cic. Verr. 5, 9, des mouvements d'esclaves; ***Italiae magnificentissimus motus*** Cic. Dom. 152, le mouvement grandiose de toute l'Italie; ***motum in re publica non tantum impendere video quantum...*** Cic. Att. 3, 8, 3, je vois que les changements politiques qui se préparent ne sont pas aussi grands que...; ***motum adferre rei publicae*** Cic. Cat. 2, 4, troubler l'État **c)** [rhét.] trope: Quint. 9, 1, 2 **d)** mobiles, motifs: ***consilii mei motus*** Plin. Ep. 3, 4, 9, les mobiles de ma résolution.

3 **mŏtŭs**, *i*, m. (μοτός), charpie, pansement: Cass. Fel. 19.

Mŏtyensis, *e*, de Motya [Sicile] Atlas XII, G3: Cic. Verr. 3, 103 ǁ ***Motyenses***, m. pl., les habitants de Motya: Plin. 3, 91.

mŏvens (part.-adj. de *moveo*), **res moventes** Liv. 5, 25, 6, choses mobilières, biens meubles [*moventia* Marcell. *Dig.* 46, 3, 48]; **voluptas movens** Cic. *Fin.* 2, 31, le plaisir en mouvement ; **quaedam quasi moventia** Cic. *Tusc.* 5, 68, des choses pour ainsi dire mobiles [animées de mouvement].

mŏventĕr, adv., de manière à émouvoir : Schol. Bob. Cic. *Mil.* 7, p. 119, 6.

mŏvĕō, *ēs*, *ēre*, *mōvī*, *mōtum* (cf. ombr. *comohota*, scr. *mīvati*, ἀμεύσασθαι ; fr. *mouvoir*), tr..

I ¶1 "mouvoir", "remuer", "agiter", *citharam* ; *signum (loco)* ; *castra* ¶2 "éloigner", "écarter" ¶3 "pousser" [plantes] ¶4 intr. [rare] "bouger", "trembler".
II [fig.] ¶1 "pousser", "déterminer", *aliquem de sententia* ¶2 "toucher", "influencer" ¶3 "provoquer", "faire naître" ¶4 "ébranler", "faire chanceler" ¶5 *moveri* "se remuer", "s'agiter" ¶6 "agiter" [des pensées] ¶7 "produire", "manifester" ¶8 *res moventes* "bien meubles".

I [pr.] ¶1 mouvoir, remuer, agiter : *quae moventur* Cic. *Tusc.* 1, 53, les choses qui se meuvent ; **vis movendi** Cic. *Ac.* 1, 26, force motrice ‖ **membra movere** Tib. 1, 7, 38 ; *moveri* [seul] Hor. *P.* 232, se remuer, danser ; [acc. intér.] *moveri Cyclopa* Hor. *Ep.* 2, 2, 125, danser la danse du Cyclope ‖ **citharam, fila sonantia movere** Ov. *M.* 5, 112 ; 10, 89, jouer de la cithare, faire vibrer les cordes sonores de la lyre ‖ **signum loco** Cic. *Div.* 1, 77, arracher de terre l'étendard ; **loco motus est** Cic. *Cat.* 2, 1, il a été délogé de sa position ; **moveri sedibus** Cic. *Phil.* 13, 49, se déplacer de son lieu de séjour ; **se ex loco movere** Liv. 34, 20, 5, se déplacer ‖ **movere castra**, décamper, *ex loco*, d'un endroit : Caes. *G.* 1, 15, 1 ; 7, 8, 5 ; Cic. *Fam.* 15, 2, 8 ; [ou *movere* seul] **Canusio moverat** Cic. *Att.* 9, 1, 1, il était parti avec ses troupes de Canusium, cf. Liv. 37, 28, 4 ¶2 éloigner, écarter ; **aliquem possessione** Cic. *Verr.* 1, 116, évincer qqn d'une possession ; **heredes** Cic. *Off.* 3, 76, évincer des héritiers ; **aliquem tribu, de senatu** Cic. *de Or.* 2, 272 ; *Clu.* 122, exclure qqn de la tribu, du sénat ; **ex agro** Cic. *Fam.* 13, 5, 2, chasser d'une terre ; **litteram** Cic. *Fin.* 3, 74, déplacer une lettre ¶3 pousser, produire [plantes] : **gemmae se movent** Col. 11, 2, 26, les bourgeons poussent, cf. Ov. *Tr.* 3, 12, 13 ¶4 intr., [rare] : **terra movit** Liv. 35, 40, 7, la terre remua, il y eut un tremblement de terre, cf. Liv. 40, 59, 7.
II [fig.] ¶1 mettre en mouvement, pousser, déterminer : *aliquem, ut...* Cic. *Mur.* 3 ; *Leg.* 1, 41 ; *Fam.* 1, 7, 9, pousser qqn à faire qqch. ; **quae me causae moverint** Cic. *Att.* 11, 5, 1, (je ne puis te dire) les raisons qui m'ont poussé, cf. Cic. *Fam.* 1, 9, 22 ; **aliquem ad bellum** Liv. 35, 12, 5, pousser à la guerre ‖ **moveri, quominus** Caes. *C.* 1, 82, 3, être détourné de ‖ écarter : **aliquem de sententia** Cic. *Phil.* 2, 52, faire changer qqn d'avis ; **nihil motum ex antiquo probabile est** Liv. 34, 54, 8, rien de ce qu'on change des antiques usages ne trouve l'approbation ¶2 toucher, influencer, émouvoir : **regionum consuetudine moveri** Caes. *C.* 1, 44, 2, subir l'influence des coutumes d'un pays ; **honestum nos movet** Cic. *Off.* 1, 55, l'honnête agit sur nous ; **pulchritudo movet oculos** Cic. *Off.* 1, 98, la beauté fait impression sur les yeux ; **sensus** Cic. *Leg.* 1, 30, faire impression sur les sens, frapper les sens ; **moveor loci insolentia** Cic. *Dej.* 5, je suis ému par cet endroit insolite ; **moverat plebem oratio consulis** Liv. 3, 20, 1, le discours du consul avait fait impression sur le peuple ; **neutram in partem moveri** Cic. *Ac.* 2, 130, être impassible, indifférent (ἀδιαφορία) ‖ [rhét., un des trois offices de l'orateur] émouvoir : Cic. *Brut.* 185 ‖ [en part.] *acute moveri*, avoir l'esprit agile : Cic. *Ac.* 1, 35 ; *Fam.* 15, 21, 4 ¶3 mettre en mouvement, provoquer, faire naître : **alicui fletum** Cic. *de Or.* 1, 228 ; **risum** Cic. *Att.* 6, 3, 7, provoquer les larmes, le rire de qqn ; **conjecturam** Cic. *Brut.* 144, suggérer des conjectures ; **admirationes, clamores, plausus** Cic. *Or.* 236, provoquer les marques d'admiration, des clameurs, des applaudissements ‖ **aliquid** Liv. 21, 52, 4, lancer une action [machiner qqch.], cf. Curt. 3, 1, 21 ‖ **pugna se moverat** Curt. 8, 14, 6, le combat était engagé ¶4 ébranler, faire chanceler : **sententiam alicujus** Cic. *Att.* 7, 3, 6, ébranler l'opinion de qqn, cf. Liv. 35, 42, 6 ‖ affecter, rendre malade : **vis aestus omnium corpora movit** Liv. 25, 26, 7, la violence de la chaleur rendit tout le monde malade, cf. Liv. 21, 39, 2 ¶5 *moveri*, se remuer, s'agiter : **coeptum esse moveri aliquot locis servitium suspicor** Cic. *Verr.* 5, 9, je soupçonne que sur un assez grand nombre de points les esclaves commencèrent à s'agiter ¶6 remuer, agiter [des pensées dans son esprit] : Virg. *En.* 3, 34 ; 10, 388 ¶7 mettre en mouvement, produire, manifester : **numen** Liv. 1, 55, 3, manifester sa puissance, cf. Ov. *F.* 1, 268 ; 6, 760 ¶8 **res moventes** Dig. 33, 10, 2, les meubles, les biens meubles (= *res mobiles*, qui peuvent être déplacés) ‖ *moventia* Gai. *Inst.* 4, 16, choses qui se déplacent elles-mêmes, mobiles (*quae se ipsa movent*) ; [mais aussi] meubles (que l'on peut déplacer) : Dig. 46, 3, 48 ‖ **res se moventes** (cf. *moventia* Gai.) Cod. Just. 7, 37, 2 pr., choses mobiles.

mox, adv. (cf. v. irl. *mos*-, scr. *makṣū*). ¶1 [avenir] bientôt, dans peu de temps : Pl. *Cap.* 194 ; Cic. *Fin.* 5, 60 ; **exspecto quam mox utatur...** Cic. *Com.* 1, j'attends dans quel bref délai il se servira..., cf. Cic. *Com.* 44 ; *Inv.* 2, 85 ; Liv. 3, 37, 5 ¶2 [passé] bientôt après, après, ensuite ; **mox intra vallum compulsi, postremo...** Liv. 40, 48, 6, bientôt après refoulés dans leurs retranchements, finalement... ‖ [dans une énumération] : Tac. *An.* 11, 22 ; Quint. 10, 6, 3 ; [même en parlant de lieux] : Plin. 6, 190 ; [ou quand il s'agit d'évaluation] : Plin. 18, 77 ; 11, 237 ‖ **mox ut** Flor. 2, 4, 2, après que, aussitôt que ‖ **paulo mox** Plin. 21, 5, peu après ; **paucis mox horis** Plin. 18, 341, peu d'heures après.

Moxŏēnē, *ēs*, f., région de la Grande-Arménie : Amm. 23, 3, 5.

Mŏȳsēs, v. *Moses*.

Moysīticus, v. *Mositicus*.

mozīcia, *ae*, f., sorte de coffre ou de cassette : Isid. 20, 9, 4.

mū (onomat., cf. *mutus, muttio*, μῦ), syllabe représentant un son imperceptible, celui des lèvres à peine ouvertes ¶1 **mu non facere** Enn. d. Varr. *L.* 7, 101, ne pas faire mu = ne pas dire mot, ne pas desserrer les dents, cf. Lucil. 426 ; Petr. 57, 8 ¶2 exclamation étouffée : Pl. d. Char. 240, 4.

mucc-, v. *muc-*.

mūcĕō, *ēs*, *ēre*, -, - (cf. *mucus, mungo, mugil*, μύξα ; fr. *moisir*), intr., être moisi, gâté [en parl. du vin] : Cat. *Agr.* 148.

mūcescō, *ĭs*, *ĕre*, -, -, intr., se gâter : Plin. 14, 131 ; 18, 98.

Mūcĭa, *ae*, f., troisième femme de Pompée : Cic. *Fam.* 5, 2, 6 ‖ v. *1 Mucius*.

Mūcĭānus, *a*, *um* ¶1 v. *2 Mucius* ¶2 nom d'homme : Tac. *H.* 1, 10.

mūcĭdus, *a*, *um* (*muceo* ; fr. *moite*), moisi, gâté : Juv. 14, 128 ; Mart. 8, 6, 4 ‖ morveux : Pl. *Ep.* 494.

mūcĭlāgo, *ĭnis*, f. (*mucus*), mucosité : Diosc. 4, 79.

mūcĭlāgĭnōsus, *a*, *um*, visqueux : Cass. Fel. 48.

mūcinnĭum, *ii*, n. (*mucus*), mouchoir : Arn. 2, 23.

1 **Mūcĭus**, *a*, *um*, de Mucius : P. Fest. 131, 12 ‖ **Mucia**, n. pl., fêtes établies dans l'Asie Mineure en l'honneur du consul Q. Mucius Scaevola : Cic. *Verr.* 2, 51.

2 **Mūcĭus**, *ii*, m., nom d'une famille rom. ; [not¹] ¶1 C. Mucius Scaevola [qui pénétra dans la tente de Porsenna pour le tuer] : Liv. 2, 12 ; Cic. *Sest.* 48 ; *Par.* 12 ; Sen. *Ep.* 24, 5 ¶2 Q. Mucius Scaevola [juriste célèbre, qui fut gouverneur de l'Asie] : Cic. *Caecil.* 57 ¶3 Q. Mucius Scaevola [augure, époux de Laelia] : Cic. *Brut.* 211 ‖ **-ĭānus**, *a*, *um*, de Mucius : Cic. *Att.* 9, 12, 1.

mūcŏr, *ōris*, m. (*muceo*), moisissure : Col. 12, 4, 4 ‖ fleurs sur le vin gâté : Dig. 18, 6, 4 ‖ moisissure du cep de vigne : Plin. 17, 16.

mūcōsus, *a*, *um* (*mucus*), muqueux, mucilagineux : Cels. 2, 8, 38 ; 4, 22, 1 ; Col. 7, 6, 1.

1 **mūcro**, *ōnis*, m. (cf. ἀμύσσω ; esp. *mugrón*) ¶1 pointe, extrémité aiguë : Cic. *Cat.* 3, 2 ; Liv. 22, 46, 5 ; Col. 4, 25, 1 ; Plin. 8, 8 ; Ov. *M.* 12, 484 ¶2 épée : Cic. *Phil.* 14,

mucro

6 ¶3 a) [poét.] pointe, extrémité, fin: Lucr. 2, 520; Plin. 6, 38 b) [fig.] tranchant, pointe: *defensionis tuae* Cic. Caecin. 84, l'arme qui sert à ta défense; *ingenii* Quint. 10, 5, 16, vivacité d'esprit.

2 **Mucro**, ōnis, m., surnom d'homme: CIL 2, 2731.

mucrōnātim, adv. (*mucronatus*), en pointe: Char. 182, 5.

mucrōnātus, a, um (1 *mucro*), qui se termine en pointe: Plin. 32, 15; 16, 90.

mucul, nom persan d'une pierre précieuse: Plin. 37, 183.

mūcŭlentus, a, um (*mucus*), morveux, muqueux: Prud. Perist. 2, 282; Arn. 3, 13.

mūcus, (**muccus**, Pl.), i, m. (cf. *mungo, muceo*, μυκτήρ; it. *moccio*), morve, mucus nasal: Pl. Most. 1109; Cels. 4, 25, 18; Sen. Nat. 3, 15, 2.

Mŭenna, ae, f., ville des Rèmes: Anton. 381.

mufrĭus, ĭi, m. (?), imbécile: Petr. 58, 13.

mūgĕr, m. (cf. *mungo, mucus*?), celui qui triche au jeu de dés: Fest. 152, 4.

mūgĭl (**-gĭlis**), is, m. (cf. *mungo, mucus*; it. *muggine*), muge, mulet [poisson]: Plin. 9, 54; 32, 149; Juv. 10, 317.

Mugillānus, i, m., surnom romain: Liv. 4, 30.

mūgĭlō, ās, āre, -, - (onomat., cf. *mugio*), intr., se dit du cri de l'onagre: Anth. 726, 53.

mūgīnŏr, ārīs, ārī, - (express., cf. *mungo* ou *musinor*?) ¶1 intr., ruminer réfléchir [longtemps, en perdant son temps, cf. P. Fest. 131, 17]: Lucil. d. Non. 139; 6; Cic. Att. 16, 12, 1 ¶2 tr., Gell. 5, 16, 5; [avec la forme *musinor*] Varr. d. Plin. pr. 18.

mūgĭō, īs, īre, īvī ou ĭi, ītum (onomat., cf. *mu*, μύζω; it. *muggire*) ¶1 intr., mugir, beugler: Liv. 1, 7, 7; Juv. 14, 286 ¶ [fig.] mugir, retentir: Cic. Rep. 3, 42; Virg. En. 8, 256 ¶2 tr., crier avec violence, hurler: Mart. 3, 46, 8 ‖ rejeter avec bruit: Claud. Ruf. 1, 66.

Mūgĭōnĭa porta, P. Fest. 131, 15; **Mugōnĭa porta**, Solin. 1, 24; **Mūgiōnis porta**, f., Non. 531, 24, porte Mugonia à Rome [Palatin].
▶ *Mucionis* Varr. L. 5, 164.

mūgītŏr, ōris, m. (*mugio*), celui qui mugit: Val.-Flac. 3, 208.

mūgītŭs, ūs, m. (*mugio*), mugissement, beuglement: Virg. G. 2, 470; Ov. M. 7, 597 ‖ [fig.] mugissement, grondement, bruit fort: Cic. Div. 1, 35; Plin. 18, 360; Stat. Th. 10, 263.

mūla, ae, f. (1 *mulus*; fr. *mule*), mule: Plin. 8, 171; Juv. 7, 181; Cic. Div. 2; 49.
▶ dat.-abl. pl. *mulabus*, Prisc. 2, 293, 11; Claud. Carm. min. 18, tit..

mūlāris, e, relatif au mulet, de mule: Col. 6, 27, 1.

mulc, nom persan de la pierre *thelycardios*: Plin. 37, 183.

mulcassim, V.▶ *mulco* ▶.

1 **mulcātŏr**, ōris, m. (*mulco*), celui qui maltraite: Gloss. 5, 32, 9.

2 **mulcātŏr**, ōris, m. (*mulceo*), modérateur: Isid. 10, 178.

mulcātus, a, um, part. de *mulco*.

mulcĕbris, e (*mulceo*), qui charme, qui adoucit: Chalc. Tim. 45 B.

mulcēdo, ĭnis, f. (*mulceo*), charme, douceur: Gell. 19, 9, 7; Sidon. Ep. 5, 17, 3.

mulcĕō, ēs, ēre, mulsī, mulsum (cf. *mulgeo*, scr. *mṛśati*), tr., palper, toucher légèrement, caresser: Ov. F. 1, 259; Quint. 11, 3, 158; Virg. En. 8, 634; Cic. Arat. 88 ‖ rendre agréable, doux: Sil. 7, 169 ‖ [fig.] adoucir, apaiser, charmer: Virg. G. 4, 510; *ebrietatem* Plin. 21, 138, dissiper l'ivresse; *animos admiratione* Quint. 1, 10, 9, adoucir les âmes en les captivant.

mulcētra, ae, f. (*mulceo*), tournesol [plante]: Ps. Apul. Herb. 49.

Mulcĭbĕr, bĕri, m. (*mulceo*, cf. *faber*?), un des noms de Vulcain: Cic. poet. Tusc. 2, 23; Ov. A. A. 2, 562 ‖ [fig.] le feu: Ov. M. 9, 263; Cic. poet. Tusc. 2, 23.
▶ gén. -beris, Ov. A. A. 2, 562.

mulcō, ās, āre, āvī, ātum (cf. *mulceo, multa*?), tr., battre, frapper, maltraiter, traiter durement: Ter. Ad. 90; Cic. Verr. 4, 94; Tac. An. 1, 10 ‖ [en parl. de choses inanimées] détériorer: Liv. 28, 30, 12 ‖ [fig.] *male mulcati* Cic. Brut. 88, mal en point, échinés; *scio scire te quam multas tecum miserias mulcaverim* Pl. St. 420, je sais que tu sais combien j'ai essuyé de misères avec toi [litt' "j'ai battu", cf. "battre la dèche"].
▶ *mulcassitis* = *mulcaveritis* Pl. Mil. 163.

mulcta, mulctā-, V.▶ *multa, multa-*.

mulctō, V.▶ 2 *multo*.

mulctra, ae, f. (*mulgeo*), vase à traire: Virg. B. 3, 30; Col. 8, 17, 13 ‖ le lait: Col. 7, 8, 1.

mulctrāle, is, n. (*mulgeo*), vase à traire: Serv. B. 3, 30.

mulctrārĭum, ĭi, n., C.▶ *mulctrale*: Virg. G. 3, 177.

mulctrum, i, n., C.▶ *mulctrale*: Hor. Epo. 16, 49; Val.-Flac. 6, 145.

mulctūra, ae, f., traite: VL. Job 20, 17.

1 **mulctus**, a, um, part. de *mulgeo*.

2 **mulctŭs**, abl. *ū*, m., action de traire: Varr. R. 2, 11, 2.

Mulelacha, ae, f., ville de la Maurétanie tingitane: Plin. 5, 9.

mulgāre, is, n., pl. *mulgaria*, C.▶ *mulctrale*: Philarg. Virg. G. 3, 177; Non. 312, 10.

mulgĕō, ēs, ēre, mulxī ou mulsī, mulctum ou mulsum (cf. *promulgo*, ἀμέλγω, al. *Milch*, an. *milk*; it. *mungere*), tr., traire: Virg. B. 3, 5; [prov.] *hircos* Virg. B. 3, 91, traire des boucs [tenter l'impossible].

mŭlĭēbris, e (*mulier*), de femme, relatif à une femme: Cic. Mil. 28; Off. 1, 130; Tac. An. 2, 71 ‖ [contraire de viril] efféminé, de femme: Cic. Tusc. 2, 15 ‖ féminin [gram.]: Varr. L. 9, 40 ‖ pl. n., parties sexuelles de la femme: Tac. An. 14, 60.

mŭlĭēbrĭtās, ātis, f. (*muliebris*), état de femme: *Tert. Virg. 14, 3.

mŭlĭēbrĭtĕr, adv., en femme, à la manière des femmes: [*mŭlĭĕbrītĕr*] Hor. O. 1, 37, 22; Plin. 35, 140 ‖ d'une façon efféminée, mollement: Cic. Tusc. 2, 48; 2, 55.

mŭlĭēbrōsus, V.▶ *-lierosus*: Pl. Poen. 1303 [ms. P].

mŭlĭĕr, ĕris, f. (*mulies*, obscur, cf. *mollis, mulceo*?; esp. *mujer*), femme [en gén.]: Pl. Poen. 245; Cic. Mur. 27; Dig. 34, 2, 26; Juv. 6, 457 ‖ femme mariée: Cic. Verr. 1, 63; Hor. Epo. 2, 39; Quint. 6, 3, 7; Dig. 34, 2, 23, 2 ‖ femmelette: Pl. Bac. 845.

mŭlĭĕrārĭus, a, um (*mulier*), de femme: Cic. Cael. 66 ‖ **-rārĭus**, m., celui qui aime les femmes: Catul. 25, 5; Isid. 10, 107.

mŭlĭercŭla, ae, f. (dim. de *mulier*), femme, faible femme, femmelette: Cic. Tusc. 5, 103; Lae. 46 ‖ [en parl. des anim.] femelle: Varr. L. 5, 100 ‖ [péjor.] femme légère: Cic. Cat. 2, 23.

mŭlĭercŭlārĭus, ĭi, m., C.▶ *mulierosus*: Cod. Th. 2, 16, 1.

mŭlĭĕrĭtās, ātis, f., V.▶ *-liebritas* [qqs mss].

mŭlĭĕrōsĭtās, ātis, f., passion pour les femmes: Cic. Tusc. 4, 25, [traduction du grec φιλογύνεια].

mŭlĭĕrōsus, a, um, qui aime les femmes: Pl. Poen. 1303 [ms. A]; Cic. Fat. 10.

Mŭlĭĕrum portŭs, port du Bosphore de Thrace: Plin. 4, 64.

mūlīnus, a, um (*mulus, mula*), de mule, de mulet: Vitr. 8, 3, 16; Plin. 30, 31 ‖ stupide: Juv. 16, 23.

mūlĭō, ōnis, m. (*mulus*), celui qui a soin des mulets, muletier, conducteur, loueur de mulets, maquignon: Pl. Aul. 501; Most. 780; Varr. L. 5, 139; Cic. Verr. 3, 183 ‖ surnom de Vespasien: Suet. Vesp. 4 ‖ espèce de mouche: Plin. 11, 61.

mūlĭōnĭcus, a, um (*mulio*), de muletier: Prisc. 2, 70, 7; V.▶ *mulionius*.

mūlĭōnĭus, a, um (*mulio*), de muletier: *Cic. Sest. 82.

mullĕŏlus, a, um, m. (dim. de *mulleus*), un peu rouge [chaussures]: Tert. Pall. 4, 10.

mullĕus, a, um (*mullus*), de couleur rouge ‖ **mullĕus calceus** ou **mullĕus**, i, m., sorte de brodequin porté par les sénateurs qui avaient exercé une magistrature curule: Plin. 9, 65; Fest. 128, 3.

mullō, ās, āre, -, - (cf. *mulleus*?), tr., coudre: Fest. 128, 10.

1 mullus, *i*, m. (cf. *mulleus*, μύλλος, μέλας), rouget-barbet, surmulet [poisson] : Plin. 9, 64 ; Cic. Att. 2, 1, 7 ; Sen. Ep. 77, 16.

2 Mullus, *i*, m., nom d'un comique grec : Diom. 488, 24.

mūlŏmĕdĭcīna, *ae*, f., hippiatrique : Veg. Mul. pr. 1.

mūlŏmĕdĭcus, *i*, m. (*mulus, medicus*), vétérinaire : Veg. Mul. pr. 6 ; Firm. Math. 8, 13, 3 ; Diocl. 7, 20.

Mulŏn, *i*, n., ville d'Éthiopie ou d'Égypte : Plin. 6, 180.

mulsa, *ae*, f. (*mulsus* ; fr. *mousse*), hydromel : Samm. 381.

mulsĕus, *a*, *um*, miellé, mélangé de miel : Col. 8, 7, 4 ; Plin. 21, 129 ∥ doux comme le miel : Col. 12, 45, 3.

mulsī, parf. de *mulceo* et de *mulgeo*.

mulsum, *i*, n. (s.-ent. *vinum*), vin miellé (mêlé de miel) : Pl. Pers. 87 ; Cic. de Or. 2, 282.

mulsūra, *ae*, f. (*mulgeo*), action de traire : Calp. 5, 35.

mulsus, *a*, *um* (*mel*, cf. *salsus, pulsus*), part. de *mulceo* ∥ adj¹, doux : *mulsa pira* Col. 5, 10, 18, poires douces ∥ [en part.] adouci avec du miel, ▶ *mulsa, mulsum* ∥ [fig.] *mulsa dicta* Pl. Ru. 364, douces paroles ; [terme de tendresse] *mea mulsa* Pl. Cas. 372, ma douce, ma chérie.

multa, *ae*, f. (cf. osq. *moltam*), amende : *ovium* Cic. Rep. 2, 16 [Gell 11, 1, 4] amende en brebis ∥ peine pécuniaire : *multam alicui dicere* Cic. Phil. 11, 18, infliger une amende à qqn ; *multam irrogare* [en parl. des tribuns de la plèbe] Cic. Mil. 36, demander une peine d'amende ; *multa aliquem multare* Cic. Balb. 42, frapper qqn d'une amende ; *multam committere* Cic. Clu. 103, encourir une amende ; *multam certare* Liv. 25, 3, 14 [*multae certatio* Liv. 25, 4, 8], débattre (devant le peuple) le montant de l'amende ∥ [en gén.] condamnation, punition : Pl. As. 801 ; Liv. 24, 16, 13.

multangŭlus, Lucr. 4, 654 et **-tĭangŭlus**, *a*, *um*, Capel. 2, 138 (*multus*), qui a plusieurs angles.

multannus, *a*, *um* (*multus, annus*), ancien, vieux : Gloss. 2, 413, 19.

multātīcĭus, *a*, *um*, provenant d'une amende : Liv. 10, 23, 13 ; 30, 39, 8.

multātĭcus, *a*, *um*, arch. ▶ *mulctaticius* : CIL 1, 1496, **molt-**, CIL 1, 383 ; 2442.

multātĭo, *ōnis*, f., amende : Cic. Rab. perd. 16 ; Plin. 18, 11.

multātus, *a*, *um*, part. de *2 multo*.

multēsĭmus, *a*, *um* (*multus*), un parmi plusieurs, petit, faible : *multesima pars* Lucr. 6, 651, portion infime.

multi, *ae, a*, ▶ *multus*.

multĭbĭbus, *a*, *um* (*multus, bibo*), qui boit beaucoup, grand buveur : Pl. Cis. 149 ; Curc. 77 ; Macr. Sat. 5, 21, 17.

multĭcaulis, *e* (*multus, caulis*), qui a plusieurs tiges : Plin. 21, 94.

multĭcăvātus, *a*, *um* (*multus, cavatus*), percé de beaucoup de trous : Varr. R. 3, 16, 24.

multĭcăvus, *a*, *um* (*multus, cavus*), qui a beaucoup de cavités, d'ouvertures : Ov. M. 8, 562.

multĭcĭus, *a*, *um* (de *multilicius*?), tissu de fils fins : Tert. Pall. 4, 4 ∥ **-tīcĭa**, n. pl., vêtements fins [d'un tissu léger] : Juv. 2, 66 ; 11, 180.

multĭclīnātum, *i*, n., ▶ *polyptoton* : Carm. Fig. 106.

multĭcŏla, *ae*, f. (*multus, colo*), qui honore plusieurs [dieux] : Fulg.-R. Arian. 7.

multĭcŏlŏr, *ōris*, m. f., qui a beaucoup de couleurs : Plin. 37, 168 ∥ subst. f., robe de plusieurs couleurs : Apul. M. 11, 3.

multĭcŏlōris, *e*, ▶ *multicolor* : Isid. 19, 22, 21 et **multĭcŏlōrus**, *a*, *um*, Gell. 11, 16, 4 ; Apul. Mund. 16.

multĭcŏmus, *a*, *um* (*multus, coma*), qui a beaucoup de cheveux (de rayons) : Paul.-Nol. Carm. 19, 418.

multĭcŭpĭdus, *a*, *um*, qui a beaucoup de désirs : Varr. d. Non. 123, 7.

multĭfăcĭō, *ĭs, ĕre*, -, -, tr., faire grand cas de, estimer beaucoup : Cat. d. P. Fest. 141, 4 ; Pl. Ru. 381 ; ▶ *multum*.

multĭfārĭam, adv. (cf. *bifariam* ; cf. Fest. 128, 11), en beaucoup d'endroits : *aurum multifariam defossum* Cic. de Or. 2, 174, de l'or enfoui dans beaucoup d'endroits ; *saucius multifariam factus* Cat. d. Gell. 3, 7, 19, blessé sur maintes parties du corps, cf. Cic. Leg. 1, 40 ; Liv. 3, 50, 3 ; 10, 31, 8 ; 21, 8, 4.

multĭfārĭē, adv., de bien des façons : Solin. 11, 19 ; Hier. Ep. 18, 18.

multĭfārĭus, *a*, *um* (de *multifariam*), de plusieurs sortes, varié : Gell. 5, 6, 1 ; Solin. 52, 61.

multĭfĕr, *ĕra, ĕrum* (*multus, fero*), fertile, fécond : Plin. 16, 31 ; 19, 138.

multĭfĭdus, *a*, *um* (*multus, findo*), fendu en plusieurs endroits, en plusieurs morceaux : Ov. M. 7, 259 ; Plin. 11, 128 ∥ partagé en boucles [cheveux] : Claud. Pros. 2, 15 ∥ partagé en courants, branches [rivière] : Mart. 8, 28, 7 ∥ [fig.] varié, à nombreux aspects : Val.-Flac. 4, 661 ; Capel. 2, 117.

multĭflōrus, *a*, *um* (*multus, flos*), qui a beaucoup de fleurs : Isid. 17, 9, 11.

multĭflŭus, *a*, *um* (*multus, fluo*), qui coule en abondance, abondant : Juvc. 1, 582.

multĭfŏlĭus, *a*, *um* (*multus, folium*), qui a beaucoup de feuilles, feuillu : Plin. 18, 58.

multĭfŏrābĭlis, Apul. M. 10, 32 et **-rātĭlis**, Apul. Flor. 3, ▶ *multiforus*.

multĭfŏris, *e* (*multus, foris*), qui a plusieurs entrées : Plin. 8, 218.

multĭformis, *e* (*multus, forma*), qui a plusieurs formes, varié, changeant [choses et pers.] : Cic. Ac. 1, 26 ; Sen. Ep. 120, 22.

multĭformĭtās, *ātis*, f. (*multiformis*), multiplicité des formes : Aug. Ver. 21, 41.

multĭformĭtĕr, adv. (*multiformis*), de plusieurs manières : Plin. 36, 202 ; Gell. 9, 5, 7.

multĭfŏrus, *a*, *um* (*multus, foris*), qui a plusieurs trous [flûte] : Ov. M. 12, 158.

multĭfructus, *a*, *um*, qui a beaucoup de fruits : Fulg. Myth. 3, 2.

multĭgĕnĕris, *e*, Pl. Cap. 159 ; St. 383, **-gĕnĕrus**, *a*, *um*, Plin. 11, 1, **-gĕnus**, *a*, *um*, Lucr. 2, 335 (*multus, genus*), de plusieurs sortes.

multĭgrūmus, *a*, *um* (*multus, grumus*), qui a beaucoup de grumeaux = qui se gonfle (se soulève beaucoup) : Laev. d. Gell. 19, 7, 15.

multĭjŭgis, *e*, Cic. et **-jŭgus**, *a*, *um*, Liv. 28, 9, 15 ; Gell. 19, 8, 11, attelé avec plusieurs ∥ [fig.] nombreux, complexe, varié : Cic. Att. 14, 9, 1 ; Gell. 2, 11, 3.

multĭlătĕrus, *a*, *um* (*multus, latus*), qui a plusieurs côtés : Grom. 378, 10.

multĭlinguis, *e*, adj., aux nombreuses langues : Aug. Serm. Dolbeau 2, 17.

multĭlŏquax, *ācis*, ▶ *multiloquus* : Eustath. 1, 11, 1.

multĭlŏquentĭa, *ae*, f., VL. Prov. 10, 19 et **multĭlŏquĭum**, *ii*, n., Pl. Merc. 31, bavardage.

multĭlŏquus, *a*, *um* (*multus, loquor*), bavard : Pl. Ps. 793.

Multĭmammĭa, *ae*, f. (*multus, mamma*), qui a beaucoup de mamelles [épith. de Diane d'Éphèse] : Hier. Ephes. pr.

multĭmĕtĕr, *tra, trum* (*multus, metrum*), aux mètres variés : Sidon. Ep. 8, 11, 5.

multĭmŏdē, ▶ *multimodis* : Chalc. 60 ; Boet. Categ. 1, 166 A.

multĭmŏdīs, adv. (*multis modis*), de beaucoup de manières : Pacuv. Tr. 307 ; Pl. Mil. 1190 ; Ter. And. 939 ; Lucr. 1, 895 ; Cic. Fin. 2, 82, cf. Or. 153.

multĭmŏdus, *a*, *um* (*multus, modus*), de plusieurs sortes, varié, divers : Lucr. 3, 868 ; Amm. 24, 2, 13.

multĭnōdus, *a*, *um* (*multus, nodus*), noueux, qui a beaucoup de nœuds : Apul. M. 5, 17 ; Prud. Cath. 7, 139.

multĭnōmĭnis, *e* (*multus, nomen*), qui a beaucoup de noms : Apul. M. 11, 22.

multĭnūbentĭa, *ae*, f., remariage : Tert. Jejun. 1, 2 ; Pud. 1, 16.

multĭnūbus, *a*, *um* (*multus, nubo*), qui s'est remariée souvent [femme] : Hier. Ep. 123, 10 ∥ polygame (Salomon) : Hier. Jovin. 1, 29.

multĭnummus, *a*, *um* (*multus, nummus*), coûteux : Varr. R. 3, 17, 6 ∥ productif : Varr. Men. 549.

multipartitus

multĭpartītus, *a, um*, divisé en plusieurs parties : Plin. 6, 66.

multĭpĕda, *ae*, f. (*multus, pes*), scolopendre [insecte] : Plin. 22, 122 ǁ [métr.] mesure qui comporte plusieurs pieds : Grom. 190, 6.

multĭpēs, *ĕdis* (*multus, pes*), qui a beaucoup de pattes, de pieds : Isid. 12, 5, 6 ; Plin. 11, 249.

multĭplex, *ĭcis* (*multus, plico*) ¶ 1 qui a beaucoup de plis, de détours, de replis : Cic. Nat. 2, 136 ; CM 52 ; *domus* Ov. M. 88, 15, le labyrinthe ¶ 2 multiple, bien plus nombreux, bien plus grand : *multiplices fetus* Cic. Nat. 2, 128, de plus nombreuses portées ǁ *multiplex corona* Cic. Brut. 290, un cercle considérablement accru d'auditeurs ; *praeda* Liv. 2, 64, 4, butin bien plus abondant, cf. Liv. 22, 7, 3 ; *multiplex quam* Liv. 7, 8, 1, bien plus grand que ¶ 3 qui a beaucoup d'éléments constitutifs : *lorica* Virg. En. 5, 264, cuirasse aux mailles multiples ; *cortex* Plin. 16, 126, écorce ayant plusieurs couches ǁ [fig.] *genus orationis* Cic. Brut. 119, style aux multiples aspects ; *multiplices sermones* Cic. Or. 12, entretiens de formes multiples (variées) ; *plausus multiplex* Cic. CM 63, applaudissements répétés ¶ 4 [fig., sens moral] **a)** contourné, enveloppé, à plusieurs faces : Cic. Lae. 65 ; ad Brut. 1, 1, 1 **b)** variable, changeant, ondoyant, divers : Cic. Lae. 92 ; Cael. 14.

multĭplĭcābĭlis, *e*, qui se multiplie : Cic. poet. Tusc. 2, 22.

multĭplĭcātē, adv. (*multiplico*), en multipliant : Boet. Mus. 1, 4.

multĭplĭcātĭo, *ōnis*, f. (*multiplico*), multiplication, accroissement, augmentation : Sen. Ep. 12, 6 ; Col. 3, 2, 5 ǁ [arithm.] multiplication : Col. 5, 2, 6 ; Vitr. 9, pr. ; 4.

multĭplĭcātīvus, *a, um*, qui sert à multiplier : Boet. Porph. com. pr. 1, 26.

multĭplĭcātŏr, *ōris*, m. (*multiplico*), qui multiplie, multiplicateur : Paul.-Nol. Ep. 44, 4 ; Boet. Mus. 2, 28.

multĭplĭcātus, *a, um*, part. de *multiplico*.

multĭplĭcĭtās, *ātis*, f. (*multiplex*), multiplicité : Aug. Conf. 10, 17 ; Boet. Arith. 1, 27, 1.

multĭplĭcĭtĕr, adv. (*multiplex*), de plusieurs manières : Quint. 7, 4, 22 ; Gell. 14, 1, 21.

multĭplĭcō, *ās, āre, āvī, ātum* (*multiplex*), tr., multiplier, augmenter, accroître : Caes. C. 3, 32 ; *multiplicatus* Cic. Q. 1, 2, 16 ; Off. 1, 138 ǁ multiplier [arith.] : Col. 5, 2, 1 ; Solin. 1, 29, 42.

multĭplĭcus, *a, um* (*multus, plico*), composé : Gell. 19, 7, 16.

multĭplum, *i*, n. (*multus*, cf. *duplus*), multiple : Boet. Top. Arist. 2, 3.

multĭpŏtens, *tis* (*multum, potens*), très puissant : Pl. Bac. 652 ; Cas. 841.

multĭrādix, *īcis*, qui a beaucoup de racines : Ps. Apul. Herb. 35.

multĭrāmis, *e* (*multus, ramus*), qui a beaucoup de branches : Ps. Apul. Herb. 4.

multiscĭus, *a, um* (*multus, scio*), qui sait beaucoup de choses : Apul. M. 9, 13 ; Apol. 31.

multĭsīgnis, *e* (*multus, signum*), couvert d'insignes : Varr. Men. 21.

multĭsŏnālis, *e*, qui fait beaucoup de bruit : Schol. Juv. 7, 134.

multĭsŏnōrus, *a, um*, Claud. Carm. min. 18, 18, **multĭsŏnus**, *a, um*, qui rend beaucoup de son, bruyant : Mart. 4, 53, 9 ; Stat. S. 3, 2, 103.

multĭtō, *ās, āre*, -, - (fréq. de *multo*), tr., punir : *Cat. d. Gell. 10, 23, 4.

multĭtūdo, *inis*, f. (*multus*), multitude, grand nombre : Cic. Verr. 5, 87 ; Prov. 31 ; de Or. 3, 71 ǁ foule de gens, multitude : Caes. G. 2, 6, 2 ; Nep. Milt. 3, 5 ǁ la foule, le vulgaire : Cic. Off. 1, 65 ǁ [gram.] le pluriel : Varr. L. 9, 63 ; Gell. 19, 8, 13.

multĭvăgus, *a, um* (*multum, vagus*), qui erre beaucoup, errant, vagabond : Sen. Herc. f. 533 ; Stat. Th. 6, 1 ; Plin. 10, 109.

multĭvĭdus, *a, um* (*multum, video*), clairvoyant, avisé : Capel. 2, 109.

multĭvira, *ae*, f. (*multus, vir*, cf. *univira, multinubus*), qui s'est mariée souvent : Minuc. 24, 11.

multĭvĭus, *a, um* (*multus, via*), qui fait beaucoup de chemin : Apul. M. 9, 11.

multĭvŏcus, *a, um* (*multus, voco*), désigné par plusieurs mots différents : Boet. Top. Cic. 3.

multĭvŏlus, *a, um* (*multus, 2 volo*), insatiable : Catul. 68, 128 ; Vulg. Eccli. 9, 3.

multĭvŏrantĭa, *ae*, f., voracité : Tert. Jejun. 1, 2.

1 multō, adv. (abl. n. de *multus*), beaucoup, de beaucoup, en quantité : [avec le compar. ou idée compar.] Cic. de Or. 1, 11 ; Caes. G. 1, 6, 2 ; [avec *anteponō*] Cic. Fin. 4, 49 ; [avec *praesto*] Sall. J. 31, 28 ǁ [avec le superl.] Cic. Verr. 4, 109 ; Cat. 4, 17 ; Liv. 1, 11, 5 ǁ [avec *aliter*] Nep. Ham. 2 ; [secus] Cic. Fam. 4, 9, 1 ; [infra] Plin. 19, 40 ; [ante] Cic. Div. 1, 101 ; Fam. 4, 1, 1 ; [post] Cic. Att. 12, 49, 9 ǁ *multo multoque* et le compar. = de beaucoup : Val.-Max. 4, 1, 2.

2 multō (mulctō), *ās, āre, āvī, ātum* (*multa*), tr., punir : Cic. Rab. Post. 2 ǁ [avec abl.] punir de qqch. : *exsilio, morte* Cic. de Or. 1, 194, punir d'exil, de mort, cf. Balb. 42 ; Prov. 38 ; *agris* Cic. Agr. 2, 34, punir par la confiscation des terres ; *Antiochum Asia* Cic. Sest. 58, punir Antiochus en lui enlevant l'Asie ǁ [avec le dat. de la personne au profit de laquelle est infligée l'amende] Cic. Verr. 2, 21.

multŏtĭēs **(-tĭens)**, fréquemment, souvent : Aug. Faust. 29, 1.

1 multum, *i*, n. de *multus*, pris subst[t], une grande quantité : *multum diei processerat* Sall. J. 51, 2, le jour était fort avancé ; *multum temporis* Cic. Ac. 2, 12, un grand laps de temps, cf. Ac. 2, 4 ǁ [gén. de prix avec *facio*] V.➤ *multifacio* ǁ V.➤ *plus* et *plurimum*.

2 multum, n. pris adv[t], beaucoup, très [avec un verbe] : [amare] Cic. Att. 16, 16, 10 ; [consulere] Cic. Agr. 2, 88 ; [dubitare] Cic. Or. 1 ; [valere] Cic. Sest. 105 ; [antecello] Cic. Mur. 29 ; [supero] Cic. Verr. 5, 115 ; *multum esse Athenis* Cic. Q. 1, 2, 14, être souvent à Athènes ; *multum esse cum aliquo* Cic. Rep. 1, 16, se trouver souvent avec qqn ǁ [avec un adj.] Pl. Aul. 124 ; Plin. Ep. 1, 9 ; [avec compar.] Pl. Most. 824 ; Cic. de Or. 3, 92 ; Juv. 10, 197 ǁ [avec infra] Liv. 5, 37, 7 ; [post] Tac. An. 5, 3 ; [ante] Quint. 12, 6, 1 ; Tac. An. 12, 4 ǁ V.➤ *multo, plus, plurimum*.

multŭnummus, C.➤ *multinummus* : Varr. Men. 549.

multus, *a, um* (cf. *melior*, μάλα ; esp. *mucho*) ¶ 1 [au pl.] nombreux, en grand nombre, beaucoup de : *multae et magnae contentiones* Cic. Phil. 2, 7, beaucoup de graves débats ; *multi et graves dolores* Cic. Verr. 5, 119, beaucoup de douleurs cruelles ; *multae liberae civitates* Cic. Verr. 4, 68, beaucoup de cités indépendantes ; *multi fortes viri* Cic. Cat. 3, 7, beaucoup d'hommes énergiques ; *minime multi remiges* Cic. Verr. 5, 89, le moins possible de rameurs ǁ n. pris subst[t], V.➤ *1 multum* ; *multa*, beaucoup de choses : *nimis, nimium multa* Cic. Fin. 2, 57 ; Fam. 4, 14, 3, trop de choses ǁ *ne* ǁ n. pris subst[t], *multi*, beaucoup de gens, la multitude : *numerari in multis* Cic. Brut. 333, être compté (confondu) dans la foule ; V.➤ *unus* ¶ 2 ; *multi hominum* Plin. 16, 96, beaucoup d'hommes, cf. Plin. 16, 128 ¶ 2 [au sg.] **a)** [poét.] *multa victima* Virg. B. 1, 34, de nombreuses victimes ; *avis multa* Ov. Am. 3, 5, 4, beaucoup d'oiseaux ; *arbor* Curt. 7, 4, 6, beaucoup d'arbres **b)** abondant, en grande quantité : *multa carne* Cic. Pis. 67, avec beaucoup de viande ; *multo labore* Cic. Sull. 73, avec beaucoup de peine ; *multo cibo et potione completi* Cic. Tusc. 5, 100, remplis d'une quantité de nourriture et de boisson ; *lingua, qua multa utebatur* Caes. G. 1, 47, 4, langue dont il se servait beaucoup **c)** [temps] avancé : *multo die* Caes. G. 1, 22, 4, le jour étant bien avancé, cf. Caes. G. 3, 26, 6 ; 7, 28, 6 ; *ad multam noctem* Caes. G. 1, 26, 3, jusqu'à un moment avancé de la nuit ; *multo mane* Cic. Att. 5, 4, 1, de grand matin ǁ [poét.] *multa pax*, paix profonde : Tac. H. 1, 77 ; 3, 71 ; 4, 35 **d)** abondant en paroles, prolixe : *est multus in laudanda magnificentia popularium munerum* Cic. Off. 2, 56, il est prolixe dans l'éloge de la magnificence des jeux donnés au peuple, cf. Cic. de Or. 2, 17 ; 2, 358 ; Nat. 2, 119 ; *homo multus et odiosus* Pl. Men.

316, bavard assommant **e)** actif, qui se prodigue : Sall. *J.* 96, 3 ‖ acharné, pressant : Sall. *J.* 84, 1.

▶ compar. *plus*, superl. *plurimus*, v. ces mots.

Mulucha, *ae*, m., fleuve entre la Maurétanie et la Numidie [Moulouya] Atlas I, D2; IV, F3 : Sall. *J.* 19, 7 ; Plin. 5, 19 ‖ ville sur les bords de ce fleuve : Flor. 3, 1, 14.

mūlus, *i*, m. (cf. *muscella*, alb. *mushk* ; it., esp. *mulo*), mulet : Varr. 3, 17 ; Cic. *Top.* 35 ; P. Fest. 135, 1 ‖ âne, imbécile : Catul. 83, 3 ; [prov.] *mutuum muli scabunt* Varr. *Men.* 322 tit., ce sont deux mulets qui se grattent l'un l'autre [en parl. de personnes qui se font des compliments réciproques].

1 Mulvĭus, *ii*, m., nom d'homme ‖ **-iānus**, *a*, *um*, de Mulvius : Cic. *Att.* 2, 15, 4.

2 Mulvĭus pons, m., le pont Mulvius à Rome : Cic. *Att.* 13, 33, 4 ; *Cat.* 3, 5 ; Sall. *C.* 45, 1 ; Tac. *An.* 3, 47.

mulxi, parf. de *mulgeo*.

Mummĭa, *ae*, f., épouse de Galba : Suet. *Galb.* 3.

Mummĭus, *ii*, m., nom de famille rom. ; not[t] L. Mummius Achaicus, vainqueur de Corinthe : Cic. *Off.* 2, 76 ; Vell. 1, 13, 1 ; 4 ‖ **-iānus**, *a*, *um*, de Mummius : P. Fest. 125, 20.

Mŭnātĭus, *ii*, m., nom de famille rom. ; not[t] L. Munatius Plancus, lieutenant de César [fondateur de Lyon] : Caes. *G.* 5, 24, 4 ; *C.* 1, 40, 5 ‖ le même, correspondant de Cicéron : Cic. *Fam.* 10.

munctĭo, *ōnis*, f. (*mungo*), morve : Arn. 3, 13.

1 Munda, *ae*, f., ville de la Bétique Atlas I, D2; IV, D2 : Liv. 24, 42, 1 ; Val.-Max. 7, 6, 5 ; Sil. 3, 100 ‖ **-ensis**, *e*, de Munda : Suet. *Caes.* 56.

2 Munda, *ae*, m., fleuve de Lusitanie [auj. Mondego] : Plin. 4, 115.

mundānus, *a*, *um* (2 *mundus*), du monde, de l'univers : Macr. *Somn.* 2, 16, 26 ‖ de ce monde [terrestre, païen] : Arn. 2, 16 ; Aug. *Adim.* 11, p. 137, 16 ‖ **-dānus**, *i*, m., un citoyen de l'univers : Cic. *Tusc.* 5, 108.

mundātĭo, *ōnis*, f. (*mundo*), action de purifier, purification : Aug. *Conf.* 1, 11.

mundātŏr, *ōris*, m. (*mundo*), celui qui nettoie : Aug. *Ev. Joh.* 80, 2 ; *Serm.* 176, 1, 1 ‖ [fig.] purificateur : Aug. *Civ.* 10, 32.

mundātōrĭus, *a*, *um* (*mundo*), qui purifie, purgatif : Aug. *Serm.* 164, 8, 12.

mundātrix, *īcis*, f. de *mundator*, Aug. *Psalm.* 88 s. 2, 9.

mundātus, *a*, *um*, part.-adj. de *mundo*, nettoyé ‖ [fig.] **-tior** Aug. *Conf.* 10, 37.

mundē, adv. (1 *mundus*), proprement : Pl. *Poen.* 1177 ; Sen. *Ep.* 70, 20 ; Gell. 10, 17, 2 ‖ **-issime** Cat. *Agr.* 66, 1.

mundĭālis, *e* (2 *mundus*), du monde, terrestre : Tert. *Spect.* 9, 6 ; Hier. *Ep.* 43, 2.

mundĭālĭtĕr, adv. (*mundialis*), mondainement : Tert. *Res.* 46, 13.

mundĭcĭa, ▶ *munditia*.

mundĭcīna, *ae*, f. (1 *mundus*), dentifrice : Apul. *Apol.* 6.

mundĭcors, *dis* (1 *mundus*, *cor*), dont le cœur est pur : Aug. *Serm.* 53, 6.

mundĭfĭcātĭo, *ōnis*, f., création du monde : Eustath. 4, 4, 4.

mundĭfĭcō, *ās*, *āre*, -, - (1 *mundus*, *facio*), tr., déterger, nettoyer [méd.] : Al.-Trall. 2, 68 ‖ [fig.] purifier : Cassiod. *Anim.* 11.

mundĭgĕr, qui porte le monde : Anth. 240, 12.

mundĭpŏtens, *tis* (2 *mundus*, *potens*), maître du monde : Tert. *Anim.* 23, 2.

mundĭtĕnens, *tis* (2 *mundus*, *teneo*), maître du monde : Tert. *Val.* 22, 2.

mundĭtĕr, adv. (1 *mundus*), proprement : Pl. *Poen.* 235 ‖ [fig.] décemment, avec à propos : Apul. *Apol.* 33.

mundĭtĭa, *ae*, f. (1 *mundus* ; it. *mondezza*), propreté : Pl. *Men.* 354 ; *munditias facere* Cat. *Agr.* 39, 2, faire le ménage ‖ propreté, netteté, élégance [dans la pers., les vêtements] : Cic. *Off.* 1, 140 ; Hor. *O.* 1, 5, 5 ‖ raffinement : Pl. *Ps.* 173 ; Cic. *Fam.* 9, 20, 2 ‖ [fig.] pureté, élégance [du style] : Cic. *Or.* 79 ; Gell. 1, 23, 1 ; Quint. 8, 3, 87 ‖ pureté morale : Aug. *Serm.* 4, 14, 14.

mundĭtĭēs, *ēi*, f., ▶ *munditia* ; Catul. 23, 18.

mundĭvăgus, *a*, *um* (3 *mundus*, *vagus*), qui erre dans le monde : Inscr. *Ross.* 2, p. 111, 69, 11.

mundō, *ās*, *āre*, *āvī*, *ātum* (1 *mundus* ; it. *mondare*), tr., nettoyer, purifier [pr. et fig.] : Col 12, 3, 8 ; Plin. 33, 103.

mundŭlē, adv. (dim. de *munde*), proprement : Acc. *Tr.* 602 ; Apul. *M.* 2, 7.

mundŭlus, *a*, *um* (dim. de 1 *mundus*), propret, élégant : Pl. *Truc.* 658.

mundum, *i*, n. (arch. pour 2 *mundus*), Lucil. 519 ; 520, cf. Gell. 4, 1, 3 ; Non. 214, 17.

1 mundus, *a*, *um* (*mudnos*, cf. *mustus*, rus. *myt'* ; it. *mondo*, net, propre [en parl. de choses] : Hor. *Ep.* 1, 5, 7 ; Gell. 19, 12, 8 ; Col. 7, 9, 14 ; *in mundo esse* Pl. *As.* 264, être prêt, à la disposition ; *in mundo habere* Pl. *St.* 477, avoir à sa disposition ‖ élégant, raffiné [dans sa personne, sa tenue] : Cic. *Q.* 2, 3, 7 ; *Fin.* 2, 23 ; [en parl. du style] Gell. 17, 2 ; 19, 9, 10 ‖ pur, innocent : Vulg. *Lev.* 11, 41 ; Tert. *Pud.* 6, 16 ‖ **-ior** Liv. 8, 154, 7 ; **-issimus** Col. 7, 9, 14.

2 mundus, *i*, m. (1 *mundus*), objets de toilette [des femmes], ornements, bijoux, parure : Dig. 34, 2, 25 ; Cic. *Frg. phil.* 110 M. ; Liv. 34, 7, 9 ‖ [en gén.] instruments, ustensiles : Apul. *M.* 6, 1.

3 mundus, *i*, m. (cf. 2 *mundus* ; it. *mondo*) ¶1 le monde, l'univers : Cic. *Nat.* 1, 100 ; 2, 154 ; au pl., Cic. *Ac.* 2, 55, les mondes ¶2 [en part.] **a)** le ciel, le firmament : Catul. 64, 206 ; Tib. 3, 4, 17 ; Virg. *G.* 1, 340 **b)** la terre habitée, ici-bas, les hommes : Hor. *S.* 1, 3, 112 ; Sen. *Ep.* 119, 7 ; Plin. 14, 149 ; 30, 8 **c)** la terre, le globe terrestre : Hor. *O.* 1, 22, 19 ; 3, 3, 53 **d)** le monde infernal [par euphémisme], les enfers : Varr. d. Macr. *Sat.* 1, 16, 18 ; Fest. 144, 14 **e)** [chrét.] le monde, le siècle : Vulg. *Joh.* 17, 9.

▶ ce mot ne se distingue pas du précédent ; pour sa double acception, cf. le grec κόσμος.

mūnĕrābundus, *a*, *um* (*muneror*), qui fait des présents : Apul. *M.* 11, 18.

mūnĕrālis, *e* (*munus*), qui concerne les présents : Pl. d. Fest. 127, 4.

mūnĕrārĭus, *a*, *um* (*munus*), de présent : Cassiod. *Var.* 6, 7, 4 ‖ relatif aux gladiateurs : Quint. 8, 3, 34 ‖ **-rārĭus**, *ii*, m. **a)** donateur : Hier. *Ep.* 66, 5 **b)** qui donne un spectacle de gladiateurs : Sen. *Contr.* 4 pr. ; Suet. *Dom.* 10.

mūnĕrātĭo, *ōnis*, f. (*munero*), largesse : Ulp. *Dig.* 27, 3, 1.

mūnĕrātŏr, *ōris*, m. (*munero*), qui donne un spectacle de gladiateur : Flor. 3, 20.

mūnĕrātus, *a*, *um*, part. de *munero* et de *muneror*.

mūnĕrĭgĕrŭlus, *a*, *um* (*munus*, *gero*), qui porte des présents : Pl. *Ps.* 181.

mūnĕrō, *ās*, *āre*, *āvī*, *ātum* (*munus*), tr. ¶1 donner en présent, accorder, *aliquid alicui* : Acc. *Tr.* 446 ; Pl. *Cap.* 935 ¶2 récompenser, gratifier : *aliquem* Pl. *Mil.* 690, faire un cadeau à qqn, cf. Flor. 3, 5, 28 ; Ulp. *Dig.* 48, 20, 6 ‖ *aliquem aliqua re* *Cic. *Dej.* 17 ; Sen. *Ep.* 119, 5.

mūnĕrŏr, *ārīs*, *ārī*, *ātus sum* (*munus*), tr. ¶1 faire des présents : Cic. *Par.* 39 ¶2 donner en présent, accorder : *aliquid alicui* Cic. *Inv.* 2, 3 ¶3 *aliquem aliqua re*, gratifier qqn de qqch., faire présent de qqch. à qqn : Cic. *Att.* 7, 2, 3 ; Hor. *Epo.* 2, 20.

mungō, *ĭs*, *ĕre*, -, - (de *emungo*, cf. *mugil*, *mucus*), tr., moucher : *Orib. *Syn.* 7, 20, 18 Aa.

mungōsus, *a*, *um*, ▶ *mucosus*.

mūnĭa, n. pl. (= 1 *moenia*), cf. *immunis*, charges, fonctions, devoirs [officiels ou privés] : Cic. *Mur.* 73 ; *Sest.* 138 ; Liv. 1, 42, 5 ; Tac. *An.* 1, 2 ‖ droits : *omnia ingenuitatis munia habere* Dig. 2, 4, 10, 3, jouir de tous les droits attachés à l'ingénuité.

▶ arch. *moenia* P. Fest. 137, 7 ; usité seul[t] au nom.-acc. ‖ gén. *munium* Tert. *Cor.* 11, 4 ; dat. *munibus* Claud. *Cons. Stil.* 3, 76 et *muniis* Amm. 31, 2, 20 ; Serv. *En.* 12, 559 ; Cod. Just. 8, 10, 8 pr.

mūnĭceps, *ĭpis*, m. f. (*munia*, *capio*), citoyen d'une ville municipale [municipe] : Cic. *Verr.* 5, 161 ; P. Fest. 117, 5 ; Gell. 16, 13, 6 ; Dig. 50, 1, 1 ‖ compatriote, concitoyen : Cic. *Brut.* 246 ; Plin. 35, 125.

Munichius

Mūnĭchĭus, ➤ Muny-.
mūnĭcĭpālis, e (*municipium*), municipal, de municipe, de ville municipale : Cic. *Sull*. 25 ; *Att*. 8, 13, 2 ; Tac. *An*. 4, 3 ∥ provincial, de petite ville : Juv. 8, 236 ; Sidon. *Ep*. 4, 3, 10.
mŭnĭcĭpālĭtĕr, adv., d'une famille municipale : Sidon. *Ep*. 1, 11, 5.
mŭnĭcĭpātim, adv. (*municipium*), de municipe en municipe : Suet. *Caes*. 14.
mŭnĭcĭpātŭs, ūs, m. (*municeps*), droit de cité [dans le ciel] : Hier *Ep*. 16, 2.
mŭnĭcĭpĭŏlum, i, n. (dim. de *municipium*) : Sidon. *Ep*. 3, 1, 2.
mŭnĭcĭpis, gén. de *municeps*.
mŭnĭcĭpĭum, ĭi, n. (*municeps*), municipe, ville municipale : Cic. *Amer*. 15 ; *Sest*. 32.
mūnĭcō, ās, āre, -, -, [arch. pour *communico*] : P. Fest. 141, 1.
mūnĭdător, ōris, m. (*munus*, *do*), qui fait des présents : CIL 8, 4681.
Mūnĭenses, ĭum, m. pl., peuple du Latium : Plin. 3, 69.
mūnĭfĕr, ĕra, ĕrum (*munus*, *fero*), qui porte des présents : Gloss. 4, 416, 33.
mūnĭfex, ĭcis (*munus*, *facio*), qui fait son devoir : Veg. *Mil*. 2, 7 ∥ qui remplit son office : Plin. 11, 234.
mūnĭfĭcē, adv. (*munificus*), généreusement, libéralement : Cic. *Nat*. 3, 69 ; Liv. 22, 37, 10.
***mūnĭfĭcens**, [inus. cf. P. Fest. 143, 5] base du compar. et du superl. de *munificus*.
mūnĭfĭcentĭa, ae, f. (*munificus*), munificence, générosité : Sall. *C*. 54, 2 ; Plin. 27, 1.
mūnĭfĭcĭum, ĭi, n., tout ce qui est sujet à un droit, à une redevance : Paul. *Dig*. 39, 4, 4 [al. *munificum* [.
mūnĭfĭcō, ās, āre, -, - (*munus*, *facio*), tr., gratifier de, **aliquem aliqua re** : Lucr. 2, 625.
mūnĭfĭcus, a, um (*munus*, *facio*), libéral, généreux : Cic. *Off*. 2, 64 ∥ [fig.] astreint à [avec gén.] : Tert. *Or*. 22, 8 ∥ **-centior** P. Fest. 143, 5 ; **-centissimus** Cic. *Com*. 22.
▶ **-ficior** Cat. d. P. Fest. 143, 4.
mūnīmĕn, inis, n. (*munio*), tout ce qui garantit, fortification, rempart, retranchement : Virg. *G*. 2, 352 ; Ov. *M*. 13, 212 ∥ barrière, haie : Pall. 3, 24, 1.
mūnīmentum, i, n. (*munio*), tout ce qui protège, garantit ; rempart, moyen de défense : Caes. *G*. 1, 17, 4 ; Liv. 1, 33, 7 ∥ fortification, retranchement : Tac. *An*. 13, 36 ; *H*. 5, 20 ∥ [fig.] rempart, défense, protection : Liv. 2, 10, 2 ; Sall. *J*. 97, 3 ; Tac. *H*. 4, 52.
1 mūnĭō (arch.), **moenĭō** īs, īre, īvī ou ĭī, ītum (1 *moenia*), tr. ¶ **1** faire un travail de terrassement, de maçonnerie : **quod idoneum ad muniendum putarent, congererent** Nep. *Them*. 6, 5, de rassembler tous les matériaux qu'ils jugeraient propres à la construction ¶ **2** faire avec un travail de terrassement, de maçonnerie, construire : **moenia moenire** Pl. *Mil*. 228, construire un rempart ; **castra munire** Caes. *G*. 1, 49, 2, faire un camp retranché, cf. Caes. *G*. 2, 19, 5 ; **munitis castris** Caes. *G*. 1, 49, 5, le camp retranché étant achevé ∥ **viam munire** Cic. *Mil*. 17, construire une route : **itinera** Nep. *Hann*. 3, 4, construire des chemins ¶ **3** fortifier, garnir de fortifications : **locum** Caes. *G*. 1, 24, 3, fortifier un lieu ; **castra altiore vallo** Caes. *G*. 5, 50, 5, fortifier le camp d'une palissade plus élevée ; **Alpibus Italiam munierat natura** Cic. *Prov*. 34, la nature avait donné à l'Italie les Alpes comme rempart ∥ **locum muniunt undique parietes** Sall. *C*. 55, 4, des murailles font de toutes parts une enceinte à ce lieu, il est entouré entièrement d'une muraille ¶ **4** [fig.] **a)** abriter, protéger : **spica contra avium morsus** Cic. *CM* 51, protéger les épis contre la voracité des oiseaux ; **turris munita ab omni ictu hostium** Caes. *C*. 2, 9, 6, tour protégée contre tous les coups de l'ennemi **b)** **se munire ad aliquid** Cic. *Fam*. 9, 18, 2, se fortifier contre qqch. ; **se multorum benevolentia** Cic. *Fin*. 2, 84, se faire un rempart de la bienveillance publique ; **aliqua re se contra aliquam rem** Cic. *Fam*. 4, 14, 3, se fortifier par qqch. contre qqch. **c)** **sibi viam ad rem** Cic. *Verr*. 1, 64, se préparer la voie à qqch. ; **accusandi viam alicui** Cic. *Mur*. 48, préparer à qqn les moyens d'accuser.
▶ imparf. **munibat** Moret. 61 ; **munibant** Apul. *Mund*. 26.

2 *mūnĭō, ōnis, f. l., Cic. *de Or*. 1, 251, ➤ *Nomio*.

3 Munĭō, ➤ 2 *Minio*.

mūnis, e (de *immunis*), remplissant son devoir, obligeant : Pl. *Merc*. 105 ; P. Fest. 127, 7.
***mūnĭtē**, adv. [inus. au positif] à couvert, à l'abri : **-tĭus** Varr. *L*. 5, 141.
mūnītĭō, ōnis, f. (*munio*), travail de terrassement, ¶ **1** travail de fortification : Caes. *G*. 1, 49, 3 ; 5, 9, 8 ∥ fortification, rempart retranchement, murs : Cic. *Verr*. 4, 118 ; Caes. *G*. 1, 10, 3 ; 7, 74, 1 ¶ **2 viarum** Cic. *Font*. 7, construction, réparation de routes ∥ [fig.] action de frayer, de consolider la voie : Cic. *de Or*. 2, 320.
mūnītĭuncŭla, ae, f. (dim. de *munitio*), petite fortification : Vulg. *1 Macc*. 16, 15.
mūnītō, ās, āre, -, - (fréq. de 1 *munio*), tr., ouvrir [un chemin, au fig.] : Cic. *Amer*. 140.
mūnītŏr, ōris, m. (*munio*), celui qui fortifie : Ov. *H*. 5, 139 ∥ soldat travaillant à des fortifications, travailleur : Tac. *An*. 1, 64 ; [mineur] Liv. 5, 19, 11.
mūnītōrĭum, ĭi, n., sorte de caleçon ou de tablier : Gloss. 4, 259, 46.
mūnītrix, ĭcis, f. (*monitor*), celle qui munit, qui protège : Prisc. 3, 215, 25.
mūnītūra, ae, f. (*munio*), mur d'enceinte, clôture : CIL 6, 8429 ∥ ➤ *munitorium* : Aug. *Jul*. 2, 6, 16.
mūnītus, a, um, part.-adj. de 1 *munio*, défendu, fortifié, protégé : Cic. *Verr*. 5, 39 ∥ n. pl., rempart : Lucr. 3, 498 ∥ **-ior** Cic. *Q*. 2, 3, 3 ; **-issimus** Caes. *G*. 4, 55 ; Cic. *Verr*. 2, 4.
munnītĭo, ōnis, f. ?, grignotage : P. Fest. 127, 3.
mūnus (arch.), **moenus**, Lucr. 1, 29), ĕris, n. (*moenia*, *munia*, *muto*, *migro*, cf. *pignus*)

¶ **1** [défin.] "don", "charge", "fonction". ¶ **2** "office, fonction" ¶ **3** "obligation, charge" ¶ **4** "tâche accomplie, produit, œuvre" ¶ **5** "service rendu", *suprema munera* ¶ **6** "présent, faveur" ¶ **7** "spectacle public, combat de gladiateurs".

¶ **1** [défin.] *munus tribus modis dicitur : uno donum, et inde munera dici dari ; altero onus : quod cum remittatur, immunitatem appellari ; tertio officium : igitur municipes dici, quod munera civilia capiant* Dig. 50, 16, 18, *munus* est employé de trois façons : premièrement, le don, d'où les dons que l'on fait ; deuxièmement, la charge, d'où l'immunité quand on est dispensé ; troisièmement, la fonction, d'où les municipes qui accèdent aux fonctions civiles ¶ **2** office, fonction : *quemadmodum oculus conturbatus non est probe adfectus ad suum munus fungendum... sic conturbatus animus non est aptus ad exsequendum munus suum* Cic. *Tusc*. 3, 15, de même qu'un œil malade n'est pas bien disposé pour s'acquitter de ses fonctions..., de même une âme malade [troublée par la passion] n'est pas propre à remplir sa fonction ; *geometriae munus tueri* Cic. *Tusc*. 5, 113, remplir les fonctions de professeur de géométrie ; *interpretum munere fungi* Cic. *Fin*. 1, 6, remplir le rôle de traducteur ; *munere virtutis fungi* Cic. *Tusc*. 1, 109, s'acquitter de la tâche d'homme vertueux ; *functus est omnis civium munere* Cic. *Brut*. 63, il a rempli toutes les charges du citoyen ; *in omni munere vitae* Cic. *Fin*. 1, 11, dans toutes les tâches de l'existence ; *munus efficere* Cic. *Rep*. 1, 70, remplir une mission ∥ *principum munus est resistere...* Cic. *Mil*. 22, le rôle des premiers citoyens est de tenir tête... ; *justitiae primum munus est, ut ne cui quis noceat nisi lacessitus injuria* Cic. *Off*. 1, 20, le premier devoir qu'impose la justice, c'est de ne faire aucun mal à autrui à moins d'être provoqué par une injustice ¶ **3** obligation, charge : *cum hoc munus imponebatur tam grave civitati* Cic. *Verr*. 5, 51, quand cette obligation si lourde était imposée à la cité, cf. Cic. *Verr*. 5, 52 ; *munere vacare* Liv. 25, 7, 4, être exempté d'une tâche ; *munera militiae* Liv. 27, 9, 9, les tâches du service militaire ¶ **4** tâche accomplie, produit, œuvre : Cic. *Par*. 5 ;

Off. 3, 4 ; *effector tanti operis et muneris* Cic. *Tusc.* 1, 70, réalisateur d'un si grand travail, d'une si grande tâche ¶ **5** service rendu : *verbis non auget munus suum* Cic. *Off.* 2, 70, il ne grossit pas ses bons offices en paroles ‖ *suprema munera* Virg. *En.* 11, 25, les derniers devoirs ; *inani munere fungi* Virg. *En.* 6, 885, s'acquitter d'un stérile devoir ; *cineri haec mittite nostro munera* Virg. *En.* 4, 624, remplissez ce devoir à l'égard de mes cendres ¶ **6** don, présent, faveur : *deorum aliquo dono atque munere commendati nobis (poetae)* Cic. *Arch.* 18, (les poètes) confiés à nous en qq. sorte par un don, par une faveur des dieux ; *munera mittere alicui* Cic. *Verr.* 4, 62, envoyer des présents à qqn ; *muneri mittere aliquid alicui* Cic. *Verr.* 5, 64, envoyer qqch. en présent à qqn ; *dare muneri aliquid alicui* Nep. *Thras* 4, 2, donner qqch. en présent à qqn ¶ **7** spectacle public, [surtout] combat de gladiateurs : *magnificum munus dare* Cic. *Q.* 3, 8, 6, donner des jeux grandioses [*praebere* Cic. *Sull.* 54] ; *munus Scipionis* Cic. *Sest.* 124, les jeux donnés par Scipion ; *gladiatorum munera* Cic. *Off.* 2, 55, les combats de gladiateurs.

mūnuscŭlum, *i*, n. (dim. de *munus*), petit présent : Cic. *Fam.* 29, 1, 2 ; Virg. *B.* 4, 18 ; Juv. 6, 36.

munxi, parf. de *mungo*.

Mŭnўchĭa, *ae*, f. (Μουνυχία), Munychie [Phalari, port de l'Attique] : Nep. *Thras.* 2, 5 ‖ **-ĭus**, *a*, *um*, de Munychie, Athénien : Ov. *M.* 2, 709.

1 **mūraena (mūrēne)**, *ae*, f. (μύραινα ; esp. *morena*) ¶ **1** murène [poisson] : Plin. 9, 171 ¶ **2** collier : Isid. 12, 6, 43 ‖ veine du bois de citronnier : Plin. 13, 98.

2 **Mūraena (-nĭānus)**, [V.] 2 Murena.

mūraenŭla, *ae*, f. (dim. de 1 *muraena*), petite murène : Hier. *Job pr.* ‖ petit collier : Hier. *Ep.* 24, 3.

mūrālis, *e* (*murus*), de mur, de rempart : *muralis herba* Plin. 21, 176, la pariétaire ; *murales falces* Caes. *G.* 3, 14, 5, faux murales [pour saper] ; *muralis corona* **a)** Liv. 23, 18, 7, couronne murale ou obsidionale [donnée au soldat qui avait escaladé le premier les murs assiégés] **b)** Lucr. 2, 606, couronne de Cybèle [formée de tours].

mūrallis, *is*, n., pariétaire [herbe] : Plin. 21, 176.

Murannĭmāl, *ălis*, n., ville d'Arabie : Plin. 6, 159.

Mŭrānum, *i*, n., ville de Lucanie [Morano] : CIL 1, 638.

mūrātus, *a*, *um* (*murus*), entouré de murs, fortifié : Veg. *Mil.* 1, 21.

1 **Murcĭa**, *ae*, f. (1 *murcus*), épithète de Vénus : Plin. 15, 121 ; Varr. *L.* 5, 154 ‖ temple de Murcia : Liv. 1, 33, 5 ; P.-Fest. 135, 15 ‖ [V.] Murcius.

2 **Murcĭa**, *ae*, f., [C.] Murcida : Aug. *Civ.* 4, 16.

Murcĭda, *ae*, f., la Paresse [divinité] : Arn. 4, 9.

murcĭdus, *a*, *um* (1 *murcus* ; port. *murcho*), lâche, paresseux : Pompon. d. Aug. *Civ.* 4, 16.

Murcĭus, *a*, *um*, de Vénus Murcia : Claud. *Cons. Stil.* 2, 404 ; Serv. *En.* 8, 636.

1 **murcus**, *i*, m. (cf. sicil. μύρκος, *murgiso, mancus*), mutilé, [d'où] lâche, poltron [qui se coupait le pouce pour ne pas servir] : Amm. 15, 12, 3.

2 **Murcus**, *i*, m., surnom : Cic. *Phil.* 11, 30 ‖ ancien nom de l'Aventin : P. Fest. 135, 16.

1 **mūrēna**, [V.] 1 muraena.

2 **Mūrēna**, *ae*, m., surnom dans la gens Licinia ; not^t L. Licinius Muréna [qui fut défendu par Cicéron] : Cic. *Mur.* 15 ‖ **-nĭānus**, *a*, *um*, qui concerne Muréna : Capel. 5, 525.

mūrēnŭla, [V.] *muraenula*.

mūrex, *ĭcis*, m. (empr., cf. μύαξ), murex ou pourpre [coquillage dont on tirait la pourpre] : Plin. 9, 125 ; Val.-Flac. 3, 726 ‖ pourpre [couleur] : Virg. *En.* 4, 262 ‖ rocher pointu : Virg. *En.* 5, 205 ‖ caillou pointu : Plin. 19, 24 ‖ mors armé de pointes : Stat. *Ach.* 1, 221 ‖ pointes de fer formant chausse-trape : Curt. 4, 13, 36 ; Val.-Max. 3, 7, 2.

Murgantĭa, *ae*, f., ville de Sicile : Liv. 24, 27, 5 ‖ du Samnium : Liv. 10, 17, 11 ‖ **-tīnus**, *a*, *um*, de Murgentia [en Sicile] : Cic. *Verr.* 3, 47 ‖ **-tīni**, *ōrum*, m. pl., les habitants de Murgentia : Cic. *Verr.* 3, 103.

Murgis, *is*, f., ville de Bétique : Plin. 3, 6.

murgīso, *ōnis*, m. (cf. μοργυλλέω, 1 *murcus* et *equiso* ?), temporisateur habile : P. Fest. 131, 4.

mŭrĭa, *ae*, f. (de ἁλμυρίς, cf. *salis muria* ; it. *moia*), saumure : Hor. *S.* 2, 8, 53 ‖ eau salée : Cels. 4, 16, 9 ; *dura* Cat. *Agr.* 7, eau saturée de sel.

▶ forme *muries* Cat. *Agr.* 88, 2 ; Fab. Pict. d. Non. 223, 17 ; Fest. 152, 5.

mŭrĭātĭca, *ōrum*, n. pl. (*muria*), mets confits dans la saumure : Pl. *Poen.* 241 ; 249.

mūrĭcātim, adv. (*murex*), en se contournant en forme de murex : Plin. 9, 102.

mūrĭcātus, *a*, *um* (*murex*), hérissé de pointes, comme le murex : Plin. 20, 262 ‖ [fig.] craintif, qui marche comme sur des pointes : *Fulg. *Myth.* 1 pr. p. 6, 1, [maur- ?].

mūrĭcĕus, *a*, *um* (*murex*), plein de récifs : Aus. *Epist.* 9 (398), 4.

mūrĭcĭdus, *a*, *um* (pour *murcidus*, cf. *mus* et *caedo*), indolent : Pl. *Ep.* 333. ▶ *murri-* P. Fest. 112, 18.

mūrĭcis, gén. de *murex*.

mūrĭcŭlus, *i*, m., dim. de *murex* : Enn. *Var.* 44.

mūrĭcus, *i*, m. (*mus*), souriceau : Fort. *Carm. pr.* 5.

mŭrĭēs, *ēi*, f., [V.] *muria* ▶.

mūrĭlĕgŭlus, *i*, m. (*murex, lego*), pêcheur de murex : Cod. Just. 11, 7, 11 ; Cod. Th. 10, 20, 5.

mūrĭlĕgus, *i*, m. (*mus, lego*), qui prend les souris : Gloss. 5, 605, 11.

mūrīnus, *a*, *um* (*mus*), de rat, de souris : Plin. 30, 81 ‖ gris souris [couleur] : Varr. *Men.* 358 ; Col. 6, 37, 6.

mŭrĭo, [V.] *morio* : Not. Tir. 62, 12.

1 **mŭrĭŏla**, *ae*, f. (dim. de *muria* ou *murra* ?), piquette allongée de vin cuit : Varr. d. Non. 551, 26 ‖ [péjor., en parlant d'un gladiateur] *muriola es* CIL 4, 4287 [cf. "sang de navet, petite bière", v. 1 *murcus, murmillo*].

2 **muriola**, [V.] *myrrhiola*.

murmillo, [V.] *mirmillo* : Sen. *Prov.* 4, 4.

murmillōnĭcus, [V.] *mirmillonicus* : P. Fest. 131, 5.

murmŭr, *ŭris*, n. (onomat., cf. *mormyr*, μορμύρω, al. *murmeln*, p.-ê. *murmillo*), bruit sourd ¶ **1 a)** murmure, bruit confus de voix : Liv. 45, 1, 2 ; Virg. *En.* 12, 239 ‖ supplication, prière à voix basse : Juv. 10, 290 **b)** bourdonnement [d'abeilles] : Virg. *En.* 6, 709 ; grondement [du tigre] : Stat. *Th.* 12, 170 ; rugissement [du lion] : Mart. 8, 55, 1 ¶ **2** [en parl. des choses] *maris* Cic. *de Or.* 3, 161, le murmure de la mer ‖ grondement [du tonnerre] : Virg. *En.* 4, 160 ; *murmur dare* Lucr. 6, 143, produire un grondement ‖ sons rauques [de la trompette] : Hor. *O.* 2, 1, 17 ‖ bourdonnement [d'oreilles] : Plin. 28, 75 ‖ [fig.] rumeurs, bruits : Prop. 2, 5, 29.

murmŭrābundus, *a*, *um* (*murmuro*), qui murmure : Apul. *M.* 2, 20.

murmŭrātĭo, *ōnis*, f. (*murmuro*), murmure [d'un oiseau] : Plin. 10, 6 ‖ [fig.] murmure, plainte : Sen. *Ep.* 107, 9 ; Ben. 5, 15, 2.

murmŭrātŏr, *ōris*, m. (*murmuro*), celui qui parle bas : P. Fest. 385, 1 ‖ [fig.] celui qui murmure, qui se plaint : Aug. *Serm.* 50, 31 ; Vulg. *Jud.* ep. 16.

murmŭrātus, *a*, *um*, part. de *murmuro* : Apul. *Apol.* 47, 3.

murmŭrillō, *ās*, *āre*, -, -, intr., dim. de *murmuro*, murmurer : Pl. d. Non. 143, 2.

murmŭrillum, *i*, n. (dim. de *murmur*), murmure, mots prononcés à voix basse : Pl. *Ru.* 1404.

murmŭrĭōsus, *a*, *um*, qui murmure, protestataire : Bened. *Reg.* 4, 39 ; Gloss. 3, 131, 28.

▶ *murmurosus* ; Gloss. 3, 334, 19.

murmŭrĭum, *ii*, n. (*murmuro*), protestation : Bened. *Reg.* 5, 14.

murmŭrō, *ās*, *āre*, *āvī*, *ātum* (*murmur* ; it. *mormorare*) ¶ **1** intr., murmurer [pers.] : Pl. *Aul.* 52 ; Varr. *L.* 6, 67 ‖ [en parl. de pers. mécontentes] Pl. *Mil.* 744 ‖ [choses]

murmuro

faire entendre un bruit, un murmure, un grondement, un crépitement: [mer] Cic. *Tusc.* 5, 116; [flots] Virg. *En.* 1, 212; [flamme] Plin. 18, 357; [intestins] Pl. *Cas.* 803 ¶ **2** tr., v. *murmuratus*.

murmŭrŏr, *ārĭs, ārī, ātus sum*, intr., c. *murmuro*: Varr. *Men.* 166; 572; Non. 478, 2; Vulg. *Exod.* 16, 8 ‖ tr., murmurer contre: Apul. *Flor.* 16, 14.

mŭrō, *ās, āre, āvī, ātum* (*murus*), tr., entourer d'un mur: Cassiod. *Hist.* 12, 2.

***mŭrŏbatharĭus**, *ii*, m., fabricant de parfums: *Pl. *Aul.* 511.

Mūrōcincta, *ae*, f., maison de campagne dans la Basse Pannonie: Amm. 30, 10, 4.

Murrānus, *i*, m., nom d'un compagnon de Turnus: Virg. *En.* 12, 529.

murrārĭa, *ae*, f. (*murra*), violette: Ps. Diosc. 4, 121 ‖ (**murrana**) chardon à foulon: Ps. Apul. *Herb.* 27, 15.

Murrasĭarae, *ārum*, m. pl., peuple d'Asie: Plin. 6, 47.

murra (**murrha**), *ae*, f. (empr. iran., μόρρια) ¶ **1** murrhe [spath-fluor], matière minérale dont on faisait des vases précieux: Mart. 10, 80, 1 ¶ **2** vase murrhin: Mart. 4, 85, 1; Stat. *S.* 3, 4, 58 ¶ **3** v. 1 *myrrha*.

murrātus, (**murrhātus**), v. *myrrhatus*.

murrĕus (**murrhĕus**), *a, um* ¶ **1** fait avec de la matière murrhine, murrhin: Prop. 4, 5, 26; Sen. *Ep.* 119, 3 ¶ **2** v. *myrrheus*.

murrĭnus (**murrhĭnus**), *a, um* ¶ **1** murrhin, c. *murrheus*: Plin. 37, 20 ‖ **murrhina**, *ōrum*, n. pl., vases murrhins: Plin. 33, pr.; 5; 37, 18; Juv. 6, 156 ¶ **2** v. *myrrhinus*.

Murrĭcĭus, *ii*, m., nom d'homme: CIL 11, 488.

murrĭō, *īs, īre, -, -* (onomat., cf. *mus*), intr., ravir [en parlant du cri du rat]: Gloss. 5, 604, 33.

murris, v. *myrrhis*.

murrītēs, *is*, m. (μυρρίτης), vin parfumé avec de la myrrhe: Diocl. 2, 16.

murrītis, v. *myrrhitis*.

Mursa, *ae*, f., nom de deux villes de la Pannonie [major et minor]: Eutr. 9, 8, 1; Ps. Aur.-Vict. *Epit.* 41 ‖ **-sensis** et **-siensis**, *e*, de Mursa ou Mursia: Hier. *Lucif.* 18; Amm. 15, 5, 33 ‖ **-sīnus**, *a, um*, Aur.- Vict. *Caes.* 33, 2.

Mursĭa, *ae*, f., c. *Mursa (major)*: Eutr. 9, 6; 10, 6.

murta, murtātus, v. *myrta*.

mūrus, *i*, m. (cf. *moenia*; it., esp. *muro*), mur [d'une ville], rempart: Cic. *Nat.* 3, 94; Caes. *G.* 7, 65, 2; Virg. *En.* 1, 423 ‖ mur [de maison], clôture, enceinte: Cic. *Att.* 2, 4, 7 ‖ remblai, levée, digue: Varr. *R.* 1, 14, 3 ‖ paroi d'un pot: Just. 4, 132 ‖ tour de bois que porte un éléphant: Sil. 9, 601 ‖ [fig.]

mur, rempart, défense, protection: Cic. *Pis.* 9; *Phil.* 5, 37.

▶ arch. **moerus** Varr. *L.* 5, 141; Enn. *An.* 419.

1 mūs, *mūris*, m. (cf. scr. *mūs*, μῦς, al. *Maus*, an. *mouse*, rus. *mys'*), souris, mulot: Cic. *Att.* 14, 9, 1; **Ponticus** Plin. 8, 221, l'hermine ‖ [terme d'injure] Petr. 58, 4 ‖ [terme de caresse] Mart. 11, 29, 3 ‖ **mus marinus**, espèce de poisson: Plin. 9, 71 ‖ tortue: Plin. 9, 166.

▶ gén. pl. habituel *murium*, qqf. *murum* Cic. *Nat.* 2, 157.

2 Mūs, *Mūris*, m., surnom romain: Cic. *Sest.* 48; Liv. 10, 14.

1 Mūsa, *ae*, f. (Μοῦσα) ¶ **1** une des Muses: Cic. *Nat.* 3, 54; Hor. *Ep.* 2, 2, 92 ‖ **Musa crassiore** Quint. 1, 10, 28, plus simplement [en un langage plus simple]; **sine ulla Musa** Varr. d. Non. 448, 16 sans talent [sans génie] ‖ pl., **Mūsae**, les Muses: Cic. *Arch.* 27 ¶ **2** [fig.] chant, poésie, poème: Hor. *O.* 2, 1, 37; *S.* 2, 6, 17 ‖ pl., études, science: Cic. *Tusc.* 5, 66; **Musae mansuetiores** Cic. *Fam.* 1, 9, 23, Muses [= études] plus tranquilles.

2 Mūsa, *ae*, m., surnom romain: Suet. *Aug.* 59; Plin. 91, 128.

mūsaeārĭus, c. *musivarius*: Diocl. 7, 6.

mūsaeum, *i*, n., grotte: Plin. 36, 154; v. *museum*.

1 Mūsaeus, *a, um*, v. *Museus*.

2 Mūsaeus, *i*, m. (Μουσαῖος), Musée [poète grec, contemporain d'Orphée]: Cic. *Tusc.* 1, 98; *Nat.* 1, 41.

mūsăgĕnēs, m., poète né des Muses [Homère, Virgile]: Drac. *Romul.* 8, 23.

mūsăgĕtēs, *ae*, m. (μουσαγέτης), musagète, qui conduit les Muses [épithète d'Apollon et d'Hercule]: Paneg. 9, 7, 3.

Mūsăgŏri (-roe), *ōrum*, f. pl. (Μουσάγοροι), nom de trois îles voisines de la Crète: Mel. 2, 114.

mūsărănĕus, *i*, m. (1 *mus*, 2 *araneus*; fr. *musaraigne*), musaraigne [petit animal insectivore]: Isid. 12, 3, 4.

1 musca, *ae*, f. (cf. μυῖα, rus. *muha*, al. *Mücke*, an. *midge*; fr. *mouche*), mouche [insecte]: Cic. *de Or.* 2, 247; Varr. *R.* 3, 16, 6 ‖ [fig.] homme curieux: Pl. *Merc.* 361 ‖ importun: Pl. *Poen.* 690.

2 Musca, *ae*, m., nom d'homme: Cic. *Att.* 12, 40, 1.

muscārĭum, *ii*, n. (*muscarius*), émouchoir, chasse-mouche: Mart. 14, 67 ‖ queue de cheval: Veg. *Mul.* 3, 1, 1 ‖ fleur en ombelle de certaines plantes: Plin. 12, 127.

muscārĭus, *a, um* (1 *musca*), de mouche: Plin. 29, 131 ‖ **muscarius clavus** Vitr. 7, 3, 11, clou à tête plate.

muscella, *ae*, f., dim. de *mula*, petite mule: CIL 4, 2016; VL. 2 Reg. 13, 29.

muscerda, *ae*, f. (cf. *sucerda*), crotte de souris: Plin. 29, 106; P. Fest. 132, 7.

muscĭdus, *a, um* (*muscus*), moussu, couvert de mousse: *Sidon. *Ep.* 8, 16, 2.

muscĭpŭla, *ae*, f. (1 *mus* et *capio*), Lucil. 1022; Varr. *R.* 1, 8, 5 et **muscĭpŭlum**, *i*, n., Phaed. 4, 2, 17; *Sen. *Ep.* 48, 6; Aug. *Serm.* 130, 2, ratière, souricière, piège ‖ [pour les oiseaux] Aug. *Ev. Joh.* 1, 14.

muscĭpŭlātor, *ōris*, m., aigrefin: Gloss. 5, 605, 13.

muscĭpŭlo, *ās, āre, -, ātum*, tr., prendre au piège: Fulg. *Aet.* 8, p. 156, 9.

musclus, *i*, m., ▶ *musculus*, sorte de machine de guerre: Char. 95, 11.

muscōsus, *a, um* (*muscus*), moussu, couvert de mousse: Virg. *B.* 7, 45; Varr. 1, 9, 5 ‖ **-sior** Cic. *Q.* 3, 1, 5.

muscŭla, *ae*, f. (1 *musca*), petite mouche: Aug. *Civ.* 22, 24 ‖ cantharide: Arn. 2, 45.

muscŭlōsus, *a, um* (*musculus*), formé de muscles, musculeux: Cels. 4, 1, 4; Col. 8, 2, 10.

muscŭlus, *i*, m. (moule, al. *Muschel*, esp. *muslo*) ¶ **1** dim. de 1 *mus*, petite souris: Cic. *Div.* 2, 33; Plin. 27, 52 ¶ **2** moule [coquillage]: Cels. 3, 6, 14; Pl. *Ru.* 297 ¶ **3** muscle: Cels. 5, 26, 3 ‖ [fig.] Plin. *Ep.* 5, 8, 10 ¶ **4** sorte de galerie couverte mobile [pour protéger les assaillants]: Caes. *G.* 7, 84, 2; *C.* 2, 10 ¶ **5** sorte d'embarcation: Isid. 19, 1, 14.

1 muscus, *i*, m. (cf. al. *Moos*, an. *moss*, rus. *moh*; it. *musco*), mousse: Cat. *Agr.* 6; Hor. *Ep.* 1, 10, 7.

2 muscus, *i*, m. (μόσχος), musc [parfum]: Hier. *Jovin.* 2, 8.

mūsēĭārĭus, *ii*, m., c. *musivarius*: CIL 6, 9647.

Musecrŏs, *i*, m., fleuve d'Arabie: Plin. 6, 151.

mūsēum, *i*, n. (Μουσεῖον, v. *musaeum*, *musivum*) ¶ **1** endroit consacré aux Muses, aux études; musée, bibliothèque, académie: Varr. *R.* 3, 5, 9; Suet. *Cl.* 42 ¶ **2** mosaïque: Treb. *Tyr.* 25, 4.

Mūsēus, *a, um* (Μουσεῖος), des Muses, mélodieux, harmonieux: Lucr. 2, 412 ‖ inspiré par les Muses: *Apul. *M.* 2, 26, 8.

Mūsĭa, *ae*, f., v. *Mysia*: *Don. *Hec.* 83.

mūsĭae, *ārum*, f. pl. (1 *mus*), nids de souris: Gloss. 4, 260, 7.

1 mūsĭca, *ae*, Cic. et **mūsĭcē**, *ēs*, f., Quint. (μουσική), la musique: Cic. *de Or.* 3, 132; Quint. 1, 10, 9; **musicam scire** Cic. *de Or.* 3, 127, savoir la musique ‖ poésie: **socci** Aus. *Epist.* 10 (399), 38, la poésie du brodequin = la poésie comique.

2 mūsĭca, *ōrum*, n. pl., la musique: Cic. *de Or.* 1, 10; 187.

Musĭcāni, *ōrum*, m. pl., peuple des bords de l'Indus: Curt. 9, 8, 8.

mūsĭcārĭus, ĭi, m., musicien : CIL 6, 4454.

mūsĭcātus, v. *musico*.

1 **mūsĭcē**, adv. (*musicus*), harmonieusement : Pl. *Most.* 729.

2 **mūsĭcē**, ēs, f., v. 1 *musica*.

mūsĭcō, ās, āre, -, ātum (*musicus*), tr., rendre harmonieux : Ps. Palaem. 5, 542, 15 ; *musicatus* Ps. Apul. *Ascl.* 9, mélodieux.

1 **mūsĭcus**, a, um (μουσικός) ¶ 1 relatif à la musique : Cic. *Leg.* 2, 39 ; **pedes musici** Plin. 29, 6, rythme musical, mesure ¶ 2 relatif à la poésie : Ter. *Haut.* 23 ; *Phorm.* 18 ǁ relatif à la science : Gell. *praef.* 20 ǁ **pes** Diom. 481, 28, pied rythmique, composé d'un trochée et d'un dactyle.

2 **mūsĭcus**, i, m., musicien : Cic. *Off.* 1, 146 ǁ poète : Aus. *Epist.* 11 (400), 2.

mūsĭgĕna, ae, m. f., enfant des Muses : Rufin. *Gram.* 6, 565, 10.

mŭsĭmo (**musmo**), ōnis, m. (μούσμων) ¶ 1 mouflon [ovin sauvage] : Plin. 8, 199 ¶ 2 étalon : Lucil. 256 ; Cat. d. Non. 137, 22, cf. Serv. *G.* 3, 446.

mūsĭnŏr, v. *muginor*.

mūsĭo, ōnis, m. (1 *mus*), chat : Isid. 12, 2, 38.

mūsīum, v. *musivum* : Spart. *Pesc.* 6, 8.

mūsīvārĭus, ĭi, m. (*musivum*), ouvrier en mosaïque, mosaïste : Cod. Just. 10, 64, 1 ; Cod. Th. 13, 4, 2 ; Cassiod. *Var.* 7, 5.

mūsīvum, i, n. (μουσεῖον, *museum*, cf. *archivum*), grotte consacrée aux Muses [dont la voûte est décorée de mosaïque], ouvrage en mosaïque, mosaïque : Spart. *Pesc.* 6, 8 ; Aug. *Civ.* 16, 8.

mūsīvus, a, um (*musivum*), de mosaïque : CIL 8, 1323, 13 ; v. *musivum*.

musmo, v. *musimo*.

Mūsōnĭus, ĭi, m., Musonius Rufus [philosophe stoïcien, ami de Pline le J., exilé par Néron] : Tac. *An.* 14, 59 ; Plin. *Ep.* 3, 11, 5 ; Gell. 16, 1, 1 ǁ **-ĭānus**, a, um, préfet du prétoire : Amm. 15, 13, 1 ; 16, 9, 2.

mussātĭo, ōnis, f. (*musso*), action de se taire : Schol. Veron. *G.* 3, 4 ; *Amm. 20, 8, 9.

Mussīni, m., v. *Musuni*.

mussĭrĭo, ōnis, m. (obscur ; fr. *mousseron*, an. *mushroom*), mousseron [champignon] : Anthim. 38.

mussĭtātĭo, ōnis, f. (*mussito*), grognement [du chien] : Apul. *M.* 8, 4 ; Cael.-Aur. *Acut.* 1, 3, 35 ǁ murmures [des envieux] : Tert. *Pud.* 7, 5.

mussĭtātŏr, ōris, m. (*mussito*), celui qui murmure entre ses dents : Vulg. *Is.* 29, 24.

mussĭtō, ās, āre, āvī, ātum (fréq. de *musso*) ¶ 1 intr., garder pour soi, se taire, garder le silence : Pl. *Mil.* 477 ; *Cas.* 665 ¶ 2 tr., dire tout bas, marmonner, murmu-

rer : Pl. *Mil.* 714 ; *Truc.* 312 ; Liv. 1, 50, 3 ; Amm. 14, 6, 8 ¶ 3 supporter en silence : Ter. *Ad.* 207.

mussītŭs, ūs, m. (*mussio*), grognement : Exc. Char. 535, 35.

mussō, ās, āre, āvī, ātum (onomat., cf. *muttio*, *mu*, μύζω) ¶ 1 intr., étouffer sa voix, parler entre les dents, murmurer, chuchoter, marmonner : P. Fest. 131, 9 ; Liv. 33, 31, 1 ; Virg. *En.* 11, 454 ǁ [poét.] bourdonner [en parl. des abeilles] : Virg. *G.* 4, 188 ǁ chuchoter [marquer son hésitation] : Plin. *Ep.* 7, 1, 5 ǁ [avec inf.] Virg. *En.* 12, 345, hésiter à ǁ [avec interrog. indir.] Virg. *En.* 12, 657, ne pas oser dire [*En.* 12, 718, attendre en silence] ¶ 2 tr., garder pour soi, taire : Pl. *Aul.* 131.

mussŏr, ārĭs, ārī, ātus sum, v. *musso* : *Varr. *Men.* 102.

mustācĕum, i, n., Juv., **-cĕus**, i, m., Cat. (*mustum*), gâteau de mariage au vin doux cuit du laurier : Juv. 6, 200 ; Cat. *Agr.* 121 ; Cic. *Att.* 5, 20, 4.

mustārius, a, um (*mustum*), relatif au moût : Cat. *Agr.* 11.

mustax, ācis, f. (cf. *mustaceum*), laurier utilisé pour aromatiser le *mustaceum* : Plin. 15, 127.

mustēcŭla, ae, f., dim. de *mustella*, belette : Philom. 61.

mustēlāgo, ĭnis, f. (*mustela* ?), lauréole [arbrisseau] : Ps. Apul. *Herb.* 27.

mustēla, ae, f. (*mustus*, cf. fr. *beau*/*belette* ; it. *mustella*), belette, Pl. *St.* 499 ; Cic. *Nat.* 2, 17 ; Plin. 29, 60 ǁ poisson de mer inconnu : Plin. 9, 63 ; Col. 8, 17, 8 ; v. *mustella*.

mustēlīnus (**-tellīnus**), a, um, de belette : Ter. *Eun.* 689 ; Plin. 30, 124.

mustella, v. *mustēla*.

mustēs, v. 1 *mystes* : Prop. 3, 3, 9.

mustĕus, a, um (*mustum* ; it. *moscio*, esp. *mozo*), doux comme du moût : Cat. *Agr.* 7, 3 ; Col. 9, 15, 13 ǁ frais, nouveau : Plin. 11, 240 ; Plin. *Ep.* 8, 21, 6.

Musti, indécl., ville de la Zeugitane [Afrique, auj. Mest] : Anton. 26 ; 41 ; Vib. 37.

Mustiae, ārum, f. pl., ville de Grande Grèce : Plin. 3, 95.

Musticensis, e, de Musti : *CIL 8, 1579.

musticus, a, um, v. 1 *mysticus*.

mustĭo, ōnis, m. (*mustum* ou 1 *musca* ?), moucheron qui naît dans le vin doux : Isid. 12, 8, 16, cf. *bibio*.

Mustītānus, a, um, de Musti : CIL 8, 1577 ; Aug. *Don.* 5, 5, 6.

1 **mustrĭcŭla**, ae, f. (*monstro* ?), forme de cordonnier : Afran. *Com.* 419.

2 **mustrĭcŭla**, ae, f. (= *muscipula* (ratière), souricière : Gloss. 5, 605, 14.

mustŭlentus, a, um (*mustum*), abondant en vin doux : Pl. d. Non. 63, 33 ; 415, 15 ; Apul. *M.* 2, 4.

mustum, i, n. (*mustus* ; fr. *moût*, al. *Most*), moût, vin doux, non fermenté : Cat. *Agr.* 120 ; Virg. *G.* 1, 295 ; Cic. *Brut.* 288 ǁ [fig.] **musta**, ōrum, n. pl., vendanges, automne : Ov. *M.* 14, 146 ǁ **olei musta** Plin. 15, 5, huile nouvelle.

mustus, i, m. (cf. 1 *mundus*), nouveau : Cat. d. Prisc. 2, 257, 17 ; *Agr.* 115.

Musulamĭi, ōrum, m. pl., peuple de Numidie : Plin. 5, 30 ; Tac. *An.* 2, 52.

Musuni, ōrum, m. pl., peuple de Numidie : Plin. 5, 30.

Mūta, ae, f., déesse [la même que Lara] : Ov. *F.* 2, 583 ; Lact. *Inst.* 1, 20, 35.

mūtābĭlis, e (1 *muto*), sujet au changement, variable : Cic. *Nat.* 3, 30 ; *Rep.* 2, 43 ; Virg. *En.* 4, 569 ǁ **-lior** Val.-Max. 6, 19, 14 ; **-issimus** Decl. Catil. 59.

mūtābĭlĭtās, ātis, f. (*mutabilis*), mutabilité : Lucr. 2, 932 ǁ [fig.] mobilité [d'esprit], inconstance : Cic. *Tusc.* 4, 76.

mūtābĭlĭtĕr, adv. (*mutabilis*), d'une manière inconstante : Varr. d. Non. 139, 26.

mūtābundus, a, um, changeant, variable : Chrysol. *Serm.* 57.

mūtātĭo, ōnis, f. (*muto*) ¶ 1 action de changer, altération, changement : Cic. *Phil.* 2, 7 ; **mutationem alicujus rei facere** Cic. *Off.* 1, 120, changer qqch. ǁ **rerum** Cic. *Att.* 8, 3, 4, changement dans l'État, révolution ¶ 2 échange, action d'échanger : **officiorum** Cic. *Off.* 1, 22, échange de bons offices ǁ **ementium** Tac. *Agr.* 28, échange des acheteurs ǁ relais de poste : Amm. 21, 9, 4 ǁ [rhét.] hypallage : Quint. 9, 3, 22.

mūtātŏr, ōris, m. (*muto*), celui qui effectue un changement : Luc. 10, 212 ǁ qui échange : **mercium mutator** Arn. 3, 32, négociant ; **equorum** Val.-Flac. 6, 161, qui fait la voltige en sautant d'un cheval sur un autre, ⇒ *desultor*.

mūtātōrĭum, ĭi, n. (*mutatorius*, ἀναβόλαιον), sorte de manteau de femme : Vulg. *Is.* 3, 22 ; Zach. 3, 4 ǁ **mutatorium Caesaris** Reg. Urb. 73, 14, relais impérial.

mūtātōrĭus, a, um (1 *muto*), dont on change, de rechange : Tert. *Res.* 56, 3.

mūtātūra, ae, f., change [de l'argent] : Novel.-Major. 7, 14.

1 **mūtātus**, a, um, part. de 1 *muto*.

2 **mūtātŭs**, abl. ū, m., mutation, changement : Tert. *Pall.* 4, 4.

Mutenum, i, n., ville de la Basse Pannonie : Anton. 233.

mūtescō, ĭs, ĕre, -, - (*mutus*), intr., devenir muet, se taire : Ps. Apul. *Asclep.* 25 ; Paul.-Nol. *Carm.* 27, 407 ; Capel. 9, 910.

Mutgo, ōnis, m., roi de Tyr, père de Pygmalion : Just. 18, 4, 3.

Muthul, m. indécl., fleuve de Numidie, célèbre par la victoire de Métellus sur Jugurtha : Sall. *J.* 48, 3.

mŭtĭcus, a, um, ⊂. mutilus: *Varr. R. 1, 48, 3.

Mūtĭla, ae, f., ville d'Istrie: Liv. 41, 11, 7.

mŭtĭlāgo, ĭnis, f. (mutilus?), fragon [plante]: Ps. Apul. Herb. 58.

mŭtĭlātĭo, ōnis, f. (mutilo), mutilation: Cassiod. Var. 10, 29, 3.

mŭtĭlātus, a, um, part. de mutilo.

mŭtĭlō, ās, āre, āvī, ātum (mutilus), tr., mutiler, retrancher, couper: Liv. 29, 9, 7; Ov. M. 6, 559 ‖ estropier [les mots]: Plin. 7, 70 ‖ diminuer, amoindrir: Ter. Hec. 65; Cic. Phil. 3, 31; Cod. Just. 11, 33, 1.

Mŭtĭlum castrum, n., ville d'Ombrie: Liv. 31, 2, 7.

mŭtĭlus, a, um (cf. osq. *Mutíl*, v. irl. *mut*; esp., port. *mocho*), mutilé, dont on a coupé ou retranché qqch.: Cod. Th. 7, 13, 10; **alces mutilae sunt cornibus** Caes. G. 6, 27, 1, les élans ont les cornes tronquées [mais **bos mutilus** Varr. L. 9, 33, bœuf écorné, cf. Hor. S. 1, 5, 60]; [fig.] **mutila sentire** Cic. Or. 178, sentir que des phrases sont tronquées; **mutila loqui** Cic. Or. 32, faire des phrases incomplètes, entrecoupées.

Mŭtĭna, ae, f., ville de la Gaule transpadane [auj. Modène]: Cic. Phil. 5, 24; Liv. 21, 25, 3 ‖ **-ensis**, e, de Modène: Cic. Fam. 10, 14, 2.

Mūtĭnus, **Mūtūnus**, i, m. (2 muto), le même que Priape: Lact. Inst. 1, 20, 36 ‖ ➢ **penis**: *Priap. 72, 2.

mŭtĭō, v. muttio.

mūtĭtās, ātis, f., mutisme: Gloss. 2, 254, 14.

mūtĭtātĭo, ōnis, f. (mutito), invitation réciproque: Fast. Praen. Apr. 14.

mūtĭtĭo, v. muttitio.

mūtĭtō, ās, āre, -, - (fréq. de 1 muto), intr., se traiter tour à tour, se régaler réciproquement: Gell. 2, 24, 8; 18, 2, 11.

Mūtĭus, v. Mucius.

mutmut, indécl. (onomat., cf. mu, muttio), son à peine distinct, chuchotement: Apul. d. Char. 240, 28.

1 mūtō, ās, āre, āvī, ātum (cf. mutuus, moenia, munus, migro, al. missen, an. miss, scr. mithati, ἀμείβω, sicil. μοῖτος; fr. muer), tr. et intr.

I tr. ¶ **1** déplacer: **neque se luna quoquam mutat** Pl. Amp. 274, et la lune ne se déplace nulle part; **civitate mutari** Cic. Balb. 30, être changé de cité [devenir citoyen d'une autre patrie], cf. Cic. Rab. Post. 25; Phil. 1, 17 ¶ **2** changer, modifier: **sententiam** Cic. Mur. 61; **consilium** Cic. Fam. 4, 4, 4; **consuetudinem dicendi** Cic. Brut. 314, changer son opinion, sa résolution, ses habitudes de parler [comme orateur]; **mentem alicujus** Cic. Prov. 25, modifier les idées de qqn; **simulacrum locum tantum hominesque mutarat** Cic. Verr. 4, 72, la statue avait seulement changé d'emplacement et d'adorateurs ‖ **facies locorum cum ventis simul mutatur** Sall. J. 78, 3, l'aspect des lieux change en même temps que les vents; **cum fortuna animum mutare** Vell. 2, 82, 2, changer de disposition d'esprit avec la fortune; **mutare ad...** Quint 10, 7, 3, changer selon... = adapter à ‖ [pass.]: **mutari in pejus** Quint. 1, 1, 5, se modifier dans un sens plus mauvais, changer en pire; **ex feminis mutari in mares** Plin. 7, 36, de femmes se changer en hommes; **mutatis animis ad misericordiam** Liv. 24, 26, 14, les cœurs s'étant tournés à la pitié par un revirement; **quantum mutatus ab illo Hectore** Virg. En. 2, 274, combien différent de cet autre Hector; **silvae foliis mutantur** Hor. P. 60, les bois changent de feuilles; **vinum mutatum** Hor. S. 2, 2, 58, vin tourné; **mutata verba** Cic. Or. 92, métonymie; **oratio mutata** Cic. Part. 23, style varié, cf. Cic. Part. 16 ¶ **3** changer, échanger, remplacer par échange: **calceos et vestimenta** Cic. Mil. 28, changer de chaussures et de vêtements; **mutatis ad celeritatem jumentis** Caes. C. 3, 11, 1, ayant changé de chevaux pour aller plus vite ‖ **vestem mutare** Cic. Quir. 8, prendre des habits de deuil, cf. Cic. Sest. 26; Liv. 2, 61, 5; 8, 37, 9; **solum** Cic. Par. 31, aller en exil ‖ **rem cum aliqua re** Ov. M. 3, 196, changer qqch. en qqch.; **rem cum aliquo** Ter. Eun. 572, échanger qqch. avec qqn; **rem pro aliqua re** Sall. J. 83, 1; Liv. 27, 35, 14, échanger une chose contre une autre; **mutare vellera luto** Virg. B 4, 44, échanger sa toison contre de la gaude [avoir une toison de couleur orangée]; **victoriae possessionem incerta pace** Liv. 9, 12, 2, changer une victoire assurée contre une paix incertaine, cf. Liv. 5, 30, 3 ‖ prendre en échange: **uvam furtiva strigili** Hor. S. 2, 7, 110, prendre une grappe de raisin en échange d'un racloir volé, cf. Hor. O. 1, 16, 26; 1, 29, 15 ‖ échange des marchandises [trafic, commerce]: Virg. B. 4, 38; Hor. S. 1, 4, 29; **mutandi copia** Sall. J. 18, 5, faculté de faire des échanges, cf. Sall. J. 44, 5 ¶ **4** changer, abandonner v. Non p. 351, 1; **principem** Tac. H. 3, 44, changer de prince, lui donner un successeur.

II intr. ¶ **1** se changer, changer: **mores mutaverunt** Liv. 39, 51, 10, les mœurs ont changé, cf. Liv. 9, 12, 3; 29, 3, 10; 39, 51, 10; Tac. An. 2, 23; 12, 20; **in superbiam mutans** Tac. An. 12, 29, se modifiant dans le sens de l'orgueil, devenant orgueilleux ¶ **2** différer: **pastiones hoc mutant, quod** Varr. R. 2, 2, 12, les pâturages diffèrent en ceci que; **a Menandro mutare** Gell. 2, 23, 7, être inférieur à Ménandre.

▶ inf. pass. mutarier Pl. Men. 74; Lucr. 1, 802.

2 mūto (mutto), ōnis, m. (cf. Mutunus, mutulus, v. irl. moth), pénis: Lucil. 307; Hor. S. 1, 2, 68.

mūtōnĭātus, v. mutuniatus.

mūtōnĭum, v. mutunium.

Muttĭnēs, is, m., nom d'homme: Liv. 25, 40, 5.

mŭttĭō, īs, īre, -, - (cf. mu, mutmut, mutus, musso, muttum), intr., produire le son mu, grommeler, marmonner: Pl. Amp. 381; Bac. 801 ‖ tr., Pl. Mil. 566; Ter. And. 505 ‖ crier, grincer [en parl. d'un gond]: Pl. Curc. 94; v. mutio.

muttĭtĭo, f. (muttio), action de murmurer: Pl. Amp. 519.

mutto, v. 2 muto.

muttum, i, n. (cf. mu, mutmut, muttio; fr. mot), grognement du porc: Gloss. 2, 132, 2 ‖ son, mot: Schol. Pers. 1, 119.

mūtŭārĭus, a, um (mutuus), mutuel, réciproque: Apul. Apol. 17.

mūtŭāta, ōrum, n. pl., prêts: Cassiod. Var. 2, 38, 3.

mūtŭātīcĭus (-tĭcus), a, um, emprunté: Gell. 20, 1, 41.

mūtŭātĭo, ōnis, f. (mutuor), emprunt [d'argent]: Cic. Tusc. 1, 100 ‖ emprunt [d'une expression]: Cic. de Or. 3, 156.

mūtŭātus, a, um, part. de mutuor.

mūtŭē, ⊂. 1 mutuo: Cic. Fam. 5, 2, 4; 5, 7, 2; Char. 205, 16.

mūtŭĭtans, tis (fréq. de mutuor), qui cherche à emprunter: Pl. Merc. 52.

mūtŭĭter, ⊂. 1 mutuo: Varr. d. Non. 513, 16.

mūtŭlus, i, m. (cf. 2 muto; it. mucchio), [archit.] corbeau: Varr. R. 3, 5, 13 ‖ modillon, mutule, console: Vitr. 4, 1, 2; 4, 2, 7.

mūtŭn-, v. muton-.

mūtŭnĭātus, a, um (mutonium), avec un gros pénis: Priap. 52, 10.

mūtŭnĭum, ii, n. (2 muto): CIL 4, 1939.

Mūtūnus, v. Mutinus.

1 mūtŭō, adv. (mutuus), mutuellement, réciproquement: Planc. Fam. 10, 15, 4; Lepid. Fam. 10, 34, 3.

2 mūtŭō, ās, āre, āvī, ātum (mutuum), tr., emprunter de l'argent: Caecil. d. Non. 474, 4 ‖ [en gén.] emprunter, recevoir d'un autre: Plin. 2, 45.

mūtŭor, ārĭs, ārī, ātus sum (mutuum), tr., emprunter: **ab Caelio** Cic. Att. 7, 3, 11, emprunter à Caelius ‖ [autre chose que de l'argent]: Tac. D. 9; Hirt. G. 8, 21 ‖ [fig.] emprunter, tirer de, se procurer: **a viris virtus est nomen mutuata** Cic. Tusc. 2, 43, c'est aux hommes que la vertu a emprunté son nom, cf. Cic. Fat. 3; **consilium ab amore** Liv. 30, 12, 19, prendre conseil de son amour.

mūtus, a, um (mu, muttio; it. muto) ¶ **1** muet, privé de la parole: **mutae pecudes** Cic. Q. 1, 1, 24, animaux muets, bêtes brutes ‖ **muta imago** Cic. Cat. 3, 10, image muette ‖ **muta quaedam loquentia inducere** Cic. Or. 138, faire parler certaines choses muettes (inanimées), cf. Cic. Top. 45; Verr. 5, 171 ¶ **2** silencieux: **mutum forum** Cic. Sen. 6, le forum muet ; ***muta solitudo*** Cic. *Mil. 50*, solitude muette ‖ ***tempus mutum a litteris*** Cic. *Att. 8, 14, 1*, époque silencieuse du côté de la correspondance [où l'on n'écrit pas] ¶ **3** qui ne dit rien [opposé à *loquax*, bavard] : ***ars in excogitandis argumentis muta nimium est*** Cic. *de Or. 2, 160*, cette science est trop muette sur le chapitre de l'invention.

Mŭtŭsca, *ae*, f., ville des Sabins : Virg. *En. 7, 711* ‖ **-caei**, *ōrum*, m. pl., habitants de Mutusca : Plin. *3, 107*.

Mutustrătāni ou **-tīni**, *ōrum*, m. pl., habitants de Mutustrate [Sicile] : Plin. *3, 91*.

mūtŭum, *i*, n. (de *mutuus*) ¶ **1** emprunt : ***mutuum dare, mutui datio*** Dig., prêter, prêt sans intérêt ‖ ***mutuo***, à titre de prêt : Cic. *Or. 86* ¶ **2** réciprocité : ***mutuum fit*** Pl. *Mil. 1253*, il y a réciprocité ; ***mutuum facere cum aliquo*** Pl. *Trin. 438*, rendre la pareille à qqn ; ***per mutua*** Virg. *En. 7, 66*, mutuellement.

mūtŭus, *a*, *um* (1 *muto*) ¶ **1** prêté, emprunté : ***pecuniam mutuam, frumentum mutuum dare*** Cic. *Att. 11, 3, 3* ; *Agr. 2, 83*, prêter de l'argent, du blé : ***mutuas pecunias ab aliquo sumere*** Cic. *Phil. 10, 26*, emprunter des sommes à qqn ¶ **2** réciproque, mutuel : ***olores mutua carne vescuntur inter se*** Plin. *10, 63*, les cygnes se mangent les uns les autres ; ***mutua officia*** Cic. *Fam. 13, 65, 1*, services mutuels ; ***pro mutuo inter nos animo*** Cic. *Fam. 5, 2, 1*, en raison de notre mutuelle affection, cf. Cic. *Fam. 12, 17, 3* ; ***voluntas mutua*** Cic. *Att. 16, 16, 3*, sentiment réciproque ‖ pl. n. pris adv^t, ***inter se mortales mutua vivunt*** Lucr. *2, 76*, les êtres vivent les uns aux dépens des autres.

Mŭtўcē, *ēs*, f., ville de Sicile : Sil. *14, 268* ‖ **-censes**, m., habitants de Mutycé : Plin. *3, 91* ‖ **-censis**, *e*, de Mutycé : Cic. *Verr. 3, 101* ; *3, 120*.

Muza, *ae*, f., port de l'Arabie Heureuse : Plin. *6, 104*.

Muziris, *e*, f., ville de l'Inde : Plin. *6, 104* ‖ marais voisin de cette ville : Peut. *11, 5*.

mў, n. indécl. (μῦ), la lettre grecque μ : Boet. *Mus. 4, 3*.

mўăgrŏs, *i*, m. (μύαγρος), plante inconnue : Plin. *27, 106*.

Myagrus, V. *Myia-*.

Myanda, V. *Mysanda*.

mўax, *ăcis*, m. (μύαξ), sorte de moule [coquillage] : Plin. *32, 95*.

1 **Mўcălē**, *ēs*, f., nom de femme : Ov. *M. 12, 263*.

2 **Mўcălē**, *ēs*, f. (Μυκάλη), Mycale, montagne d'Ionie : Ov. *M. 2, 223* ‖ **-laeus**, *a*, *um*, du mont Mycale : Claud. *Eutr. 2, 264* ‖ **-ensis**, *e*, Val.-Max. *6, 9, 5*.

Mўcălēsŏs, (-ssos ssus), *i*, f. (Μυκαλησσός), ville de Béotie : Stat. *Th. 7, 272* ‖ m., le mont Mycalesse : Plin. *4, 25* ‖ **-sĭus**, *a*, *um*, de Mycalesse : Stat. *Th. 9, 281*.

mўcēmătĭās, *ae*, m. (μυκηματίας), sorte de tremblement de terre : Amm. *17, 7, 14*.

Mўcēnae, *ārum*, f. pl. (Μυκῆναι), Mel. *2, 41* ; Virg. *En. 6, 838*, **Mўcēnē**, *ēs*, f., Sil. *1, 77*, **Mўcēna**, *ae*, f., Virg. *En. 5, 52*, Mycènes [ville d'Argolide, résidence d'Agamemnon] ‖ **-naeus**, *a*, *um*, de Mycènes : Virg. *En. 11, 266* ; Ov. *Tr. 2, 400* ‖ **-nenses**, *ĭum*, m. pl., habitants de Mycènes : Cic. poet. *Fin. 2, 18*.

Mўcēnĭca, *ae*, f., lieu voisin d'Argos : Liv. *32* ; *39*.

Mўcēnis, *ĭdis*, f., de Mycènes [Iphigénie] : Ov. *M. 12, 34* ; Juv. *12, 127*.

mўcētĭās, *ae*, m. (μυκητίας), C. *mycematias* : Apul. *Mund. 18*.

Mўcŏnus (-nŏs), *i*, f. (Μύκονος), Mykonos [une des Cyclades] : Mel. *2, 111* ; Virg. *En. 3, 76* ‖ **-nĭus**, *a*, *um*, de Mykonos : Plin. *14, 55* ‖ **-nĭi**, m. pl., habitants de Mykonos : Plin. *11, 130*.

mycteris, f., V. *mictyris*.

Mydōn, *ōnis*, m. (Μύδων), nom d'un peintre : Plin. *25, 146*.

mydrĭăsis, *is*, f. (μυδρίασις), mydriase [maladie] : Cels. *6, 6, 37*.

mўgălē, *ēs*, f. (μυγαλή), musaraigne : Veg. *Mul. 4, 21, 1* ; Col. *6, 17, 1* [en grec].

Mygdo (-dōn), *ōnis*, m., père de Corèbe : Serv. *En. 2, 341*.

Mygdŏnes, *um*, m. pl. (Μυγδόνες), Mygdoniens [peuple de Macédoine] : Plin. *4, 35* ; [de Mysie] *5, 126*.

Mygdŏnĭa, *ae*, f. (Μυγδονία), la Mygdonie [province de Macédoine : Plin. *4, 38* ‖ province de Phrygie : Plin. *5, 145* ‖ province de Mésopotamie : Plin. *6, 42*] ‖ ancien nom de la Bithynie : Solin. *42, 1* ; Amm. *22, 8, 14*.

Mygdŏnĭdēs, *ae*, m., fils de Mygdon : Virg. *En. 2, 342*.

Mygdŏnis, *ĭdis*, f., de Mygdonie : Ov. *M. 6, 45*.

Mygdŏnĭus, *a*, *um*, de Mygdonie [en Phrygie] : Hor. *O. 3, 16, 41* ; Ov. *H. 15, 142*.

Mўiăgrus (-ŏs), *i*, m. (Μυίαγρος), dieu que l'on invoquait pour être débarrassé des mouches : Plin. *10, 75*.

Mўiōdēs, *is*, m. (Μυιώδης), le même que Myiagrus : Plin. *29, 107*.

mўisca, *ae*, f. (μυΐσκη), petite moule : Plin. *32, 98* ; *32, 149* ; **mўiscus**, *i*, m. (μυΐσκος), Plin. *32, 149*.

Mўlae, *ārum*, f. pl. (Μύλαι), Myles [ville de Sicile, auj. Milazzo] : Plin. *3, 90*, **Mўlē**, *ēs*, f., Sil. *14, 202* ‖ ville de Thessalie : Liv. *42, 54* ‖ nom de deux îles voisines de la Crète : Plin. *4, 61*.

Mўlās, *ae*, acc. *ān*, m., fleuve de Sicile : Liv. *24, 30, 3*.

Mўlăsa, *ōrum*, n. pl. (Μύλασα), ville de Carie [Milas] : Plin. *5, 108* ‖ **-sĕus**, *a*, *um*, de Mylasa : Plin. *19, 174* ‖ **-sēni**, *ōrum*, m. pl., Liv. *38, 39, 9* ‖ **-senses**, *ĭum*, pl., Liv. *45, 25, 11*, habitants de Mylasa ‖ **-seŭs**, *ei*, m., pl., **Mўlăsīs** (Μυλασεῖς), Cic. *Fam. 13, 56, 1*, de Mylasa.

mўlăsĕa, *ae*, f., sorte de chanvre [de Mylasa] : Plin. *19, 174*.

mўlăsēnus, *a*, *um*, de Myles : Aus. *Mos. 215*.
► confusion de *Mylae* et de *Mylasa*.

Mўlē, *ēs*, f., ville de Sicile : Sil. *12, 202*. V. *Mylae*.

mўloecŏs, *i*, m. (μύλοικος), ver de farine : Plin. *29, 140*.

Myndus (-dŏs), *i*, f. (Μύνδος), Myndos [ville de Carie] : Cic. *Verr. 1, 86* ; Liv. *37, 16, 2* ; Mel. *1, 85* ‖ **-dĭi**, *ōrum*, m. pl., habitants de Myndos : Liv. *33, 20, 12*.

mўoctŏnŏs, *i*, m. (μυοκτόνος), doronic [plante toxique] : Plin. *27, 10*.

Myonnēsus (-sŏs), *i*, f., promontoire et ville d'Ionie : Liv. *37, 13* ‖ île voisine d'Éphèse : Plin. *5, 137*.

mўŏpăro, *ōnis*, acc. pl. *ōnas*, m. (μυοπάρων), myoparon [sorte de navire léger], brigantin : Cic. *Verr. 3, 186* ; *5, 73* ; P. Fest. *131, 21*.

mўŏphŏnŏn, *i*, n. (μυοφόνον), C. *myoctonos* : Plin. *21, 54*.

mўops, *ōpis* (μύωψ), myope, qui a la vue basse : Ulp. *Dig. 21, 1, 10*.

Mўoshormŏs, *i*, m., port de la Mer rouge : Plin. *6, 168*.

mўŏsōta, *ae*, **-tis**, *ĭdis*, f. (μυὸς ὦτα, ὠτίς), myosotis [plante] : Plin. *27, 105*.

mўŏsōtŏn, *i*, n., C. *alsine* : Plin. *27, 23*.

mўōtăcismus, *i*, m. (μῦ, ἰωτακισμός), articulation forte de m, en fin de mot devant voyelle : Don. *Gram. 4, 393, 1* ; Serv. *Gram. 4, 445, 14* ; Diom. *453, 9* ‖ répétition trop fréquente du son *m* : Capel. *5, 514*.
► V. *metacismus, moetacismus, motacismus, mytacismus*, en outre, *miot-, meot-, moyt-*.

Myra, *ōrum*, n. pl., ville de Lycie : Plin. *5, 100*.

mўrăpĭapĭra (myrrăpĭapĭra), n. (μυράπια), sorte de poires parfumées : Plin. *15, 55* ; Cels. *4, 26, 5* ; Col. *12, 10, 4*.

mўrepsĭcus, *a*, *um* (μυρεψικός), qui prépare des parfums : Rufin. *Orig. Lev. 12, 4*.

Mўrĭandrŏs (-drus), *i*, f., ville de Syrie : Plin. *5, 80*.

mўrĭăs, *ădis*, f. (μυριάς), myriade : Iren. *1, 24, 6*.

mўrīca, *ae* et **-cē**, *ēs*, f. (μυρίκη), tamaris [arbuste] : Plin. *13, 116* ; *24, 67* ; Virg. *B. 4, 2* ; *6, 10* ; *8, 55*.

Mўrīna, *ae*, f., ville d'Éolide, nommée aussi *Sebastopolis* par ses habitants : Cic. *Fam. 5, 20, 8* ; Liv. *33, 30, 3* ‖ ville de Lemnos : Plin. *4, 73* ‖ ville de Crète : Plin. *4, 59*.

Mўrīnus, *i*, m., nom d'un gladiateur : Mart. *Spect. 20*.

myriogenesis

mȳrĭŏgĕnĕsis, *is*, f. (μυριογένεσις), génération multiple : Firm. *Math.* 8, 18, 1.

mȳrĭōnȳma, *ae*, f. (μυριώνυμος), qui a un grand nombre de noms [épithète d'Isis] : CIL 3, 882.

mȳrĭŏphyllŏn, *i*, n. (μυριόφυλλον), myriophylle en épis [plante] : Plin. 24, 152.

Myrlēa, *ae*, f., autre nom d'Apamée en Bithynie : Plin. 5, 143.

Myrmēces scŏpŭli, m., écueils voisins de Smyrne : Plin. 5, 119.

myrmēcĭās, *ae*, m. (*μυρμηκίας), ▶ *myrmecitis* : Plin. 37, 174.

Myrmēcĭdēs, *ae*, m., nom d'un ciseleur : Cic. *Ac.* 2, 120.

myrmēcĭŏn, *ii*, n., sorte d'araignée : Plin. 29, 87.

myrmēcītis, *ĭdis*, f. (μυρμηκίτις), sorte de pierre précieuse : Plin. 37, 187.

1 **myrmēcĭum**, *ii*, n. (μυρμήκιον), sorte de verrue : Cels. 5, 20, 14.

2 **Myrmēcĭum**, *ĭi*, n., ville de Scythie : Plin. 4, 87.

myrmēcŏlĕŏ (**myrmēcŏlĕōn**), *ontis* et *ōnis*, m., fourmilion : Hier. *Job* 4, 11.

Myrmĭdōn, *ŏnis*, m., fils de Jupiter et d'Euryméduse : Ov. *M.* 6, 678.

Myrmĭdŏnē, *ēs*, f., une des Danaïdes : Hyg. *Fab.* 170.

Myrmĭdŏnes, *um*, m. pl. (Μυρμιδόνες), Myrmidons [peuple de Thessalie, dont Achille était le roi] : Virg. *En.* 2, 7 ; Ov. *M.* 7, 654.

myrmill-, ▶ *mirmill-*.

Myro (**Mȳrōn**), *ōnis*, m. (Μύρων), Myron [statuaire] : Cic. *Brut.* 70 ; *de Or.* 3, 26.

mȳrŏbălănum, *i*, n. (μυροβάλανον), myrobolan [espèce de noix aromatique] : Plin. 12, 100 ∥ **-lănus**, *i*, f., Plin. *Med.* 2, 5, 2 ; Theod.-Prisc. *Eup.* 1, 14.

mȳrŏbrĕchārĭus (**muro-**), *ĭi*, m., parfumeur : *CIL 6, 2129.

mȳrŏbrĕchīs, acc. pl. (*μυροβρεχεῖς), huiles parfumées : Suet. *Aug.* 86, 3.

mȳrŏn (**mȳrum**), *i*, n. (μύρον), parfum : Vulg. *Judith* 10, 8.

Mȳrōnĭus, *a*, *um*, de Myron : Her. 4, 9.

mȳrŏpōla, *ae*, m. (μυροπώλης), parfumeur : Pl. *Trin.* 408.

mȳrŏpōlĭum, *ii*, n. (μυροπώλιον), boutique de parfumeur : Pl. *Amp.* 1011.

mȳrŏthēcĭum, *ii*, n. (μυροθήκιον), boîte à parfums : Cic. *Att.* 2, 1, 1.

1 **myrrha** (**myrra**, **murra**), *ae*, f. (μύρρα) ¶ 1 arbrisseau d'où provient la myrrhe : Plin. 12, 66 ∥ myrrhe [parfum] : Virg. *En.* 12, 100 ¶ 2 ▶ *myrrhis* ¶ 3 ▶ *murrha*.

2 **Myrrha**, *ae*, f. (Μύρρα), Myrrha [fille de Cinyras, changée en myrrhe] : Ov. *M.* 10, 278.

myrrhăcŏpum (**myră-**), *i*, n. (μυρράκοπον), médicament où il entre de la myrrhe : Not. Tir. 98, 86.

myrrhātus (**murrātus**), *a*, *um*, parfumé de myrrhe : Sidon. *Ep.* 8, 3, 5 ∥ mélangé de myrrhe : P. Fest. 131, 2.

myrrhĕus, *a*, *um*, Hor. *O.* 3, 14, 22, blond châtain, de couleur de myrrhe : Prop. 3, 10, 20.

myrrhĭnus (**murr-**), *a*, *um*, de myrrhe : Pl. *Poen.* 1179 ; Vulg. *Esther* 2, 12.

myrrhĭŏla (**mŭrĭola**), *ae*, f., vin de myrrhe : P. Fest. 131, 2.

myrrhis, *ĭdis*, f. (μυρρίς), cerfeuil musqué [plante] : Plin. 24, 154.

myrrhītes, *ae*, m. (μυρρίτης) ou **myrrhītis**, *ĭdis*, f., sorte de pierre précieuse : Plin. 37, 174.

Myrsīlus, *i*, m. (Μυρσῖλος), Myrsile [roi de Lydie] : Plin. 35, 55 ∥ historien grec de Lesbos : Plin. 3, 85.

myrsĭnĕum, *i*, n., fenouil sauvage [plante] : Plin. 20, 255.

myrsĭnītēs, *ae*, m. et **-tis**, *ĭdis*, f. (μυρσινίτης), sorte d'euphorbe : Plin. 26, 66 [al. myrtites] ∥ ▶ *myrrhites* : Plin. 37, 174.

myrta (**murta**), *ae*, f. (*myrtus*, *myrtum*) ¶ 1 baie de myrte : Cat. *Agr.* 125 ¶ 2 ▶ *myrtus* : Cels. 4, 26, 6 ; Apic. 25.

myrtācĕus, *a*, *um* (*myrtus*), de myrte : *Cels. 7, 17, 1 B.

Myrtălē, *ēs*, f., nom de femme : Hor. *O.* 1, 33, 14.

myrtātum (**mur-**), *i*, n., sorte de farce avec beaucoup de myrte : Varr. *L.* 5, 110.

myrtĕŏlus (**mur-**), *a*, *um*, dim. de *myrteus* : Col. 10, 238.

myrtēta, *ae*, f., [arch.] ▶ *myrtetum* : Pl. d. Prisc. 2, 124, 1.

myrtētum (**mur-**), *i*, n., lieu planté de myrtes [employé avec le sens de *myrtus*] : Pl. *Ru.* 732 ; Sall. *J.* 48, 3 ; Virg. *G.* 2, 112.

myrtĕus (**mur-**), *a*, *um*, de myrte, fait avec du myrte : Virg. *En.* 6, 443 ; Plin. 23, 88.

myrtĭdănum, *i*, n. (μυρτίδανον), ▶ *myrtites* : Plin. 14, 104.

Myrtĭlis, *is*, f., ville de Lusitanie [Mertola] : Plin. 4, 116.

Myrtĭlus, *i*, m. (Μυρτίλος), Myrtile [fils de Mercure et de Myrto, conducteur du char d'Œnomaüs] : Cic. *Nat.* 3, 90 ; Hyg. *Fab.* 84 ; Sen. *Thyest.* 140.

myrtĭnus (**mur-**), *a*, *um*, ▶ *myrteus* : Ps. Apul. *Herb.* 118 : M.-Emp. 27, 25.

myrtis, *ĭdis*, f. (μυρτίς), erodium musqué [plante] : Plin. 26, 108.

myrtītēs, *ae*, m. (μυρτίτης), vin de myrte [où ont macéré des baies de myrte] : Col. 12, 38, 5 ; Plin. 28, 209 ∥ espèce d'euphorbe : Plin. 26, 66.

myrtŏpĕtălŏn (**-um**), *i*, n. (μυρτοπέταλον), ▶ *polygonon* : Plin. 27, 113.

Myrtŏs, *i*, f. (Μύρτος), île voisine de l'Eubée : Plin. 4, 51.

Myrtōum măre, n., mer de Myrtos [au sud de l'Attique, ainsi nommée de l'île de Myrtos] : Hor. *O.* 1, 1, 14 ; Plin. 4, 51 ∥ **pelagus** Mel. 2, 37 ∥ **Myrtoa aqua** Ov. *Ib.* 372, même sens.

myrtum (**mur-**), *i*, n. (μύρτον), baie de myrte : Virg. *G.* 1, 306 ; Plin. 15, 118.

myrtŭs (**mur-**), *i* et *ūs*, f. (μύρτος), myrte [arbrisseau] : Plin. 15, 122 ; Hor. *O.* 1, 4, 9. ▶ m. Cat. *Agr.* 8 ; 133.

mȳrum, *i*, n., ▶ *myron*.

mȳrus, ▶ *zmyrus*.

1 **mȳs**, *ȳos*, m. (μῦς), moule [coquillage] : Plin. 9, 115 ; 32, 149.

2 **Mȳs**, *ȳos*, m. (Μῦς), nom d'un ciseleur : Prop. 3, 9, 14 ; Mart. 8, 34, 1 ; Plin. 33, 155.

Mysanda, *ae*, f., ville de Cilicie : Plin. 5, 93.

Myscĕlus, *i*, m., fils d'Alémon : Ov. *M.* 15, 20.

Mysecrŏs, *i*, ▶ *Musecros*.

Mȳsi, *ōrum*, m. pl., Mysiens, habitants de la Mysie : Cic. *Flac.* 65 ; Liv. 37, 40, 8 ; Plin. 5, 125.

Mȳsĭa, *ae*, f. (Μυσια), la Mysie [province d'Asie Mineure] : Cic. *Or.* 25 ; Plin. 5, 125 ∥ **-sĭus**, Cic. *Q.* 1, 1, 6 ; Plin. 26, 60 et **-sus**, *a*, *um*, Prop. 2, 1, 65 ; Ov. *M.* 15, 277, de Mysie.

Mȳsŏmăcĕdŏnes, *um*, m. pl., Mysomacédoniens [peuple de Grande Mysie, originaire de Macédoine] : Plin. 5, 120.

mysta, ▶ 1 *mystēs* : Gloss. *L.* 4 ; *Plac.* M 11.

mystăgōgĭca, *ōn*, n. pl. (μυσταγωγικά), ouvrage relatif aux initiations : P. Fest. 498, 8 [en grec].

mystăgōgus, *i*, m. (μυσταγωγός), mystagogue, guide : Cic. *Verr.* 4, 132.

mystērĭalis, *e*, mystique, mystérieux : Orig. *Matth.* 23 ; 31.

mystērĭālĭtĕr, adv., mystérieusement : Iren. 1, 3, 1.

mystērĭarchēs, *ae*, m. (μυστηριάρχης), celui qui préside aux mystères : Prud. *Perist.* 2, 350.

mystērĭum, *ĭi*, n., mais plus souv[t], **-ĭa**, *ōrum*, n. pl. (μυστήριον), mystères, cérémonies secrètes en l'honneur d'une divinité et accessibles seulement à des initiés : Cic. *Nat.* 2, 62 ; *Leg.* 2, 35 ∥ mystère, chose tenue secrète, secret : [pl.] Cic. *Tusc.* 4, 55 ; *Att.* 4, 18, 1 ; [sg.] *de Or.* 3, 64 ∥ [chrét.] mystère : Vulg. *Eph.* 6, 19 ; *Matth.* 13, 11 ∥ symbole, type : Cypr. *Testim.* 2, 19.

1 **mystēs**, ▶ *mysta*.

2 **Mystēs**, *ae*, m., nom d'homme : Hor. *O.* 2, 9, 10.

Mystiae, *ārum*, f. pl., ville du Bruttium : Plin. 3, 95.

mystĭcē, adv. (*mysticus*), mystiquement, dans un état mystique : Solin. 32, 19 ; Ambr. *Luc.* 7, 9.

1 mystĭcus, *a*, *um* (μυστικός), mystique, relatif aux mystères : Virg. *G.* 1, 166 ; Mart. 8, 81, 1 ; Stat. *Th.* 8, 765.

2 Mystĭcus, *a*, *um*, de Mystiae : Plin. 14, 75.

3 Mystĭcus, *i*, m., nom d'un pantomime : Plin. 7, 184.

mystrŏn (-trum), *i*, n. (μύστρον), mystre [mesure de liquides] : Grom. 374, 26.

Mȳsus, *a*, *um*, ◨▸ *Mysia*.

mȳtăcismus, ◨▸ *myotacismus*.

mȳthĭcus, *a*, *um* (μυθικός), relatif à la Fable, fabuleux : Plin. 7, 184 ‖ subst. m., mythographe : Macr. *Sat.* 1, 8, 6.

mȳthistŏrĭa, *ae*, f. (μυθιστορία), récit fabuleux, roman : Capit. *Macr.* 1, 5.

mȳthistŏrĭcus, *a*, *um*, mêlé d'histoires et de fables, fabuleux, romanesque : Vop. *Tyr.* 1, 2.

mȳthŏlŏgĭae, *ārum*, f. pl. (μυθολογίαι), mythes, mythologie [titre d'un ouvrage de Fulgence] : Fulg. *Myth. tit.*.

mȳthŏpoeïus, *a*, *um* (μυθοποιός), fictif, mythique : Cassiod. *Psalm.* 5, 2.

mȳthŏs, *i*, m. (μῦθος), fable, mythe : Aus. *Prof.* 22 (211), 26.

Mȳtĭlēnē, *ēs*, f., Hor. *O.* 1, 7, 1, (Μυτιλήνη) et **-lēnae**, *ārum*, f. pl., Cic. *Agr.* 2, 40, Mytilène [capitale de Lesbos] ‖ **-naeus**, *a*, *um*, Cic. *Att.* 7, 7, 6 et **-nensis**, *e*, Tac. *An.* 14, 53, de Mytilène ‖ **-naei**, m. pl., les habitants de Mytilène : Vell. 2, 18, 3.

mȳtĭlus, ◨▸ *mitulus*.

Mȳūs, *untis*, f. (Μυοῦς), Myonte [ville d'Ionie] : Nep. *Them.* 10, 3 ; Plin. 5, 113 ; Vitr. 4, 1, 4.

myxa, *ae*, f. (μύξα ; fr. *mèche*) ¶ 1 sébestier [prunier d'Égypte] : Plin. 13, 51 ¶ 2 lumignon : *Mart. 14, 41, 2.

myxărĭum, *ii*, n. (μυξάριον), petit sébeste : Cassian. *Coll.* 8, 1, 2.

myxo (myxōn), *ōnis*, m. (μύξων), poisson de mer, ◨▸ *2 bacchus* : *Plin. 32, 77.

myxum, *i*, n. (*μύξον), sébeste [fruit de l'arbre appelé *myxa*] : Plin. 15, 97 ‖ l'arbre lui-même : Pall. 3, 25, 32.

myxus, *i*, m. (*myxa*), mèche : Vit. Patr. 5, 11, 37.

N

n, n., f., indécl., 13ᵉ lettre de l'alphabet latin, prononcée en (nn), ιννε, v.▸ m ‖ [abrév.] **N.** = Numerius et nummus.

Naarmalcha, ae, m., v.▸ Narmalcha: Amm. 24, 6, 1.

Nabales, um, m. pl., peuple de la Maurétanie Césarienne: Plin. 5, 21.

Nabalia, ae, m., fleuve de Germanie: Tac. H. 5, 26.

Nabal, m., fleuve de la Maurétanie Césarienne: Plin. 5, 21.

Năbăthae (-tae), ārum, m. pl., v.▸ Nabathaei: Sen. Herc. Oet. 160.

Nabathaea (-taea), ae, f., la Nabathée [partie de l'Arabie Pétrée] Atlas I, F7; IX, F3: Plin. 21, 120.

Năbăthaei (-taei), ōrum, m. pl., Nabathéens: Plin. 6, 144; Tac. An. 2, 57 ‖ **-aeus**, a, um, d'Arabie: Juv. 11, 126.

1 nābis, v.▸ nabun.

2 Nābis, is, m. (Νάβις), tyran de Sparte: Liv. 29, 12, 14; 31, 25, 3.

nablĭa, ōrum, n. pl., Ov. A. A. 3, 327, v.▸ nablum.

nablĭo, ōnis, m. (nablum), joueur de nable: Gloss. 2, 480, 4.

nablĭzō (-ĭtō), ās, āre, -, -, tr., jouer du nable: Gloss. 2, 480, 1.

nablum, i, n. (νάϐλον), [pl.] nable, harpe phénicienne: Vulg. 1 Par. 15, 28.

Nabrissa, c.▸ Nebrissa: Plin. 3, 11.

Nabuchodonosor, m., indécl., roi de Ninive: Vulg. Judith 1, 5; Tert. Idol. 15, 9.

nabun, nom de la girafe chez les Éthiopiens: Plin. 8, 69; Solin. 30, 19.

nacca, ae, m. (cf. νακκο-, νακτός, νάσσω), foulon: Fest. 166, 7; Apul. M. 9, 22, 3.

naccīnus, a, um, de foulon, de teinturier: Apul. M. 9, 27.

Nacolēa (-lĭa), ae, f. (Νακόλεια et Νακολία), ville de Grande-Phrygie Atlas VI, B4: Amm. 26, 9, 7.

nactus, a, um, part. de nanciscor.

nae, forme incorrecte pour 1 ne.

Naedītae (Nē-), ārum, m. pl., habitants de Nédis, ville de Dalmatie: CIL 3, 2883.

naenĭa, ae, f., v.▸ nenia.

Naeva, ae, f., ville de Bétique: Plin. 3, 11.

Naevazae, ārum, m. pl., peuple des bords du Tanaïs [Don]: Plin. 6, 19.

Naevia porta, f., porte Naevia [une des portes de Rome]: Liv. 2, 11, 9 ‖ **Naevia Silva**, f., forêt Naevia, près de Rome: P. Fest. 171, 3; Fest. 170, 27.

Naeviănus, a, um, de Naevius [le poète]: Cic. Fam. 5, 12; Brut. 60 ‖ **-viāna pĭra**, n. pl., variété de poire: Col. 5, 10, 18.

1 naevius, a, um (naevus), qui a des signes, des verrues: Arn. 3, 14.

2 Naevius, ii, m., Naevius [ancien poète latin]: Cic. Brut. 60 ‖ **-us**, a, um, de Naevius: Varr. L. 5, 162 ‖ **-via olea**, variété d'olives: Col. 5, 8, 3.

naevŏlus, i, m., c.▸ naevulus: Front. Ant. 1, 2, 6, p. 98 N.

naevŭlus, i, m. (dim. de naevus), Gell. 12, 1, 7.

naevus, i, m. (?; it. neo), tache sur le corps, signe naturel, envie, verrue: Cic. Nat. 1, 79; Hor. S. 1, 6, 67; Plin. 22, 137 ‖ tache, déshonneur: Symm. Ep. 3, 34.

Nagara, ae, f., ville d'Arabie: Amm. 23, 6, 47.

Nagia, ae, f., ville de l'Arabie Heureuse: Plin. 6, 153.

Nahanarvali (Naharvali), ōrum, m. pl., peuple de Germanie: Tac. G. 43.

Nāĭădes, Nāĭdes, um, f. pl., v.▸ Nais.

Nāĭcus, a, um (Nais), des Naïades: Prop. 2, 32, 40.

Năĭm, f. indécl., ville de Palestine: Vulg. Luc. 7, 11.

Nāis, ĭdis, Ov., **Nāĭăs**, ădis, f. (ναΐς, ναϊάς), Naïade [nymphe des fontaines et des fleuves]: Virg. B. 6, 21; Ov. M. 14, 328 ‖ Hamadryade: Ov. F. 4, 231 ‖ Néréide: Ov. M. 1, 691.

Naissus, i, f., ville de la Mésie supérieure [Nisch] Atlas I, C5: Amm. 21, 10, 5; Jord. Get. 285.

nam (cf. enim et tam)

I [particule d'affirmation] ¶ 1 " de fait, en vérité ", insistance dans les interrog. ¶ 2 " il est un fait, c'est que ", introduit une idée nouvelle " quant à " ¶ 3 introduit une réserve " par exemple ".
II [conj. servant à confirmer] ¶ 1 " de fait ", dans une réponse confirmative ¶ 2 [confirmatif et explicatif] " car, c'est que ", introduit des parenthèses, reprend le développement après une parenthèse ¶ 3 " de fait, ainsi ", produit un développement annoncé, " à savoir ".
III [conj. causale] " car, en effet ".

I particule d'affirmation qui attire l'attention sur un fait ¶ 1 de fait, voyons, en vérité, en réalité: *obsecro, tace; — Nam hic nunc licet dicere, nos sumus* Pl. Cas. 196, de grâce, tais-toi. — Voyons [en vérité], ici, à présent nous pouvons parler, nous ne sommes que nous, cf. Mil. 629; Cap. 896 ‖ [en part. dans les interrog.] *scelestissumum te arbitror. — Nam quamobrem?* Pl. Amp. 552, je te crois un franc scélérat. — Voyons, pourquoi?, cf. Pl. Most. 644; Ru. 687; Ep. 132; Aul. 42, 44; *da mihi, optuma femina, manum. — Ubi east? quis east nam optuma?* Pl. Aul. 136, donne-moi la main, excellente femme. — Où est-elle? qui est donc cette excellente femme?, cf. Pl. Aul. 427; Bac. 1114; Most. 258; *scis nam, tibi quae praecepi?* Pl. Pers. 379, sais-tu, voyons, ce que je t'ai recommandé? ¶ 2 il est un fait, c'est que: *an tibi fabellae videntur? nonne ab A. Postumio aedem Castori et Polluci dedicatam, nonne senatus consultum de Vatinio vides? Nam de Sagra Graecorum etiam est vulgare proverbium...* Cic. Nat. 3, 13, eh quoi! ce sont des fables à tes yeux? pourtant ne vois-tu pas le temple dédié par A. Postumius à Castor et Pollux? ne vois-tu pas le sénatus-consulte en faveur de Vatinius? et c'est un fait que sur l'affaire de la Sagre, il y a même un proverbe répandu chez les Grecs..., cf. Cic. Arch. 23; Fin. 1, 12; Div. 2, 97; Tusc. 4, 52 ‖ [sert souvent à introduire une autre idée, un autre fait; on le traduit approximativᵗ par " quant à ", mais il a plus de vivacité que *autem* auquel il correspond souvent]: Cic. Brut. 239; Nat. 1, 27-28 ‖ [en part. dans les interrog. oratoires et dans la prétérition]: Cic. Lae. 104; Verr. 5, 158; Nat. 3, 38; Tusc. 4, 37; Div. 1, 26 ‖ [souvent aussi avec *quod* de transition] quant à ce fait que: Cic. de Or. 1, 234; 1, 254; Tusc. 3, 73; 4, 57; Div. 2, 66; 2, 68 ¶ 3 il est un fait, c'est que [introduisant une réserve]: *P. Rutilii adulescentiam ad opinionem et innocentiae et juris scientiae P. Mucii commendavit domus. Nam L. quidem Crassus... non aliunde mutuatus est, sed sibi ipse peperit laudem...* Cic. Off. 2, 47, P. Rutilius dans sa jeunesse eut, pour acquérir à la fois sa réputation d'intégrité et d'habileté dans le droit, la recommandation d'avoir séjourné dans la maison de P. Mucius; pour sa part, L.

Crassus n'emprunta pas ailleurs, mais se créa à lui-même sa gloire, cf. Cic. *Brut.* 161; 175; 178; 222; 228.
II [conj. servant à confirmer] de fait ¶ **1** *Euclionis filiam laudant; sapienter factum et consilio bono; nam meo quidem animo si idem faciant ceteri*... Pl. *Aul.* 478, ils louent la fille d'Euclion; ils trouvent que j'agis sagement et que j'ai pris le bon parti; le fait est que, à mon sens du moins, si tous les autres agissaient ainsi..., cf. Pl. *Most.* 858; *unum illud mihi videris imitari orationis genus. Vellem fortasse; quis enim id potest — aut umquam poterit imitari? nam sententias interpretari perfacile est: quod quidem ego facerem, nisi plane esse vellem meus* Cic. *Leg.* 2, 17, il n'y a qu'une chose que tu me sembles imiter, son style. — Tout au plus en aurais-je la volonté; car qui peut ou pourra jamais l'imiter? de fait, ce sont les idées qu'il est très facile de reproduire, et cela, pour mon compte, je l'aurais accompli, si je n'avais voulu être absolument moi-même, cf. Cic. *Off.* 3, 28; 3, 32; *Leg.* 2, 28; *Brut.* 297; *Fin.* 2, 35; *Tusc.* 1, 57 ‖ [dans une réponse confirmative]: *de iis, credo, rebus, inquit Crassus, ut in cretionibus scribi solet "quibus sciam poteroque". — Tum ille: nam quod tu non poteris aut nescies, quis nostrum...* Cic. *de Or.* 1, 101, je parlerai, j'imagine, répartit Crassus, sur les sujets où, comme on le dit dans les actes d'héritage, je saurai et je pourrai. — Alors lui: de fait, sur ce que toi tu ne pourras pas ou que tu ne sauras pas, qui de nous..., cf. Cic. *de Or.* 2, 144; *Verr.* 1, 133; 2, 72 ¶ **2** [confirmatif et explicatif] de fait, car, c'est que: *is pagus appellabatur Tigurinus; nam omnis civitas Helvetia in quattuor pagos divisa est* Caes. *G.* 1, 12, 4, cette circonscription était celle des Tigurins; car tout l'État helvète est divisé en quatre circonscriptions, cf. Cic. *Lae.* 82; *Part.* 38; *Or.* 147 ‖ [introduit des parenthèses]: *colenda justitia est, tum ipsa per sese (nam aliter justitia non esset), tum*... Cic. *Off.* 2, 42, il faut pratiquer la justice, d'abord pour elle-même (car autrement ce ne serait pas la justice), ensuite..., cf. Cic. *Leg.* 2, 1 ‖ [reprend le développ^t après une parenthèse]: Cic. *Planc.* 98 ¶ **3** de fait, ainsi, par exemple: *multi uno tempore oratores floruerunt; nam et Albinus... et...* Cic. *Brut.* 81, beaucoup d'orateurs fleurirent à la même époque; ainsi d'une part Albinus..., d'autre part..., cf. Cic. *Off.* 1, 32; 2, 65; *Rep.* 1, 44; *Leg.* 1, 41; *de Or.* 2, 221; 2, 237 ‖ [introduit un développ^t annoncé]: *quid tamquam notandum et animadvertendum sit in Hortensio, breviter licet dicere. Nam is post consulatum...* Cic. *Brut.* 320, ce qui mérite chez Hortensius d'être pour ainsi dire noté et critiqué, je puis l'indiquer brièvement. De fait, après son consulat..., cf. Cic. *Arch.* 28; *Or.* 174; *Ac.* 1, 4 ‖ [souvent même, il équivaut au français "à savoir" ou à

nos deux points, suivis de guillemets]: *duplex est ratio veri reperiendi...; nam aut... aut* Cic. *Tusc.* 3, 56, il y a deux façons de découvrir le vrai: ou bien..., ou bien..., cf. Cic. *Tusc.* 1, 72; 5, 9; *Off.* 1, 9; 1, 96; 2, 52; *Div.* 1, 46; 1, 101; *Nat.* 2, 128; *Verr.* 4, 61.
III [conjonction causale] car, en effet; [emploi le plus fréquent; parfois suivie d'une construction paratactique]: *clausulas diligentius etiam servandas esse arbitror quam superiora, quod in eis maxime perfectio atque absolutio judicatur. Nam versus aeque prima et media et extrema pars attenditur...; in oratione autem pauci prima cernunt, postrema plerique...* Cic. *de Or.* 3, 192, il faut, à mon avis, soigner même davantage les fins de phrase que les parties antérieures, parce que c'est là surtout qu'on juge la perfection absolue. En effet, tandis que dans le vers on fait attention également au début, au milieu, à la fin..., dans la prose au contraire peu d'auditeurs remarquent les débuts de la phrase, mais presque tous en remarquent la fin..., cf. Cic. *Off.* 3, 22; *Leg.* 2, 24; *Fam.* 9, 15, 1.
▶ *nam* se place en tête de la phrase; qqf. il se trouve après un ou plusieurs mots, surtout chez les comiques.

Namarīni, *ōrum*, m. pl., peuple de la Tarraconaise: Plin. 4, 111.

Namnētes, *um*, m. pl., peuple de la Gaule Celtique [> Nantes] Atlas V, D1: Caes. *G.* 3, 9, 10; Plin. 4, 107.

namque, conj. de coord. (renforcement de nam), le fait est que, et de fait, car: Pl. *Cap.* 604; Cic. *Rep.* 6, 24; Caes. *G.* 3, 13, 1.
▶ placé en tête de la phrase chez Cic., Caes., Sall., Nep.; chez les poètes, Liv., etc., peut se trouver après un mot ‖ chez Caes. tj. devant une voyelle.

1 nāna, *ae*, f. (*nanus*), naine: Lampr. *Alex.* 34, 2.

2 Nāna, *ae*, f., nymphe, fille du fleuve Sangarius, mère d'Atys: Arn. 5, 6.

nancĭō, *īs, īre*, -, -, ⓥ▶ *nancior*: C. Gracchus d. Prisc. 2, 513, 17.

nancĭŏr, *īrĭs, īrī*, -, dép., tr., gagner, ⓥ▶ *nanciscor*: L. XII Tab. d. Fest. 166, 29.

nanciscŏr, *scĕrĭs, scī, nactus sum* (inch. de *nancior*; cf. *neco*, ἔνεγκον, scr. *naśati*, rus. *nesti*, al. *genug*, an. *enough*), tr., obtenir [par surprise], tomber sur, trouver: Cic. *Fin.* 1, 14; *Fam.* 3, 7, 1 ‖ [par naissance] Nep. *Ages.* 8 ‖ trouver, rencontrer: Cic. *CM* 52; Caes. *G.* 4, 23, 6 ‖ attraper par contagion: Nep. *Att.* 21, 2 ‖ *nactus* sens passif: Aur.-Vict. *Caes.* 33, 3; Apul. *Met.* 7, 15.
▶ inf. *nanciscier* Pl. *As.* 325; part. *nanctus* Pl. *Trin.* 63; Cic. *Nat.* 2, 81.

nanctus, ⓥ▶ *nanciscor* ▶.

Nannēĭāni, *ōrum*, m. pl., acquéreurs, à bas prix, des biens d'un certain Nannéius proscrit par Sylla: Cic. *Att.* 1, 16, 5.

Nannĭēnus, *i*, m., nom d'homme: Amm. 31, 10, 6.

nans, *tis*, part. de *no*.

Nantuātes, *um*, m. pl., peuple de la haute vallée du Rhône, vers Saint-Maurice: Caes. *G.* 3, 1, 1; Plin. 3, 137.

nānus, *i*, m. (νᾶνος; fr. nain), nain: Prop. 4, 8, 41; Juv. 8, 32 ‖ cheval nain: Gell. 16, 7, 10 ‖ sorte de vase bas et large: Varr. L. 5, 119.

nanxĭtōr, impér. fut. de *nancior*: L. XII Tab. d. *Fest. 166, 29.
▶ le texte porte *nancitor = nancitur*.

nāŏfўlax, nāŏphylax, ⓥ▶ *nauphylax*.

Năpaeae, *ārum*, f. pl. (ναπαῖος), Napées, nymphes des bois et des vallées: Virg. *G.* 4, 535; Stat. *Th.* 4, 255.

Năpaei, *ōrum*, m. pl., peuple de la Scythie asiatique: Plin. 6, 50.

Napata, f. ou n. pl., ville d'Éthiopie: Plin. 6, 181; 6, 189.

Năpē, *ēs*, f., nom de chienne: Ov. *M.* 3, 214 ‖ nom d'une esclave: Ov. *Am.* 1, 12, 4.

naphta, *ae*, f. (νάφθα, -ας), [mot égyptien] naphte, pétrole [brut]: Plin. 24, 158; Amm. 23, 6, 16; **naphthās**, *ae*, m., Sall. d. Prob. *Cath.* 4, 22, 22.

nāpīna, *ae*, f. (*napus*), carré de navets: Col. 11, 2, 71.

Napitae, m., ⓥ▶ *Naprae*.

Napoca, *ae*, f., ville de Dacie [auj. Cluj] Atlas I, C5: Peut. 7, 2 ‖ **-ensis**, *e*, de Napoca: Ulp. *Dig.* 50, 15, 1, 9.

nāpŏcaulis, *is*, m. (*napus, caulis*), chou-rave: Isid. 17, 10, 9.

Naprae, *ārum*, m. pl., peuple situé près du Palus Maeotis: Plin. 6, 2.

napura, *ae*, f. (peu net), lien de paille: Fest. 168, 26.

nāpus, *i*, m. (cf. νᾶπυ; it. *napo*), navet: Col. 2, 10, 23; Cels. 2, 18, 5.

nāpy, *ўŏs*, n. (νᾶπυ), moutarde [crucifère]: Plin. 19, 171.

1 nār, n. (sab.), soufre: Ps. Serv. *En.* 7, 517.

2 Nār, *āris*, m. (Νάρ), le Nar [rivière de Sabine]: Cic. *Att.* 4, 15, 5; Virg. *En.* 7, 517; Plin. 3, 109 ‖ peuple, ⓥ▶ *Nartes*.

Naracū Stŏma (Naracustŏma), *ătis*, n., nom d'une des bouches de l'Ister [Danube]: Plin. 4, 79.

Naraggara, *ae*, f., ville de Numidie: Liv. 30, 29.

Narasarensi, n. indécl., ville de Mésopotamie: Ruf. *Brev.* 27.

Narbazacĭus, *ii*, m., général romain sous Théodose: Jord. *Rom.* 321.

Narbo, *ōnis*, m., [f., Mart. 8, 72, 4, cf. ἡ Ναρβών], Narbonne [ville de Gaule] Atlas I, C3; IV, B4; V, F3: Cic. *Font.* 19 ‖ **-bo Martius**, Cic. *Font.* 13 ‖ **-nensis**, *e*, de Narbonne: Cic. *Brut.* 160; *Gallia* Plin. 4, 105, la Gaule Narbonnaise, l'une des quatre grandes divisions de la Gaule, Atlas I, C3; IV, A4; V, E3.

Narbōna, ae, f., ⊂▶ Narbo : Amm. 15, 11, 14.

narcē, ēs, f. (νάρκη), engourdissement, torpeur : Plin. 21, 128.

narcissĭnus, a, um (ναρκίσσινος), de narcisse, fait avec des narcisses : Plin. 13, 6.

narcissītēs, ae, m. ou **narcissītis**, ĭdis, f. (ναρκισσίτης), sorte de pierre précieuse : Plin. 37, 188.

1 narcissus, i, m. (νάρκισσος), narcisse [fleur] : Plin. 21, 25 ; Virg. G. 4, 123.

2 Narcissus, i, m. (Νάρκισσος), Narcisse [fils de Céphise, changé en narcisse] : Ov. M. 3, 339 ‖ affranchi et favori de Claude : Tac. An. 11, 29 ; Juv. 14, 329.

nardĭfĕr, ĕra, ĕrum (nardus, fero), qui produit le nard : Grat. 314.

nardĭfŏlĭum, ĭi, n., feuille du nard : Not. Tir. 98.

nardĭnum, i, n. (nardinus), huile parfumée au nard : Plin. Val. 3, 5.

nardĭnus, a, um (νάρδινος), fait avec du nard : Plin. 13, 15 ‖ semblable au nard : Plin. 15, 55.

nardostăchyŏn (-ăcĭum), ĭi, n. (ναρδόσταχυς), épi de nard : Apic. 280.

nardum, i, n., Tib., **-dus**, i, f., Hor. O. 2, 11, 16 (νάρδος), nard [arbrisseau] : Plin. 12, 42 ‖ [parfum] Hor. O. 2, 11, 16 ; Tib. 3, 6, 63.

Narĕae, ārum, m. pl., Naréens [peuple de l'Inde en deçà du Gange] : Plin. 6, 74.

Naresi, ōrum, m. pl., peuple de Dalmatie : Plin. 3, 143.

Narĭa, ae, f., déesse des Helvètes : CIL 13, 5161.

Narĭandŏs, i, f. (Ναρίανδος), ville de Carie : Plin. 5, 107.

nārĭca, ⊂▶ narita : Pl. d. Fest. 166, 27.

nārĭcornus, i, m., qui a une corne sur le nez : Verec. Cant. 6 (Habac.), 2.

nārĭpūtens, entis, m. (naris, puteo), qui sent mauvais du nez : Anth. 205, 4.

nāris, is, f. (cf. 1 nasus, scr. nāsā, al. Nase, an. nose), Plin., Ov., et surtout **nārēs**, rium, f. pl. ¶ 1 narines, nez : Ov. M. 3, 675 ; Cic. Nat. 2, 141 ‖ [fig.] sagacité, finesse : (homo) emunctae naris Hor. S. 1, 4, 8, homme au nez creux, habile à sentir les ridicules ; naribus uti Hor. Ep. 1, 19, 45, se moquer, railler ; nares acutae Hor. S. 1, 3, 30, les narines fines = l'esprit critique ¶ 2 orifice [d'un tuyau] : Vitr. 10, 4 ‖ évent : Pall. 9, 9, 2 ‖ orifices [d'une mine] : Vitr. 10, 16, 11 ‖ bronches [de four] : Vitr. 10, 10, 2 ‖ drains [dans un mur] : Vitr. 7, 4, 1.

Narisci, **Naristi**, ōrum, m. pl., peuple de Germanie : Tac. G. 42 [v. les leçons des mss].

nārīta, ae, f. (νηρίτης), sorte de coquillage : Fest. 166, 25.

nārītās, ātis, f., ⊂▶ gnaritas : Don. Ad. 397.

Narmalcha, acc. an, m., un des bras de l'Euphrate : Plin. 6, 120.

Narnĭa, ae, f., ville d'Ombrie [Narni] Atlas XII, D3 : Liv. 10, 10 ; Tac. An. 3, 9 ‖ **-ĭensis**, e, de Narnia : Plin. 31, 51 ; Liv. 27, 50 ; **Narniense**, is, n., Plin. Ep. 1, 4, 1, propriété à Narnia ‖ **-ĭenses**, is, m. pl., habitants de Narnia : Plin. 3, 113.

Naro (Narōn), ōnis, m., fleuve de Dalmatie Atlas XII, C6 : Plin. 3, 144.

Narōna, ae, f., ville de Dalmatie Atlas I, C4 ; XII, D6 : Cic. Fam. 3, 9, 2 ; Plin. 3, 142.

narrābĭlis, e (narro), qu'on peut raconter : Ov. Pont. 2, 2, 61.

Narraga, ae, m., fleuve de Mésopotamie : Plin. 6, 123.

narrātĭo, ōnis, f. (narro), action de raconter, narration, récit : Cic. de Or. 2, 80 ‖ narration [rhét.] : Cic. Inv. 1, 27 ; Or. 124.

narrātĭuncŭla, ae, f. (dim. de narratio), petit récit, conte, historiette : Plin. Ep. 6, 33, 8 ; Quint. 1, 9, 6.

narrātīvē, adv. (narrativus), en racontant, au moyen d'un récit : Don. And. pr. 2, 2.

narrātīvus, a, um (narro), narratif : Serv. En. 1, 1.

narrātŏr, ōris, m. (narro), narrateur, celui qui raconte : Cic. de Or. 2, 219 ; Quint. 11, 1, 36.

narrātōrĭus, a, um, ⊂▶ narrativus : Aug. Quaest. 80, 3.

1 narrātus, a, um, part. de narro.

2 narrātŭs, ūs, m., narration, récit : Ov. M. 5, 499.

narrō, ās, āre, āvī, ātum (de gnarus), tr. ¶ 1 raconter, exposer dans un récit, dire : alicui aliquid Cic. Fam. 9, 6, 6, raconter qqch. à qqn ; haec secreto narrantur Cic. Fam. 1, 8, 4, on raconte cela en secret ; Catonem narrare Sen. Ep. 24, 6, raconter l'histoire de Caton ‖ alicui de aliqua re Cic. Att. 3, 15, 1, faire à qqn le récit de qqch. ; de aliquo male Cic. Att. 16, 4, 4, donner de mauvaises nouvelles de qqn ; Othonem quod speras posse vinci, sane bene narras Cic. Att. 13, 33, 2, ton espoir d'éliminer Othon me fait bien plaisir, cf. Cic. Par. 23 ‖ mihi narravit te esse... Cic. Fam. 6, 1, 6, il m'a raconté que tu étais... ; si res publica tibi narrare posset, quomodo sese haberet Cic. Fam. 3, 1, 1, si la république pouvait t'exposer dans quel état elle se trouve ‖ narrant Plin. 2, 126 ou narratum impers. avec prop. inf., Tac. G. 33 ; Plin. 35, 121, on raconte que ‖ [tour personnel] narratur Graecia... collisa duello Hor. Ep. 1, 2, 6, on raconte que la Grèce a été en conflit dans une guerre..., cf. Liv. 39, 6, 6 ‖ narraris Mart. 12, 52, 5, on parle de toi ; Callistus jam mihi narratus Tac. An. 11, 29, Callistus dont j'ai déjà parlé, cf. Tac. Agr. 46 ;

praeter narrata Hor. S. 2, 5, 2, outre ce que tu m'as dit ¶ 2 conter, parler de : quam tu mihi navem narras ? Pl. Men. 402, de quel vaisseau me parles-tu là ?, cf. Ter. Eun. 408 ; Ad. 777 ; Phorm. 401 ; quam mihi religionem narras ? Cic. Verr. 4, 85, qu'est-ce que tu me contes là avec ce culte ? ; quem tu mihi Staseam narras ? Cic. de Or. 1, 105, qu'as-tu à me raconter là de Staséas ? ; quem mihi tu Bulbum, quem Staienum ? Cic. Verr. 2, 79, qu'est-ce que tu viens me conter de Bulbus, de Staiénus ?, cf. Cic. Phil. 1, 25 ; narro tibi ; plane relegatus mihi videor... Cic. Att. 2, 11, 1, il faut que je te le dise : je me sens tout à fait relégué..., cf. Cic. Att. 15, 21, 1 ¶ 3 dédier un livre à qqn : Plin. pr. 1.

Narsaduma, ae, f., ville d'Éthiopie : Plin. 6, 178.

Narsēs, is, **Narseūs** (dissyl.) ĕi, m., Narsès [roi des Parthes sous Dioclétien] : Jord. Get. 110.

Nartes, ĭum, m. pl., habitants des bords du Nar : Plin. 3, 113.

narthēcĭa, ae, f. (ναρθηκία), petite férule [plante] : Plin. 13, 123.

narthēcĭum, ĭi, n. (ναρθήκιον), boîte à onguents : Cic. Fin. 2, 22 ; Mart. 14, 78 tit.

Narthēcussa, ae, f. (Ναρθηκοῦσσα), île près de Rhodes : Plin. 3, 133.

narthex, ēcis, f. (νάρθηξ), férule [arbrisseau] : Plin. 13, 123.

nārus, a, um, ▶ gnarus.

Nārȳcĭus, a, um (Νηρύκιος), de Narycie : Virg. En. 3, 399 ‖ roi de Locres, Lelex : Ov. M. 8, 312.

Nārȳcum, i, n., Plin. 4, 27 et **Narycia**, ae, f., Ov. M. 15, 705, ville locride [patrie d'Ajax, d'où était partie une colonie établie dans le Bruttium en Italie].

nāsāle, is, n., ornement placé sur les naseaux du cheval : Gloss. 5, 605, 53.

Năsămōnes, um, m. pl. (Νασαμῶνες), peuple sauvage de Cyrénaïque : Luc. 9, 444 ; Plin. 5, 33 ‖ **-ōnĭus**, Stat. S. 2, 7, 93 et **-ōnĭăcus**, a, um, Sil. 16, 630 ; Ov. M. 5, 129, des Nasamons, Numide ‖ **-ōnĭăs**, ădis, adj. f., nasamonienne : Sil. 2, 117.

năsămōnītis, ĭdis, f., pierre précieuse inconnue : Plin. 37, 175.

Nasanzus, ▶ Nazanzus.

Nasaudum, i, n., ▶ Narsaduma.

nascendus, a, um, ▶ nascor ¶ 1.

nascentĭa, ae, f. (nascor), nativité : Vitr. 9, 6, 2.

nascĭbĭlis, e (nascor), qui peut naître : Tert. Marc. 3, 19, 8.

nascĭtūrus, a, um, ▶ nascor ▶.

nascō, ĭs, ĕre, -, -, ▶ nascor : *Cat. Agr. 151, 4.

nascŏr, scĕrĭs, scī, nātus sum (de gnatus, cf. gigno et irascor ; fr. naître), intr. ¶ 1 naître : amplissima familia nati Caes. G. 7, 37, 1, issus d'une très grande famille ; patre certo nasci Cic. Amer. 46,

nascor

naître d'un père connu, cf. Cic. Fat. 30; *Paulo, Papia natus* Cic. Off. 1, 121; Clu. 27, fils de Paulus, de Papia ‖ *ex nobis nati* Cic. Nat. 2, 62, issus de nous; *ex serva natus* Cic. Rep. 2, 37, né d'une esclave, cf. Cic. de Or. 1, 183; Fam. 13, 8, 1‖ [avec de] Pl. Cap. 274; Ov. M. 9, 612; 4, 422 ‖ [avec ab] Tac. H. 1, 16; Virg. G. 1, 434 ‖ *post homines natos* Cic. Phil. 11, 1, depuis qu'il y a des hommes; *post genus hominum natum* Cic. Balb. 26, depuis l'existence du genre humain; *in miseriam nascimur* Cic. Tusc. 1, 9, nous naissons pour être malheureux; *ad homines nascendos pertinere* Gell. 3, 10, 7, avoir trait à la naissance des hommes v. Gaffiot M. Belge t. 33, p. 622 ¶ 2 [fig.] naître, prendre son origine, provenir: *nascitur ibi plumbum album* Cæs. G. 5, 12, 5, là il y a des mines d'étain; *ab eo flumine collis nascebatur* Cæs. G. 2, 18, 2, à partir de ce fleuve (sur le bord) s'élevait une colline; *is videtur mihi ex se natus* Tac. An. 11, 21, il me paraît fils de ses œuvres ‖ *scribes ad me, ut mihi nascatur epistulæ argumentum* Cic. Fam. 16, 22, 2, tu m'écriras, pour que je trouve le sujet d'une lettre; *ea, ex quibus vera gloria nasci potest* Cic. Fam. 15, 4, 13, les choses, d'où peut naître la vraie gloire; *profectio nata ab timore defectionis* Cæs. G. 7, 43, 5, départ issu de (provoqué par) la crainte d'une défection, cf. Cic. Verr. 2, 82; Off. 2, 16‖ *ex hoc nascitur, ut* Cic. Fin. 3, 63, de là il résulte que.
▶ part. fut. nasciturus, a, um, Pall. 7, 7, 8; Aug. Serm. 2, 1.

Nascus, i, f. (Νάσκος), ville de l'Arabie Heureuse: Plin. 6, 154.

1 **nāsĭca**, æ, adj. m. f. (nasus), qui a les narines écartées, le nez épaté: Arn. 3, 14; 6, 10.

2 **Nāsīca**, æ, m., surnom dans la famille des Scipions: Cic. Brut. 79; Liv. 29, 14, 8‖ nom d'homme: Hor. S. 2, 5, 57.

Nasici, ōrum, m. pl., peuple de Tarraconaise dont la capitale est Calagurris: *Calagurritani qui Nasici cognominantur* Plin. 3, 24, les habitants de Calahorra, surnommés Nasici.

Nāsĭdĭēnus, i, m., nom d'homme: Hor. S. 2, 8, 1.

Nāsĭdĭus, ii, m., nom d'une famille romaine; nott L. Nasidius [partisan de Pompée]: Cic. Phil. 7, 34; Cic. Att. 11, 17, 3 ‖ **Nāsĭdĭānus**, a, um, de Nasidius: Cæs. C. 2, 7.

nāsĭterna (nass-), æ, f. (cf. p.-ê. nasus et cisterna), nasiterne, sorte d'arrosoir: Pl. St. 352; Cat. Agr. 11, 3; Varr. R. 1, 22, 3; Fest. 168, 15; P. Fest. 169, 3; ᴠ. mnasiterna, nassiterna.

nāsĭternātus, a, um, tenant un arrosoir: Calp. d. Fulg. Serm. 27.

Nasĭum, ii, n., ville de Belgique [Naix (Meuse)] Atlas V, D3: Anton. 365.

Nāso, ōnis, m., Nason [surnom romain] ‖ Ovide [désigné par son surnom]: Ov. Tr. 3, 3, 74.

Nāsŏs, ᴠ. 2 Nasus.

Nasotiani, ᴠ. Marotiani.

Naspercēnītēs, æ, m., de Naspercène [ville du Pont]: Plin. 14, 76.

nassa (**naxa**), æ, f. (cf. necto, ou plutôt nodus; fr. nasse), nasse de pêcheur: Plin. 9, 91; Sil. 5, 48‖ [fig.] mauvais pas: Pl. Mil. 581; Cic. Att. 15, 20, 2.

nassĭterna, ᴠ. nasi-.

Nastēs, is, m., chef des Cariens au siège de Troie: Aus. Epit. 18 (234), 1.

nasturtĭum (-cĭum), ii, n. (cf. nariset tortus?), cresson alénois [plante]: Cic. Tusc. 5, 99; Plin. 19, 155.

nāsum, i, n. arch., ᴄ. 1 nasus: Pl. Amp. 444; Cap. 647; Curc. 110; Vitr. 3, 1, 2.

1 **nāsus**, i, m. (arch. nassus, cf. naris; fr. nez) ¶ 1 nez de l'homme: Cic. Nat. 2, 143; *naso clamare magnum* Pl. Mil. 823, ronfler bruyamment ‖ nez [sens de l'odorat]: Hor. S. 2, 2, 89 ‖ [comme siège de la colère] Pers. 5, 91 ¶ 2 [fig.] finesse du goût; esprit moqueur, moquerie: *habere nasum* Mart. 1, 42, 18, avoir le goût difficile; *suspendere omnia naso* Hor. S. 2, 8, 64, froncer le nez sur tout ¶ 3 bec, goulot d'un vase: Juv. 5, 47; Mart. 14, 96, 2.

2 **Nāsus** (**Nāsos**), i, f. (Νᾶσος), quartier de Syracuse: Liv. 25, 30, 9 ‖ ville d'Acarnanie: Liv. 26, 24.

nāsūtē, adv. (nasutus), avec du flair, adroitement: Sen. Ben. 5, 6, 6; Plin. 24, 176.

nāsūtus, a, um (nasus; it. nasuto) ¶ 1 qui a un grand nez: Hor. S. 1, 2, 93; *nasuta manus* Cassiod. Var. 10, 30, trompe (éléphant) ¶ 2 qui a du flair, qui a le nez fin, spirituel, mordant, moqueur: Mart. 13, 37, 2; -tior Mart. 2, 54, 5; -issimus Sen. Suas. 7, 12 ‖ qui a trop de nez, dédaigneux: Phæd. 4, 7, 1.

nāta (gnata), æ, f., fille: Virg. En. 1, 654; Hor. S. 2, 3, 219 ‖ dat. et abl. pl. natabus: Pl. d. Prisc. 2, 293, 20.

nătābĭlis, e (nato), qui flotte: Bœt. Top. Cic. 3, p. 332 ‖ destiné à flotter: Corip. Just. 4, 43.

Natabudes, um, m. pl., peuple de Numidie: Plin. 5, 30.

nătābŭlum, i, n. (nato), endroit pour nager: Apul. Flor. 16.

nătābundus, a, um (nato), qui nage, en nageant: Jul.-Val. 2, 24.

Natal, nom d'un des mimes de Laberius: Gell. 16, 7, 9.

nātāles, ĭum, m. pl. (1 natalis) ¶ 1 naissance, origine: Tac. H. 2, 86; Plin. Ep. 8, 18, 8; Juv. 8, 231; *natalium periti* Sen. Nat. 2, 32, 7, tireurs d'horoscopes; *natalibus suis reddi* Dig. 40, 11, 2, être rendu à ses droits de naissance; *de liberis restituendis natalibus cognoscere* Plin. Ep. 10, 72, prononcer sur la question de rétablir les enfants dans leurs droits de naissance ‖ [en parl. des choses] origine, naissance ‖ Plin. 37, 56 ¶ 2 anniversaire: Tert. Marc. 1, 10, 1; ᴠ. 2 natalis.

nātālĭcĭa (s.-ent. *cena*), æ, f. (natalicius), repas d'anniversaire: Cic. Phil. 2, 15.

nātālĭcĭum, ii, n., [chrét.] anniversaire (de la mort) d'un saint: Aug. Serm. 4, 33, 36.

nātālĭcĭus, a, um (1 natalis), relatif à l'heure (au jour) de naissance: Cic. Div. 2, 89; Mart. 7, 86, 1.

1 **nātālis**, e (natus; fr. Noël), natal, de naissance, d'anniversaire: *natali die tuo* Cic. Att. 9, 5, 1, le jour de ton anniversaire, cf. Att. 3, 20, 1; Flac. 102; *natale astrum* Hor. Ep. 2, 2, 87, astre qui préside à la naissance; *natalem Delon Apollinis* Hor. O. 1, 21, 10, [célébrez] la Délos natale d'Apollon [Délos qui vit naître Apollon] ‖ subst. n. natale, lieu de naissance: Plin. 4, 25.

2 **nātālis**, is, m., (s.-ent. *dies*), jour de naissance, anniversaire: Cic. Att. 7, 5, 3 ‖ pl., Hor. Ep. 2, 2, 210; Plin. Ep. 6, 30, 1; ᴠ. natales.

3 **Nātālis**, is, m., (s.-ent. *genius*), dieu qui préside à la naissance de chaque homme: Ov. Tr. 5, 5, 13.

4 **Nātālis**, is, m., nom d'homme: Tac. An. 15, 50; 54.

nătans, tis, f., ᴠ. nato: Lucr. 2, 342.

nătātĭlis, e (nato), qui sait nager, aquatique: Apul. Mund. 28; Tert. Herm. 33, 2.

nătātĭo, ōnis, f. (nato), natation: Cic. CM 58; Cels. 3, 24, 5 ‖ lieu où l'on peut nager: Cels 3, 27, 1.

nătātŏr, ōris, m. (nato), nageur: Varr. L. 5, 93; Ov. Rem. 122.

nătātōria, æ, f. (natatorius), endroit l'on nage, piscine: Sidon. Ep. 2, 2, 8; Vulg. Joh. 9, 7.

nătātōrĭus, a, um (nato), qui sert à nager: Isid. 17, 7, 27 ‖ subst. pl. n., endroit où l'on nage, bassin: Vulg. Joh. 9, 11.

1 **nătātus**, a, um, part. de nato.

2 **nătātŭs**, ūs, m. (nato), action de nager, natation: Pall. 1, 17, 2; Stat. S. 1, 5, 25.

nătes, ĭum, f. pl. (cf. νῶτος), fesses: Pl. Pers. 847; Juv. 6, 611 ‖ croupion [de pigeon]: Mart. 3, 82, 21 ‖ sg., **nătis**, is, Hor. S. 1, 8, 46; Fest. 284, 15.

Nathabur, m., fleuve de Libye: Plin. 5, 37.

nătĭca, æ, f. (nates, it. natica), (s.-ent. *pars*) fesse, ᴠ. naticus.

nătĭcus, a, um, fessier ‖ *naticæ* [s.-e. *partes*] fesses: Ambr. Noe 7, 23; Sor. p. 79, 2.

natĭnātĭo, ōnis, f. (natinor), activité affairée: P. Fest. 167, 1.

natĭnātŏr, ōris, m. (natinor), turbulent, séditieux: P. Fest. 167, 1.

natĭnŏr, āris, āri, - (obscur; navo? natio?), intr., s'agiter, se révolter: Cat. d. Fest. 166, 6 ‖ ▶ negotior: Gloss. 5, 605, 19.

nātĭo, ōnis, f. (genus, natu, 1 natus, gigno) ¶ 1 naissance: *nationu (= nationis) cratia (= gratia) Fortuna (= -ae) donom dedi* CIL 1, 60, j'ai fait ce don à la Fortune à cause d'une naissance ‖ déesse de la Naissance: Cic. Nat. 3, 47 ‖ [en parl. des anim.] race, espèce, sorte: Varr. L. 9, 93; R. 2, 6, 4; P. Fest. 165, 5; [en parl. de miel] Plin. 21, 83 ‖ génération, descendance: Vulg. Psal. 72, 15 ¶ 2 peuplade, nation [partie d'une *gens*, peuple, race]: Cic. Off. 1, 53; Nat. 3, 93; Tac. G. 2; 38 ‖ [ironiq‹] secte, race, tribu, gent: Pl. Ru. 311; Cic. Nat. 2, 74; Sest. 132; Pis. 55 ¶ 3 [chrét.] *nationes*, les gentils, les païens: Tert. Idol. 2, 4; Gloss. 2, 132, 39, [ἔθνη].

nātĭōnātŭs, abl. ū, m. (natio), nationalité: CIL 6, 2662.

nătis, is, f., v.▶ nates.

Natiso, ōnis, m., Mel. 2, 61, **Natisus**, i, m., fleuve de Vénétie Atlas XII, B4: Plin. 3, 126.

nātĭuncŭla, ae, f. (dim. de natio), Not. Tir. 48.

nātīvĭtās, ātis, f. (nativus; esp. navidad), naissance: Dig. 50, 1, 1; [chrét.] *secunda nativitas* Tert. Cast. 1, 4, [à propos du baptême] ‖ génération: Tert. Marc. 4, 27, 8.

nātīvĭtŭs, adv. (nativus), en naissant, dès la naissance: Tert. Anim. 39, 1.

nātīvus, a, um (1 natus; fr. naïf), qui naît, qui a une naissance: Cic. Nat. 1, 25 ‖ qui a un commencement: Lucr. 5, 66 ‖ reçu en naissant, inné: Nep. Att. 4, 1; Cic. Dom. 12 ‖ naturel, non artificiel: Cic. Nat. 2, 100; Rep. 2, 11; Caes. G. 6, 10, 5; Plin. 8, 191 ‖ *nativa verba* Cic. Part. 16, mots primitifs [gram.].

nătō, ās, āre, āvī, ātum (fréq. de no); it. nuotare, esp. nadar), intr. et tr. ¶ 1 nager: *in Oceano* Cic. Fam. 7, 10, 2, nager dans l'Océan [plaist = naviguer]; *natat carina* Virg. En. 4, 398, la carène flotte sur les eaux ‖ tr., [poét.] parcourir à la nage: *freta* Virg. G. 3, 260, traverser la mer à la nage; *unda piscibus natatur* Ov. Tr. 5, 2, 25, les poissons nagent dans les flots [d'où] **natantes**, *ium*, f., Virg. G. 3, 541, poissons ¶ 2 [fig.] nager, voguer, flotter, se répandre çà et là: Ov. F. 4, 291; Prop. 2, 12, 52; Stat. Th. 2, 42 ‖ [métaph.] être flottant, hésitant, incertain: Cic. Nat. 3, 62; Sen. Ep. 35, 4; Hor. S. 2, 7, 6 ¶ 3 nager, être rempli d'un liquide, être inondé de: *natabant pavimenta vino* Cic. Phil. 2, 105, les dallages ruisselaient de vin, cf. Virg. G. 1, 372 ‖ *cuncta natabant* Luc. 4, 330, tout était inondé ‖ [en parl. des yeux qui nagent, défaillent, flottent chez les mourants] Ov. M. 5, 72; [chez les gens ivres] Ov. F. 6, 673; [chez l'orateur] Quint. 11, 3, 76.

natrix, ĭcis, f., (m.) (cf. v. irl. nathir, bret. naer, al. Natter, Otter, an. adder) ¶ 1 hydre, serpent d'eau: Cic. Ac. 2, 120 ‖ [fig.] = homme dangereux: Suet. Cal. 11 ‖ ▶ penis: Lucil. 72 ¶ 2 sorte de plante: Plin. 27, 107.
▶ m., Luc. 9, 720.

Natta, ae, m., nom d'homme: Hor. S. 1, 6, 124.

nātū, abl. de l'inus.*nātŭs, ūs, m. (v. natio, 1 natus), par la naissance, par l'âge: *minimus* Cic. Clu. 107, le plus jeune; *grandis natu* Cic. CM 10, avancé en âge ‖ [rare] *homo magno natu* Nep. Paus. 5, 3; Dat. 7, 1; Timoth. 3, 1; Liv. 21, 34, 2, homme d'un grand âge.

nātūra, ae, f. (v. natio, 1 natus, natu, gigno) ¶ 1 le fait de la naissance, nature: *natura tu illi pater es* Ter. Ad. 126, tu es son père par la nature; *tuus natura filius* Cic. Verr. 3, 162, ton fils par la naissance ¶ 2 nature, état naturel et constitutif d'une chose: *montis* Caes. G. 1, 21, 1; *loci* Caes. G. 1, 2, 2, nature (configuration) d'une montagne, d'un lieu; *secundum naturam fluminis* Caes. G. 4, 17, 4, suivant la nature (le sens) du courant; *naturam hominis in animum et corpus dividere* Cic. Fin. 4, 16, diviser la nature de l'homme en deux, l'âme et le corps; *honesti natura visque* Cic. Off. 1, 18, la nature et l'essence du beau moral; *natura causarum* Cic. de Or. 2, 307, la nature, le caractère propre des procès ‖ [*natura* avec gén. forme souvent une sorte de périphrase] *natura animantum = animantes* Lucr. 1, 194, les êtres vivants; *animi natura = animus* Lucr. 3, 43 ¶ 3 [en part., chez l'homme] nature, naturel, tempérament, caractère: *homo varia multiplicique natura* Cic. Cael. 14, homme d'une nature ondoyante et diverse; *quae tua est natura* Cic. Fam. 13, 78, 2, avec le caractère que tu as; *voluptatem consuetudine quasi alteram quandam naturam effici* Cic. Fin. 5, 74, [ils disent] que l'habitude fait du plaisir comme une seconde nature; *naturam expellas furca, tamen usque recurret* Hor. Ep. 1, 10, 24, chassez le naturel à coups de fourche, il reviendra sans cesse ‖ voix de la nature, force de la nature, sentiment naturel: *natura victus* Cic. Fin. 2, 49, cédant à la force de la nature; [opposé à *poena*] = conscience naturelle: Cic. Leg. 1, 40; *natura casuque* Cic. Brut. 33, par l'instinct naturel et le hasard ‖ les dons naturels [d'un homme, aussi bien physiques qu'intellectuels]: Cic. de Or. 1, 113; 114; 115; 2, 232; Brut. 22; Or. 4 ‖ pl., *naturae* Cic. de Or. 2, 251, caractères, types, cf. Cic. Off. 1, 211; *naturae humani generis* Cic. de Or. 1, 60, les différents caractères de la nature humaine ¶ 4 nature, cours des choses, ordre établi par la nature: *naturae satisfacere* Cic. Clu. 29, satisfaire à la nature, mourir; *naturae concedere* Sall. J. 14, 15, obéir aux lois de la nature, mourir; *quod rerum natura non patitur* Cic. Ac. 2, 55, ce que la nature ne permet pas; *lex naturae* Cic. Off. 3, 31, les lois de la nature ‖ [personnifiée] *quis opifex praeter naturam...* Cic. Nat. 2, 142, quel ouvrier autre que la nature...?; *homines rationem habent a natura datam* Cic. Fin. 2, 45, les hommes ont la raison, don de la nature ‖ ordre des choses, possibilité naturelle: *videmus haec in rerum natura tria fuisse, ut aut...* Cic. Rab. perd. 24, nous voyons que la situation ne comportait que ces trois lignes de conduite: ou bien..., cf. Quint. 2, 17, 32 ¶ 5 la nature, ensemble des êtres et des phénomènes, monde physique, monde sensible: *rerum natura* Lucr. 1, 25, la genèse de l'univers; *cognitio naturae* Cic. Fin. 4, 8, l'étude de la nature, la physique, cf. Cic. Or. 16; de Or. 1, 68; Ac. 1, 19 ‖ [sens concret] être, élément, objet; *natura nulla est, quae non habeat...* Cic. de Or. 3, 25, il n'y a pas d'objet dans la nature qui n'ait...; *hoc idem, quod est in naturis rerum, transferri potest etiam ad artes* Cic. de Or. 3, 26, et cette même constatation qui se fait dans le domaine des choses sensibles, on peut la transporter aussi aux arts; *illa quae de naturis rerum dicuntur* Cic. de Or. 3, 127, ces connaissances que l'on expose sur le monde physique; *quattuor naturas, ex quibus omnia constare censet, divinas esse vult* Cic. Nat. 1, 29, les quatre éléments dont il estime que tout est composé, il en fait des divinités, cf. Cic. Nat. 1, 22 ‖ organes de la génération [chez l'homme et la femme]: Cic. Nat. 3, 55; Div. 2, 145; [chez les animaux] Varr. R. 3, 12, 4; 2, 7, 8.

nātūrābĭlis, e, ▶ naturalis: Apul. Plat. 2, 12.

nātūrāle, *is*, n. (naturalis) **a)** besoin naturel: Amm. 30, 1, 20 **b)** parties naturelles: Cels. 5, 26, 13; [surtout au pl.] *naturalia* Cels. 5, 20, 4; Col. 6, 27, 10; Just. 1, 4, 2.

nātūrālĕ, e (natura), de naissance, naturel [père, fils]: Quint. 3, 6, 95; Liv. 42, 52, 5 ‖ qui appartient à la nature des choses, naturel, inné: *iracundiam naturalem dicunt* Cic. Tusc. 4, 79, ils disent que l'emportement est une chose naturelle, cf. Tusc. 4, 76; Fin. 1, 19; 31; *naturalis nitor* Cic. Brut. 36, éclat venant de la nature (non des fards); *naturale principium* Cic. Brut. 209, exorde naturel (fourni par la nature même de la cause); *aliquid naturale habere* Cic. de Or. 1, 117, posséder qq. don naturel ‖ conforme aux lois de la nature: *naturale est ut* Sen. Ep. 116, 2, il est naturel que ‖ qui concerne la nature: *quaestiones naturales* Cic. Part. 64, les questions de physique ‖ réel, positif, vrai: Lact. Inst. 1, 11, 37 ‖ *naturales liberi, filius naturalis* Dig. 1, 9, 5, 10; 38, 17, 7, enfants naturels, fils naturel [par oppos. aux enfants adoptés]; Cod. Just. 5, 27, naturels, nés hors mariage [par oppos. à légitimes] ‖ *naturale debitum (vinculum)* Dig. 12, 6, 59; 64, obligation naturelle [par oppos. à civile].

naturalitas

nātūrālĭtās, ātis, f. (*naturalis*), caractère naturel : Tert. *Anim.* 43, 6.

nātūrālĭter, adv. (*naturalis*), naturellement, par nature, conformément à la nature : Cic. *Div.* 1, 113 ; Caes. C. 3, 92 ; Plin. 11, 130 ‖ *naturaliter sibi obligare* Dig. 5, 3, 25, 11, s'obliger par une obligation naturelle [par oppos. à civile].

nātūrālĭtus, adv., C. *naturaliter* : Apul. *M.* 1, 12 ; Sidon. *Ep.* 9, 11, 2.

nātūrĭfĭcātus, a, um, devenu un être, entré dans l'être : Tert. *Val.* 29, 4.

1 nātus (gnātus), a, um (*nascor, natio, natu*, scr. *jāta-s* ; fr. *né*)
I part. de *nascor*.
II pris adj^t ¶ **1** formé par la naissance, constitué par la nature : *ita natus est, ut* Cic. *Verr.* 4, 126, il est par naissance, par nature tel que ; *ager bene natus* Varr. *R.* 1, 6, 1, un champ de bonne nature ‖ *pro re nata* Cic. *Att.* 7, 14, 3, vu l'état des circonstances, cf. Cic. *Att.* 7, 8, 2 ; 7, 14, 3 ; 14, 6, 1 ; *e re nata* Ter. *Ad.* 295, d'après (dans) l'état des choses ¶ **2** destiné par la naissance à, né pour : *patriae* Cic. *Mil.* 104, né pour la patrie ; *bello latrociniisque* Caes. *G.* 6, 35, 7, né pour la guerre et les brigandages ; *ad omnia summa* Cic. *Brut.* 239, né pour toutes les plus grandes choses, cf. Cic. *Or.* 99 ; *Fin.* 2, 40 ‖ [poét., avec inf.] Hor. *Ep.* 1, 2, 27 ; Ov. *M.* 15, 120 ; [avec *in* acc.] Hor. *O.* 1, 27, 1 ; Ov. *M.* 14, 99 ¶ **3** âgé de : *annos natus unum et viginti* Cic. *de Or.* 3, 74, âgé de vingt et un ans ; *annos ad quinquaginta natus* Cic. *Clu.* 110, âgé d'environ cinquante ans ; V. *major, minor, maximus, plus, minus*.

2 nātus (gnātus), i, m., fils : [au sg.] [poét.] Enn., Virg., Ov. ; Cic. *Tusc.* 2, 21 ; [au pl.] Cic. *Fin.* 5, 65 ; *Lae.* 27 ; Liv. 1, 23, 1 ; 5, 40, 3 ‖ petits des animaux : Hor. *S.* 2, 2, 115 ; Virg. *En.* 7, 518.

3 nātŭs, ūs, m., V. *natu*.

nauarchia, ae, f. (ναυαρχία), navarchie, fonction de commandant de vaisseau : Cod. Th. 13, 5, 20.

nauarchus, i, m. (ναύαρχος), navarque, capitaine de navire : Cic. *Verr.* 5, 60 ; Tac. *An.* 15, 51.

Nauarum (Naub-), i, n., ville du Pont : Plin. 4, 84.

Naubŏlĭdēs, ae, m. (Ναυβολίδης), fils de Naubole : Val.-Flac. 1, 362.

Naubŏlus, i, m., Naubole [roi de Phocide, père d'Iphitus] : Stat. *Th.* 7, 355 ; Hyg. *Fab.* 14.

naucella, ae, f., C. *navicella* : Marcian. *Dig.* 33, 7, 17.

nauci, V. *naucum*.

nauclērĭcus, a, um (ναυκληρικός), de patron de navire : Pl. *Mil.* 1177.

nauclērĭus, C. *nauclericus* : *Pl. *As.* 69.

nauclērus, i, m. (ναύκληρος ; fr. *nocher*), patron de navire : Pl. *Mil.* 1110 ; Tert. *Marc.* 5, 1, 2 ; Vulg. *Act.* 27, 11 ‖ titre d'une comédie de Caecilius : Non. 13, 32 ; 126, 26 ; Isid. 19, 1.

Naucrătēs, *is*, m. (Ναυκράτης), disciple d'Isocrate : Cic. *de Or.* 3, 173 ; *Or.* 172 ; Quint. 3, 6, 9 ‖ nom d'homme : Pl. *Amp.* 849.

Naucrătis, acc. *im* ; f. (Ναύκρατις), ville grecque d'Égypte, dans le Delta Atlas IX, E2 : Plin. 5, 64 ‖ **-tĭcus**, a, um, de Naucratis : Plin. 5, 64 ‖ **-tītēs**, ae, adj. m., Plin. 5, 49.

naucŭla, ae, f., sync. de *navicula* : Plin. *Ep.* 5, 6, 37 ; Paul.-Nol. *Carm.* 21, 247.

naucŭlŏr, āris, ārī, - (*naucula*), aller en barque : Mart. 3, 20, 20.

naucum (-us), i, n. (m.) (obscur, cf. *nux*, ?), zeste de noix : P. Fest. 167, 8 ‖ [employé seul^t dans certaines expr.] : *non habere nauci aliquem* Cic. *Div.* 1, 132, ne pas faire le moindre cas de qqn ; *aliquid non nauci facere* Pl. *Bac.* 1102 ; *nauci non putare* Apul. *Apol.* 91 ; *nauco ducere* Naev. *Com.* 105, estimer peu, faire fi de ; *homo non nauci* Pl. *Truc.* 611, homme ne valant pas un zeste ; *nauci non esse* Pl. *Most.* 1031, ne pas valoir un zeste.

naufrăgālis, e (*naufragium*), fécond en naufrages : Capel. 6, 643.

naufrăgātor, ōris, m. (*naufrago*), qui fait naufrage : Aug. *Serm.* 53, 1 Mai.

naufrăgĭōsus, a, um (*naufragium*), orageux, agité : Sidon. *Ep.* 4, 12, 1.

naufrăgĭum, ii, n. (sync. de **navifragium*) ¶ **1** naufrage : *facere* Cic. *Fam.* 16, 9, 1, faire naufrage ‖ [poét.] tempête : Lucr. 2, 552 ‖ débris d'un naufrage : Sil. 10, 323 ¶ **2** [fig.] naufrage, ruine, perte, destruction : *patrimonii* Cic. *Phil.* 12, 19, la perte d'un patrimoine ; *tabula ex naufragio* Cic. *Att.* 4, 18, 3, une planche de salut ; *in hoc portu Atheniensium nobilitatis naufragium factum est* Cic. *Verr.* 5, 98, c'est dans ce port que le prestige des Athéniens fit naufrage ‖ débris d'un naufrage, épaves : [pl.] Cic. *Phil.* 13, 3 ; [sg.] Cic. *Sest.* 15.

naufrăgō, ās, āre, -, - (*naufragus*), intr., faire naufrage : Petr. 76, 4 ; Sidon. *Ep.* 4, 21, 5 ; Salv. *Gub.* 3, 4, 19.

naufrăgŏr, āris, ārī, -, C. *naufrago* : Vl. 2 *Cor.* 11, 25 ; Zen. 1, 3, 2.

naufrăgōsus, a, um, C. *naufragiosus* : Aug. *Psalm.* 124, 5 ; Mamert. *Anim.* 1, 1.

naufrăgus, a, um (*navifragus, frango*) ¶ **1** qui a fait naufrage, naufragé : Cic. *Pis.* 43 ; Virg. *G.* 3 ; 542 ‖ subst. m., naufragé : Cic. *Inv.* 3, 153 ; Sen. *Ben.* 3, 9, 3 ; [fig.] qui a tout perdu : Cic. *Cat.* 2, 24 ; *Sull.* 41 ¶ **2** [poét.] ce qui cause un naufrage : Hor. *O.* 1, 16, 10 ; Ov. *F.* 4, 500.

Naulŏcha, ōrum, n. pl., ville de Sicile : Sil. 14, 264 ‖ **-chum**, i, Suet. *Aug.* 16.

Naulŏchŏs (-us), i, f., île voisine de la Crète : Plin. 4, 61.

Naulŏchum, i, n., V. *Naulocha*.

naulum, i, n. (ναῦλον ; it. *nolo*), fret, frais de transport par mer : Juv. 8, 97 ; Paul. *Dig.* 30, 1, 39 ; Ulp. *Dig.* 20, 4, 6 ‖ *nauli nomine* Apul. *M.* 6, 18, 7, pour le prix d'un passage.

Naumăchaei, ōrum, m. pl., peuple d'Arabie : Plin. 6, 152.

naumăchĭa, ae, f. (ναυμαχία), naumachie, représentation d'un combat naval : Suet. *Claud.* 22 ; *Ner.* 12 ; Mart. *Spect.* 28, 12 ‖ bassin sur lequel on donne la naumachie : Suet. *Tib.* 7 ; 72.

naumăchĭārĭus, a, um (*naumachia*), relatif à la naumachie : Plin. 16, 190 ‖ celui qui combat dans une naumachie : Suet. *Claud.* 21.

Naupactŏs (-us), i, f. (Ναύπακτος), Naupacte [ville d'Étolie à l'entrée du golfe de Corinthe ; anc^t Lépante] Atlas VI, B1 : Caes. *C.* 3, 35 ; Cic. *Pis.* 91 ; Plin. 4, 6 ‖ **-tŏus**, a, um, de Naupacte : Ov. *F.* 2, 43.

naupēgus, i, m. (ναυπηγός), charpentier de navire : Dig. 50, 6, 6 ; Diocl. 7, 13.

nauphylax, ācis, m. (ναυφύλαξ), gardien à bord d'un navire : CIL 11, 43 ; 10, 3451.

Naupĭdămē, ēs, f., fille d'Amphidamas, mère d'Augias : Hyg. *Fab.* 14.

Nauplĭădēs, ae, m. (Ναυπλιάδης), fils de Nauplius : Ov. *M.* 13, 310.

1 nauplĭus, ii, m. (ναυπλίος), argonaute [mollusque] : Plin. 9, 94 ; V. *nautilus*.

2 Nauplĭus, ii, m. (Ναύπλιος), fils de Neptune et roi de l'Eubée : Prop. 4, 1, 115 ; Hyg. *Fab.* 116.

1 Nauportus, i, f., ville de la Haute Pannonie : Vell. 2, 110, 4 ; Tac. *An.* 1, 20.

2 Nauportus, i, m., fleuve de la Haute Pannonie : Plin. 3, 128.

naupreda (-prida), ae, f. (gaul.), V. *lampreda*.

nauscō, *nauscit* (cf. *naucum*), intr., s'ouvrir en forme de bateau [en parl. de la fève] : Fest. 170, 21 ; P. Fest. 171, 1.

nausĕa (qqf. **-ĭa**), ae, f. (ναύσια ; fr. *noise*), mal de mer : Cic. *Fam.* 1, 11, 1 ; *Att.* 5, 13, 1 ‖ nausée, envie de vomir : Sen. *Ep.* 53, 3 ; Plin. 26, 112 ‖ [fig.] dégoût : Mart. 4, 37, 9.

nausĕābĭlis, e, qui donne des nausées : Cael.-Aur. *Chron.* 3, 2, 18.

nausĕābundus, a, um (*nauseo*), qui éprouve le mal de mer : Sen. *Ep.* 108, 37 ‖ qui a des nausées : Sen. *Ep.* 47, 8.

nausĕāmentum, i, n., éructation [fig.] : Vigil.-Thaps. *Eutych.* 4, 1.

nausĕātŏr (nausĭā-), ōris, m., celui qui a le mal de mer : Sen. *Ep.* 53, 4.

nausĕō (qqf. **-ĭō**), ās, āre, āvī, ātum (*nausea*), intr. ¶ **1** avoir le mal de mer : Hor. *Ep.* 1, 1, 93 ; Sen. *Ir.* 3, 37, 3 ‖ avoir des nausées, avoir envie de vomir : Cic. *Phil.* 2, 84 ; *Fam.* 12, 25, 4 ¶ **2** [fig.] être dégoûté : Cic. *Nat.* 1, 84 ‖ faire le dégoûté : Phaed. 4, 7, 25.

nausĕŏla, *ae*, f. (dim. de *nausea*), petites nausées : Cic. Att. 14, 8, 2.

nausĕōsus, *a*, *um* (*nausea*), qui cause des nausées, nauséabond : Plin. 26, 59.

nausĭa, nausĭo, ▸ *nausea*.

Nausĭcăa, *ae*, f., Gell. (Ναυσικάα) et **Nausĭcăē**, *ēs*, f., Mart., Nausicaa [fille d'Alcinoüs, roi des Phéaciens ; accueillit Ulysse naufragé] : Mart. 12, 31, 8 ; Gell. 9, 9, 14.

Nausĭphănēs, *is*, m., disciple de Démocrite : Cic. Nat. 1, 33.

Nausĭphŏus, *i*, m., fils d'Ulysse et de Circé : Hyg. Fab. 125.

Naustălo, *ōnis*, m., ville de la Narbonnaise, vers l'embouchure du Rhône : Avien. Or. 616.

Naustathmŏs (-mus), *i*, f. (Ναύσταθμος), port d'Ionie, près de Phocée : Liv. 37, 31.

naustĭbŭlum, *i*, n. (cf. *navia* ?), baquet, vaisseau : Fest. 168, 27.

nausum (-us), *i*, n. (m.) (cf. ναῦς ?), bateau : Aus. Epist. 22, 1 (414).

nauta, *ae*, m. (ναύτης), matelot, nautonier : Cic. Att. 9, 3, 2 ; Caes. G. 3, 9, 1 ‖ marchand, négociant : Hor. S. 1, 1, 29.

nautālis, *e* (*nauta*), de matelot : Aus. Mos. 223.

nautĕa, *ae*, f. (ναυτία), eau de sentine, bain de tannage : Pl. As. 894 ; Curc. 100 ; Non. 8, 6.
▸ orth. anal. de *notia* : P. Fest. 165, 1.

Nautēs, *ae*, m., nom d'un prêtre troyen : Virg. En. 5, 704.

nautĭcārius, *ii*, m., ▸ *navicularius* : CIL 14, 2.

nautĭcus, *a*, *um* (ναυτικός), de matelot, de nautonier, naval, nautique : Cic. Att. 13, 21, 3 ; Caes. G. 3, 8, 1 ‖ **nautĭci**, *ōrum*, m. pl., marins, équipage d'un navire : Liv. 37, 28, 5 ; Plin. 16, 178.

nautĭlus, *i*, m. (ναυτίλος), nautile, argonaute [mollusque] : Plin. 9, 88.

Nautis, f., ▸ *Navos* [qqs mss].

Nautius, *ii*, m., nom de plusieurs consuls : Liv. 2, 52 ; 4, 52.

Nāva, *ae*, m., fleuve de Germanie [Nahe] : Tac. H. 4, 70.

nāvāle, *is*, n. (*navalis*), lieu où l'on garde les vaisseaux à sec : Ov. M. 3, 661 ‖ **nāvālĭa**, *ĭum*, n. pl., bassin de construction, chantier naval : Cic. Off. 2, 60 ‖ arsenaux [à Rome] : Liv. 3, 26, 8 ; 8, 14, 12 ‖ matériel naval : Virg. En. 11, 329 ; Liv. 45, 23, 5 ; Plin. 16, 52.

nāvālis, *e* (*navis*), de vaisseau, de navire, naval : *pugna* Cic. CM 13, combat naval ; *navalis apparatus* Cic. Att. 10, 8, 4, préparatifs d'une flotte ; *corona navalis* Virg. En. 8, 684, couronne navale ; *socii navales* Liv. 26, 48, 3, les marins, les troupes de marine [fournies par les alliés] ; *navales pedes* Pl. Men. 350, les rameurs (pieds des vaisseaux).

nāvanter, ▸ *gnaviter* : Cassiod. Var. 2, 23.

nāvarchus, ▸ *nauarchus* : Paul.-Nol. Carm. 24, 151.

nāvātus, *a*, *um*, part. de *navo*.

nāvē (gnāvē), ▸ *naviter*, avec soin, avec zèle : Pl. d. Fest. 168, 7 ; Sall. J. 77, 3.

Navectabē, *ēs*, f., ville d'Éthiopie : Plin. 6, 193.

nāvĭa, *ae*, f. (*navis*), auge de bois pour la vendange : Fest. 168, 29 ‖ revers, côté pile d'une pièce de monnaie : Aug. Anim. 4, 14, 20 ; *Ps. Aur.-Vict. Orig. 3, 5 ; ▸ *navium*.

Navialbĭo, ▸ *Navilubio*.

nāvĭcella, *ae*, f. (fr. *nacelle*), dim. de *navicula*, ▸ *navicula* : Ps. Aug. Serm. app. 72, 1 ; Ps. Fulg.-R. Serm. 21.

nāvĭcŭla, *ae*, f., dim. de *navis*, petit bateau : Cic. Ac. 2, 148 ; Caes. C. 3, 103.

nāvĭcŭlārĭa, *ae*, f. (*navicularius*), métier d'armateur, commerce maritime : Cic. Verr. 5, 46.

nāvĭcŭlārĭs, *e* et **-rĭus**, *a*, *um* (*navicula*), relatif au métier d'armateur ou au commerce maritime : Dig. 50, 4, 1 ; Cod. Th. 13, 5, 12.

nāvĭcŭlārius, *ii*, m. (*navicula*), armateur : Cic. Fam. 16, 9, 4 ; Att. 9, 3, 2.

nāvĭcŭlor, ▸ *nauculor*.

nāvĭfrăgus, *a*, *um* (*navis*, *frango*), qui brise les vaisseaux, qui fait faire naufrage, orageux : Virg. En. 3, 553 ; Ov. M. 14, 6 ; Tr. 5, 8, 11.

nāvĭgābĭlis, *e* (*navigo*), navigable, où l'on peut naviguer : Tac. An. 15, 42 ; Col. 1, 2, 3.

nāvĭgātĭo, *ōnis*, f. (*navigo*), navigation, voyage sur mer, [en gén.] par eau : Cic. Fam. 13, 68, 1 ; CM 71.

nāvĭgātŏr, *ōris*, m. (*navigo*), navigateur : Quint. 5, 10, 27 ; Ps. Quint. Decl. 12, 23.

nāvĭgātus, *a*, *um*, part. de *navigo*.

nāvĭger, *ĕra*, *ĕrum* (*navis*, *gero*), qui porte des navires : Lucr. 1, 3 ; Mart. 12, 99, 4 ‖ *navigera similitudo* Plin. 9, 94, ressemblance avec un navire en marche.

nāvĭgĭŏlum, *i*, n., dim. de *navigium*, barque : Cic. Fam. 12, 15, 2.

nāvĭgĭum, *ii*, n. (*navigo* ; esp. *navío*) ¶ 1 [en gén.] navire, bâtiment, vaisseau : Cic. Nat. 2, 152 ; Att. 15, 11, 3 ‖ radeau : Ulp. Dig. 43, 12, 1 ¶ 2 navigation, trajet par eau : Scaev. Dig. 45, 1, 122.

nāvĭgō, *ās*, *āre*, *āvī*, *ātum* (*navis*, *ago* ; fr. *nager*) ¶ 1 intr., naviguer, voyager sur mer [en gén.] par eau : *Syracusas* Cic. Nat. 3, 83, aller par mer à Syracuse ; *utrum classis navigarit an...* Cic. Fl. 32, [se demander] si la flotte a pris la mer ou... ; *in portu* Ter. And. 480, naviguer dans le port [être en sûreté] ; *celeriter tanti belli impetus navigavit* Cic. Pomp. 34, l'élan d'une si grande guerre (a fait voile) s'est porté sur les lieux avec promptitude ¶ 2 tr., *terram* Cic. Fin. 2, 112, naviguer sur terre [en parl. de Xerxès], cf. Virg. En. 1, 67 ‖ [au pass.] *lacus classibus navigati* Tac. G. 34, lacs sillonnés par les flottes, cf. Plin. 2, 67 ‖ *quae homines arant, navigant* Sall. C. 2, 7, ce que font les hommes en labourant, naviguant = le labourage, la navigation.

Nāvĭluvĭo, *ōnis*, m., fleuve de Galice [Navia] : Plin. 4, 111.

navim, ▸ *navis* ▸.

nāvis, *is*, f. (cf. ναῦς, scr. *naus*, v. irl. *nau* ; fr. *nef*), navire, bâtiment : *auri navis* Cic. Par. 20, navire chargé (un chargement) d'or ; *navem deducere* Caes. G. 5, 23, 2, mettre un navire à la mer ; *subducere* Caes. G. 5, 11, 5, mettre un navire à sec sur le rivage ; *solvere* Caes. G. 3, 6, mettre à la voile ; *navem appellere ad* Cic. Att. 13, 21, 3, faire aborder à ; *naves applicare terrae* Liv. 28, 17, 13, aborder ; *navis longa, oneraria* Caes. G. 3, 9, 1 ; G. 4, 22, 3, vaisseau de guerre, vaisseau de transport ; *constrata* Cic. Verr. 5, 89, vaisseau ponté ; *aperta* Cic. Verr. 5, 104, vaisseau découvert, ▸ *conscendere, egredi, exponere* ; *navem facere* Cic. Verr. 4, 19 ; *aedificare* Verr. 4, 18, construire un navire ‖ [prov.] *navibus et quadrigis* Hor. Ep. 1, 11, 28, par tous les moyens, de toutes ses forces ‖ [fig.] *rei publicae* Cic. Sest. 46, le vaisseau de l'État ‖ *Navis (Navis Argolica)* le Navire des Argonautes [signe céleste] : Cic. Arat. 277 ‖ côté pile des pièces de monnaie [anciennement Saturne ou Janus au droit, une proue de navire au revers] : Macr. Sat. 1, 7, 22 ; ▸ *navia, navium* ‖ [fig.] [le corps] Tert. Anim. 52, 4.
▸ acc. sg. habituellement *navem*, qqf. *navim* Cic. Att. 7, 22, 1 ; Sall. J. 25, 5 ; Hor. Ep. 2, 1, 114 ; abl. *navi* Cic. de Or. 3, 159 et souvent, mais aussi *nave* Cic. Fam. 10, 31, 1 ; Caes. C. 2, 32, 12.

Nāvĭsalvĭa, *ae*, f., nom donné à Claudia Quinta, parce que, avec sa ceinture, elle tira le navire (portant l'image de Cybèle) qui s'était échoué en remontant le Tibre [Liv. 29, 14 ; Tac. An. 4, 64 ; Val.-Max. 1, 8] : CIL 6, 492 ; 493 ; 494.

nāvĭta, *ae*, m. (de *nauta*, cf. *navis*), [poét.] navigateur, matelot : Cic. poet. Tusc. 2, 23 ; Lucr. 5, 223 ; Virg. G. 1, 137.

nāvĭtās (gnāv-), *ātis*, f. (*navus*), empressement : Cic. Fam. 10, 25, 1 ; Arn. 1, 2.

nāvĭtĕr (gnāv-) (*navus*), avec empressement, zèle : Liv. 10, 39, 6 ; 24, 23, 9 ; 30, 4, 6 ‖ de propos délibéré : Cic. Fam. 5, 12, 3 ‖ complètement : Lucr. 1, 525.

navium, n., [seul[t] pl.], revers, côté pile d'une pièce de monnaie : *capita aut navia* Macr. Sat. 1, 7, 22, pile ou face ; Paul.-Nol. Carm. 32, 77 ; ▸ *navia*.

Nāvius, *ii*, m., Attus Navius, célèbre augure : Cic. Nat. 2, 9 ; Plin. 15, 76 ‖

Navius

-vĭus, *a*, *um*, de Navius : Plin. 15, 77 ; Fest. 168, 31.

nāvō, *ās*, *āre*, *āvī*, *ātum* (navus), tr., faire avec soin, avec zèle : Cic. Fam. 6, 1, 7 ; *operam alicui* Cic. Brut. 282 ; Liv. 28, 35, 9, servir qqn, s'empresser pour qqn ; *operam* Tac. An. 3, 42, agir vigoureusement ; *mihi videor navasse operam, quod...* Cic. de Or. 2, 26, à mon avis, je n'ai pas perdu mon temps en... (je crois m'être rendu service en...) ; *alicui studium* Cic. Att. 15, 4, 5 ; *in aliquem benevolentiam* Cic. Fam. 3, 10, 3, témoigner son zèle, sa bienveillance à qqn.

Navŏs, *i*, f., ville d'Éthiopie : Plin. 6, 193 [var. *Nautis*].

nāvus (**gnāv-**), *a*, *um* (gnosco, gnarus, cf. octavus), diligent, actif, zélé : Cic. Verr. 3, 53 ; Pomp. 18 ; Vell. 2, 105, 2 ‖ *-ior* Amm. 26, 4, 4.

naxa, *ae*, f., v. *nassa*.

Naxĭca, *n. pl.*, histoire de Naxos : Hyg. Astr. 2, 16, 2.

Naxŏs, Naxus, *i*, f. (Νάξος), Naxos [île de la mer Égée, la plus grande des Cyclades] Atlas I, D5 ; VI, C3 ; IX, C1 : Virg. En. 3, 125 ‖ ville située dans l'île : Plin. 4, 67 ‖ ville de Sicile : Plin. 3, 88 ; Prop. 3, 17, 27 ‖ *-xĭus*, *a*, *um*, de Naxos : Plin. 21, 115 ; *Naxius ardor* Col. 10, 52, la Couronne d'Ariane [constellation] ‖ **Naxia cos**, f., Plin. 36, 164 ‖ **Naxĭum**, *ii*, n., Plin. 36, 54 ; 37, 109, pierre de Naxos servant à polir le marbre.

Nazanzus, *i*, f., Nazianze [ville de Cappadoce] Atlas IX, C3 : Fort. Carm. 9, 6, 5.

Nazăra, *ae*, f., c. Nazareth : Juvc. 2, 107.

Nazărēnus, *a*, *um* (Ναζαρηνός), de la ville de Nazareth ‖ de Jésus-Christ, chrétien : Prud. Perist. 10, 45 ‖ subst. m., Jésus-Christ : Prud. Cath. 7, 1.

Nazărĕth, f. indécl. (hébr. ; fr. *lazaret*), village de Judée : Vulg. Matth. 2, 23 ‖ *-raeus*, *a*, *um*, de Nazareth, Nazaréen : Vulg. Matth. 2, 23 ‖ *-rĕus*, *a*, *um*, de Nazareth : Prud. Sym. 1, 550.

Nazărĭus, *ii*, m., nom d'homme : Aus. Prof. 15 (204), 9 ‖ saint Nazaire : Fort. Carm. 1, 10, 1.

Nazărus, *a*, *um*, c. Nazaraeus : Juvc. 3, 29.

Nazerīni, *ōrum*, m. pl., peuple de Syrie : Plin. 5, 81.

Nazianzus, v. *Nazanzus*.

1 nē, adv. d'affirmation (cf. *tune*, νή ; *nae* est incorrect), assurément : *egone ? — tu ne* Pl. Cap. 857, moi ? — oui, toi, cf. Pl. Ep. 575 ; St. 635 ; Trin. 634 ‖ *edepol ne hic dies advorsus mi optigit* Pl. Men. 899, par Pollux, certes, voilà une journée qui a bien mal tourné pour moi ‖ [dans Cic. en tête de la prop. et joint à un pronom personnel ou démonstratif] *ne ego, ne tu, ne ille, ne ista* : Cic. Tusc. 1, 99 ; 3, 8 ; Brut. 249 ; 251 ; Phil. 2, 3 ; Cat. 2, 6 ‖ joint à *medius fidius* : Cic. Tusc. 1, 74 ; Att. 4, 4 a, 2.

2 nĕ, adv. de nég. arch. (*3 ne*, scr. *na*, rus. *ne*, al. *nicht*, *nein*), v. *non* ; *nevis* = *non vis* Pl. Trin. 1156 ; *nevolt* = *non volt* Pl. Most. 110, [cf. *nolo*] ‖ a servi à faire de nombreux composés, v. par ex. *neque*, *nefas*, *nescio*, *nequeo*, *neuter*, *nihil*, *nullus*, *numquam*, *nemo*, *non*, *nefas*.

3 nē (2 *ne*, *ni*, osq. *ni*, scr. *nā*) adv. et conj. de négation

> **I** adv. ¶1 *ne... quidem* "pas même, non plus", *numquam ne... quidem*, *non modo, sed ne... quidem*, v. *modo* ¶2 [arch.] ¶3 [en composition] ¶4 prop. exprimant a) une défense [impér.] *ne audeto*, avec le subj b) une exhortation c) une supposition d) un souhait ¶5 subord. introd. par *ut*, *(dum)modo*, *qui*, *quo* [adv. relatifs] v. ces mots.
>
> **II** conj. avec le subj. "que ne", "pour que ne pas" ¶1 constr. de verbes signifiant a) craindre *metuo*, *periculum est* b) défendre, empêcher *impedio*, *caveo*... c) verbes de volonté *impero*, *volo*, *moneo*..., v. ces mots ¶2 [sens final] "pour que ne... pas", se rattache à une idée s.-ent., ellipse du verbe, *ne multa* ¶3 *ita... ne, ne* "à la condition de ne... pas", sans verbe ¶4 tours elliptiques a) " il est à craindre que " b) " il n'y a pas à craindre que ", *ne juvenem quidem movit, ne nunc senem*.

I adv., *ne...* pas ¶1 *ne... quidem*, pas même, non plus : *ne sues quidem* Cic. Tusc. 1, 92, pas même les porcs ; *ne in oppidis quidem* Cic. Verr. 4, 2, pas même dans les villes ; *ne cum in Sicilia quidem fuit (bellum)* Cic. Verr. 5, 6, pas même quand (la guerre) fut en Sicile ; *ne vos quidem* Cic. CM 33, vous non plus ; [dans les conclusions] *carere sentientis est ; nec sensus in mortuo ; ne carere quidem igitur in mortuo est* Cic. Tusc. 1, 88, " manquer " suppose un sujet sentant ; un mort n'est pas susceptible de sentir, donc il n'est pas non plus susceptible de manquer, cf. Cic. Fin. 4, 55 ; Tusc. 1, 11 ; 1, 82 ; Nat. 3, 43 ‖ [une négation et *ne... quidem* venant ensuite ne se détruisent pas] *non praetereundum est ne id quidem* Cic. Verr. 1, 155, il ne faut pas laisser de côté ce fait-là non plus ; *numquam illum ne minima quidem re offendi* Cic. Lae. 103, jamais je ne l'ai blessé même dans la moindre chose ‖ [*ne... quidem* étant le premier, il n'y a pas répétition d'un mot négatif] : *sine qua ne intellegi quidem ulla virtus potest* Cic. Tusc. 2, 31, sans laquelle on ne saurait même concevoir aucune vertu ‖ [emploi partic. avec *non modo*] v. *modo* ¶2 [arch.] *ne... quoque = ne... quidem* Quadr. d. Gell. 17, 2, 18 ; Liv. 10, 14, 13 ; Gell. 1, 2, 5 ; 20, 1, 15 ¶3 [*ne* forme des composés] : *nequaquam*, en aucune manière ; *nequiquam*, en vain, cf. *2 ne* ¶4 [dans prop. indép. exprimant une défense, une exhortation, un souhait, une supposition, une concession] **a)** [défense] [avec impér. d. les textes de lois] *impius ne audeto* Cic. Leg. 2, 22, que l'impie n'ait pas l'audace... ; *ne sepelito neve urito* Cic. Leg. 2, 58, qu'on n'ensevelisse ni ne brûle... ; [surtout chez les com. et les poètes], cf. Pl. Pers. 490, 677 ; Ter. And. 868 ; Virg. En. 6, 832 ; Liv. 3, 2, 9 ; Cic. Att. 12, 22, 3 ; Sulp. Fam. 4, 5, 5 ‖ [avec le subj.] *ne requiras* Cic. CM 33, qu'on ne recherche pas ; *ne repugnetis* Cic. Clu. 6, ne résistez pas ; *hoc ne feceris* Cic. Div. 2, 127, ne fais pas cela ‖ [ordre d. le passé] *ne popoliscisses* Cic. Att. 2, 3, tu n'aurais pas dû demander **b)** [exhortation] *ne agamus...* Cic. Att. 9, 6, 7, ne faisons pas **c)** [supposition, concession] *ne sint in senectute vires* Cic. CM 34, admettons que la vieillesse n'ait pas la force ; *ne fuerit* Cic. Or. 101, admettons qu'il n'ait pas existé, cf. Cic. Ac. 2, 85 ; Tusc. 2, 15 ; Nat. 1, 88 **d)** [souhait] *ne istuc Juppiter sirit...* Liv. 28, 28, 11, puisse Jupiter ne pas permettre ce que vous avez à la pensée..., cf. Liv. 4, 2, 8 [surtout avec *utinam*] v. *utinam* ¶5 [dans des subord. introduites par *ut*] Cic. Lae. 42, 43 ; Caes. C. 3, 55, 1 ; [par *dum, modo, dummodo*, par *qui* adv. relatif, par *quo*] v. *dum, modo, dummodo*, 2 *qui, quo* III ¶3.

II [conj. avec le subj.] que ne, pour que ne... pas ¶1 [constr. de certains verbes signifiant] **a)** craindre, v. *metuo, timeo, vereor, timor est, metus est, periculum est* **b)** défendre, empêcher, refuser de, éviter de, s'abstenir de, v. *impedio, prohibeo, interdico, caveo, video* **c)** [en gén. avec les verbes ou expr. marquant la volonté, l'intention] v. *rogo, impero, volo, moneo, cogito, reliquum est* ¶2 [sens final] pour que ne... pas, pour éviter, empêcher que : *ne dicam* Cic. Dej. 2 ; Hor. P. 272, v. *dico* ; *omitto..., ne quis... queratur* Cic. Rep. 1, 1, je laisse de côté..., pour éviter que qqn ne se plaigne... ‖ [*ne* se rattachant à une idée s.-ent.] (je dis ceci) pour éviter que : *haec quamquam praesente L. Lucullo loquor, tamen, ne videamur..., publicis litteris testata sunt omnia* Cic. Mur. 20, quoique je parle ainsi devant L. Lucullus, cependant, pour éviter que je paraisse..., [j'ajoute que] tout est attesté par des rapports officiels, cf. Cic. Verr. 4, 52 ; 4, 148 ; Planc. 27 ; Fin. 2, 77 ; 4, 36 ; Tusc. 1, 41 ; Pl. Amp. 330 ; Ter. And. 706 ‖ [ellipse du verbe] : [*fieri* ou *facere*] *de evertendis urbibus recorandum est ne quid temere* Cic. Off. 1, 82, à propos des destructions de villes, il faut prendre garde de rien faire à la légère, cf. Cic. Off. 3, 68 ‖ [*dicere* ou *loqui*] *ne multa* Cic. Clu. 181 ; *ne multis* Cic. Clu. 47, bref ¶3 *ita... ne*, avec cette condition, cette stipulation que ne... pas, v. *ita* ¶4 *ne* seul, même sens : Liv. 25, 5, 11 ; 26, 2, 14 ‖ qqf. sans verbe [*modo ne*] : *noluit quicquam statui nisi columellam, tribus cubitis ne altiorem* Cic. Leg. 2, 66, il ne voulut pas qu'on dressât rien d'autre qu'une colonnette, à condition qu'elle n'eût pas une hauteur dépassant trois coudées, cf. Varr. *R.* 1, 17, 3 ¶ **4** tours elliptiques **a)** (grec μή), il est à craindre que, il se pourrait que : Pl. *Aul.* 647 ; Ter. *Haut.* 361 ; Cic. *Brut.* 295 ; *Fin.* 5, 8 **b)** (οὐ μή), il n'y a pas à craindre que : *me vero nihil istorum ne juvenem quidem movit umquam, ne nunc senem* Cic. *Fam.* 9, 26, 2, aucun de ces plaisirs ne m'a jamais touché même en ma jeunesse, il n'y a pas à craindre que (ce n'est pas pour que) cela me touche maintenant dans ma vieillesse, cf. Sall. *C.* 11, 8 ; Liv. 3, 25, 9 ; Tac. *An.* 11, 30.

4 **nĕ**, enclit. interr. (*an, nonne, necne,* cf. 1 *ne,* scr. *na,* rus. *no*), est-ce que ? [dans le dialogue apocope de la voyelle] : *adeon* ; *vin* (= *visne*) ; *satin* (= *satisne*) ; *viden* (= *videsne*) ; *juben* (= *jubesne*).
  I [interr. simple] ¶ **1** [directe] : *meministine…?* Cic. *Cat.* 1, 7, te souviens-tu…? ; *tune id veritus es?* Cic. *Q.* 1, 3, 1, est-ce toi qui as pu avoir cette crainte ? ; *tamenne…?* Cic. *Nat.* 1, 81, est-ce que pourtant…? ; *ex hacne natura…?* Cic. *Tusc.* 1, 62, est-ce de cette nature…? ; *quiane…?* Virg. *En.* 4, 538, serait-ce parce que…? ; *quemne servavi?* Pl. *Mil.* 13, est-ce celui que j'ai sauvé…? ∥ [interrog. oratoire qui suppose un acquiescement] *videtisne ut apud Homerum saepissime Nestor de virtutibus suis praedicet?* Cic. *CM* 31, ne voyez-vous pas comment dans Homère Nestor parle souvent et ouvertement de ses vertus ? ; *jamne vides…?* Cic. *Pis.* 1, ne vois-tu pas maintenant…?, cf. Cic. *Fin.* 5, 48 ; *Tusc.* 2, 53 ; *Fam.* 9, 22, 3 ∥ *egone…?* Cic. *Att.* 15, 4, 3, moi…? ; *itane vero?* Cic. *Caecin.* 34, en est-il ainsi ? est-ce possible ? ∥ [joint à des interrog.] *quone malo…?* Hor. *S.* 2, 3, 295, de quel mal…? ; *uterne…?* Hor. *S.* 2, 2, 107, lequel des deux…? ; cf. *quantane…?* ; Hor. *S.* 2, 3, 317 ; *utrisne* Cic. *Verr.* 3, 191 ; *ecquandone* Cic. *Fin.* 5, 63 ∥ [dans les prop. introduites par *ut*] se peut-il que ? : *egone ut te interpellem?* Cic. *Tusc.* 2, 42, moi, t'interrompre ? ; *utine prius dicat?* Pl. *Ru.* 1063, il parlerait le premier ? ∥ [dans les prop. inf. exclam.] *Siculosne milites eo cibo esse usos…?* Cic. *Verr.* 5, 99, des soldats siciliens avoir eu la nourriture…? ; *neutrumne sensisse?* Cic. *Amer.* 64, que ni l'un ni l'autre n'ait rien perçu ? ¶ **2** [interr. indir.] si : *ut videamus, satisne sit justa defectio* Cic. *Ac.* 1, 43, pour que nous voyions si votre défection est bien légitime ; *Publilius iturusne sit in Africam, scire poteris* Cic. *Att.* 12, 24, 1, tu pourras savoir si Publilius ira en Afrique ∥ [ellipse du verbe principal] *pacta et promissa sempere servanda sint* Cic. *Off.* 3, 92, c'est une question de savoir s'il faut toujours observer les conventions et les promesses ∥ [tard.] [non enclitique, à la place de *num* ou *an*] *velim… demonstrare ne… deteriores Christianis deprehendantur qui…* Tert. *Apol.* 35, 5, je voudrais voir si ne seront pas trouvés pires que les Chrétiens ceux qui….
  II [interr. double] ¶ **1** [directe] : *tune… an ego…?* Cic. *Rab. perd.* 11, toi… ou moi…? ; *o stultitiamne dicam an impudentiam singularem?* Cic. *Cael.* 71, ô singulière, faut-il dire sottise ou impudence ? ; *me, jocansne an ita sentiens, coepit hortari* Cic. *Ac.* 2, 63, était-ce en plaisantant ou sérieusement ? il se mit à m'exhorter ; *solusne aberam? an non saepe minus frequentes fuistis?* Cic. *Phil.* 1, 11, étais-je seul à manquer ? n'était-il pas arrivé souvent que vous étiez moins nombreux ? ; *utrum igitur perspicuisne dubia aperiuntur an dubiis perspicua tolluntur?* Cic. *Fin.* 4, 67, est-ce donc que l'évidence éclaircit le douteux ou le douteux supprime-t-il l'évidence ? ∥ pour *anne,* v. *an* ∥ *ne… ne :* Virg. *En.* 11, 126 ¶ **2** [interr. indir.] **a)** *ne… an…,* si ou si… : *possimne propius accedere, an etiam longius discedendum putes, velim ad me scribas* Cic. *Att.* 16, 13 a (b), 1, je voudrais que tu m'écrives si je peux m'approcher davantage de Rome ou si tu crois que je doive m'éloigner encore plus **b)** [précédé de *utrum*] *est etiam illa distinctio, utrum illudne videatur… an…* Cic. *Tusc.* 4, 59, il s'agit aussi de distinguer entre ces deux points, si cette chose paraît… ou si…, cf. Cic. *Phil.* 2, 30 ; *Verr.* 4, 73 **c)** [dans le 2ᵉ membre] : *anne,* ou non, v. *an* ; *necne,* ou non : Cic. *Com.* 52 ; *Nat.* 1, 61 ∥ *recte secusne, alias viderimus* Cic. *Ac.* 2, 135, nous verrons une autre fois si c'est à raison ou à tort ∥ *in incerto fuit, vicissent victine essent* Liv. 5, 28, 5, on ne savait pas au juste s'ils étaient vainqueurs ou vaincus, cf. Hor. *Ep.* 1, 11, 3 ; Nep. *Iph.* 3, 4 **d)** [*ne* répété, rare] : *neque interesse, ipsosne interficiant impedimentisne exuant* Caes. *G.* 7, 14, 8, [ex. unique d. César], il n'y a pas de différence entre les massacrer eux-mêmes ou les dépouiller de leurs bagages, cf. Virg. *En.* 1, 308.

5 **nĕ**, impér. de *neo.*

1 **Nĕa**, *ae*, f., île de la mer Égée : Plin. 4, 72.

2 **Nĕa**, *ae*, f., ville de Troade : Plin. 5, 124 ; v. *Nee.*

Nĕăcyndes, *ōn*, m. pl., peuple de l'Inde en deçà du Gange : Plin. 6, 105.

Nĕaera, *ae*, f. (Νέαιρα), nom de femme : Virg. *B.* 3, 3 ; Tib. 3, 1, 6 ; Hor. *O.* 3, 14, 21.

Nĕaethus, *i*, m. (Νέαιθος), rivière de la Calabre [Neto] Atlas XII, F6 : Plin. 3, 97.

Nĕalcē, *ēs*, f., nom de femme : Anth. 699, 1.

Nĕalcēs, *is*, m. (Νεάλκης), nom d'un peintre : Plin. 35, 142.

Nĕandrŏs, *i*, f. (Νέανδρος), ville de Troade : Plin. 5, 122.

nĕāniscŏlŏgus, *i*, m. (νεανισκολόγος), qui parle en jeune homme : Schol. Juv. 8, 191.

Nĕăpăphŏs, *i*, f., ville de l'île de Chypre : Plin. 5, 130.

Nĕāpŏlis, *is*, f. (Νεάπολις) ¶ **1** Naples Atlas I, D4 ; XII, E4 : Plin. 3, 62 ; Cic. *Balb.* 55 ¶ **2** ville de Zeugitane [Nabeul] : Plin. 5, 24 ¶ **3** un des quartiers de Syracuse : Cic. *Verr.* 4, 119 ; Liv. 25, 25, 5 ¶ **4** autre nom de Myndos [Carie] : Mel. 1, 85 ¶ **5** Naplouse [Palestine] : Plin. 5, 69 ; Liv. 25, 25, 5 ∥ **-lītānus**, *a, um,* de Naples : Plin. 17, 122 ∥ **-ānum**, *i*, n., propriété près de Naples : Cic. *Ac.* 2, 9 ; *Att.* 7, 2, 5 ∥ **-āni**, *ōrum*, m. pl., les Napolitains : Cic. *Fam.* 13, 30.

Nĕāpŏlītēs, *ae*, m. (Νεαπολίτης), de Naples, Napolitain : Varr. d. Aug. *Civ.* 21, 8.

Nĕāpŏlītis, *ĭdis*, f., de Naples, Napolitaine : Afran. *Com.* 136.

Nĕarchus, *i*, m. (Νέαρχος), Néarque [amiral d'Alexandre] : Curt. 9, 10, 2 ; Plin. 6, 97 ∥ autres du même nom : Cic. *CM* 41 ; Hor. *O.* 3, 20, 6.

Nĕbĭŏdūnum, *i*, n., Novionum : Cod. Th. 10, 21, 1.

Nebis, *is*, m., fleuve de Tarraconaise : Mel. 3, 10.

nĕbrĭdae, *ārum*, m. pl. (*nebris*), nébrides, prêtres de Cérès : Arn. 5, 39.

Nebridius, *ii*, m., nom d'homme : Amm. 14, 2, 20 ; 21, 5, 11.

nĕbris, acc. sg. *ĭda,* acc. pl. *ĭdas,* f. (νεβρίς), nébride, peau de faon [portée dans les fêtes de Bacchus et de Cérès] : Stat. *Th.* 2, 664 ; *Ach.* 1, 609 ; Claud. *IV Cons. Hon.* 606.

Nebrissa, *ae*, f. (Νέβρισσα), ville de Bétique [Lebrija] Atlas IV, D2 : Sil. 3, 393.

nebrītēs, *ae*, m. ou **-tis**, *ĭdis*, f. (νεβρίτης), nébrite [sorte de pierre précieuse consacrée à Bacchus] : Plin. 37, 175.

Nebrōdēs, *ae*, m., montagne de Sicile Atlas XII, G4 : Sil. 14, 237 ; Solin. 50, 4.

Nebrŏphŏnē, *ēs*, f., nom d'une nymphe : Claud. *Cons. Stil.* 3, 249.

Nebrŏphŏnus, *i*, m. (νεβροφόνος), nom de chien : Ov. *M.* 3, 211.

nebrundines, v. *nefrones.*

1 **nĕbŭla**, *ae*, f. (cf. νεφέλη, al. *Nebel,* bret. *neñv,* rus. *nebo,* it. *nebbia*) ¶ **1** brouillard, vapeur, brume : Lucr. 6, 477 ; Virg. *En.* 8, 258 ∥ [poét.] nuage : Hor. *O.* 3, 3, 56 ; Virg. *En.* 1, 412 ∥ nuage [de poussière, de fumée] : Lucr. 5, 253 ; Ov. *F.* 5, 269 ∥ substance fine, transparente : Mart. 8, 33, 3 ¶ **2** [fig.] obscurité, ténèbres : Juv. 10, 4 ∥ style nuageux : Pers. 5, 7.

2 **Nĕbŭla**, *ae*, f., Néphélé, femme d'Athamas : Hyg. *Fab.* 2 ; 3.

1 **nĕbŭlō**, *ās, āre,* -, - (1 *nebula*), tr., remplir de nuages, obscurcir : Vict.-Vit. 5, 17.

2 **nĕbŭlo**, *ōnis*, m. (1 *nebula*), vaurien, garnement : Ter. *Eun.* 269 ; Cic. *Amer.* 128 ; *Att.* 1, 12, 2 ; Hor. *Ep.* 1, 2, 28 ∥ homme de basse naissance : Ps. Acr. Hor. *S.* 1, 2, 12.

nĕbŭlŏr, *ārĭs, ārī,* - (2 *nebulo*), être un mauvais sujet : Gloss. 2, 254, 39.

nĕbŭlōsĭtās, ātis, f. (nebulosus), obscurité : Arn. 7, 28.

nĕbŭlōsus, a, um (1 nebula ; it. nebbioso), exposé aux brouillards : Cat. Agr. 6, 1 ; Cic. Tusc. 1, 60 ‖ comme un nuage : Aus. Epist. 3 (392), 5 ‖ obscur, difficile à comprendre : Gell. 20, 3, 3.

1 nĕc, nĕque (2 nĕ, -que ; it. nè, fr. ni), conjonction, ▶ et non, et ne... pas [nec devant consonne, neque devant voyelle en général] ¶ 1 [lie deux mots, deux prop.] : **non eros nec dominos appellabant eos** Cic. Rep. 1, 64, ils ne les appelaient pas maîtres ni seigneurs ; **censeo... nec sequor magos...** Cic. Leg. 2, 26, mon avis est que... et je ne suis pas l'opinion des mages ‖ [porte sur un mot seul de la seconde prop.] : **cum consules... duxissent neque inventis in agro hostibus Ferentinum urbem cepissent** Liv. 7, 9, 1, comme les consuls avaient conduit... et comme, n'ayant pas trouvé les ennemis en campagne, ils s'étaient emparés de la ville de Férentinum ; [surtout dans les tours comme] **nec idcirco minus** Cic. de Or. 2, 151, et ce n'est pas une raison pour que ne... pas ; **neque eo magis** Nep. Paus. 2, 3, et ce n'est pas à cause de cela que davantage ; **neque eo minus** Liv. 41, 8, 8, ou **neque eo secius** Nep. Att. 2, 2, et cela n'empêche pas que ‖ **nec ullus, nec quisquam** [au lieu de et nullus, et nemo] : Curt. 4, 2, 8 ; Liv. 38, 25, 2 ; Tac. Agr. 16 ¶ 2 [avec adjonction d'autres particules] **neque vero, nec vero**, et vraiment ne... pas, ni non plus, mais non plus : **neque autem** Cic. Fam. 5, 12, 6, mais (et) non plus ‖ **nec tamen, neque tamen** Cic. Rep. 2, 64 ; Amer. 133, et pourtant ne... pas ; **nec enim, neque enim** Cic. Fin. 2, 117 ; Lae. 31, car, en effet ne... pas ¶ 3 **nec (neque)... non a)** [pour enchérir sur une affirmation] il n'est pas vrai que ne... pas : **nec vero non eadem ira...** Cic. Mil. 86, et il n'est certainement pas vrai que ce ne soit pas la même colère qui... = et c'est évidemment aussi la même colère qui... ; **nec vero Aristoteles non laudandus...** Cic. Nat. 2, 44, et il faut aussi certainement louer Aristote... ; **neque meam mentem non domum saepe revocat exanimata uxor** Cic. Cat. 4, 3, et bien sûr c'est à ma maison que ma pensée est rappelée souvent par l'épouvante d'une épouse ; **neque... debeo... neque non me tamen mordet aliquid** Cic. Fam. 3, 12, 2, si je ne dois pas..., il n'en reste pas moins vrai pourtant que j'ai qq. scrupule **b) nec non** = et aussi, et : Varr. R. 3, 3, 14 ; **nec non et**, même sens, Virg. En. 1, 707, ou **nec non etiam** Varr. R. 1, 1, 6 ; 2, 10, 9 ; 3, 16, 26 ; Suet. Gram. 23 **c)** [neque renforcé par haud chez les com.] : **neque ille haud objiciet** Pl. Ep. 664, et il ne me reprochera pas..., cf. Pl. Bac. 1037 ; Ter. And. 205 ¶ 4 [suivi d'une parataxe] : **neque in his corporibus... inest quiddam quod..., et non inest** Cic. Mil. 84, il n'est pas vrai que, tandis que dans nos corps il y a un principe qui..., il n'y en ait pas un... ;

cf. Cic. Fat. 15 ‖ [portant sur 2 membres reliés par et] Caes. G. 7, 30 ¶ 5 [au lieu de nihil... nihil on a nihil... nec] **nihil erroris nec obscuritatis** Cic. Sull. 78, pas d'erreur ni d'obscurité ; **neminem posse contendere nec adseverare** Cic. Ac. 2, 35, que personne ne peut soutenir une discussion ni affirmer ; **nullae lites neque controversiae** Cic. de Or. 1, 118, pas de procès ni de débats ; **quem numquam vidisset neque audisset** Cic. Caes. 29, [un homme] qu'il n'avait jamais vu ni entendu ¶ 6 = et qui plus est ne... pas (cf. ▶ et... quidem) : **nuntii tristes nec varii** Cic. Att. 3, 17, 1, des nouvelles tristes et malheureusement uniformes, cf. Cic. Fam. 4, 4, 1 ; Liv. 5, 33, 11 ; 30, 15, 7 ¶ 7 [rare, au lieu de ac non, et non pas] : Cic. Arch. 2 ¶ 8 ▶ **ne... quidem**, non plus : Cic. Top. 23 ; Cael. Fam. 8, 11, 2 ; Liv. 23, 18, 4 ; 31, 22, 7 ; 40, 20, 6 ; Sen. Const. 5, 4 ; Ir. 1, 20, 6 ¶ 9 **et ne** [après ut ou impér.] : Cic. Fam. 1, 9, 19 ; Off. 1, 92 ; Verr. 3, 115 ; de Or. 1, 19 ; Liv. 3, 52, 11 ; 7, 31, 9 ; 27, 20, 12 ; 39, 10, 8 ‖ [après ne] Liv. 2, 32, 10 ; 3, 21, 6 ; 26, 42, 2 ; 40, 46, 4 ¶ 10 [balancements] **a) nec... nec, neque... neque**, ni... ni **b)** [développant une idée négative] : **non possum nec cogitare nec scribere** Cic. Att. 9, 12, 1, je ne puis ni penser ni écrire ; **nemo umquam neque poeta neque orator fuit** Cic. Att. 14, 20, 2, il n'y eut jamais personne, ni poète ni orateur ; **nihil nec subterfugere... nec obscurare...** Cic. Clu. 1, ni escamoter... ni dissimuler quoi que ce soit ; **negas te posse nec approbare nec improbare** Cic. Ac. 2, 96, tu déclares ne pouvoir ni approuver ni désapprouver **c) neque (nec)... et**, d'une part ne... pas..., d'autre part... : Cic. Or. 219 ; Dom. 6 ; Fam. 6, 10, 2 ; Att. 1, 20, 1 ‖ **et... neque (nec)**, d'une part... d'autre part... ne pas : Cic. Brut. 251 ; Verr. 2, 141 ; Phil. 13, 13 ; Tusc. 5, 112 **d) neque (nec)..., neque (nec) atque (que)** [soulignant l'affirmation] : **Socrates nec patronum quaesivit nec judicibus supplex fuit adhibuitque liberam contumaciam** Cic. Tusc. 1, 71, Socrate ne daigna ni chercher un avocat ni supplier ses juges ; au contraire il montra une noble opiniâtreté, cf. Cic. Ac. 2, 126 ; Fin. 1, 41 ; Off. 1, 102.

2 nec, adv. arch. de négation (2 ne, -c, cf. neclego, negotium, nego), ▶ non ; v. Fest. 158, 22 ; [d. les textes de lois] **senatori qui nec aderit culpa esto** Cic. Leg. 3, 11, pour le sénateur absent, qu'il y ait délit, cf. Cic. Leg. 3, 6 ; 9 ; Enn. Tr. 78 ; Virg. B. 9, 6 ; ▶ **nec opinans, nec opinatus, necne, necdum** ; **nec procul** Liv. 1, 25, 10, non loin ‖ [par analogie avec 1 nec, neque] **neque** Cat. Agr. 141, 4 ; **neque opinans** B.-Afr. 66 ; B.-Alex. 75.

nĕcassem, pour necavissem.

nĕcātĭo, ōnis, f. (neco), meurtre : Isid. 5, 26, 18.

nĕcātŏr, ōris, m. (neco), meurtrier : Macr. Sat. 1, 12, 9 ; Lampr. Comm. 18, 13.

nĕcātrīx, īcis, f., celle qui tue [fig.] : Aug. Cons. 3, 13, 42.

nĕcātus, a, um, part. de neco.

nĕcāvī, parf. de neco.

necdum, nĕquĕdum, et pas encore : Cic. Att. 6, 1, 14 ; 6, 3, 2 ; Att. 1, 5, 3 ; Tusc. 3, 68 ‖ necdum = nondum Tac. H. 1, 31 ; Col. 10, 55 [mais non pas d. Virg. B. 9, 26].

Nĕcepso, ōnis, m., **Nĕcepsus, Nĕchepsus**, i, m., Nechepso [pharaon sous le nom duquel circulait un ouvrage tardif de magie, v. Petosiris] : Firm. Math. 3, pr. ; 4 ; Plin. 2, 88 ; 7, 160 ; Paul.-Nol. Carm. 3, 8.

nĕcĕrim (nec is eum, ▶ im), arch. pour nec eum : Fest. 158, 1 ; P. Fest. 159, 1.

nĕcessārĭa, ae, f. (necessarius), parente, alliée : Cic. Mur. 35.

nĕcessārĭē, adv., nécessairement, par nécessité, forcément : Cic. Inv. 1, 44 ‖ plutôt **nĕcessārĭō**, Ter. And. 632 ; Cat. Agr. 31, 2 ; Cic. Sest. 92 ; Or. 230 ; Caes. G. 1, 17.

1 nĕcessārĭus, a, um (necesse) ¶ 1 inévitable, inéluctable, nécessaire : **necessaria mors** Cic. Mil. 16, mort naturelle ; **necessarius et fatalis casus** Cic. Phil. 10, 19, malheur inéluctable et fatal ; **necessaria conclusio** Cic. Top. 60, conclusion nécessaire ¶ 2 pressant, urgent, impérieux : **tam necessario tempore** Caes. G. 1, 16, 6, dans une circonstance si pressante, dans un cas si urgent ; **res necessaria** Caes. C. 1, 17, 6, l'urgence, la nécessité, cf. Caes. G. 1, 40, 5 ; Cic. Verr. 3, 72 ; **sine causa necessaria** Cic. Tusc. 2, 53, sans un motif impérieux, sans nécessité ¶ 3 nécessaire, indispensable : **res magis necessariae** Cic. Inv. 2, 145, choses plus nécessaires, besoins plus pressants ; **omnia quae sunt ad vivendum necessaria** Cic. Off. 1, 41, toutes les choses nécessaires à la vie ; **quod necessarium est ad bene dicendum** Cic. de Or. 1, 146, ce qui est indispensable pour être un bon orateur ‖ **senatori necessarium est nosse rem publicam** Cic. Leg. 3, 41, le sénateur doit nécessairement connaître les rouages de l'État ; **necessarium est, ut** Cic. Part. 31, il est nécessaire que ; **necessarium est** [avec prop. inf.] Caes. C. 3, 11, 1 ‖ n. pl., **necessaria a)** besoins de l'existence : Sall. J. 73, 6 **b)** les choses nécessaires à la vie, à la subsistance : Curt. 5, 12, 6 ‖ **heres necessarius est servus cum libertate heres institutus** Gai. Inst. 2, 153, l'héritier nécessaire [il ne peut refuser la succession] est l'esclave institué héritier et affranchi en même temps ; Inst. Just. 2, 19, 1 ; **sui et necessarii heredes sunt velut filius** Inst. Just. 2, 19, 2, les héritiers siens et nécessaires sont par ex. le fils... ¶ 4 lié étroitement [par la parenté, l'amitié] : **alicui maxime necessarius** Balb. Att. 9, 7 a, 2, très lié avec qqn ; **homo tam necessarius** Nep. Dat. 6, 3, un si proche parent.

▶ compar. necessarior, Ambr. Off. 1, 18, 78 ; Tert. Pat. 11, 2.

2 nĕcessārĭus, ĭi, m., parent, allié, ami : *necessarii ac consanguinei* Caes. G. 1, 11, 4, des amis et des gens de même origine ; *meus familiaris ac necessarius* Cic. Sull. 2, mon ami familier et intime ; v. Gell. 13, 3, 4 ; Fest. 158, 19.

nĕcessĕ, n. indécl. (2 ne, *cessis, cf. necessis, necessus, 1 cedo ; mage) [tj. avec *esse* ou *habere*] ¶ **1** inévitable, inéluctable, nécessaire : *nihil fieri, quod non necesse fuerit* Cic. Fat. 17, que rien n'arrive qui n'ait été inéluctable ; *quod necesse fuit* Cic. Marc. 23, ce qui était inévitable ∥ [avec prop. inf.] *necesse fuit esse aliquid extremum* Cic. CM 5, il fallait forcément qu'il y eût une limite, cf. Cic. Leg. 2, 12 ; Verr. 3, 70 ; Or. 112 ∥ [dat. et inf.] *homini necesse est mori* Cic. Fat. 17, pour l'homme la mort est inéluctable ∥ [avec *ut* subj., non classique] il arrive forcément, nécessairement que : Her. 4, 23 ; Col. 3, 21, 6 ; Quint. 5, 10, 123, [dans Cic. Brut. 289, *ut* est en corrélation avec *ita*] ; [avec subj. seul] Cic. de Or. 1, 50 ; Tusc. 1, 54 ¶ **2** indispensable, obligatoire : *si necesse est* Cic. Phil. 1, 27, si c'est nécessaire ; *id quod tibi necesse minime fuit* Cic. Sull. 22, ce dont tu pouvais fort bien te dispenser ; *necesse habeo scribere* Cic. Att. 10, 1, 4, je trouve nécessaire d'écrire, cf. Cic. Opt. 14 ; *nihil necesse est mihi de me ipso dicere* Cic. CM 30, rien ne m'oblige à parler de moi-même ; *nihil sane est necesse mittere* Cic. Att. 13, 26, 2, il n'est pas nécessaire du tout de faire l'envoi ; *si tibi necesse putas respondere* Cic. Mur. 9, si tu te crois dans l'obligation de donner des consultations de droit ∥ [avec subj. seul] il faut nécessairement que, c'est une obligation de : *istum condemnetis necesse est* Cic. Verr. 2, 45, vous devez nécessairement condamner cet individu [d. Cic. de Or. 2, 129, il y a *hoc necesse est*, c.-à-d. *ut* explicatif qui développe *hoc*] ∥ [avec *ut*] Col. 3, 21, 5 ∥ [avec prop. inf.] Cic. Inv. 1, 20.

necessis, is, f. (2 ne, *cessis, 1 cedo), ▻ *necesse* : *Lucr. 6, 815 ; Don. Eun. 998.

nĕcessĭtās, ātis, f. (necesse) ¶ **1** nécessité [= l'inéluctable, l'inévitable] : *illa fatalis necessitas, quam* (εἱμαρμένην) *dicitis* Cic. Nat. 1, 55, cette nécessité fatale, que vous appelez le destin ; *necessitati parere* Cic. Fam. 4, 9, 2, obéir à la nécessité ∥ *necessitas* Cic. Fat. 18, le destin ; *divina necessitas* Cic. Lig. 17, la volonté inéluctable des dieux ; *naturae necessitas* Cic. CM 4, les lois de la nature ; *vita, quae necessitati debetur* Cic. Sest. 47, la vie, qu'on doit rendre au destin ∥ *extrema* Sall. Lep. 15 ; *ultima* Sen. Ep. 70, 5 ; Tac. An. 15, 61, la nécessité dernière, la mort ¶ **2** besoin impérieux, pressant : *necessitati subvenire* Cic. Off. 2, 56, subvenir à la nécessité, cf. Cic. Clu. 68 ∥ pl., *vitae necessitates* Cic. Div. 1, 110, les nécessités de l'existence, les besoins du corps, cf. Liv. 6, 15, 9 ; Tac. G. 15 ; Sen. Ben. 4, 5, 1 ; *suarum necessitatum causa bellum suscipere* Caes. G. 7, 89, 1, entreprendre la guerre pour ses propres besoins, dans son propre intérêt ; *publicae necessitates* Liv. 23, 48, 10, les besoins de l'État ¶ **3** obligation impérieuse de faire une chose : *sin quae necessitas hujus muneris alicui rei publicae obvenerit* Cic. Off. 2, 74, mais si quelque impérieuse obligation d'une tâche semblable se présente à un État ; *exeundi necessitas* Cic. Mil. 45, la nécessité de sortir ¶ **4** caractère nécessaire, nécessité [au sens logique] : *nihil necessitatis adferre, cur* Cic. Tusc. 1, 80, n'apporter aucun argument décisif qui prouve que ¶ **5** [moral^t] caractère obligatoire de qqch., force impérieuse : Cic. Amer. 66 ¶ **6** [rare au lieu de *necessitudo*] lien de parenté, d'amitié : Caes. d. Gell. 5, 13, 6 ; 13, 3, 5.

nĕcessĭtūdo, dĭnis, f. (necesse) ¶ **1** [rare au sens de *necessitas* :] **a)** nécessité : Cic. Inv. 2, 170 **b)** besoin impérieux : Sall. C. 17, 2 ; 17, 5 ; 21, 3 **c)** obligation impérieuse : Sall. C. 33, 5 ; 58, 11 ; J. 102, 5 ; Tac. An. 3, 64 ¶ **2** lien étroit [de parenté, d'amitié, de clientèle, de relations entre collègues] : *necessitudinem conjungere cum aliquo* Cic. Verr. 4, 145, nouer des liens d'amitié avec qqn, cf. Cic. Fam. 13, 26, 1 ; *cum aliquo alicui magna necessitudo est, intervenit* Cic. Fam. 9, 13, 3 ; 6, 12, 2, qqn est très lié avec qqn ; *aliquem ad suam necessitudinem adjungere* Cic. Fam. 13, 29, 8, se faire un ami de qqn ; *aliquem summa necessitudine attingere* Cic. Q. 1, 1, 6, être lié à qqn par les liens les plus étroits ∥ *omnes amicitiae necessitudines* Cic. Sest. 39 ; *omnes necessitudines* Cic. Fam. 13, 12, 1, tous les liens, tous les titres possibles de l'amitié ¶ **3** [pl. concret] *necessitudines*, les parents, la famille : Suet. Aug. 17 ; Tib. 11 ; Plin. Ep. 8, 23, 7.

nĕcessō, ās, āre, -, - (necesse), tr., rendre nécessaire : Fort. Mart. 2, 412.

nĕcessum est, n., **nĕcessus est**, m. (2 ne *cessus, cf. necesse, 1 cedo), ▻ *necesse est* **a)** Pl. Ru. 1331 ; St. 219 ; Lucr. 4, 121 ; 5, 376 ; Her. 4, 13 ; Gell. 3, 1, 12 ; 13, 20, 11 **b)** Ter. And. 372 ; Haut. 360 ; Eun. 998 ; Lucr. 2, 710 ; 5, 351 ; Gell. 16, 8, 1.

▶ arch. *necesus* CIL 1, 581, 4.

nechŏn, i, n. (= *cnecon*, κνῆκος), safran bâtard : *Apic. 15.

nĕcis, gén. de *nex*.

neclec-, necleg-, ▻ *negl-*.

necnĕ (2 neque, 4 ne), ou non [2ᵉ terme d'une interrog.] : *lege necne* Cic. Mur. 25, légalement ou non ; *utrum sint necne sint* Cic. Nat. 3, 17, [se demander] s'ils sont ou ne sont pas ; *sunt haec tua verba, necne ?* Cic. Tusc. 3, 41, sont-ce là tes paroles, ou non ?

necnon, nec non, neque non, ▻ *1 nec 3 b*.

nĕcō, ās, āre, āvi, ātum (nex, noceo, noxa ; fr. *noyer*), tr., faire périr, tuer [avec ou sans effusion de sang] : Cic. Mil. 9 ; 17 ; Rep. 2, 53 ; Par. 24 ; *fame* Cic. Q. 2, 3, 2, faire mourir de faim ; [par le feu] Caes. G. 1, 53, 7 ∥ détruire [des plantes] : Plin. 31, 52 ∥ éteindre [le feu] : Plin. 31, 2 ∥ [fig.] corrompre [le naturel] : Sen. Phaed. 454.

▶ *necui, nectum* donnés aussi par Diom. 366, 4 et Prisc. 2, 470, 14.

nĕcŏpīnans (nĕc ŏpīnans), tis, qui ne s'attend pas, qui n'est pas sur ses gardes : Cic. Fam. 13, 18, 1 ; 15, 4, 10 ; Sull. 54.

nĕcŏpīnantĕr, ▻ *necopinato* : Gloss. 2, 133, 7.

nĕcŏpīnātō, adv. (necopinatus), à l'improviste : Cic. Phil. 2, 77 ; Fin. 3, 8 ; Tusc. 3, 59.

nĕcŏpīnātus, a, um (2 nec, 1 opinatus), inopiné, imprévu, qui se fait à l'improviste : Cic. Nat. 1, 6 ; Off. 2, 36 ; Liv. 26, 51, 12 ; *hostium adventu necopinato* Cic. Verr. 4, 94, par l'arrivée imprévue des ennemis ∥ n. pl., *necopinata* Cic. Tusc. 3, 52, les événements qui surprennent ∥ *ex necopinato* Liv. 4, 27, 8 ▻ *necopinato*.

nĕcŏpīnus, a, um (2 nec, opinor), inopiné, imprévu : Ov. M. 1, 224 ; Sil. 14, 188 ∥ qui ne s'attend pas à, insouciant : Phaed. 1, 9, 6 ; Ov. M. 12, 596.

nĕcrŏmantīa (-tēa), ae, f. (νεκρομαντεία), nécromancie : Lact. Inst. 2, 16, 1 ; Aug. Civ. 7, 35 ∥ évocation des ombres : Plin. 35, 132.

nĕcrŏmantĭcī (-tĭi), ōrum, m. pl., nécromanciens : Isid. 8, 9, 11.

Nĕcrōn insŭla, f., île des Morts [dans la mer Rouge] : Plin. 37, 24.

nĕcrōsis, is, f. (νέκρωσις), action de faire mourir : Cael.-Aur. Chron. 1, 4, 125.

nĕcrŏthўtus, a, um (νεκρόθυτος), qui est en l'honneur des morts : Tert. Spect. 13, 5.

Nectabis, Tert. Anim. 57, 1, **Necthebis**, is, Plin. 36, 67, **Nectanabis**, **Nectenebis**, is ĭdis, m., Nectabis ou Nectanabis, roi d'Égypte : Nep. Ages. 8, 6 ; Chabr. 2, 1.

nectăr, ăris, n. (νέκταρ), le nectar : Cic. Tusc. 1, 65 ; Nat. 1, 112 ; Ov. M. 3, 318 ∥ se dit de tout ce qui est doux et agréable : [odeur] Ov. M. 4, 250 ; [miel] Virg. G. 4, 164 ; [lait] Ov. M. 15, 116 ∥ [fig.] *Pegaseium nectar* Pers. pr. 14, le doux chant des Muses.

nectărĕa, ae, f., ▻ *helenium* : Plin. 14, 108.

nectărĕus, a, um (νεκτάρεος), de nectar : Ov. M. 7, 707 ∥ doux comme du nectar : Mart. 13, 108.

nectărĭa, ae, f., ▻ *nectarea*.

Nectărĭdus, i, m., nom d'homme : Amm. 27, 8, 1.

nectarites

nectărītēs, *ae*, m. (νεκταρίτης), nectarite, vin où a macéré de l'aunée : Plin. 14, 108.

Nectenebis, **Necthebis**, v> Nectabis.

nectō, *ĭs*, *ĕre*, *nexī* (*nexŭī*), *nexum* (*nodus*, cf. scr. *nahyati* v> *flecto*, *pecto*, *plecto*), tr. ¶ **1** lier, attacher, nouer ; entrelacer : *alicui laqueum* Hor. Ep. 1, 19, 31, nouer un lacet au cou de qqn ; *flores, coronas* Hor. O. 1, 26, 8 ; 4, 11, 3, tresser des fleurs, des couronnes ; *brachia* Ov. F. 6, 329, entrelacer les bras [en dansant] ; *nodum informis leti trabe nectit ab alta* Virg. En. 12, 603, elle attache à une poutre élevée le nœud coulant d'une mort hideuse ¶ **2** [au pass.] être enchaîné, emprisonné [pour dettes] : Cic. Rep. 2, 59 ; Liv. 8, 28, 9 ; [d'où] *nexus*, débiteur insolvable, esclave de son créancier jusqu'à sa libération : Varr. L. 7, 105 ; Liv. 2, 23, 8 ¶ **3** [fig., passif d. Cic.] **a)** être lié à, attaché à : *ex alio alia nectuntur* Cic. Leg. 1, 52, les choses s'enchaînent, cf. Cic. Top. 59 **b)** lier ensemble : *rerum causae aliae ex aliis aptae et necessitate nexae* Cic. Tusc. 5, 70, causes rattachées les unes aux autres et enchaînées par un lien nécessaire ; *omnes virtutes inter se nexae sunt* Cic. Tusc. 3, 17, toutes les vertus se tiennent ; *ne cui dolus necteretur metuens* Liv. 27, 28, 4, craignant que qqn ne soit victime d'une ruse ; *causas nectis inanes* Virg. En. 9, 219, tu assembles des prétextes frivoles ; *nectere moras* Tac. An. 12, 14, mettre retards sur retards, temporiser ‖ *obligationi, crimine necti* Cod. Just. 4, 10, 5 ; Dig. 48, 21, 3, 3, être tenu d'une obligation, par un crime ; *fundus pignori nexus* Dig. 2, 14, 52, 2, un fonds grevé d'un gage ‖ *fisco (patrimonio) necti* Cod. Th. 16, 5, 33 ; Cod. Just. 9, 49, 7, 2, incorporer au fisc (confisquer). ▸ inf. pass. *nectier = necti*, Cic. Rep. 2, 59.

nectūra, *ae*, f., pansement : Vl. Eccli. 6, 31.

nectus, *a*, *um*, v> *neco* ▸.

nĕcŭbi (3 *ne*, *cubi*), pour éviter que... quelque part : Caes. G. 7, 35, 1 ; Liv. 22, 2, 3 ‖ [pour introd. interr. indir.] Tert. Apol. 9, 9.

nĕcui, v> *neco* ▸.

nĕcundĕ (3 *ne*, *cunde*), pour éviter que... de quelque endroit : Liv. 22, 23, 10 ; 28, 1, 9.

nĕcŭter, *tra*, *trum* (2 *ne*, *cuter*, cf. *neuter*), v> neuter : CIL 6, 1527 d, 64.

nĕcўdălus, *i*, m. (νεκύδαλος), ver à soie en chrysalide : Plin. 11, 76.

nĕcўŏmantīa (*-tēa*), *ae*, f. (νεκυομαντεία), nécromancie : Plin. 35, 132.

Nēdīnātes, *ĭum*, m. pl., habitants de Nedinum [ville de Liburnie] : Plin. 3, 130.

Nēdītae, v> *Naeditae*.

nēdum (3 *ne*, *dum*), conj. et adv. **I** [conj. avec subj.] bien loin que ¶ **1** [après une prop. nég.] *non potuerunt, nedum... possimus* Cic. Clu. 95, ils n'ont pas pu, bien loin que nous puissions... ; *vix... frigus vitatur, nedum...* Cic. Fam. 16, 8, 2, à peine le froid est-il évité..., loin que..., cf. Cic. Planc. 90 ¶ **2** [après une affirm.] : Liv. 26, 26, 11 ¶ **3** [adjonction de *ut*] *nedum ut* Liv. 3, 14, 6, même sens. **II** adv., à plus forte raison ¶ **1** [après prop. nég.] : *erat multo domicilium hujus urbis aptius humanitati tuae quam tota Peloponnesus, nedum Patrae* Cic. Fam. 7, 28, 1, le séjour de notre ville était mieux approprié à ta politesse que le Péloponnèse tout entier, à plus forte raison que Patras ; *aegre inermem tantam multitudinem, nedum armatam sustineri posse* Liv. 6, 7, 3, on ne pouvait résister qu'avec peine à une si grande foule sans armes, à plus forte raison en armes, cf. Liv. 7, 40, 3 ¶ **2** [après affirm.] : Liv. 45, 29, 2 ; Sen. Ep. 99, 3 ; Tac. D. 25, 2 ¶ **3** [en tête de la prop.] je ne dis pas, ce n'est pas seulement : Balb. et Opp. d. Cic. Att. 9, 7 a, 1.

Nĕē, *ēs*, f., ville de la Troade : Plin. 2, 210.

nĕfandārius, *a*, *um* (*nefandus*), criminel, scélérat : Not. Tir. 45.

nĕfandē, adv. (*nefandus*), criminellement, d'une manière impie : *-issime* Cassiod. Eccl. 10, 28.

nefandum, *i*, n. (*nefandus*), le mal, le crime : Virg. En. 1, 543.

nĕfandus, *a*, *um* (2 *ne*, *fandus*), impie, abominable, criminel : Cic. Dom. 133 ; Cat. 4, 13 ; Liv. 1, 59, 11 ; Virg. En. 1, 543 ‖ [en parl. des pers.] Plin. 28, 9 ‖ *-issimus* Just. 16, 4, 11.

nĕfans, *tis*, c. *nefandus* : Lucil. 140 ; 874 ; Varr. Men. 509.

nĕfārĭē, adv. (*nefarius*), d'une manière impie, abominable, criminellement : Cic. Verr. 2, 117 ; Mil. 67 ; Cat. 2, 1.

nĕfārĭum, *ii*, n. (*nefarius*), crime abominable : Liv. 9, 34, 19.

nĕfārius, *a*, *um* (*nefas*), impie, abominable, criminel : [pers.] Cic. Planc. 98 ; Off. 2, 51 ; Mur. 62 ‖ [choses] Cic. Div. 1, 81 ; Dom. 82 ; Pis. 9.

nĕfās, n. indécl. (2 *ne*, *fas*) ¶ **1** ce qui est contraire à la volonté divine, aux lois religieuses, aux lois de la nature ; ce qui est impie, sacrilège, injuste, criminel : *quicquid non licet, nefas putare debemus* Cic. Par. 25, tout ce qui n'est pas permis, nous devons le regarder comme sacrilège [doctrine stoïcienne] ; *nefas habent eum nominare* Cic. Nat. 3, 56, ils considèrent comme une impiété de le nommer ; *nefas est dictu, miseram fuisse talem senectutem* Cic. CM 13, il est injuste de dire qu'une telle vieillesse fut malheureuse ; *quibus nefas est deserere patronos* Caes. G. 7, 40, pour qui c'est un crime que d'abandonner leurs patrons ; *quicquid corrigere est nefas* Hor. O. 1, 24, 20, tout ce qu'il est interdit à l'homme de corriger ‖ *per omne fas ac nefas* Liv. 6, 14, 10, par tous les moyens, licites et illicites ; *nefas belli* Luc. 2, 507, le crime impie de la guerre ‖ [exclam.] *nefas !* Virg. En. 10, 673, ô forfait ! ô impiété ! ô honte !, cf. Virg. En. 8, 688 ; horreur ! : Virg. En. 7, 73 ¶ **2** [fig.] monstre d'impiété, de cruauté : Virg. En. 2, 585.

nĕfastum, *i* [n. de *nefastus* pris subst.] crime, impiété : Hor. O. 1, 35, 35 ; Plin. 4, 47.

nĕfastus, *a*, *um* (2 *ne*, *fastus*, *nefas*), défendu par la loi divine : Cic. Leg. 2, 21 ; Plin. 14, 119 ‖ *dies nefasti* Liv. 1, 19, 7, jours néfastes [durant lesquels aucun jugement ne pouvait être rendu], cf. Varr. L. 6, 30 ; Ov. F. 1, 47 ; P. Fest. 163, 11 ‖ mauvais, pervers : Pl. Poen. 584 ‖ malheureux, non favorable, funeste, maudit : Hor. O. 2, 13, 1 ; Tac. An. 14, 12 ; *terra nefasta victoriae* Liv. 6, 28, 8, terrain défavorable à la victoire.

nĕfĕla, v> *nephela*.

nĕfrendis, *e*, **nefrens**, *dis* (2 *ne*, *frendo*), qui ne peut pas encore broyer les aliments, qui n'a pas encore de dents : Andr. Tr. 38 ; Varr. R. 2, 4, 17.

nĕfrendītĭum (*-cĭum*), *ii*, n. (*nefrendis*), redevance annuelle des fermiers, des écoliers [sous forme de viande de porc] : Gloss. 5, 605, 16.

nĕfrōnēs, m. pl. (cf. νεφρός, al. *Niere*), testicules [d. le dialecte de Préneste, mais *nebrundines* dans celui de Lanuvium] : P. Fest. 157, 13.

nĕgantia, *ae*, f., négation, proposition négative : Cic. Top. 57.

nĕgantĭnummĭus, *a*, *um* (*nego*, *nummus*), qui ne veut rien payer : *Apul. M. 10, 21.

nĕgassim, v> *nego* ▸.

nĕgātĭo, *ōnis*, f. (*nego*), négation, dénégation : Cic. Sull. 39 ; Part. 102 ‖ particule négative : Ps. Apul. Herm. 5 ‖ [chrét.] reniement : Tert. Fug. 12, 5 [de la foi].

nĕgātīvē, adv. (*negativus*), négativement : Boet. Top. Cic. 5.

nĕgātīvus, *a*, *um* (*nego*), négatif : Schol. Juv. 6, 457 ; *particula negativa* Ps. Apul. Herm. 5, particule négative ‖ subst. f., négation : Don. And. 205.

nĕgātŏr, *ōris*, m. (*nego*), renégat, apostat : Tert. Praescr. 11, 3 ; Prud. Cath. 1, 57.

nĕgātōrĭus, *a*, *um* (*negator*), négatoire [droit] : Ulp. Dig. 7, 6, 5.

nĕgātrix, *īcis*, f., celle qui nie : Prud. Apoth. 550.

1 **nĕgātus**, *a*, *um*, part. de *nego*.

2 **nĕgātus**, *ūs*, m., absence : Ps. Rufin. Am. 1, 4, 7.

nĕgĭbundus, *a*, *um* (*nego*), qui nie : P. Fest. 163, 4.

Nĕgĭdĭus, *ii*, m., *Numerius Negidius* nom de convention donné au défendeur dans les formules d'action citées par les juristes [celui qui nie (*negat*) devoir payer (*numerare*)] : *N. Negidius* Gai. Inst. 4, 34 ; Dig. 46, 4, 18, 1.

něgĭtō, *ās, āre*, -, - (fréq. de *nego*), dire obstinément que... ne... pas, nier à différentes reprises [même constr. que *nego*]: Pl. *Bac.* 1193; *Merc.* 50; Lucr. 4, 910; Cic. *Ac.* 2, 69; Sall. *J.* 111, 2.

*****neglectē** [inus.] adv., *-tius*, avec un certain laisser-aller: Hier. *Ep.* 39, 1.

neglectim, adv., avec négligence: Anth. 971, 5.

neglectĭo, *ōnis*, f. (*neglego*), action de négliger: Cic. *Mur.* 9.

neglectŏr, *ōris*, m. (*neglego*), celui qui néglige: Aug. *Serm.* 37, 13; Cassian. *Inst.* 4, 20.

něglectum, *i*, n., négligence: Greg.-M. *Ep.* 3, 41.

1 neglectus, *a, um*, part. de *neglego*, [adj^t] négligé, abandonné: Cic. *Fin.* 3, 66; *-issimus* Stat. *Th.* 7, 146.

2 neglectŭs, *ūs*, m., négligence: Plin. 7, 171, dat. *u*, Ter. *Haut.* 357.

neglěgens, *tis*, part.-adj. de *neglego*, négligent, indifférent, insouciant: Cic. *Att.* 7, 20, 2; *Verr.* 3, 162; *in amicis eligendis* Cic. *Lae.* 62, qui choisit ses amis à la légère ‖ *amicorum neglegentior* Cic. *Verr.* 3, 143, trop peu soucieux de ses amis ‖ [avec inf.] Pl. *Most.* 141 ‖ *neglegentior amictus* Quint. 11, 3, 147, tenue un peu négligée.

neglěgentĕr, adv. (*neglegens*), avec négligence, sans soin: Cic. *Com.* 7; Tac. *G.* 17 ‖ *-ius* Cic. *Caecin.* 73; *-issime* Sen. *Ep.* 63, 7.

neglěgentĭa, *ae*, f. (*neglegens*), négligence, indifférence, insouciance: Cic. *Off.* 1, 28; *Or.* 78; *institutorum* Cic. *Rep.* 4, 3, négligence de (montrée par) nos institutions; *epistularum* Cic. *Att.* 1, 61, paresse à écrire; *caerimoniarum* Liv. 22, 9, 7, indifférence à l'égard des cérémonies, cf. Liv. 5, 51, 7; *neglegentiā tuā* Ter. *Phorm.* 1016, par manque d'égards pour toi ‖ indifférence coupable, oubli de ses devoirs: Liv. 29, 16, 5 ‖ [droit] *neglegentia nimia* Dig. 50, 16, 226, négligence excessive [assimilée à la faute lourde]; *dissoluta* Dig. 22, 6, 6, relâchée [assimilée au dol]; *lata* Dig. 44, 7, 1, 5, étendue [assimilée à la fraude].

neglěgō, *ĭs, ĕre, lexī, lectum* (*2 nec, 2 lego*), tr. ¶ **1** négliger, ne pas s'occuper de: Cic. *Amer.* 112; *Nat.* 2, 167; Nep. *Them.* 1, 2 ‖ [avec inf.] Pl. *Amp.* 586; Cic. *Phil.* 3, 20 ‖ [abs^t] *Phil.* 13, 33 ¶ **2** ne pas se soucier de, ne pas tenir compte de, ne pas faire cas de, être indifférent à, être insouciant de: Cic. *Fam.* 14, 4, 2; Caes. *G.* 5, 7, 7; *neglege dolorem* Cic. *Tusc.* 2, 44, ne fais aucun cas de la douleur; *intercessio neglecta* Cic. *Phil.* 2, 53, opposition tenue pour non avenue, méprisée ‖ [avec inf.] Cic. *Or.* 77; [avec prop. inf.] Ant. d. Cic. *Phil.*, 13, 33; [abs^t] Sall. *J.* 31, 28.
► parf. tiré du simple, *neglegi* Licin., Mac. d. Diom. 369, 15; Sall. *C.* 51, 24, *J.* 40, 1.

neglexi, parf. de *neglego*.

neglig-, v. *negleg-*.

něgō, *ās, āre, āvī, ātum* (cf. *2 nec*; fr. *nier*), intr. et tr.
I intr. ¶ **1** dire non: *Diogenes ait, Antipater negat* Cic. *Off.* 3, 91, Diogène dit oui, Antipater dit non, cf. Ter. *Eun.* 252 ¶ **2** *alicui* Cic. *Att.* 8, 4, 2, répondre non à qqn, opposer un refus à qqn.
II tr. ¶ **1** dire, affirmer que ne... pas: *negant versari in re publica esse sapientis* Cic. *de Or.* 3, 64, ils prétendent que le sage ne doit pas s'occuper des affaires publiques; *nego ullam picturam fuisse quin abstulerit* Cic. *Verr.* 4, 1, j'affirme qu'il n'y a pas eu une peinture qu'il n'ait enlevée ‖ [suivi de 2 prop. inf., qqf. la première seule dépend de *nego* = *dico non* et la seconde de l'idée affirmative *dico*] *plerique negant Caesarem in condicione mansurum, postulataque haec ab eo interposita esse, quominus...* Cic. *Att.* 7, 15, 3, la plupart prétendent que César ne se tiendra pas aux conditions qu'il a proposées et que ces demandes, il les a fait intervenir pour empêcher que..., cf. Cic. *Fin.* 5, 88; Sall. *J.* 106, 3 ‖ [suivi de *nec... nec*, qui renforce] Cic. *Ac.* 2, 96 ‖ [au pass. pers.]: *casta (esse) negor* Ov. *F*, 4, 321, on dit que je ne suis pas pure; *scisse aliquid is negatur* Cic. *Inv.* 2, 95, on prétend qu'il n'a rien su, cf. Cic. *Quinct.* 68; *vis facta negabitur* Cic. *Caecin.* 44, on dira qu'il n'y a pas eu violence ‖ [pass. impers.] *negandum est...* Cic. *Nat.* 2, 76, on doit dire que ne... pas, cf. Cic. *Fin.* 3, 29; *Flac.* 32 ¶ **2** nier: *aiunt quod negabant* Cic. *Rab. Post.* 35, ils affirment ce qu'ils niaient, cf. Cic. *Phil.* 2, 9; *Fin.* 2, 70; *facinus* Cic. *Verr.* 1, 90, nier un crime, cf. Cic. *Dom.* 12 ‖ *si fateris, si negas* Cic. *Brut.* 76, si tu en conviens, si tu nies ‖ *negare non posse, quin rectius sit...* Liv. 40, 36, 2, ne pouvoir nier qu'il ne soit préférable... ¶ **3** refuser: *aliquid alicui* Caes. *G.* 5, 6, 4, refuser qqch. à qqn ‖ [avec inf.] refuser de faire qqch.: Cic. *Fam.* 2, 17, 7; Ov. *M.* 14, 250 ‖ [avec négation et suivi de *quin* et subj.] *ei negare non potuit quin... arcesseret* Nep. *Dion* 2, 2, il ne put lui refuser de faire venir..., cf. Virg. *En.* 10, 614 ¶ **4** renier, dire qu'on ne connaît pas: Cypr. *Ep.* 28, 2; Aug. *Conf.* 8, 2, 4.
► *negassim* = *negaverim* Pl. *As.* 503.

něgōtĭālis, *e*, relatif à l'affaire, au fait [question matérielle dans une cause]: Cic. *Inv.* 1, 14; Quint. 3, 6, 58.

něgōtĭans, *is*, part. pr. de *negotior*, subst. m., homme d'affaires, banquier: Cic. *Att.* 5, 21, 10 ‖ trafiquant, commerçant: Suet. *Aug.* 42.

něgōtĭātĭo, *ōnis*, f. (*negotior*), négoce, commerce en grand, entreprise commerciale: Cic. *Fam.* 6, 8, 2; 13, 66, 2; Plin. 6, 157 ‖ commerce, trafic: Gai. *Inst.* 4, 71.

něgōtĭātŏr, *ōris*, m. (*negotior*), négociant, banquier: Cic. *Verr.* 2, 188; *Planc.* 64 ‖ marchand, trafiquant: Quint. 1, 12, 17; Vell. 2, 110, 6 ‖ esclave préposé à un commerce, commis: Dig. 32, 65, pr. ‖ épithète de Mercure, dieu du commerce: CIL 13, 7360.

něgōtĭātōrius, *a, um*, relatif au commerce: Vop. *Tyr.* 3, 3.

něgōtĭātrix, *īcis*, f. (*negotiator*), celle qui fait du commerce, marchande: Paul. *Dig.* 34, 2, 32 ‖ celle qui négocie, qui prépare: Tert. *Marc.* 2, 3, 3.

něgōtĭŏlum, *i*, n., dim. de *negotium*, petite affaire: Pl. *Cis.* 373 d. Prisc. 2, 111, 8; Cic. *Q.* 3, 4, 6; *Att.* 5, 13, 2.

něgōtĭŏr, *āris, ārī, ātus sum* (*negotium*), intr., faire le négoce, faire du commerce en grand: Cic. *Off.* 3, 58; *Verr.* 5, 158; *Dej.* 26; Sall. *C.* 40, 2 ‖ faire du commerce: Liv. 33, 29, 4 ‖ gagner sa vie grâce au commerce: Vulg. *Luc.* 19, 15 ‖ [fig.] *anima nostra negotiari* Plin. 29, 11, trafiquer de notre vie.

něgōtĭōsĭtās, *ātis*, f. (*negotiosus*), accaparement par les affaires: Gell. 11, 16, 3.

něgōtĭōsus, *a, um* (*negotium*), qui a beaucoup d'affaires, occupé, absorbé: Pl. *Merc.* 191; Sall. *C.* 8, 5; *-sissimus* Aug. *Ep.* 153, 1 ‖ qui absorbe, qui donne du travail: Cic. *Mur.* 18; *dies negotiosi* Tac. *An.* 13, 41, jours non fériés, ouvrables ‖ *tergum negotiosum* Pl. *Mil.* 447, dos qui ne chôme pas; *quid crudelitate negotiosius?* Sen. *Ir.* 2, 13, 2, qu'est-ce qui cause plus de tracas que la cruauté?

něgōtĭum, *ii*, n. (*2 nec, otium*) ¶ **1** occupation, travail, affaire: *nihil habere negotii* Cic. *Off.* 3, 102, n'avoir rien à faire; *quid in Gallia Caesari negotii esset* Caes. *G.* 1, 34, 4, [se demander] ce que César avait à faire en Gaule; *in magno negotio habere* [avec inf.] Suet. *Caes.* 23, avoir comme grande occupation de, s'appliquer à ¶ **2** affaire causant de la peine, du souci, de l'embarras: *nec habere nec exhibere cuiquam negotium* Cic. *Nat.* 1, 85, n'avoir pas d'occupation pénible et n'en donner à personne; *nihil est negotii* [avec inf.] Cic. *Fin.* 2, 54, ce n'est pas une affaire de...; *quid negotii est... convincere?* Cic. *Tusc.* 1, 11, quelle difficulté y a-t-il à démontrer...?; *cum his tantum negotii est, ut* Cic. *Fam.* 10, 28, 1, ces gens nous causent tant de tracas que; *negotium exhibere alicui* Cic. *Off.* 3, 112, susciter une affaire à qqn, lui créer des embarras; *nullo negotio* Cic. *Amer.* 20, sans peine; *non minore negotio* Cic. *Verr.* 5, 175, avec non moins de peine ¶ **3** activité politique: *in negotio sine periculo vel in otio cum dignitate esse* Cic. *de Or.* 1, 1, être dans la vie active sans danger ou dans l'inaction avec honneur, cf. Cic. *Off.* 3, 2 ¶ **4** une affaire particulière, une tâche, un travail: *privatim negotium gerere* Cic. *Verr.* 4, 25, s'occuper d'une affaire privée; *suscipere* Cic. *Cat.* 3, 5; *mandare alicui* Cic. *Fam.* 13, 26, 2, se charger d'une affaire, d'une mission, confier une affaire à qqn; *negotium datur quaestoribus, ut* Cic. *Verr.*

negotium

4, 93, mission est donnée aux questeurs de...; *transigere* Cic. *Phil.* 2, 21, achever une entreprise; *ex negotio emergere* Cic. *Att.* 5, 10, 3, se dégager d'une mission; *negotium conficere* Caes. *G.* 3, 15, 4, mener à bien une entreprise ¶ **5** [en part.] **a)** *forensia negotia* Cic. *de Or.* 2, 23, les affaires, les tâches du forum [de l'avocat]; *publicum negotium, amicorum agere* Cic. *de Or.* 2, 24, s'occuper des affaires de l'État, des affaires de ses amis; *praeclare suum negotium gerere* Cic. *Com.* 34, mener, gérer ses affaires admirablement, cf. Cic. *Lae.* 86; *suum negotium agere* Cic. *Off.* 1, 29, ne se mêler que de ses propres affaires **b)** affaires commerciales: *negotium gerere* Cic. *Sull.* 78, faire des affaires, cf. Cic. *Vat.* 12; *negotii gerentes* Cic. *Sest.* 97, hommes d'affaires; *negotia vetera in Sicilia habere* Cic. *Fam.* 13, 30, 1, avoir de vieilles affaires, de vieux comptes en Sicile **c)** affaire en justice: Quint. 3, 5, 11; Suet. *Cal.* 40 **d)** affaire, chose, objet: *luteum negotium esse* Cic. *Verr.* 4, 32, [ils déclarent] que la chose est sans valeur; [personnes] *Callisthenes vulgare et notum negotium* Cic. *Q.* 2, 11, 4, Callisthène, échantillon banal et connu, cf. Cic. *Red.* 14; *non... divinum negotium..., sed magis philosophiae genus* Tert. *Apol.* 46, 2, non pas une réalité divine, mais plutôt une sorte de philosophie ‖ *negotium contrahere* Dig. 45, 1, 83 pr., conclure un contrat; *negotiorum gestio* Dig. 3, 5; Cod. Just. 2, 18, la gestion d'affaires [gérer les affaires d'autrui sans avoir reçu mandat de le faire].

Negrana, *ae*, f., ville d'Arabie: Plin. 6, 160.

negrĭtū (2 *nec, ritu*), [mot augural] pour **aegritudo**: Fest. 162, 7.

nĕgŭmō, *ās, āre, -, -* (2 *nec*, cf. *nego, autumo*), ▶ *nego*: Marcius d. Fest. 162, 5.

Nehalenĭa (Nehalennia), *ae*, f., déesse adorée sur les bords du Rhin: CIL 13, 8779.

nei, arch. pour *ni*: CIL 1, 4; 581; 583.

Neith, f. indécl., nom d'une divinité des Egyptiens: Arn. 4, 16.

Nēlēius, *a, um*, de Nélée: Ov. *H.* 1, 63 ‖ [subst. m.] = Nestor: Ov. *M.* 12, 577 ‖ **-ēus**, *a, um*, Ov. *M.* 6, 418.

Nēleūs, *ĕi* ou *ĕos*, m. (Νηλεύς), Nélée [roi de Pylos, père de Nestor]: Ov. *M.* 2, 689; Hyg. *Fab.* 10 ‖ fontaine de l'Hestiéotide [Thessalie]: Plin. 31, 13.

Neli, *ōrum*, m. pl., peuple de l'Arabie Pétrée: Plin. 6, 165.

Nēlĭdēs, *ae*, m. (Νηληίδης), fils de Nélée: Ov. *M.* 12, 553; Val.-Flac. 1, 338.

Nelo, *ōnis*, m., fleuve de la Tarraconaise: Plin. 4, 111.

nēma, *ătis*, n. (νῆμα), trame, tissu, fil: Marcian. *Dig.* 39, 4, 16.

Nĕmaeus, *a, um*, ▶ *Nemeaeus*: Hier. *Vigil.* 1.

Nemalōni, *ōrum*, m. pl., peuple des Alpes: Plin. 3, 137.

Nematuri, *ōrum*, m. pl., peuple de Ligurie: Plin. 3, 137; ▶ *Nemeturicus*.

Nemausus, *i*, f., Mel. 2, 75 et **-sum**, *i*, n., Plin. 3, 37, ville de Narbonnaise [auj. Nîmes] Atlas V, F3 ‖ **Nemausensis**, *e*, de Nîmes: Plin. 11, 240 ‖ **-ses**, *ĭum*, m. pl., habitants de Nîmes: Plin. 3, 37; Suet. *Tib.* 13 ‖ **-sĭensis**, *e*, Plin. 9, 29.

Nembrod, ▶ *Nemrod*.

1 Nĕmĕa, *ae*, f., Cic. *Fat.* 7 et **Nĕmĕē**, *ēs*, Mart. *Spect.* 27, 3; Stat. *S.* 1, 2, 6, Némée [ville et forêt de l'Argolide].

2 Nĕmĕa, *ae*, m., fleuve du Péloponnèse: Liv. 33, 15.

3 Nĕmĕa, *ōrum*, n. pl. (Νέμεα), jeux néméens [une des quatre grandes fêtes nationales de la Grèce]: Liv. 27, 30, 9.

Nĕmĕaeus, *a, um* (Νεμεαῖος), de Némée: *leo* Cic. *Tusc.* 2, 22, le lion de Némée [étouffé par Hercule]; Ov. *M.* 9, 197 ‖ *Nemeaeum monstrum* Mart. 4, 57, 5, le Lion [signe du Zodiaque] ‖ subst. n. pl. ▶ *3 Nemea*.

nēmĕn, *ĭnis*, n. (*neo*; cf. νῆμα), fil, trame: CIL 6, 20674.

Nementuri, *ōrum*, m. pl., ▶ *Nematuri*.

Nĕmēsa, *ae*, m., rivière de Belgique [auj. Nims]: Aus. *Mos.* 354.

Nĕmĕsĭāci, *ōrum*, m. pl., devins, charlatans, diseurs de bonne aventure: Cod. Th. 14, 7, 2.

Nĕmĕsĭānus, *i*, m., Némésien [poète bucolique, 3e s. apr. J.-C.]: Vop. *Car.* 11, 2.

Nĕmĕsis, *is*, f. (Νέμεσις) ¶ **1** déesse grecque de la justice distributive: Catul. 50, 20; Plin. 28, 22 ¶ **2** femme chantée par Tibulle: Tib. 2, 3, 51.

Nĕmĕsius, *ii*, m., nom d'un martyr: Inscr. Ross. 2, 102, 29.

Nĕmestrīnus deus, m. (*nemus*), dieu des bois: Arn. 4, 7.

Nĕmētācum, *i*, n., ville de la Belgique [auj. Arras] Atlas V, C2: Peut. 1, 2 ‖ **-censis**, *e*, de Nemetacum: Not. Dign. Oc. 42, 40.

Nĕmētes, *um*, m. pl., peuple de Germanie: Caes. *G.* 1, 51, 2; Tac. *G.* 27 ‖ **-tensis**, *e*, des Némètes: Symm. *Or.* 2, 28.

Nĕmētis, gén. s., m., du Némète (?) [peuple gaulois du Sud-Ouest, confondu avec les Némètes]: Luc. 1, 419; ▶ *Augustonemetum*?

Nĕmētŏcenna, *ae*, f., ville des Atrébates: Hirt. *G.* 8, 46, 6; ▶ *Nemetacum*.

Nemeturi, ▶ *Nematuri*.

Nemeturĭcus (Nema-), *a, um*, németurien [v. *Nematuri*]: Col. 12, 20, 3.

Neminĭē, *ēs*, f., source sur le territoire de Réate [en Sabine]: Plin. 2, 230.

nēmo, *mĭnis* (2 *ne, hemo*, cf. *homo* ▶), m.[qqf. f., Pl. *Cas.* 181; Ter. *And.* 506].

I subst. ¶ **1** personne, aucune personne: *omnium hominum nemo* Cic. *Att.* 8, 2, 4, personne au monde; *ex consularibus* Cic. *Fam.* 1, 5 b, 2, personne parmi les consulaires; *nemo ex tanto numero* Cic. *Font.* 15, personne dans un si grand nombre; *nemo de iis, qui* Cic. *de Or.* 1, 191, personne d'entre ceux qui; *nemo non* Cic. *Lae.* 99, tout le monde sans exception; *non nemo* Cic. *Cat.* 4, 10, qqn, quelques-uns; [renforcé par *nec..., nec*] *nemo nec deus nec homo*, Cic. *Nat.* 1, 121, personne ni dieu ni homme, cf. Cic. *Att.* 14, 20, 3; *nemo aut miles aut eques* Caes. *C.* 3, 61, 2, personne, fantassin ou cavalier ‖ *nemo est, qui possit* Cic. *Verr. prim.* 46, il n'est personne qui puisse; *nemo reperietur, qui dicat* Cic. *Att.* 7, 3, 8, il ne se trouvera personne pour dire; *nemo est quin* Cic. *Verr.* 5, 12, il n'est personne qui ne...; *vestrum, nostrum nemo est quin* Cic. *Amer.* 55; *Verr.* 4, 115, il n'est personne parmi vous, parmi nous qui ne...; *nemo fuit militum quin* Caes. *C.* 3, 53, 3, il n'y eut pas un des soldats qui ne...; *nemo est ex tanto numero, quin* Cic. *Font.* 15, il n'y a personne dans un si grand nombre qui ne... ‖ *nemone anteferret?* Cic. *Brut.* 186, personne n'aurait-il préféré? ¶ **2** personne = homme inexistant, sans valeur: *is quem tu neminem putas* Cic. *Att.* 7, 3, 8, celui qui à tes yeux n'est personne, n'est rien.

II adj., ▶ *nullus*: *nemo homo* Cic. *Nat.* 2, 96, aucun homme, cf. Cic. *Fam.* 13, 55, 1; *vir nemo* Cic. *Leg.* 2, 41; *nemo opifex* Cic. *Nat.* 2, 81, aucun homme, aucun ouvrier. ▶ dans la langue class. on n'emploie que *nemo, nemini, neminem* ‖ *nemo* a *o* long dans Hor. *S.* 1, 1, 1, bref dans Mart. 1, 40; Juv. 2, 83.

nēmōn, pour *nēmōnĕ*, est-ce que personne: Pers. 3, 8.

nĕmŏrālis, *e* (*nemus*), de bois, de forêt: Ov. *A. A.* 1, 259 ‖ du bois sacré de Diane à Aricie: Mart. 13, 19, 1.

1 nĕmŏrensis, *e*, ▶ *nemoralis*: Col. 9, 4, 7.

2 Nĕmŏrensis, *e*, du bois d'Aricie: Prop. 3, 22, 25 ‖ *Nemorense*, n., maison de campagne d'Aricie: Cic. *Att.* 6, 1, 25 ‖ *rex Nemorensis* Suet. *Cal.* 35, prêtre chargé du culte de Diane d'Aricie; ▶ *2 Nemus*.

nĕmŏrĕus, *a, um*, ▶ *nemoralis*: Ennod. *Op.* 3, 83.

nĕmŏrĭvăgus, *a, um* (*nemus, vagus*), qui erre dans les bois: Catul. 63, 72.

nĕmŏrōsus, *a, um* (*nemus*), couvert de forêts, boisé: Virg. *En.* 3, 270; Plin. *Ep.* 8, 8, 2 ‖ épais [en parl. d'un bois]: Ov. *M.* 10, 687 ‖ touffu, feuillu: Plin. 12, 9.

nempe, adv. (cf. *nam, enim* et *quippe*), [sollicite la reconnaissance d'un fait], c'est un fait n'est-ce pas?, que: *non istam dicit* *voluptatem*. — *Dicat quamlibet; nempe eam dicit in qua virtutis nulla pars insit* Cic. *Tusc*. 3, 49, ce n'est pas à ta façon qu'il entend le plaisir. — Qu'il l'entende à sa guise ; un fait certain, n'est-ce pas ? c'est qu'il l'entend d'une façon où il n'entre aucune part de vertu [d'où une série d'emplois] **a)** [dans les interrog.] : *nempe hic tuos est ? — Meus est* Pl. *Ru*. 1057, l'homme-là est ton esclave, n'est-ce pas ? — Oui, cf. Pl. *Ps*. 353 ; *Bac*. 188 ; *Ru*. 268 ; *Trin*. 1076 ; *nempe igitur ea restant quae...? — Est ita ut dicis* Cic. *Part*. 42, donc, n'est-ce pas ? ou reste c'est ce que... ? — Oui, cf. Cic. *Part*. 33 ; *Brut*. 14 ; *Tusc*. 5, 12 **b)** [surtout dans les réponses] : *at quo tempore futurum est (judicium)? nempe eo, cum* Cic. *Verr*. 5, 177, mais à quel moment doit-il être prononcé (le jugement) ? à un moment, n'est-ce pas, où..., cf. Cic. *Phil*. 1, 18 ; 4, 8 ; 10, 6 ; *Lig*. 9 ; 25 ; *Mil*. 7 ; 15 ; *Dom*. 34 ; *Cael*. 71 ; *Pis*. 91 ; *suppeditatio bonorum... ; quorum tandem bonorum ? voluptatum, credo, nempe ad corpus pertinentium* Cic. *Nat*. 1, 111, une abondance de biens... ; mais enfin de quels biens ? de plaisirs, j'imagine, et, bien entendu, n'est-ce pas ? de plaisirs physiques **c)** [pour établir un fait indéniable qui servira de base à un raisonnement] : *sed effugi insidias, perrupi Apenninum ; nempe in Antoni congressum colloquiumque veniendum est ; quinam locus capitur?* Cic. *Phil*. 12, 26, mais [une supposition !] je suis sorti des embuscades, j'ai forcé l'Apennin ; il faut, n'est-ce pas ? en venir à l'entrevue et aux pourparlers avec Antoine ; quel endroit alors prendra-t-on ? ∥ [souvent alors en tête du développ⁺] : *quare... ede illa quae coeperas. — Ego vero, inquam, si potuero... — Poteris, inquit... — Nempe igitur hinc tum ductus est sermo quod...* Cic. *Brut*. 21, fais donc cet exposé que tu avais commencé. — Quant à moi, réponds-je, si je puis... — Tu le pourras, repartit Atticus... — Eh bien [*igitur*] ! le point de départ, n'est-ce pas ? de l'entretien que nous avons eu alors, le voici..., cf. Cic. *Mil*. 79 ; Hor. *S*. 1, 10, 1 ; [même suivi de *enim*] Tac. *D*. 35, 15 ∥ [prépare une conclusion] : *atque iidem vota suscipi dicitis oportere ; nempe singuli vovent ; audit igitur mens divina etiam de singulis* Cic. *Nat*. 3, 93, vous prétendez aussi qu'il faut adresser des vœux à la divinité : chacun, n'est-ce-pas ? fait des vœux pour son propre compte ; donc la providence divine écoute même quand il s'agit d'individus **d)** [prépare une opposition] *consilia differebas in id tempus, cum sciremus... ; scimus nempe ; haeremus nihilo minus* Cic. *Att*. 9, 15, 3, tu renvoyais les décisions à un moment où nous saurions... ; nous savons, n'est-ce pas ? mais nous n'en hésitons pas moins **e)** [pour limiter, restreindre] évidemment, naturellement, bien sûr : *postulaturus eras ; quando? post dies triginta,*

nempe si te nihil impediret, si voluntas eadem maneret Cic. *Quinct*. 82, tu allais faire la demande ; quand ? après trente jours ; à condition, n'est-ce pas ? (bien entendu) que rien ne te fasse obstacle, que ta volonté demeure la même... ; *non me quidem, sed sapientem dico scire. — Optime ! nempe ista scire, quae sunt in tua disciplina* Cic. *Ac*. 2, 115, je ne dis pas que c'est moi qui sais, mais je dis que c'est le sage. — Très bien ! celui qui sait, n'est-ce-pas ? ce qui est dans ton système.

Nemrod, Nimrod, Nembrod, m. indécl., Nemrod [fondateur de l'empire babylonien] : Vulg. *Gen*. 10, 9.

1 **nĕmus**, *ŏris*, n. (cf. scr. *namas*-, νέμος, gaul. *nemeto*-), forêt renfermant des pâturages, bois : Cic. *Div*. 1, 114 ; Hor. *O*. 2, 17, 9 ; 3, 22, 1 ; Ov. *F*. 6, 9 ∥ bois consacré à une divinité : Virg. *En*. 7, 759 ∥ [poét.] arbre : Luc. 1, 453 ; Mart. 9, 62, 9 ∥ vignoble : Virg. *G*. 2, 401.

2 **Nĕmŭs Dianae**, Plin. 35, 52, **Nĕmŭs**, *ŏris*, n., Cic. *Att*. 15, 4, 5, bois de Diane, près d'Aricie.

nemut, cf. *nempe* et *ut* pour *nisi etiam* ou **nempe** : P. Fest. 159, 3 ; Fest. 158, 8.

nēnĭa (nae-), *ae*, f. [onomat.] (cf. it. *nanna*), nénie, chant funèbre : Cic. *Leg*. 2, 62 ; P. Fest. 155, 27 ; [fig.] *neniam de bonis alicui dicere* Pl. *Truc*. 213, faire l'oraison funèbre des biens de qqn [qui ont été dissipés], cf. *Ps*. 1278 ∥ chant triste : Hor. *O*. 2, 1, 38 ∥ chant magique, incantation : Hor. *Epo*. 17, 29 ∥ refrain, chanson enfantine, futilité : Hor. *Ep*. 1, 1, 62 ; Arn. 7, 32 ∥ **Nēnĭa**, déesse des chants funèbres : Arn. 4, 7 ; Aug. *Civ*. 6, 9.

nēnĭŏr, *ārīs*, *ārī*, - (*nenia*), intr., parler dans le vide : Dosith. 7, 431, 24.

1 **nĕō**, *ēs*, *ēre*, *ēvī*, *ētum* (cf. *nervus*, νῆν, νήθω, scr. *snāvan*-, al. *Schnur, nähen*, v. irl. *sni*-), tr., filer : Pl. *Merc*. 519 ; Ov. *Med*. 14 ∥ tisser, entrelacer, mêler : Virg. *En*. 10, 818 ; Plin. 17, 144.

▶ 3ᵉ conj. *neunt* ; Tib. 3, 3, 36 ; Vulg. *Luc*. 12, 27 ∥ parf. contr. *nērunt*, Ov. *Pont*. 1, 8, 64 inf. *nesse*, Claud. *Eutr*. 2, 274 cf. Prisc. 2, 508, 10.

2 **Nĕo**, *ōnis*, m., nom d'un Béotien du temps de Persée : Liv. 44, 43 ; 45, 31.

Nĕŏbūlē, *ēs*, f. (Νεοβούλη), fille de Lycambe, v. *Lycambe* : Hor. *O*. 3, 12, 5.

Nĕŏcaesărĕa, *ae*, f., ville du Pont : Plin. 6, 8 ∥ **-ĭensis**, *e*, de Néocésarée : CIL 6, 19332.

Nĕŏclēs, *is* ou *i*, m. (Νεοκλῆς), père de Thémistocle : Nep. *Them*. 1, 1 ∥ père du platonicien Pamphile : Cic. *Nat*. 1, 72 ∥ nom d'un peintre : Plin. 35, 146.

Nĕŏclīdēs, *ae*, m. (Νεοκλείδης), fils de Néoclès [Thémistocle] : Ov. *Pont*. 1, 3, 69.

nĕŏcŏrus, *i*, m. (νεωκόρος), néocore, préposé à la garde et à l'entretien d'un temple : Firm. *Math*. 3, 6, 7.

Nĕŏcrētes, *um*, m. pl. (Νεοκρῆτες), nom de certains soldats d'Antiochus (armés comme les Crétois) : Liv. 37, 40.

nĕŏfĭtus, v. *neophytus*.

nĕŏmēnĭa, *ae*, f. (νεομηνία), néoménie, nouvelle lune, *Tert. *Idol*. 14, 6.

Nĕontīchŏs, n. (Νεοντεῖχος), ville d'Éolide : Plin. 5, 121.

nĕŏphўta (-fўta, -fĕta), *ae*, f., une néophyte : CIL 11, 2563 ; 9, 2081.

nĕŏphўtus, *i*, m. (νεόφυτος), néophyte, nouveau converti : Tert. *Praescr*. 41, 6.

Nĕŏpŏlis, *is*, f. (Νεόπολις), ville de Phénicie : Plin. 5, 69.

Nĕoptŏlĕmus, *i*, m. (Νεοπτόλεμος), Néoptolème ou Pyrrhus, fils d'Achille : Cic. *de Or*. 257 ; *Lae*. 75 ; Virg. *En*. 2, 263 ∥ général grec : Nep. *Eum*. 4.

nĕōpum, *i*, n. (νίωπον), huile d'amandes : Plin. 15, 26.

Nĕōris, *is*, f., ville d'Ibérie : Plin. 6, 29.

nĕōtĕrĭcē, adv., par néologisme : Ps. Ascon. Cic. *Caecil*. 4.

nĕōtĕrĭcus, *a*, *um* (νεωτερικός), récent, moderne : Mamert. *Anim*. 1, 3 ∥ pl., les modernes : Ps. Aur.-Vict. *Orig. tit*.

Nĕōtĕrĭus, *ii*, m. (Νεωτέριος), nom d'homme : CIL 6, 503.

nĕpa, *ae*, m. (afric.) scorpion [insecte] : Col. 11, 2, 39 ; Cic. *Fin*. 5, 42 ; P. Fest. 163, 12 ∥ le Scorpion [signe céleste] : Cic. poét. *Nat*. 2, 109 ∥ écrevisse : Pl. *Cas*. 443.

Nepata, f., ville d'Éthiopie : Plin. 6, 181.

Nepe, v. *Nepete*.

nēpenthĕs, n. indécl. (νηπενθές), plante qui, mélangée au vin, chasse les soucis : Plin. 21, 159 ; 25, 12.

Nĕpĕsīnus, *a*, *um*, de Népé : Liv. 5, 10 ∥ **-pĕsīni**, m., habitants de Népé : Liv. 6, 9.

nĕpĕta, *ae*, f., cataire, herbe-aux-chats : Cels. 2, 21 ; Plin. 14, 105 ; 19, 123.

Nĕpĕt, *is*, n., ville d'Étrurie [Nepi] : Plin. 3, 52 ; Liv. 6, 9 ∥ **Nĕpe**, Vell. 1, 14, 2.

nĕphĕla, *ae*, f. (νεφέλη), sorte de pâtisserie très légère : Not. Tir. 109.

Nĕphĕlē, *ēs*, f. (Νεφέλη), Néphélé [femme d'Athamas, mère de Phrixos et d'Hellé] : Hyg. *Fab*. 1 ; cf. *Nebula* ∥ **-laeus**, *a*, *um*, de Néphélé : Val.-Flac. 1, 56.

Nĕphĕlēĭăs, *ădis*, f., Luc. 9, 956, **Nĕphĕlēis**, *ĭdos*, Ov. *M*. 11, 195, f., fille de Néphélé (Hellé).

nĕphĕlĭon, *ii*, n. (νεφέλιον), cf. *personata* : Ps. Apul. *Herb*. 36.

Nĕphĕris, *is*, f., ville de la Zeugitane : Liv. *Epit*. 51.

nephresis, v. *nephritis*.

nĕphrīticus, *i*, m. (νεφριτικός), qui a la néphrétique : Cael.-Aur. *Chron*. 5, 1, 6.

nĕphrītis, *ĭdis*, f. (νεφρῖτις), la néphrétique, colique néphrétique : Isid. 4, 7, 24.

Nephtăla (Neft-) rĕgĭo, f., pays de la tribu de Nephthali : Juvc. 1, 413.

Nephthali

Nephthali, m. indécl., sixième fils de Jacob : Vulg. Gen. 30, 8.

1 něpōs, ōtis, m. (cf. scr. *napāt*, ἀνεψιός, al. *Neffe* ; fr. *neveu*, an. *nephew*) ¶ **1** petit-fils : *Pompei ex filia* Cic. Brut. 263, petit-fils de Pompée par sa mère ; Tac. An. 4, 44 ‖ [en gén., poét.] **nepotes**, descendants, postérité, neveux : Catul. 58, 5 ; Virg. En. 6, 864 ; Hor. O. 2, 13, 3 ‖ [en parl. des anim. et des plantes] petits, rejetons : Col. 6, 37, 4 ; 4, 10, 2 ‖ [tard.] neveu : Hier. Ep. 60, 9 ¶ **2** [fig.] dissipateur, prodigue : Cic. Quinct. 40 ; Cat. 2, 7 ; *non minus in populi Romani patrimonio nepos quam in suo* Cic. Agr. 1, 2, aussi prodigue du patrimoine du peuple romain que du sien propre.

2 Nĕpōs, ōtis, m., nom de famille rom. ; not[t] Cornélius Népos [historien latin] : Gell. 15, 28 ; Plin. 9, 137 ; Plin. Ep. 4, 28, 1 ; 5, 3, 6 ‖ Flavius Julius Népos [empereur d'Occident, 474] : Jord. Get. 241.

nĕpōtālis, e (*nepos*), de prodigue : Apul. M. 2, 2 ; Amm. 31, 5, 6.

nĕpōtātĭo, ōnis, f., C.▶ *nepotatus* : Isid. 10, 194.

nĕpōtātŭs, ūs, m. (*nepotor*), dissipation, prodigalité : Plin. 9, 114 ; 14, 57 ; Suet. Cal. 37.

Nĕpōtĭānus, i, m., Népotien, grammairien et rhéteur : Auson. Prof. 16 (205), 4 ‖ consul sous Dioclétien : Jord. Rom. 338.

nĕpōtŏr, āris, āri, - (*nepos*), intr., vivre en prodigue : Tert. Apol. 46, 16 ‖ [fig.] devenir de la prodigalité : Sen. Ben. 1, 15, 3.

nĕpōtŭla, ae, f., C.▶ *nepticula* : CIL 9, 3050.

nĕpōtŭlus, i, m., (dim. de *nepos*), gentil petit-fils : Pl. Mil. 1413 ; 1421.

nepta, ae, f. (*neptis* ; fr. *nièce*), nièce : *Greg.-Tur. Hist. 10, 16 ; Martin. 4, 36.

nĕptĭcŭla, ae, f. (dim. de *neptis*), Symm. Ep. 6, 32.

neptis, is, f. (cf. *nepos*, *nepta*, scr. *naptī*, al. *Nichte*), petite-fille : Afran. Com. 246 ; Cic. Tusc. 1, 85 ; Suet. Aug. 73 ‖ nièce : Spart. Hadr. 5, 3.

Neptūnālĭa, ĭum ou ĭorum, n., Neptunalia, fêtes de Neptune : Varr. L. 6, 19 ; Auson. Ecl. 16 (385), 19.

Neptūnālis, e, de Neptune : Tert. Spect. 6, 2.

neptūnĭa, ae, f., germandrée [plante] : Ps. Apul. Herb. 57.

Neptūnĭcŏla, ae, m. f., celui (celle) qui vit sur la mer : Sil. 14, 444.

Neptūnīnē, ēs, f., petite fille de Neptune [Thétis] : Catul. 64 ; 28.

Neptūnĭus, a, um, de Neptune : *Neptunia Troja* Virg. En. 2, 625, Troie fortifiée par Neptune ; *Neptunia arva* Virg. En. 8, 695, les champs de Neptune [la mer] ; *Neptunius dux* Hor. Epo. 9, 7, le chef, fils de Neptune [Sextus Pompée, qui se prétendait fils de Neptune].

Neptūnus, i, m. (?; fr. *lutin*), Neptune [fils de Saturne et d'Ops, dieu de la mer] : Cic. Nat. 2, 66 ; Virg. En. 3, 74 ; *uterque* Catul. 31, 3, les deux Neptune [dieu de la mer et des fleuves = des eaux salées et des eaux douces] ‖ [fig.] mer, eau : Lucr. 2, 472 ; Virg. G. 4, 29 ; Hor. Epo. 17, 55.

nĕpus, a, um (2 *ne*, cf. *purus*, scr. *pūtas*), pour *non purus* : P. Fest. 163, 15.

1 nēquā (nē quā), V.▶ *quis*.

2 nēquā ou **nē quā**, V.▶ *qua*.

nēquālĭa, n. pl. (cf. *nequam* ?), dommages, détriment, perte : Fest. 160, 2 ; P. Fest. 161, 2.

nēquăm (3 *ne*, *quam*, cf. *quisquam*, *nequaquam*) ¶ **1** adj. indécl. ; compar. *nequior* ; superl. *nequissimus*, qui ne vaut rien, mauvais, de mauvaise qualité : *nequam illud verbumst* Pl. Trin. 439, il ne vaut rien, ce mot, cf. As. 178 ; Cic. Phil. 2, 63 ; Verr. 1, 21 ; Gell. 6, 3, 27 ; Fest. 160, 23 ; P. Fest. 161, 8 ‖ [personnes] vaurien, qui n'est bon à rien : *ab hominibus nequam inductus* Cic. Amer. 39, induit à mal faire par des vauriens ; *cohors nequissima* Cic. Verr. 2, 71, cohorte vile entre toutes, cf. Verr. 5, 100 ; Att. 1, 16, 3 ; *nihil nequius* Cic. Pis. 66, rien de plus vil, infâme, cf. Tusc. 3, 36 ¶ **2** subst. n. indécl., tort, dommage, mal : *alicui nequam dare* Pl. Poen. 159, jouer un mauvais tour à qqn ‖ débauche : *nequam facere* Pl. Poen. 658, faire la noce.

nēquando ou **nē quando**, V.▶ *quando*.

nēquāquam, adv. (3 *ne*, 2 *qua*, *quisquam*), pas du tout, en aucune manière, nullement : Caes. G. 4, 23 ; Cic. Inv. 2, 26 ; Clu. 180 ; Verr. 4, 65.

nĕquĕ, V.▶ *1 nec*.

nēquĕdum, C.▶ *necdum*.

nēquĕō, īs, īre, īvī ou ĭī, ĭtum (2 *nec*, 3 *eo*, V.▶ *queo*), intr., ne pas pouvoir, n'être pas en état de, n'être pas capable de [avec inf.] : Cic. Or. 220 ; CM 28 ; 38 ; Div. 1, 119 ; 2, 96 ; Rep. 6, 19 ‖ *nequire quin* Pl. Truc. 553 ; Mil. 1342 ; Ter. Hec. 385, ne pouvoir s'empêcher de ‖ [pass. suiv. de l'inf. pass.] *ut (is) nequitur comprimi !* Pl. Ru. 1064, comme on a du mal à lui faire tenir sa langue !, cf. Sall. J. 31, 8.
▶ imparf. *nequibat*, Sall. C. 59, 4 ; J. 56, 2 ; fut. *nequibunt*, Lucr. 1, 380 ‖ part. prés. *nequiens*, Sall. H. 3, 98 C ; *nequeuntes* Sall. H. 3, 40 ; Arn. 1, 13, cf. Apul. M. 3, 24 ‖ arch. *nequinont = nequeunt* Andr. d. Fest. 160, 3 ‖ sur *nequire*, v. Cic. Or. 154 ; lui-même n'emploie jamais la première pers. *nequeo* mais *non queo*.

nĕque ŏpīnans, V.▶ *necopinans*.

nēqui, V.▶ *quis*, *qui*.

nēquicquam, **nēquidquam**, **nēquīquam**, adv. (3 *ne*, *quicquam*, cf. 2 *qui*), en vain, inutilement : Cic. Quinct. 79 ; Caes. C. 1, 1, 4 ‖ sans raison, sans but : Caes. G. 2, 27, 5 ‖ [exclam.] Liv. 42, 64, 4 ‖ en toute impunité : Pl. As. 698.

nĕquĭens, *euntis*, V.▶ *nequeo* ▶.

nĕquĭnont, V.▶ *nequeo* ▶.

Nequīnum, i, n., ancien nom de Narnia : Liv. 10, 9, 10 ; Plin. 3, 113 ‖ **-īnātes**, *um* ou *ĭum*, m. pl., habitants de Nequinum : P. Fest. 185, 14.

nēquīquam, V.▶ *nequicquam*.

nequior, compar. de *nequam*.

nēquis, *nēqua*, etc., **nē quis**, V.▶ *quis*.

nēquisse, **nēquissem**, de *nequeo*.

nēquissĭmus, superl. de *nequam*.

nēquisti, sync. pour *nequivisti* : Titin. d. Non. 406.

nēquĭtĕr, adv. (*nequam*), d'une manière qui ne vaut rien, indigne, mal : Pl. As. 678 ; Amp. 521 ; Cic. Tusc. 3, 36 ‖ *nequius* Liv. 41, 7, 9 ; Mart. 10, 77, 1 ; *nequissime* Plin. 12, 121.

nēquĭtĭa, ae, f. (*nequam*) ¶ **1** mauvais état, mauvaise qualité d'une chose : Plin. 14, 125 ¶ **2** [en parl. des pers.] mauvaise qualité du caractère, des mœurs : Gell. 6, 11 ‖ fait de ne rien valoir : Cic. Tusc. 3, 18 **a)** mollesse, paresse, indolence : Cic. Cat. 1, 4 ; Fin. 5, 56 **b)** dérèglement, dissipation, débauche : Cic. Clu. 141 ; Amer. 134 ; Pis. 12 ; Hor. S. 2, 2, 131 **c)** [sens postérieur] astuce, fourberie : Gell. 7, 11, 1 ; Juv. 14, 216 ¶ **3** [chrét.] le mal [à propos des démons] : Ambr. Luc. 4, 4.

nēquĭtĭēs, ēi, f., C.▶ *nequitia* : Plin. 14, 125 ; Hor. S. 2, 2, 131.

nēquĭtur, V.▶ *nequeo*.

nēquō ou **nē quō**, V.▶ *quo*.

Nĕrātius, ii, m., Neratius Priscus [jurisconsulte sous Trajan] : Spart. Hadr. 4, 18.

Nereae, ārum, m. pl., peuple de l'Inde en deçà du Gange : Plin. 6, 76.

Nērēĭda, ae, f., C.▶ *Nereis* : Dict. 6, 7.

Nērēĭdĕs (**Nērĕĭdĕs**), *um*, f. pl., Néréides [filles de Nérée et de Doris ; nymphes de la mer] : Catul. 64, 15 ; Tib. 1, 6, 9 ; Ov. H. 5, 57.

Nērēīnē, ēs, f. (Νηρηΐνη), fille de Nérée, Néréide : *Catul. 64, 28.

Nērēis (**Nĕrēis**), *ĭdis*, f. (Νηρηΐς, Νηρεΐς), une Néréide : Ov. H. 5, 57 ‖ Néréis [fille de Priam] : Hyg. Fab. 90 ‖ [fille de Pyrrhus, roi d'Épire] : Just. 28, 3, 4.

Nērēĭus, a, um, de Nérée : Virg. En. 9, 102 ; Ov. M. 13, 162 ‖ de la mer, marin : Claud. IV Cons. Hon. 592.

Nērētīni, ōrum, m. pl., habitants de Nérète [ville de Calabre] : Plin. 3, 105.

Nērētis, *ĭdis*, f., ancien nom de Leucade : Plin. 4, 5.

Nērētum, i, n., ville de Calabre Atlas XII, E6 : Ov. M. 15, 51.

Nēreūs, ĕi ou ĕos, m. (Νηρεύς), Nérée [dieu de la mer] : Virg. En. 8, 383 ; Ov. Am.

2, 11, 39 ‖ la mer : Tib. 4, 1, 58 ; Ov. M. 1, 187 ; Luc. 2, 713.

Neri Celtici, m. pl., peuplade des Pyrénées : Plin. 4, 111.

Nĕrĭa, ae, f., **Nĕrĭēnē (Nĕrĭĕnē)**, ēs, f., **Nĕrĭo**, ēnis, f., Néria, Nério, Nériène [déesse des Sabins, épouse de Mars] : Gell. 13, 22, 4 ; Pl. Truc. 515 ; Capel. 1, 4.

Nĕrĭgŏs, i, f., île de la Germanie septentrionale : Plin. 4, 104.

Nērĭnē, ēs, f. (Νηρίνη), Néréide : Virg. B. 7, 37.

Nērīnus, a, um, de Nérée, de la mer : Nemes. Ecl. 4, 52.

Nērĭo, ēnis, [V.] Neria.

nērĭŏn (-ium), ii, n. (νήριον), laurier-rose [arbuste] : Plin. 16, 79 ; 24, 90.

Nērĭphus, i, f. (Νήριφος), île de la mer Égée : Plin. 4, 74.

Neripi, ōrum, m. pl., peuple de l'Asie, au-delà du Palus-Méotide : Plin. 6, 22.

Nĕrĭs, ĭdis, f. (Νηρίς), forteresse d'Argolide : Stat. Th. 4, 47.

Nērĭtīni, m., [V.] Neretini.

Nērĭtis, ĭdis, f., [V.] Neretis.

Nērĭtos (-us), i, f. (Νήριτος), Nérite [île voisine d'Ithaque] : Virg. En. 3, 271 ‖ m., montagne d'Ithaque : Plin. 4, 55 ; Sen. Tro. 856 ‖ **Nērĭtĭus**, a, um, de Nérite (île) : Ov. M. 14, 159 ‖ Neritius dux Ov. F. 4, 69, Ulysse.

Nērĭus, ii, m., nom d'homme : Cic. Q. 2, 3, 5.

Nĕro, ōnis, m. (osq. niir, cf. ἀνήρ, scr. nar-, gaul. nerto-), Néron [surnom dans la gens Claudia] ; not[t] ¶ 1 C. Claudius Néron, vainqueur d'Hasdrubal : Liv. 27, 41 ¶ 2 l'empereur Néron [L. Domitius Ahenobarbus, devenu après son adoption Ti. Claudius Drusus Germanicus ; sur les monuments : Nero Claudius Caesar Augustus Germanicus, 54-68] : Tac. An. 12, 8 ; Suet. Ner. 1 ‖ **-nēus**, a, um, de Néron : Suet. Ner. 55 ‖ **-niānus**, a, um, Cic. de Or. 2, 48 ‖ **-nĭus**, a, um, Neronia, ōrum, n., jeux institués par Néron en son propre honneur et célébrés tous les cinq ans [Tac. An. 14, 20] : Suet. Ner. 12.

Nĕrŏpŏlis, is, f., nom que Néron voulut donner à Rome : Suet. Ner. 55.

Nersae, ārum, f. pl., ville des Èques : Virg. En. 7, 744.

Nerthus, i, f., nom d'une divinité des Germains : Tac. G. 40.

Nertobrĭga, ae, f., ville de la Bétique Atlas IV, D1 : Plin. 3, 14 ‖ ville de Celtibérie : Flor. 2, 17, 10 ‖ **-gensis**, e, de Nertobriga : CIL 2, 972.

Nĕrullīnus, i, m., surnom romain : CIL 8, 6202.

Nerŭlum, i, n., ville de Lucanie : Liv. 9, 20 ‖ **-ōnensis**, e, de Nérulum : Suet. Aug. 4.

nērunt, [V.] neo ▶.

Nerusi, ōrum, m. pl., peuple de Narbonnaise : Plin. 3, 137.

Nerva, ae, m., surnom des Cocceii, des Silii ; not[t] M. Cocceius Nerva [empereur romain, 96-98] : Tac. H. 1, 1, 4.

nervālis, is, f. (nervus), plantain [plante] : Scrib. 12.

Nervesia, ae, f., village des Èques : Plin. 25, 86.

nervĭa, ōrum, n. pl., muscles : Varr. Men. 368 ; Petr. 45, 11.

nervĭae, ārum, f. pl., cordes [en boyau] d'un instrument de musique : Varr. Men. 366 ; Gell. 9, 7, 3 ‖ [au sg.] VL. Jud. 16, 8.

Nervĭcānus tractus, m. (2 Nervicus), la côte de Belgique : Not. Dign. Oc. 1, 45.

nervĭcĕus (funis), [C.] nervinus : Vulg. Jud. 16, 7.

nervĭcōsus, a, um, [C.] nervicus : Gloss. 5, 605, 60.

1 **nervĭcus**, a, um, qui souffre de la goutte [aux mains], arthritique : Vitr. 8, 3, 5 ‖ musculeux, fort : Gloss. 5, 605, 60.

2 **Nervĭcus**, a, um, des Nerviens : Caes. G. 3, 5.

Nervĭi, ōrum, m. pl., Nerviens [peuple de Belgique] : Caes. G. 1, 4 ; Tac. G. 28.

nervīnus fūnis, m., corde de boyau : Veg. Mil. 4, 9.

nervĭum, [V.] nervia.

Nervĭus, a, um, nervien : civis Nervius CIL 13, 8725, citoyen nervien ; Nervius miles Claud. Gild. 421, soldat de la cohorte nervienne ; [V.] Nervii.

Nervŏlārĭa, ae, f., titre d'une comédie perdue de Plaute : Gell. 3, 3, 6.

nervōsē, adv. (nervosus), vigoureusement : Planc. Fam. 10, 23, 6 ‖ [en parl. du style] avec du nerf, de la force : -sius Cic. Or. 128 ; Off. 3, 106.

nervōsĭtas, ātis, f. (nervosus), force [d'un fil] : Plin. 19, 9 ; Cael.-Aur. Chron. 1, 4, 73.

nervōsus, a, um (nervus) ¶ 1 qui a beaucoup de muscles, nerveux, musculeux : Lucr. 4, 1161 ; Ov. M. 6, 256 ; Plin. 11, 216 ‖ plein de fibres [plantes] : Plin. 21, 54 ¶ 2 qui a du nerf, de la vigueur [style] : nervosior Cic. Brut. 121.

nervŭlus, i, m. (dim. de nervus), petit muscle : Not. Tir. 65 ‖ pl., nerf, force, vigueur : Cic. Att. 16, 16 C 13.

nervum, i, n. (nervus), prison : Vulg. Jer. 20, 2.

nervus, i, m. (cf. neo, νεῦρον ; fr. nerf) ¶ 1 tendon, ligament, nerf : Cic. Nat. 2, 139 ¶ 2 membre viril : Hor. Epo. 12, 19 ; Juv. 10, 205 ¶ 3 cordes de boyau [dans la lyre] : Cic. de Or. 3, 216 ‖ corde d'un arc : Virg. En. 9, 622 ‖ nervi torti Vitr. 10, 10, 1, tortis de nerfs [ressorts moteurs des machines de jet] ‖ arc : Val.-Flac. 3, 182 ‖ lanière de cuir : Tac. An. 2, 14 ¶ 4 liens [même de fer, qu'on attachait au cou et surtout aux pieds] : Fest. 160, 35, cf. Gell. 20, 1, 44 ; 11, 18, 18 ; Pl. Cap. 729 ‖ [d'où] fers, prison, cachot : Pl. Curc. 718 ; Ru. 872 ; Ter. Phorm. 325 ; Liv. 6, 15, 9 ¶ 5 [fig.] nerf, force : vectigalia nervos esse rei publicae semper duximus Cic. Pomp. 17, nous avons toujours considéré les revenus publics comme le nerf de l'État, cf. Cic. Phil. 5, 5 ‖ énergie, vigueur : Cic. Verr. 1, 35 ; 3, 130 ; Tusc. 2, 27 ; Att. 15, 4, 1 ; [en parl. du style] Cic. de Or. 2, 91 ; 3, 80 ; Or. 62 ; Hor. P. 26 ‖ partie essentielle d'une chose : nervi causarum Cic. de Or. 3, 106, contexture intime des causes ; nervi conjurationis Liv. 7, 39, 6, les chefs d'une conspiration.

Nesactĭum (Nesattĭum), ii, n., ville de l'Istrie Atlas XII, C4 : Liv. 41, 95 ; Plin. 3, 129.

Nēsaeē, ēs, f. (Νησαίη), nom d'une Néréide : Virg. En. 5, 826.

nĕsăpĭus, a, um (ne, sapio), insensé : Petr. 50, 5.

Nesca, ae, f., ville d'Arabie : Plin. 6, 160.

Nescaniensis, e, de Nescania [Bétique] : CIL 2, 2011.

nescĭens, tis, part. prés. de nescio, [avec gén.] nesciens sui Apul. Apol. 42, qui ne se connaît pas, inconscient.

nescĭentĕr, adv., sans le savoir, sans s'en apercevoir : Aug. Doctr. 2, 40, 60.

nescĭentĭa, ae, f. (nesciens), ignorance : Mamert. Anim. 1, 11.

nescĭō, īs, īre, īvī ou ĭī, ītum (2 ne, scio), tr. ¶ 1 ne pas savoir : quod nescio Cic. Tusc. 1, 60, ce que je ne sais pas ‖ [avec interr. indir.] [d. Cic. jamais avec num, une fois avec ne : Fam. 2, 5, 2] utrum consistere velit an mare transire, nescitur Cic. Att. 7, 12, 2, on ne sait pas s'il veut s'arrêter ou passer la mer ‖ [avec prop. inf.] nesciebam vitae brevem esse cursum ? Cic. Sest. 47, j'ignorais que le cours de la vie fût bref ? ; tu, Catule, lucere nescis, nec tu, Hortensi, in tua villa nos esse Cic. Ac. 2, 146, toi, Catulus, tu ne sais pas qu'il fait jour, et toi, Hortensius, que nous sommes dans ta maison de campagne ¶ 2 ne pas connaître, ne pas être en état de : litteras, artes, linguam Cic. Brut. 259 ; Planc. 62 ; Fin. 2, 12, être ignorant de la littérature, des arts, de la langue ; Latine Cic. Brut. 140, ne pas savoir le latin ; nostri Graece fere nesciunt nec Graeci Latine Cic. Tusc. 5, 116, nos compatriotes en général ignorent le grec et les Grecs le latin ‖ [avec inf.] : irasci nescit Cic. Tusc. 5, 43, il ne sait pas se fâcher, cf. Tusc. 5, 104 ; Rep. 1, 11 ; Verr. 3, 62 ; Mur. 43 ; Mil. 57 ‖ [poét.] hiemem non nescire Virg. G. 1, 391, prévoir la tempête ; vinum Juv. 7, 97, s'abstenir de vin ¶ 3 [expr. partic.] **a)** nescio an, [V.] an ; nescio an nemo Cic. Brut. 126 ; Att. 14, 17 a, 7 ; Q. 1, 1, 30 ; Fam. 9, 14, 7 ; nescio an nullus Cic. de Or. 2, 18, peut-être personne, peut-être aucun **b)** [expr. adverbiales, à distinguer de

nescio

l'interr. indir.] *nescio quomodo, nescio quo pacto*, je ne sais comment, d'une manière indéfinissable : Cic. *Brut.* 292 ; *Fam.* 5, 15, 2 ; *nescio unde* Cic. *Or.* 79, je ne sais d'où ; *nescio quando* Cic. *Phil.* 2, 3, je ne sais quand, à une époque indéfinie **c)** *nescio quis, nescio quid* [joue le rôle de subst.] qqn, qqch. d'indéfinissable, un je-ne-sais-qui, un je-ne-sais-quoi ; *nescio qui, nescio quod* [joue le rôle d'adj.] : *illud nescio quid praeclarum* Cic. *Arch.* 15, ce je-ne-sais-quoi d'admirable ; *rumoris nescio quid adflaverat* Cic. *Att.* 16, 5, 1, un je ne sais quel bruit était venu ; *fato nescio quo contigisse arbitror ut* Cic. *Fam.* 15, 13, 2, par suite de je ne sais quelle fatalité, je crois, il est arrivé que ; *iste nescio qui Caecilius Bassus* ; Cic. *Fam.* 12, 18, 1, ce je ne sais quel Caecilius Bassus, cf. Cic. *Q.* 1, 1, 19 ; *Phil.* 13, 26 ; *causam nescio quam defendebat* Cic. *Clu.* 74, il défendait je ne sais quelle cause, cf. Cic. *Agr.* 2, 14 ; *Prov.* 28.

nescītus, *a, um*, part. de *nescio*, inconnu : Sidon. *Ep.* 8, 6, 7.

nescĭus, *a, um* (*nescio*) ¶ **1** qui ne sait pas, ignorant [avec gén.] : *sortis futurae* Virg. *En.* 10, 501, ignorant du sort à venir ; [avec *de*] Ov. *H.* 16, 140 ; [avec interrog. indir.] *quid usus (sit) aratri* Ov. *M.* 14, 2, ignorant l'usage de la charrue ; [avec prop. inf.] ne sachant pas que : Tib. 1, 8, 72 ‖ *non sum nescius*, je n'ignore pas [avec prop. inf. ou interr. indir.] : Cic. *de Or.* 1, 45 ; *Fam.* 5, 12, 2 ‖ [abst] *ne forte sis nescius* Cic. *Font.* 2, pour que tu ne sois pas par hasard dans l'ignorance ¶ **2** [poét.] qui ne peut pas, qui n'est pas en état de [avec inf.] : *nescius cedere* Hor. *O.* 1, 6, 6, qui ne sait pas céder, inflexible ; *vinci nescius* Ov. *Pont.* 2, 9, 45, qui ignore la défaite ; *nescia humanis precibus mansuescere corda* Virg. *G.* 4, 470, cœurs qui ne savent pas se laisser attendrir par les prières des humains ¶ **3** [passif] inconnu, non su : Pl. *Cap.* 265 ; *Ru.* 275 ; Tac. *An.* 1, 59 ‖ *neque nescium habebat* [avec prop. inf.] Tac. *An.* 16, 14, il n'ignorait pas que.

Neseās, *ae*, m., nom d'un peintre : Plin. 35, 61 [al. *Neseus*].

Nĕsēbis, ▶ *Nisibis*.

Nesei, *ōrum*, m. pl., peuple de l'Inde : Plin. 6, 76.

nesi, arch. pour *sine* : Fest. 164, 1.

Nēsĭmăchus, *i*, m., père d'Hippomédon : Hyg. *Fab.* 70.

Nesimi, *ōrum*, m. pl., peuple de Gétulie : Plin. 5, 17.

Nēsĭōtae, *ārum*, m. pl., peuple de l'île de Céphallénie : Liv. 38, 28.

Nēsis, *ĭdis*, f. (Νησίς), petite île près de Pouzzoles [Nisida] : Cic. *Att.* 16, 1, 1 ; 16, 4, 1 ; Sen. *Ep.* 53, 1.

nesse, ▶ *neo* ▶.

Nessēus, *a, um* (Νεσσεῖος), de Nessus : Ov. *H.* 9, 163 ; Sen. *Herc. Oet.* 716.

nessĭŏn, *ĭi*, n., grande centaurée [plante] : Ps. Apul. *Herb.* 24.

nessŏtrŏphīum, *ii*, n. (νεσσοτροφεῖον), emplacement où l'on élève les canards : Varr. *R.* 3, 11 ; Col. 8, 15, 7.

Nessus, *i*, m. (Νεσσός), Centaure tué par Hercule : Ov. *M.* 9, 101 ; Hyg. *Fab.* 34 ‖ rivière de Thrace : Liv. 45, 29, 6.

Nestica, *ae*, m., nom d'homme : Amm. 17, 10, 5.

nestis, *ĭdis*, f. (νῆστις), le jéjunum [nom d'une partie de l'intestin] : Cael.-Aur. *Chron.* 5, 10, 100.

Nestŏr, *ŏris*, m. (Νέστωρ), Nestor [roi de Pylos, un des héros du siège de Troie, renommé pour sa sagesse et son éloquence et qui vécut trois générations d'homme] : Cic. *Fam.* 9, 14, 2 ; CM 31 ‖ [fig.] *vivere Nestora totum* Juv. 12, 128, vivre autant que Nestor ‖ **-rĕus**, *a, um*, de Nestor : Mart. 9, 30, 1.

Nestŏrĭdēs, *ae*, m., fils de Nestor [Antiloque] : Ital. 840.

Nestŏrĭus, *ii*, m., hérésiarque du 4ᵉ siècle : Isid. 5, 39, 38 ‖ **Nestŏrĭāni**, *ōrum*, m. pl., nestoriens, sectateurs de Nestorius : Cod. Just. 1, 5, 8.

Nestus (-ŏs), *i*, m., fleuve de Thrace : Mel. 2, 17 ‖ f., ville d'Arabie : Plin. 6, 160.

nētē, *ēs*, f. (νήτη, s.-ent. χορδή), nète, la plus haute des cordes de la lyre : Vitr. 5, 4, 5.

nētŏīdēs, *is*, m. (νητοειδής), la note la plus haute : Capel. 9, 965.

1 nētum, *i*, n., fil : Hier. *Ep.* 130, 15.

2 Nētum, *i*, n., ville de Sicile [auj. Noto] Atlas XII, H5 : Cic. *Verr.* 4, 59 ; Sil. 14, 268 ‖ **Nētīnenses**, *ĭum*, **Nētīni**, *ōrum*, m. pl., habitants de Netum : Cic. *Verr.* 2, 126 ; 5, 56 ; Plin. 3, 91.

nētūra, *ae*, f., fil, lien : VL. *Eccli.* 6, 31.

1 nētus, *a, um*, part. de *neo*.

2 nētŭs, *ūs*, m., tissu, fil : Capel. 2, 114.

neu, ▶ *neve*.

nĕunt, ▶ *neo* ▶.

neurăs, *ădis*, f. (νευράς), nom de plantes, stramoine : Plin. 21, 179 ‖ astragale : Plin. 27, 122.

Neŭri, *ōrum*, m. pl., Neuriens [peuple de la Scythie européenne] : Mel. 2, 7 ; Plin. 4, 88 ‖ sg. coll., *Neurus* : Val.-Flac. 6, 121.

Neurĭs, *ĭdis*, f., île de la Propontide : Plin. 5, 151.

neurŏbăta (-bătēs), *ae*, m. (νευροβάτης), acrobate, danseur de corde : Firm. *Math.* 8, 17, 4 ; Vop. *Car.* 19, 2.

neurŏīdēs, *is*, n. (νευροειδές), sorte de bette sauvage : Plin. 20, 72.

neurospastŏn, *i*, n. (νευρόσπαστον), marionnette : Gell. 14, 1, 23.

neurospastŏs, *i*, f. (νευρόσπαστος), câprier : Plin. 24, 121.

neurŏtrōtus, *a, um* (νευρότρωτος), blessé aux muscles : Theod.-Prisc. 1, 63.

Neustrasius, *a, um*, de Neustrie [royaume franc occidental] : Not. Tir. 110.

nĕŭtĕr, *tra, trum* (2 *ne, uter*, cf. *necuter*) ¶ **1** aucun des deux, ni l'un ni l'autre : *horum neuter* Cic. *Brut.* 207, aucun de ces deux hommes ; *neutrum eorum contra alterum juvare* Caes. *C.* 1, 35, 5, ne soutenir aucun des deux contre l'autre ; *quid bonum sit, quid malum, quid neutrum* Cic. *Div.* 2, 10, [savoir] ce qui est bien, ce qui est mal, ce qui n'est ni l'un ni l'autre ‖ pl., *neutri* Cic. *Off.* 1, 70, ni l'un ni l'autre groupe : *neutri alteros primo cernebant* Liv. 21, 46, 4, aucun des deux détachements sur le premier moment ne distinguait l'autre ¶ **2** [en part.] **a)** [gram.] *neutra* Cic. *Or.* 155, les noms neutres ; *genus neutrum* Gell. 1, 7, 15, le genre neutre **b)** [phil.] *neutrae res* ; *neutra*, choses ni bonnes ni mauvaises, indifférentes : Cic. *Tusc.* 4, 28.

▶ au lieu de *neutrīus*, gén. f. arch. *neutrae*, Char. 158, 28 [sans ex.] et gén. n. *neutri* dans l'expr. *neutri generis*, du genre neutre : Char. 25, 13 ; Diom. 302, 19 ; Prisc. 2, 141, 20, ou *neutri* seul Varr. *L.* 9, 62 ‖ dat. f. sg. *neutrae*, Coel.-Antip. d. Prisc. 2, 198, 4, au lieu de *neutri*.

neŭtĭquam, adv. (2 *ne, utiquam*), en aucune manière, nullement, pas du tout : Cic. *Tim.* 40 ; CM 42 ; *Att.* 6, 9, cf. *Att.* 9, 10, 6.

▶ arch. *nĕ ŭtĭquăm* Enn. *Tr.* 56 ; Pl. *Cap.* 586 ; Ter. *Hec.* 403.

neŭtĭque, ▶ *neutiquam* : Cod. Th. 15, 2, 3.

Neutos, ▶ *Mnevis* : Macr. *Sat.* 1, 21, 20.

nĕŭtrae, ▶ *neuter* ▶.

nĕŭtrālis, *e* (*neuter*), neutre, du genre neutre : Quint. 1, 4, 24.

nĕŭtrālĭtĕr, adv., au neutre [gram.] : Char. 72, 3.

nĕŭtri, ▶ *neuter*.

nĕŭtrō, adv. (*neuter*), vers aucun des deux côtés [mouvt] : Liv. 5, 26, 9 ; Tac. *H.* 3, 23.

nĕŭtrŏpassīva verba, n., verbes neutres-passifs [qui ont un parf. de forme pass., semi-déponents] : Aug. *Gram.* 5, 514, 41 ; Prisc. 2, 420, 9 ; 573, 23.

nĕŭtrŭbi, adv. (*neuter, ubi*), ni dans l'un ni dans l'autre lieu : Pl. *Aul.* 233 ‖ ▶ *neutro* : Amm. 19, 2, 13 ; 21, 1, 12.

nēve (3 *ne, -ve*), par apocope **neu**, et que ne pas : *cavendum est ne... neve* Cic. *Off.* 1, 91, il faut prendre garde que... et que ; *cohortari uti... neu...* Caes. *G.* 2, 2, 2, exhorter à... et à ne pas... ; *adveniat vultus neve exhorrescat amicos* Virg. *En.* 7, 265, qu'il vienne et ne redoute pas des visages amis, cf. Hor. *O.* 1, 2, 50 ; [joint à un impér.] Virg. *G.* 2, 37 ; Ov. *Tr.* 1, 5, 37.

▶ arch. *nīve* Pl. *Bac.* 867 ; Lucr. 2, 734.

nēvi, parf. de *neo*.

Nēvius, v. *Naevius*.

Nevirnum (Nevernum), *i*, n., ville des Éduens [auj. Nevers]: Anton. 367 ‖ **-ensis**, *e*, de Nevers: Greg.-Tur. *Hist.* 8, 1.

nĕvis, nĕvult (nĕvolt), v. *nolo* ►.

Nevita (Nevitta), *ae*, m., barbare qui devint consul sous Julien: Amm. 21, 10, 8.

Nevris, v. *Neuris*.

nex, *nĕcis*, f. (*neco, noceo, noxa, pernicies*, cf. νεκρός, scr. *nasyati*, bret. *ankou*) ¶ **1** mort violente, meurtre, mise à mort, exécution: *alicui nex injusta infertur* Cic. *Mil.* 10, qqn est tué injustement; *vitae necisque potestatem habere* Cic. *Dom.* 77, avoir le droit de vie et de mort (*in aliquem* Caes. *G.* 6, 19, 3, sur qqn); *P. Africani necis socius* Cic. *de Or.* 2, 170, associé au meurtre de P. l'Africain; *ad palum, ad necem rapi* Cic. *Verr.* 5, 72, être entraîné au poteau, à la mort; *alicui diem necis destinare* Cic. *Off.* 3, 45, fixer le jour de la mise à mort de qqn; *necem sibi consciscere* Cic. *Nat.* 2, 7, se donner la mort [en punition d'une faute]; *multorum civium neces* Cic. *Cat.* 1, 18, le meurtre de beaucoup de citoyens ¶ **2** mort au quotidien (graduelle): Sen. *Marc.* 21, 7 ¶ **3** dommage, acte nuisible: *in necem alterius dolum facere*: Dig. 36, 4, 5, 15, être auteur d'un dol pour nuire à autrui; *in necem legatariorum* Dig. 29, 4, 4 pr., pour causer un dommage aux légataires.

*****nexābundē** [inus.], *nexabundius*, plus étroitement, d'une façon plus serrée: Jul.-Val. 1, 2.

nexi, v. *necto*.

nexĭbĭlis, *e* (*necto*), qui s'enchaîne bien: Amm. 29, 2, 11.

nexĭlis, *e* (*necto*), attaché ensemble, enlacé: Lucr. 5, 1350; Ov. *M.* 2, 499.

nexĭlĭtās, *ātis*, f. (*nexilis*), enchaînement, jonction: Fulg. *Myth.* 3, 10.

nexĭo, *ōnis*, f. (*necto*), action d'attacher, de nouer: Arn. 5, 2; Capel. 1, 31.

1 **nexō**, *ās, āre, -, -,* tr. (fréq. de *necto*), attacher, nouer: Andr. d. Diom. 369, 20.

2 **nexō**, *is, ĕre, nexŭī, -,* c. *necto*: Prisc. 2, 469, 13.

nexŭi, un des parf. de *necto* et parf. de *2 nexo*.

nexum, *i*, n. (*necto*) ¶ **1** acte de prêt [primitif, par l'airain et la balance]: *cum nexum faciet mancipiumque* L. XII T. 6, 1, lorsqu'il fera un acte de prêt ou une *mancipatio*; *nexum inibant* Liv. 7, 19, 5, ils (les pauvres) se précipitaient dans les liens du prêt (d'une dette pour prêt) ‖ [cet acte donnait au créancier un pouvoir d'exécution directe sur le débiteur s'il ne remboursait pas à l'échéance; pouvoir supprimé vers 320 av. J.-C.]. *omnia nexa civium liberata sunt* Cic. *Rep.* 2, 59, les citoyens ont été délivrés de toutes leurs dettes de prêt ¶ **2** [par la suite, *nexum* devint synonyme de tout acte par l'airain et la balance: testament, mancipation, et même vente: cf. *nexus*; *us*]: Varr. *L.* 7, 105; Cic. *de Or.* 1, 173; *Har.* 14.

nexŭōsus, *a, um* (2 *nexus*), entortillé, enchevêtré: Cassiod. *Var.* 11, 40.

1 **nexus**, *a, um*, part. de *necto*.

2 **nexŭs**, *ūs*, m. (*necto*) ¶ **1** enchaînement, entrelacement: *naturalium causarum* Tac. *An.* 6, 22, enchaînement de causes naturelles, cf. Curt. 5, 11, 10 ¶ **2** lien, nœud, étreinte: *brachiorum* Suet. *Ner.* 53, étreinte des bras ‖ [fig.] *legis* Tac. *An.* 3, 28, entraves, gênes de la loi ¶ **3** [droit] vente par mancipation (acte par l'airain et la balance: cf.► *nexum* ¶ 2): *abalienatio est traditio alteri nexu aut in jure cessio* Cic. *Top.* 28, la vente, c'est la livraison (d'une chose) à une autre par mancipation ou bien c'est une cession en justice; *qui se nexu obligavit* Cic. *Mur.* 3, celui qui s'est engagé (à garantir contre l'éviction) par une mancipation ¶ **4** lien juridique en général: *nexus sanguinis* Cod. Just. 11, 8, 13, les liens du sang; *quem curiae nexus adstringit* Cod. Just. 10, 32, 27, celui qui est soumis aux obligations de décurion; *nexu pignoris libera res* Dig. 10, 2, 3, une chose libre des liens du gage.

nī (3 *nē, -ī*, arch. *nei*, osq. *nei*, cf. *1 qui, haec, nimirum, quidni*)

I particule de négation (*ne-i*, cf. οὐχί) [arch.] ¶ **1** ► non: *quid ego ni fleam ?* Pl. *Mil.* 1311, comment ne pleurerais-je pas ?, cf. *Mil.* 1120, [d'où] *quidni, quippini, nimirum*, voir ces mots ¶ **2** ► *ne* [avec impér. ou subj. de volonté]: *ni laudato* Varr. d. Non. 281, 31, ne loue pas; *ni... referas* Pl. 339, ne porte pas en compte...; *monere ni* Virg. *En.* 3, 686, recommander de ne pas.

II conj., = *si non*, si ne... pas: *dicerem, ni vererer* Cic. *Fam.* 6, 6, 4, je dirais, si je ne craignais pas; *moriar, ni puto...* Cic. *Fam.* 7, 13, 1, que je meure, si je ne crois pas... ‖ *ni... nive* (= *et* ou *vel ni*) Pl. *Ru.* 1381, si ne... pas, et si ne pas; *si... nive... nive* Pl. *Ru.* 714, si... et si ne pas... et si ne pas ‖ *sive... nive* Cic. *Caecin.* 65, soit que, soit que ne pas [Sen. *Ep.* 48, 10, exemple de formules judiciaires employées par les chicaneurs].

nībŭlus, *i*, m. (de *milvus*; it. *nibbio*), buse [oiseau]: Gloss. 5, 570, 2.

nīcā (νίκα! sois vainqueur!), victoire! hourra!: *nica Parthenopaee* CIL 12, 5687, 24, bravo Parthenopaeus!

Nīcaea, *ae*, f. (Νίκαια), Nicée ¶ **1** [ville de Bithynie] Atlas I, D6; VI, A4: Cic. *Planc.* 84; *Att.* 14, 1, 2 ‖ **-aeensis**, *e*, de Nicée [en Bithynie]: Plin. 7, 12; Cod. Th. 1, 1, 2 ‖ m. pl., les habitants de Nicée: Cic. *Fam.* 13, 61 ‖ **-aenus**, *a, um*, Cod. Th. 1, 1, 2 ¶ **2** [ville de Ligurie (auj. Nice)] Atlas XII, C1: Plin. 3, 47 ‖ **-aeenses**, *ĭum*, m. pl., les Niçois: CIL 5, 7914 ¶ **3** ville de Locride: Liv. 28, 5, 18 ¶ **4** ville de l'Inde: Curt. 9, 3, 23; Just. 12, 8, 8 ¶ **5** nom de femme: Liv. 35, 26.

Nĭcaeus, *i*, m. (Νικαῖος), surnom de Jupiter: Liv. 43, 21, 8.

Nĭcander, *dri*, m. (Νίκανδρος), Nicandre [écrivain grec de Colophon]: Cic. *de Or.* 1, 69; Macr. *Sat.* 5, 21, 12 ‖ autres du même nom: Liv. 35, 12; 37, 11.

Nĭcānŏr, *ŏris*, m. (Νικάνωρ), grammairien: Suet. *Gram.* 5 ‖ peintre célèbre: Plin. 35, 122.

Nĭcăsĭa, *ae*, f., une des îles Sporades: Plin. 4, 68.

Nĭcātŏr, *ŏris*, m. (Νικάτωρ), surnom de plusieurs princes de Syrie: Plin. 6, 31.

nĭcātŏres, *um*, m. pl. (νικάτωρ), les vainqueurs [nom donné à la garde des rois de Macédoine]: Liv. 43, 19, 11.

Nĭcensis, *e*, niçois, c.► *Nicaeensis* ¶ 2: Greg.-Tur. *Conf.* 95.

Nĭcēphŏrĭōn, *ōnis*, m., c.► *Nicephorius*: Plin. 6, 129.

Nĭcēphŏrĭum (-ŏn), *ii*, n., ville de Mésopotamie [sur l'Euphrate] Atlas I, D7: Plin. 5, 86; Tac. *An.* 6, 41 ‖ bois voisin de Pergame avec un temple de Vénus: Liv. 32, 33, 5.

Nĭcēphŏrĭus, *ii*, m., fleuve d'Arménie: Tac. *An.* 15, 4.

Nēcēphŏrus, *i*, m. (Νικηφόρος), nom d'homme: Cic. *Q.* 3, 1, 4.

nĭcēphyllŏn (nīcēs fĭllŏn), *i*, n. (νίκης φύλλον), laurier, fragon à languette: Ps. Apul. *Herb.* 58.

Nĭcĕr, *cri*, m., rivière de Germanie [auj. le Neckar]: Aus. *Mos.* 423; Sidon. *Carm.* 7, 324.

Nĭcērătus, *i*, m. (Νικήρατος), nom d'homme: Plin. 34, 80.

Nĭcĕrōs, *ōtis*, m. (Νικέρως), nom d'un parfumeur: Mart. 12, 65, 4 ‖ **-ōtĭānus**, *a, um*, de Nicéros: Mart. 10, 38, 8; Sidon. *Carm.* 9, 324.

Nĭcēsĭus, *ii*, m., nom d'un écrivain latin: Varr. *R.* 1, 1, 8.

Nĭcētās, *ae*, m. (Νικητής), nom d'homme: Paul.-Nol. *Carm.* 17, 7.

nĭcētērĭa, *ōrum*, n. pl. (νικητήρια), insignes d'une victoire athlétique: Juv. 3, 68.

Nĭcĭās, *ae*, m. (Νικίας), général athénien: Nep. *Alc.* 3, 1; Just. 4, 4, 3 ‖ autre du même nom: Cic. *Fam.* 9, 10, 1; *Att.* 7, 3, 10.

Nĭco (Nĭcōn), *ōnis*, m. (Νίκων), nom d'un médecin: Cic. *Fam.* 7, 20, 3 ‖ pirate célèbre: Cic. *Verr.* 5, 79 ‖ un habitant de Tarente: Liv. 25, 8.

Nĭcŏclēs, *is*, m. (Νικοκλῆς), tyran de Sicyone: Cic. *Off.* 2, 81.

Nĭcŏdāmus, *i*, m., général des Étoliens: Liv. 38, 5.

Nĭcŏdōrus, *i*, m., nom d'un magistrat athénien: Plin. 3, 58.

Nĭcŏlāītae, *ārum*, m. pl., Nicolaïtes, sectateurs de l'hérésiarque Nicolaüs: Fil. 115, 2.

nicolaus dactylus

1 nīcŏlāus dactўlus, m., **nīcŏlāus**, *i*, m., sorte de datte [qui tire son nom de Nicolas de Damas]: Plin. 13, 45.

2 Nīcŏlāus, *i*, m. (Νικόλαος), Nicolas de Damas [philosophe du temps d'Auguste]: Plin. 15, 45.

Nīcŏmēdēs, *is*, m. (Νικομήδης), Nicomède [fils de Prusias et roi de Bithynie]: Cic. de Or. 2, 229; Verr. 1, 63 ‖ son fils: Suet. Caes. 2.

Nīcŏmēdīa, *ae*, f. (Νικομήδεια), Nicomédie [capitale de la Bithynie] Atlas I, D6; VI, A4: Plin. 5, 148; Amm. 22, 9, 3 ‖ **Nīcŏmēdenses**, *ium*, m. pl., habitants de Nicomédie: Plin. Ep. 10, 37, 1; Dig. 50, 9, 5.

Nīcon, V. *Nico*: Cic. Fam. 7, 20, 3.

Nīcŏphănēs, *is*, m. (Νικοφάνης), nom d'un peintre: Plin. 35, 137.

Nīcŏpŏlis, *is*, f. (Νικόπολις) ¶ 1 ville d'Épire Atlas I, D5; VI, B1: Tac. An. 2, 53; Suet. Aug. 18 ‖ **-lītānus**, *a*, *um*, de Nicopolis: Plin. 4, 5 ¶ 2 ville de la Petite Arménie: B.-Alex. 36, 3.

Nīcosthĕnēs, *is*, m. (Νικοσθένης), nom d'un peintre: Plin. 35, 146.

Nīcostrătus, *i*, m. (Νικόστρατος), préteur des Achéens: Liv. 32, 39.

Nīcŏtēra, *ae*, f., ville du Bruttium: Anton. 106.

nictans, *tis*, part. de 1 *nicto* ou de *nictor*.

nictātĭō, *ōnis*, f. (*nicto*), clignement d'yeux: Solin. 40, 22; Plin. 11, 156.

nictĭō, *īs*, *īre*, -, - (expr.), intr., glapir, japper: Enn. An. 342; Fest. 184, 3.

nictō, *ās*, *āre*, -, - (cf. *coniveo*, *nitor*, al. *neigen*), intr., cligner, clignoter des yeux: Fest. 182, 30 ‖ faire signe des yeux: Pl. As. 784; Men. 613; Merc. 407 ‖ [fig.] **nictantia fulgura flammae** Lucr. 6, 182, les feux en zigzags de l'éclair.

nictŏr, *ārĭs*, *ārī*, -, intr., cligner, clignoter: Plin. 11, 144 ‖ faire des mouvements saccadés, gigoter: Caecil. Com. 72, cf. Fest. 182, 30.

nictŭs, *ūs*, m. (cf. *nicto*), signe fait avec les yeux, clin d'œil: Caecil. Com. 194; Laber. Com. 129.

nīdāmentum, *i*, n. (*nidus*), matériaux pour un nid: Pl. Ru. 889 ‖ nid: Arn. 6, 16.

nīdĭcus, *a*, *um*, de nid: *Varr. Men. 568 d. Non. 338, 10.

nīdĭfĭcĭum, *ii*, n. (*nidifico*), construction d'un nid: Apul. M. 8, 22.

nīdĭfĭcō, *ās*, *āre*, -, - (*nidus*, *facio*; fr. *nicher*), intr., construire son nid, nicher: Col. 8, 15, 5; Plin. 9, 81.

nīdĭfĭcus, *a*, *um* (*nidus*, *facio*), [époque] où l'on fait des nids: Sen. Med. 714.

nīdŏr, *ōris*, m. (cf. κνῖσα), odeur (vapeur) [qui se dégage d'un objet qui cuit, qui grille ou qui brûle]: Lucr. 6, 987; Cic. Pis. 13; **galbaneus nidor** Virg. G. 3, 415, les vapeurs du galbanum ‖ relent: Plin. 13, 2.

nīdōrō, *ās*, *āre*, -, -, intr., exhaler une odeur de chose brûlée, sentir le brûlé: Not. Tir. 103.

nīdōrōsus, *a*, *um* (*nidor*), qui dégage une odeur de chair rôtie: Tert. Marc. 5, 5, 10; Cael.-Aur. Chron. 4, 3, 62.

nīdŭlŏr, *ārĭs*, *ārī*, - ¶ 1 intr., nidifico: Gell. 3, 10, 5; 2, 29, 4 ¶ 2 tr., mettre comme dans un nid: Plin. 11, 98.

nīdŭlus, *i*, m., dim. de *nidus*, petit nid: Cic. de Or. 1, 196; Arn. 2, 17; Gell. 2, 29, 2 ‖ [fig.]: **nidulus senectutis** Verg. Ruf. d. Plin. Ep. 6, 10, 1, petit nid de vieillesse [en parl. d'une villa].

nīdus, *i*, m. (*ni-sdo-s, cf. *sedeo*, al. *nieder*, al. *Nest*; fr. *nid*), nid d'oiseau: Cic. de Or. 2, 23; Hor. O. 4, 12, 5; Ov. M. 8, 257; Plin. 10, 92 ‖ [poét.] les jeunes oiseaux dans leur nid, nichée: Virg. En. 12, 475 ‖ portée de petits cochons: Col. 7, 9, 13 ‖ [fig.] case, rayon [de bibliothèque]: Mart. 1, 117, 118, 15 ‖ ustensile, timbale en forme de nid: Varr. Men. 442.

1 nĭgella, *ae*, f. (*nigellus*; fr. *nielle*), nigelle [plante]: Cael.-Aur. Chron. 2, 33.

2 Nigella, *ae*, m., fleuve de la Gaule cispadane: Peut. 3, 2.

nĭgellātum, *i*, n., huile de nigelle: Paul.-Nol. Ep. 5, 21.

nĭgellus, *a*, *um*, dim. de 1 *niger*, noirâtre: Varr. Men. 375; L. 8, 79 ‖ **nigellae Cadmi filiae** Aus. Epist. 4 (393), 74, les filles noiraudes de Cadmus [lettres de l'alphabet inventées par Cadmus].

1 nĭgĕr, *gra*, *grum* (?; fr. *noir*) ¶ 1 noir [diff. de *ater*] V. *ater*, sombre: **quae alba sint, quae nigra dicere** Cic. Div. 2, 9, dire ce qui est blanc, ce qui est noir ‖ de teint basané: Virg. B. 2, 16 ‖ **hederae nigrae** Virg. G. 2, 258, le lierre sombre; **caelum pice nigrius** Ov. H. 18, 7, le ciel plus noir que de la poix ‖ **facere candida de nigris** [ou] **nigrum in candida vertere** Ov. M. 11, 314; Juv. 3, 30, faire du noir le blanc [ou] changer le noir en blanc = tromper ‖ **nigros efferre maritos** Juv. 1, 72, porter au bûcher les cadavres noircis de leurs maris [morts empoisonnés] ¶ 2 [poét.] sombre = qui assombrit: **nigerrimus Auster** Virg. G. 3, 278, le noir Auster, cf. Hor. O. 1, 5, 7; Epo. 10, 5 ¶ 3 [fig.] **a)** sombre, noir [idée de la mort]: **nigra hora** Tib. 3, 5, 5, l'heure noire [de la mort] **b)** endeuillé: **nigra domus** Stat. S. 5, 1, 18, maison funèbre **c)** funeste: **sol niger** Hor. S. 1, 9, 73, noir soleil = jour funeste **d)** [en parl. du caractère] perfide, à l'âme noire: Cic. Caecin. 27; Hor. S. 1, 4, 85.

2 Nĭgĕr, *gri*, m., surnom romain: Suet. Aug. 11.

3 Niger, *gris*, m., V. *Nigris*.

Nĭgĭdĭus, *ii*, m., Nigidius Figulus [philosophe pythagoricien, ami de Cicéron]: Cic. Fam. 4, 13; Gell. 19, 14, 1 ‖ **-ĭānus**, *a*, *um*, de Nigidius Figulus: Gell. 18, 4, 11.

nĭgrans, *tis*, part. de *nigro*.

nĭgrātus, *a*, *um*, part. de *nigro*: Tert. Marc. 4, 8, 1.

nĭgrēdō, *ĭnis*, f. (*niger*), le noir, la couleur noire: Apul. M. 2, 9; Capel. 1, 67; 2, 137.

nĭgrēfīō, *fīs*, *fĭĕrī*, - (*niger*, *fio*), devenir noir: *Theod.-Prisc. 1, 15.

nĭgrĕō, *ēs*, *ēre*, -, - (*niger*), intr., être obscur: *Pacuv. Tr. 88; Acc. Tr. 260.

nĭgrescō, *ĭs*, *ĕre*, *grŭī*, - (inch. de *nigreo*; esp. *negrecer*), intr., devenir noir, noircir: Plin. 15, 6; Virg. En. 4, 454; Col. 12, 50, 1.

Nigrētes, *um*, m. pl., V. *Nigritae*: Avien. Perieg. 322; Prisc. Perieg. 200.

Nigrĭānus, *a*, *um*, partisan de Pescennius Niger: Tert. Scap. 2, 5.

nĭgrĭcō, *ās*, *āre*, -, - (*niger*), intr., être noirâtre, tirer sur le noir, noircir: Plin. 9, 135; 37, 161.

nĭgrĭcŏlŏr, *ōris*, qui est de couleur noire: Solin. 2, 44.

nĭgrĭcŭlus, *a*, *um* (*niger*), noirâtre: Varr. L. 8, 79.

nĭgrĭfĭcō, *ās*, *āre*, -, - (*niger*, *facio*), tr., rendre noir, noircir: M.-Emp. 35, 21.

Nĭgrīna, *ae*, f., nom de femme: Mart. 4, 75.

Nĭgrīnus, *i*, m., surnom romain: Suet. Tib. 73.

Nĭgris, *is*, m., le Nigris [Niger, fleuve de la Libye centrale]: Plin. 5, 30; 5, 44 ‖ source du Nil: Plin. 8, 77.

Nigrītae, *ārum*, m. pl., Africains des bords du Nigris: Plin. 5, 43; Mel. 1, 22.

nĭgrītĭa, *ae*, Plin. 29, 109, **nĭgrĭtĭēs**, *ēi*, Cels. 8, 4, 6, **nĭgrĭtūdō**, *ĭnis*, f., Plin. 9, 134, le noir, la couleur noire, noirceur.

nĭgrō, *ās*, *āre*, *āvī*, *ātum* ¶ 1 intr., être noir: Lucr. 2, 733 ¶ 2 tr., rendre noir: Stat. S. 2, 6, 83; Tert. Marc. 4, 8, 1.

Nĭgroe, m. pl., peuple d'Afrique: Plin. 6, 195.

nĭgrŏgemmĕus, *a*, *um*, aux reflets noirs: Solin. 22, 11.

nĭgrŏr, *ōris*, m. (*niger*), le noir, la couleur noire, noirceur: Pacuv. d. Cic. Div. 1, 24; Lucr. 3, 39.

nĭgrum, *i*, n. (*niger*), le noir, la couleur noire: Ov. A. A. 1, 291.

nĭhĭl et **nīl**, n. (2 *ne*, *hilum*, pas un hile), indécl.; V. *nihilum*.

I subst., rien ¶ 1 **nihil agere** Cic. CM 15, ne rien faire; **nihil est melius** Cic. Off. 1, 151, rien n'est meilleur; **nihilne praeterea diximus?** Cic. Ac. 2, 79, n'ai-je rien dit de plus? ‖ **victor, quo nihil moderatius** Cic. Fam. 4, 4, 2, un vainqueur, dont rien ne surpasse la modération; **Crasso nihil statuo fieri potuisse perfectius** Cic. Brut. 143, j'estime que rien ne pouvait parvenir alors à plus de perfection que Crassus, cf. Cic. Fam. 16, 5, 2 ‖ [avec gén.] **nihil periculi, sceleris, litterarum**

Cic. *Dom.* 58; *Marc.* 21; *Att.* 1, 2, 1, pas de danger (aucun danger), aucun crime, aucune lettre; **nihil novi, integri** Cic. *Balb.* 17, rien de nouveau, d'intact ‖ [accord de l'adj.] **nihil egregium** Cic. *de Or.* 1, 134, rien de remarquable; **nihil est unum uni tam simile** Cic. *Leg.* 1, 29, nulle chose n'est aussi semblable chacune à chacune; **nihil unum insigne** Liv. 41, 20, 7, pas une seule chose remarquable; **nihil aliud** Cic. *Fin.* 4, 46, rien d'autre; **nihil miserabile** Cic. *de Or.* 64, rien de pathétique ¶ **2** [tours particuliers] **a)** [nihil renforcé par nec... nec...] **nihil nec obsignatum nec occlusum** Cic. *de Or.* 2, 248, rien ni de scellé ni d'enfermé, cf. Cic. *Clu.* 1; ▼ *nec* **b)** [nihil repris par nec] **nihil triste nec superbum** Liv. 2, 30, 5, rien de pénible ni de tyrannique; **nihil silvae neque ad insidias latebrarum** Liv. 27, 41, 4, pas de forêt ni de cachettes pour s'embusquer; **nihil pensi neque moderati** Sall. *C.* 12, 2, rien de pesé ni de mesuré **c)** **nihil est cur, quamobrem, quod**, il n'y a pas de raison pour que, ▼ *cur, quamobrem, quod*; **nihil fuit in Catulis, ut... putares** Cic. *Off.* 1, 133, il n'y eut rien chez les Catulus pour faire croire **d)** **nihil ad te, ad me** (s.-ent. **attinet**), cela ne me, ne te concerne pas; cela ne m'importe, ne t'importe pas, cf. Cic. *Pis.* 68; *de Or.* 2, 139; **quando id faciat, nihil ad hoc tempus** Cic. *Or.* 117, à quel moment il doit le faire, cela ne m'intéresse pas pour le moment **e)** **nihil ad**, rien en comparaison de: **sed nihil ad Persium** Cic. *de Or.* 2, 25, mais ce n'était rien au regard de Persius, cf. Cic. *Leg.* 1, 6; *Dej.* 24 **f)** **nihil non**, tout le possible, tout sans exception: Cic. *Brut.* 140 ‖ **non nihil**, qqch.: Cic. *Fam.* 4, 14, 2, ou **haud nihil** Ter. *Eun.* 641 **g)** **nihil nisi, nihil aliud nisi**, rien que, rien d'autre que, ▼ *nihil aliud quam*, même sens [ou adv.] = seulement: Liv. 2, 29, 4; 2, 49, 9; 27, 18, 11 **h)** **si nihil aliud** (ellipt.), à défaut d'autre chose, faute de mieux: Liv. 30, 35, 8 **i)** **nihil... quin, quominus**: **nihil praetermisi, quin Pompeium a Caesaris conjunctione avocarem** Cic. *Phil.* 2, 23, je n'ai rien négligé pour détourner Pompée de s'unir à César; **nihil moror quominus abeam** Liv. 3, 54, 4, je n'hésite pas à me retirer **j)** **nihil minus** Cic. *Off.* 3, 81, pas du tout, il n'y a rien qui soit moins exact ¶ **3** rien = néant, nullité, zéro: **ille alter nihil ita est, ut** Cic. *Att.* 1, 19, 4, le second est un néant à tel point que, cf. Cic. *Fam.* 7, 27, 2; 7, 33, 1; *Caecil.* 47; **nihil hominis esse** Cic. *Tusc.* 3, 77, n'être pas un homme ‖ **nihil est**, il n'y a rien, c'est le néant = tu ne dis rien: Cic. *Amer.* 58; Hor. *S.* 2, 3, 6 ‖ **nihil est**, c'est inutile: Pl. *Truc.* 851; **nihil est mittere** Pl. *Cap.* 344, il est inutile d'envoyer.

II adv., en rien, pas du tout: **beneficio isto legis nihil utitur** Cic. *Agr.* 2, 61, il ne se sert pas du tout de ce bienfait de la loi; **cum est intellectum nil profici** [pass. impers.] Cic. *Tusc.* 3, 66, quand on a compris qu'on n'avance à rien; **nihil ea**

re commovetur Caes. *G.* 1, 40, 12, cela ne l'émeut pas du tout; **nihil jam Caesaris imperium exspectabant** Caes. *G.* 2, 20, 4, ils n'attendaient plus du tout les ordres de César ‖ **non nihil tuam prudentiam desidero** Cic. *Lig.* 10, je regrette quelque peu ta prudence habituelle.

▶ *nĭhīl*; Ov. *M.* 7, 644; *Pont.* 3, 1, 113.

nĭhildum, rien encore, encore rien: Cic. *Fam.* 12, 7, 2; *Att.* 7, 12, 4; *Cat.* 3, 6.

nĭhīli, gén. de *nihilum*.

nĭhĭlōmĭnus, nihilo minus, en rien moins ¶ **1** **quattuor, nihilo minus** Pl. *Men.* 953, quatre, pas moins; **minus dolendum fuit..., sed puniendum certe nihilo minus** Cic. *Mil.* 19, on aurait dû moins pleurer, mais on ne devait certes pas moins punir ¶ **2** [en corrél. avec *si, etsi, quamvis, quamquam*...] pas moins, néanmoins, tout de même: **res, quae nihilo minus, ut ego absim, confici possunt** Cic. *Fam.* 2, 2, les choses qui ne manquent pas, même en mon absence, de pouvoir se régler ‖ **nihilo minus tamen agi posse de compositione, ut haec non remitterentur** Caes. *C.* 3, 17, 4, pourtant [disait-il] il n'était pas moins possible, il était tout autant possible de traiter d'un arrangement, à supposer qu'on n'ait pas fait ces concessions.

nĭhĭlum, i, n. (2 *ne*, *hilum*), ▼ *nihil* rien: **ex nihilo oriri, in nihilum occidere** Cic. *Div.* 2, 37, venir de rien, retomber à rien; **interire non in nihilum, sed in suas partes** Cic. *Ac.* 1, 27, périr, non pas en s'anéantissant, mais en se résolvant en ses éléments...; **quam mihi ista pro nihilo!** Cic. *Att.* 14, 9, 1, comme tout cela est pour moi sans valeur!; **pro nihilo putare, ducere** Cic. *Caecil.* 24; *Verr.* 2, 40, regarder comme rien, compter pour rien ‖ [expr. partic.] **a)** **nihili**, de rien, sans valeur: **homo nihili** Varr. *L.* 9, 54, un homme de rien; [gén. de prix] **esse nihili** Pl. *Ps.* 1104, ne rien valoir; **nihili facere, putare** Cic. *Fin.* 2, 88; *Sest.* 114, n'avoir aucune estime pour, ne faire aucun cas de **b)** **de nihilo**, pour rien, sans raison, sans fondement: Pl. *Curc.* 477; Liv. 30, 29, 4; 34, 61, 13 **c)** **nihilo** [devant compar.], en rien: **nihilo beatior** Cic. *Fin.* 5, 83, en rien plus heureux, pas plus heureux du tout; **nihilo secius** Caes. *G.* 5, 4, 3; 5, 7, 3; ▼ *nihilo minus*; **nihilo aliter** Ter. *Phorm.* 530, pas du tout autrement ‖ [abl. de prix]: **non nihilo aestimare** Cic. *Fin.* 4, 62, estimer qq. peu, mettre qq. prix à **d)** **nihilum**, adv., en rien, pas du tout: Hor. *S.* 2, 3, 54; 2, 3, 210; 2, 8, 41.

▶ formes contractes **nīlum, nīlo**: Lucr. 1, 237; 1, 150; **nilo** Cic. *Fam.* 3, 12, 4; *Att.* 12, 28, 1 ‖ **nihilo** mss Hor. *Ep.* 1, 5, 67, doit être compté *nīlo*.

nīl, ▼ *nihil*: Cic. *Tusc.* 3, 66; 5, 111; *Fam.* 3, 8, 5 [chez les poètes, chez Sen., Suet., Tac.].

Nīlĕūs, ĕi ou **ĕos**, m. (Νειλεύς), Nilée [compagnon de Phinée]: Ov. *M.* 5, 187.

Nīlĭăcus, a, um (Νειλιακός), du Nil: Luc. 10, 192 ‖ **-ca fera** Mart. 5, 65, 14, le crocodile ‖ d'Égypte: **Niliaca juvenca** Mart. 8, 81, 2; 13, 9, Io ou Isis; **Niliacum pecus** Stat. *Th.* 3, 478, le bœuf Apis.

Nīlĭcŏla, ae, m. f. (*Nilus, colo*), habitant du Nil: Prud. *Sym.* 2, 496.

Nīlīdēs, is, m., lac de la Maurétanie inférieure: Plin. 5, 51; Capel. 6, 676.

Nīlĭgĕna, ae, m. f. (*Nilus, geno*), enfant du Nil, Égyptien, Égyptienne: Macr. *Sat.* 1, 16, 37.

Nīlĭŏs, ii, f. (νείλιος), pierre précieuse: Plin. 37, 114.

Nīlis, ĭdis, f., ▼ *Nilides*.

Nīlōtēs, ae, m., ▼ *Nilicola*: Prop. 4, 8, 39.

Nīlōtĭcus, a, um (Νειλωτικός), du Nil, égyptien: Sen. *Nat.* 3, 25, 11; Mart. 6, 80, 1.

Nīlōtis, ĭdis, adj. f., du Nil, d'Égypte: Mart. 10, 6, 7; Luc. 10, 142.

nīlum, i, n., ▼ *nihilum* ▶.

1 **Nīlus, i**, m. (Νεῖλος), le Nil [fleuve d'Égypte] Atlas I, F6; IX, F2; Luc. 6, 712; Cic. *Nat.* 2, 130; Plin. 5, 51; Luc. 10, 199 ‖ le dieu Nil: Cic. *Nat.* 3, 42; 3, 58.

2 **nīlus, i**, m. (1 *Nilus*), aqueduc, canal: Cic. *Q.* 3, 9, 7; *Leg.* 2, 2.

nimbātus, a, um (*nimbus*), qui ressemble à un nuage c.-à-d. inexistant: Pl. *Poen.* 348.

nimbĭfĕr, ĕra, ĕrum (*nimbus, fero*), qui porte la pluie: Ov. *Pont.* 4, 8, 60; Avien. *Arat.* 858.

nimbōsus, a, um (*nimbus*), pluvieux, orageux: Virg. *En.* 1, 535; Plin. 18, 109.

nimbus, i, m. (p.-ê. *ni-nb-o-s*, cf. *nebula*; it. *nembo*), pluie d'orage, averse: Lucr. 3, 19; Cic. *Nat.* 2, 14 ‖ nuage de pluie: Pacuv. d. Cic. *Div.* 1, 24; Lucil. d. Varr. *L.* 5, 24; Virg. *En.* 3, 198 ‖ nuage enveloppant les dieux: Virg. *En.* 10, 634; Hor. *O.* 1, 2, 31 ‖ auréole de saint: Isid. 19, 31, 2 ‖ [fig.] pluie, grêle [de fumée, de poussière]: Virg. *En.* 5, 666; *G.* 3, 110 ‖ nuage [de traits]: Liv. 36, 18, 5; Mart. 9, 39, 5; Sil. 5, 215 ‖ [fig.] orage, malheur: Cic. *Att.* 15, 9, 2.

nĭmĭē, adv. (*nimius*), trop, avec excès: Capit. *Gord.* 6, 2; Pall. 4, 10, 27; Macr. *Sat.* 4, 6, 15.

nĭmĭĕtās, ātis, f. (*nimius*), surabondance, excès: Pall. 2, 13, 5 ‖ hyperbole: Macr. *Sat.* 4, 6, 15 ‖ prolixité: Arn. 4, 10.

nĭmĭō (*nimius*), adv., beaucoup, extrêmement [ordin[t] avec un compar.]: **nimio mavolo** Pl. *Poen.* 303, j'aime infiniment mieux; **nimio plus** Anton. d. Cic. *Att.* 10, 8; *A.* 1, beaucoup plus, cf. Pl. *Bac.* 672; Hor. *O.* 1, 33, 1; Liv. 1, 2, 3.

nĭmĭŏpĕre, adv., de façon excessive: Cic. *Verr.* 4, 132 ‖ [en deux mots] **nimio opere** Cic. *Par.* 36.

nĭmīrum, adv. (*ni, mirum*), assurément, certainement: Ter. *Eun.* 268; Cic. *Off.* 2,

nimirum

71; Mur. *45*; Brut. *82* ‖ [iron.] sans doute: Hor. S. *2, 2, 106*; Liv. *40, 9, 1*; Tac. H. *1, 33*.

nĭmĭs, adv. (cf. *2 ne*, μείων et *magis*, *major*?) ¶ **1** trop, plus qu'il ne faut: Cic. Leg. *3, 1*; de Or. *3, 128*; Dej. *36*; *nimis multa* Cic. Brut. *318*, trop de choses, de détails; *ne quid nimis* Ter. And. *91*, rien de trop ‖ [avec gén.] Cic. Or. *170*; Ov. F. *6, 115* ‖ *nimis est* [avec inf.] Mart. *4, 82, 7*, c'est trop de ‖ *haud nimis* Liv. *8, 4, 5*; *non nimis* Cic. de Or. *1, 133*, pas trop, cf. Att. *7, 24, 1* ¶ **2** extrêmement, énormément, beaucoup: Pl. Amp. *218*; Ru. *920*; Ter. Eun. *786*; Cic. Leg. *1, 27*; Cypr. Ep. *21, 4* ‖ *nimis quam* Pl. Most. *511*, extrêmement, cf. Cap. *102*; ⟶ *quam* ¶ *9*.

1 nĭmĭum, *ii*, n. (*nimius*), trop grande quantité, excès: *inter nimium et parum esse* Cic. Off. *1, 89*, se trouver intermédiaire entre le trop et le trop peu; *nimium lucri dare alicui* Cic. Verr. *3, 78*, donner à qqn un bénéfice excessif; *omnia nimia* Cic. Rep. *1, 68*, tous les excès.

2 nĭmĭum, adv. (*1 nimium*) ¶ **1** trop: *nimium diu* Cic. Phil. *3, 36*; *saepe* Cic. Sest. *77*, trop longtemps, trop souvent; *multi* Cic. Clu. *128*, trop nombreux, un trop grand nombre; *nimium mirari* Cic. Verr. *4, 124*, admirer trop ¶ **2** par trop, excessivement, extrêmement: *id mandavi Philotimo, homini forti ac nimium optimati* Cic. Att. *9, 7, 6*, j'ai donné cette mission à Philotimus, homme énergique et partisan convaincu des bons citoyens; *o fortunatos nimium agricolas!* Virg. G. *2, 458*, ô trop heureux les hommes des champs!; *nimium vellem* Ter. Eun. *597*, j'aurais vivement désiré, cf. Pl. Trin. *931* ¶ **3** [expr. adv.] *nimium quantum*, extrêmement: *sales in dicendo nimium quantum valent* Cic. Or. *87*, les plaisanteries ont une efficacité prodigieuse dans les discours, cf. Cic. Fin. *4, 70*.

nĭmĭus, *a*, *um* (*nimis*), qui passe la mesure, excessif, ¶ **1** *nimiae amicitiae* Cic. Lae. *45*, amitiés excessives; *nimia vestra benignitas* Cic. Caecin. *9*, votre excessive bienveillance; *vitem coercere, ne nimia fundatur* Cic. CM *52*, réprimer la vigne pour qu'elle ne se développe pas outre mesure; *nimium est videre* Cic. Verr. *4, 125*, c'est trop de voir; *non est nimium* [avec prop. inf.] Cat. Agr. *57, 2*, il n'est pas excessif que ¶ **2** [en parl. des pers.]: *nimius rebus secundis* Tac. H. *4, 23*, à qui le succès fait oublier toute mesure ‖ *nimius animi* Sall. H. *4, 73*, trop orgueilleux, cf. Liv. *6, 11, 3*; *sermonis* Tac. H. *3, 75*, parlant trop; *(legio) legatis nimia ac formidolosa erat* Tac. Agr. *7*, (la légion) était pour les légats indisciplinée et redoutable ¶ **3** extrêmement, excessivement grand: *homo nimia pulchritudine* Pl. Mil. *998*, homme d'une beauté extrême; *nimia mira* Pl. Amp. *616*, des choses par trop prodigieuses ‖ ⟶ *nimio* et *nimium*.

Nimrod, ⟶ *Nemrod*.
Ninev-, ⟶ *Niniv-*.

ningĭt (**ninguĭt**), *ĕre*, **ninxit**, - (*nivit*, *nix*, cf. νείφει) ¶ **1** impers., il neige: Virg. G. *3, 367*; Col. *11, 2, 31* ‖ pass., **ninguitur** Apul. Flor. *2*, il neige ¶ **2** tr., Acc. Tr. *101*, faire tomber comme de la neige ¶ **3** intr., *ningunt rosarum floribus* Lucr. *2, 627*, ils font neiger des roses.

ningŏr, *ōris*, m. (*ningo*), chute de neige: Apul. Mund. *9*.

Ninguārĭa, *ae*, f., une des îles Fortunées: Plin. *6, 204*.

ninguĭdus (**-gĭdus**), *a*, *um* (*ninguis*), couvert de neige, neigeux: Aus. Epist. *25* (*417*), *69*; Prud. Apoth. *729*; Cath. *5, 97* ‖ qui amène la neige: Prud. Apoth. *739* ‖ qui tombe comme la neige: Prud. Cath. *5, 97*.

ninguis, *is*, f. arch., ⟶ *nix*: Lucr. *6, 736*; Apul. d. Prisc. *2, 279, 13*.

ninguit, ⟶ *ningit*.

ningŭlus, *a*, *um* (cf. *2 ne* et *singulus*), arch. ⟶ *nullus*: Enn. An. *130*; P. Fest. *185, 4*.

Ningum, *i*, n., ville d'Istrie: Anton. *271*.

Ninivē, *ēs*, f., **Niniva**, *ae*, f., Ninive [ville d'Assyrie]: Aug. Civ. *16, 3*; Vulg. Gen. *10, 11* ‖ **-ītae**, *ārum*, m. pl., habitants de Ninive: Prud. Cath. *7, 131*; Vulg. Matth. *12, 41* ‖ **-ĭtĭcus**, *a*, *um*, de Ninive: Hier. Is. *3, 7, 16*.

ninnĭum, *ii*, n.?, beau cadeau, nanan: *Pl. Poen. *371*.

Ninnĭus, *ii*, m., nom d'une famille de Campanie: Liv. *23, 8*; [d'où] L. Ninnius Quadratus, tribun de la plèbe: Cic. Att. *3, 23, 4*; Sest. *68* ‖ [sous l'Empire] Ninnius Grassus, poète latin: Prisc. *2, 478, 12*.

1 Nĭnus, *i*, m., premier roi des Assyriens, époux de Sémiramis, qui donna son nom à Ninive: Just. *1, 1, 7*; Curt. *3, 3, 16*; Ov. M. *4, 88* ‖ autre nom de Hiérapolis: Amm. *14, 8, 7; 23, 6, 22*.

2 Nĭnus (**Nĭnŏs**), *i*, f., Ninive Atlas I, D7: Plin. *6, 117*; Tac. An. *12, 13*; Luc. *3, 215*.

Nĭnўās ou **Nĭnўa**, *ae*, m., fils de Ninus: Just. *1, 1, 10*.

Nĭŏbē, *ēs*, f. (Νιόβη), Prop. *2, 20, 7*; Ov. M. *6, 148* et **Nĭŏba**, *ae*, f., Cic. Tusc. *3, 63*, ¶ **1** Niobé [fille de Tantale et femme d'Amphion]: Ov. M. *6, 156* ¶ **2** Nioba [fille de Phoronée]: Hyg. Fab. *145* ¶ **3** Niobé [fontaine de l'Argolide]: Plin. *4, 14*.

Nĭŏbēus, *a*, *um*, de Niobé: Hor. O. *4, 6, 1* ‖ **-bĭdēs**, *ae*, m., fils de Niobé: Hyg. Fab. *11*.

Nĭphātēs, *ae*, m. (Νιφάτης), le Niphate ¶ **1** fleuve de la Grande Arménie: Luc. *3, 245*; Juv. *6, 409* ¶ **2** partie du mont Taurus: Virg. G. *3, 30*; Hor. O. *2, 9, 20*; Mel. *1, 81*.

Nīphē, *ēs*, f. (Νίφη), Niphé [nymphe de Diane]: Ov. M. *3, 171*.

1 Nipparēnē, *ēs*, f., ville de Perse: Plin. *37, 175*.

2 nipparēnē, *ēs*, f., nom d'une gemme originaire de Nipparene: Plin. *37, 175*.

Niptra, n. pl. (Νίπτρα), [níptron, eau pour se laver], les Purifications [titre d'une tragédie de Sophocle et de Pacuvius]: Cic. Tusc. *2, 48*; Gell. *13, 2, 3*.

Nīreūs, *ĕi* ou *ĕōs*, m. (Νιρεύς), Nirée [roi de Samos]: Hor. O. *3, 20, 15*; Ov. P. *4, 13, 16*.

nīs, arch. pour *nobis*: P. Fest. *41, 6*.

Nīsa, *ae*, f., nom de femme: Virg. B. *8, 26*.

Nisaea, *ae*, f., ⟶ *Nisiaea*.

Nisaeus, ⟶ *Niseius*: Ov. F. *4, 500* ‖ ⟶ *1 Nysaeus*.

Nīsēis, *ĭdis*, f., fille de Nisus [Scylla]: Ov. Rem. *737*.

Nīsēĭus, *a*, *um* (*Niseis*), de Scylla: Ciris *390*; Ov. M. *8, 35*.

nĭsĭ, conj. (*2 ne*, *si*)

I ¶ **1** si ne... pas, dans le cas où ne... pas: *nemo mihi persuadebit eos tanta esse conatos..., nisi animo cernerent* Cic. CM *82*, personne ne me persuadera qu'ils auraient fait de si grands efforts..., s'ils n'avaient eu la claire vision que...; *praeclare viceramus, nisi fugientem Lepidus recepisset Antonium* Cic. Fam. *12, 10, 3*, nous avions une belle victoire, si Lépidus n'avait accueilli Antoine fugitif ¶ **2** excepté si, à moins que: *id, nisi Quintus... mavult, suscipiam* Cic. Leg. *1, 13*, cet exposé, à moins que Quintus ne préfère..., je l'entreprendrai.

II excepté, si ce n'est ¶ **1** [en corrél. avec terme négatif]: *nemo..., nisi qui* Cic. Brut. *23*, personne... si ce n'est celui qui; *negant quemquam esse virum bonum, nisi sapientem* Cic. Lae. *18*, ils prétendent que personne n'est homme de bien sauf le sage; *hoc sentio, nisi in bonis, amicitiam esse non posse* Cic. Lae. *18*, mon sentiment est que, sauf entre hommes de bien, il ne peut y avoir d'amitié; *nulla me causa impulisset, nisi ut... comprimerem* Cic. Vat. *2*, aucune raison ne m'aurait déterminé, si ce n'est l'intention de réprimer...; *quae nisi vigilantes homines, nisi sobrii, nisi industrii consequi non possunt...* Cic. Cael. *74*, les résultats que seuls les hommes vigilants, les hommes réfléchis, les hommes actifs peuvent atteindre...; *audistis quaestoriam rationem relatam, legationem non nisi condemnato et ejecto qui posset reprehendere* Cic. Verr. *1, 98*, vous avez entendu que les comptes de la questure ont été remis, que ceux de la légation l'ont été seulement après la condamnation et l'expulsion de celui qui pouvait en faire la critique ‖ *nonnisi* [formant adv. = seulement, est fréquent chez Sen., Quint.] ‖ *si nihil aliud fecerunt nisi rem detulerunt* Cic. Amer. *108*, s'ils n'ont fait que dénoncer la chose ‖ *nihil nisi, nihil aliud nisi*, rien que, rien d'autre que, cf. Cic. de Or. *2, 52*; Phil. *3, 13*; *non aliter... nisi* Liv. *45, 11, 11*, seulement à la condition que ¶ **2** [en corrél. avec interr.] *quid est pietas* *nisi...? Cic. Planc.* 82, qu'est-ce qu'une pieuse affection si ce n'est...?; *quae est alia fortitudo nisi...? Cic. Tusc.* 5, 41, le courage est-il autre chose que...?; *unde... nisi ab...? Cic. Nat.* 2, 79, d'où... si ce n'est de...?; *quid interest nisi quod... appello? Cic. Fin.* 5, 89, quelle différence y a-t-il si ce n'est que j'appelle...? ¶ 3 [tours particuliers] **a)** *nisi quod*, excepté ce fait que, excepté que, avec cette réserve que : *omnia sunt communia nisi quod* Cic. *Fam.* 13, 1, 2, tout est commun sauf que, cf. Cic. *Att.* 2, 1, 11 ; *Tusc.* 3, 58 ; *nisi quia* Ter. *Eun.* 736, avec cette restriction que, mais **b)** *nisi si*, excepté si : Cic. *Fam.* 14, 2, 1 ; *Att.* 10, 1, 2 ; *Cat.* 2, 6 ; *Phil.* 2, 70 ; *Inv.* 2, 171 **c)** *nisi ut*, à moins que : Suet. *Cl.* 35 ¶ 4 [transitions restrictives et général' ironiques] *nisi forte, nisi vero*, qqf., *nisi* seul, à moins que par hasard : Cic. *Mil.* 17 ; 8 ; *CM* 33 ∥ [seconde restriction greffée sur la première] *nisi forte quisquam... nisi qui* Tac. *D.* 21, à moins que par hasard qqn... sauf celui qui = personne assurément ne... sauf celui qui, cf. *An.* 3, 57.

▶ arch. *nisei* CIL 1, 581 ; *nise* CIL 1, 592, 1, 47 ; *nesi* Fest. 164, 1 [= *sine*?].

Nīsĭădes, *um*, f. pl., [poét.] Nisiades = femmes de Mégare [où régna Nisus] : Ov. *H.* 15, 54.

Nisĭaea, *ae*, f., région de Parthie : Plin. 6, 113.

Nĭsībis, *is*, f. (Νίσιβις) ¶ 1 Nisibe [ville de Mésopotamie] Atlas I, D7 ; IX, C4 : Plin. 6, 42 [var. *Nesebis*] ; Tac. *An.* 15, 5 ∥ **-bēnus**, *a, um*, de Nisibe : Amm. 25, 8, 13 ¶ 2 ville de l'Arie [Afghanistan] : Amm. 23, 6, 69.

Nisicathae, *ārum*, m. pl., peuple d'Éthiopie : Plin. 6, 194.

Nisitae, *ārum*, m. pl., peuple d'Éthiopie : Plin. 6, 194.

Nisuetae, *ārum*, m. pl., peuple de l'Afrique : Liv. 33, 18.

1 **nīsus**, *a, um*, part. de *nitor*.

2 **nīsŭs**, *ūs*, m. ¶ 1 action de s'appuyer, **a)** [pour se tenir ferme en place] : *nisu eodem* Virg. *En.* 5, 437, le corps se maintenant dans la même assiette (posture) **b)** [pour se déplacer] mouvement fait avec effort : *sedato nisu* Pacuv. d. Cic. *Tusc.* 2, 48, en marchant avec précaution ; *uti nisus per saxa facilius foret* Sall. *J.* 94, 1, pour faciliter l'escalade dans les rochers ; [fig.] *ad summum pervenire non nisu, sed impetu* Quint. 8, 4, 9, arriver au faîte non par une lente escalade, mais d'un bond ; [en parl. d'un vol d'oiseaux] pénible, accompli avec efforts : Lucr. 6, 834 ; Hor. *O.* 4, 4, 8 ¶ 2 effort : Tac. *An.* 12, 67 ∥ effort d'accouchement, enfantement : Ov. *F.* 5, 171 ; ▶ 2 *nixus*.

3 **nīsus**, *i*, m., aigle de mer : Pol.-Silv. 543, 2 ; Ov. *M.* 8, 146 ; ▶ 4 *Nisus*.

4 **Nīsus**, *i*, m. (Νίσος), père du cinquième Bacchus : Cic. *Nat.* 3, 58 ∥ roi de Mégare, père de Scylla changé en aigle de mer : Ov.

M. 8, 8 ; Virg. *G.* 1, 404 ∥ Troyen, ami d'Euryale : Virg. *En.* 5, 294 ; 9, 176.

Nisyrŏs (-rus), *i*, f. (Νίσυρος), île voisine de la Carie : Plin. 5, 133 ∥ ville de l'île de Calydne : Plin. 5, 133.

nĭtălōpĭces, acc. *as* ; f. pl., sorte de renards indiens : Jul.-Val. 3, 17.

nītēdŭla, *ae*, f., petite souris, petit mulot : Cic. *Sest.* 72 ; Arn. 2, 47 ; Serv. *G.* 1, 181.

nĭtĕfăcĭō, *is, ĕre, fēcī, factum*, tr., rendre brillant : Gell. 12, 11, 3 ; Juvc. 607.

1 **nĭtēla (-ella)**, *ae*, f. (*niteo*), ce qui rend brillant : Apul. *Apol.* 6 ∥ poudre d'or, paillettes d'or (*nitellae pulveris*) : Solin. 23, 4.

2 **nĭtēla (-ella)**, *ae*, f. (cf. *mustella*), ▶ *nitedula* : Plin. 8, 224 ; Mart. 5, 37, 8.

nītēlīnus, *a, um*, gris souris : Plin. 16, 177.

1 **nĭtens**, *tis*, part.-adj. de *niteo*, brillant, éclatant : Hor. *O.* 2, 7, 7 ; Virg. *En.* 1, 228 ; Liv. 9, 40, 5 ∥ brillant de santé, gras : Virg. *En.* 3, 20 ∥ épanoui, florissant, riant [en parl. de culture] : Virg. *G.* 1, 153 ∥ [fig.] *gloriā nitens* Liv. 3, 12, 5, brillant de gloire ∥ [style] orné, élégant, brillant : Cic. *Brut.* 238 ∥ *-tior* Ov. *M.* 10, 211.

2 **nĭtens**, ▶ 1 *nitor*.

nĭtĕō, *ēs, ēre, ŭī*, - (cf. *renideo* ?), intr., reluire, luire, briller [en parl. du ciel, de la lune] Lucr. 1, 9 ; 5, 705 ; *nitent unguentis* Cic. *Cat.* 2, 5, ils sont tout luisants de pommades ; *deterius Libycis nitet herba lapillis*? Hor. *Ep.* 1, 10, 19, le gazon brille-t-il moins que les mosaïques de Libye [en marbre de Libye] ? ∥ être florissant, riant [champs] : Virg. *En.* 6, 677 ∥ être gras, bien portant : Pl. *Bac.* 1124 ; Plin. 18, 27 ∥ être abondant, prospère : *vectigal in pace nitet* Cic. *Agr.* 1, 21, les revenus sont florissants dans la paix, cf. Hor. *S.* 2, 5, 12 ∥ être brillant, propre [maison] : Pl. *Ps.* 161 ∥ [fig.] briller, paraître brillant, beau : Hor. *O.* 1, 5, 12 ; Mart. 10, 89, 3 ∥ être brillant, net [style] : Cic. *Fin.* 4, 5.

Niteris nātĭo, peuple du pays des Garamantes : Plin. 5, 37.

nĭtescō, *ēs, ĕre*, -, - (*niteo*), intr., devenir luisant, se mettre à briller, à luire : Cic. *Arat.* 174 ; Virg. *En.* 5, 134 ∥ devenir gras, prendre de l'embonpoint : Plin. *Ep.* 2, 17, 3 ∥ pousser, croître : Plin. 12, 112 ∥ [fig.] prendre de l'éclat, se développer, s'améliorer : Her. 3, 29 ; Quint. 9, 4, 5.

Nitibrum, *i*, n., ville d'Afrique : Plin. 5, 37.

nĭtībundus, *a, um* (1 *nitor*), qui fait de grands efforts : Gell. 1, 11, 8 ∥ qui presse, accablant : Solin. 25, 12.

nĭtĭdē, adv. (*nitidus*), avec éclat : Pl. *Truc.* 354 ∥ splendidement, royalement : Pl. *Cis.* 11 ; *Cas.* 748.

nĭtĭdĭtās, *ātis*, f. (*nitidus*), éclat, beauté : Acc. *Tr.* 254.

nĭtĭdĭuscŭlē, adv. (*nitidiusculus*), un peu proprement, comme il faut : Pl. *Ps.* 774.

nĭtĭdĭuscŭlus, *a, um* (dim. de *nitidus*), quelque peu luisant [de parfums] : Pl. *Ps.* 220.

nĭtĭdō, *ās, āre*, -, - (*nitidus*), tr., rendre brillant : Col. 12, 3, 9 ; M.-Emp. 8, 5 ; Pall. 3, 17, 1 ∥ laver : Enn. *Tr.* 125 ; *nitidari* Acc. *Tr.* 603, se laver.

nĭtĭdŭlus, *a, um*, dim. de *nitidus*, coquet : Sulp. Sev. *Dial.* 2, 8, 3.

nĭtĭdus, *a, um* (*niteo* ; fr. *net*, it. *netto*), brillant, luisant, resplendissant [maison] Pl. *St.* 65 ; [tableau] Cic. *Or.* 36 ; [soleil] Virg. *G.* 1, 467 ; [ivoire] Ov. *M.* 2, 3 ∥ gras, engraissé [animaux] : Nep. *Eum.* 5, 6 ∥ brillant, florissant de santé [personnes] : Hor. *Ep.* 1, 4, 15 ∥ beau, élégant, coquet : Pl. *Aul.* 540 ; Cic. *Cat.* 2, 22 ; Hor. *Ep.* 1, 7, 83 ; Plin. 13, 100 ∥ gras, fertile [champs] Lucr. 2, 594 ; *-dissimus* Cic. *Verr.* 3, 47 ∥ [poét.] *nitidissimus annus* Ov. *F.* 5, 265, année très riche ∥ [style] brillant : Cic. *de Or.* 1, 81 ; *-dior* Cic. *Part.* 17 ; Quint. 10, 1, 79.

Nitiobroges (-briges, Caes. *G.* 7, 7, 2), *um*, m. pl., peuple de l'Aquitaine, près de la Garonne : Caes. *G.* 7, 31, 5 ; Plin. 4, 109 ; Sidon. *Ep.* 8, 11, 1.

nĭtĭto, ▶ 1 *nitor* ►.

1 **nītŏr**, *tĕrĭs, tī, nīsus* et *nixus sum* (cf. *coniveo*, al. *nicken* ?) [arch. *gnitor, gnixus* P. Fest. 85, 21] intr.

I s'appuyer sur ¶ 1 [pr.] *hastili* Cic. *Rab. perd.* 21, s'appuyer sur la hampe d'une lance ; *muliercula* Cic. *Verr.* 5, 86, sur l'épaule d'une femme légère ∥ [poét.] *in hastam* Virg. *En.* 12, 390, sur une lance ¶ 2 [fig.] *alicujus consilio* Cic. *Off.* 1, 122, s'appuyer sur les conseils de qqn ; *tu eris unus, in quo nitatur civitatis salus* Cic. *Rep.* 6, 12, toi, tu seras le seul appui sur lequel repose le salut de la cité ; *is, cujus in vita nitebatur salus civitatis* Cic. *Mil.* 19, l'homme sur les jours duquel reposait le salut de la cité ; *ubi nitere?* Cic. *Verr.* 2, 115, sur qui t'appuieras-tu ?

II s'appuyer, se raidir, s'arc-bouter pour faire un mouvement, pour se déplacer ¶ 1 *fluviatiles quaedam serpentes ortae extra aquam, simul ac primum niti possunt, aquam persequuntur* Cic. *Nat.* 2, 124, certains serpents aquatiques, nés hors de l'eau, aussitôt qu'ils peuvent se traîner, se mettent à l'eau ; *nituntur gradibus* Virg. *En.* 2, 443, ils s'efforcent de monter les échelons (Enn. *An.* 161) ; *in rupes* Luc. 4, 37, grimper sur des rochers ∥ *niti corporibus* Sall. *J.* 60, 4, faire des mouvements du corps ∥ faire des efforts pour se relever : Sall. *J.* 101, 11 ; Suet. *Vesp.* 24 ∥ [en parl. de la gravité des corps] : *deorsum niti* Lucr. 6, 335, tendre vers le bas, cf. Lucr. 1, 1056 ; Cic. *Nat.* 2, 115 ¶ 2 [fig.] faire effort **a)** *tantum, quantum potest quisque, nitatur* Cic. *CM* 33, que les efforts soient proportionnés aux

nitor

moyens de chacun ; *pro libertate summa ope niti* Sall. J. 31, 17, faire les plus grands efforts pour la liberté ; *summa nituntur opum vi* Virg. En. 12, 552, ils s'appliquent de toutes leurs forces ; *ad sollicitandas civitates* Caes. G. 7, 63, 2, faire des efforts pour gagner les cités ǁ [avec inf.] s'efforcer de : Caes. G. 6, 37, 10 ; Sall. J. 25, 9 ; Nep. Pel. 2 ; [avec ut] Nep. Milt. 4, 2 ; [avec ne] Sall. J. 13, 8, s'efforcer d'empêcher que **b)** tendre vers, s'efforcer d'atteindre : *ad immortalitatem* Cic. CM 82, s'efforcer d'atteindre l'immortalité **c)** [avec prop. inf.] s'efforcer de démontrer que : Cic. Ac. 2, 68.

▶ impér. forme active *nitito*, Cic. Rep. frg. d. Diom. 340, 1.

2 **nĭtŏr**, ōris, m. (*niteo*) ¶ 1 le fait de luire ; éclat, brillant, poli : *nitor exoriens aurorae* Lucr. 4, 538, les premières lueurs de l'aurore ; *argenti et auri* Ov. Pont. 3, 4, 23, le brillant de l'argent et de l'or ; *nitores auri* Gell. 2, 6, 4, les brillants reflets de l'or ǁ [en part.] éclat du teint : *naturalis, non fucatus* Cic. Brut. 36, éclat naturel et sans fard ǁ propreté élégante de la personne : Pl. Aul. 541 ; Ter. Eun. 242 ¶ 2 extérieur brillant, élégance, beauté : Cic. Cael. 77 ¶ 3 [fig.] éclat [du style] : Cic. Or. 115 ; Tac. D. 20 ; Quint. 12, 10, 36 ǁ éclat, magnificence [de la vie] : Plin. Ep. 6, 32, 1 ; [de la race] Ov. Pont. 2, 9, 17.

nĭtrārĭa, ae, f., nitrière, lieu où se forme le nitre : Plin. 31, 109.

nĭtrātus, a, um (*nitrum*), mêlé de nitre : Col. 12, 57, 1 ; Mart. 13, 17, 2.

nĭtrĕus, a, um (*nitrum*), de nitre : Cael.-Aur. Chron. 2, 7, 108.

Nitrĭa, ae, f., province de l'Égypte, au sud de Memphis : Hier. Rufin. 3, 22.

Nitrĭae, ārum, f. pl., lieu de l'Inde en deçà du Gange : Plin. 6, 104.

nĭtrĭŏn, ĭi, n., C. *daphnoides* : Ps. Apul. Herb. 58.

Nitrītēs, V. *Nitria*.

nĭtrōsus, a, um (*nitrum*), nitreux, qui contient du nitre : Vitr. 8, 3, 5 ; Plin. 31, 107.

nĭtrum, i, n. (νίτρον), nitre [nitrate de potasse] : Plin. 31, 106 ǁ [pour détacher] Cael. Fam. 8, 14, 4.

nĭvālis, e (*nix*), de neige, neigeux : Cic. poet. Div. 1, 18 ; Liv. 21, 54, 7 ; Plin. 26, 46 ; Sen. Nat. 4, 4, 3 ǁ [fig.] froid : Mart. 7, 95 ǁ couleur de neige : Virg. En. 3, 538 ǁ [fig.] pur, candide : Prud. Sym. 2, 250.

nĭvārĭus, a, um (*nix* ; it. *nevaio*), relatif à la neige, rempli de neige : Mart. 14, 103 ; Dig. 34, 2, 21.

nĭvātus, a, um (*nix*), rafraîchi avec de la neige : Sen. Nat. 4, 13, 10 ; Petr. 31, 3 ; Suet. Ner. 27.

1 **nĭvē**, abl. de *nix*.

2 **nĭvē** et **neivē**, V. *neve* ▶ et *ni*.

nĭvĕō, ēs, ēre, -, - (*nix*), intr., être blanc comme de la neige : Fort. Carm. 8, 7, 12.

nĭvēscō, ĭs, ĕre, -, - (*niveo*), intr., devenir blanc comme de la neige : Tert. Pall. 3, 6.

nĭvĕus, a, um (*nix*), de neige, neigeux : *agger niveus* Virg. G. 3, 354, monceau de neige ; [couvert de neige] Catul. 64, 240 ; *aqua nivea* Mart. 12, 17, 6, eau rafraîchie dans de la neige ǁ d'un blanc de neige : Her. 4, 44 ; Virg. En. 8, 387 ; Sen. Nat. 2, 36 ǁ [fig.] clair, transparent, pur : [eau] Mart. 7, 32, 11 ǁ vêtu de blanc (en robe neigeuse) : Juv. 10, 45.

nĭvĭfĕr, ĕra, ĕrum (*nix*, *fero*), couvert de neige : Salv. Gub. 6, 2, 10.

nĭvis, gén. de *nix*.

nĭvit, ĕre (*nix*), impers., il neige : [fig.] *sagittis nivit* Pacuv. d. Non. 507, 27, il neige des traits.

Nĭvŏmăgus, C. *Noviomagus* : Aus. Mos. 11.

nĭvōsus, a, um (*nix* ; it. *nevoso*), abondant en neige, plein de neige : Liv. 5, 13, 1 ; 21, 59, 8 ; Ov. Tr. 5, 3, 22 ; Col. 2, 9, 7 ǁ qui amène la neige [constellation des Pléiades] : Stat. S. 1, 3, 95.

nix, nĭvis, f. (*ninguit*, *nivit*, cf. νίφα, scr. *sneha-s*, al. *Schnee*, an. *snow* ; it. *neve*), neige : Cic. Ac. 2, 72 ; Nat. 1, 24 ; *nives* Cic. Sest. 12 ; Att. 5, 21, 14, les neiges ǁ *nives* Prop. 1, 8, 8, les pays froids, le Nord ǁ [fig.] blancheur : *nives capitis* Hor. O. 4, 13, 12, la neige de la chevelure [cheveux blancs].

nixa, ae, f. (*myxa*), damas [prune] : Isid. 17, 7, 10.

nixābundus, a, um (*nixor*), qui cherche un appui : Jul.-Val. 1, 11.

Nixi, ōrum, m. pl. (1-2 *nixus*), dieux des accouchements [dont les statues en posture agenouillée se trouvaient au Capitole devant la chapelle de Minerve] : Fest. 182, 23 ; Ov. M. 9, 294.

nixŏr, āris, ārī, -, intr. (fréq. de *nitor*), s'appuyer sur : Lucr. 6, 836 ; Virg. En. 5, 279 ǁ [fig.] reposer sur : Lucr. 4, 506 ǁ faire effort d'escalade : Lucr. 3, 100.

nixŭrĭō, īs, īre, -, - (désid. de *nitor*), intr., faire des efforts répétés : Nigid. d. Non. 144, 19 ǁ faire des efforts pour accoucher : Gloss. 5, 644, 58.

1 **nixus**, a, um, part. de *nitor*.

2 **nixŭs**, ūs, m. [rare, au lieu de *nīsus*], travail (efforts) de l'accouchement, enfantement : Virg. G. 4, 199 ; Ov. H. 4, 126 ; Gell. 12, 1, 4.

1 **nō**, ās, āre, āvī, ātum (*nato*, cf. scr. *snāti*, νέω, toch. B. *nāsk-*), intr., nager : Pl. Aul. 595 ; Catul. 64, 1 ; Ov. M. 1, 304 ; *sine cortice* Hor. S. 1, 4, 120, nager sans liège ǁ [poét.] naviguer : Catul. 66, 45 ǁ rouler, être agité [en parl. des flots] Catul. 64, 274 ǁ voler [en parl. des abeilles] : Virg. G. 4, 59 ǁ [fig.] flotter [en parl. des yeux d'un homme ivre] : Lucr. 3, 480 ǁ part. prés., *nantes*, *ium*, f. pl., oiseaux aquatiques : Col. 8, 14, 1.

2 **No**, f. indécl., ville d'Égypte : Hier. Ezech. 30, 14.

Nōa, ae ¶ 1 m., C. *Noe* : Sedul. 1, 158 ¶ 2 f., ville d'Éthiopie : Plin. 6, 178.

Nōbĭlĭor, ōris, m., surnom des *Fulvii* : Liv. 37, 47 ; 39, 5.

1 **nōbĭlis**, e, arch. **gnōbĭlis**, Fest. 182, 13 (*nosco*) ¶ 1 [sens primitif] qu'on peut connaître, facile à connaître ; connu : *neque is umquam nobilis fui* Pl. Ps. 1112, jamais je n'ai été de leurs connaissances, cf. Tac. H. 3, 39 (mss) ¶ 2 [sens dérivé et courant] connu, bien connu, qui a de la notoriété, célèbre, fameux, **a)** [en bonne part] *aedes nobilissimae* Cic. Dom. 116, la plus connue des maisons, cf. Verr. 1, 53 ; 4, 96 ; Pomp. 33 ; *nihil erat ea pictura nobilius* Cic. Verr. 4, 122, il n'y avait rien de plus célèbre que cette peinture, cf. Verr. 4, 20 ; Tusc. 3, 75 ; Brut. 122 ǁ *nobilis in primis philosophus* Cic. Rep. 1, 3, philosophe illustre entre tous, cf. Inv. 2, 7 ; de Or. 1, 47 ; Rab. Post. 23 **b)** [en mauvaise part] *aliud ejus facinus nobile* Cic. Verr. 2, 82, un autre de ses exploits bien connu, cf. Verr. 4, 73 ; Liv. 39, 9, 5 ; Pl. Ru. 619 ¶ 3 noble, de famille noble, de noble naissance [qui a le *jus imaginum*] : Cic. Verr. 5, 181 ; Cael. 31 ; Sen. Ep. 44, 5 ǁ [subst.] *nobiles nostri* Plin. Ep. 5, 17, 5, nos nobles, notre noblesse ǁ *nobilis*, *nobilissimus*, noble, nobilissime [titre à la cour des empereurs] : Cod. Th. 10, 25, 1.

2 **Nōbĭlis**, is, m., nom d'homme ou de femme : CIL 6, 2548 ; 1, 1250.

nōbĭlĭtās, ātis, f. (*nobilis*) ¶ 1 notoriété, célébrité, renommée : Cic. Tusc. 2, 59 ; Arch. 26 ; Nep. Thras. 1, 3 ¶ 2 noblesse, naissance noble [possession du *jus imaginum*] : Cic. Amer. 16 ; Brut. 62 ; Caes. G. 7, 38, 2 ; Sall. J. 64, 1 ; *ingenio ac virtute nobilitatem consequi* Cic. Sest. 136, par son intelligence et ses talents conquérir [l'entrée dans] la noblesse ǁ les nobles, l'aristocratie : Cic. Agr. 2, 6 ; Planc. 18 ; Balb. 51 ; Nat. 2, 9 ; Liv. 26, 12, 8 ¶ 3 excellence, supériorité : Cic. de Or. 3, 141 ; Ov. Pont. 2, 5, 56 ǁ distinction morale : Tac. An. 1, 29.

nōbĭlĭtātus, a, um, part. de *nobilito*.

nōbĭlĭtĕr, adv. (*nobilis*), d'une manière distinguée, remarquable : Plin. 34, 91 ǁ -*lius* Sidon. Ep. 9, 9, 13 ; -*lissime* Quint. 12, 1, 16.

nōbĭlĭtō, ās, āre, āvī, ātum (*nobilis*), tr., faire connaître, rendre fameux (qqn ou qqch.) [en bonne part] Cic. Tusc. 1, 34 ; Flac. 63 ǁ [en mauvaise part] Ter. Eun. 1021 ; Cic. Off. 2, 26 ǁ mettre en relief, ennoblir : Vell. 2, 96, 1.

nōbis, dat. et abl. de *nos*.

nōbiscum, ➭ *cum nobis*, V. *cum*.

Nobundae, ārum, m. pl., peuple de l'Inde : Plin. 6, 76.

nŏcens, tis, part.-adj. de *noceo*, nuisible, pernicieux, funeste [pers. et choses] : Cic. Nat. 2, 120 ; Juv. 6, 620 ; -*tior* Hor. Epo. 3, 3 ǁ criminel, coupable : Cic. Off. 2, 51 ; -*tissimus* Cic. Verr. prim. 47 ; [subst. m.]

nocens, un coupable : Cic. *Off.* 2, 51 ; *de Or.* 1, 202.

▶ gén. pl. *-tium*, Her. 4, 45 ; *-tum* Ov. *Pont.* 1, 8, 19.

nŏcentĕr, adv. (*nocens*), de manière à nuire, à faire du mal : Col. 8, 2, 10 ‖ d'une manière coupable : Tert. *Apol.* 14, 5.

nŏcentĭa, *ae*, f., culpabilité, méchanceté : Tert. *Apol.* 40, 10.

nŏcĕō, *ēs*, *ēre*, *ŭī*, *ĭtum* (*neco, nex*, caus.-itér. ; fr. *nuire*) ¶ **1** intr., nuire, causer du tort, faire du mal : [abs^t] Cic. *Off.* 1, 11 ; 3, 102 ; *Caecin.* 60 ‖ *alicui* Cic. *Off.* 3, 23, faire du tort à qqn ‖ [avec acc. de même racine] : *noxam nocere* [formule du fétial] Liv. 9, 10, 9, commettre une faute ‖ [acc. de pron. n.] *nocere aliquid, quippiam, nihil*, nuire en qqch., en rien : Cic. *Mur.* 58 ; *Nat.* 3, 86 ; *Att.* 12, 47, 1 ‖ *non multum tibi nocebit transisse...* Sen. *Ben.* 7, 1, 5, ce ne sera pas pour toi un grand préjudice d'avoir laissé de côté... ‖ [pass. impers.] : *mihi nihil ab istis noceri potest* Cic. *Cat.* 3, 37, ces gens-là ne peuvent me nuire en rien ; *rostro noceri non posse cognoverant* Caes. *G.* 3, 14, 4, ils avaient reconnu que l'éperon ne pouvait faire de mal ; *ipsi nihil nocitum iri* Caes. *G.* 5, 36, 2, [il répondit] qu'à lui en personne il ne serait fait aucun mal ‖ [en parl. de choses] être nuisible, funeste : Hor. *Ep.* 1, 8, 11 ; Sen. *Ir.* 1, 5, 2 ; [avec dat.] *frugibus* Virg. *B.* 10, 76, être nuisible aux moissons ¶ **2** [emploi trans. tard.] *nocere aliquem*, léser qqn : Vulg. *Luc.* 4, 35 ; Tert. *Cast.* 12, 5.

▶ arch. *noxit* = *nocuerit* Lucil. 1195 ; Front. *Caes.* 3, 14, 4, p. 51 N.

Nochaeti, *ōrum*, m. pl., peuple de l'Arabie : Plin. 6, 148.

nŏcĭbĭlis, *e* (*noceo*), nuisible : Lucif. *Moriend.* 15.

nŏcĭbĭlĭtās, *ātis*, f., possibilité de nuire : Theod.-Mops. *Gal.* 2, 15.

nŏcĭtūrus, *a*, *um*, part. fut. de *noceo*.

nŏcīvē, adv. (*nocivus*), d'une manière nuisible : Fort. *Mart.* 3, 311.

nŏcīvus, *a*, *um* (*noceo*), nuisible, dangereux : Phaed. 1, 29, 31 ; Plin. 20, 12.

noctanter, adv. (*nox*), nuitamment : Cassiod. *Eccl.* 6, 21.

nocte et **noctū** (cf. *1 diu*), abl. pris adv^t, de nuit, pendant la nuit : Cic. *Att.* 4, 3, 3 ; *Fam.* 4, 3, 4 ; Liv. 21, 32, 10 ‖ Cic. *Tusc.* 4, 44 ; *Mil.* 52 ; *Div.* 1, 69 ; Caes. *G.* 1, 8, 4.

noctescō, *ĭs*, *ĕre*, -, - (*nox*), intr., devenir sombre, s'obscurcir : Fur. d. Non. 145, 11 ; Gell. 18, 11, 3.

noctĭcŏla, *ae*, m. f. (*nox, colo*), qui aime la nuit : Prud. *Ham.* 634.

noctĭcŏlŏr, *ōris* (*nox, color*), qui est de la couleur de la nuit : Laev. d. Gell. 19, 7, 6 ; Aus. *Techn.* 7 (343), 11.

noctĭfĕr, *ĕri*, m. (*nox, fero*), l'étoile du soir [Hespérus] : Catul. 62, 7 ; Calp. 5, 121.

noctĭlūca, *ae*, f. (*nox, luceo*), celle qui luit pendant la nuit [la lune] : Varr. *L.* 5, 68 ; Hor. *O.* 4, 6, 38 ‖ lanterne : Varr. *Men.* 292.

noctĭlūcus, *a*, *um*, qui luit pendant la nuit : Ps. Hil. *Gen.* 84.

noctĭsurgĭum, *ii*, n. (*nox, surgo*), action de se lever pendant la nuit : P. Fest. 68, 15, [glose *Nyctegresia*].

noctĭvăgus, *a*, *um* (*nox, vagus*), qui erre pendant la nuit : Lucr. 5, 1191 ; Virg. *En.* 10, 216 ; Stat. *Th.* 10, 158.

noctĭvĭdus, *a*, *um* (*nox, video*), qui voit pendant la nuit : Capel. 6, 571.

noctū ¶ **1** anc. abl. de *nox*, v. *nox* ▶ ¶ **2** pris adv^t, v. *nocte*.

1 noctŭa, *ae*, f. (*nox, noctu*), chouette, hibou : Varr. *L.* 5, 76 ; Pl. *Men.* 663 ; Plin. 10, 39 ; *Athenas noctuam mittere* Cic. *Q.* 2, 15, 16, 4, envoyer des chouettes à Athènes = porter de l'eau à la rivière.

2 Noctŭa, *ae*, m., surnom de Q. Caedicius : Fast. 289 (465).

noctŭābundus, *a*, *um* (**noctuor, nox*), qui voyage pendant la nuit : Cic. *Att.* 12, 1, 2.

1 noctŭīnus, *a*, *um* (*noctua*), de hibou, de chouette : Pl. *Curc.* 191.

2 Noctŭīnus, *i*, m., nom d'homme : Catal. 6, 2.

noctŭlūcus, *i*, m., qui veille la nuit : *Varr. *L.* 5, 99, 99.

nocturnālis, *e* (*nocturnus*), de nuit, nocturne : Sidon. *Ep.* 7, 16, 2 ; Alcim. *Ep.* 36.

nocturnus, *a*, *um* (*noctu*), de la nuit, nocturne : Cic. *CM* 82 ; *Mil.* 9 ; Hor. *Ep.* 1, 19, 11 ‖ [poét.] [jouant le rôle d'adv.] qui agit dans les ténèbres, pendant la nuit : Hor. *S.* 1, 3, 117 ; 2, 6, 100 ; Virg. *G.* 3, 538 ‖ **Nocturnus**, m., le dieu de la nuit : Pl. *Amp.* 272.

noctŭvĭgĭlus, *a*, *um*, qui veille la nuit : Pl. *Curc.* 196.

nŏcŭi, parf. de *noceo*.

nŏcŭmentum, *i*, n. (*noceo*), ce qui nuit, préjudice : Cael.-Aur. *Chron.* 1, 1, 31.

nŏcŭus, *a*, *um* (*noceo*), nuisible, qui fait du mal : Ov. *Hal.* 130 ; Scrib. 114.

nōdāmĕn, *ĭnis*, n. (*nodo*), fixation, nœud : Paul.-Nol. *Carm.* 19, 593.

nōdāmentum, *i*, n. (*nodo*), partie noueuse, nœud [du bois] : Paul.-Nol. *Ep.* 24, 30.

nōdātĭō, *ōnis*, f. (*nodo*), état noueux [d'un arbre] : Vitr. 2, 9, 7.

nōdātus, *a*, *um*, part. de *nodo*.

nōdĭa, *ae*, f., plante inconnue : Plin. 24, 75.

Nōdīnus, *i*, m., fleuve du Latium adoré comme un dieu : Cic. *Nat.* 3, 52 ; Aug. *Civ.* 4, 8.

nōdō, *ās*, *āre*, -, *ātum* (*nodus*; fr. *nouer*), tr., nouer, lier, fixer par un nœud : Cat. *Agr.* 32, 2 ; Virg. *En.* 4, 138 ‖ **nōdātus**, *a*, *um*, noueux : Plin. 13, 123 ; 16, 186 ‖ en forme de nœud, tourbillonnant : Stat. *Th.* 9, 276.

***nōdōsē** [inus.] adv., d'une manière enveloppée, obscurément : *-sius* Tert. *Res.* 46, 6.

nōdōsĭtās, *ātis*, f. (*nodosus*), nodosité, complication : Aug. *Conf.* 2, 10.

nōdōsus, *a*, *um* (*nodus* ; fr. *nœud*) ¶ **1** noueux, qui a beaucoup de nœuds : Ov. *H.* 10, 101 ; Val.-Flac. 8, 298 ; Plin. 17, 176 ‖ qui noue les articulations [goutte] : Hor. *Ep.* 1, 1, 31 ¶ **2** [fig.] noueux, compliqué, difficile : Macr. *Sat.* 7, 1, 15 ‖ [en parl. de qqn] retors : Hor. *S.* 2, 3, 69 ‖ *-issimus* Aug. *Conf.* 4, 16.

Nōdōtus, v. *Nodutus*.

nōdŭlus, *i*, m. (it. *nocchio*), dim. de *nodus*, petit nœud : Apul. *M.* 3, 23 ; Plin. 21, 26.

nōdus, *i*, m. (cf. *nassa*, al. *Nestel, Netz,* an. *net* ; fr. *nœud*) ¶ **1** nœud : Cic. *Tim.* 13 ; Virg. *En.* 8, 260 ‖ [poét.] ceinture : Virg. *En.* 1, 320 ‖ nœud de cheveux : Tac. *G.* 38 ‖ articulation, jointure, vertèbre : Caes. *G.* 6, 27, 1 ; Plin. 11, 177 ; Luc. 6, 672 ‖ nœud [des végétaux] : Liv. 1, 18, 7 ; Virg. *En.* 7, 507 ; Plin. 16, 158 ; Col. *Arb.* 3 ‖ plis, replis [des reptiles] : Virg. *En.* 5, 279 ‖ nœud [des métaux] : Plin. 34, 136 ‖ étoile entre les Poissons [constellation] : Cic. *Arat.* 14 ‖ *nodi*, les quatre parties du ciel où commencent les saisons : Manil. 3, 618 ‖ *nodus anni* Lucr. 5, 688, nœud de l'année, point d'intersection de l'écliptique et de l'équateur ¶ **2** [fig.] **a)** nœud, lien : *amabilissimus nodus amicitiae* Cic. *Lae.* 51, le lien le plus aimable de l'amitié, cf. *Or.* 222 **b)** difficulté, obstacle : *dum hic nodus expediatur* Cic. *Att.* 5, 21, 3, jusqu'à ce que cette difficulté soit tranchée, cf. Cic. *ad Brut.* 1, 18, 5 ; *pugnae* Virg. *En.* 10, 428, ce qui entrave la victoire ‖ nœud, intrigue [d'une pièce] : Hor. *P.* 191.

Nōdŭtĕrensis dea, f. (*nodus, tero*), déesse qui présidait au battage du blé : Arn. 4, 7 ; 11.

Nōdūtis, v. *Nodutus*.

Nōdūtus, *i*, m., dieu qui forme les nœuds dans les chaumes ; dieu des moissons : Aug. *Civ.* 4, 8 ; Arn. 4, 7.

Nŏē, m. indécl. (Νῶε), patriarche sauvé pendant le déluge : Vulg. *Gen.* 5, 29.

Noega, *ae*, f., ville de Galice [Noya] : Plin. 4, 111.

noegĕum, *i*, n. (gr. ?), linge fin, mouchoir : Andr. d. Fest. 182, 22 ; Gloss. 5, 33, 37.

Nŏēmi (Nŏŏ-), f. indécl., **Nŏēmis**, *is*, f., femme de la tribu de Juda, belle-mère de Ruth : Vulg. *Ruth* 1, 2 ; Prud. *Ham.* 779.

Nŏēmōn, *ŏnis*, m. (Νοήμων), nom de guerrier : Virg. *En.* 9, 767.

noenŭ, **noenum** (*ne oinom* = *unum*), arch. pour *non* : *ENN. *An*. 446 ; PL. *Aul*. 67 ; LUCR. 3, 199 ; 4, 717, cf. NON. 144, 3.

nŏĕrus, *a*, *um* (νοερός), intelligent : TERT. *Val*. 20, 2.

Noeta, *ae*, f., ville de Tarraconaise : PLIN. 4, 111.

nŏētŏs, *ŏn*, adj. (νοητός), de raison, raisonnable : IREN. 1, 11, 3 ‖ subst. n. pl., les intelligibles : MAR. VICT. *Ar*. 4, 25.

Nŏētus, *i*, m. (νοητός), nom d'un hérésiarque : ISID. 8, 5, 41 ‖ **-tĭāni**, m., sectateurs de Noétus : ISID. 8, 5, 41 ; FIL. 53, 1.

Noini, *ōrum*, m. pl., habitants d'une ville de Sicile : PLIN. 3, 91.

1 **nŏla**, *ae*, f. (3 *Nola*, cf. *campana*), cloche, clochette : AVIAN. 7, 8 ; AN. HELV. 182, 29.

2 **nōla**, *ae*, f. (*nolo*), celle qui refuse : CAEL. d. QUINT. 8, 6, 53.

3 **Nōla**, *ae*, f., Nole [ville de Campanie] Atlas XII, E4 : CIC. *Brut*. 12 ; LIV. 9, 28 ; PLIN. 3, 63 ; VELL. 1, 7, 2 ‖ **-ānus**, *a*, *um*, de Nole : LIV. 23, 14 ; SIL. 12, 293 ‖ **-ensis**, *e*, AUG. *Civ*. 1, 10, 2.

nōlens, *tis*, part. de *nolo*.

nōlentĕr, adv., sans le vouloir : VL. *Num*. 15, 28.

nōlentĭa, *ae*, f. (*nolens*), action de ne pas vouloir, aversion : TERT. *Marc*. 1, 25, 6.

Noliba, *ae*, f., ville de la Tarraconaise : LIV. 35, 22.

nōlō, *non vīs*, *nolle*, *nōlŭī*, - (2 *ne*, *volo*) ¶ 1 ne pas vouloir : *alia velle*, *alia nolle* CIC. *Fin*. 4, 71, vouloir certaines choses, ne pas vouloir certaines autres ; *non nolle* CIC. *de Or*. 2, 75, vouloir bien, ne pas faire d'objection ; *me nolente* QUINT. 3, 6, 68, malgré moi ; *quod nolim* CIC. *Att*. 7, 18, 3, ce que je ne voudrais pas, ce qu'à dieu ne plaise ; *velim nolim*, *vellem nollem*, bon gré, mal gré, V. *volo* ‖ [avec subj.] : *nolo accusator... adferat* CIC. *Mur*. 59, je ne veux pas que l'accusateur apporte... ‖ [avec prop. inf.] ne pas vouloir que : CIC. *Font*. 24 ; *Har*. 35 ; *Rep*. 4, 7 ; CAES. *G*. 1, 18, 1 ; 3, 17, 3 ; *nolo... tantum flagitium esse commissum* CIC. *Verr*. 5, 173, je ne veux pas qu'un tel scandale se trouve commis [mais *nollem factum* TER. *Ad*. 165, je voudrais que cela n'eût pas été fait, je le regrette ; *nollem datum* TER. *Phorm*. 796, je regrette que (l'argent) ait été donné] ‖ [avec inf.] : *interpellare nolui* CIC. *Brut*. 292, je n'ai pas voulu interrompre ; [surtout à l'impér.] *noli*, *nolito*, *nolite*, ne veuille pas, ne veuillez pas [tournure qui équivaut à une défense] : *noli existimare* CIC. *Brut*. 148, garde-toi de croire, ne crois pas ; *nolite existimare* CIC. *de Or*. 2, 194, ne croyez pas ; [pléon.] *nolite... velle* CIC. *Cael*. 79, daignez ne pas vouloir, cf. NEP. *Att*. 4, 2 ; [ellipt.] *sed nolo pluribus* LIV. 34, 32, 14, mais je ne veux pas en dire plus long ¶ 2 ne pas vouloir du bien à qqn (*alicui*), ne pas être favorable à : CIC. *Fam*. 1, 1, 3.

► arch. *nevis*, *nevolt*, *nevelles* pour *non vis*, *non volt*, *nolles* PL. *Most*. 762 ; 110 ; *Trin*. 1156 ; *noltis* = *non voltis* CAECIL. *Com*. 5.

noltis, V. *nolo* ►.

nōluntās, *ātis*, f., V. *nolentia* : GLOSS. 5, 87, 6.

Nŏmădes, *um*, m. pl. (Νομάδες), Nomades [peuple errant de Numidie] : VIRG. *En*. 4, 320 ; P. FEST. 179, 5 ‖ Nomades [en parl. des Éthiopiens, des Arabes, des Parthes, des Indiens, des Scythes] : PLIN. 5, 22.

nŏmae, *ārum*, f. pl., V. *nome* : PLIN. 20, 93 ; 26, 144.

Nŏmăs, *ădis*, m., [sg. coll.] ► *Nomades* : SIL. 5, 194 ‖ f., femme numide : PROP. 4, 7, 37 ‖ adj. f. (s.-ent. *terra*) la Numidie : MART. 8, 55, 49 ; 9, 75, 8.

nŏmē, *ēs*, f. (νομή), ulcère rongeur : PLIN. 20, 93 ; 31, 97.

nōmĕn, *ĭnis*, n. (*cognomen*, *-mentum*, cf. scr. *nāman-*, ὄνομα, al. an. *name*, hit. *laman*, rus. *imja* ; fr. *nom*).

¶ 1 "nom, dénomination", *nomen (nomina) dare* "s'enrôler" ¶ 2 "nom" [porté par la *gens*] ¶ 3 "titre" ¶ 4 [gram.] "nom, terme" ¶ 5 "nom d'un peuple, *nomen Latinum* ¶ 6 "renom, célébrité, gloire" ¶ 7 abl. *nomine* [avec déterminant] a) "par égard pour" b) "sous prétexte de" c) "au nom de" d) "à cause de" ¶ 8 le nom opposé à la réalité ¶ 9 [institutions] a) *deferre nomen alicujus* "inculper" b) "créance", *nomen solvere* ; "obligation" ; *cautos nominibus rectis expendere nummos* ; *bonum nomen* "bon payeur".

¶ 1 nom, dénomination : *alicui rei nomen imponere*, *ponere*, *dare* CIC. *Fin*. 3, 3 ; *Tusc*. 3, 10 ; *Inv*. 1, 34 ; *indere* LIV. 7, 2, 6, mettre un nom sur qqch., donner un nom à qqch. ; *appellare aliquem nomine* CIC. *de Or*. 1, 239, appeler qqn par son nom ; *alicui nomen imponere* LIV. 35, 47, 5, donner un nom à qqn ; *bonis nominibus (homines)*, *bono nomine (homo)* CIC. *Div*. 1, 102, (hommes) avec des noms heureux, (homme) avec un nom heureux ; *omen nominis* CIC. *Scaur*. 30, l'heureux présage d'un nom ; *nomen capere ex re*, *ab re* CAES. *G*. 1, 13, 7 ; C. 3, 112, 1, tirer son nom de qqch. ; *habent nonnulla nomina Latina* CIC. *Verr*. 5, 112, ils portent quelques noms latins ‖ *mulier*, *Lamia nomine* CIC. *Verr*. 4, 59, une femme du nom de Lamia ; *eunuchus nomine Pothinus* CAES. C. 3, 108, 1, un eunuque du nom de Pothin ‖ *ei saltationi Titius nomen est* CIC. *Brut*. 225, cette mimique porte le nom de Titius ; *ei morbo nomen est avaritia* CIC. *Tusc*. 4, 24, cette maladie a nom cupidité ‖ *nomen Arcturo est mihi* PL. *Ru*. 5, j'ai nom Arcturus (cf. *eorum alteri Capitoni cognomen est* CIC. *Amer*. 17, l'un des deux a pour surnom Capito, cf. CIC. *Verr*. 3, 74 ; 5, 16 ; *quae voluptatis nomen habent* CIC. *Mur*. 13, choses qui portent le nom de plaisir, cf. CIC. *Off*. 1, 63 ; *direptioni cellae nomen imponere* CIC. *Verr*. 3, 197, donner au pillage le nom de grenier [approvisionnement privé] ; *poetae nomen* CIC. *Arch*. 19, le nom de poète ; *nomen ipsum legatorum* CIC. *Phil*. 5, 25, la seule appellation de "députés" ‖ *nomen dare*, *edere*, *profiteri* [ou en parl. de plus. *nomina*], donner son nom, se faire inscrire pour l'enrôlement militaire : CIC. *Phil*. 7, 14 ; 5, 53 ; LIV. 2, 24, 7 ; *dare nomen in conjurationem* TAC. *An*. 15, 48, s'enrôler dans une conspiration ; *ad nomen respondere* LIV. 7, 4, 2, répondre à l'appel de son nom ; *stipendium ad nomen singulis persolutum est* LIV. 28, 29, 12, on leur paya à chacun leur solde par appel nominal ¶ 2 le nom [porté par la *gens*, intercalé entre le *praenomen* et le *cognomen*, c.-à-d. le *nomen gentilicium*] : QUINT. 7, 3, 27 ‖ qqf. employé au lieu de *cognomen*, cf. CIC. *Caecin*. 27 ‖ interversion du *nomen* et du *cognomen* : CIC. *Mil*. 8 ¶ 3 titre : *aliquem nomine imperatoris appellare* CAES. C. 2, 32, 14, donner à qqn le titre d'imperator, le proclamer imperator ; *nomen honoris*, *non honorem adipisci* CIC. *Brut*. 281, obtenir le titre d'une charge, mais non la charge elle-même ¶ 4 [gram.] nom : QUINT. 1, 4, 18 ‖ mot, terme : *carendi* CIC. *Tusc*. 1, 87, le mot "*carere*" ; *in hoc nomine* CIC. *Verr*. 4, 125, à propos de ce mot [à ce mot] ¶ 5 nom d'un peuple : *nomen Romanum*, le nom romain = puissance romaine, nation romaine, cf. CIC. *Phil*. 3, 29 ; SALL. *C*. 52, 24 ; LIV. 23, 6, 3 ; *nomen Latinum*, ensemble des peuples portant le nom de Latins : CIC. *Rep*. 1, 31 ; 3, 41 ¶ 6 nom, renom, célébrité : *imperii nostri nomen* CIC. *Verr*. 4, 68, le renom de notre puissance ; *nomen*, *magnum nomen habere* CIC. *Brut*. 244 ; *Or*. 22, avoir un nom, un grand renom ; *tantum ejus in Syria nomen est* CIC. *Phil*. 11, 35, tant il a de prestige en Syrie ‖ gloire : TAC. *Agr*. 40 ¶ 7 abl. *nomine*, avec détermination a) par égard pour, à cause de : *ab amicitia Q. Pompei meo nomine se removerat* CIC. *Lae*. 77, il avait rompu à cause de moi avec Q. Pompée ; *amicitiae nostrae nomine* CIC. *Fam*. 12, 12, 3, au nom de notre amitié, cf. CIC. *Fam*. 2, 1, 1 ; *intellegitur nec... nec fortitudinem patientiamque laudari suo nomine* CIC. *Fin*. 1, 49, on comprend que ni... ni le courage et la force de résistance ne sont loués pour eux-mêmes, cf. CIC. *Fin*. 2, 21 b) au titre de, sous couleur de, sous prétexte de : *me nomine neglegentiae suspectum tibi esse doleo* CIC. *Fam*. 2, 1, 1, je souffre de t'être suspect au titre de la négligence, d'être soupçonné par toi de négligence ; *servorum dilectus habebatur nomine collegiorum* CIC. *Sest*. 34, on enrôlait les esclaves sous prétexte de les former en collèges, cf. CIC. *Flac*. 27 ; *Agr*. 2, 15 ; *honestis nominibus* SALL. *C*. 38, 3, avec de beaux prétextes; *sub honesto patrum aut plebis nomine* Sall. *H.* 1, 12, sous le couvert honorable de la défense du sénat ou de la plèbe **c)** au nom de: *Antonio tuo nomine gratias egi* Cic. *Att.* 1, 16, 16, j'ai remercié Antoine en ton nom, cf. Cic. *Q.* 1, 3, 7; *Cat.* 2, 14; *illarum civitatum nomine* Cic. *Verr.* 3, 175, au nom de ces cités **d)** [droit] au titre de, du fait de: *debiti nomine* Dig. 40, 9, 27, 1, à cause d'une dette ¶ **8** le nom, opposé à la réalité: *nomen duarum legionum habere* Cic. *Att.* 5, 15, 1, avoir de nom [= en théorie] deux légions, cf. Cic. *Rep.* 1, 51; *Par.* 17 ¶ **9** [institutions] **a)** *deferre nomen alicujus de parricidio* Cic. *Amer.* 64, déférer le nom de qqn en justice sous l'inculpation de parricide; *recipere* Cic. *Verr.* 2, 94, déclarer qqn recevable dans son accusation **b)** nom inscrit sur les livres de comptes de la maison au regard d'une somme prêtée ou empruntée, d'où *nomen* avec le sens de créance: *nomen, nomina solvere, persolvere, dissolvere, expedire* Cic. *Att.* 6, 2, 7; 16, 6, 3; *Planc.* 68, payer une dette, des dettes; *nomina sua exigere* Cic. *Verr.* 1, 28, faire rentrer des créances; *pecuniam sibi esse in nominibus, numeratam in praesentia non habere* Cic. *Verr.* 5, 17, il avait son argent en créances, mais pas d'argent comptant pour le moment; *bonum nomen, non bonum nomen* Cic. *Att.* 5, 21, 12, bonne, mauvaise créance ‖ quand la mention d'une créance sur le livre est faite du consentement du débiteur, c'est une "obligation": *emit homo cupidus... nomina facit* Cic. *Off.* 3, 59, notre homme avide achète..., fait inscrire la somme qu'il doit sur le livre, cf. Cic. *Fam.* 7, 23, 1; *cautos nominibus rectis expendere nummos* Hor. *Ep.* 2, 1, 105, débourser de l'argent [faire une sortie d'argent] garanti par des inscriptions en bonne et due forme ‖ [fig.] *bonum nomen* Cic. *Fam.* 5, 6, 2, bon payeur, qui jouit d'un bon crédit, cf. Sen. *Ben.* 5, 22, 1 ‖ toute espèce de créance [droit sur une personne, par oppos. à un droit sur une chose]: *nominis appellatio ad omnem contractum et obligationem pertinet* Dig. 50, 16, 6 pr., le mot *nomen* (= créance) vaut pour tout contrat ou toute obligation; *pecuniam habere vel in numerato vel in nominibus* Dig. 27, 9, 5, 9, avoir de l'argent, soit en liquide, soit sous forme de créances ‖ [spéc.] *nomen arcarium* Gai. *Inst.* 4, 131, inscription comptable [sur le *codex*, ou livre de caisse]; *nomen transcripticium* Gai. *Inst.* 4, 128, obligation écrite [née de la mention écrite du nom du débiteur sur le *codex*].

▶ gén. arch. sg. *nominus* CIL 1, 581.

nōmenclātĭo, *ōnis*, f. (*nomen*, 1 *calo*), désignation de qqn par son nom: Q. Cic. *Pet.* 41 ‖ désignation des choses, nomenclature: Col. 3, 2, 31.

nōmenclātŏr (-cŭlātŏr), *ōris*, m. (*nomen*, 1 *calo*), nomenclateur [esclave chargé de nommer les citoyens à son maître au fur et à mesure des rencontres et surtout en période électorale]: Cic. *Att.* 4, 1, 5; *Mur.* 37; Sen. *Ben.* 1, 3, 10.

nōmenclātūra, *ae*, f. (*nomenclator*), nomenclature: Plin. 21, 52.

nōmencŭlātŏr, *oris*, m., ⓒ➤ *nomenclator*: Sen. *Const.* 14, 1; Suet. *Aug.* 19; *Cal.* 41.

nōmencŭlātus, *a, um*, qui a un nom, désigné d'un nom: *Not. Tir. 21.

Nōmentum, *i*, n., ville des Latins [Mentana] Atlas XII, D3; Liv. 1, 38; 4, 22; Virg. *En.* 6, 773 ‖ **-ānus**, *a, um*, Plin. 14, 48, de Nomentum: Liv. 8, 14; Plin. 3, 64 ‖ m. sg., surnom d'homme: Hor. *S.* 1, 1, 101.

nŏmĭmus, *a, um* (νόμιμος), légitime: CIL 5, 764.

nōmĭnābĭlis, *e* (*nomino*), qui peut être nommé: Iren. 2, 35, 3.

nōmĭnālis, *e* (*nomen*), qui concerne le nom: Varr. *L.* 8, 4 ‖ **-nālĭa**, *n.*, les Nominalia [jour où l'on donnait un nom à un enfant]: Tert. *Idol.* 16, 1.

nōmĭnālĭter, ⓒ➤ *nominatim*: Arn. 2, 55.

nōmĭnārĭi, *ōrum*, m. pl. (*nomino*), qui savent lire les noms entiers [sans épeler, opp. *syllabarii*]: Rufin. *Orig. Num.* 27, 12.

nōmĭnātim, adv. (*nomino*), nommément, en désignant par le nom: Cic. *Att.* 11, 7, 2; 11, 6, 2; *Off.* 3, 65; Caes. *G.* 1, 29, 1.

nōmĭnātĭo, *ōnis*, f. (*nomino*) ¶ **1** appellation, dénomination: Vitr. 6, 7, 7 ‖ [rhét.] Her. 4, 42 ¶ **2** nomination [à une fonction]: Cic. *Phil.* 13, 12; *in locum alicujus* Liv. 26, 23, 8, pour remplacer qqn; *nominatione consulum* Tac. *An.* 6, 45, sur (d'après) la nomination faite par les consuls ‖ présentation de candidats aux magistratures faite par l'empereur devant le sénat: Tac. *An.* 2, 36.

nōmĭnātīvus, *a, um* (*nomino*), qui sert à nommer: Consent. 5, 339, 13 ‖ *n. casus* et [abs⁺] *nominativus*, le nominatif: Varr. *L.* 10, 23; Quint. 1, 7, 3; 7, 9, 13.

nōmĭnātor, *ōris*, m. (*nomino*), celui qui donne un nom: Aug. *Nupt.* 2, 29 ‖ celui qui nomme à une fonction: Ulp. *Dig.* 27, 8, 1.

nōmĭnātōrĭus, *a, um*, qui contient les noms: Cod. Th. 1, 10, 8; 11, 28, 3.

1 **nōmĭnātus**, *a, um*, part. de *nomino*, [adj⁺] renommé: *-ior* Tert. *Anim.* 13, 2; *-issimus* Prisc. 2, 247, 17.

2 **nōmĭnātŭs**, *ūs*, m., nom, appellation: Varr. *L.* 8, 52; 9, 95.

nōmĭnĭtō, *ās, āre, -, -* (fréq. de *nomino*), tr., nommer, désigner par un nom: Lucr. 3, 352; 4, 44; 6, 424; Arn. 7, 46.

nōmĭnō, *ās, āre, āvī, ātum* (*nomen*; fr. *nommer*), tr. ¶ **1** nommer, désigner par un nom: *amor, ex quo amicitia est nominata* Cic. *Lae.* 26, l'amour, d'où l'amitié a pris son nom, cf. Cic. *Div.* 1, 2; *Verr.* 1, 49; *Rep.* 2, 12; *Syrtes ab tractu nomina-*
tae Sall. *J.* 78, 3, les Syrtes qui tirent leur nom de traîner [*trahere* = σύρειν], cf. Cic. *Tusc.* 2, 43; *res ut omnes suis certis ac propriis vocabulis nominentur* Cic. *Caecin.* 51, de façon que tous les objets soient désignés par leurs noms exacts et particuliers ¶ **2** appeler par son nom, prononcer le nom de qqn, de qqch., citer: *aliquem honoris causa* Cic. *Amer.* 6, prononcer le nom de qqn pour l'honorer, par respect; *vix tria nominantur paria amicorum* Cic. *Lae.* 15, à peine cite-t-on trois couples d'amis ‖ mentionner qqn ou qqch., en faire l'objet des propos: *peripetasmata tota Sicilia nominata* Cic. *Verr.* 4, 27, tapis dont on parle dans toute la Sicile [renommés]; *tua illa intercessio nominabitur* Cic. *Phil.* 2, 51, on parlera de cette opposition que tu fis alors; *nominari volunt* Cic. *Arch.* 26, ils veulent avoir de la notoriété ¶ **3** proposer pour sa fonction, une charge: *aliquem augurem* Cic. *Phil.* 2, 4, proposer qqn comme augure [à la cooptation du collège] ‖ nommer, désigner [un magistrat]: Liv. 1, 32, 1; 9, 28, 2 ¶ **4** donner le nom de qqn = l'accuser: *capita conjurationis, priusquam nominarentur apud dictatorem...* Liv. 9, 26, 7, les chefs de la conjuration, sans attendre d'être accusés devant le dictateur... ¶ **5** [gram.] *nominandi casus* Varr. *L.* 8, 42, le nominatif, cf. Varr. *L.* 9, 76; Gell. 13, 22, 5.

nōmĭnōsus, *a, um* (*nomen*), fameux, célèbre: Gloss. 5, 605, 48.

Nŏmĭo ou **Nŏmĭōn**, *ōnis*, m., surnom d'Apollon: *Cic. *de Or.* 1, 251.

nŏmisma, *ătis*, n. (νόμισμα), pièce de monnaie, monnaie: Hor. *Ep.* 2, 1, 234; Mart. 12, 62, 11 ‖ jeton [on en remettait dix aux chevaliers à l'entrée du théâtre en échange desquels il leur était servi à boire]: Mart. 1, 11, 1 ‖ médaille: Dig. 34, 2, 27 ‖ empreinte [d'une pièce]: Prud. *Perist.* 2, 96.

Nŏmĭus (-os), *ii*, m. (Νόμιος), le Pasteur [surnom d'Apollon]: Cic. *Nat.* 3, 57 ‖ fils d'Apollon et de Cyrène: Just. 13, 7, 7.

1 **nŏmŏs**, *i*, m. (νομός), nome, préfecture: Plin. 5, 49.

2 **nŏmŏs**, *i*, m. (νόμος), air, morceau (de chant): Suet. *Ner.* 20, 3.

Nŏmŏthĕtēs, *ae*, m. (νομοθέτης), Le Nomothète [Le Législateur, titre d'une comédie de Ménandre]: Quint. 10, 1, 70.

nŏmŏthĕtĭcē, f., législation: Ambr. *Fug.* 3, 14.

nōmus, ⓥ➤ *nosco* ▶.

nōn, adv. de nég. (*noenum*, cf. *nihil*; fr. *ne*, *non*), ne... pas, ne... point, non ¶ **1** [dans une prop. négative se place tj. avant le verbe] *hoc verum esse non potest*, cela ne peut pas être vrai ¶ **2** [exceptions] **a)** [quand il porte sur un mot partic.]: *non curia vires meas desiderat* Cic. *CM* 32, ce n'est pas la curie qui déplore une disparition de mes forces; *qui mihi non id videbantur accusare quod esset accusandum* Cic. *CM* 7, à mon avis ce qu'ils incriminaient, ce n'était pas ce qu'il fallait incriminer ; *de bono oratore aut non bono* Cic. *Brut.* 185, au sujet du bon ou du mauvais orateur ; *nulla vis umquam est suscepta inter cives non contra rem publicam* Cic. *Mil.* 13, il n'y a jamais eu un acte de violence entrepris entre citoyens qui ne soit allé contre l'ordre public ; *homo non probatissimus* Cic. *Par.* 40, homme fort peu considéré ; *homo non aptissimus ad jocandum* Cic. *Nat.* 2, 46, homme qui n'est guère doué pour la plaisanterie ; *doli non doli sunt nisi...* Pl. *Cap.* 221, [δόλος ἄδολος]. || la ruse est sans ruse à moins que... || [distinguer : *id fieri non potest*, cela ne peut arriver, il est impossible que cela se produise, de *id non fieri potest*, cela peut ne pas arriver, il est possible que cela ne se produise pas] **b)** [portant sur l'ensemble de la prop.] il n'est pas vrai que, loin que : *non enim mea gratia familiaritatibus continetur* Cic. *Mil.* 21, car il n'est pas vrai que mon crédit se limite à mes relations intimes ; *res spectatur, non verba penduntur* Cic. *Or.* 51, on s'attache aux idées, loin de peser les mots ; *verum invenire volumus, non tamquam adversarium aliquem convincere* Cic. *Fin.* 1, 13, trouver la vérité, voilà ce que nous voulons et non pas confondre en quelque sorte un adversaire ; *si nos non interpretum fungimur munere, sed tuemur...* Cic. *Fin.* 1, 6, si pour mon compte, au lieu de jouer le rôle de traducteur, je conserve... ; *non et natus est quis oriente Canicula et is in mari morietur* Cic. *Fat.* 15, il n'est personne qui soit né au lever de la Canicule et qui doive mourir dans la mer ; *non, si Opimium defendisti, idcirco te isti bonum civem putabunt* Cic. *de Or.* 2, 170, ce n'est pas une raison, si tu as défendu Opimius, pour que ces gens-là te croient un bon citoyen (si tu as défendu..., il ne s'ensuit pas qu'ils te croiront...), cf. Cic. *Cael.* 21 ; *Top.* 60 ; Liv. 3, 45, 8 ; [dans les interrog.] *quid est cur non orator... eloquentissime dicat* Cic. *de Or.* 1, 69, quelle raison s'oppose à ce que l'orateur parle très éloquemment... **c)** *non ita, non tam*, non pas tellement, pas précisément : Cic. *Verr.* 4, 109 ; *Or.* 25 ; *Brut.* 58 ; *non tam... quam* Cic. CM 27, moins... que ; *non fere quisquam* Cic. *Verr.* 5, 182, à peu près personne ; *non modo, non solum, non tantum*, non seulement, [V.] *modo, solum, tantum* ; *non quod, non quo* [avec subj.] non pas que, [V.] *quod, quo* ; *non nemo, non numquam, non nihil*, qqs-uns, qqf., qq. peu ; *nemo non, numquam non, nihil non*, tout le monde, toujours, tout, [V.] *nemo, nunquam, nihil* **d)** *ut non*, sans que, [V.] *ut* ¶ 5-2 ¶ 3 [anal. à *non dico*] : *non profectus est, sed profugit* Cic. *Phil.* 5, 24, il partit, non, il s'enfuit ¶ 4 [dans les interrog. au lieu de *nonne*, l'interrogation étant dans le ton] : *non semper otio studui?* Cic. *Phil.* 8, 11, n'ai-je pas toujours cherché le repos ?, cf. Cic. *Verr.* 5, 179 ¶ 5 [au lieu de *ne* chez les poètes et à l'ép. impériale, dans les défenses] *et me non facias ringentem* Petr. 75, 6, et ne me fais pas grincer des dents ¶ 6 [dans les réponses] non : *exheredavitne? non* Cic. *Amer.* 54, a-t-il déshérité ? non, cf. Cic. *Verr. prim.* 20 ; *aut etiam aut non respondere* Cic. *Ac.* 2, 104, répondre oui ou non.

1 nōna, ae, f. (*nonus* ; an. *noon*) ¶ **1** *nona (hora)*, neuvième heure du jour : Hor. *Ep.* 1, 7, 71 ¶ **2** *nona (pars)*, neuvième partie d'une chose : [pl.] Just. 20, 3, 3.

2 Nōna, ae, f. (*nonus*), une des Parques : Gell. 3, 16, 10 ; Tert. *Anim.* 37, 1.
▶ Neuna CIL 1, 2844 ; 2845.

Nōnacria, ae, f. ¶ **1** [C.▶] Nonacris : Sen. *Nat.* 3, 25, 1 ¶ **2** [V.▶] Nonacrius.

Nōnacrīnus, a, um, de Nonacris = d'Arcadie : *virgo Nonacrina* Ov. M. 2, 409, Callisto.

Nōnacris, is, f. (Νώνακρις), montagne d'Arcadie : Plin. 2, 231 ; 31, 27 ; Vitr. 8, 3, 16.

Nōnacrius, a, um, [C.▶] Nonacrinus : *Nonacrius heros* Ov. *F.* 5, 97 = Évandre || subst. f., *Nonacria* Ov. M. 8, 426, = Atalante.

nōnae, ārum, f. pl. (*nonus*), les nones [5ᵉ jour du mois sauf en mars, mai, juillet, octobre où elles tombaient le 7] : Varr. *L.* 6, 28 ; *nonae Februariae, Decembres, etc.*, nones de février, décembre, etc.

1 nōnāgēnārius, a, um, de quatre-vingt-dix : Plin. 2, 60 || âgé, âgée de 90 ans, nonagénaire : Vulg. *Gen.* 17, 17.

2 nōnāgēnārius, ii, m., officier qui commande à 90 soldats de marine (?) : CIL 10, 3456.

nōnāgēni, ae, a, pl., au nombre de 90 chacun : Plin. 36, 88.

nōnāgēsĭmus, a, um, quatre-vingt-dixième : Cic. *CM* 13.

nōnāgessis, is, m. (*nonaginta* et *as*), somme de 90 as : Prisc. *Fig.* 31 = 3, 416, 18.

nōnāgĭēs (-ĭens), quatre-vingt-dix fois : Cic. *Verr.* 3, 163.

nōnāgintā, indécl. (de *novem* et *decem*, cf. *viginti* ; it *novanta*), quatre-vingt-dix : Cic. *CM* 34.

Nonagrĭa, ae, f., ancien nom de l'île d'Andros : Plin. 4, 65.

nōnālĭa sacra, n., Nonalia [cérémonie religieuse qui avait lieu aux nones] : Varr. *L.* 6, 28.

nōnānus, a, um, qui fait partie de la 9ᵉ légion : Tac. *An.* 1, 23 ; **nonāni**, m. pl., les soldats de la 9ᵉ légion : Tac. *An.* 1, 30.

nōnāria, ae, f., femme de la 9ᵉ heure, courtisane [parce que les courtisanes ne pouvaient se montrer qu'à partir de la 9ᵉ heure] : Pers. 1, 133.

noncuplus, a, um (cf. *nonus, decuplus*), qui vaut 9 fois : Boet. *Mus.* 2, 4.

nondum, adv. (*non, I dum*, cf. *nedum*), pas encore : Cic. *Off.* 2, 75 ; *Rep.* 3, 17.

nŏneŏlae, ārum, f. pl. (expr., dim., cf. *nonna* ?), lacinies [glands de peau sous la gorge des chèvres] : P. Fest. 179, 15.

nongēni et **nongentēni**, chaque fois neuf cents : Prisc. *Fig.* 24 = 3, 414, 3.

nongentēsĭmus, a, um (*nongenti*), neuf-centième : Aur.-Vict. *Caes.* 15, 4.

nongenti, ae, a, neuf cents : Cic. *Flac.* 91 ; Col. 5, 2, 7 ; Varr. 3, 49 || sg., un des neuf cents : Plin. 33, 31.

nongēsĭmus, a, um, [C.▶] nongentesimus : Prisc. *Fig.* 22 = 3, 413, 23.

Nōnĭa, ae, f., Nonia Celsa [femme de Macrin] : Lampr. *Diad.* 7, 5.

nōnĭēs, adv., neuf fois : Not. Tir. 61.

nōningentēsĭmus, [C.▶] nongentesimus, a, um, neuf-centième : Prisc. *Fig.* 22 = 3, 413, 23.

nōningenti, ae, a, [C.▶] nongenti : Col. 5, 2, 7.

Nōnĭus, ĭi, m., M. Nonius Sufénas [propréteur de Crète et de Cyrène] : Cic. *Att.* 6, 1, 13 || Nonius Marcellus [grammairien latin] : Prisc. 2, 35, 21.

nonna, ae, f. (expr., cf. 3 *anna, amma, mamma*, cf. scr. *nanā*, rus. *njanja* ; it. *nonna*, fr. *nonne*), nonne : Hier. *Ep.* 22, 16 || nourrice : CIL 6, 23960.

nonnĕ (*non, 4 ne*) **a)** [interr. dir.] est-ce que ne pas ? : Cic. *Nat.* 3, 89 ; *Agr.* 2, 93 **b)** [interr. indir.] si ne pas : *quaero a te, nonne... putes* Cic. *Phil.* 12, 15, je te demande si tu ne crois pas..., cf. *Fin.* 3, 13 ; *Tusc.* 5, 34 ; *Ac.* 2, 76 ; *Or.* 214.

nonnĭhil, [V.▶] nihil.

nonnĭsi, [V.▶] nisi II ¶ 1.

nonnŭla, ae, f. (*nonna* ?), filet pour prendre les oiseaux : Gloss. 5, 605, 49.

nonnullus (non nullus), a, um, quelque : Cic. *Mur.* 42 ; *Ac.* 2, 70 ; Caes. *G.* 7, 37, 4 ; *C.* 1, 13, 4 || **non nulli**, m. pl., quelques-uns : Cic. *Tusc.* 4, 64 ; *Sest.* 115 ; **non nullae**, f. pl., Cic. *Verr.* 5, 28, quelques-unes ; **non nulla**, n. pl., Cic. *Div.* 1, 24, plusieurs choses, cf. *Mil.* 61.

nonnumquam (non numquam), adv., quelquefois, parfois : Cic. *Fam.* 5, 8, 2 ; *Vatin.* 5 ; Caes. *G.* 1, 8, 4.

nonnus, i, m. (*nonna*, cf. νόννος ; it. *nonno*), moine : Hier. *Ep.* 117, 6 || père nourricier : CIL 9, 4693.

nonnusquam, adv., dans quelques endroits, dans plusieurs pays : Plin. 14, 120 ; Gell. 13, 24, 31.

nōnō, adv. (*nonus*), en neuvième lieu : Cassian. *Inst.* 4, 39, 2 ; Cassiod. *Anim.* 12.

nonpĕrītĭa, ae, f., maladresse, impéritie, ignorance : *Pomp.-Gr. 5, 159, 29.

nontĭo, [C.▶] nuntio : CIL 1, 586.

nōnuncĭum, ĭi, n. (*nonus, uncia*), poids de neuf onces : P. Fest. 179, 11.

nōnus, a, um (*neunos, cf. 2 Nona ▶), neuvième : Cic. *Rep.* 6, 18 ; *Dom.* 41 ; Hor. *S.* 2, 7, 118 || [V.▶] nona.

nōnusdĕcĭmus, *nonadecima*, etc., dix-neuvième : Tac. *An.* 13, 16 ; *D.* 34.

nōnussis, *is*, m. (*nonus, assis*), pièce de monnaie qui valait neuf as : Varr. *L.* 5, 169.

1 Nora, *ae*, f., ville de l'Inde : Curt. 8, 11, 1.

2 Nōra, *ae*, f., ville de Sardaigne [auj. Nora] Atlas XII, F1 : Solin. 4, 1 ‖ **-enses**, *ĭum*, m. pl., habitants de Nora : Cic. *Scaur.* 11 ‖ ville de Phrygie : Nep. *Eum.* 5, 3 ; V. *Nura*.

3 nŏra, *ae*, f. (it. *nuora*), C. *nurus* : Marculf. 2, 15, 6.

nōram, nōrim, V. *nosco* ►.

Norba, *ae*, f., ville du Latium Atlas XII, E4 : Liv. 2, 34, 6 ‖ ville de Lusitanie [auj. Alcantara] Atlas IV, C2, V. *Norbensis*.

Norbānenses, *ĭum*, m. pl., habitants d'une ville de Calabre Atlas XII, E6 : Plin. 3, 105.

1 Norbānus, *a, um*, de Norba : Liv. 8, 19 ‖ **-ni**, *ōrum*, m. pl., habitants de Norba : Liv. 27, 10, 7 ; Plin. 3, 64.

2 Norbānus, *i*, m., C. Norbanus [accusé par Sulpicius, défendu par Antoine] : Cic. *de Or.* 2, 89.

Norbensis colonia, f., Norba [ville de Lusitanie] Atlas IV, C2 : Plin. 4, 117.

Nōrēia, *ae*, f. (Νωρήϊα), capitale du Norique Atlas I, C4 ; XII, A4 : Caes. *G.* 1, 5, 4 ; Plin. 3, 131.

Nōrensis, *e*, de Nora [en Sardaigne] : Cic. *Scaur.* 4 ‖ subst. m. pl., habitants de Nora : Plin. 3, 85 ; Cic. *Scaur.* 9.

Nōrĭcĭī, *ōrum*, m. pl., C. *Norici*, V. *Noricum* : Prisc. *Perieg.* 314.

nŏrĭcŭla, V. *nuricula* [mss].

Nōrĭcum, *i*, n., le Norique [pays entre la Rétie et la Pannonie, au sud du Danube] Atlas I, C4 ; XII, A4 : Tac. *H.* 1, 70 ‖ **-cus**, *a, um*, du Norique : Caes. *G.* 1, 5 ; Tac. *An.* 2, 63 ‖ **-ci**, *ōrum*, m. pl., habitants du Norique : Plin. 3, 146.

norma, *ae*, f. (cf. *gruma*, γνώμων), équerre : Vitr. 3, 5, 14 ; Plin. 36, 172 ‖ angle droit : Vitr. 1, 1, 4 ‖ [fig.] règle, loi : Cic. *de Or.* 3, 190 ; *Ac.* 2, 140 ; **ad normam alicujus sapiens** Cic. *Lae.* 18, sage à la mesure de qqn, sur le modèle de qqn, selon la formule de qqn ‖ Hor. *S.* 2, 2, 3 ; **ad certam rationis normam vitam derigere** Cic. *Mur.* 3, mener sa vie suivant une règle de doctrine inflexible.

normālis, *e* (*norma*), fait à l'équerre, avec l'équerre : Quint. 11, 3, 141 ; Manil. 2, 289.

normālĭtĕr, adv. (*normalis*), d'après l'équerre : Grom. 188, 17 ‖ en ligne droite : Amm. 20, 3, 11 ; Grom. 33, 9.

normātĭo, *ōnis*, f., C. *normatura* : Grom. 21, 31 ; 108, 3.

normātūra, *ae*, f. (*normo*), action de tracer avec l'équerre : Grom. 310, 28.

normātus, *a, um*, part. de *normo*.

normō, *ās, āre, -, ātum* (*norma*), tr., tracer en équerre, mettre d'équerre : Col. 3, 13, 12 ‖ pass., se régler d'après : Diom. 335, 7.

normŭla, *ae*, f. (dim. de *norma*), Chalc. *Tim.* 17 B.

Nortĭa, *ae*, f., Nortia [la Fortune, déesse des Étrusques] : Liv. 7, 3, 7 ; Juv. 10, 74 ; cf. Capel. 1, 88.

nōs, gén. *nostri, nostrum* ; dat. *nobis* (cf. *noster*, scr. *nas*, ἡμεῖς, ἄμμε, al. *uns*, an. *us*, rus. *nas* ; fr. *nous*), nous ‖ [souvent = *ego*] : Cic. *Fam.* 1, 1, 4 ; Virg. *B.* 1, 4.
► gén. *nostrorum*, Pl. *Poen.* 861 ; *nostrarum* Ter. *Eun.* 678.

noscentĭa, *ae*, f., C. *notitia* : Symm. *Ep.* 4, 9.

noscĭbĭlis, *e* (*nosco*), qui peut être connu : Tert. *Scap.* 2, 10 ; Aug. *Trin.* 9, 5, 8.

noscĭtābundus, *a, um*, cherchant à reconnaître [qqn] : Gell. 5, 14, 11.

noscĭtō, *ās, āre, āvī, ātum* (fréq. de *nosco*), tr., chercher à reconnaître ; examiner : Pl. *Trin.* 863 ; *Ep.* 537 ; *Men.* 1064 ‖ reconnaître : Curt. 3, 11, 10 ; Liv. 2, 23, 4 ; 22, 6, 3 ; Tac. *H.* 2, 12.

noscō, *ĭs, ĕre, nōvī, nōtum* (arch. *gnosco*, **gneH₃-*, *notus, nobilis, gnārus, gnavus* ; cf. γιγνώσκω, scr. *jajñau*, al. *kennen, können, kund*, an. *can*) ¶ **1** apprendre à connaître : **ejus animum de nostris factis noscimus** Pl. *St.* 4, ses sentiments, nous apprenons à les connaître par notre propre expérience ; **nosce te, nosce animum tuum** Cic. *Tusc.* 1, 52, apprends à te connaître, à connaître ton âme ; **studeo... noscere** Cic. *Rep.* 1, 64, je suis impatient de prendre connaissance de... ; **omnes philosophiae partes tum facile noscuntur, cum** Cic. *Nat.* 1, 9, on prend de toutes les parties de la philosophie une connaissance facile, quand... ‖ parf., *novi, novisse, nosse*, connaître, savoir : **virtutem ne de facie quidem nosti** Cic. *Pis.* 81, tu ne connais même pas l'ombre de la vertu ; **bene nosse aliquem** Cic. *Att.* 9, 7 B, 2, bien connaître qqn, à fond [*recte* Cic. *Verr.* 2, 175, connaître bien, vraiment] ; **linguam** Cic. *de Or.* 2, 2, connaître une langue ; **nosti cetera** Cic. *Fam.* 7, 28, 2, tu sais le reste, la suite ‖ [avec inf., tard.] Apul. *M.* 2, 5 ; 2, 7 ; Lact. *Inst.* 6, 18, 23 ; Aug. *Serm.* 98, 3 ‖ part. *notus, a, um*, connu : **philosophiae locos notos et tractatos habere** Cic. *Or.* 118, posséder toutes les parties de la philosophie d'une connaissance théorique et pratique ¶ **2** examiner, étudier : **nosce imaginem** Pl. *Ps.* 986, regarde l'empreinte ‖ **pleraque, quae olim a prætoribus noscebantur** Tac. *An.* 2, 60, la plupart des affaires qui étaient autrefois de la compétence des préteurs ¶ **3** reconnaître : **hau nosco tuom** Pl. *Trin.* 445, je ne te reconnais pas à ce trait ; **potesne ex his ut proprium quid noscere?** Hor. *S.* 2, 7, 89, peux-tu dans tout cela reconnaître qqch. comme t'appartenant en propre ? ; **acciti ad res suas noscendas** Liv. 10, 20, 15, invités à venir reconnaître ce qui leur appartenait ‖ chercher à reconnaître : **per diem visu, per noctem ululatibus et gemitu conjuges aut liberos noscebant** Tac. *An.* 4, 62, ils cherchaient à reconnaître leurs femmes ou leurs enfants de jour à la vue, de nuit aux hurlements et aux gémissements, cf. Tac. *H.* 4, 40 ¶ **4** reconnaître, concevoir, entendre, admettre : **illam partem excusationis nec nosco nec probo** Cic. *Fam.* 4, 4, 1, cette autre partie de ton excuse je ne la reconnais ni ne l'approuve ; **vereor, ne istam causam nemo noscat** Cic. *Leg.* 1, 11, je crains que personne ne conçoive tes raisons, cf. Cic. *Att.* 11, 7, 4 ; **quivis ut intellegat quam voluptatem norit Epicurus** Cic. *Tusc.* 3, 42, en sorte que n'importe qui comprenne ce qu'Épicure entend par plaisir, cf. Cic. *Lae.* 79 ; *Nat.* 1, 111.
► formes contr., *nosti, nostis, norunt* ; *norim, noris* ; *noram, noras* ; *nossem* ; *nosse* Cic. ; *nomus* pour *novimus* Enn. *Tr.* 138 ‖ Caes. préfère les formes pleines.

Noscŏpĭum, *ii*, n., ville de Lycie : Plin. 5, 101.

nosmĕt, etc., nous-mêmes, moi-même : Cic. *Tusc.* 3, 6 ; *Fin.* 5, 44 ; *Att.* 1, 13, 3 ; *Inv.* 1, 71 ; *Off.* 1, 115 ; *Brut.* 8 ; 279.

nŏsŏcŏmīum, *ii*, n. (νοσοκομεῖον), hôpital : Cod. Just. 1, 2, 19 ; Hier. *Ep.* 77, 6.

nŏsŏcŏmus, *i*, m. (νοσοκόμος), garde-malade : Cod. Just. 1, 3, 42.

nosse, V. *nosco* ►.

nostĕr, *stra, strum* (*nos*, cf. *vester* ; fr. *notre*), notre ¶ **1 nostra consilia** Cic. *Rep.* 1, 3, nos projets ; **de nostro omnium interitu cogitant** Cic. *Cat.* 1, 9, ils méditent notre assassinat à tous, cf. Cic. *Mil.* 92 ; **amor noster** Cic. *Fam.* 5, 12, 3, notre affection mutuelle, notre amitié ; n. pl., *nostra*, nos biens ¶ **2** notre compatriote : **noster Ennius** Cic. *Arch.* 22, notre Ennius ; **noster hic Magnus** Cic. *Arch.* 24, de nos jours (**hic**), notre grand Pompée ; *nostri*, les nôtres, nos compatriotes, nos soldats ‖ *noster* (ami, parent, collègue, modèle), cf. Cic. *Att.* 9, 11, 1 ; *Tusc.* 5, 103 ‖ **hic noster** Cic. *Or.* 99, cet orateur dont nous nous occupons actuellement ‖ **Alliénus noster est** Cic. *Q.* 1, 1, 10, Alliénus est à nous (avec nous, pour nous) ¶ **3** dans le dialogue : **o Syre noster, salve** Ter. *Ad.* 883, ô notre brave, notre cher Syrus, salut ‖ [l'esclave parlant à son maître] *noster*, mon maître : Ter. *Eun.* 154 ; *Phorm.* 298 ¶ **4** qui nous convient : **nostris locis** Liv. 9, 19, 15, dans des lieux à nous, avantageux pour nous ¶ **5 noster**, pronom, = *ego* : Pl. *Amp.* 399 ; Hor. *S.* 2, 6, 48.
► **nostrapte culpa** Ter. *Phorm.* 766, par notre propre faute ‖ gén. pl. *nostrum*, Pl. *Men.* 134.

nosti, V. *nosco* ►.

Nostimus

Nostĭmus, *i*, m. (Νόστιμος), nom d'esclave : CIL 5, 6539.

nostin, ▶ nostine, novistine : Pl. ; Ter.

Nostĭus, *ii*, m., nom de famille romain : Cic. Fam. 13, 46.

nostrapte, ▶ noster ▶.

nostrās, *ātis*, adj., qui est de notre pays, de nos compatriotes : Cic. Fam. 9, 15, 2 ; Tusc. 5, 90 ; *verba nostratia* Cic. Fam. 2, 11, 1, les mots de chez nous, les mots courants ‖ **-trātes**, *ĭum*, m. pl., compatriotes : Plin. 16, 70 ; [chrét.] les nôtres, les Chrétiens : Tert. Scorp. 10, 2.
▶ nom. arch. *nostratis*, Hemin. d. Prisc. 2, 586, 27.

nostrātim, adv., suivant notre coutume : Sisen. d. Char. 221, 6.

nostrātis, *e*, ▶ nostras ▶.

1 **nostri**, gén. de *nos*.

2 **nostri**, de *noster*.

nostrōrum, ▶ nos et *noster*.

nostrum, ▶ nos et *noster*.

nŏta, *ae*, f. (obscur), v. Fest. 182, 9.
¶ 1 signe, marque : *reliquis epistulis notam apponam eam quae mihi tecum convenit* Cic. Fam. 13, 6, 2, dans les autres lettres je mettrai la marque dont je suis convenu avec toi ‖ [fig.] *notae ac vestigia flagitiorum* Cic. Verr. 2, 115, marques et traces d'infamies ; *notae argumentorum* Cic. de Or. 2, 174, marques distinctives des arguments [qui les font trouver aisément], cf. Cic. Or. 46 ; *nomina tamquam rerum notae* Cic. Fin. 5, 74, les termes qui sont en qq. sorte les signes distinctifs des choses ‖ trait caractéristique : Cic. Or. 75 ‖ prénom caractéristique : Ov. F. 1, 596.
¶ 2 marque [d'écriture] **a)** *litterarum notae* Cic. Tusc. 1, 62, signes d'écriture, lettres [chiffres : Diom. 426, 3] ; [d'où, poét.] écrit, lettre : Hor. O. 4, 8, 13 ; Ov. M. 6, 577 **b)** caractères conventionnels signes secrets : Suet. Aug. 88 **c)** signes sténographiques : Sen. Ep. 90, 25 ; Suet. Tib. 3 **d)** notes de musique : Quint. 1, 12, 14 **e)** *notae librariorum* Cic. de Or. 3, 173, signes des copistes, signes de ponctuation. ¶ 3 **A** [pr.] marque sur le corps **a)** signe, tache naturelle : Suet. Aug. 80 ; Hor. O. 4, 2, 59 **b)** tatouage : Cic. Off. 2, 25 ‖ marque au fer rouge : Suet. Cal. 27. **B** [fig.] tache, flétrissure, honte : *quae nota domesticae turpitudinis non inusta vitae tuae est ?* Cic. Cat. 1, 13, est-il une flétrissure provenant de scandales domestiques qui ne soit imprimée sur ta vie ?, cf. Cic. Sull. 88 ; *litteras alicujus insigni quadam nota atque ignominia nova condemnare* Cic. Prov. 25, condamner une lettre de qqn en lui imprimant une sorte de stigmate insigne et une flétrissure d'un genre nouveau. ¶ 4 empreinte de monnaie : Suet. Aug. 75 ; 94 ; Ner. 25. ¶ 5 étiquette [mise sur les amphores pour rappeler l'année du vin] : Cic. Brut. 287 ; [pour noter le cru] Hor. O. 2, 3, 8 ; S. 1, 10, 24 ‖ [d'où] marque, sorte, qualité : *mel secundae notae* Col. 9, 15, 3, miel de seconde qualité ; *ex hac nota corporum est aer* Sen. Nat. 2, 2, 4, l'air est un corps de cette espèce ; *de meliore nota commendare aliquem* Curius Fam. 7, 29, 1, recommander qqn de la meilleure sorte ; *beneficia ex vulgari nota* Sen. Ben. 3, 9, 1, bienfaits d'espèce commune. ¶ 6 annotation, marque, remarque : *notam apponere ad malum versum* Cic. Pis. 73, noter un mauvais vers, cf. Sen. Ep. 6, 5. ¶ 7 note du censeur, blâme [motivé, inscrit à côté du nom] : *censoriae severitatis nota inuri* [par jeu de mots avec le sens du ¶ 3] Cic. Clu. 129, être marqué d'infamie par la rigueur des censeurs ; *institutum fertur, ut censores motis e senatu adscriberent notas* Liv. 39, 42, 6, c'était l'usage, paraît-il, que les censeurs ajoutent à côté du nom des exclus du sénat une note justificative, cf. Liv. 24, 18, 9 ; 32, 7, 3 ; 41, 27, 1 ; [métaph.] *ad cenam, non ad notam invito* Plin. Ep. 2, 6, 3, c'est à un dîner, non à une séance de blâme que j'invite [cet emploi de *nota* rejoint celui du ¶ 3].
¶ 8 signe [fait avec la main, etc.] : Ov. M. 11, 466 ; A. A. 3, 514.

nŏtābĭlis, *e* (*noto*), notable, remarquable [en parl. de choses] : Cic. Fam. 5, 12, 5 ; Quint. 8, 3, 22 ; Plin. Ep. 7, 6, 1 ; **-bilior** Tac. H. 3, 55 ‖ qu'on peut distinguer : *nobilissimarum civitatum fundamenta vix notabilia* Sen. Ir. 1, 2, 2, les fondements à peine reconnaissables des plus illustres cités ‖ désigné, notoire [pers.] : Apul. M. 11, 16 ‖ signalé [en mauvaise part] : Quint. 1, 3, 1 ; 9, 4, 33.

nŏtābĭlĭtĕr, adv. (*notabilis*), notablement, d'une manière remarquable : Plin. Ep. 1, 5, 12 ; Suet. Aug. 87 ‖ clairement, visiblement : Plin. 5, 17, 5 ‖ **-bilius** Tac. H. 1, 55.

nŏtācŭlum, *i*, n. (*noto*), signe, marque : Minuc. 31, 8.

nŏtāmĕn, *ĭnis*, n. (*noto*), moyen de désignation : Diom. 324, 26.

nŏtārĭus, *a*, *um* (*nota*), relatif aux caractères de l'alphabet ‖ subst. m., sténographe : Quint. 7, 2, 24 ; Plin. Ep. 3, 5, 15 ‖ secrétaire : Plin. Ep. 9, 36, 2.

nŏtātĭo, *ōnis*, f. (*noto*), action de marquer d'un signe : Cic. Clu. 130 ‖ action de noter d'infamie [censeurs] : Cic. Clu. 128 ‖ choix, désignation [de juges] : Cic. Phil. 5, 13 ‖ action de noter, de relever ; remarque, observation : Cic. Or. 183 ; Brut. 65 ; *temporum* Cic. Brut. 74, chronologie ‖ étymologie : Cic. Top. 10 ; 36 ; Quint. 1, 6, 28 ‖ description d'un caractère : Her. 4, 63.

nŏtātus, *a*, *um*, part.-adj. de *noto*, marqué, signalé : *homo omnium scelerum maculis notatissimus* Cic. Dom. 23, homme portant plus que personne au monde les stigmates de tous les crimes ; *notatior similitudo* Her. 3, 37, ressemblance mieux marquée.

nōtescō, *ĭs*, *ĕre*, *ŭi*, - (*notus*), intr., se faire connaître, devenir connu : Catul. 68, 47 ; Prop. 2, 13, 37 ; Tac. An. 12, 8 ‖ *alicui* : *quae ubi Tiberio notuere* Tac. An. 1, 73, quand ces imputations furent venues à la connaissance de Tibère ‖ tr., faire connaître : VL. 1 Cor. 12, 3.

nŏthus, *a*, *um* (νόθος) ¶ 1 bâtard, illégitime : Quint. 3, 6, 97 ; 7, 7, 10 ; *nothus Sarpedonis* Virg. En. 9, 697, fils naturel de Sarpédon ‖ animal issu d'un croisement : *quos... nothos creavit* Virg. En. 7, 283, [chevaux] qu'elle obtint par un croisement ; Col. 8, 2, 13 ‖ éléphant d'Asie : Plin. 8, 3 ¶ 2 [empr.] *nothum lumen* Lucr. 5, 575, lumière empruntée ; *nothum nomen* Varr. L. 10, 69, mot grec décliné à la latine, hybride : *Achilles*.

nŏtĭa, *ae*, f. (νοτία), sorte de pierre précieuse : Plin. 37, 176 ‖ bryone [plante] : Plin. 24, 175 ; P. Fest. 165, 1 [employée par les tanneurs, d'où l'équivoque avec *nautea*].

nŏtĭālis, *e*, ▶ notius : Avien. Arat. 550.

nōtĭfĭcō, *ās*, *āre*, -, - (*notus*, *facio*), tr., faire connaître : Pompon. d. Non. 144, 24.

nōtĭo, *ōnis*, f. (*nosco*) ¶ 1 [sens premier] action d'apprendre à connaître, de prendre connaissance : *quid tibi hanc notio est ?* Pl. Truc. 623, qu'as-tu à t'occuper d'elle ? ¶ 2 action de connaître d'une chose : *quae omnis notio pontificum est* Cic. Dom. 34, ce qui est entièrement de la compétence des pontifes ; *sine populi Romani notione* Cic. Agr. 2, 57, sans que le peuple romain en connaisse ; *ad censores notionem de eo pertinere* Liv. 27, 25, 5, que le droit de connaître de cette affaire revenait aux censeurs ¶ 3 [en part.] droit d'enquête morale des censeurs : *ut censoria notio et gravissimum judicium sanctissimi magistratus tolleretur* Cic. Sest. 55, que le droit d'enquête morale des censeurs et que les jugements si imposants de cette magistrature si auguste soient supprimés ; *notiones animadversionesque censorum* Cic. Off. 3, 111, les investigations et les blâmes des censeurs ‖ enquête et décision du juge, connaissance d'une affaire [d'où jugement) : Dig. 1, 18, 10 ¶ 4 action, faculté de connaître (de concevoir) une chose : *fugere intelligentiae nostrae vim et notionem* Cic. Nat. 1, 27, échapper à la force de compréhension et à la conception de notre intelligence ‖ [résultat de cette action] représentation dans l'esprit, notion, idée, conception : *animi* Cic. Nat. 2, 45, idée que se fait l'esprit, conception de l'esprit, cf. Cic. Off. 3, 76 ; *quae istarum definitionum non aperit notionem nostram, quam habemus omnes de fortitudine tectam atque involutam ?* Cic. Tusc. 4, 53, est-il une de ces définitions qui n'éclaircisse nos idées sur le courage, qui sont en général chez nous confuses et voilées ? ; *forma et notio viri boni* Cic. Off. 3, 81, l'image et l'idée de l'homme de bien ; *notio* [ἔννοια, πρόληψις] Cic. Top. 31 ; *in omnium animis deorum notionem impressit natura* Cic. Nat. 1, 43, la nature a gravé la notion des dieux dans tous les esprits ‖ idée, signification d'un mot : ***notio verbo subjecta*** Cic. *Tusc.* 5, 29, idée cachée sous un mot.

nŏtĭŏn, *ĭi*, n. (νότιον), momordique, concombre sauvage [plante] : Ps. Apul. *Herb.* 114.

Nŏtītae, *ārum*, m. pl., peuple de Mésopotamie : Plin. 6, 123.

nōtĭtĭa, *ae*, f. (*notus*) ¶ 1 fait d'être connu, notoriété : Nep. *Dion* 9, 4 ; Sen. *Ep.* 19, 3 ; Ov. *Pont.* 3, 1, 49 ¶ 2 action de connaître **a)** connaissance de qqn : ***notitia nova mulieris*** Cic. *Cael.* 75, connaissance récente d'une femme ‖ commerce avec une femme : Caes. *G.* 6, 21, 5 **b)** connaissance d'une chose : ***antiquitatis*** Cic. *CM* 12, connaissance de l'Antiquité ; ***in notitiam populi pervenire*** Liv. 22, 26, 2, parvenir à la connaissance du peuple [= être connu de], cf. Plin. *Ep.* 10, 18, 2 ; ***tradere aliquid notitiae hominum*** Plin. 3, 57, transmettre qqch. à la connaissance du monde ‖ [en part.] notion, idée : ***aliquam notitiam habere dei*** Cic. *Leg.* 1, 24, avoir qq. connaissance de Dieu ; ***notitiae rerum*** [ἔννοιαι, προλήψεις] Cic. *Ac.* 2, 30, notions des choses ¶ 3 rôle, registre, notice : ***notitia omnium officiorum*** Cod. Just. 12, 59, 10, 1, liste de tous les fonctionnaires (civils et militaires) ‖ ***Notitia dignitatum omnium***, liste de tous les officiers civils et militaires, d'Orient et d'Occident, composée au 4ᵉ-5ᵉ s. : Not. Dign. 1 tit.

nōtĭtĭēs, *ēi*, f., C. *notitia* ¶ 1 : Vitr. 1, 6, 5 ‖ C. *notitia* ¶ 2 : Lucr. 5, 182.

1 Nŏtium, *ĭi*, n., ville d'Ionie : Liv. 37, 26 ; 38, 39 ‖ ville de l'île de Calydne : Plin. 5, 133.

2 Nŏtĭum mare, n., mer Tyrrhénienne : Plin. 3, 75.

nŏtĭus, *a*, *um* (νότιος), méridional, austral : Manil. 1, 446 ; Hyg. *Astr.* 1, 5 ; 4, 11.

nŏtīvus, *a*, *um*, qui sert à connaître : Not. Tir. 48.

nŏtō, *ās*, *āre*, *āvī*, *ātum* (*nota*), tr. ¶ 1 marquer, faire une marque sur : ***tabellam sanguine*** Cic. *Verr.* 2, 79, marquer une tablette avec du sang, cf. Cic. *Verr. prim.* 40 ¶ 2 tracer des caractères d'écriture : Ov. *M.* 9, 524 ‖ [en part.] écrire par abréviation, sténographier : Quint. 1 *pr.* ; 7 ; 4, 5, 22 ; 11, 2, 19 ; Suet. *Galb.* 5 ¶ 3 [en parl. des censeurs, marquer le nom d'un citoyen coupable d'une note (*subscriptio*) qui rappelle son infamie, sa faute] : ***quos censores furti et captarum pecuniarum nomine notaverunt*** Cic. *Clu.* 120, que les censeurs ont notés comme voleurs et concussionnaires ‖ [d'où, en gén.] blâmer, flétrir : ***ignominia aliquem*** Cic. *Phil* 7, 23, marquer qqn d'infamie ; ***improbitatem alicujus*** Cic. *Brut.* 224, flétrir la malhonnêteté de qqn ; ***sic notati, ut*** Cic. *Verr.* 5, 173, tellement flétris que ... ¶ 4 marquer, faire reconnaître, désigner : ***res nominibus novis*** Cic. *Fin.* 3, 4, désigner les objets par des noms nouveaux ; ***quamvis multis nominibus est hoc vitium notandum*** Cic. *Lae.* 91, il faut désigner ce vice par tous les noms qu'on voudra ‖ désigner qqch. d'une manière caractéristique : Cic. *Brut.* 216 ; *de Or.* 2, 259 ‖ désigner du geste : Suet. *Ner.* 39 ¶ 5 noter, relever : ***motus errantium stellarum*** Cic. *Div.* 2, 146, noter le cours des planètes ; ***numerum in cadentibus guttis*** Cic. *de Or.* 3, 186, noter un rythme dans la chute de gouttes d'eau, cf. Cic. *de Or.* 1, 109 ; *Div.* 2, 91 ; ***veris initium non a Favonio*** Cic. *Verr.* 5, 27, ne pas prendre le Favonius comme marquant le début du printemps ‖ [avec prop. inf.] noter que, remarquer que : Liv. 7, 34, 15 ; Suet. *Tib.* 38 ‖ [en part.] noter, consigner par écrit : ***annalibus notatum est*** [avec prop. inf.] Plin. 8, 131, on lit dans les annales que ....

Nŏtŏn, acc. de *Notos*, V. 2 *Notus* : Luc. 7, 363.

nōtŏr, *ōris*, m. (*nosco*, *notus*), celui qui connaît une personne, qui en répond, garant : Flor. 3, 16, 1 ; Sen. *Apoc.* 7, 4 ; Petr. 92, 10.

nōtŏrĭa, *ae*, f. (*notorius*), (s.-ent. *epistula*), lettre d'avis, annonce : Treb. *Claud.* 17 ‖ information : Apul. *M.* 7, 4.

nōtŏrĭum, *ii*, n. (*notorius*), accusation, délation : Symm. *Ep.* 10, 4 ; Dig. 48, 16, 6.

nōtŏrĭus, *a*, *um* (*noto*), qui notifie, V. *notoria* et *notorium*.

Nŏtŏs, V. *Notus*.

notrix, arch. pour *nutrix* : Quint. 1, 4, 16.

nōtŭi, parf. de *notesco*.

nŏtŭla, *ae*, f., dim. de *nota*, petite marque : Capel. 1, 66.

1 nōtus, *a*, *um* (cf. γνωτός, scr. *jñāta-s*), part.-adj. de *nosco*, connu : ***minime sibi quisque notus est*** Cic. *de Or.* 3, 33, on ne se connaît guère, cf. *Brut.* 248 ; ***res nota omnibus*** *Verr.* 3, 134, fait connu de tous, cf. *Mil.* 76 ; ***notior alicui, -tissimus alicui*** Cic. *Mur.* 16 ; *Sull.* 72 ; ***aliquid notum alicui facere*** Cic. *Fam.* 5, 12, 7, faire connaître qqch. à qqn ‖ [poét. avec gén.] connu pour, à cause de : Hor. *O.* 2, 2, 6 ; Stat. *Th.* 2, 274 ; Sil. 17, 148 ; [avec inf.] connu pour : Sil. 12, 331 ‖ m. pl., **nōti a)** les personnes de connaissance [= qui se connaissent, qui ont entre elles des relations] : Pl. *Ps.* 996 ; Cic. *Cael.* 3 ; Caes. *C.* 1, 74, 5 ; Hor. *S.* 1, 1, 85 **b)** [très rare] personnes qui connaissent [opp. *ignoti*] : Cic. *Verr.* 5, 75 ; [sg.] ***ejus provinciae notus*** B.-Hisp. 3, 4, connaissant cette province.

2 Nŏtus (-tŏs), *i*, m. (νότος), Notus [le vent du midi] : Virg. *En.* 6, 355 ; Ov. *M.* 1, 264 ‖ [poét.] vent : Virg. *En.* 3, 268.

Nŏva Augusta, *ae*, f., ville de la Tarraconaise : Plin. 3, 27.

nŏvaclum, *i*, n., rasoir : Lampr. *Hel.* 31, 7.

nŏvācŭla, *ae*, f. (*ksnew-, cf. ξέω, ξύω, scr. kṣura-s, kṣnotra-m*, esp. *navaja*), rasoir : Cic. *Div.* 1, 32 ; Cels. 6, 4, 3 ; Plin. 29, 107 ‖ [en gén.] couteau : Col. 12, 56, 1 ; Plin. 22, 99 ‖ poignard : Mart. 7, 61, 7 ‖ sorte de poisson : Plin. 32, 14.

Nŏvae, f. pl. (s.-ent. *tabernae*), Boutiques Neuves [emplacement sur le forum de Rome] : Cic. *de Or.* 2, 266 ; Varr. *L.* 6, 59 ; Liv. 26, 27.

nŏvāle, *is*, n. (*novalis* ; it. *novale*), novale, terre nouvellement défrichée : Plin. 17, 39 ‖ jachère : Plin. 18, 176 ; Col. 2, 2, 14 ‖ champ cultivé [poét.] : Virg. *B.* 1, 71 ; Stat. *Th.* 3, 644 ‖ les moissons sur pied : Juv. 14, 148.

1 nŏvālis, *e* (*novus*), qu'on laisse reposer pendant un an, mis en jachère : Varr. *L.* 5, 39 ; P. Fest. 181, 5.

2 nŏvālis, *is*, f. (s.-ent. *terra*), jachère : Virg. *G.* 1, 71 ; Varr. *R.* 1, 29, 1.

nŏvāmĕn, *ĭnis*, n. (*novo*), innovation : Tert. *Marc.* 1, 20, 4.

Nŏvāna, *ae*, f., ville du Picénum : Plin. 3, 111.

Nŏvārĭa, *ae*, f., ville des Insubres [auj. Novara = Novare] Atlas XII, B1 : Plin. 3, 124 ‖ **-iensis**, *e*, de Novare : Suet. *Gram.* 30, 1.

Nŏvārus păgus, *i*, m., village près de Bordeaux : Aus. *Epist.* 25 (417), 95.

Nŏvātĭānenses, *ĭum*, m. pl., disciples de Novatianus : Cypr. *Ep.* 73, 2.

Nŏvātĭāni, *ōrum*, m. pl., Novatiens, partisans de Novatius [hérésiarque] : Lact. *Inst.* 4, 30, 10.

Nŏvātilla, *ae*, f., fille de M. Annaeus Novatus, nièce de Sénèque : Sen. *Helv.* 18, 7.

nŏvātĭo, *ōnis*, f. (*novo*), rénovation, renouvellement : Tert. *Marc.* 4, 1, 6 ‖ renouvellement d'une obligation, d'une reconnaissance de dette ; novation : Gai. *Inst.* 3, 176 ; Dig. 46, 2, 1.

Nŏvātĭus, *ii*, m., nom d'un hérésiarque : Lact. *Inst.* 4, 30, 10.

nŏvātŏr, *ōris*, m. (*novo*), celui qui renouvelle : Gell. 1, 15, 18 ; Aus. *Epist.* 16, 2 (406), 32.

nŏvātrix, *īcis*, f. (*novator*), celle qui renouvelle : Ov. *M.* 15, 252.

1 nŏvātus, *a*, *um*, part. de *novo*.

2 nŏvātŭs, *ūs*, m., mutation, changement : Aus. *App.* 2 (361), 39.

3 Nŏvātus, *i*, m., L. Annaeus Novatus [frère de Sénèque, appelé L. Junius Gallio après son adoption] : Sen. *Ir.* 1, 1, 1, cf. *Vit.* 1, 1.

nŏvē, adv. (*novus*), en innovant, d'une manière nouvelle : Pl. *Ep.* 222 ; Her. 1, 15 ; 1, 25 : Gell. 19, 7, 2 ‖ **-vissĭmē a)** dernièrement, tout récemment : Sall. *C.* 33, 2 ; Plin. *Ep.* 8, 3, 1 **b)** finalement, à la fin : Hirt. *G.* 8, 48, 3 ; Planc. *Fam.* 10, 24, 2 ; Sen. *Ir.* 3, 5, 2 ; Quint. 3, 6, 24 ; 11, 2, 41.

Nŏvellae, V. *novellus*.

nŏvellastĕr, *tra*, *trum* (*novellus*), un peu nouveau : M.-Emp. 8, 94.

novellatio

nŏvellātĭo, ōnis, f. (novello), plantation nouvelle : Aug. Psalm. 127, 16.

nŏvellētum, i, n. (novellus), lieu planté de jeunes arbres : Paul. Dig. 25, 1, 6.

nŏvellĭtās, ātis, f. (novellus), nouveauté : Tert. Anim. 28, 3.

nŏvellō, ās, āre, -, - (novellus), tr., planter de nouvelles vignes : Suet. Dom. 7 ‖ renouveler : Paul.-Nol. Carm. 24, 696.

1 nŏvellus, a, um (it. novello), dim. de novus ¶ 1 nouveau, jeune, récent : Cat. Agr. 33, 2 ; 4 ; Cic. Fin. 5, 39 ; Virg. B. 3, 11 ‖ [poét.] *novella turba* Tib. 2, 2, 22, jeune troupe [de petits enfants] ‖ *novella oppida* Liv. 2, 39, 3, places nouvellement conquises ¶ 2 subst. **a)** *novella*, ae, f., jeune vigne, jeune plant : Corip. Joh. 3, 327 **b)** *novelli*, ōrum, m. pl., jeunes gens [= juvenes, tirones] : Quer. 42 **c)** *Novellae*, ārum, f. pl., Novelles [partie du droit romain publiée après le Codex].

2 Nŏvellus, i, m., [surnom] : Liv. 41, 5, 1.

1 nŏvem (arch. *neven*, cf. *nundinae*, scr. *nava*, ἐννέα, al. *neun*, an. *nine* ; fr. *neuf*), indécl., neuf : Cic. Rep. 6, 17 ; Cat. 3, 14 ; Off. 3, 113 ; Q. 3, 5, 1 ; *decem novem* Caes. G. 1, 8, 1, dix-neuf ; *usque ad novem* Cic. Ac. 2, 94, jusqu'à neuf ‖ *neven deivo* CIL 1, 455, des neuf dieux ; ▶ Novensides.

2 Nŏvem Pāgi, m. pl., ville d'Étrurie : Plin. 3, 52.

Nŏvembĕr, bris, brĕ, adj. (novem, -ris ; fr. novembre), du neuvième mois [à l'origine], de novembre : *posterum diem Nonarum Novembrium* Cic. Sull. 52, [qui a suivi] le lendemain des nones de novembre ‖ subst. m., mois de novembre : Aus. Ecl. 2 (376), 9.

Nŏvembris, e, ▶ November : *mensis* Cat. Orat. 76, mois de novembre.

nŏvemcŭplus, a, um, ▶ noncuplus : Boet. Mus. 2, 3.

Nŏvempŏpŭlāna, ae, f., Novempopulanie : Greg.-Tur. Hist. 2, 25.

Nŏvempŏpŭlānĭa, ae, ▶ Novempopuli : Ruf. Brev. 6, 3.

Nŏvempŏpŭli (Nŏvem pŏpŭli), ōrum, m. pl., Novempopulanie, partie de l'Aquitaine : Aus. Parent. 5 (162), 14 ‖ les habitants : Salv. Gub. 7, 2, 8.

nŏvemvĭrālis, e, des novem viri : Not. Tir. 36.

nŏvēnārĭus, a, um (novenus), novénaire, qui se compose de 9 unités : Varr. L. 9, 86 ; Cens. 14, 12 ; *sulcus* Plin. 17, 77, fossé de trois pieds de largeur et trois de profondeur.

nŏvendĭal, ālis, n. (novem, dies), novendial, cérémonie qui a lieu neuf jours après les funérailles : Aug. Hept. 1, 172 ‖ -dĭālĭa, ium, n. pl., Gloss. 2, 134, 45.

nŏvendĭālis, e (novem, dies), qui dure neuf jours : Cic. Q. 3, 5, 1 ; Liv. 1, 31, 4 ; 21, 62, 6 ‖ qui a lieu le neuvième jour : *Porph. Hor. Epo. 17, 49 ; *novendialis cena* Tac. An. 6, 5, banquet funèbre du neuvième jour ; ▶ novendial.

nŏvennis, e (novem, annus), âgé de neuf ans : Lact. Mort. 20, 4.

Nŏvenses, ĭum, m. pl., habitants d'une localité dite *ad Novas* [en Mésie] : Not. Dign. Or. 41, 23.

Nŏvensĭdēs, m. pl. (novem et sedeo, cf. *praeses*), les neuf trônants [dieux sabins] : Varr. L. 5, 74 ‖ **-sĭlēs dīvi**, Liv. 8, 9, 6 ; Arn. 3, 39.
▶ 1 novem CIL 1, 455 ‖ arch. deiv. Novesedo, dat. pl., CIL 1, 375.

nŏventĭus, a, um, arch., ▶ nuntius : *Fest. 162, 7, [mss *moventium*, de biens mobiliers].

nŏvēnus, a, um, Stat. S. 1, 2, 4, d'ordinaire -vēni, ae, a, pl., comprenant chaque fois neuf : Ov. M. 12, 97 ; Liv. 27, 37, 7 ; Plin. 3, 53 ; *virgines ter novenae* Liv. 27, 37, 7, trois groupes de neuf jeunes filles.

nŏverca, ae, f. (novus, cf. vitricus), belle-mère, marâtre : Cic. Clu. 199 ; Off. 3, 94 ; Quint. 2, 10, 5 ; Virg. B. 3, 33 ; [prov.] *apud novercam queri* Pl. Ps. 314, se plaindre à une marâtre = vainement ‖ [fig.] marâtre : Vell. 2, 4, 4 ; Quint. 12, 1, 2.

nŏvercālis, e (noverca), de belle-mère, de marâtre : Juv. 12, 71 ; Stat. Th. 7, 177 ‖ en belle-mère, hostile, malveillant : Tac. An. 12, 2 ; Sen. Contr. 4, 6.

nŏvercŏr, āris, ārī, - (noverca), intr., agir en belle-mère, se montrer dur (*alicui*, à l'égard de qqn) : Sidon. Ep. 7, 14, 3.

Nŏvĕrus, ▶ Novarus.

Nŏvēsĭum, ii, n., ville de Germanie Atlas I, B3 ; V, C3 ▶ Tac. H. 4, 26 ; 5, 22 ; Amm. 18, 2, 4.

nōvi, parf. de nosco.

Nŏvia, ae, f., nom de femme : Cic. Clu. 27.

Nŏvĭānus, a, um, de Novius [poète] : Tert. Pall. 4, 4.

nŏvĭcĭŏlus, a, um (novicius), quelque peu nouveau : Tert. Apol. 47, 9.

nŏvĭcĭus, a, um (novus), nouveau, récent : Alfen. d. Gell. 6, 5, 1 ; Pl. Most. 779 ; Cic. Sest. 78 ; Plin. 23, 41 ‖ [en parl. d'esclaves dont la servitude est récente] : Pl. Cap. 712 ; Ter. Eun. 582 ; Varr. L. 8, 6 ‖ **nŏvĭcii**, ōrum, m. pl., Cic. Pis. 1, esclaves nouveaux.

nŏvĭēs (nŏvĭens), neuf fois : Virg. G. 4, 480 ; Sen. Ep. 58, 31.

nŏvĭēsdĕcĭēs, adv., dix-neuf fois : Prisc. Fig. 18, = 3, 415, 21.

Nŏvĭŏdūnum, i, n., ville des Éduens [Nogent] : Caes. G. 7, 55, 1 ‖ ville des Suessions : Caes. G. 2, 12, 1 ‖ ville des Bituriges [Neuvy] : Caes. G. 7, 12, 2.

Nŏvĭŏmăgus (-gum), i, f. (n.), ville des Némètes [auj. Spire] Atlas V, D4 : Anton. 253 ‖ ville des Trévires [auj. Neumagen] Atlas V, D3 : Anton. 371 ‖ ville de Belgique [auj. Noyon] : Anton. 362 ‖ capitale des Lexovii [auj. Lisieux] : Peut. 2, 2 ‖ ville des Bataves [Nimègue] : Peut. 1, 4.

Nŏvĭŏregum, i, n., ville d'Aquitaine : Anton. 459.

nŏvissĭmālis, e, final, qui vient en dernier : Mar. Vict. Gram. 4, 74, 11.

nŏvissĭmē, ▶ nove.

nŏvissĭmus, ▶ novus.

nŏvĭtās, ātis, f. (novus) ¶ 1 nouveauté : Cic. Div. 2, 60 ‖ *novitates* Cic. Lae. 68, les amitiés nouvelles ‖ [poét.] *anni* Ov. F. 160, la nouvelle saison (le printemps) ¶ 2 chose inattendue, inaccoutumée : *pugnae* Caes. G. 4, 34, 1, nouveau genre de combat, cf. G. 6, 39, 3 ; [au pl.] *novitates aquarum* Sen. Marc. 11, 4, une eau nouvelle ; *novitates* Plin. Ep. 1, 44, le nouveau, l'inaccoutumé ¶ 3 condition de l'*homo novus*, qualité d'homme nouveau : Cic. Fam. 1, 7, 8 ; Sall. J. 85, 14 ¶ 4 [chrét.] renouveau (dans la vie), conversion : Vulg. Rom. 6, 4.

nŏvĭtĕr, adv. (novus), nouvellement, récemment : Fulg. Myth. 3, 1 ; Char. 116, 6.

nŏvĭtĭō, ▶ novicio.

nŏvĭtĭus, ▶ novicius.

Nŏvĭus, ii, m. ¶ 1 poète comique latin : Gell. 15, 13, 4 ; Cic. de Or. 2, 255 ; Macr. Sat. 1, 10, 3 ¶ 2 nom d'un affranchi : Hor. S. 1, 6, 40.

nŏvō, ās, āre, āvī, ātum (novus) ¶ 1 renouveler, refaire : Virg. En. 5, 752 ; Stat. Th. 10, 223 ; *ager novatus* Cic. de Or. 2, 131, champ labouré de nouveau, cf. Ov. Pont. 4, 2, 44 ‖ [fig.] *animus risu novatur* Cic. Inv. 1, 25, l'esprit est rafraîchi par le rire, cf. Ov. H. 4, 90 ; Val.-Flac. 3, 423 ¶ 2 inventer, forger : [des mots] Cic. de Or. 3, 140 ; Quint. 5, 10, 106 ¶ 3 changer, innover : Cic. Leg. 3, 12 ‖ [en part.] *res novare* Liv. 24, 23, 6, faire une révolution ; *novare*, absol', même sens : Sall. C. 39, 3 ; Tac. An. 4, 18 ‖ faire une innovation : Liv. 42, 31, 5.

Nŏvŏcōmenses, ĭum, m. pl., habitants de Novocôme [Côme] : Cic. Fam. 13, 31, 5 ; ▶ Comum.

Novomagum, ▶ Noviomagum.

1 nŏvum, i, n., chose nouvelle, ▶ novus.

2 Nŏvum, n., ▶ Oppidum novum, ▶ Comum.

nŏvus, a, um (cf. *nuper*, *nunc*, νέος, scr. *nava-s*, hit. *newas*, al. *neu*, an. *new*, rus. *novyj* ; fr. *neuf*), *novior* Varr. L. 6, 59 ; Gell. 6, 17, 8 ; *novissimus* ¶ 1 nouveau, jeune : *novum vinum* Cic. Brut. 287, vin nouveau, jeune ; *novi milites* Sall. J. 87, 2, les jeunes soldats, les nouvelles recrues ‖ [expr. partic.] **a)** *res novae*, nouveautés politiques, changement politique, révolution : Cic. Cat. 1, 3 ; Agr. 2, 91 ; Caes. G. 1, 9, 3 ; 1, 18, 3, [mais = événements nouveaux, nouvelles : Cic. Fam. 7, 18, 4] **b)** *tabulae novae*, nouveaux livres de compte [où sont inscrites les dettes] = réduction ou abolition des dettes : Cic. Off. 2, 84 ; Phil. 6, 11 ; Att. 5, 21, 13 ; 14, 21, 4 ; Caes. C. 3, 1, 3 ; 3, 21, 2 ; Sall. C. 21, 2 ;

[fig.] Sen. Ben. 1, 4, 6, table rase **c)** *novus homo, homo novus*, homme nouveau [qui ne descend pas d'une famille noble, et qui, exerçant le premier une magistrature curule, fonde ainsi sa noblesse] : Cic. *Off.* 1, 138; *Mur.* 16; *Verr.* 5, 181 **d)** n. pris subst[t], *novum*, chose nouvelle : *aliquid novi*, qqch. de nouveau, cf. Pl. *Cas.* 70; Cic. *de Or.* 2, 13; [au pl.] Quint. 10, 3, 32 **e)** m. pl., *novi*, les écrivains nouveaux, les modernes : Quint. 2, 5, 26; 5, 4, 1; 8, 5, 12 **f)** [droit] *opus novum*, nouvel œuvre [ouvrage entrepris sur un fonds et menaçant le fonds voisin] : *opus novum nuntiare* Dig. 2, 14, 7, 14, dénoncer un nouvel œuvre ¶ **2** nouveau, dont on n'a pas l'habitude : *equus intractatus et novus* Cic. *Lae.* 68, un cheval qui n'est pas dressé et qu'on ne connaît pas ‖ [poét.] qui n'a pas l'habitude [avec dat.] : *novus dolori* Sil. 6, 254, novice dans la douleur ¶ **3** étrange, singulier : *novum crimen* Cic. *Lig.* 1, une accusation sans précédent; *nova tibi haec sunt et inopinata?* Cic. *Verr.* 2, 24, ce sont pour toi des faits nouveaux, inattendus ¶ **4** nouveau, qui se renouvelle, varié : *ad causas simillimas inter se novi veniebamus* Cic. *Brut.* 324, nous plaidions des causes très semblables entre elles sans nous répéter ¶ **5** nouveau = autre, second : *nove Hannibal* Cic. *Phil.* 13, 25, ô nouvel Hannibal; *novus Camillus* Liv. 22, 14, 10, un nouveau Camille ¶ **6** superl. *novissimus, a, um = extremus*, le dernier [emploi entré dans la langue à l'ép. de Varron, v. L. 6, 59 et Gell. 10, 21, 1] : Cic. *Com.* 30; Cæs. G. 2, 11, 4 ; *qui ex iis novissimus convenit* Cæs. G. 5, 56, 2, celui d'entre eux qui vient le dernier à la réunion; *novissimum agmen* Cæs. G. 1, 15, 2, l'arrière-garde ‖ *novissima exempla* Tac. *An.* 12, 20, les derniers châtiments, les dernières rigueurs; pl. n., *novissima exspectare* Tac. *An.* 6, 50, s'attendre au pire; *novissima mea* Vulg. *Num.* 23, 10, ma fin ‖ *novissimior* Pass. Perp. 1, le plus récent.

nox, *noctis*, f. (*noctu, noctua,* cf. νύξ; scr. *nakt-*, hit. *nekuz*, al. *Nacht,* an. *night,* rus. *noc,* bret. *noz* ; fr. *nuit*) ¶ **1** nuit : *noctem efficere* Cic. *Nat.* 2, 49) produire la nuit; *die et nocte* Cic. *Nat.* 2, 24, de jour et de nuit; *media nocte* Cic. *Att.* 4, 3, 4, au milieu de la nuit; *sub noctem* Cæs. C. 1, 28, 3, à la tombée de la nuit; *noctes et dies, dies noctesque* Cic. *de Or.* 1, 260; *Amer.* 6, jours et nuits ‖ [personnif.] la Nuit : Cic. *Nat.* 2, 44; Virg. *En.* 5, 721 ‖ [divisée en cinq parties d'après Varron d. Serv. *En.* 2, 268] : *prima fax, concubium, nox intempesta, nox media, gallicinium* ¶ **2** [sens fig.] **a)** repos de la nuit, sommeil : Virg. *En.* 4, 530 **b)** nuit de veilles : *noctes Atticæ,* les nuits Attiques [d'Aulu-Gelle] : Gell. *pr.* 4 **c)** nuit de débauche : Cic. *Att.* 1, 15, 6 **d)** nuit éternelle : Hor. *O.* 1, 28, 15 ; Virg. *En.* 10, 746 ‖ nuit des enfers : Sil. 13, 708 **e)** nuit de la cécité : Ov. *M.* 7, 2; Sen. d. Quint. 9, 2, 43 **f)** obscurité, ténèbres : Sen. *Ep.* 82, 16; Lucr. 4, 172;

Virg. *En.* 3, 194 ‖ ombre d'un arbre : Val.-Flac. 1, 774 ¶ **3** situation sombre, troublée : *doleo me in hanc rei publicae noctem incidisse* Cic. *Brut.* 330, je m'afflige d'être tombé dans ces ténèbres politiques, cf. Cic. *Amer.* 91 ¶ **4** [employé adv[t] comme *noctu*] cf. Gell. 8, 1 tit. ; L. XII Tab. d. Macr. 1, 4, 19; Enn. *An.* 431; Lucil. 127.

▶ *noctu* abl. f. arch. : *hac noctu* Enn. *An.* 152 ; Pl. *Amp.* 272; *noctu hac* Pl. *Mil.* 381, "cette nuit-ci", cf. Enn. *An.* 164; Macr. *Sat.* 1, 4, 18.

noxa, *ae*, f. (*noceo*) ¶ **1** tort, préjudice, dommage : *noxae esse alicui* Sall. *Phil.* 1, causer du dommage à qqn ; *sine ullius noxa urbis* Liv. 36, 21, 3, sans causer de dommage à aucune ville, cf. Plin. 2, 158 ‖ maladie : Col. 12, 3, 7 ¶ **2** tout ce qui fait du tort, délit, faute, crime : *in noxa esse* Ter. *Phorm.* 266; Liv. 32, 26, 16, être en faute; *noxam merere* Liv. 8, 28, 8, commettre une faute; ▶ *nocere*; *noxae damnatus* Liv. 8, 35, 5, condamné pour un crime ; *ex noxa comprehendi* *Cæs. G. 6, 16, 5, être pris en faute ‖ [chrét.] péché : Prud. *Cath.* 2, 104 ¶ **3** réparation, châtiment [par l'abandon à la victime de l'esclave ou du fils de famille coupable du délit] : *alicui noxae dedi* Liv. 26, 29, 4, être livré à la victime en guise de réparation; *in noxam dedere* Dig. 9, 1, 1, 11, faire abandon noxal [abandon au lieu de réparation] ; *noxae deditio* Dig. 9, 4, 5 pr., abandon noxal ; *noxae accipere* Dig. 7, 1, 17, 2, recevoir en réparation; *noxa solutum esse* Dig. 50, 16, 174, ne pas être soumis à réparation ¶ **4** l'auteur du délit : Inst. Just. 4, 8, 1.

noxālis, e (*noxa*), qui concerne le délit commis par un incapable [esclave, fils de famille, animal] : *noxalis actio, noxale judicium* Dig. 9, 4 tit. ; 9, 1, 1, 14, action noxale [accordée à la victime] contre le père, maître ou propriétaire [obligé ou de réparer ou d'abandonner l'auteur du délit] ‖ funeste, fatal [à propos de la faute d'Adam] : Cypr.-Gall. *Gen.* 68 ‖ **noxāle**, n, action en dommages-intérêts : Dig. 9, 4, 21.

noxĭa, *ae*, f. (*noxius*) ¶ **1** tort, préjudice, dommage : *noxiam nocere* L. XII Tab. 12, 2 a, causer un dommage, cf. Fest. 180, 25; *noxiae esse (alicui)* Liv. 8, 18, 4, causer du tort (à qqn), cf. 41, 23, 14; Plin. 21, 108 ¶ **2** faute, délit : *noxiae poena par esto* Cic. *Leg.* 3, 11, que la punition soit proportionnée à la faute, cf. Cic. *Amer.* 62; Pl. *Bac.* 1004; *manufesto teneo* [te] *in noxia* Pl. *Merc.* 729, je te prends en flagrant délit, cf. Liv. 7, 4, 5; 33, 20, 7; *res noxiae est alicui* Liv. 10, 19, 2, la culpabilité d'une chose est imputable à qqn ; *noxiam merere,* ▶ *noxam merere,* ▶ *noxa* ¶ 2, cf. *merita noxia,* ▶ *mereo* ¶ 4.

noxĭālis, e (*noxia*), du péché : Prud. *Cath.* 9, 18 ‖ des condamnés : Prud. *Perist.* 10, 1107.

noxĭē, adv. (*noxius*), d'une manière nuisible : Sulp. Sev. *Dial.* 2, 9, 1.

noxĭĕtās, *ātis*, f. (*noxius*), faute, culpabilité : Tert. *Apol.* 2, 1.

noxim, etc., ▶ *noceo* ▶.

noxĭōsus, *a, um* (*noxia*), nuisible, préjudiciable : Sen. *Ben.* 7, 10, 2 ; *-sissimus* Sen. *Clem.* 1, 26, 3 ‖ coupable, vicieux : Sen. *Ep.* 70, 27 ; Petr. 130, 7.

noxĭtūdo, *ĭnis*, f. (*noxa*), faute, crime : Acc. *Tr.* 162.

noxĭus, *a, um* (*noceo*) ¶ **1** qui nuit, nuisible : Cic. *Leg.* 3, 6 ; Plin. 9, 155 ; *crimina noxia* Virg. *En.* 7, 326, imputations (calomnies) qui blessent (funestes) ¶ **2** coupable, criminel : Sall. *J.* 42, 1 ; Liv. 39, 41, 7 ‖ [avec abl.] *eodem crimine* Liv. 7, 20, 9, coupable du même crime ‖ [avec gén.] *conjurationis* Tac. *An.* 5, 11, coupable de conspiration; *noxior* *Sen. *Clem.* 1, 13, 2 ‖ *noxii, ōrum,* m. pl., les coupables, les criminels : Suet. *Cal.* 27 ; Ner. 12.

Nŭbae, *ārum,* m. pl., Nubiens [peuple d'Éthiopie] : Sil. 3, 269; 7, 664.

Nubaei (**Nubēi**), *ōrum,* m. pl., ▶ *Nubae* : Plin. 6, 142.

nūbēcŭla, *ae,* f. (dim. de *nubes*), petit nuage : Plin. 18, 356 ‖ point obscur : Plin. 28, 68; 29, 123 ‖ expression sombre, triste [du visage] : Cic. *Pis.* 20.

nūbēs, *is,* f. (*nubo,* cf. gall. *nudd* ; fr. *nue*), nuage, nue, nuée : Cic. *Nat.* 2, 101 ; *Ac.* 2, 70; *se in nubem indui* Cic. *Div.* 2, 44, se former en nuage, se condenser ; *nubium conflictus* Cic. *Div.* 2, 44, entrechoquement de nuages ‖ nuée, essaim, multitude : [de sauterelles] Liv. 42, 10, 7 ; [de soldats] Liv. 25, 49, 5 ; [d'oiseaux] Virg. *En.* 12, 254 ; [de traits] Liv. 21, 55, 6; 38, 26, 7 ; nuage, tourbillon [de poussière] : Curt. 4, 15, 32; Virg. *En.* 9, 33 ‖ expression sombre [du visage]; nuage, voile : Hor. *Ep.* 1, 18, 94 ; Sil. 8, 612 ‖ condition obscure, triste : Ov. *Tr.* 5, 5, 22 ; Stat. *S.* 1, 3, 109 ‖ [fig.] voile, obscurité, nuit : *obicere nubem rei* Hor. *Ep.* 1, 16, 62, jeter un voile sur qqch., cacher ‖ nuages [en parl. de la situation politique] : Cic. *Dom.* 24 ‖ orage, tempête [de la guerre] : Virg. *En.* 10, 809; Just. 29, 3.

▶ *nubis, is,* f., Pl. *Merc.* 879 ‖ abl. *nubi,* Lucr. 6, 145 ‖ arch. *nubs* Andr. d. Serv. *En.* 10, 636; Aus. *Techn.* 9 (345), 4.

nūbĭcŭla, *ae,* f., ▶ *nubecula* : Tert. *Nat.* 1, 5, 3 ; Gloss. 2, 375, 67.

nūbĭfer, *ĕra, ĕrum* (*nubes, fero*), qui amène les nuages, orageux : Ov. *M.* 2, 226; Val.-Flac. 599 ; Luc. 5, 415 ; Sil. 10, 323.

nūbĭfŭgus, *a, um* (*nubes, fugo*), qui chasse les nuages : Col. 10, 288.

nūbĭgĕna, *ae,* m. f. (*nubes, geno*), engendré des nuages : Stat. *Th.* 1, 365; *nubigenae clipei* Stat. *S.* 5, 2, 131, boucliers tombés du ciel ‖ m. pl., les Centaures [fils des nuées] : Stat. *Th.* 5,

nubigena

263; Ov. M. 12, 211; [Phrixos, fils de Néphélé] Col. 10, 155.

nūbĭgĕnus, *a, um*, qui engendre des nuages : *Mamert. Anim. 1, 7.

nūbĭgĕr, *ĕra, ĕrum* (nubes, gero), qui porte des nuages : Isid. 10, 194.

nūbĭla, ▶ *nubilum*.

nūbĭlāre, *is*, n., ▶ *nubilarium* : CIL 6, 2204.

nūbĭlārĭum, *ii*, n. (nubilum), hangar [où l'on abrite le blé contre la pluie] : Varr. R. 1, 13, 5 ; Col. 1, 6, 24 ; Pall. 1, 36, 2.

nūbĭlis, *e* (nubo), nubile, en âge d'être mariée : Cic. Clu. 11 ; Virg. En. 7, 53 ; Ov. M. 14, 335.

nūbĭlō, *ās, āre*, -, - (nubilum) ¶ **1** impers., être couvert de nuages : [actif] *-at* Varr. R. 1, 13, 5 ; [passif] *-atur* Cat. Agr. 88, 2 ¶ **2** intr., être terne : Plin. 37, 94 ¶ **3** tr., obscurcir : Paul.-Nol. Carm. 10, 37.

nūbĭlōsus, *a, um* (nubilum ; it. *nuvoloso*), couvert de nuages, nuageux : Apul. M. 11, 7.

nūbĭlum, *i*, n. (nubes ; it. *nuvolo, -a*), temps couvert : Plin. Ep. 2, 17, 7 ; Quint. 11, 3, 27 ; [fig.] *oculi tristitia quoddam nubilum ducunt* Quint. 4, 3, 27, dans la tristesse les yeux se couvrent comme d'un nuage ‖ **-la**, *ōrum*, n. pl., nuages, nuées : Plin. Pan. 30, 3 ; Virg. En. 4, 177 ; Ov. M. 1, 328.

nūbĭlus, *a, um* (nubes) ¶ **1** couvert de nuages, nuageux : Plin. 16, 109 ; Tib. 2, 5, 76 ‖ porteur de nuages [en parl. de vents] : Ov. Pont. 2, 1, 26 ; Plin. 2, 127 ‖ sombre, obscur [en parl. du Styx] Ov. F. 3, 322 ‖ de couleur sombre : Plin. 9, 108 ¶ **2** [fig.] troublé, aveuglé [esprit] : Pl. Cis. 210 ; Stat. Th. 3, 230 ‖ triste, mélancolique : Ov. M. 5, 512 ; Plin. 2, 13 ‖ sombre, malheureux : *nubila tempora* Ov. Tr. 1, 1, 40, temps malheureux ‖ sombre, malveillant (*alicui*, à l'égard de qqn) : Ov. Tr. 5, 3, 14.

nūbis, *is*, ▶ *nubes* ▶.

nūbĭvăgus, *a, um* (nubes, vagus), qui parcourt les nues : Sil. 12, 102.

nūbō, *ĭs, ĕre, nupsī, nuptum* (obnubo, cf. 1 nubes), tr., couvrir, voiler : Don. Hec. 656 ; Arn. 3, 31 ¶ **1** intr., se voiler [en parl. de la femme], *alicui*, épouser qqn [litt', prendre le voile (*flammeum*) à l'intention de qqn] : Cic. Div. 1, 104 ; Nat. 3, 59 ; Clu. 14 ; 21 ; Juv. 6, 141 ; *in familiam clarissimam* Cic. Cael. 34, prendre un mari dans une très illustre famille ; *collocare propinquas suas nuptum in alias civitates* Caes. G. 1, 18, 7, donner ses proches en mariage dans d'autres cités ‖ *nupta cum aliquo* Pl. Amp. 99 ; Cic. Fam. 15, 3, 1 ; Top. 20, unie à qqn par le mariage ‖ se marier [en parl. de l'homme] : Tert. Ux. 1, 7, 5 ; [par dérision] *uxori nubere nolo meae* Mart. 8, 12, 2, je ne veux pas être la femme de ma femme ‖ [en parl. des homosexuels] Juv. 2, 134 ‖ [en parl. des plantes] se marier [avec dat.] :

Plin. 14, 10 ¶ **2** tr. et pass. [tard.], épouser, être épousé : Vulg. Matth. 22, 30.

nubs, ▶ *nubes* ▶.

1 nŭcālis, *e* (nux ; esp. port. *nogal*), de la grosseur d'une noix : Cael.-Aur. Acut. 2, 37, 200.

2 nŭcālis, *is*, f., ▶ *caryota* : Isid. 17, 7, 1.

nŭcāmenta, *ōrum*, n. pl. (nux), fruits de certains arbres, qui ont la forme d'une noix, par ex. les pommes de pin : Plin. 16, 49.

Nūcĕria, *ae*, f., ville de Campanie [Nocera] Atlas XII, E4 : Cic. Agr. 2, 86 ; Liv. 9, 41, 3 ‖ **-rīnus**, *a, um*, de Nucérie [en Campanie] : Liv. 9, 38 ‖ **-rīni**, *ōrum*, m. pl., les habitants de Nucérie : [en Campanie] Liv. 27, 3, 6 ; [en Ombrie] Plin. 3, 113.

nŭcētum, *i*, n. (nux ; it. *noceto*), lieu planté de noyers : Stat. S. 1, 6, 12 ; Tert. Val. 20, 3.

nŭcĕus, *a, um* (nux), qui est en bois de noyer : Cat. Agr. 31 ; Plin. 16, 193.

Nuchul, f., fontaine d'Éthiopie : *Mel. 3, 96.

nŭcicla, *ae*, f. (nux), amande : Isid. 17, 7, 23.

nŭcĭfer, *ĕra, ĕrum* (nux, fero), qui porte des noix : Schol. Bern. B. 1, 14.

nŭcĭfrangĭbŭlum, *i*, n. (nux, frango), casse-noix : Pl. Bac. 598.

nŭcĭnus, *a, um* (nux), de bois de noyer : Schol. Juv. 11, 117.

nŭcĭprŭnum, *i*, n. (nux, prunum), prune greffée sur un noyer : Plin. 15, 41.

nŭcis, gén. de *nux*.

nuclĕa, *ae*, f., noisette : Ambr. Hex. 3, 14, 58.

nŭclĕŏlus, *i*, m. (dim. de *nucleus*), petit noyau : Plin.-Val. 1, 48.

nŭclĕus, *i*, m. (nux ; it. *nocciolo*) ¶ **1** amande de la noix et de fruits à coquille : [prov.] *qui e nuce nucleum esse volt, nucem frangit* Pl. Curc. 55, celui qui veut manger l'amande de la noix casse la noix ‖ [fig.] *nucleum amisi* Pl. Cap. 655, j'ai laissé échapper l'amande, le meilleur ¶ **2** noyau, pépin : Plin. 37, 188 ‖ partie intérieure d'une chose : Plin. 24, 10 ; 12, 70 ; *conchae* Plin. 9, 111, perle ‖ [fig.] la partie la plus dure d'un corps : Plin. 17, 42 ; 34, 144 ‖ forme [dernière couche de préparation du sol reposant sur le béton, faite d'un mortier de tuileau] : Vitr. 7, 1, 3 ; Plin. 36, 187.

▶ d. Pl. Curc. 55 les mss donnent *nuculeum* ou *nucleum* ; d. Cap. 655 *nuculeum* Non. 157, 33 ; *nucleum* Don. Ad. 796.

Nucrae, *arum*, f. pl., ville du Samnium : Sil. 8, 566.

1 nŭcŭla, *ae*, f. (dim. de *nux*), petite noix : Plin. 15, 87 ; P. Fest. 177, 5.

2 Nŭcŭla, *ae*, m., surnom romain : Cic. Phil. 6, 14 ; 8, 26 ; 11, 13.

nŭcŭlĕus, ▶ *nucleus* ▶.

nŭcuncŭlus, *i*, m. (dim. de *nux*), petit noyau : Not. Tir. 109.

nūdātĭo, *ōnis*, f. (nudo), action de mettre à nu : Plin. 28, 69 ; Hier. Ep. 22, 8.

nūdātŏr, *ōris*, m. (nudo), celui qui met à nu, qui dépouille : Fulg. Serm. 2.

nūdātus, *a, um*, part. de *nudo*.

nūdē, adv. (nudus), simplement, en termes simples : Lact. Inst. 3, 1, 11.

nūdĭpĕdālĭa, *ĭum*, n. pl. (nudus, pes), procession que l'on faisait pieds nus : Tert. Jejun. 16, 5 ; Sil. 3, 28 ‖ marche pieds nus : Hier. Gal. 1, 2, 11.

nūdĭpēs, *ĕdis*, m. (nudus, pes), qui a les pieds nus : Tert. Pall. 5, 2.

nūdĭtās, *ātis*, f. (nudus), état de nudité : Lact. Inst. 2, 12, 18 ; Sulp. Sev. Mart. 3, 2 ‖ nudité, absence d'ornement [style] : Cod. Th. 9, 42, 13 ‖ dénuement : Aug. Beat. 4, 29.

nūdĭus (nunc, dius), c'est maintenant le jour : *nudius tertius* Cic. Att. 14, 11, 1, c'est aujourd'hui le 3e jour = il y a deux jours, avant-hier ; *nudius quintus* Pl. Truc. 509, voilà le 5e jour = il y a quatre jours ; *recordamini qui dies nudius tertius decimus fuerit* Cic. Phil. 5, 2, rappelez-vous la journée d'il y a douze jours.

nūdĭustertĭānus (**nūdĭus tertĭānus**), *a, um*, qui date de trois jours : Ambr. Abr. 2, 10, 73 ; Aug. Serm. 9, 5.

nūdĭustertĭus, ▶ *nudius*.

nūdō, *ās, āre, āvī, ātum* (nudus), tr. ¶ **1** mettre à nu, déshabiller : *aliquem* Cic. Verr. 5, 161, qqn ; *se nudare* Cic. Mil. 66, se mettre à nu ‖ [d'où en gén.] débarrasser de ce qui recouvre **a)** *gladium* Liv. 28, 33, 5, dégainer l'épée ; *murum defensoribus* Caes. G. 2, 6, 2, dégarnir un rempart de ses défenseurs **b)** laisser sans défense, dégarni de troupes : *ne castra nudentur* Caes. G. 7, 70, 7, pour ne pas laisser le camp sans défense, cf. Caes. C. 3, 15, 5 ; Liv. 1, 27, 7 ¶ **2** dépouiller, piller : *fanum ornamentis* Cic. Verr. 5, 184, dépouiller un temple de ses ornements ; *agros* Liv. 44, 27, 4, mettre à sac la campagne ; *nudata provincia* Cic. Verr. 4, 143, la province mise à nu ¶ **3** dépouiller, priver : *aliquem praesidio* Cic. Dom. 2, priver qqn d'appui [surtout au part.]. **nudatus**, *a, um*, dépouillé de, privé de, dépourvu de : *vis ingenii, etiam si hac scientia juris nudata sit...* Cic. de Or. 1, 172, le talent naturel, même sans cette connaissance du droit... ¶ **4** mettre à nu, dévoiler : *defectionem nudabant* Liv. 35, 32, 2, ils laissaient voir leur défection ; *non nudare, quid vellent* Liv. 24, 27, 4, ils ne dévoilaient pas leurs plans, cf. Liv. 40, 24, 2 ; 42, 63, 1 ; Hor. S. 2, 5, 47 ; 2, 8, 74.

nūdŭlus, *a, um* (dim. de *nudus*), Hadr. d. Spart. Hadr. 25, 9.

nūdus, *a, um* (*nog[w]edho-s*, cf. al. *nackt*, an. *naked*, bret. *noazh*, hit. *nekumant-*, scr. *nagna-s* ; fr. *nu*), nu [pr. et fig.]. ¶ **1** *vinctus nudus* Cic. Verr. 4, 87, enchaîné le corps nu ; *pedibus nudis* Sall. J.

94, 1, avec les pieds nus ; [poét.] **nudus membra** Virg. En. 8, 425, ayant les membres nus ‖ vêtu légèrement, en tunique : Virg. G. 1, 299 ; Liv. 3, 26, 9 ¶ **2** mis à découvert, découvert : **nudus ensis** Virg. En. 12, 306, épée nue ; **corpus nudum** Sall. J. 107, 1, la partie du corps qui ne protège pas le bouclier, le dos ; **nuda subsellia** Cic. Cat. 1, 16, bancs vides ; **lapis nudus** Virg. B. 1, 48, pierre nue ‖ laissé comme nu, abandonné, sans secours : Cic. Verr. 4, 148 ‖ nu, sans ressources, misérable : Cic. Flac. 51 ; Ov. H. 9, 154 ; Juv. 5, 163 ; 7, 35 ¶ **3** vide de, privé de : **urbs nuda praesidio** Cic. Att. 7, 13, 1, la ville sans défense, cf. Liv. 29, 4, 7 ‖ *res publica nuda a magistratibus* Cic. Dom. 58, l'État privé de magistrats, cf. Cic. Quir. 16 ; Verr. 4, 3 ‖ **loca nuda gignentium** Sall. J. 79, 6, lieux sans végétation ; **nudus arboris Othrys** Ov. M. 12, 512, l'Othrys sans arbres ¶ **4** nu, sans ornement de style : Cic. Brut. 262 ; de Or. 1, 218 ; 2, 341 ‖ mots crus : Plin. Ep. 4, 14, 4 ¶ **5** pur et simple : **nuda ista si ponas** Cic. Par. 24, si tu poses cette question toute nue (comme cela, tout uniment), cf. Cic. Tusc. 5, 14 ; Plin. Ep. 5, 8, 4.

nūgācissŭmē, adv., par pure plaisanterie : *Pl. Trin. 819.

nūgācĭtas, ātis, f. (*nugax*), frivolité : Aug. Ep. 227 ; Serm. 9, 5.

nūgae, ārum, f. pl. (obscur), bagatelles, riens, sornettes, balivernes : Cic. Div. 2, 30 ; **nugas !** Pl. Pers. 718, bagatelles ! chansons ! ‖ vers légers : Catul. 1, 4 ; Mart. 9, 1, 5 ‖ un étourdi, homme sans consistance, farceur : Cic. Q. 1, 2, 2 ; Att. 6, 3, 5 ; **in comitatu nugarum nihil** Cic. Mil. 55, dans son escorte rien de frivole.

nūgālis, e (a. fr. *noal*), nugatorius : Gell. 1, 2, 6.

nūgālĭtās, tis, f., nugacitas : Gloss. 2, 135, 8.

nūgāmenta, ōrum, n. pl. (*nugor*), babioles, riens : Apul. M. 1, 25.

nūgās, m. f. n., indécl. (acc. de *nugae*), nugax : Varr. Men. 513, cf. Char. 27, 5 ; 35, 21 ; Diom. 308, 18 ; Prisc. 2, 155, 23 ; 239, 3.

nūgātŏr, ōris, m. (*nugor*), diseur de baliverneries, radoteur, niais : Pl. Cap. 275 ; Cic. CM 27 ; Gell. 15, 2, 2 ‖ débauché : Prud. Cath. 2, 32.

nūgātōrĭē, adv., d'une manière frivole : Her. 4, 48.

nūgātōrĭus, a, um (*nugator*), futile, vain, léger, sans valeur : Varr. L. 7, 64 ; Cic. Caecin. 64 ‖ puéril [en parl. d'un exorde] : Cic. de Or. 2, 315 ‖ homme futile : Sen. Ep. 36, 2.

nūgātrix, īcis, f., femme débauchée, impudique : Prud. Psych. 433.

nūgax, ācis (*nugor*), plaisantin, farceur : Cael. Fam. 8, 15, 1 ; Petr. 52, 4.

nūgĭgĕrŭlus, i, m. (*nugae*, *gero*), colporteur de colifichets : Pl. Aul. 525 ; Isid. 10, 192.

nūgĭpărus, i, m. (*nugae*, *pario*), bavard, diseur de baliverneries : Gloss. 5, 605, 52.

nūgĭpŏlўlŏquĭdēs, m. (*nugae*, πολύς, *loquor*), grand hâbleur, grand diseur de baliverneries : Pl. Pers. 703.

nūgĭvendus, i, m. (*nugae*, *vendo*), marchand de colifichets : Pl. Aul. 525, [d'après Non. 144, 29].

nūgo, ōnis, m., nugator : Apul. M. 5, 29.

nūgŏr, āris, ārī, ātus sum (*nugae*), intr., dire des baliverneries, plaisanter : Cic. Div. 2, 30 ; Hor. S. 2, 1, 73 ‖ s'amuser à des bagatelles : Hor. Ep. 2, 1, 93 ‖ conter des bourdes, se jouer de (*alicui*) : Pl. Trin. 900.

nūgŭlae, ārum, f. pl., dim. de *nugae*, petites niaiseries : *Capel. 1, 2.

nūgus, a, um (*nugor*), futile, vain, frivole : Schol. Juv. 4, 150.

Nuithŏnes, um, m. pl., peuple de Germanie : Tac. G. 40.

nullae, gén. et dat. f., *nullus* ▶.

nullātĕnus, adv., nullement, en aucune manière : Aug. Conf. 7, 6, 3 ; Cod. Just. 8, 10, 12.

nullātĭo, ōnis, f., destruction, anéantissement : Gloss. 5, 34, 7.

nulli, gén., *nullus* ▶.

nullĭbi, adv., nulle part : Jul.-Val. 1, 8.

nullĭfĭcāmĕn, ĭnis, n., **-cātio**, ōnis, f., mépris : Tert. Marc. 3, 7, 2 ; 4, 21, 12.

nullĭfĭco, ās, āre, -, - (*nullus*, *facio*), tr., annihiler, anéantir : Hier. Ep. 135 ; Tert. Jejun. 15, 3.

nullīus, gén. de *nullus*.

nullo, *nulla re*, *nullus*.

nullus, a, um (2 *nĕ*, *ullus* ; fr. *nul*), aucun, nul, ¶ **1** **elephanto beluarum nulla prudentior** Cic. Nat. 1, 97, il n'y a pas de bête plus intelligente que l'éléphant ; **totius injustitiae nulla capitalior quam...** Cic. Off. 1, 41, dans tout l'ensemble des injustices il n'y en a pas de plus criminelle que... ; **nullum meum minimum dictum** Cic. Fam. 1, 9, 21, pas la moindre de mes paroles ; **nullo pacto** Cic. Mur. 28, en aucune manière ; **nullo certo ordine** Caes. G. 2, 11, 1, sans ordre défini ; **nullus alter** Pl. Bac. 256, pas un autre, pas un second ; **nulla re una magis orator commendatur quam** Cic. Brut. 216, aucune qualité, à elle seule, ne fait plus valoir l'orateur que... ; **nulla altera Roma** Cic. Agr. 1, 24, pas une seconde Rome ‖ [au pl., suiv. le contexte] : **intellegetis nullis hominibus quemquam tanto odio quanto istum Syracusanis fuisse** Cic. Verr. 2, 15, vous comprendrez qu'il n'y a personne qui ait eu pour quelqu'un autant de haine que les Syracusains pour Verrès ; **nulli impetus** Cic. Sen. 20, aucune des attaques [qui se produisent couramment contre les h. politiques] ; **nulli parietes nostram salutem, nullae leges, nulla jura custodient** Cic. Dej. 30, rien, ni nos murailles, ni nos lois, ni nos droits ne nous protégeront ; **sic viguit Pythagoreorum nomen, ut nulli alii docti viderentur** Cic. Tusc. 1, 38, le nom des Pythagoriciens fut si florissant qu'aucune autre école ne passait pour savante ; **oblitus est (eos) nullos a plebe designari** Cic. Agr. 2, 26, il a oublié que pas un (d'eux) n'est désigné par la plèbe ; **nondum ullos duces habebamus, non copias** Cic. Phil. 5, 42, nous n'avions encore aucun de nos chefs militaires, nous n'avions pas de troupes ; **nulli duo** Plin. 3, 16, pas deux, cf. Plin. 7, 8 ‖ pl. pris subst[t] : Cic. Planc. 53 ; Pis. 94 ; Att. 14, 14, 2 ; Fin. 1, 5 ; Tusc. 1, 94 ‖ sq., **nullus = nemo** : Pl. Bac. 256 ; Cic. Lae. 30 ; Sall. J. 96, 2 ; Caes. G. 2, 6 ; 2, 35 ; 7, 20 ‖ **nullum = non** Pl. Cas. 795 ; = *nihil* Ter. Eun. 41 ; **nullius = nullius rei** Hor. P. 324 ; **nullo = nulla re** Sen. Ben. 2, 25, 1 ; Tac. An. 3, 15 ; Quint. 2, 16, 12 ¶ **2** **= non** : **ut, si nulla sit divinatio, nulli sint dii** Cic. Div. 2, 41, en sorte que, s'il n'y a pas de divination, il n'y a pas de dieux ; **homines eruditi, qui adhuc nostri nulli fuerunt** Cic. de Or. 3, 95, des savants, qui jusqu'ici n'ont pas existé chez nous ; **ut reliqua non illa quidem nulla, sed ita parva sint, ut nulla esse videantur** Cic. Fin. 5, 72, en sorte que le reste, je ne dis pas n'existe pas, mais est si petit qu'il semble ne pas exister, cf. Cic. Ac. 2, 47 ; Off. 1, 132 ¶ **3** non existant : **de mortuis loquor, qui nulli sunt** Cic. Tusc. 1, 87, je parle des morts, qui n'existent pas, cf. Cic. Tusc. 1, 11 ; 1, 91 ‖ [chez les com.] **nullus sum**, je suis perdu, c'est fait de moi, cf. Liv. 6, 18, 8 ¶ **4** sans valeur, sans importance : **nullum vero id quidem argumentum est** Cic. Tusc. 2, 13, non, cet argument n'a pas de valeur, cf. Cic. Leg. 2, 14 ; de Or. 2, 20. ▶ gén. *nulli*, Ter. And. 608 ; Cat. d. Prisc. 2, 227, 13 ; Cic. Com. 48 ‖ dat. m. *nullo*, Her. 2, 16 ; *Caes. G. 6, 13, 1 ; C. 2, 7, 1 ‖ dat. f. *nullae*, Coel.-Antip. d. Prisc. 2, 198, 4 ; *Sen. Brev. 1, 3 ms. A ; Prop. 1, 20, 35.

nullusdŭm, **nulladum**, **nullumdum**, encore aucun, pas encore un : Liv. 5, 34, 6 ; 29, 11, 1.

Nulus, i, m., montagne de l'Inde : Plin. 7, 22.

num, adv. (*etiamnum*, *nunc*, cf. aussi *nam* et *tum*), sert à interroger, est-ce que par hasard ?

I [int. dir., de forme, équivalant à une nég.] ¶ **1** **num tot ducum naufragium sustulit artem gubernandi ? aut num... ?** Cic. Div. 1, 24, est-ce que les naufrages de tant de chefs ont supprimé l'art de la navigation ? ou encore est-ce que... ? ‖ [au lieu de *num* répété, on trouve *an*] ou bien est-ce que plutôt, cf. Cic. CM 23 ; Tusc. 1, 112 ¶ **2** **num quis, num qui, num quae, etc.**, est-ce que qqn, est-ce que qq., est-ce que qqune, cf. Cic. Dej. 20 ; **num quando** Cic. Phil. 5, 29, est-ce que parfois, est-ce que

num

jamais? ‖ **num quid vis?**, veux-tu encore qqch. ?: Pl. *Amp.* 344; Hor. *S.* 1, 9, 6 [formule pour prendre congé, "tu n'as plus rien à me dire?", cf. Ter. *Eun.* 341; Cic. *Att.* 5, 2, 2; 6, 3, 6]; ou encore **num quid me vis?** Pl. *Cis.* 119; *Mil.* 575 ou **numquid me?** Pl. *Poen.* 801 ‖ **numquisnam**, est-ce que vraiment qqn?: Cic. *Amer.* 107; *Phil.* 6, 12 ‖ v.➤ **numquid** et **numquidnam** ¶ **3 num nam?** est-ce que vraiment? est-ce que donc?, cf. Pl. *Amp.* 321; 1073; *Aul.* 389; Ter. *Eun.* 286 ¶ **4 numne**, est-ce que par hasard: Cic. *Nat.* 1, 88; *Lae.* 36. **II** [interr. indir., avec le subj.] **quaero, num**... Cic. *Fat.* 6, je demande si...; **videte, num**... Cic. *Pomp.* 19, voyez si...; **quaestio est, num; rogare, num**, la question est de savoir si, demander si: Cic. *Lae.* 67; *Q.* 2, 2, 1.

Nŭma, *ae*, m., Numa Pompilius [deuxième roi de Rome]: Liv. 1, 18; Cic. *Rep.* 2, 25; Ov. *F.* 2, 69.

Nŭmāna, *ae*, f., ville du Picénum: Sil. 8, 433; Mel. 2, 65; Plin. 3, 111 ‖ **-nās**, *ātis*, m., f., n., de Numana: CIL 9, 5831.

Nŭmantĭa, *ae*, f., Numance [ville de Tarraconaise] Atlas I, C2; IV, B3; V, F1: Cic. *Off.* 1, 35; Liv. *Ep.* 47 ‖ **-tīnus**, *a*, *um*, de Numance: Cic. *Rep.* 3, 28; *Fin.* 2, 54 ‖ **-tīni**, *ōrum*, m. pl., les habitants de Numance: Juv. 8, 11; Liv. *Ep.* 59.

Nŭmānus, *i*, m., nom de guerrier: Virg. *En.* 9, 592.

nūmārius, v.➤ **numma-**.

numcŭbi, adv. (*num, ubi,* cf. *necubi*), est-ce que quelque part?: Varr. *R.* 3, 2, 4; [fig.] Ter. *Eun.* 163; Varr. *R.* 2, 5, 2.

nŭmella, *ae*, f. (obscur), numelle, sorte de carcan: Pl. *As.* 550 ‖ licou en cuir: Col. 6, 19, 2.

nŭmellātus, *a*, *um*, attaché avec un licou: Gloss. 5, 34, 2.

nūměn, *ĭnis*, n. (*nuo*; cf. νεῦμα), mouvement de la tête manifestant la volonté ¶ **1** volonté, injonction: **mentis** Lucr. 3, 144, la volonté de l'esprit, cf. Cic. *Quir.* 18; *Phil.* 3, 32 ‖ [surtout en parl. des dieux] volonté divine, puissance agissante de la divinité: Cic. *Div.* 1, 120; *Verr.* 4, 107 ¶ **2** la divinité, la majesté divine: **numina sancta Palladis precari** Virg. *En.* 3, 543, invoquer l'auguste divinité de Pallas ‖ [sens concret] divinité, dieu, déesse: **magna numina precari** Virg. *En.* 3, 634, invoquer les grandes divinités; **simulacra numinum** Tac. *An.* 1, 10, les statues des divinités ‖ **per illos manes, numina mei doloris** Quint. 6, pr., 10, au nom de ces mânes, divinités qu'honore ma douleur ¶ **3** [fig.] **numen historiae** Plin. *Ep.* 9, 27, 1, la puissance divine de l'histoire.

nŭmĕrābĭlis, *e* (*numero*), qu'on peut compter: Ov. *M.* 5, 588 ‖ peu nombreux: Hor. *P.* 206.

nŭmĕrālis, *e* (*numerus*), numéral [gram.]: Prisc. 2, 59, 24.

Nŭmĕrāria, *ae*, f. (*numerarius*), l'arithmétique personnifiée: Capel. 7, 802.

nŭmĕrārĭus, *ii*, m. (*numerus*), calculateur: Cod. Just. 12, 50; Aug. *Psalm.* 146, 11 ‖ officier comptable: Cod. Th. 8, 1; Amm. 19, 9, 2.

nŭmĕrātĭo, *ōnis*, f. (*numero*), action de compter [de l'argent]: Sen. *Ep.* 26, 8; Col. 1, 8, 13.

nŭmĕrātŏr, *ōris*, m., celui qui compte: Aug. *Conf.* 5, 4, 7.

nŭmĕrātum, *i*, n. (*numeratus*), numéraire, argent comptant: Cic. *Fam.* 5, 20, 9; **numerato** Cic. *Att.* 12, 26, 1; **in numerato** Plin. 33, 135, en argent comptant ‖ [fig.] **in numerato habere** Sen. *Contr.* 2, 5 (13), 20; Quint. 6, 3, 111, avoir tout prêt.

nŭmĕrātus, *a*, *um*, part. de *numero*, v.➤ **numero** ¶ 2.

Nŭmĕria, *ae*, f., déesse qui présidait aux nombres: Aug. *Civ.* 4, 11 ‖ déesse invoquée pour un prompt accouchement: Varr. d. Non. 352, 31.

Nŭmĕrĭānus, *i*, m., de Numérius: Cic. *Att.* 7, 2, 7.

1 nŭmĕrius, *a*, *um* (*numerus*), numérique: Jul.-Val. 3, 28.

2 Nŭmĕrius, *ii*, m., prénom romain: Cic. *Att.* 2, 22, 7; Liv. 41, 28; Fest. 174, 28; v.➤ **Negidius**.

1 nŭmĕrō, adv. (*numerus*) ¶ **1** vite, promptement: Naev. *Tr.* 61; Caecil. *Com.* 2; Varr. *R.* 3, 16, 7, cf. Fest. 172, 16; Non. 352, 16 ¶ **2** trop vite, trop tôt: Pl. *Mil.* 1400; *Men.* 287.

2 nŭmĕrō, *ās, āre, āvī, ātum* (*numerus*; fr. *nombrer*), tr. ¶ **1** compter, dénombrer: **Cn. Pompei bella, victorias, triumphos** Cic. *Dej.* 12, compter les guerres, les victoires, les triomphes de Cn. Pompée; **improbos a se primum numerare possunt** Cic. *Phil.* 7, 3, ils peuvent compter les fripouilles en partant d'abord d'eux-mêmes; **ea, si ex reis numeres, ... si ex rebus**... Cic. *de Or.* 2, 137, les causes de ce genre, si on les compte d'après les personnes accusées..., d'après les objets...; **pecus** Virg. *B.* 3, 34, compter le troupeau; **consule, numera (senatum)** Cic. *Att.* 5, 4, 2, consulte, fais le compte [invitation adressée au consul, quand un sénateur voulait empêcher une résolution, en pensant qu'il n'y aurait pas le nombre voulu de votants], cf. Cael. *Fam.* 8, 11, 2 ‖ [fig.] **numerare, quibus bonis male evenerit** Cic. *Nat.* 3, 81, compter les gens de bien qui n'ont pas eu de bonheur ¶ **2** compter, payer: **stipendium militibus** Cic. *Pis.* 88, payer la solde aux soldats, cf. Cic. *Att.* 16, 16 a, 5; Nep. *Epam.* 3, 6; **a quaestore, a mensa publica** Cic. *Flac.* 44, payer de la main du questeur, sur le trésor public ‖ **numeratus**, *a*, *um*, comptant, payé en numéraire, en espèces, effectivement versé: **pecunia numerata** Cic. *Verr* 5, 17, argent comptant; **dos numerata** Cic. *Caecin.* 11, dot en numéraire; v.➤ **numeratum** ‖ **exceptio (querela) non numeratae pecuniae** Cod. Just. 4, 30, 3-4, soulever l'exception (agir par l'action) d'argent non versé ¶ **3** compter = avoir: **multos numerabis amicos** Ov. *Tr.* 1, 9, 5, tu compteras beaucoup d'amis; **veterani tricena stipendia numerantes** Tac. *An.* 1, 35, vétérans comptant chacun trente ans de service ¶ **4** compter, mettre au nombre de: **in mediocribus oratoribus numerari** Cic. *Brut.* 166, être compté au nombre des orateurs secondaires; **divitias in bonis non numerare** Cic. *Tusc.* 5, 46, ne pas mettre les richesses parmi les biens, cf. Cic. *Tusc.* 5, 30; 2, 37; *Par.* 8; **inter viros optimos numerari** Cic. *Font.* 38, être compté parmi les meilleurs citoyens; **aliquem inter decemviros** Liv. 3, 53, 3, compter qqn parmi les décemvirs, cf. Liv. 22, 49, 16; Tac. *An.* 12, 64 ‖ **Platonem ex vetere Academia** Cic. *Ac.* 1, 46, regarder Platon comme faisant partie de l'ancienne Académie; **singulas stellas deos** Cic. *Nat.* 3, 40, regarder chaque constellation comme une divinité, cf. Cic. *Mur.* 49; *Phil.* 13, 7; **me uterque numerat suum** Cic. *Att.* 7, 1, 3, tous deux me comptent dans leur parti; **qui principes numerabantur** Cic. *Brut.* 305, ceux qui étaient mis au premier rang; **is alter Timarchides numerabatur** Cic. *Verr.* 2, 169, on le regardait comme un second Timarchide; **numerare aliquid in beneficii loco** Cic. *Fam.* 2, 6, 1; **in beneficii parte** Cic. *Phil.* 11, 3, regarder qqch. comme un bienfait; **voluptatem nullo loco** Cic. *Fin.* 2, 90, tenir pour rien le plaisir.

nŭmĕrōsē, adv. (*numerosus*) ¶ **1** en grand nombre: **-ius** Col. 4, 21, 2; Plin. 33, 61; **-issime** Quint. 10, 5, 9 ¶ **2** en cadence: Cic. *Nat.* 2, 22; Gell. 7, 3, 53 ‖ avec nombre, harmonieusement, de façon rythmée: **cadere** Cic. *Brut.* 34, se terminer à la façon d'un tout rythmique [par une clausule métrique], avoir une cadence métrique en clausule, cf. Cic. *Or.* 199; 220.

nŭmĕrōsĭtās, *ātis*, f. (*numerosus*), grand nombre, foule, multitude: Macr. *Sat.* 5, 20, 13; Cod. Th. 12, 5, 3 ‖ rythme, harmonie: Aug. *Doctr.* 4, 20, 41; 4, 26, 56.

nŭmĕrōsĭtĕr, adv., en mesure, en cadence: *Arn. 2, 42.

nŭmĕrōsus, *a*, *um* (*numerus*) ¶ **1** nombreux, en grand nombre, multiple, varié: Plin. 11, 233; **numerosa tabula** Plin. 35, 138, tableau à nombreux personnages; **pictor** Plin. 35, 130, peintre fécond; **-sior** Plin. *Ep.* 10, 48, 4; **-issimus** Plin. 7, 101 ¶ **2** [fig.] cadencé, rythmé, nombreux: **numerosa oratio** Cic. *Or.* 166, prose rythmée, cf. *de Or.* 3, 185.

nŭmĕrus, *i*, m. (peu clair, cf. *nummus*, νέμω, νόμισμα; fr. *nombre*)

¶ **1** "nombre", **in hostium numero, ex illo numero, in numerum relinquere**, "nombre fixé" ¶ **2** "grande quantité",

nummus

[au pl.] "corps de troupes, détachements", "la foule, le vulgaire" ¶3 [gram.] "nombre" ¶4 pl. *numeri* "mathématiques" ¶5 "partie d'un tout" ¶6 "partie mesurée, déterminée d'un tout" **a)** fragment de temps **b)** "cadence" **c)** [en poésie] "pied métrique" **d)** [en prose] "rythme, nombre" **e)** *numeri* [escrime] ¶7 "rang, place", *(in) numero* "en qualité de, à l'égal de" ¶8 [poét.] **a)** "ordre" **b)** pl. "rythme, talent propre".

¶1 nombre : *quoad is numerus effectus esset, quem ad numerum in provincias mitti oporteret* CAEL. *Fam.* 8, 8, 8, jusqu'à ce que fût accompli le nombre, sur lequel devait se régler l'envoi dans les provinces [jusqu'à ce que fût atteint le nombre voulu des gouverneurs de provinces]; *numerus inibatur* CAES *G.* 7, 76, 3, on évaluait le nombre, cf. LIV. 38, 23, 6; *non numero haec judicantur, sed pondere* CIC. *Off.* 2, 79, ces choses s'apprécient non par le nombre (la quantité), mais par la qualité ‖ *equites, quindecim milia numero* CAES. *G.* 7, 64, 1, les cavaliers, au nombre de quinze mille, cf. CAES. *G.* 1, 5, 2 ; 2, 4, 7 ; *totidem numero pedites* CAES. *G.* 1, 48, 5, le même nombre de fantassins ‖ *hostium numero* CAES. *G.* 6, 6, 3 ; 6, 21, 2 ; *in hostium numero habere, ducere* CAES. *G.* 1, 28, 2 ; 6, 32, 1, mettre, tenir au nombre des ennemis ; *in deorum numero reponere, referre* CIC. *Nat.* 3, 21 ; 3, 12, mettre au nombre des dieux ; *hostium numero esse* CIC. *Phil.* 13, 11, être au nombre des ennemis ‖ *ex illo numero = ex illorum numero* CIC. *Verr.* 5, 101, d'entre eux ; *nonnullae ex eo numero* CIC. *Verr.* 5, 28, plusieurs d'entre elles ; *me adscribe talem in numerum* CIC. *Phil.* 2, 33, inscris-moi au nombre de tels personnages ; [à noter] *is est eo numero, qui... habiti sunt* CIC. *Arch.* 31, il est du nombre de ceux qui ont été regardés comme... ‖ *in numerum relinquere* SEN. *Clem.* 1, 5, 7, laisser pour faire nombre, cf. LUC. 2, 111‖ nombre fixé : *naves suum numerum habent* CIC. *Verr.* 5, 133, les navires ont leur équipage au complet ; *obsides ad numerum mittere* CAES. *G.* 5, 20, 4, envoyer des otages jusqu'à concurrence d'un nombre fixé ¶2 grande quantité : *magnus pecoris atque hominum numerus* CAES. *G.* 6, 6, 1, une grande quantité de bétail et d'êtres humains ; *magnus numerus equitatus* CAES. *G.* 1, 18, 5, un fort contingent de cavalerie ; *magnus numerus frumenti* CIC. *Verr.* 2, 176, une grande quantité de blé ; *est in provincia numerus civium Romanorum* CIC. *Font.* 13, il y a dans la province un bon nombre de citoyens romains ‖ classe, catégorie : *ex quo numero incipiam ?* CIC. *Verr.* 4, 3, par quelle catégorie de gens dois-je commencer ? ‖ [au pl.] corps de troupes, divisions, détachements : *nondum distributi in numeros* PLIN. *Ep.* 10, 29, 2, pas encore affectés à des corps de troupes, cf. TAC. *Agr.* 18 ; *H.* 1, 6 ; *in numeris esse* DIG. 29, 1, 38, avoir une affectation, figurer sur les cadres ‖ le nombre = la foule, le vulgaire : HOR. *Ep.* 1, 2, 27 ¶3 [gram.] nombre, sg., duel, pl. : VARR. *L.* 9, 65 ; QUINT. 1, 4, 27 ¶4 pl., *numeri*, les mathématiques, la science des nombres : CIC. *Fin.* 5, 87 ¶5 partie d'un tout : *animalia suis trunca numeris* OV. *M.* 1, 428, animaux privés d'une partie de leurs organes, cf. *M.* 7, 126 ; *omnes numeros virtutis continere* CIC. *Fin.* 3, 24, renfermer la vertu complète ; *omnes habere in se numeros veritatis* CIC. *Div.* 1, 23, avoir en soi tous les caractères de la vérité ; *aliquid expletum omnibus suis numeris et partibus* CIC. *Nat.* 2, 37, qqch. de parfait dans tous ses éléments et dans toutes ses parties ; *deesse numeris suis* OV. *Am.* 3, 7, 18, être incomplet ¶6 partie mesurée, déterminée d'un tout **a)** fragment de temps, jour : PLIN. 18, 325 **b)** [en musique] temps frappé, mesure, cadence : *se movere extra numerum* CIC. *Par.* 26, faire un mouvement en dehors de la mesure ; *in numerum exsultare* LUCR. 2, 631, bondir en cadence **c)** [en poésie] pied métrique : CIC. *de Or.* 3, 182 ; *Or.* 190, 215 ; *numeri varie conclusi* CIC. *Brut.* 274, combinaisons métriques de formes variées **d)** [en prose] rythme, nombre : CIC. *Or.* 219 ; *sententias in quadrum numerumque redigere* CIC. *Or.* 208, ramener les pensées à une forme symétrique et nombreuse **e)** *numeri*, mouvements réglés des athlètes, coups spéciaux, bottes dans les assauts d'escrime : QUINT. 10, 1, 4 ; SEN. *Ben.* 7, 1 ¶7 rang, place : *aliquo (in aliquo) numero esse* CIC. *Fam.* 1, 10 ; *de Or.* 3, 33, compter quelque peu, cf. CAES. *G.* 6, 13, 1 ; *nullo in oratorum numero esse* CIC. *Brut.* 117, ne pas compter du tout au nombre des orateurs ; *aliquem numerum obtinebat* CIC. *Brut.* 175, il comptait qq. peu ; *in patronorum aliquem numerum pervenerat* CIC. *Brut.* 243, il avait pris une certaine place parmi les avocats ‖ [d'où] *numero (in numero)*, en qualité de, à la place de : *obsidum numero missi* CAES. *G.* 5, 27, 2, envoyés en qualité d'otages, cf. CAES. *C.* 2, 44, 2 ; *in deorum immortalium numero venerandos* CIC. *Agr.* 2, 95, qu'il faut les vénérer à l'égal des dieux ¶8 [poét.] **a)** ordre : *in numerum digerere* VIRG. *En.* 3, 446, disposer en ordre **b)** pl., cadence, rythme de qqn = talent propre, office propre : OV. *H.* 4, 88 ; *Rem.* 372.

Numestrāni, v. *Numistro*.

nŭmēticus, *i*, m. (νομητικός), tarif officiel : DIOCL. 35, 58.

numfa, c. *nympha* : CIL 10, 6792.

1 **Nŭmīcĭus**, *ii*, m., PLIN. 3, 56 ; OV. *F.* 3, 647 et **-cus**, *i*, m., LIV. 1, 2, 6, rivière du Latium.

2 **Nŭmīcĭus**, *ii*, m., nom de famille : CIC. *Off.* 3, 109 ; LIV. 8, 3 ; TAC. *An.* 16, 20.

Nŭmĭda, *ae*, m., un des officiers d'Auguste : HOR. *O.* 1, 6, 3 ‖ v. *Numidae*.

Nŭmĭdae, *ārum* et *um*, m. pl. (de Νομάς, lib. *nbibh*, cf. *Nomades*), Numides [peuple d'Afrique ; cavaliers réputés] : VIRG. *En.* 4, 41 ; SALL. *J.* 46, 3 ; SEN. *Ep.* 87, 8 ; TAC. *H.* 2, 40 ; [sg.] SALL. *J.* 12, 4 ‖ -**da dens** OV. *Pont.* 4, 9, 28, ivoire.

Nŭmĭdĭa, *ae*, f., la Numidie Atlas I, D3 ; IV, F3 ; VIII, B3 : SALL. *J.* 8, 1 ; 13, 2 ; PLIN. 5, 22 ; COL. 3, 12, 6 ‖ -**ĭānus**, *a*, *um*, de Numidie : PLIN. 15, 55.

nŭmĭdĭca, *ae*, f., poule numidique [pintade] : MART. 3, 58, 15.

Numidicus, *a*, *um*, de Numidie : *pullus Numidicus* *APIC. 240, poulet à la numide ; v. *numidica, Numidus*.

Nŭmĭdus, v. *Numidicus*.

Numinĭenses, *ĭum*, m. pl., peuplade du Latium : PLIN. 3, 69.

Nŭmĭsĭāna vītis, f., vigne numisienne (d'un certain Numisius) : COL. 3, 2, 2 ; ISID. 17, 5, 15.

Nŭmĭsĭus, *ii*, m., nom de famille romain : CIC. *Phil.* 12, 4 ; TAC. *H.* 4, 22 ; LIV. 8, 11 ; 41, 8 ; 45, 17.

nŭmisma, v. *nomisma*.

Numistro (-mestro), *ōnis*, f., ville de Lucanie : LIV. 27, 2, 4 ; FRONTIN. *Strat.* 2, 2, 6 ‖ -**trāni**, *ōrum*, m. pl., les habitants de Numistro : PLIN. 3, 98.

Nŭmĭtŏr, *ōris*, m., roi d'Albe : LIV. 1, 3 ; VIRG. *En.* 6, 768 ; OV. *M.* 14, 773 ; JUV. 7, 74.

Nŭmĭtōrius, *ii*, m., -**tōrĭa**, *ae*, f., nom d'homme ou de femme : CIC. *Verr.* 5, 163 ; LIV. 2, 58 ‖ CIC. *Phil.* 3, 17.

Numius, *ii*, m., v. *Nummius*.

nummārius, *a*, *um* (*nummus*), d'argent monnayé : CIC. *Att.* 4, 7, 2 ; *difficultas nummaria* CIC. *Verr.* 2, 69 ; *rei nummariae* CIC. *Verr.* 4, 11, embarras d'argent (de la situation financière) ‖ vénal, vendu : CIC. *Att.* 1, 16, 8 ; *Clu.* 75 ; SEN. *Ben.* 1, 9, 4.

nummātus, *a*, *um* (*nummus*), qui est muni d'argent, riche : CIC. *Agr.* 2, 59 ; *Fam.* 7, 16, 3 ; HOR. *Ep.* 1, 6, 38 ‖ -**tior** APUL. *M.* 1, 7.

Nummius, *ii*, nom de famille romain : CIC. *de Or.* 2, 257.

nummosexpalponĭdēs (*expalpo*), celui qui extorque de l'argent : *PL. *Pers.* 704.

nummōsus, *a*, *um*, c. *nummatus* : NIGID. d. GELL. 4, 9, 2.

nummŭlārĭŏlus, *i*, m. (dim. de *nummularius*), petit changeur, méchant banquier : SEN. *Apoc.* 9, 4.

nummŭlārĭus, *a*, *um* (*nummulus*), de changeur, de banquier : SCAEV. *Dig.* 14, 3, 20 ‖ subst. m., changeur, banquier : SUET. *Aug.* 4 ; ULP. *Dig.* 16, 3, 7 ; MART. 12, 57, 8 ‖ vérificateur des monnaies : CIL 6, 298.

nummŭlus, *i*, m., (dim. de *nummus*), petit écu : CIC. *Verr.* 3, 184 ; 4, 53 ; *Att.* 8, 13, 2 ‖ herbe-aux-écus : PLIN. 18, 259.

nummus, *i*, m. (νόμος, νόμιμος, cf. sicil. νοῦμμος, *numerus*) ¶1 argent monnayé,

nummus 1060

monnaie, argent : Cic. *Off.* 3, 91 ; *Phil.* 12, 80 ; *Att.* 6, 1, 25 ; **in multis esse nummis** Cic. *Verr.* 4, 11, avoir ses coffres pleins d'écus ; **merces aut nummi** Hor. *S.* 1, 3, 88, les intérêts ou le capital ¶ **2** ➨ *sestertius*, sesterce [gén. pl. *nummum*] : Cic. *Or.* 156 ; *Verr.* 3, 140 ; Plin. 17, 8 ¶ **3** petite somme, liard, sou, centime : **ad nummum** Cic. *Att.* 5, 21, 12, à un sou près ; **nummus sestertius** [même sens] Sen. *Ep.* 95, 59 ¶ **4** drachme [monnaie grecque] : Pl. *Ps.* 809 ; *Men.* 290.

numnăm, **numně**, ▣ *num*.

numquam, **nunquam**, adv. (2 *ne*, *umquam*) ¶ **1** jamais : Cic. *Sest.* 132 ‖ **numquam non**, toujours : Cic. *de Or.* 1, 112 ; **non numquam**, quelquefois, ▣ *nunquam* ¶ **2** pas du tout : Pl. *Amp.* 426 ; Virg. *B.* 3, 49 ; *En.* 2, 670.

Numquamērĭpĭdēs, *ae*, m. (*eripio*), à qui on ne reprend jamais : Pl. *Pers.* 705.

num quando, ▣ *num*.

numquī, adv., est-ce que en quelque façon ? : Pl. *Ps.* 160 ; *Ru.* 218 ; Ter. *Ad.* 800 ; Hor. *S.* 1, 4, 52 ; Liv. 6, 37, 8.

numquid, adv., est-ce que en quelque chose ? est-ce que ? : Ter. *Eun.* 1043 ‖ **scire velim numquid necesse sit** Cic. *Att.* 12, 8, je voudrais savoir s'il est obligatoire que ....

numquidnam, adv., est-ce que vraiment en quelque chose ? est-ce que vraiment ?, cf. Pl. *Bac.* 1110 ; *As.* 830 ; Cic. *Part.* 26.

numquis, ▣ *num*.

nūmus, ▣ *nummus*.

1 nunc, adv. (*num*, *-ce* ; cf. *nudius*, νυ, νῦν, scr. *nu*, hit. *nu*, al. *nun*, an. *now*, rus. *nyne*) ¶ **1** [sens temporel] maintenant, à présent **a)** *nunc..., quondam* Cic. *de Or.* 1, 187, à présent..., autrefois ; **erat tunc...** ; **nunc** Cic. *Phil.* 7, 14, il y avait alors... ; maintenant ; **nunc hoc, illud alias** Cic. *Tusc.* 1, 23, traitons ce point-ci maintenant, le second une autre fois ; **aut (hunc) nunc cogitare aut molitum aliquando aliquid putas** Cic. *Mil.* 67, tu crois ou qu'il médite qqch. maintenant ou qu'il a machiné qqch. un jour ; **nunc demum** Cic. *Att.* 16, 3, 1, maintenant seulement ; **nunc olim** Virg. *En.* 4, 627 ; Luc. 9, 604, maintenant ou qq. jour, tôt ou tard ; **ut nunc est** Cic. *Att.* 12, 29, 1, pour le moment ; **nunc ipsum** Cic. *Att.* 7, 3, 2, à présent même, à ce moment précisément, cf. Cic. *Att.* 8, 9, 1 ; 12, 40, 2 **b)** [avec verbes au passé, qqf. au fut., transportés par la pensée dans le prés.] **quos campos... vidissem, hos nunc videbam...** Cic. *Verr.* 3, 47, ces champs que pourtant j'avais vus..., je les voyais maintenant..., cf. Cic. *Planc.* 55 ; *Att.* 2, 24, 4 ; *Brut.* 250, [**etiam nunc** Cæs. *G.* 6, 40, 6 ; 7, 62, 6] ; [d. le st. indir.] Nep. *Tim.* 5, 3 ; Liv. 3, 9, 8 ; 22, 40, 10] [avec fut.] désormais : Catul. 8, 16 **c)** *nunc... nunc*, tantôt... tantôt [non classique] : Curt., Liv. ¶ **2** [sens logique] **a)** **vera igitur illa sunt nunc omnia** Cic. *Ac.* 2, 106, ainsi donc maintenant tous ces dogmes sont vrais, cf. Cic. *Leg.* 1, 27 ‖ ▣ *tunc*, alors : Tert. *Marc.* 3, 15, 4 **b)** [opposition à une hypothèse] **nunc, nunc autem, nunc vero**, mais, mais en réalité (grec νῦν δέ) : **si nihil animus praesentiret... ; nunc...** Cic. *Arch.* 29, si l'âme ne pressentait rien..., mais..., cf. *Tusc.* 3, 2 ; *Verr.* 5, 171.

▶ **nuncin** = *nuncne* Ter. *And.* 683, est-ce maintenant que... ?

2 Nunc, ▣ *Nuchul*.

nuncin, ▣ *nunc* ▶.

nuncĭam, adv., ➨ *nunc jam*, précisément maintenant : Pl. *Most.* 74 ; Ter. *And.* 866.

nuncŭbi, ▣ *numcubi*.

nuncŭpāmentum, *i*, n. (*nuncupo*), appellation, dénomination : Chalc. 308.

nuncŭpassit, ▣ *nuncupo* ▶.

nuncŭpātim, adv. (*nuncupo*), nommément : Sidon. *Ep.* 7, 9, 13.

nuncŭpātĭo, *ōnis*, f. (*nuncupo*) ¶ **1** appellation, dénomination : Apul. *Plat.* 2, 7 ; Amm. 23, 6, 2 ¶ **2** déclaration solennelle, ▣ *nuncupo* ¶ 2a ‖ désignation solennelle [d'héritier] : Suet. *Cal.* 38 ; Dig. 28, 6, 18 ‖ dédicace [livre] : Plin. *pr.* 8 ‖ prononciation solennelle de vœux : Liv. 21, 63, 7 ; Tac. *An.* 16, 22 ; Suet. *Ner.* 46.

nuncŭpātīvē, adv. (*nuncupativus*), de nom : Hier. *Psalm.* 26.

nuncŭpātīvus, *a*, *um* (*nuncupo*), désigné communément, prétendu : Ambr. *Fid.* 5, 1, 22.

nuncŭpātŏr, *ōris*, m. (*nuncupo*), celui qui nomme, qui désigne par un nom : Apul. *Flor.* 15.

nuncŭpātus, *a*, *um*, part. de *nuncupo*.

nuncŭpō, *ās*, *āre*, *āvī*, *ātum* (*nomen*, *capio*, cf. *nomenclator*), tr. ¶ **1** appeler, dénommer : **aliquid nomine** Cic. *Nat.* 2, 60, appeler qqch. d'un nom, cf. *Nat.* 1, 38 ; 2, 71 ; Varr. *L.* 6, 60 ; Fest. 176, 3 ; **(locus) quem orbem lacteum nuncupatis** Cic. *Rep.* 6, 16, (lieu) que vous appelez Voie lactée, cf. Ov. *M.* 14, 608 ‖ invoquer : Pacuv. *Tr.* 141 ¶ **2** prononcer, déclarer solennellement **a)** déclarer solennellement devant témoin un engagement juridique : **uti lingua nuncupassit, ita jus esto** L. XII Tab. 6, 1, de la façon dont il l'aura proclamé, que tel soit le droit [déclaration inhérente à des actes formalistes tels que le *nexum* et la *mancipatio*] **b)** désigner (à haute voix) comme héritier : Dig. 28, 1, 21, cf. Suet. *Cl.* 4 ; *Cal.* 38 ; Plin. *Pan.* 43 ; **nuncupatum testamentum** Plin. *Ep.* 8, 18, 5, testament dicté **c)** annoncer publiquement : Tac. *H.* 1, 17 **d)** prononcer des vœux : Cic. *Phil.* 3, 11 ; Liv. 21, 63, 9.

▶ mot arch. d'après Cic. *de Or.* 3, 153 et Quint. 8, 3, 27 ‖ *nuncupassit* = *nuncupaverit* L. XII Tab. 6, 1 d. Fest. 176, 6.

nuncusquĕ (**nunc usquĕ**), jusqu'à présent, jusqu'à ce jour : Amm. 14, 2, 13.

1 Nundĭna, *ae*, f., déesse qui présidait à la purification des enfants le neuvième jour après la naissance : Macr. *Sat.* 1, 16, 36.

2 nundĭna, *ae*, f., ▣ *nundinae* : Sidon. *Ep.* 7, 5, 2.

nundĭnae, *ārum*, f. pl. (s.-e. *feriae* ; *neven*, *din-*, cf. *dies*, rus. *den'*) ¶ **1** nondines, marché [qui se tenait à Rome tous les neuf jours (= huit), selon la façon de compter romaine] : Cic. *Att.* 1, 41, 1, cf. Fest. 176, 24 ; Macr. *Sat.* 1, 16, 34 ¶ **2** [en gén.] marché : Cic. *Agr.* 2, 89 ‖ [fig.] marché, commerce, trafic : Cic. *Phil.* 2, 35 ; 5, 11.

nundĭnālis, *e* (*nundinae*), de marché : Pl. *Aul.* 324, cf. Fest. 176, 27.

nundĭnārĭus, *a*, *um* (*nundinae*), où se tient le marché : Plin. 8, 208 ‖ qui a lieu les jours de marché : Ulp. *Dig.* 17, 2, 69.

nundĭnātīcĭus, *a*, *um* (*nundinor*), offert à la vente, qui est à vendre : Tert. *Virg.* 3, 4.

nundĭnātĭo, *ōnis*, f. (*nundinor*), marché, trafic, vente [pr. et fig.] : **quin eam rem tu ad quaestum tuum nundinationemque hominum traduxeris** Cic. *Verr.* 2, 120, sans que tu en aies fait l'occasion de tes profits personnels et d'un trafic général, cf. *Verr.* 5, 10 ; *Agr.* 1, 9 ; *Phil.* 2, 115 ‖ barème, prix du marché : Cod. Th. 7, 4, 32 ‖ marchandage, corruption : Cod. Just. 11, 31, 3.

nundĭnātŏr, *ōris*, m. (*nundinor*), celui qui fréquente les marchés, trafiquant : Fest. 176, 27 ‖ celui qui trafique de : Ps. Quint. *Decl.* 12, 3 ‖ épithète de Mercure [dieu des marchands] : CIL 13, 7569.

nundĭnātus, *a*, *um*, part. de *nundino* et *nundinor*.

nundĭnĭum, *ii*, n. (*nundinus*) ¶ **1** ▣ *nundinae* : CIL 8, 4508 ¶ **2** délai d'inscription sur la liste des consuls suffects dans les derniers temps de l'Empire romain : Vop. *Tac.* 9, 6.

nundĭnō, *ās*, *āre*, *āvī*, *ātum*, ▣ *nundinor* : Firm. *Math.* 6, 31, 91 ; Tert. *Virg.* 13, 1 ; *Nat.* 2, 13, 17.

nundĭnŏr, *āris*, *ārī*, *ātus sum* (*nundinae*) ¶ **1** trafiquer, faire un bas trafic : Liv. 22, 56, 3 ; Amm. 31, 5 ‖ affluer [comme sur un marché] : Cic. *Div.* 2, 66 ¶ **2** [fig.] trafiquer de, vendre : Cic. *Phil.* 3, 10 ‖ acheter : Cic. *Verr.* 1, 119 ; *Verr.* 2, 122.

nundĭnum, *i*, n. (*nundinae*), espace de huit jours, intervalle entre deux marchés : **inter nundinum** Varr. *Men.* 186 ; 528, dans l'intervalle entre deux marchés ‖ ▣ *trinum nundinum* et *internundinum*.

nunqu-, ▣ *numqu-*.

nuntĭa, *ae*, f. (*nuntius*), celle qui annonce, messagère : Liv. 1, 34, 9 ‖ [fig.] **historia nuntia vetustatis** Cic. *de Or.* 2, 36, l'histoire, messagère du passé.

nuntĭātĭo, *ōnis*, f. (*nuntio*), action d'annoncer, annonce : Cic. *Phil.* 2, 81 ; 5, 9 ‖ déclaration, information [en justice] : Dig.

49, 14, 1 ‖ dénonciation [pour faire interdire qqch.] : Cod. Just. 8, 10, 14 pr.

nuntĭātŏr, *ōris*, m. (*nuntio*), qui annonce : Arn. 1, 65 ‖ qui dénonce [pour faire interdire] : Dig. 39, 1, 20.

nuntĭātrix, *īcis*, f. (*nuntiator*), celle qui annonce : Cassiod. Var. 2, 14.

nuntĭō, *ās*, *āre*, *āvī*, *ātum* (2 *nuntius*), tr. ¶ **1** annoncer, faire savoir, faire connaître : *alicui rem* Cic. Att. 1, 15, 1, annoncer qqch. à qqn ‖ [avec *de*] : *de aliqua re* Cic. Scaur. 2, apporter la nouvelle d'une chose ‖ [avec prop. inf.] annoncer que, faire connaître que : Cic. Att. 1, 19, 11 ; Caes. G. 5, 10, 2 ‖ [pass. impers.] *nuntiatur, nuntiatum est* [avec prop. inf.], on annonce, on annonça que : Caes. G. 6, 4, 1 ; C. 1, 18, 1 ; Cic. Verr. 5, 87 ; Mil. 48 ; Fam. 11, 12, 1 ; [ou avec *de*] *cum esset de hoc incommodo nuntiatum* Cic. Verr. 5, 41, comme la nouvelle de ce désastre était venue ; [abl. abs. du part. n.] *nuntiato*, la nouvelle étant parvenue que : Tac. An. 2, 64 ‖ [pass. pers.] *aquatores premi nuntiantur* Caes. C. 1, 73, 2, on annonce que les hommes en corvée d'eau sont assaillis, cf. C. 3, 36, 3 ; *oppugnata domus C. Caesaris nuntiabatur* Cic. Mil. 66, on annonçait que la maison de C. César avait été assiégée ¶ **2** dire de, signifier, ordonner [avec *ut*] : *nuntiatum est Simonidi ut prodiret* Cic. de Or. 2, 353, on vint dire à Simonide de sortir à la porte, cf. Cic. Phil. 8, 23 ; [avec *ne*] signifier de ne pas : Cic. Phil. 6, 4 ; Caes. G. 4, 11, 6 ; [avec subj. seul] *nuntiavit Pisoni... veniret* Tac. An. 2, 79, il signifia à Pison de venir..., cf. Tac. An. 11, 37 ; [avec inf.] Tac. An. 16, 11 ¶ **3** [droit] dénoncer au fisc : Dig. 49, 14, 1, 5 ‖ dénoncer une chose qui est à notre désavantage, protester contre : **nuntiare ne quid operis novi fieret** Dig. 39, 1, 20 pr., protester contre la menace d'un nouvel œuvre, Dig. 3, 3, 45, 2.

1 nuntĭus, *a*, *um* (2 *nuntius*, cf. P. Fest. 179, 1), annonciateur, qui fait connaître : **(simulacra) divinae nuntia formae** Lucr. 6, 77, (simulacres) qui font connaître la beauté divine, cf. 4, 704 ; Ov. H. 16, 10 ; **nuntia fibra** Tib. 2, 1, 26, la fibre [dans les entrailles de la victime] messagère [des volontés divines], cf. Varr. L. 6, 80 ‖ **nuntĭum**, *ii*, n., nouvelle, message : Catul. 63, 75, cf. Serv. En. 11, 896.

2 nuntĭus, *ii*, m. (obscur, cf. *novus* ? ; it. *nunzio*, fr. *nonce*) ¶ **1** messager, courrier, celui qui annonce : **nuntios mittere** Caes. G. 1, 26, 6, envoyer des messagers ; **per litteras aut per nuntium aliquem certiorem facere** Cic. Att. 11, 24, informer qqn par lettre ou par messager ¶ **2** nouvelle, chose annoncée : **acerbum nuntium alicui perferre** Cic. Balb. 64, transmettre à qqn une nouvelle pénible ; **nuntium afferre, accipere** Cic. Amer. 19 ; Fam. 2, 19, 1, apporter, recevoir une nouvelle ¶ **3** [en part.] **a)** injonction apportée par message : Cic. Fam. 12, 24, 2 ; Nep. Chabr. 3, 1 **b)** **nuntium alicui remittere**, envoyer à qqn une notification de divorce [homme ou femme] : Cic. de Or. 1, 183 ; Top. 19 ; [d'où au fig.] divorcer avec : Cic. Fam. 15, 16, 3 **c)** [chrét.] envoyé de Dieu, ange : Lact. Inst. 2, 86.

▶ arch. *nontius* Cic. Leg. 2, 21.

nŭō, *ĭs*, *ĕre*, -, - (*numen*, cf. νεύω), intr., faire un signe de tête : Gloss. 4, 369, 30 [tiré des préfixés].

nūpĕr, adv. (*novus*, ou *nunc*, et *parumper, semper*), naguère, récemment, il y a quelque temps [intervalle plus long qu'avec *modo*] : Cic. Verr. 4, 6 ; [espace de trois ans] Cic. Verr. 4, 61 ; [de vingt et un ans] Cic. Off. 3, 47 ; [à propos de la loi Papia] Cic. Att. 14, 7, 2 ; de Or. 1, 85 ‖ tout récemment : Pl. Truc. 397 ; Ter. Eun. 9 ‖ récemment, de nos jours : Cic. Div. 1, 86 ; Nat. 2, 126 ; Liv. 4, 30, 14 ‖ un instant auparavant : Hor. P. 227 ‖ *-erius* Prisc. 3, 80, 10 ; *-errime* Cic. Inv. 1, 24.

nūpĕrus, *a*, *um* (*nuper*), récent : Pl. Cap. 718 ; Cod. Th. 15, 1, 4 ‖ *-errimus* Prisc. 3, 80, 10.

Nups, *is*, f., ville d'Égypte ou d'Éthiopie : Plin. 6, 178 ; 6, 179.

nupsi, parf. de *nubo*.

nupta, *ae*, f. (*nubo*), mariée, épouse : Pl. Cas. 782 ; Ter. Ad. 751 ; Liv. 3, 45, 6.

nuptālīcĭus, *a*, *um* (*nupta*), de noces : Ulp. Dig. 50, 16, 194.

nuptĭābĭlis, *e*, en âge d'être mariée, nubile : Not. Tir. 80.

nuptĭae, *ārum*, f. pl. (*nubo, nuptus*) ; fr. *noces*), v. Varr. L. 5, 72 ; P. Fest. 201, 4, noces, mariage : Pl. Aul. 288 ; Cic. Clu. 27 ; Q. 2, 3, 7 ; Cat. 1, 14 ‖ commerce charnel : Pl. Cas. 486 ; Her. 4, 45 ; Just. 31, 6, 3 ‖ [chrét.] noces spirituelles : Ambr. Virg. 3, 1, 1.

nuptĭālis, *e* (*nuptiae*), nuptial, de noces, conjugal : Pl. Cas. 856 ; Cic. Clu. 28 ; Hor. O. 3, 11, 33.

nuptĭālĭtĕr, adv., comme en un jour de noces : Aug. Bon. conj. 23, 31 ; Capel. 6, 705.

nuptĭātŏr, *ōris*, m. (*nuptiae*), partisan du mariage : Hier. Jovin. 1, 23 ‖ celui qui se marie : Hier. Ep. 123, 7 ‖ celui qui fait les apprêts de noces : Gloss. 3, 412, 21.

nuptĭō, *ās*, *āre*, -, - (*nuptiae*), intr., se marier : Fulg. Aet. 28 ; **nuptiantes** Max. Serm. 17, les mariés.

nuptĭŏr, *āris*, *ārī*, -, nuptio : VL. Marc. 12, 25.

nuptō, *ās*, *āre*, -, - (fréq. de *nubo*), intr., se marier souvent : Carm. Sod. 45.

nuptŏrĭum, *ii*, n., chambre nuptiale : Gloss. 5, 605, 51.

nuptŭla, *ae*, f. (dim. de *nupta*), jeune mariée : Varr. Men. 10.

nuptŭrĭō, *īs*, *īre*, -, - (*nubo*), intr., avoir envie de se marier : Mart. 3, 93, 18 ; Apul. Apol. 70.

1 nuptus, *a*, *um*, part. de *nubo* : **nupta verba** Pl. d. Fest. 174, 19, paroles de femme mariée ‖ subst. m., **novus nuptus** Pl. Cas. 859, nouveau marié [plais¹].

2 nuptŭs, *ūs*, m. ¶ **1** opertio, voilage : Varr. L. 5, 72 ¶ **2** noce, mariage : Varr. L. 5, 72.

1 nŭra, *ae*, f., nurus : CIL 8, 2694 ; 9065 ; Tab. Alb. 21, 2 (34 b) ; App.-Prob. 4, 198, 34 ; V. nora.

2 Nŭra, *ae*, f., ville de Sardaigne, C. Nora : Anton. 84.

nŭrĭcŭla (**nor-**), *ae*, f. (dim. de *nurus*), CIL 9, 1954.

Nursĭa, *ae*, f., ville de Sabine [Norcia] Atlas XII, D4 : Virg. En. 7, 715 ; Sil. 8, 418 ‖ **-īnus**, *a*, *um*, de Nursia : Mart. 13, 2 ; Plin. 18, 130 ; Col. 10, 421 ‖ **-īni**, *ōrum*, m. pl., les habitants de Nursia : Plin. 3, 107.

Nurtia, V. Nortia.

nŭrŭs, *ūs*, f. (cf. νυός, scr. *snuṣā*, al. *Schnur*, alb. *nuse*), belle-fille, bru : Ter. Hec. 201 ; Cic. Phil. 2, 58 ; Virg. En. 2, 501 ‖ fiancée d'un fils : Dig. 23, 2, 12 ‖ femme d'un petit-fils : Dig. 23, 2, 14 ‖ [poét.] jeune femme, femme : Ov. A. A. 3, 248 ; M. 2, 366 ; Mart. 4, 75, 2 ; Luc. 1, 165 ; V. nora, nura.

▶ dat. *nuru*, Tac. An. 6, 23.

nūs, m. (νοῦς), sagesse : Iren. 1, 1 ; Capel. 2, 126 ‖ un des Éons de Valentin : Tert. Val. 7, 5.

nuscītĭō, **-tĭōsus**, V. luscitio [nox] : Fest. 176, 15.

nusquam, adv. (*ne*, *usquam*), nulle part [sans mouvement] : Cic. Leg. 1, 42 ; CM 79 ; Liv. 39, 38, 1 ; **nusquam gentium** Pl. Amp. 620, nulle part ‖ en aucune occasion : Pl. Men. 780 ; Cic. Q. 3, 1, 2 ‖ en aucun endroit [avec verbe de mouvement] : Pl. Mil. 453 ; Ter. Eun. 280 ‖ **ad nullam rem**, à rien : Cic. Fin. 1, 29 ; Liv. 7, 18, 7 ‖ **nusquam esse**, n'être plus, être mort : Hor. S. 2, 5, 102 ; Prop. 3, 13, 58.

nūtābĭlis, *e* (*nuto*), chancelant : Apul. Socr. 4.

nūtābundus, *a*, *um* (*nuto*), chancelant, vacillant : Apul. M. 9, 41 ; Salv. Gub. 6, 13, 78.

nūtāmĕn, *ĭnis*, n. (*nuto*), balancement : Sil. 2, 399.

nūtātĭō, *ōnis*, f. (*nuto*), balancement, oscillation : Plin. 11, 135 ; Quint. 11, 3, 129 ; Sen. Nat. 6, 2, 6 ‖ [fig.] État chancelant [de l'Empire] : Plin. Pan. 5, 6.

nūtō, *ās*, *āre*, *āvī*, *ātum* (fréq. de l'inus. *nuo*), intr. ¶ **1** faire signe par un mouvement de tête : Pl. Mil. 207 ; 4, 1, 39 ; Suet. Cal. 38 ‖ commander [par un signe de tête] : Pl. Men. 612 ¶ **2 a)** chanceler, vaciller, osciller : Liv. 4, 37, 10 ; Virg. En. 2, 629 ; Ov. M. 11, 620 **b)** [fig.] flotter, douter, hésiter : Cic. Nat. 1, 120 ; Fin. 2, 6 ; Ov. M. 10, 375 ‖ chanceler [dans sa fidélité] : Tac. H. 2, 98 ; An. 4, 49 ‖ chanceler, plier : [dans

nuto

la bataille] Tac. *H. 3, 18* ‖ **res publica nutans** Suet. *Vesp. 8*, l'état chancelant.

nūtrībam, ▧▶ *nutrio* ▶.

nūtrībĭlis, *e* (*nutrio*), nourrissant : Cael.-Aur. *Chron. 5, 1, 9; Acut. 2, 37, 212* ‖ *-lior* Cael.-Aur. *Chron. 5, 10, 126*.

nūtrīcātĭo, *ōnis*, f., ▧▶ *nutricatus* : Gell. *12, 1, 5*; Varr. *R. 1, 44, 3*.

nūtrīcātŭs, *ūs*, m. (*nutrico*), action de nourrir : Pl. *Mil. 656*; Varr. *R. 2, 1, 20* ‖ croissance [des plantes] : Varr. *R. 1, 47; 1, 49, 1*.

nūtrīcĭa, *ae*, f. (*nutricius*; fr. *nourrice*), nourrice, celle qui donne la nourriture : Hier. *Ep. 108, 29*.

nūtrīcĭo, *ōnis*, m., [pl.] parents nourriciers : CIL *5, 1676*.

nūtrīcĭum, *ii*, n. (*nutricius*), soin de nourrir, action d'élever : Sen. *Helv. 19, 2*; Arn. *5, 10*; Manil. *3, 133* ‖ **-cĭa**, *ōrum*, n. pl., salaire de la nourrice : Ulp. *Dig. 50, 13, 1*.

nūtrīcĭus, *a*, *um* (*nutrio*), qui nourrit, qui élève : Varr. *R. 2, 1, 9*; Col. *3, 13, 7* ‖ [subst'] **nutricius regis** Caes. *C. 3, 108, 1*, le gouverneur du roi.

nūtrīco, *ās*, *āre*, *āvī*, *ātum* (*nutrio*), tr., nourrir, élever : [des enfants] Pl. *Merc. 609*; [des animaux] Varr. *R. 2, 4, 13; 2, 8, 4*; [plantes] Afran. *Com. 401* ‖ [fig.] entretenir, nourrir : Pl. *Mil. 715*.

nūtrīcŏr, *āris*, *ārī*, *ātus sum*, dép., ▧▶ *nutrico* ‖ [fig.] Cic. *Nat. 2, 86*.

nūtrīcŭla, *ae*, f. (dim. de *nutrix*), nourrice : Hor. *Ep. 1, 4, 8*; Suet. *Aug. 94* ‖ celle qui maintient, entretient : Cic. *Phil. 11, 12*; *Vat. 4*; Juv. *7, 148*.

nutrĭfĭco, *ās*, *āre*, -, - (*nutrio*, *facio*), tr., allaiter : An. Helv. *282, 12*.

nūtrīmen, *ĭnis*, n. (*nutrio*), nourriture : Ov. *M. 15, 354*.

nūtrīmentālĭs, *e*, qui sert à nourrir : Dion.-Exig. *Hom. 15*.

nūtrīmentum, *i*, n. (*nutrio*), [sg. et pl.] [pr. et fig.], nourriture, aliment : Suet. *Cal. 9*; Sen. *Marc. 11, 3*; Plin. *17, 213*; Virg. *En. 1, 176*; **educata hujus nutrimentis eloquentia** Cic. *Or. 42*, l'éloquence formée par cette nourriture [nourriture fournie par le genre épidictique] ‖ éducation : Suet. *Aug. 6*.

nūtrĭo, *īs*, *īre*, *īvī* ou *ĭi*, *ītum* (*snou-, nutrix*, cf. νόα, scr. *snauti*; fr. *nourrir*), tr. ¶ 1 nourrir [anim. ou plantes] : **quos lupa nutrit** Ov. *F. 2, 415*, ceux que la louve nourrit; **fruges humo nutriente** Curt. *8, 10, 14*, le sol faisant pousser les plantes ¶ 2 nourrir, entretenir : **corpora** Liv. *4, 52, 3*, soigner son corps, sa santé; **vires** Cels. *3, 23, 5*, entretenir les forces ‖ soigner une maladie, un mal : Liv. *7, 4, 6* ‖ soigner, entretenir des meubles : Plin. *13, 99* ‖ [fig.] **nutriendae Graeciae datus** Liv. *36, 35, 4*, désigné [par le destin] pour avoir soin de la Grèce ¶ 3 [fig.] alimenter, entretenir : **simultates** Tac. *H. 3, 53*, entretenir des haines; **pacem** Tac. *G. 36*, entretenir la paix; **mens rite nutrita** Hor. *O. 4, 4, 26*, esprit bien formé.

▶ imparf. **nutribat**, **nutribant**, Virg. *En. 11, 572*; *7, 485*.

nūtrĭŏr, *īris*, *īrī*, -, ▧▶ *nutrio*, *nutritor* [impér.] : Virg. *G. 2, 425*.

nūtrītĭa, **nūtrītĭum**, ▧▶ *nutric-*.

nūtrītĭo, *ōnis*, f. (*nutrio*; fr. *nourrisson*), action de nourrir : Prisc. *Vers. Aen. 7, 156 = 3, 495, 34*.

1 **nūtrītŏr**, *ōris*, m. (*nutrio*), celui qui nourrit, qui élève : Suet. *Gram. 7*; Stat. *Th. 10, 228*.

2 **nūtrītor**, impér. fut. de *nutrior*.

nūtrītōrĭus, *a*, *um* (*nutritor*), nourrissant, nutritif : Orig. *Matth. 22* ‖ de nourrisson : Aug. *Conf. 12, 27* ‖ [fig.] qui nourrit, qui instruit : Aug. *Serm. 25, 1*.

nūtrītus, part. de *nutrio*.

nūtrix, *īcis*, f. (arch. **noutrix** CIL *45*, *noutriH_2-*, cf. *nutrio*; fr. *nourrice*) ¶ 1 nourrice, celle qui allaite, qui nourrit : Cic. *de Or. 2, 162*; Virg. *En. 4, 632*; Hor. *O. 1, 22, 15* ‖ celle qui entretient [le feu] : Arn. *4, 151* ‖ pépinière : Plin. *17, 66* ‖ pl., **nutrices**, seins, poitrine : Catul. *64, 18* ¶ 2 [fig.] nourrice : Cic. *Or. 37*; *Verr. 2, 5*.

nūtŭs, *ūs*, m. (*nuo*) ¶ 1 signe de tête, signe : Liv. *34, 62*; *39, 5*; Virg. *En 9, 106* ‖ mouvement : Plin. *6, 188* ¶ 2 tendance [des corps], mouvement de gravitation : Cic. *Tusc. 1, 40*; *Nat. 2, 98* ¶ 3 [fig.] signe manifestant la volonté, commandement, volonté : Cic. *Or. 24*; *Fam. 3, 10, 10*; Lucr. *4, 1122*; **ad nutum** Cic. *Verr. 1, 78*; *Phil. 7, 18*, au moindre signe.

Nŭus, *i*, m., rivière de Cilicie : Plin. *31, 15*.

nux, *nŭcis*, f. (cf. v. irl. *cnú*, al. *Nuss*, an. *nut*; fr. *noix*), tout fruit à écale et à amande : Plin. *15, 26*; *26, 66*; Virg. *B. 2, 62*; Cels. *3, 7, 10*; Col. *7, 13* ‖ noix : Cic. *de Or. 2, 265*; *266*; Virg. *B. 8, 30*; Plin. *15, 86*; Mart. *5, 135*; **nuces relinquere** Pers. *1, 10*, cesser de jouer aux noix, renoncer aux jeux de l'enfance ‖ noyer : Plin. *16, 97*; Juv. *11, 119* ‖ amandier : Virg. *G. 1, 187*; ▧▶ **abellana**, **avell-**.

Nyctages, m., secte d'hérétiques : Isid. *8, 5, 62*.

nyctalmus, *i*, m., faiblesse diurne de la vue : Isid. *4, 8, 8*.

nyctălops, *ōpis* (νυκτάλωψ), nyctalope, qui ne voit que dans la nuit : Plin. *28, 170*; Dig. *21, 1, 10* ‖ une plante : Plin. *21, 62*.

Nyctēgrēsĭa, *ae*, f. (νυκτηγρεσία), la Veille [pièce d'Accius] : P. Fest. *68, 15*; Non. *166, 16*; ▧▶ *noctisurgium*.

Nyctēis, *ĭdis*, f., fille de Nyctée (Antiope) : Ov. *M. 6, 111*; Stat. *Th. 7, 190*; Hyg. *Fab. 7*.

Nyctēlĭus, *ii*, m. (Νυκτέλιος), un des noms de Bacchus [dont les mystères se célébraient la nuit] : Ov. *A. A. 1, 567*; Sen. *Oed. 492* ‖ **-us**, *a*, *um*, de Bacchus : Serv. *En. 4, 383*.

nyctĕris, *ĭdis*, f. (νυκτερίς), nénuphar : Ps. Apul. *Herb. 68*.

Nyctĕūs, *ĕi* (*ĕŏs*), m. (Νυκτεύς), fils de Neptune et père d'Antiope : Prop. *3, 15, 12*; Hyg. *Fab. 7*.

nyctĭcŏrax, *ăcis*, m. (νυκτικόραξ), moyen duc [hibou] : Hier. *Ep. 106, 63*; Isid. *12, 7, 41*; Vulg. *Deut. 14, 17*.

Nyctĭmēnē, *ēs*, f. (Νυκτιμένη), fille d'Épope, changée en chouette : Ov. *M. 2, 591*; Hyg. *Fab. 204*; *253*.

nyctostrătēgus, *i*, m. (νυκτοστράτηγος), chef des gardes de nuit : Dig. *50, 4, 18*.

nyma, *ae*, f. (νύμα ?), nom d'une plante inconnue : Plin. *27, 106*.

nymfēum, CIL *10, 7017*, **-fĭum**, Capit. *Gord. 32, 5*, ▧▶ *1 nympheum*.

nympha, *ae*, f. (νύμφη, cf. *lympha*) ¶ 1 nymphe, divinité qui habite les bois, la mer, les fontaines : Virg. *En. 8, 71*; *10, 551*; Ov. *M. 5, 540*; Cic. *Nat. 3, 43* ‖ [poét.] eau : Prop. *3, 16, 4* ‖ fontaine : Mart. *6, 43, 2* ¶ 2 épouse, maîtresse : Ov. *H. 1, 27* ‖ jeune femme : Ov. *H. 9, 103* ¶ 3 nymphe [état d'un insecte], chrysalide : Plin. *11, 71*; *11, 48*.

▶ dat.-abl. pl. qqf. *-abus*, CIL *6, 553*.

1 **nymphaea**, *ae*, f. (νυμφαία), nénuphar [plante] : Plin. *25, 75*; Ps. Apul. *Herb. 68*.

2 **Nymphaea**, *ae*, f. (Νυμφαία), autre nom de l'île de Cos : Plin. *5, 134* ‖ île près de Samos : Plin. *5, 135*.

1 **Nymphaeum** (**-phēum**), *i*, n. (Νυμφαῖον), cap et port d'Illyrie : Plin. *3, 144*; Caes. *C. 3, 26, 4*; Liv. *42, 36, 8*.

2 **nymphaeum**, ▧▶ *1 nympheum*.

Nymphaeus, *i*, m., rivière du Latium : Plin. *3, 57* ‖ de Mésopotamie : Amm. *18, 9, 2*.

Nymphāis, *ĭdis*, f., île près de la Lycie : Plin. *5, 131*.

nymphālis, *e*, de source : Antid. Brux. *2, 85*.

nymphē, *ēs*, ▧▶ *nympha*.

Nymphēa, ▧▶ *2 Nymphaea*.

1 **nymphēum**, *i*, n. (νυμφεῖον), nymphée [sanctuaire des nymphes] : Plin. *35, 151* ‖ établissement de bains froids : Cod. Just. *11, 43, 5*.

2 **Nymphēum**, ▧▶ *-phaeum*.

Nymphĭdĭus, *ii*, m., préfet du prétoire sous Néron : Tac. *H. 1, 5*.

nymphĭgĕna, *ae*, m. f. (*nympha*, *geno*), fils, fille d'une nymphe : Anth. *177, 3*.

Nymphĭus, *ii*, m., nom d'homme : Liv. *8, 25*.

Nymphŏdōrus, *i*, m. (Νυμφόδωρος), nom d'homme : Cic. *Verr. 4, 48*.

Nymphŏdŏtus, *i*, m., nom d'homme : CIL *6, 21141*.

nymphōn, *ōnis*, m. (νυμφών), chambre nuptiale : Tert. *Val. 32, 4*.

1 **Nȳsa**, *ae*, f., nourrice de Bacchus : Plin. 5, 108 ; Serv. B. 6, 15 ‖ nymphe tuée par Bacchus : Cic. Nat. 3, 58.

2 **Nȳsa (-ssa)**, *ae*, f. (Νῦσα), montagne et ville de l'Inde consacrées à Bacchus : Virg. En. 6, 805 ; Mel. 3, 66 ; Plin. 6, 79 ; Curt. 8, 10, 7 ‖ ville de la Samarie [auj. Beisân] : Plin. 5, 74 ‖ **-aeus**, *a*, *um*, de Nysa [dans l'Inde] : Luc. 8, 227 ; de Bacchus : Prop. 3, 15, 22 ‖ **-aei**, m. pl., les habitants de Nysa : Cic. Fam. 13, 64, 1.

Nȳsæus, *i*, m. ¶ 1 un des fils de Denys l'Ancien : *Nep. Dion. 1, 1 ¶ 2 v. Nysa.

Nȳsēis, *ĭdis*, adj. f. (Νυσηίς), de Nysa : Ov. M. 3, 314 ; F. 3, 769.

Nȳsēĭus, c. Nysaeus : Luc. 8, 801.

Nȳseūs, *ĕi* ou *ĕos*, m. (Νυσεύς), un nom de Bacchus : Ov. M. 4, 13.

Nȳsĭăcus, *a*, *um* (Νυσιακός), de Bacchus : Capel. 2, 98.

Nȳsĭăs, *ădis*, adj. f. (Νυσιάς), de Nysa : Ov. F. 3, 769.

Nȳsĭgĕna, *ae*, m. f. (*Nysa*, *geno*), né à Nysa : Catul. 64, 252.

nȳsĭŏs, *ĭi*, m. (νύσιος), le lierre [consacré à Bacchus] : Ps. Apul. Herb. 99.

Nȳsĭus, *a*, *um*, de Nysa : Plin. 16, 147 ‖ **-ĭus**, *ĭi*, m., Bacchus : Cic. Flac. 60.

Nyssŏs (Ni-), *i*, f. (Νύσσος), ville de Macédoine : Plin. 4, 36.

Nystrus, *i*, f., île située près de l'Étolie : Plin. 4, 53.

Nysus, *i*, m., nourricier de Bacchus : Hyg. Fab. 131.

O

1 o, n., f., indécl., 14ᵉ lettre de l'alphabet latin, prononcée ō, **v.** *a* ‖ abrév. de *omnis, optimus, ossa* dans les INSCR..

2 ō, interj. (*oh*, cf. ὤ), servant à appeler, à invoquer; exprimant un vœu, la surprise, l'indignation, la joie, la douleur [avec le voc.] *o mi Furni* CIC. *Fam.* 10, 26, 2, ô mon cher Furnius; *o fortunate adulescens* CIC. *Arch.* 24, ô heureux jeune homme ‖ [avec nom.] *o conservandus civis* CIC. *Phil.* 13, 37, ô citoyen à conserver, cf. ENN. *An.* 8; *Tr.* 14; HOR. *P.* 301; OV. *M.* 4, 155; JUV. 10, 157 ‖ [avec acc.] [le plus souvent] *o me perditum ! o afflictum !* CIC. *Fam.* 14, 4, 3, ah! l'état d'accablement, d'abattement où je suis !; *o istius nequitiam singularem !* CIC. *Verr.* 5, 92, ô lâcheté incroyable de cet individu !, cf. *Att.* 4, 19, 1; 13, 25, 3; *Brut.* 204; *Phil.* 2, 4; 3, 27; *de Or.* 1, 136 ‖ *o utinam* OV. *H.* 1, 5; **c.** *utinam.*

Ŏaenēum, *i*, n., ville d'Illyrie : LIV. 43, 19.

Ŏărīōn, *ōnis*, m. (Ὠαρίων), **c.** *Orion* : CATUL. 66, 94.

Ŏăsēnus, *a, um* (*Oasis*), des oasis : COD. TH. 9, 32, 1.

Ŏăsis, *is*, f. (Ὤασις), nom donné à divers lieux dans le désert : notᵗ la Grande Oasis ou oasis de Thèbes à l'Ouest du Nil; la Petite Oasis au N.-O. de la précédente : COD. JUST. 9, 47, 26 [en grec].

Ŏăsītae nŏmi, m. pl. (*Oasis*), les nomes oasites [au nombre de deux] : PLIN. 5, 50.

Ŏaxēs (-xis), *is*, m. (Ὀάξης), fleuve de Scythie : VIRG. *B.* 1, 65 ‖ **-xis**, *idis*, adj. f., de l'Oaxès, de la Crète : VARR.-ATAC. d. SERV. *B.* 1, 65.

Oaxis, **v.** *Oaxes*.

Oaxus, *i*, m., lac d'Asie : PLIN. 6, 48.

ŏb, prép. avec acc. (cf. *operio*, osq. *op*, ὀπί-, ἐπί, scr. *api*, rus. *o, ob*) ¶ **1** devant [rare] : [avec mouvᵗ] *ob Romam legiones ducere* ENN. *An.* 297, conduire les légions devant Rome, cf. ACC., d., CIC. *Tusc.* 3, 39; L. XII TAB. 2, 3 ‖ [sans mouvᵗ] *ob gulam obstringere*, **v.** *obstringo; ob oculos versari* CIC. *Sest.* 47, se trouver devant les yeux, cf. PL. *Mil.* 1178; 1430 ¶ **2** pour, à cause de : *ob eam rem, ob eam causam*, à cause de cela, pour cette raison : CIC. *Fat.* 23; *Rep.* 1, 12; **v.** *quamobrem; ob eam scientiam* CIC. *Rep.* 1, 32, à cause de cette connaissance; *ob id ipsum quod, quia* CIC. *Fin.* 3, 63; *Tusc.* 1, 11, pour la raison précisément que; *ob amicitiam servatam* CIC. *Lae.* 25, pour avoir conservé l'amitié; *ob hoc, ob id, ob*

haec, à cause de cela : LIV. 25, 37, 17; 25, 35, 7; 21, 50, 11 ¶ **3** pour, en échange de : *ob beneficium* CIC. *Verr.* 2, 137, en retour d'un bienfait; *pecuniam ob absolvendum accipere* CIC. *Verr.* 2, 78, recevoir de l'argent pour absoudre, cf. PL. *Ep.* 703; *Ru.* 861; TER. *Phorm.* 662 ‖ [expression] *ob rem*, en retour d'un résultat réel, avec profit, utilement : TER. *Phorm.* 526; SALL. *J.* 31, 5.

▶ en composition *obs*, souvent réduit à *os* (*ostendo*) ‖ *ob* employé pour *ad* en composition d'après FEST. 218, 21; cf. P. FEST. 187, 11; 221, 3 ‖ construit avec abl. et gén. [tard.] : CIL 9, 4215; 11, 4580.

ŏbăcerbō, *ās, āre*, -, -, aigrir, exaspérer : P. FEST. 203, 12.

ŏbăcĕrō, *ās, āre*, -, - (1 *acus* ?), tr., interrompre [qqn qui parle] : P. FEST. 203, 5.

ŏbaemŭlŏr, *ārĭs, ārī*, -, tr., provoquer, irriter : VL. *Deut.* 32, 21.

ŏbaerārĭus, *ĭi*, m. (*ob aes*), débiteur insolvable : VARR. *R.* 1, 17, 2.

ŏbaerātus, *a, um* (*ob aes*), endetté, obéré : VARR. *L.* 7, 105; SUET. *Caes.* 46 ‖ *-tior* TAC. *An.* 6, 17 ‖ **ŏbaerātus**, *i*, m., débiteur : CIC. *Rep.* 2, 38; CAES. *G.* 1, 4, 2; LIV. 26, 40, 17.

ŏbăgĭtō, **v.** *obigito*.

ŏbambŭlātĭō, *ōnis*, f., allées et venues : HER. 3, 31.

ŏbambŭlō, *ās, āre, āvī, ātum* ¶ **1** se promener devant, aller devant, aller à l'entour **a)** [avec dat.] LIV. 36, 34, 4; VIRG. *G.* 3, 538 **b)** [avec acc.] OV. *M.* 14, 188 ¶ **2** intr., aller et venir, errer, rôder : LIV. 25, 39, 8.

Ŏbărātŏr, *ōris*, m., le Laboureur, dieu du labourage : SERV. *G.* 1, 21.

ŏbardescō, *ĭs, ĕre, arsī*, -, intr., briller devant : STAT. *Th.* 9, 856.

ŏbārescō, *ĭs, ĕre*, -, -, intr., se dessécher : *LACT. *Opif.* 10, 3.

ŏbarmō, *ās, āre, āvī, ātum*, tr., armer [avec idée de lutter contre] : HOR. *O.* 4, 4, 21 ‖ [fig.] APUL. *M.* 8, 16.

ŏbărō, *ās, āre, āvī, ātum*, tr., labourer, retourner la terre : LIV. 23, 19, 14.

ŏbarrātus, *a, um*, garanti par des arrhes : SULP. SEV. *Ep.* 3, 2.

ŏbarsi, parf. de *obardesco*.

ŏbātrātus, *a, um* (*ob, ater*), noirci : PLIN. 18, 349.

ŏbātrescō, *ĭs, ĕre*, -, - (*ob, ater*), intr., devenir noir : FIRM. *Math.* 1 pr.; 4.

ŏbaudĭens, *entis* (*obaudio*), obéissant : *-tior* AMBR. *Ep.* 21.

ŏbaudĭentĭa, *ae*, f. (*obaudiens*), obéissance : TERT. *Cast.* 2, 5.

ŏbaudĭō, *īs, īre, ĭī*, - (de *oboedio*) ¶ **1** intr., obéir : APUL. *M.* 3, 5; TERT. *Marc.* 2, 2, 7 ¶ **2** tr., écouter : VULG. *Eccli.* 39, 17.

ŏbaudītĭō, *ōnis*, f. (*obaudio*), obéissance : GLOSS. 2, 463, 13.

ŏbaudītŭs, abl. *ū*, m., action de prêter l'oreille, attention : VL. *Job* 42, 5.

ŏbaurātus, *a, um*, doré : APUL. *M.* 11, 8.

1 obba, *ae*, f. (empr.), sorte de coupe, de pot pour le vin : VARR. *Men.* 114; PERS. 5, 148, cf. NON. 146, 545 ‖ coupe avec laquelle on faisait des libations aux morts : TERT. *Apol.* 13, 7.

2 Obba, *ae*, f., ville d'Afrique, dans le voisinage de Carthage : LIV. 30, 7, 10.

obbĭbō, *ĭs, ĕre*, -, -, tr., boire entièrement : PS. HIPPOCR. *Ep. ad Antioch.* 8.

obbrūtescō, *ĭs, ĕre, tŭī*, -, intr., s'engourdir : LUCR. 3, 543; *obbrutui* AFRAN. *Com.* 420, je suis tout interdit.

obc-, **v.** *occ-*.

obdensātĭō, *ōnis*, f., épaississement : CAEL.-AUR. *Chron.* 1, 1, 47.

obdĭtus, *a, um*, part. de *obdo*.

obdō, *ĭs, ĕre, dĭdī, dĭtum* (*ob, do*), tr., mettre devant, fermer : *pessulum ostio* TER. *Eun.* 603, verrouiller la porte, cf. *Haut.* 278; *forem* PL. *Cas.* 893, fermer la porte, cf. TAC. *An.* 13, 5; *ceram auribus* SEN. *Ep.* 31, 2, boucher les oreilles avec de la cire ‖ [poét.] ➡ *objicio*, offrir, présenter : HOR. *S.* 1, 3, 59.

obdormĭō, *īs, īre, īvī, ītum*, intr., dormir profondément, dormir : CELS. 3, 18, 15; PLIN. 16, 51 ‖ tr., *obdormivi crapulam* PL. *Most.* 1122, j'ai cuvé mon vin [corr. *edormivi*].

obdormiscō, *scĭs, scĕre, mīvī, mītum*, intr., s'endormir [pr. et fig.] : CIC. *Tusc.* 1, 117; *obdormivit* CIC. *Tusc.* 1, 92, cf. SUET. *Aug.* 94; PLIN. 20, 158.

obdormītĭō, *ōnis*, f. (*obdormio*), engourdissement : AUG. *Psalm.* 4, 9; 75, 10.

obdormītō, *ās, āre*, -, -, intr. (fréq. de *obdormio*), dormir habituellement : FORT. *Ep.* 3, 4, 1.

obdūcō, *ĭs, ĕre, dūxī, ductum*, tr. ¶ **1** conduire en face de, pousser en avant : CIC. *Att.* 1, 1, 2 ‖ [fig.] *posterum diem* CIC.

obduco

Att. 16, 6, 1, faire avancer le jour suivant, l'ajouter au précédent ¶ **2** mener devant ou sur: *fossam* Caes. *G.* 2, 8, 3, tracer un fossé en avant; *obducta veste* Tac. *An.* 4, 70, son vêtement étant ramené sur sa bouche; [fig.] *callum stomacho* Cic. *Fam.* 9, 2, 3, étendre du cal sur l'estomac = endurcir, rendre insensible qqn; *callum dolori* Cic. *Tusc.* 2, 36, émousser la douleur; *tenebras clarissimis rebus* Cic. *Ac.* 2, 16, répandre l'obscurité sur le sujet le plus clair; *obducta nocte* Nep. *Hann.* 5, 2, la nuit s'étant répandue; *cicatrix rei publicae obducta* Cic. *Agr.* 3, 4, cicatrice étendue sur l'État, les plaies de l'État cicatrisées ¶ **3** recouvrir: *trunci obducuntur cortice* Cic. *Nat.* 2, 120, les troncs se recouvrent d'écorce, cf. Cic. *Nat.* 2, 121; *Leg.* 2, 56; [poét.] voiler: *frons obducta* Hor. *Epo.* 15, 5, front couvert, assombri, cf. Sen. *Marc.* 1, 5 ‖ [fig.] cicatriser: *dolor obductus* Virg. *En.* 10, 64, ressentiment assoupi, cf. Ov. *M.* 12, 543 ‖ fermer: *penetralia obducta* Luc. 5, 69, sanctuaire fermé ¶ **4** tirer à soi, absorber, boire: Cic. *Tusc.* 1, 96; Sen. *Prov.* 3, 12 ¶ **5** réfuter: Tert. *Apol.* 46, 2.
▶ inf. parf. sync. *obduxe*, Pl. *Merc.* 7.

obductĭo, *ōnis*, f. (*obduco*), action de couvrir, de voiler: Cic. *Rab. perd.* 16; Arn. 1, 9.

obductō, *ās, āre, -, -* (fréq. de *obduco*), tr., amener fréquemment: Pl. *Merc.* 786.

1 obductus, *a, um*, part. de *obduco*.

2 obductŭs, *ūs*, m., affront, affliction: Vulg. *Eccli.* 25, 20.

obdulcātus, *a, um*, part. de *obdulco*.

obdulcescō, *ĭs, ĕre, -, -* (*ob, dulcesco*), intr., devenir doux: Aug. *Conf.* 7, 20, 26.

obdulcō, *ās, āre, -, ātum* (*ob, dulcis*), tr., rendre doux, édulcorer, adoucir: Aug. *Serm.* 157, 1 ‖ [fig.] Ambr. *Ep.* 64, 2.

obdūrātĭo, *ōnis*, f. (*obduro*), action d'endurcir: Aug. *Ep.* 105.

obdūrĕfăcĭō, *ĭs, ĕre, -, -* (de *obduresco, facio*), tr., durcir: Non. 23, 6.

obdūrescō, *ĭs, ĕre, rŭī, -* (*ob, duresco*), intr., se durcir, devenir dur: Cat. *Agr.* 50; Varr. *R.* 3, 14, 5 ‖ [fig.] s'endurcir, devenir insensible: Cic. *Mil.* 76; *Fam.* 2, 16, 1; 5, 15, 2; *consuetudine obduruimus* Cic. *Phil.* 2, 108, nous nous sommes endurcis par l'habitude; *ad ista obduruimus* Cic. *Att.* 13, 2, je me suis endurci à cela.

obdūrō, *ās, āre, āvī, ātum* (*ob, duro*; it. *addurare*) ¶ **1** intr., tenir bon, persévérer: Pl. *As.* 322; Catul. 8, 11; Hor. *S.* 2, 5, 39; [pass. impers.] *quare obduretur* Cic. *Att.* 12, 3, 1, qu'on prenne donc patience ¶ **2** tr., endurcir: Lact. *Inst.* 1, 1, 23; Cod. Just. 10, 19, 2; Vulg. *Deut.* 15, 7.

obduxĕ, v. *obduco* ▶.

obduxi, parf. de *obduco*.

ŏbēd-, v. *oboed-*.

ŏbĕdō, *ĭs, ĕre, -, ēsum*, tr., ronger, miner: Aetn. 344; v. *obesus*.

ŏbĕliscus, *i*, m. (ὀβελίσκος), obélisque: Isid. 18, 31; Plin. 36, 64 ‖ [fig.] bouton de la rose: Aus. *App.* 2 (361), 27 ‖ c. *obelus*; Aug. *Ep.* 71, 3.

ŏbĕlō, *ās, āre, -, ātum* (*obelus*), tr., marquer d'un obèle: Isid. 1, 20, 21.

ŏbĕlus, *i*, m. (ὀβελός), obèle, signe critique [comme une broche] dont on marquait les fautes dans un manuscrit: Isid. 1, 20, 3.

Obensis, *e*, d'Obba [Bétique] Atlas IV, E2: CIL 2, 1330.

ŏbĕō, *īs, īre, īvī ĭī, ĭtum*, intr. et tr.
I intr. ¶ **1** aller vers, devant: *donec vis obiit* Lucr. 1, 222, jusqu'à ce que se présente une résistance; *ad omnes hostium conatus* Liv. 31, 21, 9, s'opposer à toutes les tentatives des ennemis ¶ **2** descendre à l'horizon, se coucher [en parl. d'un astre]: Cic. *Rep.* 6, 22 ¶ **3** s'en aller, périr, mourir: Lucr. 3, 1045; Hor. *O.* 3, 9, 24; Liv. 7, 39, 13; *voluntaria morte* Suet. *Galb.* 4, se donner la mort.
II tr. ¶ **1** s'approcher de, atteindre, *aliquid*, qqch.: Cic. *Cat.* 3, 25 ¶ **2** visiter, parcourir: *regiones pedibus* Cic. *Fin.* 5, 87, parcourir des régions à pied; *fundos* Cic. *de Or.* 1, 249, visiter ses propriétés; *oculis* Plin. *Ep.* 3, 7, 13, parcourir des yeux ‖ passer en revue: *omnes civitates oratione* Cic. *Verr.* 2, 125, passer en revue toutes les cités dans un discours ‖ *cenas* Cic. *Att.* 9, 13, 6, courir les dîners ¶ **3** aller au-devant de qqch., se charger de, s'acquitter de: *legationem* Cic. *Att.* 15, 7, s'acquitter d'une légation; *facinus* Cic. *Cat.* 1, 26, accomplir un crime; *negotium* Cic. *Pomp.* 34, s'acquitter d'une tâche; *hereditates* Cic. *Agr.* 1, 8, recueillir des héritages ‖ *vadimonium* Cic. *Quinct.* 54, se rendre à l'assignation; *diem* Cic. *Phil.* 3, 20, être exact au jour fixé; *annum petitionis suae* Cic. *Fam.* 10, 25, 2, ne pas laisser passer l'année de sa candidature (se présenter juste l'année où la candidature est permise) ¶ **4** [en part.] *diem suum* Sulp. *Fam.* 4, 12, 2; *diem supremum* Nep. *Milt.* 7, 6, [diem seul] Suet. *Vesp.* 1, mourir ‖ *mortem obire* Cic. *Phil.* 9, 2, mourir; *morte obita* Cic. *Sest.* 83, après la mort ¶ **5** [poét.] aller autour, entourer: *chlamydem limbus obibat aureus* Ov. *M.* 5, 51, une bande d'or bordait la chlamyde, cf. Virg. *En.* 10, 483.
▶ parf. *obit*, Lucr. 3, 1043 ‖ *ŏbīnunt* = *obeunt* P. Fest. 207, 1.

ŏbĕquĭtō, *ās, āre, āvī, ātum* ¶ **1** intr., chevaucher devant ou autour [avec dat.]: Liv. 21, 54, 4; Curt. 8, 10, 6 ¶ **2** tr., Amm. 24, 2, 9.

ŏberrō, *ās, āre, āvī, ātum* ¶ **1** intr., errer devant ou autour [avec dat.]: Tac. *An.* 1, 65 ‖ [fig.] Sen. *Herc. f.* 1281; Curt. 8, 6, 26 ‖ *crebris oberrantibus rivis* Curt. 3, 4, 12, des ruisseaux faisant souvent obstacle çà et là ‖ se tromper [de corde, en jouant de la lyre]: Hor. *P.* 356 ¶ **2** tr., parcourir: Pers. 4, 26; Apul. *M.* 9, 4, 4; Claud. *Pros.* 1, 262.

obescet, arch. pour *oberit*, v. *escit*: P. Fest. 207, 5.

ŏbēsĭtās, *ātis*, f. (*obesus*), obésité, excès d'embonpoint: Suet. *Dom.* 18; Cl. 41 ‖ excès de grosseur [en parl. des arbres]: Plin. 17, 219.

ŏbēsō, *ās, āre, -, -* (*obēsus*), tr., engraisser: Col. 8, 7, 4.

ŏbēsus, *a, um* (*ob, ĕdo*) ¶ **1** rongé, maigre: Laev. d. Gell. 19, 7, 3; Non. 361, 17 ¶ **2** qui s'est bien nourri; obèse, gras, replet: Cels. 2, 1, 5; Virg. *G.* 3, 80; Hor. *Ep.* 1, 15, 40; *fauces obesae* Virg. *G.* 3, 497, gorge enflée [par l'angine] ‖ [fig.] épais, grossier: *homo naris obesae* Hor. *Epo.* 12, 3, qui n'a pas l'odorat fin ‖ -*sissimus* Plin. 11, 200.

ŏbĕundus, *a, um*, adj. verbal de *obeo*.

ŏbĕuntis, gén. de *obiens*; part. de *obeo*.

ŏbex, *ĭcis* (*objicis* de l'ancien nom. *objex*), m. et qqf. f. (*objicio*), barre, verrou [placé devant la porte pour la fermer]: P. Fest. 201, 28; Virg. *En.* 8, 227; Tac. *H.* 3, 30; *An.* 13, 39 ‖ [en gén.] barrière, obstacle: Virg. *G.* 2, 480; *En.* 10, 377; Liv. 6, 33, 11; *per obices viarum eamus* Liv. 9, 3, 1, franchissons les obstacles de la route ‖ [fig.] empêchement: Plin. *Pan.* 47, 5.

obf-, v. *off-*.

obfŭi, parf. de *obsum*.

obfŭtūrus, part. fut. de *obsum*.

obg-, v. *ogg-*.

ŏbhaerĕō, *ēs, ēre, -, -*, intr., adhérer, être attaché à [avec dat.]: Suet. *Tib.* 2.

ŏbhaerescō, *ĭs, ĕre, haesī, -*, intr., s'attacher à [avec dat.]: Suet. *Ner.* 19; Apul. *M.* 6, 12, 5 ‖ *in medio flumine* Lucr. 4, 420, s'arrêter au milieu du fleuve ‖ [fig.] *alicui* Sen. *Tranq.* 8, 3, faire corps avec qqn.

ŏbhaesi, parf. de *obhaeresco*.

ŏbherbescō, *ĭs, ĕre, -, -*, intr., croître en herbe: P. Fest. 207, 17.

ŏbhorrescō, *ĭs, ĕre, horrŭī, -*, intr., s'effrayer de: *VL. Jer.* 2, 12.

ŏbhŭmō, *ās, āre, -, -* (*humus*), tr., ensabler, remblayer: Tert. *Pall.* 2, 2.

ŏbĭcĭo, v. *objicio*.

ŏbĭcis, gén. de *obex*.

ŏbĭens, *ĕuntis*, part. de *obeo*.

ŏbĭfer, *ĕri*, m, v. *ovifer*: Diocl. 8, 25.

Obigēnē, *ēs*, f., l'Obigène [partie de la Lycaonie] [al. Obizene Plin. 5, 147.

ŏbĭgĭtō, *ās, āre, -, -* (*agito*), tr., pousser devant soi, harceler: *Enn. Sat.* 5; Fest. 204, 35.

ŏbĭi, parf. de *obeo*.

Obilunnum, *i*, n., ville des Alpes Grées [La Bâthie]: Anton. 346.

ŏbinductus, *a*, *um*, qui s'est introduit devant : Gloss. 2, 397, 37.

ŏbīnunt, ▶ obeo ▶.

ŏbīrāscŏr, *scĕrīs*, *scī*, *īrātus sum*, intr., s'irriter contre [avec dat.] : Sen. *Tranq.* 2, 11 ‖ s'irriter : Apul. *Apol.* 3 ‖ ▶ *obiratus*.

ŏbīrātĭō, *ōnis*, f. (*obirascor*), colère, rancune, ressentiment : Cic. *Att.* 6, 3, 7.

ŏbīrātus, *a*, *um*, part. de *obirascor*, irrité contre [dat.] : Liv. 1, 31, 3 ; Sen. *Ep.* 56, 9.

ŏbĭtĕr, adv. (*ob iter*, cf. *obviam*), v. Char. 209, 12, chemin faisant, en passant : Laber. *Com.* 157 ; Juv. 3, 241 ; Plin. 18, 97 ‖ en passant, sans insister : Sen. *Ir.* 3, 1, 3 ; Plin. 37, 118 ‖ à l'instant, aussitôt, tout de suite : Apul. *M.* 6, 26.

ŏbĭti, gén., ▶ 2 *obitus* ▶.

ŏbĭtūrus, *a*, *um*, part. fut. de *obeo*.

1 ŏbĭtus, *a*, *um*, part. de *obeo*.

2 ŏbĭtŭs, *ūs*, m. ¶ 1 action de se présenter à qqn, arrivée : *obitus = aditus* P. Fest. 207, 3 ; Turpil. d. Non. 357, 21 ‖ visite : Ter. *Hec.* 859 ; Apul. *M.* 9, 13 ¶ 2 coucher [des astres] : Cic. *Div.* 1, 128 ; *Nat.* 2, 19 ; Virg. *G.* 1, 257 ‖ fin, mort, trépas : Cic. *Pis.* 34 ; *Rep.* 2, 52 ‖ destruction : [en parl. d'armée] Caes. *G.* 2, 29, 5 ; [en parl. de choses] Cic. *Div.* 2, 37 ‖ affrontement : Tert. *Fug.* 1, 2.
▶ gén. *obiti*, Apul. *Plat.* 2, 22.

ŏbīvi, parf. de *obeo*.

Obizēnē, f., ▶ *Obigene*.

objăcĕō, *ēs*, *ēre*, *ŭī*, -, intr., être couché devant : Fest. 222, 20 ‖ être situé devant ou auprès : *Enn. *Tr.* 202 ; Liv. 10, 36, 13 ; Tac. *H.* 5, 6 ; [avec dat.] *saxa objacentia pedibus* Liv. 2, 65, 4, les rochers qui sont sous leurs pieds, cf. Mel. 2, 37.

objēci, parf. de *objicio*.

objectācŭlum, *i*, n. (*objecto*), digue, môle : Varr. *R.* 3, 17, 9.

objectāmĕn, *ĭnis*, n., Gloss. 2, 283, 64, **-mentum**, *i*, n., Apul. *Apol.* 1, reproche, accusation.

objectātĭō, *ōnis*, f., ⓒ ▶ *objectamen* : Caes. *C.* 3, 60, 2.

objectātus, *a*, *um*, part. de *objecto*.

objectĭō, *ōnis*, f. (*objicio*) ¶ 1 action de mettre devant, d'opposer : Ambr. *Ep.* 100, 14 ; Arn. 6, 3 ¶ 2 [fig.] action de reprocher, reproche : Tert. *Ux.* 2, 5, 3 ; Capel. 5, 445 ‖ objection : Aug. *Ep.* 166, 15 ; Macr. *Somn.* 2, 16, 20.

objectĭuncula, *ae*, f. (dim. de *objectio*), légère objection : Ambr. *Fid.* 4, 5.

objectō, *ās*, *āre*, *āvī*, *ātum* (fréq. de *objicio*), tr. ¶ 1 mettre devant, opposer : Virg. *G.* 1, 386 ; Stat. *Th.* 1, 662 ¶ 2 exposer [à un danger] : Sall. *J.* 7, 1 ; Virg. *G.* 4, 218 ; *En.* 2, 751 ; Tac. *An.* 2, 5 ‖ [fig.] interposer : *moras* Ov. *Hal.* 91, retarder ‖ jeter à la face, objecter, imputer, reprocher, *aliquid alicui*, qqch. à qqn : Cic. *Dom.* 6 ; *Planc.* 76 ; Sall. *J.* 85, 14 ; Caes. *C.* 3, 48, 2 ‖ [avec prop. inf.] Pl. *Merc.* 411 ; Liv. 10, 15, 12, reprocher de ‖ dire par manière de reproche [avec prop. inf.] : Pl. *Most.* 810.

objectŏr, *ōris*, m. (*objicio*), celui qui s'oppose : Non. 130, 19.

1 objectus, *a*, *um*, part. de *objicio*.

2 objectŭs, *ūs*, m., action de mettre devant, d'opposer, obstacle, barrière : *dare objectum parmai* [= -ae] Lucr. 4, 847, opposer l'obstacle du bouclier, cf. Col. 3, 19, 2 ; Tac. *H.* 3, 9 ; *molium objectus* [pl.] Tac. *An.* 14, 8, la barrière des digues ‖ objet qui s'offre aux regards, spectacle : *quo repentino objectu viso* *Nep. *Hann.* 5, 2, à la vue de ce spectacle soudain ‖ interposition : Ambr. *Ep.* 63, 56.

objex, anal. de *objicio*, ▶ *obex* : Sidon. *Carm.* 2, 493 ; Avit. *Carm.* 1, 288.

objĭcĭō (**ōbĭcĭō**), *ĭs*, *ĕre*, *jēcī*, *jectum*, tr. ¶ 1 jeter devant : *feris corpus* Cic. *Amer.* 71, jeter un corps aux bêtes féroces ; *cibum canibus* Plin. 8, 145, jeter aux chiens une pâture, cf. Virg. *En.* 6, 420 ‖ placer devant, exposer : *se hostium telis* Cic. *Tusc.* 1, 89, s'exposer aux traits des ennemis, cf. Cic. *Mil.* 37 ‖ [pass.] se présenter, se montrer : *objiciuntur saepe formae* Cic. *Div.* 1, 81, souvent des formes se présentent devant nous = nous croyons voir des apparitions, cf. *Div.* 2, 143 ; *Ac.* 2, 49 ¶ 2 placer devant [comme protection, défense], opposer : *carros pro vallo* Caes. *G.* 1, 26, 3, se faire un rempart des chariots ; *faucibus portus navem submersam* Caes. *C.* 3, 39, 2, devant l'entrée du port mettre comme obstacle un navire coulé (obstruer l'entrée du port au moyen d'un...) ; *scutum* Liv. 2, 10, 10, opposer son bouclier aux coups ; *silva pro nativo muro objecta* Caes. *G.* 6, 10, 5, forêt opposée comme un mur naturel ¶ 3 [fig.] jeter en avant, exposer : *hominibus feris legatum* Caes. *G.* 1, 47, 3, exposer un ambassadeur à la merci d'hommes sauvages : *objici rei, ad rem* Cic. *Mur.* 87 ; *Fam.* 6, 4, 3, être exposé à qqch. ; *se objicere in dimicationes* Cic. *Arch.* 14, s'exposer à des luttes ¶ 4 jeter dans, faire pénétrer dans, inspirer : *alicui furorem* Cic. *Amer.* 40, jeter l'égarement dans l'esprit de qqn ; *rabiem canibus* Virg. *En.* 7, 479, insuffler la rage aux chiens : *objiciebatur animo metus quidam* Cic. *Tusc.* 2, 10, il se glissait dans l'âme une sorte d'effroi ; *terrorem alicui* Liv. 27, 1, 6, inspirer de la terreur à qqn ¶ 5 reprocher, objecter : *alicui ignobilitatem* Cic. *Phil.* 3, 15, reprocher à qqn une obscure naissance ; [avec prop. inf.] *objicit mihi me ad Baias fuisse* Cic. *Att.* 1, 16, 10, il me reproche d'avoir été à Baies ; [avec *quod*] *non tibi objicio, quod... spoliasti* Cic. *Verr.* 4, 37, je ne te reproche pas d'avoir dépouillé ; *de aliquo, de aliqua re* Cic. *Planc.* 75 ; *Cael.* 6, faire un reproche touchant qqn, qqch. ‖ pl. n. du part. *objecta*, accusations, reproches : Quint. 4, 2, 26 ; 7, 2, 29 ¶ 6 proposer : *unum ex judicibus selectis* Hor. *S.* 1, 4, 123, proposer comme exemple un des juges choisis ; *delenimentum animis Bolani agri divisionem* Liv. 4, 51, 5, proposer pour calmer les esprits le partage du territoire de Boles.
▶ *objexim = objecerim* Pl. *Poen.* 315 ; *Cas.* 295.

objurgātĭō, *ōnis*, f. (*objurgo*), reproches, réprimande, blâme : Cic. *Lae.* 89 ; *de Or.* 2, 339 ; *Cael.* 27 ‖ pl., Cic. *Off.* 1, 136 ; Sen. *Ep.* 94, 39.

objurgātŏr, *ōris*, m. (*objurgo*), celui qui fait des reproches, qui blâme, réprimande : Cic. *Verr.* 3, 4 ; *Nat.* 1, 5 ; *noster* Cic. *Agr.* 3, 11, mon censeur, cf. *Div.* 1, 111.

objurgātōrĭus, *a*, *um* (*objurgator*), de reproches, de blâme : Cic. *Att.* 13, 6, 3 ; Gell. 1, 26, 7 ; 9, 2, 3.

objurgĭtō, *ās*, *āre*, -, -, (fréq. de *objurgo*) : *Pl. *Trin.* 68 ; 70 ; correction : *objurigo*, ▶ *objurgo*.

objurgō, *ās*, *āre*, *āvī*, *ātum*, tr. ¶ 1 réprimander, gourmander, blâmer, *aliquem*, qqn : Cic. *Cael.* 25 ; *Lae.* 88 ; 90 ; *aliquem in (de) aliqua re* Cic. *Fam.* 3, 8, 6 ; *Att.* 2, 1, 6, blâmer qqn à propos de qqch. ; *rem* Cic. *Q.* 3, 1, 10 ; Sen. *Ep.* 93, 1 ; 107, 9, blâmer qqch. ‖ *aliquem quod* subj., Cic. *de Or.* 2, 305, reprocher à qqn de ; ⓒ *Fam.* 2, 9, 2 ; *alicui* Diom. 320, 3, faire des reproches à qqn ¶ 2 chercher à détourner de, *aliquem ab aliqua re*, qqn de qqch. : Pl. *Trin.* 680 ‖ punir, châtier : Sen. *Ir.* 3, 12, 6 ; *Ben.* 4, 36, 2 ; Suet. *Cal.* 20.

objurgor, *āris*, *āri*, *ātus sum*, dép., ⓒ *objurgo* : Cael. *Fam.* 8, 9, 1 ; v. Gaffiot *Rev. Phil.* 53, p. 147.

objūrĭgō, *ās*, *āre*, -, -, primitif de **objurgo**, ▶ *objurgito*.

objūrō, *ās*, *āre*, -, -, intr., se lier par un serment : Fest. 206, 3 ; P. Fest. 207, 2.

oblanguescō, *ĭs*, *ĕre*, *gŭī*, -, intr., s'alanguir [fig.] : Cic. *Fam.* 16, 10, 2.

oblăquĕātĭō, *ōnis*, f. (*oblaqueo*), déchaussement [des arbres] : Isid. 17, 5, 30.

1 oblăquĕō, *ās*, *āre*, -, - (*laqueus*), tr., déchausser des arbres : Col. 2, 14, 3 ; Isid. 17, 5, 31 ; ▶ *ablaqueo*.

2 oblăquĕō, *ās*, *āre*, -, - (*laqueus*), tr., enchâsser, sertir [une pierre] : Tert. *Res.* 7, 8.

oblāta, *ae*, f. (*offero*, 2 *oblatus* ; fr. *oublie*), (s.-ent. *hostia*) hostie : Hil. *Matth.* 14, 4 ; *Anon. Vales. 2, 81.

oblātīcĭus, *a*, *um* (*oblatus*), offert, donné volontairement : Sidon. *Ep.* 7, 9, 21 ; *aurum oblaticium* Cod. Th. 6, 2, 16, don en or [or offert, en certaines occasions, à l'empereur par les sénateurs].

oblātĭō, *ōnis*, f. (*offero*), action d'offrir, de donner volontairement : Dig. 5, 2, 10 ‖ offre, enchère [dans une vente] : Cod. Th. 5, 13, 18 ‖ don, présent : Cod. Th. 6, 2, 14 ‖

oblatio

sacrifice : Vulg. *Eph. 5, 2* ‖ eucharistie, messe : Cypr. *Ep. 63, 9*.

oblātīvus, *a, um* (*offero*), qui s'offre de soi-même, volontaire : Symm. *Ep. 10, 43*.

oblātŏr, *ōris*, m. (*offero*), celui qui offre : Tert. *Marc. 2, 26, 4*.

oblātrātĭo, *ōnis*, f. (*oblatro*), aboiements, injures : Hier. *Ep. 133, 13*.

oblātrātŏr, *ōris*, m. (*oblatro*), aboyeur [fig.] : Sidon. *Ep. 1, 3, 2*.

oblātrātrix, *īcis*, f., celle qui aboie [fig.] : Pl. *Mil. 681*.

oblātrō, *ās, āre*, -, - ¶ 1 intr., aboyer, se déchaîner, *alicui*, contre qqn : Sen. *Ir. 3, 43, 1* ¶ 2 tr., *aliquem* : Sil. *8, 251*.

1 oblātŭs, *ūs*, m., action d'apporter : Sidon. *Ep. 7, 9, 6*.

2 oblatus, *a, um*, part. de *offero*.

oblectābĭlis, *e* (*oblecto*), amusant, agréable : Aus. *Epist. 19 (409), l. 39*.

oblectāmĕn, *ĭnis*, Ov. *M. 9, 342* et **oblectāmentum**, *i*, n., Cic. *CM 52 ; 55* ; Verr. *4, 134* (*oblecto*), amusement, divertissement.

oblectātĭo, *ōnis*, f. (*oblecto*), action de distraire, de divertir, amusement, divertissement : *indagatio ipsa habet oblectationem* Cic. *Ac. 2, 127*, la recherche par elle-même est un divertissement ; *animi* Cic. *de Or. 1, 118*, récréation de l'esprit.

oblectātŏr, *ōris*, m. (*oblecto*), celui qui charme, qui divertit, qui amuse : Apul. *Flor. 17*.

oblectātōrĭus, *a, um*, amusant, divertissant : Gell. *18, 2*.

oblectō, *ās, āre, āvī, ātum* (fréq., *ob, lacio* et *adlecto*), tr., amuser, récréer : *aliqua re se* Cic. *CM 56*, se distraire au moyen de qqch., prendre du plaisir à qqch. ; *se oblectare* [abs¹] Cic. *Q. 2, 12, 1* ; *Off. 3, 58*, se distraire ; *haec studia senectutem oblectant* Cic. *Arch. 16*, ces études font l'agrément de la vieillesse ; *se cum aliquo* Cic. *de Or. 2, 61* ; *Q. 2, 13, 4*, prendre du plaisir avec qqn, dans la compagnie de qqn [ou *se aliquo* Ter. *Eun. 195*] ; *in aliqua re se* Ter. *Ad. 49*, prendre plaisir à qqch. ‖ charmer, occuper agréablement [le temps] : Plin. *Ep. 4, 14, 15*.

oblēgatus, *a, um*, imposé, commandé : Gloss. *5, 36, 27*.

oblēnĭō, *īs, īre*, -, -, tr., adoucir, calmer [la colère] : Sen. *Ir. 3, 9, 1*.

oblēvi, parf. de *oblino*.

oblīcus, *a, um*, V.▸ *obliquus*.

oblīdō, *īs, ĕre, līsī, līsum* (*ob, laedo*), tr., serrer fortement : Cic. *Scaur. 10* ; Tac. *An. 5, 9* ‖ étouffer : Plin. *Ep. 6, 20, 16* ; Col. *7, 3, 8*.

oblĭgāmentum, *i*, n. (*obligo*), lien : Tert. *Cor. 14, 1* ‖ [fig.] obligation morale : Tert. *Marc. 3, 22, 3*.

oblĭgātĭo, *ōnis*, f. (*obligo*) ¶ 1 embarras [de la langue] : Just. *13, 7, 1* ¶ 2 [fig.] action d'impliquer [dans un procès] : Dig. *48, 10, 1* ‖ action de répondre de : *sententiae, pecuniae pro aliquo* Cic. *ad Brut. 1, 18, 3*, action de répondre des opinions, des dettes de qqn ‖ obligation [rapport de droit entre débiteur et créancier] : Inst. Just. *3, 13 pr.* ; Dig. *44, 7, 1-3* ; *pignoris obligatio* Dig. *20, 1, 23, 1*, la dette grevant le gage ; *res obligata hypothecae nomine* Dig. *22, 4, 4*, une chose grevée d'une obligation au titre d'une hypothèque ¶ 3 lien, chaîne, dépendance : Vulg. *Act. 8, 23*.

oblĭgātōrĭus, *a, um* (*obligo*), obligatoire, qui a la force d'obliger : Dig. *17, 1, 2*.

oblĭgātūra, *ae*, f., lien, chaîne : Gloss. *2, 340, 38*.

oblĭgātus, *a, um*, part. de *obligo*, adj¹, obligé de qqn (*alicui*) : Cic. *Fam. 13, 18, 2* ; *obligatior* Plin. *Ep. 8, 2, 8*.

oblĭgō, *ās, āre, āvī, ātum*, tr. ¶ 1 attacher à, contre : *obligatus corio* Her. *1, 23*, attaché dans un sac ‖ attacher ensemble, fermer d'un lien [une lettre] Pl. *Bac. 748* ; [une bourse] Pl. *Truc. 928* ‖ bander une plaie : *vulnus* Cic. *Nat. 3, 57*, ou *aliquem* Cic. *Tusc. 2, 38*, faire un pansement à qqn ¶ 2 [fig.] **a)** lier, engager, obliger : *se nexu* Cic. *Mur. 3*, se lier par un contrat de vente ; *voti sponsio, qua obligamur Deo* Cic. *Leg. 2, 41*, la promesse d'un vœu par laquelle nous nous engageons envers Dieu ; *aliquem sibi liberalitate* Cic. *Q. 2, 12, 3*, s'attacher qqn par sa libéralité ; *obligatus alicui* Cic. *Fam. 6, 11, 1*, obligé de qqn ; *in publica obligata fide* Liv. *29, 16, 2*, quand la bonne foi de l'État est engagée ; *reddere obligatam dapem* Hor. *O. 2, 7, 17*, donner le festin promis **b)** engager, hypothéquer : *fortunas suas obligaverunt* Cic. *Cat. 2, 10*, ils ont grevé leurs biens d'hypothèques, cf. Cic. *Agr. 3, 9* **c)** lier, enchaîner : Cic. *Verr. prim. 24* ‖ faire participer à la responsabilité d'une faute : *cum populum Romanum scelere obligasses* Cic. *Dom. 20*, après avoir rendu le peuple romain complice de ton crime ‖ *se obligare scelere* (*obligari fraude*), se rendre coupable d'un crime : Suet. *Caes. 42* ; Cic. *Div. 1, 7* ; *se obligare furti* Scaev. d. Gell. *6, 15, 2*, se rendre passible d'une condamnation pour vol.

oblĭgūrĭō (**-gurrĭō**), *īs, īre, īī*, -, tr., lécher ; [fig.] manger, dissiper : Enn. d. *Don. Phorm. 339* ; Jul.-Val. *1, 27* ; V.▸ *abligurio*.

oblīmō, *ās, āre, āvī, ātum* (*ob, limus*), tr. ¶ 1 couvrir de limon, obstruer avec du limon : Cic. *Nat. 2, 130* ; Suet. *Aug. 18* ‖ boucher : Virg. *G. 3, 136* ¶ 2 [fig.] brouiller, confondre, obscurcir : Claud. *Pros. 3, 29* ; Solin. *11, 3* ‖ embourber (son patrimoine) = le mettre dans une situation critique, le dissiper : Hor. *S. 1, 2, 62*.

oblingō, *īs, ĕre*, -, -, tr., lécher : CIL *4, 760*.

oblīni, V.▸ *oblino* ▸.

oblĭnĭō, *īs, īre, īī, ītum*, tr., enduire, couvrir, souiller : Col. *5, 9, 3* ‖ [fig.] effacer : Ambr. *Spir. 3, 10, 60*.

oblĭnītus, *a, um*, part. de *oblinio*.

oblĭnō, *ĭs, ĕre, lēvī, lĭtum*, tr. ¶ 1 enduire, oindre : *cerussa malas* Pl. *Most. 258*, se mettre du blanc sur les joues ; *obliti unguentis* Cic. *Cat. 2, 10*, imprégnés de parfums ; *oblitus cruore et luto* Cic. *Mil. 86*, souillé de sang et de boue ‖ [sens réfléchi] *oblitus faciem suo cruore* Tac. *An. 2, 17*, s'étant barbouillé le visage avec son sang ¶ 2 [en part.] **a)** boucher [avec de l'argile, avec de la poix], des tonneaux, une amphore : Tac. *Agr. 36* ; *127* **b)** effacer, raturer [l'écriture sur une tablette de cire] : Gell. *20, 6, 4* **c)** [métaph.] *villa oblita tabulis pictis* Varr. *R. 3, 2, 5*, villa aux murs tout recouverts de tableaux ; *divitiis oblitus* Hor. *Ep. 2, 1, 204*, surchargé de richesses ¶ 3 [fig.] **a)** imprégner : *se externis moribus* Cic. *Brut. 51*, s'imprégner de mœurs exotiques ; *facetiae oblitae Latio* Cic. *Fam. 9, 15, 2*, plaisanteries imprégnées de l'esprit du Latium **b)** souiller : *se* Cic. *Rep. 3, 8*, se salir ; *oblitus parricidio* Cic. *Phil. 11, 27*, souillé d'un parricide **c)** *os alicui* Pl. *Curc. 589*, barbouiller la figure de qqn = le berner, le duper.

▸ parf. *oblinerunt*, Varr. d. Prisc. *2, 530, 1*.

oblīquātĭo, *ōnis*, f. (*obliquo*), obliquité : Macr. *Sat. 7, 1, 22*.

oblīquē, adv. (*obliquus*), obliquement, de biais, d'une manière oblique : Cic. *Fin. 1, 20* ; Caes. *G. 4, 17, 9* ‖ [fig.] indirectement, d'une manière détournée : Tac. *An. 3, 35* ; *5, 2* ; Gell. *3, 2, 16*.

oblīquĭlŏquus, *i*, m., aux paroles [oracles] équivoques [épithète d'Apollon, cf. Λοξίας] : *Gloss. 2, 362, 41.

oblīquĭtās, *ātis*, f. (*obliquus*), obliquité : Plin. *2, 81* ; *3, 40* ‖ [fig.] ambiguïté : Prisc. *3, 235, 2*.

1 oblīquō, *ās, āre, āvī, ātum* (*obliquus*), tr. ¶ 1 faire obliquer, faire aller de biais : Sen. *Ep. 121, 8* ; Ov. *M. 7, 412* ; *sinus in ventum* Virg. *En. 5, 16*, présenter obliquement au vent les plis des voiles, louvoyer ; *crinem* Tac. *G. 38*, ramener ses cheveux en arrière ¶ 2 [fig.] *preces* Stat. *Th. 3, 381*, prier indirectement ‖ faire dévier, adoucir [le son d'une lettre] : Quint. *1, 4, 9*.

2 oblīquo, c.▸ oblique : Cat. *Agr. 41, 2*.

oblīquum, n. de *obliquus* pris adv¹, de côté, de travers : Amm. *30, 9, 6*.

oblīquus, *a, um* (de **oblicuus*, cf. *licium, 1 limus, liquis*) ¶ 1 oblique, allant de côté, de biais : *motus corporis pronus, obliquus, supinus* Cic. *Div. 1, 70*, faculté de mouvoir son corps en avant, de côté, en arrière ; *obliquo itinere* Caes. *C. 1, 70, 5*, par un chemin oblique ; *obliquo monte* Liv. *7, 15, 5*, en prenant la montagne de biais ; *obliquam facere imaginem* Plin. *35, 90*, représenter qqn de profil ‖ *ab obliquo* Ov. *Rem. 121* ; *ex obliquo* Plin. *2, 99* ; *per obliquum* Hor. *O. 3, 27, 6* ; *in obliquum* Plin. *11, 152*, obliquement, de côté, de biais ; V.▸ *obliquum* ‖ *obliquior* Plin. *2,*

188, plus oblique ¶ 2 [fig.] **a)** parenté collatérale: Luc. 8, 286 **b)** *obliquae orationes* Suet. *Dom.* 2, propos détournés, indirects, cf. Tac. *An.* 14, 11 **c)** [gram.] cas obliques: Varr. *L.* 8, 49 **d)** *obliqua allocutio* Quint. 9, 2, 37, style indirect **e)** envieux, hostile: Flor. 4, 2, 9.

obliscor, arch., ⓒ▸ *obliviscor*: Acc. *Tr.* 190; 488.

oblīsi, parf. de *oblido*.

oblīsus, *a*, *um*, part. de *oblido*.

oblītescō, *is*, *ĕre*, *tŭī*, - (*ob*, *latesco*), intr., se cacher: Cic. *Tim.* 37; Varr. *R.* 1, 51, 1; Sen. *Ep.* 55, 5; *Nat.* 7, 29, 3.

oblītĭo, *ōnis*, f., oubli: Arn.-J. *Psalm.* 118, p. 509 B.

oblītŏr, *ōris*, m., celui qui oublie: Hier. *Psalm.* 88.

oblittĕrātĭo, *ōnis*, f., oblitération, oubli: Plin. 34, 47; Amm. 31, 6, 1.

oblittĕrātor, *ōris*, m. (*oblittero*), celui qui efface le souvenir de: Paul.-Nol. *Ep.* 16, 7.

oblittĕrō (-ītĕrō), *ās*, *āre*, *āvī*, *ātum* (*ob litteras*), tr., effacer les lettres [sens primitif]: Gloss. 2, 232, 44 ‖ faire oublier, effacer du souvenir: Cic. *Vat.* 15; Sen. 21; Liv. 21, 29, 7 ‖ abolir: Tac. *An.* 11, 15.

oblittĕrus, *a*, *um*, ⓒ▸ *oblitteratus*: Gell. 19, 7, 4.

oblītŭī, parf. de *oblitesco*.

1 oblītus, *a*, *um*, part. de *oblino*.

2 oblītus, *a*, *um*, part. de *obliviscor* avec sens actif et passif, ⓥ▸ *obliviscor*.

oblīvĭālis, *e* (*oblivio*), qui produit l'oubli: Prud. *Cath.* 6, 16.

oblīvĭō, *ōnis*, f. (*obliviscor*), action d'oublier, oubli: *ab oblivione vindicare* Cic. *de Or.* 2, 7, disputer à l'oubli, défendre contre l'oubli; *in oblivionem negotii venire* Cic. *Verr.* 4, 79, en venir à l'oubli d'une affaire; *capit me oblivio alicujus rei* Cic. *Off.* 1, 26, j'oublie qqch.; *in oblivionem ire* Sen. *Brev.* 13, 7, tomber dans l'oubli; *per oblivionen* Suet. *Caes.* 28, par oubli ‖ défaut de mémoire, distraction: Suet. *Cl.* 39.

Oblīvĭo amnis, Sen. *Marc.* 19, 4 [*aqua oblivionis* Lact. *Inst.* 3, 18, 6], le fleuve de l'oubli [Léthé].

Oblīvĭōnis flūmĕn, **flŭvĭus**, fleuve de la Galice [Limia]: Mel. 3, 10; Flor. 2, 17, 12 ‖ ou **flūmen Oblīvĭo**, Liv. *Epit.* 55.

oblīvĭōsus, *a*, *um* (*oblivio*) ¶ 1 oublieux, qui oublie facilement: Cic. *CM* 36; *Inv.* 1, 35 ¶ 2 qui produit l'oubli: Hor. *O.* 2, 7, 21 ‖ *-sissimus* Tert. *Anim.* 24, 6.

oblīvīscendus, *a*, *um*, adj. verbal de *obliviscor*.

oblīvīscŏr, *scĕris*, *scī*, *oblītus sum* (cf. *oblino*, 1 *lēvis*) ¶ 1 oublier (ne plus penser à) [avec gén.] *alicujus*, *alicujus rei* Cic. *Fin.* 5, 3; *Planc.* 101, oublier qqn, qqch. ‖ [avec acc. de la chose] *injurias* Cic. *Cael.* 50, oublier les injustices, cf. Cic. *Mil.* 63; *Brut.* 218 ‖ [acc. de la pers.] Acc. *Tr.* 190; 488; Virg. *En.* 2, 148; [tard.] Aug. *Conf.* 13, 1 ‖ [avec inf.] oublier de: Cic. *Verr.* 4, 27; *Fam.* 7, 14 ‖ [avec prop. inf.] oublier que: Cic. *Com.* 50 ‖ [avec interrog. indir.] *obliviscebatur*, *quid paulo ante posuisset* Cic. *Brut.* 218, il oubliait ce qu'il venait d'écrire un moment plus tôt ¶ 2 oublier, perdre de vue: *oblitus instituti mei* Cic. *Att.* 4, 17, 1, infidèle à ma règle de conduite, cf. Cic. *Cat.* 4, 1; *Fin.* 4, 32; *ne me oblitum esse putetis mei* Cic. *Phil.* 2, 10, [je vous prie] de croire que je n'ai pas failli à mon devoir.
▸ sens passif: *obliviscuntur* Paul. *Dig.* 23, 2, 60, 3, surtout au part., *oblitus*, *a*, *um*, oublié: Virg. *B.* 9, 53; Val.-Flac. 2, 388.

oblīvītus, *a*, *um*, ⓒ▸ *oblitus*: Commod. *Instr.* 1, 27, 8.

oblīvĭum, *ĭi*, n. (*oblivio*), oubli [habituellement au pluriel]: Lucr. 3, 828; 6, 1213; Virg. *En.* 6, 715; Hor. *S.* 2, 6, 62; Ov. *Pont.* 4, 10, 19 ‖ sg., Tac. *H.* 4, 9.

oblīvĭus, *a*, *um*, tombé en désuétude: Varr. *L.* 5, 10.

oblŏcō, *ās*, *āre*, -, -, tr., louer, donner en location: Just. 11, 10, 9.

oblŏcūtĭo, *ōnis*, f., reproche, blâme: Cassiod. *Var.* 4, 31.

oblŏcūtŏr, *ōris*, m., interrupteur [qui coupe la parole]: Pl. *Mil.* 644.

oblŏcūtus, *a*, *um*, part. de *obloquor*.

oblongŭlus, *a*, *um*, dim. de *oblongus*, longuet, assez long: Gell. 17, 9, 7.

oblongus, *a*, *um*, allongé, oblong: Liv. 21, 8; Tac. *Agr.* 10 ‖ *-gior* Vitr. 10, 11, 4.

oblŏquĭum, *ĭi*, n., contradiction, critique: Cassian. *Inst.* 5, 29 ‖ pl., Sidon. *Ep.* 7, 9, 8; Mamert. *Anim.* 2, 9, 4.

oblŏquŏr, *quĕris*, *quī*, *lŏcūtus sum*, intr. ¶ 1 couper la parole, *alicui*, à qqn: Pl. *Men.* 156; Cic. *Clu.* 63 ¶ 2 [abs^t] parler contre, contredire: Cic. *Q.* 2, 8 (10), 1 ‖ injurier: Catul. 83, 4 ¶ 3 chanter en accompagnement [dat.]: Virg. *En.* 6, 645; Ov. *Pont.* 3, 1, 21.

oblŏquūtŏr, *ōris*, m., ⓥ▸ *oblocutor*.

oblūcĕō, *ēs*, *ēre*, -, -, intr., briller devant: Fulg. *Myth.* 1 pr. 22.

obluctātĭo, *ōnis*, f., lutte, combat [au fig.]: Lact. *Inst.* 3, 11, 11.

obluctŏr, *ārĭs*, *ārī*, *ātus sum*, intr., lutter contre [avec dat.]: *Fabio* Sil. 8, 10, lutter contre Fabius; *adversae harenae* Virg. *En.* 3, 38, lutter contre le sol qui résiste, cf. Curt. 4, 88; 6, 6, 27; Luc. 3, 662.

oblūcŭvĭassĕ (*ob*, *lucus*?, *lux*?), intr., avoir perdu la raison: P. Fest. 203, 13.

oblūdō, *is*, *ĕre*, *lūsī*, *lūsum*, intr., jouer (batifoler) devant: Pl. *Truc.* 105 ‖ [fig.] faire illusion, tromper [avec dat.]: Prud. *Ham.* 6.

oblūrĭdus, *a*, *um*, livide: Amm. 14, 6, 17.

oblustrō, *ās*, *āre*, -, -, tr., examiner devant soi: Rufin. *Hist.* 8, 7, 2.

obmănĕō, *ēs*, *ēre*, -, -, intr., attendre: P. Fest. 217, 6.

obmentō (omm-), *ās*, *āre*, -, - (*ob*, *manto*, *maneo*), intr., persévérer: Andr. d. Fest. 208, 5.

obmĕrĭtus, *a*, *um*, qui a bien mérité de qqn: CIL 8, 3064.

obmiscĕō, *ēs*, *ēre*, -, - (*ob*, *misceo*), tr., mêler, ajouter: Apul. *M.* 4, 20.

obmōlĭŏr, *īrĭs*, *īrī*, *ītus sum*, tr., construire devant: Liv. 33, 5, 8; *saxa* Curt. 6, 6, 24, entasser des pierres en avant ‖ boucher (une brèche): Liv. 37, 32, 7.

obmordĕō, *ēs*, *ēre*, -, -, tr., mordre fortement: Isid. 20, 16, 1.

obmŏvĕō, *ēs*, *ēre*, -, -, tr., approcher (qqch.) de: Fest. 222, 11 ‖ offrir [aux dieux]: Cat. *Agr.* 134; 141, 4.
▸ *ommoveo* Cat. *Agr.* 134, 2.

obmurmŭrātĭo, *ōnis*, f., murmures: Amm. 26, 2, 3.

obmurmŭrō, *ās*, *āre*, *āvī*, *ātum*, intr., murmurer contre [avec dat.]: Ov. *H.* 18, 47 ‖ dire entre ses dents: Suet. *Oth.* 7.

obmussĭtō, *ās*, (fréq. de *obmusso*): Tert. *Pall.* 4, 5.

obmussō, *ās*, *āre*, -, -, tr., murmurer, lire à voix basse: Tert. *An.* 18, 1.

obmūtescō, *is*, *ĕre*, *tŭī*, -, intr., devenir muet, perdre la voix ou la parole: Cic. *Dom.* 135; *Div.* 2, 69; [animaux] Plin. 8, 106 ‖ garder le silence, rester muet: Cic. *de Or.* 2, 27; *Mil.* 98; Virg. *En.* 4, 279 ‖ [fig.] cesser: *hoc studium nostrum conticuit subito et obmutuit* Cic. *Brut.* 324, cette éloquence que nous cultivons se tut soudain et resta silencieuse, cf. *Tusc.* 2, 50.

obnātus, *a*, *um*, né près de [avec dat.]: Liv. 23, 19, 11.

obnectō, *is*, *ĕre*, -, -, tr., attacher, lier: *Acc. *Tr.* 257 ‖ engager, obliger: Fest. 206, 26.

obnexŭs, *ūs*, m., lien [fig.], engagement: VL. *Is.* 58, 6.

1 obnīsus, *a*, *um*, ⓥ▸ *obnixus*.

2 obnīsŭs, *ūs*, m., efforts: Itin. Alex. 16 (41).

obnītŏr, *tĕrĭs*, *tī*, *nixus* (*nīsus*), *sum*, intr. ¶ 1 s'appuyer contre, sur [avec dat.]: Enn. *An.* 148; *obnixo genu scuto* Nep. *Chab.* 1, 2, le genou étant appuyé contre le bouclier ‖ [avec acc.] *Lucr. 4, 37 (OQ) ¶ 2 faire effort contre, lutter, résister: Liv. 7, 33, 12; Virg. *En.* 10, 359; [avec dat.] *arboris obnixus trunco* Virg. *En.* 12, 105, luttant contre un tronc d'arbre, cf. Tac. *An.* 15, 11 ‖ [avec inf.] s'efforcer de: Vell. 1, 9, 6.

obnixē, adv. (*obnixus*), avec effort, en s'efforçant: Pl. *St.* 45; Ter. *And.* 161 ‖ *-xius* Mamert. *Anim.* 1, 3.

obnixus

obnixus (**-sus**), *a*, *um*, part.-adj. de *obnitor*, ferme, inébranlable, obstiné : Liv. 6, 12, 8 ; Plin. 36, 105 ‖ [adv.ᵗ] **obnixus premebat** Virg. En. 4, 332, il comprimait fermement ‖ **obnixum**, n. pris adv.ᵗ, obstinément : Aus. Epist. 24 (418), 28.

obnoxĭē, adv. (*obnoxius*) ¶ 1 d'une manière soumise : Liv. 3, 39, 1 ¶ 2 de manière coupable : **nihil obnoxie** Pl. St. 497, sans qu'il y ait de ma faute.

obnoxĭĕtās, *ātis*, f. (*obnoxius*), soumission, humilité : Cassiod. Anim. 10.

obnoxĭō, *ās*, *āre*, -, - (*obnoxius*), tr., asservir, rendre dépendant : Mamert. Anim. 2, 9.

obnoxĭōsē, adv., d'une manière soumise : (*-iosse*) Pl. Ep. 695.

obnoxĭōsus, *a*, *um* ¶ 1 soumis, dépendant : Pl. Trin. 1038 ¶ 2 préjudiciable : *Enn. Tr. 260.

obnoxĭus, *a*, *um* (*ob noxam, noxius* et *nexus, obnecto*) ¶ 1 soumis à qqn, redevable à qqn pour une faute, [d'où] qui mérite une punition de qqn (*alicui*) : Pl. Truc. 807 ‖ **pecuniae creditae** Liv. 8, 28, 9, responsable pour de l'argent prêté ¶ 2 lié, (soumis) à une faute, à une chose délictueuse ; [avec dat.] : **animus in consulundo liber, neque delicto neque lubidini obnoxius** Sall. C. 52, 21, dans les délibérations un esprit libre, que n'enchaînait aucune faute, aucune passion ‖ coupable de : **turpi facto** Tib. 3, 4, 15, coupable d'un acte honteux ‖ pris subst.ᵗ : **obnoxii criminum** Cod. Just. 3, 44, 11, les coupables de crimes ¶ 3 [en gén.] soumis à, dépendant de, *alicui, alicui rei* : Sall. C. 14, 6 ; Liv. 7, 30, 2 ; 23, 12, 9 ; 37, 53, 4 ‖ redevable à, qui a des obligations envers, *alicui, alicui rei* : Virg. G. 1, 396 ; Liv. 35, 31, 8 ‖ à la discrétion de, assujetti à, esclave de, *alicui*, de qqn : Sall. C. 48, 5 ; [abs.ᵗ] **obnoxiis inimicis** Sall. J. 31, 3, vos ennemis étant à votre discrétion, à votre merci, cf. Mithr. 4 ; 13 ; **supplex et obnoxius** Brut. d. Cic. ad Brut. 1, 17, 6, suppliant et esclave (pliant l'échine) ; **pax obnoxia** Liv. 9, 10, 4, paix servile, avilissante ; **in hoc domicilio obnoxio animus liber habitat** Sen. Ep. 65, 21, dans cette demeure asservie habite un esprit libre ¶ 4 exposé à [qqch. de fâcheux, de mauvais], sujet à ; [avec dat.] : **irae** Sen. Ir. 2, 23, 3, sujet à la colère ; **insidiis** Tac. An. 14, 40, exposé aux embuscades ; **infidis consiliis** Tac. H. 3, 55, susceptible de recevoir des conseils perfides ; [avec *ad*] Plin. 2, 197 ; [avec *in* acc.] Flor. 3, 20, 1 ‖ [abs.ᵗ] exposé au danger, faible : **corpora obnoxia** Plin. 31, 60, corps exposés aux maladies ; **flos obnoxius** Plin. 14, 27, fleur fragile ‖ **obnoxium est** [avec inf.] Tac. D. 10, il est dangereux de.

▶ v. Gell. 6, 17 sur ce mot.

obnūbĭlātĭō, *ōnis*, f., action de couvrir comme d'un nuage [fig.] : Aug. Serm. 184, 4 Mai. = p. 336, 15 Morin.

obnūbĭlō, *ās*, *āre*, *āvī*, *ātum*, tr., couvrir d'un nuage [fig.] : Gell. 1, 2, 5 ; **animum** Apul. M. 8, 8, 4, perdre connaissance ; **obnubilatus** Apul. M. 9, 24, 3, étourdi, asphyxié.

obnūbĭlus, *a*, *um*, Enn. d., Cic. Tusc. 1, 48, enveloppé de ténèbres.

obnūbō, *ĭs*, *ĕre*, *nupsi*, *nuptum* (*nubo*, cf. *obnubilo*), tr., couvrir d'un voile, voiler : Cic. Rab. perd. 13 ; Virg. En. 11, 77 ‖ envelopper, entourer : Varr. L. 5, 72.

obnuntĭātĭō, *ōnis*, f., annonce de mauvais présage : Cic. Div. 1, 29 ‖ pl., Cic. Att. 4, 16, 7 [moyen utilisé pour interrompre le cours d'une assemblée populaire qui tourne mal] : Ascon. Pis. 8.

obnuntĭō, *ās*, *āre*, *āvī*, *ātum*, intr., déclarer que les auspices sont contraires : Don. Ad. 547 ‖ s'opposer à : **consuli** Cic. Sest. 79, faire opposition au consul [et empêcher la tenue des comices], cf. Cic. Phil. 2, 83 ; [pass. impers.] Cic. Att. 4, 3, 4 ‖ [en gén.] annoncer une mauvaise nouvelle : Ter. Ad. 547.

obnupsi, parf. de *obnubo*.

obnuptus, *a*, *um*, part. de *obnubo*.

ŏboedībo, V.▶ *oboedio* ▶.

ŏboedĭens, *tis*, part.-adj. de *oboedio*, obéissant, soumis : **rationi** Cic. Off. 1, 132, soumis à la raison ; **ad nova consilia** Liv. 28, 16, 11, acceptant de nouveaux desseins ; **omnia oboedientia sunt** Sall. J. 14, 19, tout obéit à vos vœux ‖ **-tior** Liv. 25, 38, 7 ; **-tissimus** Liv. 7, 13, 2 ; Plin. 16, 228.

ŏboedĭentĕr, adv., en obéissant, avec soumission : Liv. 5, 12, 13 ; 21, 34, 3 ‖ **-tius** Liv. 38, 34, 4 ; **-tissime** Aug. Civ. 22, 8.

ŏboedĭentĭa, *ae*, f. (*oboediens*), obéissance, soumission : Cic. Par. 35 ; **abjicere oboedientiam** Cic. Off. 1, 102, rejeter l'obéissance [fig.] ; **imperiorum** Plin. 8, 1, [en parl. des éléphants] docilité à exécuter des ordres.

ŏboedĭō, *īs*, *īre*, *īvī* ou *ĭī* (*ob, audio*, *-oed-* pour *-*ud-*? ; fr. *obéir*), intr. ¶ 1 prêter l'oreille [*alicui*, à qqn] = suivre ses avis : Nep. Dat. 5, 4 ¶ 2 obéir, être soumis : **magistratibus** Cic. Leg. 3, 5, obéir aux magistrats ; **voluptatibus** Cic. Rep. 6, 28, être esclave du plaisir ; **alicui ad verba** Cic. Caecin. 52, obéir à qqn à la lettre ; [pass. impers.] **utrimque enixe oboeditum dictatori est** Liv. 4, 26, 12, des deux côtés, on s'empressa d'obéir au dictateur ‖ **ramus oboediturus** Plin. 17, 137, rameau docile, flexible ‖ [avec acc. de relat.] **haec omnia** Apul. M. 10, 17, obéir relativement à tout cela.

▶ fut. arch. *oboedibo*, Afran. Com. 206.

ŏboedītĭo, *ōnis*, f., C.▶ *oboedientia* : Vulg. Rom. 5, 19.

ŏboedītŏr, *ōris*, m., celui qui obéit : Aug. Serm. 23, 66.

ŏbŏlĕō, *ēs*, *ēre*, *ŭī*, -, intr. et tr., exhaler une odeur : **alium oboluisti** Pl. Most. 39, tu sens l'ail, cf. Suet. Vesp. 8 ‖ [fig.] **oboluit huic marsupium** Pl. Men. 384, l'odeur de la bourse lui est venue au nez [il a flairé la bourse] ‖ V.▶ *oleo*.

ŏbŏlus, *i*, m. (ὀβολός), obole, monnaie grecque : Vitr. 3, 1, 7 ‖ obole [poids, sixième partie de la drachme] : Cels. 5, 17, 1 C ; Plin. 21, 185.

ŏbŏrĭŏr, *īris*, *īrī*, *ortus sum*, intr., se lever, s'élever, apparaître [devant] : **tenebrae oboriuntur** Pl. Curc. 309, les ténèbres se lèvent devant mes yeux, mes yeux se couvrent de ténèbres ; **lacrimis ita fatur obortis** Virg. En. 11, 41, il prononce ces paroles entrecoupées de larmes ; **tanta haec laetitia obortast** Ter. Haut. 680, si grande est la joie qui m'est arrivée, cf. Cic. Lig. 6.

ŏborsus, *a*, *um* (*ob, ordior*), qui a commencé : Not. Tir. 92.

ŏbortus, part. de *oborior*.

obp-, V.▶ *opp-*.

obquĭnisco, V.▶ *ocquinisco*.

obrădĭō, *ās*, *āre*, -, -, intr., briller contre : Isid. 16, 18, 2.

obraucātus, *a*, *um* (*raucus*), devenu enroué : Solin. 10, 13.

obrĕlictus, *a*, *um*, délaissé : Commod. Instr. 1, 42, 8.

obrendārĭum, *ii*, n., vase mortuaire : CIL 6, 24606.

obrendārĭus, *a*, *um* (= *obruendarius, obruo*), funéraire : **obrendaria vasa** CIL 6, 21852, urnes funéraires.

obrēpō, *ĭs*, *ĕre*, *repsī*, *reptum* ¶ 1 intr., ramper vers ; se glisser furtivement, s'approcher à pas de loup : Gell. 17, 21, 24 ; Tib. 1, 9 (8), 59 ; *alicui* Plin. 10, 202, s'approcher furtivement de qqn ‖ [fig.] **pueritiae adolescentia obrepit** Cic. CM 4, l'adolescence succède insensiblement à l'enfance ; [avec *in* acc.] Cic. Div. 2, 138 ; [ou *ad*] Cic. Planc. 17, se glisser dans ‖ surprendre, tromper [avec dat.] : Gell. 6, 12, 4 ¶ 2 tr., envahir, surprendre : Pl. Poen. 14 ; Trin. 61 ; Sall. Phil. 19.

obreptīcĭus, *a*, *um* (2 *obreptus*), subreptice, obtenu par surprise : Cod. Just. 3, 6, 3.

obreptĭō, *ōnis*, f. (*obrepo*), action de surprendre, surprise : Frontin. Strat. 2, 5, 36 ‖ [droit] obreption : Ulp. Dig. 3, 5, 8 ‖ [chrét.] action de se laisser surprendre, faiblesse : Ambr. Psalm. 35, 17.

obreptīvē, adv., subrepticement, à la dérobée : Cod. Th. 16, 1, 4.

obreptīvus, *a*, *um*, subreptice, furtif : Symm. Ep. 5, 66.

obreptō, *ās*, *āre*, *āvī*, *ātum* (fréq. de *obrepo*), intr., se glisser furtivement, arriver clandestinement : Pl. Pers. 79 ; Plin. 35, 109.

1 **obreptus**, part. de *obripio*.

2 **obreptus**, part. de *obrepo*, C.▶ *obrepticius* : Cod. Th. 4, 22, 6.

obrētĭō, *īs*, *īre*, -, - (*ob rete*), tr., envelopper de filets : Lucr. 3, 384.

obrīgātĭō, *ōnis*, f., irrigation : Eutych. 5, 455, 28.

obrĭgĕō, *ēs*, *ēre*, -, -, intr., être raidi, paralysé : Paul.-Med. Vit. Ambr. 20, 4.

obrĭgescō, *ĭs*, *ĕre*, *rĭgŭī*, -, intr., se durcir : Cic. Nat. 1, 24 ; Rep. 6, 21 ‖ se raidir par le froid : **cum jam paene obriguisset** Cic. Verr. 4, 87, ayant déjà les membres presque raides ‖ [fig.] s'endurcir : Sen. Ep. 82, 2.

Obrimās (-ma), *ae*, m., rivière de la Grande Phrygie, affluent du Méandre : *Liv. 38, 15, 12 ; Plin. 5, 106.

obrīpō, *ĭs*, *ĕre*, -, -, intr., [tard.] **C.** obrepo : Fort. Mart. 4, 5.

obrōbŏrātĭō, *ōnis*, f., raideur des membres : Veg. Mul. 2, 149, 3.

obrōdō, *ĭs*, *ĕre*, -, -, tr., ronger autour, grignoter : Pl. Amp. 724 ‖ [fig.] déchirer : Ambr. Spir. 1, 16, 164 ‖ [métaph.] rogner : Tert. Marc. 2, 5, 1.

obrŏgātĭō, *ōnis*, f. (*obrogo*), action d'abroger une ancienne loi par une nouvelle : Her. 2, 15.

obrŏgō, *ās*, *āre*, *āvī*, *ātum*, intr., présenter une loi qui en détruit une autre : **huic legi nec obrogari fas est neque...** Cic. Rep. 3, 33, à cette loi c'est un crime de substituer une loi contraire, cf. Att. 3, 23, 3 ; Phil. 1, 23 ; **semper antiquae (legi) obrogat nova** Liv. 9, 34, 7, (quand deux lois sont en opposition) c'est toujours l'ancienne qui est abrogée par la nouvelle ‖ s'opposer [à une loi] : Flor. 3, 15, 4.

obrōsus, *a*, *um*, part. de *obrodo*.

obrŭbescō, *ĭs*, *ĕre*, -, -, intr., rougir : Aug. Serm. 107, 6, 7.

obructans, *tis* (*ob, ructo*), qui rote à la figure (*alicui*, de qqn) : Apul. Mund. 59.

obrŭō, *ĭs*, *ĕre*, *rŭī*, *rŭtum* (*ob, ruo*), tr. I ¶ 1 recouvrir d'un amas, recouvrir : **se arena** Cic. Nat. 2, 125, se couvrir de sable ; **ova** Cic. Nat. 2, 129, recouvrir ses œufs [de terre] ; **thesaurum** Cic. CM 21, enfouir un trésor : **Aegyptum Nilus obrutam tenet** Cic. Nat. 2, 130, le Nil tient l'Égypte recouverte de ses eaux ; **puppes** Virg. En. 1, 69, engloutir des vaisseaux ‖ [fig.] **idem tumulus ejus nomen etiam obruisset** Cic. Arch. 24, le tombeau aurait en même temps enseveli jusqu'à son nom ¶ 2 charger, surcharger : **se vino** Cic. Dej. 26, se charger de vin ; **obrutus vino** Cic. Phil. 13, 31, gorgé de vin ‖ [fig.] **a)** ensevelir, étouffer : **aliquem oblivione** Cic. Brut. 60, ensevelir qqn dans l'oubli, cf. Cic. Fin. 1, 57 ; Dej. 37 ; **talis viri interitu sex suos obruere consulatus** Cic. Tusc. 5, 56, en faisant périr un tel homme étouffer la gloire de ses six consulats **b)** écraser : **ut testem omnium risus obrueret** Cic. de Or. 2, 285, au point qu'un rire général accabla le témoin ; **aere alieno obrui** Cic. Att. 2, 1, 11, être écrasé de dettes ‖ **obrŭta**, *ōrum*, n. pl., ruines, gravats : Tac. An. 4, 63.
II intr., s'effondrer, s'écrouler : Lucr. 3, 775.
▶ part. fut. obrŭĭtūrus, Decl. Catil. 64.

obrussa, *ae*, f. (ὄβρυξα), épreuve de l'or, essai : Plin. 33, 59 ; **aurum ad obrussam** Suet. Ner. 44, or éprouvé à la coupelle, or très pur ‖ [fig.] épreuve, pierre de touche : Cic. Brut. 258 ; Sen. Ep. 13, 1 ; **ad obrussam exigere** Sen. Nat. 4, 5, 1, faire passer au creuset = vérifier avec soin.

obrŭtesco, **v.** *obbrutesco*.

obrŭtus, *a*, *um*, part. de *obruo*.

obryza, *ae*, f., **C.** *obrussa* : Cod. Th. 12, 6, 12.

obryzĭăcus, *a*, *um*, fait d'or éprouvé, très pur : Cod. Just. 11, 11, 3.

obryzum, *i*, n. (ὄβρυζον), or éprouvé : Isid. 16, 18, 2.

obryzus, *a*, *um*, éprouvé au creuset [or] : Vulg. 2 Par. 3, 5.

obs-, **v.** *ops-, os-*.

obsaepĭō (obsēp-), *īs*, *īre*, *saepsī*, *saeptum*, tr., fermer devant ; barrer, fermer obstruer : Pl. Cas. 922 ; [fig.] **alicui viam** Cic. Mur. 48, barrer la route à qqn ; **alicui iter ad magistratus** Liv. 9, 34, 5, fermer à qqn l'accès aux magistratures, cf. Liv. 4, 25, 12 ; **obsaepta servitute ora** Plin. Pan. 66, bouches fermées par la servitude.
▶ arch. obsipio Caecil. Com. 65 d. Diom. 383, 14.

obsaeptĭō, *ōnis*, f. (*obsaepio*), action d'obstruer : Julian.-Aecl. d. Aug. Jul. 3, 119.

obsaeptus, *a*, *um*, part. de *obsaepio*.

obsălūtō, *ās*, *āre*, -, -, intr., se présenter pour saluer : Fest. 210, 17.

obsătullō, *ās*, *āre*, -, - (*ob, satullo*), tr., rassasier qq. peu : Fest. 208, 36.

obsătŭrō, *ās*, *āre*, -, -, tr., rassasier [fig.] : Ter. Haut. 869.

obscaenus, etc., **v.** *obscenus*.

obscaevō, *ās*, *āre*, *āvī*, - (*scaevus*), intr., apporter un mauvais présage, porter malheur à [avec dat.] : *Pl. As. 266.

Obscē, **v.** *Osce*.

obscēnē, adv. (*obscenus*), d'une manière indécente, obscène : Cic. Off. 1, 128 ‖ -nius Cic. Nat. 3, 56 ; Or. 154 ; -nissime Eutr. 8, 22.

obscēnĭtās, *ātis*, f. (*obscenus*) ¶ 1 indécence, obscénité : Cic. Off. 1, 104 ; 127 ; de Or. 2, 242 ; Fam. 9, 22, 1 ‖ objet obscène : Plin. 30, pr. ; 3 ‖ parties viriles : Arn. 5, 12 ¶ 2 mauvais augure : Arn. 1, 16.

obscēnus, *a*, *um* (cf. *scaevus*) ¶ 1 de mauvais augure, sinistre : Virg. G. 1, 470 ; En. 12, 876 ; Cic. Dom. 140, cf. Fest. 218, 17 ; Varr. L. 7, 96 ‖ funeste, fatal : Catul. 68, 99 ; Ov. H. 5, 119 ¶ 2 indécent, obscène : Cic. Nat. 1, 111 ; Off. 1, 104 ; Fam. 9, 22, 1 ; -nissimus Cic. Q. 2, 3, 2 ; **re honestum est, nomine obscenum** Cic. Off. 1, 128, c'est moral comme action, obscène dans les termes ‖ **obscena**, n. pl., Ov. M. 9, 347, les parties viriles, cf. Suet. Cal. 58 ; [sg.] Ov. F. 6, 631 ¶ 3 sale, dégoûtant, hideux, immonde : Virg. En. 4, 455 ; 7, 417 ; Luc. 4, 312 ‖ **obscena**, n. pl., les excréments : Sen. Ep. 70, 20 ‖ -nior Cic. Tusc. 5, 112.

obscūrātĭō, *ōnis*, f. (*obscuro*), obscurcissement, obscurité : Vitr. 9, 1, 11 ; **solis** Cic. Frg. F. 5, 54 ; Quint. 1, 10, 47, éclipse de soleil ‖ [fig.] Cic. Fin. 4, 29 ; 32.

obscūrē, adv. ¶ 1 sans voir clair, sans distinguer, confusément : Cic. d. Non. 474, 28 ¶ 2 obscurément, secrètement, en cachette, à la dérobée : Cic. Cat. 4, 6 ; Clu. 54 ; Par. 45 ‖ en termes obscurs, indistinctement : Cic. Inv. 1, 30 ; Ac. 1, 7 ; Att. 2, 19, 5 ; **obscurius** Cic. de Or. 2, 329 ; Quint. 3, 4, 3 ‖ de naissance obscure : Macr. Sat. 7, 3, 20 ; Amm. 29, 1, 5 ‖ -rissime Cic. Verr. 4, 53 ; Gell. 17, 13, 5.

obscūrēfăcĭō, *ĭs*, *ĕre*, -, - (*obscurus, facio*), tr., obscurcir : Non. 146, 28.

obscūrĭdĭcus, *a*, *um*, aux paroles obscures, abscons : *Acc. Tr. 75.

obscūrĭlŏquĭum, *ii*, n., énigme : Gloss. 4, 410, 22.

obscūrĭtās, *ātis*, f. (*obscurus*) ¶ 1 obscurité : Tac. H. 3, 11 ; Plin. 2, 79 ‖ obscurcissement, affaiblissement [de la vue] : Plin. 37, 51 ¶ 2 [fig.] manque de clarté, mystère, obscurité : Cic. de Or. 3, 50 ; Rep. 1, 16 ; Clu. 73 ; Div. 1, 35 ; [pl.] Div. 2, 132 ‖ condition obscure, rang obscur : Cic. Off. 2, 45 ‖ obscurité [de la naissance] : Flor. 3, 1, 13.

obscūrō, *ās*, *āre*, *āvī*, *ātum* (*obscurus*), tr. ¶ 1 obscurcir, rendre obscur [un lieu, sous la lumière du soleil] : Cic. Nat. 2, 96 ; 103 ; [pass.] Cic. Fin. 3, 45 ; Rep. 1, 25 ‖ [métaph.] voiler, cacher : Cic. Cat. 1, 6 ¶ 2 [fig.] **a)** aveugler, obscurcir [l'intelligence] : Pl. Trin. 667 **b)** dissimuler, masquer : Cic. Arch. 26 ; **periculi magnitudinem** Cic. Verr. 3, 131, dérober aux regards l'importance du danger **c)** exprimer en termes obscurs, envelopper [sa pensée] : Cic. Att. 2, 20, 3 ; Clu. 1 ; Quint. 5, 13, 41 **d)** prononcer faiblement, indistinctement : Cic. de Or. 3, 41 ; Quint. 9, 4, 40 ‖ rendre [la voix] sourde : Quint. 11, 3, 20 **e)** [pass.] s'effacer, entrer dans l'ombre, s'obscurcir, disparaître : Cic. de Or. 2, 95 ; Hor. Ep. 2, 2, 115 ; **ut obscuratur et offunditur luce solis lumen lucernae...** Cic. Fin. 3, 45, de même que s'obscurcit et s'efface à la lumière du soleil la lueur d'une lampe....

obscūrum, *i*, n. (*obscurus*), obscurité : Virg. G. 1, 478 ; Liv. 1 pr. 3.

obscūrus, *a*, *um* (*ob* ; cf. *scutum*, an. *sky* ; it. *oscuro*) ¶ 1 sombre, obscur, ténébreux : **obscurus lucus** Virg. En. 9, 87, bois sombre ; **nox obscura** Virg. En. 2, 420, nuit obscure ; **jam obscura luce** Liv.

obscurus

24, 21, 7, comme il faisait déjà sombre ‖ ◈ *obscurum*, n. pris subst' ‖ [poét.] ***ibant obscuri*** Virg. *En.* 6, 268, ils allaient dans l'obscurité ¶ **2** [fig.] obscur **a)** difficile à comprendre : ***res obscurissimas videre*** Cic. *de Or.* 2, 153, pénétrer les sujets les plus obscurs ; ***valde Heraclitus obscurus*** Cic. *Div.* 2, 133, Héraclite était tout à fait obscur (peu intelligible), cf. Hor. *P.* 25 **b)** incertain : ***obscura spes*** Cic. *Agr.* 2, 66, espoir vague **c)** inconnu : ***non est obscura tua in me benevolentia*** Cic. *Fam.* 13, 70, tout le monde connaît ton dévouement pour moi, cf. Cic. *Fam.* 3, 10, 5 ; ***Caesaris erat nomen obscurius*** Caes. *C.* 1, 61, 3, le nom de César était moins connu ; ***obscuro loco natus*** Cic. *Verr.* 5, 181, né d'une famille obscure **d)** caché, secret : ***obscurus homo*** Cic. *Off.* 3, 57, homme dissimulé ; ***obscurum odium*** Cic. *Fam.* 3, 10, 6, haine cachée.

obsĕcrātĭo, ōnis, f. (*obsecro*), demande instante, supplication : Cic. *Font.* 39 ; *Inv.* 1, 22 ‖ obsécration [rhét.] : Cic. *de Or.* 3, 105 ; *Inv.* 109 ‖ [surtout] supplication [adressée aux dieux, pour les apaiser, ce que n'implique pas la *supplicatio*] : Cic. *Har.* 63 ; Liv. 26, 23, 6 ; 27, 11, 6 ; 31, 9, 6.

obsĕcrātŏr, ōris, m., celui qui supplie : Fort. *Germ.* 6, 20.

obsĕcrātus, *a*, *um*, de *obsecro*.

obsĕcrō (**opsĕcro**), ās, āre, āvī, ātum (*ob*, *sacro*), tr. ¶ **1** prier instamment, supplier, conjurer : (***aliquem***, qqn) : Cic. *Verr.* 2, 42 ; *Sest.* 147 ‖ ***avec ut, ne***, supplier de, de ne... pas : Cic. *Pis.* 77 ; *Off.* 3, 90 ; ***te hoc obsecro, ut..., illud vos obsecro, ne...*** Cic. *Quinct.* 99 ; *Planc.* 56, je te supplie de... ; je vous conjure de ne... pas ‖ [avec subj. seul] ***obsecrabat... implerem*** Plin. *Ep.* 4, 9, 12, il me suppliait de remplir..., cf. Cic. *Rab. perd.* 5 ¶ **2** [formule entre parenthèses] de grâce, je t'en conjure, au nom du ciel : Pl., Ter ; Cic. *Att.* 13, 13, 3 ; *Tusc.* 1, 60 ; *Lig.* 37 ¶ **3** [abs'] ***abs aliquo*** Pl. *Bac.* 1025, demander une grâce à qqn.

▶ ***ob vos sacro*** [tmèse] = *vos obsecro* Fest. 206, 16.

obsĕcŭla (ops-), *ae*, f. (*obsequor*), femme de mœurs faciles : Laev. d. Char. 288, 11.

obsĕcundantĕr, adv., conformément à : Nigid. d. Non. 147, 24.

obsĕcundātĭo, ōnis, f. (*obsecundo*), soumission : Aug. *Ep.* 22, 1.

obsĕcundātŏr, ōris, m., serviteur : Cod. Th. 12, 1, 92.

obsĕcundō, ās, āre, āvī, ātum, intr., se conformer à, se prêter à, se montrer favorable à [avec dat.] : Ter. *Haut.* 827 ; *Ad.* 994 ; Cic. *Pomp.* 48 ; Liv. 3, 35, 7.

obsĕcundus, *a*, *um*, qui se prête à : Not. Tir. 57.

obsĕcūtĭo, ōnis, f. (*obsequor*), soumission, obéissance : Arn. 6, 17.

obsĕcūtŏr, ōris, m., celui qui obéit à : Tert. *Marc.* 4, 9, 11.

obsĕcūtus, part. de *obsequor*.

obsēdī, parf. de *obsideo* et *obsido*.

obsēpĭo, ◈ *obsaepio*.

obseptus, ◈ *obsaeptus*.

obsĕquēla, ae, f., complaisance, déférence : Prud. *Perist.* 6, 78.

obsĕquens, tis, part.-adj. de *obsequor*, qui se plie aux volontés, aux désirs de qqn (***alicui***) ; obéissant, complaisant : Pl. *Bac.* 459 ; Ter. *Haut.* 259 ; Cic. *Fam.* 10, 8, 6 ‖ ***-tior*** Sen. *Ep.* 50, 6 ; ***-tissimus*** Col. 3, 8, 5 ‖ favorable, propice : Pl. *Ru.* 260.

obsĕquentĕr, adv. (*obsequens*), par complaisance, condescendance, déférence : Liv. 41, 10, 12 ; Plin. *Ep.* 4, 11, 15 ‖ ***-tissime*** Plin. *Ep.* 7, 24, 3.

obsĕquentĭa, ae, f. (*obsequens*), complaisance : Caes. *G.* 7, 29, 4.

obsĕquĭālis, e (*obsequium*), obséquieux : Fort. *Carm.* 6, 5, 274.

obsĕquĭbĭlis, e (*obsequium*), obligeant, serviable : Gell. 2, 29, 12.

obsĕquĭōsus, *a*, *um* (*obsequium*), plein de complaisance, de déférence : Pl. *Cap.* 418.

obsĕquĭum, ii, n. (*obsequor*) ¶ **1** complaisance, condescendance, déférence : Ter. *And.* 68 ; Cic. *Pis.* 5 ; *Att.* 6, 6, 1 ; *Lae.* 89 ‖ ***erga aliquem*** Liv. 7, 39, 19 ; Tac. *An.* 3, 12 ; 5, 3 ; *H.* 3, 5, ou ***in aliquem*** Cic. *Att.* 10, 4, 6 ; Liv. 29, 15, 3 ; Tac. *An.* 6, 37 ; Just. 20, 4, 9, à l'égard de qqn ‖ ***corporis*** Cic. *Leg.* 1, 60, complaisance pour son corps ; ***ventris*** Hor. *S.* 2, 7, 104, pour son ventre ‖ [poét., en parl. de choses] Ov. *A. A.* 2, 179 ‖ pl., ***obsequia*** Planc. Fam. 10, 11, 3, marques de déférence ¶ **2** complaisances coupables : Curt. 6, 7, 1 ; 10, 1, 25 ¶ **3** obéissance, soumission : Suet. *Aug.* 21 ; Just. 3, 2, 9 ; service domestique [notam. de l'esclave] : Dig. 40, 1, 20, 3 ‖ service de cour [*ministerium*] : Cod. Just. 12, 5, 4 ; [part.] service public obligatoire : ***obsequium civilium munerum*** Cod. Just. 8, 50, 17, la soumission aux charges civiles ‖ [tard.] service [d'ordonnance, de planton] : Veg. *Mil.* 2, 19 ; ***obsequia***, clients, suite, cortège : Aug. *Civ.* 6, 3 ¶ **4** [chrét.] culte : Vulg. *Joh.* 16, 2.

obsĕquŏr, quĕris, quī, sĕcūtus (sĕquūtus) sum, intr.[avec dat.] ¶ **1** céder (déférer) aux volontés (aux désirs) de, condescendre, avoir de la complaisance pour : ***alicui*** Cic. *Clu.* 149 ; ***voluntati alicujus*** Cic. *Fin.* 2, 17, se plier aux désirs de qqn, faire la volonté de qqn ; ***tempestati*** Cic. *Fam.* 1, 9, 21, céder à la tempête ; ***fortunae*** Caes. d. Cic. *Att.* 10, 8, 1, se prêter à la fortune ; ***animo*** Pl. *Mil.* 677, satisfaire ses désirs ‖ [avec acc. pron.] ***id gnato*** Pl. *As.* 76, céder en cela à son fils, cf. Gell. 2, 7, 12 ‖ [avec ut] ***neque uti de M. Popilio referrent senatui obsequebantur*** Liv. 42, 21, 1, et, sur la question de mettre à l'ordre du jour l'affaire de M. Popilio, ils ne déféraient pas aux désirs du sénat

¶ **2** [fig.] ***aes malleis obsequitur*** Plin. 34, 94, l'airain se plie à la volonté du marteau, est malléable ; ***caput manibus obsequatur*** Quint. 11, 3, 69, que la tête suive le mouvement des mains.

▶ pass. impers., *Pl. *As.* 77.

obsĕquūtĭo, -tor, ◈ obsec-.

obsĕrātĭo, ōnis, f. (*obsero*), fermeture, clôture : Ps. Fort. *Med.* 6, 18.

obsĕrātŏr, ōris, m., portier : Greg.-Tur. *Vit. Patr.* 7, 2.

obsĕrĭcātus, *a*, *um*, tout revêtu de soie : Aug. *Serm.* 61, 8.

1 obsĕrō, ās, āre, āvī, ātum (*ob*, 4 *sero*), tr., verrouiller, fermer : Ter. *Eun.* 763 ; Liv. 5, 41, 7 ; Suet. *Tit.* 11 ‖ [fig.] ***palatum*** Catul. 55, 21, clore son palais = garder le silence.

2 obsĕrō, ĭs, ĕre, sēvī, sĭtum (*ob*, 3 *sero*), tr. ¶ **1** en-semencer, semer, planter : Pl. *Trin.* 530 ; [fig.] 331 ; Cic. *Verr.* 3, 47 ; *Leg.* 2, 63 ¶ **2** part., ***obsitus***, couvert de, rempli de [avec abl.] ***pannis annisque obsitus*** Ter. *Eun.* 236, chargé de haillons et d'années, cf. Liv. 2, 23, 3 ; 29, 16, 6 ; Curt. 5, 6, 15 ; Virg. *En.* 8, 307 ; Tac. *An.* 4, 28 ; Ov. *M.* 4, 724.

▶ inf. parf. sync. *obsesse*, Acc. *Tr.* 115 ‖ parf. insolite *obseruit*, Serv. *G.* 1, 19.

observābĭlis, e, qu'on peut observer : Sen. *Ben.* 4, 23, 1 ; Quint. 9, 1, 20 ‖ remarquable, admirable : Apul. *M.* 11, 21.

observans, tis, part.-adj. de *observo*, qui a de la déférence, de la considération, du respect pour [avec gén.] Cic. *Quinct.* 39 ; ***observantissimus mei homo*** Cic. *Q.* 1, 2, 11, personne pleine d'égards pour moi, cf. Cic. *Fam.* 13, 3, 1 ‖ qui observe, qui obéit : ***observantissimus omnium officiorum*** Plin. *Ep.* 7, 30, 1, qui remplit scrupuleusement tous ses devoirs.

observantĕr, adv. (*observans*), avec soin, avec attention : Macr. *Somn.* 1, 1, 7 ‖ ***-tius, -tissime*** Amm. 23, 6, 79 ; Gell. 10, 21.

observantĭa, ae, f. (*observans*) ¶ **1** action de remarquer, d'observer : Vell. 2, 106, 3 ¶ **2** observation, respect de [des coutumes, des lois] : Val.-Max. 2, 6, 7 ; Dig. 1, 2, 2, 24 ; [chrét.] Tert. *Jud.* 3, 11 ‖ considération, égards, déférence : Cic. *Inv.* 2, 66 ; *Fam.* 12, 27, 1 ; *Balb.* 53 ‖ ***in aliquem*** Liv. 1, 35, 5, à l'égard de qqn ‖ culte, religion : Cod. Th. 16, 5, 54.

observantĭēs, ēi, f., ◈ *observantia* : Char. 118, 2.

observātē, adv. (*observo*), avec soin : Gell. 2, 17, 1.

observātĭo, ōnis, f. (*observo*) ¶ **1** observation, remarque : Plin. 17, 163 ; ***siderum*** Cic. *Div.* 1, 2, l'observation des astres ‖ observation des faits, des phénomènes : Cic. *Brut.* 33 ; *Div.* 1, 131 ; 2, 146 ; ***prudentium*** Cic. *Or.* 178, observation faite par les savants ¶ **2** attention, scrupule : Cic. *Off.* 1, 36 ; ***in observatione est ut...*** (subj.), Plin. 17, 163, on a soin de, on veille à ce que ∥ observation, v. *observo* ¶ 3 : **dierum** Gell. 3, 2, 3, décompte des jours [les jours se comptent-ils à partir du milieu de la nuit ou du coucher du soleil ?] ∥ remarques, préceptes : Plin. 17, 63 ; 22, 99 ; Suet. *Gram*. 24 ∥ respect : Val.-Max 1, 1, 8 ∥ culte, religion : Cod. Th. 12, 1, 112 ; Tert. *Or*. 23, 1.

observātŏr, ōris, m. (*observo*), observateur, celui qui remarque : Sen. *Ep*. 41, 2 ; Plin. *Pan*. 40, 1 ∥ celui qui observe, qui pratique [un culte] : Cod. Th. 16, 5, 1.

observātrix, īcis, f., celle qui observe, qui respecte : Tert. *Cor*. 4, 1.

1 **observātus**, a, um, part. de *observo*.

2 **observātŭs**, ūs, m., observation, remarque : Varr. *R*. 2, 7, 3.

observĭtō, ās, āre, āvī, ātum (fréq. de *observo*), tr., observer soigneusement : Cic. *Div*. 1, 2 ; 102 ; Sabin. d. Gell. 10, 15, 26.

observō, ās, āre, āvī, ātum (*ob, servo*), tr. ¶ 1 porter son attention sur, observer : **alia signa** Cic. *Fam*. 6, 6, 7, observer d'autres signes [dans la divination] ; **occupationem alicujus** Cic. *Amer*. 22, guetter, épier le moment où qqn est occupé ; **sese** Cic. *Brut*. 283, s'observer soi-même, ne se passer rien ; **observant, quemadmodum sese unusquisque nostrum gerat** Cic. *Verr. prim*. 46, ils observent la manière dont chacun de nous se comporte ∥ [abs¹] observer des phénomènes, faire des observations : **observando notare** Cic. *Div*. 2, 146, noter (relever) au moyen d'observations ¶ 2 faire attention à, avoir l'œil sur, surveiller : **januam** Pl. *As*. 273 ; **greges** Ov. *M*. 1, 513, surveiller (garder) une porte, des troupeaux ∥ [avec ne subj.] être attentif à éviter que : Cic. *Lae*. 58 ; *Or*. 190 ; [avec ut subj.] veiller à ce que, être attentif à ce que : Cic. *Leg*. 2, 24 ; Liv. 2, 5, 10 ; Suet. *Cl*. 22 ; *Aug*. 57 ¶ 3 observer, respecter, se conformer à : **leges** Cic. *Off*. 2, 40, observer les lois ; **praeceptum** Caes. *G*. 5, 35, 1, se conformer à un mot d'ordre ; **imperium** Sall. *J*. 80, 2, observer les ordres ; **ordines** Sall. *J*. 51, 1, garder ses rangs ∥ avoir des égards, de la déférence pour qqn, respecter, honorer : **me ut alterum patrem et observat et diligit** Cic. *Fam*. 5, 8, 4, il me respecte et m'aime à la fois comme un second père, cf. Cic. *Off*. 1, 149 ; *Att*. 2, 19, 5 ; 9, 20, 3 ; *Fam*. 7, 24, 1 ¶ 4 [chrét.] intr., se garder de, s'abstenir de : Vl. *Luc*. 12, 15 ∥ **se observare** Vl. *Act*. 15, 29.

➤ fut. ant. arch. *observasso*, Pl. *Mil*. 328.

obsĕs, ĭdis, m. f. (*ob, sedeo*), otage [de guerre] : Cic. *Pomp*. 25 ; Caes. *G*. 1, 14, 6 ∥ otage, garant, gage, garantie : Cic. *Clu*. 188 ; *Cat*. 4, 9 ; *Cael*. 78 ; Nep. *Phoc*. 2, 4 ; **obsides dare** [et prop. inf.] Cic. *Verr*. 3, 124, se porter garant que.

➤ orth. arch. *opses* ∥ gén. pl. *-dum* mais aussi *-dium* d. mss.

obsesse, v. 2 *obsero* ➤.

obsessĭō, ōnis, f., action d'assiéger, siège, blocus : [de villes] Cic. *Mur*. 33 ; *Balb*. 6 ; [de temples] Cic. *Dom*. 5 ∥ occupation [d'une route] : Cic. *Pis*. 40.

obsessŏr, ōris, m. (*obsideo*) ¶ 1 celui qui occupe un espace : Pl. *Ps*. 807 ; Ov. *F*. 2, 259 ¶ 2 assiégeant : Cic. *Dom*. 13 ; Liv. 9, 15, 3.

obsessus, a, um, part. de *obsideo*.

obsēvi, parf. de 2 *obsero*.

Obsĭānus, a, um, d'Obsius : **lapis** Plin. 36, 157, pierre d'Obsius, obsidienne ∥ **Obsiāna**, ōrum, n. pl., Plin. 36, 196, vases d'obsidienne.

obsībĭlō, ās, āre, -, -, tr., faire entendre en sifflant : Apul. *M*. 11, 7.

obsĭdātŭs, ūs, m. (*obses*), condition d'otage : Amm. 16, 12, 25.

obsĭdĕō, ēs, ēre, sēdī, sessum (*ob, sedeo*), intr. et tr.

I intr., être assis, installé qq. part : Pl. *Poen*. 23 ; Ter. *Ad*. 718.

II tr. ¶ 1 occuper un lieu où l'on s'est installé : **Apollo, qui umbilicum terrarum obsides** Poet. d. Cic. *Div*. 2, 115, Apollon, toi qui as ton siège au centre de la terre, cf. Pl. *Ru*. 698 ; Plin. 11, 62 ¶ 2 assiéger, bloquer, investir : **Uticam** Caes. *C*. 2, 36, 1, investir Utique, cf. Caes. *G*. 3, 23, 7 ; Cic. *Verr*. 5, 145 ; *Agr*. 2, 75 ; Phil. 2, 89 ; **faucibus utrimque obsessis** Liv. 29, 32, 4, le défilé étant gardé des deux côtés ; **corporibus omnis obsidetur locus** Cic. *Nat*. 1, 65, tout l'espace est occupé par des corps ∥ [fig.] tenir investi, tenir sous sa dépendance, être maître de : **ab oratore obsessus est** Cic. *Or*. 210, [l'auditeur] est investi par l'orateur, cf. Cic. *Verr. prim*. 6 ; Sen. *Clem*. 1, 8, 2 ; Liv. 40, 20, 5 ; **speculari atque obsidere rostra** Cic. *Flac*. 57, observer et contrôler la tribune aux harangues.

obsĭdĭālis, e, Liv. 7, 37, 2, c. *obsidionalis*.

obsĭdĭo, ōnis, f. (*obsideo*) ¶ 1 action d'assiéger, siège, blocus : Enn. *Tr*. 330 ; Fest. 218, 2 ; Cic. *Mur*. 20 ; **obsidionem tolerare** Tac. *H*. 1, 33, subir un siège ; **in obsidione habere** Caes. *C*. 3, 31, tenir assiégé ; **obsidionem omittere** Tac. *An*. 15, 5 ; **solvere** Liv. 36, 31, 7, lever un siège (mais Liv. 26, 7, 8, faire cesser un siège) ∥ **liberare obsidione** Liv. 26, 8, 5, faire lever un siège ¶ 2 détention, captivité : Just. 2, 12, 6 ¶ 3 [fig.] **obsidione rempublicam liberare** Cic. *Rab. perd*. 29, sauver l'État d'un danger pressant, cf. *Fam*. 5, 6, 3 ; Plin. *Pan*. 81, 2.

obsĭdĭōnālis, e (*obsidio*), de siège : Amm. 24, 1, 7 ; **corona** Liv. 7, 37, 2, couronne obsidionale [donnée au général qui a fait lever un siège], cf. Plin. 22, 7 ; Gell. 5, 6, 8 ; Fest. 208, 10.

obsĭdĭŏr, ārĭs, ārī, - (*obsidium* ; fr. *assiéger*), intr., tendre des pièges : **alicui** Col. 9, 14, 10.

1 **obsĭdĭum**, ĭi, n. (*obsideo* ; it. *assedio*), moins usité que *obsidio* d'après Fest. 218, 3 ¶ 1 siège : Varr. *L*. 5, 90 ; Pl. *Bac*. 948 ; Tac. *An*. 13, 41 ; *H*. 4, 28 ; 4, 37 ∥ danger : Pl. *Mil*. 219 ∥ [fig.] piège : Col. 8, 2, 7 ¶ 2 attention, surveillance : Col. 9, 9, 1 ∥ secours : cf. Fest. 210, 5.

2 **obsĭdĭum**, ĭi, n. (*obses*), condition d'otage : Tac. *An*. 11, 10.

Obsĭdĭus, ĭi, m., nom d'homme : Flor. 1, 18, 7.

obsīdō, ĭs, ĕre, sēdī, sessum, tr., mettre le siège devant, assiéger : Lucr. 4, 351 ; Sall. *C*. 45, 2 ; Virg. *En*. 9, 159 ∥ [fig.] occuper, envahir : Tib. 2, 3, 41.

obsignātĭō, ōnis, f., action de sceller (apposer un sceau) : Gell. 14, 2, 7 ∥ [fig.] Tert. *Bapt*. 13, 2.

obsignātŏr, ōris, m. (*obsigno*), celui qui scelle, qui cachette : Cic. *Clu*. 186 ∥ [en qualité de témoin] qui contre-signe : Cic. *Clu*. 37 ; *Att*. 12, 18 b, 2.

obsignō, ās, āre, āvī, ātum (*ob, signo*), tr. ¶ 1 fer-mer d'un sceau, sceller, cacheter : **epistulam** Cic. *Att*. 5, 19, 1, cacheter une lettre ; **litteras obsignare publico signo** Cic. *Verr*. 4, 140, sceller des registres du sceau officiel ; **tabulas signis amicorum** Cic. *Verr*. 5, 102, apposer sur des tablettes le sceau de ses amis ; **testamentum simul cum aliquo** Cic. *Mil*. 48, sceller un testament en même temps que qqn [comme témoin], cf. Caes. *G*. 1, 39, 5 ; **ad obsignandum advocare** Cic. *Att*. 12, 18 a, 2, appeler des témoins à contresigner un testament, cf. Cic. *Att*. 14, 3, 2 ∥ **tabellis obsignatis agis mecum** Cic. *Tusc*. 5, 33, c'est au moyen de pièces signées de moi que tu m'entreprends, tu t'appuies sur mes propres paroles ∥ [abs¹] mettre les scellés : Cic. *Verr*. 1, 50 ¶ 2 [fig.] imprimer, empreindre : Lucr. 4, 567 ; **aliquid obsignatum habere** Lucr. 2, 582, tenir qqch. scellé, empreint dans son esprit.

obsīpō, ās, āre, -, - (*supo*), tr., jeter devant : Pl. *Cis*. 579.

obsistō, ĭs, ĕre, stĭtī, -, intr. ¶ 1 se placer (se tenir) devant : Pl. *Cap*. 791 ; *Mil*. 333 ; Liv. 2, 10, 3 ; 10, 19, 2 ¶ 2 faire obstacle, faire face, s'opposer, résister [pr. et fig.] : Cic. *Cat*. 3, 17 ; *Verr*. 4, 94 ; **dolori** Cic. *Tusc*. 2, 28, tenir tête à la douleur ; **famae alicujus** Liv. 2, 33, 9, éclipser la gloire de qqn ∥ [avec ne] empêcher (en faisant obstacle), s'opposer à ce que : Cic. *Nat*. 2, 35 ; Sen. *Ben*. 5, 17 ; [pass. impers.] **alicui obsisti non potuit quominus** Cic. *Att*. 7, 2, 3, on n'a pu empêcher qqn de ¶ 3 v. *obstitus*.

➤ part. fut. *obstiturus*, Itin. Alex. 21 (55).

obsĭtus, a, um, part. de 2 *obsero*.

Obsĭus, ĭi, m., personnage qui découvrit un minéral en Éthiopie [l'obsidienne] : Plin. 36, 196 ; v. *Opsius*.

obsŏlĕfăcĭō, ĭs, ĕre, fēcī, factum (*obsolesco, facio*), tr., faire tomber en désuétude : Arn. 5, 8 ; v. *obsolefio*.

obsolefactus

obsŏlĕfactus, *a*, *um*, part. de *obsolefio*.

obsŏlĕfīō, *fīs*, *fĭĕrī*, *factus sum*, pass., s'avilir : Cic. Phil. 2, 105 ; *rivi non opere nec fistula obsolefacti* Sen. Ep. 90, 43, des ruisseaux que ni le travail humain ni des conduits n'ont déshonorés, cf. Ep. 29, 3 ; Suet. Aug. 89.

obsŏlĕō, *is*, *ĕre*, -, - (*obsoletus*, *obsolesco*), intr., se souiller : Gloss. 2, 429, 2.

obsŏlescō, *is*, *ĕre*, *lēvī*, - (cf. *exolesco*), intr., tomber en désuétude, sortir de l'usage : Varr. L. 9, 16 ∥ [fig.] s'effacer [de la mémoire] : Cic. Ac. 1, 11 ∥ s'affaiblir, perdre de sa force, de sa valeur : Cic. Pomp. 52 ; Agr. 1, 21 ; Plin. Pan. 4, 5 ∥ ▶ *obsoletus*.

obsŏlētē, adv. (*obsoletus*), seul[t] *obsoletius vestitus* Cic. Verr. 1, 152, vêtu plus sordidement.

obsŏlētō, *ās*, *āre*, *āvī*, -, tr., souiller, flétrir, abolir : Tert. Scorp. 6, 9 ; Apol. 15, 6.

obsŏlētus, *a*, *um*, part.-adj. de *obsolesco* ¶ 1 négligé, usé, délabré : Nep. Ages. 8, 2 ; *-tior* Cic. Agr. 2, 13 ; Liv. 27, 34, 5 ; *homo obsoletus* Cic. Pis. 89, homme aux vêtements usés, en haillons ∥ passé de mode, obsolète : *obsoleta verba* Cic. de Or. 3, 150, mots désuets ¶ 2 commun, vulgaire, banal : Cic. Verr. 5, 177 ; *obsoletior oratio* Cic. de Or. 3, 33, style un peu trop banal ¶ 3 souillé, flétri (comme par la vieillesse) : Hor. Epo. 17, 46 ; Sen. Ag. 977.

obsŏlēvi, parf. de *obsolesco*.

obsŏlĭdō, *ās*, *āre*, -, *ātum*, tr., consolider, affermir [employé seulement au part.] : Vitr. 2, 2, 2.

obsōnātĭō (**ops-**), *ōnis*, f. (2 *obsono*), achat de provisions : Don. And. 369.

obsōnātŏr (**ops-**), *ōris*, m. (2 *obsono*), pourvoyeur, qui achète les provisions : Pl. Mil. 666 ; Sen. Ep. 47, 8.

obsōnātŭs (**ops-**), *ūs*, m., achat de provisions : Pl. Men. 288.

obsōnĭtō (**ops-**), *ās*, *āre*, *āvī*, - (fréq. de *obsono*), intr., tenir table ouverte, régaler : Cat. d. Fest. 220, 16.

obsōnĭum, ▶ *opsonium*.

1 obsŏnō, *ās*, *āre*, -, - (*ob*, *sono*), intr., interrompre par un bruit [avec dat.] : Pl. Ps. 208.

2 obsŏnō (**ops-**), *ās*, *āre*, *āvī*, *ātum* (ὀψωνέω), tr., aller aux provisions, acheter les provisions : Pl. Men. 209 ; Aul. 280 ∥ faire bonne chère : Ter. Ad. 117 ∥ [fig.] *obsonare famem* Cic. Tusc. 5, 97, faire sa provision d'appétit.
▶ forme dép., *obsonari* Pl. St. 681 ; Aul. 295.

obsōpescō, *is*, *ĕre*, -, -, intr., s'assoupir : Not. tir. 83.

obsōpĭō, *īs*, *īre*, *īvī*, -, tr., assoupir : Scrib. 180 ; *obsopitus* Solin. 12, 9, assoupi, endormi.

obsorbĕō, *ēs*, *ēre*, *bŭī*, -, tr., avaler : Pl. Mil. 834 ; Curc. 313 ; Plin. 9, 121 ∥ [fig.] engloutir : Pl. Truc. 351.

obsordescō, *is*, *ĕre*, *dŭī*, -, intr., se salir : Prud. Apoth. 146 ∥ se dégrader : Vulg. Is. 33, 9.

obstăcŭlum, *i*, n. (*obsto*), obstacle, empêchement : *Sen. Nat. 2, 52, 1 ; Amm. 17, 13, 4.

1 obstantĭa, *ae*, f., ▶ *obstaculum* : Vitr. 9, 5, 4.

2 obstantĭa, *ĭum*, n. pl., ▶ *obstaculum* : Tac. An. 1, 50.

obstātūrus, *a*, *um*, ▶ *obsto*.

obsternō, *is*, *ĕre*, -, -, tr., renverser devant : Apul. Apol. 97.

obstĕtrīcĭa, *ōrum*, n. pl. (*obstetricius*), fonctions de sage-femme : Plin. 35, 140.

obstĕtrīcĭus, *a*, *um* (*obstetrix*), d'accoucheuse, de sage-femme : Arn. 3, 10 ∥ [fig.] Front. Eloq. 3, 1, p. 148 N.

obstĕtrīcō, *ās*, *āre*, -, -, intr. et tr., faire l'office de sage-femme, accoucher : Vulg. Exod. 1, 19 ; 1, 16 ; [fig.] Tert. Nat. 2, 12, 16.

obstĕtrīcŏr, *ārĭs*, *ārī*, *ātus sum*, ▶ *obstetrico* : Iren. 4, 33, 3.

obstĕtrix, *īcis*, f. (*obsto*, cf. *stator*), accoucheuse, sage-femme : Pl. Cap. 629 ; Ter. Ad. 292 ; Hor. Epo. 17, 51 ; Plin. 28, 67.

obstĭnātē, adv. (*obstinatus*), avec constance, avec obstination, obstinément : Cæs. G. 5, 6, 4 ∥ *-tius* Suet. Cæs. 29 ; *-tissime* Suet. Tib. 67.

obstĭnātĭō, *ōnis*, f. (*obstino*), constance, persévérance, fermeté : *sententiæ* Cic. Prov. 41, attachement à [mon] sentiment, cf. Nep. Att. 22, 2 ; Tac. H. 3, 39 ; Sen. Ep. 94, 7.

obstĭnātus, *a*, *um*, part.-adj. de *obstino*, constant, persévérant, opiniâtre, résolu : [avec *ad*] Liv. 6, 3, 9 ; [avec *in* acc.] Amm. 17, 11, 3 ; [avec *adversus*] Liv. 2, 40, 3 ; [*contra*] Quint. 12, 1, 10 ; [avec inf.] Liv. 9, 25, 6 ; 7, 21, 5 ; 42, 65, 12 ; *obstinatum est tibi* [avec inf.] Plin. Pan. 5, 6, c'est une volonté arrêtée chez toi de ∥ *quando id certum atque obstinatum est* Liv. 2, 15, 5, puisque c'est décidé et bien arrêté ; *voluntas obstinatior* Cic. Att. 1, 11, 1, sentiments plus arrêtés *-issimus* Sen. Ep. 71, 10.

obstĭnĕō, *ēs*, *ēre*, -, - [arch.] (*obs*, *teneo*), tr., montrer : Fest. 214, 12.

obstĭnō, *ās*, *āre*, *āvī*, *ātum*, tr. (*ob*, *stano*), tr., vouloir d'une volonté obstinée, opiniâtre, *aliquid*, qqch. : Pl. Aul. 267 ; *obstinaverant animis aut vincere aut mori* Liv. 23, 29, 7, ils étaient déterminés à vaincre ou à mourir ∥ [abs[t], avec *ad*] être obstiné à : Tac. H. 2, 84.

obstĭpātĭō, *ōnis*, f., foule, presse : Laurent. Hom. 1, p. 98 B.

obstĭpē, adv., de travers : Julian.-Aecl d. Aug. Jul. op. imp. 6, 25.

obstĭpescō (**opst-**), ▶ *obstupesco* : Pl. Poen. 261 ; Ter. Ad. 612 ; Cic. Div. 2, 50.

obstĭpus, *a*, *um* (*ob*, *stipo*), incliné [d'un côté ou d'un autre] : Enn. An. 420 d. Fest. 210, 11 ; en arrière : *cervice obstipa* Suet. Tib. 68, avec la tête inclinée en arrière ∥ penché en avant : *obstipo capite* Hor. S. 2, 5, 92 ; Pers. 3, 80, la tête basse ∥ *obstipum caput* Cic. Nat. 2, 107 (Arat., λοξόν) la tête inclinée de côté ∥ manquant d'aplomb, de travers : Lucr. 4, 157.

obstĭtī, parf. de *obsisto* et de *obsto*.

obstĭtrix, ▶ *obstetrix*.

obstĭtus, *a*, *um* (*obsto*, *status*) ¶ 1 placé en face : Apul. Socr. 1 ¶ 2 [langue des augures] frappé de la foudre : Cic. Leg. 2, 21, cf. Fest. 208, 26.

obstō, *ās*, *āre*, *stĭtī*, *stātūrus* (fr. ôter), intr. ¶ 1 se tenir devant : *si rex obstabit obviam* Pl. St. 287, si le roi se trouve devant toi sur ton chemin, te barre le passage ¶ 2 faire obstacle [pr. et fig.] : *exercitus duo obstant* Sall. C. 58, 6, deux armées font obstacle, cf. Liv. 40, 25, 7 ; *removere omnia quae obstant* Cic. Ac. 2, 19, écarter tous les obstacles ; *obstantia silvarum* Tac. An. 1, 50, les obstacles qu'offrent les forêts ; [pass. impers.] *si non obstatur* Cic. Phil. 13, 14, s'il n'est pas fait obstacle ∥ [avec dat.] être un obstacle à, s'opposer à : *obstabat in spe consulatus Miloni Clodius* Cic. Mil. 34, Clodius était pour Milon un obstacle dans son espoir d'obtenir le consulat, cf. Cic. Mil. 96 ; Amer. 6 ; *cetera vita eorum huic sceleri obstat* Sall. C. 52, 31, le reste de leur vie fait un écran à ce forfait, le dissimule aux yeux, l'efface, cf. Liv. 1, 26, 5 ∥ [avec *ad*] Liv. 5, 25, 3 ; avec in acc., Sen. Ben. 7, 8, 2 ∥ [avec *quominus*, *quin*, *ne*] *quid obstat, quominus sit beatus ?* Cic. Nat. 1, 95, qu'est-ce qui s'oppose à ce qu'il soit heureux ?, cf. Liv. 9, 8, 6 ; Plin. Pan. 91, 3 ; *quibus non humana ulla neque divina obstant quin...* Sall. Mithr. 17, rien, ni d'humain ni de divin, ne les empêche de... ; *ne... decernere*, *ambitio obstabat* Liv. 5, 36, 9, le désir de plaire l'empêchait de décider..., cf. Liv. 4, 31, 4 ; 3, 29, 6 ∥ [avec *cur*] *quid obstat, cur non fiant (nuptiae) ?* Ter. And. 103, quel empêchement y a-t-il à ce que la noce se fasse ?
▶ part. fut. *obstaturus*, Sen. Ep. 95, 38 ; Quint. 2, 11, 1.

obstrăgŭlum, *i*, n. (*obsterno*), courroie [attachant la sandale] : Plin. 9, 114.

obstrangŭlātus, *a*, *um* (*obstrangulo*), étouffé [fig.] : Prud. Cath. 7, 10.

obstrĕpĕrus, *a*, *um* (*obstrepo*), qui retentit par-devant : Apul. Flor. 13.

obstrĕpĭtācŭlum, *i*, n., criaillerie : Tert. Marc. 1, 20, 1.

obstrĕpĭtō, *ās*, *āre*, -, - (fréq. de *obstrepo*), intr., : Claud. Pros. 2, 355.

obstrĕpō, *is*, *ĕre*, *strĕpŭī*, *strĕpĭtum*, intr. et tr.

I intr. ¶ **1** faire du bruit devant, retentir devant, [ou] en faisant obstacle : *nihil sensere obstrepente pluvia* Liv. 21, 56, 9, ils ne s'aperçurent de rien, le bruit de la pluie couvrant tout ; *si intrante te clamor et plausus obstrepuerint...* Sen. *Ep.* 29, 12, si, à ton entrée, tu étais accueilli par des cris et des applaudissements... ∥ [avec dat.] : *mare Bais obstrepens* Hor. *O.* 2, 18, 20, la mer qui retentit devant Baïes ¶ **2** faire du bruit contre qqn [pour l'empêcher d'être entendu] : *adversarius obstrepit* Quint. 12, 6, 5, l'adversaire fait du bruit pour couvrir la voix ∥ [avec dat.] *alicui* Cic. *de Or.* 3, 50, couvrir la voix de qqn en faisant du bruit, cf. Liv. 1, 40, 6 ; [pass impers] *decemviro obstrepitur* Liv. 3, 49, 4, on couvre par du vacarme la voix du décemvir ¶ **3** [fig.] aller à l'encontre de, faire obstacle, importuner : *alicui litteris* Cic. *Fam.* 5 ; 4, 1, importuner qqn par des lettres ; *definitioni* Gell. 6, 2, 4, combattre une définition ; *conscientia obstrepente dormire non possunt* Curt. 6, 10, 14, le cri de leur conscience les empêche de dormir.
II tr., troubler par des cris : Cic. *Marc.* 9 ; Plin. *Pan.* 26, 2.

obstrictē (*obstrictus*), avec un lien étroit ∥ *-ius* Aug. *Civ.* 2, 24.

obstrictĭō, *ōnis*, f. (*obstringo*), action de lier solidement : Cassian. *Inst.* 1, 1, 14.

obstrictus, *a*, *um*, part. de *obstringo*, adj^t, attaché : *-ctior* Paul.-Nol. *Carm.* 27, 145.

obstrĭgillātŏr, *ōris*, m., celui qui blâme, censeur : Varr. *Men.* 436.

obstrĭgillō (**-stringillō**), *ās*, *āre*, -, - (*obstringo* ; cf. *obstrigillus*), intr., faire obstacle (*alicui*) : *Enn. *Sat.* 5 d. Non. 147, 10 ; Varr. *Men.* 264 ; [abs^t] Sen. *Ep.* 115, 6 ∥ blâmer, censurer : Varr. *R.* 1, 2, 24.

obstrĭgillus, *i*, m. (*obstringo*), sandale [liée par-devant] : Isid. 19, 34, 8.

obstringillo, **v.** *obstrigillo* : Enn. *Sat.* 5.

obstringō, *ĭs*, *ĕre*, *strinxī*, *strictum*, tr. ¶ **1** lier devant ou sur : *follem ob gulam alicui* Pl. *Aul.* 302, attacher une bourse devant la bouche de qqn, cf. Val.-Flac. 7, 602 ¶ **2** serrer (fermer) en liant, en attachant : *laqueo collum* Pl. *Aul.* 78, serrer le cou dans un lacet ; *ventos* Hor. *O.* 1, 3, 4, enchaîner les vents ∥ [fig.] *a)* lier, enchaîner : *legibus obstrictus* Cic. *Inv.* 2, 132, lié par les lois ; *beneficio obstrictus* Cic. *Planc.* 73, lié par un bienfait, cf. Caes. *G.* 1, 9, 3 ; *aliquem officiis obstringere* Cic. *Fam.* 13, 18, 2, s'attacher qqn par des services ; *jurejurando civitatem* [avec prop. inf.] Caes. *G.* 1, 31, 7, faire prendre à la cité sous la foi du serment l'engagement de ; *aliquem conscientia* Tac. *H.* 4, 55, se lier qqn par la complicité *b)* enlacer dans, impliquer dans : *scelere, parricidio se obstringere* Cic. *Verr.* 5, 179 ; *Off.* 3, 83, s'engager dans un crime, se rendre coupable d'un parricide ; *aliquem religione* Cic. *Phil.* 2, 83, impliquer qqn dans un sacrilège ; *scelere obstrictus* Cic. *Verr.* 4, 71, chargé d'un crime *c)* engager, garantir, assurer : Tac. *An.* 13, 11 ; *fidem suam alicui* Plin. *Ep.* 4, 13, 11, engager sa parole à qqn *d)* [avec prop. inf.] Tac. *An.* 1, 14 ; 4, 31, garantir que ∥ [avec gén. du grief] *obstringi furti* Sabin. d. Gell. 11, 18, 21, se rendre coupable de vol.

obstructĭō, *ōnis*, f. (*obstruo*), action d'enfermer : Arn. 2, 28 ∥ [fig.] voile, dissimulation : Cic. *Sest.* 22.

obstructus, *a*, *um*, part. de *obstruo*.

obstrūdō, Pl. *St.* 593 ; Fest. 208, 36, **v.** *obtrudo*.

obstrūdŭlentus, *a*, *um* (*obstrudo*), qu'on peut engloutir, avaler : Titin. *Com.* 165 ; Fest. 210, 2.

obstrŭō, *ĭs*, *ĕre*, *struxī*, *structum*, tr. ¶ **1** construire devant : *validum pro diruto novum murum* Liv. 38, 29, 2, opposer un nouveau mur solide à la place du mur écroulé, cf. Liv. 33, 17, 10 ∥ [abs^t avec dat.] *luminibus alicujus* Cic. *Dom.* 115, construire devant les baies de qqn, masquer les ouvertures d'une maison, cf. Cic. *Brut.* 66 ¶ **2** fermer, obstruer, boucher : *portas* Caes. *C.* 1, 27, 3, murer des portes ; *flumina magnis operibus* Caes. *C.* 3, 49, 3, barrer les cours d'eau par de gros travaux ; *iter Poenis vel corporibus suis obstruere voluerunt* Cic. *CM* 75, ils voulurent fermer le passage aux Carthaginois même en faisant obstacle de leurs corps ; *obstruite perfugia improborum* Cic. *Sull.* 79, fermez tout asile aux méchants ; *omnis cognitio multis est obstructa difficultatibus* Cic. *Ac.* 2, 7, l'accès de toute connaissance est obstrué par mille difficultés.

obstrūsĭō, *ōnis*, f. (*obstrudo*), obstruction : Cael.-Aur. *Acut.* 1, pr. ; 6.

obstrūsus, *a*, *um*, part. de *obstrudo*.

obstŭpĕfăcĭō, *ĭs*, *ĕre*, *fēcī*, *factum*, tr., [fig.] frapper de stupeur, engourdir, paralyser : Ter. *Phorm.* 284 ; Liv. 25, 38, 3 ∥ **v.** *obstupefio*.

obstŭpĕfactĭō, *ōnis*, f., stupéfaction, étonnement devant : Greg.-M. *Mor.* 9, 11, p. 864 D.

obstŭpĕfīō, *fīs*, *fĭĕrī*, *factus sum*, pass. ¶ **1** être paralysé, rendu insensible : Val.-Max. 3, 8, 6 ; 5, 1, 1 ¶ **2** [fig.] être frappé de stupeur : Cic. *Dej.* 34 ; *Cat.* 2, 14.

obstŭpĕō, *ēs*, *ēre*, -, -, intr., [fig.] être frappé de stupeur, rester interdit : Gloss. 2, 326, 24 ∥ tr., frapper de stupeur : Gloss. 2, 343, 2.

obstŭpescō, *ĭs*, *ĕre*, *stŭpŭī*, -, intr. ¶ **1** devenir immobile, insensible, s'engourdir : Varr. *R.* 3, 16 ; Plin. 36, 56 ¶ **2** [fig.] *a)* devenir paralysé, se glacer : *animus timore obstupuit* Ter. *Ad.* 613, mon âme est glacée d'effroi ∥ devenir immobile de stupeur : Liv. 33, 1, 7 ; *hoc terrore obstipuerant multitudinis animi ab omni conatu novorum consiliorum* Liv. 34, 27, 9, cet effroi paralysait les esprits de la foule, l'empêchant de tenter une nouvelle entreprise *b)* être frappé de stupeur, rester interdit : Cic. *Att.* 5, 21, 7 ; *Verr.* 1, 68 ; *Div.* 2, 50 ; [avec ad, relativement à, en considération de] Liv. 39, 50, 2 ¶ **3** [tard.] tr., s'étonner, *aliquid*, de qqch. : Cassiod. *Var.* 2, 39.

obstŭpĭdus, *a*, *um*, stupide, hébété, stupéfait, interdit : Pl. *Mil.* 1254 ; Gell. 5, 1, 6.

obstŭprātus, *a*, *um*, déshonoré : Lampr. *Comm.* 3, 4.

obstŭpŭī, parf. de *obstupesco*.

obsufflō, *ās*, *āre*, -, -, tr., souffler contre, sur : Ps. Quint. *Decl.* 3 b, 7.

obsum, *ŏbes*, *obesse*, *obfŭī* ou *offŭī*, intr., faire obstacle, être nuisible, porter préjudice à [avec dat.] : Cic. *de Or.* 1, 122 ; 2, 295 ; *Mur.* 21 ; *nihil obest dicere* Cic. *Fam.* 7, 13, 4, cela ne nuit pas du tout de dire.
► fut. arch. *obescet*, P. Fest. 207, 5.

obsŭō, *ĭs*, *ĕre*, *ŭī*, *ūtum*, tr., coudre contre : Ov. *F.* 2, 578 ∥ boucher, fermer : Virg. *G.* 4, 301 ; Suet. *Tib.* 64.

obsurdātus, *a*, *um* (*obsurdus*), rendu sourd : Aug. *Psalm.* 57, 15.

obsurdĕfăcĭō, *ĭs*, *ĕre*, -, - (*surdus*, *facio*), tr., rendre sourd : Aug. *Faust.* 33, 6.

obsurdescō, *ĭs*, *ĕre*, -, - (*ob*, *surdus* ; fr. *assourdir*), intr., devenir sourd [pr. et fig.] : Cic. *Rep.* 6, 19 ; *Lae.* 88.

obsurdō, *ās*, *āre*, -, -, tr., **v.** *obsurdatus*.

obsūtus, *a*, *um*, part. de *obsuo*.

obtaedescit, *ĕre*, intr., impers., on est dégoûté : *Pl. *St.* 734.

obtectĭō, *ōnis*, f., action de couvrir, cacher [fig.] : Rufin. *Orig. Lev.* 5, 5.

1 **obtectus**, *a*, *um*, part. de *obtego*.

2 **obtectŭs**, *ūs*, m., action de couvrir : Julian.-Aecl. d. Aug. *Jul. op. imp.* 4, 65.

obtĕgō, *ĭs*, *ĕre*, *tēxī*, *tectum*, tr., recouvrir, protéger : Caes. *C.* 3, 19, 7 ; Cic. *Sest.* 76 ∥ [fig.] cacher : Cic. *Cael.* 43 ; *Vat.* 11 ; *animus sui obtegens* Tac. *An.* 4, 1, caractère dissimulé.

obtempĕrantĕr, adv. (*obtempero*), avec obéissance, docilement : Prud. *Perist.* 2, 112.

obtempĕrātĭō, *ōnis*, f. (*obtempero*), obéissance, soumission : *legibus* Cic. *Leg.* 1, 42, obéissance aux lois.

obtempĕrātŏr, *ōris*, m., celui qui obéit : Aug. *Psalm.* 134, 1.

obtempĕrō (**opt-**), *ās*, *āre*, *āvī*, *ātum*, intr., se conformer, obtempérer, obéir : *alicui* Cic. *Planc.* 94, obéir à qqn ; *ad id quod...*, *obtemperare* Cic. *Caecin.* 52, se conformer à ce que... ; *imperio populi Romani* Caes. *G.* 4, 21, 6, se soumettre à l'autorité du peuple romain, cf. *C.* 1, 35, 1 ; [avec acc. pron.] *nec quae dico optemperas ?* Pl. *Most.* 522, et tu

obtempero

n'obtempères pas à ce que je dis?, cf. Amp. 449; [pass. impers.] **cum auspiciis obtemperatum esset** Cic. Div. 2, 20, après qu'on se fut conformé aux auspices.

obtendō, ĭs, ĕre, tendī, tentum, tr. ¶ 1 tendre devant, opposer : Virg. En. 10, 82; Suet. Ner. 48 ‖ [pass.] s'étendre devant [avec dat.] : [en parl. d'un pays] Tac. Agr. 10; [en parl. d'une membrane] Plin. 11, 153 ¶ 2 [fig.] couvrir, cacher : **obtendi quasi velis quibusdam** Cic. Q. 1, 1, 15, être couvert comme d'une espèce de voile, cf. Tac. H. 3, 56 ‖ prétexter, donner pour prétexte, pour excuse : Tac. An. 3, 35; **rationem turpitudini** Plin. Ep. 8, 6, 15, donner une justification à sa bassesse, cf. Quint. 12, 10, 15 ‖ **curis luxum** Tac. H. 3, 36, mettre sur les soucis le voile d'une vie dissipée (dissimuler les soucis sous...).

obtĕnĕbrātĭo, ōnis, f. (obtenebro), obscurcissement : Julian.-Aecl. d. Aug. Jul. op. imp. 5, 44.

obtĕnĕbrēscō, ĭs, ĕre, -, -, intr., s'obscurcir, se voiler [soleil] : Vulg. Job 18, 6.

obtĕnĕbrō, ās, āre, -, -, tr., couvrir de ténèbres, obscurcir : Lact. Inst. 4, 19, 3; Vulg. Job 3, 9.

obtensŭs, ūs, m., ⊙▶ obtentus : *Front. Amic. 2, 7, 20, p. 198 N.

1 **obtentĭo**, ōnis, f. (obtendo), action d'étendre devant : Arn. 5, 36 ‖ [fig.] voile [allégorique] : Arn. 5, 35.

2 **obtentĭo**, ōnis, f., action de posséder : Hier. Is. 14, 28.

obtentō, ās, āre, -, - (fréq. de obtineo), tr., posséder [fig.] : Cic. Att. 9, 10, 3 [mss].

1 **obtentus**, a, um, part. de obtendo et de obtineo.

2 **obtentŭs**, ūs, m. (obtendo) ¶ 1 action de tendre (d'étendre) devant, de couvrir : Virg. En. 11, 66; Gell. 11, 18, 14; Plin. 31, 2 ¶ 2 [fig.] prétexte, ce qu'on met en avant : Tac. An. 1, 10; 12, 7 ‖ voile : Sall. Lep. 24; Lact. Inst. 1, 11, 34.

3 **obtentŭs**, ūs, m. (obtineo), possession : Chalc. 160; 181; 264.

obtĕrō (opt-), ĭs, ĕre, trīvī, trītum, tr., écraser, broyer : Cic. de Or. 2, 353; Varr. R. 2, 5, 5; Liv. 27, 41, 10 ‖ [fig.] fouler aux pieds, mépriser : Pl. Curc. 573; Cic. Caecin. 18; Cael. 42; **verbis aliquem obterere** Liv. 24, 15, 7, écraser qqn de termes méprisants ‖ anéantir, détruire : **obteri laudem imperatoriam criminibus avaritiae** Cic. Verr. 5, 2, [ne pas permettre] que la gloire de grand capitaine soit écrasée (anéantie) par des accusations de cupidité, cf. Just. 5, 2, 11 ‖ frotter, nettoyer en frottant : Apul. Apol. 8.
▶ pqp. subj. obtrisset, Liv. 3, 56, 8.

obtestātĭo, ōnis, f. (obtestor), action de prendre les dieux à témoin, engagement solennel : Cic. Dom. 125; P. Fest. 201, 26 ‖ adjuration solennelle : Cic. Clu. 35 ‖ prière [aux dieux], supplication : Liv. 27, 50, 5 ‖ [en gén.] prière instante, adjuration : Cic. Fam. 13, 1, 4; Cael. Fam. 8, 10, 5.

obtestātŏr, ōris, m. (obtestor), qui jure au nom de : Aug. Serm. Dolbeau 10, 5.

obtestātus, a, um, part. de obtestor.

obtestŏr, āris, ārī, ātus sum, tr. ¶ 1 attester, prendre à témoin : **deos** Tac. An. 2, 65, invoquer les dieux ; **necessitudinem nostram obtestans** Brut. d. Cic. ad Brut. 1, 13, 1, faisant appel à notre amitié, cf. Mur. 86; Liv. 2, 10, 3 ¶ 2 supplier, conjurer : **per omnes deos te obtestor ut** Cic. Att. 11, 2, 2, au nom de tous les dieux, je t'adjure de ; **oro obtestorque vos, judices, ut** Cic. Cael. 78, je vous prie, je vous conjure, juges, de ; [avec ne] Cic. Sull. 89, conjurer de ne pas; [avec subj. seul] **obtestamur, consulatis** Sall. C. 33, 5, nous vous conjurons de veiller aux intérêts de ‖ **multa de salute sua Pomptinum obtestatus** Sall. C. 45, 4, ayant adjuré longuement Pomptinus de le sauver ; **illud te obtestor ne** Virg. En. 12, 820, voici une prière que je t'adresse, c'est de ne pas ¶ 3 [avec prop. inf.] affirmer solennellement que, protester que : Tac. An. 12, 5; 14, 7; H. 3, 10.
▶ part. obtestatus avec sens pass., instamment prié, adjuré : Amm. 31, 9, 4; Apul. M. 2, 24; Aug. Serm. 216, 6.

obtexi, parf. de obtego.

obtexō, ĭs, ĕre, texŭī, textum, tr., tisser devant ou sur : Plin. 11, 65 ‖ [fig.] couvrir, envelopper : Virg. En. 11, 611.

obtĭcentĭa, ae, f. (obticeo), silence, réticence [rhét.] : Cels. d. Quint. 9, 2, 54.

obtĭcĕō, ēs, ēre, -, - (ob, taceo), intr., se taire, garder le silence : Ter. Eun. 820.

obtĭcēscō, ĭs, ĕre, tĭcŭī, -, intr., ⊙▶ obticeo, employé surtout au parf. : Pl. Bac. 62; Hor. P. 284; Ov. M. 14, 523 ‖ tr., taire qqch. : Lact. Ir. 4, 13.

obtĭgi, parf. de obtingo.

obtĭnentĭa, ae, f. (obtineo), possession [gram.] : Prisc. 3, 274, 13.

obtĭnĕō, ēs, ēre, tĭnŭī, tentum (ob, teneo), tr. ¶ 1 tenir solidement : **obtine aures, amabo** Pl. Cas. 524, tiens-moi solidement les oreilles, de grâce ¶ 2 tenir par-devers soi, avoir en pleine possession : **suam quisque domum obtinebat** Cic. Phil. 2, 48, chacun avait sa maison bien à lui ; **regnum, principatum** Caes. G. 1, 3, 4; 1, 3, 5, occuper le trône, avoir la primauté, exercer le principat; **Hispaniam citeriorem cum imperio** Cic. Fam. 1, 9, 13, avoir le gouvernement de l'Espagne citérieure ; **numerum deorum** Cic. Nat. 3, 51, compter au nombre des dieux, cf. Cic. Brut. 175; Off. 2, 43; **sidera aetherium locum obtinent** Cic. Nat. 2, 42, les astres occupent la région éthérée ; **proverbii locum obtinere** Cic. Tusc. 4, 36, avoir la valeur d'un proverbe ; **fama, quae plerosque obtinet** Sall. J. 17, 7, l'opinion qui rassemble la plupart des esprits ¶ 3 maintenir, conserver : **pristinam dignitatem** Cic. Fam. 4, 14, 1, conserver son ancienne dignité ; **alicujus res gestas** Cic. Verr. 3, 81, maintenir tout ce qu'a fait qqn ; **ad vocem obtinendam** Cic. de Or. 3, 224, pour maintenir, conserver la voix ; **jus suum contra aliquem** Cic. Quinct. 34, maintenir son droit contre qqn, cf. Cic. Verr. 4, 146 ; **testamentum, quod etiam infimis civibus obtentum est** Cic. Phil. 2, 109, un testament que même à l'égard des plus simples citoyens on a toujours maintenu (respecté) ; **lex quae in Graecorum conviviis obtinetur** Cic. Tusc. 5, 118, la loi qui est en vigueur (règne) dans les festins grecs ‖ [en part.] **causam** Cic. Brut. 233, gagner une cause, cf. Cic. Or. 69; Verr. 2, 26; Caes. G. 7, 37, 4; **rem** Caes. G. 7, 85, 3, avoir l'avantage ¶ 4 maintenir une opinion, une affirmation, l'établir fermement, la faire triompher : **non dicam id, quod debeam forsitan obtinere...** Cic. Verr. 5, 4, je ne soutiendrai pas cette thèse, dont peut-être je ne devrais pas démordre, savoir que... ; **duas contrarias sententias obtinere** Cic. Fin. 4, 78, établir, faire admettre deux propositions contraires, cf. Cic. Verr. 3, 168; Cat. 4, 11; Fat. 21; Ac. 1, 26; 5, 85 ¶ 5 [abst] venir à bout, réussir : **nec obtinuit** Suet. Caes. 11, et il ne réussit pas, cf. Cael. Fam. 8, 6, 5 ‖ [avec ut] réussir à faire que : Liv. 4, 12, 4; 35, 10, 9; Suet. Cl. 41; Tac. An. 3, 10; [avec ne] réussir à empêcher que : Suet. Caes. 23; [avec négation et quin, ne pouvoir empêcher que] Suet. Tib. 31; [avec inf.] obtenir de : Just. 1, 3, 2 ¶ 6 [emploi intr.] se maintenir durer : **ea fama obtinuit** Liv. 21, 46, 10, cette opinion s'est conservée, a prévalu.

obtingō, ĭs, ĕre, tĭgi, - (ob, tango), tr. et intr.

I primit[t] tr., toucher, parvenir à : Pl. d. Non. 415, 16.

II intr. ¶ 1 arriver, avoir lieu : **eloquere, ut haec res optigit de filia** Pl. Ru. 1211, raconte-lui la manière dont tout ceci s'est passé à propos de notre fille, cf. Pl. Bac. 426; Ter. Haut. 683 ‖ [en part.] **si quid obtigerit, aequo animo moriar** Cic. Cat. 4, 3, s'il m'arrive malheur, je mourrai l'esprit tranquille ¶ 2 échoir, en partage : **quod cuique obtigit, id quisque teneat** Cic. Off. 1, 21, que chacun se contente de son lot ; **cum tibi aquaria provincia sorte obtigisset** Cic. Vat. 12, le sort t'ayant donné en partage le département des eaux [surveillance de la distribution de l'eau dans la ville] ; **te mihi quaestorem obtigisse** Cic. Fam. 2, 19, 1, [ayant appris] que tu m'es échu comme questeur ; **omnia, quae hominibus forte obtigerunt** Quint. 3, 7, 13, tous les avantages échus aux hommes par hasard ‖ **nulli sapere casu obtigit** Sen. Ep. 76, 6, personne n'a eu du hasard la sagesse en partage ; **ei, bellum ut cum rege Perse gereret, obtigit** Cic. Div. 1, 103, il lui échut la mission de faire la guerre au roi Persée.
▶ orth. arch. opt-.

obtinnĭō, īs, īre, -, -, intr., tinter: Apul. *Apol.* 48.

obtĭnŭi, parf. de obtineo.

obtollō, ĭs, ĕre, -, -, tr., lever en face: Julian.-Aecl. d. Aug. *Jul. op. imp.* 2, 2.

obtorpĕō, ēs, ēre, -, -, intr., être engourdi: Gloss. 2, 342, 33.

obtorpescō, ĭs, ĕre, pŭī, -, intr., s'engourdir, devenir insensible: Cic. *Dom.* 135; Liv. 22, 3, 13 ‖ se durcir: Plin. 5, 99 ‖ [fig.] **subactus miseriis obtorpui** Cic. poet. *Tusc.* 3, 67, sous l'étreinte du malheur j'ai perdu tout sentiment; *circumfuso undique pavore ita obtorpuit, ut...* Liv. 34, 38, 7, la crainte qui régnait partout autour de lui le paralysa au point que....

obtorquĕō, ēs, ēre, torsī, tortum, tr., tourner, faire tourner: Acc. *Tr.* 575; Stat. *Th.* 5, 414 ‖ serrer violemment: *collo obtorto* Cic. *Clu.* 59; *obtorta gula* Cic. *Verr.* 4, 24, avec le cou serré, serré au collet ‖ tordre: *obtorti circulus auri* Virg. *En.* 5, 559, un collier d'or en torsade.

obtorsi, parf. de obtorqueo.

obtortĭo, ōnis, f. (obtorqueo), torsion: Fulg. *Serm.* 46.

obtortus, a, um, part. de obtorqueo.

obtrăhō, ĭs, ĕre, -, -, tr., tirer devant: *Tert. Virg. 15, 3.

obtrectātĭo, ōnis, f. (obtrecto), dénigrement, action de rabaisser, jalousie: Cic. *Tusc.* 4, 18; *Brut.* 156; *Font.* 26; **laudis** Caes. *C.* 1, 7, 1, ravalement du mérite d'autrui ‖ esprit de dénigrement: Cic. *Q.* 1, 1, 43; Liv. 30, 20, 3.

obtrectātŏr, ōris, m. (obtrecto), détracteur, celui qui dénigre, qui critique: *laudum mearum* Cic. *Brut.* 2, le détracteur de mes mérites; [avec dat.] Just. 31, 6, 1.

obtrectātŭs, abl. ū, m., ⊂▸ *obtrectatio*: Gell. *pr.* 16.

obtrectō, ās, āre, āvī, ātum, intr. et tr. (*ob, tracto*), dénigrer, rabaisser, critiquer par jalousie [être jaloux de voir qu'un autre a ce qu'on possède soi-même, v. Cic. *Tusc.* 4, 56]: *alicui, alicui rei* Cic. *Tusc.* 4, 56; *Pomp.* 21, dénigrer qqn, qqch.; [avec l'acc.] *laudes alicujus* Liv. 45, 37, 6, rabaisser la gloire de qqn, cf. Tac. *An.* 1, 17; D. 25 ‖ [absᵗ] Tac. *Ac.* 2, 76.

obtrītĭo, ōnis, f. (obtero), action d'écraser: Aug. *Man.* 2, 16, 43 ‖ contrition: Aug. *Serm.* 216, 4.

1 obtrītus, a, um, part. de obtero.

2 obtrītŭs, abl. ū, m., action d'écraser, de broyer: Plin. 18, 258.

obtrīvi, parf. de obtero.

obtrūdo (**opt-, obst-**), ĭs, ĕre, trūsī, trūsum, tr., pousser avec violence: Apul. *M.* 7, 28 ‖ faire prendre de force, imposer: Ter. *And.* 250; *optrudere palpum alicui* Pl. *Ps.* 945, faire avaler des compliments à qqn, cf. Amm. 16, 12, 43 ‖ avaler gloutonnement, engloutir: Pl. *St.* 593; *Curc.* 366 ‖ recouvrir: Ov. *M.* 11, 48 ‖ fermer: **obtrudere os** Prud. *Perist.* 5, 95, fermer la bouche [à qqn].

obtrūdŭlentus, ⊂▸ obstr-.

obtruncātĭo, ōnis, f. (obtrunco), taille [de la vigne]: Col. 4, 29, 4.

obtruncō (**opt-**), ās, āre, āvī, ātum, tr., tailler [la vigne]: Col. 4, 29, 13 ‖ massacrer, égorger, tuer: Pl. *Amp.* 415; *Aul.* 469; Acc. d. Cic. *Nat.* 3, 67; Sall. *J.* 67, 2; Virg. *G.* 3, 374; Liv. 7, 26, 5; Tac. *H.* 1, 80.

obtrūsi, parf. de obtrudo.

obtrūsĭo, ⊂▸ obstrusio.

obtŭdi, parf. de obtundo.

obtŭĕŏr (**opt-**), ērĭs, ērī, -, tr., regarder en face: Pl. *Amp.* 900 ‖ apercevoir, voir: Pl. *Most.* 840.

obtŭli, parf. de offero.

obtundō (**opt-**), ĭs, ĕre, tŭdī, tūsum et **tunsum**, tr. ¶1 frapper contre, sur [rare]: *os alicui* Pl. *Cas.* 931, casser la figure de qqn, cf. *Cas.* 862; *Amp.* 606 ¶2 émousser en frappant [rare] [un trait] Lucr. 6, 399 ¶3 [fig.] *a)* émousser, affaiblir: *aciem oculorum, auditum* Plin. 22, 142; 24, 87, émousser la vue, l'ouïe; *vocem* Cic. *de Or.* 2, 182, enrouer sa voix; *(dulcibus cibis) obtusus stomachus* Plin. *Ep.* 7, 3, 5, estomac lassé par des mets de saveur douce; *obtusis viribus* Lucr. 3, 452, nos forces étant émoussées *b)* assommer, fatiguer (étourdir): *aures* Cic. *Or.* 221, les oreilles; *obtuderunt ejus aures te... fuisse* Cic. *Verr.* 3, 157, on lui a rebattu aux oreilles que tu étais...; *aliquem longis epistulis* Cic. *Att.* 8, 1, 4, fatiguer qqn par de longues lettres; *non obtundam diutius* Cic. *Verr.* 4, 109, je ne veux pas importuner plus longtemps; *non cessat optundere... fabulam promeret* Apul. *M.* 9, 23, elle ne cesse de l'assommer pour qu'il lui raconte l'histoire... *c)* *mentem, ingenia* Cic. *Tusc.* 1, 80; *de Or.* 3, 93, émousser l'intelligence, les esprits ‖ émousser (amortir): *aegritudinem* Cic. *Tusc.* 3, 34, le chagrin. ▶ orth. arch. *opt-*.

obtunsē, ⊂▸ obtuse: Solin. 32, 28.

obtunsĭo, ōnis, f. (obtundo), action de frapper, coups: Lampr. *Comm.* 10, 4; ⊂▸ obtusio.

obtunsĭtās, ⊂▸ obtusitas.

obtunsus, a, um, ⊂▸ obtusus.

obtŭŏr, tŭĕrĭs, tŭī, -, ⊂▸ obtueor: Pl. *Most.* 66; 838; Acc. *Tr.* 285; 319.

obtūrācŭlum, i, n. (obturo), bouchon, tampon: M.-Emp. 35, 8.

obtūrāmentum, i, n. (obturo), tout ce qui sert à boucher: *cadorum obturamenta* Plin. 16, 34, bondes de tonneaux, cf. 33, 75.

obtūrātĭo, ōnis, f., action de boucher: Vulg. *Eccli.* 27, 15.

obtūrātus, a, um, ⊂▸ obturo.

obturbātĭo, ōnis, f., trouble: Rufin. *Orig. princ.* 3, 3, 4.

obturbātŏr, ōris, m., auteur de trouble, perturbateur: Ps. Ascon. *Cic. Caecil.* 49.

obturbō, ās, āre, āvī, ātum, tr., rendre trouble, troubler [l'eau]: Plin. 8, 26 ‖ [fig.] mettre en déroute, disperser: Tac. *H.* 3, 25 ‖ troubler, importuner, assommer: Pl. *Poen.* 261; Cic. *Att.* 12, 6; 12, 18, 1; *obturbabatur militum vocibus* Tac. *H.* 3, 10, il était troublé par les cris des soldats ‖ [absᵗ] faire de l'obstruction: Tac. *An.* 6, 24.

obturgescō, ĭs, ĕre, tursī, -, intr., s'enfler, enfler: Lucr. 6, 659; Lucil. 172; P. Fest. 27, 28.

obtūrō (**opt-**), ās, āre, āvī, ātum (cf. *turgeo, tumeo*?; esp. port. *aturar*), tr., boucher, fermer: Pl. *Aul.* 304; *St.* 114; Cic. *Fat.* 10; Plin. 19, 178; *aures* Hor. *Ep.* 2, 2, 105, se boucher les oreilles ‖ [fig.] rassasier: Lucr. 4, 870.

obtursi, parf. de obturgesco.

***obtūsē** [inus.], d'une façon obtuse, émoussée; [fig.] *obtusius videre* Aug. *Doctr.* 4, 5, 7, voir moins distinctement.

obtūsĭangŭlus, a, um, à angle obtus: *Ps. Boet. *Geom.* 376, 9.

obtūsĭo, ōnis, f. (obtundo) ¶1 action de battre, coup: Aug. *Quaest.* 68, 4 ¶2 état de ce qui est émoussé: *visus* Cael.-Aur. *Chron.* 3, 3, 46, affaiblissement de la vue ‖ [fig.] *mentis* Aug. *Jul. op. imp.* 1, 54, stupidité.

obtūsĭtās, ātis, f. (obtusus), état de ce qui est émoussé: Isid. *Nat.* 11, 1.

obtūsus (-tunsus), a, um ¶1 part. de obtundo ¶2 adjᵗ *a)* émoussé: *animi acies obtusior* Cic. *CM* 83, vue de l'âme moins pénétrante; *obtunsa pectora* Virg. *En.* 1, 567, cœurs émoussés, insensibles; *vigor animi obtunsus* Liv. 5, 18, 4, vigueur intellectuelle affaiblie; *vox obtusa* Quint. 11, 3, 15, voix assourdie, sourde *b)* stupide, obtus, hébété: *obtunso ingenio esse* Gell. 13, 24, 21, avoir l'esprit obtus; *quo quid dici potuit obtusius?* Cic. *Nat.* 1, 70, que pouvait-on dire de plus absurde?

obtūtŭs, ūs, m. (obtueor), action de regarder: *oculorum* Cic. *Nat.* 3, 9, vue, cf. Cic. *Div.* 2, 120; *de Or.* 3, 17 ‖ regard, contemplation: Virg. *En.* 12, 666.

Obulco, ōnis, f., ville de Bétique: Plin. 3, 10 ‖ **-ōnensis**, e, d'Obulco: CIL 2, 2252.

Obulcŭla, ae, f., ville de Bétique: Plin. 3, 12.

ŏbultrōnĕus (-nĭus), a, um, qui agit spontanément, de son propre mouvement: Not. Tir. 51; Gloss. 5, 315, 54; 2, 137, 33.

ŏbumbrācŭlum, i, n., ombre, [fig.]: Aug. *Serm.* 153, 11, 14.

ŏbumbrātĭo, ōnis, f., obscurité, ténèbres: Chalc. 242 ‖ [fig.] voile: Arn. 5, 41.

obumbratrix

ŏbumbrātrix, īcis, f., celle qui couvre de son ombre [fig.]: Tert. Apol. 9, 2.

ŏbumbrō, ās, āre, āvī, ātum, tr., ombrager, couvrir d'ombre: Ov. Am. 2, 16, 10; M. 13, 845; 14, 837; Curt. 5, 4, 8; Plin. 17, 165 ‖ obscurcir: **obumbrant aethera telis** Virg. En. 12, 578, ils obscurcissent le ciel de leurs traits, cf. Plin. 2, 111; [fig.] **nomina numquam obscura, etiam si aliquando obumbrentur** Tac. H. 2, 32, noms [de Rome, du sénat] qui ne sont jamais dans l'obscurité même s'il arrive parfois qu'une ombre les recouvre ‖ voiler, dissimuler: Ov. Pont. 3, 3, 75 ‖ couvrir, protéger: **magnum reginae nomen obumbrat** [eum] Virg. En. 11, 223, le grand nom de la reine l'abrite de son ombre.

ŏbuncātus, a, um (uncus), recourbé, crochu: Cael.-Aur. Chron. 2, 14, 198.

ŏbuncō, ās, āre, -, -, tr., accrocher: Aldh. Virg. 32.

ŏbunctŭlus, a, um (dim. de obunctus), légèrement parfumé: *Titin. Com. 138.

ŏbunctus, a, um, parfumé, oint: Apul. M. 2, 9.

ŏbuncŭlus, f. l. pour obunctulus.

ŏbuncus, a, um, crochu, recourbé: Virg. En. 6, 597; Ov. M. 6, 516.

ŏbundātĭo, f. l. pour abundatio.

ŏbundō, f. l. pour abundo.

ŏburvō, ās, āre, -, -, ⊂. urvo: Gloss. 5, 36, 20.

ŏbustus, a, um, brûlé à l'extrémité: **sudes obustae** Virg. En. 11, 894, pieux durcis au feu, cf. En. 7, 506 ‖ brûlé [par la gelée]: Ov. Tr. 5, 2, 66.

obvāgĭō, īs, īre, -, -, intr., vagir: Pl. Poen. 31.

obvāgŭlō, ās, āre, -, ātum, intr. (dim. de obvagio), faire du tapage: L. XII Tab. d. Fest. 262, 22.

obvallō, ās, āre, āvī, ātum, tr., entourer d'un retranchement: [pass.] P. Fest. 187, 8 ‖ [fig.] **obvallatus** Cic. Agr. 2, 3, fortifié.

obvallus, a, um, entouré par un retranchement [pass.]: *Acc. Tr. 111.

obvārĭcātŏr, ōris, m. (obvaro), celui qui barre le chemin à qqn: Fest. 212, 6.

obvārō, ās, āre, -, - (ob, varus), intr., faire obstacle, se mettre en travers [dat.]: Enn. Tr. 7.

obvēlō, ās, āre, -, -, tr., couvrir d'un voile, voiler: Cassiod. Eccl. 10, 26.

obvĕnĭentĭa, ae, f. (obvenio), accident, événement, occurrence: Tert. Val. 29, 3.

obvĕnĭō, īs, īre, vēnī, ventum, intr. ¶ **1** venir au-devant de, se présenter à [avec dat.]: **se in tempore pugnae obventurum** Liv. 29, 34, 8, [il annonce] qu'il interviendra dans le combat au moment voulu ¶ **2** échoir, être dévolu à [dat.]: **quibus hae partes ad defendendum obvenerant** Caes. G. 7, 81, 6, à qui était échue la mission de défendre ce côté; **Scipioni obvenit Syria** Caes. C. 1, 6, 5, la Syrie échut à Scipion, cf. Cic. Verr. 2, 17 ‖ [langue augurale] arriver à l'encontre, survenir pour faire obstacle: Cic. Phil. 2, 83; Div. 2, 77.

obventīcĭus, a, um (obvenio), accidentel: Tert. Marc. 2, 3, 5.

obventĭo, ōnis, f., obvention, revenu: Ulp. Dig. 7, 1, 7.

obventŭs, ūs, m. (obvenio), arrivée, rencontre: Tert. Anim. 41, 1.

obverbĕrō, ās, āre, -, -, tr., frapper fort: Apul. M. 7, 25.

obversātus, a, um, part. de obversor.

obversĭo, ōnis, f. (obverto), action de tourner vers: Hier. Is. 18, 66, 5.

obversŏr, āris, ārī, ātus sum, intr., se trouver devant, se montrer, se faire voir [avec dat. ou abs¹]: Liv. 31, 11, 7; 33, 47, 10; 34, 61, 4; Plin. Ep. 5, 21, 2; 6, 5, 13 ‖ [fig.] s'offrir aux regards, à l'esprit: **ante oculos** Cic. Sest. 3; [abs¹] Tusc. 2, 52, **animis** Liv. 35, 11, 3.

obversus, a, um, part. de obverto.

obvertō (-vortō), is, ĕre, vertī (vortī), versum (vorsum), tr. ¶ **1** tourner vers ou contre: [dat.] Pl. Ps. 1021; Virg. En. 6, 3; [avec ad] Liv. 27, 18, 16; [avec in acc.] Liv. 9, 21, 5 ¶ **2** [pass.] se tourner vers: Ov. H. 19, 191; **obversus orienti, ad orientem** Col. 8, 31; 9, 7, 6 (**obversus orientem** Apul. M. 2, 28), tourné vers l'Orient ‖ se tourner contre: **profligatis obversis** *Tac. An. 12, 14, ayant mis en déroute les troupes qui lui étaient opposées ‖ **obversus ad caedes** Tac. H. 3, 83, tout occupé au carnage.

obvĭam, adv. (ob viam) ¶ **1** sur le chemin, sur le passage, au-devant, à la rencontre, devant: **obviam alicui fieri** Cic. Mil. 28, rencontrer qqn; **obviam alicui ire, procedere, prodire, mittere** Cic. Mur. 67; Phil. 2, 78; 2, 58; Fam. 3, 7, 4, aller, s'avancer, envoyer à la rencontre de qqn; **si qua ex parte obviam contra veniretur** Caes. G. 7, 28, 1, pour le cas où de qq. endroit on viendrait devant eux les attaquer; **de obviam itione** Cic. Att. 11, 16, 1, sur la question d'aller à la rencontre ¶ **2** [fig.] **a) obviam esse alicui** Pl. Cap. 521, se présenter à qqn, être à sa disposition **b)** aller à l'encontre de, s'opposer à: **cupiditati hominum obviam ire** Cic. Verr. 1, 106, combattre la cupidité humaine, cf. Sall. J. 5, 1; 22, 3 **c)** obvier à, remédier à: **infecunditati terrarum** Tac. An. 4, 6, porter remède à la stérilité des terres; **ni Caesar obviam isset** Tac. An. 4, 64, si César n'avait pris des mesures préventives; **specie pietatis obviam itum dedecori** Tac. An. 13, 5, une démonstration de respect filial prévint le scandale.

obvĭātĭo, ōnis, f., action de rencontrer: Orig. Matth. 16, 1.

obvĭgĭlō, ās, āre, -, ātum, intr., veiller: Pl. Bac. 398.

obvĭō, ās, āre, āvī, ātum (obvius; it. ovviare), intr., aller au-devant de [avec dat.]: Hier. Ep. 5, 1 ‖ barrer le passage, s'opposer à: Macr. Sat. 7, 5, 5 ‖ [fig.] prévenir, écarter, obvier à [dat.]: Pall. 1, 35, 14.

obvĭus, a, um (obviam) ¶ **1** qui se trouve sur le passage, qui rencontre, qui va au-devant: **ille obvius ei futurus non erat** Cic. Mil. 47, lui ne se trouvait pas dans le cas de le rencontrer; **obvium alicui fieri** Liv. 1, 60, 1, rencontrer qqn; **se gravissimis tempestatibus obvium ferre** Cic. Rep. 1, 7, se porter au-devant des plus terribles tempêtes; **obvias alicui litteras mittere** Cic. Att. 6, 5, 1, envoyer une lettre au-devant de qqn, cf. Cic. Att. 6, 4, 3; Fam. 2, 12, 1; **in obvio alicui esse** Liv. 37, 23, 1, rencontrer qqn; **montes obvii itineri** Nep. Eum. 9, 3, montagnes se trouvant sur le passage ‖ m. pris subst¹, **obvius, obvii**, une personne, des personnes que l'on rencontre: Suet. Caes. 81; Cal. 13 ¶ **2** [fig.] **a)** se présente à proximité, sous la main: **figurae obviae dicenti** Quint. 9, 3, 5, figures qui s'offrent d'elles-mêmes à l'orateur; **verba usu obvia** Gell. 16, 13, 1, mots d'usage courant; **obvias opes deferre** Tac. An. 16, 2, offrir les richesses à portée de la main; **ex obvio fere victus** Quint. 2, 16, 14, nourriture qui s'offre presque au passage ‖ **obvium est** [avec inf.] Gell. 3, 14, 12, il est facile de **b)** qui va au-devant, prévenant, affable: **est obvius et expositus** Plin. Ep. 1, 10, 2, il est prévenant et ouvert à tous; **obvia comitas** Tac. An. 2, 2, affabilité empressée **c)** s'offre aux regards: **velut obvia ostentatione** *Plin. Ep. 1, 8, 17, avec une vanité qui s'étale en qq. sorte **d)** exposé à: **rupes obvia ventorum furiis** Virg. En. 10, 794, rocher exposé à la fureur des vents, cf. Virg. En. 3, 498.

obvŏlūtĭo, ōnis, f. (obvolvo), enveloppe: Macr. Somn. 1, 11, 12.

obvŏlūtŏr, āris, ārī, -, pass., **genibus** Dosith. 7, 427, 12, se jeter aux genoux [de qqn].

obvŏlūtus, a, um, part. de obvolvo.

obvolvō, is, ĕre, volvī, vŏlūtum, tr., envelopper, couvrir, voiler: Cic. Or. 74; Verr. 5, 72; Inv. 2, 149 ‖ [fig.] dissimuler, cacher: Hor. S. 2, 7, 42.

Ocălĕa, ae, **Ocălĕē**, ēs, f., ville de Béotie: Plin. 4, 26.

Ocazanēs, is, m., rivière qui se jette dans le Cyrus: Plin. 6, 29.

1 occa, ae, f. (cf. bret. oged, al. Egge), herse: Veg. Mul. 1, 56, 5; Gloss. 5, 605, 30.

2 occa, ae, f. (?), arbrisseau à fruits rouges: Gloss. 3, 571, 57.

occăbus, i, m. (ὄκκαβος), bracelet: CIL 13, 1751, 15.

occaecātĭo, ōnis, f. (*occaeco*), action de couvrir de terre : Seren d. Non. 61, 31.

occaecō (ob-), ās, āre, āvī, ātum (*ob, caeco*), tr. ¶ **1** frapper de cécité, aveugler : Cels. 6, 6, 57 ‖ aveugler = empêcher de voir : *occaecatus pulvere effuso hostis* Liv. 22, 43, 11, l'ennemi aveuglé par la poussière soulevée (par les tourbillons de ...) ‖ rendre obscur, cacher (la lumière) : Liv. 33, 7, 2 ‖ recouvrir (de terre) : Cic. CM 51; Col. 2, 2, 9 ‖ paralyser : Culex 198 ¶ **2** [fig.] rendre obscur, inintelligible : Cic. de Or. 2, 329 ‖ [moral'] : *occaecatus cupiditate* Cic. Fin. 1, 10, aveuglé par la passion, cf. Phil. 4, 9; Fam. 15, 1, 4.

occallātus (ob-), a, um (*ob, callus*), rendu insensible, endurci : Sen. Nat. 4, 13, 10.

occallēscō (ob-), ĭs, ĕre, callŭī, -, intr., devenir calleux, dur : Pl. As. 419; Cels. 4, 31, 3 ‖ [fig.] devenir insensible, s'endurcir : Cic. Att. 2, 18, 4; Plin. Ep. 2, 15, 2.

occāmĕn, ĭnis, n. (*occo*), hersage : Gloss. 5, 606, 1.

occănō, ĭs, ĕre, cănŭī, - (*ob, cano*, cf. *occino*), intr., sonner [de la trompette] : Sall. H. 1, 135 ‖ sonner [en parl. de la trompette] : Tac. An. 2, 81.

occantō, ās, āre, āvī, ātum (*ob, canto*, cf. *occento*), tr., charmer, jeter un charme, des maléfices sur : Paul. Sent. 5, 23, 9; Apul. Apol. 84, 8.

occāsĭō, ōnis, f. (cf. *occasus*, 1 *occido*; it. *cagione*), occasion, moment favorable, temps propice : *tempus actionis opportunum Graece* εὐκαιρία, *Latine occasio appellatur* Cic. Off. 1, 142, le moment d'agir favorable s'appelle en grec εὐκαιρία, en latin *occasio*; *occasio praeclara* Cic. Mil. 38; *mirifica* Cic. Att. 2, 14, 2, occasion superbe, merveilleuse; *major* Planc. Fam. 10, 8, 2; *minor* Suet. Caes. 3; *summa, minima* Ter. Phorm. 885; Suet. Cal. 14, occasion plus belle, moins belle, la meilleure, la moins bonne; *occasionis esse rem, non proelii* Caes. G. 7, 45, 9, que le succès est une affaire d'occasion, non de combat; *occasionem amittere* Cic. Att. 15, 11, 2, perdre une occasion : *praetermittere, dimittere* Cic. Verr. 5, 10; Caes. G. 5, 57, 1; 5, 38, 2, laisser passer, négliger une occasion; *teneo, quam optabam, occasionem neque omittam* Cic. Leg. 1, 5, je tiens l'occasion que je souhaitais et je ne la lâcherai pas; *hanc occasionem oblatam tenete* Cic. Phil. 3, 34, mettez à profit l'occasion offerte; *occasioni non deesse* Caes. C. 3, 79, 1, profiter de l'occasion; *occasionem captare* Liv. 38, 44, 3; *arripere* Liv. 35, 12, 17; *sumere, amplecti* Plin. 2, 3; Plin. Ep. 2, 13, 1, saisir une occasion; *aperire* Liv. 4, 53, 9, fournir une occasion; *si fuerit occasio..., defendemus* Cic. Att. 5, 18, 2, si l'occasion se présente, nous défendrons ...; *occasione data* Cic. Phil. 7, 18, l'occasion étant offerte, cf. Cic. Fam. 12, 24, 2; *per occasionem* Sall. C. 51, 6, en profitant de l'occasion, cf. Liv. 1, 5, 5; 30, 3, 10; *per omnem occasionem, occasione omni* Suet. Aug. 67; Cl. 42, en toute occasion; *ex occasione* Liv. 24, 3, 17, selon l'occasion; *ad occasionem aurae* Suet. Aug. 97, en profitant de l'occasion d'un bon vent; *occasione aliqua nancisci imperium* Cic. Brut. 281, en profitant de qq. circonstance favorable obtenir le pouvoir, cf. Cic. Agr. 2, 3 ‖ constr., *brevis consulendi est occasio* Caes. G. 5, 29, 1, le moment favorable pour prendre une décision dure peu, cf. Caes. G. 5, 57, 1; Cic. Inv. 2, 61; Nep. Milt. 3, 3; Alc. 8, 5 ‖ [avec ad] *occasionem sibi ad occupandam Asiam oblatam esse arbitratur* Cic. Pomp. 4, il pense que l'occasion lui est offerte d'occuper l'Asie, cf. Planc. Fam. 10, 8, 2; Liv. 4, 53, 9; Sen. Tranq. 5, 3 ‖ [avec ut subj.] *dare occasionem, ut...* Cic. Part. 30, donner l'occasion de ...; *habere occasionem, ut* Pl. Ep. 645, avoir l'occasion de; *est occasio, ut* Pl. Ps. 285; Quint. 3, 7, 17, l'occasion se présente de ‖ [avec inf.] *occasio adest (est)* l'occasion se présente de : Pl. Cap. 423; Pers. 725; Poen. 1212; [à la fois gén. et inf.] Ter. Phorm. 885 ‖ [en part.] circonstance favorable, opportunité : *occasio solitudinis* Tac. An. 15, 50, l'opportunité de la solitude (bonne occasion offerte par la solitude); *lapidum occasio non erat...* Plin. 36, 191, il ne s'offrait pas des pierres pour ..., cf. Quint. 3, 8, 47; 6, 1, 5 ‖ prétexte : Tert. Res. 63, 8.

occāsĭuncŭla, ae, f. (dim. de *occasio*), petite occasion : Pl. Trin. 974.

occāsīvus, a, um (*occasus*), exposé au couchant : Capel. 6, 594.

occāsūrus, a, um, part. fut. de 1 *occido*.

1 occāsus, a, um, ▶ 1 *occido*.

2 occāsŭs, ūs, m. ¶ **1** chute, déclin, coucher des astres : Cic. Div. 2, 92; *solis occasu* Caes. G. 1, 50, 3, au coucher du soleil ‖ le couchant [avec ou sans *solis*] : Caes. G. 1, 1, 7; Cic. Nat. 2, 49 ¶ **2** [fig.] chute, ruine, décadence : Cic. Pis. 34; Top. 32; Cat. 3, 19 ‖ mort : Cic. Ac. 1, 8 ¶ **3** [arch.] occasion : Enn. An. 166.

occātĭō, ōnis, f. (*occo*), hersage : Cic. CM 51; Plin. 18, 180.

occātŏr, ōris, m. (*occo*), celui qui herse, herseur : Col. 2, 12, 1; Fest. 192, 8; [fig.] Pl. Cap. 662.

occātōrĭus, a, um (*occator*), de hersage : Col. 2, 13, 2.

occăvus, i, m., ▶ *occabus*.

occĕcurri, ▶ *occurro* ▶.

occēdō, ĭs, ĕre, cessī, - (*ob, cedo*), intr., aller à la rencontre, au-devant de [*alicui obviam* ou *alicui*] : Pl. St. 673; Varr. R. 3, 17, 10.

occensus, a, um (cf. *incensus*), brûlé : Enn. An. 396.

occentassim, ▶ *occento* ▶.

occentātĭo, ōnis, f. (*occento*), son [de la trompette], accents : Symm. Or. 2, 5.

occentō, ās, āre, āvī, ātum, tr. (*ob canto*), donner une sérénade à : [*aliquem*] Pl. St. 572 ‖ *ostium* Pl. Merc. 408, faire du vacarme devant une porte ‖ chanter publiquement, devant la porte de qqn, des chansons satiriques [un sortilège maléfique?] : L. XII Tab. d. Cic. Rep. 4, 12; Fest. 190, 33 ‖ annoncer des malheurs [en parl. des oiseaux de mauvais augure] : Amm. 30, 5, 16.

▶ *occentassint* = *occentaverint* Fest. 190, 32.

occentŭs, ūs, m. (*occino*), cri de la souris : Plin. 8, 223.

occēpi, parf. de *occipio*.

occepso, ▶ *occipio* ▶.

occeptō, ās, āre, āvī, - (fréq. de *occipio*), tr., commencer : Pl. Men. 917 ‖ *occeptassit*, fut. ant. arch. pour *acceptaverit* : Pl. Ru. 776.

occeptus, ▶ *occipio*.

occessi, parf. de *occedo*.

occhi, ōrum, f. pl. (?), sorte de figuiers d'Hyrcanie : Plin. 12, 34.

Occĭa, ae, f., nom d'une vestale : Tac. An. 2, 86.

occĭdānĕus, a, um, occidental, de l'ouest : Grom. 318, 25.

occĭdens, tis, part. de *occido*, subst. m., l'occident : Cic. Nat. 2, 164.

occĭdentālis, e (*occidens*), occidental de l'occident, du couchant : Plin. 18, 338; Gell. 2, 22, 22.

1 occĭdi, parf. de 1 *occido*.

2 occīdi, parf. de 2 *occido*.

occĭdĭo, ōnis, f. (2 *occido*), massacre, tuerie, carnage : Liv. 3, 28, 9; Tac. An. 12, 38; 13, 57; [expr. fréquente] *occidione occidere*, tailler en pièces, anéantir : *equitatus occidione occisus* Cic. Fam. 15, 4, 7, cavalerie taillée en pièces, cf. Phil. 14, 36 ‖ destruction [des abeilles, des arbres] : Col. 9, 15, 3; 4, 17, 3.

1 occĭdō, ĭs, ĕre, cĭdī, cāsum (*ob, cado*), intr. ¶ **1** tomber à terre : *arbores momento levi impulsae occidebant* Liv. 23, 24, 7, les arbres sous une impulsion légère tombaient à terre, cf. Pl. Ru. 8; Liv. 21, 35, 12 ¶ **2** tomber, succomber, périr : Cic. Brut. 4; 267; Div. 1, 53; Tusc. 1, 18; 1, 93; Lae. 104; Mil. 100; *securis, qua multi occiderunt* Cic. Phil. 2, 51, la hache sous laquelle beaucoup périrent; *occidit a forti Achille* Ov. M. 13, 597, il succomba sous les coups du vaillant Achille ‖ [fig.] être perdu, anéanti : Pl. Cas. 621; St. 401; Cic. Q. 1, 4, 4 ¶ **3** [en parl. des astres] tomber = se coucher : *solem occidentem videre* Cic. Fin. 2, 23, voir le soleil à son coucher, cf. Cic. Nat. 2, 105; *occidente sole* Cic. Tusc. 1, 94, au coucher du soleil ‖ [fig.] *vita occidens* Cic. Tusc. 1, 109, la vie à son déclin ‖ [noter le part. *occasus*] *sol occasus*, le coucher du

occido

soleil : L. XII Tab. d. Gell. *17, 2, 10* [mais v. Varr. *L. 6, 5*] ; *ante solem occasum* Pl. *Ep.* 144 ; *Men.* 437, avant le coucher du soleil ; *ad solem occasum* Pl. *Men.* 1022, jusqu'au coucher du soleil, cf. Lucil. 68 ; Gell. *14, 7, 8*.

2 **occīdō**, *ĭs*, *ĕre*, *cīdī*, *cīsum* (*ob, caedo* ; fr. *occire*), tr. ¶ **1** couper, mettre en morceaux, réduire [la terre] en miettes : Varr. *R. 1, 31, 1* ‖ abattre en frappant : *aliquem pugnis* Ter. *Ad.* 559, assommer qqn de coups de poing ¶ **2** tuer, faire périr : Cic. *Mil.* 8 ; 25 ; *Fin. 2, 65* ; *se occidere* Cic. *Frg. S. 234* (Quint. *5, 10, 69*) se tuer, cf. Pl. *Trin.* 129 ; Curt. *6, 10, 18* ; Quint. *7, 3, 7* ¶ **3** [fig.] **a)** tuer = causer la perte de : Cic. *de Or. 2, 302* ; Ter. *Phorm.* 672 **b)** tuer = assommer, obséder, importuner : Pl. *Ps.* 931 ; Hor. *Epo. 14, 5* ; *P. 475*.

▶ arch. *occisit* = *occiderit*, v. Fest. *190, 8* ; Macr. *Sat. 1, 4, 19*.

occĭdŭālis, *e* (*occiduus*), occidental : Prud. *Sym. 2, 598*.

occĭdŭus, *a*, *um* (1 *occido*), qui se couche : *sole occiduo* Gell. *19, 7, 2*, au soleil couchant, cf. Ov. *M. 1, 63* ‖ du couchant, occidental : Ov. *F. 1, 314* ; *5, 558* ; Luc. *3, 294* ‖ [fig.] à son déclin, qui touche à sa fin, à la mort : Ov. *M. 15, 226* ‖ caduc, éphémère : Paul.-Nol. *Carm. 31, 306*.

occillātŏr, *ōris*, m., celui qui herse : Gloss. *2, 260, 50*.

occillō, *ās*, *āre*, -, -, tr., (dim. de *occo*), herser : Gloss. *2, 260, 57* ‖ [fig.] meurtrir : Pl. *Amp. 183*.

occĭnō, *ĭs*, *ĕre*, *cĕcĭnī* et *cĭnŭī* (*ob, cano*), intr. ¶ **1** [*ob*, idée d'hostilité] faire entendre un chant ou un cri de mauvais augure : Liv. *6, 41, 8* ; *10, 40, 14* ¶ **2** [*ob*, à l'occasion de] crier, chanter : Apul. *Flor.* 13 ‖ [en parlant de trompettes] sonner : Amm. *16, 12, 62* ; *31, 15, 13*.

▶ parf. *occecini* Liv. *6, 41, 8* et *occinui* ; Liv. *10, 40, 14*.

occĭpĭō, *ĭs*, *ĕre*, *cēpī*, *ceptum* (*ob, capio*) ¶ **1** tr., commencer, entreprendre : Pl. *St.* 766 ; Ter. *And.* 79 ; *magistratum* Liv. *3, 19, 2*, entrer en charge, en fonction, cf. Tac. *An. 3, 2* ‖ [avec inf.] Pl. *Trin.* 1042 ; Liv. *1, 7, 6* ; Tac. *An. 1, 39* ; H. *2, 16* ; *(fabula) occepta est agi* Ter. *Eun.* 22, la représentation commença ¶ **2** intr., commencer, débuter : *dolores occipiunt* Ter. *Ad.* 289, les douleurs commencent, cf. Lucr. *5, 889* ; Liv. *29, 27, 6* ; Tac. *An. 12, 12*.

▶ arch. *occepso* = *occepero* Pl. *As.* 794 ; *Amp.* 673 ‖ impér. *occipito*, Pl. *St. 760*.

occĭpĭtĭum, *ĭi*, n. (*ob caput*, cf. *occiput*), l'occiput, le derrière de la tête : Pl. *Aul. 64* ; Quint. *11, 3, 160*.

occĭpŭt, *ĭtis*, n. (*ob caput*), ▶ *occipitium* : Pers. *1, 62* ; Aus. *Epigr. 11 (12), 8*.

occīsĭo, *ōnis*, f. (2 *occido*), assassinat, meurtre : Cic. *Inv. 2, 14* ; *Caecin.* 41.

occīsĭtō, *ās*, *āre*, -, - (fréq. de 2 *occido*), tr., tuer couramment : C. Gracch. d. Fest. *220, 2*.

occīsŏr, *ōris*, m. (2 *occido*), meurtrier : Pl. *Mil. 1055*.

occīsōrĭus, *a*, *um*, propre à être immolé, sacrifié : Tert. *Anim. 33, 1*.

occīsus, *a*, *um*, part. de 2 *occido*, *occissimus* Pl. *Cas. 694*.

occlāmĭtō, *ās*, *āre*, -, - (*ob, clamito*), intr., crier à la face de qqn, criailler : Pl. *Curc.* 183 ; [avec prop. inf.] Pl. *Amp. 884*.

occlārescō, *ĭs*, *ĕre*, -, -, intr., devenir célèbre : Solin. *2, 54*.

occlaudo, ▶ *occludo* : Cod. Th. *11, 24, 1*.

occlūdō, *ĭs*, *ĕre*, *clūsī*, *clūsum* (*ob, claudo*), tr., clore, fermer : [porte] Pl. *Most.* 405 ; 444 ; [taverne] Cic. *Ac. 2, 47* ‖ mettre sous clef, enfermer : Cic. *de Or. 2, 248* ‖ [fig.] *linguam* Pl. *Mil.* 605, fermer la bouche, empêcher de parler.

▶ 2ᵉ pers. sg. parf. contr. *occlusti* Pl. *Trin. 188*.

occlūsĭo, *ōnis*, f. (*occludo*), action de boucher, obstruction : Vindic. *Med. 35*.

occlusti, ▶ *occludo* ▶.

occlūsus, *a*, *um*, part. de *occludo*.

occō, *ās*, *āre*, *āvī*, *ātum* (*occa*), herser, briser les mottes de terre : Pl. *Cap. 663* ; Cat. *Agr. 33, 2* ; Fest. *192, 8* ; *segetes* Hor. *Ep. 2, 2, 161*, herser un champ de blé.

occrescō, *ĭs*, *ĕre*, -, - (*ob, cresco*), intr., croître, grandir : Aug. *Civ. 2, 3*.

occŭbĭtus, *ūs*, m., coucher [de soleil] : Vulg. *Gen. 28, 11*.

occŭbō, *ās*, *āre*, *bŭī*, *bĭtum* (*ob, cubo*), intr. ¶ **1** être couché à côté de ; *alicui*, de qqn : Pl. *Mil. 212* ¶ **2** être couché, être étendu mort, reposer dans la tombe : Virg. *En. 5, 371* ; *10, 706* ; *morte* Liv. *8, 10, 4*, mourir.

occŭbŭī, parf. de *occubo* et *occumbo*.

occŭcurri, ▶ *occurro*.

occulcō (*ob-*), *ās*, *āre*, -, - (*ob, calco*), tr., fouler avec les pieds : Cat. *Agr. 49, 2* ‖ *occulcatus* Liv. *27, 14, 7*, piétiné.

occŭlō, *ĭs*, *ĕre*, *cŭlŭī*, *cultum* (cf. *celo*), tr., cacher, dissimuler, céler : Pl. *Most.* 275 ; Cic. *Tusc. 2, 36* ; *Att. 5, 15, 2* ; *de Or. 2, 177* ; Liv. *25, 8, 5* ; Virg. *En. 1, 310* ‖ [absᵗ] ne rien dire, garder le silence : Tib. *1, 2, 37*.

▶ parf. sync. *occulerunt* Arn. *5, 33* ; pqp. *occulerat* Val.-Flac. *2, 280*.

occultassīs, ▶ *occulto*.

occultātē, adv., en cachette, en secret : *occultatius* Aur.-Vict. *Caes. 17, 7*.

occultātĭo, *ōnis*, f. (*occulto*), action de se cacher : Cic. *Nat. 2, 127* ; *Att. 9, 13, 5* ‖ action de cacher : Caes. *G. 6, 21, 5* ‖ [rhét.] occultation : Her. *4, 37*.

occultātŏr, *ōris*, m. (*occulto*), qui cache : Cic. *Mil. 51*.

occultē, adv. (*occultus*), en cachette, en secret, secrètement : Cic. *Agr. 1, 1* ; *2, 41* ; *Flac. 44* ‖ *-tius* Cic. *Dej. 18* ; *-tissime* Cic. *Verr. 4, 65*.

occultim, ▶ *occulte* : Solin. *4, 3*.

occultō, *ās*, *āre*, *āvī*, *ātum* (fréq. de *occulo*), tr., cacher, dérober aux regards, faire disparaître : *se in* [abl.] Cic. *Div. 1, 120* ; *Att. 9, 11, 1* ; *Phil. 2, 77* ; *Att. 10, 10, 3* ; *se* [et abl. instrumental] Cic. *Pomp. 7* ; Caes. *G. 5, 19, 1* ; *6, 31, 3* ; *7, 45, 5*, se cacher dans ; *quae natura occultavit* Cic. *Off. 1, 1, 27*, les choses que la nature a dérobées aux regards, cf. *Off. 1, 105* ; *fugam* Caes. *G. 1, 27, 4*, dissimuler sa fuite ; *ceterarum virtutum dicendi mediocritatem actione occultavit* Cic. *Brut.* 235, sa médiocrité dans le reste des mérites oratoires, il la fit oublier grâce à l'action ; *stellae occultantur* Cic. *Nat. 2, 51*, les étoiles se cachent ; [avec inf.] *res, quam occultabam tibi dicere* Pl. *Pers.* 493, une chose que je te dissimulais.

▶ arch. *occultassis* = *occultaveris* ; Pl. *Trin. 627*.

occultus, *a*, *um*, part.-adj. de *occulo* ¶ **1** caché : *in occultis locis* Pl. *Curc.* 507, dans des lieux cachés ¶ **2** [fig.] caché, secret, occulte : *occultiores insidiae* Cic. *Verr. 1, 39*, pièges plus dissimulés ; *res occultissimas aperire* Cic. *Ac. 2, 62*, dévoiler les choses les plus cachées ‖ [attrib. = adv.] *occultus venit* Sall. *J. 61, 5*, il vint secrètement, cf. Tac. *An. 3, 24* ; *4, 12* ¶ **3** [en parl. des pers.] dissimulé : Cic. *Fam. 3, 10, 8* ; *Fin. 2, 54* ‖ [avec gén.] sous le rapport de : *Tac. An. 4, 7* ; *6, 36* ¶ **4** n. pris substᵗ, *in occultis ac reconditis templi* Caes. *C. 3, 105, 4*, dans la partie cachée et reculée du temple [mais *occulta saltuum* Tac. *An. 1, 61*, défilés obscurs, mystérieux] ‖ [fig.] secrets : *quibus occulta creduntur* Cic. *Cael.* 57, auxquels on confie les secrets ¶ **5** [expr. adv.] *ex occulto* **a)** Cic. *Clu. 47* ; Ter. *Eun.* 787 ; Sall. *J. 59, 2* [en partant d'un endroit caché] **b)** dans l'ombre, dans le secret : Cic. *Div. 1, 99* ‖ *in occulto* Cic. *Rab. perd. 21* ; *Clu.* 78, dans l'ombre, dans un endroit secret ; *per occultum* Tac. *An. 4, 71* ; *6, 7*, secrètement, sourdement.

occŭlŭī, parf. de *occulo*.

occumbō, *ĭs*, *ĕre*, *cŭbŭī*, *cŭbĭtum* (*ob*, cf. *cubo*), tr. et intr. **a)** atteindre en tombant : *mortem* Cic. *Tusc. 1, 102* ; Liv. *2, 7, 8* ; *26, 25, 14*, trouver la mort (*letum* Enn. *An.* 398) **b)** succomber, tomber : *morte* Liv. *1, 7, 7* ; *29, 18, 6*, périr, mourir (de mort violente) ; *morti* Enn. *Tr. 384* ; Virg. *En. 2, 62* ; *neci* Ov. *M. 15, 499* **c)** [absᵗ] succomber, périr : Enn. *An. 17* ; Suet. *Aug. 12* ; Tit. 4 ; Ov. *A. A. 3, 18* ; *ferro occumbere* Ov. *M. 12, 207*, périr par le fer ; *alicui* Sil. *5, 260*, succomber devant qqn, sous les coups de qqn ‖ se coucher [en parlant des astres] : Just. *37, 2, 3*.

occŭpassim, ▶ *occupo* ▶.

occŭpātĭcĭus ager, m., champ qui, abandonné par ses exploitants, est occupé par d'autres : Fest. 192, 25 ; P. Fest. 193, 8.

occŭpātĭo, ōnis, f. (*occupa*) ¶ **1** action d'occuper, prise de possession, occupation : Cic. *Off.* 1, 21 ; *Dom.* 5 ‖ [rhét.] **ante occupatio**, action de prévenir des objections : Cic. *de Or.* 3, 205 ¶ **2** ce qui accapare l'activité, occupation : **in maximis occupationibus** Cic. *Or.* 34, au milieu des occupations les plus importantes ; **propter occupationem hominum** Cic. *Tusc.* 4, 6, parce que les hommes sont occupés (absorbés) ; **occupatio animi** Cic. *Inv.* 1, 36, occupation de l'esprit ‖ occupations que donne une chose : **occupationes rei publicae** Caes. *G.* 4, 16, 6, les occupations qu'imposent les affaires publiques, cf. Caes. *G.* 4, 22, 2 ; Tac. *D.* 21.

occŭpātŏr, ōris, m., accapareur, usurpateur : Avell. p. 693, 9.

occŭpātōrĭus, a, um, ⊂▷ *occupaticius* : Grom. 2, 20 ; 5, 23.

1 **occŭpātus**, a, um, part.-adj. de *occupo*, occupé, qui a de l'occupation : Cic. *Tusc.* 1, 5 ; ▽▷ *occupo, are* ¶2 ‖ **-tior** Cael. *Fam.* 8, 4, 3 ; Cic. *Att.* 10, 6, 1 ; **-tissimus** Cic. *Att.* 12, 38, 1.

2 **occŭpātŭs**, ūs, m., occupation, affaire : Schol. Juv. 6, 33.

occŭpĭo, ▽▷ *occipio* ▶.

1 **occŭpō**, *ās, āre, āvī, ātum* (*ob*, cf. *capio*) ¶ **1** prendre avant tout autre, prendre possession d'avance, occuper le premier, être le premier à s'emparer de **a)** **theatrum cum commune sit, recte tamen dici potest, ejus esse eum locum, quem quisque occuparit** Cic. *Fin.* 3, 67, quoique le théâtre soit à tout le monde, on a pourtant raison de dire qu'une place appartient à son premier occupant ; **ut, cum auditum sit eum esse dicturum, locus in subselliis occupetur** Cic. *Brut.* 290, que, à la nouvelle qu'il parlera, on prenne d'avance [d'assaut] les banquettes, cf. Cic. *Sest.* 85 ; Caes. *G.* 1, 38, 1 ; 7, 12, 1 ; *C.* 3, 11, 2 ; **occupat Aeneas aditum** Virg. *En.* 6, 424, Énée se hâte de franchir l'entrée ; [métaph.] **ne odii locum risus occupet** Cic. *Or.* 88, pour éviter que le rire ne prenne préalablement la place de la haine ‖ [fig.] **verba occupare** Cic. *de Or.* 1, 154, être le premier à employer des mots ; **omnia quae dicturus sum occupabit** Sen. *Ep.* 7, 29, 5, il devancera tout ce que je veux dire **b)** [d'où] prévenir, devancer : **occupavi te**, Fortune Cic. *Tusc.* 5, 27, je t'ai devancée, Fortune [j'ai pris les devants] ; **C. Servilius Ahala Sp. Maelium occupatum interemit** Cic. CM 56, C. Servillius Ahala prenant les devants tua Sp. Maelium, cf. Cic. *Or.* 138 ; **omnes alias curas una occupavit** Liv. 29, 16, 4, toutes les autres préoccupations cédèrent devant une seule ; **Volteium Philippus occupat** Hor. *Ep.* 1, 7, 64, Philippe prend Vultéius de vitesse [lui parle le premier] ‖ **Latagum saxo occupat** Virg. *En.* 10, 699, il prévient Latagus en le frappant d'une pierre, cf. Virg. *En.* 9, 770 ‖ [avec inf.] **volo ut occupes adire** Pl. *Ps.* 922, je veux que tu te présentes le premier ; **occupant bellum facere** Liv. 1, 14, 4, ils se hâtent de faire la guerre les premiers [ils prennent l'offensive], cf. Liv. 21, 39, 10 ¶ **2** prendre une possession exclusive de, s'emparer de, se rendre maître de **a)** Cic. *Agr.* 2, 75 ; *Phil.* 13, 12 ; **regnum, tyrannidem** Cic. *Lae.* 40 ; *Off.* 3, 90, s'emparer du trône, de la tyrannie ; **nomen beati** Hor. *O.* 4, 9, 46, détenir le titre d'homme heureux ‖ [fig.] **tantus timor exercitum occupavit, ut...** Caes. *G.* 1, 39, 1, une si grande frayeur s'empara de l'armée que..., cf. Cic. *Rep.* 1, 25 ; *Q.* 1, 1, 38 ; *Font.* 20 ; *Verr.* 4, 113 ; **haec causa primos menses occupabit** Cael. *Fam.* 8, 10, 3, cette affaire occupera (accaparera) les premiers mois **b)** [fig. au part. parf. passif, *occupatus*], absorbé, accaparé, occupé [avec *in* abl.] : **in patria delenda occupati** Cic. *Off.* 1, 57, ayant comme seule occupation de détruire la patrie, cf. Cic. *Font.* 46 ; *Mur.* 25 ; **in aliis rebus occupatus** Cic. *Amer.* 91, absorbé par d'autres soins, cf. Caes. *G.* 2, 19, 8 ; 4, 32, 5 ; 5, 15, 3 ; [abs‡] **nostris omnibus occupatis** Caes. *G.* 4, 34, 3, les nôtres étant tous occupés, cf. Cic. *Fam.* 12, 30, 1 ‖ [avec abl.] **hostibus opere occupatis** Liv. 21, 45, 2, les ennemis étant absorbés par ce travail ¶ **3** [en part.] **pecuniam occupare**, prendre à part, prélever de l'argent pour le placer, [d'où] placer de l'argent, **alicui, apud aliquem**, chez qqn, prêter de l'argent à qqn : Cic. *Flac.* 51 ; *Verr.* 1, 91.

▶ arch. *occupassis* = *occupaveris* Pl. *Most.* 1097.

2 **occŭpō**, ōnis, m. (*occupo*), qui fait main basse [pour désigner Mercure, dieu des voleurs] : Petr. 58, 11.

occurrō, *ĭs, ĕre, currī, cursum* (*ob, curro*), intr.

I courir au-devant ¶ **1** aller au-devant, arriver au-devant, rencontrer : **alicui venienti** Caes. *C.* 3, 79, 7, aller au-devant de qqn qui vient ; **quibuscumque signis occurrerat se aggregabat** Caes. *G.* 4, 26, 1, au premier drapeau qu'il rencontrait, il se ralliait ¶ **2** se présenter : **in aliam civitatem** Cic. *Verr.* 3, 67, se présenter dans une autre cité ; **ad concilium, concilio** Liv. 31, 29, 1 ; 31, 29, 2, se présenter à une assemblée ¶ **3** [en parl. de choses] se rencontrer : **in asperis locis silex impenetrabilis ferro occurrebat** Liv. 36, 25, 5, dans ces lieux âpres se rencontrait du roc que le fer ne pouvait entamer ‖ [en parl. de lieux] être situé en face : Plin. 5, 84 ¶ **4** [fig.] se présenter [surtout à l'esprit, à la pensée] : **mihi occurrebas dignus eo munere** Cic. CM 2, tu te présentais à ma pensée comme digne de ce présent, cf. *Brut.* 26 ; *Div.* 1, 63 ; **eorum facta occurrent mentibus vestris** Cic. *Sest.* 17, leurs actes se présenteront à votre esprit ; **ipsi numeri occurrent orationi** Cic. *de Or.* 3, 191, ces pieds se présenteront d'eux-mêmes dans le style ; **nihil mihi occurrit, cur...** Cic. *Tusc.* 1, 49, je ne vois aucune raison pour que..., cf. 1, 51 ‖ **utrisque ad animum occurrit** [avec prop. inf.] Caes. *G.* 7, 85, 2, les deux partis ont la pensée que ; **occurrebat ei mancam praeturam futuram suam** Cic. *Mil.* 25, il lui venait à l'esprit que sa préture serait mutilée ; **quod illi** ἀδιάφορον **dicunt, id mihi ita occurrit ut indifferens dicerem** Cic. *Fin.* 3, 53, ce qu'ils appellent ἀδιάφορον, il m'est venu à la pensée de l'appeler indifférent, cf. Cic. *Ac.* 1, 14 ; **statim occurrit animo, quae sit causa ambigendi** Cic. *de Or.* 2, 104, aussitôt me vient à l'esprit le point particulier du débat ‖ **occurrebat illa ratio** Cic. *Verr.* 5, 103, à son esprit se présentait ce calcul, cf. Cic. *Nat.* 1, 61 ; *Off.* 3, 20 ; *Fin.* 1, 19 ; **duo exercitus deleti occurrebant** Liv. 25, 24, 12, la destruction de deux armées se présentait à son esprit ; **non satis occurrit, quid scribam** Cic. *Fam.* 12, 9, 1, je ne vois pas bien quoi écrire ¶ **5** faire face à, pourvoir à : **bello** Caes. *G.* 4, 6, 1, faire face à une guerre, cf. Caes. *G.* 1, 33, 4 ; 3, 6, 4 ; 7, 16, 3 ; Cic. *Sull.* 69 ; **publicis et privatis officiis** Sen. *Const.* 19, 3, faire face à des obligations d'ordre public et privé ‖ obvier à, prévenir : **satietati aurium** Cic. *Verr.* 4, 105, prévenir l'ennui de l'audition, cf. Cic. *Clu.* 63 ; *Or.* 219 ‖ arriver à, pouvoir [avec inf.] : Aug. *Coll. Don.* 2, 3.

II [idée d'opposition] ¶ **1** aller contre, marcher contre : **Fabianis legionibus** Caes. *C.* 1, 40, 4, marcher contre les légions de Fabius, cf. Caes. *G.* 2, 27, 2 ; Cic. *Caecin.* 64 ¶ **2** [fig.] s'opposer à, tenir tête à : **oportet esse armatos, ut occurrere possimus interrogationibus eorum** Cic. *Ac.* 2, 46, il faut être armé, afin de pouvoir tenir tête à leurs interrogations ‖ opposer une objection, une réplique : **huic loco sic soletis occurrere...** Cic. *Nat.* 3, 70, à cela vous répliquez d'ordinaire que... ; **occurretur** Cic. *Ac.* 2, 44, on leur répliquera ; **occurritur nobis a doctis** Cic. *Off.* 2, 7, une objection m'est faite par des hommes éclairés, cf. Quint. 1, 5, 36.

▶ parf. *occucurri* Pl. *Merc.* 201 ; Sen. *Ep.* 120, 4, et *occecurrit* Ael. Tubero d. Gell. 7, 9, 11.

occursācŭlum, i, n. (*occurso*), apparition, spectre : Apul. *Apol.* 64.

occursātĭo, ōnis, f. (*occurso*), action d'aller au-devant de qqn, de lui faire des amabilités ; prévenances, empressement, soins empressés : Cic. *Planc.* 29 ‖ pl., Cic. *Mil.* 95.

occursātŏr, ōris, m. (*occurso*), celui qui va au-devant de qqn, qui s'empresse : Aus. *Idyl.* 2 (319), 25.

occursātrix, īcis, f. (*occursator*), celle qui va au-devant, qui s'empresse : Fest. 446, 8.

occursĭo, ōnis, f. (*occurro*), action de se présenter (à qqn), rencontre, visite : Sidon.

occursio

Ep. 7, 10, 1 ‖ pl., choc, attaque : *Sen. Ep.* 67, 14.

occursĭtō, *ās, āre, -, -* (fréq. de *occurso*), intr., rencontrer : Solin. 25, 6.

occursō, *ās, āre, āvī, ātum* (fréq. de *occurro*) ¶ 1 intr., aller à la rencontre ; s'offrir, se présenter devant : **dormientes alios, alios occursantes interficere** [inf. histor.] Sall. *J.* 12, 5, ils tuaient les uns dans leur sommeil, les autres au hasard des rencontres ; [avec dat.] Virg. *B.* 9, 24 ; Tac. *An.* 3, 20 ‖ attaquer, fondre sur : Gell. 3, 7, 6 ‖ faire obstacle à : Sall. *J.* 85, 3 ‖ [fig.] aller au-devant de, obvier à [avec dat.] : Plin. *Pan.* 25, 5 ‖ s'offrir à l'esprit, à la pensée, venir à la mémoire [avec ou sans *animo*] : Plin. *Ep.* 5, 5, 7 ; 2, 3, 2 ¶ 2 tr. arch. : **me occursant multae** Pl. *Mil.* 1047, elles accourent à moi en foule.

occursŏr, *ōris*, m., celui qui vient à la rencontre : Aug. *Mus.* 6, 6, 16.

occursōrĭus, *a, um* (*occursor*), de rencontre : **occursoria potio** Apul. *M.* 9, 23, action de boire au début du repas.

occursūrus, *a, um*, part. fut. de *occurro*.

occursŭs, *ūs*, m. (*occurro*), action de venir à la rencontre, de se présenter devant, rencontre : Liv. 5, 41, 5 ; Curt. 8, 3, 4 ; Sen. *Marc.* 18, 2 ; Tac. *An.* 4, 60.

Ŏcĕănĭdēs, *ae*, m., fils de l'Océan : Prisc. *Vers. Aen.* 11, 199 = 3, 508, 3.

Ŏcĕănis, *ĭdis*, f., ⓒ▶ *Oceanitis* : Prisc. *Vers. Aen.* 11, 199 = 3, 508, 4.

Ŏcĕănītis, *ĭdis*, f., fille de l'Océan : Virg. *G.* 4, 341.

Ŏcĕănus, *i*, m. (Ὠκεανός) ¶ 1 l'Océan [époux de Téthys, dieu de la mer] : Cic. *Nat.* 3, 48 ‖ l'océan Atlantique Atlas I, B1-2 ; IV, E1 : Cic. *Rep.* 6, 20 ‖ **mare Oceanus** Caes. *G.* 3, 7, 2 ; Tac. *H* 4, 12, l'Océan ‖ grand bassin pour le bain : Lampr. *Alex.* 25, 5 ‖ **Ŏcĕănĭus**, *a, um*, de l'Océan, situé sur l'Océan : Prisc. *Vers. Aen.* 11, 199 = 3, 508, 2 ¶ 2 surnom romain : Mart. 3, 95, 10 ; 6, 9, 2.

Ocelenses, *ĭum*, m. pl., peuple de Lusitanie : Plin. 4, 118.

Ōcĕlis, *is*, f. (Ὤκηλις), **Ōcīlia**, *ae*, f., port de l'Arabie Heureuse : Plin. 6, 104 ; 12, 88.

Ōcella, *ae*, m. (dim. de *auca*), surnom romain : Plin. 11, 150.

*****ŏcellātus**, *a, um* (*ocellus*), qui a de petits yeux ‖ **ŏcellāti**, *ōrum*, m. pl. **a)** petits cailloux qui servent à des jeux d'enfants : Suet. *Aug.* 83 **b)** pierres précieuses ovales : Varr. *Men.* 283.

Ŏcellīna, *ae*, f. (*ocellus*), nom de femme : Suet. *Galb.* 3.

ŏcellŭlus, *i*, m., (dim. de *ocellus*) : Diom. 326, 7.

ŏcellus, *i*, m. (dim. de *oculus*), petit œil, cher œil : Catul. 3, 17 ; Ov. *Am.* 2, 8, 15 ‖ [fig.] perle, joyau, bijou : Cic. *Att.* 16, 6, 2 ; Catul. 31, 1 ‖ [terme de tendresse] : Pl. *Trin.*

245 ; Aug. d. Gell. 15, 7, 3 ‖ œil [d'une racine] : Plin. 21, 20.

Ōcĕlum, *i*, n. (Ὤκελον), ville des Alpes cottiennes [Avigliana] : Caes. *G.* 1, 10, 5.

Ŏcha, *ae*, f., ville d'Eubée : Plin. 4, 64.

Ocharĭus, *ii*, m., fleuve d'Asie, au-delà du Palus-Méotide : Plin. 6, 22.

ōchra, *ae*, f. (ὤχρα), ocre, sorte de terre jaune : Plin. 35, 30 ; Vitr. 7, 7, 1.

Ōchus, *i*, m. (Ὦχος), fleuve de la Bactriane qui se perd dans les sables : Plin. 31, 75 ‖ nom d'un roi de Perse : Curt. 10, 5, 23 ‖ fils de Darius Codoman : Curt. 4, 14, 22.

Ōcĭlĭa, ⓥ▶ *Ocelis*.

ŏcĭmōĭdēs, *ĕs*, adj. (ὠκιμοειδής), qui ressemble au basilic : *Ps. Apul. Herb.* 110.

ŏcĭmum, *i*, n. (ὤκιμον), basilic [plante odoriférante] : Plin. 19, 119 ; Col. 10, 319 ‖ **ocima cantare** Pers. 4, 22, crier "basilic !" [à vendre].

ōcĭmus, *i*, f., ⓒ▶ *ocimum* : Aem. Mac. d. Char. 72, 18.

ōcinum, *i*, n. (cf. 1 *acus* ?), sorte de fourrage, dragée : Cat. *Agr.* 54, 3 ; Varr. *R.* 1, 31, 4 ; Plin. 17, 198.

ōcĭor, *ĭus*, gén. *ōris* (cf. *acupedius*, *accipiter*, ὠκύς, scr. *āśu-s*), [comparatif sans positif] plus rapide : Virg. *En.* 10, 247 ; Hor. *O.* 2, 16, 23 [avec inf.] plus prompt à : Ov. *M.* 3, 616 ‖ qui mûrit plus vite, plus précoce : Plin. 16, 130 ‖ **ocissimus** Plin. 15, 53.

ōcissĭmē, ⓥ▶ *ocius*.

ōcissĭmus, ⓥ▶ *ocior*.

ōcĭtĕr, adv., promptement : Apul. *M.* 1, 23 ‖ ⓥ▶ *ocius, ocissime*.

ōcĭus, adv., plus rapidement, plus promptement, plus vite : Cic. *Rep.* 6, 29 ; *Tusc.* 4, 32 ; *Att.* 16, 3, 1 ‖ tôt, rapidement : Pl. *Most.* 664 ; Ter. *Haut.* 832 ; Hor. *S.* 2, 7, 34 ‖ **ocissime, -sume** Sall. *J.* 25 ; Plin. 17, 87.

ŏclĭfĕrĭus, *a, um* (*oculus, ferio*), qui saute aux yeux : Sen. *Ep.* 33, 3.

ŏclŏpĕta (*oculus, peto* ?), animal inconnu [seiche ?] symbolisant le Sagittaire : Petr. 35, 4.

Ocnus, *i*, n. (Ὄκνος), Ocnus [fondateur de Mantoue] Virg. *En.* 10, 198 ‖ personnage allégorique, pris pour type de l'indolence : Plin. 35, 137 ; Prop. 4, 3, 21.

ocquĭnīscō, *ĭs, ĕre, -, -* (*ob*, cf. *conquinisco*), intr., se pencher, se baisser : Pompon. *Com.* 126.

Ocra, *ae*, f., ville de Vénétie : Plin. 3, 131.

1 **ŏcrĕa**, *ae*, f. (cf. *ocris* ?), jambière [qui couvre la partie antérieure de la jambe] : Varr. *L.* 5, 118 ; Virg. *En.* 7, 634 ; Plin. 7, 200 ‖ guêtre en cuir : Moret. 121.

2 **Ŏcrĕa**, *ae*, m., surnom romain : Cic. *Com.* 14.

ŏcrĕātus, *a, um* (*ocrea*), qui porte des guêtres en cuir : Hor. *S.* 2, 3, 234 ; Plin. 19, 27.

Ocrēsĭa, ⓒ▶ *Ocrisia* : Plin. 26, 204 ; Ov. *F.* 6, 627.

Ocrĭcŭlum, *i*, n., ville d'Ombrie [auj. Otricoli] : Liv. 22, 11, 5 ‖ **-lānus**, *a, um*, d'Ocriculum : Cic. *Mil.* 64 ‖ subst. m. pl., les habitants d'Ocriculum : Liv. 9, 41.

ŏcris, *is*, m. (*mediocris, acer*, cf. ombr. *ocar*, scr. *aśri-s*, ὄκρις), pic rocheux : Fest. 192, 1.

Ocrĭsĭa, *ae*, f., esclave de Tanaquil, mère de Servius Tullius : Arn. 5, 18.

octăchordŏs, *ŏn*, adj. (ὀκτάχορδος), octochorde [type de dispositif de l'orgue hydraulique] : Vitr. 10, 8, 2.

octăchōrus, *a, um* (ὀκτάχωρος), qui a huit chapelles : CIL 5, 617, 2.

octăĕdrŏs, *ŏn*, adj. (ὀκτάεδρος), octaèdre, qui a huit faces : Capel. 6, 722.

octăĕtēris, *ĭdis*, f. (ὀκταετηρίς), période de huit ans : Cens. 18, 4.

octăgōnŏs (octō-), *ŏs, ŏn* (ὀκτάγωνος), octogonal, octogone : Vitr. 1, 6, 4 ‖ [subst.] **octăgōnŏn**, *i*, n., octogone : Vitr. 1, 6, 4 ; 1, 6, 13.

octăhēdrum, *i*, n. (ὀκτάμεδρον), octaèdre : Chalc. 53.

octămĕtĕr, *tra, trum* (ὀκτάμετρος), (vers) de huit pieds : Mar. Vict. *Gram.* 6, 82, 27.

octangŭlus, *a, um*, qui a huit angles, octogone : Apul. *Plat.* 1, 7.

octans, *tis*, m. (*octo*), le huitième, la huitième partie : Vitr. 10, 6, 1.

octānus, *i*, m., soldat de la huitième légion : Prisc. *Fig.* 26 = 3, 414, 28.

octăphŏrŏs, *ŏs, ŏn* (ὀκτάφορος), à huit porteurs [litière] : **lectica octaphoros** Cic. *Verr.* 5, 27 ‖ subst., **octăphŏrŏn**, *i*, Cic. *Q.* 2, 8, 2, (**octō-**, Suet. *Cal.* 43), n., litière à huit porteurs.

octăs, *ădis*, f. (ὀκτάς), huitaine, nombre huit : Capel. 7, 740.

octăsēmus, *a, um* (ὀκτάσημος), qui a huit temps [en musique] : Capel. 9, 985.

octăstȳlŏs, *ŏn* (ὀκτάστυλος), qui a huit colonnes de front : Vitr. 3, 2, 7.

octăteuchus, *a, um* (ὀκτάτευχος), qui contient les huit premiers livres de la Bible : Cassiod. *Inst.* 1, 1, 1 ; Hier. *Ep.* 71, 5.

octāva, *ae*, f. ¶ 1 [chrét.] ogdoade : Ambr. *Ep.* 44, 4 ‖ dimanche de l'octave de Pâques : Aug. *Ep.* 34, 3 ¶ 2 [au pl.] impôt du huitième : B.-Afr. 98, 1 ; Cod. Just. 4, 61, 7.

octāvāni, *ōrum*, m. pl., les soldats de la huitième légion : Plin. 3, 35.

octāvārĭum, *ii*, n., impôt du huitième : Cod. Just. 4, 61, 8.

Octāvĭa, *ae*, f. ¶ 1 Octavie [sœur d'Auguste] : Suet. *Aug.* 4 ¶ 2 fille de Claude : Suet. *Cl.* 27 ‖ adj¹, ⓥ▶ *Octavius*.

Octāvĭus, *ii*, m., nom d'une famille romaine : Cic. *Phil.* 3, 15 ; *Off.* 238 ; *Nat.* 1, 106 ‖ not¹, Octave [plus tard l'empereur

Auguste ; *C. Octavius*, devenu après son adoption par César, *C. Julius Caesar (Octavianus)*, puis *C. Julius Caesar Augustus*, 27 av. J.-C.- 14 apr. J.-C.] : Juv. 8, 242 ‖ **-vĭus**, *a*, *um*, d'Octave : Suet. *Aug.* 29 ‖ **-vĭānus**, *a*, *um*, Octavien, d'Octavius : Cic. *Div.* 1, 4 ; Caes. *C.* 3, 9 ‖ **Octāvĭānus**, *i*, m., surnom donné (après passage par adoption de la *gens Octavia* dans la *gens Julia*) à celui qui sera l'empereur Auguste : Cic. *Fam.* 12, 25, 4 ; Tac. *An.* 13, 6.

octāvum (*octavus*) ¶ **1** adv., pour la huitième fois : Liv. 6, 36, 7 ¶ **2** n. pris subst*, l'octuple [quantité huit fois plus grande] : *ager efficit cum octavo* Cic. *Verr.* 3, 112, le champ rapporte huit fois [la semence].

octāvus, *a*, *um* (*octo*, cf. *gnavus*; it. *ottavo*), huitième : Cic. *Att.* 15, 26, 4 ‖ *octava*, f., la huitième heure du jour [2 heures de l'après-midi] : Mart. 4, 8, 5 ‖ subst. m., *octavo Idus Apriles* Col. 11, 2, 34, le huitième jour avant les ides d'avril ‖ [chrét.] *dies octavus*, dimanche : Tert. *Idol.* 14, 7.

octāvusdĕcīmus, *octavadecima*, etc., dix-huitième : Tac. *An.* 13, 6.

octennis, *e* (*octo*, *annus*), âgé de huit ans : Amm. 18, 6, 10.

octennĭum, *ĭi*, n. (*octo*, *annus*), période de huit ans : Macr. *Sat.* 1, 13, 13.

octĭēs (-ens), huit fois : Cic. *Rep.* 6, 12 ‖ pour la huitième fois : Amm. 16, 1, 1.

octĭformis, *e*, qui a huit formes : Iren. 2, 15, 3.

octĭgēsĭmus, ⟶ *octingentesimus* : Prisc. *Fig.* 22 = 3, 413, 22.

octingēnārĭus (-gentēnārĭus, Prisc. *Fig.* 27 = 3, 415, 15), *a*, *um*, de huit cents : Varr. *R.* 2, 10, 11.

octingēni (-gentēni), *ae*, *a*, distr., chaque fois huit cents : Prisc. *Fig.* 24 = 3, 414, 3.

octingentēsĭmus, *a*, *um*, huit-centième : Cic. *CM* 4 ; *octingentesimo (anno)* Tac. *An.* 11, 11, la huit centième année.

octingenti, *ae*, *a* (*octo*, *centum*, cf. *septingenti*), au nombre de huit cents : Cic. *Planc.* 60.

octingentĭēs, huit cents fois : Vop. *Tac.* 10.

octĭpēs, *ĕdis* (*octo*, *pes*), qui a huit pieds : Prop. 4, 1, 150 ; Ov. *F.* 1, 313.

octō, indécl. (cf. ὀκτώ, scr. *aṣṭā*, bret. *eizh*, al. *acht*, an. *eight* ; fr. *huit*), huit : Pl. ; Cic. ; Caes. ; Liv.

octōbĕr, *bris*, *bre*, abl. *bri* (*octo*, *mensis*, cf. *december*), du huitième mois de l'année [ancienne], d'octobre : *Kalendae Octobres* Cic. *Phil.* 5, 19, calendes d'octobre ; *mensis October* Suet. *Aug.* 35 [ou *October* seul Col. 11, 3], le mois d'octobre ‖ *October (Octu-) equus* Fest. 190, 11, le cheval d'octobre [le cheval vainqueur de droite sacrifié à Mars par son flamine le 15 octobre] ; P. Fest. 191, 3.

octōchordos, ⟶ *octach-*.

octōdĕcim, indécl. (*octo*, *decem*), dix-huit : Liv. 39, 5, 14.

Octōdūrus, *i*, m., bourg de Narbonnaise, chez les Véragres [auj. Martigny] Atlas XII, B1 : Caes. *G.* 3, 1 ‖ **-dūrenses**, *ĭum*, m. pl., habitants d'Octodurus : Plin. 3, 135.

octōgămus, *i*, m., celui qui s'est marié huit fois : Hier. *Jovin.* 1, 15.

octōgēnārĭus, *a*, *um* (*octogeni*), âgé de quatre-vingts ans, octogénaire : Plin. *Ep.* 6, 33 ‖ de quatre-vingts pouces de circonférence : Vitr. 8, 6, 4.

octōgēni, *ae*, *a* (*octoginta*, cf. *deni*) ¶ **1** [distrib.] chaque fois (chacun) quatre-vingts : Liv. 10, 30, 10 ¶ **2** quatre-vingts : Plin. 9, 165.

Octogēsa, *ae*, f., ville de la Tarraconaise, sur l'Èbre Atlas IV, C4 : Caes. *C.* 1, 61.

octōgēsĭmus, *a*, *um*, quatre-vingtième : Cic. *CM* 32.

octōgessis, *is*, m. (*octoginta*, *as*), somme de quatre-vingts as : Prisc. *Fig.* 31 = 3, 416, 18.

octōgĭēs (-gĭens), adv. (*octoginta*, cf. *decies*), quatre-vingts fois : Cic. *Pis.* 86.

octōginta (*octo*, *decem*, cf. *viginti* ; it. *ottanta*), indécl., quatre-vingts : Cic. *CM* 69.

octōgōnŏs, ⟶ *octa-*.

octōjŭgis, *e* (*octo*, *jugum*), attelé de huit chevaux : CIL 6, 10049 a, 8 ‖ pl., qui sont huit à la fois, huit de front : Liv. 5, 2, 10.

Octōlŏphus, ⟶ *Ottolobus*.

octōmĭnūtālis, *e* (*octo*, *minutus*), qui vaut huit petites pièces d'argent : Lampr. *Alex.* 22, 8.

octōnārĭus, *a*, *um*, qui renferme huit unités : *numerus* Varr. *L.* 9, 86, le nombre huit ; *versus* Quint. 9, 4, 72, l'octonaire iambique ; *octonaria fistula* Frontin. *Aq.* 28, 42 ; Plin. 31, 58, tuyau de huit pouces de diamètre.

octōnātĭo, *ōnis*, f. (*octoni*), le nombre huit : Iren. 1, 1, 3.

octōni, *ae*, *a* ¶ **1** distrib., chaque fois huit, chacun huit : Caes. *G.* 7, 73, 8 ; 7, 75, 3 ; Liv. 32, 28, 11 ¶ **2** huit : Ov. *M.* 5, 50 ; 13, 753.

octōnus, *a*, *um*, renfermant huit : Hil. *Psalm. pr.* 14.

octōphŏrŏn, ⟶ *octaphoros*.

octōsyllăbus, *a*, *um* (**bŏs**, **ŏn**), composé de huit syllabes, octosyllabe : Bass. 6, 306, 4.

octōtŏpi, *ōrum*, m. pl. (ὀκτώ, τόπος), huit places différentes occupées par certaines étoiles : *Manil. 2, 969.

octōvir, *ĭri*, m., octovir, membre d'une commission de huit personnes : CIL 9, 4543.

octŭāgĭēs, ⟶ *octogies*.

octŭāginta, ⟶ *octoginta* : Col. 11, 2, 40.

Octulāni, *ōrum*, m. pl., peuple du Latium : Plin. 3, 69.

octŭplex, *ĭcis*, octuple : *Not-Tir. 65.

octuplĭcātĭo, *ōnis*, f., action de multiplier par huit : Capel. 7, 796.

octŭplĭcātus, *a*, *um* (*octuplus*), rendu huit fois plus grand : Liv. 4, 24, 7.

octŭplum, *i*, n., somme [d'argent] octuple : *damnare aliquem octupli* Cic. *Verr.* 3, 28, condamner qqn à la peine de l'octuple ; *judicium in octuplum* Cic. *Verr.* 3, 28, action judiciaire en réclamation de huit fois la somme.

octŭplus, *a*, *um* (*octo*, cf. *duplus*), octuple, multiplié par huit : Cic. *Tim.* 20.

octussis, *is*, m. (*octo*, *as*), somme de huit as : Char. 76, 4 ; Hor. *S.* 2, 3, 156.

ŏcŭlārĭārĭus făbĕr, m., fabricant d'yeux pour les statues : CIL 6, 9402, 4.

ŏcŭlāris, *e* (*oculus*), relatif aux yeux, pour les yeux : Veg. *Mul.* 3, 28, 11 ‖ n., *oculare*, collyre pour les yeux : Pelag. 417.

ŏcŭlārĭtĕr, adv., au moyen des yeux : *Sidon. *Ep.* 7, 14, 4.

ŏcŭlārĭus, *a*, *um* (*oculus*), oculaire, qui concerne les yeux, des yeux : Cels. 6, 6, 8 ‖ subst. m., oculiste : Scrib. 37.

ŏcŭlāta, *ae*, f. (*oculus* ; esp. *oblada*), oblade [poisson] : Plin. 32, 149.

ŏcŭlātim (*oculus*), avec les yeux : Cassian. *Inst.* 12, 29.

ŏcŭlātus, *a*, *um* (*oculus*), pourvu d'yeux, clairvoyant : Pl. *Truc.* 489 ; Suet. *Gram.* 29 ‖ **-tior** Tert. *Marc.* 2, 25, 3 ‖ en forme d'œil : Solin. 17, 8 ‖ [fig.] apparent, visible, qui frappe la vue : *-tissimus* Plin. 34, 24 ; *oculata die vendere* Pl. *Ps.* 301, vendre argent comptant [opp. *die caeca emere*, acheter à crédit *caecus*].

ŏcŭlĕus, *a*, *um* (*oculus*), qui a de bons yeux : Pl. *Aul.* 555 ‖ [fig.] perspicace : Apul. *M.* 2, 23 ‖ couvert d'yeux [d'étoiles] : Capel. 8, 810.

ŏcŭlĭcrĕpĭda, *ae*, m. (*oculus*, *crepo*), homme à l'œil sonnant sous les coups [mot forgé] : Pl. *Trin.* 1021.

ŏcŭlissĭmus, *a*, *um* (*oculus*), qu'on aime comme ses yeux : Pl. *Curc.* 121 ; P. Fest. 189, 1.

ŏcŭlĭtŭs, adv. (*oculus*, cf. *medullitus*), comme ses propres yeux : Pl. d. Non. 147, 27 ; P. Fest. 189, 7.

ŏcŭlō, *ās*, *āre*, -, - (*oculus*), tr., pourvoir d'yeux, donner des yeux, la vue : Tert. *Paen.* 12, 6 ‖ [fig.] éclairer, rendre clairvoyant : Tert. *Apol.* 21, 30 ‖ rendre apparent, visible, sensible : Tert. *Pud.* 8, 1.

ŏcŭlōsus, *a*, *um* (*oculus*), plein d'yeux : Aldh. *Metr.* 135.

ŏcŭlus, *i*, m. (cf. *ferox*, scr. *akṣi*, ὄψ, toch. B. *ek*, rus. *oci* ; fr. *œil*), œil ¶ **1** *ut eum quoque oculum, quo bene videret, amitteret* Cic. *Div.* 1, 48, qu'il perdît aussi

oculus

l'œil, dont il voyait bien ; *altero oculo capitur* Liv. 22, 2, 11, il perd un œil ; *oculum torquere* Cic. Ac. 2, 80, contourner (faire rouler) un œil ; *suis oculis videre* Pl. Ps. 625 ; Ter. Hec. 863 ; Eun. 677, voir de ses propres yeux ; *ab oculis alicujus aliquo concedere* Cic. Cat. 1, 17, se retirer qq. part loin des regards de qqn ; v. *conjicio, adjicio* ‖ *esse in oculis civium, provinciae, omnium* Cic. Off. 3, 3 ; Verr. 2, 81 ; Q. 1, 3, 7, être sous les yeux (exposé aux regards) des citoyens, de la province, de tous ; *in oculis habitare* Cic. Planc. 66, ne pas cesser de se faire voir ; *sub oculis omnium* Caes. G. 5, 16, 1 ; C. 1, 71, 1, sous les yeux de tous ; *ante oculos esse, positum esse* Cic. Leg. 1, 48 ; Ac. 1, 5, être, être placé devant les yeux ; *ob oculos versari, esse* Cic. Rab. Post. 39 ; Liv. 28, 19, 14, se dérouler, se présenter devant les yeux ; *ante oculos alicui versari* Cic. Amer. 98 ; Verr. 5, 94 ; Mur. 88 ; Lae. 102, se dérouler devant les yeux de qqn ; *aliquid ante oculos ponere, sibi ponere* Cic. Phil. 2, 115 ; 11, 7 ; Agr. 2, 53 ; Phil. 13, 4, se représenter qqch. ; *sibi ante oculos proponere* Liv. 2, 54, 6 ; Sulp. Fam. 4, 5, 1 ; *ante oculos habere aliquid* Sen. Ep. 11, 8 ; Plin. Ep. 2, 10, 4 ; 8, 24, 4, avoir qqch. devant les yeux, se représenter qqch. ¶ 2 [fig.] *a) in oculis aliquem ferre* Cic. Phil. 6, 11 ; Q. 3, 1, 9, chérir qqn ; *in oculis esse alicujus, publicanis in oculis esse* Cic. Tusc. 2, 63 ; Att. 6, 2, 5, être dans les bonnes grâces de qqn, des publicains *b)* œil, prunelle des yeux [t. d'estime, d'affection] *duo illos oculos orae maritimae effodere* Cic. Nat. 3, 91, crever ces deux yeux du littoral [Corinthe et Carthage], détruire ces deux perles du littoral ‖ *ocule mi!* Pl. Curc. 203, ô prunelle de mes yeux ! *c)* œil de la peau des panthères, de la queue du paon : Plin. 8, 62 ; 13, 96 ‖ œil [dans une plante] : Virg. G. 2, 73 ; Col. 4, 24, 16 ‖ tubercule de certaines racines : Cat. Agr. 6, 3 ; Varr. R. 1, 24, 3 ; Plin. 17, 144 ‖ plante appelée *aizoon majus* : Plin. 25, 160 ‖ [archit.] *oculus volutae* Vitr. 3, 5, 6, œil de volute *d)* [chrét.] *invisibiles oculi* Aug. Ev. Joh. 24, 4, les yeux invisibles (ceux de l'âme).

Ōcўălē, *ēs*, f. (Ὠκυάλη), nom d'une Amazone : Hyg. Fab. 163.

Ōcўdrŏmē, *ēs*, f. (Ὠκυδρόμη), nom d'une chienne d'Actéon : Hyg. Fab. 181.

Ōcўdrŏmus, *i*, m. (Ὠκυδρόμος), nom d'un chien d'Actéon : Hyg. Fab. 181.

ōcўmum, v. *ocimum*.

Ōcўpĕtē, *ēs*, f. (Ὠκυπέτη), une des Harpies : Serv. En. 3, 209.

Ōcўpŏtē, *ēs*, f. (Ὠκυπότη), nom d'une chienne d'Actéon : Hyg. Fab. 181.

Ōcўrhŏē, *ēs*, f. (Ὠκυρόη), nom d'une nymphe : Ov. M. 2, 637.

ōda, *ae*, f. (ᾠδή), ode, chant : Philom. 13.

Odanda, f., île d'Arabie : Plin. 6, 151.

ōdărĭārĭus, *a, um* (*odarium*), de chant : CIL 6, 10133.

ōdărĭum, *ii*, n. (ᾠδάριον), chant, chanson : Petr. 53, 11.

ōdē, *ēs*, f., c. *oda* : Porph. Hor. O. 1, 1, 1.

ōdĕfăcĭo, arch. pour *olfacio* : P. Fest. 189, 9.

ōdĕram, pqp. de *odi*.

Ŏdessŏs (-ssus), *i*, f., Varna [ville de Mésie, sur le Pont-Euxin] : Plin. 4, 45.

ōdēum (-īum), *i*, n. (ᾠδεῖον), petit théâtre, odéon Atlas ‖ : Vitr. 5, 9, 1 ; Suet. Dom. 5.

ōdī, *ōdisti*, *ōdisse*, part. fut. *ōsūrus* (*odium*, cf. ὀδύσσασθαι, arm. *ateam*, p.-ê. al. *Hass*, an. *hate* ; *H₃e-H₃d-*), tr., haïr : *aliquem* Cic. Mil. 35, haïr qqn ‖ [abs¹] *ita amare oportere ut si aliquando esset osurus* Cic. Lae. 59, [il disait] qu'on devait aimer comme si l'on devait haïr un jour, cf. Cic. Lae. 65 ‖ [avec inf.] détester faire qqch. : Pl. Amp. 900 ; Hor. Ep. 1, 16, 52 ; *dum servire pejus odero malis omnibus aliis* Brut. ad Brut. 1, 16, 6, tant que la servitude me sera plus odieuse que tous les autres maux ‖ [fig.] *ruta odit hiemem* Plin. 19, 156, la rue [plante] déteste (redoute) l'hiver.

▶ *ŏdĭo, ŏdīre* CIL 1, 2541 ; Char. 257, 16 ; 257, 21 ; Tert. Marc. 4, 16, 1 ; 4, 35, 2 ‖ parf. *odivit* Anton. d. Cic. Phil. 13, 42 ‖ parf. dép. *osus sum* C. Gracch. d. Fest. 220, 5 ; Pl. Amp. 900 ; Sen. Suas. 1, 5 ; Gell. 1, 3, 30.

1 ŏdĭa, *ae*, f. (étr. ?), séneçon [plante] : *Ps. Apul. Herb. 76.

2 Ŏdĭa, *ae*, f., une des Sporades : Plin. 4, 69.

ŏdĭbĭlis, *e* (*odi*), haïssable, odieux : Lampr. Hel. 18.

ŏdĭbĭlĭter (*odibilis*), d'une manière odieuse : Cassian. Coll. 4, 19, 3.

Ŏdĭcē, *ēs*, f., nom d'une des Heures : Hyg. Fab. 183.

ŏdĭendus, *a, um* (*odio*), haïssable : Fil. 148, 6.

ŏdĭĕtās, *ātis*, f. (*odium*), haine : Not. Tir. 46.

ŏdĭnŏlўtēs, *ae*, m. (ὠδινολύτης), qui calme les douleurs de l'enfantement [en parl. du poisson nommé *echeneis* ou *mora*] : Plin. 32, 6.

ŏdĭō, *īs, īre, -, -,* tr., haïr, v. *odi* ▶ ‖ pass., *oditur, odiri* Tert. Apol. 3, 5 ; Lucif. Athan. 2, 15.

ŏdĭōsē, adv. (*odiosus*), d'une manière déplaisante, fatigante : Cic. Brut. 284 ; de Or. 2, 262 ‖ *-sissime* Aug. Persev. 61.

ŏdĭōsĭcus, *a, um* [mot forgé], c. *odiosus* : Pl. Cap. 87.

ŏdĭōsus, *a, um* (*odium*), odieux, désagréable, importun, déplaisant [pers.] : Pl. Truc. 83 ; Lucr. 4, 1161 ; Cic. Verr. 4, 45 ; Flac. 13 ; Mur. 30 ‖ [choses] : Pl. Ru. 1204 ; Cic. de Or. 2, 236 ; Tusc. 2, 67 ; 3, 82 ; Or. 25 ; Att. 6, 3, 2 ; 10, 8, 10 ; *odiosum est* [avec inf.] Cic. Phil. 1, 27 ; CM 47, il est fâcheux de ‖ *-sior* Cic. Off. 1, 130 ; *-issimus* Phaed. 2, 5, 4.

Ŏdītēs, *ae*, m. (Ὁδίτης), nom d'un Centaure : Ov. M. 12, 457 ‖ guerrier tué aux noces de Persée : Ov. M. 5, 97.

1 ŏdĭum, *ii*, n. (*odio, odi*), haine, aversion [contre qqn, contre qqch., avec gén. ou *in*, *erga*, *adversus* et acc.] : *odium Caepionis* Cic. de Or. 2, 199 ; *multarum ejus in me injuriarum* Cic. Fam. 19, 20, haine contre Caepio, haine de ses nombreuses injustices à mon égard, cf. Cic. Phil. 2, 91 ; *vestri* Cic. Phil. 4, 4, haine contre vous ; *in aliquem* Cic. Att. 14, 13 b, 3 ; Flac. 95 ; *erga aliquem* Nep. Dat. 10, 3 ; *adversus aliquem* Plin. 8, 68 ‖ [gén. subj.] haine éprouvée par qqn : *Antonius, odium omnium hominum* Cic. Phil. 14, 8, Antoine, objet de la haine de tous les hommes, cf. Cic. Vat. 39 ; Off. 2, 54 ; *meum odium* Cic. Mil. 78, la haine que j'éprouve ‖ *odio esse alicui* Cic. Fam. 12, 10, 3 ; *in odio esse alicui* Cic. Att. 2, 21, 1 ; *in odio esse apud aliquem* Cic. Pomp. 65, être un objet de haine pour qqn, être haï de qqn ; *odii nihil habet* Cic. Q. 3, 9, 3, il n'est pas du tout détesté ; *quod mihi odium cum P. Clodio fuit ?* Cic. Prov. 24, quel sujet de haine avais-je contre P. Clodius ? ; v. *venire, vocare* ‖ [qqf.] importunité, conduite odieuse, manières déplaisantes : Ter. Phorm. 849 ; Hor. S. 1, 7, 6.

2 ōdĭum, *ii*, n., v. *odeum*.

ōdo, *ōnis*, m., v. *udo* : Ulp. Dig. 34, 2, 25, 4.

Odomanti, *ōrum*, m. pl., peuple de Thrace : Plin. 4, 40 ‖ *-tĭcus, a, um*, des Odomantes : Liv. 45, 4.

Odomboerae, *ārum*, m. pl., peuple de l'Inde en deçà du Gange : Plin. 6, 75.

Ŏdŏnis, *ĭdis*, f., femme de Thrace : Sil. 4, 776.

ŏdontītis, *ĭdis.*, f., sorte de plante efficace contre les maux de dents : Plin. 27, 108.

ŏdontŏtўrannus, *i*, m. (ὀδοντοτύραννος), sorte de rhinocéros : Jul.-Val. 3, 20.

ŏdŏr, *ōris*, m. (cf. *oleo*, ὄζω, -ώδης), odeur, senteur, exhalaison [bonne ou mauv.] : Cic. Nat. 2, 141 ; CM 59 ; Nat. 2, 127 ; Caes. C. 3, 49, 2 ‖ parfum, aromate [ordin¹ pl.] Cic. Tusc. 3, 43 ; Verr. 4, 77 ; 5, 146 ; [sg.] Pl. Mil. 412 ; Catul. 68, 144 ; Hor. O. 3, 18, 7 ‖ [fig.] : *est non nullus odor dictaturae* Cic. Att. 4, 18, 3, cela sent qq. peu la dictature ; *quodam odore suspicionis... senserat* Cic. Clu. 73, le soupçon étant en qq. sorte dans l'air, il avait senti que... ; *odor legum* Cic. Verr. 5, 160, la bonne odeur des lois [de la légalité] ; *urbanitatis* Cic. de Or. 3, 161, parfum d'urbanité.

▶ arch. *ōdōs* Sall. J. 44, 4.

ŏdōrābĭlis, *e*, odorant : Isid. Diff. 1, 476 (411).

ŏdōrāmĕn, *ĭnis*, n., chose odorante, parfum : MACR. *Sat. pr. 8* ‖ **ŏdōrāmentum**, *i*, n., PLIN. *15, 29*.

ŏdōrārĭus, *a, um* (*odor*), qui concerne les odeurs : PLIN. *12, 70*.

ŏdōrātĭo, *ōnis*, f. (*odoror*), action de flairer : CIC. *Tusc. 4, 20* ‖ odorat : LACT. *Opif. 10, 10*.

ŏdōrātīvus, *a, um*, qui a de l'odeur : Ps. APUL. *Herb. 79*.

1 ŏdōrātus, *a, um*, part.-adj. de *odoro*, odoriférant, parfumé : CAT. *Agr. 109* ; VIRG. *En. 7, 13* ; HOR. *O. 3, 20, 14* ; *odoratus dux* PROP. *4, 3, 64*, le chef du pays des parfums [Assyrie] ‖ **-tior, -tissimus** PLIN. *21, 35* ; *28, 108*.

2 ŏdōrātus, *a, um*, part. de *odoror*.

3 ŏdōrātŭs, *ūs*, m., action de flairer : CIC. *Nat. 2, 158* ‖ odorat : CIC. *Ac. 2, 20* ‖ odeur, exhalaison : PLIN. *25, 151*.

ŏdōrĭfĕr, *ĕra, ĕrum* (*odor, fero*), odoriférant, parfumé : VIRG. *En. 12, 419* ; PROP. *2, 13, 23* ‖ *odorifera Arabia* PLIN. *5, 65*, l'Arabie, qui produit des parfums ; *odorifera gens* OV. *M. 4, 209*, les Perses.

ŏdōrĭfĭcātus, *a, um*, parfumé : AMBR. *Ep. 8, 64*.

ŏdōrĭsĕquus, *a, um* (*odor, sequor*), qui suit l'odeur, qui suit à la piste : ANDR. d. TER.-MAUR. *6, 383, 1938*.

ŏdōrō, *ās, āre, āvī, ātum* (*odor*), tr. ¶ 1 parfumer : OV. *M. 15, 734* ; COL. *9, 4, 4* ¶ 2 flairer, sentir [tard.] : LACT. *Opif. 6, 12* ; AUG. *Serm. 112, 7*.

ŏdōror, *ārĭs, ārī, ātus sum* (*odor*), tr. ¶ 1 sentir, flairer [un manteau] PL. *Men. 166* ; [de la nourriture] HOR. *Epo. 6, 10* ¶ 2 [fig.] chercher en flairant, se mettre en quête de : CIC. *Verr. 4, 31* ; *de Or. 2, 186* ; *Att. 14, 22, 1* ; *Clu. 82* ‖ poursuivre, aspirer à : CIC. *Agr. 2, 65* ‖ ne faire que flairer une chose = l'effleurer : TAC. *D. 19*.

ŏdōrus, *a, um* (*odor*) ¶ 1 odorant : OV. *M. 9, 87* ‖ qui a une odeur désagréable : CLAUD. *VI Cons. Hon. 324* ¶ 2 qui a du flair : VIRG. *En. 4, 132* ‖ **-rior** PLIN. *20, 177* ; **-issimus** ISID. *17, 9, 3*.

ŏdōs, *ōris*, m., ▶ *odor* ►.

Ŏdrŭsae, *ārum*, m. pl., TAC. *An. 3, 38* et **Ŏdrȳsae**, *ārum*, m. pl. (Ὀδρύσαι), peuple de Thrace, aux sources de l'Hèbre : CURT. *10, 1, 45* ; LIV. *39, 53, 12* ‖ **-sĭus**, *a, um*, des Odryses, des Thraces : *rex* OV. *M. 6, 490*, Térée [roi de Thrace] ‖ **Ŏdrȳsĭus**, *ĭi*, m., l'Odryse, Orphée : VAL.-FLAC. *5, 100* ‖ m. pl., les Odryses, les Thraces : OV. *Pont. 1, 8, 15*.

Ŏdyssēa, *ae*, f. (Ὀδύσσεια), l'Odyssée [poème d'Homère] : OV. *Tr. 2, 375* ‖ poème latin de Livius Andronicus : CIC. *Brut. 71* ; GELL. *4, 16, 11* ‖ **Ŏdyssēae portus**, CIC. *Verr. 5, 87*, pointe d'Ulysse [au sud de la Sicile] Atlas XII, H5.

▶ acc. grec *Odyssian* VARR. *Men. 60*.

Oea, *ae*, f., ville d'Afrique, près des Syrtes [auj. Tripoli] Atlas I, E4 ; VIII, B4 : SIL. *3, 257* ; MEL. *1, 37*.

Oeāgrus, *gri*, m. (Οἴαγρος), Œagre [roi de Thrace, père d'Orphée] : OV. *Ib. 482* ‖ **-grĭus**, *a, um*, d'Œagre, de Thrace : VIRG. *G. 4, 524* ‖ d'Orphée : SIL. *4, 463*.

Oeandenses, *ĭum*, m. pl., peuple de Galatie : PLIN. *5, 147*.

Oeanthē, *ēs*, f., ville de Locride : PLIN. *4, 7* ‖ **-thĭa**, *ae*, MEL. *2, 53*.

Oebălĭa, *ae*, f. (Οἰβαλία), Tarente [colonie de Lacédémone] : VIRG. *G. 4, 125*.

Oebălĭdēs, *ae*, m. (Οἰβαλίδης), Lacédémonien : *puer* OV. *Ib. 588*, Hyacinthe ‖ [abs¹] Pollux : VAL.-FLAC. *4, 293* ‖ pl., Castor et Pollux : OV. *F. 5, 705*.

Oebălis, *ĭdis*, f., de Laconie, de Sparte : OV. *H. 16, 126* ; *Oebalides matres* OV. *F. 3, 230*, les Sabines [parce que les Sabins passaient pour descendre des Lacédémoniens].

Oebălus, *i*, m. (Οἴβαλος), Œbalus [ancien roi de Laconie] : HYG. *Fab. 78* ‖ roi des Téléboens, allié de Turnus : VIRG. *7, 734* ‖ **-lĭus**, *a, um*, de Laconie, de Sparte : *Oebalia pelex* OV. *Rem. 458*, Hélène ; *Oebalius alumnus* VAL.-FLAC. *1, 422*, Pollux ; *puer* MART. *14, 173*, Hyacinthe ‖ des Sabins : OV. *F. 1, 260* ; ▶ *Oebalis*.

Oebăsus, *i*, m., chef des troupes de Colchide : VAL.-FLAC. *6, 245*.

Oebreūs, *ĕi*, m., nom de guerrier : VAL.-FLAC. *4, 200*.

Oecalices, *um*, m. pl., peuple d'Éthiopie : PLIN. *5, 44*.

Oechălĭa, *ae*, f. (Οἰχαλία), Œchalie [ville d'Eubée, la même que Chalcis, détruite par Hercule] : VIRG. *En. 8, 291* ; PLIN. *4, 64* ‖ ville de Messénie : PLIN. *4, 15* ‖ **-lis**, *ĭdis*, f., femme d'Œchalie : OV. *M. 9, 331*.

Oecleūs, *ĕi* ou *ĕos*, m. (Οἰκλεύς), Œclée [père d'Amphiaraüs] : HYG. *Fab. 128* ‖ **Oeclīdēs**, *ae*, m. (Οἰκλείδης), le fils d'Œclée [Amphiaraüs] : OV. *M. 8, 317*.

oecŏnŏmĭa, *ae*, f. (οἰκονομία), disposition, arrangement, économie [dans une œuvre littéraire] : QUINT. *1, 8, 9* ; *3, 3, 9* ‖ [chrét.] organisation providentielle, économie divine : TERT. *Prax. 2, 1*.

oecŏnŏmĭcus, *a, um* (οἰκονομικός), bien ordonné, méthodique : QUINT. *7, 10, 11* ‖ subst. m., l'Économique [traité de Xénophon] : CIC. *Off. 2, 87* ; GELL. *15, 5, 8*.

oecŏnŏmus, *i*, m. (οἰκονόμος), économe [d'une église] : COD. TH. *9, 45, 3*.

oecūmĕnē, *ēs*, f. (οἰκουμένη), la terre habitée : GROM. *61, 19* ; *62, 3*.

oecus (-os), *i*, m. (οἶκος), grande salle, salon : VITR. *6, 3, 8* ; PLIN. *36, 184*.

Oedĭpŏdēs, *ae*, m. (Οἰδιπόδης), ▶ *Oedipus* : CLAUD. *Eut. 1, 289* ; STAT. *Th. 1, 48*.

Oedĭpŏdĭa, *ae*, f. (Οἰδιποδία), fontaine d'Œdipe [en Béotie] : PLIN. *4, 25*.

Oedĭpŏdīŏnĭdēs, *ae*, m., fils d'Œdipe : STAT. *Th. 1, 313* ‖ pl., Étéocle et Polynice : STAT. *Th. 7, 216*.

Oedĭpūs, *ŏdis*, m. (Οἰδίπους), Œdipe [fils de Laïus et de Jocaste, père d'Étéocle et de Polynice] : [gén. *-podis*] CIC. *Fin. 5, 3* ; [abl. *-pode*] *Fat. 33* ‖ pl., **Oedipodes** MART. *9, 25* ‖ *Davus sum, non Oedipus* TER. *And. 194*, je suis Davus, non Œdipe [je n'entends rien aux énigmes] ‖ **-pŏdīŏnĭus**, *a, um*, d'Œdipe : OV. *M. 15, 429* ; *ales* STAT. *Th. 2, 305*, le Sphinx.

▶ abl. *Oedipo* PL. *Poen. 312* ; acc. *-pum* CIC. *CM 22* ; *Fat. 30*.

Oensis, *e*, d'Œa : PLIN. *5, 27* ‖ m. pl., habitants d'Œa : TAC. *H. 4, 50* ; PLIN. *5, 38*.

1 oenanthē, *ēs*, f. (οἰνάνθη), fleur de la vigne sauvage : PLIN. *12, 132* ‖ oenanthé [plante] : PLIN. *21, 167* ‖ sorte d'oiseau [vanneau] : PLIN. *10, 87*.

2 Oenanthē, *ēs*, f., mère de Ptolémée Épiphane : JUST. *30, 3*.

oenanthĭnus, *a, um*, fait avec le raisin de la vigne sauvage : PLIN. *15, 28*.

oenanthĭum, *ii*, n., essence faite avec les raisins de la vigne sauvage : LAMPR. *Hel. 23, 1*.

Oenēis, *ĭdis*, f. (Οἰνηΐς), fille d'Œnée [Déjanire] : SEN. *Herc. Oet. 583*.

oenĕlaeum, *i*, n. (οἰνέλαιον), vin mélangé d'huile : ORIB. *8, 11 add. Aa*.

Oeneūs, *ĕi* ou *ĕos*, m. (Οἰνεύς), Œnée [roi de Calydon, père de Méléagre, de Tydée et de Déjanire] : CIC. *Tusc. 2, 20* ‖ **-ēus**, *a, um*, d'Œnée, de Calydon : OV. *M. 8, 273* ‖ **-ēĭus**, *a, um*, d'Œnée : *heros* STAT. *Th. 5, 661*, Tydée.

Oenĭădae, *ārum*, m. pl. (Οἰνιάδαι), peuple et ville d'Acarnanie : LIV. *26, 24*.

Oenĭanda, *ae*, f., Œnoanda [ville de Lycie] Atlas VI, C4 ; IX, C2 : PLIN. *5, 101*.

Oenĭandŏs, *i*, f., ville de Cilicie [▶ *Epiphanea*] : PLIN. *5, 93*.

Oenĭās, *ae*, m., nom d'un peintre : PLIN. *35, 143*.

Oenīdēs, *ae*, m. (Οἰνείδης), fils d'Œnée [Méléagre] : OV. *M. 8, 414* ‖ petit-fils d'Œnée [Diomède] : OV. *F. 4, 76*.

oenĭgĕnos, ▶ *unigenitos* : P. FEST. *211, 13*.

Oenoa, *ae*, f., ▶ *Oenoe*.

Oenŏanda (Oenĭ-), *ae*, f., ville de Lycie : PLIN. *5, 101*.

oenobrĕchēs, f. (οἰνοβρεχής), nom d'une plante à gousses [sainfoin] : PLIN. *24, 155*.

oenŏchŏŏs, *i*, m. (οἰνοχόος), échanson : SCHOL. GERM. *Arat. 287*.

Oenŏē, *ēs*, f. (Οἰνόη), île de la mer Égée [la même que Sicinus] : PLIN. *4, 70* ‖ ancienne ville de Grèce : PLIN. *4, 24*.

oenŏfĕrus, ▶ *oenophorum*.

oenŏgărātus, *a, um*, cuit dans l'œnogarum : APIC. *327*.

oenŏgărum, *i*, n. (οἰνόγαρον), œnogarum, sauce composée de garum et de vin : Apic. 35.

Oenŏmăus, *i*, m. (Οἰνόμαος), Œnomaüs [fils de Mars, roi d'Élide et père d'Hippodamie] : Hyg. *Fab.* 8, 4 ‖ titre d'une tragédie d'Accius : Cic. *Fam.* 9, 16, 4.

oenŏměli, *ītos*, n. (οἰνόμελι), vin mêlé de miel : Ulp. *Dig.* 33, 6, 9 ‖ **oenŏmel**, Theod.-Prisc. *Log.* (2), 31 ‖ **-mělum**, Isid. 20, 3, 11.

Oenōnē, *ēs*, f. (Οἰνώνη), Œnone [nymphe de Phrygie, aimée de Pâris] : Ov. *H.* 5 ; Suet. *Dom.* 10 ‖ île d'Attique, la même qu'Égine : Plin. 4, 57.

Oenōpē, *ēs*, f., Œnope [fille d'Épopée, aimée de Neptune] : Hyg. *Fab.* 157.

oenŏphŏrĭum, *ii*, n. (οἰνοφόριον), ⬧ *oenophorum* : Paul. *Sent.* 3, 6, 190.

oenŏphŏrum, *i*, n. (οἰνοφόρον), œnophore, vase pour contenir du vin : Hor. *S.* 1, 6, 109 ; Juv. 6, 426 ‖ **-fěrus**, *i*, m., Prob. *Nom.* 4, 211, 14.

Oenōpĭa, *ae*, f. (Οἰνοπία), Œnopie [ancien nom de l'île d'Égine] : Ov. *M.* 7, 472 ‖ **-pĭus**, *a*, *um*, d'Œnopie, d'Égine : Ov. *M.* 7, 490.

Oenŏpĭdēs, *ae*, m. (Οἰνοπίδης), nom d'un mathématicien de Chios : Sen. *Nat.* 4, 2, 26.

Oenŏpīōn, *ōnis*, m. (Οἰνοπίων), roi de Chios, père de Mérope : Cic. *Arat.* 673.

oenŏpōlĭum, *ii*, n. (οἰνοπωλεῖον), cabaret : Pl. *As.* 200.

Oenōtrĭa, *ae*, f. (Οἰνωτρία), Œnotrie [contrée d'Italie entre Paestum et Tarente] : Serv. *En.* 1, 532 ‖ [poét.] = l'Italie : Claud. *Cons. Stil.* 2, 262.

Oenōtrĭdes, *um*, f. pl., nom de deux îles de la mer Tyrrhénienne : Plin. 3, 85.

oenōtrŏpae, *ārum*, f. pl. (οἰνότροποι), celles qui changent l'eau en vin : Dict. 1, 23.

Oenōtrus, *i*, m., ancien roi de l'Œnotrie : Serv. *En.* 1, 532 ‖ **-trĭus**, *a*, *um*, œnotrien, italien, romain : Virg. *En.* 7, 85 ‖ ou **-trus**, *a*, *um*, Virg. *En.* 1, 532 ‖ **-tri**, m. pl., les Œnotriens : Plin. 3, 71.

1 **oenus**, *a*, *um*, ⬧ *unus* ▸.

2 **Oenŭs**, *untis*, m. (Οἰνοῦς), rivière de Laconie : Liv. 34, 28, 1.

Oenūsa (-ssa), *ae*, f., île voisine de Chios : Plin. 5, 137.

Oenussae, *ārum*, f. pl., nom de trois îles voisines du Péloponnèse : Plin. 4, 55.

Oeonae, *ārum*, f. pl. (ᾠόν), îles de l'océan septentrional : Plin. 4, 95 ‖ **Oeonae**, m. pl., Œones [habitants de ces îles] : *Mel. 3, 56.

oeōnistĭcē, *ēs*, f. (οἰωνιστική), divination par le vol des oiseaux : Capel. 9, 894.

Oescus, *i*, m., fleuve de Mésie : Plin. 3, 149 ‖ f., ville sur ce fleuve Atlas I, C5 : Anton. 220.

oestrus, *i*, m. (οἶστρος ; esp. *estro*), taon [= *asilus*] : Virg. *G.* 3, 148 ; Plin. 11, 47 ‖ [fig.] délire prophétique, [ou] poétique : Stat. *Th.* 1, 32 ; Juv. 4, 123 ‖ n., P. Fest. 213, 1.

Oestrymnĭcus sinus, m., golfe de Gascogne (?) : Avien. *Or.* 95.

Oestrymnĭdes, *um*, f. pl., îles, les mêmes que *Cassiterides* : Avien. *Or.* 96 ‖ **-ymnis**, *is*, f., promontoire voisin de ces îles : Avien. *Or.* 91.

oesus, [arch.] ⬧ *usus* : Cic. *Leg.* 3, 10.

Oesyma, *ae*, f. (Οἰσύμη), ville de Thrace : Plin. 4, 42.

oesypum, *i*, n. (οἴσυπος), laine grasse : Plin. 29, 35 ‖ lanoline [extrait pour remède ou toilette], onguent : Plin. 30, 28 ; Ov. *A. A.* 3, 213.

Oeta, *ae*, f., Cic. *Tusc.* 2, 19 ; **-tē**, *ēs*, f., Ov. *M.* 9, 165 ; Luc. 8, 800, le mont Œta [entre la Thessalie et la Doride, sur lequel Hercule se brûla, auj. Kumayta] Atlas VI, B2 ‖ **-taeus**, *a*, *um*, de l'Œta : *Oetaeus (deus)* Prop. 4, 1, 32 ; Ov. *Ib.* 349, Hercule.

Oetaei, *ōrum*, m. pl., peuple de la Scythie d'Asie : Plin. 6, 50.

oetor, oeti, ⬧ *utor* ▸.

oetum, *i*, n. (οἴτον), colocase [plante] : Plin. 21, 83.

1 **ŏfella**, *ae*, f., (dim. de *offa*), petit morceau (bouchée) de viande : Juv. 11, 142.

2 **Ofella (Off-)**, *ae*, m., surnom romain : Cic. *Brut.* 178.

Ofellĭo, *ōnis*, m., nom d'homme : CIL 6, 23373.

Ofellus, *i*, m., nom d'homme : Hor. *S.* 2, 2, 2.

offa, *ae*, f. (?; it. *fetta*), bouchée, boulette, Cic. *Div.* 2, 72 ; 73 ; Virg. *En.* 6, 420 ; Fest. 282, 12 ‖ [prov.] *inter os et offam* Cat. d. Gell. 13, 18, de la coupe aux lèvres ‖ morceau (de viande) : Pl. *Mil.* 760 ; Fest. 260, 17 ‖ [fig.] tumeur [causée par un coup] : Juv. 16, 11 ‖ morceau [de poésie] : Pers. 5, 5.

offarcĭnātus, *a*, *um* (*farcino*), chargé, bourré : Tert. *Marc.* 4, 24, 1.

offārĭus, *ii*, m. (*offa*), cuisinier : Isid. 20, 2, 26.

offātim (*offa*), par petits morceaux : Pl. *Truc.* 613 ; Isid. 20, 2, 26.

offăvĕō, *ēs*, *ēre*, -, -, tr., accueillir favorablement : *Cypr. *Don.* 4.

offēci, parf. de *officio*.

offectĭo, *ōnis*, f. (*officio*), action de teindre, teinture : *Arn. 5, 12.

offectŏr, *ōris*, m. (*officio*), teinturier : P. Fest. 99, 27 ; 211, 11.

offectūra, *ae*, f., obscurité, ténèbres : Cypr. *Sent.* 10.

1 **offectus**, *a*, *um*, part. de *officio*.

2 **offectŭs**, *ūs*, m., maléfice, sortilège : Grat. 406.

offella, *ae*, f. (dim. de *offa*), petit morceau : Gloss. 5, 228, 38 ; ⬧ *ofella*.

offendĭcŭlum, *i*, n. (*offendo*), pierre d'achoppement, obstacle : Plin. *Ep.* 9, 11, 1.

offendĭmentum, *i*, n., ⬧ *offendix* : P. Fest. 223, 5.

offendix, *ĭcis*, f. (*ob*, **bhendh-*, cf. scr. *bandhu-s*, πενθερός, al. *binden*, an. *bind*), [pl.] nœuds qui attachent les brides du bonnet pontifical (*apex*) : Fest. 222, 13 ‖ attaches, fermoirs d'un livre : Gloss. 5, 606, 32.

offendō, *ĭs*, *ĕre*, *fendī*, *fensum* (*ob* et **gʷhen-*, cf. *(de)fendo*, φόνος, scr. *hanti*, hit. *kuenzi*), intr. et tr.

I intr. ¶ 1 " se heurter contre " [avec le dat.] ¶ 2 [fig.] **a)** " achopper ", " subir un malheur " **b)** " broncher ", " commettre une faute " **c)** " ne pas réussir ", " être malheureux " **d)** " éprouver un choc ", " être mécontent ".

II tr. ¶ 1 " heurter " ¶ 2 " trouver ", " rencontrer " ¶ 3 " choquer ", " blesser " ¶ 4 [fig.] **a)** " porter atteinte à " **b)** " choquer ", " mécontenter ".

I intr. ¶ 1 se heurter contre [avec dat.] : *solido* Hor. *S.* 2, 1, 78, se heurter contre du solide ‖ [absᵗ] se heurter, subir un heurt : *in tenebris* Cic. *Fam.* 9, 2, 2, se heurter dans les ténèbres ¶ 2 [fig.] **a)** achopper, subir un malheur : *naves offenderunt* Caes. *C.* 3, 8, 2, les navires subirent un échec ; *quotiens ducis vitio in exercitu esset offensum* Caes. *C.* 3, 72, 4, [ils oubliaient] combien de fois par la faute du chef une armée avait subi un échec, cf. Caes. *G.* 6, 36, 2 ; *multi viri fortes et terra et mari saepe offenderunt* Cic. *Verr.* 5, 131, beaucoup d'hommes de guerre énergiques ont éprouvé des échecs sur terre et sur mer ; *quicquid offendit* Sen. *Ep.* 81, 2, toute entreprise qui échoue ; *fenus offendit* Sen. *Ep.* 96, 1, mes rentes sont compromises **b)** broncher, commettre une faute : *in quo ipsi offenderunt, alios reprehendunt* Cic. *Clu.* 98, là où eux-mêmes ont succombé, ils accusent les autres ; *si quid offenderit, nihil tibi offenderit* Cic. *Fam.* 2, 18, 3, s'il commet une faute, la faute ne retombera pas sur toi ; [pass. impers.] *si paulum modo (in numeris) offensum est* Cic. *de Or.* 3, 196, s'il y a eu la moindre faute [prosodie] **c)** ne pas réussir, être malheureux : *apud aliquem* Cic. *Sest.* 105 ; *Att.* 10, 4, 8, n'avoir pas la faveur de qqn, mécontenter qqn **d)** éprouver un choc, être choqué, mécontent, offensé : *quis venit, qui offenderet ?* Cic. *Att.* 12, 40, 2, est-il qqn qui, venu me voir, ait été mécontent ? ; *in aliquo* Cic. *Mil.* 99 ; Caes. *C.* 2, 32, 11, être mécontent de qqn, avoir qqch. à lui reprocher ; [pass. impers.] *in poetae cincinnis offenditur* Cic. *de Or.* 3, 100, on est choqué, mécontent, des frisures [du style trop orné] d'un poète, cf. Cic. *de Or.* 1, 259.

II tr. ¶1 heurter : *aliquem genu* Pl. *Curc.* 282, heurter qqn du genou ‖ faire heurter : *caput ad fornicem* Quint. 6, 3, 67, donner de la tête contre la voûte ; *latus vehementer offendit* Cic. *Clu.* 175, il heurta son flanc (il se heurta le flanc) violemment ¶2 trouver, rencontrer : *si te hic offendero, moriere* Enn. d. Cic. *Rab. Post.* 29, si je te rencontre ici, tu mourras, cf. Cic. *Att.* 7, 26, 1 ; *nondum perfectum templum offenderant* Cic. *Verr.* 4, 64, ils avaient trouvé le temple encore inachevé ; *omnia aliter offendit ac jusserat* Cic. *Rep.* 1, 59, il trouva tout autrement qu'il n'avait ordonné, cf. Cic. *Att.* 15, 11, 3 ; *Fam.* 5, 17, 2 ; 9, 11, 1 ; 16, 10, 1 ¶3 choquer, blesser : *nares* Lucr. 6, 791, blesser l'odorat ; *aciem oculorum* Plin. 35, 97, blesser la vue ¶4 [fig.] **a)** porter atteinte à : *existimationem alicujus* Cic. *Fam.* 3, 8, 7, blesser la réputation de qqn, cf. Cic. *Verr.* 2, 117 **b)** choquer, mécontenter, offenser : *quos offendit noster minime nobis injucundus labor* Cic. *Fin.* 1, 3, ceux que mécontente le travail auquel je me livre non sans plaisir ; *aliquem in aliqua re* Cic. *Fam.* 3, 8, 4, offenser qqn en qqch. ; *aliquem aliqua re* Cic. *Balb.* 59, offenser qqn par qqch. ; *fortasse in eo ipso offendetur (Caesar), cur non Romae potius* Cic. *Att.* 9, 6, 1, peut-être sera-t-il froissé précisément sur ce point : pourquoi pas plutôt à Rome ? [avec prop. inf.] *componi aliquid de se, offendebatur* Suet. *Aug.* 89, il n'aimait pas qu'on composât qqch. à sa louange.

offensa, *ae*, f. (*offendo*) ¶1 action de se heurter contre : *nullā dentium offensā* Plin. 34, 104, sans craquer sous la dent ‖ pl., *offensae*, choses qui font qu'on se heurte, achoppements : Sen. *Ep.* 107, 2 ¶2 [fig.] **a)** incommodité physique, malaise : Cels. 1, 6, 2 ; Sen. *Ep.* 7, 1 ; *Tranq.* 2, 1 **b)** défaveur, disgrâce : *magna in offensa sum apud Pompeium* Cic. *Att.* 9, 2 a, 2, je suis en grande défaveur auprès de Pompée ; v. *offendo* 1 et 2, cf. Cael. *Fam.* 8, 16, 2 ; Suet. *Vesp.* 4 ; Ov. *P.* 4, 1, 16 ; Quint. 4, 2, 39 **c)** fait d'être mécontent, choqué, offensé : *subitae offensae* Tac. *H.* 2, 92, des manifestations subites de mécontentement ; *offensas vindicare suas* Ov. *Tr.* 3, 8, 40, venger ses offenses **d)** offense à Dieu, péché : Salv. *Gub.* 3, 51.

offensāculum, *i*, n., c. *offendiculum* : Apul. *M.* 9, 9.

offensātĭo, *ōnis*, f. (*offenso*), action de se heurter, de donner contre, choc, heurt : Plin. 28, 221 ; Quint. 11, 3, 130 ‖ [fig.] *offensationes memoriae* Sen. *Ben.* 5, 25, 6, fautes de mémoire.

offensātŏr, *ōris*, m. (*offenso*), celui qui bronche [au fig.], qui se trompe : Quint. 10, 3, 20.

offensĭbĭlis, *e* (*offendo*), trébuchant : Lact. *Inst.* 4, 26, 10.

offensĭo, *ōnis*, f. (*offendo*) ¶1 action de se heurter contre : *pedis* Cic. *Div.* 2, 84, action de heurter le pied contre qqch., faux pas ‖ *nihil offensionis habere* Cic. *Nat.* 2, 47, n'avoir rien où l'on puisse se heurter, n'avoir aucune saillie, aucune aspérité, cf. Cic. *Tim.* 17 ¶2 [fig.] **a)** action d'achopper, d'éprouver une incommodité physique, indisposition, malaise : Cic. *Tusc.* 4, 31 ; *Fam.* 16, 10, 1 **b)** action d'achopper, d'éprouver un échec, échec, revers, mésaventure : *offensiones belli* Cic. *Pomp.* 28, les défaites militaires ; *offensionum et repulsarum ignominia* Cic. *Off.* 1, 71, la honte attachée aux rebuffades et aux échecs [essuyés par les candidats aux magistratures], cf. Cic. *Fam.* 1, 7, 5 **c)** le fait de se choquer, d'être blessé, mécontentement, irritation : *mollis animus et ad accipiendam et ad deponendam offensionem* Cic. *Att.* 1, 17, 2, caractère également prompt à ressentir et à oublier l'irritation ; *odii non dissimilis offensio* Cic. *de Or.* 2, 208, un sentiment d'irritation (de mécontentement) assez semblable à la haine ; *sine offensione accipere quod dixero* Cic. *Phil.* 7, 8, accueillir mes paroles sans se piquer ; *in offensionem Atheniensium cadere* Cic. *Nat.* 1, 85, être exposé au mécontentement des Athéniens = être mal vu des Athéniens ‖ [phil.] *ad aliquid offensio* Cic. *Tusc.* 4, 23 ou [abs[t]] *offensiones* Cic. *Tusc.* 3, 23 ; 24 ; 26 ; 27, aversion pour qqch., aversions [opposées aux penchants] **d)** action de déplaire, de choquer : *aliquid offensionis habere* Cic. *Off.* 3, 105, avoir qqch. de choquant ; *offensio est in aliqua re* Cic. *Or.* 161, qqch. choque ; *mihi majori offensioni sunt quam delectationi possessiunculae meae* Cic. *Att.* 13, 23, 3, je trouve plus de déplaisir que d'agrément dans mes modestes propriétés ; *offensione aliqua interposita* Cic. *Phil.* 2, 7, un froissement étant intervenu, cf. Cic. *Mur.* 41 ; *omnes offensiones judiciorum* Cic. *Clu.* 139, tous les scandales judiciaires ‖ [d'où] discrédit, défaveur, mauvaise réputation : *ad offensionem adversarii* Cic. *Or.* 124, pour le discrédit de l'adversaire, pour que l'adversaire soit mal vu ; *propter offensionem judiciorum* Cic. *Verr.* 5, 178, à cause du discrédit où se trouvent les tribunaux ; *offensio neglegentiae* Cic. *Verr.* 1, 103, une mauvaise réputation de négligence **e)** [chrét.] scandale, occasion de faute : Vulg. 1 *Cor.* 10, 32.

offensĭuncŭla, *ae*, f., (dim. de *offensio*), léger mécontentement : Cic. *Fam.* 13, 1, 4 ‖ léger échec : Cic. *Planc.* 51.

offensō, *ās*, *āre*, -, - (fréq. de *offendo*) ¶1 tr., heurter, choquer : Lucr. 2, 1059 ; 6, 1053 ; Liv. 25, 37, 9 ¶2 [fig.] intr., hésiter en parlant, balbutier, rester court : Quint. 10, 7, 10.

offensŏr, *ōris*, m. (*offendo*), offenseur, celui qui offense : Arn. 7, 8.

1 **offensus**, *a*, *um* ¶1 part. de *offendo* ¶2 adj[t] **a)** offensé, irrité, mécontent, hostile : Cic. *Att.* 1, 17, 7 ; *Tusc.* 5, 106 ; *quem sibi offensiorem sciebat esse* Cic. *Clu.* 172, celui qu'il savait plus hostile contre lui ; *animus in aliquem offensior* Cic. *Att.* 1, 5, 5, sentiments un peu trop hostiles à l'égard de qqn **b)** odieux, détesté : Cic. *Verr.* 3, 145 ; *alicui* Cic. *Sest.* 125, odieux à qqn, détesté de qqn, cf. Cic. *Clu.* 158 ‖ *offensum est quod... laedit* Cic. *Inv.* 1, 92, est odieux ce qui blesse....

2 **offensŭs**, *ūs*, m. ¶1 action de heurter, heurt, choc : Lucr. 2, 223 ; 4, 359 ¶2 [fig.] *sin vita in offensu est* Lucr. 3, 941, si au contraire la vie t'importune, t'est à charge.

offĕrentĭa, *ae*, f. (*offero*), action de s'offrir, de se présenter : Tert. *Marc.* 4, 24, 2.

offĕrō, *fers*, *ferre*, *obtŭlī*, *oblātum* (*ob*, *fero* ; fr. *offrir* ; bret. *oferenn*), tr. ¶1 porter devant, présenter, exposer, offrir, montrer : *strictam aciem venientibus* Virg. *En.* 6, 290, présenter son épée nue à ceux qui viennent ; *alicui se offerre* Cic. *Fam.* 6, 20, 1, se présenter à qqn, aller au-devant de qqn, cf. Cic. *Att.* 3, 10, 2, se montrer à qqn ; *formae, quae reapse nullae sunt, speciem autem offerunt* Cic. *Div.* 1, 81, des formes qui en réalité n'existent pas, mais ne sont que des apparences, cf. Cic. *Div.* 2, 143 ‖ [souvent le passif a un sens réfléchi] : *auxilium ejus oblatum est* Cic. *Verr.* 4, 108, son secours s'est offert ‖ montrer en perspective : *alicui metum offerre* Cic. *Verr.* 2, 135, présenter à qqn des sujets de crainte [pour l'avenir] ; *diffugiunt metu oblato* Cic. *Fam.* 15, 1, 5, ils s'enfuient de toutes parts, à la perspective d'un danger [mais *tempore oblato* Cic. *Phil.* 3, 32, l'occasion étant offerte ; *oblata facultate* Caes. *C.* 1, 72, 5, la possibilité étant offerte] ¶2 [avec nuance d'obstacle, d'opposition] : *oblata religio Cornuto est* Cic. *Fam.* 10, 12, 3, on opposa à Cornutus un scrupule religieux ; *exercitus, qui se ingredientibus fines consulibus obtulerat* Liv. 2, 16, 8, l'armée, qui était venue s'opposer aux consuls pénétrant dans le pays ¶3 offrir, exposer : *telis corpus suum* Cic. *Sest.* 76, exposer son corps aux traits ; *vitam in discrimen* Cic. *Sest.* 61, risquer sa vie ; *se ad mortem (morti)* Cic. *Tusc.* 1, 32 ; *Mil.* 94, s'exposer à la mort ‖ offrir (faire une avance) : *suam operam* Liv. 40, 23, 1, offrir son concours ; *se alicui* Cic. *Amer.* 112, offrir ses services à qqn ; *se offerre aliquid facturum* Tac. *An.* 11, 33 ; 16, 26, s'offrir à faire qqch. ¶4 fournir, procurer : *beneficium alicui* Caes. *G.* 6, 42, 3, rendre service à qqn ; *laetitiam* Ter. *Hec.* 816, procurer de la joie ; *stuprum* Cic. *Phil.* 2, 99, faire subir les derniers outrages ; *mortem hostibus* Cic. *Sest.* 48, porter la mort chez les ennemis ; *mortem patri* Cic. *Amer.* 40, donner la mort à son père ¶5 [chrét.] offrir en sacrifice : Tert. *Pud.* 2, 6 ‖ faire l'oblation (du calice) : Cypr. *Ep.* 63, 2.

offertŏr, ōris, m. (*offero*), celui qui fait une offrande, un sacrifice : Commod. *Instr.* 1, 39, 9.

offertōrĭum, ĭi, n., offrande [pour la messe], offertoire : Isid. 6, 19, 24.

offĕrŭmenta, ōrum, n. pl. (*offero*), offrandes : P. Fest. 207, 6.

offĕrūmentae, ārum, f. pl. (*ferrumen*), soudures [plais¹ = cicatrices] : Pl. *Ru.* 753.

offex, ĭcis, m. (*officio*), celui qui empêche, qui nuit : Gloss. 5, 606, 5.

offĭbŭlō, ās, āre, -, - (*ob, fibula*), tr., mettre une agrafe : Gloss. 4, 131, 49.

offĭcĭālis, e (*officium*), qui concerne le devoir : Lact. *Inst.* 6, 11, 9 ‖ officieux : Ulp. *Dig.* 38, 1, 6 ‖ subst. m., serviteur, ministre [d'un magistrat], appariteur : Cod. Th. 8, 7, 2 ‖ [en gén.] serviteur, satellite, acolyte : Tert. *Marc.* 1, 25, 6.

offĭcīna, ae, f. (*opificina* ; fr. *usine*) ¶ 1 atelier, fabrique : Cic. *Off.* 1, 158 ; *Verr.* 4, 54 ; *Phil.* 7, 13 ; Caes. *C.* 1, 34, 5 ; *publica* Liv. 26, 51, 8, ateliers de l'État ‖ poulailler : Col. 8, 3, 4 ‖ fabrication, confection : Plin. 11, 2 ¶ 2 [fig.] fabrique, officine, école : *dicendi* Cic. *Brut.* 32 ; *eloquentiae* Cic. *Or.* 40, atelier d'éloquence, cf. Cic. *Phil.* 2, 35 ; *nequitiae* Cic. *Amer.* 134, officine de corruption. ► *opificīna* Pl. *Mil.* 880.

offĭcīnātŏr, ōris, m. (*officina*), artisan, ouvrier : Vitr. 6, 8, 9 ; Apul. *M.* 9, 6.

offĭcīnātrix, īcis, f., ouvrière : CIL 6, 9715.

offĭcĭō, ĭs, ĕre, fēcī, fectum (*ob, facio*) **I** intr. ¶ 1 se mettre devant, faire obstacle [avec dat.] : *soli* Cic. *Nat.* 2, 49, masquer le soleil ; *alicui apricanti* Cic. *Tusc.* 5, 92, faire obstacle à qqn qui se chauffe au soleil, intercepter le soleil à qqn ; *luminibus* Gai. *Inst.* 2, 31, boucher la vue [d'une maison par une construction voisine] ; [d'où, fig.] masquer, éclipser, reléguer dans l'ombre : Cic. *Brut.* 66 ; *Rab. Post.* 43 ‖ *ipsi sibi officiebant* Sall. *J.* 58, 6, ils se barraient à eux-mêmes le passage, cf. Sall. *J.* 52, 6 ¶ 2 [fig.] faire obstacle, gêner : Cic. *Amer.* 112 ; *consiliis alicujus* Sall. *C.* 27, 4, gêner les projets de qqn ; *timor animi auribus officit* Sall. *C.* 58, 2, la crainte qu'il a au cœur lui bouche les oreilles ‖ être nuisible : Virg. *G.* 1, 69 ‖ *alicui non officere, quominus* Cic. *Phil.* 6, 29, 6, n'être pas pour qqn un obstacle qui empêche que.... **II** tr. ¶ 1 gêner, entraver [emploi particulier à Lucrèce] : *officiuntur extra* Lucr. 2, 155, [les atomes] trouvent sur leur route un obstacle extérieur ; *offecto lumine* Lucr. 5, 776, la lumière étant masquée ; *offecti sensus* Lucr. 4, 763, les sens momentanément entravés [par le sommeil] ¶ 2 appliquer [une couleur] : *proprio colori novum* P. Fest. 99, 28, sur la couleur naturelle en appliquer une nouvelle ; cf. ► *offector*.

offĭcĭōsē, adv. (*officiosus*), avec complaisance, officieusement, obligeamment : Cic. *Lae.* 81 ; *Att.* 1, 20, 1 ‖ *-ius* Cic. *Att.* 6, 1, 22 ; *-issime* Plin. *Ep.* 10, 21, 1.

offĭcĭōsĭtas, ātis, f., complaisance, empressement officieux, obligeance : Sidon. *Carm.* 23, 479.

1 offĭcĭōsus, a, um (*officium*), officieux, obligeant, serviable : *officiosior, officiosissimus in aliquem* Cic. *Fam.* 13, 60, 1 ; 13, 6, 2, plus, très serviable à l'égard de qqn ; *officiosa amicitia* Cic. *Planc.* 46, amitié empressée ‖ dictée par le devoir, juste, légitime : Cic. *Tusc.* 3, 70 ; *Mil.* 12 ; Sen. *Ep.* 99, 18.

2 offĭcĭōsus, i, m., surnom donné aux gens immoraux : Sen. *Contr.* 4, pr. 10 ‖ esclave qui garde les vêtements des baigneurs : Petr. 92, 11.

offĭcĭperdus, i, m. (*officium, perdo*), qui n'est pas récompensé de sa peine : Gloss. 5, 606, 28 ‖ ingrat : Ps. Cat. *Dist.* 4, 42.

offĭcĭum, ĭi, n. (plutôt *officio* que *opificium*) ¶ 1 service, fonction, devoirs d'une fonction [au titre officiel ou privé] : *toti officio maritimo praepositus* Caes. *C.* 3, 5, 4, mis à la tête de tout le service maritime [ayant sur mer le commandement suprême] ; *confecto legationis officio* Caes. *C.* 3, 103, 4, s'étant acquitté des devoirs que comportait la fonction d'ambassadeur ; *privati officii mandata habere ab aliquo ad aliquem* Caes. *C.* 1, 8, 2, tenir de qqn une mission privée pour qqn ; *consulum, senatus, imperatoris officium* Cic. *Att.* 16, 14, 3, la fonction des consuls, du sénat, du général en chef ; *scribae* Nep. *Eum.* 1, 5, les fonctions de secrétaire ; *cotidianum itineris officium* Caes. *C.* 1, 80, 4, le service des patrouilles quotidiennes ‖ *primum oratoris officium est dicere ad persuadendum* Cic. *de Or.* 1, 138, le premier devoir de l'orateur est de parler pour persuader ; *tria oratoris officia* Cic. *Brut.* 197, les trois devoirs de l'orateur ‖ [époque impériale] charge, magistrature [comme *munus, honor, magistratus*] Suet. *Aug.* 37 ; *Tib.* 42 ‖ pouvoir [et non seulement devoir], mission : *officium judicis* Dig. 3, 3, 73, la tâche, le rôle du juge ; *ad officium judicis pertinet* Dig. 7, 9, 10, il relève des pouvoirs du juge de... ¶ 2 serviabilité, obligeance, civilité, politesse : *vi atque imperio adductus, non officio ac voluntate* Cic. *Verr.* 2, 153, déterminé par la violence et par un pouvoir souverain, mais non par le devoir et par le bon vouloir, cf. Cic. *Fam.* 13, 21, 2 ‖ [d'où] *officia*, bons offices, marques d'obligeance, services rendus : Cic. *Brut.* 1 ; *Mur.* 7 ; *Sull.* 26 ; *Phil.* 13, 7 ; *Fam.* 2, 6, 1 ; 13, 45 ; 16, 4, 3 ; *in aliquem magna officia conferre* Cic. *Fam.* 13, 21, 2, donner à qqn de grandes marques de prévenance ‖ [en part.] *a)* bons offices, devoirs de l'amitié : *veteri nostrae necessitudini jamdiu debitum... officium reddidi* Cic. *Fam.* 5, 8, 1, je me suis acquitté de mes devoirs à l'égard de notre vieille amitié... ; *vereor ne desideres officium meum* Cic. *Fam.* 6, 6, 1, j'ai peur que tu ne croies que je manque à tous mes devoirs, cf. Cic. *Fam.* 2, 1, 1 *b)* devoirs rendus, acte de présence dans une circonstance déterminée [mariage, funérailles, testament] : *officio togae virilis interfui* Plin. *Ep.* 1, 9, 2, j'ai assisté à la cérémonie d'une prise de toge virile (j'ai rendu mes devoirs dans une prise de toge virile), cf. Suet. *Aug.* 27 ; *Ner.* 28 ; *suprema officia* Tac. *An.* 5, 2, les derniers devoirs ¶ 3 devoir, obligation morale : Cic. *Off.* 1, 4 ‖ [définition stoïcienne] v. Cic. *Fin.* 3, 20 ; 22 ‖ *suum officium facere* Ter. *Ad.* 69, faire son devoir ; *in officio esse* Cic. *Fam.* 14, 1, 5 ; *officio fungi* Cic. *Fam.* 3, 8, 3, accomplir son devoir ; *omnia officia persequi* Cic. *Tusc.* 2, 55, accomplir scrupuleusement tous les devoirs ; *illud est in officio, ut... tribuamus* Cic. *Off.* 1, 47, c'est un devoir pour nous d'accorder ; *cumulata erant officia vitae* Cic. *Tusc.* 1, 109, il avait satisfait amplement aux devoirs (aux obligations) de la vie ‖ [en part.] *a) officia*, les devoirs particuliers, communs [en oppos. avec le devoir en soi, le bien en soi] : *hunc locum philosophi solent in officiis tractare* Cic. *Or.* 72, cette question, les philosophes la traitent d'ordinaire à propos de la morale pratique *b)* sentiment du devoir : Cic. *Tusc.* 4, 61 ; *Fam.* 10, 1, 4 ; *Verr.* 1, 137 ; *Clu.* 107 ; Nep. *Att.* 4, 2 ; Caes. *G.* 1, 40, 14 *c)* fidélité au devoir, obéissance : *in officio esse, manere* ; *aliquem in officio tenere*, rester dans le devoir, maintenir qqn dans le devoir : Nep. *Eum.* 6, 4 ; Caes. *G.* 5, 4, 2 ; *ad officium redire* Nep. *Milt.* 7, 1, rentrer dans le devoir.

offīgō (*ob-*), ĭs, ĕre, fixī, fixum, tr., ficher, attacher à : Cat. *Agr.* 48, 2 ; Pl. *Most.* 360.

offirmātē (*ob-*), adv., avec opiniâtreté : Suet. *Tib.* 25.

offirmātĭo, ōnis, f., fermeté, constance : Hier. *Ep.* 121, 5.

offirmātus, a, um, part.-adj. de *offirmo*, ferme, résolu : Pl. *Amp.* 646 ‖ *-tior* Cic. *Att.* 1, 11, 1, plus entêté (obstiné).

offirmō (*ob-*), ās, āre, āvī, ātum, tr., affermir, consolider : Apul. *M.* 7, 28 ‖ [fig.] *animum suum* Pl. *Merc.* 82 ; Catul. 76, 11 ; Plin. *Ep.* 7, 27, 8, affermir son cœur, ou *se offirmare* Acc. *Tr.* 372 ‖ *se offirmare* Ter. *Haut.* 1052 ; *offirmare* [abs¹] Pl. *St.* 68, se raidir, s'obstiner ‖ *quod mihi offirmatum erat* Pl. *Bac.* 1199, ce qui était pour moi une chose arrêtée ‖ [abs¹, avec inf.] persister à, s'obstiner à : Pl. *Pers.* 224 ; Ter. *Eun.* 218 ; *Hec.* 454.

offixus (*ob-*), a, um, part. de *offigo*.

offla, ae, f., sync. pour *offula* : *crucis* Petr. 56, 8, gibier de potence.

offlectō (*ob-*), ĭs, ĕre, -, -, tr., tourner, détourner : Pl. *Ru.* 1013.

offōcō, *ās, āre, -, -* (*ob fauces*), tr. ¶ 1 serrer [la gorge], suffoquer : Flor. 2, 11, 6 ; [fig.] *Sen. Brev. 2, 5 ¶ 2 [forme *offuco*] verser de l'eau dans la gorge : P. Fest. 211, 10.

offŏdĭō, *ĭs, ĕre, -, -,* tr., crever [les yeux] : VL. Jud. 16, 21.

offrēnātus (ob-), *a, um,* bridé, dompté, maîtrisé : Pl. *Cap.* 755 ; Apul. *M.* 6, 19 ; *Apol.* 77.

offringō (ob-), *ĭs, ĕre, frēgī, fractum,* tr., labourer une deuxième fois : Varr. *R.* 1, 29, 2 ; Col. 2, 11, 3 ; P. Fest. 217, 7.

offūcĭa, *ae,* f. (*ob, fucus*), fard : Pl. *Most.* 264 ∥ **-ciae**, f. pl., tromperies : Pl. *Cap.* 666 ; Gell. 14, 1, 2.

1 offūcō, *ās, āre, -, -* (*ob, fuco*), tr., couvrir de fard, cacher : Gloss. 5, 345, 51.

2 offuco, ▶ *offoco*.

offūdī, parf. de *offundo*.

offūla, *ae,* f., (dim. de *offa*), petit morceau, boulette [de viande, de pain, de pâte] : Varr. *R.* 2, 4, 11 ; *L.* 5, 110 ; Col. 12, 53, 4 ; Pall. 1, 29, 4.

offulcĭō, *īs, īre, -, fultum* (*ob, fulcio*), tr., boucher, fermer : Apul. *M.* 1, 13.

offulgĕō, *ēs, ēre, fulsī, -* (*ob, fulgeo*), intr., briller devant, briller aux yeux : Virg. *En.* 9, 110 ; Sil. 13, 114.

offulsī, parf. de *offulgeo*.

offultus, part. de *offulcio*.

offundō, *ĭs, ĕre, fūdī, fūsum* (*ob, fundo*), tr. ¶ 1 répandre devant : **cibum (avibus)** Pl. *As.* 216, répandre de la nourriture devant les oiseaux ∥ étendre devant : **noctem rebus** Cic. *Nat.* 1, 6, étendre la nuit sur les objets ; **nobis aer offunditur** Cic. *Ac.* 2, 81, l'air s'étend devant nous, nous enveloppe ; **ignis ob os offusus** Cic. *Tim.* 49, le feu qui s'étend devant le visage ; **caliginem oculis offundere** Liv. 26, 45, 3, étendre un brouillard devant les yeux, donner le vertige ¶ 2 [fig.] **si quid tenebrarum offudit exsilium** Cic. *Tusc.* 3, 82, si l'exil assombrit l'âme ; **incompositis pavorem offundere** Liv. 10, 5, 7, répandre la terreur sur une troupe en désordre ; **periculum est, ne quis error vobis offundatur** Liv. 34, 6, 3, il est à craindre qu'un voile d'erreur ne vous enveloppe ; **quamquam multa offunderentur** Tac. *An.* 11, 20, quoique beaucoup de pensées se présentent à son esprit ¶ 3 voiler, offusquer, éclipser : **offunditur luce solis lumen lucernae** Cic. *Fin.* 3, 45, l'éclat du soleil éclipse la lumière d'une lampe ∥ [fig.] **Claudius pavore offusus** Tac. *An.* 11, 31, Claude, l'esprit obscurci par la crainte ; **Marcellorum meum pectus memoria obfudit** Cic. *Marc.* 10, le souvenir des Marcellus a envahi mon cœur (m'a troublé).

offuscātĭo, *ōnis,* f. (*offusco*), action d'obscurcir [fig.], de rabaisser : Tert. *Nat.* 1, 10, 33.

offuscō, *ās, āre, -, ātum,* tr., obscurcir [fig.] : Salv. *Gub.* 7, 19, 81 ∥ flétrir : Tert. *Marc.* 2, 12, 3.

offūsĭō, *ōnis,* f. (*offundo*), action de répandre sur : Ambr. *Hex.* 1, 8, 32 ∥ [fig.] action d'aveugler : Ambr. *Fug.* 1, 1.

offūsus (ob-), *a, um,* part. de *offundo*.

Ofīlĭus (Off-, -fillĭus), *ĭi,* m., nom d'homme ; not[t] *Aulus Ofillius,* jurisconsulte, ami de César : Cic. *Fam.* 7, 21 ∥ *Ofillius Calavinus,* Campanien illustre : Liv. 9, 7, 2.

ogdŏăda, *ae,* f., ▶ *ogdoas* : Tert. *Val.* 2, 2.

1 ogdŏăs, *ădis,* f. (ὀγδοάς), le nombre huit, une huitaine : Iren. 2, 14, 1.

2 Ogdŏăs, *ădis,* f. (Ὀγδοάς), un des Éons de Valentin : Tert. *Val.* 7, 8.

oggannĭō (obg-), *īs, īre, īvī* ou *ĭī* (*ob, gannio*) ¶ 1 intr., assommer de bavardages : Enn. d. Non. 147, 11 ¶ 2 tr., ressasser, rebattre les oreilles, murmurer : Pl. *As.* 422 ; Ter. *Phorm.* 1030 ; Apul. *M.* 2, 2.

oggĕrō (obg-), *ĭs, ĕre, -, -,* tr., apporter en quantité [mot de Plaute] : **(amor) amarum ad satietatem obgerit** P. *Cis.* 70, (l'amour) vous apporte l'amertume jusqu'à satiété ; **osculum alicui** Pl. *Truc.* 103, couvrir qqn de baisers.

Oglasa, *ae,* f., île près de la Corse Atlas XII, D2 : Plin. 3, 80.

Ŏgulnĭus, *ĭi,* m. et **-nĭa**, *ae,* f., nom d'homme, nom de femme : Liv. 27, 3 ; Juv. 6, 352.

Ōgўgēs, *is* ou *i,* m. (Ὠγύγης), Ogygès [fondateur de Thèbes, en Béotie] : Varr. *R.* 2, 1, 2 ∥ **-gўgĭdae**, *ārum,* m. pl., les descendants d'Ogygès, les Thébains : Stat. *Th.* 2, 586 ∥ **-gўgĭus**, *a, um* (Ὠγύγιος), d'Ogygès : **deus** Ov. *H.* 10, 48, Bacchus ; **Ogygia chelys** Sidon. *Carm.* 16, 3, la tortue thébaine [la lyre d'Amphion] : **Ogygia moenia** Acc. d. Fest. 188, 24, Thèbes ∥ subst. m., ▶ *Ogyges* : Aug. *Civ.* 18, 8.

Ōgўgĭa, *ae,* f., une des filles d'Amphion : Hyg. *Fab.* 69 ∥ île de Calypso : Plin. 3, 96.

Ōgўgus, ▶ *Ogyges* : Fest. 188, 25.

Ōgўris, *is,* f. (Ὤγυρις), île de la mer Érythrée : Plin. 6, 153.

ōh, interj. (cf. *2 o*), [exprimant les sentiments les plus divers] oh ! ah ! : Pl. ; Ter.

ōhē, ŏhē, interj. (cf. ὠή), [pour appeler ou marquer l'impatience] hé ! holà ! : Pl. *Cas.* 249 ; *St.* 733 ; Hor. *S.* 1, 5, 12 ; Mart. 4, 91, 1.

ŏhŏ (ōh, ŏh), interj., oh ! oh ! : Pl. ; Ter.

oi, ▶ *oiei*.

oica (olca), *ae,* f. (?), nom d'une pierre précieuse inconnue : Plin. 37, 176 ; Isid. 16, 12, 1.

oiei, interj. (cf. οἴ ; it. *ohimè*), [exprimant la douleur et l'effroi] aïe ! : Pl. *Mil.* 1400 ; Ter. *Phorm.* 663 ; *Eun.* 716.

Oīleūs, *ĕi* ou *ĕos,* m. (Ὀϊλεύς), Oïlée [roi des Locriens, père d'Ajax] : Cic. *Tusc.* 3, 71 ∥ Ajax : Sen. *Med.* 661.

Oīlĭădēs, *ae,* voc. **Oīlĭădē**, m. (Ὀϊλιάδης), le fils d'Oïlée [Ajax] : Sil. 14, 479.
▶ Oilides Prop. 4, 1, 117.

oinos, *a, um,* ▶ *unus*.

oinŭorsei, ▶ *universi* : CIL 1, 581.

oistŏs, *i,* m. (ὀϊστός), sagittaire [plante] : *Plin. 21, 111.

Olachās, *ae,* m., rivière de Bithynie : Plin. 31, 23.

ŏlăcĭtās, *ātis,* f. (*oleo*), mauvaise odeur : Gloss. 5, 606, 6.

Olānē, *ēs,* f., nom d'une des bouches du Pô : Plin. 3, 120.

Olarso, *ōnis,* f., ville maritime de Tarraconaise : Plin. 3, 29.

Olaurensis, *e,* d'Olaurus [ville de Bétique, auj. Lora] : CIL 2, 1446.

ŏlax, *ācis* (*oleo*), qui exhale une odeur : Capel. 1, 82.

Olbĭa, *ae,* f. (Ὀλβία), ville sur le Dniepr Atlas I, C6 : Mel. 2, 6 ∥ ville de Bithynie [plus tard Nicée] : Plin. 5, 148 ∥ ville de Narbonnaise : Mel. 2, 77 ∥ ville de Sardaigne Atlas I, D3 ; XII, E2 : Cic. *Q.* 2, 6, 7 ∥ **-ānus (-ŏs)**, *a, um,* d'Olbia [de Bithynie] : Mel. 1, 100 ∥ **-iensis**, *e,* d'Olbia [en Sardaigne] : Cic. *Q.* 2, 3, 7.

Olbĭŏpŏlis, *is,* f., ville de Scythie d'Europe, à l'embouchure du Borysthène : Plin. 4, 82 ∥ **-līta**, *ae,* m., habitant d'Olbiopolis : Capit. *Ant.* 9.

Olbonenses, *ĭum,* m. pl., peuple de Liburnie : Plin. 3, 139.

Olbus, *i,* m., nom de guerrier : Val.-Flac. 6, 638.

olca, *ae,* f. (gaul. ; fr. *Ouche*), pièce de terre cultivable : Greg.-Tur. *Conf.* 78.

Olcădēs, *um,* m. pl., les Olcades [peuple de Tarraconaise, au-delà de l'Èbre] : Liv. 21, 5.

olcē, *ēs,* ▶ *holce*.

Olcĭnĭātes, *um* (**tae**, *ārum*), m. pl., habitants d'Olcinium : Liv. 45, 26, 2.

Olcĭnĭum, *ĭi,* n., ville maritime d'Illyrie : Liv. 45, 26 ; Plin. 3, 144.

ŏlĕa, *ae,* f. (*oleum, oliva*), olivier [arbre] : Cic. *Div.* 2, 16 ∥ olive, fruit de l'olivier : Varr. *L.* 5, 108 ∥ [prov.] **nil intra est oleam** Hor. *Ep.* 2, 1, 31, [soutenir un tel raisonnement, c'est une absurdité aussi grande que prétendre que] " l'olive n'a pas de noyau ".
▶ ancien dat. pl. *-abus*, Gell. d. Char. 54, 18.

ŏlĕāgĭna, *ae,* f., olivier : Fort. *Carm.* 7, 12, 119.

ŏlĕāgĭnĕus, *a, um,* d'olivier : Cat. *Agr.* 48 ; P. Fest. 211, 4 ∥ semblable à l'olive : Plin. 14, 38 ∥ vert olive : Plin. 37, 77.

ŏlĕāgĭnus, *a, um,* d'olivier : Virg. *G.* 2, 31 ; Nep. *Thras.* 4, 1.

ŏlĕāmen, ĭnis, **-mentum**, i, n., ingrédient où il entre de l'huile : SCRIB. 269 ; 222.

ŏlĕāris, e (oleum), huilé : PLIN. 34, 146 ; COL. 11, 2, 42.

ŏlĕārĭus, a, um (oleum), relatif à l'huile, d'huile, à huile : **cella olearia** CIC. CM 56, cellier à l'huile ; PLIN. 15, 33 ∥ subst. m., fabricant, marchand d'huile : PL. Cap. 489 ; COL. 12, 50, 13.

Ōlĕărŏs (-rus, -lĭăros), i, f. (Ὠλέαρος), une des Cyclades : VIRG. En. 3, 126 ; PLIN. 4, 67 ; OV. M. 7, 469.

ŏlĕastellus, i, m., dim. de oleaster, sorte d'olivier sauvage : COL. 12, 49, 3.

ŏlĕaster, tri, m., olivier sauvage : VIRG. G. 2, 182 ; PLIN. 17, 129.

1 ŏlĕastrum, n., c.▶ oleaster : CALP. 2, 44.

2 Ŏlĕastrum, i, n., ville de Bétique : PLIN. 3, 15 ∥ **-trensis**, e, d'Oléastre : PLIN. 34, 164.

ŏlĕātus, a, um (oleum), fait avec de l'huile : VULG. Num. 11, 8.

ŏlĕfăcĭō, ĭs, ĕre, -, -, c.▶ olfacio : NOT. TIR. 103 ; 130.

ŏlĕitās, v.▶ oletas.

Ōlĕnĭdēs, ae, m. (Ὠλενίδης), fils d'Olénus : VAL.-FLAC. 3, 204.

Ŏlĕnĭē, ēs, f. (Ὠλενίη), la chèvre Amalthée [constellation] : MANIL. 5, 130.

Olennĭus, ii, m., gouverneur d'un canton de la Germanie sous Tibère : TAC. An. 4, 72.

ŏlens, tis, part.-adj. de oleo, odorant, odoriférant : VIRG. G. 1, 188 ; 4, 30 ; OV. M. 10, 729 ∥ qui sent mauvais, infect, puant : PL. Men. 864 ; HOR. O. 1, 17, 7 ; VIRG. G. 3, 564 ∥ [fig.] qui sent le moisi : TAC. D. 22.

ŏlentĭa, ae, f. (oleo), odeur : TERT. Marc. 2, 22, 3.

ŏlentĭca, ōrum, n. pl. (oleo), lieux infects : P. FEST. 211, 6.

ŏlentĭcētum, i, n. (oleo), lieu immonde : APUL. Apol. 8 ; MAMERT. Anim. 2, 9.

1 Ōlĕnus (-nos), i, f. (Ὤλενος), Olène [ville d'Achaïe où Jupiter fut nourri par la chèvre Amalthée] : PLIN. 4, 13 ∥ **-nĭus**, a, um, d'Olène, d'Achaïe : OV. F. 5, 113 ∥ ville d'Étolie : HYG. Astr. 2, 13 ; SEN. Tro. 826.

2 Ōlĕnus (-nos), i, m. (Ὤλενος), fils de Jupiter, qui fut changé en rocher : OV. M. 10, 69.

ŏlĕō, ēs, ēre, ŭī, - (cf. odor, 2 olor, olfacio, olentica, 2 oletum ; esp. oler), intr. et tr.

I intr. ¶ **1** avoir une odeur : **ut olet !** PL. Truc. 354, quel parfum elle répand ! ; **mulier recte olet, ubi nil olet** PL. Most. 273, une femme sent assez bon quand elle ne sent rien, cf. CIC. Att. 2, 1, 1 ∥ [avec abl.] **sulfure olere** OV. M. 5, 405, sentir le soufre ¶ **2** [fig.] **a)** **aurum huic olet** PL. Aul. 216, mon or se dégage pour lui une odeur, il sent mon or ; **illud non olet, unde sit quod... ?** CIC. Or. 154, ne sent-on pas d'où vient que... ? **b)** **nihil olet (Epicurus) ex Academia** CIC. Nat. 1, 72, il (Épicure) n'a pas le moindre parfum qui vienne de l'Académie, il n'a rien qui sente l'Académie.

II tr. ¶ **1** exhaler une odeur de : **crocum** CIC. de Or. 3, 99, sentir le safran ; **vina** HOR. Ep. 1, 19, 5, exhaler une odeur de vin ¶ **2** [fig.] annoncer, indiquer : **malitiam** CIC. Com. 20, sentir la méchanceté, cf. CIC. de Or. 3, 44 ; **verba alumnum Urbis oleant** QUINT. 8, 1, 3, que la langue sente (annonce) le nourrisson de Rome.
▶ formes de la 3e conj. **olo** PL. Poen. 268 cf. NON. 147, 1 ; DIOM. 383, 16.

ŏlĕŏmella, ae, f. (oleum, mel), arbre de Syrie : ISID. 17, 7, 11.

ŏlĕŏsĕlīnum, i, n. (oleum, σέλινον), ache [plante] : ISID. 17, 11, 3.

ŏlĕōsus, a, um (oleum), huileux : PLIN. 27, 106 ; 28, 134.

ŏlĕra, n. pl. de olus.

ŏlĕrācĕus, a, um (olus), herbacé : PLIN. 26, 85.

ŏlĕrārĭum (hol-), ĭi, n. (olus), commerce de légumes : GLOSS. 3, 214, 40 ∥ petit légume : GLOSS. 2, 358, 59.

ŏlĕrārĭus, ĭi, m., marchand de légumes : GLOSS. 3, 358, 59.

ŏlĕrātor, ōris, m. (olus), marchand de légumes : GLOSS. 2, 358, 60.

ŏlĕrō (hŏl-), ās, āre, -, - (olus), tr., ensemencer de légumes : MATT. d. PRISC. 2, 274, 26.

ŏlĕrŏr, ārĭs, ārī, -, intr., s'approvisionner de légumes : EUTYCH. 4, 458, 32.

ŏlĕrōrum, gén., v.▶ olus ▶.

ŏlescō, ĭs, ĕre, -, - (de adolesco), intr., croître : FEST. 402, 19.

Oletandrŏs, i, f., une des îles Sporades : PLIN. 4, 69.

ŏlētās, ātis, f. (cf. olivitas), récolte des olives : *CAT. Agr. 68 ; CAT. Agr. 144, 5.

ŏlētō, ās, āre, āvī, - (2 oletum), tr., souiller, infecter : FRONTIN. Aq. 97 ∥ [fig.] gâter, corrompre : CONCIL. AQUIL. d. AMBR. Ep. 8, 59, p. 934 B.

1 ŏlētum, i, n. (olea), plantation d'oliviers : CAT. Agr. 3, 5.

2 ŏlētum, i, n. (oleo), excréments : P. FEST. 221, 8 ; PERS. 1, 112.

ŏlĕum, i, n. (ἔλαιον ; it. olio), huile d'olive, huile [en gén.] : CAT. Agr. 65 ; VARR. R. 1, 55 ; VIRG. En. 5, 135 ∥ [prov.] **oleo tranquillior** PL. Poen. 1236, calme comme de l'huile ; **oleum et operam perdere** PL. Poen. 332 ; CIC. Fam. 7, 1, 3, perdre son temps et sa peine, cf. CIC. Att. 2, 17, 1 ; **oleum addere camino** HOR. S. 2, 3, 321, verser de l'huile sur le feu ∥ [fig., en parl. de l'huile dont se frottaient les athlètes] **decus olei** CATUL. 63, 65, la gloire de la palestre ; **verba palaestrae magis et olei** CIC. de Or. 1, 81, expressions qui sentent plutôt l'école et le gymnase ∥ [pour désigner symboliquement une qualité, la joie ou la prospérité] VULG. Is. 61, 3.

olfăcĭō, ĭs, ĕre, fēcī, factum (sync. de olefacio), tr. ¶ **1** flairer, sentir : CIC. Tusc. 5, 111 ; [abs¹] **sagacissime** PLIN. 11, 137, avoir l'odorat très subtil ∥ [fig.] flairer, dénicher : **nummum** CIC. Agr. 1, 11, flairer, dénicher de l'argent ¶ **2** donner l'odeur de : **labra (agni) lacte** VARR. R. 2, 2, 16, donner aux lèvres (de l'agneau) l'odeur du lait (l'habituer au lait).
▶ impér. **olfac** AUG. Conf. 10, 35, 54.

olfactārĭus, v.▶ -torius.

olfactātrix, īcis, f. (olfacto), qui sent, qui flaire : PLIN. 17, 239.

olfactō, ās, āre, āvī, ātum (fréq. de olfacio), tr., flairer, sentir : PL. Men. 167 ; PLIN. 20, 155 ∥ aspirer, humer : PLIN. 18, 364.

olfactōrĭa, ae, f., c.▶ olfactorium : *FRONT. Or. 5, p. 157 N ; v.▶ olfactorius.

olfactōrĭŏlum, i, n. (dim. de olfactorium) : HIER. Is. 2, 3, 18.

olfactōrĭum, ĭi, n. (olfacio), boîte à parfums : PLIN. 20, 92.

olfactōrĭus, a, um, parfumé : *FRONT. Or. 5, p. 157 N ; v.▶ -toria.

1 olfactus, part. de olfacio.

2 olfactŭs, ūs, m., action de flairer, de sentir : PLIN. 32, 28 ∥ odorat : PLIN. 10, 194.

olfēci, parf. de olfacio.

Olfīcus, i, m., [flacon de parfum] nom d'homme : MART. 9, 96.

olfīō, fīs, fĭĕrī, -, passif d'olfacio, : DOSITH. 7, 434, 31.

Olĭărŏs (-rus), v.▶ Olearos : OV. M. 7, 469.

ŏlība etc., v.▶ oliva : DIOCL. 6, 89.

ŏlībătae, ārum, m. pl., c.▶ oribatae, acrobates : *FIRM. Math. 8, 17, 4.

ŏlĭdĭtās, ātis, f., odeur : ARN. 7, 28.

ŏlĭdus, a, um (oleo), qui sent mauvais, infect, puant, fétide : HOR. Ep. 1, 5, 29 ; JUV. 8, 157 ; SUET. Tib. 45 ; **-dissimus** PETR. 21, 2 ∥ qui a de l'odeur : **bene** COL. 12, 17, 1, qui a une bonne odeur.

ŏlĭgŏchrŏnĭus, a, um (ὀλιγοχρόνιος), qui vit peu de temps : FIRM. Math. 4, 15, 3.

ōlim, adv. (cf. olle, ille, ultra) ¶ **1** [dans le passé] : autrefois, jadis, un jour : ENN. d. CIC. Brut. 76 ; CIC. Div. 2, 55 ; FAM. 7, 24, 1 ; 15, 20, 2 ¶ **2** [futur] : un jour à venir, un jour, qq. jour : **utinam... olim... !** CIC. Att. 11, 4, 1, fassent les dieux qu'un jour... !, cf. VIRG. En. 1, 203 ; 4, 625 ; HOR. O. 2, 10, 17 ; S. 1, 4, 137 ; QUINT. 10, 1, 104 ¶ **3** [emplois particuliers] **a)** depuis longtemps : CIC. Arch. 19 ; **olim nescio quid sit otium** PLIN. Ep. 8, 9, 1, depuis longtemps je ne sais pas ce que c'est que le loisir, cf. TAC. An. 13, 15 ; 14, 15 ; SEN. Ep. 77, 3 **b)** [dans les comparaisons ou expr. proverbiales] de longue date, d'ordinaire : PL. Mil.

2; Truc. 64; Virg. En. 5, 125; 8, 391; Hor. S. 1, 1, 25; Ov. M. 11, 508; F. 3, 555; 6, 149.

Olintigi, n., ville de la Bétique : Mel. 3, 5 ‖ **Olontigi**, Plin. 3, 12.

ŏlĭsātrum, ⓒ olusatrum : Apic. 131; 146.

ŏlĭsĕrum, i, n., ⓒ olusatrum : Apic. 99; 103.

Olisīpo (-ppo), ōnis, m., ville de Lusitanie, à l'embouchure du Tage [auj. Lisbonne] Atlas I, C1; IV, C1 : Plin. 4, 117; Varr. R. 2, 1, 19 ‖ **-ōnensis**, e, d'Olisippo : Plin. 4, 113 ‖ subst. m. pl., habitants d'Olisippo : Plin. 9, 9.

ŏlĭtānus, a, um (olim), ancien : Gloss. 2, 246, 27 ‖ **ōlĭtāna**, ōrum, n. pl., vieilleries : Gloss. 4, 264, 36.

ŏlĭtŏr (hŏl-), ōris, m. (olus), jardinier, marchand de légumes : Pl. Trin. 408; Cic. Fam. 16, 18, 2; Col. 10, 229.

ŏlĭtōrĭus (hŏl-), a, um, qui concerne les légumes, de légumes : Varr. L. 5, 146; Liv. 21, 62, 2; Tac. An. 2, 49 ‖ de jardin potager : Plin. 19, 125.

ŏlīva, ae, f. (ἐλαία, myc. erawa, cf. olea; it. uliva, fr. œillette) ¶ 1 olivier [arbre] : Cic. Nat. 3, 45; Hor. Ep. 1, 16, 2 ‖ olive [fruit] : Pl. Curc. 90; Col. 12, 50, 2 ‖ [poét.] bâton d'olivier : Virg. B. 8, 16 ‖ branche d'olivier : Hor. O. 1, 7, 7 ‖ **clivus, mons Olivarum** Vulg. 2 Reg. 15, 30; Zach. 14, 4, le mont des Oliviers Atlas XI ¶ 2 **Oliva** Anton. 39, ville de la Maurétanie césarienne.

ŏlīvans, Ⓥ olivor.

ŏlīvārĭus, a, um (oliva), qui concerne les olives : Dig. 33, 7, 21.

ŏlīvastellus, i, m. (olivaster), petit olivier sauvage : Grom. 305, 4.

ŏlīvātĭo, ōnis, f., préparation de l'huile : Gloss. 2, 294, 5.

ŏlīvēta, ae, f., ⓒ olivitas : P. Fest. 211, 7.

ŏlīvētum, i, n. (oliva), lieu planté d'oliviers : Cic. Nat. 3, 86; Rep. 3, 16.

ŏlīvĭfĕr, ĕra, ĕrum (oliva, fero), qui produit beaucoup d'olives : Virg. En. 7, 711 ‖ fait de branches d'olivier : Mart. 12, 99.

ŏlīvĭtas, ātis, f. (oliva), olivaison, récolte des olives : Varr. Men. 219; Col. 12, 50, 1.

ŏlīvĭtŏr, ōris, m. (oliva), celui qui cultive l'olivier : Sidon. Ep. 2, 9, 1.

ŏlīvor, āris, ārī, - (oliva), intr., récolter les olives : **olivans** Plin. 15, 12.

Ŏlīvŭla, ae, f., port de Ligurie : Anton. 504.

ŏlīvum, i, n. (oliva), huile d'olive : Pl. Ps. 301; Lucr. 2, 392; Virg. B. 5, 68 ‖ huile pour les athlètes : Hor. O. 1, 8, 8 ‖ huile parfumée, essence : Catul. 6, 8; Prop. 4, 16, 31.

Ŏlizōn, ōnis, f. (Ὀλιζῶν), ville de Magnésie : Plin. 4, 32.

1 **olla**, ae, f. (3 aula, esp. olla) ¶ 1 pot, marmite : Cat. Agr. 52, 1; Pl. Aul. 390; Cic. Fam. 9, 18, 4; **sociorum olla male fervet** Petr. 38, 13, la marmite des associés bout mal [leurs affaires ne marchent pas bien] ¶ 2 urne cinéraire : CIL 6, 1006; 21200, cf. Quer. 85.
▶ ancienne forme **aula** Pl.; Cat. cf. P. Fest. 21, 30.

2 **olla**, de olle ou ollus.

ollāris, e (olla), gardé dans des pots de terre : Col. 12, 45, 7.

ollārĭum, ii, n., niche de caveau funéraire : CIL 14, 1106, 7.

1 **ollārĭus**, a, um (olla), qui concerne les marmites : Plin. 34, 98.

2 **ollārĭus**, ii, m. (esp. ollero), potier : Orib. Syn. 7, 20, 15 La.

olle, [arch.] ➤ ille : dat. **olli**, Enn. An. 33; Cic. Leg. 2, 21; Virg. En. 1, 252, Ⓥ ollus.

olli, de olle ou ollus.

ollīc, [arch.] ➤ illic : P. Fest 217, 2.

ollĭcŏquus, a, um (olla, coquo), cuit dans la marmite : *Varr. L. 5, 104; Ⓥ aulicox.

ollĭcŭla, ae, f. (dim. de olla), petit pot, petite marmite : Antid. Brux. 31.

Ollĭcŭlāni, ōrum, m. pl., peuple du Latium : Plin. 3, 66.

ollis, de olle ou ollus.

Ollĭus, ii, m., rivière de Rétie, affluent du Pô Atlas XII, B2 : Plin. 3, 118 ‖ rivière d'Éolide : Plin. 5, 122 ‖ nom d'homme : Tac. An. 4, 1.

ollus, a, um, [arch.] ➤ ille : Varr. L. 7, 42; nom. pl. **olli**, Enn. An. 555; Virg. En. 5, 197; dat. pl. **ollis**, Enn. An. 306; Lucr. 6, 208; Cic. Leg. 2, 7; acc. pl. **ollos** et **olla**, Cic. Leg. 2, 22; 2, 21; Ⓥ olle.

olma, ae, f., [indig.], nom de l'hièble chez les Daces : Ps. Apul. Herb. 92.

ŏlō, ĭs, ĕre, -, -, Ⓥ oleo.

oloes, arch. = illis P. Fest. 17, 22.

Ŏlŏessa, ae, f. (Ὀλόεσσα), ancien nom de l'île de Rhodes : Plin. 5, 132.

Ŏlŏfernēs (-phĕr-), Ⓥ Hol-.

ŏlŏgrăphus, Ⓥ hol-.

ŏlŏlȳgōn, ŏnis, m. (ὀλολυγών), coassement de la grenouille mâle : Plin. 11, 172.

Olŏphyxŏs, i, f., ville de Macédoine, au pied du mont Athos : Plin. 4, 36.

1 **ŏlŏr**, ōris, m. (*el-, cf. bret. alarc'h), cygne [oiseau] : Virg. B. 9, 36; Hor. O, 4, 1, 10; Plin. 10, 63.

2 **ŏlŏr**, ōris, m. (oleo, odor), odeur : Varr. L. 6, 83.

ŏlŏrĭfĕr, ĕra, ĕrum (1 olor, fero), peuplé de cygnes : Claud. Seren. 12.

ŏlŏrīnus, a, um (1 olor), de cygne : Virg. En. 10, 187; Ov. M. 10, 718.

Oloros, Ⓥ Oluros.

ŏlŏsērĭcus, Ⓥ hol-.

ŏlŏsīrĭcŏprāta, ae, m. (ὁλοσηρικός πράτης), marchand d'étoffes de pure soie : CIL 6, 9893; Ⓥ holosericoprata.

Olostrae, ārum, m. pl., peuple de l'Inde : Luc. 3, 249.

Oltis, is, m., le Lot [rivière] : *Sidon. Carm. 5, 209 [mss Clitis, fl. inconnu].

ŏlŭi, parf. de oleo.

Ŏlūrŏs (-rus), i, f. (Ὄλουρος), ville d'Achaïe : Plin. 4, 34.

1 **ŏlŭs (hŏ-)**, ĕris, n. (cf. helvus), légume, herbe potagère : Virg. G. 4, 130; Col. 2, 10, 22; **holus prandere** Hor. Ep. 1, 17, 13, déjeuner de légumes.
▶ gén. pl. **holerorum** Lucil. 510; abl. pl. **oleris** Cat. Agr. 149, 2 au lieu de -rum, -ribus.

2 **Olus**, i, m. (même mot que Aulus), nom d'homme : CIL 1, 1210.

ŏlŭsātrum (hol-), (**ŏlŭs ātrum**), i, n., smyrnium, maceron [plante] : Plin. 12, 45; Col. 11, 58, 2.

ŏlŭscŭlum (hol-), i, n., petit légume, légume : Cic. Att. 6, 1, 13; Hor. S. 2, 6, 64.

olvăcĭum, ii, n. (syrac., ὀλδάχιον), corbeille servant à mesurer l'orge : Fest. 222, 18.

Ŏlyărum, i, n., ville de Béotie : Plin. 4, 26.

Olybrĭus, ii, m., un des derniers empereurs d'Occident (472) : Claud. Prob. 243 ‖ **-ĭăcus**, a, um, des Olybrii [nom de famille des 4-5e s.] : Prud. Sym. 1, 554.

Olympēna civitas, f., Olympe [ville de Mysie] : Plin. 5, 142.

Olympēni, ōrum, m. pl. (Ὀλυμπηνοί), habitants d'Olympe [ville de Lycie] : Cic. Agr. 1, 5.

1 **Ŏlympĭa**, ae, f. (Ὀλυμπία), Olympie [lieu dans l'Élide où l'on célébrait les jeux Olympiques] Atlas VI, C1 : Cic. de Or. 3, 127; Tusc. 1, 111 ‖ **-pĭus**, a, um, d'Olympie, olympique, olympien : Pl. St. 306; Liv. 24, 21, 29; Suet. Aug. 60; 35 ‖ **-pĭa**, ōrum, n. pl., les jeux Olympiques : Cic. Div. 2, 144 ‖ [fig.] **-pĭi**, m. pl., mortels dignes du ciel : Val.-Max. 5, 10, 1 ‖ **-pĭacus**, Virg. G. 3, 49; Suet. Ner. 25; **-pĭānus**, M.-Emp. 35, 10; **-pĭcus**, a, um, Hor. O. 1, 1, 3, olympique.

2 **Ŏlympĭa**, ōrum, n. pl., Ⓥ 1 Olympia.

1 **Ŏlympĭădēs**, ae, m., nom d'homme : Prisc. Vers. Aen. 3, 507, 17.

2 **Ŏlympĭădēs**, um, f. pl., nom des Muses [qui habitent l'Olympe] : Varr. L. 7, 20.

1 **ŏlympĭăs**, ădis, f. (ὀλυμπιάς), olympiade [espace de quatre ans] : Cic. Rep. 2, 18, 28 ‖ [poét.] lustre, espace de cinq ans : Ov. Pont. 4, 6, 5; Mart. 7, 40, 6.

2 **Ŏlympĭăs**, ădis, f. (Ὀλυμπιάς), Olympias [fille de Néoptolème, roi des Molosses, mère d'Alexandre le Grand] : Cic. Div. 1, 47; Curt. 5, 2, 22.

3 **Ŏlympĭăs**, ae, m., vent qui souffle sur l'Eubée : Plin. 2, 120.

Olympicus

Ŏlympĭcus, v. 1 Olympia.

ŏlympĭēum, ī, n. (ὀλυμπιεῖον), temple dédié à Jupiter Olympien : Vell. 1, 10, 1.

Ŏlympĭo, ōnis, m., Olympio [nom d'un pers. de Pl. Cas. 134] ‖ ambassadeur du roi d'Illyrie à Persée : Liv. 44, 23, 3.

Ŏlympĭŏdōrus, ī, m., joueur de flûte, maître d'Épaminondas : Nep. Epam. 2.

ŏlympĭŏnīcēs, ae, m. (ὀλυμπιονίκης), vainqueur aux jeux Olympiques : Cic. Tusc. 1, 111; Flac. 31; Inv. 2, 144; **olympionicarum equarum** Col. 3, 9, 5, des juments victorieuses aux jeux Olympiques.

Ŏlympĭum, iī, n., temple de Jupiter à Olympie : Liv. 24, 33, 3.

1 **Ŏlympĭus**, a, um, v. Olympia.

2 **Ŏlympĭus**, iī, m., un des noms du poète Nemesianus : Vop. Car. 11, 2.

1 **Ŏlympus**, ī, m. (Ὄλυμπος) ¶ 1 Olympe [montagne entre la Thessalie et la Macédoine; séjour des dieux] Atlas VI, A2 : Varr. L. 7, 20; Virg. G. 1, 282 ‖ [fig.] le ciel : Virg. En. 9, 106 ¶ 2 montagnes de Bithynie, de Lycie, d'Ionie, de Mysie, de Galatie : Plin. 5, 148; 21, 31; 5, 118; 5, 142; Liv. 38, 18 ¶ 3 f., ville maritime de Pamphylie : Cic. Verr. 1, 58.

2 **Ŏlympus**, ī, m., célèbre joueur de flûte, élève de Marsyas : Ov. M. 6, 393; Plin. 36, 35.

Ŏlynthŏs (-thus), ī, f. (Ὄλυνθος), Olynthe [ville de Thrace, détruite par les Macédoniens] : Plin. 4, 42; Sen. Contr. 10, 5; Nep. Pel. 1, 2; Plin. 11, 99 ‖ **-thĭus**, a, um, d'Olynthe : Curt. 8, 8, 19 ‖ subst. m. pl., les Olynthiens : Nep. Timoth. 1 ‖ **-thĭa**, ae, f., le territoire d'Olynthe : Varr. R. 1, 44, 3.

ŏlȳra, ae, f. (ὄλυρα), sorte de blé : Plin. 18, 62.

Olyrŏs, ī, f., ville de Béotie : Plin. 4, 12.

Olysipo, v. Olisipo : Varr. R. 2, 1, 19.

Omāna, ae, f., ville de l'Arabie [Oman] : Plin. 6, 149 ‖ **-ni**, ōrum, m. pl., les habitants d'Omana, Plin. 6, 145.

ŏmāsum, ī, n. (gaul. ?), tripes de bœuf : Hor. Ep. 1, 16, 34; Plin. 8, 180; **tentus omaso** Hor. S. 2, 5, 40, gonflé, gorgé de tripes.

Omber, v. Umber.

Ombītēs nŏmŏs, m., le nome Ombite : Plin. 5, 49.

Ombŏs, ī, f., ville de la Thébaïde, sur le Nil : Juv. 15, 15.

1 **ombrĭa**, ae, f. (ὀμβρία), sorte de pierre précieuse : Plin. 37, 176.

2 **Ombrĭa**, v. Umbria.

Ombrĭŏs, ī, f., nom d'une des îles Fortunées : Plin. 6, 203.

ōmĕn, ĭnis, n. (arch. osmen Varr. L. 6, 76; 7, 97; cf. aio, adagium, hit. hā-?) ¶ 1 signe [favorable ou défavorable], présage, pronostic : **hoc detestabile omen avertat Juppiter !** Cic. Phil. 11, 11, que Jupiter détourne ce funeste présage, cf. Cic. Phil. 4, 10; **malis ominibus exire** Cic. Sest. 72, sortir de Rome avec de mauvais présages, sous de noirs auspices; **omen capere** Cic. Div. 1, 104, prendre l'augure, chercher (attendre) un présage; **accipere** Cic. Div. 1, 104; Liv. 1, 7, 11, accepter l'augure; **ne ominis quidem causa** Cic. Amer. 139, pas même à titre de présage; **accipere... regibus omen erat** Virg. En. 7, 174, recevoir... était pour les rois un heureux présage ¶ 2 souhait : **prosequi aliquem ominibus bonis / tristissimis** Cic. Pis. 31, accompagner qqn de présages favorables = de souhaits favorables / de funestes présages = de souhaits de malheur, de malédictions ¶ 3 prédiction, annonce [ayant la force d'un présage divin] : **ea lege atque omine ut...** Ter. And. 200, avec cette clause et cette prédiction formelle que... ¶ 4 [en part.] **prima omina** = premier mariage [les présages qui sont pris au moment du mariage désignant le mariage lui-même] : Virg. En. 1, 345.

2 **ōmen**, ĭnis, n., v. omentum : Arn. 7, 25.

ōmentātus, a, um (omentum), enveloppé de graisse : Apic. 45; 48.

ōmentum, ī, n. (cf. ex-, induo ?) ¶ 1 épiploon, tablier, membrane graisseuse qui enveloppe les intestins : Cels. 4, 1, 10; Plin. 11, 204 ‖ entrailles, intestins : Pers. 2, 47; Juv. 13, 118 ¶ 2 [en gén.] membrane : Macr. Sat. 7, 9, 13 ‖ graisse : Pers. 6, 74.

ōmĭnālis, e (omen), de mauvais augure : Dosith. 7, 395, 3.

ōmĭnātĭo, ōnis, f. (ominor), action de présager, présage : P. Fest. 78, 14.

ōmĭnātŏr, ōris, m. (ominor), celui qui tire des présages : Pl. Amp. 272.

ōmĭno, ās, āre, -, -, [arch.], v. ominor : Pompon. Com. 36.

ōmĭnŏr, āris, ārī, ātus sum (omen), tr., présager, augurer : Cic. Off. 2, 74; Liv. 26, 18, 8; 44, 22, 17; **naves, velut ominatae** [et prop. inf.] Liv. 29, 35, 1, les navires, comme s'ils avaient pressenti que ‖ **male ominata verba** Hor. O. 3, 14, 11, paroles de mauvais augure.

ōmĭnōsē, adv., par un malheureux présage : Ps. Quint. Decl. 6, 5.

ōmĭnōsus, a, um (omen), qui est de mauvais augure : Plin. Ep. 3, 14, 6; Gell. 13, 14, 5.

ōmīsi, parf. de omitto.

ōmissĭo, ōnis, f. (omitto), omission : Symm. Ep. 3, 48.

ōmissus, a, um ¶ 1 part. de omitto ¶ 2 adj¹, négligent, insouciant : Ter. Haut. 962; **omissior** Ter. Ad. 830.

ōmittō, ĭs, ĕre, mīsī, missum (ob, mitto, cf. mamilla), tr. ¶ 1 laisser aller loin de soi qqch. qu'on tient, qu'on a sous la main : **jube me omittere hos qui retinent** Pl. St. 335, fais-moi donc lâcher par ceux-ci qui me retiennent, cf. Ter. Ad. 172; **animam** Pl. Amp. 240, laisser partir son souffle, se faire tuer; **armis omissis** Liv. 5, 47, 5, ayant lâché leurs armes ‖ **hostem non omittere** Liv. 22, 12, 8, ne pas lâcher l'ennemi, ne pas perdre le contact avec lui ¶ 2 [fig.] **a)** laisser aller, laisser échapper, renoncer à : **omitte tristitiem tuam** Ter. Ad. 267; **tuam iracundiam** Ter. Ad. 754, laisse de côté ta tristesse, ta colère [cesse de...], cf. Cic. Rep. 6, 10; **voluptates** Cic. Fin. 1, 36, renoncer aux plaisirs dont on jouit; **omisit et pietatem et humanitatem** Cic. Off. 3, 41, il oublia à la fois ses sentiments de frère et d'homme; **omnibus omissis rebus** Caes. G. 7, 34, 1, toutes affaires cessantes; **aliorum naturam imitans omittis tuam** Cic. Off. 1, 111, en voulant reproduire l'individualité d'autrui, tu laisses échapper la tienne propre; **teneo quam optabam occasionem neque omittam** Cic. Leg. 1, 5, je tiens solidement l'occasion que je souhaitais et je ne la lâcherai pas ‖ **omittamus lugere** Cic. Brut. 266, cessons de gémir ‖ [avec non et quominus, quin] ne pas manquer de : Tac. H. 2, 40; An. 3, 27 **b)** ne pas retenir une chose = n'en pas parler, la passer sous silence : **ut omittam cetera** Cic. Brut. 266, pour laisser le reste de côté; **omitto illa vetera, quod...** Cic. Att. 8, 3, 3, je ne retiens pas ces faits du passé, savoir que...; **omitto innumerabiles viros** Cic. Rep. 1, 1, je passe (je ne dis rien de) une foule de grands hommes; [avec interrog. indir.] **omitto, quae perferant...** Cic. Tusc. 5, 79, je ne dis pas quelles choses ils supportent de façon ininterrompue...; [avec prop. inf.] **omitto nihil istum versum pertinuisse ad illum** Cic. Pis. 75, je néglige de dire que ce vers dont tu parles ne s'adressait pas du tout à lui; [abs¹] **de reditu Gabinii omittamus** Cic. Pis. 51, ne disons rien au sujet du retour de Gabinius, cf. Cic. Rab. Post. 34.

Omma, partie de l'Euphrate en Arménie : Plin. 5, 84.

ommento, v. obm- : Fest. 208, 3.

omnĭa, um, n. pl., v. omnis.

omnĭcănus, a, um (omnis, cano), qui chante tout, [ou] partout : Apul. Flor. 13.

omnĭcarpus, a, um (omnis, carpo), qui broute tout : Varr. L. 5, 97.

omnĭcognōscens, entis, omniscient : Mar. Vict. Ar. 4, 24.

omnĭcŏlŏr, ōris, adj. (omnis, color), qui est de toutes les couleurs : Prud. Perist. 12, 39.

omnĭcrĕans, tis (omnis, creo), qui crée tout : Aug. Conf. 11, 13.

omnĭexistens, entis, omniprésent : Mar. Vict. Ar. 4, 24.

omnĭfărĭăm, adv., dans toutes les parties, de tous côtés : Gell. 12, 13, 20; Macr. Sat. 7, 13, 10.

omnĭfārĭus, a, um, de toutes sortes : Chalc. 76.

omnĭfĕr, ĕra, ĕrum (omnis, fero), qui produit toutes choses : Ov. M. 2, 275.

omnĭflŭentĭa, ae, f. (omnis, fluo), écoulement de toute part : Myth. 2, 90.

omnĭformis, e (omnis, forma), de toute forme : Prud. Perist. 10, 539.

1 **omnĭgĕnus**, a, um (omnis, genus) ¶ 1 de tout genre, de toute forme : Virg. En. 8, 698 ; Gell. 14, 6, 1 ¶ 2 (omnis, gigno), qui produit toutes choses : Prud. Sym. 1, 13.
▶ gén. pl. -genum Virg. En. 8, 698.

2 **omnigenus**, indécl. (omne genus, acc. adv.), de tout genre : Lucr. 2, 759 ; 821 ; Gell. 14, 6, 1.

omnĭintellĕgens, entis, qui possède l'intelligence universelle : Mar. Vict. Ar. 4, 22.

omnĭmĕdens, tis (omnis, medeor), qui guérit tout : Paul.-Nol. Carm. 19, 46.

omnĭmŏdē, ⟶ omnimodo : Chalc. Tim. 50 B.

omnĭmŏdis, adv., de toute manière : Lucr. 1, 683 ; 2, 489 ; Apul. Flor. 4.

omnĭmŏdō, adv., de toute façon, de toute manière : Gell. 18, 15, 2 ; Pompon. Dig. 29, 2, 11.

omnĭmŏdus, a, um (omnis, modus), qui est de toute sorte, de toute manière : Apul. M. 5, 25 ; Apol. 50.

omnĭmorbĭa, ae, f. (omnis, morbus), polium [plante] : Isid. 17, 9, 63.

omnīnō, adv. (omnis) ¶ 1 tout à fait, entièrement [opp. à *magna ex parte*, en grande partie] : Cic. Tusc. 1, 1 ‖ *omnino nemo* Cic. Tusc. 2, 16, absolument personne ; *omnino nusquam* Cic. Lae. 21, absolument nulle part ; *omnino non* Cic. Lig. 16, absolument pas ; *omnino nullus* Cic. Att. 6, 3, 7, absolument aucun ; *omnino numquam* Cic. de Or. 2, 57, absolument jamais ; *nihil omnino* Cic. de Or. 2, 55, absolument rien ; *nullus omnino* Cic. Off. 2, 3 ; *nihil... omnino* Cic. Tusc. 1, 14 ; *numquam omnino* Cic. Cael. 17 ; *vix aut omnino non* Cic. Att. 3, 23, 2, à peine ou pas du tout ; *omnino omnia* Cic. Fam. 6, 2, 2, tout en bloc, cf. Cic. Inv. 1, 86 ; 2, 164 ; *prorsus omnia omnino* Ter. Ad. 990, absolument tout ¶ 2 en général : *de hominum genere aut omnino de animalium loquor* Cic. Fin. 5, 33, je parle des hommes ou d'une manière générale des animaux, cf. Cic. CM 35 ; *poetae nostri omninoque Latinae litterae* Cic. Ac. 1, 9, nos poètes et en général la littérature latine ; *omnino fortis animus...* Cic. Off. 1, 66, d'une manière générale une âme forte..., cf. Cic. Lae. 78 ¶ 3 au total, en tout, [d'où] seulement : *erant omnino itinera duo* Caes. G. 1, 6, 1, il y avait en tout (seulement) deux chemins, cf. Caes. G. 1, 7, 2 ; 2, 1, 23, 1 ; 5, 19 ; 4 ; 4, 38, 4 ; Cic. Sen. 24 ; Fin. 5, 21 ‖ au total, en dernière analyse, pour tout dire ; [d'où] même simplement, même seulement : *(orator) quem numquam vidit Antonius aut qui omnino nullus umquam fuit* Cic. Or. 19, (l'orateur) qu'Antoine n'a jamais vu ou qui, pour tout dire, n'a jamais existé ; *haec jura civilia num aut inventa sunt aut cognita aut omnino ab oratorum genere tractata?* Cic. de Or. 1, 39, ce droit civil, a-t-il été ou découvert ou appris ou même simplement manié par le clan des orateurs?, cf. Cic. Brut. 65 ; Clu. 60 ; *non modo... sed omnino* Cic. Quinct. 77, non seulement... mais même simplement, cf. Cic. Fam. 9, 15, 13 ; Par. 33 ¶ 4 [sens concessif] pour tout dire, à la vérité : *pugnas omnino, sed cum adversario facili* Cic. Ac. 2, 84, tu luttes, pour tout dire, mais avec un adversaire conciliant, cf. Cic. Lae. 98 ; Or. 33 ; Dom. 83 ; Pis. 82.

omnĭnōmĭnis, e (omnis nominis), qui a tous les noms : Ps. Apul. Asclep. 20.

omnĭpărens, tis (omnis, pario), qui produit toutes choses : Lucr. 2, 706 ; Virg. En. 6, 595.

omnĭpătĕr, tris, m., père de toutes choses : Prud. Perist. 3, 70.

omnĭpăvus, a, um (omnis, paveo), qui craint tout : Cael.-Aur. Acut. 3, 12, 108.

omnĭpĕrītus, a, um (omnis, peritus), qui sait tout, omniscient : *Eleg. Maec. 1, 110.

omnĭpollens, tis, ⟶ omnipotens : Prud. Apoth. pr. 19.

omnĭpŏtens, tis (omnis, potens), tout-puissant : Enn. Tr. 141 ; An. 458 ; Virg. En. 8, 334 ‖ subst. m., Jupiter, le Tout-Puissant : Ov. M. 2, 505 ‖ -tior Ambr. Fid. 4, 8, 85 ; -tissimus Aug. Conf. 1, 4.

omnĭpŏtentĕr, adv., par sa toute-puissance, avec la toute-puissance : Aug. Civ. 14, 27.

omnĭpŏtentĭa, ae, f., toute-puissance : Macr. Somn. 1, 16, 18.

omnis, e (pas clair, *ops*? ; it. *ogni*), tout, toute.
I idée de nombre ¶ 1 **a)** sg. [individuel], tout, chaque : *omnis regio* Cic. 31, chaque contrée ; *omni tempore* Cic. Amer. 16, en tout temps, dans toutes les circonstances **b)** pl. [global], *omnium rerum, quas..., nihil...* Cic. Fin. 1, 65, de toutes les choses que..., (rien) aucune... ; *omnes antiquissimi cives* Cic. Caecin. 101, tous les citoyens même les plus anciens, cf. Cic. Part. 60 ; *leges aliae omnes* Cic. Clu. 151, toutes les autres lois ; *omnes aliae figurae* Cic. Nat. 2, 47, toutes les autres figures ; *omnes ceterae res* Cic. de Or. 2, 72, toutes les autres choses ; *omnia summa* Cic. Brut. 109 ; Cic. de Or. 3, 15, tout ce qu'il y a de plus élevé ; *extrema omnia* Sall. C. 26, 5, les dernières extrémités ; *eos septem, quos..., omnes video* Cic. Rep. 1, 12, les sept que..., je les vois tous ; *illa tria, quae... omnia justitia conficit* Cic. Off. 2, 38, ces trois objets qui..., sont tous contenus dans la justice ; *alia omnia* Cic. Phil. 2, 64 ; 4, 13 ; Sall. C. 21, 2 ; J. 46, 2, toutes les autres choses ; *senatus in alia omnia discessit* Cic. Fam. 10, 12, 3, le sénat fut d'un avis tout contraire, cf. Fam. 1, 2, 1 ; *do nostro omnium interitu* Cic. Cat. 1, 9, au sujet de notre mort à tous, cf. Cic. Cat. 4, 4 ; *omnium vestrum studio satisfacere* Cic. Fam. 15, 10, 1, donner satisfaction à votre dévouement à tous ¶ 2 [pris subst[t]] **a)** m., *omnes*, tous : Cic., Caes. ; *Macedonum fere omnes* Liv. 31, 45, 7, la plupart des Macédoniens **b)** n. sg., *omne, quod eloquimur* Cic. de Or. 2, 158, tout ce que nous énonçons par la parole ; *ab omni, quod...* Cic. Off. 1, 128, loin de tout ce qui..., cf. Cic. Nat. 2, 58 ‖ surtout n. pl., *omnia*, toutes choses, tout : *omnia facere* Cic. Lae. 35, tout faire, faire tous ses efforts ; *omnia potius quam* Cic. Quinct. 82, tout plutôt que ; *cum Patrone mihi omnia sunt* Cic. Fam. 13, 1, 2, tout est commun entre Patron et moi, cf. Sall. J. 43, 2 ; *in eo sunt mihi omnia* Cic. Fam. 15, 14, 5, cette affaire est tout pour moi ; *omnia quae, quaecumque* Cic. Off. 1, 11 ; *de Or. 1, 9*, tout ce qui, ce que ; *ei omnia inimica sunt* Cic. Quinct. 10, tout [hommes et choses] lui est ennemi, cf. Cic. Lae. 52 ; *Demetrius iis unus omnia erat* Liv. 40, 11, 3, Démétrius seul était tout pour eux ; *per omnia* Quint. 5, 2, 3, sous tous les rapports ‖ [au gén. et dat.-abl.] *salus omnium* Cic. Nat. 2, 56, le salut de toutes choses, cf. Cic. Tusc. 2, 47 ; Fin. 5, 25 ; Phil. 13, 49 ; *omnibus conlucere* Cic. Tim. 31, briller pour l'univers entier, cf. Cic. Nat. 2, 133 ; *in omnibus* Cic. Div. 2, 147, dans toutes choses ; *his omnibus* Caes. C. 1, 52, 1, à cause de tout cela ‖ [poét., acc. adv.] *omnia*, en tout : Virg. En. 4, 558 ; 9, 650.
II ¶ 1 [idée d'intégrité, d'ensemble] : *hic ager omnis* Cic. Agr. 2, 70, tout ce terrain ; *bellum illud omne* Cic. Mur. 31, toute cette guerre ; *eo tempore omni* Cic. Sull. 17, pendant tout ce temps-là ; *Gallia omnis* Caes. G. 1, 1, l'ensemble de la Gaule ; *sine omni sapientia* Cic. de Or. 2, 5, sans l'ensemble des connaissances ; *omni animo* Cic. de Or. 2, 89, de tout son cœur, de toute son âme ‖ [tard.] tout entier : Ambr. Ep. 41, 9 ‖ total : Tert. Anim. 26, 1 ‖ [avec négation] ⟶ *nullus* : Vulg. Exod. 20, 10 ¶ 2 [idée de sorte, d'espèce] : *non omnem ludendi licentiam dare* Cic. Off. 1, 103, ne pas accorder n'importe quelle permission de jouer ; *omnis fertilitas* Liv. 26, 16, 7, une fertilité de tout genre [en tous genres de productions] ; *omnis amoenitas* Liv. 23, 4, 4, agrément de toute espèce ; *omnibus precibus* Caes. G. 5, 6, 3, par toutes sortes de prières, cf. Caes. G. 1, 32, 5 ; 5, 56, 2 ; 7, 1, 5 ; 7, 4, 10.
▶ *omnia* souvent dissyll. chez les poètes : Virg. En. 6, 33.

omnĭsŏnus, a, um (omnis, sono), qui rend tous les sons, [ou] qui retentit partout : Paul.-Nol. Carm. 27, 81.

omnitenens

omnĭtĕnens, *tis* (omnis, teneo), qui embrasse tout : Aug. Conf. 11, 13, 15.

omnĭtŭens, *tis* (omnis, tueor), qui voit tout : *Lucr. 2, 942 ; Apul. Mund. 29 ; Val.-Flac. 5, 247.

omnĭtŭus, *a*, *um*, ⓒ▸ omnituens : *Drac. Laud. 1, 500 ; 3, 23.

omnĭvăgus, *a*, *um* (omnis, vagor), qui erre partout : Cic. Nat. 2, 68.

omnĭvĭdens, *entis*, qui voit tout : Mar. Vict. Ar. 4, 22.

omnĭvīvens, *entis*, qui est la vie universelle : Mar. Vict. Ar. 4, 22.

omnĭvŏlus, *a*, *um* (omnis, 2 volo), qui veut tout : Catul. 68, 140.

omnĭvŏrus, *a*, *um* (omnis, voro), qui dévore tout : Plin. 25, 94.

Omoemus, *i*, f., île voisine de l'Arabie Heureuse : Plin. 6, 149.

ŏmoeŏ-, ▾▸ hom-.

Omole, ▾▸ Ho-.

ōmŏphăgĭa, *ae*, f. (ὠμοφαγία), action de manger de la chair crue : Arn. 5, 19.

omphăcĭum, *ii*, n. (ὀμφάκιον), jus de raisin vert (verjus) ou [huile] de l'olive qui n'est pas encore mûre : Plin. 12, 130 ; 14, 98.

omphăcŏcarpŏs, *i*, f. (ὀμφακόκαρπος), gratteron [plante] : Plin. 27, 32.

omphăcŏmĕl, *mellis*, n. (ὀμφακόμελι), sirop fait avec de l'*omphacium* : Pall. 9, 13.

Omphălē, *ēs*, f. (Ὀμφάλη) Omphale [reine de Lydie, acheta Hercule quand il fut vendu comme esclave ; on a souvent représenté Hercule filant aux pieds d'Omphale] : Ter. Eun. 1027 ; Prop. 3, 11, 17 ‖ **-ăla**, *ae*, Lact. Inst. 1, 9, 7 ; Hyg. Astr. 2, 14.

omphălŏcarpŏs, f. l., ▾▸ -cocarpos : Ps. Diosc. Herb. 71.

omphălŏs, *i*, m. (ὀμφαλός), nombril : Aus. Griph. 2 (336), 60.

ŏnăgĕr, Cels., Mart. et **-grus**, Varr. i., m. (ὄναγρος) ¶ **1** onagre, âne sauvage : Varr. R. 2, 6, 3 ; Cels. 2, 18, 2 ; Mart. 13, 97, 1 ¶ **2** machine de guerre qui lançait des pierres : Veg. Mil. 2, 10 ; Amm. 23, 4, 7.

ŏnăgŏs, *i*, m. (ὀναγός), ânier : Pl. As. 10.

Onchae, *ārum*, f. pl., ville de Syrie : Curt. 4, 1, 3.

Onchesmītēs, *ae*, m. (Ὀγχησμίτης), vent qui souffle d'Onchesmos [port d'Épire] : Cic. Att. 7, 2, 1.

Onchestĭus, *a*, *um*, d'Onchestos, béotien : Ov. M. 10, 605.

Onchestus (-tŏs), *i* ¶ **1** f., ville de la Béotie : Plin. 4, 25 ¶ **2** m., rivière de Thessalie : Liv. 33, 6.

Onchēūs, *ĕi* ou *ĕos*, m., nom de guerrier : Val.-Flac. 6, 256.

oncō, *ās*, *āre*, -, - (ὀγκάομαι), intr., braire : Suet. Frg. p. 249, 1 R. ; Philom. 55.

oncōma, *ătis*, n. (ὄγκωμα), tumeur : Veg. Mul. 2, 30, 1.

ŏnĕăr, n., seul^t nom. (ὄνειαρ), ▾▸ onothera : Plin. 26, 111.

Onenses, *ĭum*, m. pl., peuple d'Espagne : Plin. 3, 23.

ŏnĕra, n. pl. de *onus*.

ŏnĕrārĭa, *ae*, f., vaisseau de transport, cargo : Cic. Att. 10, 12, 2.

ŏnĕrārĭus, *a*, *um* (onus), de transport : Caes. G. 4, 22, 3 ; Liv. 22, 11, 6 ; *oneraria jumenta* Liv. 41, 4, bêtes de somme.

ŏnĕris, gén. de *onus*.

ŏnĕrō, *ās*, *āre*, *āvī*, *ātum* (onus), tr. ¶ **1** charger : [des vaisseaux] Caes. G. 5, 1, 2 ; Sall. J. 86, 1 ; [des bêtes de somme] Sall. J. 75, 6 ; *umerum pallio* Ter. Phorm. 844, charger son épaule d'un manteau ; *vino et epulis onerati* Sall. J. 76, 6, gorgés de vin et de nourriture ; [abs^t] charger l'estomac : Plin. 29, 48 ‖ faire saillir : (*vaccam*, une vache) Pall. 8, 4, 1 ¶ **2** [fig.] **a)** accabler : *judicem argumentis* Cic. Nat. 3, 8, accabler le juge sous les preuves, cf. Phil. 2, 99 ; Fam. 3, 10, 7 **b)** couvrir : *aliquem laudibus* Liv. 4, 13, 13, couvrir qqn d'éloges ; *spe oneratus* Liv. 29, 32, 1, comblé d'espérances, cf. 32, 11, 9 **c)** aggraver, alourdir, accroître [les périls, les soucis] : Tac. An. 16, 30 ; H. 2, 52 **d)** accabler, attaquer, s'en prendre à : Tac. An. 4, 68 ¶ **3** [poét.] mettre comme charge, charger une chose sur ou dans une autre : *vina cadis* Virg. En. 1, 195, remplir de vin les jarres, cf. En. 8, 180 ; [sans complément indirect] *onerare vinum* Petr. 76, 2 ; 76, 6, faire un chargement de vin [sur le bateau]. ▸ *oneratus* avec gén. Pacuv. Tr. 291.

ŏnĕrōsē (**onerosus**), adv., de façon fâcheuse, odieuse : Paul.-Nol. Ep. 11, 6 ‖ **-rosius** Cassiod. Anim. 11.

ŏnĕrōsus, *a*, *um* (onus), pesant, lourd : Virg. En. 9, 384 ‖ lourd à l'estomac, difficile à diriger : Plin. 23, 115 ; 22, 153 ‖ [fig.] à charge, pénible : Plin. Pan. 44, 7 ; *-sior* Ov. M. 9, 674 ; Plin. Ep. 2, 4, 3 ‖ *onerosa hereditas* Dig. 36, 1, 73, succession dont le passif (dette et legs) l'emporte.

Ŏnēsĭcrĭtus, *i*, m., Onésicrite [auteur d'une histoire d'Alexandre le Grand] : Curt. 9, 10, 3 ; Plin. 6, 81.

Ŏnēsĭmus, *i*, m. (Ὀνήσιμος), Macédonien de la cour de Persée qui s'enfuit à Rome : Liv. 44, 16 ‖ nom d'un chrétien : Vulg. Col. 4, 9.

Oningi, n., ville de la Bétique : Plin. 3, 12.

ŏnīrŏcrĭta, *ae*, m. (ὀνειροκρίτης), interprète des songes : Fulg. Myth. 1 pr. 4.

ŏnīrŏpompus, *i*, m. (ὀνειροπομπός), celui qui envoie des songes : Iren. 1, 23, 4 ; 1, 25, 3.

ŏnīrŏs, *i*, m. (ὄνειρος), pavot sauvage : Ps. Apul. Herb. 53.

ŏnīscŏs (-scus), *i*, m. (ὀνίσκος), cloporte : Plin. 29, 136.

Onĭsĭa, *ae*, f., ▾▸ Onysia.

ŏnītis, *ĭdis*, f. (ὀνῖτις), sorte d'origan [plante] : Plin. 20, 175.

Onoba, *ae*, f., ▾▸ Onuba.

Onobrīsātes, *um* (*ĭum*), m. pl., peuple de l'Aquitaine : Plin. 4, 108.

ŏnŏbrўchis, *ĭdis*, f. (ὀνόβρυχις), sainfoin [herbe] : *Plin. 24, 155.

ŏnŏcardĭŏn, *i*, n. (ὀνοκάρδιον), cardère [plante] : Ps. Apul. Herb. 25.

ŏnŏcardĭa, *ae*, f. (gr.), gemme écarlate : Plin. 37, 176.

ŏnŏcentaurus, *i*, m. (ὀνοκένταυρος), ononcentaure [animal fabuleux] : Vulg. Is. 34, 14.

ŏnŏchēlis (-chī-), *is*, f., **-lĕs**, *is* et **-lŏn**, *i*, n. (ὀνοχειλές, ὀνοχειλίς), orcanette [plante] : Plin. 22, 21, 51 ; 100.

Ŏnŏchōnus, *i*, m. (Ὀνόχωνος), rivière de Thessalie : Plin. 4, 30.

ŏnŏcoetēs, *ae*, m. (*ὀνοκοίτης), épithète injurieuse appliquée au Christ par les païens : Tert. Nat. 1, 14, 1 [Apol. 16, 12, en grec].

ŏnŏcrŏtălus, *i*, m. (ὀνοκρόταλος), onocrotale, pélican : Plin. 10, 131.

Ŏnŏmarchus, *i*, m., général des armées d'Antigone : Nep. Eum. 11, 3.

Ŏnŏmastus, *i*, m., nom d'un Macédonien : Liv. 39, 34 ‖ affranchi d'Othon : Tac. H. 1, 25.

ŏnŏmătŏpoeia, *ae*, f. (ὀνοματοποιΐα), onomatopée [rhét.] : Char. 274, 24.

ŏnōnis, *ĭdis*, f. (ὄνωνις), Plin. 27, 29 ; ▾▸ *anonis*.

ŏnŏpradŏn, *n*. (*ὀνόπραδον), pet d'âne [plante] : Plin. 27, 110.

ŏnŏpyxŏs, *i*, m. (ὀνόπυξος), sorte de chardon : Plin. 21, 94.

ŏnosma, *ătis*, n. (ὄνοσμα), orcanette [plante] : Plin. 27, 110.

ŏnŏthēra, *ae*, m., Plin. 26, 1, 11 (ὀνοθήρας) et **-thēris**, *ĭdis*, f., Plin. 24, 167 (ὀνοθηρίς), osier fleuri, laurier de saint Antoine.

Onuba, *ae*, f., ville de Bétique Atlas IV, D1 : Plin. 3, 10.

Onūphītēs nŏmos, m., nome Onuphite [d'Onuphis, dans le Delta] : Plin. 5, 49.

1 ŏnŭs, *ĕris*, n. (cf. scr. *anas*-), charge, fardeau ¶ **1** *onera transportare* Caes. G. 5, 1, 2, transporter des charges [une cargaison] ; *jumentis onera deponere* Caes. C. 1, 80, 2, débarrasser les bêtes de somme de leur charge ; *onera ferre* Cic. Tusc. 2, 54, porter des fardeaux ; *onera bestiis imponere* Cic. Nat. 2, 151, charger des bêtes ¶ **2** fardeau, poids : *tanti oneris turris* Caes. G. 2, 30, 4, une tour si lourde ‖ *onus* ou *onus gravidi ventris* Ov. F. 2, 452 ; Am. 2, 14, 1, fardeau d'une femme enceinte ‖ *ciborum onera* Plin. 8, 97, excréments ¶ **3** [fig.] **a)** chose difficile, pénible : *plus oneris sustuli quam ferre me*

opera

posse intellego Cic. *Amer.* 10, je me suis plus chargé que je ne puis porter, je m'en rends compte; *opprimi onere officii* Cic. *Amer.* 10, être écrasé, succomber sous la charge d'un devoir à remplir; *onus sustinere* Cic. *CM* 4, supporter une charge; *oneribus susceptarum rerum premi* Cic. *Fam.* 5, 12, 2, fléchir sous le fardeau des tâches entreprises; *onus allevare* Cic. *Amer.* 10, alléger un fardeau; *aliquem onere levare* Cic. *Fam.* 3, 12, 3, soulager qqn d'un fardeau; *hoc onus est alicui gravissimum* Cic. *Rep.* 1, 37, c'est pour qqn la charge la plus lourde; *ne ipse oneri esset* Liv. 23, 43, 3, pour ne pas être lui-même à charge; *neque mihi quicquam oneris suscepi, cum ista dixi, quominus... possem...* Cic. *Clu.* 142, et, en prononçant ces paroles que tu relèves, je ne me suis pas mis sur les épaules une charge qui m'empêche de pouvoir... **b)** [en part., au pl.] *onera*, charges, impôts : Cic. *Fam.* 13, 7, 2; Liv. 1, 43, 9 **c)** dépenses, frais : *onera explicare* Suet. *Dom.* 12, faire face aux dépenses.

Onus, *i*, f., île nommée aussi Peraclia : Plin. 4, 70.

ŏnustō, *ās*, *āre*, -, - (*onustus*), tr., charger ‖ [fig.] accabler : Vulg. *Judith* 15, 7.

ŏnustus, *a*, *um* (*onus*) ¶ 1 chargé : *asellus onustus auro* Cic. *Att.* 1, 16, 2, ânon chargé d'or; *naves onustae frumento* Cic. *Off.* 3, 12, navires chargés de blé, cf. Tac. *An.* 2, 41 ‖ [avec gén.] Tac. *An.* 15, 12 ¶ 2 [fig.] **a)** rempli de : *onusti cibo* Cic. *Div.* 1, 60, chargés (gorgés) de nourriture; *ager praeda onustus* Sall. *J.* 87, 1, territoire garni de butin; *onusti* Pl. *Merc.* 746, ayant le ventre bien garni ‖ [avec gén.] Pl. *Aul.* 611; 617 **b)** accablé : *onustus fustibus* Pl. *Aul.* 414, roué de coups; *corpus onustum* Pl. *Men.* 757, corps chargé d'ans ‖ *onustissimus* Jul.-Val. 2, 26.

ŏnychintĭnus, V. *onychitinus*.

ŏnўchĭnus, *a*, *um* (ὀνύχινος), qui est de la couleur des ongles : Plin. 15, 55 ‖ [fig.] d'onyx : Vulg. *Gen.* 2, 12 ‖ qui ressemble à l'onyx : Gell. 19, 7, 15 ‖ subst. n. pl., vases d'onyx : *Lampr. *Hel.* 32, 2.

ŏnўchĭpuncta, *ae*, f. (*onyx*, *punctum*), sorte d'onyx : *Plin. 37, 118.

ŏnўchītĭnus, *a*, *um* (ὀνυχίτινος), d'onyx : *Sidon. *Ep.* 9, 7, 3.

ŏnўchītis, *ĭdis*, f. (ὀνυχῖτις), sorte de calamine : Plin. 34, 103.

ŏnychnus, *a*, *um*, sync. pour *onychinus* : Cypr.-Gall. *Exod.* 1103.

ŏnŷchus, *a*, *um*, d'onyx ‖ subst., **-um**, *i*, n. : Lampr. *Hel.* 32, 2; V. *onychinus*.

Onysĭa, *ae*, f., île près de la Crète : Plin. 4, 61.

Ŏnŷtēs, *ae*, m., nom de guerrier : Virg. *En.* 12, 514.

ŏnyx, *ўchis*, m. (ὄνυξ), onyx [sorte d'agate] : Plin. 36, 59 ‖ vase d'onyx : Hor. *O.* 4, 12, 17; Prop. 2, 10, 30; 3, 10, 22 ‖ sorte de pierre précieuse : Plin. 37, 90 ‖ sorte de mollusque : Plin. 32, 103 ‖ V. *dactylus*, *unguis*.

▶ f., Plin. 37, 90; Mart. 7, 94, 1 ‖ acc. sg. *onycha* Vulg. *Exod.* 30, 34; pl. *onychas* Plin. 37, 90.

ŏpācĭtās, *ātis*, f. (*opacus*), ombrage, ombre : [des arbres] Tac. *An.* 11, 3; Plin. 6, 197 ‖ ombre [de la nuit], ténèbres : Plin. 2, 52.

ŏpācō, *ās*, *āre*, *āvī*, *ātum* (*opacus*), tr., ombrager, couvrir d'ombre : Cic. *de Or.* 1, 28; *Nat.* 2, 49 ‖ [fig.] Pacuv. d. P. Fest. 83, 19 ‖ obscurcir : Aug. *Mor. eccl.* 1, 2, 3.

ŏpācus, *a*, *um* (cf. *ob*?; it. *opaco*), ombragé, qui est à l'ombre, ombreux : Cic. *Part.* 36; *de Or.* 3, 18; *Leg.* 1, 15; *opacum frigus* Virg. *B.* 1, 53, fraîcheur de l'ombre; *in opaco* Plin. 10, 43, à l'ombre ‖ qui donne de l'ombre, épais, touffu : *opaca ilex* Virg. *En.* 11, 851, chêne épais ‖ obscur, ténébreux, sombre : Virg. *En.* 4, 123; *opaca locorum* = *opaca loca* Virg. *En.* 2, 725, lieux sombres; *opaca vetustas* Gell. 10, 3, 15, l'obscure antiquité ‖ -*cior* Plin. *Ep.* 5, 6, 25 ‖ -*cissimus* Col. 6, 22.

***Ŏpālis**, *e*, de la déesse Ops; [d'où] **Ŏpālĭa**, *ĭum*, n. pl., les Opalia, fêtes de la déesse Ops : Varr. *L.* 6, 22; Fest. 201, 3.

ŏpălus, *i*, m. (empr., cf. scr. *upala-s*, ὀπάλλιος), opale [pierre précieuse] : Plin. 37, 80.

Ŏpĕcōnsīva, V. *Opiconsivius*.

ŏpella, *ae*, f. (dim. de *opera*), petit travail : Lucr. 1, 1114; Hor. *Ep.* 1, 7, 8.

ŏpellum, *i*, n., C. *opella* : Mamert. *Anim.* 1, 2.

ŏpĕra, *ae*, f. (*opus*, de *operatus*?; fr. œuvre)

I ¶ 1 "travail", "activité", *operam dare, ponere*, "occupations", *forenses operae* ¶ 2 "service", *operas alicui dedere* ¶ 3 *opera experiri* "éprouver par l'expérience" ¶ 4 [sens concret] **a)** "journée de travail" **b)** "travailleur", "ouvrier" **c)** [pl.] "prestations".
II ¶ 1 "soin", "attention", "peine", *date operam* "accordez votre attention", *operam dare ut, ne*, avec subj. sans *ut*, *operam perdere* ¶ 2 [expressions] **a)** *opera mea* **b)** *eadem opera* **c)** *dedita opera* ¶ 3 "possibilité de donner ses soins à", **a)** *operae non est* "il n'est pas faisable" **b)** *non operae est* avec inf. "ce n'est pas le moment de" **c)** *operae pretium*,, V. *pretium*.

I ¶ 1 travail, activité : *sine hominum manu atque opera* Cic. *Off.* 2, 14, sans la main ni le travail de l'homme; *ut sint opera, studio, labore meo doctiores cives mei* Cic. *Fin.* 1, 10, pour que mon activité, mon application, ma peine contribuent à instruire mes concitoyens; *ipse dabat purpuram, tantum operam amici* Cic. *Verr.* 4, 59, il fournissait lui-même la pourpre, et ses amis seulement la main-d'œuvre; *forensis opera* Cic. *Ac.* 2, 2; *opera publica* Cic. *Ac.* 2, 6, activité employée au forum [travaux du forum], au service de l'État [activité politique]; *(mercennarii) quorum operae non quorum artes emuntur* Cic. *Off.* 1, 150, (les mercenaires) dont on paie le travail et non le talent; *multam operam amicis et utilem praebere* Cic. *Brut.* 174, mettre au service de ses amis une activité multipliée et utile, se dépenser beaucoup pour ses amis et utilement, cf. *tribuere* Cic. *Div.* 2, 7; *in aliqua re operam curamque ponere* Cic. *Off.* 1, 19, mettre de l'activité et du soin dans qqch., cf. *consumere* Cic. *de Or.* 1, 234; *magnum studium multamque operam in rem conferre* Cic. *Off.* 1, 19, consacrer beaucoup d'application et de travail à une chose; *judiciis operam dare* Cic. *Brut.* 117, donner son concours aux tribunaux [faire partie des jurys]; *ad rem operam suam polliceri* Cic. *Amer.* 20, promettre son concours pour une chose; *opera alicujus uti* Caes. *C.* 3, 59, 1, faire appel au concours de qqn, cf. Cic. *Cat.* 3, 14 ‖ *pleraque sunt hominum operis effecta* Cic. *Off.* 2, 12, la plupart sont l'œuvre d'activités humaines, cf. Cic. *Verr.* 5, 123, (cf. *operibus hominum* Cic. *Nat.* 2, 151); *forensibus operis, laboribus, periculis* Cic. *Fin.* 1, 10, étant donné les manifestations de mon activité au forum, les fatigues, les dangers que j'y ai supportés; *operae cotidianae* Cic. *Mur.* 21, occupations quotidiennes ¶ 2 activité au service de qqn ou de qqch., service : *aut opera benigne fit alicui aut pecunia* Cic. *Off.* 2, 62, on fait du bien à qqn ou en s'employant pour lui ou avec de l'argent; *operas alicui dedere* Pl. *Bac.* 45, donner ses services à qqn; *Musis operas reddere* Cic. *Fam.* 16, 10, 2, se remettre au service des Muses; *operae et officia* Cic. *Off.* 2, 68, services et bons offices; *operas pro magistro dare* Cic. *Att.* 11, 10, 1, servir en qualité de sous-directeur; *in operis societatis esse* Cic. *Fam.* 13, 9, 3, être dans les services d'une société; *annuae operae* Cic. *Att.* 6, 2, 6, les services d'une année [gouv[t] d'une province] ¶ 3 [expr.] *opera experiri aliquid* Pl. *Bac.* 387, éprouver qqch. par les faits, par l'expérience ¶ 4 [sens concret] **a)** journée de travail : *puerilis una opera* Col. 11, 2, 4, une seule journée d'enfant, cf. Varr. *R.* 1, 50, 3; *quaternis operis* Varr. *R.* 1, 18, 2, avec quatre journées de travail pour chaque arpent **b)** travailleur, ouvrier, manœuvre [au sg. un seul ex. : Hor. *S.* 1, 7, 118] pl., *operae, arum* Cic. *Verr.* 2, 13; [mais surtout en mauv. part] Cic. *Sest.* 38; *Dom.* 79; *Q.* 2, 3, 4, bandes salariées, partisans; *operae theatrales* Tac. *An.* 1, 16, claqueurs **c)** [pl.] prestations fournies par un esclave ou un affranchi : Dig. 7, 7 tit.; Cod. Just. 6, 3 tit.

II ¶ 1 soin, attention, peine : *operam dare virtuti* Cic. *Lae.* 84, s'appliquer à la vertu; *Moloni* Cic. *Brut.* 312, se consacrer à

opera

Molon, suivre ses leçons ‖ *date operam* PL. *Mil.* 98 ; TER. *Phorm.* 30, accordez votre attention ; *fabulae huic operam dare* PL. *Cap.* 54, accorder son attention à cette pièce [*ad nostrum gregem* PL. *Cas.* 22, à notre troupe] ‖ [avec *ut*] mettre ses soins à obtenir que : CIC. *Phil.* 3, 37 ; [avec *ne*] à empêcher, à éviter que : CIC. *Off.* 2, 74 ; [avec subj. seul sans *ut*] PLANC. *Fam.* 10, 21, 6 ; VARR. R. 1, 13, 7 ; [avec inf.] TER. *Hec.* 553 ‖ *operam perdere* CIC. *de Or.* 1, 126 ; *operam et oleum perdere* CIC. *Fam.* 7, 1, 3, perdre sa peine, perdre sa peine et son huile, perdre son temps et sa peine ¶ **2** [expressions] **a)** *operā meā, tuā,* par mes, tes soins, grâce à moi, à toi : CIC. *CM* 11 **b)** *eādem operā* PL. *Cap.* 450, du même coup, par la même occasion ; *una opera... qua* PL. *Cap.* 563, par la même occasion que **c)** *dedita opera* CIC. *Brut.* 33, à dessein, de propos délibéré, ou *data opera* CAEL. *Fam.* 8, 1, 1 ; PLIN. *Ep.* 7, 12 ¶ **3** possibilité de donner ses soins à qqch., libre disposition de ses soins, de sa peine : *dicam, si videam tibi esse operam aut otium* PL. *Merc.* 286, je te le dirais, si je te voyais dispos ou de loisir ; *deest mihi opera, quae non modo tempus, sed etiam animum vacuum ab omni cura desiderat* CIC. *Q.* 3, 4, 4, il me manque la libre disposition de moi, qui réclame non seulement du loisir, mais encore l'affranchissement de tout souci ‖ [expr. au gén.] **a)** *operae non est* PL. *Merc.* 918, ce n'est pas dans les choses faisables ; *operae ubi mihi erit ad te venero* PL. *Truc.* 883, quand je serai libre, je viendrai te trouver ; *si operae illi esset* LIV. 5, 15, 6, si cela lui était possible ; *non operae est* [avec inf.] LIV. 33, 20, 13 ; 41, 25, 8, ce n'est pas dans les choses faisables de, ce n'est pas une tâche possible de, ou *operae non est alicui* LIV. 4, 8, 3 ; 21, 9, 3 **b)** *non operae est* [avec inf.], il n'est pas à propos, opportun de, ce n'est pas le moment de : LIV. 44, 36, 13, [ou] cela ne vaut pas la peine de : LIV. 1, 24, 6 ; 29, 17, 17 **c)** *operae pretium facere, est operae pretium,* V. *pretium.*

ŏpĕrābĭlis, e, agissant, efficace : IREN. 2, 19, 4.

ŏpĕrans, part.-adj. de *operor* ‖ *-tior,* plus efficace : TERT. *Marc.* 2, 4, 3 ‖ *-tissimus* CAEL.-AUR. *Acut.* 2, 39, 225.

ŏpĕrantĭus, plus efficacement : CAEL.-AUR. *Acut.* 3, 8, 89.

ŏpĕrārĭa, ae, f., ouvrière : PL. *Bac.* 74.

ŏpĕrārĭus, a, um (*opera* ; fr. *ouvrier*), de travail, de travailleur : *homo* CIC. *Att.* 7, 2, 8, ouvrier ; *operarium pecus* COL. 6, 2, 15, bêtes de somme ‖ subst. m., manœuvre, ouvrier, homme de peine : CAT. *Agr.* 10, 1 ; CIC. *Tusc.* 5, 104 ; [en parl. d'un mauvais avocat] CIC. *de Or.* 1, 83 ; 263 ‖ secrétaire, scribe : CIC. *Fam.* 8, 1, 2.

ŏpĕrātĭo, ōnis, f. (*operor*), travail, ouvrage : PLIN. 11, 61 ‖ pl., sacrifices : FEST. 282, 15 ‖ [chrét.] l'œuvre chrétienne, la charité : LACT. *Inst.* 6, 12, 24.

ŏpĕrātīvus, a, um, efficace : AUG. *Quaest.* 63.

ŏpĕrātŏr, ōris, m. (*operor*), travailleur, ouvrier : [chrét.] VULG. 1 *Esdr.* 9, 17 ; TERT. *Apol.* 46, 18 ‖ le Créateur : AUG. *Conf.* 11, 13, 15.

ŏpĕrātōrĭus, a, um, qui opère, efficace : AMBR. *Hex.* 2, 1, 2.

ŏpĕrātrix, īcis, adj. f. (*operator*), qui cause, qui produit : TERT. *Anim.* 11, 4.

1 **ŏpĕrātus**, a, um, part. de *operor.*

2 **ŏpĕrātŭs**, ūs, m., travail : AUG. *Psalm.* 101, s. 1, 1.

ŏperculō, ās, āre, āvī, ātum (*operculum*), tr., couvrir, mettre un couvercle à : COL. 12, 30, 1.

ŏperculum, i, n. (*operio*), couvercle : CAT. *Agr.* 10, 4 ; VARR. *L.* 5, 167 ; CIC. *Nat.* 2, 136 ; [prov.] *invenit patella operculum* HIER. *Ep.* 127, 9, ou *accessit huic patellae dignum operculum* HIER. *Ep.* 7, 5, les deux font la paire (la marmite a trouvé son couvercle).

ŏperest ► (*tanto*) *opere est* : LUCR. 3, 186.

ŏperībō, V. ► *operio* ►.

ŏperīmentum, i, n. (*operio*), ce qui sert à couvrir, à recouvrir, couverture [en gén.] : CIC. *Leg.* 2, 56 ; VARR. *L.* 5, 166 ‖ couverture, caparaçon : SALL. d. SERV. *En.* 11, 770 ‖ œillères : PLIN. 8, 156 ‖ enveloppe [de la noix] : PLIN. 15, 86 ‖ couvercle : CAT. *Agr.* 10, 5 ; PLIN. 2, 137 ; V. ► *opermentum.*

ŏperĭō, īs, īre, pĕrŭī, pertum (*ob,* cf. *aperio*), tr. ¶ **1** couvrir, recouvrir : *esse capite operto* CIC. *CM* 34, avoir la tête couverte ; *fons fluctu operiretur, nisi...* CIC. *Verr.* 4, 118, la source serait recouverte par les flots, si... ne... pas... ; *nimbo aliquem* LIV. 1, 16, 1, couvrir qqn d'un nuage ‖ ensevelir : *reliquias pugnae* TAC. *An.* 15, 28, ensevelir les débris d'un combat ¶ **2** fermer : *lecticam* CIC. *Phil.* 2, 106, une litière ; *oculos alicui* PLIN. 11, 150, les yeux de qqn ; *ostium* TER. *Haut.* 906, une porte ¶ **3** [fig.] cacher, voiler, dissimuler : *res opertae* CIC. *Fin.* 2, 5, choses cachées, secrètes ; *operire luctum* PLIN. *Ep.* 3, 16, 6, dissimuler son deuil ; *domestica mala tristitia operienda* TAC. *An.* 3, 18, il faut voiler de tristesse les malheurs domestiques ‖ recouvrir de : *opertus infamia* TAC. *An.* 3, 69, couvert d'infamie ; *judicia operta dedecore* CIC. *Clu.* 61, tribunaux couverts de honte.

► forme arch. *operibat* PROP. 3, 13, 35 cf. VARR. *L.* 5, 167 fut. arch. *operibo,* POMPON. *Com.* 147.

ŏpermentum, i, n. (cf. *operculum*), C. ► *operimentum* : PRUD. *Psych.* 462.

ŏpĕrō, ās, āre, āvī, ātum, C. ► *operor* : CASSIOD. *Eccl.* 10, 33.

ŏpĕrŏr, āris, ārī, ātus sum (*opus,* de *operatus* ?; fr. *ouvrer* ; bret. *ober* ; al. *opfern*) ¶ **1** intr., travailler, s'occuper à [*operatus* ou parf., avec dat.] : *reipublicae* LIV. 4, 60, 2, se consacrer aux affaires publiques, cf. VIRG. *En.* 3, 136 ‖ *scholae operatus* QUINT. 10, 3, 13, adonné à l'école, fréquentant l'école ; *operatus in aliqua re* HOR. *Ep.* 1, 2, 29, occupé à qqch. ‖ [en part.] avec ou sans *sacris,* faire un sacrifice : LIV. 1, 31, 8 ; TAC. *An.* 2, 14 ‖ avoir de l'effet, être efficace : LAMPR. *Comm.* 17 ‖ [chrét.] faire des bonnes œuvres : CYPR. *Eleem.* 15 ¶ **2** tr., travailler : [*terram,* la terre] HIER. *Ep.* 129, 2 ‖ pratiquer, exercer : LACT. *Inst.* 6, 12, 38 ‖ produire, effectuer : AUG. *Ep.* 71, 6 ; AMBR. *Luc.* 4, 47.

► *operatus* sens pass. : TIB. 2, 1, 9 ; LACT. *Inst.* 7, 27, 4 ; TERT. *Praescr.* 29, 3, présent à partir de PLIN. 18, 40 ; TAC. *An.* 1, 64, 1 ; APUL. *M.* 9, 5, 2.

ŏpĕrōsē, adv. (*operosus*), avec peine, laborieusement : CIC. *Or.* 149 ; *-ius* SEN. *Brev.* 9, 1 ‖ avec soin, précision : *-ius* PLIN. 18, 238.

ŏpĕrōsĭtās, ātis, f. (*operosus*), excès de travail, de peine, de soin : QUINT. 8, 3, 55 ‖ difficulté, peine, embarras : TERT. *Anim.* 2, 6.

ŏpĕrōsus, a, um (*opera*) ¶ **1** qui se donne de la peine, laborieux, actif : *operosa senectus* CIC. *CM* 26, vieillesse active ; *vates operose diērum* OV. *F.* 1, 101, ô chantre laborieux des jours [c.-à-d. des fastes] ‖ [avec *in* abl.] *-issimus* PLIN. 20, 33, occupé spécialement à ‖ [poét.] efficace, puissant : OV. *M.* 14, 22 ¶ **2** qui coûte beaucoup de peine, de soin, difficile, pénible : CIC. *Nat.* 2, 59 ; *operosa carmina* HOR. *O.* 4, 2, 31, des vers laborieux ; *artes operosae* CIC. *Off.* 2, 17, les métiers pénibles [oppos. aux arts libéraux] ; *operosius sepulcrum* CIC. *Leg.* 2, 64, tombeau qui demande plus de travail.

ŏpertānĕus, a, um (*operio*), caché, secret : PLIN. 10, 156 ; *opertanei dei* CAPEL. 1, 44, dieux qui habitaient à l'intérieur de la terre.

ŏpertē, adv. (*opertus*), à mots couverts : GELL. 4, 11, 10.

ŏpertĭo, ōnis, f. (*operio*), action de couvrir : VARR. *L.* 5, 72.

ŏpertō, ās, āre, -, - (fréq. de *operio*), tr., couvrir : ENN. *An.* 508.

ŏpertōrĭum, ĭi, n., couverture [en gén.] : SEN. *Ep.* 87, 2 ‖ sépulcre, tombeau : SIDON. *Ep.* 3, 12, 2.

ŏpertum, i, n., part. pris subst., chose cachée, secrète : *Apollinis operta* CIC. *Div.* 1, 115, les réponses mystérieuses, enveloppées d'Apollon ; *opertum Bonae Deae* CIC. *Par.* 32, les Mystères de la Bonne Déesse ; *telluris operta* VIRG. *En.* 6, 140, les profondeurs mystérieuses de la terre.

1 **ŏpertus**, a, um, part. de *operio.*

2 **ŏpertŭs**, ūs, m., ce qui couvre : APUL. *Apol.* 56 ; MACR. *Sat.* 7, 9, 26 ‖ [fig.] voile : PAUL.-NOL. *Carm.* 23, 287.

ŏpĕrŭī, parf. de *operio.*

ŏpĕrŭla, ae, f. (dim. de *opera*), petit travail, petite peine : ULP. *Dig.* 50, 14, 3 ‖ petit salaire : APUL. *M.* 1, 7.

ŏpes, um, f. pl., V. ► *ops.*

Ophārus, *i*, m., fleuve d'Asie, au-delà du Palus-Méotide : Plin. 6, 21 ‖ **-ārītae**, m. pl., riverains de ce fleuve : Plin. 6, 21.

Ŏpheltēs, *ae*, m., le même qu'Archémore : Stat. Th. 5, 538 ‖ le père d'Euryale : Virg. En. 9, 201 ‖ autres du même nom : Ov. M. 3, 605 ; Val.-Flac. 3, 198.

ŏphĭăca, *ōrum*, n. (τά ὀφιακά), ophiaques, traités sur les serpents : Plin. 20, 258.

Ōphĭăs, *ădis*, f., fille des Ophiens [peuple d'Étolie, Ὀφιεῖς], Combé : Ov. M. 7, 382.

ŏphĭcardēlŏs, *i*, m., pierre précieuse : Plin. 37, 177.

Ŏphĭci, *ōrum*, m. pl., ancien nom des habitants de Capoue : Serv. En. 7, 730.

ŏphĭdĭŏn, *ĭi*, n. (ὀφίδιον), sorte de poisson semblable au congre : Plin. 32, 109 ; 149.

Ŏphĭētis, *ĭdis*, f., montagne de Babylonie : Avien. Perieg. 1205.

Ŏphĭŏgĕnes, *um*, m. pl. (Ὀφιογενεῖς), Ophiogènes [peuple fabuleux qu'on place en Asie Mineure, près de l'Hellespont et dans l'île de Chypre] : *Varr. d. Prisc. 2, 524, 4 ; Plin. 7, 13.

ŏphĭŏmăchus, *i*, m. (ὀφιομάχος), sorte de sauterelle qui attaque les serpents : Vulg. Lev. 11, 22.

1 ŏphīōn, *ōnis*, m. (ὀφίων), espèce disparue de mouflons : Plin. 28, 151.

2 Ŏphīōn, *ōnis*, m. (Ὀφίων) ¶ **1** géant détrôné par Saturne : Claud. Pros. 3, 348 ¶ **2 -nĭus**, *a*, *um*, d'Ophion, un des compagnons de Cadmus : Sen. Oed. 485 ¶ **3** un des Centaures : Ov. M. 12, 245.

Ŏphīŏnĭdēs, *ae*, m., Amycus, fils d'Ophion [le Centaure] : Ov. M. 12, 245.

Ŏphĭŏphăgi, *ōrum*, m. pl. (Ὀφιοφαγοί), Ophiophages [peuple de Troglodytique, qui se nourrissait de serpents] : Plin. 6, 169.

ŏphĭostăphȳlē, *ēs*, f. (ὀφιοσταφύλη), câprier [plante] : Plin. 13, 127.

Ophir, indécl., pays du sud de l'Arabie : Vulg. 3 Reg. 9, 28 ‖ **-īrĭus**, *a*, *um*, d'Ophir : Plin. 36, 193.

Ŏphītae, *ārum*, m. pl. (Ὀφῖται), Ophites [nom d'une secte d'hérétiques] : Isid. 8, 5, 10.

1 ŏphītēs, *ae*, m. (ὀφίτης), ophite, marbre ophite : Plin. 36, 56.

2 Ŏphītēs, *ae*, m. (Ὀφίτης), Ophite, fils d'Hercule : Plin. 36, 56 ; Hyg. Fab. 32.

Ŏphĭūchus, *i*, m. (Ὀφιοῦχος), le Serpentaire [constellation] : Cic. Arat. 77 ; Manil. 1, 331.

1 ŏphĭūsa, *ae*, f. (ὀφιοῦσα), sorte d'herbe : Plin. 24, 163.

2 Ŏphĭūsa (-ussa), *ae*, f. (Ὀφιοῦσα) ¶ **1** Ophiuse [ancien nom de Rhodes et de Chypre] : Plin. 24, 63 ‖ **-ūsĭus**, *a*, *um*, d'Ophiuse [de Chypre] : Ov. M. 10, 229 ¶ **2** nom de diverses îles Atlas IV, D4 : Plin. 3, 78 ; 5, 132 ; 4, 61 ; 5, 151 ‖ ville du Pont : Plin. 4, 82.

Ophrādus, *i*, m., rivière de l'Asie ultérieure : Plin. 6, 94.

ŏphrȳs, *ўos*, f. (ὀφρύς), sorte de plante : Plin. 26, 164.

ophthalmĭa, *ae*, f. (ὀφθαλμία), ophtalmie, maladie des yeux : Boet. Top. Arist. 4, 3.

ophthalmĭās, *ae*, m. (ὀφθαλμίας), variété de poisson : Pl. Cap. 850.

ophthalmĭcus, *a*, *um* (ὀφθαλμικός), relatif à l'ophtalmie : Cassian. Coll. 24, 15 ‖ subst. m., oculiste : Mart. 8, 74, 1.

Ŏpĭcernĭus, *ĭi*, m., un des fondateurs des Bacchanales : *Liv. 39, 17, 6.

ŏpĭcillum, *i*, n. (dim. de ops), faibles ressources : Varr. d. Non. 83, 25.

Ŏpĭconsīva, V. ► *Opiconsivius*.

Ŏpĭconsīvĭus, *a*, *um*, d'Ops Consiva : **Opiconsivia dies** *Varr. 6, 21, fête d'Ops Consiva.

Ŏpĭcus, *a*, *um* (Ὀπικός, Opsus, Obscus, Oscus, cf. Fest. 204, 28 ; P. Fest. 205, 3), des Opiques [Osques, peuple de la Campanie] ‖ [fig.] barbare, grossier, inculte : Cat. d. Plin. 29, 14 ; Gell. 13, 9, 4 ; Juv. 3, 207.

ŏpĭfĕr, *ĕra*, *ĕrum* (ops, fero), secourable : Ov. M. 15, 653 ‖ salutaire [en parl. d'une plante] : Plin. 11, 174.

ŏpĭfex, *ĭcis*, m. f. (opus, facio) ¶ **1** celui ou celle qui fait un ouvrage, créateur, auteur : Cic. Nat. 1, 18 ; Ac. frg. 19 ; Tusc. 5, 34 ¶ **2** travailleur, ouvrier, artisan : Cic. Off. 1, 150 ; Tusc. 4, 44 ; Sall. C. 50, 1 ‖ [au sens élevé d'artiste] : Cic. Nat. 1, 77 ; 2, 81 ‖ [poét. avec l'inf.] maître dans l'art de : Pers. 6, 3.

ŏpĭfĭcīna, *ae*, f., ► officina : Pl. Mil. 880 ‖ travail : Jul.-Val. 3, 51.

ŏpĭfĭcĭum, *ĭi*, n. (opifex), exécution d'un ouvrage, travail : Varr. R. 3, 16, 20 ‖ création : Lact. Inst. 2, 8, 16.

Ŏpĭgĕna Jūno, f. (ops, gigno), Junon secourable [aux femmes en gésine] : P. Fest. 221, 6.

ŏpĭlĭo, *ōnis*, m. (ovis et pello, ou Palès ? colo ?, cf. οἰοπόλος) ¶ **1** berger : Pl. As. 540 ; Cat. Agr. 10, 1 ; Col. 7, 3, 13 ; Apul. M. 8, 19 ‖ **ūpĭlĭo**, Virg. B. 10, 19 ; Apul. M. 5, 25 ; Flor. 3, 3 ¶ **2** bergeronnette : P. Fest. 207, 11.

Opīlĭus, ► *Opillus*.

Ŏpillus, *i*, m., Aurélius Opillus [grammairien] : Suet. Gram. 6 ‖ nom d'un médecin : Plin. 28, 38.

ŏpīmātus, *a*, *um*, part. de opimo, adj^t, gras : Aus. Mos. 105.

ŏpīmē, adv. (opimus), grassement, abondamment : Pl. Bac. 373 ; Varr. L. 5, 92.

Ŏpīmĭa, *ae*, f., nom d'une vestale : Liv. 22, 57.

ŏpīmĭtās, *atis*, f. (opimus), embonpoint : Tert. Anim. 20, 4 ‖ abondance : Amm. 16, 11, 9 ‖ pl., richesses : Pl. As. 282 ; Cap. 769.

Ŏpīmĭus, *ĭi*, m., nom d'une famille romaine ; not^t L. Opimius, sous le consulat duquel le vin fut particulièrement réputé, 121 av. J.-C. [Plin. 14, 55] : Cic. Brut. 287 ‖ fut chargé par le sénat en vertu d'un *senatus consultum ultimum* de protéger l'état contre les menées de C. Gracchus : Cic. Cat. 1, 4 ; Phil. 8, 14 ‖ **-ĭus**, *a*, *um*, d'Opimius : Varr. L. 5, 156 ‖ **-ĭānum**, *i*, n., vin récolté sous le consulat d'Opimius : Petr. 34, 6 ; Mart. 3, 82, 24 ; Plin. 14, 55.

ŏpīmō, *ās*, *āre*, *āvī*, *ātum* (opimus), tr., engraisser : Col. 8, 7, 5 ‖ féconder, fertiliser : Apul. Mund. 23 ‖ rendre copieux, enrichir : Aus. Ecl. 9 (382), 9 ‖ [fig.] glorifier, honorer : Capel. vers. 9, 914.

ŏpīmus, *a*, *um* (ops, opio, cf. πιμελή ?) ¶ **1** fécond, fertile, riche [en parl. d'une contrée] : Cic. Pomp. 14 ; Liv. 31, 41, 7 ; Virg. En. 2, 782 ; Hor. O. 1, 7, 11 ; [fig.] *opus opimum casibus* Tac. H. 1, 2, œuvre fertile en catastrophes ¶ **2** gras, bien nourri : Cic. Tusc. 5, 100 ; Brut. 64 ; Div. 1, 119 ‖ [fig.] *opimus praeda* Cic. Verr. 1, 132, engraissé de butin ; *opimum dictionis genus* Cic. Or. 25, éloquence boursouflée ¶ **3** copieux, abondant, opulent splendide : *opima praeda, accusatio* Cic. Amer. 8 ; Flac. 81, riche butin ; ample, riche accusation [ironie] ‖ *opima* [avec ou sans *spolia*] Liv. 23, 46, 14 ; Plin. Pan. 17, 3, dépouilles opimes [remportées par le général qui avait tué de sa propre main le général ennemi] ‖ **-ior** Gell. 5, 14, 25 ; **-issimus** Tert. Nat. 2, 8, 14.

ŏpīnābĭlis, *e* (opinor), fondé sur l'opinion, conjectural : Cic. Ac. 1, 31 ; Div. 1, 24 ‖ qui est dans l'opinion seulement [opp. à *naturalis*] : Cic. Tusc. 3, 74.

ŏpīnābĭlĭtĕr (opinabilis), en conjecturant, par conjecture : Boet. Elench. 2, 2.

ŏpīnātĭo, *ōnis*, f. (opinor), acte de se former telle ou telle opinion [phil.], conception, opinion, idée : Cic. Tusc. 4, 15 ; 4, 26 ; Ac. 2, 78.

ŏpīnātīva verba, verbes exprimant la pensée, l'opinion : Prisc. 3, 274, 17.

ŏpīnātō (opinatus), de la manière attendue : Dosith. 7, 412, 19.

ŏpīnātŏr, *ōris*, m. (opinor) ¶ **1** celui qui n'a que des opinions sur les choses, qui présume, qui conjecture : Cic. Ac. 2, 66 ¶ **2** commissaire des vivres [sous l'Empire] : Cod. Th. 7, 4, 26 ; Cod. Just. 12, 38, 11.

ŏpīnātrix, *īcis*, f. (opinator), celle qui n'affirme rien, qui se borne aux conjectures : Chalc. 137.

1 ŏpīnātus, *a*, *um*, part. de opinor, au sens passif, qui est dans l'opinion : Cic. Tusc. 3, 24 ; 4, 11 ‖ adj^t, illustre, célèbre : Amm. 21, 6, 3 ‖ **-tissimus** Vulg. Judith 2, 13.

2 ŏpīnātŭs, *ūs*, m., opinion : Lucr. 4, 463.

ŏpīnĭo, *ōnis*, f. (opinor) ¶ **1** opinion, conjecture, croyance **a)** *oratoris omnis actio opinionibus, non scientia continetur* Cic. de Or. 2, 30, toute l'action de

opinio

l'orateur a pour domaine des opinions [fondées sur le vraisemblable], non des connaissances positives, exactes ; *opinione quaerere voluntates* Cic. *Brut.* 196, rechercher par des conjectures les intentions ; *latius opinione* Cic. *Cat.* 4, 6, sur une plus large étendue qu'on ne le croit ; *celerius omni opinione* Caes. *G.* 2, 3, 1, plus vite que toute attente ; *contra omnium opinionem* Caes. *G.* 6, 30, 1, contre toute attente ; *opinione omnium majorem animo cepi dolorem* Cic. *Brut.* 1, j'ai éprouvé une douleur plus grande qu'on ne s'y attendait généralement, cf. Cic. *de Or.* 1, 164 ; *opinionem vicit omnium quae de virtute ejus erat* Cic. *Ac.* 2, 1, il surpassa l'opinion générale qu'on avait de ses talents ; *opinio communis, popularis, vulgaris, vulgi, hominum* Cic. *Off.* 2, 35 ; 3, 84 ; 3, 25, l'opinion commune, du peuple, de la foule, des gens ; *Galliae* Caes. *G.* 6, 1, 3, l'opinion des Gaulois **b)** opinion qu'on se fait d'une chose, idée, représentation : *utilitatis* Cic. *Off.* 3, 86, l'opinion qui a cours sur l'utile, l'idée qu'on se fait de l'utile, cf. *Off.* 2, 32 ; *deorum* Cic. *Tusc.* 1, 30, une idée de la divinité ; *honestatis adumbrata opinio* Cic. *Fin.* 5, 69, idée imparfaite du beau moral ; *opinionem pugnantium praebere* Caes. *G.* 3, 25, 1, donner l'impression d'être des combattants, cf. *G.* 3, 17, 6 ∥ [avec *de*] *de justitia eorum magna est opinio multitudinis* Cic. *Off.* 3, 42, la foule a une grande opinion, se fait une haute idée de leur justice ; *opiniones... de diis* Cic. *Nat.* 3, 5, opinions, idées sur les dieux, cf. Cic. *Nat.* 1, 118 ; *Verr. prim.* 42 **c)** [tournures] : *ut opinio mea fert* Cic. *Brut.* 36 ; *Verr.* 4, 23, selon mon opinion, comme je le crois ; *esse in aliqua opinione* Cic. *Clu.* 142 ; Liv. 44, 38, 4, avoir telle ou telle opinion, ou *alicujus opinionis esse* Liv. 27, 25, 5 ; *opinionem alicujus sequi* Suet. *Aug.* 88, suivre l'opinon de qqn ; *opinioni alicujus accedere* Quint. 2, 15, 29 ; Tac. *G.* 4, se ranger à l'opinion de qqn **d)** [avec prop. inf.] *habere opinionem* Cic. *Div.* 2, 70 ; *alicujus opinio est* Cic. *Nat.* 1, 25, croire que, qqn croit que ; *in opinione esse* Cic. *Att.* 8, 11 d 3, croire que ; *magna nobis pueris opinio fuit* Cic. *de Or.* 2, 1, nous avons cru fortement dans notre enfance que ; *opinionem adferre alicui* Cic. *Off.* 2, 46, donner à qqn l'opinion de ; *opinio sine auctore exierat* Liv. 3, 36, 9, la croyance de source ignorée s'était répandue que **e)** [avec *ut* subj.] *in eam opinionem adducere aliquem, ut putet...* Cic. *Caec.* 13, amener qqn à croire que... ; *hanc in opinionem discessi, ut mihi tua salus dubia non esset* Cic. *Fam.* 6, 14, 2, j'en suis venu à cette croyance pour moi ton salut n'est pas douteux ; *res erat in ea opinione, ut putarent* Cic. *Att.* 2, 24, 3, on se tenait à cette opinion, à savoir que ¶ **2** [en part.] **a)** bonne opinion : *opinionem habere de aliquo* Cic. *Verr.* 5, 183, avoir bonne opinion de qqn ; *non nullam opinionem habere de moribus alicujus* Cic. *Lae.* 30, avoir qq. estime pour le caractère de qqn, cf. Cic. *Fam.* 6, 1, 2 ; *auxerant inter se opinionem (= mutuam opinionem)* Liv. 21, 39, 9, ils avaient augmenté cette estime mutuelle **b)** réputation : *ea civitas maximam habet opinionem virtutis* Caes. *G.* 7, 59, 5, cette cité a la plus grande réputation de courage, cf. Caes. *G.* 2, 8, 1 ; 2, 24, 4 ; 2, 35, 1 ; 3, 24, 3 ; *detracta opinione probitatis* Cic. *Off.* 2, 34, quand la réputation de probité fait défaut, cf. *Off.* 2, 39 ; 2, 47 ∥ [abs^t] Quint. 2, 12, 5 ; 12, 9, 4.

ŏpīnĭōsus, *a, um* (*opinio*), plein de conjectures : Tert. *Marc.* 4, 35, 8.

ŏpīnĭuncŭla, *ae*, f. (dim. de *opinio*), faible opinion : Chalc. 246.

ŏpīnō, *ās, āre*, -, -, tr. et intr., ⓒ *opinor* : Enn. *Tr.* 132 ; Pacuv. *Tr.* 101 ; Caecil. *Com.* 17 ; *Pl. *Trin.* 422 ; ⓥ *opinatus*.

ŏpīnŏr, *ārĭs, ārī, ātus sum* (cf. *optio, opio*?), tr., avoir telle ou telle opinion, conjecturer : *sapiens nihil opinatur* Cic. *Mur.* 62, le sage ne hasarde aucune opinion ; [avec prop. inf.] avoir dans l'idée que, croire que : Cic. *Tusc.* 3, 35 ∥ [abs^t] Cic. *Ac.* 2, 87 ; 148 ∥ *aliquid de aliquo* Cic. *Pis.* 45, avoir telle opinion sur qqn [entre parenth.] *opinor* ou *ut opinor*, je crois, à ce que je crois, si je ne me trompe : Cic. *Verr.* 5, 159 ; *Fam.* 7, 24, 1 ; *Dom.* 42 ; *Fin.* 2, 31 ; *Brut.* 58.

▶ *non opinabar* est arch. d'après Cic. *de Or.* 3, 153 ∥ ⓥ *opinatus*, sens pass.

ŏpīnōsissimus, [mss] : Cic. *Ac.* 2, 143, fécond en conjectures ; ⓥ *spinosus*.

*ŏpīnus, en compos. d. *inopinus, necopinus*.

ŏpĭō, *ĭs, ĕre*, -, - (cf. *opimus, optio, opto, *praedopiont*), intr., abonder : Gloss. 2, 319, 5.

ŏpĭŏn, ⓥ *opium*.

ŏpĭpărē, adv. (*opiparus*), copieusement, richement, somptueusement : Pl. *Bac.* 373 ; Cic. *Off.* 3, 58 ; *Att.* 7, 2, 3 ; 13, 52, 1.

ŏpĭpărus, *a, um* (*ops, pario*), copieux, riche, somptueux : Pl. *Cap.* 769 ; *Mil.* 107 ; *Pers.* 549 ; Apul. *M.* 5, 15 ∥ **-păris**, *e*, Apul. *M.* 1, 24.

1 ŏpis, gén. de *ops*.

2 Ŏpis, *is*, f., ⓒ *2 Ops* : Pl. *Bac.* 893 ; P. Fest. 203, 19.

3 Ōpis, *is*, f. (*Ὦπις*), nymphe, compagne de Diane : Virg. *En.* 11, 836 ∥ nom d'une Naïade : Virg. *G.* 4, 343 ∥ ⓥ *2 Ops*.

ŏpisphŏra, *ōrum*, n. pl. (?), sortes de cordages (sur un bateau) : Isid. 19, 4, 6.

ŏpisthŏdŏmus, *i*, m. (ὀπισθόδομος), opisthodome, l'arrière d'un temple, d'une maison : Aur. d. Front. *Caes.* 1, 6, 5, p. 16 N.

ŏpisthŏgrăphus, *i*, m. (ὀπισθόγραφος), écrit sur le revers de la page : Plin. *Ep.* 3, 5, 17 ∥ subst. n., papier écrit sur le revers : Ulp. *Dig.* 37, 11, 4.

ŏpisthŏtŏnĭa, *ae*, f. (ὀπισθοτονία), ⓥ *opisthotonos* : Cael.-Aur. *Acut.* 3, 6, 61.

ŏpisthŏtŏnĭcus, *a, um* (ὀπισθοτονικός), atteint d'opisthotonos : Plin. 20, 197 ; Cael.-Aur. *Acut.* 3, 15, 120.

ŏpisthŏtŏnŏs, *i*, m. (ὀπισθότονος), opisthotonos, sorte de tétanos : Plin. 23, 48.

1 ŏpĭtĕr, *tris* (cf. *Oppius, avus, pater*?), celui dont le père est mort du vivant de l'aïeul : Fest. 201, 17 [explication du prénom].

2 Ŏpĭtĕr, *tris*, m., Opiter Verginius [nom d'un consul] : Liv. 2, 17 ; 2, 54.

Ŏpĭtergĭum, *ii*, n., ville de Vénétie [auj. Uderzo] Atlas XII, B3 : Plin. 3, 130 ∥ **-gīnus**, *a, um*, d'Opitergium : Plin. 3, 126 ∥ subst. m. pl., les habitants d'Opitergium : Flor. 4, 2, 33.

Ŏpĭternĭus, ⓥ *Opicernius*.

ŏpĭtĭōn, *ōnis*, m. (ὀπιτίων), une sorte d'oignon : Plin. 19, 95.

ŏpĭtŭlātĭo, *ōnis*, f. (*opitulor*), secours, assistance : Ulp. *Dig.* 4, 4, 1.

ŏpĭtŭlātŏr, *ōris* (*opitulor*), secourable : Hier. *Is.* 7, 17, 10 ; Apul. *Flor.* 16 ; P. Fest. 201, 20.

1 ŏpĭtŭlātŭs, *a, um*, part. de *opitulor*.

2 ŏpĭtŭlātŭs, *ūs*, m. (*opitulor*), secours : Fulg. *Myth.* 3, 8.

ŏpĭtŭlō, *ās, āre*, -, -, ⓒ *opitulor* : Andr. *Tr.* 22.

ŏpĭtŭlŏr, *ārĭs, ārī, ātus sum* (*opem fero* et *tollo*, **tulo*), intr., secourir, porter secours, assister, aider [avec dat.] : Pl. *Curc.* 332 ; *Mil.* 621 ; Cic. *Off.* 1, 154 ; *Fam.* 4, 13, 3 ; 10, 10, 2 ∥ *contra* Plin. 28, 103, être efficace contre ∥ *non opitulari quin, quominus* Cornelia. *Ep.* d. Nep. *frg.* 2 ; Val.-Max. 9, 14, 3, ne pas apporter une aide suffisante pour empêcher que.

ŏpĭtŭlus, *i*, m. (de *opitulor*), ⓒ *opitulator* : Aug. *Civ.* 7, 11 ; P. Fest. 201, 20.

ŏpĭum (-ĭŏn, *ii*, n. (ὄπιον), opium, suc de pavot : Plin. 20, 199.

ŏpŏbalsămātus, *a, um*, embaumé : CIL 7, 1311 b.

ŏpŏbalsămētum, *i*, n. (*opobalsamum*), lieu planté de baumiers : Just. 36, 3, 3.

ŏpŏbalsămum, *i*, n. (ὀποβάλσαμον), suc du baumier, baume : Cels. 5, 23, 3 ; Plin. 13, 18 ; pl., Juv. 2, 41.

ŏpŏcarpăthŏn, *i*, n. (ὀποκόρπαθον), suc du *carpathum* [ellébore blanc] : Juv. 2, 41 ; Plin. 28, 158.

ŏpŏpănax, *ăcis*, m. (ὀποπάναξ), suc du panax [ombellifère] : Plin. 20, 264.

ŏpōrĭcē, *ēs*, f. (ὀπωρική), médicament composé de certains fruits : Plin. 24, 129.

ŏpōrĭnŏs (ὀπωρινός), d'automne : Mart. 9, 12, 1.

ŏpōrŏthēca, *ae*, f. (ὀπωροθήκη), fruitier : Varr. *R.* 1, 59, 1 ∥ pl., Varr. *R.* 1, 2, 10.

ŏportĕt, *tēre*, *tŭĭt*, - (*ob*, *verto* ? cf. *operio* ?), impers., il faut : *oportere perfectionem declarat officii* Cic. *Or.* 74, le verbe *oportere* exprime l'idée d'un devoir absolu [c'est une obligation, un devoir de], cf. Cic. *Lae.* 40 ; *Verr.* 4, 84 ‖ [avec subj. seul] : *ad me redeat oportet* Cic. *Fam.* 13, 57, 1, il faut qu'il revienne vers moi, cf. Cic. *de Or.* 1, 20 ; *Or.* 139 ; [avec prop. inf.] : Pl. *Poen.* 1030 ; *venditorem dicere vitia oportet* Cic. *Off.* 3, 51, il faut que le vendeur déclare les défauts de sa marchandise ; *hoc fieri oportet* Cic. *Att.* 13, 24, 2, il faut que cela se fasse ; *ei potestatem factam oportebat* Cic. *Verr.* 1, 142, il fallait que le pouvoir lui fût donné, cf. Ter. *Haut.* 200, 635 ‖ [avec inf. sans sujet déterminé] : *ex malis eligere minima oportet* Cic. *Off.* 3, 3, entre des maux, il faut choisir le moindre, cf. Cic. *Lae.* 59 ; 61 ‖ [abs⁺] *contra atque oportet* Cic. *Balb.* 7, contrairement à ce qu'il faut ; *secus quam oportet* Cic. *Att.* 6, 2, 2, autrement qu'il ne faut ; *alio tempore atque oportuit* Caes. *G.* 7, 33, 3, à un autre moment qu'il ne fallait ‖ [inf. s.-ent.] *id feci, quod oportuit* Cic. *Tul.* 5, j'ai fait ce qu'il fallait, cf. Cic. *CM* 42 ; *Att.* 4, 6, 2 ‖ [tard., avec *ut* subj.] : Aug. *Civ.* 1, 10.

▶ emploi pers. au pl., *ea quae oportuerint* Coel.-Antip. d. Prisc. 2, 432, 14.

ōportūnus, v. *opportunus*.

ŏpŏs (**ŏpus**), *i*, m. (ὀπός), suc, jus : Orib. *Syn.* 2, 37.

oppallescō, *ĭs*, *ĕre*, *pallŭī*, -, intr., pâlir : Corip. *Joh.* 6, 156.

oppandō, *ĭs*, *ĕre*, *pandī*, *pansum* (*ob*, *pando*), tr., étendre devant : Tert. *Apol.* 16, 4 ; 48, 12.

oppangō, *ĭs*, *ĕre*, *pēgī*, *pactum* (*ob*, *pango*), tr., ficher devant ou contre : Pl. *Curc.* 60 ; Fest. 350, 18.

oppansus, *a*, *um*, part. de *oppando*, n. pris subst⁺, *de oppanso corporis sui erumpit (anima)* Tert. *Anim.* 53, 6, (l'âme) s'échappe de l'enveloppe de son corps.

oppectō, *ĭs*, *ĕre*, -, - (*ob*, *pecto*), tr., ôter la chair de l'arête, préparer [poisson] : Pl. *Pers.* 111.

oppēdō, *ĭs*, *ĕre*, - (*ob*, *pedo*), intr., péter au nez de [avec dat.] [καταπέρδειν] : Hor. *S.* 1, 9, 70.

oppēgi, parf. de *oppango*.

opperībor, v. *opperior* ▶.

opperĭor, *īrĭs*, *īrī*, *pertus sum* (cf. *experior*, *peritus*) ¶ 1 intr., attendre : Pl. ; Ter. ; Cic. *Att.* 3, 10, 1 ; 10, 3 ; *Fam.* 6, 20, 1 ¶ 2 tr., attendre : Pl. ; Ter. ; Liv. 1, 56, 8 ‖ attendre que [avec *dum* subj.] Pl. *Ru.* 328 ; [avec *dum* indic.] Cic. *Att.* 10, 3, 1 ; [avec *ut* subj.] Pl. *Bac.* 586 ; Liv. 42, 48, 10 ; Tac. *An.* 15, 68.

▶ arch. fut. *opperibor*, Pl. *Ps.* 323 ; Ter. *Haut.* 619 ; impér. *opperimino* Pl. *Truc.* 198 ; parf. *opperitus sum* Pl. *Most.* 788 ; *oppertus sum* ; Ter. *Phorm.* 514.

opperītus, v. *opperior* ▶.

oppessŭlātus, *a*, *um* (*ob*, *pessulus*), verrouillé : Petr. 97, 7 ; Apul. *M.* 1, 22.

oppĕtō, *ĭs*, *ĕre*, *īvī* ou *iī* (*ob*, *peto*), tr., aller au-devant de : *mortem* Cic. *Phil.* 14, 28 ; *Sest.* 29 ; *Tusc.* 1, 116, affronter la mort ‖ [abs⁺, sans *mortem*] aller à la mort, trouver la mort : Virg. *En.* 1, 96 ; 11, 268 ; Tac. *An.* 2, 24.

oppexŭs, *ūs*, m. (*oppecto*), agencement [des cheveux], coiffure : Apul. *M.* 11, 9.

Oppĭa, *ae*, f., nom de femme : Juv. 10, 220 ; Cic. *Fam.* 13, 28, 2 ‖ adj⁺, v. *Oppius*.

Oppĭănĭcus, *i*, m., cognomen de Sta. Abbius : Cic. *Clu.* 175.

Oppĭānus, *i*, m., Oppien [nom d'homme] : Mart. 6, 42, 24.

oppĭcō, *ās*, *āre*, -, - (*ob*, *pico*), tr., enduire de poix, poisser, goudronner : Cat. *Agr.* 120.

oppĭdānĕus, *a*, *um*, 🄲 *oppidanus* : Cod. Th. 1, 1, 38.

oppĭdānus, *a*, *um* (*oppidum*), d'une ville [qui n'est pas Rome], de ville municipale : Cic. *de Or.* 2, 240 ; *oppidanum genus dicendi* Cic. *Brut.* 242, façon de parler provinciale ‖ subst. m. pl., les habitants, les citoyens [de toute ville autre que Rome] : Caes. *G.* 2, 33, 1 ; 7, 12, 5.

oppĭdātim (*oppidum*), de ville en ville : Suet. *Aug.* 59 ; *Galb.* 18.

Oppĭdĭus, *ĭi*, m., nom d'homme : Hor. *S.* 2, 3, 168.

oppĭdō, adv. (cf. *oppidum*, ἔμπεδον), (v. P. Fest. 201, 9), beaucoup, fort : *paulum oppido* Cic. *Fin.* 3, 33, tout à fait peu ; *oppido pauci* Cic. *Fam.* 14, 4, 4, fort peu nombreux ; *oppido quam = sane quam* Liv. 36, 25, 3, tout à fait, cf. 39, 47, 2 ; v. *quam* ¶ 9 ‖ bien sûr, oui, sans doute [dans le dialogue] : Pl. *Bac.* 681 ‖ entièrement, tout à fait, absolument : Pl. *Aul.* 410.

▶ peu usité au temps de Quint., v. Quint. 8, 3, 25.

oppĭdŭlum, *i*, n. (dim. de *oppidum*), petite ville : Cic. *Q.* 2, 10, 2 ; Hor. *S.* 1, 5, 87.

1 **oppĭdum**, *i*, n. (*ob*, cf. *pes*, scr. *padam*, πέδον) ¶ 1 ville fortifiée, place forte : Cic. *Rep.* 1, 41 ‖ tout endroit fortifié : Caes. *G.* 5, 21, 2 ‖ enceinte de Rome : Liv. 42, 36, 1 ¶ 2 chef-lieu d'un territoire, ville d'un pays [*civitas* = pays, organisation politique] : Cic. *Verr.* 4, 72 ¶ 3 barrières du cirque : Varr. *L.* 5, 153.

▶ gén. pl. *oppidum* Sulp. *Fam.* 4, 5, 4.

2 **Oppĭdum nŏvum**, n., ville de Maurétanie, fondée par Claude : Plin. 5, 20.

oppignĕrātŏr, *ōris*, m. (*oppignero*), prêteur sur gage : *Aug. Ep. 268, 1.

oppignĕrō, *ās*, *āre*, *āvī*, *ātum* (*ob pignus*), tr., engager, donner en gage : Cic. *Sest.* 110 ; Mart. 2, 57, 7 ‖ [fig.] engager, lier : *se* Sen. *Ben.* 3, 5, 2, se lier.

oppīlātĭo, *ōnis*, f. (*oppilo*), obstruction [des narines] : Scrib. 47.

oppīlō, *ās*, *āre*, *āvī*, *ātum* (*ob*, 2 *pilo*), tr., boucher, obstruer : Cat. *Agr.* 100 ; Lucr. 6, 725 ; Varr. *L.* 5, 135 ‖ *oppilatus* Cic. *Phil.* 2, 21.

oppingō, *ĭs*, *ĕre*, *pēgī*, - (*ob*, *pango*), tr., imprimer sur, appliquer : Pl. *Curc.* 60.

Oppĭus, *ĭi*, m. (cf. *opiter*), nom d'une famille romaine : Cic. *Flac.* 31 ; *Att.* 4, 16, 14 ‖ **Oppĭus**, *a*, *um*, d'Oppius : *Oppia lex* Liv. 34, 1, loi Oppia [contre le luxe des femmes, 215 av. J.-C. ; supprimée vingt ans après], cf. Tac. *An.* 3, 33 ; *Oppius mons* Varr. *L.* 5, 50, un des deux sommets de l'Esquilin.

opplĕō, *ēs*, *ēre*, *ēvī*, *ētum* (*ob*, *pleo*), tr., remplir entièrement : Varr. *R.* 1, 8, 5 ; Cic. *Nat.* 2, 138 ‖ [fig.] *haec opinio Græciam opplevit* Cic. *Nat.* 2, 63, cette opinion se répandit dans toute la Grèce ; *mentes oppletae tenebris ac sordibus* Sen. 10, esprits plongés dans les ténèbres et dans l'ordure, cf. *Rep.* 6, 19.

opplētus, *a*, *um*, part. de *oppleo*.

opplōrō, *ās*, *āre*, -, - (*ob*, *ploro*), intr., fatiguer de ses pleurs [avec dat.] : Her. 4, 65.

oppōnō, *ĭs*, *ĕre*, *pŏsŭī*, *pŏsĭtum* (*ob*, *pono*), tr.,

I placer devant ¶ 1 *manum ante oculos* Ov. *F.* 4, 178 ; *oculis* Ov. *F.* 3, 46, mettre sa main devant les yeux ; *luna opposita soli* Cic. *Div.* 2, 17, la lune placée devant les rayons du soleil ‖ *auriculam* Hor. *S.* 1, 9, 76, offrir, présenter, tendre l'oreille ¶ 2 [fig.] exposer : *ad periculum opponi* Cic. *Mur.* 87, s'exposer au danger ; *urbes multis periculis oppositae* Cic. *Rep.* 2, 5, villes exposées à beaucoup de dangers ; *morti se opponere* Virg. *En.* 11, 115, faire face à, affronter la mort, cf. Cic. *Balb.* 26 ¶ 3 mettre devant les yeux, proposer : Cic. *Sest.* 42 ; 52 ; Quinct. 47 ¶ 4 offrir comme gage, hypothéquer : Sen. *Ben.* 7, 15, 1, cf. Pl. *Cap.* 433 ; *Ps.* 87 ; Ter. *Phorm.* 661.

II [idée d'opposition] contre ¶ 1 *huic (equitatui) suos equites opposuit* Caes. *C.* 3, 75, 5, à cette cavalerie il opposa ses propres cavaliers, cf. Caes. *C.* 3, 30, 2 ; *turrim ad introitum portus* Caes. *C.* 3, 39, 2, installer une tour pour barrer l'entrée du port, cf. Cic. *Caecin.* 27 ; *gallinae se opponunt* Cic. *Nat.* 2, 129, les poules se mettent devant [font écran contre les rayons du soleil] ; *praesidium ad adventum alicujus oppositum* Cic. *Verr.* 5, 5, détachement opposé à l'arrivée de qqn, cf. *Verr.* 5, 2 ¶ 2 [fig.] **a)** *alicui se opponere* Cic. *Brut.* 31, se dresser contre qqn comme adversaire **b)** opposer comme obstacle, comme objection : *alicui nomen* Cic. *Verr.* 4, 75, opposer à qqn un nom [comme fin de non recevoir], cf. Cic. *Ac.* 2, 64 ; *Q.* 2, 8, 1 ; *quid habes quod mihi opponas ?* Cic. *Phil.* 2, 8, qu'as-tu à m'opposer ? ; *quod opponitur* Cic. *Or.* 138, une objection **c)** opposer [dans une comparaison], mettre en regard : *aliquid alicui rei* Cic. *Flac.* 100 ; Caes. *C.* 3, 73, 2 **d)** [au pass.] être opposé comme contraire : *his oppositae contrariae offensiones (sunt)* Cic. *Tusc.* 4, 23, en

oppono

regard de ces infirmités se placent les aversions contraires.
▶ parf. arch. *opposivit* Pl. *Curc.* 356; part. sync. *oppostus* Lucr. 4, 150.

opportō (obp-), *ās, āre, -, -,* tr., porter devant : Not. Tir. 7.

opportūnē- (ŏport-, Cic.), adv., à propos, à point, à temps : Ter. *Ad.* 81; Cic. *Nat.* 1, 16; *Fin.* 5, 8; Caes. G. 4, 22, 2 ∥ *-nĭus* Gai. *Inst.* 2, 97 ∥ *-issime* Caes. C. 3, 101, 4.

opportūnĭtās (ŏport-, Cic.), *ātis,* f., opportunité, condition favorable, convenance : Cic. *Off.* 1, 142; *locorum* Cic. *Marc.* 6, le choix heureux des positions; *opportunitates loci* Caes. G. 3, 12, 4, les avantages de la position; *membrorum opportunitas* Cic. *Nat.* 1, 92, l'heureuse disposition des membres; *haec opportunitas anuli* Cic. *Off.* 3, 38, cette propriété de l'anneau ∥ commodité, avantage : Cic. *Lae.* 22; Caes. G. 3, 17, 7; Liv. 45, 30, 4 ∥ utilité publique : Vitr. 1, pr. 2; 1, 3, 1.

opportūnus (ŏport-, Cic.), *a, um* (*ob, portus, Portunus*) ¶ **1** convenable, commode, opportun : *tempus actionis opportunum* Cic. *Off.* 1, 142, moment d'agir opportun; *locus opportunus ad rem* Cic. *Inv.* 1, 39, endroit propice pour une chose; *aetas opportunissima* Cic. *Fam.* 7, 7, 2, l'âge le mieux approprié; *nihil opportunius accidere vidi* Cic. *Fam.* 10, 16, 1, je n'ai rien vu arriver plus à propos ∥ [pl. n.] *opportuna locorum permunire* Tac. *An.* 4, 24, fortifier dans une région les points stratégiques ¶ **2** approprié à, bon pour, utile, avantageux : *ceterae res, quae expetuntur, opportunae sunt singulae rebus singulis* Cic. *Lae.* 22, tous les autres biens que nous désirons ne sont avantageux chacun que pour un seul objet; *classes optimae atque opportunissimae* Cic. *Verr. prim.* 13, les flottes les meilleures et les plus utiles ¶ **3** propre à, qui se prête à [dat. ou *ad*] : *homo ad haec omnia opportunus* Ter. *Eun.* 1077, homme qui convient pour tout cela; *Romanus opportunus huic eruptioni fuit* Liv. 6, 24, 3, les Romains favorisèrent cette sortie ∥ exposé à : *opportuniora morbis corpora* Plin. 18, 68, corps plus exposés aux maladies.
▶ l'orth. *oportunus* se trouve souvent d. les meill. mss de Cic.; cf. *oportet*.

oppŏsĭtē, adv. (*oppositus*), en opposition : Boet. *Anal. pr.* 2, 8.

oppŏsĭtĭo, *ōnis*, f. (*oppono*), opposition : Vulg. 1 *Tim.* 6, 20 ∥ contraste, antithèse [rhét.] : Jul.-Ruf. 13, p. 51, 15 H.

1 oppŏsĭtus, *a, um*, part.-adj. de *oppono*, placé devant, opposé [avec dat.] : Cic. *Off.* 2, 14; *Div.* 2, 17 ∥ subst. pl. n., propositions, [ou] termes contradictoires : Gell. 16, 8, 14.

2 oppŏsĭtŭs, *ūs*, m., action de mettre devant, d'opposer : *laterum nostrorum oppositus et corporum pollicemur* Cic. *Marc.* 32, nous t'offrons le rempart de nos poitrines et de nos corps ∥ fait d'être

opposé : Cic. *Rep.* 1, 25; Gell. 4, 5, 3 ∥ [fig.] fait d'opposer, d'objecter : Gell. 14, 5, 4.

oppostus, v. *oppono* ▶.

oppŏsŭi, parf. de *oppono*.

oppressi, parf. de *opprimo*.

oppressĭo, *ōnis*, f. (*opprimo*), action de presser : Vitr. 10, 3, 3 ∥ destruction, action d'étouffer : [les lois, la liberté] Cic. *Off.* 3, 83 ∥ oppression, action violente contre qqn, qqch. : Ter. *Ad.* 238; Cic. *Dom.* 5.

oppressĭuncŭla, *ae*, f. (dim. de *oppressio*), légère pression : Pl. *Ps.* 68.

oppressŏr, *ōris*, m. (*opprimo*), destructeur : Brut. d. Cic. *ad Brut.* 1, 16, 6; Aug. *Civ.* 16, 4.

1 oppressus, *a, um*, part. de *opprimo*.

2 oppressŭs, abl. *ū*, m., action de presser, de peser sur : Lucr. 1, 851.

opprĭmō, *ĭs, ĕre, pressī, pressum* (*ob, premo*), tr. ¶ **1** presser, retenir : *flammam in ore* Enn. d. Cic. *de Or.* 2, 222, comprimer du feu dans sa bouche; *taleam pede* Cat. *Agr.* 45, appuyer sur une bouture avec le pied; *oppressus terra vivit* Cic. *Div.* 2, 51, il vit sous terre (recouvert de terre); *os opprime* Ter. *Phorm.* 986, ferme ta bouche ∥ [en part.] *litterae oppressae* Cic. *Off.* 1, 133, lettres étouffées, mal articulées, prononcées d'une façon indistincte ∥ *classis oppressa* Cic. *Pomp.* 33, flotte anéantie ¶ **2** [fig.] **a)** recouvrir, tenir couvert (caché) : *aliquid opprimere et abscondere* Cic. *Amer.* 121, tenir une chose sous le boisseau et la soustraire aux regards; *iram* Sall. *J.* 72, 1, dissimuler sa colère **b)** étouffer : *flammam* Cic. *CM* 71, étouffer une flamme; *exstinguere et opprimere potentiam alicujus* Cic. *Amer.* 36, éteindre et étouffer la puissance de qqn, cf. Cic. *Lae.* 78; *Fin.* 2, 30 ¶ **3** faire pression sur, faire fléchir, accabler : *onera opprimunt* Cic. *Tusc.* 2, 54, les fardeaux accablent; *opprimi onere officii* Cic. *Amer.* 10, succomber sous le fardeau du devoir ∥ [fig.] écraser : *erigebat animum jam demissum et oppressum* Cic. *Clu.* 58, il redressait son esprit déjà abattu et écrasé = son esprit ... se redressait ; *domum nostram ruina Carthaginis oppressit* Liv. 30, 20, 4, il a écrasé notre famille sous les ruines de Carthage; *opprimi aere alieno* Cic. *Cat.* 2, 8, être écrasé de dettes, cf. Cic. *Mur.* 32 ¶ **4** tomber sur, surprendre : *nox, mors aliquem oppressit* Cic. *CM* 49; *Verr.* 3, 213, la nuit, la mort a surpris qqn ; *ne a me opprimantur* Cic. *Verr.* 4, 150, pour qu'ils ne soient pas pris par moi au dépourvu.

opprŏbrāmentum, *i*, n., reproche injurieux : Pl. *Merc.* 420.

opprŏbrātĭo, *ōnis*, f. (*opprobro*), reproche, réprimande : Gell. 2, 7, 13; 12, 12, 4.

opprŏbrĭōsus, *a, um* (*opprobrium*), déshonorant, infamant : Ambr. *Cain* 1, 4, 14.

opprŏbrĭum, *ĭi*, n. (*opprobro*), opprobre, honte, déshonneur : *opprobrio est alicui, si* Cic. *Rep.* 4, 3, c'est une honte pour qqn, si ; Nep. *Con.* 3, 4; Quint. 3, 7, 19 ∥ en parl. de pers. : **(Pisonis comites), obprobria Romulei Remique** Catul. 28, 15, (ô compagnons de Pison), opprobres de Romulus et de Rémus, cf. Hor. *O.* 4, 12, 7; Tac. *An.* 3, 66 ∥ injure, parole outrageante : Hor. *Ep.* 1, 16, 38.

opprŏbrō (ob-), *ās, āre, -, -* (*ob, probrum*), tr., reprocher (*aliquid alicui*) : Pl. *Most.* 301; *Truc.* 280; Gell. 17, 1, 11.

oppugnātĭo, *ōnis*, f. (*oppugno*), attaque, assaut, siège : Cic. *de Or.* 1, 210; *oppugnatio Gallorum* Caes. G. 2, 6, 2, manière de donner l'assaut, méthode de siège des Gaulois, cf. 7, 29, 2 ∥ [fig.] Cic. *Cael.* 20; *Vat.* 5; *Q.* 2, 8, 1.

oppugnātŏr, *ōris*, m. (*oppugno*), celui qui attaque [une ville], assiégeant, assaillant : *patriae* Cic. *Phil.* 22, 8, qui assaille sa patrie; [fig.] Cic. *Planc.* 76.

oppugnātōrĭus, *a, um*, qui sert à l'attaque [d'une ville] : Vitr. 10, 12, 2.

1 oppugnō, *ās, āre, āvī, ātum* (*ob, pugna*), tr. ¶ **1** attaquer [une ville], assaillir, assiéger : Cic. *Fam.* 2, 10, 3; *Pomp.* 20; Caes. G. 1, 44, 3; 6, 41, 3; Liv. 21, 57, 9 ∥ *caput alicujus* Cic. *Quinct.* 40, attaquer qqn à la tête ¶ **2** [fig.] attaquer, poursuivre, assaillir, battre en brèche qqn, qqch. : Cic. *Or.* 223; *Fam.* 1, 1, 1; 5, 2, 6; *Clu.* 199.
▶ inf. fut. arch. *oppugnassere* Pl. *Amp.* 210.

2 oppugnō, *ās, āre, -, ātum* (*ob, pugnus*), tr., frapper avec le poing : Pl. *Cas.* 412.

oppŭtō, *ās, āre, -, -* (*ob, puto*), tr., tailler, élaguer, ébrancher : Plin. 17, 156.

oppŭvĭō (obp-), *ās, āre, -, -* (*ob, pavio*), frapper : P. Fest. 207, 13.

ŏprīmentum, *i*, n., f. l. pour *operimentum*.

1 ops, *ŏpis*, pl. *ŏpes, opum* [sg. usité aux gén., acc. et abl.] f. (*opus, opera, opitulor, opimus, ope, epulae, d. scr. apas-, apnas-*, hit. *happina-*, al. *üben*)

I sg. ¶ **1** pouvoir, moyen, force : *summa ope niti* Sall. *C.* 1, 1, s'efforcer avec la plus grande énergie; *omni ope atque opera eniti* Cic. *Att.* 14, 14, 5, employer tous ses moyens et son activité pour que; *quacumque ope possunt* Cic. *Mil.* 30, par tous les moyens en leur pouvoir; *non opis est nostrae* [avec inf.] Virg. *En.* 1, 601, il n'est pas en notre pouvoir de ¶ **2** [rare] **a)** richesse : *adstante ope barbarica* Enn. *Tr.* 83 d. Cic. *Tusc.* 3, 44, au milieu de la richesse barbare **b)** puissance, forces militaires : Virg. *En.* 8, 685 ¶ **3** [surtout] aide, appui, assistance : *quibus nihil est in ipsis opis ad bene beateque vivendum* Cic. *CM* 4, ceux qui ne trouvent en eux-mêmes aucune aide pour vivre dans le bien et le bonheur ; *nihil est opis in hac voce* Cic. *Verr.* 5, 168, cette parole n'est d'aucun secours ; ***ab aliquo opem petere*** Cic. *Tusc.* 5, 5, demander assistance à qqn ; ***sine tua ope*** Cic. *Att.* 16, 13 c, 2, sans ton aide ; ***opem ferre alicui*** Cic. *Fam.* 4, 1, 1, porter secours à qqn ‖ être auteur d'un délit : ***ope furtum facere*** Dig. 13, 1, 6, être auteur d'un vol [élément matériel de l'infraction] ; ***ope consilioque alicujus furtum factum esse*** Gai. *Inst.* 4, 37, qqn est l'auteur matériel et intentionnel d'un vol. **II** pl. ¶**1** moyens, pouvoir : ***omnibus viribus atque opibus repugnare alicui rei*** Cic. *Tusc.* 3, 25, lutter contre qqch. de toutes ses forces et de tout son pouvoir, cf. Cic. *Off.* 2, 20 ¶**2** puissance, influence : ***divitiae, honores, opes*** Cic. *Fin.* 5, 81, les richesses, les charges, la puissance, cf. Cic. *Brut.* 280 ; *Lae.* 22 ; *Att.* 8, 11, 1 ; *Agr.* 2, 82 ‖ richesses, somptuosité, luxe : Cic. *Leg.* 2, 19 ‖ forces militaires : Hirt. *G.* 8, 21, 3 ; Nep. *Con.* 4, 3.

2 **Ops** (**Ŏpis**, Pl. *Bac.* 893), **Opis**, f., déesse Ops, la Terre [identifiée, avec Cybèle] : Varr. *L.* 5, 57 ; 5, 64 ; Cic. *Tim.* 35 ; *Phil.* 2, 93 ; Ov. *M.* 9, 498.

3 **ops** (de *inops*), ▻ *opulentus* : Prisc. 2, 321, 25.

ops-, [arch.] c. *obs-*.

Opscus, v. *Oscus* : Fest. 218, 12.

opsĭānus, **a**, **um** (*Opsius*), d'obsidienne : Plin. 36, 196 ‖ ***-us lapis*** Plin. 36, 197 ; 37, 177 ; ***-a gemma*** Plin. 37, 200, obsidienne [pierre précieuse].

Opsĭus, *ii*, m., nom d'homme : Tac. *An.* 4, 68 ; 71 ; v. *Obsius*.

opsōnĭum (**obs-**), *ii*, n. (ὀψώνιον), provisions de bouche, victuailles, mets, plat : Pl. *Bac.* 95 ; *Merc.* 582 ; Cic. *Fam.* 9, 19, 2 ; Plin. 31, 87.

optābĭlis, **e** (*opto*), désirable, souhaitable : Cic. *de Or.* 1, 221 ; ***optabile est alicui*** [avec inf.] Cic. *Mil.* 31, il est souhaitable pour qqn de ; ***optabile est ut*** [subj.] Cic. *Off.* 1, 45, il est souhaitable que ‖ ***-bilior*** Cic. *Fin.* 4, 63.

optābĭlĭtĕr, adv., d'une manière désirable : Aug. *Trin.* 13, 1, 3 ‖ ***-bilius*** Val.-Max. 5, 1, 6.

optassīs, v. *opto* ▻.

optātē, adv., à souhait : Lampr. *Alex.* 58, 1.

Optātĭa, *ae*, f., nom de femme : CIL 13, 1754.

optātĭo, *ōnis*, f. (*opto*), faculté de souhaiter, de faire un vœu : Cic. *Off.* 3, 94 ‖ optation : Cic. *de Or.* 3, 205, [rhét.].

optātīvē, adv., à l'optatif [gram.] : Prisc. 3, 266, 15.

optātīvus, **a**, **um**, qui exprime un souhait, optatif [gram.] : Diom. 340, 4 ; Prisc. 3, 253, 14 ‖ subst. m., l'optatif : Char. 168, 2 ; Prisc. 2, 424, 8.

optātō, adv. (*optatus*), selon le désir, à souhait : Pl. *Amp.* 658 ; Ter. *And.* 533 ; ***mi optato veneris*** Cic. *Att.* 13, 28, 3, ta venue me fera plaisir.

optātum, *i*, n. (*optatus*), vœu, souhait, désir : Pl. *Cap.* 355 ; Ter. *Ad.* 978 ; Cic. *Quir.* 5 ; ***impetrare optatum*** Cic. *Off.* 3, 94, obtenir la réalisation d'un vœu ; ***praeter optatum meum*** Cic. *Pis.* 46, au-delà de mes vœux ; ***mihi in optatis est*** [avec inf.] Cic. *Fam.* 2, 13, 2, je forme le vœu de.

1 **optātus**, **a**, **um**, part.-adj. de *opto*, choisi : Fest. 202, 12 ‖ agréable, désiré, souhaité : Pl. *Aul.* 406 ; Cic. *Fam.* 16, 21, 1 ; ***nihil mihi fuit optatius quam ut*** Cic. *Fam.* 1, 5, 1, je n'eus rien plus à cœur que de ; ***optatissimum est*** inf., Cic. *Phil.* 13, 49 ; ***mihi optatum est*** inf., Cic. *Verr.* 5, 183, le plus souhaitable est de ; mon vœu est de ‖ [avec nom de pers.] Cic. *Fam.* 14, 5, 2 ; ***optatissime frater*** Cic. *Q.* 2, 8, 2, ô frère si désiré.

2 **Optātus**, *i*, m., nom d'homme : CIL 10, 6006.

optĭcē, *ēs*, f. (ὀπτική), l'optique : Vitr. 1, 1, 4.

optĭgo, v. *obtego*.

optĭmās, *ātis*, adj. (*optimus*), formé des meilleurs, de l'aristocratie : Cic. *Rep.* 2, 41 ; Enn. *Tr.* 294 ; Apul. *Apol.* 12 ‖ subst. m., **optĭmās**, Cael. d., Cic. *Att.* 10, 9 a, 2, et surtout le pl., **optĭmātes**, *ĭum* ou *um*, [les gens du meilleur parti politique, d'après Cicéron, c.- à.- d. le parti du sénat, conservateur et aristocratique], les aristocrates, les optimates : Cic. *Sest.* 96 ; *Rep.* 1, 42 ; 43.
▸ abl. sg. *optimati* Cic. *Rep.* 2, 41.

optĭmĭtās, *ātis*, f. (*optimus*), excellence : Capel. 4, 369.

optĭmē (**optŭmē**), superl. de *bene*, très bien, de façon excellente : ***optime omnium*** Cic. *Fam.* 4, 13, 7, mieux que personne, le mieux du monde ‖ [tour ellipt.] : ***optime vero Epicurus, quod ... dixit*** Cic. *Fin.* 1, 63, Épicure s'exprime encore très bien quand il dit que ... ‖ [d. les réponses] très bien, parfait : Pl., Ter.

optĭmus (**optŭ-**), **a**, **um** (*ops* et cf. *finitimus* ; it. *ottimo*), superl. de *bonus* ¶**1** très bon, le meilleur, excellent, parfait : Cic. *Planc.* 97 ; ***optimus quisque*** Cic. *CM* 43, tous les plus honnêtes gens ; ***optima signa*** Cic. *Verr.* 1, 53, magnifiques statues ‖ très bon, très bienfaisant [épithète de Jupiter et de quelques autres divinités] : Cic. *Nat.* 3, 87 ¶**2** [expr.] : ***quod optimum factu est*** Cic. *Verr.* 1, 68, ce qu'il y a de mieux à faire ‖ ***optimum factu est*** ou ***optimum est*** [avec inf.], ce qu'il y a de mieux à faire, le parti le meilleur est de : Cic. *Verr.* 1, 136 ; Caes. *G.* 4, 30, 2 ; Sall. *C.* 32, 1 ; Caes. *G.* 2, 10, 4 ; Liv. 5, 40, 8 ‖ [ellipt] ***optimum, quod ... sustulisti*** Cic. *Phil.* 2, 91, le mieux, le plus beau, c'est que tu as supprimé ... ‖ ***ubi optimus maximus*** [en parlant d'un bien] Dig. 21, 2, 48, libre de toute servitude, cf. *maximus*.

optĭnĕo, v. *obt-*.

1 **optĭo**, *ōnis*, f. (cf. *opio*, *ops*, *opto*), option, choix, libre volonté : ***optio vobis datur*** Cic. *Caecin.* 64, vous avez le choix ; ***eligendi optionem dare alicui*** Cic. *Brut.* 189 ; *Att.* 4, 19, 2, donner à qqn la liberté de choisir, cf. Cic. *Fin.* 1, 33 ; ***optionem Carthaginiensium faciunt*** Sall. *J.* 79, 8, ils attribuent aux Carthaginois le droit de choisir.

2 **optĭo**, *ōnis*, m. (1 *optio*), option, sous-chef, sous-officier qui servait d'adjudant aux centurions, et était choisi par eux : Varr. *L.* 5, 91 ; Tac. *An.* 1, 25 ; Fest. 216, 23 ; P. Fest. 201, 23 ‖ aide, assesseur : Pl. *As.* 101 ; Dig. 50, 6, 6.

optĭōnātŭs, *ūs*, m. (2 *optio*), optionat, grade et fonction de l'option : Cat. d. Fest. 220, 12 ; P. Fest. 221, 2.

optīvus, **a**, **um** (*opto*), qu'on a choisi : Hor. *Ep.* 2, 2, 101 ; Gai. *Inst.* 1, 154.

optō, *ās*, *āre*, *āvī*, *ātum* (fréq., cf. *opio*, *optio*, *ops* ; esp. *otar*), tr. ¶**1** examiner avec soin, choisir : ***utrumvis opta*** Pl. *Ru.* 854, des deux choses, choisis celle que tu préfères, cf. Pl. *Aul.* 11 ; Ter. *And.* 797 ; Virg. *En.* 1, 425 ; 3, 109 ; Cic. *Amer.* 30 ; Liv. 6, 25, 5 ‖ choisir de, prendre le parti de, avoir l'idée de [avec inf.] : Virg. *G.* 1, 42 ; *En.* 6, 501 ¶**2** souhaiter [acte réfléchi] **a)** ***rem cupere et optare*** Cic. *Phil.* 14, 7, désirer et souhaiter une chose, cf. Cic. *Pis.* 32 ; *Off.* 1, 66 ; ***rem a dis immortalibus optare*** Cic. *Pomp.* 48, demander une chose aux dieux immortels, cf. *Nat.* 1, 122 ; Liv. 21, 43, 5 ; 28, 39, 13 ‖ [avec ut subj.] souhaiter que : Cic. *Off.* 3, 94 ; ***ut ne*** Cic. *Caecin.* 23, souhaiter que ne ... pas ; ***a dis immortalibus optare ut*** Cic. *Cat.* 2, 15, demander aux dieux immortels que ‖ [avec subj. seul] Virg. *En.* 4, 24 ; Ov. *Tr.* 2, 57 ‖ [avec inf.] Ter. *Hec.* 651 ; Hirt. *G.* 8, 9, 2 ; Curt. 3, 11, 1 ; 4, 12, 5 ; Plin. *Ep.* 3, 4, 2 ; Pan. 87, 2 ; [avec prop. inf.] Cic. *de Or.* 1, 87 ; *Phil.* 5, 51 ; *Fam.* 10, 20, 3 ‖ [abs¹] ***optare hoc quidem est, non docere*** Cic. *Tusc.* 2, 30, c'est là l'expression d'un souhait, non une preuve **b)** souhaiter qqch. à qqn, ***aliquid alicui*** : [en bonne part] Pl. *Ru.* 639 ; Cic. *Brut.* 331 ; Plin. *Ep.* 4, 15, 5 ; [en mauv. part] Cic. *Pis.* 46 ; Liv. 28, 27, 10 ; Sen. *Ben.* 6, 25, 2.
▸ ***optassis*** pour *optaveris* Pl. *Mil.* 669.

optostrōtum, f. l. pour *orthistrotum*.

optŭĕor, v. *obt-*.

optŭmē, **optŭmus**, v. *opti-*.

optundo, v. *obt-*.

optūrāmentum, v. *obt-*.

opturgesco, v. *obt-*.

optus, **a**, **um** (ὀπτός), rôti : *Plin. Val.* 1, 37.

optutus, v. *obt-*.

ŏpŭlens, *tis*, c. *opulentus* : Sall. *J.* 69, 3 ; Nep. *Char.* 3, 3 ; Apul. *M.* 8, 15 ; 10, 19.

ŏpŭlentē, Apul. *Apol.* 93 ; **-lentĕr**, Sall. *J.* 85, 34, adv., avec opulence, richement, somptueusement ‖ ***-tius*** : Liv. 1, 35, 7.

ŏpŭlentĭa, *ae*, f. (*opulentus*), opulence, richesse, magnificence : Sall. *C.* 52, 22 ; Virg. *En.* 7, 262 ‖ pl., Pl. *Trin.* 490, les

opulentia

fortunes, les grandeurs ‖ puissance : Sall. C. 6, 3 ; Tac. An. 4, 55 ‖ [fig.] richesse [de langage] : Claud. Mall. Theod. 21.

ŏpŭlentĭtās, ātis, f., [arch.] ⬛▷ opulentia : Caecil. Com. 186 ; Pl. Mil. 1171.

ŏpŭlentō, ās, āre, -, - (opulentus), tr., enrichir : Hor. Ep. 1, 16, 2 ; Col. 8, 1, 2.

ŏpŭlentus, a, um (ops, cf. epulae) ¶1 qui a beaucoup de moyens, de ressources, opulent, riche : Cic. Nat. 3, 81 ; Verr. 4, 68 ; Tusc. 5, 101 ; *opulenti* Cic. Lae. 46, les riches ; *opulentus* Cic. Off. 2, 70, un riche ; *opulentior agro virisque* Sall. J. 16, 5, plus riche en terres et en hommes, cf. Liv. 1, 30, 4 ; 4, 34, 4 ; Virg. En. 1, 447 ‖ [avec gén.] riche sous le rapport de : Hor. O. 1, 17, 16 ; Tac. H. 2, 6 ‖ puissant, influent : Sall. C. 53, 3 ; Liv. 32, 32, 3, cf. Enn. Tr. 242 ¶2 [en parl. de choses] somptueux, abondant, magnifique : Pl. Bac. 96 ; *opulentissimae Syriae gazae* Cic. Sest. 93, les trésors si riches de Syrie ; n. pl., *opulenta* Curt. 5, 9, 16, les richesses.

ŏpŭlescō, ĭs, ĕre, -, - (ops), intr., s'enrichir : Fur. d. Gell. 18, 11, 4.

ŏpŭlus, i, f. (? ; cf. 2 populus ; it. *loppio*), sorte d'érable [arbre] : Plin. 17, 201.

ŏpunculō, ōnis, m. (2 opilio), ⬛▷ 2 opilio ; *P. Fest. 207, 12.

Opuntĭus, ⬛▷ 4 Opus.

1 ŏpus, ŏpĕris, n. (ops, opera, cf. scr. *apas-* ; a. fr. *ues*), œuvre, ouvrage, travail ¶1 *his opus non defuit* Cic. Verr. 4, 54, l'ouvrage ne leur a pas manqué, cf. Cic. de Or. 2, 72 ; *opus quaerere* Cic. Tusc. 3, 81, chercher du travail ‖ *operibus hominum, id est manibus, cibi varietas invenitur* Cic. Nat. 2, 151, c'est par le travail humain, c'est-à-dire par la main de l'homme que se trouvent les diverses nourritures ; *pecudum opere effici* Cic. Off. 2, 11, être le résultat du travail des animaux ; *non cessavit in suo studio atque opere* Cic. CM 13, il ne cessa pas d'étudier et de travailler ‖ travail des abeilles : Varr. R. 3, 16, 5 ¶2 travail des champs : *opus faciam* Ter. Eun. 220, je travaillerai la terre, cf. Haut. 73 ; *opera* Cic. CM 24, travaux de la campagne ‖ le travail artistique : *hydria praeclaro opere* Cic. Verr. 4, 32, aiguière d'un travail admirable, cf. Cic. Verr. 4, 46 ; 4, 124 ¶3 a) *nondum opere castrorum perfecto* Caes. C. 2, 26, 2, les travaux du camp n'étant pas encore achevés, cf. Caes. G. 1, 8, 2 ; [d'où] ouvrage militaire : Caes. G. 1, 49, 4 ; 4, 17, 10 ; [et au pl.] travaux d'art pour un siège : Cic. Phil. 13, 20 ; Nep. Milt. 7, 2 ; Liv. 35, 22, 8 b) *publica opera* Cic. Verr. prim. 12, bâtiments publics c) ouvrage, œuvre [d'un artiste] : *Corinthia opera* Cic. Par. 36, les œuvres (bronzes) de Corinthe, cf. Cic. Verr. 4, 67 ; 4, 132 ; [d'un écrivain] Cic. Ac. 1, 2 ; Fam. 16, 18, 3 ; Quint. 4, 1, 34 ‖ [droit] *novum opus* Dig. 39, 1, 20 pr., nouvel œuvre [ouvrage nouveau :

v. novus ¶1 e] ‖ *in (ad) opus publicum perpetuum (temporarium) dari* Dig. 48, 19, 34 pr., être condamné aux travaux forcés à perpétuité (ou pour un temps) ¶4 œuvre, acte [accomplissement d'une chose qui est dans les attributions de] : *opus censorium* Cic. de Or. 2, 367 ; *oratorium* Cic. Brut. 200, un acte de censeur, d'orateur ; *si mures corroserint aliquid, quorum est opus hoc unum* Cic. Div. 2, 59, si qqch. a été rongé par les souris, spécialistes de ce travail ¶5 [expr.] : *magno opere* Cic. Verr. 5, 107, avec beaucoup d'effort, ⬛▷ *magnopere quantopere, nimiopere* ¶6 [chrét.] les bonnes œuvres, la charité : Cypr. Eleem. 1 ‖ *opus Dei* Greg.-M. Ep. 4, 18, service divin, office.

2 ŏpus, n. indécl. (1 opus) ¶1 a) chose nécessaire : *quaecumque ad oppugnationem opus sunt* Caes. G. 5, 40, 6, tout ce qui est nécessaire pour l'attaque, cf. Caes. G. 1, 24, 2 ; 2, 22, 1 ; Cic. Fam. 16, 4, 2 ; *mihi frumentum non opus est* Cic. Verr. 3, 196, je n'ai pas besoin de blé ; *quis neget opus esse oratori... Roscii gestum et venustatem ?* Cic. de Or. 1, 251, qui prétendrait qu'un orateur n'a pas besoin de la science du geste, de l'élégance de Roscius ?, cf. Cic. Rep. 5, 4 ; Cic. Fam. 2, 6, 4 ; 7, 31, 2 ; *ut det ei, si quid opus erit in sumptum* Cic. Att. 8, 6, 2, qu'il lui donne ce dont il aura besoin pour ses dépenses [noter : *quae opus erunt administrari* Brut. Fam. 11, 11, 2, ce qui aura besoin d'être réglé] b) [impers.] *opus est* [avec abl.] : *mihi opus est aliqua re*, j'ai besoin de qqch., ou *opus est aliqua re*, besoin est de qqch. ; *nihil opus est conjectura* Cic. Amer. 107, il n'est pas du tout besoin de conjecture ‖ *sed opus fuit Hirtio convento ?* Cic. Att. 10, 4, 11, mais était-il besoin d'aller trouver Hirtius ?, cf. Sall. C. 31, 7 ‖ *quod facto est opus* Pl. Amp. 505, ce qu'il faut faire ; *si quid opus facto est* Caes. G. 1, 42, 5, en cas de nécessité ; *properato opus est* Cic. Mil. 49, il est besoin de se hâter ; *mature facto* Sall. C. 1, 6, il est nécessaire d'agir promptement, cf. Sall. C. 20, 10 ; 43, 5 ; 45, 1 ; 46, 2 ‖ *opus est promptu* Pl. Cis. 111 ; *jactu* Ter. Ad. 740 ; *dictu* Ter. Haut. 941, il est besoin de prendre, de jeter, de dire ‖ [avec inf.] Cic. Tusc. 1, 89 ; Fin. 4, 37 ; Att. 7, 8, 1 ‖ [avec prop. inf.] Cic. Nat. 1, 89 ‖ [avec *ut* subj.] Pl. Ps. 740 ; Tac. D. 31 ; [avec subj. seul] Pl. Merc. 1004 ; Plin. Ep. 9, 33 ‖ [avec *ne*] Plin. Ep. 7, 6, 3 ‖ [rare avec gén.] : Lucil. 335 ; Liv. 22, 51, 3 ; 23, 21, 5 ; Prop. 2, 10, 12 ; Quint. 12, 3, 8 ‖ *Pl. Truc. 902 ; *Cat. Agr. 15 ¶2 [qqf.] chose utile : *illud, etiamsi opus est, minus est tamen necessarium* Cic. de Or. 2, 43, ce genre, même s'il est utile, est cependant moins nécessaire, cf. Cic. de Or. 2, 326 ; Fam. 1, 9, 25 ; *non opus est id sciri* Cic. Off. 3, 49, il n'est pas bon que cela se sache (il est mauvais, nuisible), cf. Cic. Clu. 140.

3 ŏpus, i, ⬛▷ opos.

4 Opūs, untis, f. (Ὀποῦς), Oponte [capitale des Locriens Épicnémidiens] Atlas VI, B2 : Liv. 28, 7, 8 ‖ **-untĭus**, a, um, d'Oponte : Cic. Verr. 2, 109 ; Mel. 2, 45 ‖ **-tĭi**, ōrum, m. pl., les habitants d'Oponte : Liv. 28, 6, 12.

ŏpuscŭlum, i, n. (dim. de opus), petit ouvrage : Cic. Ac. 2, 120 ‖ opuscule, petit ouvrage [littéraire] : Cic. Par. 5 ; Hor. Ep. 1, 19, 35.

oquĭniscō, ⬛▷ ocq-.

1 ōra, ae, f. (cf. v. irl. *or*, bret. *erien*, hit. *arha-*, toch. B *ārtar* ; fr. *ourlet*) ¶1 bord, extrémité de qqch. : Lucr. 4, 12 ; Enn. An. 85 ; Cic. Nat. 2, 101 ‖ bord, rivage, côte : Cic. Fam. 12, 5, 1 ; Caes. G. 3, 8, 1 ‖ région, contrée, pays : Cic. Nat. 2, 164 ; Virg. En. 1, 1 ‖ zone : Cic. Tusc. 1, 68 ¶2 pl. [poét. = *fines*], les contours, ce qui limite, [d'où] ce qui est limité : *luminis orae* Enn. An. 114, les rives de la lumière [le monde, la vie], cf. Lucr. 1, 22 ; 2, 617 ; Virg. G. 2, 47 ‖ *orae belli* Virg. En. 9, 528, les épisodes de la guerre.

2 ōra, ae, f. (1 ora), amarre qui attache un vaisseau au rivage : Liv. 22, 19, 10 ; 28, 36, 11 ; Quint. 4, 2, 41.

3 ōra, n. pl. de 1 os.

4 Ōra (Hŏ-), ae, f., ⬛▷ *Hersilla*, femme de Romulus : Ov. M. 14, 851.

ōrābĭlis, e (oro), qu'on peut prier : Not. Tir. 64.

ōrāclum, sync. pour *oraculum* : Acc. Tr. 264 ; Varr. Men. 326 ; Cic. Div. 1, 34 ; 37 ; 95.

ōrācŭlārĭus, a, um (oraculum), qui émet des oracles : Petr. 43, 6.

ōrācŭlum, i, n. (oro) ¶1 oracle, parole (réponse) d'un dieu : Cic. Top. 77 ; *edere* Cic. Tusc. 1, 116, rendre un oracle ; *oraculum petere a Dodona* Cic. Div. 1, 95, demander un oracle à Dodone = consulter l'oracle de Dodone ; *quaerere* Virg. G. 4, 449 ; *poscere* Virg. En. 3, 456 ; *consulere* Ov. M. 3, 8, consulter un oracle ‖ siège d'un oracle, temple où se rendent les oracles : Cic. Div. 1, 37 ‖ [en gén.] prédiction, prophétie : Cic. Div. 1, 70 ‖ sentence, adage [ayant valeur d'oracle] : Cic. Nat. 1, 66 ; Plin. 18, 40 ¶2 [chrét.] prophétie : Ambr. Ep. 22, 15 ‖ lieu de culte, sanctuaire, oratoire : Vulg. 3 Reg. 6, 5 ; Greg.-M. Dial. 2, 8.

Ōrāni, ōrum, m. pl., peuple d'Asie, au-delà du Palus-Méotide : Plin. 6, 21.

ōrārĭum, ĭi, n. (1 os), mouchoir pour s'essuyer le visage : Aug. Civ. 22, 8, 7 ; Prud. Perist. 1, 86.

ōrārĭus, a, um (1 ora), relatif aux côtes, côtier : Plin. Ep. 10, 15.

ōrassis, ⬛▷ oro ▶.

1 ōrāta ¶1 f., dorade, ⬛▷ *aurata* : Fest. 196, 26 ; P. Fest. 197, 4 ¶2 n. pl., ⬛▷ *oratus*.

2 Ōrāta, m. (Aur-, ae), surnom dans la famille des Sergius ; not^t C. Sergius Orata : Varr. R. 3, 3, 10 ; Col. 8, 16, 5.

Orātae, *ārum*, m. pl., peuple de l'Inde : Plin. 6, 75.

Oratelli, *ōrum*, m. pl., peuple des Alpes : Plin. 3, 137.

ōrātim, adv. (1 *ora*), de rivage en rivage, f. l. pour *moratim* : Solin. 3, 1.

ōrātĭo, *ōnis*, f. (*oro*) ¶ **1** faculté de parler, langage, parole : *ferae rationis et orationis expertes* Cic. Off. 1, 50, animaux privés de la raison et de la parole ¶ **2** propos, paroles : *re, oratione* Cic. Nat. 1, 123, en fait, en paroles ; *orationi facta similia* Cic. Tusc. 5, 47, actes semblables aux paroles, cf. Cic. Verr. 5, 166 ¶ **3** façon de parler, parole, style : Pl. Mil. 751 ; Cic. Or. 64 ; Brut. 120 ; Off. 1, 1 ; 132 ¶ **4** propos suivis, exposé oral : Cic. CM 3 ; 62 ; Lae. 25 ; Ac. 2, 44 ; Tusc. 4, 43 ; *continens oratio* Cic. Tusc. 1, 16, exposé suivi ¶ **5** [en parl. de l'orateur] requête, plaidoyer **a)** discours : *orationem scribere, habere* Cic. Brut. 91, écrire, prononcer un discours ; *omnium ceterarum rerum oratio* Cic. de Or. 2, 72, un discours sur tous les autres sujets **b)** parole, éloquence : Cic. de Or. 2, 187 ; Brut. 7, 165 **c)** [rhét.] style : *genus orationis* Cic. Or. 87, genre de style ; *sententiarum orationisque formae* Cic. Brut. 69, figures de pensée et de style, cf. Cic. de Or. 135 ; 168 ; Brut. 119 **d)** prose [oppos. à poésie] : Cic. Or. 201 ; 198 ; de Or. 3, 153, 174 ; 184 ; *soluta oratio* Varr. R. 1, 1, 9 **e)** [qqf.] la phrase : Cic. Or. 218 ∥ *partes orationis* Quint. 1, 4, 17, parties du discours (espèces de mots) ¶ **6** [époque impériale] message de l'empereur [lu devant le sénat par un magistrat : destiné d'abord à être confirmé par un sénatus-consulte, puis source autonome de droit] : *oratio divi Hadriani* Gai. Inst. 2, 285, proclamation du divin Hadrien ; Tac. An. 16, 27 ; Suet. Ner. 15 ; Tit. 6 ¶ **7** oraison, prière : Tert. Or. 1, 1.

ōrātĭōnālis, c. (*oratio*), qui comporte un discours : Prisc. Rhet. 2, 8 = 3, 431, 32.

Oratis, m., fleuve de la Perse : Plin. 6, 111.

ōrātĭuncŭla, *ae*, f. (dim. de *oratio*), petit discours : Cic. Nat. 3, 43 ; Brut. 77.

ōrātŏr, *ōris*, m. (*oro*) ¶ **1** orateur : Cic. de Or. 1, 64 ; 213 ∥ traité de Cicéron, l'*Orator* : Cic. Fam. 15, 20, 1 ∥ l'orateur par excellence [Cicéron] : Lact. Inst. 1, 9, 3 ¶ **2** porte-parole, député, envoyé : Pl. Most. 1142 ; Ter. Haut. 11 ; Cic. Brut. 55 ; Leg. 2, 21 ; Liv. 1, 15, 5 ∥ [fig.] intercesseur : Pl. Poen. 358.

ōrātōrĭa, *ae*, f. (s.-ent. *ars*), l'art oratoire : Quint. 2, 14, 1.

ōrātōrĭē, adv. (*oratorius*), oratoirement, à la manière des orateurs : Cic. Or. 227 ; Fin. 5, 10.

ōrātōrĭum, *ii*, n. (*oratorius*), un oratoire : Aug. Ep. 221, 11.

ōrātōrĭus, *a, um* (*orator*), oratoire, d'orateur, qui concerne l'orateur : Cic. de Or. 1, 231 ; Brut. 261 ; Ac. 1, 32.

ōrātrix, *īcis*, f. (*orator*), celle qui prie, qui intercède : Pl. Mil. 1072 ; *pacis* Cic. Rep. 2, 8, celle qui demande la paix ∥ ⊂> *oratoria* : Quint. 2, 14, 1.

1 ōrātus, *a, um*, part. de *oro*, *ōrāta*, n. pl., demandes, prières : Ter. Hec. 385 ; 575.

2 ōrātŭs, *ūs*, m., prière : Cic. Flac. 92 ∥ *-tibus*, abl. pl. : Corip. Just. 2, 4.

1 orba, *ae*, f. (*orbus*), une orpheline : Ter. Phorm. 125 ; Quint. 7, 4, 24.

2 Orba, *ae*, m., rivière qui se jette dans le Méandre : Plin. 5, 106.

orbātĭo, *ōnis*, f. (*orbo*), privation : Sen. Ep. 87, 39.

orbātŏr, *ōris*, m. (*orbo*), celui qui prive qqn de ses enfants : Ov. M. 13, 500.

orbātrix, *īcis*, f. de *orbator*, : Drac. Laud. 3, 337.

Orbēlus (-ŏs), *i*, m. (Ὄρβηλος), montagne sur les confins de la Macédoine et de la Thrace : Plin. 4, 35 ; Mel. 2, 17.

Orbi, *ōrum*, m. pl., peuple de Gédrosie : Plin. 6, 94.

orbĭcŭlāris, *is*, f. (*orbiculus*), cyclamen : M.-Emp. 4, 19.

orbĭcŭlātim, adv. (*orbiculatus*), en rond : Plin. 11, 177.

orbĭcŭlātus, *a, um* (*orbiculus*), orbiculaire, arrondi : *mala orbiculata* Varr. R. 1, 59, 1 ; Cael. Fam. 8, 15 ; Col. 5, 10, 19, pommes rondes [les plus appréciées].

orbĭcŭlŏr, *ārĭs*, *ārī*, - (*orbiculus*), pivoter comme une poulie : Gloss. 2, 139, 37.

orbĭcŭlus, *i*, m. (dim. de *orbis*), petite roue, roulette, poulie : Cat. Agr. 3, 6 ; Col. 4, 30, 4 ; Vitr. 10, 2, 1 ∥ rondelle : Plin. 25, 148.

orbĭfĭcō, *ās*, *āre*, -, - (*orbum facio*), tr., priver qqn de ses enfants : Acc. Tr. 421.

orbīle, *is*, n. (*orbis*), jante [d'une roue] : Varr. R. 3, 5, 15.

Orbĭlĭus, *ii*, m., grammairien de Bénévent, maître détesté d'Horace : Hor. Ep. 2, 1, 71 ; Suet. Gram. 9.

orbis, *is*, m. (cf. ombr. *urfeta* ; obscur) **I** toute espèce de cercle ¶ **1** *in orbem torquere aliquid* Cic. Tim. 24 ; *curvare* Ov. M. 2, 715, courber qqch. en cercle ; *suum saltatorium orbem versare* Cic. Pis. 22, exécuter les mouvements de danse en rond ; *sidera orbes suos conficiunt* Cic. Rep. 6, 15, les astres accomplissent leurs cercles, leurs révolutions ∥ [en part.] cercle formé par les troupes, formation en cercle [cf. en carré] : *orbem facere* Caes. G. 4, 37, 2 ; *in orbem consistere* Caes. G. 5, 3 3, 3, former le cercle, se former en cercle, ou *orbem colligere, volvere* Liv. 2, 50, 7 ; 22, 29, 5 ; *orbes facere* Sall. J. 97, 5, prendre des formations en cercle ; *in orbem pugnare* Liv. 28, 22, 15, combattre dans la formation en cercle ∥ *per omnes in orbem imperium ibat* Liv. 1, 17, 6, l'autorité se transmettait à tous à tour de rôle, cf. Liv. 3, 36, 3 ¶ **2** [fig.] **a)** cercle, cours des affaires : *sperabam sic orbem rei publicae esse conversum, ut vix sonitum audire, vix impressam orbitam videre possemus* Cic. Att. 2, 21, 2, j'espérais que le char de l'État tournerait (changerait de direction), sans que nous puissions presque entendre le bruit, presque voir la trace des roues, cf. Cic. Att. 2, 9, 1 ; *ut idem in singulos annos orbis volveretur* Liv. 3, 10, 8, pour que le même cercle d'événements se déroulât chaque année, cf. Liv. 42, 42, 6 **b)** cercle d'une discussion : *in hunc orbem, quem circumscripsimus, incidere* Cic. Fin. 5, 23, entrer dans le cercle que nous avons tracé pour notre discussion **c)** cercle de connaissances : *orbis doctrinae* Quint. 1, 10, 1, savoir encyclopédique **d)** [rhét.] période : *orbis verborum* Cic. de Or. 3, 198 ; *orationis* Cic. Or. 234, tour bien arrondi de la phrase. **II** toute surface circulaire ¶ **1** disque : [disque du soleil, de la lune] Virg. G. 1, 459 ; Ov. M. 7, 530 ∥ *orbis terrae (terrarum)* Cic. Agr. 2, 76 ; 2, 33, disque de la terre [d'après les idées anciennes, globe terrestre] ∥ [poét.] *orbis* [seul] = terre : Ov. F. 5, 93 ; région, contrée : Ov. F. 3, 466 ; Juv. 2, 108 ∥ *orbis Romanus* Ps. Aur.-Vict. Epit. 41, 19, le monde romain ∥ zodiaque : Cic. Tusc. 1, 68 ∥ *orbis lacteus* Cic. Rep. 6, 16, la Voie lactée ¶ **2** [sens divers] : [plateau de table rond] Ov. H. 17, 87 ; Juv. 1, 137 ; [plaque ronde de mosaïque] Juv. 11, 175 ; [plateau de balance] Tib. 4, 1, 44 ; [miroir] Mart. 9, 18, 5 ; [bouclier] Virg. En. 10, 783 ; [roue] Virg. G. 3, 361 ; [roue de la Fortune] Tib. 1, 5, 70 ; Ov. Tr. 5, 8, 7 ; [orbite de l'œil] Ov. M. 14, 200 ; [œil] Ov. Am. 1, 8, 16 ; [tambourin] Suet. Aug. 68 [jeu de mots avec sens de globe terrestre] ∥ sorte de poisson : Plin. 32, 14.

▶ qqf. abl. *orbi* Lucr. 5, 74 ; 5, 707 ; Varr. R. 3, 5, 16 ; 3, 16, 5 ∥ [locatif] *orbi terrarum*, "dans l'univers" : Cic. Rep. 5, 10 ; Verr. 4, 82 ; Dom. 24, ou *orbi terrae* Cic. Sest. 66 v. Char. 139, 20.

orbĭta, *ae*, f. (*orbis*, ombr. *urfeta*), trace d'une roue, ornière : Cic. Verr. 3, 6 ; Att. 2, 21, 2 ; Virg. G. 3, 293 ∥ marque, empreinte : Plin. 17, 210 ∥ cours, révolution, orbite, carrière : Aetna 230 ; Sen. Nat. 7, 10, 2 ; exemple : *veteris trahit (eos) orbita culpae* Juv. 14, 37, ils sont attirés dans l'ornière des fautes anciennes.

Orbitanĭum, *ii*, n., ville du Samnium : Liv. 24, 20.

orbĭtās, *ātis*, f. (*orbus*) ¶ **1** perte de ses enfants : Cic. Fin. 5, 84 ∥ absence d'enfants : Tac. D. 6, 2 ∥ situation d'orphelin : Cic. de Or. 1, 228 ∥ veuvage, viduité : Just. 2, 4 ¶ **2** [en gén.] privation, perte : [de la vue] Plin. 7, 124 ; *maxima orbitate rei publicae virorum talium* Cic. Fam. 10, 3, 3, quand l'État est absolument privé de tels hommes.

orbĭtōsus, *a*, *um* (*orbita*), qui a des traces de roues: Catal. 10, 17.

orbĭtūdo, *ĭnis*, f. (*orbus*), perte de ses enfants: Acc. *Tr.* 94; 135; Turpil. *Com.* 211.

orbĭtus, *a*, *um* (*orbis*), circulaire, orbiculaire: Varr. *Men.* 202; *Arn. 2, 58.

1 **Orbĭus**, *ĭi*, m., nom d'homme: Hor. *Ep.* 2, 2, 160.

2 **Orbĭus clīvus**, ▶ Urbius clivus: Fest. 196, 1.

orbō, *ās*, *āre*, *āvī*, *ātum* (*orbus*), tr. ¶ 1 priver qqn de ses enfants: Cic. *Clu.* 45; *Off.* 1, 30; Ov. *M.* 2, 391 ¶ 2 [en gén.] priver de [avec abl.]: Cic. *Pis.* 57; *Ac.* 2, 74; *Brut.* 6; *Tusc.* 1, 12.

Orbōna, *ae*, f. (*orbus*), déesse des orphelins [invoquée contre l'état d'orphelin]: Cic. *Nat.* 3, 63; Plin. 2, 16; Arn. 4, 7.

orbs, *orbis*, m., ▶ orbis, le monde: Fort. *Carm.* 9, 3, 14; Mart. 4, 583.

orbus, *a*, *um* (cf. ὀρφανός, hit. *harp-*, arm. *orb*, al. *Erbe*, *Arbeit*, arm; fr. *orvet*) ¶ 1 privé de [d'un membre de la famille, père, mère, enfant]: *orbus senex* Cic. *Par.* 39, vieillard sans enfant; *filii orbi* Cic. *Q.* 1, 3, 10, fils orphelins ∥ [avec abl.] Pl. *Cap.* 818; [avec gén.] Ov. *M.* 13, 595; [avec ab] Ov. *H.* 6, 156 ∥ [pris subst.] *orbi* Cic. *Rep.* 2, 36, les orphelins ▶ *orba* ¶ 2 [fig.] *orba eloquentia* Cic. *Brut.* 330, éloquence orpheline, cf. Cic. *Fam.* 3, 11, 3 ¶ 3 [en gén.] privé, dénué; [avec abl.] privé de: Cic. *Fam.* 4, 13, 3; [avec ab] Cic. *Flac.* 57; [avec gén.] Pl. *Ru.* 359; Lucr. 5, 840; Ov. *M.* 3, 518 ¶ 4 [en part.] aveugle: Apul. *M.* 5, 9, v. P. Fest. 195, 9.

1 **orca**, *ae*, f. (celt.?, cf. irl. *orc*, ὄρυξ ▶ *porcus*), orque [cétacé]: Plin. 9, 12.

2 **orca**, *ae*, f. (ὕρχη, cf. *urcens*, *urna*, plutôt que 1 *orca*), jarre, tonne: Varr. *R.* 1, 13, 6; Hor. *S.* 2, 4, 66; P. Fest. 195, 5 ∥ [en part.] jeu du tonneau: Pompon. *Com.* 190; Pers. 3, 50.

Orcădes, *um*, f. pl., les Orcades [îles au nord des îles Britanniques]: Plin. 4, 103; Juv. 2, 161.

Orchămus, *i*, m. (Ὄρχαμος), roi d'Assyrie, père de Leucothoé: Ov. *M.* 4, 212.

orchăs, *ădis*, f. (ὀρχάς), espèce d'olive: Virg. *G.* 2, 86.

Orchēni, *ōrum*, m. pl. (Ὀρχηνοι), peuple de Chaldée: Plin. 6, 123.

orchesta (**-tēs**), *ae*, m. (ὀρχηστής), danseur, pantomime: Cassiod. *Var.* 4, 51.

orchestŏpăle (**-a**), *ēs* (*ae*), f. (ὀρχηστοπάλη), danse acrobatique: CIL 9, 1663 b 6; *Gloss. 3, 302, 46.

orchestŏpălārĭus, *ĭi*, m. (*orchestopala*), danseur acrobate: Firm. *Math.* 8, 15, 2.

orchestra, *ae*, f. (ὀρχήστρα) ¶ 1 orchestre, partie du théâtre affectée aux sénateurs: Vitr. 5, 6, 1; Juv. 7, 47; Suet. *Aug.* 35 ∥ [fig.] le sénat: Juv. 3, 177 ¶ 2 [aux derniers temps de l'Empire] estrade pour musiciens, danseurs, pantomimes: Isid. 18, 44.

Orchĭa lex, f., loi Orchia [proposée par le tribun Orchius]: Mart. 3, 17, 2.

orchĭlus (**-lŏs**), *i*, m. (ὀρχίλος), ▶ trochilus: Avien. *Arat.* 1763.

orchis, *is*, f. (ὄρχις), ▶ serapias: Plin. 26, 95 ∥ variété d'olive: Col. 5, 8, 4.

orchīta (**-tēs**), *ae* et **-tis**, *is*, f. (ὀρχῖτις), espèce d'olive: Col. 12, 49, 2; Cat. *Agr.* 6, 1; P. Fest. 195, 1.

Orchĭvĭus, *ĭi*, m., C. Orchivius, collègue de Cicéron dans la préture: Cic. *Clu.* 94.

Orchŏmĕnos (**-nus**), *i*, m., Orchomène ¶ 1 ville de Béotie: Caes. *C.* 3, 56, 4; Plin. 4, 29 ∥ **-mĕnĭus**, *a*, *um*, d'Orchomène: Plin. 16, 164, **-mĕnĭī**, *ōrum*, m. pl., les Orchoméniens: Nep. *Lys.* 3, 4; Just. 11, 3 ¶ 2 ville d'Arcadie: Liv. 32, 5, 4; Ov. *M.* 5, 607; 6, 416 ∥ **-num**, *i*, n., Plin. 4, 20.

Orchus, *i*, m., ▶ Orcus: Naev. d. Gell. 1, 24, 2.

Orciāni, *ōrum*, m. pl., peuple d'Asie: Plin. 6, 47.

orcīniānus, *a*, *um* (*Orcus*), de Pluton, des enfers: Mart. 10, 5, 9.

orcīnus, *a*, *um* (*Orcus*), qui a trait à la mort: *orcini senatores* Suet. *Aug.* 53, ceux qui étaient entrés dans le sénat après la mort de César; *orcini liberti* Ulp. *Dig.* 33, 8, 22, esclaves affranchis par testament.

orcĭŏla etc., ▶ urciola.

Orcistāni, *ōrum*, m. pl., habitants d'une ville de Galatie: CIL 3, 352.

orcŭla, *ae*, f. (dim. de *orca*), petite jarre: Cat. *Agr.* 117; Grom. 337, 21.

orcŭlāris, *e* (*orcula*), de petite jarre: Grom. 344, 25.

Orcus, *i*, m. (étr.?; it. *orco*, fr. *ogre*?), divinité infernale [= Pluton grec]: Enn. *Tr.* 70; Lucr. 1, 115; Cic. *Verr.* 4, 111 ∥ la mort: Lucr. 5, 996; *Orcum morari* Hor. *O.* 3, 27, 50, tarder à mourir [faire attendre Orcus, cf. Prop. 1, 19, 2]; *cum Orco rationem habere* Varr. *R.* 1, 4, 4, faire ses comptes avec Orcus, s'apprêter à mourir.

orcȳnus, *i*, m. (ὄρκυνος), thon de la plus grosse espèce: Plin. 32, 149.

Ordēsus (**-ssus**), *i*, m. (Ὀρδησός), port de la Sarmatie d'Europe: Plin. 4, 82.

ordĕum, ▶ hordeum.

ordia prima, ▷ primordia: Lucr. 4, 28.

ordībor, ▶ ordior ▶.

ordĭnābĭlis, *e* (*ordino*), rangé, ordonné: Boet. *Arith.* 1, 27, 4.

ordĭnālis, *e* (*ordo*), ordinal [gram.]: Prisc. 2, 62, 3.

ordĭnārĭē (*ordinarius*), en ordre: Tert. *Res.* 2, 8.

ordĭnārĭus, *a*, *um* (*ordo*) ¶ 1 rangé par ordre: Col. 3, 16, 1; Vitr. 2, 8, 4 ¶ 2 conforme à la règle, à l'usage, régulier: *ordinarius consul* Liv. 41, 18, consul ordinaire [par oppos. à *suffectus*], qui est entré en charge au commencement de l'année; *ordinarium oleum* Col. 12, 50, 22, huile ordinaire [faite de la manière régulière]; *consilia ordinaria* Liv. 27, 43, 6, des mesures normales; *ratio ordinaria* Sen. *Ep.* 39, 1, le mode régulier (d'exposition) ¶ 3 [fig.] supérieur [v. ¶ 4]: *ordinaria est* Sen. *Ep.* 53, 9, (la philosophie) est la tâche essentielle; (*deus*) *ordinarius* Sen. *Ep.* 110, 1, (un dieu) de premier rang [opp. à *de plebe*] ¶ 4 subst. m., ordinaire, c'est-à-dire surveillant: Ulp. *Dig.* 14, 4, 5; [dans la langue militaire] officier supérieur de la légion: Veg. *Mil.* 2, 15.

ordĭnātē (*ordinatus*), en ordre, régulièrement: Her. 4, 69; Vitr. 9, 5, 3; P. Fest. 95, 17 ∥ **-tius** Tert. *Marc.* 1, 19, 1; **-tissime** Aug. *Retract.* 1, 24.

ordĭnātim (*ordinatus*), en ordre, régulièrement: Caes. *C.* 2, 10, 5; Sulp. *Fam.* 4, 5, 3; Brut. *Fam.* 11, 13, 2.

ordĭnātĭo, *ōnis*, f. (*ordino*), action de mettre en ordre, ordonnance, disposition, arrangement: Vitr. 1, 2, 1; Col. 4, 29, 12; *vitae* Plin. *Ep.* 9, 28, 4, plan de vie; *anni* Suet. *Aug.* 31, arrangement (mise en ordre) du calendrier ∥ *Dei ordinatio*, le plan, l'arrangement de Dieu: Vulg. *Rom.* 13, 2 ∥ ordonnance, décret impérial: Nerva d. Plin. *Ep.* 10, 66 ∥ organisation politique: *quid ordinatione civilius?... quam turpe, si ordinatio eversione... mutetur* Plin. *Ep.* 8, 24, 8, qu'est-ce qui révèle mieux l'homme d'État que l'art d'organiser [une cité] ?... quelle honte si au lieu d'organiser on détruit... ∥ distribution des charges: Suet. *Dom.* 4 ∥ ordination [d'un évêque]: Cassiod. *Eccl.* 9, 36.

ordĭnātīvus, *a*, *um* (*ordino*), qui marque l'ordre, la succession: Tert. *Herm.* 19, 5 ∥ [gram.]: Prisc. 3, 87, 26; Diom. 417, 22.

ordĭnātŏr, *ōris*, m. (*ordino*), celui qui met en ordre, qui règle, ordonnateur: *litis* Sen. *Ep.* 109, 14, celui qui instruit un procès, magistrat instructeur ∥ [tard.] celui qui fixe les taxes: Cassiod. *Var.* 9, 10, 5 ∥ [chrét.] organisateur, régulateur, celui qui préside à l'ordre des choses [Dieu]: Aug. *Civ.* 19, 12, 3; *Conf.* 4, 3, 4 ∥ celui qui confère le sacrement de l'ordre: Ambrosiast. *1 Tim.* 4, 13.

ordĭnātrix, *īcis*, f., ordonnatrice: Aug. *Ep.* 118, 24.

ordĭnātus, *a*, *um*, part.-adj. de *ordino*, réglé, régulier: Cic. *Nat.* 2, 101; Sen. *Vit.* 8, 3 ∥ **-ior** Sen. *Ep.* 74, 25; *Ir.* 3, 6, 1; **-issimus** Apul. *Socr.* 2.

ordĭnō, *ās*, *āre*, *āvī*, *ātum* (*ordo*), tr. ¶ 1 mettre en ordre: *partes orationis* Cic. *Inv.* 1, 19, ordonner les parties d'un discours; *milites* Liv. 29, 1, 1, répartir en rangs les soldats ; *copiae ordinatae* Nep. *Iph.* 2, 2, troupes disposées en ordre ; *cupiditates* Sen. *Ep.* 10, 2, mettre en bataille ses passions, les disposer pour l'assaut ¶ **2** arranger, disposer en ordre régulier : *cum omnia ordinarentur* Cic. *Sull.* 53, alors que tout était arrangé ; *bibliothecas* Suet. *Gram.* 21, ranger des bibliothèques ; **res suas** Sen. *Ep.* 9, 17, mettre de l'ordre dans ses affaires ; *publicas res* Hor. *O.* 2, 1, 11, disposer les événements politiques en un récit ordonné ∥ régler, organiser : *statum civitatum* Plin. *Ep.* 8, 24, 6, régler l'organisation des cités [= leur donner une constitution] ; *provinciam* Suet. *Galb.* 7, organiser une province, y mettre bon ordre ; *magistratus in plures annos* Suet. *Cæs.* 76, régler les magistratures pour plusieurs années [en nommer les titulaires] ¶ **3** ordonner, faire l'ordination de : Hier. *Vigil.* 2.

ordĭor, *īrĭs, īrī, orsus sum* (cf. *ordo, orno* et *artus, ritus* ; fr. *ourdir*), tr. ¶ **1** ourdir, faire une trame : *telas orditur araneus* Plin. 11, 80, l'araignée ourdit sa toile ¶ **2** commencer, entamer : *orationem* Cic. *Or.* 122, commencer un discours, en composer l'exorde ; *princeps Crassus ejus sermonis ordiendi fuit* Cic. *de Or.* 1, 98, Crassus a pris l'initiative d'entamer cet entretien ; *alterius vitae quoddam initium ordiri* Cic. *Att.* 4, 1, 8, se mettre à commencer une seconde vie ; *ab eo* [n.] *nobis causa ordienda est* Cic. *Leg.* 1, 21, nous devons commencer par là notre exposé ; *ab initio est ordiendus Themistocles* Nep. *Them.* 1, 2, il faut commencer l'histoire de Thémistocle par le commencement ∥ [avec inf.] commencer à : Cic. *Brut.* 22 ; 301 ∥ [abs^t] *a principio ordiamur* Cic. *Phil.* 2, 44, commençons par le début ; *unde ordiri possumus...?* Cic. *Tusc.* 5, 37, par où pouvons-nous commencer...?, cf. Cic. *Rep.* 1, 38 ; *ut, unde est orsa, in eodem terminetur oratio* Cic. *Marc.* 33, pour finir par où j'ai commencé ∥ [poét.] commencer à parler : Virg. *En.* 1, 325 ; 12, 806.

▶ fut. arch. *ordibor* Acc. *Tr.* 95 ∥ part. *orditus* Sidon. *Ep.* 2, 9, 6 ∥ inf. parf. actif *ordisse* Isid. 19, 20 ; *orditus* avec sens passif Hier. *Is.* 9, 30, 1, cf. l'emploi passif de *orsus* au n. pl., v. *orsa*.

ordītūra, *ae*, f., arrangement : Fort. *Carm.* 5, 6, 8.

ordītus, *a, um*, v. *ordior* ▶.

ordo, *ĭnis*, m. (cf. *ordior* ; it. *ordine*, fr. *ordre*)

I ¶ **1** "rang", "rangée", "ligne", "rang de rames", "rangée de gradins", "suite", "file de gens" ¶ **2** [milit.] **a)** "rang", "ligne", "file" **b)** "centurie" **c)** "grade de centurion" ¶ **3** "ordre", "classe sociale" ¶ **4** [archit.] "ordre".

II ¶ **1** "ordre", "succession", *ordine* "en ordre", "point par point", *ex ordine* "successivement" ¶ **2** "bon ordre", "distribution régulière", *in ordinem adducere*.

I ¶ **1** rang, rangée, ligne : *ordines (arborum) directi in quincuncem* Cic. *CM* 59, rangées (d'arbres) disposées en quinconce ; *directo ordine* Cic. *Cæcin.* 22, en ligne droite ; *ordines cæspitum* Cæs. *G.* 5, 51, 4, rangées de mottes de gazon ; *alius insuper ordo additur* Cæs. *G.* 7, 23, 3, on ajoute par-dessus une autre couche ∥ rang de rames : *terno consurgunt ordine remi* Virg. *En.* 5, 120, les rames se dressent sur un triple rang [en triple étage] ∥ rangée de gradins au théâtre : *in quattuordecim ordinibus sedere* Cic. *Phil.* 2, 44, siéger dans les quatorze gradins [attribués aux chevaliers, v. Suet. *Aug.* 44], être chevalier ∥ suite, file de gens : *comitum longissimus ordo* Juv. 3, 284, une très longue file de compagnons, nombreuse escorte ¶ **2** [milit.] **a)** rang, ligne, file [de soldats] : *ordine egredi* Sall. *J.* 45, 2, sortir du rang ; *nullo ordine iter facere* Cæs. *C.* 2, 26, 4, marcher en désordre ; *ordines conturbare* Sall. *J.* 50, 4, jeter la confusion, le désordre dans les rangs ; *ordines restituere* Sall. *J.* 51, 3, reformer les rangs ; *in ordinem cogere aliquem* Liv. 25, 3, 19, faire rentrer dans le rang, bafouer [un magistrat] **b)** centurie : Cæs. *G.* 1, 40, 1 ; 5, 35, 8 ; *C.* 1, 13, 4 ; 3, 104, 3 **c)** grade de centurion : *primi ordines*, les centurions du plus haut grade [de la 1re cohorte] : Cæs. *G.* 5, 30, 1 ; 6, 7, 8 ; *inferiores, superiores*, de grades moins élevés [des cohortes 6 à 9], de grades plus élevés [des cohortes 5 à 2] : Cæs. *G.* 6, 40, 7 ; *infimi* Cæs. *C.* 2, 35, 1, centurions du grade le plus bas [10e cohorte] ¶ **3** ordre, classe sociale [sénateurs, chevaliers, plébéiens, à Rome] : *ordo senatorius* Cic. *Clu.* 104 ; *Flac.* 43 ; *ordo* [seul] Cic. *Cat.* 1, 20, ordre sénatorial ; *in hoc ordine* Cic. *Phil.* 2, 31, ici, au sénat ; *frequens ordo* Cic. *Leg.* 3, 40, le sénat en nombre ; *amplissimus ordo* Cic. *Cæl.* 5, l'ordre le plus élevé [sénat] ; *equester ordo* Cic. *Dom.* 74, l'ordre équestre ∥ *publicanorum* Cic. *Fam.* 13, 9, 2 ; *aratorum, pecuariorum, mercatorum* Cic. *Verr.* 2, 17, la classe des publicains, des laboureurs, des éleveurs, des marchands ¶ **4** [archit.] ordre, style : Vitr. 1, 2, 6.

II ¶ **1** ordre, succession : *aetatum* Cic. *Brut.* 232, l'ordre chronologique : *ordo seriesque causarum* Cic. *Div.* 1, 125, l'ordre et la série des causes ; *ordinem sequi* Cic. *Brut.* 244, suivre l'ordre des faits, cf. Cic. *Phil.* 5, 35 ; *verborum ordinem immutare* Cic. *Or.* 214, changer l'ordre des mots ∥ *ordine*, en ordre, point par point : Cic. *Part.* 2 ; Liv. 3, 50, 4 ; *ex ordine* Cic. *Verr.* 4, 143, dans l'ordre, à la file, successivement, ou *in ordine* Virg. *En.* 8, 629, *per ordinem* Quint. 4, 2, 72 ¶ **2** ordre = bon ordre, distribution régulière, arrangement : *ordinem sic definiunt, compositionem rerum aptis et accommodatis locis* Cic. *Off.* 1, 142, ils définissent l'ordre, un arrangement des choses dans les lieux qui leur sont propres et convenables ; *rerum ordo* Cic. *Ac.* 1, 17, un enchaînement ordonné des faits ; *orationis* Cic. *Brut.* 193, la bonne ordonnance d'un discours ∥ *in ordinem adducere* Cic. *Ac.* 2, 118, mettre en ordre ; *tabulae in ordinem confectae* Cic. *Com.* 7, registres tenus en ordre [à jour] ; *extra ordinem*, hors du tour régulier [hors du rang, extraordinairement] : Cic. *Mil.* 14 ; *Prov.* 19 ∥ *ordine*, régulièrement : Cic. *Verr.* 3, 194 ; *Att.* 12, 18, 3 ; *Phil.* 3, 38 ∥ *ordo judiciorum* Cod. Just. 7, 45, 4, l'organisation de la justice [les principes ordinaires de l'organisation judiciaire] ; *extra ordinem vindicare* Dig. 47, 19, 3, revendiquer un bien en ne suivant pas la procédure régulière.

Ordŏvīces, *um*, m. pl., peuple de Bretagne [Galles] : Tac. *An.* 12, 33.

Ordymnus, *i*, m. (Ὄρδυμνος), montagne de l'île de Lesbos : Plin. 5, 140.

Ŏrĕădĕs, *um*, f. pl. (Ὀρειάδες), Oréades, nymphes des montagnes : Virg. *En.* 1, 500 ∥ sg., **Ŏrĕăs**, Ov. *M.* 8, 786.

ōrĕae, *ārum*, f. pl. (1 *os*, cf. *auriga*), mors, bride : Nÿv. *Com.* 20 ; Titin. *Com.* 119, cf. Fest. 196, 36 ; P. Fest. 197, 6.
▶ *aureae* P. Fest. 8, 5.

Ŏrĕăs, v. *Oreades*.

Oregēs, *is*, m., nom d'une partie du mont Taurus : Plin. 5, 98.

1 **ŏrĕōn**, *i*, n., v. 1 *orion* : Plin. 27, 115.

2 **Orĕōn**, v. *Oreum*.

Ŏrĕŏs (**-us**), m. (ὄρειος), surnom de Bacchus [qui habite sur des montagnes] : Fest. 198, 7 ; P. Fest. 199, 1.

ŏrĕŏsĕlīnŏn (**-num**), *i*, n. (ὀρεοσέλινον), persil de montagne : Plin. 19, 124.

ōresco, c. *auresco* : Nov. *Com.* 66.

Ŏrĕsĭtrŏphŏs, *i*, m. (Ὀρεσίτροφος), nom d'un chien d'Actéon : Ov. *M.* 3, 233.

Ŏresta, *ae*, f., ancien nom d'Adrianopolis, en Thrace : Lampr. *Hel.* 7, 7.

Ŏrestæ, *ārum*, m. pl., peuple d'Épire, soumis aux Macédoniens : Curt. 4, 13, 28 ; Liv. 33, 34 ; Plin. 4, 10.

Ŏrestēs, *ae* ou *is* ou *i*, m. (Ὀρέστης), Oreste [fils d'Agamemnon et de Clytemnestre, meurtrier de sa mère, ami de Pylade ; ses aventures tragiques furent mises sur la scène par Eschyle, Sophocle, Euripide] : Cic. *Lae.* 23 ; *Fin.* 2, 79 ; Virg. *En.* 4, 471 ∥ tragédie d'Euripide : Cic. *Tusc.* 4, 63 ∥ **Orestis portus** Plin. 3, 75, le port d'Oreste, dans le Bruttium ∥ **-tēus**, *a, um*, d'Oreste : Ov. *M.* 15, 489.
▶ voc. *-tă*, Ov. *Tr.* 1, 6, 22 et *-tĕ* Ov. *H.* 8, 15 ; gen. *-ae, -is* Ov. ; *-i* Gell. 7, 5, 5 ; dat. *-ae, -i* Ov. ; acc. *-em, -en* Cic. ; abl. *-e* Cic. *Pis.* 47.

Ŏrestĭădĕs, *ūm*, f., c. *Oreades* : Fest. 198, 28.

Orestilla

Ŏrestilla, *ae*, f., surnom de femme dans la *gens Aurelia* : Sall. *C.* 15, 2 ; 35, 3 ; Cael. *Fam.* 8, 7, 2.

Ŏrestīnus, *i*, m., nom d'homme : CIL 9, 2219.

ŏrestĭon, *ĭi*, n. (ὀρέστιον), ⟶ *helenium* : Plin. 14, 108.

Ŏrestis, *ĭdis*, f., l'Orestide [province entre l'Épire et la Macédoine] : Cic. *Har.* 35 ; Liv. 27, 33, 1.

Ŏrētae, *ārum*, m. pl. (Ὀρέται), peuple scythe : Prisc. *Perieg.* 664.

Ōrētāni, *ōrum*, m. pl., Orétans, peuple de la Celtibérie [capit. Castulo] : Liv. 21, 11, 13 ; 26, 17, 4 ; Plin. 3, 25 ǁ **-ānus**, *a*, *um*, des Orétans : Plin. 3, 6.

Ŏretes, *um*, m. pl., peuple de l'Inde : Plin. 2, 184.

1 **ōreum**, ⟶ *horaeon*.

2 **Ŏreum (-ēŏn)**, n., **(-ēus** et **ēŏs**, *i*), f., Liv. 28, 5, 18, ville de l'Eubée : Plin. 4, 64 ǁ **-rētĭcus**, *a*, *um*, d'Oréum, de l'Eubée : Plin. 14, 76.

ŏrexis, *is*, f. (ὄρεξις), appétit : Juv. 6, 428 ; 11, 127.

orf-, ⟶ *orph-*.

Orfītus, surnom d'un *Cornelius* : Tac. *An.* 16, 12.

Organagae, *ārum*, m. pl., peuple de l'Inde : Plin. 6, 77.

organārĭus, *ĭi*, m., musicien : Firm. *Math.* 3, 12, 10.

1 **organĭcus**, *a*, *um* (*organum*), d'instrument, mécanique : Vitr. 10, 1, 5 ǁ de musique, mélodieux : Cat. d. Non. 77, 9.

2 **organĭcus**, *i*, m. (*organum*), joueur d'instruments, musicien : Lucr. 2, 412 ; 5, 334.

organizō, *ās*, *āre*, -, -, intr., jouer d'un instrument : Vulg. 3 *Reg.* 1, 40.

organŭlum, *i*, n. (dim. de *organum*), petit instrument de musique : Fulg. *Myth.* 1, pr. 11.

organum, *i*, n. (ὄργανον ; fr. *orgue*) ¶ 1 instrument, machine [en gén.] : Col. 3, 13, 12 ; Vitr. 10, 6, 4 ǁ [oppos. à *machina* Vitr. 10, 1, 3 ǁ [fig.] pl., ressorts, moyens : Quint. 1, 2, 30 ǁ organe [du corps] : Tert. *Cor.* 5, 1 ¶ 2 instrument de musique : Quint. 11, 3, 20 ǁ orgue [instrument de musique] : *organum hydraulicum* Plin. 7, 125 ; Suet. *Ner.* 41 ; Sidon. *Ep.* 1, 2, 9 ; *organum* [seul] Boet. *Mus.* 1, 34 ǁ Cassiod. *Inst.* 2, 5, 6 ǁ tuyau [de l'orgue hydraulique] : Vitr. 10, 8, 4 ǁ registre [de musique] : Quint. 11, 3, 169.

Orgē, *ēs* (**-ga**, *ae*), f., fontaine de Narbonnaise : Plin. 18, 190.

Orgenomesci, *ōrum*, m. pl., peuple de Cantabrie : Plin. 4, 111 ; Mel. 3, 15.

Orgessum, *i*, n., place forte de Macédoine : Liv. 31, 27.

Orgĕtŏrix, *īgis*, m., nom d'un Helvète : Caes. *G.* 1, 2, 1.

orgĭa, *ōrum*, n. pl. (ὄργια), orgies, mystères de Bacchus : Catul. 64, 259 ; Virg. *En.* 4, 303 ǁ objets sacrés (mystérieux) [placés dans les cistes et servant à la célébration des mystères de Bacchus] : Sen. *Herc. Oet.* 594, cf. Hor. *O.* 1, 18, 12 ǁ [en gén.] mystères, cérémonies religieuses : Juv. 2, 91 ; Stat. *S.* 5, 5, 4 ǁ [fig.] mystères, secrets : Col. 10, 217.

Orgĭagon, *ontis*, m., roitelet galate : Liv. * 38, 19, 2 ; 38, 24, 2.

orgĭŏphanta, *ae*, m. (ὀργιοφάντης), orgiophante, prêtre qui initie aux mystère de Bacchus : CIL 10, 1583, 7.

Orgocyni, *ōrum*, m. pl., peuple de la Chersonèse taurique : Plin. 4, 85.

Orgomanēs, *is*, m., rivière de Bactriane : Amm. 23, 26.

Orgus, *i*, m., rivière de l'Italie supérieure, affluent du Pô [Orco] Atlas XII, B1 : Plin. 3, 118.

Ōri, *ōrum*, m. pl. (Ὧροι), ⟶ *Oritae* : Plin. 6, 98.

ŏria, ⟶ *horia*.

ōrĭae, ⟶ *ōreae*.

Ŏrĭās, *ădis*, f. (Ὀρείας), chienne d'Actéon : Hyg. *Fab.* 181.

Ŏrībăsŏs, *i*, m. (Ὀρείβασος), Oribase [chien d'Actéon] : Ov. *M.* 3, 210.

ŏrībăta (-ēs), *ae*, m. (ὀρειβάτης), celui qui gravit les montagnes, acrobate : *Firm. Math.* 8, 17, 4.

ŏrīchalcum, *i*, n. (ὀρείχαλκος) ¶ 1 laiton, cuivre jaune : Cic. *Off.* 3, 92 ; Hor. *P.* 202 ¶ 2 pl., armes de cuivre : Val.-Flac. 3, 60 ; Stat. *Th.* 10, 660.
▸ *aurichalcum*, ⟶ *aurichalcum* d. Pl. et Plin. ǁ P. Fest. 8, 15 rapporte la double étymologie *aurum* et ὄρος ǁ Char. 34, 20 ; Diom. 328, 13 ; 550, 24 distinguent les deux mots *auri-* et *ori-* comme représentant deux choses différentes, ⟶ *aurochalcum* Gloss. 2, 568, 48 ; 3, 434, 48.

ōrĭcilla, **ōrĭcŭla**, ⟶ *auric-*.

Ŏrīcŏs (-cus), f., Prop. 1, 8, 20 et **Ōrīcum**, *i*, n., Hor. *O.* 3, 7, 5 ; Liv. 24, 40, 2 (Ὠρικός et Ὠρικόν), Oricum [Eriko, ville d'Épire et port] ǁ **-cĭus**, *a*, *um*, d'Oricum : Virg. *En.* 10, 136 ǁ **-cīni**, *ōrum*, m. pl., les habitants d'Oricum : Liv. 26, 25.

ōrĭcŭlārĭus, ⟶ *aur-*.

ŏrīdĭa, ⟶ *oryza* : Apic. 57 ; *Exc.* 7.

ōrīdūrĭus, *a*, *um* (1 *os*, *durus*), qui a la bouche dure [cheval] : Gloss. 3, 159, 34 ǁ [fig.] dur en paroles : Gloss. 4, 265, 42.

ŏrĭens ¶ 1 part. de *orior* ¶ 2 subst. *a)* le soleil levant : Virg. *En.* 5, 739 ; Ov. *F.* 1, 653 *b)* l'orient, le levant, l'est : Cic. *Nat.* 2, 164 ; *Cat.* 3, 20 ǁ pays du levant, l'Orient : Cic. *Dej.* 11 ; Liv. 26, 37, 5 ; Vell. 2, 122, 2 ; Plin. *Pan.* 29, 2 ; Sen. *Nat.* 3, 26, 4 ; Tac. *H.* 2, 6 ; 5, 8.

ŏrĭentālis, *e* (*oriens*), oriental, d'orient : Just. 14, 2, 8 ; 38, 10, 5 ; Gell. 2, 22, 11 ǁ **-les**, *ĭum*, m. pl., les Orientaux, les peuples de l'Orient : Just. 36, 3, 9 ǁ animaux de l'Orient : CIL 10, 7295.

Orĭentĭus, *ĭi*, m., poète chrétien [s. Orens d'Auch] : Fort. *Mart.* 1, 17 ǁ un autre : Fort. *Carm.* 4, 24, 6.

ōrĭfĭcĭum, *ĭi*, n. (1 *os*, *facio*, cf. *aedificium*), orifice, ouverture : Macr. *Sat.* 7, 4, 17 ; Apul. *M.* 11, 11.

ōrīga, *ae*, m., ⟶ *auriga* : Varr. *R.* 2, 7, 8 ; 2, 8, 4.

ŏrīgănītum vīnum, *i*, n. (ὀριγανίτης), vin d'origan : Cat. *Agr.* 127, 2.

ŏrīgănum, *i*, n., (**-nus**, *i*, m., Samm. 873) (ὀρίγανον, -voς ; it. *regamo*), origan [plante] : Plin. 12, 89 ; Col. 9, 4, 2.

Ōrĭgĕnēs, *is*, m. (Ὠριγένης), Origène [un des Pères de l'Église] : Aug. *Civ.* 21, 17 ǁ **-nista (-nistēs)**, *ae*, m., sectateur d'Origène : Hier. *Ep.* 84, 3.

ŏrīgĭnālis, *e* (*origo*), qui existe dès l'origine, primitif, originel : Apul. *M.* 11, 2, 1 ; Macr. *Somn.* 1, 2, 14 ǁ originaire, indigène : Cod. Th. 11, 1, 14.

ŏrīgĭnālĭtĕr, adv. (*originalis*), originairement, primitivement : Aug. *Trin.* 3, 9, 16.

ŏrīgĭnārĭus, *a*, *um* (*origo*), originaire, indigène : Cod. Th. 11, 48, 7 ǁ subst. m., indigène : Cod. Th. 10, 38.

ŏrīgĭnātĭo, *ōnis*, f. (*origo*), étymologie : Quint. 1, 6, 28.

ŏrīgĭnĭtus, adv. (*origo*), originairement, d'origine : Amm. 31, 2, 20.

1 **ŏrīgo**, *ĭnis*, f. (*orior* ; a. fr. *orine*) ¶ 1 origine, provenance, naissance *a)* [des choses] Cic. *Tim.* 9 ; [d'un peuple] Cic. *Rep.* 2, 3 ; [livre de Caton sur les origines de Rome] *septimus liber Originum* Cic. *CM* 38, le septième livre des Origines ; *in sexta Origine* Gell. 20, 5, 13, dans le sixième livre des Origines, cf. Cic. *Planc.* 66 ; Nep. *Cat.* 3, 3 ǁ [gram.] source, provenance : Varr. *L.* 6, 1 ; 7, 88 ǁ étymologie : Varr. *L.* 7, 32 ; Quint. 1, 4, 25 *b)* [de l'homme] *originem ab aliquo ducere* Hor. *O.* 3, 17, 5 ; *deducere* Plin. 6, 76 ; *habere* Plin. 15, 49 ; *trahere* Plin. 5, 86, tirer son origine de, descendre de ǁ patrie : *morari apud originem suam* Dig. 48, 22, 7, 10, rester dans sa patrie ¶ 2 auteur, père d'une race : Virg. *En.* 12, 166 ; Tac. *G.* 2 ; Ov. *M.* 1, 79 ǁ sang, race, famille : Suet. *Vit.* 1 ǁ métropole : pl., Sall. *J.* 19, 1 ¶ 3 [fig.] origine, cause, source, principe [d'un gouvernement, du bien, de l'éloquence] : Cic. *Rep.* 2, 51 ; *Fin.* 2, 31 ; *Brut.* 253.

2 **Ŏrīgo**, *ĭnis*, f., nom de femme : Hor. *S.* 1, 2, 55.

Orindicus, ⟶ *Orondicus*.

Ŏrīnē, *ēs*, f. (Ὀρεινή), région de la Judée : Plin. 5, 70.

ŏrĭŏla, ⟶ *horiola*.

1 ŏrĭōn, *ĭi*, n. (ὤρειον), espèce de polygonos [plante] : Plin. 27, 115.

2 Ōrīōn, *ŏnis* et *ōnis*, m. (Ὠρίων), Orion [chasseur changé par Diane en une constellation qui porte son nom] : Ov. F. 5, 493 ; Hyg. Fab. 195.
▶ *ŏr-* Virg. En. 1, 535 ; 4, 52 ; 10, 763, mais *Ōrīōnă* Virg. En. 3, 517.

ŏrĭor, *īris*, *īri*, *ortus sum*, *ŏrĭtūrus* (cf. ὄρνυμαι, scr. ṛnoti, hit. arnuzi), intr. ¶ 1 se lever **a)** sortir du lit : *consul oriens* Liv. 8, 23, 15, le consul se levant v. Vel. 7, 74, 19 ∥ se lever [en parl. des astres] : Ov. F. 1, 295 ; Hor. Ep. 2, 1, 112 ; *sol oriens et occidens* Cic. Nat. 2, 102, le lever et le coucher du soleil ∥ [d'où] *orta luce* Cæs. G. 5, 8, 2, après le lever du jour **b)** [en parl. d'une plante] : *a gemma oriens uva* Cic. CM 53, la grappe sortant du bourgeon ¶ 2 [fig.] se lever, naître, tirer son origine **a)** *clamor, tempestas oritur* Cæs. G. 5, 53, 1 ; Nep. Timoth. 3, 3, des cris s'élèvent, une tempête s'élève ; *Rhenus oritur ex Lepontiis* Cæs. G. 4, 10, 3, le Rhin prend sa source chez les Lépontiens ; *jus ex natura ortum* Cic. Leg. 1, 35, le droit issu de la nature, cf. Cic. Rep. 1, 68 ; Fin. 4, 12 ; Sest. 77 ; *a principio oriri omnia* Cic. Tusc. 1, 54, que tout naît d'un principe, cf. Cic. Fin. 5, 69 ; *quae sunt orta de causis* Cic. de Or. 2, 171, ce qui sort des causes [les effets], cf. Cic. Part. 55 **b)** tirer sa naissance : *solum, in quo ortus es* Cic. Leg. 2, 4, le sol où tu es né, cf. Cic. Fin. 2, 40 ; *a Catone ortus* Cic. Mur. 66, descendant de Caton ; *philosophia a Socrate orta* Cic. Ac. 1, 3, philosophie qui tire son origine de Socrate ; *aliquis a se ortus* Cic. Phil. 6, 17, un homme né de lui-même, dont la noblesse commence à lui-même ; *obscuris majoribus orti* Cic. Off. 1, 116, descendants d'ancêtres obscurs, cf. Cic. Nat. 3, 59 ; Liv. 1, 34, 6 ; 8, 3, 7 ; *neque Veientes ne se ortum perire sinerent* Liv. 2, 6, 2, il conjurait les Véiens de ne pas laisser périr un roi issu d'eux [de leur sang] ∥ [avec *ex*] Ter. Eun. 241 ; Cic. Rab. Post. 15 ; Sall. J. 5, 7 ; 108, 1 ; Liv. 1, 34, 6 ; 6, 40, 6 ; 7, 10, 3 **c)** commencer : *ab his sermo oritur* Cic. Læ. 5, ce sont eux qui commencent l'entretien ; *oratio oriens* Cic. Or. 218, le début de la phrase ; *Belgae ab extremis Galliae finibus oriuntur* Cæs. G. 1, 1, 6, la Belgique commence à l'extrémité du territoire de la Gaule.
▶ formes de la 3ᵉ conjug. *oreris* Ov. M. 10, 166 ; *orĭtur* Virg. En. 2, 411 ; *oreretur* et *orerentur* se trouvent aussi bien que *-orīri-*.

Ōrīŏs, v. *Oreum* et *Orius*.

ŏrĭpĕlargus, *i*, m. (ὀρειπέλαργος), espèce d'aigle : Plin. 10, 8.

Orippo, *ōnis*, m., ville de Bétique Atlas IV, D2 : Plin. 3, 11.

ŏrīpŭtĭdus, *a*, *um* (1 *os, putidus*), qui a mauvaise haleine : Gloss. 2, 379, 41.

ŏrīrētur, *-entur*, v. *orior* ▶.

Ōrītae (Ὠρεῖται), *ārum*, m. pl., peuple de Gédrosie : Plin. 6, 95 ; Curt. 9, 10, 6.

Ōrītāni, *ōrum*, m. pl., habitants d'Oréum []Eubée : Liv. 28, 8, 13.

Ōrītānum, *i*, n., ville de l'Eubée : Plin. 4, 64.

Ōrīthyīa, *ae*, f. (Ὠρείθυια), Orithye [fille d'Érechthée, roi d'Athènes, enlevée par Borée, qui la transporta en Thrace] : Cic. Leg. 1, 3 ; Ov. M. 6, 683 ∥ nom d'une reine des Amazones : Just. 2, 4, 17.

Ōrīthyīŏn, *ĭi*, n., montagne d'Idalie [Chypre] : Sidon. Carm. 11, 2.

ŏrītis, *ĭdis*, f. (ὀρῖτις), sorte de pierre précieuse : Plin. 37, 176.

ŏrĭtūrus, *a*, *um*, v. *orior*.

1 ŏrĭundus, *a*, *um* (*orior*), natif, originaire, issu de, qui tire son origine de [lieux ou personnes] : [avec *ab*] Cic. Top. 29 ; Liv. 24, 6, 2 ; [avec *ex*] Pl. Curc. 11 ; Liv. 2, 9, 1 ; [avec abl. seul] Enn. An. 113 ; 290 ; Cic. Frg. E. 5, 27 ; Liv. 1, 20, 3 ; Lucr. 2, 991.

2 Ŏrĭundus, *i*, m., fleuve de l'Illyrie : Liv. 44, 31, 4.

Ōrīus (-ŏs), *ĭi*, m., nom d'un Lapithe : Ov. M. 12, 262 ∥ v. *Oreos*.

ŏrīza, v. *oryza* : Anthim. 70.

Orměnis, *ĭdis*, f. (Ὀρμενίς), fille d'Orménius [Astydamie] : Ov. H. 9, 50.

Ormenĭum, *ĭi*, n., ville de Magnésie : Plin. 4, 32.

orměnŏs agrĭŏs, m., asperge sauvage : Plin. 26, 94 et **ormĭnŏs**, seul : Plin. 20, 110.

ormīnālis (hormīnālis), *is*, f., v. *horminum* : Ps. Apul. Herb. 15.

ormīnum, v. *hor-*.

Ormisdas, v. *Hor-*.

Orna (-ās), *ae*, m., rivière de la Gaule Belgique [l'Orne] : Fort. Carm. 10, 9, 13.

ornāmentārĭus, *a*, *um*, honoraire : CIL 12, 3191, 3.

ornāmentum, *i*, n. (*orno*) ¶ 1 [pl.] appareil, attirail, équipement : *copiae, ornamenta, praesidia* Cic. Cat. 2, 24, les ressources, le matériel de guerre, les forces défensives ∥ harnais, collier : Cat. Agr. 11, 4 ∥ armure : Sen. Ep. 14, 15 ∥ costume de théâtre : Pl. Cap. 615 ¶ 2 ornement, parure : *ornamenta fanorum* Cic. Verr. 4, 97, les ornements des temples ; *(domus est) ornamento urbi* Cic. Verr. 4, 3 ; 4, 121 ; *ornamento urbis* Cic. Verr. 4, 120 [mss.[, (la maison est) un ornement pour la ville, de la ville ; *vir, ornamentum rei publicae* Cic. Mil. 37, un homme qui est une illustration de l'État ∥ [rhét.] ornements du style, figures : Cic. Brut. 140 ; 261 ∥ qualités littéraires, beauté de l'expression : Cic. de Or. 2, 122 ∥ [en part.] ornements, insignes [du triomphe, des divers magistrats] : Suet. Cæs. 76 ; Aug. 38 ¶ 3 titre honorifique distinction : *ornamenta et beneficia populi Romani* Cic. Verr. 5, 175, les honneurs et les faveurs du peuple romain ; *quaecumque a me ornamenta ad te proficiscentur* Cic. Fam. 2, 19, 2, toutes les distinctions dont je dispose iront à toi.

ornātē (*ornatus*), d'une manière ornée, avec élégance : Cic. de Or. 3, 53 ; Or. 22 ; *ornatissime defendere causam* Cic. Brut. 21, défendre une cause dans le style le plus orné, le plus élégant ; *-tius* Cic. de Or. 2, 35 ; Ac. 2, 129.

ornāti, gén., v. 2 *ornatus* ▶.

ornātĭo, *ōnis*, f. (*orno*), action d'orner, ornement : Vitr. 5, 8, 8 ; CIL 14, 2795 ∥ frais de décoration : CIL 14, 367, 13.

ornātīvus, *a*, *um* (*orno*), propre à orner, d'ornement : Pomp.-Gr. 5, 266, 21.

ornātŏr, *ōris*, m. (*orno*), celui qui orne, qui pare : Firm. Math. 3, 5, 33 ; Cassiod. Var. 1, 2, 2 ∥ celui qui habille [maison de l'empereur], valet de chambre : CIL 6, 8956, 3.

ornātrix, *īcis*, f. (*ornator*), celle qui habille, femme de chambre, coiffeuse : Ov. Am. 1 ; 14, 16 ; Suet. Cl. 40.

ornātūra, *ae*, f. (*orno*), ornement, garniture : Diocl. 7, 42 ; Schol. Juv. 6, 499.

1 ornātus, *a*, *um*, part.-adj. de *orno* ¶ 1 équipé, approvisionné, outillé : Cic. Fin, 2, 112 ; Caecin. 60 ; *naves omni genere armorum ornatissimae* Cæs. G. 3, 14, 2, navires abondamment pourvus de tout l'équipement nécessaire [armes et agrès] ¶ 2 orné, paré, élégant : *agro bene culto nihil specie ornatius* Cic. CM 57, rien de plus beau comme aspect qu'un champ bien cultivé ; *verba ornatissima* Cic. de Or. 1, 154, les expressions les plus élégantes ; *ornatus in dicendo* Cic. de Or. 1, 49, orateur à la parole élégante ¶ 3 qui sert de parure : *ornatior* Cic. Off. 2, 66, qui donne plus de lustre ; *ornatissima senatus de me judicia* Cic. Fam. 15, 4, 13, les appréciations les plus honorifiques du sénat sur moi ; *locus ad dicendum ornatissimus* Cic. Pomp. 1, endroit qui donne le plus de lustre à la parole ¶ 4 honorable, distingué, considéré : *vir ornatus* Cic. Brut. 147, homme distingué ; *ornatissimus eques Romanus* Cic. Mil. 18, chevalier romain des plus distingués.

2 ornātŭs, *ūs*, m. ¶ 1 appareil, outillage, attirail : Cat. Agr. 22, 3 ∥ *nihil ornati* Ter. And. 365, aucun apprêt ∥ équipement, accoutrement, costume : Pl. Mil. 1177 ; Cic. Off. 1, 61 ; Fin. 2, 69 ¶ 2 ornement, parure : *ornatus urbis* Cic. Verr. 4 ; 120, ornement, décoration de la ville ; pl., *parietum ornatus* Cic. Verr. 4, 122, les ornements des mur ; *ad ornatum aedilitatis* Cic. Dom. 111, pour embellir, rehausser l'édilité [= les jeux donnés par l'édile] ∥ [rhét.] parure, beauté du style : Cic. Or. 80 ; Brut. 193, [en somme l'*ornatus* comprend toutes les qualités du style oratoire, cf. Cic. de Or. 3, 53].
▶ gén. *ornati* Ter. And. 365 ; Eun. 237.

orneoscopus

ornĕoscŏpus, *i*, m. (ὀρνεοσκόπος), celui qui pratique l'ornithomancie ➡ *auspex* : LAMPR. *Alex.* 7, 6.

1 ornĕus, *a*, *um* (*ornus*), d'orne : COL. 11, 2, 82.

2 Ornĕus, *i*, m. (Ὄρνειος), Centaure : Ov. *M.* 12, 302.

Orni, *ōrum*, m. pl. (ὄρνος), lieu fortifié en Thrace : NEP. *Alc.* 7, 4.

ornīthĭās, *ae*, m. (ὀρνιθίας), ➡ *favonius* vent qui amène les oiseaux : PLIN. 2, 122 ǁ pl., vents étésiens : PLIN. 2, 127.

ornīthŏgălē, *ēs*, f. (ὀρνιθογάλη), ornithogale [plante] : PLIN. 21, 102.

1 ornīthōn, *ōnis*, m. (ὀρνιθών), volière : VARR. *R.* 3, 3, 1 ; COL. 8, 3, 1.

2 Ornīthōn pŏlis, f. (Ὀρνίθων πόλις), ville des oiseaux, en Phénicie : PLIN. 5, 76.

ornō, *ās*, *āre*, *āvī*, *ātum* (cf. *ordior*, *ordo* ; it. *ornare*), tr. ¶ 1 équiper, outiller, préparer : *classem* CIC. *Pomp.* 9, équiper une flotte, armer des navires ; *convivium* CIC. *Verr.* 4, 44, faire les apprêts d'un festin ; *provincias, consules* CIC. *Att.* 3, 24, 1, munir de tout le nécessaire [subsides, troupes, personnel] les gouverneurs de provinces, cf. LIV. 40, 36, 5 ; *decemviros apparitoribus, scribis..., mulis, tabernaculis, supellectili* CIC. *Agr.* 2, 32, pourvoir les décemvirs d'appariteurs, de greffiers... de mulets, de tentes, de meubles ¶ 2 orner, parer : *domum* CIC. *Off.* 2, 76, orner une maison ; *deos deorum spoliis* CIC. *Verr.* 4, 123, parer les dieux de la dépouille des dieux ǁ [fig.] embellir, rehausser, honorer : *aliquem laudibus* CIC. *Phil.* 2, 25, rehausser qqn par des éloges ; *seditiones ipsas* CIC. *de Or.* 2, 124, présenter sous un beau jour les séditions elles-mêmes ; *omnia nimis ornare* CIC. *Verr.* 4, 124, embellir tout à l'excès ; *ornare aliquem* CIC. *Fam.* 1, 1, 4, contribuer à l'honneur de qqn [par des louanges, des recommandations].

ornus, *i*, f. (cf. rus. *jasen'*, bret. *onnenn*), orne, frêne à fleurs : VIRG. *G.* 2, 111 ; PLIN. 16, 73 ǁ bois de lance : SIL. 1, 337.

Ornȳtus, *i*, m., nom de guerrier : VIRG. *En.* 11, 677.

ōrō, *ās*, *āre*, *āvī*, *ātum* (cf. osq. *urust*, ἀρνέομαι, ἀρά), tr. ¶ 1 parler, dire : *bonum aequomque oras* PL. *Most.* 682, c'est une bonne et juste remarque que tu fais là ǁ [abs^t] VIRG. *En.* 7, 446 ; 10, 96 ¶ 2 parler comme orateur : *causam* CIC. *Brut.* 47, plaider une cause, cf. CIC. *Off.* 3, 43 ; LIV. 39, 40, 6 ; VIRG. *En.* 6, 849 ǁ [abs^t] *orare pro aliquo* LIV. 39, 40, 12, plaider pour qqn ; *ars orandi* QUINT. 2, 15, 20, art oratoire ; *orantes* TAC. *D.* 6, les orateurs ¶ 3 prier, solliciter, implorer : [abs^t] CIC. *Verr.* 4, 101 ǁ *aliquem* CIC. *Dej.* 8, prier qqn ; *Deum* TERT. *Marc.* 4, 36, 1, prier Dieu ; *orandus erit amicus* CIC. *Font.* 36, il faudra prier notre ami ; *id, illud aliquem orare...* CIC. *Verr.* 5, 119 ; Q. 1, 1, 46, adresser à qqn cette prière..., cf. *Att.* 11, 12, 2 ǁ *rem* demander qqch. en suppliant, implorer une chose : LIV. 21, 6, 2 ; TAC. *An.* 2 46 ǁ [avec deux acc.] : *aliquem libertatem* SUET. *Vesp.* 16, solliciter de qqn la liberté ǁ *rem ab aliquo* VIRG. *En.* 11, 358, solliciter une chose de qqn ǁ [avec ut, ne subj.] prier de, prier de ne pas : CIC. *Fam.* 9, 13, 3 ; CAES. *G.* 4, 11, 1 ǁ [avec subj. seul] : *te oro des operam* CIC. *Att.* 3, 1, je te prie de donner tes soins ǁ [avec inf.] VIRG. *B.* 2, 43 ; *En.* 6, 313 ; TAC. *An.* 6, 2 ; 12 ; 9 ǁ *orare ab aliquo ut*, demander à qqn de : PL. *Amp.* 64 ; GELL. 17, 10, 7, ou *cum aliquo, ut* PL. *Cas.* 324 ; *Curc.* 432 ; TER. *Hec.* 686 ǁ [alliances fréquentes d. CIC.] *rogo atque oro, oro atque obsecro, oro atque obtestor*, prier et supplier, prier et conjurer ǁ [parenth.] *oro te*, je te prie, de grâce : CIC. *Att.* 4, 8 a, 1.

▶ parf. sync. *orasti*, PL. *Mil.* 1269 *orasseis = oraveris* PL. *Ep.* 728 [ms. A].

Ŏrŏanda, n. pl., Oroanda [ville de Pisidie] : LIV. 38, 37, 11 ǁ **-denses**, *ium*, m. pl., habitants d'Oroanda : LIV. 38, 18, 2 ; 38, 19, 1 ǁ **-dĭcus**, *a*, *um*, d'Oroanda : CIC. *Agr.* 2, 50 ; PLIN. 5, 147.

Ŏrŏandēs, *is*, m., montagne de Médie : PLIN. 5, 98 ǁ nom d'un Crétois : LIV. 45, 6, 2.

Ŏrŏandĭcus, v. *Oroanda*.

Ŏrŏātis, *is* et *ĭdis*, m. (Ὀροάτις), fleuve de Perse [al. *Oratis*] : PLIN. 6, 111.

ŏrŏbanchē, *ēs*, f. (ὀροβάγχη), orobanche [plante] : PLIN. 22, 162 ǁ cuscute [plante] : PLIN. 18, 155.

ŏrŏbēthrŏn, *i*, n., ➡ *hypocisthus* : PLIN. 26, 49.

ŏrŏbĭās, *ae*, m. (ὀροβίας), encens à petits grains, ressemblant au pois chiche (ὄροβος) : PLIN. 12, 62.

Ŏrŏbĭi, *ōrum*, m. pl., Orobiens [peuple de la Gaule transpadane] : PLIN. 3, 124.

ŏrŏbĭnus, *a*, *um* (ὀρόβινος), d'orobe : PLIN. 37, 163.

Ŏrŏbis, v. *Orobus*.

ŏrŏbītis, *is*, f. (ὀροβῖτις), orobite [chrysocolle teinte en jaune] : PLIN. 33, 89.

1 ŏrŏbus, *i*, m. (ὄροβος), espèce de lentille : VEG. *Mul.* 1, 45, 2.

2 Ŏrŏbus, *i*, m., fleuve côtier de Narbonnaise [auj. Orb] : AVIEN. *Or.* 592.

Ŏrŏdēs, *is*, m. (Ὀρώδης), Orode [roi des Parthes, qui fit prisonnier Crassus] ǁ gén. *Orodi* CIC. *Fam.* 15, 1, 2 ǁ roi de Colchide : FLOR. 3, 5, 28 ǁ roi d'Albanie [Caucase] : EUTR. 6, 11 ǁ nom de guerrier : VIRG. *En.* 10, 732.

Ŏrŏlaunum, *i*, n., ville des Trévires [auj. Arlon] Atlas V, C3 : ANTON. 366.

Ŏrŏmarsaci (-savi), *ōrum*, m. pl., peuple de Belgique : *PLIN. 4, 106.

Ŏrŏmĕdōn, *ontis*, m. (Ὠρομέδων), un des Géants : *PROP. 3, 9, 48.

Ŏrŏmĕnus, *i*, m., montagne de l'Inde : PLIN. 31, 77.

Orongis, acc. *in*, ville minière d'Espagne : LIV. 28, 3, 2.

1 Ŏrontēs, *ae*, *is* ou *i*, m. (Ὀρόντης) ¶ 1 l'Oronte [fleuve de Syrie] : PLIN. 5, 79 ǁ **-ēus**, *a*, *um*, de l'Oronte : PROP. 1, 2, 3 ¶ 2 chef des Lyciens, un des compagnons d'Énée : VIRG. *En.* 1, 220.

2 Ŏrontēs, *ĭum*, m. pl., peuple de la Mésopotamie : PLIN. 6, 118.

Ōrōpŏs (-pus), *i*, f. (Ὠρωπός), ville de Béotie, près de l'Attique : CIC. *Att.* 12, 23, 2 ; LIV. 45, 27 ; PLIN. 4, 24.

Ŏrŏsinēs, *is*, m., rivière de Thrace, près du Pont-Euxin : PLIN. 4, 45.

Ŏrōsĭus, *ii*, m., Paul Orose [historien chrétien] : AUG. *Ep.* 166, 2.

Orostrae, *ārum*, m. pl., peuple de l'Inde : PLIN. 6, 76.

Orothophanītae, *ārum*, m. pl., peuple de Mésopotamie : PLIN. 6, 123.

Orphăĭci, *ōrum*, m. pl. (Ὀρφαϊκοί), Orphiques [sectateurs d'Orphée] : MACR. *Somn.* 1, 12, 12.

orphănĭtās, *ātis*, f. (*orphanus*), état d'orphelin : ALCIM. *Ep.* 5.

orphănŏtrŏphīum, *ii* (**-ēum**, *ēi**), n. (ὀρφανοτροφεῖον), orphelinat : COD. JUST. 1, 2, 19.

orphănŏtrŏphus, *i*, m. (ὀρφανοτρόφος), celui qui élève les orphelins : COD. JUST. 1, 3, 31.

orphănus, *i*, m. (ὀρφανός ; it. *orfano*), orphelin : AMBR. *Serm.* 24, 3 ; VULG. *Psal.* 67, 6.

Orpheūs, *ĕi* ou *ĕos*, m. (Ὀρφεύς), Orphée [fils de la Muse Calliope, célèbre joueur de lyre, époux d'Eurydice] : CIC. *Nat.* 1, 170 ǁ **-ēus**, *a*, *um* (Ὀρφεῖος), d'Orphée : PROP. 1, 3, 42 ǁ **-ēĭcus**, *a*, *um*, d'Orphée, orphique : MACR. *Sat.* 1, 18, 17 ; **-ĭcus**, *a*, *um* (Ὀρφικός), CIC. *Nat.* 1, 107.

Orphĭdĭus, *ii*, m., nom d'homme : TAC. *H.* 2, 43.

Orphnaeus, *i*, m. (Ὀρφναῖος), un des chevaux du char de Pluton : CLAUD. *Pros.* 1, 284.

Orphnē, *ēs*, f. (Ὀρφνη), mère d'Ascalaphus : Ov. *M.* 5, 539.

orphus, *i*, m. (ὀρφός), sorte de poisson de mer : PLIN. 9, 57.

orsa, *ōrum*, n. pl. (*orsus*, part. pass.), [poét.] paroles, discours : VIRG. *En.* 7, 435 ; 10, 632 ǁ entreprises : VAL.-FLAC. 1, 21 ; STAT. *Th.* 6, 358.

▶ *orsis tanti operis* LIV. pr. 13 "à l'entreprise d'une si grande œuvre", est une f. l. pour *orsis* (s.-e. *nobis*) *tantum operis*, à nous qui avons entrepris une si grande œuvre.

orsōrĭus, *a*, *um*, qui sert à ourdir [tissage] : VL. *Jud.* 16, 13.

1 orsus, *a*, *um*, part. de *ordior*.

2 orsŭs, *ūs*, m., entreprise, commencement : CIC. poet. *Div.* 2, 63.

Ortaciās (-cia), *ae*, m., rivière de l'Élymaïde : Plin. *6, 136*.

Ortălus, ▶ *Hort-*.

Ortānum, ▶ *Hort-*.

Ortensĭus, ▶ *Hort-*.

orthăgŏriscus, *i*, m. (ὀρθαγορίσκος), marsouin : Plin. *32, 19 ; 32, 150*.

Orthagurĕa, *ae*, f., ancien nom de Maronée [ville de Thrace] : Plin. *4, 42*.

orthampĕlŏs, *i*, f. (ὀρθάμπελος), sorte de vigne qui n'a pas besoin d'échalas : Plin. *14, 40*.

Orthānēs, *is* (**nus**, *i*), m., surnom de Bacchus : Sil. *3, 395*.

Orthē, *ēs*, f., ville de Magnésie : Plin. *4, 32*.

orthistrōtum (opto-), *i*, n. (ὀρθόστρωτος), mur à parement de pierre : *Not. Tir. 101*.

orthĭus, *a, um* (ὄρθιος), élevé, aigu : *orthium carmen cantare* Gell. *16, 9, 14*, chanter dans le mode aigu ‖ *orthius pes* Diom. *481, 24*, pied ayant la valeur de douze temps, cf. Capel. *9, 985*.

Orthŏbūla, *ae*, f., nom de femme : Liv. *41, 25, 6*.

orthŏcissŏs (-us), *i*, f. (ὀρθόκισσος), sorte de lierre : Col. *11, 2, 30*.

orthŏcōlus, *a, um* (ὀρθόκωλος), fourbu : Veg. *Mul. 2, 54, 1*.

orthŏcyllus, *a, um* (ὀρθόκυλλος), aux membres contractés : Pelag. *266*.

orthŏdoxus, *a, um* (ὀρθόδοξος), orthodoxe : Cod. Just. *1, 2, 12 pr.* ; Hier. *Ep. 15, 4, 1*.

orthŏgōnĭus, *a, um* (ὀρθογώνιος), rectangle, qui est à angles droits : Vitr. *10, 6, 4*.

orthŏgōnus, *a, um*, à angle droit, orthogonal : Grom. *404, 14*.

orthŏgrăphĭa, *ae*, f. (ὀρθογραφία), [archit.] orthographie [tracé en élévation] : Vitr. *1, 2, 2* ‖ orthographe : Suet. *Aug. 88*.

orthŏgrăphus, *a, um* (ὀρθόγραφος), relatif à l'orthographe, orthographique : Capel. *1, 65* ‖ subst. m., orthographiste, celui qui enseigne l'orthographe : Cassiod. *Orth. 7, 147, 13*.

orthŏmastĭus, *a, um* (ὀρθός, μαστός), ayant une poitrine ferme [en parl. de pommes] : Plin. *15, 51*.

orthopnoea, *ae*, f. (ὀρθόπνοια), orthopnée [méd., difficulté à respirer en position couchée] : Plin. *21, 160* ‖ pl., Plin. *21, 142*.

orthopnŏĭcus, *a, um* (ὀρθοπνοϊκός), qui est atteint d'orthopnée : Plin. *20, 193*.

orthopsaltĭcus, *a, um* (ὀρθοψαλτικός), exécuté sur un ton très élevé : Varr. *Men. 352*.

orthŏpȳgĭum, *ii*, n. (ὀρθοπύγιον), croupion : *Mart. 3, 93, 12*.

Orhōsĭa, *ae*, f. (Ὀρθωσία), ville de Phénicie : Plin. *5, 78* ‖ ville de Carie : Liv. *45, 25* ; Plin. *5, 108*.

Orthōsis, *ĭdis*, f., ▶ *Orthosia* [en Phénicie] : Prisc. *Perieg. 856*.

orthostăta, *ae*, m. (ὀρθοστάτης), parement [d'un mur] : Vitr. *2, 8, 4* ‖ support vertical [dans une machine] : Vitr. *10, 13, 7*.

orthozēlŏs (-ŏn), f. (n.) (ὀρθόζηλον), rivette [plante] : Ps. Apul. *Herb. 26* ; Gloss. *3, 571, 54*.

Orthronĭenses, *ĭum*, m. pl., peuple de Carie : Plin. *5, 109*.

Orthrus, *i*, m. (Ὄρθρος), chien de Géryon : Sil. *13, 845*.

Ortĭago, f. l. pour *Orgiago*.

ortīvus, *a, um* (3 *ortus*), qui a rapport à la naissance [horoscope] : Manil. *3, 189* ‖ naissant, levant [soleil] : Apul. *M. 3, 28*.

Ortogordomaris, *i*, m., fleuve voisin du Paropamise, dans l'Asie centrale : Amm. *23, 6, 70*.

Ortōna, *ae*, f., ville maritime du Latium : Liv. *2, 43, 2*.

Ortoplinĭa, *ae*, f., ville de Liburnie Atlas XII, C5 : Plin. *3, 140*.

ortŭlānus, ▶ *hortulanus*.

1 ortus, *a, um*, part. de *orior*.

2 ortus, *i*, m., ▶ *hortus*.

3 ortŭs, *ūs*, m. (*orior*) ¶ 1 naissance, origine **a)** [d'une chose] Cic. *Leg. 1, 20* ; *3, 19* ; *Lae. 32* ; [des vignes] Cic. *CM 52* ; [d'êtres vivants] Cic. *Fin. 5, 10* **b)** [de pers.] *ortu Tusculanus* Cic. *Leg. 2, 5*, Tusculan de naissance, cf. *Div. 1, 85* ; *Tusc. 1, 91* ¶ 2 lever [des astres] : Cic. *Div. 1, 121* ; *128* ; *130*.

ortȳga, *ae*, f., ▶ *ortyx* : Antid. Brux. *app. 210*.

Ortȳgĭa, *ae*, f., Ortygie ¶ 1 autre nom de l'île de Délos : Virg. *En. 3, 124* : P. Fest. *195, 10* ¶ 2 île en face de Syracuse : Virg. *En. 3, 694* ¶ 3 autre nom d'Éphèse : Plin. *4, 12* ¶ 4 forêt voisine d'Éphèse : Tac. *An. 3, 61* ‖ **-ĭus**, *a, um*, d'Ortygie, de Délos : Ov. *M. 1, 694* ; *F. 5, 692*.

Ortȳgĭē, *ēs*, f., ▶ *Ortygia* ¶ 1 Ov. *M. 15, 337* ¶ 2 Ov. *F. 4, 471*.

ortȳgŏmētra, *ae*, f. (ὀρτυγομήτρα), râle, roi des cailles [oiseau] : Plin. *10, 66* ‖ caille : Tert. *Marc. 4, 26, 9*.

ortyx, *ȳgis*, f. (ὄρτυξ) ¶ 1 caille [oiseau] : Hyg. *Fab. 53* ¶ 2 plantain [herbe] : Plin. *21, 101*.

ōrum, pour *aurum* : Fest. *196, 28*.

Orumbovĭi, *ōrum*, m. pl., peuple ligure d'Italie : Plin. *3, 124*.

Orumcŏlae, *ārum*, m. pl., peuple de l'Inde : Plin. *6, 67*.

Orŭrŏs, *i*, f., lieu ou ville de Mésopotamie : Plin. *6, 120*.

Ōrus, ▶ *Horus*.

ŏryx, *ȳgis*, m. (ὄρυξ), gazelle : Col. *9, 1, 1* : Plin. *2, 107*.

ŏryza, *ae*, f. (ὄρυζα ; fr. *riz*), riz : Hor. *S. 2, 3, 155* ; Cels. *2, 18, 10*.

▶ *oriza* Lampr. *Hel. 21, 3*, ▶ *oridia*.

1 ōs, *ōris*, n. (*osculum, ostium, oreae, coram* ; cf. scr. *ās-*, v. irl. *á*, hit. *ais-*)

I ¶ 1 bouche, gueule : Cic. *Nat. 2, 122* ; *Pis. 13* ; *alicujus postremum spiritum ore excipere* Cic. *Verr. 5, 118*, recueillir sur les lèvres le dernier souffle de qqn, cf. Virg. *En. 4, 684* ‖ *esse in ore omnium, in ore vulgi* Cic. *Verr. 2, 56* ; *1, 121* ; *omnibus in ore* Cic. *Lae. 2*, être dans la bouche de tout le monde, faire l'objet des propos de la foule ; *volitare per ora virum* Enn. d. Cic. *Tusc. 1, 34*, voler sur les lèvres des hommes ; *in ore (semper) habere aliquid, aliquem*, avoir constamment qqch., qqn à la bouche, citer const^t qqch., qqn : Cic. *Fam. 6, 18, 5* ; *5, 16, 2* ; *Fin. 2, 22* ; *3, 37* ; *habent in ore nos ingratos* Cic. *Att. 14, 22, 2*, on parle constamment de mon ingratitude ; *orationi Caepionis ore respondit Aelius* Cic. *Brut. 169*, à ce discours Aelius fit une réponse par la bouche de Cépion [prononcée par…] ‖ *uno ore* Cic. *Lae. 86*, d'une seule voix, unanimement ; *ore tenus* Tac. *An. 15, 45*, jusqu'à la bouche seulement, en parole seulement ; *quasi pleniore ore laudare aliquid* Cic. *Off. 1, 61*, louer qqch. comme d'une voix plus pleine, avec plus d'enthousiasme ¶ 2 organe de la parole, voix, prononciation : Nep. *Alc. 1, 2* ; Virg. *En. 2, 423* ¶ 3 entrée, ouverture : *in Ponti ore et angustiis* Cic. *Verr. 4, 129*, à l'entrée et dans le détroit du Pont-Euxin ; *in ore portus* Cic. *Verr. 5, 30*, à l'ouverture du port ‖ embouchure : Liv. *1, 22, 9* ‖ source : Virg. *En. 1, 245* ‖ proue de navire : *ora navium rostrata* Hor. *Epo. 4, 17*, le bec des navires muni d'un éperon.

II ¶ 1 visage, face, figure : Cic. *Cat. 4, 1* ; *Off. 1, 102* ; *de Or. 3, 221* ; *os Gorgonis* Cic. *Verr. 4, 124*, la tête de Méduse, cf. Tac. *An. 1, 61* ; *aliquem in os laudare* Ter. *Ad. 269*, louer qqn en face ; *in ore omnium versari* Cic. *Amer. 16*, se montrer à la face de tous, être sous les yeux de tout le monde, cf. Cic. *Verr. 2, 81* ; Tac. *H. 3, 77* ; *alicui ante os esse* Cic. *Rep. 3, 15*, être sous les regards de qqn ; *ante ora conjugum* Liv. *28, 19, 12*, sous les regards des épouses ; *incedunt per ora vestra magnifici* Sall. *J. 31, 10*, ils marchent devant vous, hautains ‖ *os ducere* Cic. *Or. 86*, grimacer, cf. Cic. *de Or. 3, 222* ¶ 2 [fig.] physionomie, air [en tant qu'expression des sentiments, cf. *frons*] : *quod habent os !* Cic. *Rab. Post. 34*, quel front ils ont ! ; *ore durissimo esse* Cic. *Quinct. 77*, être de la dernière impudence ; *os hominis cognoscite* Cic. *Verr. 4, 66*, apprenez à connaître l'effronterie du personnage, cf. Cic. *de Or. 1, 175* ; *Clu. 65*.

▶ dat.-abl. pl. *oribus*, Varr. *L. 7, 64* ; Virg. *En. 8, 846*.

os

2 **ŏs**, *ossis*, gén. pl. *ossium*, n. (cf. ὀστέον, scr. *asthi*, hit. *hastai-*; fr. *os*, it. *osso*) ¶ **1** os, ossement : *cineri atque ossibus alicujus solacium reportare* Cic. *Verr.* 5, 128, rapporter une consolation aux cendres et aux restes [os] de qqn, cf. Cic. *Verr.* 1, 113 ‖ [poét.] moelle des os = fond de l'être : *exarsit juveni dolor ossibus ingens* Virg. *En.* 5, 172, un violent ressentiment s'alluma dans le cœur du jeune homme ‖ [fig.] *ossa* Cic. *Brut.* 68, le squelette [= les dehors, l'apparence] ; *ossa nudare* Cic. *Fin.* 4, 6, décharner des os [avoir un style décharné] ¶ **2** [la partie la plus intime d'un arbre, d'un fruit] cœur, noyau : Plin. 17, 252 ; Suet. *Cl.* 8.
▶ forme *ossum, i*, n., v. Charis. 139, 3 ; Prisc. 2, 318, 4 ; Aug. *Doctr.* 3, 3, 7 ; *Psalm.* 138, 20 ‖ *ossu* Char. 139, 4 ; Prisc. 2, 254, 6 ; pl. *ossua* CIL 1, 1219 ; gén. *ossuum* Pacuv. *Tr.* 102 ; *ossuorum* Ps. Cypr. *Aleat.* 6.

osanna, v.▶ *hos-*.

Osca, *ae*, f., ville d'Espagne (Tarraconaise) [auj. Huesca] Atlas IV, B3 ; V, F2 : Vell. 2, 30 ; Flor. 2, 22, 9 ‖ **-censis**, *e*, d'Osca : Liv. 34, 10 ‖ subst. masc. pl., les habitants d'Osca : Caes. *C.* 1, 60.

Oscē, adv., dans la langue des Osques : Varr. *L.* 5, 131 ; Gell. 17, 17, 1.

oscĕdo, *ĭnis*, f. (1 *os*, cf. *oscito*), bâillements fréquents : Gell. 4, 20, 9 ‖ aphte : Samm. 227 ; Isid. 4, 8, 17.

oscĕn, *ĭnis*, m. (*obs, cano*), oscène [tout oiseau dont le chant servait de présage] : Cic. *Div.* 1, 120 ; *Fam.* 6, 6, 13 ; Hor. *O.* 3, 27, 11.
▶ f. Varr. *L.* 6, 67 ; Plin. 10, 43, cf. Fest. 214, 14.

Oscenses, *ĭum*, m. pl., v.▶ *Osca*.

Osci, *ōrum*, m. pl. (cf. *Opicus*), Osques [ancien peuple entre les Volsques et la Campanie] : Varr. *L.* 7, 29 ; Virg. *En.* 7, 730 ‖ **Oscus**, *a, um*, osque : Cic. *Fam.* 7, 1 ; Varr. *L.* 7, 28 ; Liv. 10, 20, 8.

Oscĭdātes, *ĭum*, m. pl., peuple d'Aquitaine : Plin. 4, 108.

oscillātĭō, *ōnis*, f., action de se balancer : Petr. 140, 9 ; Hyg. *Fab.* 130.

oscillō, *ās, āre*, -, - (1 *oscillum*), intr., se balancer : Fest. 212, 15.

oscillŏr, *ārĭs, ārī*, -, C.▶ *oscillo* : *Myth.* 1, 19, 6.

1 **oscillum**, *i*, n. (dim. de 1 *os*), cavité d'où part le germe [du lupin] : Col. 2, 10, 3 ‖ oscille [figurine qu'on suspendait aux arbres en offrande à Saturne et à Bacchus] : Virg. *G.* 2, 389 ; Serv. ; Macr. *Sat.* 1, 7, 31.

2 **oscillum**, *i*, n. (*oscillo*), balançoire : *Myth.* 1, 19, 6 ; Fest. 212, 30.

oscĭnis, gén. de *oscen*.

oscĭnus, *a, um* (*oscen*), [augure] tiré du chant des oiseaux : Fest. 214, 9.

oscĭtābundus, *a, um* (*oscito*), qui bâille souvent : Gell. 4, 20 tit. ; Sidon. *Ep.* 2, 2, 2.

oscĭtans, *tis*, part.-adj. de *oscito*, indolent, négligent : Cic. *Nat.* 1, 72 ; *Mil.* 56 ; *sapientia* Cic. *de Or.* 2, 144, sagesse paresseuse.

oscĭtantĕr, adv. (*oscitans*), avec nonchalance, négligemment : Cic. *Brut.* 277.

oscĭtātĭō, *ōnis*, f. (*oscito*), action de bâiller, bâillement [en parl. de l'huître] : Plin. 9, 107 ‖ bâillement [pers.] : Cels. 2, 2, 3 ; Sen. *Ep.* 74, 33 ; *Clem.* 2, 6, 4 ‖ nonchalance, indifférence : Quint. 11, 3, 3 ; Stat. *S.* 4, 9, 20.

oscĭtō, *ās, āre, āvī, ātum* (fréq. cf. *oscedo*), intr. ¶ **1** ouvrir la bouche, bâiller : Lucr. 3, 1065 ; Cic. *Brut.* 200 ; Gell. 4, 20, 8 ¶ **2** être de loisir : Cic. *Nat.* 1, 72 ¶ **3** s'ouvrir, s'épanouir [feuilles, fleurs] : Plin. 16, 88 ; Col. 10, 260.
▶ d. Cic. employé seul[t] au part. prés., v. *oscitans*.

oscĭtŏr, *ārĭs, ārī*, -, dép., intr., bâiller : Pl. *Men.* 834 ‖ demeurer inerte, les bras croisés : Her. 4, 48.

Oscŭa, *ae*, f., ville de Bétique : Plin. 3, 10.

oscŭlābundus, *a, um* (*osculor*), qui couvre de baisers : Suet. *Vit.* 2 ‖ [avec acc.] Apul. *M.* 11, 6 ; *Apol.* 94.

1 **oscŭlātĭō**, *ōnis*, f. (1 *osculo*), *venarum* (ἀναστόμωσις) Cael.-Aur. *Chron.* 2, 10, 121, ouverture [spontanée] des veines.

2 **oscŭlātĭō**, *ōnis*, f. (*osculor*), action d'embrasser : Cic. *Cael.* 49.

oscŭlātus, *a, um*, part. de *osculor* et de *osculo*.

1 **oscŭlō**, *ās, āre*, -, - (1 *os, osculum* ¶ 1), tr. (ἀναστομόω), ouvrir une veine : Cael.-Aur. *Chron.* 2, 10, 123.

2 **oscŭlō**, *ās, āre, āvī, ātum* (*osculum* ¶ 2), tr., donner un baiser : Titin. *Com.* 155 ; Apul. *M.* 2, 6 ; Capit. *Max.* 2, 7.

oscŭlŏr, *ārĭs, ārī, ātus sum* (*osculum*), tr., donner des baisers : Cic. *Tusc.* 1, 92 ; *Verr.* 4, 94 ; *Att.* 16, 5, 2 ‖ caresser, choyer : Cic. *Mur.* 23.
▶ arch. *ausculor* Pl. *Merc.* 575 ; *Bac.* 478 ; P. Fest. 25, 28.

oscŭlum, *i*, n. (dim. de 1 *os*) ¶ **1** petite bouche : Virg. *En.* 12, 434 ; Ov. *M.* 1, 499 ¶ **2** baiser : Cic. *Att.* 12, 1, 1 ; *figere* Virg. *En.* 1, 687, imprimer un baiser ; *osculum ferre alicui* Cic. *Rep.* 4, 6, donner un baiser à qqn.
▶ arch. *ausculum* Prisc. 2, 39, 10, cf.▶ *ausculor*.

Oscus, *a, um*, v.▶ *Osci*.

Osdrŏēna, *ae*, f. (Ὀσδροηνή), l'Osdroène ou Osroène [région de la Mésopotamie] Atlas IX, C4 : Amm. 14, 3, 2 ‖ **-ēni**, *ōrum*, m. pl., habitants de l'Osroène : Eutr. 8, 3.

Oserĭātes, *um* ou *ĭum*, m. pl., peuple de Pannonie : Plin. 3, 148.

Osericta (-rita), *ae*, f., île de la Germanie septentrionale : Plin. 37, 39.

Osi, *ōrum*, m. pl., peuple de Germanie Atlas I, B5 : Tac. *G.* 28.

Osĭnĭus, *ĭi*, m., roi de Clusium et allié d'Énée : Virg. *En.* 10, 655.

ŏsīrĕostăphē, *ēs*, f. (Ὀσίρεως τάφη), muflier [plante] : Ps. Apul. *Herb.* 87.

Ŏsīris, *is* et *ĭdis*, m. (Ὄσιρις), l'une des grandes divinités de l'Égypte : Tib. 1, 7, 27 ; Hor. *Ep.* 1, 17, 60 ; Juv. 8, 29 ‖ nom d'un guerrier rutule : Virg. *En.* 12, 458.

Osismi (Oss-), *ōrum*, m. pl., Osismes [peuple de Gaule, à l'ouest de l'Armorique] : Caes. *G.* 2, 34 ; Plin. 4, 107 ‖ **-ĭcus**, *a, um*, des Osismes : Mel. 3, 23.

osmĕn [arch.], v.▶ *omen* : Varr. *L.* 6, 76.

osnāmentum [arch.], v.▶ *orna-* : Varr. *L.* 6, 76.

Ōsōpus, *i*, m., ville des Alpes carniques [auj. Osoppo] : Fort. *Mart.* 4, 654.

ōsŏr, *ōris*, m. (*odi*), celui qui hait : Pl. *As.* 859 ; *Poen.* 74 ; Apul. *Socr.* 12.

ospĕs, v.▶ *hospes*.

Osphăgus, *i*, m., rivière de Macédoine : Liv. 31, 39.

ospĭcor, C.▶ *auspicor* : Quadr. d. Diom. 383, 10.

osprātūra, *ae*, f. (ὄσπριον), soin d'acheter des légumes : Dig. 50, 4, 17.

ospreŏn, *i*, m. (ὄσπριον), légumineuse : Apic. 179 tit..

Osquidātes, v.▶ *Osci-*.

Osrŏēnē, v.▶ *Osdroene*.

1 **ossa**, pl. de 2 *os*.

2 **Ossa**, *ae*, f. (Ὄσσα), le mont Ossa [en Thessalie, séjour des Centaures] : Virg. *G.* 1, 281 ; *Ossan* [acc. grec] Ov. *F.* 1, 307 ‖ **Ossaeus**, *a, um*, de l'Ossa : Luc. 6, 334.

ossārĭum, *ĭi*, n., v.▶ *ossuarium* [qqs mss].

Osset, indécl., ville de la Bétique : Plin. 3, 11.

ossĕus, *a, um* (2 *os*), osseux : Juv. 5, 53 ‖ d'os, fait d'os : Plin. 12, 115 ‖ dur comme un os : Plin. 16, 186.

ossĭcŭlāris, *e* (*ossiculum*), qui concerne les petits os : Veg. *Mul.* 3, 28, 6.

ossĭcŭlātim, adv. (*ossiculum*), par morceaux : Caecil. *Com.* 5.

ossĭcŭlum, *i*, n. (dim. de 2 *os*), petit os : Plin. 11, 134 ; Gell. 6, 1, 10.

ossĭfrăga, *ae*, f. (*ossifragus*; fr. *orfraie*), orfraie [oiseau de proie] : Lucr. 5, 1077.

1 **ossĭfrăgus**, *a, um* (2 *os, frango*, cf. *fragilis*), qui brise les os : Cass.-Sev. d. Sen. *Contr.* 10, 4, 2.

2 **ossĭfrăgus**, *i*, m., v.▶ *ossifraga* : Plin. 30, 60.

ossĭgĕnus, *a, um*, né dans les os : Boet. *Top. Arist.* 6, 2.

Ossigerdenses (Osic-), *um* ou *ĭum*, m. pl., ville de Tarraconaise : Plin. 3, 24.

Ossigi, n., ville de la Bétique : PLIN. *3, 10.*

Ossigitānĭa, ae, f., pays d'Ossigi : PLIN. *3, 9.*

ossĭlāgo, ĭnis, f. (*2 os*), cal, tumeur dure : VEG. *Mul. 2, 22, 1* ; PELAG. *252.*

ossĭlĕgĭum, ĭi, n. (*2 os*, *lego*), action de recueillir les os d'un corps brûlé : GLOSS. *2, 388, 25.*

Ossĭpāgĭna, ae, f., déesse qui présidait à la consolidation des os de l'enfant dans le sein de sa mère : ARN. *3, 30.*

ossis, gén. de *2 os*.

Ossismi, ōrum, m. pl., ▶ *Osisми* : PLIN. *4, 107.*

Ossŏnŏba, ae, f., ville de Lusitanie [Faro] Atlas IV, D1 : PLIN. *4, 116* ∥ autre en Bétique, nommée aussi *Aestuaria* : PLIN. *3, 7.*

ossu, **ossum**, ▶ *2 os* ▶.

ossŭārĭum, ĭi, n. (*ossuarius*), urne funéraire : ULP. *Dig. 47, 12, 2.*

ossŭārĭus, a, um (*2 os*), relatif aux ossements des morts : CIL *6, 16624* ; *28646*.

ossŭclum (-ŭcŭlum), i, n., ▶ *ossiculum* ; APIC. *57* ; CIL *6, 24800, 9*.

ossŭlum, i, n., ▶ *ossiculum* : GREG.-TUR. *Martin. 2, 43.*

ossum, i, n., ▶ *2 os* ▶.

ossŭōsus, a, um (*2 os*), plein d'os : VEG. *Mul. 2, 13, 4.*

ostendō, ĭs, ĕre, tendī, tentum (post-class. **tensum**) (*obs-, tendo*), tr. ¶ **1** tendre en avant : **manus** PL. *Ep. 683*, tendre les mains en avant ¶ **2** présenter, exhiber, exposer, montrer : **ager ostentus soli** CAT. *Agr. 6, 2*, champ exposé au soleil ; **Aquiloni glebas** VIRG. *G. 2, 261*, exposer les mottes de terre à l'Aquilon ∥ **os suum populo Romano** CIC. *Verr. 1, 1*, montrer sa figure au peuple romain ; **equites sese ostendunt** CAES. *C. 1, 63, 3*, les cavaliers font leur apparition ∥ [milit.] **post tergum hostium legionem ostendere** CAES. *G. 7, 62, 5*, faire apparaître une légion derrière l'ennemi [faire une démonstration au moyen d'une légion] ¶ **3** mettre en avant **a)** faire voir [comme perspective] : **spem, metum** CIC. *Verr. 4, 75*, mettre en avant l'espérance, la crainte **b)** opposer : **quaedam mihi praeclara ejus defensio ostenditur** CIC. *Verr. 5, 1*, on m'oppose pour le défendre un système admirable **c)** [avec prop. inf.] montrer que, faire comprendre que, laisser voir que : CIC. *Verr. 5, 102* ; *Flac. 86* ; *Phil. 2, 80* ; **palma... exstitisse ostendebatur** CAES. *C. 3, 105, 6*, on montrait qu'un palmier avait surgi..., cf. CIC. *Inv. 2, 54* ; [avec interrog. ind.] **quid fieri velit, ostendit** CAES. *G. 5, 2, 3*, il signifie ses volontés.

▶ part. fut. *ostenturus* CAT. *Orat. 209* ; part. parf. *ostentus* PACUV. *Tr. 238* ; ACC. *Tr. 253* ; TER. *Phorm. 826* ; CAT. *Agr. 6, 2* ; VARR. *R. 1, 24, 1* ∥ *ostensurus* SUET. *Ner. 13* ; *ostensus* LUC. *2, 192*.

ostensĭo, ōnis, f. (*ostendo*), action de montrer : APUL. *M. 3, 9* ∥ apparition, manifestation : VULG. *Luc. 1, 80.*

ostensĭōnālis, e, d'ostentation, de parade : LAMPR. *Alex. 33, 3.*

ostensīvē, adv. (*ostensivus*), de manière à montrer : BOET. *Anal. pr. 2, 24.*

ostensīvus, a, um (*ostendo*), propre à montrer : BOET. *Anal. pr. 1, 23.*

ostensŏr, ōris, m. (*ostendo*), celui qui montre : TERT. *Apol. 11, 8* ∥ celui qui enseigne : ISID. *1, 14, 8.*

ostensus, a, um, part. de *ostendo*.

ostentābĭlis, e (*ostento*), qui peut être montré : GLOSS. *2, 140, 13.*

ostentābĭlĭtĕr, adv., ostensiblement : GLOSS. L. *Plac. E 41.*

ostentācŭlum, i, n., indication : NOT. TIR. *12.*

ostentāmĕn, ĭnis, n. (*ostento*), ostentation : PRUD. *Psych. 204.*

ostentānĕus, a, um (*ostento*), de présage : *SEN. *Nat. 2, 49, 1.*

ostentārĭus, a, um (*ostentum*), relatif aux prodiges : CAPEL. *2, 151* ∥ subst. m. (s.-ent. *liber*), traité des prodiges : MACR. *Sat. 3, 7, 2.*

ostentātīcĭus, a, um (*ostento*), de parade : TERT. *Virg. 3, 4.*

ostentātĭo, ōnis, f. (*ostento*) ¶ **1** action de montrer ostensiblement : PLIN. *Pan. 56* ∥ démonstration militaire : CAES. *G. 7, 45, 3* ¶ **2** [fig.] ostentation, étalage, parade : [abst] CIC. *Off. 2, 43* ; *Lae. 86* ; **ingenii** CIC. *de Or. 2, 333*, étalage de son talent ∥ **ostentationes meae** CIC. *Att. 5, 13, 1*, mes démonstrations, mes promesses ∥ parade trompeuse, faux semblant : CIC. *Agr. 1, 23* ; *Fin. 2, 77.*

ostentātŏr, ōris, m. (*ostento*) ¶ **1** celui qui étale, qui fait montre de, qui fait parade de : HER. *4, 63* ; LIV. *1, 10, 5* ; TAC. *H. 2, 80* ¶ **2** qui attire l'attention sur, qui met sous les yeux : TAC. *An. 1, 24, 2.*

ostentātōrĭē, adv., avec grand étalage : EUSTATH. *5, 6, 15.*

ostentātrix, īcis, f., celle qui étale, qui tire vanité de : APUL. *Apol. 76, 5* ∥ [fig.] PRUD. *Psych. 438.*

ostentō, ās, āre, āvī, ātum (fréq. de *ostendo*), tr. ¶ **1** tendre, présenter avec insistance : **ostentarunt sua jugula** CIC. *Att. 1, 16, 4*, ils tendirent leur gorge ; **passum capillum** CAES. *G. 7, 48, 3*, étaler sa chevelure éparse ¶ **2** présenter, faire voir distinctement : **spes ostentatur** CIC. *Clu. 22*, un espoir se montre visiblement ; **agrum Campanum** CIC. *Agr. 2, 78*, faire briller devant les yeux le territoire campanien, cf. SALL. *J. 56, 1* ∥ étaler devant les yeux [comme perspective] : **caedem, servitutem** CIC. *Fam. 4, 14, 1*, montrer en perspective le carnage, la servitude, cf. CIC. *Clu. 25* ∥ étaler comme preuve, comme témoignage : CAES. *G. 5, 41, 4* ¶ **3** faire parade de, étalage de : **prudentiam** CIC. *Fam. 10, 3, 4*, faire parade de sa prudence ; **triumphos, consulatus** SALL. *J. 85, 29*, étaler des triomphes, des consulats ; **se** CIC. *Fam. 1, 4, 3*, faire étalage de soi, se mettre en valeur ; **se in aliqua re** CIC. *Cael. 67*, se faire valoir par qqch. ¶ **4** [avec prop. inf.] faire voir que : CIC. *Fam. 9, 6, 2* ; [avec interrog. indir.] SUET. *Caes. 14.*

ostentum, i, n. (*ostendo*), tout ce qui sort de l'ordre habituel et a valeur de signe ; prodige : CIC. *Nat. 2, 7* ; *Div. 1, 93* ; *Verr. 4, 108* ∥ [fig.] **ostenta facere** CAEL. *Fam. 8, 14, 4*, faire des choses prodigieuses.

1 ostentus, a, um, part. de *ostendo*.

2 ostentŭs, ūs, m., action de montrer, d'étaler aux yeux, étalage : **abjectus ostentui** TAC. *An. 1, 29*, jeté en spectacle ∥ preuve, signe : **ostentui esse alicujus rei** SALL. *J. 24, 10*, être une preuve vivante de qqch. ; **res ostentui est** [avec prop. inf.] TAC. *An. 15, 64*, une chose est un témoignage visible que ∥ **ostentui esse** SALL. *J. 46, 6*, être pour la montre (une feinte).

Ostĕōdēs, is, f. (Ὀστεώδης), une des îles Lipari [Ustica] : PLIN. *3, 8.*

ostēs, ae, m. (ὤστης), séisme brutal : APUL. *Mund. 18.*

Ostĭa, ae, f., Ostie [port à l'embouchure du Tibre] Atlas XII, E3 : CIC. *Fam. 9, 6, 1* ; *Q. 3, 2, 1* ; LIV. *1, 33, 9* ∥ -**tĭa**, ōrum, n. pl., LIV. *9, 19, 4* ; *22, 37, 1* ; *27, 23, 3* ∥ -**ĭensis**, e, d'Ostie : CIC. *Att. 12, 23, 3* ; *Mur. 18* ; LIV. *27, 38* ; PLIN. *9, 14.*

ostĭārĭa ancilla et abst **ostĭārĭa**, ae, f., gardienne, portière : AMBR. *Luc. 10, 75* ; VULG. *2 Reg. 4, 5.*

ostĭārĭum, ĭi, n., impôt mis sur les portes : CAES. *C. 3, 32, 2.*

ostĭārĭus, ĭi, m. (*ostium* ; fr. *huissier*), portier, concierge : VARR. *R. 1, 13, 2* ; PLIN. *12, 64* ∥ sacristain : COD. TH. *16, 2, 24.*

ostĭātim, adv. (*ostium*), de porte en porte, de maison en maison : CIC. *Verr. 4, 53* ∥ [fig.] en détail : VOP. *Car. 17, 7.*

ostĭcĭum, ▶ *usticium* : ISID. *19, 28, 8.*

ostĭgo, ĭnis, f. (*1 os*, cf. *mentigo*), dartre sur le visage : COL. *7, 5, 21.*

ostĭŏlum, i, n. (*ostium*), petite porte : COL. *8, 14, 1* ; PLIN. *19, 125.*

Ostippo, ōnis, f., ville libre de Bétique [Estepa] : PLIN. *3, 12.*

1 ostĭum, ĭi, n. (*1 os*, cf. rus. *ust'e* ; fr. *huis*), entrée ; porte [de maison] : PL. ; TER. ; **rectum ostium** PL. *Mil. 329*, porte de devant ; **ostium posticum** PL. *St. 450*, porte de derrière ; CIC. *Tusc. 5, 13* ; *de Or. 2, 276* ∥ embouchure [d'un fleuve] : CIC. *Phil. 2, 26* ; CAES. *C. 2, 1, 2* ; VIRG. *En. 1, 14* ∥ entrée : VARR. *R. 1, 51, 1* ; **Oceani** CIC. *Pomp. 33*, entrée de l'Océan [détroit de Gibraltar].

2 Ostĭum Ōcĕănī, ▶ *ostium*.

ostŏcŏpus

ostŏcŏpus (-ŏs), *i*, m. (ὀστοκόπος), [qui brise les os] sorte de courbature : SAMM. 886 ; PELAG. 34, 2.

Ostōrius, *ii*, m., nom d'homme : TAC. An. 16, 23.

ostrăcĕum, ▶ *ostracium* : PLIN. 32, 134.

ostrăcĭās, *ae*, m. (ὀστρακίας), ostracie [pierre précieuse] : PLIN. 37, 177.

Ostrăcĭnē, *ēs* ou **-na**, *ae*, f., ville de Basse-Égypte : PLIN. 5, 68.

ostrăcītēs, *ae*, m. (ὀστρακίτης), ostracite [pierre qui servait à polir] : PLIN. 36, 139.

ostrăcītis, *ĭdis*, f. (ὀστρακῖτις) ¶ 1 ▶ *ostracias* : PLIN. 37, 177 ¶ 2 sorte de cadmie [carbonate de zinc] : PLIN. 34, 103.

ostrăcĭum, *ii*, n. (ὀστράκιον), onyx [pierre précieuse] : PLIN. 5, 13.

ostrăcŏderma, *ōn*, n. pl. (ὀστρακόδερμα), crustacés : ORIB. Syn. 2, 34 Aa.

ostrăcum, *i*, n., **-cus**, *i*, m. (ὄστρακον ; fr. âtre, it. lastrico, al. Estrich), sol fait de tessons cimentés : ISID. 15, 8, 11.

Ostrāni, *ōrum*, m. pl., habitants d'Ostra [Ombrie] : PLIN. 3, 114 ∥ **Ostrensis**, *e*, d'Ostra : *Ostrensis ager* GROM. 257, 9, le territoire d'Ostra.

ostrĕa, *ae*, f. (*ostreum* ; fr. huître), huître : CIC. Philo. Frg. F. 5, 78, cf. VARR. L. 5, 77 ; *ostrearum vivaria* PLIN. 9, 168, parcs d'huîtres.
▶ *ostria* PL. Ru. 297.

ostrĕārĭum (-trĭa), *ii*, n., banc d'huîtres : PLIN. 9, 160.

ostrĕārĭus, *a*, *um* (*ostrea*), qui va avec (qui accompagne) les huîtres : PLIN. 18, 105.

ostrĕātus, *a*, *um* (*ostrea*), rendu écailleux, transformé en écailles [plais^t] : PL. Poen. 398.

ostrĕōsus (-ĭōs-), *a*, *um*, abondant en huîtres : PRIAP. 75, 13 ∥ **-osior** CATUL. Frg. 1, 4.

ostrĕum, *i*, n. (ὄστρεον), ▶ *ostrea*, huître : LUCIL. d. GELL. 20, 8, 4 ; HOR. S. 2, 4, 33 ; PLIN. 32, 63 ; JUV. 4, 140 ; OV. F. 6, 174.
▶ [genre incertain] CIC. Div. 2, 33 ; Fam. 7, 26, 2 ∥ pl., *ostria* VINDOL. 299.

ostrĭa, *ae*, f., ▶ *ostrea* ▶.

ostrĭāgo, *ĭnis*, f. (de ὄστρειον), garance [plante tinctoriale] : PS. APUL. Herb. 28 ; GLOSS. 3, 541, 15.

ostrĭārĭum, *ii*, n., ▶ *ostrearium* : CIL 11, 6710, 18.

ostricŏlŏr, *ōris* (*ostrum, color*), de couleur pourpre : SIDON. Carm. 5, 18.

ostrĭfĕr, *ĕra*, *ĕrum* (*ostreum, fero*), abondant en huîtres : VIRG. G. 1, 207.

ostrīnus, *a*, *um* (ὀστρέϊνος), de pourpre : VARR. Men. 121 ; PROP. 1, 14, 20.

ostrītis, *ĭdis*, f. (ὀστρίτης), pierre précieuse : PLIN. 37, 177.

Ostrŏgŏthae, *ārum*, m. pl., JORD. Get. 47 ; **Ostrŏgŏthi**, *ōrum*, m. pl., Ostro-goths [peuple germain, d'abord établi en Sarmatie, puis en Italie] : CLAUD. Eutr. 2, 153 ∥ sg., **-thus**, SIDON. Carm. 2, 377.

ostrum, *i*, n. (de *ostrinus*, cf. ὄστρεον), pourpre [couleur tirée d'un coquillage] : *ostro perfusae vestes* VIRG. En. 5, 111, vêtements teints de pourpre ∥ étoffe de pourpre : VIRG. En. 1, 700 ; 7, 814.

ostrўa, *ae* (**-trys**, *yos*), f. (ὀστρύα, ὀστρύς), ostrye [variété de charme à bois dur] : PLIN. 13, 117.

Ostudizum, *i*, n., ville de Thrace [auj. Hafsa] : ANTON. 137 ; 230.

ōsūrus, *a*, *um*, part. fut. de *odi*.

ōsus sum, ▶ *odi* ▶.

1 **ŏsўris**, *is*, f. (ὄσυρις), osyris [arbrisseau] : PLIN. 27, 111.

2 **Ŏsўris**, ▶ *Osiris*.

Otăcĭlĭa, *ae*, f., Otacilia Severa, femme de l'empereur Philippe : CIL 8, 8323.

Otăcĭlĭus, *ii*, m., nom de famille : CAES. C. 3, 28, 2 ; LIV. 22, 56 ∥ **-ĭānus**, *a*, *um*, d'Otacilius [surnom d'affranchi] : CIL 6, 9242.

ōtăcusta (-stēs), *ae*, m. (ὠτακουστής), espion : APUL. Mund. 26.

ōtalgĭcus morbus, m., maux d'oreille : CASSIAN. Coll. 24, 15.

Ōtēnē, *ēs*, f. (Ὠτηνή), partie de l'Arménie Atlas I, C7 : PLIN. 6, 42.

Otesīni, *ōrum*, m. pl., habitants d'Otésia [ville de Gaule transpadane] : PLIN. 3, 116.

Ŏtho, *ōnis*, m., surnom romain ; not^t L. Roscius Othon [tribun de la plèbe, qui fixa la place des chevaliers au théâtre] : CIC. Mur. 40 ∥ M. Salvius Othon [qui détrôna Galba et fut vaincu par Vitellius, empereur de janv. à avril 69] : MART. 6, 32, 2 ; JUV. 2, 99 ∥ **-niānus**, *a*, *um*, d'Othon : TAC. H. 2, 24 ∥ subst. m. pl., les soldats d'Othon : TAC. H. 1, 34.

Othōna, *ae*, f., ville maritime de Bretagne : NOT. DIGN. Oc. 28, 3.

ŏthonna, *ae*, f. (ὄθοννα), plante inconnue de Syrie : PLIN. 27, 109.

Ōthŏs, ▶ *Otus*.

Othreptē, *ēs*, f., nom d'une Amazone : HYG. Fab. 163.

Othronŏs, *i*, f., île près de Corcyre : PLIN. 4, 52.

Ŏthrўădēs, *ae*, m. (Ὀθρυάδης), fils d'Othrys [= Panthus] : VIRG. En. 2, 319 ∥ général lacédémonien, qui, dans un combat contre les Argiens, resta seul vivant : OV. F. 2, 665 ; VAL.-MAX. 3, 2, 4.

Othryonei, *ōrum*, m. pl., peuple de Macédoine : PLIN. 4, 35.

Ŏthrўs, *ўos*, m. (Ὄθρυς), l'Othrys [mont de Thessalie] : VIRG. En. 7, 675 ; PLIN. 4, 30.

ōtĭa, *ae*, f., ▶ *otion*.

ōtĭābundus, *a*, *um* (*otior*), qui a beaucoup de loisirs : SIDON. Ep. 4, 18, 3.

ōtĭcus, *a*, *um* (ὠτικός), d'oreille, destiné aux oreilles : CAEL.-AUR. Chron. 2, 1, 23.

ōtĭŏlum, *i*, n. (dim. de *otium*), petit loisir : CAEL. Fam. 8, 3.

ōtĭŏn, *ii*, n. (ὠτίον), patelle [coquillage] : PLIN. 32, 149.

ōtĭŏr, *ārĭs*, *ārī*, *ātus sum* (*otium*), intr., être de loisir, prendre du repos : CIC. Off. 3, 58 ; HOR. S. 1, 6, 128.

ōtĭōse, adv. (*otiosus*), de loisir : CIC. Off. 3, 97 ∥ sans souci, tranquillement : TER. Haut. 342 ∥ à loisir, à son aise : CIC. Verr. 4, 33 ; Fin. 4, 32.
▶ *otiosse* PL. Trin. 1077.

ōtĭōsĭtas, *ātis*, f. (*otiosus*), oisiveté : VULG. Eccli. 33, 29 ∥ loisir ; pl., les manifestations du loisir : *otiositates suas ēdere* SIDON. Ep. 2, 10, 3, publier les résultats (les fruits) de ses loisirs.

ōtĭōsus, *a*, *um* (*otium* ; fr. *oiseux*) ¶ 1 oisif, qui est sans occupation, de loisir : CIC. Brut. 10 ; Nat. 3, 93 ; *quoniam sumus otiosi* CIC. Lae. 16, puisque nous avons le temps ∥ *alicui otiosum est* [avec inf.] TAC. An. 13, 3, qqn a le temps de ¶ 2 [en part.] qui n'est pas pris par les affaires publiques, loin des affaires : CIC. de Or. 1, 219 ; Off. 3, 1 ; *otiosa senectus* CIC. CM 49, une vieillesse libre de son temps ; *his supplicationum otiosis diebus* CIC. Q. 3, 8, 3, pendant les loisirs que donnent ces jours de supplications ∥ m. pris subst^t, homme éloigné de la politique : CIC. Off. 1, 70 ; Phil. 11, 20 ¶ 3 qui ne participe pas à une affaire, neutre, indifférent : CIC. Off. 2, 26 ; Marc. 18 ; Fam. 9, 6, 3 ¶ 4 calme, paisible, tranquille : TER. Eun. 919 ; AND. 842 ; CIC. Fam. 9, 25, 3 ∥ *spatium ab hoste otiosum* CAES. C. 3, 3, 1, intervalle de temps que n'avait pas troublé l'ennemi ¶ 5 [rhét.] qui prend son temps, qui s'attarde : *(Cicero) est otiosus circa excessus* TAC. D. 22, (Cicéron) s'attarde dans les digressions ∥ [en parl. du sytle] lent, languissant : QUINT. 10, 2, 17 ; TAC. D. 18 ¶ 6 oiseux, inutile, superflu : *otiosissimae occupationes* PLIN. Ep. 9, 6, 4, occupations les plus oiseuses, cf. QUINT. 1, 1, 35 ; 8, 2, 19 ∥ oisif, qui ne rapporte rien [en parl. d'argent] : PLIN. Ep. 10, 62, 1.

ōtis, *ĭdis*, f. (ὠτίς), outarde : PLIN. 10, 57 ; 30, 131.

1 **ōtĭum**, *ii*, n. (obscur ; cf. p.-ê. *au-*, al. *öde*, αὔσιος ?), opp. à *negotium* ¶ 1 loisir, repos, [et en part.] repos loin des affaires, loin de la politique : *in otio de negotiis cogitare* CIC. Off. 3, 1, méditer sur les affaires dans les heures de loisir ; *mihi fuit ne otium quidem umquam otiosum* CIC. Planc. 66, je n'ai jamais eu un moment de loisir vraiment oisif ; *otium cum dignitate* CIC. de Or. 1, 1, retraite des affaires, cf. CIC. Sest. 98 ; Brut. 8 ¶ 2 inaction, oisiveté : *languescere in otio* CIC. Ac. 2, 5, languir dans le désœuvrement, cf. CIC. Agr. 2, 103 ; *otio languere* CIC. Nat. 1, 7, languir du fait de l'inaction ¶ 3 loisir studieux : *otium litteratum* CIC.

Tusc. 5, 105, loisir consacré aux lettres ‖ études faites à loisir, études de cabinet : Cic. *Leg.* 3, 14 ; [poét.] *otia nostra* Ov. *Tr.* 2, 224, les œuvres de mon loisir ¶ **4** paix, calme, tranquillité : Cic. *Agr.* 2, 102 ; Caes. *C.* 1, 5, 5 ; 2, 36, 1 ; Nep. *Timol.* 3, 2 ; *ab externis armis otium fuit* Liv. 3, 14, 1, au dehors il n'y eut pas d'entreprises pour troubler la paix, cf. Liv. 4, 35, 2 ¶ **5** [expr. adv.] *per otium* Liv. 27, 2, 9, à loisir, tranquillement.

2 **ōtĭum**, v. *otion*.

ŏtŏpēta, f. l. pour *oclopeta*.

Otrērē, *ēs* (**rēra, ae**), f. (Ὀτρηρά), une des Amazones, mère d'Hippolyte et de Penthésilée : Hyg. *Fab.* 30.

Otreūs, *ĕi*, m. (Ὀτρεύς), nom d'homme : Val.-Flac. 4, 162.

Otrĭcŭlānus, v. *Ocricul-*.

Otris, *is*, f., région traversée par l'Euphrate : Plin. 5, 90.

Ottŏlōbus, *i*, m., ville de Thessalie : Liv. 31, 36 ; 31, 40.

1 **ōtus**, *i*, m. (ὠτός), hibou [oiseau de nuit] : Plin. 10, 68.

2 **Ōtus** (**-thus, -thŏs**), (**Oetus, -ŏs**), *i*, m. (Ὦθος), nom d'un géant : Culex 234 ; Hyg. *Fab.* 28 ; Amm. 22, 14, 3.

Oufentīnatribus (**Ūf-**), f., une des tribus du Latium [du fleuve Oufens] : Fest. 212, 7.

ovalidia, v. *ovaloida*.

1 **ŏvālis**, *e* (*ovo*), d'ovation : Gell. 5, 6, 20 ; P. Fest. 213, 8.

2 **ōvālis**, *e* (*ovum*), aux œufs : Placit. 1, 14.

ovaloida, *ae*, f. (?), camomille : Ps. Apul. *Herb.* 23.

ŏvantĕr, adv. (*ovo*), en exultant : Tert. *Val.* 28, 1.

ōvārĭum, *ii*, n. (*ovum*), réceptacle des *ova* au cirque : CIL 8, 9065, 3.

ōvārĭus, *ii*, m. (*ovum*), esclave chargé des œufs : CIL 11, 5067.

ŏvātĭo, *ōnis*, f. (*ovo*), ovation, petit triomphe [le général victorieux défilait à pied ou à cheval] : Gell. 5, 6, 27 ; Serv. *En.* 4, 543 ; P. Fest. 213, 6-10.

1 **ōvātus**, *a*, *um* (*ovum*), qui a la forme d'un œuf, ovale : Plin. 15, 85 ‖ tacheté : Plin. 35, 3.

2 **ŏvātus**, *a*, *um*, part.-adj. de *ovo*, montré dans l'ovation : Pers. 2, 55.

3 **ŏvātŭs**, *ūs*, m. (*ovo*), cri de victoire : Val.-Flac. 6, 187.

ŏvĕcŭla, v. *ovicula*.

Ovētum, *i*, n., ville de Tarraconaise [auj. Oviédo] : Plin. 34, 49 ‖ **-tānus**, *a*, *um*, d'Ovetum : Plin. 34, 17.

Ovĭa, *ae*, f., nom de femme : Cic. *Att.* 12, 21, 4 ; 13, 22, 4.

ŏvĭārĭus, *a*, *um* (*ovis*), de brebis : Col. 7, 6 ‖ subst. f., **ŏvĭārĭa**, troupeau de brebis : Varr. *R.* 2, pr. 6.

ŏvĭcŭla, *ae*, f. (dim. de *ovis*; fr. ouaille), petite brebis : Aug. *Doctr.* 3, 21 ‖ **ŏvĕcŭla**, Tert. *Pall.* 3, 5.

Ŏvĭdĭus, *ĭi*, m. ¶ **1** *P. Ovidius Naso*, Ovide, de Sulmone, poète latin : Quint. 10, 1, 88 ; Sen. *Ep.* 79, 5 ¶ **2** Romain, ami de Martial : Mart. 7, 44 ‖ **-dĭānus**, *a*, *um*, d'Ovide, qui imite Ovide : Sen. *Contr.* 1, 2, 22.

ŏvĭfĕr, *ĕri*, m. (*ovis, ferus*), mouton sauvage, mouflon [πρόβατον ἄγριον Gloss. 2, 416, 25] : Apic. 350.
▶ *obifer* Diocl. 8, 25.

ŏvĭfĭcus, *a*, *um* (*ovum, facio*), qui pond : Eustath. 7, 1.

ŏvīle, *is*, n. (*ovilis*), étable à brebis, bergerie : Cat. *Agr.* 39 ; Virg. *G.* 3, 537 ‖ étable à chèvres : Ov. *M.* 13, 828 ‖ emplacement dans le champ de Mars fermé par des barrières, où l'on votait lors des comices : Liv. 26, 22, 11 ; Serv. *B.* 1, 34.

ŏvīlĭo, v. *opilio* : Javol. *Dig.* 33, 7, 25.

ŏvīlis, *e* (*ovis*), de brebis : Apul. *M.* 4, 6, 5 ; Dig. 7, 8, 12, 2.

ŏvīlĭum, *ii*, n., v. *ovile* : Fort. *Mart.* 1, 420.

ŏvilla, *ae*, f. (*ovillus*), viande de mouton : Prisc. 2, 80, 9.

ŏvillus, *a*, *um* (dim. de *ovinus*), de brebis : Cat. *Agr.* 76, 2 ; 161, 4 ; Varr. *R.* 2, 2, 6 ; Liv. 22, 10, 3 ; Plin. 28, 124.

ŏvīna, *ae*, f., viande de mouton : Prisc. 2, 80, 9.

ŏvīnus, *a*, *um* (*ovis*), de brebis : Samm. 250 ; Aug. *Bapt.* 2, 7, 11.

Ovīnĭus, *ĭi*, m., nom d'hommes : Varr. *R.* 2, 1, 10 ‖ **Ovinia (lex)** Fest. 290, 12.

ōvĭpărus, *a*, *um* (*ovum, 2 pario*), ovipare : Apul. *Apol.* 38.

ŏvis, *is*, f. (cf. *opilio*, ὄϊς, scr. *avi-s*, louv. *haui-*, an. *ewe*, rus. *ovca*; roum. *oaie*), brebis : Cic. *Nat.* 2, 158 ; *Rep.* 2, 16 ‖ laine [de brebis] : Tib. 2, 4, 28 ‖ [fig.] homme simple, imbécile, niais, mouton : Pl. *Bac.* 112 ‖ [chrét.] les brebis, les fidèles, les ouailles : Vulg. *Joh.* 21, 17.
▶ m. *ovin*, bélier Varr. d. Gell. 11, 1, 4 ; Non. 216, 22 ; P. Fest. 213, 4, v. *suovetaurilia*.

ŏvispex, *ĭcis*, m. (*ovis, specio*), haruspice : *Gloss.* 5, 606, 29.
▶ lire *avispex*, " augure " ?

Ovĭus, *ĭi*, m., nom d'homme : Cic. *Att.* 16, 1, 5.

ŏvō, *ās*, *āre*, -, *ātum* (cf. 1 *eu, euhans*, εὐοῖ, εὐάζω), intr., triompher par ovation, avoir les honneurs de l'ovation : Cic. *de Or.* 2, 195 ; Liv. 5, 31 ‖ [poét.] *ovantes currus* Prop. 3, 9, 53, chars de triomphe ; v. 2 *ovatus* ‖ [fig.] triompher, pousser des cris de joie, être triomphant, joyeux, fier [P. Fest. 213, 7] : Virg. *G.* 1, 346 ; *En.* 5, 331 ; Liv. 1, 25, 13 ‖ [poét.] *ovantes gutture corvi* Virg. *G.* 1, 423, corbeaux manifestant leur joie à plein gosier ; *Africus ovat* Val.-Flac. 2, 506, l'Africus s'ébat [= fait rage].

ōvum, *i*, n. (cf. *avis*, ᾠόν, al. *Ei*, an. *egg*, rus. *jajco*; fr. œuf) ¶ **1** œuf : *ovum parere* Cic. *Ac.* 2, 57 ; *edere* Col. 8, 3, 4 ; *ponere* Ov. *M.* 8, 258 ; *facere* Varr. *R.* 3, 9, 17, pondre ; *incubare ova* Varr. *R.* 3, 9, 8, [*ovis* Col. 8, 11, 14], couver ‖ *ab ovo usque ad mala* Hor. *S.* 1, 3, 6, depuis l'œuf jusqu'aux pommes, des entrées au dessert, du commencement à la fin, cf. Cic. *Fam.* 9, 20, 1 ‖ [allusion à l'œuf de Léda d'où sortirent Castor et Pollux] : Hor. *S.* 2, 1, 26 ; *geminum ovum* Hor. *P.* 147, les deux œufs de Léda [de l'un sortirent Castor et Pollux, de l'autre Clytemnestre et Hélène] ‖ sept figures oviformes dont on enlevait une à mesure qu'un tour de piste était achevé dans l'arène : Varr. *R.* 1, 2, 11 ; Liv. 41, 27, 6 ¶ **2** mesure de la contenance d'une coquille d'œuf : Plin. 22, 137 ‖ forme ovale : Calp. 7, 34.

oxălis, *ĭdis*, f. (ὀξαλίς), v. *rumex*, oseille : Plin. 20, 231.

oxalmē (**oxўalmē**), *ēs*, f. (ὀξάλμη), sauce faite avec du vinaigre et de la saumure : Plin. 23, 61 ; Gloss. 3, 603, 44.

Oxathrēs, *is*, m., frère de Darius Codoman : Curt. 3, 11, 8.

Oxĭa, *ae*, f. (Ὀξεῖα), petite île devant Leucade : Plin. 4, 53.

Oxĭi, *ōrum*, m. pl., Oxiens [peuple de Perse, près de l'Araxe] : Plin. 6, 133.

oxĭmē, pour *ocissime* : P. Fest. 211, 12.

Oxĭmum, v. *Aux-* : Liv. 41, 21, 12.

Oxĭōnes, *um*, m. pl., peuple de Germanie : Tac. *G.* 46.

oxizōmus, v. *oxyz-*.

1 **oxŏs**, abl. *ō*, n. (ὄξος), vinaigre : Varr. *L.* 13, 2 d. Char. 139, 15.

2 **Oxŏs**, v. *Oxus*.

Oxŭbĭi (**-xy-**), *ōrum*, m. pl. (Ὀξύβιοι), peuple de la Narbonnaise : Plin. 3, 35.

1 **oxus**, *i*, m. (ὀξύς), bâton ferré, v. 2 *dolo* : Isid. 18, 9, 4.

2 **Oxus** (**Oxŏs**), *i*, m. (Ὦξος), fleuve de Sogdiane, qui se jette dans la mer d'Aral [Amou-Daria] : Plin. 6, 48 ; Curt. 7, 4, 21.

oxўalmē, v. *oxalme* : Plin. 23, 61.

Oxўartēs, *is*, m., nom d'un Perse, père de Roxane : Curt. 8, 4, 21.

oxўbăphum (**-ŏn**), *i*, m. (ὀξύβαφον), oxybaphe [mesure employée pour les liquides] : Carm. Pond. 76.
▶ *-us*, m., Isid 16, 26, 4.

oxyblatta, *ae*, f., pourpre écarlate, d'un rouge vif : Cod. Just. 4, 40, 1.

oxўcĕdrŏs, *i*, f. (ὀξύκεδρος), sorte de cèdre dont la feuille est épineuse : Plin. 13, 52.

oxycominum

oxўcŏmīnum, *i*, n. (ὀξύ, *Cominia*), olives *Cominiae* confites dans le vinaigre : *Petr. 66, 7.

Oxydracae, *ārum*, m. pl., peuple de l'Inde : Curt. 9, 4, 26.

oxўgăla, *ae*, f. et **-la**, *actis*, n. (ὀξύγαλα), oxygale [sorte de fromage blanc, fait avec du lait caillé] : Col. 12, 8; Plin. 28, 134.

oxўgărum, *i*, n. (ὀξύγαρον), oxygarum, garum mêlé de vinaigre : Mart. 3, 50, 4.

oxўgōnĭus, *a*, *um* (ὀξυγώνιος), acutangle : Grom. 299, 4.

oxўgŏnŏn, *i*, n. (ὀξύγονον), C.▶ oxytonon.

oxўgōnum, *i*, n. (ὀξύγωνον), triangle acutangle : Grom. 299, 4.

oxўlăpăthum (-ŏn), *i*, n. (ὀξυλάπαθον), variété d'oseille : Plin. 20, 233.

oxўmĕli, *ītis*, Plin. **(-mel**, *mellis*, Cass. Fel. 34 ; **oxĭmĕlum**, *i*, Isid. 20, 3, 12), n. (ὀξύμελι), oxymel, vinaigre miellé : Plin. 23, 60 ; Cat. *Agr.* 157, 7 ; Col. 12, 58, 3.

oxўmōrus, *a*, *um* (ὀξύμωρος), spirituel sous une apparente niaiserie : Ps. Ascon. Cic. *Caecil.* 1, 3.

oxўmyrsīnē, *ēs*, f. (ὀξυμυρσίνη), C.▶ *ruscus* : Plin. 15, 27.

Oxўopum, *i*, n., ville de Mysie : Plin. 5, 126.

oxўpaedĕrōtĭnus, *a*, *um* (ὀξύς, παιδέρως), qui est de la couleur de la pédérote [variété d'opale] : Vop. *Aur.* 46, 4.

oxўpĭpĕr, *ĕris*, n. (ὀξύς, *piper*), poivre joint à du vinaigre : Antid. Brux. 13.

oxўpŏrĭum, *ii*, n. (ὀξυπόριον), médicament digestif : M.-Emp. 20, 77 ; Apic. 110.

oxўpŏrus, *a*, *um* (ὀξυπόρος), piquant au goût : Col. 12, 59, 5 ‖ qui fait digérer facilement : Plin. 20, 256 ‖ subst. n., C.▶ *oxyporium* : Apic. 37.

Oxўrhŏē, *ēs*, f. (Ὀξυρρόη), nom d'une chienne d'Actéon : Hyg. *Fab.* 181, 6.

Oxyrynchus, *i*, f. (Ὀξύρρυγχος), Oxyrhynchos [ville d'Égypte, sur la rive occidentale du Nil] Atlas I, F6 ; IX, F2 : Amm. 22, 16, 6 ‖ **Oxyrynchites nomos** Plin. 5, 49, nome Oxyrhynchite.

oxŷs, *ŷos*, m. (ὀξύς), variété d'oseille : Plin. 27, 112 ‖ sorte de jonc : Plin. 21, 113.

oxyschoenŏs, *i*, m. (ὀξύσχοινος), variété de jonc marin : Plin. 21, 112.

oxўtŏnŏn, *i*, n. (ὀξύτονον), pavot sauvage [plante] : Ps. Apul. *Herb.* 53.

oxytrĭphyllŏn, *i*, n. (ὀξυτρίφυλλον), variété de trèfle [plante] : Plin. 21, 54.

Oxyttagae, *ārum*, m. pl., peuple d'Asie : Plin. 6, 48.

oxyzōmus, *a*, *um* (ὀξύζωμος), accommodé à la sauce piquante : Apic. 239 ; *Exc.* 24.

ozaena, *ae*, f. (ὄζαινα), ozène, poulpe musqué [polype nauséabond] : Plin. 9, 89 ‖ polype nasal : Plin. 25, 165.

ozaenītis, *ĭdis*, f. (ὀζαινῖτις), espèce de nard : Plin. 12, 42.

ozīna, V.▶ *ozaena* : Pelag. 232.

ozīnōsus (ozae-), *a*, *um*, atteint d'un polype au nez : Pelag. 260.

Ozogardana, *ae*, f., ville de Mésopotamie : Amm. 25, 4.

Ozŏlae, *ārum*, m. pl., les Locriens Ozoles, peuple voisin de l'Étolie : Plin. 4, 7.

Ozomēnē, *ēs*, f., femme de Thaumas, mère des Harpyes : Hyg. *Fab.* 14.

Ozŭaei, *ōrum*, m. pl., ancien peuple de Dalmatie : Plin. 3, 143.

P

p, n., f. indécl., 15ᵉ lettre de l'alphabet latin, prononcée pē, v.▶ b : Priapr. 7, 2; Aus. Techn. 12 (348), 16 ‖ abréviation de **Publius, parte, pater, pedes, pia, pondo, populus, posuerunt, publicus** ‖ **P. C. = patres conscripti** ‖ **P. M. = pontifex maximus** ‖ **P. R. = populus Romanus** ‖ **P. S. = pecunia sua**.

pa, ancienne abréviation de *parte* : Fest. 222, 22.

păbillus, i, m. (dim. de *pabo*), petit char à une roue, sorte de brouette : Lampr. Hel. 29, 2.

păbo, ōnis, m. (?), char à une seule roue : Gloss. 5, 585, 15.

pābŭlāris, e (*pabulum*), qui concerne le fourrage : *omnia haec pabularia* Plin. 18, 142, toutes ces plantes fourragères.

pābŭlātĭo, ōnis, f. (*pabulor*) ¶ **1** action de paître, pâture : Varr. R. 3, 16, 21 ; Col. 7, 9, 14 ¶ **2** fourrage, action d'aller au fourrage : Caes. G. 7, 16, 3 ; 7, 44, 4 ; C. 1, 78, 1.

pābŭlātŏr, ōris, m. (*pabulor*), celui qui donne le fourrage aux animaux : Gloss. 4, 135, 10 ‖ celui qui va au fourrage, fourrageur : Caes. G. 5, 17, 2 ; Liv. 27, 43, 2.

pābŭlātōrĭus, a, um (*pabulor*), de fourrage : Col. 6, 3, 5 ; 11, 2, 99.

pābŭlŏr, āris, ārī, ātus sum (*pabulum*) ¶ **1** intr., prendre sa pâture, manger, se nourrir : Col. 7, 6, 9 ; 8, 15, 6 ‖ chercher des vivres : *prodimus pabulatum* Pl. Ru. 295, nous allons chercher notre pâture [pêcher] ‖ fourrager, aller au fourrage : Caes. G. 5, 17, 2 ¶ **2** tr., fumer [un végétal] : Col. 5, 9, 13.

pābŭlōsus, a, um (*pabulum*), fertile en pâturages : Solin. 22, 2.

pābŭlum, i, n. (*pasco* ; it. *pabbio*) ¶ **1** pâturage, fourrage : *cervi noctu procedunt ad pabula* Plin. 8, 117, les cerfs sortent la nuit pour paître ; *pabulum parare* Cat. Agr. 54, 1, préparer le fourrage ; *secare* Caes. G. 7, 14, 4 ; *supportare* Caes. C. 3, 58, couper, transporter le fourrage ; *pabulo consumpto* Caes. G. 7, 18, le fourrage étant épuisé ¶ **2** nourriture, aliment : Virg. G. 1, 86 ; Plin. 11, 279 ‖ [fig.] Cic. Ac. 2, 127 ; CM 49 ; Lucr. 4, 1063.

pācālis, e (1 *pax*), de paix, relatif à la paix : Ov. M. 6, 101 ; F. 1, 719.

Pacārius, ii, m., nom d'homme : Tac. H. 2, 16.

*pācātē [inus.], paisiblement, pacifiquement : *pacatius* Petr. 10, 3 ; *-issime* Aug. Parm. 3, 4, 25.

pācātĭo, ōnis, f. (1 *paco*), pacification : Frontin. Strat. pr. 2.

pācātŏr, ōris, m. (1 *paco*), pacificateur : Sen. Ben. 1, 13, 3 ; 5, 15, 6 ; Sil. 16, 246.

pācātōrĭus, a, um (*pacator*), qui apaise : VL. Zach. 8, 16 d. Tert. Marc. 4, 29, 15.

1 pācātus, a, um ¶ **1** part. de *paco* ¶ **2** [adjᵗ] en paix, pacifique, paisible : *pacatae tranquillaeque civitates* Cic. de Or. 1, 30, cités jouissant de la paix et de la tranquillité ; *in provincia pacatissima* Cic. Leg. 4, dans la plus paisible des provinces, cf. Caes. G. 5, 24, 7 ; *nec hospitale quicquam pacatumve satis prius auditum quam Massiliam venere* Liv. 21, 20, 7, ils n'entendirent rien qui trahît des dispositions accueillantes ou simplement pacifiques avant leur arrivée à Marseille ; *oratio pacatior* Cic. Brut. 121, éloquence trop paisible ‖ n., **pācātum**, i, contrée tranquille : Sall. J. 32, 3 ; Liv. 8, 34, 9 ; Sen. Nat. 6, 7, 1.

2 Pācātus, i, m., Drepanius Pacatus [professeur de Bordeaux, auteur d'un panégyrique de Théodose] : Aus. Techn. 4 (340), 10.

Paccĭus, ii, m., ami d'Atticus et de Cicéron : Cic. Att. 4, 16, 1 ‖ auteur tragique : Juv. 7, 12 ‖ **-ānus**, a, um, de Paccius : Cic. Att. 4, 16, 7.

1 Pācensis, e ¶ **1** de Pax Julia [ville de Lusitanie] : Plin. 4, 117 ‖ subst. m. pl., habitants de Pax Julia : CIL 2, 21 ¶ **2 Pacensis Colonia**, f., comme Forum Julii [auj. Fréjus] : Plin. 3, 35.

2 Pācensis, is, m., nom d'homme : Tac. H. 1, 20.

Păchўnum, i, n., **Păchўnus (-ŏs)**, i, m. (f.), Ov. Pachynum [promontoire à l'E. de la Sicile, auj. Capo di Passaro] Atlas XII, H5 : Cic. Verr. 5, 87 ; Liv. 25, 27 ; Ov. M. 13, 725 ; Plin. 3, 87.

Pacida, ae, m., rivière de Phénicie : Plin. 5, 75.

Păcĭdēĭānus, i, m., nom d'un gladiateur célèbre : Lucil. 151 ; Cic. Opt. 17 ; Tusc. 4, 48 ; Hor. S. 2, 7, 97.

pācĭfĕr, ĕra, ĕrum (1 *pax, fero*), qui apporte la paix : Virg. En. 8, 116 ; Ov. M. 14, 291.

pācĭfĕrō, ās, āre, -, - (*pacifer*), apporter la paix : Gloss. 2, 286, 30.

pācĭfĭcātĭo, ōnis, f. (*pacifico*), retour à la paix, accommodement, réconciliation : Cic. Fam. 10, 27, 2 ; Att. 7, 8, 4 ; 9, 11, 2 ; Gell. 7, 3, 3.

pācĭfĭcātŏr, ōris, m. (*pacifico*), pacificateur : Cic. Att. 1, 13, 2 ; 15, 7, 1 ; Liv. 27, 30, 4.

pācĭfĭcātōrĭus, a, um, destiné à traiter de la paix : Cic. Phil. 12, 3.

pācĭfĭcātus, a, um, part. de *pacifico*.

pācĭfĭcē, adv. (*pacificus*), en paix : Cypr. Ep. 44, 3 ; Vulg. 2 Macc. 10, 12.

pācĭfĭcō, ās, āre, āvī, ātum (1 *pax, facio*), tr., apaiser : Catul. 68, 76 ; Sil. 15, 421.

pācĭfĭcŏr, āris, ārī, ātus sum, intr., faire la paix : Pl. St. 517 ; Just. 6, 1, 2 ‖ intr., traiter de la paix : *Jugurtha pacificante* Sall. J. 66, 2, quand Jugurtha traitait de la paix ; *pacificatum venerunt* Liv. 5, 23, 12, ils vinrent pour négocier la paix, cf. 7, 40, 14.

pācĭfĭcus, a, um (1 *pax, facio*), qui établit la paix : *pacifica persona* Cic. Att. 8, 12, 4, rôle de pacificateur ‖ *pacifica*, n. pl., victimes offertes pour la paix : Vulg. 2 Reg. 6, 17.

Pacilus, i, m., surnom romain dans la famille Furia : Liv. 4, 12, 1.

păcĭo, ōnis, f. (2 *paco*), c.▶ *pactio* : Fest. 296, 35.

pācis, gén. de *pax*.

păciscō, ĭs, ĕre, -, -, ▶ *paciscor* : Naev. Carm. 46 ; 47 ; Pl. Bac. 871.

păciscŏr, scĕrīs, scī, pactus sum (2 *paco*, 1 *pax, pango*) ¶ **1** intr., faire un traité, un pacte, une convention ; traiter, conclure un arrangement : *cum aliquo* Cic. Verr. 3, 36, avec qqn ; *magna mercede, ut...* Liv. 25, 33, 3, au moyen d'une grosse somme d'argent obtenir la promesse que... ; *votis ne...* Hor. O. 3, 29, 59, obtenir par des vœux une convention qui empêche que... ; *paciscor sit parca cena* Plin. Ep. 3, 12, 1, je pose comme convention que le repas soit frugal ; Gell. 20, 1, 46 ¶ **2** tr., stipuler une chose : *provinciam sibi* Cic. Sest. 55, stipuler pour soi le gouvernement d'une province, cf. Cic. de Or. 2, 352 ; *vitam ab aliquo* Sall. J. 26, 1, obtenir de qqn [dans les conventions] la vie sauve ‖ *feminam* Liv. 4, 4, 10, se fiancer, promettre d'épouser une femme, cf. Liv. 44, 30, 4 ‖ [avec prop. inf.] obtenir par convention que : Liv. 34, 23, 7 ‖ promettre que, prendre l'engage-

paciscor

ment que : Ov. *F.* 5, 702 ; Plin. 8, 18 ¶ 3 [poét.] engager : **vitam pro laude** Virg. *En.* 5, 230, engager sa vie pour l'honneur, payer l'honneur de sa vie, cf. Virg. *En.* 12, 49.

1 păcō, *ās*, *āre*, *āvī*, *ātum* (1 *pax* ; fr. *payer*), tr., pacifier [après avoir vaincu, dompté, soumis] : Cic. *Fam.* 15, 4, 8 ; Caes. *G.* 1, 16 ; 7, 65 ‖ [fig.] **incultae pacantur vomere silvae** Hor. *Ep.* 1, 2, 45, la charrue dompte les forêts incultes.

2 păcō, *ĭs*, *ĕre*, -, -, [arch.] ▣▶ *paciscor*, tr., arranger : L. XII Tab. 1, 6 d. Her. 2, 20 ‖ intr., transiger : 8, 2 d. Fest. 496, 17.
▶ abusivement corrigé en *pago*, ▣▶ *pango* ▶.

Păcōniānus, *i*, m., nom d'homme : Tac. *An.* 6, 3.

Păcōnius, *ii*, m., nom de famille romain : Cic. *Mil.* 74 ; Suet. *Tib.* 61 ; Tac. *An.* 3, 66.

Păcŏris, *is*, m., nom d'un historien : Avien. *Or.* 47 [al. *Bacoris*].

Păcŏrus, *i*, m. ¶ 1 fils d'Orode, roi des Parthes, battu par Ventidius Bassus, lieutenant d'Antoine : Cic. *Att.* 5, 18, 1 ; *Fam.* 15, 1, 2 ; Just. 42, 4, 6 ¶ 2 autre roi des Parthes, contemporain de Domitien : Plin. *Ep.* 10, 16, 2 ; Mart. 9, 36, 3.

pacta, *ae*, f. pris subst', fiancée : Virg. *En.* 10, 79 ; Juv. 6, 200 ; ▣▶ 1 *pactus*.

pactīcĭus, *a*, *um* (*paciscor*), convenu par un pacte : Gell. 1, 25, 8.

pactĭlis, *e* (*pango*), qui s'enlace : **pactilis corona** Plin. 21, 11, couronne tressée.

pactĭo, *ōnis*, f. (*paciscor*) ¶ 1 convention, accord, pacte, traité : **in pactionibus faciendis** Cic. *Q.* 1, 1, 12, dans la rédaction des contrats, cf. *Har.* 42 ; *Att.* 4, 18, 2 ; *Off.* 3, 108 ; **pactio provinciae** Sall. *C.* 26, 4, accord sur l'attribution d'une province [échange de province] ; **pactio verborum (= verba pacta)** Cic. *Amer.* 46, formule convenue ; **per pactionem** Liv. 9, 11, 4, par une convention, aux termes d'une convention ‖ promesse, engagement : Liv. 4, 4, 8 ‖ trêve : Flor. 4, 12 ¶ 2 adjudication des impôts publics : **pactiones conficere cum civitatibus** Cic. *Fam.* 13, 65, 1, conclure avec les cités des contrats d'adjudication, cf. Cic. *Att.* 5, 13, 1 ¶ 3 entente [au sens péjor.] : Cic. *Verr.* 1, 17.

pactĭuncŭla, *ae*, f. (dim. de *pactio*), Not. Tir. 43.

Pactĭus, *ii*, m., rivière de la Calabre : Plin. 3, 102.

Pactōlus, *i*, m. (Πακτωλός), le Pactole [fleuve de Lydie, qui roule des sables d'or] : Plin. 5, 110 ; Virg *En.* 10, 142 ; Solin. 40, 10 ‖ **Pactōlis**, *ĭdis*, f., du Pactole : Ov. *M.* 6, 16.

pactŏr, *ōris*, m., celui qui établit les termes d'une convention, négociateur : **societatis pactores** *Cic. *Verr.* 5, 55, ceux qui règlent les formules d'alliance.

pactum, *i*, n. (2 *paco*, *paciscor* ; it. *patto*, al. *Pacht*), accommodement, convention, pacte, traité : **manere in pacto** Cic. *Verr. prim.* 16, rester dans les termes d'un pacte ; **pacta servare** Cic. *Off.* 3, 92, observer des conventions ‖ [fig.] **pacto = modo** : **quo pacto**, comment ; **alio pacto**, d'une autre manière : Cic. *Mur.* 43 ; *Inv.* 1, 30 ; **nullo pacto** Cic. *Fin.* 1, 27, d'aucune manière ; **isto pacto** Cic. *Cat.* 1, 17, de cette manière [comme toi] ‖ [droit] accord [par oppos. au contrat] dénué de caractère obligatoire : **ex (nudo) pacto actionem non parit** Cod. Just. 2, 3, 10, le pacte nu ne crée pas d'action ; **pactum conventum = pactum pacta conventa servabo** Dig. 2, 14, 7, 7, je respecterai les pactes [engagement du préteur de munir les pactes d'une exception, et non d'une action].

Pactŭmējus, *i*, m., nom d'homme : Hor. *Epo.* 17, 50.

1 pactus, *a*, *um* ¶ 1 part. de *paciscor* : **decem minas** Plin. 35, 99, ayant stipulé dix mines ¶ 2 [sens passif] convenu, arrêté, stipulé : **pactum pretium** Cic. *Off.* 3, 107, prix convenu, cf. Cic. *Off.* 1, 33 ; *Cat.* 1, 24 ; **pacta a candidatis praemia** Cic. *Q.* 3, 3, 2, récompenses stipulées avec les candidats, qu'on a fait promettre aux candidats ‖ **filia pacta alicui** Cic. *Att.* 5, 21, 2, fille promise en mariage à qqn, cf. Liv. 1, 2, 1 ‖ [abl. abs.n.] **pacto inter se, ut...** Liv. 28, 21, 5, la convention étant faite entre eux que....

2 pactus, *a*, *um*, part. de *pango*.

3 pactus, *i*, m. (*paciscor*), fiancé : Stat. *Th.* 3, 17.

Pactyae, *ārum*, f. pl., îles voisines de la Lycie : Plin. 5, 131.

Pactyē, *ēs*, f. (Πακτύη), ville de Thrace, en face de la Propontide [auj. St-Georges] : Nep. *Alc.* 7, 4 ; Plin. 4, 48.

Păculla, *ae*, f., Paculla Minia [Campanienne, prêtresse de Bacchus] : Liv. 39, 13.

Păcŭlus, *i*, m., nom d'homme : CIL 5, 4241.

Păcŭvĭus, *ii*, m., prénom osque ¶ 1 Pacuvius [poète dramatique latin, lié avec Laelius et Scipion Émilien] : Cic. *Brut.* 229 ; *Fin.* 1, 4 ¶ 2 Pacuvius Calavius [illustre citoyen de Capoue qui conseilla l'alliance avec Hannibal] : Liv. 23, 2, 2 ¶ 3 Pacuvius Ninnius Celer [hôte d'Hannibal à Capoue] Liv. 23, 8, 1 ‖ **-vĭānus**, *a*, *um*, de Pacuvius [poète] : Cic. *Div.* 1, 131 ; Gell. 14, 1, 34.

Pacyris, *is*, m., fleuve du Pont : Plin. 4, 84.

Pădaei, *ōrum*, m. pl., Padéens [peuple à l'extrémité de l'Inde, à l'embouchure de l'Indus] ‖ [au sg.] **Padaeus**, Tib. 4, 1, 145.

Pădānus, *a*, *um*, du Pô : Solin. 20, 9.

pădi, *ōrum*, m. pl. (mot gaulois), arbres à poix [près des sources du Pô] : Plin. 3, 122.

Pădĭnātes, *ĭum*, habitants de Padinum [ville sur le Pô] : Plin. 3, 116.

Pădŭa, *ae*, f., une des bouches du Pô : Catul. 95, 7.

pădŭle, *is*, n. (de 2 *palus* ; roum. *pădure*), marais : VL. *Is.* 40, 18.

Pădus, *i*, m., le Pô [fleuve d'Italie qui se jette dans l'Adriatique] Atlas I, C4 ; XII, C3 : Liv. 5, 33, 10 ; Virg. *En.* 9, 680.

Pădūsa, *ae*, f., bras du Pô qui passe à Ravenne Atlas XII, C3 : Virg. *En.* 11, 457 ; Plin. 3, 119.

Paeān, *ānis*, m. (Παιάν) ¶ 1 Péan [un des noms d'Apollon] : Cic. *Verr.* 4, 127 ; Ov. *M.* 14, 720 ¶ 2 un péan, hymne en l'honneur d'Apollon ou d'un autre dieu : Cic. *de Or.* 1, 251 ; Virg. *En.* 6, 657 ‖ exclamation de joie : **io paean !** Ov. *A. A.* 2, 1, io Péan ! ‖ ▣▶ 1 *paeon*, le péon [métr.] : Cic. *Or.* 215 ; 218.

paeānītēs, *ae*, m., Solin. 9, 22 et **paeānītis**, *ĭdis*, f., Plin. 37, 180, pierre précieuse.

Paeantĭădes, Paeantĭus, ▣▶ *Poe-*.

paedăgōga, *ae*, f., gouvernante d'une jeune fille : Hier. *Ep.* 128, 3.

paedăgōgātŭs, *ūs*, m. (*paedagogo*), éducation, instruction : Tert. *Val.* 13, 1.

paedăgōgĭānus, *a*, *um*, instruit dans une école : Amm. 26, 6, 15 ; Cod. Th. 8, 7, 5.

paedăgōgĭum, *ĭi*, n. (παιδαγωγεῖον), pension, école [pour les esclaves destinés à des fonctions un peu hautes] : Plin. *Ep.* 7, 27, 13 ‖ élèves du *paedagogium*, pages [jeunes gens au service des aristocrates romains] : Sen. *Vit.* 17, 2 ; *Tranq.* 1, 8 ; *Ep.* 123, 7 ; Plin. 33, 152.

paedăgōgō, *ās*, *āre*, -, - (παιδαγωγῶ), tr., gouverner, instuire un enfant : Pacuv. *Tr.* 192 ; **paedagogans** f., Fulg. *Virg.* 163, p. 104, 3, nourrice.

paedăgōgus, *i*, m. (παιδαγωγός), esclave qui accompagne les enfants, gouverneur d'enfants, précepteur, maître : Pl. *Bac.* 441 ; Cic. *Lae* 74 ; Sen. *Ep.* 89, 13 ‖ pédagogue, pédant : Suet. *Ner.* 37 ‖ guide, conducteur, mentor : Pl. *Ps.* 447 ; Sen. *Ep.* 110, 1.

paedĕrōs, *ōtis*, m. (παιδέρως), opale : Plin. 37, 84 ‖ améthyste : Plin. 37, 123 ‖ acanthe [plante] : Plin. 22, 76.

paedĕrōtĭnus, *a*, *um* (παιδερώτινος), de la couleur de la pierre dite *paederos* : Not. Tir. 98.

paedĭa, *ae*, f. (παιδεία), théorie [de l'arithmétique] : Capel. 7, 728.

paedīcātor, *ōris*, m. (1 *paedico*), pédophile : Licin. Calv. d. Suet. *Caes.* 49.

1 paedīcō (pēd-), *ās*, *āre*, -, - (παιδικά?, mais cf. 2 *pedo* et *pudicus*), tr., sodomiser : [abs'] Mart. 7, 67, 1 ; 11, 78, 5 ‖ [avec acc.] Catul. 16, 1 ; 21, 4 ; Mart. 7, 67, 1.

2 paedīcō, *ōnis*, m., pédéraste : Mart. 6, 33, 1 ; 12, 85, 1.

paedĭdus, *a*, *um* (*paedor*), sale, dégoûtant : P. Fest. 248, 7.

Paedopĭdēs, *ae* ou *is*, m., rivière du Pont ou de Paphlagonie : Plin. 6, 4.

paedŏr, *ōris*, m. (obscur), saleté, malpropreté, crasse : Pacuv. d. Cic. *Tusc.* 3, 26 ‖ pl., Cic. *Tusc.* 3, 62 ‖ mauvaise odeur : Aug. *Civ.* 14, 24.

paegnĭārĭus, *ĭi*, m. (de παίγνιον), gladiateur de parade [qui faisait des démonstrations d'escrime] : Suet. *Cal.* 26, 8.

Paegnĭum, *ĭi*, n. (παίγνιον), nom d'un jeune esclave : Pl. *Pers.* 772.

paelex, ▼ *pellex*.

paelĭcātŭs, ▼ *pelicatus*.

Paeligni (**Pēligni**), *ōrum*, m. pl., Péligniens [peuple du Samnium, près de l'Adriatique] : Caes. *C.* 1, 15, 7 ; Liv. 8, 6, 8 ‖ **-us**, *a*, *um*, des Péligniens : Hor. *O.* 3, 19, 8, **-iānus**, CIL 6, 8972.

Paemāni, *ōrum*, m. pl., peuple de Belgique, germain d'origine [cf. la Famenne] : Caes. *G.* 2, 4, 10.

paenĕ (**pē-**) (cf. *paenuria, paenitet*), [placé avant ou après son déterminé presque : *paene dicam* Cic. *Com.* 16, je dirai presque ; *paene dixi* Cic. *Att.* 5, 20, 6, j'ai failli dire, cf. *Fam.* 1, 4, 1 ; *Ac.* 2, 10 ; *Brut.* 323 ; *Tusc.* 5, 93 ; *par paene* Cic. *de Or.* 3, 27, presque égal, cf. *Rep.* 1, 45 ; *Div.* 1, 2 ; 1, 115 ; 2, 92 ; *Ac.* 1, 44 ‖ *paene... decidi, ni adesses* Pl. *Pers.* 5, 95, j'allais tomber... si tu ne t'étais trouvé là, cf. Cic. *Att.* 15, 26, 4 ; Liv. 2, 10, 2 ‖ *paenissime me perdidit* Pl. *Aul.* 406, il s'en est fallu de très peu qu'il me perdît.

paeninsŭla (**pēn-**), *ae*, f. (*paene, insula*), péninsule, presqu'île : Liv. 26, 42, 8 ; Catul. 32, 1.

paenissĭmē, ▼ *paene*.

paenĭtendus, -nĭtens (de *paeniteo*), [chrét.] **paenitens**, subst. m., celui qui se repent, pénitent public : Hier. *Ep.* 147, 3, 7.

paenĭtentĕr, adv., avec regret : Minuc. 26, 1.

paenĭtentĭa, *ae*, f. (*paenitet*), repentir, regret : Liv. 31, 32, 2 ; Tac. *An.* 1, 45 ; *paenitentiam rei agere* Sen. *Suas.* 6, 11 ; Quint. 9, 3, 12 ; Plin. *Ep.* 7, 10, 3 ; Tac. *D.* 15, se repentir, avoir regret de qqch. ‖ [chrét.] pénitence : Tert. *Pud.* 18, 12.

paenĭtentĭālis (*presbyter*), (prêtre) pénitencier : Cassiod. *Eccl.* 9, 35.

paenĭtĕō, *ēs*, *ēre*, *ŭī*, -
I tr. ¶ **1** mécontenter, causer du regret, du repentir : Pl. *St.* 51 ‖ [avec pron. n. sujet] Cic. *Att.* 13, 28, 2 ‖ [abst] Cic. *Tusc.* 5, 53 ¶ **2** regretter : Just. 13, 1, 5.
II ¶ **1** intr., être mécontent, [d'où] avoir du regret, du repentir : *paenitens* Cic. *Phil.* 12, 7, qqn qui regrette ; [avec gén.] *consili* Sall. *H.* 1, 68, se repentant de son projet ; *si paenitere possint* Liv. 36, 22, 3, s'ils pouvaient se repentir ; *paenitens de matrimonio* Suet. *Cl.* 43, se repentant de son mariage ; *paeniturus* Sall. d. Quint. 9, 3, 12 ; *paenitebunt* Pacuv. d. Non. 475, 18 ‖ *vis paenitendi* Cic. *Tusc.* 4, 79, force du repentir, cf. Cic. *Fin.* 2, 106 ‖ [pass. impers.] *consilii nostri nobis paenitendum non putarem* Cic. *Fam.* 9, 5, 2, je ne croirais pas que nous ayons à nous repentir de notre projet, cf. Sall. *J.* 85, 28 ; *ei paenitendum puto, quod...* Cic. *Att.* 7, 3, 6, je crois qu'il doit regretter de ¶ **2** tr.[seul[t] dans l'adj. verbal] *paenitendus*, dont on doit être mécontent, regrettable : Col. 2, 2, 7 ; Sen. *Brev.* 10, 2 ‖ *haud paenitendus magister* Liv. 1, 35, 5, un maître dont il n'y a pas à rougir, cf. Liv. 25, 6, 10 ; 40, 6, 3 ¶ **3** [chrét.] faire pénitence : Aug. *Civ.* 1, 8.

paenĭtĕor, *ēris*, *ērī*, -, intr., se repentir : Vulg. *Marc.* 1, 15.

paenĭtĕt, *ēre*, *ŭĭt* (peu clair, cf. *paene*), impers., *paenitet aliquem alicujus rei*, qqn n'est pas content de qqch., [d'où] a du regret, du repentir de qqch. : *num senectutis suae eum paeniteret ?* Cic. *CM* 19, est-ce qu'il regretterait d'être devenu vieux ? ; *nec me eorum comitum paeniteret* Cic. *Att.* 8, 1, 3, et je n'aurais aucun regret d'être en leur compagnie ; *memet mei paenitet* Cic. *de Or.* 3, 32, je ne suis pas sastisfait de moi ‖ [avec inf.] *nisi forte sic loqui paenitet* Cic. *Or.* 164, à moins qu'on ne soit pas content d'une expression comme celle-ci, cf. Cic. *de Or.* 2, 77 ‖ [avec prop. inf.] *eum se... fuisse paenitet* Cic. *Sest.* 95, il regrette d'avoir été..., cf. Cic. *Cael.* 6 ; *paenitet in posterum diem dilatum certamen* Liv. 10, 40, 1, on regrette que le combat ait été renvoyé au lendemain ; v. Gell. 17, 1, 5 ‖ [avec quod] n'être pas content de ce que : Caes. *C.* 2, 32, 12 ; regretter que : Cic. *Att.* 11, 13, 2 ‖ [avec interrog. indir.] : *a senatu quanti fiam, minime me paenitet* Cic. *Att.* 1, 20, 2, l'estime où me tient le sénat est loin de me déplaire ; *quoad te, quantum proficias, non paenitebit* Cic. *Off.* 1, 2, tant que tu seras content de tes progrès, cf. Cic. *Att.* 12, 28, 2 ; *Or.* 130.

paenĭtūdo, *ĭnis*, f. (*paenitet*), repentir, regret : Pacuv. *Tr.* 313 ; Sidon. *Ep.* 6, 9, 1.

paenĭtūrus, *a*, *um*, part. fut. de *paeniteo*.

1 **paenŭla** (**pēn-**), *ae*, f. (φαινόλης), pénule, manteau à capuchon [employé pour le voyage] : Cic. *Mil.* 54 ; Plin. 8, 190 ; Hor. *Ep.* 1, 11, 18 ‖ [fig.] couverture : Mart. 13, 1, 1 ‖ chape d'une machine : Vitr. 10, 7, 2.

2 **Paenŭla**, *ae*, m., surnom romain : Liv. 25, 19, 9.

paenŭlārĭum, *ĭi*, n. (*φαινολάριον), petite pénule (?) : Nov. *Com.* 35, [compris comme coffret à pénule par Non. 148, 25].

paenŭlārĭus, *ĭi*, m., fabricant (marchand ?) de pénules : CIL 6, 4000.

paenŭlātus, *a*, *um* (*paenula*), enveloppé d'une pénule : Cic. *Mil.* 28 ; Sen. *Ben.* 3, 28, 5.

paenultĭmus (**pēn-**), *a*, *um* (*paene, ultimus*), pénultième, avant-dernier : Diom. 431, 10 ‖ **paenultima**, *ae*, f., pénultième [syllabe] : Gell. 4, 7, 2.

paenŭlum, *i*, n., ⊙▶ *paenula* : CIL 2, 462.

paenūrĭa, *ae*, f., ▼ *penuria*.

1 **paeōn**, *ōnis*, m. (παιών), péon [pied composé d'une longue et de trois brèves diversement combinées] : Cic. *de Or.* 3, 183 ; Quint. 9, 4, 47 ; Diom. 480, 22.

2 **Paeōn**, *ōnis*, ▼ *Paeones*.

Paeŏnes, *um*, m. pl., habitants de la Péonie : Liv. 42, 51, 5 ; Ov. *Pont.* 2, 2, 77 ; M. 5, 513 ‖ sg., **Paeon** Liv. 42, 51, 6, un Péonien.

1 **Paeŏnĭa**, *ae*, f., Péonie [partie septentrionale de la Macédoine] Plin. 4, 33 ‖ [ancien nom de l'Émathie] Liv. 40, 3.

2 **paeŏnĭa**, *ae*, f. (παιωνία ; fr. *pivoine*), pivoine [plante] : Plin. 25, 29.
▶ *paevonia* CIL 4, 8544.

paeŏnĭcus, *a*, *um*, [métr.] du pied nommé péon : Ter.-Maur. 6, 371, 1532 ; *Quint. 9, 4, 47.

Paeŏnis, *ĭdis*, f., de Péonie : Ov. *M.* 5, 303.

1 **Paeŏnĭus**, *a*, *um*, des Péoniens, de la Péonie : Plin. 4, 35.

2 **Paeŏnĭus**, *a*, *um*, de Péon [dieu de la médecine] ; [donc] médicinal, salutaire : *Paeoniae herbae* Virg. *En.* 7, 769, herbes médicinales, cf. Ov. *M.* 15, 535 ; Sil. 14, 27.

Paesicae, *ārum*, m. pl., peuple scythe : *Mel. 3, 42 ; ▼ *Pestici*.

Paesici, *ōrum*, m. pl., peuple de la Tarraconaise : Plin. 3, 28 ; 4, 111.

Paestum, *i*, n. (Ποσειδωνία), ville de Lucanie, célèbre pour ses roses Atlas XII, E5 : Cic. *Att.* 11, 17, 3 ; Prop. 4, 5, 59 ; Virg. *G.* 4, 119 ‖ **-ānus**, *a*, *um*, de Paestum : Cic. *Att.* 16, 6, 1 ; Ov. *Pont.* 2, 4, 28 ‖ subst. m. pl., habitants de Paestum : Liv. 37, 10.

Paesures, *um*, CIL 2, 760 et **Paesuri**, *ōrum*, m. pl., peuple de Lusitanie : Plin. 4, 113.

Paetīlīnus, Paetīlĭum, ▼ *Peti-*.

Paetina, *ae*, f., Élia Pétina, quatrième femme de Claude : Suet. *Cl.* 26.

paetŭlus, *a*, *um* (dim. de 1 *paetus*), qui louche un peu : Cic. *Nat.* 1, 80.

1 **paetus**, *a*, *um* (obscur, cf. *naevus, caecus*), qui regarde de côté, qui louche un peu [*paeta* était une épithète de Vénus ; allusion à des coups d'œil furtifs, à des regards coulés tendrement, cf. Varr. *Men.* 344 ; Ov. *A. A.* 2, 659] : Plin. 11, 150 ; Hor. *S.* 1, 3, 45.

2 **Paetus**, *i*, m., surnom d'un grand nombre de personnages : Cic. *Att.* 1, 20, 7 ; 2, 1, 12 ; Liv., Prop., Tac. ‖ Pétus Cæcina, époux d'Arria condamné à mort sous Claude : Mart. 1, 13, 1 ; Tac. *An.* 16, 34 ; Plin. *Ep.* 3, 16, 3.

Pāgae, *ārum*, f. pl., ville de la Mégaride : Mel. 2, 53 ; Plin. 4, 23 ‖ ville de la Béotie :

Pagae

Plin. 4, 8 ‖ **-aei**, habitants de Pagae : **Plin.** 4, 23.

pāgānālĭa, *ĭum* ou *ĭōrum*, n. pl., paganalia, fêtes d'un village : **Varr.** *L.* 6, 24 ; **Macr.** *Sat.* 1, 16, 6.

pāgānĭcus, *a*, *um* (*paganus*), de village : **Varr.** *L.* 6, 26 ‖ subst. f. (s.-ent. *pila*), sorte de balle : **Mart.** 7, 32, 7 ‖ subst. n., campagne, propriété rurale : **Cod. Just.** 6, 21.

pāgānismus, *i*, m., paganisme, gentilité : **Aug.** *Quaest.* 83.

pāgānĭtās, *ātis*, f. (*paganus*), paganisme, gentilité : **Cod. Th.** 15, 5, 5.

pāgānus, *a*, *um* (1 *pagus* ; fr. *païen*) ¶ 1 de village, de la campagne : **Plin.** 28, 28 ; **Ov.** *F.* 1, 670 ‖ subst. m., paysan, villageois : **Cic.** *Dom.* 74 ; **Cod. Th.** 7, 21, 2 ¶ 2 civil, bourgeois [opposé à militaire] : **Cod. Just.** 3, 28, 37 ; **Plin.** *Ep.* 7, 25, 6 ‖ **pāgāni**, *orum*, m. pl., population civile [par oppos. aux soldats] : **Tac.** *H.* 1, 53 ; 2, 14 ; 3, 24 ¶ 3 [chrét.] païen, gentil [v. ¶ 2] : **Tert.** *Cor.* 11, 4.

Păgăsa, *ae*, f., Pagase [ville maritime de Thessalie, où fut construit le vaisseau Argo] : **Mel.** 2, 44 ; **Prop.** 1, 20, 17 ; **Plin.** 4, 29 ‖ pl., **Păgăsae**, *ārum*, f. pl., **Val.-Flac.** 8, 451.

Păgăsaeus et **Păgăsēius**, *a*, *um*, de Pagase, des Argonautes : *Pagasaea puppis* **Ov.** *M.* 7, 1 ; *Pagaseia puppis* **Val.-Flac.** 1, 422, le navire Argo.

Păgăsīcus sinus, m., golfe de Pagase [de Volo] : **Plin.** 4, 29.

pāgātim, adv. (1 *pagus*), par villages : **Liv.** 31, 26, 10 ; 31, 30, 6.

pāgella, *ae*, f. (dim. de *pagina* ; al. *Pegel*), feuille de papier : **Cic.** *Fam.* 11, 25, 2.

pāgensis, *is*, m. (fr. *pays*), habitant du pays : **Greg.-Tur.** *Hist.* 8, 18.

păgĕr, v. *phager*.

pāgēs, *is*, f. (simple de *compages*), **Non.** 64, 28.

Pagĭda, *ae*, m. ¶ 1 rivière d'Afrique [probablement en Numidie] : **Tac.** *An.* 3, 20 ¶ 2 v. *Pacida*.

pāgĭna, *ae*, f. (*pago, pango*, v. **P. Fest.** 247, 8) ¶ 1 partie interne du papyrus découpée en feuillets, avec une seule colonne d'écriture par feuillet ; feuillet, page : **Cic.** *Q.* 1, 2, 10 ; *Fin.* 4, 53 ; *Att.* 13, 34 ; **Plin.** 13, 80 ; **Juv.** 7, 100 ‖ [fig.] *utramque paginam facere* **Plin.** 2, 22, faire la pluie et le beau temps [m. à m. " remplir la page de la recette et celle de la dépense "] ¶ 2 écrit, ouvrage : **Cic.** *Fam.* 16, 4, 1 ; *Att.* 6, 2, 3 ; **Mart.** 1, 5, 8 ¶ 3 rangée de vigne formant un rectangle : **Plin.** 17, 169 ‖ lame, plaque : **Pall.** 6, 11, 3.

pāgĭnālis, *e*, de page, d'écrit : **Ennod.** *Ep.* 2, 13, 3.

pāgĭnātus, *a*, *um* (*pagina*), fait de pièces de rapport, assemblé : **Paul.-Nol.** *Carm.* 24, 353.

pāgĭnō, *ās*, *āre*, -, - (*pagina*), tr., écrire, composer : **Ambr.** *Ep.* 50, 16.

pāgĭnŭla, *ae*, f. (dim. de *pagina*), petite page : **Cic.** *Att.* 4, 8 b, 2.

pagmentum, *i*, n. (*pago*), assemblage : ***Vitr.** 4, 6, 5 ; **Itin. Alex.** 34.

păgo, f. l. pour 2 *paco*, v. *pango* ▶.

Pagoartās, *ae*, f., ville d'Égypte ou d'Éthiopie : **Plin.** 6, 180.

Pagrae, *ārum*, f. pl., ville de Syrie : **Plin.** 5, 82.

păgrus, *i*, m., v. *phager*.

păgŭr, f. l. pour *phager*.

păgūrus, *i*, m. (πάγουρος), crabe [tourteau ?] : **Plin.** 9, 97.

1 **păgus**, *i*, m. (cf. *pango, palus*, 1 *pax*) ¶ 1 bourg, village : **Cic.** *Fin.* 2, 12 ; **Virg.** *G.* 2, 383 ; **Tac.** *An.* 1, 56 ¶ 2 canton, district [en Gaule et Germanie] : **Caes.** *G.* 1, 12, 4 ; 6, 11 ; 7, 64.

2 **Păgus**, *i*, m., [bourg] *novem Pagi*, m. pl., ville de la Gaule Belgique [auj. Dieuze] : **Amm.** 16, 2, 9.

1 **pāla**, *ae*, f. (*pagsla, cf. *palus, pango*, v. **Varr.** *L.* 5, 134 ; fr. *pelle*), bêche : **Pl.** *Poen.* 1018 ; **Liv.** 3, 26, 9 ; **Plin.** 18, 46 ‖ pelle : **Cat.** *Agr.* 11, 4 ‖ van : **Tert.** *Fug.* 1, 4 ‖ chaton [de bague] : **Cic.** *Off.* 3, 38 ‖ omoplate [au pl.] : **Cael.-Aur.** *Acut.* 2, 35 ; *Chron.* 3, 2.

2 **pala**, *ae*, f. (tamoul, cf. τάλα), jaquier [arbre] : **Plin.** 12, 24.

pālābundus, *a*, *um* (*palor*), errant : **Tert.** *Apol.* 21, 5 ; **Cypr.** *Ep.* 42, 4.

palacra, palacrana, palacurna, **C.** *palaga*.

Pălaebyblŏs, *i*, f., ville de Phénicie, près de Byblos : **Plin.** 5, 78.

Pălaemōn, *ŏnis*, m. (Παλαίμων), Palémon [fils d'Athamas et de Leucothoé, changé en dieu marin] : **Cic.** *Nat.* 3, 39 ; **Virg.** *En.* 5, 823 ‖ Remmius Palémon [grammairien de Vicence, qui vécut à Rome sous Tibère et Claude] : **Quint.** 1, 4, 20 ; 1, 5, 60 ; **Suet.** *Gram.* 23 ; **Juv.** 6, 452 ‖ nom de berger : **Virg.** *B.* 3, 50.

Pălaemŏnĭus, *a*, *um*, de Palémon : **Stat.** *Th.* 2, 380 ‖ des jeux isthmiques [en l'honneur de Palémon] : **Claud.** *Mall. Theod.* 289.

Pălaemyndus (-ŏs), *i*, f., ville de Carie : **Plin.** 5, 107.

Pălaeno, *ūs*, une des Danaïdes : **Hyg.** *Fab.* 170.

Pălaeŏgŏnī, *ōrum*, m. pl., nom des habitants de l'île de Taprobane [Sri Lanka] : **Plin.** 6, 81.

Pălaepăphŏs (-us), *i*, f., ville de Chypre, non loin de Paphos : **Plin.** 5, 130.

Pălaepharsālus, *i*, f., ville de Thessalie, voisine de Pharsale [auj. Farsa] : **Liv.** 44, 1, 5.

Pălaephătus, *i*, m., ancien écrivain grec : **Plin.** 1, 29 ‖ **-tĭus**, *a*, *um*, de Paléphate : ***Ciris.** 88.

Pălaepŏlis, *is*, f., ville de la Campanie, réunie plus tard à Naples : **Liv.** 8, 22, 5 ‖ **-lītāni**, *ōrum*, m. pl., **Liv.** 8, 22, 8, habitants de Palépolis.

Pălaescămandĕr, *dri*, m., ancien lit du Scamandre : **Plin.** 5, 124.

Pălaescepsis, *is*, f., ville de l'Éolide : **Plin.** 5, 122.

Pălaesimundum, *i*, n., grande ville de Taprobane [Sri Lanka] : **Plin.** 6, 85 ‖ **-dus**, m., fleuve de cette île : **Plin.** 6, 86.

Pălaestē, *ēs*, f., port de l'Épire : **Caes.** *C.* 3, 6, 3 ‖ **-īnus**, *a*, *um*, de Palaeste : **Luc.** 5, 460.

pălaestēs, *ae*, m. (παλαιστής), lutteur : **Lampr.** *Alex.* 27, 10.

Pălaestīna, *ae*, **Pălaestīnē**, *ēs*, f., la Palestine [région de la Syrie] Atlas IX, E3 : **Plin.** 5, 66 ; **Mel.** 1, 64 ; 63.

Pălaestīnenses, *ĭum*, m. pl., habitants de la Palestine : **Spart.** *Sept.* 9, 5.

Pălaestīnus, *a*, *um* (cf. fr. *philistin*) ¶ 1 de Palestine : *in Palaestinae margine aquae* **Ov.** *F.* 2, 464, sur le bord de l'Euphrate ‖ *Palaestini*, m. pl., **Ov.** *M.* 446 ; **C.** *Palaestinenses* ¶ 2 v. *Palaeste*.

pălaestra, *ae*, f. (παλαίστρα) ¶ 1 lieu où l'on pratique la lutte et en gén. tous les exercices du corps, palestre, gymnase : **Cic.** *Verr.* 2, 36 ; *Leg.* 2, 6 ; *Q.* 3, 1, 2 ; **Virg.** *En.* 6, 642 ‖ lutte, exercices physiques : *motus habet palaestram quandam* **Cic.** *Or.* 228, les mouvements sont en quelque sorte ceux du gymnase ; *discere palaestram* **Cic.** *de Or.* 1, 73, apprendre la gymnastique, cf. *Or.* 14 ; *de Or.* 3, 83 ; **Virg.** *En.* 3, 281 ¶ 2 [fig.] école, exercices de rhétorique, exercices de la parole : *Demetrius non tam armis institutus quam palaestrā* **Cic.** *Brut.* 37, Démétrius [de Phalère], formé moins sur le champ de bataille que dans les luttes de l'école ‖ souplesse, grâce, élégance [acquise par les exercices] : **Cic.** *Leg.* 1, 6 ; *Or.* 186 ‖ souplesse, habileté (politique) : **Cic.** *Att.* 5, 13, 1.

pălaestrĭca, *ae*, f., la palestrique, la gymnastique : **Quint.** 2, 21, 11.

pălaestrĭcōs, adv. (παλαιστρικῶς), à la manière des lutteurs : ***Afran.** *Com.* 154.

pălaestrĭcus, *a*, *um* (*palaestra*), qui concerne la palestre, palestrique : **Pl.** *Ru.* 296 ; *palaestrici motus* **Cic.** *Off.* 1, 130, les mouvements qui rappellent la palestre ; *facies succi palaestrici plena* **Apul.** *Apol.* 63, visage que la palestre a rempli de sa sève [= qui respire la santé, la vigueur] ‖ qui favorise la palestre : **Cic.** *Verr.* 2, 54 ‖ *palaestricus doctor magister* **Quint.** 2, 8, 7 ; 12, 2, 12, maître de palestre ; *palaestricus* **Quint.** 1, 11, 15.

Pălaestrĭo, *ōnis*, m., Palestrion [personnage de comédie] : **Pl.** *Mil.* 169.

pălaestrīta, *ae*, m. (παλαιστρίτης), maître de palestre : Cic. *Verr*. 2, 36 ; 4, 139 ‖ habitué de palestre, athlète, lutteur : Cic. *Opt*. 8 ; Amm. 15, 3, 4.

pălaestrĭzō, *ās*, *āre*, -, - (*palaestra*), intr., s'exercer dans la palestre : Boet. *Categ*. 3, p. 253 C.

pălaestrō, *ās*, *āre*, -, - (*palaestra*), intr., s'exercer dans la palestre : Ps. Front. *Diff*. 7, 531, 4 ; Fulg. *Myth*. 1 pr., p. 12, 7 H.

Pălaetўros (-us), *i*, f., ville de Phénicie, près de Tyr : Plin. 5, 76.

palaga, *ae*, f. (hisp.), grosse pépite d'or : *Plin. 33, 77 ; ▶ *palacra*.

pălăm, adv. (cf. *clam*, *palma*, 1 *planus*, rus. *pole*) ¶ 1 adv., ouvertement, devant tous les yeux : Cic. *Verr*. 2, 81 ; *Mil*. 25 ; *luce palam* Cic. *Off*. 3, 93, de jour, publiquement ‖ manifestement, au grand jour : *palam est res* Pl. *Aul*. 728, la chose est connue ; *haec, quae sunt palam* Cic. *Pis*. 11, ces choses, qui sont de notoriété publique ; *palam fieri* Cic. *Att*. 13, 21, 3, être divulgué ; *hac re palam facta* Nep. *Hann*. 7, 7, le fait s'étant divulgué ; *hujus de morte ut palam factum est* Nep. *Dion* 10, 2, quand la nouvelle de sa mort se fut répandue ; [avec prop. inf.] *nondum palam factum erat occidisse rem publicam* Cic. *Sen*. 18, la nouvelle ne s'était pas encore répandue du trépas de la république ; *palam facere alicui* [avec interrog. indir.] Nep. *Hann*. 11, 1, dévoiler à qqn, faire savoir ; *palam ferre* [avec prop. inf.] Liv. 22, 29, 6, montrer ouvertement que ¶ 2 qqf. prép. avec abl., devant, en présence de : Hor. *Epo*. 11, 19 ; Liv. 6, 14, 5 ; Ov. *Tr*. 5, 10, 39.

Pălămēdēs, *is*, m. (Παλαμήδης), Palamède [déjoua la ruse d'Ulysse feignant la folie avant le siège de Troie, mais plus tard, périt victime des calomnies d'Ulysse ; passait pour avoir inventé le jeu d'échecs, le jeu de dés, etc., et plusieurs lettres de l'alphabet grec, ξ, θ, φ, χ (Plin. 7, 192) ; suivant d'autres, la lettre Υ également, en regardant voler des grues] : Cic. *Tusc*. 1, 98 ; *Off*. 3, 98 ; Plin. 7, 192 ; *Palamedis aves* Mart. 13, 75, grues [qui inspirèrent à Palamède l'invention de la lettre Υ] ‖ **-ēus**, Manil. 4, 206, **-ĭcus** et **-ĭăcus**, Aus. *Techn*. 12 (348), 25, de Palamède : *Palamediaci calculi* Cassiod. *Var*. 8, 31, 8, jetons du jeu d'échecs [inventé par Palamède].

Pălămēdĭum, *ii*, n. ou **Pălămēdĭum oppidum**, ville d'Éolie ou de Mysie : Plin. 5, 123.

Palamna, *ae*, f., ville de Thessalie : Plin. 4, 29.

pălancārĭus, ▶ *phalangarius* CIL 6, 7803.

pălang-, ▶ *phal-*.

pălans, *tis*, ▶ *palor*.

Palanteum, ▶ *Pallanteum*.

Palantĭa (Pall-), *ae*, f., ville de la Tarraconaise [Palencia] Atlas IV, B2 ; Mel. 2, 88 ‖ **-inus**, *a*, *um*, de Palantia : CIL 2, 6115 ‖ m. pl., habitants de Palantia : Plin. 3, 26.

1 **pălāra**, *ae*, f., oiseau, ▶ *phaleris (-aris)* : *Philom. 11.

2 **pălăra (-ĕra)**, *ae*, f., ▶ *phalerae* : CIL 5, 7495.

pālārĭa, *ĭum*, n. pl. (*palaris*, 1 *palus*), exercice [des soldats] contre un poteau : Char. 34, 4 [Veg. *Mil*. 1, 11].

pālāris, *e*, d'échalas : Ulp. *Dig*. 7, 1, 9.

pălāsĕa (plāsĕa), *ae*, f. (?), morceau de la queue d'un bœuf [immolé] : Arn. 7, 24.

pălătha, *ae*, f. (παλάθη), gâteau de fruits secs [de figues not¹] : Vulg. *Judith* 10, 5.

pălāthĭum, *ii*, n. (παλάθιον), dim. de *palatha*, *Mart. 13, 27, tit.

Pălātīna, *ae*, f., la tribu Palatine [tribu urbaine] : Plin. 18, 13.

Pălātīnus, *a*, *um* (*Palatium*) ¶ 1 du mont Palatin : Varr. *L*. 5, 54 ; *Palatini colles* Ov. *M*. 15, 560, le mont Palatin ‖ *Palatina tribus* Cic. *Verr*. 2, 107, la tribu Palatine ¶ 2 du palais des Césars : Suet. *Aug*. 29 ; *Cal*. 57 ; *palatina officia* Ps. Aur.-Vict. *Epit*. 14, 11, offices ou charges de la cour impériale ‖ subst. m., officier du palais, chambellan : Mart. 4, 45, 2 ; Lampr. *Hel*. 20, 6 ; Cod. Just. 12, 28, 1.

pālātĭo, *ōnis*, f. (*palo*), action d'enfoncer des pilotis, de piloter : Vitr. 2, 9, 10.

Palatitae, *ārum*, m. pl., peuple de l'Inde : Plin. 6, 76.

Pălātĭum, *ĭi*, n. (fr. *palais*, al. *Pfalz*) ¶ 1 le mont Palatin : Varr. *L*. 5, 53 ; Liv. 1, 7, 3 ; P. Fest. 245 b, 3 ‖ palais [des Césars sur le mont Palatin, à partir d'Auguste] : Ov. *A. A*. 3, 119 ¶ 2 [fig.] palais [en gén.] : *palatia caeli* Ov. *M*. 1, 176, le palais des dieux ‖ la quatrième région de Rome : Varr. *L*. 5, 53.

Pălātŭa, *ae*, f., déesse protectrice du mont Palatin : Varr. *L*. 7, 45.

Pălātŭar, n., sacrifice sur le mont Palatin : Fest. 476, 2.

Pălātŭallis flamen, m., flamine attaché au culte de Palatua : Varr. *L*. 7, 45 ; Fest. 284, 2.

pălātum, (-us), m., Cic. *Fin*. 2, 24, *i*, n. (cf. *Palatium* ; it. *palato*) ¶ 1 voûte de la cavité buccale, palais : Cic. *Nat*. 1, 135 ; Virg. *G*. 3, 388 ; Varr. *R*. 3, 3, 7 ; *obserare palatum* Catul. 55, 21, se verrouiller le palais = se taire ¶ 2 [fig.] *sed dum palato, quid sit optimum, judicat, caeli palatum, ut ait Ennius, non suspexit* Cic. *Nat*. 2, 49, mais pendant qu'il [Épicure] jugeait avec son palais ce qui était le meilleur, il n'a pas vu en haut le palais du ciel, comme dit Ennius [jeu de mots : *palatum caeli* = voûte du ciel].

1 **pālātus**, *a*, *um*, part. de *palo* et de *palor*.

2 **pălātus**, *i*, m., ▶ *palatum*.

pălē, *ēs*, f. (πάλη), lutte : Stat. *Ach*. 2, 441 ; *Th*. 6, 830 ; Sidon. *Carm*. 23, 302.

1 **pălĕa**, *ae*, f. (cf. v. pr. *pelwo*) ; fr. *paille*), [propr¹] balle du blé [p. ext.] paille : Col. 2, 9 ; pl., Cic. *Fin*. 4, 76 ; *paleae jactantur inanes* Virg. *G*. 3, 134, les balles vides (= la menue paille) voltigent ‖ *palea aeris* Plin. 34, 134, paillette ou limaille de cuivre.

2 **pălĕa**, *ae*, f. (cf. *pellis* ?), barbe, barbillons [du coq] : Varr. *R*. 3, 9, 5 ; Col. 8, 2, 9 ‖ fanon [du bœuf] : *Varr. *R*. 2, 5, 8.

pălĕālis, *e* (1 *palea*), conservé dans la paille : Cael.-Aur. *Acut*. 2, 37, 209 ; 3, 21, 204.

pălĕăr, *āris*, n. (2 *palea*), Sen. *Phaed*. 1044, et ordin¹, **pălĕărĭa**, *ium*, pl., Virg. *G*. 3, 53 ; Col. 6, 1, 3 ; Plin. 8, 179, fanon de bœuf ‖ premier estomac [des ruminants] : Calp. 3, 17.

pălĕāre, *is*, n. (*palearis* ; esp. *pajar*), tas de paille : Gloss. 2, 141, 19.

pălĕāris, *e* (*palea*), de paille : Fort. *Mart*. 3, 284.

pălĕārĭum, *ĭi*, n. (1 *palea*), grenier à paille : Col. 1, 6, 9.

pălĕātum lŭtum, n., torchis, mortier de terre grasse mêlée de paille : Col. 5, 6, 13.

Pālenses, *ĭum*, m. pl., les Paliens, habitants de Palè [ville de Céphallénie] : Liv. 38, 28, 6.

Pălēs, *is*, f., Palès [déesse des bergers et des pâturages] : Virg. *B*. 5, 35 ; Ov. *F*. 4, 746 ; Tib. 1, 1, 36 ; 2, 5, 28 ; Flor. 1, 20 ‖ m., Palès, dieu des bergers : Varr. d. Serv. *G*. 3, 1 ; Arn. 3, 23 ‖ f. pl., les deux Palès [pour le gros et le petit bétail] : Varr. *R*. 2, 5, 1.

Păleste, **Pălestīnus**, ▶ *Palaest-*.

Pălestrīta, ▶ *palaestrita*.

Palfŭrĭus, *ii*, m., nom d'homme : Juv. 4, 53.

Pălibothra, *ae*, f., ville de l'Inde : Plin. 6, 63 ‖ **-i**, *ōrum*, m. pl., peuple de l'Inde : Plin. 6, 68.

Pălīcānus, *a*, *um*, de Palica, ville de Sicile ‖ subst. m., surnom romain : Cic. *Verr*. 2, 100 ; *Att*. 1, 1, 1.

Pălīci, *ōrum*, m. pl., Paliques [frères jumeaux, fils de Jupiter et de Thalie, adorés en Sicile et ayant un temple à Palica] : Ov. *M*. 5, 406 ; Macr. *Sat*. 5, 19, 16 ; Stat. *Th*. 12, 165 ‖ [au sg.] *Palicus*, un de ces deux frères : Virg. *En*. 9, 585.

Pălīlĭcĭum sidus, n., une des Hyades [qui paraît à l'époque des Palilies] : Plin. 18, 247.

Pălīlis, *e*, de Palès : Ov. *F*. 4, 898 ; *M*. 14, 774 ; Tib. 2, 5, 87 ‖ **Palilia (Parilia**, Varr. *R*. 2, 1, 9 ; Col. ; Plin.), *ium* ou *iorum*, n. pl., Palilia, Parilia [fêtes en l'honneur de Palès] : Varr. *L*. 6, 15 ; Cic. *Div*. 2, 98 ; Ov. *F*. 4, 721 ; cf. P. Fest. 248, 17.

pălillŏgĭa, *ae*, f. (παλιλλογία), répétition [rhét.] : Capel. 3, 533.

palimbacchius pes

pălimbacchīus pēs, pălimbacchīus, *ĭi*, m., [métr.] ▶ *antibacchius*, palimbacchius, pied de deux longues et une brève : Quint. 9, 4, 82 ; Diom. 465, 20.

pălimpissa, *ae*, f. (παλίμπισσα), poix fondue deux fois, recuite : Plin. 24, 40.

pălimpsestus (-os), m. f. (παλίμψηστος), palimpseste, papyrus, ou parchemin qu'on a gratté ou lavé pour y écrire de nouveau : Cic. *Fam.* 7, 18, 2 ; Catul. 22, 5.

Pālinandraea, *ae*, f., ville de Macédoine : Plin. 4, 36.

pălinbacchīus, V. *palimb-*.

pălindrŏmŏs, irrégulier [pouls] : Ps. Sor. *Quaest.* 184.

pălingĕnĕsĭa (-ea), *ae*, f. (παλιγγενεσία), renaissance, palingénésie : Gloss. 5, 381, 12.

pălinlŏgĭa, V. *palillogia*.

pălinōdĭa, *ae*, f. (παλινῳδία) ¶ 1 reprise du chant, refrain : Amm. 18, 5, 4 ¶ 2 palinodie, rétractation : *palinodiam canere* Macr. *Sat.* 7, 5, 4, chanter la palinodie.

Pălĭnūrus, *i*, m. ¶ 1 Palinure [pilote d'Énée, enterré sur un promontoire de Lucanie, auquel il donna son nom] : Virg. *En.* 5, 847 ¶ 2 cap Palinure Atlas XII, F4 : Liv. 37, 11, 6 ; Virg. *En.* 6, 381.

Pālĭōnenses, *ĭum*, m. pl., habitants d'une ville d'Apulie : Plin. 3, 105.

pălĭtans, *tis*, fréq. de *palans*, vagabondant : *Pl. Bac.* 1123.

pălĭūrēus (-aeus), *a*, *um*, où il croît beaucoup de paliures : Fulg. *Myth.* 1 pr., p. 6, 15 H.

pălĭūrus, *i*, f. (παλίουρος), paliure [arbuste] : Virg. *B.* 5, 39 ; Plin. 24, 115.

palla, *ae*, f. (*pallium*, cf. φᾶρος) ¶ 1 palla, manteau de femme [grande écharpe, mantille] : Pl. *Men.* 130 ; Hor. *S.* 1, 2, 99 ; Virg. *En.* 11, 576 ; Ov. *Am.* 3, 13, 26 ¶ 2 manteau d'acteur tragique : Hor. *P.* 278 ; Ov. *Am.* 2, 18, 15 ‖ grande robe [de joueur de lyre] : Her. 4, 60 ; Ov. *F.* 2, 107 ‖ tenture, tapisserie : Sen. *Ir.* 3, 22, 2.

pallăca, *ae*, f. (παλλακή), concubine : Plin. 35, 86 ; Suet. *Vesp.* 21.

pallăcāna, *ae*, f. (παλλάχανον), ciboulette : Plin. 19, 105 ; Apic. 398.

Pallacīna, *ae*, f., Pallacine [quartier de Rome] : Cic. *Amer.* 132 ‖ **Pallacīnus**, *a*, *um*, de Pallacine : Cic. *Amer.* 18.

Pallaconta, *ae*, m., fleuve de Mésopotamie : Plin. 6, 118.

Pallădĭum, *ĭi*, n. (Παλλάδιον), Palladium [statue de Pallas protectrice de Troie] : Virg. *En.* 2, 166.

Pallădĭus, *a*, *um* ¶ 1 de Pallas : Virg. *G.* 2, 181 ; *Palladia corona* Ov. *A. A.* 1, 727, couronne d'olivier ; *Palladii latices* Ov. *M.* 8, 275, huile ; *Palladiae arces* Ov. *M.* 7, 399, Athènes ¶ 2 docte, savant : *Palladia Tolosa* Mart. 9, 100, 3, Toulouse, chère à Pallas ‖ adroit, habile : Stat. *S.* 1, 1, 5 ‖ agronome latin : Rutil. 1, 208.

Pallantēum, *i*, n., Pallantée [ville d'Arcadie fondée par Pallas, aïeul d'Évandre] : Liv. 1, 5, 1 ; Just. 43, 1 ‖ ville fondée par Évandre sur le mont Palatin, emplacement de la Rome future : Virg. *En.* 8, 54 ; 341.

Pallantēus, *a*, *um*, de Pallantée : Virg. *En.* 9, 196 ‖ du mont Palatin : *Pallanteus apex* Claud. VI. *Cons. Hon.* 644, le mont Palatin.

1 **Pallantĭăs**, *ădis*, **Pallantis**, *ĭdis*, f., descendante du Géant Pallas, l'Aurore : Ov. *F.* 4, 373 ; *M.* 15, 700.

2 **Pallantĭăs**, *ădis*, f., marais d'Afrique, le même que Tritonia : Plin. 5, 28.

Pallantīni, V. *Palantini*.

Pallantis, f., V. 1 *Pallantias*.

Pallantĭus, *a*, *um*, qui descend de Pallas : *Pallantius heros* Ov. *F.* 5, 647, Évandre [petit-fils de Pallas].

pallāre, *is*, n., sorte de palla : Not. Tir. 97.

1 **Pallăs**, *ādis* et *ădos*, f. (Παλλάς) ¶ 1 Pallas ou Minerve : Hor. *O.* 1, 12, 10 ; Virg. *En.* 7, 154 ; Ov. *M.* 5, 263 ; *Palladis arbor* Ov. *A. A.* 2, 518, l'olivier ; *Palladis ales* Ov. *F.* 2, 89, la chouette ; *irata Pallade* Ov. *F.* 3, 823, malgré Minerve ¶ 2 C. *Palladium* : Ov. *M.* 13, 99 ‖ le temple de Vesta [où était conservé le Palladium] : Prop. 4, 4, 45 ¶ 3 olivier, olive, huile : Ov. *Tr.* 4, 5, 4 ; *H.* 19, 44 ¶ 4 le nombre sept considéré comme vierge parce qu'il est un nombre premier : Macr. *Somn.* 1, 6, 11 ; Capel. 7, 738.

2 **Pallăs**, *antis*, m. (Πάλλας) ¶ 1 père d'une certaine Minerve, tué par sa fille : Cic. *Nat.* 3, 59 ¶ 2 fils et aïeul de Pandion : Ov. *M.* 7, 500 ¶ 3 un des Géants : Claud. *Gig.* 94 ; P. Fest. 246, 4 ¶ 4 fils et aïeul d'Évandre : Virg. *En.* 8, 54 ¶ 5 affranchi de Claude : Tac. *An.* 12, 53 ; Juv. 1, 109 ; Plin. 33, 134.

Pallātīnus, *a*, *um*, V. *Palatinus*.

pallēfactus, *a*, *um* (*palleo*, *fio*), devenu pâle, qui a pâli : Diom. 343, 31 ; V. *pallesco*.

Pallēnaeus, *a*, *um*, de Palléné, de Macédoine : Luc. 7, 150.

Pallēnē, *ēs*, f. (Παλλήνη), Palléné [presqu'île occidentale de la Chersonèse] : Plin. 4, 36 ; Ov. *M.* 15, 356 ; Val.-Fl. 2, 17 ‖ ville d'Arcadie : Plin. 4, 20.

Pallēnensis, *e*, de Palléné : Liv. 44, 10, 11 ; Plin. 4, 36.

pallens, *tis*, part. de *palleo* pris adj¹ ¶ 1 pâle, blême [surtout à propos des enfers] : Virg. *En.* 4, 26 ; 4, 242 ¶ 2 pâle, de faible couleur ; jaunâtre, verdâtre : Virg. *B.* 2, 47 ; 3, 39 ; 6, 54 ¶ 3 [poét.] qui rend pâle : Virg. *En.* 6, 275 ; Tac. *D.* 13, 5.

pallĕō, *ēs*, *ēre*, *ŭī*, - (cf. *palumbes*, 3 *pullus*, πολιός, al. *fahl*), intr. et tr.
I intr. ¶ 1 être pâle : Cic. *Phil.* 2, 84 ‖ *timore* Ov. *F.* 2, 468, être pâle d'effroi ¶ 2 être pâle [de souci, d'ambition] : Hor. *S.* 2, 3, 78 ‖ [d'effort au travail] Quint. 7, 10, 14 ; Juv. 7, 96 ¶ 3 être pâle de crainte, pâlir : *pueris* Hor. *Ep.* 1, 7, 7, pâlir (trembler) pour ses enfants ; *ad omnia fulgura* Juv. 13, 223, pâlir à chaque coup de la foudre ¶ 4 se décolorer, se ternir : Ov. *F.* 1, 688 ¶ 5 prendre une teinte pâle : *saxum palluit auro* Ov. *M.* 11, 110, la pierre prit la teinte pâle de l'or, cf. Mart. 8, 44 ; V. *pallens*.
II tr. ¶ 1 pâlir sur qqch., étudier avec effort : Pers. 1, 124 ¶ 2 pâlir devant, craindre : Hor. *O.* 3, 27, 28 ¶ 3 [acc. de qualif.] : *multos pallere colores* Prop. 1, 15, 39, se décolorer en maintes couleurs, changer de couleur plusieurs fois.

pallĕŏlātim, V. *palliolatim*.

pallescō, *ĭs*, *ĕre*, *pallŭī*, - (*palleo* ; fr. *pâlir*), intr., devenir pâle : Gell. 19, 4, 4 ‖ [de souci, de crainte] Hor. *Ep.* 1, 1, 61 ‖ prendre une couleur pâle : Ov. *A. A.* 3, 704.
▶ parf. *pallefactus sum* Diom. 343, 31.

pallĭastrum, *i*, n. (*pallium*), mauvais manteau : Apul. *M.* 1, 6.

pallĭātus, *a*, *um* (*pallium*), vêtu d'un pallium : Cic. *Phil.* 5, 14 ; Suet. *Caes.* 48 ; Val.-Max. 2, 6, 10 ; Plin. 34, 54 ; *fabula palliata* Varr. *Frg.* 306 ou *palliata* [seul] Don. *Phorm.* 844, comédie grecque, dont le sujet est grec.

pallĭdŭlus, *a*, *um* (dim. de *pallidus*), livide, pâlot : Catul. 65, 6 ; Juv. 10, 82.

pallĭdus, *a*, *um* (*palleo* ; esp. *pardo*), pâle, blême : Hor. *S.* 2, 2, 76 ‖ pâle d'effroi : Ov. *H.* 12, 97 ; 1, 14 ‖ de couleur pâle, jaunâtre : *pallidior ficus* Varr. *R.* 1, 67, figue virant au jaune, qui moisit ; *pallidior buxo* Ov. *M.* 4, 134, plus jaune que le buis ‖ pâle, terne, peu lumineux : *stellae pallidissimae* Plin. 2, 22, les étoiles les plus pâles ‖ qui rend pâle : Hor. *O.* 1, 4, 13 ; Prop. 5, 7, 36 ; Luc. 4, 322.

pallĭō, *ās*, *āre*, -, - (*pallium*), tr., cacher, pallier : Aug. *Psalm.* 48, 2, 1.

pallĭŏlātim, adv., en pallium : Front. *Or.* 5, p. 157 N ; *palliolatim amictus* Pl. *Ps.* 1275, vêtu d'un pallium.

pallĭŏlātus, *a*, *um* (*palliolum*), couvert d'un manteau, emmitouflé : Suet. *Cl.* 2 ; Mart. 9, 32, 1 ; *tunicae palliolatae* Vop. *Tyr.* 15, 8, tuniques à capuchon.

pallĭŏlum, *i*, n. ¶ 1 petit pallium, petit manteau, mantille : Pl. *Ep.* 194 ; Mart. 11, 27, 8 ; Juv. 3, 95 ¶ 2 manteau douillet [dont on s'enveloppe la tête] : Quint. 11, 3, 144 ; Sen. *Nat.* 4, 13, 10 ; Ov. *A. A.* 1, 734.

pallĭum, *ĭi*, n. (*palla* ; fr. *poêle*) ¶ 1 pallium, manteau grec : Cic. *Verr.* 5, 31 ; Quint. 11, 3, 143 ; Liv. 29, 19, 12 ; Ov. *Am.* 1, 4, 50 ‖ manteau du philosophe cynique : Apul. *Flor.* 7, 10 ; du chrétien : Tert. *Pall.* 5, 1 ¶ 2 [en gén.] manteau [ou tout vêtement ample de dessus] : Mart. 2, 63, 10 ¶ 3 couverture de lit, couvre-pied : Prop. 5, 3, 31 ; Ov. *H.* 21, 170 ; Juv. 6, 236 ; Suet. *Ner.* 84 ‖ tenture d'appartement : Prud. *Symm.* 2, 726.

Pallōn, ōnis, f., ville d'Arabie : Plin. 6, 159.

pallŏr, ōris, m., pâleur, teint pâle, teint blême : Cic. Tusc. 4, 19 ; Hor. Epo. 7, 15 ; Virg. En. 4, 499 ; Ov. M. 4, 267 ; Plin. Pan. 48, 4 ‖ [fig.] pâleur [de l'effroi] : *nil equidem paveo : palla pallorem incutit* Pl. Men. 610, je n'ai pas peur : c'est ma palla qui me fait le teint pâle ; *hic tibi pallori versus erat* Prop. 2, 5, 30, ce vers te faisait pâlir ‖ couleur pâle des objets : Ov. M. 8, 759 ‖ moisissure, moisi : Vitr. 6, 4, 1 ; Col. 12, 50, 16 ‖ pl., Lucr. 4, 337 ‖ **Pallŏr**, ōris, m., la Pâleur [la Peur, divinité] : Liv. 1, 27, 7.

pallŭla, ae, f. (dim. de *palla*), petit manteau, mantelet : Pl. Truc. 52.

palma, ae, f. (*palam, 1 planus, palpor*, cf. παλάμη, v. irl. *lám* ; fr. *paume*) ¶ **1** paume, creux (plat) de la main : Cic. Off. 3, 38 ‖ main entière : Cic. Sest. 117 ; Caes. C. 3, 98, 2 ‖ patte d'oie : Plin. 10, 52 ‖ pale de la rame, rame : Catul. 64, 7 ‖ soufflet : Vulg. Matth. 26, 67 ¶ **2** palmier : Plin. 13, 26 ; Cic. Verr. 5, 87 ; *arbor palmae* Suet. Aug. 94, palmier ; [d'où] **a)** fruit du palmier, datte : Ov. F. 1, 185 **b)** palme, branche [qu'on mettait dans les jarres pour donner bon goût] : Cat. Agr. 113 ; Col. 12, 20, 5 ; [dont on faisait des balais] Hor. S. 2, 4, 83 ; Mart. 14, 82 ‖ [emblème de la victoire] : Liv. 10, 47, 3 ; [d'où] *palmam dare, accipere* Cic. de Or. 3, 143 ; Brut. 173, donner, recevoir la palme ; *alicujus rei alicui palmam deferre* Cic. de Or. 2, 227, décerner à qqn la palme de qqch. (en qqch.) ; *palmam ferre* Cic. Att. 4, 15, 6, remporter la palme (la victoire) ; *plurimarum palmarum gladiator* Cic. Amer. 17, gladiateur aux palmes (victoires) nombreuses ; *tertia palma Diores* Virg. En. 5, 339, Diorès troisième palme, troisième vainqueur ; *(mittit) Eliadum palmas Epirus equarum* Virg. G. 1, 59, l'Épire (envoie) celles qui gagnent la palme parmi les cavales d'Élide [courant en Élide aux jeux Olympiques] ; *ultima palma Virbius* Sil. 4, 392, Virbius, dernière palme à conquérir, dernier adversaire à vaincre ¶ **3** pousse, rejeton, jet : Liv. 33, 5, 10 ; Curt. 4, 3, 10 ‖ [de la vigne] Varr. R. 1, 31, 3 ; Plin. 17, 202 ¶ **4** fruit d'un arbre en Égypte : Plin. 12, 103 ¶ **5** arbre d'Afrique, dont on extrayait un parfum : Plin. 12, 134 ‖ plante marine : Plin. 13, 138 ¶ **6** cautère en forme de palme : Veg. Mul. 2, 105, 3.

Palma, ae, f., ville de Majorque Atlas I, D3 ; IV, C4 : Plin. 3, 77 ‖ du Picénum : Plin. 3, 110.

palmālis, e (*palmus*), qui mesure un palme, long d'un palme : Mar. Vict. Gram. 6, 51, 9.

Palmārĭa (insŭla), f., île à l'embouchure du Tibre [l'île des Palmiers] : Plin. 3, 81.

palmāris, e (*1 palma*) ¶ **1** de palmier : Amm. 24, 4, 7 ¶ **2** qui mérite la palme, palmaire : *palmaris statua* Cic. Phil. 6, 15, statue merveilleuse ; *illa palmaria, quod* Cic. Nat. 1, 20, ce qu'il y a de plus merveilleux, c'est que ; *palmaris dea* Apul. M. 2, 4, la Victoire ; *palmares ludi* CIL 9, 1666, 2, jeux où l'on dispute la palme.

2 **palmāris**, e (*palmus*), grand d'un palme : Pall. 3, 24 ; Col. 8, 3, 24.

palmārium, ii, n. (*1 palma*), [fig.] prix de la victoire, honoraires [d'un avocat après le gain du procès] : Ulp. Dig. 50, 13, 1.

palmārĭus, a, um (*1 palma*), de palmier : Plin. 3, 81 ; Varr. R. 3, 5, 7 ‖ qui mérite la palme [en parl. d'une chose] : Ter. Eun. 930.

palmāta, f., v. *palmatus*.

palmātĭāna, ae, f., vêtement ecclésiastique brodé de palmes : Greg.-M. Ep. 1, 64.

palmătĭās, ae, m. (παλματίας), secousse de tremblement de terre : Apul. Mund. 18.

palmātōrĭa ferula, f., férule de palmier : Gloss. 5, 599, 42.

palmātōrium, ii, n., baguette de palmier : Schol. Juv. 2, 242.

palmātus, a, um (*1 palma*) ¶ **1** qui porte l'empreinte d'une main : Ps. Quint. Decl. 1, 11 ‖ qui a les cornes palmées : *palmati cervi* Capit. Gord. 3, daims ¶ **2** qui a la forme d'une palme [en parl. d'une pierre] : Plin. 36, 134 ‖ où figurent des palmes : *palmata tunica* Liv. 30, 15, 11 ; *vestis* Val.-Max. 9, 1 ; *toga* Mart. 7, 2, 8 ; et [abs¹] *palmata* f., Sidon. Carm. 5, 5, toge, tunique ornée de palmes [attribut de Jupiter Capitolin et, par suite, des triomphateurs] ; *palmatus consul* Hier. Ep. 23, 3, consul revêtu de la toge à palmes.

Palmensis, e, de Palma [ville du Picénum, auj. Torre di Palma] : Plin. 3, 110 ‖ de Palma [ville de Majorque] : CIL 4, 4205.

palmĕs, ĭtis, m. (*1 palma*) ¶ **1** sarment, bois de la vigne : Virg. B. 7, 48 ; Plin. 17, 175 ; Col. 5, 6, 26 ; Juv. 8, 78 ; P. Fest. 246, 1 ‖ vigne : Mart. 8, 40 ; Stat. S. 3, 1, 147 ¶ **2** [en gén.] branche, rejeton : Curt. 4, 3, 10 ; Luc. 4, 317 ; Plin. 13, 30.

palmescō, ĭs, ĕre, -, -, intr., pousser [en parl. du palmier] : Diom. 344, 5.

palmētum, i, n. (*1 palma*), lieu planté de palmiers, palmeraie : Hor. Ep. 2, 2, 184 ; Plin. 5, 70 ; Just. 36, 3, 4.

1 **palmĕus**, a, um (*1 palma*), de palmier : Plin. 12, 79 ; Vitr. 10, 14, 3.

2 **palmĕus**, a, um (*palmus*), de la longueur d'un palme : Plin. 26, 95.

palmĭcĭus, a, um, de palmier, en palmier : Sulp. Sev. Dial. 1, 11, 4.

palmĭfĕr, Prop. 4, 5, 25 ; Ov. Am. 2, 13, 8 ; M. 10, 487, **palmĭgĕr**, ĕra, ĕrum (*1 palma, fero, gero*), qui produit des palmiers : Plin. 35, 27 ; Sulp. Sev. Ep. 6, 1.

palmĭpēdālis, e (*palmus, pedalis*), long d'un pied et d'un palme : Varr. R. 2, 4, 14 ; Vitr. 10, 13 ; Col. 3, 19, 1.

1 **palmĭpēs**, ĕdis (*1 palma*), qui a le pied palmé, palmipède : Plin. 10, 29.

2 **palmĭpēs**, ĕdis (*palmus*), haut d'un pied et d'un palme : Plin. 17, 143.

Palmira, v. *Palmyra*.

1 **palmō**, ās, āre, -, - (*1 palma*), tr., marquer de l'empreinte de la main : Ps. Quint. Decl. 1, 12.

2 **palmō**, ās, āre, -, - (*palmes*), tr., échalasser : Col. 11, 2, 96.

palmŏp-, v. *palmip-*.

palmōsus, a, um (*1 palma*), abondant en palmiers : Virg. En. 3, 705.

palmŭla, ae, f. (dim. de *1 palma*) ¶ **1** paume de la main, main : Varr. Men. 355 ; Apul. M. 8, 917 ‖ rame [propr¹, pale de l'aviron] : Virg. En. 5, 163 ¶ **2** datte, fruit du palmier : Varr. R. 1, 67, 2 ; Cels. 2, 18, 6 ; Suet. Aug. 76.

palmŭlāris, e (*palmula*), de la paume de la main : *frictu palmulari* Capel. 8, 805, en frottant avec la main.

palmus, i, m. (*1 palma*) ¶ **1** paume [de la main] : Vitr. 2, 3 ; Plin. 35, 171 ¶ **2** palme, mesure de longueur [4 pouces = 1/4 du pied] : Cat. Agr. 43 ; Varr. R. 3, 7 ; Plin. 12, 48.

Palmȳra, ae, f., Palmyre [ville de Syrie] Atlas I, E7 ; IX, D4 : Plin. 5, 88 ; Capel. 6, 680 ‖ **Palmȳrēnus**, a, um, de Palmyre : Plin. 5, 87 ‖ subst. m., vainqueur de Palmyre [Aurélien] : CIL 5, 4319.

1 **pālō**, ās, āre, -, - (*palus*), tr., échalasser [la vigne] : Col. 11, 2, 16.

2 **pālō**, ās, āre, -, -, intr., Sulpicia Sat. 43 ; P. Fest. 245 b, 4 ; v. *palor*.

3 **pālō**, ās, āre, -, - (*pala*), tr., remuer à la pelle : Plin. 19, 60.

4 **Palo**, ōnis, m., fleuve d'Italie : Plin. 3, 47.

pālŏr, āris, ārī, ātus sum (cf. *pando* ou πλανός), intr., errer çà et là, s'en aller à la débandade, se disperser : Lucr. 4, 575 ; Sall. J. 18, 2 ; 44, 5 ; *per agros palantur* Liv. 5, 44, 5, ils se dispersent dans la campagne ; *palans amnis* Plin. Pan. 30, 3, fleuve débordé ‖ [fig.] *palans* Lucr. 2, 10, qui va à l'aventure.

palpābĭlis, e (*palpo*), palpable, tangible : Hier. Is. 10, 32, 9 ; Oros. Hist. 1, 10, 12.

palpābĭlĭtās, ātis, f., faculté d'être sensible, soumis au toucher : Oros. Comm. 3.

palpāmĕn, ĭnis, n., v. *palpamentum* : Prud. Ham. 303.

palpāmentum, i, n. (*palpo*), caresse, cajolerie : Amm. 27, 12, 6.

palpātĭo, ōnis, f. (*palpo*), attouchement : *aufer hinc palpationes* Pl. Men. 607, porte ailleurs tes caresses [au diable tes caresses !].

palpātŏr, ōris, m. (*palpo*), qui palpe, qui caresse ; flatteur, patelin : Pl. Men. 260 ; Cypr. Don. 11.

palpatus

1 **palpātus**, *a*, *um*, part. de *palpo*.

2 **palpātŭs**, *ūs*, m., action de toucher : VIGIL.-THAPS. *Eutych.* 4, 22.

palpĕbra, *ae*, f. (*palpor, palpito, papilio* ; fr. *paupière*), CELS. 5, 26, 23 ; CAEL.-AUR. *Chron.* 2, 1, 5, ordin' **palpĕbrae**, *ārum*, f. pl. (*palpo*), paupière, paupières : CIC. *Nat.* 2, 142 ; *Pis.* 43 ; LUCR. 4, 952 ‖ cils : PLIN. 11, 154 ; 25, 156 ‖ yeux : VULG. *Psal.* 131, 4.

palpĕbrālis, *e*, des paupières, palpébral : PRUD. *Ham.* 872.

palpĕbrāris, *e* (*palpebra*), utilisé pour les paupières : CAEL.-AUR. *Chron.* 4, 2, 17.

palpĕbrātĭo, *ōnis*, f., clignotement : CAEL.-AUR. *Chron.* 1, 3, 148.

palpĕbrō, *ās*, *āre*, -, - (*palpebra*), intr., clignoter : CAEL.-AUR. *Chron.* 2, 10, 70.

palpĕbrum, *i*, n., NON. 218, 19 ; CAEL.-AUR. *Chron.* 2, 1, 5, ⮕ *palpebra*.

palpĭtātĭo, *ōnis* f. (*palpito*), palpitation : **palpitatio cordis** PLIN. 32, 49, battement du cœur [normal] ; **oculorum** PLIN. 32, 132, clignotement des yeux.

palpĭtātŭs, abl. *ū*, m., battement [des artères] : PLIN. 9, 90.

palpĭtō, *ās*, *āre*, *āvī*, *ātum* (1 *palpo*), intr., s'agiter, être agité : OV. *M.* 6, 559 ; PLIN. 11, 134 ‖ palpiter, battre [en parl. du cœur] : CIC. *Nat.* 2, 24 ‖ [fig.] **palpitans animus** PETR. 100, 4, cœur en émoi.

1 **palpō**, *ās*, *āre*, *āvī*, *ātum* (*palpor*), tr., palper, tâter, toucher : OV. *M.* 2, 867 ‖ [fig.] caresser, flatter : SEN. *Ir.* 3, 8, 7 ; **munere aliquem** JUV. 1, 35, amadouer qqn par des cadeaux ‖ tâtonner, chercher sa route en tâtonnant : VULG. *Deut.* 28, 29.

2 **palpo**, *ōnis*, m., flatteur : PERS. 5, 176.

palpor, *āris*, *ārī*, *ātus sum* (*palpum*, 1 *palma*, cf. πάλλω, al. *fühlen*, an. *feel* ; esp. *propar*), tr. et intr. ¶ 1 tr., caresser : ULP. *Dig.* 9, 1, 1 ¶ 2 intr. [avec dat.] caresser, flatter, faire sa cour à : PL. *Amp.* 587 ; POLL. *Fam.* 10, 33, 2 ; HOR. *S.* 2, 1, 20.

palpum, *i*, n., **palpus**, *i*, m., caresse, flatterie : **aliquem palpo percutere** PL. *Amp.* 526 ou **obtrudere palpum alicui** PL. *Ps.* 945, bourrer qqn de flatteries.
▶ le nom. n'est pas usité et le genre est incertain.

Palsĭcĭum, *ĭi*, n., ancienne ville d'Italie : PLIN. 3, 131.

Paltŏs (-us), *i*, f., ville de Syrie près de Laodicée Atlas IX, D3 : PLIN. 5, 79 [grec Πάλτος d. CRASS. *Fam.* 12, 13, 4].

Pălūda, *ae*, f. (cf. *paludamentum*), épithète de la Discorde : ENN. d. VARR. *L.* 7, 37.

pălūdāmentum, *i*, n. (cf. *Paluda, paludatus*), habit militaire, [ordin'] manteau rouge des généraux : VARR. *L.* 7, 37 ; FEST. 298, 13 ; LIV. 1, 26, 2 ; 25, 16, 21.

pălūdātus, *a*, *um*, vêtu de l'habit militaire, en tenue militaire [en parl. surtout d'un général entrant en campagne] : CIC. *Pis.* 31 ; *Sest.* 71 ; CAES. *C.* 1, 6, 6 ; LIV. 41, 10 ; **paludata aula** CLAUD. *VI Cons. Hon.* 596, cour [d'un prince] composée de guerriers.

pălūdestĕr, *tris*, *tre* (2 *palus*), marécageux : CASSIOD. *Var.* 2, 32.

pălūdĭcŏla, *ae*, m. f. (2 *palus, colo*), qui habite un pays de marais : SIDON. *Ep.* 4, 1, 4.

pălūdĭfĕr, *ĕra*, *ĕrum*, marécageux : PHILOM. 42.

pălūdĭgĕna, *ae*, m. f. (2 *palus, geno*), né dans les marais : ANTH. 94, 1.

pălūdis, gén. de *pălus*.

pălūdĭvăgus, *a*, *um*, errant dans les marais : AVIEN. *Perieg.* 312.

pălūdōsus, *a*, *um* (2 *palus*), marécageux : PROP. 4, 6, 77 ; OV. *M.* 15, 268 ; SIL. 8, 602.

Palugges, *um*, m. pl., peuple d'Éthiopie : PLIN. 6, 191.

pālum, *i*, n., ⮕ 1 *palus* : VARR. *Men.* 179.

pălumba, *ae*, f. (cat. *paloma*), ⮕ *palumbes* : PELAG. 123.

pălumbācĭus, *a*, *um* (*palumbes*), gris comme un pigeon ramier : GROM. 351, 24.

pălumbēs (-bis), *is*, f. VIRG. *B.* 1, 57 ; m. LUCIL. d. NON. 219, 6, **palumbus**, *i*, m. (cf. *palleo*, πέλεια ; esp. *palomo*), CAT. *Agr.* 90 ; MART. 13, 67, 1, pigeon ramier, palombe : VARR. *R.* 3, 9, 21 ; **palumbem alicui ad aream adducere** PL. *Poen.* 676, amener le pigeon dans l'aire d'un rapace [= apporter sur un plateau] ; [fig.] tourtereau (amant) : PL. *Bac.* 51.
▶ nom. *palumbes* CIC. *Frg. H.* 12 d. SERV. *B.* 1, 58 *palumbis* PLIN. 30, 60 ; 30, 144.

Pălumbīnum, *i*, n., ville du Samnium : LIV. 10, 45, 9.

pălumbīnus, *a*, *um* (*palumbes* ; esp. *palomina*), de ramier : PLIN. 30, 110.

pălumbŭlus, *i*, m. (dim. de 1 *palumbus*), tourtereau [caresse] : APUL. *M.* 10, 22.

1 **pălumbus**, *i*, m. ⮕ *palumbes*.

2 **Pălumbus**, *i*, m., nom d'homme : SUET. *Cl.* 21.

1 **pālus**, *i*, m. (*pagslo-s, cf. pango*, 1 *pagus*, πάσσαλος ; fr. *pieu*, al. *Pfahl*), poteau, pieu : **ad palum adligare** CIC. *Verr.* 5, 11, attacher au poteau d'exécution ; **ad palum exerceri** VEG. *Mil.* 1, 11 ; 2, 23, faire l'exercice du poteau [s'escrimer contre un poteau] ; **vulnera pali** JUV. 6, 246, les coups reçus par le poteau [dans cet exercice] ‖ [fig.] **exerceri ad palum** SEN. *Ep.* 18, 6, s'exercer au poteau, s'aguerrir [en exerçant son âme] ‖ **primus palus** LAMPR. *Comm.* 15, le premier des gladiateurs nommés, *secutores* ‖ membre viril : HOR. *S.* 1, 8, 5.

2 **pălūs**, *ūdis*, f. (cf. *pluit*, πλύνω, rus. *plakat'*, roum. *pădure*), marais, étang : CIC. *Phil.* 5, 7 ; CAES. *G.* 2, 9, 1 ; HOR. *P.* 65 ; OV. *M.* 1, 737 ‖ jonc, roseau : MART. 14, 160, 1 ‖ eau du Styx : VIRG. *En.* 6, 414 ‖ [tard.] forêt : VIT. *PATR.* 5, 8, 10 ; 6, 3, 2.
▶ gén. pl. ordin' *dum*, qqf. *dium* LIV. 21, 54, 7 ; JUST. 44, 1, 10.

pălustĕr, COL. 8, 14, *tris*, *tre* (2 *palus*) ¶ 1 marécageux : CAES. *G.* 7, 20, 4 ; LIV. 36, 22, 10 ‖ **palustria**, n. pl., lieux marécageux, marécages : PLIN. 14, 110 ¶ 2 qui vient ou qui vit dans les marais : HOR. *S.* 1, 5, 14 ; VIRG. *G.* 3, 175 ‖ [fig.] **lucem palustrem transire** PERS. 5, 60, passer sa vie dans une atmosphère de marécage.

Pămīsus (-um), *i*, m. (n.), fleuve d'Achaïe : PLIN. 4, 15 ; MEL. 2, 51 ‖ ⮕ *Pammisus*.

pammăchārĭus, *ĭi*, m., athlète qui combat au pancrace, pancratiste : AMBR. *Psalm.* 36, 55 ; EXPOS. MUND. 32.

pammăchĭum (-chum), *ĭi*, n. (παμμάχιον), pancrace, sorte de lutte : HYG. *Fab.* 273 ; CIL 6, 10154.

Pammĕnēs, *is* et *i*, m. (Παμμένης), orateur grec, ami de M. Brutus : CIC. *Att.* 5, 20, 10 [gén. -*i*] ‖ astrologue sous Néron : TAC. *An.* 16, 14 [gén. -*is*].

Pammisus, *i*, m., fleuve de Thessalie : PLIN. 4, 30.

Pamphăgi, *ōrum*, m. pl. (Παμφάγοι), nom d'un peuple d'Éthiopie : PLIN. 6, 195.

Pamphăgus, *i*, m. (Παμφάγος), nom de chien : OV. *M.* 3, 210.

Pamphĭla, *ae*, f., nom de femme : TER. *Ad.* 619.

Pamphĭlus, *i*, m. (Πάμφιλος), nom de divers personnages ; entre autres ¶ 1 Pamphile, disciple de Platon et maître d'Épicure : CIC. *Nat.* 1, 72 ¶ 2 rhéteur grec : CIC. *de Or.* 3, 81 ¶ 3 nom d'un peintre : PLIN. 35, 75 ¶ 4 personnage de comédie dans Térence : TER. *And.* 254.

Pamphўlĭa, *ae*, f. (Παμφυλία), la Pamphylie [région d'Asie Mineure] Atlas I, D6 ; VI, C4 ; IX, D2 : CIC. *Div.* 1, 2 ; LIV. 33, 41, 6 ‖ **-lĭus**, *a*, *um*, CIC. *Div.* 1, 25 ; PLIN. 5, 129 ; , **-lĭensis**, *e*, NOT. TIR. 86, de Pamphylie.

pampĭnācĕus, *a*, *um* (*pampinus*), de pampre : COL. 12, 20, 5.

pampĭnārĭus, *a*, *um* (*pampinus*), qui produit du pampre : COL. 5, 6, 29 ‖ **pampinarium sarmentum** COL. 3, 10, 5 ou simpl' **pampinarium** PLIN. 17, 157, sarment (cep) produisant du pampre, mais pas de fruit.

pampĭnātĭo, *ōnis*, f. (*pampino*), épamprage de la vigne : COL. 4, 6, 1 ; 11, 2, 38 ; PLIN. 17, 7 ; 17, 190.

pampĭnātŏr, *ōris*, m. (*pampino*), celui qui épampre : COL. 4, 10, 2 ; 4, 27, 5.

pampĭnātus, *a*, *um* ¶ 1 part. de *pampino* ¶ 2 couvert de pampre : TREB. *Claud.* 17 ¶ 3 qui a la forme du pampre : PLIN. 16, 225.

pampĭnĕus, *a*, *um* (*pampinus*), de pampre, fait de pampre : OV. *Pont.* 2, 1, 13 ; VIRG. *B.* 7, 58 ‖ couvert de pampre : VIRG. *En.* 7, 396 ; **pampineae ulmi** CALP. 2, 59, vigne mariée aux ormeaux ‖ de vin : PROP. 2, 24, 30.

pampĭnō, *ās*, *āre*, *āvī*, *ātum* (*pampinus*), tr., épamprer la vigne : Cat. Agr. 33, 3 ; Col. 5, 5, 14 ; Varr. R. 1, 31, 2 ; Plin. 18, 254 ‖ émonder [en gén.], éclaircir, tailler : Col. 4, 31, 2 ; 5, 10, 21.

pampĭnōsus, *a*, *um* (*pampinus*), qui a beaucoup de pampre, de feuilles : Plin. 23, 21 ; Col. 5, 5, 14.

pampĭnus, *i*, m. (empr., cf. ἄμπελος ; fr. *pampre*) ¶ 1 bourgeon de la vigne, jeune pousse : Col. 4, 22, 4 ; *pampinos detergere* Plin. 17, 175, ébourgeonner ‖ pampre [branche de vigne avec ses feuilles], feuillage [de la vigne] : Cic. CM 53 ; Virg. G. 1, 148 ; Col. 3, 2, 11 ‖ vrille : Plin. 16, 153 ¶ 2 tentacules [des polypes] : Plin. 9, 74. ▶ f. [arch.] : Serv. B. 7, 58.

Pān, *Pānŏs*, acc. -*na*, Cic., m. (Πάν), Pan [dieu grec (spécialement arcadien) ; dieu de la vie pastorale ; représenté avec les pieds et les cornes d'un bouc ; inventeur de la flûte à sept tuyaux, dite flûte de Pan] : Cic. Nat. 3, 56 ; Lucr. 4, 586 ; Virg. En. 8, 344 ; Ov. F. 2, 277 ; M. 14, 515 ‖ pl., **Panes**, *um*, acc. *as*(*Mel. 3, 95), (Col.), les Pans, Faunes ou Sylvains : Col. 10, 427 ; Ov. H. 4, 171 ; M. 14, 638.

pāna, *ae*, f., Plin. Med. 3, 5, ▶ *panus*.

pănăca, *ae*, f. (celt. ?), sorte de vase [de terre] pour boire : Mart. 14, 100.

1 **pănăcēa**, *ae*, f. (πανάκεια), Virg. En. 12, 419, **pănăcēs**, *is*, n. (πανακές), Plin. 25, 32 ; 131, -**cēs**, *is*, m., Lucr. 4, 124 ; Plin. 12, 127 [acc. -*cēn*] **pănax**, *ăcis*, m., Col. 11, 3, 29, opopanax [plante curative] ‖ panacée : Ps. Serv. En. 12, 419.

2 **Pănăcēa**, *ae*, f., nom d'une des quatre filles d'Esculape : Plin. 35, 137.

pănăcēs, *is*, n. ¶ 1 ▶ 1 *panacea* ¶ 2 livèche = **ligusticum silvestre** : Plin. 20, 168.

pănăcĭnus, *a*, *um*, relatif à la plante nommée *panaces* : Cael.-Aur. Chron. 4, 7, 95.

Pănaenus, *i*, m., peintre, frère de Phidias : Plin. 36, 177.

Pănaetiŭs, *ĭi*, m., philosophe stoïcien, de Rhodes, maître et ami de Scipion le second Africain : Cic. Off. 1, 90 ; de Or. 1, 45 ; Hor. O. 1, 29, 14 ; Vell. 1, 13, 3.

Pănaetōlĭcus, *a*, *um*, qui comprend toute l'Étolie : Liv. 31, 32, 3 ; 35, 32, 7.

Pănaetōlĭum, *ĭi*, n. ¶ 1 assemblée générale des Étoliens : Liv. 31, 29, 1 ¶ 2 haute montagne de l'Étolie : Plin. 4, 6.

Pānărĕtus, *i*, m., nom d'homme : Mart. 6, 89.

pănărīcĭum, *ĭi*, n. (de *paronychium* ; fr. *panaris*), panaris : Ps. Apul. Herb. 42 ; Gloss. 3, 206, 58.

pānărĭŏlum, *ĭi*, n. (dim. de *panarium*), petite corbeille à pain : Mart. 5, 49, 10.

pānărĭum, *ĭi*, n. (*panis* ; fr. *panier*), corbeille à pain : Varr. L. 5, 105 ; Plin. Ep. 1, 6, 3 ; Stat. S. 1, 6, 31 ; Suet. Cal. 18.

pānărĭus, *ĭi*, m. (*panis*), boulanger : Gloss. 2, 246, 17.

Pănăthēnāĭca, *ōrum*, n. pl. (Παναθηναϊκά), Panathénées, fête solennelle à Athènes : Serv. G. 3, 113.

pănăthēnāĭcŏn, *i*, n., sorte de parfum [fait à Athènes] : Plin. 13, 6.

Pănăthēnāĭcus, *i*, m. (Παναθηναϊκός), discours d'Isocrate prononcé aux Panathénées : Cic. Or. 38 ; CM 13.

pănax, *ăcis*, m. (πάναξ) ¶ 1 ▶ 1 *panacea* ¶ 2 ▶ *panaces* ¶ 2.

pancarpĭnēus (**pancarpus**), Varr. Men. 567 ; -**pĭus**, P. Fest. 246, 20 et -**pus**, *a*, *um* (πάγκαρπος), Aug. Secund. 23, composé de toutes sortes de fruits, composite ‖ -**pum**, *i*, n., chasse d'animaux variés [amphithéâtre] : Aug. Secund. 23 [fig. **Pancarpia**, f., *Tert. Val. 12, 5 [titre d'ouvrage ?].

Pancaspē, *ēs*, f., nom de femme : Plin. 35, 86.

Panchāĭa, *ae*, f. (Παγχαία), Panchaïe [partie de l'Arabie Heureuse] : Virg. G. 2, 139 ; Plin. 10, 4 ‖ -**chaeus**, Lucr. 2, 417 ; , -**āĭcus**, Arn. 7, 27 et -**āĭus**, *a*, *um*, *Claud. Nupt. Hon. 94 ; Ov. M. 10, 309, de Panchaïe, d'Arabie : *Panchaei ignes* Virg. G. 4, 379, encens (brûlé), fumée d'encens.

panchresta, *ōrum*, n. pl., gâteaux, friandises : Salv. Gub. 6, 16.

panchrestārĭus, *ĭi*, m., pâtissier : Arn. 2, 38.

panchrestus, *a*, *um* (πάγχρηστος), excellent pour tout : *panchrestum medicamentum* Plin. 36, 146 ; Cic. Verr. 3, 152, remède universel, panacée.

panchrōmŏs, *i*, m. (πάγχρωμος), verveine [plante] : Ps. Apul. Herb. 3.

panchrus, *i*, m. (πάγχρους), pierre inconnue [= de toutes les couleurs] : Plin. 37, 178.

Panchrȳsos, Plin. 6, 170, ▶ *Berenice*.

pancra, *ae*, f. (cf. *impancro*), vol, rapine : CIL 4, 136, 8.

pancrătĭārĭus, *ĭi*, m., ▶ *pancratiastes* : Vit. Patr. 5, 5, 15 ; Gloss. 4, 373, 30.

pancrătĭastēs (-ta), *ae*, m. (παγκρατιαστής), pancratiaste, athlète qui combat au pancrace : Plin. 34, 59 ; Quint. 2, 8, 13 ; Gell. 3, 15, 3.

pancrătĭcē, adv., à la manière des athlètes, athlétiquement : Pl. Bac. 248.

pancrătĭŏn (-ĭum), *ĭi*, n. ¶ 1 (παγκράτιον), pancrace, réunion de la lutte et du pugilat : Quint. 2, 8, 13 ; Plin. 8, 79 ; 35, 139 ; Prop. 3, 14, 8 ; Sen. Ben. 5, 3, 1 ¶ 2 (παγκρατής), chicorée [plante] : Plin. 20, 74 ‖ pancrais [plante] : Plin. 27, 118.

pancrătĭum mĕtrum, n., mètre pancracien [deux trochées plus une syllabe] : Serv. Gram. 4, 459, 9.

1 **Panda**, *ae*, f. (*pando*) ¶ 1 déesse de la paix : Gloss. 2, 141, 37 ‖ déesse qui montre la route : Arn. 4, 3, cf. Varr. d. Gell. 13, 22, 4 ¶ 2 ville de la Sogdiane : Plin. 6, 49.

2 **Panda**, *ae*, m., rivière de la Scythie d'Asie : Tac. An. 12, 16.

Pandae, *ārum*, m. pl., Pandes [peuple de l'Inde, en deçà du Gange] : Plin. 6, 77 ‖ -**aeus**, *a*, *um*, des Pandes : Solin. 52, 15.

Pandāna, *ae*, f., une des portes de l'ancienne Rome : Varr. L. 5, 42 ; Solin. 1, 13 ; P. Fest. 246, 15.

Pandarae, *ārum*, m. pl., peuple de l'Inde : Plin. 7, 28.

Pandărus, *i*, m., compagnon d'Énée, tué par Turnus : Virg. En. 9, 672 ‖ fils de Lycaon : Virg. En. 5, 496.

Pandătărĭa, *ae*, f., île de Pandataria [Ventotene, dans la mer Tyrrhénienne, où furent reléguées Julie, fille d'Auguste, Agrippine, femme de Germanicus, et Octavie, fille de Claude] : Varr. R. 1, 8, 5 ; Tac. An. 1, 53 ; Suet. Tib. 53.

Pandătĕrĭa, *ae*, f., Plin. 3, 82, ▶ *Pandataria*.

pandātĭo, *ōnis*, f., action de se déjeter, de gauchir [en parl. du bois] : Vitr. 7, 1, 5.

pandātus, *a*, *um*, (de 1 *pando*).

pandectae, *ārum*, f. pl. (πανδέκται), Pandectes [compilation des traités des principaux jurisconsultes romains effectuée sous l'empereur Justinien (533 apr. J.-C)], le Digeste : *libri digestorum seu pandectarum* Cod. Just. 1, 17, 2, 1, les livres du Digeste ou des Pandectes : Dig. 1 tit. ; Inst. Just. 1, 10, 11.

pandectēs, acc. *en*, abl. *e*, m. (πανδέκτης) ¶ 1 qui renferme tout en soi [en parl. de l'adverbe] : Char. 194, 20 ¶ 2 pandecte, livre qui renferme tout en soi, collection encyclopédique : Char. 207, 30 ; Cassiod. Inst. 1, 5, 2.

pandēmus, *a*, *um* (πάνδημος), endémique : Amm. 19, 4, 7.

pandīa, *ae*, f. (πανδία ?), pierre précieuse : Cassiod. Var. 5, 34, 3.

pandĭcŭlāris dĭēs, m. (2 *pando*), jour où l'on faisait un sacrifice commun à toutes les divinités : P. Fest. 246, 18.

pandĭcŭlŏr, *āris*, *ārī*, - (*pando*), intr., s'étendre [en bâillant], s'allonger : Pl. Men. 834 ; P. Fest. 246, 16.

Pandīōn, *ŏnis*, m. (Πανδίων), nom de divers personnages, not[t] ¶ 1 Pandion [fils d'Erechthée, père de Procné et de Philomèle] : Ov. M. 6, 426 ; Lucr. 6, 1143 ¶ 2 fils de Jupiter et de la Lune : Hyg. Fab. pr. ¶ 3 roi de l'Inde au temps d'Auguste : Plin. 6, 23 ¶ 4 le rossignol : Ov. Pont. 1, 3, 39 ; Mart. 1, 26, 3.

Pandīōnĭus, *a*, *um*, de Pandion : Ov. M. 15, 430 ; Prop. 1, 20, 31 ‖ d'Athènes : Claud. IV Cons. Hon. 509 ; Stat. Th. 2, 720 ‖ *Pandioniae volucres* Octavia 8, les oiseaux de Pandion [rossignol et hirondelle].

pando

1 pandō, *ās*, *āre*, *āvī*, *ātum* (1 pandus), tr. et intr. ¶ 1 tr., courber, ployer : QUINT. 11, 3, 100 ; 11, 3, 122 ǁ pass., se ployer, se courber : PLIN. 16, 189 ; 16, 223 ¶ 2 intr., se courber : VITR. 2, 9, 11.

2 pandō, *ĭs*, *ĕre*, *pandī*, *pansum* et *passum* (*passus*, *passim* ; cf. *pateo*, πίτνημι, osq. *patensins* ?), tr. ¶ 1 étendre, tendre, déployer : *velis passis* CIC. *Tusc.* 1, 119, à voiles déployées ; *passis manibus* CAES. *G.* 1, 51, 3 ; *passis palmis* CAES. *C.* 3, 98, 2, les mains étendues (ouvertes) ; v. NON. 378, 22 ; *passus capillus* CAES. *G.* 7, 48, 3, les cheveux épars ; *aciem pandere* TAC. *H.* 2, 25, déployer une armée ǁ [fig.] *pandere vela orationis* CIC. *Tusc.* 4, 9, déployer les voiles de l'éloquence ; *alia illa longe lateque se pandunt* CIC. *Tusc.* 5, 76, ces autres biens [ceux de l'âme] se déploient en tous sens ¶ 2 ouvrir : *moenia urbis* VIRG. *En.* 2, 234, faire une brèche dans les remparts ; *rupem ferro* LIV. 21, 37, 3, ouvrir une roche avec le fer ; *tria guttura* VIRG. 6, 421, ouvrir trois gueules ; *agros* LUCR. 5, 1248, ouvrir, fendre, labourer les champs ; *limina* VIRG. *En.* 6, 524, ouvrir les portes ǁ pass. réfl. : *panduntur inter ordines viae* LIV. 10, 41, 9, des passages s'ouvrent entre les rangs ; *universa panditur planities* LIV. 32, 4, 4, la plaine entière se déploie, se découvre ¶ 3 [fig.] **a)** ouvrir : *viam ad dominationem* LIV. 4, 15, 5 ; *viam fugae* LIV. 10, 5, 11, ouvrir le chemin vers (de) la tyrannie, de la fuite **b)** découvrir, étaler, publier : *omnem rerum naturam dictis* LUCR. 5, 54, dévoiler au monde dans ses écrits toute la nature des choses, cf. VIRG. *En.* 6, 267 ; 3, 252 ; 3, 479 ; OV. *M.* 4, 679 ; LUC. 6, 590 ¶ 4 étaler à l'air : *uvam in sole* COL. 12, 39, faire sécher du raisin au soleil ; *uva passa* PL. *Poen.* 312, raisin sec ; *lac passum* OV. *M.* 14, 274, lait caillé ; [plais¹] *rugosi passique senes* LUCIL. 557, vieillards ratatinés et desséchés, cf. NON. 12, 3.

pandŏchīum, *ĭi*, n. (πανδοχεῖον), hôtellerie : HIER. *Orig. Luc. hom.* 34, p. 316 D.

Pandōra, *ae*, f. (Πάνδωρα), Pandore [nom de la première femme, que Vulcain forma du limon de la terre, et qui fut dotée de toutes les qualités par les autres dieux] : HYG. *Fab.* 142 ǁ gén. *Pandoras* PLIN. 36, 19.

pandōrĭus, *ĭi*, m., V.▶ *pandurium* : ISID. 3, 21, 8.

Pandōsĭa, *ae*, f., Pandosie [ville de Calabrie] : LIV. 8, 24, 3 ǁ lac en Épire : PLIN. 4, 4.

Pandrŏsŏs, *i*, f., fille de Cécrops : OV. *M.* 2, 559 ; 2, 738.

pandūra, *ae*, f. (πανδοῦρα), pandore, luth à trois cordes : VARR. *L.* 8, 61 ; CAPEL. 9, 906.

pandūrĭum, *ĭi*, n. (πανδούριον), pandore : CASSIOD. *Psalm.* 36, 1 ; V.▶ *pandura*.

pandūrĭzō, *ās*, *āre*, -, -, intr. jouer de la pandore : LAMPR. *Hel.* 32, 8.

1 pandus, *a*, *um* (1 pando ; esp. *pando*), courbé, courbe : *panda carina* VIRG. *G.* 2, 445, carène recourbée (ENN. *An.* 573) ; *pandum rostrum* OV. *M.* 10, 713, hure retroussée [de sanglier] ǁ qui se courbe : *pandus asellus* OV. *A. A.* 1, 543, âne à l'échine courbée ; *pandus homo* QUINT. 6, 3, 58, homme voûté ǁ gauchi [en parl. du bois] : VITR. 2, 9, 12.

2 Pandus, *i*, m., nom d'homme : TAC. *An.* 2, 66.

pānĕ, *is*, n., PL. *Curc.* 367, C.▶ *panis*.

Panĕās, f., V.▶ *Panias*.

pănēgўrĭcus, *a*, *um* (πανηγυρικός), laudatif, apologétique : AUS. *Prof.* 2 (191), 13 ǁ subst. m. **a)** *panegyricus*, le panégyrique [d'Isocrate] : CIC. *Or.* 37 **b)** panégyrique, éloge [en gén.] : QUINT. 2, 10, 11.

Pănēgўris, *is*, f., nom de femme : PL. *St.* 247.

pănēgўrista, *ae*, m. (πανηγυριστής), panégyriste : SIDON. *Ep.* 4, 1, 2.

pănĕrastŏs, *i*, m., **pănĕrōs**, *ōtis*, m. (πανέρως), sorte de pierre précieuse : PLIN. 37, 178.

1 pānes, pl. de *panis*.

2 Pānĕs, m. pl., V.▶ *Pan*.

Pangaea, *ōrum*, n. pl., VIRG. *G.* 4, 462, **Pangaeus mons**, m., PLIN. 4, 40, le mont Pangée, entre la Thrace et la Macédoine ǁ **-us**, *a*, *um*, du mont Pangée : SIL. 2, 73 ; VAL.-FLAC. 4, 631.

pangĭtō, *ās*, *āre*, -, - (fréq. de *pango*), louer : GLOSS. 5, 608, 25.

pangō, *ĭs*, *ĕre*, *pĕpĭgī*, *pactum* (*pēgī*, *panxī*, *panctum*) (1 *pagus*, *pagina*, *compages*, *palus*, *pax*, *paciscor* ; cf. πήγνυμι, πάσσαλος, al. *fangen*, scr. *pāśa-s*), tr.

I enfoncer, ficher, fixer : *clavum* LIV. 7, 3, 5, enfoncer un clou ǁ *ramulum* SUET. *Galb.* 1, planter un rameau, cf. COL. 11, 3, 26 ; [poét.] *colles* PROP. 3, 17, 15, planter de vigne des coteaux.

II [fig.] établir solidement ¶ 1 composer des œuvres littéraires, écrire : CIC. *Att.* 2, 6, 2 ; 2, 14, 2 ; *an pangis aliquid Sophocleum ?* CIC. *Fam.* 16, 18, 3, ou composes-tu qqch. dans le goût de Sophocle ?, cf. ENN. d. CIC. *Tusc.* 1, 34 ; LUCR. 4, 8 ; HOR. *Ep.* 1, 18, 40 ; TAC. *An.* 14, 16 ; célébrer, chanter, louer : *pange, lingua* FORT. *Carm.* 2, 2, 1, chante, ma langue ¶ 2 [seulᵗ aux formes du parf. *pepigi*] déterminer, fixer : *terminos* CIC. *Leg.* 1, 56 ; *fines* CIC. *Pis.* 37, fixer des bornes, des limites ǁ établir, conclure : *pacem* LIV. 9, 11, 7 ; *indutias* LIV. 27, 30, 14, conclure la paix, une trêve ǁ [avec *ut*, *ne*, subj.] stipuler que, que ne ... pas : CIC. *Off.* 3, 92 ǁ [avec subj. seul] TAC. *An.* 12, 15 ǁ [avec inf.] TAC. *An.* 14, 31, s'engager à ¶ 3 [en parl. des fiançailles] promettre : CATUL. 62, 28 ; OV. *H.* 16, 35 ; 20, 157.

▶ *pago* PRISC. 2, 523, 24, V.▶ 2 *paco* ; parf. *pegi* PACUV. *Tr.* 218 d. FEST. 488, 30, cf.▶ *compegi*, *impegi panxi* CHAR. 247, 33.

pangōnus, *i*, m. (πάγγωνος), nom d'une pierre précieuse à facettes : PLIN. 37, 178.

Pănhormus, *i*, f. (Πάνορμος), CIC. *Verr.* 2, 63 ; MEL. 2, 118 ou **Pănhormum**, *i*, n., PLIN. 3, 90, Panorme [ville de Sicile, auj. Palerme] Atlas I, D4 ; XII, G4 ǁ *Panormum*, port de la Crète : PLIN. 4, 59 ǁ *Panormus*, port de Samos : LIV. 37, 10 ǁ port de la Chersonèse de Thrace : PLIN. 4, 13 ǁ port de l'Achaïe : PLIN. 4, 49 ǁ **-hormĭtānus**, *a*, *um*, de Panorme : CIC. *Verr.* 2, 13 ; 2, 120.

Panĭăs, *ădis*, f., source d'où sort le Jourdain : PLIN. 5, 71 ǁ tétrarchie de Judée : PLIN. 5, 74.

pānĭcellus, *i*, m., PLIN. VAL. 1, 6, C.▶ *paniculus*.

pānĭcĕus, *a*, *um* (panis), fait de pain : SERV. *En.* 3, 257 ǁ **-cĕus**, *i*, m. [jeu de mots obscur, ethnique formé sur *panis*, pain], homme de Pain : PL. *Capr.* 162.

pānĭcĭum, *ĭi*, n. (esp. *panizo*), panic : PAUL.-NOL. *Ep.* 23, 6 ; V.▶ *panicum*.

pānĭcŭla, *ae*, f. (*panus*), [bot.] panicule : PLIN. 16, 49 ; P. FEST. 246, 14 ǁ sorte de tumeur : PS. APUL. *Herb.* 13 ; SCRIB. 82 ; V.▶ *panus*.

1 pānĭcŭlus, *i*, m. (dim. de *panus*), chaume : *PL. *Mil.* 18 ; C.▶ *panicula*.

2 pānĭcŭlus, *i*, m. (dim. de *panis*), petit pain : PS. DIOSC. *Herb.* 46.

pānĭcum, *i*, n. (*panus* ; it. *panico*, al. *Fench*), panic, sorte de millet : CAT. *Agr.* 6, 1 ; CAES. *C.* 2, 22, 1 ; PLIN. 18, 53.

pānĭfex, *fĭcis*, m. (*panis*, *facio*), boulanger : VINDIC. *Med.* 4.

pānĭfĭca, *ae*, f., boulangère : VULG. 1 *Reg.* 8, 13.

pānĭfĭcĭum, *ĭi*, n. (*panis*, *facio*), fabrication du pain : VARR. *L.* 5, 105 ǁ gâteau, galette : CELS. 2, 18, 2 ; SUET. *Vesp.* 7.

pānĭfĭcō, *ās*, *āre*, -, -, faire le pain : NOVEL.-JUST. 80, 5.

pānĭŏn, *ĭi*, n. (πάνειον), orchidée : PS. APUL. *Herb.* 15 ; C.▶ *satyrion*.

Pănĭōnĭum, *ĭi*, n. (Πανιώνιον), la réunion de tous les Ioniens : MEL. 1, 87 ǁ **-ĭus**, *a*, *um*, de toute l'Ionie, panionien : PLIN. 5, 113 ; *VITR. 4, 1, 5.

pānis, *is*, m. (*pasni-s*, cf. *pastillus*, *pasco* ; fr. *pain*), pain : *panis cibarius* CIC. *Tusc.* 5, 97, pain grossier ; *panis tener et niveus mollique siligine factus* JUV. 5, 70, pain tendre, d'un blanc neigeux, fait avec de la fine fleur de froment ; *panis secundus* HOR. *Ep.* 2, 1, 23, pain de seconde qualité, pain bis ; *panis nauticus* PLIN. 22, 138, biscuit de matelot ; *mollia panis* PLIN. 13, 82, mie de pain ǁ nourriture [en gén.] : VULG. *Luc.* 4, 4 ǁ [fig.] pain, motte, boule, bloc : PLIN. 34, 107 ǁ [chrét.] pain rituel ou eucharistique : TERT. *Praescr.* 40, 4 ; VULG. *Matth.* 26, 26.

▶ gén. pl. inus. ou très rare *panum* ; PRISC. 2, 353, 9 *panium* ; CAES. d. CHAR. 90, 8.

Pānīscus, *i*, m. (Πανίσκος, dim. de Πάν), Sylvain, petit Pan : CIC. *Div.* 1, 33 ; *Nat.* 3, 43 ; SUET. *Tib.* 43.

Panisos, v. *Panysus*.

Panissum, *i*, n., ville de Mésie : Peut. 7, 3.

pannārĭa, *ōrum*, n. pl. (*pannus*), présents en étoffes : Stat. S. 1, 6, 31.

panna, *ae*, f. (gaul., de πατάνη, cf. *patina* ; al. *Pfanne*, an. *pan*), poêlon, casserole : Grauf. 5 ; Gloss. 2, 595, 49.

pannĕus, *a*, *um* (*pannus*), déguenillé : *pannea vestis* Paul.-Nol. Carm. 24, 327, haillons.

pannĭcĭum, v. *panicium* Not. Tir. 112.

pannĭcŭlārĭus, *a*, *um* (*panniculus*), qui concerne la guenille (la défroque) d'un condamné : Ulp. Dig. 48, 20, 6 ǁ **pannicularia**, n. pl., défroque d'un condamné : Ulp. Dig. 48, 20, 6.

1 pannĭcŭlus, *i*, m. (dim. de *pannus*), lambeau d'étoffe, chiffon : Cels. 7, 20, 1 ; *panniculus bombycinus* Juv. 6, 258, un lambeau de soie [un léger vêtement].

2 pannĭcŭlus, v. *paniculus*.

3 Pannĭcŭlus, *i* et **Pannĭcus**, *i*, m., noms d'hommes : Mart. 2, 72 ; 2, 36.

pannis, *is*, m., [arch.] c. *pannus* : Enn. d. Char. 54, 19 ; Pompon. Com. 70.

Pannōnĭa, *ae*, f., la Pannonie [contrée de l'Europe entre le Danube et le Norique, auj. la Hongrie] Atlas I, C4 ; XII, B6 : Plin. 3, 147 ; Ov. Tr. 2, 225 ǁ [au pl.] les deux Pannonies [*superior* et *inferior*] : Paneg. Const. 10, 2 ǁ **-ŏnĭcus**, Suet. Aug. 20 ; **-ŏnĭăcus**, Spart. Sev. 10 ; **-ŏnĭus**, *a*, *um*, Tib. 4, 1, 108, pannonien, de Pannonie ǁ **-ŏnĭs**, *ĭdis*, f., habitante de la Pannonie : Luc. 6, 220.

pannōsĭtās, *ātis*, f. (*pannosus*), état délabré [de la peau] : Cael.-Aur. Acut. 1, 11, 86.

pannōsus, *a*, *um* (*pannus*), de haillons, en haillons, déguenillé : Cic. Att. 4, 3, 5 ; Just. 2, 6, 19 ; Juv. 10, 102 ǁ qui ressemble à des haillons : *pannosa faex aceti* Pers. 4, 32, lambeaux de lie d'une piquette ǁ ridé, rugueux : Sen. Clem. 2, 6, 2 ; Mart. 3, 72, 3.

pannūcĕa (-ĭa), *ae*, f., haillon, guenille : Isid. 19, 22, 24.

Pannūcĕāti, *ōrum*, m. pl., les Déguenillés [titre d'une comédie de Pomponius] : Non. 18, 21.

pannūcĕus (-ĭus), *a*, *um* ¶ **1** rapiécé : Petr. 14, 7 ¶ **2** en haillons : Pers. 4, 21 ǁ ridé, ratatiné : *pannucea māla* Plin. 15, 52, variété de pommes [qui se rident].

pannŭlus, *i*, m. (dim. de *pannus*), haillon, guenille, lambeau : Apul. M. 7, 5, 5 ; Amm. 31, 2, 5.

pannum, *i*, n., Nov. d. Non. 218, 27 ; Amm. 22, 9, 11, c. *pannus*.

pannunculārĭa, *ōrum*, n. pl., *Not. Tir. 95*, c. *pannicularia*.

pannuncŭlus, *i*, m., Not. Tir. 95, c. *panniculus*.

pannus, *i*, m. (cf. *pendo* ?, πῆνος ?, al. *Fahne*, fr. *fanion*, fr. *pan*) ¶ **1** morceau d'étoffe, pièce, lambeau, bande [en gén.] : *panni aceto madentes* Col. 6, 12, 2, compresses imbibées de vinaigre ; *Fides albo velata panno* Hor. O. 1, 35, 21, la Fidélité drapée d'étoffes blanches ǁ [fig.] *purpureus pannus* Hor. P. 16, lambeau de pourpre = un morceau brillant [dans un poème] ¶ **2** haillon, guenille : Ter. Eun. 236 ; Lucr. 6, 1269 ; Sen. Ep. 20, 8 ; Juv. 7, 145 ¶ **3** serre-tête, bandeau : Val.-Max. 7, 2, 5 ¶ **4** sac : Petr. 135, 4.

pannŭvellĭum, *ii*, n. (*pannus* ou *panus*, *vello*), navette, dévidoir : Varr. L. 5, 114.

pannychismus, *i*, m. (παννυχισμός), veillée de toute la nuit : Arn. 5, 24.

pannychĭus, *a*, *um* (παννύχιος), qui dure toute une nuit : Aur. d. Front. Caes. 3, 5, p. 43 N.

Pannysis, *is*, m., fleuve de Thrace : Plin. 4, 45.

Pănomphaeus, *a*, *um* (Πανομφαῖος), invoqué partout [épith. de Jupiter] : Ov. M. 11, 198.

1 Pănŏpē, *ēs*, Ov. F. 6, 499 et **Pănŏpēa**, *ae*, f. (Πανόπη), Virg. En. 5, 240, Panope [une des Néréides] : Cons. Liv. 435.

2 Pănŏpē, *ēs*, f., ville de Phocide : Ov. M. 3, 19 ; Stat. Th. 7, 344.

Pănŏpeūs, *ĕi* ou *ĕos*, m. (Πανοπεύς), nom de guerrier : Ov. M. 8, 312.

Pănŏpŏlis, *is*, f. (Πανόπολις), ville de l'Égypte supérieure : Plin. 5, 61 ǁ **-lītēs nŏmŏs**, m., le nome Panopolite : Plin. 5, 49.

Pănorm-, v. *Panhor-*.

pānōsus, *a*, *um* (*panis*), semblable au pain : Cael.-Aur. Chron. 1, 4, 91 ; 2, 14, 203.

Pănōti (-ĭi), *ōrum* (*ĭōrum*), m. pl. (Πανωτοί), peuple de Scythie qui avait de longues oreilles : *Mel. 3, 56.

1 pansa, *ae*, m. (*pando*), qui marche en écartant les jambes : Pl. Merc. 640 ; Plin. 11, 254.

2 Pansa, *ae*, m., surnom romain ; not C. Vibius Pansa, consul avec Hirtius, et tué à Modène : Cic. Fam. 10, 33, 3 ǁ [au pl.] Plin. 11, 254.

pansĕbastus, *i*, m. (πανσέβαστος), pierre précieuse [al. *panerastos*] : Plin. 37, 178.

pansus, *a*, *um*, part. de *pando*.

Pantăcўēs, *ae*, m., rivière près de Syracuse : Plin. 3, 89.

1 pantăgăthus, *i*, m. (πανταγαθός), sorte d'oiseau de bon augure : Lampr. Diad. 4, 6 ǁ c. *puleium* : Ps. Apul. Herb. 92.

2 Pantăgăthus, *i*, m., nom d'homme : CIL 6, 25636.

Pantăgĭās, **Pantăgĭēs**, *ae*, m., c. *Pantacyes* : Virg. En. 3, 689 ; Ov. F. 4, 471.

Pantălĕōn, *ontis*, m., noble Étolien, ami du roi Eumène : Liv. 42, 15.

Pantānus, *i*, m., lac d'Apulie Atlas XII, D5 : Plin. 3, 103.

pantă-, v. *panto-*.

Pantĕenses, *ĭum*, m. pl., peuple d'Asie Mineure [peut-être en Phrygie] : Plin. 5, 126.

pantex, *ĭcis*, m. ? (fr. *panse*, al. *Panzer*), ordint **pantĭces**, *um*, pl., Pl. Ps. 184 ; Mart. 6, 64, 19 ; Catal. 13, 31, intestins, panse, abdomen.

Panthĕa (-ĭa), *ae*, f., nom de femme : CIL 6, 20593 ; 19716.

Panthĕōn (-ĕum), *i*, n. (Πάνθειον, -εον), le Panthéon [temple de Rome, consacré à Jupiter] Atlas II : Plin. 36, 38 ; Amm. 16, 10, 14.

panthēr, *ēris*, m. (πάνθηρ) ¶ **1** sorte de filet [pour la chasse] : Varr. L. 5, 100 ¶ **2** c. *1 panthera* : Philom. 50.

1 panthēra, *ae*, f. (πάνθηρ), panthère [animal] : Cic. Fam. 2, 11, 2 ; Ov. M. 3, 669 ; Plin. 8, 62.

2 panthēra, *ae*, f. (πανθήρα), tout le gibier pris : Ulp. Dig. 19, 1, 11, 18.

panthērīnus, *a*, *um* (*1 panthera*), de panthère : Plin. 35, 138 ǁ qui ressemble à la peau de panthère, tacheté, moucheté : Plin. 13, 96 ǁ [fig.] rusé, artificieux : Pl. Ep. 18.

panthēris, *is*, f., femelle de la panthère : Varr. L. 5, 100.

Panthēriscus, *i*, m. (πανθηρίσκος), nom d'homme : CIL 6, 35772.

Panthērus, *i*, m., nom d'homme : CIL 6, 1495.

Panthēum, v. *Pantheon*.

Panthĕus, *i*, m. (πάνθεος), commun à tous les dieux [épithète de Bacchus] : Aus. Epigr. 30 (30), 7.

Panthĭus, *ĭi*, m., un des fils d'Égyptus : Hyg. Fab. 170.

Panthŏĭdēs, *ae*, m. (Πανθοΐδης), fils de Panthoüs ou Panthus [Euphorbe] : Ov. M. 15, 161 ǁ Pythagore : Hor. O. 1, 28, 10.

1 Panthūs, voc. *ū*, m. (Πάνθους), Panthoüs [fils d'Othrys et père d'Euphorbe] : Virg. En. 2, 319 ; Hyg. Fab. 115.

2 Panthus, *i*, m., nom d'homme : Prop. 2, 17, 1.

Pantĭca, *ae*, f., c. *Panda* : Arn. 4, 3.

Pantĭcăpaeum, *i*, n., ville de la Chersonèse taurique Atlas I, C6 : Plin. 4, 78 ǁ **-paei**, *ōrum*, m. pl., Panticapéens : Avien. Perieg. 449 ǁ **-paeensis**, *e*, de Panticapée ǁ subst. m. pl., habitants de Panticapée : Plin. 6, 20.

Pantĭcăpēs, *ae*, m., affluent du Borysthène : Plin. 4, 83.

pantices, v. *pantex*.

Pantīlĭus, *ĭi*, m., nom d'homme : Hor. S. 1, 10, 78.

Pantŏlăbus, *i*, m. (πᾶς, λαμβάνω = " prend tout "), nom d'un bouffon parasite : Hor. S. 1, 8, 11 ; 2, 1, 22.

Pantomalus

Pantŏmălus, *i*, m. (πᾶς, *malus*), nom d'esclave scélérat : Quer. 25.

Pantŏmatrĭum, *ĭi*, n., ville de Crète : Plin. 4, 59.

pantŏmīma, *ae*, f., femme qui joue la pantomime : Sen. *Helv.* 12, 6.

pantŏmīmĭcus, *a*, *um* (*pantomimus*), qui concerne la pantomime : Sen. *Ep.* 29, 12.

pantŏmīmus, *i*, m. (παντόμιμος), un pantomime [acteur] : Sen. *Contr.* 3 pr. 16 ; *Ep.* 95, 56 ; Suet. *Ner.* 16 ‖ une pantomime [spectacle de pantomime] : Petr. 31, 7.

pantŏphŏbŏs, *ŏn* (παντοφόβος), qui craint tout : Cael.-Aur. *Acut.* 3, 12.

pantŏpōla, *ae*, m. (παντοπώλης), épicier, droguiste : Gloss. 5, 607, 67.

pantŏpōlĭum, *ĭi*, n. (παντοπώλιον), épicerie, bazar : Pl. *Ps.* 742.

pānŭcla, Non. 149, 22, **pānŭcŭla**, *ae*, f. (esp. *panoja*), P. Fest. 246, 14, ▶ *panicula*.

Pănurgus, *i*, m. (Πανοῦργος), Panurge [nom d'esclave] : Cic. *Com.* 27.

pānus, *i*, m. (πᾶνος), fil du tisserand : Lucil. 298 ; Non. 149, 24 ‖ tumeur : Plin. 30, 75 ‖ épi à panicules : Plin. 18, 54.

pānŭvellium, ▶ *pannuvellium*.

Pānyăsis, *is*, m. (Πανύασις), vieux poète grec, oncle d'Hérodote : Quint. 10, 1, 54 ; Avien. *Arat.* 175.

Panysus, *i*, m. (Πανυσός), fleuve de Thrace qui se jette dans le Pont-Euxin : Plin. 4, 45.

1 **păpa** (**pappa**), *ae*, f. (expr., cf. *pasco, panis*), mot dont les enfants désignent la nourriture : Varr. d. Non. 81, 3 ‖ sein : Gloss. 5, 622, 37.

2 **păpa**, Tert. *Pud.* 13, 7, **păpās**, Juv., *ae*, m. (express., πάππας ; al. *Pfaffe*) père nourricier, gouverneur [d'enfants], pédagogue : Juv. 6, 632 ‖ [chrét.] père, titre d'honneur attribué aux évêques, aux abbés, puis au pape : Cypr. *Ep.* 31 ; Aug. *Ep.* 175 ‖ **papas**, *ātis* (CIL 6, 8972).

păpae, interj. (παπαί), [exprime l'admiration] oh oh !, diantre !, peste ! : Pl. *Ru.* 1320 ; Ter. *Eun.* 229 ; 319 ; Pers. 5, 79.

păpārĭum, *ĭi*, n. (*pappa* ?, *par* ?), jouissance [réciproque] : Sen. *Contr.* 2, 1, 35.

păpărus, *i*, m. (onomat. ; it. *papero*), oison : Orib. *Syn.* 9.

păpās, ▶ 2 *papa*.

păpăvĕr, *ĕris*, n. (onomat. ; fr. *pavot*), pavot : Catul. 19, 12 ; Virg. *En.* 4, 486 ; Liv. 1, 54, 6 ; Plin. 26, 67 ‖ pépin [de figue] : Tert. *Praescr.* 36, 7.
▶ m. arch. Pl. *Poen.* 326 ; *Trin.* 410.

păpăvĕrātus, *a*, *um* (*papaver*), teint au coquelicot : Plin. 8, 195.

păpăvercŭlum, *i*, n. (dim. de *papaver*), Ps. Apul. *Herb.* 7 ; ▶ *leontopodium*.

păpăvĕrĕus, *a*, *um* (*papaver*), de pavot : *papavereae comae* Ov. *F.* 4, 438, couronne de pavots.

Papellĭus, ▶ *Palpellius*.

Păphĭăcus, *a*, *um*, de Paphos : *Avien. Perieg.* 227.

Păphĭē, *ēs*, f. (Παφίη) ¶ 1 Vénus, adorée à Paphos : Mart. 7, 74, 4 ¶ 2 sorte de laitue, laitue de Paphos : Col. 10, 193.

Paphlăgŏnĭa, *ae*, f., la Paphlagonie [région d'Asie Mineure] : Cic. *Agr.* 1, 6 ; Mel. 1, 104 ‖ **-nes**, *um*, m. pl., Paphlagoniens : Pl. *Curc.* 441 ; **Paphlago**, *ŏnis*, m. sg., Paphlagonien : Nep. *Dat.* 2, 3 ; Curt. 6, 11, 4 ; **-nĭus**, *a*, *um*, des Paphlagoniens, de Paphlagonie : Plin. 6, 5.

Păphĭus, *a*, *um*, de Paphos, de Vénus : *Paphiae lampades* Stat. *S.* 5, 4, 8, l'étoile de Vénus ‖ *Paphii thyrsi* Col. 10, 370, sorte de laitue, ▶ *Paphie* ¶ 2.

1 **Păphus** (**-ŏs**), *i*, f. (Πάφος), Paphos [ville de l'île de Chypre, célèbre par son culte de Vénus] Atlas IX, D2 : Cic. *Phil.* 2, 39 ; Hor. *O.* 1, 30, 1 ‖ *Nea Paphos* Plin. 5, 130, ville de Chypre.

2 **Păphus**, *i*, m., fils du sculpteur Pygmalion, qui donna son nom à Paphos : Ov. *M.* 10, 297 ; Hyg. *Fab.* 242.

1 **Păpĭa lex**, f., loi Papia : Cic. *Off.* 3, 47 ; Tac. *An.* 2, 32 ; Suet. *Cl.* 23.

2 **Păpĭa**, *ae*, f., nom de femme : Cic. *Clu.* 27.

Păpĭās, *ātis*, m., nom d'homme : CIL 6, 34466.

păpĭlĭo, *ōnis*, m. (express., cf. *palpebra*, πάλλω ; fr. *papillon, pavillon*) ¶ 1 papillon : Ov. *M.* 15, 374 ; Plin. 11, 65 ; 21, 81 ¶ 2 pavillon, tente : Lampr. *Alex.* 51 ; Tert. *Mart.* 3, 1.

păpĭlĭuncŭlus, *i*, m. (dim. de *papilio*), petit papillon : Tert. *Anim.* 32, 3.

păpilla, *ae*, f. (dim. de *papula*), le bouton du sein, mamelon, tétin ; tétine [des animaux] : Col. 9, 11, 4 ; Plin. *Ep.* 3, 6, 2 ; P. Fest. 246, 8 ‖ mamelle, sein : Catul. 66, 81 ; Virg. *En.* 11, 803 ; Ov. *Am.* 1, 4, 37 ‖ pustule, bouton : Samm. 129 ; 1102 ‖ bouton de rose : Perv.-Ven. 14.

păpillātus, *a*, *um* (*papilla*), qui a des boutons [de fleurs], qui est en boutons : Hier. *Ep.* 66, 1 ; Anth. 84, 3.

Păpĭlus, *i*, m., surnom romain : Mart. 4, 48.

Păpĭnĭānista, *ae*, m., partisan de Papinien : Dig. *pr.* (omnem) 4 ‖ membre d'une secte hérétique : Cod. Just. 1, 5, 5.

Păpĭnĭānus, *i*, m., Papinien [jurisconsulte, ami de Septime Sévère, mis à mort par Caracalla] : Spart. *Sept.* 21, 8 ; *Carac.* 4.

Păpĭnĭus, *ĭi*, m., nom d'une famille de Rome : Plin. 15, 14 ; Tac. *An.* 6, 40 ‖ Stace, poète latin, ▶ *Statius*.

Păpīnus, *i*, m., montagne de la Gaule transpadane : Liv. 45, 12.

Păpīrĭa, ▶ *Papirius*.

1 **Păpīrĭānus**, *a*, *um*, de Papirius : Cic. *Fam.* 7, 20, 1 ; Liv. 10, 3 ‖ **Papiriana fossa**, f., canal d'Étrurie, entre Luna et Pise : Anton. 293 ‖ *Papirianum jus*, droit de Papirius [collection de règles coutumières sacrées, dites lois royales, qu'une tradition tardive attribua à un pontife du début de la République, Papirius] : Dig. 50, 16, 144 ; 1, 2, 2, 2.

2 **Păpīrĭānus**, *i*, m., nom d'homme : Mart. 8, 81.

1 **Păpīrĭus**, *a*, *um*, de Papirius : *Papiria lex* Plin. 33, 46 ; *tribus* Liv. 8, 37 ; Val. Max. 9, 10, 1, loi, tribu Papiria, cf. P. Fest. 263, 7.

2 **Păpīrĭus**, *ĭi*, m., nom d'une famille romaine : Cic. *Fam.* 9, 21, 2 ; *Leg.* 3, 35 ; *Brut.* 43 ; 221 ; *Tusc.* 1, 5 ; Liv. 8, 30, 2 ; Tac. *D.* 34.
▶ arch. *Papisius* Cic. *Fam.* 9, 21, 2 ; P. Fest. 22, 8.

Păpĭus, *ĭi*, m., nom de famille : Cic. *Off.* 3, 47 ; Suet. *Cl.* 23 ; Tac. *An.* 2, 32.

păpō (**pappō**), *ās*, *āre*, -, - (1 *papa* ; it. *pappare*, cf. fr. *papelard*), tr., manger : *pappare minutum poscis* Pers. 3, 17, tu demandes une nourriture déjà mâchée, cf. Pl. *Ep.* 727.

pappa, ▶ 1 *papa*.

pappārĭum, ▶ *paparium*.

pappus, *i*, m. (πάππος) ¶ 1 vieillard : Varr. *L.* 7, 29 ‖ grand-père : Aus. *Nepot.* 2 (322), 18 ; CIL 12, 5813 ¶ 2 duvet des chardons : Lucr. 3, 387 ; Plin. 21, 97 ; P. Fest. 246, 6 ¶ 3 séneçon [plante] : Plin. 25, 168.

păpŭla, *ae*, f., [express.] papule, bouton, pustule : Virg. *G.* 3, 564 ; Plin. 20, 67 ; *papulas observatis alienas, obsiti plurimis ulceribus* Sen. *Vit.* 27, 4, vous remarquez un bouton chez les autres quand vous êtes couverts d'ulcères [prov.].

păpŭlō, *ās*, *āre*, -, - (*papula*), intr., se couvrir de pustules, de boutons : Cael.-Aur. *Chron.* 2, 1 ; 3, 4.

1 **păpus**, ▶ *pappus*.

2 **Papus**, *i*, m., nom d'homme : Suet. *Aug.* 2.

Păpўra, *ae*, f., ville de Galatie : Anton. 201.

păpўrācĕus, *a*, *um*, de papyrus : Plin. 6, 82 ; 28, 168.

păpўrĭfĕr, *ĕra*, *ĕrum* (*papyrus, fero*), fertile en papyrus : Ov. *Tr.* 3, 10, 27 ; *M.* 15, 753.

păpўrĭnus, *a*, *um* (*papyrus*), qui concerne le papyrus : Varr. d. Non. 168, 14.

păpўrĭo, *ōnis*, m., lieu où croît du papyrus : Vulg. *Exod.* 2, 5.

păpўrĭus, *a*, *um* (*papyrus*), de papyrus : Aus. *Epist.* 7 (396), 2, 48.

păpўrum, *i*, n., Cels. Plin. et **păpўrus**, *i*, f. (πάπυρος ; roum. *papură*, cf. fr. *papier*), Luc., Juv. ¶ 1 papyrus, roseau d'Égypte [employé pour maints usages, mais surtout pour la fabrication du papier] : Luc. 4, 156 ; Plin. 13, 71 ; Cels. 5, 28, 12 ¶ 2 papier ; écrit, manuscrit, livre : Juv. 7, 101 ; Catul. 35, 2 ; Mart. 3, 2, 4 ǁ vêtement de papyrus : Juv. 4, 24 ǁ mèche [de lampe] : Hil. Trin. 6, 12.

pār, **păris** (cf. 1 *pario*, *pars* ? ; fr. *pair*)

> I adj ¶ 1 "égal, pareil", [avec dat.] "égal à", [avec gén.] "égal de", [avec abl.] [rare], avec *cum*, avec *inter se*, avec *ac*, *atque*, avec *et* ¶ 2 "apparié, semblable" ¶ 3 "égal à, de même force que", [avec inf.] ¶ 4 *par est* "il est convenable" ¶ 5 *par numerus* "nombre pair".
> II pris subst. ¶ 1 m., f. **a)** "compagnon, compagne" **b)** "antagoniste" ¶ 2 n. **a)** "paire, couple" **b)** "chose égale", *paria facere* "régler un compte", *ex pari* **c)** [rhét.] "membres de phrase de même longueur".

I adj. **¶ 1** égal, pareil [sous le rapport des dimensions, de la quantité, de la valeur] : *sint pares in amore et aequales* Cic. *Lae.* 32, que dans l'affection ils aillent de pair et à égalité [même degré, même qualité d'affection] ; *pari intervallo* Caes. *G.* 1, 43, 3, à un intervalle égal ; *pari certamine* Caes. *C.* 1, 51, 5, dans un combat de même nature [cavaliers contre cavaliers] ǁ [avec dat.] égal à (*alicui*, à qqn) : Cic. *Clu.* 107 ; *Brut.* 143 ; *Div.* 1, 5 ; *verbum Latinum par Graeco* Cic. *Fin.* 2, 13, mot latin équivalent du mot grec ǁ *alicujus* Cic. *Pis.* 8, égal de qqn ǁ [avec abl.] [rare] *scalae pares moenium altitudine* Sall. *H.* 4, 14, échelles de longueur égale à la hauteur des remparts, cf. Ov. *F.* 6, 804 ǁ [avec *cum*] *parem cum ceteris fortunae condicionem subire* Cic. *Rep.* 1, 7, subir un sort égal à celui des autres hommes, cf. Cic. *Leg.* 27 ; *Brut.* 215 ; Sall. *J.* 14, 9 ǁ [avec *inter se*] *pares inter se* Cic. *Par.* 11, égaux entre eux, cf. Cic. *de Or.* 1, 236 ǁ [avec *ac* ou *atque*] Cic. *Rab. perd.* 14 ; *Nat.* 3, 3 ; Caes. *G.* 1, 28, 5 ; 5, 13, 2 ; *C.* 3, 101, 5 ; Nep. *Hann.* 7, 5 ; *par ac si* Sall. *J.* 102, 7 ; Tac. *An.* 12, 60, le même que si ǁ [avec *et*] Cic. *Rep.* 1, 53 ; *Brut.* 43 **¶ 2** apparié, semblable : *pares cum paribus congregantur* Cic. *CM* 7, qui se ressemble s'assemble, cf. Hor. *Ep.* 1, 5, 25 **¶ 3** égal, à hauteur de, de même force : *sese unis Suebis concedere, quibus ne dii quidem immortales pares esse possint* Caes. *G.* 4, 7, 5, ils ne s'effacent que devant les Suèves, que les dieux immortels eux-mêmes ne peuvent égaler ; *Latine dicendo cuivis erat par* Cic. *Brut.* 128, il ne le cédait à personne pour la pureté du langage ; *par alicui consilio* Cic. *Font.* 24, au niveau de qqn pour la prudence ; [avec inf.] *cantare pares* Virg. *B.* 7, 5, d'égale force dans le chant ǁ *ut par sis in utriusque orationis facultate* Cic. *Off.* 1, 1, pour que tu sois d'égale force dans les deux langues **¶ 4** *par est*, il est approprié, convenable : *ut par fuit* Cic. *Verr.* 5, 10, ainsi qu'il convenait ; *sic par est agere cum civibus* Cic. *Off.* 2, 83, voilà comme il convient d'agir avec ses concitoyens, cf. Cic. *Lae.* 82 **¶ 5** *par numerus* Cic. *Ac.* 2, 32, nombre pair.

II pris subst. ¶ 1 m. f. **a)** compagnon (compagne), pair, le semblable de qqn : Cic. *Pis.* 18 ǁ = époux, épouse : Ov. *F.* 3, 193 ; 3, 526 **b)** l'antagoniste qu'on appariait à un combattant dans les combats de gladiateurs : Liv. 28, 2, 8 ¶ 2 n. **a)** paire, couple : *gladiatorum par* Cic. *Opt.* 17, un couple de gladiateurs, cf. Cic. *Phil.* 11, 2 ; Hor. *S.* 2, 3, 243 ; Ov. *M.* 13, 833 ; *tria paria amicorum* Cic. *Lae.* 15, trois couples d'amis, cf. Cic. *Verr.* 2, 47 **b)** chose égale : *par pari respondet* Pl. *Truc.* 939, l'un vaut l'autre ; *paria paribus respondimus* Cic. *Att.* 6, 1, 22, j'ai répondu du même au même [des choses de même valeur] ; *par pro pari referre* Ter. *Eun.* 445, rendre la pareille ; *sit unde par pari respondeatur* Cic. *Att.* 16, 7, 6, qu'il y ait de quoi payer une somme égale à la somme due ; *ludere par impar* Hor. *S.* 2, 3, 248, jouer à pair ou impair ǁ *paria facere* Sen. *Ben.* 3, 9, 3, faire la balance entre deux comptes ; *paria facere cum aliquo* Sen. *Ep.* 101, 7, régler un compte avec qqn, (cf. *parem rationem facere cum aliquo* Sen. *Ep.* 19, 10, balancer un compte avec qqn, être quitte) ǁ *ex pari* Sen. *Ep.* 59, 14, de pair, sur le pied d'égalité **c)** [rhét.] *paria* [ἰσόκωλα ou πάρισα], membres de phrase de même longueur : *paria paribus adjuncta* Cic. *Or.* 175, membres de phrase de même longueur placés côte à côte (parallèlement) ; *sive paria paribus redduntur* Cic. *Or.* 164, soit que les membres égaux soient placés en réplique l'un de l'autre (comme pendants, symétriquement), cf. Cic. *Or.* 38 ; [sg. même sens, rare] Cic. *Or.* 220.

▶ nom. f. *paris* Atta *Com.* 14 ǁ abl. *pari* (mais *pare* dans le cas du subst. II 1, a) ǁ superl. *parisumus* CIL 1, 7 ; *parissumus* Pl. *Curc.* 506.

părăbălăni (**-bŏl-**), *ōrum*, m. pl. (de παραβαλανεύς), infirmiers : Cod. Th. 16, 2, 42 ; Cod. Just. 1, 3, 18.

Părăbestē, *ēs*, f., ville de l'Arachosie : Plin. 6, 92.

părābĭlis, *e* (*paro*), qu'on se procure facilement, à bon marché : Cic. *Fin.* 1, 13, 36 ; *Tusc.* 5, 93 ; Hor. *S.* 1, 2, 119 ; Curt. 3, 5, 2 ; Sen. *Ep.* 5, 4.

părăbŏla, *ēs*, f. (παραβολή ; fr. *parole*), [rhét.] comparaison, similitude : Sen. *Ep.* 59, 6 ; Quint. 8, 3, 77 ǁ parabole : Tert. *Marc.* 3, 5, 3 ǁ proverbe : Vulg. 3 *Reg.* 4, 32.

părăbŏlĭcē, adv. (*parabole*), figurément, allégoriquement : Hier. *Matth.* 2, 13, 15 ; Sidon. *Ep.* 5, 17, 11.

părăbŏlĭcus, *a*, *um*, allégorique : Hil. *Matth.* 21, 2.

părăbŏlō, *ās*, *āre*, -, - (*parabola* ; fr. *parler*), intr., parler : Vis. Bar. 1.

părăbŏlŏr, *ārĭs*, *ārī*, *ātus sum* (*parabolus*, παραβολεύομαι), intr., risquer sa vie : Vl. *Philipp.* 2, 30.

părăbŏlus, *i*, m. (παράβολος), qui s'expose, casse-cou : Cassiod. *Hist.* 11, 17.

părăcentērĭum, *ĭi*, n. (παρακεντήριον), trocart, lancette [pour ponction] : Veg. *Mul.* 2, 17, 2.

părăcentēsis, *is*, f. (παρακέντησις), paracentèse [ponction faite aux hydropiques] : Plin. 25, 144 ; Cael.-Aur. *Chron.* 3, 8, 121 ; Veg. *Mul.* 1, 43, 3.

părăchăractēs, *ae*, m. (παραχαράκτης), faux-monnayeur : Cod. Th. 9, 21, 9.

parăchăragma, *ătis*, n. (παραχάραγμα), fausse monnaie, faux coin : Cassian. *Coll.* 1, 22 ; 2, 22.

părăchăraxĭmus, *a*, *um*, de mauvais aloi : *paracharaxima numismata* Cassian. *Coll.* 1, 21, fausse monnaie.

Părăchēlōis, *ĭdis*, f., région de l'Athamanie : Liv. 39, 26.

Părăclētŏs, *i*, m. (παράκλητος), le Paraclet, le Saint-Esprit (défenseur, protecteur) : Tert. *Virg.* 1, 4 ; Vulg. *Joh.* 14, 16 ; 15, 26 ǁ un des Éons de Valentin : Tert. *Val.* 8, 2.

Părăclītus, c. *Paracletus* Prud. *Perist.* 10, 430 ; *Cath.* 5, 160.

părăcynanchē, *ēs*, f. (παρακυνάγχη), [méd.] cynancie partielle : Cael.-Aur. *Acut.* 3, 1, 3.

părăda, *ae*, f. (empr.), tente dressée sur une barque : Aus. *Epist.* 5 (394), 29 ; Sidon. *Ep.* 8, 12, 5.

părădĭastŏlē, *ēs*, f. (παραδιαστολή), paradiastole [rhét.] : Rutil.-Lup. *Fig.* 1, 4.

părădigma, *ătis*, n. (παράδειγμα), exemple, comparaison [rhét.] : Tert. *Anim.* 43, 11 ǁ paradigme [gram.] : Char. 277, 16 ; Diom. 464, 17.

părădigmătĭcŏs, *ē*, *ŏn* (παραδειγματικός), cité comme exemple : Jul.-Vict. 11.

părădīsĭăcus, *a*, *um*, du paradis terrestre : Alcim. *Carm.* 1, 300 ǁ du paradis, séjour des bienheureux : Fort. *Carm.* 8, 1, 8.

părădīsĭcŏla, *ae*, m., habitant du paradis [céleste] : Prud. *Ham.* 928.

1 părădīsus, *i*, m. (pers., παράδεισος ; fr. *parvis*), jardin : Aug. *Serm.* 343, 1 ǁ le paradis terrestre : Hier. *Ep.* 52, 5 ; 69, 6 ǁ le paradis [céleste] : Tert. *Apol.* 47, 13.

2 Părădīsus, *i* **¶ 1** f., ville de Syrie : Plin. 5, 82 **¶ 2** m., rivière de Cilicie : Plin. 5, 93.

părădoxi, *ōrum*, m. pl. (παράδοξος), champions [athlètes, acteurs] : Ps. Aug. *Rhet.* 17 ; Schol. Juv. 8, 184.

părădoxŏn, *i*, n. (παράδοξον) **¶ 1** chose contraire à l'opinion **paradoxa**, *ōrum*, pl., titre d'un traité de Cic. sur les propositions surprenantes (*admirabilia*) et qui heurtent l'opinion commune, émises dans la doctrine stoïcienne, cf. *Par.* 4 ; *Ac.* 2,

paradoxon

136 ¶**2** phrase suspendue, suspension [rhét.] : JUL.-RUF. *34* [en grec] ; ISID. *2, 21, 29*.

păraenĕsis, *eos*, f. (παραίνεσις), avertissement, prescription : VULC.-GALL. *Avid. 3, 7*.

păraenĕtĭcē, *ēs*, f. (παραινετική), parénétique : *paraenetice pars* SEN. *Ep. 95, 1*, partie de la philosophie qui a pour objet les conseils.

Păraetăcēnē, *ēs*, f. (Παραιτακηνή), la Parétacène [région de la Perse] : PLIN. *6, 131* ; CURT. *5, 13, 2* ‖ **-tăcae**, *ārum*, NEP. *Eum. 8* et **-tăcēni**, *ōrum*, m. pl., PLIN. *6, 116*, habitants de la Parétacène.

Păraetŏnĭum (-ĭus, MEL. *1, 40*), *ĭi*, n. (m.) (Παραιτόνιον), Parétonium, ville de Marmarique [Libye] Atlas I, E5 ; IX, E1 : OV. *Am. 2, 13, 7* ; PLIN. *5, 33* ‖ **-nĭus**, *a, um*, d'Égypte, d'Afrique : STAT. *Th. 5, 12* ; LUC. *10, 9* ‖ subst. n., blanc parétonien : VITR. *7, 7, 3* ; PLIN. *35, 36*.

părăgauda, *ae*, f. (pers., παραγαύδης) ¶**1** bordure d'or ou de soie sur un vêtement : COD. TH. *10, 21, 1* ¶**2** paragaude, vêtement avec bordure : VOP. *Prob. 4, 5*.

părăgaudis, *is*, f., paragaude : TREB. *Claud. 77, 6* ; ▽ *paragauda*.

părăgaudĭus, *a, um*, bordé : VALERIAN. d. VOP. *Prob. 4, 5*.

Părăgĕnītae, *ārum*, m. pl., peuplade de l'Achaïe : PLIN. *4, 22*.

părăgōgē, *ēs*, f. (παραγωγή), [gram.] paragoge, addition d'une lettre ou d'une syllabe à la fin d'un mot : DIOM. *441, 17*.

părăgōgĭa, *ōrum*, n. pl. (παραγώγια), conduites d'eau : COD.-JUST. *11, 42, 10*.

părăgōgus, *a, um* (παραγωγόα), dérivé [gram.] : CHAR. *256, 2*.

părăgŏrĭcus, *a, um*, ▽ *paregoricus*.

părăgramma, *ătis*, n. (παράγραμμα), faute de copiste : HIER. *Ep. 71, 5*.

părăgrăphus, *i*, f. (παράγραφος ; fr. *paraphe*), paragraphe, marque pour distinguer les différentes parties d'un exposé : ISID. *1, 21, 8*.

părălĭŏs, *ŏn*, adj. ou **părălĭus**, *a, um* (παράλιος), marin, maritime [épith. de diverses plantes] : PLIN. *20, 206* ; *26, 68*.

Părălīpŏměna, *ōn*, pl. (Παραλειπόμενα), les Paralipomènes [partie de l'Ancien Testament, appelée aussi Chroniques] : HIER. *Ep. 53, 8*.

Părălissum (Pŏrŏ-), *i*, n., ville de Dacie : PEUT. *7, 3* ‖ **-enses**, *ĭum*, m. pl., habitants de Paralissum : CIL *3, 2866* ; *3556*.

părallaxis, *ĕōs*, f. (παράλλαξις), modification [conjuration des prodiges] : *FULG. Myth. 3, 10, p. 78, 4 H*.

părallēlĕpĭpĕdus, *a, um* (παραλληλεπίπεδος), reposant sur des plans parallèles : BOET. *Arith. 2, 25, 9* ‖ subst. n., parallélépipède : CHALC. *18*.

părallēlŏgrammus, *a, um* (παραλληλόγραμμος), composé de lignes parallèles : LIB. COL. *223, 5*.

părallēlŏgrammum, *i*, n., parallélogramme : CHALC. *11*.

părallēlōnĭus ou **-ĕus**, *a, um*, GROM. *309, 14*, ▽ *parallelos*.

părallēlŏs, *ŏn* et **părallēlus**, *a, um* (παράλληλος), parallèle : VITR. *5, 8* ‖ *paralleli circuli* et abs^t *paralleli*, m. pl., les parallèles [astron.] : PLIN. *6, 212* ; CAPEL. *8, 817*.

Părălus, *ī*, m. (Πάραλος), héros athénien, dont le nom était porté par une des deux trières de l'État, la galère paralienne : PLIN. *7, 207* ; *35, 101* ; CIC. *Verr. 4, 135*.

părălўsis, *is*, f. (παράλυσις), paralysie d'un côté du corps : PLIN. *20, 14* ; *20, 165*.

părălўtĭcus, *i*, m. (παραλυτικός), paralytique : PLIN. *20, 85* ; PETR. *131, 11*.

Paramalacum, *i*, n., ville d'Arabie : PLIN. *6, 157*.

părăměsē, *ēs*, f. (παραμέση), paramèse, corde ou note voisine de la mèse : VITR. *5, 4, 5*.

păramma, *ae*, f. (πάραμμα de παράπτω), selle de cuir pour les mulets (?) : DIOCL. *10, 3*.

părămŏnārĭus, *ĭi*, m. (παραμονάριος), économe, administrateur : COD. JUST. *1, 3, 45, 3* ; CONCIL. *S. 2, 2, p. 87, 19*.

păramus, *i*, m. (hisp. ; esp., port. *paramo*), plateau inculte : CIL *2, 2660*.

părănarrhīnŏn, ▽ *antirrhinon* PLIN. *25, 129*.

părănătellōn, *ontis*, m. (παρανατέλλων), qui se lève auprès [en parl. des astres] : SERV. *G. 1, 218*.

părănētē, *ēs*, f. (παρανήτη), paranète, corde ou note voisine de la nète : VITR. *5, 4, 5*.

părangărĭae, *ārum*, f. pl., corvées (prestations) extraordinaires : COD. TH. *5, 4, 5* ; ▽ *angaria*.

părangărĭus, *a, um*, de corvée extraordinaire : COD. TH. *1, 3, 2*.

părănymphus, *i*, m., AUG. *Civ. 6, 9* (παράνυμφος) et **părănympha**, *ae*, f., ISID. *9, 7, 8*, celui ou celle qui reconduit les mariés, paranymphe [garçon, fille d'honneur].

părăpaestus, *i*, m. (παράπαιστος), sorte de pied [métr.] : NOT. TIR. *114*.

Părăpămīs-, ▽ *Parop-*.

părăpegma, *ătis*, n. (παράπηγμα), parapegme, calendrier astronomique et météorologique : VITR. *9, 6, 3* [avec gén. pl. insolite *atorum*].

părăpĕtăsĭus, *a, um* (παραπετάννυμι), adossé [appentis] : *COD. TH. *15, 1, 39*.

părăpĕteuma, *ătis*, n. (παραπέτευμα), tessère, pour avoir droit à la distribution du blé : COD. JUST. *11, 24, 2*.

părăphăsis, *is*, f. (παράφασις), ▽ *detuitio* : CHALC. *239*.

părăpherna, *ōrum*, COD. JUST. *5, 14, 1*, n. pl. (παράφερνα), (s.-ent. *bona*), patrimoine de l'épouse, non compris dans la dot : COD. JUST. *5, 14, 8*.

părăphŏros, *ŏn* (παράφορος), de mauvaise qualité : PLIN. *35, 185*.

părăphrăsis, *is*, f. (παράφρασις), paraphrase : QUINT. *1, 9, 2* ; *10, 5, 5*.

părăphrastēs, *ae*, m. (παραφραστής), paraphraste [qui paraphrase au lieu de traduire] : HIER. *pr.* ; VULG. *Reg. 68 W.* [en grec].

Părăpīnae, *ārum*, m. pl., peuple de l'Arachosie : PLIN. *6, 92*.

părăplecti, *ōrum*, m. pl. (παράπληκτοι), frappés de paraplégie ou paralysie partielle, paraplectiques : CAEL.-AUR. *Acut. 3, 5, 55*.

părăplexĭa, *ae*, f. (παραπληξία), paraplégie : CAEL.-AUR. *Acut. 3, 5, 52*.

Părăpŏtămĭa, *ae*, f., la Parapotamie [région près du Tigre] : PLIN. *6, 131* ; *12, 133*.

părapsis, *ĭdis*, f., ▽ *paropsis*.

părapūtōma, *ătis*, n., transgression : AUG. *Hept. 3, 20*.

părăpycnŏs, *i*, m. (παράπυκνος), pied de cinq syllabes ˘ - ˘ ˘ ˘ : DIOM. *481, 15*.

părārĭum aes, n. (*par*), double paye d'un cavalier qui a deux chevaux : P. FEST. *247, 17*.

părārĭus, *ĭi*, m. (*par*), intermédiaire, courtier : SEN. *Ben. 2, 23, 2* ; *3, 15, 2*.

părăsanga, *ae*, m. (παρασάγγης), parasange, mesure itinéraire perse [env. 5000 mètres] : PLIN. *6, 125* ; P. FEST. *247, 27*.

Părăsangae, *ārum*, m. pl., peuple des bords de l'Indus : PLIN. *6, 73*.

părasceūē, *ēs*, f. (παρασκευή), veille du sabbat [jour des préparatifs :] TERT. *Marc. 4, 12, 6* ; VULG. *Matth. 27, 62* ; *Luc. 23, 54*.

părăsēmum, *i*, n. (παράσημον), parasème figure qui décore un navire : SCHOL. JUV. *4, 77*.

Părăsinus, *i*, f., ville de la Chersonèse taurique : PLIN. *2, 211*.

părăsĭōpēsis, *is*, f. (παρασιώπησις), réticence [rhét.] : RUT.-LUP. *Fig. 2, 11*.

părăsīta, *ae*, f. (*parasitus*), femme parasite : HOR. *S. 1, 2, 98* ‖ *parasita avis* PLIN. *10, 68*, oiseau parasite.

părăsītastĕr, *tri*, m. (*parasitus*), misérable parasite : TER. *Ad. 779* ; PRISC. *2, 102, 10*.

părăsītātĭo, *ōnis*, f., flatterie de parasite : PL. *Amp. 521*.

părăsītĭcus, *a, um* (παρασιτικός), de parasite : PL. *Capr. 469*.

părăsītŏr, *ārĭs*, *ārī*, -, intr., faire le métier de parasite : PL. *Pers. 56* ; *St. 637*.

părăsītus, *i*, m. (παράσιτος) ¶**1** [en bonne part] invité, convive : VARR. d. AUG.

Civ. 6, 71 ; Apul. M. 10, 16 ‖ [fig.] Mart. 9, 28, 9, commensal de Phoebus, comédien ¶ 2 [surtout en mauvaise part] parasite, écornifleur, pique-assiette : Pl., Ter. ; Cic. Lae. 98 ; Hor. Ep. 2, 1, 173.

părastās, *ădis*, f. (παραστάς), montant : *parastas media* Vitr. 10, 10, 2, montant central [du cadre de la catapulte].

părastăta ou **-tēs**, *ae*, m. (παραστάτης), ▶ *parastas* : Cat. d. Isid. 19, 2, 11 ; Vitr. 10, 11, 5.

părastătĭca, *ae*, f. (παραστατική) ¶ 1 ▶ *parastas* : Vitr. 5, 1, 6 ; Plin. 33, 52 ¶ 2 os styloïde [dans la jambe du cheval] : Veg. Mul. 3, 1, 2.

părastătĭcō, *ās, āre*, -, -, tr., soulager : Chir. 393.

părastătĭcus, *i*, m. (παραστατικός), attelle [pour maintenir un os fracturé] : Chir. 544.

părastĭchis, *ĭdis*, f. (παραστιχίς), acrostiche : Suet. Gram. 6.

Părastrȳmŏnĭa, *ae*, f., Parastrymonie [vallée du Strymon] : *Liv. 42, 51, 5.

părăsȳnanchē, *ēs*, f. (παρασυνάγχη), [méd.] paresquinancie : Cael.-Aur. Acut. 3, 1, 3.

părăsȳnaxis, *is*, f. (παρασύναξις), rassemblement interdit, conciliabule : Cod. Just. 1, 5, 8, 3.

părăsynthĕtŏs, *ŏn* (παρασύνθετος), [gram.] parasynthétique [dérivé d'un composé : *inexpugnabilis*] : Diom. 301, 29.

părātē, adv. (*paratus*), avec préparation ; en homme préparé : *diligentius paratiusque venisses* Cic. Amer. 72, tu serais venu avec un discours plus consciencieux et mieux préparé, cf. Cic. Phil. 2, 79 ; *ad dicendum veniebat magis audacter quam parate* Cic. Brut. 241, il abordait la parole avec plus d'audace que de préparation ‖ *paratissime* Plin. Ep. 3, 9, 32.

Paratiănae, *ārum*, f. pl., ville de Numidie : Anton. 19.

părātĭō, *ōnis*, f. (*paro*), apprêt, préparation : Afran. Com. 268 ‖ acquisition : Dig. 30, 1, 39 ‖ essai d'obtenir, aspiration vers qqch. : *sed fuerit regni paratio plebi sua restituere* Sall. J. 31, 7, mais admettons que ce fût aspirer à la tyrannie, que de restituer à la plèbe ses biens.

părātŏr, *ōris*, m., celui qui prépare, occasionne : Aug. Cresc. 1, 8, 10.

părătrăgoedō, *ās, āre*, -, - (παρατραγῳδῶ), intr., déclamer, s'exprimer à la façon d'un acteur tragique : Pl. Ps. 707.

părātūra, *ae*, f. (*paro*), préparation, apprêt : Tert. Apol. 47, 9 ; Virg. 12, 2 ; Vulg. 2 Par. 5, 1.

părātus, *a, um*
I part. de *paro*
II [pris adj^t], ¶ 1 prêt, à la disposition, sous la main : *locos paratos atque expeditos habere* Cic. de Or. 2, 118, avoir des sources d'arguments aménagées et toutes prêtes ; *habent paratum quid... dicant* Cic. de Or. 2, 152, ils ont à leur disposition de quoi parler... ; *paratissimae voluptates* Cic. Fin. 5, 57, des plaisirs qui sont absolument sous la main ¶ 2 prêt à, préparé à : *paratiores ad omnia pericula subeunda* Caes. G. 1, 5, 3, mieux préparés à affronter tous les dangers, cf. Caes. G. 1, 41, 2 ; 2, 21, 5 ; *naves ad navigandum paratae* Caes. G. 5, 5, 2, navires prêts à prendre la mer ; *ad omnem eventum paratus* Cic. Fam. 6, 21, 1, prêt à toute éventualité ‖ [avec *in* acc.] Quint. 10, 5, 12 ; Suet. Galb. 19 ; [avec dat.] Virg. En. 2, 334 ; Liv. 1, 1, 8 ; 7, 16, 4 ; Tac. An. 12, 47 ‖ [avec inf.] : *paratus est decertare* Caes. 1, 44, 4, il est prêt à chercher une solution par les armes, cf. Caes. G. 2, 3, 3 ; 5, 1, 7 ; *omnia perpeti parati... laborabant* Caes. C. 3, 9, 5, prêts à tout supporter jusqu'au bout, ils souffraient..., cf. Caes. C. 2, 32, 8 ¶ 3 bien préparé, bien pourvu, bien outillé [pr. et fig.] : *paratus peditatu, equitatu* Cic. Att. 9, 13, 4, bien outillé en infanterie, en cavalerie ; *ab omni re* Planc. Fam. 10, 8, 6 ; *ab exercitu* Cael. Fam. 8, 10, bien pourvu de tout, d'une armée [m. à m. sous le rapport de] ; *contra Fortunam paratus armatusque* Cic. Fam. 5, 13, 1, bien équipé et armé contre la Fortune ; *expedito nobis homine et parato opus est* Cic. Phil. 11, 26, nous avons besoin d'un homme disponible et décidé ; *in jure paratissimus* Cic. Brut. 145, on ne peut mieux préparé en matière de droit, cf. Cic. Pomp. 55 ; *paratus simulatione* Tac. Agr. 42, bien pourvu en art de dissimuler.

2 părātŭs, *ūs*, m., préparation, apprêt, préparatif : Cic. Fin. 5, 53 ; Gell. 19, 1, 7 ; *funebris* Tac. An. 13, 17, préparatifs funèbres ‖ ornements, vêtements : Ov. H. 16, 191 ; M. 8, 638.

3 Părātus, *i*, m., nom d'homme : CIL 6, 755.

părăvĕrēdus, *i*, m. (παρά, *veredus* ; fr. *palefroi*, al. *Pferd*), cheval de poste : Cod. Th. 8, 15, 7 ; Cassiod. Var. 5, 39.

părazēlus, *i*, m. (παραζῆλος), jalousie, envie : Aug. Psalm. 36, 5.

părazōnĭum, *ĭi*, n. (παραζώνιον), ceinturon avec l'épée : Mart. 14, 32 tit..

Parca, *ae*, f. (cf. 2 *pario*, plutôt que *parco*), Parque [déesse de la naissance], le Destin : Hor. O. 2, 16, 39 ; Ov. Pont. 4, 15, 36 ‖ pl. *Parcae*, les Parques [Clotho, Lachésis, Atropos] : Cic. Nat. 3, 44 ; Virg. B. 4, 47 ; [à Rome, *Nona, Decuma, Morta*] Gell. 3, 16, 11.

parcē, adv. (*parcus*) ¶ 1 avec économie : Caes. G. 7, 71, 7 ; Cic. Off. 1, 106 ; *parce parcus* Pl. Aul. 314, parcimonieusement parcimonieux, de la dernière parcimonie ¶ 2 avec retenue, modérément : Cic. Fam. 6, 7, 3 ; 1, 9, 23 ; Plin. Ep. 5, 16, 3 ; Ov. H. 8, 13 ‖ rarement : Hor. O. 1, 25, 1 ; Quint. 9, 2, 69 ‖ *parcius* Cic. Mur. 29 ; *parcissime* Suet. Aug. 40.

parcĕprōmus, *i*, m. (*parce promus*), avare, homme dur à ouvrir sa bourse : Pl. Truc. 184.

parcĭlŏquĭum, *ĭi*, n. (*parce, loquor*), sobriété de paroles : Apul. M. 5, 13.

parcĭmōnĭa, ▶ *parsimonia*.

parcĭtās, *ātis*, f. (*parcus*) ¶ 1 économie : Pall. 1, 26, 1 ¶ 2 modération : *parcitas animadversionum* Sen. Clem. 1, 22, 2, la rareté des châtiments.

parcĭtĕr, Pompon. Com. 179 ; Mamert. Anim. pr., ▶ *parce*.

parcō, *ĭs, ĕre, pĕpercī* (*parsī*) [rare] *parsum* (*compesco*, cf. *pars*), intr., qqf. tr. ¶ 1 [arch.] retenir, contenir, cf. *parcito linguam* P. Fest. 249, 1, retiens ta langue, tais-toi [d'où] se contenir [en faveur de qqn, de qqch.], épargner, ménager ¶ 2 = ne pas dépenser trop, ne pas être prodigue **a)** [avec dat.] *impensae* Liv. 35, 44, 6, épargner la dépense ; *sumptu* Cic. Fam. 16, 4, 2, épargner les frais **b)** tr., *pecuniam* Pl. Curc. 381, épargner l'argent, cf. Mil. 1220 ; Cat. Agr. 58 ¶ 3 = garder intact, préserver : *aedificiis* Cic. Verr. 4, 120 ; *valetudini* Cic. Fam. 11, 27, 1 ; [fig.] *auribus alicujus* Cic. Quinct. 40, épargner les édifices, la santé, les oreilles de qqn ; *infantibus* Caes. G. 7, 28, 4, épargner les enfants ; [pass. impers.] Cic. Verr. 5, 104 ‖ [poét.] *cur non parcit in hostes (telo)* Lucr. 6, 399, pourquoi [Jupiter] ne garde-t-il pas sa foudre intacte contre ses ennemis ? ¶ 4 = cesser : *operae* Cic. Fam. 13, 27, 1, ménager ses soins ; *non parcetur labori* Cic. Att. 2, 14, 2, on n'épargnera pas sa peine ; *lamentis* Liv. 6, 3, 4 ; *bello* Virg. En. 9, 656, cesser de pleurer, de combattre ‖ [avec inf.] regarder à, cesser de, se garder de : Cat. Agr. 1, 1 ; Virg. B. 3, 94 ; En. 3, 42 ; Hor. S. 2, 2, 58 ; Liv. 34, 32, 20 ¶ 5 = s'abstenir de : *illi auxilio peperci* Cic. Planc. 86, je n'ai pas voulu de ce secours ; *contumeliis dicendis* Liv. 26, 31, 5, regarder à, s'abstenir de proférer des injures ‖ [avec *ab*] : *ut a caedibus parceretur* Liv. 25, 25, 6, pour éviter le massacre ‖ [avec abl.] Aus. App. 22 (130), 4 ; Aug. Serm. 5, 2.

▶ arch. *parsis* = *peperceris* Pl. Bac. 909 ; Ps. 79 ‖ parf. *parcui* Naev. Com. 69 ‖ part. fut. *parsurus* Liv. 26, 13, 16 ; 35, 44, 6 ; Suet. Tib. 62 ; Ner. 37 ; *parciturus* Hier. Ep. 14, 2.

parcŭi, ▶ *parco* ▶.

parcus, *a, um* (*parco*) ¶ 1 économe, ménager, regardant : *colonus parcissimus* Cic. de Or. 2, 287, cultivateur le plus économe ‖ [avec gén.] *pecuniae suae* Tac. H. 1, 49, ménager de sa fortune ; *donandi* Hor. S. 2, 5, 79, peu prodigue de dons ‖ [avec abl.] *opera haud fui parcus mea* Pl. Ru. 919, je n'ai pas épargné ma peine ‖ [avec in abl.] *nimium parcus in largienda civitate* Cic. Balb. 50, trop ménager dans l'octroi du droit de cité, cf. Cic. Or. 81 ‖ [avec *in* acc.] Just. 41, 3, 13 ‖ [avec inf.] Sil. 1, 680 ; 8, 464 ¶ 2 [rhét.] sobriété du style :

parcus

Crassus erat elegantium parcissimus Cic. Brut. 148, Crassus était le plus sobre des écrivains châtiés ¶ 3 [poét.] peu abondant, modéré, petit, faible : *parcus sal* Virg. G. 3, 403, un peu de sel ; *lintea parca vento dare* Ov. H. 21, 79, donner peu de voile au vent ; *parcus somnus* Plin. Pan. 49, 8, sommeil modéré ; *parcior ira* Ov. Pont. 1, 2, 98, colère trop faible.

parda, *ae*, f. (1 *pardus*), femelle du léopard : Isid. 12, 2, 11.

pardălĭăcē, *ēs*, f., Solin. 17, 10 et **pardălĭanchĕs**, *is*, n. (παρδαλιαγχές), aconit [plante] : Plin. 8, 99 ; Solin. 17, 10.

pardălĭŏs, *ĭi*, m. (παρδάλειος), sorte de pierre précieuse [tachetée] : Plin. 37, 190.

pardălis, *is*, f. (πάρδαλις), panthère : Curt. 5, 1, 21.

Pardălisca, *ae*, f., nom de femme, esclave de comédie : Pl. Cas. 631.

pardălĭum, *ĭi*, n. (παρδάλειον), parfum : Plin. 13, 6.

1 **pardus**, *i*, m. (πάρδος), léopard : Plin. 8, 63 ; Juv. 11, 123.

2 **Pardus**, *i*, m., nom d'homme : CIL 6, 631.

părēās, *ae*, m. (παρείας), serpent : Luc. 9, 721, -**ĭās**, Isid. 12, 4, 27.

părecbăsis, *is*, f. (παρέκβασις), [rhét.] digression : Serv. En. 10, 653 ; Jul.-Vict. 17.

părectătŏs (-us), V. *pareuctatos*.

Părĕdŏni, *ōrum*, m. pl., peuple voisin de l'Assyrie : *Plin. 6, 44.

1 **părĕdrus (-os)**, *a*, *um* (πάρεδρος), qui assiste qqn : Tert. Anim. 28, 5.

2 **Părĕdrus**, V. 2 *Parhedrus*.

părēgŏrĭa, *ae*, f. (παρηγορία), soulagement [d'un malade] : Ps. Apul. Herb. 24.

părēgŏrĭcus, *a*, *um* (παρηγορικός), [méd.] qui calme, parégorique : *paregoricum remedium* M.-Emp. 36, 3 et abs* *paregoricum* Al.-Trall. 1, 114, remède parégorique.

părēgŏrĭzō, *ās*, *āre*, -, - (cf. παρηγορέω), tr., soulager, apaiser : Aug. Psalm. 122, 11.

părēlĭŏn, V. *parhelion*.

părembŏlē, *ēs*, f. (παρεμβολή), ornements ajoutés : CIL 6, 726 [dat. sg. *paremboli*].

păremphătus, *a*, *um* (παρέμφατος), [gram.] avec désignation précise de la personne : *Macr. Exc. 5, 621, 27.

1 **părens**, *tis*, m., f. (2 *pario* ; roum. *părinte*) ¶ 1 le père ou la mère : *parens tuus* Cic. Sull. 81, ton père ; *parens Idaea deum* Virg. En. 10, 252, la déesse de l'Ida, mère des dieux ; *masculino genere parentem appellabant antiqui etiam matrem* P. Fest. 137, 16, les anciens mettaient le mot, *parens* au masculin, même pour désigner la mère ∥ pl., les parents [le père et la mère] : Cic. Lae. 27 ; Caes. G. 5, 14, 4 ∥ père ou mère [des animaux] : Plin. 8, 165 ¶ 2 grand-père, aïeul, [au pl.] ancêtres : Liv. 21, 43, 6 ; Virg. En. 9, 3 ∥ [fig.] père, auteur, inventeur : *Socrates parens philosophiae* Cic. Fin. 2, 1, Socrate, père de la philosophie ∥ [titre respectueux] père, vénérable : Stat. S. 1, 2, 178 ∥ Jupiter : Hor. O. 1, 12, 13 ¶ 3 *parentes*, les parents, les proches : Curt. 6, 10, 30.

▶ gén. pl. *um* ou plus rar* *ium*.

2 **părens**, *tis*, part. de *pareo* ; subst. m., *parentes, ium* Sall. J. 102, 7, les sujets ∥ *parentior* Cic. Off. 1, 76, plus obéissant.

Părenta, *ae*, f., ville d'Égypte ou d'Éthiopie : Plin. 6, 179.

Părentālĭa, *ĭum*, n. pl. (*parento*), fêtes annuelles en mémoire des morts, Parentalia : Cic. Phil. 1, 13.

părentālis, *e* (*părens*) ¶ 1 de père et de mère, des parents : Ov. Tr. 4, 10, 87 ¶ 2 qui concerne les parents morts : *Parentales dies* Ov. F. 2, 548 ; C. *Parentalia*.

părentātĭo, *ōnis*, f. (*parento*), célébration des Parentalia, culte des morts : Tert. Spect. 12, 4.

1 **părentātus**, *a*, *um*, offert dans les Parentalia : Tert. Spect. 13, 4.

2 **părentātŭs**, *ūs*, m. (fr. *parenté*), C. *parentatio* : App. Prob. 4, 193, 8.

părentēla, *ae*, f. (*părens*), parenté, alliance : Capit. Gord. 23, 6 ; Isid. Sent. 3, 21, 7 ; Cassiod. Var. 9, 1.

părenthĕsis, *is*, f. (παρένθεσις), parenthèse [rhét.] : Sacerd. 6, 466, 6, cf. Quint. 9, 3, 23 ∥ insertion d'une lettre ou d'une syllabe dans un mot, épenthèse : Char. 278, 8.

părentĭa, *ae*, f. (*pareo*), obéissance : Cassiod. Var. 3, 24 ; Chalc. 270.

părentĭcīda, *ae*, m., f. (*parens*, *caedo*), parricide : *Pl. Ep. 349 ; Not. Tir. 48.

Părentĭum, *ĭi*, n., ville d'Istrie [auj. Parenzo] Atlas XII, B4 : Plin. 3, 129.

părentīvus, *a*, *um*, des parents, relatif aux parents : Ennod. Dict. 13, 4 ; Valer. Hom. 20, 5.

părentō, *ās*, *āre*, *āvī*, *ātum* (1 *parens*), intr., célébrer une cérémonie funèbre, faire un sacrifice en l'honneur d'un mort : *parentemus Cethego* Cic. Flac. 96, honorons les cendres de Céthégus ∥ [fig.] apaiser les mânes de qqn, venger [avec dat.] : Caes. G. 7, 17, 7 ; *parentandum regi sanguine conjuratorum esse* Liv. 24, 21, 2, qu'il fallait apaiser les mânes du roi en immolant les conjurés ; *irae parentare* Curt. 9, 5, 20, satisfaire la colère [par le massacre des ennemis].

părĕō, *ēs*, *ēre*, *ŭī*, *ĭtum* (cf. πεπαρεῖν ? ; roum. *părea*), intr.

I ¶ 1 apparaître, se montrer : *caeli cui sidera parent* Virg. En. 10, 176, à qui se révèlent les astres du ciel [astrologue], cf. Suet. Aug. 95 ∥ [tard.] Tert. Apol. 35, 7 ; Eger. 12, 9 ¶ 2 impers., *paret* Cic. Mil. 15, c'est manifeste, la chose est patente ; *si paret* [avec prop. inf.] Cic. Verr. 2, 31, s'il se révèle que... ¶ 3 C. *apparere*, se rendre aux ordres de qqn, assister des magistrats comme appariteur : Gell. 10, 3, 19.

II ¶ 1 obéir, se soumettre : *parere et oboedire praecepto* Cic. Tusc. 5, 36, se soumettre et obéir à un précepte ; *consilio, legibus* Cic. Off. 1, 84 ; 2, 40, obéir à un conseil, à des lois ∥ [abs*] *populo patiente atque parente* Cic. Rep. 2, 61, le peuple étant résigné et obéissant ; *in omnia* Sen. Ben. 3, 20, 2 ; *ad omnia* Vell. 2, 23, 6, obéir en tout, pour tout ∥ [acc. de rel.] *quaedam parendum est* Gell. 2, 7, 12, il faut obéir dans certains cas ∥ [pass. impers.] *dicto paretur* Liv. 9, 32, 5, on obéit à l'ordre ; *legato a centurionibus parebatur* Tac. An. 1, 21, le légat obtenait l'obéissance des centurions ¶ 2 obéir, céder à : *necessitati* Cic. Or. 202 ; *tempori* Cic. Vat. 2, obéir à la nécessité, aux circonstances ; *iracundiae* Cic. Att. 2, 21, 4, céder à l'emportement ; *naturae* Nep. Att. 17, obéir à la nature ∥ *promissis* Ov. F. 5, 504, se rendre à (accepter) des offres ¶ 3 être soumis à, sous la dépendance de : *nulla fuit civitas, quin Caesari pareret* Caes. C. 3, 81, 2, il n'y avait pas une cité qui ne fût soumise à César.

▶ parf. pass. impers. *paritum est* Dig. 31, 1, 67 ∥ [*parreo* blâmée par Fest. 262, 16], cf. P. Fest. 247, 15.

părĕŏrŏn, *i* (παρήορον), héliotrope : Ps. Apul. Herb. 49.

părergŏn, *i*, n. (πάρεργον), accessoire, ornement : Vitr. 9, 8, 5 ; Plin. 35, 101 ∥ **Părerga**, *ōn*, n. pl., titre d'un ouvrage d'Accius : Non. 61, 24.

părescō, *ĭs*, *ĕre*, -, - (*pareo* ; fr. *paraître*), apparaître : Anon. Med. 136.

păreutactŏs, *a*, *ŏn* (παρεύτακτος), pubère : Lucil. 321 [grand garçon] ; Varr. d. Non. 67, 17 [grande fille].

1 **părhēdrus**, *a*, *um*, C. 1 *paredrus* : Tert. Anim. 28, 5.

2 **Părhēdrus**, *i*, m. (Πάρεδρος), nom d'homme : Cic. Fam. 16, 18, 2.

parhēlĭŏn ou **părēlĭŏn**, *ĭi*, n. (παρήλιον), [astron.] parhélie : Sen. Nat. 1, 13, 1.

părhippus, *i*, m. (πάριππος), cheval supplémentaire : Cod. Th. 8, 5, 14.

părhŏmœŏlŏgĭa, *ae*, f. (παρομοιολογία), concession dont on se prévaut contre son adversaire : Rutil.-Lup. 19.

părhŏmœŏn, *i*, n., V. *paromoeon*.

părhўpătē, *ēs*, f. (παρυπάτη), corde et note qui est près de l'hypate : Vitr. 5, 4, 5.

1 **părĭa**, n. pl. de *par*.

2 **Părĭa**, *ae*, f., île de Phénicie, la même que Arados : Plin. 5, 128.

Părĭădēs, *ae*, m., partie du mont Taurus : Plin. 5, 98.

părĭambōdēs, *is*, n. (παριαμβώδες), pied métrique, composé de deux iambes et d'une longue : Diom. 482, 1.

părĭambus, *i*, m. (παρίαμβος), [métr.] pariambe, pyrrhique [pied de deux brèves] :

QUINT. 9, 4, 80; DIOM. 475, 10 ‖ bacchius [une brève et deux longues]: DIOM. 479, 17.

Părĭānus, *a*, *um*, de Parium: *Pariana civitas* CIC. *Fam.* 13, 53, 2; *colonia* PLIN. 4, 48; **C.** *Parium*.

părĭās, *ae*, m., **V.** *pareas*.

părĭātĭo, *ōnis*, f. (1 *pario*), règlement d'un compte: DIG. 12, 6, 67.

părĭātŏr, *ōris*, m. (1 *pario*), celui qui se libère [d'une dette]: PAUL. *Dig.* 35, 1, 81.

părĭātōrĭa, *ae*, f., règlement définitif; [fig.] suppression complète: AUG. *Psalm.* 61, 4.

părĭātus, *a*, *um*, part. de 1 *pario*.

Parĭcāni, *ōrum*, m. pl., peuple d'Asie: PLIN. 6, 48.

părichrus, *i*, m., sorte de pierre précieuse blanche comme le marbre de Paros: AMBR. *Psalm.* 118, s. 16, 42.

pārĭcīd-, **V.** *parric-*.

Părĭdŏn, *i*, n., ville de Carie: PLIN. 5, 104.

părĭens, *tis*, part. de 2 *pario*.

părĭēs, *ĕtis*, m. (obscur, cf. rus. *peret'*, *opora*?; fr. *paroi*), mur [de maison], muraille: *interiores templi parietes* CIC. *Verr.* 4, 122, les parois intérieures du temple; *intra parietes* CIC. *Quinct.* 38, dans l'enceinte de la maison, dans l'intimité ‖ clôture [en osier], haie: OV. *F.* 6, 262; PLIN. 17, 62 ‖ [fig.] *ego ero paries* PL. *Truc.* 788, je vais vous séparer [me mettre entre vous deux comme un mur].
▶ *parjetibus* VIRG. *En.* 2, 442; 5, 589.

părĭĕtālis herba, **V.** *parietarius*.

părĭĕtārĭus, *a*, *um* (*paries*), de mur: *structor parietarius* FIRM. *Math.* 8, 24, 1, maçon ‖ *herba parietaria* PS. APUL. *Herb.* 82; *parietalis* M.-EMP. 13, 6; *parietina* AMM. 27, 3, 7; *parietaria* PS. APUL. *Herb.* 81, pariétaire [plante].

Părĭĕtīna, *ae*, f., ville de la Maurétanie tingitane: ANTON. 10 ‖ **Parietinae**, f. pl., ville de la Tarraconaise aux sources du Tage: ANTON. 447.

părĭĕtīna, f., **V.** *parietarius*.

părĭĕtīnae, *ārum*, f. pl. (*paries*), murs délabrés, débris, ruines: CIC. *Tusc.* 3, 53; *Fam.* 13, 1, 3; PLIN. 25, 161 ‖ [fig.] débris: CIC. *Fam.* 4, 3, 2.

părĭĕtīnus, *a*, *um*, de mur: TERT. *Pud.* 20, 9; **V.** *parietarius*.

părĭfĭcō, *ās*, *āre*, -, - (*par*, *facio*), rendre égal: ORIENT. *Carm. app.* 3; *Trin.* 19.

Parĭhedrus, *i*, m., partie du mont Taurus: PLIN. 5, 99 ‖ pl., *Parihedri* PLIN. 6, 25, montagnes de la Grande Arménie; **C.** *Paryadres*.

Părīlĭa, **V.** *Palilia*.

Părīlĭcĭum, **V.** *Palilicium*.

părīlis, *e* (*par*), pareil, semblable, égal: LUCR. 1, 1067; OV. *M.* 8, 631.

Părīlĭs, **V.** *Palilis*.

părīlĭtās, *ātis*, f. (*parilis*), parité, ressemblance, égalité: GELL. 14, 3, 8; APUL. *M.* 2, 10.

părīlĭtĕr, adv. (*parilis*), semblablement: CHAR. 214, 17.

părĭmembris, *e*, à membres de phrase égaux: CARM. FIG. 82.

1 **părĭō**, *ās*, *āre*, *āvī*, *ātum* (*par*; fr. *parier*), rendre égal ¶ 1 intr. = pass., être égal, aller de pair: TERT. *Anim.* 30, 5; 32, 9 ¶ 2 tr., balancer un compte, payer complètement: DIG. 40, 1, 4 ‖ vendre et acheter, trafiquer: LAMPR. *Alex.* 49, 1.

2 **părĭō**, *ĭs*, *ĕre*, *pĕpĕrī*, *partum* (*parens*, *Parca*, 1 *paro*; cf. πορεῖν), tr. ¶ 1 enfanter, accoucher, mettre bas: *asinum fuisse parituram* CIC. *de Or.* 2, 267, [il disait] qu'elle aurait accouché d'un âne; *ovum* CIC. *Ac.* 2, 57, pondre un œuf ¶ 2 enfanter, produire: *quae terra parit* CIC. *Nat.* 1, 4, ce que la terre produit, cf. LUCR. 2, 899 ‖ *quae tota ab oratore pariuntur* CIC. *de Or.* 2, 120, les choses qui sont totalement de l'invention de l'orateur, cf. CIC. *de Or.* 2, 356; *verba* CIC. *Fin.* 3, 3, créer des mots ¶ 3 faire naître, engendrer, procurer: *dolorem, voluptatem* CIC. *Fin.* 1, 49, engendrer la douleur, le plaisir; *sibi laudem* CIC. *Off.* 2, 47, se ménager de la gloire; *dummodo meis laboribus vobis salus pariatur* CIC. *Cat.* 4, 1, pourvu que mes peines vous assurent le salut; *praeda improbe parta* CIC. *Fin.* 1, 51, un butin acquis injustement; *ante partam laudem amittere* CAES. *G.* 6, 40, 7, perdre la gloire antérieurement acquise ‖ pl. n., *parta*, *ōrum*, SALL. *J.* 31, 17; *C.* 51, 42, acquisitions; *bene parta* CIC. *Off.* 1, 92, les choses bien acquises.
▶ inf. arch. *parire* ENN. d. VARR. *L.* 5, 59 ‖ fut. *paribis* POMPON. d. NON. 508, 3; cf. DIOM. 483, 5; PRISC. 2, 401, 3; 500, 20; 540, 7 ‖ **V.** *parta*.

Părĭon, **V.** *Parium*.

1 **păris**, f., **V.** *par* ▶.

2 **păris**, gén. de *par*.

3 **Păris**, *ĭdis*, acc. *ĭdem*, *in* ou *im*, m., Pâris ou Alexandre [fils de Priam et d'Hécube; berger sur le mont Ida, choisi pour juge dans le différend qui s'était élevé entre les déesses, Minerve, Junon, Vénus au sujet de leur beauté, il adjugea la pomme d'or (le prix) à Vénus; il enleva Hélène, femme de Ménélas, roi de Sparte et provoqua ainsi la guerre de Troie]: VARR. *L.* 7, 82 ‖ [fig.] Pâris, un homme qui ravit la femme d'un autre: CIC. *Att.* 1, 18, 3 ‖ nom d'un histrion, d'un libraire: TAC. *An.* 13, 21; JUV. 6, 87.

Părīsĭăcus, *a*, *um*, de Lutèce, de Paris: FORT. *Mart.* 4, 636.

Părīsĭi, *ōrum*, m. pl. ¶ 1 Parisiens [peuple de la Gaule, capitale Lutèce]: CAES. *G.* 6, 3, 5; 7, 4, 6; PLIN. 4, 107 ¶ 2 la capitale elle-même: AMM. 20, 5, 1.
▶ [tard.] *Parisius* inv., Paris: GREG.-TUR. *Hist.* 2, 43; 3, 10; 3, 18.

părīsŏn, n. (πάρισον), correspondance (symétrie) entre les membres d'une phrase: CAPEL. 5, 531.

părĭtās, *ātis*, f. (*par*), ressemblance, parité: ARN. 2, 50; BOET. *Arith.* 1, 5, 1.

părĭtĕr, adv. (*par*) ¶ 1 également, par parties égales: AFRAN. d. NON. 375, 1 ¶ 2 au même degré, également, semblablement, de même **a)** [abs[t]] TER. *Haut.* 132; CIC. *Or.* 38; *Off.* 2, 30; *Lae.* 56; SALL. *J.* 80, 7 **b)** [avec des particules diverses] *pariter ac* ou *pariter atque* CIC. *Par.* 46; PL. *Amp.* 1019; TER. *Phorm.* 786; LUCR. 1, 845; SALL. *J.* 100, 5; 102, 6; *pariter et* QUINT. 10, 5, 15; *pariter ut* PL. *Aul.* 22, de la même manière que, de même que, comme, autant que; *pariter ac si* SALL. *J.* 46, 6, comme si; [avec dat. ou abl.?] *pariter ultimae (provinciae) propinquis* LIV. 38, 16, 11, les (provinces) les plus éloignées comme les plus proches ¶ 3 ensemble, à la fois, en même temps **a)** [abs[t]] CAES. *C.* 3, 52, 1; LIV. 6, 8, 2; 10, 19, 15; 22, 4, 6; 26, 48, 13 **b)** [avec *cum*] *cum luna pariter* CIC. *Div.* 2, 33, en même temps que la lune, cf. *de Or.* 3, 10; *Verr.* 5, 173; *CM* 50 **c)** [avec dat. ou abl.] STAT. *Th.* 5, 122; CLAUD. *Pros.* 1, 165 ‖ *pariter... pariter* OV. *M.* 8, 324, même sens.

părĭtō, *ās*, *āre*, -, - (fréq. de 1 *paro*), intr., se préparer à, se disposer à: [avec inf.] PL. *Merc.* 649; [avec *ut*] PL. *Ps.* 486.

părĭtŏr, *ōris*, m. (*pareo*), garde, satellite: AUR.-VICT. *Caes.* 2, 4.

1 **părĭtūrus**, *a*, *um*, part. fut. de 2 *pario*.

2 **părĭtūrus**, *a*, *um*, part. fut. de *pareo*.

Părĭum, *ĭi*, n. (Πάριον), ville de Mysie, sur la côte sud de la Propontide Atlas VI, A3: SALL. *Mithr.* 14; PLIN. 5, 141; VAL.-FLAC. 2, 622 ‖ **V.** *Parianus*.

Părĭus, *a*, *um* (Πάριος), de Paros: NEP. *Milt.* 8, 1; VIRG. *En.* 1, 592; HOR. *O.* 1, 19, 5; OV. *Pont.* 4, 8, 31 ‖ subst. m. pl., habitants de Paros: NEP. *Milt.* 7, 4; LIV. 31, 31; PLIN. 36, 14.

1 **parma**, *ae*, f. (empr.), petit bouclier rond, parma: ENN. *An.* 402; SALL. d. NON. 554, 23; LIV. 2, 20, 10 ‖ le gladiateur thrace [qui était armé d'une parma]: MART. 9, 69, 8 ‖ bouclier [en gén.]: MART. 9, 21, 10 ‖ soupape d'un soufflet: AUS. *Mos.* 269.

2 **Parma**, *ae*, f., Parme [ville de la Gaule transpadane, renommée pour ses laines] Atlas V, E4; XII, C2: CIC. *Fam.* 12, 5, 2; 10, 33, 4; LIV. 39, 55, 6; PLIN. 3, 115 ‖ **-ensis**, *e*, HOR. *Ep.* 1, 4, 3, de Parme ‖ **Parmenses**, *ium*, m. pl., CIC. *Phil.* 14, 8, habitants de Parme.

parmātus, *a*, *um*, armé d'une parma: LIV. 4, 38, 3; 4, 39, 1.

Parmĕnĭdēs, *is*, m. (Παρμενίδης), Parménide [philosophe grec natif d'Élée]: CIC. *Ac.* 2, 129.

Parmĕnĭo (-ĭōn), *ōnis*, m. (Παρμενίων), Parménion [un des généraux d'Alexandre]: JUST. 12, 1, 3; CURT. 7, 2, 8; VAL.-

Parmenio

Max. 6, 4, ext. 3 ‖ député du roi des Illyriens : Liv. 44, 23.

Parmĕniscus, i, m., astronome : Plin. 18, 321.

Parmensis, 🅥▶ 2 Parma.

parmŭla, ae, f. (dim. de 1 parma), petit bouclier rond, petite parma : Hor. O. 2, 7, 10 ; Fest. 274, 21.

parmŭlārĭus, ĭi, m. (parmula), partisan des gladiateurs armés d'une parma : Quint. 2, 11, 2 ; Suet. Dom. 10.

Parnassēus (Parnāsēus), a, um, Avien. Arat. 620, 🅒▶ Parnassius.

Parnassis (Parnāsis), ĭdis, f. (Παρνάσις), du Parnasse : Ov. M. 11, 165.

Parnassĭus (Parnāsĭus), a, um (Παρνάσιος), du Parnasse, des Muses : Virg. G. 2, 18 ; Ov. M. 5, 278 ‖ subst. f., une Muse : Claud. Prob. 71.

Parnassus (Parnāsus), Virg. G. 3, 291 ; Plin. 4, 7 ; Mel. 2, 40, **Parnassŏs (Parnāsŏs)**, i, m., Stat. Th. 7, 346 (Παρνασός), le Parnasse [montagne de la Phocide, à deux cimes, séjour d'Apollon et des Muses].

Parnēs, ēthis, m. (Πάρνης), le Parnès [mont de l'Attique] : Stat. Th. 12, 620.

1 **părō**, ās, āre, āvī, ātum (cf. 2 pario, pars ; fr. parer), tr. ¶ **1** préparer, apprêter, arranger : testudines Caes. G. 5, 42, 5, préparer des tortues ; bellum Caes. G. 3, 9, 3, préparer la guerre [= se préparer à la guerre] ; regnum Sall. J. 31, 7, se préparer à régner = aspirer au trône (à la tyrannie) ; se parare ad discendum Cic. Or. 122, se disposer à apprendre, cf. Cic. Flac. 11 ; Fam. 1, 7, 9 ; se ad proelium Liv. 21, 31, 1, se préparer au combat ; Seio venenum parabatur Cic. Dom. 129, on préparait du poison pour Séius ‖ [avec inf.] parat perficere... Caes. C. 1, 83, 4, il se dispose, il se prépare à achever..., cf. Caes. G. 7, 71, 9 ; Cic. Att. 5, 20, 7 ; Sest. 144 ‖ [avec ut subj.] Cic. Fam. 16, 10, 2 ‖ [avec ne] Pl. Mil. 726, disposer les choses pour éviter que ‖ [absᵗ] faire des préparatifs : Sall. C. 6, 5 ; J. 76, 4 ; ad iter parare Liv. 42, 53, 1, se préparer à partir ¶ **2** procurer, ménager, faire avoir ; alicui aliquid, qqch. à qqn : Ter. Ad. 477 ‖ [souvent sans sibi] se procurer, acquérir : Caes. G. 4, 2, 2 ; 6, 22, 3 ; Cic. Lae. 55 ; a finitimis equos Caes. G. 5, 55, 3, se fournir de chevaux chez les peuples limitrophes, cf. Cic. Att. 12, 19, 1 ; Flac. 71 ; servi aere parati Sall. J. 31, 11, des esclaves achetés à prix d'argent, cf. Liv. 41, 6, 10.

▶ garde le sens de disposer, arranger : Pl. Curc. 506 ; Cic. Fam. 1, 9, 25 (se).

2 **părō**, ōnis, m. (παρών), barque : Cic. d. Isid. 19, 1, 20 ; Gell. 10, 25, 5.

Paroa, ae, f., ville située sur le Nil : Plin. 6, 179.

părobsis, 🅥▶ paropsis.

pārŏchĭa, ae, f., 🅒▶ paroecia.

părŏchus, i, m. (πάροχος), fournisseur des magistrats en voyage : Cic. Att. 13, 2, 2, cf. Att. 5, 16, 3 ; Hor. S. 1, 5, 46 ‖ le maître de la maison, l'amphitryon : Hor. S. 2, 8, 36.

părōdĭa, ae, f. (παρωδία), parodie : Ps.-Ascon. Verr. 1, 29.

părōdĭcus, a, um (παροδικός), relatif à la course des étoiles : Firm. Math. 5, 3, 3 ‖ vers iambique : Gramm. 6, 620, 3.

părœcĭa, ae, f. (παροικία ; fr. paroisse, al. Pfarre), diocèse : Aug. Ep. 261 ; Hier. Ep. 51, 2 ‖ paroisse : Sidon. Ep. 7, 6, 7 ‖ [concr.] église : Sidon. Ep. 7, 6, 8.
▶ aussi parochia.

părœmĭa, ae, f. (παροιμία), proverbe : Sacerd. 6, 461, 12.

părœmĭăcum, i, n. (παροιμιακόν), vers parémiaque [dimètre anapestique catalectique] : Serv. Gram. 4, 462, 6.

părŏmœŏn, i, n. (παρόμοιον), rapprochement de mots qui se ressemblent [rhét.] : Diom. 446, 3 ; Char. 282, 7.

părŏnŏmăsĭa, ae, f. (παρονομασία), paronomase [rhét.] : Char. 282, 1 ; Diom. 446, 13.

părŏnŭchĭa, ae, f. (παρωνυχία), paronyque [plante] : Diosc. 4, 51.

părŏnўchĭum, ĭi, n. (v. panaricium), envie [autour d'un ongle], panaris : Petr. 31, 3 ; Plin. 21, 142.
▶ au pl., sauf M.-Emp. 15, 101.

părōnўma, ōrum, n. pl. (παρώνυμα), [rhét.] paronymes : Diom. 324, 8.

Părŏpămĭsădae (Părăp-), ārum, m. pl., Curt. 7, 3, 6, **Păropanīsădae**, ārum, Amm. 23, 6, 70, m., peuple voisin du Paropanisus.

Părŏpănīsus (Părăp-), i, m., le Paropanisus [Hindû-Kûsh] : Plin. 6, 60 ; Curt. 7, 4, 31.

Părŏpīni, ōrum, m. pl., habitants de Parope [ville de Sicile] : Plin. 3, 91.

părŏpsis et **părapsis**, ĭdis, f. (παροψίς), plat long : Juv. 3, 142 ; Petr. 34, 2.

părŏptēsis, is, f. (παρόπτησις), action de rôtir légèrement : Cael.-Aur. Chron. 2, 1, 34.

părŏptus, a, um (πάροπτος), légèrement rôti : Apic. 249.

Părŏraei, ōrum, m. pl., peuple voisin de la Macédoine : Plin. 4, 35.

Părōrĕa, **Parōrĕia**, ae, f. (Παρώρεια), région de Thrace : Liv. 39, 27 ; 42, 51.

Părōrĕātae, ārum, m. pl., habitants de Paroréa [ville d'Achaïe] : Plin. 4, 22.

Părŏs, Virg. En. 3, 126 ; Ov. M. 8, 221, **Părus**, i, f., Nep. Milt. 7, 2 ; Plin. 4, 67 (Πάρος), Paros [une des Cyclades, célèbre par ses marbres] Atlas VI, C2.

Parospus, i, m., fleuve d'Asie : Plin. 6, 94.

părōtĭda, ae, f., Isid. 4, 8, 2, 🅥▶ parotis.

părōtis, ĭdis, f. (παρωτίς) ¶ **1** parotide, gonflement des glandes de l'oreille : Plin. 20, 229 ; 28, 177 ¶ **2** console [archit.] : Vitr. 4, 6, 4.

Parparus, i, m. (Πάρπαρος), montagne d'Argolide : Plin. 4, 17.

1 **parra**, ae, f. (ombr. parfa, cf. ψάρ, al. Sperling, an. sparrow), nom d'un oiseau de mauvais augure [engoulevent] : Pl. As. 261 ; Hor. O. 3, 27, 1 ; Plin. 18, 292 ; Prud. Sym. 2, 571.

2 **Parra**, ae, f., ancienne ville d'Italie sur le site de Bergame : Plin. 3, 124.

Parrhăsĭa, ae ou **-sĭē**, ēs, f. (Παρρασία), ville d'Arcadie : Plin. 4, 20.

Parrhăsis, ĭdis, f. (Παρρασίς), d'Arcadie : Parrhasis ursa Ov. H. 18, 152 ou Arctos Ov. Tr. 1, 3, 48, l'ourse arcadienne = la Grande Ourse [appelée aussi Callisto, parce que Callisto, fille du roi d'Arcadie Lycaon, fut changée en ourse par Junon, puis en constellation par Jupiter] ; Parrhasides stellae Ov. F. 4, 577, la Grande Ourse ‖ subst. f., la Parrhasienne, l'Arcadienne = Callisto : Ov. M. 2, 460.

1 **Parrhăsĭus**, a, um (Παρράσιος), de Parrhasie, d'Arcadie, Arcadien : Virg. En. 11, 31 ; Ov. F. 1, 618 ‖ du mont Palatin [où s'était établi l'Arcadien Évandre] : Mart. 7, 56, 2 ; 7, 99, 3.

2 **Parrhăsĭus**, ĭi, m. (Παρράσιος), peintre célèbre d'Éphèse : Hor. O. 4, 8, 6 ; Plin. 35, 67 ; Prop. 3, 9, 12 ‖ pl., Cic. Tusc. 1, 4.

parrhēsĭa, ae, f. (παρρησία), liberté d'allure [rhét.] : Isid. 2, 21, 31.

parrĭcīda (pārĭc-), ae, m. (cf. πηός, caedo), parricide : Cic. Mil. 17 ‖ meurtrier d'un de ses parents : Liv. 3, 50, 5 ‖ meurtrier d'un concitoyen, assassin : Cic. Cat. 1, 29 ; Mil. 18 ; si quis eum occiderit, parricida ne sit Fest. 424, 11, si qqn le tue, qu'il ne soit pas accusé de meurtre ‖ celui qui fait la guerre à sa patrie, traître : Cic. Phil. 4, 5 ; Planc. Fam. 10, 23, 5 ; Sall. C. 51, 25 ; 52, 31 ‖ sacrilège : Cic. Leg. 2, 22 ‖ [adjᵗ] parricida nex Arn. 3, 26, parricide.
▶ pārĭcīdās nom., L. Reg. d. P. Fest. 247, 24.

parrĭcīdālis, e (parricida), de parricide, parricide : Ps. Quint. Decl. 4, 19 ; Just. 27, 1, 10 ; parricidale bellum Flor. 3, 21, guerre civile.

parrĭcīdālĭter, Aug. Ep. 34, 3, 🅒▶ parricidialiter.

parrĭcīdātŭs, ūs, m., parricide [crime] : Cael. d. Quint. 1, 6, 42.

parrĭcīdĭālis, e (parricidium), Ambr. Cain 1, 2, 5 ; 🅥▶ parricidalis.

parrĭcīdĭālĭter, adv., par un parricide : Lampr. Alex. 1, 7.

parrĭcīdĭum, ĭi, n. (parricida) ¶ **1** parricide : Cic. Amer. 73 ; Phil. 3, 18 ¶ **2** meurtre d'un parent ou d'un proche : parricidium fraternum Cic. Clu. 31, fratricide ¶ **3** attentat contre la patrie, trahison, haute trahison : Cic. Phil. 2, 17 ; Off.

3, 83 ¶**4** meurtre d'un concitoyen : Cic. *Verr.* 5, 170 ; *parricidi quaestores* P. Fest. 247, 19, les questeurs chargés des affaires criminelles ¶**5** nom donné aux Ides de mars, jour du meurtre de César : Suet. *Caes.* 38.

Parrŏdūnum (Parthanum), *i*, n., ville de Rétie [Partenkirchen] : Not. Dign. *Oc.* 35, 28.

parrus, *i*, m., ⓒ▶ 1 parra : Anth. 762, 9.

pars, *partis*, f. (cf. 2 *pario*, 1 *paro* ; fr. *part*)

I ¶**1** "partie, part, portion" *duae partes frumenti*, "les 2/3 du blé" *tertia, quarta pars*, "le 1/3", "le 1/4" ¶**2** [expr. diverses] **a)** *pars ... pars*, "les uns ... les autres" **b)** *parte ... parte* **c)** *pro parte* **d)** *ex parte* **e)** *multis, omnibus partibus* **f)** *in parte ... in parte* **g)** *maximam partem* **h)** *in partem* **i)** *in aliquam partem* "dans tel ou tel sens", *in eam partem ut, in bonam partem accipere*; *in omnes partes* "à tous égards" **j)** *per partes* "partiellement".

II [en part.] ¶**1** pl. *partes* "parts, intéressement" ¶**2** "espèce" ¶**3** "partie, point de l'espace", *qua ex parte ?* [pr. et fig.] *ex altera parte* ¶**4** "parti, cause" ¶**5** "parti politique" [surtout pl.] ¶**6** *partes*, rôle d'un acteur" [fig.].

I ¶**1** partie, part, portion : *pars inferior fluminis* Caes. G. 1, 1, la partie inférieure du fleuve ; *illa pars urbis* Cic. *Verr.* 5, 98, cette partie de la ville, ce quartier ; *nulla vitae pars* Cic. *Off.* 1, 4, aucun moment de la vie ; *in omnibus vitae partibus* Cic. *Font.* 40, dans tous les moments de l'existence ; *in ceteris vitae partibus* Cic. *Clu.* 41, dans le reste de la vie ; *cum intellegi volumus aliquid aut ex parte totum ... aut ex toto partem* Cic. *de Or.* 3, 168, quand nous voulons faire comprendre le tout par la partie ... ou la partie par le tout (synecdoque) ; *in partem aliquem vocare* Cic. *Caecin.* 12, appeler qqn à un partage, cf. Liv. 5, 21, 5 ; 7, 22, 9 ; *ex laude alicujus partem habere* Cic. *Brut.* 149, avoir une partie des mérites de qqn ‖ *duae partes frumenti* Cic. *Verr.* 3, 49, les 2/3 du blé ; *tres partes* Caes. G. 1, 12, 2, les 3/4 ; *tertia pars* Caes. G. 1, 31, 10, le 1/3 ; *quarta pars* Caes. G. 3, 26, 6, le 1/4 ; *magna pars, major pars, minor pars*, une grande partie, une plus grande, une plus petite : Cic. *Balb.* 21 ; *Agr.* 2, 22 ; 2, 18 ¶**2** [expressions diverses] **a)** *pars ... ducere* ; *pars ...* Liv. 22, 8, 2, les uns d'estimer ..., les autres ... ; *pars ... auctores erant ... pars ...* Liv. 23, 20, 7, une partie poussait à ... une autre ... **b)** *parte ... parte* Plin. 37, 191 ; Ov. M. 3, 483, en partie ... en partie ; *magna parte* Liv. 24, 34, 14, en grande partie ; *maxima parte* Liv. 9, 24, 12, pour la plus grande partie, *nulla parte* Quint. 2, 16, 18, aucunement **c)** *pro parte ... contulerunt* Cic. *Verr.* 2, 145, ils ont contribué pour leur part ... ;

pro mea, tua, sua parte Cic. *Fam.* 15, 15, 3, pour ma, ta, sa part, cf. Cic. *Amer.* 136 **d)** *ex parte* Cic. Q. 3, 1, 9, en partie, pour une part, cf. Liv. 6, 42, 2 ; *aliqua ex parte* Cic. *Brut.* 12, quelque peu ; *ex parte magna* Cic. *Att.* 7, 3, 3 ; *magna ex parte* Cic. *Tusc.* 4, 64, pour une grande part ; *maxima ex parte* Cic. *Har.* 11, pour la plus grande part ; *ne minima quidem ex parte* Cic. *Off.* 1, 76, pas même pour la plus faible part, à aucun degré ; *omni ex parte* Cic. *Lae.* 79, de tout point (*omni a parte* Ov. H. 12, 45, à tous égards) ; *ex omnibus partibus* Cic. *Fam.* 5, 15, 1, de toute façon **e)** *multis partibus major* Cic. *Nat.* 2, 92, de beaucoup plus grand, cf. 2, 102 ; *Ac.* 2, 116 ; *Fam.* 1, 2, 2 ; *omnibus partibus* Cic. *Fin.* 5, 93, à tous égards **f)** *in parte ... in parte* Quint. 5, 7, 22 ou *in parte* [seul] Quint. 10, 7, 25, en partie ... en partie **g)** acc. de rel., *maximam partem ... vivunt* Caes. G. 4, 1, 8, ils vivent pour la plus grande partie ..., cf. Cic. *Off.* 1, 24 ; *magnam partem ... nostra constat oratio* Cic. *Or.* 189, notre langue est composée en grande partie ... ; *bonam partem* Lucr. 6, 1249, pour une bonne part **h)** *in partem* Hor. *Epo.* 2, 39, pour une part **i)** *in aliquam partem*, dans tel ou tel sens : *in eam partem peccant quae est cautior* Cic. *Amer.* 56, ils [les chiens] se trompent par excès de précaution ; *nullam in partem disputo* Cic. *Verr.* 5, 7, je ne discute dans aucun sens, je ne prends pas parti ; *in utramque partem disputare* Cic. *Off.* 3, 89, discuter dans les deux sens, examiner le pour et le contre ; *saepe etiam in eam partem ferebatur oratione ut ... disputaret* Cic. *de Or.* 1, 90, souvent même il se laissait entraîner dans ses propos jusqu'à soutenir ... (mais *in eam partem, ut* Cic. *Cat.* 4, 3 ; *in eam partem, ne* Cic. *Att.* 16, 1, 6, dans ce sens que = en désirant que, en désirant que ne ... pas) ‖ *in bonam partem aliquid accipere* Cic. *Amer.* 45, prendre qqch. en bonne part, cf. Cic. *Arch.* 32 ; *Att.* 10, 3, 2 ; *Fam.* 14, 2, 3 ; *in optimam partem cognoscuntur adulescentes, qui* Cic. *Off.* 2, 46, ils se font connaître dans le meilleur sens, les jeunes gens qui ‖ *in omnes partes* Cic. *Att.* 11, 6, 2, à tous égards, de toute manière, cf. Cic. *Fam.* 4, 10, 2 ; 13, 1, 2 **j)** *per partes* Plin. *Ep.* 2, 5, 10, partiellement, morceau par morceau.

II en part. ¶**1** pl., *partes*, parts, parts bénéficiaires (tantièmes) : *dare partes* Cic. *Rab. Post.* 4, donner des parts [à ses amis], les intéresser dans des entreprises, cf. Cic. *Vat.* 29 ¶**2** espèce [par rapport au genre] : Cic. *Inv.* 1, 32 ; *de Or.* 2, 168 ; 2, 358 ¶**3** partie, point de l'espace : *una in parte confectis turmis* Caes. G. 7, 80, 6, les escadrons étant massés sur un seul point ; *orientis partes* Cic. *Mur.* 89, les régions de l'Orient, cf. Caes. G. 6, 11, 2 ; *qua ex parte ?* Cic. *Verr.* 5, 5, de quel côté ? sur quel point ? ‖ [pr. et fig.] *ex altera parte*, de l'autre côté, d'autre part (faisant pendant) : Cic. *Verr.* 1, 76 ; *Or.*

114 ; Caes. G. 7, 64, 6 ; *ex altera parte ... ex altera autem* Cic. *Fin.* 2, 63, d'un côté ... de l'autre (en regard) ¶**4** parti, cause : *nostrae timeo parti, quid hic respondeat* Ter. *And.* 419, j'appréhende pour nous (pour notre cause) sa réponse ; *advocati partis adversae* Quint. 5, 6, 6, les avocats de la partie adverse ; *a parte heredum* Plin. *Ep.* 6, 31, 10, du côté des héritiers, au nom des héritiers ; *a parte accusatoris* Sen. *Contr.* 10, 3, 12, du côté de l'accusation ; *in altera parte esse* Cic. *Dej.* 35, être du parti opposé [dans la guerre civile], cf. Cic. *Sull.* 9 ; *in seditione non alterius utrius partis esse* Cic. *Att.* 10, 1, 2, dans une sédition ne prendre parti ni pour l'un ni pour l'autre, cf. Cic. *Fam.* 10, 31, 1 ¶**5** sq., parti politique : Cic. *Att.* 2, 21, 5 ; *Fam.* 13, 29, 7 ‖ [surtout pl.] *civis bonarum partium* Cic. *Cael.* 77, un citoyen du bon parti, cf. Cic. *Quinct.* 69 ; *Phil.* 13, 47 ; *pro nostra partium conjunctione* Cic. *Fam.* 6, 6, 1, en raison de notre communauté de vues politiques ¶**6** [pl.] rôle d'un acteur : *primas partes agere* Ter. *Phorm.* 27, jouer le premier rôle, cf. Ter. *Haut.* 1 ; 10 ; *actor secundarum, tertiarum partium* Cic. *Caecil.* 48, acteur tenant le second, le troisième rôle ‖ [fig.] *has partes lenitatis et misericordiae, quas me natura ipsa docuit, semper egi libenter* Cic. *Mur.* 6, ce rôle de douceur et de pitié, que la nature m'a enseigné elle-même, je l'ai toujours rempli volontiers, cf. Cic. *Off.* 1, 98 ; *partes accusatoris* Cic. *Quinct.* 8, rôle d'accusateur, cf. Cic. *Fam.* 3, 10, 8 ; *transactis meis partibus* Cic. *de Or.* 2, 15, mon rôle étant achevé ; *ejus audio esse partes, ut ... disserat* Cic. *de Or.* 2, 26, j'entends dire que son rôle est de disserter ... ‖ sg., Tac. *H.* 3, 46 ; Quint. 5, 13, 1 ; 9, 4, 35.

▶ formes rares : acc. *partim* Liv. 26, 46, 8 ; gén. *partus* CIL 1, 197 ; abl. *parti* Pl. *Men.* 479 ; *Pers.* 72 ; Cat. *Agr.* 136 ; Varr. R. 1, 13, 5 ; Lucr. 1, 111 ; 4, 515 ; abl. *partei* CIL 1, 593 ‖ gén. pl. *partum* Caes. et Nep. d. Char. 141, 24.

Parsagāda, *ōrum*, n. pl., ⓥ▶ *Pasargadae* : Curt. 5, 6, 10.

parsī, parf. de *parco*.

parsĭmōnĭa, *ae*, f. (*parco*, cf. parf. *parsi*, supin *parsum*) ¶**1** épargne, économie : Cic. *Off.* 2, 87 ; *Par.* 49 ; *Verr.* 2, 7 ; *sera parsimonia in fundo est* Sen. *Ep.* 1, 5, économie tardive, quand on arrive au fond du tonneau ¶**2** pl., épargnes, économies : Pl. *Trin.* 1028 ‖ jeûnes, privations : Prud. *Cath.* 7, 3 ¶**3** [fig.] sobriété [d'un orateur] : Cic. *Or.* 84.

parsĭmōnĭum (parcĭmōnĭum), *ĭi*, n., ⓒ▶ *parsimonia* : CIL 5, 1223 ; 4156.

parsĭo, *ōnis*, f. (*parco*), action d'épargner, épargne : *Gloss. 2, 470, 26.

parsīs, ⓥ▶ *parco* ▶.

parsūrus, ⓥ▶ *parco*.

parta, *ae*, f. (2 *pario*), celle qui a enfanté : Col. 7, 4, 3.

partecta, ōrum, n. pl. (de παρατε-κταίνω?, cf. *tectum*), gradins de bois [cirque] : Chron. 1, 146, 28.

Parthānum, ▶ Parrodunum.

Parthāōn, ŏnis, m. (Παρθάων), Parthaon [fils de Mars (Arès) et père d'Œnée, roi de Calydon en Étolie] : Pl. *Men.* 745 ; Ov. *M.* 9, 12 ‖ **-ŏnĭdēs**, ae, m., fils ou descendant de Parthaon [Méléagre] : Val.-Flac. 3, 705 ‖ **-ŏnĭus**, a, um, de Parthaon : Ov. *M.* 8, 441 ; [par ext.] d'Étolie : Stat. *Th.* 1, 670.

Parthēni, ōrum, m. pl. (Παρθεινοί), peuple de Dalmatie : Plin. 3, 143 ; ▶ Parthinus.

Parthĕnĭa, ae, f., nom donné à l'île de Samos : Plin. 5, 135.

Parthĕnĭae, ārum, m. pl. (Παρθενίαι), les Parthéniens [enfants illégitimes nés à Sparte pendant la guerre de Messénie, partis s'établir dans la Grande-Grèce sous la conduite de Phalante] : Just. 3, 4, 7.

Parthĕnĭānus, a, um, de Parthénius : Mart. 9, 49.

Parthĕnĭās, ae, m. (Παρθενίας), rivière d'Arménie : Plin. 6, 129 ‖ un surnom de Virgile : Don. *Verg.* 11 ; Serv. *En. pr.*

parthĕnĭcē, ēs, f. (παρθενική), fleur des vierges, camomille : Catul. 61, 194.

parthĕnĭcŏn, i, n. (παρθενικόν), pouliot [plante] : Ps. Apul. *Herb.* 92.

Parthĕnĭcum, i, n., port de Sicile [Partinico] : Anton. 91.

Parthĕnĭē, ēs, f., ville d'Ionie : Plin. 5, 117.

parthĕnis, ĭdis, f. (παρθενίς), armoise [plante] : Plin. 25, 73.

1 **Parthĕnĭum (-ĭŏn)**, ii, n., promontoire de la Chersonèse taurique : Plin. 4, 86 ‖ villes d'Arcadie, de Thrace, de Mysie : Plin. 4, 20 ; 5, 126.

2 **parthĕnĭum (-ĭŏn)**, ii, n. (παρθένιον), nom de différentes plantes [matricaire, mercuriale et surtout pariétaire] : Plin. 22, 43 ; 21, 176 ; 25, 38.

1 **Parthĕnĭus**, a, um, du mont Parthénius : Virg. *B.* 10, 57 ; Ov. *M.* 9, 188 ‖ **Parthenium mare** Amm. 14, 8, 10, mer Parthénienne [N-E de la Méditerranée].

2 **Parthĕnĭus**, ii, m. (Παρθένιος), le Parthénius [mont d'Arcadie] : Liv. 34, 26 ; Plin. 4, 21 ; Mel. 2, 43 ‖ fleuve en Paphlagonie : Plin. 6, 5 ; Mel. 1, 104.

3 **Parthĕnĭus**, ii, m., un des compagnons d'Énée : Virg. *En.* 10, 748 ‖ poète et grammairien, maître de Virgile : Suet. *Tib.* 70 ; Gell. 9, 9, 3 ; 13, 26, 1 ; Macr. *Sat.* 5, 17, 18 ‖ valet de chambre de Domitien : Suet. *Dom.* 16 ; Mart. 4, 45.

Parthĕnŏarrhūsa, ae, f. (Παρθενοαρούσσα), ancien nom de l'île de Samos : Plin. 5, 135.

Parthĕnōn, ōnis, m. (Παρθενών), le Parthénon [temple d'Athéna à Athènes]

Atlas VII : Plin. 34, 54 ‖ portique de la villa de Pomponius Atticus : Cic. *Att.* 13, 40, 1.

Parthĕnŏpaeus, i, m. (Παρθενοπαῖος), Parthénopée [roi d'Arcadie, fils de Méléagre et d'Atalante, un des sept chefs qui assiégèrent Thèbes et périrent devant cette ville] : Virg. *En.* 6, 430 ; Stat. *Th.* 4, 248.

Parthĕnŏpē, ēs, f. (Παρθενόπη), une des Sirènes qui, lorsque Ulysse leur eut échappé, se précipitèrent dans la mer ; son corps fut rejeté sur la côte à l'endroit où plus tard fut bâtie la ville de Naples, qui prit son nom : Virg. *G.* 4, 564 ; Ov. *M.* 15, 712 ; Plin. 3, 62.

Parthĕnŏpēĭus, a, um, de Parthénope [ou Naples] : Ov. *M.* 14, 101.

Parthĕnŏpŏlis, is, f., ville de la Mésie inférieure : Plin. 4, 44 ; Eutr. 6, 6 ‖ ancienne ville de Bithynie : Plin. 5, 148.

Parthi, ōrum, m. pl. (Πάρθοι), les Parthes [peuple de Perse, réputé pour ses cavaliers et ses archers] ; [par ext.] les Perses : Cic. *Att.* 5, 18, 1 ; *Phil.* 11, 14 ; Hor. *O.* 2, 13, 18 ; Virg. *G.* 4, 314 ; Ov. *A. A.* 1, 209 ‖ sg., **Parthus** : Cael. *Fam.* 8, 5, 1.

Parthĭa, ae, f. (Παρθία), la Parthie, pays des Parthes ; [par ext.] la Perse : Plin. 6, 44 ; Luc. 8, 350.

Parthĭcārĭus, a, um, relatif au cuir de Parthie : **Parthicarii negotiatores** Cod. Just. 10, 47, 7, marchands de cuirs provenant de la Parthie.

Parthĭcus, a, um, des Parthes, des Perses : Cic. *Fam.* 2, 10, 2 ; 12, 19, 2 ‖ **Parthicae pelles** Marc. *Dig.* 39, 4, 16, 7, cuir de Parthie [teint en rouge] ‖ Parthicus [vainqueur des Parthes], surnom de Trajan, de Septime Sévère et de plusieurs empereurs : CIL 2, 2054 ; 6, 1074.

Parthīēne, ▶ Parthia Curt. 6, 2, 12.

Parthīnus, a, um, parthinien [peuple d'Illyrie, près de Dyrrachium] : Suet. *Aug.* 19 ‖ subst. m. pl., **Parthini** Caes. *C.* 3, 11, 3 ; Cic. *Pis.* 96, Parthiniens.

Parthis, ĭdis, f. (Παρθίς), Manil. 4, 800, ▶ Parthia.

Parthum, i, n., ▶ Parthinus.

Parthus, a, um (Πάρθος), des Parthes, des Perses : Cic. *Fam.* 9, 25, 1 ; Ov. *F.* 5, 580 ‖ ▶ Parthi.

Parthyēnē, ēs, f. (Παρθυηνή), ▶ Parthiene : Plin. 6, 212.

parti, ▶ pars ▶ et 2 partus ▶.

partĭālis, e (pars), partiel : Greg.-M. *Ep.* 5, 41.

partĭālĭtĕr, adv., en partie, partiellement : Cael.-Aur. *Chron.* 2, 1, 36.

partĭārĭō, adv. (partiarius), par moitié, en partageant : Cat. *Agr.* 16 ; 137.

partĭārĭus, a, um (pars), qui a une partie, qui participe à : **partiarius legatarius** Gai. *Inst.* 2, 254, légataire pour une part ; **partiarius colonus** Gai. *Dig.* 19, 2, 25, colon partiaire [qui verse une part des produits en guise de loyer] ‖ subst. m., qui

partage [avec gén.] Tert. *Marc.* 3, 16, 3 ; *Res.* 2, 2.

partĭātim, adv. (pars), partiellement : Cael.-Aur. *Acut.* 1, 11, 79.

partĭbĭlis, e (partio), Mamert. *Anim.* 1, 18, ▶ partilis.

partĭceps, ĭpis (pars, capio ; it. *partecipe*), participant, qui a une part de, qui partage [avec gén.] : **divinationum duo sunt genera, unum, quod particeps est artis, alterum, quod arte caret** Cic. *Div.* 1, 34, il y a deux sortes de divinations, l'une où l'art a une part, l'autre d'où l'art est absent, cf. *Cat.* 3, 14 ; *Prov.* 44 ; *Or.* 21 ; *Tusc.* 4, 10 ‖ **esse alicui participem alicujus rei** Curt. 6, 6, 36, être pour qqn participant à qqch. = participer avec qqn à qqch. ; **Natalis particeps ad omne secretum Pisoni erat** Tac. *An.* 15, 50, Natalis était le confident de Pison pour tous les secrets ‖ subst. m., associé, compagnon, camarade : Pl. *Most.* 312 ; *Ps.* 588 ; **meus particeps** Ter. *Haut.* 150, celui qui partage avec moi, cf. Cic. *Att.* 9, 10, 5.

partĭcĭpābĭlis, e, qui a part, qui participe, participant : Chalc. 339 ; Iren. 3, 8, 3 ‖ [sens passif] à quoi l'on peut participer : Hier. *Didym.* 8 ; 83.

partĭcĭpālis, e (particeps), [gram.] qui est au participe : Varr. *L.* 10, 34 ; Quint. 1, 4, 29.

partĭcĭpātĭō, ōnis, f. (participo), participation, partage : Aug. *Quaest.* 83, 24 ; Spart. *Did.* 6, 9.

partĭcĭpātum, i, n., [gram.] participe : Capel. 3, 227.

1 **partĭcĭpātus**, a, um, part. de *participo*.

2 **partĭcĭpātŭs**, ūs, m., partage, participation : Spart. *Sev.* 8.

partĭcĭpĭālĭs, e (participium), qui est au participe : **participialia verba** Quint. 1, 4, 29, participes ‖ **participiale nomen** Prisc. 2, 409, 5, supin et gérondif.

partĭcĭpĭālĭtĕr, adv., au participe : Fest. 214, 4 ; 482, 30.

partĭcĭpĭum, ii, n. ¶ 1 participation : Cod. Just. 1, 4, 34 ¶ 2 participe [gram.] : Varr. *L.* 8, 58 ; Quint. 1, 4, 19 ; 1, 5, 47.

partĭcĭpō, ās, āre, āvī, ātum (particeps) **I** tr. ¶ 1 **a)** faire participer : **aliquem aliqua re** Pl. *Mil.* 263 ; **alicujus rei** Pl. *Cis.* 165, faire participer qqn à qqch. ; [avec interrog. indir.] faire connaître : Pl. *St.* 33 ‖ [pass.] être admis au partage, être mis en participation : Cic. *Leg.* 1, 33 **b)** partager, mettre en commun, répartir : **rem cum aliquo** Liv. 3, 12, 5, partager une chose avec qqn ‖ [pass.] **participato cum eo regno** Just. 3, 2, 8, le royaume étant partagé avec lui ¶ 2 avoir sa part de, participer à : Enn. *Tr.* 322 ; Dig. 17, 2, 55 ‖ **ad participandas voluptates** Gell. 15, 2, 7, pour participer aux plaisirs.

II intr., [avec dat.] *alicujus poculo participare* Tert. *Ux.* 2, 6, 1, boire à la coupe de qqn.

partĭcŭla, *ae*, f. (dim. de *pars*), petite partie, parcelle, particule : Cic. *Ac.* 2, 118; *de Or.* 2, 162; *Rep.* 1, 38; *Pis.* 85 ‖ [rhét.] les incises [petits membres dont se compose une phrase, une période] : Quint. 9, 4, 69; 10, 3, 30 ‖ [gram.] particule : Gell. 2, 17, 6; 2, 19, 3; 7, 7, 6.

partĭcŭlāris, *e* (*particula*), particulier : Ps. Apul. *Herm.* 3, p. 177, 16 ‖ partiel : Cod. Just. 9, 6, 6.

partĭcŭlārĭtĕr, adv., particulièrement [opp. *generaliter, universaliter*], en particulier : Ps. Apul. *Herm.* 3, p. 182, 22; Aug. *Imm.* 15, 24.

partĭcŭlātim, adv. (*particula*), par morceaux, en détail : *excarnificare aliquem particulatim* Sen. *Ep.* 24, 14, mettre en pièces le corps de qqn, cf. Col. 7, 6, 5; Dig. 8, 3, 23; [fig.] Her. 1, 14 ‖ en particulier : Varr. *R.* 2 pr. 2.

partĭcŭlātĭo, *ōnis*, f. (*particula*), subdivision : Capel. 9, 953.

partĭcŭlātus, *a, um*, de détail, partiel : Hil. *Trin.* 12, 40.

partĭcŭlo, *ōnis*, m. (*particula*), cohéritier : Pompon. *Com.* 140.

partĭlis, *e* (*pars*), divisible : Aug. *Trin.* 12, 9; Mamert. *Anim.* 1, 18, 3 ‖ [fig.] particulier : *partilia fata* Amm. 14, 11, 25, la destinée de chacun.

partĭlĭtĕr, adv. (*partilis*), séparément, partiellement : Arn. 1, 8; 6, 4.

partim, anc. acc. de *pars*, pris adv¹ ¶ **1** en partie : *eorum partim., partim... voluerunt* Cic. *de Or.* 2, 94, parmi eux les uns voulurent... les autres, cf. Cic. *Off.* 2, 72; *partim copiarum mittit... partim...* Liv. 26, 46, 8, il envoie une partie des troupes... une autre..., cf. Liv. 42, 41, 2; Nep. *Att.* 7, 2; *partim ex illis* Cic. *Leg.* 2, 42, une partie d'entre eux, cf. Cic. *Vat.* 16; *Phil.* 8, 32 ‖ *amici partim... partim* Cic. *Q.* 1, 3, 5, mes amis en partie... en partie ‖ *partim quod... partim quod* Caes. *G.* 5, 6, 3, en partie parce que... en partie parce que, cf. Cic. *Marc.* 1; Liv. 29, 26, 5 ‖ *partim* [seul] Cic. *Verr.* 2, 158; *Div.* 2, 23 ¶ **2** [en balancement avec *alii*] les uns... une partie (d'autres) : Cic. *Nat.* 1, 103; *Div.* 1, 93; Sall. *J.* 19, 5; 21, 2; 38, 3.

partĭo, *ōnis*, f. (2 *pario*), accouchement : Pl. *Truc.* 196 ‖ ponte : Varr. *R.* 3, 9, 4.

partĭō, *īs, īre, īvī ĭĭ, ītum* (*pars*; fr. *partir*), tr. ¶ **1** diviser en parties : Lucr. 5, 684 ¶ **2** partager, répartir, distribuer : Pl. *Mil.* 707; Sall. *J.* 43, 1; Tac. *An.* 12, 30; *pes partitur in tria* Cic. *Or.* 188, le pied rythmique se répartit en trois catégories ‖ *partitis copiis cum C. Fabio et M. Crasso* Caes. *G.* 6, 6, 1, ayant partagé les troupes avec C. Fabius et M. Crassus, cf. Caes. *G.* 6, 33, 1; 7, 24, 5; Cic. *de Or.* 3, 119; *partitis temporibus* Caes. *G.* 7, 24, 5,

les heures de service étant réparties ¶ **3** *aliquem in suspicionem* Enn. *Tr.* 281, englober qqn dans un soupçon [le soupçonner aussi].

▶ les emplois passifs peuvent se rattacher à *partior*.

partĭŏr, *īrĭs, īrī, ītus sum* (*pars*), tr. ¶ **1** diviser en parties : *genus universum in species certas partietur ac dividet* Cic. *Or.* 117, il divisera et séparera un cas général en espèces bien définies; *actio partienda est in gestum atque vocem* Cic. *Brut.* 141, l'action doit se diviser en deux parties, le geste et la voix ¶ **2** partager, répartir : *aliquid cum aliquo* Caes. *C.* 3, 82, 1, partager qqch. avec qqn, cf. Cic. *Verr.* 4, 37; *Brut.* 190; *id opus partiuntur inter se* Caes. *C.* 1, 73, 4, ils partagent ce travail entre eux; *cum partirentur inter se, qui Capitolium, qui rostra occuparent* Cic. *Phil.* 14, 15, distribuant entre eux la tâche d'occuper, les uns le Capitole, les autres les rostres; *non partiendae invidiae causa loquor* Cic. *Sull.* 9, je parle non pas en vue de faire partager à d'autres la haine qu'on me porte; V.▶ *partio*.

▶ *partiturus* Caes. *C.* 1, 4, 3.

partĭpĕdes versus, m. (*pars, pes*), vers dans lesquels chaque mot forme un pied : Diom. 499, 12.

partītē, adv., méthodiquement [en divisant clairement] : Cic. *Or.* 99.

partītĭālis, *e*, partiel : Greg.-M. *Ep.* 5, 41.

partītĭo, *ōnis*, f. (2 *partio*), partage, division, répartition : Cic. *Off.* 2, 40; *Sest.* 54; *in hac partitione ornatus* Cic. *Verr.* 4, 121, dans cette répartition des ornements [de la ville] ‖ classification : *oratoris officium partitione tertium* Cic. *Brut.* 19, le troisième devoir de l'orateur, d'après le classement ‖ [rhét.] la division : Cic. *Inv.* 1, 31; Quint. 1, 2, 13; *Partitiones oratoriae*, Divisions de l'art oratoire [titre d'un ouvrage de Cic.] ‖ [phil.] énumération des parties : Cic. *Top.* 28; 30; 34; Quint. 4, 5, 1; 7, 1, 1.

partītō, *ās, āre, -, -* (fréq. de 2 *pario*), Prisc. 2, 501, 7.

partītŏr, *ōris*, m. (*partior*), distributeur : Gloss. 2, 309, 43.

partītūdo, *ĭnis*, f. (2 *pario*, 2 *partus*), accouchement : Pl. *Aul.* 75; Cod. Th. 9, 42, 10.

partītus, *a, um*, part. de 2 *partio* et de *partior*.

partor, V.▶ *postpartor*.

partrix, *īcis*, f., celle qui enfante : Rustic. *Aceph.* p. 1245 A.

partŭālis, *e* (2 *partus*), qui provient de l'accouchement : Tert. *Marc.* 4, 20, 12.

partŭis, V.▶ 2 *partus* ▶.

Partŭla, *ae*, f. (2 *partus*), déesse des accouchements : Tert. *Anim.* 37, 1.

1 **partum**, n. de *partus, a, um*.

2 **partum**, arch. pour *partium*, V.▶ *pars* ▶.

partūra, *ae*, f. (2 *pario*), action de mettre bas : Varr. *R.* 2, 1, 26.

partŭrĭālis, *e* (*parturio*), en train d'être couvé [en parl. d'un œuf] : Cassiod. *Anim.* 4.

partŭrĭō, *īs, īre, īvī* [tard.], - (désid. de *pario*) ¶ **1** intr., être sur le point d'accoucher [pr. et fig.] : *vereor, ne parturire intellegat* Ter. *Hec.* 413, je crains qu'il ne comprenne qu'elle accouche; *parturit omnis arbos* Virg. *B.* 3, 56, tous les arbres bourgeonnent; *parturiunt montes* Hor. *P.* 139, les montagnes sont en travail; *parturit gramine solum* Col. 10, 10, la terre se couvre d'herbe ‖ [fig.] souffrir, éprouver des souffrances, des inquiétudes : Cic. *Lae.* 45 ¶ **2** tr., porter dans son sein, couver : *respublica periculum parturit* Cic. *Mur.* 84, la république couve un danger dans son sein, cf. Liv. 21, 18, 12 ‖ enfanter, produire : Hor. *O.* 1, 7, 16; 4, 5, 26.

▶ imparf. *parturibat* Phaed. 4, 23, 1; Apul. *M.* 7, 1.

partŭrītĭo, *ōnis*, f. (*parturio*), enfantement : Hier. *Jovin.* 1, 22; Aug. *Conf.* 8, 6.

1 **partus**, *a, um*, part. de *pario*.

2 **partŭs**, *ūs*, m. (2 *pario*; it. *parto*) ¶ **1** enfantement, accouchement : Cic. *Nat.* 2, 69; *Fam.* 6, 18, 5 ‖ [fig.] Cic. *Brut.* 49 ¶ **2** action de procréer [hommes] : Cic. *poet. Tusc.* 2, 20 v. 5 ¶ **3** fruit de l'enfantement, enfants : Cic. *Fin.* 1, 12; *plures partus eniti* Liv. 40, 4, 4, mettre au monde, plusieurs enfants ‖ petits, portée : Cic. *de Or.* 2, 68; *Tusc.* 5, 79 ‖ productions des plantes : Varr. *R.* 1, 8; Plin. 17, 13.

▶ dat. sg. *partu* Prop. 1, 13, 30; dat. abl. pl. *partubus* Hor. *Epo.* 5, 5; *partibus* Apul. *M.* 9, 33 ‖ gén. arch. *parti* Pacuv. *Tr.* 77 et *partuis* Varr. *Men.* 26.

părum, adv. (arch. *parvom*) ¶ **1** trop peu, pas assez [avec ou sans gén.] : *leporis parum* Cic. *Brut.* 240, trop peu de grâce; *non parum humanitatis* Cic. *Amer.* 46, suffisamment de qualités humaines; *magis offendit nimium quam parum* Cic. *Or.* 73, le trop choque plus que le trop peu; *parum constans* Cic. *Fam.* 7, 13, 1, manquant de constance; *parum multi* Cic. *Planc.* 18, trop peu nombreux; *res non parum clara* Cic. *Verr.* 4, 29, affaire suffisamment connue; *non parum saepe* Cic. *Fin.* 2, 12, assez souvent; *haud parum callide* Liv. 22, 26, 4, assez adroitement; *philosophiam multis locis inchoasti ad impellendum satis, ad edocendum parum* Cic. *Ac.* 1, 9, tu as en maints endroits entamé les questions philosophiques, assez pour exciter, pas assez pour instruire ‖ *parumne est, quod...?* Cic. *Sest.* 32, ne suffit-il pas que...?, cf. Ter. *Phorm.* 546; *parum est, ut* subj., Plin. *Pan.* 60, 1, il ne suffit pas que; *illis parum est* inf., Sall. *J.* 31, 22, il ne leur suffit pas de, cf. Ov. *F.* 2, 415;

parum

[avec prop. inf.] Cic. *Lig.* 35 ; Liv. 38, 54, 9 ; Plin. 34, 28 ; *parum est, si... venis* Liv. 6, 40, 18, il n'est pas suffisant que tu viennes... ‖ *parumne multa mercatoribus sunt pericula subeunda fortunae, nisi etiam hae formidines... impendentur?* Cic. *Verr.* 5, 157, sont-ils trop peu nombreux les accidents fortuits que les marchands doivent affronter ? faut-il encore que ces terreurs-ci soient suspendues sur leurs têtes... ?, cf. *Amer.* 49 ; Liv. 6, 40, 18 ; Plin. *Pan.* 60, 1 ; *parumne est malai rei quod amat Demipho, ni sumptuosus insuper etiam siet* Pl. *Merc.* 693, n'est-ce pas un malheur suffisant que Démiphon soit amoureux ? faut-il encore qu'il soit par-dessus le marché dépensier ?, cf. Pacuv. *Tr.* 277 ; Ter. *Phorm.* 546 ; Tac. *An.* 11, 23 ‖ *parum habere* [avec inf.], ne pas se contenter de : Sall. *J.* 31, 9 ; Liv. 42, 3, 6 ¶ **2** guère : *nihil aut certe parum intererat...* Plin. *Pan.* 20, 3, il n'y avait pas ou du moins guère de différence..., cf. Quint. 3, 1, 5 ; Sen. *Ep.* 110, 20 ; 116, 7.
▶ V.▶ *minus et minime.*

părumpĕr, adv. (*parum*, 1 *per*), pour un instant, momentanément : Cic. *Phil.* 2, 104 ; *Lae.* 5 ‖ en peu de temps, vite : Enn. *An.* 53.

păruncŭlus, *i*, m. (dim. de 3 *paro*), petit bateau : Cic. d. Isid. 19, 1, 20.

1 pārus, *i*, m., V.▶ *parrus* : *Philom.* 9.

2 Părus, *i*, f., V.▶ *Paros.*

parvē, adv., peu : Vitr. 9, 4, 6 ‖ *parvissime* Cael.-Aur. *Acut.* 2, 38, 218.

parvi, gén., V.▶ *parvum.*

parvĭbĭbŭlus, *a*, *um* (*parvus*, *bibo*), qui boit peu : Cael.-Aur. *Acut.* 3, 15, 120.

parvĭcollis, *e* (*parvus*, *collum*), qui a le cou court : Cael.-Aur. *Chron.* 2, 12, 137.

parvĭor, parvissĭmus, V.▶ *parvus* ▶.

parvĭpendō, *ĭs, ĕre*, -, -, tr., faire peu de cas de, mépriser : Vulg. 2 *Par.* 36, 16.
▶ aussi en deux mots.

parvĭtās, *ātis*, f. (*parvus*), petitesse : *parvitas vinculorum* Cic. *Tim.* 41, ténuité des liens ; pl., Gell. 1, 3, 28 ‖ [fig.] *mea parvitas* Val.-Max. *pr.*, mon humble personne ‖ faible importance, futilité : *Gell. 6, 17, 2.

parvō, abl., V.▶ *parvum.*

parvŭlĭtās, *ātis*, f. (*parvulus*), petite enfance : Commod. *Instr.* 1, 6, 2.

parvŭlum, n. de *parvulus*, pris adv[t], très peu : Plin. *Ep.* 8, 14, 14 ; Cels. 7, 18, 32.

parvŭlus, *a*, *um* (dim. de *parvus* ; it. *pargolo*), très petit : Cic. *Com.* 23 ; Caes. *G.* 2, 30, 1 ; Lucr. 4, 193 ‖ tout jeune : *a parvulo* [en parl. d'un seul] Ter. *And.* 35 ; *a parvulis* [en parl. de plusieurs] Caes. *G.* 6, 21, 3, dès l'enfance.

parvum, *i*, n. de *parvus* pris subst[t] ¶ **1** nom. presque inus. : *parvum sanguinis* Luc. 2, 128, un peu de sang ¶ **2** [très employé au gén. et abl. dans une série d'expr.] *parvi facere, aestimare, ducere, pendere*, estimer peu, v. ces verbes ; *parvi esse* Cic. *Att.* 15, 3, 1, avoir peu de valeur ; *parvi refert* Cic. *Q.* 1, 1, 20, il importe peu ‖ *parvo contentus* Cic. *Fin.* 2, 91, content de peu ; *consequi aliquid parvo* Cic. *Fin.* 2, 92, obtenir qqch. à peu de frais, cf. Cic. *Att.* 1, 3, 2 ; *parvo vendere* Cic. *Verr.* 3, 117, vendre à bas prix, bon marché ; *assuescere parvo* Sen. *Ep.* 123, 3, s'habituer à vivre de peu ‖ [dev. un compar.] [rare] *parvo plures* Liv. 10, 45, 11, un peu plus nombreux, cf. Plin. 2, 168 ; Gell. 13, 2, 2 ; *parvo post* Plin. 16, 103, peu après.

parvus, *a*, *um* (cf. παῦρος, *paucus, paullus* et p.-ê. 2 *pario*) ¶ **1** petit : *videre quam parva sit terra* Cic. *Rep.* 1, 26, se rendre compte de la petitesse de la terre ; *parvi pisciculi* Cic. *Nat.* 2, 123, petit fretin ; *parvus et angustus locus* Cic. *Leg.* 1, 17, petite place étroite ¶ **2** [au point de vue du temps] *in parvo tempore* Lucr. 5, 106, en peu de temps ; *parva vita* Luc. 6, 806, courte vie ; *parva mora* Cic. *Verr.* 5, 165, court délai ¶ **3** [nombre, quantité] *parvae copiae* Cic. *Fam.* 12, 5, 2, faibles troupes ; *parvus numerus navium* Nep. *Them.* 5, 3, petit nombre de vaisseaux ; *parva pecunia* Cic. *Off.* 3, 114, petite somme d'argent ¶ **4** [valeur] *pretio parvo vendere* Cic. *Verr.* 4, 134, vendre à faible prix ; *beneficium non parvum* Cic. *Caecin.* 26, bienfait d'importance ; *commoda parva* Cic. *Q.* 3, 8, 1, petits avantages ‖ [qualité] *parvi esse animi* Cic. *Arch.* 30, avoir une âme petite, mesquine, cf. Cic. *Or.* 94 ; *parvo labore* Cic. *de Or.* 2, 174, avec peu de peine, sans grand travail ¶ **5** [âge] *Romulus parvus atque lactans* Cic. *Cat.* 3, 19, Romulus [statue] tout petit et encore à la mamelle, cf. Cic. *Verr.* 1, 130 ‖ [m. pl. pris subst[t]] *parvi*, les petits : Cic. *Fin.* 3, 16 ; 5, 42 ‖ [expr. adv.] *a parvis* [quand il s'agit de plusieurs] Cic. *Nat.* 1, 81 ; *Leg.* 2, 9 ; *a parvo* [quand il s'agit d'un seul] Liv. 1, 39, 6, dès l'enfance ¶ **6** [rang, condition, importance] *parvus carmina fingo* Hor. *O.* 4, 2, 31, humble, je compose des vers ; *parvi properemus et ampli* Hor. *Ep.* 1, 3, 28, petits et grands, consacrons-nous en hâte à....
▶ V.▶ *minor, minimus* ‖ *parvior* Cael.-Aur. *Chron.* 2, 1, 6 ; *parvissimus* Varr. *Men.* 375 ; Lucr. 1, 615 ; 3, 199.

Părўadrēs, *ae*, m., C.▶ *Parihedrus.*

părўgrus, *a*, *um* (πάρυγρος), un peu humide, moite : M.-Emp. 36, 51.

Păsargădae, *ārum*, f. pl. (Πασαργάδαι), ville de Perse [Fasa] : Plin. 6, 99 ‖ V.▶ *Parsagada.*

pascālis, *e* (*pasco*), qu'on fait paître, qui paît : Cat. d. Fest. 280, 14 ; Lucil. 1246.
▶ écrit aussi *pastalis* ; V.▶ *passales.*

pascĕŏlus, *i*, m. (de φάσκωλος), bourse de cuir : Cat. d. Non. 151, 10 ; Lucil. 446 ; Pl. *Ru.* 1314.

Pascha, *ae*, f., **Pascha**, *ătis*, n. (hébr. = passage, Πάσχα ; fr. *Pâque*) ¶ **1** la Pâque [fête chez les Juifs] ou Pâques [fête chez les chrétiens] : Tert. *Ux.* 2, 4, 2 ; Aug. *Epist.* 10 (399), 17 ‖ pl., *Pascharum dies* Symm. *Ep.* 10, 77, le jour de Pâques ¶ **2** l'agneau pascal [que les Juifs mangeaient pour célébrer la Pâque] : Vulg. 1 *Esdr.* 6, 20 ‖ [fig.] [en parl. de J.-C.] Vulg. 1 *Cor.* 5, 7.

Paschālis, *e*, de la Pâque, pascal : Cod. Th. 9, 35, 4.

Paschasĭa, *ae*, f., nom d'une martyre : Greg.-Tur. *Martyr.* 50 ‖ **Paschasĭus**, *ii*, m., diacre romain : Greg.-M. *Dial.* 4, 42, 1.

pascĭtō, *ās, āre*, -, - (fréq. de *pasco*), intr., *Varr. *R.* 3, 16, 19.

pascō, *ĭs, ĕre, pāvī, pastum* (1 *pastor, pabulum, panis*, cf. scr. *pāti*, hit. *pahs-*, πῶμα, ποιμήν, πατέομαι, toch. B *pāsk-*, rus. *pasti*, al. *Futter*, an. *food* ; fr. *paître*), tr. ¶ **1** faire paître, mener paître : Cic. *Div.* 1, 31 ; Virg. *B.* 1, 78 ; *G.* 4, 395 ‖ [d'où] faire l'élevage : *beluas* Cic. *Off.* 2, 14, faire l'élevage des animaux ; [abs[t]] *bene, male pascere* Cic. *Off.* 2, 89, être bon, mauvais éleveur ¶ **2** [poét.] donner qqch. en pâture : *collium asperrima pascunt* Virg. *En.* 11, 319, ils mettent en pâturages (ils font paître sur) les parties les plus âpres des collines ¶ **3** nourrir, entretenir, alimenter : *olusculis aliquem* Cic. *Att.* 6, 1, 13, faire manger à qqn (repaître qqn) de simples légumes ; *aliquem rapinis* Cic. *Mil.* 3, nourrir qqn de rapines ¶ **4** [fig.] **a)** nourrir, développer, faire croître : *barbam* Hor. *S.* 2, 3, 35 ; *crinem* Virg. *En.* 7, 391, laisser pousser sa barbe, ses cheveux ; *polus dum sidera pascet* Virg. *En.* 1, 608, tant que le ciel nourrira les astres, cf. Lucr. 1, 231 ; *umbra pascens sata* Plin. 17, 90, l'ombre qui fait pousser les semences ; *brevitate crassitudinem pascens vitis* Plin. 14, 13, vigne qui, taillée court, développe sa grosseur ; *nummos alienos* Hor. *Ep.* 1, 18, 35, nourrir l'argent d'autrui, faire fructifier les capitaux d'autrui [par les intérêts qu'on paie] ; *spes inanes* Virg. *En.* 10, 627, nourrir de vains espoirs ; *qui vestros campos pascit* Liv. 25, 12, 10, [le dieu] qui nourrit [qui protège] vos champs **b)** repaître, réjouir : *oculos aliqua re* Cic. *Verr.* 5, 65, repaître ses yeux de qqch. ; [ou] *in aliqua re* Cic. *Phil.* 11, 8 ‖ [pass.] se repaître : *scelere pascuntur* Cic. *Off.* 2, 40, ils se repaissent de crimes, cf. Cic. *Att.* 4, 10, 1 ; *Sest.* 99 ; *Pis.* 45 ¶ **5** [poét.] paître, brouter : *saltibus in vacuis pascunt* Virg. *G.* 3, 143, [les femelles] paissent dans des bocages solitaires ; [avec acc.] Tib. 2, 5, 25 ; *pasto cibo pasci* Ov. *Am.* 3, 5, 17, manger la nourriture déjà mangée [ruminer].

pascŏr, *scĕrĭs, scī, pastus sum*, tr. ¶ **1** paître, brouter, manger : [abs[t]] Virg. *G.* 3, 162 ; 3, 219 ; [avec acc.] Virg. *G.* 3, 314 ; *En.* 2, 471 ; Plin. 9, 7 ¶ **2** manger [en parl. des poulets qui servent aux augures] : Cic. *Div.* 2, 72 ; Liv. 6, 41, 8.

pascŭa, ae, f., pâturage : Tert. Apol. 22, 7.

pascŭālis, e, Vulg. 3 Reg. 4, 23 ; P. Fest. 281, 3, ⊳ pascalis.

pascŭōsus, a, um, propre au pâturage : Ps. Apul. Herb. 93.

pascŭum, i, n., P. Fest., et ordin[t] **pascŭa**, ōrum, pl., pâturage, pacage : Cic. Agr. 1, 3 ; P. Fest. 35, 10 ‖ terres rapportant un revenu au peuple romain : Plin. 18, 11 ‖ pâture, nourriture [des bêtes] : *pascuis pecudum destinata silva* Dig. 50, 16, 30, forêt destinée à servir de pâturage aux troupeaux.

pascŭus, a, um (pasco), propre au pâturage : Cic. Rep. 5, 2.

Pāsĭās, ae, m. (Πασίας), nom d'un peintre : Plin. 35, 145.

Pāsĭcompsa, ae, f. (πᾶσι κομψή), nom de courtisane : Pl. Merc. 516.

Pāsīni cīvĭtās, f., surnom d'Œnone, ville de Liburnie : Plin. 3, 140.

Pāsĭphăa, ae, f., Cic. Div. 1, 96, **Pāsĭphăē**, ēs, f. (Πασιφάη), Pasiphaé [fille du Soleil, femme de Minos, mère de Phèdre, d'Ariane, du Minotaure] : Cic. Nat. 3, 48 ; Virg. B. 6, 46.

Pāsĭphăēĭa, ae, f., fille de Pasiphaé [Phèdre] : Ov. M. 15, 500.

Pāsĭphĭlus, i, m., nom d'homme : CIL 10, 1692.

Pasirae, ārum, m. pl., peuple de Gédrosie : Plin. 6, 97.

Pāsĭtĕlēs, is, m. (Πασιτέλης), Pasitélès [nom de deux sculpteurs] : Plin. 35, 156 ; Cic. Div. 1, 79.

Pāsĭthĕa, ae et **Pāsĭthĕē**, ēs, f. (Πασιθέα, Πασιθέη), Pasithée [une des trois Grâces] : Catul. 63, 43 ; Sen. Ben. 1, 3, 7 ‖ Stat. Th. 2, 286.

Pāsĭtigris, ĭdis ou is, m., nom du Tigre à l'endroit où ses deux bras se réunissent : Plin. 6, 129 ‖ fleuve de Perse, dans la Susiane : Curt. 5, 3, 1.

passa ūva (it. *passa*, esp. *pasa*), ⊳ 2 *pando* § 4 et *passum*.

Passala, ae, f., île en face de la Carie : Plin. 5, 134.

passāles, f. pl. (cf. *passim*), qui errent en pâturant : P. Fest. 249, 4 ; ⊳ *pascalis*, *pastalis*.

Passălŏrinchītae, ārum, m. pl. (πάσσαλος, ῥύγχος), secte de silencieux : Fil. 76, 1.

passar, m., VL. Lev. 11, 16 ; App.-Prob. 4, 198, 33, ⊳ 1 *passer*.

passārĭus, a, um (passus, pando), *passariae ficus* Capit. Alb. 11, 3, figues exposées au soleil (séchées).

Passārīnus, ⊳ 2 *Passerinus*.

Passărōn, ōnis, f. (Πασσαρών), ville d'Épire, chez les Molosses : Liv. 45, 26, 4.

1 **passĕr**, ĕris, m. (cf. ψάρ ? , ⊳ *parra* ; it. *passero*) ¶ 1 passereau, moineau : Cic.

Div. 2, 63 ; Fin. 2, 75 ‖ terme de tendresse : Pl. Cas. 128 ‖ *passer marinus* Pl. Pers. 199 ; P. Fest. 248, 24 ; Aus. Epist. 11 (400), v. 3, autruche ¶ 2 carrelet [poisson de mer] : Hor. S. 2, 8, 20 ; Plin. 9, 72 ; Ov. Hal. 125.

2 **Passĕr**, ĕris, m., surnom romain : Varr. R. 3, 2, 2.

3 **Passĕr**, is, m., fleuve d'Étrurie : *fluctus Passeris* Mart. 6, 42, 6, les flots du Passer.

passĕrātim, adv. (1 *passer*), à la manière des moineaux : Char. 182, 22.

passercŭla, ae, f. (dim. f. de 1 *passer*), petit moineau [t. de tendresse] : Aur. d. Front. Caes. 4, 6, 2, p. 70 N.

passercŭlus, i, m. (dim. de 1 *passer*), moineau : Cic. Div. 2, 65 ‖ [terme de tendresse, cf. mon petit poulet] : Pl. As. 666 ; 694.

1 **passĕrīnus**, a, um (1 *passer*), de moineau : Pompon. Com. 178.

2 **Passĕrīnus**, i, m., nom d'un cheval de course, vainqueur au Cirque : Mart. 7, 7, 10 ; 12, 36, 12.

passernĭcēs, f. pl. (gaul. ?), sorte de pierre à aiguiser : Plin. 36, 165.

passĭbĭlis, e (patior), passible, passif [phil.] : Arn. 7, 5 ‖ sensible, susceptible de souffrance : Tert. Prax. 29, 5.

passĭbĭlĭtās, ātis, f. (*passibilis*), passibilité, passivité : Arn. 2, 26.

passĭbĭlĭtĕr, adv., douloureusement : Tert. Anim. 45, 4.

Passiēnus, i, m., nom d'homme : Sen. Contr. 5 pr. ; Tac. An. 6, 20.

passim, adv. (*pando*) ¶ 1 en se déployant en tous sens, à l'aventure, de tous côtés, partout, de toutes parts [avec idée de mouv[t], question *quo*] : Caes. C. 2, 38 ; Cic. de Or. 2, 23 ; Div. 2, 80 ; Amer. 135 ; Sull. 42 ; Pis. 90 ; *passim carpere* Cic. de Or. 1 191, aller cueillir de tous côtés, prendre partout ¶ 2 [sans mouv[t]] Liv. 2, 45, 11 ; Quint. 4, 1, 70 ; 12, 10, 13 ‖ pêle-mêle, sans distinction, indistinctement : Hor. Ep. 2, 1, 117 ; Tib. 2, 3, 69.

passĭō, ōnis, f. (*patior*) ¶ 1 action de supporter, de souffrir : Ps. Apul. Ascl. 28 ‖ passion de J.-C. : Lact. Inst. 5, 23, 5 ; Vulg. Act. 1, 3 ¶ 2 souffrance du corps, maladie : Tert. Anim. 25, 4 ; Pelag. 183, 1 ; Cael.-Aur. Acut. 2, 1, 3 ¶ 3 affection de l'âme, passion : Aug. Nupt. 2, 33, 55 ; Civ. 8, 16 ¶ 4 accident, perturbation dans la nature : Apul. Mund. 10 ; 18 ¶ 5 [gram.] notion de passif : Consent. 5, 366, 4 ; 368, 11 ‖ passif : Prisc. 2, 374, 2.

passĭōnālis, e (*passio*), susceptible de douleur : Cael.-Aur. Chron. 1, 4, 83 ‖ susceptible de passions : Tert. Test. 2, 3 ; 4, 1.

passĭtō, ās, āre, -, - (onomat., cf. 1 *passer*), intr., crier [en parl. de l'étourneau] : Suet. Frg. 161 ; *Philom. 17.

1 **passīvē**, adv. (1 *passivus*), confusément, sans ordre : Apul. M. 11, 3 ; Tert. Jejun. 2, 3.

2 **passīvē**, adv. (2 *passivus*), [gram.] passivement, au passif : Prisc. 2, 382, 6 ; 386, 4.

1 **passīvĭtās**, ātis, f. (1 *passivus*), le fait d'être répandu : Tert. Pall. 4, 8 ; Apol. 9, 17.

2 **passīvĭtās**, ātis, f. (2 *passivus*), [gram.] voix passive : Prob. Cath. 4, 39, 32 ; Sacerd. 6, 430, 3.

passīvĭtŭs, adv. (1 *passivus*), pêle-mêle : Tert. Pall. 3, 7.

1 **passīvus**, a, um (2 *pando*), qui s'étend à beaucoup, commun, général : Tert. Marc. 1, 7, 1 ‖ confus : Apul. M. 6, 10 ‖ vagabond : Aug. Adim. 24.

2 **passīvus**, a, um (*patior*), susceptible de passion : Arn. 2, 31 ‖ [gram.] passif : *passivum verbum* Char. 164, 22, verbe passif, la voix passive.

passō, ās, āre, -, - (fréq. de *patior*), intr., subir : Gloss. 2, 467, 3.

passŏr, ōris, m. (*pando*), celui qui ouvre : Prisc. 3, 505, 6.

passum, i, n. (*pando*), vin de raisins séchés au soleil : Virg. G. 2, 93 ; Col. 12, 39, 1.

1 **passus**, a, um, part. de *pando* et de *patior*.

2 **passŭs**, ūs, m. (*pando* ; fr. *pas*) ¶ 1 pas : *perpauculis passibus* Cic. Leg. 1, 54, en quelques pas ; [en parl. de deux pers.] *conjunctis passibus* Ov. M. 11, 64, marcher côte à côte ; *passu anili* Ov. M. 13, 533, d'un pas sénile ‖ trace des pas : Ov. H. 19, 27 ¶ 2 pas [mesure itinéraire = le double pas (*gradus*) = 5 pieds romains ou 1,479 mètre] : Plin. 2, 85 ; Cic. Quinct. 79 ; Phil. 7, 26 ; *mille passus*, un mille romain ou 1479 m.

▸ gén. pl. ordin[t] *passuum*, qqf. *passum* Pl. Men. 177 Lucil. 144 ; 506 ; Mart. 2, 5, 3.

1 **pasta**, ae, f. (cf. *pastus*), poularde grasse (?) : Schol.-Juv. 5, 115.

2 **pasta**, ae, f. (πάστη ; fr. *pâte*), pâte [de farine] : M.-Emp. 1, 38.

pastālis, e, ⊳ *pascalis*.

pastellus, i, m. (*pastillus* ; fr. *pastel*), sceau en cire : Greg.-M. Ep. 5, 57.

pastĭcus, a, um (2 *pastus*), qui commence à paître : *Apic. 365.

pastĭlĭtās, ātis, f. (1 *pastus*), pâture : Vindic. Med. 8.

pastillārĭus, ii, m. (*pastillus*), fabricant de pastilles : Inscr. Chr. Diehl 629.

pastillĭcans, tis (*pastillus*), qui est en forme de pastille : Plin. 21, 49.

pastillŭlus, i, m. (dim. de *pastillus*), petite pilule : M.-Emp. 16, 60.

pastillum, i, n. (*panis*), petit pain, gâteau : Varr. d. Char. 37, 15 ; Fest. 298, 5.

pastillus, i, m. (dim. de *panis*) ¶ 1 petit gâteau [sacré] : P. Fest. 249, 3 ¶ 2 tablette,

pastillus

pastillus, pastille, pilule : Plin. 22, 29 ; 25, 152 ; Cels. 5, 17, 2 ‖ pastille [parfumée pour l'haleine] : Hor. S. 1, 2, 27 ; Mart. 1, 87, 1.

pastĭnāca, ae, f. (de pastinum ; fr. panais), panais, carotte : Plin. 25, 42 ‖ pastenague [sorte de poisson] : Plin. 9, 73 ; 144.

pastĭnātĭo, ōnis, f. (pastino), action de défoncer le sol, travail à la houe : Col. 3, 12, 6 ; 3, 13, 9 ‖ terre remuée à la houe : Col. 3, 3, 15.

pastĭnātŏr, ōris, m. (pastino), celui qui travaille avec la houe : Col. 3, 13, 12 ; Firm. Math. 5, 4, 18.

pastĭnātus, a, um, part. de pastino, **pastĭnātum**, n., sol remué à la houe : Col. 3, 13, 7 ; Plin. 17, 159.

pastĭnō, ās, āre, āvī, ātum (pastinum ; it. pastinare), tr., défoncer, travailler à la houe : Col. 11, 2, 17 ; Plin. 17, 159.

pastĭnum, i, n. (cf. pango, pala) ¶1 plantoir fourchu, croc, houe : Col. 3, 18, 1 ¶2 défonçage : Pall. 2, 10, 1 ¶3 terrain défoncé : Pall. 3, 9, 13.

pastĭo, ōnis, f. (pasco ; a. fr. paisson) ¶1 élevage (action d'élever) des bestiaux, des poules, des abeilles : Varr. R. 3, 2, 13 ; Col. 8, 1, 2 ¶2 pâturage, pacage : Cic. Pomp. 14 ; Varr. R. 2, 10, 2.

pastĭto, V. pascito [qqs mss].

pastŏphŏri, rōrum ou rum, m. pl. (πασтοφόροι), pastophores [prêtres qui portaient dans les châsses les images des dieux] : Apul. M. 11, 17.

pastŏphŏrĭum, ĭi, n. (παστοφόριον), appartement des prêtres (au temple de Jérusalem) : Hier. Is. 22, 15.

1 **pastŏr**, ōris, m. (pasco ; fr. pâtre), celui qui fait paître des brebis, berger, pâtre, pasteur : Caes. C. 1, 24, 1 ; Cic. Rep. 2, 4 ; Off. 3, 38 ; Hor. O. 3, 29, 21 ‖ gardien [de paons, de poules] : Varr. R. 3, 6 ; Col. 8, 2, 7 ‖ [fig.] pasteur : Quint. 8, 6, 18 ‖ [à propos des évêques] Tert. Cor. 1, 5.

2 **Pastŏr**, ōris, m., nom d'homme : Mart. 9, 22, 1.

pastōrālis, e (1 pastor), de berger, pastoral, champêtre : Cic. Div. 1, 107 ; Varr. R. 2, 1, 15 ; Liv. 9, 36, 6 ‖ **pastoralis Apollo** Calp. 7, 22, Apollon qui a la garde des troupeaux (qui les protège) ‖ [à propos d'un ecclésiastique] **officium pastorale** Leo-M. Ep. 12, 4, charge pastorale.

pastōrālĭtĕr, adv. (pastoralis), en pasteur [spirituel] : Fort. Carm. 8, 12 epist.

pastōrĭcĭus, Cic. ; Varr., **pastōrĭus**, a, um (it. pastoreccio, pastoia), Ov., de berger, pastoral : Cic. Att. 1, 16, 11 ; Cael. 26 ; Varr. R. 1, 2, 16 ; Ov. M. 2, 680 ‖ **pastoria sacra** Ov. F. 4, 723 ; C. Palilis.

pastum, sup. de pasco.

pastūra, ae, f. (pasco ; fr. pâture), action de paître, de brouter : Pall. 10, 8.

1 **pastus**, a, um ¶1 part. de pasco ¶2 part. de pascor.

2 **pastŭs**, ūs, m. (pasco ; it. pasto) ¶1 pâture : Cic. Nat. 2, 122 ‖ nourriture des animaux : Cic. Off. 1, 11 ; Nat. 2, 121 ; [pl.] Cic. Fin. 2, 111 ; Nat. 2, 122 ‖ alimentation végétale de l'homme : Lucr. 6, 1127 ¶2 [fig.] nourriture : Cic. Phil. 11, 4 ; Tusc. 5, 66.

Patagē (**Platagē**), ēs, f., ancien nom de l'île d'Amorgos, une des Cyclades : Plin. 4, 70.

pătăgĭārĭus, ĭi, m. (patagium), frangier : Pl. Aul. 509 ; P. Fest. 246, 28.

pătăgĭātus, a, um (patagium), frangé, orné de franges : Pl. Ep. 231 ; P. Fest. 246, 28.

pătăgĭnō, ās, āre, -, - (patago), intr., avoir le contour gangrené : Pelag. 335.

pătăgĭum, ĭi, n. (de πάταγος), bande, frange : Naev. Tr. 48 ; Apul. M. 2, 9 ; P. Fest. 246, 27.

pătăgo, ĭnis, f. (patagus), ulcération de la bouche : Gloss. 5, 37, 27.

pătăgus, i, m. (πάταγος), sorte de maladie : Pl. d. Macr. Sat. 5, 19, 12 ; P. Fest. 247, 1.

Pătălē, ēs, f., ville dans l'île de Patalène : Plin. 37, 122 ‖ -**la**, ae, Plin. 6, 71 ‖ -**lēnē**, ēs, f., île à l'embouchure de l'Indus : Mel. 3, 71 ‖ -**lĭus**, Curt. 9, 8, 28 et -**lītānus**, a, um, Capel. 6, 193, de Patala, de Patalène.

Patami, ōrum, m. pl., peuple d'Arabie : Plin. 6, 142.

Pătăra, ōrum, n. pl. (τὰ Πάταρα), Patara [ville de Lycie, célèbre par un oracle d'Apollon] Atlas VI, C4 ; IX, D2 : Liv. 33, 41, 5 ‖ -**aeus**, a, um, -**ĭcus**, a, um, de Patara : Ov. M. 1, 516 ; M.-Emp. 28, 3 ‖ -**āni**, ōrum, m. pl., habitants de Patara : Cic. Flac. 78 ‖ -**eūs**, **ĕos**, **ĕi**, m., Pataréen, surnom d'Apollon [adoré à Patara] : Hor. O. 3, 4, 64.

pătărăcĭna, n. pl. (? ; cf. patera et πάταχνον), grandes coupes (?) : *Petr. 41, 10.

Patavissenses, ĭum, m. pl., peuple de Dacie : Ulp. Dig. 50, 15, 1, 9.

pătăvīnĭtās, ātis, f., patavinité [qualification péjorative du style abondant de Tite-Live, par opposition à l'urbanitas] : Quint. 1, 5, 56 ; 8, 1, 3.

Pătăvīnus, a, um, de Patavium, Padouan : Mart. 14, 143, 1 ‖ **Patavina volumina** Sidon. Carm. 2, 189, l'histoire romaine de Tite-Live ‖ **Pătăvīni**, ōrum, m. pl., habitants de Patavium : Cic. Phil. 12, 19.

Pătăvĭum, ĭi, n., ville de Vénétie, patrie de Tite-Live [auj. Padoue] Atlas XII, B3 : Liv. 10, 2, 14 ; Plin. 3, 130.

pătĕfăcĭō, ĭs, ĕre, fēcī, factum (pateo, facio), tr. ¶1 découvrir, ouvrir : **iter** Cic. Nat. 2, 141, ouvrir un chemin ; **aures assentatoribus** Cic. Off. 1, 91, ouvrir (prêter) l'oreille aux flatteurs ; [pass.] **patefieri** Caes. G. 3, 1, 1, être ouvert ‖ **vias** Caes. G. 7, 8, 2, frayer des routes ¶2 [fig.] dévoiler, montrer, mettre au jour : **odium suum in aliquem** Cic. Att. 11, 13, 2, dévoiler sa haine contre qqn ; **veritas patefacta** Cic. Sull. 45, vérité dévoilée ; **Lentulus patefactus indiciis** Cic. Cat. 3, 15, Lentulus découvert (convaincu de culpabilité) par les dénonciations ; **haec mihi ad omnia defensio patefieri videtur** Cic. Verr. 4, 8, tel est, pour répondre à tout, le moyen de défense que je vois poindre.

▶ **pătĕ-** Lucr. 4, 320 ; 6, 1002.

pătĕfactĭo, ōnis, f. (patefacio), action d'ouvrir : Cass. Fel. 20 ; Theod.-Prisc. Eup. 1, 67 ‖ [fig.] action de dévoiler, de faire connaître : Cic. Fin. 2, 5.

pătĕfactus, a, um, part. de patefacio.

pătĕfīō, fīs, fĭĕrī, factus sum, pass. de patefacio.

Pătēla (**Pătell-**), **Pătelāna**, ae, f. (pateo), déesse qui présidait à la sortie du blé de l'épi : Arn. 4, 7 ; Aug. Civ. 4, 8.

pătella, ae, f. (dim. de patina ; fr. poêle) ¶1 patelle, petit plat servant aux sacrifices : Cic. Verr. 4, 46 ; 48 ; Fin. 2, 22 ; P. Fest. 293, 13 ; Non. 544 ‖ plat, assiette : Hor. Ep. 1, 5, 2 ; V. **operculum** ¶2 rotule : Cels. 8, 1, 25 ; 8, 21, 1 ¶3 maladie de l'olivier : Plin. 17, 223 ¶4 préparation culinaire, C. patina 2 : Apic. 144-146.

pătellārĭī dĭī, m., dieux à qui on offre des mets dans des patelles [dieux Lares] : Pl. Cis. 223.

1 **pătēna**, ae, f. (de φάτνη ; fr. panne, al. Pfette), crèche, mangeoire : Veg. Mul. 1, 56, 3.

2 **pătēna**, C. patina Not. Tir. 101, 56 a.

pătens, tis ¶1 part. de pateo ¶2 [adjt] découvert, ouvert : Cic. Div. 1, 2 ; Sall. J. 101, 11 ; **patentior** Caes. G. 7, 28, 1 ‖ [fig.] Cic. Quinct. 93 ‖ évident, manifeste : Ov. M. 9, 536.

pătentĕr, adv., manifestement, ouvertement : Ps. Boet. Geom. 408, 24 ; Cassiod. Psalm. 147, 13 ‖ **patentius**, plus manifestement : Cic. Inv. 2, 69.

pătĕō, ēs, ēre, ŭī, - (cf. pando, πετάννυμι, al. Faden, an. fathom), intr. ¶1 être ouvert : **valvae patent** Cic. Phil. 2, 112, les portes sont ouvertes ; **nares semper patent** Cic. Nat. 2, 145, les narines ne se ferment jamais ¶2 être praticable, accessible : **aditus nobis patuit** Cic. Brut. 16, l'accès a été ouvert pour moi ; **semitae non patent** Caes. G. 7, 8, 3, les sentiers ne sont pas ouverts, praticables ‖ [fig.] **cum omnia ad perniciem nostram illi paterent** Cic. Phil. 5, 43, alors que toutes les voies s'ouvraient devant lui pour notre destruction, cf. Cic. Verr. 5, 168 ¶3 être à la disposition : **omnia Ciceronis patere Trebiano** Cic. Fam. 6, 10, 3, que tout ce que possède Cicéron est au service de Trébianus, cf. Cic. Balb. 24 ¶4 être découvert, donner prise à : **ubi animadverterunt nulli occasioni fraudis Romanum patere** Liv. 24, 37, 5, quand ils eurent compris que les Romains ne donnaient prise à aucune occasion de ruse; *patens vulneri equus* Liv. 31, 39, 12, le cheval s'offrant à découvert aux coups, cf. Tac. H. 5, 11 ‖ [fig.] *multa patent in eorum vita, quae fortuna feriat* Cic. Off. 1, 73, de nombreux points dans leur existence sont exposés aux coups de la fortune ¶ **5** être devant les yeux, visible: *in adversariis nomen patet* Cic. Com. 5, la créance s'étale sur le brouillon, cf. Cic. Phil. 2, 93 ‖ [fig.] être clair, évident, patent: Cic. de Or. 1, 23; [d'où] *patet* [avec prop. inf.] il est évident que: Cic. Tusc. 1, 54; Tac. H. 4, 16 ¶ **6** s'étendre: *fines Helvetiorum in longitudinem milia passuum ducenta et quadraginta patebant* Caes. G. 1, 2, 5, le pays des Helvètes s'étendait sur deux cent quarante mille pas en longueur ‖ [fig.] s'étendre sur un large terrain: *ista ars late patet* Cic. de Or. 1, 235, cette science a des applications étendues, cf. Cic. Off. 1, 4; *latissime patere* Cic. Off. 1, 20, avoir la plus grande étendue, embrasser le plus de questions; *id latius patet* Cic. Off. 1, 26, cette maxime a une plus grande portée ‖ avoir le champ libre: Cic. Lae. 83.

păter, *tris*, m. (*2 papa*, cf. πατήρ, scr. *pitar-*, al. *Vater*, an. *father*; fr. *père*), père ¶ **1** *tuus et animo et natura pater* Ter. Ad. 902, ton père à la fois par le cœur et par le sang; *patre certo nasci* Cic. Amer. 46, naître de père connu ¶ **2** *pater familias, familiae* **a)** père de famille, maître de maison: Cic. Rep. 5, 4; Amer. 48 **b)** bon bourgeois, premier citoyen venu: Cic. de Or. 1, 132 ¶ **3** *patres* **a)** les pères: *patrum nostrorum aetas* Cic. Or. 18, la génération de nos pères, cf. Cic. de Or. 1, 181; Off. 3, 47; Lae. 6; *patres majoresque nostri* Cic. Caecin. 69, nos pères et nos ancêtres **b)** les sénateurs: Cic. Rep. 2, 14; 2, 56; **V.** *conscripti* **c)** patriciens [orig[t] descendants des chefs de famille qui constituaient le sénat de Romulus, Cic. Rep. 2, 23]: Cic. Fam. 9, 21, 3 ¶ **4** [en parl. des dieux] **a)** *pater* désigne Jupiter, le père des dieux et des hommes: Virg. G. 1, 328 **b)** [épithète de vénération] auguste, divin: *Bacche pater* Hor. O. 3, 3, 13, ô vénéré Bacchus **c)** divinité, dieu: *Gradivus pater* Virg. En. 3, 35, dieu Mars; *pater Lemnius* Virg. En. 8, 454, dieu de Lemnos [Vulcain] ‖ [en parl. des hommes] vénérable: *pater Aeneas* Virg. En. 1, 699, le noble Énée; [en gén., épithète de vénération] cf. Hor. Ep. 1, 7, 37 ‖ *pater patriae*, père de la patrie [titre d'honneur]: Cic. Pis. 6; Sest. 121; *pater senatus* Tac. An. 11, 25, père du sénat, cf. Ov. F. 2, 127 **d)** [chrét.] Dieu, comme créateur ou comme père du Christ: Hier. Ephes. 3, 15; Vulg. Joh. 15, 9 ¶ **5** père, fondateur: *pater Stoicorum* Cic. Nat. 3, 23, fondateur du stoïcisme [Zénon]; *eloquentiae* Cic. de Or. 2, 10, père de l'éloquence, cf. Cic. Leg. 1, 5; Ov. F. 3, 72 ‖ *pater cenae* Hor. S. 2, 8, 7, l'amphitryon ¶ **6** père = vieillard: Virg. En. 5, 521; 533 ¶ **7** *pater patratus*, chef des fétiaux: Cic. de Or. 2, 137; Liv. 1, 24, 6; Serv. En. 9, 53; 10, 14; 12, 206.

▶ arch.: gén. *patrus* CIL 1, 2289; dat. *patre* CIL 1, 2534.

1 pătĕra, *ae*, f. (cf. *1 patina* et *pateo*?), patère, coupe évasée en usage dans les sacrifices: Cic. Verr. 4, 46; Brut. 43; Varr. L. 5, 122; Hor. S. 1, 6, 118.

2 Pătĕra, *ae*, m., nom d'homme: Aus. Prof. 5 (194), 2.

pătercŭlārĭus, *a, um*, du père: Gloss. 5, 606, 61.

1 pătercŭlus, *i*, m. (dim. de *pater*), Prisc. 2, 103, 11.

2 Pătercŭlus, *i*, m., surnom latin, **V.** *Velleius*.

pătĕrfămĭlĭās, **V.** *pater* ¶ 2.

Pătĕrĭa, *ae*, f., île déserte de la mer Égée: Plin. 4, 74.

Pătĕrĭo, *ōnis*, m., **Pătĕrĭus**, *ii*, m., noms d'homme: CIL 6, 2730; 29253.

pătĕrnē, adv. (*1 paternus*), paternellement: Aug. Ep. 37, 3; Conf. 4, 3.

Pătĕrnĭāni, *ōrum*, m. pl., sectateurs de Paterne: Aug. Haer. 85.

Pătĕrnĭānus, *i*, m., nom d'homme: Amm. 30, 3, 2.

Pătĕrnīnus, *i*, m., nom d'homme: Sidon. Ep. 4, 16, 1.

pătĕrnĭtās, *ātis*, f. (*1 paternus*), paternité: Vulg. Eph. 3, 15; Vl. Num. 1, 2 ‖ sentiments d'un père: Aug. Ep. 253.

1 pătĕrnus, *a, um* (*pater*) ¶ **1** paternel, qui appartient au père: *praedia paterna* Cic. Agr. 3, 7, terres paternelles; *exercitum ex paternis militibus conficere* Cic. Phil. 4, 3, former une armée avec les soldats de son père; *paterna gloria* Cic. Brut. 126; *paternum genus* Cic. Phil. 10, 14, gloire appartenant au père, famille du côté paternel; *regnum paternum* Cic. Sest. 57, royaume paternel ¶ **2** [poét.] des pères, des aïeux: Hor. O. 1, 20, 5; Ov. H. 13, 100.

2 Pătĕrnus, *i*, m., nom d'homme: Mart. 12, 53, 2 ‖ nom d'un hérésiarque: Isid. 8, 5, 58 ‖ évêque d'Avranches [s. Pair, 6e s.]: Fort. Pat. 3, 9.

Pătĕronnēsŏs, *i*, f., île de la mer Égée: Plin. 4, 74.

pătescō, *is, ĕre, pătŭī, -* (inch. de *pateo*), intr., s'ouvrir: Virg. En. 2, 483; 3, 530; *patescens boletus* Plin. 22, 46, bolet qui commence à s'ouvrir ‖ s'étendre, se développer: Liv. 22, 4, 2; Tac. H. 4, 78 ‖ [fig.] se dévoiler, se découvrir, se montrer à nu: Lucr. 5, 614; Virg. En. 2, 309.

pătētae, *ārum*, f. pl., Plin. 13, 45, **pătēti**, *ōrum*, m. pl. (πατητός), Cael.-Aur. Acut. 2, 18, 108, dattes sèches.

pathētĭcē, adv., pathétiquement: Macr. Sat. 4, 6, 10.

pathētĭcus, *a, um* (παθητικός), pathétique: Macr. Sat. 4, 2, 1.

păthĭcus, *i*, m. (παθικός), pédéraste passif, giton: Catul. 16, 2; CIL 4, 2360 ‖ superlatif, *pathicissimus*: Mart. 12, 95, 1.

Pathissus, *i*, m., fleuve de Dacie: Plin. 4, 80.

Pathmētĭcum, *i*, n., bouche du Nil: *Mel. 1, 60.

Pathmos, **V.** *Patmos*.

păthŏpœïa, *ae*, f. (παθοποιΐα), excitation des passions [rhét.]: Empor. 562, 10.

păthŏs, n. (πάθος), passion, impression vive, émotion: Macr. Sat. 4, 6, 1; 4, 6, 10.

pătĭbĭlis, *e* (*patior*) ¶ **1** supportable, tolérable: Cic. Tusc. 4, 51 ¶ **2** [phil.] sensible, doué de sensibilité: Cic. Nat. 3, 29 ‖ subst. n., le sensible: Lact. Inst. 2, 9, 21.

pătĭbŭlātus, *a, um*, attaché au patibule: Pl. Most. 56.

pătĭbŭlum, *i*, n. (*pateo*) ¶ **1** barre de fermeture pour les battants d'une porte: Titin. Com. 31 ¶ **2** perche servant à guider les sarments d'une vigne: Cat. Agr. 26; Plin. 17, 212 ¶ **3** barre pour étendre les bras d'un condamné, traverse d'une croix: Pl. Mil. 360; Cic. Verr. 4, 90.

pătĭbŭlus, *i*, m., fourche patibulaire: Licin. d. Non. 221, 12.

pătĭcābŭlum, *i*, n. (*pateo* ou πατέω?), lieu découvert (bassin à fouler?): CIL 6, 10298.

pătiens, *tis*, part. de *patior* (cf. it. *pazzo*), [adj[t]] **a)** qui supporte [avec gén.]: *corpus patiens inediae* Sall. C. 5, 3, un corps supportant les privations; *amnis navium patiens* Liv. 21, 31, 10, fleuve navigable, cf. Virg. G. 2, 223; Plin. 11, 196 **b)** [fig.] endurant: Cic. de Or. 2, 305; *quis in laboribus patientior?* Cic. Cael. 13, quel homme plus résistant aux fatigues?; *ad morae taedium ferendum patiens* Liv. 33, 36, 8, endurant pour ce qui est de supporter..., capable de supporter patiemment l'ennui d'un retard; *patientissimus* Cic. Lig. 24.

pătĭentĕr, adv. (*patiens*), patiemment, avec patience, avec endurance: Cic. Lae. 91; Caes. C. 3, 15, 5 ‖ *patientius* Cic. Fam. 1, 8, 4; *-issime* Val.-Max. 4, 3, 11.

pătĭentĭa, *ae*, f. (*patiens*) ¶ **1** action de supporter, d'endurer [cf. une définition d. Cic. Inv. 2, 163): *tua patientia famis, frigoris...* Cic. Cat. 1, 26, ton endurance à la faim, au froid ‖ *patientia turpitudinis* Cic. Verr. 5, 34, acceptation sans révolte de la honte ¶ **2** faculté de supporter, patience, longanimité: *quousque tandem abutere patientia nostra* Cic. Cat. 1, 1, jusques à quand enfin profiteras-tu de (exploiteras-tu) notre inertie?, cf. Lig. 26; Pis. 5 ¶ **3 a)** aptitude à tout supporter, endurance [en bonne part]: Cic. de Or. 3, 62; Hor. Ep. 1, 17, 25 **b)** [en mauvaise part] soumission, servilité: Tac. An. 14, 26.

Patigga (**Patinga**), *ae*, f., ville située sur le Nil: Plin. 6, 178.

1 pătĭna, *ae*, f. (πατάνη, cf. *panna*) ¶ **1** plat creux, cassole [pour faire cuire des aliments]: Cic. Att. 4, 8 a, 1; Hor. S. 2, 8, 43 ‖ *animus est in patinis* Ter. Eun. 816,

patina

j'ai l'esprit tout aux casseroles (je pense au repas) ¶ **2** potée, préparation culinaire : APIC. 128-143.

2 **Pătĭna**, ae, m., nom d'homme : CIC. *Mil.* 46.

pătĭnārĭus, a, um, de plat creux : **struices patinariae** PL. *Men.* 102, piles de plats ; **piscis patinarius** PL. *As.* 180, poisson bouilli, à la sauce ‖ [fig.] gourmand [qui aime les bons plats] : SUET. *Vit.* 1, 7.

pătĭō, ĭs, ĕre, -, -, [arch.] C.▶ *patior* : NAEV. *Com.* 67 ; [impér. patiunto] CIC. *Leg.* 3, 11.

pătĭor, tĕris, tī, passus sum (cf. *pateo* ?, πῆμα, scr. *pāpa-s* ; it. *patire*), tr. ¶ **1** souffrir = supporter, endurer : **belli injurias** CIC. *Phil.* 12, 9 ; **servitutem** CIC. *Phil.* 6, 19, supporter les injustices de la guerre, la servitude [= se laisser ravager par la guerre, se laisser tenir en esclavage] ; **injuriam facere, pati** CIC. *Lae.* 78, commettre l'injustice, la supporter, cf. CIC. *Rep.* 3, 23 ¶ **2** [avec idée de patience, de résignation, de constance] : **omitto, quae perferant quaeque patiantur ambitiosi** CIC. *Tusc.* 5, 79, je ne dis pas ce que supportent sans arrêt, ce qu'endurent sans broncher les solliciteurs de suffrages ; **extremam pati fortunam parati** CAES. *C.* 2, 32, 8, prêts à supporter patiemment les dernières extrémités ¶ **3** souffrir = subir, être victime, être atteint par : **cladem** SUET. *Caes.* 36, subir un désastre ; **mortem pati** *SEN. *Ep.* 74, 2, être atteint par la mort ; **infamiam** SEN. *Ep.* 74, 2, encourir une flétrissure ; **poenam** PLIN. *Ep.* 2, 11, 20, subir une peine ‖ **foeda ab aliquo** LIV. 29, 17, 5, subir de qqn un traitement atroce, cf. LIV. 29, 16, 7 ; QUINT. 8, 4, 23 ; PLIN. *Ep.* 3, 14, 1 ¶ **4** [poét.] se tenir avec persévérance dans tel ou tel état : **novem saecula passa cornix** OV. *M.* 7, 274, une corneille ayant duré neuf générations ; **sine armis posse pati** LUC. 5, 314, pouvoir se résigner à vivre sans armes ¶ **5** souffrir, admettre, permettre [avec prop. inf.] : **oratorem si patiuntur eumdem esse philosophum** CIC. *de Or.* 3, 143, s'ils admettent que l'orateur soit en même temps philosophe, cf. CIC. *Dom.* 29 ; *Amer.* 45 ; *Fam.* 12, 18, 1 ; *Att.* 16, 9 ; **quaedam errare in dicendo non patientes viae** CIC. *Brut.* 263, des chemins (méthodes) qui ne permettent pas à l'orateur de s'égarer ‖ [avec ut subj.] CIC. *Planc.* 97 ; *Rep.* 3, 40 ; *Lae.* 87 ; CAES. *G.* 1, 45, 1 ; 6, 8, 1 ‖ **non possum pati quin** TER. *Haut.* 762, je ne puis m'empêcher de [nom de choses sujet] : **quoad natura patietur** CIC. *Phil.* 12, 30, tant que le permettra la nature, cf. CIC. *de Or.* 2, 3 ; LIV. 1, 14, 6 ¶ **6** [gram.] **patiendi modus** QUINT. 1, 6, 26 ; 9, 3, 7, le passif ; **habere naturam patiendi** QUINT. 1, 6, 10, avoir la forme passive.

patisco, [arch.] C.▶ *patesco*.

Patiscus, i, m., nom d'homme : CIC. *Fam.* 2, 11.

pătĭunto, C.▶ *patio*.

Patmŏs (-us), i, f. (Πάτμος), l'île de Patmos, une des Sporades : PLIN. 4, 69.

pătŏr, ōris, m. (*pateo*), ouverture : APUL. *M.* 1, 19 ; **narium pator** SCRIB. 46, ouvertures des narines.

Pătrae, ārum, f. pl., ville d'Achaïe, sur le golfe de Corinthe [auj. Patras] Atlas I, D5 ; VI, B1 : CIC. *Fam.* 7, 28 ; 13, 17 ; LIV. 27, 29, 9 ‖ **-ensis**, e, de Patras : CIC. *Fam.* 13, 19, subst. m. pl., CIC. *ibid.*, habitants de Patras.

pătrastĕr (pătrătĕr), tri, m. (*pater* ; fr. *parâtre*), beau-père : CIL 6, 11753 ; 10, 3013.

pătrātĭō, ōnis, f. (1 *patro*), accomplissement, exécution : VELL. 2, 98, 2 ‖ ▶ concubitus : SCHOL. PERS. 1, 18 ; THEOD.-PRISC. *Log.* 32 ; ISID. 9, 5, 3.

pătrātŏr, ōris, m. (1 *patro*), celui qui exécute, exécuteur, auteur : TAC. *An.* 14, 62.

pătrātus, a, um, part. de 1 *patro*, C.▶ *pater*, fin.

pătrĭa, ae, f. (*patrius*, s.-e. *terra*, cf. πατρίς), patrie, pays natal, sol natal : PL. *Ps.* 1171 ; CIC. *Cat.* 1, 17 ; *Off.* 1, 57 ‖ patrie adoptive, seconde patrie : CIC. *Leg.* 2, 5 ; VIRG. *En.* 1, 380 ‖ **major patria** CURT. 4, 3, 22, la mère patrie, métropole [opp. aux colonies] ‖ [poét., en parl. de choses] pays d'origine : VIRG. *G.* 2, 116 ; OV. *Am.* 3, 6, 40 ‖ famille, race : VL. *Exod.* 12, 3 ; *Luc.* 2, 4.

pătrĭarcha (-ēs), ae, m. (πατριάρχης), patriarche : TERT. *Idol.* 17, 1 ‖ patriarche ecclésiastique : VOP. *Tyr.* 8 ‖ [fig.] **patriarchae haereticorum** TERT. *Anim.* 3, 1, les patriarches de l'hérésie.

pătrĭarchālis, e (*patriarcha*), de patriarche, patriarcal : ALCIM. *Eutych.* 1, p. 21, 30 et **pătrĭarchĭcus**, a, um, NOVEL.-JUST. 42, 1, 2.

pătrĭcālis herba (cf. *matricalis*), crapaudine romaine [plante] : PS. APUL. *Herb.* 73, 11.

pătrĭcē, adv. (*pater*), à la façon d'un maître de maison : *PL. *Cas.* 723.
▶ *patricie* ms. A.

Pătrĭcĭa cŏlōnĭa, f., colonie de la Bétique [Cordoue] : PLIN. 3, 11 ‖ **-ciensis**, e, de Patricia : CIL 2, 1200.

pătrĭcĭātŭs, ūs, m. (1 *patricius*), patriciat, qualité de patricien : SUET. *Aug.* 2 ‖ dignité instituée par Constantin : CASSIOD. *Var.* 8, 9.

pătrĭcīda, m., CIC. *Dom.* 26 ; PRUD. *Ham.* 564, C.▶ *parricida*.

pătrĭcĭē, V.▶ *patrice* ▶.

pătrĭcĭi, ōrum, m. pl. (1 *patricius*), patriciens : CIC. *Rep.* 2, 23 ; LIV. 1, 8, 7 ; **exire e patriciis** CIC. *Dom.* 14, devenir plébéien [passer par adoption d'une famille patricienne dans une famille plébéienne] ‖ [au sg.] un patricien : CIC. *Mur.* 15 ; *Brut.* 62 ‖ patrice [titre d'honneur à partir de Constantin] : SIDON. *Carm.* 2, 90.

1 **pătrĭcĭŏlus**, i, m. (dim. de 1 *patricius*), PRISC. 2, 101, 2 ; 112, 19.

2 **Pătrĭcĭŏlus**, i, m., nom d'homme : JORD. *Get.* 239.

Pătrĭcŏlēs (Πατροκλῆς), ENN. d. CIC. *Tusc.* 2, 38 ; C.▶ *Patroclus*.

Pătrĭcŏs, i, m., nom d'un Éon de Valentin : TERT. *Val.* 8, 2.

1 **pătrĭcĭus**, a, um (*patres*), de patricien : PL. *Capr.* 1002 ; CIC. *Leg.* 2, 6 ; *Sest.* 77 ; *Cat.* 3, 22 ‖ subst. m., V.▶ *patricii*.

2 **Pătrĭcĭus**, ii, m., nom d'un hérésiarque : ISID. 8, 5, 48 ‖ **Patriciani**, m. pl., sectateurs de Patricius : ISID. 8, 5 ‖ s. Patrick [a. fr. *Paris*] : PATR. *Conf.* 1, 1, 1.

pătrĭcus cāsus, m. (πατρικός), [gram.] le génitif : VARR. *L.* 8, 66.

pătrĭē, adv. (*patrius*), paternellement : QUINT. 11, 1, 68.

pătrĭmēs, sg. P. FEST. 82, 16 ; pl. P. FEST. 113, 5, C.▶ *patrimus*.

pătrĭmōnĭālis, e (*patrimonium*), patrimonial : DIG. 50, 4, 1.

pătrĭmōnĭŏlum, i, n. (dim. de *patrimonium*), petit patrimoine : HIER. *Ep.* 54, 15.

pătrĭmōnĭum, ii, n. (*pater*), patrimoine ; bien de famille : CIC. *Flac.* 89 ; *Amer.* 147 ; *Sull.* 58 ; *Sest.* 111 ; *Phil.* 2, 67 ; *Off.* 2, 54 ; *Mil.* 95 ‖ [fig.] CIC. *de Or.* 1, 245 ; *Phil.* 2, 101 ; *Dom.* 146 ‖ patrimoine de l'empereur, [sous le Principat] domaine ou biens de la Couronne [par oppos. à la fortune privée de chaque empereur, la *res privata*] : **praedia Caesario, quae in formam patrimonii redacta sunt** DIG. 30, 39, 10, les propriétés de l'empereur qui entrent dans la catégorie des biens de la Couronne ‖ [après le 3e s.] biens privés de l'empereur [par oppos. à la *res privata*, devenue domaine de la Couronne] : **fundi ad patrimonium nostrum pertinentes** COD. JUST. 10, 48, 15, les biens-fonds qui relèvent de notre propriété privée.

pătrĭmus, adj. m. (cf. *-mes, matrimus*), qui a encore son père : CIC. *Har.* 23 ; LIV. 37, 3, 6 ; TAC. *H.* 4, 53 ; GELL. 1, 12, 2 ; FEST. 282, 22.

pătrīnĭus, ii, m. (*pater*, cf. *matrinia*), beau-père, parâtre : GLOSS. 4, 191, 24 a ; 1, 306.

pătrĭōta, ae, m. (πατριώτης), compatriote : GREG.-M. *Ep.* 10, 16.

pătrĭōtĭcus, a, um (πατριωτικός), de compatriotes, national : CASSIOD. *Var.* 11, 1 ; 12, 5.

Patripassĭāni, ōrum, m. pl., nom de certains hérétiques : FIL. 54, 1.

pătrissō, ās, āre, -, - (πατρίζω), intr., agir en père : PL. *Ps.* 442 ; *Most.* 638 ; TER. *Ad.* 564.

pătrītus, a, um (*pater*, cf. *avitus*), du père, paternel : VARR. *Men.* 258 ; CIC. *Tusc.* 1, 45.

pătrĭus, *a*, *um* (pater, cf. πάτριος) ¶ 1 qui concerne le père [en tant que chef de famille], paternel : *patria potestas* Cic. *Inv.* 2, 52, autorité paternelle ; *patrium jus et potestas* Cic. *Phil.* 2, 46, les droits et l'autorité du père ; *patrius amor* Cic. *Fin.* 1, 23, amour paternel ; *poenas patrias persequi* Cic. *Phil.* 13, 46, venger un père ¶ 2 qui concerne les pères, transmis de père en fils : *mos patrius* Cic. CM 37, les mœurs des pères, cf. Cic. *Fin.* 5, 14 ; *patrium sepulchrum* Hor. *S.* 2, 3, 196, le tombeau de la famille ; *patrius sermo* Cic. *Fin.* 1, 4, la langue maternelle ; *carmen patrium* Curt. 3, 3, 10, chant national ‖ n. pris subst^t, *patrium*, nom patronymique : Quint. 1, 5, 45 ‖ *patrius casus* Gell. 4, 16, 1, le génitif ; cf. ▶ patricus.

1 pătrō, *ās*, *āre*, *āvī*, *ātum* (pater, cf. fratro), tr., accomplir, exécuter, effectuer, achever : *jusjurandum* Liv. 1, 24, 6, prononcer le serment en qualité de *pater patratus* ; *promissa* Cic. *Att.* 1, 14, 7, remplir une promesse ; *bellum* Sall. *J.* 75, 2, achever une guerre ; *facinus* Sall. *C.* 18, 8, perpétrer un crime ; *pacem* Liv. 44, 25, conclure la paix ; *jussa* Tac. *H.* 4, 83, exécuter des ordres ; *patratā victoriā* Tac. *An.* 13, 41, la victoire étant acquise ; *patrata caede* Tac. *H.* 4, 61, le massacre étant consommé, cf. Tac. *H.* 2, 39 ‖ [sens obs.] *coitum* Anth. 358, 5 ; abs^t *patrare* Porph. Hor. *S.* 1, 5, 84, s'unir charnellement ; *patrans ocellus* Pers. 1, 18, l'œil alangui de jouissance.

2 Pătro, ▶ Patron.

Pătrŏbās, *ae*, m., nom d'homme : Mart. 2, 32, 3.

Pătrŏbĭus, *ĭi*, nom d'homme : Plin. 35, 160 ; Suet. *Galb.* 20.

pătrŏcĭnālis, *e* (patrocinium), de patron, de patronage : CIL 11, 2702.

pătrŏcĭnātus, *a*, *um*, part. de patrocinor.

pătrŏcĭnĭum, *ĭi*, n. (patrocinor) ¶ 1 patronat, patronage, protection [des praticiens à l'égard des plébéiens] : Fest. 262, 22 ¶ 2 défense [en justice] : Cic. *Brut.* 112 ; *Or.* 120 ; de *Or.* 1, 242 ; *patrocinium Siciliense* Cic. *Brut.* 319, la défense des Siciliens ‖ secours, appui : Nep. *Phoc.* 3, 1 ‖ [fig.] défense, excuse : Cic. *Fin.* 2, 67 ¶ 3 *patrocinia* Vat. *Fam.* 5, 9, 1, les protégés, les clients.

pătrŏcĭnor, *ārĭs*, *ārī*, *ātus sum* (patronus, cf. lenocinor), intr., défendre, protéger, prendre sous sa protection [avec dat.] : Ter. *Phorm.* 939 ; Quint. 2, 4, 23 ; Tac. *D.* 10 ‖ [fig.] *patrocinari sibi* Plin. 14, 28, se justifier ; *cum praesertim ne ad illud quidem confugere possis, quod plerisque patrocinatur...* Tac. *D.* 10, 5, d'autant plus que tu ne peux même pas recourir à l'excuse derrière laquelle les autres s'abritent, savoir que... ; *indignus cui exceptio patrocinetur* Ulp. *Dig.* 2, 11, 2, indigne d'être protégé par l'exception.

▶ *patrocinatus* [sens passif] protégé : Tert. *Scorp.* 4, 1.

Pătrŏclēs, *is*, m. (Πατροκλῆς), nom d'un sculpteur : Plin. 33, 8 ‖ nom d'un rhéteur : Quint. 3, 6, 44 ‖ officier de Persée : Liv. 42, 58 ‖ amiral de Séleucus et d'Antiochus : Plin. 6, 17.

Pătrŏclĭānus, *a*, *um*, de Patroclès [personnage inconnu] : *Patroclianae sellae = latrinae* Mart. 12, 77, 9.

Pătrŏclus, *i*, m. (Πάτροκλος) ¶ 1 Patrocle [tué devant Troie par Hector et vengé par Achille] : Ov. *Pont.* 1, 3, 73 ; Hyg. *Fab.* 81 ; 97, 2 ¶ 2 nom d'un éléphant d'Antiochus : Plin. 8, 12 ‖ ▶ Patroclianus.

Pătrōn, *ōnis*, m. (Πάτρων) ¶ 1 philosophe épicurien ami de Cicéron : Cic. *Q.* 1, 2, 14 ; *Att.* 5, 11, 6 ¶ 2 compagnon d'Énée : Virg. *En.* 5, 298.

pătrōna, *ae*, f. (patronus), protectrice : Pl. *Ru.* 261 ; Ter. *Eun.* 887 ‖ [fig.] Cic. de *Or.* 2, 199 ‖ [fig.] avocate : Pl. *As.* 292 ‖ l'ancienne maîtresse d'un affranchi : Plin. *Ep.* 10, 4, 2 ; ▶ patronus ¶ 3.

pătrōnālis, *e* (patronus), dû au patron : Dig. 39, 5, 20.

pătrōnātŭs, *ūs*, m. (patronus), patronat, condition de patron, patronage : *jus patronatūs* Dig. 37, 14 tit., droits de l'ancien maître sur l'affranchi.

pătrŏnōmĭcus, ▶ patronymicus.

pătrōnus, *i*, m. (pater ; esp. padron) ¶ 1 patron [opposé à client], protecteur des plébéiens : L. XII TAB. d. Serv. *En.* 6, 609 ; Liv. 6, 18, 6 ¶ 2 avocat, défenseur [en justice] : Cic. *Mur.* 4 ; *Brut.* 143 ; 207 ; *Off.* 2, 51 ‖ [fig.] défenseur, protecteur, appui : *patronus justitiae* Cic. *Lae.* 24, défenseur de la justice ; *qui es patronus parieti* Pl. *Truc.* 822, toi qui es cloué au mur, qui sembles le soutenir, lui servir d'appui ¶ 3 ancien maître d'un affranchi : Cic. *Fam.* 13, 21, 2 ; Tac. *H.* 2, 2.

pătrōnўmĭcē, adv., d'après le nom du père : Char. 124, 10 ; Iren. 1, 2, 6.

pătrōnўmĭcus, *a*, *um* (πατρωνυμικός), patronymique [gram.] : Don. *Gram.* 4, 373, 23 ‖ **pătrōnўmĭcum**, *i*, n., nom patronymique : Serv. *En.* 2, 341 ; Prisc. 2, 62, 15.

pătrŭēlis, *is*, m. f. (patruus), cousin germain [du côté du père] ; cousine germaine : Cic. *Fin.* 5, 1 ; *Planc.* 2, 7 ; *Cael.* 60 ‖ adj., de cousin germain : Ov. *H.* 14, 61.

1 pătrŭus, *i*, m. (pater, πάτρως), oncle paternel : Cic. de *Or.* 2, 2 ; Hor. *S.* 1, 6, 131 ; *patruus magnus, major, maximus* Dig. 38, 10, 10, frère de l'aïeul paternel, du bisaïeul, du trisaïeul ‖ [fig.] oncle qui fait la morale [d'où] censeur sévère, grondeur : Cic. *Cael.* 25 ; Hor. *S.* 2, 3, 88 ; Pers. 1, 11.

2 pătrŭus, *a*, *um*, d'oncle paternel : Ov. *F.* 4, 55 ‖ [fig.] sévère, grondeur : Hor. *O.* 3, 12, 2 ‖ *patrue mi patruissime* Pl. *Poen.* 1197, mon oncle, le meilleur des oncles [le plus oncle des oncles].

Pătulcĭānus, *a*, *um*, de Patulcius [nom d'un débiteur de Cic.] : Cic. *Att.* 14, 18, 2.

Pătulcĭus, *ĭi*, m. (pateo), surnom de Janus [dont le temple était ouvert pendant la guerre] : Ov. *F.* 1, 129 ; Macr. *Sat.* 1, 9, 15 ‖ nom d'un débiteur de Cicéron, ▶ Patulcianus.

pătŭlus, *a*, *um* (pateo ; it. patano) ¶ 1 ouvert, qui a une large ouverture : Varr. *L.* 5, 161 ; *patula pina* Cic. *Nat.* 2, 123, coquille évasée ‖ [fig.] *patulae aures* Hor. *Ep.* 1, 18, 70, oreilles bien ouvertes, attentives ¶ 2 largement déployé, étalé : Cic. de *Or.* 1, 28 ; Virg. *B.* 1, 1 ‖ [fig.] ouvert à tous, banal : Hor. *P.* 132.

paucī, *ōrum*, m. pl. (paucus), pris subst^t, un petit nombre seulement, quelques-uns : Cic. *Clu.* 128 ; *Mur.* 25 ; *nimis pauci* Cic. *Rep.* 2, 50, trop peu nombreux ; *pauciores* Cic. *Par.* 20 ; *paucissimi* Cic. *Att.* 10, 10, 3 ; *pauci de nostris* Caes. *G.* 1, 15, 2, quelques-uns des nôtres [avec *ex* Cic. *Clu.* 129] ‖ **pauca**, *ōrum*, n. pl. pris subst^t, peu de choses : *paucis te volo* Ter. *And.* 29, j'ai deux mots à te dire ; *pauca respondere* Hor. *S.* 1, 6, 61, répondre quelques mots ; *cetera quam paucissimis absolvam* Sall. *J.* 17, 2, j'achèverai le plus brièvement possible ; *pauciora* Cic. *Div.* 1, 124.

paucĭēs (**paucĭens**), un petit nombre de fois, rarement : Titin. *Com.* 40, cf. Non. 157, 19.

paucĭlŏquĭum, *ĭi*, n. (paucus, loquor), sobriété de paroles, laconisme : Pl. *Merc.* 31.

paucĭōres, **paucissĭmi**, ▶ pauci.

paucĭtās, *ātis*, f. (paucus), petit nombre : *quanta sit oratorum paucitas* Cic. de *Or.* 1, 8, [juger] la grande rareté des orateurs ; *paucitas in partitione servatur* Cic. *Inv.* 1, 32, on maintient la sobriété dans la division ; *paucitas loci* Liv. 2, 50, 10, peu d'espace.

paucŭli, *ae*, *a* (dim. de pauci), qui sont en très petit nombre, très peu nombreux : Pl. ; Ter. ; Cic. *Att.* 5, 21, 6 ; *Verr.* 2, 185 ‖ [rare au sg.] : *post pauculum tempus* Apul. *M.* 11, 29, très peu de temps après.

paucus, *a*, *um* (cf. 1 paulus, pauper, parvus, παῦρος ; it. poco) ¶ 1 [sg. rare] peu nombreux : *foramine pauco* Hor. *P.* 203, avec peu de trous ‖ peu abondant : *uti pauco sermone* Her. 4, 45, user de peu de paroles ; Vitr. 1, 1, 6 ; Gell. 20, 1, 31 ¶ 2 [pl. surtout] : *pauci dies* Cic. *Lae.* 3, quelques jours seulement ; *causae paucae* Cic. de *Or.* 2, 140, quelques causes, un petit nombre de causes seulement ‖ *pauciores* Sall. *J.* 49, 2, moins nombreux ; *quam paucissimis verbis* Cic. *Tull.* 55, avec le moins de mots possible ‖ ▶ pauci.

Paula (**Paulla**), *ae*, f., nom de femme : Mart. 1, 74 ; 9, 5 ‖ sainte Paule : Hier. *Vir. ill.* 54, 8.

paulātim (**paull-**), peu à peu, insensiblement : Caes. *G.* 1, 33, 3 ; Cic. *Caecil.* 68

paulatim

‖ *paulatim aquae addito* Cat. *Agr.* 74, tu verseras de l'eau peu à peu.

Pauliānus (Paull-), *a, um*, de Paul-Émile : Val.-Max. 8, 11, 1 ‖ **Pauliāni**, *ōrum*, m. pl., disciples de Paul de Samosate : Aug. *Haer.* 44.

Paulīna (Pauli-), *ae*, f., Lollia Paulina, femme de Caligula : Tac. *An.* 12, 1 ‖ Pompéia Paulina, femme de Sénèque : Tac. *An.* 15, 60.

Paulīnus (Paull-), *i*, m., surnom ; nott Pompeius Paulinus, général des armées romaines en Germanie, sous Néron : Tac. *An.* 13, 53 ‖ C. Suetonius Paulinius, v. *Suetonius* ‖ Valerius Paulinus, général sous Vespasien : Tac. *H.* 3, 42.

paŭlispĕr (paull-), adv. (1 *paulus*, 1 *per*, cf. *nuper*), un peu de temps, un petit moment, qq. temps : Pl. *Ps.* 38 ; *Ru.* 590 ; Cic. *Verr.* 4, 53 ; Caes. *G.* 3, 5, 3 ‖ *paulisper dum* Cic. *Mil.* 28, un petit moment pendant que... ; *paulisper donec* Liv. 28, 26.

Paulla, v. *Paula*.

Paullus, v. *Paulus*.

1 paulō (paullō), [abl. pris adv.] un peu [avec un compar.] : *liberius paulo* Cic. *Or.* 82, un peu plus librement, cf. Cic. *Att.* 2, 12, 3 ; Caes. *G.* 2, 20 ‖ [avec *ante, post*] : Cic. *Part.* 137 ; v. *ante, post* ‖ [avec les verbes ou expr. marquant la supériorité, *antecedere, excellere, praestare*] ‖ [sans idée de compar.] Ter. *Haut.* 204 ; Cic. *Att.* 8, 12, 5.

2 Paulo, *ōnis*, m., fleuve de Ligurie [auj. Paillon] : Mel. 2, 72.

paulŭlātim, adv. (dim. de *paulatim*), peu à peu, insensiblement : Apul. *M.* 2, 16 ; 5, 20.

paulŭlō, adv. (dim. de *paulo*), quelque peu [devant un compar.] Ter. *Eun.* 75 ; Lucc. *Fam.* 5, 14.

paulŭlum (paull-), adv. (dim. de *paulum*) ¶ **1** n. pris susbst, une très petite quantité, très peu de : Pl. *Poen.* 802 ; Ter. *Eun.* 281 ; *paululum compendi facere* Cic. *Com.* 49, réaliser un tant soit peu de gain, cf. *Nat.* 2, 118 ¶ **2** adv., très peu, quelque peu : Cic. *Quinct.* 53 ; Ter. *Eun.* 706 ; Sall. *J.* 65, 1.

paulŭlus (paull-), *a, um* (dim. de *paulus*), qui est en très petite quantité : *paulula pecunia* Pl. *Bac.* 865, un tout petit peu d'argent ; *paululi homines* Liv. 35, 11, 7, des hommes en tout petit nombre ; *paulula via* Liv. 8, 11, 4, court chemin, faible distance.

paulum (paull-) ¶ **1** pris substt, un peu, une petite quantité : Cic. *de Or.* 3, 179 ¶ **2** [advt] un peu : *paulum requiescere* Cic. *de Or.* 1, 265, se reposer un peu ; *paulum recreare* Cic. *Att.* 9, 6, 5, réconforter un peu ‖ *post paulum* Caes. *G.* 7, 50, 6, un peu après ; *paulum supra* Caes. *G.* 6, 9, 3, un peu au-dessus ; *paulum minus* Caes. *G.* 7, 51, 4, un peu moins.

1 paulus (paull-), *a, um* (cf. *paucus*), qui est en petite quantité, peu considérable, petit, faible : *paulo sumptu* Ter. *Ad.* 876, à peu de frais ; *paulo momento impelli* Ter. *And.* 266, être influencé par la moindre chose ; *paulum aliquid addere* Cic. *de Or.* 1, 95, faire une petite addition.

2 Paulus (Paull-), *i*, m., surnom romain, surtout dans la *gens Aemilia* ; nott Paul-Émile, tué à la bataille de Cannes et son fils, vainqueur de Persée : Cic. *Div.* 2, 71 ; Liv. 22, 35, 3 ; 44, 19, 1 ‖ s. Paul : Vulg. *Act.* 13, 9.

paupĕr, *ĕris*, m., f., n. (cf. *paucus*, 2 *pario* = " qui produit peu ", fr. *pauvre*), pauvre, qui possède peu [différent de *inops, egenus, egens*] : *hanc (filiam) esse pauperem ; haec pauper placet* Pl. *Aul.* 173, [tu vas dire] qu'elle est pauvre ; pauvre, elle me plaît ; *ex pauperrimo dives factus* Cic. *Vat.* 29, de très pauvre devenu riche ; [poét.] *custos pauperis agri* Tib. 1, 1, 23, gardien d'une pauvre terre ‖ [avec gén.] [poét.] *pauper aquae* Hor. *O.* 3, 30, 11, pauvre en eau ‖ *pauperes* Cic. *Phil.* 5, 22, les pauvres ‖ [fig.] *carmen vena pauperiore fluit* Ov. *Pont.* 4, 2, 20, mes vers ne coulent plus que d'une veine appauvrie ‖ [chrét.] humble, soumis à Dieu : Vulg. *Psal.* 9, 10 ; *Matth.* 5, 3.
▶ v. *pauperus*.

paupĕra, v. *pauperus*.

paupĕrātus, *a, um*, part. de *paupero*.

pauperclus, sync. de *pauperculus*, Commod. *Instr.* 2, 36, 7.

paupercŭlus, *a, um* (dim. de *pauper*), petit pauvre, miséreux : Pl. *Poen.* 536 ; Ter. *Haut.* 96 ; Hor. *Ep.* 1, 17, 46.

paupĕrescō, *ĭs, ĕre*, -, - (*pauper*), intr., devenir pauvre (s'appauvrir) : Arn.-J. *Psalm.* 30.

paupĕriēs, *ēi*, f. (*pauper*), pauvreté : Enn. *Tr.* 171 ; Pl. *Truc.* 573 ; Ter. *Haut.* 111 ; Virg. *En.* 6, 437 ; Hor. *O.* 3, 2, 1 ‖ dommage [causé par un animal] : L. XII Tab. d. Ulp. *Dig.* 9, 1, 1.

paupĕrĭŭs, adv., plus pauvrement : Tert. *Cult.* 2, 11, 3.

paupĕrō, *ās, āre*, -, *ātum* (*pauper*), tr., appauvrir : Pl. *Ps.* 1128 ‖ frustrer, dépouiller : *pauperare aliquem aliqua re* Pl. *Mil.* 721 ; Hor. *S.* 2, 5, 36, dépouiller qqn de qqch.

paupertās, *ātis*, f. (*pauper* ; it. *povertà*) ¶ **1** pauvreté [sens plus faible que *egestas, inopia*], gêne : Cic. *Tusc.* 3, 56 ; *Par.* 45 ; *non video quid aliud sit paupertas quam parvi possessio* Sen. *Ep.* 87, 40, je ne vois pas que la pauvreté soit autre chose que la possession de peu de chose ; *non est paupertas habere nihil* Mart. 11, 32, 8, la pauvreté, ce n'est pas ne rien posséder ¶ **2** ▶ *egestas, inopia*, indigence, misère : Cic. *Fin.* 5, 84 ; *Div.* 1, 31 ‖ [fig., en parl. de la langue] : Quint. 8, 3, 33 ; 12, 10, 34 ‖ pl., Sen. *Ep.* 87, 38.

paupertātŭla, *ae*, f. (dim. de *paupertas*), Hier. *Ep.* 127, 14.

paupertīnus, *a, um* (*pauper*), de pauvre, mesquin : *paupertina cenula* Apul. *M.* 3 13, pauvre petit dîner [en parl. d'une personne] ; Gell. 20, 1, 30 ‖ [fig.] pauvre, chétif : *paupertinum ingenium* Symm. *Ep.* 1, 8, pauvre talent.

***paupĕrus**, *a, um*, ▶ *pauper* : *paupera mulier* Pl. d. Serv. *En.* 12, 519, femme pauvre ; *pater pauperorum* CIL 12, 2150, père des pauvres ; Petr. 46, 1 ; *caput carnibus pauperum* Cael.-Aur. *Chron.* 1, 1, 33, tête peu fournie en chair ; *pauperos abomino* CIL 4, 9839, j'ai horreur des pauvres.
▶ m. *pauperus* non attesté ; f. *paupera* Varr. *L.* 8, 77.

paupŭlō, *ās, āre*, -, - (onomat.), intr., cri des paons : Philom. 26 ; v. *pupillo*.

pausa, (arch. **paussa**), *ae*, f. (cf. inf. aor. παῦσαι), cessation, arrêt, pause, trêve : *pausam facere fremendi* Enn. *An.* 586, cesser de rugir ; *paussam facere* Pl. *Poen.* 459, s'arrêter, cf. *Ru.* 1205 ; *dare pausam loquendi* Lucil. 18, cesser de parler, cf. Lucr. 2, 119 ‖ station [en parl. d'une procession] : Spart. *Carac.* 9.

pausābĭlis, *e* (*pausa*), intermittent : Not. Tir. 120.

Pausănĭās, *ae*, m. (Παυσανίας), fils de Cléombrote, général des Lacédémoniens : Cic. *Off.* 1, 76 ; Nep. *Paus.* 1, 1 ‖ assassin de Philippe, roi de Macédoine : Just. 9, 6, 4 ‖ chef des habitants de Phères : Liv. 36, 9 ‖ préteur des Épirotes : Liv. 32, 10.

pausārĭus, *ii*, m. (*pausa*), chef des rameurs : Sen. *Ep.* 56, 5.

pausātĭo, *ōnis*, f. (*pauso*), pause, arrêt : Aug. *Psalm.* 40, 5 ; *pausatio spiritus* Hier. *Ep.* 28, 2, action de reprendre haleine ‖ la fin, la mort : Inscr. Chr. Diehl 1223 a.

pausātus, *a, um*, part. de *pauso*.

pausĕa (pōs-), **-sĭa**, *ae*, f. (?), variété d'olive : Cat. *Agr.* 6 ; 7 ; Varr. *R.* 1, 24 ; Col. 5, 8, 3 ; Plin. 15, 13.

Pausĭās, *ae*, m. (Παυσίας), peintre grec de Sicyone : Plin. 21, 4 ; 35, 123 ‖ **-ĭăcus**, *a, um*, de Pausias : Hor. *S.* 2, 7, 95.

pausillātum, Pl. *Ep.* 248, ▶ *pauxillatim*.

pausillisper, ▶ *pauxillisper*.

pausillŭlum, Pl. *Ru.* 729, ▶ *pauxillulum*.

pausillus, ▶ *pauxillus*.

Pausĭlўpum, *i*, n., le mont Pausilype ou Pausilippe, promontoire entre Naples et Pouzzoles : Plin. 3, 82.

Pausĭmăchus, *i*, m., historien : Avien. *Or.* 45.

Pausistrătus, *i*, m., préteur des Rhodiens : Liv. 36, 45.

pausō, *ās, āre*, -, - (*pausa* ; it. *posare* ; fr. *poser*), intr., cesser, s'arrêter : Vulg. 4

Esdr. 2, 24; Cael.-Aur. Chron. 1, 1, 16 ‖ [chrét.] reposer, gésir (ci-gît), être enterré : CIL 12, 483.

Pausŭlae, ārum, f. pl., ville du Picénum Atlas XII, D4 : CIL 9 ‖ **-āni**, ōrum, m. pl., habitants de Pausulae : Plin. 3, 111.

pausum, i, n., ⓒ *pausa* : CIL 8, 4447, 2.

pauxillātim (paus-), peu à peu : Pl. Ru. 929.

pauxillisper (paus-), en très peu de temps : Pl. Truc. 913 ‖ en détail : Non. 156, 2.

pauxillĭtās, ātis, f., exiguité, ténuité : Ambr. Hex. 6, 9, 54.

pauxillō, [abl. pris adv^t] très peu : *pauxillo prius* Afran. Com. 296, très peu auparavant, cf. Cels. 5, 28.

pauxillŭlum (paus-) ¶ **1** n. pris subst^t, un tout petit peu : Pl. Poen. 538; Ter. Phorm. 37 ¶ **2** adv., Sidon. Ep. 8, 3, 3.

pauxillŭlus (paus-), a, um (dim. de *pauxillus*), qui est en très petite quantité : *pauxillula fames* Pl. St. 163, une toute petite faim ‖ [fig.] *pauxillulae admonitiones* Gell. pr. 16, quelques petits avertissements ‖ Ⓥ *pauxillulum*.

pauxillum, adv., très peu, un peu ¶ **1** subst., n., Pl. Most. 865 ¶ **2** adv., Pl. Truc. 686.

pauxillus, a, um (dim. de *paucus*), très petit : Pl. Poen. 566; Lucr. 1, 835 ‖ [fig.] *pauxillum peccatum* Turpil. d. Non. 363, 15, peccadille.

pāva, ae, f., paonne, femelle du paon : Aus. Epigr. 64 (69), 4.

păvĕfăcĭō, ĭs, ĕre, -, - (paveo, facio), tr., effrayer : Gloss. 2, 267, 17; Ambr. Psalm. 118, s. 8, 17.

păvĕfactus, a, um, part. de *pavefacio*, Ov. M. 13, 878; Suet. Aug. 99; Cal. 51.

Păventĭa, ae, f. (paveo), déesse de la peur [comme *Pavor*] : Aug. Civ. 4, 11.

păvĕō, ēs, ēre, pāvī, - (cf. *pavio*) ¶ **1** intr., être troublé (interdit, saisi) par un sentiment violent : *admiratione paventibus cunctis* Liv. 7, 34, 8, tous dans le saisissement de la surprise; *sollicitae mentes speque metuque pavent* Ov. F. 3, 362, sous l'empire à la fois de l'espoir et de la crainte, les esprits sont dans l'angoisse; *intus paveo et foris formido* Pl. Cis. 688, je suis angoissée au-dedans et je m'épouvante au-dehors; *pavens accurrit* Sall. J. 106, 2, il accourt éperdu ‖ [surtout] avoir peur : Pl. Amp. 1110; *mihi paveo* Ter. Phorm. 187, j'ai peur pour moi, cf. Tac. H. 2, 63 ¶ **2** tr., craindre, redouter; *aliquem*, qqn : Hor. O. 4, 5, 25; Epo. 12, 25; Liv. 23, 5, 8 ‖ *tristiorem casum* Tac. H. 1, 29, craindre un malheur plus triste ‖ *pavet laedere* Ov. M. 1, 386, il craint d'offenser, cf. Tac. G. 7 ‖ *id paves, ne ducas illam, tu autem ut ducas* Ter. And. 349, ce que tu crains, c'est de l'épouser et toi, c'est de ne pas l'épouser ‖ [pass.] *nec pedibus tantum pavendas serpentes*

Plin. 8, 85, que les serpents ne sont pas redoutables seulement pour les pieds.

păvescō, ĭs, ĕre, -, - (paveo) ¶ **1** intr., s'effrayer : *omni strepitu* Sall. J. 72, 2, s'effrayer au moindre bruit; *ad ejusmodi tactum* Col. 6, 2, 6, s'effrayer à ce contact ¶ **2** tr., craindre, redouter : Tac. An. 1, 4; Sil. 16, 127.

păvi, parf. de *pasco* et de *paveo*.

păvĭbundus, a, um (paveo), plein d'effroi : Arn. 7, 13; Aug. Serm. 22, 1.

păvĭclō, sync. de **păvĭcŭlō**, ās, āre, -, - (pavicula), tr., aplanir, égaliser, niveler : Gloss. 2, 410, 50.

păvĭcŭla, ae, f. (pavio), dame, instrument pour aplanir : Cat. Agr. 91; Col. 1, 6, 13.

păvĭdē, adv. (pavidus), avec frayeur, en tremblant : Lucr. 2, 45; Liv. 5, 39, 8; Quint. 11, 3, 49.

păvĭdō, ās, āre, -, - (pavidus), tr., effrayer : *Commod. Apol. 1002.

păvĭdum, n. pris adv^t, avec crainte, timidement : Ov. M. 9, 569.

păvĭdus, a, um (paveo) ¶ **1** dans le saisissement, éperdu; [surtout] saisi d'effroi : *me nescioquis arripit timidam atque pavidam, nec vivam nec mortuam* Pl. Curc. 649, un inconnu me saisit tremblante, éperdue, à demi morte; *pavida ex somno* Liv. 1, 58, 3, glacée d'effroi dans ce brusque arrachement au sommeil ‖ effrayé, tremblant : Lucr. 5, 973; Virg. En. 2, 489 ‖ craintif, peureux, timide : Hor. Epo. 2, 33; Ov. F. 1, 400; *castris se pavidus tenebat* Liv. 3, 26, 4, il se tenait timidement dans son camp; *intra mens pavidissima* Sen. Ir. 1, 20, 5, au fond un esprit des plus craintifs ‖ effrayé de qqch. : [avec gén.] *nandi pavidus* Tac. H. 4, 14, qui craint de se jeter à l'eau; *offensionum non pavidus* Tac. An. 4, 38, sans crainte des rancunes; [avec ad, relativement à] Tac. H. 2, 68; [avec inf.] *non pavidus mulcere leaenas* Sil. 1, 406, qui ne craint pas de caresser les lionnes ‖ *pavidus, ne* Liv. 37, 7, 7, craignant que ¶ **2** qui marque l'effroi : *pavidum murmur* Luc. 5, 255, murmure d'effroi; *fuga pavida* Sil. 13, 133, fuite éperdue ¶ **3** qui glace, qui paralyse : *de meo pavidos excute corde metus* Ov. F. 1, 16, arrache de mon cœur les craintes paralysantes ‖ qui effraie : *lucus pavidus* Stat. Th. 5, 567, bois sacré qui inspire l'effroi ‖ *pavidior* Plin. 11, 144; *pavidissimus* Sil. 10, 65.

păvīmentārĭus, ii, m., celui qui fait des carrelages, carreleur : CIL 6, 243; 11, 6730.

păvīmentātus, a, um (pavimentum), pavé, dallé : Cic. Q. 3, 1, 1; Dom. 116; Vitr. 6, 5, 3.

pavīmentō, ās, āre, -, - (pavimentum), tr., aplanir [en battant], damer, niveler, égaliser : Plin. 27, 15; [fig.] battre, abattre : Aug. Serm. 332, 4; 82, 14.

păvīmentum, i, n. (pavio; roum. *pămînt*) ¶ **1** aire en terre battue, [puis en gén.] plancher, parquet, carreau, dallage : Cat. Agr. 18; Varr. R. 1, 51; Cic. de Or. 3, 171; Q. 3, 1, 1; Hor. O. 2, 14, 26; *pavimenta Poenica* Fest. 282, 4, dalles en marbre de Numidie ¶ **2** couverture d'un toit : B.-Alex. 1.

păvĭō, īs, īre, īvī, ītum (cf. paveo, παίω), tr., battre [la terre], damer, aplanir, niveler : Cat. Agr. 18, 7; Varr. R. 1, 51; Plin. 19, 120 ‖ [en gén.] battre, frapper : Lucr. 2, 376; Cic. Div. 2, 72.

păvĭtātĭō, ōnis, f. (pavito), frayeur : Apul. Mund. 18.

păvĭtensis, e, [étoffe] épaisse, grossière : Isid. 19, 22, 19.

păvĭtō, ās, āre, āvī, - (fréq. de paveo) ¶ **1** intr., être effrayé : *prosequitur pavitans* Virg. En. 2, 107, il poursuit en tremblant ‖ avoir le frisson : Ter. Hec. 321 ¶ **2** tr., craindre : Lucr. 2, 57.

păvĭtum, i, n. (pavitus), ⓒ *pavimentum* : Paul.-Nol. Carm. 28, 40.

păvĭtus, a, um, part. de *pavio*.

1 **păvō**, ōnis, m. (de ταώς, cf. *paupulo*; fr. *paon*, al. *Pfau*), paon [oiseau] : Cic. Fin. 3, 18 ‖ f., *pavo femina* Gell. 7, 16, 5, la femelle du paon, paonne.

2 **Păvō**, ōnis, m., surnom romain [Fircellius Pavo] : Varr. R. 3, 2, 2.

păvōnācĕus, a, um (1 pavo), semblable à la queue du paon : Plin. 36, 159.

păvōnīnus, a, um (1 pavo), de paon : Varr. R. 3, 9, 10; Col. 8, 11, 11 ‖ de queue de paon : Mart. 14, 67 tit.; Tert. Val. 13, 1.

1 **păvŏr**, ōris, m. (paveo; fr. *peur*) ¶ **1** émotion qui trouble, qui saisit, qui peut faire perdre le sang-froid [en parl. de courses de chars ou de régates] : *exsultantia haurit corda pavor pulsans* Virg. G. 3, 106; En. 5, 138, l'anxiété (l'appréhension du résultat) ronge et fait bondir leurs cœurs palpitants; *laeto pavore proditus* Sil. 16, 432, trahi par l'anxiété (l'impatience) de sa joie ¶ **2** [surtout] effroi, épouvante; crainte : **(definiunt) pavorem metum mentem loco moventem ... ; examinationem metum subsequentem et quasi comitem pavoris** Cic. Tusc. 4, 19, (on définit) l'effroi, une crainte qui fait perdre à la raison son équilibre...; le saisissement, une crainte qui suit immédiatement et pour ainsi dire escorte l'effroi, cf. Enn. Tr. 21; *pavor ceperat milites ne* Liv. 24, 22, 2, les soldats avaient été gagnés par la crainte que ... ; *pavorem deponere* Ov. M. 10, 117, se rassurer; *pavorem injicere* Liv. 28, 3, 9, effrayer; *pavor aquae* Plin. 25, 17, hydrophobie ‖ [au pl.] Luc. 1, 521; Tac. H. 4, 38.

2 **Păvŏr**, ōris, m., la Peur, divinité consacrée par Tullus Hostilius : Liv. 1, 27, 7 ‖ **Pavōrii**, ōrum, m. pl., prêtres de cette divinité : Serv. En. 8, 285.

păvōs, ⓒ 1 *pavor* Pacuv. d. Cic. Or. 155.

pāvus, *i*, m. (cf. *1 pavo*; esp. *pavo*), paon: Enn. *An.* 15; Varr. d. Gell. 7, 16.

1 pax, **pācis**, f. (cf. *paciscor, pango*; fr. *paix*; bret. *pok* baiser) ¶ **1** paix [après une guerre]: *in pace, in bello* Cic. *Verr.* 4, 7; *pace belloque; pace ac bello* Liv. 2, 1, 1; 24, 1, 13, en paix, en guerre; *pace* [seul] Cic. *Ac.* 2, 1; *summa in pace* Cic. *Verr.* 2, 159, dans la paix la plus profonde ‖ paix [avec qqn]: *cum aliquo* Cic. *Phil.* 7, 22; [avec gén.] *de Pyrrhi pace agebatur* Cic. *Phil.* 1, 11, on discutait de la paix avec Pyrrhus ‖ *cum proximis civitatibus pacem et amicitiam confirmare* Caes. *G.* 1, 3, 1, consolider (affermir) les relations pacifiques et amicales avec les cités voisines; *pacem habere* Cic. *Phil.* 2, 90, avoir la paix; *pacem facere* Cic. *Phil.* 2, 90; *conficere* Cic. *Flac.* 29; *componere* Liv. 2, 13, 3; *jungere cum aliquo* Liv. 1, 1, 6, faire la paix, régler la paix, conclure la paix avec qqn ‖ cf. ▶ *pango* II ¶ **2** : *dare* Liv. 7, 20, 8, accorder la paix; *pacem inter cives conciliare* Cic. *Fam.* 10, 27, 1, rétablir la paix entre les citoyens ‖ *bella atque paces* Sall. *J.* 31, 20, le droit de faire la guerre et la paix ¶ **2** [fig.] tranquillité, calme **a)** [de la mer, des flots] Hor. *O.* 3, 29, 35; Stat. *Th.* 7, 87; [des vents] Lucr. 5, 1228 **b)** [de l'âme] Cic. *Tusc.* 5, 48; *Fin.* 1, 47; sérénité du visage: Ov. *M.* 2, 858 **c)** [en parl. des dieux] bienveillance, faveur, assistance: *ab dis immortalibus pacem ac veniam petere* Cic. *Font.* 30, demander la bienveillance et la faveur des dieux immortels, cf. Liv. 7, 2, 2; Virg. *En.* 3, 370 **d)** [expr.] *pace tua dixerim* Cic. *Tusc.* 5, 12, permets-moi de le dire, soit dit sans t'offenser; *pace horum dixerim* Cic. *de Or.* 1, 76, que ceux qui m'écoutent me le permettent dire; *tua pace* Pl. *Ru.* 698; *pace quod fiat tua* Ter. *Eun.* 467, avec ta permission **e)** *pax Romana* Sen. *Clem.* 1, 4, 2, la paix romaine, paix de l'empire romain [mais Sen. *Prov.* 4, 14, domination paisible de Rome] **f)** [chrét.] réconciliation avec Dieu, salut: Vulg. *Joh.* 16, 33; Cypr. *Ep.* 18, 1.
▶ abl. *paci* Varr. *Men.* 397 (Non. 213, 14).

2 Pax, *ācis*, f., déesse de la paix: Ov. *F.* 1, 709; Nep. *Timoth.* 2, 2.

3 Pax, *ācis*, m., nom d'esclave: Pl. *Trin.* 889.

4 pax, interj. (πάξ) chut! assez!: Pl. *Mil.* 808.

Paxaea, *ae*, f., nom de femme: Tac. *An.* 6, 29.

paxillus, *i*, m. (dim. de *1 palus*), pieu, étançon: Varr. d. Non. 153, 9; Col. 4, 16, 3.

Paxoe, f. pl. (Πάξοι), nom de deux îles entre Corcyre et Leucade: Plin. 4, 52 ‖ sg., **Paxŏs**, Plin. 4, 54, une de ces îles.

peccāmĕn, *ĭnis*, n. (*pecco*), péché: Prud. *Apoth.* 911; *Ham.* 619.

peccans, *tis*, part.-adj. de *pecco*, qui commet une faute, fautif: *est peccantius vinum dare* Cael.-Aur. *Acut.* 3, 8, 88, c'est une plus grande faute de donner du vin ‖ subst. m., coupable: Nep. *Ages.* 5; Sen. *Ep.* 97, 13.

peccantĕr, adv. (*peccans*), fautivement, mal: Cael.-Aur. *Acut.* 2, 9, 40.

peccantĭa, *ae*, f. (*pecco*), péché: *Tert. Jud.* 10, 10.

peccasso, v. ▶ *pecco* ▶.

peccātēla, *ae*, f. (*pecco*), péché: Tert. *Anim.* 40, 2.

peccātĭo, *ōnis*, f. (*pecco*), faute: Gell. 13, 20, 19.

peccātŏr, *ōris*, m. (*pecco*; fr. *pécheur*), pécheur: Tert. *Spect.* 3, 5; Lact. *Inst.* 3, 26.

peccātōrĭus, *a*, *um*, qui concerne le péché: Tert. *Marc.* 2, 24, 4.

peccātrix, *īcis*, f., pécheresse [adj^t]: Tert. *Spect.* 3, 8; Paul.-Nol. *Ep.* 23, 15.

peccātum, *i*, n. (*pecco*; fr. *péché*), faute, action coupable, crime: Cic. *Ac.* 1, 37; *Fin.* 3, 32; Virg. *En.* 10, 32 ‖ faute envers qqn: Cic. *Tusc.* 3, 47; *Fin.* 4, 40; *de Or.* 1, 124 ‖ faute envers Dieu, péché: Aug. *Conf.* 7, 9, 14.

peccātŭs, abl. *ū*, m. (*pecco*), faute: *Cic. Verr.* 2, 191; Prob. d. Gell. 13, 20, 17.

peccō, *ās*, *āre*, *āvī*, *ātum* (cf. *pes* et *mancus*; fr. *pécher*), intr., trébucher.

I intr. ¶ **1** commettre une faute, faillir, faire mal: Cic. *Fin.* 3, 48; *Mil.* 42; *si quid in te* [acc.] *peccavi* Cic. *Att.* 3, 15, 4, si j'ai eu qq. tort envers toi; *peccare in aliquo* Cic. *Par.* 25; *Fam.* 2, 14, 2; Caes. *G.* 1, 47; *erga aliquem* Pl. *Aul.* 792, avoir des torts envers qqn [envers Dieu] Tert. *Paen.* 5, 7; Aug. *Conf.* 5, 10, 18 ¶ **2** être fautif, défectueux, pécher: [avec *in* abl.] *in gestu* Cic. *de Or.* 1, 125, faire une faute dans la mimique, cf. *Fin.* 2, 32; [avec abl. seul] *satis missione et mollibus consultis peccatum* Tac. *An.* 1, 40, on a commis assez de fautes avec les congés et les molles décisions ‖ *ne equus peccet* Hor. *Ep.* 1, 1, 9, de peur que le cheval ne bronche, ne trébuche; *vina peccatura* Pall. 11, 14, 7, vins qui devront se gâter ‖ pass. impers., Cic. *Or.* 70; Hor. *Ep.* 71, 2, 16.

II [avec acc. de l'objet intér.] se tromper en qqch.: *unam peccare syllabam* Pl. *Bac.* 433, broncher d'une seule syllabe, se tromper d'une syllabe; [avec pron. n.] *multa alia* Cic. *Nat.* 1, 29, commettre beaucoup d'autres erreurs, cf. Cic. *Nat.* 1, 31 ‖ *ut ipsum, quod maneam in vita, peccare me existimem* Cic. *Fam.* 4, 13, 2, en sorte que le fait même de continuer à vivre est une faute que je commets, à mon avis.
▶ *peccasso, is = peccavero, is* Pl. *Ru.* 1348; 1150.

pĕcĭŏlus (**pĕtĭŏlus**), *i*, m. (dim. de *pes*, cf. *pecullus, pecco*), petit pied: Cels. 2, 18, 31 ‖ queue des fruits, pétiole, pédoncule: Col. 12, 46, 7.

pĕcŏra, pl. de *1 pecus*.

pĕcŏrālis, *e* (*1 pecus*), en bétail [selon sa valeur]: Fest. 220, 27.

pĕcŏrārĭus, *ii*, m. (*1 pecus*, it. *pecoraio*), gardien de troupeau: Gloss. 5, 316, 53.

pĕcŏrīnus, *a*, *um* (*1 pecus*; it. *pecorino*), concernant le bétail: Eustath. 6, 10, 11.

pĕcŏrōsus, *a*, *um* (*1 pecus*), abondant en bétail, riche en troupeaux: Prop. 4, 9, 3.

pecten, *ĭnis*, m. (*pecto*, cf. κτείς; fr. *peigne*) ¶ **1** peigne: Pl. *Capr.* 268; Petr. 126, 2; *inter pectinem speculumque occupati* Sen. *Brev.* 12, 3, qui passent leur temps entre le peigne et le miroir ¶ **2** peigne [dans le tissage]: Virg. *En.* 7, 14; Ov. *F.* 3, 819 ‖ [fig.] = l'art de peigner: *pecten Niliacum* Mart. 14, 150, le tissage égyptien ¶ **3** carde: Plin. 11, 77 ¶ **4** râteau: Ov. *Rem.* 191; Col. 2, 20, 3 ¶ **5** plectre [de lyre]: Virg. *En.* 6, 647; Juv. 6, 381 ‖ [fig.] lyre: Val.-Flac. 3, 159 ‖ chant: *canere alterno pectine* Ov. *F.* 2, 121, chanter en vers élégiaques ¶ **6** peigne de mer: Hor. *S.* 2, 4, 34; Plin. 9, 101 ¶ **7** poils sur le pubis: Plin. 29, 26; Juv. 6, 369 ‖ les os pubis: Cels 8, 1, 23 ¶ **8** veines (du bois): Plin. 16, 185 ‖ *pecten Veneris* Plin. 24, 175, peigne de Vénus [plante] ¶ **9** [fig.] disposition en forme de peigne: *digiti inter se pectine juncti* Ov. *M.* 9, 299, doigts entrecroisés en forme de peigne ‖ danse où les danseurs s'entrecroisent: Stat. *Ach.* 2, 156.

pectĭnārĭus, *ii*, m. (*pecten*; it. *pettinaio*), cardeur: CIL 5, 4501 ‖ fabricant de peignes: CIL 5, 98, 8.

pectĭnātim, adv. (*pecten*), en forme de peigne: Vitr. 1, 5, 7; *digitis pectinatim inter se implexis* Plin. 28, 59, en entrecroisant les doigts.

pectĭnātŏr, *ōris*, m. (*pectino*), cardeur: CIL 5, 2538.

pectĭnātus, *a*, *um* ¶ **1** part. de *pectino* ¶ **2** disposé en forme de peigne: Vitr. 5, 1, 10.
▶ *pectenatus* Fest. 232, 16.

pectĭnō, *ās*, *āre*, *āvī*, *ātum* (*pecten*; it. *pettinare*), tr., peigner: Apul. *M.* 6, 28 ‖ *pectinare segetem* Plin. 18, 186, herser le blé en herbe.

pectĭo, *ōnis*, f., action de peigner: Cael.-Aur. *Chron.* 1, 4, 98.

pectis, *ĭdis*, f., consoude [plante]: Ps. Apul. *Herb.* 59.

pectĭtus, *a*, *um*, part. de *pecto*.

pectō, *ĭs*, *ĕre*, *pexī*, *pexum* et *pectĭtum* (*pecten* et *2 plecto*, cf. πέκω, κτείς), tr. ¶ **1** peigner: Tib. 1, 9, 69; Hor. *O.* 1, 15, 14 ¶ **2** peigner, carder: Plin. 19, 17; Col. 12, 3, 6 ¶ **3** nettoyer, défricher [la terre]: Col. 10, 94 ‖ [fig.] *pectere fusti* Pl. *Capr.* 896; *pugnis* Pl. *Ru.* 661, rosser, donner une correction.
▶ parf. inus. *pexui* Alcim. *Ep.* 77.

pectŏrāle, *is*, n. (*pectoralis* ; fr. *poitrail*), cuirasse : Varr. L. 5, 115 ; Plin. 34, 43.

pectŏrālis, *e* (*pectus*), pectoral, de la poitrine : Cels. 8, 1, 17 ‖ qui couvre la poitrine : *pectoralis tunicula* Amm. 14, 9, 7, tunique courte ; *pectoralis fascia* Vulg. Is. 3, 24, soutien-gorge.

pectŏrĕus, *a*, *um*, de la poitrine : Drac. Orest. 567.

pectŏrōsus, *a*, *um* (*pectus*), qui a une large poitrine : Col. 8, 2, 8 ; Plin. 14, 140 ‖ *pectorosior* Priapr. 36, 9.

pectuncŭlus, *i*, m. (dim. de *pecten* ; fr. *pétoncle*), petit peigne de mer, sorte de coquillage : Varr. L. 5, 77 ; Col. 8, 16, 7 ; Plin. 9, 84.

pectŭs, *ŏris*, n. (cf. v. irl. *ucht*, toch. B. *päscane* ; fr. *pis*, it. *petto*) ¶ **1** poitrine [de l'homme et des animaux] : Plin. 11, 207 ; Cels. 8, 8, 2 ; Virg. En. 9, 347 ‖ [pl. poét. en parl. d'une pers.] : Ov. M. 4, 544 ¶ **2** [fig.] **a)** cœur : *toto pectore amare* Cic. Leg. 1, 49, aimer de tout son cœur ; *in aliquo pectus apertum videre* Cic. Lae. 97, lire à cœur ouvert dans qqn, cf. Cic. Att. 13, 12, 4 ; Fam. 10, 10, 2 ; *pectore puro* Hor. S. 1, 6, 64, à cause de la pureté de mon cœur ; *pectus est quod disertos facit* Quint. 10, 7, 15, le cœur est ce qui fait l'homme éloquent **b)** siège de l'intelligence, de la pensée : *alicui ad pectus advolare* Cic. Fam. 15, 16, 2, se présenter à la pensée de qqn ; *toto pectore cogitare* Cic. Tusc. 2, 58, penser de toute son intelligence, cf. Cic. de Or. 3, 121 ; Tac. D. 28 ; *de summo pectore dicere* Gell. 17, 13, 7, parler sans réflexion.

pectuscŭlum, *i*, n. (dim. de *pectus*), poitrine délicate : Hier. Ep. 22, 30 ; Fulg. Myth. 1 pr. 13, p. 8, 11.

Pectuscum Pălāti, quartier de Rome tourné vers la mer : Fest. 232, 23.

pĕcū, abl. **pĕcū**, n. (1-2 *pecus*, 1 *pecunia*, *peculium*, cf. scr. *paśu*, al. *Vieh*, an. *fee*), bétail, troupeau : Pl. Bac. 1123 ; 1139 ; Ru. 942 ‖ [employé surtout au pl.] **pĕcŭa**, *ŭum*, dat.-abl. *ŭbus* : Cat. Agr. 141, 3 ; Fest. 288, 37 ; Lucr. 6, 1131 ; *Cic. Pomp. 15.

pĕcŭālis, *e* (*pecu*), de bétail : *animal pecuale* Sedul. Carm. 1, 162, une bête de somme.

pĕcŭāria, *ae*, f. (*pecuarius*) ¶ **1** troupeaux, bestiaux : Varr. R. 2, pr. 6 ¶ **2** l'élevage des troupeaux : *pecuariam facere* Suet. Caes. 42, élever des troupeaux.

pĕcŭāria, *ōrum*, n. pl., troupeaux : Virg. G. 3, 64 ‖ installation des bêtes : *pecuaria feminarum* Plin. 8, 27, pâturages des [éléphants] femelles.

pĕcŭārĭus, *a*, *um* (*pecu*), de troupeaux, de bestiaux : *pecuaria res* Cic. Quinct. 12, troupeaux ‖ subst. m., propriétaire de troupeaux, éleveur : Cic. Dej. 27 ‖ fermier des pâturages publics : Cic. Font. 46 ; Liv. 10, 47, 4.

pĕcŭātus, *a*, *um* (*pecu*), brute, semblable à une bête : Fulg. Serm. 51.

pĕcŭda, n. pl., V.> 2 *pecus*.

pĕcŭdālis, *e* (2 *pecus*), de bête : Capel. 8, 806.

pĕcŭdes, *um*, pl. de 2 *pecus*.

pĕcŭīnus, *a*, *um* (*pecu*), de bétail : Cat. Agr. 132, 2 ‖ de bête, de brute : Apul. M. 8, 30.

pĕcŭlantĭa, *ae*, f., C.> *peculatus* [ou *petulantia* ?] : *Commod. Instr. 2, 25 (29), 13.

pĕcŭlātŏr, *ōris*, m. (*peculor*), concussionnaire : Cic. Off. 3, 73 ; Tac. H. 1, 53.

pĕcŭlātŭs, *ūs*, m. (*peculor*), péculat, malversation : *peculatum facere* Cic. Rab. perd. 3, se rendre coupable de péculat ; *peculatus damnari* Cic. Flac. 43, être condamné pour péculat.

pĕcŭlĭāris, *e* (*peculium*) ¶ **1** acquis avec le pécule ; relatif au pécule : *peculiare vinum* Ulp. Dig. 33, 6, 9, vin acheté par l'esclave avec son pécule ¶ **2** propre, qui appartient en propre, personnel : *peculiarem aliquam (ovem) habere* Pl. As. 541, avoir à soi une brebis ; *peculiaris tuus testis* Cic. Flac. 51, ton témoin, qui est ta propriété personnelle ; *hoc mihi peculiare fuerit* [avec inf.] Cic. Q. 2, 10, 3, j'aurai cet avantage en propre de… ; *peculiarem rem publicam facere* Liv. 3, 19, 9, se faire un État à soi ‖ particulier, spécial : *peculiare edictum* Cic. Verr. 3, 36, un édit spécial, fait pour la circonstance ‖ singulier, extraordinaire : Suet. Vit. 4 ; Just. 36, 4, 3.

pĕcŭlĭārĭtĕr, adv. (*peculiaris*), en pécule, à titre de pécule : Dig. 41, 2, 3 ‖ particulièrement, spécialement : Plin. 26, 50 ; Quint. 11, 3, 130 ‖ *peculiarius* Cassian. Inst. 5, 4, 4.

pĕcŭlĭārĭus, *a*, *um*, relatif au pécule d'un esclave ou d'un fils de famille : Ulp. Dig. 44, 4, 4 ; Pompon. Dig. 15, 1, 4.

pĕcŭlĭātus, *a*, *um* (*peculium*), qui a un pécule : Ulp. Dig. 19, 1, 13 ‖ qui a du bien : Poll. Fam. 10, 32, 1 ; Apul. M. 10, 17 ‖ [sens priapr.] bien pourvu : Priapr. 52, 7.

pĕcŭlĭō, *ās*, *āre*, -, - (*peculium*), tr., gratifier d'un pécule : Pl. Pers. 192.

pĕcŭlĭŏlum, *i*, n. (dim. de *peculium*), petit pécule : Quint. 1, 5, 46.

pĕcŭlĭōsus, *a*, *um* (*peculium*), qui possède un riche pécule : Pl. Ru. 112 ; Aug. Psalm. 38, 12.

pĕcŭlĭum, *ii*, n. (*pecu*), pécule [masse de biens laissé par le *pater* ou le maître à la disposition du fils ou de l'esclave ; la propriété du pécule est toujours au patron ou au maître] : Pl. As. 498 ; Varr. R. 1, 2, 17 ; 1, 17, 5 ; Cic. Par. 39 ; Virg. B. 1, 33 ; Liv. 2, 41, 10 ; Dig. 15, 1, 5, 4 ‖ *peculium castrense* Ulp. Dig. 37, 6, 1, économies du soldat ‖ *peculium quasi castrense* Cod. Just. 3, 28, 37, 1, économies faites au service de l'empereur ‖ biens paraphernaux de l'épouse : Dig. 23, 3, 9, 3 ‖ [en gén.] argent amassé sou par sou, avoir écono-misé : Hor. P. 330 ‖ argent, espèces : Petr. 8, 3 ‖ argent, bourse : Pl. Ps. 1188 ‖ [fig.] petit cadeau : Sen. Ep. 12, 10.

pecullus, *i*, m. (dim. de *pes*), pied [d'agneau] : M.-Emp. 26, 75.

pĕcŭlŏr, *āris*, *ārī*, *ātus sum* (*peculium*), tr., se rendre coupable de péculat : *peculari rempublicam* Flor. 3, 17, 3, piller l'État, être concussionnaire.

1 pĕcūnĭa, *ae*, f. (*pecu*) ¶ **1** [prim¹] avoir en bétail, fortune qui résulte du bétail, cf. Varr. L. 5, 95 ; P. Fest. 233, 6 ; 287, 11 ; Fest. 232, 30 ; [d'où, en gén.] fortune, richesse : Cic. Amer. 6 ; Com. 23 ; *in multas pecunias alienissimorum hominum invadere* Cic. Phil. 2, 41, s'attaquer aux biens de gens qui lui sont absolument étrangers ; *pecuniam facere* Cic. Div. 1, 111, amasser de la fortune ; *ea pecunia illis est* Liv. 29, 31, 8, c'est là leur richesse ¶ **2** argent : *pecunia numerata* Cic. Top. 53 ; *praesens* Pl. Capr. 258 ; Cic. Att. 2, 4, 1, argent comptant ; V.> *repraesentare* : *magnam pecuniam secum portare* Nep. Hann. 9, 2, porter avec soi une grosse somme d'argent ; *dare pecuniam alicui* Cic. Verr. 1, 101, donner de l'argent à qqn ; V.> *conficere*, V.> *accepta pecunia (accipere)* : *pecuniam dissolvere* Cic. Verr. 5, 53, payer une somme due ; *ab sociis maximam pecuniam auferre* Cic. Verr. 3, 224, enlever aux alliés une très grande quantité d'argent ‖ [pl. pour insister sur le détail] des sommes d'argent : Cic. Verr. 5, 48 ; Pis. 38 ; Off. 2, 78 ; Liv. 29, 16, 1 ‖ *pecunia publica*, l'argent du trésor public : Cic. Verr. 3, 165 ; 176 ; *pecuniae publicae condemnatus* Cic. Flac. 43, condamné pour une malversation publique ‖ *diem pecuniae Idus Nov. esse* Cic. Att. 10, 5, 3, que le jour d'échéance (de paiement) tombe aux ides de novembre.

2 Pĕcūnĭa, *ae*, f., la déesse de l'argent : Aug. Civ. 4, 21.

pĕcūnĭālis (*pecunia*), pécuniaire : Cael.-Aur. Chron. 1, 5, 147.

pĕcūnĭārĭē, adv. (*pecuniarius*), en matière d'argent, pour l'argent : Dig. 16, 2, 10.

pĕcūnĭāris, *e* (1 *pecunia*), pécuniaire : Dig. 48, 19, 10.

pĕcūnĭārĭtĕr, C.> *pecuniarie* Dig. 47, 1, 3.

pĕcūnĭārĭus, *a*, *um* (1 *pecunia*), d'argent, pécuniaire : *res pecuniaria* Cic. Amer. 117, affaire d'argent (mais *praemia rei pecuniariae magna* Caes. C. 3, 59, dons considérables en argent) ; *inopia rei pecuniariae* Cic. ad Brut. 1, 18, 5, manque d'argent ; *pecuniaria poena* Dig. 48, 2, 12, 4, amende ; *causae pecuniariae* [par oppos. aux *publica crimina*, accusations criminelles] Dig. 3, 6, 1, 1, procès civils [portant sur des sommes d'argent] ‖ subst. m., banquier : Gloss. 2, 478, 29.

Pĕcūnĭŏla, *ae*, m., surnom d'un certain P. Aurélius : Val.-Max. 2, 7, 4.

pecuniosus

pĕcūnĭōsus, *a, um* (1 *pecunia*), riche en bétail : Cic. *Rep.* 2, 16 ‖ [en gén.] riche : Cic. *Com.* 44 ; *Clu.* 18 ‖ lucratif : Mart. 5, 56, 8 ‖ **pecuniosior** Suet. *Aug.* 25 ; -**issimus** Cic. *Verr.* 5, 24.

pĕcŭōsus, *a, um*, riche en troupeaux : Gloss. 4, 270, 16.

1 **pĕcŭs**, *ŏris*, n. (*pecu* ; fr. *pecque*, it. *pecora*) ¶ **1** [en gén.] troupeau, bétail : *pecus bubulum, volatile, ovillum, caprinum* Varr. *R.* 2, 1, 13 ; Col. 8, 4 ; Varr. *R.* 2, 2, 6, les bœufs, les oiseaux, les brebis (la race ovine), les chèvres ; *pecus setigerum* Ov. *M.* 14, 288, troupeau de porcs ‖ *pecus majus* Varr. *R.* 2, 1, 12, gros bétail ¶ **2** [en part.] **a)** menu bétail, brebis, moutons ; qqf. chèvres : *balatus pecorum* Virg. *G.* 3, 554, les bêlements des brebis **b)** [en parl. de phoques] : *Proteus pecus egit* Hor. *O.* 1, 2, 7, Protée conduisit son troupeau ; [en parl. d'abeilles] *mediocre pecus* Col. 9, 8, 6, un petit nombre d'essaims **c)** qqf. une seule bête : Ov. *Ib.* 459 **d)** le petit dans le sein de sa mère, fœtus : Firm. *Math.* 3, 16, 12 ; Tert. *Marc.* 4, 21, 11 ¶ **3** troupe [d'hommes], troupeau : *Dindymenae dominae pecora* Catul. 63, 13, la troupe, le cortège de Cybèle [les Galles] ; *o imitatores, servum pecus* Hor. *Ep.* 1, 19, 19, imitateurs, troupeau servile.

2 **pĕcŭs**, *ŭdis*, f. (*pecu*) ¶ **1** bête, tête de bétail, animal (domestique) : Cic. *Nat.* 2, 160 ; *quantum natura hominis pecudibus reliquisque bestiis antecedat* Cic. *Off.* 1, 105, [se dire] combien l'homme l'emporte sur les animaux domestiques et les autres bêtes ; *pecudes ferae* Varr. *R.* 2, 1, 5, animaux domestiques à l'état sauvage [*ferae pecudes* Lucr. 1, 14, bêtes sauvages et domestiques] ¶ **2** tête de petit bétail, mouton, brebis : *balantum pecudes* Lucr. 2, 267, les brebis ; *pecus Helles* Ov. *F.* 4, 903, le bélier d'Hellé [à la toison d'or], cf. Juv. 13, 232 ; Plin. 24, 90 ¶ **3** [en gén.] bête, animal : *anates pecudes* Varr. d. Non. 460, 9, les canards ‖ [fig.] brute, bête, sot, homme stupide : Cic. *Pis.* 19 ; 72 ; *Phil.* 8, 9.

▶ *pecus* [très rar^t au nom. L. Caes. d. Prisc. 2, 270, 5] ‖ m. arch. Enn. *Tr.* 255 ‖ *pecuda* n. pl. Acc. *Tr.* 409 ; Cic. *Rep.* 4, 1 cf. Non. 159, 11.

pĕcuscŭlum, *i*, n. (dim. de 1 *pecus*), brebis : Juvc. 2, 589.

pĕda, *ae*, f. (*pes*), trace de pas, empreinte du pied : Fest. 230, 9.

pĕdālĕ, *is*, n. (*pedalis* ; it. *pedale*) ¶ **1** chaussure : *Petr. 56, 9 ‖ bande de toile pour envelopper les pieds : Gloss. 3, 216, 19 ¶ **2** mesure d'un pied : Ps. Front. *Diff.* 7, 522, 29.

Pĕdālĭē, *ēs*, f., ville de Cilicie : Plin. 5, 92.

Pĕdālĭŏn (-um), *ĭi*, n., promontoire de Carie : Plin. 5, 103.

pĕdālis, *e* (*pes*) ¶ **1** d'un pied, de la grandeur d'un pied : Cat. *Agr.* 45, 1 ; *sol mihi quasi pedalis videtur* Cic. *Ac.* 2, 82, le soleil me semble avoir pour ainsi dire un pied de diamètre ; *pedales in latitudinem trabes* Caes. *G.* 3, 13, 4, chevrons larges d'un pied ¶ **2** adapté au pied : *Petr. 56, 9 ; v. *pedale*.

pĕdāmĕn, *ĭnis*, n. (1 *pedo*), Plin. 17, 147, **pĕdāmentum**, *i*, n., échalas : Varr. *R.* 1, 8, 1 ; Col. 4, 26.

pĕdānĕus, *a, um* (*pes* ; it. *pedagna*), long d'un pied : Pall. 6, 11, 2 ‖ *pedanei judices* Ulp. *Dig.* 3, 1, 1, 6, juges subalternes (occupant des sièges bas) ‖ *pedanei (senatores)* [au lieu de *pedarii*] : Gell. 3, 18, 10.

pĕdāni, *ōrum*, m. pl., c. *pedarii* : CIL 9, 338, 3, 31.

Pĕdānĭus, *ĭi*, m., nom de différents personnages : Liv. 25, 14 ; Tac. *An.* 14, 42.

Pĕdānus, *a, um*, de Pédum [ville d'Italie, près de Préneste] : Hor. *Ep.* 1, 4, 2 ‖ subst. m. pl., Liv. 8, 14, habitants de Pédum ‖ **Pĕdānum**, *n.*, maison de campagne située à Pédum : Cic. *Att.* 9, 18, 3.

pĕdārĭus, *a, um* (*pes*) ¶ **1** long ou large d'un pied : CIL 1, 698, 2, 3 ¶ **2** *pedarii senatores*, *pedarii* [seul] Cic. *Att.* 1, 19, 9 ; Tac. *An.* 3, 65 ; Gell. 3, 18, 1, sénateurs pédaires [qui, n'ayant pas exercé de magistrature curule, n'ont que le droit de voter, *pedibus in sententian ire*] ; [sg.] *pedari sententia* [mss *pedani*] Laber. d. Gell. 3, 18, 7, le vote d'un pédaire.

Pĕdăsum, *i*, n., Plin. 5, 107 (Πήδασον) et **Pĕdăsa**, *ōrum*, n. pl., Liv. 33, 30, ville de Carie.

Pĕdăsus, *i*, f. (Πήδασος), ville d'Éolide, la même qu'Adramytte : Plin. 5, 122.

pĕdātim, adv. (*pes*), pied à pied, le pied gauche ne dépassant pas le pied droit, mais restant après [en parl. du lion et du chameau] : Plin. 11, 253.

pĕdātĭo, *ōnis*, f. (*pes*), répétition : Gloss. 5, 651, 14.

1 **pĕdātūra**, *ae*, f. (*pes*, 3 *pedatus*), mesure par pieds ou par pas : Grom. 216 ‖ espace mesuré par pieds ou par pas : Veg. *Mil.* 3, 8.

2 **pĕdātūra**, *ae*, f. (1 *pedo*), échalassement : CIL 10, 114.

1 **pĕdātus**, *a, um* (*pes*), qui a des pieds : *male pedatus* Suet. *Oth.* 12, qui a les pieds contrefaits ‖ [métr.] cadencé ; Varr. *Men.* 5, 7.

2 **pĕdātus**, *a, um*, part. de 1 *pedo*.

3 **pĕdātŭs**, abl. *ū*, m. (*pes*, cf. *repedo*), approche [de l'ennemi], attaque, choc : Pl. *Cis.* 526.

▶ *pedatum*, *i*, n., Cat. *Orig.* 1, 29 ; *Orat.* 57, v. Non. 64.

pĕdēma, v. *pytisma*.

pĕdēplānus, *a, um*, de plaine : VL. Luc. 6, 17 ‖ **pĕdēplāna**, *ōrum*, n. pl., rez-de-chaussée : Cod. Th. 7, 8, 13.

pĕdēpressim, adv. (*pes*, *premo*, cf. *pedetemptim*), pas à pas, lentement : Non. 29, 3.

1 **pĕdĕs**, *ĭtis*, m. (*pes*, cf. *comes*) ¶ **1** piéton, qui va à pied : *etiamsi pedes incedat* Liv. 28, 9, 15, quand même il serait à pied, cf. Virg. *En.* 6, 881 ; Curt. 8, 1, 18 ¶ **2** fantassin : Caes. *G.* 1, 42 ; [surt. au pl.] les fantassins, l'infanterie : Cic. *Par.* 45 ; Caes. ; [sg. coll., même sens] Liv. 30, 34, 6 ; Tac. *An.* 1, 60 ¶ **3** les plébéiens [oppos. aux chevaliers] : Cic. *Tusc.* 4, 1 ; *Leg.* 3, 7 ; Liv. 1, 44, 1 ; Hor. *P.* 113 ; [sg.] Pl. *Poen.* 832 ¶ **4** troupes de terre [oppos. à la flotte] : Vell. 2, 12, 1, l'infanterie ‖ vélite, v. *veles*.

2 **pĕdĕs**, *um*, pl. de *pes*.

3 **pĕdĕs**, *um*, pl. de *pedis*.

pĕdestĕr, *tris*, *tre* (*pedes* ; fr. *piètre*) ¶ **1** qui est à pied, pédestre : *statua pedestris* Cic. *Phil.* 9, 6, une statue en pied ¶ **2** de fantassin, d'infanterie : *equestres et pedestres copiae* Cic. *Fin.* 2, 112, cavalerie et infanterie ; *pedestre scutum* Liv. 7, 10, 5, bouclier de fantassin ; *pedestre certamen factum est* Liv. 22, 47, 3, le combat devint un combat d'infanterie ‖ l'infanterie, les fantassins : Just. 11, 9 ¶ **3** de terre, qui se fait par terre, qui est à terre : *pedestres navalesque pugnae* Cic. *CM* 13, batailles sur terre et sur mer ; *pedestria itinera* Caes. *G.* 3, 9, 4, routes par terre [opposées à *navigatio*] ‖ *pedestria auspicia* P. Fest. 287, 1, présages donnés par les animaux terrestres [opposés aux oiseaux et aux poissons] ¶ **4** écrit en prose, qui est en prose : Hor. *O.* 2, 12, 9 ; *prosa oratio, quam pedestrem Graeci vocant* Quint. 10, 1, 81, la prose que les Grecs appellent langage qui marche à terre ‖ qui ressemble à de la prose, prosaïque : *tragicus plerumque dolet sermone pedestri* Hor. *P.* 95, le plus souvent le personnage tragique se lamente en style prosaïque, cf. S. 2, 6, 17.

▶ nom. m. *pedestris* Vop. *Prob.* 21, 1.

pĕdĕtemptim, adv. (*pede*, *tempto*, cf. Cat. *Orat.* 45), en marchant avec précaution : Pacuv. *Tr.* 256 ‖ [fig.] lentement, peu à peu, avec précaution : Cic. *Off.* 1, 120 ; *Fam.* 9, 14, 7 ; Quinct. 51 ‖ *pedetemptius* Front. *Caes.* 3, 2, 1, p. 41 N.

▶ orth. *pedetentim* moins bonne.

Pĕdĭānus, *i*, m., Asconius Pedianus, v. *Asconius*.

Pĕdĭātĭa, *ae*, f., Julius Pediatius, nommé ironiquement Pédiatia : Hor. *S.* 1, 8, 39.

pĕdĭca, *ae*, f. (*pes* ; fr. *piège*) ¶ **1** lien aux pieds : Pl. *Poen.* 514 ; Liv. 21, 36, 8 ¶ **2** lacets, lacs, piège : Virg. *G.* 1, 307 ‖ [fig.] liens, fers, chaînes, pièges : Apul. *M.* 2, 5.

pĕdĭcĭnus, *i*, m., pied du pressoir : Cat. *Agr.* 18, 4.

pēdīco, v. *paedico*.

pĕdĭcōsus, *a, um*, c. *pediculosus* : Titin. *Com.* 177, cf. Fest. 230, 19.

pĕdĭcŭlāris, *e* (2 *pediculus*), **pĕdĭcŭlārĭus**, *a, um*, Scrib., de pou : *pedi-*

cularis morbus Serv. *G*. 3, 564, maladie pédiculaire, phtiriase ; *herba pedicularis* Col. 6, 30, 8 [ou] *pedicularia* Scrib. 166, herbe aux poux.

pĕdĭcŭlārĭus, *ĭi*, m., celui qui joue de la cymbale avec les pieds : Gloss. L. 2 ; Phil. *Pe*. 37.

pĕdĭcŭlātĭo (pēdŭc-), *ōnis*, f. (*2 pedis*), maladie pédiculaire : Gloss. 2, 470, 57.

1 pĕdĭcŭlō, *ās*, *āre*, -, - (*2 pedis*), intr., avoir la maladie pédiculaire : Gloss. 3, 459, 53.

2 pēdīcŭlo, *ōnis*, m. (*2 paedico*), pédéraste : *Commod. Instr*. 1, 12, 12 ; ▶ *periculo*.

pĕdĭcŭlōsus, *a*, *um* (*2 pediculus*), pouilleux, dévoré par la vermine : Mart. 12, 59, 8.

1 pĕdĭcŭlus, *i*, m. (dim. de *pes*), petit pied : Plin. 9, 83 ‖ pédoncule : Cat. *Agr*. 8, 1 ; Col. 12, 44, 2 ‖ [d'une feuille] Plin. 16, 91.

2 pĕdĭcŭlus, *i*, m. (*2 pedis* ; *peduculus* > fr. *pou*), pou : Col. 6, 6, 15 ; 8, 7 ; Plin. 29, 121 ‖ *pediculus terrae* Plin. 30, 39, sorte de scarabée ; *pediculus marinus* Plin. 32, 77, sorte d'insecte de mer. ▶ *peduculus* Plin. 32, 77 ; Gloss. 2, 470, 55 ; *pedunculus* Gloss. 3, 260, 11.

3 pediculus (-um), *i*, m. (n.) (*pedica*), fil, lacet : Gloss. 2, 543, 8.

pēdīcum, *i*, n. (παιδικόν), pédérastie : Lucil. 74.

1 pĕdis, gén. de *pes*.

2 pĕdis, *is*, m. (cf. *2 pedo*), pou : Nov. *Com*. 107 ; Non. 220, 26 ; Varr. *R*. 3, 9, 14 ; Fest. 230, 18 ‖ f., Pl. d. Non. 220, 28.

pĕdĭsĕqua, *ae*, f. (*pes*, *sequor*), suivante, esclave qui accompagne : Pl. *Aul*. 807 ; Ter. *And*. 123 ‖ [fig.] compagne, suivante : Cic. *de Or*. 1, 236.

pĕdĭsĕquus (-secus), *i*, m., esclave qui accompagne, suivant, valet de pied, laquais [pr. et fig.] : Pl. *Aul*. 501 ; *Mil*. 1009 ; Cic. *Att*. 2, 16, 1 ‖ [fig.] imitateur : Apul. *Plat*. 2, 23. ▶ l'orth. *pedisequus* est la plus autorisée.

pĕdĭtastellus, *i*, m. (*pedes*), misérable fantassin : Pl. *Mil*. 54.

1 pĕdĭtātŭs, *ūs*, m., infanterie : Cic. ; Caes. ‖ pl., B.-Hisp. 37.

2 pĕdĭtātus, *a*, *um* (*pedes*), composé d'infanterie, d'infanterie : Ps. Hyg. *Mun. castr*. 19 ; CIL 3, 3318.

pĕdĭtes, pl. de *pedes*.

pēdĭtō, *ās*, *āre*, -, - (*pedes*), intr., aller à pied : Gloss. 2, 400, 21.

pēdĭtum, *i*, n. (*2 pedo* ; fr. *pet*), pet, vent : Catul. 154, 3.

Pĕdĭus, *ĭi*, m., nom de famille ; not^t Q. Pédius, héritier avec Auguste des biens de César : Cic. *Att*. 9, 14 ‖ Pédius Blaesus, chassé du sénat par Néron : Tac. *An*. 14, 18 ‖ [adj^t] *Pedia lex* Vell. 2, 65, la loi Pédia.

Pedna, *ae*, f., île de la mer Égée, près de Lesbos : Plin. 5, 140.

1 pĕdō, *ās*, *āre*, -, *ātum* (*pes*), tr., échalasser : Col. 4, 12, 1.

2 pēdō, *ĭs*, *ĕre*, *pĕpēdī*, *pēdĭtum* (*podex*, cf. βδέω, rus. *bzdet'*), intr., péter : Hor. *S*. 1, 8, 46 ; Mart. 10, 14, 10.

3 pĕdo, *ōnis*, m. (*pes* ; fr. *pion*), qui a les pieds plats : Gloss. 2, 144, 33.

4 Pĕdo, *ōnis*, m. ¶ **1** Albinovanus Pédo, poète latin du siècle d'Auguste : Tac. *An*. 1, 60 ¶ **2** surnom romain : Cic. *Clu*. 107.

pĕdŏcŭcullus (-um ?), *i*, m. (n. ?) (*pes*, *cucullus*), chausson (?) : Not. Tir. 97.

Pĕdōnensis, *e*, de Pédo, ville de Ligurie [auj. Borgo S. Dalmazzo] Atlas V, E4 ; XII, C1 : *CIL* 5, 7852 ‖ *Pedonensis civitas* Cassiod. *Var*. 1, 36, 1, la ville de Pédo.

Pēdūcaeus, *i*, m., nom de famille rom. : Cic. *Verr*. 2, 138 ‖ *-caeus*, *a*, *um*, de Peducaeus : Cic. *Nat*. 3, 74 ‖ *-caenus*, *a*, *um*, Cic. *Verr*. 2, 139.

pĕdūclārĭa herba, f., M.-Emp. 1, 8, ▶ *pedicularia*.

pĕdūclus (sync. de *peduculus*), Petr. 57, 7 ; *Descr. Mund*. 5.

pĕdūcŭl-, ▶ *pedic-*.

pĕdūlis, *e* (*pes* ; it. *pedule*), qui est fait pour les pieds : Ulp. *Dig*. 34, 2, 26 ‖ *pedules*, m. pl., guêtres : Schol. Juv. 1, 111.

1 pĕdum, *i*, n. (*pes*), houlette : Virg. *B*. 5, 88 ; Fest. 230, 30 ; P. Fest. 231, 19.

2 Pĕdum, *i*, n., ville du Latium : Liv. 2, 39, 4 ; ▶ *Pedanus*.

pĕduncŭlus, ▶ *pediculus*.

Pēgae, *ārum*, f. pl., ▶ *Pege* : *Prop*. 1, 20, 33.

pēgănum ou **-ŏn**, *i*, n. (πήγανον), rue des jardins [plante] : Ps. Apul. *Herb*. 89 ‖ rue des montagnes : Ps. Apul. *Herb*. 115.

Pēgăsēĭus, **Pēgăsēus**, *a*, *um*, de Pégase : *Pegaseium melos* Pers. *pr*. 14, doux chant des Muses ; *Pegaseus gradus* Sen. *Tro*. 385, course rapide ; ▶ *Pegasus*.

Pēgăsĭānus, *a*, *um*, de Pégase [jurisconsulte] : Inst. Just. 2, 23.

Pēgăsis, *ĭdis*, adj. f., de Pégase : Ov. *Tr*. 3, 7, 15 ; Mart. 9, 59 ‖ subst. f., Naïade : Ov. *H*. 5, 3 ‖ pl., les Muses : Ov. *H*. 15, 27.

Pēgăsĭus, *i*, m., nom d'un évêque de Poitiers : Greg.-Tur. *Hist*. 2, 13.

Pēgăsus (-ŏs), *i*, m. ¶ **1** Pégase [cheval ailé, né du sang de Méduse, qui, d'un coup de pied, fit jaillir la fontaine Hippocrène consacrée aux Muses (*fons caballinus* Pers. *pr*. 1)] : Hor. *O*. 4, 11, 27 ; Ov. *M*. 4, 785 ; 5, 262 ‖ pl., pégases, espèce de chevaux ailés : Plin. 8, 72 ‖ [fig.] Pégase, messager rapide : Cic. *Quinct*. 80 ‖ Pégase [constellation] : Hyg. *Astr*. 2, 18 ¶ **2** nom d'un jurisconslte romain, consul sous Vespasien : Juv. 4, 77.

Pēgē, *ēs*, f. (πηγή), source de Bithynie, près du mont Arganthus : *Prop. 1, 20, 33 ‖ ville d'Afrique : Plin. 5, 37.

pēgi, ▶ *pango*.

pegma, *ătis*, n. (πῆγμα), échafaud, estrade : Aus. *Epigr*. 24 (26), 10 ‖ échafaud [pour un théâtre], machine de théâtre, décor : Sen. *Ep*. 88, 22 ; Plin. 33, 53 ; Juv. 4, 122 ‖ corps ou rayons de bibliothèque : Cic. *Att*. 4, 8 a, 2 ‖ pl., ornements [d'appartement], objets de décoration : Ulp. *Dig*. 33, 7, 12.

pegmāris, *e*, qui combat sur le théâtre : Suet. *Cal*. 26 ; ▶ *paegniarius*.

pegn-, ▶ *paegn-*.

pegris, *ĭdis*, f. (?), coquillage non identifié : Plin. 32, 150.

Pēguntĭum, *ĭi*, n. (Πηγούντιον), place forte de Dalmatie : Plin. 3, 142.

Pēgūsa, *ae*, f., ancien nom de Cnide : Plin. 5, 142.

pējĕrātĭo, *ōnis*, f. (*pejero*), action de parjurer, parjure : Salv. *Gub*. 4, 16, 77.

pējĕrātĭuncŭla, *ae*, f. (dim. de *pejeratio*), petit parjure : *Pl. St*. 229.

pējĕrātus, *a*, *um*, part. de *pejero*, [serment] violé par un parjure : Hor. *O*. 2, 8, 1 ‖ (dieu) offensé par un parjure : Ov. *Am*. 3, 11, 22.

pējĕrō, *ās*, *āre*, *āvī*, *ātum* (*pejus* et *perjuro*, cf. *de-*, *ejero*, *pejoro*), intr. et tr. **I** intr. ¶ **1** se parjurer : *qui mentiri solet, pejerare consuevit* Cic. *Com*. 46, celui qui a l'habitude de mentir s'est accoutumé à se parjurer, cf. Off. 3, 108 ; *Clu*. 134 ; *bellum pejerans* Stat. *S*. 4, 3, 4, guerre parjure, faite au mépris des serments ¶ **2** jurer faussement, faire un faux serment : Catul. 52, 3 ¶ **3** mentir : Pl. *Poen*. 480 ; 1242 ; *Merc*. 539. **II** tr., attester par un faux serment : Luc. 6, 749 ; *Plin. 2, 21 ‖ ▶ *pejeratus*. ▶ forme *perjurare* Pl. *As*. 322 ; Cic. *Off*. 3, 108 ; *perjerandum* *Pl. *Truc*. 30 ; Minuc. 23, 1 ; *pejuras* *Hor. *S*. 2, 3, 127.

pējŏr, *us*, adj. (*pĕdyōs*, cf. *pessimus*, *pessum* ; fr. *pire*, *pis*), compar. de *malus*, pire.

pējŏrō, *ās*, *āre*, -, - (*pejor*) ¶ **1** tr., rendre pire, aggraver : *Paul. Sent*. 2, 18, 1 ; Cael.-Aur. *Chron*. 1, 4, 121 ¶ **2** intr., empirer, s'aggraver : Cael.-Aur. *Acut*. 2, 1, 3.

pējūrō, ▶ *pejero* ▶.

pējūrus, ▶ *perjurus*.

pējŭs, compar. de *male*.

pĕlăgē, ▶ *pelagus* ▶.

1 pĕlăgĭa, *ae*, f. (*1 pelagius*), pourpre, coquillage : Plin. 9, 131.

2 Pĕlăgĭa, *ae*, f. (*1 pelagia*), Pélagie, mère de s. Yrieix (Arède) : Greg.-Tur. *Hist*. 10, 29.

Pĕlăgĭānus, *a*, *um*, Pélagien, de Pélage : Greg.-Tur. *Hist*. 4, 40 ‖ subst. m., Pélagien, sectateur de Pélage : Isid. 8, 5, 63.

pelagicus

pĕlăgĭcus, *a*, *um* (πελαγικός), de la haute mer : Col. 8, 17, 14.

pĕlăgĭum, *ĭi*, n., la pourpre, liqueur du pourpre : Plin. 9, 134.

1 pĕlăgĭus, *a*, *um* (πελάγιος), de la haute mer : Varr. R. 3, 3, 10 ‖ de mer, marin : **venire cursu pelagio** Phaed. 4, 22, 7, venir par mer.

2 Pĕlăgĭus, *ĭi*, m., Pélage [célèbre hérésiarque breton, adversaire de saint Augustin] : Aug. Haer. 8, 1.

Pĕlăgo (**Pĕlăgōn**), *ōnis*, m., nom d'homme : Tac. An. 14, 59 ; Ov. M. 8, 360.

Pĕlăgŏnes, *um*, m. pl., habitants de la Pélagonie : Liv. 45, 30, 6 ‖ **-ŏnĭa**, *ae*, f., la Pélagonie, [partie septentrionale de la Macédoine] : Liv. 26, 25, 4 ‖ ville de ce pays : Liv. 45, 29, 9.

pĕlăgus, *i*, n. (πέλαγος ; esp. *pielago*), la haute mer, la pleine mer ; la mer : Lucr. 4, 432 ; Virg. En. 6, 8 ‖ eaux débordées d'une rivière : Virg. En. 1, 246 ‖ [fig.] profusion, débordement : Varr. L. 9, 33.

▶ *pelagē* n. pl., Lucr. 6, 619 ‖ *pelagum* m. acc., Corn. Sev. d. Prob. Nom. 4, 208, 18 ; *Tert. Jud. 3, 13 ; Cassiod. Var. 8, 10.

pĕlămis, *ĭdis*, **pĕlămȳs**, *ȳdis*, f. (πηλαμύς), jeune thon [qui n'a pas un an] : Plin. 32, 150 ; Juv. 7, 120.

Pĕlasgi, *ōrum*, m. pl., Pélasges [établis anciennement dans la Thessalie, la Carie, l'Étrurie, le Latium] : Plin. 3, 50 ; Mel. 1, 16 ; Serv. En. 2, 83 ‖ [poét.] les Grecs : Virg. En. 2, 83 ; Ov. M. 12, 19 ; F. 2, 281.

Pĕlasgĭa, *ae*, f., la Pélasgie [ancien nom du Péloponnèse] : Plin. 4, 9 ‖ partie de la Thessalie habitée par les Pélasges : Plin. 4, 28 ‖ nom de Lesbos : Plin. 5, 319.

Pĕlasgĭăs, *ădis*, adj. f., grecque : Ov. H. 9, 3.

Pĕlasgĭcus, *a*, *um*, de la Pélasgie, pélasgique : Plin. 4, 28.

Pĕlasgis, *ĭdis*, f., de la Pélasgie, de Lesbos [= Sapho] : Ov. H. 15, 217.

Pĕlasgus, *a*, *um*, des Grecs, grec : Virg. En. 9, 154 ‖ pélasgique, nom d'une espèce de laurier : Plin. 15, 132.

Pĕlē, *ēs*, f., île près d'Éphèse : Plin. 32, 18.

pĕlĕcānus (**pĕlĭ-**), *i*, m. (πελεκάν), pélican : Hier. Psalm. 101, 7.

pĕlĕcĭnŏn, *i*, n. (πελεκινόν), sorte de cadran solaire : Vitr. 9, 8, 1.

pĕlĕcīnŏs (**-us**) *i*, m., **-um**, *i*, n. (πελεκῖνος), sécurigère [plante] : Plin. 8, 155.

Pĕlēĭus, *a*, *um*, de Pélée : Sil. 13, 803 ‖ d'Achille : Stat. Ach. 2, 213.

Pelendōnes, *um*, m. pl., peuple de Celtibérie : Plin. 3, 27 ; 4, 112.

Pelendōs, *i*, f., nom d'une île déserte : Plin. 4, 74.

Pelendova, *ae*, f., ville de Dacie : Peut. 6, 4.

Pĕlethrŏnĭus, *ĭi*, m., roi des Lapithes, inventeur du mors des chevaux : Plin. 7, 202 ‖ **-ĭus**, *a*, *um*, péléthronien [région de Thessalie habitée par les Lapithes], de Thessalie, thessalien : Virg. G. 3, 115 ; Luc. 6, 387.

Pēleūs, *ĕi* ou *ĕos*, m. (Πηλεύς), Pélée [fils d'Éaque, époux de Thétis et père d'Achille] : Cic. de Or. 3, 57 ; Catul. 64, 26 ; Hor. P. 104 ; Ov. M. 11, 221.

pĕlex, *ĭcis*, f., v.▶ *pellex* : Cic. Clu. 199.

Pĕlĭa, *ae*, m., c.▶ 3 *Pelias* : Sen. Med. 201 ; 276.

Pēlĭăcus, *a*, *um*, du mont Pélion : Catul. 64, 1 ; Ov. M. 12, 74.

1 Pēlĭăs, *ădis*, f., du mont Pélion [en parl. du navire Argo fait avec le bois du mont Pélion, cf. Enn. Tr. 280] : Stat. Th. 5, 355 ‖ ***Pelias hasta*** Ov. H. 3, 126, lance d'Achille [dont le bois venait du Pélion].

2 Pēlĭăs, *ae*, m., Pélias [roi de Thessalie, que ses filles firent mourir en voulant le rajeunir, d'après le conseil de Médée] : Enn. Tr. 286 ; Pl. Ps. 869 ; Cic. CM 83.

3 Pēlĭăs, *ădis*, f., fille de Pélias ; pl., **Pēlĭădes**, *um*, Phaed. 4, 7, 16.

pēlĭcānus, v.▶ *pelecanus*.

pēlĭcātŭs, *ūs*, m. (*pelex*), concubinage : Cic. Off. 2, 25 ; Clu. 13.

pēlĭcŭla, v.▶ *pellicula*.

Pēlīdēs, *ae*, m., fils de Pélée [Achille] : Virg. En. 12, 350 ; Hor. O. 1, 6, 6.

Pēligni, v.▶ *Paeligni*.

Pēlignus, *i*, m., courtisan de l'empereur Claude : Tac. An. 12, 49.

1 Pēlīna, *ae*, f., déesse des Péligniens [pour *Paeligna*] : CIL 9, 3314.

2 Pēlīna (**Pēlinna**), *ae*, f., ville de Thessalie, sur le Pénée : Plin. 4, 32 ; Avien. Perieg. 714.

Pelinnaeus, *i*, m., montagne de l'île de Chios : Plin. 5, 136.

Pēlĭŏn, *ĭi*, n., Ov. M. 12, 513 et **Pēlĭŏs**, *ĭi*, m., Plin. 4, 30, Pélion [montagne de Thessalie, voisine de l'Ossa et de l'Olympe].

pĕlĭŏs, *ă*, *ŏn*, f. (Πελιος), cendré [héron].

Pēlĭus, *mons*, m., Cic. Fat. 35, c.▶ *Pelion* ‖ **-us**, *a*, *um*, du mont Pélion : Phaed. 4, 7, 6.

Pella, *ae*, f. (Πέλλα), ville de Macédoine, capitale de Philippe II et ville natale d'Alexandre Atlas VI, A2 ; Cic. Att. 3, 8, 2 ; Liv. 44, 46 ‖ **Pellē**, *ēs*, f. (Πέλλη), Mel. 2, 34 ‖ **Pellae**, *ārum*, f. pl. (Πέλλαι), Paul.-Pell. Euch. 24.

pellācĭa, *ae*, f. (*pellax*), tromperie, perfidie, pièges : Lucr. 5, 1004 ‖ luxure : Arn. 5, 21.

Pellacontās (**-ta**), *ae*, m., rivière de Mésopotamie, affluent de l'Euphrate : Plin. 6, 26.

Pellaeus, *a*, *um*, de Pella, macédonien : ***Pellaeus juvenis*** Juv. 10, 168, Alexandre ‖ d'Alexandrie, [par ext.] d'Égypte : Virg. G. 4, 287 ; Luc. 9, 1073 ‖ ***Pellaeus pagus*** Plin. 6, 138, bourg à l'extrémité du golfe Persique.

Pellāōn, *ŏnis*, m., ville sur la mer Adriatique : Plin. 3, 131.

pellārĭus, *ĭi*, m. (*pellis* ; roum. *pielar*), pelletier : Firm. Math. 4, 14, 13 ; v.▶ *pelliaria*.

pellax, *ācis* (*pellicio*), fourbe, trompeur, perfide : Virg. En. 2, 90 ‖ séducteur : Arn. 5, 44.

pellĕātus, *a*, *um* (*pellis*), couvert (vêtu) de peaux : *Paul.-Nol. Carm. 17, 251.

pellĕcĕbra, v.▶ *perlecebra* Pl. As. 133.

pellectĭo, *ōnis*, f. (*pellego*), lecture complète : Cic. Att. 1, 13, 1.

pellectus, *a*, *um*, part. de *pellicio* et de *pellego*.

pellĕgo, v.▶ *perlego*.

Pellēnaei, *ōrum*, m. pl., habitants de Pellène : Plin. 4, 12.

Pellēnē, *ēs*, f., ville d'Achaïe, sur le golfe de Corinthe : Liv. 33, 15, 14 ‖ **-ensis**, *e*, de Pellène : Liv. 33, 14.

pellĕŏn, *i*, n. (πελλαῖον), fragon : Ps. Apul. Herb. 58.

pellĕsuīna, *ae*, f. (*pellis*, *suo*), boutique de fourreur [forme rejetée par Varr.] : Varr. L. 8, 55.

1 pellĕus, *a*, *um* (*pellis*), de peau : Isid. 19, 24, 1.

pellex (**pēl-**, **paelex**), *ĭcis*, f. (de παλλαξ, παλλακίς) ¶ 1 concubine, maîtresse [en gén.] : Paul. Dig. 50, 16, 144 ; P. Fest. 248, 1 ¶ 2 rivale [d'une femme marié] : Cic. Clu. 199 ¶ 3 homme prostitué, favori, mignon : Suet. Caes. 49 ; Mart. 12, 97, 3.

▶ *paelex* est meilleur, *pellex* a été influencé par *pellicio*.

pellexī, parf. de *pellicio*.

pellĭārĭa, *ae*, f. (*pellis*), boutique de fourreur : Varr. L. 8, 55 ; v.▶ *pellesuina*, *pellarius*.

pellĭcātŏr, *ōris*, m. (*pellicio*), flatteur, enjôleur : P. Fest. 225, 9.

pellĭcĕō, c.▶ *pellicio* Char. 244, 18.

pellĭcĕus (**-ĭus**), *a*, *um* (*pellis* ; fr. *pelisse*), de peau, de fourrure : Pall. 1, 42, 4 ; Paul. Dig. 34, 2, 25.

pellĭcĭō (**perl-**), *ĭs*, *ĕre*, *lexī*, *lectum* (*1 per*, *lacio*), tr. ¶ 1 attirer insidieusement, séduire, gagner, enjôler : Pl. Men. 343 ; Ter. Phorm. 68 ; Cic. Clu. 13 ; ***mulierem pellexit ad se*** Cic. Flac. 72, il séduisit cette femme ; ***pellicere in fraudem*** Lucr. 5, 1005, faire tomber dans le piège, cf. Liv. 4, 15, 2 ¶ 2 [fig.] obtenir par adresse, capter : Cic. de Or. 1, 243 ¶ 3 attirer [en gén.] : [en parl. de l'aimant] Lucr. 6, 1001 ‖ attirer par enchantements la moisson d'autrui dans son champ : Serv. B. 8, 99 ; Plin. 18, 41.

▶ parf. *pellicui* Prisc. 2, 496, 27.

pellĭcis, gén. de *pellex*.

pellĭcĭus, ▼ pelliceus.

pellĭcŭī, parf. de pellicio.

pellĭcŭla, ae, f. (dim. de pellis), petite peau : *stravit pelliculis lectulos* Cic. Mur. 75, il étendit de méchantes peaux sur les lits ¶ [fig.] *pelliculam curare* Hor. S. 2, 5, 38, prendre soin de sa petite personne ; [prov.] *se in pellicula tenere sua* Mart. 3, 16, 7, se tenir dans sa condition ; *pelliculam veterem retinere* Pers. 5, 116, rester le même (garder sa vieille peau) ¶ prépuce : Porph. Hor. S. 1, 9, 70 ¶ ▶ scortum : Atellanae inc. 9.

pellĭcŭlātĭo, ōnis, f. (pellicio), tentative de séduction : Cat. Orat. 9 d. P. Fest. 281, 1.

pellĭcŭlō, ās, āre, -, - (pellis), tr., Col. 12, 39, 2 ; 12, 48, 1, couvrir de peau.

Pellīnaeum, i, n., ville de Thessalie : Liv. 36, 10.

pellīnus, a, um (pellis), fait de peau : Jul.-Val. 3, 17, 7.

pellĭo, ōnis, m. (pellis), peaussier, pelletier, fourreur, : Pl. Men. 404 ; Lampr. Alex. 24, 5.

pellīris, e (pellis), fait de peau, en peau : P. Fest. 225, 10.

pellis, is, f. (cf. palear, πέλμα, al. Fell, an. film ; fr. peau) ¶ 1 peau : *pellis caprina* Cic. Nat. 1, 82, peau de chèvre ¶ peau [sur quoi se coucher ou pour se couvrir], fourrure : Col. 1, 8, 9 ; Virg. En. 2, 722 ¶ 2 peau [tannée], cuir : *pes in pelle natat* Ov. A. A. 1, 516, le pied danse dans le soulier ¶ cordon de soulier : Hor. S. 1, 6, 27 ¶ 3 tente du soldat [recouverte de peaux] : *sub pellibus* Cic. Ac. 2, 4 ; Caes. G. 3, 29 ; C. 3, 13 ; Liv. 5, 2, 7, sous la tente ¶ 4 parchemin : Mart. 14, 190 ¶ 5 [fig.] **a)** enveloppe, extérieur, dehors : Hor. S. 2, 1, 64 ; Ep. 1, 16, 45 ; Pers. 4, 14 **b)** condition : *in propria pelle quiescere* Hor. S. 1, 6, 22, se tenir dans sa propre peau, être bien dans sa peau.
▶ abl. sg. *pelle*, *pelli* Apul. Apol. 22, 10 ; CIL 2, 2660 e.

pellītus, a, um (pellis), couvert de peau, vêtu de fourrure : *pelliti testes* Cic. Scaur. 45, témoins venus de Sardaigne [*pelliti Sardi* Liv. 23, 40 ; Plin. 33, 143] ; *pellitae oves* Varr. R. 2, 2, 18 ; Hor. O. 2, 6, 10, brebis qu'on recouvrait de peaux [pour préserver la toison].

pellō, ĭs, ĕre, pĕpŭlī, pulsum (*peldo, 1 pulto, 1 appello, cf. πάλλω, πόλεμος, al. Voland), tr. ¶ 1 mettre en mouvement, remuer, donner une impulsion : *sagitta pulsa manu* Virg. En. 12, 320, flèche lancée par une main ; *nervos (fidium)* Cic. Brut. 199, faire vibrer les cordes de la lyre, cf. Cic. de Or. 3, 216 ; *classicam* Tib. 1, 1, 4, faire vibrer (résonner) la trompette ; *maris unda cum est pulsa remis* Cic. Ac. frg. 7, p. 21, quand les ondes de la mer sont agitées sous l'impulsion des rames ¶ 2 [fig.] **a)** remuer l'âme, émouvoir, faire impression : Cic. Ac. 2, 30 ; 2, 66 ; Fin. 2, 32 ; Or. 177 ; *eum nullius forma pepulerat captivae* Liv. 30, 14, 3, la beauté d'aucune captive ne l'avait remué ; *non mediocris cura Scipionis animum pepulit* Liv. 30, 14, 1, il [Syphax] agita l'âme de Scipion d'un grave souci **b)** mettre en branle, mettre en avant, lancer : *longi sermonis initium pepulisti* Cic. Brut. 297, c'est le début d'un long entretien que tu viens de mettre sur le tapis ¶ 3 pousser, [d'où] heurter : *fores* Ter. Ad. 638, heurter une porte, frapper à une porte ; *terram pede* Lucr. 5, 1402, heurter du pied la terre, la fouler en dansant, cf. Catul. 61, 14 ; *pulsae referunt ad sidera valles* Virg. B. 6, 84, les vallées heurtées par les sons les renvoient vers les astres ¶ 4 repousser, chasser : *foro* Cic. Har. 39 ; *civitate* Cic. Par. 27 ; *e foro* Cic. Pis. 23 ; *ex Galliae finibus* Caes. G. 1, 31, 11, chasser du forum, de la cité, du territoire de la Gaule ; *de eo pelli* [eo n.] Cic. Ac. 2, 141, être délogé de cette idée ; *aquam de agro pellere* Plin. 18, 230, chasser l'eau d'une terre ; [avec ab] repousser, écarter (empêcher de pénétrer) : Cic. Flac. 57 ; Att. 10, 8, 2 ; Ter. Eun. 215 ; Ov. M. 14, 477 ¶ [en part.] repousser, mettre en fuite [l'ennemi] : Caes. G. 7, 62, 3 ¶ mettre en déroute, battre, défaire : Caes. G. 1, 7, 4 ; 1, 10, 5 ; [métaph.] Pl. Trin. 308 ¶ [fig.] chasser, bannir, éloigner : *maestitiam ex animis* Cic. Fin. 1, 43, chasser des âmes la tristesse ; *vino curas* Hor. O. 1, 7, 31, avec le vin chasser les soucis.

Pellōnĭa, ae, f. (pello), déesse qui envoyait la fuite aux ennemis : Aug. Civ. 4, 21 ; Arn. 4, 4.

pellūcĕō (perlūcĕō), ēs, ēre, lūxī, -, intr. ¶ 1 être transparent, diaphane : *perlucens aether* Cic. Nat. 2, 54, l'éther transparent, cf. Plin. 37, 122 ¶ [fig.] *pellucens oratio* Cic. Brut. 274, style limpide ¶ être baigné de lumière : Sen. Herc. f. 1001 ¶ 2 paraître à travers : *Cretice, perluces* Juv. 2, 78, Créticus, on te voit par transparence (à travers le vêtement) ¶ [fig.] se montrer, se manifester : *honestum quasi perlucet ex eis virtutibus* Cic. Off. 2, 32, l'honnête transparaît en qq. sorte dans ces vertus ; *pellucens ruina* Juv. 11, 13, ruine imminente.

pellūcĭdĭtās, ātis, f. (pellucidus), transparence : Vitr. 2, 8, 10.

pellūcĭdŭlus, a, um, de la plus délicate transparence : Catul. 69, 4.

pellūcĭdus ou **perlūcĭdus**, a, um ¶ 1 transparent, diaphane : Cic. Nat. 2, 142 ¶ qui porte un vêtement transparent : Sen. Const. 18, 3 ¶ [fig.] *perlucidior vitro* Hor. O. 1, 18, 16, [l'indiscrétion] plus transparente que le cristal ¶ 2 qui brille à travers : *perlucida stella* Cic. Div. 1, 130, étoile qui projette au loin son éclat.

pellŭo, ▼ perluo Front. Caes. 4, 3, 5, p. 64 N.

pellŭvĭa, ae, f., P. Fest. 153, 14 et **pellŭvĭum**, ĭi, n., P. Fest. 287, 14 (pes, luo), bassin pour laver les pieds, pédiluve.

Pĕlŏpēa, ae, f., Pélopée [fille de Thyeste et mère d'Égisthe] : Claud. Eut. 1, 291 ¶ titre d'une tragédie : Juv. 7, 92.

Pĕlŏpēĭăs, ădis, f., Ov. M. 6, 414 et **Pĕlŏpēis**, ĭdis, f., Ov. F. 4, 205, de Pélops, de l'Argolide.

Pĕlŏpēĭus, Ov., Stat., **Pĕlŏpēus**, a, um, Virg. En. 2, 193, de Pélops, de l'Argolide.

Pĕlŏpĭdae, ārum, m. pl. (Πελοπίδαι), les Pélopides, la race de Pélops : Cic. Fam. 7, 28, 2 ; Att. 14, 12, 2.

Pĕlŏpĭdās, ae, m., célèbre général des Thébains : Nep. Pel. 1, 1.

Pĕlŏpīus, a, um, Sen. Ag. 7, ▶ Pelopeus ¶ **Pĕlŏpīa**, f., surnom de la ville de Thyatire [en Lydie] : Plin. 5, 115.

Pĕlŏponnēsus (-os), i, f. (Πελοπόννησος), le Péloponnèse [presqu'île de la Grèce, auj. la Morée] Atlas VI, C1 : Cic. Rep. 2, 8 ¶ **-nēsĭus, -nēsĭăcus**, a, um, Cic. Att. 6, 2, 3 ; Off. 1, 84, du Péloponnèse ¶ et **-nēsĭi, -nēsĭăci**, ōrum et **-nenses**, ĭum, m. pl., Péloponnésiens, habitants du Péloponnèse : Varr. R. 2, 6, 2 ; Mel. 2, 52 ; Curt. 4, 3, 16.

Pĕlops, ŏpis, m. (Πέλοψ) ¶ 1 fils de Tantale [dont les membres furent servis par son père dans un festin qu'il offrait aux dieux ; Jupiter lui rendit la vie] : Cic. Nat. 3, 53 ; Virg. G. 3, 7 ¶ 2 fils de Lycurgue, tyran de Sparte : Liv. 34, 32 ¶ nom d'un Byzantin : Cic. Att. 14, 8, 1.

Pĕlōrĭăs, ădis, f., Ov. F. 4, 479 et **Pĕlōris**, ĭdis, f., Cic. Verr. 5, 6, (Πελωριάς et Πελωρίς), Pélore [ville de Sicile, avec un promontoire de ce nom].

pĕlōris, ĭdis, f. (πελωρίς ; fr. *palourde*), palourde : Hor. S. 2, 4, 32 ; Cels. 2, 29, 2 ; Plin. 32, 99.

Pĕlōrĭtānus, a, um, de Pélore, de Sicile : Solin. 5, 5.

Pĕlōrus, i, m., Sil. 14, 78, **Pĕlōrŏs**, i, m. (Πέλωρος), Ov. M. 13, 727, **Pĕlōrum**, i, n., Plin. 3, 87, Pélore [promontoire à l'est de la Sicile] Atlas XII, G5.

Pelso, ōnis, m., lac de la Pannonie ou du Norique [Balaton] Atlas XII, A6 : Plin. 3, 146. ▶ *Pelsodis lacus* Jord. 268 ; 274.

pelta, ae, f. (πέλτη), pelte, petit bouclier en forme de croissant [primitivement de cuir et porté par les Thraces, les Amazones] : Nep. Iph. 1, 4 ; Liv. 28, 5, 11 ; Virg. En. 1, 490.

peltastae, ārum, m. pl. (πελτασταί), peltastes, soldats armés de peltes : Nep. Iph. 1, 4 ; Liv. 28, 5, 11.

peltātus, a, um (pelta), armé de pelte : *peltatae puellae* Ov. Am. 2, 14, 2, les Amazones.

Peltēni, ōrum, m. pl., habitants de Peltae, ville de Lycaonie : Plin. 5, 95.

peltifer, ĕra, ĕrum, ⊂ peltatus : Stat. Th. 12, 761.

Peltŭīnās, ātis, m. f. n., de Peltuinum : CIL 9, 3436 ‖ **-ātes**, um (ĭum), Plin. 3, 107, **Peltŭīni**, ōrum, m. pl., Lib. Col. 229, 4, habitants de Peltuinum.

Peltŭīnum, i, n., ville d'Italie, chez les Vestins Atlas XII, D4 : CIL 9, 4209.

pĕlŭis, is, f., ⊂ pelvis : Laber. d. Non. 543, 27.

Pēlŭsĭăcus, Virg. G. 1, 228, **-ānus**, a, um, Col. 5, 10, 19, de Péluse.

Pēlŭsĭōta, Gell. 20, 8, 7 et **-ōtes**, ae, m., Hier. Jovin. 2, 7, habitant de Péluse.

Pēlŭsĭum, iĭ, n. (Πηλούσιον), Péluse [ville maritime de la Basse-Égypte] Atlas I, E6 ; IX, E2 : Caes. C. 3, 103 ; Plin. 10, 87 ; Liv. 44, 19 ‖ **-ĭus**, a, um, de Péluse : Luc. 8, 466 ; Phaed. 2, 5, 12.

pelvĭcŭla, ae, f. (dim. de pelvis), Vel. 7, 77, 6.

pelvis, is, f. (arch. pēlŭis ; cf. πήληξ, πέλλα, v. an. full), bassin [de métal], chaudron : Cat. Agr. 10, 2 ; Plin. 31, 46 ; Juv. 3, 271.

pēmĭnōsus (**paem-**), a, um (cf. scr. pāman-?), qui se fend, qui se crevasse : Varr. R. 1, 51, 1.

1 pemma, ătis, n. (πέμμα), sorte de gâteau : Varr. Men. 417 ; 508.

2 Pemma, ville d'Égypte ou d'Éthiopie : Plin. 6, 29.

pĕnārius, a, um (penus, penu), où l'on range les vivres : **cella penaria** Cic. CM 56 ; Verr. 2, 5, garde-manger, office.

pĕnās, **pĕnātis**, is, m. sg. de penates, Fest. 298, 20.

pĕnātes, tĭum, m. (penus, penes) ¶ 1 pénates, dieux pénates [dieux de la maison et de l'État] : [ordinᵗ avec dii, ou di] Cic. Nat. 2, 68 ; Dej. 15 ; Mil. 38 ; [sans dii] Cic. Sest. 45 ; Virg. En. 1, 68 ; Hor. O. 3, 27, 49 ¶ 2 demeure, maison, : **a suis diis penatibus praeceps ejectus** Cic. Quinct. 83, précipité hors de ses foyers, loin de ses pénates ; **penates conducti** Mart. 8, 75, 1, appartement loué ‖ temple : Stat. Th. 1, 643 ‖ [fig., en parl. des cellules des abeilles] : Virg. G. 4, 155.

pĕnātĭgĕr, ĕra, ĕrum (penates, gero), qui emporte ses pénates : Ov. M. 15, 450.

pĕnātŏr, ōris, m. (penus), celui qui porte les provisions : Cat. d. Fest. 268, 25.

pendens, tis ¶ 1 part. de pendeo et pendo ¶ 2 [de pendeo] [adjᵗ] **a)** pendant, ⊂ pendeo **b)** [fig.] **in pendenti esse** Dig. 38, 17, 10, être dans l'incertitude ; **in pendenti habere aliquid** Dig. 49, 17, 19, considérer une chose comme incertaine.

pendĕō, ēs, ēre, pĕpendī, - (pendo, fr. pendre), int.
I [pr.] être suspendu ¶ 1 être suspendu à : **ab humero** Cic. Verr. 4, 74, être suspendu à l'épaule, cf. Virg. G. 3, 53 ; En. 5, 511 ; [avec ex] Cic. Div. 2, 134 ; Verr. 3, 66 ; [avec in abl.] Cic. Verr. 3, 57 ‖ [avec abl. seul] Virg. B. 7, 24 ; En. 2, 546 ; [avec de] Ov. F. 2, 760 ‖ [absᵗ] **fructus pendens** Dig. 6, 1, 44, fruits pendants, cf. Cat. Agr. 147 ; Dig. 19, 1, 25 ¶ 2 être exposé [en vente] : Suet. Cl. 9 ¶ 3 être suspendu au montant de la porte pour être battu [esclaves] : Pl. Trin. 247 ; Truc. 777 ; Cas. 923 ; Ter. Phorm. 220 ; Eun. 1021 ¶ 4 être suspendu en l'air : **dum nubila pendent** Virg. G. 1, 214, tant que les nuages sont hauts ; **illisa prora pependit** Virg. En. 5, 206, la proue fracassée resta suspendue ; **in aere pennis** Ov. M. 7, 379, planer dans les airs [oiseau] ¶ 5 être pendant, flasque : **pendentes genae** Juv. 10, 193, joues flasques, cf. Ov. M. 15, 231 ¶ 6 peser [un poids déterminé] : **cyathus pendet drachmas decem** Plin. 21, 185, un cyathe pèse dix drachmes, cf. Varr. R. 2, 4, 11 ; Dig. 33, 6, 7 ‖ [fig.] Sen. Ep. 66, 30 ; 93, 4.
II [fig.] ¶ 1 être suspendu à : **narrantis ab ore** Virg. En. 4, 79, être suspendu aux lèvres du narrateur ; **vultu** Quint. 11, 3, 72, être suspendu au visage de l'orateur [ne pas le perdre de vue] ; **attentus et pendens** Plin. Ep. 1, 10, 7, attentif et suspendu aux lèvres ¶ 2 dépendre de, tenir à, reposer sur : **ex quo verbo tota illa causa pendebat** Cic. de Or. 2, 107, c'est à ce mot que toute cette cause était suspendue, cf. Cic. de Or. 2, 139 ; Top. 59 ; Scaur. 14 ; **incolumitas tuorum, qui ex te pendent** Cic. Fam. 6, 22, 2, la conservation des tiens, dont le sort est suspendu au tien ; **ex comitiis pendes** Cic. Fam. 10, 26, 3, les comices sont tout pour toi ‖ **salus spe exigua pendet** Cic. Flac. 4, notre sûreté tient à une faible espérance, cf. Cic. Agr. 2, 80 ; **(puto) rem publicam pendere Bruto** Cic. Att. 14, 20, 3, (je crois) que le salut de l'État dépend de Brutus ‖ **in tabellis judicum fama nostra non pendet** Cic. Pis. 98, notre réputation ne tient pas aux bulletins de vote des juges ‖ [avec ab] Ov. M. 1, 185 ; Luc. 5, 769 ¶ 3 être suspendu, interrompu : Virg. En. 4, 88 ; Dig. 12, 1, 8 ¶ 4 être en suspens, être indécis, incertain : Cic. Att. 4, 15, 6 ; Ter. Ad. 226 ; Haut. 727 ; **pendere animo** Pl. Merc. 128, être indécis ; [poét.] **pendet belli fortuna** Ov. M. 8, 12, le sort de la guerre est incertain ‖ être dans l'anxiété : **animi pendere** Cic. Leg. 1, 9 ; Tusc. 4, 35 ; [avec interrog. indir.] se demander avec anxiété : Cic. Att. 11, 12, 1 ; **de aliquo** Cic. Att. 16, 12, être anxieux au sujet de qqn ; [au pl.] **pendemus animis** Cic. Tusc. 1, 96, nous sommes dans l'anxiété ‖ **jus pendet** Gai. Inst. 1, 129, le droit est en suspens ; **jus ejus in pendenti erit** Dig. 46, 1, 16, 5, son droit sera en suspens.

pendĕrim, ⊂ pendo ▶.

pendĭcŭlus, ⊂ 3 pediculus.

pendĭgĭnōsus, a, um, suppurant : Cass. Fel. 20.

pendĭgo, ĭnis, f. (pendeo) ¶ 1 abcès : Veg. Mul. 2, 44, 1 ; 2, 55, 4 ¶ 2 la carcasse d'une statue : Arn. 6, 16.

pendō, ĭs, ĕre, pĕpendī, pensum (pendulus, pondo, pensum, pendeo, cf. pannus?, rus. pjat', opona, al. spinnen), tr. et intr.
I tr. ¶ 1 laisser pendre les plateaux d'une balance, [d'où] peser : Varr. d. Non. 455, 21 ; **lana pensa** Titin. d. Non. 369, 21, laine pesée ¶ 2 [fig.] peser, apprécier : **res, non verba** Cic. Or. 51, s'attacher aux idées, non aux mots ; **aliquid aliqua re (ex aliqua re)** Cic. Quinct. 5 ; Verr. 4, 1, apprécier qqch. d'après une chose ‖ [avec gén.] estimer : **aliquid, aliquem parvi** Sall. C. 12, 2 ; 52, 9 ; **nihili** Ter. Eun. 94 ; **magni** Hor. S. 2, 4, 93 ; Tac. An. 12, 18 ; **minoris** Pl. Most. 215, faire peu de cas, aucun cas, grand cas, moins de cas de qqn, de qqch. ; **non flocci pendere** Ter. Eun. 411, ne faire absolument aucun cas ; ⊂ **pensus** ¶ 3 peser le métal pour payer, [d'où] payer : **ingentem pecuniam alicui** Cic. Prov. 5, payer une énorme somme à qqn ; **vectigal populo Romano** Caes. G. 5, 22, 4, payer un tribut au peuple romain ¶ 4 [fig.] payer, acquitter **a)** **poenas temeritatis** Cic. Att. 11, 8, 1, être puni de son imprudence ; **supplicium** Liv. 34, 61, 8, subir un supplice en punition **b)** expier : **culpam, crimina** Val.-Flac. 9, 477, expier une faute, des crimes ; **tuis nam pendit in arvis Delius, ingrato Steropen quod fuderat arcu** Val.-Flac. 1, 445, car c'est dans tes champs que l'ingrat Apollon expie le fait d'avoir de son arc frappé Stéropès **c)** **pendere grates** Stat. Th. 11, 223, rendre grâces, témoigner sa reconnaissance.
II intr., être pesant, peser : Lucr. 1, 361 ; Liv. 38, 38, 13 ; Plin. 9, 44 ; 30, 93.
▶ inf. pass. **pendier** Pl. Poen. 1300 ; **penderit** pour **pependerit** Paul.-Nol. Carm. 14, 122.

pendŭlus, a, um (pendeo), pendant, qui pend : Hor. O. 3, 27, 58 ; Ov. F. 4, 386 ‖ qui va en pente, incliné : Mart. 13, 112 ; Col. 10, 229 ‖ [fig.] qui est en suspens : Hor. Ep. 1, 18, 110 ‖ léger, inconstant, changeant : Vop. Tyr. 8.

pēnĕ, adv., ⊂ paene.

Pēnēis, ĭdis, f. (Πηνηίς), du Pénée : **Nympha Peneis** Ov. M. 1, 472, Daphné, fille du Pénée.

Pēnēĭus, a, um (Πηνήιος), du Pénée : Virg. G. 4, 317 ‖ subst. f., fille du Pénée [Daphné] : Ov. M. 1, 452 ; 525.

Penelenītae, ārum, f. pl., ville de Syrie : Plin. 5, 82.

Pēnĕlĕūs, ĕī ou ĕos, m., un des prétendants d'Hélène : Hyg. Fab. 81.

Pēnĕlŏpa, ae, f. ¶ 1 épouse de Mercure, mère de Pan : Cic. Nat. 3, 56 ¶ 2 ⊂ Penelope : Pl. St. 1 ; Hor. S. 2, 5, 76.

Pēnĕlŏpē, ēs, f. (Πηνελόπη), Pénélope [fille d'Icarius, femme d'Ulysse, et mère de Télémaque] : Cic. Ac. 2, 95 ; Hor. O. 3, 10, 11 ; Sen. Ep. 88, 8 ‖ [fig.] épouse vertueuse : Mart. 1, 63.

Pēnĕlŏpēa, ae, f., C. Penelope : Priapr. 68, 28.

Pēnĕlŏpēus, a, um, de Pénélope : Catul. 61, 231 ; Ov. Tr. 5, 14, 36.

pēnĕlops, ŏpis, m. (πηνέλοψ), espèce de canard : Plin. 37, 38.

Pēnēŏs, V. Peneus.

pĕnĕris, V. penus.

pĕnĕs, prép. avec acc. (cf. penus), en la possession de, entre les mains de [pr. et fig.] : *servi penes accusatorem fuerunt* Cic. Mil. 60, les esclaves ont été à la discrétion de l'accusateur ; *penes quem est potestas* Cic. Fam. 4, 7, 3, celui qui a le pouvoir entre ses mains, cf. Brut. 258 ; Or. 142 ; *usus, quem penes arbitrium est et jus et norma loquendi* Hor. P. 72, l'usage, qui détient dans la langue la décision, l'autorité et la norme ; *penes te es ?* Hor. S. 2, 3, 273, tu es en possession de toi-même ? ‖ *omnis frumenti copia penes istum redacta est* Cic. Verr. 3, 171, toute la quantité de blé a été centralisée entre ses mains ‖ *penes aliquem laus, culpa est* Liv. 21, 46, 8 ; 22, 44, 6, le mérite, la faute revient à qqn, cf. Liv. 28, 41, 3 ; 30, 24, 1 ‖ [dans la langue du droit classique, *penes* a la valeur de *apud*, celui-ci rarement employé] : *consules, penes quos summum jus uti esset, lege rogatum est* Dig. 1, 2, 2, 16, une loi a été votée, pour donner aux consuls le pouvoir suprême ; *peculium penes se habere* Dig. 15, 1, 32 pr., avoir la jouissance d'un pécule [mais non la propriété] ; *dos penes maritum remanet* Dig. 48, 20, 5, 1, la dot reste entre les mains du mari [tard.] dans : Tert. Apol. 9, 14.
▶ se met assez souvent après son compl. quand ce compl. est un rel. : *quem penes, quos penes* cf. Cic. Fam. 9, 16, 3 ; Rep. 2, 50 ; Pl. Amp. 653.

Pĕnestĭa, ae, f., la Pénestie [partie de l'Illyrie grecque] : Liv. 43, 19, 2 ; *Penestiana terra* Liv. 43, 20, même sens ‖ **Pĕnestæ**, ārum, m. pl., habitants de la Pénestie : Liv. 43, 21.

pĕnĕtrābĭlis, e (penetro) ¶ 1 qui peut être pénétré, percé : Ov. M. 12, 166 ; Sen. Const. 3, 5 ‖ où l'on peut pénétrer, accessible : Stat. S. 3, 5, 21 ¶ 2 qui pénètre, qui entre : Virg. G. 1, 93 ; En. 10, 481 ‖ *penetrabilior* Macr. Sat. 7, 12, 7.

pĕnĕtrābĭlĭtĕr, adv., d'une manière pénétrante : Greg.-M. Mor. 25, 11 ‖ *penetrabilius* Itin. Alex. 12.

pĕnĕtrăl, ālis, n., C. penetrale : Macr. Sat. 7, 1, 5 ; Symm. Ep. 2, 34, 2.

pĕnĕtrālĕ, ālis, n., Liv. 41, 20, 7, ordin[t] **pĕnĕtrālĭa**, ĭum, pl. (penetralis) ¶ 1 l'endroit le plus retiré, l'intérieur, le fond : [d'une maison] Virg. En. 2, 484 ; [d'une ville] Liv. 41, 20, 7 ; [d'un pays] Tac. Agr. 30 ; *e liquidis penetralibus* Sil. 7, 501, du fond de son humide séjour ‖ sanctuaire : Ov. M. 15, 35 ; Mart. 10, 51, 13 ‖ les Pénates : Sil. 13, 62 ¶ 2 [fig.] le fond, les mystères, les secrets : Quint. 6, 2, 25 ; *eloquentiae penetralia* Tac. D. 12, le sanctuaire de l'éloquence, cf. Quint. 12, pr. 3 ; *penetralia cordis* Prud. Ham. 542, le fond du cœur.

pĕnĕtrālis, e (penetro) ¶ 1 placé dans l'endroit le plus retiré d'une maison, intérieur, secret, retiré : Cic. Nat. 2, 68 ; Har. 57 ; *aeternum adytis effert penetralibus ignem* Virg. En. 2, 297, il emporte du fond du sanctuaire le feu qui ne doit pas s'éteindre ; [en parl. des fourmis] *penetralia tecta* Virg. G. 1, 379, le fond de leur séjour, leur souterrain, leur magasin ¶ 2 pénétrant, perçant : Lucr. 1, 495 ; *penetralior* Lucr. 2, 382.

pĕnĕtrālĭtĕr, adv., intérieurement : Fort. Mart. 4, 597.

pĕnĕtrātĭo, ōnis, f. (penetro), action de percer, piqûre : Apul. Flor. 18 ; Aug. Fund. 24.

pĕnĕtrātŏr, ōris, m., celui qui pénètre dans : Prud. Ham. 875 ; Aug. Ep. 262, 5.

pĕnĕtrātus, a, um, part. de penetro.

pĕnĕtrō, ās, āre, āvī, ātum (penes, penitus, cf. intro), tr. et intr.
I tr. ¶ 1 faire entrer, porter à l'intérieur : *pedem intra portam* Pl. Men. 400, porter le pied de l'autre côté de la porte, franchir la porte ; [d'où] *se penetrare*, se porter à l'intérieur, pénétrer, cf. Pl. Trin. 276 ; Truc. 44 ; Gell. 5, 14, 18 ; 13, 10, 1 ‖ *in fugam se penetrare* Pl. Amp. 250, se mettre à fuir, se plonger dans la fuite ‖ [d'où le part.] *penetratus*, qui s'est porté à l'intérieur, qui a pénétré : Lucr. 4, 670 ; 4, 1246 ¶ 2 entrer à l'intérieur de, pénétrer dans : *aures* Lucr. 4, 613, pénétrer dans les oreilles ; *Illyricos sinus* Virg. En. 1, 243, dans le golfe d'Illyrie ‖ [pass.] être pénétré : *ut (India) penitus nequeat penetrari* Lucr. 2, 539, de sorte qu'on ne peut pénétrer dans ses profondeurs ; *iter Lucullo penetratum* Tac. An. 15, 27, chemin frayé par Lucullus ‖ [fig.] *id Tiberii animum altius penetravit* Tac. An. 1, 69, cela pénétra profondément dans l'âme de Tibère, cf. Tac. An. 3, 4 ; *tum penetrabat eos, posse haec...* Lucr. 5, 1262, alors l'idée les pénétrait que ces métaux pouvaient...
II intr., pénétrer [pr. et fig.] : *in caelum* Cic. Ac. 2, 122 ; *in animos* Cic. Brut. 142, pénétrer dans le ciel, dans les âmes ; *sub terras* Cic. Verr. 4, 107, s'enfoncer sous terre ; *ad eorum urbes* Cic. Prov. 32, pénétrer jusqu'à leurs villes ; *eone pirata penetravit, quo...?* Cic. Verr. 5, 98, un pirate a-t-il pénétré là où...?

Pēnēus (Pēnēŏs), ī, m. (Πηνειός), le Pénée [fleuve de Thessalie] Atlas VI, B1 : Liv. 32, 15, 8 ; Virg. G. 4, 355 ‖ Pénée [dieu de ce fleuve, père de Cyrène et de Daphné] : Hyg. Fab. 161 ‖ **-ēus**, a, um, du Pénée : Ov. M. 7, 230 ; V. Peneius.

pēnĭcillum, ī, n., **pēnĭcillus**, ī, m. (dim. de 1 peniculus ; fr. pinceau) ¶ 1 pinceau : Cic. Or. 22 ; Fam. 9, 22, 2 ‖ [fig.] Plin. 35, 60 ‖ [fig.] = la manière, le style, la touche [de l'écrivain] : Cic. Q. 2, 15, 2 ¶ 2 charpie : Cels. 2, 10, 18 ¶ 3 éponge : Plin. 9, 148 ; Col. 12, 18, 5.
▶ la plupart du temps le genre du mot est indiscernable.

pēnĭcŭlāmentum, ī, n., queue : Arn. 5, 11 ‖ pointe [de vêtement], queue : Enn. An. 362 ; Caecil. Com. 132.

1 **pēnĭcŭlus**, ī, m. (dim. de penis), petite queue terminée par une touffe de poils ; [d'où] brosse, plumeau : Pl. Men. 391 ; P. Fest. 261, 4 ‖ pinceau : Marc. Dig. 33, 7, 17 ; V. penicillus ‖ éponge : P. Fest. 231, 2.

2 **Pēnĭcŭlus**, ī, m., nom de parasite : Pl. Men. 391.

pēnīnsŭla, V. paeninsula.

Penīnus, C. Penninus.

pēnis, is, m. (arch. *pesnis* Fest. 222, 25, cf. scr. *pasas-*, πέος, al. Fasel-), queue des quadrupèdes : Cic. Fam. 9, 22, 2 ; Fest. 260, 15 ‖ brosse à peindre : Naev. Com. 102 ‖ membre viril : Sall. C. 14, 2 ; Hor. Epo. 12, 8 ; Juv. 9, 43.

pēnissĭmē (paen-), V. paene.

pēnĭtē, Catul. 61, 178, C. penitus.

pĕnĭtĕris, V. penus ▶.

1 **pĕnĭtŭs**, adv. (penes, cf. funditus) ¶ 1 profondément, jusqu'au fond, [ou] du fond, du plus profond : *saxum penitus excisum* Cic. Verr. 5, 68, rocher creusé profondément ; *periculum inclusum penitus in visceribus reipublicae* Cic. Cat. 1, 31, danger profondément enfoui dans le cœur de l'État ‖ profondément, à fond : *bene penitus sese dare in familiaritatem alicujus* Cic. Verr. 2, 169, s'introduire bien à fond dans l'intimité de qqn ; *penitus ex intima philosophia haurire juris disciplinam* Cic. Leg. 1, 17, aller puiser la science du droit aux profondeurs les plus intimes de la philosophie ; *penitus intellegere* Cic. Att. 8, 12, 1, comprendre à fond ¶ 2 entièrement, tout à fait, totalement : *religionem penitus tollere* Cic. Nat. 1, 119, détruire de fond en comble la religion ; *penitus crudelior* Prop. 1, 16, 17, de beaucoup plus cruel ‖ *penitissime* Sidon. Ep. 8, 3, 3.

2 **pĕnĭtŭs**, a, um (1 penitus), qui est au fond, intérieur, profond, enfoncé : *ex penitis faucibus* Pl. As. 40, du fond de la gorge ; *penitior pars domus* Apul. d. Prisc. 2, 85, 15, la partie la plus reculée de la maison ; *penitissimus* Gell. 9, 4, 6, le plus au fond, le plus reculé, cf. Pl. Pers. 522 ‖ pl. n., parties profondes, reculées : Capel. 1, 9 ; 6, 600.

3 **pēnĭtŭs**, a, um (penis), muni d'une queue : *penita offa* Fest. 260, 18 ; 282, 11 ; Arn. 7, 24, longe de porc avec la queue.

Pēnĭus, ĭī, m. (Πενιός), fleuve de Thessalie : Plin. 4, 30 ‖ fleuve et ville du Pont : Plin. 6, 14.

penna, ae, f. (*pet-nā, cf. peto, V. pinna) ¶ 1 penne, grosse plume des oiseaux ; plume [en gén.] : Cic. Fin. 5, 32 ; Pl. Poen. 871 ; Ov. M. 4, 728 ¶ 2 aile : Pl. As. 93 ;

penna

Hor. *Ep.* 1, 20, 21; Prop. 2, 24, 22; Ov. *M.* 4, 664; 676∥ aile [d'insecte]: Virg. *G.* 4, 73; [sg. collectif] Ov. *M.* 2, 376 ∥ [poét.] vol de présage: Prop. 3, 10, 11; Sil. 3, 344; Val.-Flac. 1, 231 ¶**3** flèche: Val.-Flac. 6, 421 ¶**4** plume [pour écrire]: Isid 6, 14.
▶ v. Quint. 1, 4, 12; arch. *pesna* Fest. 228, 10 par confusion avec *penis*, à distinguer de *pinna*, " plume ".

pennālis, *e*, d'aile: Sedul. *Op.* 175, 11.

pennātŭlus, *a, um* (dim. de *pennatus*), qui a de petites ailes: Tert. *Nat.* 1, 10, 47.

pennātus, *a, um* (*penna*) ¶**1** qui a des barbes, barbelé [en parl. de l'épi]: P. Fest. 231, 5 ¶**2** qui a des ailes: Lucr. 5, 738; Plin. 8, 72 ∥ empenné: *pennatum ferrum* Plin. 34, 138, flèche ∥ [fig.] rapide: *pennatior voto* Itin. Alex. 29, plus prompt que le désir.

Pennenses, *ĭum*, m. pl., ville des Vestins [Sammium]: Plin. 3, 107.

pennescō, *ĭs, ĕre*, -, - (*penna*), intr., se couvrir de plumes [métaph.]: Cassiod. *Var.* 1, 38.

pennĭfĕr, *ĕra, ĕrum*, emplumé, empenné: Sidon. *Carm.* 2, 309.

pennĭgĕr, *ĕra, ĕrum* (*penna, gero*), empenné: Sil. 8, 373 ∥ V.▶ *pinniger*.

pennĭgĕrō (**pinn-**), *ās, āre*, -, - (*penniger*), intr., prendre des ailes: Vl. *Is.* 40, 31 ∥ tr., porter sur ses ailes: Iren. 3, 11, 8.

Pennīnus (**Pēnī-, Poenī-**), *a, um*, *Penninae Alpes* Tac. *H.* 1, 87; *Pennina juga* Tac. 1, 61, les Alpes Pennines [du Saint-Bernard au Saint-Gothard]; *Penninus mons* Sen. *Ep.* 31, 9; *Penninus* [seul] Liv. 5, 35, 2; 21, 48, 6, Alpes Pennines Atlas V, E4 ∥ *Juppiter Poeninus* CIL 5, 6881, Jupiter Pennin [honoré au mont Saint-Bernard].
▶ sur l'étym. du mot, v. Plin. 3, 123; Liv. 21, 38, 9.

pennĭpēs, V.▶ *pinnipes*.

pennĭpŏtentes, *um*, adj. pl. (*penna, potens*), aux ailes puissantes: Lucr. 2, 878 ∥ f. pl., oiseaux: Lucr. 5, 786.

Pennŏcrŭcĭum, *ĭi*, n., ville de la Bretagne: Anton. 470.

Pennŏlūcŏs (**-lŏcus**), *i*, m., ville sur le lac Léman: Peut. 2, 3.
▶ *Penne Locos* Anton. 351.

pennŏr, *ārĭs, ārī*, -, Drac. *Laud.* 1, 264, G.▶ *pennesco*.

pennŭla, *ae*, f. (dim. de *penna*), petite aile: Fort. *Carm.* 3, 17, 10; V.▶ *pinnula*.

1 **pennus**, *a, um*, pointu: *Isid. 19, 19, 11; V.▶ 1 *pinnus*.

2 **Pennus**, *i*, m., surnom romain: Liv. 4, 26, 2; Sen. *Ben.* 2, 12, 1.

pěnŏris, ancien gén. de *penus*.

pensa, *ae*, f. (*pensus, pendo*), poids, mesure: CIL 8, 24609, 4; Fort. *Marc.* 5, 19 ∥ portion, ration: Orib. *Syn.* 2 pr. Aa.

pensābĭlis, *e* (*penso*), réparable: Amm. 31, 13, 11.

pensātĭo, *ōnis*, f. (*penso*), compensation: Petr. 141, 6; Ulp. *Dig.* 16, 2, 7 ∥ [fig.] examen: Amm. 16, 12, 23.

pensātŏr, *ōris*, m. (*penso*), peseur: Gloss. 2, 594, 7 ∥ [fig.] celui qui pèse [les paroles]: Schol. Pers. 1, 128.

pensātus, *a, um*, part. de *penso*.

pensē, adv., V.▶ *pensius*.

pensĭcŭlātē, adv. (*pensiculo*), avec un examen attentif: Gell. 1, 3, 12.

pensĭcŭlātŏr, *ōris*, m., celui qui pèse attentivement: Gloss. 5, 510, 1.

pensĭcŭlō, *ās, āre*, -, - (*penso*), tr., peser attentivement [fig.], examiner, contrôler: Gell. 13, 20, 11; Apul. *Flor.* 9, 8.

pensĭlis, *e* (*pendeo*) ¶**1** qui pend, pendant, suspendu: Pl. *Ps.* 89; Plin. 34, 14; *pensilis uva* Hor. *S.* 2, 2, 121, raisin sec (qu'on a suspendu), cf. Pl. *Poen.* 312 ∥ *pensilia*, n. pl., fruits pendus, séchés: Varr. *R.* 1, 68 ∥ [sens obsc. = τὰ αἰδοῖα] testicules: Priapr. 52, 7 ¶**2** bâti sur voûte (sur piliers), suspendu: Col. 12, 50, 3; Plin. 36, 104; *pensiles horti* Curt. 5, 1, 32, jardins suspendus ∥ *pensiles tribus* Plin. 36, 119, les tribus suspendues, qui sont sur des sièges mobiles au théâtre.

pensĭo, *ōnis*, f. (*pendo*; it. *pigione*), pesée: Vitr. 10, 3, 4 ∥ paiement [à certaines époques]: *prima pensio* Cic. *Fam.* 6, 18, 5, le premier versement, cf. *Att.* 16, 2, 1; *Phil.* 2, 113; P. Fest. 229, 7 ∥ paiement du loyer, loyer: Suet. *Ner.* 44 ∥ les intérêts: Lampr. *Alex.* 26 ∥ impôt, imposition: Aur.-Vict. *Caes.* 39 ∥ indemnité: Petr. 136, 12.

pensĭŏr, *ĭus*, compar., V.▶ *pensus*.

pensĭtātĭo, *ōnis*, f. (*pensito*), paiement: Cod. Just. 10, 28, 1 ∥ dépense: Sulp. Sev. *Chron.* 2, 8, 3 ∥ compensation: Plin. 19, 103.

pensĭtātŏr, *ōris*, m. (*pensito*), celui qui pèse: *verborum pensitator* Gell. 17, 1, 3, puriste.

pensĭtō, *ās, āre, āvī, ātum* (fréq. de *penso*), tr. ¶**1** peser exactement: Plin. 7, 44 ¶**2** peser, examiner: Liv. 4, 41, 3; Plin. *Ep.* 4, 14, 6; [avec interrog. indir.] Plin. *Ep.* 4, 15, 9 ∥ [part. n. abl. abs.] *saepe apud se pensitato, an* Tac. *An.* 3, 52, la question ayant été pesée longuement en lui-même de savoir si ... ∥ [qqf.] comparer: Gell. 1, 9, 11; 1, 13, 5 ¶**3** payer: *vectigalia* Cic. *Pomp.* 16, payer les impôts ∥ *praedia quae pensitant* Cic. *Agr.* 3, 9, les terres qui paient l'impôt.

pensĭuncŭla, *ae*, f. (dim. de *pensio*), petit paiement: Col. 10, pr. 1.

pensĭŭs, adv., compar. de l'inus. *pense* (*pensus*), avec plus de soin: Symm. *Ep.* 34, 2.

pensō, *ās, āre, āvī, ātum* (fréq. de *pendo*; fr. *peser*), tr. ¶**1** peser: Liv. 38, 24, 8 ∥ [fig.] *eadem trutina pensari* Hor. *Ep.* 2, 1, 29, être pesé à la même balance ¶**2** peser, apprécier: *ex factis amicos* Liv. 34, 49, 7, juger les amis aux actes ∥ examiner: *consilium* Liv. 22, 51, 3, peser un conseil ∥ évaluer, comparer: Liv. 34, 58, 8 ¶**3** contre-balancer, payer: *auro pensanda* Sen. *Ep.* 73, 5, des objets échangeables contre de l'or, objets précieux ∥ compenser: *exigua turis impensa tanta beneficia pensare* Curt. 8, 5, 10, par une faible dépense d'encens compenser de si grands bienfaits, cf. Sen. *Ben.* 3, 9, 3; *volnera et sanguis aviditate praedae pensabantur* Tac. *H.* 3, 26, la pensée des blessures et du sang versé était contre-balancée par l'avidité du butin; *sitis est pensanda gregum viridante cibo* Calp. 5, 111, il faut apaiser la soif des troupeaux par une fraîche nourriture; *transmarinae res quadam vice pensatae* Liv. 26, 37, 5, les affaires transmarines se compensaient entre elles par une sorte d'alternative [d'événements heureux ou malheureux]; *vicem alicujus rei* Plin. 31, 97, remplacer une chose pour en remplir l'office; *iter* Luc. 9, 685, abréger la route ¶**4** échanger, compenser: *laetitiam maerore* Plin. 7, 132, égaler la joie par la douleur ∥ acheter: *vitam auro* Sil. 2, 35, acheter la vie de qqn au poids de l'or ∥ racheter, expier: *nece pudorem* Ov. *H.* 2, 143, racheter par la mort sa vertu outragée.

pensŏr, *ōris*, m. (*pendo*), celui qui pèse [fig.]: Aug. *Civ.* 15, 27, 2.

pensum, *i*, n. (*pensus*; fr. *poids*, it. esp. port. *peso*) ¶**1** le poids de laine que l'esclave devait filer par jour: *carpentes pensa puellae* Virg. *G.* 1, 390, les jeunes filles en étirant la laine (pesée pour leur tâche), cf. *G.* 4, 348 ∥ [d'où] tâche quotidienne [de la fileuse]: *pensum facere* Pl. *Merc.* 397, filer la laine chaque jour, cf. Virg. *En.* 8, 412; Ov. *Am.* 1, 13, 24 ∥ [poét., en parl. des Parques]: Sen. *Herc. f.* 181 ¶**2** [fig.] tâche, fonction, devoir: Cic. *de Or.* 3, 119; Verr. 3, 109 ∥ *pensi esse, habere*, V.▶ *pensus*.

pensūra, *ae*, f. (*pendo*), pesée: Varr. *L.* 5, 183.

pensus, *a, um*, part.-adj de *pendo*, qui a du poids, de la valeur, précieux: *utra condicio pensior ...?* Pl. *St.* 118, quelle est des deux conditions la plus avantageuse ...?, cf. Gell. 12, 5, 7; *nihil pensi habere*, Sall. *C.* 12, 2; J. 41, 9, n'avoir rien de pesé, de réfléchi = n'avoir aucun scrupule; [avec *quin*] Suet. *Dom.* 12, ne se faire aucun scrupule de ∥ *nihil pensi habeo* ou *mihi nihil pensi est* [avec interr. indir.]: *neque id quibus modis adsequeretur quicquam pensi habebat* Sall. *C.* 5, 6, et sur les moyens d'y réussir il n'avait aucun scrupule, cf. Pl. *Truc.* 765; Liv. 26, 15, 4; 34, 31, 3; 34, 49, 7 ∥ [avec inf.]: *iis nihil neque dicere pensi est neque facere* Liv. 43, 7, 11, ils n'ont aucun souci ni de leurs paroles ni de leurs actes ∥ [avec gén. de prix] *pensi non habere (ducere)*, ne pas estimer au prix d'une chose ayant du poids, de la valeur = ne pas faire cas de : Tac. *D.* 29; *An.* 13, 15 ; *H.* 1, 46.

pentăchordus, *a*, *um* (πεντάχορδος), qui a cinq cordes, pentacorde : Capel. 9, 962.

pentăcontarchus, *i*, m. (πεντακόνταρχος), pentacontarque, commandant de cinquante soldats : Vulg. *1 Macc.* 3, 55.

pentădactўlus (-ŏs), *i*, m. (πενταδάκτυλος), pentadactyle [coquillage] : Plin. 32, 147 ‖ *pentadactylon*, n., C.▶ *pentaphyllon* : Ps. Apul. *Herb.* 2.

pentădōrŏs, *ŏn* (πεντάδωρος), long de cinq palmes : Vitr. 2, 3, 3 ; Plin. 35, 170.

pentăĕtērĭcus, *a*, *um* (πενταετηρικός), de cinq ans, quinquennal : CIL 2, 4136.

pentăĕtēris, *ĭdis*, f. (πενταετηρίς), espace ou période de cinq ans : Cens. 18, 3.

pentăfarmăcum, V.▶ *pentaph-*.

pentăgōnĭum, *ii*, n. (πενταγώνιον), pentagone : Grom. 348, 27.

pentăgōnŏn (-um), *i*, n., pentagone : Grom. 106, 24 ‖ C.▶ *pentaphyllon* : Ps. Apul. *Herb.* 2.

pentăgōnus, *a*, *um* (πεντάγωνος), qui a cinq côtés : Grom. 249, 9.

pentămĕris, *e* (πενταμερής), formé de cinq parties : Ter.-Maur. 6, 402, 2578.

pentămĕtĕr, *tra*, *trum* (πεντάμετρος), [métr.] pentamètre, qui a cinq pieds : *pentametrum elegum* Diom. 503, 9 ; *pentameter* [seul] Quint. 9, 4, 98, le [vers] pentamètre (élégiaque).

pentăpĕtēs, *is*, n. (πενταπετές), C.▶ *pentaphyllon* : Plin. 25, 109.

pentăpharmăcum, *i*, n. (πενταφάρμακον), sorte de mets composé de cinq éléments : Spart. *Hel.* 5.

pentăphyllŏn, *i*, n. (πεντάφυλλον), quintefeuille, potentille [plante] : Plin. 25, 109 ; Ps. Apul. *Herb.* 2.

Pentăpŏlis, *is*, f. (Πεντάπολις), la Pentapole [ancienne contrée de la Palestine] : Solin. *App.* 27, 7, p. 238 ‖ ancienne contrée de la Cyrénaïque : Ruf. *Brev.* 13, 2 ‖ **-tānus**, *a*, *um*, de la Pentapole (Cyrénaïque) : Plin. 5, 31.

pentăprōtīa, *ae*, f. (πενταπρωτεία), charge de pentaprote [un des cinq premiers] : Cod. Just. 12, 29, 2.

pentăptōta nōmĭna, **pentăptōta**, *ōrum*, n. pl. (πεντάπτωτος), [gram.] noms qui ont cinq formes casuelles distinctes : Prisc. 2, 188, 16.

pentăs, *ădis*, f. (πεντάς), le nombre cinq : Capel. 7, 735.

Pentaschoenŏs, *i*, f. (Πεντάσχοινος), ville de la Basse-Égypte : *Pentascino* Anton. 152.

pentăsēmus, *a*, *um* (-ŏs, ŏn) (πεντάσημος), qui a cinq temps [métrique] : Capel. 9, 978.

pentaspastŏs, *ŏn*, adj. (πεντάσπαστος), [palan] à cinq poulies : Vitr. 10, 2, 3.

pentasphaerum fŏlĭum, n., sorte de plante odoriférante, patchouli : Marc. *Dig.* 39, 4, 16, 17.

pentăstĭchae porticus (-choe porticus), f. pl. (πεντάστιχοι), portiques à cinq rangs de colonnes : Treb. *Gall.* 18, 5.

pentăsyllăbus, *a*, *um* (-ŏs, ŏn) (πεντασύλλαβος), qui est de cinq syllabes : Prisc. 3, 113, 5.

Pentăteuchum, *i*, n. et **-chus**, *i*, f. (Πεντάτευχος), Pentateuque, nom des cinq livres de Moïse : Tert. *Marc.* 1, 10, 1 ; Isid. 6, 2, 2.

pentăthlum, *i*, n. (πένταθλον), pentathlon [l'ensemble des cinq exercices gymnastiques] : P. Fest. 231, 10.

pentăthlus, *i*, m. (πένταθλος), athlète qui pratique le pentathlon : Plin. 34, 57.

pentătŏmŏn, *i*, n. (πεντάτομον), C.▶ *pentaphyllon* : Ps. Apul. *Herb.* 2.

Pentēcostē, *ēs*, f. (πεντηκοστή), Pentecôte : Tert. *Idol.* 14, 7.

Pentĕdactўlos, *i*, m. (Πεντεδάκτυλον), montagne du pays des Troglodytes : Plin. 6, 169.

Pentēlensis, *e*, du mont Pentélique, en Attique : Vitr. 2, 8, 9.

Pentēlĭcus, *a*, *um*, C.▶ *Pentelensis* : Cic. *Att.* 1, 8, 2.

pentēlōris, *e* (πέντε, *lorum*), qui a cinq bandes de couleur : Vop. *Aur.* 46, 6.

pentĕrēmis, *is*, f. (πέντε, *remus*, cf. penteres), Isid. 19, 1, 23.

pentĕrēs (-is), *is*, f. (πεντήρης), galère à cinq rangs de rameurs : B.-Afr. 62, 5 ; B.-Alex. 47.

pentĕthrŏnĭcus, *a*, *um*, à cinq trônes [mot forgé] : Pl. *Poen.* 476.

penthēmĭmĕrēs, *is*, f. (πενθημιμερής), penthémimère [césure, après cinq demi-pieds ou deux pieds et demi] : Aus. *Epist.* 4 (393), 86 ; Diom. 497, 8 ‖ **-mĕrĭcus**, *a*, *um*, Sacerd. 6, 512, 19.

Penthĕsĭlēa, *ae*, f. (Πενθεσίλεια), Penthésilée [reine des Amazones, tuée par Achille au siège de Troie] : Just. 2, 4, 31 ; Virg. *En.* 1, 491 ; Prop. 3, 11, 14.

Penthĕus, *ĕi* ou *ĕos*, m. (Πενθεύς), Penthée [fils d'Echion et d'Agavé, roi de Thèbes, déchiré par les Bacchantes] : Hor. *Ep.* 1, 16, 76 ; Ov. *M.* 3, 514 ‖ **-thēĭus**, *a*, *um*, Sidon. *Carm.* 22, 94, et, **-thēus**, *a*, *um*, Stat. *Th.* 2, 575, de Penthée ‖ **-thīăcus**, *a*, *um*, déchiré comme Penthée : Petr. 47, 10.

Penthīdēs, *ae*, m., petit-fils de Penthée : Ov. *Ib.* 499.

pentŏrŏbon, *i*, n. (πεντόροβον), pivoine : Plin. 25, 29.

Pentri, *ōrum*, m. pl., peuple du Samnium : Liv. 9, 31, 4.

pĕnŭārĭus, C.▶ *penarius* Ulp. *Dig.* 33, 9, 3.

pēnultĭmus, V.▶ *paenultimus*.

pĕnum, *i*, n. ¶1 V.▶ *penus* ¶2 sanctuaire du temple de Vesta : Lampr. *Hel.* 6.

pēnūrĭa (paen-), *ae*, f. (cf. *paene* ?), manque de vivres, disette ¶1 [ordin^t avec gén.] *edendi* Virg. *En.* 7, 113 ; *cibi* Lucr. 5, 1007, manque de nourriture ‖ [en gén.] manque : Lucr. 5, 1119 ; *aquarum* Sall. *J.* 17, 5, manque d'eau ; *imperatorum* Cic. *Verr.* 5, 2, disette de généraux, cf. *Inv.* 2, 115 ; *Rep.* 5, 2 ; *Brut.* 2 ; *Verr.* 3, 127 ; *Lae.* 62 ¶2 abs^t [rare] *in penuria* Plin. 18, 130, pendant une famine, cf. Col. 9, 14, 17.

pĕnŭs, *i* et *ūs*, m. f., **pĕnŭs**, *ŏris*, **pĕnum**, *i*, n. (cf. *penates*, *penes*, *penitus*, *penetro*, lit. *penas* "nourriture") ¶1 provisions de bouche, comestibles : [m.] Pl. *Ps.* 178 ; [n.] 228 ; Lucil. d. Non. 219, 29 [f.] ; Virg. *En.* 1, 703 [f.] ; Dig. 33, 9 [f.] ; Cic. *Nat.* 2, 68 [n.] ‖ garde-manger : Pers. 3, 73 ¶2 sanctuaire du temple de Vesta : Fest. 296, 12 ; P. Fest. 297, 1. ▶ gén. arch. *pĕnĕris* et *pĕnĭtĕris* cf. Gell. 4, 1, 2 ‖ le nom. usuel est *penus* et les autres cas participent aux diverses déclinaisons.

Pĕpărēthŏs (-thus), *i*, f. (Πεπάρηθος), petite île de la mer Égée : Liv. 28, 5, 10 ‖ **-ĭus**, *a*, *um*, de Péparéthos : Plin. 14, 76.

pĕpēdī, parf. de *pedo*.

pĕpendi, parf. de *pendeo* et de *pendo*.

pĕpercī, parf. de *parco*.

pĕpĕrī, parf. de *pario*.

pĕpĭgī, parf. de *pango*.

pĕplis, *is*, f. (πεπλίς), variétés d'euphorbe : Plin. 20, 210 ; 27, 119.

pĕplĭum, *ii*, n. (πέπλιον), variété d'euphorbe : Cael.-Aur. *Chron.* 4, 6, 89.

pĕplum, *i*, n., **pĕplus**, *i*, m. (πέπλον, πέπλος), péplum [vêtement primitif des femmes grecques (péplos) ; en particulier, vêtement de Pallas Athéna, lequel était promené à travers la ville dans les Panathénées] : Pl. *Merc.* 67 ; Virg. *En.* 1, 480 ‖ [plus tard, chez les Grecs et les Romains] manteau de cérémonie [m.] : Claud. *Nupt. Hon.* 123 ‖ tout vêtement de dessus un peu ample : Manil. 5, 387.

pĕpo, *ōnis*, m. (πέπων), al. *Pfebe*, cf. fr. *pépin*), pastèque : Plin. 19, 65 ; *peponem cordis loco habere* Tert. *Anim.* 32, 1, avoir un melon à la place du cœur.

pĕposci, V.▶ *posco* ▶.

Peptĕĭdes, V.▶ *Pimpleis*.

pepsis, *is*, f. (πέψις), digestion : Cic. *Fam.* 16, 18, 1 [en grec] ‖ maturité, maximum [d'une maladie] : Cass. Fel. 55 ; 57.

peptĭcus, *a*, *um* (πεπτικός), digestif : Plin. 20, 201.

pĕpŭgi, V.▶ *pungo* ▶.

pĕpŭlī, parf. de *pello*.

pĕpuncŭlus, *i*, m. (dim. de *pepo*), Not. Tir. 104.

Pĕpūsĭāni, *ōrum*, m. pl., C.▶ *Pepuzitae* : Aug. *Haer.* 27.

Pepuzitae

Pĕpŭzītae, m. pl., Pépuzites [secte d'hérétiques, de Pépuza, ville de Phrygie]: Cod. Just. 1, 5, 5.

pĕqūnĭa, 🔻 pecu- CIL 1, 583.

1 pĕr (cf. osq. pert, scr. pari, περί, περ, al. ver-, rus. pre-; fr. par), prép. avec acc.

> ¶ **1** [sens local] **a)** "à travers" **b)** "sur toute l'étendue de" **c)** "par-dessus" **d)** "le long de, devant" **e)** idée de distribution, de succession, [fig.] ¶ **2** [temporel] **a)** "durant", *per tempus* "à propos" **b)** [succession] *per singulos dies* ¶ **3** [intermédiaire] "par le moyen de", intervention qui permet ou empêche de, *per aliquid non licet, per me stat quominus* ¶ **4** [idée de manière] *per ludum, per causam* ¶ **5** "par suite de" *per fidem, per invidiam* ¶ **6** "au nom de" *per ego te deos oro* ¶ **7** [tard.] [avec pass.] "par".

¶ **1** [sens local] **a)** à travers: *per membranas oculorum cernere* Cic. Nat. 2, 142, voir à travers les membranes qui enveloppent les yeux **b)** sur toute l'étendue de: *per forum* Cic. Att. 14, 16, 2, à travers le forum; *per temonem percurrere* Caes. G. 4, 33, 3, courir le long du (sur le) timon ‖ [sans mouvᵗ] Caes. C. 3, 24, 4; 3, 111, 1; Cic. Fam. 1, 7, 6 **c)** par-dessus: *per corpora transire* Caes. G. 2, 10, 2, passer par-dessus les cadavres; *per munitiones se dejicere* Caes. G. 3, 26, 5, se jeter par-dessus les retranchements **d)** le long de, devant: *per ora vestra incedunt* Sall. J. 31, 10, ils passent devant vos yeux, cf. Liv. 2, 38, 3 **e)** [idée de distribution]: *invitati per domos* Liv. 1, 9, 9, invités dans les différentes maisons ‖ [succession] *per manus* Caes. G. 7, 25, 2, de mains en mains, cf. Caes. G. 6, 38, 4; [fig.] *per omnes ire* Liv. 25, 37, 6, passer par tous, se transmettre à tous successivement ¶ **2** [temporel] **a)** durant (sans discontinuité): *ludi per decem dies facti sunt* Cic. Cat. 3, 20, les jeux furent célébrés pendant dix jours consécutifs ‖ pendant: *per triennium* Cic. Verr. 4, 136, pendant trois ans; *per hos dies* Cic. Att. 2, 8, 1, pendant ces jours-ci; *per hospitium* Cic. Verr. 5, 109, profitant de l'hospitalité ‖ *per tempus* Ter. And. 783, à propos **b)** [idée de succession] *per singulos dies* Suet. Cal. 22, tous les jours, chaque jour, cf. Suet. Caes. 1 ¶ **3** [idée de moyen, d'intermédiaire] par le moyen de, l'entremise de: *sacra per mulieres confici solent* Cic. Verr. 4, 99, les sacrifices se font d'ordinaire par l'entremise des femmes, cf. Cic. Att. 12, 6 a; *vulgo occidebantur? per quos et a quibus?* Cic. Amer. 80, c'étaient des meurtres en masse? quels en étaient les agents et les instigateurs?; *per se* Cic. Sull. 67, par soi-même, par ses propres moyens, à soi seul, cf. Cic. Brut. 96; Fin. 2, 50 ‖ *per litteras* Cic. Fam. 2, 6, 2, par lettre; *per vim et metum* Cic. Verr. 4, 147, par la violence et en inspirant la crainte; *per manus* Caes. G. 7, 47, 6, à l'aide des mains ‖ [d'où l'idée d'intervention qui permet ou empêche de faire une chose] *per senatum agere aliquid non posse* Cic. Verr. 4, 61, ne pouvoir obtenir du sénat l'autorisation de faire qqch.; *per aliquem, per aliquid licet, non licet,* qqn, qqch. permet, ne permet pas de: Cic. Ac. 2, 93; de Or. 2, 134; Mil. 14; *per aetatem non potuisti* Cic. Fam. 12, 23, 3, l'âge ne t'a pas permis de, cf. Cic. Fam. 7, 32, 2 ‖ *per me stat quominus* subj., Ter. And. 699, j'empêche que ¶ **4** [idée de manière] *per summum dedecus vitam amittere* Cic. Amer. 30, mourir dans (avec) le plus grand déshonneur; *per ludum et neglegentiam* Cic. Verr. 5, 181, par jeu et avec insouciance; *per ridiculum* Cic. Off. 1, 134, en plaisantant; *per causam* Caes. C. 3, 24, sous le prétexte de; *per speciem* Liv. 1, 41, 6; *per mollitiam agere = molliter* Sall. J. 85, 35, vivre dans la mollesse ¶ **5** [idée d'occasionner] par suite de, par: *per imprudentiam vestram* Cic. Agr. 2, 25, par votre imprudence; *per fidem deceptus sum* Pl. Most. 500, j'ai été trompé par excès de confiance, cf. Caes. G. 1, 46, 3; Cic. Inv. 1, 71; *depulsus per invidiam tribunatu* Cic. de Or. 3, 11, chassé du tribunat par suite des cabales envieuses; *plus per seditionem militum quam bello amissum* Liv. 29, 19, 4, il y a eu plus de pertes par suite de la révolte des soldats que par la guerre ¶ **6** [dans les supplications et serments] au nom de: *per deos!* Cic. Off. 2, 5, au nom des dieux!; *per fortunas vestras, per liberos vestros* Cic. Planc. 103, au nom de vos biens, de vos enfants ‖ [séparé de son régime] *per ego te deos oro* Ter. And. 834, au nom des dieux je te prie, cf. Liv. 23, 9, 1 ¶ **7** [tard.] [avec pass.] par: *non salvatur rex per multam virtutem* Vulg. Psal. 32, 16, un roi n'est pas sauvé par une nombreuse armée; *per Felicem liberatus est* Greg.-Tur. Hist. 4, 4, il fut délivré par Félix.

▶ qqf. placé après son régime: *quam per* Pl. Poen. 13 ‖ intercalé dans une série de régimes: *transtra per et remos et...* Virg. En. 5, 663, cf. G. 3, 276; 🔻 *parumper, semper, nuper, paulisper, tantisper;* cf. aussi *pernox, perdiu, perdudum.*

2 -pĕr, 🔻 1 per ▶.

3 per-, préfixe marquant l'accomplissement: l'achèvement de l'action ou la traversée pour les verbes *perficio, perago,* avec parfois un mauvais résultat *perdo, pereo, perimo, perverto,* l'intensité pour les adjectifs et les adverbes *perfacilis, perquam,* avec parfois séparation des deux éléments *per mihi gratum* Cic. Att. 1, 20, 7.

pēra, ae, f. (πήρα), sacoche, musette: Mart. 4, 53, 3; Apul. Apol. 22.

pĕrabjectus, a, um, de très humble condition: Ps. Cypr. Mart. 30.

pĕrabsurdus, a, um, très absurde: Cic. Fin. 3, 27; Part. 54 ‖ [avec tmèse] *per enim absurdum est* Dig. 22, 3, 25.

pĕraccēdō, ĭs, ĕre, -, -, intr., arriver jusqu'à: Greg.-Tur. Hist. 5, 13.

pĕraccommŏdātus, a, um, tout à fait convenable [avec tmèse]: Cic. Fam. 3, 5, 3.

pĕraccūrātus, a, um, très soigné, parfait: Jul.-Vict. 14, p. 431, 1.

pĕrăcĕr, cris, cre, très aigre; [fig.] très vif, très pénétrant: *peracre judicium* Cic. Fam. 9, 16, 4, goût très fin.

pĕrăcerbus, a, um, très aigre: Cic. CM 53 ‖ [fig.] très désagréable: Plin. Ep. 6, 5, 6.

pĕrăcescō, ĭs, ĕre, ăcŭī, -, intr., s'aigrir entièrement [fig.], s'irriter: Pl. Bac. 1099 ‖ parf., peracui: Pl. Aul. 465.

pĕractĭo, ōnis, f. (perago), achèvement, fin, terme: Cic. CM 86.

pĕractus, a, um, part. de perago.

pĕrăcūtē [fig.], très ingénieusement, très finement: Cic. Ac. 1, 35; Fam. 3, 7, 2.

pĕrăcūtus, a, um, très pointu: Mart. 3, 24, 5 ‖ [fig.] très aigu, très perçant [en parl. de la voix]: Cic. Brut. 241 ‖ fort ingénieux: Cic. Brut. 145 ‖ très subtil: Cic. Brut. 264.

pĕrădŭlescens, tis, m., Cic. Pomp. 61 et **-centŭlus**, i, m., Nep. Eum. 1, 4, tout adolescent, tout jeune homme.

pĕradpŏsĭtus, 🔻 perappositus.

pĕradstrictus, a, um, qui continue à être lié: Paul.-Nol. Carm. 17, 77.

Pĕraea, ae, f. (Περαῖα γῆ), la Pérée [province maritime de la Carie]: Liv. 32, 33, 6 ‖ contrée au-delà du Jourdain Atlas IX, E3: Plin. 5, 70 ‖ colonie de Mytilène: Liv. 37, 21, 4.

pĕraedĭfĭcātus, a, um, entièrement bâti: Col. 4, 3, 1.

pĕraequātĭo, ōnis, f. (peraequo), conformité parfaite: Solin. 1, 41 ‖ répartition égale de l'impôt: Cod. Th. 4, 3.

pĕraequātŏr, ōris, m. (peraequo), répartiteur de l'impôt: Cod. Just. 10, 25, 1.

pĕraequātus, a, um, part. de peraequo.

pĕraequē, adv., exactement de même: Cic. Pis. 86; Verr. 4, 46; Or. 20.

pĕraequō, ās, āre, āvī, ātum, tr., égaliser, niveler: Col. 3, 3, 3 ‖ distribuer régulièrement: *peraequati dentes* Vitr. 10, 9, 5, dents distribuées régulièrement [sur une roue d'engrenage] ‖ [fig.] rendre égal: Solin. 1, 37.

pĕraestĭmō, ās, āre, -, -, tr., faire grand cas de: Cod. Th. 6, 29, 2.

pĕrăgĭtātus, a, um, part. de peragito.

pĕrăgĭtō, ās, āre, āvī, ātum (1 per, agito), tr. ¶ **1** remuer en tout sens: Sen. Ben. 3, 37, 2; Col. 12, 24, 4 ‖ [fig.] Sen. Ir. 1, 7, 1 ¶ **2** harceler sans répit (l'ennemi): Caes. C. 1, 80, 2 ¶ **3** mener au terme, achever: Plin. 18, 169.

pĕrăgō, ĭs, ĕre, ēgī, actum (1 per, ago), tr. ¶ **1** pousser à travers, percer de part en part [poét.]: *latus ense* Ov. H. 4, 119, percer le flanc de son épée ¶ 2 pourchasser sans répit [rare]: Sen. Ep. 58, 2 ‖ *humum* Ov. F. 4, 693, remuer la terre ¶ 3 accomplir entièrement, mener jusqu'au bout: *inceptum* Virg. En. 4, 452, exécuter un projet; *cursum* Virg. En. 4, 653, achever une course; *aetatem, vitam* Ov. Tr. 4, 8, 13; M. 15, 485, achever son existence; *dona* Virg. En. 5, 362, distribuer entièrement les présents ‖ *fabulam* Cic. CM 70, jouer une pièce jusqu'au bout; *comitia* Cic. Nat. 2, 10, tenir les comices jusqu'au bout; *concilium* Caes. G. 6, 4, 5, tenir une assemblée [de bout en bout]; *consulatum* Cic. Pis. 7, exercer jusqu'au bout le consulat ¶ 4 [droit] poursuivre jusqu'au bout: *reum* Liv. 4, 42, 6, poursuivre l'accusation de qqn jusqu'au jugement, cf. Plin. Ep. 3, 9, 4; *receptus est reus neque peractus ob mortem opportunam* Tac. An. 4, 21, l'accusation contre lui fut reçue, mais ne fut pas menée à sa fin à cause d'une mort opportune; *accusationem* Plin. Ep. 6, 31, 6, poursuivre une accusation jusqu'au jugement ¶ 5 parcourir: *duodena signa* Ov. M. 13, 618, parcourir les douze signes du zodiaque [en parl. du soleil] ‖ exposer par la parole, énoncer entièrement: Liv. 1, 32, 6; *res pace belloque gestas* Liv. 2, 1, 1, parcourir dans un récit, retracer les faits accomplis en paix et en guerre; [fig.] Cael. Fam. 8, 8, 1.

pĕrăgrantĕr, adv. (peragro), en passant: Amm. 14, 1, 6.

pĕrăgrātĭo, ōnis, f. (peragro), action de parcourir: Cic. Phil. 2, 57; Fin. 2, 109.

pĕrăgrātrix, īcis, f. (peragro), celle qui visite successivement: Capel. 6, 588.

pĕrăgrātus, a, um, part. de peragro.

pĕrăgro, ās, āre, āvī, ātum (per agros) ¶ 1 tr., parcourir, visiter successivement: Cic. Tusc. 5, 97; Brut. 315; de Or. 2, 258 ‖ [fig.] *eloquentia omnes peragravit insulas* Cic. Brut. 51, l'éloquence se répandit dans toutes les îles, cf. Balb. 16; Mil. 98; Cael. 53 ¶ 2 intr., [fig.] *per animos* Cic. de Or. 1, 222, pénétrer dans les cœurs.
▶ part. peragratus avec sens actif et compl. à l'acc., Vell. 2, 97, 4, "ayant parcouru".

pĕralbus, a, um, d'une extrême blancheur: Apul. M. 1, 2.

pĕrămans, tis, très attaché à (alicujus, à qqn): Cic. Att. 4, 8 b, 3.

pĕrămantĕr, adv., très affectueusement: Cic. Fam. 9, 20, 3.

pĕrămārus, a, um, plein d'amertume [fig.]: Caes.-Arel. Serm. 102, 1.

pĕrambŭlo, ās, āre, āvī, ātum, tr., parcourir, traverser [pr. et fig.]: Varr. R. 1, 2, 3; Pl. Most. 809; Hor. O. 4, 5, 17 ‖ [pass.] Sidon. Carm. 23, 93 ‖ visiter successivement [des malades]: Sen. Ben. 6, 16, 2.

pĕrămīcē, adv., très amicalement: *Cic. Att. 14, 12, 2.

pĕrămīcus, a, um, très amical, très dévoué: Itin. Alex. 23.

pĕrāmittō, ĭs, ĕre, -, -, tr., perdre complètement: Chrysol. Serm. 166, 6.

pĕrămoenus, a, um, très agréable, riant, charmant: Tac. An. 4, 67.

pĕramplus, a, um, de très grandes proportions: Cic. Verr. 4, 109 ‖ très vaste: Val.-Max. 5, 2, 4.

pĕrămus, i, v. pyramis: Grom. 405, 12.

pĕranceps, cĭpĭtis, adj., très douteux: Amm. 29, 5, 36.

pĕrangustē, adv., d'une manière très resserrée, très étroite: Cic. de Or. 1, 163.

pĕrangustus, a, um, très resserré, très étroit: Cic. Verr. 5, 169; Caes. G. 7, 15, 5.

Pĕranna, v. Perenna.

pĕrannō, ās, āre, āvī, -, intr., ▶ perenno: Suet. Vesp. 5.

pĕrantīquus, a, um, très ancien: Cic. Brut. 41; Verr. 4, 4.

pĕrăpĕrĭō, ĭs, ĭre, -, -, tr., ouvrir complètement: Chrysol. Serm. 40, 4.

pĕrappŏsĭtus, a, um, tout à fait approprié à (alicui): Cic. de Or. 2, 274.

pĕrārātus, a, um, part. de peraro.

pĕrardĕō, ēs, ēre, -, -, intr., brûler (être brûlé) entièrement: Paul.-Nol. Carm. 26, 406.

pĕrardŭus, a, um, très difficile: Cic. Verr. 3, 166.

pĕrārescō, ĭs, ĕre, ārŭī, -, intr., devenir tout à fait sec, se dessécher entièrement: Varr. R. 1, 49, 1; Col. 11, 3, 58 ‖ parf., *perarui*: Col. 4, 24, 5.

pĕrargūtus, a, um, qui a un son très aigu: Apul. M. 10, 18 ‖ [fig.] très spirituel, très fin: Cic. Brut. 167.

pĕrārĭdus, a, um, très sec, tout à fait desséché: Cat. Agr. 5, 8; Col. 3, 11, 9.

pĕrarmō, ās, āre, āvī, ātum, tr., armer [complètement]: Prud. Cath. 6, 86; *perarmatus exercitus* Curt. 4, 9, 6, troupes bien armées.

pĕrārō, ās, āre, āvī, ātum, tr. ¶ 1 sillonner [de rides]: Ov. M. 14, 96; *pontum* Sen. Med. 650, fendre les flots ¶ 2 tracer [avec le style], écrire: Ov. M. 9, 563; Tr. 3, 7, 1 ¶ 3 gratter, blesser: Sidon. Ep. 3, 13, 7.

pĕraspĕr, ĕra, ĕrum, très rude au toucher: Cels. 5, 28, 14.

pĕrastūtŭlus, a, um, tout à fait rusé, madré: Apul. M. 9, 5.

pĕrātĭcum, i, n. (περατικός), sorte de bdellium [plante]: Plin. 12, 35.

pĕrattentē, adv., avec beaucoup d'attention: Cic. Cael. 25.

pĕrattentus, a, um, très attentif: Cic. Verr. 3, 10.

pĕrattĭcus, a, um, tout à fait attique, plein d'élégance: *Front. Caes. 1, 9, 5, p. 23 N.

pērātus, i, m. (pera), homme muni d'une besace [mot forgé]: Pl. Ep. 351.

perbacchŏr, āris, ārī, ātus sum ¶ 1 intr., faire des orgies: Cic. Phil. 2, 104 ¶ 2 tr., ravager en furieux: Claud. Get. 242.

perbāsĭō, ās, āre, -, -, tr., dévorer de baisers: Petr. 41, 8.

perbĕātus, a, um, très heureux: Cic. de Or. 1, 1.

perbellē, adv., parfaitement bien, fort joliment: Cic. Fam. 16, 18, 1; Att. 4, 4 b, 1.

perbĕnē, adv., très bien, parfaitement: Pl. Men. 1141; Cic. Brut. 108.

perbĕnĕvŏlus, a, um, très bien intentionné pour, qui veut beaucoup de bien à (alicui): Cic. Fam. 14, 4, 6.

perbĕnignē, adv., avec beaucoup de bonté: Ter. Ad. 702 ‖ [avec tmèse] *per mihi benigne* Cic. Q. 2, 9, 2.

Perbĭbĕsĭa, ae, f. (bibo), le pays où l'on boit bien, Picolerie [mot forgé, v. Peredia]: *Pl. Curc. 444.

perbĭbō, ĭs, ĕre, bĭbi, -, tr., boire entièrement, absorber, s'imbiber, s'imprégner de: Cat. Agr. 130; Sen. Ep. 71, 31 ‖ [fig.] *mihi medullam lassitudo perbibit* Pl. St. 340, la fatigue m'a épuisé jusqu'à la moelle des os; *rabiem nutricis* Ov. Ib. 231, s'imbiber [avec le lait] de la rage de sa nourrice ‖ se pénétrer de, être imbu ‖ Sen. Ep. 36, 3; 94, 11; Ir. 1, 16, 3.

perbītō, ĭs, ĕre, -, - (1 per, baeto), intr.; intr. ¶ 1 [sens premier, c. pereo] s'en aller tout à fait, disparaître: Pacuv. Tr. 287; *utinam malo cruciatu in Siciliam perbiteres!* Pl. Ru. 495 [mss], tu aurais bien dû t'en aller pour jamais (disparaître) en Sicile dans les pires supplices [plaisanterie] ¶ 2 périr: Pl. Ps. 778; Enn. Tr. 174; P. Fest. 235, 8.

perblandē, adv., très amicalement: Macr. Sat. 1, 2, 16.

perblandus, a, um, très affable, très avenant: Cic. Q. 1, 2, 8; *perblanda oratio* Liv. 23, 10, 1, paroles pleines d'affabilité.

perbŏnus, a, um, très bon, excellent: Pl. Most. 692; Merc. 526; Cic. Flac. 71; Verr. 4, 38.

perbrĕvi, adv., *perbrevi postea* Cic. Fam. 6, 12, 3, très peu de temps après.

perbrĕvis, e, très court, très bref [en parl. du temps]: Cic. Verr. 3, 22 ‖ très concis: Cic. Brut. 158 ‖ [avec tmèse] *per mihi brevis* Cic. Clu. 2.

perbrĕvĭtĕr, adv., très succinctement: Cic. de Or. 2, 235; Dom. 40.

perbullĭō, ĭs, īre, -, -, intr., bouillir longtemps: Antid. Brux. 36.

perca, ae, f. (πέρκη; fr. perche), perche [poisson]: Plin. 9, 57.

percaedo, v. percido Flor. 4, 12, 7.

percalco

percalcō, *ās, āre,* -, -, tr., fouler : VL. *Is.* 63, 2.

percălĕfăcĭō, *ĭs, ĕre,* -, -, tr., échauffer fortement : Vitr. 8, 3, 4 ‖ [au pass.] *percalefieri* Vitr. 8, 3, 4, s'échauffer fortement ; *percalefactus* Lucr. 6, 178.

percălĕfactus, part. de *percalefacio.*

percălescō, *ĭs, ĕre, călŭī,* -, intr., s'échauffer fortement ‖ parf., **percalui** : Lucr. 6, 281 ; Ov. *M.* 1, 418.

percalfactus, ⟨c.⟩ *percalefactus* ⟨v.⟩ *percalefacio* : Val.-Max. 9, 12, 4.

percălĭdus, *a, um,* très chaud : *Orib. Eup.* 1, 9, 3 Ab.

percallescō, *ĭs, ĕre, callŭī,* - ¶ 1 intr., s'endurcir [fig.] : Cic. *Mil.* 76 ‖ se former solidement [par l'expérience] : Cic. *de Or.* 2, 147 ¶ 2 tr., savoir à fond, posséder parfaitement : Gell. 17, 17, 2 ; 28, 1, 20.

percandĕfăcĭō, *ĭs, ĕre,* -, -, tr., échauffer fortement, embraser : Vitr. 8, 3, 1.

percandĭdus, *a, um,* très blanc : Solin. 37, 20.

percārus, *a, um,* très cher, très coûteux : Ter. *Phorm.* 558 ‖ [fig.] très cher, très aimé : Cic. *Scaur.* 39 ; Tac. *An.* 2, 74.

percătăpō, *ās, āre,* -, - (1 *per, catapo*), tr., frictionner : Chir. 161 ‖ battre violemment : Gloss. 4, 141, 5.

percautus, *a, um,* très circonspect : Cic. *Q.* 1, 1, 18.

percĕlĕbĕr, *bris, bre,* très célèbre : Mel. 2, 41.

percĕlĕbrātus, *a, um,* part. de *percelebro.*

percĕlĕbrō, *ās, āre, āvī, ātum,* tr. ¶ 1 répandre, rendre fréquent : Arn. 2, 43 ¶ 2 répandre par la parole : *percelebrari* Cic. *Verr.* 5, 81, être dans toutes les bouches ; *res sermonibus percelebrata* Cic. *Cael.* 69, fait répandu de bouche en bouche.

percĕlĕr, *ĕris, ĕre,* très prompt : Cic. *Cael.* 58.

percĕlĕrĭtĕr, adv., très rapidement : Cic. *Fam.* 6, 12, 3 ; *Rep.* 2, 12.

percellō, *ĭs, ĕre, cŭlī, culsum* (1 *per,* **celdo,* cf. *clades, calamitas, procula,* κλάω, κόλαφος, gaul. *Sucellus,* rus. *kolot'*), tr. ¶ 1 culbuter, renverser, abattre, terrasser : *perculeris jam tu me* Ter. *Eun.* 379, tu auras bientôt fait de me renverser ‖ [fig.] Cic. *Mil.* 56 ; *Marc.* 17 ; *Cael.* 80 ¶ 2 frapper, heurter : *alicui genu femur* Liv. 9, 10, 10, heurter du genou la cuisse de qqn, cf. Liv. 9, 11, 11 ; Ov. *Am.* 2, 9, 7 ‖ [fig.] secouer, ébranler, bouleverser : *haec te vox non perculit ?* Cic. *Verr.* 3, 132, ces paroles ne t'ont pas porté un coup ? ; *is pavor perculit decemviros, ut* Liv. 3, 38, 6, une telle frayeur secoua les décemvirs que, cf. Liv. 3, 30, 5 ; 42, 67, 1 ; *quos pavor perculerat in silvas* Liv. 7, 15, 7, ceux que l'effroi avait jetés pantelants dans les forêts ‖ pousser à : Apul. *Apol.* 12.

▶ parf. *perculsit* Amm. 17, 8, 4 ; 25, 8, 13.

Percennĭus, *ĭī,* m., nom d'homme : Tac. *An.* 1, 17.

percēnō, *ās, āre,* -, -, intr., achever de dîner : Gloss. 2, 236, 23.

percensĕō, *ēs, ēre, ŭī,* -, tr., faire le dénombrement complet de, passer en revue complètement : Cic. *Part.* 127 ; Liv. 10, 36, 15 ; Tac. *An.* 4, 4 ‖ examiner successivement, parcourir [pr. et fig.] : Varr. *R.* 1, 50, 1 ; Cic. *Sen.* 1 ; Liv. 32, 21, 3 ‖ **Thessaliam** Liv. 34, 52, 2, parcourir la Thessalie.

percensĭo, *ōnis,* f., énumération, revue : Front. *Eloq.* 4, 1, p. 149 N.

percēpī, parf. de *percipio.*

percepset, ⟨v.⟩ *percipio* ▶.

perceptĭbĭlis, *e* (*percipio*), perceptible, compréhensible : Cassiod. *Eccl.* 5, 20, 6 ‖ apte à comprendre, sensible à [gén.] : Boet. *Porph. isag.* p. 9, 13.

perceptĭō, *ōnis,* f. (*percipio*) ¶ 1 action de recueillir, récolte : Cic. *Off.* 2, 12 ; *Rep.* 2, 26 ¶ 2 [phil.] connaissance [κατάληψις] : Cic. *Ac.* 1, 45 ; 2, 17 ; *Fin.* 3, 17.

perceptŏr, *ōris,* m., celui qui recueille [fig.] : Aug. *Solil.* 1, 1.

1 perceptus, *a, um* (part. de *percipio*), n. pl., *percepta,* ⟨v.⟩ *percipio* ¶ 6.

2 perceptŭs, *ūs,* m., le fait de saisir, de comprendre : Mamert. *Anim.* 1, 4.

percernō, *ĭs, ĕre,* -, *crētum,* tr., cribler à fond : Chir. 463.

percīdō, *ĭs, ĕre, cīdī, cīsum* (1 *per, caedo*), tr. ¶ 1 taillader complètement : *os* Sen. *Nat.* 4, 4, 1, balafrer la figure [de coups], casser la figure ¶ 2 transpercer [sens obsc.] : Mart. 4, 48, 1 ; 12, 35, 2 ‖ ⇒ *irrumare* : Mart. 2, 72, 3 ; *os* Pl. *Pers.* 283.

percĭĕō, *ēs, ēre,* -, *ĭtum* et **percĭō**, *ĭs, īre, ĭī* ou *īvī, ĭtum* ¶ 1 tr., ébranler, remuer fortement : Lucr. 3, 303 ‖ [fig.] ⟨v.⟩ *percitus* ¶ 2 insulter : Pl. *As.* 475.

percingō, *ĭs, ĕre,* -, -, ⟨c.⟩ *praecingo* : Col. 10, 347 ; Manil. 3, 325.

percĭō, *īs, īre,* -, -, ⟨v.⟩ *percieo.*

percĭpĭbĭlis, *e* (*percipio*), qui peut être perçu, perceptible : Chalc. 342.

percĭpĭō, *ĭs, ĕre, cēpī, ceptum* (1 *per, capio* ; fr. *percevoir*), tr. ¶ 1 s'emparer de, se saisir de : *odium me percipit* Ter. *Eun.* 972, le dégoût s'empare de moi, cf. Pl. *Truc.* 462 ; Lucr. 3, 80 ; 5, 605 ¶ 2 prendre [sur soi] : *in se* Lucr. 6, 985, recueillir en soi ¶ 3 recueillir, recevoir : *fructus* Cic. *CM* 24, recueillir les fruits ; *officii praemia* Caes. *C.* 2, 32, 6, recevoir la récompense du devoir accompli ‖ *nomen usu perceptum* Cic. *Nat.* 2, 91, mot reçu dans l'usage, cf. Cic. *Fin.* 3, 5 ; *Nat.* 1, 36 ¶ 4 percevoir, éprouver : *aliquid auribus, oculis, aliquo sensu* Cic. *Or.* 8, percevoir qqch. par l'ouïe, la vue, par un des sens ; *voluptates, dolores* Cic. *Fin.* 2, 115 ; *Fam.* 14, 1, 1, éprouver des plaisirs, des douleurs ‖ recueillir, écouter, apprendre : *percipite quae dicam* Cic. *Cat.* 1, 27, écoutez mes paroles ; *percepta oratione eorum* Caes. *G.* 5, 1, 8, ayant écouté leur discours ; *percepta Treverorum fuga* Caes. *G.* 6, 8, 7, ayant appris la fuite des Trévires ¶ 5 recueillir par l'intelligence, se pénétrer de : *philosophiam, artis praecepta* Cic. *de Or.* 1, 219 ; *Off.* 1, 60, se pénétrer de la philosophie, des préceptes d'un art ; *omnium civium nomina perceperat* Cic. *CM* 21, il savait par cœur les noms de tous les citoyens ¶ 6 [phil.] connaître avec certitude : Cic. *Ac.* 1, 68 ; 2, 66 ; ⟨cf.⟩ *perceptio* ; *artis percepta* Cic. *Fat.* 11, connaissances certaines et fondamentales d'une science, bases scientifiques ; *pro percepto liquere alicui* Gell. 14, 1, 11, avoir pour qqn la valeur d'une vérité incontestable.

▶ *percepset* = *percepisset* Poet. d. Cic. *Off.* 3, 98.

percīsus, *a, um,* part. de *percido.*

percĭtātus, *a, um,* part. de *percito.*

percĭtō, *ās, āre,* -, - (fréq. de *percieo*), tr., émouvoir fortement : Acc. *Tr.* 236.

percĭtus, *a, um,* part.-adj. de *percio,* mû fortement, agité, excité : Pl. *Amp.* 27 ; *Cas.* 628 ; Ter. *Hec.* 377 ; Cic. *Mil.* 63 ‖ fougueux, emporté [en parl. du caractère] : Liv. 21, 53, 8 ; Sall. *H.* 2, 25.

percīvīlis, *e,* très bienveillant, plein de bonté : Suet. *Tib.* 28.

perclāmō, *ās, āre,* -, -, tr., crier fort [qqch.] : Pl. *Truc.* 29.

perclarescō, *ĭs, ĕre, rŭī,* -, intr., se distinguer nettement : Boet. *Mus.* 2, 23.

percnoptĕrus, *i,* m. (περκνόπτερος), percnoptère, espèce d'aigle : Plin. 10, 8.

percnus, *i,* m. (περκνός), sorte d'aigle : Plin. 10, 7.

percoctus, *a, um,* part. de *percoquo.*

percognoscō, *ĭs, ĕre, gnōvī, gnĭtum,* tr., connaître parfaitement : Aug. *Ep. Divjak.* 4, 3 ‖ **-gnĭtus**, *a, um,* part.-adj., bien connu : Plin. 2, 116 ; 4, 98 ; 37, 45.

percōlātĭō, *ōnis,* f. (*percolare*), filtration : Vitr. 8, 6, 15.

percōlātus, *a, um,* part. de 1 *percolo.*

1 percōlō, *ās, āre, āvī, ātum,* tr., filtrer, passer : Cat. *Agr.* 108 ; Lucr. 2, 475 ; Col. 12, 41, 2 ‖ [fig.] digérer : Sen. *Nat. pr.* 3.

2 percŏlō, *ĭs, ĕre, cŏlŭī, cultum,* tr. ¶ 1 cultiver à fond : Apul. *M.* 11, 2 ¶ 2 [fig.] **a)** mettre la dernière main à, terminer : Plin. *Ep.* 5, 6, 41 **b)** entourer d'égards, honorer : Pl. *Trin.* 280 ; Tac. *An.* 4, 68 ; *H.* 2, 82 **c)** orner, parer : Tac. *Agr.* 10 **d)** pratiquer, cultiver : Apul. *Flor.* 4, 18.

percŏlŏpō, *ās, āre,* -, - (*colaphus*), tr., bourrer de coups : Petr. 44, 5.

percōmis, *e,* très aimable [en parl. des pers.] : Cic. *Brut.* 212.

percommŏdē, adv., fort à propos, très opportunément : Cic. *Caecin.* 77 ; *Tusc.* 4, 64.

percommŏdus, *a*, *um*, tout à fait commode, avantageux : Liv. 22, 43, 11.

perconfirmō, *ās*, *āre*, -, -, tr., consolider, raffermir : VL. *Act.* 15, 32.

perconfrĭcātĭo, *ōnis*, f., froissement, dispute : VL. *1 Tim.* 6, 5.

percongrŭus, *a*, *um*, tout à fait approprié : Cypr.-Gall. *Jos.* 566.

percōnor, *ārīs*, *ārī*, -, tr., mener à fin une entreprise : *Sen. *Ep.* 95, 46.

perconsūmō, *ĭs*, *ĕre*, -, -, tr., consumer entièrement : VL. *Num.* 17, 12.

percontātĭo, *ōnis*, f. (*percontor*), action de s'informer, question : Cic. *Tim.* 2 ; *Brut.* 218 ; Caes. *G.* 1, 39, 1 ; [rhét.] Cic. *de Or.* 3, 203.

percontātīvē, adv., avec interrogation : Don. *Phorm.* 57, 6.

percontātīvus, *a*, *um*, interrogatif : Diom. 338, 9 ‖ connu généralement, général, universel : Cael.-Aur. *Chron.* 4, 8, 114.

percontātŏr, *ōris*, m. (*percontor*), questionneur : Pl. *Men.* 933 ; Hor. *Ep.* 1, 18, 69.

percontātus, *a*, *um*, part. de *percontor*.

perconterrĕō, *ēs*, *ēre*, -, -, tr., frapper de terreur : *Vulg. *4 Esdr.* 11, 32.

▶ var. *percontineo*, " tenir solidement ".

percontō (**-cunctō**), *ās*, *āre*, *āvī*, *ātum*, [c.] *percontor* : Naev. d. Non. 474, 7 ; Apul. *M.* 11, 19, 3 ‖ au passif, être interrogé : Gell. 16, 6, 11 ‖ part. n., *percunctātum*, axiome, vérité universelle : Cael.-Aur. *Acut.* 1, 5, 46.

percontŏr (**-cunctŏr**), *ārīs*, *ārī*, *ātus sum* (*per contum* ; esp. *preguntar*), tr., s'enquérir, interroger, questionner ¶ **1** [abs¹] poser des questions : Cic. *de Or.* 1, 101 ; 2, 2 ; *Fin.* 2, 2 ¶ **2** **a)** *aliquem* Pl. *Pers.* 598 ; 599 ; *aliquem de aliqua re* Cic. *Rep.* 6, 9, questionner qqn sur qqch., cf. Liv. 40, 21, 3 ; *aliquid* Cic. *de Or.* 1, 100 ; *Ac.* 1, 2, s'informer de qqch., cf. Sall. *C.* 40, 2 **b)** *aliquem aliquid* Pl. *Aul.* 210, 211 ; *Ps.* 462 ; Hor. *Ep.* 1, 20, 26 ; Curt. 5, 11, 8 ; Liv. 39, 49, 12 **c)** *ab aliquo* Varr. *R.* 3, 12, 1 ; Her. 2, 22 **d)** *ex aliquo* [avec interrog. indir.] Cic. *Div.* 1, 76 ; *Verr.* 3, 183 ; *aliquem ex aliquo* Pl. *As.* 502, s'informer de qqch., de qqn auprès de qqn **e)** *aliquem* [avec interrog. indir.] *percontare ipse te... nĕ... an...* Cic. *Fin.* 2, 118, demande-toi si ... ou si ..., cf. Pl. *As.* 343 ; *Capr.* 917 ; *St.* 366 ; Cael. *Fam.* 8, 7, 2 ; Liv. 5, 15, 5 ; 21, 18, 1 ; 23, 47, 1 ; 27, 19, 9 ; Tac. *An.* 3, 18 ; *H.* 4, 82.

▶ *percontari si* Liv. 33, 35, 3, v. Gaffiot *Si partic.* 1904 ‖ la bonne orth. est *percont-*, mais le verbe a été attiré par *cunctor*, d'où *percunctor*, courant dans les mss.

percontŭmax, *ācis*, adj., très opiniâtre : Ter. *Hec.* 504.

percŏŏpĕrĭo, *īs*, *īre*, *rŭī*, -, tr., couvrir entièrement : Grom. 307, 5.

percōpĭōsē, adv., très abondamment : Sidon. *Ep.* 4, 7, 3.

percōpĭōsus, *a*, *um*, très abondant [en parl. d'un écrivain] : Plin. *Ep.* 9, 31, 1.

percŏquō, *ĭs*, *ĕre*, *coxī*, *coctum*, tr., faire cuire entièrement : Pl. *Merc.* 579 ; Plin. 23, 127 ‖ échauffer [un liquide] : Lucr. 6, 858 ‖ mûrir complètement : Sen. *Ben.* 7, 31, 3 ‖ *percoctus* Lucr. 6, 722, (teint) cuit, basané.

Percōtē, *ēs*, f. (Περκώτη), ville de Troade : Plin. 5, 141 ‖ **-tĭus** (**-sĭus**), *a*, *um*, de Percoté : Val.-Flac. 3, 10.

percrassus, *a*, *um*, très épais, très visqueux : Cels. 5, 26, 20.

percrēbrescō (**-bescō**), *ĭs*, *ĕre*, *brŭī* (*bŭī*), -, intr., se répandre partout, se divulguer : Cic. *Att.* 1, 1, 1 ; *Caecil.* 12 ; *Verr. prim.* 1 ; *res percrebruit* Cic. *Verr.* 2, 56, le bruit s'accrédita ; *fama percrebruit expugnari deos patrios* Cic. *Verr.* 4, 94, le bruit se répandit qu'on prenait d'assaut (de vive force) les dieux de la patrie, cf. Caes. *C.* 3, 43 ‖ devenir fréquent, commun : Tac. *An.* 12, 6.

percrĕpō, *ās*, *āre*, *ŭī*, *ĭtum* ¶ **1** intr., retentir tout entier de [abl.] : Cic. *Verr.* 5, 31 ¶ **2** tr., chanter, célébrer : Lucil. 621.

percrescō, *ĭs*, *ĕre*, -, -, intr., grossir, prendre de l'embonpoint : VL. *Judith* 5, 10.

percrībrō, *ās*, *āre*, -, *ātum*, tr., tamiser soigneusement : Scrib. 87 ; 269.

percrŭcĭō, *ās*, *āre*, -, -, tr., tourmenter cruellement [fig.] : Pl. *Bac.* 1099.

percrūdus, *a*, *um*, entièrement vert [en parl. d'un fruit] : Col. 12, 10, 4 ‖ cru [en parl. du cuir], brut, non préparé : Vitr. 10, 14, 3.

percŭcurri, [v.] *percurro*.

perculī, parf. de *percello*.

perculsĭo, *ōnis*, f., amende : Cassiod. *Var.* 10, 28, 4.

1 **perculsus**, *a*, *um*, part. de *percello*.

2 **perculsŭs**, abl. *ū*, m., coup, choc : Tert. *Anim.* 52, 4.

percultŏr, *ōris*, m., celui qui a de grands égards pour : Aur.-Vict. *Caes.* 1, 5.

percultus, *a*, *um*, part. de *2 percolo*.

percunct-, [v.] *percont-*.

percŭpĭdus, *a*, *um*, très attaché à qqn [avec gén.] : Cic. *Fam.* 1, 7, 2.

percŭpĭō, *ĭs*, *ĕre*, -, -, tr., désirer ardemment : Pl. *As.* 75 ; Ter. *Eun.* 896.

percūrātus, *a*, *um*, part. de *percuro*.

percūrĭōsus, *a*, *um*, très vigilant, qui a l'œil à tout, très curieux : Cic. *Clu.* 175.

percūrō, *ās*, *āre*, *āvī*, *ātum*, tr., guérir complètement : Curt. 4, 6, 21 ; Liv. 21, 57, 9 ; Sen. *Nat.* 3, 1, 2 ‖ [fig.] Sen. *Ep.* 94, 13.

percurrō, *ĭs*, *ĕre*, *cŭcurrī* ou *currī*, *cursum*, intr. et tr.

I intr. ¶ **1** courir à travers : *per mare* Lucr. 6, 668, courir à travers la mer ; [fig.] *per omnes civitates percurrit oratio mea* Cic. *Verr.* 3, 100, mon discours passe en revue toutes les cités ‖ *per temonem* Caes. *G.* 4, 33, 3, courir sur le timon ¶ **2** courir d'un point jusqu'à un autre : *percurro ad forum* Ter. *And.* 355, je cours jusqu'à la place, cf. Cael. *Fam.* 8, 16, 4.

II tr., parcourir [pr. et fig.] : *agrum Picenum* Caes. *C.* 1, 15, 1, parcourir le Picénum ‖ *honores, quaesturam, praeturam* Suet. *Ner.* 3 ; *Tib.* 9, parcourir les magistratures, passer par la questure, la préture ‖ exposer successivement : Cic. *de Or.* 3, 25 ; *Div.* 2, 96 ; *quae breviter a te percursa sunt* Cic. *de Or.* 1, 205, ce que tu as déroulé, exposé brièvement ; [pass. impers.] Cic. *de Or.* 2, 328 ‖ parcourir [des yeux, par la pensée, en lisant] : Cic. *de Or.* 1, 218 ; Hor. *S.* 2, 5, 55 ‖ *omnium pectora metu percurrente* Curt. 4, 12 (46), 14, la crainte se glissant dans tous les cœurs, cf. Sen. *Ir.* 2, 2, 5.

percursātĭo, *ōnis*, f. (*percurso*), action de parcourir : [avec gén.] *Italiae* Cic. *Phil.* 2, 62, tournée en Italie ; [abs¹] Cic. *Phil.* 2, 100.

percursĭo, *ōnis*, f. (*percurro*), action de parcourir [fig.], revue rapide : Cic. *Tusc.* 4, 31 ; [rhét.] narration rapide [ἐπιτροχασμός] : *Cic. *de Or.* 3, 202.

percursō, *ās*, *āre*, -, - (fréq. de *percurro*), intr., courir çà et là : Liv. 23, 42, 10 ‖ tr., parcourir : Plin. *Pan.* 12, 11.

percursus, *a*, *um*, part. de *percurro*.

percussī, parf. de *percutio*.

percussĭbĭlis, *e* (*percutio*), qui frappe, pénétrant : Cael.-Aur. *Acut.* 1, 16, 163.

percussĭo, *ōnis*, f. (*percutio*) ¶ **1** action de frapper, coup : Cic. *Tusc.* 3, 62 ; *digitorum percussione* Cic. *Off.* 3, 75, en faisant claquer ses doigts ; *capitis percussiones* Cic. *Tusc.* 3, 62, les coups sur la tête ¶ **2** temps frappé [mus. et métr.], battement : Cic. *de Or.* 3, 182 ; *Or.* 198.

percussĭōnālis, *e*, de percussion : Cassiod. *Inst.* 2, 5, 6.

percussŏr, *ōris*, m. (*percutio*) ¶ **1** celui qui a frappé : Plin. 8, 51 ¶ **2** assassin, sicaire : Cic. *Phil.* 2, 74 ; Tac. *An.* 2, 31.

percussūra, *ae*, f. (*percutio*), action de frapper, coup, contusion : Chir. 673 ; Vulg. *Lev.* 14, 54.

1 **percussus**, *a*, *um*, part. de *percutio*.

2 **percussŭs**, *ūs*, m., action de frapper, coup, choc : Sen. *Nat.* 2, 6, 3 ; Ov. *Pont.* 2, 7, 40 ; [fig.] Sen. *Ir.* 3, 25, 3.

percusti, [v.] *percutio* ▶.

percŭtĭō, *ĭs*, *ĕre*, *cussī*, *cussum* (1 *per, quatio* ; it. *percuotere*), tr.

I ¶ **1** pénétrer en frappant, percer : *pectus percussum* Liv. 2, 19, 8, la poitrine fut percée ; *vena percutitur* Sen. *Ep.* 70, 16,

on perce une veine ¶ 2 creuser (*fossam* Plin. *Ep.* 10, 41, 4, un fossé).
II frapper ¶ 1 *percussus lapide* Cic. *de Or.* 2, 197, frappé d'une pierre ; *aries murum percussit* Cic. *Off.* 1, 35, le bélier a battu le rempart ; *pede terram* Cic. *Tusc.* 2, 60, frapper du pied la terre [battre la mesure], cf. Hor. *S.* 1, 10, 43 ; *percussus de caelo* Cic. *Cat.* 3, 19, frappé de la foudre ‖ [poét.] : *percussae pectora* Virg. *En.* 11, 877, s'étant frappé la poitrine ¶ 2 [avec idée de tuer] : *aliquem securi* Cic. *Pis.* 84 ; *Verr.* 1, 75, frapper qqn de la hache [exécution capitale] ; *fulmine percussus* Cic. *Nat.* 3, 57, tué par la foudre, cf. Cic. *Nat.* 3, 84 ‖ [employé seul] assassiner : Sen. *Ben.* 4, 17, 4 ¶ 3 [sens divers] **a)** frapper [monnaie] : *nummum* Suet. *Aug.* 94, frapper une pièce de monnaie ; [fig.] *dicta tua una forma percussa sunt* Sen. *Ep.* 34, 3, tes paroles sont marquées au même coin **b)** frapper [les cordes de la lyre] : Ov. *Am.* 3, 12, 40 ; Val.-Flac. 5, 100 **c)** passer les fils dans le peigne [tissage] : Juv. 9, 30 **d)** conclure un traité : *foedus* Just. 42, 3, 4 ; Dig. 50, 15, 1 pr. [conclusion marquée par une victime que l'on frappe] ¶ 4 [fig.] **a)** *meraco se percussit flore Liberi* Pl. *Cas.* 640, elle s'est porté un coup au cerveau avec les purs parfums de Bacchus ; *non percussit locum* Cic. *Sest.* 80, il n'a pas frappé le bon endroit **b)** frapper vivement, émouvoir, affecter : *me dolor percussit* Cic. *Brut.* 305, une douleur me frappa ; *me percussisti* Cic. *Att.* 3, 12, 2, tu m'as donné (porté) un coup, tu as fait impression sur moi ; *percussus* Cic. *Att.* 6, 9, 1, ému, alarmé **c)** berner, duper (*aliquem*, qqn) : Pl. *Ps.* 602 ; Cic. *Flac.* 46 ; *Att.* 5, 2, 2 **d)** [chrét.] châtier : Vulg. *Is.* 1, 5 ‖ reprocher vivement : Aug. *Anim.* 4, 3, 4.
▶ parf. sync. *percusti* Hor. *S.* 2, 3, 273.

perdāgātus, *a*, *um* (tiré de *indagatus* mal analysé), parcouru, feuilleté : Mamert. *Anim.* 2, 3.

perdĕcĭpĭō, *ĭs*, *ĕre*, -, -, tr., tromper complètement : Chrysol. *Serm.* 29, 2.

perdĕcōrus, *a*, *um*, très beau : Plin. *Ep.* 3, 9, 28.

perdĕfessus, *a*, *um*, très fatigué : Chrysol. *Serm.* 112, 5.

perdĕflĕō, *ēs*, *ēre*, -, -, tr., déplorer vivement : Chrysol. *Serm.* 166, 3.

perdĕlĕō, *ēs*, *ēre*, -, -, tr., détruire complètement : Tert. *Jud.* 11, 8.

perdēlīrus, *a*, *um*, extravagant : Lucr. 1, 692.

perdēmonstrō, *ās*, *āre*, -, -, tr., montrer clairement : Chrysol. *Serm.* 17, 4.

perdensus, *a*, *um*, très dense, très condensé : Col. 3, 12, 2.

perdepsō, *ĭs*, *ĕre*, *ŭī*, -, tr., pétrir à fond, malaxer [sens obscène] : *Catul. 74, 3.

perdescrībō, *ĭs*, *ĕre*, -, -, tr., décrire en détail : Grom. 365, 21.

perdĭcālis herba, f., *perdicium* : Ps. Apul. *Herb.* 82.

Perdicca, *ae*, m., Just. 7, 2, 1 ; Curt. 10, 6, 4 et **Perdiccās**, *ae*, m. (Περδίκκας), Perdiccas, nom de plusieurs rois de Macédoine : Curt. 3, 9, 7 ; [au gén.] Cic. *Tusc.* 5, 34.

Perdicēs, *um*, f. pl., ville de la Maurétanie sitifienne : Anton. 29 ‖ **-censis**, *e*, de Perdices : Not. Episc. Maur. Sit. 39.

perdīcis, gén. de 1 *perdix*.

perdīcĭum, *ĭī*, n. (περδίκιον), pariétaire [plante] : Plin. 22, 41.

perdīcō, *ĭs*, *ĕre*, *dīxī*, *dictum*, tr., achever de dire : Alcim. *Carm.* 5, 608.

perdĭdī, parf. de *perdo*.

perdĭdĭcī, parf. de *perdisco*.

perdifficilis, *e*, très difficile : Cic. *Part.* 84 ; *Verr.* 4, 110 ; *Nat.* 1, 1 ; *perdifficillimus* *Liv. 40, 21, 3.

perdifficĭlĭtĕr, adv. (*perdifficilis*), très difficilement : Cic. *Ac.* 2, 47.

perdignus, *a*, *um*, très digne : Cic. *Fam.* 13, 6, 4.

perdĭlĭgens, *tis*, très consciencieux : Cic. 3, 5, 6.

perdĭlĭgenter, adv., avec beaucoup d'exactitude : Cic. *Brut.* 14.

perdiscō, *ĭs*, *ĕre*, *dĭdĭcī*, -, tr., apprendre à fond : Cic. *de Or.* 1, 13 ; 1, 159 ; 1, 249 ‖ [au parf.] savoir parfaitement : [avec inf.] Cic. *de Or.* 2, 69 ; [avec prop. inf.] Pl. *As.* 187.

perdĭsertē, adv., très éloquemment : Cic. *de Or.* 1, 62.

perdissĭpātus, *a*, *um*, aboli, anéanti : Arn.-J. *Psalm.* 118, 81.

perdita, *ae*, f. (it. *perdita* ; fr. *perte*), perte : Commod. *Instr.* 2, 28, 10.

perdĭtē, adv. (*perditus*), en homme perdu, d'une manière infâme : Cic. *Att.* 9, 2 a, 2 ‖ éperdument, démesurément : Ter. *Phorm.* 82 ; *Haut.* 97 ; Quint. 2, 12, 5.

perdĭtim, adv. (*perditus*), éperdument : Afran. *Com.* 354.

perdĭtĭō, *ōnis*, f. (*perdo*), perte, ruine : Gloss. 2, 243, 35 ‖ perdition : Lact. *Inst.* 2, 14, 11.

perdĭtŏr, *ōris*, m. (*perdo*), destructeur ; fléau, peste : Cic. *Planc.* 89 ; *Vat.* 7 ; *Pis.* 84 ‖ celui qui perd, corrupteur : Lact. *Inst.* 2, 14, 8.

perdĭtrix, *īcis*, f., celle qui perd, qui détruit, fléau : Tert. *Cast.* 13, 2.

perdĭtus, *a*, *um* ¶ 1 part. de *perdo* ¶ 2 [pris adj¹] **a)** perdu, dans un état désespéré, malheureux : *lacrimis ac maerore* Cic. *Mur.* 86, abîmé dans les larmes et l'affliction ; *aere alieno* Cic. *Phil.* 2, 78, perdu de dettes ; *res perditae* Cic. *Caecin.* 90, affaires désespérées **b)** immodéré, excessif : *amor perditus* Catul. 89, 2, amour éperdu ; *in puella perditus* Prop. 1, 13, 7, éperdument amoureux d'une jeune fille **c)** [fig.] d'un état moral désespéré, dépravé, perdu : *vita perditissima* Cic. *Amer.* 62, une vie absolument dé-

pravée ; *perdita nequitia* Cic. *Clu.* 36, perversité sans fond ; *omnium mortalium perditissimus* Cic. *Verr.* 3, 65, le plus dépravé de tous les mortels ; *nihil perditius, nihil foedius* Cic. *Att.* 8, 11, 4, rien de plus indigne, de plus honteux.

perdĭū, adv. (1 *per*, *diu*), pendant très longtemps : Cic. *de Or.* 1, 8 ; *Att.* 3, 22, 4.

perdĭus, *a*, *um* (cf. *pernox* et *interdius*), qui passe tout le jour : Gell. 2, 1, 2.

perdĭŭturnus, *a*, *um*, qui dure très longtemps : Cic. *Nat.* 2, 85.

perdīvĕs, *ĭtis*, très riche : Cic. *Att.* 6, 1, 3 ; *Verr.* 4, 59.

perdīvĭdō, *ĭs*, *ĕre*, *īsī*, -, tr., partager : VL. *Joel.* 3, 2.

1 **perdix**, *īcis*, f. (πέρδιξ ; fr. *perdrix*), perdrix [oiseau] : Plin. 10, 100 ; Mart. 3, 58, 15.

2 **Perdix**, *īcis*, m., jeune Athénien changé en perdrix par Minerve : Ov. *M.* 8, 237.

perdō, *ĭs*, *ĕre*, *dĭdī*, *dĭtum* (1 *per*, 3 *-do*, *pereo* ; fr. *perdre*), tr. ¶ 1 détruire, ruiner, anéantir : *Juppiter fruges perdidit* Cic. *Amer.* 131, Jupiter a détruit les moissons ‖ perdre, employer inutilement : *tempus, operam* Cic. *de Or.* 3, 146 ; *Mur.* 23, perdre son temps, sa peine ‖ perdre au moral, corrompre : Pl. *Bac.* 407 ‖ causer la perte, la ruine, le malheur : Cic. *Fin.* 1, 49 ; [formule d'exécration] **di te perduint !** Cic. *Dej.* 21, que les dieux causent ta perte ! maudis sois-tu ! ¶ 2 faire une perte [irréparable, définitive] : *liberos* Cic. *Fam.* 5, 16, 3, perdre ses enfants ; *memoriam* Cic. *CM* 21, perdre la mémoire ; *quicquid illis placuerat, perdendum erat* Cic. *Verr.* 4, 31, tout objet qui leur avait plu était nécessairement perdu [c'en était fait] ‖ [en part.] perdre au jeu : Cic. *Phil.* 2, 56.
▶ anc. forme du subj. *perduim*, *-is*, *-it*, *-int* Pl. *Aul.* 664 ; *Amp.* 845 ; Cic. *Att.* 15, 4, 3 ‖ *perire* sert de pass. ; en dehors de *perditus*, un seul ex. de pass., *perditur* Hor. *S.* 2, 6, 59.

perdŏcĕō, *ēs*, *ēre*, *dŏcŭī*, *doctum*, tr., enseigner (instruire) à fond : Pl. *Capr.* 719 ; Cic. *Sest.* 96 ; Lucr. 5, 1438 ‖ égarer par son enseignement : Tert. *Val.* 3, 5.

perdŏcĭlis, *e*, très docile : Cypr.-Gall. *Exod.* 1126.

perdoctē, adv., très savamment, à fond : Pl. *Most.* 279.

perdoctus, *a*, *um*, part.-adj. de *perdoceo*, très instruit, très savant : Cic. *Balb.* 60 ‖ très bien dressé, parfaitement stylé : Pl. *Mil.* 258.

perdŏlātus, *a*, *um*, part. de *perdolo*.

perdŏlĕt, *ēre*, *ŭit* ou *ĭtum est*, impers., *doleo* : *tandem perdoluit* Ter. *Eun.* 154, enfin la douleur s'est fait sentir, cela cuit ‖ [fig.] *id perdolitum est Manlio* [avec prop. inf.] Quadr. d. Gell. 9, 13, 13, Manlius fut exaspéré de voir que.

perdŏlescō, ĭs, ĕre, dŏlŭī, -, intr., ressentir une vive douleur [parf. seul usité] : [avec prop. inf.] Caes. C. 2, 15, 1.

perdŏlō, ās, āre, -, ātum, tr., travailler à fond avec la dolabre, façonner proprement : Vitr. 2, 10, 2.

perdŏmĭnor, āris, āri, -, intr., régner tout seul (pendant un temps) : Claud. Fesc. 2, 45.

perdŏmĭtŏr, ōris, m., vainqueur de : Prud. Cath. 4, 12.

perdŏmĭtus, a, um, part. de perdomo.

perdŏmō, ās, āre, ŭī, ĭtum, tr., dompter complètement, subjuguer, soumettre, réduire : *Cic. Sull. 1 ; Liv. 28, 12, 12 ‖ [fig., en parl. de la farine] : Sen. Ep. 90, 23 ‖ ameublir [un terrain] : Plin. Ep. 5, 6, 10.

perdōnō, ās, āre, āvī, ātum (1 per, dono, fr. pardonner), tr., accorder : *Romul. 51, 21.

perdormiscō, ĭs, ĕre, -, -, intr., dormir sans arrêt : Pl. Men. 928.

perdūcĕ, ⊳ perduco ►.

perdūcō, ĭs, ĕre, dūxī, ductum, tr. ¶ 1 conduire d'un point à un autre, jusqu'à un but, à destination : *aliquem ad Caesarem* Caes. G. 7, 13, 2, amener qqn à César ; *legionem in Allobroges* Caes. G. 3, 6, 5, amener une légion chez les Allobroges ‖ conduire une femme à qqn : Cic. Verr. 1, 33 ; 5, 31 ; Hor. S. 2, 5, 77 ; Suet. Tib. 45 ‖ *murum ab... ad...* Caes. G. 1, 8, 1, mener, prolonger un mur de... à..., cf. Liv. 35, 10, 12 ; *aquam* Frontin. Aq. 6, faire des conduites d'eau ¶ 2 [fig.] **a)** prolonger, poursuivre : *res disputatione ad mediam noctem perducitur* Caes. G. 5, 31, 3, la discussion prolonge l'affaire jusqu'au milieu de la nuit ; *si res publica ad tuum tempus perducitur* Cic. Fam. 10, 1, 2, si le gouvernement se maintient jusqu'à ta magistrature **b)** faire parvenir à : *aliquem ad amplissimos honores* Cic. Lae. 73, faire arriver qqn aux plus hautes charges, cf. Caes. G. 7, 39 **c)** amener à : *aliquid ad exitum* Cic. Inv. 2, 169, mener qqch. à son terme ; *eo rem ut* Nep. Dion 5, 6, amener les choses à un point que ; *aliquem ad suam sententiam* Cic. Att. 16, 8, 1, amener qqn à son sentiment [ou] *in suam sententiam* Caes. G. 7, 4, 3 ; *perduci ut* Pl. Most. 198, être amené à ¶ 3 conduire par-dessus, recouvrir : *odore corpus* Virg. G. 4, 416, envelopper le corps d'un parfum ¶ 4 biffer, rayer [un mot, not^t dans un testament] : Dig. 28, 4, 1 pr. ¶ 5 tirer à soi, absorber, boire : Apul. M. 10, 5.

► impér. perduce Samm. 748 ; sync. perduxti Mart. 3, 22, 4.

perductĭō, ōnis, f., conduite [d'eau] : Vitr. 8, 5, 1.

perductō, ās, āre, -, - (fréq. de perduco), tr., faire aller quelqu'un [avec le sens de duper] : Pl. Most. 846.

perductŏr, ōris, m., conducteur, guide [avec allusion au sens suivant] : Pl. Most. 848 ‖ corrupteur, suborneur : Cic. Verr. 1, 34 ; Lact. Inst. 6, 17, 19.

perductus, a, um, part. de perduco.

perdūdum, adv. (1 per, dudum), depuis longtemps : Pl. St. 575.

perdŭellĭō, ōnis, f. (perduellis) ¶ 1 pl., ⊳ perduellis, ennemi public : Her. 4, 15, cf. Amm. 21, 16, 10 ¶ 2 crime de haute trahison : Cic. Mil. 36 ; Pis. 4 ; *perduellionis alicui judicare* Liv. 26, 3, 9, juger (déclarer) qqn coupable de haute trahison, cf. Liv. 1, 26, 7 ; *tibi perduellionem judico* Liv. 43, 16, 11, je te juge coupable de haute trahison.

perdŭellis, is, m. (per duellum), celui avec qui on est en guerre, ennemi public, ⇒ hostis : Cic. Off. 1, 37 ; Varr. L. 5, 3 ; 7, 49 ; Liv. 25, 12, 10, cf. Pl. Ps. 583 ‖ ennemi régulier : Cic. Off. 3, 177.

► gén. pl. perduellum Acc. d. Non. 22, 15.

perdŭim, etc., ⊳ perdo ►.

perdulcis, e, très doux : Lucr. 4, 635.

perdūrābĭlis, e, qui dure longtemps : Boet. Categ. 3.

perdūrātĭō, ōnis, f., longue durée : Cassiod. Eccl. 1, 11, 26.

perdūrō, ās, āre, āvī, ātum ¶ 1 tr., rendre très dur, endurcir : Prud. Psych. 447 ¶ 2 intr., durer longtemps, subsister : Ter. Hec. 268 ; Suet. Ner. 24 ; Sen. Ben. 7, 28, 1.

perdūrus, a, um, très dur, très rigoureux : Papr. Dig. 48, 3, 2.

perduxī, parf. de perduco.

Perĕdĭa, ae, f. (1 perĕdo), le pays où l'on mange beaucoup, Goinfrerie [mot forgé, v. Perbibesia] : Pl. Curc. 444 ; Fest. 236, 25.

1 pĕrĕdō, ĭs, ĕre, ēdī, ēsum (1 per, 1 edo), tr., dévorer : Pl. d. Prisc. 2, 522, 15 ; Prud. Cath. 9, 60 ‖ [avec nom de choses pour sujet] ronger, consumer : Lucr. 1, 326 ; Hor. O. 3, 4, 75 ; Virg. G. 3, 561 ; En. 6, 442 ; Tib. 1, 4, 14.

2 pĕrĕdō, ĭs, ĕre, -, - (1 per, 2 edo), tr., achever de composer, produire : Poet. d. Sidon. Ep. 9, 14, 4.

pĕreffĕro, seul^t perextuli, tr., exalter : Ennod. Op. 5, 6.

pĕrefflō, ās, āre, -, -, tr., exhaler entièrement : Apul. M. 8, 14.

pĕreffluō, ĭs, ĕre, -, -, intr., [fig.] s'écouler, s'échapper : Vulg. Hebr. 2, 1.

***pĕreffŏdĭo**, seul^t pereffossus, a, um, crevé [œil] : Ennod. Carm. 2, 112, 1.

pĕrĕgĕr, gris, adj. (de peregre ; al. Pilger), qui va par monts et par vaux ; voyageant en pays étranger : *Aus. Epist. 17 (407) ‖ subst. m., voyageur : Fort. Carm. 4, 10, 14.

► peleger CIL 5, 170, 3.

pĕrēgī, parf. de perago.

pĕrĕgrē, adv. (de peregri, cf. longe), dans un pays étranger, à l'étranger [question *ubi*] : Cic. Phil. 5, 30 ; Hor. Ep. 1, 12, 13 ; Liv. 5, 52, 14 ; Suet. Cal. 20 ‖ [question *unde*] de l'étranger, du dehors : Pl. Trin. 423 ; Ter. Phorm. 243 ; Liv. 28, 11, 6 ; *a peregre* Vitr. 5, 6, 8, cf. Char. 111, 21 ‖ [question *quo*] (aller) à l'étranger : Pl. Most. 957 ; Hor. S. 1, 6, 103 ; Plin. 35, 151 ; Suet. Caes. 42.

pĕrēgrĕgĭus, a, um, très remarquable, très beau : Apul. Apol. 37.

pĕrēgrī, adv. (loc., cf. ruri, scr. para-s et ager), en pays étranger [sans mouvement] : Naev. Com. 19 ; Pl. Amp. 5 ; ⊳ peregre.

pĕrēgrīnābundus, a, um, aimant à voyager en pays étranger : Liv. 28, 18, 10.

pĕrēgrīnātĭō, ōnis, f. (peregrinor), voyage à l'étranger, séjour à l'étranger : Cic. Tusc. 5, 107 ; Fam. 2, 12, 2 ‖ pl., Cic. Lae. 103 ‖ [en parl. d'anim.] migration : Cic. Fin. 2, 109 ‖ [chrét.] la vie terrestre comme exil : Aug. Bapt. 1, 16, 25.

pĕrēgrīnātŏr, ōris, m. (peregrinor), grand voyageur, amateur de voyages : Cic. Fam. 6, 18, 5.

pĕrēgrīnātus, a, um, part. de peregrinor.

pĕrēgrīnĭtās, ātis, f. (peregrinus), pérégrinité, condition d'étranger [pérégrin] : *peregrinitatis reus* Suet. Cl. 15, accusé d'être étranger = d'usurper la qualité de citoyen ‖ le goût étranger, c.-à-d. provincial : Cic. Fam. 9, 15, 2 ‖ accent étranger : Quint. 11, 3, 30.

pĕrēgrīnō, ās, āre, -, -, intr., ⊳ peregrinor : Jul.-Val. 2, 35.

pĕrēgrīnŏr, āris, āri, ātus sum (peregrinus), intr. ¶ 1 voyager à l'étranger, en pays étranger : Cic. Brut. 51 ‖ [fig.] *nobiscum peregrinantur* Cic. Arch. 16, elles [les belles-lettres] nous accompagnent en voyage ; *peregrinantur aures ?* Cic. Mil. 33, vos oreilles sont-elles ailleurs ? ¶ 2 être en pays étranger, séjourner à l'étranger : Cic. Rab. perd. 28 ‖ *quae Romae peregrinari videbatur* Cic. Fin. 3, 40, [la philosophie] qui paraissait étrangère dans Rome, cf. Ac. 1, 9 ¶ 3 [chrét.] s'éloigner de : *peregrinamur a Domino* Vulg. 2 Cor. 5, 6, nous nous éloignons de Dieu ‖ vivre en exil (sur terre), être expatrié : Aug. Civ. pr. 1, 9 [Cic. Ac. 1, 9].

pĕrēgrīnus, a, um (peregri ; fr. pèlerin) ¶ 1 de l'étranger, étranger : *peregrinus homo* Pl. Poen. 1031 ou *peregrinus* subst., Cic. Off. 1, 37, un étranger ; *peregrina mors* Cic. Leg. 2, 60, mort à l'étranger ; *peregrinae arbores* Plin. 15, 43, arbres exotiques ; *peregrini amores* Ov. H. 9, 47, amour pour des étrangères ; *peregrinus terror* Liv. 3, 16, 4, peur inspirée par l'étranger ; *peregrinum otium* Tac. An. 14, 53, les loisirs d'un étranger ¶ 2 étranger, pérégrin [par opp. à citoyen, c.-à-d. ce qui relève des provinciaux et des peuples indépendants de Rome] **a)** subst., Cic. Verr. 4, 77 ; Off. 1, 125 ; Agr. 1, 13 **b)** adj., qui concerne les étrangers : *provincia* ou *jurisdictio peregrina* Liv. 27, 7, 8 ; 30, 1, 9 ou *sors inter peregrinos* Liv. 45, 16, 3, fonctions du

peregrinus

préteur pérégrin, qui rend la justice dans les procès où figurent des étrangers ¶ 3 [fig.] étranger [dans une chose], novice : Cic. de Or. 1, 218 ; Att. 6, 3, 4 ¶ 4 [chrét.] éloigné, (de Dieu, de la foi) : Aug. Spir. 36, 65.

pĕrĕgris, v. pereger.

pĕrēlĕgans, *tis*, très distingué, de très bon goût : Cic. de Or. 2, 270.

pĕrēlĕgantĕr, *adv.*, dans un style très châtié : Cic. Brut. 197.

pĕrēlixō, *ās*, *āre*, -, -, *tr.*, faire bouillir longtemps : Apic. 287.

pĕrēlŏquens, *tis*, très éloquent : Cic. Brut. 247.

pĕrēmī, parf. de perimo.

pĕremnĕ, *is*, n., Fest. 284, 22 [et surtout pl.] **pĕremnĭa**, *ĭum* (*per amnem*), auspices pris avant d'effectuer le passage d'un fleuve : Cic. Nat. 2, 9.

pĕremnis, f. l. pour 1 perennis, d'après solemnis.

pĕremnĭtās, v. perennitas.

pĕrĕmo, c. perimo Cat. d. Fest. 236, 31 ; Plin. 33, 3 ; Apul. M. 3, 6.

pĕremptālis, *e* (*perimo*), qui détruit ; [en part.] **peremptalia fulmina**, coup de foudre qui détruit le présage menaçant d'un coup de foudre antérieur : Sen. Nat. 2, 49, 2 ; Fest. 236, 18.

pĕremptĭo (**-emt-**), *ōnis*, f., destruction : Aug. Civ. 1, 9, 2.

pĕremptŏr (**-emt-**), *ōris*, m. (*perimo*), meurtrier : Sen. Oed. 221 ; Apul. M. 8, 13.

pĕremptōrĭē, *adv.*, d'une façon péremptoire : Mamert. Anim. 3, 1.

pĕremptōrĭus, *a*, *um*, meurtrier, mortel : Apul. M. 10, 11 ; Tert. Anim. 25, 5 ǁ péremptoire, définitif [droit] : Dig. 5, 1, 70.

pĕremptrix, *īcis*, f., celle qui détruit : Tert. Anim. 42, 1.

pĕremptus (**-emt-**), *a*, *um*, part. de perimo.

pĕrendĭē, *adv.* (cf. ombr. *perne* et *die*), après-demain : Pl. Aul. 156 ; Cic. Att. 12, 44, 3.

pĕrendĭnātĭo, *ōnis*, f., remise au surlendemain : Capel. 9, 897.

pĕrendĭnus, *a*, *um* (*perendie*), du surlendemain : Cic. Mur. 27 ; **perendino die** Caes. G. 5, 30, 3, le surlendemain ; **in perendinum** Pl. Trin. 1189, pour après-demain [dans deux jours] ; **diem perendini** (= *perendinum*) Gell. 10, 24, 9, le surlendemain.

Pĕrenna, *ae*, f., Anna Pérenna, déesse des Romains : Ov. F. 3, 654.

pĕrennĕ, n. pris adv^t (1 *perennis*), perpétuellement : Pall. 12, 15, 1 ǁ durant l'année : Col. 12, 18, 2.

1 **pĕrennis**, *e* (*per annum*, cf. ombr. *perakne*) ¶ 1 qui dure toute l'année : **perennes aves** Plin. 10, 73, oiseaux qui restent toute l'année ¶ 2 qui dure, solide, durable : **vinum perenne** Col. 3, 2, 10, vin de garde, qui se conserve ; **perennis fons** Caes. G. 8, 43, 5, source qui ne tarit pas, cf. Cic. Verr. 4, 107 ; **perennes stellarum cursus** Cic. Nat. 2, 56, révolutions constantes des planètes ; **monumentum aere perennius** Hor. O. 3, 30, 1, un monument plus durable que l'airain ǁ [fig.] **perennis animus** Cic. Prov. 23, sentiment inaltérable ; **perennis loquacitas** Cic. de Or. 3, 185, babil intarissable ; **perennis inimicus** Cic. Fam. 1, 9, 2, éternel ennemi.

2 **Pĕrennis**, *is*, m., Sex. Tigidius Perennis : Lampr. Comm. 5.

pĕrennĭservus, *i*, m. (1 *perennis*, *servus*), esclave à perpétuité [mot forgé] : Pl. Pers. 421.

pĕrennĭtās, *ātis*, f. (1 *perennis*), durée continue, perpétuité : **fontium perennitates** Cic. Nat. 2, 98, abondance intarissable des sources ; **frumentis perennitatem afferre** Col. 1, 6, 10, rendre le blé incorruptible ǁ [titre donné aux grands personnages] votre Éternité : Symm. Ep. 10, 45.

pĕrennĭtĕr, *adv.*, constamment, perpétuellement : Cod. Th. 7, 20, 2.

pĕrennō, *ās*, *āre*, *āvī*, *ātum* (1 *perennis*), intr. ¶ 1 durer un an : Macr. Sat. 1, 12, 6 ; v. peranno ¶ 2 durer longtemps, être de longue durée : Ov. F. 1, 721 ; Col. 1, 9, 2.

pĕrentĭcīda, *ae*, f., qui tue un porteur de bourse [mot forgé sur *peratus*, par anal. avec *parenticida*] : *Pl. Ep. 349.

pĕrĕō, *īs*, *īre*, *iī* (*īvī*), *ĭtum* (1 *per*, 3 *eo*, cf. *perdo* ; fr. *périr*), intr.

I s'en aller tout à fait, disparaître **a)** e patria Pl. Curc. 532, disparaître de sa patrie, cf. Pl. Ru. 1096 ; Ter. Eun. 521 **b)** pereunt imbres Lucr. 1, 250, les pluies se perdent, cf. Hor. O. 3, 11, 27.

II ¶ 1 périr, être détruit, anéanti : **aedes perierunt** Pl. Most. 148, la maison est anéantie ; **tantam pecuniam perire potuisse** Cic. Phil. 5, 11, qu'une si grande somme d'argent ait pu disparaître ; [noter cet emploi de l'adj. verbal] **haecine ubi scibit senex, puppis pereundast probe** Pl. Ep. 74, quand le vieillard saura cela, il y a possibilité de perte de ma barque (v. Gaffiot M. B. 33, p. 226), ma barque risque joliment d'être perdue ǁ [fig.] être perdu, employé inutilement : **opera periit** Cic. Att. 2, 17, 1, la peine est perdue ǁ s'éteindre [en parl. d'actions judiciaires] : Liv. 39, 18, 1 ¶ 2 périr, perdre la vie : Cic. Cat. 2, 21 ; Nat. 3, 81 ; **fame** Cic. Inv. 2, 172 ; **naufragio** Cic. Dej. 25, périr par la faim, dans un naufrage ; **a morbo** Nep. Reg. 3, 3, mourir de maladie ; **ab aliquo** Ov. Pont. 3, 3, 46, succomber du fait de qqn ; **eodem leto sibi esse pereundum** Cic. Div. 1, 56, [on lui disait] qu'il devait mourir de la même mort ǁ [poét.] dépérir : **amore** Virg. B. 10, 10, se consumer d'amour ; **aliquā** Prop. 2, 12, 3, se consumer pour une femme ; [avec acc.] Pl. Poen. 1095 ¶ 3 être perdu, être dans une position désespérée : Cic. Att. 11, 9, 1 ; 14, 10, 1 ǁ [chez les Com.] **perii !** Pl. Men. 402, je suis perdu ! c'est fait de moi ! ǁ **peream si, nisi** Ov. H. 17, 83 ; P. 3, 5, 47, que je meure si, si ne ... pas.

► parf. perivit Apul. M. 4, 21 ǁ parf. sync. peristi, peristis, perit Prop. 2, 33, 31 ; Pl. Capr. 749 ; Lucr. 4, 769, perisse Ov. Am. 2, 19, 56 ; Liv. 1, 49, 1.

pĕrĕquĭtō, *ās*, *āre*, *āvī*, *ātum* ¶ 1 intr. **a)** aller à cheval de côté et d'autre, voltiger : Caes. C. 1, 46, 3 ; G. 4, 33, 1 **b)** traverser à cheval : **per agmen hostium** Caes. G. 7, 66, 7, percer au galop la colonne des ennemis ¶ 2 tr. **a)** aciem Liv. 5, 28, 12, parcourir à cheval les rangs de l'armée **b)** maria Plin. 9, 27, traverser les mers [sur un dauphin].

pĕrerrātus, *a*, *um*, part. de pererro.

pĕrerrō, *ās*, *āre*, *āvī*, *ātum*, tr., errer à travers : **vespertinum pererro saepe forum** Hor. S. 1, 6, 113, sur le soir je parcours souvent le forum en flânant ǁ parcourir [en tous sens, successivement] : Virg. En. 5, 441 ; **reges** Sen. Nat. 3, pr. 6, visiter successivement tous les rois ǁ [fig.] **luminibus** Virg. En. 4, 363, parcourir du regard.

pĕrērŭdītus, *a*, *um*, très instruit : Cic. Att. 4, 15, 2.

pĕrēsus, *a*, *um*, part. de peredo.

pĕrĕundus, *a*, *um*, v. pereo ¶ II 1.

pĕrĕuntis, gén. de periens.

pĕrexcaecō, *ās* *āre*, -, -, *tr.*, aveugler : Vl. Tob. 2, 10.

pĕrexcelsus, *a*, *um*, très élevé (au-dessus des environs) : Cic. Verr. 4, 107.

perexcŭtĭō, *ĭs*, *ĕre*, *cussī*, *cussum* (1 *per*, *excutio*), tr., achever de battre [le grain] : Vindol. 343, 29.

pĕrexēō, *īs*, *īre*, *īvī*, -, intr., passer au-delà de : Chalc. 80 ǁ tr., échapper à : Cassiod. Var. 11, 7.

pĕrexĭguē, *adv.*, très chichement : Cic. Att. 16, 1, 5.

pĕrexĭguus, *a*, *um*, très exigu, très étroit, très restreint : **perexiguum loci spatium** Caes. G. 5, 15, espace très étroit ; **perexigua dies** Cic. Verr. prim. 6, délai très court ; **perexiguum argentum** Liv. 22, 52, 5, argenterie très réduite.

pĕrexīlis, *e*, très mince, très grêle : Col. 11, 2, 60.

pĕrexoptātus, *a*, *um*, très désiré : [avec tmèse] Gell. 18, 4, 2.

pĕrexpĕdĭō, *īs*, *īre*, -, -, *tr.*, célébrer, achever : Caes.-Arel. Serm. 74, 3.

pĕrexpendō, *ĭs*, *ĕre*, -, -, *tr.*, dépenser, consumer : Caes.-Arel. Serm. 47, 7.

pĕrexpĕdītus, *a*, *um*, très peu embarrassé, très dégagé : Cic. Fin. 3, 36.

pĕrexplĭcātus, *a, um*, exécuté entièrement : Sidon. Carm. 23, 385.

pĕrexsiccātus, *a, um*, entièrement desséché : Arn. 7, 24 ; VL. Os. 13, 15.

pĕrexspectō, *ās, āre*, -, -, tr., attendre jusqu'au bout : Caes.-Arel. Serm. 74, 1.

pĕrextŭli, **▶** *pereffero*.

perfăbrĭcō, *ās, āre, āvī*, -, tr., duper (refaire) complètement qqn : Pl. Pers. 781.

perfăcētē, adv., d'une manière très plaisante : *dicta* Cic. Verr. 1, 121, mots très spirituels.

perfăcētus, *a, um*, très plaisant, très spirituel, plein de sel : [pers.] Cic. Brut. 105 ; [choses] Cic. Planc. 35.

perfăcĭlĕ, adv., très facilement : Cic. Fin. 2, 209 ‖ très volontiers : Acc. Tr. 9 ; Pl. Most. 621.

perfăcĭlis, *e*, très facile, très aisé : Cic. Fin. 3, 36 ; *perfacilis cognitu* Cic. Tusc. 4, 6, très facile à apprendre ; *perfacile factu est* [avec inf.] Caes. G. 1, 3, il est très facile de ‖ très complaisant : *in audiendo* Cic. de Or. 1, 93, auditeur très complaisant.

perfăcŭl (arch. pour *perfacile*), Fest. 236, 16 ; P. Fest. 237, 7.

perfācundus, *a, um*, très éloquent : Just. 22, 1, 9.

perfalsus, *a, um*, tout à fait faux, archifaux : Boet. Herm. sec. 3, 9, p. 235.

perfămĭlĭāris, *e*, très lié avec, très ami, intime (*alicui*) : Cic. Q. 2, 13, 4 ‖ subst. m., ami intime : Cic. Fin. 5, 94 ; Brut. 168.

perfătŭus, *a, um*, complètement insensé : Aug. Pelag. 2, 4, 7.

perfēcī, parf. de *perficio*.

perfectē, adv., complètement, parfaitement : Cic. Brut. 282 ; Div. 1, 23 ; Fin. 4, 18 ‖ *-tius* Apul. Flor. 16 ; Tert. Apol. 45, 1 ; *-tissime* Gell. 11, 16, 9.

perfectĭō, *ōnis*, f. (*perficio*), complet achèvement : Cic. Marc. 25 ; *optimi perfectio atque absolutio* Cic. Brut. 137, l'achèvement et la réalisation parfaite du mieux (de l'idéal) ‖ perfection : Cic. de Or. 1, 130 ; Brut. 137 ‖ [au pl.] Vitr. 3, 1, 4.

perfectissĭmātŭs, *ūs*, m., perfectissimat, dignité de perfectissime [sous les empereurs à partir de Constantin] : Cod. Th. 8, 4, 3.

perfectīvus, *a, um*, qui parachève : Prisc. 3, 38, 10.

perfectŏr, *ōris*, m. (*perficio*), celui qui fait complètement, qui parachève : Ter. Eun. 1035 ; Cic. de Or. 1, 257.

perfectrix, *īcis*, f., celle qui fait complètement, auteur de : Nep. d. Lact. Inst. 3, 15, 10.

1 **perfectus**, *a, um* (fr. parfait) ¶ 1 part. de *perficio* ¶ 2 [pris adj¹] parfait, accompli **a)** *orator perfectus* Cic. de Or. 1, 59, orateur parfait ; *perfectissimus* Cic. Or. 47, le plus parfait **b)** *perfecta signa* Cic. Brut. 70, statues parfaites ; *valvae perfectiores* Cic. Verr. 4, 124, des portes d'un travail plus achevé **c)** [gram.] *perfectum* Varr. L. 9, 101 ; Diom. 387, 1 et *perfectum tempus* Sacerd. 6, 485, 13, le parfait ; **▶** *plusquamperfectum* **d)** *perfecta aetas* Gai. Inst. 1, 190, majorité, puberté **e)** *lex minus quam perfecta* Ulp. Reg. 1, 2, loi moins que parfaite [dont la sanction est assurée par une peine et non par la nullité de l'acte qui y contrevient] **f)** *perfectissimus* [titre des fonctionnaires de rang équestre sous l'Empire ; tous les préfets et hauts fonctionnaires depuis Marc Aurèle ; le titre se répand après le 4ᵉ s.] : Cod. Just. 1, 3, 31 ; Cod. Th. 6, 22, 1 **g)** [chrét.] parfait [spirituellement] : Vulg. Matth. 5, 48.

2 **perfectŭs**, *ūs*, m., achèvement : Tert. Anim. 20, 3 ‖ pl., effets : Vitr. 10, 3, 1.

perfēcundus, *a, um*, très fécond : Mel. 1, 49.

perfĕrens, *tis*, part.-adj. de *perfero* : *injuriarum* Cic. de Or. 2, 184, supportant patiemment les injustices.

perfĕrentĭa, *ae*, f. (*perfero*), courage à supporter : Lact. Inst. 3, 11, 9.

perfĕrō, *fers, ferre, tŭlī, lātum*, tr. ¶ 1 porter d'un point à un autre, jusqu'à un but : *ad aliquem alicujus mandata* Cic. Q. 3, 1, 18, porter les ordres de qqn à qqn, cf. Cic. Fam. 4, 2, 1 ; *ad me litterae non perferuntur* Cic. Fam. 2, 10, 1, les lettres ne me parviennent pas, cf. Cic. Fam. 2, 6, 1 ; *hasta sedit in inguine, sed vires haud pertulit* Virg. En. 10, 786, la lance s'arrêta dans l'aine, mais ne porta pas son élan jusqu'au bout [ne pénétra pas plus avant] ; *lapis non pertulit ictum* Virg. En. 12, 906, la pierre ne porta pas le coup jusqu'au bout = ne porta pas ; *quemadmodum milites hibernent, cotidie sermones ac litterae perferuntur* Cic. Pomp. 39, sur la manière dont les soldats tiennent leurs quartiers d'hiver, tous les jours il nous arrive des propos et des lettres ‖ *et litteris multorum et sermone omnium perfertur ad me* [avec prop. inf.] Cic. Fam. 14, 1, 1, par maintes lettres comme par les récits de tout le monde il me revient que... ; *laus tua ad nos una omnium voce perfertur* Cic. Fam. 2, 5, 1, ta gloire me parvient annoncée d'une seule voix ¶ 2 porter jusqu'au bout [une tâche, une mission] : Cic. Amer. 10 ; Hor. Ep. 1, 17, 41 ‖ accomplir : *jussa* Prop. 1, 18, 26, exécuter des ordres ‖ faire passer [une loi] : *rogationem, legem* Cic. Q. 2, 2, 3 ; Liv. 33, 46, 6, faire passer une proposition de loi, une loi ¶ 3 supporter jusqu'au bout, sans discontinuer : *famem et sitim* Cic. Fin. 5, 48, supporter patiemment la faim et la soif ; *dolores* Cic. Cat. 4, 1, supporter continuellement des chagrins, *etiamne... perferetis?* Cic. Verr. 4, 126, continuerez-vous à supporter indéfiniment... ? ; *omnes perpetior et perfero* Cic. de Or. 2, 77, je les endure et les supporte tous sans défaillance ‖ [avec prop. inf.] supporter que : Tac. H. 4, 58 ; Prop. 2, 8, 30.

perfĕrus, *a, um*, très sauvage : Varr. R. 2, 1, 5.

perfervĕfīō (**pervē fīō**), *fis, fĭĕrī*, -, devenir très chaud : Varr. R. 1, 9, 2 [tmèse].

perfervĕō, *ēs, ēre*, -, -, intr., être très chaud : Mel. 1, 39.

1 **perfĭca**, *ae*, f. (*perficio*), qui achève : Lucr. 2, 1116.

2 **Perfĭca**, *ae*, f., déesse de la procréation : Arn. 4, 7.

perfĭcĭō, *is, ĕre, fēcī, fectum* (1 *per, facio*), tr. ¶ 1 faire complètement, achever, accomplir : *opere perfecto* Caes. G. 1, 8, 2, le travail étant achevé ; *conata perfecta* Caes. G. 1, 3, 6, mener une entreprise à bonne fin ; *scelus* Cic. Clu. 194, perpétrer un crime, consommer un crime, cf. Cic. Verr. 4, 116 ; *cogitata* Cic. Dej. 21, exécuter un projet ‖ *centum annos* Hor. Ep. 2, 1, 39, accomplir (vivre) cent ans ¶ 2 faire complètement, de manière parfaite : *oratorem* Cic. Brut. 120, former un orateur complet ; *(hydriae) eadem arte perfectae* Cic. Verr. 4, 97, (des aiguières) achevées avec le même art (d'un art aussi achevé), cf. Cic. Verr. 4, 103 ; *candelabrum e gemmis auroque perfectum* Cic. Verr. 4, 71, candélabre, chef-d'œuvre de pierreries et d'or ¶ 3 [avec *ut, ut non* subj.] obtenir ce résultat que, aboutir à ce que (à ce que... ne... pas) : Cic. Agr. 1, 27 ; Tusc. 1, 15 ; Fam. 11, 27, 2 ; Nep. Epam. 6, 4 ; [avec *ne*] réussir à empêcher que : Cic. Phil. 2, 55 ; [avec *quominus*] *illud non perficies quominus tua causa velim* Cic. Fam. 3, 7, 6, tu n'arriveras pas à m'empêcher de vouloir ton intérêt ‖ [part. n. abl. absolu] *perfecto et concluso* [avec prop. inf.] Cic. Fin. 2, 85, ce résultat et cette conclusion étant obtenus, savoir que ; **▶** *perfectus*.

perfĭdē, adv. (*perfidus*), perfidement, traîtreusement : Sen. Contr. 9, 3, 11 ; Gell. 20, 1, 54.

perfĭdēlis, *e*, très sûr, tout à fait digne de confiance : Cic. Att. 2, 19, 5.

perfĭdens, *tis*, très confiant : Aur.-Vict. Caes. 17, 5.

perfĭdĭa, *ae*, f. (*perfidus* ; esp. port. *porfia*), perfidie, mauvaise foi : Cic. Clu. 51 ; Phil. 2, 79 ; Fam. 1, 2, 3 ; Tac. H. 4, 25 ‖ pl., Pl. Capr. 522 ; Ps. 583 ; Gell. 14, 2, 6 ‖ [chrét.] infidélité, incrédulité : Aug. Psalm. 54, 1 ; Ambr. Fid. 4, 11, 154.

perfĭdĭōsē, adv. (*perfidiosus*), perfidement : Pl. Curc. 719 ; Cic. Amer. 118 ‖ *-sius* Suet. Aug. 21.

perfĭdĭōsus, *a, um* (*perfidia*), d'un caractère perfide, déloyal : Cic. Pis. 66 ‖ perfide [en parl. de choses] : Pl. Cis. 72 ; Cic. Fam. 3, 10, 7 ‖ *-issimus* Cic. Nat. 3, 80.

perfĭdum, n. pris adv¹, perfidement : Hor. O. 3, 27, 67.

perfĭdus, *a, um* (*per fidem*), perfide, sans foi [en parl. de pers.] : Cic. Off. 3, 60 ‖ [fig. en parl. de choses] perfide, trompeur :

perfidus

Ov. *F.* 4, 380; *perfida via* Prop. 4, 4, 49, chemin dangereux ‖ *-issimus* Amm. 16, 12, 25.

perfīgō, *ĭs*, *ĕre*, -, *fixum*, transpercer : *Lucr. 6, 350; ▣▸ *perfixus*.

perfīnēs (cf. *findo*), ▣▸ *perfringas* : Fest. 222, 29.

perfixus, *a*, *um*, part. de *perfigo*, percé, transpercé : Lucr. 2, 360; 6, 392.

perflābĭlis, *e*, pénétrable à l'air, exposé à l'air : Cic. *Div.* 2, 40; Amm. 14, 6, 9; Apul. 3, 17; Pall. 1, 36, 3 ‖ [fig.] Amm. 30, 7, 10 ‖ qui souffle partout : Pall. 1, 6, 9.

perflāgĭtĭōsus, *a*, *um*, très déshonorant, infâme : Cic. *Cael.* 50.

perflagrātus, *a*, *um* (1 *per*, *flagro*), entièrement consumé : Capel. 6, 576.

perflāmĕn, *ĭnis*, n. (*perflo*), souffle : Prud. *Apoth.* 692.

perflātĭlis, *e*, exposé à tous les vents : Ambr. *Ep.* 30, 5.

perflātĭo, *ōnis*, f., souffle : Capel. 1, 11.

1 **perflātus**, *a*, *um*, part. de *perflo*.

2 **perflātŭs**, *ūs*, m. ¶ **1** action de souffler à travers : Vitr. 4, 7, 4 ¶ **2** courant d'air : Cels. 3, 19, 3; *per flatum habere* Plin. 18, 154, être aéré; pl., Col. 1, 5, 8; Plin. 17, 140.

perflētus, *a*, *um*, noyé de larmes : Apul. *M.* 2, 24.

perflō, *ās*, *āre*, *āvī*, *ātum* ¶ **1** intr. **a)** souffler en tous sens : Plin. 2, 240; Col. 2, 21, 5 **b)** souffler jusqu'à un point : Curt. 9, 4, 21 ¶ **2** tr. **a)** souffler à travers : Lucr. 6, 132; [pass.] *perflari*, être traversé par l'air : Varr. *R.* 1, 13, 5 **b)** souffler sur l'étendue de, sur la surface de : Virg. *En.* 1, 83; *perflari* Cic. *Rep.* 2, 11, être exposé à l'air **c)** répandre au loin en soufflant : *toto litore murmura conchā* Luc. 9, 349, faire retentir tout le rivage des sons rauques de sa conque.

perflōrĕō, *ēs*, *ēre*, -, -, intr., se couvrir de fleurs : Prisc. *Perieg.* 1026.

perfluctŭō, *ās*, *āre*, -, -, tr., flotter à travers, grouiller dans : Lucr. 3, 721.

perflŭō, *ĭs*, *ĕre*, *fluxī*, *fluxum*, intr. ¶ **1** couler à travers [avec *per*] : Lucr. 2, 392 ‖ [avec *in* acc.] couler dans : Lucr. 3, 937; Plin. 36, 190 ¶ **2** *sudore* Apul. *M.* 1, 13, 1, être inondé de sueur ¶ **3** être ample, traîner, tomber [en parl. d'un vêtement] : Apul. *M.* 11, 4 ¶ **4** laisser échapper les secrets, ne rien garder, être indiscret [m. à m., "fuir comme un vase"] : *hac atque illac perfluo* Ter. *Eun.* 105, je fuis de toutes parts.

perflŭus, *a*, *um*, mou, efféminé : Apul. *M.* 11, 8.

perfŏdĭō, *ĭs*, *ĕre*, *fōdī*, *fossum*, tr., percer d'outre en outre : Cic. *Vat.* 11; *Fin.* 2, 112 ‖ percer, blesser : Virg. *En.* 11, 10 ‖ creuser : Liv. 33, 17, 6 ‖ *dentes* Petr. 33, 1, se curer les dents.

▶ parf. arch. *perfodivi* Pl. *Mil.* 142.

perfoedĕrātus, *a*, *um*, étroitement uni : Not. Tir. 43.

perfŏrācŭlum, *i*, n., foret, vrille, tarière : Arn. 6, 14; Gloss. 2, 460, 41.

perfŏrātĭo, *ōnis*, f., action de trépaner : Cael.-Aur. *Chron.* 2, 1, 59.

perfŏrātus, *a*, *um*, part. de *perforo*.

performīdō, *ās*, *āre*, -, -, tr., redouter beaucoup : Not. Tir. 43.

performīdŏlōsus, *a*, *um*, très craintif : Aur.-Vict. *Caes.* 4, 9.

performō, *ās*, *āre*, -, -, tr., former entièrement : *Tert. *Apol.* 1, 10.

perfŏrō, *ās*, *āre*, *āvī*, *ātum*, tr., percer, trouer, perforer : Cic. *Scaur.* 45 ‖ pratiquer en trouant [une route, une ouverture] : Cic. *Tusc.* 1, 46; *Nat.* 3, 9 ‖ ouvrir une vue à travers : Cic. *Fam.* 7, 1, 1; percer [sens priapr.] Priap. 76, 3 ‖ [fig.] percer [de ses rayons], pénétrer dans : Stat. *S.* 1, 5, 46.

perfortis, *e*, très courageux : Boet. *Categ.* 2, p. 161.

perfortĭtĕr, adv., très bravement : Ter. *Ad.* 567.

perfossĭo, *ōnis*, f. (*perfodio*), action de percer, percement : VL. *Exod.* 22, 2.

perfossō, *ās*, *āre*, -, -, tr., trouer : Gloss. 2, 278, 34.

perfossŏr, *ōris*, m., celui qui perce [les murailles pour voler] : Pl. *Ps.* 979; Apul. *Apol.* 32.

perfossūra, *ae*, f., trouée : Gloss. 2, 278, 31.

perfossus, *a*, *um*, part. de *perfodio*.

perfŏvĕō, *ēs*, *ēre*, -, -, tr., soigner avec zèle : Sedul. *Op.* 5, 28.

perfractus, *a*, *um*, part. de *perfringo*.

perfrēgī, parf. de *perfringo*.

perfrĕmō, *ĭs*, *ĕre*, *ŭī*, -, intr., frémir violemment : Acc. *Tr.* 403.

perfrĕquens, *tis*, très fréquenté : Liv. 41, 1, 5.

perfrĕtō, *ās*, *āre*, -, - (1 *per*, *fretum*), tr., naviguer sur : Solin. 27, 40.

perfrĭcātĭo, *ōnis*, f., frottement, friction : Veg. *Mul.* 4, 9, 1.

perfrĭcātus, *a*, *um*, part. de *perfrico*.

perfrĭcō, *ās*, *āre*, *āvī*, *ātum* ou *frictum*, tr. ¶ **1** frotter complètement, frictionner : Cat. *Agr.* 152; Plin. 28, 190; Cels. 1, 3, 4; *ipse se perfricare* Cels. 3, 22, 14, se masser soi-même ‖ *caput* Cic. *Pis.* 61, se gratter la tête [en signe d'embarras] ‖ [fig.] *perfricare os* Cic. *Tusc.* 3, 41; *frontem* Mart. 11, 27, 7; *faciem* Plin. pr. 4, frotter son front pour l'empêcher de rougir = bannir toute pudeur, se faire un front d'airain, s'armer d'audace ¶ **2** oindre, frotter de : *sale contrito* Cels. 6, 13, 1, frotter avec du sel fin.

1 **perfrictĭo**, *ōnis*, f. (*perfrico*), écorchure [faite par le frottement], excoriation : Plin. 21, 116.

2 **perfrictĭo**, *ōnis*, f. (*perfrigeo*), frisson général, refroidissement [du corps] : Plin. 20, 156.

perfrictĭuncŭla, *ae*, f. (dim. de 2 *perfrictio*), léger frisson : Aur. d. Front. *Caes.* 4, 6, 1, p. 69 N.

perfrictus, *a*, *um*, part. de *perfrico*.

perfrĭcŭī, parf. de *perfrico*.

perfrīgĕfăcĭō, *ĭs*, *ĕre*, -, -, tr., glacer [le cœur] : Pl. *Ps.* 1216.

perfrīgĕō, *ēs*, *ēre*, -, -, intr., avoir grand froid, être transi : Gloss. 2, 345, 20.

perfrīgĕrō, *ās*, *āre*, -, -, tr., refroidir entièrement : Scrib. 271.

perfrīgescō, *ĭs*, *ĕre*, *frīxī*, -, intr., devenir très froid : Plin. 31, 66 ‖ prendre froid, se refroidir : Varr. *R.* 2, 9, 13; Cels. 1, 3, 10; Juv. 7, 194.

▶ [tard.] parf. *perfrigui* P.-Val. 1, 57.

perfrīgĭdus, *a*, *um*, très froid : Cic. *Verr.* 4, 86.

perfringō, *ĭs*, *ĕre*, *frēgī*, *fractum* (1 *per*, *frango*), tr. ¶ **1** briser entièrement, mettre en pièces, rompre : Liv. 21, 36, 8; Cic. *Verr.* 5, 89; *Div.* 2, 85; *muros* Tac. *H.* 2, 20, saper les murailles ‖ *hostium phalangem* Caes. *G.* 1, 25, 2, rompre, disloquer la phalange des ennemis ‖ [fig.] renverser, abattre, détruire : *decreta senatus* Cic. *Mil.* 87, briser les décrets du sénat, cf. *Cat.* 1, 18 ¶ **2** se frayer un chemin par la force, enfoncer : *munitiones* Caes. *G.* 7, 85, 3, percer les retranchements; *domos* Tac. *H.* 4, 1, forcer les maisons ‖ [fig.] *animos* Cic. *Brut.* 38, pénétrer de force dans les âmes (les forcer); [abs‡] Cic. *Or.* 97.

perfriō, *ās*, *āre*, -, -, tr., concasser, piler : Col. 12, 38, 5.

perfrīvŏlus, *a*, *um*, très frivole : Vop. *Aur.* 6, 6.

perfrixī, parf. de *perfrigesco*.

perfructĭo, *ōnis*, f., jouissance d'une chose : Aug. *Quant.* 33, 76.

perfructus, *a*, *um*, part. de *perfruor*.

perfrŭĭtĭo, *ōnis*, f., ▣▸ *perfructio* : Aug. *Ep.* 102, 27.

perfrŭor, *ĕrĭs*, *ī*, *fructus sum*, intr., jouir complètement, sans interruption [avec abl.] : Cic. *Pis.* 45; *Cat.* 4, 11; *Leg.* 1, 56; *Fam.* 7, 1, 1; *Brut.* 9 ‖ [adj. verbal] *ad perfruendas voluptates* Cic. *Off.* 1, 25, pour jouir des plaisirs continuellement, cf. *Nat.* 2, 146.

perfūcō, *ās*, *āre*, -, -, tr., [fig.] farder complètement : Chrysol. *Serm.* 115, p. 516 A.

perfūdī, parf. de *perfundo*.

perfŭga, *ae*, m. (*perfugio*), déserteur, transfuge [v. Fest. 236, 10] : Cic. *Amer.* 117; *Off.* 3, 86; Caes. *G.* 3, 18, 6; Liv. 30, 43, 13 ‖ fugitif : Tac. *An.* 14, 29.

perfŭgĭō, *ĭs*, *ĕre*, *fūgī*, -, intr. ¶ **1** se réfugier vers : *ad aliquem* Liv. 2, 9, 1; *Corinthum* Nep. *Dion* 5, 1, se réfugier près de qqn, à Corinthe ; [en parl. d'esclaves fugitifs] Caes. G. 1, 27, 3 ¶ **2** déserter : ***a Pompeio ad Caesarem*** Caes. C. 3, 61, déserter le camp de Pompée pour celui de César ‖ passer au parti de qqn [*ad aliquem*] : Cic. Balb. 24 ¶ **3** [fig.] recourir à : Gell. 7, 2, 13 ; ***in fidem Aetolorum*** Liv. 28, 7, 12, se mettre sous la protection des Étoliens.

perfŭgĭum, *ii*, n. (*perfugio*), refuge, asile, abri [pr. et fig.] : Caes. G. 4, 38, 2 ; Cic. Clu. 7 ; Cat. 4, 2 ; Verr. 1, 101 ; ***bonorum*** Cic. Fam. 12, 6, 2, refuge des (pour les) gens de bien, cf. Sull. 79 ; ***perfugium videtur omnium laborum et sollicitudinum esse somnus*** Cic. Div. 2, 150, pour s'abriter contre (pour faire oublier) les fatigues et les soucis, il semble qu'on ait le sommeil.

perfulcĭō, *īs*, *īre*, *fulsi*, -, tr., soutenir fortement, étayer : Not. Tir. 72 ‖ [fig.] *Laus Pis. 98.

perfulgĕrat, *āre*, ⬛▶ *fulgurat* : Not. Tir. 72.

perfunctĭo, *ōnis*, f. (*perfungor*), exercice [d'une charge] : Cic. de Or. 3, 7 ‖ accomplissement [de travaux] : Cic. Fin. 1, 49 ‖ passion : ***amoris vel odii*** Apul. Socr. 12, la passion de l'amour ou de la haine.

perfunctōrĭē, adv., pour s'acquitter rapidement d'une tâche = légèrement, négligemment : Aug. Ep. 21, 1 ; ***non perfunctorie verberare*** Petr. 11, 4, ne pas frapper de main morte.

perfunctōrĭus, *a*, *um*, léger, superficiel : Ambr. Psalm. 37, 37.

perfunctus, part. de *perfungor*.

perfundō, *ĭs*, *ĕre*, *fūdī*, *fūsum*, tr., verser sur, répandre sur ¶ **1** arroser, mouiller, tremper : ***aliquem lacrimis*** Ov. H. 11, 115, baigner qqn de larmes ; ***aqua perfundi ab aliquo*** Cic. Verr. 1, 67, être arrosé d'eau par qqn ; ***postquam perfusus est*** Her. 4, 14, quand il se fut baigné ; ***cruore Romano perfusus*** Liv. 30, 28, 5, couvert de sang romain ‖ teindre : Virg. En. 5, 112 ‖ saupoudrer, recouvrir : ***pulvere perfusus*** Virg. En. 12, 611, souillé de poussière ‖ ***sole perfundi*** Plin. Ep. 5, 6, 24, être baigné, inondé de soleil ‖ ***auro tecta perfundere*** Sen. Ep. 115, 9, couvrir d'or les toits ¶ **2** verser dans : ***aliquid in vas*** Col. 12, 24, 3, verser un liquide dans un vase ¶ **3** [fig.] **a)** teindre superficiellement : Sen. Ep. 36, 3 ; 110, 8 **b)** parcourir : ***qui me horror perfudit !*** Cic. Att. 8, 6, 3, quel frisson a parcouru mon corps ! **c)** baigner : ***aliquem voluptatibus*** Cic. Nat. 1, 112, inonder qqn de plaisirs ; ***voluptate, laetitia perfundi*** Cic. Brut. 188 ; Fin. 5, 70, être inondé de plaisir, de joie ‖ ***nos judicio perfundere*** Cic. Amer. 80, nous plonger dans un procès.

perfungŏr, *ĕris*, *gī*, *functus sum*, intr. qqf. tr. ¶ **1** s'acquitter entièrement [avec abl.] : ***munere*** Cic. CM 77, accomplir une mission ; ***rebus amplissimis*** Cic. Brut. 8, s'acquitter entièrement des tâches les plus importantes ¶ **2** [au parf. et part.] être passé par, être arrivé au bout de : ***pericula quibus perfuncti sumus*** Cic. Mur. 4, les dangers par lesquels nous sommes passés ; ***vita perfunctus*** Lucr. 3, 968, ayant achevé son existence ; ***omnibus bonis*** Sulp. Fam. 4, 5, 5, ayant épuisé tous les biens de la vie ‖ [tr., avec acc.] : ***omnia vitai praemia perfunctus*** Lucr. 3, 956, ayant épuisé tous les avantages de la vie ‖ [absᵗ] ***jam perfunctus sum*** Cic. Dom. 44, me voici au bout, au terme, cf. Cic. Clu. 116 ; ***perfunctus a febri*** Varr. R. 2, 4, 5, qui en a fini du côté de (avec) la fièvre ¶ **3** [part. à sens passif] : ***memoria perfuncti periculi*** Cic. Sest. 10, le souvenir du danger couru.

perfŭrō, *ĭs*, *ĕre*, -, -, intr., être transporté de fureur : Virg. En. 9, 343 ‖ tr., exercer sa fureur sur : Stat. Th. 4, 388.

perfūsē, adv., abondamment : *Sisen. d. Non. 516, 31.

perfūsĭō, *ōnis*, f. (*perfundo*), action de mouiller, de baigner : Plin. 23, 164 ; Cels. 4, 3, 3 ; Lact. Inst. 4, 15, 1.

perfūsŏr, *ōris*, m., celui qui arrose : CIL 4, 840.

perfūsōrĭē, adv. (*perfusorius*), sans préciser, vaguement : Scaev. Dig. 21, 2, 69.

perfūsōrĭus, *a*, *um* (*perfundo*), qui ne fait qu'humecter, superficiel : Sen. Ep. 23, 4 ‖ vague, imprécis : Suet. Dom. 8.

perfūsus, *a*, *um*, part. de *perfundo*.

Perga, *ae*, f., ville de Pamphylie Atlas I, D6 ; VI, C4 ; IX, C2 : Cic. Verr. 4, 71 ‖ **-aeus**, *a*, *um*, de Perga : Mel. 1, 79.

Pergăma, *ōrum*, n. pl. (Πέργαμα), Sen. Ag. 206, **-mum**, *i*, n., Sen. Ag. 421, **-mus**, *i*, f., Stat. S. 1, 4, 100, **-mŏs**, f., Stat. S. 3, 4, 68 ¶ **1** Pergame [forteresse de Troie] ; [par ext.] Troie, ⬛▶ *Troja* : Lucr. 1, 476 ; Virg. En. 1, 651 ; Ov. M. 12, 445 ¶ **2** *Lavinia Pergama* n. pl., Sil. 13, 64, Lavinium [ville du Latium] ‖ **-mĕus**, *a*, *um*, de Pergame : Virg. En. 3, 110 ; **Pergameus** Sil. 1, 47, romain.

1 Pergămēna, *ae*, f., territoire de Pergame : Plin. 5, 126.

2 pergămēna, *ae*, f. (s.-e. *charta*), parchemin : Isid. 6, 11, 1.

Pergămēus, ⬛▶ *Pergama* et *Pergamum*.

pergămīna (parg-), *ae*, f., ⬛▶ *2 pergamena* : *Not. Tir. 76.

Pergămis, *ĭdis*, f., ville d'Épire : Varr. R. 2, 2, 1.

Pergămŏs, *i*, f., ⬛▶ *Pergama*.

Pergămum, *i*, n. ¶ **1** ⬛▶ *Pergama* ¶ **2** ville de la Grande Mysie, qui fut capitale du royaume de Pergame et résidence des rois Attale Atlas I, D5 ; VI, B3 : Plin. 5, 126 ; Liv. 27, 19, 1 ; 29, 11, 7 ; 37, 20, 8 ‖ **-mēnus**, *a*, *um* (fr. *parchemin*), de Pergame : Cic. Flac. 64 ; Liv. 37, 21 ; ⬛▶ *2 pergamena* ; **-mēni**, m. pl., Cic. Flac. 74, habitants de Pergame ‖ **-mĕus**, *a*, *um*, Mart. 9, 16, 2, de Pergame ¶ **3** ville de Crète [fondée par Énée : Virg. En. 3, 133] : Vell. 1, 1, 2.

Pergămus, f., ⬛▶ *Pergama*.

pergaudĕō, *ēs*, *ēre*, -, -, intr., se réjouir fort : Cic. Q. 3, 1, 9.

Pergē, *ēs*, f., ⬛▶ *Perga* : Avien. Perieg. 1017.

pergĭn, pour *pergisne*, ⬛▶ *pergo*.

perglīscō, *ĭs*, *ĕre*, -, -, intr., engraisser : Col. 8, 7, 4.

pergnārus, *a*, *um*, qui connaît parfaitement [avec gén.] : Apul. Apol. 26, 1.

pergō, *ĭs*, *ĕre*, *perrēxī*, *perrectum* (1 *per*, *rego*), tr. ¶ **1** diriger jusqu'au bout, mener à son terme, poursuivre jusqu'à achèvement : ***iter*** Sall. J. 79, 5, accomplir le trajet entièrement, cf. Ter. Hec. 194 ‖ ***prospere cessura, quae pergerent*** Tac. An. 1, 28, [ils se figuraient] que réussirait l'entreprise dont ils poursuivaient la réalisation ¶ **2** [avec inf.] continuer de, persister à : ***si... ire perrexisset*** Cic. Div. 1, 26, s'il avait continué d'aller, s'il avait achevé son voyage, cf. Cic. Mur. 35 ; Part. 28 ; de Or. 2, 290 ‖ [idée d'examen successif] Lucr. 2, 347 ‖ [idée de promptitude sans arrêt] ***perge linquere*** Catul. 61, 27, hâte-toi de laisser, cf. Ter. Phorm. 194 ‖ [verbe de parole] ***pergit in me maledicta*** Cic. Phil. 13, 40, il continue contre moi les outrages, cf. Att. 3, 15, 5 ; 4, 11, 1 ¶ **3** [absᵗ] aller plus loin, continuer d'aller : ***eadem via*** Cic. Div. 1, 123, continuer par la même route ; ***in Macedoniam ad aliquem*** Cic. Planc. 98, continuer sa route vers la Macédoine pour rejoindre qqn ‖ aller directement [sans désemparer] : ***ad castra pergunt*** Caes. G. 3, 18, 8, ils se dirigent droit sur le camp ‖ [fig.] ***pergamus ad reliqua*** Cic. Brut. 158, allons droit à ce qui reste [à exposer] = continuons sans digression ; ***perge de Caesare*** Cic. Brut. 258, continue (ton exposé) sur César ; ***perge, ut instituisti*** Cic. de Or. 2, 124, continue comme tu as commencé ‖ [poét.] ***pergite, Pierides*** Virg. B. 6, 13, allez de l'avant, Muses ‖ [avec noms de chose sujet] ***ut ad eas (virtutes) cursim perrectura... beata vita... videatur*** Cic. Tusc. 5, 13, en sorte que le bonheur semble devoir aller droit vers elles au pas de course ; ***video jam, quo pergat oratio*** Cic. Rep. 3, 44, je vois déjà où tendent tes propos ; [pass. impers.] Macr. Sat. 7, 16, 13.

▶ *pergin* = *pergisne* Pl. Mil. 300 ; Poen. 433 ; *pergitin* = *pergitisne* Pl. Ps. 1249.

pergrăcĭlis, *e*, très mince, très grêle : Plin. 25, 159.

pergraecŏr, *āris*, *ārī*, *ātus sum* (1 *per*, *graecor*), intr., vivre tout à fait à la grecque = faire bombance : Pl. Most. 22 ; Truc. 87.

▶ act. *pergraecare* P. Fest. 235, 22.

pergrandēscō, *ĭs*, *ĕre*, -, -, intr., devenir gros : Acc. Tr. 440.

pergrandis, e, très grand : Cic. Verr. 4, 62 ; *natu* Liv. 29, 29, 6, très âgé ‖ très considérable : Cic. Verr. 2, 141 ; Pl. Pers. 494.

pergrăphĭcus, a, um, achevé, tout à fait réussi [comme copie de l'original] : Pl. Trin. 1139.

pergrātus, a, um, très agréable : Cic. Q. 3, 1, 23 ; *pergratum mihi feceris, si... disputaris* Cic. Lae. 16, tu me feras un très grand plaisir, si tu exposes dans une discussion... ; [avec tmèse] *per mihi gratum feceris* Cic. Att. 1, 20, 7.

pergrăvis, e, très lourd : [fig.] *testis* Cic. Cael. 63, témoin d'un très grand poids ‖ très important : Ter. Hec. 392.

pergrăvĭtĕr, adv., très gravement, très fortement : Cic. Off. 1, 10, 2 ; de Or. 1, 227.

pergŭla, ae, f. (pergo, cf. tegula ; it. pergola), [en gén.] construction en saillie (en avancée) [prolongeant une maison, un mur], encorbellement, balcon : [atelier de peintre] Plin. 35, 84 ; [boutique, échoppe] Ulp. Dig. 5, 1, 19 ; [tonnelle, berceau de vigne formant promenoir] Col. 4, 21, 2 ; [cabane] Petr. 74, 13 ; [observatoire d'astronome] Suet. Aug. 94 ; [école, officine] Suet. Gram. 18 ; Vop. Tyr. 10, 4 ; Juv. 11, 137 ; [réduit de courtisane] Pl. Ps. 214 ; 229 ; Prop. 4, 5, 70.

pergŭlānus, a, um, en forme de berceau [en parl. de vigne] : Col. 3, 2, 28.

Pergus, i, m., lac de Sicile, près d'Enna : Ov. M. 5, 386.

pĕrhauriō, īs, īre, hausī, haustum, tr., vider tout à fait : Apul. M. 10, 16 ‖ [fig.] avaler complètement : Tert. Nat. 1, 15, 6 ‖ recueillir tout du long : *Pl. Mil. 34.

pĕrhaustus, a, um, part. de perhaurio.

pĕrhĭbĕō, ēs, ēre, ŭī, ĭtum (1 per et habeo), tr. ¶ 1 présenter, fournir [qqn comme mandataire] : Cic. Att. 1, 1, 4 ‖ *exemplum* Plin. 7, 93 ; *testimonium* Varr. R. 2, 5, 1, fournir un exemple, un témoignage ‖ attribuer : *alicui rei palmam* Plin. 31, 80, donner la préférence à une chose, cf. 29, 138 ¶ 2 rapporter, raconter : *ut Graji perhibent* Virg. En. 8, 135, comme le rapportent les Grecs, cf. Pl. Cis. 66 ‖ *perhibent* [avec prop. inf.] Catul. 64, 76, on rapporte que, cf. Pacuv. Tr. 104 ‖ [pass. pers.] *(Romulus) perhibetur tantum ceteris praestitisse, ut...* Cic. Rep. 2, 4, (Romulus), à ce qu'on rapporte, surpassa tous les autres à tel point que..., cf. Cic. Tusc. 1, 28 ; Pl. St. 25 ; Trin. 692 ‖ [en part.] mettre en avant, citer, nommer : *nec minus est Spartiates Agesilaus ille perhibendus* Cic. Fam. 5, 12, 7, et il ne faut pas moins citer cet illustre Spartiate Agésilas ; [avec deux acc.] *vatem hunc perhibebo optimum* Cic. poet. Div. 2, 12, je l'appellerai un excellent devin, cf. Enn. An. 23 ; 148 ; [pass. pers.] *sophiam sapientia quae perhibetur* Enn. An. 218, la science qu'on appelle sagesse, cf. Pl. d. Gell. 7, 7, 3.

pĕrhĭĕmō, ās, āre, -, -, intr., passer tout l'hiver : Col. 11, 3, 4.

pĕrhīlum, adv., très peu : Lucr. 6, 576.

pĕrhŏnestus, a, um, très honnête, très juste : Arn. 2, 49.

pĕrhŏnōrĭfĭcē, adv., d'une manière très honorable : Cic. Att. 14, 12, 2.

pĕrhŏnōrĭfĭcus, a, um, très honorable : Cic. Att. 2, 18, 1 ; Prov. 45 ‖ plein d'égards pour qqn (*in aliquem*) : Cic. Att. 1, 13, 2.

pĕrhorrĕō, ēs, ēre, -, -, tr., frissonner devant qqch., redouter : Amm. 29, 2, 4 ; Jul.-Val. 2, 5.

pĕrhorrescō, ĭs, ĕre, horrŭī, - ¶ 1 intr., frissonner [de tout le corps] : Cic. Caecil. 41 ; Pis. 45 ; Ov. M. 13, 877 ¶ 2 tr., avoir en horreur, redouter : Cic. Verr. 4, 78 ; Cat. 4, 16 ; Mil. 42 ; Par. 32.

pĕrhorrĭdus, a, um, affreux, horrible : Liv. 22, 16, 4.

pĕrhūmānĭtĕr, adv., avec beaucoup d'obligeance : Cic. Fam. 7, 8, 1.

pĕrhūmānus, a, um, plein d'obligeance, très aimable : Cic. Q. 2, 6, 1 ; Att. 16, 12.

pĕrhūmĭlis, e, de très petite taille, rabougri : Amm. 16, 10, 10.

pĕrĭăgĭum, ĭī, n. (περιάγω), rouleau : Idiom. 4, 584, 20.

Pĕrĭălŏgŏs, i, m. (Περιάλογος), le Très Inintelligent (père) [titre d'un ouvrage d'Orbilius, contre les parents d'élèves] : *Suet. Gram. 9, 3.
▶ autres variantes, Περὶ ἀλογίας, "sur la déraison", Περιαλγής, "le souffre-douleur", etc.

pĕrĭambus, f. l. pour pariambus.

Pĕrĭander, (-drus, Hyg. Fab. 194), dri, m. (Περίανδρος), Périandre [roi de Corinthe, l'un des Sept Sages de la Grèce] : Gell. 16, 19, 4.

pĕrĭbŏētŏs, ŏn (περιβόητος), célèbre : Plin. 34, 69.

pĕrĭbŏlus, i, m. (περίβολος), péribole, galerie extérieure : Vulg. Ezech. 42, 7.

Pĕrĭbōmĭus, ĭī, m. (Περιβώμιος), nom d'homme : Juv. 2, 16.

pĕrĭcarpum, i, n. (περικάρπιον), sorte de bulbe comestible : Plin. 25, 131.

pĕrĭchristărĭŏn, ĭī, n. (περίχριστον), sorte de collyre : M.-Emp. 8, 9.

pĕrĭchÿtē, els, f. (περιχυτή), périchyte, lutte corps à corps : Cod. Just. 3, 42, 3.

Pĕrĭclēs, is, m. (Περικλῆς), homme d'État athénien : Cic. Rep. 1, 25 ; Brut. 59.
▶ voc. -clē Cic. Off. 1, 144 ; acc. -clem et -clen Cic. Off. 1, 108 ; Rep. 4, 11 ; -clea Quint. 3, 1, 12 ; 12, 10, 24 ‖ gén. Pericli Cic. de Or. 2, 93 ; Fin. 5, 5 ; -cletis signalé par Char. 132, 10.

pĕrīclĭtābundus, a, um, qui essaie : *rem* Apul. M. 5, 23, qui essaie qqch. ; *sui* Apul. M. 3, 21, qui essaie ses forces.

pĕrīclĭtātĭo, ōnis, f., épreuve, expérience : Cic. Nat. 2, 161.

pĕrīclĭtŏr, ārĭs, ārī, ātus sum (fréq. de periculor), intr. et tr.
I intr., [c. κινδυνεύω] ¶ 1 faire un essai : Cic. Off. 3, 73 ; de Or. 3, 146 ¶ 2 être en danger : Caes. G. 6, 34, 8 ‖ [avec abl.] sous le rapport de qqch. : *aliqua re* Liv. 40, 15, 12 ; [avec gén.] Apul. M. 8, 31 ‖ [avec inf.] *perdere aliquid, rumpi* Plin. 26, 112 ; Quint. 11, 3, 42, risquer de perdre qqch., d'être brisé ‖ [droit] *causā periclitari* Quint. 7, 2, 12, risquer de perdre le procès ‖ être accusé : Plin. Ep. 10, 96, 9.
II tr. ¶ 1 faire l'essai de, éprouver : *belli Fortunam* Cic. Verr. 5, 132, éprouver la Fortune de la guerre ; *periclitandae sunt vires ingenii* Cic. de Or. 1, 157, il faut éprouver les forces de l'esprit ‖ [part. à sens pass.] *periclitatis moribus* Cic. Lae. 63, après épreuve faite du caractère ; [avec interrog. indir.] Caes. G. 2, 8, 1 ; 7, 36, 4 ¶ 2 mettre en danger, risquer : *non est salus periclitanda rei publicae* Cic. Cat. 1, 11, il ne faut pas mettre en péril le salut de l'État.

pĕrīclum, v. periculum ▶.

1 **pĕrīclymĕnus** (-nŏs), i, f. (περικλύμενος), chèvrefeuille [plante] : Plin. 27, 120.

2 **Pĕrīclymĕnus**, i, m. (Περικλύμενος), Périclymène [fils de Nélée, frère de Nestor] : Ov. M. 12, 556 ‖ nom d'un statuaire : Plin. 34, 91.

pĕrĭcŏpē, ēs, f. (περικοπή), pensée renfermée dans une phrase : Hier. Joel 2.

pĕrĭcŭlo, ōnis, m., v. 2 pediculo.

pĕrīcŭlŏr, ārĭs, ārī, -, c. periclitor : Cat. d. Fest. 280, 18.

pĕrīcŭlōsē, adv. (periculosus), dangereusement, avec danger, risque, péril : Cic. Att. 8, 2, 3 ; *dico* Cic. Phil. 7, 8, je ne parle qu'en tremblant ‖ -losius B.-Alex. 64 ; -issime Sen. Ir. 3, 22, 2.

pĕrīcŭlōsus, a, um (periculum), dangereux, périlleux **a)** [pers.] *in nosmetipsos periculosi* Cic. Att. 13, 27, 1, dangereux pour moi-même **b)** [choses] *mare periculosum* Cic. Verr. 4, 103, mer dangereuse ; *periculosus morbus* Cic. Phil. 9, 15 ; *periculosum vulnus* Cic. Phil. 14, 26, maladie, blessure dangereuse ; *alicui* Caes. G. 1, 33, 3, dangereux pour qqn ; *periculosissimus locus* Cic. Phil. 7, 8, endroit [d'un discours] très épineux ‖ -sior Tac. G. 21 ‖ [abl. n. abs.] *juxta periculoso ficta seu vera promeret* (= cum juxta periculosum esset) Tac. An. 1, 6, le danger étant le même, qu'il expose soit un mensonge soit la vérité.

pĕrīcŭlum, i, n. (*perior ; fr. péril, esp. peligro) ¶ 1 essai, expérience, épreuve : *alicujus rei periculum facere* Cic. Verr. prim. 34, faire l'essai de qqch. ; *alicujus* Cic. Caecil. 27, faire l'épreuve de qqn ‖ [en part.] *in isto periculo* Cic. Leg. 1, 4, dans cet essai littéraire ¶ 2 danger, péril, risque : *in periculum vocari* Cic. Pomp. 12, être exposé au danger ; *periculum adire*,

subire, suscipere, ingredi Cic. *Amer.* 110 ; *Part.* 66 ; *Mur.* 76 ; 4, affronter, courir un danger, assumer des risques, s'exposer à un péril ; *alicui injicere, facessere, inferre, comparare, conflare* Cic. *Caecin.* 83 ; *Caecil.* 45 ; *Sest.* 2 ; *Flac.* 96 ; *Sull.* 13, susciter, créer des dangers à qqn ; *in periculo esse, versari* Cic. *Fam.* 4, 15, 2 ; *Rab. Post.* 23, être en danger ; *a securi negat esse ei periculum* Cic. *Verr.* 5, 114, il déclare qu'il ne court pas de danger du côté de la hache, qu'il ne risque pas d'être décapité ; *meo periculo* Cic. *Sest.* 111, à mes risques et périls ; *sui capitis periculo vindicant* Cæs. *G.* 7, 1, 5, ils revendiquent au péril de leur vie ; *amicorum pericula* Cic. *Arch.* 13, dangers courus par les amis ; *qui habitus non procul abesse putatur a vitae periculo* Cic. *Brut.* 313, état physique (complexion) qui est bien près, pense-t-on, de mettre la vie en danger ; *caedis* Cic. *Phil.* 1, 5 ; *ignis* Cic. *Leg.* 2, 58 ; *mortis, servitutis* Cic. *Pomp.* 31, danger de meurtre, du feu, de la mort, de l'esclavage ; *vincendi* Sen. *Ep.* 79, 7, risque (chance) de l'emporter ; *ad periculum Caesaris* Cæs. *C.* 1, 2, 3, pour menacer César ‖ *periculum est, ne* Cic. *Tusc.* 5, 118, il y a danger que, il est à craindre que ¶ 3 [en part., cf. κίνδυνος] danger couru en justice, procès : Cic. *Pomp.* 2 ; Nep. *Phoc.* 2, 3 ¶ 4 protocole, procès-verbal de la condamnation : Nep. *Epam.* 8, 2 ¶ 5 crise dans une maladie : Plin. 23, 48 ¶ 6 [droit] risque [perte de la clause rendant impossible l'exécution de l'obligation : la charge du risque incombe soit au créancier, soit au débiteur] : *periculum pertinet (spectat) ad aliquem* Dig. 4, 9, 3 pr. ; 18, 6, 5, la charge du risque incombe à qqn ; *periculum transit ad eum qui mutuam (pecuniam) rogavit* Dig. 12, 1, 9, 9, la charge du risque est passée à celui qui a demandé de pouvoir emprunter.
▶ sync. *periclum* chez les poètes.

pĕrĭdōnēus, *a*, *um*, très propre à : [avec dat.] Cæs. *C.* 2, 24, 2 ; [avec ad] Sall. *H.* 1, 86 ‖ [avec qui subj.] Apul. *Apol.* 72.

pĕrĭdrŏmē, *ēs*, f. (περιδρομή), fibrome (qui entoure la matrice) : Ambr. *Psalm.* 118, s. 19, 1.

Pĕrĭēgēsis, *is*, f. (περιήγησις), Périégèse [titre d'ouvrage], description de la terre : Avien. ; Prisc.

pĕrĭēgēticus, *i*, m. (περιηγητικός), périégète, celui qui écrit la relation de ses voyages : Placid. Stat. *Th.* 3, 479.

pĕrĕro, v. *perjero*.

pĕrĭhŏdos et **pĕrĭhŏdŏn**, v. *periodus* Fest. 236, 32 ; 35.

Pĕrĭlāus, *i*, m. (Περίλαος), nom d'un Macédonien : Curt. 10, 8, 15.

pĕrĭleucŏs, *i*, m. (περίλευκος), sorte de pierre précieuse : Plin. 37, 180.

Pĕrilla, *ae*, f., nom de femme : Ov. *Tr.* 3, 7, 1.

Pĕrillĭus, *ii*, m., nom d'homme : Hor. *S.* 2, 3, 75.

Pĕrillus, *i*, m. (Πέριλλος), Athénien qui inventa pour Phalaris le fameux taureau d'airain ; le tyran en fit l'essai sur l'inventeur lui-même : Prop. 2, 25, 12 ; Ov. *A. A.* 1, 653 ; Plin. 34, 89 ‖ **-lēus**, *a*, *um*, de Périllos : Ov. 1 *b.* 439.

perillustris, *e* **a)** mis en pleine lumière : Nep. *Att.* 12, 3 **b)** très considéré, très honoré : Cic. *Att.* 5, 20, 1.

pĕrĭmăchĭa, *ae*, f. (περιμαχία), préparatifs de lutte : *Sidon. *Ep.* 1, 7, 6.

pĕrimbēcillus, *a*, *um*, très faible : Cic. *Att.* 10, 18, 1.

Pĕrĭmēdēus, *a*, *um*, de Périmède [nom d'une magicienne dans Théocrite] : Prop. 2, 4, 8.

Pĕrĭmēlē, *ēs*, f. (Περιμήλη), fille d'Hippodamas, changée en île : Ov. *M.* 8, 590.

Pĕrĭmēlis, *ĭdis*, f., nymphe protectrice des brebis : Serv. *B.* 10, 62.

pĕrĭmētrŏs, *i*, f. (περίμετρος), périmètre, circonférence, pourtour : Vitr. 5, 7, 1 ; Frontin. *Aq.* 26.

pĕrimmensus, *a*, *um*, immense : Ennod. *Op.* 3, 97.

pĕrĭmō, *is*, *ēre*, *ēmī*, *emptum* ou *emtum* (1 *per, emo*), tr. ¶ 1 détruire, anéantir [le sentiment, un projet] : Cic. *Tusc.* 1, 70 ; *Off.* 3, 33 ; *si vis aliqua major reditum peremisset* Cic. *Planc.* 101, si qq. force supérieure m'enlevait tout espoir de retour ¶ 2 [poét., cf. Fest. 238, 3] tuer, faire périr, faire mourir : Lucr. 3, 886 ; Cic. *poet. Div.* 2, 64 ; Virg. *En.* 6, 163 ; 9, 453 ; Just. 7, 6.

pĕrimpĕdītus, *a*, *um*, impraticable [en parl. d'un lieu], très difficile : B.-Afr. 58.

pĕrimplĕō, *ēs*, *ēre*, *ēvī*, -, tr., remplir entièrement : Cypr. *Sent.* 29.

pĕrimprŏprĭus, *a*, *um*, paradoxal : *Don. *And.* 68, 1.

Pĕrĭmŭla, *ae*, f., promontoire et ville de l'Inde occidentale : Plin. 9, 106.

pĕrinaeōn (**-nēōn**), n., **-nĕos**, *i*, m. (περίναιος, περίνεος), périnée [anatomie] : Cæl.-Aur. *Chron.* 5, 3, 59 ; 5, 4, 66.

pĕrĭnānis, *e*, entièrement vide : Mart. 1, 76, 10.

pĕrincăthŏlĭcus, *a*, *um*, tout à fait hérétique : *Mamert. *Anim.* 1, 2.

pĕrincertus, *a*, *um*, très incertain : Sall. *H.* 4, 1.

pĕrincommŏdē, adv., tout à fait à contre-temps, très malheureusement : Cic. *Att.* 1, 17, 2.

pĕrincommŏdus, *a*, *um*, très incommode : Liv. 37, 41, 3.

pĕrinconsĕquens, *tis*, très absurde [en parl. d'une chose] : [avec tmèse] *per autem inconsequens* Gell. 14, 1, 10.

pĕrindĕ, adv. (1 *per, inde*) ¶ 1 pareillement, de la même manière : Cic. *Fin.* 1, 72 ¶ 2 *perinde ut* Cic. *Brut.* 188 ; *de Or.* 3, 213 ; *Fam.* 9, 15, 1 ; *perinde ac (atque)* Cic. *Pis.* 82 ; *Marc.* 12 ; *Att.* 16, 5, 3 ; Liv. 4, 7, 3, de la même manière que ; *perinde ac si* Cic. *Com.* 15 ; *Att.* 13, 49, 1 ; *perinde quasi* Cic. *Caecin.* 61, de même que si, comme si ; *perinde tamquam* Liv. 4, 3, 7, comme si ; *perinde quam* Suet. *Dom.* 15, autant que ; *perinde quam si* Tac. *An.* 1, 73, autant que si ‖ *perinde ac* = *perinde ac si* Liv. 2, 58, 1 ; 28, 38, 10 ; 32, 21, 3 ‖ *haud perinde* Tac. *An.* 2, 88, insuffisamment, cf. Tac. *Agr.* 10 ; G. 5 ; 34 ; *perinde ut... ita* Cic. *Clu.* 70, de la même manière que..., de même, cf. Liv. 7, 5, 7 ; 7, 6, 8 ; *perinde utcumque... ita* Cic. *Div.* 2, 89, de la même manière quelle qu'elle soit que... de même.

pĕrindĭgĕō, *ēs*, *ēre*, -, -, intr., être dans un dénuement complet : Tert. *Scorp.* 13, 7.

pĕrindignē, adv., en s'indignant beaucoup : Suet. *Tib.* 50.

pĕrindignus, *a*, *um*, tout à fait indigne : Sidon. *Ep.* 4, 4, 2.

pĕrindulgens, *tis*, indulgent à l'excès, très faible : Cic. *Off.* 3, 112.

pĕrĭnĕŏs, v. *perinaeon*.

pĕrĭneptus, *a*, *um*, très inepte : Porphyr. Hor. *Epod.* 5, 1.

pĕrinfāmis, *e*, très décrié, perdu de réputation : Suet. *Vit.* 2 ; [avec gén. de cause] Apul. *M.* 3, 16.

pĕrinfirmus, *a*, *um*, très faible : Cels. 2, 14, 9 ‖ [fig.] Cic. *Fin.* 2, 55.

pĕringĕnĭōsus, *a*, *um*, très doué naturellement : Cic. *Brut.* 92.

pĕringrātus, *a*, *um*, très ingrat : Sen. *Ep.* 98, 11.

pĕrĭnīquus, *a*, *um*, très injuste : Cic. *Pomp.* 63 ‖ *periniquo animo* Cic. *Fam.* 12, 18, 1, d'un cœur très mécontent, à grand regret.

pĕrinjūrĭus, *a*, *um*, très injuste : Cat. *Orat.* 21.

pĕrinquĭētus, *a*, *um*, très agité, sans repos : *Lucif. *Mor.* 13, p. 1032 C.

pĕrinsignis, *e*, évident [en mauvaise part], très marquant : Cic. *Leg.* 1, 51.

pĕrinsŏlens, *tis*, tout à fait insolite : Not. Tir. 28.

pĕrinstringō, *is*, *ēre*, -, -, tr., serrer fortement : *Arn. 2, 3.

pĕrintĕgĕr, *gra*, *grum*, irréprochable [dans ses mœurs] : Gell. 3, 5, 1.

pĕrinterfĭcĭō, *is*, *ēre*, -, -, tr., faire périr : VL. *Num.* 25, 11.

Pĕrinthus (**-ŏs**), *i*, f. (Πέρινθος), Périnthe [ville de Thrace] Atlas VI, A3 : Liv. 33, 30 ‖ **-ĭus**, *a*, *um*, de Périnthe ‖ *Perinthia*, f., la Périnthienne, comédie de Ménandre : Ter. *And.* 9.

perinundo

pĕrĭnundō, *ās, āre*, -, -, tr., inonder entièrement : *ALCIM. *Carm.* 1, 267, [var. *perfundit*].

pĕrĭnungō, *ĭs, ĕre*, -, -, tr., oindre entièrement : VARR. *R.* 2, 11, 7.

pĕrinvălĭdus, *a, um*, très faible : CURT. 9, 6, 2.

pĕrinvīsus, *a, um*, très odieux (à) [dat.] : CIC. *Frg. A.* 7, 53.

pĕrinvītus, *a, um*, tout à fait malgré soi : CIC. *Fam.* 3, 9, 1 ; LIV. 40, 57, 3.

pĕrĭŏcha, *ae*, f. (περιοχή), sommaire [titre] : AUS. *Perioch. tit.* 1 (420) ; LIV *Perioch. tit.*

pĕrĭŏdeuta, *ae*, m. (περιοδευτής), visiteur épiscopal : COD. JUST. 1, 3, 42.

pĕrĭŏdĭcus, *a, um* (περιοδικός), périodique : PLIN. 20, 15 ; CAEL.-AUR. *Acut.* 1, 14, 10.

pĕrĭŏdus, *i*, f. (περίοδος), période [rhét.] : [en grec d. CIC. *Or.* 204] QUINT. 9, 4, 14 ; PLIN. *Ep.* 5, 20, 4.

***pĕrĭor**, seul^t *peritus sum* (peritus, comperitus, experitus, opperior, periculum, cf. πεῖρα, per ; al. *Gefahr*, an. *fear*), tr., éprouver : PL. *Pers.* 271 ; ACC. *Tr. praet.* 8.

Pĕrĭpătētĭci, *ōrum*, m. pl. (περιπατητικοί), péripatéticiens, disciples d'Aristote : CIC. *Ac.* 1, 17 ‖ **-tĭcus**, *a, um*, des péripatéticiens : COL. 9, 3, 1 ; GELL. 1, 3, 10 ; 19, 5, 2.

pĕrĭpĕtasma, *ătis*, n. (περιπέτασμα), tapisserie, tapis, tenture : CIC. *Verr.* 4, 27 ‖ abl. pl. *peripetasmatis* CIC. *Verr.* 4, 28.

Pĕrĭphănēs, *is*, m. (Περιφάνης), personnage de comédie : PL. *As.* 499.

Pĕrĭphās, *antis*, m. (Περίφας), roi de l'Attique : OV. *M.* 7, 400 ‖ un des chefs grecs au siège de Troie : VIRG. *En.* 2, 476 ‖ un des Lapithes : OV. *M.* 12, 449.

pĕrĭphĕrēs, *ĕs* (περιφερής), qui se meut autour : CAPEL. 9, 958.

pĕrĭphĕrĭa, *ae*, f. (περιφέρεια), périphérie, circonférence : CAPEL. 8, 827.

Pĕrĭphŏrētus, *i*, m. (περιφόρητος), surnom d'Artémon [qui se faisait porter dans une litière] : PLIN. 34, 56.

pĕrĭphrăsis, *is*, f. (περίφρασις), périphrase : QUINT. 8, 3, 53.

pĕrĭpleumŏnĭa, PLIN. 20, 176 ; VEG. *Mul.* 1, 28, 3, V. *peripneumonia*.

pĕrĭpleumŏnĭcus, V. *peripneumonicus*.

pĕrĭplūs, *i*, m. (περίπλους), périple, circumnavigation : PLIN. 7, 155.

pĕrĭpneumŏnĭa, *ae*, f. (περιπνευμονία), péripneumonie [maladie] : CAEL.-AUR. *Acut.* 2, 25, 140.

pĕrĭpneumŏnĭcus, *a, um*, relatif à la pneumonie : CAEL.-AUR. *Acut.* 2, 14, 93 ‖ atteint de péripneumonie : PLIN. 22, 108 ‖ **-nĭăcus**, M.-EMP. 20, 18.

pĕrĭpŏdĭŏn, *ii*, n. (περιπόδιον), vêtement qui descend jusqu'aux talons : PS. ACR. HOR. *S.* 1, 2, 99.

pĕripsēma, *ătis*, n. (περίψημα), objet impur : TERT. *Pud.* 14, 7.

pĕriptĕrŏs, *ŏn* (περίπτερος), périptère [temple rectangulaire à péristyle avec une seule rangée de colonnes] : VITR. 3, 2, 6.

pĕrīrātus, *a, um*, très irrité (*alicui*, contre qqn) : PL. *Truc.* 656 ; CIC. *Fam.* 9, 6, 3.

Pĕrirrhĕūsa, *ae*, f. (Περιρρέουσα), île de la mer Égée, en face de l'Ionie : PLIN. 5, 137.

pĕriscĕlis, *ĭdis*, f. (περισκελίς), périscélide, bracelet de la jambe que les femmes portaient au-dessus de la cheville : HOR. *Ep.* 1, 17, 56 ; PETR. 67, 4 ; GLOSS. 3, 324, 10.

pĕriscĕlĭum, *ii*, n., V. *periscelis* : TERT. *Cult.* 2, 13, 4.

pĕrispōmĕnŏn, *i*, n. (περισπώμενον), mot périspomène, qui a l'accent circonflexe sur la finale : MACR. *Exc.* 5, 655, 14.

pĕrisse (sync. pour *periisse*), V. *pereo*.

pĕrisseuma (-tteu-), *ătis*, n. (περίσσευμα, περίττευμα), V. *perissochoregia* : COD. JUST. 11, 24, 2.

pĕrissŏchŏrēgĭa, *ae*, f. (περισσοχορηγία), présent supplémentaire : COD. TH. 14, 26, 2.

pĕrissŏlŏgĭa, *ae*, f. (περισσολογία), redondance, pléonasme : SERV. *En.* 1, 658 ; FULG. *Virg.* 149, p. 92, 3.

pĕrissŏn, *i*, n. (περισσόν), morelle [plante] : PLIN. 21, 179.

pĕrissŏsyllăbēs, *ĕs* (*περισσοσύλλαβής), qui a une syllable ajoutée : MAR. VICT. *Gram.* 6, 163, 30.

pĕristăsis, *is.*, f. (περίστασις), sujet, argument : PETR. 48, 4.

pĕristĕrĕōn, *ōnis*, m., CAEL.-AUR. *Acut.* 3, 17, 160 (περιστερεών), **-tĕrĕos**, *i*, f., PLIN. 25, 26, verveine [plante].

Pĕristĕrīdes insŭlae, f., îles de la mer Égée, près de Smyrne [îles des Colombes] : PLIN. 5, 138.

pĕristŏlum, *i*, n. (περί, στολή), ceinture : VL. *Lev.* 16, 4.

pĕristŏmĭum, *ii*, n. (περιστόμιον), ouverture pour la tête (dans un vêtement) : VL. *Exod.* 28, 31.

pĕristrōma, *ătis*, n. (περίστρωμα), couverture, garniture de lit : PL. *Ps.* 146 ; *St.* 378 ‖ abl. pl. *peristromatis* CIC. *Phil.* 2, 67.

pĕristrŏphē, *ēs*, f. (περιστροφή), conversion [rhét.] : CAPEL. 5, 563.

pĕristȳlĭum, *ii*, n., C. *peristylum* : VITR. 3, 2, 8 ; PLIN. *Ep.* 10, 70, 3 ; SUET. *Aug.* 83.

pĕristȳlum, *i*, n. (περίστυλον), péristyle : VARR. *R.* 3, 5, 8 ; CIC. *Dom.* 116.

pĕrītē, adv. (*peritus*), en connaisseur, habilement, avec art : CIC. *Leg.* 2, 29 ; 3, 49 ; *de Or.* 2, 81 ‖ **-tius** CIC. *Balb.* 2 ; **-tissime** CIC. *Verr.* 2, 135.

Pērĭthŏus, V. *Pirithous*.

pĕrītĭa, *ae*, f. (*peritus*), connaissance [acquise par l'expérience], expérience : SALL. *J.* 46, 8 ‖ science, habileté, talent : *cui peritia legum* TAC. *An.* 4, 58, qui était un savant jurisconsulte ; *futurorum* SUET. *Tib.* 67, science de l'avenir.

pĕrĭtōnaeos membrāna, f. (περιτόναιος), C. *peritonaeum* : CAEL.-AUR. *Chron.* 3, 4, 57.

pĕrĭtōnaeum (-nēum), *i*, n. (περιτόναιον), péritoine [anatomie] : CAEL.-AUR. *Acut.* 3, 17, 142 ; *Chron.* 4, 7, 93.

pĕrĭtrētŏs (-ŏn), *i* (περίτρητος), péritrète [montant horizontal de la catapulte ou de la baliste, dans lequel sont percés les trous des ressorts] : VITR. 10, 10, 2.

pĕrītus, *a, um* (*perior*), qui sait par expérience, qui s'y connaît, qui a la pratique ; expérimenté, connaisseur : *homines docti vel usu periti* CIC. *Off.* 1, 147, les hommes savants [philosophes] ou d'expérience ‖ [avec gén.] *antiquitatis nostrae peritus* CIC. *Brut.* 205, au courant de notre passé ; *juris peritissimus* CIC. *Brut.* 145, le meilleur juriste ; *definiendi peritus* CIC. *Off.* 3, 60, qui se connaît en définitions ‖ [avec abl.] *quis jure peritior ?* CIC. *Clu.* 107, est-il meilleur jurisconsulte ? ; *peritus bello* VELL. 2, 29, 3, rompu à l'art de la guerre ‖ [avec *de*] VARR. *R.* 1, 2, 10 ; [avec *in* abl.] PROP. 3, 32, 82, au courant de qqch. ‖ [avec inf.] habile à, qui sait : VIRG. *B.* 10, 32 ; TAC. *Agr.* 8 ‖ [avec prop. inf.] sachant par expérience que : FLOR. 3, 1, 7 ‖ [avec acc.] *arma virumque peritus* AUS. *Epigr. App.* 3 (137), 1, qui possède son Énéide [*arma virumque* en est le début] ‖ *perita fabula* AUS. *Ep.* 16, 92, récit fait avec art.

Perīus, *ii*, m., un des fils d'Égyptus : HYG. *Fab.* 170.

Pĕrixyŏmĕnŏs ou **-us**, *i*, m. (Περιξυόμενος), le Périxyomène, celui qui se racle avec un strigile [titre d'une statue du sculpteur Antignote] : PLIN. 34, 86.

pĕrĭzōma, *ătis*, n. (περίζωμα), ceinture : ISID. 19, 22, 5.

perjĕrātĭuncŭla, V. *pejer-* *PL. *St.* 229.

perjĕro (pĕrĭĕro), C. *pejero* PL. *As.* 293 ; *Bac.* 1030 ; *1042* ; *Truc.* 30 ; MINUC. 24, 1.

perjūcundē, adv., très agréablement : CIC. *Cael.* 25 ; **(is) fuit perjucunde** CIC. *Att.* 13, 52, 1, il s'est montré très aimable.

perjūcundus, *a, um*, très agréable : CIC. *Fam.* 1, 7, 3 ; *de Or.* 2, 26 ‖ [avec tmèse] *perquejucunda* CIC. *de Or.* 1, 205.

perjūgis, *e*, qui coule sans arrêt : ALCIM. *Ep.* 24.

perjūrĭōsus, *a, um*, parjure [par habitude] : PL. *Truc.* 153.

perjūrĭum, *ii*, n. (*perjurus*), parjure : CIC. *Off.* 3, 108 ; *Leg.* 2, 22 ; FONT. 35.

perjūrō (perjurus), v. *pejero* : Cic. *Off.* 3, 108.

perjūrus, a, um (per jus ; cf. *perfidus*), parjure, menteur, imposteur : Cic. *Com.* 46 ; **perjura fides** Hor. *O.* 3, 24, 59, perfidie, mauvaise foi ‖ **-ior** Pl. *Mil.* 21 ; **-issimus** Cic. *Com.* 20.
► compar. *pejurius* *Pl. *Trin.* 201.

perlābor, ĕris, lābī, lapsus sum ¶1 intr., glisser à travers, dans : [avec *per*] Lucr. 4, 248 ‖ glisser (arriver) jusqu'à [avec *ad*] : Lucr. 4, 357 ; Cic. *Tusc.* 1, 28 ; Virg. *En.* 7, 646 ¶2 tr., traverser : Lucr. 5, 764 ‖ glisser à la surface de : Virg. *En.* 1, 147.

perlăbōrō, ās, āre, -, -, intr., [chrét.] lutter fort : VL. *Jud. ep.* 3.

perlactō, ās, āre, -, -, tr., sevrer : Ambr. *Psalm.* 118, 19, 21.

perlaetus, a, um, très joyeux : Liv. 10, 21, 6.

perlambō, ĭs, ĕre, -, -, tr., lécher partout : Alcim. *Carm.* 3, 243.

perlapsus, a, um, part. de *perlabor*.

perlātē, adv., très loin : Cic. *de Or.* 2, 17.

perlătĕō, ēs, ēre, ŭī, -, intr., rester caché constamment : Ov. *A. A.* 3, 416.

perlātĭō, ōnis, f. (*perfero*), transport : Hyg. *Astr.* 1 pr. ‖ [fig.] action de supporter, résignation à : Lact. *Inst.* 5, 22, 3.

perlātŏr, ōris, m. (*perfero*), porteur [de lettres], messager : Symm. *Ep.* 5, 28 ; Amm. 21, 16, 11.

perlātrix, īcis, f., porteuse [de lettres] : Ennod. *Ep.* 1, 22.

perlātus, a, um, part. de *perfero*.

perlaudābĭlis, e, très remarquable, très beau : Dict. 6, 14.

perlĕcĕbra, ae, f., amorce, appât, séduction : Pl. *Bac.* 1167 ; *As.* 133.

perlectus (**pell-**), a, um, part. de *perlego*.

perlĕgō (**pell-**), ĭs, ĕre, lēgī, lectum, tr. ¶1 parcourir des yeux, passer en revue : Virg. *En.* 6, 33 ; Ov. *F.* 1, 591 ¶2 lire en entier, lire jusqu'au bout : Cic. *Div.* 1, 8 ; *Att.* 13, 44, 2 ; Caes. *C.* 1, 19, 1 ‖ lire jusqu'au bout à haute voix : Pl. *As.* 748.
► forme *pell-* Pl. *As.* 748 ; *Bac.* 1037 ; *Cic. *Att.* 13, 44, 2.

perlĕpĭdē, adv., très joliment : Pl. *Cas.* 927.

perlēvī, parf. de *perlino*.

perlĕvis, e, très léger, très faible : Cic. *Agr.* 2, 80 ; Liv. 21, 43, 11.

perlĕvĭtĕr, adv., très légèrement, très faiblement : Cic. *Tusc.* 3, 61.

perlexī, parf. de *perlicio*.

perlĭbens (**-lŭbens**), tis, part.-adj., qui fait très volontiers : Pl. *Trin.* 780 ; 1041 ‖ **me perlubente** Cic. *Q.* 2, 6, 6, à mon grand plaisir.

perlĭbentĕr (**-lŭ-**), adv., très volontiers : Cic. *Att.* 8, 14, 2.

perlībĕrālis, e, de très bon ton, très distingué : Ter. *Hec.* 864.

perlībĕrālĭtĕr, adv., très généreusement, très obligeamment : Cic. *Att.* 10, 4, 10.

perlĭbĕt (**-lŭbĕt**), ēre, ŭĭt, -, intr., [suivi de l'infin.] il est très agréable [de] : Pl. *Ru.* 353 ; Capr. 833.

perlībrātĭō, ōnis, f. (*perlibro*), établissement du niveau [des eaux] : Vitr. 8, 5, 1.

perlībrō, ās, āre, āvī, ātum, tr. ¶1 niveler tout à fait, égaliser : Col. 3, 13, 13 ; **planities perlibrata** Col. 2, 2, 1, plaine de niveau ‖ établir correctement le niveau : Vitr. 8, 5, 2 ¶2 brandir : Sil. 2, 189.

perlĭcĭo, v. *pellicio*.

perlĭgō, ĭs, ĕre, -, -, c. *perlego* : CIL 1, 1837.

perlīmō, ās, āre, -, -, tr., limer = aiguiser [la vue] : Vitr. 5, 9, 5.

perlĭnĭō, ĭs, īre, -, - et **perlĭnō**, ĭs, ĕre, -, lĭtum, tr., enduire entièrement, frotter de : Col. 9, 12, 2 ; 7, 5, 4 ; v. *lino* ‖ [fig.] Amm. 26, 10, 10.

perlĭquĭdus, a, um, très liquide : Cels. 2, 4, 9.

perlĭtō, ās, āre, āvī, ātum (1 per, lito), intr., faire un sacrifice agréable aux dieux, obtenir des présages favorables : Liv. 41, 14, 7 ; 41, 15, 3 ‖ [pass. impers.] Liv. 36, 1, 3 ; **diu non perlitatum tenuerat dictatorem** Liv. 7, 8, 5, des sacrifices longtemps défavorables avaient retenu le dictateur ‖ tr., **res divinae perlitatae** Val. Ant. d. Gell. 1, 7, 10, sacrifice agréé des dieux.

perlittĕrātus, a, um, très instruit : Hier. *Ep.* 52, 8.

perlītus, a, um, part. de *perlino*.

perlongātŭs, ūs, m., prolongement : Greg.-M. *Ep.* 9, 107.

perlongē, adv., très loin : Ter. *Eun.* 609.

perlonginquus, a, um, de très longue durée : Pl. *Bac.* 1193.

perlongus, a, um, très long : Cic. *Att.* 5, 20, 8 ‖ [fig.] de très longue durée : Pl. *Trin.* 745.

perlŭb-, v. *perlib-*.

perlŭc-, v. *pell-*.

perluctŭōsus, a, um, très affligeant, très déplorable : Cic. *Q.* 3, 8, 5.

perlūmĭnō, ās, āre, -, -, tr., rendre la vue à : *Tert. *Carn.* 4, 4.

perlŭō, ĭs, ĕre, lŭī, lūtum, tr., humecter à fond : Petr. 120, 97 ; Plin. 10, 127 ; Col. 12, 20, 3 ‖ laver, rincer, nettoyer : Ov. *F.* 5, 435 ‖ **perlui**, se baigner : Caes. *G.* 6, 21, 5 ; Hor. *Ep.* 1, 15, 4 ; Ov. *M.* 3, 173.

perlūsōrĭus, v. *prolusorius* *Ulp. *Dig.* 49, 1, 14 pr.

perlustrātus, a, um, part. de *perlustro*.

perlustrō, ās, āre, āvī, ātum, tr. ¶1 parcourir, explorer : Liv. 7, 34, 15 ; 8, 36, 9 ‖ [fig.] examiner avec soin, passer en revue : **animo** Cic. *Part.* 38, passer en revue par la pensée, réfléchir à ; **oculis** Liv. 23, 46, 13, parcourir du regard ¶2 purifier : Col. 8, 5, 11.

perlūtus, a, um, part. de *perluo*.

permăcĕr, cra, crum, très maigre : Cels. 2, 21 ‖ [fig.] maigre [en parl. de la craie] : Cat. d. Plin. 18, 34.

permăcĕrō, ās, āre, -, -, tr., faire macérer entièrement : Vitr. 7, 2, 1.

permădĕfăcĭō, ĭs, ĕre, -, -, tr., inonder [fig.] : Pl. *Most.* 143.

permădescō, ĭs, ĕre, dŭī, -, intr., devenir tout à fait humide ; [au parf.] être entièrement trempé : Col. 2, 4, 4 ‖ [fig.] **deliciis** Sen. *Ep.* 20, 13, nager dans les délices ‖ s'amollir : Sen. *Prov.* 4, 9.

permaestus, a, um, très affligé : Dict. 1, 23.

permagni, [gén. de prix de *permagnus*] très cher : [avec tmèse] **per enim magni aestimo** Cic. *Att.* 10, 1, 1, j'estime à très haut prix ‖ [avec *interest*] il importe grandement : Cic. *Att.* 9, 9, 3 ; *Fam.* 11, 16, 1.

permagnĭfĭcus, a, um, très splendide : Vulg. *Esther* 2, 18.

permagnō, adv. (abl. de prix de *permagnus*), très cher, à un prix très élevé : [avec *aestimare, vendere*] Cic. *Verr.* 4, 13 ; 3, 90.

permagnus, a, um, très grand, très considérable, très important : Cic. *Fin.* 1, 15 ; Caes. *G.* 7, 31, 4 ; **permagnum est** [avec prop. inf.] Cic. *Rep.* 1, 14, il est très beau que, cf. *Tusc.* 1, 111 ‖ v. *permagni, permagno*.

permānantĕr, adv., en se répandant : Lucr. 6, 916.

permānascō, ĭs, ĕre, -, - (*permano*), intr., parvenir jusqu'à [en parl. d'une rumeur] : [avec *ad*] Pl. *Trin.* 155.

permănens, entis, part.-adj. de *permaneo*, permanent : **vox** Cic. *Brut.* 141, voix dont le ton se maintient sans défaillance [égale].

permănĕō, ēs, ēre, mansī, mansum, intr. ¶1 demeurer jusqu'au bout (d'un bout à l'autre), rester de façon persistante : Cic. *Tusc.* 1, 108 ; *Leg.* 2, 63 ; **quis confidit sibi semper id stabile et firmum permansurum quod...** Cic. *Fin.* 2, 86, peut-on croire qu'on gardera toujours, durable et solide, un bien qui... ; [avec gén. de qualité comme attribut] **sola (virtus) permanet tenoris sui** Sen. *Ep.* 76, 19, seule la vertu préserve toujours sa continuité ¶2 rester, persister, persévérer : **in voluntate** Cic. *Fam.* 5, 2, 10, persister dans une résolution, cf. *Att.* 1, 20, 3 ; *Off.* 1, 112 ; **in officio** Caes. *G.* 5, 4, 2, rester dans le devoir.

permānō, ās, āre, āvī, ātum, intr. ¶1 couler à travers, s'insinuer, circuler : [avec *in* abl.] Lucr. 1, 348 ; [avec *per*] Lucr.

permano

2, 397 ; [avec acc. dépendant de *per*] Lucr. 1, 494 ¶ **2** pénétrer dans, parvenir à, se répandre dans : [avec *in* acc.] Cic. *Clu.* 173 ; *Tusc.* 4, 2 ; [avec *ad*] Cic. *Nat.* 2, 137 ; *Tusc.* 2, 42 ; *Balb.* 56 ; Caes. *C.* 2, 29 ‖ s'ébruiter, transpirer : Pl. *Capr.* 220.

permansī, parf. de *permaneo*.

permansĭo, ōnis, f. (*permaneo*), action de séjourner, séjour : Cic. *Att.* 11, 18, 1 ‖ [fig.] persistance : (**in aliqua re**) Cic. *Fam.* 1, 9, 21 ; *Inv.* 2, 164.

permansŏr, ōris, m. (*permaneo*), qui demeure avec : Aug. *Serm. Dolbeau* 26, 42.

permarcĕō, ēs, ēre, -, -, intr., être affaibli : Enn. *An.* 534.

permarcescō, ĭs, ĕre, -, -, intr., s'affaiblir tout à fait : Orig. *Matth.* 48.

permărīni, m. pl. (*dii* ou *lares, per mare*, cf. *marinus*), qui protègent sur mer : Liv. 40, 52, 4 ; Aur. d. Front. *Caes.* 3, 10, 2, p. 47 N.

permātūrescō, ĭs, ĕre, rŭī, -, intr., [employé au parfait], parvenir à une entière maturité : Cels. 2, 24, 3 ; Ov. *M.* 4, 165.

permātūrō, ās, āre, āvī, -, intr., parvenir à une entière maturité : Hyg. *Fab.* 136, 3.

permātūrus, a, um, parfaitement mûr : Col. 12, 48, 1.

permaxĭmus, a, um, extrêmement grand : Decl. Catil. 21.

permĕābĭlis, e, qui peut être traversé : Solin. 47, 1.

permĕātŏr, ōris, m., celui qui pénètre : Tert. *Apol.* 21, 10.

1 **permĕātus**, a, um, part. de *permeo*.

2 **permĕātŭs**, ūs, m., passage : Plin. 20, 228.

permĕdĭŏcris, e, très moyen : Cic. *de Or.* 1, 220.

permĕdĭtātus, a, um, bien endoctriné : Pl. *Ep.* 375.

permĕdĭus, a, um, qui se trouve bien au milieu : Fort. *Carm.* 5, 6, pr. 15 ; *Ep.*.

permēĭō, ĭs, ĕre, -, -, ► *permingo* : Dosith. 7, 425, 14.

permensĭo, ōnis, f., action de mesurer entièrement : **terrae** Capel. 7, 725, 1, la géométrie.

permensūrō, ās, āre, -, -, tr., mesurer : Grom. 242, 14.

permensus, a, um, part. de *permetior*, [passif] mesuré : Col. 3, 13, 13 ‖ [fig.] traversé, parcouru : Apul. *M.* 8, 18 ; 10, 18.

permĕō, ās, āre, āvī, ātum ¶ **1** intr., aller jusqu'au bout, pénétrer jusqu'à (dans) : [avec *sub* acc.] Plin. 31, 55 ; [avec *in* acc.] Tac. *An.* 15, 9 ‖ continuer, aller de l'avant : Col. 11, 1, 16 ¶ **2** tr., traverser : Plin. 15, 90 ; Ov. *Pont.* 4, 11, 16 ; Luc. 2, 418 ; [pass.] Amm. 21, 13, 2.

permĕrĕō, ēs, ēre, ŭī, -, intr., faire son service militaire jusqu'au bout : Stat. *S.* 1, 4, 74.

Permessĭs, ĭdis, f. (Περμησσίς), source du Permesse [consacrée aux Muses] : Mart. 1, 76, 11.

Permessus, i, m. (Περμησσός), le Permesse [fleuve de Béotie sortant de l'Hélicon dont la source était consacrée aux Muses] : Virg. *B.* 6, 64 ‖ **-ssĭus**, a, um, du Permesse : Claud. *Seren.* 8.

permētĭor, īris, īrī, mensus sum, tr., mesurer entièrement : Cic. *Ac.* 2, 126 ‖ [fig.] parcourir : Pl. *Truc.* 304 ; Lucr. 6, 1142 ; Virg. *En.* 3, 157 ► *permensus*.

permētō, ĭs, ĕre, -, -, tr., moissonner complètement : Vl. *Lev.* 19, 9.

permīlĭtō, ās, āre, -, -, intr., faire son temps de service [militaire] en entier : Ulp. *Dig.* 27, 1, 9.

permingō, ĭs, ĕre, minxī, -, tr., inonder d'urine, compisser : *Lucil. 1248 ‖ ► *stuprare* : Hor. *S.* 1, 2, 44.

permĭnĭmus, a, um, extrêmement petit : Juvc. 3, 583.

permīrābĭlis, e, ► *permirandus* Aug. *Gen. litt.* 1, 10.

permīrandus, a, um, très étonnant, très merveilleux : Jul.-Val. 3 ‖ [avec tmèse] *per hercle rem mirandam* Gell. 3, 6, 1.

permīrus, a, um, très étonnant : *permirum mihi videtur* [avec prop. inf.] Cic. *Div.* 2, 99, il me paraît très étonnant que ; *illud mihi permirum accidit* [avec prop. inf.] Cic. *Fam.* 3, 10, 5, un fait qui me surprend fort, c'est que ... ‖ [avec tmèse] *per mihi mirum* Cic. *de Or.* 1, 214.

permiscĕō, ēs, ēre, miscŭī, mixtum ou mistum, tr. ¶ **1** mêler, mélanger : [avec *cum*] Cic. *Tim.* 22 ; *Vat.* 13 ; Caes. *G.* 7, 62, 9 ; [avec dat.] Liv. 21, 14, 1 ; [poét.] *alicui totum ensem* Sil. 10, 259, enfoncer son épée tout entière dans le corps de qqn ; *fructus acerbitate permixti* Cic. *Planc.* 92, fruits mêlés d'âpreté ; *clamor permixtus ploratibus* Liv. 38, 22, 8, cris mêlés de gémissements ¶ **2** troubler, bouleverser : Cic. *Planc.* 41 ; *Verr.* 2, 123 ; Sall. *J.* 5, 2. ► les formes *permist-* ne sont pas classiques.

permīsī, parf. de *permitto*.

permissĭo, ōnis, f. (*permitto*) ¶ **1** action de livrer à la discrétion, reddition : Liv. 37, 7, 2 ¶ **2** permission : Cic. *Q.* 3, 1, 9 ¶ **3** concession [rhét.] : Her. 4, 39 ; Quint. 9, 2, 25.

permissŏr, ōris, m., celui qui permet : Tert. *Marc.* 1, 22, 10.

permissum, i, n. (*permissus*), permission : Hor. *Ep.* 2, 1, 45.

1 **permissus**, a, um, part. de *permitto*.

2 **permissŭs**, abl. ū, m., permission : Cic. *Agr.* 2, 35 ; *Verr.* 3, 184.

permĭtĭālis, e (*permities*), mortel, fatal : Lucr. 1, 451.

permĭtĭēs, ēī, f. (obscur), ruine : Pl. *Most.* 3 ; *Ps.* 364.

► équivalent arch. de *pernicies*, faute pour Don. *Gram.* 4, 392, 17.

permītis, e, très doux : Col. 12, 42, 1.

permittō, ĭs, ĕre, mīsī, missum, tr. ¶ **1** lancer d'un point à un autre, jusqu'à un but : **longius tela** Hirt. *G.* 8, 9, 4, faire porter plus loin les traits ; **saxum in hostem** Ov. *M.* 12, 282, lancer un rocher sur l'ennemi ¶ **2 a)** faire aller jusqu'à un but : **equos in hostem permittunt** Liv. 3, 61, 9, ils poussent leurs chevaux sur l'ennemi ; **se permittere in aliquem** Hirt. *G.* 8, 48, 3, se lancer [à cheval] contre qqn ‖ **odor permittitur longius** Lucr. 4, 688, l'odeur porte (se fait sentir) plus loin **b)** laisser aller : **habenas equo** Tib. 4, 1, 92, lâcher la bride à un cheval ; [fig.] **vexandis consulibus tribunatum** Liv. 2, 56, 2, lâcher la bride à son tribunat pour persécuter les consuls ¶ **3** remettre, abandonner, confier : **alicui imperium** Cic. *Verr.* 5, 104, remettre à qqn le commandement en chef ; **simili senatusconsulto consulibus est permissa res publica** Cic. *Cat.* 1, 4, par un semblable sénatus-consulte le salut de l'État fut remis aux consuls ; *se suaque omnia in potestatem alicujus (potestati alicujus)* Caes. *G.* 2, 3, 2 ; 2, 31, 3, se remettre avec tous ses biens au pouvoir de qqn ; **alicujus imperio rem publicam tuendam** Liv. 42, 409, 3, confier aux pouvoirs de qqn la protection de l'État ; [abs^t] donner les pleins pouvoirs, s'en remettre à : Liv. 23, 2, 8 ‖ abandonner, sacrifier : **inimicitias patribus conscriptis** Cic. *Sest.* 72, sacrifier ses ressentiments aux sénateurs ; **aliquid iracundiae tuae permitto** Cic. *Sull.* 46, je passe qqch. à ton emportement ¶ **4** laisser libre, permettre : **quid tibi permittatur, cognosti** Cic. *Fam.* 6, 8, 1, tu sais ce qui t'est permis ‖ **alicui aliquid facere** Cic. *Verr.* 5, 22, permettre à qqn de faire qqch. ; **transire permittitur** Sen. *Ben.* 4, 12, 2, il est permis de passer ; **Gallias exercitibus diripiendas permittere** Suet. *Ner.* 43, permettre aux armées le pillage des Gaules ‖ **alicui permittere, ut** Cic. *de Or.* 2, 366, permettre à qqn de ; **permisso, ut** Curt. 8, 12, 6, la permission étant donnée de, cf. Liv. 6, 25, 5 ‖ [avec subj.] *agant permittit* Sall. *C.* 45, 1, il permet qu'ils fassent, cf. Liv. 24, 14, 5 ; Plin. *Ep.* 4, 11, 13.

permixtē, adv. (*permixtus*), confusément, pêle-mêle [fig.] : Cic. *Inv.* 1, 32 ; *Part.* 24 ; **permixtim**, Cic. *Inv.* 1, 49 ; Prud. *Perist.* 11, 192.

permixtĭo, ōnis, f., mixtion, mélange : Cic. *Tim.* 37 ‖ [fig.] bouleversement, confusion : Sall. *J.* 41, 10 ; Aur.-Vict. *Caes.* 41, 14.

permixtus, a, um, part. de *permisceo*, mêlé, mélangé, confondu : Lucr. 3, 643 ; 3, 749.

permŏdestus, *a*, *um*, très modéré, très réservé, très modeste : Cic. Cat. 2, 12 ; Tac. An. 1, 7.

permŏdĭcē, adv., très peu, très légèrement : Col. 5, 11, 7.

permŏdĭcus, *a*, *um*, très mesuré, très peu étendu : Suet. Aug. 6 ‖ [fig.] très peu considérable : Dig. 11, 7, 20 ‖ subst. n. pl. *permodica*, bribes (restes d'un repas) : Ps. Aur.-Vict. Epit. 24, 5.

permŏlestē, adv., avec le plus grand déplaisir : Cic. Verr. 4, 131.

permŏlestus, *a*, *um*, très pénible, insupportable : Cic. Att. 1, 18, 2 ; *permolestum est, nisi fit* Cic. Rep. 1, 32, c'est très fâcheux, si cela ne se produit pas.

permollis, *e*, très mou : Orib. Syn. 7, 8 add. Aa.

permŏlō, *ĭs*, *ĕre*, -, -, tr., moudre à fond, broyer : Samm. 334 ‖ [fig.] mettre à mal : Hor. S. 1, 2, 35.

permonstrō, *ās*, *āre*, -, -, tr., montrer : Amm. 18, 6, 9.

permŏrĭor, *mŏrĕris*, *mŏrī*, -, intr., mourir entièrement : Commod. Apol. 745.

permŏror, *ārĭs*, *ārī*, -, intr., s'arrêter longtemps : Not. Tir. 63.

permōtātus, *a*, *um* (3 per-, moto), très agité : *Commod. Instr. 1, 12, 16 [var. permutate].

permōtĭo, *ōnis*, f. ¶1 excitation, émotion : *(divinans) mentis incitatione et permotione divina* Cic. Div. 1, 89, (prophétisant) parce que son esprit recevait une impulsion, une excitation de la divinité, cf. Div. 2, 9 ; *permotionis causa* Cic. de Or. 2, 216, pour émouvoir fortement ¶2 trouble de l'âme, émotion, sentiment, passion : *animi permotio, quae... imitanda est actione* Cic. de Or. 3, 215, l'émotion (la passion) que l'action doit traduire..., cf. Ac. 2, 135 ; *animi permotiones* [pl.] Cic. de Or. 1, 42, les passions.

permōtus, *a*, *um*, part. de *permoveo*.

permŏvĕō, *ēs*, *ēre*, *mōvī*, *mōtum*, tr. ¶1 agiter (remuer) fortement : [la terre] Col. 2, 12, 2 ; [les flots] Lucr. 6, 726 ¶2 [fig.] émouvoir, ébranler, toucher : *vita, mors, divitiae, paupertas omnes homines vehementissime permovent* Cic. Off. 2, 27, la vie, la mort, la richesse, la pauvreté sont les choses qui émeuvent le plus fortement tous les hommes ; *aliquem pollicitationibus* Caes. C. 3, 9, 2, ébranler qqn par des promesses, cf. G. 1, 3, 1 ; *miseratione mentem judicum* Cic. Or. 131, émouvoir les juges par le pathétique, cf. Opt. 3 ; *permoveri labore* Caes. G. 7, 40, 4, (être ébranlé) se laisser abattre par les fatigues ; *non permovere aliquem quominus* Cic. Har. 27, ne pas avoir sur qqn une action qui l'empêche de ‖ *permoveri mente* Cic. Div. 1, 120, avoir l'esprit agité, transporté ‖ *dolore, metu permotus* Cic. Att. 10, 4, 6, affecté par la douleur, la crainte = sous le coup de... ; *his ipsis sensibus... permoveor* Cic. de Or. 2, 189, j'éprouve ces sentiments eux-mêmes ‖ exciter, susciter [une passion, un sentiment : haine, pitié, colère] : Tac. An. 1, 21.

permulcĕō, *ēs*, *ēre*, *mulsī*, *mulsum* et *mulctum*, tr. ¶1 caresser : Ov. F. 4, 551 ; Liv. 5, 41, 9 ‖ toucher légèrement : *flatu* Cic. poet. Nat. 2, 114, caresser de son souffle [en parl. du vent] ¶2 [fig.] flatter, charmer : *aures* Cic. Or. 163, charmer l'oreille, cf. Fin. 2, 32 ; *aliquem* Cic. de Or. 2, 315, charmer qqn ‖ apaiser, calmer, adoucir : *animos* Caes. G. 4, 6, 5, apaiser les esprits, cf. Cic. CM 4 ; Tac. An. 2, 34 ; *iram* Liv. 39, 23, apaiser la colère de qqn.
▶ part. *permulsus* Her. 3, 21 ; Caes G. 4, 6, 5 ; Cic. Frg. A. 12, 2 ‖ *permulctus* Sall. H. 4, 58 ; Gell. 1, 11, 2.

permulctus, v. *permulceo* ▶.

permulsĭo, *ōnis*, f. (*permulceo*), caresse : Non. 59, 25.

permulsus, *a*, *um*, part. de *permulceo*.

permultō, adv. (*permultus*), extrêmement [devant un compar.] : Cic. Div. 2, 126.

permultum, adv. (n. de *permultus*) ¶1 pris adv[t], extrêmement, très fort, beaucoup : Cic. Fam. 3, 11, 1 ; Off. 1, 27 ; Pomp. 54 ¶2 pris subst[t], une très grande quantité : Pl. Bac. 20 ; Cic. Fam. 5, 16, 5.

permultus, *a*, *um* ¶1 v. ▶ *permultum* ¶2 en très grand nombre, beaucoup de : Cic. Leg. 3, 31 ; Rep. 2, 19 ; Div. 1, 121 ‖ *permulti* Cic. Clu. 116, un très grand nombre de personnes ; *permulta* Cic. Caecin. 56, un très grand nombre de choses, de faits.

permundō, *ās*, *āre*, -, -, tr., nettoyer parfaitement : Vulg. Matth. 3, 12.

permundus, *a*, *um*, très propre : Varr. R. 3, 7, 5.

permūnĭō, *īs*, *īre*, *īvī*, *ītum*, tr., achever de fortifier : Liv. 30, 16, 1 ‖ fortifier solidement : Tac. An. 4, 24.

permūtābĭlis, *e*, qui peut être changé : Amm. 31, 2, 11.

permūtātim, adv., réciproquement : Boet. Arith. 2, 40, 7.

permūtātĭo, *ōnis*, f. (*permuto*) ¶1 changement, modification : Cic. Sest. 73 ; Par. 51 ¶2 permutation [de pers.] : Juv. 6, 653 ‖ échange, troc : Liv. 23, 7, 2 ; Tac. G. 5, 4 ; [pl.] Cic. Pis. 48 ‖ opération par lettre de change : Cic. Fam. 3, 5, 4 ; Att. 5, 13, 2 ‖ permutation [rhét.] : Her. 146, 4.

permūtātus, *a*, *um*, part. de *permuto*.

permūtō, *ās*, *āre*, *āvī*, *ātum*, tr. ¶1 changer complètement, mettre en sens inverse : *arborem in contrarium* Plin. 17, 84, orienter un arbre en sens contraire ; *permutata ratione* Plin. 19, 106, en sens contraire ‖ *rei publicae statum* Cic. Leg. 3, 20, changer complètement la constitution ¶2 échanger : *galeam* Virg. En. 9, 307, faire l'échange de son casque ; *aliquid aliqua re* Hor. O. 1, 17, 47, échanger qqch. contre qqch., cf. Plin. 34, 163 [ou] *cum aliqua re* Plin. 11, 203 ; *captivos* Liv. 22, 23, 6, échanger ou racheter les captifs ‖ troquer contre de l'argent, acheter : *equos talentis auri* Plin. 6, 198, troquer des chevaux contre des talents d'or, cf. Curt. 4, 11, 12 ¶3 faire un échange d'argent, changer : *denarium sedecim assibus permutari* Plin. 33, 45, changer un denier contre seize as ‖ payer par lettres de change : *quod tecum permutavi* Cic. Att. 5, 15, 2, ce que je t'ai emprunté par lettre de change [contre ma signature] ; *quaero, quod illi opus erit, Athenis permutarine possit* Cic. Att. 12, 24, 1, dis-moi si l'argent dont il aura besoin pourra être touché à Athènes par lettres de change, cf. Cic. Att. 15, 15, 4.

perna, *ae*, f. (*pernix*, cf. hit. *parsnāi*-, *parsinas*, scr. *pā́rṣṇi*-s, πτέρνα, al. *Ferse*; esp. *pierna*) ¶1 cuisse [avec la jambe] : Enn. An. 286 ‖ cuisse [d'anim.] : Plin. 28, 286 ‖ jambon : Hor. S. 2, 2, 117 ¶2 pinne marine, coquillage : Plin. 32, 154 ¶3 partie de la souche arrachée avec un rejeton : Plin. 17, 67.

pernārĭus, *ii*, m., marchand de jambons : CIL 6, 31120.

pernarrō, *ās*, *āre*, -, -, tr., narrer tout au long : Gloss. 2, 252, 58.

pernāvĭgātus, *a*, *um*, traversé en naviguant : Plin. 2, 167.

Pernē, *ēs*, f., île près de Milet qui fut réunie au continent : Plin. 2, 204.

pernĕcessārĭō, adv., nécessairement : Rufin. Apol. Orig. 9, p. 607 C.

pernĕcessārĭus, *a*, *um* ¶1 très nécessaire : Cic. Att. 5, 21, 1 ¶2 intime ami, très intime : [adj.] Cic. Flac. 14 ; de Or. 2, 202 ; [subst.] Cic. Fam. 9, 13, 1 ; 13, 31, 1.

pernĕcesse est, impers., il est très nécessaire : Cic. Tull. 49.

pernĕcō, *ās*, *āre*, *āvī*, -, tr., tuer entièrement : Ps. Aug. Serm. 217, 1.

pernĕglĕgens, *tis*, très négligent : VL. Num. 5, 6.

pernĕgō, *ās*, *āre*, *āvī*, *ātum*, tr. ¶1 nier absolument : Pl. Aul. 765 ; Cic. Cael. 65 ¶2 refuser absolument : [abs[t]] persister dans un refus : Cic. Verr. 1, 106 ; [pass. impers.] *pernegatur* Cic. Verr. 4, 76, on refuse absolument ‖ *rem alicui* Sen. Ben. 5, 17, 2, refuser obstinément qqch. à qqn.

pernĕō, *ēs*, *ēre*, *ēvī*, *ētum*, tr., achever de filer, filer jusqu'au bout [fig. en parl. des Parques] : Mart. 1, 88, 9.

pernĭcĭābĭlis, *e* (*pernicies*), pernicieux, funeste : Liv. 27, 23, 6 ; Curt. 7, 3, 13 ; Tac. An. 4, 34.

pernĭcĭālis, *e*, c. *perniciabilis* Plin. 8, 13.

Pernĭcĭăcum, *i*, n., ville des Atuatuques [en Belgique] : Anton. 378.

pernĭcĭē, dat., v. *pernicies* ▶.

pernicies

pernĭcĭēs, *ēī*, f. (1 *per*, *nex*) ¶ **1** destruction, ruine, perte : *perniciem rei publicae moliri* CIC. *Cat.* 1, 5, préparer la ruine de l'État ; *incumbere ad perniciem alicujus* CIC. *Mur.* 59, s'acharner à la perte de qqn ; cf. *mea, tua pernicies* : CIC. *Cat.* 1, 11 ; 33 ǁ *in apertam perniciem incurrere* CIC. *Nat.* 3, 69, courir à une perte certaine ¶ **2** cause de ruine, fléau : *pernicies provinciae Siciliae* CIC. *Verr. prim.* 2, (Verrès) le fléau de la province de Sicile, cf. CIC. *Mil.* 84.
▶ qqf. orth. *pernities* d. mss ǁ anc. gén. *pernicii*, v. GELL. 9, 14, 12 ; NON. 486, 30 et *pernicies* CHAR. 31, 20 ǁ anc. dat. *pernicie* GELL. 9, 14, V. *permities*.

pernĭcĭi, V. *pernicies* ▶.

pernĭcĭōsē, adv., pernicieusement, d'une manière funeste : CIC. *Leg.* 2, 13 ǁ -*sius* CIC. *Leg.* 3, 32 ; -*sissime* AUG. *Spir.* 2, 3.

pernĭcĭōsus, *a*, *um*, pernicieux, funeste, dangereux : CAES. *C.* 1, 7, 5 ; CIC. *Sest.* 139 ; *Mur.* 81 ǁ -*ciosior* CIC. *Tusc.* 3, 5 ; -*issimus* CIC. *Clu.* 4 ; *Rep.* 2, 47.

pernīcis, gén. de *pernix*.

pernīcĭtās, *ātis*, f. (*pernix*), agilité et souplesse des membres [que la vieillesse enlève, cf. PL. *Men.* 756] ; vitesse, légèreté : CIC. *Tusc.* 5, 45 ; CAES. *C.* 3, 84 ; LIV. 9, 16, 13.

pernīcĭtĕr, adv. (*pernix*), avec agilité, légèrement : PL. *Amp.* 1116 ; CATUL. 61, 8 ; LIV. 26, 4, 5.

pernĭgĕr, *nĭgra*, *nĭgrum*, très noir : PL. *Poen.* 1113.

pernĭmĭum, adv., beaucoup trop : TER. *Ad.* 393 ; DIG. 48, 3, 2.

pernĭmĭus, *a*, *um*, beaucoup trop grand, excessif : PAUL.-PETR. *Mart.* 5, 827.

pernĭo, *ōnis*, m. (*perna*) engelure aux pieds : PLIN. 23, 74.

pernītĕō, *ēs*, *ēre*, -, -, intr., reluire : MEL. 3, 88.

pernĭtĭēs, V. *pernicies*.

pernĭuncŭlus, *i*, m., dim. de *pernio*, PLIN. 26, 101.

pernĭvĕus, *a*, *um*, blanc comme neige : ALDH. *Carm.* 5, 110.

pernix, *īcis* (*perna*), agile, rapide, vif, léger : [à propos de pers.] *pernix sum pedibus* PL. *Mil.* 630, j'ai le pied agile [cf. " bon pied, bon œil "] ; *pernicibus plantis* VIRG. *En.* 11, 718, d'un pied léger ; *corporum multa exercitatione pernicium* LIV. 28, 20, 3, (des hommes) ayant le corps rendu agile par de nombreux exercices ; *jacet pernix* VIRG. *G.* 3, 230, [meill. mss et Servius] il repose son corps agile ; *pernicis uxor Apuli* HOR. *Epo.* 2, 32, la femme de l'Apulien agile, cf. *impiger Apulus* HOR. *O.* 3, 16, 27, l'Apulien actif ǁ [en parl. de choses] *pernice chorea* LUCR. 2, 635, dans une ronde agile ; *saltu pernici* LUCR. 5, 559, d'un bond léger ; [fig.] *temporis pernicissimi celeritas* SEN. *Ep.* 108, 27, la promptitude du temps si agile à fuir ǁ *pernix relinquere* HOR. *P.* 165, prompt à délaisser.
▶ abl. -*ci* LUCR. 5, 559 ; -*ce* ; LUCR. 2, 635.

pernōbĭlis, *e*, très connu [en parl. d'une inscription] : CIC. *Verr.* 4, 127 ǁ très célèbre : MEL. 2, 26 ǁ de très haute noblesse : LAMPR. *Alex.* 41, 2.

pernoctantĕr, adv., en passant les nuits : ARN.-J. *Psalm.* 131.

pernoctātĭo, *ōnis*, f., action de passer la nuit : HIER. *Ep.* 107, 9.

pernoctō, *ās*, *āre*, *āvī*, *ātum* (*per noctem* ; it. *pernottare*), intr., passer la nuit : CIC. *Clu.* 37 ; *Verr.* 5, 18 ǁ [fig.] CIC. *Arch.* 16 ǁ [acc. d'objet intér.] *noctem perpetim* PL. *Truc.* 278, passer la nuit sans discontinuer.

pernōnĭdēs, *ae*, m. (*perna*), fils de jambon [mot forgé] : PL. *Men.* 210.

pernoscō, *ĭs*, *ĕre*, *nōvī*, -, tr., reconnaître parfaitement, [ou] apprendre à fond ; approfondir : CIC. *Fat* 10 ; *de Or.* 1, 17.

pernōtescō, *ĭs*, *ĕre*, *tŭī*, -, intr., devenir connu, devenir de notoriété publique : TAC. *An.* 12, 67.

pernŏtō, *ās*, *āre*, -, -, tr., remarquer, noter avec soin : BOET. *Mus.* 4, 8.

pernōtus, *a*, *um*, adj. (1 *per*, *notus*), très connu : CURT. 9, 7, 16.

pernox, *octis* (*per noctem*), qui dure toute la nuit [seul' au nom. et abl.] : LIV. 5, 28, 10 ; 21, 49, 9.

pernoxĭus, *a*, *um*, très nuisible : MEL. 1, 106.

pernūbĭlō, *ās*, *āre*, -, -, tr., voiler complètement : PS. AMBR. *Paen.* 10.

pernŭmĕrō, *ās*, *āre*, *āvī*, *ātum*, tr., compter entièrement : PL. *Ep.* 632 ; LIV. 28, 34, 12.

pernuncŭlus, *i*, m. (*perna*), jambonneau : NOT. TIR. 103.

1 pĕro, *ōnis*, m. (peu clair, cf. *pera*), bottine : VIRG. *En.* 7, 690 ; JUV. 14, 186.

2 Pērō, *ūs*, f. (Πηρώ), fille de Nélée et sœur de Nestor : PROP. 2, 3, 53.

pĕrobrĭgescō, *ĭs*, *ĕre*, -, -, intr., se raidir, mourir : VL. *Act.* 5, 10.

pĕrobscūrus, *a*, *um*, très obscur [fig.] : CIC. *Nat.* 1, 1 ; 1, 17.

pĕrobtunsē, adv., stupidement : JULIAN.-AECL. d. AUG. *Jul. op. imp.* 5, 24.

pĕrōdī, *ōdistī*, *odisse*, tr., détester : MANIL. 5, 414 ; V. *perosus*.

pĕrŏdĭōsus, *a*, *um*, très fâcheux, très désagréable : CIC. *Att.* 10, 17, 2 ; 13, 22, 4.

pĕroffĭcĭōsē, adv., avec beaucoup d'égards : CIC. *Fam.* 9, 20, 3.

pĕrŏlĕō, *ēs*, *ēre*, *ēvī*, -, intr., répandre une odeur infecte : LUCR. 6, 1155.
▶ inf. parf. contract. *perolesse* LUCIL. 1067.

pērōnātus, *a*, *um* (1 *pero*), chaussé de bottines : PERS. 5, 102.

pĕrŏpācus, *a*, *um*, très obscur : LACT. *Inst.* 1, 22, 2.

pĕropportūnē, adv., fort à propos, fort à point : CIC. *Nat.* 1, 15 ; *Verr.* 5, 39.

pĕropportūnus, *a*, *um*, qui se présente fort à propos, très opportun : CIC. *de Or.* 2, 234 ; *Fam.* 6, 6, 6.

pĕroptātō, adv., fort à souhait : CIC. *de Or.* 2, 20.

pĕroptĭmus, *a*, *um*, extrêmement bon : CHAR. 232, 13 ; 234, 8.

pĕroptō, *ās*, *āre*, -, -, tr., souhaiter vivement : CHRYSOL. *Serm.* 153, p. 607 C.

pĕrŏpus est, il est absolument nécessaire [avec inf.] : TER. *And.* 265.

pĕrōrātĭo, *ōnis*, f. (*peroro*) ¶ **1** long discours : PLIN. 27, 4 ¶ **2** péroraison [rhét.] **a)** le dernier discours prononcé dans une cause comportant plusieurs plaidoiries : CIC. *Or.* 130 ; *Brut.* 127 **b)** dernière partie (conclusion) d'un discours : CIC. *de Or.* 2, 80 ; *Or.* 122.

pĕrōrātus, *a*, *um*, part. de *peroro*.

pĕrōrĭga (praĕō-, prōr-), *ae*, m. (1 *per*, *origa*, cf. *proriga*), palefrenier : *VARR. *R.* 2, 7, 8.

pĕrornātus, *a*, *um*, très orné : CIC. *Brut.* 158.

pĕrornō, *ās*, *āre*, *āvī*, *ātum*, tr., rehausser beaucoup, être un grand ornement pour : TAC. *An.* 16, 26.

pĕrōrō, *ās*, *āre*, *āvī*, *ātum*, tr. ¶ **1** exposer de bout en bout par la parole, plaider entièrement : CIC. *Quinct.* 77 ; *Sest.* 4 ; *Fin.* 4, 1 ǁ [pass. impers.] *breviter peroratum esse potuit* [avec prop. inf.] LIV. 34, 31, 19, j'aurais pu faire tout mon exposé brièvement en disant que ¶ **2 a)** achever un exposé, conclure, terminer : *totum crimen* CIC. *Verr.* 3, 154, achever l'exposé de tout un chef d'accusation, cf. *Verr.* 22, 70 ; *Att.* 5, 10, 2 ǁ dire pour finir : CIC. *Nat.* 2, 154 **b)** terminer, conclure un discours, faire la péroraison d'un discours : [abs'] CIC. *Amer.* 60 ; *Or.* 131 ; [pass. impers.] CIC. *de Or.* 2, 80 ; *causa sero perorata* CIC. *Q.* 2, 1, 1, le discours ayant fini trop tard, cf. *Leg.* 2, 69 **c)** faire le dernier discours [V. *peroratio*], plaider le dernier (en manière de péroraison) : CIC. *Brut.* 190 ; 217.

Pĕrorsi, *ōrum*, m. pl., peuple de l'Afrique occidentale : PLIN. 5, 10.

pĕroscŭlŏr, *ārĭs*, *ārī*, -, tr., couvrir de baisers : MART. 8, 81, 5.

pĕrōsē, adv., d'une manière odieuse : *APUL. *Apol.* 38, 4.

pĕrōsus, *a*, *um* (*perodi*) ¶ **1** qui hait fort, qui abhorre, qui déteste [avec acc.] : VIRG. *En.* 6, 435 ; LIV. 3, 39, 4 ; TAC. *H.* 2, 16 ¶ **2** [pass.] abhorré, détesté : JUVC. 3, 481 ǁ -*osior* TERT. *Anim.* 1, 6.

perpācō, *ās*, *āre*, *āvī*, *ātum*, tr., pacifier entièrement : FLOR. 4, 12, 4 ǁ -*atus*, *a*, *um*, LIV. 36, 21, 3.

perpălaestrĭcōs (1 *per* et παλαιστρικῶς), en homme [en lutteur] très exercé, très habilement : *AFRAN. Com. 154.

perpallĭdus, *a*, *um*, très pâle : CELS. 2, 6, 2.

perparcē, adv. (1 *per*, *parce*), avec une extrême parcimonie, très chichement : TER. And. 455 ; ⓥ *pernimium*.

perpărum, adv., infiniment peu : VEG. Mul. 4, 4, 9.

perparvŭlus, *a*, *um*, tout petit : CIC. Verr. 4, 95.

perparvus, *a*, *um*, très petit : CIC. Leg. 1, 52 ; Dej. 9 ; Leg. 1, 54.

perpascō, *ĭs*, *ĕre*, -, -, intr., paître : *VARR. L. 5, 95.

perpascŏr, *scĕrĭs*, *scī*, -, intr., se repaître de [fig.], dévorer : AETNA 491.

perpastĭnō, *ās*, *āre*, -, -, tr., travailler à la houe : *TERT. Cult. 2, 9, 5 ; CHRYSOL. Serm. 141, p. 578 B.

perpastus, *a*, *um*, part. de *perpascor*, bien repu, gras : PHAED. 3, 7, 2.

perpătĕō, *ēs*, *ēre*, -, -, intr., être entièrement ouvert : AUG. Serm. 100, 1.

perpătescō, *ĭs*, *ĕre*, -, -, devenir évident : CASSIAN. Coll. 10, 11, 5.

perpauci, *ae*, *a* ¶ 1 adj., très peu nombreux : TER. Eun. 409 ; CIC. Rep. 4, 12 ; Verr. 1, 75 ; LIV. 43, 11, 11 ¶ 2 subst. m., *perpauci* CIC. Nat. 3, 75, très peu de gens ‖ subst. n., *perpauca* CIC. Rep. 1, 18, très peu de choses, cf. Verr. 23, 105 ; Leg. 1, 34 ‖ sg., *perpauca gens* VULG. Eccli. 48, 17 ‖ *perpaucissimi* COL. 3, 20, 5.

perpaucŭli, *ae*, *a* (dim. de *perpauci*), très peu nombreux : CIC. Leg. 1, 54.

perpaulum, adv. ¶ 1 subst. n., une très petite quantité : CIC. de Or. 2, 234 ¶ 2 adv., très peu : CIC. Fin. 1, 19.

perpaupĕr, *ĕris*, très pauvre : CIC. Att. 6, 3, 5.

perpauxillum, adv. (dim. de *perpaulum*), un tout petit peu : *PL. Capr. 177.

perpăvĕfăcĭō, *ĭs*, *ĕre*, -, -, tr., remplir de terreur : PL. St. 85.

perpĕdĭō, *īs*, *īre*, -, -, ⓒ *praepedio* : ACC. Tr. 279.

perpellō, *ĭs*, *ĕre*, *pŭlī*, *pulsum*, tr. ¶ 1 pousser, ébranler : NIGID. d. NON. 144, 21 ¶ 2 [fig.] *a)* ébranler, émouvoir profondément : CIC. Cael. 36 *b)* décider à : *ad rem* LIV. 32, 14, 3, décider à qqch. ; *aliquem ut*, *ne* SALL. J. 38, 2 ; C. 26, 4, décider qqn à, à ne pas, cf. LIV. 29, 23, 17 ; 45, 10, 6 ‖ [avec inf.] *aliquem perpellere conatus juvare* TAC. An. 6, 29 (33), déterminer qqn à aider les efforts, cf. An. 211, 29 ; 12, 50 ; 13, 54 ; H. 5, 2 ‖ [abs¹] décider, déterminer : TER. And. 662.

perpendĕō, *ēs*, *ēre*, -, -, intr., pendre tout au long : FORT. Rad. 30, 72.

perpendĭcŭlāris, *e* et **-ārĭus**, *a*, *um*, perpendiculaire : GROM. 100, 13 ; 101, 1.

perpendĭcŭlātŏr, *ōris*, m., arpenteur-géomètre [qui se sert d'un niveau] : PS. AUR.-VICT. Epit. 14, 5.

perpendĭcŭlātus, *a*, *um*, placé de niveau : CAPEL. 6, 593.

perpendĭcŭlum, *i*, n., fil à plomb : *ad perpendiculum* CIC. Fat. 22, suivant le fil à plomb, dans une direction verticale, cf. Verr. 1, 133 ; CAES. G. 4, 17, 4 ‖ [fig.] *ad perpendiculum* AUS. Parent. 7 (164), 8, suivant la règle.

perpendō, *ĭs*, *ĕre*, *pendī*, *pensum*, tr., peser soigneusement : GELL. 20, 1, 34 ‖ [fig.] peser attentivement, apprécier, évaluer : CIC. Mur. 3 ; Lae. 99 ; de Or. 3, 151.

Perpenna, *ae*, m., nom d'homme : NEP. Cat. 1, 1 ; TAC. An. 3, 62.

perpensātĭō, *ōnis*, f. (*perpenso*), examen attentif, appréciation : GELL. 2, 2, 8.

perpensē, adv., attentivement, à dessein : AMBR. Noe 11 ‖ **-sius** AMM. 25, 10, 15.

perpensĭō, *ōnis*, f. (*perpendo*), examen attentif : AUG. Ep. 186, 36.

perpensō, *ās*, *āre*, -, - (fréq. de *perpendo*), tr., peser, considérer attentivement : AMM. 16, 4, 1.

perpensum, *i*, n. (*perpendo*), alidade bien dirigée : GROM. 26, 11.

perpensus, *a*, *um*, part. de *perpendo*.

perpĕrăm, adv. (1 *per*, redoubl., cf. *clam*), de travers, mal, faussement : PL. Amp. 248 ; TER. Phorm. 745 ; CIC. Quinct. 31 ; Caecin. 69 ; LIV. 29, 17, 4 ‖ par mégarde, par erreur : PL. Most. 968 ; VARR. R. 1, 69, 2.

perpĕrē, ⓒ *perperam* MAMERT. Anim. 1, 1.

Perpĕrēnē, *ēs*, f., ville d'Eolide : PLIN. 5, 122 ‖ **-rēni**, *ōrum*, m. pl., habitants de Perpérène [en Mysie] : PLIN. 5, 126.

perpĕrĭtūdō, *ĭnis*, f. (*perperus*), perversité : ACC. d. NON. 150, 14.

Perperna, *ae*, nom d'homme : LIV. 44, 27, 11.

perpĕrō, *ās*, *āre*, -, - (περπερεύομαι), intr., fanfaronner, se vanter : VL. 1 Cor. 13, 4.

perpĕrus, *a*, *um* (de *perperam*), de travers : ACC. d. NON. 150, 12.

perpĕs, *ĕtis* (1 *per*, *peto*, cf. *praepes*, 1 *perpetuus*), ininterrompu, continuel, perpétuel : PL. Amp. 280 ; 732 ; JUST. 5, 7, 6 ; PRUD. Cath. 9, 42.

perpessīcĭus, *a*, *um* (*perpessus*), qui a l'habitude de supporter, patient : SEN. Ep. 53, 6 ; 104, 27.

perpessĭō, *ōnis*, f. (*perpetior*), action d'endurer [qqch.] ; courage à endurer, fermeté : CIC. Rab. perd. 16 ; Inv. 2, 163 ; Fin. 1, 49 ; SEN. Ep. 67, 10.

perpessŏr, *ōris*, m. (*perpetior*), celui qui endure : AUG. Serm. 313, 2.

perpessus, *a*, *um*, part. de *perpetior*.

perpĕtim, adv. (*perpes*), sans discontinuer : *PL. Truc. 278 [mss] ; ISID. 13, 13, 11.

perpĕtĭŏr, *tĕrĭs*, *tī*, *pessus sum* (1 *per*, *patior*), tr. ¶ 1 endurer jusqu'au bout, supporter sans trêve, souffrir avec patience : CIC. de Or. 2, 77 ; Fin. 1, 48 ; 5, 32 ; *perpetiendus* CIC. Agr. 2, 6 ‖ [avec inf.] *memorare* OV. M. 14, 466, avoir la force de raconter ‖ [avec prop. inf.] supporter patiemment que : PL. As. 845 ; TER. Eun. 551 ; CATUL. 68, 6 ; VIRG. En. 12, 644 ; [avec ut] VOP. Tac. 2, 1 ¶ 2 comporter, admettre : PLIN. Ep. 2, 11, 15.

perpĕtĭtus, *a*, *um* [part. de l'inus. *perpeto*], passé [à une autre forme, à un autre état] : *in secundum numinum formam animae perpetitae* *SEN. Ep. 90, 28, les âmes passées à une forme mineure de divinité.

perpĕtrābĭlis, *e* (*perpetro*), licite, permis [qu'on peut faire] : TERT. Ux. 2, 1, 3.

perpĕtrātĭō, *ōnis*, f. (*perpetro*), exécution, accomplissement : TERT. Paen. 3, 12 ; AUG. Trin. 13, 6.

perpĕtrātŏr, *ōris*, m. (*perpetro*), coupable de, auteur de : AUG. Civ. 20, 1.

perpĕtrātus, *a*, *um*, part. de *perpetro*.

perpĕtrō, *ās*, *āre*, *āvī*, *ātum* (1 *per*, 1 *patro*), tr., faire entièrement, achever, exécuter, accomplir, consommer : PL. Ps. 1269 ; VARR. L. 7, 110 ; LIV. 23, 35, 18 ; *perpetrato bello* LIV. 24, 45, 8, la guerre achevée, terminée ; *promissa* TAC. An. 14, 7, remplir, tenir sa promesse ; *ut* TAC. An. 12, 58, obtenir que ; *ne* TAC. An. 14, 11, empêcher que ; [avec inf.] réussir à : PL. Truc. 465.

Perpĕtŭa, *ae*, f., Perpétue [martyrisée à Carthage en 203] : PASS. PERP. 2, 1.

perpĕtŭālis, *e*, général, universel : QUINT. 2, 13, 14.

perpĕtŭālĭtĕr, adv., éternellement : ARN.-J. Psalm. 121.

perpĕtŭārĭus, *a*, *um* (1 *perpetuus*), qui n'a pas de cesse : SEN. Apoc. 6, 2 ‖ subst., ⓒ *emphyteuta* : COD. JUST. 11, 70, 5.

perpĕtŭassint, ⓥ 2 *perpetuo* ►.

perpĕtŭātus, *a*, *um*, part. de 2 *perpetuo*.

perpĕtŭē, adv. (1 *perpetuus*), d'une manière continue, sans interruption : PL. Ep. 17 ; CASSIOD. Psalm. 64, 2.

perpĕtŭĭtas, *ātis*, f. (1 *perpetuus*), continuité : *umbrosae perpetuitates* VITR. 2, 10, 1, étendues ombragées continues ; *philosophi spectandi sunt ex perpetuitate atque constantia* CIC. Tusc. 5, 31, il faut juger les philosophes [non pas d'après des paroles isolées, mais] d'après un système continu et cohérent ; *perpetuitas temporis* CIC. Fin. 2, 87, durée continue, cf. Off. 1, 119 ; *in perpetuitate dicendi* CIC. Or. 7,

perpetuitas

dans toute la durée d'un discours ; **ad perpetuitatem** Cic. *Off.* 2, 23, pour toujours, à jamais.

1 perpĕtŭō, adv., sans interruption, sans discontinuer, continuellement : Cic. *Ac.* 2, 93 ; *Verr.* 5, 131 ; *Q.* 2, 45 ; Caes. *G.* 1, 31, 7 ‖ **perpetuo perire** Ter. *Eun.* 1043, être perdu sans rémission.

2 perpĕtŭō, *ās, āre, āvī, ātum,* tr., faire continuer sans interruption, ne pas interrompre, rendre continu : **verba** Cic. *de Or.* 3, 181, débiter des mots sans interruption ; **judicum potestatem** Cic. *Sul.* 64, maintenir de façon inébranlable le pouvoir des juges ‖ **dii te perpetuent** Lampr. *Alex.* 6, que les dieux te donnent de longs jours ! ‖ **perpetuare obligationem (= obligatio perpetuatur)** Dig. 46, 1, 58, 1, l'obligation se trouve prolongée [le débiteur reste tenu comme s'il y avait retard dans l'exécution].

▶ *perpetuassint = perpetuaverint* *Enn. *An.* 317.

perpĕtŭum, adv., à jamais : Stat. *S.* 1, 1, 99.

1 perpĕtŭus, *a, um* (perpes, cf. assiduus) ¶ **1** continu, sans interruption, sans solution de continuité : **perpetuae paludes** Caes. *G.* 6, 5, 4, marais ininterrompus ; **trabes perpetuae in longitudinem** Caes. *G.* 7, 23, 1, poutres d'une seule pièce ; **una via lata perpetua** Cic. *Verr.* 4, 119, une rue unique, large et continue ; **perpetua societas** Cic. *Verr.* 4, 72, alliance ininterrompue ; **quaestiones perpetuae** Cic. *Brut.* 105, tribunaux criminels permanents ; **oratione perpetua uti** Cic. *Fin.* 1, 29, faire un exposé suivi ‖ **in perpetuum** Cic. *Phil.* 2, 91, pour toujours, à jamais, cf. Cic. *Brut.* 306 ; *Verr.* 4, 20 ; **edictum perpetuum** Cod. Just. 1, 17, 2, 18, l'édit perpétuel [du préteur, rédigé et figé à partir d'Hadrien] ‖ **perpetuo jure tenere fundum** Cod. Just. 10, 48, 10, 15, tenir un fonds à bail emphytéotique [pour 99 ans] ‖ **actio perpetua** Dig. 9, 3, 5, 5, action perpétuelle [par oppos. à une action annuelle] ¶ **2** qui dure toujours, d'un caractère éternel : **perpetui juris quaestio** Cic. *de Or.* 2, 141, question portant sur un point de droit éternel, d'application constante ; **quaestio perpetua** Cic. *Or.* 126, une question qui se pose toujours ‖ **perpetua fulmina** Sen. *Nat.* 2, 47, 1, foudres perpétuelles = ayant une valeur de présage ininterrompue pour toute la vie ‖ [gram.] **perpetuus modus** Diom. 340, 34, infinitif.

▶ *perpetuior, perpetuissimus* Cat. *Orat.* 161 ; 182.

2 Perpetŭus, *i*, m., saint Perpétue [évêque de Tours] : Sidon. *Ep.* 4, 18, 5 v. 8.

perpinguis, *e*, très gras : Itin. Alex. 18 (45).

perplăcĕō, *ēs, ēre, ŭī, -,* intr., plaire beaucoup : Pl. *Most.* 907 ; *Merc.* 348 ; Cic. *Att.* 3, 23, 4.

perplānus, *a, um*, très facile, très clair : Diom. 436, 24.

perplexabilis, *e*, embrouillé, entortillé : Pl. *As.* 792.

perplexābĭlĭtĕr, adv., de manière à rendre perplexe : Pl. *St.* 85.

perplexē, adv., avec des détours : *-ius* Prud. *Sym.* 2, 847 ‖ [fig.] d'une manière ambiguë, équivoque, entortillée : Ter. *Eun.* 817 ; Liv. 30, 20, 2 ; Curt. 8, 5, 13.

perplexim, adv., d'une manière entortillée, ambiguë : Pl. *St.* 76.

perplexĭo, *ōnis,* f., entrelacement, replis : Hier. *Joh.* 26 ‖ [fig.] détours, complications : Iren. 1, 7, 4.

perplexĭtas, *ātis,* f., enchevêtrement, enlacement : Greg.-M. *Mor.* 32, 39 ‖ [fig.] ambiguïté, obscurité : Amm. 18, 6, 19.

perplexŏr, *ārĭs, ārī, -* (perplexus), intr., embrouiller : Pl. *Aul.* 259.

perplexus, *a, um* (2 plecto) ¶ **1** enchevêtré, entrelacé, confondu : Lucr. 2, 102 ‖ sinueux, tortueux : Virg. *En.* 9, 391 ¶ **2** [fig.] embrouillé, obscur : Pl. *Mil.* 435 ; Liv. 37, 54, 7 ‖ *-xior* Liv. 25, 12, 9 ; Plin. 2, 62.

perplĭcātus, *a, um* (perplico), enlacé ‖ [avec tmèse] **perque plicatis** Lucr. 2, 394.

perplŭō, *ĭs, ĕre, -, -*

I intr. ¶ **1** pleuvoir à travers **a)** **quā aqua perpluit** Vitr. 2, 8, 18, par où passe la pluie **b)** impers., **perpluit** Cat. *Agr.* 155, la pluie passe, pénètre ¶ **2** laisser passer la pluie à travers : Pl. *Most.* 111 ; Quint. 6, 3, 64 ‖ fuir [en parl. d'un vase] : Fest. 298, 4 ; P. Fest. 299, 1 ‖ [fig.] s'échapper, se perdre : Pl. *Trin.* 323.

II tr. ¶ **1** mouiller, arroser, asperger : Apul. *M.* 10, 34 ¶ **2** faire pleuvoir à travers ou dans : Pl. *Most.* 163.

▶ inf. *perplovere* Fest. ; P. Fest.

perplūres, *ĭum*, très nombreux : Rufin. *Orig. Exod. hom.* 8, 6.

perplūrĭmus, *a, um*, très nombreux : Rufin. *Hist.* 6, 7.

perplŭvĭum, *ĭi,* n., grosse pluie : Pall. 1, 11.

perpŏlĭō, *īs, īre, īvī, ītum,* tr. ¶ **1** polir entièrement : Vell. 2, 22, 3 ; Plin. 33, 46 ‖ Apul. *M.* 6, 28 ; 11, 7 ¶ **2** donner le fini à, traiter d'une manière achevée : Cic. *de Or.* 2, 54 ; 2, 84 ; 2, 121 ; *Fam.* 5, 12, 10 ; *Att.* 14, 17, 6 ‖ **homines perfecti jam in dicendo et perpoliti** Cic. *de Or.* 1, 58, hommes d'une éloquence déjà consommée et parfaite ; **non philosophia solum, sed etiam litteris perpolitus** Cic. *Pis.* 70, ayant une très haute culture non seulement philosophique, mais encore littéraire ; **vita perpolita humanitate** Cic. *Sest.* 92, vie affinée par la civilisation.

▶ *perpolit* au lieu de *perpoliit* (-ivit) CIL 6, 10332 ; *perpolibo* au lieu de *perpoliam* Apul. *M.* 6, 28.

*perpŏlītē [inus.] *-tissime* Her. 4, 44, avec le fini de la perfection.

perpŏlītĭo, *ōnis,* f., le dernier poli, le fini : Her. 4, 18.

perpŏlītus, *a, um*, part. de *perpolio*.

perpŏpŭlātus, *a, um*, part. de *perpopulor*.

perpŏpŭlŏr, *ārĭs, ārī, ātus sum,* tr., ravager, dévaster entièrement : Liv. 22, 3, 10 ‖ [part. au sens pass.] **perpopulato agro** Liv. 22, 9, 2, le territoire ayant été entièrement ravagé, cf. 23, 36, 7 ; 26, 9, 11.

perpossĭdĕō, *ēs, ēs, -, -,* tr., obtenir entièrement : Vl. *Deut.* 18, 14.

perpŏtātĭo, *ōnis,* f., action de boire sans interruption, beuverie : Plin. 14, 145 ; **perpotationes** Cic. *Pis.* 22.

perpŏtĭor, *īrĭs, īrī, ītus sum,* intr., jouir pleinement : Cod. Just. 7, 37, 2.

perpōtō, *ās, āre, āvī, ātum* ¶ **1** tr., boire entièrement : Lucr. 1, 940 ¶ **2** intr., boire sans interruption [avec excès] : Pl. *Most.* 976 ; Cic. *Phil.* 2, 77 ; *Verr.* 5, 87 ; 5, 100.

perprandĕō, *ēs, ēre, -, -,* intr., terminer son repas : Fort. *Germ.* 30, 87.

perprĕmō, ⟶ *perprimo* Sen. *Ep.* 99, 18.

perpressa (-prensa), *ae,* f. (?), asaret [plante] : Plin. 21, 87 ‖ immortelle [plante] : Plin. 21, 132.

perpressus, *a, um*, part. de *perprimo*.

perprĭmō, *ĭs, ĕre, pressī, pressum* (1 per, premo), tr., presser continuellement ‖ [fig.] **cubilia** Hor. *Epo.* 16, 38, s'attacher à son gîte ‖ faire sortir en pressant : Sen. *Ep.* 99, 18 ‖ serrer de près, presser vivement [sens érotique] Ov. *A. A.* 1, 394.

perprŏbābĭlis, *e*, très probable, très vraisemblable : Aug. *Mus.* 1, 6, 12.

perprŏbō, *ās, āre, -, -,* tr., réhabiliter : Chrysol. *Serm.* 133, p. 564 A.

perprōclīvis, *e*, très enclin à : Chrysol. *Serm.* 49, p. 338 A.

perprŏpinquus, *a, um* ¶ **1** très prochain : Acc. d. Cic. *Div.* 1, 22 ¶ **2** [subst] très proche parent : Cic. *Clu.* 21.

perprospĕr, *ĕra, ĕrum*, très heureux : Suet. *Cl.* 31.

perprūrīscō, *ĭs, ĕre, -, -* (prurio), intr., éprouver une vive démangeaison : Pl. *St.* 761 ; Apul. *M.* 10, 22.

perpŭdescō, *ĭs, ĕre, -, -,* intr., ressentir une grande honte : Cornelia d. Nep. *Frg.* 2.

perpugnax, *ācis,* m., disputeur obstiné : Cic. *de Or.* 1, 93.

perpulchĕr, *chra, chrum*, très beau : Ter. *Eun.* 468.

perpŭlī, parf. de *perpello*.

perpulsō, *ās, āre, -, -,* tr., frapper (à toutes les portes) : Hil. *Trin.* 1, 37.

perpungō, ĭs, ĕre, punxī, punctum, tr., percer de part en part : Cael.-Aur. Acut. 2, 10, 71.

perpunctus, a, um, part. de perpungo.

perpurgō, ās, āre, āvī, ātum, tr. ¶1 purger entièrement : Cat. Agr. 115; Cic. Nat. 2, 127 ¶2 [fig.] éclaircir [une question], tirer au clair, traiter à fond : Cic. Mur. 54; Div. 2, 2 ‖ apurer des comptes : Cic. Att. 12, 12, 1.

perpūrus, a, um, très propre, bien nettoyé : *Varr. R. 3, 16, 28.

perpŭsillus, a, um, très petit : Cic. de Or. 2, 245 ‖ n. pris advt, très peu : Cic. de Or. 2, 245 [jeu de mots].

perpŭtō, ās, āre, -, -, tr., éplucher, expliquer complètement : Pl. Cis. 155.

perquadrātus, a, um, parfaitement carré : Vitr. 5, pr. 4.

perquam, adv. (1 per, quam), tout à fait [employé le plus souvent avec adj. ou adv.] : *perquam optandus* Cic. de Or. 2, 161; *perquam puerilis* Cic. de Or. 2, 108; *perquam breviter* Cic. de Or. 2, 201, tout à fait désirable, enfantin, brièvement ‖ [avec verbe] *perquam velim scire* Plin. Ep. 7, 27, 1, je voudrais bien savoir ‖ [avec tmèse] *per pol quam paucos* Ter. Hec. 58, bien peu, par Pollux.

perquĭescō, ĭs, ĕre, -, -, intr., se reposer : Apul. M. 8, 22.

perquīrĭtātus, a, um, appelé partout : Mamert. Anim. 1, praef.

perquīrō, ĭs, ĕre, quīsīvī, quīsītum (1 per, quaero; esp. *perquirir*), tr., rechercher avec soin, chercher partout : Cic. Verr. 4, 39 ‖ s'informer avec soin, s'enquérir partout, demander : Caes. G. 6, 9, 8; Cic. Cael. 53; Verr. 3, 133; Att. 13, 33 a, 1; Clu. 180 ‖ *a contemplandis rebus perquirendisque deterrere* Cic. Fin. 5, 48, détourner des contemplations et des investigations curieuses.

***perquīsītē** [inus.], en approfondissant ‖ -tius Cic. Inv. 1, 77.

perquīsītĭo, ōnis, f., recherche attentive, examen : Cassiod. Var. 7, 18.

perquīsītŏr, ōris, m. (perquiro), celui qui recherche : Pl. St. 385; Amm. 14, 5, 7.

perquīsītus, a, um, part. de perquiro.

Perra, ae (-rrē, ēs), f., ville de la Comagène : Anton. 210.

perrāmus, ⬚ pyramis Grom. 405, 13.

Perranthēs (-this), is, m., montagne voisine d'Ambracie : Liv. 38, 4, 1.

perrārō, adv., très rarement : Cic. Rep. 2, 67; Verr. 3, 113; Planc. 4.

perrārus, a, um, très rare : Liv. 29, 38, 7; *perrarum est ut* Plin. 31, 38, il est très rare que.

Perrē, ⬚ Perra.

perrĕcondĭtus, a, um, très caché, très mystérieux : Cic. de Or. 1, 135.

perrectĭo, ōnis, f., prolongement : Arn. 7, 24.

perrectūrus, a, um, part. fut. de pergo, Cic. Tusc. 5, 12.

perrectus, a, um, part. de pergo.

perrēpō, ĭs, ĕre, repsī, reptum ¶1 intr., ramper vers, se traîner vers : Col. 4, 24, 14; 6, 5, 1 ¶2 tr., se traîner sur : Tib. 1, 2, 85.

perreptō, ās, āre, āvī, ātum, tr., se traîner à travers, se glisser dans, parcourir en se faufilant : Pl. Amp. 1011; Ru. 223; Ter. Ad. 715.

perrexī, parf. de pergo.

Perrhaebi, ōrum, m. pl. (Περραιβοί), Perrhébiens, habitants de la Perrhébie : Liv. 33, 32; Plin. 4, 6.

Perrhaebĭa, ae, f. (Περραιβία), la Perrhébie [région] : Cic. Pis. 96; Liv. 31, 41, 5 ‖ -bus, a, um, de la Perrhébie : Prop. 3, 3, 33; Ov. M. 12, 172.

perrīdĭcŭlē, adv., de façon très plaisante, très spirituelle : Cic. de Or. 2, 239; Verr. 2, 18.

perrīdĭcŭlus, a, um, qui prête fort à rire, très ridicule : Cic. de Or. 2, 77.

perrōdō, ĭs, ĕre, rōsī, -, tr., ronger entièrement : Cels. 5, 28, 12.

perrŏgātĭo, ōnis, f. ¶1 interrogation : CIL 6, 29682 ¶2 action de faire passer une loi : Cic. Mur. 47.

perrŏgĭtō, ās, āre, -, -, fréq. de perrogo, Pacuv. Tr. 315.

perrŏgō, ās, āre, āvī, ātum, tr. ¶1 demander d'un bout à l'autre : *sententias* Liv. 29, 19, 10, recueillir tous les suffrages, cf. Tac. H. 4, 9 ¶2 *legem* Val.-Max. 8, 7, 4, faire passer une loi.

perrumpō, ĭs, ĕre, rūpī, ruptum, tr. ¶1 briser entièrement, fracasser : *rates* Caes. C. 1, 26, 1, fracasser les navires ‖ *leges* Cic. Off. 3, 86, ruiner les lois ¶2 passer de force à travers : *paludem* Caes. G. 7, 19, 2, forcer le passage d'un marais; *nulla munitione perrupta* Caes. G. 7, 82, 2, sans qu'aucun point du retranchement ait été forcé; *perruptus hostis* Tac. An. 1, 51, l'ennemi enfoncé ‖ [fig.] *periculum* Cic. Part. 112; *quaestiones* Cic. Verr. 1, 13, passer à travers un procès, à travers les enquêtes ‖ [abst] percer, faire une trouée : Caes. G. 6, 37, 10; 6, 40, 2; [pass. impers.] Liv. 26, 7, 1.

perruptus, a, um, part. de perrumpo.

1 Persa, ae, m. (Πέρσης) ¶1 un Perse [surnom d'un personnage de Plaute] : Pl. Pers. 676 ¶2 nom de chien : Cic. Div. 1, 103.

2 Persa, ae, f., nymphe, mère de Persès, de Circé, d'Aeétès et de Pasiphaé : Hyg. Fab. pr. 36.

Persae, ārum, m. pl. (Πέρσαι), les Perses [peuple de l'Asie occidentale] Cic. Rep. 3, 15; Tusc. 1, 108 ‖ [poét.] les Parthes : Hor. O. 1, 2, 22.

Persaea, ae, f., Hécate [fille de Persès] : *Ciris 67.

persaepĕ, adv., très souvent : Cic. Lae. 75 ‖ [avec tmèse] *per pol saepe* Pl. Cas. 370.

Persaepolis, ⬚ Persepolis.

Persaeus, i, m., Persée [de Citium, philosophe, disciple de Zénon] : Cic. Nat. 1, 38.

persaevĭō, īs, īre, -, -, intr., sévir avec fureur : Prisc. Perieg. 683.

persaevus, a, um, très furieux : Mel. 2, 84.

Persagadae, ⬚ Pasargadae.

persalsē, adv., très spirituellement : Cic. Q. 2, 13, 3.

persalsus, a, um, très piquant, très spirituel : Cic. de Or. 2, 279.

persălūtātĭo, ōnis, f., salutations à la ronde [action de saluer tout le monde] : Cic. Mur. 44.

persălūtō, ās, āre, āvī, ātum, tr., saluer sans exception : Cic. Flac. 42; Sen. Tranq. 12, 6.

persanctē, adv., très religieusement, très saintement : Ter. Hec. 771; Suet. Ner. 35.

persanctus, a, um, très saint : CIL 8, 4524.

persānō, ās, āre, āvī, ātum, tr., guérir parfaitement un malade : Plin. 20, 244; 24, 188.

persānus, a, um, très sain : Cat. Agr. 157.

persăpĭens, tis, très sage : Cic. Prov. 44.

persăpĭentĕr, adv., très sagement : Cic. Mil. 11.

perscĕlĕrātus, a, um, profond scélérat : Not. Tir. 43.

perscĕlestus, a, um, très criminel : Chrysol. Serm. 55, p. 353 C.

persciens, tis, qui connaît à fond [avec acc.] : Lampr. Comm. 5, 2.

perscĭentĕr, adv., très savamment : Cic. Brut. 202.

perscindō, ĭs, ĕre, scĭdī, scissum, tr., déchirer (fendre) d'un bout à l'autre, ouvrir : Lucr. 6, 111; Liv. 21, 58, 7.

perscīscō, ĭs, ĕre, -, -, tr., apprendre complètement : Dict. 2, 37.

perscissus, a, um, part. de perscindo.

perscītus, a, um, très joli : [avec tmèse] *per ecastor scitus* Ter. And. 486 ‖ très ingénieux, très fin : [avec tmèse] Cic. de Or. 2, 271.

perscrībō, ĭs, ĕre, scrīpsī, scrīptum, tr. ¶1 écrire tout du long, en détail, exactement : Cic. Verr. 4, 74; Att. 3, 13, 2; Fam. 5, 3, 2 ‖ *rem gestam perscribit* Caes. G. 5, 47, 5, il expose en détail [par écrit] ce qui s'est passé; [avec prop. inf.] Caes. G. 5, 49, 3 ‖ [en part.] écrire en toutes lettres (sans abréviation) : Suet. Galb. 5, cf. Gell. 10, 1, 7 ¶2 reproduire par écrit, consi-

perscribo

gner : *in tabulis senatus consultum* Cic. *Verr.* 4, 148, consigner sur des registres le sénatus-consulte ǁ consigner sur un procès-verbal : *principum sententiae perscribi solent* Cic. *Verr.* 4, 143, les avis des premiers sont habituellement consignés au procès-verbal ; *ut quisque praefuerat, ita perscriptum erat* Cic. *Verr.* 4, 140, selon que chacun avait été préposé, mention était faite au procès-verbal ǁ *alicui orationem alicujus* Cic. *Fam.* 5, 4, 2, envoyer à qqn la copie du discours de qqn ¶ 3 [en part.] porter sur le livre de comptes, passer écriture de, inscrire : Cic. *Flac.* 44 ǁ payer par un ordre [un billet à ordre], *ab aliquo*, sur qqn : *si quid emptum foret, a quaestore perscribebatur* Liv. 24, 18, 14, s'il y avait qq. achat, il était ordonnancé sur le questeur.

perscriptĭo, *ōnis*, f. (*perscribo*) ¶ 1 écritures, livre de comptes [s'emploie surtout au pluriel] : Cic. *de Or.* 1, 250 ; *Com.* 5 ; *Phil.* 5, 11 ¶ 2 ordonnance de paiement, mandat, billet à ordre : Cic. *Att.* 4, 18, 2 ; [sg.] *Att.* 12, 51, 3 ¶ 3 procès-verbal, protocole : Cic. *Fam.* 5, 2, 4 ¶ 4 [chrét.] *divina perscriptio* Cypr. *Ep.* 67, 2, l'Écriture divine.

perscriptĭtō, *ās*, *āre*, -, - (fréq. de *perscribo*), tr., écrire en toutes lettres : Ter.-Maur. 6, 336, 340.

perscriptŏr, *ōris*, m., celui qui transcrit, qui passe écriture de : Cic. *Verr.* 3, 167.

perscriptus, *a*, *um*, part. de *perscribo*.

perscrūtātĭō, *ōnis*, f., action de scruter avec soin, investigations, recherches : Sen. *Helv.* 10, 5.

perscrūtātŏr, *ōris*, m., investigateur : Aug. *Faust.* 3, 3 ; Cassiod. *Var.* 2, 15.

perscrūtātrix, *īcis*, f., celle qui scrute, qui sonde : Julian.-Aecl. d. Aug. *Jul. op. imp.* 2, 103.

perscrūtātus, *a*, *um*, part., ⓥ *perscrutor*.

perscrūtō, *ās*, *āre*, *āvī*, *ātum*, ⓒ *perscrutor* : Pl. *Aul.* 657.

perscrūtŏr, *ārĭs*, *ārī*, *ātus sum* (esp. *pescudar*), tr. ¶ 1 fouiller, visiter avec attention : Cic. *Inv.* 1, 68 ; *Verr.* 4, 47 ; *Off.* 2, 25 ¶ 2 [fig.] scruter, approfondir, sonder : Cic. *Inv.* 2, 128 ; *Flac.* 19.
▶ part. avec sens pass. à l'abl. abs. Amm. 17, 4, 6 ; Cod. Just. 7, 65, 1.

persculptus, *a*, *um*, parfaitement sculpté : Corip. *Just.* 3, 377.

1 **persĕa**, *ae*, f. (περσέα), sébestier [sorte de prunier] : Plin. 15, 45.

2 **Persēa**, ⓥ *Persaea*.

3 **Persēa**, acc. de *Perseus*.

4 **Persēa**, f. de *Persēus*.

persĕcō, *ās*, *āre*, *sĕcŭī*, *sectum*, tr. ¶ 1 couper, disséquer : Cic. *Ac.* 2, 122 ¶ 2 trancher, retrancher : Liv. 40, 19, 10 ¶ 3 ouvrir [un abcès] : Auct. d. Quint 8, 6, 15 ǁ [fig.] fendre, percer [l'air] : Vitr. 3, 5, 8

¶ 4 [abs¹] retrancher (sur un prix), rabattre : Cic. *Att.* 13, 23, 3.

persectŏr, *ārīs*, *ārī*, *ātus sum*, tr. ¶ 1 poursuivre sans relâche : Lucr. 4, 1010 ¶ 2 rechercher avec soin : Pl. *Mil.* 430 ; Lucr. 2, 165.

persĕcūtĭo, *ōnis*, f. ¶ 1 poursuite : Dig. 41, 1, 44 ¶ 2 [fig.] poursuite judiciaire : Her. 2, 18 ; Cic. *Or.* 141 ǁ poursuite [d'une entreprise] : Apul. *M.* 10, 27 ǁ persécution (des chrétiens) : Tert. *Spect.* 27, 1 ǁ [droit] action en justice [dans la procédure extraordinaire, ou *cognitio* ; par oppos. à *actio*, dans la procédure ordinaire] : Dig. 44, 7, 28.

persĕcūtŏr, *ōris*, m., celui qui poursuit : Capit. *Alb.* 11, 7 ǁ [fig.] demandeur en justice, poursuivant : Dig. 48, 3, 7 ǁ persécuteur (des chrétiens) : Lact. *Inst.* 5, 23, 1.

persĕcūtrix, *īcis*, f., celle qui poursuit, qui persécute : Aug. *Cons.* 1, 25.

persĕcūtus (-quū-), *a*, *um*, part. de *persequor*.

persĕdĕō, *ēs*, *ēre*, *sēdī*, -, intr. ¶ 1 rester assis : *in equo* Liv. 45, 39, 18, rester à cheval, cf. Curt. 9, 9, 23 ; *apud philosophum* Sen. *Ep.* 108, 5, fréquenter l'école d'un philosophe ¶ 2 ⓥ ▶ *persideo* et *persido*.

persēdi, parf. de *persedeo* et de *persido*.

persegnis, *e*, très languissant, très mou : Liv. 25, 15, 12.

Persēia, *ae*, f., fille de Persès [Hécate] : Val.-Flac. 6, 495.

Persēis, *ĭdis*, f. (Περσηίς) ¶ 1 ⓒ ▶ 2 *Persa* : Cic. *Nat.* 3, 48 ; Val.-Flac. 7, 238 ¶ 2 Hécate, fille de Persès : Stat. *Th.* 4, 481 ǁ adj. f., d'Hécate : Ov. *Rem.* 263 ¶ 3 la Perséide, poème sur Persée : Ov. *Pont.* 4, 16, 25 ¶ 4 ville de Péonie : Liv. 39, 54.

Persēius, *a*, *um* ¶ 1 de la nymphe Persa : *Perseia proles* Val.-Flac. 5, 582 = Aeétès ¶ 2 de Persée : Ov. *M.* 5, 128.

persĕnescō, *ĭs*, *ĕre*, *nŭī*, -, intr., [employé au parf.], devenir très vieux : *Eutr. 1, 11, 2.

persĕnex, *sĕnis*, très vieux : Suet. *Gram.* 9.

persĕnīlis, *e*, de vieillard : Vulg. *Jos.* 23, 1.

persentĭō, *īs*, *īre*, *sensī*, -, tr. ¶ 1 ressentir, sentir profondément : Virg. *En.* 4, 448 ¶ 2 s'apercevoir de, remarquer : Virg. *En.* 4, 90 ; Apul. *M.* 7, 11.

persentiscō, *ĭs*, *ĕre*, -, -, tr. ¶ 1 [abs¹] percevoir une sensation profondément : Lucr. 3, 250 ¶ 2 s'apercevoir, remarquer : Ter. *Haut.* 769 ; [avec prop. inf.] Pl. *Merc.* 687.

persĕnŭī, parf. de *persenesco*.

persĕpĕlĭō, *īs*, *īre*, -, -, tr., [fig.] ensevelir complètement : Chrysol. *Serm.* 69, p. 397 A.

Persĕphŏnē, *ēs*, f. (Περσεφόνη), nom grec de Proserpine : Prop. 2, 28, 47 ; Ov. *F.* 4, 591 ǁ [fig.] = la Mort : Tib. 4, 5, 5 ; Ov. *H.* 21, 46.

persĕphŏnĭŏn, *ii*, n. (περσεφόνιον), sorte de pavot, coquelicot : Ps. Apul. *Herb.* 53.

Persĕpŏlis, *is*, f. (Περσέπολις), capitale de la Perside : Plin. 6, 115 ; Curt. 5, 4, 33.

persĕquax, *ācis*, acharné à poursuivre : Sidon. *Ep.* 4, 9, 4.

persĕquens, *tis*, part. prés. de *persequor*, [adj¹] *inimicitiarum persequentissimus* Her. 2, 29, acharné à poursuivre ses ennemis.

persĕquŏr, *quĕrĭs*, *quī*, *sĕcūtus sum* ou *sĕquūtus sum* (it. *perseguire*), tr. ¶ 1 suivre obstinément, de bout en bout : *Cleomenem persecuti sunt* Cic. *Verr.* 5, 91, ils continuèrent à suivre (suivirent jusqu'au bout) Cléomène ; *aliquem ipsius vestigiis* Cic. *Brut.* 307, suivre qqn pas à pas ; *celeritate scribendi persequi posse quae dicuntur* Cic. *Sull.* 42, grâce à la promptitude de l'écriture, pouvoir suivre les paroles, écrire aussi vite que la parole ǁ *omnes solitudines* Cic. *Pis.* 53, ne parcourir que des endroits déserts ; *omnes vias* Cic. *Fam.* 4, 13, 6, suivre tous les chemins, tenter tous les moyens ¶ 2 poursuivre : *fugientes* Caes. *G.* 7, 67, 5, poursuivre les fuyards ; *bello civitatem* Caes. *G.* 5, 1, 9, faire la guerre à outrance à un peuple [fig.] **a)** venger : *mortem alicujus* Caes. *G.* 7, 38, 8, venger la mort de qqn **b)** poursuivre en justice : Cic. *Verr.* 4, 3 ; *Fam.* 1, 9, 15 ; [d'où] *jus suum persequi* Cic. *Caecin.* 8, chercher à faire valoir son droit **c)** persécuter [les chrét.] : Tert. *Scapr.* 5, 1 ; Pacian. *Ep.* 2, 5 ¶ 3 [fig.] s'attacher à, être sectateur de : *horum hominum sectam atque instituta persequimur* Cic. *Verr.* 5, 181, voilà les hommes dont je suis fidèlement la règle et les principes, cf. Cic. *Ac.* 1, 7 ; 2, 74 ; *Or.* 2, 90 ; *laudem cupidissime* Cic. *Rab. Post.* 2, poursuivre passionnément la gloire ¶ 4 suivre qqn jusqu'à l'atteindre : Cic. *Fam.* 3, 6, 3 [fig.] **a)** mener à bonne fin, accomplir : Cic. *Prov.* 19 ; *Q.* 2, 14, 3 **b)** faire rentrer [de l'argent], encaisser : Cic. *Leg.* 3, 18 ¶ 5 parcourir par écrit, exposer, raconter : *philosophiam Latinis litteris* Cic. *Ac.* 1, 12, traiter la philosophie en langue latine ; *ceteros* Cic. *Phil.* 2, 27, citer tous les autres à la suite ¶ 6 explorer : *persecutus putamen* Petr. 33, 8, ayant exploré la coquille [de l'œuf].
▶ sens passif : Hyg. *Fab.* 198.

persĕquū-, ⓥ *persecu-*.

1 **persĕrō**, *ĭs*, *ĕre*, *sĕrŭī*, -, tr., faire passer au travers, insérer : Varr. *R.* 1, 41, 5.

2 **persĕrō**, *ĭs*, *ĕre*, *sēvī*, -, tr., semer : Sidon. *Carm.* 7, 386.

perservō, *ās*, *āre*, -, -, tr., garder constamment : Tert. *Pat.* 5, 9.

1 **Persēs**, *ae*, m. (Πέρσης) ¶ 1 fils de Persée et d'Andromède, fondateur de la nation perse : Hyg. *Fab.* 244 ; Plin. 7, 201

¶2 fils du Soleil et de la nymphe Persa, père d'Hécate : Hyg. *Fab. pr.* 36 ¶3 Persée [fils de Philippe, roi de Macédoine, vaincu par Paul-Émile] : Cic. *Cat.* 4, 21 ‖ gén. *Persi* Tac. *An.* 4, 55 ; dat. *-si* Cic. *Tusc.* 5, 118 ; abl. *-se* Cic. *Tusc.* 3, 53 ; acc. *-ea* Cic. *Nat.* 2, 6.

2 Persēs, *ae*, m., de Perse, Perse : Cic. *Tusc.* 1, 101 ; *Rep.* 1, 43 ; v. *Persa*.

Perseūs, *ĕi* ou *ĕos*, acc. *ĕum* ou *ĕa* ; m. (Περσεύς) ¶1 Persée [fils de Jupiter et de Danaé, qui coupa la tête à Méduse] : Ov. *M.* 4, 610 ¶2 = 1 *Perses*, roi de Macédoine : Liv. 31, 28 ; 39, 53 ; 40, 12 ‖ v. *Persaeus* ¶3 Persée [constellation] : Cic. *Nat.* 2, 112 ‖ *-sēus*, *a*, *um* (Περσεῖος), de Persée : Prop. 3, 22, 8 ; Stat. *Th.* 1, 255 ‖ v. *Perseius*.

persĕvērābĭlis, *e*, persévérant : Cael.-Aur. *Chron.* 3, 2, 19.

persĕvērans, *tis*, part.-adj. de *persevero*, qui persévère, persévérant : *perseverantior caedendis hostibus* *Liv. 5, 31, 4, trop acharné au massacre des ennemis ‖ qui se tient attaché à : *-tissimus* [avec gén.] Val.-Max. 6, 6, 1 ‖ *valetudo perseverans* Plin. *Ep.* 1, 12, 9, mauvaise santé persistante.

persĕvērantĕr, adv., avec persévérance, avec persistance, avec acharnement : Liv. 4, 60, 5 ‖ *-tius* Liv. 21, 10, 7 ; *-issime* Plin. *Ep.* 4, 21, 3.

persĕvērantĭa, *ae*, f., persévérance, constance, persistance : Cic. *Phil.* 7, 14 ; *Part.* 65 ; Caes. *C.* 3, 26, 3 ‖ continuation, prolongation : Just. 3, 4, 3.

persĕvērātĭo, *ōnis*, f., action de persévérer, de rester : Grom. 192, 5 ‖ durée constante : Ps. Apul. *Ascl.* 41.

persĕvērātus, v. *persevero*.

persĕvēro, *ās*, *āre*, *āvī*, *ātum* (1 *per*, *severus*), intr. et tr.
I intr. ¶1 persévérer, persister : *in sententia* Cic. *Leg.* 3, 26 ; *in errore* Cic. *Phil.* 12, 5, persévérer dans une opinion, dans son erreur ; *bellis continuis* Just. 38, 4, 11, persister dans un état de guerre ininterrompue ‖ [pass. impers.] *non est ab isto perseveratum* Cic. *Verr.* 4, 85, il n'y eut pas persistance de sa part, cf. Caes. *C.* 1, 26, 2 ‖ *tremor perseverabat* Plin. *Ep.* 6, 20, 19, le tremblement persistait ¶2 continuer une action : *una navis perseveravit* Caes. *C.* 3, 14, 2, un seul navire continua sa course, cf. Suet. *Vesp.* 6 ‖ *in horam fere decimam perseveravit* Suet. *Ner.* 21, il tint bon [il chanta sans discontinuer] jusqu'à la dixième heure environ.
II tr. ¶1 continuer, poursuivre : *id, quod...* Cic. *Quinct.* 76, continuer ce que... ; *inedia perseverata est* Just. 12, 6, 15, le jeûne fut continué ¶2 [avec prop. inf.] persister à soutenir que : *Orestem se esse perseverabat* Cic. *Lae.* 25, il ne cessait pas d'affirmer qu'il était Oreste ‖ [avec inf.] continuer à, ne pas cesser de : *perseveras me... revocare* Cic. *Fam.* 9, 16, 8, tu persistes à me rappeler, cf. Caes. *G.* 1, 13, 4 ‖ [avec *ut*] : *ad Urbem ut non*

accederem perseveravi Cic. *Att.* 9, 19, 4, j'ai persisté à ne pas vouloir aller à Rome.

persĕvērus, *a*, *um*, très sévère : Tac. *An.* 15, 48.

persĕvī, parf. de 2 *persero*.

Persi, v. *Perses* ►.

Persĭa, *ae*, f., la Perse [province de l'Asie] : Pl. *Pers.* 398 ‖ *-ĭcus*, *a*, *um*, de la Perse : *Persicus sinus* Plin. 6, 115, golfe Persique Atlas I, E8 ; *portus* Pl. *Amp.* 404, 412, un des ports de l'Euripe [où mouilla la flotte des Perses], cf. Fest. 238, 9 ‖ *Persica malus* Macr. *Sat.* 3, 19, 2 ou *Persica arbor* Plin. 13, 60, le pêcher ‖ *persĭcum*, n., Plin. 15, 42, pêche ‖ *persĭcus*, *i*, f. (al. *Pfirsich*), pêcher : Col. 5, 10, 20.

Persĭānae Ăquae, f. pl., source près de Carthage : Apul. *Flor.* 3.

Persĭānus, *a*, *um*, v. *Persius*.

persĭbus, *a*, *um* (1 *per*, *sibus*), très fin, très spirituel : Naev. *Com.* 116 ; Varr. *L.* 7, 107 ; Pl. d. Fest. 238, 22.

persiccātus, *a*, *um*, très bien séché : Apic. 273.

persiccus, *a*, *um*, très sec : Cels. 3, 6, 7 ; Fest. 398, 34.

Persĭca, *ōrum*, [n. pl. pris subst¹] histoire des Perses : Cic. *Div.* 1, 46.

1 Persĭcē, adv., à la manière des Perses : *loqui* Quint. 11, 2, 5, parler le perse.

2 Persĭcē (Περσική), **porticus**, f., portique de Sparte [orné des dépouilles des Perses] : Cic. *Att.* 15, 9, 1.

Persĭcĭānus, *a*, *um*, de Paulus Fabius Persicus [consul en 34 apr. J.-C.] : Ulp. *Sent.* 16, 3.

persĭcum, *i*, n., pêche, v. *Persia* et *pessica*.

1 persĭcus, *i*, f., pêcher, v. *Persia*.

2 Persĭcus, *a*, *um*, v. *Persia*.

Persīdae, m. pl. (Περσεῖδαι), les Persides ou descendants de Persée [titre d'une tragédie d'Accius] : Prisc. *Metr. Ter.* 3, 424, 16.

persĭdĕo, *ēs*, *ēre*, -, -, intr., être assis ; séjourner : Curt. 9, 9, 23 ; [fig.] Plin. 17, 222.

persīdō, *ĭs*, *ĕre*, *sēdī*, - (1 *per*, *sedeo*), intr., s'asseoir qq. part, s'arrêter, se déposer, se fixer : Lucr. 1, 307 ; [avec *in* acc.] Lucr. 6, 1126 ; Virg. *G.* 3, 442.

persignō, *ās*, *āre*, -, -, tr. ¶1 tenir note ou registre de, enregistrer : Liv. 25, 7, 5 ¶2 tatouer : Mel. 1, 106.

persĭlĭō, *īs*, *īre*, -, - (1 *per*, *salio*), intr., sauter à travers : Not. Tir. 90.

persillum, *i*, n. (?), sorte de fiole en usage dans le culte : P. Fest. 239, 2 ‖ spatule (?) : Fest. 238, 8.

persĭmĭlis, *e*, fort ressemblant, tout à fait semblable : [avec gén.] Cic. *Pis.* 93 ; [avec dat.] Hor. *P.* 6.

persimplex, *ĭcis*, très simple, très frugal : Tac. *An.* 15, 45.

Persis, *ĭdis* et *ĭdŏs* ¶1 adj. f., de la Perse : Ov. *A. A.* 1, 172 ¶2 subst. f., la Perse [Farsistan] : Virg. *G.* 4, 290.

persistō, *ĭs*, *ĕre*, *stĭtī*, -, intr., persister : Liv. 38, 14, 11 ‖ [souvent au parf.] v. *persto* ►.

persītēs, *ae*, m., sorte de tithymale [plante] : Ps. Apul. *Herb.* 109.

Persĭus, *ĭi*, m. ¶1 nom d'orateur : Cic. *Brut.* 99 ¶2 Perse [poète satirique, époque de Néron] : Quint. 10, 1, 94 ‖ *-ĭānus*, *a*, *um*, du poète Perse : Lact. *Inst.* 2, 2, 18.

persŏlāta, v. *persollata*.

persŏlĭdō, *ās*, *āre*, -, -, tr., durcir, congeler : Stat. *Th.* 1, *353.

persŏlĭtus, *a*, *um*, très ordinaire : Not. Tir. 28.

persolla, *ae*, f. (dim. de *persona*), petit masque, caricature : Pl. *Curc.* 192.

persollāta, *ae*, f., v. *personata* : Plin. 25, 113 ; 26, 24.

persŏlūtĭo, *ōnis*, f., [fig.] acquittement (d'une dette) : Aug. *Ep.* 147, 1.

persŏlūtŏr, *ōris*, m., celui qui est resté fidèle à ses promesses : Aug. *Ep.* 110, 2.

persŏlūtus, *a*, *um*, part. de *persolvo*.

persolvō, *ĭs*, *ĕre*, *solvī*, *sŏlūtum*, tr. ¶1 payer entièrement, acquitter : *stipendium militibus* Cic. *Att.* 5, 14, 1, payer la solde aux soldats ; *aes alienum alienis nominibus suis copiis* Sall. *C.* 35, 3, payer intégralement de sa fortune les dettes des autres ; *pecuniam ab aliquo* Cic. *Flac.* 46, payer intégralement une somme en tirant sur qqn ¶2 [fig.] s'acquitter de : *sinite me, quod huic promisi, id a vobis ei persolvere* Cic. *Planc.* 103, la promesse que je lui ai faite, laissez-moi l'acquitter envers lui par votre entremise ; *gratiam diis* Cic. *Planc.* 80, payer aux dieux une dette de reconnaissance ; *officium* Cic. *Verr.* 5, 183, s'acquitter d'un devoir ; *rationem officii confido esse persolutam* Cic. *Verr.* 5, 177, j'ai la conviction d'avoir accompli tout ce que comporte mon devoir ‖ *poenas (alicui)* Caes. *G.* 1, 12, 6 ; Cic. *Phil.* 11, 29, subir un châtiment en expiation, pour donner satisfaction à qqn ; *persolvi primae epistulae* Cic. *Att.* 14, 20, 2, j'ai donné satisfaction (j'ai répondu) à la première lettre ¶3 résoudre un problème : Cic. *Att.* 7, 3, 10.

persŏna, f. (de πρόσωπον, par l'étr. φ, ersu ; fr. *personne*) ¶1 masque de l'acteur, cf. Gell. 5, 7, 1 : *ex persona ardent oculi histrionis* Cic. *de Or.* 2, 193, les yeux de l'acteur lancent des flammes à travers le masque ¶2 rôle, caractère [dans une pièce de théâtre] : *parasiti* Ter. *Eun.* 26, le rôle du parasite ; *persona de mimo* Cic. *Phil.* 2, 65, personnage de mime ¶3 [fig.] rôle, caractère, personnage : *personam tenere* Cic. *de Or.* 3, 54 ; *tueri* Cic. *Phil.* 8, 29, jouer, tenir un rôle ; *gravitatis* *severitatisque personam sustinere* Cic. Mur. 6, se charger d'un rôle de rigueur et de sévérité ; *alicui personam vehementem imponere* Cic. Sull. 8, imposer à qqn un rôle violent ; *gravissimam personam sustinere* Cic. Pis. 71, soutenir un personnage des plus graves ; *petitoris personam capere* Cic. Quinct. 45, prendre le rôle de demandeur ; *civitatis personam gerere* Cic. Off. 1, 124, représenter, incarner la cité ¶ 4 caractère, individualité, personnalité : *persona, quae proprie singulis est tributa* Cic. Off. 1, 107, la personnalité impartie en propre à chacun de nous ; *personae et eorum qui dicunt et eorum qui audiunt* Cic. Or. 71, le caractère aussi bien des orateurs que des auditeurs ; *sine personis atque temporibus de universo genere quaeritur* Cic. de Or. 2, 134, on s'occupe d'une thèse générale sans détermination de personnes et de circonstances ; *vides quae sit persona dicentis* Cic. Att. 15, 1 a, 2, tu vois le personnage qui parle, la personne de l'orateur ¶ 5 personne, au sens de personne humaine, individu : *servilis persona* Gai. Inst. 1, 120 ; *servi persona* Dig. 30, 86, 2, la personne de l'esclave ; *servitutes aut personarum sunt aut rerum* Dig. 8, 1, 1, les servitudes sont relatives ou aux personnes ou aux choses ¶ 6 [gram.] personne : Varr. L. 8, 20 ¶ 7 [chrét.] personne (de la Trinité) : Tert. Prax. 21, 5.

persōnācĕa herba (-cĭa), f., ⟶ *personata* : M.-Emp. 17, 31 ; Ps. Apul. Herb. 36.

persōnālis, e, personnel [droit], relatif à la personne : Dig. 8, 3, 37 ∥ personnel [gram.] : Diom. 399, 13.

persōnālĭtās, ātis, f. (*personalis*), personnalité : Paul.-Nol. Ep. 21, 4.

persōnālĭter, adv., personnellement : Arn. 3, 42 ∥ personnellement [gram.] : Gell. 15, 13, 9.

persōnāta, ae, f. (*persona*), bardane [plante] : Plin. 25, 104 ; Col. 6, 17, 1.

persōnātĭo, ōnis, f., son : Cassiod. Psalm. 150, 3.

persōnātīvē, adv., personnellement : Char. 181, 25.

persōnātus, a, um (*persona*), masqué : Cic. de Or. 3, 221 ; Att. 15, 1, 4 ; *personata felicitas* Sen. Ep. 80, 8, bonheur déguisé, trompeur ; *personatus pater* Hor. S. 1, 4, 56, père de comédie ∥ *personatum folium*, n., nénuphar blanc : Plin. 21, 87.

persŏnŏ, ās, āre, nŭī, nĭtum, intr. et tr. **I** intr. ¶ 1 résonner de toute part, retentir : *domus cantu personabat* Cic. Pis. 22, toute la maison retentissait de chants ; *personant aures ejus hujus modi vocibus* Cic. Fam. 6, 18, 4, ses oreilles sont frappées de sons de ce genre, des sons de ce genre frappent ses oreilles ¶ 2 faire du bruit, retentir **a)** *ululatus personant tota urbe* Liv. 39, 15, 6, les hurlements retentissent dans toute la ville, cf. Liv. 41, 2, 7 **b)** *plebs personabat plausu composito* Tac. An. 16, 4, la populace se faisait entendre dans des applaudissements rythmés **c)** *cithara Iopas personat* Virg. En. 1, 741, Iopas se fait entendre sur la cithare. **II** tr. ¶ 1 faire retentir : *regiam gemitu* Curt. 8, 2, 5, faire retentir le palais de gémissements, cf. Virg. En. 1, 417 ¶ 2 crier à voix retentissante que [avec prop. inf.] : Cic. Cael. 47 ; Liv. 3, 10, 10 ; *rerum quas isti in angulis personant* Cic. Rep. 1, 2, des idées que vos philosophes jettent à tous les échos dans les écoles ¶ 3 *classicum* Apul. M. 5, 12, faire retentir la trompette, donner le signal du combat.

persŏnus, a, um, qui résonne, qui retentit : Petr. 120, 72 ; Val.-Flac. 4, 418.

persorbĕō, ēs, ēre, ŭī, -, intr., absorber : Plin. 31, 123.

perspargo, ⟶ *perspergo* Cat. Agr. 130.

perspectē, adv., avec finesse, en connaisseur : Pl. Mil. 757.

perspectĭo, ōnis, f., connaissance approfondie : Lact. Inst. 2, 8, 68 ; Aug. Civ. 8, 4.

perspectīvus, a, um, relatif à la perspective : Boet. Anal. post. 1, 7.

perspectō, ās, āre, āvī, ātum (fréq. de *perspicio*), tr. ¶ 1 examiner attentivement : Pl. Most. 815 ¶ 2 regarder jusqu'à la fin : Suet. Aug. 98 ; Sen. Ep. 66, 51 ¶ 3 regarder à travers : Pompon. Com. 23.

perspector, ōris, m., celui qui sonde : Juvc. 2, 274.

perspectus, a, um, part.-adj. de *perspicio* [fig.] **a)** examiné à fond, sondé, approfondi, médité : Cic. de Or. 1, 92 **b)** reconnu, éprouvé, manifeste : Cic. Balb. 16 ; Verr. 5, 177 ∥ *perspectum est alicui* [avec prop. inf.] Cic. Or. 121, il est manifeste pour qqn que ∥ *tua erga me mihi perspectissima benevolentia* Cic. Att. 11, 1, 1, ton dévouement pour moi qui m'est si connu.

perspĕcŭlor, ārĭs, ārī, ātus sum, tr., observer à fond : Suet. Caes. 58.

perspergō, ĭs, ĕre, -, - (1 *per, spargo*), tr. ¶ 1 arroser complètement : Tac. An. 15, 44 ∥ arroser [en parl. d'un lac], baigner : Solin. 42, 2 ¶ 2 [fig.] assaisonner (saupoudrer) : *(lepos) quo tamquam sale perspergatur omnis oratio* Cic. de Or. 1, 159, (des traits enjoués) dont tout le discours soit saupoudré comme de sel.

perspexī, parf. de *perspicio*.

perspĭcābĭlis, e, qui se voit de loin, remarquable : Amm. 14, 8, 3.

perspĭcācē, adv., avec perspicacité : Afran. Com. 59.

perspĭcācĭtās, ātis, f., perspicacité, pénétration : Amm. 15, 3, 2.

perspĭcācĭter, adv., avec clairvoyance, perspicacité : Amm. 26, 6, 1 ∥ -*cius* Boet. Cons. 3, 11, 8.

perspĭcāx, ācis (*perspicio*), qui a la vue perçante : -*cacior* Apul. M. 2, 23 ∥ [fig.] clairvoyant, pénétrant : Cic. Off. 1, 100 ∥ -*cissimus* Cassian. Inst. 5, 15.

perspĭcĭbĭlis, e, très visible, frappant : Vitr. 9, 1, 11.

perspĭcĭentĭa, ae, f. (*perspicio*), vue claire [fig.], parfaite connaissance : Cic. Off. 1, 15.

perspĭcĭō, ĭs, ĕre, spexī, spectum (1 *per, specio*), tr. ¶ 1 regarder à travers, voir dans : *munimenta, quo ne perspici quidem posset* Caes. G. 2, 17, 5, des retranchements où l'œil même ne pouvait pénétrer ¶ 2 regarder attentivement, examiner soigneusement : *urbis situm* Caes. G. 7, 36, 1, examiner (reconnaître) la position d'une ville ; *mores hominum penitus* Cic. de Or. 1, 219, étudier à fond les mœurs des hommes ¶ 3 voir pleinement, reconnaître clairement : *alicujus virtutem* Cic. Verr. 2, 4, reconnaître de façon manifeste le courage de qqn ∥ [avec prop. inf.] voir clairement que : Cic. Fam. 1, 2, 2 ; [pass. pers.] *perspectus est a me... cogitare* Cic. Fam. 1, 7, 3, il m'a laissé voir manifestement qu'il pensait... ; [pass. impers.] *ex quo perspicitur illud effici ut* Cic. Leg. 1, 34, par où l'on voit clairement que ce résultat se produit, à savoir... ; [avec interrog. indir.] Cic. Fam. 3, 10, 2 ; *quidam perspiciuntur quam sint leves* Cic. Lae. 63, certains montrent bien leur peu de caractère.

perspĭcŭē, adv., très nettement, très clairement : Cic. Fin. 3, 19 ∥ évidemment : Cic. Cael. 26.

perspĭcŭĭtās, ātis, f. (*perspicuus*) ¶ 1 transparence : Plin. 37, 141 ∥ [fig.] clarté [de style] : Quint. 8, 2, 1 ¶ 2 [phil.] évidence : Cic. Nat. 3, 9 ; Ac. 2, 17.

perspĭcŭus, a, um (*perspicio*) ¶ 1 transparent, diaphane : Ov. M. 5, 588 ; Plin. 31, 79 ; Mart. 4, 86, 2 ∥ visible par transparence : *perspicua* Sen. Ben. 1, 9, 3, (femme) dont le corps est visible à travers les vêtements ¶ 2 [fig.] clair, évident, net : Cic. Nat. 3, 11 ; de Or. 2, 132 ; *perspicuum est, quid mihi videatur* Cic. Off. 3, 92, on voit pleinement mon sentiment.

perspīrō, ās, āre, -, -, intr. ¶ 1 souffler constamment : *venti perspirantes* Plin. 2, 116, vents persistants ¶ 2 respirer partout : Cat. Agr. 157, 7.

perspissō, adv., très lentement : Pl. Poen. 792.

persternō, ĭs, ĕre, strāvī, strātum, tr., paver entièrement : Liv. 10, 47, 4 ; Vitr. 7, 1, 7.

perstillō, ās, āre, -, -, intr., suinter, dégoutter : Vulg. Prov. 19, 13.

perstĭmŭlō, ās, āre, -, -, tr., exciter sans cesse, exaspérer : Tac. An. 4, 12.

perstīpō, ās, āre, -, -, tr., bien serrer : Cael.-Aur. Acut. 3, 8, 93.

perstĭtī, parf. de *persisto* et de *persto*.

perstō, *ās, āre, stĭtī, stātūrus*, intr. ¶ 1 se tenir en place, rester debout : *armati diem perstabant* Liv. 44, 33, 10, en armes, ils restaient en place tout le jour ¶ 2 subsister, demeurer : *laurea quae toto perstitit anno* Ov. F. 3, 137, le laurier qui a duré toute l'année, cf. Ov. M. 15, 177; H. 18, 206 ¶ 3 rester, persister : *in sententia, in pravitate* Cic. Com. 56; Ac. 2, 26, persister dans une opinion, dans la perversité; [pass. impers.] *si perstaretur in bello* Tac. An. 13, 37, si l'on s'obstinait à faire la guerre ‖ *mens eadem perstat mihi* Virg. En. 5, 812, je conserve les mêmes sentiments; *perstitit Narcissus* Tac. An. 11, 29, Narcisse s'obstina ¶ 4 [avec inf.] persister à : Cic. Fin. 2, 107; Ov. Pont. 1, 5, 34; Tac. An. 4, 38.
▶ *perstaturus* Liv. 8, 34, 4.

perstrātus, *a, um*, part. de *persterno*.

perstrĕpō, *ĭs, ĕre, pŭī,* - ¶ 1 intr., retentir : Sil. 8, 430 ‖ faire du vacarme : Ter. Eun. 600 ¶ 2 tr., faire retentir : Claud. Ruf. 1, 213; [pass.] Apul. M. 3, 1 ‖ crier qqch. : Ambr. Fid. 5, 16, 19.

perstrictē, adv., d'une manière serrée : Aug. Ep. 221, 3.

perstrictim, adv., succinctement : Aug. Psalm. 41, 10; Cassiod. Inst. pr. 9.

perstrictĭo, *ōnis*, f., [méd.] contraction : Antid. Brux. 58.

perstrictus, *a, um*, part. de *perstringo*.

perstrīdō, *ĭs, ĕre,* -, -, tr., siffler à travers : *Germ. Frg. 3, 6.

perstringō, *ĭs, ĕre, strinxī, strictum*, tr.
I ¶ 1 resserrer : *vitem* Cat. Agr. 32, 2, resserrer la vigne, ne pas lui donner trop de développement ¶ 2 [fig.] *aures* Hor. O. 2, 1, 18, crisper, assourdir les oreilles; *horror spectantes perstringit* Liv. 1, 25, 4, un frisson crispe les spectateurs, leur serre le cœur.
II effleurer ¶ 1 *solum aratro* Cic. Agr. 2, 67, effleurer le sol du soc de la charrue ¶ 2 [fig.] *a)* toucher légèrement, piquer : *consulatus meus illum leviter perstrinxerat* Cic. Brut. 323, mon consulat l'avait légèrement piqué; *asperioribus facetiis* Cic. Planc. 33, piquer par des plaisanteries un peu vives ‖ critiquer légèrement : Tac. An. 2, 59; 4, 17 *b)* raconter en peu de mots, effleurer : *atrocitatem criminis* Cic. Verr. 4, 105, passer légèrement sur un chef d'accusation odieux, cf. Cic. Amer. 91; Phil. 2, 47.
▶ dans les mss confusion fréq. avec *praestringo*.

perstructus, *a, um*, part. de *perstruo*.

perstrŭō, *ĭs, ĕre,* -, -, tr., bâtir entièrement : Vitr. 7, 4, 1.

perstŭdĭōsē, adv., avec beaucoup de zèle : Cic. Brut. 207.

perstŭdĭōsus, *a, um, alicujus rei*, ayant un goût très vif pour qqch : Cic. CM 3.

perstultus, *a, um*, très sot : Hier. Didym. 54.

persuādenter, adv., de façon très persuasive : Chalc. 127.

persuādĕō, *ēs, ēre, suāsī, suāsum*, persuader
I [sens hortatif] décider à faire qqch. ¶ 1 [rare] *aliquem* Petr. 46; 42; [part. pass.] *persuasi* B.-Afr. 55, 1, complètement décidés ‖ [avec inf.] *persuasae fallere rima sat est* Prop. 4, 1, 146, à celle qui est décidée à tromper une fente [dans la porte] suffit ¶ 2 [*alicui* et acc. de pron. n.] persuader à qqn qqch., le déterminer à qqch. : Cic. Phil. 2, 24; Att. 13, 38, 2 ‖ [absᵗ] *persuadere alicui* Cæs. G. 5, 38, 4, persuader qqn [avec *ut, ne* subj.] persuader de, de ne pas (*alicui*, à qqn) : Cic. Clu. 126; Phil. 2, 46; Fam. 13, 1, 2; [pass. impers.] *persuasum erat Cluvio, ut* Cic. Com. 51, Cluvius était décidé à..., cf. Cæs. G. 2, 10, 5; 5, 55, 2 ‖ [avec subj. seul] *huic persuadet... petat* Sall. J. 35, 2, il lui persuade de demander ‖ [avec inf.] Nep. Dion 3, 3; Tac. G. 14; Sen. Brev. 13, 4 ‖ [pass. impers.] *persuasum est alicui* [avec inf.] on a persuadé qqn de : Pl. Bac. 1016; Cic. Phil. 13, 35; [avec prop. inf.] Gell. 4, 5, 4.
II persuader, convaincre ¶ 1 [absᵗ] Cic. Ac. 2, 116; de Or. 1, 138 ¶ 2 *aliquem* Enn. Inc. 4, cf. Serv. En. 10, 10 ‖ [part.] *persuasus*, persuadé : Her. 1, 9, 15; Caecin. Fam. 6, 7, 2; Val.-Max. 3, 8, 1; 5, 9, 4; Plin. 10, 66 ¶ 3 [avec acc. de pron. n.] *ea, quae invenissent, eloquentia persuadere* Cic. Inv. 1, 3, persuader au moyen de l'éloquence ce qu'ils avaient découvert; [avec dat.] [*alicui*, à qqn] Cic. Ac. 2, 118; Fin. 2, 28; Fam. 13, 73, 2; Att. 16, 5, 2; *eo minus credebam tibi temere quicquam persuaderi potuisse* Matius Fam. 11, 28, 1, ce m'était une raison de ne pas croire qu'on ait rien pu te persuader à la légère ‖ [pass. du part.] : *si ab iis qui ante dixerunt quiddam auditori persuasum videtur* Cic. Inv. 1, 23, si par les orateurs précédents une conviction particulière semble avoir été donnée à l'auditeur, cf. Cic. Verr. 4, 106; Nat. 1, 75; Tusc. 2, 47; *opinio mali, quo viso atque persuaso aegritudo insequitur necessario* Cic. Tusc. 3, 72, l'opinion que c'est un mal; or l'idée et la conviction qu'on a de ce mal font suivre nécessairement la tristesse ‖ [pass. n.] *persuasum est mihi*, je suis à l'état de chose persuadée pour moi, je suis décidé [ou] *persuasum habeo* Plin. Ep. 1, 20, 9 : *si tibi persuasum est* Cic. Nat. 3, 7, si ta conviction est faite; *mihi persuasissimum est* Brut. Fam. 11, 9, 2; *persuasissimum habeo* Suet. Ner. 29, je suis absolument persuadé ¶ 4 [avec *de*] produire la conviction sur une chose : Cic. Tusc. 4, 59; *de tua fide nisi persuasum esset nobis* Brut. Fam. 11, 2, 1, sur ta loyauté si ma conviction n'était pas faite ¶ 5 [avec prop. inf.] *Critoni nostro non persuasi me hinc avolaturum* Cic. Tusc. 1, 103, je n'ai pas convaincu notre ami Criton que je m'envolerais d'ici, cf. Cic. CM 82; Fam. 11, 16, 3; 12, 9, 2; *illud ita mihi persuadeo...* Cic. Fam. 13, 73, 2, je me persuade ceci, à savoir que; *mihi ita persuasi...* Cic. Nat. 3, 5, ma conviction est que, cf. Cic. CM 78 ‖ [pass. impers.] *mihi numquam persuaderi potuit...* Cic. CM 80, jamais je n'ai pu avoir la persuasion que, cf. Cæs. G. 1, 40, 3; *satis persuasum esse debet...* Cic. Off. 3, 85, on doit être pleinement persuadé que..., (avec *nobis* Cic. Off. 3, 37, nous devons être bien persuadés que...); *sibi persuasum habebant* Cæs. G. 3, 2, 5, ils gardaient pour eux la conviction que... ‖ [noter *ut* conséc.-explicatif rattaché à *hoc*] : *neque enim metuo, ne hoc cuiquam persuadeatur, ut... conatus sis* Cic. Verr. 5, 11, je ne crains pas qu'on persuade ceci à personne, savoir que tu aies entrepris de....

persuāsĭbĭlis, *e* (*persuades*), propre à persuader, persuasif : Quint. 2, 15, 13.

persuāsĭbĭlĭter, adv., d'une manière persuasive : Quint. 2, 15, 14.

persuāsĭo, *ōnis*, f. (*persuadeo*) ¶ 1 persuasion, action de persuader : Cic. Inv. 1, 6 ¶ 2 persuasion, conviction, croyance : Quint. 1, 1, 8; 2, 4, 16; *persuasio est* [avec prop. inf.] Plin. 30, 115, c'est une opinion répandue que; *plenus persuasionis* [avec prop. inf.] Suet. Tib. 69, bien convaincu que.

persuāsŏr, *ōris*, m. (*persuadeo*), celui qui persuade, qui entraîne : Cassiod. Var. 1, 4.

persuāsōrĭus, *a, um*, qui entraîne la persuasion : Jul.-Vict. 3, 5.

persuastrix, (*-sitrix*, Capell. 5, 514), *īcis*, f., celle qui persuade, qui séduit : Pl. Bac. 1167.

1 **persuāsus**, *a, um*, 🅥▸ *persuadeo*.

2 **persuāsŭs**, abl. *ū*, m., instigation : Cic. d. Quint. 5, 10, 69.

persuāvis, *e*, très agréable [au goût] : Jul.-Val. 3, 18.

persuāvĭter, adv., très agréablement [à l'oreille] : Aug. Mus. 4, 13.

persŭbhorrescō, *ĭs, ĕre,* -, -, intr., se hérisser fortement [en parl. de la mer] : *Sisen. d. Non. 449, 10 = Hist. 104.

persubtīlis, *e*, très subtil : Lucr. 3, 179 ‖ très ingénieux : Cic. Planc. 58.

persubtīlĭter, adv., avec beaucoup de subtilité : Boet. Herm. sec. p. 140, 17.

persulcō, *ās, āre,* -, -, tr., sillonner, labourer : Drac. Romul. 10, 118; [fig.] Claud. Ruf. 1, 136.

persultātŏr, *ōris*, m., qui court partout sur [avec gén.] : Symm. Ep. 6, 23.

persultō, *ās, āre, āvī, ātum* (1 *per, salto*) ¶ 1 *a)* intr., sauter, bondir : Liv. 44, 9, 7; Tac. A. 4, 47 ‖ [fig.] prendre ses ébats, se promener à son aise [dans le territoire ennemi] : Liv. 34, 20, 6 *b)* tr., sauter à travers, bondir dans : Lucr. 1, 15; [fig.]

persulto

Italiam Tac. H. 3, 49, fouler l'Italie en tous sens ¶2 **a)** intr., retentir : Prud. Ham. 10 pr. **b)** tr., faire retentir, dire avec orgueil : Prud. Perist. 11, 77.

persŭō, ĭs, ĕre, -, -, tr., raccommoder, ravauder : Not. Tir. 83.

persupplĕō, ēs, ēre, -, -, accomplir jusqu'au bout sa charge : VL. 2 Tim. 4, 5.

pertābŭi, parf. de l'inus. *pertabesco, se calciner : Aetna. 476.

pertaedescō, ĭs, ĕre, taedŭī, - ¶1 intr., se dégoûter : Gell. 1, 2, 6 ¶2 [avec sujet indéterminé] Cat. Agr. 156.

pertaedĕt, ēre, taesum est, impers., [ordin^t au parf.] s'ennuyer fort, être très dégoûté de, se lasser de [avec acc. du sujet logique et compl. au gén.] : *me sermonis pertaesumst* Pl. Most. 316, je suis dégoûté de l'entretien, cf. Nep. Att. 15, 2 ; Cic. Q. 1, 2, 4 ; *esse domi eum pertaesum est* Lucr. 3, 1061, il est dégoûté d'être chez lui.

▶ *pertīsum* Lucil. 963 d. Fest. 336, 2, cf. P. Fest. 64, 4 ; 239, 9 [condamné par l'usage d'après Cic. Or. 159].

pertaesus, a, um (pertaedet), dégoûté de, las de : [avec gén.] Tac. An. 15, 51 ; [avec acc.] Suet. Caes. 7 ; Aug. 62 ; Tib. 67.

▶ *pertīsum*, V. *pertaedet* ▶.

pertangō, ĭs, ĕre, -, - (1 per, τέγγω, cf. tango), tr., arroser : Apic. 384.

pertĕgō, ĭs, ĕre, tēxī, tectum, tr., mettre un toit à : Pl. Ru. 123 ; Vitr. 10, 6, 3 ‖ recouvrir : Vitr. 5, 9, 1 ‖ [fig.] recouvrir : Pl. Trin. 320.

pertĕmĕrārĭus, a, um, très téméraire [avec tmèse] : Cod. Just. 12, 21, 2.

pertempto, V. *pertento*.

pertendō, ĭs, ĕre, -, - ¶1 tr., achever : Ter. Haut. 1053 ; Eun. 51 ¶2 intr., se diriger vers : Liv. 5, 8, 12 ; Suet. Caes. 32 ‖ persister, s'efforcer avec opiniâtreté : Varr. L. 5, 2 ; Prop. 2, 15, 17.

pertentō, ās, āre, āvī, ātum, tr. ¶1 essayer, tenter, éprouver : Tac. H. 2, 49 ; 1, 29 ; Liv. 2, 3, 6 ; Cic. Q. 1, 4, 5 ¶2 éprouver, affecter : Virg. En. 7, 354 ; G. 3, 250 ‖ pénétrer dans, envahir : Virg. En. 1, 502.

▶ mss *pertempto*.

pertĕnŭis, e, très fin [en parl. du sable] : Plin. 18, 34 ‖ [fig.] très petit, très faible, très léger : Cic. Clu. 168 ; de Or. 1, 107.

pertĕpĭdus, a, um, très tiède : Vop. Car. 17, 5.

pertĕrĕbrō, ās, āre, āvī, ātum, tr., percer d'outre en outre, transpercer, perforer : Cic. Div. 1, 48 ; Vitr. 8, 6, 8.

pertergĕō, ēs, ēre, tersī, tersum, tr., essuyer parfaitement : Hor. S. 2, 8, 11 ; Col. 12, 9, 2 ‖ [fig.] effleurer : Lucr. 4, 249.

perterminis, e (per terminum), pris au-delà des limites [auspice] : Mar. Vict. Gram. 6, 14, 21.

pertĕrō, ĭs, ĕre, -, trītum, tr., broyer entièrement, concasser : Col. 8, 5, 21 ; 12, 38, 7.

pertĕrrĕfăcĭō, ĭs, ĕre, -, -, ⊂> *perterreo* : Ter. And. 169 ; *perterrefactus* Amm. 17, 1, 17, épouvanté.

perterrĕō, ēs, ēre, ŭī, ĭtum, tr., glacer d'épouvante, épouvanter : Caes. G. 7, 4, 10 ; 7, 50, 2 ; *perterritus* Cic. Caecin. 42, 44 ; Nat. 1, 86 ; Div. 1, 57.

perterrĭcrĕpus, a, um (perterreo, crepo), qui fait un bruit effroyable : Lucr. 6, 129.

perterrĭtō, ās, āre, -, -, fréq. de *perterreo*, Avien. Arat. 1170.

perterrĭtus, a, um, part. de *perterreo*.

perterrŭī, parf. de *perterreo*.

pertersī, parf. de *pertergeo*.

pertexō, ĭs, ĕre, texŭī, textum, tr. ¶1 V.> *pertextus* ¶2 achever, développer entièrement : Lucr. 6, 42 ; *locum* Cic. Att. 1, 14, 3, développer un point ; *pertexe quod exorsus es* Cic. de Or. 2, 145, achève [de dire] ce que tu as commencé.

pertextus, a, um, part. de *pertexo*, tissé entièrement : Apul. M. 10, 3.

1 pertĭca, ae, f. (cf. ombr. *percam* ; fr. *perche*), perche, gaule : Pl. As. 589 ; Varr. R. 3, 5, 4 ; *perticis decutere* Plin. 15, 11, gauler ‖ surgeon, rejeton : Plin. 17, 141 ‖ perche d'arpenteur : Prop. 4, 1, 130 ; *unā perticā* [prov.] Plin. Ep. 8, 2, 8, uniformément, selon une seule et même mesure ‖ territoire d'une colonie : Grom. 18, 9.

2 Pertĭca, ae, m., surnom romain : CIL 11, 5391.

pertĭcālis, e, dont on fait des perches : Col. 4, 31, 2.

pertĭcārĭus nĕgōtĭans, m., marchand de perches : CIL 6, 9672.

pertĭcātus, a, um, fixé à une perche : Mart. 5, 12, 1.

pertĭmĕfactus, a, um (3 per-, timefactus), épouvanté : Brut. Fam. 11, 20, 2.

pertĭmĕō, ēs, ēre, -, -, tr., redouter beaucoup : Vulg. 1 Petr. 3, 6.

pertimescō, ĭs, ĕre, mŭī, - ¶1 tr., craindre fortement, redouter : *famam inconstantiae* Cic. Fam. 1, 9, 11, craindre de passer pour un incohérent, cf. Verr. 4, 78 ; Agr. 2, 45 ; Caes. G. 5, 29 ¶2 intr., *de se* Cic. Sest. 105, trembler pour soi-même, cf. Verr. 5, 115 ; Caecil. 71 ‖ [avec ne] craindre que : Cic. Sest. 105 ; Nat. 1, 70 ‖ [avec interrog. indir.] Sest. 104.

pertĭnācĭa, ae, f. (1 pertinax), opiniâtreté : Cic. Marc. 21 ; Liv. 42, 62, 13 ‖ obstination, entêtement : Cic. Ac. 1, 44 ; Inv. 2, 165 ; Fin. 1, 28 ; Sest. 78 ; *pertinacia desistere* Caes. G. 1, 42, 3, céder.

pertĭnācĭtĕr, adv., avec ténacité, avec persistance : Quint. 1, 1, 5 ; Suet. Tib. 74 ‖ opiniâtrement, obstinément : Suet. Cl. 40, 6 (3) ; Caes. 1 ‖ -*cĭus* Hirt. G. 8, 12, 2 ; -*issime* Suet. Caes. 81.

1 pertĭnax, ācis (1 per, tenax) ¶1 qui tient bien, qui ne lâche pas prise : Hor. O. 1, 9, 4 ; *pertinax pater* Pl. Capr. 289, père serré, avare ¶2 qui tient bon, qui dure longtemps : Plin. 10, 81 ; *pertinax certamen* Liv. 2, 40, 13, combat acharné ; [poét.] *pertinax ludere* Hor. O. 3, 29, 51, acharné à jouer ; *justitiae* Apul. Apol. 102, très attaché à la justice ¶3 opiniâtre, obstiné, entêté : Cic. Fin. 1, 27 ; 1, 28 ; [avec ad] Liv. 29, 1, 17 ‖ ferme, persévérant, constant : *adversus temerarios impetus* Liv. 28, 22, 14, tenant ferme contre les assauts aveugles ‖ -*cior* Cic. Fin. 5, 94 ; -*issimus* Cic. Fin. 2, 107.

2 Pertĭnax, ācis, m., P. Helvius Pertinax, empereur romain (193) : Capit. Pert. 1, 1.

pertĭnens, part. de *pertineo*.

pertĭnentĕr, adv., en rapport avec : Tert. Marc. 4, 38, 5 ‖ -*tius*, -*tissime*, d'une manière plus pertinente, très pertinente : Tert. Marc. 4, 9, 4 ; 4, 31, 4.

pertĭnĕō, ēs, ēre, tĭnŭī, - (1 per, teneo), intr. ¶1 s'étendre jusqu'à, aboutir à : *ex eo oppido pons ad Helvetios pertinet* Caes. G. 1, 6, 3, de cette ville un pont rejoint les Helvètes, cf. Caes. C. 3, 49, 3 ; *latus pertinet milia passuum quingenta* Caes. G. 5, 13, 1, ce côté s'étend sur une longueur de cinq cent mille pas ; *venae in omnes partes corporis pertinentes* Cic. Nat. 2, 137, les veines qui s'étendent dans toutes les parties du corps ‖ [fig.] *bonitas etiam ad multitudinem pertinet* Cic. Lae. 50, cette bienveillance s'étend aussi à la foule, cf. Cic. Verr. 3, 217 ; Div. 2, 92 ; *caritas patriae per omnes ordines pertinebat* Liv. 23, 49, 3, le patriotisme régnait dans tous les ordres de l'État ¶2 revenir à, appartenir à : *regnum ad se pertinere arbitrabantur* Cic. Verr. 4, 61, ils croyaient que le royaume leur revenait ; *ad eum culpa pertinet* Cic. Verr. 5, 183, la faute retombe sur lui ‖ être relatif à, concerner : *illa res ad meum officium pertinet* Cic. Amer. 36, ce point-là concerne mon devoir, cf. Cic. Fin. 5, 24 ; *res ad aliquem proprie pertinens* Liv. 29, 16, 2, affaire concernant qqn personnellement ; *nam quod ad populum pertinet* Cic. Planc. 7, pour ce qui concerne le peuple, cf. Varr. L. 5, 57 ; Caes. C. 3, 17, 3 ; Cael. Fam. 8, 8, 4 ; Curt. 6, 11, 30 ; 9, 2, 19 ; *quantum ad decernentes pertinet* Plin. Ep. 8, 6, 14, pour tout ce qui concerne les auteurs du décret ¶3 tendre à, viser à : *illud quo pertineat videte* Cic. Agr. 2, 20, voyez où cela tend ; *id eo pertinuit, quod* Cic. Brut. 299, cela visait à ce but, savoir que ; *summa illuc pertinet, ut sciatis* Cic. Verr. 5, 25, l'ensemble de mon exposé vise à vous faire savoir ; *ea, quae ad faciendam fidem pertinent* Cic. Part. 33, les choses qui servent à convaincre ; *quo, quorsum pertinuit ?* [avec inf.] Tac. An. 3, 12 ; Hor. S. 2, 3, 11, à quoi rimait-il, servait-il de... ? ¶4 [impers.] il est important : *ad me ma-*

xime pertinet, neminem esse meorum... Cic. Att. 1, 17, 4, il m'importe au plus haut point qu'il n'y ait personne des miens... ; *pertinet ad omnem officii quaestionem... in promptu habere* Cic. Off. 1, 105, il importe à toute enquête sur le devoir qu'on sache..., cf. Cic. Att. 14, 16, 4 ∥ [avec interrog. indir.] : *quid fieret, ad rem pertinere* Cic. Div. 2, 46, [tu disais] qu'il importait de savoir ce qui arrivait ∥ [avec ut] *ad famam alicujus pertinet ut...* Cic. Phil. 9, 12, il importe à la réputation de qqn que....

pertingō, ĭs, ĕre, -, -, tr. (1 per, tango) ¶ 1 tr., atteindre [fig.], finir par obtenir : Fort. Carm. 6, 10, 53 ¶ 2 intr., *collis in immensum pertingens* Sall. J. 48, 3, colline s'étendant à perte de vue.

pertīsum, v. pertaedet ▶.

pertolĕrō, ās, āre, āvī, ātum, tr., endurer jusqu'à la fin : Lucr. 5, 316 ; Acc. Tr. 91.

pertŏnō, ās, āre, nŭī, - ¶ 1 intr., retentir fortement : Hier. Virg. 20 ∥ proclamer fortement : Hier. Ep. 51, 4 ∥ tonner contre : Hier. Ep. 53, 8 ¶ 2 tr., faire retentir [les louanges] : Ps. Ambr. Serm. fer. 2 Pentec.

pertorquĕō, ēs, ēre, -, -, tr. ¶ 1 faire grimacer : Lucr. 2, 401 ¶ 2 lancer, donner libre cours à : Afran. Com. 1.

pertractātē, adv., d'une manière rebattue, commune : Pl. Capr. 55.

pertractātĭo, ōnis, f. (pertracto) ¶ 1 maniement, administration : *rerum publicarum* Cic. de Or. 1, 48, le maniement des affaires publiques ∥ étude assidue : Cic. de Or. 1, 187 ¶ 2 action de sonder une plaie : Gell. 5, 1, 4.

pertractātŏr, ōris, m., commentateur (de l'Écriture) : Aug. Faust. 3, 2.

pertractātus, a, um, part. de pertracto.

pertractō, -trectō, ās, āre, āvī, ātum, tr., palper, manier : Cic. Par. 38 ∥ [fig.] explorer attentivement : *mentem tuam omni cogitatione pertractans* Cic. Fin. 2, 118, sondant de toute ta pensée le fond de ta conscience ∥ étudier à fond, approfondir : Cic. Nat. 1, 9 ; Tusc. 4, 23 ; *quae scripsi, mecum ipse pertracto* Plin. Ep. 7, 17, 7, je repasse moi-même à part moi ce que j'ai écrit ∥ [en parl. de l'orateur] manier [les sentiments, les pensées, les cœurs ; c.-à-d. agir, influer sur l'auditoire] : Cic. de Or. 1, 222 ; 2, 32 ; 2, 186.

1 **pertractus**, a, um, part. de pertraho.

2 **pertractŭs**, ūs, m., longue durée, prolongation de séjour : *Tert. Or. 5, 1.

pertrăhō, ĭs, ĕre, traxī, tractum, tr. ¶ 1 tirer jusqu'à un point déterminé : *aliquem in castra* Liv. 7, 39, 14, traîner qqn au camp ; *ratem ad ripam* Liv. 21, 28, 9, entraîner un radeau vers la rive ∥ traduire [devant le juge] : Phaed. 3, 10, 34 ¶ 2 extraire [un poison] : Scrib. 173 ¶ 3 attirer vers ou dans : Liv. 21, 54, 4.

pertransĕō, ĭs, īre, īvī (ĭī), ĭtum ¶ 1 intr., passer outre, aller au-delà : Vulg. Luc. 10, 32 ∥ passer à travers : Plin. 37, 68 ∥ [fig.] s'écouler [en parl. du temps] : Vulg. 1 Reg. 25, 38 ∥ se passer, cesser : Vulg. Is. 26, 20 ¶ 2 tr., passer, traverser : Hier. Ep. 53, 1.
▶ *pertransiet* au lieu de -sibit VL. Psal. 102, 16.

pertranslūcĭdus, a, um, très transparent : Plin. 13, 79.

pertransmittō, ĭs, ĕre, -, -, intr., passer à travers : VL. Jos. 15, 8.

pertraxī, parf. de pertraho.

pertrecto, v. ▶ pertracto.

pertrĕmiscō, ĭs, ĕre, -, -, intr., trembler : Hier. Is. 3, 7, 2 ∥ tr., redouter : Hier. Pelag. 1, 38.

pertrīcōsus, très embrouillé : Mart. 3, 63, 14.

pertristis, e, très sinistre : Cic. Div. 1, 14 ∥ très sévère : Cic. Cael. 25.

pertrītus, a, um, part.-adj. de pertero, écrasé : Col. 8, 5, 21 ∥ [fig.] rebattu, banal, usé : Sen. Contr. 7, 18, 7 ; Ep. 63, 12.

pertrux, ŭcis, très cruel : *Apul. M. 5, 17, 4.

pertŭdī, parf. de pertundo.

pertŭlī, parf. de perfero.

pertŭmescō, ĭs, ĕre, -, -, intr., s'enfler considérablement : Not. Tir. 70.

pertŭmultŭōsē, adv., dans un grand désordre, très confusément : Cic. Fam. 15, 4, 3.

Pertunda, ae, f., nom d'une déesse romaine : Aug. Civ. 6, 9, 3.

pertundō, ĭs, ĕre, tŭdī, tūsum, tr., percer d'outre en outre, transpercer [qqn] : Enn. An. 414 ∥ perforer : Cat. Agr. 41, 3 ∥ creuser : Lucr. 4, 1287 ∥ percer : *cruminam* Pl. Ps. 170, faire un trou à la bourse ; *pertusum dolium* Pl. Ps. 369, tonneau percé, cf. Lucr. 3, 936 ; [poét.] *positos tinea pertunde libellos* Juv. 7, 26, laisse tes livres, laisse-les trouer par les mites.
▶ *pertussus* Pl. Ps. 369, *pertunsus* Ps. Aur.-Vict. Epit. 9, 10.

pertunsūra, ae, v. ▶ pertusura : Plin. Val. 3, 18.

perturbābilis, e, qui peut être troublé, fléchi : Greg.-M. Mor. 11, 41, p. 972 A.

perturbātē, adv., confusément, pêlemêle : Cic. Or. 122 ; Sen. Ep. 124, 19.

perturbātĭo, ōnis, f. (perturbo) ¶ 1 trouble, désordre, perturbation : [dans le ciel] Cic. Div. 2, 94 ; [dans les esprits] Agr. 1, 24 ; Phil. 8, 3 ; Mur. 35 ; *magna totius exercitus perturbatio facta est* Caes. G. 4, 29, 3, il se produisit un grand trouble dans toute l'armée ¶ 2 émotion, passion [avec ou sans *animi, animorum*] : Cic. Tusc. 5, 17 ; 4, 10 ; Off. 1, 27 ; de Or. 2, 178 ; Top. 64 ; Fin. 3, 35.

perturbātŏr, ōris, m. et **-trix**, cis, f., perturbateur, perturbatrice : Sulp. Sev. Chron. 2, 49, 2 ; Cic. Leg. 1, 39.

perturbātus, a, um ¶ 1 part. de perturbo ¶ 2 [pris adj^t] a) troublé : *perturbatissimum genus tempestatis* Sen. Nat. 7, 10, 2, l'espèce d'orage la plus désordonnée ; [fig.] *visa perturbatiora* Cic. Div. 2, 122, visions plus troublées, plus confuses b) bouleversé, dans l'agitation : *perturbatiore animo* Cic. Fam. 6, 5, 2, avec un esprit trop troublé, manquant de calme.

perturbĭdus, a, um, très troublé : Vop. Tyr. 7, 3.

perturbō, ās, āre, āvī, ātum, tr. ¶ 1 troubler à fond, mettre en un profond désordre, bouleverser : *contiones* Cic. Flac. 17 ; *aciem* Sall. J. 59, 3, jeter le désordre dans les assemblées, dans les rangs de l'armée ; *pactiones bellicas perjurio* Cic. Off. 3, 108, bouleverser (rompre) par un parjure des conventions de guerre ; *aetatum ordinem* Cic. Brut. 223, renverser l'ordre chronologique ¶ 2 troubler moralement, remuer profondément : *haec te vox non perturbavit ?* Cic. Verr. 3, 132, ces paroles ne t'ont pas profondément ému ? ; *animos perturbat timor* Caes. G. 1, 39, 1, la crainte jette le désarroi dans les cœurs ; *de rei publicae salute perturbari* Cic. Mil. 1, être inquiet au sujet du salut de l'État ; *odio, motu animi aliquo perturbari* Cic. Brut. 200, être violemment remué par la haine ou par telle et telle émotion, cf. Cic. Att. 8, 11, 1 ; *perturbantur, copiasne ducere... an... an... praestaret* Caes. G. 4, 14, 2, dans leur désarroi ils se demandent s'il vaut mieux conduire les troupes... ou... ou....

perturpis, e, très honteux, très déshonorant : Cic. Cael. 50.

Pertūsa (s.-e. petra), ae, ville de la Zeugitane : Anton. 45 ∥ ville de la Tarraconaise : Anton. 391.

pertūsūra, ae, f., percement, perforation : Cael.-Aur. Chron. 5, 1, 17.

pertūsus (-tussus), a, um, part. de pertundo.

pĕrŭbīquĕ, adv., partout : Tert. Pall. 2, 6.

1 **pĕrŭla**, ae, f. (dim. de pera), petite besace : Sen. Ep. 90, 14.

2 **pĕrŭla**, v. pirula.

pĕrunctĭo, ōnis, f., action d'enduire, de bassiner, friction : Plin. 24, 131.

pĕrunctus, a, um, part. de perungo.

pĕrungō (pĕrunguō, Cat. Agr. 162, 2), ĭs, ĕre, unxī, unctum, tr., enduire entièrement : *corpora oleo perunxerunt* Cic. Tusc. 1, 113, ils se frottèrent le corps d'huile ∥ *vulnera* Plin. 29, 90, bassiner des plaies ∥ barbouiller : *faecibus ora peruncti* Hor. P. 277, s'étant barbouillé le visage de lie.

pĕrurbānē, adv., avec beaucoup d'esprit : SIDON. *Ep.* 5, 17, 9.

pĕrurbănus, a, um, plein de goût : CIC. *Brut.* 329 ‖ très spirituel : CIC. *de Or.* 1, 72 ‖ **hi perurbani** CIC. *Att.* 2, 15, 3, ces beaux esprits.

pĕrurgĕō, ēs, ēre, ursī, -, tr., presser vivement, harceler : SUET. *Tib.* 25 ‖ accuser : AMBR. *Ep.* 8, 64.

pĕrūrō, ĭs, ĕre, ussī, ustum, tr. ¶ 1 brûler entièrement, consumer : LUCR. 5, 396 ; LIV. 24, 20, 4 ‖ brûler [en parlant du soleil] : *Garamans perustus* LUC. 4, 679, le Garamante hâlé ‖ brûler [en parl. de fièvre, de soif] : PLIN. *Ep.* 7, 1, 4 ; CURT. 4, 16, 12 ‖ [en parlant d'un objet] *galeae fragmenta... perurunt tempora* LUC. 6, 193, les fragments de son casque brûlent ses tempes ‖ brûler, saisir [en parl. de la gelée, du froid] : CAT. *Agr.* 161 ; SEN. *Nat.* 4, 13, 6 ; *vulnera* COL. 4, 8, 2, irriter les plaies ¶ 2 [fig.] enflammer, embraser [d'amour, de désir] : OV. *A. A.* 3, 543 ; *gloria perustus* CIC. *Fam.* 13, 15, 2, enflammé du désir de la gloire ‖ irriter, indigner : CATUL. 78, 3 ; SEN. *Const.* 17, 2.

Pĕrŭsĭa, ae, f., Pérouse [ville d'Étrurie entre le lac Trasimène et le Tibre] Atlas I, C4 ; XII, D3 : LIV. 9, 37, 12 ‖ **-sīnus**, a, um, de Pérouse : PROP. 1, 22, 3 ; LIV. 23, 17 ‖ subst. m. pl., habitants de Pérouse : LIV. 10, 30 ‖ subst. n., **Perusinum**, territoire de Pérouse : PLIN. *Ep.* 1, 4, 1.

pĕrustus, a, um, part. de *peruro*.

pĕrūtĭlis, e, très utile : CIC. *CM* 59 ; *Off.* 3, 49.

pĕrūtĭlĭtĕr, adv., très utilement : PLIN. VAL. 1, 55.

pervăcŭus, a, um, très vide : BOET. *Categ.* 2, p. 161.

pervādō, ĭs, ĕre, vāsī, vāsum, intr. et tr. **I** intr., s'avancer à travers, se faire jour, pénétrer jusqu'à : *per iniqua loca* LIV. 25, 14, 9 ; *usque ad vallum* LIV. 26, 5, 11, se faire jour à travers les difficultés du terrain, s'avancer jusqu'au retranchement ; *incendium per agros pervasit* CIC. *Verr.* 3, 66, l'incendie s'est étendu à travers les champs ; *nulla pars belli in Italiam pervasit* CIC. *Verr.* 5, 6, aucune parcelle de la guerre ne pénétra en Italie ; *ne quid in nares possit pervadere* CIC. *Nat.* 2, 145, pour empêcher que rien ne puisse pénétrer dans les narines ; *quo non illius diei fama pervasit ?* CIC. *Pomp.* 44, où la renommée de cette journée n'est-elle pas parvenue ? **II** tr., envahir, pénétrer : *Thessaliam* LIV. 42, 13, 8, envahir la Thessalie ; *venenum cunctos artus pervasit* TAC. *An.* 13, 16, le poison gagna tous les membres ; *opinio animos gentium barbararum pervaserat* CIC. *Pomp.* 23, une croyance avait pénétré les esprits dans les nations barbares, cf. QUINT. 8, 2, 21 ; *fama urbem pervaserat* LIV. 5, 7, 6, la nouvelle avait gagné la ville.

pervăgābĭlis, e, qui erre çà et là : SIDON. *Ep.* 2, 2, 16.

pervăgātĭŏ, ōnis, f., extravagance, erreur : CASSIAN. *Coll.* 14, 11.

pervăgātus, a, um, part.-adj. de *pervagor*, très connu, répandu, commun, banal, rebattu : CIC. *Top.* 69 ; *de Or.* 1, 165 ‖ général : *-tior (argumentorum) pars* CIC. *Inv.* 2, 47, arguments d'une portée plus générale ‖ *-tissimus* *CIC. *Or.* 147.

pervăgŏr, ārĭs, ārī, ātus sum, intr. ¶ 1 aller çà et là, errer : CIC. *Verr.* 5, 98 ; CAES. *G.* 7, 45 ‖ [fig.] se répandre, s'étendre : [en parl. d'une nouvelle] CIC. *Verr.* 4, 64 ‖ = devenir banal : CIC. *Inv.* 2, 113 ¶ 2 tr. **a)** parcourir en tous sens (en errant çà et là) : LIV. 1, 29, 4 ; 38, 17, 3 **b)** envahir : *mentes* CIC. *Leg.* 1, 32, envahir l'esprit, cf. PLIN. *Ep.* 1, 12, 6.
► forme active *pervago* HER. 3, 37.

pervăgus, a, um, errant, vagabond : OV. *A. A.* 2, 18.

pervălĭdus, a, um, très fort, très vigoureux : VULG. *Is.* 30, 14 ; AMM. 29, 1.

pervărĭē, adv., d'une manière très variée : CIC. *de Or.* 2, 327.

pervāsī, parf. de *pervado*.

pervāsĭo, ōnis, f., envahissement, usurpation : ALCIM. *Ep.* 6.

pervāsŏr, ōris, m., usurpateur : CASSIOD. *Var.* 4, 20.

pervastō, ās, āre, āvī, ātum, tr., ravager entièrement, dévaster : LIV. 6, 4, 8 ; 33, 37, 6 ; TAC. *An.* 15, 45.

pervāsus, a, um, part. de *pervado*.

pervectĭō, ōnis, f. (*perveho*), navigation [vers un endroit donné] : COD. TH. 11, 1, 13.

pervectŏr, ōris, m., porteur, messager : SYMM. *Ep.* 4, 65.

pervectus, a, um, part. de *perveho*.

pervĕhō, ĭs, ĕre, vēxī, vectum, tr., transporter jusqu'à un point déterminé : LIV. 5, 40, 10 ; 44, 6, 6 ‖ [pass. à sens réfléchi] se transporter, aller, (à cheval, en voiture, par eau, par terre) : VARR. *L.* 5, 153 ; CIC. *Tusc.* 1, 119 ; LIV. 31, 23, 4 ; *pervehi in portum* CIC. *Att.* 14, 19, 1, entrer dans le port, aborder ‖ [fig.] *ad exitus pervehimur optatos* CIC. *Off.* 2, 19, nous arrivons aux résultats souhaités.

pervĕlim, pervelle, pervellem, V. 2 *pervolo*.

pervellō, ĭs, ĕre, vellī, -, tr. ¶ 1 tirer en tous sens, pincer : PL. *Pers.* 847 ; *aurem* PHAED. 5, 5, 32, tirer l'oreille, V. *auris* ¶ 2 [fig.] tirailler, harceler : CIC. *Tusc.* 2, 46 ; 3, 36 ‖ exciter, stimuler, réveiller : HOR. *S.* 2, 8, 9 ; SEN. *Ben.* 5, 23, 1 ‖ secouer, maltraiter [qq. chose] : CIC. *de Or.* 1, 265.

pervĕnat, V. *pervenio* ►.

pervĕnĭbo, V. *pervenio* ►.

pervĕnĭō, ĭs, īre, vēnī, ventum, intr. ¶ 1 arriver d'un point à un autre, arriver jusqu'à un but, parvenir à [pr. et fig.] : *in locum* CIC. *Verr.* 4, 68 ; *ad portam* CIC. *Pis.* 61 ; *ad aliquem* CIC. *Verr.* 4, 28, parvenir dans un lieu, à une porte, à qqn (entre les mains de qqn) ; *quo ea pecunia pervenit ?* CIC. *Rab. Post.* 8, où (entre les mains de qui) est passé cet argent ?, cf. CAEL. *Fam.* 8, 8, 2 ‖ *ad oculos hominum ; ad aures alicujus* CIC. *Verr.* 4, 64, parvenir aux regards du monde, aux oreilles de qqn ; *ad veterum scriptorum laudem* CIC. *Arch.* 18, atteindre la gloire des écrivains d'autrefois ; *ad primos comoedos* CIC. *Com.* 30, atteindre au rang des premiers comédiens ; *in senatum* CIC. *Flac.* 42, parvenir au sénat ¶ 2 arriver dans (à) tel ou tel état : *in maximam invidiam* CIC. *Verr.* 2, 45, devenir l'objet de la haine la plus violente ; *in magnum timorem, ne* CAES. *C.* 1, 61, 2, en venir à une grande crainte que ; *ad summam desperationem* CAES. *C.* 2, 42, 2, en venir au plus complet désespoir ‖ *res ad tabulas novas pervenit* CIC. *Att.* 5, 21, 13, on aboutit à la banqueroute ; *ad manus pervenitur* CIC. *Sest.* 77, on en vient aux mains ; *ad denarios quinquaginta in singulos modios annona pervenerat* CAES. *C.* 1, 52, 2, le prix du blé était arrivé à cinquante deniers par boisseau ¶ 3 revenir en partage à qqn : *magna pars laudis ad aliquem pervenit* CAES. *C.* 1, 26, 4, une grande part du mérite revient à qqn, cf. CAES. *G.* 6, 17, 2 ; CIC. *Agr.* 2, 22.
► subj. prés. *pervenat* PL. *Ru.* 626 ; fut. *pervenibo* POMPON. *Com.* 159.

pervēnŏr, ārĭs, ārī, -, tr., [fig.] parcourir en chassant, en quêtant : *totam urbem* PL. *Merc.* 805, battre toute la ville.

perventĭō, ōnis, f. (*pervenio*), action d'arriver, de parvenir à : CAPEL. 4, 406.

perventŏr, ōris, m. (*pervenio*), celui qui parvient : AUG. *Faust.* 30, 7 ‖ celui qui approfondit : AUG. *Trin.* 12, 23.

pervĕnustus, a, um, très avenant [en parl. d'une personne] : SIDON. *Ep.* 3, 13, 5.

pervĕrĕŏr, ērĭs, ērī, ĭtus sum, tr., craindre fort : DON. *Eun.* 303.

perverrō, ĭs, ĕre, -, -, tr., balayer avec soin [al. *praeverro*] : MORET. 23.

perversē, arch. **-vorsē**, de travers : SUET. *Galb.* 18 ‖ tout de travers, d'une manière vicieuse : *perverse dicere* CIC. *de Or.* 1, 150, mal parler, cf. *Nat.* 3, 70 ; *erras pervorse* PL. *Most.* 952, tu te trompes du tout au tout, cf. *Pers.* 368 ‖ *-ius* *TERT. *Apol.* 2, 11 ; *-issime* HIER. *Matth.* 1, 25.

perversĭō, ōnis, f. (*perverto*), [rhét.] renversement [de construction] : HER. 4, 44 ; CHALC. 165 ‖ falsification (de texte) : TERT. *Marc.* 4, 5, 5.

perversĭtās, ātis, f. (*perversus*) ¶ 1 extravagance, absurdité : CIC. *Fam.* 1, 7, 7 ; *Or.* 31 ; *Off.* 1, 145 ‖ fausse doctrine, erreur : TERT. *Prax.* 1, 4 ¶ 2 renversement [fig.] : *morum* SUET. *Aug.* 62, corruption des mœurs, dérèglement, dépravation.

perversō, ās, āre, -, ātum, tr., renverser entièrement : M.-EMP. 28, 20.

perversŏr, ōris, m., corrupteur : Greg.-M. *Ep.* 7, 98, 2.

perversus (-vorsus), a, um ¶ 1 part. de *perverto* ¶ 2 [pris adj¹] **a)** tourné sens dessus dessous, renversé : *perversissimi oculi* Cic. *Nat.* 1, 79, yeux chavirés **b)** [fig.] de travers, défectueux, appliqué à contre-temps : Cic. *Mur.* 75 ; *Com.* 30 ‖ perverti, vicieux : Cic. *Clu.* 71 ; [n. pris subst¹] *in perversum sollers* Sen. *Vit.* 5, 2, qui a le génie du mal.

pervertō (-vortō), ĭs, ĕre, vertī (vortī), versum (vorsum), tr. ¶ 1 mettre sens dessus dessous, bouleverser, renverser de fond en comble : *arbusta, tecta* Cic. *Div.* 1, 49, bouleverser les arbres, les maisons [fig.] **a)** *alicujus leges* Cic. *Phil.* 5, 7, bouleverser les lois de qqn **b)** *perverso numine* Virg. *En.* 7, 584, en tournant en sens opposé la volonté des dieux, à l'encontre des... ¶ 2 [fig.] renverser, abattre : *quos ipse perverterat* Cic. *Brut.* 273, ceux qu'il avait lui-même renversés, cf. *Sull.* 47 ; *Caecil.* 44 ; Tac. *An.* 13, 45 ‖ ruiner, anéantir : *omnia jura* Cic. *Off.* 1, 26, détruire tous les droits.

pervespĕrī, adv., très tard dans la soirée : Cic. *Fam.* 9, 2, 1.

pervestīgātĭo, ōnis, f. (*pervestigo*), recherche approfondie : Cic. *Or.* 1, 9.

pervestīgātŏr, ōris, m., investigateur, scrutateur : Hier. *Vir. ill.* 81.

pervestīgō, ās, āre, āvī, ātum, tr., suivre à la piste [comme des chiens], *aliquid*, qqch. : Cic. *Verr.* 4, 31 ‖ [fig.] rechercher avec soin, explorer, scruter : Cic. *Verr.* 5, 174 ; *de Or.* 2, 146 ; [avec interrog. indir.] *de Or.* 1, 223 ; Pl. *Merc.* 934.

pervĕtus, ĕris, très ancien, très vieux : *pervetus epistula, sed sero adlata* Cic. *Q.* 3, 1, 14, lettre de très vieille date, mais apportée avec du retard ; *pervetus oppidum* Cic. *Verr.* 4, 72, ville très ancienne ‖ [en parl. d'une pers.] qui a vécu il y a très longtemps : Cic. *Brut.* 61.

pervĕtustus, a, um, très ancien [en parl. de mots] : Varr. *L.* 6, 59 ; Cic. *de Or.* 3, 201.

perviam, adv. (*per viam*), de manière accessible : *angulos perviam facere* Pl. *Aul.* 438, rendre accessibles les coins [de la maison].

pervĭātĭcum, i, n., frais de voyage, argent pour le voyage : *Front. *Am.* 2, 7, 8, p. 193 N.

pervĭcācĭa, ae, f. (*pervicax*) ¶ 1 obstination, opiniâtreté [en mauv. part] : Cic. *Tusc.* 4, 26 ; Liv. 9, 34, 24 ¶ 2 acharnement, fermeté, constance : Acc. *Tr.* 5, (cf. Non. 433, 3 ; Tac. *An.* 12, 20)‖ solidité : *perdurandi pervicacia* Plin. 17, 147, force de résistance [d'une ch.].

pervĭcācĭtĕr, adv. (*pervicax*), avec persistance, obstinément : Dig. 26, 10, 3 ‖ *-cacius* Liv. 42, 14, 4 ; Tac. *An.* 4, 42.

pervĭcax, ācis (*pervinco*) ¶ 1 obstiné, opiniâtre : Ter. *Hec.* 532 ; Hor. *O.* 3, 3, 70 ;

Tac. *An.* 13, 33 ¶ 2 ferme, solide, qui tient bon [en parl. des choses] : Plin. 16, 161 ‖ [en bonne part] ferme, persistant : Acc. *Tr.* 8 ; Non. 433, 3 ; [avec gén.] *recti* Tac. *H.* 4, 5, obstiné dans le bien.

pervīcī, parf. de *pervinco*.

pervictus, a, um, part. de *pervinco*.

pervĭcus, a, um, ▶ *pervicax* Acc. et Pl. d. Non. 487, 15.

pervĭdĕō, ēs, ēre, vīdī, -, tr. ¶ 1 voir d'un bout à l'autre, complètement : *sol qui pervidet omnia* Ov. *M.* 14, 375, le soleil dont la vue s'étend sur toutes choses ; [fig.] Ov. *Pont.* 1, 8, 34 ‖ inspecter : Hor. *S.* 1, 3, 25 ¶ 2 voir clairement, distinguer nettement : Sen. *Nat.* 1, 3, 9 ; Liv. 33, 5, 10 ‖ [fig.] Cic. *Off.* 3, 75 ; *Att.* 12, 38, 3 ; [avec prop. inf.] Cic. *Fam.* 10, 9, 1.

pervĭgĕō, ēs, ēre, gŭī, -, intr., être puissant, florissant : Tac. *An.* 4, 34.

pervĭgil, ĭlis, éveillé toute la nuit, qui ne dort pas, qui veille : Ov. *H.* 12, 60 ; *Am.* 1, 6, 44 ; *M.* 10, 369 ; *popina* Juv. 8, 158, taverne ouverte toute la nuit ‖ *nox pervigil* Just. 12, 13, 7, nuit sans sommeil. ▶ nom. *pervigilis* Apul. *M.* 11, 26.

pervĭgĭlātĭo, ōnis, f. (*pervigilo*), pieuses veillées, veilles religieuses : Cic. *Leg.* 2, 37.

pervĭgĭlātus, ▶ *pervigilo*.

pervĭgĭlĭa, ae, f., longue veille : Char. 58, 10.

pervĭgĭlis, ▶ *pervigil* ▶.

pervĭgĭlĭum, ii, n. (*pervigil*), veillée prolongée : Sen. *Ir.* 3, 29, 1 ‖ culte nocturne, pieuse veillée : Liv. 23, 35, 18 ; Tac. *An.* 15, 44 ; *Pervigilium Veneris*, la Veillée de Vénus [titre d'un petit poème d'auteur inconnu].

pervĭgĭlō, ās, āre, āvī, ātum, intr., veiller d'un bout à l'autre, passer la nuit en veillant [employé avec acc. de l'objet intérieur] : *tres noctes* Pl. *Amp.* 314, passer trois nuits sans dormir, cf. Amer. 98 ; *nox pergivilata in mero* Ov. *F.* 6, 326, nuit entière passée à boire ‖ [abs¹] Liv. 24, 38, 2 ; Virg. *G.* 1, 291 ‖ [poét.] *longos dies pervigilare* Tib. 3, 6, 54, passer de longues journées en éveil ; *sollicitas moras* Prop. 1, 16, 40, être tenu toute la nuit dans une attente inquiète ‖ tr., veiller attentivement sur : Fort. *Carm.* 3, 15, 14.

pervīlis, e, qui est à très bas prix, très bon marché : Liv. 31, 50, 1 ‖ de très peu de valeur : Paul.-Nol. *Carm.* 18, 219.

pervinca (fr. pervenche), ▶ *vincapervinca*.

pervincō, ĭs, ĕre, vīcī, victum, tr. ¶ 1 [abs¹] vaincre complètement : Tac. *An.* 11, 10 ‖ [fig.] *pervicit Cato* Cic. *Att.* 2, 1, 7, Caton l'emporta complètement ¶ 2 surpasser, venir à bout de qqn, qqch. : Pl. *Mil.* 943 ; Prop. 1, 17, 15 ; Hor. *Ep.* 2, 1, 200 ¶ 3 finir par amener (décider) qqn à : *pervincere Rhodios ut* Liv. 42, 45, 4, finir par décider les Rhodiens à ; *non pervincere*

aliquem, quin Tac. *An.* 15, 57, ne pas pouvoir obtenir de qqn que ne... pas ‖ [abs¹] *pervincere ut*, parvenir à, réussir à, aboutir à : Liv. 37, 16, 4 ¶ 4 prouver victorieusement, *rem*, qqch. : Lucr. 5, 99.

pervĭō, ās, āre, -, - (1 *per, vio*), intr., continuer sa marche, avancer : Itin. Alex. 46 ‖ tr., traverser : 34.

pervĭŏlentus, a, um, très violent [al. *inviolentus*] : *Cassiod. *Inst.* 1, 20.

pervĭrens, tis, toujours vert : Paul.-Nol. *Carm.* 7, 11.

pervĭrĭdis, e, très vert : Plin. 6, 87 ; Mel. 2, 82.

pervīsō, ĭs, ĕre, -, -, tr., voir distinctement : Manil. 4, 927.

pervĭum, ii, n., passage : Liv. 30, 10, 5 ; Tac. *H.* 3, 8.

pervĭus, a, um (*per viam*) ¶ 1 qu'on peut traverser, accessible, ouvert, praticable : *transitiones perviae* Cic. *Nat.* 2, 67, les passages ouverts ‖ [avec dat.] *equo loca pervia* Ov. *M.* 8, 377, endroits praticables pour le cheval ; [fig.] *nihil ambitioni pervium* Tac. *An.* 13, 4, rien d'ouvert à la brigue ¶ 2 [poét.] qui traverse, qui se fraie un passage : Sil. 10, 249.

pervīvō, ĭs, ĕre, vīxī, victum, intr., continuer à vivre : *pervixi usque adhuc* Acc. *Tr.* 417, j'ai vécu jusqu'à maintenant, cf. Pl. *Capr.* 742.

pervŏlātĭcus, a, um, qui est d'une extrême mobilité : Tert. *Anim.* 46, 13.

pervolgo, ▶ *pervulgo*.

pervŏlĭtantĭa, ae, f., mouvement continu : Vitr. 9, 6, 1.

pervŏlĭtō, ās, āre, āvī, - (fréq. de 1 *pervolo*) ¶ 1 intr., voler à travers : [avec *per*] Lucr. 6, 952 ¶ 2 tr., parcourir en volant, parcourir rapidement : Virg. *En.* 8, 24 ; Vitr. 9, 1, 8.

1 pervŏlō, ās, āre, āvī, ātum ¶ 1 intr., voler à travers, Ov. *F.* 6, 27 ‖ voler jusqu'à : *animus pervolabit in hanc sedem* Cic. *Rep.* 6, 29, l'âme s'envolera dans ce séjour ¶ 2 tr., parcourir en volant, traverser rapidement : Cic. *Amer.* 19 ; Lucr. 4, 203 ; Virg. *En.* 12, 473 ; Juv. 6, 398.

2 pervŏlō, vīs, velle, vŏlŭī, -, tr., désirer vivement, avoir un vif désir : [avec inf.] *pervelim* Cic. *Sull.* 23, je désirerais vivement ; [avec tmèse] *te per videre velim* Cic. *Att.* 15, 4, 2 ; [avec prop. inf.] Pl. *Cas.* 862 ; Cic. *Att.* 1, 1, 3, j'aimerais beaucoup te voir ‖ [avec subj.] *tu mihi pervelim scribas* Cic. *Att.* 13, 13, 1, je désirerais vivement une lettre de toi, cf. 12, 37, 2.

pervŏlūtō, ās, āre, -, - (fréq. de *pervolvo*), tr., feuilleter (lire) assidûment : Cic. *Or.* 158 ; *Att.* 5, 12, 2.

pervŏlūtus, a, um, part. de *pervolvo*.

pervolvō, ĭs, ĕre, volvī, volūtum, tr. ¶ 1 rouler : *aliquem in luto* Ter. *And.* 771, rouler qqn dans la boue ; [fig.] *ut in locis pervolvatur animus* *Cic. *de Or.* 2, 147,

pervolvo

que l'esprit aille et vienne parmi les lieux communs ¶ **2** feuilleter, lire : CATUL. 95, 5.

pervors-, ⓥ *pervers-*.

pervulgātē, adv., selon l'usage ordinaire : GELL. 16, 7, 2 ; 17, 10, 18 ; 18, 10, 6.

pervulgātus, *a, um*, part.-adj. de *pervulgo*, commun, ordinaire, banal : CIC. *Fam*. 5, 16, 2 ; **-tior** GELL. 7, 17, 8 ; **-tissimus** *CIC. *Or*. 147 ; HER. 4, 11.

pervulgō, (arch. **-volgō**), *ās, āre, āvī, ātum*, tr. ¶ **1** répandre partout, divulguer, publier : *res in vulgus pervulgata* CIC. *Fin*. 2, 15, sujet tout à fait vulgarisé, cf. *Verr*. 2, 104 ; *Sull*. 42 ; *maledicta pervulgata in omnes, quorum*... CIC. *Cael*. 6, médisances lancées communément contre tous ceux dont ... || offrir à tous, prodiguer : CIC. *Inv*. 2, 114 || *se omnibus* CIC. *Cael*. 38, se prostituer, se livrer à tous ¶ **2** fréquenter, parcourir souvent : PACUV. *Tr*. 108 ; LUCR. 2, 346 ; 4, 208.

pēs, pĕdis, m. (*pedica, pedes*; cf. *impedio, Agrippa, pedum, oppidum, tripudium*, scr. *pāt, pada-m*, πούς, πέδον, hit. *pata-*, al. *Fuss*, an. *foot*; fr. *pied*)

I ¶ **1** [en parl. des h. et des animaux] pied, patte, serre ¶ **2** [expr. diverses] *pedem ferre* VIRG. *En*. 2, 756, porter ses pas, aller, venir, cf. VIRG. *G*. 1, 11 ; *pedem portā, limine efferre* CIC. *Att*. 8, 2, 4 ; *Cael*. 34, mettre le pied dehors, hors de chez soi ; *in fundo pedem ponere* CIC. *Caecin*. 31, poser le pied dans une propriété, cf. CIC. *Phil*. 2, 48 ; *Att*. 12, 2 ; *in pedes se conjicere* PL. *Bac*. 374 ; TER. *Phorm*. 190, prendre la fuite, jouer des jambes || *pedibus*, à pied : CIC. *CM* 34, [d'où] par voie de terre : CAES. *G*. 3, 12, 1 ; à gué : CAES. *G*. 5, 18, 1 || *ad pedes alicujus* ou *alicui accidere, procidere, jacere, se abjicere, se projicere, se prosternere*, tomber, être étendu, se jeter, se prosterner aux pieds de qqn, v. ces verbes || *servus a pedibus* CIC. *Att*. 8, 5, 1, esclave qui fait les courses ; *sub pedibus alicujus relinquere aliquid* LIV. 34, 32, 5, laisser qqch. sous les pieds de qqn = sous la domination de qqn || *sub pedibus esse, jacere*, être foulé aux pieds, être méprisé : OV. *M*. 14, 490 ; *Tr*. 1, 8, 16 || *per me trahantur isti pedibus* CIC. *Att*. 4, 18, 2, je veux bien qu'on emmène au diable ces gens-là, cf. CIC. *Fam*. 7, 32, 2 || *ante pedes positum esse* CIC. *de Or*. 3, 160, être devant les pieds (= à portée de la main) ; *omni pede stare* QUINT. 12, 9, 18, être campé solidement pour l'attaque, être tout prêt ; *pede aequo congredi* VIRG. *En*. 12, 465, attaquer de pied ferme ; *nec caput nec pedes* CIC. *Fam*. 7, 31, 2, ni queue, ni tête, cf. PL. *Capr*. 614 ; *As*. 729 ; PLIN. 27, 131 ; *pes secundus, felix* VIRG. *En*. 8, 302 ; OV. *F*. 1, 514, pied favorable = arrivée favorable || [milit.] *pedem conferre* CIC. *Planc*. 4, 8, engager le corps à corps ; *pedem referre* CAES. *G*. 1, 25, 5, lâcher pied, reculer ; *ad pedes desilire* CAES. *G*. 4, 12, 2, sauter à bas de cheval ; *ad pedes pugna venerat* LIV. 21, 46, 6, le combat était devenu un engagement d'infanterie ; *pedibus merere* LIV. 24, 18, 9, servir dans l'infanterie || *pedibus ire in sententiam alicujus* LIV. 9, 8, 13, se ranger à l'avis de qqn || *tollere pedes* CIC. *Att*. 2, 1, 5 [= *ad concubitum*] ¶ **3** [fig.] **a)** pied d'une table : OV. *M*. 8, 661 **b)** [en parl. de l'eau] : *liquido pede* LUCR. 6, 638, d'un cours limpide ; *crepante pede* HOR. *Epo*. 16, 48, d'un pied bruyant, d'une allure bruyante.

II [sens partic.] ¶ **1** pied [mesure = 0,296 m = 4 palmes = 16 pouces (*digitus*)] : *pedem non discedere, non egredi* CIC. *Dej*. 42 ; *Att*. 13, 16, 1, ne pas s'éloigner, ne pas sortir de la longueur d'un pied ; *pedem in Italia video nullum esse qui non in istius potestate sit* CIC. *Att*. 7, 22, 1, je vois qu'il n'y a pas un pied de terrain en Italie qui ne soit en son pouvoir ¶ **2** [métr.] pied : CIC. *de Or*. 3, 82 ; *pedibus claudere verba* HOR. *S*. 2, 1, 28, enfermer les mots dans la mesure du vers || mètre, vers : HOR. *O*. 4, 6, 35 || mesure, cadence [musique] : PLIN. 29, 6 ¶ **3** écoute [deux cordages attachés l'un à gauche, l'autre à droite au coin de la voile pour la tendre d'un côté ou de l'autre] : *pedem facere* VIRG. *En*. 5, 830, manœuvrer une écoute ; *pedibus aequis* CIC. *Att*. 16, 6 ; *pede aequo* OV. *F*. 3, 565, avec la voile également tendue, à pleine voile ¶ **4** tige d'un fruit : PLIN. 15, 5 ; COL. 12, 43 || *pes milvi (milvinus)* COL. 12, 7, tige de plante appelée batis || *pedes gallinacei* PLIN. 25, 155, corydale [plante] ; *pedes betacei* VARR. *R*. 1, 2, 27, pieds de bette.

Pescennĭa Marcellīna, *ae*, f., nom de femme : CAPIT. *Max. Balb*. 5, 7.

Pescennĭus, *ii*, m. ¶ **1** un ami de Cicéron : CIC. *Fam*. 14, 4, 6 ¶ **2** Pescennius Niger [empereur romain tué en 194 par Septime Sévère, son compétiteur] : SPART. *Sept*. 5, 8 || [au pl.] parents du précédent mis à mort par Septime Sévère : SPART. *Sept*. 13, 6 || **-nĭānus**, *a, um*, de Pescennius [Niger] : SPART. *Sept*. 15, 4.

pescĭa, n. pl. (?), bonnets de peau d'agneau : FEST. 230, 12.

pesclus, ⓒ *pessulus* DIOCL. 15, 26.

pĕsestās, *ātis*, f. (cf. *pestis*), peste, épidémie : FEST. 230, 26 ; P. FEST. 231, 18.

pesnīs, ⓒ *penis* : FEST. 222, 25 ; ⓥ *penna*.

pesoluta, *ae*, f. (empr.), plante d'Égypte : PLIN. 21, 184.

pessārĭum, *ii*, pessaire, tampon de charpie : CAEL.-AUR. *Acut*. 3, 18, 185.

pessĭca, *ae*, f. (fr. *pêche*), ⓒ *persicum* : *APP.-PROB. 4, 198, 29.

pessĭmē [arch.] **pessŭmē**, superl. de *male*.

pessĭmō, *ās, āre*, -, -, maltraiter : VULG. *Eccli*. 36, 11.

pessĭmus, adv., **pessŭmus**, *a, um* (*ped-, cf. pejor, 1 pessum, maximus* ; a. fr. *pesme*), superl. de *malus*, [n. pris subst'] *in pessimis* CIC. *Att*. 11, 23, 3, dans une situation très mauvaise.

Pessĭnūs, *untis*, f. (Πεσσινοῦς), Pessinonte [vile de Galatie, célèbre par un temple de Cybèle] Atlas I, D6 : CIC. *Fam*. 2, 12, 2 ; LIV. 29, 10 || **Pessĭnuntĭca**, f., surnom de Cybèle : APUL. *M*. 11, 5 || **-nuntĭus**, *a, um*, de Pessinonte : CIC. *Sest*. 56 ; GELL. 7, 16, 5.

pessŭlum, *i*, n. (dim. de *2 pessum* ; fr. *pêne*), pessaire [méd.] : CAEL.-AUR. *Acut*. 3, 18, 184, ⓥ *pessulus* ▶.

pessŭlus, *i*, m. (πάσσαλος), verrou : *pessulum ostio obdere* ou *pessulum foribus obdere* TER. *Eun*. 603 ; *Haut*. 278, pousser le verrou d'une porte || [au pl. d. PL.] [parce qu'il y a deux verrous, un au-dessus, un au bas de la porte, s'engageant dans les deux *limina*] : PL. *Aul*. 103 ; *Cis*. 482.
▶ n. *pessulum* ; PAUL.-NOL. *Carm*. 18, 412.

1 pessum, adv. (supin de **ped-, ⓥ *pejor, pessimus* ; cf. *pes*, scr. *padyate*, rus. *past*') ¶ **1** au fond : *abire* PL. *Aul*. 598 ; *Ru*. 395, s'en aller au fond [de la mer], cf. LUCR. 6, 589 ¶ **2** [fig.] **a)** *pessum ire* TAC. *An*. 1, 79, aller à sa ruine, à sa perte ; *sidere* SEN. *Const*. 2, 2, s'écrouler **b)** *pessum dare*, ⓥ *pessumdare* [fig.] *aliquem pessum premere* PL. *Most*. 1171, écraser qqn, l'anéantir.

2 pessum, *i*, n., **pessus**, *i*, m. (πεσσόν, πεσσός), pessaire [plante] : PS. APUL. *Herb*. 121 ; THEOD.-PRISC. *Gyn*. 5, 16.

pessumdătus, *a, um*, part. de *pessumdo*.

pessumdō, pessundō, pessum dō, *dās, dăre, dĕdī, dătum* (*1 pessum*), tr. ¶ **1** couler bas, submerger : LUC. 5, 616 ¶ **2** [fig.] perdre, ruiner : CIC. d. QUINT. 8, 6, 47 ; SALL. *J*. 42, 4 ; TAC. *An*. 3, 66 ; *sin animus ad voluptates pessum datus est* SALL. *J*. 1, 4, mais si l'âme s'est jetée dans le gouffre des plaisirs.

pessus, ⓥ *2 pessum*.

pestĭbĭlis, *e*, pestilentiel : COD. JUST. 4, 58, 4.

Pestici, *ōrum*, m. pl., peuple scythe : PLIN. 6, 50.

pestĭfĕr, *ĕra, ĕrum* (*pestis, fero*), qui apporte la ruine, désastreux, fatal : *res pestiferae* et n. pl., *pestifera* CIC. *Nat*. 2, 120 ; 2, 122, les choses funestes ; *ab illo pestifero civi* CIC. *Sest*. 78, par ce citoyen pestiféré || pestilentiel, empesté : LIV. 26, 26, 11 ; COL. 10, 331 ; VIRG. *En*. 7, 570.
▶ nom. *pestiferus* *CELS. 2, 6, 10.

pestĭfĕrē, adv., d'une manière désastreuse : CIC. *Leg*. 2, 13.

pestĭfĕrō, *ās, āre*, -, -, tr., [fig.] empoisonner : VL. *Exod*. 23, 1.

pestĭfĭcō, *ās, āre*, -, -, tr., empester : ORIG. *Matth*. 38.

pestĭlens, *tis* (*pestis*) ¶ **1** pestilentiel, empesté, insalubre, malsain : CIC. *Fat*. 7 ; *Div*. 1, 130 ; *Off*. 3, 54 ; **-tissimus annus** CIC. *Fam*. 5, 16, 4, année toute chargée d'épidémies ¶2 [fig.] pernicieux, funeste : **-tior** Cic. *Fam.* 7, 24, 1.

pestĭlentĭa, ae, f. (pestilens) ¶1 peste, épidémie, maladie contagieuse, contagion : Cic. *Off.* 2, 16 ; Caes. *C.* 2, 22 ; Liv. 27, 23, 6 ¶2 insalubrité : ***pestilentiae possessores*** Cic. *Agr.* 1, 15, propriétaires de domaines malsains ‖ [fig.] venin, virulence, peste : Catul. 44, 11.

pestĭlentĭārĭus, a, um (pestilentia), pestilentiel [fig.], empesté : Tert. *Spect.* 27, 4.

pestĭlentĭōsus, a, um, pestilentiel, empesté : Dig. 43, 8, 2, 29.

pestĭlentus, a, um, Laev. d. Gell. 19, 7, 7 et **pestĭlis,** e, Arn. 1, 20, ⓒ pestilentiosus.

pestĭlĭtās, ātis, f. (pestilis), peste, pestilence : Lucr. 6, 1096 ; 1123.

pestis, is, f. (cf. 1 pessum ?) ¶1 maladie contagieuse, épidémie, peste : Liv. 25, 26, 12 ‖ fléau : Cic. *Nat.* 1, 101 ¶2 [fig.] ruine, destruction : ***a communi peste depulsi*** Cic. *de Or.* 1, 3, détournés de causer la ruine générale ; ***a rei publicae peste aliquem depellere*** Cic. *Sest.* 43, empêcher qqn de causer la ruine de l'État ‖ [en parl. des pers. ou des choses funestes], fléau : Cic. *Rab. perd* 2 ; CM 39.

Pĕta, ae, f. (peto), déesse qui présidait aux demandes : Arn. 4, 7.

pĕtācĭus (petax), [adv. au compar.] plus avidement : Avien. *Arat.* 1758.

Petalĭae insŭlae, f., quatre îles de l'Euripe : Plin. 4, 71.

pĕtălum, i, n. (πέταλον), lame, feuille de métal : Isid. 19, 2, 71.

Pĕtălus, i, m., nom d'homme : CIL 6, 8835 ; ⓥ Pettalus.

pĕtămĭnārĭus, ii, m. (de πετάμενος, cf. petauristes), acrobate : Firm. *Math.* 8, 15, 2.

pĕtăsātus, a, um (petasus), coiffé d'un pétase : Cic. *Fam.* 15, 17, 1 ; Suet. *Aug.* 82.

pĕtăso (-sĭo), ōnis, m. (petasus), épaule, jambonneau : Varr. *R.* 2, 4, 10 ; Mart. 3, 77, 6.

1 **pĕtăsuncŭlus,** i, m. (petaso), jambonneau : Juv. 7, 119.

2 **pĕtăsuncŭlus,** i, m. (petasus), petit pétase : Arn. 6, 12.

pĕtăsus, i, m. (πέτασος) ¶1 pétase [coiffure de Mercure, chapeau à grands bords et à coiffe basse dont se servaient les gens de la campagne et les voyageurs] : Pl. *Amp.* 143 ; Arn. 6, 12 ¶2 coupole, dôme : Plin. 36, 92.

pĕtauristēs (-ta), ae, m. (πεταυριστής), acrobate : Varr. d. Non. 56, 30 ‖ **-tārius,** ii, m. : Petr. 47, 9.

pĕtaurum, i, n. (πέταυρον), tremplin, bascule des acrobates : Juv. 14, 265.

pĕtax, ācis, m. (peto), demandeur infatigable : Fulg. *Myth.* 2, 1, p. 38, 23.

Pĕtēlĭa (-tĭlĭa), ae (Πετηλία) ¶1 ville du Bruttium, fondée par Philoctète Atlas XII, F6 ;

Liv. 23, 30, 5 ¶2 ville de Lucanie : Val.-Max. 9, 8 ‖ **-tēlīnus,** a, um, de Pételie [dans le Bruttium] : Val.-Max. 6, 6 ‖ subst. m. pl., les Pételiens : Liv. 23, 30.

Pĕtēlīnus lūcus, lieudit près de Rome, à l'extérieur de la porte Flumentane : Liv. 6, 20, 11.

Pĕtellĭa, ⓥ Petelia.

pĕtellĭum, ⓥ petilium.

Pĕtĕōn, ōnis, f. (Πετεών), ville de Béotie : Plin. 4, 26.

pĕtĕrēdĭum, ii, n. (peto, heredium), réclamation d'une succession : Eutych. d. Cassiod. *Orth.* 9 = 7, 200, 6 ; ⓥ petheredium .

pĕtessō, ĭs, ĕre, -, - (intens. de peto), tr., demander avec insistance, rechercher avidement : Cic. *Tusc.* 2, 62 ; Lucr. 3, 648. ► petisso Fest. 226, 19 ; P. Fest. 235, 14.

Pĕtĕsūchus, i, m., nom d'un ancien roi d'Égypte : Plin. 36, 84.

pĕthĕrēdĭum, ⓥ peteredium.

pĕtībĭlis, e, qu'on peut demander : Aug. *Ep.* 154, 1.

pĕtīcĭus, a, um, qui réclame sans cesse, quémandeur : Gloss. 4, 377, 1.

Pĕtīcus, i, m., Sulpicius Péticus, consul en 361 av. J.-C. : Liv. 7, 2.

Petidius, ii, m., nom d'homme : CIL 6, 23741.

pĕtīgo, ĭnis, f. (peto), ⓒ impetigo : Non. 160, 17.

Pĕtīlĭa, Pĕtīlīnus, ⓥ Petelia.

Pĕtīlĭāna, ōrum, n. pl., ville de Sicile : Anton. 88.

pĕtīlĭum, ii, n. (petilus), cyclamen : Plin. 21, 49.

1 **pĕtīlĭus,** a, um (peto), ⓒ peticius : Gloss. 5, 510, 24.

2 **Pĕtīlĭus,** ⓒ Petillius.

Pĕtillĭus, ii, m., nom de famille romaine : Liv. 44, 27 ; 40, 18 ‖ notᵗ les deux tribuns qui accusèrent le premier Scipion l'Africain : Liv. 38, 50 ‖ **-us,** a, um, de Pétillius : Liv. 38, 55 ‖ **-ānus,** a, um, de Pétilius [un inconnu] : Mart. 12, 57, 19.

pĕtīlus, a, um (cf. peto ?), mince, grêle : Pl. d. Non. 149, 10 ‖ blanc [d'après Scaev. d. Fest. 224, 2], cf. **petulus** Gloss. 5, 608, 61.

pĕtīmĕn, ĭnis, n. (cf. petigo), ulcère à l'épaule des bêtes de somme : Fest. 228, 1.

Pĕtīna, ⓥ Paetina Suet. *Cl.* 26.

Petinesca (Petenisca), ae, f., ville d'Helvétie : Anton. 353 ; Peut. 2, 3.

pĕtĭŏlus, ⓥ peciolus.

pĕtīsĭa māla, n. pl. (?), variété de pommes : Plin. 15, 50.

pĕtisso, ⓥ petesso ►.

Pētitarus, i, m., rivière d'Étolie : Liv. 43, 22.

pĕtītĭo, ōnis, f. (peto) ¶1 attaque, assaut, botte : ***petitiones corpore effugere*** Cic. *Cat.* 1, 15, esquiver les coups, les bottes par un simple mouvement du corps ‖ [fig.] Cic. *Or.* 228 ; Caecil. 44 ¶2 demande, requête : Plin. 29, 66 ; *Ep.* 10, 7 ¶3 candidature, action de briguer : ***petitio nostra*** Cic. *Att.* 1, 1, 1, ma candidature ; ***consulatus*** Cic. *Brut.* 166, candidature au consulat ¶4 demande en justice, réclamation [en droit privé] : Cic. *Com.* 56 ; Quint. 4, 4, 6 ‖ droit de réclamation : Cic. *Brut.* 18 ‖ [petitio, par oppos. à actio, est surtout employé pour les actions réelles ; p. ex. la revendication : ***hereditatis petitio*** Dig. 6, 1, 27, 3, pétition d'hérédité.

pĕtītĭuncŭla, ae, f., dim. de petitio, Rufin. *Hist.* 1 (10), 20.

pĕtītĭus, ⓥ peticius.

pĕtītŏr, ōris, m. (peto), celui qui demande, demandeur, postulant : Frontin. *Aq.* 109 ‖ candidat, celui qui brigue, compétiteur : Cic. *Mur.* 44 ; *Planc.* 7 ; *Att.* 1, 1, 2 ; Hor. *O.* 3, 1, 11 ; Suet. *Caes.* 23 ‖ demandeur en justice [procès civils] : Cic. *de Or.* 1, 168 ; *Part.* 110 ; *Verr.* 3, 31.

pĕtītōrĭum, ii, n., demande écrite, requête : Cod. Th. 10, 10, 29.

pĕtītōrĭus, a, um, pétitoire [droit] : Dig. 6, 1, 36 ‖ brigues, menées ambitieuses : Mamertin. *Julian.* (11), 16, 2.

pĕtītrix, īcis, f., demanderesse : Paul. Dig. 1, 36, 74 ‖ celle qui brigue : Ps. Quint. *Decl.* 252.

pĕtītum, i, n. (peto), demande : Catul. 68, 39.

pĕtītūra, ae, f., demande : *Arn-J. *Psalm.* 148.

pĕtītŭrĭō, īs, īre, -, - (désid. de peto), intr., avoir envie de briguer une charge, de se porter candidat : Cic. *Att.* 1, 14, 7.

1 **pĕtītus,** a, um, part. de peto.

2 **pĕtītŭs,** ūs, m. ¶1 action de gagner, d'aller vers : Lucr. 3, 192 ¶2 demande : Gell. 18, 3, 6.

pĕtō, ĭs, ĕre, pĕtīvī ou pĕtĭī, pĕtītum (accipiter, penna, protervus, cf. scr. patati, πίπτω, πέτομαι, al. Feder, an. feather ; esp. pedir), tr.

I "chercher à atteindre" ¶1 "diriger sa course vers", ***iter, fugam petere*** ¶2 "attaquer, viser" ¶3 "aborder".
II "chercher à obtenir" ¶1 "rechercher, aspirer à" ¶2 "briguer" [une magistrature] ¶3 "demander, solliciter", ***petere ab aliquo, petere ut, ne,*** [avec subj. seul] ¶4 "demander, réclamer", ***poenas petere,*** [en part.] "demander en justice, réclamer", [abs.] "être demandeur, poursuivre", [droit] "revendiquer" ¶5 "chercher, faire venir de ".

I chercher à atteindre ¶1 diriger sa course vers, chercher à gagner : ***loca calidiora*** Cic. *Nat.* 2, 125, chercher à gagner des pays plus chauds, cf. Cic.

Planc. 97; **naves** Nep. *Milt.* 5, 5, chercher à rejoindre les navires ‖ [poét.] **campum petit amnis** Virg. *G.* 3, 522, la rivière s'en va vers la plaine; **mons petit astra** Ov. *M.* 1, 316, la montagne monte vers les astres ‖ **iter terra petere** Cic. *Planc.* 97, prendre la voie de terre; **fugam** Caes. *G.* 2, 24, 1, prendre la fuite ¶ **2** attaquer, assaillir, viser: [abs^t] Cic. *Or.* 228; **caput petere** Cic. *Quinct.* 29, attaquer (viser) à la tête, cf. Cic. *Mur.* 52; **aliquem spiculo** Liv. 2, 20, 2, attaquer qqn avec un dard; **bello** Virg. *En.* 3, 603, faire la guerre à qqn ‖ [fig.] **aliquem epistula** Cic. *Att.* 2, 2, 2, attaquer qqn par lettre; **fraude** Liv. 40, 55, 3, tendre des pièges à qqn ¶ **3** aborder: **ut te supplex peterem** Virg. *En.* 6, 115, [il me recommandait] de t'aborder en suppliant ‖ **collum amplexu** Cael. d. Quint. 4, 2, 124, se jeter au cou de qqn.
II chercher à obtenir qqch. ¶ **1** rechercher, aspirer à: **fuga salutem** Caes. *G.* 3, 15, 2, chercher son salut dans la fuite; **eloquentiae principatum** Cic. *Or.* 56, aspirer au premier rang dans l'éloquence; **petere aut fugere aliquid** Cic. *Fin.* 1, 30, chercher ou fuir qqch; **victoriam ex aliquo** Liv. 8, 33, 13, chercher la victoire sur qqn ‖ [avec inf.] chercher à: Lucr. 3, 86; Virg. *En.* 7, 96; Hor. *Ep.* 1, 11, 29 ¶ **2** briguer [une magistrature]: Cic. *Phil.* 2, 76; *Att.* 1, 1, 2; *Verr. prim.* 23 ¶ **3** demander, solliciter: **opem ab aliquo** Cic. *Tusc.* 5, 5, demander assistance à qqn; **ab aliquo aliquid alicui** Cic. *Q.* 2, 15, 3, demander à qqn qqch. pour qqn; **ab aliquo pro aliquo** Cic. *Lig.* 31, intercéder auprès de qqn pour qqn; **ab aliquo ut** demander à qqn que, cf. Cic. *Clu.* 43; *Fam.* 13, 49, (qqf. **ex aliquo ut** Cic. *Fam.* 15, 6, 2) ‖ [avec **ne, ut ne**] demander que ne... pas: Cic. *Amer.* 25; *Cael.* 30 ‖ [avec subj. seul] **abs te peto cures ut ...** Cic. *Fam.* 13, 34, je te demande de prendre soin que ..., cf. 13, 39; Caes. *G.* 6, 1, 2 ‖ [avec prop. inf.] Suet. *Aug.* 5; Gell. 4, 8, 5 ¶ **4** demander, réclamer: **quantum res petet** Cic. *de Or.* 3, 123, autant que la chose le réclamera; **poenas ab aliquo** Cic. *Att.* 1, 16, 7, tirer vengeance de qqn ‖ [en part.] demander en justice, réclamer: **calumnia litium alienos fundos** Cic. *Mil.* 74, réclamer les propriétés d'autrui par des procès de pure chicane ‖ [abs^t] être demandeur dans une affaire, poursuivre: **te petere oporteret** Cic. *Verr.* 4, 70, c'est à toi qu'il conviendrait d'être demandeur ‖ [droit] V.▶ *petitio*: **fundum suum esse petere** Dig. 44, 2, 21, 3, réclamer la propriété d'un fonds; **in libertatem petere aliquem** Dig. 38, 2, 30, revendiquer la liberté pour qqn ¶ **5** chercher, faire venir de, tirer de: **a litteris oblivionem** Cic. *Fam.* 5, 15, 4, chercher l'oubli dans les études littéraires; **prooemium alte petitum** Cic. *Clu.* 58, préambule tiré de loin, cf. Cic. *Caecin.* 10; **latere petitus imo spiritus** Hor. *Epo.* 11, 10, soupir tiré du fond de la poitrine; **exempla ex summorum hominum factis** Cic. *Prov.* 20, prendre des exemples dans la vie des plus grands hommes.
▶ **petit** = **petiit** Ov. *F.* 1, 109.

pĕtŏr, ĕrĭs, ī, - (*peto*, cf. *nanciscor*), dép., tr., obtenir: VL. *Hebr.* 6, 15.

pĕtŏrītum (-torr-), i, n. (gaul., cf. *quattuor* et *rota*), pétoritum, chariot suspendu: Hor. *Ep.* 2, 1, 192; Fest. 226, 30; P. Fest. 227, 2; Gell. 15, 30, 1.

Pĕtŏsīris, ĭdis, m., nom d'un astrologue égyptien: Plin. 2, 88 ‖ un Pétosiris, un astrologue: Juv. 6, 581.

1 pĕtra, ae, f. (πέτρα; fr. *pierre*), roche, roc, rocher: Plin. 10, 91; Curt. 7, 11, 1 ‖ [symbole de solidité] Vulg. *Matth.* 7, 24.

2 Pĕtra, ae, f. (Πέτρα), nom de plusieurs villes bâties sur des rochers ‖ métropole de l'Arabie Pétrée Atlas I, E6; IX, F3: Plin. 6, 144 ‖ ville de Piérie: Liv. 39, 26 ‖ ville de Médie: Liv. 40, 22, 12 ‖ colline près de Dyrrachium: Caes. *C.* 3, 42 ‖ **-trenses, ĭum**, m., habitants de Pétra: Solin. 5, 22.

3 Pĕtra, ae, m., surnom romain: Tac. *An.* 11, 4.

Pĕtrae, ārum, f. pl., C.▶ 2 *Petra* [Arabie]: Plin. 6, 212.

1 Pĕtraeus, a, um (Πετραῖος), de l'Arabie Pétrée: Plin. 12, 102.

2 pĕtraeus, a, um (πετραῖος), qui se trouve, qui pousse sur les rochers: Plin. 20, 92 V.▶ *Petraea*.

Pĕtraïtēs (Tetra-), is, m. (Πετραείτης), célèbre gladiateur: Petr. 52, 3; CIL 3, 14874, 1.

pĕtrālis, e, de pierre: Cassiod. *Psalm.* 39, 3.

pĕtrārĭum, ĭi, n. (*petra*; it. *petraia*), carrière de pierre: Cypr. *Ep.* 22, 2.

pĕtrēia, ae, f. (*Petreius, petro*), vieille femme, simulant l'ivresse, qui conduisait les cortèges: P. Fest. 281, 4.

Pĕtrēius, i, m., lieutenant du consul Antonius [défit Catilina à Pistoia, plus tard lieutenant de Pompée en Espagne, fut vaincu par César à Thapsus et se donna la mort]: Cic. *Sest.* 12; Sall. *C.* 19, 5 ‖ **-iānus, a, um**, de Pétréius: B.-Afr. 19, 6.

pĕtrensis, e, saxatile, qui pousse sur les rochers: Cael.-Aur. *Chron.* 2, 1, 26.

Pĕtrēus, a, um, de pierre [ou de s. Pierre: Aug. *Serm.* 297, 2.

Pĕtrĭchus, i, m. (Πέτριχος), nom d'un poète grec: Plin. 22, 83.

Pĕtrīni, ōrum, m. pl., habitants de Pétra [en Sicile]: Cic. *Verr.* 3, 90; Plin. 3, 91.

Pĕtrīnum, i, n., maison de campagne de Pétrinum [bourgade près de Sinuessa]: Cic. *Fam.* 6, 19, 1; Hor. *Ep.* 1, 5, 5.

pĕtrīnus, a, um (πέτρινος), de pierre: Lact. *Inst.* 4, 17, 9; **petrina acies** Tert. *Marc.* 3, 16, 4, pierre tranchante.

Pĕtrītēs, ae, m. (Πετρίτης οἶνος), d'un vin fait près de Pétra [en Arabie]: Plin. 14, 75.

1 pĕtro, ōnis, m. (s.-ent. *menses*; osq. *pettiur* = *quattuor*), agneau [coriace, cf. *petra*]: Pl. *Capr.* 820.

2 pĕtro, ōnis, m. (*Petreius*, ou 1 *petro* ?), paysan lourdaud: Fest. 226, 23; P. Fest. 227, 1.

3 Pĕtro, ōnis, m. (2 *petro*), surnom ‖ Petro, aïeul de Vespasien: Suet. *Vesp.* 1.

pĕtrobŏlus, a, um (πετροβόλος), lancé comme un projectile, projectile: Optat. 3, 10.

pĕtrŏcŏpŏs, i, m. (gr.), boucage [plante]: Antid. Brux. 198.

Pĕtrŏcŏrĭi, ōrum, m. pl., peuple d'Aquitaine [dans le Périgord]: Caes. *G.* 7, 75, 3 ‖ **-cŏri**, Plin. 4, 109.

Pĕtrōmantalum, i, n., ville de Gaule [entre Rotomagus et Lutèce]: Anton. 382.

1 Pĕtrōnia, ae, f., première femme de Vitellius: Tac. *H.* 2, 64.

2 Pĕtrōnia, ae, f., ruisseau, affluent du Tibre Atlas II: Fest. 296, 24; P. Fest. 297, 7.

3 Pĕtrōnia lex, f., loi Junia Pétronia [en cas de partage entre les juges, c'est la liberté de l'esclave qui prévaut; 19 apr. J.-C.]: Dig. 40, 1, 24.

1 Pĕtrōnius cănis, m., chien de chasse: Grat. 202.

2 Pĕtrōnius, ii, m., nom de famille; not^t T. Petronius [favori de Néron; soupçonné d'avoir pris part au complot de Pison, fut arrêté et forcé de s'ouvrir les veines]: Tac. *An.* 16, 17 ‖ Petronius Arbiter, Pétrone [auteur du *Satyricon*]: Ter.-Maur. 6, 399, 2489 ‖ **-niānus, a, um**, de Pétrone: Fulg. *Myth. pr.* 1, 23, p. 13, 1.

pĕtrŏsĕlīnum (-ŏn), i, n. (πετροσέλινον; fr. *persil*), persil: Plin. 20, 118.

pĕtrōsus, a, um (*petra*), pierreux, rocheux: Plin. 9, 96 ‖ **petrosa**, pl. n., lieux pierreux, endroits rocailleux, roches: Plin. 26, 46.

pĕtrōtŏs, ŏn, adj. (πετρόω), pétrifié: *Plin. 36, 195.

Pĕtrus, i, m. (Πέτρος), saint Pierre, surnommé Céphas, le premier des Apôtres, appelé primitivement Simon: Vulg. *Matth.* 16, 18.

Pettălus, i, m., nom d'un guerrier, Ov. *M.* 5, 115.

pĕtŭlans, tis (*peto*), toujours prêt à attaquer, effronté, impudent: [en parl. des pers.] Cic. *de Or.* 2, 305; *Pis.* 10; *Q.* 2, 4, 1; *Par.* 20; *Clu.* 39, cf. Fest. 226, 4 ‖ [en parl. de choses] Cic. *Mur.* 14; *Brut.* 241; **pictura** Plin. 35, 140, peinture irrévérencieuse; [en parl. d'animaux] pétulant: Gell. 17, 20, 8 ‖ **-tior** Arn. 4, 34; **-tisimus** Petr. 92, 8.

pĕtŭlantĕr, adv. (*petulans*), impudemment, effrontément: Cic. *Att.* 2, 19, 3; *Cael.* 38 ‖ **-tius** Cic. *Cael.* 6; **-tissime** Cic. *Att.* 9, 19, 1.

Pĕtŭlantes, ĭum, m. pl., corps d'auxiliaires dans les armées impériales: Amm. 20, 4, 18.

pĕtŭlantĭa, *ae*, f. (*petulans*), propension à attaquer ¶ 1 insolence, impudence, effronterie : Cic. *Rep.* 4, 6 ; *Cat.* 2, 25 ; *Pis.* 31 ; *CM* 36 ; Caecin. 103 ¶ 2 étourderie, légèreté : Pl. *Cis.* 672 ; Suet. *Tib.* 61 ¶ 3 [en parl. des anim.] fougue, pétulance : Col. 7, 6, 4 ‖ [fig.] **petulantia ramorum** Plin. 16, 124, exubérance des rameaux ; *morbi* Gell. 12, 5, 9, violence de la maladie.

pĕtulcus, *a*, *um* (*peto*, *petulans*), qui frappe de ses cornes, qui cosse : Lucr. 2, 368 ; Virg. *G.* 4, 10 ‖ [fig.] agaçant, effronté : Serv. *G.* 4, 10.

pĕtŭlus, *a*, *um*, v. *petilus*.

Peucălĕi, *ōrum*, m. pl., peuple d'Asie, sur les bords du Gange : Prisc. *Perieg.* 1049.

1 **peucē**, *ēs*, f. (πεύκη) ¶ 1 c. *larix* : Plin. 11, 118 ¶ 2 sorte de raisin d'Égypte : Plin. 14, 74.

2 **Peucē**, *ēs*, f. (Πεύκη) ¶ 1 île à l'une des bouches de l'Ister [Danube] : Plin. 4, 79 ; Luc. 3, 202 ¶ 2 nymphe aimée du Danube : Stat. *S.* 5, 2, 137.

peucĕdănum (-ŏn), *i* (πευκέδανον), peucedanum, queue-de-pourceau [plante] : Cels. 5, 18, 29 ; Plin. 25, 117 ‖ **-dănos**, *i*, m., Ps. Apul. *Herb.* 94 ‖ **-dănus**, *i*, m., M.-Emp. 2, 19.

Peucēni (-cīni), *ōrum*, m. pl., habitants des bouches de l'Ister : Tac. *G.* 46.

Peucestēs, *is*, m. ¶ 1 Macédonien qui sauva la vie d'Alexandre : Curt. 9, 5, 14 ¶ 2 gouverneur de l'Égypte avec Aeschylus : Curt. 4, 8, 4.

Peucētĭa, *ae*, f., la Peucétie [partie de l'Apulie] : Plin. 3, 99 ‖ **-tĭus**, *a*, *um*, de la Peucétie : Ov. *M.* 14, 513.

Peucētĭi, *ōrum*, m. pl., habitants de la Peucétie : Plin. 3, 139.

Peucīni, v. *Peuceni*.

Peucŏlāus, *i*, m., nom d'un Macédonien : Curt. 7, 10, 10.

Peucŏlis, *ĭdis*, f., ville de la Gédrosie : Plin. 6, 94 ‖ **-ītae**, *ārum*, m. pl., habitants de Peucolis : Plin. 6, 78.

peumĕnē, *ēs*, f. (πευμένη), sorte d'écume d'argent : Plin. 33, 108.

peusis, *is*, f. (πεῦσις), interrogation : Cassiod. *Psalm.* 4, 6.

pexātus, *a*, *um* (*pexus*), qui porte un vêtement neuf : Sen. *Vit.* 25 ; Mart. 2, 58, 1.

pexī, parf. de *pecto*.

pexĭbarbus, *a*, *um*, dont la barbe est frisée : Schol. Pers. 1, 15.

pexĭtās, *ātis*, f. (*pexus*), poil d'une étoffe : Plin. 11, 81.

pexŭi, v. *pecto*.

pexus, *a*, *um*, part.-adj. de *pecto*, neuf [en parl. d'un vêtement], bien peigné, qui a son poil, qui n'est pas râpé : Hor. *Ep.* 1, 1, 95 ; Plin. 8, 191 ; Mart. 7, 46, 6 ‖ velu, cotonneux [en parl. d'une feuille] : Col. 11, 3, 26.

pezĭca, *ae*, f. (de πέζις), vesse-de-loup [champignon] : Plin. 19, 38.

Phăcĕlīna, v. *Facelina*.

Phăcĕlītis, v. *Facelitis*.

Phacĭum, *ii*, n. (Φάκιον), ville de Thessalie : Liv. 32, 13.

Phacus, *i*, m. (Φάκος), place forte près de Pella, en Macédoine : Liv. 44, 6, 2.

Phacūsa (-ssa), *ae*, f. (Φακοῦσσα), une des Sporades : Plin. 4, 68.

Phaeāces, *um*, m. pl. (Φαίακες), Phéaciens [peuple mythique, habitant l'île de Schérie (Corfou ?) ; dont le roi Alcinoüs donna l'hospitalité à Ulysse, puis le fit reconduire à Ithaque ; peuple de marins, mais ami du luxe] : Cic. *Brut.* 71 ; Virg. *En.* 3, 291 ‖ sg. *Phaeax*, *ācis*, un Phéacien [au fig., celui qui aime les délices de la vie] : Hor. *Ep.* 1, 15, 24 ‖ **-cĭus**, Tib. 4, 1, 78 et **-cus**, *a*, *um*, Prop. 3, 1, 51, Phéacien.

Phaeācĭa, *ae*, f. (Φαιακία), Phéacie, pays des Phéaciens : Plin. 4, 52.

Phaeācis, *ĭdis*, f. (Φαιακίς), la Phéacienne [titre d'un poème] : Ov. *Pont.* 4, 12, 27.

Phaeax, v. *Phaeaces*.

Phaeca, *ae*, f., ville de Thessalie : Liv. 32, 14, 1.

phaecăsĭa, *ae*, f., c. *phaecasium* : Petr. 67, 4.

phaecăsĭātus, *a*, *um* (*phaecasium*), chaussé de phécases : Sen. *Ep.* 113, 1 ; Petr. 82, 3.

phaecăsĭum, *ii*, n. (φαικάσιον), phécase [chaussure blanche des prêtres à Athènes] : Sen. *Ben.* 7, 21, 1.

Phaedĭmus, *i*, m. (Φαίδιμος), Phédime [un des fils d'Amphion et de Niobé] : Ov. *M.* 6, 239.

Phaedo (-dōn), *ōnis*, m. (Φαίδων), le Phédon [titre d'un dialogue de Platon] : Cic. *Nat.* 1, 93 ; Gell. 2, 18, 1.

Phaedra, *ae*, f. (Φαίδρα), Phèdre [fille de Minos et de Pasiphaé, femme de Thésée] : Virg. *En.* 6, 445.

Phaedrĭa, *ae*, m. (Φαιδρίας), nom d'un personnage de comédie : Ter. *Eun.* 86.

Phaedrus, *dri*, m. (Φαῖδρος) ¶ 1 un des disciples de Socrate dont Platon prit le nom comme titre d'un dialogue [le Phèdre] : Cic. *Tusc.* 1, 53 ¶ 2 philosophe épicurien : Cic. *Fam.* 13, 1, 2 ¶ 3 Phèdre [fabuliste] : Phaed. 3 prof. 1 ; Avian. *pr.* ► Phaeder CIL 6, 8562.

Phaenăgŏrē, *ēs*, f., île du Pont-Euxin : Avien. *Perieg.* 733 ; Prisc. *Perieg.* 565.

Phaenĕās, *ae*, m. (Φαινέας), stratège des Étoliens : Liv. 32, 32.

phaenŏmĕnŏn, *i*, n. (φαινόμενον) ¶ 1 symptôme : Theod.-Prisc. 1 tit. ¶ 2 pl., phénomène astronomique : Lact. *Inst.* 2, 5, 24 ‖ **Phaenŏmĕna**, titre d'un poème d'Aratus : Diom. 483, 2.

Phaenōn, *ōnis*, acc. *ōna*, m. (Φαίνων), Saturne [planète] : Capel. 8, 851.

Phaeŏcŏmēs, *ae*, m., nom d'un Centaure : Ov. *M.* 12, 431.

Phaestum, *i*, n. (Φαιστός), ville de Crète : Plin. 4, 59 ‖ **-tĭus**, *a*, *um*, de Phaestos : Ov. *M.* 9, 668 ‖ surnom d'Apollon : Plin. 4, 7 ‖ **-tĭăs**, *ădis*, adj. f., de Phaestos : Ov. *M.* 9, 715.

Phăĕthōn, *ontis*, m. (Φαέθων), Phaéthon [fils du Soleil et de Clymène, voulut conduire le char de son père mais, ne sachant le diriger, il embrasa la terre et fut foudroyé par Jupiter] : Cic. *Off.* 3, 94 ; *Nat.* 3, 76 ‖ le soleil : Virg. *En.* 5, 105 ‖ **-tĕus**, *a*, *um*, de Phaéthon : Ov. *M.* 4, 246 ‖ **-tĭus**, *a*, *um*, de Phaéthon, du soleil : Sil. 2, 4, 9 ; 10, 110 ‖ **-tĭăs**, *ădis*, adj. f., de Phaéthon : Virg. *B.* 6, 62 ‖ **-tis**, *ĭdis* *a)* de Phaéthon : Avien. *Arat.* 793 *b)* d'ambre jaune : Mart. 4, 32, 1.

Phăĕthontĭădĕs, *um*, f. pl., les sœurs de Phaéthon [changées en aulnes ou en peupliers] : Virg. *B.* 6, 62 ; *En.* 10, 190 ; Ov. *M.* 2, 340.

Phăĕthūsa, *ae*, f. (Φαέθουσα), Phaéthuse [une des sœurs de Phaéthon] : Ov. *M.* 2, 346.

Phăĕtōn, v. *Phaethon*.

phăgĕdaena, *ae*, f. (φαγέδαινα), phagédène, boulimie, fringale : Plin. 26, 110 ; Cael.-Aur. *Chron.* 3, 3, 46 ‖ sorte d'ulcère : Plin. 23, 123.

phăgĕdaenĭcus, *a*, *um* (φαγεδαινικός), phagédénique : Plin. 24, 9.

phăgĕr, *gri*, m. (φάγρος ; esp., port. *pargo*), pagre, pageal, pageot [poisson] : Plin. 32, 150 ; Ov. *Hal.* 107 ; v. *pager*, *pagrus*.

Phăgīta, *ae*, m. (Φαγίτης), surnom romain : Suet. *Caes.* 74.

1 **phăgo**, *ōnis*, m. (de φαγεῖν), gros mangeur : Varr. *Men.* 529.

2 **Phăgo**, *ōnis*, m. (Φάγων), nom d'homme : Vop. *Aur.* 50, 4.

phagrus, v. *phager*.

phălacrŏcŏrax, *ăcis*, m. (φαλακροκόραξ), corbeau de mer [cormoran ?] : Plin. 10, 133.

Phalacrum, *i*, n. (Φάλακρον), promontoire de Corcyre Atlas XII, G5 : Plin. 4, 53.

Phălăcrus, *i*, m. (Φάλακρος), nom d'homme : Cic. *Verr.* 5, 116.

phălae, v. *falae*.

phălaecĭum (-ĭŏn), *ii*, **-cum**, *i*, **-eucĭum**, *ii*, n., [métr.] vers phalécien hendécasyllabe : Diom. 509, 11 ; Capel. 5, 517 ; Sulpicia *Sat.* 4.

Phălaecus, *i*, m. (Φάλαικος) ¶ 1 poète grec, inventeur du mètre qui porte son nom : Aus. *Ep.* 4 (393), 85 ¶ 2 tyran des Phocéens ‖ **Phălaecēus**, *a*, *um*, de Phalécus : Ov. *Ib.* 504.

phălangae, *ārum*, f. pl. (de φάλαγξ ; it. *palanca*), rouleaux de bois pour le dépla-

phalangae

cement des vaisseaux : Caes. *C.* 2, 10, 7 ‖ leviers [en bois], perches : Vitr. 10, 3, 7 ‖ bâtons : Plin. 7, 200 ; 12, 17.
▶ palangae Varr. d. Non. 163, 28.

phălangārĭus (pal-), *ĭi*, m. ¶ 1 portefaix : Vitr. 10, 3, 7 ; Non. 163, 25 ¶ 2 v. *phalangites*.

phălangĭŏn, *ĭi*, n., v. *phalangium*.

1 **phălangītēs (-ta)**, *ae*, m. (φαλαγγίτης), phalangite, soldat d'une phalange : Liv. 37, 40, 1.

2 **phălangītēs**, *ae*, m., ou *-tis*, *ĭdis*, f., phalangère [plante] : Plin. 27, 124.

phălangĭum (-ĭŏn), *ĭi*, n. (φαλάγγιον) ¶ 1 tarentule [araignée venimeuse] : Plin. 11, 79 ¶ 2 c. 2 *phalangites*, v. *sphalangrius*.

Phalanna, *ae*, f., ville de la Macédoine : Liv. 42, 54, 6 ‖ **-aeus**, *a*, *um*, de Phalanna : Liv. 42, 65, 1.

Phălanthum, *i*, n., poét. pour *Tarentum* : Mart. 8, 28, 3 ; v. *Phalantus*.

Phălantus, *i*, m. (Φάλαντος), Phalante [chef de la colonie lacédémonienne qui vint s'établir à Tarente] : Hor. *O.* 2, 6, 11 ; Just. 3, 4, 7 ‖ **-tēus**, *a*, *um*, de Phalante, de Tarente : Sil. 11, 16 ; ou, **-tīnus**, *a*, *um*, Mart. 5, 37, 2.

phălanx, *angis*, f. (φάλαγξ) ¶ 1 phalange [grecque] : Nep. *Chabr.* 1, 2 ; *Pelop.* 4, 2 ‖ phalange [macédonienne] : Nep. *Eum.* 7, 1 ; Curt. 3, 2, 13 : Liv. 31, 39, 10 ; 32, 17, 11 ‖ formation de combat des Gaulois et des Germains : Caes. *G.* 1, 24, 5 ; 1, 52 ¶ 2 [en gén.] troupe, bataillon, armée : Virg. *En.* 6, 489 ; 12, 662 ¶ 3 [fig.] foule, grand nombre : Prud. *Psych.* 816.

Phălāra, *ōrum*, n. pl. (Φάλαρα), ville de la Phthiotide Atlas VI, B2 : Liv. 27, 30, 3.

phălārĭca, v. *falarica*.

1 **phălāris**, f., v. *phaleris*.

2 **Phălāris**, *ĭdis*, acc. *idem* ou *im*, m. (Φάλαρις), tyran d'Agrigente, célèbre par sa cruauté : Cic. *Off.* 2, 26 ; v. *Perillus*.

Phălăsarna, *ae*, f. (Φαλάσαρνα), ville de Crète : Plin. 4, 59 ‖ **-ēus**, *a*, *um*, de Phalasarna : Liv. 42, 61, 7.

Phălēra, *ōrum*, n. pl. (Φάληρα), Phalère [port et bourg de l'Attique] : Plin. 4, 24 ‖ [d'où] **Phălēreūs**, *ĕi* et *ĕos*, acc. *ĕa*, m. (sans f. ni n.), de Phalère : Cic. *Leg.* 2, 64 ; *Fin.* 5, 54 ; v. *Demetrius* ‖ **Phălērĭcus**, *a*, *um*, Nep. *Them.* 6, 1, **descendere in Phalericum (portum)** Cic. *Fin.* 5, 5, descendre au port de Phalère.

phălērae, *ārum*, f. pl. (τὰ φάλαρα) ¶ 1 phalères [plaques de métal brillant servant soit de décoration militaire, soit d'ornement pour les chevaux] **a)** Cic. *Verr.* 4, 29 ; 3, 185 ; Liv. 9, 46, 12 ; 39, 31, 17 ; Virg. *En.* 9, 458, cf. Non. 554, 15 **b)** Virg. *En.* 5, 310 ; Plin. 37, 194 ; Juv. 11, 103 ¶ 2 ornement de femme : Publ.-Syr. d. Petr. 55, 6 v. 10, médaillons exotiques ¶ 3 [fig.] clinquant : **ad populum phaleras** Pers. 3, 30, clinquant bon pour le peuple ‖ ornement [en bonne part], richesse, éclat : **phalerae loquendi** Symm. *Ep.* 1, 89, éclat du style.
▶ n. pl. phalera Varr. *Men.* 97 ; Plin. 33, 18 ‖ palera CIL 1, 709.

phălērātus, *a*, *um* (phalerae) ¶ 1 orné de phalères [en parl. des hommes et des chevaux] : Suet. *Ner.* 30 ; Liv. 30, 17, 13 ¶ 2 [fig.] orné, fleuri [en parl. du style] : **phalerata dicta** Ter. *Phorm.* 500, paroles dorées, belles paroles.

Phălēreūs, *ei* (Φαληρεύς), v. *Phalera*.

Phălērĭcus, *a*, *um*, v. *Phalera*.

Phălērīōn, *ōnis*, m., nom d'un peintre : Plin. 35, 143.

phălēris (-lāris), *ĭdis*, f. (φαλαρίς), foulque [espèce de poule d'eau] : Col. 8, 15 ‖ phalaris [plante] : Plin. 27, 126.

phălērō, *ās*, *āre*, -, - (phalerae), tr., orner, surcharger d'ornements : Ambr. *Cant.* 1, 43 ; *Off.* 1, 12, 44.

Phălērus, *i*, m. (Φάληρος), nom d'un Argonaute : Val.-Flac. 1, 398.

Phalesīna, *ae*, f., ville de Thrace : Plin. 4, 42.

phăleucĭum, v. *phalaecium*.

phallĭcus, *a*, *um*, phallique [mètre] : *Ter.-Maur. 6, 142, 28.

Phalliges, *um*, m. pl., peuple d'Éthiopie : Plin. 6, 192.

phallus, *i*, m. (φαλλός), phallus : Arn. 5, 29.

Phălōrĭa, *ae*, f. (Φαλωρία), ville de Thessalie : Liv. 32, 12.

Phāmĕa, *ae*, m. (Φαμέας), nom d'homme : Cic. *Att.* 9, 9, 4.

Phănăcēs, *ĭs*, m., un des noms de Bacchus : Aus. *Epigr.* 30 (30), 3.

Phănae, *ārum*, f. pl. (Φαναί), port et promontoire de l'île de Chios, célèbre par ses vins : Liv. 36, 43, 11 ‖ **-aeus**, *a*, *um*, de Phanées, phanéen : Virg. *G.* 2, 98.

Phănăgŏrĭa, *ae*, f., ville sur le Bosphore cimmérien : Plin. 6, 18.

Phănĕrōsis, *is*, f. (φανέρωσις), Révélation [nom d'un écrit de l'hérésiarque Valentin] : Tert. *Praescr.* 30, 6.

Phănēs, *ētis*, m., nom d'une divinité égyptienne : Macr. *Sat.* 1, 17, 34.

Phānĭa (-nĭās), *ae*, m. (Φανίας), nom d'un physicien de Lesbos : Plin. 21, 35.

Phānĭscus, *i*, m. (Φανίσκος), petite torche), nom d'un jeune esclave : Pl. *Most.* 885 b.

Phānĭum, *ĭi*, n. (Φάνιον), nom grec de femme : Ter. *Phorm.* 219.

Phănŏcrătēs, *ae*, m. (Φανοκράτης), nom d'homme : Ter. *Haut.* 1061.

Phanorĭa, *ae*, f., place forte du Pont : Plin. 6, 10.

Phanŏtē, *ēs*, f. (Φανότη), place forte de l'Épire, la même que Panope : Liv. 42, 25.

Phanŏtēa, *ae*, f. (Φανότεια), ville de Phocide : Liv. 32, 18.

phantăsĭa, *ae*, f. (φαντασία), vision, imagination, rêve, songe : Amm. 14, 11, 18 ‖ idée, pensée, conception : Sen. *Suas.* 2, 15 ‖ **phantasia, non homo** Petr. 38, 16, un rêve, pas un homme (le rêve fait homme).

phantasma, *ătis*, n. (φάντασμα ; cf. fr. *fantôme*), être imaginaire, fantôme, spectre : Plin. *Ep.* 7, 27, 1 ‖ idée, représentation par l'imagination : Aug. *Trin.* 8, 6.

phantasmătĭcus, *a*, *um*, imaginaire, chimérique : Isid. 8, 9, 7.

Phantăsŏs, *i*, m. (Φάντασος), fils du Sommeil : Ov. *M.* 11, 642.

phantastĭcus, *a*, *um* (φανταστικός), imaginaire, irréel : Greg.-M. *Dial.* 2, 10 ‖ **-ticum**, *i*, n., fantôme, double : Aug. *Civ.* 18, 18, 2.

1 **Phăōn**, *ōnis*, m. (Φάων), Phaon [jeune homme de Lesbos, aimé de Sapho] : Ov. *H.* 15, 11.

2 **Phăōn**, *ontis*, m., Phaon [affranchi de Néron] : Suet. *Ner.* 48 ; 49.

Phăraeus, *a*, *um*, de Pharae [Achaïe] : Stat. *Th.* 2, 163.

Phăran, indécl., montagne et ville entre l'Égypte et l'Arabie Atlas IX, F3 : Vulg. *Gen.* 14, 6 ‖ **-nītis**, *ĭdis*, f., de Pharan : Plin. 37, 122.

phăranx, *angis*, m. (φάραγξ), ravin : VL. *Num.* 21, 12.

Phărăo (-ōn), *ōnis*, m., Pharaon [roi d'Égypte, qui poursuivit les Hébreux fuyant sous la conduite de Moïse, et périt englouti dans la mer Rouge] : Vulg. *Gen.* 12, 15.

Pharasmănēs, *is*, m., Pharasmane [roi d'Ibérie (Caucase), sous Tibère, et père de Rhadamiste] : Tac. *An.* 12, 44.

Pharathōn, *ōnis*, f., ville de Palestine : Vulg. *Jud.* 12, 15 ‖ **-nītes**, *ae*, m., habitant de Pharathon : Vulg. *Jud.* 12, 13.

Pharbaethŏs, *i*, f., ville d'Égypte : Plin. 5, 64 ‖ **-thītēs nŏmŏs**, Plin. 5, 49, le nome Pharbaéthite.

phărĕtra, *ae*, f. (φαρέτρα), carquois : Virg. *En.* 1, 323 ; Hor. *O.* 1, 22, 3 ‖ espèce de cadran solaire ayant la forme d'un carquois : Vitr. 9, 8, 1.
▶ -ētra Virg. *G.* 3, 345.

phărĕtrātus, *a*, *um* (pharetra), qui porte un carquois : Virg. *En.* 11, 649 ; **pharetrata Persis** Virg. *G.* 4, 290, la Perse [pays des Parthes] armée de l'arc ; **pharetrata Virgo** Ov. *Am.* 1, 1, 10, Diane [Juv. 2, 108, Sémiramis] ; **pharetratus puer** Ov. *M.* 10, 525, Cupidon, l'Amour.

phărĕtrĭgĕr, *ĕra*, *ĕrum*, c. *pharetratus* : **rex** Sil. 14, 287, le roi de Perse [Xerxès].

Phărĭa ūva, f., raisin réputé [près de Pise] : Plin. 14, 39.

Phărĭăcus, *a*, *um*, de Pharos, d'Égypte : Apul. *M.* 2, 28.

phărĭcŏn (-cum), *i*, n. (φαρικόν), sorte de poison : PLIN. 28, 158.

Phāris, *is*, f. (Φᾶρις), ville de Messénie : STAT. Th. 4, 226.

Phărĭsaei, *ōrum*, m. pl. (Φαρισαῖοι), Pharisiens [secte chez les Juifs] : ISID. 7, 6, 40 ; [m. sg.] *Pharisaeus*, un Pharisien : VULG. Philipp. 3, 5 ‖ **-aeus**, *a*, *um*, des Pharisiens : SEDUL. Carm. 4, 66 et **-aïcus**, HIER. Vigil. 8.

Phărītae, *ārum*, m. pl., habitants de Pharos : ITIN. ALEX. 17, 6 ; 19, 2.

Phărius, *a*, *um*, 🅥 1 Pharos.

pharmăceutĭcus, *a*, *um* (φαρμακευτικός), pharmaceutique : CAEL.-AUR. Chron. 5, 10, 126.

pharmăceutrĭa, *ae*, f. (φαρμακεύτρια), enchanteresse : SERV. B. 8, 21.

pharmăcĭa, *ae*, f. (φαρμακία), médication : ISID. 4, 9, 2.

pharmăcŏpōla, *ae*, m. (φαρμακοπώλης), pharmacien, apothicaire, droguiste : CAT. d. GELL. 1, 15, 9 ; CIC. Clu. 40 ; HOR. S. 1, 2, 1.

pharmăcum, *i*, n. (φάρμακον ; roum. *farmac*), poison : PAUL.-NOL. Carm. app. 2, 34 ‖ remède : HIER. Orig. Jer. 19, 3.

pharmăcus, *i*, m. (φαρμακός), bouc émissaire, réprouvé : PETR. 107, 15.

Pharmăcūsa (-ssa), *ae*, f. (Φαρμακοῦσσα), île voisine de l'île de Crète : PLIN. 4, 71 ; SUET. Caes. 4.

Pharnăbazus, *i*, m. (Φαρνάβαζος), Pharnabaze [officier de Darius] : NEP. Lys. 4, 1.

Pharnăcēa (-cīa), *ae*, f., ville du Pont : PLIN. 6, 11.

pharnăcēŏn, *ii*, n. (φαρνάκειον), panacès, grande centaurée [plante] : PLIN. 25, 33.

1 Pharnăcēs, *is*, m. (Φαρνάκης), Pharnace [roi du Pont, vaincu par Pompée] : PLIN. 33, 151 ‖ petit-fils du précédent [fils du grand Mithridate, fut vaincu par César] : CIC. Dej. 14 ‖ un esclave de Cicéron : CIC. Att. 13, 30, 2.

2 Pharnaces, *um*, m. pl., peuple fabuleux d'Égypte : PLIN. 7, 17.

Pharnăcĭa, 🅥 Pharnacea.

Pharnăcĭās, *ae*, m., fleuve de Bithynie : PLIN. 5, 149.

Pharnăcōtis, *is*, m., fleuve de l'Ariane [Parthie] : PLIN. 6, 94.

pharnuprĭum, *ii*, n., sorte de vin de figues : PLIN. 14, 102.

Pharnūtis, *is*, m. (Φάρνουτις), fleuve de Bithynie : PLIN. 5, 149.

1 Phărŏs (-rus), *i*, f.[m. SUET Cl. 20, VAL.-FLAC. 7, 85] (Φάρος ; cf. fr. *falot*, fr. *fanal*) ¶ 1 île d'Égypte, près d'Alexandrie : MEL. 2, 104 ¶ 2 le phare [de Pharos] : CAES. C. 3, 112 ; JUV. 6, 83 ‖ l'Égypte : STAT. S. 3, 2, 102 ¶ 3 phare [en gén.], fanal : SUET. Tib. 74 ‖ **-rĭus**, *a*, *um*, de Pharos : LUC. 9, 1005 ; *Pharia juvenca* OV. F. 5, 619, Io [MART. 10, 48, 1, Isis ; *Pharia conjux* MART. 4, 11, 4, Cléopâtre ; *turba* TIB. 1, 3, 32, adorateurs d'Isis ; *Pharius piscis* OV. A. A. 3, 270, le crocodile ; *Pharii dolores* STAT. S. 5, 3, 244, les lamentations des femmes égyptiennes [aux fêtes d'Isis, sur la perte d'Osiris] ¶ 4 petite île sur les côtes de Dalmatie [auj. Hvar] Atlas XII, D5 : MEL. 2, 114.

2 phărŏs, *i*, m., f., phare, 🅥 1 Pharos § 3.

Pharsālĭa, *ae*, f., le territoire de Pharsale : OV. M. 15, 823 ‖ *Pharsalia nostra* LUC. 9, 985, notre Pharsale [la bataille gagnée par César et chantée par Lucain].

Pharsālus (-lŏs), *i*, f. (Φάρσαλος), Pharsale [ville de Thessalie, où Pompée fut vaincu par César] Atlas I, D5 ; VI, B1 : LIV. 32, 33, 16 ; LUC. 6, 350 ‖ **-lĭcus**, *a*, *um*, de Pharsale : CIC. Phil. 2, 71 ; Dej. 13 et **-lĭus**, *a*, *um*, CIC. Phil. 2, 39 ; Div. 1, 68.

Phărus ¶ 1 f., 🅥 Pharos ¶ 2 m., nom de guerrier : VIRG. En. 10, 322.

Pharūsĭi, *ōrum*, m. pl. (Φαρούσιοι), Pharusiens [peuple de Maurétanie] : PLIN. 5, 10.

Phasanĭa, *ae*, f., 🅥 Phazania.

phascōlĭum, *ii*, n. (φασκώλιον), besace, sacoche : P. FEST. 249, 6.

phăsēlăre, *is*, n. (*faselus*), graine de dolique : LAMPR. Hel. 20, 7.

Phăsēlis, *ĭdis*, f. (Φασηλίς) ¶ 1 port de Lycie Atlas VI, C4 ; IX, D2 : CIC. Verr. 4, 21 ¶ 2 ville de Judée : PLIN. 13, 44 ‖ **-lītae**, *ārum*, m. pl., habitants de Phasélis [en Lycie] : CIC. Agr. 2, 50.

1 phăsēlus (-ŏs), *i*, m., f. (φάσηλος) ¶ 1 felouque [vaisseau de forme effilée, plus ou moins important] : CIC. Att. 1, 13, 1 ; CATUL. 4, 1 ¶ 2 dolique [plante] 🅥 *faselus* : VIRG. G. 1, 227.

2 Phăsēlus, *i*, m. (Φάσηλος), nom d'homme : CIL 10, 6493.

phăsĕŏlus, *i*, m. (dim. de 1 *phaselus* ; it. *fagiolo*, cf. fr. *fayot, flageolet*), dolique [légumineuse] : VARR. R. 3, 7, 8 ; COL. 2, 12, 3.

phasgănĭŏn (-nĭum), *ii*, n. (φασγάνιον), sorte de glaïeul [plante] : PLIN. 25, 137.

Phāsĭăcus, *a*, *um*, 🅥 Phasis.

phāsĭāna (fās-), *ae*, f., faisan, 🅥 Phasis.

phāsĭānārĭus, *ii*, m. (*phasiana*, 🅥 Phasis), faisandier : DIG. 32, 1, 66.

phāsĭānīnus (fās-), *a*, *um*, de faisan : PALL. 1, 29, 2.

phāsĭānus (fās-), *i*, m. (fr. *faisan*), faisan, 🅥 Phasis.

Phāsĭăs, *ădis*, f. (Φασιάς), femme du Phase = Médée : OV. H. 6, 103 ; A. A. 2, 382.

phăsĭŏlŏs (-us), *i*, m. (φασίολος), 🅒 *isopyron* : PLIN. 27, 94.

1 Phāsis, *is* ou *ĭdis*, m. (Φᾶσις), le Phase [rivière] : PROP. 3, 22, 11 ; SEN. Helv. 10, 3 ; VIRG. G. 4, 367 ‖ OV. Pont. 4, 10, 52 ; PLIN. 6, 12 ‖ **-sis**, *ĭdis*, adj. f., du Phase : *Phasides volucres* MART. 13, 45, 1, faisans ‖ **-sĭānus**, *a*, *um*, du Phase : *Phasianae aves* PLIN. 10, 132, faisans ‖ subst. m. et f., faisan : SUET. Vit. 13 ; PLIN. 11, 114 ‖ **-sĭăcus**, *a*, *um*, du Phase ; de la Colchide ; de Médée : MEL. 2, 22 ; OV. Tr. 2, 439 ; Rem. 261.

2 Phāsis, *is*, m., nom d'homme : MART. 5, 8.

3 Phāsis, *ĭdis*, f., femme du Phase = Médée : OV. F. 2, 42 ; 🅥 *Phasias*.

Phasma, *ătis*, n. (Φάσμα), le Fantôme [titre d'une pièce de Ménandre] : TER. Eun. 9 ‖ [mime du mimographe Catulle] : JUV. 8, 186.

Phatnē, *ēs* et **-nae**, *ārum*, f. pl. (Φάτναι), Crèches [espace entre les deux petites étoiles du Cancer] : CIC. poet. d. PRISC. 3, 105, 9 ; 287, 7.

Phatnītĭcum ostĭum, n., une des bouches du Nil : PLIN. 5, 64.

Phatūrītēs nŏmŏs, m., le nome Phaturite, en Égypte, dans la Thébaïde : PLIN. 5, 40 ‖ *terra Phatures* VULG. Jerem. 44, 1, la terre de Phature.

phaunŏs, *i*, n. (gr., cf. φαυλία), fruit de l'olivier sauvage taillé : PLIN. 16, 244.

Phausĭa, *ae*, f., lieu près de Rhodes : PLIN. 31, 30.

Phazānĭa, *ae*, f., canton de la Cyrénaïque : PLIN. 5, 35 ‖ **-ii**, m. pl., habitants de ce pays : PLIN. 5, 35.

Pheatē, *ēs*, f., île près d'Éphèse : PLIN. 5, 137.

Phēgēa, *ae*, f. (Φηγεία), Phégée [fille de Priam] : HYG. Fab. 90.

Phēgeūs, *ěi* ou *ěos*, m. (Φηγεύς), Phégée [roi d'une partie de la Thessalie] : HYG. Fab. 244 ‖ **-gēius**, *a*, *um*, de Phégée : OV. M. 9, 412.

Phēgis, *ĭdis*, f. (Φηγίς), fille de Phégée [Alphésibée] : OV. Rem. 455.

Phegium jŭgum, n., montagne de l'Éthiopie : PLIN. 2, 205.

phēlēta, 🅥 1 philetas.

phellandrĭŏn, *ii*, n. (φελλάνδριον), plante ayant les feuilles du lierre : PLIN. 27, 126.

phellŏs, *i*, m. (φελλός), tambour de clepsydre [en liège] : VITR. 9, 8, 5.

Phellus, *i*, m., ville de Lycie Atlas VI, C4 ; IX, D2 : PLIN. 5, 100.

Phellūsa, *ae*, f., île près de Lesbos : PLIN. 5, 140.

Phēmĭus, *ii*, m. (Φήμιος), célèbre musicien à Ithaque : OV. Am. 3, 7, 61.

Phēmŏnŏē, *ēs*, f. (Φημονόη), fille d'Apollon, à laquelle on attribue l'invention du vers héroïque : PLIN. 10, 7 ‖ nom d'une Pythie : LUC. 5, 126.

Phĕnĕŏs, *i*, m. (Φένεος), Phénée [ville et lac d'Arcadie] : LIV. 28, 7, 16 ; VIRG. En. 8,

Pheneos

165; Ov. M. 15, 332 ‖ **Phĕnĕum**, *i*, n., Plin. 4, 20 ‖ **Phĕnĕātae**, *ārum*, m. pl. (Φενεάται), habitants de Phénée : Cic. Nat. 3, 56.

phengītēs, *ae*, m. (φεγγίτης), sorte de pierre translucide : Plin. 36, 163.

phenĭon, ▣ *phrenion*.

phĕōs, m. (φέως), plante épineuse, ▣ *stoebe* : Plin. 21, 91; 22, 28.

Phĕrae, *ārum*, f. pl. (Φεραί) ¶ 1 Phères [ville de Thessalie, résidence d'Admète] Atlas VI, C1 : Cic. Div. 1, 53 ¶ 2 ville de Messénie : Nep. Con. 1, 1; Liv. 35, 30, 9 ‖ **-raeus**, *a*, *um*, de Phères, de Thessalie, d'Admète : *Pheraei campi* Val.-Flac. 1, 443, la Thessalie ‖ subst. m. pl., habitants de Phères : Cic. Inv. 2, 144 ‖ **Phĕraeus**, *i*, m., Alexandre, tyran de Phères : Ov. Ib. 321.

Phĕrēclĕus, *a*, *um* (Φερέκλειος), de Phéréclus [charpentier qui construisit le vaisseau de Pâris] : Ov. H. 16, 22.

Phĕrĕcrătēs, *is*, m. (Φερεκράτης), vieillard de Phthie, introduit par Dicéarque dans un de ses dialogues : Cic. Tusc. 1, 21.

phĕrĕcrătĭum metrum, n. (φερεκράτειος), vers phérécratien [– – – ᴗ ᴗ – ᴗ] : Sidon. Ep. 9, 13, 2 v. 10.

Phĕrĕcyădae, ▣ *Pheretiades* Sil. 12, 159.

Phĕrĕcȳdēs, *is*, m. (Φερεκύδης), Phérécyde ¶ 1 philosophe de Syros, maître de Pythagore : Cic. Tusc. 1, 38 ¶ 2 historien antérieur à Hérodote : Cic. de Or. 2, 53 ‖ **-dēus**, *a*, *um* (Φερεκύδειος), de Phérécyde : Cic. Div. 2, 31.

Phĕrēs, *ētis*, m. (Φέρης), Phérès ¶ 1 fils de Crétée, qui bâtit la ville de Phères en Thessalie, ▣ *Pheretiades* ¶ 2 nom de guerrier : Virg. En. 10, 413.

Phĕrētĭădēs, *ae*, m. (Φερητιάδης), fils de Phérès [Admète] : Ov. A. A. 3, 19 ‖ pl., **-dae**, *ārum*, m. pl., les Napolitains : Sil. 12, 159.

Phĕrētus, *i*, m. (Φέρητος), fils de Jason et de Médée, tué par sa mère : Hyg. Fab. 239.

Phĕrezaeus, *i*, m., Périzzite [peuple de Chanaan] Vulg. Exod. 23, 23.

Phĕrīnĭum, *ii*, n., place forte de Thessalie : Liv. 32, 14.

phĕrombrŏs, *i*, m., concombre sauvage : Ps. Apul. Herb. 113.

Phĕrūsa, *ae*, f., nom d'une des Heures : Hyg. Fab. 183.

phētrĭum, *ii*, n. (φητρίον, φρητρίον, cf. 2 *fratria*), (lieu de réunion de) confrérie : CIL 10, 1491; 11, 3614, 1.

pheugȳdrŏs, *ŏn*, adj. (φεύγυδρος), qui a horreur de l'eau : Cael.-Aur. Acut. 3, 9, 98.

pheuxaspĭdĭŏn, *ii*, n., ▣ *polion* : Ps. Apul. Herb. 67.

1 **phĭăla**, *ae*, f. (φιάλη) ; it. *fiala*, cf. fr. *fiole*), coupe peu profonde et évasée [en métal] : Juv. 5, 37; Mart. 8, 33, 2 ‖ encensoir : Vulg. Apoc. 5, 8.

2 **Phĭăla (-ē)**, *ae*, f., nom de femme : CIL 9, 5686 ‖ nom d'une source du Nil : Plin. 5, 55 ‖ lieu près de Memphis : Plin. 8, 186.

Phĭălē, *ēs*, f. (Φιάλη), une des nymphes de Diane : Ov. M. 3, 172.

Phicores, *um*, m. pl., peuple d'Asie, sur les bords du Tanaïs : Mel. 1, 114.

Phīdĭās, *ae*, m. (Φειδίας), le plus célèbre des sculpteurs grecs : Cic. Ac. 2, 146 ‖ **-ĭăcus**, *a*, *um*, de Phidias : Juv. 8, 103.

Phīdippĭdēs, *is*, m. (Φειδιππίδης), nom d'un fameux coureur : Plin. 7, 84.

Phīdippus, *i*, m. (Φείδιππος), Phidippe ¶ 1 un des prétendants d'Hélène : Hyg. Fab. 80 ¶ 2 nom d'un médecin : Cic. Dej. 17 ‖ nom de personnage comique : Ter. Hec. 247.

phĭdītĭa, *ōrum*, n. pl., ▣ *philitia*.

Phīdōn, *ōnis*, m. (Φείδων), descendant d'Hercule, inventeur de poids et mesures : Plin. 7, 198.

Phīdȳlē, *ēs*, f. (Φειδύλη), nom de femme : Hor. O. 3, 23, 2.

Phigellus, *i*, m., nom d'homme : Vulg. 2 Tim. 1, 15.

Phīla, *ae*, f. (Φίλη) ¶ 1 île près d'Antibes, ville de la Narbonnaise : Plin. 3, 79 ¶ 2 ville de Macédoine : Liv. 42, 67.

phĭlactērĭum, ▣ *phylacterium*.

Phĭlădelphēni, *ōrum*, m. pl., habitants de Philadelphie [ville de Lydie] : Tac. An. 2, 47.

Phĭlădelphīa, *ae*, f. (Φιλαδέλφεια), ville de Lydie : Vulg. Apoc. 1, 11 ‖ ville de Syrie [Amman] Atlas IX, E3 : Plin. 5, 74.

Phĭlădelphus, *i*, m. (Φιλάδελφος), Philadelphe (qui aime son frère) [surnom de Ptolémée II, roi d'Égypte] : Plin. 36, 67 ‖ porté aussi par d'autres personnages : Cic. Phil. 13, 26; Att. 1, 11, 2.

Phĭlae, *ārum*, f. pl. (Φιλαί), Philae, Philé [petite île de Haute-Égypte, avec une ville du même nom] : Plin. 5, 59; Sen. Nat. 4, 2, 3.

Phĭlaeni, *ōrum*, m. pl. (Φίλαινοι), deux frères carthaginois qui se dévouèrent pour leur patrie : Sall. J. 79, 5 ‖ *Arae Philaenorum* Plin. 5, 28; *Philaenōn* [gén. grec] Sall. J. 19, 3, autels des Philènes [lieu d'Afrique, près des Syrtes] Atlas I, F4.

Phĭlaenis, *ĭdis*, f. (Φιλαινίς), nom de femme : Mart. 2, 33.

Phĭlaenĭum, *ii*, n. (Φιλαίνιον), Philénie, nom de courtisane : Pl. As. 585.

Phĭlaenus, *i*, m., nom d'homme : Mart. 10, 102, 2.

Phĭlammōn, *ōnis*, m. (Φιλάμμων), fils d'Apollon, poète et musicien : Ov. M. 11, 317.

phĭlanthrōpĭŏn (-ĭum), *ii*, n. (φιλανθρώπιον), don d'amitié : Ulp. Dig. 50, 14, 2.

phĭlanthrōpŏs, *i*, f. (φιλάνθρωπος), petite bardane [plante] : Plin. 24, 176.

phĭlarchĭa, *ae*, f. (φιλαρχία), amour du pouvoir : Rufin. Apol. Orig. 1.

phĭlargĭcus, *a*, *um* (φιλαργικός), qui aime le plaisir, voluptueux : Fulg. Myth. 2, 1, p. 36.

phĭlargyrĭa, *ae*, f. (φιλαργυρία), amour de l'argent, cupidité : Cassian. Inst. 4, 16.

Phĭlargyrus, *i*, m. (Φιλάργυρος), nom d'homme : Cic. Fam. 6, 1, 6.

phĭlautĭa, *ae*, f. (φιλαυτία), amour de soi-même : Rufin. Orig. Rom. 10, 6.

Phĭlĕa, *ae*, f. (Φιλέα), une des filles de Danaüs : Hyg. Fab. 170.

Phĭlĕae (-ĭae), *ārum*, f. pl. (Φιλέαι), ville du Pont : Mel. 2, 23.

Phĭlĕās, *ae*, m. (Φιλέας), géographe grec : Macr. Sat. 5, 20, 7 ‖ ambassadeur tarentin envoyé à Rome : Liv. 25, 7, 11.

phĭlēma, *ătis*, n. (φίλημα), baiser : Lucr. 4, 1169.

Phĭlēmātĭum, *ii*, n. (Φιλημάτιον), nom de courtisane : Pl. Most. 253.

Phĭlēmātĭus, *ii*, m., nom d'homme : CIL 1, 1221.

Phĭlēmĕnus, *i*, m. (Φιλήμενος), Tarentin, qui livra sa patrie à Hannibal : Liv. 25, 8, 5.

Phĭlēmo (-mōn), *ōnis*, m. (Φιλήμων) ¶ 1 Philémon [mari de Baucis] : Ov. M. 8, 631 ¶ 2 poète grec de la nouvelle comédie : Pl. Trin. 10; Quint. 10, 1, 72 ¶ 3 nom d'un historien du temps d'Auguste : Plin. 4, 95.

Phĭlĕrōs, *ōtis*, m. (Φιλέρως), nom d'homme : Mart. 2, 34, 1.

Phĭlēsĭus, *ii*, m. (Φιλήσιος), surnom d'Apollon : Plin. 34, 75.

phĭlĕtaerĭa, *ae*, f. (φιλεταίριον), ▣ *polemonia* : Plin. 25, 64.

Phĭlĕtaerus, *i*, m. (Φιλέταιρος), frère d'Eumène : Liv. 42, 55 ‖ **-t(a)erus**, nom d'homme : CIL 4, 2192.

Phĭlētās, *ae*, m. (Φιλήτας), poète grec, contemporain d'Alexandre : Prop. 3, 1, 1; Quint. 10, 1, 58 ‖ **-aeus**, *a*, *um*, de Philétas : Prop. 3, 3, 52.

Phĭlētērĭae (Phĭlŏt-), *ārum*, f. pl., ville sur la mer Rouge : Plin. 6, 168.

Phĭlētus (-tŏs), *i*, m., nom d'homme : Phaed. 5, 10, 10; Mart. 2, 44, 8.

Phĭlĭŏs, *ii*, f., île d'Ionie : Plin. 5, 135.

Phĭlippa, *ae*, f., nom de femme : Pl. Ep. 636.

phĭlippēi nummi, et abst **philippēi**, *ōrum*, m. pl., ▣ 1 *philippi* : Liv. 44, 14, 2 ‖ ▣ *Philippus*.

Philippensis, *e*, ▣ *Philippi*.

Philippēus, *a*, *um*, ▣ *Philippus* et 2 *Philippi*.

1 **phĭlippi**, *ōrum*, m. pl. (s.-ent. *nummi*), philippes, monnaie [d'or] à l'effigie de Philippe II : Pl. Bac. 590; Hor. Ep. 2, 1, 234.

▶ gén. pl. *philippum* Pl. Trin. 955; 959.

2 Phĭlippi, ōrum, m. pl. (Φίλιπποι), Philippes [ville de Macédoine, où Brutus et Cassius furent vaincus par Antoine et Octave] Atlas I, D5 ; VI, A2 : Liv. *Epit.* 124 ; Mel. 2, 30 ‖ **-pēus**, a, um, de Philippes : *Philippei campi* Vell. 2, 86, 2, les plaines de Philippes ; Flor. 4, 2, 43 ‖ **-pensis**, e, Suet. *Aug.* 9 ‖ **-pĭcus**, a, um, Plin. 33, 39.

Philippĭcus, a, um, v. *Philippus* et *2 Philippi*.

Phĭlippĭdēs, ae ou is, m., poète comique d'Athènes : Gell. 3, 15, 2.

Phĭlippŏpŏlis, is, f. (Φιλιππόπολις), ville de Thrace Atlas I, D5 : Liv. 39, 53, 13.

Phĭlippus, i, m. (Φίλιππος) ¶ 1 Philippe [nom de plusieurs rois de Macédoine ; not[t] Philippe II, le père d'Alexandre le Grand] : Cic. *Off.* 1, 90 ‖ Philippe V [vaincu par les Romains à Cynoscéphales en 197 av. J.-C.] : Liv. 33, 7, 3 ¶ 2 nom d'un empereur romain [M. Julius Philippus, dit Philippe l'Arabe, 244-249] : Capit. *Gord.* 29, 1 ¶ 3 v. *1 philippi* ‖ **-ēus**, a, um, Prop. 3, 9, 39, de Philippe, v. *Philippei* ‖ **-īcus**, a, um, de Philippe : *-icum aurum* Plin. 37, 57, or des mines de Philippe ; *Philippicae orationes* Cic. *Att.* 2, 1, 3, les Philippiques [discours de Démosthène contre Philippe] ‖ [postclass.] *Philippicae* Hier. *Ep.* 57, 13**Philippica**, ae, f. (s.-ent. *oratio* Juv. 10, 125), les Philippiques, une Philippique [discours de Cic. contre Antoine].

Phĭliscum, i, n., ville des Parthes, sur l'Euphrate : Plin. 5, 89.

Phĭliscus, i, m., poète tragique grec : Plin. 35, 106 ‖ auteur qui a écrit sur les abeilles : Plin. 11, 19 ‖ nom d'un peintre de Rhodes : Plin. 35, 143.

Phĭlistaea, ae, f., le pays des Philistins [la Palestine] : Hier. *Is.* 14, 29.

Phĭlistaei, ōrum, m. pl., v. *Philistini* ‖ sg., **Philistaeus** : Vulg. 1 Reg. 7, 11 ; 17, 8.

Philistiim (**-thiim**), m. pl. indécl., v. *Philistaei* : Vulg. 1 Reg. 4, 1.

Phĭlistīna fossa, canal Philistin [bouches du Pô] : Plin. 3, 121.

Phĭlistīni, ōrum, m. pl., les Philistins, peuple de Palestine [ennemis des Hébreux] : Vulg. *Jud.* 13, 1.

Phĭlistĭo (**-ĭōn**), ōnis, m. (Φιλιστίων) ¶ 1 lieutenant d'Épicyde [tué à Syracuse] : Liv. 25, 24 ¶ 2 nom d'un médecin célèbre : Plin. 20, 31 ¶ 3 nom d'un mimographe : Mart. 2, 41, 15.

Phĭlistus, i, m. (Φίλιστος), historien de Syracuse : Cic. *de Or.* 2, 57 ; *Brut.* 66.

phĭlītĭa, mss **phĭd-**, ōrum, n. pl. (φιλίτια, φιδ-), repas publics chez les Lacédémoniens : Cic. *Tusc.* 5, 98.

Phillўrĭdēs, v. *Philyrides*.

Phĭlo (**-lōn**), ōnis, m. (Φίλων) ¶ 1 architecte et orateur athénien, du temps de Démétrius de Phalère : Cic. *de Or.* 1, 62 ¶ 2 Philon de Larissa, philosophe grec de l'Académie, dont Cicéron suivit les leçons : Cic. *Ac.* 2, 17 ‖ médecin grec, de Tarsos : Cels. 6, 6, 3 ¶ 3 Philon d'Alexandrie [philosophe et exégète juif, 1er s. apr. J.-C.] : Hier. *Vir. ill.* 11.

Phĭlŏcălēa (**-līa**), f. (Φιλοκάλεια), ville fortifiée du Pont : Plin. 6, 11.

phĭlŏcălĭa, ae, f. (φιλοκαλία), élégance, recherche [dans la toilette] : Aug. *Acad.* 2, 3, 7.

phĭlŏcălus (**fĭl-**), a, um (φιλόκαλος), soigneux, éclairé : Pelag. 2.

1 phĭlŏchărĕs, is, n. (φιλοχαρές), marrube [plante] : Plin. 20, 241.

2 Phĭlŏchărēs, ētis ou is, m. (Φιλοχάρης), nom d'un peintre : Plin. 35, 28.

Phĭlŏchŏrus, i, m. (Φιλόχορος), nom d'un historien grec : Gell. 15, 20.

Phĭlŏclēs, is, m. (Φιλοκλῆς), peintre égyptien [inventeur du dessin linéaire] : Plin. 35, 15 ‖ général athénien dans la guerre du Péloponnèse : Nep. *Alc.* 8, 1 ; 8, 4 ‖ lieutenant de Philippe : Liv. 31, 16.

Phĭlŏcōmăsĭum, ii, n. (Φιλοκωμάσιον), Philocomasie, nom grec de femme : Pl. *Mil.* 288.

Phĭlŏcrătēs, is, n. (Φιλοκράτης) ¶ 1 nom d'homme : Pl. *Capr.* 38 ¶ 2 chef de la députation rhodienne : Liv. 45, 25.

Philoctētēs (**-ta**), ae, m. (Φιλοκτήτης), Philoctète [héritier de l'arc et des flèches d'Hercule, abandonné dans l'île de Lemnos à cause d'une blessure fétide] : Cic. *Tusc.* 2, 19 ; *Fat.* 37 ‖ **-taeus**, a, um, de Philoctète : Cic. *Fin.* 2, 94.

Phĭlŏdāmus, i, m. (Φιλόδαμος), nom de personnage de comédie : Pl. *As.* 444.

Phĭlŏdēmus, i, m. (Φιλόδημος) ¶ 1 philosophe épicurien du temps de Cicéron : Cic. *Fin.* 2, 119 ¶ 2 général argien qui livra un fort de Syracuse aux Romains : Liv. 25, 25.

Phĭlŏdōrus, i, m. (Φιλόδωρος), nom d'homme : Cic. *Flac.* 53.

Phĭlŏgĕnēs, i, m. (Φιλογένης), nom d'homme : Cic. *Att.* 5, 20, 8.

Phĭlŏgĕus (**Fĭl-**), i, m. (Φιλόγειος), Philogée [un des chevaux du Soleil] : Fulg. *Myth.* 1, 12, p. 23, 16.

Phĭlŏgŏnus, i, m. (Φιλόγονος), nom d'homme : Cic. *Q.* 1, 3, 3.

phĭlograecus, a, um (φίλος, Graecus), amateur de grec : Varr. *R.* 3, 10, 1.

Phĭlŏlăchēs, ētis, m. (Φιλολάχης), personnage de comédie : Pl. *Most.* 182.

Phĭlŏlāus, i, m. (Φιλόλαος), de Crotone, philosophe pythagoricien : Cic. *de Or.* 3, 139.

phĭlŏlŏgĭa, ae, f. (φιλολογία) ¶ 1 amour des lettres, application aux études : Cic. *Att.* 2, 17, 1 ¶ 2 philologie, commentaire, explication des textes littéraires : Sen. *Ep.* 108, 23.

phĭlŏlŏgus, a, um (φιλόλογος), littéraire : Vitr. 6, *pr.* 4 ‖ subst. m., un lettré, un érudit, un savant : Cic. *Att.* 13, 12, 3 ; Suet. *Gram.* 10 ‖ un savant [qui donne les éclaircissements historiques] : Sen. *Ep.* 108, 30.

Phĭlŏmēdēs, ae ou is, m., nom d'homme : Varr. *L.* 8, 68.

1 Phĭlŏmēla, ae, f. (Φιλομήλα), Philomèle [fille de Pandion, enlevée par Térée, son beau-frère, fut changée en rossignol ou en hirondelle] : Ov. *M.* 6, 424 ‖ [poét.] = rossignol : Virg. *G.* 4, 511.

2 phĭlŏmēla, ae, f., hirondelle : Cassiod. *Var.* 8, 31, 7.

Phĭlŏmēlĭum, ii, n. (Φιλομήλιον), ville de la Grande Phrygie Atlas IX, C2 : Cic. *Fam.* 3, 8, 3 ‖ **-ienses**, ium, m. pl., habitants de Philomélium : Cic. *Verr.* 3, 191 ; Plin. 5, 95.

Phĭlŏmēlus, i, m. (Φιλόμηλος), nom d'homme : Mart. 3, 31.

Phĭlŏmētŏr, ŏris, m. (Φιλομήτωρ), qui aime sa mère [surnom d'Attale III] : Plin. 34, 84.

Phĭlŏmūsus, i, m. (Φιλόμουσος), nom d'homme : Mart. 3, 10.

Phĭlon, v. *Philo*.

Phĭlŏnīcus, i, m. (Φιλόνεικος), nom d'homme grec : Plin. 8, 154.

Phĭlōnĭdēs, ae, m. (Φιλωνίδης), nom d'homme : Solin. 1, 98.

Phĭlōnĭus, a, um, de Philon [médecin célèbre] : *antidotum Philonium* M.-Emp. 22, 13, l'antidote de Philon ; *Philonium* Samm. 392, l'électuaire de Philon.

phĭlŏpaes, aedis, n. (φιλόπαις), marrube [plante] : Plin. 20, 241.

Phĭlŏpappus, i, m. (Φιλόπαππος, "qui aime son grand-père"), surnom d'homme : CIL 3, 552.

Phĭlŏpătŏr, ŏris, m. (Φιλοπάτωρ), qui aime son père [surnom de Ptolémée IV, roi d'Égypte] : Plin. 7, 208 ‖ nom d'un roi de Cilicie : Tac. *An.* 2, 42.

Phĭlŏpoemēn, ĕnis, m. (Φιλοποίμην), stratège de la confédération achéenne : Liv. 35, 25.

Phĭlŏpŏlĕmus, i, m. (Φιλοπόλεμος), nom d'homme : Pl. *Capr.* 157.

Phĭlŏrōmaeus, i, m. (Φιλορώμαιος), ami des Romains : Cic. *Fam.* 15, 2, 4.

1 Phĭlŏs, i, f., v. *Philios*.

2 phĭlŏs, i, m. (φίλος), ami : CIL 6, 15156.

phĭlŏsarca, ae, **-sarx**, cos, m. (φιλόσαρκος), qui tient à la chair : Hier. *Joh.* 25.

Phĭlŏsītus, i, m. (Φιλόσιτος), nom d'homme : Sen. *Ep.* 12, 9.

phĭlŏsŏpha, ae, f., une philosophe : Cic. *Q.* 3, 1, 5.

phĭlŏsŏphastĕr, tri, m., prétendu philosophe : Aug. *Civ.* 2, 27.

phĭlŏsŏphĭa, ae, f. (φιλοσοφία), philosophie : Cic. *Off.* 2, 5 ‖ [au pl.] doctrines ou écoles philosophiques : Cic. *de Or.* 3, 107.

Phĭlŏsŏphĭāna, ae, f., ville de Sicile, aux sources du Géla : Anton. 94.

philosophice

phĭlŏsŏphĭcē, adv., philosophiquement, en philosophe : Lact. *Inst.* 3, 14, 19.

phĭlŏsŏphĭcus, *a*, *um* (*philosophus*), philosophique : Ambr. *Off.* 2, 9, 49.

phĭlŏsŏphŏr, *ārĭs*, *ārī*, *ātus sum* (*philosophus*), intr., parler philosophie, être philosophe, agir en philosophe : Pl. *Capr.* 284 ; *Ps.* 974 ; Cic. *Tusc.* 1, 89 ǁ [pass. impers.] *satis est philosophatum* Pl. *Ps.* 687, assez philosophé.

phĭlŏsŏphūmĕnŏs, *ŏn* (φιλοσοφούμενος), philosophique : Sen. *Contr.* 1, 3, 8 ; 1, 7, 17.

1 phĭlŏsŏphus, *i*, m. (φιλόσοφος), philosophe : Cic. *de Or.* 1, 212 ; *Tusc.* 2, 9 ǁ [à propos des chrét.] Lact. *Opif.* 1, 2.

2 phĭlŏsŏphus, *a*, *um*, de philosophe : Cic. *Tusc.* 5, 121.

Phĭlostĕphănus, *i*, m. (Φιλοστέφανος), nom d'un écrivain, ami de Callimaque : Plin. 7, 207.

phĭlostorgus, *i*, m. (φιλόστοργος), rempli de tendresse [pour les siens] : Front. *Amic.* 1, 3, 4 f, p. 176 N.

Phĭlostrātus, *i*, m. (Φιλόστρατος), chef des Épirotes : Liv. 43, 23 ǁ nom d'homme : Mart. 11, 82.

Phĭlŏtĕrus, Phĭlŏtaerus, (Phy̆-), *i*, m., **V.** *Philetaerus* : CIL 4, 2192.

Phĭlōtās, *ae*, m. (Φιλώτας), un des généraux d'Alexandre le Grand : Curt. 4, 13, 26 ǁ autre du même nom : Liv. 37, 12.

phĭlŏtechĭnus, *a*, *um* (φιλότεχνος), d'art, relatif aux arts : Vitr. 6, pr. 4.

Phĭlŏtīmus, *i*, m. (Φιλότιμος), affranchi de Cicéron : Cic. *Att.* 4, 10, 2.

Phĭlōtis, *is*, f. (Φιλῶτις), nom de courtisane : Ter. *Hec.* 82.

Phĭlōtĭum, *ĭi*, n. (Φιλώτιον), nom de courtisane : Ter. *Hec.* 81 ; **V.** *Philotis*.

Phĭloxĕnus, *i*, m. (Φιλόξενος), Philoxène [surnom romain] : Cic. *Fam.* 13, 35, 1 ǁ nom d'un personnage de comédie : Pl. *Bac.* 457.

Philtĕrā, *ae*, f. (Φιλτέρα), nom de femme : Ter. *Haut.* 662.

Philto, *ōnis*, m. (Φίλτων), vieillard de comédie : Pl. *Trin.* 432.

philtrŏdŏtēs, *ae*, m. (φιλτροδότης), cétérac [plante] : Ps. Apul. *Herb.* 56 ǁ **C.** *peristereos* : Ps. Apul. *Herb.* 65.

philtrum, *i*, n. (φίλτρον), philtre amoureux, breuvage magique [destiné à provoquer l'amour] : Ov. *A. A.* 2, 105 ; Juv. 6, 611.

Phĭlus, *i*, m., surnom dans la *gens Furia* ; not[t] L. Furius Philus [ami de Laelius et de Scipion, interlocuteur du *de Republica*] : Cic. *Rep.* 1, 13 ; *Lae.* 14 ; 21.

1 phĭly̆ra (-lŭra), *ae*, f. (φιλύρα), tilleul : Capel. 2, 136 ǁ seconde écorce du tilleul : Hor. *O.* 1, 38, 2 ǁ bande de papyrus : Plin. 13, 74.

2 Phĭly̆ra, *ae*, f. (Φιλύρα), nymphe, fille de l'Océan et mère de Chiron, changée en tilleul : Serv. *G.* 3, 92 ; Hyg. *Fab.* 138 ǁ **-rēĭus**, *a*, *um*, de Philyre : Ov. *M.* 2, 676.

Phĭly̆res, *um*, m. pl. (Φίλυρες), peuple scythe : Prisc. *Perieg.* 740.

Phĭly̆rĭdēs, *ae*, m., fils de Philyre [Chiron] : Virg. *En.* 3, 550.
▶ chez les poètes, forme *Phillyrides* pour allonger la syllabe initiale.

phĭly̆rĭnus, *a*, *um* (φιλύρινος), fait de la pellicule du tilleul : Serv. *G.* 3, 93.

Phimēs, *is*, m., surnom d'homme : Cic. *Verr.* 3, 93.

phīmus, *i*, m. (φιμός), cornet à dés : Hor. *S.* 2, 7, 17.

Phīneūs, *ĕi* ou *ĕos*, m. (Φινεύς), Phinée ¶ 1 roi de Thrace, que les dieux rendirent aveugle : Ov. *M.* 7, 3 ǁ [par ext. au pl.] des aveugles : Mart. 9, 25, 10 ¶ 2 frère de Céphée, roi d'Arcadie qui fut pétrifié par Persée : Ov. *M.* 5, 8 ǁ **-nēĭus** et **-nēus**, *a*, *um*, de Phinée : Virg. *En.* 3, 212 ; Ov. *M.* 5, 109.

Phīnīdēs, *ae*, m. (Φινείδης), fils de Phinée : Ov. *Ib.* 273.

Phĭnŏpŏlis, *is*, f. (Φινόπολις), ville de Thrace, près du Pont-Euxin : Plin. 4, 45.

1 Phintĭa, *ae*, f., ville de Sicile Atlas XII, H4 : Cic. *Verr.* 3, 192 ǁ **-tĭenses**, *ĭum*, m. pl., habitants de Phintia : Plin. 3, 91.

2 Phintĭa (-ās), *ae*, m. (Φιντίας), célèbre par son amitié pour Damon : Cic. *Off.* 2, 45 ; Val.-Max. 4, 7, 1.

Phintōnis insŭla, f., île voisine de la Sardaigne Atlas XII, E2 : Plin. 3, 83.

Phisadĭē, *ēs*, f., sœur de Pirithoüs : Hyg. *Fab.* 79 ; 257.

Phīsōn, *ŏnis*, m. (Φείσων) et qqf. **-ŏnus**, *i*, m., un des quatre grands fleuves du paradis terrestre : Vulg. *Gen.* 2, 11.

phlĕbŏtŏmĭa, *ae*, f. (φλεβοτομία), phlébotomie, saignée : Cael.-Aur. *Acut.* 2, 18, 104.

phlĕbŏtŏmĭcē, *ēs*, f., **C.** *phlebotomia* : Cael.-Aur. *Acut.* 1, 3, 39.

phlĕbŏtŏmō, *ās*, *āre*, -, - (φλεβοτομέω), tr., phlébotomiser, saigner : Aug. *Serm.* 21, 7 ; Cael.-Aur. *Acut.* 1, 14, 111.

phlĕbŏtŏmus (fl-), *i*, m. (φλεβοτόμος ; fr. *flamme*), phlébotome, lancette : Veg. *Mul.* 1, 19, 1 ; Cael.-Aur. *Acut.* 2, 19, 121.

Phlĕgĕthōn, *ontis*, m. (Φλεγέθων), fleuve des enfers qui roule des flammes : Virg. *En.* 6, 265 ǁ **-tēus**, *a*, *um*, du Phlégéthon : Claud. *Pros.* 1, 88.

Phlĕgĕthontis, *ĭdis*, f., du Phlégéthon : Ov. *M.* 15, 532.

phlegma (fleg-), *ătis*, n. (φλέγμα ; fr. *flemme*), flegme, humeur, mucus : Pall. 8, 6, 2 ; Veg. *Mul.* 2, 12, 1.

phlegmătĭcus, *a*, *um* (φλεγματικός), flegmatique, de flegme : Isid. 4, 7, 32.

phlegmōn (fleg-, fleu-), *ŏnis*, m. (φλεμόνη, φλέγμα), flegmon : Plin. 20, 24 ; Veg. *Mul.* 2, 48, 1.
▶ n. pl. *flegmina* Veg. *Mul.* 2, 83.

Phlĕgōn, *ontis*, m. (Φλέγων), un des chevaux du Soleil : Ov. *M.* 2, 154 ǁ nom d'un disciple des apôtres : Vulg. *Rom.* 16, 14.

phlĕgontis, *ĭdis*, f. (φλέγω), pierre précieuse : *Plin. 37, 189.

Phlĕgra, *ae*, f. (Φλέγρα), ville de Macédoine [postérieurement Pallène] où la fable place le combat des Géants contre les dieux : Plin. 4, 36 ǁ **-graeus**, *a*, *um*, de Phlégra : Prop. 2, 1, 39 ; *Phlegraei campi* Ov. *M.* 10, 151, les champs Phlégréens [site de cette bataille] ǁ d'un canton de la Campanie, près de Pouzzoles : Prop. 3, 11, 37 ; Plin. 3, 61 ǁ subst. m., **V.** *Phlegraeos*.

Phlĕgraeŏs (-graeus), *i*, m. (Φλεγραῖος), nom d'un Centaure : Ov. *M.* 12, 378.

Phlaegyae, *ārum*, m. pl., peuplade de pillards en Thessalie : Ov. *M.* 11, 414.

Phlĕgy̆ās, *ae*, m. (Φλεγύας), fils de Mars, roi des Lapithes, qu'un rocher menace éternellement dans les enfers : Virg. *En.* 6, 618.

phlēmĭna, **V.** *flemina*.

Phlīās, *antis*, m., fils de Bacchus, un des Argonautes : Val.-Flac. 1, 412.

Phlīūs, *untis*, m. (ὁ Φλιοῦς), Phlionte [ville d'Achaïe, près de Sicyone] : Cic. *Tusc.* 5, 8 ; Liv. 28, 7, 16 [acc. *Phliunta*] ǁ **-ntĭi**, *ōrum*, m. pl., habitants de Phlionte : Cic. *Rep.* 2, 8 [mais v. *Att.* 6, 2, 3] ǁ **-līāsĭus**, *a*, *um* (Φλιάσιος), de Phlionte : Cic. *Tusc.* 5, 10 ǁ **-āsĭi**, *ōrum*, m. pl., habitants de Phlionte : Cic. *Tusc.* 5, 8.

phlŏgĭnŏs, *i*, m. (φλόγινος), sorte de pierre précieuse : Plin. 37, 179.

Phlŏgis, *ĭdis*, f. (Φλογίς), nom de femme : Mart. 11, 60.

phlŏgītes, *ae*, m. (φλογίτης), Solin. 37, 23 et **-ītis**, *ĭdis*, f., Plin. 37, 189, **V.** *phloginos*.

Phlŏgĭus, *ĭi*, m. (Φλόγιος), nom de guerrier : Val.-Flac. 5, 115.

phlŏmis, *ĭdis*, f. (φλομίς), phlomide [plante] : Plin. 25, 121.

phlŏmŏs, *i*, m. (φλόμος), **C.** *verbascum* : Plin. 25, 120.

phlox, *phlŏgis*, f. (φλόξ), giroflée : Plin. 21, 64.

Phly̆gŏnē, *ēs*, f., ville de Béotie : Plin. 4, 26.

Phŏbētŏr, *ŏris*, m. (Φοβήτωρ), un des enfants de Morphée : Ov. *M.* 11, 640.

phŏbŏdipsŏs, *i*, f. (φοβοδίψος), hydrophobie : Cael.-Aur. *Acut.* 3, 9, 98.

phŏba, *ae*, f. (φόβη), panicule du millet : Plin. 18, 53.

1 phōca, *ae*, **-cē**, *ēs*, f. (φώκη), phoque, veau marin : Plin. 9, 19 ; Virg. *G.* 4, 395 ; Ov. *M.* 1, 200.

2 Phōca, *ae*, m., petit-fils de Céphise, changé en phoque : Ov. *M.* 7, 388.

Phōcaea, *ae*, f. (Φώκαια), Phocée [ville maritime d'Ionie, d'où partit la colonie qui fonda Massilia, Marseille] Atlas VI, B3 : Liv. *37, 31* ; Plin. *5, 119*.

Phōcaeenses, *ĭum*, m. pl., Phocéens, habitants de Phocée : Liv. *37, 21, 7* ; **Phōcaei**, *ōrum*, m. pl., Hor. *Epo.* 16, 17.

Phōcăĭcus, *a*, *um* ¶ **1** de Phocée : Ov. *M.* 6, 9 ∥ de Marseille : Sil. *4, 52* ; *Phocaicae emporiae* Sil. *3, 369*, comptoirs phocéens [Ampurias, ville de Tarraconaise, fondée par les Marseillais] ¶ **2** de Phocide : Ov. *M.* 2, 569 ; Luc. *5, 144*.

Phōcaïs, *ĭdis*, f. (Φωκαίς), Phocéenne, de Marseille : Luc. *3, 301*.

Phōcās, *ae*, m., grammairien latin : Prisc. *2, 515, 16*.

Phōcāsĭa insŭla, f., île de la mer Égée : Plin. *4, 62*.

1 Phōcē, *ēs*, f., île voisine de la Crète : Plin. *4, 61*.

2 phōcē, ▶ *phoca*.

Phōcenses, *ĭum*, m. pl., habitants de la Phocide : Liv. *33, 34* ; Plin. *3, 72*.

Phōcēus, *a*, *um*, de Phocide : Ov. *M.* 5, 276 ; 11, 348 ; *juvenis* Ov. *Tr.* 1, 5, 21 = Pylade [fils du roi de Phocide].

Phōcii, *ĭorum*, m. pl., Phocéens, habitants de la Phocide : Cic. *Pis.* 96.

Phōcĭōn, *ōnis*, m. (Φωκίων), illustre citoyen d'Athènes [4ᵉ s. av. J.-C.] : Nep. *Phoc.* 1, 1.

1 Phōcĭs, *ĭdis*, f. (Φωκίς) ¶ **1** la Phocide [partie de la Grèce, entre la Béotie et l'Étolie : Liv. *28, 5, 16*] ¶ **2** Phocée : Luc. *3, 340* ; *5, 53* ¶ **3** Massilia : Sidon. *Carm.* 23, 13 ∥ ▶ *Phoceus*.

2 phōcĭs, acc. *ĭda*, f. (φωκίς), poirier de Chios : Plin. *17, 237*.

Phōcus, *i*, m. (Φῶκος), fils d'Éaque, tué par son frère Pélée : Ov. *M.* 7, 477.

Phoda, *ae*, f., ville de l'Arabie Heureuse : Plin. *6, 157*.

Phoeba, *ae*, f., nom de femme : CIL 6, 9388.

Phoebăs, *ădis*, f., prêtresse d'Apollon, prophétesse : Ov. *Am.* 2, 8, 12 ; Luc *5, 128*.

Phoebē, *ēs*, f. (Φοίβη) ¶ **1** Phoebé ou Phébé, sœur de Phébus, Diane ou la Lune : Virg. *G.* 1, 431 ; *En.* 3, 371 ; Ov. *M.* 1, 476 ; [poét.] = la lune : Ov. *F.* 6, 235 ¶ **2** nom d'une fille de Léda : Ov. *H.* 8, 77 ¶ **3** fille de Leucippe : Prop. *1, 2, 18* ; Ov. *A. A.* 1, 679 ¶ **4** île de la Propontide : Plin. *5, 131*.

Phoebēĭus, *a*, *um*, m., ▶ *1 Phoebus*.

Phoebēum, *i*, n. (Φοιβεῖον), lieu voisin de Sparte [consacré à Phébus] : Liv. *34, 38*.

Phoebĭdās, *ae*, m. (Φοιβίδας), nom d'un général lacédémonien : Nep. *Pel.* 1, 2.

Phoebĭgĕna, *ae*, m. (*1 Phoebus*, *geno*), enfant d'Apollon [Esculape] : Virg. *En.* 7, 773.

1 Phoebus, *i*, m. (Φοῖβος), Phébus, Apollon : Virg. *En.* 3, 251 ∥ le soleil : Hor. *O.* 3, 21, 24 ∥ **-bēus**, *a*, *um* (Φοιβεῖος), de Phébus, d'Apollon : *Phoebea virgo* Ov. *Pont.* 2, 2, 82, Daphné ∥ *Phoebea ars* Ov. *F.* 3, 827, la médecine ; *Phoebea lampas* Virg. *En.* 4, 6, le soleil ∥ **-bēĭus**, *a*, *um*, de Phébus, d'Apollon : *Phoebeia ales* Stat. *S.* 2, 4, 17, l'oiseau d'Apollon [la corneille].

2 Phoebus, *i*, m., nom d'un affranchi de Néron : Tac. *An.* 16, 5 ∥ autre du même nom : Mart. *2, 44, 8*.

Phoenīca, *ae*, f., ▶ *Phoenice* : Cic. *Fin.* 4, 56.

phoenīcātus ĕquus, m., cheval bai : Isid. *12, 1, 49*.

Phoenīcē, *ēs*, f. ¶ **1** la Phénicie [contrée sur le littoral de la Syrie] Atlas I, E6 ; IX, D3 : Cic. *Ac.* 2, 66 ¶ **2** autre nom des îles Ios et Ténédos : Plin. *4, 69* ¶ **3** une des Stéchades : Plin. *22, 135* ¶ **4** ville d'Épire Atlas VI, A1 : Liv. *29, 12, 11* ∥ **-cĭus**, *a*, *um*, phénicien, de Phénicie : Plin. *5, 67*.

phoenīcĕa, *ae*, f., ray-grass [plante] [var. *phonice*] : Plin. *22, 135*.

Phoenīces, *um*, m. pl. (Φοίνικες) ¶ **1** les Phéniciens, habitants de Phénicie [fondateurs de Carthage] : Cic. *Nat.* 2, 106 ∥ sg., *Phoenix* Plin. *7, 197*, = Cadmus ¶ **2** les Carthaginois : Sil. *13, 730* ∥ sg., *Phoenix* Sil. *16, 25*.

phoenīcĕus, *a*, *um* (φοινίκεος), qui est d'un rouge éclatant, pourpre : Plin. *21, 164* ; ▶ *2 puniceus*.

Phoenīcĭa, *ae*, f., ▶ *Phoenice* : Serv. *En.* 1, 446.

phoenīcĭās, *ae*, m. (φοινικίας), vent de Phénicie [du sud-est pour les Grecs] : Plin. *2, 120*.

phoenīcĭātus, *a*, *um*, ▶ *phoenicatus* : Serv. *G.* 3, 82.

phoenīcīnus, *a*, *um*, de palmier : Diocl. *3, 12*.

phoenīcītis, *ĭdis*, f., pierre précieuse : Plin. *37, 180*.

1 phoenīcĭum, *ii*, n. (φοινίκιον), couleur écarlate : Aug. *Psalm.* 44, 26 ; 50, 12.

Phoenīcĭo (Foe-), *ōnis*, f., ville de Haute-Égypte : Not. Dign. *Or.* 31, 49.

2 Phoenīcĭum, *ii*, n., nom de femme : Pl. *Ps.* 229.

Phoenīcĭus, ▶ *Phoenice*.

phoenīcŏbălănus, *i*, m. (φοινικοβάλανος), datte : Plin. *12, 103*.

phoenīcoptĕrus, *i*, m. (φοινικόπτερος), flamant [oiseau] : Suet. *Vit.* 13 ; Sen. *Ep.* 110, 12 ; Plin. *10, 133*.

phoenīcūrus, *i*, m. (φοινίκουρος), rouge-queue [oiseau] : Plin. *10, 86*.

Phoenīcūs, *untis*, f. (Φοινικοῦς), port d'Ionie : Liv. *36, 45, 7* ∥ port de Lycie : Liv. *37, 16, 6*.

Phoenicūsa (-ssa), *ae*, f. (Φοινικοῦσα), une des îles Éoliennes Atlas XII, G4 : Plin. *3, 94*.

Phoenissus, *a*, *um*, phénicien ; carthaginois [employé génᵗ au f.] : *Phoenissa Dido* Virg. *En.* 1, 7, 14, la Phénicienne Didon [originaire de Tyr] ∥ [rarᵗ n. pl.] *agmina Phoenissa* Sil. *17, 174*, bataillons carthaginois ∥ subst. f., **Phoenissa a)** Carthage : Sil. *6, 312* **b)** [au pl.] *Phoenissae*, les Phéniciennes, titre d'une tragédie d'Euripide, traduite par Accius et d'une tragédie de Sénèque : Prisc. *Metr. Ter.* 3, 424, 19.

1 phoenix, *īcis* (φοῖνιξ) ¶ **1** m., phénix [oiseau fabuleux] : Sen. *Ep.* 42, 1 ; Tac. *An.* 6, 28 ; Ov. *M.* 15, 392 ¶ **2** f., le palmier : Plin. *29, 56*.

2 Phoenix, *īcis*, m. (Φοῖνιξ) ¶ **1** Phénix [fils d'Agénor et frère de Cadmus, donna son nom à la Phénicie] : Hyg. *Fab.* 178 ¶ **2** fils d'Amyntor et gouverneur d'Achille, qu'il suivit au siège de Troie : Cic. *de Or.* 3, 57 ; Ov. *M.* 8, 307 ¶ **3** ▶ *Phoenices*.

Phŏlĕgandrŏs (-drus), *i*, f. (Φολέγανδρος), une des Sporades : Plin. *4, 68*.

Phŏlŏē, *ēs*, f. (Φολόη), Pholoé ¶ **1** montagne de Thessalie, habitée par les Centaures : Luc. *3, 198* ¶ **2** montagne d'Arcadie : Ov. *F.* 2, 273 ; Plin. *4, 21* ∥ **-ēticus**, *a*, *um*, du mont Pholoé : Sidon. *Carm.* 5, 230.

Phŏlus, *i*, m. (Φόλος), nom d'un Centaure : Virg. *G.* 2, 456 ; Ov. *M.* 12, 306.

phōnascus, *i*, m. (φωνασκός) ¶ **1** maître de déclamation : Suet. *Ner.* 25, 5 (3) ; Quint. *11, 3, 22* ¶ **2** celui qui entonne, coryphée : Sidon. *Ep.* 4, 1, 6, v. 13.

phōnēma, *ătis*, n. (φώνημα), voix, paroles : *Front. *Eloq.* 4, 3, p. 149 N.

Phŏnŏlĕnĭdēs, *ae*, m., nom d'un Centaure [fils de Phonolénus] : Ov. *M.* 12, 433.

phŏnos, *i*, m. (φόνος), carthame [plante] : Plin. *21, 95*.

Phorbās, *antis*, m. (Φόρβας), père de Tiphys : Hyg. *Fab.* 14 ∥ fils de Priam, tué par Ménélas : Virg. *En.* 5, 842 ∥ différents personnages : Ov. *M.* 5, 74 ; 11, 414 ; 12, 322.

phorbea, ▶ *forbea*.

Phorcis, *ĭdis* ou *ĭdos*, f. (Φορκίς) ¶ **1** fille de Phorcus [Méduse] : Prop. *3, 22, 8* ¶ **2** *sorores Phorcides* Ov. *M.* 4, 773, les sœurs Grées [qui n'avaient qu'un œil et une dent à elles trois].

Phorcus, *i*, m. (Φόρκος et Φόρκυς), Phorcus ou Phorcys [fils de Neptune, père des Gorgones, changé en un dieu marin] : Hyg. *Fab. pr.* 4 ; Virg. *En.* 5, 240 ; Plin. *36, 26* ∥ **-cys**, *yis* et **-cyn**, *ynis*, Prisc. *2, 219, 15*.

Phorcyn, ▶ *Phorcus*.

Phorcynis, *ĭdos*, f. (Φορκῦνις), ▶ *Phorcis* : Ov. *M.* 5, 230 ; Luc. *9, 626*.

Phorcys, ▶ *Phorcus*.

1 phormĭo, *ōnis*, m., Don. *Phorm.* 27 ; Ulp. *Dig.* 33, 7, 12, 18, ▶ *phormium*.

2 Phormĭo, *ōnis*, m. (Φορμίων) ¶ **1** Phormion [général athénien dans la guerre du Péloponnèse] : Gell. *17, 21, 23* ¶ **2** philo-

Phormio

sophe péripatéticien du temps d'Hannibal : Cic. *de Or.* 2, 75 ¶ **3** nom de parasite et titre d'une comédie de Térence : Ter. *Phorm.* 27.

phormĭum, *ĭi*, n. (φορμίον), couffin : Don. *Phorm.* 27.

Phŏrōneūs, *ĕi* ou *ĕos*, m. (Φορωνεύς), roi d'Argos fils d'Inachus et frère d'Io : Hyg. *Fab.* 124 ; Plin. 7, 193 ‖ **-nēus**, *a, um* (Φορωνεῖος), de Phoronée, d'Argos : Stat. S. 3, 2, 101.

Phŏrōnis, *ĭdis* ou *ĭdis*, f. ¶ **1** fille d'Inachus [Io ou Isis] : Ov. *M* 1, 668 ; 2, 524 ¶ **2** adj., du Phoronée [fleuve d'Argolide dont Phoronée était le dieu] : Sen. *Thyest.* 115.

Phŏrontis, *ĭdis*, f. (Φορωντίς), ville de Carie : Plin. 5, 109.

Phosphŏrus, *i*, m. (Φωσφόρος), l'étoile du matin : Mart. 8, 21, 1.

Phōtīnus, *i*, m. (Φωτεινός) ¶ **1** Photin, hérésiarque galate : Isid. 8, 5, 37 ‖ **-tĭnĭāni**, *ōrum*, m. pl., les sectateurs de Photin : Isid. 8, 5, 37 ; Cod. Just. 1, 4, 5 ¶ **2** saint Photin [appelé commun¹ saint Pothin], martyr à Lyon : Greg.-Tur. *Hist.* 1, 29.

Phrāātēs, *ae*, m. (Φραάτης), Phraate, roi des Parthes : Hor. *O.* 2, 2, 17 ; Tac. *An.* 2, 1.

Phradmōn, *ŏnis*, m. (Φραδμών), artiste d'Argos : Plin. 34, 49.

phragmītis rādix, f. ou subst., **-mītēs**, *is*, m. (φραγμίτης), racine du roseau à balais : Plin. 32, 141.

phrăsis, *is* acc. **-in**, f. (φράσις), diction, élocution, style : Quint. 10, 1, 87.

phrĕnēsis, *is*, f. (φρένησις), frénésie, délire frénétique : Sen. *Ir.* 1, 13, 3 ; Juv. 14, 136.

phrĕnēticus, *a, um* (φρενητικός), frénétique : Cic. *Div.* 1, 81.

phrĕnĭŏn, *ĭi*, n., sorte d'anémone [plante] : Plin. 21, 164.

phrĕnītis, *ĭdis*, acc. **-im**, f. (φρενῖτις), V.> *phrenesis* : Front. *Ver.* 2, 1, 9, p. 124 N ; Cael.-Aur. *Acut.* 1, 1, 3.

phrĕnītizō, *ās, āre, -, -* (φρενιτίζω), intr., être atteint de frénésie, être frénétique : Cael.-Aur. *Acut.* 1, pr. 10.

Phrixus, *i*, m. (Φρίξος), Phrixos, fils d'Athamas, qui, menacé de mort, s'enfuit avec sa sœur Hellé (noyée dans l'Hellespont) jusqu'en Colchide sur un bélier d'or dont la peau est la Toison d'or : Ov. *H.* 18, 143 ; *Phrixi litora* Stat. *Ach.* 1, 28, les rives de l'Hellespont ; *Phrixi semita* Stat. *Ach.* 1, 409, l'Hellespont ‖ **-xēus**, *a, um*, de Phrixos : *maritus* Mart. 14, 211, bélier ; *agnus* Mart. 10, 51, 1, le Bélier [constellation] ; *Phrixeus pontus* Luc. 6, 56 ; *Phrixeum mare* Sen. *Herc. Oet.* 776 ; *Phrixeum aequor* Stat. *Th.* 6, 542, l'Hellespont ; *Phrixea vellera* Ov. *M.* 7, 7, la Toison d'or ‖ **-xĭānus**, V.> *Phryxianus.*

phrŏnēsis, *is*, f. (φρόνησις), sagesse : Capel. 2, 114.

Phrŏnēsĭum, *ĭi*, n., nom de femme : Pl. *Truc.* 12.

Phrontis, *ĭdis*, m., fils de Phrixus : Val.-Flac. 5, 460.

phrygănius, *ĭi*, m. ou **-nĭŏn**, *ĭi*, n. (φρυγάνιον), insecte inconnu : Plin. 30, 103.

Phrўges, *um*, m. pl. (Φρύγες), les Phrygiens, habitants de la Phrygie ; les Troyens : Cic. *Div.* 1, 92 ‖ [au sg.] V.> *Phryx 1.*

Phrўgĭa, *ae*, f. (Φρυγία), la Phrygie [région d'Asie Mineure] Atlas I, D5 ; VI, A3 ; IX, C2 : Plin. 5, 145 ‖ Troie : Prop. 3, 13, 63 ‖ **Phrўgiscus**, *a, um*, de Phrygie : Veg. *Mul.* 3, 6, 3 ‖ **Phrўgĭus**, *a, um* (Φρύγιος ; cf. fr. *orfroi*), de Phrygie, des Phrygiens, Phrygien, de Troie, des Troyens : Cic. *Amer.* 90 ; *Phrygia mater* Virg. *En.* 7, 139, Cybèle ; *Phrygius minister* Val.-Flac. 2, 417, Ganymède ; *Phrygius judex*, V.> *judex* : *Phrygium aes* Luc. 9, 288, cymbales ; *Phrygii modi* Ov. *Ib.* 456, le mode phrygien [mus.] ; *Phrygiae vestes* Virg. *En.* 3, 483, étoffes brochées d'or ; *Phrygiae columnae* Tib. 3, 3, 13, colonnes en marbre phrygien ; *Phrygius lapis* Plin. 36, 143, pierre phrygienne, ocreuse [pour la teinture, mais Hor. *O.* 3, 1, 41 = marbre phrygien] ‖ **Phrygiae**, *ārum*, f. pl., Phrygiennes, Troyennes : Virg. *En.* 9, 617.

phrўgĭo, *ōnis*, m. (*Phrygius*), brodeur : Varr. d. Non. 3, 25 ; Pl. *Aul.* 508 ; *Men.* 426.

phrўgĭōnĭus, *a, um* (*phrygio*), broché [vêtement] : *Plin. 8, 196.

phrўgĭum, *ĭi*, n., le bonnet phrygien : Schol. Juv. 6, 516.

Phrygius amnis, m., C.> *2 Phryx* : Liv. 37, 37, 9.

Phrȳna, *ae*, f., C.> *Phryne* : Arn. 6, 13.

Phrȳnē, *ēs*, f. (Φρύνη) ¶ **1** Phryné [courtisane d'Athènes, célèbre par sa beauté] : Quint. 2, 15, 9 ; Prop. 2, 6, 6 ¶ **2** courtisane de Rome : Hor. *Epo.* 14, 16 ¶ **3** entremetteuse : Tib. 2, 6, 45.

phrȳnĭon, *ĭi*, n. (φρύνιον), C.> *poterion* : Plin. 25, 123.

phrȳnus, *i*, m. (φρῦνος), sorte de grenouille venimeuse : Plin. 32, 50.

Phrystĭmus, *i*, m., fleuve de Perse : Plin. 6, 99.

1 **Phryx**, *ўgis*, m. (Φρύξ) ¶ **1** Phrygien, né en Phrygie : Cic. *Flac.* 65 ; Virg. *En.* 12, 99 ; Phaed. 3 pr. (= *44), 52 ‖ = Galle, prêtre de Cybèle : Prop. 2, 22, 16 ‖ = Marsyas : Stat. *Th.* 1, 709 ¶ **2** adj., de Phrygie, phrygien : Juv. 6, 584 ; Claud. *Eutr.* 2, 154.

2 **Phryx**, *ўgis*, m. (Φρύξ), rivière de la Petite Phrygie, qui a donné son nom au pays : Plin. 5, 119.

Phryxelŏn, *i*, n., ville de Macédoine : Plin. 4, 36.

Phryxēus, V.> *Phrixeus.*

Phryxĭānus, *a, um* (*Phrixus*), en laine crépue : Plin. 8, 195 ‖ *Phryxianae (vestes)*, f. pl., vêtements faits de cette laine : Sen. *Ben.* 1, 3, 7.

▶ l'orthographe avec -y- vient d'un faux rapprochement avec *Phryx.*

Phryxŏnĭdes nymphae, f., nymphes qui nourrirent Jupiter enfant : Col. 9, 2, 3.

Phryxus, V.> *Phrixus.*

Phthās, m. (Φθάς), nom égyptien de Vulcain : Cic. *Nat.* 3, 55.

Phthīa, *ae* (*ēs*), f. (Φθία), Phthie [ville de Thessalie, patrie d'Achille] : Virg. *En.* 1, 284.

Phthīōtae, *ārum*, m. pl., habitants de Phthie ou de la Phthiotide : Plin. 4, 28 ‖ sg., **Phthīōta**, *ae*, m., Cic. *Tusc.* 1, 21.

Phthīōtĭcus, *a, um*, de Phthie ou de la Phthiotide : Catul. 64, 35.

Phthīōtis, *ĭdis*, f. (Φθιῶτις), la Phthiotide [partie méridionale de la Thessalie] : Plin. 4, 29.

phthīr, m. (φθείρ), phthir, pou de mer [sorte de poisson] : Plin. 32, 150.

phthīrĭăsis, *is*, f. (φθειρίασις), phthiriasis [maladie pédiculaire] : Plin. 20, 53.

Phthīrŏphăgi, *ōrum*, m. pl., peuple de la Sarmatie d'Asie : Plin. 6, 14.

phthīrŏphŏrŏs, *i*, f. (φθειροφόρος), sorte de pin [qui porte de très petits fruits] : Plin. 16, 49.

phthĭsĭcus, *a, um* (φθισικός), phtisique : Plin. 20, 46.
▶ *tisicus* Petr. 64, 3.

phthĭsis, *is*, f. (φθίσις), phtisie [maladie] : Sen. *Ep.* 91, 5 ; Plin. 26, 38.

phthĭsiscens, *tis*, tuberculeux, phtisique : Sidon. *Ep.* 5, 14, 1.

Phthīus, *a, um* (Φθῖος), C.> *Phthioticus* : Prop. 2, 13, 38.

phthŏē, *ēs*, f., C.> *phthisis* : Cael.-Aur. *Chron.* 2, 14, 196.

phthongus, *i*, m. (φθόγγος), note de musique, son, ton : Plin. 2, 84.

phthŏrĭus, *a, um* (φθόριος), pernicieux, foudroyant : Plin. 14, 110.

phū (phun), n. indécl. (φῦ), valériane [plante] : Plin. 12, 45.

phȳ, fȳ, phī, fī, interj. (φῦ), [exprime l'admiration] ah !, oh, oh !, oh là là !, peste ! : Ter. *Ad.* 412 ‖ [ironique] Diom. 419, 10 ; Prisc. 3, 91, 4.

Phyăcēs, *ae*, m., nom d'un chef des Gètes : Ov. *Pont.* 4, 10, 23.

Phycari, *ōrum*, m. pl., peuple d'Asie, près du mont Caucase : *Plin. 37, 110.

phȳcis, *ĭdis*, f. (φυκίς ; it. *fico*), gobie [poisson] : Plin. 9, 81 ; 32, 150.

phȳcītis, *ĭdis*, f. (φυκῖτις), pierre précieuse : Plin. 37, 180.

phȳcos, C.> *fucus* Plin. 13, 135.

Phȳcūs, *untis*, m. (Φυκοῦς), Phyconte [promontoire de Cyrénaïque] : Luc. 9, 40 ; Plin. 4, 60.

Phygĕla, *ae*, f., C.> *Pygela* : Plin. 5, 114.

Phўlăca, *ae*, f. (φυλάκη), prison, geôle : PL. *Capr.* 751.

Phўlăcē, *ēs*, f. (Φυλακή) ¶ **1** ville de Molossie [Épire] : LIV. 45, 26, 4 ¶ **2** ville de Thessalie, où régnait Protésilas : PLIN. 4, 32 ‖ **-caei**, *ōrum*, m. pl., habitants de Phylacé : PLIN. 4, 34 ‖ **-ēis**, *ĭdis*, adj. f., de Phylacé : Ov. *H.* 13, 35 [subst. f.] = Laodamie [née à Phylacé] : STAT. *S.* 5, 3, 273 ‖ **-ēĭus**, *a*, *um*, de Phylacé : *Phylaceia conjux* Ov. *Tr.* 5, 14, 39, = Laodamie.

Phўlăcĭdēs, v. *Phyllacides*.

phўlactērĭum (fĭ-), *ĭi*, n. (φυλακτήριον), phylactère, amulette : M.-EMP. 8, 27 ‖ [en part.] fragment de parchemin sur lequel étaient écrits des versets de la Bible, surtout du Décalogue : HIER. *Matth.* 4, 23, 5 ‖ nom donné à la plante *artemisia*, tanaisie, aux propriétés curatives : PS. APUL. *Herb.* 11.

phўlactum, *i*, n. (φυλακτόν), relique : GREG.-M. *Ep.* 14, 12.

Phўlăcus, *i*, m., fondateur de Phylacé : HYG. *Fab.* 14.

1 **phўlarchus**, *i*, m. (φύλαρχος), phylarque, chef de tribu : CIC. *Fam.* 15, 1, 2.

2 **Phўlarchus**, *i*, m. (Φύλαρχος), Phylarque, nom d'homme : PLIN. 35, 134.

Phўlē, *ēs*, f. (Φυλή) bourg de l'Attique : NEP. *Thras.* 2, 1.

Phyllăcĭdēs (poét. pour **Phўlă-**), *ae*, m., descendant de Phylacus, Protésilas : Ov. *A. A.* 2, 356.

phyllanthĕs, *is*, n. (φυλλανθές), sorte de plante à feuilles piquantes : PLIN. 21, 99.

Phyllēĭus, *a*, *um* (Φυλλήϊος), de Phyllos : Ov. *M.* 12, 479.

Phylleŭs, *ĕi* ou *ĕos*, m., nom de guerrier : STAT. *Th.* 3, 173.

Phyllis, *ĭdis*, f. (Φυλλίς) ¶ **1** fille de Lycurgue, roi de Thrace, fut changée en amandier : PLIN. 16, 108 ; HYG. *Fab.* 59 ; 243 ; pl., *Phyllides* PERS. 1, 34, des Phyllis ¶ **2** autres du même nom : VIRG. *B.* 3, 78 ; HOR. *O.* 4, 11, 3 ¶ **3** [par méton.] amandier : PALL. *Insit.* 61.

Phyllĭus, *ĭi*, m., nom d'un Béotien, ami de Cycnus : Ov. *M.* 7, 372.

Phyllŏdŏcē, *ēs*, f. (Φυλλοδόκη), Phyllodocé [une des Néréides] : VIRG. *G.* 4, 336.

phyllŏn, *i*, n. (φύλλον), c. *leucacantha* : PLIN. 22, 40.

Phyllŏs, *i*, f. (Φύλλος), canton d'Arcadie : STAT. *Th.* 4, 45.

phȳma, *ătis*, n. (φῦμα), espèce de furoncle : CELS. 5, 28, 9.

phynōn, *ōnis*, m., sorte de collyre : CELS. 6, 6, 20.

phўrāma, *ătis*, n. (φύραμα), sorte de gomme : PLIN. 12, 107.

Phyrĭtēs, *ae*, m., fleuve d'Ionie : PLIN. 5, 115.

Physcōn, *ōnis*, m. (Φύσκων), ventru [surnom de Ptolémée VII Évergète] : TERT. *Pall.* 4, 5.

phȳsēma, *ătis*, n. (φύσημα), perle creuse : PLIN. 9, 108.

phȳsētēr, *ēris*, m. (φυσητήρ) ¶ **1** tuyau, compte-gouttes : PELAG. 468 ¶ **2** baleine, souffleur, cachalot : PLIN. 9, 8 ; SEN. *Phaed.* 1030.

1 **phȳsĭca**, *ae*, f., la physique, les sciences naturelles : CIC. *Ac.* 1, 25 ; *Fin.* 3, 72.

2 **physĭca**, *ōrum*, n. pl., c. 1 *physica* : CIC. *Fin.* 1, 17 ; *Or.* 119.

phȳsĭcē, adv., en physicien : CIC. *Nat.* 3, 18.

phȳsĭcus, *a*, *um* (φυσικός), physique, naturel, des sciences naturelles : CIC. *Div.* 2, 122 ; *Nat.* 2, 54 ‖ magique : VEG. *Mul.* 1, 39, 2 ‖ **physĭcus**, *i*, m., physicien, naturaliste : CIC. *Nat.* 1, 83 ; *de Or.* 1, 42 ; 1, 49 ; *Fat.* 24.

phȳsĭognōmĭcus, *a*, *um*, physiognomonique : FULG. *Virg. p.* 84, 10 H.

phȳsĭognōmōn, *ŏnis*, m. (φυσιογνώμων), physionomiste : CIC. *Fat.* 10 [v. *Tusc.* 4, 80].

phȳsĭŏlŏga (fĭs-), *ōrum*, n. pl., histoire naturelle [ouvrage de Juba II] : FULG. *Myth.* 2, 1, p. 40, 23 H.

phȳsĭŏlŏgĭa, *ae*, f. (φυσιολογία), les sciences naturelles, la physique : CIC. *Nat.* 1, 20 ; *Div.* 2, 37.

phȳsĭŏlŏgĭcē, adv., en naturaliste : TERT. *Nat.* 2, 12, 17.

phȳsĭŏlŏgĭcus, *a*, *um*, physique, naturel : TERT. *Nat.* 2, 4, 13 ; AUG. *Civ.* 6, 8, 1 ; MINUC. 19, 11.

phȳsĭŏlŏgūměna, *ōn*, n. pl. (φυσιολογούμενα), recherches sur l'histoire naturelle [ouvrage de Démocrite] : FULG. *Myth.* 3, 7, p. 71, 3 H.

phȳsĭŏlŏgus, *i*, m., physicien, naturaliste : FULG. *Myth.* 2, 13, p. 54, 14 H.

phȳsis, *is*, f. (φύσις) ¶ **1** la nature : CIL 14, 3565 ¶ **2** pierre précieuse : PLIN. 37, 195.

phȳteuma, *ătis*, n. (φύτευμα), réséda phyteuma [plante] : PLIN. 27, 125.

pī, n. indécl., nom de la lettre grecque π : AUS. *Techn.* 12 (348), 15 [en grec].

pĭābĭlis, *e* (*pio*), qui peut être expié : Ov. *F.* 3, 289.

pĭāclum, *i*, n., sync. pour *piaculum* : PRUD. *Perist.* 10, 219.

pĭācŏlom, arch. pour *piaculum* : MAR. VICT. *Gram.* 6, 12, 1.

pĭācŭlāris, *e* (*piaculum*), piaculaire, expiatoire : VARR. *L.* 6, 30 ; LIV. 1, 26, 13 ‖ sinistre, de mauvais augure, qui appelle une expiation : P. FEST. 287, 3.

pĭācŭlārĭtĕr, adv., d'une manière indigne, coupable : TERT. *Pud.* 22, 15.

pĭācŭlō, *ās*, *āre*, -, - (*piaculum*), tr., apaiser [par un sacrifice expiatoire] : CAT. *Agr.* 141.

pĭācŭlum, *i*, n. (*pio*) ¶ **1** sacrifice expiatoire, moyen d'expiation, expiation : CIC. *Leg.* 2, 57 ; LIV. 8, 10, 14 ; *ad piaculum rupti foederis* LIV. 21, 10, 12, en expiation du traité violé ‖ peine expiatoire, châtiment, vengeance : LIV. 29, 18, 18 ¶ **2** ce qui mérite expiation ; impiété, sacrilège, chose indigne, abomination, crime, forfait : LIV. 29, 18, 9 ; *piaculum est* [avec prop. inf.] PL. *Truc.* 223, c'est une chose abominable que ; *sine piaculo* PLIN. *Pan.* 37, sans crime ‖ [fig.] malheur, calamité : PLIN. 25, 84.

pĭāmĕn, *ĭnis*, n., expiation, sacrifice expiatoire : Ov. *F.* 2, 19.

pĭāmentum, *i*, n. (*pio*), expiation : PLIN. 25, 30 ‖ [fig.] *nihil amplius doliturae domus piamentum* SEN. *Helv.* 18, 6, victime expiatoire qui préserve la famille de nouvelles douleurs.

pĭātĭo, *ōnis*, f. (*pio*), expiation, sacrifice expiatoire : PLIN. 28, 27.

pĭātŏr, *ōris*, m., prêtre qui fait des cérémonies expiatoires : *APUL. *Flor.* 15, 20.

pĭātrix, *īcis*, f., femme qui fait des cérémonies expiatoires : P. FEST. 233, 9.

pĭātus, *a*, *um*, part. de *pio*.

pīca, *ae*, f. (ombr. *peica*, onomat., cf. 1 *picus* ; fr. *pie*), geai : PLIN. 10, 119 ‖ pie : PLIN. 10, 78 ; Ov. *M.* 5, 299 ‖ bavard : PETR. 37, 7.

Pīcānus, *i*, m., montagne d'Apulie : SIL. 4, 304.

pĭcārĭa, *ae*, f. (*pix*), fabrique (fonderie) de poix : CIC. *Brut.* 85.

pĭcātĭo, *ōnis*, f., action d'enduire de poix : DON. *Eun.* 732.

1 **pĭcātus**, *a*, *um* ¶ **1** part. de *pico* ¶ **2** (1 *pix*), ayant goût de poix : COL. 12, 13 ; PLIN. 23, 47 ; MART. 13, 107.

2 **pĭcātus**, *a*, *um* (2 *pix*), dont les pieds ont la forme de ceux d'un sphinx : FEST. 226, 2.

pĭcĕ, abl. de *pix*.

pĭcĕa, *ae*, f. (*pix*, *piceus* ; fr. *pesse*), épicéa : VIRG. *G.* 2, 257 ; PLIN. 16, 40.

Pĭcens, *tis*, v. *Picenum*.

Pīcentĭa, *ae*, f., ville de Campanie : MEL. 2, 69 ; SIL. 8, 579.

Pīcēnum, *i*, n., le Picénum [région d'Italie, sur la mer Adriatique] Atlas XII, D4 : CIC. *Att.* 8, 8, 1 ‖ **-cēnus**, *a*, *um*, du Picénum : *ager* CIC. *Brut.* 57, le Picénum ; *Picena oliva* PLIN. 15, 16, olive du Picénum ‖ **-cens**, *tis*, du Picénum : *Picens ager* CIC. *CM* 11, le Picénum ‖ subst. m., un Picentin : JUV. 4, 65 ‖ **-centes**, *ĭum*, m. pl., les habitants du Picénum, les Picentins : CIC. *Sull.* 25 ; PLIN. 3, 110 ‖ **-centīnus**, *a*, *um*, des Picentins : MART. 13, 47, 1.

pĭcĕus, *a*, *um* (1 *pix*), de poix : LUCR. 6, 135 ‖ noir [comme la poix], sombre, obscur, ténébreux : VIRG. *G.* 2, 308 ; *piceae oves* VAL.-FLAC. 3, 439, brebis noires.

Pici

Pici, *ōrum*, m. pl., peuple du Palus-Méotide : Plin. 6, 21.

pĭcīnus, *a, um* (1 *pix*), noir comme la poix : Plin. 14, 42.

pĭcis, gén. *de pix*.

pĭcō, *ās, āre, āvī, ātum* (1 *pix*), tr., poisser, enduire de poix, boucher avec de la poix : Cat. Agr. 25 ; Suet. Cl. 16 ; v. 1 *picatus*.

picrĭdĭa, *ōrum*, n. pl. (πικρίδιον), chicorée amère : Faust. d. Aug. Faust. 32, 3 ; v. *picris*.

pīcris, *ĭdis*, f. (πικρίς), picride, sorte de laitue amère : Plin. 19, 126 ‖ plante verte toute l'année : Plin. 21, 105.

pictātĭum, v. *pittacium* Gloss. 5, 608, 59.

Pictāvi, *ōrum*, m. pl., peuple d'Aquitaine [habitant le Poitou] : Amm. 15, 11, 13 ‖ **-us**, *a, um*, des Pictaves : *Pictava civitas* Sulp. Sev. Mart. 5, 1, capitale des Pictaves [Poitiers] ‖ **-vĭcus**, *a, um*, des Pictaves : Aus. Epigr. 47 (51), 2.

Picti, *ōrum*, m. pl., les Pictes [peuple de Calédonie, auj. l'Écosse] : Amm. 27, 8, 5.

pictĭlis, *e*, brodé : Apul. M. 10, 18.

Pictōnes, *um*, m. pl., les mêmes que *Pictavi* [Pictons] : Caes. G. 3, 11 ; 7, 4 ; Luc. 1, 436.

Pictŏnĭcus, *a, um*, c. *Pictavicus* : Aus. Prof. 11 (200), 48.

1 pictŏr, *ōris*, m. (*pingo* ; it. *pittore*), peintre : Cic. Ac. 2, 20 ; Verr. 4, 38.

2 Pictŏr, *ōris*, m., surnom romain, dans la famille des Fabius : Cic. Tusc. 1, 4 ; de Or. 2, 53.

pictōrĭus, *a, um*, de peintre : Dig. 38, 1, 23 ‖ subst. f., la peinture : Chalc. 129.

pictūra, *ae*, f. (*pingo* ; it. *pittura*) ¶ **1** la peinture : Cic. de Or. 3, 26 ¶ **2** peinture, ouvrage de peinture, tableau, sujet représenté : *textilis* Cic. Verr. 4, 1, tapisserie ‖ mosaïque : Culex 64 ¶ **3** action de farder, enluminure : Pl. Most. 262 ‖ [fig.] peinture, tableau, description : Cic. Tusc. 5, 14 ; 5, 114.

pictūrātus, *a, um* (*pictura*), nuancé de diverses couleurs, émaillé, diapré : Stat. Th. 6, 58 ‖ brodé : Virg. En. 3, 483.

pictūrō, *ās, āre*, -, -, tr., dépeindre : Fulg. Aet. pr. 5, p. 132, 27.

pictus, *a, um* ¶ **1** part. de *pingo* ¶ **2** [pris adjᵗ] **a)** [en parl. du style ou d'un orateur] coloré, orné : *quo nihil potest esse pictius* Cic. Brut. 293, un orateur qui surpasse tout pour la couleur du style **b)** qui n'existe qu'en peinture, sans fondement : Prop. 4, 6, 50.

pĭcŭla, *ae*, f. (dim. de 1 *pix* ; it. *pegola*), poix : M.-Emp. 36, 47 ‖ crasse de la peau des enfants : Veg. Mul. 1, 11, 7.

Pīcumnus, *i*, m., dieu du culte domestique [souvent associé à Pilumnus] : Non. 518, 130.

1 pīcus, *i*, m. (ombr. *peico*, cf. *pica* ; it., esp. *pico*) ¶ **1** pic, pivert [oiseau] : Pl. As. 260 ; Plin. 10, 38 ¶ **2** griffon : *Pl. Aul. 701 d. Non. 152, 7 ; v. 2 *pix*.

2 Pīcus, *i*, m. (Πικός), roi du Latium, fils de Saturne, changé en pivert par Circé : Virg. En. 7, 189 ; Ov. M. 14, 320.

Pidarās, *ae*, m., rivière de Thrace : Plin. 4, 47.

Pĭdē, *ēs*, f., ville d'Éthiopie : Plin. 6, 179.

Pidĭbŏtae, *ārum*, m. pl., peuple d'Égypte ou d'Éthiopie : Plin. 6, 179.

Pidossus, *i*, f., île voisine de la Carie : Plin. 5, 134.

1 pĭē, adv. (1 *pius*), avec les sentiments d'un homme *pius*, pieusement, religieusement : Cic. Nat. 1, 56 ‖ conformément aux sentiments naturels [en bon fils, en bonne mère] Cic. CM 81 ; Att. 6, 7, 1 ‖ avec affection, par tendresse : Cic. Planc. 98 ‖ -issime Sen. Polyb. 15, 4.

2 pĭē (πίε), v. *bibe*, bois ! : CIL 13, 10018, 142.

pĭens, *tis*, **pientissimus**, c. 1 *pius* : CIL 5, 368 ; 2, 19.

Pĭentĭus, *ii*, m., nom de deux évêques : [Poitiers] Greg.-Tur. Hist. 4, 18 ; [Aix-en-Provence] 6, 11.

Pĭērĭa, *ae*, f. (Πιερία) ¶ **1** la Piérie [région de Macédoine] : Plin. 4, 33 ; Liv. 39, 26 ¶ **2** contrée et ville de Syrie : Cic. Att. 11, 20, 1 ; Plin. 5, 67 ‖ **-rĭcus**, *a, um*, de la Piérie : Plin. 14, 128.

Pĭērĭdes, *um*, f. pl. (Πιερίδες), les Piérides ¶ **1** filles de Piérus [changées en pies par les Muses] : Ov. M. 5, 295 ; 310 ¶ **2** les Muses : Cic. Nat. 3, 54.

Pĭēris, *ĭdis*, f. (Πιερίς), une Muse : Hor. O. 4, 3, 18.

Pĭērus (-ŏs), *i*, m. (Πίερος) ¶ **1** Piérus [père des Muses] : Cic. Nat. 3, 54 ¶ **2** père des Piérides, changées en pies : Ov. M. 5, 302 ‖ **-rĭus**, *a, um*, des Muses : *Pierius grex* Mart. 12, 11, 4, le chœur des Muses ; *Pieria tuba* Mart. 10, 64, 4, la trompette héroïque ; *Pieria corona* Mart. 12, 52, 1, la couronne du Parnasse [le laurier] ; *Pierius dies* Stat. S. 1, 3, 23, jour consacré aux Muses, à l'étude ‖ subst. f. pl., **Pĭērĭae**, les Muses : Cic. Nat. 3, 54 ; *Seleucia Pieria*, v. *Seleucia* ¶ **3** le mont Piérus [consacré aux Muses, aux confins de la Thessalie et de la Macédoine] d'où **Pĭērĭus**, *a, um*, du mont Piérus : Hor. O. 3, 4, 40 ; Prop. 2, 10, 5 ; Phaed. 3, pr. 17.

1 pĭĕtās, *ātis*, f. (1 *pius* ; fr. *piété*), sentiment qui fait reconnaître et accomplir tous les devoirs envers les dieux, les parents, la patrie [trad. variable, suivant l'objet] ; [envers les dieux] piété : Cic. Nat. 1, 115 ; Top. 90 ; [envers les parents] piété, pieuse affection : Cic. Lae. 11 ; Planc. 80 ; [envers la patrie] amour de la patrie, patriotisme : Cic. Rep. 6, 15 ; Inv. 2, 65 ; [en gén.] amour respectueux, tendresse [envers = *adversus, erga, in* acc.] : *tua pietas* Pl. Poen. 1277, ton affection [paternelle] ; *pietas gnati* Ter. And. 869, affection filiale ; *alicui pietatem praestare* Cic. Brut. 126, montrer son affection à qqn ‖ [en part.] équité divine, justice divine : Virg. En. 2, 536 ; [chrét.] Cypr. Domin. 30 ‖ sympathie, bonté, bienveillance : Suet. Dom. 11 ; Plin. Pan. 79, 4 ‖ charité : Aug. Civ. 10, 1.

2 Pĭĕtās, *ātis*, f., Piété [déesse] : Cic. Leg. 2, 19 ; Div. 1, 98 ; Liv. 40, 34, 5.

Pĭĕtas Jūlĭa, f., ville d'Istrie : Plin. 3, 129.

pĭĕtātĭcultrix, *īcis*, f. (1 *pietas, cultrix*), qui a de la piété filiale : Publ.-Syr. d. *Petr. 55, 6 v. 6.

pigendus, *a, um*, v. *piget*.

pĭgĕr, *gra, grum* (*piget*, peu net, cf. al. *Fehde*, an. *foe* ?) ¶ **1** qui répugne à ; paresseux, indolent : *gens pigerrima ad militaria opera* Liv. 21, 25, 6, peuplade qui répugne par-dessus tout au service militaire, cf. Curt. 6, 9, 29 ; *ad litteras scribendas pigerrimus* Cael. Fam. 8, 1, 1, très paresseux pour écrire ‖ *in labore militari* Cic. Fam. 7, 17, 1, indolent face aux épreuves de la vie ‖ [avec gén.] [poét.] *militiae* Hor. Ep. 2, 1, 124, sans entrain pour le service militaire, cf. Sil. 14, 264 ; 15, 504 ‖ [avec inf.] qui répugne à : Hor. S. 1, 4, 12 ¶ **2** [fig.] **a)** *mare pigrum* Tac. G. 45, mer dormante ; *pigrum bellum* Ov. F. 2, 727, guerre qui traîne **b)** *piger campus* Hor. O. 1, 22, 17, campagne inerte, stérile **c)** inerte, engourdi = qui engourdit : Tib. 1, 2, 29 ; Catul. 63, 37 **d)** renfrogné : Mart. 2, 11, 3 ; 10, 104, 15 ‖ *pigrior* Liv. 39, 13, 11 ; Curt. 6, 9, 29 ‖ *pigrissimus* Tert. Cast. 13, 2.

pĭgĕt, *ēre*, *pĭgŭit* ou *pĭgĭtum est* (*piger*)

I [arch.] causer du mécontentement, chagriner, contrarier [avec pron. n. sujet] : *illud quod piget* Pl. Ps. 281, ce qui contrarie ‖ *verba pigenda* Prop. 4, 1, 74, des paroles qui causeront du regret.

II impers., être mécontent, contrarié, ennuyé : [acc. de la pers. et gén. de la chose] *me piget stultitiae meae* Cic. Dom. 29, je suis chagriné de ma sottise, cf. Sall. J. 4, 9 ; [acc. avec pron. n.] *quod nos post pigeat* Ter. Phorm. 554, [qqch.] de nature à nous contrarier par la suite ‖ [avec inf.] Pl. Ps. 282 ; Sall. J. 95, 4 ; Suet. Caes. 14 ; *fateri pigebat* Liv. 8, 2, 12, il en coûtait d'avouer... ; avec prop. inf. v. Gell. 13, 22, 1 ‖ [absᵗ] *ad pigendum induci* Cic. Brut. 188, être amené au mécontentement.

1 pigmentārĭus, *a, um* (*pigmentum*), relatif aux couleurs, aux parfums : Scrib. 22.

2 pigmentārĭus, *ii*, m., marchand de couleurs, de parfums : Cic. Fam. 15, 17, 2 ; Marcian. Dig. 48, 8, 3.

pigmentātus, *a, um*, fardé : Tert. Cult. 2, 13, 7 ‖ teint, parfumé : Prud. Ham. 315.

pigmentum, *i*, n., et ordin^t **-ta**, *ōrum*, n. pl. (*pingo*; fr. *piment*) ¶ **1** couleur pour peindre: Cic. *Div.* 1, 23 ∥ [fig.] **pingere aliquem pigmentis ulmeis** Pl. *Ep.* 626, colorier le corps de qqn à coups de bâton ¶ **2** fard: Pl. *Most.* 263; Plin. 16, 233 ¶ **3** drogues, suc des plantes: Firm. *Math.* 8, 17, 7 ¶ **4** [fig.] couleurs [du style], ornements, fleurs: Cic. *Att.* 2, 1, 1; *Brut.* 298 ∥ fard clinquant, faux brillant: Cic. *de Or.* 2, 188.

pignĕrārĭum (**pignŏr-**), *ĭi*, n., lieu où l'on dépose les gages: Cypr. *Ep.* 22, 2.

pignĕrārĭus (**pignŏr-**), *ĭi*, m., celui qui prend les gages: Vl. *Luc.* 12, 58.

pignĕrātīcĭus (**pignŏr-**), *a*, *um* (*pignero*) ¶ **1** engagé, hypothéqué: Pomp. *Dig.* 13, 7, 6 ¶ **2** d'hypothèque: **creditor** Marcian. *Dig.* 39, 2, 15, créancier hypothécaire; **pigneraticia actio** et abs^t **pigneraticia** f., Dig. 13, 7, 1, poursuite en matière de gage ou d'hypothèque.

pignĕrātĭo (**pignŏr-**), *ōnis*, f. (*pignero*), action d'engager, gage, hypothèque: Cod. Just. 8, 34, 3.

pignĕrātŏr (**pignŏr-**), *ōris*, m., celui qui prend des gages, qui reçoit des hypothèques: Cic. *Verr.* 3, 27.

pignĕrātus, *a*, *um*, part. de *pignero*.

pignĕrō (**pignŏrō**), *ās*, *āre*, *āvī*, *ātum* (*pignus*; it. *pignorare*), tr. ¶ **1** engager, donner en gage: **laenam pignerat Atreus** Juv. 7, 73, son Atrée [= la tragédie d'Atrée] lui fait mettre en gage son manteau ∥ [fig.] **bona pigneranda poenae praebebant** Liv. 29, 36, 12, ils laissaient leurs biens comme gage pour leur châtiment ¶ **2** attacher par un bienfait, obliger: Apul. *M.* 3, 22; 11, 24; **se cenae alicujus** Apul. *M.* 3, 12, s'engager à dîner chez qqn.

pignĕror, *ārĭs*, *ārī*, *ātus sum* (*pignus*), tr., prendre en gage, s'assurer en nantissement: **Mars ipse ex acie fortissimum quemque pignerari solet** Cic. *Phil.* 14, 32, Mars lui-même prend d'ordinaire en gage dans la mêlée tous les plus braves; [fig.] **pignerari aliquid omen** Ov. *M.* 7, 621, accepter qqch. comme une promesse du ciel.

pignŏriscăpĭo, *ōnis*, f., prise de gage: Varr. d. Gell. 6, 10, 2.

pignŭs, *ŏris* et *ĕris*, n. (p.-ê. *pango* et *munus*; it. *pegno*) ¶ **1** gage, nantissement: **se pignori, agrum pignori opponere** Pl. *Ps.* 87; Ter. *Phorm.* 661, se donner, donner un champ en gage; **pignori accipere** Tac. *H.* 3, 65, recevoir en gage; **pignera capere** Liv. 3, 38, 12; **pignora auferre** Cic. *de Or.* 3, 4, s'assurer des gages, prendre hypothèque, exiger un cautionnement, cf. Cic. *Phil.* 1, 12 ¶ **2** [en part.] **a)** gage, otage: Liv. 28, 34, 9; 33, 22, 9; 43, 10, 3 **b)** garantie d'une gageure, enjeu: **pignore certare cum aliquo** Virg. *B.* 3, 31, lutter avec qqn en mettant un enjeu; **pignus ponere** Ov. *A. A.* 1, 168, poser son enjeu **c)** [poét.] gages de tendresse [= enfants, parents, amis], objets chéris: Ov. *M.* 11, 543; 3, 134; Liv. 2, 1, 5; Quint. 6, 1, 33; Plin. *Ep.* 1, 12, 3; Tac. *An.* 12, 2 ¶ **3** [fig.] garantie: **illud pignus libertatis** Cic. *Phil.* 12, 22, [Brutus] ce garant de la liberté, cf. Cic. *Att.* 1, 19, 3; **magnum pignus ab eo rei publicae datum, se velle** Cic. *Phil.* 1, 4, il avait donné à la république un grand gage (une grande preuve) qu'il voulait....
▶ pl. arch. *pignosa* Fest. 232, 21.

pĭgrē, adv. (*piger*), avec paresse: Col. 7, 5, 3 ∥ lentement: Sen. *Ir.* 3, 17, 1 ∥ **pigrius** Plin. 10, 105.

pĭgrēdo, *ĭnis*, f. (*piger*), paresse: Vulg. *Prov.* 19, 15.

pĭgrĕō, *ēs*, *ēre*, - (*piger*), intr., être paresseux, être lent à [avec inf.]: Enn. *An.* 425.

pĭgrescō, *ĭs*, *ĕre*, -, -, intr., ralentir: Sen. *Nat.* 5, 18, 1; Plin. 18, 167.

pĭgrĭtās, *ātis*, f., ▶ *pigritia*: Gloss. 2, 244, 1.

pĭgrĭtĭa, *ae*, f. (*piger*; fr. *paresse*), paresse: Cic. *Off.* 1, 102; *Tusc.* 4, 18 [fig.] paresse de l'estomac: Sen. *Prov.* 3, 6 ∥ loisir, repos honorable: Mart. 12, 4, 6.

pĭgrĭtĭēs, *ēi*, f., [seul' à l'acc. sg.], lenteur: Liv. 44, 42, 9.

pĭgrĭtŏr, *ārĭs*, *ārī*, *ātus sum* (fréq. de *pigror*), être paresseux: Iren. 1, 16, 2.

pĭgrō, *ās*, *āre*, *āvī*, -, intr., ▶ *1 pigror*, laisser traîner, tarder: Acc. *Tr.* 267; 294; Lucr. 1, 410.

1 **pĭgrŏr**, *ārĭs*, *ārī*, - (*piger*), intr., [avec inf.] être lent à, tarder à: Cic. *Att.* 14, 1, 2.

2 **pĭgrŏr**, *ōris*, m., paresse: Lucil. 391.

pĭguit, parf. de *piget*.

1 **pīla**, *ae*, f. (**pi(n)slā*, cf. *pinso*, 1 *piso*, 1 *pilum*; it. esp. *pila*), mortier: Cat. *Agr.* 14, 2 ∥ auge à foulon: Cat. *Agr.* 10, 5.

2 **pīla**, *ae*, f. (cf. 1 *pila* ?; fr. *pile*), pilier, colonne: **pontis** Liv. 40, 51, 4, pile d'un pont ∥ [en part.] colonnes des portiques où les libraires étalaient leurs livres: Hor. *S.* 1, 4, 71 ∥ monument funéraire: Hyg. *Fab.* 80, 3.

3 **pĭla**, *ae*, f. (cf. 1 *pilus*; esp., port. *pella*) ¶ **1** balle: **studium pilae** Cic. *de Or.* 3, 88, amour du jeu de balle ∥ **claudus pilam** [prov.] Cic. *Pis.* 69, boiteux qui veut lancer la balle (= incapable) ¶ **2** [fig. en parl. de tout objet rond]: globe de la terre: Varr. d. Non. 333, 25 ∥ pelote de laine: Plin. 12, 38 ∥ **pilae Mattiacae** Mart. 14, 27, savonnettes de Mattium [Wiesbaden] ∥ petite boule de vote des juges: Prop. 4, 11, 20; Ascon. Cic. *Mil.* 18 ∥ sorte de mannequins pour irriter les taureaux dans les combats: Mart. *Spect.* 19, 2; 2, 43, 6 ∥ **Nursinae pilae** Mart. 13, 20, 2, navets ronds [de Nursie].

pīlānus, *i*, m. (2 *pilum*), soldat armé du pilum [triaire]: Varr. *L.* 5, 89; Ov. *F.* 3, 129.

pīlāris, *e* (3 *pila*), relatif à la balle [à jouer]: **lusio** Stat. *S.* 4, pr., jeu de balle ou de paume.

pīlārĭum, *ĭi*, n. (2 *pila*), place, (assise de pierres) pour recevoir une urne cinéraire: CIL 6, 17565.

pĭlārĭus, *ĭi*, m. (3 *pila*), escamoteur, faiseur de tours, prestidigitateur: Quint. 10, 7, 11.

pilātēs, *ae*, m. (de φελλάτας ?), pierre blanche: *Cat. *Orig.* 5, 12; Fest. 268, 25.

pīlātim, adv. (2 *pila*) ¶ **1** sur piliers: Vitr. 6, 8, 4 ¶ **2** [milit.] en colonnes serrées: Scaur. d. Serv. *En.* 12, 121.

pīlātrix, *īcis*, f. (3 *pilo*), voleuse: Titin. *Com.* 77.

1 **pīlātus**, *a*, *um*, part. de *1 pilo*.

2 **pīlātus**, *a*, *um*, part. de *3 pilo*.

3 **pīlātus**, *a*, *um* (2 *pila*) ¶ **1** [milit.] serré, qui est en colonne serrée: Serv. *En.* 12, 121; ▶ *pilatim* ∥ [fig.] compact, dense: Enn. d. Serv. *ibid.* ¶ **2** fixé: **sententia pilata** Host. d. Ps. Serv. *En.* 12, 121, opinion bien arrêtée.

4 **pīlātus**, *a*, *um* (2 *pilum*), armé du javelot: Virg. *En.* 12, 121.

5 **Pīlātus**, *i*, m., Ponce Pilate [gouverneur de la Judée, qui accepta de supplicier de J.-C.]: Vulg. *Matth.* 27, 2.

pīlax, ▶ *pellax*, subst. m., chat: Gloss. 5, 607, 34.

pīlĕ-, ▶ *pille-*.

pīlens, *tis*, m., ▶ *pilentum*: Fort. *Carm.* 6, 7, 181.

pīlentum, *i*, n. (gaul.), char [d'origine gauloise], voiture pour les dames romaines: Virg. *En.* 8, 666; Liv. 5, 25, 9; P. Fest. 225, 7.

pīlĕō (**pill-**), *ās*, *āre*, -, - (*pileus*), tr., coiffer du *pileus* [un esclave, pour indiquer qu'on l'affranchit]: Coll. *Mos.* 11, 7, 4.

pīlĕŏlus (**pill-**), *i*, m., dim. de *pileus*, Hor. *Ep.* 1, 13, 15 ∥ **-ŏlum**, *i*, n., Hier. *Ep.* 64, 13.

pīlĕus, *i*, ▶ *pilleus*.

Pīlĭa, *ae*, f., femme d'Atticus: Cic. *Att.* 4, 4 a, 2.

pĭlicrĕpus, *i*, m. (3 *pila*, *crepo*), joueur de balle: Sen. *Ep.* 56, 1.

pĭlĭlūdĭus, *ĭi*, m. (3 *pila*, *ludius*), ▶ *pilarius*: Gloss. 5, 608, 27.

pillĕātus (**pīl-**), *a*, *um*, part.-adj. de *pilleo*, coiffé du *pileus*: Liv. 24, 16, 18; **pilleata plebs** Suet. *Ner.* 57, le peuple coiffé du *pileus* [en signe d'affranchissement]; **pileati servi** Gell. 7, 4, 1, esclaves qu'on exposait en vente coiffés du *pileus* pour indiquer qu'on ne répondait pas d'eux; **pileati fratres** Catul. 37, 2, Castor et Pollux.

pillĕus (**pīlĕus**), *i*, m. (cf. πῖλος, ou *pilus* ?) ¶ **1** piléus [sorte de bonnet phrygien en laine, dont on coiffait les esclaves qu'on affranchissait]: Pl. *Amp.* 462; Liv. 30, 45, 5 ∥ [porté par un citoyen comme signe de liberté, p. ex. aux Saturnales, dans les festins, dans les fêtes]: Sen. *Ep.* 18, 3; Mart. 11, 6, 4; Suet. *Ner.* 57 ¶ **2** [fig.] bonnet d'affran-

pilleus

chi, [d'où] affranchissement, liberté : Liv. 24, 32, 9 ; Sen. Ep. 47, 18 ; **totis pilea sarcinis redemi** Mart. 2, 68, 4, j'ai donné toutes mes nippes pour assurer mon indépendance [n'être plus client] ¶ **3** coiffe [du fœtus] : Lampr. Diad. 4.
▶ n. pileum (pill-) Pl. Frg. 1, 69 ; Pers. 5, 82 ; Stat. S. 4, 9, 24.

1 pĭlō, ās, āre, -, - (pilus ; fr. peler) ¶ **1** intr., se couvrir de poils : Afran. Com. 32 ; Non. 39, 25 ; P. Fest. 225, 4 ¶ **2** tr., épiler : Mart. 6, 56, 4.

2 pīlō, ās, āre, -, - (2 pila ; fr. piler), tr., appuyer fortement : Host. d. Ps. Serv. En. 12, 121.

3 pīlō, ās, āre, -, ātum (de com-, expilo, cf. 2 pila), tr., piller, voler, dépouiller : Amm. 14, 2, 3 ; 31, 2, 8.

pĭlōsus, a, um (pilus ; cf. fr. pelouse), couvert de poils, poilu, velu : Cic. Pis. 1 ‖ -sior Plin. 20, 172.

pilpĭtō, ās, āre, -, - (onomat.), intr., cri [souris] : Suet. Frg. 161.

pĭlŭla, ae, f. (dim. de 3 pila), petit corps rond, boulette, pelote : Plin. 16, 28 ‖ pilule : Plin. 28, 138.

1 pīlum, i, n. (*pis-tlo-m, 1 pila, cf. pinso), pilon : Cat. Agr. 10, 5.

2 pīlum, i, n. (*peik-slo-m, cf. picus ? ; al. Pfeil, an. pile), pilum, javelot [des soldats romains] : Cic. Phil. 11, 5 ; Caes. G. 1, 25 ‖ [fig.] **pilum injicere alicui** Pl. Most. 570, lancer une pique à qqn ‖ [en part.] **muralia pila** Caes. G. 5, 40, 6 ; **pila muralia** Caes. G. 7, 82, 1, javelots de siège.

pīlūmĕn, ĭnis, n., toute substance pilée : *Gloss. 5, 607, 63.

pīlumnoe, ➡ pilati (4 pilatus) **pilis uti assueti** : Carm. Sal. d. Fest. 224, 4.

Pīlumnus, i, m., dieu protecteur des nouveaux-nés : Aug. Civ. 6,9, 2 ; ⓥ Picumnus ‖ trisaïeul de Turnus : Virg. En. 9, 4 ; 10, 76.

1 pĭlus, i, m. (cf. 3 pila, pilleus ; fr. poil), poil : Cic. Nat. 2, 143 ‖ [fig.] un cheveu, un rien : **e Cappadocia ne pilum quidem** Cic. Att. 5, 20, 6, de Cappadoce, pas l'ombre de nouvelles ; **ne pilo quidem minus me amabo** Cic. Q. 2, 15, 5, la satisfaction que j'ai de moi n'en sera pas diminuée de l'épaisseur d'un cheveu ; **non facere aliquid pili** Catul. 10, 13, ne faire aucun cas de qqch.

2 pīlus, i, m. (2 pilum), compagnie des pilaires ou triaires [armés de javelots] : Caes. G. 3, 5, 2 ; **primum pilum ducere** Caes. G. 5, 35, 6, commander la première compagnie des triaires, être primipilaire ou primipile ; **ad primum pilum tansducere** Caes. C. 3, 53, 3, faire monter au grade de primipile ‖ ⓥ primipilus.

pimpĭnella, ae, f. (cf. piper), pimprenelle : Dynamid. 2, 21.

Pimplēa, ae, f. (Πίμπλεια) ¶ **1** source de la Piérie, qui était consacrée aux Muses : Stat. S. 1, 4, 26 ¶ **2** Muse : Hor. O. 1, 26, 9.

Pimplēis, ĭdis, f. ¶ **1** Pimpla [lieu consacré aux Muses] : Aus. Epist. 14 (403), 9 ¶ **2** Muse : Varr. L. 7, 20 ; *P. Fest. 235, 12 [mss Pepteides ou -taeides] ¶ **3** poésies, vers : Mart. 11, 3, 1.

Pimplēus, a, um, de Pimpla, des Muses : Catul. 105, 1 ‖ f., Muse : Hor. O. 1, 26, 9.

Pimplĭădĕs, um, f. pl., ⓒ Pimpleides : Sidon. Carm. 10, 17.

pīna (pinna), ae, f. (πίνα), pinne marine [coquillage] : Cic. Fin. 3, 63 ; Nat. 2, 123 ; Plin. 9, 115.

Pĭnăcĭum, ii, n. (πινάκιον, petit tableau), nom d'un jeune esclave : Pl. St. 270.

pĭnăcŏthēca, ae, f. (πινακοθήκη), pinacothèque, galerie de tableaux, musée : Varr. R. 1, 2, 10 ; Plin. 35, 4 ; Vitr. 1, 2, 7 ‖ **-thēcē**, ēs, Varr. R. 1, 59, 2.

pīnālis, e, de pin : Cass. Fel. 46 ; Isid. 17, 7, 71.

Pinara, ae, f., île en face de l'Étolie : Plin. 4, 53 ‖ ville de Lycie, sur le Xanthe : Plin. 5, 101.

Pinarē, ēs, f., ville de Cilicie : Plin. 5, 92.

Pīnārĭi, ōrum, m. pl., ancienne famille du Latium, consacrée au culte d'Hercule : Liv. 1, 7, 12 ; 9, 29, 9 ; Macr. Sat. 1, 12, 28 ; Fest. 270, 5 ‖ **-rĭus**, a, um, des Pinarii : Virg. En. 8, 270 ‖ **Pinaria tribus** Fest. 264, 16, la tribu Pinaria [à Rome].

Pĭnărus, i, m. (Πίναρος), fleuve de Cilicie : Plin. 5, 91.

pīnastellus, i, m., dim. de pinaster, ⓒ peucedanum : Ps. Apul. Herb. 94.

pīnastĕr, tri, m., pin maritime : Plin. 14, 127 ; 16, 38.

pīnax, ăcis, m. (πίναξ), peinture sur bois, tableau : **Pinax Cebetis** Tert. Praescr. 39, 4, le Tableau de Cébès [titre d'un petit écrit de Cébès, philosophe thébain, 1ᵉʳ s. apr. J.-C.].

pincerna, ae, m. (πιγκέρνης), échanson : Ascon. Verr. 2, 1, 26 ; Lampr. Alex. 41, 3 ; Vulg. Gen. 40, 1.

pincernŏr, ārĭs, ārī, -, intr., être échanson : Fort. Carm. 5, 1, 3.

Pincĭānus, a, um, du Pincius [une des collines de Rome] Atlas II : Cassiod. Var. 3, 10.

Pincus, i, m., rivière de Mésie [Pek] : Not. Dign. Or. 41, 12 ; ⓥ Pingus.

Pindărus, i, m. (Πίνδαρος) ¶ **1** Pindare [le prince des poètes lyriques de la Grèce, né à Thèbes, en Béotie] : Cic. Fin. 2, 115 ‖ **-rĕus**, Capel. 2, 119, **-rĭcus**, a, um, de Pindare, pindarique, lyrique : Hor. Ep. 1, 3, 10 ; Prop. 3, 15, 40 ; **Pindaricum metrum** Serv. Gram. 4, 462, 15, le vers pindarique [anapestique de cinq pieds] ‖ **-rĭcōs**, adv., à la manière de Pindare : Porph. Hor. Ep. 1, 3, 13 ¶ **2** nom d'esclave : Cic. Att. 16, 1, 5 ¶ **3** autre personne : Val.-Max. 6, 8, 4.

Pindasus, i, m. (Πίνδασος), montagne de la Troade : Plin. 5, 126.

Pindĕnissus, i, f. (Πινδένισσος), place forte de Cilicie : Cic. Att. 5, 20, 5 ; 6, 1, 9 ‖ **-ītae**, ārum, m. pl., habitants de Pindénissus : Cic. Att. 5, 20, 1.

Pindicitora, ae, f., ville d'Égypte ou d'Éthiopie : Plin. 6, 180.

Pindis, is, f., ville située sur le Nil : Plin. 6, 180.

Pindŏs (-dus), i, m. (Πίνδος), le Pinde [montagne de Thessalie, consacrée à Apollon et aux Muses] Atlas VI, B1 : Plin. 4, 30 ; Virg. B. 10, 11.

pīnĕa, ae, f. (pineus ; esp. piña, fr. pigne), pomme de pin : Col. 10, 239.

pīnētum, i, n. (pinus ; it. pineta), forêt de pins, pinède : Ov. F. 2, 275 ; 4, 273 ; Plin. 27, 66.

pīnĕus, a, um (1 pinus), de pin : **ligna pinea** Vulg. 2 Par. 2, 8, pins ; **pinea nux** Cat. Agr. 48, 3 ; Plin. 17, 71, pomme de pin ; **pineus ardor** Virg. En. 11, 786, feu de bois de pin ; **pinea moles** Prop. 4, 6, 20 ; **pinea texta** Ov. M. 14, 530 ; **pinea compages** Mart. 9, 76, 4, vaisseau, navire [ordinᵗ en bois de pin].

pingō, ĭs, ĕre, pinxī, pictum (cf. scr. piṅgala, πίγγαλος et ποικίλος, rus. pisat' ; fr. peindre), tr. ¶ **1** peindre, représenter par le pinceau : **aliquem** Cic. Fam. 5, 12, 7 ou **speciem alicujus** Cic. de Or. 2, 69 ou **simulacrum alicujus** Cic. Inv. 2, 1, faire le portrait de qqn ; **tabulas** Cic. Inv. 2, 1, faire des tableaux ; **tabulae bene pictae** Cic. Brut. 261, tableaux bien peints ; **pugna erat equestris in tabulis picta** Cic. Verr. 4, 122, il y avait un combat de cavalerie représenté sur des tableaux ¶ **2** [poét.] **Dione pingitur sustinuisse...** Ov. Am. 1, 14, 34, Dioné est représentée soutenant... ‖ [avec ou sans acu] peindre à l'aiguille, broder : Ov. M. 6, 23 ; Cic. Tusc. 5, 61 ; **picti reges** Mart. 10, 72, 7, rois vêtus d'habits brodés, couverts de broderies ¶ **3** peindre, barbouiller de, couvrir de : Virg. B. 6, 22 ; **palloribus omnia** Lucr. 4, 311, couvrir toutes choses de teintes pâles ¶ **4** embellir : **bibliothecam mihi pinxerunt constructione et sittybis** Cic. Att. 4, 5, 3, ils ont donné fière allure à ma bibliothèque grâce à leur arrangement et à leurs étiquettes ¶ **5** [rhét.] peindre, rehausser de belles couleurs : **verba** Cic. Brut. 141, donner du coloris aux mots [employer les figures de mots].

pinguāmĕn, ĭnis, n. (pinguis), graisse : Cypr. Test. 1, 16.

pingue, is, n. (pinguis), graisse, embonpoint : Virg. G. 3, 124 ‖ graisse [provenant d'un animal] : Plin. 28, 144.

pinguēdo, ĭnis, f., graisse, embonpoint : Plin. 12, 68 ‖ graisse, matière grasse : Apic. 61 ‖ consistance onctueuse : [du miel] Theod.-Prisc. 1, 5.

pinguĕfăcĭō, ĭs, ĕre, fēcī, factum, tr., engraisser : Plin. 16, 246.

pinguescō, *is*, *ēre*, -, - (*pinguis*), intr. ¶ **1** engraisser, devenir gras : Col. 2, 11, 2 ; Plin. 9, 44 ‖ [en parl. de la terre, des végétaux] : Virg. G. 1, 492 ; Plin. 17, 15 ¶ **2** devenir gras, huileux : Plin. 14, 54 ‖ [fig.] devenir aspiré, s'aspirer [gram.] : Serg. 4, 476, 16 ‖ croître en violence, augmenter : Sil. 7, 354.

pinguĭārĭus, *ĭi*, m. (*pinguis*), qui aime la graisse, l'embonpoint : Mart. 11, 100, 6.

pinguĭcŭlus, *a*, *um* (dim. de *pinguis*), grassouillet, potelé : Front. *Caes*. 4, 12, 7, p. 75 N.

pinguĭfĭcō, *ās*, *āre*, -, -, tr., [pass.] s'engraisser, devenir fertile : Aug. *Serm.* 361, 11.

pinguis, *e* (cf. παχύς, hit. *panku-*, scr. *bahu-*) ¶ **1** gras, bien nourri : *me pinguem vises* Hor. *Ep.* 1, 4, 15, tu viendras voir l'homme gras que je suis ; *pinguissimus haedulus* Juv. 11, 65, chevreau bien gras ¶ **2** gras, graisseux : *pingue olivum* Ov. *M.* 10, 176, huile grasse ; *pingues arae* Virg. *En.* 4, 62, autels graissés par le sang des victimes, cf. Virg. *En.* 4, 202 ; *pyra pinguis taedis* Virg. *En.* 6, 214, bûcher que rend gras le bois résineux ‖ *pinguia crura luto* Juv. 3, 247, jambes couvertes d'une boue grasse ¶ **3** gras, fertile, riche : *sanguine pinguior campus* Hor. *O.* 2, 1, 29, champs engraissés par le sang ; *pingues horti* Virg. *G.* 4, 118, les fertiles jardins ; *fimus* Virg. *G.* 1, 80, riche engrais ‖ *Nilus pingui flumine* Virg. *En.* 9, 31, le Nil aux eaux fécondantes ¶ **4** épais, dense : *caelum pingue* Cic. *Div.* 1, 130, air épais ; *pinguis toga* Suet. *Aug.* 82, toge épaisse ‖ *pinguis sapor* Plin. 15, 106, saveur sans finesse ¶ **5** [fig.] **a)** épais, lourd, grossier : Cic. *Ac.* 2, 109 ; *pingue ingenium* Ov. *M.* 11, 148, esprit épais ; *pingue munus* Hor. *Ep.* 2, 1, 267, hommage grossier ; *poetis pingue quiddam sonantibus* Cic. *Arch.* 26, à des poètes dont l'accent avait je ne sais quoi d'empâté **b)** dans le bien-être, confortable : *secessus pinguis* Plin. *Ep.* 1, 3, 3, confortable retraite, cf. Plin. *Ep.* 7, 26, 3.

pinguĭtĕr, adv. (*pinguis*), grassement [en parl. du sol] : Col. 2, 2, 5 ‖ [fig.] largement, abondamment : *-guius* Dig. 44, 2, 14 ‖ sottement, stupidement : Dig. 42, 1, 49.

pinguĭtĭa, *ae* et **-tĭēs**, *ēi*, f., graisse : Arn. 7, 20 ; Apul. *M.* 10, 15.

pinguĭtūdō, *ĭnis*, f. (*pinguis*) ¶ **1** graisse, embonpoint : Cat. d. Varr. *R.* 2, 4, 11 ; Varr. *R.* 2, 4, 6 ‖ nature grasse, visqueuse, résineuse : Pall. 3, 12, 2 ¶ **2** [fig.] prononciation lourde, trop appuyée : Quint. 1, 11, 4.

pinguĭuscŭlus, v. *pinguiculus* Solin. 11, 21.

Pingus, *i*, m., rivière de Mésie : Plin. 3, 149.

pīnĭcellus, *i*, m. (dim. de *1 pinus*), petite boule, globule : Plin. Val. *1*, 6.

pīnĭfer, *ĕra*, *ĕrum* (*1 pinus*, *fero*), qui produit des pins, chargé ou planté de pins : Virg. *B.* 10, 14.

pīnĭger, *ĕra*, *ĕrum*, c. *pinifer* : Ov. *F.* 3, 84.

1 **pinna**, *ae*, f. (*pinnus*, cf. al. *spitz*, an. *spit* ; it. *penna*) ¶ **1** c. *penna* **a)** plume : Cic. *Nat.* 2, 129 ; Varr. *R.* 3, 9, 5 ; Col. 8, 2, 10 ; Plin. 11, 97 **b)** aile : Cic. *Nat.* 2, 125 ; 3, 59 ; *Att.* 4, 2, 5 ‖ [d'insectes] Plin. 11, 104 **c)** nageoire de poisson : Plin. 9, 42 **d)** [poét.] vol de présage : Ov. *F.* 1, 448 **e)** [poét.] flèche : Ov. *F.* 2, 110 ¶ **2** merlon, panneau plein entre deux créneaux : Caes. *G.* 5, 40, 6 ; Vitr. 10, 5, 1 ¶ **3** aube ou aileron [d'une roue de moulin] : Vitr. 10, 5, 1 ‖ touche [d'orgue hydraulique] : Vitr. 10, 8, 4.

▶ étymologiquement distinct de *penna* aile.

2 **pinna**, v. *pina*.

pinnācŭlum, *i*, n. (*pinna*), pinacle, faîte : Tert. *Jud.* 8, 1.

pinnātus, *a*, *um* (*pinna*), qui a des ailes : Cic. *Nat.* 3, 58 ; Cic. poet. *Div.* 1, 106 ‖ [fig.] emplumé, empenné : Plin. 16, 48 ; 27, 79.

Pinnēs, *is*, m., roi d'Illyrie : Liv. 22, 33, 5.

pinnĭgĕr, *ĕra*, *ĕrum*, c. *penniger* : Acc. *Tr.* 547 ; Lucr. 5, 1075 ; Cic. *Tim.* 35.

pinnĭgĕrō, *ās*, *āre*, -, - (*pinniger*), intr., voler : VL. *Is.* 40, 31.

pinnĭpes, *ĕdis*, qui a des plumes aux pieds : Catul. 55, 16.

pinnĭrăpus, *i*, m. (*pinna*, *rapio*), pinnirape, qui cherche à enlever l'aigrette du casque de son adversaire [gladiateur samnite, portant à son casque une aigrette] : Juv. 3, 158 ; Schol..

pinnŭla, *ae*, f. (dim. de *pinna*), petite plume : Col. 8, 5, 5 ‖ petite aile : Pl. *Amp.* 143 ; Cic. *Nat.* 2, 129 ‖ nageoire : Plin. 9, 175.

pinnus, *a*, *um*, pointu : Quint. 1, 4, 12 ; *Isid. 19, 19, 11.

pīnŏphўlax, *ăcis*, m., Plin. 9, 142 et **pīnŏtērēs**, *ae*, m. (πινοφύλαξ, πινοτήρης), pinnotère, petit crabe qui se loge dans la pinne marine : Cic. *Fin.* 3, 63 ; Plin. 9, 142 ; 32, 150 ‖ bernard-l'ermite : Plin. 9, 98.

Pinpedunni, *ōrum*, m. pl., peuple d'Aquitaine : Plin. 4, 108.

pinsātĭō, *ōnis*, f., action de battre pour tasser : Vitr. 7, 1, 3.

pinsātus, *a*, *um*, part. de *1 pinso*.

pinsĭtō, *ās*, *āre*, -, -, tr. (fréq. de *2 pinso*), bien broyer : Pl. *As.* 36.

pinsĭtŏr, *ōris*, m., pileur, broyeur : Mar. Vict. *Gram.* 6, 18, 5.

pinsĭtus, *a*, *um*, part. de *2 pinso*.

1 **pinsō** (*pīsō*), *ās*, *āre*, -, *ātum* (*2 pinso* ; fr. *piser*), tr., piler : Varr. *R.* 1, 63, 2 (Non. 163, 17 ; Vitr. 7, 3, 10 ; Ps. Apul. *Herb.* 2, 11 ; Fest. 152, 7).

2 **pinsō** (qqf. **pīsō**), *ĭs*, *ĕre*, *pinsŭī* et *pinsī*, *pinsum pinsĭtum* et *pistum* (*1 pinso*, *1 et 2 pila*, *1 pilum*, *pistillum*, *pistor*, cf. πτίσσω, scr. *pinaṣṭi*), tr., battre, frapper : Varr. *L.* 5, 23 ; Pl. *Merc.* 416 ; *a tergo quem nulla ciconia pinsit* Pers. 1, 58, à qui on ne fait pas les cornes par-derrière [m. à m., "à qui une cigogne, figurée avec les doigts, ne donne pas des coups de bec par derrière"] ‖ piler, broyer : Plin. 18, 97 ; 107.

pinsus, *a*, *um*, part. de *2 pinso*.

Pinthia, *ae*, m., roi de Syracuse : Pl. *Men.* 410.

pīnŭla, v. *pinnula*.

1 **pīnus**, *ūs* et *i*, f. (cf. *pituita*, scr. *pītu-*, πίτυς ; fr. *pin*) ¶ **1** pin [arbre] : Plin. 16, 79 ; Virg. G. 2, 389 ¶ **2** [fig.] *flagrans* Virg. *En.* 9, 72, torche enflammée ‖ navire, vaisseau : Virg. 10, 206 ; Hor. *Epo.* 16, 57 ‖ rame, aviron : Luc. 3, 531 ‖ lance : Stat. *Th.* 8, 539 ‖ couronne de pin : Ov. *M.* 14, 638 ‖ forêt de pins : Juv. 3, 307.

2 **Pīnus**, *i*, m., surnom romain ; not[t] Cornélius Pinus, peintre du temps de Vespasien : Plin. 35, 120.

pinxī, parf. de *pingo*.

pĭō, *ās*, *āre*, *āvī*, *ātum* (*1 pius*), tr. ¶ **1** offrir des sacrifices expiatoires, apaiser par des sacrifices, rendre propice : Virg. *En.* 6, 379 ; Hor. *Ep.* 2, 1, 143 ; Ov. *F.* 1, 318 ¶ **2** honorer : Pl. *As.* 506 ; Prop. 3, 10, 19 ¶ **3** purifier expier : Cic. *Dom.* 132 ‖ *fulmen* Ov. *F.* 3, 291, conjurer les présages donnés par la foudre ‖ effacer, venger, punir : Virg. *En.* 2, 140 ; Juv. 13, 54 ¶ **4** [fig.] purifier qqn, le rendre sain, le ramener au bon sens : Pl. *Men.* 281 ; 517.

Pīōn, *ōnis*, m. (Πίων), montagne près d'Éphèse : Plin. 5, 115.

pĭōnĭa, *ae*, f. (πίων ?), sarde indienne [pierre précieuse] : Plin. 37, 105.

Pĭōnĭae, *ārum*, f. pl., **-nĭē**, *ēs*, f., ville de Mysie : Plin. 5, 126 ‖ **-nītae**, *ārum*, m. pl., habitants de Pionie : Plin. 5, 123.

Pipara, *ae*, f., nom de la mère du second Gallien : Treb. *Gall.* 21, 3.

pīpātĭō, *ōnis*, f. (osq. ?, cf. *pipo*), lamentations : P. Fest. 235, 11.

pīpātŭs, abl. *ū*, m. (*pipo*), piaulement : Varr. *L.* 7, 103.

pĭpĕr, *ĕris*, n. (cf. πέπερι ; fr. *poivre*, al. *Pfeffer*, an. *pepper*), poivre : Cels. 2, 27 ; Hor. *Ep.* 2, 1, 270 ‖ [fig.] dynamisme, pétulence : Petr. 44, 6, *piper non homo* c'était le poivre fait homme [il ne tenait pas en place] ‖ mordant, causticité : Hier. 31, 2.

pĭpĕrācĭus, *a*, *um* (*piper*), pointillé, parsemé de petites taches comme des grains de poivre : Grom. 309, 13.

pĭpĕrātōrĭum, *ĭi*, n. (*piper*), poivrière : Paul. *Sent.* 3, 6, 86.

pĭpĕrātum, *i*, n., composition où il entre du poivre, mets poivré, poivrade : Cels. 4, 26, 7.

pĭpĕrātus, *a, um*, poivré : Col. 12, 47, 5 ‖ [fig.] piquant, mordant, caustique : Sidon. *Ep.* 5, 8, 3.

pĭpĕrīnus lapis, m. (*piper*; it. *peperino*), péperin [pierre blanchâtre et grenue] : Isid. 19, 10, 8.

pĭpĕrītis, *is* et *ĭdis*, f. (πεπερῖτις), 🔹 *siliquastrum* : Plin. 19, 187 ; 20, 174.

pīpĭlō, *ās, āre, -, -* (onomat.), intr., gazouiller, caqueter : Catul. 3, 10.

pĭpinna, *ae*, f. (express., cf. *pinna*; fr. *pine* ?), = *parva mentula* : Mart. 11, 72, 6.

1 pīpĭō, *ās, āre, -, -* (onomat.), intr., pousser des vagissements, vagir : Tert. *Mon.* 16, 5 ‖ tr., verser en pleurant [la pluie] : Tert. *Val.* 15, 4.

2 pīpĭō, *īs, īre, -, -* (onomat.), intr., piauler : Col. 8, 5, 14.

3 pīpĭo, *ōnis*, m. (1-2 *pipio*; it. *pippione*, fr. *pigeon*), pigeonneau [oiseau] : Lampr. *Alex.* 41, 7.

pīpizo, *ōnis*, m. (ποππύζων), petit de la grue : *Hier. Ep.* 22, 28.

Pīplēus, 🔹 *Pimplēus*.

pīpō, *ās, āre, -, -* (onomat.), intr., piauler, glousser [en parl. de la poule] : Varr. *Men.* 3.

pīpŭlum, *i*, n., (*-us, i*, m.) (*pipo*) ¶ 1 criaillerie (piaulement) : *pipulo aliquem differre* Pl. *Aul.* 446, clabauder contre qqn ¶ 2 vagissement : Front. *Ant.* 1, 3, 2, p. 101 N.

Piquentīni, *ōrum*, m. pl., habitants de Piquentum [ville d'Istrie] Atlas XII, B4 : CIL 5, 428.

pĭrācĭum, *ii*, n. (*pirum*), poiré, sorte de cidre : Hier. *Jovin.* 2, 5.

Pirae, *ārum*, f. pl., ancienne ville du Latium : Plin. 3, 59.

Pīraea, *ōrum*, n. pl., 🔹 *Piraeus* : Ov. *F.* 4, 563.

Pīraeeūs, *ei* (*ĕos*), acc. *ĕum* et *ĕa* [cette dernière forme (grecque) jugée moins bonne par Cic. *Att.* 7, 3, 10] m. (Πειραιεύς), plutôt **Pīraeus**, *i*, n. (m.), Cic. *Rep.* 3, 44 ; *Att.* 7, 3, 10 ; Pl. *Bac.* 235 ; *Most.* 66 ; Ter. *Eun.* 290, le Pirée, port d'Athènes Atlas VI, C2 ‖ *-aeus, a,* um, du Pirée : Ov. *M.* 6, 446.

Pirama, *ae*, f., ville de Sicile : Anton. 97.

pīrămis, 🔹 *pyramis*.

pīrāta, *ae*, m. (πειρατής), pirate : Cic. *Off.* 3, 107 ; *Verr.* 5, 96.

pīrātērĭum, *ii*, n. (πειρατήριον), troupe de brigands : VL. *Gen.* 49, 19 ‖ lieu de tentation ou d'épreuve : VL. *Job* 7, 1.

pīrātĭcē, adv. (*pirata*), en pirate : Char. 182, 1.

pīrātĭcum, *i*, n., 🔹 *piracium* : Hier. *Jovin.* 2, 5.

pīrātĭcus, *a, um* (πειρατικός), de pirate : *piraticum bellum* Cic. *Sen.* 11, la guerre contre les pirates ‖ *-tĭca, ae*, f., métier de pirate, piraterie : *piraticam facere* Cic.

Sen. 11, exercer la piraterie, écumer les mers.

pīrātĭum, 🔹 *piracium*.

Pīrēna, *ae*, Pl. *Aul.* 559 et **-rēnē**, *ēs*, f. (Πειρήνη), Pirène [fontaine de Corinthe, consacrée aux Muses] : Plin. 4, 11 ; Stat. *S.* 1, 4, 27 ; Pers. *pr.* 4 ‖ **-nis**, *ĭdis*, f. (Πειρηνίς), de la fontaine de Pirène ; de Corinthe : Ov. *M.* 7, 391 ; *P.* 1, 3, 75.

Pirenaeus, *a, um*, 🔹 *Pyrenaeus*.

pĭretrum, 🔹 *pyrethron*.

Pirisabora, *ae*, f., ville de Babylonie : Amm. 24, 2, 6.

Pīrĭthŏus, *i*, m. (Πειρίθοος), Pirithoüs [fils d'Ixion, ami de Thésée, descendit avec lui aux enfers pour enlever Proserpine] : Ov. *M.* 8, 302 ; Hor. *O.* 3, 4, 79.

pĭrŭla, *ae*, f. (*pirum*), petite poire [nom donné à l'extrémité du nez] : Isid. 11, 1, 48.

pĭrum, *i*, n. (*pirus*; fr. *poire*), poire [fruit] : Cat. *Agr.* 7 ; Virg. *G.* 2, 88 ; Col. 5, 10, 18.

pĭrus, *i*, f. (cf. ἄπιος ; it. *pero*), poirier [arbre] : Cat. *Agr.* 149, 1 ; Virg. *B.* 1, 74 ; Plin. 16, 90 ; 103.

Pīrustae, *ārum*, m. pl., peuple d'Illyrie : Caes. *G.* 5, 1, 5 ; Liv. 45, 26, 13.

1 pīsa, *ae*, f. (*pisum*; an. *pease*), pois : Pall. 11, 14, 9 ; 🔹 *pisum*.

2 Pīsa, *ae*, f. (Πίσα), Pise [ville d'Élide, non loin d'Olympie] : Virg. *G.* 3, 180 ‖ **-saeus**, *a, um*, de Pise [en Élide] : Ov. *M.* 5, 409 ‖ olympique : Stat. *S.* 1, 3, 8.

Pisae, *ārum*, f. pl., ville d'Étrurie Atlas I, C3 ; V, F4 ; XII, C2 : Virg. *En.* 10, 179 ; Liv. 21, 39, 3 ‖ **-sānus**, *a, um*, de Pise [en Étrurie] : Liv. 39, 2 ‖ **-āni**, *ōrum*, m. pl., habitants de Pise : Liv. 40, 43.

Pīsander (-drŏs ou **-us**), *dri*, m. (Πείσανδρος) ¶ 1 Pisandre [poète épique de Rhodes] : Quint. 10, 1, 56 ¶ 2 un des prétendants de Pénélope : Ov. *H.* 1, 91 ¶ 3 un Athénien : Nep. *Alc.* 5, 3 ¶ 4 un Lacédémonien : Nep. *Con.* 4, 4.

Pīsātĭlis, *e*, de Pise [en Étrurie] : Naev. d. Fest. 230, 15.

pīsātĭo, *ōnis*, f. (*piso*), action de tasser, de battre la terre [al. *spissatio*] : *Sen. *Ep.* 86, 18.

pīsātus, *a, um*, part. de *1 piso*.

Pĭsaurum, *i*, n., Pisaurum [ville du Picénum, auj. Pesaro] Atlas XII, C4 : Cic. *Fam.* 16, 12, 2 ; Caes. *C.* 1, 11 ‖ **-rensis**, *e*, de Pisaurum : Cic. *Brut.* 271 ‖ **-renses**, *ĭum*, m. pl., habitants de Pisaurum : CIL 11, 6354.

Pĭsaurus, *i*, m., rivière du Picénum Atlas XII, C3 : Catul. 81, 3 ; Plin. 3, 113.

piscārĭus, *a, um* (*piscis*), de poisson : *forum piscarium* Pl. *Curc.* 474, marché au poisson Atlas III B ‖ **piscaria**, *ae*, f., marché (halle) au poisson, poissonnerie : Dig. 50, 16, 17.

piscātĭo, *ōnis*, f., action de pêcher, pêche : Ulp. *Dig.* 7, 1, 9.

piscātŏr, *ōris*, m. (*piscor*; fr. *pêcheur*) ¶ 1 pêcheur : Cic. *Off.* 3, 58 ¶ 2 marchand de poisson : Pl. *Capr.* 813 ; *Trin.* 408 ; Ter. *Eun.* 256.

piscātōrĭa, *ae*, f., la pêche, le métier de pêcheur : Schol. Juv. 7, 155.

piscātōrĭus, *a, um* (*piscator*), de pêcheur : Caes. *C.* 2, 4 ; Liv. 25, 23, 5 ; *piscatorii ludi* Fest. 274, 35, fête des pêcheurs.

piscātrix, *īcis*, f. (*piscator*), pêcheuse : CIL 6, 9801 ‖ *rana piscatrix* Plin. 9, 143, baudroie, lotte ; 🔹 *3 rana*.

piscātum, *i*, n., plat de poisson : VL. *Num.* 11, 22.

piscātūra, *ae*, f., 🔹 *piscatus* : Tert. *Marc.* 4, 9, 1.

piscātŭs, *ūs*, m. (*piscor*) ¶ 1 pêche, action de pêcher : Pl. *Ru.* 299 ; Plin. 6, 91 ¶ 2 pêche, produit de la pêche : Pl. *Most.* 67 ; Vitr. 8, 3, 28.
▶ gén. arch. *-i*, v. Non. 488, 16.

Piscēnae (-cīnae), *ārum*, f. pl., ville de la Narbonnaise [auj. Pézenas] : Plin. 3, 36.

piscĕus, *a, um* (*piscis*), de poisson : Cassiod. *Var.* 11, 40.

piscĭcăpus, *i*, m. (*piscis, capio*), pêcheur : CIL 4, 826 ‖ ***piscĭceps**, *ĭpis*, m. [inus.] : Varr. *L.* 8, 61.

1 piscĭcŭlus, *i*, m. (dim. de *piscis*), petit poisson : Ter. *And.* 369 ; Cic. *Nat.* 2, 123.

2 Piscĭcŭlus, *i*, m., surnom romain : Plin. 36, 39.

piscīna, *ae*, f. (*piscis*) ¶ 1 vivier : Pl. *Truc.* 35 ; Cic. *Par.* 38 ; *Att.* 2, 1, 7 ¶ 2 piscine, bassin : *piscina publica* Cic. *Q.* 3, 7, 1 ; Liv. 23, 34, 4 ; Fest. 232, 12, bassin public ‖ piscine privée : Sen. *Ep.* 86, 5 ; Plin. *Ep.* 5, 6, 23 ‖ mare, abreuvoir : Col. 1, 5, 2 ‖ écluse : Plin. 3, 53 ‖ citerne, bassin, réservoir : *piscinae ligneae* Plin. 34, 123, cuves de bois.

Piscīnae, 🔹 *Piscenae*.

piscīnālis, *e* (*piscina*), de réservoir d'eau froide : Pall. 1, 40, 4.

piscīnārĭus, *ii*, m. (*piscina*), qui a des viviers : Cic. *Att.* 1, 19, 6 ; 1, 20, 3.

piscīnensis, *is*, m. (v. *piscina publica*), baigneur : Lucil. 1266.

piscīnŭla (-nilla), *ae*, f. (dim. de *piscina*), petit vivier, petit bassin : Varr. *L.* 9, 74.

piscis, *is*, m. (cf. al. *Fisch*, an. *fish*; it. *pesce*, bret. *pesk*), poisson : Cic. *Nat.* 2, 129 ; *piscis femina* Ov. *A. A.* 2, 482, poisson femelle ‖ pl., les Poissons [signe du zodiaque] : Ov. *F.* 2, 458 ; [sg.] Virg. *G.* 4, 234.

pisciuncŭlus, *i*, m. (dim. de *piscis*), tout petit poisson : Anthim. 44.

piscŏr, *ārĭs, ārī, ātus sum* (*piscis*; fr. *pêcher*), intr., pêcher : Cic. *Off.* 3, 58 ; Hor. *Ep.* 1, 6, 57 ; *in aere* Pl. *As.* 99, pêcher en l'air, perdre son temps ‖ tr., Tert. *Marc*. 4, 9, 2.

piscōsus, *a*, *um* (*piscis*; it., esp. *pescoso*) ¶ 1 poissonneux : Virg. *En*. 4, 255 ; Ov. *F*. 3, 581 ¶ 2 semblable au poisson : Non. 120, 15.

piscŭlentus, *a*, *um* (*piscis*), poissonneux : Pl. *Ru*. 907 ; Cat. d. Non. 15, 7 ‖ subst. n., médicament préparé avec des poissons : Apul. *Apol*. 31, 7 ‖ **-tissimus** Solin. 5, 6.

piscŭlus, *i*, m., C. 1 *pisciculus* : Char. 94, 4.

Pīsēnŏr, *ŏris*, m., nom d'homme : Ov. *M*. 12, 303.

Pīsīdae, *ārum*, m. pl., habitants de la Pisidie : Cic. *Div*. 1, 2 ; *Leg*. 2, 33 ‖ [au sg.] Cic. *Div*. 1, 105 ‖ **Pĭsĭdae** Claud. *Eutr*. 2, 241.

Pīsīdĭa, *ae*, f. (Πισιδία), Pisidie [contrée de l'Asie Mineure, près de la Pamphylie] Atlas I, D6 ; VI, C4 ; IX, C2 : Liv. 37, 54 ‖ **-dĭcus**, *a*, *um*, de Pisidie : Plin. 21, 41.

Pīsīnātes, m. pl., V. *Paesinates*.

pĭsinnus, *a*, *um* (expr., cf. *pusillus*), petit : M.-Emp. 8, 90 ; 26, 34 ‖ subst. m., marmot, bambin : Labeo d. Schol. Pers. 1, 4.

Pisinŭus, f., ville de Galatie : Plin. 5, 146.

Pīsistrătĭdae, *ārum*, m. pl. (Πεισιστρατίδαι), les fils de Pisistrate [Hipparque et Hippias] : Liv. 31, 44, 8.

Pīsistrătus, *i*, m. (Πεισίστρατος) ¶ 1 Pisistrate [fils d'Hipparque, tyran d'Athènes] : Cic. *Nat*. 3, 82 ; *Brut*. 27 ‖ **Pisistrati insulae** Plin. 5, 137, îles près d'Éphèse ¶ 2 chef béotien : Liv. 31, 44, 8.

Pisithĕus, *i*, m., médecin de Marc Aurèle : Vulc. Gall. *Avid*. 10, 8.

1 **pīsō**, *ās*, *āre*, -, - et **pīsō**, *ĭs*, *ĕre*, -, -, V. *pinso*.

2 **pīso**, *ōnis*, m. (*pinso*, 1 *piso*), mortier : M.-Emp. 8, 32.

3 **Pīso**, *ōnis*, m., surnom dans la *Calpurnia* ; not' Pison, surnommé Frugi, consul, orateur : Cic. *Font*. 39 ; *Brut*. 106 ‖ C. Calpurnius Piso, accusé de concussion par les Allobroges, défendu par Cicéron : Cic. *Flac*. 98 ; Sall. *C*. 49, 1 ‖ pl., **Pisones** Hor. *P*. 6 ‖ **-nĭānus**, *a*, *um*, de Pison : Suet. *Ner*. 63.

pissăgo, *ĭnis*, f., poix fondue : Gloss. 5, 606, 43.

pissasphaltus (-ŏs), *i*, m. (πισσάσφαλτος), pissasphalte, sorte de bitume [poix minérale ou de Malte] : Plin. 24, 41.

pissĕlaeŏn, *i*, n. (πισσέλαιον), huile de poix : Plin. 24, 19.

pissĭnus, *a*, *um* (πίσσινος), de poix : Plin. 15, 31 ; 23, 96.

pissŏcĕrōs, *i*, m. (πισσόκηρος), mélange de poix et de cire : Plin. 11, 16.

pistăcĭa, *ae*, f. (πιστάκη), pistachier [arbre] : Pall. 3, 25, 33.

pistăcĭum, *ĭi*, n. (πιστάκιον), pistache : Plin. 13, 51 ; Pall. 11, 12, 3.

pistāna, *ae*, f., f. l. pour *oistos*.

pīstātus, V. *pisto*.

pistĭcus, *a*, *um* (πιστικός), pur, non falsifié : Vulg. *Joh*. 12, 3.

pistillum, *i*, n., **-llus**, *i*, m. (dim. de 1 *pilum* ; it. *pestello*), pilon : Pl. *Aul*. 95 ; Col. 12, 57, 1 ; Plin. 34, 169.

Pistis, *is*, f., nom d'un Éon de Valentin : Tert. *Val*. 8, 2.

pistō, *ās*, *āre*, -, - (fréq. de 2 *pinso* ; it. *pestare*), tr., piler : *Veg. Mul*. 1, 32 ‖ **pistatus** Ps. Apul. *Herb*. 75.

Pistŏclērus, *i*, m., nom d'un personnage de comédie : Pl. *Bac*. 109.

pistŏr, *ōris*, m. (*pinso* ; it. *pistore*, al. *Pfister*) ¶ 1 celui qui pile le grain dans un mortier : Pl. *Capr*. 807 ; Varr. d. Non. 152, 14 ¶ 2 boulanger, pâtissier : Plin. 18, 107 ; Cic. *Pis*. 67 ; *Fin*. 2, 23 ‖ épithète de Jupiter [qui inspira aux Romains assiégés dans le Capitole l'idée de jeter des pains aux Gaulois] : Ov. *F*. 6, 350.

pistōrĭcĭus, *a*, *um*, V. *pistorius* : Plin. Val. 5, 41.

Pistōrĭum, *ĭi*, n., ville d'Étrurie [auj. Pistóia] Atlas XII, C2 : Plin. 3, 52 ‖ **-ĭensis**, *e*, de Pistorium : Sall. *C*. 57, 1 ; [jeu de mots sur *pistor*] Pl. *Capr*. 160.

pistōrĭus, *a*, *um* (*pistor*), de boulanger, de pâtissier : Cels. 2, 18, 2 ; Plin. 18, 105.

pistrĭgĕr, *ĕra*, *ĕrum* (*pistris*, *gero*), qui a une queue de poisson : Sidon. *Ep*. 4, 8, 5 v. 1.

pistrilla, *ae*, f. (dim. de *pistrina*), Ter. *Ad*. 584.

pistrīna, *ae*, f. (*pistor*), boutique de boulanger ou de pâtissier : Varr. *L*. 5, 138 ; Plin. 18, 86.

pistrīnālis, *e*, nourri dans une boulangerie : Col. 7, 9, 2.

pistrīnārĭus, *ĭi*, m., meunier : Ulp. *Dig*. 16, 3, 1.

pistrīnensis, *e* (*pistrinum*), de moulin, qui tourne la meule : Suet. *Cal*. 39.

pistrīnum, *i*, n. (*pistor* ; fr. *pétrin*) ¶ 1 moulin : Pl. ; Ter. ; *in pistrinum tradere, dedere* Pl. *Most*. 17 ; Ter. *And*. 199, envoyer au moulin (condamner à tourner la meule), cf. Cic. *de Or*. 1, 46 ‖ [fig.] *tibi mecum in eodem est pistrino vivendum* Cic. *de Or*. 2, 144, il nous faudra tous deux tourner la même meule ¶ 2 boulangerie, **pistrinum exercere** Suet. *Aug*. 4 ; Apul. *M*. 9, 4, être boulanger.

pistrīnus, *i*, m., boulangerie : Gloss. 2, 491, 51.

pistris, *is*, f., C. *pristis*, baleine : Val.-Flac. 2, 530 ‖ V. 2 *pistrix*.

1 **pistrix**, *īcis*, f. (*pistor*), celle qui fait le pain, boulangère : Lucil. d. Varr. *L*. 5, 138.

2 **pistrix**, *īcis*, f. (de πρίστις), poisson-scie, ou baleine : Plin. 32, 144 ; Virg. *En*. 3, 427 ‖ la Baleine [constellation] : Cic. *Arat*. 152.

pistūra, *ae*, f. (*pinso*), action de piler, de moudre, mouture : Plin. 18, 97.

pistus, *a*, *um*, part. de 2 *pinso*.

Pisuētae, *ārum*, m. pl., habitants de Pisua [ville de Carie] : Liv. 33, 18.

pĭsum, *i*, n. (cf. πίσος ; fr. *pois*, an. *pea*), pois [légume] : Plin. 18, 123.

Pitaīum, *ĭi*, n., ville de Carie : Plin. 5, 107.

Pĭtănă, *ae* ou **-nē**, *ēs*, f. (Πιτάνη) ¶ 1 ville d'Éolide, en Asie Mineure : Mel. 1, 18, 1 ¶ 2 ville de Laconie : Plin. 4, 16 ‖ **-aeus**, *a*, *um*, de Pitane : Plin. 29, 117.

Pitara, *ae*, f., ville d'Éthiopie : Plin. 6, 184.

Pithānē, V. *Pitane*.

pĭthănŏlŏgĭa, *ae*, f. (πιθανολογία), exposé ou production de raisons, de preuves, d'argumentation : Iren. 2, 14, 8.

pĭthēcĭum, *ĭi*, n. (πιθήκιον) ¶ 1 guenon [fig.] : Pl. *Mil*. 989 ¶ 2 C. *anarrhinon* : Ps. Apul. *Herb*. 86.

pĭthēcus, *i*, m. (πίθηκος), singe : Not. Tir. 108.

Pĭthēcūsa, *ae*, f. (Πιθηκοῦσα) et **-cūsae**, *ārum*, f. pl., l'île ou les îles Pithécuses [en face de Naples] : Mel. 2, 121 ‖ Liv. 8, 22, 6 ; Ov. *M*. 14, 90.

pithĕūs, *ĕi* ou *ĕos*, m. (πιθεύς), sorte de comète : Plin. 2, 99 ‖ **-thĭās**, *ae*, m., Sen. *Nat*. 1, 14, 1, **-thus**, *i*, m., Apul. *Mund*. 16.

Pĭthŏlāus, *i*, m. (Πειθόλαος), nom d'homme : Suet. *Caes*. 75.

Pĭthŏlĕo (-lĕōn), *ontis*, m., Pitholéon [mauvais poète de Rhodes] : Hor. *S*. 1, 10, 22.

Pitĭnās, *ātis*, m. f. n., de Pitinum : Plin. 2, 229 ‖ subst. m. pl., habitants de Pitinum : CIL 11, 6354.

Pitinum, *i*, n., ville du Picénum : Peut. 4, 5.

pĭtinnus, *a*, *um* (cf. fr. *petit*), V. *pisinnus* : CIL 6, 35915.

pītisso, V. *pytisso*.

Pitōnĭa, *ae*, f., nom de la source de l'Aqua Marcia : Plin. 31, 41.

pitpit, n. (osq.), ⇒ *quidquid* : P. Fest. 235, 15.

pittăcĭārĭum, *ĭi*, n., frais d'un permis, d'une permission : CIL 2, 5181.

pittăcĭŏlum, *i*, n. (dim. de *pittacium*), amulette : Hier. *Matth*. 4, 33, 6.

pittăcĭum, *ĭi*, n. (πιττάκιον ; esp. *pedazo*), morceau de cuir ou de parchemin ; étiquette d'un vase : Petr. 34, 6 ‖ emplâtre : Cels. 3, 10, 2 ‖ mémoire, liste, état : Lampr. *Alex*. 21, 8 ; Cod. Th. 10, 10, 29 ‖ récépissé, quittance : Cassiod. *Var*. 12, 20 ‖ pièce [sur un vêtement ou une chaussure] : Vulg. *Jos*. 9, 5.

Pittacus

Pittăcus (-ŏs), *i*, m. (Πιττακος), Pittacos de Mytilène, un des sept sages de la Grèce : Cic. *de Or.* 3, 56 ; Nep. *Thras.* 4, 2 ; Juv. 2, 6.

Pittheūs, *ĕi* ou *ĕos*, m. (Πιτθεύς), Pitthée [roi de Trézène] : Ov. *M.* 8, 622 ‖ **-thēĭus (-theūs)**, *a*, *um*, de Pitthée, de Trézène : Ov. *M.* 6, 418 ; 15, 296 ‖ **-thēĭs**, *ĭdos*, f., de Pitthée : Ov. *H.* 10, 131.

Pitŭānĭus, *ĭi*, m., nom d'homme : Tac. *An.* 2, 32.

pĭtŭĭnus (-tўĭnus), *a*, *um* (πιτύϊνος), de pin : Scrib. 202 ; 205 ; M.-Emp. 36, 49.

pītŭīta, *ae*, f. (cf. 1 *pinus*, πίτυς et *fortuitus* ; cf. fr. *pépie*) ¶ **1** mucus, coryza : Cat. *Agr.* 156, 4 ; Cic. *Tusc.* 4, 23 ; **nasi** Catul. 23, 17, morve ; **capitis** Plin. 25, 141, rhume de cerveau ¶ **2** pus, humeur, sanie : Cels. 5, 28, 16 ¶ **3** pépie [maladie des oiseaux] : Col. 8, 5, 22 ¶ **4** écoulement des arbres, sève, gomme : Plin. 17, 252.
▶ *pituita* Hor. *S.* 2, 2, 76 ; *Ep.* 1, 1, 108 est trisyll. [u = v].

pītŭītārĭa, *ae*, f., staphisaigre, herbe pédiculaire [plante] : Plin. 23, 18.

pītŭītōsus, *a*, *um* (*pituita*), pituiteux : Cic. *Fat.* 7.

Pitulāni, *ōrum*, m. pl., nom de deux populations d'Ombrie : Plin. 3, 114.

pĭtŭlus, *a*, *um* (cf. *pisinnus*), petit : Anton. Plac. 34.

pĭtўdĭŏn, *ĭi*, n. (πιτύδιον), pomme de pin : Plin. 15, 36.

pĭtўŏcampa, *ae* (**-pē**, **ēs**), f. (πιτυοκάμπη), chenille du pin [insecte] : Plin. 23, 62.

Pĭtўōdēs, *is*, f. (Πιτυώδης), île de la Propontide : Plin. 5, 151.

Pĭtўŏnēsŏs, *i*, f., île du golfe Saronique : Plin. 4, 57.

Pĭtўūs, *untis*, f. (Πιτυοῦς), Pityonte, ville de Colchide Atlas I, C7 : Plin. 6, 16.

1 pĭtўūsa, *ae*, f. (πιτύουσα), euphorbe-pityuse [plante] : Plin. 24, 31.

2 Pĭtўūsa, *ae*, f., nom donné à différentes îles [entre autres à Chios, Plin. 5, 136] : Plin. 4, 56 ; 5, 112 ; 5, 141.

Pĭtўūssae, *ārum*, f. pl., les îles Pityuses, dans la Méditerranée, V.▶ *Ebusus* [auj. Ibiza, près de l'Espagne] : Plin. 3, 76 ‖ [au sg.] Liv. 28, 37, 3.

1 pĭus, *a*, *um* (obscur, ombr. *pihatu*, cf. *pio*, *purus*, 1 *putus* ? ou scr. *payata*, πίαρ ? ; it. *pio*) ¶ **1** qui reconnaît et remplit ses devoirs envers les dieux, les parents, la patrie [trad. diverses suivant le contexte] **a)** [envers les dieux] pieux, cf. Cic. *Leg.* 2, 15 ; *Rep.* 6, 15 ; [m. pris subst¹] *pii*, les gens pieux, les justes, les bienheureux aux Enfers : Cic. *Phil.* 14, 32 ‖ [choses servant au culte] pieux, sacré : **far pium** Hor. *O.* 3, 23, 20, épeautre sacré, cf. Hor. *O.* 3, 4, 6 ; **pium est immolare...** Cic. *Rep.* 3, 15, c'est un acte pieux que d'immoler... ‖ [chrét.] saint : Paul.-Nol. *Carm.* 18, 39 **b)** [envers les parents, la patrie] pieusement affectu-eux, ayant une tendresse respectueuse, affectionné, dévoué : **pius in parentes** Cic. *Off.* 3, 90, ayant de la piété filiale [ou qqf. **pius** seul Cic. *Amer.* 66] ; **pius dolor** Cic. *Sest.* 4, une pieuse douleur [causée par la situation d'un ami] ; **pius metus** Ov. *M.* 11, 389, pieuses alarmes, tendre sollicitude [d'une épouse] ¶ **2** conforme à la piété [en gén.], juste : **pia et aeterna pax** Cic. *Balb.* 35, une paix juste et durable ; **pia ac justa arma** Liv. 30, 31, 4, une guerre pieuse, sainte [fidélité aux serments], et juste [conforme au droit] ¶ **3** [poét.] tendre, bienveillant : **pia testa** Hor. *O.* 3, 21, 4, affectueuse amphore.
▶ superl. *piissimus* critiqué par Cic. *Phil.* 13, 43 mais plus tard dans Sen., Tac., Flor., Curt. ‖ [tard.] *pientissimus* CIL 2, 19, V.▶ *piens*.

2 Pĭus, *ĭi*, m., surnom ; en part. du premier empereur Antonin : Capit. *Anton.* 2, 3.

1 pix, *ĭcis*, f. (cf. πίσσα, 1 *pinus* ; fr. *poix*, al. *Pech*), poix : Cæs. *G.* 7, 25, 2 ; *C.* 2, 11, 2 ; Hor. *O.* 3, 8, 10 ; Virg. *G.* 3, 450.

2 pix, *pīcis*, , acc. pl. *pīcīs*, m. (σφίγξ, φίξ), sphinx, griffon : Pl. *Aul.* 701, cf. Non. 152, 7 ; V.▶ *2 picatus*.

plācābĭlis, *e* (*placo*) ¶ **1** qui se laisse fléchir, qu'on peut apaiser, accessible : Cic. *Att.* 1, 17, 4 ; 10, 16, 1 ; **-bilior** Verr. 2, 95 ; **ad preces** Liv. 4, 42, 9, accessible aux prières ‖ [poét.] doux, bon, clément : Virg. *En.* 7, 764 ¶ **2** propre à apaiser, capable d'apaiser, propitiatoire : Ter. *Ad.* 608 ; *Phorm.* 961 ; **-lior** Lact. *Inst.* 4, 28, 7.

plācābĭlĭtās, *ātis*, f. (*placabilis*), clémence, disposition à se laisser fléchir : Cic. *Off.* 1, 88.

plācābĭlĭtĕr, adv., d'une manière propre à fléchir : Gell. 7, 3, 19 ; Cassiod. *Var.* 10, 33.

plācāmĕn, *ĭnis*, n. (*placo*), moyen d'apaiser : Plin. 7, 2, 3 ‖ **-mina**, n. pl., victimes expiatoires : Sil. 13, 415.

plācāmentum, *i*, n., V.▶ *placamen* : Plin. 21, 42 ; [pl.] Tac. *An.* 15, 44.

plācātē, adv. (*placatus*), avec calme : Cic. *Fam.* 6, 1, 4 ‖ **-tius** Cic. *Fam.* 6, 13, 3.

plācātĭo, *ōnis*, f. (*placo*), action d'apaiser, de fléchir : Cic. *Nat.* 3, 5 ; *Tusc.* 4, 60 ‖ [chrét.] expiation : Hier. *Ezech.* 12, 40, 1.

plācātŏr, *ōris*, m., celui qui apaise : Aug. *Civ.* 2, 11 tit.

plācātōrĭus, *a*, *um* (*placo*), expiatoire, propitiatoire, propre à apaiser : Tert. *Pat.* 13, 2.

plācātrix, *īcis*, f., celle qui apaise : Salv. *Gub.* 3, 9, 44.

plācātus, *a*, *um*, part.-adj. de *placo* ¶ **1** apaisé, adouci, bienveillant : Liv. 28, 32, 1 ; **exercitus duci placatior** Liv. 2, 60, 3, armée mieux disposée pour son chef ¶ **2** calme, paisible, tranquille : Cic. *Or.* 63 ; *Fin.* 1, 71 ; **placatissima quies** Cic. *Tusc.* 1, 97, un repos si profond.

plăcendus, *a*, *um*, V.▶ *placeo*.

plăcens, *tis*, part. de *placeo*, plaisant, qui agrée : Cic. *Fin.* 3, 27 ‖ aimé, chéri : Hor. *O.* 2, 14, 21.

plăcenta, *ae*, f. (πλακοῦς), galette, gâteau : Cat. *Agr.* 76 ; Hor. *S.* 1, 10, 11 ‖ gâteau sacré : Mart. 5, 39, 3.

plăcentārĭus, *ĭi*, m., pâtissier : Paul. *Sent.* 3, 6, 72.

1 plăcentĭa, *ae*, f. (*placeo*), désir de plaire : Apul. *Plat.* 2, 6.

2 Plăcentĭa, *ae*, f., ville d'Italie, sur le Pô [auj. Plaisance] Atlas I, C3 ; V, E4 ; XII, C2 : Cic. *Att.* 6, 9, 5 ; Liv. 21, 25, 2 ‖ **-tīnus**, *a*, *um*, de Plaisance : Cic. *Pis.* 53 ‖ **-tīni**, *ōrum*, m. pl., les habitants de Plaisance : Liv. 27, 10, 8.

plăcĕō, *ēs*, *ēre*, *ŭī*, *ĭtum* (*placo*, cf. toch. B *plāki*, fr. *plaire*), intr. ¶ **1** plaire, être agréable, agréer : **non dubito quin mihi placitura sit** Cic. *Q.* 3, 1, 13, je suis sûr qu'elle me plaira ; **sibi placere** Cic. *de Or.* 2, 15, être satisfait de soi ‖ **(tibi) placenda dos est** Pl. *Trin.* 1159, la dot doit te plaire [F. Gaffiot M. Belge t. 33, p. 226] ‖ parf. dép. : **condicio quae vobis placita est** Ter. *Hec.* 241, le parti qui vous a plu, qui vous agrée [mariage], cf. Ter. *Hec.* 21 ; **usurae placitae inter nos** Dig. 22, 1, 41, 2, les intérêts dont nous avons convenu ¶ **2 a)** paraître bon à qqn, agréer : **quid mihi placeat vides** Cic. *Off.* 2, 57, tu vois ce qui m'agrée, quel est mon avis, cf. Cic. *Off.* 3, 40 ; **ut placet Stoicis** Cic. *Off.* 1, 22, comme est l'opinion des stoïciens, selon la doctrine stoïcienne ; **non placet** Cic. *Off.* 1, 159, ce n'est pas mon avis ; **quae inter eos placuerunt** Dig. 2, 14, 1 pr., ce qu'ils ont décidé **b)** **placet alicui rem facere, rem fieri, ut res fiat**, qqn trouve bon, est d'avis, décide de faire une chose, qu'une chose soit faite : **quod principi placuit legis habet vigorem** Dig. 1, 4, 2 pr., ce que le prince a décidé a force de loi ; **majori parti placuit castra defendere** Cæs. *G.* 3, 3, 4, la majorité du conseil décida de défendre le camp, cf. Cic. *Caecin.* 20 ; *Off.* 1, 7 ; **tuis placuit te habere meas litteras** Cic. *Fam.* 6, 8, 3, ta famille trouve bon que tu aies une lettre de moi, cf. Cic. *Inv.* 1, 13 ; *Off.* 1, 153 ; **mihi placuit, ut... explicarem** Cic. *de Or.* 1, 155, je me suis résolu à développer, cf. Cic. *Fam.* 10, 12, 3 ; 11, 1, 2 ; Cæs. *G.* 1, 34, 1 ; [avec subj. seul] Apul. *M.* 4, 9 ‖ [en part. pour les décrets du sénat] [avec *ut*] Cic. *Phil.* 14, 38 ; **placuit, ut** Liv. 10, 21, 7, on [le sénat] décida de... ; [qqf. aussi proposition d'un sénateur] Cic. *Phil.* 5, 4, (cf. **decerno** Cic. *Phil.* 5, 5) ; [avec prop. inf.] Cic. *Phil.* 11, 30 ; [avec subj. seul] Liv. 35, 23, 8 ; [avec prop. inf. et subj. seul] Cæs. *C.* 3, 83, 3 **c) si dis placet**, s'il plaît aux dieux, que les dieux me pardonnent : Pl. *Cap.* 454 ; *Truc.* 647 ; Ter. *Ad.* 476 ; Cic. *Pis.* 38 ; Liv. 4, 3, 9.
▶ parf. *placitum est* Cic. *Verr.* 4, 1 ; *Rep.* 1, 18.

plăcescō (-cessō), *ĭs*, *ĕre*, -, - (inch. de *placeo*), intr., plaire : Anth. 353, 12.

Plăcĭa, æ, f. (Πλακία), ville de la Mysie : PLIN. 4, 86 ∥ ville de la Sarmatie d'Europe : PLIN. 5, 142.

plăcĭbĭlis, e (placeo ; fr. paisible), qui plaît à, agréable à : TERT. Res. 43, 6 ; 47, 16.

plăcĭda, æ, f., embarcation légère : GELL. 10, 25, 5 ; CIL 8, 27790.

plăcĭdē, adv. (placidus), avec douceur, avec bonté : SALL. J. 102, 12 ∥ d'une allure calme, paisible : CÆS. G. 6, 8, 2 ; [fig.] CIC. Or. 92 ∥ sans bruit, doucement : PL. Bac. 833 ; TER. Phorm. 867 ∥ avec calme, avec sang-froid, sans murmurer : CIC. Tusc. 2, 58 ∥ **-dius** SALL. C. 39, 2 ; **-issime** AUG. Conf. 6, 1.

Plăcĭdĭa, æ, f., Galla Placidia, fille de Théodose le Grand : JORD. Get. 164.

Plăcĭdīna, æ, f., nom de femme : FORT. Carm. 1, 15, 93.

Plăcĭdīnus, i, m., nom d'homme : CIL 13, 6733.

plăcĭdĭtās, ātis, f. (placidus), humeur douce, douceur de caractère : VARR. R. 2, 1, 4 ; GELL. 13, 22, 19.

plăcĭdō, ās, āre, āvī, -, (placidus), tr., calmer, arrêter, ralentir : AMBR. Virg. 17, 117.

plăcĭdŭlus, a, um (dim. de placidus), paisible, tranquille : AUS. Parent. 29 (186), 3.

plăcĭdus, a, um (placeo), doux, calme, paisible : *clemens et placidus* TER. Ad. 864, au caractère indulgent et doux, cf. CIC. Cæcin. 28 ; *dicendi placidum genus* CIC. Brut. 276, éloquence calme, cf. CIC. de Or. 2, 183 ; *placidissima pax* CIC. Tusc. 5, 48, le calme le plus profond ; *placidus pontus, amnis* LUCR. 5, 1004 ; OV. M. 1, 702, mer, fleuve paisible ; *arbores placidiores* PLIN. 16, 16, arbres moins sauvages ∥ *cum serenum placidumque est* GELL. 16, 3, 9, quand le temps est beau et calme.

plăcĭta, v. *placitum*.

plăcĭtĭo, ōnis, f. (placeo), complaisance (pour soi-même) : HIER. Orig. Ez. 9, 5.

plăcītis cadmĭa, f. (πλακῖτις), sorte de cadmie : PLIN. 34, 102.

plăcĭtō, ās, āre, -, -, intr., fréq. de placeo, plaire beaucoup : PL. Bac. 1018.

plăcĭtum, i, n. (placitus ; fr. plaid), ce qui plaît, désir, agrément, souhait : VIRG. B. 7, 27 ∥ volonté, ordonnance [méd.] : PLIN. 14, 143 ∥ [ordin¹ au pl.] préceptes [d'agriculture] : PLIN. 15, 20 ; [phil.] dogme, principe fondamental : SEN. Ep. 66, 45 ; 95, 10 ∥ convention, pacte : *fidem adhibere placitis* DIG. 17, 1, 7, respecter les conventions ∥ *placita legum* COD. JUST. 8, 10, 5, les prescriptions légales ; *principum* COD. JUST. 6, 24, 4, les constitutions impériales.

plăcĭtūrus, a, um, part. fut. de placeo.

plăcĭtus, a, um, part.-adj. de placeo, qui a plu, qui plaît, agréable : SALL. J. 81, 1 ; VIRG. G. 2, 405 ; TAC. An. 2, 66 ∥ **-tissimus** JUST. 18, 3, 9.

plācō, ās, āre, āvī, ātum (placeo), tr., apaiser, calmer, adoucir : *animos* CIC. Tusc. 4, 9 ; *plebem muneribus* CIC. Mil. 95 ; *iras* CIC. Har. 63, apaiser les esprits, la plèbe par des jeux, les colères ; *ventos* VIRG. En. 2, 116 ; *æquora* OV. M. 11, 432, calmer les vents, la mer ; *sitim* MART. 1, 50, 17, apaiser la soif ∥ *aliquem alicui* CIC. Fam. 13, 1, 3, gagner la faveur de qqn à l'égard de qqn, cf. CIC. Att. 7, 1, 8 ; LIV. 23, 9, 4 ; *placari populo Romano non possunt* CIC. Nat. 3, 15, ils ne peuvent être réconciliés avec le peuple romain ; *homo sibi ipse placatus* CIC. Tusc. 4, 37, homme en paix avec lui-même.

▶ *sub vos placo = supplico*, v. FEST. 206, 18.

plăcŏr, ōris, m. (placeo), contentement, paix, apaisement : VULG. Eccli. 4, 13 ; 39, 23 ∥ calme, tranquillité : GLOSS. 5, 607, 13.

plăcŭī, parf. de *placeo*.

Plætōrĭus, ĭi, m., nom de différents personnages : CIC. Clu. 165 ; 126 ∥ **-ānus**, a, um, de Plétorius : CIC. Att. 5, 20, 8 ∥ **-tōrĭa lex**, VARR. L. 6, 5, loi Plétoria [portée par le tribun Plétorius, vers 200 av. J.-C., sur la protection des mineurs de 14 à 25 ans].

1 plăga, æ, f. (πληγή ; fr. plaie), coup, blessure [pr. et fig.] : *verbera et plagas repræsentare* SUET. Vit. 10, montrer les coups de fouet et de bâton dont on est meurtri ; *plagis confectus* CIC. Verr. 5, 140, roué, déchiré de coups ; *hæc Lacedæmoniis plaga mediocris* CIC. Off. 1, 84, ce fut pour les Lacédémoniens un coup (un échec) médiocre ; *mortifera* CIC. Sest. 44, coup mortel ; *alicui* ou *alicui rei plagam imponere* CIC. Sest. 44 ; *injicere* CIC. Mur. 48 ; *infligere* CIC. Vat. 20, porter un coup à qqn, à qqch ; *plagam gravem facere* CIC. Or. 228, porter un coup efficace ; *plagam accipere* CIC. Sest. 44, recevoir un coup, une blessure.

2 plăga, æ, f. (3 plaga, cf. πέλαγος, al. flach, an. fluke), étendue, région : *cæli plagas scrutari* ENN. d. CIC. Div. 2, 30 ; Rep. 1, 30, scruter les régions célestes, cf. VIRG. En. 1, 394 ; *quattuor plagæ* VIRG. En. 7, 226, les quatre zones ; *plaga solis iniqui* VIRG. En. 7, 226, la zone torride ∥ canton : LIV. 9, 41, 15.

3 plăga, æ, f. (2 plaga) ¶ **1** filet, piège [pr. et fig.] : [au sg.] CIC. Off. 3, 68 ; Att. 7, 1, 5 ; PLIN. 11, 83 ; [mais surtout au pl.] CIC. Off. 3, 68 ; Ac. 2, 147 ; Verr. 5, 151 ; Fam. 12, 25, 4 ¶ **2** couverture de lit ou rideau de lit : VARR. d. NON. 162, 28 ; 378, 9 ; 537, 23.

plăgālis, e, consistant en coups : PS.-CYPR. Abus. 9.

plăgella, æ, f. (dim de plagula), double toile, compresse : CÆL.-AUR. Chron. 3, 2, 22.

1 plăgĭārĭa, æ, f. (3 plaga), séductrice [épithète de Vénus] : CIL 4, 1410.

2 Plăgĭārĭa, æ, f., ville d'Hispanie : ANTON. 419.

plăgĭārĭus, ĭi, m. (plagium), plagiaire, celui qui vole les esclaves d'autrui, [ou] qui achète ou qui vend comme esclave une personne libre : CIC. Q. 1, 2, 6 ; SEN. Tranq. 8, 4 ; ULP. Dig. 21, 1, 17 ∥ [fig.] plagiaire [en parl. d'un auteur] : MART. 1, 52, 9.

plăgĭātīcĭus, a, um, qui concerne le crime de plagiaire : NOT. TIR. 48.

plăgĭātŏr, ōris, m., plagiarius [au pr.] : TERT. Marc 1, 23, 7 ; HIER. Ep. 5, 3.

plăgĭaulēs, æ, m. (πλαγιαύλης), celui qui joue de la flûte traversière : NOT. TIR. 107.

plăgĭgĕr, ĕra, ĕrum et **-gĕrŭlus**, a, um (1 plăga, gero), [litt¹] porte-coups, [fam.] encaisseur de coups, souffre-douleur : PL. Ps. 153 ; Most. 875.

plăgĭō, ās, āre, āvī, ātum (plagium, πλαγιάζω), tr., voler un homme : COLL. MOS. 14, 1.

plăgĭŏxypus, i, m., celui qui bat souvent : HER. 4, 42.

plăgĭpătĭda, æ, m. (plăga, patior), souffre-coups, tête à claques : PL. Capr. 472 ; Most. 356.

plăgĭum, ĭi, n. (πλάγιος), crime du plagiaire (vol d'homme) : ULP. Dig. 17, 2, 51, 1.

plăgō, ās, āre, āvī, ātum (1 plaga ; it. piagare), tr., frapper, battre : AUG. Civ. 21, 11.

plăgōsus, a, um (1 plăga) ¶ **1** qui aime à frapper, brutal : HOR. Ep. 2, 1, 70 ¶ **2** couvert de plaies ou de cicatrices : APUL. M. 9, 12.

plăgŭla, æ, f. (dim. de 3 plaga), couverture de lit : AFRAN. Com. 415 ; VARR. d. NON. 86, 7 ∥ rideau de lit ou de litière : SUET. Tit. 10 ∥ tapisserie, tapis, étoffe : LIV. 39, 6, 7 ∥ pan, côté [d'une tunique] : VARR. L. 9, 79 ∥ feuille de papier : PLIN. 13, 77.

Plăgŭlēius, i, m., nom d'homme : CIC. Att. 10, 8, 3.

plăgūsĭa, æ, f. (cf. πέλαγος), coquillage inconnu : PL. Ru. 298.

plāna, æ, f. (plano), [techn.] plane, doloire : ARN. 6, 14.

Plānărĭa, æ, f., Planasia : PLIN. 2, 80.

plānāris, e (1 planus), plan, superficiel : CAPEL. 6, 708.

plānārĭus, a, um (1 planus), de plaine, de plain-pied : *planaria compellatio* COD. JUST. 3, 11, 4, interpellation du magistrat avant qu'il soit monté à son tribunal.

Plănāsĭa, æ, f. (Πλανασία), l'île de Planasie, entre la Corse et l'Étrurie [auj. Pianosa] Atlas XII, D2 : TAC. An. 1, 3, 6 ∥ une des îles Fortunées : PLIN. 6, 202.

plānātus, a, um, part. de *plano*.

planca, æ, f. (1 plancus ; fr. planche), planche : PALL. 1, 21, 2 ; P. FEST. 259, 5.

Plancĭădēs, æ, m., surnom du grammairien Fulgence : FULG. Serm. tit..

Plancīna, æ, f., nom de femme : TAC. An. 2, 43.

Plancius

Plancĭus, *ĭi*, m. ¶ **1** nom de famille rom. ; not' Cn. Plancius, défendu par Cicéron : Cic. Att. 1, 12, 2 ¶ **2** nom d'un Varus : Tac. H. 2, 63.

Planctae, *ārum*, f. pl., plusieurs îles du Pont-Euxin : Plin. 6, 32.

planctŭs, *ūs*, m. (*plango*) ; it. *pianto*), action de frapper avec bruit, coup, battement : Val.-Flac. 4, 494 ∥ action de se frapper dans la douleur : Curt. 3, 12, 8 ; 10, 5, 6 ; Sen. Marc. 6, 2 ∥ [fig.] lamentations, bruyante douleur : Tac. An. 1, 41.

1 plancus, *a*, *um* (*planca*, cf. *2 plaga*, *1 planta*, πλάξ), qui a les pieds plats : P. Fest. 259, 5.

2 plancus, *i*, m., ⓥ▸ *plangus* : Plin. 10, 7.

3 Plancus, *i*, m. (*1 plancus*), nom d'une branche de la *gens Munatia* : Plin. 11, 254 ∥ **-iānus**, *a*, *um*, de la famille des Plancus : CIL 3, 6837.

plānē, adv. (*1 planus*) ¶ **1** d'aplomb : *plane collocare cruminam in collo* Pl. As. 657, mettre une sacoche d'aplomb sur le cou ¶ **2** d'une façon unie, clairement : *loqui* Cic. Phil. 7, 17, parler clairement ; *planius, planissime* Cic. de Or. 2, 329 ; Verr. 2, 156, plus clairement, très clairement ¶ **3** complètement, entièrement, exactement : *vix vel plane nullo modo* Cic. Att. 11, 9, 3, à peine ou plutôt pas du tout ; *plane perisse* Cic. Fam. 14, 4, 3, être tout à fait perdu ; *non plane* Cic. Verr. 4, 120, pas entièrement, pas tout à fait ; *plane orator* Cic. Brut. 40, orateur accompli ; *modo plane annis centum quadraginta ante me consulem* Cic. Brut. 60, précédant mon consulat de cent quarante ans seulement ∥ [dans les réponses] exactement, parfaitement : Pl., Ter. ∥ sans doute, soit [concessif] : Tert. Apol. 9, 12.

plānescō, *ĭs*, *ĕre*, -, - (*1 planus*), intr., s'aplanir : Paul.-Nol. Carm. 6, 314.

Plănēsĭum, *ĭi*, n., nom de femme : Pl. Curc. 159.

plănētae, *ārum*, m. pl. (πλανήτης), planète : Ampel. 3, 3 ; Firm. Math. 2, 2, 1 ∥ vêtement flottant : Isid. 19, 24, 17.

plănētārĭus, *ĭi*, m. (*planetae*), astrologue : Aug. Conf. 4, 3.

plănētēs, *um*, m. pl. (πλανής), ⓒ▸ *planetae* : Gell. 14, 1, 12.

plănētĭcus, *a*, *um* (πλανητικός), errant : *planetica sidera* Sidon. Ep. 8, 11, 9, planètes ∥ *planetica (vestis)* Cassian. Inst. 1, 6, habit qui enveloppe tout le corps.

Plangenses, *ĭum*, m. pl., habitants de Planga [ville d'Ombrie] : Plin. 3, 114.

plangō, *ĭs*, *ĕre*, *planxī*, *planctum* (cf. *1 plaga*, πλήσσω, πλάζω, al. *fluchen* ; fr. *plaindre*), tr. ¶ **1** frapper : *fluctus plangentes saxa* Lucr. 2, 1155, les flots battant les rochers ∥ *avis plangitur* Ov. M. 11, 75, l'oiseau se frappe de ses ailes = bat des ailes ¶ **2** [en part., signe de douleur, d'exaltation] : *pectora* Ov. M. 6, 248, se frapper la poitrine ; *lacertos* Ov. M. 9, 636, se frapper les bras ∥ [pass.] se frapper : Ov. M. 8, 526 ¶ **3** *a)* [abs'] se livrer aux transports de la douleur, se lamenter : *planxere Dryades* Ov. M. 3, 505, les Dryades se lamentèrent, cf. Virg. En. 11, 145 ; Suet. Ner. 49 ; Oth. 8 *b)* tr., pleurer qqch., qqn : Val.-Flac. 3, 297 ; Tib. 1, 8, 27 ; [au pass.] Tac. Agr. 46 ; Juv. 13, 131.

plangŏr, *ōris*, m. (*plango*), action de frapper, battements, coups : Catul. 64, 272 ∥ coups que l'on se donne dans la douleur, lamentations bruyantes, gémissements : Cic. Or. 131 ; Virg. En. 2, 487.

plangus, *i*, m. (πλάγγος), sorte d'aigle : Plin. 10, 7.

plānĭlŏquus, *a*, *um*, qui s'exprime clairement : Pl. Truc. 864.

Planīnenses, *ĭum*, m. pl., habitants de Planina [dans le Picénum] : Plin. 3, 111.

plānĭpĕdus, *a*, *um*, de plain-pied : Cass. Fel. 30.

plānĭpēs, *ĕdis*, m. (*1 planus, pes*), sorte d'acteur bouffon [qui n'a ni le *soccus*, ni le *cothurnus*] : Juv. 8, 191 ; Gell. 1, 11, 12.

plānĭtās, *ātis*, f., netteté, clarté [rhét.] : Tac. D. 23.

plānĭtĭa, *ae*, f. (*1 planus* ; it. *pianezza*), surface plane, plaine, pays plat : Cic. Div. 1, 2 ; *Caes. C. 1, 43, 1 ∥ surtout, **plānĭtĭēs**, *ēi*, f., même sens : Lucr. 4, 294 ; Cic. Verr. 4, 107 ; Hirt. G. 8, 14, 4 ; Sall. C. 59, 2 ; J. 48, 4.

plānĭtūdo, *ĭnis*, f. (*1 planus*), surface plane : Boet. Arith. 2, 25, 5.

plānō, *ās*, *āre*, *āvī*, *ātum* (*1 planus* ; fr. *planer*), tr., aplanir : Corip. Just. 2, 223.

1 planta, *ae*, f. (cf. *1 plancus, planus*, πλατύς ; fr. *plante*), plante du pied, pied : Virg. B. 10, 49 ; *planta duci* Juv. 5, 125, être traîné par le talon ; *planta assequi* Sil. 13, 246, atteindre à la course ; *exsurgere in plantas* Sen. Ep. 111, 3, se hausser sur la pointe des pieds ; *supra plantam ascendere* Val.-Max. 8, 12, sortir de sa sphère, parler de ce qu'on ne connaît pas.

2 planta, *ae*, f. (*planto* ; fr. *plante*, al. *Pflanze*) ¶ **1** plant, pousse, rejeton, bouture, talon : Cat. Agr. 70, 1 ; Cic. CM 52 ; Varr. R. 1, 55, 3 ¶ **2** plante, légume : Juv. 3, 227, [*res quae gignitur e terra* Cic. Fin. 4, 13].

plantāgo, *ĭnis*, f. (*1 planta* ; fr. *plantain*), plantain [plante] : Plin. 25, 80.

Plantanistum, *i*, n., ville de Pamphylie : Plin. 5, 96.

plantārĭa, *ĭum*, n. pl. (*2 planta*) ¶ **1** jeunes plants, rejetons, boutures : Virg. G. 2, 27 ∥ plantes, légumes : Juv. 13, 123 ∥ [fig.] végétation : Pers. 4, 39 ¶ **2** ailerons [attachés aux pieds de Mercure], talonnières : Val.-Flac. 1, 67.

plantāris (*1 planta*), qui tient aux pieds : Stat. Th. 1, 304 ; ⓥ▸ *plantaria*.

plantārĭum, *ĭi*, n. (*2 planta*) ¶ **1** pépinière : Plin. 17, 109 ¶ **2** ⓥ▸ *plantaria*.

plantātĭo, *ōnis*, f. (*planto*), plantation : Plin. 21, 17 ∥ [fig.] plante, fruits : Vulg. Matth. 15, 13 ; Cassian. Coll. 20, 4, 3.

plantātŏr, *ōris*, m., planteur [fig.] : Aug. Ep. 89, 20.

plantātus, part. de *planto*.

plantĭgĕr, *ĕra*, *ĕrum*, qui pousse des rejetons : Plin. 13, 59.

plantō, *ās*, *āre*, *āvī*, *ātum* (*1 planta*), tr., planter : Plin. 17, 67 ∥ [fig.] former : Vulg. Psal. 93, 9 ; Cypr. Ep. 52, 4.

1 plānus, *a*, *um* (cf. *palam, 1 palma, plancus*, πέλαγος, πλατύς, scr. *prthu-* ; fr. *plain-pied*) ¶ **1** plan, de surface plane, plat, uni, égal : *planum litus* Caes. G. 4, 23, 6, rivage uni ; *carinae planiores* Caes. G. 3, 13, 1, carènes plus plates ; *planissimus locus* Cic. Agr. 2, 96, lieu très plat ; *planae manus* Sen. Nat. 2, 28, 1, mains à plat, le plat de la main [oppos. à *cavae*, creux de la main] ∥ [n. pris subst'] terrain plat : *in planum deducere* Sall. J. 49, 6, faire descendre dans la plaine ∥ [droit] *e plano, de plano* Dig., de plain-pied = en dehors du tribunal [*e tribunali*, du haut du tribunal] ; *bonorum possessio quae de plano peti potuit* Dig. 38, 15, 2, 1, la possession de biens qu'il a pu obtenir *de plano* [sans examen au fond, sans qu'une procédure d'enquête ait été ordonnée] ; *levia crimina audire de plano proconsulem oportet* Dig. 48, 2, 6, le proconsul doit régler directement les petits délits ∥ [fig.] *in plano* Sen. Clem. 1, 5, 3, au ras du sol = dans la vie ordinaire ¶ **2** [fig.] *a)* sans aspérités, facile, aisé : *plana via* Cic. Flac. 105, route unie, facile *b)* clair, net : *narrationes planae* Cic. Top. 97, narrations claires ; *cum haec omnia tuis proximis cumulate plana fecero* *Cic. Verr. 5, 165, quand j'aurai rendu tous ces faits pleinement évidents aux yeux de ceux qui le touchent de très près ; *planum facere* [avec prop. inf.] Cic. Clu. 98, montrer clairement que ; *planum fac* Cic. Amer. 58, fais la preuve.

2 plănus, *i*, m. (πλάνος), vagabond : Petr. 82, 2 ∥ charlatan, saltimbanque : Cic. Clu. 72 ; Hor. Ep. 1, 17, 59.

planxī, parf. de *plango*.

plăsĕa, ⓥ▸ *palasea*.

plăsis, *is*, f. (πλάσις), action de façonner, de modeler : Ps. Ascon. Verr. 1, 58.

plasma, *ătis*, n. (πλάσμα), la créature [l'homme formé du limon de la terre] : Prud. Cath. 7, 184 ∥ fiction [poétique] : Aus. Epist. 10 (399), 2 ∥ modulation efféminée : Quint. 1, 8, 2.

▸ **plasma**, *ae*, f., Commod. Apol. 315.

plasmăbĭlis, *e* (*plasmo*), façonné, pétri : Fort. Carm. 2, 5, 3.

plasmātĭo, *ōnis*, f. (*plasmo*), création, confection : Hier. Ep. 22, 38.

plasmātŏr, ōris, m., le créateur : Tert. Jud. 2, 1.

plasmō, ās, āre, āvī, ātum (plasma), tr., former [l'homme], façonner, créer : Prud. Apoth. 933 ; Tert. Jud. 13, 11.

plassō, ās, āre, -, - (πλάσσω), tr., confectionner : Apic. 43 ; 44.

plastēs, ae, m. (πλάστης), celui qui travaille l'argile, modeleur, sculpteur : Vitr. 1, 1, 13 ; [pl.] Vell. 1, 17, 4 ; Plin. 35, 154.

plastĭca, ae, Tert. Cult. 2, 2, 6, et surtout **plastĭcē**, ēs, f. (πλαστική), la plastique, l'art de modeler en terre : Plin. 35, 151.

plastĭcē, v.> plastica.

plastĭcus, a, um (πλαστικός), relatif au modelage : **ratio plastica** Vitr. 1, 1, 13, la plastique.

plastus, a, um (πλαστός), imité, d'imitation, trompeur, simulé : Fulg. Myth. 1, pr., p. 13, 15 H.

Plătaeae, ārum, f. pl. (Πλαταιαί), Platées [ville de Béotie, célèbre par la victoire remportée par Pausanias sur les Perses] : Cic. Off. 1, 61 ; Nep. Arist. 2, 1 ‖ **-tāĭcus**, a, um, de Platées : Vitr. 1, 1, 16 ‖ **-taeenses**, ĭum, m. pl., habitants de Platées, Platéens : Nep. Milt. 5, 1.

Platagē, v.> Patage.

plătălĕa, ae, f. (gr.), spatule, stercoraire [oiseau] : Cic. Nat. 2, 124 ; v.> 2 platea.

plătănētum, i, n., lieu planté de platanes : Gloss. 2, 408, 58.

plătănĕūs, ĕi ou ĕos, m. (Πλατανεύς), rivière de Bithynie : Plin. 5, 148.

plătănīnus, a, um (platanus), de platane : Col. 12, 16, 3.

plătănista, ae, m. (πλατανιστής), sorte de poisson : Plin. 9, 46.

Plătănōdēs prōmuntŭrĭum, n., promontoire d'Achaïe : Plin. 4, 14.

plătănōn, ōnis, m. (πλατανών), lieu planté de platanes : Vitr. 5, 11, 4 ; Sen. Ep. 55, 6.

plătănus, i, f. (πλάτανος ; fr. plane), platane : Cic. de Or. 1, 28 ‖ **-nŭs**, ūs, f., Culex 124.

Plătē, ēs, f., Platé [île voisine de la Troade] : Plin. 5, 138.

1 **plătĕa**, ae, f. (πλατεῖα, -τέα ; fr. place, al. Platz), grande rue, espace ouvert, avenue, rue large : **platea perpetuae ac latiores civitatum viae sunt** Isid. 15, 2, 23, les avenues sont les rues larges qui traversent les cités de bout en bout ; Pl. Cas. 799 ; Ter. Eun. 344 ; Caes. C. 1, 27, 3 ; Vitr. 1, 6, 1 ; Hor. Ep. 2, 2, 71 ; **plateae Antoninianae** Lampr. Hel. 24, 6, cours antoniniennes [sur le Palatin].
▶ **-ela** seul[t] chez Aus., P.-Nol.

2 **plătĕa**, ae, f. (πλατεῖα), spatule, stercoraire [oiseau] : Plin. 10, 115 ; v.> platalea.

Plătĕae (-tĭae), ārum, f. pl., nom de deux îles, près de la Troade : Plin. 4, 61 ‖ v.> Plataeae.

Platēis, ĭdis, f. (Πλατηΐς), île près de Trézène : Plin. 4, 56.

plătensis, is, f., c.> platessa : Anthim. 42.

plătessa, ae, f. (gr., cf. πλατύς ; fr. plie, an. plaice), sorte de poisson plat [sole, plie ?] : Aus. Epist. 4 (393), 60.

Plătĭae, v.> Plateae.

plătĭcē, adv. (platicus), d'une manière élémentaire : Firm. Math. 2, 14, 4.

plătĭcus, a, um (πλατικός), élémentaire : Firm. Math. 2, 14, 2.

1 **Plătō**, ōnis, m. (Πλάτων) ¶ 1 Platon [célèbre philosophe grec, disciple de Socrate] : Cic. Tusc. 1, 39 ¶ 2 autre du même nom : Cic. Q. 1, 2, 14 ‖ **-nĭcus**, a, um, de Platon, platonique : Q. Cic. Pet. 46 ; Sen. Ep. 58, 26 ‖ **-nĭci**, ōrum, m. pl., les Platoniciens : Cic. Off. 1, 2.

2 **plătō**, ōnis, m. (gr., cf. πλατύς, 1 Plato, platyceros), daim : Apic. 340, 2 ; v.> 1 platon.

plătōma (-ōnĭa), ae, f. (gr.), plaque de marbre : Cassiod. Eccl. 2, 18 ; Var. 3, 9, 3.

1 **plătōn**, ōnis, m. (réduction de πλατύκερως), daim : Apic. 340, 2 ; v.> 2 plato.

2 **Plătōn**, c.> 1 Plato.

plătōnĭtās, ātis, f., l'ensemble des traits qui constituent Platon, platonisme : Boet. Herm. sec. p. 339.

Platŏr, ōris, m., père de Gentius, roi d'Illyrie : Liv. 44, 30.

plătўcĕrōs, ōtis, m. (πλατύκερως), daim, (élan, renne ?) : Plin. 11, 123.

plătўcŏrĭasis, is, f. (πλατυκορίασις), platycoriase, dilatation de la pupille : Veg. Mul. 2, 16, 1.

plătўophthalmŏn, i, n. (πλατυόφθαλμος), c.> stibium, antimoine : Plin. 33, 102.

plătўphyllŏn, i, n. (πλατυφυλλον), sorte d'euphorbe à larges feuilles : Plin. 26, 70.

plătўs, yos, m. (πλατύς), nom d'un tendon large : Plin. 26, 90.

plaudō (plōdō), ĭs, ĕre, sī, sum (expr., cf. 1 palma, 1 plautus), intr. et tr. I intr. ¶ 1 battre, frapper : **alis** Virg. En. 5, 515, battre des ailes, cf. Ov. M. 8, 238 ; **pedibus choreas** [acc. qualif.] Virg. En. 6, 644, scander des chœurs en frappant du pied ¶ 2 [en part.] battre des mains, applaudir : **manus suas in plaudendo consumere** Cic. Att. 16, 2, 3, user ses mains à applaudir ; **huic plausum est, ut Pompeio plaudi solebat** Cic. Att. 2, 19, 3, on l'a applaudi comme on avait l'habitude d'applaudir Pompée ; [à la fin des pièces] **vos plaudite** Hor. P. 155, vous autres (spectateurs), applaudissez ‖ approuver (alicui, alicui rei, qqn, qqch.) : Hor. S. 1, 1, 66 ; Ep. 2, 1, 88 ; **diis hominibusque plaudentibus** Cic. Q. 2, 4, 1, avec l'approbation des dieux et des hommes.
II tr. ¶ 1 frapper : **pectora manu** Ov. M. 2, 866, frapper la poitrine de la main ¶ 2 **plausis alis** Ov. M. 14, 507, en battant des ailes, les ailes s'entrechoquant.
▶ forme **plodo** Varr. Men. 166 ; Quint. 6, 1, 52.

plaumoratum, i, n. (rétique, cf. plaustrum, al. Pflug, an. plough, et rota, al. Rad), charrue à roues : *Plin. 18, 172.

plausī, parf. de plaudo.

plausĭbĭlis, e (plaudo), digne d'être approuvé ou applaudi, louable : Cic. Caecil. 8 ; Tusc. 3, 51 ; Sen. Ep. 5, 9 ‖ **-ĭor** Ambr. Off. 1, 44, 218.

plausĭbĭlĭter, adv., de manière à mériter les applaudissements : Diom. 406, 7 ‖ **-lius** Sidon. Ep. 8, 10, 3.

plausĭo, ōnis, f., approbation : Cassiod. Eccl. 2, 1.

plausĭtō, ās, āre, -, - (fréq. de plaudo), battre des ailes : Philom. 21.

plausŏr, ōris, m. (plaudo), celui qui applaudit, applaudisseur, claqueur : Hor. Ep. 2, 2, 130 ; Suet. Ner. 25.

plaustellum (plos-), i, n. (dim. de plaustrum), petit chariot : Varr. R. 1, 52, 1.

plaustra, ae, f., c.> plaustrum, le Chariot [constellation] : Sidon. Carm. 5, 281.

plaustrărātrum, c.> plaumoratum.

plaustrārĭus (plos-), a, um, de trait [qui concerne les chariots] : Cat. Agr. 11, 1 ‖ subst. m. **a)** charron : Lampr. Alex. 24, 5 **b)** charretier, voiturier : Ulp. Dig. 9, 2, 27.

plaustrĭlūcus, a, um, qui luit comme le Chariot : Capel. 9, 912.

plaustrix, īcis, f., celle qui applaudit : Non. 150, 29.

plaustrum, (plos-, Cat., Varr.**)**, i, n. (cf. plaumoratum), chariot, charrette, voiture : Cic. Div. 1, 57 ; [prov.] **plaustrum perculi** Pl. Ep. 592, j'ai renversé mon chariot [je suis perdu] ‖ le Chariot [constellation] : Ov. M. 10, 447.

1 **plausus**, a, um, part. de plaudo.

2 **plausus**, i, m., applaudissement : Cod. Th. 15, 9, 2.

3 **plausŭs**, ūs, m. ¶ 1 bruit produit en frappant, battement [des ailes, des pieds] : Enn. Tr. 357 ; An. 439 ; Virg. En. 5, 215 ; **laterum** Plin. 10, 46, battement des ailes ¶ 2 battement des mains, applaudissement [sg. ou pl.] : Cic. Sest. 123 ; Att. 4, 1, 5 ; 14, 16, 2 ; **plausus maximi alicui impertiuntur** Cic. Att. 2, 18, 1, les plus vifs applaudissements sont prodigués à qqn ; **alicui plausus multiplex datur** Cic. CM 63, on applaudit qqn à plusieurs reprises ‖ [fig.] applaudissement, approbation : **plausus quaerere in foedissima causa** Cic. Att. 8, 9, 3, trouver des applaudissements en soutenant la pire cause ; **plausum captare** Cic. Tusc. 2, 64, rechercher les applaudissements.

Plautĭa, ae, f., Plautia Urgulanilla, troisième femme de Claude : Suet. Cl. 26.

Plautinotatus

Plautīnŏtătus, *a*, *um* (*Plautinus*, -τα-τος), tout à fait digne de Plaute : *FRONT. Orat. 2, p. 156 N.

Plautīnus, *a*, *um*, ▼ 2 *Plautus*.

Plautĭus (**Plōt-**), *ĭi*, m., nom de famille rom. : CIC. *Arch.* 20 ; GELL. 3, 3, 10 ‖ **-tĭus**, *a*, *um*, **Plautia lex** SALL. *C.* 31, 4 ; CIC. *Mil.* 35, loi Plautia ; cf. GELL. 13, 3, 5 ; SUET. *Caes.* 5 ‖ **-iānus**, *a*, *um*, de Plautius : CIC. *Fam.* 13, 8, 2 ; GELL. 3, 3.

1 **plautus** (**plō-**), *a*, *um* (cf. *plaudo*, *plancus*, *planus* ; it. *piota*) ¶ 1 qui a les oreilles pendantes [en parl. d'un chien] : P. FEST. 259, 1 ¶ 2 plat, large [en parl. des pieds] : FEST. 274, 14 ; P. FEST. 275, 3.

2 **Plautus**, *i*, m. (1 *plautus* ¶ 2), Plaute [T. Maccius, célèbre poète comique latin] : PL. *Men.* 3 ; CIC. *Brut.* 60 ; HOR. *P.* 270 ‖ **-tīnus**, *a*, *um*, de Plaute, plautinien : CIC. *ad Brut.* 1, 2, 5 ; HOR. *P.* 270 ; **Plautinissimi versus** GELL. 3, 3, 4, vers tout à fait dignes de Plaute.

3 **plautus**, *a*, *um* (πλωτός), **plautae murenae** *COL. 8, 17, 8, murènes flottantes ; ▼ *fluta*.

Plavis, *is*, m., fleuve des Vénètes [auj. Piave] Atlas XII, B3 : FORT. *Carm. pr.* 4.

plēbēcŭla, *ae*, f. (dim. de *plebs*), populace, menu peuple : CIC. *Att.* 1, 16, 11 ; HOR. *Ep.* 2, 1, 186.

plēbēius (**-jus**), *a*, *um*, plébéien, du peuple, de la plèbe, non patricien : CIC. *Mur.* 15 ; *Scaur.* 34 ; *Prov.* 45 ; LIV. 4, 4, 11 ‖ [fig.] du commun : CIC. *Tusc.* 1, 57 ; **plebeius sermo** CIC. *Fam.* 9, 21, 1, langage courant, commun.

plēbēs, *ĕi* et *ī*, f. (cf. *plenus*, πληθύς ; it. *pieve*, bret. *plou*), [ancienne forme pour *plebs* CIC. *Brut.* 54 *Rep.* 2, 59 ; gén. *-i* CIC. *Leg.* 3, 38 ; *-ei* CIC. *Dom.* 44 *Rep.* 1, 62 ; dat. *-ei* CIC. *Sest.* 103] ‖ ▼ *plebs*.
▶ nom. *plebis* LIV. 2, 24, 2 [ms. P].

plēbĭcŏla, *ae*, m. (*plebes*, *colo*), flatteur du peuple, courtisan de la plèbe : CIC. *Agr.* 2, 84 ; *Sest.* 110 ; LIV. 3, 68, 10.

1 **plēbis**, gén. de *plebs*.

2 **plēbis**, *is*, f., ▼ *plebes* ▶.

plēbiscītum, *i*, n., ▼ *scitum*.

plēbĭtās, *ātis*, f., condition de plébéien, extraction plébéienne : CAT. d. NON. 149, 4.

plebs, *bis*, f. ¶ 1 la plèbe, les plébéiens [oppos. aux patriciens] : CIC. *Leg.* 3, 10 ¶ 2 [rare] le bas peuple, le menu peuple, les classes inférieures, la populace, le vulgaire : CIC. *Mil.* 95 ; HOR. *S.* 1, 8, 10 ; JUV. 11, 194 ; **superum** [gén. pl.] OV. *Ib.* 81, les demi-dieux ‖ [en parl. des abeilles] foule, essaim : pl., COL. 9, 11, 1 ‖ le peuple [des cités], la masse [par oppos. aux membres des sénats locaux, décurions] : DIG. 22, 5, 3 pr. ; ▼ *plebes* ¶ 3 [chrét.] les fidèles [en gén.], les laïcs : LACT. *Inst.* 4, 26, 21 ; CYPR. *Ep.* 14, 4.

plecta, *ae*, f. (*plecto*), entrelacs, guirlande [archit.] : VULG. 3 *Reg.* 7, 29.

plectĭbĭlis, *e* (1 *plecto*) ¶ 1 punissable : SIDON. *Ep.* 4, 6, 4 ; COD. TH. 14, 3, 16 ¶ 2 qui punit : COD. TH. 12, 1, 161.

plectĭbĭlĭus, adv., avec plus de rigueur : ALCIM. *Ep.* 4.

plectĭlis, *e* (2 *plecto*), enlacé, tressé : PL. *Bac.* 70 ‖ [fig.] entortillé, captieux : PRUD. *Apoth. pr.* 24.

1 **plectō**, *ĭs*, *ĕre*, -, - (cf. *plango*, πλήσσω), tr., infliger une peine, punir, châtier : **aliquem capite** COD. JUST. 9, 20, 7, punir qqn de la peine capitale ‖ [au passif chez les classiques] **tergo plecti** HOR. *S.* 2, 7, 205, recevoir les étrivières ‖ [fig.] **neglegentia plecti** CIC. *Lae.* 85, être puni de sa négligence ; **in suo vitio plecti** CIC. *Leg.* 3, 46, être frappé dans son vice ; **culpa plectitur** CIC. *Clu.* 5, la faute est punie ‖ être blâmé : NEP. *Att.* 11, 6 ‖ éprouver un dommage, souffrir [en parl. des choses] : HOR. *O.* 1, 28, 27.

2 **plectō**, *ĭs*, *ĕre*, *plexī* PRISC., et *plexuī* VULG., *plexum* (cf. *plico*, *complexus*, *simplex*, πλέκω, al. *flechten*), tr. ¶ 1 courber : **se plectere** *PHAED. 5, 9, 3, se tourner ¶ 2 rouler [ses cheveux], friser : VULG. *Jud.* 16, 13 ‖ entrelacer, tresser : LUCR. 5, 1399 ; CATUL. 64, 284.

plectrĭcănus, *a*, *um* (*plectrum*, *cano*), qui résonne sous le plectre : ANTH. 786 b (913), 9.

plectrĭfĕr, *ĕra*, *ĕrum*, qui porte le plectre : DRAC. *Romul.* 10, 285 ; OREST. 86.

plectrĭpŏtens, *tis*, maître du plectre, qui marque la mesure : SIDON. *Ep.* 9, 13, 2 v. 8.

plectrum, *i*, n. (πλῆκτρον) ¶ 1 plectre, petite baguette d'ivoire pour toucher les cordes de la lyre : CIC. *Nat.* 2, 149 ‖ [par ext.] lyre, luth : TIB. 3, 4, 39 ‖ [fig.] poésie lyrique : HOR. *O.* 2, 13, 26 ¶ 2 gouvernail : SIL. 14, 549.

plectūra, *ae*, f., enlacement [des rameaux] : ENNOD. *Dict.* 1, 7.

Plĕcūsa, *ae*, f. (πλέκουσα), nom de femme : MART. 2, 66, 4.

Plēĭădes (**Plĭă-**), *um*, f. pl. (Πληϊάδες et Πλειάδες), les Pléiades [sept filles d'Atlas et de Pléioné, changées en constellation] : VIRG. *G.* 1, 138 ; STAT. *S.* 1, 3, 95 ‖ [constellation apportant le mauvais temps et la pluie] : LUC. 8, 852 ‖ [méton.] orage, tempête : VAL.-FLAC. 4, 269 ‖ sg., **Plēĭăs**, **Plĭăs**, OV. *M.* 1, 670 ; *F.* 3, 105.

Plēĭŏnē, *ēs*, f. (Πληϊόνη) ¶ 1 Pléioné [nymphe fille de l'Océan et de Téthys, femme d'Atlas et mère des Pléiades] : OV. *F.* 5, 83 ; **Pleiones nepos** OV. *H.* 16, 62 = Mercure ¶ 2 les Pléiades [constellation] : VAL.-FLAC. 2, 67.

plēmĭna, *um*, n. pl. (cf. *flemina*), rides, sillons aux mains et aux pieds : GLOSS. 4, 145, 9.
▶ *plemen* *AFRAN. *Com.* 218 d. NON. 149, 22.

Plēmĭnĭus, *ĭi*, m., nom d'une famille romaine : LIV. 29, 6.

plēmĭnō, *ās*, *āre*, -, - (*pleo*, *plenus*), tr., emplir : GLOSS. 5, 474, 4.

Plemmӯrĭum (**Plēmӯ-**), *ĭi*, n. (Πλημμύριον), promontoire voisin de Syracuse Atlas XII, H5 : VIRG. *En.* 3, 693.

plēnārĭus, *a*, *um* (*plenus*), complet : CASS.-FEL. 19.

plēnē, adv. (*plenus*), en remplissant : **vasa plene infundere** PLIN. 14, 139, remplir les vases jusqu'aux bords ‖ [fig.] pleinement, complètement, tout à fait, absolument [rare] : CIC. *Div.* 2, 1 ; *Q.* 1, 1, 38 ; *Nat.* 2, 74 ‖ **-nius** OV. *Pont.* 2, 11, 20 ; **-issime** PLIN. *Ep.* 5, 8, 13.

plēnescō, *ĭs*, *ĕre*, -, -, intr., se remplir, grossir [à propos des fruits] : EUSTATH. 5, 8, p. 918 B.

plēnĭlūnĭum, *ĭi*, n. (*plenus*, *luna*), pleine lune : COL. 11, 2, 85 ; PLIN. 7, 45.

plēnĭpŏtens, *tis*, tout-puissant : Ps. PRISC. *Acc.* 35 = 3, 526, 13.

plēnĭtās, *ātis*, f. (*plenus* ; a. fr. *plenté*), saturation complète : VITR. 8, 2, 2 ‖ abondance, plénitude : VITR. 6, 1, 3 ‖ pl., VITR. 5, 9, 5.

plēnĭtĕr, adv. (*plenus*), pleinement, complètement : HIER. *Psalm.* 17.

plēnĭtūdō, *ĭnis*, f. (*plenus*), grosseur : COL. 4, 30, 4 ‖ développement complet [de l'homme] : PLIN. 11, 216 ‖ ce qui remplit : VULG. *Deut.* 33, 16 ‖ [fig.] plénitude, son plein : HER. 4, 28 ‖ [chrét.] accomplissement complet [à propos du Christ] : TERT. *Cast.* 7, 2 ‖ intégralité, perfection : TERT. *Praescr.* 27, 1.

Plēnĭus, *ĭi*, m., nom d'homme : CIL 5, 1007.

plēnus, *a*, *um* (*pleo*, *plenus*, cf. scr. *pūrṇa*-, πλήρης, al. *voll*, an. *full*, bret. *leun* ; fr. *plein*) ¶ 1 plein [avec gén.] : **domus plena caelati argenti** CIC. *Verr.* 2, 35, maison pleine d'argenterie ciselée ; **plenus officii** CIC. *Att.* 7, 4, 1, plein de serviabilité ; **quis plenior inimicorum fuit ?** CIC. *Prov.* 19, qui eut plus d'ennemis ? ; **oppidum plenissimum signorum** CIC. *Verr.* 1, 53, ville toute remplie de statues ‖ [avec abl.] CIC. *Verr.* 4, 126 ; *Att.* 3, 14, 1 ; CAES. *C.* 1, 74, 7 ‖ [sans compl.] **aedem plenam atque ornatam reliquit** CIC. *Verr.* 4, 122, il laissa le temple intact et avec ses ornements ; **plenissimis velis** CIC. *Dom.* 24, toutes voiles dehors ; **plena manu** CIC. *Att.* 2, 25, 1, à pleines mains ; **pleniore ore laudare** CIC. *Off.* 1, 61, louer d'une voix plus pleine, avec plus de force ‖ [n. pris subst‾ᵗ] **plenum** CIC. *Ac.* 2, 118, le plein ; [fig.] **plenum, inane** CIC. *Brut.* 34 ; *Or.* 178, le plein, le vide [dans le rythme] ¶ 2 **a)** pleine, enceinte : CIC. *Div.* 1, 101 ; OV. *M.* 10, 469 **b)** rassasié : HOR. *Ep.* 1, 20, 8 **c)** épais, gros, corpulent : CIC. *Div.* 2, 142 ; CELS. 4, 31, 3 ; OV. *A. A.* 2, 661 ; **tauros feno facere pleniores** VARR. *R.* 2, 5, 12, engraisser les taureaux avec du foin ‖

abondant [style] : **jejunior, plenior** Cic. *de Or.* 3, 16, [orateur] plus sec, plus abondant (plus riche) **d)** entier, complet : **annus plenus** Cic. *Mil.* 24, année complète ; **plena gaudia** Cic. *Tusc.* 5, 67, joies complètes ; **orator plenus** Cic. *de Or.* 1, 59, orateur accompli **e)** plein comme son : **vox plenior** Cic. *Brut.* 289, voix plus pleine, plus sonore ; **sient plenum est, sint imminutum** Cic. *Or.* 157, *sient* est la forme pleine, *sint* est la forme abrégée, cf. Cic. *de Or.* 3, 46 **f)** garni, abondamment pourvu : **plenus decessit** Cic. *Verr.* 2, 12, il s'en alla les mains pleines, chargé de dépouilles ‖ riche, abondant : **pecunia tam plena** Cic. *Amer.* 6, fortune si opulente ; **tres epistulae, una brevis, duae pleniores** Cic. *Fam.* 11, 12, 1, trois lettres, une courte et deux plus longues **g)** complet, substantiel : **pleniores cibi** Cels. 3, 20, 6, aliments plus riches ; **plenius vinum** Cels. 1, 6, 2, vin plus corsé.

plĕō, *ēs, ēre, -, -* (*com-, im-, repleo, plenus*, cf. πίμπλημι), tr., simple théorique de *compleo,* pass. arch. *plentur* Fest. 258, 35.

plĕōnasmus (-ŏs), *i*, m. (πλεονασμός), pléonasme : Capel. 5, 537.

plĕrăque, adv., ▣ *plerumque* : Gell. 17, 19, 6.

plērīquĕ, aequĕ, ăquĕ, ▣ *plerusque*.

plērōma, *ătis*, n. (πλήρωμα), plénitude, Plérôme [Éon de Valentin] : Tert. *Val.* 8, 4.

plērōmărĭus, *ii*, m., matelot d'un vaisseau de charge [cargo] : CIL 14, 252.

plērum, adv., la plupart du temps : Asell. d. Prisc. 2, 182, 14.

plērumquĕ, adv. (*plerusque*) ¶ **1** adv., la plupart du temps, ordinairement, généralement : Cic. *Div.* 2, 14 ‖ souvent : Tac. *An.* 4, 57 ; *H.* 5, 1 ¶ **2** subst., ▣ *plerusque I.*

plērus (ploerus), *a, um*, ▷ *plerusque* : Cat. *Orig.* 1, 5 ; Pacuv. *Tr.* 136 ; 320 ; Cic. *Leg.* 3, 6.

plērusquĕ, răquĕ, rumquĕ (*plerus,* cf. *plenus* et *uterque*)
I [rare au sg.] la plus grande partie de : **juventus pleraque** Sall. *C.* 17, 6, la plus grande partie de la jeunesse, cf. *C.* 23, 6 ; *J.* 54, 9 ; Gell. 17, 21 ‖ n. pris subst*ᵗ*, **plerumque noctis** Sall. *J.* 21, 2, la plus grande partie de la nuit, cf. Liv. 45, 9, 2.
II pl., **plerique, aeque, aque** ¶ **1** la plupart, le plus grand nombre **a)** **plerique Belgae** Caes. *G.* 2, 4, la plupart des Belges, cf. Cic. *Verr.* 3, 103 **b)** **plerique Poenorum** Cic. *Verr.* 3, 12, la plupart des Carthaginois, cf. Cic. *Or.* 143 ; *Clu.* 117 ; *Lae.* 71 **c)** **plerique e Graecis** Plin. 5, 8, la plupart d'entre les Grecs, cf. Sall. *J.* 9, 2 ‖ **plerique fugimus laborem** Cic. *de Or.* 1, 150, nous fuyons pour la plupart la peine ; **pleraque illa Solonis sunt** Cic. *Leg.* 2, 64, la plupart de ces détails sont de Solon ; **quod plerisque contingit** Cic. *Nat.* 1, 27, ce qui arrive à la plupart des hommes ¶ **2** très nombreux, en très grand nombre : **non dubito fore plerosque qui...** Nep. *pr.* 1, je suis sûr qu'il se trouvera un grand nombre de gens pour..., cf. Nep. *Timoth.* 4, 2 ; Tac. *H.* 1, 86 ; 4, 84.
▶ gén. pl. rare.

Plestīna, *ae*, f., ville des Marses : Liv. 10, 3, 5.

Plestīni, *ōrum*, m. pl., habitants d'une ville d'Ombrie [Plestia] : Plin. 3, 114.

plĕthrŏn, *i*, n. (πλέθρον), mesure agraire de 10 000 pieds carrés [874 m²], chez les Grecs : Grom. 30, 9.

Plētŏrĭus, ▣ *Plaetorius*.

plētūra, *ae*, f. (de πληθώρη, cf. *pleo*), pléthore, excès de nourriture : Veg. *Mul.* 1, 35, 1.

Pleumoxĭi, *ōrum*, m. pl., peuple belge : Caes. *G.* 5, 39, 1.

pleurĭcus, *a, um* (πλευρικός), latéral : Grom. 224, 3.

pleurĭsis, *is*, f., pleurésie : Prud. *Perist.* 10, 485 ; ▣ *pleuritis*.

pleurītĭcus, *a, um* (πλευριτικός), de pleurésie, pleurétique : **pleuritica passio** Isid. 4, 6, 8, pleurésie ‖ subst. pl., pleurétiques, atteints de pleurésie : Plin. 20, 31.

pleurītis, *ĭdis*, f. (πλευρῖτις), pleurésie [maladie] : Vitr. 1, 6, 3.

Pleurōn, *ōnis*, f. (Πλευρών), ville d'Étolie : Plin. 4, 6 ‖ **-nĭus**, *a, um*, de Pleuron : Ov. *M.* 14, 494 ‖ **-nĭa**, *ae*, f., l'Étolie ou partie de l'Étolie : Aus. *Epit.* 11 (227), 1.

plexi et **plexŭi**, parf. de 2 *plecto*.

plexĭlis, *e* (*plecto*), entrelacé : Ampel. 8, 24.

plexus, *a, um*, part. de 2 *plecto*.

Plĭădes, ▣ *Pleiades*.

Plĭās, *ădis*, f., ▣ *Pleiades*.

Plĭcātĭlis, *e* (*plico*), qui peut se plier, pliant : Plin. 10, 86.

plĭcātrix, *īcis*, f., celle qui plie les vêtements : Pl. *Mil.* 695.

plĭcātūra, *ae*, f. (*plico*), action de plier : Plin. 7, 171.

plĭcātus, *a, um*, part. de *plico*.

plĭcō, *ās, āre, -, ātum* (cf. *plecto, -plex*), tr., plier, replier : Lucr. 4, 828 ; Virg. *En.* 5, 279 ‖ enrouler [un papyrus] : *Sen. Ep. 95, 2.
▶ parf. *-avi* Prisc. 2, 468, 27 [sans ex.] ; *-ui* Vulg. *Luc.* 4, 20.

Plīnĭus, *ii*, m. ¶ **1** Pline l'Ancien (**C. Plinius Secundus Major**) mort lors de l'éruption du Vésuve en 79 apr. J.-C. : Gell. 9, 16, 1 ¶ **2** Pline le Jeune (**C. Plinius Caecilius Secundus Junior**), neveu du précédent, dont il nous reste des lettres et le Panégyrique de Trajan : Mart. 10, 19, 3 ‖ **-nĭānus**, *a, um*, de Pline [personnage inconnu] : Plin. 15, 103.

Plintha (-ta), *ae*, m., nom d'homme : CIL 11, 2637.

plinthis, *ĭdis*, f. (πλινθίς), [archit.] plinthe [dans la base d'une colonne ionique] : Vitr. 3, 3, 2 ‖ [méc.] plinthe [dans la base d'une catapulte] : Vitr. 10, 10, 4 ‖ règle d'obturation [dans l'orgue hydraulique] : Vitr. 10, 8, 3 ; ▣ *plinthus*.

plinthĭum, *ii*, n. (πλινθίον), table de cadran solaire : Vitr. 9, 8, 1.

plinthus, *i*, f. (πλίνθος), [archit.] plinthe [dans la base d'une colonne ionique ou toscane] : Vitr. 3, 5, 1 ‖ abaque [dans un chapiteau dorique ou toscan] : Vitr. 4, 3, 4 ; 4, 7, 3 ; ▣ *plinthis*.

plīpĭō, *ās, āre, -, -* (onomat.), intr., crier [en parl. de l'autour] : Suet. *Frg.* 161, p. 251, 1.

plīsĭmus, ▣ *plurimus* ▶.

Plisthĕnēs, *is*, m. (Πλεισθένης), fils de Pélops, frère d'Atrée et de Thyeste et, selon certaine légende, père d'Agamemnon et de Ménélas : Serv. *En.* 1, 458 ‖ fils de Thyeste, tué par Atrée : Hyg. *Fab.* 88 ‖ **-nĭcus**, *a, um*, d'Agamemnon [fils de Plisthène] : Ov. *Rem.* 778.

Plistica, *ae*, f., ville du Samnium : Liv. 9, 21, 6.

plistŏlŏchĭa, *ae*, f. (πλειστολόχεια), aristoloche : Plin. 25, 96 ; 101.

Plistŏnīcēs, *ae*, m. (Πλειστονίκης), surnom du grammairien Apion : Plin. 3, 7, 75 ; Gell. 5, 14, 1.

Plistŏnīcus, *i*, m., nom d'un médecin grec : Plin. 20, 26.

Plitanĭae, *ārum*, f. pl., nom de deux îles en face de la Troade : Plin. 5, 138.

Plitendum, *i*, n., ville de Grande-Phrygie : Liv. 38, 18.

Plŏcamus, *i*, m. (Πλόκαμος), nom d'homme : Plin. 6, 84.

plŏcē, *ēs*, f. (πλοκή) ¶ **1** [rhét.] répétition [d'un mot] : Capel. 5, 532 ¶ **2** assemblage de tons différents : Capel. 9, 936.

Plŏcĭum, *ii*, n., titre d'une comédie de Cécilius, traduite de Ménandre : Gell. 2, 23, 5.

plōdo, ▣ *plaudo*.

ploera, ▣ *plura*.

ploeres, ▣ *plures* Cic. *Leg.* 3, 6.

plōrābĭlĭs, *e* (*ploro*), larmoyant, plaintif : Pers. 1, 34.

plōrābundē, adv., d'une manière déplorable : Porph. Hor. *Ep.* 1, 17, 52.

plōrābundus, *a, um* (*ploro*), tout éploré : Pl. *Aul.* 317.

plōrātĭo, *ōnis*, f. (*ploro*), pleurs, larmes : Aug. *Serm.* 351, 1.

plōrātŏr, *ōris*, m., celui qui pleure, pleureur : Mart. 14, 54, 1.

1 **plōrātus**, *a, um*, part. de *ploro*.

2 **plōrātŭs**, *ūs*, m. ¶ **1** cris de douleur, lamentations : sg., Cic. *poet. Tusc.* 2, 91 ; Plin. 36, 29 ‖ pl., Cic. *Tusc.* 2, 38 ; *Att.* 5, 16, 2 ; Liv. 29, 17, 16 ¶ **2** égouttement [d'un arbre], larmes : Plin. 12, 116.

plōrō, *ās, āre, āvī, ātum* (express. ; fr. *pleurer*), intr. et tr.

ploro

I intr. ¶ **1** crier : L. Reg. 4 d. Fest. 260, 10 ¶ **2** crier en pleurant, se lamenter, pleurer en gémissant : *lacrimandum est, non plorandum* Sen. Ep. 63, 1, il faut pleurer, non sangloter ; *plorando fessus sum* Cic. Att. 15, 9, 1, je suis fatigué de gémir ; *jubeo te plorare* Hor. S. 1, 10, 91, que la désolation soit sur toi !
II tr., déplorer : *raptum juvenem* Hor. O. 4, 2, 22, pleurer le jeune homme enlevé par la mort, cf. Hor. O. 3, 27, 38 ‖ [avec inf.] gémir de : Pl. Aul. 308 ‖ [avec prop. inf.] déplorer que : Hor. Ep. 2, 1, 9.
▶ arch. *plorassit = ploraverit*, v. Fest. 260, 10.

plōsŏr, *ōris*, m., ⓥ ▶ *plausor* : Sidon. Ep. 9, 3, 5.

plostellum, plostrarius, ⓥ ▶ *plaust-*.

plostrŏr, *āris, ārī*, -, intr., faire le charretier : Dosith. 7, 432, 6.

plostrum, ⓥ ▶ *plaustrum*.

Plōtae, *ārum*, f. pl. (Πλωταί), ancien nom des Strophades : Plin. 4, 55.

Plōtiānus, ⓒ ▶ *Plautianus* ⓥ ▶ *Plautius*.

Plōtīna, *ae*, f., femme de Trajan : Spart. Hadr. 4, 1.

Plōtīnŏpŏlis, *is*, f., ville de Thrace, sur l'Hèbre fondée par Trajan Atlas I, D5 ; VI, A3 : Anton. 175.

Plōtīnus, *i*, m. (Πλωτῖνος), Plotin [philosophe célèbre de l'école néo-platonicienne] : Amm. 21, 14, 5.

Plōtĭus, *ĭi*, m. ¶ **1** ⓥ ▶ *Plautius* ¶ **2** *Plotius Firmus*, préfet du prétoire : Tac. H. 1, 46 ; 2, 46 ‖ *Plotius Gryphus*, préteur : Tac. H. 4, 39.

plotta, *ae*, f. (de πλωτή), nom d'un poisson : Pol.-Silv. p. 544, 19 ; ⓥ ▶ 3 *plautus*.

plōtus, ⓥ ▶ 3 *plautus*.

ploxĕnum, *i*, n. (gaul. ?, cf. *plaustrum* ?), Quint. 1, 5, 8, **ploxĭnum**, Fest. 260, 1 ; P. Fest 261, 1 ; *Catul. 97, 6, coffre de voiture.

plŭĭt, *ĕre, plŭĭt*, arch. *plūvĭt*, - (cf. *palus*, πλύνω ; al. *fliessen*, fr. *pleuvoir*)
I impers. intr. ¶ **1** pleuvoir : Cic. Nat. 2, 11 ‖ [avec abl.] *sanguine* Cic. Div. 2, 58, pleuvoir du sang, cf. Liv. 21, 52, 5 ; 27, 11, 5 ¶ **2** [avec acc. qualif.] [leçon des mss] *lapides pluit* Liv. 28, 27, 16, il tombe une pluie de pierres, cf. 10, 31, 8 ; 35, 21, 3 ; 40, 19, 2.
II pers. ¶ **1** intr. **a)** *nubes pluunt* Aug. Psalm. 134, 13, les nuages se résolvent en pluie ; *caelum pluit* Arn. 1, 9, la pluie tombe du ciel ‖ [pass.] *pluitur* Apul. Flor. 2, 8, il pleut **b)** *effigies quae pluunt* Plin. 2, 147, le corps qui tomba du ciel ‖ [fig.] tomber comme la pluie : *non tantum pluit glandis* Virg. G. 4, 81, il pleut moins de glands [du chêne], cf. Stat. S. 1, 6, 10 ¶ **2** tr., faire pleuvoir : *fundae saxa pluunt* Stat. Th. 8, 416, les frondes font pleuvoir des pierres.
▶ parf. *pluvit* Pl. ; Liv. 1, 31, 1 ‖ sur *pluit*, v. Varr. L. 9, 104.

plūma, *ae*, f. (cf. lit. *plùnksna*, al. *Flocke* fr. *plume*, al. *Flaum*) ¶ **1** plume : Cic. Nat. 2, 121 ; *plumae versicolores* Cic. Fin. 3, 18, plumage nuancé ; *in pluma dormire* Juv. 6, 88, dormir sur la plume ; *pluma aut folio facilius moveri* Cic. Att. 8, 15, 2, remuer plus facilement qu'une plume ou une feuille, se laisser influencer facilement ‖ [fig. = un rien] *plumā haud interest an* [avec interrog. indir.] Pl. Most. 408, il n'y a pas la différence d'une plume si ¶ **2** [fig.] **a)** première barbe : Hor. O. 4, 10, 2 **b)** pl., écailles d'une cotte d'armes, d'une cuirasse : Stat. Th. 11, 543, cf. Virg. En. 11, 771 ; Sall. H. 4, 65, d., Serv. En. 11, 771.

plūmācĭum, *ii*, n. (*pluma* ; it. *piumaccio*), lit de plume : Cassiod. Eccl. 7, 16.

plūmālis, *e*, emplumé : Anth. 897, 58.

plūmārĭus, *a, um* (*pluma*), de broderie : *plumaria ars* Hier. Ep. 29, 6, art du brodeur, broderie ‖ subst. m., brodeur en or [brocart] : Vitr. 6, 4, 2.

plūmātĭlis, *e* (*pluma*), brodé : Pl. Ep. 233.

plūmātūra, *ae*, f. (*plumo*), broderie en or : Diocl. 19, 6.

plūmātus, *a, um*, part. de *plumo*.

plumbāgo, *ĭnis*, f. (*plumbum*), plombagine ou mine de plomb : Plin. 34, 168 ‖ tache couleur de plomb [sur les pierres précieuses] : Plin. 37, 68 ‖ dentelaire [plante] : Plin. 25, 155.

plumbārĭus, *a, um*, de plomb, de plombier : *plumbarium metallum* Plin. 33, 119, plomb ; *artifex plumbarius* Vitr. 8, 6, 11, plombier ‖ subst. m., CIL 3, 14386.

plumbātae, *ārum*, f. pl. (*plumbatus*), balles de plomb [servant aux exercices des soldats] : Veg. Mil. 1, 17 ‖ martinet garni de plomb : Cod. Th. 9, 35, 2, 1.

plumbātūra, *ae*, f. (*plumbo*), soudure : Dig. 6, 1, 23.

plumbātus, *a, um* (*plumbum*), garni de plomb : Plin. 10, 97 ‖ de plomb, qui est en plomb : Val.-Max. 3, 7, 2.

plumbĕa, *ae*, f. (*plumbeus*), balle de plomb : Spart. Sept. 11, 2.

plumbĕum, *i*, n., vase de plomb : Mart. 6, 55, 3.

plumbĕus, *a, um* (*plumbum*) ¶ **1** de plomb, qui est en plomb : Lucr. 6, 306 ; Plin. 33, 109 ; *plumbei ictus* Prud. Perist. 10, 122, coups de martinet garni de plomb ; ⓥ ▶ *plumbatae* ‖ *plumbeus gladius* Cic. Att. 1, 16, 2, glaive de plomb [sabre de bois], cf. Fin. 4, 48 ¶ **2** de mauvais aloi, de mauvaise qualité : Mart. 10, 49, 5 ¶ **3** [fig.] lourd, accablant, pesant : Pl. Poen. 813 ; Hor. S. 2, 6, 18 ‖ stupide, lourdaud : *plumbeus in aliqua re* Cic. Tusc. 1, 71, être fermé à qqch.

plumbō, *ās, āre, āvī, ātum* (*plumbum*), tr., sceller au plomb, souder : Cat. Agr. 21 ; Plin. 34, 161.

plumbōsus, *a, um* (*plumbum*), plein de plomb : Plin. 34, 173 ‖ *-sissimus* Plin. 33, 103.

plumbum, *i*, n. (cf. μόλυβδος ; fr. *plomb*) ¶ **1** plomb [métal] : Cat. Agr. 39 ; *album* Caes. G. 5, 12, 5, étain ‖ balle de plomb [lancée par la fronde] : Virg. En. 9, 587 ‖ martinet garni de plomb : Prud. Perist. 10, 116 ‖ tuyau de plomb : Hor. Ep. 1, 10, 20 ¶ **2** tache dans l'œil : Plin. 25, 155.

plūmella, *ae*, f. (dim. de *pluma*), Not. Tir. 105.

plūmescō, *is, ĕre*, -, - (*pluma*), intr., commencer à se couvrir de plume : Plin. 10, 149.

plūmĕus, *a, um* (*pluma*), de plumes, de duvet : Cic. Tusc. 3, 46 ; [fig.] Prud. Ham. 295 ‖ léger comme la plume : Mart. 4, 19, 7.

plūmĭger, *ĕra, ĕrum* (*pluma, gero*), emplumé, de plumes : Plin. 10, 53 ; *plumigera series* Prud. Cath. 3, 44, la gent emplumée.

plūmĭpēs, *ĕdis*, qui a les pieds garnis de plumes : Catul. 55, 27.

plūmō, *ās, āre, āvī, ātum* (*pluma*) ¶ **1** intr., se couvrir de plumes : Gell. 2, 29, 4 ¶ **2** tr., couvrir de plumes : *in avem se plumare* Apul. M. 3, 21, se changer en oiseau, part. pass. *plumatus* Plin. 8, 117 ‖ broder : Vop. Car. 20.

plūmōsus, *a, um* (*pluma*), emplumé, d'oiseaux : Prop. 4, 2, 34 ‖ recouvert d'un duvet, velouté : Plin. 25, 65.

plūmŭla, *ae*, f. (dim. de *pluma*), petite plume, duvet : Col. 8, 5, 19.

plŭo, ⓥ ▶ *pluit*.

plŭŏr, *ōris*, m. (*pluo*), pluie : Laber. Com. 59.

plūrālis, *e* (*plures*; fr. *pluriel*), composé de plusieurs : Arn.-J. Psalm. 67 ‖ pluriel [gram.] : Quint. 1, 5, 42 ‖ subst. m., le pluriel : Quint. 9, 3, 8 ; *pluralia* n. pl., Quint. 9, 3, 63, noms au pluriel.

plūrălĭtās, *ātis*, f. (*pluralis*), la pluralité : Aug. Serm. 126, 9, 11 ‖ le pluriel : Char. 66, 7.

plūrălĭtĕr, adv., en pluralité : Cod. Just. 7, 4, 14 ‖ au pluriel : Sen. Nat. 2, 56.

plūrātīvus, *a, um*, ⓒ ▶ *pluralis* : *plurativo numero* Gell. 19, 8, 4, au pluriel ‖ subst. n., le pluriel : Gell. 20, 6, 8.

plūre, ⓥ ▶ *plus*.

plūres, n. *plūra*, pl. de *plus* ¶ **1** plus nombreux, en plus grand nombre [sens compar.] : *eos plures esse intellego quam putaram* Cic. Att. 7, 3, 5, je vois qu'ils sont plus nombreux que je ne croyais ; *aliquis unus pluresve* Cic. Rep. 1, 48, un ou plus ; *oratores duo aut plures* Cic. Brut. 199, deux orateurs ou davantage ; *dies unus, alter, plures* Cic. Verr. 4, 66, un jour, deux jours, davantage [se passent] ; *quid ego plura dicam ?* Cic. de Or. 1, 18, à quoi bon en dire davantage ? ; *quid plura ?* Cic. Leg. 2, 3, à quoi bon davantage ? abrégeons, bref ; *ne plura* Cic.

Fam. 13, 1, 5, pour n'en pas dire davantage, bref ‖ **se ad plures penetrare** Pl. *Trin.* 291, aller rejoindre le plus grand nombre, aller chez les morts ¶**2** [un assez grand nombre, un trop grand nombre: **plus in pluribus consilii quam in uno** Cic. *Rep.* 1, 55, plus de réflexion dans un certain nombre que dans un seul; **pluribus verbis rogat** Cic. *Verr.* 4, 64, il demande avec passablement d'insistance; **pluribus praesentibus eas res jactari nolebat** Caes. *G.* 1, 18, 1, il ne voulait pas que ces questions fussent agitées devant un trop grand nombre de personnes; **plures consulatus** Cic. *Brut.* 62, trop de consulats ¶**3** [au sens de *complures*] plusieurs: Liv. 4, 31, 2; Plin., Tac. ▶ n. pl. **pluria** arch. Gell. 5, 21, 6 [m. pl. **pleores** Carm. Arv. (CIL 1, 2)].

*plŭrĭēs, adv. (*plus*), plusieurs fois: Caes. *C.* 1, 79, 1.

plūrĭfārĭăm, adv. (cf. *bifariam*, etc.), en différents endroits: Suet. *Aug.* 46; Gell. 2, 22, 25 ‖ de plusieurs manières: Solin. 38, 12; Apul. *Flor.* 17.

plūrĭfārĭus, a, um, varié, multiple: Sidon. *Ep.* 2, 14, 1.

plūrĭformis, e (*plus, forma*), différent, varié, Apul. *Flor.* 3; Capel. 7, 729.

plūrĭlătĕrus, a, um (*latus*), qui a plusieurs côtés: Grom. 105, 8.

plūrĭmē, *v.* plurimum Grom. 365, 25.

plūrĭmi, gén., *v.* plurimum.

plūrĭmum ¶**1** n. de *plurimus*, pris subst[t] **a)** une très grande quantité, [ou] la plus grande quantité [avec gén.]: **gravitatis** Cic. *Inv.* 1, 25, beaucoup de gravité ‖ **ut in quoque oratore plurimum est** Cic. *de Or.* 1, 123, selon qu'il y a le plus de talent chez un orateur **b)** [gén. de prix]: **plurimi esse** Cic. *Par.* 48, avoir le plus de prix; **plurimi facere** Nep. *Eum.* 2, 2, estimer le plus **c)** [abl.] **quam plurimo vendere** Cic. *Off.* 3, 50, vendre le plus cher possible, cf. Cic. *Verr.* 3, 147 ¶**2** [pris adv[t]] le plus, beaucoup: **quam plurimum scribere** Cic. *de Or.* 1, 150, écrire le plus possible; **plurimum valere, interesse** Cic. *Rep.* 2, 40, avoir le plus de valeur, d'importance; **posse** Cic. *Amer.* 4, avoir le plus de pouvoir; **facere** Plin. *Ep.* 5, 19, 3, réussir très bien ‖ **plurimum, cum plurimum, ut plurimum**, tout au plus: Plin. 25, 54; 2, 78; 15, 18 ‖ ▶ **plerumque**: Ter. *Phorm.* 194.

plūrĭmus, a, um (cf. *plus* et πλεῖστος), superl. de *plus*, [servant à *multus*] [rare au sg.] le plus grand nombre ou très grand nombre, le plus ou très nombreux ¶**1** [sg.] **plurimo sudore** Cic. *Agr.* 2, 16, avec la plus grande peine, cf. Cic. *Inv.* 1, 8; *Fam.* 6, 6, 3; **alicui plurimam salutem dicere** Cic. *Att.* 16, 7, 8, faire mille compliments à qqn; **plurima vestis stragula** Cic. *Verr.* 2, 176, quantité d'étoffes, de tapis ‖ [poét.] **plurimus oleaster** Virg. *G.* 2, 182, très grand nombre d'oliviers sauvages, cf. Hor. *O.* 1, 7, 6; Juv. 3, 232; **plurima**

cervix Virg. *G.* 3, 52, l'encolure très épaisse; **plurima qua silva est** Ov. *M.* 14, 361, où le bois est le plus épais ¶**2** [pl.] **plurimae et maximae voluptates** Cic. *Fin.* 2, 63, les plaisirs les plus nombreux et les plus grands; **plurimis verbis dicere** Cic. *Rep.* 1, 12, dire très abondamment ¶**3** [tard.] [au lieu du compar.] **plurimam hostiam Abel quam Cain obtulit Deo** Vulg. *Hebr.* 11, 4, Abel offrit à Dieu une victime supérieure à celle de Caïn.
▶ formes arch. **plisima, plusima** Fest. 222, 28; Varr. *L.* 7, 27, **ploirume** CIL 1, 9.

plūris, *v.* plus.

plūrĭvŏcus, a um, qui a plusieurs sens: Capel. 4, 339; 357.

plūs, plūris, n. (*plew-os?, πολύς, scr. *puru-*, al. *viel*, πλείων; fr. *plus*), compar. de *multus*
I [pris subst[t]] ¶**1** plus, une plus grande quantité: **plus debere alicui** Cic. *Att.* 7, 3, 7, devoir davantage à qqn; **quod plus est** Liv. 9, 24, 8, ce qui est mieux ‖ [avec gén.]: **numquam in illo ordine plus amoris in rem publicam fuit** Cic. *Sull.* 82, jamais il n'y eut dans cet ordre plus de patriotisme; **plus mali quam boni adferre** Cic. *Verr.* 4, 141, apporter plus de mal que de bien; **alius alio plus habet virium** Cic. *Leg.* 1, 6, l'un a plus de forces que l'autre; **plus voluptatum habere quam dolorum** Cic. *Fin.* 1, 62, avoir plus de plaisirs que de douleurs; **uno plus Etruscorum cecidisse** Liv. 2, 7, 2, qu'il y avait eu un tué de plus du côté des Étrusques; **uno digito plus habere** Cic. *Nat.* 1, 99, avoir un doigt de trop; **paulo, multo plus** Liv. 31, 34, 7; Cic. *Verr.* 3, 29, un peu plus, beaucoup plus; **plus uno verum esse non potest** Cic. *de Or.* 2, 30, il ne peut y avoir plus d'une opinion vraie [de deux opinions en présence]; **natura in omni verbo posuit acutam vocem nec una plus** Cic. *Or.* 58, la nature a placé dans chaque mot un accent aigu et pas plus d'un ‖ trop: **plus petere** Cic. *Cael.* 23, demander trop [une condamnation excessive] ¶**2** [gén. de prix]: **pluris esse** Cic. *Com.* 33; **emere** Cic. *Fam.* 7, 2, 1; **vendere** Cic. *Off.* 3, 51; **facere** Cic. *Att.* 8, 2, 4; **habere** Cic. *Phil.* 6, 10; **aestimare** Cic. *Par.* 48; **ducere** Cic. *Att.* 7, 3, 5; **putare** Cic. *Off.* 3, 18, coûter plus, acheter, vendre plus cher, estimer plus, mettre à plus haut prix ¶**3** [abl. rare] **plure vendere** Lucil. d. Charis. 211, 30; **plure venire** Cic. d. Char. 211, 29, vendre, être vendu plus cher.
II pris adv[t]: **plus valere** Cic. *Rep.* 1, 59; **prodesse, nocere** Cic. *Cael.* 23, avoir plus d'influence, être plus utile, plus nuisible; **plus aequo** Cic. *Lae.* 58, plus que de raison; **plus cernere et longius** Cic. *CM* 83, voir mieux et plus loin ‖ **dies triginta aut plus eo** Ter. *Hec.* 421, pendant trente jours ou davantage, cf. *Haut.* 62; Varr. *R.* 1, 18, 3; C. Gracch. d. Gell. 15, 2, 3 ‖ **plus quam semel** Cic. *Off.* 3, 61, plus d'une fois, cf. Cic. *Verr.* 4, 125 ‖ **plus quam decem dies abesse** Cic. *Phil.* 2, 31,

être éloigné plus de dix jours, cf. Cic. *Ac.* 2, 128; **non plus quam in tres partes** Cic. *Inv.* 1, 57, pas plus qu'en trois parties ‖ [sans *quam*]: **plus dimidiati mensis cibaria** Cic. *Tusc.* 2, 37, vivres pour plus d'un demi-mois; **adferre non plus mille quingentos aeris** Cic. *Rep.* 2, 40, n'apporter pas plus de quinze cents as, cf. Liv. 31, 34, 7; 40, 2, 5 ‖ **plus quam** marquant un degré excessif: **confiteor eos plus quam sicarios esse** Cic. *Phil.* 2, 31, je reconnais qu'ils sont plus que des assassins; **bella plus quam civilia** Luc. 1, 1, une guerre qui est plus qu'une guerre civile ‖ **non plus quam** Cic. *Tusc.* 1, 15; *CM* 27, aussi peu... que; **non plus ac** Hor. *S.* 1, 1, 46, pas plus que; **nihilo plus ac si** Hor. *S.* 2, 3, 270, pas plus que si ‖ **plus plusque aliquem in dies diligere** Cic. *Att.* 6, 2, 10, avoir plus d'affection de jour en jour pour qqn ‖ **plus minus** Hirt. *G.* 8, 20, 1, environ; **plus aut minus** Enn. *An.* 501, plus ou moins, approximativement ‖ [tard.] [devant un adjectif] **plus humilis** Hier. *Ep.* 22, 27, plus humble.
▶ forme *plous* S. C. Bacch. CIL 1, 581.

plusculum ¶**1** n. pris adv[t], un peu plus: Pl. *Amp.* 283 ‖ un peu trop: Varr. *R.* 2, 7, 10 ¶**2** subst. n., un peu plus de: **negotii** Cic. *de Or.* 2, 99, un peu plus de travail, cf. *Rep.* 2, 57 ‖ **plusculum quam** Cic. *Fam.* 5, 12, 3, un peu plus que.

plŭscŭlus, a, um (dim. de *plus*), qui est en quantité un peu plus grande, un peu plus de: **pluscula supellex** Ter. *Phorm.* 665, un peu plus de mobilier ‖ pl., Apul. *M.* 2, 17, 5; 3, 21, 4 *v.* plusculum.

plūsimus, *v.* plurimus ▶.

plusquamperfectum, i, n., plus-que-parfait [gram.]: Prisc. 2, 408, 12.

plusscĭus, a, um (*plus, scio*), qui sait plus: Petr. 63, 9.

Plūtarchus, i, m. (Πλούταρχος), Plutarque [célèbre écrivain grec, de Chéronée, contemporain de Trajan]: Gell. 1, 3, 31.

plŭtĕārĭus (-tĭārĭus), ii, m., fabricant de mantelets [de guerre]: CIL 6, 9819.

plŭtĕum, i, n., [archit.] podium [mur-support]: Vitr. 5, 1, 5; 5, 6, 6 ‖ [méc.] parapet de protection [sur des machines de guerre: Vitr. 10, 15, 5; *v.* pluteus.

plŭtĕus, i, m. (obscur, cf. *balteus, clipeus*) ¶**1** [milit.] **a)** panneau, abri [monté sur roues], mantelet: Caes. *C.* 2, 9, 2; Liv. 21, 61, 10; [fig.] Pl. *Mil.* 266 **b)** panneau [fixe, ajouté comme revêtement au parapet]: Caes. *G.* 7, 41, 4; *C.* 1, 25, 9; Liv. 10, 38, 5 ¶**2** tablette, étagère: Juv. 2, 7; Dig. 29, 1, 17, 4 ¶**3** pupitre: Pers. 1, 106 ¶**4** panneaux à la tête des lits: Mart. 3, 91, 10 ‖ dos ou dossier [d'un lit de table]: Suet. *Cal.* 26; [par ext.] lit de table: Prop. 4, 8, 68 ¶**5** [archit.] balustrade [entre deux colonnes], murette, chancel: Vitr. 4, 4, 1; 5, 6, 7; *v.* pluteum.

plŭtĭārĭus, *v.* plutearius.

Pluto

Plūto (-tōn), ōnis, m. (Πλούτων), Pluton [fils de Saturne et d'Ops, frère de Jupiter et de Neptune, dieu des Enfers] : Cic. Nat. 2, 66 ; Virg. En. 7, 327 ‖ **-tōnĭus**, **a**, **um**, de Pluton : Hor. O. 1, 4, 17 ‖ **-tōnĭa**, ōrum, n. pl., région empestée de l'Asie : Cic. Div. 1, 79.

plūtŏr, ōris, m., celui qui fait pleuvoir : Aug. Serm. 216, 3.

Plūtus, i, m. (Πλοῦτος), Plutus [dieu de la richesse] : Phaed. 4, 12, 5.

plŭvĭa, ae, f. (pluit ; fr. pluie), pluie : Cic. Att. 15, 16 ; Virg. G. 1, 92 ‖ eau de pluie : Plin. 33, 103.

Plŭvĭālĭa, ae, f., une des îles Fortunées : Plin. 6, 202.

plŭvĭālis, e (pluvia), pluvieux : Virg. G. 3, 429 ‖ de pluie, pluvial : Sen. Nat. 3, 7, 4 ‖ produit par la pluie : Ov. M. 7, 393.

plŭvĭālĭtĕr, adv., comme de la pluie, en pluie : Isid. Ord. creat. 7, 5.

plŭvĭātĭcus, a, um, pluvial : M.-Emp. 8, 11 et **plŭvĭātĭlis**, e, Col. 9, 1, 2.

plŭvĭōsus, a, um (pluvia ; fr. pluvieux), pluvieux : Plin. 18, 225.

pluvit, ⬛ pluit ▶.

plŭvĭus, a, um (pluvia), de pluie, pluvial : Cat. Agr. 2, 3 ; Cic. Mur. 22 ‖ **arcus pluvius** Hor. P. 18, l'arc-en-ciel ‖ qui fait pleuvoir [épithète de Jupiter] : Tib. 1, 8, 26.

pneuma, ătis, n. (πνεῦμα ; cf. fr. neume), souffle : Gild. Excid. 34, 6 ‖ l'Esprit-Saint : Alcim. Carm. 6, 343.

pneumătĭcus, a, um (πνευματικός), relatif à l'air : **pneumaticae res** Vitr. 9, 8, 2, la pneumatique, cf. **pneumatica ratio** Plin. 7, 125 ‖ à air, à vent : **pneumatica organa** Plin. 19, 60, pompes.

Pneumătŏmăchi, ōrum, m. pl. (Πνευματομάχοι), hérétiques, qui niaient le Saint-Esprit : Cod. Just. 1, 5, 5.

pnĭgeūs, ĕos, m. (πνιγεύς), étouffoir [d'orgue hydraulique] : Vitr. 10, 8, 2.

pnĭgītis, ĭdis, f. (πνιγῖτις), sorte de terre : Plin. 35, 174.

pnix, **pnīgis**, f. (πνίξ), crampe, spasme : M.-Emp. 1, 88.

Pnytăgŏrās, ae, m., roi de Chypre, allié d'Alexandre le Grand : Curt. 4, 13, 11.

1 po, arch. pour potissimum : Carm. Sal. d. Fest. 222, 22.

2 pŏ- (cf. pono, pomum, ab, post, ἀπό, hit. pe-), préfixe.

pŏa, ae, f. (πόα), produit pour laver : VL. Jer. 2, 22.

pōblĭcus, ⬛ publicus.

Poblĭlĭa tribus, ⬛ Publilia.

pōcillātŏr, ōris, m. (pocillum), échanson : Apul. M. 6, 15.

pōcillum, i, n. (dim. de poculum), petite coupe, petite tasse : Cat. Agr. 156 ; Liv. 10, 42, 7 ; Plin. 14, 91.

pōclum, i, n. (sync. pour poculum), *Pl. Curc. 359.

pōcŏlom, ⬛ poculum CIL 1, 439.

pōcŭlāris, e (poculum), qui sert à boire : Paul. Sent. 3, 6, 61.

pōcŭlentus, a, um, qui concerne la boisson : Ulp. Dig. 33, 9, 3 ; Macr. Sat. 7, 15, 4.

pōcŭlum, i, n. (*pō-tlom, cf. potus et periculum), coupe : **poculum mortis exhaurire** Cic. Clu. 31, vider la coupe mortelle ; **poscunt majoribus poculis** Cic. Verr. 1, 66, ils demandent à boire dans des coupes plus grandes ; **ut eodem poculo, quo ego bibi, biberet** Pl. Cas. 933, pour qu'il passât par où je suis passé ‖ **in poculis** Cic. CM 46, la coupe en main ‖ breuvage : **venient ad pocula dammae** Virg. B. 8, 28, les daims viendront boire ‖ breuvage enchanté, philtre : Hor. Epo. 5, 38 ‖ breuvage empoisonné [poison] : Cic. Clu. 30.

pŏdăgĕr, gri, m. (ποδαγρός ; a. fr. pouacre), podagre, goutteux : Enn. Sat. 64 ; Claud. Epig. 29, 4.

pŏdăgra, ae, f. (ποδάγρα), goutte aux pieds, podagre : Cic. Tusc. 2, 45 ; Fin. 5, 94.

pŏdăgrĭcus, a, um (ποδαγρικός), goutteux : Sen. Ep. 95, 21 ; Petr. 132, 14.

pŏdăgrōsus, a, um, goutteux : Pl. Merc. 595 ; Poen. 532 ; Char. 75, 16 ‖ subst. m., un podagre : Lampr. Hel. 28, 3.

Pŏdălĭa, ae, f. (Ποδαλία), ville de Lycie : Plin. 5, 101.

Pŏdălīrĭus, ii, m. (Ποδαλείριος), fils d'Esculape, célèbre médecin : Ov. A. A. 2, 735 ‖ un des compagnons d'Énée : Virg. En. 12, 304.

Pŏdarcē, ēs, f. (Ποδάρκη), une des Harpyes : Hyg. Fab. pr. 35.

Pŏdarcēs, is, m. (Ποδάρκης), fils d'Iphiclus : Hyg. Fab. 97, 12.

Pŏdăsīmus, i, m., un des fils d'Égyptus : *Hyg. Fab. 170, 7.

pŏdērēs (-ris), is, f. (ποδήρης), longue robe de prêtre [aube] : Tert. Jud. 11, 7 ; Isid. 19, 21, 1.

pōdex, ĭcis, m. (pedo), le derrière, l'anus : Hor. Epo. 8, 6 ; Juv. 2, 12.

pŏdĭa, ae, f. (ποδία), sorte de câble : Serv. En. 5, 833 ; ⬛ pes.

pŏdĭārĭus, ii, m. (podium), sorte d'acteur, mime : Gloss. 5, 608, 28.

pōdĭcālis, e (podex), qui concerne le derrière : Cass. Fel. 74.

pōdĭcus, a, um (πούς), [métr.] d'un pied : Capel. 9, 974.

pŏdismālis, e (podismus), qui concerne la mesure par pieds : Ps. Boet. Geom. 401, 7 Fr.

pŏdismātĭŏ, ōnis, f. (podismo), mesure évaluée en pieds : Ps. Boet. Geom. 424, 11.

pŏdismātus, a, um, arpenté, mesuré en pieds : Grom. 219, 8.

pŏdismō, ās, āre, -, -, tr., mesurer en pieds : Grom. 300, 11 ; 301, 4.

pŏdismus, i, m. (ποδισμός), mesure au pied, par pieds : Veg. Mil. 2, 7 ; Grom. 35, 5 ‖ hypoténuse : Grom. 297, 16.

pŏdĭum, ĭi, n. (πόδιον ; oc. puy ; it. poggio ; cat. puig) ¶ **1** le podium [mur très épais formant une plate-forme autour de l'arène de l'amphithéâtre, et sur lequel se trouvaient plusieurs rangs de sièges, places d'honneur] : Suet. Ner. 12 ; Plin. 37, 45 ; Juv. 2, 147 ¶ **2** panneau d'appui, console, cordon saillant [archit.] : Vitr. 3, 4, 5 ; 5, 6, 6 ; 7, 4, 4 ; Plin. Ep. 5, 6, 22 ¶ **3** petite éminence = **suggestus** : Pall. 1, 37, 7.

Poeās, antis, m. (Ποίας), Thessalien de Mélibée, père de Philoctète : Ov. M. 9, 233 ‖ **-antĭus**, a, um, de Poeas : Ov. M. 13, 45 ‖ subst. m., Philoctète : Ov. Tr. 5, 1, 61 ‖ **-tĭădēs**, ae, m., fils de Poeas [Philoctète] : Ov. M. 13, 313.

Poecĭlē, ēs, f. (Ποικίλη) ¶ **1** le Pécile [portique d'Athènes, orné de peintures diverses] : Nep. Milt. 6, 3 ; Plin. 35, 36 ¶ **2** portique bâti à Tibur par Hadrien : Spart. Hadr. 26.

Poedĭcŭli (-dŭc-), ōrum, m. pl., peuple d'Apulie : Plin. 3, 102.

Poeĕessa, ae, f. (Ποιήεσσα) ¶ **1** île, la même que Rhodes : Plin. 5, 132 ¶ **2** ancienne ville de Céos : Plin. 4, 62.

pŏēma, ătis, n. (ποίημα) ¶ **1** poème, ouvrage en vers : **componere** Cic. Q. 3, 1, 11 ; **condere** Cic. Att. 1, 16, 15 ; **facere** Cic. de Or. 1, 217 ; **pangere** Hor. Ep. 1, 18, 40 ; **scribere** Hor. Ep. 2, 1, 117, composer un poème, écrire ou faire des vers ¶ **2** [en gén.] poésie [oppos. à prose] : [sg.] Cic. Or. 198 ; 201 ; [pl.] Cic. Or. 70 ‖ [voir la définition donnée par Lucilius d. Non. 428, 12 et par Varron d. Non. 428, 19 (composition poétique simple, oppos. à **poesis**)].
▶ gén. pl. **poematorum** Afran. Com. 271 ; Cic. d. Char. 141, 31, -tum Suet. Gram. 23 ; Spart. Hadr. 14, 18 ‖ dat. abl. pl. **poematis** Cic. Off. 3, 15 ; Or. 70 ; Varr. L. 7, 2 ; **poematibus** [rare] Suet. Tit. 3 ; Apul. Apol. 5, 3.

Poemănēni, ōrum, m. pl., peuple de Mysie : Plin. 5, 123.

pŏēmătĭum, ĭi, n. (ποιημάτιον), petit poème, petite pièce de vers : Plin. Ep. 4, 14, 9 ; Aus. Biss. 1 (326 ep.).

poena, ae, f. (ποινή ; fr. peine) ¶ **1** rançon destinée à racheter un meurtre, [d'où] compensation, réparation, vengeance, punition, châtiment, peine : **si injuriam faxit alteri, viginti quinque aeris poenae sunto** L. XII Tab. 8, 4, pour un dommage à autrui, vingt-cinq as d'amende [n. à m. "pour réparation"] ; **poenam constituere** Caes. G. 5, 1, 9, fixer l'amende, les dommages et intérêts ; **parentium poenas a filiis repetere** Cic. Amer. 67, venger les parents sur les fils (parricides) ; **ali-**

cujus poenas persequi Cic. *Att.* 9, 14, 2, venger qqn ; *innocentium poenae* Cic. *Verr.* 5, 121, réparation due à des innocents, châtiment qu'ils exigent ; *pro civibus poenas capere* Sall. *J.* 68, 3, venger ses concitoyens ; *do poenas temeritatis meae* Cic. *Att.* 9, 10, 2, je suis puni de (pour) mon imprudence ; *poenas dare alicui* Cic. *Phil.* 2, 1, subir un châtiment qui donne satisfaction à qqn, qui venge qqn ; *poenas pendere, dependere, luere, solvere* Cic. *Att.* 11, 8, 1 ; *Sest.* 140 ; *Phil.* 14, 32 ; *Mil.* 85, être puni, expier ; *rei publicae poenas aut morte aut exsilio dependere* Cic. *Sest.* 140, expier par la mort ou par l'exil des crimes envers l'État ; *capite poenas solvere* Sall. *J.* 69, 4 ; *dare* Varr. *R.* 1, 2, 19 ; *luere* Tac. *An.* 12, 54 ; *expendere* Tac. *An.* 12, 19, payer de sa tête ǁ *ambitus* Cic. *Sull.* 63 ; *falsarum litterarum* Cic. *Flac.* 39, châtiment, peine pour brigue, pour falsification de registres, cf. Cic. *Pis.* 43 ; *Leg.* 2, 22 ; *Off.* 3, 15 ; *ab aliquo poenam octupli commissam persequi* Cic. *Verr.* 3, 30, réclamer contre qqn la peine de l'octuple qu'il a encourue ; *poenam capitis constituere, subire* Cic. *Verr.* 4, 85 ; *Clu.* 128, fixer, subir la peine de mort ; *poenam capitis cum pecunia conjungere* Cic. *Dom.* 45, joindre à la peine de mort une peine pécuniaire ; *poena exercitus, damnatorum* Cic. *Prov.* 5 ; *Dom.* 9, peine subie par une armée, par les condamnés ; *poenam habere ab aliquo* Liv. 29, 18, 15 ; *aliquem poena multare* Cic. *Tusc.* 1, 100, punir qqn ¶ 2 peine tourment, souffrance : Plin. 9, 13 ; 23, 59 ; Just. 11, 14, 16.

poenālis, *e* (*poena*), qui concerne la punition, relatif à la peine, pénal : Dig. 40, 12, 21 ǁ qui sert de châtiment, vengeur [en parl. des choses] : Plin. 4, 31 ǁ **poenales**, *ium*, m., les condamnés : Cod. Just. 10, 19, 2 ǁ digne de punition : Salv. *Gub.* 6, 11 ǁ pénible : Aug. *Ep.* 138, 14.

poenālĭtĕr, adv. (*poenalis*) ¶ 1 par punition : Amm. 16, 8, 2 ¶ 2 d'une manière qui mérite punition : Aug. *Conf.* 10, 33.

poenārĭus, *a, um* (*poena*), pénal : Quint. 4, 3, 9 ; 7, 4, 20.

Poeni, *orum*, m. pl. (tiré de *Poenicus*, cf. Φοῖνιξ et *Gallus, Gallicus*), les Carthaginois : Cic. *Rep.* 2, 9 ; [au sg.] *Poenus* [Hannibal] Cic. *de Or.* 2, 77 ; [sens collectif = les Carth.] Liv. 22, 14, 6 ǁ **-nus**, *a, um*, de Carthage, des Carthaginois, africain : Virg. *B.* 5, 27 ; Prop. 2, 23, 3 ; *Poenior* Pl. *Poen.* 991, plus carthaginois ǁ **Poenĭcus**, Varr. *R.* 1, 1, 10 ; 1, 52, 1, v.▸ *Punicus*.

Poenīcē, adv., en langue punique : Varr. *R.* 1, 2, 13.

1 Poenĭcĕus, *a, um*, c.▸ *Puniceus* : Ov. *M.* 12, 184 ; 14, 345.

2 Poenĭcĕus, v.▸ *Phoeniceus*.

Poenīnae Alpes, Poenīna juga, Poenīnus mons, orth. qui dériverait de *Poenus*, par allusion au passage d'Hannibal : Liv. 5, 35, 2 ; 21, 38, 6 ; Tac. *H.* 1, 70 ; Plin. 3, 123 ; v.▸ *Penn-*.

poeniō, *is, īre*, -, -, v.▸ *punio*.

Poenĭor, compar., v.▸ *Poeni*.

poenĭtĕo, etc., v.▸ *paeniteo*.

poenītĭo, v.▸ *punitio*.

poenītus, v.▸ *punitus*.

Poenĭus, *ii*, m., nom d'homme : Tac. *An.* 14, 37.

poenō, *ās, āre*, -, - (*poena*), tr., punir : Caes.-Arel. *Serm.* 55, 3.

Poenŭlus, *i*, m. (*Poenus*), le jeune Carthaginois [titre d'une comédie de Plaute] ǁ [iron.] petit Phénicien [à propos du stoïcien Zénon] : Cic. *Fin.* 4, 56.

Poenus, v.▸ *Poeni*.

pŏēsis, *is*, acc. *in*, f. (ποίησις), la poésie : *Quint. 12, 11, 26 ǁ œuvre poétique, ouvrage en vers : Cic. *de Or.* 3, 100 ; *Tusc.* 4, 71 ; Hor. *P.* 361 ǁ [voir la définition donnée par Lucilius d. Non. 428, 12 et par Varron d. Non. 428, 19 (composition poétique complexe, diff. de *poema*].

pŏēta, *ae*, m. (ποιητής), poète : Cic. *de Or.* 2, 194 ǁ fabricant, artisan, faiseur : Pl. *As.* 748 ; Cas. 861.

Poetelius lūcus, bois sacré près de Rome : Varr. *L.* 5, 50 ; cf.▸ *Petelinus lucus*.

pŏētĭca, *ae*, f. (ποιητική), poésie [travail du poète] : Cic. *Tusc.* 1, 3 ; *de Or.* 3, 174 ǁ **-tĭcē**, *ēs*, f., Varr. *L.* 7, 2 ; Nep. *Att.* 18, 5 ; Plin. *Ep.* 3, 4, 2.

pŏētĭcē, adv. (*poeticus*), poétiquement, en poète : Cic. *Fin.* 5, 9 ; Quint. 9, 1, 13.

pŏētĭcus, *a, um* (ποιητικός), poétique : Cat. d. Gell. 11, 2, 5 ; Cic. *de Or.* 3, 153 ; *Or.* 180 ; *poetici dii* Cic. *Nat.* 3, 77, les dieux des poètes.

Poetelius, v.▸ *Petillius*.

Poetnēum, *i*, n., place forte d'Athamanie : Liv. 39, 25, 17.

pŏētō, *ās, āre*, -, -, c.▸ *poetor* : Aur. d. Front. *Caes.* 2, 7, 2, p. 30 N.

pŏētŏr, *ārĭs, ārī*, - (*poeta*), intr., faire des vers, versifier : Enn. *Sat.* 64 ; Aus. *Idyl* 6 (324) ep.

pŏētrĭa, *ae*, f. (ποιήτρια), poétesse : Cic. *Cael.* 64 ; Ov. *H.* 15, 183.

pŏētris, *idis*, f., poétesse, femme poète : *Pers. *Pr.* 13.

pōgōnĭās, *ae*, m. (πωγωνίας), comète barbue : Sen. *Nat.* 1, 15, 4 ; Plin. 2, 89.

Pōgōnus, *i*, m. (Πώγων), port d'Argolide, près de Trézène : Mel. 2, 50.

pŏl, interj., par Pollux [formule de serment] : Enn. *Tr.* 369 ; *An.* 99 ; Pl. *Aul.* 358 ; Ter. *Eun.* 731 ; Hor. *Ep.* 1, 7, 92.

Pŏla, *ae*, f. (Πόλα), ville d'Istrie Atlas XII, C4 ; Plin. 3, 129.

pŏlea, *ae*, f., [mot syriaque], fumier d'âne : Plin. 28, 200.

Pŏlĕās, *ae*, m., nom d'homme : Cic. *Verr.* 4, 92.

Pŏlĕmo (-mōn), *ōnis*, m. (Πολέμων) ¶ 1 Polémon, philosophe athénien, disciple de Xénocrate : Cic. *Ac.* 1, 34 ¶ 2 roi du Pont : Suet. *Ner.* 18 ¶ 3 amiral de la flotte d'Alexandre : Curt. 4, 8, 4 ¶ 4 peintre d'Alexandrie : Plin. 35, 146 ǁ **-mōnēus**, *a, um*, de Polémon [le philosophe] : Cic. *Ac.* 2, 132 ǁ **-mōnĭăcus**, *a, um*, de Polémon [le roi] : Eutr. 7, 14 ; *Pontus* Aur.-Vict. *Caes.* 15, partie orientale du Pont-Euxin [de Polémon ou de Polémonium].

Pŏlĕmŏcrătēs, *is*, m. (Πολεμοκράτης), nom d'homme grec : Cic. *Flac.* 74.

pŏlĕmōnia, *ae*, f. (πολεμώνιον), plante non identifiée : Plin. 25, 64.

Pŏlĕmōnĭum oppĭdum, n., ville du Pont : Plin. 6, 11.

pŏlenta, *ae*, f. (cf. *pollen, puls* ; it. *polenta*), polenta, bouillie de farine d'orge : Plin. 18, 72 ; Ov. *M.* 5, 450 ; farine d'orge : Cat. *Agr.* 156, 5 ; Col. 6, 17, 8 ǁ pâtée pour les oies : Quer. *Sat.* 56 ǁ **-ta**, *ōrum*, n. pl., même sens : Macr. *Sat.* 7, 15, 10.

pŏlentācĭus, *a, um* (*polenta*, cf. *polentarius*), de farine d'orge : Apul. *M.* 6, 19, 2.

pŏlentārĭus, *a, um*, de *polenta* : Pl. *Curc.* 295.

Pŏlentĭa, v.▸ *Pollentia*.

pŏlentum, *i*, n., c.▸ *polenta* : Cael.-Aur. *Chron.* 3, 2.

pōleo, pour *polleo* : Fest. 222, 27.

1 pŏlĭa, *ae*, f. (πολιός), pierre précieuse : Plin. 37, 191.

2 pōlĭa, *ae*, f. (πωλεία), élevage de chevaux, haras : Ulp. *Dig.* 21, 1, 38.

pŏlĭārĭs herba, v.▸ *polion* Plin. Val. 2, 17.

Pŏlichnaei, *ōrum*, m. pl., habitants de Polichné, ville de Troade : Plin. 5, 123.

pŏlīmĕn, *ĭnis*, n. (*polimentum*) ¶ 1 testicule : Arn. 7, 24 ¶ 2 poli, brillant : Apul. *Socr.* 23.

pŏlīmentum, *i*, n. (1 *polio*), testicule de porc : Fest. 266, 19.

1 pŏlĭō, *īs, īre, īvī, ītum* (*interpolo*, cf. *pello*, al. *Filz* > fr. *feutre*, fr. *polir*), tr. ¶ 1 rendre uni, égaliser, aplanir : *rogum ascia* L. XII Tab. d. Cic. *Leg.* 2, 59, équarrir le bois des bûches [funèbres] ǁ mettre un enduit, crépir, recouvrir de stuc : Col. 8, 8, 3 ǁ polir [les métaux, les pierres], fourbir, donner de l'éclat, rendre brillant : Liv. 40, 51, 3 ; Plin. 36, 52 ; 37, 109 ǁ fouler [le drap, la toile], donner du lustre, calandrer : Plin. 35, 197 ; Dig. 47, 2, 12 ǁ donner à un champ la dernière façon, cultiver avec soin : Enn. *An.* 319 ; Varr. *R.* 3, 2, 5 ¶ 2 [fig.] polir, limer, châtier, orner : Cic. *de Or.* 1, 63 ; *politi propriis humanitatis artibus* Cic. *Rep.* 1, 28, façonnés

polio

(cultivés) par les études qui sont le propre de l'homme.
▶ imparf. arch. *polibant* Virg. *En.* 8, 436.

2 **pŏlĭo**, ōnis, m. (1 *polio*), polisseur, celui qui donne du brillant : Dig. 50, 6, 7 ‖ dissipateur : Gloss. 2, 152, 58.

pŏlĭŏn (-ĭum), ĭi, n. (πόλιον), polium [plante] : Plin. 21, 44.

Pŏlĭorcētēs, ae, m. (Πολιορκητής), Démétrius Poliorcète [preneur de villes], roi de Macédoine : Sen. *Ep.* 9, 18 ; *Const.* 5, 6.

Pŏlis, is, m., ▶ 2 *Pollis*.

pŏlītē, adv. (*politus*), avec du fini, du poli, avec élégance : Cic. *Ac.* 2, 120 ; *Fin.* 4, 5 ; *Brut.* 76 ‖ *politius limare* Cic. *Ac.* 1, 2, donner une forme plus polie, plus châtiée.

Pŏlītēs, ae, m. (Πολίτης), un des fils de Priam, tué par Pyrrhus : Virg. *En.* 2, 526.

pŏlīteuma, ătis, n., pays, patrie : Tert. *Marc.* 3, 24, 3.

pŏlītīa, ae, f. (πολιτεία), organisation politique, gouvernement : Cassiod. *Var.* 9, 2 ‖ la République [de Platon] : Cic. *Div.* 1, 60.

Pŏlītĭcē, ēs, f., région de l'Eolide, la même que Aphrodisias : Plin. 5, 122.

1 **pŏlītĭcus**, a, um (πολιτικός), politique, relatif au gouvernement : Cic. *de Or.* 3, 109 ‖ d'un homme d'État : Macr. *Somn.* 1, 8, 3.

2 **Pŏlītĭcus**, i, m., nom d'homme : CIL 6, 10934.

pŏlītĭo, ōnis, f. (1 *polio*), action de polir, polissage : Vitr. 7, 3, 9 ‖ crépi : Vitr. 7, 4, 1 ‖ convention particulière avec un ouvrier agricole, lui assurant une part de la récolte [entre la société et le louage de services] : Cat. *Agr.* 136.

pŏlītŏr, ōris, m. (1 *polio*), polisseur : Firm. *Math.* 4, 14, 20 ‖ *agri* Cat. *Agr.* 136, ouvrier agricole lié par la convention de *politio*, ▶ *politio* ; cf. Dig. 17, 2, 52, 2.

Pŏlītōrĭum, ĭi, n., ville du Latium : Liv. 1, 33 ; Plin. 3, 68.

pŏlītūra, ae, f. (1 *polio*), action d'égaliser, polissage, poli : Vitr. 7, 1, 4 ; Plin. 17, 246 ; 36, 53 ; [fig.] Sen. *Ep.* 100, 5 ‖ crépi : Plin. 11, 84 ‖ satinage [du papyrus] : Plin. 13, 81.

pŏlītus, a, um, part.-adj. de 1 *polio*, poli, lisse, fourbi, brillant ‖ [fig.] orné avec élégance [en parl. d'une habitation] : Varr. *R.* 1, 2, 10 ; Phaed. 4, 5, 25 ‖ poli [par l'instruction] : Lucr. 3, 307 ; *humanitate politiores* Cic. *de Or.* 2, 154, plus affiné par la culture ; *politior humanitas* Cic. *de Or.* 2, 72, culture un peu raffinée ‖ [en parl. du style] poli, limé, châtié, raffiné : Cic. *de Or.* 1, 38 ; *Brut.* 69 ; 326 ‖ *politissima arte* Cic. *Fam.* 1, 9, 15, avec un art achevé.

pŏlĭum, ĭi, ▶ *polion*.

Polla, ae, f. (*Paula*), Valéria Polla, femme de D. Brutus : Cic. *Fam.* 11, 8, 1 ‖ Argentaria Polla, femme de Lucain : Mart. 7, 21, 2 ; 10, 64, 1.

pollĕn, ĭnis, n., **pollis**, ĭnis, m. f. (*polenta*, *puls*, cf. *pulvis*, παιπάλη ; it. *polline*) ¶ 1 fleur de farine, farine fine : Cat. *Agr.* 156 ; Plin. 13, 82 ‖ poussière de farine : Ter. *Ad.* 846 ¶ 2 poudre très fine : Cels. 4, 7, 3 ; Plin. 20, 39.

pollens, tis, part.-adj. de *polleo*, puissant : Pl. *Capr.* 278 ; Sall. *J.* 1, 3 ; *pollens vini* [Liber] Pl. *Curc.* 114, [Bacchus] le seigneur (le dieu) du vin ; *pollens cuncta* Sen. *Ag.* 805, tout-puissant ‖ [avec inf.] capable de : Sil. 14, 80 ; Luc. 6, 685 ‖ -*tior* Tert. *Jejun.* 6, 1 ; -*tissimus* Solin. 2, 22.

*****pollenter** [inus.], avec puissance ‖ -*tius* Claud. *IV Cons. Hon.* 254.

1 **pollentĭa**, ae, f., puissance, supériorité : Pl. *Ru.* 618.

2 **Pollentĭa**, ae, f., la Supériorité [divinité] : Liv. 39, 7, 8.

3 **Pollentĭa**, ae, f. ¶ 1 ville de Ligurie [Pollenzo] Atlas V, E4; XII, C1 : Cic. *Phil.* 11, 14 ; Plin. 3, 49 ¶ 2 ville de Majorque [auj. Pollensa] Atlas IV, C4 : Plin. 3, 77.

Pollentīni, orum, m. pl., habitants de Pollentia : Plin. 3, 111.

pollĕō, ēs, ēre, -, - (*pollex* ?, cf. v. irl. *oll*), intr. ¶ 1 avoir beaucoup de pouvoir, être très puissant : Liv. 1, 24, 8 ; Cic. *Rep.* 3, 24 ; Caes. *C.* 1, 4, 3 ; *ubi plurimum pollet oratio* Cic. *Brut.* 190, [la péroraison] où l'éloquence a sa plus grande force ; *scientia pollere una* Cic. *Part.* 76, tenir sa valeur uniquement de la science ; *armis pollere* Tac. *An.* 11, 24, avoir la puissance guerrière ; *quantum polleat multorum oboedire tempori* Cic. *Brut.* 242, [montrer] combien il est efficace de se mettre à la disposition de beaucoup de gens ¶ 2 [en parl. des choses] **a)** avoir de la vertu, de l'énergie, être efficace : Plin. 24, 171 **b)** avoir de la valeur, être estimé : Plin. 19, 47 ¶ 3 être riche de : Apul. *M.* 2, 19.

Polles, ▶ *Poles*.

1 **pollex**, ĭcis, m. (de *polleo* d'après At.-Capr. d. Macr. *Sat.* 7, 13, 14 ; cf. plutôt *palpor*, rus. *palec*, ou *polliceor* ? ; fr. pouce) ¶ 1 pouce : Cic. *Off.* 3, 46 ; Plin. 11, 244 ; *digitus pollex* Caes. *G.* 3, 13, 4 ; *pollicem premere* Plin. 28, 25, favoriser, approuver [les Romains appuyaient le pouce sur l'index en signe d'approbation, l'étendaient et le renversaient pour désapprouver] ; *pollice utroque laudare* Hor. *Ep.* 1, 18, 66, louer, approuver sans restriction ; *pollice verso* Juv. 3, 36, avec le pouce renversé, tourné vers le sol [désapprobation ; en part., refus de gracier le gladiateur vaincu] ; *infesto pollice* Quint. 11, 3, 119, avec un geste désapprobateur ‖ pouce du pied, gros orteil : Suet. *Cal.* 57 [comme mesure] *digitus pollex = digitus*, pouce [1,8 cm] : Cat. *Agr.* 20 ; Caes. *G.* 3, 13, 4 ¶ 2 sarment taillé court au-dessus du premier œil : Col. 4, 21, 3 ‖ nœud [d'un arbre] : Plin. 13, 29.

2 **Pollex**, ĭcis, m., nom d'un esclave de Cicéron : Cic. *Fam.* 14, 6, 1 ; [jeu de mots] Cic. *Att.* 13, 46, 1.

Pollĭa trĭbŭs, f., une des tribus rustiques de Rome : Liv. 29, 37, 8.

pollĭcāris, e (1 *pollex*), d'un pouce [mesure] : Plin. 13, 128.

pollĭcĕo, ▶ *polliceor* ▶.

pollĭcĕor, ēris, ērī, cĭtus sum (1 *por-*, *liceor*), tr. ¶ 1 proposer, offrir, promettre : *nihil tibi de meis opibus pollicebar, sed de horum erga me benevolentia promittebam* Cic. *Planc.* 101, je ne te faisais pas d'offres de services fondées sur ma puissance, je te faisais des promesses fondées sur la bienveillance à mon égard de ceux qui nous écoutent, cf. Cic. *Fam.* 7, 5, 1 ; *benigne, liberalissime alicui polliceri* Cic. *Fam.* 4, 13, 3 ; *Att.* 5, 13, 2, faire à qqn des offres de services bienveillantes, tout à fait généreuses ; *alicui praesidium suum* Cic. *Fam.* 15, 2, 4, promettre son appui à qqn ; *alicui maria montesque* Sall. *C.* 23, 3, promettre à qqn monts et merveilles ¶ 2 [avec inf.] *pollicentur obsides dare* Caes. *G.* 4, 21, 5, ils promettent de donner des otages, cf. Caes. *G.* 6, 9, 7 ; Ter. *Haut.* 724 ; *And.* 613 ‖ [avec prop. inf. et inf. fut.] *pollicens se … traditurum* Caes. *C.* 2, 2, promettant qu'il remettrait … ; [inf. prés. rare] *pollicitust dare se …* Pl. *Most.* 1084, il promit de donner …, cf. Her. 4, 6 ; Liv. 43, 6, 4 ; 44, 7, 5 ‖ [avec *ut*] Just. 9, 2, 12 ; [avec subj. seul] Hirt. *G.* 8, 52, 4 ‖ [droit] ▶ *pollicitatio*.
▶ forme active *polliceres* Varr. *Men.* 41 ‖ sens passif Metell. Numid. d. Prisc. 2, 382, 8 ; Dig. 14, 1, 18 ; [au part.] *pollicita fides* Ov. *F.* 3, 366, " la confiance [= la réalisation] promise ".

pollĭcĭtātĭo, ōnis, f., offre, proposition, promesse, [sg. rare] : Pl. *Trin.* 738 ; Poll. *Fam.* 10, 32, 4 ‖ pl., Caes. *G.* 3, 18, 2 ; 3, 26 ; 7, 1 ; *C.* 3, 108, 3 ; Sall. *J.* 61, 4 ‖ [droit] promesse unilatérale en faveur d'une cité [promesse non acceptée par le donataire] *pollicitatio est offerentis solius promissum* Dig. 50, 12, 3 *pr.*, la *pollicitatio* est une promesse [de donner ou de faire] consistant seulement en une offre du promettant ‖ promesse informelle [non incorporée dans une stipulation] : *pollicitati dotis* Dig. 37, 7, 1, 8, promesse informelle de dot.

pollĭcĭtātŏr, ōris, m., -**tātrix**, īcis, f., celui, celle qui promet : Tert. *Jud.* 1, 3 ; *Apol.* 23, 6.

pollĭcĭtŏr, ārĭs, ārī, ātus sum (fréq. de *polliceor*), tr. et intr., promettre beaucoup, souvent : Pl. *Mil.* 879 ; *Ru.* 929 ; Ter. *And.* 912 ; *Phorm.* 521 ; Sall. *C.* 38, 1.

pollĭcĭtum, i, n. (*pollicitus*), promesse : Ov. *M.* 11, 107 ; Col. 11, 3, 1.

pollĭcĭtus, a, um, part. de *polliceor*, [sens pass.] ▶ *polliceor* ▶.

pollictŏr, ▶ *pollinctor* Pl. *As.* 910 ; Varr. *Men.* 222 ; Non. 157, 20.

pollĭnāris, *e*, ⬛ *pollinarius* : GLOSS. 2, 265, 51.

pollĭnārĭus, *a*, *um* (*pollen*), qui concerne la fleur de farine : PL. *Poen.* 512 ; PLIN. 18, 108.

pollĭnātus, *a*, *um* (*pollen*), bluté : *PLIN. 18, 90.

pollinctŏr, *ōris*, m. (*pollingo*), ensevelisseur, croque-mort : MART. 10, 97, 3.

pollingō, *ĭs*, *ĕre*, *linxī*, *linctum* (1 *por-* et cf. 1 *lixa*), tr., embaumer et ensevelir un mort : PL. *Poen.* 63 ∥ [fig.] SEN. *Vit.* 7, 3.

1 pollĭo, *ōnis*, ⬛ *polio*.

2 Pollĭo, *ōnis*, m., surnom romain ; not[t] Asinius Pollion, ami d'Auguste : VIRG. *B.* 4, 12 ; HOR. *O.* 2, 1, 14 ∥ Trébellius Pollion, un des écrivains de l'Histoire Auguste : VOP. *Aur.* 2, 1.

1 pollis, ⬛ *pollen*.

2 Pollis, *is*, m., nom d'un statuaire : PLIN. 34, 91.

pollŭbrum, ⬛ *pŏlūbrum*.

pollūcĕō, *ēs*, *ēre*, *lūxī*, *luctum* (1 *por-* et *luceo*, 2 *lustrum*), tr. ¶ **1** offrir en sacrifice, offrir : CAT. *Agr.* 132 ; PL. *St.* 234 ; PLIN. 32, 20 ; P. FEST. 298, 26 ¶ **2** servir [sur table] : PL. *Ru.* 425 ∥ régaler : ***virgis polluctus*** PL. *Curc.* 193, régalé de coups de verges ∥ [fig.] faire participer à : ARN. 5, 12.
▶ *polloucta* CIL 1, 1531.

Pollūcēs, arch. pour *Pollux* : PL. *Bac.* 894.

pollūcĭbĭlis, *e* (*polluceo*), digne d'être offert aux dieux, splendide, somptueux : MACR. *Sat.* 2, 13, 16 ; ***obsonandi pollucibilior*** TERT. *Jejun.* 17, 4, qui traite plus somptueusement.

pollūcĭbĭlĭtās, *ātis*, f. (*pollucibilis*), magnificence [de table] : FULG. *Myth.* 1, 2.

pollūcĭbĭlĭtĕr, adv., splendidement : PL. *Most.* 24.

polluctum, *i*, n. (*polluceo*), sacrifice, banquet sacré : VARR. *L.* 6, 54 ∥ portion de victime réservée au peuple : PL. *Ru.* 1419.

polluctūra, *ae*, f. (*polluceo*), repas splendide : PL. *St.* 688.

polluctus, *a*, *um*, part. de *polluceo*.

pollŭō, *ĭs*, *ĕre*, *lŭī*, *lūtum* (1 *por*, cf. *lutum*, 1 *lustrum*), tr. ¶ **1** mouiller [de manière à salir], [d'où] salir, souiller : VIRG. *En.* 3, 234 ; TAC. *An.* 4, 49 ; OV. *M.* 15, 98 ¶ **2** [fig.] profaner, souiller : CIC. *Verr.* 5, 187 ∥ ***jovem*** PROP. 4, 9, 8, insulter Jupiter ; ***polluta pax*** VIRG. *En.* 7, 467, paix violée ; ***polluere famam*** PHAED. 3, 10, 17, ternir la réputation, entacher l'honneur ; ***jura*** CIC. *Phil.* 11, 29, violer les lois ¶ **3** séduire [une femme], déshonorer, attenter à l'honneur de : TAC. *An.* 12, 46 ; *Agr.* 31 ; JUV. 2, 29 ; PLIN. *Ep.* 4, 11, 6.

pollūtē** [inus.], impudiquement, d'une manière infâme ∥ ***pollutius PAUL.-NOL. *Carm.* 19, 178.

pollūtĭo, *ōnis*, f. (*polluo*), salissure, souillure : PALL. 9, 10, 2 ∥ [fig.] VULG. *Judith* 13, 20.

pollūtrix, *īcis*, f., celle qui souille, qui profane : AUG. *Jul. op. imp.* 6, 5.

pollūtus, *a*, *um*, part. de *polluo*, [adj[t]] [fig.] souillé, vicieux, impur : LIV. 10, 23, 10 ∥ *-tior* SIL. 11, 47 ; *-tissimus* APUL. *M.* 9, 37.

Pollux, *ūcis*, m. (Πολυδεύκης), fils de Léda, frère de Castor : CIC. *Nat.* 3, 53 ; *Leg.* 2, 19 ∥ ⬛ *Polluces, edepol*.
▶ *Podlouquei* dat., CIL 1, 2833.

polluxī, parf. de *polluceo*.

pŏlōsē, adv. (*polosus*), dans une région élevée : CAPEL. 1, 37.

pŏlōsus, *a*, *um* (*polus*), haut, élevé : GLOSS. 5, 608, 23.

poltĕo [arch.], pour *ulteriore* : FEST. 222, 26.

pŏlūbrum, *i*, n. (*po-*, 2 *lavo*, 1 *luo*), bassin pour se laver les mains : P. FEST. 287, 14 ; ANDR. d. NON. 544, 22.

pōlŭlus (**poll-**), arch. pour *paululus* : CAT. *Agr.* 10, 2 ; 21, 3.

1 pŏlus, *i*, m. (πόλος) ¶ **1** pôle [du monde] : PLIN. 2, 63 ; OV. *M.* 2, 75 ∥ le Nord : OV. *M.* 2, 173 ; *Tr.* 4, 3, 15 ∥ l'étoile polaire : VITR. 9, 6, 6 ¶ **2** le ciel : ACC. *Tr.* 190 ; VIRG. *En.* 3, 586 ; HOR. *O.* 1, 28, 6.

2 Pōlus, *i*, m., nom d'un célèbre acteur grec : GELL. 6, 5, 2.

Polusca, *ae*, f., ville des Volsques : LIV. 2, 33, 5.

polvīnar, **polvis**, ⬛ *pulv-*.

pŏlўăcanthŏs, *i*, f. (πολυάκανθος), sorte de chardon : PLIN. 21, 94.

Pŏlўaegŏs, *i*, f. (Πολύαιγος), une des Sporades : PLIN. 4, 70.

Pŏlўaenus, *i*, m. (Πολύαινος), Polyen [géomètre, ami d'Épicure] : CIC. *Ac.* 2, 106 ∥ sénateur de Syracuse : LIV. 24, 22.

pŏlўandrĭŏn, *ii*, n. (πολυάνδριον), cimetière : ARN. 6, 6.

pŏlўanthĕmum, *i*, n., (**-us**, *i*, m.) (πολυάνθεμον), renoncule [plante] : PLIN. 27, 112.

Pŏlўărātus, *i*, m. (Πολυάρατος), chef des Rhodiens : LIV. 44, 23.

pŏlўarchĭon, *ii*, n. (πολυάρχιον), sorte de remède : CAEL.-AUR. *Chron.* 3, 8, 116.

Pŏlўē, *ēs*, f., une des filles de Danaos : HYG. *Fab.* 170.

Pŏlўbētēs (**-boetēs**), *ae*, m., nom d'homme : VIRG. *En.* 6, 484.

Pŏlўbĭus, *ii*, m. (Πολύβιος), Polybe [historien grec, ami de Scipion Émilien] : CIC. *Rep.* 1, 34 ; 2, 27 ∥ affranchi de Claude : SEN. *Polyb.* 3, 5.

Pŏlўbus, *i*, m. (Πόλυβος), Polybe [roi de Corinthe, qui recueillit et éleva Œdipe] : STAT. *Th.* 1, 64 ∥ un des prétendants de Pénélope : OV. *H.* 1, 91.

pŏlўcarpŏs, *i*, m. (πολύκαρπος), renouée [plante] : PS. APUL. *Herb.* 18.

Pŏlўcarpus, *i*, m. (Πολύκαρπος), saint Polycarpe [disciple de saint Jean] : TERT. *Praescr.* 32, 2.

Pŏlўcharmus, *i*, m. (Πολύχαρμος), sculpteur : PLIN. 36, 35 ∥ nom d'homme : MART. 8, 37.

pŏlўchrēstŏs, *ŏn* (πολύχρηστος), polychreste [méd.] : VEG. *Mul.* 2, 6, 11.

pŏlўchrŏnĭus, *a*, *um* (πολυχρόνιος), qui vit longtemps : FIRM. *Math.* 8, 28, 8.

Pŏlўclēs, *is*, m. (Πολυκλῆς), nom de deux statuaires : PLIN. 34, 50 ; 36, 35.

Pŏlўclītus, *i*, m. (Πολύκλειτος), Polyclète [de Sicyone, célèbre sculpteur] : CIC. *Brut.* 70 ; MART. 8, 51, 2 ∥ [au pl.] [par emphase] des Polyclètes : CIC. *Tusc.* 1, 4 ∥ nom d'un affranchi de Néron : TAC. *An.* 14, 39 ∥ *-tēus*, *a*, *um*, de Polyclète : STAT. *S.* 2, 2, 67.
▶ orth. *-ētus* CIL 2, 3803.

pŏlўcnēmŏn, *i*, n. (πολύκνημον), espèce de menthe [plante] : PLIN. 26, 148.

Pŏlўcrătēs, *is*, m. (Πολυκράτης), Polycrate [tyran de Samos] : CIC. *Fin.* 5, 92 ∥ acc. *-en* QUINT. 2, 17, 4.

Pŏlўcrătĭa, *ae*, f., femme d'Aratus, stratège de la ligue achéenne : LIV. 27, 31, 8.

Pŏlўdaemōn, *ŏnis*, m., nom de guerrier : OV. *M.* 5, 85.

Pŏlўdămās, *antis*, m. (Πολυδάμας) ¶ **1** Polydamas [prince troyen, ami d'Hector, fut tué par Ajax] : PROP. 3, 1, 29 ; OV. *M.* 12, 547 ¶ **2** fameux athlète thessalien : VAL.-MAX. 9, 12 ext., 10 ¶ **3** lieutenant d'Alexandre : CURT. 4, 15, 6 ∥ *-antēus*, *a*, *um*, de Polydamas : SIL. 12, 212.
▶ la syllabe *Po-* qqf. longue chez les poètes.

Pŏlўdectēs, *ae*, m. (Πολυδέκτης), roi de l'île de Sériphos, fut changé en rocher : HYG. *Fab.* 63 ; [voc. *-ta*] OV. *M.* 5, 242.

Pŏlўdectŏr, *ŏris*, m., un des fils d'Égyptus : HYG. *Fab.* 170.

Pŏlўdeucēs, *is*, m. (Πολυδεύκης), nom d'un sculpteur qui avait travaillé aux constructions du Palatin, à Rome : PLIN. 36, 38.

Pŏlўdōra, *ae*, f. (Πολυδώρα) ¶ **1** une des Amazones : HYG. *Fab.* 163 ¶ **2** île de la Propontide : PLIN. 5, 151.

Pŏlўdōrus, *i*, m. (Πολύδωρος), Polydore [dernier fils de Priam, tué par Polymnestor] : VIRG. *En.* 3, 45 ; CIC. *de Or.* 3, 219 ∥ *-rēus*, *a*, *um*, de Polydore : OV. *M.* 13, 629.

pŏlўgăla, *ae*, f. (πολύγαλον), polygala [plante] : PLIN. 27, 121.

pŏlўgămĭa, *ae*, f. (πολυγαμία), polygamie : HIER. *Jer. pr.* 4.

Pŏlўgītōn, *ŏnis*, m. (*poly-*, *Giton*), nom d'homme : AUS. *Epigr.* 107 (108), 1.

Polygium

Pŏlȳgĭum, *ĭi*, n., petite ville sur la côte de la Narbonnaise : Avien. *Or.* 615.

Pŏlygnōtus, *i*, m. (Πολύγνωτος), Polygnote [de Thasos, peintre et statuaire] : Cic. *Brut.* 70 ; Plin. 35, 59.

pŏlȳgŏnătŏn, *i*, n., (**-ŏs**, *i*, f.) (πολυγόνατον), renouée [plante] : Plin. 27, 113 ‖ ⓒ *leucacantha* : Plin. 22, 40.

1 pŏlȳgŏnĭum (-ŏn), *ĭi*, n., ⓒ *polygonus* : Scrib. 193.

2 pŏlȳgŏnĭum, *ĭi*, n., polygone : Grom. 225, 12.

pŏlȳgōnĭus, *a*, *um* (πολυγώνιος), qui a beaucoup d'angles, polygone : Vitr. 1, 5, 5.

pŏlȳgōnŏīdēs, *is*, f. (πολυγωνοειδής), clématite d'Égypte [plante] : Plin. 24, 141.

pŏlȳgŏnŏs, Ⓥ *polygonus*.

pŏlȳgōnum, *i*, n. (πολύγονος), polygone : Cens. 8, 10 ; Grom. 338, 19.

pŏlȳgŏnus, *i*, f. (πολύγονον), renouée [plante] : Plin. 26, 158.

pŏlȳgrammŏs, *i*, f. (πολύγραμμος), pierre précieuse : Plin. 37, 118.

Pŏlȳhistŏr, *ŏris*, m. (Πολυΐστωρ), l'Érudit [surnom de Cornélius Alexander, grammairien grec] : Suet. *Gram.* 20 ; Plin. 9, 115 ‖ titre d'un ouvrage de Solin : Prisc. 2, 22, 9.

Pŏlȳhymnĭa, *ae*, f. (Πολύμνια), Polymnie [muse de la lyrique chorale] : Hor. *O.* 1, 1, 33 ; Ov. *F.* 5, 9.

Pŏlyĭdus, *i*, m. (Πολύϊδος), augure de Corinthe : Cic. *Div.* 1, 89.

Pŏlȳmăchaerŏplăgĭdēs, *ae*, m., nom burlesque forgé [= lardé de coups d'épée] : Pl. *Ps.* 988.

Pŏlȳmēdĭa, *ae*, f., ville de Mysie : Plin. 5, 123.

Pŏlȳmestor (-mnes-), *ŏris*, m. (Πολυμήστωρ), Polymnestor [roi de Thrace, meurtrier de Polydore] : Ov. *M.* 13, 430 ; 536.

Pŏlȳmētra, *ōrum*, n. pl. (Πολύμετρα), nom d'un poème de Laevius : Prisc. 2, 258, 13.

pŏlȳmĭtārĭus, *a*, *um* (*polymitus*), damassé : Vulg. *Exod.* 36, 35 ‖ **polymitarius artifex,**, m., ouvrier en tissus damassés : Fort. *Carm.* 5, 6, 16 ‖ **polymitarii**, subst. pl. : Vulg. *Exod.* 35, 35.

pŏlȳmĭtus, *a*, *um* (πολύμιτος), damassé : Petr. 40, 5 ‖ **polymita**, n. pl., étoffes damassées : Plin. 8, 198.

Pŏlymnĭa, *ae*, f., ⓒ *Polyhymnia* : Anth. 88, 7.

Pŏlymnĭus, *i*, m., père d'Épaminondas : Nep. *Epam.* 1, 1.

pŏlȳmyxŏs lŭcerna, f. (πολύμυξος), lampe à plusieurs becs ou à plusieurs branches : Mart. 14, 41 lemm. ; Ⓥ *myxa* ¶ 2.

pŏlȳneurŏn, *i*, n. (πολύνευρον), plantain [plante] : Ps. Apul. *Herb.* 1.

Pŏlȳnīcēs, *is*, m. (Πολυνείκης), Polynice [fils d'Œdipe et frère d'Étéocle] : Plin. 35, 144.

pŏlȳōnymus, *a*, *um* (**pŏlȳōnȳmŏs**, *ŏn*) (πολυώνυμος), qui a plusieurs noms : Prisc. 3, 88, 23 ‖ subst. f., **pŏlȳōnȳmŏs**, pariétaire [plante] : Ps. Apul. *Herb.* 81.

Pŏlȳpēmōn, *ŏnis*, m. (Πολυπήμων), père de Procuste : Ov. *Ib.* 407.

Pŏlȳperchōn, *ontis*, m. (Πολυπέρχων), général d'Alexandre le Grand : Nep. *Phoc.* 3, 1.

pŏlȳphăgus, *i*, m. (πολυφάγος), gros mangeur, goinfre : Suet. *Ner.* 37.

Pŏlȳphēmus (-mŏs), *i*, m. (Πολύφημος) ¶ 1 Polyphème [géant, fils de Neptune, un des Cyclopes] : Cic. *Tusc.* 5, 115 ; Ov. *M.* 13, 772 ¶ 2 un des Argonautes : Hyg. *Fab.* 14.

Pŏlȳphontēs, *ae*, m. (Πολυφόντης), Polyphonte [roi de Messénie, tua le fils de Cresphonte, et épousa Mérope, mère de sa victime] : Hyg. *Fab.* 137.

pŏlȳpleurus, *a*, *um* (πολύπλευρος), qui a beaucoup de côtés : Capel. 6, 712.

Pŏlȳplūsĭus, *a*, *um* (Πολυπλούσιος), très riche [nom forgé par Plaute] : Pl. *Capr.* 277.

pŏlȳpŏdĭum, *ĭi*, n. (πολυπόδιον), polypode [plante] : Plin. 16, 244.

Pŏlȳpoetēs, *ae*, m. (Πολυποίτης), fils de Pirithoüs, un des prétendants d'Hélène : Hyg. *Fab.* 8.

pŏlȳpōsus, *a*, *um*, affligé d'un polype : Mart. 12, 37, 2.

pŏlypsēphus, *a*, *um* (πολύψηφος), qui contient beaucoup de pierreries : CIL 2, 3386.

pŏlyptōtŏn, *i*, n. (πολύπτωτον), polyptote, succession de formes casuelles [rhét.] : Capel. 5, 535.

pŏlyptȳcha, *ōrum*, n. pl. (πολύπτυχος), polyptyques, registres, rôles, matricules : Veg. *Mil.* 2, 19 ‖ Ⓥ *diptycha*.

pŏlȳpus, *i*, m. (dor. πωλύπους ; = att. πολύπους ; it. *polpo*, fr. *pieuvre*) ¶ 1 poulpe, pieuvre [mollusque] : Pl. *Ru.* 1010 ; Plin. 9, 40 ; 85 ‖ [fig.] homme rapace : Pl. *Aul.* 198 ¶ 2 polype [dans le nez] : Cels. 6, 8, 2 ; Hor. *S.* 1, 3, 40.

Pŏlyrrhenĭum, *ĭi* ou **-num**, *i*, n., ville de Crète : Plin. 4, 59.

pŏlyrrhizŏs (-rri-), *ŏn*, adj. (πολύρριζος), qui a beaucoup de racines : Plin. 25, 96 ‖ subst. n., nom d'une plante inconnue : Plin. 27, 126.

pŏlȳsarcĭa, *ae*, f. (πολυσαρκία), excès d'embonpoint : Cael.-Aur. *Chron.* 5, 11, 131.

pŏlȳsēmus, *a*, *um* (πολύσημος), qui a plusieurs significations, équivoque : Serv. *En.* 1, 1.

pŏlȳsigma, *ătis*, n. (πολύς, σίγμα), répétition trop fréquente de la lettre *s* : Capel. 5, 514.

pŏlȳspastŏn, *i*, n. (πολύσπαστος), palan : Vitr. 10, 2, 10 ; 10, 11, 1.

pŏlȳsyllăbus, *a*, *um* (πολυσύλλαβος), qui est polysyllabe : Ps. Prisc. *Acc.* 40 = 3, 527, 11.

pŏlȳsynthĕtŏn, *i*, n. (πολυσύνθετον), répétition de la conj. *que* : Isid. 1, 36, 19.

Pŏlȳtēlĭa, *ae*, f., ville de Mésopotamie : Plin. 6, 118.

Pŏlȳtīmētus, *i*, m., rivière de Sogdiane : Curt. 7, 10, 2.

Pŏlȳtīmus, *i*, m., nom d'homme : Mart. 12, 84, 1.

pŏlȳtrĭchŏn, *i*, n. et **-trix (-thrix)**, *ĭcis*, f. (πολύτριχον, πολύθριξ), capillaire [plante] : Plin. 22, 62 ; 16, 147.

pŏlȳtrĭchŏs, *i*, f., sorte de pierre précieuse inconnue : Plin. 37, 190.

pŏlȳtrŏphŏs (-fŏs), *ŏn*, adj. (πολυτρόφος), très nourrissant, très nutritif : Theod.-Prisc. 2, 116.

Pŏlyxĕna, *ae*, f. (Πολυξένη), Polyxène [fille de Priam, immolée sur le tombeau d'Achille] : Ov. *M.* 13, 448 ; Juv. 10, 262 ‖ **-nĭus**, *a*, *um*, de Polyxène : Catul. 64, 369.
▶ **-xĕnē** Sen. *Tro.* 195 ; 367 ; 942.

Pŏlyxō, *ūs*, f. (Πολυξώ) ¶ 1 une des Hyades : Hyg. *Fab.* 191 ¶ 2 prêtresse d'Apollon à Lemnos : Val.-Flac. 2, 316.

pŏlyzōnŏs, *i*, m. (πολύζωνος), pierre précieuse : Plin. 37, 189.

Pōmānus, *i*, m., fleuve de l'Inde, en deçà du Gange : Plin. 6, 94.

pōmārĭum, *ĭi*, n. (*pomum*) ¶ 1 verger : Cic. *CM* 54 ¶ 2 fruitier : Plin. 15, 59.

pōmārĭus, *a*, *um*, de verger : **pomarium seminarium** Cat. *Agr.* 48, pépinière d'arbres fruitiers ‖ subst. m., marchand de fruits, fruitier : Hor. *S.* 2, 3, 227.

pōmātĭo, *ōnis*, f. (*pomum*), récolte des fruits [ὀπωρισμός] : Hier. *Ep.* 57, 11.

pŏmēlĭda, *ae*, f. (de ὑπομηλίς, Ⓥ *hypomelis*), alisier : *Isid. 17, 7, 12.

pōmĕrīdĭānus, *a*, *um*, [leçon de qqs mss. de Cic. fortifiée par Quint. 9, 4, 39 mais qui a moins d'autorité que *postm-* ou *posm-*] Ⓥ *postm-*.

pōmĕrīdĭem (pour *post meridiem*, cf. it. *pomeriggio*), après-midi : *Quint. 9, 4, 39.

pōmĕrĭum, Ⓥ *pomoerium*.

Pōmētĭa, *ae*, f., ville des Volsques : Plin. 3, 68 ; **Suessa Pometia** Cic. *Rep.* 2, 45, la même ‖ **Pōmētĭi**, *ōrum*, m. pl., habitants de Pométia : Virg. *En.* 6, 775 ‖ **-tīnus**, *a*, *um*, de Pométia : Liv. 1, 55, 7.

pōmētum, *i*, n. (*pomus* ; it. *pometo*), verger, jardin fruitier : Pall. 1, 36, 3.

pōmĭfer, ĕra, ĕrum (*pomum, fero*), qui produit des fruits, abondant en fruits : Plin. 12, 15.

pōmĭfĕrae, ārum, f. pl., arbres fruitiers : Plin. 17, 253.

pōmĭfĕrō, ās, āre, -, -, intr., produire des fruits : Gloss. 2, 153, 13.

pōmĭlĭo, v. *pumilio* Pomp.-Gr. 5, 165, 11.

pōmoerĭum (pōmē-), ĭi, n. (*post muros*) ¶ 1 pomérium [ligne sacrée entre les domaines civil et militaire, située à l'intérieur des murs d'une ville, et marquée par un espace consacré qu'il n'était permis ni de bâtir, ni d'habiter] : Varr. L. 5, 143 ; Liv. 1, 44, 3 ; Tac. An. 12, 23 ; *pomerium intrare, transire* Cic. Nat. 2, 11, franchir le pomérium ¶ 2 [fig.] limites, bornes : Macr. Sat. 1, 24, 12.
▶ orth. *-ērium* meilleure que *-oerium*, quoique celle-ci soit étymol.

Pomoetia, v. *Pometia*.

Pōmōna, ae, f. (*pomum*), Pomone [déesse des fruits] : Varr. L. 7, 45 ; Plin. 23, 1 ‖ récolte des fruits : Solin. 22, 17.

Pōmōnăl, ātis, n., temple de Pomone : Fest. 296, 15.

pōmōnālis flāmĕn, m., flamine de Pomone : Varr. L. 7, 45.

pōmōsus, a, um (*pomum*), abondant en fruits : Tib. 1, 1, 21.

pompa, ae, f. (πομπή) ¶ 1 procession [dans les solennités publiques, aux funérailles] : Cic. Tusc. 5, 91 ; Mil. 39 ; Ov. F. 6, 663 ; Nep. Att. 22, 4 ; *pomparum ferculis similes esse* Cic. Off. 1, 131, ressembler aux porteurs de processions [aller aussi lentement] ‖ procession [dans les jeux du cirque, où l'on portait les images des dieux] : Liv. 30, 38, 11 ; Suet. Caes. 76 ; Ov. F. 4, 391 ; Cic. Att. 13, 28, 3, parle de l'image de César portée à côté de celle des dieux dans cette procession] ‖ cortège du triomphateur : Juv. 10, 281 ¶ 2 [en gén.] cortège, suite : *lictorum meorum* Cic. Fam. 2, 16, 2, le cortège de mes licteurs ; *petitio pompae plena* Q. Cic. Pet. 52, candidature entourée d'un cortège de partisans ‖ *pecuniae* Sen. Ep. 110, 15, longue file de richesses ¶ 3 apparat, pompe : *rhetorum pompa* Cic. Tusc. 4, 48, pompe des rhéteurs, grands mots à la façon des rhéteurs, déclamation, cf. Cic. de Or. 2, 294 ; *detraxit muneri suo pompam* Sen. Ben. 2, 13, 2, il enleva toute pompe (ostentation) à son présent ‖ parade : Cic. Or. 42 ; de Or. 2, 94.

pompābĭlis, e (*pompa*), pompeux, magnifique : Treb. Tyr. 30, 24.

pompābĭlĭtās, ātis, f., pompe [du style] : Prisc. Metr. Ter. 3, 419, 8.

pompābĭlĭtĕr, adv., magnifiquement : Treb. Gall. 8, 3.

Pompaelo, v. *Pompelo*.

pompālis, e (*pompa*), majestueux : Capit. Gord. 6, 1.

pompālĭtās, v. *pompabilitas*.

pompātĭcē, adv., en grande pompe : Vulg. Amos 6, 1 ‖ [fig.] avec emphase : Jul.-Vict. 411, 24.

pompātĭcus, a, um (*pompa*), qui forme un cortège : Apul. M. 10, 29 ‖ [fig.] pompeux, d'apparat, fastueux : Tert. Cult. 2, 9, 4.

*****pompātus**, a, um [inus.] (*pompa*), pompeux, fastueux ‖ *-tior* : Tert. Spect. 7, 2.

Pompeia, ae, f., Pompéia [fille du Grand Pompée, femme de Sylla Faustus] : B.-Afr. 95, 3 ‖ femme divorcée de Jules César : Suet. Caes. 6 ‖ femme de Vatinius : Cic. Fam. 5, 11, 2 ‖ Pompéia Macrina, mise à mort par Tibère : Tac. An. 6, 18 ‖ Pompéia Paulina, femme de Sénèque le philosophe : Tac. An. 15, 60.

Pompēĭānus, v. *Pompeii* et 2 *Pompeius*.

Pompēĭi, ōrum, m. pl., Pompéi [ville maritime de Campanie, ensevelie par le Vésuve en 79 apr. J.-C.] Atlas XII, E4 : Mel. 2, 70 ; Sen. Nat. 6, 1, 1 ‖ **iānus**, a, um, de Pompéi : Plin. 14, 70 ‖ *-iānum*, i, n., maison de Pompéi [appartenant à Cicéron] : Cic. Fam. 7, 3, 1 ‖ *-iāni*, ōrum, m. pl., habitants de Pompéi : Cic. Sull. 60.

Pompēĭŏpŏlis, f., ville de Cilicie : Tac. An. 2, 58 ‖ nom récent de Amisus Atlas I, D6 ; IX, C3 : Plin. 6, 7.

1 pompeius, a, um (ἀποπομπαῖος), qui emporte le mal [bouc émissaire] : VL. Lev. 16, 8.

2 Pompēĭus, i, m., nom d'une *gens* ; not^t Cn. Pompée [surnommé le Grand (*Magnus*), rival de César, vaincu à Pharsale et assassiné en Égypte] : Cic. ; Caes. ‖ **-ius**, a, um, de Pompée : Cic. Verr. 5, 169 ‖ *-iānus*, a, um, de Pompée, du parti de Pompée : Caes. C. 3, 58 ; Luc. 3, 166 ‖ *-iāni*, ōrum, m. pl., les soldats du parti de Pompée, les Pompéiens : Caes. C. 3, 46 ; Sen. Ir. 3, 30, 5 ; [sg.] Tac. An. 4, 34.
▶ *Pompeius* compte pour trois ou quatre syllabes.

Pompēlō, ōnis (2 *Pompeius*), ville de la Tarraconaise [auj. Pampelune] Atlas IV, B3 ; V, F1 : Anton. 455, 5 ‖ **Pompēlōnensis**, e, de Pampelune : CIL 2, 4208 ‖ subst. m., habitant de Pampelune : Plin. 3, 24.

Pompēum, i, n. (Πομπεῖον), bâtiment à Athènes, où l'on gardait les objets servant à la célébration des fêtes : Plin. 34, 128.

pompholyx, ygis, f. (πομφόλυξ ; it. *fanfaluca*, fr. *fanfreluche*), arsenic blanc : Plin. 34, 128.

pompĭcus, a, um (πομπικός), solennel [métr.] : *pes* Mar. Vict. Gram. 6, 207, 18, le même pied que l'antibacchius.

Pompĭlĭus, ĭi, m., nom de famille rom. ; not^t Numa [le second roi de Rome] : Hor. O. 1, 12, 34 ; Liv. 1, 18 ; Ov. F. 2, 69 ‖ **-lius**, a, um, de Pompilius, des Pompilius, de la famille Pompilia : Hor. P. 292 ‖ ou **-liānus**, Arn. 2, 73.

Pompillus, i, m., nom d'un poète latin : Mart. 6, 61, 1.

pompĭlus, i, m. (πομπίλος), pilote [poisson de mer] : Ov. Hal. 101 ‖ nautilus ? : Plin. 9, 51.

pompō, ās, āre, -, - (*pompa*), tr., mettre de la pompe à : Sedul. Carm. 1, 18.

Pompōnĭa, ae, f., mère de Scipion l'Africain : Sil. 13, 615 ‖ sœur d'Atticus et femme de Q. Cicéron : Cic. Att. 5, 1, 3 ‖ *Graecina* Tac. An. 13, 32, dame romaine sous Claude.

Pompōnĭāna insŭla, f., une des Stéchades, la même que *Mese* : Plin. 3, 79.

Pompōnĭānae, ārum, f. pl., port de la Narbonnaise [sur la côte d'Hyères] : Anton. 505.

Pompōnĭus, ĭi, m., poète de Bologne, auteur d'atellanes, contemporain de Lucrèce : Gell. 12, 10, 7 ‖ Pomponius Atticus, ami de Cicéron : Cic. Att. 1, 5 ‖ Pomponius Secundus, poète tragique, sous Claude : Quint. 8, 3, 31 ‖ Pomponius Méla, géographe : Schol. Juv. 2, 159 ‖ célèbre jurisconsulte : Lampr. Alex. 68 ‖ **-iānus**, a, um, Pomponien : Cic. Q. 2, 2, 1 ‖ subst. m., Flavius Pomponien, grammairien : CIL 8, 2391.

pompōsē, adv. (*pomposus*), pompeusement : Sidon. Ep. 9, 9, 10.

pompōsus, a, um (*pompa*), grave, mesuré [en parl. du pas] : Sidon. Ep. 4, 9, 2 ‖ pompeux [en parl. du style] : Cael.-Aur. Acut. 2, 34, 182.

Pomptilla, ae, f., nom de femme : CIL 10, 7563.

Pomptīnus (Pomt-, Pont-), a, um, Pontin (d'une région du Latium) : *Pomptinus ager* Liv. 6, 5, 2, le territoire Pontin ; *Pomptina palus* Plin. 3, 59 ; *-tinae paludes* Plin. 26, 12, les Marais-Pontins ; *Pomptina summa* Cic. Att. 7, 5, 3, la partie haute du pays Pontin.

Pomptīnum, i, n., territoire Pontin : Liv. 2, 34, 4.

pompŭlentus, a, um (*pompa*), plein de pompe, pompeux : Aldh. Virgin. 38.

Pompulla, ae, f., nom de femme : Mart. 4, 61, 5.

Pomtīnus, v. *Pomptinus*.

pōmŭlum, i, n. (dim. de *pomum*), petit fruit : Paul.-Petr. Mart. 5, 454.

pōmum, i, n. (*Pomona*, ombr. *Puemune* ; p.-ê. 1 *po-* et *emo* ; fr. *pomme*) ¶ 1 fruit [à pépin ou à noyau ; figue, datte, noix] : Cic. CM 71 ; Nat. 2, 158 ; Varr. R. 1, 31 ; Virg. B. 7, 54 ; Plin. 15, 74 ¶ 2 arbre fruitier : Cat. Agr. 28 ; Virg. G. 2, 426.

pōmus, i, f. (*pomum*), arbre fruitier : Tib. 2, 1, 43 ‖ fruit : Cat. d. Plin. 15, 74.

pōmuscŭlum, i, n. (dim. de *pomum*), petit fruit : Anth. 171, 3.

pondĕrābĭlis, e (*pondero*), qui peut être pesé, pondérable : Mamert. Anim. 2, 4, 2.

ponderarium

pondĕrārĭum, ĭi, n. (pondero), balance publique : CIL 9, 3046.

pondĕrātim, adv., avec poids [fig.], avec mesure : Cassiod. Var. 2, 40, 13.

pondĕrātĭo, ōnis, f. (pondero), marque de pesage [sur le fléau de la statène] : Vitr. 10, 3, 7 ¶ poids : Th.-Prisc. 1, 45.

pondĕrātōrĭum, ĭi, n. (pondero), balance publique : Gloss. 3, 196, 32.

pondĕrātŏr, ōris, m. (pondero), peseur : Cod. Th. 12, 7, 2.

pondĕrātūra, ae, f., pesage : Gloss. 2, 436, 30.

pondĕrātus, a, um, part. de pondero, [adjᵗ] *ponderatior* **a)** plus important : Sidon. Ep. 8, 6, 4 **b)** mieux pesé [fig.] : Nep. Frg. 4.

pondĕris, gén. de *pondus*.

pondĕrĭtās, ātis, f., poids, pesanteur : Acc. d. Non. 156, 5.

pondĕrō, ās, āre, āvī, ātum (pondus), tr., peser : Plin. 18, 66 ¶ [fig.] mesurer, estimer, apprécier, juger : *aliquid ex aliqua re* Cic. Sull. 69, apprécier qqch. d'après qqch, cf. Sull. 89 ; Part. 117 ; *verborum delectum aurium judicio* Cic. de Or. 3, 150, déterminer le choix des mots en s'appuyant sur le jugement de l'oreille, cf. Caecin. 60 ; Pis. 98 ; Leg. 2, 43.

pondĕrōsus, a, um (pondus), pesant, lourd : Pl. Capr. 722 ; Varr. R. 1, 52, 2 ¶ [fig.] *ponderosa epistula* Cic. Att. 2, 11, 1, une longue lettre (très chargée) ¶ grave : *ponderosa vox* Val.-Max. 6, 4, 1, mot profond ¶ *-sior* Plin. 21, 107 ; *-issimus* Plin. 36, 138.

pondĭcŭlum, i, n. (dim. de pondus), léger poids : Mamert. Anim. 2, 4.

pondō, abl. de l'inus. **pondus, i*, m. ¶1 en poids : *coronam auream libram pondo decernere* Liv. 3, 29, 3, décerner une couronne d'or d'une livre en poids, du poids d'une livre, cf. Liv. 4, 20, 4 ; 39, 5, 14 ; *libra pondo* Liv. 26, 36, 5, une livre en poids ¶2 (s.-ent. *libra*) ; *pondo*, inv., livre : *auri quinque pondo auferre* Cic. Clu. 179, emporter cinq livres pesant d'or, cf. Pl. As. 301 ; Caes. C. 2, 18 ; Liv. 26, 47, 7.

pondŭs, ĕris, n. (pendo ; it. *pondo*, al. *Pfund*, an. *pound*) ¶1 poids [pour balance] : Cic. Tusc. 5, 69 ; Ac. 2, 38 ; *pondera iniqua* Liv. 5, 48, 9, faux poids ¶ [en part.] poids d'une livre [rare] : Varr. L. 5, 169 ; Mart. 7, 53, 12 ¶2 poids [en gén.] : *saxa magni ponderis* Caes. G. 2, 29, pierres d'un grand poids, très lourdes, cf. G. 5, 12 ; [pl. poét.] *pondera* Virg. En. 10, 496 ¶3 pesanteur : Cic. Fat. 24 ; Tusc. 1, 40 ; [qqf. pl.] *pondera* Ov. M. 1, 13 ¶4 corps pesant : *motus naturalis omnium ponderum* Cic. Fin. 1, 19, le mouvement naturel de tous les corps pesants ¶5 quantité, masse : *innumerabile pondus auri* Cic. Sest. 93, énorme quantité d'or [sommes énormes], cf. Cic. Verr. 5, 184 ¶ *artificum* Varr. d. Non. 466, 5, une masse, une foule d'artistes ¶6 poids, influences, autorité, importance : *si mea auctoritas satis apud illos in hac re ponderis haberet* Cic. Balb. 60, si mon autorité avait sur eux dans la question assez de poids (d'influence), cf. Cic. Top. 73 ; Fam. 13, 17, 3 ; *non numero haec judicantur, sed pondere* Cic. Off. 2, 79, ces choses s'apprécient non par la quantité, mais par la qualité ¶ force [des mots, des pensées] : Cic. Brut. 140 ; de Or. 2, 72 ; Hor. P. 320 ; Ep. 1, 19, 42 ¶7 [poét.] constance [caractère] : Prop. 2, 25, 22.

pondusculum, i, n. (dim. de *pondus*), faible poids : Col. 12, 51 ; Plin. 11, 24.

pōnĕ, adv. (ombr. *postne*, *post* et *-ne*, cf. *superne*) ¶1 adv., en arrière, par-derrière : Cic. Tim. 48 ; Quint. 8, 3, 25 ¶2 prép. acc., derrière : Cic. Tim. 37 ; Liv. 40, 30, 9.

▶ *pone versus* (*vorsus*) Cat. d. Char. 214, 28, " par-derrière ".

Pŏnĕrŏpŏlis, is, f., ville de Thrace, au pied du Rhodope : Plin. 4, 41.

pōnō, ĭs, ĕre, pŏsŭī, pŏsĭtum (1 *po-*, *sino* ; fr. *pondre*), tr.

I ¶1 " poser " [in et abl.] [acc. poét.] ¶2 [poét.] " étendre sur le lit funèbre " ¶3 " déposer ", en offrande, en enjeu, " quitter " [un vêtement], *arma ponere*, " servir " [à table] ¶4 " placer, disposer ", *castra*, *praesidium* ¶5 [poét.] " laisser reposer ", d'où intr. " retomber " ¶6 " placer de l'argent " ¶7 [fig.] **a)** " poser " [une question] **b)** " déposer " [son chagrin], " quitter " [un rôle].
II établir ¶1 " installer " ¶2 [fig.] **a)** " mettre dans, faire consister dans " **b)** *in gratia, in conspectu ... ponere* **c)** " faire dépendre de " [pass.] ; *in aliqua re positum esse* **d)** " compter comme " **e)** " appliquer à " **f)** " présenter, exposer " **g)** " poser en principe ", avec prop. inf. " prétendre que " **h)** " fixer " [date].

I poser ¶1 poser [qq. part. *in* abl.] : *in fundo pedem* Cic. Caecin. 31, poser son pied dans une propriété, cf. Fin. 4, 69 ; *artus in litore* Virg. En. 1, 173, poser (étendre) ses membres sur le rivage ; *genua ponere* Curt. 8, 7, 13, poser à terre ses genoux, s'agenouiller ; *oleas in sole* Cat. Agr. 7, 4, poser, étendre les olives au soleil ¶ [in acc. poét.] *in flammam* Ov. M. 8, 452, poser dans le feu ; *alicujus in caput coronam* Gell. 3, 15, 3, poser une couronne sur la tête de qqn ¶2 [poét.] poser, étendre sur le lit funèbre : Ov. M. 9, 503 ; Virg. En. 2, 644 ; *terra ponere* Virg. En. 6, 508, ensevelir ¶3 déposer : *tabulas in aerario* Caes. C. 3, 108, 6, déposer des tablettes aux archives, cf. Cic. Flac. 21 ¶ [en offrande] *candelabrum in Capitolio* Cic. Verr. 4, 66, déposer en offrande un candélabre au Capitole ¶ [en enjeu] *pocula* Virg. B. 3, 36, poser des coupes comme enjeu ¶ poser, quitter [un vêtement] : *tunicam* Cic. Tusc. 5, 60, déposer sa tunique ; *arma* Caes. G. 4, 37, 1, déposer les armes ; *librum (de manibus)* Cic. Tusc. 1, 24 ; Q. 1, 1, 23, déposer un livre ¶ poser sur la table, servir : *eadem omnibus* Plin. Ep. 2, 6, 3, servir à tout le monde les mêmes plats, cf. Cat. Agr. 79, 81 ; Hor. S. 2, 2, 23 ¶4 poser, placer, disposer : *ibi praesidium ponit* Caes. G. 2, 5, 6, il place là un détachement ; *insidias contra aliquem* Cic. Agr. 2, 49, disposer des pièges contre qqn ; *alicui custodem* Caes. G. 1, 20, 6, mettre un gardien à qqn ; *castra* Caes. G. 1, 22, établir son camp ¶ *ordine vites* Virg. B. 1, 74, aligner les ceps de vigne ¶ *positi sine lege capilli* Ov. M. 1, 477, des cheveux disposés sans règle = qui tombent en désordre ¶ [en parl. d'artiste] disposer, mettre sur pied, camper [une statue, une peinture] : Hor. O. 4, 8, 8 ; P. 34 ¶5 [poét.] *tollere seu ponere freta* Hor. O. 1, 3, 16, soulever ou laisser reposer les flots ¶ [intr.] *cum venti posuere* Virg. En. 7, 257, quand les vents [m. à m. " eurent déposé "] furent tombés, cf. En. 10, 103 ¶6 placer de l'argent : *pecuniam in fundo* Cic. Tull. 15, placer de l'argent en biens-fonds, cf. Hor. P. 421 ; *pecuniam apud aliquem* Cic. Verr. 3, 165, placer de l'argent chez qqn ¶ *beneficium apud aliquem* Cic. Fam. 13, 26, 4, placer un bienfait sur qqn ¶ *sub signo rei publicae positum vectigal* Cic. Agr. 1, 21, revenu placé sous le sceau de l'État ¶7 [fig.] **a)** *quaestiunculam* Cic. de Or. 1, 102, poser un misérable sujet de discussion, cf. Cic. Tusc. 1, 7 ; Fat. 4 ; Lae. 17 **b)** déposer, quitter : *dolorem* Cic. Tusc. 3, 66, déposer son chagrin ; *personam amici* Cic. Off. 3, 43, déposer le personnage de l'ami, cesser d'être l'ami.
II établir ¶1 installer : *Roma in montibus posita* Cic. Agr. 2, 96, Rome établie, installée sur des montagnes ; *templa* Virg. En. 6, 19, ériger un temple ; *in eas statuas quae Romae ponerentur* Cic. Verr. 2, 145, pour des statues qu'on devait élever à Rome ¶ [fig.] *virtutum fundamenta in voluptate tamquam in aqua* Cic. Fin. 2, 72, établir les fondements des vertus sur le plaisir comme sur une eau mouvante ¶2 [fig.] **a)** mettre dans, faire consister dans : *beate vivere in voluptate* Cic. Fin. 2, 86, mettre la vie bienheureuse dans le plaisir **b)** *aliquem apud aliquem in gratia ponere* Cic. Att. 6, 6, 4, installer qqn dans les bonnes grâces de qqn ; *in conspectu aliquid* Cic. de Or. 3, 161, placer qqch. sous les regards, ou ; *ante oculos* Cic. Phil. 2, 115 ; *id te apud eos praeclare ponit* Cic. Fam. 13, 41, 2, cela te met en excellente posture auprès d'eux ; *super armamentarium positus* Curt. 6, 7, 22, installé à la tête de (préposé à) l'arsenal ; *ex altera parte... ex altera autem ponere* Cic. Fin. 2, 63, opposer, mettre en regard d'une part... de l'autre ; *aliquid ante rem aliquam* Enn. An. 371 ; Sall. J. 15, 1, mettre une chose avant une autre, la préférer ¶ *leges in poculis* Cic. Verr. 5, 28, fixer, établir des lois [dans un festin] sur les coupes à boire ;

rebus novis nova nomina Cic. *Nat.* 1, 44, à des idées nouvelles donner des noms nouveaux, cf. Cic. *Tusc.* 3, 10 **c)** mettre dans, faire dépendre de : *spem in aliquo* Cic. *Att.* 6, 1, 11, mettre son espoir dans qqn ; [pass. fréq¹] *positum esse in aliqua re*, être placé dans, dépendre de, cf. Cic. *Agr.* 2, 22 ; *Or.* 27 **d)** mettre dans, compter comme : *aliquid in fraude* Cic. *de Or.* 2, 199, mettre qqch. au rang des crimes ; *mortem in malis* Cic. *Fin.* 3, 29, regarder la mort comme un mal **e)** mettre dans, appliquer à : *curam cogitationemque suam in omnium laude colligenda* Cic. *Q.* 1, 1, 41, mettre ses soins et ses pensées à recueillir les éloges de tout le monde ; *diem totum in aliqua re* Cic. *Brut.* 87, mettre toute une journée à qqch. ; *diem, tempus cum aliquo* Cic. *Fam.* 5, 21, 1, consacrer un jour, du temps à qqn **f)** placer devant les yeux, présenter, exposer : *ut paulo ante posui* Cic. *Fam.* 1, 9, 21, comme je l'ai exposé peu auparavant ; *alicujus rei exempla* Cic. *Top.* 58, donner des exemples de qqch. ; *argumentum* Cic. *de Or.* 2, 214, présenter un argument, cf. Cic. *Fin.* 2, 100 **g)** établir, poser en principe, avancer, *aliquid*, qqch. : Cic. *Off.* 2, 11 ; *Tusc.* 5, 83 ; *Caecin.* 32 ; *quem facile Graeciae principem ponimus* Cic. *Ac.* 2, 2, dont nous faisons sans conteste le premier des Grecs ; [avec prop. inf.] prétendre que : Cic. *de Or.* 2, 85 ; 3, 145 ; *Brut.* 165 ; *Leg.* 2, 6 ; *positum sit igitur...* Cic. *Or.* 14, que ce principe soit posé, que... ; *hoc posito atque concesso...* Cic. *Div.* 1, 118, ce principe étant établi et admis que... **h)** *diem*, fixer une date : Dig. 45, 1, 41, 1. ▶ parf. arch. *poseivei* CIL 1, 638 ; *posivi* Pl. *Ps.* 1281 ; *posiverunt* Cat. *Agr.* 1 ; Cic. *Tusc.* 5, 83 ; *posiit* CIL 5, 2575 ; *poseit* CIL 1, 1781 ; *posit* CIL 1, 1780 ; *posierunt, posiere* CIL 1, 1799 ; 5, 2714 ‖ part. sync. *postus* Lucr. 1, 1059.

1 pons, *tis*, m. (scr. *panthās*, πόντος, πάτος, rus. *put'* ; fr. *pont*) ¶ **1** pont : Cic. *Verr.* 4, 117 ; *pontem in Arare facere* Caes. *G.* 1, 13, 1, construire un pont sur l'Arar ; *flumen ponte jungere* Liv. 21, 45, 1 ; *imponere pontem flumini* Curt. 5, 1, 22, jeter un pont sur une rivière ; *pontem interscindere* Cic. *Leg.* 2, 10 ; *rescindere* Nep. *Milt.* 3, 4 ; *rumpere* Quint. 2, 13, 16 ; *interrumpere* Pl. *Cas.* 66 ; *solvere* Tac. *An.* 1, 69 ; *dissolvere* Nep. *Them.* 5, 1, couper un pont ¶ **2** pont volant [pour les sièges] : Tac. *An.* 4, 51 ‖ pont, planche pour communiquer d'un navire au rivage : Virg. *En.* 10, 288 ; Liv. 21, 28, 7 ‖ étages des tours : Virg. *En.* 9, 530 ‖ pont de communication entre les tours : Virg. *En.* 9, 170 ‖ pont sur lequel passaient les électeurs pour aller voter : Cic. *Att.* 1, 14, 5 ; *de ponte dejici* Fest. 452, 16 ; P. Fest. 66, 5, perdre le droit de vote [à soixante ans]; V.> *depontani*.

2 Pons Campānus, m., le pont Campanien [dans le canton de Falerne] : Hor. *S.* 1, 5, 45 ; *Argenteus* Lepid. *Fam.* 10, 34, 2, le pont d'Argens [Gaule Narbonnaise] ‖ *pons Saravi*, passage de la Sarre [auj. Sarrebourg] : Anton. 372 ‖ *pons Scaldis*, passage de l'Escaut [Escaupont] : Anton. 376.

pontārĭus, *ii*, m. (1 *pons*), gladiateur qui combattait sur une plate-forme : CIL 10, 1074, 4.

1 Pontĭa, *ae*, f., **-tĭae**, *ārum*, f. pl., île et groupe d'îles en face du Latium, non loin du cap Circei Atlas XII, E3 : Plin. 3, 85 ; 32, 154 ; Liv. 9, 28, 7 ‖ **-ĭāni**, *ōrum*, m. pl., habitants de Pontia [Ponza] : Liv. 27, 10, 7.

2 Pontĭa, *ae*, f., nom de femme : Juv. 5, 638.

pontĭcŭlus, *i*, m. (dim. de 1 *pons*), petit pont : Cic. *Tusc.* 5, 59.

Pontĭcum măre, n., le Pont-Euxin : Liv. 40, 21 ; V.> 2 *Pontus*.

1 Pontĭcus, *a*, *um*, V.> 2 *Pontus*.

2 Pontĭcus, *i*, m., Ponticus [auteur d'un poème sur la guerre de Thèbes] : Prop. 1, 7, 1 ; Ov. *Tr.* 4, 10, 47.

pontĭfex, *ĭcis*, m. (1 *pons*, *facio*) ¶ **1** pontife : *collegium pontificum* Liv. 29, 19, 8 ; 27, 4, 15 ; 30, 2, 13, le collège des pontifes [prêtres surtout chargés de la jurisprudence religieuse], cf. Varr. *L.* 5, 83 ; Cic. *Leg.* 2, 20 ; *Rep.* 2, 26 ; *Att.* 4, 2, 4 ; *Har.* 12 ; 13 ; *pontifex maximus* Cic. *Agr.* 2, 18, le grand pontife [président du collège des pontifes] ‖ *pontifices minores* Cic. *Har.* 12 ; Liv. 22, 57, 3, aides des pontifes, secrétaires des pontifes ¶ **2** prêtre chrétien, évêque, prélat : Sidon. *Carm.* 16, 6.

pontĭfĭcālis, *e* (*pontifex*), de pontife, des pontifes, pontifical : Cic. *Leg.* 2, 52 ‖ du grand pontife : Ov. *F.* 3, 420.

pontĭfĭcans, *antis*, qui exerce le pontificat : Inscr. *Ross.* 2, p. 70, 40, 28.

pontĭfĭcātŭs, *ūs*, m. (*pontifex*), pontificat, dignité de pontife : Cic. *Har.* 18 ‖ épiscopat : Hier. *Ep.* 60, 14.

pontĭfĭcĭum, *ii*, n. ¶ **1** autorité pontificale : Cod. Th. 16, 5, 13 ¶ **2** [en gén.] droit, pouvoir, ressort : Gell. 1, 13, 3.

1 pontĭfĭcĭus, *a*, *um*, de pontife, des pontifes : Cat. *Orig.* 7, 4 ; *pontificium jus* Cic. *Brut.* 156, le droit pontifical ; *pontificii libri* Cic. *Rep.* 2, 54 ou *pontificii* [seul] Cic. *Nat.* 1, 84, livres des pontifes.

2 Pontĭfĭcĭus, *ii*, m., nom d'un tribun de la plèbe : Liv. 2, 44.

Pontĭlĭānus, *i*, m., nom d'homme : Mart. 5, 66 ; 7, 3.

pontĭlis, *e* (1 *pons*), de pont : Veg. *Mul.* 1, 56, 2.

Pontīna, -tīnus, -nĭus, V.> *Pompt-*.

pontis, gén. de 1 *pons*.

Pontĭus, *ii*, m. ¶ **1** Pontius Hérennius [général des Samnites, qui fit passer les Romains sous le joug aux Fourches Caudines] : Cic. *Off.* 2, 75 ¶ **2** L. Pontius Aquila [un des meurtriers de César] : Poll. *Fam.* 10, 33, 4 ; Suet. *Caes.* 78 ; *Aquila* [seul] Cic. *Phil.* 11, 14 ¶ **3** Ponce Pilate : Tac. *An.* 15, 44 ; V.> *Pilatus*.

pontĭvăgus, *a*, *um*, qui erre sur la mer : Anth. 120, 7.

ponto, *ōnis*, m. (1 *pons* ; fr. *ponton*), bateau de transport [gaulois] : Caes. *C.* 3, 29, 3.

pontōnĭum, *ii*, n. (*ponto*), petit bac : Isid. 19, 1, 24.

pontŭfex, V.> *pontifex* CIL 2, 2040.

1 pontus, *i*, m. (πόντος) [poét.] ¶ **1** la haute mer, la mer : Enn. *An.* 225 ; Lucr. 1, 8 ; 2, 559 ; Virg. *En.* 1, 556 ; 3, 193 ‖ *maris pontus* Virg. *En.* 10, 377, [πόντος ἁλός d'Homère], l'immensité de la mer sans fond ¶ **2** [en part.] vague énorme : Virg. *En.* 1, 114.

2 Pontus, *i*, m. (Πόντος) ¶ **1** la mer Noire, le Pont-Euxin : Cic. *Verr.* 4, 129 ¶ **2** le Pont [contrée avoisinant la mer Noire] : Cic. *Pomp.* 22 ; Ov. *Tr.* 5, 10, 1 ¶ **3** le Pont [contrée au N.-E. de l'Asie Mineure, royaume de Mithridate, devenue province romaine] : Cic. *Pomp.* 7 ; *Agr.* 1, 6 ; Virg. *G.* 1, 58 ‖ **-ĭcus**, *a*, *um*, du Pont-Euxin, du Pont [contrée] : Mel. 1, 14 ; *Pontici mures* Plin. 8, 132, les hermines ; *Ponticae nuces* Plin. 15, 88 ; V.> *avellanae* ; *Ponticus serpens* Juv. 14, 114, le dragon gardien de la Toison d'or ‖ **Pontĭcum**, *i*, n., la mer Noire : Flor. 3, 6, 10 ‖ formes grecques : *Ponticos* [nom.] ; *Ponticon* [acc.] ; Varr. *Men.* 81 ; 445.

1 pŏpa, *ae*, m. (étr. ?), victimaire : Cic. *Mil.* 65 ‖ [adj¹] *popa venter* Pers. 6, 74, le ventre gros d'un sacrificateur.

2 pŏpa, *ae*, f. (osq. ? , cf. *popina*), femme qui tient une taverne, cabaretière : CIL 6, 9824.

pŏpānum, *i*, n. (πόπανον), sorte de gâteau [pour offrande] : Juv. 6, 540.

pŏpellus, *i*, m. (dim. de *populus*), petit peuple, populace : Hor. *Ep.* 1, 7, 65 ; Pers. 4, 15.

pŏpĭa, *ae*, f. (? ; fr. *2 poche*), louche : Test. Porc. p. 347, 10.

Pŏpīlĭa (-llĭa), *ae*, f., nom de femme : Cic. *de Or.* 2, 44.

Pŏpīlĭus (-llĭus), *ii*, m., nom de famille rom. ; [not¹] P. Popillius [consul en 132 av. J.-C.] : CIL 1, 637 ; 638 ; C. Popilius Lénas [tribun militaire, qui tua Cicéron] : Sen. *Suas.* 6, 20 ; *Contr.* 7, 2, 2 ; Liv. *Epit.* 120 ‖ **-lĭus (-llĭus)**, *a*, *um*, de Popilius : Cic. *Leg.* 2, 55.

pŏpīna, *ae*, f. (osq. = *coquina*), taverne, cabaret : Pl. *Poen.* 41 ; 835 ; Cic. *Phil.* 2, 69 ‖ orgie de taverne : Cic. *Phil.* 3, 20 ; *Pis.* 13.

pŏpīnālis, *e* (*popina*), de taverne : Col. 8, 16, 5.

pŏpīnārĭa, *ae*, f., cabaretière : CIL 14, 3709.

pŏpīnārĭus, *ii*, m. (*popina*), cabaretier : Firm. *Math.* 4, 13, 2.

pŏpīnātŏr, ōris, m. (popino), pilier de cabaret : Macr. Sat. 7, 14, 1.

pŏpīno, ōnis, m., c. le précédent : Varr. Men. 308 ; Hor. S. 2, 7, 39 ; Suet. Gram. 15.

pŏpīnor, āris, ārī, - (popina), intr., être un pilier de cabaret : Treb. Tyr. 29, 1.

pŏplĕs, ĭtis, m. (cf. plico, 2 plecto) ¶ 1 jarret : Col. 6, 12, 3 ; Virg. En. 9, 762 ; Liv. 22, 51, 7 ¶ 2 genou : *duplicato poplite* Virg. En. 12, 927, en pliant le genou ; *contento poplite* Hor. S. 2, 7, 97, le genou tendu ; *; poplitibus se excipere* Curt. 6, 1, 14, se laisser tomber sur les genoux.

poplĭcĭtus, arch. pour *publicitus*.

Pŏplĭcŏla, *Publicola*.

pŏplĭcus, a, um, arch. pour *publicus* : CIL 1, 585, 1.

pŏplĭfŭgĭa, *Populifugia* Varr. L. 6, 18.

pŏploe, *populus*.

pŏplus, *populus*.

pŏposcī, parf. de *posco*.

Poppaea, ae, f. ¶ 1 Poppaea Sabina [condamnée à mort, sous Claude, pour adultère] : Tac. An. 11, 2 ; 13, 43 ¶ 2 Poppée [seconde femme de Néron, mourut victime de sa brutalité] : Tac. An. 16, 6 ; Suet. Ner. 35 ǁ **-ānus**, a, um, de Poppée : *Poppaeana* n. pl., Juv. 6, 465, les produits de Poppée [pour adoucir la peau].

Poppaeus, i, m., nom d'homme : Tac. An. 1, 80 ; H. 2, 86.

poppysma, ătis, n. (ποππυσμα), claquement de langue apotropaïque : Juv. 6, 584 ; [pour détourner la foudre] Plin. 28, 25 ǁ [fig.] Mart. 7, 8, 11 ǁ **poppysmus**, i, m., Plin. 28, 25.

poppyzōn, ontis, acc. **onta**, m. (ποππύζων), celui qui claque la langue [pour flatter un cheval] : Plin. 35, 104.

pŏpŭlābĭlis, e (popular), qui peut être ravagé : Ov. M. 9, 262.

pŏpŭlābundus, a, um (popular), ravageur, dévastateur : Liv. 1, 15, 1 ǁ *agros* Sisen. d. Non. 471, 23, en ravageant la campagne.

pŏpŭlācĭus, a, um (populus), de populace : Laber. d. Non. 150, 24.

pŏpŭlārĭa, ĭum, n. pl. (popularis), place des plébéiens dans l'amphithéâtre : Suet. Cl. 25 ǁ Dom. 4.

pŏpŭlāris, e (1 populus) I ¶ 1 qui a trait au peuple, qui émane du peuple, fait pour le peuple : *admiratio* Cic. Fam. 7, 1, 2, admiration populaire ; *populares leges* Cic. Leg. 2, 9, lois des nations ; *popularis dictio* Cic. Brut. 165, éloquence faite pour le peuple ; *popularia verba, opinio popularis* Cic. Off. 2, 35, mots de la langue courante, opinion commune ; *popularia munera* Cic. Off. 2, 56, jeux donnés au peuple ; *res publica* Cic. Rep. 2, 41, gouvernement démocratique ¶ 2 aimé du peuple, agréable au peuple : *consul popularis* Cic. Agr. 2, 102, consul populaire ; *quid est tam populare quam pax ?* Cic. Agr. 2, 9, qu'y a-t-il d'aussi populaire que la paix ? ; *nihil popularius* Liv. 7, 33, 3, rien de plus populaire ¶ 3 dévoué au peuple : *consul popularis* Cic. Agr. 1, 23, consul dévoué au peuple, cf. Cic. Clu. 77 ; *Cat.* 4, 9 ǁ [subst] *populares* Cic. Sest. 96, partisans du peuple, cf. Cic. Off. 1, 85

II ¶ 1 qui est du pays, indigène : *flumina popularia* Ov. M. 1, 577, les fleuves du pays ; *oliva popularis* Ov. M. 7, 498, l'olivier indigène ¶ 2 du même pays, compatriote : Hor. O. 2, 13, 25 ǁ [subst] *tuus popularis* Cic. Att. 10, 1, 2, ton compatriote ; *mea popularis* Pl. Ru. 740, ma compatriote ¶ 3 partenaire, associé, compagnon : Sen. Vit. 13, 1 ǁ *populares sceleris* Sall. C. 22, 1 ; *conjurationis* Sall. C. 21, 1, les complices du crime, de la conjuration.

pŏpŭlārĭtās, ātis, f. (popularis) ¶ 1 effort pour plaire au peuple, recherche de la popularité, de la faveur du peuple : Tac. An. 3, 69 ¶ 2 lien qui unit les compatriotes : Pl. Poen. 1041 ¶ 3 population : Tert Marc. 1, 10, 2.

pŏpŭlārĭter, adv. (popularis) ¶ 1 à la manière du peuple, communément : Cic. Rep. 6, 24 ǁ en langage commun, pour la foule : Cic. Fin. 5, 12 ¶ 2 de manière à gagner la faveur populaire, en démagogue : Cic. Verr. 1, 151 ; *Brut.* 164 ǁ par action démagogique, séditieuse : Cic. Clu. 93.

pŏpŭlātim, adv. (populus), de peuple en peuple, généralement : Caecil. Com. 125 ; Pompon. Com. 181.

1 **pŏpŭlātĭo**, ōnis, f. (populor) ¶ 1 action de ravager ; ravages [des troupes] ; déprédation, dégât : Caes. G. 2, 7, 5 ; Liv. 2, 64, 4, 4 ; 3, 3, 3 ¶ 2 butin, dépouilles : *pleni populationum* Liv. 2, 43, 2, chargés de butin ¶ 3 [fig.] corruption, ruine, destruction : Plin. 9, 104.

2 **pŏpŭlātĭo**, ōnis, f., population, foule : Greg.-Tur. Conf. 33.

pŏpŭlātŏr, ōris, m. (populor), ravageur, dévastateur : Liv. 3, 68, 13 ; Ov. M. 13, 655 ; Mart. 7, 27, 1.

pŏpŭlātrix, īcis, f., celle qui ravage : Stat. S. 3, 2, 86 ; *populatrix apis* Mart. 13, 104, 1, l'abeille qui butine.

1 **pŏpŭlātus**, a, um, part. de *populor*.

2 **pŏpŭlātŭs**, abl. ū, m., ravage, dévastation : Sidon. Ep. 3, 3, 7.

pōpŭlētum, i, n. (2 populus), lieu planté de peupliers : Plin. 14, 61.

pōpŭlĕus, a, um (populus), de peuplier : Virg. G. 4, 511 ; Hor. O. 1, 7, 23.

pōpŭlĭfĕr, ĕra, ĕrum, qui abonde en peupliers : Ov. M. 1, 579.

Pŏpŭlĭfŭgĭa (Pŏplĭ-), ōrum, n. pl., Populifugia, fête en mémoire d'une fuite du peuple : Varr. L. 6, 18 ; Macr. Sat. 3, 2, 14.

pŏpŭli scītum (pŏpŭliscītum), i, n., décret du peuple : Cic. Rep. 1, 43.

pōpŭlĭtō, ās, āre, -, - (fréq. de populo), tr., ravager : *Papir. Dig. 49, 1, 21, 3.

pōpulnĕus, a, um, de peuplier : Cat. Agr. 5, 8 ǁ **-lnus**, Pl. Cas. 384.

1 **pŏpŭlō**, ās, āre, āvī, ātum (populus), tr. ¶ 1 ravager, dévaster, porter le ravage dans : Virg. En. 12, 263 ǁ [pass.] *populata provincia* Cic. Verr. 3, 122, province ravagée ; *populari* Liv. 3, 3, 10 ; 27, 20, 8 ¶ 2 [fig.] détruire, dépeupler : Pacuv. Tr. 79 ; *Achivos* Prop. 3, 18, 29, décimer les Grecs ; Virg. G. 1, 185 ; En. 6, 496 ; Ov. M. 2, 319 ǁ *populor*.

2 **pŏpŭlō**, ās, āre, -, - (populus), tr., montrer : VL. Hebr. 6, 6.

1 **Pŏpŭlōnĭa**, ae, f., qui protège du pillage, surnom de Junon : Sen. d. Aug. Civ. 6, 10, 3 ; Arn. 3, 41.

2 **Pŏpŭlōnĭa**, ae, f., ville maritime d'Étrurie [près de Piombino] Atlas V, F4 ; XII, D2 : Virg. En. 10, 172 ǁ **-nĭenses**, ĭum, m. pl., habitants de Populonia : Liv. 28, 45, 15.

Pŏpŭlōnĭi, ōrum, m. pl., *2 Populonia* : Liv. 30, 39, 2 ǁ **Pŏpŭlōnĭum**, ĭi, n., Plin. 3, 50.

pŏpŭlor, āris, ārī, ātus sum (populus), tr., saccager, ravager : Cic. Off. 1, 33 ; Caes. G. 5, 56, 5 ǁ détruire, ruiner : Virg. En. 12, 525 ; Ov. Med. 45 ; Sil. 3, 445 ǁ pass., v., *populo*.

pŏpŭlōsĭtās, ātis, f. (populosus), grand nombre, foule : Arn. 3, 5.

pŏpŭlōsus, a, um (populus), nombreux : Apul. Flor. 6, 1 ǁ peuplé, populeux : -issimus Solin. 52, 10 ; -sior Veg. Mil. 3, 19.

1 **pŏpŭlus**, i, m. (peuple en armes, cf. *populor, pello,* πόλεμος, πάλλω ; esp. *pueblo*) ¶ 1 peuple [habitants d'un État constitué ou d'une ville] : Cic. Rep. 1, 39 ; *Phil.* 6, 12 ; *populus Romanus, Syracusanus,* le peuple romain, syracusain : *defecere ad Poenos hi populi, Atellani, Calatini...* Liv. 22, 61, 11, passèrent aux Carthaginois les peuples suivants, les Atellans, les Calatins... ¶ 2 [à Rome] le peuple [opp. au sénat] : *senatus populusque Romanus,* le sénat et le peuple romain [= les deux organes essentiels de l'État ; abrév. *S. P. Q. R.*] ǁ le peuple [= ensemble des citoyens de tout ordre opposé à *plebs*, plèbe, comme le tout à la partie] : Liv. 2, 56, 12 ; 29, 27, 2 ; Cic. Mur. 1 ǁ [rart] plèbe, populace = plebs : Mart. 8, 15, 3 ǁ les gens, le monde : Ter. Ad. 93 ; Phorm. 911 ; *populi contemnere voces* Hor. S. 1, 1, 65, mépriser les propos du monde ǁ le public : Pl. As. 4 ; Poen. 11 ; Ter. And. 3 ; Cic. de Or. 2, 339 ; *populo vacare* Cic. Tusc. 2, 64, ne pas avoir de public, de spectateurs ǁ [aliquis] *aliquis ex (de) populo* Cic. Brut. 320 ; Arch. 25, qqn de la foule, le premier venu ; *unus* ¶ 2

¶ 4 [rare] canton, région : Liv. 21, 34, 1 ‖ **populus** Ov. F. 1, 136, le public = le dehors [opposé à] *Lar*, le dedans de la maison ¶ 5 le peuple [par oppos. aux particuliers], la communauté civique : *servus populi Romani* Gai. *Inst.* 1, 27, esclave public (appartenant à la collectivité) ; *bona caduca ad populum deferri jubentur* Gai. *Inst.* 2, 150, les biens confisqués sont attribués au peuple.
▶ arch. *popolus* CIL 1, 582, 14 ‖ sync. *poplus* CIL 1, 55, 17 ; Pl. *Amp.* 190 ; *Aul.* 285 ; pl. *poploe* v. Fest. 224, 4.

2 **pŏpŭlus**, *i*, f. (obscur, cf. ἄπελλόν ? ; it. *pioppo*, al. *Pappel*), peuplier : Plin. 16, 85 ; Virg. *B.* 7, 61.

1 **por-** (cf. *pro*, *per*), [préf. entrant en compos. de verbes], en avant : *porrigo*, *portendo* ; [avec assimil.] : *polliceor*.

2 **-por**, m., [transformation de *puer*, "esclave", dans les composés, d'où *Lucipor*, *Marcipor*], cf. Prisc. 2, 236, 11.

1 **porca**, *ae*, f. (*porcus* ; it. *porca*), truie : Cat. *Agr.* 134 ; *porca contracta* Cic. *Leg.* 2, 55, obligation encourue de sacrifier une truie [comme expiation] ‖ porcelet : Virg. *En.* 8, 641, cf. Quint. 8, 3, 19 [poét.].

2 **porca**, *ae*, f. (*porculetum*, cf. gaul. *rica*, bret. *reg*, al. *Furche*, an. *furrow* ; it., esp. *porca*, fr. *perche*) ¶ 1 ados, billon [partie proéminente du sillon] : Cat. *Agr.* 48 ; Varr. R. 1, 29, 2 ; P. Fest. 96, 3 ¶ 2 sorte de mesure agraire en Espagne : Col. 5, 1, 5.

porcārĭus, *a*, *um* (*porcus*, 1 *porca* ; fr. *porcher*), de truie : Plin. 11, 210 ‖ subst. m., porcher : Firm. *Math.* 3, 5, 23.

porcastrum, *i*, n. (cf. *porcilaca*, *porcus* ¶ 3), pourpier [plante] : Ps. Apul. *Herb.* 104.

porcella, *ae*, f. (dim. de 1 *porca*), jeune truie : Pl. *Mil.* 1060.

porcellīnus, *a*, *um* (*porcellus*), de cochon de lait : Apic. 167.

porcellĭo, *ōnis*, m., espèce de cloporte : Cael.-Aur. *Chron.* 1, 4, 119.

porcellŭlus, *i*, m. (dim. de *porcellus*), tout petit porc : Lampr. *Alex.* 41, 5.

porcellus, *i*, m. (dim. de *porculus* ; fr. *pourceau*), petit porc, porcelet : Varr. R. 2, 4, 14 ‖ marcassin : Phaed. 2, 4, 15.

porcĕō, *ēs*, *ēre*, -, - (2 *po-*, *arceo*), tr., éloigner : Enn. *Tr.* 282 ; Pacuv. *Tr.* 67 ; Acc. *Tr.* 286 ; Varr. *Men.* 251, cf. P. Fest. 14, 24 ; Non. 61, 27 ‖ [fig.] empêcher : Lucil. 234.
▶ parf. *porxi* Char. 244, 15 sans ex.

porcētra, *ae*, f., truie qui n'a mis bas qu'une fois : Gell. 18, 6, 4.

1 **Porcĭa**, *ae*, f., sœur de Caton d'Utique, femme de Domitius Ahénobarbus : Cic. *Att.* 13, 37, 3.

2 **Porcĭa lex**, f., la loi Porcia [de Porcius, tribun de la plèbe] : Cic. *Rab. perd.* 12 ; Verr. 5, 163 ; Liv. 9, 10 ‖ **Porcius**, adj.

porcĭlāca (**-llāca**), *ae*, f. (cf. *porcus* ¶ 3 ; it. *porcellana*), pourpier [plante] : *Plin. 20, 210 ; v. *portulaca*.

porcĭlĭa (**-illa**), *ae*, f. (dim. de 1 *porca*), jeune truie : CIL 6, 2099 ; 2086.

porcĭlĭāris, *e*, d'une jeune truie : CIL 6, 22104, 19.

1 **porcīna**, *ae*, f. (*porcinus* ; it. *porcina*), chair de porc, charcuterie : Pl. *Aul.* 375 ; *Capr.* 849 ; Cael.-Aur. *Acut.* 1, 11, 95.

2 **Porcīna**, *ae*, m., surnom d'Aemilius Lepidus, orateur : Cic. *Brut.* 95 ; 106 ; 333.

porcīnārĭum, *ii*, n., porcherie : Gloss. 2, 463, 2.

porcīnārĭus, *ii*, m. (1 *porcus*), charcutier : Pl. *Cap.* 905.

porcīnus, *a*, *um* (1 *porcus*), de porc : Pl. *Men.* 211 ; *porcinum caput* Veg. *Mil.* 3, 19, tête de porc, forme d'ordre de bataille.

Porcĭus, *ii*, m., nom de famille romain ; not^t M. Porcius Cato [dit le Censeur, ou l'Ancien, *Major*] : Nep. *Cat.* 1, 1 ; Cic. *Rep.* 1, 1 ‖ Caton le Jeune ou Caton d'Utique [contemporain de Cicéron, qui se tua à Utique] : Luc. 1, 128 ‖ **-cĭus**, *a*, *um*, de Porcius : *Porcia basilica* Liv. 39, 44, 7, la basilique de M. Porcius Caton (l'Ancien).

porcŭlaena, *ae*, f. (dim. de 1 *porca*), petite truie [fig. en parl. d'une femme] : *Pl. *Mil.* 1060, d'après Prisc. 2, 149, 2.

porcŭlātĭo, *ōnis*, f., élevage des porcs : Varr. R. 2, 4, 13.

porcŭlātŏr, *ōris*, m., éleveur de porcs : Varr. R. 2, 4, 1.

porcŭlētum, *i*, n. (2 *porca*), espace cultivé, carré [de jardin] : Plin. 17, 171.

porcŭlus, *i*, m. (dim. de *porcus*) ¶ 1 petit cochon, cochon de lait, porcelet : Pl. *Ru.* 1170 ; Gell. 4, 11, 6 ‖ *porculus marinus* Plin. 9, 45, marsouin ¶ 2 crochet pour arrêter le câble du pressoir : Cat. *Agr.* 19, 2.

porcus, *i*, m. (cf. v. irl. *orc*, al. *Ferkel*, rus. *porosönok* ; fr. *porc*) ¶ 1 goret, porc, cochon, pourceau : Cic. *CM* 56 ; *porcus femina* Cic. *Leg.* 2, 57, truie ‖ *porcus Trojanus* Macr. *Sat.* 3, 13, 13, porc farci [allusion au cheval de Troie] ¶ 2 *porcus marinus* et abs^t *porcus* Plin. 32, 56 ; 32, 19, marsouin ¶ 3 parties sexuelles d'une fille nubile : Varr. R. 2, 4, 10 ¶ 4 *caput porci* Amm. 17, 13, 9, formation de combat [en coin].

Pordosĕlēnē, *ēs*, f., île de la mer Égée : Plin. 5, 137.

Porfīrĭōn, v. *Porphyrion*.

porgō, *is*, *ĕre*, -, -, v. *porrigo* ▶.

pŏrisma, *ătis*, n. (πόρισμα), corollaire : Boet. *Cons.* 3, 10, 22.

Porĭus, *ii*, nom d'homme : Suet. *Cal.* 35.

porphyrētĭcus, *a*, *um* (πορφυριτικός), de couleur pourpre : *porphyreticum marmor* Suet. *Ner.* 50, porphyre ‖ de porphyre : Capit. *Anton.* 11, 8 ; Vop. *Prob.* 2, 1 ; v. *purpuriticus*.

1 **porphyrĭo**, *ōnis*, m. (πορφυρίων), porphyrion, poule sultane [oiseau] : Plin. 10, 129.

2 **Porphyrĭo** (**-ĭōn**), *ōnis*, m. ¶ 1 Porphyrion [un des Géants] : Hor. *O.* 3, 4, 54 ¶ 2 nom d'un cocher : Mart. 13, 78, 2 ¶ 3 Pomponius Porphyrion ou Porfirion [le scholiaste d'Horace, 3e s. apr. J.-C.] : Char. 220, 28.

Porphyrĭōnē, *ēs*, f., île de la Propontide : Plin. 5, 151.

Porphyris, *ĭdis*, f. ¶ 1 île voisine de Cnide, la même que Nisyros : Plin. 5, 133 ¶ 2 autre, la même que Cythère : Plin. 4, 56.

porphyrītēs, *ae*, m. (πορφυρίτης), porphyre : Plin. 36, 57.

porphyrītis, *ĭdis*, f., de couleur pourpre : Plin. 15, 71.

porrācĕus, *a*, *um* (*porrum*), de poireau : Plin. 21, 117.

porrectē [inus], *-tĭus*, plus loin, au-delà : Amm. 21, 9, 1.

porrectĭo, *ōnis*, f. (2 *porrigo*) ¶ 1 allongement : Cic. *Nat.* 2, 150 ¶ 2 ligne droite : Vitr. 10, 3, 9 ¶ 3 mouvement en avant [d'une poutre bélière] : Vitr. 10, 15, 7.

1 **porrectus**, *a*, *um*, part. de *porricio*.

2 **porrectus**, *a*, *um* ¶ 1 part. de 2 *porrigo* ¶ 2 [pris adj^t] **a)** large, étendu : *porrectior acies* Tac. *Agr.* 25, ligne de bataille plus étendue ‖ rectiligne : Vitr. 10, 3, 2 ‖ [fig.] *porrectior frons* Pl. *Cas.* 173, front déridé ‖ [subst. n.] *porrectum* Vitr. 10, 3, 1, ligne droite ; *in porrectum* Plin. 4, 32, en ligne droite **b)** [gram.] allongé, long [syllabe] : Quint. 1, 6, 32.

porrexī, parf. de 2 *porrigo*.

porrĭcĭō, *ĭs*, *ĕre*, -, *rectum* (1 *por-*, *jacio*), tr., [jeter en avant] offrir en sacrifice : Pl. *Ps.* 266 (Virg. *En.* 5, 238 ; Liv. 29, 27, 5 [les mss ont le verbe *projicio*]) ‖ *inter caesa et porrecta* Cic. *Att.* 5, 18, 1, entre le sacrifice de la victime et l'offrande sur l'autel = à la dernière minute ‖ [fig.] *Varr. R. 1, 29, 3.

porrĭgĭbĭlis, *e* (2 *porrigo*), extensible : Chalc. *Tim.* 44 E.

porrĭgĭnōsus, *a*, *um* (1 *porrigo*), dartreux, teigneux : Plin. Val. 1, 4.

1 **porrĭgo**, *ĭnis*, f. (*porrum*), teigne : Cels. 6, 2, 1 ; Hor. *S.* 2, 3, 126 ‖ pellicules [sur la tête] : Plin. 20, 53.

2 **porrĭgō**, *ĭs*, *ĕre*, *rēxī*, *rectum* (1 *por-*, *rego* ; it. *porgere*), tr. ¶ 1 diriger en avant, étendre : *manum* Cic. *Cael.* 63 ; Or. 27, étendre la main ; *manus in caelum* Liv. 7, 6, 4 ; *bracchia caelo* Ov. M. 1, 767, étendre ses mains, ses bras vers le ciel ‖ [fig.] tendre ses mains (*ad aliquid*, pour s'emparer de qqch.), cf. Curt. 7, 8, 19 ; Sen. *Ep.* 119, 4 ; Ben. 5, 14, 2 ; *in aliquid* Nep. *Dion* 7, 2 ¶ 2 étendre, étirer, allonger : *membra* Cic. *Div.* 1, 120, étendre ses membres ; *aciem latius* Sall. *J.* 52, 6,

porrigo

donner plus d'extension à sa ligne de bataille ‖ *cui corpus novem jugera porrigitur* VIRG. *En.* 6, 596, son corps [de Tityus] allongé couvre neuf arpents; *pars loci in planitiem porrigebatur* TAC. *An.* 13, 38, une partie du terrain s'étendait en plaine ¶3 [poét.] *a)* étendre à terre: *hostem* LIV. 7, 10, 10, étendre un ennemi sur le sol, cf. OV. *M.* 7, 254 [d'où] *porrectus*, étendu, couché: PL. *Ps.* 36 *b) se porrigere*, s'étendre: *quo se tua porrigat ira* OV. *Tr.* 3, 11, 5, jusqu'où puisse se porter ta colère ¶4 tendre, présenter, offrir: *dextram alicui* CIC. *Dej.* 8, tendre la main à qqn; *gladium* CIC. *Mil.* 9, tendre une épée ‖ [fig.] *praesidium alicui* CIC. *de Or.* 1, 184, offrir une protection à qqn, cf. HOR. *O.* 2, 16, 32.
▶ sync. *porgere*, cf. CIC. *poet. Nat.* 2, 114; VIRG. *En.* 8, 274; LIV. 29, 16, 6.

Porrīma (1 *por-* et cf. *maximus*), cf. *Antevorta* ou *Prorsa*, probablement autre nom de Carmenta, déesse de la naissance, en tant que président aux accouchements, cf. *Postvorta*: OV. *F.* 1, 633.

porrīna, *ae*, f. (*porrum*), planche [carré] de poireaux: CAT. *Agr.* 47; ARN. 2, 59.

porrixō, *ās*, *āre*, -, - (2 *porrigo*), tr., étendre: *APUL. M.* 10, 21, 1.

porrō, adv. (arch. *porod*, CIL 1, 560; cf. 1 *por-*, πόρρω) ¶1 [sens local] en avant, plus loin, au loin: *porro agere armentum* LIV. 1, 7, 6, pousser un troupeau en avant; *ire* LIV. 9, 2, 8, aller en avant ‖ *inscius, quae sint ea flumina porro* VIRG. *En.* 6, 711, ignorant quel est ce fleuve devant lui ¶2 [temporel] *a)* [rare] au loin dans le passé: OV. *F.* 1, 635 *b)* plus loin, plus tard, à l'avenir: TER. *Phorm.* 937; *Hec.* 764; LIV. 40, 36, 1 ¶3 [rapports logiques] *a)* en continuant [à la suite]: CIC. *CM* 43 ‖ de proche en proche: LIV. 27, 51, 4 ‖ *perge porro* CIC. *de Or.* 2, 39, continue plus avant *b)* [dans une énumér.] en plus, en outre: CIC. *de Or.* 1, 32; 2, 56; [presque synonyme de "enfin"] CIC. *Mil.* 19; [analogue à *autem*] d'autre part: CIC. *Verr.* 4, 130; *Fin.* 1, 32; *Mil.* 25; *porro autem* SALL. *C.* 46, 2, en outre d'autre part ‖ [dans une gradation] d'ailleurs, au surplus, allons plus loin: CIC. *Phil.* 2, 26; *Fam.* 4, 9, 1; *age porro* CIC. *Verr.* 5, 68, eh bien! soit, continuons, cf. CIC. *Nat.* 3, 43 ‖ or: CIC. *Amer.* 64; *Verr.* 4, 102; *Fin.* 2, 25.

porrum, *i*, n., **porrus**, *i*, m. (cf. πράσον; it. *porro*), [au pl. **porri** et **porra** MORET. 74], poireau [plante potagère]: PLIN. 19, 108; COL. 8, 11, 4; JUV. 3, 293.

Porsĕna (**-sēna**, **-sīna**, **-senna**, **-sinna**), *ae*, m. (Πορσήνας, Πορσίνας), roi de Clusium [Étrurie], fit la guerre à Rome pour rétablir les Tarquins: LIV. 2, 9, 1; CIC. *Att.* 9, 10, 3; *Sest.* 48; HOR. *Epo.* 16, 4; VIRG. *En.* 8, 646.

porta, *ae*, f. (*porto*; cf. *per*, *perior*, *portus*, πείρω, al. *fahren*, an. *fare*; fr. *porte*, al. *Pforte*) ¶1 porte [de ville, de camp, de temple, de maison, d'appartement]: *egressus porta Capena* CIC. *Tusc.* 1, 13, sorti par la porte Capène; *omnibus portis eruptione facta* CAES. *G.* 2, 6, une sortie étant faite par toutes les portes; *per portam irrumpere* LIV. 9, 14, 12, faire irruption par la porte; *porta itineri longissima* VARR. *R.* 1, 2, 2, le chemin jusqu'à la porte est le plus long = il n'y a que le premier pas qui coûte ¶2 ouverture, issue [pour les vents]: VIRG. *En.* 1, 82 ‖ défilé, gorge, pas, V. *Portae* ‖ *solis portae* MACR. *Somn.* 1, 12, 1, les portes du soleil [les tropiques du Cancer et du Capricorne] ‖ *porta caeli tonat* ENN. *An.* 615; VIRG. *G.* 3, 261, la porte du ciel tonne [laissant passer l'orage], cf. SEN. *Ep.* 108, 34 ‖ *portae jecoris* CIC. *Nat.* 2, 137, la veine porte ‖ [fig.] voie, moyen: LUCR. 6, 32 ‖ [chrét.] [à propos de la Vierge Marie] *porta justitiae* AMBR. *Ep.* 42, 6, porte de justice.
▶ dat. pl. *portabus* (au lieu de *portis*) CN.-GELL. d. CHAR. 54, 18.

Portae, *ārum*, f. pl., sert souvent à désigner un défilé, cf. *pylae*: *portae, quae alibi Armeniae, alibi Caspiae, alibi Ciliciae vocantur* PLIN. 5, 99, les portes (le défilé) qu'on appelle ici Arméniennes, là Caspiennes, ailleurs Ciliciennes, cf. NEP. *Dat.* 7, 2; VAL.-FLAC. 3, 496.

portābĭlis, *e* (*porto*), supportable: SIDON. *Ep.* 8, 11, 4 ‖ *-bilior* AUG. *Ep.* 31, 4.

portārĭus, *ĭi*, m. (*porta*; fr. *portier*), portier: VULG. 4 *Reg.* 7, 11.

portātĭo, *ōnis*, f. (*porto*), port, transport: SALL. *C.* 42, 2.

portātŏr, *ōris*, m. (*porto*), porteur [de lettres]: ISID. 9, 4, 27.

portātōrĭus, *a*, *um* (*porto*), qui sert à porter: *portatoria sella* CAEL.-AUR. *Chron.* 1, 1, 15, chaise à porteurs ‖ subst. f., brancard: CAEL.-AUR. *Chron.* 2, 13, 161.

portātrix, *īcis*, f., porteuse: CIL 10, 3692.

portātus, *a*, *um*, part. de *porto*.

portella, *ae*, f. (dim. de *portula*), petite porte: GLOSS. 2, 396, 11.

portĕmĭa, *ae*, f. (πορθμέα), bateau syrien à fond plat, bac: ISID. 19, 1, 26.

portendō, *ĭs*, *ĕre*, *tendī*, *tentum* (1 *por-*, *tendo*), tr., présager, annoncer, pronostiquer, prédire [t. religieux]: CIC. *Div.* 1, 93; *Nat.* 2, 7; *Verr.* 4, 108; *Har.* 26; LIV. 30, 32, 9; 31, 7, 15 ‖ préfigurer, symboliser: TERT. *Pud.* 7, 13.

portensis, cf. *portuensis* CIL 10, 7295, 2.

portentĭfĭcus, *a*, *um* (*portentum*, *facio*), miraculeux: OV. *M.* 14, 55 ‖ monstrueux: LACT. *Inst.* 2, 13, 11.

portentĭlŏquĭum, *ĭi*, n., discours sur des choses prodigieuses: IREN. 2, 16, 4.

portentōsē, adv., d'une manière bizarre, étrange: PLIN. 32, 34.

portentōsus, *a*, *um* (*portentum*), qui tient du prodige, merveilleux, prodigieux, monstrueux: CIC. *Div.* 2, 60; *Dom.* 72; SUET. *Dom.* 4; *Cal.* 37; SEN. *Ep.* 92, 9 ‖ *-ior* PLIN. 24, 160; *-issimus* SEN. *Ep.* 114, 8.

portentum, *i*, n. (*portendo*, cf. *ostentum*) ¶1 présage [venant de qqch. de prodigieux], pronostic, prodige, signe miraculeux: CIC. *Nat.* 2, 7; *Div.* 2, 69 ¶2 monstruosité, miracle, merveille: CIC. *Div.* 2, 61 ‖ monstre: CIC. *Nat.* 2, 14; *Rep.* 3, 14 ¶3 [fig.] *a)* fait monstrueux, prodigieux: CIC. *Amer.* 63; *Tusc.* 1, 11 *b)* [en parl. de pers.] CIC. *Pis.* 9; V. *exporto*.

portentŭōsus, *a*, *um*, cf. *portentosus*: SEN. *Ep.* 87, 23; JUL.-VAL. 3, 19.

portentus, *a*, *um*, part. de *portendo*.

porthmeŭs (**Porthmeŭs**), *ĕi*, acc. *ĕa* m. (πορθμεύς), nocher, le Nocher [Charon]: JUV. 3, 266; PETR. 121 v. 117.

Porthmŏs, *i*, m. (Πορθμός) ¶1 nom grec du détroit de Gadès: PLIN. 3, 74 ¶2 ville d'Eubée: PLIN. 4, 64.

porti, V. *portus* ▶.

portĭcātĭo, *ōnis*, f. (*porticus*), colonnade: MACER *Dig.* 11, 7, 37, 1.

portĭcŭla, *ae*, f. (dim. de *porticus*), petit portique: CIC. *Fam.* 7, 23, 3.

portĭcŭlus, *i*, m., cf. *porticula*: CIL 6, 10273 *b*.

portĭcuncŭla, *ae*, f., cf. *porticula*: CIL 6, 8861.

portĭcŭs, *ūs*, f. (*porta*, cf. *manica*; fr. *porche*) ¶1 portique, galerie (passage couvert) à colonnes: CIC. *Att.* 4, 16, 13; *Rep.* 1, 18; 3, 43 ‖ [en part.] portique [où se trouvait le tribunal du préteur]: CIC. *Verr.* 4, 86 ¶2 le portique [dernières places de l'amphithéâtre]: CALP. 7, 47 ¶3 le Portique, la doctrine des stoïciens, la secte de Zénon: CIC. *Ac.* 2, 75; HOR. *S.* 2, 3, 44 ‖ [poét.] l'entrée d'une tente: ENN. d. CIC. *Tusc.* 2, 38 ¶4 galerie couverte [pour la guerre de siège]: CAES. *C.* 2, 2, 3 ‖ [en gén.] toit, auvent, abri: COL. 9, 14, 14.

portĭo, *ōnis*, f. (de *pro ratione*, cf. *proportio*) ¶1 part, portion: PLIN. 2, 42; 8, 102; 34, 97; JUST. 24, 4, 2 ¶2 *pro rata portione* PLIN. 11, 40; *pro sua portione* QUINT. 10, 7, 28; *pro virili portione* TAC. *Agr.* 45, pour sa part ¶3 proportion, rapport: *eadem portio servabitur* CURT. 7, 11, 12, la même proportion sera observée; *hac portione* COL. 2, 9, 1; *eadem portione* QUINT. 11, 3, 139, dans cette, dans la même proportion; *portione* PLIN. 11, 133, proportionnellement [ou] *ad portionem* PLIN. 14, 133; 24, 46; *ad suam quisque portionem* PLIN. 36, 9, chacun proportionnellement; *portionem habere alicujus rei* SEN. *Ben.* 2, 16, 2, proportionner (qqch.) à qqch.; *pro portione*; *pro portione alicujus rei* CIC. *Verr.* 5, 55; *de Or.* 2, 320, proportionnellement; proportionnellement à qqch.; *pro portione ac* VARR. *R.* 3, 8, 21, dans la même proportion que.

portĭōnālis, *e* (*portio*), partiel: TERT. *Virg.* 4, 5.

portiscŭlus, *i*, m. (*portus*, cf. *acisculus*), bâton avec lequel le chef des rameurs marquait le rythme : Enn. *An.* 228 ; Fest. 266, 23 ; [fig.] Pl. *As.* 520.

1 portĭtŏr, *ōris*, m. (*portus*, cf. *portorium*), receveur du péage, douanier d'un port : Cic. *Off.* 1, 150 ; *Agr.* 2, 61 ; **portitorem domum conduxi** Pl. *Men.* 117, j'ai épousé un douanier [une femme qui vérifie tout].

2 portĭtŏr, *ōris*, m. (1 *portitor, porta*, cf. *janitor*) ¶ **1** batelier : Sen. *Ben.* 6, 18, 1 ‖ le nocher des enfers : Virg. *En.* 6, 298 ‖ celui qui transporte par eau [en parl. du bélier de Phrixos] : Col. 10, 155 ; Mart. 9, 71, 7 ¶ **2** porteur : Stat. *Th.* 1, 693 ‖ messager [porteur de lettres] : Hier. *Ep.* 68, 2.

1 portĭtōrĭum, *ii*, n. (*portus*), péage : CPL 120, 5 ; Gloss. 3, 245, 57.

2 portĭtōrĭum, *ii*, n., bâton de porteur d'eau : Gloss. 4, 518, 36.

portĭuncŭla, *ae*, f. (dim. de *portio*), petite portion : Plin. 28, 83.

portō, *ās, āre, āvī, ātum* (ombr. *portaia*, fréq., V. *porta* ; fr. *porter*), tr. ¶ **1** porter, transporter [à dos d'hommes, d'animaux, sur chariots, sur bateaux] : Caes. *C.* 1, 78, 1 ; Cic. *Par.* 8 ; *Verr.* 3, 190 ; *Att.* 14, 3, 1 ; *Q.* 2, 8, 2 ; *Phil.* 2, 58 ; *Verr.* 4, 103 ‖ **(signum) quod iste si portare potuisset, non dubitasset auferre** Cic. *Verr.* 4, 119, (statue) que cet homme, s'il avait pu la transporter, n'aurait pas craint d'enlever ‖ **navis, quae milites portaret** Caes. *G.* 5, 23, 3, un navire pour transporter les troupes ¶ **2** [fig.] [au lieu de *ferre*] **a)** **auxilium portare** Sall. *C.* 6, 5, porter des secours ; **spes secum** Liv. 1, 34, 10, porter avec soi des espérances ; **ad aliquem nuntium** Liv. 45, 1, 10, porter une nouvelle à qqn ; **alicui aliquam fallaciam** Ter. *And.* 433, jouer un mauvais tour à qqn **b)** **nescio quid peccati portat haec purgatio** Ter. *Haut.* 625, cette disculpation suppose qq. méfait inconnu **c)** supporter, endurer : Cypr. *Ep.* 22, 2 ¶ **3** [tard.] avoir, porter en soi : Cypr. *Patient.* 10.

portōrĭum, *ii*, n. (1 *portitor*), péage d'un port, droit d'entrée et de sortie (douane) : Cic. *Font.* 19 ; Caes. *G.* 1, 18, 3 ; 3, 1, 2 ; 6, 14, 1 ; **portorium locare, conducere** Cic. *Inv.* 1, 47, mettre, prendre en adjudication les droits de péage d'un port ‖ péage [en gén.], droits : **portorium circumvectionis** Cic. *Att.* 2, 16, 4, la taxe de circulation des marchandises.

portŭensis, *e* (*portus*), [en part.] du port d'Ostie : CIL 6, 1759 ; Cod. Th. 14, 4, 9. ▶ portensis CIL 14, 169.

portŭla, *ae*, f. (dim. de *porta*), petite porte : Liv. 25, 9, 9.

portŭlăca, *ae*, f. (*portula*), pourpier [plante] : Varr. d. Non. 551, 15 ; Cels. 2, 20, 1 ; Col. 12, 13, 2 ; Plin. 19, 167.

Portūnālĭa, *ĭum*, n., Portunalia, fêtes en l'honneur de Portunus : Varr. *L.* 6, 19.

Portūnālis flāmen, m., flamine de Portunus : Fest. 238, 9.

Portūnāta, *ae*, f., île voisine de la Liburnie Atlas XII, C4 : Plin. 3, 140.

Portūnus, *i*, m. (*portus*), dieu des ports [d'après P. Fest. 48, 26, dieu des portes, *portarum*] : Cic. *Nat.* 2, 66 ; Virg. *En.* 5, 241 ; Ov. *F.* 6, 547.
▶ mauv. orth. Portumnus.

*portŭōsē [inus.], commodément ‖ -sius Jul.-Val. 1, 24.

portŭōsus, *a, um* (*portus*), qui a beaucoup de ports : Cic. *de Or.* 3, 19, 69 ‖ qui trouve un port : Cic. *Fam.* 6, 20, 1 ‖ -sior Sall. *J.* 16, 5.

portŭs, *ūs*, m. (*opportunus, porto, perior* ; fr. *port*), [sens premier] ouverture, passage, cf. ▶ *angiportus* ¶ **1** port : **portu solvere** Cic. *Mur.* 4, mettre à la voile, appareiller ; **in portu operas dare** Cic. *Verr.* 2, 171, être receveur dans un port [percevoir les droits de douane] ; **portum tenere** Cic. *Fam.* 1, 9, 21, toucher à un port ; **in portu esse** Cic. *Fam.* 9, 6, 4 [ou] **navigare** Ter. *And.* 480, être au port, hors d'affaire, hors de danger ‖ [fig.] asile, refuge, retraite : **in philosophiae portum se conferre** Cic. *Fam.* 7, 30, 2, se réfugier dans le sein de la philosophie ; **perfugium portusque supplicii** Cic. *Caecin.* 100, un asile et un port pour échapper au supplice, cf. *Off.* 2, 26 ; *Verr.* 5, 126 ; *Tusc.* 1, 118 ; *Brut.* 8 ‖ **Portus Veneris** port de Narbonnaise [Port-Vendres] : Mel. 2, 84 ¶ **2** [poét.] bouches [d'un fleuve] : Ov. *H.* 14, 107 ¶ **3** entrepôt, magasin : Dig. 50, 16, 59 ¶ **4** maison : L. XII Tab. d. Fest. 262, 21.
▶ gén. arch. porti Turpil. *Com.* 49 ‖ dat. portu Caes. *C.* 2, 1, 2 ; [dat.-abl. pl. portubus Cic. *Pomp.* 16 ; portibus Liv. 27, 30, 7].

1 pŏrus, *i*, m. (πόρος), pore : Ambr. *Hex.* 3, 9, 39 ‖ voies respiratoires : Isid. 11, 1, 80.

2 pŏrus, *i*, m. (πῶρος), tuf blanc [imitant le marbre] : Plin. 36, 132.

3 Pōrus, *i*, m. (Πῶρος), roi indien, vaincu par Alexandre le Grand : Curt. 8, 13.

porxi, parf. de *porceo* et *porgo*.

posca, *ae*, f. (cf. 2 *potus* et *esca* ; it. esp. *posca*), oxycrat [ὀξύκρατον Gloss. 2, 154, 33, mélange d'eau et de vinaigre] : Pl. *Mil.* 836 ; *Truc.* 610 ; Plin. 27, 29 ; Cels. 4, 12, 9.

poscaenĭum, *ii*, n., V. ▶ *postscaenium*.

poscĭnummĭus, *a, um* (*posco, nummus*), qui demande de l'argent, intéressé, vénal : Apul. *M.* 10, 21.

poscō, *ĭs, ĕre, pŏposcī*, - (*prk-skō, cf. *postulo, preces, precor, procus*, scr. *prcchati*, al. *forschen*), tr. ¶ **1** demander, réclamer, exiger, revendiquer [comme un droit ou une chose due : Varr. d. Serv. *En.* 9, 194] **illud argentum nemo tam audax inventus est qui posceret, nemo tam impudens qui postularet, ut venderet** Cic. *Verr.* 4, 44, cette argenterie, il ne s'est rencontré personne d'assez insolent pour la réclamer, d'assez impudent pour lui demander de la vendre, cf. Cic. *Verr. prim.* 44 ; 4, 21 ; 5, 71 ; *de Or.* 1, 29 ; **quos populus judices poscit** Cic. *Verr.* 2, 174, ceux que le peuple réclame comme juges, cf. Cic. *Rep.* 2, 61 ‖ **ut ejus dignitas poscit** Cic. *Quinct.* 28, comme son rang l'exige, cf. Caes. *G.* 7, 1, 2 ‖ [avec deux acc.] **parentes pretium pro sepultura liberum** Cic. *Verr.* 1, 7, réclamer aux pères un paiement pour la sépulture de leurs enfants, cf. Cic. *Verr.* 4, 96 ; [poét. au pass.] **gravidae posceris exta bovis** Ov. *F.* 4, 670, on réclame de toi les entrailles d'une vache pleine, cf. Ov. *M.* 1, 138 ‖ [en part.] **posci**, être réclamé pour chanter : Hor. *O.* 1, 32, 1 ; Ov. *M.* 5, 333 ; **Palilia poscor** Ov. *F.* 4, 721, on réclame de moi que je chante la fête des Palilies ‖ [avec *ab*] **ab aliquo munus** Cic. *Verr.* 2, 117, réclamer à qqn une tâche, cf. Cic. *Verr.* 4, 36 ; *Planc.* 79 ‖ [avec *ut*] **militibus, ut imperator pugnae adesset, poscentibus** Tac. *H.* 2, 39, les soldats réclamant la présence de l'empereur sur le champ de bataille, cf. Tac. *H.* 4, 5 ‖ [avec prop. inf.] [poét.] Hor. *O.* 1, 4, 12 ; *P.* 339 ; Ov. *M.* 8, 708 ¶ **2** réclamer qqn en justice : **poscere aliquem** Cic. *Amer.* 13 ; Liv. 9, 26, 10, réclamer la mise en accusation de qqn ¶ **3** [poét.] réclamer, appeler : **ego poscor Olympo** Virg. *En.* 8, 533, c'est moi que réclame l'Olympe, cf. Virg. *En.* 8, 12 ; **clamore hominem posco** Pl. *Curc.* 683, j'appelle mon homme à grands cris ; **tua numina posco** Virg. *En.* 1, 666, je réclame ton intervention divine ‖ réclamer une chose pour tel ou tel prix = vouloir acheter : Plin. 35, 88 ‖ réclamer, mettre en vente à un prix : Pl. *Merc.* 490 ¶ **4** demander : **quaestionem** Cic. *Fin.* 2, 1, demander un thème de discussion ; **aliquem causam disserendi** Cic. *Tusc.* 3, 7, demander à qqn un sujet de discussion ‖ demander en mariage : Pl. *Trin.* 450 ; 499.
▶ parf. arch. peposci, v. Gell. 6, 9, 9.

poscŭla, *ae*, f. (dim. de *posca*), Theod.-Prisc. 1, 22.

poscŭlentus, ▶ *potulentus* Scaev. d. Gell. 4, 1, 17 ; 17, 11, 2.

pōsĕa, pōsĭa, V. ▶ *pausea*.

Pŏsīdēa, *ae*, f., Posidée [ville de l'Eolide] : Plin. 5, 121.

pōsĭdĕo, V. ▶ *possideo*.

Pŏsīdēs, *ĭs*, m. (Ποσείδης), affranchi de Claude : Suet. *Cl.* 28 ‖ **-diānus**, *a, um*, de Posidès : Plin. 31, 5.

Pŏsīdēum, *i*, n. (Ποσίδειον), promontoire d'Ionie : Plin. 5, 112 ‖ promontoire de Macédoine, dans la Palléné : Liv. 44, 11 ‖ promontoire de Syrie : Plin. 5, 79 ‖ une des passes d'Alexandrie : Plin. 5, 128.

Pŏsīdippus, *i*, m. (Ποσείδιππος), Posidippe, médecin : Capit. *Aur.* 15, 6.

Pŏsīdĭum, *ii*, n., ▶ *Posideum* : Prisc. *Perieg.* 858.

Posidonia

Pŏsīdōnĭa, ae, f., nom grec de *Paestum* : Plin. 3, 71.

Pŏsīdōnĭus, ĭi, m. (Ποσειδώνιος) ¶ **1** philosophe stoïcien qui professa à Rhodes : Cic. *Att.* 2, 1, 2; *Off.* 3, 8 ¶ **2** sculpteur d'Éphèse : Plin. 33, 156; 34, 91.

Pŏsilla, ae, f., nom de femme : CIL 6, 28422.

pōsĭmērĭum, (**pōsĭmīrĭum**) [mss] arch. pour *pomœrium* : P. Fest. 295, 4.

Posingae, ārum, m. pl., peuple de l'Inde, en deçà du Gange : Plin. 6, 76.

pōsĭo, ◼▶ 1 *pusio*.

Pŏsis (**-ssis**), *is*, m., célèbre modeleur : Plin. 33, 155.

pŏsĭtĭo, ōnis, f. (*pono*) ¶ **1** action de mettre en place, de planter, de greffer : Col. 11, 3, 24; 3, 17, 3 ∥ [fig.] *nominis pro nomine* Quint. 8, 6, 23, emploi d'un nom pour un autre (métonymie) ∥ *prima verbi positio* Ps. Serv. *En.* 2, 418, forme première d'un mot, base du paradigme; Quint. 1, 6, 10 ¶ **2** position, situation, place : Sen. *Nat.* 1, 16, 7; *cæli* Col. 3, 4, 1, le climat; *syllabæ* Quint. 1, 5, 28, position [métr.] ∥ [fig.] *mentis* Sen. *Ep.* 64, 3, disposition d'esprit ∥ pl., les circonstances : Quint. 7, 4, 40 ¶ **3** thèse, sujet de déclamation : Quint. 2, 10, 15 ¶ **4** abaissement de la voix [dans la prononciation], temps faible : Quint. 9, 4, 48; 9, 4, 55 ∥ [gram.] désinence, terminaison : Quint. 1, 4, 24.

pŏsĭtīvē, adv. (*positivus*), en soi, absolument : Prisc. 3, 144, 22.

pŏsĭtīvus, a, um (*pono*) ¶ **1** conventionnel, accidentel : Gell. 10, 4 lemm. ¶ **2** [gram.] **a)** employé au positif [adjectif] : Prisc. 2, 90, 11 **b)** *positivum, i*, n., un substantif : Macr. *Sat.* 1, 4, 9.

pŏsĭtŏr, ōris, m. (*pono*), fondateur : Ov. *M.* 9, 549; *F.* 2, 63.

pŏsĭtūra, ae, f. (*pono*), position, disposition, arrangement : Lucr. 1, 685; Gell. 5, 3, 4 ∥ *verborum* Gell. 1, 7, 19, disposition des mots ∥ signes de ponctuation, ponctuation : Diom. 437, 10.

1 **pŏsĭtus**, a, um, part. de *pono*.

2 **pŏsĭtŭs**, ūs, m., position, situation, place : Sall. d. Don. *Phorm.* 97; Tac. *An.* 6, 21 ∥ position [d'un lieu] : Ov. *Pont.* 4, 7, 23 ∥ arrangement, ajustement : Ov. *A. A.* 3, 151.

pŏsīvi, ◼▶ *pono* ▶.

posmĕrīdĭānus, ◼▶ *postm-*.

possēdi, parf. de *possideo* et *possido*.

possessĭo, ōnis, f. ¶ **1** (*possideo*), jouissance, possession [toujours distincte de la propriété; droit de posséder et, également, objet possédé] : *certa possessione deturbatus* Cic. *Fam.* 12, 25, 2, chassé d'une possession assurée; *rei possessionem dare* Cic. *Fam.* 7, 21; Cæs. *G.* 1, 44, donner, remettre la possession d'une chose; *esse in possessione* Cic. *Cæcin.* 19, posséder ∥ [au pl.] possessions, biens, fortune : Cic. *Part.* 51; Cæs. *G.* 1, 115; Sall. *C.* 35, 3 ¶ **2** (*possido*) prise de possession, occupation : Cic. *Amer.* 24; Liv. 33, 41, 3; Tac. *An.* 2, 5; *in possessionem mittere* Cic. *Quinct.* 83, envoyer en possession (= pour la prise de possession) ∥ *retinendæ possessionis causa interdictum* Gai. *Inst.* 4, 148, interdit destiné à défendre la possession.

possessĭuncŭla, ae, f. (dim. de *possessio*), petite propriété, petit bien : Cic. *Att.* 13, 23, 3.

possessīvus, a, um (*possideo*), possessif [gram.], qui marque la possession : Quint. 1, 5, 45; *casus* Prisc. 2, 185, 14, le génitif.

possessŏr, ōris, m. (*possideo*), possesseur : Cic. *Phil.* 5, 20; *de Or.* 2, 283 ∥ défendeur [droit] : Quint. 7, 1, 38; Plin. *Ep.* 6, 2, 2 ∥ [fig.] maître, souverain de : Petr. 114, 3.

possessōrĭus, a, um, possessoire [droit] : Dig. 38, 2, 50.

1 **possessus**, a, um, part. de *possideo* et *possido*.

2 **possessŭs**, abl. *ū*, m., propriété : Apul. *Apol.* 13.

possestrix, īcis, f., celle qui possède : Afran. *Com.* 204.

possētur, possītur, ◼▶ *possum* ▶.

possĭbĭlis, e (*possum*), possible : Quint. 3, 8, 25 ∥ exécutable : Dig. 28, 3, 16.

possĭbĭlĭtās, ātis, f. (*possibilis*), pouvoir, possibilité : Arn. 1, 44; *pro possibilitate* Amm. 19, 2, 15, selon son pouvoir, ses moyens.

possĭbĭlĭtĕr, adv., d'une manière possible : Ps. Acr. Hor. *P.* 40.

possĭdĕō, ēs, ēre, sēdī, sessum (*potis, sedeo*, cf. *possum*; esp. *posear*), tr. ¶ **1** avoir en sa possession, être possesseur, posséder : *partem agri* Cæs. *G.* 6, 12, 4, posséder une partie du territoire, cf. Cic. *Quinct.* 25 ∥ [abs^t] *possidere propter usum fructum* Cic. *Cæcin.* 94, être possesseur à titre usufruitier; *possidere ab aliquo* Cic. *Tull.* 45, être possesseur à la place d'un autre, avoir acquis la possession sur un autre, cf. Cic. *Cæcin.* 92 ¶ **2** [fig.] *magnam vim possidet paternus maternusque sanguis* Cic. *Amer.* 66, le sang paternel et maternel est en possession d'une grande puissance; *hic plus fidei quam artis possidet in se* Cic. *Com.* 17, cet homme possède en lui plus de loyauté que de talent ∥ [poét.] *umbra possidet nemus* Mart. 6, 76, 6, l'ombre s'est emparée du bosquet ∥ *interdictum uti possidetis* Dig. 43, 17 tit., l'interdit "comme vous possédez jusqu'ici" [moyen prétorien pour protéger tout possesseur actuel (indépendamment de la question de la propriété) contre un trouble de fait à sa jouissance]; *possidere vi aut clam* Dig. 43, 17, 1, 9, s'être emparé de la possession par violence ou en cachette.

◼▶ arch. *posident* CIL 1, 584, 13.

possīdō, ĭs, ĕre, sēdī, sessum (*potis, sido*, cf. *possideo*), tr. ¶ **1** prendre possession de, se rendre maître de : *bona alicujus* Cic. *de Or.* 2, 283, prendre possession des biens de qqn ∥ **2** s'emparer de : *agros armis* Cæs. *G.* 4, 7, 3, s'emparer de territoires par les armes ∥ [fig.] Cic. *Verr.* 3, 158; Lucr. 1, 386.

possĭem, possĭtur, ◼▶ *possum* ▶.

possum, potes, posse, pŏtŭī, - (*potis, sum, pote est > potest*; fr. *je puis*, it. *posso*) ¶ **1** pouvoir, être capable de **a)** [avec inf.] *timor igitur ab iis aegritudinem potuit repellere, ratio non poterit ?* Cic. *Tusc.* 3, 66, ainsi donc la crainte a pu éloigner d'eux l'affliction, la raison ne le pourra pas ?; *non possum te non accusare* Cic. *Fam.* 5, 14, 2, je ne peux m'empêcher de t'accuser, cf. Cic. *Fam.* 1, 9, 26; *Fin.* 3, 29; *non possum facere quin* Cic. *Fam.* 6, 13, 1, je ne peux m'empêcher de [ou] *non possum quin* Cic. *de Or.* 2, 39 **b)** *fieri potest ut*, il peut arriver que, ◼▶ *fieri*: *potest, ut* Pl. *Ps.* 633, il se peut que ∥ *non potest* Ter. *Phorm.* 303, c'est impossible; *quo pacto potuit ?* Ter. *Phorm.* 818, comment était-ce possible ?; *quantum potest* Ter. *Eun.* 836, autant que possible; *ut potest* Cic. *Fam.* 4, 10, 2; *si posset* Cic. *Tusc.* 1, 23, si c'était possible, cf. Cic. *Att.* 12, 23, 1; *qui potest ?* Cic. *Att.* 12, 40, 2, comment est-ce possible ? **c)** [parenthèses] *quantum, quoad possum* Cic. *Phil.* 6, 18; *Læ.* 1, autant que, dans la mesure où je le peux; *quod ejus facere poteris* Cic. *Att.* 11, 12, 4, dans la mesure où tu pourras le faire; *quod potes* Cic. *Fam.* 14, 4, 6, autant que tu peux **d)** [avec superl.] *ut diligentissime potui* Cic. *Fam.* 7, 17, 2, le plus consciencieusement que j'ai pu; *quam potui maximis itineribus* Cic. *Fam.* 15, 4, 7, avec les plus grandes étapes que j'ai pu, cf. Cic. *Nat.* 2 129; *quibus potuit amplissimis verbis* Cic. *Quir.* 15, avec les termes les plus honorifiques qu'il put **e)** [sens conditionnel] *neminem potuisti mihi amiciorem mittere* Cic. *Fam.* 3, 5, 1, tu n'aurais pas pu m'envoyer qqn qui me fût plus cher; *possum persequi* Cic. *CM* 59, je pourrais énumérer; *dici potest* Cic. *Att.* 5, 17, 5; *non dici potest* Cic. *Att.* 5, 11, 1, on ne saurait dire ¶ **2** avoir du pouvoir, de l'influence, de l'efficacité [avec pron. n. comme complément] : *hoc pueri possunt, viri non poterunt ?* Cic. *Tusc.* 2, 34, des enfants peuvent cela, des hommes ne le pourront pas ?; *unus potest omnia* Cic. *Att.* 4, 16, 10, un seul a tout le pouvoir, est tout-puissant; *mari plurimum posse* Cic. *Verr.* 5, 97, avec la plus grande puissance sur mer; *multum potest provisio animi ad minuendum dolorem* Cic. *Tusc.* 3, 30, la prévision de l'esprit est très efficace pour adoucir la douleur.

▶ inf. *potesse* Pl. *Cis.* 30; *Most.* 1015; *Bac.* 559 ‖ Lucr. 1, 665; *potissunt* Enn. *An.* 429 d. Fest. 446, 15; *potisset* Pl. *Mil.* 884; *potisse* Lucil. d. Non. 445, 29 ‖ *possiem* Pl. *Bac.* 763; *possiet* Pl. *Capr.* 996 ‖ pass. *potestur* = *potest* avec inf. pass. Enn. d. Non. 508, 24; Lucr. 3, 1010, *possitur* = *possit* Cat. *Agr.* 154 v. Diom. 385, 30; *poteratur* Non. 508, 27; Fest. 277, 8; *possetur* Non. 508, 13.

post, adv. et prép. (arch. *poste, postid*, cf. *po-, pone* et *ante*, ombr. *puste*, osq. *púst*, scr. *pascá*; esp. *pues*)

I adv. ¶ **1** [sens local] en arrière, derrière : *servi, qui post erant* Cic. *Mil.* 29, les esclaves qui étaient derrière ; *curvari post* Plin. 11, 249, se courber en arrière ¶ **2** [temporel] après, ensuite : *in praesentia... sed post* Cic. *Verr.* 5, 105, pour le moment... mais plus tard... ; *multis post annis* Cic. *Flac.* 56, plusieurs années après ; *biennio post* Cic. *Brut.* 316, deux ans après ; *paulo post* Cic. *Fam.* 16, 5, 2 ; *post paulo* Caes. *G.* 7, 60, 4 ; *C.* 1, 20, 4, peu après ; *aliquanto post* Cic. *Caecin.* 11 ; *post aliquanto* Cic. *Or.* 107, passablement plus tard ; *undecimo post quam...* Cic. *Att.* 12, 1, 1, onze jours après que, cf. Cic. *Rep.* 2, 18 ; *Verr.* 1, 149 ; *Fam.* 1, 9, 9 ; *Att.* 9, 1, 1 ; *CM* 42 ‖ [dans une énumér.], cf. Cic. *Fin.* 5, 65 ; *Off.* 1, 10.

II prép. acc. ¶ **1** [sens local] derrière : *post urbem* Cic. *Verr.* 5, 169, derrière la ville, cf. Cic. *Verr.* 5, 80 ; Caes. *G.* 7, 83, 7 ‖ [fig.] [classement] : *post hunc* Caes. *G.* 6, 17, 1, après lui, cf. Hor. *O.* 3, 9, 6 ; Sen. *Ep.* 104, 9 ; Tac. *H.* 3, 64 ; *aliquid post rem ducere* Sall. *J.* 73, 6, mettre une chose après une autre ¶ **2** [temporel] après, depuis : *post diem tertium ejus diei* Cic. *Att.* 3, 7, 1, trois jours après ce jour-là ; *post Hirtium conventum* Cic. *Att.* 10, 4, 6, après une visite à Hirtius ; *post illud bellum* Cic. *Verr.* 5, 5, depuis cette guerre ; *post urbem conditam* Cic. *Cat.* 4, 14, depuis la fondation de la ville ; *post homines natos* Cic. *Mil.* 69, depuis qu'il y a des hommes ; *sexennio post Veios captos* Cic. *Div.* 1, 100, six ans après la prise de Véies ‖ *post omnia* Cic. *Or.* 122, après tout cela, pour finir ‖ *post diem tertium... quam dixerat* Cic. *Mil.* 44, deux jours après qu'il avait prononcé ces paroles, cf. Caes. *G.* 4, 28, 1 ; Sall. *J.* 102, 2 ; Nep. *Arist.* 3 ; *Cim.* 3, 3.

▶ *hunc post* Cic. *Tusc.* 2, 15, "après lui".

postautumnālis, *e*, qui vient (qui mûrit) après l'automne : Plin. 15, 54.

postcantātīvus, *a*, *um*, [petit vers] qui vient après un grand : Mar. Vict. *Gram.* 6, 57, 18 ; ▶ *epodus*.

postdēlictum, *i*, n., délit postérieur, récidive : Ulp. *Dig.* 29, 2, 71.

postĕ, arch. pour *post* ou *postea* : Pl. *Men.* 25450 ; *St.* 380 ; 568.

postĕā, adv. (cf. *posthac, antea*, abl. f. sg. de *is* ; fr. *puis*), ensuite, après, puis : Cic. *Nat.* 2, 90 ; *postea loci* Sall. *J.* 102, 1 = *postea* ; *paucis postea mensibus* Cic. *Clu.* 130, peu de mois après, cf. *Rep.* 2, 60 ; *postea aliquanto* Cic. *Inv.* 2, 154, à quelque temps de là ; *quid postea ?* Cic. *Amer.* 94, eh bien ? après ? que s'ensuit-il ? que faut-il en conclure ? ‖ et puis, en outre : Pl. *Merc.* 370.

postĕāc, ▶ *posthac* CIL 4, 1837.

postĕāquam, conj., après que ‖ [avec parf. indic.] Cic. *Verr. prim.* 20 ; 2, 138 ; 4, 31 ; *Leg.* 3, 17 ; *Fam.* 5, 12, 5 ; *Off.* 3, 8 ; Caes. *G.* 6, 10 ; 7, 82 ‖ [avec imparf. indic.] Cic. *Fam.* 7, 5, 1 ; *Att.* 3, 19, 1 ; [avec pqp. indic.] Cic. *Caecil.* 69 ; *Fam.* 16, 11, 2 ‖ [avec indic. prés.] *posteaquam... sum* Cic. *Att.* 2, 11, 1, depuis que je suis..., cf. *Verr.* 5, 103 ; [prés. hist.] *Verr.* 2, 92 ‖ [avec subj.] [mss] Cic. *Pomp.* 9 ; *Clu.* 181 ; *Leg.* 2, 64 ; *Att.* 11, 12, 1 ; *Fam.* 2, 19, 1 mss MS ‖ *postea vero quam* Caes. *G.* 4, 37, 4 ; Cic. *Fam.* 3, 7, 5 ; *postea autem quam* Cic. *Clu.* 192.

postēla, *ae*, f., ▶ *postilena* : Isid. 20, 16, 4.

postĕō, *īs*, *īre*, -, -, intr., venir en second lieu (après qqn) : Sidon. *Ep.* 1, 11, 10.

poster, ▶ **posterus*.

postergāneus, *a*, *um* (*post tergum*), qui est par-derrière : Arn. 4, 5.

postĕri, *ōrum*, ▶ **posterus*.

1 postĕrĭor, *ŭs*, *ōris*, compar. de **posterus* [en parl. de deux] ¶ **1** postérieur, de derrière : *pedes priores, posteriores* Plin. 11, 248, pieds de devant, de derrière ‖ subst. n. pl. *posteriora*, le dos : VL. *Exod.* 33, 23 ¶ **2** le dernier [oppos. à *prior, superior*] : Cic. *Ac.* 2, 44 ; *Or.* 21 ; *posteriores cogitationes sapientiores solent esse* Cic. *Phil.* 12, 5, les dernières (secondes) pensées sont les plus sages ‖ [dans une énumér.], cf. Cic. *Fin.* 3, 70 ; *Off.* 2, 52 ‖ qui vient en second lieu, postérieur : *Thucydides paulo aetate posterior* Cic. *Brut.* 43, Thucydide un peu postérieur [à Thémistocle] ; *paria esse debent posteriora superioribus* Cic. *de Or.* 3, 186, le membre de phrase qui suit doit être égal à celui qui précède ‖ [avec *quam*] plus en arrière que, postérieur à : Sall. *J.* 85, 12 ; Tac. *An.* 15, 20 ¶ **3** [fig.] plus au-dessous, inférieur : *utrique patriae salus posterior sua dominatione fuit* Cic. *Att.* 10, 4, 4, pour l'un et l'autre le salut de la patrie a passé après l'ambition de dominer ; *omnia libertate posteroria ducere* Cic. *Phil.* 13, 6, mettre tout après (au-dessous de) la liberté, faire passer la liberté avant tout.

2 Postĕrĭor, *ōris*, m., le second en parl. de deux : *Posterior Africanus* Val.-Max. 2, 4, 3, le second Africain [Scipion-Émilien] ; *Scipio ille Posterior* Flor. 1, 33, 11 [le même].

postĕrĭtās, *ātis*, f. (**posterus*) ¶ **1** le temps qui vient ensuite, l'avenir : *posteritatis otio consules* Cic. *Fam.* 2, 18, 3, tu ménageras ta tranquillité pour plus tard, cf. Cic. *Cat.* 1, 22 ; Caes. *C.* 1, 13, 1 ¶ **2** le temps qui vient après la mort et les gens de cette époque-là, avenir, postérité : Cic. *Lae.* 15 ; *Att.* 12, 19, 1 ; *immemor posteritas* Cic. *Phil.* 2, 33, postérité oublieuse.

postĕrĭŭs, n. de *posterior*, adv., plus tard : *sed haec posterius* Cic. *Fam.* 15, 16, 2, mais je remets cela à plus tard, cf. *Verr.* 4, 66 ; *Cael.* 35.

postĕrō, *ās*, *āre*, -, - (**posterus*), intr., être inférieur : Pall. 12, 4, 1.

postĕrŭla, *ae*, f. (**posterus*), porte de derrière, voie indirecte : Amm. 30, 1, 13.

*postĕrus [inus.], *a*, *um* (*post*, cf. *inferus, externus*), qui est après, suivant : *postero die mane* Cic. *Verr.* 2, 41, le lendemain matin, cf. Cic. *Sen.* 26 ; *postera saecula* Cic. *Tusc.* 1, 31, les siècles à venir ; *in posterum* Cic. *Agr.* 2, 91, pour l'avenir, pour la suite ‖ **postĕri**, *ōrum*, m. pl., les descendants : *horum posteri* Cic. *Fin.* 5, 13 ; *nostri* Cic. *Brut.* 324, leurs, nos descendants ‖ *posterum* n. et *postera* pl., une suite, des suites : Cic. *Fin.* 3, 32.

postfactus, *a*, *um*, fait après : Gell. 17, 7, 3 ‖ *ex postfacto* Dig. 21, 1, 44, après coup.

postfĕrō, *fers*, *ferre*, -, -, tr., placer après, mettre au second rang, estimer moins : *libertati opes* Liv. 3, 64, 3, sacrifier ses intérêts à la liberté, cf. Curt. 7, 4, 17 ; Vell. 2, 69, 3.

postfŭtūrus (**post fŭtūrus**), *a*, *um*, qui viendra après, futur ‖ *postfuturi*, m. pl., ceux qui doivent naître, qui ne sont pas encore nés : Sall. *Lep.* 6 ‖ *postfuturum*, n., l'avenir : Plin. 7, 190 ; Gell. 17, 7, 8.

postgĕnĭtus, *a*, *um*, né après : Iren. 2, 14, 9 ‖ *postgeniti*, m. pl., les descendants, la postérité : Hor. *O.* 3, 24, 30.

posthăbĕō, *ēs*, *ēre*, *ŭī*, *ĭtum*, tr., placer en seconde ligne, estimer moins : *Caes. *C.* 3, 33, 1 ‖ *omnibus rebus posthabitis* Cic. *Tusc.* 5, 2, de préférence à tout.

posthāc, adv. (*post, hac*, cf. *postea*), désormais, dorénavant, à l'avenir : Ter. *Eun.* 898 ; Cic. *Cat.* 4, 19 ; *Att.* 7, 3, 7 ‖ [dans le passé, rare et non classique] dès lors : Pl. *Amp.* 797 ; Suet. *Tit.* 9.

posthaec (**post haec**), ensuite, après cela : Tac. *An.* 1, 10 ; 3, 16.

▶ confusion avec *posthac* d. mss.

posthĭĕmat, *āre*, intr., l'hiver est tardif : *Plin. 18, 239.

Posthŭm-, **posthŭm-**, ▶ *Postum-*.

postĭbĭ, adv., ensuite : Pl. *Mil.* 1418 ; *Poen.* 108.

postīca, *ae*, f. (*posticus*), porte de derrière : Apul. *M.* 9, 2, 1.

postīcĭāria, *ae*, f., portière d'un couvent : Caes.-Arel. *Virg.* 25.

postĭcĭpō, *ās*, *āre*, -, - (*post, capio*), tr., exister après, survivre à : Mamert. *Anim.* 1, 21.

postīcīus, a, um (it. *posticcio*, fr. *postiche*), → *posticus* ‖ subst. n., porte de derrière : Fort. *Rad.* 24, 58.

postīcŭla, ae, f. (dim. de *postica*), petite porte de derrière : Apul. *M.* 2, 23, 5.

postīcŭlum, i, n. (dim. de *posticum*), petite chambre de derrière : Pl. *Trin.* 194.

postīcum, i, n. (*posticus*; esp. *postigo*), l'arrière [d'un édifice] : Vitr. 3, 2, 8 ‖ colonnade postérieure : Vitr. 3, 2, 5 ‖ porte de derrière : Hor. *Ep.* 1, 5, 31 ‖ latrines : Lucil. d. Non. 217, 20 ‖ le derrière, l'anus : Varr. d. Non. 217, 24.

postīcus, a, um (*post*, cf. 1 *anticus*), de derrière : **posticae aedium partes** Liv. 23, 8, 8, l'arrière d'une maison ; → *ostium*, → *posticum* : **postica sanna** Pers. 1, 62, grimace faite derrière le dos ‖ **postica (caeli pars)** P. Fest. 245, B ; 1, la partie septentrionale ‖ tourné vers le couchant : **postica linea** Fest. 262, 24, ligne [d'arpentage] tirée de l'orient à l'occident ; → 1 *anticus* ; cf. Varr. *L.* 7, 7.

postid, adv. (*posti-d, cf. *postidea*, plutôt que *post id*), après cela, ensuite : Pl. *Cas.* 130 [ou] **postid locorum** Pl. *Cas.* 120.

postīdĕā, adv. (*postid*, cf. *postea*), ensuite : Pl. *Aul.* 118 ; **postidea loci** Pl. *St.* 758, même sens.

postīlēna, ae, f. (*post*), croupière : Pl. *Cas.* 125.

postīlĭo, ōnis, f. (*postulo*), revendication par une divinité d'un sacrifice qui lui est dû ; [d'où] satisfaction, expiation : Varr. *L.* 5, 148 ; Cic. *Har.* 31.

postillā, adv., → *postea* : Ter. *Phorm.* 347.

postillāc, adv., ensuite : Pl. *Men.* 685.

postis, is, m. (1 *por-*, cf. *sto*, *antistes* ; fr. *poteau*, al. *Pfosten*) ¶ **1** jambage de porte : Cic. *Att.* 3, 15, 6 ; Hor. *S.* 1, 4, 61 ; **postem tenere** Cic. *Dom.* 120, avoir la main sur le jambage de la porte [dans une dédicace de temple] ‖ poteau : Vitr. 10, 14, 2 ¶ **2** pl., porte : Virg. *En.* 2, 480 ‖ [fig.] l'organe de la vision, la vue : Lucr. 3, 369.

▶ abl. ordin. *poste* mais *posti* Ov. *M.* 5, 120.

postlātus, a, um, part. de *postfero*.

postlĭmĭnĭum, ii, n. (*post limen*) ¶ **1** retour dans sa patrie [après la captivité chez l'ennemi] : Cic. *Top.* 36 ; *de Or.* 1, 181 ; Tert. *Pud.* 15, 2 ¶ **2** droit à la réintégration : **postliminium** ou **jus postliminii habere**, jouir du droit de retrouver rétroactivement sa situation juridique [en dépit de l'effet extinctif des droits de la personne et sur les choses, du fait de la captivité] **reversus postliminium habet, id est perinde omnia restituuntur ei jura, ac si captus ab hostibus non esset** Dig. 49, 15, 5, 1, revenu dans sa patrie il a le droit à réintégration, c'est-à-dire que tous ses droits sont rétablis comme s'il n'avait pas été prisonnier de l'ennemi ; **si ager ab hostibus occupatus fuerit, jure postliminii restituetur usus fructus** Dig. 7, 4, 26, si un fonds a été saisi par l'ennemi, (une fois rendu) par l'effet du droit de retour, l'usufruit sur ce fonds sera rétabli ‖ [fig.] **postliminio mortis** Apul. *M.* 2, 28, 1, par le fait de revenir de la mort = par un retour à la vie.

postmĕrīdĭānus (posm-) (*post meridiem*), qui a lieu l'après-midi : Cic. *Fin.* 5, 1 ; **postmeridianum tempus** Cic. *Tusc.* 3, 7, l'après-midi ‖ **posm-** Cic. *de Or.* 3, 121 ; *Or.* 157.

postmĕrīdĭem, → *pomeridiem* Char. 187, 34.

postmŏdŏ, adv. (*post, modo*), bientôt après, dans la suite, par la suite, un jour : Poll. *Fam.* 10, 33, 1 ; Liv. 2, 43, 8 ; 3, 41, 5 ; 4, 7, 6 ; Hor. *O.* 1, 28, 31.

postmŏdum, adv., → *postmodo* : Liv. 1, 9, 15 ; 2, 1, 9 ; 2, 2, 10 ; Val.-Max. 2, 9, 9 ; Suet. *Cal.* 15.

postmoerĭum, ii, n., → *pomoerium*.

postnātīvus, a, um, qui vient après : Boet. *Porph. isag.* 1, 2, 29.

postpartŏr, ōris, m., acquéreur ou propriétaire futur : Pl. *Truc.* 62.

postpōnō, ĭs, ĕre, pŏsŭī, pŏsĭtum, tr., placer après = en seconde ligne, mettre au-dessous de, faire moins de cas de : Caes. *G.* 6, 3, 4 ; Cic. Fil. *Fam.* 16, 21, 6 ; **omnibus rebus postpositis** Caes. *G.* 5, 7, 6, laissant tout au second plan ‖ **aliquid alicui rei** Hor. *Ep.* 1, 18, 34, sacrifier qqch. à qqch.

postpŏsĭtīvus, a, um, qui se place après [gram.] : Pomp.-Gr. 5, 269, 9.

postprincĭpĭa, ōrum, n. pl., suite, résultat : Varr. d. Gell. 16, 18, 6.

postpŭtō, ās, āre, -, -, tr., mettre en seconde ligne : Ter. *Hec.* 483.

postquăm (posquam, Acc. *Tr.* 118), conj., après que : [avec parf. indic.] **centum annis postquam... instituit** Cic. *Rep.* 2, cent ans après l'époque où il se mit à... ; **postquam probarunt** Cic. *Clu.* 177, après qu'ils eurent approuvé, cf. *Fam.* 4, 4, 3 ; Caes. *G.* 1, 27 ‖ [avec imparf. indic.] = comme : **postquam... non poterant** Caes. *G.* 7, 87, 5, comme les fossés ne pouvaient..., cf. Cic. *Quinct.* 70 ; Sall. *C.* 6, 3 ‖ [avec pqp. indic.] **undecimo die postquam a te discesseram, hoc litterularum exaravi** Cic. *Att.* 12, 1, 1, dix jours après t'avoir quitté, j'ai griffonné ce bout de lettre, cf. *Att.* 9, 8, 1 ; [post séparé de quam] **post diem tertium... quam dixerat** Cic. *Mil.* 44, le troisième jour (= deux jours) après qu'il l'avait dit ; **paucis post diebus quam discesserat** Cic. *Fam.* 1, 9, 9, peu de jours seulement après son départ ; [pqp. = imparf. de durée] **postquam certamen occupaverat animos... adoriuntur** Liv. 22, 48, 4, comme le combat tenait les esprits occupés, ils assaillent... ‖ [avec parf. et imparf. à la fois] **postquam id difficillimum visum est neque facultas dabatur** Caes. *C.* 3, 60, 5, après qu'on eut vu que l'entreprise était trop difficile et comme la possibilité ne s'offrait pas de..., cf. Sall. *C.* 12, 1 ; *J.* 70, 5 ‖ [avec prés. historique] Ter. *Hec.* 826 ; Pl. *Men.* 24 ; *Trin.* 109 ; Sall. *C.* 21, 5 ‖ [avec indic. prés.] **postquam inanis sum** Pl. *Bac.* 531, maintenant que j'ai les mains vides, cf. Liv. 21, 13, 4 ; 21, 30, 5 ‖ [avec subj.] *Liv. 22, 1, 2 ; Val.-Max. 5, 7, 2.

postrēmĭtās, ātis, f. (*postremus*), extrémité : Macr. *Somn.* 1, 11, 8.

postrēmō, adv. (*postremus*), enfin, après tout, en définitive : Pl. *Trin.* 613 ; Ter. *And.* 521 ; Caes. *G.* 7, 1, 8 ‖ enfin [dans une énumération], en dernier lieu : Cic. *Nat.* 1, 104.

postrēmum, adv. (*postremus*), pour la dernière fois : Cic. *de Or.* 3, 6 ; *Clu.* 38.

postrēmus, a, um, superl. de *posterus* ¶ **1** le plus en arrière, le dernier [de plusieurs] : **ut quisque in fuga postremus, ita in periculo princeps erat ; postremam enim quamque navem piratae primam adoriebantur** Cic. *Verr.* 5, 90, celui qui était le plus en arrière dans la fuite, était aussi le plus près du danger, car c'était chaque fois le dernier navire que les pirates attaquaient le premier ; **in postremis** Sall. *J.* 45, 2, parmi les derniers ; **postrema acies** Sall. *J.* 101, 5, l'arrière, la queue de l'armée ‖ n., **in postremo vitae** Gell. 1, 3, 1, à la fin de la vie ; **ad postrema cantus** Gell. 16, 19, 15, à la fin du chant ; **hoc non in postremis** Cic. *Fam.* 1, 9, 17, ceci n'est pas au dernier plan ‖ **ad postremum** Hirt. *G.* 8, 43, 4, à la fin, cf. Liv. 38, 16, 13 ¶ **2** [fig.] le dernier : **homines postremi** Cic. *Amer.* 137, les derniers des hommes ; **servitus postremum malorum omnium** Cic. *Phil.* 2, 113, la servitude est le dernier, le pire de tous les maux.

▶ superl. *postremissimus* C. Gracch. d. Gell. 15, 12, 3 ; compar. *postremius* Apul. *Socr.* 3.

postrīdĭē, adv. (*posterus, dies*, loc., cf. *cottidie, meridie*), le lendemain : Cic. *Rep.* 1, 23 ; **mane postridie** Cic. *Att.* 15, 1 a, 1, le lendemain matin ; **postridie ejus diei** Caes. *G.* 4, 13, 4, le lendemain de ce jour ; **postridie quam discessi** Cic. *Fam.* 14, 7, 1, le lendemain de mon départ.

postrīdŭānus, a, um (*postriduo*), du lendemain : Macr. *Sat.* 1, 15, 22.

postrīdŭo, adv., → *postridie* : Pl. *Mil.* 1082.

postscaenĭum, ii, n. (*post scaenam*), postscénium, le derrière de la scène, les coulisses ‖ [fig.] Lucr. 4, 1186.

postscrībō, ĭs, ĕre, scrīpsī, -, tr., écrire après ou à la suite de [avec dat.] : Tac. *An.* 3, 64.

postsĕcus, adv., en arrière [avec mouvement] : Isid. 19, 24, 7.

postsignāni, ōrum, m. pl. (*post signa*), postsignaires [soldats placés derrière les enseignes] : Amm. 16, 12, 31.

postŭlārĭa fulgŭra, n. pl. (*postulo*), foudres qui demandent un sacrifice expiatoire : Fest. 284, 9.

postŭlātīcĭus, **a**, **um** (*postulo*), réclamé [par le peuple, en parl. de gladiateurs] : Sen. *Ep.* 7, 4.

postŭlātĭo, *ōnis*, f. (*postulo*) ¶ **1** demande, sollicitation, requête : Cic. *Amer.* 7; *Inv.* 2, 104; *concedere postulationi alicujus* Cic. *Mur.* 47, accéder au désir de qqn ¶ **2** réclamation, plainte : Pl. *Bac.* 449; Ter. *Hec.* 180 ¶ **3** demande d'autorisation de poursuite, poursuite en justice : Cic. *Quinct.* 71; Plin. *Ep.* 7, 6, 3; Suet. *Ner.* 7.

postŭlātŏr, *ōris*, m. (*postulo*), celui qui réclame justice, plaignant : Suet. *Ner.* 15.

postŭlātōrĭa fulgŭra, n. pl., c.> *postularia* : Caecin. d. Sen. *Nat.* 2, 49, 1.

postŭlātrix, *icis*, f., celle qui demande, qui supplie : *Tert. *Cor.* 13, 7.

postŭlātum, *i*, n. (*postulo*), demande, prétention : Cic. *Verr.* 2, 146; 148; [d'ordin. au pl.] Cic. *Verr.* 2, 10; *Phil.* 12, 28; *Fam.* 12, 4 1; Caes. *C.* 1, 9; *G.* 4, 11, 5.

1 postŭlātus, **a**, **um**, part. de *postulo*.

2 postŭlātŭs, abl. *ū*, m., demande en justice, plainte : Liv. 4, 9, 6.

postŭlō, *ās*, *āre*, *āvī*, *ātum* (cf. *posco*; *preces* et *tollo*, *tulo*), tr. ¶ **1** demander (souhaiter) : *ad senatum venire auxilium postulatum* Caes. *G.* 1, 31, 9, se présenter devant le sénat pour demander du secours; *deliberandi sibi unum diem postulavit* Cic. *Nat.* 1, 60; *noctem sibi ad deliberandum* Cic. *Sest.* 74, il demanda qu'on lui accordât un seul jour, une nuit pour délibérer; *quidvis ab amico* Cic. *Lae.* 35, demander n'importe quoi à un ami; *postulatur a te vel flagitatur potius historia* Cic. *Leg.* 1, 5, on te demande, mieux on te presse d'écrire l'histoire; *quia causa postulat, non flagitat, praeteribo* Cic. *Quinct.* 13, parce que la cause le demande, mais ne le réclame pas de façon pressante, je passerai outre; *aliquem advocatum* Plin. *Ep.* 3, 4, 4, demander qqn comme avocat ǁ [abst] *de aliqua re postulare* Caes. *G.* 1, 42, 1, faire une demande au sujet de qqch. ; *ab aliquo de aliqua re* Cic. *Balb.* 34, faire une demande à qqn sur qqch. ǁ [avec deux acc.] *haec cum praetorem postulabas* Cic. *Tull.* 39, quand tu demandais cela au préteur ǁ [avec *ut*] demander que : Cic. *Fam.* 7, 1, 5; *Att.* 10, 4, 2; [avec *ne* et *ut ne*] que ne pas : Cic. *Off.* 3, 68; *Verr.* 3, 115 ǁ [avec subj. seul] Caes. *G.* 4, 16, 3; Nep. *Alc.* 4, 1; Liv. 3, 45, 10; 22, 53, 12; Plin. *Ep.* 6, 31, 10 ǁ [avec inf. ou prop. inf.] demander de, à, vouloir, aspirer à, prétendre : Pl. *Most.* 249; *Ps.* 829; *Trin.* 237; Ter. *Eun.* 61; 480; Cic. *Fin.* 3, 58; *de Or.* 1, 101; *Verr.* 3, 138; Lucr. *Fam.* 5, 14, 2; *qui postulat deus credi* Curt. 6, 11, 23, celui qui prétend passer pour un dieu; [passif] *ante quam hominis propinqui bona possideri postularentur* Cic. *Quinct.* 86, avant qu'on prétendît à la possession des biens d'un proche parent ¶ **2** demander en justice **a)** poursuivre (*aliquem*, qqn) : Cic. *Q.* 3, 1, 15; *de ambitu* Cic. *de Or.* 2, 274; *de pecuniis repetundis* Cic. *Q.* 3, 1, 15, poursuivre qqn pour brigue, pour concussion [ou] *repetundarum* Suet. *Caes.* 4 [ou] *repetundis* Tac. *An.* 3, 38 **b)** demander [au préteur] : *arbitrum* Cic. *Caecin.* 19, demander constitution d'arbitre; *exceptionem* Cic. *Inv.* 2, 59, demander l'introduction d'une exception dans la formule.

postŭmātŭs, *ūs*, m., infériorité, rang inférieur : Tert. *Val.* 35, 1.

Postumĭa, *ae*, f., nom d'une Vestale : Liv. 44, 4 ǁ femme de Serv. Sulpicius : Cic. *Fam.* 4, 2, 1.

Postŭmilla, *ae*, f., nom de femme : Mart. 12, 49.

Postŭmĭus, *ĭi*, nom d'une famille rom. ; not^t le dictateur A. Postumius Tubertus : Liv. 4, 26 ǁ **-mĭus**, **a**, **um**, de Postumius : *via Postumia* Tac. *H.* 3, 21, voie Postumia [près de Vérone] ǁ ou **-mĭānus**, **a**, **um**, Liv. 4, 29, 6; 4, 51.

postŭmō, *ās*, *āre*, -, - (*postumus*), intr., être postérieur à (*alicui*) : Tert. *Apol.* 19, 4.

1 postŭmus, **a**, **um** (*post*, cf. *infimus*, *extimus*) ¶ **1** le dernier : *postuma proles* Virg. *En.* 6, 763, le dernier rejeton; cf. Gell. 2, 16, 5; *postuma spes* Apul. *M.* 4, 5, 3, le dernier espoir ¶ **2** posthume, né après la mort du père : Varr. *L.* 9, 60.

2 postŭmus, *i*, m., enfant posthume : Cic. *de Or.* 2, 140.

3 Postŭmus, *i*, m., surnom romain : Cic. *Fam.* 13, 5, 2; *Rab. Post.* 1; Juv. 6, 21.

postus, **a**, **um**, v.> *pono* ▶.

postvĕnĭens, *tis*, qui vient après : Plin. 18, 207.

Postverta (-vorta), *ae*, f., probablement autre nom de Carmenta, déesse de la naissance, cf.> *Anteverta*, *Porrima*, *Prorsa*, en tant que président aux accouchements difficiles : Macr. *Sat.* 1, 7, 20.

Postvōta, *ae*, f. (*voveo*), surnom de Vénus : Serv. *En.* 1, 720.

pŏsŭī, parf. de *pono*.

pōtābĭlis, *e* (*poto*), qui peut être bu : Cael.-Aur. *Chron.* 1, 4, 112.

pōtācŭlum, *i*, n., c.> *potatio* : Tert. *Apol.* 39, 6.

pōtămaugis, *idis*, f. (ποταμός, αὐγή), plante hallucinatoire : Plin. 24, 164.

pōtămentum, *i*, n. (*poto*), boisson : Isid. *Ord. creat.* 9, 1.

Pŏtămĭdes, *um*, f. pl. (Ποταμίδες), nymphes des fleuves : Placid. ; Stat. *Th.* 4, 255.

Pŏtămo, *ōnis*, m., nom d'homme : Cic. *Caecin.* 9.

pōtămŏgītŏn, *ōnis*, m. (ποταμογείτων), ottelia, potamot [plante aquatique]: Plin. 26, 50 ǁ pesse [plante aquatique] : Plin. 26, 51.

pŏtămŏphўlăcĭa, *ae*, f. (ποταμός, φυλακή), garde d'un fleuve : CIL 2, 1970.

Pŏtămōs, *i*, m. (Ποταμός), ancienne ville d'Attique : Plin. 4, 24.

pōtātĭo, *ōnis*, f. (*poto*), action de boire [du vin] ; [famil^t] beuverie, débauche, orgie : Pl. *St.* 211; *Capr.* 771; Cic. *Frg. A.* 6, 1.

pōtātŏr, *ōris*, m. (*poto*), buveur [de vin], ivrogne : Pl. *Men.* 259.

pōtātōrĭus, **a**, **um**, v.> *potorius* : Plin. *Med.* 3, 33, 5.

pōtātūrus, **a**, **um**, part. fut. de *poto*.

1 pōtātus, **a**, **um**, part. de *poto*.

2 pōtātŭs, *ūs*, m., action de boire [du vin] : Apul. *M.* 7, 10.

pōtax, *ācis*, m., ivrogne, buveur : Gloss. 2, 414, 48.

pŏtĕ, v.> *potis*.

pŏtens, *tis* (*poteo, *potui*, osq. *pútiad*, cf. *potis*, 1 *potior*) ¶ **1** qui peut, puissant, influent : *duo potentissimi reges* Cic. *Pomp.* 4, les deux plus puissants rois; *pecuniā potens* Tac. *H.* 1, 73, puissant par sa richesse ǁ *fortuna in re bellica potens* Liv. 9, 17, 3, la fortune influente dans les choses de la guerre; *potentissima argumenta* Quint. 6, 4, 22, arguments très forts, très puissants ǁ [pris subst^t] *potentes*, les puissants : Cic. *Mil.* 100; *Rep.* 3, 23; *Leg.* 3, 34 ǁ *potentiores* [par oppos. aux *humiliores*] les puissants : Dig. 1, 18, 6, 2 ¶ **2** maître, souverain : *potens mei* Curt. 4, 13, 23, maître de moi-même ; *potentes rerum suarum atque urbis* Liv. 23, 16, 6, ayant la libre disposition d'eux-mêmes et de la ville ; *rerum omnium potens Juppiter* Tac. *H.* 4, 84, Jupiter souverain du monde ; *diva potens Cypri* Hor. *O.* 1, 3, 1, déesse souveraine de Chypre (Vénus) ; *lyrae Musa potens* Hor. *O.* 1, 6, 10, Muse qui règne sur la lyre, cf. Hor. *O.* 3, 25, 14 ; *irae potens* Curt. 4, 2, 5, qui maîtrise sa colère; *alicujus rei aliquem potentem facere* Liv. 8, 13, 14; 22, 42, 12, rendre qqn maître de qqch., lui en assurer la libre disposition ǁ [poét.] qui est en possession de : Pl. *Poen.* 1182 ; *voti* Ov. *M.* 8, 80, qui a son vœu exaucé ; *jussi* Ov. *M.* 4, 509, ayant réalisé la chose ordonnée, exécuté l'ordre ¶ **3** capable de : *regni* Liv. 24, 4, 9, capable de régner ; *neque pugnae neque fugae satis potentes* Liv. 8, 39, 2, ne pouvant guère ni combattre ni fuir ; *neque jubendi neque vetandi potentes* Tac. *H.* 3, 70, incapable et d'ordonner et d'interdire ǁ [avec inf.] Tert. *Scorp.* 8, 6.

pŏtentātŏr, *ōris*, m. (*potens*), souverain : Tert. *Res.* 23, 11.

pŏtentātŭs, *ūs*, m. (*potens*), puissance politique souveraine, souveraineté : *Cic. *Rep.* 2, 14 ǁ primauté : Liv. 26, 38, 7 ǁ hégémonie d'un peuple : Caes. *G.* 1, 31, 4.

pŏtentĕr, adv. (*potens*), puissamnent, avec force, avec efficacité : Val.-Max. 1, 1, 1 ; **-tissime** Ps. Quint. *Decl.* 274 ǁ selon ses forces : Hor. *P.* 40 ǁ **-tius** Hor. *O.* 3, 16, 9.

potentia

1 **pŏtentĭa**, ae, f. (potens; cf. fr. potence) ¶ 1 puissance a) force, action [du soleil, de la beauté, d'une maladie]: Virg. G. 1, 92; Ov. M. 10, 573; 7, 537 b) efficacité, vertu [d'une plante]: Ov. M. 1, 522; Plin. 25, 94; [d'une eau] Plin. 31, 1 c) puissance [de la vue]: Cels. 7, 7, 14 A ‖ *supra humanam potentiam* Just. 12, 16, 1, au-dessus des facultés humaines ¶ 2 puissance [politique], pouvoir, autorité, crédit, influence: Cic. Inv. 2, 169; Off. 1, 9; Mil. 12; Cael. 22; *esse in magna potentia* Cic. Mur. 11, jouir d'une grande autorité; *rerum* Ov. M. 2, 259, l'empire suprême, du monde ‖ [chrét.] [à propos de Dieu] puissance: Arn. 1, 60.

2 **Pŏtentĭa**, ae, f. ¶ 1 ville de Lucanie [auj. Potenza] Atlas XII, E5: Plin. 3, 111 ¶ 2 ville maritime du Picénum: Cic. Har. 62; Liv. 39, 44, 10 ‖ **-tīnus**, a, um, de Potentia [ville du Picénum]: Grom. 209, 6; 226, 11 ‖ **Pŏtentīni**, m. pl., les habitants de Potentia [en Lucanie]: Plin. 3, 98.

pŏtentĭālĭtĕr, adv. (1 *potentia*), puissamment, beaucoup: Sidon. Ep. 7, 14, 9 ‖ en puissance: Aug. Fund. 25.

pŏtentĭfĭcō, ās, āre, -, -, tr., donner la puissance à: Mar. Vict. Ar. 1, 57.

Pŏtentĭus, ĭi, m., nom d'homme: Amm. 31, 13, 18.

pŏtentŏr, āris, ārī, -, intr., exercer le pouvoir: Iren. 4, 26, 4.

Pŏtĕŏli, v. Puteoli.

pŏtĕrātur, v. possum ▶.

pŏtērĭum (-ŏn), ĭi, n. (ποτήριον) ¶ 1 astragale d'Asie [plante]: Plin. 25, 123 ¶ 2 coupe (à boire): Pl. St. 694.

potes, potest, v. possum.

potesse, potessem, etc., v. possum ▶.

pŏtestās, ātis, f. (potis, potens et majestas; it. *podestà*, a. fr. *poesté*) ¶ 1 [en gén.] puissance, pouvoir a) *alicujus*, de qqn: *esse in senatus potestate* Cic. Phil. 6, 4, être soumis au pouvoir du sénat; *in dicione ac potestate alicujus esse* Cic. Quinct. 6, être sous la domination et la puissance de qqn; *tua potestas erat, ne* Cic. Caecil. 32, tu avais le pouvoir d'empêcher que; *non est in nostra potestate, quin* Cic. Fat. 45, nous ne pouvons empêcher que ‖ *in potestatem alicujus esse* Cic. Verr. 2, 67, être au pouvoir de qqn, cf. Cic. Verr. 5, 98; Pomp. 33 d'après Gell. 1, 7, 16; Liv. 2, 14, 4; 24, 1, 13; 32, 8, 14; *in potestatem aliquem habere* Sall. J. 112, 3, avoir qqn en son pouvoir ‖ *per potestatem aliquid auferre* Cic. Verr. 4, 32, emporter qqn. en usant de son pouvoir ‖ *alicui liberam potestatem ad credendum dare* Cic. Verr. 2, 178, donner à qqn libre pouvoir d'ajouter foi b) *alicujus rei*, pouvoir sur qqch.: *vitae necisque potestatem in aliquem habere* Cic. Rep. 3, 23, avoir droit de vie et de mort sur qqn, cf. Caes. G. 6, 19, 3; *potestatem alicui deferre beneficiorum tribuendorum* Cic. Balb. 37, remettre à qqn le pouvoir d'accorder des faveurs; *esse in potestate mentis* Cic. Tusc. 3, 11, être en possession de son intelligence; *ex potestate, de potestate exire* Cic. Tusc. 3, 11; 3, 77, n'être plus maître de soi, perdre la raison ‖ *nihil in aliqua re potestatis habere* Cic. Verr. 4, 75, n'avoir aucun pouvoir sur qqch. c) pouvoir, propriété (vertu) d'une chose: *potestates herbarum* Virg. En. 12, 396, les vertus des plantes ‖ signification, valeur d'un mot: Her. 4, 67; Sen. Ben. 2, 34, 4; Gell. 10, 29, 1 ‖ [phil. c. δύναμις] propriété, faculté particulière d'une substance ou d'un être, ensemble de leurs propriétés ou facultés caractéristiques: Lucr. 2, 587; 2, 257; 2, 286; 3, 409; 1, 76; 1, 595; 3, 264 ¶ 2 puissance d'un magistrat [telle qu'elle découle du pouvoir spécifique appartenant à chacun], possibilité d'action: *potestas praetoria* Cic. Pomp. 69, le pouvoir d'un préteur; *cum potestate in provinciam proficisci* Cic. Verr. 4, 9, partir dans une province avec la puissance officielle; *sacrosancta* Liv. 29, 20, 11, la puissance inviolable [tribuns de la plèbe et édiles plébéiens]; *censores potestatem ita gesserunt, ut* Cic. Verr. 2, 138, les censeurs ont exercé leurs pouvoirs, leurs fonctions de telle sorte que...; *in potestatibus eo modo agitabat ut...* Sall. J. 63, 5, dans ses différentes fonctions il se comportait de telle sorte que... ‖ *a magistratu aut ab aliqua potestate legitima evocatus* Cic. Tusc. 1, 74, appelé au dehors par un magistrat ou par quelque autre puissance légitime; *imperia, potestates* Cic. Leg. 3, 9, les commandants militaires, les autorités civiles [gouverneurs de province], cf. Phil. 2, 53; Suet. Cl. 23 ¶ 3 pouvoir, faculté, possibilité, occasion de faire qqch.: *mihi data est potestas augendae dignitatis tuae* Cic. Fam. 10, 13, 1, la possibilité m'a été donnée d'augmenter ton crédit; *potestatem gustandi facere*; Cic. Rep. 2, 50, donner le pouvoir de goûter, cf. Cic. Amer. 73; Cat. 3, 11; *mihi tabularum potestas facta est* Cic. Verr. 4, 149, les registres ont été mis à ma disposition; *ei potestas non defuit* Caes. G. 1, 48, 3, la possibilité ne lui manqua pas, cf. Caes. G. 5, 51, 3; *potestatem sui facere* Caes. G. 1, 40, 8; Nep. Ages. 3, 6, donner la disposition de soi, accepter le combat [mais Cic. Q. 1, 2, 15, donner audience] ‖ *potestas est* [avec inf.], il est possible de: Virg. En. 4, 565; 9, 739; *vobis potestas fit ostendere...* Liv. 34, 13, 5, vous avez tout pouvoir de montrer... ¶ 4 [chrét.] les anges, les puissances: Cypr. Ep. 31, 2.

▶ gén. pl. *potestatum*, qqf. *-tium* Sen. Ep. 115, 7; Plin. 28, 59; 29, 67.

pŏtestātīvus, a, um (*potestas*), investi du pouvoir: Tert. Herm. 19, 5.

pŏtestur, v. possum ▶.

Pŏthīnus, i, m. (Ποθεινός), Pothin [eunuque de Ptolémée, qui tua Pompée]: Caes. C. 3, 108; 112; Luc. 8, 483.

1 **pŏthŏs**, i, m. (πόθος), plante funéraire [asphodèle?]: Plin. 21, 67.

2 **Pŏthŏs**, i, m. (Πόθος), célèbre statue de Scopas, représentant le Désir: Plin. 36, 25.

pŏti, v. 1 *potior* ▶.

Pŏtĭca, ae, f., c. ▶ *Potina*: Don. Phorm. 49, 3.

Pŏtīdaea, ae, f. (Ποτίδαια), Potidée [ville de Macédoine, dans la Pallénè]: Plin. 2, 150.

Pŏtĭdānĭa, ae, f., ville d'Étolie: Liv. 28, 8, 9.

pŏtĭendus (-ĭundus), a, um, adj. verb. de 1 *potior*.

pŏtĭlis, e (*poto*), potable: Varr. Men. 442 ‖ qu'on aspire, qu'on hume: Cael.-Aur. Chron. 5, 10, 119.

Potimusa, ae, f., île située sur les côtes d'Espagne: Plin. 4, 120.

pŏtin', pour *potisne*: *potin' ut desinas?* Ter. Ad. 539, auras-tu bientôt fini?; v. *potis*.

Pŏtīna, ae, f. (*poto*), déesse qui présidait à la boisson de l'enfant: Varr. d. Non. 108, 19; Aug. Civ. 4, 11.

1 **pŏtĭō**, īs, īre, īvī, ītum (cf. 2 *potus*, *bibo*; fr. *poison*), tr., [arch.], mettre en possession de [en bonne et en mauvaise part]: *aliquem servitutis* Pl. Amp. 178, réduire qqn en esclavage ‖ *potitum esse* Pl. Capr. 92, être tombé aux mains des ennemis.

2 **pŏtĭō**, ōnis, f. (*poto*) ¶ 1 action de boire: *in media potione* Cic. Clu. 46, pendant qu'il buvait; Sen. Ep. 12, 4 ¶ 2 boisson, breuvage: Cic. Fin. 1, 37; Tusc. 5, 100 ‖ breuvage médicinal, médecine, potion, drogue: Cels. 4, 18, 4 ‖ breuvage empoisonné: Cic. Clu. 40 ‖ philtre, breuvage magique: Hor. Epo. 5, 73.

pŏtĭōnārĭus, a, um, de boisson, relatif à la boisson: Not. Tir. 104.

pŏtĭōnō, ās, āre, -, ātum (2 *potio*), tr., administrer un breuvage à (*aliquem aliqua re*): Veg. Mul. 1, 46, 2; Suet. Cal. 50.

1 **pŏtĭŏr**, īris, īrī, ītus sum (potis, cf. scr. *patyate*), tr. et intr. ¶ 1 prendre en son pouvoir, se rendre maître de, s'emparer de a) tr., [arch. et tard.]: Pl., Ter.; Her. 4, 51; 4, 57; Tac. An. 11, 10; Cypr. Unit. eccl. 2; [mais emploi courant de l'adj. verbal] *spes potiundi oppidi, potiundorum castrorum* Caes. G. 2, 7, 2; 3, 6, 2, l'espoir de s'emparer de la place, du camp, cf. Cic. Tusc. 4, 66; Nep. Ages. 4, 2; Liv. 26, 11, 4 b) intr. [avec abl.]: *imperio* Caes. G. 1, 2, 2, s'emparer du pouvoir, cf. Pl. G. 1, 26, 4; 2, 24, 5; Cic. Inv. 2, 95; Off. 2, 81; Fin. 2, 14 ‖ [avec gén.] Caes. G. 1, 3, 8; Cic. Fam. 1, 7, 5; Off. 3, 113 ‖ [abs¹] *libidines ad potiundum incitantur* Cic. CM 39, les passions se lancent vers la possession; *qui bello potiti sunt* Cic. Off. 1, 21, ceux qui sont

devenus possesseurs par la guerre ¶ 2 être en possession de, être maître de **a)** tr. [arch.] *patria commoda* Ter. *Ad.* 872, posséder tous les bonheurs d'un père ; *gaudia* Ter. *Ad.* 876, avoir toutes les joies **b)** intr. [avec abl.] *voluptatibus* Cic. *CM* 48, avoir des plaisirs à sa disposition ; *oppido* Liv. 6, 33, 10, être maître de la ville ‖ [avec gén.] *potiri rerum*, être maître des choses = avoir la suprématie, la souveraineté, le pouvoir, cf. Cic. *Amer.* 70 ; *Fam.* 5, 17, 3 ; *Ac.* 2, 126 ‖ [abs¹] *qui potiuntur* Cic. *Att.* 12, 3, ceux qui sont les plus forts, les maîtres, les autorités.

▶ qqf. 3ᵉ conj. : *potĭtur* Virg. *En.* 3, 56, *poteremur* Ov. *M.* 13, 130, *poterentur* Liv. 7, 9, 7 ; inf. *poti* *Enn. *Tr.* 360 ; Pacuv. *Tr.* 217 ‖ *potirier* Pl. *As.* 916.

2 **pŏtĭor**, *ĭus*, *ōris*, compar. de *potis* ¶ 1 meilleur, préférable : *mors civibus Romanis semper fuit servitute potior* Cic. *Phil.* 10, 19, la mort pour les citoyens romains fut toujours préférable à la servitude, cf. Cic. *Mur.* 2 ; *nihil mihi fuit potius, quam ut* Cic. *Rep.* 6, 9, je n'ai rien eu de plus à cœur que de ; *aliquam rem potiorem habere, ducere* Caes. *C.* 1, 8 ; Cic. *de Or.* 3, 82, trouver qqch. préférable ¶ 2 de plus de prix, plus estimable, supérieur : *cives potiores quam peregrini* Cic. *Lae.* 18, les concitoyens ont le pas sur les étrangers ; *eos potiores habui, quibus... crederem* Liv. 26, 31, 4, j'ai trouvé qu'ils méritaient le mieux que je leur confie ....

pŏtis, *ĕ*, adj. (cf. 1 *potior*, *potens*, *possum*, *consum*, *hospes*, -*pte*, scr. *pati-s*, hit. -*pat*, πόσις, δεσπότης, πότνια), qui peut, puissant : *Divi qui potes* Varr. *L.* 5, 58, les dieux puissants [les douze grands dieux] ‖ [d'ordin. indécl. et joint à *est* ou *sunt*, qq. soient le genre et le nombre du sujet] ¶ 1 *potis est* = *potest* [avec sujet n.] Lucr. 1, 452 ; 5, 719 ; Catul. 76, 24 ; [suj. f.] Virg. *En.* 11, 148 ; *potis sunt* = *possunt* Enn. *An.* 429 ; Pl. *Poen.* 227 ; *potis sint* Varr. *R.* 2, 2, 1 ‖ *potis* [seul] = *potest* : Enn. *An.* 174 ; Tr. 328 ; Pl. *Capr.* 89 ; *Trin.* 352 ; Virg. *En.* 3, 671 ‖ = *potes* : Pl. *Mil.* 782 ¶ 2 [interrog.] *potin es ?* = *potesne ?* peux-tu ? : Ter. *And.* 437 ; cf. Gell. 7, 7, 3 ; *potin ut*, subj., est-il possible que... ? : Pl. *Men.* 627 ; Ter. *Ad.* 539 ¶ 3 *pote est* = *potest* ‖ *pote* seul **a)** ▶ *potest* [avec sujet m.] Enn. *An.* 403 ; Varr. *R.* 2, 2, 6 ; Catul. 45, 5 ; Prop. 2, 1, 46 **b)** ▶ *potest*, il est possible : Lucr. 3, 1079 ; Catul. 76, 16 ; *quantum pote* Cic. *Att.* 4, 13, 1, autant que possible ; *non pote minoris* Cic. *Brut.* 172, impossible à plus bas prix.

pŏtissĭmē, ᴄ.▶ *potissimum* Oros. *Hist.* 4, 6, 4.

pŏtissĭmum, adv. (*potissimus*), principalement, par-dessus tout, de préférence : Cic. *Mur.* 4 ; *Tusc.* 5, 11 ; *Verr.* 4, 70.

pŏtissĭmus, *a*, *um*, superl. de *potis*, le principal, le plus important, l'essentiel : *potissimi libertorum* Tac. *An.* 14, 65, les principaux affranchis ; *potissima nobilitas* Plin. 14, 25, la plus grande notoriété ; *potissima causa* Tac. *An.* 4, 16, la raison la plus importante.

pōtissō, *ās*, *āre*, -, - (*poto* et *graecisso*, cf. ποτίζω), intr., bien boire, s'imbiber : Sacerd. 6, 431, 24.

Pŏtītĭi, *ōrum*, m. pl., nom d'une ancienne famille du Latium, consacrée au culte d'Hercule ainsi que les *Pinarii* : Liv. 1, 7, 12.

Pŏtītĭus, *ii*, m., le chef de la famille des Potitius : Virg. *En.* 8, 269 ‖ -*tĭus*, *a*, *um*, de Potitius : Liv. 9, 29.

pōtĭtō, *ās*, *āre*, -, - (fréq. de *poto*), tr., boire souvent, boire ordinairement : Pl. *As.* 771 ; *Amp.* 261.

pŏtītŏr, *ōris*, m. (1 *potior*), celui qui se rend maître [de] : Val.-Max. 3, 2, 20.

1 **pŏtītus**, *a*, *um*, part. de *potio* et *potior*.

2 **Pŏtītus**, *i*, m., surnom romain : Liv. 4, 53 ; 6, 5.

pōtiuncŭla, *ae*, f. (dim. de 2 *potio*), gorgée : Suet. *Dom.* 21 ; *potiunculae* Petr. 47, 7, petits coups [en buvant].

pŏtĭus, adv. (*potior*, *potis*), plutôt, de préférence ¶ 1 *ac potius* Cic. *Off.* 1, 68, mais plutôt (*et potius* Cic. *Off.* 3, 32) ‖ *aut... potius* Cic. *CM* 35 ; *Verr.* 3, 113 ; *vel potius* Cic. *Brut.* 293, ou plutôt ‖ *ac non potius* Cic. *Cat.* 2, 12, et non plutôt (*et non potius* Cic. *Verr.* 3, 83) ‖ *sed potius* Cic. *Brut.* 2 ; *seu potius* Cic. *Verr.* 5, 73, mais plutôt, ou bien plutôt ¶ 2 [avec *quam*] **a)** *potius... quam* Cic. *Ac.* 2, 3 [ou] *potiusquam* Cic. *Tusc.* 2, 52, plutôt que [jouant le rôle de conj. avec subj.], cf. *Fin.* 2, 42 ; 4, 20 ; *Att.* 5, 6, 2 ; 7, 7, 7 **b)** [simple comparaison] *Catoni moriendum potius quam tyranni vultus aspiciendus fuit* Cic. *Off.* 1, 112, c'était un devoir pour Caton de mourir plutôt que d'avoir à regarder le visage d'un tyran, cf. *Clu.* 178 ; *de Or.* 2, 317 ; *Brut.* 314 ; *Dom.* 100 ; *Fam.* 3, 10, 3 ; *Dom.* 56 ; Caes. *C.* 1, 35, 1 ; Liv. 42, 29, 11 ; [pléon. avec *malle*] Cic. *Lig.* 5 ; [inversion] *lapsus quam progressus potius* Cic. *Att.* 2, 21, 4, [il semblait] avoir dégringolé plutôt que s'être porté en avant **c)** qqf. *potius quam ut* subj., Liv. 2, 34, 11 ; 4, 2, 8 ; 6, 41, 1 ; 9, 14, 7 **d)** ellipse de *potius*, ᴄ.▶ *quam*.

pōtīvī, parf. de *potio*.

Potnĭae, *ārum*, f. pl. (Ποτνιαί), ville de Béotie, voisine de Thèbes : Plin. 4, 32 ‖ -*ĭădes*, *um*, f. pl., qui sont de Potniae : Virg. *G.* 3, 268.

pōtō, *ās*, *āre*, *āvī*, *ātum* (fréq. de *bibo*, 1 *potus*, *poculum*, *bibo*), tr. ¶ 1 boire : *vinum* Pl. *Men.* 915, boire du vin ‖ [pass. impers.] *totos dies potabatur* Cic. *Phil.* 2, 67, on buvait des journées entières ‖ [fig.] *potantia vellera fucum* Hor. *Ep.* 1, 10, 27, laine qui boit la pourpre, qui s'en imprègne ¶ 2 [abs¹] boire, s'abreuver : *si potare velit* Cic. *Brut.* 288, s'il voulait boire ; *potum venient juvenci* Virg. *B.* 7, 11, les jeunes bœufs viendront s'abreuver ‖ *bibere, immo potare* Sen. *Ep.* 122, 6, boire, et même boire outre mesure ¶ 3 [tard.] donner à boire à qqn : *sitivi et potastis me* VL. *Matth.* 25, 35, j'ai eu soif et vous m'avez donné à boire.

▶ *potaturus* Ter. *Phorm.* 837 ; Suet. *Ner.* 48 ‖ *poturus* Cat. *Agr.* 156, 4 ; Plin. 10, 125 appartient au paradigme de *bibo* comme le supin de *potum*.

pōtŏr, *ōris*, m. (*bibo*, *poto*, 1 et 2 *potus*) [poét.] ¶ 1 buveur [d'eau] : Hor. *Ep.* 1, 19, 3 ‖ *Rhodani potores* Hor. *O.* 3, 20, 20, riverains (buveurs) du Rhône ¶ 2 buveur [de vin] : Prop. 1, 16, 5 ‖ soiffard, ivrogne : Hor. *Ep.* 1, 18, 91 ; *S.* 2, 8, 37.

pōtōrĭum, *ii*, n. (*potorius*), vase à boire [coupe] : Plin. 33, 136.

pōtōrĭus, *a*, *um* (*potor*), qui sert pour boire : Plin. 36, 59.

pōtrix, *īcis*, f. (*potor*), buveuse (ivrognesse) : Phaed. 4, 5, 25.

Pōtŭa, *ae*, f., ᴄ.▶ *Potina* : Arn. 3, 25.

pōtŭī, parf. de *possum*.

pōtŭlentus, *a*, *um* (*potus*) ¶ 1 bon à boire : Gell. 4, 1, 17 ; 17, 11, 2 ‖ -*tum*, *i*, n., ce qui se boit : *esculenta et potulenta* Cic. *Nat.* 2, 141, les aliments et les boissons ¶ 2 qui a beaucoup bu, ivre : Suet. *Oth.* 2 ; Apul. *M.* 3, 5.

pōtum, supin de *bibo*.

pōtūrus, part. fut. de *bibo*, ᴠ.▶ *poto* ▶.

1 **pōtus**, *a*, *um* ¶ 1 part. parf. de *bibo* ¶ 2 qui a bu, ivre : Cic. *Mil.* 56 ; *Fam.* 7, 22.

2 **pōtŭs**, *ūs*, m. (cf. *potio*, *bibo* ; fr. *pot*) ¶ 1 action de boire : Cic. *Div.* 1, 60 ; *aliquid potui dare* Cels. 3, 6, 15, donner qqch. à boire ¶ 2 boisson, breuvage : Curt. 7, 5, 16 ; Plin. *Ep.* 3, 11, 6 ; Tac. *An.* 13, 16 ¶ 3 évacuation de la boisson, urine : Plin. 17, 51 ¶ 4 [tard.] vase, pot (?) : Fort. *Rad.* 19, 44.

practĭcē, *ēs*, f. (πρακτική), la pratique [par oppos. à la théorie] : Cassian. *Coll.* 14, 1.

practĭcus, *a*, *um* (πρακτικός), actif, agissant : Fulg. *Myth.* 2, 1.

***practōrĭa**, *ae*, f. (πρακτορεία), perception des impôts : *Dig. 50, 4, 18, 19.

prae (osq. *prai*, cf. *pro*, *per*, gaul. *are*, rus. *pri*)

I adv. ¶ 1 à l'avant, en avant, devant : *i, prae, abi prae*, va devant, va-t'en devant : Pl. *Amp.* 539 ; *Ps.* 242 ; *Curc.* 486 ; Ter. *And.* 171 ; *Eun.* 499 ; 908 ; *Ad.* 167 ¶ 2 [en compos.] *prae quam* ou *praequam*, *prae ut* (*praeut*), en comparaison de ce qui, de ce que, eu égard à : Pl. *Amp.* 628 ; 370 ; *Merc.* 462 ; Ter. *Eun.* 301.

II prép., abl. ¶ 1 à l'avant de, devant, en avant : *prae se agere* Liv. 1, 7, 4, pousser devant soi ; *prae se pugionem ferre* Cic. *Phil.* 2, 30, brandir un poignard ‖ [fig.] *prae se ferre*, montrer ostensiblement, étaler, produire au grand jour : Cic. *Mil.* 43 ; *Or.* 146 ; *prae se gerere* Cic. *Inv.* 2, 30 ; *prae se declarare* Catul. 64, 34, même sens ¶2 au regard de, en comparaison de : *tu prae nobis beatus es* Cic. *Fam.* 4, 4, 2, toi, tu es heureux au regard de moi ; *eos prae se paene agrestes putat* Cic. *Brut.* 286, il les considère presque comme des rustres au regard de lui-même ‖ *prae ceteris* Her. 2, 34, plus que le reste ¶3 en raison de [dans les phrases négatives ou de sens négatif] : *nec loqui prae maerore potuit* Cic. *Planc.* 99, il ne put parler à cause de sa douleur, la douleur l'empêcha de parler, cf. Cic. *Tusc.* 1, 101 ; *Mil.* 105 ; *Att.* 11, 7, 6.

praeaccĭpĭō, *ĭs*, *ĕre*, -, -, tr., recevoir d'avance : Cassiod. *Psalm.* 105, 31.

praeăcŭō, *ĭs*, *ĕre*, -, *cūtum*, tr., rendre pointu par le bout, tailler en pointe : Cat. *Agr.* 40, 2 ; 3.

praeăcūtus, *a*, *um*, pointu par le bout, qui se termine en pointe : Caes. *G.* 2, 29, 3 ; 3, 14 ; 7, 73, 2 ; *paulum ab imo praeacuta tigna* Caes. *G.* 4, 17, 3, poutres ayant peu en bas.

praeaeternus, *a*, *um*, qui a existé avant tous les âges : Mar. Vict. *Ar.* 1, 56.

praealtē, adv., très profondément : Veg. *Mil.* 4, 21.

praealtus, *a*, *um*, très élevé, très haut : Plin. 2, 48 ‖ très profond : Sall. *J.* 78, 2 ; Liv. 10, 2, 6 ; Tac. *H.* 5, 15, 1.

praeambŭlō, *ās*, *āre*, -, -, intr., marcher devant : Capel. 9, 905.

praeambulus, *a*, *um*, qui marche devant, qui précède : Capel. 2, 215 ; 9, 966.

praeaptō, *ās*, *āre*, -, -, tr., arranger préalablement : Iren. 4, 20, 8.

praeargŭmentŏr, *ārĭs*, *ārī*, -, intr., établir des principes préalables : Boet. *Top. Arist.* 8, 3, p. 729.

praeaudĭō, *ĭs*, *īre*, *īvī*, *ītum*, tr., entendre à l'avance ou préalablement : Cassiod. *Eccl.* 9, 14 ; Ulp. *Dig.* 1, 16, 6.

praebenda, *ae*, f. (*praebeo* ; fr. *provende*), traitement alloué par l'État, prébende : Cassiod. *Var.* 5, 39.

praebĕō, *ēs*, *ēre*, *ŭī*, *ĭtum* (*praehibeo, *prae*, *habeo*), tr. ¶1 présenter, porter en avant, tendre : *collum* Juv. 10, 269, tendre le cou ; *os ad contumeliam* Liv. 4, 35, 10, offrir son visage (s'exposer) aux affronts ¶2 [fig.] **a)** montrer, faire voir : *speciem pugnantium* Caes. *G.* 3, 25, 1, présenter l'apparence de combattants ‖ [surtout avec attribut] *se praebere*, se montrer tel ou tel ; *se severum* Cic. *Cat.* 4, 12, se montrer sévère, cf. Cic. *Sest.* 107 ; *Off.* 2, 73 ; *Caecin.* 26 ; *Fam.* 15, 17, 3 ; *pari se virtute praebuit* Nep. *Dat.* 2, 1, il se montra d'un égal courage, cf. Nep. *Hann.* 7, 5 ‖ [sans *se*] *strenuum hominem praebuit* Ter. *Phorm.* 476, il montra de l'activité **b)** présenter, offrir, fournir : *alicui panem* Nep. *Them.* 10, 3, fournir du pain à qqn ; *vitalem spiritum animantibus* Cic. *Nat.* 2, 117, fournir aux animaux le souffle vital ; *materiam seditionis* Liv. 3, 46, 3, fournir l'occasion d'une sédition ; *sponsalia* Cic. *Q.* 2, 5, 2, offrir un repas de fiançailles **c)** faire naître, causer : *opinionem timoris* Caes. *G.* 3, 17, 6, donner l'impression de la crainte ; *alicui metum* Liv. 25, 27, 5, causer de la crainte à qqn **d)** [poét., avec inf.] offrir, permettre : *praebuit ipsa rapi* Ov. *H.* 5, 132, elle s'est prêtée à l'enlèvement elle-même.

praebĭa, *ōrum*, n. pl. (*praebeo*), amulettes : Varr. *L.* 7, 107 ; P. Fest. 265, 6 ; Fest. 276, 7.

praebĭbō, *ĭs*, *ĕre*, *bĭbī*, -, tr., boire auparavant : Cael.-Aur. *Chron.* 1, 4, 93 ‖ boire à la santé (*alicui*, de qqn) ; Cic. *Tusc.* 1, 96.

praebĭta, n. pl., ⇨ *praebitus*.

praebĭtĭo, *ōnis*, f. (*praebeo*), action de fournir, fourniture, contribution [de, en] : Just. 38, 10, 8 ‖ action d'héberger : *mea erat praebitio* Varr. *Men.* 143, c'était moi l'amphitryon.

praebĭtŏr, *ōris*, m. (*praebeo*), fournisseur, pourvoyeur : Cic. *Off.* 2, 53.

praebĭtus, *a*, *um*, part. de *praebeo*, -*ta*, *ōrum*, n. pl., fourniture des choses nécessaires à la vie, l'entretien : Col. 1, 8, 17 ; Suet. *Tib.* 50.

praeblandus, *a*, *um*, très flatteur : Juvc. 1, 702.

praebŭī, parf. de *praebeo*.

praecădens, *tis*, qui tombe en avant : Cael.-Aur. *Chron.* 5, 4, 61.

praecaecō, *ās*, *āre*, -, -, tr., aveugler : Fort. *Germ.* 33, 96.

praecălĕfactus, *a*, *um*, ⇨ *praecalidus* : Scrib. 156 ; Cael.-Aur. *Acut.* 1, 17, 169.

praecălĭdus, *a*, *um*, très chaud, très bouillant : Tac. *An.* 13, 16.

praecalvus, *a*, *um*, chauve [par-devant ou de bonne heure, ou entièrement] : Suet. *Galb.* 21.

praecandĭdus, *a*, *um*, très blanc : Isid. 19, 32, 6.

praecănō, *ĭs*, *ĕre*, -, -, tr., prédire, prophétiser : Tert. *Jud.* 11, 11 ‖ préserver d'un charme : Plin. 29, 69 ; ⇨ *recano*.

praecantāmĕn, *ĭnis*, n. (*praecanto*), formule cabalistique, paroles magiques : Jul.-Val. 1, 1.

praecantātĭō, *ōnis*, f. (*praecanto*), enchantement préventif : Aug. *Ev. Joh.* 7, 6.

praecantātŏr, *ōris*, m. (*praecanto*), qui fait des enchantements préventifs : Aug. *Catech.* 7, 3 ; *Ev. Joh.* 7, 7.

praecantātrix, *īcis*, f., ⇨ *praecantrix* : Porph. Hor. *O.* 1, 27, 21.

praecantō, *ās*, *āre*, *āvī*, *ātum*, tr. ¶1 enchanter préventivement : Petr. 131, 5 ¶2 prédire : *Lucil. d. Non. 102, 9.

praecantŏr, ⇨ *praecentor*.

praecantrix (-**centrix**), *īcis*, f., celle qui fait des enchantements préventifs : Pl. *Mil.* 693.

praecānus, *a*, *um*, blanchi (qui a les cheveux blancs) avant l'âge : Hor. *Ep.* 1, 20, 24.

praecarpo, ⇨ *praecerpo* Macr. *Sat.* 3, 19, 4.

praecătēchizātus, *a*, *um*, instruit (initié, catéchisé) à l'avance ou auparavant : Iren. 4, 23, 2.

praecausa, *ae*, f., cause première : Mar. Vict. *Ar.* 1, 63.

praecautĭō, *ōnis*, f. (*praecaveo*), précaution : Cael.-Aur. *Acut.* 1, 15, 131.

praecautus, *a*, *um*, part. de *praecaveo*.

praecăvĕō, *ēs*, *ēre*, *cāvī*, *cautum* ¶1 tr., empêcher par des mesures préventives : *illud praecavendum est mihi* Pl. *Men.* 860, c'est contre quoi il faut que je me prémunisse ; *peccata quae difficillime praecaventur* Cic. *Amer.* 116, délits contre lesquels les mesures préventives sont les plus difficiles à prendre ; *res tota mihi praecauta est* Cic. *Verr.* 4, 91, contre cela j'ai pris toutes mes précautions ; *ad praecavenda venena* Suet. *Cal.* 23, pour se garantir du poison ¶2 intr., se tenir sur ses gardes, se garder de, prendre ses précautions : Cic. *Planc.* 53 ‖ [avec *ne*] prendre des mesures pour empêcher que : Caes. *G.* 1, 38 ; Liv. 36, 17, 12 ‖ *sibi* Ter. *And.* 624, pourvoir à sa sûreté ‖ *praecauto opus est ne* Pl. *Merc.* 333, il faut des précautions pour empêcher que.

praececĭnī, parf. de *praecino*.

praecēdentĭa, *ae*, f., précession [astron.] : Isid. 3, 68.

praecēdō, *ĭs*, *ĕre*, *cessī*, *cessum* ¶1 tr., marcher devant, précéder, devancer : Virg. *En.* 9, 47 ; Liv. 7, 13, 2 ; Sen. *Ep.* 90, 4 ‖ [fig.] l'emporter sur, être supérieur à : Caes. *G.* 1, 1, 4 ; Liv. 38, 51, 11 ¶2 intr., précéder, ouvrir la marche : Liv. 22, 51, 2 ; Curt. 4, 12, 22 ; Ov. *M.* 9, 133 ‖ [fig.] être plus âgé : Inst. Just. 1, 114 ‖ l'emporter sur [avec dat.] Pl. *As.* 629.

praecĕlĕr, *ĕris*, *ĕre*, très prompt, très rapide : Plin. 8, 86 ; Stat. *Th.* 6, 550.

praecĕlĕrō, *ās*, *āre*, -, - (*prae*, *celero*, cf. *praeceler*) ¶1 tr., devancer en toute hâte : Stat. *Th.* 4, 799 ¶2 intr., faire grande hâte : Stat. *Th.* 2, 497.

praecellens, *tis*, part.-adj. de *praecello*, éminent, qui excelle, distingué, rare, extraordinaire : Cic. *Balb.* 25 ‖ -*tior* Plin. 12, 24 ; -*tissimus* Cic. *Verr.* 4, 97.

praecellentĭa, *ae*, f., supériorité, excellence : Tert. *Apol.* 23, 2.

praecellĕō, *ēs*, *ēre*, -, -, intr., ⇨ *praecello* : Pl. *Ps.* 680.

praecellō, *ĭs*, *ĕre*, -, - (cf. *excello*, *celsus*) ¶1 intr., exceller, être supérieur : Lucr. 2, 161 ; Liv. 5, 27, 1 ; Tac. *An.* 3, 24 [avec dat.] *genti* Tac. *An.* 12, 15, être à la tête d'une nation (commander à) ¶ 2 tr., surpasser : Tac. An. 2, 43 ; Papin. Dig. 50, 2, 6.

praecelsus, *a*, *um*, très élevé, très haut : Virg. En. 3, 245 ‖ [fig.] Stat. S. 3, 3, 85 ‖ *-sior* Ambr. Fid. 4, 1, 7.

praecentĭo, *ōnis*, f. (*praecino*), prélude : Cic. Har. 21.

praecentō, *ās*, *āre*, -, - (*prae, canto*), intr., réciter une formule magique préventive [*alicui*, à qqn] : Cic. Fin. 2, 94.

praecentŏr, *ōris*, m. (*praecino*), celui qui entonne, celui qui dirige les chants : Apul. Mund. 35 ; Aug. Psalm. 87, 1.

praecentōrĭus, *a*, *um*, qui sert pour les préludes : Solin. 5, 19.

praecentrix, ▶ *praecantrix*.

praecentŭrĭō, *ās*, *āre*, *āvī*, *ātum*, tr., diviser auparavant en centuries : Grom. 32, 1.

praecēpī, parf. de *praecipio*.

praeceps, *cĭpĭtis* (*prae, caput*)
I adj. ¶ **1** la tête en avant, la tête la première : *aliquem praecipitem dejicere* Cic. Verr. 4, 86, jeter qqn en bas la tête la première ; *praeceps ad terram datus* Liv. 31, 37, 9, précipité à terre ¶ **2** précipité, brutal : *aliquem praecipitem agere de fundo* Cic. Caecin. 60, chasser violemment qqn d'une propriété ‖ *praeceps provincia exturbatus est* Cic. Verr. 4, 67, il fut chassé brusquement de la province ; *praecipites fugae se mandabant* Caes. G. 2, 34, 2, ils se mettaient à fuir précipitamment ‖ [fig.] qui se précipite, rapide : *praeceps Anio* Hor. O. 1, 7, 13, l'Anio impétueux ; *praeceps profectio* Cic. Att. 9, 10, 6, départ précipité ¶ **3** penché, [ou] qui se penche vers : *praeceps in occasum sol erat* Liv. 10, 42, 1, le soleil inclinait vers le couchant ; *praecipiti jam die* Liv. 4, 9, 13, le jour étant déjà sur son déclin ‖ [fig.] *praeceps in avaritiam animus* Liv. 26, 38, 3, l'âme portée à la cupidité ; *ad flagitia* Tac. An. 16, 21, porté aux turpitudes ¶ **4** en déclivité, en pente raide, escarpé : *locus praeceps* Cic. Ac. 2, 94, terrain en pente raide, cf. Caes. G. 4, 33, 3 ‖ [fig.] *iter ad malum praeceps ac lubricum* Cic. Rep. 1, 44, chemin qui mène au mal par une pente rapide et glissante ‖ [d'où] dangereux, critique : *in tam praecipiti tempore* Ov. F. 2, 400, dans des circonstances si critiques ¶ **5** [fig.] précipité, emporté violemment : *praecipitem ferri amentia* Cic. Verr. 5, 121, être emporté aveuglément par la démence ; [d'où] **a)** précipité à l'abîme : *praecipitem ferri amicum sinere* Cic. Lae. 89, laisser un ami se précipiter à l'abîme ; *praeceps agor ab inimicis* Sall. C. 31, 9, des ennemis me poussent à l'abîme **b)** qui se précipite tête baissée, aveugle, inconsidéré : *homo praeceps et devius* Cic. Phil. 5, 37, homme inconsidéré et incohérent, cf. Cat. 3, 21 ; Cael. 35.
II n. pris subst[t], précipice, abîme [pr. et fig.] : *in praeceps dare* Liv. 27, 27, 11 ;

agere Sen. Ep. 90, 42, pousser à l'abîme ; *turris stans in praecipiti* Virg. En. 2, 460, tour dressée au bord de l'abîme ; *in praecipitia deducere* Sen. Ep. 8, 4, mener à des précipices.
III adv., au fond, dans l'abîme : *aliquem praeceps trahere* Tac. An. 4, 62, entraîner qqn dans sa chute ; *praeceps eunt* Sen. Nat. 1, 15, 2, ils se précipitent dans les profondeurs ; *praeceps dare* Tac. An. 6, 17, mener à l'abîme, à la ruine.
▶ [arch.] abl. sg. *praecipe* Enn. An. 399 ; nom. sg. *praecipes* [cf. ▶ *comes* etc.] Pl. Ru. 671, v. Prisc. 2, 280, 16.

praeceptĭo, *ōnis*., f. (*praecipio*) ¶ **1** préciput [droit] : Ulp. Reg. 24, 2 ; Plin. Ep. 5, 7, 1 ‖ prélèvement, reprise [de la dot] : Cod. Just. 1, 12, 2 ; 11, 59, 3 ¶ **2** idée qu'on s'est formée, opinion acquise : Cic. Part. 123 ¶ **3** action de donner des préceptes, enseignement : *alicujus rei* Cic. Or. 141, enseignement de qqch., cf. Nat. 2, 79 ; *Stoicorum* Cic. Off. 1, 6, enseignement, doctrine des stoïciens ¶ **4** ordre, injonction : Cod. Just. 1, 11, 2.

praeceptīvē, adv. (*praeceptivus*), impérativement : Tert. Marc. 5, 10, 11.

praeceptīvus, *a*, *um* (*praecipio*), qui enseigne, didactique : Sen. Ep. 95, 1 ; Tert. Res. 49, 8.

praeceptō, *ās*, *āre*, -, - (fréq. de *praecipio*), Fest. 222, 21.

praeceptŏr, *ōris*, m. (*praecipio*) ¶ **1** celui qui s'attribue par avance : Paul.-Nol. Ep. 23, 4 ¶ **2 a)** celui qui donne un ordre, qui commande : Gell. 1, 13, 8 **b)** celui qui enseigne, maître : *vivendi atque dicendi* Cic. de Or. 3, 57, professeur de morale et d'éloquence ; *fortitudinis* Cic. Fam. 13, 3, professeur d'énergie.

praeceptrix, *īcis*, f. (*praeceptor*), celle qui enseigne, maîtresse : Vitr. 10, 1, 3 ; *sapientia praeceptrice* Cic. Fin. 1, 43, à l'école de la sagesse.

praeceptum, *i*, n. (*praecipio*), précepte, leçon, règle : Cic. Off. 2, 51 ; Tusc. 2, 58 ; Brut. 273 ‖ ordre, commandement, avis, instruction, prescription, recommandation : Caes. G. 5, 35, 1 ; *praeceptis Caesaris* Caes. G. 6, 36, 1, suivant les injonctions de César, cf. Virg. G. 4, 448.

praeceptus, *a*, *um*, part. de *praecipio*.

praecerpō, *ĭs*, *ĕre*, *psī*, *ptum* (*prae, carpo*), tr. ¶ **1** cueillir avant le temps : Ov. H. 20, 143 ; Plin. 18, 177 ¶ **2** arracher en avant, prélever en arrachant, arracher : Stat. Th. 9, 193 ‖ [fig.] extraire, faire des extraits de : Gell. 2, 30, 11 ¶ **3** cueillir avant : *non praecerpo fructum officii tui* Cic. Verr. 4, 80, je ne cherche pas à cueillir avant toi les fruits du rôle qui t'appartient (usurper les avantages...) ¶ **4** déflorer, flétrir : Plin. Ep. 5, 20, 8.

praecerptus, *a*, *um*, part. de *praecerpo*.

praecessī, parf. de *praecedo*.

praecessĭo, *ōnis*, f., action de précéder : Aug. Serm. 239, 1.

praecessŏr, *ōris*, m., devancier : Tert. Prax. 1, 5 ‖ supérieur hiérarchique : Vulg. Luc. 22, 26.

praeciămĭtātŏr, *praeciamitatores* Fest. 292, 3, f. l. pour *praecla-*.

praecĭum, *ii*, n. (cf. *praeco*), crieur précédant les flamines, qui avertissait les artisans de cesser leurs travaux : P. Fest. 250, 15.

Praeciānus, *a*, *um*, *Praecianum vinum*, Plin. 14, 60, vin précien [récolté près de la mer Adriatique] : *-num pirum* Macr. Sat. 3, 19, 6, variété de poire.

praecīdānĕus, *a*, *um* (*prae, caedo*), précidané, préalablement immolé [en parl. de victimes] : [avec les moissons] Cat. Agr. 134 ; [avec le sacrifice] Gell. 4, 6, 7 ‖ *feriae praecidaneae* Gell. 4, 6, 7, féries précidanées (préalables).

praecīdārĭus, *a*, *um*, ▶ *praecidaneus* : Fest. 242, 16.

praecīdō, *ĭs*, *ĕre*, *cīdī*, *cīsum* (*prae, caedo*), tr. ¶ **1** couper par-devant, couper, trancher, tailler : *praecidere ancoras* Cic. Verr. 5, 88, couper les amarres (les câbles des ancres) ; *manum alicui* Cic. Inv. 2, 59 ; *alicujus caput* Cic. Tusc. 5, 55, couper la main, la tête de qqn ‖ ▶ *praecisus* ¶ **2** couper court : *omnes sinus maris* Sen. Ep. 53, 1, couper court aux sinuosités du rivage ‖ *brevi praecidam* Cic. CM 57, tranchons d'un mot ; *praecide* Cic. Ac. 2, 133, abrège ¶ **3** couper, retrancher, ôter : *alicui spem* Cic. Verr. 1, 20 ; *alicui libertatem vivendi* Cic. Verr. 3, 3, retrancher à qqn l'espoir, la liberté de vivre ¶ **4** [abs[t]] trancher par un refus : Cic. Att. 2, 2 ; 10, 16, 1 ¶ **5** couper, séparer en tranches : *cotem novacula* Cic. Div. 1, 32, couper une pierre avec un rasoir ‖ [fig.] *amicitias* Cic. Off. 1, 120, trancher les amitiés dans le vif.

praecinctĭo, *ōnis*, f. ¶ **1** précinction, pourtour [large allée servant de palier dans les amphithéâtres et les théâtres] : Vitr. 5, 3, 4 ‖ petite plate-forme [à mi-côte] qui fait le tour d'une montagne : Vitr. 2, 8, 11 ¶ **2** ceinture : Hil. Matth. 2, 2.

praecinctōrĭum, *ii*, n., ceinture : Aug. Jul. 2, 6 ; Man. 2, 21, 32.

praecinctūra, *ae*, f., préceinte [de câbles autour d'une poutre bélière] : Vitr. 10, 15, 6 ‖ manière de se ceindre, de porter la toge : Macr. Sat. 2, 3, 9.

1 praecinctus, *a*, *um*, part. de *praecingo*.

2 praecinctŭs, *ūs*, m. ¶ **1** manière de se ceindre : Macr. Sat. 3, 13, 4 ¶ **2** vêtement : Non. 548, 28.

praecingō, *ĭs*, *ĕre*, *cinxī*, *cinctum*, tr. ¶ **1** ceindre [le corps] : Pl. Bac. 432 ; Cic. Frg. A. 13, 24 ; *praecincti recte pueri* Hor. S. 2, 8, 70, esclaves ayant la ceinture nouée correctement = bien accoutrés ;

praecingo

male praecinctus Suet. *Caes.* 45, qui serre mal la ceinture de sa tunique ; *altius ac nos praecincti* Hor. *S.* 1, 5, 6, ayant la tunique plus relevée que nous = ayant une marche plus agile ¶ **2** entourer : Prop. 4, 4, 7 ; Sil. 3, 243 ; *praecinctus portu* Enn. *An.* 488, ceint d'un port, cf. Plin. 2, 166 ‖ couvrir, revêtir, Plin. *Ep.* 10, 39, 4.

praecĭnō, *ĭs, ĕre, cĕcĭnī* ou *cĭnŭī,* - (*prae, cano*) ¶ **1** intr., résonner devant [en parl. d'un instrument], jouer [d'un instrument] devant, à ou pour : Cic. *Tusc.* 4, 4 ‖ prononcer une incantation préventive : Tib. 1, 5, 12 ¶ **2** tr., entonner [un chant funèbre] : Stat. *S.* 5, 59 ‖ prédire : Cic. *Har.* 20 ; Tib. 2, 5, 74 ; Plin. 8, 185.

precinxī, parf. de *praecingo*.

praecĭpēs, ▶ *praeceps* ►.

praecĭpĭō, *ĭs, ĕre, cēpī, ceptum* (*prae, capio*), tr. ¶ **1** prendre avant, prendre le premier : Lucr. 6, 804 ; 6, 1050 ; *a publicanis pecuniam mutuam* Caes. *C.* 3, 31, 2, se faire avancer de l'argent par les publicains sous forme d'emprunt ; *mons praeceptus* Sall. d. Gell. 10, 26, 3, mont occupé d'avance ; *longius spatium praecipere fuga* Liv. 22, 41, 9, prendre en fuyant une assez longue avance ; *aliquantum viae* Liv. 36, 19, 9 ; *aliquantum temporis* Liv. 30, 8, 9, prendre un peu d'avance ; *tempore praecepto* Liv. 1, 7, 1, à cause de l'avance obtenue (de la priorité) dans le temps ‖ [droit] obtenir par précipuit dans un héritage : Plin. *Ep.* 10, 75, 2 ; [abs¹] Plin. *Ep.* 5, 7, 1 ¶ **2** [fig.] *gaudia* Ant. d. Cic. *Phil.* 13, 45, se réjouir par avance, cf. Hirt. *G.* 8, 51, 3 ; Liv. 45, 1, 1 ; *ut ne multi illud ante praeciperent oculis quam populus Romanus* Cic. *Verr.* 4, 64, pour empêcher qu'une foule de personnes eussent la primeur de sa vue avant le peuple romain ; *animo victoriam* Caes. *C.* 3, 87, 7, se figurer d'avance la victoire ; *cogitatione futura* Cic. *Off.* 1, 81, prévoir ce qui arrivera ; *haec usu ventura opinione praeceperat* Caes. *G.* 7, 9, 1, il avait prévu ce qui arriverait ‖ *praecipere* seul = prévoir : Cic. *Att.* 10, 1, 2 ¶ **3** recommander, conseiller, donner des instructions, des conseils, prescrire : *alicui tempestatum rationem* Cic. *Mur.* 4, instruire qqn de la prévision des tempêtes [avec inf.] *justitia praecipit parcere omnibus* Cic. *Rep.* 3, 21, la justice recommande, ordonne d'épargner tout le monde ‖ [avec ut] Cic. *Off.* 1, 51 ; *Lae.* 60 ; [avec ne] recommander de ne pas : Cic. *Phil.* 8, 2 ; *Lae.* 75 ‖ [avec subj. seul] *eis praecipit... aggrediantur* Sall. *J.* 28, 1 ; il leur recommande d'entreprendre..., cf. Cic. *Cael.* 62 ‖ [avec prop. inf. au pass.] *sarcinas incendi* Curt. 6, 6, 15, prescrire d'incendier les bagages, cf. Suet. *Ner.* 31 ‖ [abs¹] *ut mihi praecepisti* Cic. *Fam.* 1, 8, 2, comme tu me l'as recommandé ¶ **4** donner des leçons, des préceptes, enseigner : *an ratio parum praecipit nec bonum illud esse nec... ?* Cic. *Tusc.* 4, 39, la raison n'enseigne-t-elle pas assez que cela n'est ni un bien ni... ‖ [abs¹] *de eloquentia* Cic. *de Or.* 2, 48, donner des leçons d'éloquence ; *praecipiens quidam* Cic. *Rep.* 1, 70, qqn qui enseigne **praecipientes,** *ium,* subst. m. pl., les maîtres ; Quint. 2, 3, 5.

praecĭpĭtans, *tis,* ▶ *praecipito*.

praecĭpĭtanter, adv., précipitamment : Lucr. 3, 1061.

praecĭpĭtantĭa, *ae,* f., ▶ *praecipitatio* : Gell. 6, 2, 11 ; 9, 1, 5.

praecĭpĭtātim, adv., ▶ *praecipitanter* : *Varr. *Men.* 75.

praecĭpĭtātĭō, *ōnis,* f., chute : Vitr. 5, 12 ; Sen. *Ir.* 1, 12, 6 ‖ irréflexion : Greg.-M. *Mor.* 1, 35.

praecĭpĭtātŏr, *ōris,* m., celui qui fait tomber, qui détruit : Aug. *Pelag.* 1, 4 ; Grat. 4.

1 **praecĭpĭtātus,** *a, um,* part. de *praecipito*.

2 **praecĭpĭtātŭs,** *ūs,* m., action de précipiter : *Varr. *Men.* 75.

praecĭpĭter, adv. (*praeceps*), précipitamment : Gloss. 5, 40, 12.

praecĭpĭtis, gén. de *praeceps*.

praecĭpĭtĭum, *ii,* n., chute d'un lieu élevé : Plin. 22, 43 ‖ précipice, abîme : Suet. *Aug.* 79.

praecĭpĭtō, *ās, āre, āvī, ātum* (*praeceps*), tr. et intr.

I tr. ¶ **1** précipiter : *se e Leucata* Cic. *Tusc.* 4, 41 ; *se in flumen* Caes. *G.* 4, 15, 2, se précipiter du promontoire de Leucade (dans la mer), se précipiter dans le fleuve ; *muro* Caes. *G.* 7, 50, 3 mss α, précipiter du haut du mur (*de muro* β ‖) pass. *praecipitari,* se précipiter : Sall. *J.* 58, 6 ; Ov. *M.* 7, 760 ; 11, 556 ‖ jeter dans le vide : Cic. *Fin.* 5, 31 ¶ **2** faire retomber, abaisser, courber [la vigne, une plante] : Cat. *Agr.* 32, 2 ; Col. 4, 20, 4 ¶ **3** [fig.] *praecipitari ex altissimo dignitatis gradu* Cic. *Dom.* 98, être précipité du sommet le plus haut des honneurs ‖ jeter à bas, ruiner : *spem* Ov. *Pont.* 3, 1, 140, jeter à bas des espérances ‖ [pass.] être abaissé, mené à sa fin : *nox praecipitata* Ov. *Tr.* 1, 3, 47, nuit qui touche à sa fin ; *aetate praecipitata* Mat. *Fam.* 11, 28, 5, la vie étant à son déclin ¶ **4** précipiter, hâter ; *obitum* Cic. *Arat.* 349, précipiter son coucher [astres] ; *consilia raptim praecipitata* Liv. 31, 32, 2, décisions prises avec une précipitation aveugle ‖ jeter au loin, écarter : *omnes moras* Virg. *En.* 8, 443, supprimer tous les délais, les retards ‖ emporter : *furor iraque mentem praecipitant* Virg. *En.* 2, 317, le délire et la colère emportent ma raison ‖ [avec inf.] presser de, pousser vivement à : Virg. *En.* 11, 3 ; Stat. *Th.* 1, 679.

II intr. ¶ **1** tomber, se précipiter : *Nilus praecipitat ex altissimis montibus* Cic. *Rep.* 6, 19, le Nil se précipite des plus hauts sommets ; *Fibrenus praecipitat in Lirem* Cic. *Leg.* 2, 6, le Fibrène se précipite dans le Liris ; *praecipitantem impellere* Cic. *Rab. Post.* 2, pousser celui qui tombe ¶ **2** tirer à sa fin : *nox caelo praecipitat* Virg. *En.* 2, 9, la nuit se précipite du ciel (dans l'Océan) ; *sol praecipitans* Cic. *de Or.* 3, 209, le soleil à son déclin ; *hiems jam praecipitaverat* Caes. *C.* 3, 25, 1, l'hiver tirait déjà à sa fin ¶ **3** [fig.] tomber, aller à sa ruine : *praecipitante re publica* Cic. *Sull.* 1, l'État étant au bord du gouffre ; *cum ad Cannas praecipitasset Romana res* Liv. 27, 40, 3, alors que à Cannes la puissance romaine avait été près de l'abîme ; *ad exitium praecipitare* Cic. *Att.* 3, 15, 7, se perdre dans l'abîme ‖ dégringoler, tomber, faire une chute = se tromper : Cic. *Ac.* 2, 68 ; *Nat.* 1, 90 ‖ aller donner dans, tomber dans : *in insidias* Liv. 5, 18, 7, donner aveuglément dans une embuscade.

praecĭpŭē, adv. (*praecipuus*), avant tout le reste, au premier chef, surtout, principalement, en particulier : Cic. *Cat.* 3, 21 ; *Verr.* 4, 81.

praecĭpŭum, *i,* n. (*praecipuus*), [droit] précipuit : Suet. *Galb.* 5.

praecĭpŭus, *a, um* (*prae,* cf. *praecipio*) ¶ **1** particulier, spécial : *non praecipuam, sed parem cum ceteris fortunae condicionem subire* Cic. *Rep.* 1, 7, subir un destin non pas privilégié, mais égal à tous les autres, cf. Cic. *Sull.* 9 ; 12 ; *Prov.* 2 ; *Fam.* 4, 15, 2 ; 4, 3, 1 ; *Att.* 11, 4, 1 ; *jus praecipuum* Cic. *Pomp.* 58, privilège ‖ *ut cetera paria Tuberoni cum Varo fuissent, hoc certe praecipuum Tuberonis, quod* Cic. *Lig.* 27, en admettant que tout eût été égal entre Tubéro et Varus, Tubéro avait du moins cet avantage que ¶ **2** particulier, devançant tout le reste, supérieur : *aliquem praecipuo honore habere* Caes. *G.* 5, 54, 4, avoir qqn en particulière estime, honorer qqn plus que tous les autres, cf. Cic. *Off.* 1, 12 ‖ *Cicero praecipuus in eloquentia* Quint. 6, 3, 3, Cicéron qui est le premier dans l'éloquence ; *praecipuus scientia rei militaris* Tac. *An.* 12, 40, le plus versé dans l'art militaire ; *praecipuus philosophorum* Quint. 10, 1, 81, au premier rang des philosophes ; *praecipui amicorum* Tac. *An.* 15, 56, principaux amis ; *praecipuus circumveniendi Sabini* Tac. *An.* 6, 4, en tête du complot contre Sabinus ; *praecipuus cui* [avec subj.] Tac. *An.* 3, 30, le premier à qui ... [pris susbt¹] **a)** *praecipui* Quint. 10, 1, 116, les premiers **b)** [gén. n.] *nihil praecipui* Cic. *Fin.* 2, 110, aucune supériorité **c)** *praecipua,* *ōrum,* n. pl., les principales choses, le principal : *praecipua rerum* Tac. *An.* 4, 40, l'essentiel des affaires, les affaires les plus importantes ‖ [phil.] = προηγμένα : Cic. *Fin.* 3, 52, les choses préférables [avantages extérieurs qui, sans être proprement des biens, sont des choses estimables pour les stoïciens].

praecīsălĭa, *ĭum* ou *ĭōrum*, n. pl., époque où l'on taille les arbres : App.-Prob. 4, 196, 9.

praecīsāmentum, *i*, n. (*praecido*), raie [sur une étoffe], bariolage : Isid. 19, 22, 18.

praecīsē, adv. (*praecisus*) ¶ 1 en peu de mots, brièvement : Cic. Nat. 2, 73 ¶ 2 de façon tranchante, catégorique : **negare** Cic. Att. 8, 4, 2, refuser catégoriquement ‖ absolument, sans condition : Ulp. Dig. 36, 3, 1.

praecīsĭo, *ōnis*, f. (*praecido*) ¶ 1 action de couper, de retrancher : Apul. M. 1, 9 ‖ [fig.] séparation brutale : Aug. Conf. 6, 15, 25 ¶ 2 section, face taillée : Vitr. 4, 2, 2 ¶ 3 [rhét.] réticence, aposiopèse : Her. 4, 41.

praecīsōres dentes, m. (*praecido*), les dents incisives : Isid. 11, 1, 52.

praecīsum, *i*, n. (*praecisus*), quartier de viande : Naev. Com. 65 ; Lucil. 569.

praecīsūra, *ae*, f. (*praecido*), segment, parcelle [de terrain] : Grom. 100, 14 ‖ pl., épluchures [d'asperges] : Apic. 133.

praecīsus, *a, um*, part.-adj. de *praecido* ¶ 1 coupé de, séparé de : **Italiā** Manil. 4, 630, séparé de l'Italie ¶ 2 à pic, abrupt, escarpé : Sall. J. 92, 7 ; Virg. En. 8, 233 ; Quint. 12, 9, 3 ¶ 3 châtré : [m. pris subst^t] **praecisi** Sen. Prov. 5, 3, eunuques ¶ 4 [rhét.] coupé, abrégé : Quint. 10, 2, 17 ‖ tronqué : Cic. de Or. 3, 193.

praecĭus, v. *preciae vites*.

praeclāmĭtātŏr, *ōris*, m. (cf. *praeclamo*), crieur, v. *praeciamitator* ; Fest. 292, 3.

praeclāmō, *ās, āre, āvī*, -, intr., crier d'avance pour avertir, crier gare : Paul. Dig. 48, 8, 7 ; Iren. 3, 22, 2.

praeclārē, adv. ¶ 1 très clairement, très nettement : Cic. Ac. 1, 33 ¶ 2 excellemment, remarquablement, supérieurement, à merveille : **praeclare nobiscum actum iri, si** Cic. Verr. 1, 9, que nous serons bien heureux, si... ; **praeclare si** Cic. Phil. 13, 8, c'est merveille, si... ‖ *praeclarius* Cic. Off. 1, 64 ; *-issime* Cic. Fam. 3, 8, 5 ; Mil. 96.

praeclārĭtās, *ātis*, f. (*praeclarus*), grande gloire, illustration : Vulg. Sapr. 8, 18.

praeclārĭtĕr, v. *praeclare* Quadr. d. Non. 516, 11 ; Prisc. 3, 71, 4.

praeclārus, *a, um* (*prae, clarus*) ¶ 1 très clair, lumineux, brillant, étincelant : Lucr. 2, 1032 ; Cic. Brut. 288 ; Juv. 5, 42 ¶ 2 [fig.] brillant, remarquable, supérieur, excellent : **situs est praeclaro ad adspectum** Cic. Verr. 4, 117, [la ville] offre à la vue une situation admirable ; **praeclara causa** Cic. Rep. 3, 8, une bien belle cause ; **praeclarum consilium** Cic. Verr. 5, 54, un brillant conseil, des conseillers éminents ; **nihil praeclarius...** Cic. Nat. 2, 76, rien de plus admirable que... ; **praeclarus imperator** Cic. Verr. 5, 93, brillant général ; **res praeclarissimae** Cic. Mil. 63, les plus belles actions ; **sceleribus praeclarus** Sall. J. 14, 21, fameux, célèbre par ses crimes ; **eloquentiae** Tac. An. 4, 34, remarquable sous le rapport de l'éloquence ; **in philosophia** Cic. de Or. 1, 46, philosophe illustre ‖ très efficace, très bon pour, souverain [méd.] : Plin. 35, 33.

praeclāvĭum, *ii*, n. (*prae, clavus*), partie de la toge qui précède le laticlave : Afran. Com. 180 ; 229.

praeclūdō, *ĭs, ĕre, clūsī, clūsum* (*prae, claudo*), tr., fermer [devant qqn, à qqn], barrer, boucher, obstruer : **omnes provincias civibus Romanis** Cic. Verr. 5, 168, fermer aux citoyens romains l'accès de toutes les provinces, cf. Caes. C. 2, 19, 4 ; Suet. Cal. 26 ‖ [fig.] fermer, interdire, empêcher : **omnes sibi aditus misericordiae judicum** Cic. Verr. 5, 21, se fermer tout accès à la compassion des juges, cf. Planc. 96 ; **nulli praeclusa virtus est** Sen. Ben. 3, 18, 2, l'accès de la vertu n'est fermé à personne ; **vocem alicui** Liv. 33, 13, 5, fermer la bouche à qqn ; **negotiatores praeclusit** Suet. Ner. 32, il ferma la boutique des marchands.

praeclŭĕō, *ēs, ēre*, -, -, intr., être très célèbre : Ter.-Maur. 6, 392, 2242 ; **praecluens potestas** Prud. Cath. 4, 37, haute puissance.

praeclŭis, *e* (*praecluo*), très illustre : Capel. 1, 3.

praeclŭo, *ĭs, ĕre*, -, -, Jul.-Val. 1, 34 ; v. *praeclueo*.

praeclūsĭo, *nis*, f. (*praecludo*), action de fermer (une blessure) : Veg. Mul. 3, 23, 2 ‖ réglage du débit, robinet : Vitr. 9, 8, 6.

praeclūsŏr, *ōris*, m. (*praecludo*), celui qui interdit l'usage de : Tert. Marc. 4, 27, 9.

praeclūsus, *a, um*, part. de *praecludo*.

praeco, *ōnis*, m. (*prae* et cf. *voco* ; esp. *pregon*), crieur public, héraut : Cic. Fam. 5, 12, 8 ; **per praeconem vendere** Cic. Nat. 3, 84, vendre à l'encan, à la criée ‖ panégyriste, chantre : Cic. Arch. 24.
► dat. arch. *praeconei* CIL 1, 587, 2, 34.

praecŏcis, gén. de *praecox*.

praecoctus, *a, um*, part. de *praecoquo*.

praecŏcus, *a, um*, v. *-quus*.

praecoepi, *isti, isse*, tr., commencer avant : Itin. Alex. 37.

praecōgĭtātĭo, *ōnis*, f., action de penser d'avance, préparation de ce qu'on doit dire : Tert. Marc. 4, 39, 7.

praecōgĭtō, *ās, āre, āvī, ātum*, tr., penser d'avance à : Sen. Ep. 76, 34 ; Quint. 12, 9, 20 ‖ préméditer : Cod. Th. 8, 4, 20 ; **praecogitatum facinus** Liv. 40, 4, 13, forfait prémédité.

praecognĭtĭo, *ōnis*, f., connaissance préalable, prescience : Ambr. Fid. 3, 10, 64.

praecognĭtōr, *ōris*, m., qui sait d'avance, qui a la prescience : Ambr. Fid. 2, pr. 14.

praecognoscentĭa, *ae*, f., connaissance anticipée : Mar. Vict. Ar. 4, 23.

praecognoscō, *ĭs, ĕre*, -, -, tr., connaître d'avance : Planc. Fam. 10, 15, 4 ; Suet. Aug. 97.

praecollĭgō, *ĭs, ĕre*, -, -, tr., assembler préalablement : Concil. S. 1, 4, p. 117, 19.

praecŏlō, *ĭs, ĕre, cŏlŭī, cultum*, tr., cultiver, préparer par avance [fig.] : Cic. Part. 80 ‖ courtiser par avance : Tac. An. 14, 22.

praecommŏdō, *ās, āre*, -, -, tr., prêter d'avance : Cod. Th. 14, 27, 2 ‖ [fig.] Corip. Just. 1, 7.

praecommŏvĕō, *ēs, ēre*, -, -, tr., émouvoir fortement, toucher : Sen. Thy. 302.

praecompŏsĭtus, *a, um*, composé d'avance [en parl. du visage] : Ov. F. 6, 674.

praecōnans, part. de *praeconor*.

praecōnātĭo, *ōnis*, f., action de faire connaître, prédication : Iren. 3, 12, 3.

praeconcinnātus, *a, um*, arrangé d'avance [fig.], médité : Apul. M. 3, 27.

praecondĭō, *īs, īre*, -, -, tr., assaisonner d'avance, faire mariner : Apic. 395.

praecondō, *ĭs, ĕre*, -, -, tr., fonder, arranger à l'avance : Leo-M. Serm. 26, 1.

praeconfessĭo, *ōnis*, f., aveu préalable : Boet. Top. Arist. 7, 5.

praecōnĭālis, *e* (*praeconium*), louable, digne d'éloge : Cassiod. Var. 9, 25.

praecōnĭālĭtĕr, adv., d'une manière louable : Cassiod. Var. 10, 11.

praecōnĭātĭo, *ōnis*, f. (*praeconium*), louanges, éloge : Iren. 3, 3.

Praecōnīnus, *i*, m., surnom romain : Plin. 33, 29.

praecōnĭum, *ĭi*, n. (*praeco*) ¶ 1 office de crieur public : **facere** Cic. Fam. 6, 18, 1, être crieur ; **tibi praeconium deferam** Cic. Att. 13, 12, 2, je ferai de toi mon crieur public (tu annonceras mes ouvrages au public) ¶ 2 [fig.] publication, annonce, proclamation : Cic. de Or. 2, 86 ; Att. 13, 12, 2 ; Lact. Inst. 1, 4, 2 ‖ éloge, louange apologie, panégyrique : Cic. Fam. 5, 12, 7 ; Arch. 20.

praecōnĭus, *a, um* (*praeco*), de crieur : Cic. Quinct. 95.

praecōnō, *ās, āre, āvī*, -, v. *praeconor* : Ps. Aug. Serm. 168, 1 Mai.

praecōnŏr, *ārĭs, ārī*, - (*praeco* ; esp. *pregonar*), tr., se faire le héraut de, proclamer, publier : Capel. 1, 63 ; Arn.-J. Psalm. 92.

praeconsūmō, *ĭs, ĕre*, -, *sumptum*, tr., épuiser d'avance [fig.] : Ov. M. 7, 489 ; Tr. 4, 6, 30.

praecontemplātĭo, *ōnis*, f., contemplation anticipée (préalable) : Cassiod. Eccl. 1, 14, 12.

praecontrecto, *ās, āre,* -, -, tr., toucher, palper d'avance : *videndo* Ov. *M.* 6, 478, dévorer du regard.

praecŏquē, adv. (*praecoquus*), prématurément : Itin. Alex. 15.

praecŏquis, *e,* précoce : Nov. *Com.* 106 ; ▽ *praecox.*

praecŏquō, *ĭs, ĕre, coxī, coctum,* tr., hâter la maturité de : Plin. 18, 288 ‖ mûrir complètement : Plin. 14, 81.

praecŏquus (*cus-*), *a, um* (cf. it. *albicocco,* fr. *abricot*), précoce, prématuré : Tert. *Anim.* 20, 3 ; Marc. 3, 8, 1 ‖ **-cŏqua (-cŏca)**, n. pl., espèce d'abricots [précoces] : Diocl. 6, 58 ; ▽ *praecox.*

praecordia, *ōrum,* n. pl. (*prae, cor*) ¶ 1 diaphragme [anatomie] : Cic. *Tusc.* 1, 20 ; Plin. 11, 97 ¶ 2 viscères, entrailles : Cic. *Fin.* 5, 92 ; Cels. 4, 1, 4 ; Plin. 30, 42 ; Hor. *Epo.* 11, 15 ¶ 3 [poét.] poitrine, sein : Virg. *En.* 10, 452 ; Liv. 42, 16, 3 ; Ov. *M.* 12, 140 ‖ [fig.] cœur, esprit, sentiments : Virg. *En.* 2, 367 ; Hor. *S.* 1, 4, 89 ; Prop. 2, 3, 13 ; *stultae praecordia mentis* Ov. *M.* 11, 149, les idées d'un esprit stupide, la stupidité d'esprit.

praecordium, *ĭi,* n., diaphragme : Isid. 10, 102 ; ▽ *praecordia.*

praecorrumpō, *ĭs, ĕre,* -, -, tr., corrompre d'avance, gagner, séduire : Ov. *M.* 9, 295 ; 14, 134.

praecox, *ŏquis* et *ŏcis* (*praecoquo*) ¶ 1 précoce [en parl. des fruits et des plantes] : Plin. 19, 112 ‖ *praecocia loca* Plin. 17, 79, terres hâtives ¶ 2 [fig.] qui vient avant le temps, hâtif, prématuré, précoce : *illud ingeniorum velut praecox genus* Quint. 1, 2, 3, ces sortes d'esprits pour ainsi dire mûrs avant l'âge, cf. Sen. *Brev.* 6, 2 ; Plin. 7, pr. 1, 2 ; Gell. 10, 11, 9.

praecoxī, parf. de *praecoquo.*

praecrassus, *a, um,* très épais : Plin. 16, 34.

praecrĕpō, *ās, āre, ŭī,* -, intr., retentir d'avance : Ambr. *Psalm.* 118, 11, 26.

praecrūdescō, *ĭs, ĕre,* -, -, intr., devenir très dur : Not. Tir. 49.

praecŭcurri, l'un des parf. de *praecurro.*

praeculcō, *ās, āre,* -, -, tr., inculquer d'avance ou profondément : Tert. *Mon.* 10, 1.

praecultus, *a, um* (*prae, colo, cultus*) ¶ 1 prédisposé, préparé : Cic. *Part.* 80 ¶ 2 très paré : Stat. *Th.* 2, 298 ‖ très orné [en parl. du style], fleuri : Quint. 11, 1, 31.

praecŭpĭdē, adv., de façon très impulsive : P. Fest. 30, 27.

praecŭpĭdus, *a, um,* passionné pour, très avide de : Suet. *Aug.* 70.

praecūrō, *ās, āre,* -, -, tr., préparer, prédisposer : Cael.-Aur. *Acut.* 2, 37, 207 ‖ avoir grand soin de : Tert. *Marc.* 2, 29, 4.

praecurrō, *ĭs, ĕre, currī* ou *cŭcurrī, cursum* ¶ 1 intr., courir devant, aller en avant promptement : Caes. *G.* 6, 39, 1 ; C. 2, 34, 5 ; Liv. 40, 7, 7 ‖ [fig.] précéder, devancer : Cic. *Div.* 1, 118 ; Caes. *C.* 3, 80, 2 ‖ *alicui* Cic. *de Or.* 3, 230 ; Cat. 4, 19, l'emporter sur qqn, le surpasser ¶ 2 tr., précéder [pr. et fig.], devancer, prévenir : Cic. *Lae.* 62 ; *Off.* 1, 102 ; *de Or.* 2, 131 ‖ surpasser, l'emporter sur : Q. Cic. *Pet.* 28 ; Nep. *Thras.* 1, 3 ; Tac. *D.* 22 ‖ [fig.] *quasi praecurrentia, ium,* n. pl., en qq. sorte les avant-coureurs = les antécédents [rhét.] : Cic. *de Or.* 2, 166.

praecursātŏr, *ōris,* m., éclaireur : Amm. 16, 12, 8.

praecursĭo, *ōnis,* f. ¶ 1 action de devancer, de précéder : Cic. *Fat.* 44 ¶ 2 préparation : Cic. *Top.* 59 ‖ premier engagement, escarmouche : Plin. *Ep.* 6, 13, 6 ‖ la mission de saint Jean-Baptiste : Aug. *Ev. Joh.* 4, 6.

praecursŏr, *ōris,* m. ¶ 1 celui qui court devant, qui précède : Plin. *Pan.* 76, 7 ¶ 2 éclaireur : Liv. 26, 17, 16 ‖ [fig.] fourrier, émissaire, agent : Cic. *Verr.* 5, 108 ‖ le Précurseur (saint Jean-Baptiste) : Aug. *Ev. Joh.* 4, 6.

praecursōrĭus, *a, um,* envoyé en avant, qui précède : Plin. *Ep.* 4, 13, 2 ; Amm. 15, 1, 2.

1 **praecursus**, *a, um,* part. de *praecurro.*

2 **praecursŭs**, abl. *ū,* m., action de devancer : Plin. 16, 104.

praecŭtĭō, *ĭs, ĕre, cussī, cussum* (*prae, quatio*), tr., secouer devant soi, agiter : Ov. *M.* 4, 759.

praeda, *ae,* f. (cf. *praehendo* ; fr. *proie*) ¶ 1 proie [de guerre], butin, dépouilles : Cic. *Agr.* 2, 61 ; Caes. *G.* 7, 11, 9 ; *praedam facere* Caes. *G.* 4, 34, 5, faire du butin ‖ [en gén.] butin, vol, rapine : *praedas facere* Cic. *Verr.* 3, 119, faire du butin ¶ 2 **a)** proie, prise faite à la chasse ou à la pêche : Virg. *En.* 3, 223 ; Juv. 14, 82 ; Pl. *Ru.* 909 ; Ov. *M.* 13, 936 ‖ [fig.] proie, prise : Pl. *Ps.* 1124 ; Ov. *H.* 15, 51 **b)** proie, pâture des animaux : Hor. *O.* 4, 4, 50 **c)** gain, profit : Nep. *Chabr.* 2, 3 ; Phaed. 5, 6, 4.

praedābundus, *a, um* (*praedor*), qui exerce le pillage : Sall. *J.* 90, 2.

praedamnātĭo, *ōnis,* f., condamnation anticipée : Tert. *Apol.* 27, 6.

praedamnō, *ās, āre, āvī, ātum,* tr., condamner préalablement, d'avance : Liv. 4, 41, 11 ; Suet. *Aug.* 56 ‖ *praedamnata spes* Liv. 27, 18, 8, espoir auquel on a d'avance renoncé.

praedātīcĭus, *a, um* (*praeda*), provenant du butin : Gell. 13, 24, 28.

praedātĭo, *ōnis,* f. (*praedor*), pillage, brigandage : Tac. *An.* 12, 29 ‖ piraterie : Vell. 2, 73, 3.

praedātŏr, *ōris,* subst. et adj. m. (*praedor*) ¶ 1 pillard, voleur, brigand : Cic. *Cat.* 2, 20 ; *exercitus praedator ex sociis* Sall. *J.* 44, 1, soldats faiseurs de butin sur les alliés ¶ 2 chasseur : Stat. *Th.* 4, 316 ‖ [fig.] ravisseur, séducteur, corrupteur : Petr. 85, 3 ‖ homme avide, rapace : Tib. 2, 3, 43.

praedātōrĭus, *a, um* (*praedator*), de pillards : Sall. *J.* 20, 7 ‖ de pirate : Pl. *Men.* 344 ; Liv. 29, 28, 5.

praedātrix, *īcis,* f., celle qui dérobe, qui ravit : Stat. *S.* 1, 5, 22 ‖ [adj[t]] rapace : Amm. 26, 6, 10.

1 **praedātus**, *a, um,* part. de *praedo* et *praedor.*

2 **praedātus**, *a, um* (*prae,* 1 *do*), donné préalablement [méd.] : Cael.-Aur. *Acut.* 2, 37, 213.

praedēcessŏr, *ōris,* m., prédécesseur : Symm. *Ep.* 10, 47.

praedĕcōrus, *a, um,* très glorieux : Chalc. *Tim.* 24 E.

praedēfīnĭō, *īs, īre,* -, -, tr., fixer à l'avance : VL. *Act.* 10, 42.

praedēlassō, *ās, āre,* -, -, tr., amortir, briser [la fureur] : Ov. *M.* 11, 730.

praedēlēgātĭo, *ōnis,* f., délégation préalable : Cod. Th. 11, 5, 3.

praedemno, ▽ *praedamno.*

praedensus, *a, um,* très dru, très serré, très dense : Plin. 18, 142 ; 171.

praedēs, ▽ *praes.*

praedēsignātus, *a, um,* annoncé d'avance, prédit : Tert. *Res.* 23, 12.

praedestīnātĭo, *ōnis,* f., prédestination : Aug. *Doctr.* 3, 34, 49.

praedestĭnō, *ās, āre, āvī, ātum,* tr., réserver par avance, destiner : Liv. 45, 40, 8 ‖ procurer par avance : *Apul. *M.* 4, 15 ‖ [chrét.] prédestiner au salut : Vulg. *Ephes.* 1, 5.

praedextĕr, *tra, trum,* très adroit : Grat. 68.

praedĭātŏr, *ōris,* m. (*praedium*), acquéreur de fermes vendues à la criée, adjudicataire : Cic. *Att.* 12, 14, 2.

praedĭātōrĭus, *a, um,* relatif aux acquéreurs (*praediatores*) : *praediatorium jus* Cic. *Balb.* 45, droit des acquéreurs, des adjudicataires.

praedĭātūra, *ae,* f., acquisition de fermes vendues à la criée, adjudication : Gai. *Inst.* 2, 61.

praedĭātus, *a, um* (*praedium*), riche en biens-fonds : Apul. *Flor.* 22, 5 ‖ [en gén.] riche : Capel. 1, 46.

praedĭcābĭlis, *e* (*praedico*), qui mérite d'être publié, vanté : Cic. *Tusc.* 5, 49.

praedĭcāmentum, *i,* n. ¶ 1 action d'énoncer, indication : Aug. *Faust.* 20, 18 ¶ 2 [au pl.] prédicaments, catégories [log.] : Aug. *Conf.* 4, 16, 29 ; Isid. 2, 16, 1.

praedĭcātĭo, *ōnis,* f. (*praedico* ¶ 1), action de crier [en public], publication, proclamation : Cic. *Agr.* 2, 48 ; *Fam.* 6, 11, 2 ¶ 1 action de vanter, apologie : Cic. *Q.* 1, 1, 41 ; *Phil.* 1, 10 ; Liv. 4, 49, 10

¶2 prédiction, horoscope : Lact. *Inst.* 4, 21, 2 ¶3 prédication : Vulg. *1 Cor.* 1, 21.

praedĭcātīvē, adv. (*praedicativus*), affirmativement : Boet. *Anal. pr.* 1, p. 471.

praedĭcātīvus, *a*, *um*, énonciatif [en parl. d'une proposition], affirmatif : Capel. 4, 343.

praedĭcātŏr, *ōris*, m. (*praedico*) ¶1 crieur public, héraut : Apul. *M.* 6, 8 ¶2 prôneur : Cic. *Fam.* 1, 9, 6 ¶3 prédicateur, celui qui évangélise : Tert. *Marc.* 4, 22, 3.

praedĭcātōrĭus, *a*, *um*, louangeur, élogieux : Salv. *Eccl.* 3, 19.

praedĭcātrīx, *īcis*, f., celle qui annonce : Tert. *Anim.* 46, 8.

praedĭcātus, *a*, *um*, part. de *1 praedico*.

1 praedĭcō, *ās*, *āre*, *āvī*, *ātum* (fr. prêcher), tr. ¶1 dire à la face du public, proclamer, publier [en parl. du *praeco*, crieur public] : Cic. *Verr.* 3, 40 ; *Off.* 3, 55 ; *Fam.* 5, 12, 8 ‖ dire devant tout le monde : *ut praedicas* Cic. *Cat.* 1, 23, comme tu le dis publiquement ; *injuriam praedicat* Caes. *C.* 1, 32, 6, il signale hautement l'injustice ‖ [avec prop. inf.] publier que, proclamer que : Caes. *G.* 1, 39, 1 ; *C.* 3, 106, 4 ; *de aliquo sic praedicare* [avec prop. inf.] Cic. *de Or.* 2, 296, proclamer à propos de qqn que, cf. Cic. *Rep.* 1, 27 ; **Crassus ab illa peste... infestissimus esse praedicabatur** Cic. *Sest.* 39, ce fléau publiait que Crassus était acharné contre... ¶2 vanter, célébrer, prôner : *virtutem alicujus* Cic. *Arch.* 20, célébrer les mérites de qqn ; *de suis virtutibus multa praedicavit* Caes. *G.* 1, 44, 1, il fit un grand étalage de ses mérites ; *de meis in vos meritis praedicaturus non sum* Caes. *C.* 2, 32, 11, je ne veux pas prôner les services que je vous ai rendus ‖ [avec attribut] **Galli se ab Dite patre prognatos praedicant** Caes. *G.* 6, 18, 1, les Gaulois se vantent de descendre de Pluton ¶3 [chrét.] prêcher, annoncer l'Évangile : Tert. *Praescr.* 23, 9 ; Vulg. *1 Cor.* 15, 12 ‖ annoncer, prédire : Tert. *Fug.* 6, 2.

2 praedĭcō, *ĭs*, *ĕre*, *dīxī*, *dictum* (fr. prédire), tr. ¶1 dire d'avance, dire préalablement, commencer par dire : Ter. *And.* 46 ; 793 ; *haec mihi praedicenda fuerunt* Cic. *de Or.* 3, 37, j'ai dû dire cela préalablement, cf. Cic. *Cat.* 4, 6 ; Quint. 3, 6, 89 ; 4, 2, 57 ‖ [d'où] **praedictus**, *a*, *um*, mentionné précédemment, précité : Quint. 8, 3, 33 ; 9, 3, 66 ; Tac. *An.* 1, 60 ¶2 prédire : *multo ante aliquid* Cic. *CM* 49, prédire qqch. longtemps à l'avance, cf. Cic. *Div.* 1, 128 ‖ [avec prop. inf.] prédire que : Cic. *Phil.* 6, 5 ; Nep. *Att.* 16, 4 ¶3 fixer d'avance **a)** fixer, déterminer : *praedicta die* Tac. *An.* 11, 27, à un jour fixé d'avance ; *insula Batavorum in quam convenirent praedicta* Tac. *An.* 2, 6, on avait fixé l'île des Bataves comme point de réunion **b)** [avec *ut*, *ne*] notifier, signifier, enjoindre que, que ne pas : *Pompeius suis praedixerat, ut* Caes. *C.* 3, 92, 2, Pompée avait enjoint aux siens de, cf. Nep. *Them.* 7, 3 ; Liv. 2, 10, 4 ; *praedicere, ne* Cic. *Div.* 1, 48, ordonner de ne pas, cf. Liv. 21, 10, 4 ‖ part. n. abl. abs., *praedicto, ne...* Tac. *An.* 16, 33, avec cette stipulation (sous la condition) que ne... pas.

praedictĭo, *ōnis*, f. ¶1 action de prédire : Cic. *Div.* 1, 9 ¶2 prédiction (chose prédite) : Cic. *Div.* 1, 98 ; 2, 54 ‖ ▶ *prolepsis* ¶3 action de dire d'avance, énonciation préalable : Quint. 9, 2, 17.

praedictīvus, *a*, *um*, qui prédit : Cael.-Aur. *Acut.* 1, 12, 100.

praedictum, *i*, n. (*praedictus*) ¶1 chose arrêtée, convention : *velut ex praedicto* Liv. 33, 6, 8, comme de concert ¶2 prédiction : Cic. *Div.* 2, 88 ; *Leg.* 2, 30 ¶3 ordre, commandement : Liv. 23, 19, 5.

praedictus, *a*, *um*, part. de *2 praedico*.

praedĭdĭcī, parf. de *praedisco*.

praedifficilis, *e*, très difficile : *Tert. *Bapt.* 2, 2.

praedīgestus, *a*, *um*, qui a bien digéré : Cael.-Aur. *Chron.* 5, 2, 41.

praedĭŏlum, *i*, n. (dim. de *praedium*), petite propriété, petit bien : Cic. *de Or.* 3, 108 ; *Att.* 16, 3, 4.

praedīrus, *a*, *um*, très cruel, horrible, affreux : Amm. 31, 8, 7.

praedis, gén. de *praes*.

praediscō, *ĭs*, *ĕre*, *dĭdĭcī*, -, tr., apprendre à l'avance, savoir d'avance : Cic. *Or.* 1, 147.

praedispŏsĭtus, *a*, *um*, disposé préalablement (à l'avance) : *Liv. 40, 56, 11.

praedĭtus, *a*, *um* (*prae* et *3 -do*, cf. *editus*) ¶1 [avec abl.] muni devant soi, portant devant soi, ayant, pourvu de : *legiones pulchris armis praeditae* Pl. *Amp.* 218, légions munies de belles armes ; *tantā stat praedita culpā !* Lucr. 5, 199, tant sont grands les défauts qu'elle [la nature] révèle ! ; *miseria praeditus* Cic. *Verr.* 5, 108, montrant sa misère ; *parvo metu* Cic. *Tusc.* 5, 41, n'ayant guère de crainte, cf. Cic. *Flac.* 6 ; *Inv.* 1, 88 ‖ gratifié de, doté de, pourvu de, doué de : *praeditus animo et sensibus* Cic. *Nat.* 1, 18, pourvu d'une âme et de sens ; *simulacrum summa religione praeditum* Cic. *Verr.* 4, 72, statue environnée du plus grand respect ¶2 préposé à [avec dat.] : Front. *Eloq.* 15, p. 146 N ; Apul. *Socr.* 16.

praedĭum, *ĭi*, n. (*praes*), propriété, bien de campagne, biens-fonds, domaine : Cic. *Verr.* 3, 199 ; *Att.* 11, 2, 2.

praedīvĕs, *ĭtis*, très opulent, très riche : Liv. 45, 40, 3 ; Tac. *An.* 15, 64 ; Ov. *M.* 9, 91.

praedīvĭdō, *ĭs*, *ĕre*, -, -, tr., diviser préalablement : Jul.-Vict. 15.

praedīvīnātĭo, *ōnis*, f., pressentiment, prévision : Plin. 8, 89.

praedīvīnō, *ās*, *āre*, *āvī*, -, tr., pressentir, prévoir, deviner : Varr. *L.* 6, 52 ; Plin. 11, 20.

praedīvīnus, *a*, *um*, prophétique : Plin. 37, 167.

praedixī, parf. de *2 praedico*.

1 praedō, *ās*, *āre*, -, -, ▶ *praedor* [au pass.] Pl. *Ru.* 1242 ; Gell. 4, 18, 12 ; Prisc. 2, 396, 17 ; ▶ *praedor* ‖ [sens actif] piller : Vulg. *Judith* 2, 13.

2 praedo, *ōnis*, m. (*praeda*) ¶1 faiseur de butin, auteur de razzias, pillard, pirate, corsaire : Cic. *Verr.* 4, 21 ‖ pilleur, voleur : *religionum* Cic. *Verr.* 4, 95, pilleur d'objets religieux ¶2 [fig.] : [en parl. du frelon] Col. 9, 15, 3 ; [de l'épervier] Mart. 14, 217, 1.

praedŏcĕō, *ēs*, *ēre*, -, *doctum*, tr., instruire d'avance : Sall. *J.* 94, 1 ; *praedoctus esto* Plin. 18, 334, tu sauras que, retiens que.

praedŏmō, *ās*, *āre*, *mŭī*, -, tr., surmonter d'avance [fig.] : Sen. *Ep.* 113, 27.

praedōnĭus, *a*, *um* (*praedo*), de brigand : Ulp. *Dig.* 5, 3, 25.

praedōnŭlus, *i*, m. (dim. de *praedo*), petit voleur : Cat. d. Fest. 280, 23.

praedŏpĭont, ▶ *praeoptant* : *Fest. 222, 24.

praedŏr, *āris*, *ārī*, *ātus sum* (*praeda* ; it. *predare*) ¶1 intr., faire du butin, se livrer au pillage : Cic. *Phil.* 4, 9 ; Caes. *G.* 7, 46, 5 ‖ *de bonis alicujus* Cic. *Verr.* 3, 182 ; *ex hereditate alicujus* Cic. *Verr.* 2, 45 ; *in bonis alicujus* Cic. *Verr.* 3, 146, se livrer au pillage sur les biens, sur l'héritage de qqn ; *ex alterius inscitia* Cic. *Off.* 3, 72, faire sa proie de l'ignorance d'autrui ¶2 tr., piller, voler : *socios* Tac. *An.* 12, 49, piller les alliés ‖ *singula de nobis anni praedantur euntes* Hor. *Ep.* 2, 2, 55, les années dans leur course nous dérobent chacune qqch.
▶ sens pass. ▶ *praedo*.

praedūcō, *ĭs*, *ĕre*, *dūxī*, *ductum*, tr., tirer devant, mener en face de : Caes. *G.* 7, 46, 3 ; 7, 69, 5 ; *C.* 1, 27, 3 ‖ *lineas itineri* Plin. 33, 75, faire le tracé d'un parcours.

praeductăl (**-ālĕ**), *is*, n., modèle, pochoir [instrument scolaire pour dessiner les lettres] : Gloss. 5, 383, 19.

praeductōrĭus, *a*, *um* (*praeduco*), qui sert à guider : Cat. *Agr.* 134.

praeductus, *a*, *um*, part. de *praeduco*.

praedulcĕ, n. pris adv^t, d'une manière très douce, avec beaucoup de douceur : Stat. *S.* 5, 3, 82.

praedulcis, *e* ¶1 très doux [au goût] : Plin. 13, 44 ; 15, 72 ‖ *praedulcia*, *ium*, n. pl., les douceurs : Plin. 24, 3 ¶2 [fig.] très doux, très agréable : Virg. *En.* 11, 155 ; *praedulcia* n. pl., Quint. 8, 3, 56, l'afféterie.

praedūrātus, *a*, *um*, part. de *praeduro*.

praedure

praedūrē, adv., très durement : Avien. Or. 488.

praedūrō, *ās, āre, āvī, ātum* ¶ 1 tr., durcir : Plin. 23, 139 ‖ [fig.] endurcir : Prud. Perist. 5, 178 ¶ 2 intr., se durcir : Ps. Cypr. Mart. 3.

praedūrus, *a, um* ¶ 1 très dur : Plin. 18, 121 ; Tac. H. 1, 79 ¶ 2 dur, endurci, résistant, vigoureux : Virg. En. 10, 748 ; G. 2, 531 ¶ 3 [fig.] *praedurus labor* Val.-Flac. 1, 235, travail très pénible ‖ *praedura verba* Quint. 1, 6, 26, mots très durs à l'oreille ‖ *os praedurum* Quint. 6, 4, 11, front très impudent.

praedux, *dŭcis*, adj., qui guide : Drac. Laud. 2, 23.

praeduxī, parf. de *praeduco*.

praeēlectĭo (**prael-**), *ōnis*, f., choix antérieur : Ps. Fulg.-R. Serm. 10.

praeēlĭgō, *ĭs, ĕre, -, -*, tr., préférer : Sidon. Ep. 7, 4, 3.

praeēmĭnens, *tis*, prééminent : *-tior* Mamert. Anim. 1, 6.

praeēmĭnentĭa, *ae*, f., prééminence : [pl.] Mamert. Anim. 3, 15.

praeēmĭnĕō (**praem-**), *ēs, ēre, -, -* ¶ 1 intr., être élevé au-dessus, être proéminent : Sall. H. 2, 82 ; Aug. Conf. 6, 9, 14 ‖ [fig.] l'emporter sur [avec dat.] : Aus. Caes. 15 (275), 4 ¶ 2 tr., [fig.] dépasser : *ceteros* Tac. An. 12, 12, l'emporter sur tous les autres, cf. An. 3, 56 ; 12, 33.

praeemptŏr, *ōris*, m., premier acheteur : Gloss. 2, 415, 49.

praeĕō, *īs, īre, īvī* ou *ĭī, ĭtum*, intr. et tr. **I** intr. ¶ 1 aller devant, précéder [dat.] : *ut consulibus lictores praeirent* Cic. Rep. 2, 55, en sorte que des licteurs précédaient les consuls, cf. Varr. L. 5, 87 ; *praeeunte carina* Virg. En. 5, 186, la carène passant devant ¶ 2 [fig.] guider : *natura praeeunte* Cic. Fin. 5, 28, la nature servant de guide. **II** tr. ¶ 1 précéder [pr. et fig.] : *aliquem* Tac. An. 6, 21, marcher devant qqn ; *famam sui* Tac. An. 15, 4, devancer le bruit de son approche ¶ 2 dire le premier à qqn une formule qu'il répétera : *alicui verba* Liv. 8, 9, 4, dicter une formule à qqn, cf. Liv. 4, 21, 5 ; 9 ; 46, 6 ; 10, 28, 14 ; *sacramentum* Tac. H. 1, 36, dicter le serment ‖ *verbis praeire aliquid* Pl. Ru. 1335, dicter qqch. en formule ‖ [abs¹] *praeire alicui* Cic. Dom. 133 ou *praeire* [seul] Plin. 28, 12, dicter la formule ¶ 3 [d'où en gén.] dicter : *vobis voce praeire quid judicaretis* Cic. Mil. 3, vous dicter votre jugement ‖ prescrire, dicter des instructions : Liv. 43, 13, 8 ; Gell. 14, 2, 12. ▶ inf. parf. ordin. *praeisse*.

praeesse, inf. de *praesum*.

praeĕuntis, gén. de *praeiens*.

praeēvangĕlĭzō, *ās, āre, -, -*, tr., annoncer à l'avance : Iren. 4, 26, 1.

praeexercĭtāmĕn, *ĭnis* et **praeexercĭtāmentum**, *i*, n., exercice préliminaire : Prisc. 3, 430, 1 ; 405, 11.

praeexercĭtātĭo, *ōnis*, f., c. le précédent : Prisc. 3, 440, 5.

praeexĭgō, *ĭs, ĕre, -, -*, tr., demander à l'avance : Quodv. Grat. 2, 1, 2.

praeexĭstō, *ĭs, ĕre, -, -*, intr., préexister : Boet. Anal. post. 1, p. 521.

praeexistentia (**-existantia**), *ae*, f., la préexistence : Mar. Vict. Ar. 1, 50.

praefactus, *a, um*, fait auparavant : Cael.-Aur. Acut. 3, 17.

praefāmĕn, *ĭnis*, n. (*praefari*), préface : Symm. Ep. 2, 34.

praefāmĭno, impér. fut. de *praefor*, Cat. Agr. 141, 2.

praefandus, *a, um*, adj. verbal de *praefor*, qu'on doit s'excuser de nommer, grossier, obscène : Plin. 7, 171 ‖ *-da*, *ōrum*, n. pl., expressions grossières : Quint. 8, 3, 45.

praefārī, v. *praefor*.

praefascĭnē, adv., v. *praefiscine*.

praefascĭnō, *ās, āre, -, -* (*prae, fascino*, cf. *praefiscini*), tr., détourner un maléfice : Not. Tir. 112 ; Porph. Hor. Epo. 8, 1.

praefātĭo, *ōnis*, f. (*praefor*) ¶ 1 action de parler d'abord de : Plin. pr. 13 ; *sine praefatione clementiae* Suet. Dom. 11, sans parler d'abord de clémence ¶ 2 ce qui se dit d'abord *a)* formule préliminaire : Cic. Verr. 3, 186 ; Liv. 45, 5, 4 *b)* préambule, avant-propos, exorde, préface : Quint. 7, 1, 11 ; 11, 1, 67 ; Plin. Ep. 4, 14, 8 ; 5, 13, 3 ‖ préambule [d'un décret], considérants : Paul. Dig. 45, 1, 134.

praefātĭuncŭla, *ae*, f. (dim. de *praefatio*), petite préface : Hier. Ep. 64, 8.

praefāto, impér. fut. de *praefor*, invoque d'abord : Cat. Agr. 134.

praefātŏr, *ōris*, m. (*praefor*), prophète : Isid. 7, 8, 1.

praefātum, *i*, n. (*praefatus*), préface : Symm. Ep. 6, 3.

1 **praefatus**, *a, um*, part. de *praefor*, [sens passif] mentionné au début : Symm. Rel. 9, 5 ; v. *praefor* ▶.

2 **praefātŭs**, abl. *ū*, m., action de prévenir, avertissement : Symm. Rel. 9, 5.

praefēcī, parf. de *praeficio*.

praefectĭānus, *a, um*, du préfet du prétoire : Amm. 17, 3, 6.

praefectĭo, *ōnis*, f., action de mettre à la tête : Varr. L. 7, 70.

1 **praefectōrĭus**, *a, um*, de préfet, du préfet : Cod. Th. 11, 28, 9, 16.

2 **praefectōrĭus vĭr** et **-rĭus** [seul], *ĭī*, m., ancien préfet ou ex-préfet du prétoire : Sidon. Ep. 1, 11, 7 ; 2, 9, 3 ; Dig. 1, 9, 1 pr.

praefectūra, *ae*, f. ¶ 1 charge de directeur, de préposé à la direction ; administration, gouvernement, commandement : *villae* Varr. R. 1, 17, 6, intendance d'une métairie ; *morum* Suet. Caes. 75, surveillance des mœurs [charge du censeur] ; *equitum* Hirt. G. 8, 12, 5 ; *alarum* Suet. Aug. 38, commandement de la cavalerie ; *Urbis* Plin. 7, 62, fonction de préfet de la ville ¶ 2 dignité de préfet [place conférée par le gouverneur d'une province, génér¹ à des chevaliers, et d'une importance moindre que la *legatio* et la questure] : Cic. Att. 6, 1, 4 ; Nep. Att. 6, 4 ‖ [sous l'Empire] administration d'une province : Suet. Aug. 66 ; Ner. 47 ¶ 3 *a)* préfecture, ville italienne administrée par un préfet envoyé de Rome : Cic. Pis. 51 ; Cat. 3, 5 ; Sest. 32 ; Phil. 2, 58, [cf. plaisanterie Pl. Capr. 904] *b)* territoire d'une préfecture, district, province : Plin. 5, 49 ; Tac. An. 11, 8 ¶ 4 terrain alloué à une colonie et provenant d'une ville étrangère : Grom. 16, 11 ; 21, 21.

praefectūrālis, *e*, de la préfecture, relatif à la préfecture, préfectoral : Grom. 248, 20.

1 **praefectus**, *a, um*, part. de *praeficio*.

2 **praefectus**, *i*, m., homme qui est à la tête d'une chose ; gouverneur, intendant, administrateur, chef : *villae* Varr. R. 1, 17, 6, intendant d'une métairie ; *moribus* Cic. Clu. 129 ; *morum* Nep. Ham. 8, 2, préposé à la surveillance des mœurs (censeur) ; *libidinum alicujus* Cic. Sen. 15, ministre des débauches de qqn ; *aerarii, aerario* Plin. Ep. 3, 4, 2 ; Pan. 92, 1, intendant du trésor ; *annonae* Tac. An. 11, 31, préfet de l'annone ‖ *classis* Cic. Verr. 5, 89 ; Liv. 26, 48, 7, commandant d'une flotte, amiral ; *equitum* Caes. G. 3, 26, 1 ou *praefectus* [seul] Caes. G. 1, 39, 2 ; 4, 11, 6 ; Cic. Fam. 3, 8, 7, préfet de la cavalerie, chef de la cavalerie ; *navis* Tac. H. 3, 12, capitaine de vaisseau ; *fabrum* Caes. C. 1, 24, 4 ; Nep. Att. 12, 4, commandant du Génie ; *praetorii* Tac. An. 1, 24 ou *praetorio* Dig. 1, 11, 1, préfet du prétoire ; *Urbi, Urbis* Varr. d. Gell. 14, 7, 4 ; Tac. An. 6, 10 ; Suet. Aug. 331, préfet de Rome ‖ [sous l'Empire] gouverneur de province ‖ *Aegypti* Suet. Aug. 18, gouverneur de l'Égypte.

praefēcundus, *a, um*, très fécond : Plin. 16, 118.

praefĕrĭcŭlum, *i*, n. (*praefero, ferculum*), sorte de vase sacré : Fest. 292, 31 ; P. Fest. 293, 11.

praefĕrō, *fers, ferre, tŭlī, lātum* ¶ 1 porter en avant, porter devant : *dextrā ardentem facem praeferebat* Cic. Verr. 4, 74, de la main droite elle portait en avant une torche embrasée ; *alicui facem* Cic. Cat. 1, 13, porter une torche devant qqn, cf. Cic. Verr. 5, 22 ¶ 2 pass. *praeferri*, se porter en avant, devant : *cohortes praelatos hostes ab tergo adortae sunt* Liv. 2, 14, 7, les cohortes attaquèrent par-derrière les ennemis qui les avaient dépassées dans leur course, cf. Liv. 7, 24, 8 ; *castra sua praelati* [= *praeterlati*] Liv. 5, 26, 7, ayant dépassé leur camp ¶ 3 [fig.] porter en avant *a)* présenter, offrir : *lumen menti alicujus* Cic. Sull. 40, présenter une lumière à l'esprit de qqn, éclairer l'intelligence de qqn, cf. Cic. *Rep.* 1, 2 *b)* montrer, faire voir, manifester : **avaritiam** Cic. *Amer.* 87, étaler sa cupidité ; **modestiam praeferre et lascivia uti** Tac. *An.* 13, 45, montrer les dehors de la bonne tenue et avoir des mœurs dissolues ; **dolorem animi vultu** Curt. 6, 9, 1, laisser voir sur son visage la douleur de son âme ; **aviam Octaviam et per eam Augustum avunculum praeferebat** Tac. *An.* 4, 75, il montrait, il étalait Octavie comme aïeule et par elle Auguste comme grand-oncle ‖ vanter, exalter : Tert. *Spect.* 6, 1 ¶ 4 [fig.] porter avant **a)** préférer, **aliquem alicui** Cic. *Brut.* 101, préférer un tel à un tel ; **pecuniam amicitiae** Cic. *Læ.* 63, mettre l'argent avant l'amitié ; **se praeferre alicui** Cæs. G. 2, 27, 2, se mettre avant qqn, vouloir le surpasser ; **virtute belli omnibus gentibus praeferri** Cæs. *G.* 5, 54, 5, pour la vaillance guerrière prendre le pas sur toutes les nations ‖ [avec inf.] Hor. *Ep.* 2, 2, 184 **b)** avancer : **diem triumphi** Liv. 39, 5, 12, avancer le jour du triomphe.

praeferox, ŏcis, très farouche [de caractère] : Liv. 5, 36, 1 ; Tac. *An.* 4, 60 ‖ plein d'arrogance : Suet. *Cæs.* 35.

praeferrātus, a, um, ferré, garni de fer : Cat. *Agr.* 11, 3 ‖ ferré par le bout, à pointe de fer : Plin. 18, 97 ‖ chargé de chaînes : Pl. *Pers.* 22.

praefertĭlis, e, très fertile : Prud. *Sym.* 2, 1025.

praefervĭdus, a, um, très chaud, torride : Col. 3, 1, 3 ‖ [fig.] très violent, bouillant : **praefervida ira** Liv. 9, 18, 5, colère furieuse.

praefestīnātim, adv., en grande hâte : Sisen. d. Non. 161, 26.

praefestīnō, ās, āre, āvī, ātum ¶ 1 intr., se presser vivement [avec inf.] : Pl. *Ru.* 119 ; Liv. 23, 14, 11 ¶ 2 tr., **sinum** Tac. *An.* 5, 10, traverser rapidement un golfe.

praefĭca, ae, f. (*praeficio*), pleureuse [louée pour les funérailles] : Varr. *L.* 7, 70 ‖ **mulier praefica** Gell. 18, 7, 3, même sens.

praefĭcĭō, ĭs, ĕre, fēcī, fectum (prae, facio), tr., préposer, mettre à la tête de, établir comme chef (**aliquem alicui rei**) : Cic. *Planc.* 62 ; *Leg.* 2, 66 ; **legionibus** Cæs. G. 5, 24, 3, mettre à la tête des légions ; **aliquem bello gerendo** Cic. *Dom.* 20, confier la direction de la guerre à qqn ; **in exercitu aliquem** Cic. *Sest.* 41, donner à qqn un commandement dans l'armée.

praefĭdens, tis, qui a une très grande confiance : **sibi** Cic. *Off.* 1, 90, qui a trop de confiance en soi-même, présomptueux.

*****praefĭdentĕr** [inus.], avec une grande confiance [en soi-même] ‖ **-tius** Aug. *Ep.* 155, 5.

praefīdentĭa, ae, f., confiance excessive en : Aug. *Cresc.* 3, 67, 76.

praefīdō, ĭs, ĕre, -, - (prae, fido), intr., avoir une trop grande confiance en : **non de se praefidat** Aug. *Gen. litt.* 11, 8, qu'elle ne présume pas d'elle-même.

praefīgō, ĭs, ĕre, fīxī, fixum (prae, figo), tr. ¶ 1 ficher (planter, enfoncer) au bout (par-devant) : Cæs. *G.* 5, 18, 3 ; Suet. *Cal.* 15 ‖ attacher (fixer) au bout ou en avant : Liv. 26, 4, 4 ; Virg. *En.* 10, 479 ‖ [poét.] placer devant : Pers. 4, 13 ; v. *theta* ‖ boucher, obturer : Plin. 19, 59 ¶ 2 garnir en avant : **ferratis ora capistris** Virg. *G.* 3, 399, garnir les bouches de muselières ferrées ‖ [surtout au part. *praefixus*] muni à l'extrémité : **asseres cuspidibus praefixi** Cæs. *C.* 2, 2, 2, des poutres munies de pointes de lance à leur extrémité, cf. Liv. 26, 4, 4 ; Curt. 3, 2, 27 ; Virg. *En.* 10, 479 ¶ 3 percer, transpercer : Tib. 1, 7, 55 ¶ 4 enchanter, ensorceler : Ps. Quint. *Decl.* 10, 8.

praefĭgūrātĭō, ōnis, f., action de désigner par une figure, de prédire par allégories : Aug. *Civ.* 16, 2.

praefĭgūrātŏr, ōris, m., qui annonce par figures, qui prédit par allégories : Aug. *Adult.* 2, 6, 5.

praefĭgūrō, ās, āre, āvī, ātum, tr., représenter d'avance, figurer par avance [fig.] : Lact. *Inst.* 6, 20, 31 ; Cypr. *Fort.* 7.

praefīnĭō, ĭs, īre, īvī (ĭī), - (prae, finio), tr., déterminer d'avance, fixer par avance : Cic. *Leg.* 2, 68 ; **successori diem** Cic. *Prov.* 36, fixer d'avance un jour au successeur ; **neque de illo tibi quicquam praefinio, quominus** Cic. *Verr.* 5, 174, et à son sujet je ne te fixe pas d'avance la moindre limite qui t'empêche de... ; **praefinisti, quo ne pluris emerem** Cic. *Fam.* 7, 2, 1, tu as marqué d'avance la somme que je ne devais pas dépasser pour l'achat ; [avec prop. inf.] prescrire que : Plin. 16, 190 ‖ [abl. n. du part.] **praefinito** Ter. *Hec.* 94, suivant une limite fixée préalablement.

praefīnītĭō, ōnis, f., fixation préalable, désignation : Dig. 36, 2, 19 ‖ dessein éternel [de Dieu] : Tert. *Mon.* 2, 4.

praefīnītus, a, um, part. de *praefinio*.

praefiscĭnī (-nē), adv. (*praefascino*), en éloignant les maléfices, sans porter malheur ; soit dit sans offenser, sans choquer : **homo praefiscini frugi** Petr. 73, 6, homme de bien, qu'il soit permis de le dire, cf. Pl. *As.* 491 ; *Ru.* 461, cf. Char. 235, 16 ; Non. 153, 12.

praefixus, a, um, part. de *praefigo*.

praeflētus, v. *perfletus*.

praeflōrātus, a, um, part. de *praefloro*.

praeflōrĕō, ēs, ēre, flōruī, -, intr., fleurir hâtivement : Plin. 16, 119.

praeflōrō, ās, āre, āvī, ātum (prae floribus), tr., [fig.] cueillir avant le temps, ternir, amoindrir : Liv. 37, 58, 7 ; Plin. *Pan.* 58 ; Gell. 14, 1, 36.

praeflŭō, ĭs, ĕre, -, - ¶ 1 intr., couler par-devant : Liv. 1, 45, 6 ; 43, 31, 3 ; Tac. *An.* 12, 33 ¶ 2 tr., couler devant, arroser : Tac. *An.* 15, 15 ; Hor. *O.* 4, 14, 26.

praeflŭus, a, um, qui coule devant : Plin. 19, 60.

praefōcābĭlis, e, suffocant : Cæl.-Aur. *Acut.* 2, 35, 185.

praefōcātĭō, ōnis, f., suffocation, étouffement : Cæl.-Aur. *Acut.* 2, 6, 30.

praefōcō, ās, āre, āvī, ātum (prae faucibus), tr., obstruer, boucher : Ov. *Ib.* 558 ‖ étouffer, étrangler : Macr. *Somn.* 1, 3, 4 ‖ [fig.] Calp. 4, 115.

praefŏdĭō, ĭs, ĕre, fŏdī, fossum, tr., creuser devant : Virg. *En.* 11, 473 ‖ creuser auparavant : Plin. 17, 79 ‖ enfouir auparavant : Ov. *M.* 13, 60.

praefōmentō, ās, āre, -, -, tr., bassiner auparavant : Theod.-Prisc. 1, 66.

praefŏr, fārī, praefātus sum, tr. ¶ 1 dire avant [relig.] : **majores nostri omnibus rebus agendis, quod bonum, faustum, felix esset, praefabantur** Cic. *Div.* 1, 102, nos aïeux faisaient précéder toutes leurs actions de cette formule : " que ceci soit bon, favorable, heureux " ; **pontifice maximo praefante carmen** Liv. 5, 41, 2, le grand pontife disant le premier la formule ; **ture, vino Jovi praefato** Cat. *Agr.* 134, 1, au moyen de l'encens et du vin adresse d'abord une prière à Jupiter ; **Jovem vino** Cat. *Agr.* 141, 2, cf. Virg. *En.* 11, 301 ¶ 2 dire en commençant : **quae... praefati sumus** Cic. *Tim.* 37, ce que nous avons dit au début ‖ [avec prop. inf.] commencer par dire que : Curt. 6, 7, 3 ; 7, 4, 9 ; Liv. 43, 7, 7 ‖ dire comme préface : Liv. 21, 1, 1 ¶ 3 dire d'avance préalablement : **honorem** Cic. *Fam.* 9, 22, 4, dire d'avance " sauf votre respect ", s'excuser ; **veniam** Apul. *Flor.* 1, 1, dire d'avance " avec votre permission " ‖ citer d'abord qqn comme autorité : Plin. 8, 43 ‖ prédire : Catul. 64, 383.

▶ part. au sens pass., " susdit " : Cod. Just. 1, 2, 21, 2 ‖ " mentionné au début " Aus. *Ephem* 3 (470), 43, v. ▶ 1 *praefatus*.

praefōrmātĭō, ōnis, f., préfiguration : Hil. *Matth.* 16, 3 ; 4, 24.

praefōrmātŏr, ōris, m., celui qui forme [qqn], maître : Tert. *Praescr.* 30, 5.

praefōrmātus, a, um, part. de *praeformo*.

praefōrmīdō, ās, āre, āvī, ātum, tr., appréhender [d'avance] : Quint. 4, 5, 5.

praefōrmō, ās, āre, āvī, ātum, tr. ¶ 1 former (façonner) d'avance : *Tert. *Apol.* 1, 10 ‖ [fig.] : Sil. 7, 385 ¶ 2 former préalablement : **litteras infantibus** Quint. 5, 14, 31, faire aux enfants des modèles d'écriture ‖ tracer, esquisser [un plan de discours] : Quint. 2, 6, 5 ‖ préfigurer : Cypr. *Unit. eccl.* 8.

praefortis, e, très vigoureux : Tert. *Carn.* 5, 7.

praefossus, a, um, part. de *praefodio*.

praefōtus, a, um (*prae, foveo*), préalablement bassiné: Cael.-Aur. *Chron.* 4, 2, 16.

praefractē, adv. (*praefractus*), inflexiblement, avec obstination, opiniâtreté: Cic. *Off.* 3, 88 ‖ **-tius**, Val.-Max. 9, 7, 3.

praefractus, a, um, part.-adj. de *praefringo* ‖ **-tior** Cic. *Or.* 48, brisé avant la fin, tronqué [en parl. de l'écrivain et de sa phrase] ‖ opiniâtre, obstiné, sévère, inflexible: Val.-Max. 6, 5, 4.

praefrĭcō, ās, āre, -, ātum, tr., frotter préalablement: Cael.-Aur. *Acut.* 1, 11, 79.

praefrīgĭdus, a, um, très froid: Ov. *Pont.* 4, 12, 35; Plin. 17, 147.

praefringō, ĭs, ĕre, frēgī, fractum (*prae, frango*), tr., briser par le bout, briser: Cat. *Agr.* 33; Caes. *C.* 2, 6; Liv. 27, 33, 2 ‖ émousser [un trait]: Just. 6, 8, 2.

praefŭgĭō, ĭs, ĕre, fūgī, -, intr., fuir auparavant: Tert. *Anim.* 33, 5.

praefŭī, parf. de *praesum*.

praefulcĭō, ĭs, īre, fulsī, fultum, tr. ¶ **1** étayer, appuyer: Prud. *Perist.* 5, 335 ‖ [fig.] *illud praefulci atque praemuni, ut...* Cic. *Att.* 5, 13, 2, d'avance échafaude, bâtis pour obtenir que... ¶ **2** mettre comme appui à: *aliquem negotiis suis* Pl. *Pers.* 12, faire peser sur qqn le soin de ses affaires; *praefulcior miseriis* Pl. *Ps.* 772, je croule sous les maux.

praefulgĕō, ēs, ēre, fulsī, -, intr., briller en avant: Virg. *En.* 8, 553; Gell. 5, 5, 3 ‖ [fig.] briller en vedette, se faire remarquer: Tac. *An.* 3, 76; 13, 45; Gell. 12, 5, 7.

praefulgĭdus, a, um, resplendissant: Juvc. 3, 330.

praefulgŭrat ¶ **1** intr. [n'est usité qu'à la 3e pers.], briller [comme l'éclair], étinceler: Stat. *Th.* 7, 502 ¶ **2** tr., remplir de clarté, éclairer, illuminer: Val.-Flac. 3, 119.

praefulsi, parf. de *praefulcio* et *praefulgeo*.

praefultus, a, um, part. de *praefulcio*.

praefundō, ĭs, ĕre, -, fūsum, tr., arroser préalablement: Cael.-Aur. *Chron.* 2, 7, 110 ‖ répandre préalablement: Cael.-Aur. *Chron.* 5, 10, 124.

praefurnĭum, ĭī, n. (*prae furno*), bouche de four: Cat. *Agr.* 38, 1 ‖ chambre de chauffe [dans les bains]: Vitr. 5, 10, 2.

praefŭrō, ĭs, ĕre, -, -, intr., être en furie: Stat. *Th.* 2, 420.

praefuscus, a, um, très brun, très noir [al. *perfuscus*]: Manil. 4, 721.

praegaudĕō, ēs, ēre, -, -, intr., se réjouir extrêmement de: Sil. 15, 307.

praegĕlĭdus, a, um, très froid, glacial: Liv. 21, 54, 7; Plin. 9, 57.

praegĕnĕrātus, a, um, engendré auparavant [fig.]: Prosp. *Epit.* 2.

praegermĭnō, ās, āre, -, -, intr., germer hâtivement: Plin. 16, 119.

praegĕrō, ĭs, ĕre, -, gestum, tr., porter devant, présenter à: Apul. *M.* 4, 31.

praegesta, ōrum, n. pl., ce qui a été fait auparavant: Cael.-Aur. *Chron.* 1, 5, 150.

praegestĭō, ĭs, īre, -, -, intr., désirer vivement [avec inf.]: Cic. *Cael.* 67; Hor. *O.* 2, 5, 7.

praeglōrĭōsus, a, um, très illustre ‖ **-sissimus** CIL 6, 1710.

praegnans, tis (de *praegnas*; cf. it. *pregno*), qui est près de produire: *praegnans uxor* Cic. *de Or.* 1, 183, femme enceinte; *equa* Plin. 10, 190, jument pleine ‖ *lapis praegnans* Plin. 10, 102, pierre qui en contient une autre ‖ enflé, gonflé, plein, rempli: *praegnans cucurbita* Col. 10, 380, la gourde au ventre arrondi ‖ [fig.] *plagae praegnantes* Pl. *As.* 276, coups qui feront des petits [qui seront suivis de beaucoup d'autres].

praegnās, ātis (*prae* et *natio*, cf. *gnascor, gnatus, gigno*), V. *praegnans*: Pl. *Truc.* 199; 811; Ter. *Hec.* 641; *Cic. *Div.* 2, 145.

praegnātĭō, ōnis, f. (*praegnas*), grossesse: Apul. *M.* 1, 9; 5, 16 ‖ gestation: Varr. *R.* 2, 1, 18 ‖ production [des arbres]: Varr. *R.* 1, 44, 4 ‖ [fig.] principe fécondant, source féconde: Ps. Apul. *Asclep.* 41.

praegnātŭs, ūs, m., gestation: Tert. *Marc.* 3, 13, 5.

praegnax, ācis, fécond [fig.]: Fulg. *Myth.* 2, 3.

praegnō, ās, āre, -, -, tr., rendre enceinte: Drac. *Romul.* 10, 577.

praegrăcĭlis, e, très grêle, très fluet: Tac. *An.* 4, 57.

praegrădō, ās, āre, -, -, tr., devancer, précéder: Pacuv. *Tr.* 48.

praegrandis, e, très grand, démesuré, énorme, colossal: Pacuv. *Tr.* 37; Plin. 13, 138 ‖ *praegrandis senex* Pers. 1, 124, le vieillard qui surpasse tous les autres (sublime), = Aristophane.

praegrātus, a, um, très agréable: Juvc. 1, 604.

praegrăvĭdus, a, um, très lourd: *Stat. *Th.* 6, 700.

praegrăvis, e ¶ **1** très lourd: Liv. 44, 4, 10; Ov. *H.* 9, 98 ‖ alourdi, chargé de: Tac. *H.* 2, 21 ¶ **2** [fig.] pesant, pénible, incommode: Plin. *Pan.* 57, 4; *praegraves delatores* Tac. *An.* 4, 71, délateurs insupportables; *alicui praegravis* Tac. *An.* 11, 19, à charge pour qqn.

praegrăvō, ās, āre, āvī, ātum ¶ **1** tr., surcharger: Liv. 5, 34, 3; 7, 23, 9 ‖ dépasser en poids: Plin. 17, 184 ‖ [fig.] éclipser, écraser: Hor. *Ep.* 2, 1, 13 ‖ opprimer: Greg.-M. *Ep.* 3, 5 ¶ **2** intr., être prépondérant **a)** avoir trop de poids: *praegravantes aures* Col. 7, 6, 2, oreilles trop pesantes = pendantes **b)** l'emporter: Sen. *Clem.* 1, 24, 1; Suet. *Caes.* 76.

praegrĕdĭor, dĕris, dī, gressus sum (*prae, gradior*) ¶ **1** intr., marcher devant, précéder, devancer [abst]: Cic. *Phil.* 13, 4; Caes. *C.* 3, 77, 3; *gregi* Varr. *R.* 2, 7, 6, marcher à la tête du troupeau ¶ **2** tr., *aliquem*: Liv. 36, 31, 7; 37, 6, 4; Suet. *Tib.* 7 ‖ dépasser: Liv. 35, 30, 11 ‖ [fig.] surpasser: Ps. Sall. *Caes.* 1, 1, 2.

praegressĭō, ōnis, f., action de précéder: Cic. *Tusc.* 1, 62 ‖ [fig.] *sine praegressione causae* Cic. *Fat.* 44, sans une cause préalable.

1 praegressus, a, um, part. de *praegredior*.

2 praegressŭs, ūs, m., action de précéder: *rerum praegressus* Cic. *Off.* 1, 11, les faits qui précèdent les choses, les antécédents des choses, cf. Amm. 21, 5, 13.

praegŭbernans, tis, qui va devant pour guider: Sidon. *Ep.* 5, 13, 1.

praegustātīvus, a, um, que l'on goûte préalablement: Fulg. *Serm.* 40.

praegustātŏr, ōris, m., esclave chargé de goûter préalablement les plats [dégustateur]: Suet. *Cl.* 44 ‖ [fig.] celui qui a les prémices de: Cic. *Dom.* 25.

praegustō, ās, āre, āvī, ātum, tr., goûter le premier ou préalablement: Plin. 21, 12; Juv. 6, 633 ‖ prendre à l'avance [un antidote]: Juv. 6, 660.

praegypsō, ās, āre, -, -, tr., enduire auparavant de plâtre: Cael.-Aur. *Chron.* 3, 2, 42.

praehendo, V. *prehendo*.

praehĭbĕō, ēs, ēre, ŭī, ĭtum (*prae, habeo*), tr., fournir, administrer, donner: *alicui cibum, vestem* Pl. *Ps.* 368; 182, fournir des aliments, des vêtements; *verba* Pl. *Ru.* 138, parler.

praehŏnōrābĭlis, e, très honorable: Theod.-Mops. *Gal.* 4, 24.

praehŏnōrātĭō, ōnis, f., action d'honorer en première ligne: Theod.-Mops. *Gal.* 6, 17.

praehŏnōrō, ās, āre, -, -, tr., honorer en premier, par-dessus tout: Theod.-Mops. *Gal.* 1, 2.

praeĭens, euntis, part. de *praeeo*, v. ce mot.

praeinfūsus, a, um, préalablement infusé: Cael.-Aur. *Acut.* 2, 24, 136.

praeinstrŭō, ĭs, ĕre, -, -, tr., instruire préalablement: Iren. 4, 10, 1.

praeintellĕgō, ĭs, ĕre, -, -, tr., voir d'avance, prévoir: Boet. *Porph. com. pr.* 2, 29.

praeisti, de *praeeo*.

praeĭtor, ōris, m., le Précurseur [s. Jean-Baptiste]: Hil. *Matth.* 11, 1.

praejăcĕō, ēs, ēre, ŭī, - ¶ **1** intr., être situé devant [avec dat.]: Plin. 3, 32; 4, 75 ¶ **2** tr., *castra* Tac. *An.* 12, 36, s'étendre devant le camp.

praejăcĭō, *ĭs*, *ĕre*, -, *jactum*, tr., jeter en avant : COL. 8, 17, 10 ‖ [fig.] DICT. 2, 24.

praejactō, *ās*, *āre*, *āvī*, *ātum* (fréq. de *praejacio*), tr., dire ou débiter avec jactance : SCHOL. BOB. CIC. Planc. 24.

praejectīvus, *a*, *um* (*praejicio*), susceptible d'être placé devant [avec dat.] : SCAUR. 7, 17, 1.

1 praejectus, *a*, *um*, part. de *praejacio*, *praejicio*.

2 Praejectus, *i*, m. (1 *praejectus* ; fr. St-Priest, fr. St-Prix), nom d'homme [littér^t " exposé " (enfant)] : CIL 15, 7172 ‖ saint du 7e s., v. 3 *Projectus*.

praejĭcĭō (praeic-), *ĭs*, *ĕre*, -, -, c. *praejacio* : FEST. 292, 17.

praejūdex, *ĭcis*, m., juge en premier ressort : GLOSS. 2, 417, 13.

praejūdĭcātum, *i*, n., chose jugée d'avance : LIV. 26, 2, 4 ‖ [fig.] préjugé, prévention : CIC. Clu. 6.

praejūdĭcātus, *a*, *um*, part.-adj. de *praejudico*, préjugé : *praejudicata opinio* CIC. Nat. 1, 10, opinion toute faite ‖ de qui on préjuge bien : *praejudicatissimus vir* SIDON. Carm. 22, ep. 6, homme sur qui l'on fonde les plus hautes espérances.

praejūdĭcĭālis, *e* (*praejudicium*) ¶ **1** relatif à un premier jugement : COD. TH. 11, 30, 50 ‖ préjudiciel, provisoire, préparatoire : COD. JUST. 4, 6, 13 ; SYMM. Ep. 10, 51 ¶ **2** qui cause du préjudice, préjudiciable : GREG.-M. Ep. 9, 214, p. 200, 22.

praejūdĭcĭālĭtĕr, adv., en causant un préjudice : CASSIOD. Anim. 11.

praejūdĭcĭum, *ii*, n. ¶ **1** jugement préalable, décision antérieure : CIC. Verr. 3, 152 ; Clu. 59 ; Mur. 60 ¶ **2** action de préjuger, de présumer : *vestri facti praejudicio* CAES. C. 2, 32, 3, en présumant les conséquences de votre action ‖ précédent : PLIN. Ep. 5, 1, 2 ¶ **3** préjudice : SEN. Ben. 4, 35, 2 ; GELL. 2, 2, 7 ¶ **4** enquête préalable, question préjudicielle : DIG. 3, 3, 35, 2 ‖ avantage, privilège : COD. JUST. 10, 32, 43.

praejūdĭcō, *ās*, *āre*, *āvī*, *ātum*, tr. ¶ **1** juger préalablement, en premier ressort : CIC. Verr. 3, 153 ; Inv. 2, 60 ; *re semel atque iterum praejudicata* CIC. Clu. 49, l'affaire ayant été tranchée par deux arrêts antérieurs ¶ **2** [avec dat.] porter préjudice, préjudicier à : DIG. 42, 1, 63.

praejūrātĭō, *ōnis*, f., action de dicter la formule du serment : P. FEST. 250, 18.

praejŭvō, *ās*, *āre*, *jūvī*, -, tr., aider auparavant : TAC. H. 3, 65.

praelābor, *ĕrĭs*, *lābī*, *lapsus sum*, tr. ¶ **1** glisser devant, passer rapidement devant ou le long de, raser : VIRG. G. 3, 180 ‖ [fig.] *eruditas mentes praelabi* PETR. 99, 3, glisser sur les esprits cultivés ‖ couler devant, baigner : LUC. 9, 355 ‖ [fig.] s'écouler, s'enfuir [en parl. du temps] : COL. 11, 1, 29 ¶ **2** se glisser devant, chercher à arriver le premier : TAC. H. 2, 35.

praelambō, *ĭs*, *ĕre*, -, -, tr., déguster (goûter) auparavant : HOR. S. 2, 6, 109 ‖ [fig.] baigner, arroser : PRUD. Ham. 357.

praelapsus, *a*, *um*, part. de *praelabor*.

praelargus, *a*, *um*, très abondant : JUVC. 3, 753 ‖ [fig.] *animae praelargus* PERS. 1, 14, qui a beaucoup de souffle.

praelassātus, *a*, *um*, fatigué d'avance : FRONTIN. Strat. 2, 5, 47.

praelātĭō, *ōnis*, f. (*praefero*), action de préférer, préférence, choix : VAL.-MAX. 7, 7, 4 ; TERT. Apol. 13, 2.

praelātīvus, *a*, *um*, prépositif [gram.] : PS. ASPER 5, 553, 18 ‖ supérieur [en parlant du comparatif] : POMP.-GR. 5, 151, 21.

praelātŏr, *ōris*, m. (*praefero*), celui qui préfère : TERT. Pud. 2, 6.

1 praelātus, *a*, *um*, part.-adj. de *praefero* : *praelatior* TERT. Marc. 1, 9, 4 ; 3, 24, 8, préférable, supérieur.

2 praelātŭs, *ūs*, m., action de porter devant : PS. AUG. Serm. 155, 11.

praelautus, *a*, *um*, fastueux : SUET. Ner. 30.

1 praelăvō, *ĭs*, *ĕre*, -, -, tr., laver auparavant : APUL. Apol. 8.

2 praelăvō, *ās*, *āre*, -, *ātum*, c. 1 *praelavo* : THEOD.-PRISC. 1, 82.

praelaxātus, *a*, *um*, déjà soulagé : CAEL.-AUR. Chron. 2, 1, 27.

praelectĭō, *ōnis*, f. (2 *praelĕgo*), explications préalables [d'un maître] : QUINT. 1, 2, 15.

praelectŏr, *ōris*, m. (2 *praelĕgo*), maître qui explique en lisant : GELL. 18, 5, 6.

praelectus, *a*, *um*, part. de 2 *praelego*.

praelēgātĭō, *ōnis*, f., reprise [d'une dot] en vertu d'un testament, prélegs [al. *relegatio*] : ULP. Dig. 33, 4, 1.

1 praelĕgō, *ās*, *āre*, *āvī*, *ātum*, tr., [droit] préléguer, léguer par préciput, par privilège : PLIN. 33, 38.

2 praelĕgō, *ĭs*, *ĕre*, *lēgī*, *lectum*, tr. ¶ **1** choisir d'avance : APUL. M. 7, 11 ‖ côtoyer, longer : TAC. An. 6, 1 ¶ **2** lire [le premier] en expliquant, expliquer [un auteur] : QUINT. 1, 5, 11 ; SUET. Gram. 16.

praelĕvō, *ās*, *āre*, -, -, tr., lever d'abord ou auparavant : VL. Psal. 67, 32.

praeliā-, v. *proel-*.

praelībātĭō, *ōnis*, f. ¶ **1** action d'effleurer : AMBR. Isaac 3, 8 ¶ **2** offrande préalable [faite aux dieux] : P. FEST. 267, 1 ‖ [fig.] anticipation : TERT. Anim. 58, 2.

praelībĕr, *ĕra*, *ĕrum*, entièrement libre : PRUD. Apoth. 87.

praelībō, *ās*, *āre*, -, -, tr., déguster, goûter avant : STAT. S. 3, 4, 60 ‖ [fig.] parcourir [des yeux], examiner : STAT. Ach. 2, 88 ‖ effleurer, dire succinctement : TREB. Tyr. 13, 1.

praelĭcentĕr, adv., avec une très grande liberté : GELL. 16, 7, 1.

praelĭgāmĕn, *ĭnis*, n., amulette : M.-EMP. 8, 59.

praelĭgānĕum vinum, n. (*prae*, 2 *lego*), vin provenant de raisins cueillis trop tôt : CAT. Agr. 23, 2.

praelĭgō, *ās*, *āre*, *āvī*, *ātum*, tr. ¶ **1** lier par-devant ou par-dessus : LIV. 22, 16, 7 ; PLIN. 29, 38 ‖ lier autour : SUET. Caes. 79 ¶ **2** couvrir, envelopper, bander : CIC. Inv. 2 ; 149 ; PLIN. 28, 63 ; PETR. 102, 16 ; [fig.] *praeligatum pectus* PL. Bac. 136, cœur endurci [blindé].

praelīnĕō, *ēs*, *ēre*, -, -, tr., esquisser d'avance : PAUL.-NOL. Ep. 23, 14.

praelĭnītus, *a*, *um*, enduit préalablement : CAEL.-AUR. Chron. 2, 4, 80.

praelĭnō, *ĭs*, *ĕre*, -, *lĭtum*, tr., enduire par-devant : GELL. 12, 23, 1 ‖ GELL. 7, 4, 11.

praelĭor, **praelĭum**, v. *proel-*.

praelĭquātus, *a*, *um*, clarifié préalablement : CAEL.-AUR. Chron. 5, 10, 108.

praelŏcō, *ās*, *āre*, *āvī*, *ātum*, tr., placer par-devant, en avant : CAPEL. 5, 522 ‖ mettre avant, préposer : TER.-MAUR. 6, 334, 290.

praelŏcūtĭō, *ōnis*, f., le fait de parler avant : SEN. Contr. 3, pr. 11 ‖ [fig.] préambule : AUG. Doctr. 4, 2.

praelongō, *ās*, *āre*, *āvī*, -, tr., allonger beaucoup : PLIN. 11, 3.

praelongus, *a*, *um*, très long : LIV. 22, 46, 5 ; [en parl. d'un homme] QUINT. 6, 3, 67 ‖ [fig.] prolixe : QUINT. 10, 3, 32.

praelŏquĭum, *ii*, n., préambule, exorde : ENNOD. Ep. 2, 10.

praelŏquŏr, *quĕrĭs*, *quī*, *lŏcūtus* (*lŏquūtus*) *sum* ¶ **1** intr., parler le premier : PL. Ru. 119 ; PLIN. Ep. 8, 21, 3 ‖ faire un préambule : QUINT. 5, 13, 60 ; PLIN. Ep. 3, 4, 3 ; 4, 5, 3 ¶ **2** tr., dire en préambule : QUINT. 4, 1, 2.

praelūbrĭcus, *a*, *um*, très mobile : ENNOD. Carm. 2, 46, 1.

praelūcĕō, *ēs*, *ēre*, *lūxī*, - ¶ **1** intr. **a)** intr., luire devant : MART. 12, 42, 3 ‖ porter une lumière devant : SUET. Aug. 29 ; *alicui* STAT. S. 1, 2, 89, éclairer qqn **b)** briller davantage, surpasser en éclat : HOR. Ep. 1, 1, 83 **c)** briller vivement, d'un grand éclat : PLIN. 32, 141 ¶ **2** tr., faire briller en avant [fig.] : CIC. Lae. 23 ; AUS. Nepot. (322), 95.

praelūcĭdus, *a*, *um*, très brillant : PLIN. 37, 88.

praelūdō, *ĭs*, *ĕre*, *lūsī*, *lūsum* ¶ **1** intr., préluder : PLIN. 37, 19 ‖ [fig.] préluder à [avec dat.] : GELL. 19, 11, 2 ¶ **2** tr., *pugnam* RUTIL. 1, 257, préluder au combat ‖ faire en manière de prélude : *aliquid alicui rei* STAT. S. 1, pr., écrire une préface à qqch.

praelumbō, *ās*, *āre*, -, -, tr., éreinter, échiner, rouer de coups : NOV. Com. 93.

praelūmĭnātus, *a, um*, préalablement éclairci, expliqué : Tert. *Res.* 33, 5.

praelūsī, parf. de *praeludo*.

praelūsĭo, *ōnis*, f. (*praeludo*), prélude [à un combat] : Plin. *Ep.* 6, 13, 6 ; M.-Emp. 20, 5 ; ▶ *prolusio*.

praelūsōrĭus, *a, um*, servant de prélude : Ambr. *Hel.* 13, 47.

praelustris, *e*, très lumineux, très brillant : Ov. *Tr.* 3, 4, 5.

praeluxī, parf. de *praeluceo*.

praemăcĕrō, *ās, āre, -, -,* intr., macérer auparavant : Scrib. 193.

praemădĭdus, *a, um*, très humide, empli à ras bords de : Cypr.-Gall. *Num.* 136.

praemălĕdīcō, *is, ĕre, -, -,* tr., maudire d'avance : Tert. *Marc.* 5, 3, 10.

praemandāta, *ōrum*, n. pl. (*praemando*), mandat d'arrêt : Cic. *Planc.* 31.

1 **praemandō**, *ās, āre, āvī, ātum,* tr., recommander d'avance, [droit, avec *ut*] ordonner par mandat de réquisition que [v. *praemandata*] : Vatin. *Fam.* 5, 9, 2 ‖ commander, procurer d'avance : Pl. *Truc.* 403 ‖ recommander d'avance qqn : Pl. *Trin.* 335.

2 **praemandō**, *is, ĕre, -, -,* tr., mâcher auparavant ‖ [fig.] expliquer en détail : Gell. 4, 1, 11.

praemātūrē, adv., prématurément, trop tôt : Pl. *Most.* 500 ; Gell. 10, 11, 8 ‖ *-rĭus* Dig. 45, 1, 118.

praemātūrus, *a, um*, précoce, hâtif : Col. 11, 3, 51 ‖ [fig.] prématuré : Planc. *Fam.* 10, 8 ; Plin. 7, 171 ; Tac. *An.* 1, 30.

praemĕdĭcātus, *a, um*, qui a pris un remède préventif : Ov. *H.* 12, 15 ; Tert. *Jejun.* 12, 3.

praemĕdĭtātĭo, *ōnis*, f., action de méditer d'avance sur, prévision : Cic. *Tusc.* 3, 29 ; 34.

praemĕdĭtātōrĭum, *ii*, n., lieu de préparation : Tert. *Jejun.* 6, 1.

praemĕdĭtor, *āris, ārī, ātus sum,* tr., méditer d'avance, se préparer par la réflexion ; [avec prop. inf.] songer d'avance que : Cic. *Phil.* 11, 7 ; [avec interrog. indir.] Cic. *Att.* 6, 3, 4 ‖ [avec *ante*] Liv. 40, 23, 6, concerter d'avance ‖ [abs^t] préluder [sur la lyre] : Tac. *An.* 14, 15.
▶ *praemeditatus*, sens pass., " médité d'avance " : Cic. *Tusc.* 3, 32.

praemĕmŏr, *ŏris*, qui se souvient bien : Anth. 305, 7.

praemĕmŏrō, *ās, āre, -, -,* rappelé avant : Ambrosiast. *Gal.* 1, 12.

praemercŏr, *āris, ārī, ātus sum,* tr., acheter auparavant : Pl. *Ep.* 407.

praemergō, *is, ĕre, -, mersum,* tr., plonger auparavant : Germ. *Arat.* 639.

praemētātus, *a, um*, part. de *praemetor*, [passiv^t] mesuré précédemment : Capel. 8, 811.

praemĕtĭum, *ii*, n. (*praemeto*), prémices de la moisson : P. Fest. 267, 1.

praemĕtō, *is, ĕre, -, -,* tr., couper les prémices de la moisson : P. Fest. 267, 1.

praemētŏr, *āris, ārī, ātus sum,* tr., mesurer auparavant, tracer le plan de : Capel. 1, 8 ; 8, 8115.
▶ part. parf. de sens passif.

praemĕtŭentĕr, avec une grande appréhension : Lucr. 4, 821.

praemĕtŭō, *is, ĕre, -, -,* tr., craindre d'avance, appréhender : *suis* Caes. *G.* 7, 49, 1, craindre d'avance pour les siens, cf. Lucr. 3, 1019 ; Virg. *En.* 2, 572 ‖ *praemetuens doli* Phaed. 1, 16, 4, soupçonnant un piège.

praemĭālis, *e* (*praemium*), qui récompense : Aug. *Jul. op. imp.* 6, 36.

praemĭātŏr, *ōris*, m., celui qui récompense : Ambr. *Psalm.* 36, 57.

praemĭātrix, *īcis*, f., celle qui récompense : Amm. 14, 11, 25.

praemĭcō, *ās, āre, -, -,* intr., briller devant, resplendir : Apul. *M.* 5, 20, 2 ; Prud. *Perist.* 1, 84.

praemĭgrō, *ās, āre, -, -,* intr., se retirer auparavant, déloger : Plin. 88, 103.

praemĭnĕō, ▶ *praeemineo*.

praemĭnistĕr, *tri*, m., ministre [de], serviteur : Macr. *Sat.* 3, 8, 6.

praemĭnistra, *ae*, f., servante [d'une déesse] : Macr. *Sat.* 3, 8, 6 ‖ [fig.] ministre, instrument : Apul. *Apol.* 8, 3.

praemĭnistrātĭo, *ōnis*, f., service anticipé : Aug. *Serm. Dolbeau* 3, 15.

praemĭnistrō, *ās, āre, -, -* ¶ 1 intr., être près de qqn pour le servir, être serviteur [avec dat.] : Gell. 12, 3, 3 ¶ 2 tr., procurer d'avance : Gell. 1, 11, 10 ; Tert. *Apol.* 21, 14.

praemĭnŏr, *āris, ārī, ātus sum,* [même constr. que *minor*], menacer d'avance : Apul. *M.* 5, 19 ; Tert. *Marc.* 5, 19, 8.

praemĭō, *ās, āre, -, -,* tr., récompenser : Aug. *Serm.* 161, 3 Mai.

praemĭŏr, *āris, ārī, -,* tr., stipuler un gain : Suet. *Tit.* 7.

praemĭōsus, *a, um*, riche, opulent : Cat. d. Fest. 280, 12 ; P. Fest. 281, 2.

praemīsī, parf. de *praemitto*.

praemissĭo, *ōnis*, f., énonciation préliminaire : Pomp.-Gr. 5, 282, 16 ‖ action de placer devant : Cael.-Aur. *Acut.* 1, 3, 36.

praemissus, *a, um*, part. de *praemitto*.

praemistus, ▶ *praemixtus*.

praemītis, *e*, très doux, très pacifique : Juvc. 3, 635.

praemitto, *is, ĕre, mīsī, missum,* tr., envoyer devant ou préalablement : Caes. *G.* 2, 19 ; 4, 11, 2 ; Cic. *Cat.* 1, 24 ; *praemittebat de stipatoribus suis qui scrutarentur* Cic. *Off.* 2, 25, il envoyait auparavant quelques-uns de ses gardes pour explorer ; *praemittit ad Boios, qui ... hortentur* Caes. *G.* 7, 10, 3, il dépêche d'avance chez les Boïens des messagers pour les exhorter ‖ [avec prop. inf.] annoncer d'avance que : Caes. *C.* 2, 20, 6 ‖ [fig.] *praemissa voce* Suet. *Cal.* 58, après avoir prononcé cette parole ; *cogitationes in longinqua praemittimus* Sen. *Ep.* 5, 7, nous lançons nos pensées loin dans l'avenir ‖ placer devant : Ter.-Maur. 6, 379, 1803 ‖ voir mourir devant soi : Tert. *Ux.* 1, 5, 1.

praemĭum, *ii*, n. (*prae, emo* ; it. *premio*, fr. *prime*), ce qu'on prend avant les autres ¶ 1 prérogative, avantage, faveur : *praemia vitae* Lucr. 3, 899, les avantages de la vie, cf. Cic. *Tusc.* 5, 20 ; *legis praemio* Cic. *Acut.* 2, 1, par le bénéfice de la loi ; *praemia* Hor. *S.* 1, 6, 35 ; *Ep.* 1, 9, 11, privilèges ¶ 2 récompense : *virtutis* Cic. *Brut.* 281, récompense décernée à la vertu, cf. Cic. *Mil.* 97 ; *praemia dare alicui pro aliqua re* Cic. *Mur.* 8, accorder à qqn des récompenses pour qqch., cf. Cic. *Cat.* 4, 5 ; *praemiis adficere, donare aliquem* Cic. *Pis.* 90 ; *Arch.* 5, gratifier qqn de récompenses ; *alicui laborum praemia persolvere* Cic. *Planc.* 101, récompenser qqn de ses peines ; *persuadere alicui magnis praemiis et pollicitationibus* Caes. *G.* 3, 18, 2, persuader qqn par des présents et des promesses considérables ¶ 3 prélèvement, butin : *praemia pugnae* Virg. *En.* 11, 78, dépouilles du combat, cf. Ov. *M.* 6, 518 ; 13, 414 ; Tac. *H.* 1, 51 ‖ butin à la chasse : Hor. *Epo.* 2, 36.

praemixtus, *a, um*, mélangé auparavant : Apic. 175 ; Cael.-Aur. *Chron.* 4, 3, 63.

praemŏdĕrans, *tis* (*prae, moderor*), qui règle préalablement : Gell. 1, 11, 6.

praemŏdŭlātus, *a, um* (*prae, modulor*), qui a réglé d'avance [son geste] : Quint. 11, 3, 109.

praemŏdŭm, adv., outre mesure : Andr. d. Gell. 6, 7, 12.

praemoenĭo, ▶ *praemunio*.

praemŏlestĭa, *ae*, f., chagrin anticipé [mot forgé] : Cic. *Tusc.* 4, 64.

praemŏlĭor, *īris, īrī, -,* tr., disposer, préalablement : Liv. 28, 17, 4.

praemollĭō, *īs, īre, -, ītum,* tr., adoucir d'avance : Quint. 2, 9, 3 ‖ [fig.] Quint. 4, 3, 10.

praemollis, *e*, très mou, très tendre : Plin. 9, 165 ‖ [fig.] très doux, très agréable : Quint. 9, 4, 65.

praemollītus, *a, um*, part. de *praemollio*.

praemŏnĕō, *ēs, ēre, ŭī, ĭtum,* tr. ¶ 1 annoncer d'avance, avertir auparavant, prévenir : *aliquem ut* Cic. *Verr. prim.* 23, avertir qqn de ; [avec subj. seul] Plin. *Ep.* 6, 22, 7 ; *de re* Cic. *Har.* 10, avertir d'une chose ¶ 2 prédire, présager : Just. 43, 1, 8 ; Plin. 2, 147 ; 8, 102 ; Ov. *M.* 15, 784.

praemŏnĭtĭo, ōnis, f., avertissement [préalable] : Tert. Marc. 2, 4, 6.

praemŏnĭtŏr, ōris, m., celui qui avertit, qui prévient : Apul. Socr. 16.

praemŏnĭtōrĭus, a, um, qui avertit : Tert. Anim. 3, 1.

1 praemŏnĭtus, a, um, part. de praemoneo, n., *praemonitum*, avertissement : Gell. 14, 2, 3.

2 praemŏnĭtŭs, ūs, m., avertissement [préalable] : Ov. M. 15, 800.

praemonstrātĭo, ōnis, f., indication antérieure : Lact. Inst. 7, 14, 12.

praemonstrātŏr, ōris, m., guide : Ter. Haut. 875.

praemonstro, ās, āre, āvī, ātum, tr., montrer d'avance : Pl. Pers. 148 ; *viam* Lucr. 6, 93, montrer la route ‖ annoncer, présager : Cic. Har. 21.
▶ *praemostro* Pl. Trin. 342.

praemŏnŭī, parf. de praemoneo.

praemordĕō, ēs, ēre, mordī, morsum, tr., mordre par le bout, mordre : Luc. 6, 567 ; Sen. Clem. 1, 5, 5 ‖ [fig.] rogner, retrancher : Juv. 7, 217.
▶ pqp. *praemorsisset* Pl. d. Gell. 6, 9, 7.

praemŏrĭor, rĕrĭs, mŏrī, mortŭus sum, mourir prématurément : Ov. H. 8, 121 ‖ [fig.] se perdre, baisser : *visus praemoritur* Plin. 7, 168, la vue se perd, baisse.

praemorsi, V.▶ praemordeo ▶.

praemorsus, part. de praemordeo.

praemortŭus, a, um, part.-adj. de praemorior, déjà mort : Ov. Am. 3, 7, 65 ‖ [fig.] épuisé, éteint : *praemortui esse pudoris* Liv. 3, 72, 5, avoir perdu toute pudeur.

praemostro, ās, āre, -, -, C.▶ praemonstro : *Pl. Trin. 342.

praemŏvĕō, ēs, ēre, -, mōtum, tr., mouvoir en avant : Cael.-Aur. Chron. 1, 5, 168 ‖ -*motus* Cael.-Aur. Chron. 5, 7, 81.

praemulcĕō, ēs, ēre, -, mulsum, tr., *praemulsis antiis* Apul. Flor. 3, 10, les cheveux sur le front ayant été arrangés devant.

praemundātus, a, um, préalablement nettoyé : Theod.-Prisc. 1, 32.

praemūnĭō (-moenĭō), īs, īre, īvī, ītum, tr., fortifier d'avance [un lieu] : Caes. C. 3, 58, 1 ; Tac. H. 3, 21 ‖ [fig.] prémunir, protéger : Suet. Cal. 29 ; Cic. de Or. 3, 32 ‖ [abs¹] (avec *ante*) Cic. Or. 137, prévenir des attaques ‖ mettre en avant en guise de défense : Cic. Cael. 19 ‖ *praemuniri* [avec dat.] être mis en avant de qqch. : Cic. Leg. 1, 34.

praemūnītĭo, ōnis, f., protection : Ambr. Isaac 4, 37 ‖ préparation, précaution oratoire : Cic. de Or. 2, 304 ; 3, 204.

praemūnītus, a, um, part. de praemunio.

praenarrō, ās, āre, -, -, tr., raconter auparavant : Ter. Eun. 982.

praenascŏr, scĕrĭs, scī, -, intr., naître auparavant : Aug. Catech. 3, 6.

praenătō, ās, āre, -, - ¶1 intr., nager devant : Plin. 9, 146 ¶2 tr., couler le long de, baigner : Virg. En. 6, 705.

praenāvĭgātĭo, ōnis, f., action de naviguer devant, de côtoyer en naviguant : Plin. 4, 57.

praenāvĭgō, ās, āre, āvī, ātum ¶1 intr., naviguer devant : Sen. Ep. 51, 12 ; Plin. 6, 146 ¶2 tr., *litus* Mel. 2, 45, longer la côte ‖ [fig.] *praenavigamus vitam* Sen. Ep. 70, 1, nous avons côtoyé la vie ‖ **praenavigantes**, ium, m., les navigateurs qui passent : Sen. Marc. 18, 7.

praendo, V.▶ prehendo ▶.

praenĕcō, ās, āre, -, -, tr., tuer à l'avance : Cassian. Inst. 11, 17, 2.

Praeneste, is, n. (f., Virg. En. 8, 561), Préneste, ville du Latium [auj. Palestrina] Atlas XII, E4 : Cic. Cat. 1, 8 ; Virg. En. 7, 682 ; Hor. O. 3, 4, 22 ‖ -**īnus**, a, um, de Préneste : Cic. Agr. 2, 78 ‖ subst. m. pl., habitants de Préneste : Liv. 6, 21.

Praenestīna nux, f., V.▶ *avellana* : Cat. Agr. 8.

praenexus, a, um, lié par-devant : Solin. 1, 6.

praenĭmis, beaucoup trop, par trop : Gell. 19, 10, 9.

praenĭmĭum, ii, n., C.▶ praenimis : Char. 235, 12.

praenĭtĕō, ēs, ēre, ŭī, -, intr., se signaler par son éclat : Plin. 2, 42 ‖ [fig.] Vell. 2, 39, 2 ; 2, 35, 1 ‖ *alicui* Hor. O. 1, 33, 4, l'emporter sur qqn.

praenōbĭlis, e, très célèbre : Prud. Ham. 698 ‖ très renommé pour, très efficace : Apul. M. 10, 25, 3 ‖ -**lior** Apul. Flor. 16, 31.

praenōmĕn, ĭnis, n. (prae nomine), prénom : Cic. Fam. 7, 32, 1 ‖ titre : *praenomen imperatoris* Suet. Tib. 26, titre d'empereur.

praenōmĭnātīvus, a, um, qui marque le *praenomen* : Consent. 5, 339, 13.

praenōmĭnō, ās, āre, -, - (praenomen), tr., donner le prénom de : Varr. d. Non. 352, 29 ‖ -*ātus*, surnommé : Greg.-M. Ep. 9, 197.

praenoscentĭa, ae, f., connaissance anticipée, pronostic : Vindic. Med. 40.

praenoscō, ĭs, ĕre, nōvī, nōtum, tr., connaître par avance, apprendre d'avance : Cic. Div. 1, 82 ; 2, 130 ; Suet. Ner. 56.

praenosse, inf. parf. sync. de praenosco : Stat. Th. 3, 490.

praenŏtātĭo, ōnis, f., action de noter d'avance : Facund. Def. 5, 3.

praenŏtātus, a, um, part. de praenoto.

praenŏtĭo, ōnis, f., connaissance anticipée (πρόληψις) : Cic. Nat. 1, 44.

praenŏtō, ās, āre, āvī, ātum, tr. ¶1 marquer en avant, faire une marque à, noter : Apul. M. 11, 22, 8 ‖ marquer en tête, intituler : Aug. Civ. 8, 14 ¶2 désigner d'avance, prédire : Tert. Jud. 14, 1 ¶3 noter, prendre note : Apul. M. 6, 25.

praenūbĭlus, a, um, très obscur, très sombre : Ov. Am. 3, 13, 7.

praenūbō, ĭs, ĕre, -, -, tr., voiler par devant : Cypr.-Gall. Lev. 98 ‖ intr., se marier d'avance : *omnia in his (virginibus) praenupserunt* Tert. Or. 22, 10, le mariage est déjà anticipé dans tout leur être [elles sentent leur nubilité].

praenuncŭpō, ās, āre, -, -, tr., nommer d'avance : Prud. Cath. 7, 179.

praenuntĭa, ae, f., celle qui annonce, qui présage : Cic. Mur. 44 ; Nat. 2, 14 ; Ov. F. 6, 207.

praenuntĭātĭo, ōnis, f., prédiction : Tert. Anim. 46, 12.

praenuntĭātīvus, a, um, qui annonce, qui avertit : Aug. Faust. 6, 9.

praenuntĭātŏr, ōris, m., qui prédit, prophète : Aug. Conf. 9, 5.

praenuntĭātrix, īcis, f., celle qui annonce d'avance : Prud. Perist. 2, 30.

praenuntĭō, ās, āre, āvī, ātum, tr., annoncer d'avance, prévenir de, prédire : Cic. Div. 1, 12 ‖ annoncer, signaler : Plin. 16, 223 ; 36, 83.

1 praenuntĭus, a, um, qui annonce, qui présage : Sen. Ir. 3, 10, 2 ; Plin. 2, 181 ; 2, 200.

2 praenuntĭus, ii, m., précurseur, avant-coureur : Lucr. 5, 737 ‖ celui qui annonce, messager : Ov. F. 2, 767.

praeobtūrans, tis, qui bouche par-devant : Vitr. 10, 7, 1.

1 praeoccĭdō, ĭs, ĕre, -, -, intr., se coucher auparavant [en parl. des astres] : Plin. 18, 285.

2 praeoccĭdō, ĭs, ĕre, -, -, tr., tuer auparavant : Don. Ad. 559.

praeoccŭpātĭo, ōnis, f., occupation préalable [d'un lieu] : Nep. Eum. 3, 6 ‖ occlusion intestinale : Veg. Mul. 1, 40, 3 ‖ prolepse [rhét.] : Cassiod. Psalm. 19, 1.

praeoccŭpātus, a, um, part. de praeoccupo.

praeoccŭpō, ās, āre, āvī, ātum, tr., occuper le premier, s'emparer auparavant de : Caes. C. 2, 17, 2 ; 3, 13, 5 ; Nep. Dat. 7, 2 ; Liv. 44, 3, 2 ‖ [fig.] envahir : Caes. G. 6, 41, 3 ; *praeoccupati animi* Liv. 6, 20, 10, esprits gagnés par avance ‖ prévenir, prendre l'initiative : Nep. Dion 4, 1 ‖ [avec inf.] se hâter de faire qqch. avant qqn : Liv. 4, 30, 3 ‖ pléon. avec *ante* : Liv. 21, 20, 8 ; 40, 47, 2.

praeoccursĭo, ōnis, f., action de devancer, chiasme [rhét.] : Carm. Fig. 154.

praeŏlĕō, ēs, ēre, -, -, intr., exhaler de loin une odeur : Front. Caes. 1, 5, 2, p. 12 N.

praeŏlō, īs, ēre, -, -, ▶ praeoleo : Pl. *Mil.* 41.

praeŏpīmus, a, um, très gras : Tert. *Paen.* 8, 6.

praeoptō, ās, āre, āvī, ātum, tr., préférer, choisir, de préférence : *exsilio modicam fortunam* Liv. 29, 30, 12, préférer à l'exil un sort modeste ; *illos quam vos* Liv. 29, 17, 7, les préférer à vous autres ; *pugnare* Caes. G. 1, 25, 4, préférer combattre ‖ [avec prop. inf.] *ut puerum praeoptares perire... potiusquam* Ter. *Hec.* 532, au point d'aimer mieux voir périr l'enfant... que, préférer que l'enfant périsse... plutôt que [avec *ut* Pl. *Trin.* 648].

praeordĭnātĭo, ōnis, f. [chrét.] prédestination : Orig. *Matth.* 13, 27.

praeordĭnō, ās, āre, āvī, ātum, tr., régler (fixer) par avance : Cael.-Aur. *Acut.* 1, 4, 44 ‖ prédestiner : Vulg. *Act.* 13, 48 ; 22, 24.

praeostendō, īs, ĕre, tendī, tensum, tr., montrer (indiquer) par avance : Aug. *Civ.* 21, 8, 6.

praeostensus, a, um (praeostendo), indiqué par avance : Tert. *Jud.* 4, 5.

praepalpans, tis, touchant légèrement, caressant : Paul.-Nol. *Ep.* 49, 3.

praepandō, īs, ĕre, -, -, tr., étendre en avant : Culex 16 ‖ [fig.] communiquer en répandant [la lumière] *alicui*, à qqn : Lucr. 1, 144 ‖ annoncer, indiquer, révéler : Cic. *Arat.* 40.

praepărātĭo, ōnis, f., préparation : Cic. *Off.* 1, 73 ; *Tusc.* 3, 30 ‖ [rhét.] Quint. 7, 10, 12.

praepărātō, ▶ praeparo fin.

praepărātŏr, ōris, m., celui qui prépare : Tert. *Marc.* 4, 33, 8.

praepărātōrĭus, a, um, préparatoire : Ulp. *Dig.* 43, 30, 3.

praepărātūra, ae, f., préparation : Tert. *Marc.* 4, 18, 4.

1 **praepărātus**, a, um, part. de praeparo, [adj¹] préparé, disposé, prêt : Cic. *Div.* 1, 121 ; *Or.* 99 ; *ex praeparato*, ▶ praeparo fin.

2 **praepărātŭs**, ūs, m., préparatifs, apprêts : Vell. 2, 76, 3 ; Gell. 10, 11, 7.

praeparcus, a, um, très économe, avare : Plin. 11, 67.

praepărō, ās, āre, āvī, ātum, tr., ménager d'avance, apprêter d'avance, préparer : *locum jam ante praeparaverant* Caes. G. 5, 9, 4, ils avaient préparé l'endroit déjà longtemps d'avance, cf. Liv. 10, 41, 9 ; 26, 20, 10 ; 30, 20, 5 ; *philosophia praeparat animos ad satus accipiendos* Cic. *Tusc.* 2, 13, la philosophie prépare l'âme à recevoir la semence ; *res necessarias ad vitam degendam* Cic. *Off.* 1, 11, préparer les choses nécessaires à la vie ; *non praeparatis auribus* Cic. *Or.* 99, les auditeurs n'étant pas préparés ; *praeparato otio*

Cic. *Leg.* 1, 9, avec un loisir assuré, ménagé d'avance ‖ *ex praeparato* Liv. 28, 29, 9, grâce à des mesures prises d'avance ; [en gén.] *praeparato, ex praeparato* [pris adv¹] = après préparation : Quint. 4, 2, 1 ; Sen. *Ep.* 11, 1.

praeparvus, a, um, très petit : Juvc. 2, 813.

praepătĭŏr, tĕrĭs, tī, -, souffrir beaucoup : Cael.-Aur. *Acut.* 2, 34, 180.

praepĕdīmentum, i, n. (praepedio), empêchement, obstacle : Pl. *Poen.* 606 ; Sidon. *Ep.* 7, 8, 2.

praepĕdĭō, īs, īre, īvī et ĭī, - (prae pedibus, cf. impedio), tr., embarrasser, entraver, faire obstacle à : Pl. *Poen.* 828 ; Cas. 653 ; Liv. 8, 38, 13 ; *praepeditus premere* Tac. *An.* 2, 73, empêché d'écraser.

praepĕdītus, a, um, part. de praepedio.

praependĕō, ēs, ēre, -, -, intr., pendre en avant, être suspendu par-devant : Caes. C. 2, 9, 3 ; Prop. 2, 33, 37 ; Mart. 9, 48, 4.

1 **praepĕs**, ĕtis, adj. (prae, peto) ¶ 1 qui vole en avant, rapidement, rapide : Enn. *An.* 91 ; Virg. *En.* 6, 15 ‖ rapide, prompt, ailé : Enn. *An.* 407 ; Ov. *H.* 8, 38 ¶ 2 dont le vol est d'heureux présage : Serv. *En.* 3, 361 ; Fest. 224, 6 ; Cic. *poet. Div.* 1, 106 ; Virg. *En.* 3, 361 ; Liv. 7, 26, 4 ‖ [fig.] heureux, favorable : Enn. *An.* 94 ; 488, cf. Gell. 6, 6, 9.

2 **praepĕs**, ĕtis (1 praepes) ¶ 1 f., oiseau [de proie] : *Jovis* Ov. *M.* 4, 713, l'oiseau de Jupiter [l'aigle], cf. Virg. *En.* 5, 254 ; Val.-Flac. 8, 32 ¶ 2 m., celui qui a des ailes, qui vole [homme ou animal ailé] : Luc. 9, 662 ; *praepes Medusaeus* Ov. *M.* 5, 257, cheval ailé né du sang de Méduse (Pégase).

praepĕtō, īs, ĕre, -, -, tr., désirer : Lucr. 4, 1152 ; Fest. 224, 8 ‖ précéder : Fest. 286, 16.

praepignĕrātus, a, um, engagé ou lié d'avance [fig.] : Amm. 29, 2, 6.

1 **praepīlātus**, a, um (prae, 3 pila), arrondi par le bout [en parl. des javelots, des lances] : Liv. 26, 51, 4 ‖ [fig.] *velut praepilatis exerceri* Quint. 5, 12, 17, s'exercer comme avec des fleurets mouchetés ‖ inoffensif [en parl. de cornes arrondies] : Plin. 9, 95.

2 **praepīlātus**, a, um (prae, pilum), lancé : Amm. 24, 6, 10.

praepinguis, e, très gras [animal] : Plin. 8, 129 ‖ très gras [en parl. du sol] : Virg. *En.* 3, 698 ‖ [fig.] *vox praepinguis* Quint. 11, 3, 32, voix empâtée.

praepollens, tis, part.-adj. de praepolleo, très puissant : Liv. 1, 57, 1 ‖ *-tior* Aug. *Civ.* 22, 29 ; *-issimus* Aug. *Ep.* 137, 15.

praepollentĭa, ae, f., excellence, puissance : Aug. *Psalm.* 70, 1, 15.

praepollĕō, ēs, ēre, ŭī, -, intr., être très puissant, être supérieur, l'emporter : Tac. *An.* 2, 51 ; 11, 14.

praepondĕrātĭo, ōnis, f., plus grande pesanteur : Chalc. 352.

praepondĕrātus, a, um, part. de praepondero.

praepondĕrō, ās, āre, āvī, ātum ¶ 1 intr., être plus pesant, [d'où] s'infléchir : *ne portionum aequitate turbata mundus praeponderet* Sen. *Nat.* 3, 10, 3, pour empêcher que par une rupture des proportions le monde ne s'infléchisse = pour éviter qu'une rupture des proportions ne détruise l'équilibre du monde ‖ [fig.] être prépondérant, l'emporter, avoir l'avantage : Sen. *Ben.* 6, 4, 1 ‖ faire pencher la balance, incliner vers (*in* acc.) : Sen. *Clem.* 1, 2, 2 ; Quint. 7, 2, 39 ; cf. Varr. *L.* 10, 5 ¶ 2 tr., surpasser en poids : *praeponderari honestate* Cic. *Off.* 3, 18, peser moins que l'honnête = valoir moins.

praepōnō, īs, ĕre, pŏsŭī, pŏsĭtum, tr. ¶ 1 placer (mettre) devant : *pauca praeponam* Cic. *Fam.* 11, 27, 1, je ferai d'abord quelques observations ; *non hoc (in), ut oppido praeposui, sed ut loco* Cic. *Att.* 7, 3, 10, j'ai mis cette préposition (*in*) non pas comme devant un nom de ville, mais comme devant un nom de lieu, cf. Cic. *de Or.* 2, 320 ; Hor. *S.* 1, 4, 59 ¶ 2 mettre à la tête de, préposer : *aliquem bello praedonum* Cic. *Pomp.* 63 ; *provinciae* Cic. *Fam.* 2, 15, 4, préposer qqn à la direction de la guerre contre les pirates, à l'administration d'une province ; *exercitui praepositus* Cic. *Inv.* 1, 58 ; *toti officio maritimo praepositus* Caes. C. 3, 5, 4, mis à la tête de l'armée, à la tête de tout le service maritime ¶ 3 [fig.] placer avant, préférer : *libertatem populi Romani unius amicitiae* Cic. *Phil.* 2, 27, préférer la liberté du peuple romain à l'amitié d'un seul, cf. Cic. *Rab. perd.* 23 ‖ n. pl., *praeposita* = προηγμένα Cic. *Fin.* 3, 72, choses préférées ; ▶ *praecipuus*.

▶ parf. arch. praeposivi Pl. *Ru.* 916 ; part. sync. praepostus Lucr. 6, 999.

praeportō, ās, āre, āvī, ātum, tr., porter devant soi, être armé de : Lucr. 2, 621 ‖ [fig.] Cic. *Arat.* 430.

praepŏsĭta, ae, f. (praepono), abbesse [celle qui est à la tête d'un couvent] : Aug. *Civ.* 21, 8.

praepŏsĭtĭo, ōnis, f. (praepono), action de mettre avant : Cic. *Inv.* 1, 42 ; Ulp. *Dig.* 2, 13, 6 ‖ préposition [gram.] : Cic. *Or.* 158 ‖ préfixation : Quint. 1, 4, 13 ‖ état préférable : Cic. *Fin.* 3, 54.

praepŏsĭtīvus, a, um, prépositif [gram.] : Diom. 415, 26.

praepŏsĭtūra, ae, f., intendance : Cod. Just. 18, 70, 2 ‖ commandement, grade : Lampr. *Hel.* 6.

1 **praepŏsĭtus**, a, um, n. pl., praeposita, ▶ praepono.

2 **praepŏsĭtus**, i, m. (fr. prévôt), chef, commandant, officier : Tac. *H.* 1, 36 ; Suet. *Oth.* 1 ; *Illyrico, Dalmatiae* [dat.] Vell. 2, 116, 1, gouverneur de l'Illyrie, de la

Dalmatie ∥ intendant, préposé : Plin. *Ep.* 8, 6, 13 ; *ab auro gemmato* CIL 6, 8734, gardien des joyaux ∥ [dans l'Église] Tert. *Fug.* 11, 4 ; Hier. *Ep.* 125, 15, 2.

praepŏsīvi, 🄲 *praepono* ▶.

praepossum, *potui*, *posse*, intr., avoir le dessus, l'emporter : Tac. *H.* 5, 8.

praepostĕrātĭo, *ōnis*, f., renversement de l'ordre, ordre inverse : Aug. *Mus.* 3, 9, 20.

praepostĕrē, adv. (*praeposterus*), en intervertissant l'ordre, au rebours : Cic. *Att.* 7, 16, 1 ; *laevus calceus praepostere inductus* Plin. 2, 24, soulier gauche mis au pied droit ∥ hors de sa place : Plin. *Ep.* 3, 9, 28 ∥ maladroitement, mal : Gell. 2, 8, 1 ∥ -*rius* Pomp.-Gr. 5, 236, 24.

praepostĕrĭtās, *ātis*, f. (*praeposterus*), ordre interverti ou renversé : Arn. 3, 30.

1 **praepostĕrō**, 🄲 *praepostere* Sen. *Ep.* 3, 2.

2 **praepostĕrō**, *ās*, *āre*, *āvī*, *ātum*, tr., bouleverser [un ordre établi] : Aug. *Mus.* 3, 9, 20.

praepostĕrus, *a*, *um* (*prae*, *posterus*), renversé, interverti : *praepostera consilia* Cic. *Lae.* 85, réflexions placées comme la charrue avant les bœufs, à contretemps ; *praepostera gratulatio* Cic. *Sull.* 91, félicitations intempestives ∥ *praeposterus homo* Cic. *Clu.* 71, homme qui fait tout à rebours, maladroit, cf. Cic. *Pis.* 92 ; *Fam.* 15, 17, 1.

praepostus, *a*, *um*, 🄲 *praepono* ▶.

praepŏsŭī, parf. de *praepono*.

praepŏtens, *tis*, très puissant [pers.] : Cic. *Rab. Post.* 44 ; *praepotens omnium rerum* Cic. *Div.* 2, 42, tout-puissant ; *opibus* Plin. 36, 42, excessivement riche ∥ -*tentes*, *ĭum*, m., les puissants, les grands, les riches : Cic. *Lae.* 54 ∥ [en parl. de choses] Cic. *Nat.* 2, 77 ; *de Or.* 1, 193 ; Val.-Max. 5, 2, 8.

praepŏtentĭa, *ae*, f., toute-puissance : Apul. *Mund.* 26 ; Tert. *Marc.* 2, 7, 2.

praepōtō, *ās*, *āre*, -, -, tr. ¶ 1 boire auparavant : Cael.-Aur. *Acut.* 3, 17, 159 ¶ 2 faire boire préalablement (*aliquem aliqua re*, à qqn qqch.) : Cael.-Aur. *Acut.* 3, 17, 160.

praepŏtŭī, parf. de *praepossum*.

praeprincĭpĭum, *ii*, n. (cf. προαρχή), premier principe : Mar. Vict. *Ar.* 1, 49.

praeprŏpĕrantĕr, 🄲 *praepropere* Lucr. 3, 779.

praeprŏpĕrē, adv., en trop grande hâte, précipitamment : Liv. 37, 23, 10 ; Quint. 12, 6, 2.

praeprŏpĕrō, *ās*, *āre*, -, -, intr., faire grande hâte : Gloss. 2, 157, 5.

praeprŏpĕrus, *a*, *um*, très prompt, précipité, trop rapide : Cic. *Fam.* 7, 8, 1 ; *Att.* 1, 1, 1 ∥ irréfléchi : *praeproperum ingenium* Liv. 22, 41, 1, esprit trop précipité.

praepŭdĭum, *ii*, n., 🄲 *praeputium* ? : *Not. Tir. 45.

praepulchĕr, *chra*, *chrum*, très beau : Juvc. 1, 427.

praepurgō, *ās*, *āre*, -, -, tr., purger à l'avance : Cael.-Aur. *Chron.* 1, 4, 128.

praepūtĭātĭo, *ōnis*, f., état des incirconcis : Tert. *Marc.* 5, 4, 10.

praepūtĭātus, *a*, *um*, incirconcis : Tert. *Marc.* 5, 9, 9.

praepūtĭum, *ii*, n. (*prae* et cf. *salaputium*, 2 *putus*), prépuce : Juv. 6, 238 ∥ [fig.] impureté : Lact. *Inst.* 4, 17, 8.

praequam, 🄲 *prae*.

praequestus, *a*, *um*, qui s'est plaint auparavant : Ov. *M.* 4, 251.

praerădĭō, *ās*, *āre*, -, - ¶ 1 intr., briller en avant : Claud. *Nupt. Hon.* 287 ¶ 2 tr., éclipser, effacer [par son éclat] : Ov. *H.* 6, 116.

praerādō, 🄲 *praerasus*.

praerancĭdus, *a*, *um*, très choquant, très désagréable : Gell. 13, 21, 1.

praerăpĭdus, *a*, *um*, très rapide, très léger : Liv. 29, 32, 9 ∥ [fig.] très impatient, très ardent : Sen. *Ir.* 1, 12, 5.

praerāsus, *a*, *um*, rasé par-devant : Paul.-Nol. *Ep.* 22, 2 ∥ rasé auparavant : Cael.-Aur. *Chron.* 5, 4, 74.

praereptŏr, *ōris*, m., usurpateur [fig.] : Hier. *Ep.* 36, 15.

praereptus, *a*, *um*, part. de *praeripio*.

*****praerigesco** [inus.], 🄲 *praerigui*.

praerĭgĭdus, *a*, *um*, très rigide, très austère : Amm. 24, 2, 5.

praerĭgŭī, parf. de l'inus. *praerigesco* intr., devenir entièrement raide [de froid] : Tac. *An.* 13, 65.

praerīpĭa, *ōrum*, n. pl. (*prae ripis*), rives : Apul. *Apol.* 8.

praerĭpĭō, *is*, *ĕre*, *rĭpŭī*, *reptum* (*prae*, *rapio*), tr. ¶ 1 enlever devant la figure de qqn (sous son nez) : Pl. *Cas.* 102 ; Ter. *Eun.* 161 ; Plin. 10, 27 ∥ ravir : *alicui laudem* Cic. *Amer.* 2, ravir la gloire à qqn, cf. Cic. *Off.* 3, 81 ; *Caecil.* 50 ¶ 2 enlever avant **a)** enlever avant le temps, prématurément : Cic. *Phil.* 14, 5 **b)** saisir le premier : *oscula* Lucr. 3, 896, être le premier à prendre des baisers ; *hostium consilia* Cic. *Off.* 1, 108, devancer (déjouer) les projets de l'ennemi **c)** *se praeripere* Dig. 21, 1, 17, disparaître, s'esquiver.

praerōbŏrātus, *a*, *um*, fortifié préalablement ou extrêmement : Cael.-Aur. *Chron.* 4, 1, 3.

praerōdō, *is*, *ĕre*, -, *rōsum*, tr., ronger par-devant, par le bout : Pl. *Ps.* 884 ; Col. *Arb.* 15 ∥ ronger au bout, en partie, grignoter : Hor. *S.* 2, 5, 25 ; Plin. 9, 185.

praerŏgantĭa, *ae*, f., droit, prétention : *Aug. *Serm.* 254, 6.

praerŏgātĭo, *ōnis*, f. ¶ 1 distribution, partage : Fulg. *Myth.* 1, 2 ¶ 2 choix antérieur, préalable : Sen. *Contr.* 1, 2, 19.

praerŏgātīva, *ae*, f. ¶ 1 🅅 *praerogativus* ¶ 2 choix préalable : Liv. 21, 3, 1 ∥ gage, témoignage, indice, pronostic, présomption : Cic. *Verr. prim.* 26 ; Cat. *Fam.* 15, 5, 2 ; Plin. 7, 67 ∥ prérogative, privilège : Plin. 37, 129 ; Ulp. *Dig.* 26, 7, 11.

praerŏgātīvus, *a*, *um* (*prae*, *rogo*), qui vote le premier : *praerogativa centuria* et abs[t], **praerŏgātīva**, *ae*, f., Cic. *Planc.* 49 ; *Div.* 1, 103 ; Liv. 26, 22, 2, la centurie prérogative [qui vote la première] ∥ -*tīva*, n. pl., les premiers suffrages : *Liv. 5, 18, 1.

praerŏgātŏr, *ōris*, m. (*praerogo*), distributeur, dispensateur : Cassiod. *Var.* 10, 28.

praerŏgātus, *a*, *um*, part. de *praerogo*.

praerŏgō, *ās*, *āre*, *āvī*, *ātum*, tr. ¶ 1 demander d'abord : Cael.-Aur. *Acut.* 1, 11, 87 ¶ 2 solder d'avance, payer d'avance : Cod. Just. 10, 31, 20.

praerōrō, *ās*, *āre*, -, -, tr., arroser par-devant : Cypr.-Gall. *Gen.* 334.

praerōsus, *a*, *um*, part. de *praerodo*.

praerumpō, *ĭs*, *ĕre*, *rūpī*, *ruptum*, tr., rompre par-devant : Caes. *G.* 3, 14, 6 ∥ [fig.] mettre en pièces, déchirer : Cael.-Aur. *Acut.* 2, 21, 128.

praerūpĭum, *ii*, n. (*prae*, *rupes*), escarpement : Tert. *Marc.* 4, 38, 1 ; [pl.] Serv. *En.* 6, 704.

praeruptĭo, *ōnis*, f. (*praerumpo*), coupure abrupte du sol : Isid. 14, 9, 3.

praeruptum, *i*, n. (*praeruptus*), précipice : Vulg. *2 Par.* 25, 12 ∥ -*ta*, *ōrum*, n. pl., lieux escarpés, montagnes escarpées : Plin. 8, 156 ; Just. 41, 1, 11.

1 **praeruptus**, *a*, *um*, part.-adj. de *praerumpo* ¶ 1 taillé à pic, escarpé, abrupt : Cic. *Verr.* 5, 145 ; Caes. *G.* 7, 86, 4 ; Tac. *H.* 2, 41 ¶ 2 [fig.] **a)** [pers.] fougueux, emporté, violent : Tac. *An.* 16, 7 **b)** [choses] *praerupta audacia* *Cic. *Amer.* 68, témérité aveugle ; 🅅 *proruptus* ∥ -*tior* Col. 3, 13, 8 ; -*tissimus* Hirt. *G.* 8, 33, 1.

2 **praeruptŭs**, abl. *ū*, 🅅 *praeruptio* : Oros. *Hist.* 3, 5, 1.

praerŭtĭlus, *a*, *um*, très éclatant, éblouissant : Carm. Res. 202.

1 **praes**, *aedis*, m. (*prae* et 1 *vas*, pl. arch. *praevides* CIL 585, 46), [répondant pour une opération avec l'État, v. Varr. *L.* 6, 24 ; P. Fest. 137, 14 ; 249, 20], garant, caution : *praedem esse pro aliquo* Cic. *Att.* 12, 52, 1, répondre pour qqn, donner à qqn sa garantie ; *cavere populo praedibus ac praediis* Cic. *Verr.* 1, 142, prendre en faveur du peuple des garants et des hypothèques ∥ [fig.] = gage, bien du répondant : *praedes tuos vendere* Cic. *Phil.* 2, 78, vendre tes garanties ∥ [métaph.] Cic. *Att.* 6, 1, 8 ∥ [droit] *pro praede*

praes

litis (et) vindiciarum stipulatio Gai. *Inst.* 4, 94, promesse de la caution qu'elle exécutera le jugement et restituera la chose contestée.

2 praes, adv., ▶ *praesto* : Pl. *Pers.* 288.

praesaep-, ▶ *praesep-*.

praesāgātus, *a*, *um*, annoncé d'avance : Hier. *Ep.* 3, 4.

praesāgax, *ācis*, ⬥ *praesagus* : An. Helv. 74, 24.

praesāgĭō, *īs*, *īre*, *īvī* ou *ĭī*, tr. ¶ 1 deviner, prévoir, augurer : Cic. *Div.* 1, 65 ¶ 2 présager, annoncer : Cael. *Fam.* 8, 10, 1 ; Plin. 10, 49.

praesāgĭŏr, *īrĭs*, *īrī*, -, ⬥ *praesagio* : Pl. *Bac.* 679.

praesāgītĭo, *ōnis*, f., pressentiment : Cic. *Div.* 1, 66 ; *divina* Cic. *Div.* 123, les avis de mon génie [c'est Socrate qui parle].

praesāgĭum, *ĭi*, n. (*praesagio*), connaissance anticipée, prévision, pressentiment : Col. 11, 1, 32 ¶ présage : Vell. 2, 57, 1 ∥ prédiction, oracle : Ov. *M.* 15, 879.

praesāgō, *ās*, *āre*, *āvī*, *ātum*, tr., pressentir, prévoir : Cassiod. *Var.* 5, 3.

praesāgus, *a*, *um* ¶ 1 qui devine, qui pressent, qui prévoit : Virg. *En.* 10, 843 ; *praesaga ars* Val.-Flac. 5, 434, connaissance de l'avenir ¶ 2 qui présage [en parl. des choses], qui annonce, prophétique : Virg. *En.* 10, 177 ∥ [fig.] *praesagae nares* Firm. *Math.* 8, 9, 3, odorat très fin.

praesancĭō, *īs*, *īre*, -, -, tr., décréter d'avance : Novell.-Just. 22, 43.

praesānescō, *is*, *ĕre*, *sānŭī*, -, intr., guérir auparavant : Plin. 24, 73.

praesānō, *ās*, *āre*, *āvī*, *ātum*, tr., guérir d'avance : Plin. 26, 147.

praesaucĭātus, *a*, *um*, très affaibli : Cael.-Aur. *Acut.* 1, 3, 39.

praescătens, *tis*, tout rempli de [fig.] [avec gén.] : Gell. 14, 6, 1.

praescĭentĭa, *ae*, f., prescience : Tert. *Marc.* 2, 5, 4.

praescindō, *īs*, *ĕre*, *scĭdī*, -, tr., séparer, déchirer, retrancher : Op. Imp. Matth. 1 ; 9.

1 praescĭō, *īs*, *īre*, *īvī*, *ītum*, tr., savoir d'avance ∥ inf. parf., *praescisse* : Ter. *And.* 239 ; Suet. *Tib.* 67.

2 praescĭo, *ōnis*, m., celui qui pressent, qui sait d'avance : *Amm. 18, 4, 1.

praesciscō, *īs*, *ĕre*, *scīvī*, -, tr., chercher à savoir d'avance, deviner prévoir, pressentir : Virg. *G.* 4, 70 ∥ décider d'avance : Liv. 27, 35, 5.

praescītĭo, *ōnis*, f., connaissance de l'avenir, prévision : Amm. 29, 1, 31.

praescītum, *i*, n., pronostic, prévision : Plin. 2, 24 ; 10, 211.

1 praescītus, *a*, *um*, part. de *1 praescio*.

2 praescītŭs, *ūs*, m., connaissance déjà acquise : Jul.-Val. 1, 41.

praescĭus, *a*, *um*, instruit par avance : Tac. *An.* 11, 29 ∥ qui prévoit, qui pressent : Virg. *En.* 6, 66 ∥ qui prédit, prophétique : Val.-Flac. 5, 529.

praescrībō, *ĭs*, *ĕre*, *scripsī*, *scriptum*, tr. ¶ 1 écrire en tête, mettre en titre : *in litteris nomen* Caes. *C.* 3, 71, 3, inscrire un nom en tête de ses lettres ; *nomen libro* Gell. 11, 16, 8, mettre un nom en tête d'un livre ¶ 2 mentionner d'avance, indiquer préalablement : Cic. *Fin.* 2, 3 ; *senatui, quae bella sint gerenda* Cic. *CM* 18, indiquer d'avance au sénat quelles guerres il faut faire, cf. Cic. *Fin.* 2, 3 ∥ *formam futuri principatus* Tac. *An.* 13, 4, tracer d'avance le plan de son futur règne ¶ 3 mettre en avant [comme prétexte, comme garant] : *aliquem* Tac. *An.* 4, 52, mettre qqn en avant, cf. Tac. *An.* 11, 16 ∥ [droit] *alicui* Quint. 7, 5, 3, opposer à qqn une exception, faire opposition ∥ élever une objection préalable : Tert. *Herm.* 1, 1 ¶ 4 prescrire : *jura civibus* Cic. *CM* 27, donner des prescriptions de droit à ses concitoyens ; *alicui curationem valetudinis* Cic. *Div.* 2, 123, prescrire à qqn les moyens de se guérir ∥ [avec interrog. indir.] Caes. *G.* 1, 36, 2 ; 2, 20, 3 ∥ [avec *ut*, *ne*], prescrire de, de ne pas : Cic. *Leg.* 3, 5 ; *Vat.* 13 ∥ [avec prop. inf.] prescrire que : Cic. *Planc.* 28 ∥ [droit] *actio praescriptis verbis* Dig. 2, 14, 7, 2, action dont la formule commence par un résumé des éléments essentiels de la convention.

▶ parf. sync. *praescripsti* Ter. *And.* 151.

praescripsti, ▶ *praescribo* ▶.

praescriptĭō, *ōnis*, f. (*praescribo*) ¶ 1 titre, intitulé, préface : Cic. *Agr.* 2, 22 ¶ 2 prescription, précepte, règle : Cic. *Cael.* 42 ; *Tusc.* 4, 22 ; *Acut.* 2, 140 ¶ 3 allégation, prétexte, excuse : Caes. *C.* 3, 32 ∥ échappatoire, argutie : Sen. *Ep.* 48, 12 ¶ 4 [droit] exception [invoquée par le défendeur et insérée au début de la formule, d'où *prae-scriptio*] *praescriptio factae transactionis* Dig. 2, 15, 9 pr., l'exception de transaction ∥ [part¹ l'exception fondée sur l'écoulement d'un délai extinctif de l'action] *praescriptio longi temporis* Dig. 12, 6, 15, 1, invoquer la prescription de longue durée ∥ usucapion [acquisition d'un droit par prescription] : Dig. 41, 3, 21 ∥ objection préalable, déclinatoire, fin de non-recevoir : Quint. 7, 5, 2 ; Tert. *Praescr.* 21, 1 ; *Pat.* 4, 6 ∥ [fig.] échappatoire, argutie : Sen. *Ep.* 48, 12.

praescriptĭuncŭla, *ae*, f. (dim. de *praescriptio*), vaine allégation, prétexte futile : Cassian. *Inc.* 7, 5, 6.

praescriptīvē, adv. (*praescriptivus*), en opposant une fin de non-recevoir : Tert. *Marc.* 4, 1, 2.

praescriptīvus, *a*, *um* (*praescribo*), qui excipe, déclinatoire : Jul.-Vict. 3, 10.

praescriptō, *ās*, *āre*, -, - (*praescribo*), tr., prescrire [habituellement] : Ps. Acr. *O.* 2, 15, 11.

praescriptum, *i*, n. (*praescriptus*) ¶ 1 modèle d'écriture : Sen. *Ep.* 94, 9 ¶ 2 [fig.] précepte, ordre, injonction, instruction : Cic. *Clu.* 147 ; *ad praescriptum* Caes. *G.* 1, 36, 1, d'après les ordres ; *intra praescriptum* Hor. *O.* 2, 9, 23, dans les limites tracées, assignées.

praescriptus, *a*, *um*, part. de *praescribo*.

praesĕca (praesĭca), *ae*, f., mot forgé pour expliquer *brassica* : *Varr. *L.* 5, 104.

praesĕcātus, *a*, *um*, part. de *praeseco*.

praesĕcō, *ās*, *āre*, *cŭī*, *secātum* et *sectum*, tr., couper [par le bout], rogner : Varr. *R.* 3, 16, 34 ; Ov. *Rem.* 112 ; Hor. *P.* 294.

praesectus, *a*, *um*, part. de *praeseco*.

praesēdī, parf. de *praesideo*.

praesegmĕn, *ĭnis*, n., rognure, parcelle : Pl. *Aul.* 313 ; Apul. *M.* 2, 20 ; Non. 151, 33.

praesēmĭnātĭō, *ōnis*, f., embryon : Vitr. 2, 9, 1.

praesēmĭnō, *ās*, *āre*, -, *ātum*, tr., semer auparavant : Aug. *Ep.* 9, 2 ∥ [fig.] poser les fondements de, préparer : Amm. 30, 2, 1.

1 praesens, *entis* (*prae*, v. ¶ 3 et 4, cf. *absens*, *sum*) ¶ 1 présent, qui est là personnellement : *praesentis alicujus laus* Cic. *Caecin.* 77, éloge de qqn qui est présent ; *laudare praesentem* Cic. *Nat.* 58, louer une personne présente, louer qqn en face ; *praesens tecum egi* Cic. *Fam.* 2, 7, 4, je me suis adressé à toi de vive voix ; *quo praesente* Cic. *de Or.* 1, 112, en sa présence ; *vivi atque praesentes erudiunt* Cic. *Off.* 1, 156, pendant leur existence et de vive voix ils instruisent ∥ [arch.] *praesente amicis* Pompon. *Com.* 47 ; *praesente testibus* Pompon. *Com.* 168, en présence des amis, des témoins ∥ [fig.] *praesens sermo* Cic. *Q.* 2, 6 (8), 1, entretien de vive voix ¶ 2 présent, actuel : *res praesentes* Cic. *Part.* 13, les événements présents, le présent ; *praesens tempus* Caes. *C.* 1, 52, 1, temps présent ; *in praesens tempus* Cic. *Cat.* 1, 22, pour le présent ; *in rem praesentem venire* Cic. *Off.* 1, 32, se rendre sur place ∥ *in praesenti* Cic. *Fam.* 2, 10, 4 ; Nep. *Alc.* 4, 2 ; *Att.* 12, 5 ; Liv. 34, 35, 11, maintenant, pour le moment [ou] *in praesens* Liv. 2, 42, 7 ; Tac. *H.* 4, 58 [ou] *ad praesens* Tac. *H.* 1, 44 ; Suet. *Tit.* 6 ; Plin. 8, 80 ∥ n. pl., **praesentia**, *ium* a) circonstances présentes, situation présente : Curt. 8, 3, 6 ; Tac. *H.* 4, 59 ; Quint. 5, 10, 28 b) le présent : Cic. *Div.* 1, 63 ; *Fin.* 2, 45 ¶ 3 immédiat, sous les yeux : *praesens poena* Cic. *Div.* 2, 122, punition immédiate ; *pecunia praesens* Cic. *Clu.* 34, argent comptant ; *praesentiores fructus* Cic. *Fam.* 1, 9, 2, avantages plus immédiats ∥ pressant : *in praesentissimis quibusque periculis* Quint. 10, 7, 1, dans les dangers les plus pressants, cf. Liv. 2, 36,

¶ **4** qui agit immédiatement, efficace : *praesens auxilium* CIC. *Verr*. 4, 107, secours efficace ; *praesentissimum remedium* PLIN. 28, 53, remède très efficace, cf. VIRG. *G*. 2, 127 ; 3, 452 ‖ [poét. avec inf.] *praesens vertere*... HOR. *O*. 1, 35, 2, capable de tourner... ‖ [en parl. des dieux] propice, favorable : CIC. *Tusc*. 1, 28 ; *Nat*, 2, 6 ; 3, 11 ¶ **5** [surtout avec *animus*] maître de soi, ferme, imperturbable, intrépide : CIC. *de Or*. 2, 2, 84 ; *Att*. 1, 18, 2 ; *animus praesens* TER. *Eun*. 769, présence d'esprit, sang-froid ; *minus praesens animus* SEN. *Nat*. 4, 2, 15, manque de présence d'esprit ; *animo praesentissimo* B.-ALEX. 40, avec la plus grande intrépidité ; *non plures tantum, sed praesentioribus animis* LIV. 31, 46, 11, non seulement plus nombreux, mais avec plus de résolution.

2 **Praesens**, *tis*, m., surnom romain : CIL 3, 4843.

praesensĭō, *ōnis*, f. (*praesentio*) ¶ **1** notion primitive, idée innée, (grec πρόληψις) : CIC. *Nat*. 2, 45 ¶ **2** pressentiment, divination : CIC. *Div*. 1, 1 ; *Top*. 77.

praesensus, *a, um*, part. de *praesentio*.

praesentālis, *e*, présent [en personne] : COD. JUST. 12, 17, 4.

praesentānĕus, *a, um* (1 *praesens*) ¶ **1** présent, actuel : LACT. *Ir*. 21, 8 ¶ **2** qui opère instantanément : *praesentaneum venenum* SUET. *Ner*. 33, poison violent, cf. SEN. *Ep*. 95, 25 ; PLIN. 21, 180 ‖ **-ĕum**, *i*, n., remède qui opère immédiatement : PLIN. 30, 79.

praesentārĭē, adv., présentement : BOET. *Cons*. 4, 6.

praesentārĭus, *a, um* (1 *praesens*) ¶ **1** qu'on a à sa disposition : *praesentarium argentum* PL. *Most*. 361, argent comptant ¶ **2** qui agit sur-le-champ : *praesentarium venenum* APUL. *M*. 10, 4, poison qui agit immédiatement.

praesentātus, *a, um*, part. de *praesento*.

*****praesentĕr** [seul[t] compar. *praesentius*] d'une manière plus proche : AUG. *Ep*. 31, 3.

praesentĭa, *ae*, f. (1 *praesens*) ¶ **1** présence : *alicujus adspectum praesentiamque vitare* CIC. *Cat*. 1, 17, éviter la vue et la présence de qqn ; *desiderium praesentiae tuae* CIC. *Fam*. 5, 8, 5, le regret de ton absence ; *alicujus rei praesentia* CIC. *Tusc*. 3, 14, la présence de qqch. ‖ *deorum saepe praesentiae declarant...* CIC. *Nat*. 2, 166, les fréquentes apparitions des dieux montrent... ‖ *animi* CIC. *Mil*. 62 ; CAES. *G*. 5, 43, 4, présence d'esprit, sang-froid, intrépidité ‖ *in praesentia*, pour le moment, dans le moment présent : CAES. *G*. 1, 15, 4 ; 5, 37, 1 ; 6, 43, 3 ; 7, 2, 2 ; CIC. *Fin*. 5, 21 ; *Fam*. 14, 14, 1 ¶ **2** efficacité, puissance : *veri* OV. *M*. 4, 611, la force de la vérité.

praesentĭālĭtĕr, adv., en personne : PS. ACR. *Ep*. 1, 7, 1.

praesentĭō, *īs, īre, sensī, sensum* tr., pressentir, prévoir, se douter de : PL. *Trin*. 172 ; CIC. *Div*. 2, 100 ; CAES. *G*. 7, 30, 2 ; *multo ante* PLIN. *Ep*. 5, 5, 5, pressentir longtemps à l'avance ‖ [phil.] avoir une idée innée (anticipée) de qqch. (πρόληψις) : *deum esse* CIC. *Nat*. 2, 45, avoir l'idée innée de l'existence de Dieu ‖ impers. passif, LIV. 21, 49, 9.

praesentō, *ās, āre*, -, - (*praesens*), tr., présenter, rendre présent : APUL. *M*. 6, 4 ; PLIN. 37, 181 ; *se praesentare* : *praesentari* APUL. *M*. 6, 4, 4 ; ALCIM. *Ep*. 84, se présenter, apparaître ‖ [fig.] présenter, offrir : M.-EMP. 26, 80 ; ENNOD. *Ep*. 2, 15, 6.

praesēpĕ (-saepĕ), *is*, n., **praesēpēs (-saepēs)**, *is*, f., **praesēpis (-saepis)**, *is*, f., **praesēpĭum (-saepĭum)**, *ii*, n. (*prae, saepes*) ¶ **1** parc pour les bestiaux ; [ordin[t]] étable, écurie : VARR. *R*. 1, 13, 6 ; VIRG. *En*. 7, 275 ‖ crèche, mangeoire : VARR. *R*. 2, 5, 16 ¶ **2** [fig.] lieu où l'on mange, maison où l'on dîne, table : HOR. *Ep*. 1, 15, 28 ‖ habitation, logis [surt. au pl.] : PL. *Ru*. 1038 ; *Cas*. 56 ‖ ruche : VIRG. *G*. 4, 168 ‖ mauvais lieu, taverne : CIC. *Pis*. 42 ‖ **praesēpĭa**, n. pl. [astron.] l'espace entre les deux Aselli dans la constellation du Crabe : PLIN. 18, 353 ; V.▶ *Phatne*.

praesēpĭārĭum, *ii*, n., lambris : VL. *Ezech*. 41, 20.

praesēpĭō (-saepĭō), *īs, īre, psī, ptum*, tr., clôturer (fermer) en avant, obstruer, barricader : CAES. *G*. 7, 77, 11 ; *C*. 1, 27, 4 ; 3, 49, 3.

praesēpis (-pĭum), V.▶ *praesepe*.

praeseptum, *i*, n., enclos : VL. *Jud*. 6, 2.

praesēpĭum, *ii*, n. (*praesepe* ?), carthame laineux [chardon] : PS. DIOSC. 3, 93.

praeseptus, *a, um*, part. de *praesepio*.

praesĕpultus, *a, um*, déjà enseveli, déjà mort : PS. QUINT. *Decl*. 9, 23 ‖ [fig.] à demi mort : AMM. 14, 11, 21.

praesĕrō, *īs, ĕre*, -, -, tr., [fig.] semer d'avance : PAUL.-NOL. *Carm*. 31, 448.

praesertim, adv. (*prae*, 2 *sero*), surtout, entre autres choses, notamment [sert à détacher une condition, une circonstance, un considérant causal ou concessif] : *fama... falsa praesertim* CIC. *Lae*. 15, une réputation... surtout sans fondement, cf. *Off*. 1, 137 ; *praesertim homines tantulae staturae* CAES *G*. 2, 30, 4, surtout des hommes de si petite taille ; *praesertim natura ipsa magistra et duce* CIC. *Off*. 1, 129, surtout quand nous avons dans la nature même un maître et un guide ‖ *praesertim cum* indic., CIC. *Mur*. 53, surtout au moment où ; *praesertim cum* subj., CIC. *Off*. 2, 51, étant donné surtout que, vu que surtout ‖ *praesertim cum* subj., CIC. *Arch*. 19, quoique surtout, quand même notamment, cf. *Verr*. 4, 143 ; *Phil*. 2, 64 ; *Off*. 2, 56 ; *Or*. 32 ‖ *cum praesertim* subj., CIC. *Pomp*. 12 ; *Leg*. 1, 10, surtout étant donné que ; *cum praesertim* subj., CIC. *Or*. 32, quand bien même ‖ *tribuno plebis quaestor non paruisti, cui tuus praesertim collega pareret* CIC. *Fam*. 15, 21, 2, étant questeur, tu n'as pas obéi à un tribun de la plèbe auquel pourtant, fait notable, ton collègue obéissait ‖ *praesertim quoniam* CIC. *Rep*. 1, 20, surtout puisque ‖ *praesertim si* CIC. *CM* 6 ; *Tusc*. 3, 38, surtout si.

praeservĭō, *īs, īre*, -, -, intr., servir qqn [c. esclave] *alicui* : PL. *Amp*. 124 ‖ [fig.] **-viens**, assujetti à : GELL. 1, 7, 6.

praeservō, *ās, āre*, -, -, tr., observer auparavant : CAEL.-AUR. *Acut*. 3, 8, 90.

praesĕs, *ĭdis*, m., f. (*praesideo*) ¶ **1** celui ou celle qui est à la tête, qui préside ; chef : *praeses belli* VIRG. *En*. 11, 483, déesse de la guerre ; *provinciae* SUET. *Aug*. 23, gouverneur de province ¶ **2** celui qui est en avant, protecteur, gardien : CIC. *Sest*. 137 ; *Verr*. 5, 185 ; *libertatis* CIC. *Agr*. 2, 15, champion de la liberté.

praesĭca, *ae*, f., V.▶ *praeseca*.

praesiccātus, *a, um*, desséché auparavant, évaporé : PS. APUL. *Herb*. 124.

praesiccō, *ās, āre*, -, *ātum*, tr., sécher préalablement : CAEL.-AUR. *Chron*. 2, 14, 217.

praesiccus, *a, um*, déjà séché, entièrement cicatrisé : PRUD. *Perist*. 5, 141.

praesĭcĭae, V.▶ *prosiciae* ARN. 7, 25.

praesĭcō, V.▶ *praeseco*.

praesĭdālis, *e* (*praeses*), de gouverneur de province : AMM. 29, 1, 6 ; *vir* SYMM. *Ep*. 4, 71, ancien gouverneur.

praesĭdārĭus, V.▶ *praesidiarius*.

praesĭdātŭs, *ūs*, m. (*praeses*), action de présider à, de protéger [en parl. d'un dieu] : ARN. 3, 23 ‖ territoire soumis à l'autorité d'un *praeses* : VOP. *Car*. 17.

praesĭdens, *entis*, m. (*praesideo*), celui qui a la préséance, gouverneur [de province] : TAC. *An*. 3, 40 ‖ président : TERT. *Pud*. 14, 16.

praesĭdĕō, *ēs, ēre, sēdī*, - (*prae* et *sedeo*), intr. et tr.

I intr. ¶ **1** être assis devant, en avant : SUET *Aug*. 26 ¶ **2** [fig.] veiller sur, protéger : *urbi* CIC. *Phil*. 13, 20 ; *libertati communi* CIC. *Phil*. 5, 37, protéger la ville, la liberté commune, cf. CIC. *Mil*. 101 ; *Sull*. 86 ; *Cat*. 4, 3 ‖ présider à, avoir la préséance [la direction, le commandement] : *urbanis rebus* CAES. *C*. 1, 85, 8, diriger les affaires de Rome ; [abs[t]] *in agro Piceno praesidebat* SALL. *C*. 57, 2, il commandait dans le Picénum ; *in senatu* PLIN. *Ep*. 2, 11, 10, avoir la présidence au sénat

II tr. ¶ **1** protéger : *agros* SALL. *H*. 3, 97, protéger les territoires, cf. SALL. *H*. 2, 94 ; TAC. *An*. 4, 72 ¶ **2** commander, diriger : *Pannoniam* TAC. *An*. 12, 29 ; *exercitum* TAC. *An*. 3, 39, commander la Pannonie, l'armée.

praesīdĕrō, ās, āre, -, - (*prae sidere*), intr., venir avant la saison, être hâtif, précoce : P. Fest. 249, 22.

praesĭdĭālis, e, ▶ *praesidalis*.

praesĭdĭālĭtĕr, adv., d'une manière providentielle : Isid. 9, 3, 28.

praesĭdĭārĭum, ii, n., poste militaire : Not. Tir. 34.

1 **praesĭdĭārĭus**, a, um (1 *praesidium*), placé comme garde, pour protéger : *praesidiarii milites* Liv. 29, 8, 7, les soldats de la garnison ‖ mis en réserve, réservé : Col. 4, 15, 1.

2 **praesĭdĭārĭus** (*praeses*), de gouverneur : Spart. Sept. 1, 7.

praesĭdĭātŭs, m., ▶ *praesidatus*.

praesĭdĭŏlum, i, n. (dim. de *praesidium*), petite garnison : Not. Tir. 34.

praesĭdĭor, ārĭs, ārī, -, intr., monter la garde, secourir : Dosith. 7, 77, 13.

1 **praesĭdĭum**, ii, n. (*praeses*) ¶ 1 protection, défense, secours : *praesidio esse alicui* Cic. Verr. 5, 167, servir de défense, de protection, de sauvegarde à qqn ; *in tutela ac praesidio bellicae virtutis* Cic. Mur. 22, sous la tutelle et la protection de la bravoure militaire ‖ *duae legiones praesidio impedimentis erant* Caes. G. 2, 19, 3, deux légions protégeaient, gardaient les bagages ¶ 2 garde, escorte : *ad judicium cum praesidio venire* Cic. Amer. 13, venir au tribunal avec une escorte, cf. Cic. Phil. 2, 112 ‖ escorte militaire, détachement d'escorte : Caes. G. 1, 42, 5 ; 7, 1, 7 ; 7, 38, 9 ¶ 3 détachement, garnison, poste : *praesidium castris relinquere* Caes. G. 1, 51, 1, laisser une garnison au camp ; *praesidium ponere* Caes. G. 2, 5, 6 ; *collocare* Caes. G. 1, 38, 7, établir un poste, installer une garnison ; *haec firmis praesidiis tenebantur* Caes. G. 7, 69, 7, ces redoutes étaient gardées au moyen de solides détachements ¶ 4 lieu défendu par une garnison, gardé par un poste, poste : Caes. G. 6, 34, 1 ; 6, 38, 1 ; 7, 34, 1 ; 7, 62, 8 ; Cic. Tusc. 3, 17 ‖ camp, quartiers d'une armée, lignes : *in praesidiis esse* Cic. Lig. 28, être dans le camp, dans les lignes, cf. Cic. Lig. 30 ‖ [fig.] *non deserui praesidium, in quo a populo Romano locatus sum* Cic. Fin. 1, 10, je n'ai pas déserté le poste où le peuple romain m'a placé, cf. Cic. CM 73 ¶ 5 [fig.] ce qui garde, protège, défend : *vitae sine metu degendae praesidia firmissima* Cic. Fin. 1, 35, [la gloire et l'affection] les plus solides garanties (défenses) d'une vie paisible, cf. Sull. 77 ; *quaerere sibi praesidia periculis* Cic. Pomp. 70, se chercher des moyens de défense [se barricader] contre les dangers ; *magnum sibi praesidium ad beatam vitam comparare* Cic. Tusc. 2, 2, se ménager une bonne garantie en vue du bonheur ‖ remède, traitement : Plin. 22, 90 ; 28, 35.

2 **Praesĭdĭum Jūlĭum**, n., ▶ *Scallabis* : Plin. 4, 117.

praesignātĭo, ōnis, f., indication donnée d'avance : Aug. Faust. 22, 83.

praesignātŏr, ōris, m., homme qui indique d'avance : CIL 6, 8436.

praesignātus, a, um, marqué par devant : Isid. 15, 1, 10.

praesignĭfĭcātĭo, ōnis, f., figure, allégorie : Lact. Inst. 7, 15, 4.

praesignĭfĭcō, ās, āre, -, -, tr., faire connaître à l'avance : Cic. Div. 1, 82 ; 2, 101.

praesignis, e, très remarquable : Ov. A. A. 3, 773.

praesignō, ās, āre, āvī, ātum, tr., marquer auparavant : Plin. 28, 36 ‖ préfigurer : Aug. Ev. Joh. 25, 5.

praesĭlĭō, īs, ĭī, īre, -, - (*prae, salio*), intr., sauter devant : *Gloss. 2, 420, 1 ‖ sauter en avant : Iren. 1, 2, 2.
▶ f. l. pour *prosilio* Pl. St. 466.

praesĭpĭō, ĭs, ĕre, -, - (*prae, sapio*), tr., pressentir, prévoir : P. Fest. 19, 24 ; 250, 9.

praesŏlĭdō, ās, āre, -, - (*prae, solido*), tr., durcir, congeler : Stat. Th. 1, *353 ; ▶ *per-*.

praesŏlĭdus, a, um, très solide, très dur : Corip. Just. 3, 291 ‖ [fig.] très ferme : Juvc. 1, 422.

praesŏnō, ās, āre, nŭī, - ¶ 1 intr., résonner d'abord : Ov. Am. 3, 13, 11 ; ▶ *persono* ¶ 2 tr., résonner mieux que, surpasser : Calp. 4, 66.

praespargō, ĭs, ĕre, -, -, tr., répandre devant : Lucr. 5, 738.

praespĕcŭlātus, a, um, préalablement examiné : Amm. 25, 8, 11.

praespērō, ās, āre, -, -, tr., espérer [d'avance] : Tert. Marc. 5, 17, 3.

praespĭcĭō, ĭs, ĕre, -, - (*prae, specio*), tr., voir d'avance, prévoir : Cael.-Aur. Chron. 1, 4, 83.

praestābĭlis, e (*praesto*), excellent, remarquable, distingué [choses] : *nihil amicitia praestabilius* Cic. Lae. 104, rien n'est préférable à l'amitié, cf. Nat. 2, 18 ; Rep. 4, 1 ‖ avantageux : Sall. J. 1, 2 ; *praestabilius est* [avec prop. inf.] Cic. Vat. 10, il est plus avantageux de.

Praestamarci, ōrum, m. pl., peuple de Tarraconaise : Plin. 4, 111.

Praestāna, ae, f., déesse qui donnait à qqn la supériorité sur les autres : Arn. 4, 3.

praestans, tis, part.-adj. de 2 *praesto* [en parl. des pers. et des choses] qui excelle, qui l'emporte, supérieur, remarquable, distingué, éminent : *vir in re publica praestans* Cic. Brut. 5, homme jouant un rôle prépondérant dans l'État ; *praestantissima gloria* Cic. Balb. 5, une gloire éminente ; *pro tua praestanti prudentia* Cic. Cael. 32, vu ta clairvoyance supérieure ; *vita praestantior* Cic. Fin. 4, 63, vie plus belle ; [avec gén.] *animi* Virg. 12, 19, d'un courage remarquable, cf. Tac. An. 6, 6 ; [poét.] *praestantior ciere* Virg. En. 6, 164, incomparable pour soulever ... ‖ efficace, puissant, énergique, souverain : Plin. 13, 130 ‖ généreux, bienfaisant : Tert. Marc. 4, 24, 5.

praestantĕr, adv., d'une manière supérieure ou efficace : Fort. Rad. 13, 31 ‖ -tius Cael.-Aur. Acut. 1, 4, 43 ; -tissime Plin. 28, 186.

praestantĭa, ae, f. (*praestans*), supériorité [des pers. et des ch.] : Cic. Off. 1, 106 ; Lae. 70 ; Fin. 4, 54 ; 5, 34 ‖ efficacité : Plin. 12, 16 ‖ aide, secours : Tert. Marc. 4, 29, 1.

praestat, impers., ▶ *praesto*.

praestātĭo, ōnis, m. (*praesto*) ¶ 1 action d'acquitter, acquittement, paiement : Dig. 31, 1, 35 ¶ 2 [fig.] garantie : *ad praestationem scribere* Sen. Brev. 13, 9, garantir ce qu'on écrit.

praestātŏr, ōris, m. (*praesto*), répondant, garant : Grom. 403, 8.

praestātūrus, a, um, part. fut. de *praesto*.

praestātus, a, um, ▶ *praesto* ▶.

praestavi, ▶ *praesto* ▶.

praesternō, ĭs, ĕre, -, -, tr. ¶ 1 étendre devant, joncher : Pl. Poen. 478 ; Stat. S. 3, 2, 114 ¶ 2 [fig.] préparer le terrain : Plin. Ep. 5, 8, 14 ; *campum tuis laudibus praesterni* Plin. Pan. 31, 1, [il est clair] qu'un vaste champ s'ouvre à ton éloge.

praestĕs, ĭtis, m. f. (2 *praesto*, cf. *antistes*) ¶ 1 celui ou celle qui préside, chef : P. Fest. 250, 1 ‖ *boni consilii praestes* Macr. Sat. 1, 18, 17, qui inspire les bons conseils ¶ 2 défenseur, gardien, protecteur : *praestites Lares* Ov. F. 5, 129, les Lares tutélaires.

praestīgĭa, ae, f., jonglerie : Quint. 4, 1, 77 ; ▶ *praestigiae*.

praestīgĭae, ārum, f. pl. (de *praestrig-*, cf. *stringo*), fantasmagories, illusions : *nubium* Apul. Mund. 15, figures fantastiques des nuages ‖ prestiges, jongleries, tours de passe-passe, artifices, détours : Pl. Capr. 524 ; Cic. Ac. 2, 45 ; *verborum* Cic. Fin. 4, 74, jongleries de mots.
▶ *praestrigiae* Cic. Nat. 3, 73 [qqs mss] Caecil. d. Cic. ibid.

praestīgĭātŏr, ōris, m. (*praestigiae*), escamoteur : Sen. Ep. 45, 8 ‖ [fig.] charlatan, imposteur : Pl. Poen. 1125 ; Aul. 630.
▶ *praestrig-* leçon de A dans Pl.

praestīgĭātrix, īcis, f., trompeuse : Pl. Amp. 782.

praestīgĭō, ās, āre, -, - (*praestigiae*), tr., faire des tours de passe-passe : *Jul. Val. 1, 50.

praestīgĭŏr, ārĭs, ārī, -, dép., ▶ *praestigio* : Gloss. 2, 480, 47 ; Dosith. 7, 432, 6.

praestīgĭōsus, a, um (*praestigiae*), qui fait illusion, trompeur : Gell. 7, 14, 11 ; Arn. 1, 53.

praestīgĭum, ii, n., charlatanisme, imposture : Hier. Ep. 57, 2.

praestĭnātus, *a*, *um*, part. de *praestino*.

praestĭnō, *ās*, *āre*, *āvī*, *ātum* (*sto*, cf. *destino*), tr., fixer le prix à l'avance, acheter : Pl. *Ps.* 169 ; *Cap.* 848 ; P. Fest. 249, 27 ; Apul. *M.* 1, 5 ; 7, 9.

praestĭtes lares, ▣▶ *praestes*.

praestĭtī, parf. de *praesto*.

praestĭtum, *i*, n., emprunt : Avell. p. 353, 16.

praestĭtŏr, *ōris*, m. (*praesto*), celui qui procure, qui donne : Ps. Apul. *Asclep.* 27.

praestĭtŭō, *is*, *ĕre*, *tŭī*, *tūtum* (*prae*, *statuo*), tr., fixer d'avance, déterminer, assigner : Cic. *Verr.* 1, 148 ; *Caecin.* 8 ; *Tusc.* 1, 93.

praestĭtus, *a*, *um*, ▣▶ *praesto* ▶.

praestĭtūtus, *a*, *um*, part. de *praestituo*.

1 praestō, adv. (dat. de **praestus*?, cf. *praestes*, 2 *praesto* II, *praestolor*), [presque tj. joint à *esse*] ¶ 1 sous la main, là (ici) présent : *ibi mihi praesto fuit L. Lucilius* Cic. *Fam.* 3, 5, 1, là se présenta à moi L. Lucilius ; *praesto adest* Ter. *Eun.* 1050, le voici présent ‖ [sans *esse*] Pl. *Mil.* 1216 ; Ter. *And.* 415 ¶ 2 à la disposition : *praesto esse alicui* Cic. *Mur.* 19, être à la disposition de qqn ; *reliquum est ut ad omnia, quae tui velint, sim praesto* Cic. *Fam.* 4, 8, 1, il reste que je sois prêt pour tout ce que voudront les tiens.

2 praestō, *ās*, *āre*, *stĭtī*, *stātum* (*prae*, *sto* et 1 *praesto* ; fr. prêter)

| **I** intr. ¶ 1 "se distinguer, exceller" ¶ 2 "l'emporter sur" [avec dat.] ¶ 3 [impers.][avec inf.] "il vaut mieux". **II** tr ¶ 1 "l'emporter sur" [non class.] "a) alicui aliquem b) alicui aliquid c) "prendre sur soi", periculum judicii, culpam, felicitatem d) [avec prop. inf.] "répondre que" ¶ 3 "assurer, garantir" [avec adj. attribut] ¶ 4 "prouver, montrer", *se praestare* [avec attribut] ¶ 5 "remplir, exécuter", *fidem alicui*, *praestare ut (ne)* "faire que" [ne pas] ¶ 6 "mettre à la disposition, fournir". |

I intr. ¶ 1 se tenir en avant [fig.], se distinguer, se signaler, exceller : *suos inter aequales longe* Cic. *Brut.* 230, tenir de loin le premier rang parmi ses contemporains ; *in aliqua re* Cic. *de Or.* 3, 124, exceller dans qqch. ; *petulantiā maxume* Sall. *C.* 37, 5, se signaler surtout par l'impudence ¶ 2 l'emporter sur [avec dat.] : *alicui aliqua re : praestat illo doctus auditor indocto, quod* Cic. *Brut.* 199, la supériorité de l'auditeur éclairé sur celui qui ne l'est pas consiste en ce que, cf. *Lae.* 19 ; *de Or.* 1, 192 ; *aliis plurimum* Cic. *Inv.* 2, 1, être bien supérieur aux autres ; *praestat nostrae civitatis status ceteris civitatibus* Cic. *Rep.* 2, 2, notre constitution est supérieure à celle des autres cités, cf. *de Or.* 1, 15 ¶ 3 [impers.] *praestat* [avec inf.], il vaut (vaudrait) mieux : *mori milies praestitit quam haec pati* Cic. *Att.* 14, 9, 2, il eût mieux valu mille fois mourir que souffrir ces indignités, cf. Caes. *G.* 1, 17, 3 ; Virg. *En.* 1, 135 ‖ avec *potius* pléonastique : Cic. *Pis.* 15.

II tr. ¶ 1 l'emporter sur [postclass.] : *ceteros virtute* Liv. 5, 36, 4, être supérieur aux autres en courage, cf. Hirt. *G.* 8, 6, 2 ; Nep. *Att.* 18, 5 ; *Epam.* 6, 1 ; *Reg.* 3, 5 ¶ 2 se porter garant de, répondre de **a)** *alicui aliquem*, répondre à qqn de qqn : Cic. *Q.* 1, 1, 10 ; 11 ; *Att.* 2, 8, 5 ; Plin. *Pan.* 83 **b)** *alicui aliquid : emptori damnum* Cic. *Off.* 3, 66, répondre à l'acheteur de tout dommage, lui garantir les dommages éventuels, cf. Cic. *Fin.* 2, 89 **c)** *aliquid : periculum judicii* Cic. *Mur.* 3, prendre sur soi les risques d'un procès ; *culpam* Cic. *de Or.* 1, 113, prendre une faute sur soi, en prendre la responsabilité, cf. *Fam.* 9, 16, 5 ; *felicitatem de se ipso* Cic. *Pomp.* 47, répondre de son bonheur personnel, cf. Cic. *Fam.* 4, 15, 2 ; *nihil alicui a vi* Cic. *Fam.* 1, 4, 3, ne rien garantir à qqn du côté de la violence ; *pacem ab aliquo* Liv. 40, 34, 14, garantir la paix du côté de, du fait de qqn **d)** [avec prop. inf.] répondre que : Cic. *Flac.* 28 ; *Att.* 12, 32, 2 ; [avec *ne*] répondre que ne pas : Plin. 25, 16 ; 32, 115 ; 29, 85 ¶ 3 assurer, garantir [avec adj. attrib.] : *socios salvos* Cic. *Pomp.* 55, garantir le salut des alliés ; *mare tutum* Cic. *Flac.* 31, assurer la sécurité de la mer ¶ 4 prouver, faire preuve de, montrer : *virtutem, benevolentiam* Caes. *G.* 2, 27, 3 ; Cic. *Att.* 11, 1, 1, faire preuve de courage, de bienveillance ; *pietatem fratri* Cic. *Brut.* 126, témoigner son affection à son frère, cf. Cic. *Phil.* 9, 12 ; *mobilitatem equitum* Caes. *G.* 4, 33, montrer la même mobilité que la cavalerie ; *consilium suum fidemque* Cic. *de Or.* 3, 134, faire étalage de ses lumières et de sa loyauté ‖ *se* [avec attrib.] se montrer tel ou tel : Cic. *Fam.* 1, 6, 2 ; *Off.* 1, 68 ‖ *ad formulam* Sen. *Ir.* 2, 28, 3, se comporter suivant une formule ¶ 5 remplir, exécuter : *suum munus* Cic. *de Or.* 2, 38, remplir son office, cf. Cic. *Nat.* 1, 7 ; *amicitiae jus officiumque* Cic. *Fam.* 14, 4, 2, remplir tous les devoirs et les services de l'amitié ‖ *fidem alicui* Cic. *Fam.* 5, 11, 3, tenir parole à qqn, cf. Cic. *Div.* 2, 79 ; *Phil.* 14, 30 ; Liv. 2, 28, 7 ‖ [avec *ut*, *ne*] faire que, que ne pas : Plin. *Pan.* 16 ; Cael. *Fam.* 8, 10, 5 ; Brut. *Fam.* 11, 9, 1 ; Cass. *Fam.* 12, 13, 4 ; Curt. 9, 6, 13 ; Liv. 30, 30, 30 ¶ 6 mettre à la disposition, procurer, fournir : *alicui pecuniam* Suet. *Dom.* 9, fournir de l'argent à qqn ; *terris nomen* Luc. 4, 32, donner son nom au pays ‖ *rei publicae, ut* Sen. *Ep.* 24, 4, faire à la république la concession de.

▶ *praestāvi, tātus, tātūrus* relèvent en gén. de II tr. ‖ parf. *āvi* Inst. Just. 2, 1, 25 ; Paul. *Dig.* 5, 3, 36 ‖ part. *praestatus* Plin. 25, 25 ; *praestitus* Liv. 43, 18, 11 ‖ *praestaturus* Cic. *Fam.* 1, 8, 4 ; 6, 8, 1 ; *Att.* 14, 16, 4, *praestiturus* Dig. 23, 3, 78, 3, Grom. 35, 2 ; Sulp. Sev. *Chron.* 1, 26, 4, ▣▶ *praestans*.

praestōlātĭo, *ōnis*, f. (*praestotor*), attente : Vulg. *Job* 17, 15.

praestōlō, *ās*, *āre*, -, -, ▣▶ *praestolor* : Andr. *Tr.* 23 ; Turp. *Com.* 153 ; Apul. *M.* 5, 20.

praestōlŏr, *ārĭs*, *ārī*, *ātus sum* (de 1 *praesto*), intr. et tr., attendre : *alicui* Cic. *Cat.* 1, 24 ; *Att.* 2, 15, 3 ; 3, 20, 1 ; *aliquem* Pl. *Ep.* 217, attendre qqn, cf. *Cas.* 557 ; *Most.* 1148 ; *Poen.* 1170 ; *Truc.* 303 ; Ter. *Eun.* 975 ; *hujus adventum* Caes C. 2, 23, 2, attendre son arrivée [avec gén.] *Sisen. d. Non. 161, 32.

praestrangŭlō, *ās*, *āre*, -, -, tr., étrangler ‖ [fig.] fermer la bouche à : Ps. Quint. *Decl.* 3 b, 3 ; Bachiar. *Repar.* 17.

praestrictus, *a*, *um*, part. de *praestringo*.

praestrīgĭae, ▣▶ *praestigiae* ▶.

praestringō, *is*, *ĕre*, *strinxī*, *strictum*, tr. ¶ 1 serrer en avant : *pollices inter se vincire nodoque praestringere* *Tac. *An.* 12, 47, lier les pouces entre eux et les serrer par un nœud ‖ *umor praestrictus gelu* Plin. 17, 217, liquide solidifié à la surface par le froid ¶ 2 effleurer : *cum lecticam ejus fulgur praestrinxisset* Suet. *Aug.* 29, la foudre ayant effleuré sa litière ¶ 3 émousser : Plin. 7, 64 ; *aciem animorum nostrorum, ingenii tui* Cic. *Fin.* 4, 37 ; *Caecil.* 46, émousser la pénétration de nos esprits, de ton intelligence (aveugler nos esprits...), cf. Cic. *Div.* 1, 61 ; *Phil.* 12, 3 ; *oculos* Cic. *Vat.* 24, éblouir, aveugler.

praestructim, adv., en, préparant les voies [fig.] : Tert. *Pall.* 3, 4.

praestructĭo, *ōnis*, f., action d'établir d'avance, préparation : Aug. *Ep.* 147, 6 ; Tert. *Marc.* 4, 14, 9.

praestructus, *a*, *um*, part. de *praestruo*, [adj¹] préparé, formé, exercé : Claud. *Gild.* 285.

praestrŭō, *is*, *ĕre*, *struxī*, *structum*, tr. ¶ 1 élever auparavant, construire d'abord : Col. 1, 5, 9 ‖ [fig.] fonder ou établir d'abord : *fidem sibi* Liv. 28, 42, 7, commencer par gagner la confiance ‖ préparer, disposer par avance : Suet. *Tib.* 53 ‖ établir d'avance (une démonstration) : Tert. *Marc.* 4, 2, 1 ; *Apol.* 47, 1 ‖ se proposer de, projeter : Amm. 31, 7 ¶ 2 construire devant, obstruer, boucher : Ov. *F.* 1, 563.

praestŭpescō, *is*, *ĕre*, -, -, intr., être frappé de stupeur : Jul.-Val. 1, 52.

praestŭpĭdus, *a*, *um*, très stupide : Juvc. 4, 199.

praestus, *a*, *um* (de 1 *praesto* ; fr. prêt), [tard.] dévoué, disponible : CIL 6, 12013, 11 ; VL. *Matth.* 6, 33.

praesūdō, *ās*, *āre*, -, -, intr., être très humide : Claud. *Pros.* 2, 120 ‖ [fig.] suer

praesudo

d'avance, se donner de la peine, s'exercer : Stat. *Th.* 6, 4.

praesŭl, *ŭlis*, m. (*prae, salio*, cf. *consul*) ¶ 1 présul [celui qui conduisait les danses des Saliens] : Capit. *Aur.* 4 ‖ le chef des danseurs, dans les jeux publics : Cic. *Div.* 1, 55 ; 2, 136 ¶ 2 préposé, qui est à la tête de, président : *agri* Pall. 1, 6, régisseur d'une terre ; *diva praesul silentii* Solin. 1, 6, déesse du silence ¶ 3 [tard.] évêque : Jon. *Col.* 2, 8 ‖ abbé : Jon. *Col.* 1, 4 ‖ pape : Jon. *Col.* 2, 23.

praesŭlātŭs, *ūs*, m. (*praesul*), fonctions, dignité de supérieur : Cassiod. *Eccl.* 1, 3 ‖ dignité d'évêque : Isid. *Eccl.* 2, 5, 13.

praesulco, *ās, āre*, tr., tracer d'avance : Prosp. *Ingr.* 2, 254.

praesulsus, *a, um* (*prae, salsus*), très salé : Col. 6, 2, 7.

praesultātŏr, *ōris*, m. (*praesulto*), le chef des danseurs [dans les jeux] : Liv. 2, 36, 2.

praesultō, *ās, āre*, -, - (*prae, salto*), intr., sauter devant ; [fig.] se pavaner devant [dat.] : Liv. 7, 10, 3.

praesultŏr, *ōris*, m., C. ▶ *praesultator* : Val.-Max. 1, 7, 4.

praesŭm, *es, esse, fŭī*, -, intr., être en avant, être à la tête [avec dat.] : *oppido* Caes. *G.* 2, 6, 4, commander une place ; *classi* Caes. *C.* 3, 25, 2 ; *exercitui* Caes. *C.* 3, 57, 3, commander une flotte, l'armée ; *navi aedificandae* Cic. *Verr.* 4, 17, présider à la construction d'un navire, cf. Cic. *Verr.* 2, 144 ; *qui cuique artificio praesunt* Cic. *Fin.* 4, 76, ceux qui sont à la tête de chaque profession, cf. Cic. *de Or.* 1, 235 ‖ [abs\[t\]] *praeesse in provincia* Cic. *Verr.* 3, 180, être gouverneur dans une province ; *qui Lissi praeerat* Caes. *C.* 3, 28, 2, qui avait le commandement à Lissus ‖ *alicujus temeritati* Cic. *Lae.* 37, guider, diriger, inspirer la conduite téméraire de qqn ; *his rebus praefuit* Cic. *Fam.* 1, 8, 1, il a tout mené, cf. Cic. *Att.* 9, 6, 7 ‖ [poét.] protéger : Ov. *F.* 5, 135 ; V. ▶ 1 *praesens*.

praesūmentĕr, C. ▶ *praesumpte* Cassiod. *Var.* 5, 15.

praesummus, *a, um*, ce qu'il y a de plus élevé : Oros. *Apol.* 32, 9.

praesūmō, *ĭs, ĕre, sumpsī, sumptum*, tr. ¶ 1 prendre avant, d'avance : *praesumendo remedia munierat corpus* Tac. *An.* 14, 3, en prenant d'avance des contrepoisons elle s'était prémunie ; *cibis frigidam* Plin. 28, 55, boire de l'eau froide avant de manger ‖ [fig.] *alicujus officia* Plin. *Ep.* 6, 10, 5, remplir d'avance les devoirs de qqn ; *fortunam principatus inerti luxu* Tac. *H.* 1, 62, goûter d'avance dans une vie de mollesse luxueuse les prérogatives de la situation d'empereur, cf. Plin. *Ep.* 3, 1, 11 ¶ 2 prendre d'avance, [d'où] enlever, annuler, supprimer : Quint. 10, 5, 4 ; *in qua ingenium judicio praesumitur* Quint. 2, 4, 7, (une nature d'enfant) chez qui le jugement devance l'imagination créatrice ¶ 3 se représenter d'avance, conjecturer, présumer : *fortunam utriusque* Tac. *An.* 12, 41, pressentir la destinée de l'un et de l'autre ; *spe praesumite bellum* Virg. *En.* 11, 18, par l'espérance anticipez la guerre ; *praesumptum habere* [avec prop. inf.] Tac. *An.* 14, 64, se dire d'avance que ¶ 4 [tard.] être fier, trop présumer de : Aug. *Conf.* 6, 8, 13 ‖ oser, avoir l'audace de : Ruf. *Brev.* 7, 2.

praesumpte, adv., avec assurance, hardiment : Vop. *Car.* 4.

praesumptĭō, *ōnis*, f. (*praesumo*) ¶ 1 anticipation, conception anticipée : Plin. *Ep.* 4, 15, 11 ¶ 2 [phil.] notion première, élémentaire, prénotion [grec πρόληψις] : Sen. *Ep.* 117, 5 ‖ préjugé : Tert. *Apol.* 49, 1 ; Apul. *M.* 9, 4 ¶ 3 hardiesse, assurance : Sulp. Sev. *Chron.* 1, 33 ; Tert. *Cult.* 2, 2, 2 ; Apul. *M.* 8, 28, 2 ‖ [tard.] présomption, témérité : Hier. *Ep.* 108, 26, 2 ; Cassian. *Inst.* 5, 30, 2 ¶ 4 anticipation [rhét.] : Quint. 9, 2, 16.

praesumptĭōsē (-ŭōse), présomptueusement : Sidon. *Ep.* 7, 6, 1.

praesumptĭōsus (-ŭōsus), *a, um*, présomptueux : Sidon. *Ep.* 1, 11, 1.

praesumptīvē, adv., présomptueusement : Cassiod. *Psalm.* 25, 2 ; Aug. *Faust.* 24, 1.

praesumptīvus, *a, um* ¶ 1 qui prend d'avance : *praesumptiva conjunctio* Prisc. 3, 93, 15, conjonction présomptive ¶ 2 audacieux, présomptueux : Cassian. *Coll.* 21, 34.

praesumptŏr, *ōris*, m. (*praesumo*) ¶ 1 injuste possesseur, usurpateur : Cassiod. *Var.* 1, 18 ¶ 2 un présomptueux, audacieux : Aug. *Serm.* 285, 3.

praesumptōrĭē, adv., présomptueusement : Tert. *Marc.* 4, 41, 2.

praesumptŭōs-, V. ▶ *praesumptios-*.

praesumptus, *a, um*, part. de *praesumo*, [adj\[t\]] présomptueux : *-tior* Corip. *Joh.* 4, 550.

praesŭō, *ĭs, ĕre*, -, *sūtum*, tr., coudre par-devant, recouvrir : Plin. 12, 96 ; Ov. *M.* 11, 9.

praesurgō, *ĭs, ĕre, surrēxī*, -, intr., se lever avant [en parl. du soleil] : Avien. *Arat.* 1599.

praesuspectō, *ās, āre*, -, -, tr., s'attendre à, prévoir : Jul.-Val. 1, 38.

praesūtus, *a, um*, part. de *praesuo*.

praetangō, *ĭs, ĕre*, -, *tactum*, tr., toucher par avance : Cael.-Aur. *Chron.* 5, 7, 81 ‖ *praetactus* **a)** Cael.-Aur. *Acut.* 1, 10, 71 ; 2, 11, 79, déjà atteint [méd.] **b)** Cael.-Aur. *Acut.* 4, 3, 22, frotté préalablement.

praetardō, *ās, āre*, -, -, tr., retarder beaucoup : Ital. 917.

Praetavi, *ōrum*, m. pl., nom d'une peuplade arabe : Plin. 5, 86.

praetectĭō, *ōnis*, f., action de voiler : Cael.-Aur. *Chron.* 3, 8, 131.

praetectus, *a, um*, part. de *praetego*.

praetĕgō, *ĭs, ĕre, texī, tectum*, tr., couvrir par-devant ; [fig.] abriter : Plin. *Pan.* 15 ‖ voiler, dissimuler : Lact. *Inst.* 5, 2.

praetempto, V. ▶ *praetento*.

praetendō, *ĭs, ĕre, tendī, tentum*, tr. ¶ 1 tendre en avant : Plin. 11, 2 ‖ tendre devant : *membrana cordi praetenditur* Plin. 11, 197, une membrane s'étend devant le cœur ; *saepem segeti* Virg. *G.* 1, 270, étendre une haie devant la moisson ; *vestem ocellis* Ov. *Am.* 3, 6, 79, étendre sa robe devant ses yeux ¶ 2 tendre devant soi : *ramum olivae* Virg. *En.* 8, 116, tendre un rameau d'olivier, cf. Virg. *G.* 4, 230 ; *praetenta tela tenent* Ov. *M.* 8, 341, ils tiennent des épieux tendus devant eux ¶ 3 pass. *praetendi*, s'étendre devant, être situé devant : *Baeticae praetenditur Lusitania* Plin. 3, 6, devant la Bétique s'étend la Lusitanie, cf. Virg. *En.* 6, 60 ; Liv. 10, 2, 5 ; Tac. *An.* 2, 56 ¶ 4 [fig.] **a)** mettre en avant, *aliquid alicui rei*, qqch. comme excuse à qqch. : *hominis doctissimi nomen tuis immanibus moribus praetendis* Cic. *Vat.* 14, tu couvres du nom de ce grand philosophe tes mœurs abominables ; *legem postulationi suae* Liv. 3, 45, 1, mettre en avant une loi pour justifier une réclamation, cf. Liv. 3, 47, 5 ‖ *titulum belli adversus aliquem* Liv. 37, 54, 13, invoquer un motif de guerre contre qqn ; *ignorantia praetendi non potest* Quint. 7, 1, 35, on ne peut prétexter, alléguer l'ignorance ‖ [avec prop. inf.] alléguer que, prétexter que : Tac. *An.* 6, 18 ‖ [avec *ut*] chercher à : Ambr. *Off.* 1, 47 **b)** faire voir = faire briller aux yeux [comme une promesse] : Virg. *En.* 4, 338 **c)** rappeler, réclamer une dette : Dig. 2, 14, 9 **d)** camper devant, protéger : Vl. *Zach.* 14, 14.

praetĕnĕr, *ĕra, ĕrum*, très tendre : Plin. 14, 25.

praetensus, *a, um*, C. ▶ *praetentus* : Anth. 127, 5.

1 praetentātus, *a, um*, part. de *praetento*.

2 praetentātŭs, abl. *ū*, m., tâtonnement : Plin. 11, 140.

praetentō (-temptō), *ās, āre, āvī, ātum* (fréq. de *praetendo*), tr. ¶ 1 tendre ou étendre en avant, allonger : Claud. *Gild.* 438 ; [fig.] Val.-Flac. 6, 75 ¶ 2 tâter par-devant, explorer en tâtant : *iter* Ov. *Ib.* 269, tâter son chemin, cf. *M.* 14, 189 ; Suet. *Aug.* 35 ‖ sonder, essayer, éprouver : *vires* Ov. *M.* 8, 7, faire l'essai de ses forces ; *misericordiam* Quint. 4, 1, 28, s'adresser à la pitié ; *chordas* Ov. *M.* 5, 339, préluder sur la lyre.

praetentūra, *ae*, f. (*praetendo*), garnison sur la frontière, poste avancé : Amm. 14, 3, 2 ‖ partie du camp comprise entre la *via principalis* et la *porta praetoria* : Ps. Hyg. *Mun. castr.* 14.

praetentus, *a, um*, part. de *praetendo*.

praetĕnŭis, *e*, très délié, très fin, très mince : PLIN. 16, 38 ¶ très étroit : PLIN. 8, 201 ¶ [fig.] très faible, minime [en parl. du son] : QUINT. 11, 3, 41.

praetĕpēscō, *ĭs, ĕre, tĕpŭī*, -, intr., s'échauffer d'avance : OV. *Am.* 2, 3, 6.

praetĕr (prae, cf. *inter*)
I adv. [idée de passer devant, donc de passer] ¶ **1** [au sens pr. ne se trouve qu'en compos.] V.⟶ *praetereo, praeterfluo* ¶ **2** [fig.] ⟹ *praeterquam*, excepté, exception faite : *statuit diem, ante quam sine fraude liceret ab armis discedere praeter rerum capitalium damnatis* SALL. *C.* 36, 2, il fixe un jour, avant lequel ceux qui déposeront les armes auront amnistie à l'exception des condamnés pour crime capital, cf. VARR. *R.* 1, 38, 1 ; LIV. 4, 59, 7 ; PLIN. 14, 119 ; SUET. *Cl.* 4 ; *Ner.* 56 ; GELL. 1, 23, 13 ‖ joint à des particules : *praeter si* VARR. *R.* 1, 41, 5, excepté si ; *praeterque* PLIN. 4, 21 ; 5, 16, et en outre ; *praeter quod* APUL. *M.* 4, 27, 5, excepté que ; V.⟶ *praeterpropter, praeterquam*.
II prép. acc. ¶ **1** devant, le long de : *praeter pedes* PL. *St.* 460, devant les pieds ; *praeter castra Caesaris suas copias traduxit* CAES. *G.* 1, 48, 2, il fit passer ses troupes devant le camp de César ; *praeter oculos alicujus aliquid ferre* CIC. *Verr.* 3, 62, faire passer qqch. devant les yeux de qqn ¶ **2** au-delà de, contre : *praeter naturam* CIC. *Phil.* 1, 10, au-delà de ce que comporte la nature ; *praeter opinionem* CIC. *Verr.* 2, 182 ; *spem* CIC. *Verr.* 5, 91, contre toute attente, contre toute espérance ; *praeter modum* CIC. *Div.* 1, 100, d'une façon démesurée ¶ **3** au-delà de, plus que : *praeter ceteros aliquid alicui imponere* CIC. *Verr.* 4, 76, imposer qqch. à qqn plus qu'aux autres, cf. CIC. *Sull.* 7 ; *Amer.* 145 ; *praeter alios* CIC. *Sull.* 9, plus qu'aux autres ¶ **4** excepté : *nihil habeo praeter auditum* CIC. *Off.* 1, 33, je ne sais rien que par ouï-dire ; *hoc nemini praeter me videtur* CIC. *Att.* 1, 1, 2, personne d'autre que moi n'a ce sentiment ; *omnibus sententiis praeter unam* CIC. *Clu.* 55, par tous les suffrages sauf un ; *omne frumentum praeter quod...* CAES. *G.* 1, 5, 3, tout le blé sauf celui que... ; *nullas litteras acceperam praeter quae mihi binae redditae sunt* CIC. *Att.* 5, 3, 2, je n'ai reçu aucune lettre sauf les deux qui m'ont été remises ‖ *nihil praeter plorare* HOR. *S.* 2, 5, 69, rien que les pleurs ¶ **5** indépendamment de, outre : *ut praeter se denos adducerent* CAES. *G.* 1, 43, 3, d'amener en plus d'eux-mêmes dix personnes chacun ; *praeter pecunias imperatas* CAES. *C.* 3, 32, 4, outre les sommes imposées, cf. CAES. *C.* 3, 57, 3 ; CIC. *Q.* 1, 1, 28.

praetĕrăgō, *ĭs, ĕre*, -, *actum*, tr., faire passer outre : HOR. *Ep.* 1, 15, 10.

praetĕrbītō, *ĭs, ĕre*, -, tr., passer outre : [absᵗ] PL. *Poen.* 1163 ; [avec acc.] PL. *Ep.* 437.

*praetercurrō, seulᵗ **praetercurrens**, *tis*, qui court au-delà : VEG. *Mil.* 3, 24 ¶ **praetercursus**, *a, um*, qu'on a traversé en courant : AMM. 22, 9, 3.

praeterdūcō, *ĭs, ĕre*, -, -, tr., conduire au-delà : PL. *Mil.* 67.

praetĕrĕā, adv. (praeter, cf. *postea*), en outre, outre cela, de plus, en sus : PL. *Capr.* 331 ; CIC. *de Or.* 1, 60 ; CAES. *G.* 3, 20, 2 ‖ *primum... praeterea* TER. *Eun.* 146, d'abord... ensuite ‖ après cela, dès lors, désormais : VIRG. *En.* 1, 49 ; *G.* 4, 502.

praetĕrĕō, *īs, īre, ĭī (īvī), ĭtum*
I intr. ¶ **1** passer au-delà, passer devant : *si nemo hac praeteriit* PL. *Cis.* 683, si personne n'est passé par ici ; *praeteriens judicat* CIC. *Brut.* 200, en passant, il juge ; *unda quae praeteriit* OV. *A. A.* 3, 63, l'eau qui s'est écoulée ¶ **2** [fig.] *nox quae praeteriit* PL. *Merc.* 227, la nuit qui s'est écoulée, cf. CIC. *Att.* 13, 12, 3.
II tr. ¶ **1** passer devant, le long de : *hortos* CIC. *Fin.* 5, 3, passer devant des jardins, cf. CIC. *Att.* 10, 4, 8 ; *ripas flumina praetereunt* HOR. *O.* 4, 7, 3, les rivières coulent le long de leurs rives ‖ dépasser [à la course] : VIRG. *En.* 4, 157 ; OV. *M.* 2, 160 ; 10, 680 ‖ [fig.] surpasser : VARR. *R.* 1, 1, 10 ; OV. *Pont.* 4, 7, 51 ; JUV. 14, 214 ¶ **2** [fig. au part.] **praeteritus**, *a, um*, écoulé, passé : *praeteritum tempus* CIC. *CM* 69, le temps écoulé ; *praeteriti viri* PROP. 2, 10, 52, les trépassés, les gens d'autrefois ‖ [gram.] *praeteritum tempus* ou *praeteritum* [seul] QUINT. 1, 4, 29, le prétérit, le parfait ‖ *in praeteritum* SUET. *Dom.* 9, pour le passé ‖ pl. n., *praeterita, orum*, le passé : CIC. *Pis.* 59 ; *Brut.* 266 ; *Div.* 1, 63 ¶ **3** *me (te) non praeterit* [avec prop. inf.], il ne m'échappe pas, il ne t'échappe pas que ; je sais bien, tu sais bien que : CIC. *Caecin.* 101 ‖ [avec interrog. indir.] *te non praeterit quam sit difficile* CIC. *Fam.* 1, 8, 2, tu sais combien il est difficile... ‖ *multa quae nos praeterierunt* PLIN. *pr.* 18, beaucoup de choses qui nous ont échappé ¶ **4** omettre, laisser de côté : *nullum genus crudelitatis* CIC. *Phil.* 3, 4, ne laisser de côté aucun genre de cruauté ; *locus, qui praeteritus neglegentia est* TER. *Ad.* 14, un sujet qui a été laissé de côté par indifférence ; *ut nulla fere pars orationis silentio praeteriretur* CIC. *Brut.* 88, au point que presque chaque partie du discours souleva des acclamations ‖ [en part.] passer sous silence, ne pas mentionner : CIC. *Verr.* 3, 178 ; *Prov.* 6 ; *praetereo quod* CIC. *Clu.* 188, je laisse de côté ce fait que ; [pass. impers.] *de Apollonio praeteriri potest ?* CIC. *Verr.* 5, 16, peut-on passer sous silence ce qui concerne Apollonius ? ; *nihil in praeteritis relinquere* CIC. *Ac.* 2, 45, ne rien laisser de côté ‖ *octo praeteritis* LIV. 27, 11, 12, huit étant omis (sur la liste des sénateurs) ¶ **5** négliger de faire une chose : *quae faenisices praeterierunt* VARR. *R.* 1, 49, 2, ce que les faucheurs ont laissé ‖ [avec inf.] PL. *Merc.* 403 ; APUL. *M.* 3, 23 ‖ [avec *quin*] *praeterire non potui, quin* CAES. d. *Att.* 9, 6, je n'ai pu négliger de ¶ **6** omettre qqn [dans une élection, une distribution], ne pas faire cas de : CIC. *Planc.* 8 ; *Tusc.* 5, 54 ; *Phil.* 2, 41 ; *Philippus et Cotta praetereuntur* CAES. *C.* 1, 6, 5, Philippus et Cotta sont laissés de côté.
▶ fut. tard. *praeteriet* VULG. *Sapr.* 1, 8 ; JUVC. 4, 159.

praetĕrĕquĭtans, *tis*, qui s'avance à cheval : LIV. 3, 61, 9.

praetĕrĕundus, *a, um*, adj. verbal de *praetereo*.

praetĕrĕuntĕr, adv., en passant, légèrement : AUG. *Ev. Joh.* 118, 2.

praetĕrfĕrŏr, *ferrīs, ferrī, lātus sum*, pass., se porter au-delà de [avec acc.] : *latebras praeterlata est* LIV. 21, 55, 9, elle dépassa l'embuscade ; *vox praeterlata perit* LUCR. 4, 569, le son de la voix passant outre se perd.

praetĕrflŭō, *ĭs, ĕre*, -, - ¶ **1 a)** intr., couler auprès : VARR. *R.* 3, 16, 27 **b)** tr., baigner : LIV. 41, 11, 3 ¶ **2** intr., [fig.] couler au-delà, s'échapper, se perdre : CAT. d. PLIN. *pr.* 30 ; CIC. *Tusc.* 5, 96.

praetĕrfŭgĭō, *ĭs, ĕre*, -, -, tr., passer outre en fuyant : AMBR. *Spir.* 3, 11, 78.

praetergrĕdĭŏr, *dĕrīs, dī, gressus sum* (praeter, gradior), tr., dépasser : CIC. *Fam.* 3, 7, 4 ; SALL. *J.* 50, 3 ; 52, 5 ‖ [absᵗ] passer outre [avec *propter*] : B.-AFR. 73, 4.

praetĕrhāc, adv. (cf. *praeterea*), désormais, dorénavant, encore : PL. *Men.* 113 ; *Ru.* 1118.

praetĕrĭens, *euntis*, part. de *praetereo*, v. ce mot.

praetĕrĭet, V.⟶ *praetereo* ▶.

praetĕrinquīrō, *ĭs, ĕre*, -, -, intr., s'informer en plus, faire une nouvelle enquête : AMM. 15, 5, 12.

praetĕrĭtĭō, *ōnis*, f. (*praetereo*) ¶ **1** action de passer [en parl. du temps] : AUG. *Conf.* 11, 27, 35 ¶ **2** action de ne pas porter sur son testament, silence du testateur : COD. JUST. 6, 29, 4 ‖ prétérition ou prétermission [rhét.] : CAPEL. 5, 523.

praetĕrĭtŏr, *ōris*, m., transgresseur : HIL. *Psalm.* 118, *samech* 4.

praetĕrĭtus, part. de *praetereo*.

praetĕrlābŏr, *bĕrĭs, bī, lapsus sum*, tr. ¶ **1** côtoyer : VIRG. *En.* 3, 478 ‖ [abstᵗ] couler auprès : QUINT. 10, 3, 24 ¶ **2** [fig.] échapper : CIC. *de Or.* 2, 109.

praetĕrlambō, *ĭs, ĕre*, -, -, tr., baigner [en parlant d'un cours d'eau] : AMM. 17, 2, 2.

praetĕrlātus, V.⟶ *praeterferor*.

praetĕrlŭens, *tis*, qui baigne [en parl. d'une rivière] : APUL. *M.* 6, 11.

praetermĕō, *ās, āre*, -, - ¶ **1** intr., passer outre ou devant : [tmèse] *praeterque meantes* LUCR. 1, 317, et les passants ¶ **2** tr., couler le long de, baigner, arroser : SEN. *Nat.* 7, 6, 1 ; AMM. 31, 8, 6.

praetermissĭo, ōnis, f. ¶1 action d'omettre, omission : Cic. *Top.* 31 ¶2 action de négliger : *aedilitatis* Cic. *Off.* 2, 58, le fait de se dispenser de briguer l'édilité.

praetermissŏr, ōris, m., celui qui omet : Aug. *Psalm.* 36, 2, 20.

praetermissus, *a*, *um*, part. de *praetermitto*.

praetermittō, *ĭs*, *ĕre*, *mīsī*, *missum*, tr. ¶1 laisser passer [pr. et fig.] : *neminem* Cic. *Fam.* 11, 21, 1 ; *nullum diem* Cic. *Att.* 9, 14, 2, ne laisser passer personne, aucun jour ¶2 laisser de côté, négliger : *nullum officium* Cic. *Fam.* 1, 8, 1, ne négliger aucun devoir ; *voluptates* Cic. *Nat.* 3, 35, laisser de côté les plaisirs ǁ [avec inf.] omettre de, négliger de : Cic. *Verr.* 1, 86 ; Caes. C. 2, 39, 3 ; Nep. *Cim.* 4, 3 ǁ *nihil praetermittere quin* Cic. *Q.* 3, 3, 1 ; *Phil.* 2, 23, ne rien négliger pour que, mettre tout en œuvre pour que, ou avec ; *quominus* Cic. *Leg.* 1, 56 ¶3 omettre, passer sous silence, passer : Cic. *Off.* 3, 9 ; *Cat.* 3, 18 ǁ [abs^t] *de aliqua re praetermittendum non putavi* Gell. 13, 14, 7, sur tel point je n'ai pas cru devoir omettre ¶4 laisser passer, fermer les yeux : Lucr. 4, 1191 ; Ter. *Ad.* 51 ¶5 [poét.] faire passer au-delà, transporter : Stat. S. 3, 2, 84.

praetermonstrans, *tis* (*praeter, monstro*), indiquant : Gell. 20, 10, 6.

*****praeternāvĭgātĭo**, ōnis, f., v. *praenavigatio*.

praeternāvĭgō, *ās*, *āre*, -, - ¶1 intr., passer outre en naviguant : Suet. *Tib.* 12 ¶2 tr., dépasser, passer [en naviguant], doubler : Suet. *Ner.* 27.

praeterō, *ĭs*, *ĕre*, *trīvī*, *trītum*, tr. ¶1 user, limer par-devant : Plin. 11, 167 ; Pl. *Men.* 85 ¶2 broyer préalablement : C.-Aur. *Acut.* 1, 17, 169.

praeterpropter, adv., approximativement, tant bien que mal : Enn. *Tr.* 190 ; Cat. ; Varr., cf. Gell. 19, 10, 2 ; 10.

praeterquam, adv. ¶1 excepté : *nullas iis praeterquam ad te et ad Brutum dedi litteras* Cic. *Fam.* 3, 7, 1, je ne leur ai confié aucune lettre sauf pour toi et pour Brutus, cf. Cic. *Cat.* 3, 26 ; *Clu.* 105 ; *Div.* 2, 69 ; Caes. *G.* 7, 77, 6 ¶2 en plus, en outre : Liv. 22, 53, 6 ; 26, 13, 14 ; 30, 6, 4 ¶3 *praeterquam quod a)* si ce n'est que, excepté que : *me in Cumano, praeterquam quod sine te, ceterum satis commode oblectabam* Cic. *Q.* 2, 12, 1, dans ma villa de Cumes, sauf que je suis privé de toi, j'ai pour le reste assez d'agrément *b)* outre que : Cic. *Fin.* 5, 61 ; *Leg.* 3, 45 ; *Att.* 9, 15, 5 ; 15, 15, 2.

praetersum, *esse*, intr., être étranger à, ne pas s'intéresser à [dat.] : Tert. *Apol.* 38, 4.

praetervectĭo, ōnis, f. (*praetervehō*), traversée : Cic. *Verr.* 5, 170.

praetervectus, *a*, *um*, part. de *praetervehor*.

praetervĕhens, *tis*, part. de *praetervehor* intr., s'avançant au-delà : *equo* Liv. 22, 49, 6, en passant à cheval ǁ [avec acc.] traversant : Suet. *Aug.* 93.

praetervĕhŏr, *ĕrĭs*, *vĕhī*, *vectus sum*, tr. ¶1 naviguer devant, passer outre en naviguant [abs^t] : Cic. *Fin.* 5, 49 ǁ [avec acc.] *a)* passer devant, côtoyer : Cic. *Verr.* 5, 86 ; 5, 98 *b)* passer, dépasser, doubler : Caes. C. 3, 26, 1 ; Virg. *En.* 3, 688 ǁ dépasser [à pied] : Tac. *H.* 3, 71 ¶2 [fig.] passer outre : *locum silentio* Cic. *Phil.* 7, 8, passer un point sous silence ; *aures* Cic. *Balb.* 4, ne faire qu'effleurer les oreilles.

praetervertō, *ĭs*, *ĕre*, -, -, tr., marcher au-devant de, se diriger du côté de : Plin. 2, 181.

praetervŏlō, *ās*, *āre*, *āvī*, *ātum*, tr., voler au-delà de ¶1 franchir à tire d'aile, traverser rapidement : [abs^t] Suet. *Cl.* 7 ; [avec acc.] Cic. *Arat.* 412 ; Claud. *Get.* 321 ; Sil. 10, 114 ¶2 [fig.] passer inaperçu, échapper à, n'être pas remarqué de : Cic. *de Or.* 2, 223 ; *praetervolat numerus* Cic. *Or.* 197, le rythme passe inaperçu.

praetestātus, *a*, *um*, qui a attesté d'avance : Ps. Tert. *Marc.* 3, 176.

Praetētĭānus, v. *Praecianus* Plin. 14, 60.

praetexō, *ĭs*, *ĕre*, *texŭī*, *textum*, tr. ¶1 border : *purpura tuos praetexit amictus* Ov. *Pont.* 3, 8, 7, la pourpre borde ta toge ; *tunicae purpura praetextae* Liv. 22, 46, 6, tuniques bordées de pourpre ; *toga praetexta*, v. *praetexta* ǁ [fig.] *litora praetexunt puppes* Virg. *En.* 6, 5, les poupes bordent le rivage ; *utraeque nationes Rheno praetexuntur* Tac. *G.* 34, les deux nations sont bordées par le Rhin ¶2 [fig.] mettre en tête : *voluminibus auctorum nomina* Plin. pr. 21, mettre en tête des volumes les noms des auteurs, cf. Plin. 18, 212 ; *postibus praetexi* Plin. *Pan.* 52, être placé devant l'entrée des temples [statues] ; *praetexta quercu domus* Ov. *F.* 4, 953, maison dont l'entrée est garni d'un chêne ¶3 border de, garnir en avant de, pourvoir de, munir de : *natura omnia, quae..., lenioribus principiis praetexuit* Cic. *de Or.* 2, 317, la nature a pourvu de débuts plus lents toutes les choses qui... ǁ *culpam conjugii nomine* Virg. *En.* 4, 172, couvrir sa faute du nom d'hymen ¶4 alléguer comme excuse, prétexter : *cupiditatem triumphi* Cic. *Pis.* 56, prétexter le désir du triomphe ǁ [avec prop. inf.] prétexter que : Vell. 2, 62, 3 ; Tac. *H.* 1, 72.

praetexta, *ae*, f. (*praetexo*) ¶1 (s.-ent. *toga*), la prétexte, la toge prétexte [toge blanche, bordée d'une bande de pourpre, portée par les enfants jusqu'à seize ans et par les principaux magistrats dans les cérémonies publiques] : Cic. *Verr.* 1, 113 ; 5, 36 ; *Q.* 2, 12, 2 ¶2 (s.-ent. *fabula*) tragédie à sujet romain [dans laquelle les acteurs portaient la prétexte] : Hor. *P.* 288 ; Poll. *Fam.* 10, 32, 3.

1 **praetextātus**, *a*, *um* (*praetexta*) ¶1 vêtu de la prétexte [toge des enfants], encore enfant, dans l'adolescence : Cic. *Pis.* 8 ; *Phil.* 2, 44 ; *praetextata aetas* Gell. 1, 23, 18, l'enfance, l'adolescence ; *praetextata amicitia* Mart. 10, 20, 4, amitié d'enfance ǁ **praetextatus**, *i*, m., adolescent [jusqu'à seize ans] : Liv. 22, 57, 9 ; Juv. 10, 308 ¶2 [fig.] licencieux, obscène : *praetextata verba* Suet. *Vesp.* 22, paroles libres ; *praetextati mores* Juv. 2, 170, mœurs dissolues.

2 **Praetextātus**, *i*, m., Prétextat, nom d'homme : Amm. 22, 7, 6.

praetextum, *i*, n. ¶1 ornement : Sen. *Ep.* 71, 9 ¶2 prétexte : Tac. *H.* 2, 100 ; Suet. *Aug.* 12.

1 **praetextus**, *a*, *um*, part. de *praetexo*, [adj^t] vêtu de la robe prétexte : Prop. 4, 1, 11.

2 **praetextŭs**, *ūs*, m. ¶1 action de mettre devant, [fig.] prétexte : *sub praetextu* Petr. 97, 9, sous couleur, cf. Liv. 36, 6, 5 ¶2 éclat, représentation : *Tac. *H.* 1, 13 ; Val.-Max. 4, 4, 1 ; v. *praetextum*.

Praeti, ōrum, m. pl., peuplade de l'Inde : Plin. 6, 67.

praetĭmĕō, *ēs*, *ēre*, *ŭī*, -, tr., craindre d'avance : Pl. *Amp.* 29 ; Sen. *Ep.* 98, 7.

praetĭmĭdus, *a*, *um*, qui a une grande crainte (de Dieu) : Carm. Jon. 67.

praetingō, *ĭs*, *ĕre*, -, *tinctum*, tr., tremper auparavant : Cael.-Aur. *Chron.* 1, 4, 119 ; *praetinctus* Ov. *M.* 7, 123.

praetĭtŭlātĭo, ōnis, f., titre (de psaume) : Rufin. *Orig. Rom.* 2, 14.

praetĭtŭlō, *ās*, *āre*, *āvī*, *ātum*, tr., intituler un livre : Gennad. *Vir.* 99.

praetondĕō, *ēs*, *ēre*, *tŏtondī*, -, tr., couper (tailler) par-devant : Apul. *M.* 5, 30 ǁ *praetonsus* Cass. Fel. 2.

praetŏr, ōris, m. (*praeeo, *itor*) ¶1 celui qui marche en tête, chef, [ou plutôt] celui qui prononce le premier la formule à répéter, *qui praeit verba*, v. *praeeo* II ¶2 *a)* préteur, magistrat suprême à Capoue : Cic. *Agr.* 2, 93 *b)* [à Rome, primit^t] chef suprême surtout au titre militaire, cf. Liv. 30, 43, 9 [les mots préteur, consul sont employés concurremment pour désigner les mêmes magistrats *praetor maximus* Liv. 7, 3, 5, le dictateur *c)* général, chef d'armée [chez les étrangers] : Cic. *Div.* 1, 123 ; *Inv.* 1, 55 ; Nep. *Milt.* 4, 4 *d)* [sous Aug.] *praetores aerarii* Tac. *An.* 1, 75, intendants du trésor public ¶2 à Rome, à partir de 367, le préteur est un magistrat distinct, chargé de la juridiction civile. En 242, dédoublement de la juridiction en deux préteurs (urbain, pérégrin) ; puis augmentation successive, 8 préteurs sous Sylla. Les préteurs tirent au sort leur *provincia*, département ; le préteur qui a la *provincia* ou *sors* ou *jurisdictio urbana* rend la justice entre les citoyens d'après les règles qu'il publie dans son *edictum* en entrant en charge ; c'est le préteur le plus important; il remplace le consul absent, préside le sénat, convoque le peuple en assemblée ou aux comices. Le pérégrin rend la justice entre citoyens et étrangers et entre étrangers, lui aussi d'après son édit. Les autres préteurs président les chambres d'enquêtes permanentes, *quaestiones perpetuae*. Après leur sortie de charge au bout d'un an, ils vont dans une province comme propréteurs, mais souvent on les désigne encore du nom de préteurs, cf. Cic. *Verr.* 2, 12; 4, 56; Liv. 30, 2, 4 ‖ [qqf.] *praetor = proconsul* Cic. *Fam.* 2, 17, 6; *Verr.* 3, 125 ‖ *praetor primus* Cic. *Pis.* 2; *Pomp.* 2, le préteur élu le premier [dans les comices centuriates, titre d'honneur].

1 praetōria, *ae*, f., cohorte prétorienne: Aur.-Vict. *Caes.* 2, 4.

2 Praetōria Augusta, f., ville des Alpes [Aoste]: Plin. 3, 123.

1 praetōriānus, *a, um* (1 *praetorium*), prétorien, de la garde prétorienne: Tac. *H.* 2, 44; *An.* 1, 24; Suet. *Vesp.* 6; **praetoriani**, *ōrum*, les prétoriens, la garde prétorienne: Tac. *H.* 1, 74; *An.* 6, 3.

2 praetōriānus, *a, um* (*praetor*), de juge: *praetorianis pretiis* Aug. *Conf.* 6, 10, 16, avec ses revenus de juge.

praetōrĭcĭus, *a, um*, de préteur: Mart. 8, 33, 1 ‖ subst. m., ancien préteur: CIL 6, 1388.

praetōrĭŏlum, *i*, n. (dim. de 1 *praetorium*), prétoriole, chambre du capitaine de vaisseau: Vulg. *Ezech.* 27, 6.

1 praetōrium, *ii*, n. ¶ **1** tente du général et endroit du camp où est la tente du général: Liv. 10, 33, 1; Caes. *C.* 1, 76, 2 ‖ conseil du général; conseil de guerre: Liv. 21, 54, 3 ¶ **2** pl., *praetoria* Juv. 10, 161, palais [du prince] ‖ cellule de la reine [des abeilles]: Virg. *G.* 4, 75 ¶ **3** palais du préteur [dans une province]: Cic. *Verr.* 4, 65; 5, 92 ¶ **4** milice ou garde prétorienne, les prétoriens: Tac. *H.* 4, 26; Plin. 7, 82; Suet. *Ner.* 8 ¶ **5** maison de plaisance, villa: Suet. *Aug.* 72; *Cal.* 37; Juv. 1, 75 ‖ niche, guérite [en parlant du tonneau de Diogène]: Hier. *Jovin.* 2, 14.

2 Praetōrium, *ii*, n., [prétoire] mot qui, seul ou avec un déterminatif, désigne plusieurs villes de Dalmatie, d'Hispanie, de Cappadoce, de Bretagne: Anton. 272; 398; 177; 464 ‖ **Latovicorum (Latum vicorum)**, ville de Pannonie: Anton. 259.

praetōrius, *a, um* (*praetor*) ¶ **1** de préteur, du préteur: *praetoria potestas* Cic. *Pomp.* 69, la préture; *praetorium jus* Cic. *Off.* 1, 33, le droit prétorien [forme des édits du préteur]; *praetoria comitia* Liv. 10, 22, comices pour l'élection des préteurs ‖ subst. m., *praetorius* celui qui a été préteur, ex-préteur: Cic. *Att.* 16, 7, 1; *Phil.* 2, 54 ¶ **2** du préteur = du gouverneur de province (propréteur): Cic. *Verr.* 1, 137; 5, 145 ¶ **3** de chef, de commandant de général: *praetoria porta* Caes. *C.* 3, 94, porte prétorienne [porte du camp située en face de la tente du général], cf. P. Fest. 249, 16; *praetoria cohors* Caes. *G.* 1, 40, 15, la cohorte prétorienne, attachée au général en chef; *praetoria navis* Liv. 26, 39, 18, le vaisseau-amiral; *praetorium imperium* Cic. *Div.* 1, 68, le commandement en chef.

praetorquĕō, *ēs, ēre, -, tortus*, tr., tordre auparavant ou par-devant: Pl. *Ru.* 626; Col. 3, 18, 1.

praetorrĭdus, *a, um*, brûlant: Calp. 2, 80.

praetortus, *a, um*, part. de *praetorqueo*.

praetractātŭs, abl. *ū*, m., traité préliminaire: Tert. *Fug.* 4, 1.

praetractō, *ās, āre, -, -*, tr., examiner d'abord, préalablement: *Tac. *G.* 11.

praetrĕmō, *ĭs, ĕre, -, -*, tr., redouter: *Fest. 222, 28-29.
▶ *pre tet tremonti* Carm. Sal., "ils te redoutent" [tmèse].

praetrĕpĭdans, *tis*, très agité [fig.]: Catul. 46, 7.

praetrĕpĭdō, *ās, āre, -, -*, intr., être affairé, pressé, agité: Cypr.-Gall. *Num.* 373.

praetrĕpĭdus, *a, um*, très agité, tout tremblant: Pers. 2, 54; Suet. *Tib.* 63; *Ner.* 41.

praetrītus, *a, um*, part. de *praetero*, [adj¹] complètement usé, effacé: Hier. *Ep.* 60, 6.

praetrīvī, parf. de *praetero*.

praetruncō, *ās, āre, -, -*, tr., couper [par le bout], rogner: Pl. *Capr.* 902; *Ru.* 318.

praetŭlī, parf. de *praefero*.

praetŭmĕō, *ēs, ēre, -, -*, intr., être gonflé d'orgueil: Cassiod. *Eccl.* 1, 10, 7.

praetŭmĭdus, *a, um*, tout gonflé [colère, orgueil]: Claud. *Ruf.* 1, 225; Juvc. 1, 580.

praetūra, *ae*, f. (*praetor*), préture, charge de préteur: Cic. *Off.* 1, 144; *Mur.* 53.

Praetūtĭānus ager, m., territoire prétutien, dans le Picénum, près d'Ancône: Liv. 22, 9, 5 ‖ **-tūtius**, *a, um*, du territoire prétutien: Plin. 14, 67.

praeulcĕrātus, *a, um*, déjà ulcéré: Cael.-Aur. *Chron.* 5, 1, 18.

praeumbrans, *tis*, qui offusque, qui efface, qui éclipse: Tac. *An.* 14, 47.

praeungō (-guō), *ĭs, ĕre, -, unctum*, tr., oindre auparavant: *Theod.-Prisc. 1, 65 ‖ **praeunctus** Cael.-Aur. *Chron.* 4, 13, 45, préalablement graissé.

praeūrō, *ĭs, ĕre, ussī, ustum*, tr., [employé surtout au part. *praeustus*] brûlé par le bout: Caes. *G.* 5, 40, 6; 7, 73, 6; Liv. 1, 32, 12 ‖ [fig.] *membra praeusta nive* Plin. 3, 134, membres gelés.

praeŭt (*prae, ut*), V. *prae*.

praevălens, *tis* (*praevaleo*), très vigoureux, très robuste: Vell. 2, 108, 2 ‖ [fig.] Plin. 5, 84.

praevălentĭa, *ae*, f. (*praevaleo*), valeur supérieure: Dig. 6, 1, 23.

praevălĕō, *ēs, ēre, ŭī, -*, intr. ¶ **1** valoir plus, prévaloir: *apud aliquem* Tac. *An.* 12, 64, l'emporter auprès de qqn, avoir plus d'influence; *auctoritate* Suet. *Galb.* 19; *gratia* Suet. *Ner.* 28, avoir plus d'autorité, plus de crédit; *auctoritas Cluvii praevaluit, ut* Tac. *H.* 2, 65, l'influence de Cluvius l'emporta au point que ¶ **2** avoir plus d'efficacité [remède]: Plin. 21, 152; 28, 75 ‖ pouvoir: Cypr. *Laps.* 4.

Praevales, m. pl., peuple ou ville sur les confins de la Dalmatie et de la Dacie: Jord. *Rom.* 218 ‖ **-lītānĭa**, f. (s.-ent. *regio*) la Prévalitaine: Not. Dign. *Or.* 1, 123.

praevălescō, *ĭs, ĕre, -, -*, intr., devenir vigoureux [en parl. d'un arbre]: Col. 5, 6, 17 ‖ prévaloir, avoir plus d'importance: Paul.-Nol. *Ep.* 49, 1.

praevălĭdē, adv., très fortement: Plin. 17, 108.

praevălĭdus, *a, um*, très fort, très vigoureux, très robuste: Liv. 7, 5, 6; Tac. *H.* 2, 28 ‖ [fig.] *praevalidae urbes* Liv. 27, 39, 9, villes très fortes ‖ fort, redoutable: Tac. *An.* 3, 35; *praevalida vitia* Tac. *An.* 3, 53, vices très forts ‖ puissant, considérable, considéré: Tac. *An.* 12, 60 ‖ très fertile: Virg. *G.* 2, 252.

praevallō, *ās, āre, -, -*, tr., palissader, retrancher: B.-Alex. 19, 4.

praevăpōrō, *ās, āre, -, -*, tr., faire des fumigations: Cass. Fel. 17.

praevārĭcātĭo, *ōnis*, f. (*praevaricor*), prévarication, intelligence avec la partie adverse, collusion: Cic. *Part.* 124; *Q.* 2, 16, 3; Plin. *Ep.* 1, 20, 2 ‖ [chrét.] faute, péché: Vulg. *Lev.* 7, 18.

praevārĭcātŏr, *ōris*, m. (*praevaricor*) ¶ **1** prévaricateur: Dig. 48, 16, 1; Cic. *Part.* 126; *praevaricatorem sibi apposuisse videri* Cic. *Phil.* 2, 25, paraître de connivence avec l'accusation ‖ [avec gén.] *praevaricator Catilinae* Cic. *Pis.* 23, faux accusateur de Catilina (accusateur d'intelligence avec l'accusé, accusateur pour la galerie), cf. Cael. *Fam.* 8, 11, 1 ¶ **2** [chrét.] traître à la loi, à la foi: Vulg. *Rom.* 2, 25; Lact. *Inst.* 2, 16.

praevārĭcātrix, *īcis*, f., celle qui transgresse: Aug. *Ep.* 157, 20.

praevārĭcō, *ās, āre, -, -*, C.▶ *praevaricor*, transgresser, violer: VL. *Num.* 22, 18.

praevārĭcŏr, *ārĭs, ārī, ātus sum* (*prae, varico*) ¶ **1** intr., s'écarter de la ligne droite en labourant, dévier: Plin. 18, 179 ‖ [fig.] prévariquer [en parl d'un juge ou d'un avocat], être de connivence avec la partie adverse: Dig. 47, 15, 1; Cic. *Har.* 42; *Att.* 4, 18, 1; [avec dat.] *accusationi* Cic. *Clu.* 58, être de connivence avec l'accusation

praevaricor

¶2 [chrét.] tr., transgresser, trahir : VULG. Jos. 7, 11.

praevārus, *a*, *um*, très irrégulier : CIC. Frg. K. 34.

praevĕhŏr, *ĕrĭs*, *vĕhī*, *vectus sum* ¶1 intr., prendre les devants (à cheval) : VIRG. En. 7, 166 ; LIV. 9, 35, 7 || se porter en avant (à cheval) : **praeter undecim fasces equo praevectus** LIV. 24, 44, 10, s'étant avancé à cheval le long de onze faisceaux = ayant déjà passé à cheval devant onze licteurs, cf. 40, 13, 3 ; TAC. H. 5, 16 || [fig. en parl. du style] PLIN. Ep. 1, 16, 2 ¶2 tr., passer devant, dépasser : **dum missilia hostium praevehuntur** TAC. H. 4, 71, tandis que les cavaliers passaient sous les traits des ennemis ; **sic praevecti** TAC. H. 5, 23, les bateaux s'étant ainsi dépassés (croisés) || passer le long : **qua Germaniam praevehitur** TAC. An. 2, 6, sur l'étendue où il (le Rhin) longe la Germanie.

praevellō, *ĭs*, *ĕre*, *vellī* ou *vulsī*, -, tr., arracher par-devant : LABER. Com. 146 || [fig.] retrancher d'avance, supprimer : TERT. Scorp. 13, 12.

praevēlō, *ās*, *āre*, -, -, tr., voiler par devant : CLAUD. VI Cons. Hon. 647 ; Pros. 2, 325.

praevēlox, *ōcis*, très rapide, très léger : PLIN. 11, 111 || [fig.] **praevelox memoria** QUINT. 11, 2, 24, mémoire très prompte.

praevĕnĭenter, adv., auparavant : GREG.-M. Ep. 3, 31.

praevĕnĭō, *īs*, *īre*, *vēnī*, *ventum* (fr. prévenir) ¶1 intr., prendre les devants : LIV. 22, 24, 6 ; 24, 21, 5 ¶2 tr., [fig.] prévenir, devancer : LIV. 8, 16, 13 ; SUET. Caes. 44 ; [pass.] SALL. J. 71, 5 || accuser le premier : DIG. 48, 5, 15 || l'emporter sur, surpasser : COL. 3, 2, 14 || [avec tmèse] **praeque diem veniens age** VIRG. B. 8, 17, amène le jour en le devançant.

praeventĭō, *ōnis*, f., action de devancer, prévenir : AUG. Gaud. 1, 14, 15.

praeventōres, *um*, pl., éclaireurs, soldats d'avant-garde : AMM. 18, 9, 3.

1 praeventus, *a*, *um*, part. de *praevenio*.

2 praeventŭs, abl. *ū*, m., arrivée soudaine : CAEL.-AUR. Chron. 1, 4, 73.

praeverbĭum, *ĭi*, n. (*prae verbo*, cf. *proverbium*), préposition, particule prépositive, préfixe : VARR. L. 6, 38 ; GELL. 6, 7, 5 ; CHAR. 194, 15.

praevernat, *āre*, impers., le printemps est précoce : PLIN. 18, 239.

praeverrō, *ĭs*, *ĕre*, -, -, tr., balayer auparavant : OV. Am. 3, 13, 24.

praeversus, *a*, *um*, part. de *praeverto*.

praevertō (-vortō), *ĭs*, *ĕre*, *vertī (vortī)*, *versum (vorsum)*, tr. ¶1 faire passer avant : **incidi in id tempus, quod iis rebus, in quas ingressa erat oratio, praevertendum est** CIC. Phil. 2, 88, je tombe sur une époque qu'il me faut faire passer avant l'objet que j'avais abordé dans mon discours, cf. CIC. Div. 1, 10 || pass., *praeverti* être mis devant, passer devant : LIV. 3, 22, 2 || préférer (**rem rei**, une chose à une autre) : PL. Ps. 293 ; GELL. 4, 3, 2 ¶2 devancer : **cursu pedum praevertere ventos** VIRG. En. 7, 807, devancer les vents à la course || se saisir d'avance : **animos amore** VIRG. En. 1, 721, occuper d'avance le cœur par l'amour, mettre d'avance un amour au cœur ; **poculum** PL. Mil. 653, prendre le premier la coupe ¶3 prévenir, aller au-devant de [avec dat.] : **huic rei praevertendum existimavit** CAES. G. 7, 33, 1, il jugea qu'il fallait aller au-devant du danger || [avec acc.] **turrium usum opportunitas praevertit** LIV. 8, 16, 8, une heureuse conjoncture rendit l'usage des tours inutile ; **praevertunt me fata** OV. M. 2, 657, les destins me devancent || [abs^t] GELL. 17, 10, 6 ¶4 au sens réfléchi, V. *praevertor* : TAC. An. 4, 32.

praevertŏr (-vortŏr), *tĕrĭs*, *tī*, -, pass. de *praeverto*
I tr. [mêmes sens que *praeverto*] faire passer avant : LIV. 8, 13, 1 ; 2, 24, 5 || devancer : VIRG. En. 1, 317 || prévenir, aller au-devant de, réduire à néant : PL. Cas. 509.
II sens réfléchi, se tourner d'abord vers [employé seul^t aux formes du présent] ; [avec dat.] **rei**, vers une chose : PL. Merc. 376 ; Capr. 460 [avec *ad*] **a) ad Armenios** TAC. An. 2, 55, se rendre d'abord en Arménie **b)** s'occuper d'abord de : PLIN. 28, 123 ; 34, 94 ; GELL. 3, 7, 6 || [avec *in* acc.] se rendre d'abord dans : LIV. 32, 13, 4 || **illuc praevertamur** HOR. S. 1, 3, 38, passons d'abord à cet autre fait.

praevĕtĭtus, *a*, *um*, absolument défendu : SIL. 13, 155.

praevexātus, *a*, *um*, déjà affaibli [au physique] : CAEL.-AUR. Chron. 1, 1, 18.

praevĭans, *tis*, qui marche devant, qui montre le chemin : AMBR. Luc. 3, 21.

praevĭātŏr, *ōris*, m., qui marche devant : FORT. Hil. 9, 25.

praevĭātrix, *īcis*, f., qui montre le chemin : FORT. Carm. 3, 4, 3.

praevĭdentĭa, *ae*, f., V. *1 providentia* : BOET. Cons. 5, 6, 16.

praevĭdĕō, *ēs*, *ēre*, *vīdī*, *vīsum*, tr. ¶1 voir auparavant, apercevoir d'avance : VIRG. En. 5, 444 ; OV. F. 1, 327 ¶2 [fig.] prévoir : CIC. Att. 6, 9, 5 ; PLIN. Ep. 1, 20, 13 ; TAC. An. 12, 40 ; 63 ; H. 4, 15 ; SUET. Aug. 10 ¶3 ➡ *provideo* : AMM. 21, 8, 3.

praevĭdes, V. *praes*.

praevĭdus, *a*, *um*, prévoyant : *CYPR.-GALL. Num. 54.

praevĭgĭlō, *ās*, *āre*, -, -, intr., être très vigilant : AUG. Nat. grat. 17, 19.

praevincĭō, *īs*, *īre*, *vinxī*, *vinctum*, tr., lier, enchaîner, [fig.] asservir : GELL. 15, 10, 2 ; 19, 2, 3.

praevincō, *ĭs*, *ĕre*, -, -, tr., surpasser de beaucoup : SAMM. 526.

praevinctus, *a*, *um*, de *praevincio*.

praevĭō, *ās*, *āre*, -, -, tr. ou abs., devancer, montrer la route : PAUL.-NOL. Ep. 14, 1.

praevĭrĭdans, *tis*, très vert [fig.], très vigoureux : LABER. Com. 116.

praevīsē, adv. (*praevideo*), en prévoyant : AUG. Psalm. 63, 7.

praevīsĭō, *ōnis*, f., prévision : ENNOD. Op. 1, 29, p. 206 V.

praevīsus, *a*, *um*, part. de *praevideo*.

praevĭtĭō, *ās*, *āre*, -, *ātum*, tr., corrompre d'avance, empoisonner [des eaux] : OV. M. 14, 55 || **praevitiatus**, déjà altéré [par la maladie] : CAEL.-AUR. Chron. 2, 1, 15.

praevĭus, *a*, *um* (*prae, via*), qui précède, qui va devant, guide : OV. M. 11, 65 ; **Aurorae** CIC. poet. Frg. 1 ; (Alc. 2), précurseur de l'Aurore.

praevīventĭa, *ae*, f., préexistence : MAR. VICT. Ar. 4, 23.

praevŏlō, *ās*, *āre*, *āvī*, -, intr., voler devant : CIC. Nat. 2, 125 ; TAC. H. 1, 62 || tr., dépasser en volant, surpasser : AUG. Psalm. 38, 2.
▶ praeolat (A), praevolat (P) PL. Mil. 41.

praevorto, V. *praeverto*.

praevulsī, parf. de *praevello*.

praevulsus, *a*, *um*, part. de *praevello*.

Praexaspēs (Pre-), *is*, m. (Πρηξάσπης), nom d'un courtisan de Cambyse : SEN. Ir. 3, 14, 1.

pragma, *ătis*, n. (πρᾶγμα), affaire : JUL.-VICT. 3, 4.

Pragmătĭca, *ōrum*, n. pl., titre d'un ouvrage d'Accius : GELL. 20, 3, 3.

pragmătĭcārĭus, *ĭi*, m., secrétaire ou greffier de la chancellerie : COD. JUST. 1, 23, 7.

pragmătĭcus, *a*, *um* (πραγματικός) ¶1 relatif aux affaires politiques, intéressant la politique : CIC. Att. 14, 3, 2 ¶2 habile, expérimenté en matière de droit : CIC. Att. 2, 20, 1 ; [d'où le subst.] *pragmătĭcī* CIC. de Or. 1, 253, praticiens [en grec πραγματικοί, auxiliaires des orateurs, cf. CIC. de Or. 1, 198 ; QUINT. 12, 3, 4 ; JUV. 7, 122] ¶3 **pragmatica sanctio** COD. JUST. 1, 2, 18 ; **pragmaticum rescriptum** AUG. Don. 3, 2 ; et abst^t **pragmaticum** n., COD. TH. 6, 23, 3, pragmatique sanction, rescrit de l'empereur [sur une question concrète d'ordre administratif].

Pramnĭum vīnum, n., vin Pramnien [du territoire de Smyrne] : PLIN. 14, 54.

prandĕō, *ēs*, *ēre*, *prandī*, *pransum* ¶1 intr., déjeuner, faire le repas du matin : PL. Men. 401 ; Ru. 937 ; CIC. Fam. 7, 30, 1 ¶2 tr., manger à son déjeuner, déjeuner de ou avec : HOR. S. 2, 3, 45 ; Ep. 1, 17, 13 ; V. *pransus*.

prandĭcŭlum, *i*, n. (dim. de *prandium*), petit déjeuner (premier déjeuner), C. *jentaculum* : FEST. 296, 20 ; P. FEST. 297, 4.

prandĭŏlum, *i*, n. (*prandium*), 🄲 *prandiculum*: Not. Tir. 103.

prandĭum, *ĭi*, n. (cf. *primus* et 1 *edo*?; it. *pranzo*), déjeuner [vers midi, repas composé en gén. de poisson, de légumes et fruits; *jentaculum*, petit déjeuner; *cena*, repas principal]: **ad prandium invitare** Cic. Mur. 73, inviter à déjeuner; **prandium alicui videre** Cic. Att. 5, 1, 3, faire préparer le déjeuner pour qqn; **prandia vulgo data** Cic. Mur. 67, repas donnés publiquement ‖ repas [en gén.] Mart. 4, 49, 3 ‖ repas d'animaux: Pl. Truc. 646; Val.-Max. 3, 7, 1.

pransĭtō, *ās*, *āre*, *āvī*, *ātum* (fréq. de *prandeo*) ¶ 1 intr., déjeuner ordinairement: Vitr. 8, 3, 16 ‖ **pransitatur** Macr. Sat. 3, 17, 1, on déjeune ¶ 2 tr., manger à déjeuner: *Pl. As. 33 ‖ manger [dans un repas]: Arn. 4, 24.

pransŏr, *ōris*, m. (*prandeo*), celui qui déjeune en ville, invité, convive: Pl. Men. 274.

pransōrĭus, *a*, *um* (*pransor*), qui sert pour le déjeuner: Quint. 6, 3, 99.

***pransrix**, *īcis*, f. inus. de *pransor*, Prisc. Vers. Aen. 1, 16 = 3, 463, 15.

pransus, *a*, *um* (*prandeo*), ayant déjeuné, qui a déjeuné: Hor. S. 1, 6, 127; P. 340; **pransus potus** Cic. Mil. 56, ayant bien mangé et bien bu; **pransus et paratus** [prov.] Cat. d. Gell. 15, 13, 5, repu et dispos, cf. Liv. 28, 14, 7.

prapĭdĭlŏn, *ī*, n., léontice [plante]: Ps. Apul. Herb. 7, 10 adn.; 🆅 *rapadion*.

Prasi, 🄲 *Prasii* Plin. 6, 68.

Prāsiae, *ārum*, f. pl. (Πρασιαί), nom d'un dème de l'Attique: Liv. 31, 45, 10.

Prăsĭănē, *ēs*, f., grande île aux bouches de l'Indus: Plin. 6, 71 ‖ -**āna**, *gens*, Plin. 6, 82, habitants de cette île.

Prasĭi, *ōrum*, m. pl. (Πράσιοι), peuple de l'Inde, sur le Gange: Curt. 9, 2, 3; Plin. 6, 70.

prăsĭnātus, *a*, *um* (1 *prasinus*), habillé de vert: Petr. 28, 8.

1 prăsĭnus, *a*, *um* (πράσινος), vert [couleur de poireau]: Plin. 37, 181; **prasinus**, *i*, m., 🄲 *prasius*: Ps. Cypr. Jud. 8 ‖ **prasina factio** Suet. Cal. 55, la faction des Verts; 🆅 2 *prasinus*.

2 Prăsĭnus, *i*, m., qui appartient à la faction des Verts [écuyer ou cocher vêtu de vert]: Mart. 10, 84, 23 ‖ -**nĭānus**, *a*, *um*, partisan de la faction des Verts: Petr. 70, 10.

prăsĭŏn (-**ĭum**), *ĭi*, n. (πράσιον), marrube: Plin. 20, 241.

prăsĭus, *ĭi*, m. (πράσιος), prase, calcédoine [variété de quartz, agate]: Plin. 37, 113.

prăsŏīdēs, *is*, m. (πρασοειδής), sorte de topaze: Plin. 37, 109.

prăsŏn, *i*, n. (πράσον), zostère [plante marine]: Plin. 13, 135.

Prasutagus, *i*, m., Prasutage, nom d'un roi breton: Tac. An. 14, 31.

prātens, *entis* (*pratum*), vert comme un pré: Apul. M. 8, 18.

prātensis, *e* (*pratum*), de pré, qui naît dans les prés: Hor. S. 2, 4, 20; Plin. 21, 49.

Pratītae, *ārum*, m. pl., peuple de la Médie: Plin. 6, 113.

prātŭlum, *i*, n., dim. de *pratum*, petit pré, pelouse: Cic. Brut. 24.

prātum, *i*, n. (cf. gaul. *rate*; fr. *pré*, oc. *prat*), pré, prairie: Cic. CM 57; **prata secare, caedere** Plin. 18, 20; 258, faucher les prés, couper le foin ‖ [poét.] herbe, gazon: Pl. Ps. 811; Ov. A. A. 1, 299 ‖ [poét.] **Neptunia prata** Cic. Arat. 129, la plaine liquide.
▶ *prātus* m. Grom. 322, 5.

prāvē, adv. (*pravus*), de travers: Hor. Ep. 1, 1, 104 ‖ [fig.] de travers, mal, défectueusement: Cic. Ac. 1, 37; **prave pudens** Hor. P. 88, tenu par une fausse honte ‖ **prave facundus** Tac. An. 1, 53, d'une éloquence funeste ‖ -**issime** Sall. Lep. 6.

prăvĭcordĭus, *a*, *um* (*pravus*, *cor*), corrompu: Aug. Psalm. 146, 7.

prăvĭcors, *cordis*, 🄲 *pravicordius*: Aug. Psalm. 124, 2.

prăvĭtās, *ātis*, f. (*pravus*), forme tordue, difformité, irrégularité: Cic. Tusc. 4, 29; de Or. 2, 91 ‖ [fig.] défaut, vice: [dans l'action oratoire] Cic. de Or. 1, 156; [défaut de jugement, déraison, erreur] Cic. Ac. 2, 26; **pravitas consilii** Tac. H. 3, 41, l'absurdité du plan; **mentis** Cic. Vat. 14, dépravation intellectuelle; **animi** Q. Cic. Pet. 40, mauvaise disposition d'esprit [= sentiments hostiles] ‖ [moralᵗ] **pravitas**, ce qui est mal [rare]: Cic. Fin. 2, 27.

prāvus, *a*, *um* (*pro*, cf. *octo*, *octavus*) ¶ 1 tordu, qui est de travers, difforme: **membra prava** Cic. Fin. 5, 46, membres difformes ‖ **in pravum artus elapsi** Tac. H. 4, 81, articulations déviées, déboîtées; [fig.] **corrigere quae in pravum induruerunt** Quint. 1, 3, 12, remettre droit ce qui s'est ankylosé dans une mauvaise position ¶ 2 [fig.] de travers, défectueux, irrégulier, mauvais: **quid in dicendo rectum sit aut pravum, judicabo** Cic. Brut. 184, ce qui est bien ou mal dans un discours, je l'apprécierai; **pravissima consuetudinis regula** Cic. Brut. 258, la règle si mauvaise de l'usage ‖ **hoc pravus facis** Hor. S. 1, 4, 79, tu as l'esprit de travers pour faire cela ‖ [moralᵗ] mauvais: **pravi impulsores** Tac. H. 4, 68, mauvais conseillers, n. pl., **honesta, prava** Tac. An. 11, 33, le bien, le mal ‖ [poét. avec gén. du point de vue]: Sil. 3, 253; 8, 260; 12, 464, mauvais, de travers sous le rapport de.

Praxăgŏrās, *ae*, m. (Πραξαγόρας), célèbre médecin de l'île de Cos: Plin. 26, 10.

Praxĕās, *ae*, m. (Πραξέας), hérésiarque combattu par Tertullien: Tert. Prax. 1, 3 ‖ -**ĕānus**, *a*, *um*, de Praxéas: Tert. Prax. 1, 6.

Praxĭbūlus, *i*, m., magistrat d'Athènes: Plin. 33, 113.

Praxilla, *ae*, f., poétesse de Sicyone, qui inventa un mètre: **Praxilleum (-līum) metrum** Serv. Gram. 4, 464, 8; Mar.-Vict. Gram. 6, , 91, 30, mètre praxilléen [sorte d'ionique majeur].

praxis, *is*, f. (πρᾶξις), **habere praxim** Petr. 39, 4, faire ses preuves.

Praxĭtĕlēs, *is*, m. (Πραξιτέλης), Praxitèle [sculpteur grec du 4ᵉ av. J.-C.]: Cic. Verr. 4, 4 ‖ -**līus**, *a*, *um*, de Praxitèle: Cic. Div. 2, 48.

Praxō, *ūs* ou *ōnis*, f. (Πραξώ), nom d'une grande dame de Delphes: Liv. 42, 15.

prĕcābĭlis, *e* (*precor*), suppliant, qui prie: Gloss. 2, 155, 14.

prĕcābundus, *a*, *um* (*precor*), suppliant: Pacat. Theod. (12), 36, 3.

prĕcāmĕn, *ĭnis*, n. (*precor*), prière: Inscr. Ital. 10, 2, 93.

prĕcans, *tis*, part. de *precor*.

prĕcantĕr, adv., en priant, par des prières: Fort. Mart. pr. 39.

prĕcārĭō, adv. (*precarius*) ¶ 1 avec prière, avec insistance: Pl. Amp. 24; Truc. 700; Ter. Eun. 319; Cic. Verr. 2, 59 ¶ 2 par précaire, à titre de précaire [droit]: Paul Sent. 5, 6, 11 ‖ précairement, d'une manière précaire: **praeesse** Tac. Agr. 16, n'avoir qu'une autorité précaire; **precario studere** Plin. Ep. 7, 30, 4, se donner à l'étude précairement.

prĕcārĭus, *a*, *um* (*precor*; cf. fr. *prière*), obtenu par prière ¶ 1 précaire [droit]: Ulp. Dig. 43, 26, 1 ¶ 2 donné par complaisance: **non orare precariam opem, sed pro debita petere** Liv. 3, 47, 2, ne pas implorer un secours comme une grâce, mais le réclamer comme une dette, cf. Liv. 8, 35, 5 ‖ précaire, mal assuré, passager: **precarium imperium** Tac. H. 1, 52, pouvoir précaire; **inter precaria** Sen. Tranq. 11, 1, parmi les choses éphémères.

prĕcātĭō, *ōnis*, f. (*precor*), action de prier, prière: Cic. Mur. 1; Tusc. 1, 114 ‖ formule de prière: Plin. 28, 42.

prĕcātīvē, adv. (*precativus*), sous forme de prière: Ulp. Reg. 25, 1.

prĕcātīvus, *a*, *um* (*precor*), de prière: **precativo modo** Ulp. Reg. tit. 24, sous forme de prière; **precativa pax** Amm. 17, 5, 1, paix obtenue par prière.

prĕcātŏr, *ōris*, m. (*precor*), celui qui prie qqn, qui implore, intercesseur: Pl. Ps. 606; Ep. 687; Ter. Haut. 976; Phorm. 140.

prĕcātōrĭus, *a*, *um* (*precor*), qui concerne la prière: Don. Phorm. 142.

prĕcātrix, *īcis*, f., celle qui intercède: Fort. Mart. 4, 342.

1 prĕcātus, *a*, *um*, part. de *precor*, passifᵗ, prié, imploré: Juv. 3, 85.

2 prĕcātŭs, *ūs*, m., action de prier, prière: Stat. Th. 11, 103; S. 5, 2, 81.

prĕces, *um*, f. pl. (v. **prex*, cf. *procus, posco*, al. *Frage*), prières, supplications, instances : **omnibus precibus te oro et obtestor ut** Cic. *Att.* 9, 11 a, 3, je te prie, je te conjure de toutes mes forces de ; **omnibus precibus petere ut** Caes. *G.* 5, 6, 3, prier instamment de ‖ vœux, souhaits [de nouvelle année] : Ov. *F.* 1, 177 ‖ prières aux dieux : Cic. *Planc.* 97 ; *Clu.* 201 ‖ imprécations : **omnibus precibus detestari aliquem** Caes. *G.* 6, 31, 5, charger qqn de toute sorte d'imprécations.

prēciae vītes (praec-), f. pl. (cf. *Praecius* ?), sorte de vigne hâtive : Virg. *G.* 2, 95 ; Plin. 14, 29.

1 **Prēciānus (-tiā-)**, *a, um*, v.▶ *Praecianus*.

2 **Precianus**, *i*, m., nom d'homme : Cic. *Fam.* 7, 8, 2.

prĕcō, *ās, āre*, -, -, tr., prier [sans ex., mais cité par Prisc. 2, 396, 18].

prĕcŏr, *ārĭs, ārī, ātus sum* (*preces* ; fr. *prier*), tr. ¶ **1** prier, supplier **a)** un dieu, qqn : **Jovem, deos** Cic. *Verr.* 4, 71 ; *Cat.* 2, 29, prier Jupiter, les dieux ; **pro aliquo** Plin. *Ep.* 10, 13, pour qqn **b)** *aliquid*, demander qqch. en priant : **haec precatus sum** Cic. *Pis.* 46, telles étaient mes prières ; **aliquid alicui** Liv. 24, 16, 10, demander qqch. dans ses prières pour qqn [ou **pro aliquo** Curt. 5, 3, 14 **c)** [avec deux acc.] **quod precarer deos** Cic. *Q.* 1, 3, 9, chose que j'aurais demandée aux dieux, cf. Liv. 40, 46, 9 ; Suet. *Aug.* 58 **d)** *aliquid ab aliquo* : **a diis bona** Cic. *Nat.* 3, 84, demander des biens aux dieux, cf. Nep. *Timol.* 5, 2 ; Liv. 29, 17, 9 ; **precari ab indigno** Cic. *Læ.* 57, prier un indigne **e)** [avec *ut*] demander en priant que : Cic. *Dom.* 144 ; Curt. 7, 2, 31 ; Liv. 24, 4, 5 ; 25, 25, 6 ; 26, 25, 13 ‖ [avec *ne*] supplier de ne pas : Curt. 3, 5, 14 ; Ov. *A. A.* 1, 568 ‖ **non precari quominus** Cic. *Fin.* 2, 79, ne pas chercher par ses supplications à éviter que **f)** [avec prop. inf.] demander en priant que : Plin. 18, 131 ; Ov. *H.* 5, 158 ; Suet. *Cal.* 14 ; Gell. 13, 22, 19 **g)** [abst] **verba precantia** Ov. *M.* 7, 590, paroles suppliantes ; **dare aliquid alicui precanti** Liv. 42, 12, 4, accorder qqch. aux prières de qqn ‖ [intercalé] **precor** = je t'en prie, je vous en prie : Virg. *En.* 6, 117 ¶ **2** souhaiter : **reditum** Cic. *Pis.* 33, souhaiter le retour de qqn ; **alicui mala, mortem** Cic. *Pis.* 43, souhaiter à qqn du mal, la mort ; **male precari** Cic. *Pis.* 33, souhaiter du mal ; v.▶ 1 *precatus*.

prĕhendō (prendō), *ĭs, ĕre, dī, sum* (de *praehendo* contracté en *prendo*, cf. *praeda*, an. *get*, al. *vergessen*, χανδάνω ; fr. *prendre*), tr. ¶ **1** saisir, prendre : **aliquem manu** Cic. *de Or.* 1, 240, saisir qqn par la main ; **alicujus manum** Cic. *Quinct.* 97, saisir la main de qqn ¶ **2** prendre qqn à part : Ter. *And.* 353 ; Cic. *Att.* 12, 13, 2 ¶ **3** surprendre, prendre sur le fait : **furto manifesto prensus** Gell. 11, 18, 7, pris en flagrant délit de vol ; [avec gén.] **aliquem mendaci** Pl. *Bac.* 696, surprendre qqn à mentir ; [avec *in* abl.] Sen. *Ep.* 95, 21 ‖ **prensus** [avec inf.] Gell. 7, 10, 2, surpris à faire qqch. ¶ **4** se saisir de qqn, opérer l'arrestation de qqn : Cic. *Dej.* 31 ; Liv. 29, 20, 11 ¶ **5** occuper, prendre possession d'un lieu : Caes. *C.* 3, 112, 5 ; Virg. *En.* 2, 322 ¶ **6** atteindre : **oras Italiae** Virg. *En.* 6, 61, atteindre le rivage de l'Italie ‖ [fig.] **aliquid oculorum lumine operto** Lucr. 4, 1143, se rendre compte de qqch. les yeux fermés ‖ **ipsum ea moderantem paene prehendere** Cic. *Leg.* 1, 61, atteindre (saisir) presque l'esprit même qui règle tout cela.

▶ parf. *prendidi* Vulg. *Joh.* 21, 10.

prĕhensĭō (prensio), *ōnis*, f. (fr. *prison*), prise de corps : **prensionem habere** Varr. d. Gell. 13, 12, 4, avoir le droit d'arrêter.

prĕhensō (prensō), *ās, āre, āvī, ātum* (fréq. de *prehendo*), tr., chercher à saisir [mouvements répétés] : Virg. *En.* 2, 444 ; Hor. *S.* 1, 9, 64 ; Ov. *F.* 5, 476 ; **uncis manibus capita aspera montis** Virg. *En.* 6, 360, chercher à s'accrocher avec les ongles aux aspérités de la falaise ; **genua** Tac. *H.* 1, 66, embrasser les genoux [en implorant] ‖ [fig.] prendre par le bras pour solliciter ; solliciter, presser, implorer : Liv. 1, 47, 7 ‖ [d'où] **prensare**, briguer une charge, solliciter les suffrages : Cic. *Att.* 1, 1, 1 ; *de Or.* 1, 112.

prĕhensus (pren-), *a, um*, part. de *prehendo*.

Prelius lăcus (Pri-), m., lac d'Étrurie [auj. lac de Castiglione] Atlas XII, D3 : Cic. *Mil.* 74.

prella, *ae*, m. (*premo, prelum*, dim.), presse : Gram. *Idiom.* 4, 577, 61.

prēlum, *i*, n. (*pres-lo-m, cf. *premo, pressi*), pressoir [machine] ou levier presseur [poutre du pressoir] : Cat. *Agr.* 31, 2 ; Vitr. 6, 6, 3 ; Virg. *G.* 2, 242 ; Plin. 18, 77 ‖ presse [qui comprime les étoffes] : Mart. 2, 46, 3.

Prēma, *ae*, f., déesse de l'union conjugale : Aug. *Civ.* 6, 9, 3.

prĕmō, *ĭs, ĕre, pressī, pressum* (cf. *sperno*, scr. *sphurati* et τρέμω, τρέω ; it. *premere*), tr.

I "presser" [pr. et fig.] ¶ **1** "serrer", *se premere* ¶ **2** "presser, toucher" ¶ **3** "couvrir" [fig.] "comprimer, refouler" ¶ **4** "faire en pressant" ¶ **5** "serrer de près, bloquer" [dans l'attaque ou la poursuite], "s'acharner contre", [métaphor.] "harceler, chicaner" ¶ **6** "comprimer, charger".
II [sens divers] ¶ **1** "imprimer, enfoncer" ¶ **2** "déprimer, enfoncer", [fig.] "rabaisser" ¶ **3** "enfoncer, planter", "creuser" ¶ **4** "faire sortir en pressant" ¶ **5** "comprimer, étrangler, resserrer" [pr. et fig.] ¶ **6** "retenir, arrêter", *vestigia, sermones premere*.

I presser [pr. et fig.] ¶ **1** **angues manu** Virg. *En.* 8, 288, serrer dans ses mains des serpents (les étouffer) ; **vestigia alicujus** Tac. *An.* 2, 14, fouler les traces de qqn ; **aliquid morsu** Lucr. 3, 663 ; **ore** Ov. *M.* 5, 538, mordre qqch., mâcher qqch. ; **angusto exitu se ipsi premebant** Caes. *G.* 7, 28, 3, ils se pressaient les uns les autres à cause de l'étroitesse de l'issue ‖ [fig.] **necessitas eum premebat** Cic. *Amer.* 97, la nécessité le pressait ; **aere alieno premi** Caes. *G.* 6, 13, 2, être pressé par les dettes ¶ **2** presser, toucher : **litus** Hor. *O.* 2, 10, 3, raser le rivage ; **frena manu** Ov. *M.* 8, 37, toucher de sa main les rênes ‖ presser de son corps : **humum** Ov. *Am.* 3, 5, 16, s'étendre sur le sol ; 4, 844, couvrir le sol de son corps [en tombant] ; **torum** Ov. *H.* 12, 30, être assis sur un siège ¶ **3** couvrir : **fronde crinem** Virg. *En.* 4, 147, couvrir ses cheveux de feuillage ; **aliquid terra** Hor. *Epo.* 1, 33, recouvrir qqch. de terre ; **ossa** Ov. *Tr.* 5, 3, 39, enterrer ‖ [fig.] comprimer : **curam sub corde** Virg. *En.* 4, 332, comprimer son trouble au fond de son cœur ; **interius omne secretum** Sen. *Ep.* 3, 4, comprimer, refouler au fond de son âme tous les secrets ; **iram** Tac. *An.* 6, 50, comprimer sa colère ¶ **4** faire en pressant : **caseum** Varr. *B.* 1, 34, faire du fromage ; **lac** Virg. *G.* 3, 401, même sens ¶ **5** presser, serrer de près, bloquer : **obsidione hostem** Caes. *G.* 7, 32, 2, bloquer l'ennemi ; **cum a Samnitibus premeretur noster exercitus** Cic. *Div.* 1, 51, notre armée étant acculée, bloquée par les Samnites, cf. Caes. *G.* 7, 80, 4 ‖ serrer de près [dans l'attaque ou la poursuite] : Caes. *C.* 3, 46, 3 ; Virg. *En.* 1, 467 ‖ [métaph.] s'acharner contre qqn : Liv. 39, 40, 9 ; 39, 41, 1 ‖ [fig.] **aliquem verbo** Cic. *Tusc.* 1, 13, serrer de près qqn avec un mot, le harceler, le chicaner pour un mot ; **cum a me premeretur** Cic. *Verr.* 1, 139, malgré mon insistance ; **ad exeundum premi** Nep. *Ages.* 6, 1, être pressé de (engagé vivement à) sortir ; **a Pompei procuratoribus premi** Cic. *Att.* 2, 3, être assiégé par les procurateurs de Pompée ; **argumentum premere** Cic. *Tusc.* 1, 88, insister sur un argument ; **vocem** Virg. *En.* 7, 119, s'attacher à une parole, y appliquer sa réflexion ; **pressi forum** Cic. *Planc.* 66, j'assiégeai le forum, je ne le quittai point ¶ **6** comprimer, charger : **gravi onere armorum pressi** Caes. *G.* 4, 24, 2, appesantis par le lourd fardeau des armes ; **pressae carinae** Virg. *G.* 1, 303, navires chargés ; **pressus mero** Prop. 2, 12, 42, appesanti par le vin.

II sens divers ¶ **1** imprimer, enfoncer : **leviter presso vestigio** Cic. *Verr.* 4, 53, d'après une empreinte de pas légèrement marquée ; **dentes in vite** Ov. *F.* 1, 355, enfoncer ses dents dans la vigne ; **presso sub vomere** Virg. *G.* 2, 356, sous le soc enfoncé dans la terre ‖ [poét.] imprimer, marquer : **res pressa aeterna nota** Ov. *F.* 6, 610, fait marqué d'un opprobre éternel ¶2 déprimer, abaisser : **currum** Ov. *M.* 2, 135, abaisser son char près de la terre [Phaéthon], cf. Ov. *Tr.* 3, 11, 67 ; ***mundus premitur*** Virg. *G.* 1, 241, le ciel s'abaisse ∥ [fig.] **tumentia** Quint. 10, 4, 1, abaisser, simplifier les expressions trop ambitieuses ∥ abattre, renverser, terrasser : **paucos** Tac. *H.* 4, 2, abattre (tuer) quelques hommes [fig.] ; Curt. 6, 8, 4 ∥ [fig.] rabaisser : **superiorem** Liv. 22, 12, 12, rabaisser un supérieur, cf. Hor. *Ep.* 1, 19, 36 ; Tac. *An.* 15, 49 ; Quint. 11, 1, 16 ∥ peser sur ou tenir au-dessous de soi : **dicione populos** Virg. *En.* 7, 737, faire peser sa domination sur des peuples, cf. Virg. *En.* 1, 54 ; 1, 285 ; [d'où, fig.] ***facta premant annos*** Ov. *M.* 7, 449, tes hauts faits surpasseraient tes années, cf. Ov. *Pont.* 3, 1, 116 ; Stat. *S.* 1, 2, 115 ¶3 enfoncer, planter : Virg. *G.* 2, 346 ∥ faire en enfonçant, creuser : **fossam** Plin. *Ep.* 10, 69, 4 ; **sulcum** Virg. *En.* 10, 296, creuser un fossé, un sillon ; ***cavernae in altitudinem pressae*** Curt. 5, 1, 28, cavernes creusées profondément ¶4 faire sortir en pressant, exprimer : **oleum** Hor. *S.* 2, 8, 46, presser de l'huile ; **vinum** Hor. *Epo.* 13, 6, du vin ; **mella** Hor. *Epo.* 2, 15, du miel ¶5 comprimer, fermer par compression : **oculos** Virg. *En.* 9, 487, fermer les yeux [d'un mort] ; **laqueo collum** Hor. *Ep.* 1, 16, 37, étrangler ; ***presso gutture*** Virg. *G.* 1, 410, en comprimant, en resserrant leur gosier ∥ [fig.] ***fauces defensionis*** Cic. *Verr.* 3, 176, étrangler une défense ∥ serrer les rênes : Virg. *En.* 1, 63 ; 11, 600 ∥ comprimer, resserrer : **umbram falce** Virg. *G.* 1, 157, réduire les ombrages avec la serpe, cf. Ov. *M.* 14, 628 ; [fig.] ***haec, quae dilatantur a nobis, Zeno sic premebat*** Cic. *Nat.* 2, 20, ces idées que nous développons, Zénon les resserrait comme il suit ¶6 comprimer, retenir, arrêter : **sanguinem** Tac. *An.* 15, 64, arrêter le sang [d'une blessure] ; **vestigia** Virg. *En.* 6, 197, suspendre sa marche ; ***cursum ingeni alicujus*** Cic. *Brut.* 332, arrêter l'essor du génie de qqn ; **vocem premere** Virg. *En.* 9, 324, cesser de parler ; **sermones vulgi** Tac. *An.* 3, 6, arrêter les propos de la foule.

prendĭdi, ▣▶ prehendo ▶.

prendō, *ĭs*, *ĕre*, -, -, ▣▶ prehendo.

prensātĭō, *ōnis*, f. (*prenso*), efforts pour atteindre, [fig.] démarche de candidature : Cic. *Att.* 1, 1, 1.

prensĭo, ▣▶ prehensio.

prensĭtō, *ās*, *āre*, -, - (fréq. de *prenso*), tr., saisir ou toucher fréquemment : Sidon. *Ep.* 2, 8, 2.

prenso, ▣▶ prehenso.

prensus, ▣▶ prehensus.

Prĕpĕsinthus (-thŏs), *i*, f. (Πρεπέσινθος), île de la mer Égée : Plin. 4, 66.

presbўtĕr, *ĕri*, m. (πρεσβύτερος ; fr. *prêtre*), vieillard : Tert. *Cor.* 15, 1 ∥ ancien [dignitaire] : Vulg. 1 *Esdr.* 6, 8 ∥ prêtre : Hadr. d. Vop. *Tyr.* 8, 3 ; Cypr. *Ep.* 14, 3.

presbўtĕrātŭs, *ūs*, m., prêtrise, sacerdoce : Hier. *Ep.* 22, 28.

presbўtĕrissa, *ae*, f. (πρεσβυτέρισσα), femme d'un prêtre : AE 1958, 290 (Bône).

presbўtĕrĭum, *ti*, n. (πρετβυτέριον), l'ordre des prêtres, la prêtrise : Aug. d. Hier. *Ep.* 116, 33 ; Cypr. *Ep.* 49, 2.

pressē, adv. (*pressus* ; fr. *près*) ¶1 en serrant, en pressant [dans une foule] : At.-Capit. d. Gell. 10, 6, 2 ∥ de près, à ras : Pall. 12, 9 ¶2 [fig.] ***presse loqui*** Cic. *de Or.* 3, 45, bien prononcer, bien articuler, cf. *Off.* 1, 133 ∥ d'une façon serrée = dans un style précis : **definire** Cic. *Or.* 117, définir avec précision ; ***breviter et presse et satis ornate et pereleganter dicere*** Cic. *Brut.* 197, parler dans un style bref, précis, suffisamment orné et très châtié ; **pressius** Cic. *Fin.* 4, 24, avec plus de précision.

pressī, parf. de *premo*.

pressīcĭus, *a*, *um*, pressé, comprimé : Gloss. 3, 184, 10 ; 192, 49.

pressim, adv. (*pressus*), en serrant fortement : Apul. *M.* 2, 16.

pressĭo, *ōnis*, f. (*premo*), pression, pesanteur, poids : Vitr. 10, 3, 5 ∥ point d'appui [d'un levier] : Vitr. 10, 3, 2 ∥ treuil ou moufle : Caes. *C.* 2, 9, 5.

pressō, *ās*, *āre*, -, - (fréq. de *premo* ; fr. *presser*), tr., presser, serrer : **ubera** Virg. *B.* 3, 99, presser le pis, traire.

pressŏr, *ōris*, m., chasseur qui rabat le gibier : Isid. 10, 282.

pressōrĭŏlum, *i*, n. (dim. de *pressorium*), garde-manger : Caes.-Arel. *Virg.* 26.

pressōrĭum, *ii*, n. (*pressorius* ; fr. *pressoir*), presse, pressoir : Amm. 28, 4, 9.

pressōrĭus, *a*, *um*, qui sert à presser, dépendant du pressoir : Col. 2, 18, 4.

pressŭlē, adv. (*presse*), en pressant, en appuyant un peu : Apul. *M.* 4, 31, 4 ; **lacinia adhaerens** Apul. *M.* 10, 31, 2, vêtement qui serre étroitement.

pressŭlus, *a*, *um* (*pressus*), un peu aplati : Apul. *Flor.* 9.

pressūra, *ae*, f. (*premo*), action de presser, pression : Apul. *M.* 5, 17 ∥ tour (coup) de pressoir : Plin. 18, 317 ∥ pression [exercée sur un liquide] : Frontin. *Aq.* 18 ∥ jus exprimé : Luc. 9, 809 ∥ presse [de la foule], cohue : Apul. *M.* 3, 2, 4 ∥ fardeau, poids, charge : Apul. *M.* 7, 17, 5 ∥ sommeil léthargique : Cael.-Aur. *Acut.* 1, pr. ∥ [fig.] tribulation, malheur, affliction : Lact. *Inst.* 5, 22, 17.

1 pressus, *a*, *um* ¶1 part. de *premo* ¶2 [pris adj¹] **a)** comprimé : **presso gradu** Liv. 28, 14, 14, d'une marche lente ; **presso pede** Liv. 8, 8, 9 ∥ [fig.] **pressa voce** Cic. *Sen.* 13, d'une voix étouffée ; **pressi modi** Cic. *Tusc.* 1, 106, mélodie lente ∥ **color pressior** Plin. *Ep.* 8, 20, 4, couleur plus étouffée, plus sombre, cf. Plin. 35, 32 **b)** [style] serré, précis : ***oratio pressior*** Cic. *de Or.* 2, 96, style plus dense, plus concis, cf. Cic. *de Or.* 2, 56 ; *Brut.* 51 ; 202 ∥ bien articulé [prononciation] : Cic. *Nat.* 2, 149.

2 pressŭs, *ūs*, m. ¶1 action de presser, pression : **ponderum** Cic. *Tusc.* 2, 54, la pression des fardeaux ¶2 action de serrer : **oris** Cic. *de Or.* 3, 43, pression des lèvres, articulation.

prestēr, *ēris*, m. (πρηστήρ) ¶1 météore igné, colonne ou tourbillon de feu : Lucr. 6, 424 ¶2 espèce de serpent dont la morsure causait une soif brûlante : Solin. 27, 32 ; Luc. 9, 722 ; Plin. 20, 210.

prĕtĭō, *ās*, *āre*, -, - (*pretium*), tr., estimer, priser : Cassiod. *Var.* 5, 40.

prĕtĭōsē, adv. (*pretiosus*), richement, magnifiquement : Cic. *Inv.* 2, 116 ∥ **-sius** Curt. 10, 1, 32.

prĕtĭōsĭtās, *ātis*, f. (*pretiosus*), grande valeur, haut prix : Capit. d. Macr. *Sat.* 7, 13, 14 ; Apul. *M.* 2, 19.

prĕtĭōsus, *a*, *um* (*pretium*) ¶1 précieux, qui a du prix : **res pretiosae** Cic. *Verr.* 4, 8, objets précieux ; **equus pretiosus** Cic. *Off.* 3, 89, cheval de prix ; **-sissimus** Cic. *Fin.* 2, 91 ¶2 qui coûte cher : **pretiosi odores** Col. 3, 8, 4, parfums coûteux ¶3 [rare] qui paie cher : **pretiosus emptor** Hor. *O.* 3, 6, 32, acheteur généreux (fastueux) ∥ **-ior** Ov. *Am.* 3, 8, 3.

prĕtĭum, *ii*, n. (cf. *interpres*, πέρνημι ; it. *prezzo*) ¶1 valeur d'une chose, prix : **pretium constituere** Cic. *Att.* 12, 31, 2 ; **pacisci** Cic. *Off.* 3, 107, fixer un prix, convenir d'un prix ; ***duobus pretiis unum et idem frumentum vendere*** Cic. *Verr.* 3, 179, vendre un seul et même blé à deux prix différents ; ***pretio quaestuque duci*** Cic. *Verr.* 4, 124, être guidé par la valeur marchande et l'appât du gain ; ***pretii magni, parvi esse***, être d'un grand, d'un faible prix ; **majoris** Cic. *Inv.* 1, 51, être d'un plus grand prix ; **pretium habere** Cic. *Verr.* 3, 227 ; **in pretio esse** Cic. *Amer.* 77, être à un prix élevé, avoir du prix ¶2 argent : Pl. *Capr.* 32 ; ***pretio aliquid mercari*** Cic. *Verr.* 2, 122, acheter qqch. à prix d'argent ; ***parvo pretio redimere*** Caes. *G.* 1, 18, racheter à vil prix ; ***in pretio pretium nunc est*** Ov. *F.* 1, 217, aujourd'hui il n'y a que l'argent qui ait du prix ; ***converso in pretium deo*** Hor. *O.* 3, 16, 8, pour un dieu changé en or [en pluie d'or] ∥ [en part.] rançon : Cic. *Off.* 3, 107 ; Curt. 4, 11, 14 ; 7, 9, 18 ¶3 prix, valeur [expr. *operae pretium est*, " il vaut la peine de ", avec inf.] : Pl. *Mil.* 31 ; *Poen.* 1174 ; Cic. *Verr.* 4, 30 ; *Cat.* 4, 16 ; *Agr.* 2, 73 ; ***est pretium curae*** Plin. *Ep.* 8, 6, 2 ∥ Liv. ; **operae pretium facere a)** Liv. pr. 1 ; 25, 30, 3, faire qqch. qui en vaille la peine **b)** Liv. 27, 17, 14, fixer le prix de la peine, apprécier la peine ∥ ***alicui pretium est*** ou ***pretium est*** [seul] [avec inf.], il paraît utile à qqn de, il est utile de : Tac. *An.* 1, 57 ; 2, 35 ¶4 récompense, salaire : pre-

pretium

tium recte facti triumphum habere Liv. 45, 37, 5, recevoir le triomphe en récompense de son exploit ; *pro cujusque merito pretia poenasque exsolvere* Liv. 26, 40, 15, distribuer récompenses et punitions selon les mérites de chacun ; *verbera pretia ignaviae* Pl. *Men.* 976, des coups, récompense de la paresse ; *pretium est mori* Hor. *O.* 3, 24, 24, la mort est le prix de la faute.

*****prex** [inus.] Char. 93, 17 ; Prisc. 2, 371, 19, gén. **prĕcis** Cypr. *Laps.* 25 ; dat. **prĕci** Ter. *And.* 601 ; f., prière : *per precem* Pl. *Capr.* 244 ; *prece* Hor. *S.* 2, 6, 13, au moyen de prières, en priant ; *cum magna prece* Cic. *Att.* 11, 15, 2, en priant vivement (sur le ton de la prière), cf. *Inv.* 1, 22 ‖ prière aux dieux : Ov. *F.* 6, 251 ‖ *prece Pollucis... implorata* Catul. 68, 65, après avoir imploré l'intercession de Pollux ‖ v. *preces.*

pri, adv. (1 *prior,* cf. *prae,* πρίν), en avant, devant : P. Fest. 252, 25.

Prĭămus, *i*, m. (Πρίαμος), Priam [fils de Laomédon, roi de Troie] : Virg. *En.* 1, 458 ‖ fils de Politès et petit-fils du roi Priam, suivit Énée en Italie : Virg. *En.* 5, 564 ‖ **-mēĭus**, *a, um*, de Priam : Virg. *En.* 7, 252 ; *Priameia virgo* Virg. *En.* 2, 403, Cassandre ; *Priameius hospes* Ov. *A. A.* 2, 5, Pâris [fils de Priam] ‖ **-mēĭs**, *ĭdis*, f. (Πριαμηΐς), fille de Priam [Cassandre] : Ov. *Am.* 1, 9, 37 ‖ **-mĭdēs**, *ae*, m. (Πριαμίδης), fils de Priam : Virg. *En.* 3, 295 ‖ Pâris : Ov. *F.* 6, 15 ‖ pl., **-dae**, Ov. *M.* 13, 482 ‖ **-mis**, *ĭdis*, f., fille de Priam : Prisc. *Vers. Aen.* 11, 199 = 3, 508, 3.

Prĭantae, *ārum*, m. pl., peuple de Thrace : Plin. 4, 41.

Prĭāpĭcŏs, *ŏn*, n., *Priapicon metrum* Mar. Vict. *Gram.* 6, 50, 33, vers priapéen.

prĭāpiscus, *i*, m., orchis [plante] : Ps. Apul. *Herb.* 15.

prĭāpismus (-ŏs), *i*, m. (πριαπισμός), priapisme [maladie] : Cael.-Aur. *Acut.* 3, 18, 178.

Prĭāpĭus, v. *Priapus.*

Prĭāponnēsŏs, *i*, f., île de la mer Égée, voisine de la Carie : Plin. 5, 134.

Prĭāpŏs, *i*, f., île située en face d'Éphèse : Plin. 5, 141 ‖ autre ville en Asie : Plin. 4, 75.

Prĭāpus (-os), *i*, m. (Πρίαπος), Priape [fils de Bacchus et d'Aphrodite, né à Lampsaque, dieu des jardins, représentant la vigueur génératrice] : Virg. *G.* 4, 111 ; Hor. *S.* 1, 8, 2 ; Ov. *F.* 1, 415 ‖ *vitreus* Juv. 2, 95, coupe en forme de Priape ‖ [fig.] un Priape [un débauché] : Catul. 47, 4 ‖ **-pēĭus (-īus)**, *a, um*, de Priape : *versus* Ter.-Maur. 6, 408, 2812 ; Diom. 495, 91, vers priapéen ‖ **-pēĭa**, *ōrum*, n. pl., Priapées [ensemble de poèmes de différents auteurs (dont Virgile) sur Priape] : Priap. *tit.* ‖ Serv. *En. pr.*, **-pēa**, *ōrum*, n. pl., Don. *Verg.* 56.

Prĭătĭcus campus, m., plaine de Thrace, près de Maronée : Liv. 38, 41.

prīdem, adv. (*pri*, *-dem*, cf. *itidem*), il y a déjà quelque temps : Pl. *Cas.* 461 ; *Ru.* 1249 ; Cic. *Fam.* 5, 6, 2 ; *non ita pridem* Cic. *Brut.* 41, il n'y a pas si longtemps ; *quam pridem* Cic. *Verr.* 1, 126, depuis combien de temps ‖ autrefois, dans le passé : Just. 31, 3, 10.

prīdĭānus, *a, um*, de la veille : Suet. *Tib.* 34 ; Plin. 28, 248.

prīdĭē, adv. (cf. *prĭdem* et *postridie, hodie*), la veille : *pridie vesperi* Cic. *Ac.* 1, 1, la veille au soir ; *pridie ejus diei* Caes. *G.* 1, 47, 2, la veille de ce jour [ou] *pridie eum diem* Cic. *Att.* 11, 23, 2, cf. *pridie Kalendas, Nonas, Idus, Compitalia, Quinquatrus*, la veille des calendes, des nones, des ides, etc. ; *usque ad pridie Nonas Maias* Cic. *Att.* 2, 11, 2, jusqu'à la veille des nones de mai ; *pridie quam veni* Cic. *Att.* 5, 11, 6, la veille de mon arrivée, cf. 3, 8, 2 ; *Lae.* 12.

Prĭēnē (-na), *ēs (ae)*, f. (Πριήνη), Priène [ville d'Ionie, patrie de Bias] Atlas VI, C3 ; IX, C1 : Cic. *Par.* 8 ‖ **-naeus**, *a, um*, Sidon. *Carm.* 2, 161, **-nensis**, *e* : Plin. 26, 60 ‖ **-neūs** [trisyl.] *ĕi* ou *ĕos*, né à Priène : Aus. *Sept. Sapr.* 189 (396) ‖ **-nenses**, *ĭum*, m. pl., les habitants de Priène : Val.-Max. 1, 5, 1.

Prile, n., fleuve d'Étrurie : Plin. 3, 51.

Prilius lacus, v. *Prelius.*

prīma, n. pl., v. 1 *primus.*

prīmae, f. pl., v. 1 *primus.*

prīmaevĭtās, *ātis*, f. (*primaevus*), le premier âge, l'enfance : Aug. *Jul. op. imp.* 1, 54.

prīmaevus, *a, um* (1 *primus, aevum*), qui est du premier âge : Virg. *En.* 7, 162 ; 9, 545.

prīmāni, *ōrum*, m. pl. (1 *primus*), soldats de la première légion : Tac. *H.* 2, 43 ; 4, 37.

prīmānus tribunus, m., tribun qui tenait les comptes de la première légion : P. Fest. 269, 1.

prīmārĭus, *a, um* (1 *primus* ; fr. *premier*), le premier [en rang], du premier rang : *primarius parasitus* Pl. *Mil.* 667, parasite de premier ordre, cf. Cic. *CM* 61 ; *Verr.* 4, 124 ; *Fam.* 5, 11, 2.

prīmās, *ātis*, m. f. (1 *primus*, cf. *optimas*), qui est au premier rang : Apul. *M.* 2, 19, 1 ‖ m. pl., les premiers citoyens : Cod. Th. 7, 18, 13.

prīmātŭs, *ūs*, m., premier rang, prééminence : Plin. 24, 165 ‖ supériorité [en parl. des choses] : Varr. *R.* 1, 7, 10 ‖ *sedis apostolicae* Novel.-Val. 16, 1 pr., la prééminence du siège de l'évêque de Rome.

prīmē, adv. (1 *primus*), en première ligne, éminemment : Naev. *Com.* 1 ; *Pl. Mil.* 794 ; Char. 211, 8 ; Prisc. 2, 91, 18.

Prīmi, *ōrum*, m. pl., ville d'Éthiopie : Plin. 6, 181.

prīmĭcērĭātŭs, *ūs*, m., primicériat : Cod. Th. 12, 27, 1.

prīmĭcērĭus, *ii*, m. (1 *primus, cera*), [en tête des tablettes] le premier d'un ordre, d'un corps, chef : Veg. *Mil.* 2, 21 ‖ primicier, officier de la cour des empereurs : *sacri cubiculi* Cod. Just. 12, 28, 1, grand chambellan.

prīmĭformis, *e* (1 *primus, forma*), primitif, principal : Mar. Vict. *Gram.* 6, 69, 21 ; [gram.] **primiformia**, n. pl., les prototypes, les mots de base : Cassiod. *Orth.* 7, 184, 2.

prīmĭgĕnēs, m. (1 *primus,* -γενής), premier-né, aîné : Ambr. *Noe* 29, 107.

prīmĭgĕnĭus, *a, um* (1 *primus, geno,* cf. πρωτογενής), primitif, originaire, premier de son espèce : Varr. *R.* 2, 2, 2 ; *primigenii Phryges* Apul. *M.* 11, 5, 2, les Phrygiens qui prétendent être les premiers hommes ; [gram.] *primigenia verba* Varr. *L.* 6, 37, mots primitifs, prototypes ‖ **Prīmĭgĕnĭa**, *ae*, f., originelle [épithète de la Fortune] : Cic. *Leg.* 2, 28 ‖ *primigenia rerum* Amm. 26, 10, 16, la Nature.

prīmĭgĕnus, *a, um*, le premier [en date] : Lucr. 2, 1106.

prīmĭpăra, *ae*, f. (1 *primus,* 2 *pario*), femelle qui a mis bas pour la première fois : Plin. 8, 151 ; 11, 210.

prīmĭpĭlāris, *is*, m. (*primipilus*) ¶ 1 centurion primipile : Sen. *Const.* 18, 4 ; Tac. *H.* 2, 22 ; Suet. *Cal.* 35 ¶ 2 ancien primipile : Quint. 6, 3, 92 ‖ commissaire des vivres sous l'Empire : Dig. 32, 1, 38, 4 ¶ 3 évêque [chef spirituel] : Sidon. *Ep.* 6, 1, 3.

prīmĭpĭlārĭus, *a, um*, primipilaire : Cod. Th. 13, 5, 14 ‖ subst. m., *primipilaris* : Cod. Th. 7, 20, 12.

prīmĭpīlātŭs, *ūs*, m., grade de primipile : Cod. Just. 12, 63, 1.

prīmĭpīlus, *i*, m. (1 *primus,* 2 *pilum*, cf. 2 *pilus*), primipile, centurion primipile [commandant la première centurie du premier manipule de la première cohorte, le plus haut grade des centurions] : Caes. *G.* 2, 25, 2.

prīmĭpŏtens, *tis* (1 *primus, potens*), tout-puissant : *Ps.* Apul. *Asclep.* 26.

Primis, *is*, f., v. *Primi.*

prīmiscrīnĭātŭs, *ūs*, m., charge de *primiscrinius* : Cassiod. *Var.* 11, 21.

prīmiscrīnĭus, *ii*, m. (1 *primus, scrinium*), le premier des *scriniarii*, chef du secrétariat : Symm. *Rel.* 34, 6.

prīmĭtĕr, adv. (1 *primus*), en premier lieu : Pompon. *Com.* 70.

prīmĭtĭae, *ārum*, f. pl. (1 *primus*) ¶ 1 prémices, offrande des premiers produits : Ov. *F.* 2, 520 ; Plin. 18, 8 ‖ *primitiae metallorum* Tac. *H.* 4, 53, les prémices des mines = des métaux vierges ¶ 2 débuts, commencement : *miserae pri-*

mitiae Virg. En. 11, 156, malheureux débuts ; *primitiae lacrimarum* Stat. Th. 11, 285, premières larmes.
▶ sg. *primitia* Commod. Instr. 1, 11, 18.

prīmĭtŏr, *āris*, *ārī* -, intr., offrir des prémices à : VL. Prov. 3, 9.

prīmĭtīvō, *ās*, *āre*, -, -, tr., conférer le droit d'aînesse : VL. Deut. 21, 16.

prīmĭtīvātŭs, *ūs*, m., état de premier-né : Rufin. Orig. Num. 3, 2.

prīmĭtīvus, *a*, *um* (*primitiae*), premier [en date], premier-né : Col. 9, 13, 2 ; Prud. Perist. 10, 828 ǁ [gram.] primitif, simple : Prisc. 2, 562, 4 ǁ n. pl., *primitiva* Solin. 16, 5, prémices.

prīmĭtŭs, adv. (1 *primus*, cf. *caelitus*), au commencement, primitivement, originairement, : Lucil. 199 ; Lucr. 4, 1030 ; 5, 1093 ; *primitus cum* Varr. R. 1, 31, 2, dès que.

primnēsĭus, ⏵ *prymnesius*.

prīmō, adv. (1 *primus*), sur le premier moment, au commencement, d'abord : Cic. Verr. 4, 66 ; 4, 138 ; Brut. 48 ; Lig. 3 ǁ en commençant : *pauca inter nos primo de litteris* Cic. Fin. 1, 14, nous échangeâmes pour commencer quelques propos sur la littérature, cf. Tusc. 3, 13.

prīmōcrĕātus, *a*, *um*, créé le premier : Ambr. Fid. 1, 7, 48.

prīmōgĕnĭtālis, *e*, premier-né : Tert. Val. 20, 2.

prīmōgĕnĭtŏr, *ōris*, m., ancêtre : VL. 2 Tim. 1, 3.

1 prīmōgĕnĭtus, *a*, *um*, premier-né, aîné : *Plin. 11, 234 ; Pall. 1, 39, 2 ; Lact. Inst. 1, 5, 7 ǁ *primogenita*, n. pl., droit d'aînesse : Aug. Conf. 7, 9, 15.

2 prīmōgĕnĭtŭs, *ūs*, m., qualité de premier-né : Fil. 131, 2.

prīmōgĕnĭus, ⏵ *primigenius*.

prīmōpīlāris et **prīmōpīlus**, ⏵ *primip-* CIL 10, 3757.

prīmōplastus, *a*, *um*, formé, créé le premier : Prud. Cath. 9, 17.

***prīmor**, ⏵ *primoris* ▶.

prīmordĭālis, *e* (*primordium*), primordial : Tert. Jud. 2, 6.

prīmordĭālĭtĕr, adv. (*primordialis*), primordialement, originairement : Aug. Trin. 3, 9, 16.

prīmordĭum, *ĭi*, n., Liv. pr. 1 ; Curt. 9, 2, 11 ; Plin. 3, 56 (1 *primus*, *ordior*), [ordin^t pl.] **-dĭa**, *ōrum*, n. pl., origine, commencement : *primordia Romae* Ov. A.A. 3, 337, les débuts de Rome ; *primordia rerum* Cic. Part. 7, les principes des choses ; *primordia dicendi* Quint. 1, 9, 1, l'exorde ǁ avènement [d'un prince] : Tac. An. 1, 7 ǁ molécules, éléments, principes : Col. 3, 10, 10 (*ordia prima* Lucr. 4, 32).

***prīmōris**, *e*, ***prīmŏr**, adj. (1 *primus* et 1 *prior*) ¶ 1 le premier, la première : *primores imbres* Varr. R. 2, 2, 14, les premières pluies ; *primores dentes* Plin. 7, 70, les dents de lait ; [fig.] *primores feminae* Tac. An. 2, 29, dames du premier rang, grandes dames ǁ **primores**, *um*, m. pl., les premiers, qui sont au premier rang [pr. et fig.] : *inter primores dimicare* Curt. 4, 6, 17, combattre aux premiers rangs, cf. Liv. 1, 12, 7 ; *primores civitatis* Liv. 1, 59, 6 ; *primores* [seul] Liv. 1, 47, 11, les premiers de la cité, les principaux citoyens, les grands, cf. Tac. An. 4, 33 ; 13, 40 ¶ 2 la première partie de, l'extrémité de : *primoribus labris* Cic. Cael. 28, du bout des lèvres, cf. Cic. de Or. 1, 87 ; *digitulis primoribus* Pl. Bac. 675, avec le bout des doigts ; *nasi primoris acumen* Lucr. 6, 1193, le bout du nez ; *in primore libro* Gell. 1, 18, 3, au commencement du livre ; *primori in acie* Tac. H. 3, 21, en première ligne, cf. Cat. Agr. 40, 3.
▶ le nom. sg. **primor* ou **primoris*, *e* est inus. ; abl. sg. *primori* et *primore* ǁ le pl. est plus usité que le sg.

prīmōtĭcus, *a*, *um*, précoce : *Apic. 178.

prīmōtĭnus, *a*, *um*, hâtif, précoce : *Apic. 178 [v. *primoticus*] ; Prisc. 3, 468, 19.

prīmŭlē, adv., ⏵ *primulum* : Cassiod. Orat. 3.

prīmŭlum, adv. (dim. de *primum*), au tout début, pour commencer, tout d'abord : Pl. Mil. 1004 ; Ter. Ad. 289.

prīmŭlus, *a*, *um* (dim. de 1 *primus*), *primulo diluculo* Pl. Amp. 737, tout à fait au point du jour, cf. Cas. 40.

prīmum, adv. (1 *primus*) ¶ 1 premièrement, d'abord, en premier lieu : Cic. Verr. 2, 143 ; *primum omnium* Cic. Cat. 2, 19, avant tout ǁ [en parl. de deux faits] [suivi de *deinde*] Cic. Lae. 65 ; 73 ; 81 ; [suivi de *tum*] Cic. Lae. 82 ; [de *iterum*] Cic. Lae. 11 ǁ *ut primum* Cic. Fam. 10, 13, 1 ; *ubi primum* Cic. Verr. 2, 48 ; *simul ac primum* Cic. Nat. 2, 124 ; *cum primum* Cic. Nat. 2, 124, dès que, aussitôt que ; *quam primum*, ⏵ *quam* ¶ 2 pour la première fois : Cic. Clu. 8 ; Verr. 5, 98 ; Ac. 1, 25 ; Phil. 5, 30.

prīmumdum, adv., ⏵ *primum*, d'abord : Pl. Mil. 297 ; Most. 120 ; *primumdum omnium* Pl. Trin. 98 ; *omnium primumdum* Pl. Most. 400, avant tout.

1 prīmus, *a*, *um* (**prismus*, cf. 1 *priscus*, 1 *pristinus* et *summus* ; it. *primo*, fr. *printemps*), [superl. correspondant au compar. *prior*].

I ¶ 1 le plus en avant, le plus avancé, le premier [entre plusieurs, au point de vue du lieu, de la chronologie, du classement] : *primus inter*, *primus ex* Cic. Sest. 6 ; Fin. 4, 17, le premier parmi ; *primae litterae... postremae* Cic. Att. 9, 6, 5, la première lettre (épître) ... la dernière ǁ [attribut] *is primus vulnus obligavit* Cic. Nat. 3, 57, c'est lui qui le premier banda une plaie ; *primus venisti...* Cic. Fam. 13, 48, tu es le premier à être venu ǁ *in primis pugnare* Sall. C. 60, 6 ; *stare* Nep. Epam. 10, 3, combattre, se tenir dans les premiers, aux premiers rangs ; *primi* Caes. G. 5, 43, 5, les premiers, ceux qui sont le plus en avant ǁ [avec *quisque*] *non ut quidque dicendum primum est, ita primum animadvertendum videtur* Cic. Inv. 1, 19, ce n'est pas dans la mesure où chaque chose doit être dite avant les autres qu'il faut également s'en occuper avant les autres [l'ordre dans lequel on doit parler des choses n'est pas celui dans lequel on doit s'en occuper] ; *fluit voluptas corporis et prima quaeque avolat* Cic. Fin. 2, 106, le plaisir physique est passager et le premier éprouvé est le premier à s'envoler ; *primum quidque videamus* Cic. Nat. 3, 7, voyons chaque point successivement ; *primo quoque tempore, die* Cic. Fam. 13, 57, 1 ; Phil. 8, 33, à la première occasion, au premier jour, le plus tôt possible, incessamment ¶ 2 **prima**, *ōrum*, n. pl. **a)** le premier rang : Cic. Or. 4 **b)** les éléments, atomes : Lucr. 4, 186 **c)** *prima naturae* Cic. Fin. 3, 31 ; 5, 45 ou *prima naturalia* Cic. Fin. 2, 34, [πρῶτα κατὰ φύσιν des stoïciens] les impulsions premières de la nature humaine [et, par ext., les biens qui y correspondent] **d)** *prima consiliorum* (= *prima consilia*) Tac. H. 2, 11, les premières décisions **e)** *flos ad prima tenax* Virg. G. 2, 134, fleur particulièrement tenace **f)** *in primis, cum primis*, ⏵ *imprimis, cumprimis* ¶ 3 le plus important, le principal : *primus civitatis* Cic. Verr. 4, 15, le premier de la cité ; *primus homo* Cic. Verr. 4, 37, homme du premier rang, citoyen le plus important ǁ *primae partes* ou *primae* seul, le premier rôle : *primas agere, tenere* Cic. Brut. 308 ; 327, jouer, tenir le premier rôle ; *primas deferre* Cic. Brut. 84 ; *dare* Cic. de Or. 3, 213 ; *concedere* Cic. Caecil. 49 ; *ferre* Cic. Brut. 183, accorder, attribuer, concéder le premier rang, obtenir le premier rang. **II ¶ 1** la première partie de, le devant, la partie antérieure de : *prima ora* Virg. G. 3, 399, la partie antérieure de la bouche ; *in prima provincia* Cic. Fam. 3, 6, 2, à l'entrée de la province ¶ 2 le commencement de : *prima luce, prima nocte*, au commencement du jour, de la nuit : Caes. G. 1, 22, 1 ; 1, 27, 4 ; *primo vere* Caes. G. 6, 3, 4, au début du printemps ¶ 3 [d'où] **a)** *prima* [n. pl.] Liv. 8, 3, 6, les commencements **b)** *a primo* Cic. Or. 26, dès le commencement ; *a primo ad extremum* Cic. Fin. 4, 32, du début à la fin **c)** *in primo* Cic. Or. 215, au commencement [ou] Sall. J. 68, 4, en première ligne, cf. Liv. 25, 21, 6 **d)** [milit.] *in primum succedere* Liv. 10, 14, 17, monter en première ligne, cf. Liv. 2, 20, 10 ; 2, 46, 7 **e)** ⏵ *primo*.

2 Prīmus, *i*, m., surnom chez les Cornelii, les Antonii : Tac. H. 3, 74 ; An. 14, 40.

Prīnās, *ae*, m., affluent du Gange : Plin. 6, 64.

princeps

1 princeps, *cĭpis*, adj. et subst. (1 *primus, capio* ; fr. *prince*), qui occupe la première place ¶ **1** le premier : *ut quisque in fuga postremus, ita in periculo princeps erat* Cic. *Verr.* 5, 90, le dernier dans la fuite était aussi le premier au danger ; *Firmani principes pecuniae pollicendae fuerunt* Cic. *Phil.* 7, 23, les habitants de Firmum furent les premiers à promettre de l'argent, cf. Cic. *Phil.* 5, 44 ; 10, 24 ; *Or.* 175 ; *qui princeps in agendo est* Cic. *Caecil.* 47, celui qui est le premier à poursuivre ‖ [attribut] *omnium nationum princeps Sicilia se... applicuit* Cic. *Verr.* 2, 2, la Sicile est la première de toutes les nations qui se soit attachée à..., cf. Caes. *G.* 1, 12, 6 ; 1, 41, 2 ; 7, 2, 1 ‖ [avec des subst. de choses] *exordium princeps omnium esse debet* Cic. *Inv.* 1, 19, l'exorde doit être en tête de tout ; *principem locum implere* Tac. *An.* 11, 16, occuper la première place, le trône, cf. Tac. *An.* 1, 9 ‖ [droit] auteur, promoteur [d'une loi] : Cic. *Agr.* 2, 13 ¶ **2** le plus important, la tête : *princeps Academiae* Cic. *Brut.* 306 ; *Graeciae* Cic. *Ac.* 2, 2, le chef de l'Académie, le principal citoyen de la Grèce ; *legationis* Cic. *Verr.* 4, 15, le chef de l'ambassade ; *in re publica principes* Cic. *Fam.* 1, 9, 12, les premiers dans l'État ; *princeps juventutis* Cic. *Vat.* 24, le prince de la jeunesse [romaine] ¶ **3** qui est en tête, qui guide, dirige, conseille : *Pericles princeps consilii publici fuit* Cic. *de Or.* 1, 216, Périclès fut le maître de l'assemblée publique [à Athènes] ; *princeps ad suscipiendam rationem horum studiorum* Cic. *Arch.* 1, un guide pour entreprendre cet ensemble d'études, cf. Cic. *Lae.* 26 ; *ad salutem* Cic. *Sull.* 9 ; *ad omnia pericula* Cic. *Fam.* 10, 17, 2, un guide pour mener au salut, pour affronter tous les périls ¶ **4** [sens particuliers] **a)** *princeps senatus* Liv. 34, 44, 4, le prince du sénat [le premier inscrit sur la liste du sénat par les censeurs ou par un des censeurs tiré au sort à cet effet : Liv. 27, 11, 9 et 12 ; il opine le premier] **b)** *princeps*, à partir d'Auguste, désigne l'empereur, le prince, car Auguste avait concentré tout les pouvoirs civils entre ses mains : Tac. *An.* 1, 1 **c)** *principes juventutis* à l'époque républicaine signifiait l'élite de la jeunesse, la fleur de la noblesse : Liv. 2, 12, 15 ; 9, 14, 16 ; à partir d'Auguste, titre donné aux princes de la maison impériale mis à la tête des escadrons de chevaliers : Tac. *An.* 1, 3 ¶ **5** [milit.] **a)** *principes*, soldats de première ligne au temps de la la phalange, puis, dans la disposition en manipules, en seconde ligne après les *hastati* et devant les *triarii* : Liv. 8, 8, 6 ; 30, 32, 15 **b)** *princeps* Liv. 26, 6, 1, un manipule de *principes* ; *octavum principem ducere* Cic. *ad Brut.* 1, 8, 2, commander le huitième manipule des *principes* **c)** un centurion des *principes* : *princeps prior* Caes. *C.* 3, 64, 4, le centurion de la première centurie des *principes* [Liv. 25, 14, 7 *primus princeps*, centurion du premier manipule].

2 Princeps, *ĭpis*, m., nom d'homme : Phaed. 5, 7, 4.

1 princĭpālis, *e* (1 *princeps*) ¶ **1** originaire, primitif, naturel : *principales causae* Cic. *Fat.* 9, les causes premières ¶ **2** principal, fondamental, capital, supérieur : *quaestio* Quint. 4, 3, 1, question principale, cf. Plin. 10, 41 ; *principale fuit* Plin. 18, 22, ce fut l'essentiel, la tâche maîtresse ‖ *-lior* Tert. *Anim.* 43, 9 ¶ **3** qui a trait au prince, à l'empereur, impérial : *principales curae* Plin. *Pan.* 79, les soins du gouvernement ; *fortuna principalis* Tac. *H.* 2, 81, la fortune du prince, cf. *H.* 1, 13 ; 4, 40 ; Suet. *Cl.* 17 ¶ **4** qui appartient aux *principes* dans la légion : *Veg. Mil.* 2, 15 ; Cod. Th. 12, 1, 151 ¶ **5** relatif au quartier général dans le camp : *porta principalis* Liv. 4, 19, 8 ; P. Fest. 251, 4, la porte principale [à droite et à gauche] ; *via principalis* Liv. 10, 33, 2, la voie principale [longeant les tentes de l'état-major] ¶ **6** subst. n., **principale**, faculté directrice de l'âme l'hégémonique [τό ἡγεμονικόν] : Sen. *Ep.* 113, 23 ; *Ep.* 121, 10 ; *Ep.* 92, 1 ‖ [autres applications] *putamus (...) unam esse unius boni principale* Sen. *Ep.* 102, 7, nous pensons que le principe directeur d'un bien unique est un ; Tert. *Anim.* 15, 1.

2 princĭpālis, *is*, m., sorte d'officier civil : Cod. Just. 9, 51, 1 ‖ le premier personnage d'une ville : Symm. *Ep.* 9, 1.

princĭpālĭtās, *ātis*, f. (*principalis*), primauté : Tert. *Anim.* 13, 1.

princĭpālĭtĕr, adv. ¶ **1** en prince, d'une manière digne d'un prince : Sen. *Polyb.* 17, 4 ¶ **2** principalement : Dig. 3, 2, 4.

princĭpātŏr, *ōris*, m., auteur, origine : Arn.-J. *Joh.* 1.

princĭpātŭs, *ūs*, m. (1 *princeps*) ¶ **1** [rare] commencement, origine : Cic. *Tim.* 4 ¶ **2** premier rang, primauté, prééminence : Caes. *G.* 6, 8, 9 ; 7, 4, 1 ; 7, 63, 8 ; Cic. *Phil.* 11, 36 ; *nimia cupiditas principatus* Cic. *Off.* 1, 64, le désir effréné du premier rang ‖ [entre nations] suprématie, hégémonie : *totius Galliae principatum tenere* Caes. *G.* 1, 43, 7, (*obtinere G.* 6, 12, 4, avoir la suprématie sur toute la Gaule ; *eloquentiae* Cic. *Or.* 56, le premier rang dans l'éloquence ; *sententiae* Cic. *CM* 64, priorité de vote ou dans l'exposé de son opinion ¶ **3** [phil.] principe dominant [τὸ ἡγεμονικόν], prééminent : Cic. *Nat.* 2, 29 ; *Tusc.* 1, 20 ¶ **4** [sous l'Empire] principat, dignité impériale ou exercice du pouvoir impérial : Tac. *Agr.* 3 ; Plin. *Pan.* 36, 3 ; Plin. 7, 46 ; 33, 146 ¶ **5** [chrét.] les principautés [anges] : Tert. *Herm.* 19, 5.

princĭpes, v. 1 *princeps*.

princĭpĭa, *ōrum*, n. pl., v. *principium*.

princĭpĭālis, *e*, primitif, originaire : Lucr. 2, 423 ; 5, 246.

princĭpĭō, *ās*, *āre*, -, -, intr., débuter, faire un exorde : *Ps. Aug. Rhet.* 20.

princĭpĭum, *ĭi*, n. (1 *princeps*) ¶ **1** commencement : *nec principium nec finem habere* Cic. *CM* 78, n'avoir ni commencement ni fin ‖ *principio* Cic. *Off.* 1, 11, en premier lieu, tout d'abord ; *a principio* Cic. *Brut.* 157, dès le début, en commençant ‖ [en part.] début d'un ouvrage, entrée en matière d'un discours, exorde : Cic. *Brut.* 210 ; *de Or.* 2, 81 ; 2, 315 ; Plin. *Ep.* 2, 5, 12 ¶ **2** ce qui commence : *Faucia curia fuit principium* Liv. 9, 38, 15, la curie Faucia vota la première ‖ **3** fondement, origine : *urbis* Cic. *Off.* 1, 54, origine d'une ville ‖ **principĭa**, *ōrum*, n. pl., les éléments, les principes : *rerum* Cic. *Ac.* 2, 117, les éléments dont tout est formé ; *naturae* Cic. *Off.* 1, 50, penchants naturels impulsions naturelles, cf. Cic. *Fin.* 3, 17 ; *juris* Cic. *Leg.* 1, 18, les principes fondamentaux du droit ¶ **4** [milit.] **principĭa**, *ōrum* **a)** première ligne, front d'une armée : Ter. *Eun.* 781 ; Sall. *J.* 50, 2 ; Liv. 2, 65, 2 **b)** quartier général dans le camp : Liv. 28, 24, 10 ; Nep. *Eum.* 7, 2 ; Tac. *H.* 3, 13 **c)** officiers d'état-major : Frontin. *Strat.* 2, 5, 30.

princĭpo, v. *principio*.

princĭpŏr, *ārĭs*, *ārī*, - (1 *princeps*), intr., régner sur, dominer : Lact. *Inst.* 4, 13, 19 ‖ dominer : Aug. *Serm.* 161, 6.

Princus, *i*, m., Pescennius Princus, fils de l'empereur Clodius Albinus : Capit. *Alb.* 7, 5.

prīnĭnus, *a*, *um* (πρίνινος), en rouvre : *Vitr. 10, 14, 3.

Prīnŏessa, *ae*, f. (Πρινόεσσα), île de la mer Ionienne, en face de Leucade : Plin. 4, 53.

prīnus, *i*, f. (πρῖνοϕ), rouvre : Vulg. *Dan.* 13, 58)

Prīōn, *ŏnis*, acc. *Prīŏnă*, m. (Πρίων) ¶ **1** montagne de l'île de Cos : Plin. 5, 134 ¶ **2** Prion, prince des Gètes, tué par Jason : Val.-Flac. 6, 619.

prĭŏnītis, *ĭdis*, f. (πριονῖτις ; cf. πρίων), bétoine [plante] : Ps. Apul. *Herb.* 1.

1 prĭŏr, *ōris*, n., *prĭus* (*prī-yōs*), [compar. dont *primus* est le superl.] ¶ **1** le plus en avant [en parl. de deux] : *prioribus pedibus* Nep. *Eum.* 5, 5, avec les pattes de devant, cf. Plin. 11, 131 ‖ [avec *quam*] plus en avant que : Sall. *J.* 85, 12 ; Tac. *An.* 15, 20 ¶ **2** le premier de deux, précédent, antérieur : *aliquem aedilem priorem facere* Cic. *Pis.* 2, élire qqn édile le premier ; *priore nocte* Cic. *Cat.* 1, 8, la nuit précédente ; *prioribus comitiis* Cic. *Planc.* 54, dans les comices précédents ; *priore loco causam dicere* Cic. *Quinct.* 32, plaider le premier ‖ [attribut] *prior occupavit* Caes. *C.* 1, 66, 4, il occupa le premier, cf. Caes. *C.* 1, 82 ‖ [subst¹] **priores**, *um*, les prédécesseurs, les devanciers, les ancêtres : Virg. *En.* 3, 693 ; Ov. *M.* 15, 146 ; Sen. *Ep.* 52, 7 ¶ **3** [fig.] supérieur, plus remarquable : Sall. *J.* 10, 7 ; 96, 3 ; Liv. 27, 8, 6 ‖ *prius potiusque est* [avec inf.] Liv. 36, 7, 6, il est meilleur et préférable de, cf. Liv. 8, 29, 9; 39, 47, 4.

2 Prĭor, ōris, m., le premier de deux l'ancien : *Dionysius prior* Nep. *Dion* 1, 3, Denys l'Ancien.

prĭōrātŭs, ūs, m. (1 prior), primauté, prééminence : Tert. *Val.* 4, 1.

prĭorsum (-sŭs), adv. (pri, vorsum), en avant : Macr. *Sat.* 7, 9, 3 ; Mamert. *Anim.* 1, 18, 3.

priscē, adv. (1 priscus), sévèrement comme les anciens, à l'antique : Cic. *Cael.* 33.

Prisciānus, i, m., Priscien, né à Césarée [Maurétanie], grammairien latin du début du 6ᵉ s. : Eutych. 5, 456, 31.

Priscilla, ae, f., nom de femme : Stat. *S.* 5, 1, 3.

Priscilliānus, i, m., Priscillien, hérésiarque espagnol : Sulp. Sev. *Chron.* 2, 46, 3 ‖ **-ānistae**, ārum, m. pl., priscillianistes, sectateurs de Priscillien : Aug. *Ep.* 36, 28.

Priscŭla, ae, f., nom de femme : CIL 8, 3803.

1 priscus, a, um (pri, 1 prior et magis, mancus), très ancien, des premiers temps, vieux, antique [implique l'idée de qqch. d'oublié, qu'on ne retrouve plus] ¶ 1 [pers.] *prisci viri* Cic. *Tim.* 38, les hommes des premiers âges (d'un autre âge) ou *prisci* [absᵗ] Cic. *Tusc.* 1, 27 ; Ov. *F.* 3, 779, cf. P. Fest. 253, 1 ¶ 2 [choses] suranné : *quae jam prisca videntur propter vetustatem* Cic. *Leg.* 3, 20, des événements qui nous paraissent déjà surannés à cause de leur date ancienne ; *verborum vetustas prisca* Cic. *de Or.* 1, 193, de vieilles expressions d'usage périmé ‖ du temps passé : *pudor priscus redire audet* Hor. *Saec.* 57, la pudeur des vieux âges ose revenir ‖ [avec idée de sévérité] Catul. 64, 159.

2 Priscus, i, m., l'Ancien [surnom rom.] ; notᵗ : *Tarquinius Priscus* Liv. 1, 34, 10, ou : *Priscus Tarquinius* Liv. 5, 34, 1 ; *Tarquin* l'Ancien ‖ *Helvidius*.

prisma, ătis, n. (πρίσμα), prisme : Capel. 6, 722.

prista, ae, m. (πρίστης), scieur : Plin. 34, 57.

pristĭgĕr, *pistriger*.

1 pristĭnus, a, um (cf. priscus et crastinus) ¶ 1 d'auparavant, d'autrefois, précédent, primitif : Cic. *Sull.* 26 ; *CM* 34 ; *Verr.* 4, 72 ; *in pristinum statum redire* Caes. *G.* 7, 54, 4, revenir à son état premier ¶ 2 qui a précédé immédiatement : *pristini diei* Caes. *G.* 4, 14, 3, du jour précédent, de la veille, cf. Gell. 10, 24, 8 ; Suet. *Aug.* 94 ¶ 3 ➤ *priscus* : *pristini mores* Pl. *Truc.* 6, les mœurs de l'ancien temps ; *1 priscus*.

2 pristĭnus, a, um (pristis), de la baleine : Col. 11, 2, 5.

pristis, is, f. (πρίστις) ¶ 1 poisson-scie, ou baleine : Virg. *En.* 10, 211 ; Plin. 9, 4 ¶ 2 petit navire rapide : Liv. 35, 26, 1 ; 44, 28, 1 ‖ nom d'un navire : Virg. *En.* 5, 116 ; *pistris*.

prĭus, adv. (1 prior) ¶ 1 plus tôt, auparavant : *prius murum ascendere* Caes. *G.* 7, 47, 7, escalader le mur avant lui ; *prius... deinde* Cic. *Rep.* 2, 58, une première fois... ensuite ‖ [en parl. de deux] *respondebo priori (epistulae) prius* Cic. *Att.* 15, 13, 1, je répondrai d'abord à la première lettre ; *ut prius introieram in vitam* Cic. *Lae.* 15, étant venu au monde le premier ‖ *prius... quam*, *priusquam* ¶ 2 [poét.] autrefois, jadis, anciennement : Catul. 2, 25 ; 51, 13 ; Prop. 1, 1, 18.

prĭusquam (prius... quam), conj. ¶ 1 avant que, avant le moment où : [avec parf. indic.] Cic. *Vat.* 4 ; Caes. *G.* 1, 83 ; [avec pqp. indic.] Cic. *Dom.* 78 ; [avec prés. indic.] *priusquam respondeo..., dicam* Cic. *Phil.* 2, 3, avant de répondre, je dirai..., cf. *de Or.* 3, 25 ‖ [avec subj.] **a)** en attendant que [idée future ou éventuelle] : Cic. *Balb.* 18 ; *de Or.* 2, 186 **b)** sans que préalablement : *prius constiterunt quam... cognosci posset* Caes. *G.* 3, 26, 3, ils s'arrêtèrent avant qu'on pût bien se rendre compte..., cf. *G.* 7, 36, 7 ; Cic. *Phil.* 5, 47 ‖ [inversion] *quam prius* (= prius quam) Prop. 2, 14, 11 ¶ 2 *potius quam*, plutôt que de : Cic. *Rab. perd.* 15 ; Caes. *C.* 3, 1, 5 ; 3, 49, 1.

1 prīvantĭa, ae, f. (privo), [gram.] privation, absence : Cassiod. *Psalm.* 93, 20.

2 prīvantĭa, ĭum, n. pl. (gram.) privatifs : Cic. *Top.* 48.

prīvātārĭus, a, um (1 privatus), qui concerne les particuliers, privé : Diocl. 7, 76.

prīvātīcĭus, a, um, privatif : Gloss. 2, 159, 25.

prīvātim, adv. (1 privatus) ¶ 1 en particulier, dans son particulier, comme particulier, en son propre nom : Cic. *Fin.* 5, 57 ; *privatim, publice* Cic. *Off.* 1, 149, à titre privé, à titre officiel, cf. Caes. *G.* 1, 17, 1 ; 5, 55, 4 ; *ad vos privatim confugit* Cic. *Verr.* 4, 17, il a recours à vous à titre personnel ; *de suis privatim rebus* Caes. *G.* 5, 3, 5, sur leurs affaires privées ¶ 2 chez soi : *privatim se tenere* Liv. 23, 7, 10, rester chez soi ‖ à part, séparément, particulièrement : Plin. 6, 55 ; Quint. 8, 2, 5.

prīvātĭo, ōnis, f. (privo), suppression, absence [d'une chose] : Cic. *Fin.* 1, 37 ; 2, 28.

prīvātīvē, adv. (1 privatus), dans le sens privatif, négativement : Boet. *An. pr.* 1, 4, p. 483.

prīvātīvus, a, um, [gram.] privatif : Gell. 5, 12, 10.

1 prīvātus, a, um, part. de privo (fr. privé) ¶ 1 [adjᵗ] privé, particulier, propre, individuel : *privato consilio* Cic. *Phil.* 3, 14, par une mesure d'ordre privé (de sa propre initiative), cf. *Fam.* 11, 7, 2 ; *ex privato* Liv. 30, 44, 11, en prenant sur ses deniers ; *in privato* Liv. 39, 18, 6, dans le privé ; *in privatum vendere* Liv. 40, 51, 5, vendre à des particuliers (pour l'usage privé) ; *privatus vir* Cic. *Phil.* 11, 25, simple particulier ; *vita privata* Cic. *CM* 22, vie privée ; *aedificia privata* Caes. *G.* 1, 5, 2, édifices privés [appartenant à des particuliers] ; *in causis privatis* Cic. *Brut.* 178, dans les procès civils ¶ 2 [substᵗ] **prīvātus**, i, m., simple particulier, simple citoyen : Pl. *Capr.* 166 ; Cic. *Cat.* 1, 3 ; *Leg.* 3, 43 ; *Verr.* 4, 68 ¶ 3 *res privata*, patrimoine privé de l'empereur [jusqu'au 3ᵉ s., par oppos. au *fiscus* et aux biens de la couronne ; puis [à partir des Sévères, par oppos. au *patrimonium* privé de l'empereur, *patrimonium*] biens de la couronne : *comes rerum privatarum* Cod. Just. 10, 32, 64, comte de la fortune privée (= ministre du trésor impérial).

2 Prīvātus, i, m. et **Prīvāta**, ae, f., noms d'homme et de femme : CIL 14, 374 ; Inscr. *Dess.* 3882 a.

prīvĕrae mŭlĭĕres, f. pl. (cf. 1 privatus), femmes de simples particuliers : P. Fest. 301, 5.

Prīvernĭus, ii, m., nom d'homme : CIL 10, 6454.

Prīvernum, i, n., Priverne [ville des Volsques, auj. Piperno] : Virg. *En.* 11, 540 ; Liv. 8, 1 ‖ **-nās**, ātis, m. f. n., de Priverne : *fundus* Cic. *de Or.* 2, 224, domaine de Priverne ; *de senatu Privernate* Liv. 8, 20, 9, sur le sénat de Priverne ; *in Privernati* Cic. *Clu.* 141, dans le domaine de Priverne ‖ **-nātes**, ĭum, m. pl., les Privernates, habitants de Priverne : Liv. 7, 15.

prīvigna, ae, f. (privignus), fille d'un premier lit, belle-fille : Cic. *Att.* 13, 20, 2.

1 prīvignus, a, um (privus, geno), de beau-fils ‖ [fig.] *privigna proles* Col. 10, 163, rejeton étranger [en parl. des plantes].

2 prīvignus, i, m. (privus, geno), fils d'un premier lit, beau-fils : Dig. 38, 10, 4 ; Cic. *Clu.* 188.

prīvĭlĕgĭārĭus, ii, m., privilégié : Ulp. 14, 5, 3.

prīvĭlĕgĭum, ĭi, n. (privus, lex) ¶ 1 loi exceptionnelle [qui concerne spécialement un particulier, et faite contre lui] : Cic. *Leg.* 3, 44 ; *Sest.* 65 ; *Brut.* 89 ¶ 2 privilège, faveur : Sen. *Ben.* 3, 11, 1 ; Plin. *Ep.* 10, 47, 1 ¶ 3 privilège de certains créanciers (gage ou hypothèque) : *creditores qui privilegium non habent* Dig. 15, 1, 52, les créanciers non privilégiés ; *fisci* Cod. Just. 7, 8, 2, les privilèges du fisc.

prīvō, ās, āre, āvī, ātum (privus), tr., mettre à part ¶ 1 écarter de, ôter de [avec abl.] : *privari injuria* Cic. *Agr.* 1, 13, n'être pas atteint par l'injustice ; *cum privamur dolore* Cic. *Fin.* 1, 37, quand nous sommes hors de portée de la douleur ¶ 2 dépouiller, priver : *somno* Cic. *Att.* 9, 10, 1, empêcher de dormir ; *se oculis* Cic.

privo

Fin. 5, 87, se crever les yeux ; **aliquem vita** Cic. *Phil.* 9, 8, arracher la vie à qqn ; **exsilio** Cic. *Att.* 1, 16, 9, enlever à qqn la ressource de l'exil ‖ [avec gén.] Afran. *Com.* 156 ; [passif avec acc. de la chose] **res vis hunc privari pulchras quas uti solet** Nov. *Com.* 69, tu veux qu'il soit privé des belles choses dont il a l'habitude.

1 **prīvus**, *a*, *um* (osq. *preiuatud*, cf. *pri*, *prior*) ¶ **1** particulier, propre, isolé, spécial : Hor. *Ep.* 1, 1, 92 ; **privae voces** Gell. 11, 16, 1, termes spéciaux ¶ **2** ➤ *singuli* : Gell. 10, 20, 4 **a)** chaque, chacun : **privam quamque particulam venti sentire** Lucr. 4, 261, sentir chaque particule de vent à part ; **in dies privos** Lucr. 5, 733, de jour en jour **b)** [distributif] **bubus privis binisque tunicis donati** Liv. 7, 37, 2, ayant reçu chacun un bœuf et deux tuniques, cf. Liv. 30, 43, 9 ; Pl. *Ps.* 865 ; P. Fest. 252, 20.

2 **prīvus**, *a*, *um* (1 *privus*), privé de, dénué de [avec gén.] : Sall. *H.* 1, 78 ; Apul. *Socr.* 3.

1 **prō** (cf. *prae*, *per*, *por-*, πρό, scr. *pra-*, rus. *pro*, al. *vor-*, bret. *ra-* ; fr. *pour*) **I** prép. abl. ¶ **1** en avant de, devant : **sedens pro aede Castoris** Cic. *Phil.* 3, 27, siégeant devant le temple de Castor ; **pro castris copias producere** Caes. *G.* 1, 48, 3, faire avancer les troupes devant le camp ¶ **2** du haut de et en avant : **pro templis** Cic. *Mil.* 2, sur les degrés des temples ; **pro tribunali** Cic. *Pis.* 11, du haut du tribunal, cf. Caes. *G.* 6, 3, 6 ; Sall. *J.* 67, 1 ; Liv. 21, 7, 8 ‖ sur le devant, devant : **pro contione** Sall. *J.* 8, 2, devant l'assemblée, cf. Curt. 10, 5, 10 ; Liv. 7, 7, 3 ; **pro consilio** Sall. *J.* 29, 6, devant le conseil ¶ **3** pour, en faveur de : **pro aliquo (aliqua re)** Cic. *Clu.* 88 ; *CM* 11, pour qqn (qqch.) ¶ **4** pour, à la place de, au lieu de : **pro vallo carros objicere** Caes. *G.* 1, 26, 3, opposer une barricade de chariots en guise de retranchement, cf. Caes. *G.* 3, 29, 1 ; **pro magistro est quidam L. Carpinatius** Cic. *Verr.* 2, 169, il y a tenant la place du maître [comme sous-directeur] un certain L. Carpinatius ; **pro consule** Cic. *de Or.* 1, 82 ; **pro quaestore** Cic. *Acut.* 2, 11, en qualité de proconsul, de proquesteur, ▶ *proconsul*, *propraetor* : **Cato qui mihi unus est pro centum milibus** Cic. *Att.* 2, 5, 1, Caton qui à lui seul en remplace pour moi cent mille ¶ **5** pour = comme [identité] : **pro occiso relictus** Cic. *Sest.* 81, laissé pour mort, cf. Cic. *Verr.* 4, 33 ; **pro perfuga** Caes. *G.* 3, 18, 3, comme transfuge [en jouant le rôle de transfuge] ; **aliquid pro certo ponere** Caes. *G.* 7, 5, 6, avancer qqch. comme certain ; **pro explorato, pro re comperta habere** [v. ces mots] ¶ **6** pour, en retour de : **aliquid pro carmine dare** Cic. *de Or.* 2, 352, donner qqch. pour un poème, cf. Caes. *G.* 6, 16, 3 ¶ **7** en proportion de : **pro hostium numero** Caes. *G.* 1, 51, 1, proportionnellement au nombre des ennemis, cf. Caes. *G.* 1, 2, 5 ; **agere pro viribus** Cic. *CM* 27, agir dans la mesure de ses forces ; **pro mea, pro tua parte** Cic. *Fam.* 15, 15, 3, pour ma, ta part, dans la mesure de mes, de tes moyens ; **pro se quisque** Cic. *Off.* 3, 58, chacun pour sa part ; **pro tempore et pro re** Caes. *G.* 5, 8, 1, conformément au temps et aux circonstances, cf. Caes. *G.* 7, 56, 4 ; 7, 74, 1 ; **copiae majores quam pro reliquiis belli** Liv. 29, 32, 3, troupes trop nombreuses pour ce qui restait de guerre ‖ **pro eo ac** Cic. *Cat.* 4, 3, en proportion de ce que, dans la mesure où, cf. Sulpic. *Fam.* 4, 5, 1 ; **pro eo ac si** Cic. *Inv.* 1, 54, dans la même proportion que si, comme si ; **pro eo, quantum** Cic. *Fin.* 4, 58, en proportion de ce qui... ; **pro eo quanti te facio** Cic. *Fam.* 3, 3, 2, en proportion de l'estime que j'ai pour toi ¶ **8** en raison de, en vertu de : **pro tua prudentia** Cic. *Fam.* 4, 10, 2, en raison de ta sagesse, cf. Cic. *Mur.* 86 ; **pro suffragio** Cic. *Verr.* 2, 127, en vertu du vote, par l'effet du vote.

II en composition **a)** en avant, avant : **procedo, profero, prodeo, proavus b)** pour : **prosum c)** à la place de : **proconsul d)** en proportion : **proquam, prout**. ▶ *prōd* est la variante antévocalique de *prō-* : *prōsum*, *prōdest* (cf. ➤ *red-*, *sed-*), mais on a *prout*, *proinde*, *promo*, *prōest* coupé de la préposition : *proficiscor*, *pronepos*, avec des flottements : 1 et 2 *propago*.

2 **prō**, moins bon **prōh**, interj. (express.), oh !, ah ! ¶ **1** [avec voc.] **pro supreme Juppiter !** Ter. *Ad.* 196, oh, tout-puissant Jupiter ! ; **pro dii immortales !** Cic. *Pomp.* 33, ah ! dieux immortels !, cf. Cic. *Phil.* 2, 32 ¶ **2** [acc.] **pro deum hominumque fidem !** Cic. *Verr.* 4, 7, que les dieux les hommes m'assistent ; ▶ *fides*, fin ‖ [avec ellipse de *fidem*] : **pro deum immortalium !** Ter. *Phorm.* 351, que les immortels m'assistent ! ¶ **3** [seul] hélas ! : **tantum, pro ! degeneramus... ut** Liv. 22, 14, 6, nous dégénérons, hélas ! au point que, cf. Curt. 4, 16, 10 ; Ov. *H.* 3, 98.

prōædĭfĭcātum, *i*, n., partie de bâtiment qui fait saillie sur la voie publique : Fest. 280, 28.

prōăgŏrus, *i*, m. (προάγορος), proagore, premier magistrat de Catane [en Sicile] : Cic. *Verr.* 4, 50.

prōămīta, *ae*, f., arrière-grand-tante, sœur du bisaïeul : Dig. 38, 10, 3.

prōăpŏdŏsis, *is*, f., proapodose [rhét.] ▶ *apodosis* : *Capel.* 5, 533.

prōarchē, *ēs*, f. (προαρχή), premier principe [des choses], un des Éons de l'hérésiarque Valentin : Tert. *Val.* 35, 1.

prōarchōn, *ontis*, m. (προάρχων), le premier auteur : Iren. 1, 29, 4.

prōastīum, *ii*, n. (προαστεῖον), faubourg : Anon. Vales. 2, 14, 83.

prōauctŏr, *ōris*, m., le premier auteur, souche : Suet. *Cl.* 24 ‖ premier possesseur : CIL 9, 2827, 16.

prōăvĭa, *ae*, f., bisaïeule, mère de l'aïeul ou de l'aïeule : Suet. *Cal.* 10.

prōăvītus, *a*, *um*, relatif au bisaïeul, aux ancêtres, de ses pères, héréditaire : Ov. *M.* 13, 416.

prōăvuncŭlus, *i*, m., arrière-grand-oncle : Gai. *Dig.* 38, 10, 1.

prōăvus, *i*, m., bisaïeul : Cic. *Mur.* 15 ‖ [en gén.] ancêtre : Cic. *Fam.* 3, 11, 4 ‖ pl., les ancêtres, les pères : Juv. 3, 312 ‖ **proavum**, gén. pl., Stat. *Th.* 10, 807.

1 **prŏba**, *ae*, f. (*probo*), épreuve, essai : Amm. 21, 16, 21.

2 **Prŏba**, *ae*, f., nom de femme : CIL 6, 20638.

prŏbābĭlis, *e* (*probo*) ¶ **1** probable, vraisemblable : **ratio** Cic. *Off.* 1, 8, raison plausible ; **id conjectura probabile est** Cic. *Tusc.* 4, 2, la conjecture permet de le croire, cf. *Inv.* 1, 46 ; *Par.* 1 ; *Fin.* 5, 76 ; **probabilia sequi** Cic. *Tusc.* 2, 5, suivre les (s'en tenir aux) probabilités ¶ **2** digne d'approbation, louable, recommandable, estimable : **orator** Cic. *Brut.* 263, orateur estimable ; **ingenium probabile** Cic. *Brut.* 180, talent honorable ‖ **-lior** Cic. *de Or.* 2, 153.

prŏbābĭlĭtas, *ātis*, f. (*probabilis*), vraisemblance, probabilité : Cic. *Fin.* 3, 72 ; *Ac.* 2, 75.

prŏbābĭlĭtĕr, adv. (*probabilis*) ¶ **1** avec vraisemblance, probabilité : Cic. *Or.* 122 ; *Fin.* 3, 58 ¶ **2** de manière à mériter l'approbation, bien, honorablement : Gell. 9, 16, 6 ‖ **-lius** Cic. *Inv.* 2, 136.

Prŏbalinthŏs, f. (Προβάλινθος), ville d'Attique : Plin. 4, 24.

prŏbāmentum, *i*, n. (*probo*), preuve : Cod. Th. 13, 6, 10.

prŏbāta, *ōrum*, n. pl. (πρόβατα), brebis, menu bétail : Plin. 7, 16.

*****prŏbātē** [inus.], parfaitement à fond ‖ **-tissime** Cassiod. *Eccl.* 7, 7.

prŏbātĭcus, *a*, *um* (προβατικός), relatif aux troupeaux : **probatica piscina** Vulg. *Joh.* 5, 2, bassin où l'on purifiait les victimes destinées au sacrifice.

prŏbātĭo, *ōnis*, f. (*probo*) ¶ **1** épreuve, essai, examen : Varr. *R.* 1, 20, 1 ; Cic. *Off.* 1, 144 ¶ **2** approbation, assentiment : Cic. *Font.* 17 ¶ **3** adhésion de l'esprit à la vraisemblance, probabilité [phil.] : Cic. *Ac.* 2, 96 ¶ **4** preuve, argumentation : Quint. 5, 10, 8 ; 11, 3, 2 ‖ [rhét.] confirmation : Quint. 3, 9, 1.

prŏbātĭon, *ii*, n. (προβάτιον), ➤ *arnoglossa* : Ps. Apul. *Herb.* 1.

prŏbātīvus, *a*, *um* (*probo*), qui fait preuve, probant : Ps. Quint. *Decl.* 299.

prŏbātŏr, *ōris*, m. (*probo*), approbateur, celui qui approuve, qui loue : Cic. *Phil.* 2, 29 ; *Caecin.* 85.

prŏbātōrĭa, *ae*, f. (*probo*), certificat de capacité [donné par l'empereur] : Cod. Just. 12, 58, 2.

prŏbātus, *a*, *um*, part. de *probo*, [adj^t] ¶ **1** approuvé, estimé, excellent : **probatis-**

procedo

sima femina Cic. *Caecin.* 10, femme très considérée ; *probatissimi* Cic. *Off.* 122, les plus estimés ; *homines spectati et probati* Cic. *de Or.* 1, 124, les hommes qui jouissent de la considération et de l'estime ¶ **2** agréable, bienvenu (*alicui*, pour qqn) : Cic. *Tusc.* 3, 1 ; Marc. *Fam.* 4, 11, 1 ; *-tior* Liv. 27, 8, 6 ; *tissimus* - ; Cic. *Planc.* 27.

prŏbē, adv. (*probus*), bien, fort bien : *judicare* Cic. *Att.* 7, 3, 3, juger sainement ; *nosse* Cic. *Agr.* 1, 14, connaître parfaitement, cf. *Tusc.* 1, 88 ; *Or.* 30 ; *de Mario, probe* Cic. *Att.* 14, 8, 1, à propos de Marius, parfait ; *percutere* Pl. *Amp.* 162, rosser de la belle manière ‖ [dans le dialogue] : *probe* Ter. *Eun.* 773, bien ! fort bien ! ; *-issime* Ter. *Ad.* 419, à merveille !

prŏbeat, ▣. *prohibeo* ▶.

prŏbĕr, **bra**, **brum** (pro, cf. *fero*, δίφρος), [arch.] ➡ *probrosus* : Gell. 1, 5, 2 ; 9, 2, 9.
▶ *probrior* *Pl. *Most.* 408.

Prŏbĭānus, **a**, **um**, d'un certain Probus : *-ana purpura* Lampr. *Alex.* 40, pourpre probienne [ou alexandrine, découverte par le teinturier Probus].

prŏbĭbō, *ĭs*, *ĕre*, -, -, tr., boire à la santé de qqn : Gloss. 2, 420, 4.

prŏbĭtās, *ātis*, f. (1 *probus*), bonne qualité morale, honnêteté, loyauté, droiture, intégrité, honneur : Cic. *Planc.* 62 ; *Lae.* 29 ; *Fin.* 2, 58 ; 99.

prŏbĭtĕr, ▣. *probe* Varr. *Men.* 342.

prŏbĭtō, *ĭs*, *ĕre*, -, - (pro, bito), intr., aller en avant : Pacuv. *Tr.* 341.

prŏblēma, *ătis*, n. (πρόβλημα), problème, question à résoudre : Sen. *Contr.* 1, 3, 8 ; Suet. *Gram.* 4.
▶ gén. pl. *-torum* Gell. 2, 30, 11 ; 3, 6, 1 ; dat.-abl. *-tis* Gell. 19, 6, 1 ; Apul. *Apol.* 51.

prŏblēmătĭcus, **a**, **um** (προβληματικός), problématique ‖ *problematica*, n. pl., cas problématiques, titre d'un ouvrage de médecine : Cael.-Aur. *Chron.* 3, 3, 46.

prŏbō, *ās*, *āre*, *āvī*, *ātum* (1 *probus* ; fr. *prouver*), tr. ¶ **1** faire l'essai, éprouver, vérifier : *tus probatur candore* Plin. 12, 65, l'encens se reconnaît à la blancheur ; *censores villam publicam in campo Martio probaverunt* Liv. 4, 22, 7, les censeurs firent la reconnaissance d'un bâtiment public sur le champ de Mars ‖ *aliquem* Traj. d. Plin. 10, 30, 2, vérifier l'aptitude de qqn au service militaire ‖ [fig.] *vulgus amicitias utilitate probat* Ov. *Pont.* 2, 3, 8, la foule estime l'amitié d'après l'intérêt ¶ **2** reconnaître, agréer, trouver bon, approuver : *probata re* Caes. G. 7, 67, 1, la proposition étant approuvée [avec attrib.] *aliquem imperatorem* Caes. G. 7, 63, 6, agréer qqn comme général en chef ‖ priser, applaudir à : *virtutem alicujus* Caes. G. 4, 21, 7, apprécier le mérite de qqn ; *probandus* Cic. *Brut.* 193, qui mérite les applaudissements ; *quae non probantur in vulgus* Cic. *Par. pr.* 2, des idées qui n'ont pas le suffrage de la foule ‖ [avec inf.] trouver bon de : Caes. C. 1, 29, 1 ¶ **3** faire agréer, faire approuver (*aliquid alicui*, qqch. à qqn) : Cic. *Verr.* 4, 28 ; 4, 82 ‖ *eloquentiam meam populo probari velim* Cic. *Brut.* 184, pour mon éloquence je voudrais l'approbation du peuple ‖ *se probare alicui* Cic. *Fin.* 2, 81, se faire approuver de qqn [obtenir le suffrage de qqn, se faire estimer de qqn], cf. Cic. *Lig.* 2 ¶ **4** rendre croyable, faire accepter, prouver : *crimen* Cic. *Flac.* 93, accréditer une accusation ; *hoc difficile est probatu* Cic. *Tusc.* 5, 1, cela est difficile à prouver ; *se memorem probare* Planc. *Fam.* 10, 24, 1, démontrer sa reconnaissance ‖ *vulnus pro ictu gladiatoris probatur* Cic. *Mil.* 65, la blessure est reconnue pour le coup d'épée d'un gladiateur, cf. Cic. *Inv.* 1, 88 ; *aliquem pro aliquo probare* Cic. *Verr.* 5, 78, faire reconnaître [passer] qqn pour un autre, cf. Ter. *Eun.* 375 ‖ [abst] *alicui de aliqua re* Cic. *Att.* 16, 7, 4, donner à qqn la croyance d'une chose ‖ *(alicui) probare* [avec prop. inf.] prouver (à qqn) que : Cic. *Brut.* 195 ; *Inv.* 2, 19 ; *Att.* 14, 20, 4 ; *Fam.* 7, 26, 1 ; Caes. G. 1, 3, 6 ‖ [rhét., un des trois offices de l'orateur] prouver, convaincre : Cic. *de Or.* 2, 115 ; *Or.* 69 ‖ [avec ut subj.] : *qui (id) probari potest ut ?* Cic. *Tusc.* 3, 5 ; *Fin.* 2, 108, est-il admissible que... ?

prŏbŏlē, *ēs*, f. (προβολή), production, émanation : Tert. *Prax.* 8, 1.

prŏboscis, *ĭdis*, f. (προβοσκίς), museau, mufle : Varr. *Men.* 490 ‖ trompe [d'éléphant] : Plin. 8, 18 ; Flor. 1, 18, 9.

prŏbrăchys, acc. *yn*, m. (προβραχύς), pied composé d'une brève suivie de quatre longues : Diom. 481, 19.

prŏbrōsē, adv. (*probrosus*), ignomineusement, injurieusement : Gell. 17, 21, 31.

prŏbrōsĭtās, *ātis*, f., turpitude, infamie : Salv. *Gub.* 3, 9, 46.

prŏbrōsus, **a**, **um** (*probrum*) ¶ **1** infâme, déshonoré : *probrosa femina* Suet. *Dom.* 8, femme perdue, opprobre, cf. Tac. *An.* 3, 68 ¶ **2** [choses] infamant, déshonorant : Cic. *Font.* 37 ; *probrosa carmina* Tac. *An.* 14, 48, vers satiriques, injurieux, diffamatoires, cf. Tac. *An.* 2, 50 ‖ *-sior* Plin. 22, 15 ; *-issimus* Mamertin. *Julian.* (11), 19, 4.

prŏbrum, *i*, n. (*prober*) ¶ **1** action honteuse (infamante), turpitude : Cic. *Verr.* 3, 162 ; *de Or.* 2, 285 ‖ [en part.] adultère, inceste : Pl. *Amp.* 869 ; Cic. *Phil.* 2, 39 ¶ **2** honte, déshonneur, opprobre, infamie : Cic. *Amer* 48 ; *Cael.* 42 ¶ **3** insulte, injures, outrages : *probris vexare* Cic. *Flac.* 48, accabler d'outrages, cf. *Att.* 11, 9, 2.

1 prŏbus, **a**, **um** (*probh(w)os*, cf. *superbus, moribundus, fuam, fui*) ¶ **1** de bon aloi, de bonne qualité, bon : *probum navigium* Cic. *Ac.* 2, 100, un bon bateau ; *probum argentum* Liv. 32, 2, 2, argent de bon aloi ; *probum ingenium* Cic. *Off.* 1, 103, un bon naturel ¶ **2** [fig. moral¹] bon, probe, honnête, vertueux, intègre, loyal : *esset ex improbo parente probus filius* Cic. *Verr.* 3, 161, d'un père malhonnête serait sorti un fils honnête ; *probam orationem affingere improbo* Cic. *Or.* 74, prêter un langage vertueux à un homme sans vertu ‖ vertueux, chaste : Ter. *Ad.* 930 ; Cic. *Mil.* 9 ; Sall. *C.* 25, 2 ‖ *probior* Cic. *Att.* 10, 7, 1 ; *probissimus* Plin. *Ep.* 10, 94, 1.

2 Prŏbus, *i*, m., surnom d'homme : Suet. *Gram.* 24.

Prŏca, *ae*, m., ▣. *Procas* : Liv. 1, 3, 9 ; Ov. *M.* 14, 622 ; F. 6, 143.

prŏcācĭa, *ae*, f., ▣. *procacitas* : Aus. *Epist.* 22 (414), 1.

prŏcācĭtās, *ātis*, f. (*procax*), audace [en mauvaise part], hardiesse, effronterie, insolence : Cic. *Rep.* 4, 19 ‖ lasciveté, lubricité, sensualité : Col. 8, 2, 15.

prŏcācĭtĕr, adv. (*procax*), avec hardiesse, audacieusement, effrontément, insolemment : Curt. 8, 1, 32 ‖ *-ius* Liv. 28, 24, 8 ; Tac. *An.* 5, 4 ; *-issime* Curt. 8, 1, 34.

prŏcălō, *ās*, *āre*, -, -, tr., convoquer : P. Fest. 251, 25.

prŏcantātŏr, *ōris*, m., magicien : VL. 2 *Par.* 33, 6.

prŏcăpis, *is*, f. (douteux), descendance : P. Fest. 251, 18.

Prŏcās, *ae*, m., roi d'Albe, grand-père de Romulus et de Rémus : Virg. *En.* 6, 767 ‖ ▣. *Proca*.

prōcastrĭa, ▣. *procestria* Gloss. 2, 381, 13.

prōcătălepsis, *is*, f. (προκατάληψις), préoccupation [rhét.] : Isid. 2, 21, 27.

prōcătarctĭcus, **a**, **um**, qui précède, procatarctique : Cael.-Aur. *Acut.* 1, 1, 27.

prōcătĭo, *ōnis*, f. (*proco*), demande en mariage : Apul. *Apol.* 72.

prŏcax, *ācis* (*proco*), qui demande effrontément ; effronté, impudent : *procacior* Pl. *Truc.* 153 ; Cic. *Cael.* 49 ; *in lacessendo* Cic. *Fam.* 7, 13, 2, agresseur insolent ; *otii* Tac. *An.* 13, 46, sans frein dans la vie privée ; *moribus* Tac. *H.* 3, 62, d'un caractère impudent ‖ *Auster* Virg. *En.* 1, 536, vent déchaîné ; *procacibus bracchiis* Plin. 14, 10, [la vigne entourant] de ses bras hardis (de ses pousses insolentes) ‖ *-cior* Mart. 5, 2, 2 ; *-issimus* Tac. *H.* 2, 87.

prōcēdō, *ĭs*, *ĕre*, *cessī*, *cessum* ¶ **1** aller en avant, s'avancer : *extra munitiones* Caes. G. 5, 44, 4, s'avancer hors du retranchement ; *in medium* Cic. *Verr.* 5, 94, s'avancer au dehors, en public ; *e tabernaculo in solem* Cic. *Brut.* 37, sortir d'une tente pour aller au soleil ; *castris* Virg. *En.* 12, 169, sortir du camp ; *lente atque paulatim proceditur* Caes. C. 1, 80, 1, on s'avance lentement et progressivement ; *centum et viginti stadia procedere* Cic. *Fam.* 16, 9, 1, s'avancer de cent

procedo

vingt stades, cf. Att. 6, 5, 1 ; 3, 12, 3 ; *manu missa, quae tantum progrediatur quantum naves processissent* Caes. G. 7, 61, 5, ayant envoyé une troupe avec la consigne de régler sa marche sur la progression des navires ‖ [fig.] s'avancer, se présenter : *altera jam pagella procedit* Cic. Fam. 11, 25, 2, me voici déjà à ma seconde page ; *haec tibi laudatio procedat in numerum* ? Cic. Verr. 4, 20, pour toi cette déposition élogieuse se présenterait à point (arrangerait tes affaires) ? ¶ **2** [fig.] s'avancer : *dies procedens* Cic. Tusc. 3, 53, le jour s'avançant ; *quanto amplius processerat temporis, tanto* Caes. C. 3, 25, 2, plus il s'était écoulé de temps, plus ; *si aetate processerit* Cic. Phil. 5, 50, s'il avance en âge ‖ continuer, se prolonger : *stationes procedunt* Liv. 5, 48, 7, le service de garde continue ; *alicui stipendia procedunt* Liv. 25, 5, 8, les années de service marchent (comptent) pour qqn, cf. Liv. 5, 7, 12 ; 23, 21, 2 ¶ **3** aller en avant, faire des progrès : *honoribus longius* Cic. Brut. 180, aller plus avant dans la carrière des magistratures ; *in virtute multum* Cic. Fin. 4, 65, faire de grands progrès dans la vertu, cf. Cic. Fin. 3, 6 ; *perspicuum est, quo ciborum conditiones processerint* Cic. Nat. 2, 146, on voit clairement jusqu'où s'est avancé l'art d'assaisonner les plats ; *eo vecordiae processit, ut* Sall. J. 5, 2, il en vint à ce point de démence, que ; *eo ira processit, ut* Liv. 9, 26, 3, la colère se déchaîna à un point que ¶ **4** avoir telle ou telle issue, tel ou tel succès : *intellegunt non numquam summis oratoribus non satis ex sententia eventum dicendi procedere* Cic. de Or. 1, 123, ils se rendent compte que parfois les plus éminents orateurs n'ont pas pour leurs discours le succès qu'ils attendent ; *quasi ei pulcherrime priora maledicta processerint* Cic. Phil. 13, 40, comme si les injures précédentes lui avaient très bien réussi ; *ut omnia prospere procedant* Cic. Fam. 12, 9, 2, pour que tout marche bien, ait une heureuse issue ‖ [abs[t]] *si bene processit* Cic. Verr. 3, 227, si les choses ont bien marché ‖ [en part.] avoir un bon succès, réussir : *si Adranodoro consilia processissent* Liv. 24, 26, 5, si les projets d'Adranodore réussissaient, cf. Tac. An. 15, 60 ; *mea bene facta rei publicae procedunt* Sall. J. 85, 5, mes services sont utiles à l'État ¶ **5** [chrét.] venir de, procéder de : *a Patre procedit* Hil. Trin. 8, 19, (le Fils) procède du Père.

▶ part. passif : *in processa aetate* Scrib. 100, " dans un âge avancé ".

prōcĕleusmătĭcus (**prŏcĕleuma-**), *i*, m. (προκελευσματικός), procéleusmatique, pied de quatre brèves : Diom. 513, 10 ; Serv. En. 1, 16.

prōcella, ae, f. (cf. procello, clades) ¶ **1** orage, bourrasque, ouragan : Pl. Trin. 836 ; Cic. Nat. 3, 51 ; *validi venti conlecta procella* Lucr. 6, 124, de forts vents en bourrasque ; *creber procellis Africus* Virg. En. 1, 85, l'Africus fertile en orages ; *ingentibus procellis fusus imber* Liv. 6, 8, 7, la pluie tombant en violentes bourrasques ¶ **2** [fig.] **a)** *procellae invidiarum* Cic. Clu. 153, les orages de la haine ; *tu, procella patriae* Cic. Dom. 137, toi, l'ouragan dévastateur de la patrie ; *procellam temporis devitare* Cic. Verr. prim. 8, esquiver une date grosse d'orage ; *seditionum procellae* Liv. 28, 25, 8, les orages de la sédition **b)** *equestrem procellam excitare* Liv. 30, 18, 4, déchaîner une trombe de cavalerie, une charge en trombe, cf. 29, 2, 11 ; Tac. H. 3, 53 ; *eloquentiae procellam effundere* Quint. 11, 3, 158, déchaîner l'ouragan de son éloquence.

prōcellō, *is*, *ĕre*, *culī* et *culsī*, - (cf. procella, percello), tr. ¶ **1** porter en avant : *se* Pl. Mil. 762, se jeter en avant, s'allonger ¶ **2** renverser : Gloss. 5, 476, 2 ‖ frapper : Gloss. 5, 476, 3 ‖ immoler : Gloss. 4, 380, 33.

▶ P. Fest. 251, 13 signale un emploi intransitif : *procellunt = procumbunt*.

prōcellōsē, adv., à la façon d'une tempête : Aug. Conf. 13, 20.

prōcellōsus, *a*, *um* (procella), orageux : Liv. 40, 2, 1 ; Col. 9, 4, 1 ‖ qui amène des orages, orageux : Ov. H. 2, 12.

prŏcĕr, V. proceres.

Prŏcĕrastis, *is*, f., ville de Bithynie [c. Chalcedon] : Plin. 5, 149.

*****prōcĕrē** [inus.] adv. (procerus), en longueur, avec étendue ‖ compar., -*rius* Cic. de Or. 3, 220, trop en avant.

prōcĕrēs, *um*, m. pl. (cf. Ceres, cresco), personnages éminents, les premiers citoyens, les nobles, les grands : Cic. Fam. 13, 15, 1 ; *proceres tuorum castrorum* Luc. 7, 69, (nous) les grands qui appartenons à ton camp ‖ les maîtres [dans un art] : Plin. 29, 26 ; *sapientiae* Plin. 7, 112, les maîtres en sagesse ‖ [rar[t] au sg.] *agnosco procerem* Juv. 8, 26, je te reconnais pour noble.

▶ d'après la glose de Fest. 290, 21 (*procum patricium, in discriptione classium, quam fecit Ser. Tullius significat procerum*) et d'après le passage de Cic. Or. 156 (*centuriam fabrum et procum ut censoriae tabulae loquuntur, audeo dicere, non fabrorum et procorum*), il semble que dans l'ancienne langue il y ait un mot *procus* synonyme de *procer* et différent de *procus*, " prétendant ".

prōcĕrĭtās, *ātis*, f. (procerus) ¶ **1** allongement, longueur, forme allongée : Cic. Nat. 2, 122 ; Plin. 8, 39 ¶ **2** haute taille : Cic. Cael. 36 ; Plin. Ep. 1, 10, 6 ; Tac. An. 12, 44 ‖ hauteur, taille [des végétaux] : Cic. CM 59, [pl.] ; Tac. H. 5, 6 ; Plin. 17, 27 ¶ **3** [gram.] longueur [d'une syllabe] : Cic. Or. 212.

prōcĕrĭtūdo, *ĭnis*, f. (procerus), taille élevée : Solin. 1, 87.

prōcĕrŭlus, *a*, *um*, un peu allongé : Apul. Flor. 15.

prōcĕrus, *a*, *um* (cf. proceres, sincerus), allongé, long, haut, grand : *procerum collum* Cic. Brut. 313, cou long ; *procerum corpus* Plin. Ep. 4, 9, 22, taille élevée ; *procero rostro* Cic. Nat. 1, 101, avec un bec allongé ; *procerissimae populi* Cic. Leg. 1, 15, très hauts peupliers ‖ [métr.] long : *procerae syllabae* Varr. d. Diom. 428, 22, syllabes longues ; *anapaestus procerior numerus* Cic. de Or. 3, 185, l'anapeste, pied plus grave, plus majestueux.

prōcessī, parf. de procedo.

prōcessĭo, *ōnis*, f. (procedo), action de s'avancer, d'aller en avant : Cic. Pomp. 24 ‖ sortie solennelle : Capit. Pert. 11, 3 ‖ procession : Sidon. Ep. 5, 17, 3 ‖ [chrét.] procession, émanation : Aug. Ev. Joh. 42, 8 [du Fils].

prōcessŏr, *ōris*, m., devancier : VL. Gal. 1, 1, 7.

1 **prōcessus**, *a*, *um*, V. procedo.

2 **prōcessŭs**, *ūs*, m. ¶ **1** action de s'avancer, progression, progrès : [au pr.] *in processu* Sen. Ben. 3, 29, 4, dans sa marche en avant, en suivant son cours [fleuve] ; [fig.] *processus efficere* Cic. Brut. 272, faire des progrès, cf. Cic. Brut. 232 ¶ **2** progrès heureux, succès : Sen. Tranq. 2, 11 ; Polyb. 9, 4.

prōcestrĭa, *ōrum*, n. pl. (pro castris), construction avancée : P. Fest. 252, 5 ‖ **prōcastrĭa**, n. pl., Gloss. 2, 381, 13, bassin construit devant le camp, cf. Exc. Char. 550, 12.

prŏchīrĭum, *ĭi*, n. (προχείριον), sacoche qu'on tient à la main : Cassian. Coll. 19, 4, 2.

Prŏchŏrus, *i*, m. (Πρόχορος), nom d'un martyr d'Antioche : Vulg. Act. 6, 5.

prŏchŏs agrĭŏs (πρόχος ἄγριος), saxifrage [plante] : Ps. Apul. Herb. 97.

Prŏchўta, ae (-tē, ēs, Ov. M. 14, 89), f., Prochyta [petite île dans le golfe de Naples, auj. Procida] : Plin. 2, 203 ; Virg. En. 9, 715 ‖ nourrice d'Énée : Plin. 3, 82.

prōcĭdentĭa, ae, f. (procido), [méd.] providence, chute (déplacement) de quelque organe : Plin. 23, 161 ; 26, 90 ‖ [gram.] antiptose, emploi d'un cas pour un autre : Prisc. 3, 183, 23.

prōcĭdō, *is*, *ĕre*, *cĭdī*, - (pro, cado), intr., tomber en avant, s'écrouler : Liv. 26, 39, 16 ; 31, 46, 15 ; *ad pedes alicujus* Hor. Epo. 17, 13, se jeter aux pieds de qqn ‖ [en parl. des organes] tomber, se déplacer : Cels. 6, 6, 8 ; Plin. 23, 103 ; 24, 110 ; V. procidentia.

prōcĭdŭus, *a*, *um* (procido), tombé en avant : Plin. 16, 133 ‖ qui descend, déplacé [en parl. d'un organe] : Plin. 21, 151.

prōcĭĕō, *ēs*, *ēre*, -, *cĭtum*, tr., appeler, faire sortir : Andr. d. P. Fest. 252, 4 ; Fest. 251, 23.

Prŏcīlĭus, *ĭi*, m., nom d'homme : Cic. Att. 2, 2, 2 ; 4, 16, 5.

Prŏcilla, *ae*, f., mère d'Agricola : Tac. *Agr.* 1.

Prōcina, v.▶ Procne Pl. *Ru.* 604.

prōcinctŭālis, *e*, de soldat prêt à combattre : Cassiod. *Var.* 6, 22.

1 prŏcinctus, *a*, *um* (*procingo*), qui est tout prêt : Gell. 1, 11, 3.

2 prōcinctŭs, *ūs*, m., [seulement à l'acc. et à l'abl.] ¶ **1** tenue du soldat équipé et prêt à combattre : ***in procinctu habere*** Tac. *H.* 3, 2, tenir sous les armes, tenir en état d'alerte ; ***testamentum in procinctu*** Cic. *de Or.* 1, 228, testament fait sur le champ de bataille ¶ **2** expédition [militaire] : Amm. 15, 4, 1 ‖ combat, engagement : Amm. 17, 9, 1 ¶ **3** [fig.] ***in procinctu habere*** Quint. 10, 1, 2 ; Sen. *Clem.* 1, 1, 4, avoir sous la main, tenir prêt.

prōcingo, *ĕre*, v.▶ 1 procinctus.

prōcĭtō, *ās*, *āre*, -, - (*procieo*), tr., appeler dehors, faire sortir : P. Fest. 251, 22.

prōcītus, *a*, *um*, part. de *procieo* pris adj[t], ***procitum testamentum*** P. Fest. 252, 1, testament obtenu par captation et par suite nul et sans effet.

prōclāmātĭo, *ōnis*, f. (*proclamo*), cris violents, cris de douleur : Ps. Quint *Decl.* 8, 21 ‖ ***ad libertatem*** Dig. 40, 12, 25, action de réclamer la liberté, recours d'un esclave au juge.

prōclāmātŏr, *ōris*, m., criailleur, criard : *Cic. *de Or.* 1, 202.

prōclāmō, *ās*, *āre*, *āvī*, *ātum*, intr., crier fortement, pousser de grands cris : Cic. *Verr.* 5, 108 ‖ [avec prop. inf.] crier que : Liv. 1, 26, 9 ‖ protester, réclamer à haute voix : Liv. 22, 26, 2 ; ***ad, in libertatem*** Dig. 40, 12, 42, réclamer la liberté [juridiquement].

Prŏclēs, *is*, m. (Προκλῆς), roi de Lacédémone : Cic. *Div.* 2, 90.

prōclīnātĭo, *ōnis*, f. (*proclino*), creux, pente, déclivité : Vitr. 5, 12, 4.

prōclīnō, *ās*, *āre*, *āvī*, *ātum*, tr., faire pencher en avant, incliner : Ov. *Am.* 2, 11, 39 ‖ [fig.] ***res proclinata*** Caes. *G.* 7, 42, 2, affaire qui penche vers son dénouement, cf. Caes. d. Cic. *Att.* 10, 8 b, 1.

prōclīnus, *a*, *um*, courbé en avant : Greg.-Tur. *Mart.* 3, 14.

1 prōclīvĕ, n. pris adv[t], Lucr 2, 455 et **proclīvī**, adv., en pente, en descendant [d'où] très vite : Cic. *Tusc.* 4, 42 ‖ ***labi proclivius*** Cic. *Or.* 191, avoir une cadence trop précipitée.

2 prōclīvĕ, *is*, n., v.▶ proclivis.

prōclīvis, *e* (*proclino, clivus*) ¶ **1** penchant, qui penche, incliné : ***proclive solum*** Varr. *R.* 2, 2, 7, terrain en pente ‖ n., ***proclive*** B.-Alex. 76 ; Col. 9, 5, 1, pente ¶ **2** [fig.] ***a)*** prédisposé, sujet à, enclin : ***natura ad morbum proclivior*** Cic. *Tusc.* 4, 81, tempérament plutôt maladif, cf. *Lae.* 66 ; ***ad perturbationes*** Cic. *Tusc.* 4, 28, sujet à des passions ; ***sceleri*** Sil. 13, 855, enclin au crime ***b)*** facile, aisé à faire : Cic. *Top.* 69 ; *Part.* 95 ; *Rep.* 2, 17 ; ***res proclivior alicui*** Cic. *Fam.* 6, 10, 6, chose plus facile pour qqn ; ***dictu est proclive*** Cic. *Off.* 2, 69, il est facile à dire ; ***in proclivi esse alicui*** Pl. *Capr.* 336, être facile pour qqn, cf. Ter. *And.* 701 ; ***alicui est proclive*** [avec inf.] Caes. *C.* 1, 48, 7, il est facile pour qqn de, cf. Nep. *Timoth.* 3, 4.

prōclīvĭtās, *ātis*, f. (*proclivis*), pente, descente : B.-Afr. 37 ‖ tendance, disposition, penchant naturel [surtout en mauvaise part] : Cic. *Tusc.* 4, 27-28.

prōclīvĭtĕr, adv. (*proclivis*), [rar[t] au positif] facilement : Gell. 1, 6, 6 ‖ ***-clivius***, v.▶ 1 proclive.

prōclīvus, c.▶ proclivis Pl. *Mil.* 10, 18 ; Varr. *R.* 2, 2, 7 ; Catul. 64, 270.

prōclūdō, *ĭs*, *ĕre*, -, - (*pro, claudo*), tr., enfermer : Pall. 3, 26, 4.

Prŏclus, *i*, m. (Πρόκλος), nom d'homme : CIL 6, 12165.

Procnē (-gnē), *ēs*, f. (Πρόκνη) ¶ **1** Procné [fille de Pandion, changée en hirondelle] : Ov. *M.* 6, 440 ‖ [poét.] une hirondelle : Virg. *G.* 4, 15 ¶ **2** île voisine de Rhodes : Plin. 5, 133.

Prŏcnēsus, sync. de *Proconnesus*, Val.-Flac. 3, 34.

prōcō, *ās*, *āre*, -, - (*procus*), tr., demander : Cic. *Rep.* 4, 6 ; Varr. *L.* 7, 80 ; P. Fest 251, 11 ‖ v.▶ procor.

prōcoetōn, *ōnis*, m. (προκοιτών), antichambre : Plin. *Ep.* 2, 17, 10.

prōcōmĭum, c.▶ protocomium.

Prōconnēsus (-sos), *i*, f. (Προκόννησος), île de la Propontide : Plin. 5, 151 ‖ ***-nensis***, *e*, Solin. 37, 7, de Proconèse et ***-nēsius***, *a*, *um*, Plin. 7, 49 ; 36, 47.

prōconsŭl, *ŭlis*, m. (*pro consule*), proconsul [magistrat qui gouverne une province au sortir du consulat, ou délégué dans cette charge, cf. Cic. *Leg.* 1, 53] : Cic. *Div.* 2, 76 ‖ proconsul [gouverneur d'une province proconsulaire, sous les empereurs] : Suet. *Aug.* 47.

prōconsŭlāris, *e* (*proconsul*), de proconsul, proconsulaire : Tac. *An.* 13, 21 ; Gell. 5, 14, 17 ; ***proconsularis imago*** Liv. 5, 2, 9, fantôme de consulat [tribunat consulaire].

prōconsŭlātŭs, *ūs*, m. (*proconsul*), proconsulat : Plin. 14, 144 ; Tac. *An.* 16, 23.

Prŏcōpĭus, *ii*, m. (Προκόπιος), Procope [usurpateur à Constantinople, sous Valens] : Amm. 26, 6, 1 ‖ ***-ĭānus***, *a*, *um*, de Procope : Jord. *Rom.* 308.

prŏcŏr, *āris*, *ārī*, -, tr., c.▶ proco : Sen. *Nat.* 4 pr. 5.

prōcrāstĭnātĭo, *ōnis*, f. (*procrastino*), ajournement, remise, délai : Cic. *Phil.* 6, 7.

prōcrāstĭnō, *ās*, *āre*, -, - (*pro, crastinus*), tr., ***rem*** Cic. *Amer.* 26, remettre une affaire au lendemain ‖ [abs[t]] remettre au lendemain : Cic. *Verr.* 1, 141 ; 5, 102.

prōcrĕābĭlis, *e* (*procreo*), fait pour la reproduction [de l'espèce] : Cassiod. *Var.* 2, 10.

prōcrĕātĭo, *ōnis*, f. (*procreo*), procréation : Cic. *Tusc.* 1, 31 ; *Div.* 2, 96 ; *Nat.* 2, 85 ‖ progéniture : Vitr. 2, 9, 1 ‖ production, fruit : Aug. *Serm.* 4 Mai.

prōcrĕātŏr, *ōris*, m. (*procreo*), créateur : ***mundi*** Cic. *Tim.* 26, le créateur du monde ; ***procreatores*** Cic. *Fin.* 4, 17, les parents.

prōcrĕātrix, *īcis*, f., mère [fig.] : Cic. *de Or.* 1, 9.

prōcrĕō, *ās*, *āre*, *āvī*, *ātum*, tr., procréer, engendrer, produire : Cic. *Rep.* 2, 34 ; *Nat.* 2, 128 ; *Leg.* 2, 4 ‖ produire, créer : Lucr. 2, 880 ‖ [fig.] causer, faire naître, déterminer, produire : Cic. *Leg.* 3, 19 ; Macr. *Sat.* 3, 17, 10.

prōcrēscō, *ĭs*, *ĕre*, -, -, intr., croître, grandir : Lucr. 1, 715 ‖ [fig.] s'accroître, augmenter : Lucr. 6, 664.

Prŏcris, *is* ou *ĭdis*, f. (Πρόκρις), fille d'Érechthée, tuée par mégarde à la chasse par Céphale, son époux : Virg. *En.* 6, 445 ; Ov. *M.* 7, 707.

Prŏcrustēs, *ae*, m. (Προκρούστης), Procruste ou Procuste, brigand de l'Attique, tué par Thésée : Ov. *M.* 7, 438 ; Sen. *Clem.* 2, 4, 1.

prōcŭbĭtŏr, *ōris*, m., sentinelle : Cat. d. Fest. 300, 2.

prōcŭbō, *ās*, *āre*, -, -, intr., être couché à terre : Claud. *Prob.* 119 ‖ [fig.] se projeter [en parl. de l'ombre], s'étendre : Virg. *G.* 3, 145 ‖ v.▶ procumbo.

prōcŭbŭī, parf. de procumbo.

prōcŭbus, *a*, *um*, couché la face contre terre : Cypr.-Gall. *Exod.* 711.

prōcŭcurrī, un des parf. de procurro.

prōcūdō, *ĭs*, *ĕre*, *cūdī*, *cūsum*, tr. ¶ **1** travailler au marteau, forger : ***enses*** Hor. *O.* 4, 15, 19, forger des épées ¶ **2** [fig.] ***a)*** former, produire, engendrer : Lucr. 2, 1115 ; 5, 856 ***b)*** façonner : ***linguam*** Cic. *de Or.* 3, 121, façonner, aiguiser sa langue ***c)*** forger, inventer : Pl. *Ps.* 614 ; Lucr. 3, 1081.

prŏcŭl, adv. (*pro-*, cf. τῆλε, πάλαι, bret. *pell*), loin.

I ¶ **1** au loin [mouv[t]] : ***arbitris procul amotis*** Sall. *C.* 20, 1, ayant écarté au loin tout témoin ‖ [fig.] Cic. *Lae.* 89 ; ***procul errare*** Sall. *J.* 85, 38, errer au loin, faire une grande erreur ¶ **2** de loin : ***procul tela conjicere*** Caes. *G.* 5, 34, 3, jeter de loin des traits, cf. *de Or.* 2, 153 ¶ **3** dans un endroit lointain, au loin [sans mouv[t]] : Cic. *Cat.* 2, 29 ; *de Or.* 1, 179 ‖ [fig.] ***aliquid procul habere*** Tac. *An.* 1, 1, tenir qqch. loin de soi.

procul

II constr. ¶**1** [avec *a, ab*] [pr. et fig.] *procul a terra abripere* Cic. *de Or.* 3, 145, emporter loin de la terre ; *esse procul a conspectu* Cic. *Agr.* 2, 87, être loin de la vue ; *procul ab omni metu* Cic. *Tusc.* 5, 41, loin de toute crainte ¶**2** [avec abl.] [pr. et fig.] *patria procul* Enn. d. Cic. *Fam.* 7, 6, 1, loin de la patrie ; *procul urbe, oppido* Ov. *Pont.* 1, 5, 73 ; Liv. 3, 22, 4, loin de la ville ; *haud procul Scytharum gente* Curt. 4, 6, 3, non loin de la nation scythe ; *procul negotiis* Hor. *Epo.* 2, 1, loin des affaires ; *procul dubio* Liv. 39, 40, 10, sans aucun doute ¶**3** *haud procul est, quin* Liv. 1, 5, 6, il s'en faut de peu que [ou] *haud procul abest quin* Liv. 5, 4, 14 ; 25, 1, 10.

Prŏcŭla, *ae*, f., nom de la femme du poète Codrus : Juv. 2, 68 ; 3, 203.

prōculcātĭo, *ōnis*, f., action de marcher sur : Plin. 8, 68 ‖ [fig.] renversement : Sen. *Tranq.* 11, 9.

prōculcātŏr, *ōris*, m. (*proculco*), guide, éclaireur : Amm. 27, 10, 10 ; Bu Njem 1 ; 7.

prōculcātus, *a, um*, part. de *proculco*.

prōculcō, *ās, āre, āvī, ātum* (*pro, calco*), tr., fouler avec les pieds, piétiner, écraser : Liv. 10, 36, 5 ; Col. 12, 19, 3 ; Ov. *M.* 12, 374 ‖ fouler aux pieds, mépriser, dédaigner : Tac. *H.* 1, 40 ; Suet. *Vesp.* 5.

Prŏcŭlēĭa, *ae*, f., nom de femme : Mart. 10, 61.

Prŏcŭlēĭānus, *i*, ▶ 2 *Proculus*.

Prŏcŭlēĭus, *i*, m., nom d'homme : Hor. *O.* 2, 2, 5.

Prŏcŭlīna, *ae*, f., nom de femme : Mart. 6, 22.

prŏcŭlĭunt (cf. *procello* ?), ▶ *promittunt* : Fest. 298, 21.

1 prŏcŭlus, *a, um* (*procul*), né pendant l'absence de son père, loin de son père : P. Fest. 251, 14 ‖ étendu en longueur, en long : Dosith. 7, 395, 1.

2 Prŏcŭlus, *i*, m. ¶**1** Proculus Julius, qui, après la mort de Romulus, affirma qu'il lui était apparu sur la colline, appelée plus tard le mont Quirinal : Cic. *Rep.* 2, 20 ¶**2** célèbre jurisconsulte, préfet du prétoire, sous Othon : Pomp. *Dig.* 1, 2, 2, 52 ‖ **-liāni (-lēiāni)**, *ōrum*, m. pl., disciples de Proculus : Dig. 37, 14, 17 ¶**3** Eutychius Proculus, grammairien maître de Marc Aurèle : Capit. *Aur.* 2, 3.

prōcumbō, *ĭs, ĕre, cŭbŭī, cŭbĭtum*, intr. ¶**1** se pencher en avant [rameurs] : Virg. *En.* 5, 197 ‖ *ut tigna secundum naturam fluminis procumberent* Caes. *G.* 4, 17, 4, en sorte que les pilotis fussent inclinés dans le sens du courant ; *planities procumbit* Curt. 5, 4, 6, une plaine s'étend en pente, cf. Plin. 4, 45 ¶**2** se prosterner : *ad pedes alicui* Caes. *G.* 7, 15, 4, se prosterner aux pieds de qqn, cf. Liv. 29, 16, 6 ‖ se coucher à terre : Caes. *G.* 6, 27, 2 ¶**3** tomber à terre : *qui vulneribus confecti procubuerant* Caes. *G.* 2, 27, 1, ceux qui accablés de blessures étaient tombés à terre ; *dextra alicujus procumbere* Virg. *En.* 2, 424, tomber sous les coups de qqn ‖ tomber, succomber : Tac. *An.* 1, 59 ; H. 4, 17 ‖ *frumenta imbribus procubuerant* Caes. *G.* 6, 43, 2, les récoltes avaient été couchées par les pluies ‖ [en parl. de maison] s'écrouler : Ov. *Pont.* 1, 9, 14 ; Quint. 2, 16, 6 ; Plin. *Pan.* 50, 3 ‖ [fig.] Ov. *Tr.* 3, 4, 2 ¶**4** [fig.] tomber dans, s'abaisser à : *in voluptates* Sen. *Ep.* 18, 3, se vautrer dans les plaisirs.

prōcŭpīdo, *ĭnis*, f., amour anticipé : Minuc. 26, 12.

prōcūrātĭo, *ōnis*, f. (*procuro*) ¶**1** action d'administrer, de régir, administration, direction gestion : Cic. *Ac.* 1, 11 ; *Fam.* 15, 3, 3 ; *annonae* Cic. *Att.* 4, 1, 6, charge de l'approvisionnement en blé ‖ mandat général de gérer les affaires d'autrui : *(procurator) is, cui omnium rerum generaliter procuratio mandata sit* Fragm. Vat. 133, (le procurateur) est celui à qui la gestion de toutes les affaires a été confiée par mandat ¶**2** soin, souci de : Gell. 17, 5, 4 ¶**3** cérémonie expiatoire, expiation : Cic. *Div.* 1, 101 ; Liv. 7, 6 ; Tac. *An.* 12, 8.

prōcūrātĭuncŭla, *ae*, f. (dim. de *procuratio*), petit emploi : Sen. *Ep.* 31, 9.

prōcūrātŏr (prō-), *ōris*, m. ¶**1** celui qui a soin pour un autre, qui administre, administrateur, intendant, mandataire : Cic. *Caecin.* 57 ; *Brut.* 17 ; *de Or.* 1, 249 ¶**2** procurateur [gouverneur ou administrateur d'une province, fonctionnaire chargé des revenus de l'empire, de rang équestre] : Tac. *H.* 1, 2 ‖ procureur [chargé de conduire une action de justice] : Gai. *Inst.* 4, 84 ; Inst. Just. 1, 6, 5.

prōcūrātōrĭus, *a, um* (*procurator*), qui concerne un chargé d'affaires, ou un procurateur impérial : Ulp. *Dig.* 3, 3, 31.

prōcūrātrīx, *īcis*, f. (*procuro*), celle qui a soin de, surveillante [fig.] : Cic. *Fin.* 4, 17.

prōcūrātus, *a, um*, part. de *procuro*.

prōcūrō, *ās, āre, āvī, ātum* (*pro, curo*), tr. ¶**1** donner ses soins à, s'occuper de : *sacrificia publica* Caes. *G.* 6, 13, 4, s'occuper des sacrifices publics ; *sacra* Nep. *Them.* 2, 8, s'occuper du culte ; *pueros* Pl. *Poen.* 28, donner ses soins aux enfants ; *corpus* Virg. *En.* 9, 158, soigner son corps, réparer ses forces ¶**2** s'occuper de [à la place d'un autre] : *negotia alicujus* Cic. *Fam.* 12, 24, 3, être l'homme d'affaires de qqn ; *hereditatem* Cic. *Att.* 6, 9, 2, s'occuper pour qqn d'un héritage ‖ [absᵗ] **a)** *procurare in Hispania* Plin. *Ep.* 3, 5, 17, être procurateur en Espagne **b)** *procurare patri* Dig. 32, 34, 1, être administrateur des biens pour son père ¶**3** faire un sacrifice de purification et d'expiation à la suite d'un prodige, expier, conjurer : *monstra* Cic. *Div.* 1, 3, détourner l'effet des prodiges, cf. Cic. *Div.* 2, 130 ; Liv. 26, 6, 14 ; 26, 23, 6 ‖ [absᵗ] *Jovi hostiis majoribus* S. C. d., Gell. 4, 6, 2, offrir à Jupiter en expiation des victimes adultes ‖ [impers.] *procuratum est* Liv. 40, 2, 4, on fit des sacrifices expiatoires.

prōcurrō, *ĭs, ĕre, cŭcurrī* et *currī, cursum*, intr. ¶**1** courir en avant : *infestis pilis* Caes. *C.* 3, 93, 1, s'élancer au pas de course avec les javelots tournés contre l'ennemi ; *ad repellendum hostem* Caes. *C.* 2, 8, 2, s'élancer au dehors pour repousser l'ennemi ‖ [fig.] courir plus loin : Her. 4, 60 ‖ [fig.] *procurrens pecunia* Sen. *Ep.* 101, 4, l'argent accourant, affluant ¶**2** [en parl. de lieux] s'avancer, faire saillie : *saxis in procurrentibus haerere* Virg. *En.* 5, 204, échouer contre des rochers saillants ; *terra procurrit in aequor* Ov. *F.* 4, 419, la terre s'avance dans la mer.

prōcursātĭo, *ōnis*, f. (*procurso*), combat d'avant-garde, escarmouche : Liv. 42, 64, 6.

prōcursātōrēs, *um*, m. pl., soldats d'avant-garde, troupe qui escarmouche : Liv. 42, 64, 6.

prōcursĭo, *ōnis*, f. (*procurro*), action de s'avancer, pas faits en avant : Quint. 11, 3, 125 ‖ [fig.] digression : Quint. 4, 3, 9.

prōcursō, *ās, āre*, -, - (fréq. de *procurro*), intr., courir en avant [pour attaquer], escarmoucher : Liv. 27, 2, 11 ; Plin. 8, 15.

prōcursŏr, *ōris*, m., éclaireur : VL. *Num.* 13, 21.

prōcursŭs, *ūs*, m. (*procurro*) ¶**1** course en avant [d'une armée], marche rapide, vive attaque : Liv. 22, 41, 1 ‖ course [en gén.] : Stat. *Th.* 4, 787 ¶**2** saillie, avance : Plin. 5, 62 ¶**3** [fig.] explosion [de colère] : Val.-Max. 7, 3, 6 ‖ manifestation [de la vertu] : Val.-Max. 3, 2, init.

prōcurvō, *ās, āre*, -, -, tr., courber en avant : Stat. *Th.* 6, 852.

prōcurvus, *a, um*, courbé, recourbé : Virg. *En.* 5, 765.

1 prŏcus, *i*, m. (*prex, procax*), celui qui recherche une femme en mariage, prétendant, amant : Cic. *Brut.* 330 ; *Or.* 156 ; Virg. *En.* 12, 27 ; Fest. 290, 23.

2 prŏcus, ▶ *procerus* Fest. 290, 21.

Prŏcūsae, *ārum*, f. pl. (Προκοῦσαι), île de la mer Égée, en face d'Éphèse : Plin. 5, 137.

Prŏcustes, ▶ *Procrustes*.

Prŏcўōn, *ōnis*, m. (Προκύων), nom d'une constellation, autrement dite *Antecanis* : Cic. *Nat.* 2, 144.

prōdactus, *a, um*, part. de *prodigo*.

prōdĕ, adj. inv. (de *prodest*, cf. *pote est*), fr. *prou, preux, prud'homme*), profitable : *prode est* Gloss. 5, 137, 26.

prōdĕambŭlō, *ās, āre*, -, -, intr., sortir pour se promener : Ter. *Ad.* 766.

prōdĕcessŏr, *ōris*, m., prédécesseur dans une charge: SYMM. *Rel.* 25, 3.

prōdĕfăcĭō, *ĭs*, *ĕre*, -, -, intr., être utile: VL. *Joh.* 12, 19.

prōdēgī, parf. de *prodigo*.

prōdĕō, *īs*, *īre*, *ĭī*, *ĭtum*, intr. ¶1 s'avancer: *in publicum* CIC. *Att.* 8, 11, 7, paraître en public, sortir en public; *in proelium* CAES. *C.* 3, 86, 2, marcher au combat; *ad colloquium* CAES. *G.* 5, 26, 4, s'avancer pour (se rendre) à une entrevue; *alicui obviam* CIC. *Mur.* 68, se porter à la rencontre de qqn; *ex portu* CAES. *C.* 3, 7, 2, s'avancer hors (sortir) du port ǁ se présenter [comme témoin]: CIC. *Amer.* 100 ¶2 [plantes] sortir, pousser, lever: VARR. *R.* 1, 45, 1; OV. *F.* 1, 154 ¶3 s'avancer, faire saillie: OV. *M.* 8, 808; PLIN. 9, 80 ¶4 [fig.] **a)** s'avancer, aller de l'avant, progresser: *si haec consuetudo serpere ac prodire coeperit* CIC. *Caecil.* 68, si cette coutume commence à se répandre et à faire des progrès; *est quadam prodire tenus* HOR. *Ep.* 1, 1, 32, on peut s'avancer jusqu'à un certain point; *extra modum* CIC. *Off.* 1, 140, dépasser la mesure **b)** se montrer, se produire: *eloquentia sero in lucem prodiit* CIC. *Brut.* 39, l'éloquence est venue tard à la lumière; *juvenem prodis publica cura* HOR. *O.* 2, 8, 7, tu te montres comme l'universel tourment de la jeunesse.

▶ arch. *prodinunt = prodeunt* ENN. *An.* 156 cf. FEST. 254, 22; P. FEST. 255, 8 ǁ tard., fut. *prodiet* LACT. *Inst.* 7, 16.

prōdesse, **prōdest**, de *prosum*.

prōdĭcĭus, V.▶ *proditius*.

prōdīcō, *ĭs*, *ĕre*, *dīxī*, *dictum*, tr. ¶1 prédire: FEST. 254, 14 ¶2 *diem prodicere*, fixer plus loin une date, (un terme, un délai)cf. FEST. 336, 8; ajourner, différer [in acc., "à, jusqu'à"]: CIC. *Q.* 2, 3, 1; 2, 3, 2; LIV. 2, 61, 7 ǁ déclarer, promulguer: CIL 1, 583, 65.

prōdictĭō, *ōnis*, f., ajournement, remise: FEST. 300, 35.

prōdictus, *a*, *um*, part. de *prodico*.

Prŏdĭcus, *i*, m. (Πρόδικος), philosophe de l'île de Cos: CIC. *Nat.* 1, 118 ǁ disciple d'Hippocrate: PLIN. 29, 4 ǁ **-cĭus**, *a*, *um*, de Prodicos: CIC. *Off.* 1, 118.

prōdĭdī, parf. de *prodo*.

prōdĭens, *euntis*, V.▶ *prodeo*.

prōdĭet, V.▶ *prodeo* ▶.

prōdĭgălĭtās, *ātis*, f., prodigalité: BOET. *Top. Arist.* 6, 6.

prōdĭgălĭtĕr, adv., avec prodigalité: PS. AMBR. *Dign.* 5.

prōdĭgē, adv. (*prodigus*), avec prodigalité, en prodigue: CIC. *Phil.* 11, 13.

prōdĭgentĭa, *ae*, f. (*prodigo*), prodigalité, profusion: TAC. *An.* 6, 14.

prōdĭgĭālis, *e* (*prodigium*) ¶1 qui détourne les mauvais présages, protecteur: PL. *Amp.* 737 ¶2 qui tient du prodige, prodigieux, merveilleux: AMM. 25, 10, 1 ǁ **-āle**, adv., d'une manière merveilleuse: STAT. *Th.* 7, 403.

prōdĭgĭălĭtĕr, adv., d'une manière prodigieuse, par des prodiges: HOR. *P.* 29; COL. 3, 3, 3.

prōdĭgĭātŏr, *ōris*, m., interprète des prodiges: FEST. 254, 29.

prōdĭgĭŏlum, *i*, n., petit prodige: NOT. TIR. 58.

prōdĭgĭōsē, adv., d'une manière prodigieuse: PLIN. 11, 204.

prōdĭgĭōsus, *a*, *um* (*prodigium*), prodigieux, qui tient du prodige, surnaturel ou contraire à la nature: OV. *M.* 13, 968 ǁ monstrueux: QUINT. 1, 1, 2 ǁ prodigieux, inouï: JUV. 13, 62 ǁ **-osior** TREB. *Tyr.* 31.

prōdĭgĭtās, *ātis*, f. (*prodigus*), prodigalité, profusion: LUCIL. 257.

prōdĭgĭum, *ĭi*, n. (*prodigo*), prodige, événement prodigieux, événement surnaturel, miracle: CIC. *Verr.* 4, 107; *prodigia suscipere atque curare* LIV. 1, 20, 7, recueillir les prodiges et les conjurer; V.▶ *procurare* ǁ [fig.] fléau, monstre [en parl. de Catilina]: CIC. *Cat.* 2, 1 ǁ monstre, être monstrueux: OV. *M.* 13, 917; H. 9, 91.

prōdĭgĭus, *ĭi*, m., [tard.] ▶ *prodigium*: FORT.-RHET. 3, 4.

prōdĭgō, *ĭs*, *ĕre*, *ēgī*, *actum* (*prod*, *ago*), tr. ¶1 pousser devant soi, faire aller: VARR. *R.* 2, 4, 8 ¶2 dépenser avec profusion, prodiguer, dissiper: PL. *Aul.* 380; *Merc.* 1020; SALL. *Lep.* 17; TAC. *H.* 1, 20 ¶3 consommer entièrement [en bonne part]: MODEST. *Dig.* 1, 18, 18.

prōdĭgŭae hostĭae, f. (*prodigo*), victimes que l'on consomme en entier: FEST. 296, 21.

prōdĭgus, *a*, *um* (*prodigo*) ¶1 qui prodigue, qui gaspille, prodigue: CIC. *Off.* 2, 55; JUV. 6, 362 ǁ [avec gén.] prodigue de: PL. *Most.* 875; HOR. *P.* 164 ¶2 qui produit en abondance: *tellus prodiga* OV. *M.* 15, 81, terre prodigue de ses biens ǁ *locus prodigus herbae* HOR. *Ep.* 1, 7, 42, terrain riche en herbe [pâturage] ¶3 qui fait gaspiller, ruineux: *prodigus odor* PLIN. 13, 25, parfum ruineux; *margaritae, prodiga res* PLIN. 37, 15, les perles, objet ruineux ¶4 [fig.] prodigue: *animae magnae prodigus* HOR. *O.* 1, 12, 38, prodigue de sa grande âme; *fides arcani prodiga* HOR. *O.* 1, 18, 16, foi qui trahit les secrets ǁ [avec *in* acc.] *libidinis in cibos prodigae* GELL. 19, 2, 3, passions déréglées pour la nourriture ǁ [*in* abl.] *in honoribus decernendis tamquam prodigus* CIC. *ad Brut.* 1, 15, 3, en qq. sorte prodigue dans l'attribution des honneurs.

prōdĭī, parf. de *prodeo*.

prōdĭnunt, V.▶ *prodeo* ▶.

1 **prōdĭtĭō**, *ōnis*, f. (*prodo*) ¶1 révélation, dénonciation: *arcanorum* PLIN. 7, 150, révélation des secrets ¶2 trahison [abs[t]]: CIC. *Fam.* 5, 12, 4; *Phil.* 12, 6 ǁ [avec gén. obj.] *amicitiarum proditiones* CIC. *Ac.* 2, 27; *patriae proditiones* CM 40, trahisons (perfidies) envers les amis, trahisons envers la patrie; [gén. subj.] *consulum proditio* CIC. *Dom.* 129, la trahison des consuls ¶3 ajournement, remise: *CAT. d. FEST. 300, 34.

2 **prōdĭtĭō**, *ōnis*, f. (*prodeo*), approche, apparition: SIDON. *Ep.* 5, 13, 4.

prōdĭtŏr, *ōris*, m. (*prodo*) ¶1 celui qui révèle: *risus latentis puellae proditor* HOR. *O.* 1, 9, 21, le rire qui révèle (trahit) la jeune fille qui se cache ¶2 celui qui trahit, traître: CIC. *Sest.* 35; *patriae* CIC. *Fin.* 3, 64, celui qui trahit sa patrie; *disciplinae* LIV. 2, 59, 9, qui trahit la discipline.

prōdĭtōrĭus, *a*, *um*, de traître: AUG. *Serm.* 161, 3 Mai.

prōdĭtrix, *īcis*, f. ¶1 celle qui révèle, révélatrice: PRUD. *Perist.* 1, 11 ¶2 celle qui trahit [qqn]: LACT. *Inst.* 1, 10, 9.

1 **prōdĭtus**, *a*, *um*, part. de *prodo*.

2 **prōdĭtŭs**, *ūs*, m., révélation: JULIAN.-AECL. d. AUG. *Jul. op. imp.* 3, 168.

prōdĭus, adv. (*prodeo*), en s'avançant plus près: VARR. d. NON. 47, 16.

prōdō, *ĭs*, *ĕre*, *dĭdī*, *dĭtum* (*pro*, 3 *-do*), tr.

I placer en avant ¶1 faire sortir: *vina cado* OV. *F.* 5, 518, tirer du vin d'une jarre; *anima extra corpus prodita* LUCR. 3, 603, l'âme exhalée hors du corps ¶2 présenter au jour, produire **a)** *perniciosum exemplum* CIC. *Flac.* 25, donner un mauvais exemple, cf. LIV. 1, 11, 7 **b)** publier, proclamer: *flaminem* CIC. *Mil.* 27, proclamer (nommer) un flamine, cf. *Dom.* 38; *Leg.* 3, 10 ¶3 dévoiler, révéler: *conscios* CIC. *Tusc.* 2, 31, dévoiler ses complices; *crimen vultu* OV. *M.* 2, 447, trahir son crime par sa physionomie; *gaudia prodens vultus* HOR. *S.* 2, 5, 104, visage trahissant la joie ¶4 trahir, livrer par trahison: *aliquem* CIC. *Flac.* 81; *causam alicujus* CIC. *Verr.* 1, 84, trahir qqn, la cause de qqn; *classem praedonibus* CIC. *Verr.* 5, 106, livrer la flotte aux pirates ǁ abandonner, exposer, mettre en péril, compromettre: *ne fortunas meas, ne meos omnes tam temere proderem* CIC. *Att.* 10, 9, 2, que je n'expose pas si aventureusement mes biens ni tous les miens, cf. CIC. *Pis.* 56 ǁ [fig.] *prodere decretum* CIC. *Ac.* 2, 27, trahir un dogme philosophique.

II faire passer à autrui ¶1 transmettre, propager: *fore qui genus alto a sanguine Teucri proderet* VIRG. *En.* 4, 231, qu'il y aurait qqn pour propager la race issue du noble sang de Teucer ¶2 transmettre, léguer: *regnum a Tantalo proditum* CIC. *Off.* 3, 84, le trône transmis par Tantale; *qui sacra suis posteris prodiderunt* CIC. *Mil.* 83, qui transmirent les sacrifices du culte à leurs descendants; *ad posterita-*

prodo

tem Cic. *Verr*. 5, 36, transmettre à la postérité ¶ 3 transmettre par écrit ou par la parole **a)** *aliquid memoriae* Cic. *Phil*. 2, 54, transmettre qqch. à la mémoire, à la postérité ; *hoc memoriae proditum est* [avec prop. inf.] Cic. *Verr*. 4, 103, on rapporte ceci, que... **b)** *quae scriptores Graeciae prodiderunt* Cic. *Tusc*. 1, 29, ce que les historiens grecs ont rapporté, cf. Cic. *Planc*. 94 ; *ut Antias Valerius prodit* Liv. 30, 3, 6, comme le rapporte Valérius Antias ; *quod est proditum memoria ac litteris* Cic. *Verr*. 1, 47, ce qui est rapporté par la tradition orale et écrite, cf. Caes. *G*. 5, 12, 1.
▶ arch. *produit = prodiderit* cf. Fest. 254, 16.

prōdŏcĕō, *ēs*, *ēre*, -, -, tr., enseigner publiquement : Hor. *Ep*. 1, 1, 55.

prōdormĭō, *īs*, *īre*, *īvī* ou *ĭī*, -, intr., dormir longtemps : Front. *Caes*. 1, 5, 6, p. 13 N.

Prŏdōrus, *i*, m., nom d'un sculpteur : Plin. 34, 85.

prŏdrŏmus, *i*, m. (πρόδρομος), celui qui court devant ¶ 1 vent du nord-nord-est qui souffle huit jours avant la canicule : Cic. *Att*. 16, 6, 1 ¶ 2 sorte de figue précoce : Plin. 16, 113.

prōdūcĭbĭlis, *e*, que l'on frappe au marteau : Hier. *Orig. Jer. hom*. 3, 1.

prōdūcō, *ĭs*, *ĕre*, *dūxī*, *ductum*, tr. **I** conduire en avant ¶ 1 faire avancer, faire sortir : *pro castris copias* Caes. *G*. 1, 48, 3, amener les troupes devant le camp ; *exercitum in aciem* Caes. *C*. 3, 56, 1, faire avancer l'armée en ligne de bataille ; *producta legione* Caes. *G*. 5, 52, 2, la légion ayant été amenée hors du camp [et mise en ligne] ¶ 2 mener en avant, produire : *aliquem in conspectum populi Romani* Cic. *Verr*. 1, 122, produire qqn sous les regards du peuple romain ; *in contionem* Cic. *Pis*. 14, produire qqn dans l'assemblée du peuple ; *testes* Cic. *Verr*. 5, 131, produire des témoins [ou] *producere aliquem* Cic. *Verr*. 4, 19, produire qqn comme témoin ; *ad necem* Cic. *Verr*. 5, 157, conduire au supplice ∥ [en parl. des tribuns de la plèbe qui introduisent les magistrats devant l'assemblée du peuple] *producere in contionem* [ou] *producere* seul : Cic. *Sest*. 33 ; *Brut*. 217 ¶ 3 présenter, exposer **a)** *nihil a Roscio pravum produci posse arbitrabantur* Cic. *Com*. 30, Roscius, pensaient-ils, ne pouvait présenter au public rien de défectueux [= aucun mauvais élève] **b)** produire sur la scène : Cic. *Att*. 4, 15, 6 ; Sen. *Nat*. 1, 16, 1 **c)** exposer un esclave pour le vendre, mettre en vente un esclave : Ter. *Eun*. 134 ; *Haut*. 144 **d)** dévoiler : *aliquid ad aliquem* Juv. 8, 266, porter qqch. devant qqn, à la connaissance de qqn ¶ 4 mener en avant, conduire **a)** *aliquem rus* Ter. *Ad*. 561, conduire qqn à la campagne **b)** *funera alicujus* Virg. *En*. 9, 486, conduire les funérailles de qqn, cf. Luc. 2, 298 **c)** amener à, déterminer à : *producti sumus, ut loqueremur* Her. 1, 4, nous avons été amenés à parler ; *ad faciendum aliquid productus* Plin. 9, 122, amené à faire qqch. ; *quadam notitia Septimii productus* Caes. *C*. 3, 104, 3, entraîné en avant parce qu'il connaissait jusqu'à un certain point Septimius **d)** [poét.] mener devant : *malo moram* Ter. *And*. 615, opposer un retard à un malheur [retarder...] ; *nubila menti* Stat. *S*. 5, 3, 13, étendre un nuage devant l'esprit ; [au pr.] *scamnum lecto* Ov. *A. A.* 2, 211, porter un escabeau devant un lit. **II** mener plus loin en avant ¶ 1 entraîner : *cum ille fuga Volusenum produxisset longius* Hirt. *G*. 8, 48, 3, comme l'autre en fuyant avait entraîné Volusénus assez loin ¶ 2 étendre, allonger **a)** *pelles dentibus* Mart. 9, 74, 1, allonger des morceaux de cuir avec ses dents ; *supercilium* Juv. 2, 94, allonger les sourcils [avec du noir] ∥ [poét.] *lineas* Plin. 33, 98, tracer des lignes **b)** [gram.] : *primā litterā productā* Cic. *de Or*. 159, avec la première lettre allongée [dans *insanus*] ; *syllabam producere* Quint. 1, 5, 18, prononcer une syllabe comme longue, cf. Ov. *Pont*. 4, 12, 13 **c)** prolonger : *convivium ad multam noctem* Cic. *CM* 46, prolonger un banquet jusqu'à une heure avancée de la nuit, cf. Cic. *Rep*. 6, 10 ; *Brut*. 251 ; *dolores longinquitate producti* Cic. *Tusc*. 5, 117, douleurs qui traînent en longueur ; *alicujus vitam longius* Cic. *Brut*. 60, faire vivre qqn plus longtemps, lui attribuer une existence plus longue **d)** amener à sa fin : *cyathos sorbilans paulatim hunc producam diem* Ter. *Ad*. 591, en sirotant des coupes, je viendrai à bout tout doucement de cette journée **e)** différer : *rem in hiemem* Caes. *G*. 4, 30, 2, ajourner l'affaire jusqu'à l'hiver **f)** ajourner, amuser (*aliquem aliqua re*, qqn par qqch.) : Cic. *Quinct*. 30 ¶ 3 faire pousser **a)** procréer : Pl. *Ru*. 1173 ; Lucil. 679 ; *magnanimos nos natura produxit* Sen. *Ep*. 104, 23, la nature nous a créés avec une âme faite pour de grandes choses ; [fig.] Hor. *Ep*. 2, 21, 19 **b)** développer, faire grandir : [un arbre] Hor. *O*. 2, 13, 3 ; [une descendance] Hor. *Saec*. 17 ∥ élever un enfant, faire l'éducation d'un enfant : Cic. *Q*. 2, 12, 2 ; Tac. *D*. 28 **c)** [fig.] faire avancer, pousser, élever : *aliquem pro ejus dignitate* Cic. *Dom*. 21, pousser qqn en raison de son mérite ; *a quibus producti sunt, existunt eorum ipsorum tyranni* Cic. *Rep*. 1, 68, de ceux-là mêmes qui les ont poussés, ils deviennent les tyrans ; *aliquem omni genere honoris producere* Liv. 40, 56, 7, élever qqn par toute espèce de distinctions.
▶ inf. parf. *produxe* Ter. *Ad*. 562.

prōductē, adv. (*productus*), en allongeant [dans la prononciation] : *producte dicitur* Cic. *Or*. 159, (la voyelle) se prononce longue ∥ -*tius* Gell. 4, 17, 8.

prōductĭlis, *e* (*produco*), étiré, battu [en parl. d'un métal] : Vulg. *Exod*. 25, 18.

prōductĭo, *ōnis*, f. (*produco*), allongement, prolongation : Cic. *Fin*. 3, 45 ∥ allongement [dans la prononciation] : Cic. *de Or*. 3, 196.

prōductīvus, *a*, *um* (*produco*), propre à être allongé : Cassiod. *Eccl*. 1, 14.

prōductō, *ās*, *āre*, -, - (fréq. de *produco*), tr., prolonger : Ter. d. *Don. And*. 615.

prōductŏr, *ōris*, m., celui qui conduit en avant, guide : Gloss. 2, 416, 4.

prōductus, *a*, *um*
I part. de *produco*
II pris adj[t] ¶ 1 étendu, allongé, long : *productiore cornu sinistro* Tac. *An*. 13, 40, avec l'aile gauche plus étendue ; *fabula quinto productior actu* Hor. *P*. 189, pièce dépassant cinq actes ∥ *producta syllaba* Cic. *de Or*. 3, 183, syllabe allongée ∥ *productiora alia* Cic. *Or*. 178, d'autres choses [phrases] trop étendues ∥ *productum nomen* Cic. *Nat*. 2, 66, mot formé par allongement ¶ 2 n. pl. pris subst[t], *producta* (προηγμένα) Cic. *Fin*. 3, 52 ; Sen. *Ep*. 74, 17, les choses préférables [biens extérieurs qui, sans être le souverain bien, le seul qu'on doive rechercher, sont pourtant des choses préférables, morale stoïcienne].

prōdŭit, v. ▶ *prodo* ▶.

prōdŭŏvir, *ĭri*, m., suppléant d'un duumvir : CIL 5, 7914.

prōdux, *ŭcis*, m., rejeton, produit : *Tert. *Carn*. 20, 5.

prōduxĕ, v. ▶ *produco* ▶.

prōduxī, parf. de *produco*.

prŏēgmĕna, *ōrum*, n. pl. (προηγμένα), v. ▶ *productus* ¶ 2 : Cic. *Fin*. 3, 15.

proelĭālis, *e*, v. ▶ *proeliaris* : Heges. 1, 14, 2.

proelĭāris, *e* (*proelium*), de combat, de bataille rangée : Pl. *Curc*. 573 ; *proeliares dies* P. Fest. 253, 12, jours où la religion permettait de combattre ; *proeliaris dea* Apul. *M*. 10, 31, 5, la déesse des combats [Bellone].

proelĭātĭo, *ōnis*, f. (*proelior*), lutte, combat : Jul.-Val. 3, 8.

proelĭātŏr, *ōris*, m. (*proelior*), combattant, guerrier : Tac. *D*. 37 ∥ [adj[t]] Tac. *An*. 2, 73.

proelĭō, *ās*, *āre*, -, -, intr., v. ▶ *proelior*, Enn. *Tr*. 6 ∥ *proeliatum est* passif impers., Just. 19, 1, 9, on combattit.

proelĭŏr, *ārĭs*, *ārī*, *ātus sum* (*proelium*), intr., combattre, livrer bataille : Cic. *Div*. 1, 53 ; Caes. *G*. 2, 23, 3 ∥ [fig.] lutter, batailler : Cic. *Att*. 1, 16, 1.

proelĭum, *ii*, n. (pas clair ; *pro* et cf. *ambulo*, ἐλθεῖν ; bret. *arvell* ?), combat, bataille : *obire* Lucr. 4, 967 ; *facere* Cic. *Tusc*. 4, 43 ; *committere cum aliquo* Cic. *Div*. 1, 77 ; *sumere* Tac. *H*. 2, 42, livrer bataille, engager le combat, en venir aux mains avec qqn, combattre ; *proelio dimicare cum aliquo* Cic. *Nat*. 2,

6, livrer bataille à qqn ; V. *decertare* || [en parl. des animaux] : VIRG. *G. 3, 265* ; [des vents] VIRG. *G. 1, 318* || [poét.] combattants, guerriers : PROP. *3, 11, 10* ; STAT. *Th. 1, 8* || [fig.] combat, lutte : ***proelia mea causa sustinere*** CIC. *Fam. 9, 11, 2*, soutenir des combats en ma faveur (pour moi) ; [en poésie érotique] PROP. *2, 1, 45*.

prŏēmĭnĕō, *ēs, ēre, -, -*, intr., être proéminent : *GLOSS. *2, 418, 42*.

prŏemptŏr, *ōris*, m., celui qui achète le tout d'avance : CASSIOD. *Var. 2, 30, 2*.

Proetĭdes, *um*, f. pl. (Προιτίδες), les trois filles de Proitos, qui, frappées de démence par Junon, se croyaient changées en génisses : VIRG. *B. 6, 48* ; OV. *M. 15, 326*.

Proetus, *i*, m. (Προῖτος), frère d'Acrisius, changé en pierre par Persée : OV. *M. 5, 238*.

prŏfānātĭo, *ōnis*, f., profanation, sacrilège : TERT. *Idol. 18, 3*.

prŏfānātŏr, *ōris*, m., profanateur : PRUD. *Apoth. 178*.

prŏfānātus, *a, um*, part. de *profano*.

prŏfānē, adv., d'une manière impie, avec profanation : LACT. *Inst. 6, 23, 10*.

prŏfānĭtās, *ātis*, f., le paganisme : TERT. *Pall. 2, 5*.

1 **prŏfānō**, *ās, āre, āvī, ātum* (*pro fano*), tr., consacrer dans un sacrifice, offrir aux dieux : CAT. *Agr. 50* ; *132* ; FEST. *270, 8*.

2 **prŏfānō**, *ās, āre, āvī, ātum* (*profanus*), tr. ¶ **1** rendre à l'usage profane [une chose, une pers. qui a été auparavant consacrée], désacraliser : LIV. *31, 44, 4* ; MACR. *Sat. 3, 3, 4* ¶ **2** profaner, souiller : CURT. *5, 1, 38* ; QUINT. *11, 1, 84* || violer [un secret] : APUL. *M. 5, 11, 6*.

prŏfans, part. de *profor*, PETR. *89, 1 v. 4*.

prŏfānus, *a, um* (*pro fano*) ¶ **1** en avant de l'enceinte consacrée (***pro fano***), [d'où] profane, qui n'est pas consacré, ou qui n'est plus sacré : CIC. *Part. 36* ; ***profanum aliquid facere*** CIC. *Verr. 4, 122*, donner à un objet un caractère profane, le dépouiller de son caractère sacré || [en parl. des personnes] VIRG. *En. 6, 258* ¶ **2** impie, sacrilège, criminel : OV. *M. 2, 833* || **prŏfānum**, *i*, n., impiété : PLIN. *16, 7* ¶ **3** non initié, ignorant : [avec gén.] MACR. *Somn. 1, 18, 2* ; [avec *a, ab*] LACT. *Inst. 2, 16, 13* ¶ **4** sinistre, de mauvais augure : ***profanus bubo*** OV. *M. 6, 431*, le hibou de mauvais augure.

prŏfātor, *ŏris*, m. (*profor*, cf. *propheta*), prophète : COMMOD. *Instr. 2, 15, 5*.

prŏfātum, *i*, n., maxime, sentence, précepte : GELL. *16, 8, 2*.

1 **prŏfātus**, *a, um*, part. de *profor*.

2 **prŏfātŭs**, abl. *ū*, m., action de parler, débit, paroles : STAT. *S. 5, 3, 103* ; SEN. *Apoc. 7, 2* ; GELL. *18, 11, 2*.

prŏfēcī, parf. de *proficio*.

prŏfectīcĭus, *a, um* (*proficiscor*, 1 *profectus*), qui provient du père ou du grand-père : ***dos profecticia*** ULP. *Reg. 6, 3*, dot profectice ; DIG. *23, 3 pr.*

prŏfectĭo, *ōnis*, f. (*proficiscor*), départ : CIC. *Sull. 70* ; *Div. 1, 24* ; CAES. *C. 1, 27, 2* || [fig.] source, origine : CIC. *Clu. 82*.

prŏfectō, adv. (*pro facto*), assurément, certainement, vraiment [point de vue de celui qui parle] : CIC. *Lae. 2* ; *48* ; *Nat. 2, 78* ; *Cat. 2, 2*.

prŏfectŏr, *ōris*, m. (*proficiscor*), voyageur : GLOSS. *2, 398, 47*.

prŏfectōrĭa, *ae*, f. (*proficiscor*), festin d'adieu : HIST. APOL. *25*.

1 **prŏfectūrus**, *a, um*, part. fut. de *proficiscor*.

2 **prōfectūrus**, *a, um*, part. fut. de *proficio*.

1 **prŏfectus**, *a, um*, part. de *proficiscor*.

2 **prōfectus**, *a, um*, V. *proficio*.

3 **prōfectŭs**, *ūs*, m. (*proficio* ; fr. *profit*), avancement, progrès : PLIN. *35, 21* ; SEN. *Ep. 11, 1* ; QUINT. *10, 3, 2* || succès, profit : OV. *M. 9, 50* || mieux, amélioration [en parl. de malades] : CAEL.-AUR. *Acut. 2, 9, 54*.

Prŏfĕra, *ae*, f., celle qui expose [arithmétique divinisée] : CAPEL. *8, 803*.

prōfĕrō, *fers, ferre, tŭlī, lātum*, tr. **I** porter en avant, présenter ¶ **1** ***arma tormentaque ex oppido*** CAES. *C. 2, 22, 5*, présenter (déposer) hors de la ville les armes et les machines de guerre ; ***nummos ex arca*** CIC. *Com. 29*, donner de l'argent tiré de sa caisse ; ***ad deprecandum periculum proferebant tus, gemmas*** CIC. *Verr. 5, 146*, pour détourner le danger ils offraient de l'encens, des pierres précieuses ; ***mihi litteras publicas proferunt*** CIC. *Verr. 4, 140*, ils me présentent les registres officiels || ***caelum laurum nitidissimam profert*** PLIN. *Ep. 5, 6, 4*, le climat produit un laurier fort beau || faire voir : ***tuas litteras non proferam*** CIC. *Phil. 3, 9*, je ne produirai pas ta lettre ¶ **2** produire au jour, mettre devant les yeux ***a)*** citer : ***multos nominatim*** CIC. *Amer. 47*, citer beaucoup de personnes par leurs noms ; ***sua in aliquem officia*** CIC. *Sull. 18*, citer ses bons offices à l'égard de qqn ; ***alicui Fabricios auctores*** CIC. *de Or. 2, 290*, citer à qqn les Fabricius comme modèles ; ***vinolentiam alicujus*** CIC. *Phil. 2, 101*, parler de l'ivrognerie de qqn ***b)*** dévoiler, révéler, porter à la connaissance du public : CIC. *Mil. 102* ; ***rem in medium*** CIC. *Verr. 4, 115*, exposer une chose publiquement [au grand jour] ***c)*** faire paraître, porter à la connaissance [une invention] : ***ars quae tum primum proferebatur*** CIC. *Ac. 2, 2*, un traité qui venait alors de paraître ***d)*** [chrét.] produire, proférer [surtout à propos du Verbe] : ***sermonem ejus, quem ex semetipso proferendo filium fecit*** TERT. *Marc. 2, 27, 3*, son Verbe, qu'il a fait son Fils en le proférant de lui-même. **II** porter plus loin en avant ¶ **1** faire avancer : ***crates, musculos, falces*** CAES. *G. 7, 84, 1*, faire sortir [pour une attaque] les fascines, les galeries couvertes, les crocs, cf. HIRT. *G. 8, 41, 3* ; ***signa*** LIV. *4, 32, 10*, faire avancer les enseignes, se mettre en marche ; ***castra*** LIV. *10, 33, 7*, déplacer le camp en avant ; ***arma*** LIV. *7, 32, 6*, porter ses armes en avant, attaquer || ***gradum, pedem, passus***, porter ses pas en avant : PL. *Men. 754* ; HOR. *P. 135* ; LUCR. *4, 877* || [fig.] ***si paulo longius fraternus amor Caecilium protulisset*** CIC. *Sull. 64*, si l'amour fraternel avait poussé Caecilius un peu trop loin ¶ **2** porter plus en avant, étendre : ***munitiones*** CAES. *C. 1, 81, 3*, porter plus en avant les retranchements [les avancer] ; ***fines officiorum*** CIC. *Mur. 65*, reculer les limites du devoir || ***memoriam alicujus*** PLIN. *5, 12, 2*, prolonger le souvenir de qqn, cf. PLIN. *2, 7, 4* ; *3, 7, 14* ¶ **3** différer, ajourner : ***auctionem*** CIC. *Att. 13, 12, 4*, différer une vente publique, cf. CIC. *Att. 13, 14, 1* ; LIV. *3, 20, 6* ; ***aliquid in diem posterum*** GELL. *1, 23, 5*, remettre qqch. au lendemain ; ***rebus prolatis*** PL. *Capr. 78* ; CIC. *Mur. 28*, les affaires étant suspendues ; ***quando res proferentur?*** SEN. *Brev. 7, 8*, à quand les vacances ? || ***fata parentis*** VIRG. *En. 12, 395*, retarder la mort de son père.

prŏfessē, adv. (*profiteor*), sans détours, ouvertement : FLOR. *4, 1, 7*.

prŏfessĭo, *ōnis*, f. (*profiteor*) ¶ **1** déclaration, manifestation : ***opinionis*** GELL. *7, 3, 24*, expression de sa pensée ; ***pietatis*** TAC. *Agr. 3*, témoignage de piété filiale || profession de foi, croyance : HIL. *Trin. 8, 4* ¶ **2** déclaration publique, officielle [de sa fortune, de son domicile] : CIC. *Verr. 3, 26* ; *Arch. 9* ; CIC. *Fam. 16, 23, 1* ; *Verr. 3, 113* ¶ **3** action de faire profession de : ***bene dicendi*** CIC. *de Or. 1, 21*, l'enseignement de l'éloquence, cf. CURT. *7, 4, 8* ; SUET. *Gram. 8* || profession, état, métier : CELS. *pr. 11* ; LAMPR. *Hel. 20*.

prŏfessĭōnārĭus, *ĭi*, m. (*professio*), qui fait une déclaration, contribuable : *CIL 6, 1785*.

prŏfessīvus, *a, um* (*profiteor*), qui a pour but de promettre, d'annoncer : SERV. *En. 1, 1*.

prŏfessŏr, *ōris*, m. (*profiteor*) ¶ **1** celui qui fait profession de, qui s'adonne à, qui cultive : ***sapientiae*** CELS. *pr. 7*, philosophe ¶ **2** professeur de, maître de : QUINT. *12, 11, 20* ; SUET. *Gram. 9, 29* ; COL. *1, 1, 4* || [abs[t]] professeur : QUINT. *1, 9, 3*.

prŏfessōrĭus, *a, um* (*professor*), de professeur, de rhéteur : TAC. *An. 13, 14*.

prŏfessus, *a, um*, part. de *profiteor*, passiv[t], V. *profiteor* ►.

prŏfestus, a, um ¶ 1 non férié : *profestus dies* Liv. 34, 3, 9 ; P. Fest. 257, 13, jour ouvrable ; *profestae luces* Hor. O. 4, 15, 25, même sens ¶ 2 profane, non initié, non cultivé : Gell. pr. 20.

prŏfĭcĭentĕr, adv. (*proficio*), avantageusement : Aug. Ep. 199, 1.

prŏfĭcĭō, ĭs, ĕre, fēcī, fectum (*pro, facio*), intr. ¶ 1 avancer : *Ariovistum tridui viam a suis finibus profecisse* Caes. G. 1, 38, 1, [on annonça] qu'Arioviste s'était avancé à trois jours de marche des frontières de son territoire, cf. Plin. 32, 4 ¶ 2 augmenter : *pretio non proficiente* Plin. 14, 57, le prix ne montant pas ¶ 3 faire des progrès, obtenir des résultats : *si nihil in oppugnatione oppidi proficissent* Caes. G. 7, 20, 11, s'ils n'avaient fait aucun progrès dans le siège de la ville ; *plus multitudine telorum proficiebant* Caes. G. 7, 82, 1, ils réussissaient mieux par la masse des traits lancés, cf. Caes. C. 3, 23, 2 ; *nihil proficiant, nisi admodum mentiantur* Cic. Off. 1, 150, ils [les marchands] ne sauraient faire de gain sans mentir du tout ¶ [pass. impers.] ; *nihil profici posse* Caes. G. 3, 21, 3, [ils comprirent] qu'on ne pouvait obtenir de résultats, cf. Cic. Att. 7, 13, 1 ; Plin. 6, 122 ¶ 4 être utile : *nulla res tantum ad dicendum proficit quantum scriptio* Cic. Brut. 92, rien ne sert pour la parole comme d'écrire, cf. Brut. 139 ; *herba proficiente nihil* Hor. Ep. 2, 2, 150, avec une plante sans efficacité, sans vertu ¶ *multum proficiet illud demonstrare...* Cic. Inv. 2, 120, il sera très utile de montrer ceci...

prŏfĭciscō, ĭs, ĕre, -, - [arch.], Turpil. Com. 81 ; Pl. Mil. 1329 ; ⇨ *proficiscor*.

prŏfĭciscŏr, scĕrĭs, scī, fectus sum (inch., cf. *proficio* et *facesso*), intr. ¶ 1 se mettre en marche, se mettre en route, partir, s'en aller : *ab urbe* Caes. G. 1, 7, 1 ; *ex castris* Caes. C. 1, 78, 3 ; *de Formiano* Cic. Att. 2, 8, 2 ; *domo* Sall. J. 79, 4, partir de la ville, du camp, de la villa de Formies, de sa patrie ; *ab aliquo* Cic. Att. 9, 9, quitter qqn ¶ *ad dormiendum* Cic. Div. 2, 119, partir se coucher [ou] *ad somnum* Cic. Div. 1, 62 ; *pabulatum frumentatumque* Hirt. G. 8, 10, 1, partir au fourrage et au blé ; *subsidio alicui* Nep. Iph. 2, 5, partir au secours de qqn ¶ [avec inf.] *proficiscitur visere* Gell. 16, 19, 5, il part. visiter, cf. Pl. Ru. 847 ¶ 2 [fig.] **a)** venir de, émaner de, dériver de : *ea proficiscuntur a natura* Cic. Div. 1, 113, cela vient de la nature ; *qui a Zenone profecti sunt* Cic. Div. 1, 5, les disciples de Zénon, l'école de Zénon, cf. Cic. Div. 1, 61 ; *gerere quam personam velimus a nostra voluntate proficiscitur* Cic. Off. 1, 115, il dépend de notre volonté de tenir le personnage que nous voulons **b)** partir de, commencer par : *a philosophia profectus* Cic. de Or. 2, 58, ayant débuté par la philosophie, cf. Cic. Pomp. 4 ; Fin. 5, 32 **c)** passer à, en venir à : *nunc proficiscemur ad reliqua* Cic. Verr. 3, 10, maintenant nous allons aborder le reste.

prŏfĭcŭē, adv., utilement, avantageusement : Cassiod. Psalm. pr. 17, 39, 6.

prŏfĭcŭus, a, um (*proficio*), profitable, avantageux : Cassiod. Var. 1, 39.

prŏfīlĭus, ĭi, m., fils du fils, petit-fils : CIL 6, 14929.

prŏfĭtēmĭno, ⇨ *profiteor* ►.

prŏfĭtĕŏr, ērĭs, ērī, fessus sum (*pro, fateor*), tr. ¶ 1 déclarer ouvertement, reconnaître hautement [abs¹] : Cic. Caecin. 24 ; Rab. perd. 17 ; *ego de me ipse profitebor* Cic. Phil. 2, 118, quant à moi, je ferai moi-même sur mon compte une déclaration publique ¶ [avec prop. inf.] déclarer que : Cic. Nat. 1, 12 ; Caes. G. 7, 2, 1 ¶ 2 [en part.] **a)** [avec *se* et attribut] se donner comme : *grammaticum se professus* Cic. Tusc. 2, 12, s'étant donné comme maître de grammaire, cf. Cic. Mur. 28 ; de Or. 3, 92 ¶ [avec prop. inf.] se faire fort de, se piquer de : Cic. Tusc. 2, 7 ; Brut. 30 ; Or. 30 **b)** [avec acc.] faire profession de : *philosophiam* Cic. Pis. 71, professer la philosophie, cf. Cic. Tusc. 2, 12 ; de Or. 1, 10 ; [abs¹] *qui profitentur* Plin. Ep. 2, 18, 3, les professeurs, cf. Plin. Ep. 4, 11, 4 ; une règle de foi, Tert. Prax. 9, 2 **c)** produire : *indicium profiteri* Sall. J. 35, 6, faire des révélations, cf. Curt. 8, 6, 23 ; Plin. Ep. 3, 16, 9 ; Tac. An. 6, 3 ¶ 3 offrir, proposer : *operam ad aliquid* Cic. Amer. 153, offrir ses services pour qqch. ; *se ad aliquid adjutorem* Caes. G. 5, 38, 4, proposer son aide pour qqch. ; *profitetur se venturum* Caes. C. 3, 19, 4, il s'engage à venir ¶ promettre, faire espérer : *magna* Hor. P. 14, promettre de grandes choses ¶ 4 déclarer devant un magistrat : *jugera sationum suarum* Cic. Verr. 3, 38, déclarer le nombre des arpents ensemencés, cf. Cic. Agr. 2, 59 ; Varr. R. 2, 1, 16 ; Liv. 4, 12, 10 ¶ [en part.] *profiteri nomen* Liv. 26, 18, 4 ou *profiteri* [seul] Cic. Arch. 7 ; 9, faire une déclaration officielle de candidature [à l'obtention d'une charge, du droit de cité], cf. Liv. 28, 18, 7 ; 28, 43, 11.
► part. *professus*, a, um, [avec sens passif] "reconnu", "avoué" : Ov. Am. 3, 14, 6 ; *ex professo* Sen. Ep. 14, 8, de professo Apul. Apol. 2, " ouvertement " ¶ impér. fut. *profitemino* CIL 1, 593.

prōflāmĕn, ĭnis, m. (*pro flamine*), suppléant d'un flamine : CIL 6, 2099.

1 prōflātus, a, um, part. de *proflo*.

2 prōflātŭs, abl. *ū*, m., souffle, vent : Col. 5, 9, 7 ¶ ronflement : Stat. Th. 10, 320.

prōflictus, a, um, part. de 2 *profligo*.

prōflīgātĭō, ōnis, f. (1 *profligo*) ¶ 1 règlement [d'une dette] : Cod. Th. 6, 30, 10 ¶ 2 folle dépense, gaspillage : Aus. Periocha 27 (446).

prōflīgātŏr, ōris, m., destructeur : Ennod. Ep. 243 ; Dict. 18, 5 ¶ dissipateur, prodigue : Tac. An. 16, 18.

prōflīgātus, a, um ¶ 1 part. de 1 *profligo* ¶ 2 [pris adj¹] **a)** perdu moralement, avili, dépravé, corrompu : *tu, omnium mortalium profligatissime* Cic. Verr. 3, 65, toi, ô le plus dépravé des mortels, cf. Cic. Arch. 14 **b)** avancé : *profligatae aetatis* Sen. Ot. 2, 2, d'un âge avancé ; *in profligato esse* Gell. 15, 5, 2, toucher à sa fin.

1 prōflīgō, ās, āre, āvī, ātum (*pro, fligere*, cf. *dicare*), tr. ¶ 1 abattre, renverser, terrasser : *aciem hostium, classem hostium* Cic. Rosc. Post. 42 ; Caes. C. 2, 32, 12, abattre l'armée ennemie, la flotte ennemie ¶ *rem publicam* Cic. de Or. 3, 3, causer la ruine de l'État, cf. Nep. Pel. 2, 3 ¶ *maerore adflictus et profligatus* Cic. Cat. 2, 2, abattu et terrassé par le chagrin ¶ 2 [fig.] porter un coup décisif à une chose, en décider l'issue, rendre sa fin imminente [Gell. 15, 5] : *profligato bello ac paene sublato* Cic. Fam. 12, 30, 2, la guerre ayant reçu un coup mortel et se trouvant près de sa fin ; *profligata et paene ad exitum adducta quaestio* Cic. Tusc. 5, 15, 2, question bien avancée et presque résolue ; *oportet ab eodem illa omnia, a quo profligata sunt, confici velle* Cic. Prov. 35, il importe de vouloir que l'homme qui a mené si loin toute cette œuvre, l'achève ; *bellum commissum ac profligatum conficere* Liv. 21, 40, 11, achever une guerre engagée et proche de l'issue ; *proelia profligare* Tac. An. 14, 36, mener les combats au point décisif.

2 prōflīgō, ĭs, ĕre, -, flictus (*pro, fligere*), tr., abattre, ruiner : *proflictae res* Gell. 15, 5, 2, affaires ruinées.

prōflō, ās, āre, āvī, ātum, tr. ¶ 1 exhaler : *flammas* Ov. F. 1, 573, exhaler des flammes ¶ [poét.] *somnum toto pectore* Virg. En. 9, 326, ronfler à pleine poitrine [= exhaler le souffle du sommeil] ; *iras* Plin. 8, 9, exhaler un souffle de colère ¶ 2 gonfler par le souffle : Apul. M. 7, 13 ¶ 3 fondre un métal : Plin. 34, 97.

prōflŭens, tis, part.-adj. de *profluo* ¶ 1 qui coule : *amnis* Cic. Nat. 2, 20 ; *aqua* Cic. Off. 1, 52, eau courante ¶ *profluens* [f. pris subst¹], cours d'eau, eau courante, rivière : Cic. Inv. 2, 149 ¶ 2 [fig., rhét.] au cours rapide : *genus sermonis fusum ac profluens* Cic. de Or. 2, 159, un style au cours large et abondant, cf. Brut. 119 ; *profluens quodam modo celeritas* Cic. Brut. 220, une rapidité [dans son éloquence] qui rappelait le cours d'un fleuve ; *profluens quiddam habuit et canorum* Cic. de Or. 3, 28, il eut des qualités particulières de rapidité et d'harmonie ¶ au cours ininterrompu : *loquacitas perennis et profluens* Cic. de Or. 3, 185, un flux de paroles intarissable et continu.

prōflŭentĕr, adv. (*profluens*), [fig.] abondamment : Cic. *Tusc.* 5, 53 ∥ *profluentius exsequi* Gell. 14, 1, 32, exposer avec un plus grand flot de paroles.

prōflŭentĭa, ae, f. (*profluens*), flux [de paroles] : Cic. *Part.* 81.

prōflŭō, ĭs, ĕre, flūxī, flūxum, intr., couler en avant, découler, s'écouler : *Mosa profluit ex monte Vosego* Caes. G. 4, 10, la Meuse descend des Vosges ; *ad mare* Cic. *Div.* 1, 100, s'écouler vers la mer ; *profluit humor* Virg. G. 4, 25, l'eau coule [court] ∥ [fig.] *ab his fontibus profluxi ad hominum famam* Cic. *Cael.* 6, c'est en partant de ces débuts que je suis arrivé à la notoriété ; *ad incognitas libidines profluebat* Tac. *An.* 11, 20, elle se portait à des débauches inconnues.

prōflŭus, a, um (*profluo*), qui coule abondamment : Sidon. *Ep.* 4, 23, 1.

prōflŭvĭo, ōnis, f., hémorragie : Commod. *Apol.* 651.

proflŭvĭum, ĭi, n. (*profluo*), écoulement, flux : Lucr. 6, 1205 ∥ diarrhée : Cels. *pr.* 56 ∥ menstrues : Plin. 7, 64.

1 prōflŭvĭus, a, um, Caecil. *Com.* 30, foi peu sûre.

2 prōflŭvĭus, ĭi, m., écoulement, flux [méd.] : Veg. *Mul.* 1, 17, 19.

prōfluxī, parf. de *profluo*.

prōfluxĭo, ōnis, f. (*profluo*), écoulement : Aug. *Psalm.* 109, 20.

prōfluxŭs, ūs, m., flux de sang : VL. *Luc.* 8, 43.

***prōfor** [inus.], āris, ārī, ātus sum, tr., présenter, relater, exposer : Acc. d. Varr. L. 7, 28 ∥ dire : Virg. *En.* 1, 561 ; 4, 364 ; Hor. *S.* 1, 6, 57 ∥ prédire : *diem* Andr. d. Gell. 3, 16, 11, prédire un jour ; [abs¹] Lucr. 1, 739 ; 5, 112.
▶ inf. profarier Prud. *Perist.* 10, 939.

prōfŏre, inf. fut. de *prosum*.

profringō, ĭs, ĕre, -, -, tr., briser, fendre, labourer : Stat. *Th.* 10, 512.

prōfŭga, ae, m., C. *profugus* : Apul. M. 6, 4.

prōfŭgĭō, ĭs, ĕre, fūgī, fŭgĭtum ¶ 1 intr., s'enfuir, s'échapper, se sauver : *domo* Cic. *Brut.* 306, s'enfuir de sa patrie ; *ex oppido* Caes G. 7, 11, 6, de la ville ; *in exsilium* Cic. *Dom.* 86, en exil ∥ *ad Brutum* Cic. *Att.* 15, 21, 1, se réfugier auprès de Brutus ¶ 2 tr., fuir, éviter : *conspectum civium* Sen. *Polyb.* 17, 4, fuir la vue de ses concitoyens ∥ abandonner : *uno grege profugiunt dominos* Curt. 10, 2, 20, ils abandonnent tous en masse leurs maîtres, cf. Hor. *Epo.* 16, 18.

prōfŭgus, a, um (*profugio*) ¶ 1 fugitif, qui s'est enfui : *domo* Liv. 1, 1, 4 ; *e proelio* Tac. *H.* 2, 46, ayant fui sa patrie, s'étant échappé du combat ; *taurus profugus altaribus* Tac. *H.* 3, 56, taureau échappé de l'autel ∥ [avec gén.] *regni* Tac. *An.* 15, 1, qui s'est enfui de son royaume, cf. Plin. 7, 104 ∥ *profugi vagabantur* Sall. C. 6, 1, ils erraient fugitifs, cf. Virg. *En.* 1, 2 ¶ 2 errant, vagabond : Hor. O. 1, 35, 9 ; 4, 14, 42 ¶ 3 chassé **a)** mis en fuite : *profugi discedunt* Sall. *J.* 56, 6, ils s'éloignent en fuyant **b)** exilé, banni : *patria profugus* Liv. 34, 60, 2, exilé de sa patrie ∥ **prōfŭgus**, i, m., un exilé, un proscrit : Ov. *Pont.* 2, 9, 6 ; 3, 6, 40.

prōfŭī, parf. de *prosum*.

prŏfundē, adv. (*profundus*), profondément : *profundius* Plin. 8, 165.

prŏfundĭtās, ātis, f. (*profundus*), profondeur : Macr. *Somn.* 1, 6, 36 ∥ [fig.] étendue, grandeur : Macr. *Somn.* 1, 3, 12 ; 1, 7, 3 ; 2, 2, 1.

prŏfundō, ĭs, ĕre, fūdī, fūsum, tr. ¶ 1 répandre, épancher, verser : *vim lacrimarum* Cic. *Rep.* 6, 14, verser un torrent de larmes ; *lacrimas oculis* Virg. *En.* 12, 154, verser des larmes ; *sanguinem pro patria* Cic. *Fin.* 2, 60, verser son sang pour la patrie ; *sanguinem ex oculis* Plin. 10, 164, rendre du sang par les yeux ∥ *lacrimae se subito profuderunt* Cic. *Att.* 11, 7, 6, les larmes se répandirent [s'écoulèrent] soudain ¶ 2 [poét.] détendre, étendre : *somnus membra profundit* Lucr. 4, 757, le sommeil détend les membres ; *cadunt profusae (aves)* Lucr. 6, 744, (les oiseaux) tombent inertes ¶ 3 faire sortir : *puerum ex alvo matris natura profudit* Lucr. 5, 225, la nature a fait sortir l'enfant du ventre de sa mère ; *has pectore voces* Catul. 64, 202, laisser échapper ces mots de son cœur ; *clamorem* Cic. *Flac.* 15, pousser un cri ; *fundenda voce* Cic. *Tusc.* 2, 56, en poussant un cri ; *animam* Cic. *Marc.* 31, donner sa vie ; *ignes* Lucr. 6, 210, répandre des feux ∥ *multitudo sagittariorum se profudit* Caes. C. 3, 93, 3, la foule des archers se répandit ; *quae (in vitibus) se nimium profuderunt* Cic. *de Or.* 2, 88, les pousses (dans la vigne) qui se sont trop développées, trop déployées, cf. Cic. *de Or.* 2, 317 ; *quae frugibus atque bacis terrae fetu profunduntur* Cic. *Leg.* 1, 25, les grains et les fruits produits de l'enfantement de la terre, cf. Cic. *Nat.* 2, 137 ¶ 4 répandre, donner à profusion, donner sans compter : *pecuniam, vitam pro patria* Cic. *Off.* 1, 84, donner sans compter son argent, sa vie pour la patrie, cf. Cic. *Verr.* 3, 155 ∥ prodiguer, dissiper : *patrimonia profuderunt* Cic. *Cat.* 2, 10, ils ont dissipé leur patrimoine ; *pecunias in rem* Cic. *Off.* 2, 55, prodiguer l'argent pour une chose ¶ 5 [fig.] **a)** *omne odium impiorum in aliquem* Cic. *Pis.* 16, déchaîner contre qqn toute la haine des méchants ; *omnes profudi vires animi atque ingenii mei* Cic. *Att.* 1, 18, 2, j'ai déployé toute la force de mon cœur et de mon esprit ∥ déployer, exposer une chose ; s'étendre, s'expliquer sur un sujet : Cic. *Ac.* 2, 87 ∥ *se in questus profundere* Liv. 23, 20, 5, se répandre en plaintes ; *se totum in aliquem* Cic. *Att.* 7, 3, 3, se livrer tout entier à qqn, s'épancher avec lui ∥ *voluptates subito se profundunt* Cic. *Cael.* 75, les passions soudain se font jour au dehors **b)** *verba ventis* Lucr. 4, 931, jeter des paroles aux vents ∥ gaspiller, dépenser en pure perte : Cic. *Fam.* 5, 5, 3.

prŏfundum, i, n. de *profundus*, pris substᵗ ¶ 1 profondeur : *maris* Suet. *Tib.* 40, de la mer ∥ *esse in profundo* Cic. *Fin.* 3, 48, être au fond [de l'eau] ; [fig.] Cic. *Ac.* 1, 44 ; 2, 32 [en part.] **a)** les profondeurs de la mer, abîme : *jecissem me in profundum* Cic. *Sest.* 45, je me serais jeté dans l'abîme, cf. Cic. *Verr.* 4, 26 **b)** la mer : Virg. *En.* 12, 263 ; Ov. *Tr.* 1, 11, 39 ¶ 2 hauteur : Manil. 5, 721 ¶ 3 [fig.] abîme [de malheurs, de hontes] : Val.-Max. 2, 10, 6 ; 2, 9, 1.

prŏfundus, a, um (*pro, fundus* ; fr. profond) ¶ 1 profond : *mare profundum* Cic. *Planc.* 15, mer profonde ; *profundissimus gurges* Cic. *Sest.* 93, gouffre sans fond ∥ qui est au fond, sous la terre : *profundi manes* Virg. G. 1, 243, les mânes souterrains ; *profundus Juppiter* Stat. *Th.* 1, 615, = Pluton ; *profunda Juno* Claud. *Pros.* 1, 2, Proserpine ¶ 2 [poét.] **a)** dense, épais : *Erebi nox profunda* Virg. *En.* 4, 26, la nuit profonde de l'Érèbe ; *silvae profundae* Lucr. 5, 41, les forêts profondes **b)** élevé : *caelum profundum* Virg. G. 4, 222, les profondeurs, les hauteurs du ciel ¶ 3 [fig.] **a)** sans fond, sans bornes : *profundae libidines* Cic. *Pis.* 48, le gouffre des passions ; *profunda avaritia* Sall J. 81, 1, cupidité insatiable ; *profunda gula* Suet. *Vit.* 13, gueule insatiable = gloutonnerie, voracité **b)** *profunda scientia* Macr. *Sat.* 3, 2, 7, science profonde ; *profundus somnus* Apul. *M.* 2, 25, sommeil profond.

prŏfūsē, adv. (*profusus*) ¶ 1 en se répandant, sans ordre, pêle-mêle : Liv. 10, 36, 7 ¶ 2 abondamment, d'une manière prolixe : Gell. 5, 1, 2 ∥ sans retenue : *profusius sumptui deditus* Sall. C. 13, 5, adonné avec plus d'emportement aux dépenses ¶ 3 avec prodigalité, profusément : Suet. *Aug.* 72 ; *profusissime* Suet. *Aug.* 75, avec la plus grande prodigalité.

prŏfūsĭo, ōnis, f. (*profundo*) ¶ 1 épanchement, écoulement : Cels. 2, 7, 18 ; 7, 21, 1 C ¶ 2 [en part.] = libation : Lact. *Inst.* 6, 1, 5 ¶ 3 profusion, prodigalité : Vitr. 10, pr. 2 ; Suet. *Ner.* 30 ; Plin. *Ep.* 2, 4, 4.

prŏfūsŏr, ōris, m. (*profundo*), dissipateur : Tert. *Marc.* 1, 24, 3.

prŏfūsus, a, um
I part. de *profundo*.
II [pris adjᵗ] ¶ 1 qui s'étend, étendu : Varr. *R.* 2, 5, 8 ; *cauda profusior* Pall. 4, 13, 2, queue fournie ¶ 2 [fig.] **a)** débordant, excessif, sans frein : *profusum jocandi genus* Cic. *Off.* 1, 103, plaisanterie qui passe les bornes, cf. Cic. *Tusc.* 4, 15 ∥ prodigué, qui se déploie avec profusion : *profusi sumptus* Cic. *Quinct.* 93, dépenses démesurées, cf. Cic. *Amer.* 139 ;

profusus

profusae epulae Cic. Mur. 76, la profusion dans les repas **b)** prodigue, large: Mart. 8, 38, 11 **c)** prodigue, dissipateur, gaspilleur: Cic. Quinct. 40; *sui profusus* Sall. C. 5, 4, prodigue de son bien; *profusissimus* Sen. Brev. 3, 1.

prōfŭtūrus, part. fut. de 1 *prosum*.

prōgemmans, *tis* (*gemmo*), qui commence à bourgeonner: Col. 4, 27, 1.

prŏgĕnĕr, *ĕri*, m. (cf. *pronepos*), le mari de la petite-fille [par rapport à l'aïeul]: P. Fest. 257, 2; Dig. 38, 10, 5; Tac. An. 6, 45.
▶ *prŏg-* Aus. Idyl. 2 (319), 49 d'après *progenies*.

prōgĕnĕrātĭō, *ōnis*, f. (*progenero*), procréation: Plin. 8, 167.

prōgĕnĕrātūra, *ae*, f., procréation: VL. Deut. 7, 9.

prōgĕnĕrō, *ās*, *āre*, -, -, tr., engendrer, créer: Varr. L. 9, 28; Hor. O. 4, 4, 31; Col. 7, 3, 12.

prōgĕnĭcŭlō, *ās*, *āre*, -, -, intr., s'agenouiller: Gloss. 2, 161, 1.

prōgĕnĭcŭlor, *ārĭs*, *ārī*, -, intr., ▶ *progeniculo*: Gloss. 2, 161, 3.

prōgĕnĭēs, *ēi*, f. (*pro* et *genus*, *geno*, *gigno*) ¶1 race, souche, famille: Cic. Tusc. 1, 26; Rep. 1, 38; 2, 24 ¶2 progéniture, lignée, descendance, enfants: *se progeniem deorum esse dicebant* Cic. Tim. 38, ils se disaient du sang des dieux, cf. Tusc. 1, 85; Phil. 9, 5; Cael. 33; *liberorum* Liv. 1, 13, 2, les enfants ¶3 fils, fille: Virg. En. 10, 470 ‖ petits [d'animaux]: Virg. G. 1, 414‖ rejetons [de la vigne]: Col. 3, 9, 7 ¶4 [fig.] *progenies mea est* Ov. Tr. 3, 14, 14, ce sont mes enfants [en parl. de poèmes].
▶ *prŏgĕnii* gén. arch., Pacuv. d. Gell. 9, 14, 13; Non. 490, 6.

prōgĕnĭtīvus, *a*, *um*, qui engendre: Boet. Porph. dial. 1, 26.

prōgĕnĭtŏr, *ōris*, m. (*progigno*), aïeul, ancêtre: Acc. Tr. 76; Nep. Ages. 7, 4; Ov. M. 11, 319.

prōgĕnĭtrix, *īcis*, f., aïeule, grand-mère: Isid. 9, 6, 22.

prōgĕnĭtus, part. de *progigno*.

prōgĕnō, *ĭs*, *ĕre*, -, -, ▶ *progigno*: Paul. Dig. 39, 10, 10.

prōgĕnŭī, parf. de *progigno*.

prōgermĭnō, *ās*, *āre*, -, -, intr., commencer à pousser, bourgeonner: Col. 4, 10, 1.

prōgĕrō, *ĭs*, *ĕre*, *gessī*, *gestum*, tr. ¶1 porter par devant ou en avant: Apul. M. 11, 16, 7 ¶2 porter dehors, emporter: Plin. 11, 63; 18, 364; Col. 1, 6, 22.

prōgestō, *ās*, *āre*, -, - (fréq. de *progero*), tr., porter par-devant ou en avant: Apul. M. 6, 28.

prōgignō, *ĭs*, *ĕre*, *gĕnŭī*, *gĕnĭtum*, tr., engendrer, créer, mettre au monde: Pl. Truc. 699; Cic. Div. 1, 128‖ produire: Pl. Ps. 492; Lucr. 4, 670; Cic. Off. 3, 66.

prognārē, adv. (*pro*, *gnarus*), ouvertement: P. Fest. 84, 223.

prognārĭtĕr, adv. (*pro*, *gnarus*), exactement, avec précision: Enn. An. 209; Pl. Pers. 588.

prognātĭō, *ōnis*, f., naissance: Capel. 6, 210.

prognātus, *a*, *um* (*pro*, *gnascor*), issu de, descendant de: [avec abl.] Pl. Amp. 365; Hor. S. 1, 6, 78 ‖ né [en parl. des végétaux], produit, venu: Catul. 64, 1 ‖
prognātus, *i*, m., descendant: *ex Cimbris* Caes. G. 2, 29, 4; *Tantalo* Enn. d. Cic. Tusc. 3, 26, descendant des Cimbres, de Tantale; [avec *ab*] Caes. G. 6, 18, 1.

Prognē, *ēs*, f., ▶ *Procne*.

Prognis, *ĭdis*, f., ▶ *Procris*: Ov. Rem. 453.

prognōsis, *is*, f. (πρόγνωσις), pronostic: Cael.-Aur. Chron. 4, 8, 112.

prognostĭcus, *a*, *um* (προγνωστικός), de pronostic: Isid. 4, 10, 1 ‖ **prognostĭca**, *ōrum*, n. pl., pronostics: Cic. Div. 2, 47; Quint. 5, 9, 15 ‖ titre d'un ouvrage d'Aratos: Cic. Div. 1, 13.

programma, *ătis*, n. (πρόγραμμα), publication par écrit, affiche, édit affiché: Cod. Just. 1, 14, 3.

prōgrĕdĭo, ▶ *progredior* ▶.

prōgrĕdĭor, *dĕrĭs*, *dī*, *gressus sum* (*pro*, *gradior*) ¶1 aller en avant, s'avancer: *regredi quam progredi malle* Cic. Off. 1, 33, aimer mieux retourner en arrière qu'aller en avant; *ex domo* Cic. Cael. 60, sortir de la maison; *tridui viam progressi* Caes. G. 4, 4, 5, s'étant avancés de trois jours de marche; *in locum iniquum* Caes. C. 1, 45, 2, s'avancer dans un terrain défavorable ‖ *naves audacius progressae* Caes. C. 3, 24, 2, navires qui se sont portés en avant trop audacieusement ‖ *cum aliquantum progressus esset* Cic. Div. 1, 73, ayant fait un assez grand trajet en avant ¶2 [fig.] **a)** avancer dans un exposé, aller plus loin: *nunc ad reliqua progrediar* Cic. de Or. 3, 119, maintenant je passerai au reste de ma tâche; *longius progredi* Cic. Phil. 2, 9, aller plus loin, dire un mot de plus **b)** *exspectabant omnes quo tandem progressurus esset* Cic. Verr. 5, 161, tout le monde se demandait anxieusement à quelle extrémité enfin il se porterait; *quoad progredi potuit feri hominis amentia* Cic. Phil. 11, 6, au degré où put parvenir la démence d'un forcené, cf. Cic. Lae. 36 **c)** faire des progrès: *in virtute* Cic. Fin. 4, 64, dans la vertu **d)** *paulum aetate progressus* Cic. CM 33, un peu plus avancé en âge; *progredientibus aetatibus* Cic. Fin. 5, 41, avec le progrès de l'âge.
▶ impér. *progredimino* Pl. Ps. 859‖ [inf. 4ᵉ conj.] *progrediri* Pl. Cas. 717; Men. 754‖ forme act. impér. *progredi* *Nov. d. Non. 573, 27.

prōgrĕdīrī, ▶ *progredior* ▶.

prōgressĭō, *ōnis*, f. (*progredior*) ¶1 progrès, accroissement: *progressiones* Cic. Fin. 5, 58, les progrès, les développements; *progressio discendi* Cic. Off. 3, 14, progrès des études; *progressionem fieri ad virtutem* Cic. Fin. 4, 67, [ils disent] qu'on peut s'acheminer progressivement vers la vertu; *qui habent ad virtutem progressionis aliquantum* Cic. Fin. 4, 66, ceux qui ont fait un progrès notable vers la vertu ¶2 [rhét.] progression, gradation: Cic. de Or. 3, 206.

prōgressŏr, *ōris*, m. (*progredior*), qui avance: Aug. Mus. 6, 6, 16.

1 **prōgressus**, *a*, *um*, part. de *progredior*, [adj¹] *progressior* Tert. Anim. 31, 2, plus avancé.

2 **prōgressŭs**, *ūs*, m. ¶1 marche en avant: Cic. Phil. 11, 4; [fig.] Att. 2, 21, 3 ‖ pl., Cic. Nat. 2, 51 ‖ avancement, progression [d'une roue dentée]: Vitr. 10, 9, 4 ‖ mouvement en avant [d'une poutre bélière]: Vitr. 10, 15, 7 ¶2 avancée [en parlant de la jetée d'un port]: Vitr. 5, 12, 2 ¶3 [fig.] **a)** *primo progressu* Cic. Ac. 2, 92, dès les premiers pas, dès le début **b)** *rerum progressus* *Cic. Off. 1, 11, le développement des choses **c)** accroissement: *aetatis* Cic. Phil. 5, 47, le progrès de l'âge ‖ progrès: *progressus facere in studiis* Cic. Tusc. 4, 44, faire des progrès dans les études; *tantos progressus habebat in Stoicis, ut...* Cic. Nat. 1, 15, il était si avancé dans la connaissance du stoïcisme que...

prōgŭbernātŏr, *ōris*, m., pilote en second: Caecil. d. Non. 536, 11.

prŏgymnastes, *ae*, m. (προγυμναστής), moniteur, entraîneur de gymnastique: Sen. Ep. 83, 4.

prōh, interj., ▶ *2 pro*.

prŏhĭbĕō, *ēs*, *ēre*, *ŭī*, *ĭtum* (*pro*, *habeo*), tenir éloigné ¶1 écarter, éloigner, détourner, empêcher **a)** *aliquem, aliquid ab aliqua re*: *tempestates hostem a pugna prohibebant* Caes. G. 4, 34, 4, des orages empêchaient l'ennemi de combattre; *se suosque ab injuria prohibent* Caes. G. 2, 28, 3, ils se tiennent éloignés eux et les leurs de toute injustice (s'interdisent toute...), cf. Cic. Phil. 2, 46; 2, 116; Clu. 200; Sall. J. 45, 3 **b)** *aliquem aliqua re*: *hostes suis finibus* Caes. G. 1, 1, 4, écarter les ennemis de son territoire; *exercitum itinere* Caes. G. 1, 10, 4, empêcher l'armée de faire route, cf. Caes. G. 1, 15, 4; Cic. Caecin. 39; *prohiberi jure suffragi* Cic. Rep. 2, 40, être écarté du droit de vote, cf. Cic. Fam. 6, 6, 9; Sest. 85; *non prohibere aqua profluente* Cic. Off. 1, 52, ne pas interdire l'accès d'une eau courante **c)** *aliquid de aliqua re* Lucil. d. Non. 528, 10 **d)** [arch. et poét.] [acc. de pron. n. et acc. de la personne]

me di omnes id non prohibebunt quin... Pl. *Amp.* 1051, pas un dieu ne m'empêchera de...; ***id eos ut prohiberet, praetori mandatum est*** Liv. 39, 45, 7, la mission de les empêcher de faire cela fut confiée au préteur **e)** ***parentes alicui*** Pl. *Curc.* 605, tenir ses parents éloignés pour qqn = lui cacher ses parents, l'empêcher de les trouver; ***aditum alicui*** B.-Afr. 31, empêcher l'accès à qqn, cf. Sil. 6, 27 **f)** [avec *ut*, contesté] ***ne, quominus, quin*** [avec subj.] empêcher que: ***dii prohibeant ut*** *Cic. Amer.* 151 mss , puissent les dieux empêcher que; ***quod potuisti prohibere ne fieret*** Cic. *Caecil.* 33, ce que tu as eu le pouvoir d'empêcher, cf. Liv. 24, 43, 4; ***se prohibitum esse quominus*** Cic. *Verr.* 1, 85, [il disait] qu'il avait été empêché de, cf. Cic. *Verr.* 2, 14; *Fam.* 12, 5, 1; Liv. 25, 35, 6; ***non prohiberi quin*** Liv. 26, 40, 4, ne pas être empêché de; [sans nég.] Tac. *An.* 14, 29 **g)** [avec inf.] ***aliquem exire...*** Cic. *Fam.* 1, 9, 7, empêcher qqn de sortir, cf. *Off.* 3, 47; *Sest.* 32; ***scribere fletu prohibeor*** Cic. *Att.* 11, 9, 3, les larmes m'empêchent d'écrire, cf. Cic. *Verr.* 5, 117; *Caecin.* 66; 84; ***de legatis a me prohibitis proficiscor*** Cic. *Fam.* 3, 9, 1, touchant les députés que j'ai empêchés de partir, cf. Cic. *Verr.* 3, 144; ***ad prohibenda circumdari opera*** Liv. 3, 28, 7, pour empêcher les travaux de circonvallation, cf. Liv. 22, 60, 3 ‖ [avec inf. pass.] ***pecuniam exigi lex prohibet*** Cic. *Agr.* 2, 72, la loi empêche qu'on fasse rentrer l'argent, cf. Cic. *Fin.* 5, 25; *Fam.* 12, 5, 2; Caes. *G.* 6, 29, 5; Liv. 2, 34, 11 **h)** [avec acc. seul] ***munitiones Caesaris prohibere*** Caes. *C.* 3, 44, 1, empêcher les fortifications de César, cf. Cic. *Cat.* 2, 26; ***prohibenda maxime est ira in puniendo*** Cic. *Off.* 1, 89, ce qu'il faut écarter surtout, c'est la colère, quand il s'agit de punir; ***recta imperans prohibensque contraria*** Cic. *Nat.* 1, 36, commandant le bien et empêchant son contraire, cf. Cic. *Leg.* 1, 18 ‖ [n. pl.] ***prohibita***, les choses interdites: Sen. *Ep.* 83, 19 **i)** [abs¹] empêcher, interdire, prohiber: Cic. *Leg.* 1, 42 ¶ **2** préserver: ***rem publicam a periculo*** Cic. *Pomp.* 19, préserver l'État des dangers, cf. Cic. *Brut.* 330; Caes. *G.* 5, 21, 1; 6, 23, 9; *C.* 1, 23, 3 ‖ ***tenuiores injuria*** Cic. *Off.* 2, 41, préserver les plus faibles de l'injustice, cf. Cic. *Pomp.* 18; Caes. *G.* 6, 10, 5; Liv. 22, 14, 2 ‖ ***id te Juppiter prohibessit!*** Pl. *Ps.* 14, que Jupiter t'en préserve [double acc.]
▶ arch. subj.-opt. ***prohibessis*** *Enn. Tr.* 239; ***prohibessit*** Cat. *Agr.* 141, 2; Pl. *Ps.* 14; L. d. Cic. *Leg.* 3, 6 ‖ ***probeat*** = ***prohibeat*** Lucr. 1, 977, cf. Lucr. 3, 862.

prŏhĭbessit, <small>v.</small>▶ *prohibeo* ▶.

prŏhĭbĭtĭo, *ōnis*, f. (*prohibeo*), interdiction, défense: Cic. d. Quint. 9, 2, 18; *Verr.* 3, 37.

prŏhĭbĭtŏr, *ōris*, m. (*prohibeo*), celui qui éloigne, qui écarte, qui empêche: Apul. *Socr.* 19; Arn. 7, 44.

prŏhĭbĭtōrĭus, *a*, *um* (*prohibitor*), qui met obstacle, prohibitif: Plin. 10, 37; Dig. 43, 26, 1.

prŏhĭbĭtus, *a*, *um*, part. de *prohibeo*.

prŏhĭbŭī, parf. de *prohibeo*.

prŏhinc, adv., donc: Apul. *M.* 8, 8.

prōĭcĭo, forme usuelle des inscr. et des mss pour *projicio*.

prŏin, adv., <small>c.</small>▶ *proinde*; [comptant pour une syllabe] Pl. *Amp.* 311; *Capr.* 63; Ter. *And.* 408; *Eun.* 56 ‖ [dissyl.] Catul. 20, 16.

prŏinde, adv. ¶ **1** ainsi donc, par conséquent [surtout suivi de subj. ou impér.]: Cic. *Fam.* 12, 6, 2; *Fat.* 4; *Cat.* 2, 11; Caes. *G.* 7, 38, 8 ¶ **2** dans la même proportion [que], de même [que] [avec *ac* ou *atque*]: Pl. *Amp.* 583; Varr. *L.* 6, 49; Cic. *Tusc.* 5, 6; Caes. *C.* 3, 60, 5 ‖ ***proinde ac si***, comme si: Cic. *Inv.* 1, 104; *Att.* 3, 13, 1; Caes. *C.* 3, 1, 5; 3, 72, 4; Nep. *Alc.* 6, 1 ‖ [avec *quam*]: ***proinde... quam*** Tac. *H.* 1, 30, autant que, cf. Pl. *Truc.* 324; ***non proinde... quam*** Tac. *H.* 2, 39, moins... que, cf. Gell. 9, 3, 5 ‖ [avec *ut*] de même que, selon que: Pl. *Amp.* 63; *Ps.* 679; Cic. *Inv.* 2, 175; ***ut... proinde*** Ter. *Hec.* 218; Lucr. 4, 648 ‖ [avec *quasi*] de même que si, comme si: Ter. *Phorm.* 382; Cic. *Rep.* 1, 9; *Mil.* 19; *Tusc.* 1, 86.

prōjactō, *ās*, *āre*, -, - (fréq. de *projicio*), tr., pousser en avant: Isid. 10, 216; <small>v.</small>▶ *projecto*.

prōjēcī, parf. de *projicio*.

prōjectātus, <small>v.</small>▶ *projecto*.

prōjectē, adv. (*projectus*), à la légère, sans attacher d'importance, avec mépris: Tert. *Pud.* 13, 9.

prōjectĭbĭlis, *e*, digne d'être rejeté: Iren. 1, 30, 9.

prōjectīcĭus, *a*, *um* (*projicio*), exposé, abandonné: Pl. *Cis.* 191 ‖ rejeté, chassé: Amm. 28, 6, 26.

prōjectĭo, *ōnis*, f. (*projicio*) ¶ **1** jet en avant: Fest. 482, 4 ‖ action d'avancer, d'allonger, d'étendre, allongement: Cic. *Or.* 59 ¶ **2** avance, saillie; droit de construire en saillie: Dig. 43, 17, 3.

prōjectō, *ās*, *āre*, -, - (fréq. de *projicio*), tr. ¶ **1** blâmer: *Enn. Tr.* 194; *Pl. Bac.* 567 ¶ **2** exposer [au danger]: Amm. 14, 2, 7.

prōjectŏrĭus, *a*, *um* (*projicio*), purgatif: Ps. Theod.-Prisc. *Diaet.* 5.

projectum, *ie*, n. (*projectus*), avance, saillie d'une maison, balcon: Dig. 50, 16, 242.

prōjectūra, *ae*, f. (*projicio*), [archit. et méc.] avancée, saillie: Vitr. 2, 8, 13; 10, 14, 2.

1 prōjectus, *a*, *um*
I part. de *projicio*.
II [adj¹] ¶ **1** qui se lance en avant, proéminent, saillant **a)** ***ventre projectiore*** Suet. *Tit.* 3, avec un ventre trop proéminent; ***urbs projecta in altum*** Cic. *Verr.* 4, 21, ville faisant saillie dans la mer **b)** [fig.] ***justitia projecta tota est*** Cic. *Rep.* 3, 11, la justice se prodigue toute au dehors **c)** débordant, qui s'étale impudemment, forcené, sans mesure, effréné: ***projecta et effrenata cupiditas*** Cic. *Dom.* 115, cupidité sans mesure et sans frein, cf. Cic. *Clu.* 183 ¶ **2** lancé vers, porté sans mesure à: ***homo ad audendum projectus*** Cic. *Verr.* 1, 2, homme porté à tout oser; ***projectissima ad libidinem gens*** Tac. *H.* 5, 5, peuple porté de façon effrénée vers les plaisirs ¶ **3** qui s'abaisse, qui s'avilit: ***non esse projectum consulare imperium*** Liv. 2, 27, 11, [disant] que l'autorité consulaire n'était pas avilie; ***tam projecta patientia*** Tac. *An.* 3, 65, une résignation qui s'abaisse à ce point ¶ **4** abattu: ***vultus projectus*** Tac. *H.* 3, 65, visage abattu.

2 prōjectŭs, abl. *ū*, m, action de s'étendre, extension: Lucr. 3, 987; Plin. 17, 92.

3 Prōjectus, *i*, m. (1 *projectus*), nom d'homme: Sidon. *Ep.* 2, 4, 1; CIL 3, 14929; <small>v.</small>▶ 2 *Praejectus*.

prōjĭcĭo, *ĭs*, *ĕre*, *jēcī*, *jectum* (*pro*, *jacio*) ¶ **1** jeter en avant, projeter: ***crates*** Caes. *G.* 7, 81, 2, jeter en avant des fascines [dans le fossé]; ***glebas in ignem*** Caes. *G.* 7, 25, 2, jeter des mottes [de suif] dans le feu; ***aquilam intra vallum*** Caes. *G.* 5, 37, 5, jeter l'enseigne au-dedans du retranchement; ***brachium projectum*** Cic. *de Or.* 3, 220, le bras jeté en avant, projeté; ***se ad pedes alicujus*** Caes. *G.* 1, 31, 2, se jeter aux pieds de qqn, cf. Cic. *Sest.* 26; ***projecti ad terram*** Caes. *C.* 3, 98, 2, prosternés à terre; ***se ex navi*** Caes. *G.* 5, 25, 4, se jeter hors du navire ‖ [fig.] ***se in judicium*** Cic. *Cael.* 22, se jeter en avant dans un procès [comme témoin], cf. Cic. *Fin.* 2, 73 ‖ jeter à terre, déposer: ***tela manu*** Virg. *En.* 6, 835, jeter ses armes loin de soi; [en part.] ***arma*** Caes. *C.* 3, 98, 1, jeter les armes, se rendre, cf. Caes. *G.* 7, 40, 6 ‖ [archit.] ***projicere*** intr., Cat., Pacuv. d. Gell. 4, 17, 15 et ***projici*** pass., Cic. *Top.* 24, faire saillie ¶ **2** jeter au-dehors, expulser: ***tantam pestem evomere forasque projicere*** Cic. *Cat.* 2, 2, vomir un tel fléau et le rejeter au dehors ‖ exiler, bannir: Sen. *Prov.* 3, 2; Tac. *An.* 1, 3; 4, 71 ¶ **3** [fig.] **a)** jeter loin de soi, rejeter, abandonner: ***patriam virtutem*** Caes. *G.* 2, 15, 5, rejeter les vertus de ses pères, cf. Cic. *Phil.* 13, 6; *Rosc. Post.* 33; Hor. *P.* 97; ***animam*** Virg. *En.* 6, 435, jeter loin de soi la vie, se donner la mort, cf. Luc. 4, 526 ‖ ***aliquem*** Caes. *C.* 2, 32, 8, abandonner qqn (le livrer à la merci...); ***ab aliquo proditus et projectus*** Cic. *Att.* 3, 19, 3, trahi et abandonné par qqn **b)** ***se in fletus*** Liv. 25, 37, 10, s'abandonner aux larmes **c)** rejeter = ajourner: ***ultra quinquennium projici*** Tac. *An.* 2, 36, être repoussé à plus de cinq ans.

prōlābŏr, *bĕris*, *bī*, *lapsus sum*, intr. ¶ **1** glisser (se glisser) en avant: Liv. 44, 5, 6; Cic. poet. *Nat.* 2, 114 ¶ **2** glisser en bas, tomber en glissant: ***ex equo*** Liv. 27, 27, 7,

prolabor

glisser de son cheval à terre ; **velut si prolapsus cecidisset** LIV. 1, 56, 12, comme s'il était tombé en glissant [par un faux pas] ; **ipsis adminiculis prolapsis** LIV. 21, 36, 7, quand ces appuis eux-mêmes glissaient, se dérobaient ‖ s'écrouler, tomber en ruine : NEP. *Att.* 20, 3 ; VIRG. *En.* 2, 555 ¶ 3 [fig.] **a)** se laisser aller à, se laisser entraîner à : **ad orationem** CIC. *Leg.* 1, 52, se laisser entraîner à un exposé ; **in misericordiam** LIV. 30, 12, 18, à la pitié ; **huc... ut** CIC. *Cael.* 47, se laisser aller à tel point que ; **longius... quam** CIC. *Caecin.* 101, se laisser aller plus loin que, faire une digression plus longue que **b)** tomber de : **ab aliqua cupiditate prolapsum verbum** CIC. *Font.* 28, mot échappé à qq. emportement passionné **c)** tomber, se tromper, faillir : CIC. *Quinct.* 77 ; *Att.* 1, 17, 19 ; LIV. 40, 23, 8 **d)** tomber, s'affaisser, se perdre : CIC. *Div.* 2, 4 ‖ **rem temeritate alicujus prolapsam restituere** LIV. 6, 22, 6, relever les affaires compromises par la témérité de qqn ; **prolapsum clade Romanum imperium** LIV. 23, 5, 14, la puissance romaine ébranlée par la défaite.

prōlapsĭo, ōnis, f. (*prolabor*) ¶ 1 glissade, faux pas : CIC. *Cael.* 41 ‖ écroulement : SUET. *Aug.* 30 ¶ 2 [fig.] erreur, faute : AMM. 20, 4, 15.

1 **prōlapsus**, a, um, part. de *prolabor*.

2 **prōlapsŭs**, ūs, m., ⊂▶ *prolapsio* : HIER. *Ep.* 98, 12.

prōlaltātim, adv. (*prolato*) en ajournant : DIOM. 407, 6.

prōlātātus, a, um, part. de *prolato*.

prōlātĭo, ōnis, f. (*profero*) ¶ 1 action de porter en avant, présentation, mention, citation : CIC. *Or.* 120 ‖ action de proférer, énonciation : CAEL.-AUR. *Chron.* 2, 1, 6 ¶ 2 agrandissement : **finium** LIV. 31, 5, 7, de territoire, cf. LIV. 42, 20, 4 ¶ 3 remise, ajournement : CIC. *Rosc. perd.* 8 ; *Att.* 7, 12, 2 ; CAES. C. 3, 32, 5 ‖ [abs¹] PL. *Mil.* 253 ; TAC. *H.* 3, 82 ¶ 4 [chrét.] action de proférer [à propos du Verbe proféré par Dieu] : TERT. *Apol.* 21, 11.

prōlātīvus, a, um (*prolatus*), proféré, prononcé : AMBR. *Luc.* 1, 5.

prōlātō, ās, āre, āvī, ātum (*profero*), tr. ¶ 1 étendre, agrandir : TAC. *H.* 2, 78 ; LUCR. 1, 983 ‖ prolonger : TAC. *An.* 11, 37 ¶ 2 ajourner, différer : CIC. *Cat.* 4, 6 ; SALL. *C.* 43, 3 ; TAC. *An.* 6, 42 ; **nihil prolatandum ratus** LIV. 21, 5, 2, pensant qu'il ne fallait pas perdre un moment.

prōlātŏr, ōris, m. (*profero*), celui qui produit : IREN. 2, 2, 3 ‖ celui qui promulgue : PS. CYPR. *Sing. cler.* 36.

1 **prōlātus**, a, um, part. de *profero*.

2 **prōlātŭs**, ūs, m., production : TERT. *Val.* 33, 2 ‖ exposé : DON. *And.* 12.

prōlectātus, a, um, part. de *prolecto*.

prōlectō, ās, āre, āvī, ātum (*prolicio*), tr. ¶ 1 attirer, allécher, séduire : CIC. *Flac.* 18 ; OV. *F.* 4, 433 ‖ charmer : VITR. 5,

pr. 1 ¶ 2 provoquer, harceler : *PL. *Bac.* 567.

prōlēgātus, i, m., prolégat : CIL 5, 3334.

prŏlĕgŏmĕnē lex, f. (προλεγομένη), loi précédée d'un préambule : *SEN. *Ep.* 94, 38.

prŏlēpōs, ōris, m., agrément de substitution : NOT. TIR. 48.

prŏlēpsis, is, f. (πρόληψις), prolepse [nom de diff. fig. de gram. et de rhét.] : ASCON. *Verr.* 1, 117.

prōlēs, is, f. (*pro*, cf. *adolesco, indoles, alo*), race, lignée, enfants, famille, postérité [arch. et poét. d'après CIC. *de Or.* 3, 153] : CIC. *Rep.* 2, 40 ; LUCR. 5, 856 ; VIRG. *En.* 1, 75 ; 6, 763 ; OV. *M.* 9, 452 ; **Ausonia** VIRG. *En.* 4, 236, les enfants de l'Ausonie ‖ [en parl. d'un enfant] **Bacchi** TIB. 1, 4, 7, le fils de Bacchus [Priape] ‖ [petits d'animaux] : LUCR. 1, 259 ; VIRG. *G.* 3, 65 ‖ [en parl. des plantes] fruits : VIRG. 2, 3 ‖ pl. [très rare] : COL. 10, 163 ‖ [fig.] jeunes gens, jeunes hommes : L. d. CIC. *Leg.* 3, 7 ‖ pl., les testicules : ARN. 5, 23 ; 7, 24.

1 **prōlētārĭus**, ii, m. (*proles*, cf. *parietarius*), qui ne compte dans l'État que par ses enfants, cf. GELL. 16, 10 ‖ prolétaire [citoyen pauvre, des dernières classes] : CIC. *Rep.* 2, 40.

2 **prōlētārĭus**, a, um, du bas peuple, trivial : PL. *Mil.* 752.

prōlĕvō, ās, āre, -, -, tr., [fig.] soulever : TERT. *Paen.* 4, 3.

prōlībō, ās, āre, -, -, tr., faire des libations, verser dans des libations : PLIN. 14, 117 ; 14, 119 ; 35, 158.

prōlĭcĕō, ēs, ēre, ŭī, - (*proliqueo*), intr., couler : GLOSS. 5, 608, 48.

prōlĭcĭō, ĭs, ĕre, -, - (*pro, lacio*), tr., attirer, allécher, séduire, : PL. *Curc.* 97 ; OV. *A. A.* 2, 712 ; TAC. *An.* 3, 73, 3.

prōlīmĕn, ĭnis, n., parvis : HIER. *Ezech.* 12, 40, 8.

prōlĭquātus, a, um, qui coule, fluide : APUL. *Apol.* 15.

prōlĭquĕō, ⊂▶ *proliceo*.

prōlixē, adv. (*prolixus*), largement, abondamment : CIC. *Flac.* 89 ‖ avec empressement : CIC. *Att.* 7, 14, 2 ; **prolixius accipere** TER. *Eun.* 1082, recevoir [à table] plus largement.

prōlixĭtās, ātis, f. (*prolixus*), longueur, étendue : ARN. 7, 46 ‖ longueur [du temps] : DIG. 36, 1, 22 ‖ prolixité : ARN. 4, 17.

prōlixĭtūdo, ĭnis, f. (*prolixus*), longueur : PACUV. *Tr.* 124.

prōlixō, ās, āre, -, - (*prolixus*), tr., allonger : COL. 4, 24, 22.

prōlixum, adv. (*prolixus*), longuement ; sans fin : APUL. *M.* 8, 9.

prōlixus, a, um (*pro* et *liquor, lixa*), qui s'épanche en avant ¶ 1 allongé, long : VARR. *R.* 1, 9, 5 ; 2, 2, 3 ; SUET. *Cl.* 30 ; **-xior** VARR. *R.* 1, 6, 4 ‖ long [en parl. du temps] : DIG. 50, 6, 5 ¶ 2 [fig.] prolixe, diffus : MACR. *Sat.* 3, 7, 8 ‖ de sens étendu, large, général : GELL. 12, 28, 3 ¶ 3 d'un cours heureux, favorable [en parl. des circonstances] : CAT. d. GELL. 7, 3, 14 ; CIC. *Att.* 1, 1, 2 ‖ coulant, obligeant, bienveillant : CIC. *Fam.* 3, 8, 8 ; **-xior** CIC. *Att.* 6, 3, 5 ‖ **-xissimus** AUG. *Ep.* 138, 20.

prōlŏcūtĭo, ōnis, f. (*proloquor*), action d'énoncer par la parole, parole : MAMERT. *Anim.* 2, 3, 5.

prōlŏcūtŏr, ōris, m. (*proloquor*), avocat, défenseur : Ps. QUINT. *Decl.* 3 b, 3.

prōlŏcūtus, a, um, part. de *proloquor*.

prōlŏgĭum, ĭi, n. (προλόγιον), préambule, ⊂▶ *prologus* : P. FEST. 253, 9.

prōlŏgūmĕnē lex, ⊂▶ *prolegomene*.

prōlŏgus, i, m. (πρόλογος) et arch. **prō-**, prologue [d'une pièce de théâtre] : TER. *And.* 5 ; *Phorm.* 14 ; QUINT. 11, 3, 91 ‖ acteur qui débite le prologue : TER. *Haut.* 11 ‖ prologue [d'une loi] : SEN. *Ep.* 94, 38.

prōlongō, ās, āre, āvī, ātum (*pro, longus*), tr., prolonger, allonger : VULG. *Deut.* 6, 2.

prōlŏquĭum, ĭi, n. (*proloquor*), proposition, idée [énoncée] : VARR. d. GELL. 16, 8, 2.

prōlŏquŏr, quĕris, quī, cūtus sum ¶ 1 intr., parler fort : PL. *Trin.* 162 ; VARR. L. 6, 56 ¶ 2 tr., exposer à haute voix : ENN. *Tr.* 293 ; PL. *Capr.* 6 ; *Amp.* 50 ; POET. d. CIC. *Or.* 147 ; TER. *Phorm.* 283 ; [avec prop. inf.] LIV. 4, 2, 13 ‖ prédire : PROP. 3, 13, 59.

prōlŏquūtŏr, ⊂▶ *prolocutor*.

prōlŏquūtus, ⊂▶ *prolocutus*.

prōlŭbīdo, ĭnis, f., ⊂▶ *prolubium* : VARR. d. NON. 64, 13.

prōlŭbĭum, ĭi, n. (*pro, lubet*), fantaisie, désir, caprice : TER. *Ad.* 985 ; GELL. 16, 19, 12 ‖ plaisir : GELL. 5, 10, 12.

prōlūdĭum, ĭi, n. (*proludo*), prélude : AMM. 28, 1, 10.

prōlūdō, ĭs, ĕre, lūsī, lūsum, intr., s'exercer par avance, s'essayer, préluder : **ad pugnam** VIRG. *G.* 3, 234, préluder au combat ; [abs¹, même sens] OV. *A. A.* 3, 515 ; FLOR. 3, 22, 6 ‖ [fig.] **ut ipsis sententiis, quibus proluserint, vel pugnare possint** CIC. *de Or.* 2, 325, de telle sorte que les pensées mêmes qui leur ont servi dans la préparation du combat leur servent jusque dans la bataille ‖ orgie : **jurgia proludunt** JUV. 5, 26, il y a des invectives comme prélude ; [pass. impers.] SEN. *Ep.* 102, 23 ; NAT. 3, 28, 3.

prōlūgĕō, ēs, ēre, -, -, intr., prolonger le deuil : P. FEST. 253, 11.

prōlŭō, ĭs, ĕre, lŭī, lūtum (*pro, 2 lavo, 1 luo*), tr. ¶ 1 baigner, arroser : OV. *F.* 4, 778 ‖ [en buvant] : HOR. *S.* 2, 4, 26 ; **pleno se proluit auro** VIRG. *En.* 1, 739, il s'abreuva à la coupe d'or pleine ‖ **cloacam** PL. *Curc.* 121, se rincer les entrailles ‖ inonder : APUL. *Mund.* 23 ¶ 2 emporter [en inondant], entraîner dans son cours : VIRG. *G.*

3, 543 ∥ balayer, emporter : Caes. *C.* 1, 48, 2 ; Virg. *G.* 1, 481 ∥ [fig.] dissiper [son argent] : Gell. 2, 24, 11.

prōlūsī, parf. de *proludo*.

prōlūsĭo, ōnis, f., préparation au combat, prélude : Cic. *Caecil.* 47 ; *de Or.* 2, 325.

prōlūtus, a, um, part. de *proluo*.

prōlŭvĭēs, ēi, f. (*proluo*), inondation, débordement : *Cic. *Q.* 3, 7, 1 ; *alvi* Lucr. 6, 1200, flux de ventre, déjections ; *foedissima proluvies ventris* Virg. *En.* 3, 217, immonde flux immonde de ventre.

prōlŭvĭo, ōnis, f. (*proluo*), inondation : Apul. *Mund.* 34.

prōlŭvĭōsus, a, um (*proluvium*), qui se répand partout : Q. Fab. Lucul. d. Fulg. *Serm.* 31, p. 120, 9 H.

prōlŭvĭum, ĭi, n. (*proluo*), profusion, prodigalité : Ambr. *Virg.* 1, 4, 18 ∥ déjections : Gell. 4, 11, 10.

prŏlȳtae, ārum, m. pl. (προλύται), prolytes, élèves qui ont étudié le droit pendant cinq ans : Dig. *Concept. omnem* 5, p. 11 B.

prōma, ae, f. (s.-ent. *cella*, **v.** *promus*), cellier, magasin : VL. *Ezech.* 28, 16 d. Tert. *Marc.* 2, 10, 3.

prōmăgistĕr, trī, m., administrateur en second : CIL 6, 2120.

prōmăgistĕrĭum, ĭi, n., charge de *promagister* : CIL 14, 5352.

prōmăgistrātū, **v.** *pro, magistratus*.

prōmăgistrō, **v.** *promagister*.

prōmānō, ās, āre, -, -, intr., s'écouler, s'étendre : Mamert. *Anim.* 3, 9, 2.

prōmărīnus, **v.** *permarini*.

prōmātertĕra, ae, f., sœur de la bisaïeule : Gai. *Dig.* 38, 10, 1.

prŏmēcēs, is (προμήκης), allongé en avant : Boet. *Arith.* 2, 31, 7.

prŏmĕdĭtŏr, ārĭs, ārī, -, tr., méditer d'avance : Fort. *Carm.* 4, 7, 12.

prōmĕlĕtō, ās, āre, -, - (προμελετάω), tr., préparer à l'avance : VL. *Luc.* 21, 14.

prōmellō, ĭs, ĕre, -, - (cf. *promulcus*), reporter, ajourner : P. Fest. 301, 6.

prōmĕnervō, ās, āre, -, - (cf. *Menerva*), tr., avertir : Carm. Sal. d. Fest. 222, 23.

prōmercālis, e (*pro, merx*), mis en vente, à vendre : Col. 1, 8, 13.

prōmercĭum, ĭi, n. (*pro, merx*), trafic : Dig. 48, 8, 3.

prōmĕrĕō, ēs, ēre, ŭī, ĭtum et **prōmĕrĕŏr**, ērĭs, ērī, ĭtus sum ¶ 1 tr., gagner, mériter : *quid mali sum promeritus ?* Pl. *Amp.* 570, quelle punition ai-je méritée ? = quel mal ai-je fait ? ; *quae promeres* Pl. *Trin.* 641, ce que tu mérites, cf. Ov. *Tr.* 1, 2, 63 ; *deorum indulgentiam* Plin. *Pan.* 74, 5, mériter la faveur des dieux, cf. Suet. *Cal.* 3 ; *Tit.* 1 ; [avec *ut* subj.] mériter que : Pl. *Men.* 1100 ; Cic. *Q.* 1, 1, 30 ∥ [part. pass. au n.] *bene promerita, male promerita*, **v.** *promeritum* ∥ *socios* Suet. *Aug.* 3, gagner, se concilier les alliés, cf. Plin. *Pan.* 62 ¶ 2 intr., être bien, mal méritant à l'égard de qqn, c.-à-d. rendre de bons, de mauvais services, se comporter bien ou mal à l'égard de qqn : *in nostrum ordinem promerendi locus* Cic. *Mur.* 70, occasion de rendre des services à notre ordre ; *ad bene de multis promerendum* Cic. *Off.* 2, 53, pour bien mériter d'un grand nombre, cf. Pl. *Capr.* 933 ∥ [avec acc. de rel.] *te, quae plurima enumerare vales, numquam negabo promeritam* Virg. *En.* 4, 335, relativement au si grand nombre de faits que tu peux énumérer, jamais je ne nierai que tu m'aies obligé = tous les bienfaits à mon égard que tu peux énumérer en foule, jamais je ne les nierai.

prōmergō, ĭs, ĕre, -, -, intr., poindre, apparaître : Ambr. *Luc.* 7, 162.

prōmĕrĭtum, i, n. (*promereo*) ¶ 1 bon service, bienfait : *bene promerita* Lucr. 2, 651, bienfaits ; *promeritum in aliquem*, service, bienfait à l'égard de qqn : Cic. *Quir.* 8 ; Sen. 1 ¶ 2 mauvais service, mauvais procédé à l'égard de qqn : *male promerita* Pl. *Trin.* 1173, offenses ∥ faute : Cic. *Inv.* 2, 83.

prōmĕrĭtus, a, um, part. de *promereo*.

Prŏmētheūs [trisyll.], ĕī (ĕŏs), m. (Προμηθεύς), Prométhée [fils de Japet, frère d'Épiméthée, père de Deucalion, fit l'homme d'argile et l'anima avec le feu du ciel qu'il avait dérobé, pour quoi il fut attaché sur le Caucase, où un vautour lui rongeait le foie ; il fut délivré par Hercule] : Cic. *Tusc.* 3, 76 ∥ [poét.] un habile potier : Juv. 4, 133 ∥ **-ēus**, a, um, de Prométhée : *Promethea juga* Prop 1, 12, 10, le Caucase.

Prŏmēthĭădēs, ae, m., fils de Prométhée (Deucalion) : Ov. *M.* 1, 390.

prōmĭcō, ās, āre, -, - ¶ 1 intr., sortir, paraître, croître, pousser : Apul. *M.* 3, 21 ¶ 2 tr., *orationem* Naev. *Com.* 16, lancer des paroles.

prōmĭnens, tis, part.-adj. de *promineo*, qui s'avance, se projette, saillant : *prominentes oculi* Plin. 11, 141, yeux à fleur de tête ∥ *-tior* Plin. 10, 7 ∥ **prōmĭnens**, tis, n., saillie, éminence : Tac. *An.* 1, 53 ; 2, 16.

***prōmĭnentĕr** [inus.], en avant : *-tius* Cael.-Aur. *Chron.* 5, 4, 68.

prōmĭnentĭa, ae, f., saillie, avancée : Vitr. 6, 8, 6.

prōmĭnĕō, ēs, ēre, mĭnŭī, - (cf. *minae, mons, emineo*), intr. ¶ 1 être saillant, proéminent : *collis prominens* Liv. 27, 48, 7, colline en surplomb ∥ faire saillie, s'avancer, déborder en avant : *in pontum* Ov. *M.* 13, 778, faire saillie dans la mer, cf. Liv. 37, 23, 1 ∥ *Algido* Hor. *O.* 1, 21, 6, se dresser sur l'Algide [chaîne de mont.] ; mais *ore* Hor. *Epo.* 5, 35, émerger du visage [au-dessus du sol] ; *pectore nudo prominentes* Caes. *G.* 7, 47, 5, dépassant le bord du rempart avec leur poitrine nue [se penchant au-dessus...] ¶ 2 [fig.] *in posteritatem prominere* Liv. 28, 43, 5, se prolonger dans la postérité.

prōmĭnō, ās, āre, -, - (*pro, mino*), tr., pousser devant soi : Apul. *M.* 9, 27.

prōmĭnŭlus, a, um (*promineo*), faisant un peu saillie : Plin. *Ep.* 5, 6, 15.

prōmiscam, adv. (*promiscus*), en commun : Pl. *Ps.* 1062, cf. P. Fest. 250, 26.

prōmiscē, **c.** *promiscue* Cic. *de Or.* 3, 72 ; Font. 12 ; Liv. 3, 47, 5 ; 5, 55, 2 ; Gell. *pr.* 2 ; 7, 3, 52.

prōmiscĕō, ēs, ēre, -, -, tr., mêler avant : Apic. 6.

prōmiscŭē, adv. (*promiscuus*), en commun, indistinctement, pêle-mêle : Caes. *G.* 6, 21, 5 ; Cic. *Agr.* 2, 85 ; Font. 22 ; Sall. *J.* 26, 7.

prōmiscus, a, um, **c.** *promiscuus* : Varr. *Men.* 383 ; Liv. 5, 13, 7 ; Tac. *An.* 1, 48 ; Gell. 11, 16, 8 ; 16, 13, 4.

prōmiscŭus, a, um (*promisceo*) ¶ 1 mêlé, indistinct, commun : *conubia promiscua* Liv. 4, 2, 6, mariages sans distinction d'ordres [entre patriciens et plébéiens] ; *consulatum promiscuum patribus ac plebi facere* Liv. 7, 21, 1, permettre l'accession au consulat indistinctement aux patriciens et aux plébéiens ; *in promiscuo esse* Liv. 29, 17, 14, être le partage de tous indistinctement ; *in promiscuo spectare* Liv. 34, 44, 5, assister au spectacle pêle-mêle avec la foule ; *in promiscuo habere pecuniam* Liv. 40, 51, 7, avoir de l'argent en commun ¶ 2 confondu, indifférent : *divina atque humana promiscua habere* Sall. *C.* 12, 2, regarder comme indifférentes les choses divines et humaines, les tenir en égal mépris ; *ista intercidere ac reparari promiscua sunt* Tac. *H.* 1, 84, que ces objets s'écroulent et se réparent, ce sont choses indifférentes ∥ *promiscua ac vilia mercari* Tac. *G.* 5, acheter des objets communs et de peu de valeur ∥ *promiscua opinatio* Gell. 16, 13, 4, opinion commune, répandue ¶ 3 [gram.] *promiscua nomina* Quint. 1, 4, 24, noms indistincts pour le sexe [ἐπίκοινα], dont le genre n'a rien à voir avec le sexe désigné, épicènes [*aquila, mus*].

prōmīsī, parf. de *promitto*.

prōmissĕ, inf. parf., **v.** *promitto*.

prōmissĭo, ōnis, f. (*promitto*), promesse : Cic. *Fam.* 4, 13, 1 ∥ [rhét.] : Cic. *de Or.* 3, 205.

prōmissīvē, adv., sous forme de promesse : Tert. *Marc.* 5, 10, 11.

prōmissīvus, a, um, qui promet : Isid. 2, 21, 18 ; *promissivus modus* Diom. 338, 8 ; Consent. 5, 374, 26, le futur [gram.].

prōmissŏr, ōris, m. (*promitto*), prometteur : Hor. *P.* 138 ; Quint. 1, 5, 6.

prōmissum, *i*, n. (*promissus*), promesse : Cic. *Att.* 12, 18, 1 ; **absolvere** Varr. *R.* 2, 11, 1 ; ***promissum facere, promissa servare, promissis stare*** Cic. *Off.* 1, 31, 3, 92 ; 1, 32 ; ***promissis manere*** Virg. *En.* 2, 160 ; ***promissa dare*** Catul. 63, 239, tenir, accomplir, acquitter, remplir sa promesse ; remplir ses engagements, demeurer fidèle à sa parole.

1 **prōmissus**, *a, um*, part. de *promitto*, [adj¹] qu'on a laissé pousser, qui pend, long : Caes. *G.* 5, 14, 3 ; Nep. *Dat.* 3, 1 ; Liv. 38, 17, 3.

2 **prōmissŭs**, abl. *ū*, m., promesse : Manil. 5, 579.

prōmisthōta, *ae*, m. (προμισθωτής), celui qui louait les acteurs et les décors : CIL 3, 6113.

prōmisti, ▣▶ *promitto* ▶.

Prōmītŏr, *ōris*, m. (*promo*), le dieu qui fait pousser [les végétaux] : Fab. Pict. d. Serv. *G.* 1, 21.

prōmittō, *ĭs, ĕre, mīsī, missum*
I pr. ¶ **1** faire aller en avant [rare] : ***arbor se promittit*** Plin. 16, 107, l'arbre se lance, se développe ; ***sonus promittitur*** Plin. 10, 28, le son se prolonge ¶ **2** laisser aller en avant : ***capillum, barbam*** Liv. 6, 16, 4, laisser croître les cheveux, la barbe ; ***ramos*** Col. 5, 6, 11, laisser pousser les rameaux.
II [fig.] ¶ **1** assurer, prédire [rare] : Cic. *Att.* 9, 7, 5 ; *Fam.* 6, 1, 5 ; Plin. 18, 309 ‖ Val.-Flac. 6, 730 ¶ **2** promettre [par une stipulation, normalement : donc s'obliger] : ***stipulanti promittere*** Dig. 4, 2, 9, 7, promettre au stipulant [le stipulant fait soumettre au promettant] **a)** *aliquid (alicui)*, qqch. (à qqn) : Cic. *Att.* 16, 1, 6 ; *Off.* 1, 32 ; ***se ultorem*** Virg. *En.* 2, 96, s'engager à être le vengeur ‖ ***aliquid promittere de se*** Hor. *S.* 1, 4, 102, promettre qqch. en s'engageant personnellement ; ***aliquid a se*** Cic. *de Or.* 1, 111, promettre qqch. de soi-même, de sa propre initiative ‖ ***aliquid de aliqua re*** Cic. *Planc.* 101, promettre qqch. en se fondant sur qqch., cf. *Fam.* 7, 5, 1 ‖ ***damni infecti promittere*** Cic. *Top.* 22, prendre un engagement pour dommage éventuel **b)** [avec inf.] ***si operam dare promittitis*** Pl. *Trin.* 5, si vous promettez d'y mettre du vôtre, cf. Pl. *Bac.* 920 **c)** [avec prop. inf., d'ordin. inf. fut. actif] Cic. *Mur.* 90 ; *Phil.* 4, 110 ; *Fam.* 13, 9, 3 ; [inf. prés.] Pl. *Merc.* 631 ; *Ru.* 531 ; Plin. 20, 244 ; [les deux constr. à la fois] Curt. 3, 6, 2 ; [inf. prés. pass.] Cic. *Quinct.* 29 **d)** [pass.] ***aliquid promittitur praedicare*** Plin. 37, 168, on promet qu'une chose prédit... **e)** [absᵗ] faire des promesses : Cic. *Div.* 2, 38 ; *Fam.* 7, 5, 1 ; [pass. impers.] ***cui promissum est*** Cic. *Off.* 1, 32, celui à qui on a fait une promesse ; [en part.] ***ad aliquem promittere*** Cic. *de Or.* 2, 27, promettre d'aller chez qqn, cf. Pl. *St.* 483 ; ***ad cenam alio promisi*** Pl. *St.* 596, j'ai promis d'aller dîner ailleurs.

▶ parf. contr. ***promisti*** Ter. *Ad.* 940 ; Catul. 110, 3 ; promisse ; Catul. 110, 5.

promnĭŏn, *ĭi*, n., pierre précieuse : Plin. 37, 173.

prōmō, *ĭs, ĕre, prompsī, promptum* (*pro, emo*), tr. ¶ **1** tirer, retirer, faire sortir : ***alicui pecuniam ex aerario*** Cic. *Verr.* 3, 195, tirer de l'argent du trésor public pour qqn, cf. Cic. *Cael.* 52 ; ***medicamenta de narthecio*** Cic. *Fin.* 2, 22, tirer des médicaments de leur boîte ; ***vina dolio*** Hor. *Epo.* 2, 47, tirer du vin de la jarre ; ***cavo robore se*** Virg. *En.* 2, 260, s'extraire du bois creux [du cheval] ¶ **2** [fig.] **a)** tirer de : ***quasi sedes, e quibus argumenta promuntur*** Cic. *Top.* 7, les demeures en qq. sorte, d'où l'on tire les arguments, cf. Cic. *de Or.* 1, 59 ; *de Or.* 2, 131 **b)** produire au jour : ***consilia*** Cic. *Att.* 9, 18, 2, donner des conseils ; ***justitiam*** Plin. *Ep.* 1, 10, 10, faire éclater la justice **c)** exprimer par la parole, l'écriture, dévoiler, publier : ***verba quae sensum animi nostri promunt*** Quint. 8, pr. 32, les mots qui expriment nos sentiments, cf. Quint. 2, 16, 15 ; 12, 10, 40 ; ***quae acta sint*** Liv. 30, 12, 8, exposer les événements, cf. Quint. 7, 1, 3 ; [avec prop. inf.] exposer que : Tac. *An.* 15, 60.

Prŏmŏlus, *i*, m., nom de guerrier : Virg. *En.* 9, 574.

prōmŏnĕō, *ēs, ēre*, -, -, tr., ▣▶ *praemoneo* : *Cic. *Har.* 10.

prōmonstra, *ōrum*, n. pl., prodiges : P. Fest. 250, 27.

prōmontōrĭum (**-tŏrĭum, -tŭrĭum**), ▣▶ *promunturium*.

prōmōram, prōmossem, ▣▶ *promoveo* ▶.

prōmoscīda, Isid. 12, 2, 14 et **prōmoscis**, Solin. 24, 14, ▣▶ *proboscis*.

prōmōtio, *ōnis*, f., avancement [en grade] : Ascon. *Verr.* 1, 28.

prōmōtŏr, *ōris*, m., celui qui accroît : CIL 4, 1052.

1 **prōmōtus**, *a, um* ¶ **1** part. de *promoveo* ¶ **2** [adjᵗ] avancé : ***promota nocte*** Apul. *M.* 4, 22, la nuit étant avancée ‖ pl. n., ***promota*** pris substᵗ, ▣▶ *producta* : Cic. *Fin.* 3, 52.

2 **prōmōtŭs**, *ūs*, m., avancement [en grade] : Tert. *Cor.* 3, 4.

prōmŏvĕō, *ēs, ēre, mōvī, mōtum*, tr. ¶ **1** pousser en avant, faire avancer : ***turrim, machinationes*** Caes. *G.* 7, 27, 1 ; 2, 31, 2, faire avancer une tour, des machines ; ***castra*** Caes. *G.* 1, 48, 1, avancer son camp, s'avancer avec son armée ; ***calculum*** Quint. 11, 2, 38, pousser un pion ‖ ***assa in alterum angulum*** Cic. *Q.* 3, 1, 2, pousser les étuves dans l'autre coin ¶ **2** étendre, agrandir : ***imperium*** Ov. *Pont.* 2, 2, 72, étendre la domination ¶ **3** [méd.] ***promoveri***, se déplacer : ***ossa suis sedibus promoventur*** Cels. 8, 18, les os sortent de leur logement [se luxent] ¶ **4** [fig.] **a)** faire monter en grade : Curt. 6, 11, 1 ; Plin. *Ep.* 7, 31, 3 ; Suet. *Vesp.* 16 **b)** développer : Hor. *O.* 4, 4, 33 **c)** faire sortir : ***arcana loco*** Hor. *Epo.* 11, 14, faire sortir les secrets de leur cachette **d)** reculer, ajourner : Ter. *And.* 711 **e)** [avec *nihil, aliquid, parum*] avancer, faire des progrès : Ter. *And.* 640 ; *Hec.* 703 ; *Eun.* 913 ; Gell. 10, 22, 24 ; 5, 10, 7.

▶ sync. ***promorat*** = *promoverat* Hor. *Epo.* 11, 14 ; ***promosset*** = *promovisset* Ov. *Am.* 2, 9, 17.

prompsī, parf. de *promo*.

promptāle, *is*, n., lieu de dépôt : VL. *Luc.* 12, 3.

promptārĭum, ▣▶ *promptuarium* Aus. *Epist.* 21, 2 (413), 46.

promptē, adv. (*promptus*), vite, avec empressement : Tac. *An.* 15, 32 ; **-tissime** Plin. *Ep.* 4, 17, 11 ‖ avec facilité, aisément : Juv. 10, 220 ‖ nettement : ***promptius*** Cic. *Verr.* 2, 176, plus clairement.

promptim, adv. (*promptus*), promptement, sans délai : Cypr.-Gall. *Gen.* 98.

promptō, *ās, āre*, -, - (fréq. de *promo*), tr., puiser souvent, dépenser sans réserve, sans compter : Pl. *Ps.* 628 ; *Bac.* 460.

promptŭārĭum, *ĭi*, n. (*promptuarius*), armoire, crédence : Apul. *M.* 1, 23 ; Hil. *Matth.* 4, 10 ‖ [fig.] magasin : Symm. *Ep.* 9, 67.

promptŭārĭus, *a, um* (*promo*), où l'on range, où l'on conserve : [office] Cat. *Agr.* 11, 3 ; [en parl. d'une prison] Pl. *Amp.* 156.

▶ ***promptarius*** Pl. *Amp.* 156.

promptŭlus, *a, um* (dim. de *promptus*), qui a qq. facilité à : Hier. *Dan.* *pr.* 38 W. d. Vulg..

1 **promptus**, *a, um*
I part. de *promo*.
II [pris adjᵗ] ¶ **1** mis au grand jour, visible, manifeste : ***aliud clausum in pectore, aliud promptum in lingua habere*** Sall. *C.* 10, 5, avoir une pensée cachée au fond du cœur, une autre exprimée sur les lèvres, cf. Cic. *Amer.* 118 ; *Fin.* 1, 30 ; *de Or.* 3, 215 ; ***quod non istius cupiditati apertissimum promptissimumque esset*** Cic. *Verr.* 4, 42, [aucun objet] qui ne fût pour sa cupidité parfaitement visible et disponible ¶ **2** qui est sous la main, prêt, apprêté, disponible [en parl. de choses] : ***fidem suam alicui promptam expositamque praebere*** Cic. *Caecin.* 78, mettre sa loyauté à la libre disposition de qqn, cf. Cic. *Fam.* 4, 13, 6 ; ***prompta audacia*** Sall. *C.* 32, 2, audace toute prête ‖ facile, à la portée de tout le monde, commode : ***facilis et prompta defensio*** Cic. *de Or.* 1, 237, une défense facile et à la portée de tous ; ***moenia haudquaquam prompta oppugnanti*** Liv. 23, 1, 10, remparts d'escalade difficiles pour un assaut ; ***promptum est*** [avec inf.], il est facile de : Ov. *M.* 13, 10 ; Tac. *An.* 15, 41 ; Quint. 9, 1, 22 ¶ **3** [en parl. de pers.] prêt, disposé, dispos, résolu : ***promptus homo*** Cic. *Verr.* 4, 37, homme

actif ; *alacri et prompto ore atque voltu vagari toto foro* Cic. *de Or.* 1, 184, aller çà et là à travers le forum avec un air, un visage alerte et décidé ; *lingua promptus* Liv. 2, 45, 15, résolu en paroles ; *promptior lingua quam manu* Sall. *J.* 44, 1, plus entreprenant en paroles qu'en actions ; *promptus animi* Tac. *H.* 2, 23, résolu de caractère ; *promptiores pro patria* Liv. 22, 59, 11, plus dévoués à la patrie ‖ [avec *ad*] prêt à disposé à : *animo prompto ad jocandum* Cic. *Q.* 2, 13, 1, d'une humeur disposée à la plaisanterie ; *ad vim promptus* Cic. *Agr.* 2, 82, prêt à la violence ; *promptiores esse ad nostra pericula* Cic. *Off.* 1, 83, être plus disposés à écarter les dangers qui nous menacent ‖ [avec *in* acc.] *promptus in pavorem* Tac. *An.* 15, 25, prompt à s'alarmer ; *promptior in spem* Tac. *Agr.* 35, plus porté à l'espoir ‖ [avec dat.] *promptus seditioni* Tac. *An.* 1, 48, porté à la révolte, cf. Tac. *An.* 4, 46 ; 11, 32 ; 15, 45 ; *promptior veniae dandae* Liv. 25, 16, 12, plus porté à pardonner ‖ [avec gén.] sous le rapport de : Gell. 10, 22, 1 ‖ [avec inf.] [poét.] *promptus pati* Luc. 7, 106 ; prêt à supporter, cf. Stat. *Th.* 7, 209.

2 **promptŭs**, abl. *ū*, m., [seul[t] dans l'expr. *in promptu*] ¶ 1 *in promptu esse*, être sous les yeux, visible : Cic. *Ac.* 2, 10 ; *Div.* 2, 124 ; *in promptu ponere* Cic. *Off.* 1, 126, mettre sous les yeux, montrer ; *habere* Sall. *C.* 7, 1, mettre en évidence ‖ [fig.] *haec sunt in promptu* Cic. *Off.* 1, 6, cela tombe sous le sens, c'est évident ¶ 2 *in promptu esse alicui* Cic. *Ac.* 1, 4, être sous la main de qqn, à sa disposition, tout prêt ; *semper in promptu habere quantum...* Cic. *Off.* 1, 105, ne jamais perdre de vue combien... ¶ 3 *est in promptu* Cic. *Off.* 2, 74, la chose est à la portée de tout le monde ‖ *in promptu est* [avec inf.], il est facile de : Ov. *M.* 2, 86 ; 13, 161.

prōmulcĕō, *ēs*, *ēre*, -, -, V. *promulsus*.

prōmulcus, *ī*, m. (*remulcum*, cf. *promello*?), remorque : P. Fest. 251, 3 ‖ remorqueur : *Gloss. 5, 511, 25.

prōmulgātĭō, *ōnis*, f. (*promulgo*), affichage officiel, publication : Cic. *Leg.* 3, 43 ‖ *leges sine promulgatione tollere* Cic. *Phil.* 2, 109, supprimer des lois sans consulter le peuple.

prōmulgātŏr, *ōris*, m., celui qui promulgue : Ennod. *Ep.* 7, 12, 2.

prōmulgō, *ās*, *āre*, *āvī*, *ātum* (cf. *mulgeo*), tr., afficher, publier : *legem* Cic. *Verr.* 5, 177, afficher, publier un projet de loi, cf. *Phil.* 1, 25 ; *Att.* 1, 14, 2 ; *Sest.* 55 ‖ faire connaître, enseigner : Plin. 33, 17 ‖ [abst] publier une proposition de loi (*de aliqua re*, à propos de qqch.) : Cic. *Sest.* 69 ‖ *hoc promulgare ut...* Cic. *Agr.* 3, 11, proposer une loi stipulant que...

prōmulsĭdārĕ, *is*, n., plat dans lequel on sert une entrée : Petr. 31, 9 ; Ulp. *Dig.* 34, 2, 19.

prōmulsis, *ĭdis*, f. (*pro*, *mulsum*), entrée, plat d'entrée : Cic. *Fam.* 9 ; 16, 8 ; 9, 20, 1 ‖ plat à hors-d'œuvre : Tert. *Pall.* 5, 5 ‖ [fig.] avant-goût : Petr. 24, 7.

prōmulsus, *a*, *um* (*promulceo*), caressé par-devant : Apul. *Flor.* 3.

prōmŭlus, *a*, *um* (*promo*), facile, coulant [en parl. du langage] : *Ennod. *Carm.* 1, 12, 10.

promunctōrium, *ĭi*, n. (*promunturium*, ou de προμυκτήριον, cf. *mungo*), extrémité du bec (?) : *Gloss. 2, 419, 18.

prōmuntŭrĭum, *ĭi*, n. (dial., cf. *mons*, *promineo*) ¶ 1 partie avancée d'une chaîne de montagnes, promontoire : Liv. 21, 35, 8 ¶ 2 partie avancée dans la mer, promontoire : Cic. *Verr.* 5, 145 ; *Phil.* 1, 7 ; Caes. *G.* 3, 12, 1.

▶ c'est l'orth. garantie par les mss et les inscriptions.

prōmūrāle, *is*, n. (*pro muro*), contremur : Isid. 15, 2, 21.

prōmus, *ī*, m. (*promo*), chef d'office, maître d'hôtel, cellérier, sommelier : Pl. *Poen.* 716 ; Hor. *S.* 2, 2, 16 ‖ [fig.] bibliothécaire : Apul. *Apol.* 53 ‖ **prōmum**, *i*, n., office, garde-manger : Tert. *Ux.* 2, 4, 3 ‖ **prōmus**, *a*, *um* : *proma cella* Tert. *Res.* 27, 4, office.

prŏmuscis, *ĭdis*, f. (de *proboscis*, cf. *promineo*), trompe : Veg. *Mil.* 3, 24 ; Cassiod. *Var.* 10, 30.

prōmūtŭŏr, *āris*, *ārī*, - (*pro*, *mutuor*, *promutuum* ; cf. fr. *emprunter*), tr., emprunter : *Gloss. 2, 417, 2.

prōmūtŭus, *a*, *um*, perçu d'avance, par anticipation : Caes. *C.* 3, 32, 6 ‖ **prōmūtŭum**, *i*, n., argent avancé, avance : Scaev. *Dig.* 40, 7, 40.

Prōnaea, *ae*, m., petite rivière de la Belgique [le Pruyn] : Aus. *Mos.* 354.

prŏnāŏs (**-nāus**), *ī*, m. (πρόναος), pronaos, vestibule d'un temple, parvis : *CIL* 1, 1492 ; Vitr. 3, 2, 7.

prōnascŏr, *scĕris*, *scī*, -, intr., naître avant : Commod. *Instr.* 1, 6, 13.

prōnātō, *ās*, *āre*, -, -, intr., s'avancer en nageant : Hyg. *Astr.* 2, 17.

1 **prōnātus**, *a*, *um*, C. *prognatus* : Tert. *Anim.* 2, 3.

2 **prōnātus**, *a*, *um*, part. de *prono*.

prōnē, adv. (*pronus*), en étant penché en avant : Caes. *G.* 4, 17, 4 ‖ tête baissée : Paul.-Petr. *Mart.* 4, 546 ‖ *-nius inclinati* Amm. 30, 8, 10, plus portés à.

prōnectō, *ĭs*, *ĕre*, -, -, tr., étirer en filant : Stat. *S.* 4, 3, 146.

prŏnĕpōs, *ōtis*, m., arrière-petit-fils : Cic. *Tusc.* 3, 26 ; Ov. *M.* 10, 606.

▶ *prŏnĕpōs* Sidon. *Carm.* 11, 133.

prŏneptis, *is*, f., arrière-petite-fille : Pers. 6, 53.

prōnis, *e*, penché, incliné, V. *pronus* : Varr. *Men.* 391.

prōnō, *ās*, *āre*, *āvī*, *ātum* (*pronus*), tr., incliner en avant, faire pencher : Sidon. *Ep.* 5, 17, 7.

Prŏnoea, *ae*, f. (πρόνοια), la Providence : Cic. *Nat.* 2, 160.

prōnōmĕn, *ĭnis*, n. (*pro nomine*, cf. ἀντωνυμία), pronom : Varr. *L.* 8, 45 ; Quint. 1, 4, 18.

prōnōmĭnālis, *e*, pronominal : Prisc. 3, 149, 7.

prōnōmĭnātĭō, *ōnis*, f., antonomase [rhét.] : Her. 4, 42 ; Diom. 455, 31.

prōnōmĭnātīvus, *a*, *um*, exprimé par un pronom : Prisc. 3, 130, 1.

prōnōmĭnō, *ās*, *āre*, -, -, tr., désigner par un pronom : Prisc. 3, 141, 21.

prōnŭba, *ae*, f. (*pro*, *nubo*), celle qui accompagne et assiste la mariée : Fest. 282, 16, cf. Catul. 61, 186 ; *Juno* Virg. *En.* 4, 166, Junon qui préside à l'hymen ‖ [par ironie] Virg. *En.* 7, 319 [à propos de Bellone].

prōnŭbans, *tis*, faisant l'office de *pronuba* : [fig.] Hier. *Mal.* 6.

1 **prōnŭbus**, *i*, m., paranymphe, jeune garçon qui assiste le marié : Anth. 337, 2 ‖ [fig.] Paul.-Nol. *Carm.* 25, 152.

2 **prōnŭbus**, *a*, *um* (*pro*, *nubo*), d'hymen, nuptial : Tert. *Apol.* 6, 4 ; Claud. *IV Cons. Hon.* 642.

prōnuntĭābĭlis, *e*, énonciatif : Ps. Apul. *Herm.* 1.

prōnuntĭātĭō, *ōnis*, f. (*pronuntio*) ¶ 1 publication, déclaration annonce : Caes. *C.* 2, 25, 7 ‖ arrêt, sentence [du juge] : Cic. *Clu.* 56 ‖ proclamation d'un crieur public : Val.-Max. 4, 8, 5 ¶ 2 déclamation, débit d'acteur, d'orateur : Cic. *Inv.* 1, 9 ; Quint. 1, 11, 14 ‖ expression, langage : Val.-Max. 7, 4, 1 ‖ [log.] proposition : Cic. *Fat.* 26 ‖ prononciation : Prisc. 2, 6, 25.

prōnuntĭātīvē, adv., dans un sens énonciatif, affirmatif : Don. *Phorm.* 57, 6.

prōnuntĭātīvus, *a*, *um*, énonciatif, affirmatif : Isid. 2, 21, 15.

prōnuntĭātŏr, *ōris*, m. (*pronuntio*) ¶ 1 celui qui débite le discours de qqn : Isid. 7, 12, 25 ¶ 2 [fig.] celui qui raconte, narrateur : Cic. *Brut.* 287.

pronuntĭātum, *i*, n. (*pronuntiatus*), proposition [énonciative] : Cic. *Tusc.* 1, 14.

1 **prōnuntĭātus**, *a*, *um*, part. de *pronuntio*.

2 **prōnuntĭātŭs**, abl. *ū*, m., prononciation, accentuation : Gell. 4, 17, 8.

prōnuntĭō, *ās*, *āre*, *āvī*, *ātum*, tr. I ¶ 1 annoncer ouvertement, à haute voix ; raconter, exposer : Caes. *G.* 7, 20, 8 ; *quae gesta sunt* Caes. *G.* 7, 38, 3, exposer les événements ; *quibus ex regionibus veniant* Caes. *G.* 4, 5, 2, raconter de quels pays ils viennent ‖ *cum rem eam scisset et non pronuntiasset* Cic. *Off.* 3,

pronuntio

66, sachant la chose et ne l'ayant pas déclarée ¶ 2 porter à la connaissance du public, exposer dans un écrit : Cic. *de Or.* 1, 66 ; 2, 131 ; 3, 56 ; *Off.* 1, 4 ; 3, 66 ; *Nat.* 1, 113.
II ¶ 1 proclamer, publier [par héraut] : Cic. *Fam.* 5, 12, 8 ; Cæs. *G.* 5, 51, 3 ; [polit.] *aliquem prætorem* Liv. 24, 27, 3, proclamer qqn élu comme préteur ‖ publier l'ordre de [avec ut subj.] Cæs. *G.* 5, 33, 3 ; [avec ne] Cæs. *G.* 5, 34, 1, l'ordre de ne pas..., la défense de ‖ [avec prop. inf.] publier que, porter à l'ordre de l'armée que : Cæs. *G.* 5, 31, 4 ¶ 2 prononcer [un arrêt, une sentence] : Cic. *Fin.* 2, 36 ; *Brut.* 86 ; *Off.* 3, 66 ; [avec prop. inf.] *de tribunali pronuntiat sese recepturum* Cic. *Verr.* 2, 94, du haut du tribunal il prononce qu'il recevra... ; [pass. pers.] *Ac.* 2, 146 ¶ 3 [polit.] *sententiam alicujus* Cæs. *C.* 1, 2, 5, exposer, proposer au vote du sénat l'avis de qqn [en parl. du consul], cf. Cic. *Fam.* 1, 2, 1 ¶ 4 promettre publiquement : Cic. *Clu.* 78 ; *Planc.* 45 ; Liv. 2, 20, 12 ; Sen. *Ep.* 118, 3 ; Suet. *Cæs.* 19 ¶ 5 déclamer, débiter à haute voix : *versus multos uno spiritu* Cic. *de Or.* 1, 261, déclamer beaucoup de vers d'une seule haleine, cf. Cic. *de Or.* 1, 88 ; 2, 79 ; *Div.* 2, 14 ; Plin. *Ep.* 5, 19, 16 ; *si versus pronuntiatus est syllaba una brevior aut longior* Cic. *Par.* 26, si dans le débit un vers est trop court ou trop long d'une seule syllabe ¶ 6 prononcer une lettre, un mot : Quint. 1, 5, 60 ; 9, 4, 34 ; Gell. 6, 8, 2 ; 13, 20, 2.

prōnūpĕr, adv., tout récemment : Pl. *Trin.* 427 b.

prōnŭrŭs, ūs, f., femme du petits-fils : Ov. *H.* 17, 206 ; Fest. 250, 21.

prōnus, a, um (pro, cf. pravus et supernus) ¶ 1 penché en avant : *pronus pendens in verbera* Virg. *Æn.* 10, 586, se penchant en avant pour fouetter les chevaux ; *pronus volvitur in caput* Virg. *Æn.* 1, 116, il roule la tête en avant ; *pecora, quæ natura prona finxit* Sall. *C.* 1, 1, les bêtes que la nature a courbées vers la terre, cf. Ov. *M.* 1, 84 ; 8, 379 ; Juv. 15, 147 ‖ *ilex paulum prona* Sall. *J.* 93, 4, chêne penchant un peu en avant ; *motus corporis pronus* Cic. *Div.* 1, 120, mouvement du corps en avant ; *pronus currus* Ov. *M.* 5, 424, le char qui s'incline en avant, qui s'enfonce ; *nihil proni habere* Cic. *Tusc.* 1, 142, n'avoir rien qui pousse vers le bas [oppos. à superus] ¶ 2 en pente, incliné : *prona via* Ov. *M.* 2, 67, chemin en pente ; *per pronum ire* Sen. *Ep.* 123, 14, descendre une pente ; *in prono* Liv. 21, 36, 7, sur un terrain en pente ; n. pl., *prona montis* Curt. 7, 11, 3, pentes d'une montagne ‖ *pronus amnis* Virg. *G.* 1, 203, rivière dont le cours est en pente, au cours rapide ‖ *urbs prona in paludes* Liv. 4, 59, 4, ville qui va en pente vers des marais ; *pronior orienti* Col. 1, 5, 8, plus incliné vers l'orient ¶ 3 [astre] qui est près de l'horizon, qui décline : Hor. *O.* 3, 27, 18 ; Prop. 1, 16, 23 ; Ov. *M.* 11, 257 ‖ [temps] *pronus annus* Hor. *P.* 60, le déclin de l'année [l'automne] ; *proni menses* Hor. *O.* 4, 6, 39, les mois qui fuient ¶ 4 [fig.] **a)** incliné vers, porté vers, enclin à [avec ad] : Cic. *Rep.* 2, 47 ; 2, 68 ; Suet. *Ner.* 50 ‖ [avec in acc.] Hor. *Ep.* 1, 18, 10 ; Suet. *Cæs.* 50 ‖ [avec dat.] : *aures offensioni proniores* Tac. *An.* 4, 29, oreilles assez promptes à s'offenser, cf. Tac. *Agr.* 41 ‖ [avec gén.] Luc. 1, 461 **b)** bien disposé, bienveillant, favorable : *pronis auribus* Tac. *H.* 1, 1, avec des oreilles favorables ; *pronus in aliquem* Tac. *H.* 1, 13 ; *alicui* Suet. *Galb.* 12, bien disposé pour qqn **c)** facile, aisé : *omnia virtuti suæ prona esse* Sall. *J.* 114, 2, [ils pensaient] que tout était facile pour leur courage, cf. Tac. *Agr.* 33 ; *iter pronum ad honores* Plin. *Ep.* 8, 10, 3, chemin qui conduit facilement aux honneurs ; *consilium pronius ad fidem* Liv. 21, 28, 6, décision plus croyable ; *pronum est* [avec inf.], il est facile de : Tac. *Agr.* 1 ; Luc. 6, 606.

prŏōdĭcus, a, um (προῳδικός), ⓒ *antecantativus* : Mar. Vict. *Gram.* 6, 58, 3.

prŏœcŏnŏmĭa, æ, f. (προοικονομία), préparation [d'un fait], précautions [du poète] : Serv. *En.* 2, 298 ; 5, 858.

prŏœmĭŏr, āris, āri, -, intr., faire un exorde : Sidon. *Ep.* 4, 3, 2.

prŏœmĭum, ii, n. (προοίμιον) ¶ 1 prélude : Cic. *de Or.* 2, 325 ¶ 2 préface, introduction, préambule : Cic. *Clu.* 58 ; *Leg.* 2, 16 ; *Att.* 16, 6, 4 ‖ exorde : Quint. 4, 1, 1 ‖ principe, commencement, origine : Juv. 3, 288.

prōpăgātĭo, ōnis, f. (1 propago) ¶ 1 action de provigner, provignement : Cic. *CM* 53 ‖ propagation : Cic. *Off.* 1, 54 ¶ 2 [fig.] extension, agrandissement, prolongation : *finium* Cic. *Prov.* 29, agrandissement du territoire ; *vitæ* Cic. *Tusc.* 1, 86, prolongation de la vie.

prōpăgātŏr, ōris, m. (1 propago) ¶ 1 celui qui étend dans l'espace : *CIL* 8, 18256 ‖ celui qui multiplie : Apul. *Mund.* 37 ¶ 2 celui qui fait proroger [une magistrature] : Cic. *Att.* 8, 3, 3.

prōpăgātus, a, um, part. de propago.

prōpăgēs, is, f. (pango, pagina, 1 et 2 propago), provin : P. Fest 253, 21 ‖ [fig.] rejeton, race, lignée : Pacuv. *Tr.* 20.

prōpăgĭnātĭo, ōnis, f., provignement : Isid. 17, 5, 30.

prōpăgĭnātus, a, um, part. de propagino.

prōpăgĭnō, ās, āre, -, ātum, tr., propager par bouture, provigner : Isid. 17, 5, 33 ; [fig.] *Tert. Pall.* 2, 7.

prōpagmen, ĭnis, n., prolongation : Enn. *An.* 160.

1 **prōpāgō**, ās, āre, āvī, ātum (pro, cf. *pango* et *placo* ; al. *propfen*), tr. ¶ 1 propager par bouture, provigner : Cat. *Agr.* 52, 1 ; Plin. 17, 96 ; 21, 60 ‖ [fig.] propager, perpétuer : Cic. *Phil.* 1, 13 ; Verr. 5, 180 ¶ 2 agrandir, étendre : *fines imperii* Cic. *Rep.* 3, 21, élargir les frontières de son empire, cf. Nep. *Ham.* 2, 5 ; Liv. 36, 1, 3 ; Tac. *An.* 12, 23 ¶ 3 étendre, prolonger, faire durer : *vitam* Cic. *Inv.* 1, 2, prolonger son existence, la soutenir, cf. Cic. *Fin.* 5, 32 ; *eamdem diem intellego propagatam esse et ad salutem Urbis et ad memoriam consulatus mei* Cic. *Cat.* 3, 26, je vois que le même jour a assuré tant la conservation de Rome que le souvenir de mon consulat ; *hæc posteritati propagantur* Cic. *Sest.* 102, ces actions se transmettent à la postérité ‖ *multa sæcula rei publicæ propagare* Cic. *Cat.* 2, 11, assurer à la république de nombreux siècles de durée.
▶ prŏ- Lucr. 1, 20 ; Sil. 2, 52, mais prō- Lucr. 1, 195 ; 5, 850.

2 **prōpāgō**, ĭnis, f. (cf. *propages* ; fr. *provin*) ¶ 1 provin, marcotte, bouture : Cic. *CM* 52 ; Plin. 17, 58 ‖ rejeton, pousse : Fab. Pict. d. Gell. 10, 15, 13 ; Hor. *Epo.* 2, 9 ¶ 2 [fig.] rejeton, lignée, race : Lucr. 5, 1027 ; Virg. *Æn.* 6, 871 ; Ov. *M.* 2, 38 ; Plin. 7, 62 ‖ *clarorum virorum propagines* Nep. *Att.* 18, 2, les filiations des hommes illustres, leur généalogie.
▶ prŏ- Lucr. 4, 998 ; Verg. *En.* 6, 870 ; Ov. *M.* 2, 38, propago, mais prō- Virg. *G.* 2, 26 ; 2, 63 propagine.

prōpălam, adv. (pro, palam), au grand jour, ostensiblement, publiquement : Pl. *Ep.* 12 ; Cic. *de Or.* 1, 161 ; Tac. *An.* 6, 7 ; *propalam fieri* Pl. *Mil.* 1347, se divulguer ; *propalam est* [avec inf.] Ter.-Maur. P. 6, 395, 2327, il est évident que.

prōpălō, ās, āre, āvī, ātum (propalam), tr., rendre public, publier, divulger : Sidon. *Ep.* 9, 11, 7 ; Aug. *Ep.* 78, 2.

prōpansus (-passus), a, um (pro, pando), déployé, étendu : Apul. *M.* 6, 15.

prōpassĭo, ōnis, f., début de souffrance : Hier. *Matth.* 26, 37.

prōpătĭŏr, tĕris, tī, -, tr., souffrir auparavant ou antérieurement : Schol. Juv. 2, 50.

prōpătŏr, ŏris, m. (προπάτωρ), aïeul, ancêtre : Ps. Tert. *Hær.* 4, 5.

prōpătrŭus, i, m., arrière-grand-oncle : Dig. 38, 10, 1.

prōpătŭlō, Mel. 1, 106, et ordin[t] **in prōpătŭlo** (abl. n. de *propatulus*), en plein air, en public, à découvert, au vu de tout le monde : *in propatulo ædium* Liv. 24, 16, 17, dans la cour d'une maison ; *in propatulo pudicitiam habere* Sall. *C.* 13, 3, se prostituer ; *in propatulo esse* Gell. 18, 10, 8, être offert aux yeux de tous.

prōpătŭlus, a, um (pro, pateo), découvert : *in aperto ac propatulo loco* Cic. *Verr.* 4, 110, dans un lieu découvert et libre d'accès.

prŏpĕ, adv. (*proque, cf. proxime, maxime ; cal. prop), propius ; proxime.
I adv. ¶ 1 [lieu] près, auprès : *prope alicubi esse* Cic. *Fam.* 9, 7, 1, être qq. part à

proximité ; *prope a Sicilia* Cic. Verr. 5, 6, près de la Sicile, cf. Cic. Verr. 2, 6 ; Pis. 26 ; *propius a terra* Cic. Nat. 2, 52, plus près de la terre ¶ 2 [temps] : Ter. Ad. 307 ; *prope est quando* Pl. Men. 985 ; *prope adest quom* Ter. And. 152, le moment est proche où [ou] *prope adest ut* Pl. Aul. 276 ¶ 3 presque, à peu près : *annos prope nonaginta natus* Cic. Verr. 3, 62, ayant près de quatre-vingt-dix ans ‖ *prope factum est ut* Liv. 25, 21, 1 ; *prope est ut* Liv. 2, 23, 14, il s'en est fallu de peu que ; il s'en faut de peu que ; V.▶ *propius*.
II prép. acc. : *prope oppidum* Caes. G. 7, 36, près de la ville ; *prope me* Cic. Fam. 7, 23, 4, près de moi ‖ *prope metum res fuerat* Liv. 1, 25, 13, on avait été tout près d'avoir peur ; *prope seditionem ventum est* Tac. H. 3, 21, on fut à deux doigts d'une révolte.

prŏpĕdĭem (prŏpĕ dĭem), adv., au premier jour, bientôt, sous peu : Cic. Div. 1, 47 ; Att. 2, 1, 11.

prōpellō, *ĭs*, *ĕre*, *pŭlī*, *pulsum*, tr. ¶ 1 pousser en avant, faire avancer : *oves in pabulum* Varr. R. 2, 2, mener paître les brebis ; *orationem dialecticorum remis* Cic. Tusc. 4, 9, faire avancer un exposé avec les rames de la dialectique ‖ [fig.] *aliquem* Cic. Sull. 64, pousser qqn en avant ; *ad voluntariam mortem* Tac. An. 11, 2, pousser au suicide ¶ 2 repousser, chasser : *hostes* Caes. G. 7, 80, 6, culbuter les ennemis ; *a castris* Liv. 7, 24, 5, repousser du camp les ennemis ; *crates* Caes. C. 3, 46, 3, abattre les claies ‖ [fig.] *famem* Hor. S. 1, 2, 6, chasser la faim ; *periculum vitae ab aliquo* Liv. 40, 11, 10, écarter de qqn le danger de mort.
▶ prŏ- Lucr. 4, 194 ; 6, 1027.

prŏpĕmŏdo, C.▶ *propemodum* Pl. Trin. 780 ; Ps. 276 ; *Liv. 24, 20, 11.

prŏpĕmŏdum, adv., presque, à peu près : Cic. Div. 2, 85 ; Fin. 1, 2 ; Or. 147.

prŏpempticŏn (-tĭcum), *i*, n. (προπεμπτικόν), adieu [en vers], discours d'adieu : Sidon. Carm. 24 tit..

prōpendĕō, *ēs*, *ēre*, *pendī*, *pensum*, intr. ¶ 1 être penché en avant : Suet. Galb. 21 ‖ être pendant, pendre : Plin. 26, 36 ¶ 2 descendre [plateau d'une balance], pencher : Cic. Tusc. 5, 51 ‖ être plus pesant, l'emporter : Cic. Tusc. 5, 86 ¶ 3 [fig.] pencher, avoir une propension : Cic. de Or. 2, 187 ; *in aliquem* 2, 129.

prōpendō, *ĭs*, *ĕre*, -, -, intr., peser, être pesant : *Pl. As. 305.

prōpendŭlus, *a*, *um* (propendeo), qui pend en avant : Apul. Flor. 3.

prōpensē, adv. (propensus), par un mouvement naturel, spontanément : Lentul. Fam. 12, 15, 3 ‖ *propensius* Liv. 37, 52, 6.

prōpensĭo, *ōnis*, f. (propensus), penchant : Cic. Fin. 4, 47.

prōpensus, *a*, *um* ¶ 1 part. de propendeo ¶ 2 [adj¹] *a)* qui pend en avant : *labrum propensum* Solin. 20, 6, lèvre pendante *b)* prépondérant, lourd, important : Pl. Bac. 513 ; Cic. Par. 24 *c)* incliné vers, porté à : *ad misericordiam* Cic. Amer. 85, porté à la pitié, cf. Cic. Lae. 31 ; Off. 1, 105 ; Mur. 64 ; *in alteram partem* Cic. Att. 8, 3, 4, incliné de l'autre côté, vers l'autre parti ; *propensior benignitas esse debebit in calamitosos* Cic. Off. 2, 62, la bienfaisance devra se pencher plutôt sur les malheureux *d)* qui incline vers, qui se rapproche de : Cic. Nat. 3, 95 ‖ *propensissimus* B.-Alex. 26, 1.

prŏpĕrābĭlis, *e*, qui accélère : Tert. Anim. 43, 3.

prŏpĕrans, *tis*, part.-adj. de propero, qui se hâte, prompt, rapide : Cic. Phil. 9, 6 ; *haec properantes scripsimus* Cic. Att. 4, 4, j'écris cela à la hâte ‖ -*tior* Claud. Ruf. 2, 337.

prŏpĕrantĕr, C.▶ *propere* Lucr. 5, 300 ; Tac. An. 16, 24 ‖ -*tius* Sall. J. 96, 2 ; -*tissime* Cod. Th. 11, 30, 8.

prŏpĕrantĭa, *ae*, f. (properans), hâte, diligence : Sall. J. 36, 3 ‖ précipitation : Tac. An. 12, 20.

prŏpĕrātim, C.▶ *propere* Caecil. Com. 167 ; Pomp. Com. 26, cf. Gell. 12, 15, 1.

prŏpĕrātĭo, *ōnis*, C.▶ *properantia* : Cic. Fam. 5, 12, 2.

prŏpĕrātō, adv., C.▶ *propere* : Tac. An. 13, 1.

prŏpĕrātus, *a*, *um*, part. de propero, [adj¹] fait à la hâte, rapide, accéléré : Ov. Tr. 3, 3, 34 ; M. 9, 586 ; -*tior* Solin. 26, 4 ; V.▶ *propero*.

prŏpĕrē, adv. (properus), à la hâte, vite, avec diligence, avec empressement : Pl. Aul. 264 ; Nep. Epam. 4, 3 ; Sall. J. 86, 1 ; Liv. 23, 36, 1.

prŏpĕrĭpēs, *ĕdis*, aux pieds légers [agiles] : Catul. 63, 34.

prŏpĕrĭtĕr, C.▶ *propere* Pacuv. Tr. 332 ; Acc. Tr. 629 ; Apul. M. 1, 22.

prŏpĕrō, *ās*, *āre*, *āvī*, *ātum* (properus), tr. et intr.
I tr., hâter, presser, accélérer : *vascula* Pl. Aul. 270, préparer vite la vaisselle, cf. Pl. Cas. 491 ; *iter* Sall. J. 112, 2, presser sa marche, cf. Sall. J. 37, 4 ; 105, 2 ; *mortem* Virg. En. 9, 401, hâter sa mort ; *opus* Hor. Ep. 1, 3, 28, se donner vite à une tâche ; *deditionem* Tac. An. 2, 22, se hâter de capituler, cf. Tac. An. 11, 37 ; H. 3, 40 ; *naves properatae* Tac. An. 2, 6, les navires furent faits hâtivement ‖ *properato opus est* Cic. Mil. 49, il faut se hâter.
II intr., se hâter, se dépêcher, faire diligence : *in Italiam, Romam* Caes. G. 2, 35, 2 ; Cic. Mil. 49, se rendre en hâte en Italie, à Rome ; *ad praedam, ad gloriam* Caes. C 2, 39, 3, se hâter vers le butin, vers la gloire ‖ [avec inf.] : *pervenire properat* Caes. G. 2, 11, 1, il se hâte d'arriver, cf. Cic. Prov. 35 ; Rep. 6, 15 ; *properat socius vocari* Virg. En. 7, 264, il a hâte d'être appelé notre allié ‖ [avec prop inf.] *eum adjungi generum properabat* Virg. En. 7, 57, elle avait hâte de se l'attacher comme gendre, cf. Sall. C. 7, 6 ‖ [avec ut] se hâter de : Cic. Phil. 1, 10 ; Caes. C. 2, 20, 1 ‖ [avec sup.] *adjutum properatis* Sall. Macr. 16, vous vous hâtez de seconder.

Prŏpertius, *ii*, m., surnom rom. ; not¹ Properce, poète élégiaque latin : Quint. 10, 1, 93.

prŏpĕrus, *a*, *um* (pro et 1 per, cf. *perperus*), prompt, rapide, pressé, empressé : Cat. d. Fest. 300, 5 ; Virg. En. 12, 85 ; Tac. An. 1, 65 ‖ [avec inf.] *clarescere* Tac. An. 4, 52, impatient de s'illustrer ‖ [avec gén.] *vindictae* Tac. An. 14, 7, avide de vengeance ; *oblatae occasionis propera* Tac. An. 12, 66, prompte à saisir l'occasion qui s'offre.

prōpēs, *ĕdis*, m. (pro, pes), câble qui sert à attacher le bas d'une voile, écoute : Turpil. Com. 215.

prōpĕtrō, *ās*, *āre*, -, - (pro, 1 patro), tr., donner à achever : P. Fest. 253, 23.

prōpexus, *a*, *um*, peigné en avant, qui pend, pendant, long : Acc. d. Serv. En. 12, 605 ; Virg. En. 10, 838 ; Ov. F. 1, 259.

prŏphānus, V.▶ *profanus* Sidon. Ep. 3, 12, 1.

prŏphēta (-tēs), *ae*, m. (προφήτης), prêtre d'un temple, d'une divinité : Fest. 254, 9 ; Apul. M. 2, 28 ; Macr. Sat. 7, 13, 9 ‖ prophète : Lact. Inst. 1, 4, 1.

prŏphētālis, *e* (propheta), de prophète, des prophètes, prophétique : Hier. Ep. 54, 17 ; 96, 3.

prŏphētātĭo, *ōnis*, f. (propheto), prophétie : Aug. Civ. 10, 32, 2.

prŏphētīa, *ae*, f. (προφητεία), prophétie : Aug. Civ. 18, 44.

prŏphētĭālis, *e*, prophétique : Tert. Val. 28, 1.

prŏphētĭcē, adv. (propheticus), prophétiquement : Tert. Virg. 5, 4.

prŏphētĭcus, *a*, *um*, prophétique, qui prophétise, prophète : Hier. Ep. 130, 14 ; Tert. Anim. 47, 2.

prŏphētis, *ĭdis*, f., prophétesse : Tert. Res. 11, 2 ; **prŏphētissa**, *ae*, f., Ps. Tert. Haer. 6, 6.

prŏphētizō, *ās*, *āre*, -, -, tr., prophétiser : Vulg. Luc. 22, 64.

prŏphētō, *ās*, *āre*, *āvī*, *ātum*, tr., prophétiser, prédire : Tert. Anim. 47, 2.

Prophthasia, *ae*, f. (Προφθασία), ville de l'Asie Ultérieure, dans la Drangiane : Plin. 6, 61.

prŏpĭātus, *a*, *um*, part. de propio.

prŏpīn, interj., n. indécl. (προπεῖν), apéritif : *Petr. 28, 3 ; *Mart. 12, 82, 11 ; CIL 5, 5272.

prŏpīna, ae, f., ⊂> popina : Isid. 15, 2.

prŏpīnātĭo, ōnis, f. (propino), provocation (invitation) à boire, défi de buveurs : Sen. Ir. 2, 33, 6 ; Ben. 2, 21, 5 ; Ep. 83, 24.

prŏpīnātŏr, ōris, m., celui qui invite à boire, qui incite à la débauche : Aug. Serm. 361, 7 ‖ **-nātrix**, īcis, f., Greg.-M. Mor. 12, 37.

prŏpincus, ⊂> propinquus Liv. 21, 53, 7 mss.

prŏpīnō, ās, āre, āvī, ātum (προπίνω, cf. *propin*), tr. ¶ 1 boire le premier, boire avant qqn et lui présenter la coupe entamée : **propino magnum poclum ; ille ebibit** Pl. Curc. 359, je lui présente une grande coupe ; il la vide d'un trait ; **tibi propino** Pl. St. 708, je bois à ta santé ; **propino hoc pulchro Critiae** Cic. Tusc. 1, 96, je bois ceci au beau Critias ; **propino tibi salutem** Pl. St. 468, je bois à ta santé ¶ 2 offrir à boire : **cadum tibi veteris vini propino** Pl. St. 425, je t'offre une amphore de vin vieux, cf. Mart. 10, 49, 3 ‖ **aquam** Plin. 28, 7, faire boire, administrer de l'eau [à un malade] ¶ 3 offrir, livrer : **hunc comedendum et deridendum vobis propino** Ter. Eun. 1087, je vous le donne à manger et à berner.
▶ *prŏp-* Pl. ; Ter. ; Ov. M. 8, 6 ; Mart. 1, 68, 3.

prŏpinquātĭo, ōnis, f., approche : Aug. Psalm. 119, 29, 7.

prŏpinquē, adv., proche, près : Pl. Truc. 499 ; 575.

prŏpinquĭtās, ātis, f. (propinquus), proximité, voisinage : Cic. Phil. 3, 15 ; Off. 3, 46 ; Caes. G. 2, 20, 4 ; pl., Caes. G. 6, 30, 3 ‖ [fig.] parenté, alliance : Cic. Planc. 27 ; pl., Cic. Fin. 5, 59 ; Caes. G. 2, 4, 4.

prŏpinquō, ās, āre, āvī, ātum (propinquus) ¶ 1 intr., s'approcher, approcher [avec dat.] : **scopulo, ripae** Virg. En. 5, 185 ; 6, 410, s'approcher du rocher, de la rive ; **domui ignis propinquat** Tac. An. 15, 39, le feu approche de la maison, cf. Tac. H. 2, 18 ; 2, 58 ; 4, 30 ‖ [avec acc.] [prope] **amnem** Sall. H. 4, 74 ; **campos** Tac. An. 12, 13, approcher du fleuve, des plaines ¶ 2 tr., faire venir près, rendre prochain, hâter : **augurium** Virg. En. 10, 254, hâter l'accomplissement de l'augure, cf. Sil. 2, 281.

prŏpinquus, a, um (prope, cf. longinquus, propior, proximus) ¶ 1 rapproché, voisin : Cic. Amer. 133 ; Phil. 11, 34 ; **exsilium propinquius** Ov. Tr. 4, 4, 51, un exil plus rapproché ; **colles duo propinqui inter se** Sall. J. 98, 3, deux collines proches l'une de l'autre ; **in propinquis urbi montibus** Nep. Hann. 5, 1, sur des montagnes voisines de la ville ‖ **ex propinquo** Liv. 22, 33, 4, de près ; **in propinquo esse** Liv. 25, 15, 18, être proche ¶ 2 proche, prochain, peu éloigné : **propinqua mors** Cic. Div. 1, 65, mort prochaine ‖ voisin, approchant, analogue : Cic. de Or. 2, 185 ; Gell. 6, 16, 11 ‖ proche par la parenté : **alicui genere propinquus** Sall. J. 10, 3, proche de qqn par le sang ‖ [pris subst^t] : **propinquus, propinqua**, parent, parente : Cic. Off. 1, 59 ; Mur. 73 ; **propinqui** Cic. Off. 1, 53, les proches, les parents, (mais **propinqui** Cic. Mil. 76, les voisins).

prŏpĭō, ās, āre, -, - (prope), intr., s'approcher : Paul.-Nol. Carm. 19, 226.

prŏpĭor, prŏpĭus, adj. ; compar. de *propinquus* outre *propinquior* (cf. prope) ¶ 1 plus rapproché, plus proche, plus voisin : [avec dat.] **propior patriae** Ov. Pont. 1, 2, 130, plus proche de la patrie ; [avec acc.] **propior montem** Sall. J. 49, 1, plus près de la montagne ; [avec ab] **ab igne propior** Sen. Ep. 74, 4, plus près du feu ‖ n., **propiora fluminis** Tac. H. 5, 16, les points du fleuve plus rapprochés ¶ 2 plus rapproché, plus récent : **propior epistula** Cic. Att. 15, 3, 2, la dernière lettre ; **veniunt ad propiora** Cic. Tusc. 1, 116, ils viennent à des faits plus rapprochés ; **septimus octavo propior annus** Hor. S. 2, 6, 40, la septième année qui est plus près de la huitième (= près de sa fin) ‖ plus près par la parenté : **alicui** Cic. Quinct. 97, plus proche parent de qqn ‖ qui se rapproche davantage : **quae sceleri propiora sunt quam religioni** Cic. Verr. 4, 112, des choses qui se rapprochent plus du crime que de la piété ; **quod propius vero est** Liv. 4, 37, 1, ce qui est plus près de la vérité ; **id vitium propius virtutem erat** Sall. C. 11, 1, ce vice se rapprochait davantage de la vertu ; **propius est fidem** [avec prop. inf.] Liv. 4, 17, 5, il est plus croyable que ; **a contumelia quam a laude propius fuerit post Vitellium eligi** Tac. H. 2, 76, ce serait un affront plutôt qu'un honneur d'être choisi après Vitellius ‖ qui touche de plus près : **sua sibi propiora pericula esse quam mea** Cic. Sest. 40, [ils disaient] que leurs dangers les touchaient de plus près que les miens ‖ plus porté vers : **propior Saturnia Turno** Ov. Tr. 1, 2, 7, la fille de Saturne qui penchait pour Turnus.

prŏpĭtĭābĭlis, e (propitio), qui peut être fléchi, clément : Enn. Com. 6 ; [avec prŏlong] Prud. Perist. 14, 130.

prŏpĭtĭātĭo, ōnis, f., sacrifice propitiatoire : Macr. Somn. 1, 7, 2 ‖ propitiation : Hier. Pelag. 2, 29 ‖ miséricorde, pardon (de Dieu) : Vulg. Eccli. 18, 20 ‖ rançon : Vulg. Is. 43, 3.

prŏpĭtĭātŏr, ōris, m. (propitio), intercesseur : Hier. Ep. 21, 2.

prŏpĭtĭātōrĭum, ii, n. (propitio), moyen propitiatoire : Isid. 15, 4, 3.

prŏpĭtĭātrix, īcis, f., celle qui intercède pour : Ps. Ambr. Laps. virg. 4, 16.

1 **prŏpĭtĭātus**, a, um, part. de *propitio*.

2 **prŏpĭtĭātŭs**, ūs, m., propitiation : Vulg. Eccli. 5, 5.

prŏpĭtĭĕtās, ātis, f., disposition propice : Not. Tir. 56.

prŏpĭtĭō, ās, āre, āvī, ātum (propitius), tr. ¶ 1 rendre propice, favorable, fléchir par un sacrifice, offrir un sacrifice expiatoire à : Pl. Poen. 333 ; Curt. 4, 13, 15 ; Sen. Ep. 95, 50 ; Suet. Oth. 7 ; Tac. D. 9 ¶ 2 [pass.] être apaisé, pardonner à : Vulg. Psal. 24, 11 ‖ être pardonné [chose] : Vulg. Eccli. 5, 5.

prŏpĭtĭus, a, um (pro, peto, cf. praepes), propice [surtout en parl. des dieux], favorable, bienveillant : Cat. Agr. 141, 2 ; Pl. Merc. 956 ; Cic. Caecil. 41 ; Att. 8, 16, 2 ‖ **propitia voluntas** Nep. Dion 9, 6, disposition favorable.

prŏpĭus, compar. de *prope* ¶ 1 adv., **propius ad aliquid accedere** Cic. Rep. 1, 12, se rapprocher de qqch. ; **propius a terris** Cic. Nat. 1, 87, plus près des terres ‖ **propius inspicere** Sen. Ep. 5, 6 ; 30, 9, regarder de plus près, avec plus de soin, d'attention ‖ **nec quicquam propius est factum quam ut...** Cic. Verr. 5, 94 ; Clu. 59, il s'en fallut de bien peu que..., cf. Cic. Q. 1, 2, 15 ¶ 2 prép. **a)** acc., **propius aliquem, aliquid accedere** Cic. Att. 11, 3, 2 ; Caes. G. 1, 46, 1, se rapprocher de qqn, de qqch. ; **propius urbem** Cic. Phil. 7, 26, plus près de la ville **b)** dat., Nep. Hann. 8, 3 ; Virg. G. 1, 355.

prŏplasma, ătis, n. (πρόπλασμα), ébauche de sculpteur, modèle en terre, maquette : Plin. 35, 155.

prognĭgēum (-ŏn), i, n. (πρό, πνιγεύς), étuve [de bains] : Vitr. 5, 11, 2 ; Plin. Ep. 2, 17, 11.

Prōpoetĭdes, um, f. pl. (Προιποίτιδες), jeunes filles d'Amathonte qui méprisèrent Vénus et furent changées en rochers : Ov. M. 10, 220.

1 **prŏpōla**, ae, m. (προπώλης), boutiquier, détaillant, revendeur, brocanteur : Pl. Aul. 512 ; Varr. R. 13, 14, 3 ; **pistor domi nullus, nulla cella ; panis et vinum a propola atque de cupa** Cic. Pis. 67, chez lui, de boulanger point, point de cave ; pain et vin sont pris chez le détaillant, et dans la cuve.
▶ *prŏp-* Lucil. 198.

2 **prŏpōla**, ae, f., boutique de brocanteur : [avec prō long] Prud. Ham. 763.

prŏpōlis, is, f. (πρόπολις), propolis, matière résineuse dont les abeilles se servent pour clore leur ruche : Varr. R. 3, 16, 23 ; Plin. 11, 16 ; Gell. 5, 3, 4.

prōpolluō, ĭs, ĕre, -, -, tr., souiller en continuant : Tac. An. 3, 66.

prŏpōma, ătis, n. (πρόπομα), boisson de vin et de miel qu'on prenait avant le repas : Pall. 3, 32 tit..

prōpōnō, ĭs, ĕre, pŏsŭī, pŏsĭtum ¶ 1 placer devant les yeux, exposer, présenter : **vexillum** Caes. G. 2, 20, 1, hisser, arborer l'étendard [signal du combat] ; **rem venalem** Cic. Verr. 2, 78, exposer une chose en vente ; **oppida**

proprius

Romanis proposita ad praedam tollendam Caes. G. 7, 14, 9, villes offertes aux Romains pour faire du butin ‖ afficher : Cic. Quinct. 50 ; *Agr.* 2, 13 ; *Pis.* 88 ; *vitam suam propositam et paene addictam sciebat* Cic. Mil. 56, il savait que sa vie était mise en vente et presque adjugée ¶ 2 [fig.] **a)** *sibi proponere aliquem, aliquid* Cic. Dej. 40 ; *Tim.* 4, se représenter qqn, qqch. par la pensée ; *sibi aliquem ad imitandum* Cic. de Or. 2, 93, se proposer qqn comme modèle ; *ante oculos vestros proponite* Cic. Sull. 72, représentez-vous, cf. Cic. Verr. 3, 58 ; *morte proposita* Cic. Verr. 5, 112, ayant la mort en perspective ‖ *animo aliquid* Liv. 30, 30, 20 ; *apud animum* Sulp. Fam. 4, 5, 5, se représenter qqch. par la pensée **b)** *telis fortunae vita proposita* Cic. Fam. 5, 16, 2, vie exposée aux coups de la fortune **c)** mettre en avant, faire voir, exposer : *rem gestam* Caes. G. 5, 52, 5, faire l'exposé des événements, cf. Caes. G. 3, 18, 3 ; Cic. Verr. 4, 140 ‖ exposer que [avec prop. inf.] : Caes. G. 1, 17, 1 ‖ [abs¹] *de Galliae moribus proponere* Caes. G. 6, 11, 1, faire un exposé sur les mœurs des Gaulois **d)** annoncer : *ut proponat quid dicturus sit* Cic. Or. 137, qu'il annonce ce qu'il dira, cf. Cic. Brut. 217 **e)** offrir, proposer : *praemium* Cic. Tusc. 5, 20, offrir une récompense, cf. Suet. Ner. 7 ; *improbis poenam* Cic. Fin. 2, 57, menacer les méchants d'un châtiment ; *remedia morbo* Nep. Att. 21, 2, appliquer des remèdes à une maladie ; *nihil erat propositum ad scribendum* Cic. Att. 5, 10, 4, il ne s'offre à moi aucun sujet de lettre **f)** proposer une question, un sujet de discussion : Nep. Att. 20, 2 **g)** se proposer qqch. [dessein, projet] : *aliquid animo* Caes. G. 7, 47, 1 ; *sibi proponere, ut* Cic. Clu. 139, se proposer de ‖ *mihi est propositum* [avec inf.] Cic. Sest. 31 ; *Brut.* 137 ([avec *ut*] Cic. Off. 1, 70) mon dessein est de ; *omni huic sermoni propositum est, ut* Cic. Brut. 318, l'objet de tout cet exposé est de ... ‖ *quod genus ab hoc quod proposuimus abhorret* Cic. Brut. 31, or cet ordre d'idées s'éloigne de notre propos ; *propositum consilium* Cic. Off. 1, 112 ; *proposita sententia* Cic. Lig. 26, projet arrêté, idée arrêtée **h)** établir une proposition [majeure d'un syllogisme] : Cic. Inv. 1, 70 ; 1, 72.

Prŏpontis, *ĭdis*, f. (Προποντίς), la Propontide [mer entre la mer Égée et le Pont-Euxin ; mer de Marmara] Atlas I, D5 ; VI, A3 ; X : Mel. 1, 7 ; Liv. 38, 16 ; Tac. An. 2, 64 ‖ **-tĭăcus**, *a*, *um*, de la Propontide : Prop. 3, 21, 1 ; Ov. Tr. 1, 10, 29.

prōporrō, adv., de plus, en outre : Lucr. 2, 979 ; 3, 275 ; 4, 890 ; 5, 312.

prōportĭo, *ōnis*, f. (de *pro portione*, ▶ *portio*), rapport, analogie [trad. du grec ἀναλογία] : Cic. Tim. 13 ; 14 ; 24 ; Varr. L. 10, 2 ; Quint. 1, 6, 3, cf. Fest. 298, 20 ; Boet. Arith. 2, 40, 3.

prōportĭōnābĭlĭter, adv., proportionnellement, en proportion : Ps. Boet. Geom. d. Grom. 392, 14.

prōportĭōnālis, *e*, proportionné, proportionnel : Boet. Arith. 2, 40, 3.

prōportĭōnālĭtās, *ātis*, f., proportionnalité : Boet. Arith. 2, 40, 2.

prōportĭōnālĭtĕr, adv., proportionnellement : Boet. Arith. 2, 1, 2.

prōpŏs, *ŏtis* (pro, cf. *compos, impos*), très puissant : *Gloss. 5, 606, 46 [prae- ?].

prōpŏsĭtĭo, *ōnis*, f. (propono) ¶ 1 action de mettre sous les yeux, présentation, représentation : Cic. Inv. 2, 163 ; *Tusc.* 3, 39 ¶ 2 *propositio animi*, dessein, but, intention : Dig. 50, 16, 225 ¶ 3 majeure [d'un syllogisme] : Cic. Inv. 1, 67 ¶ 4 proposition [partie d'un discours] ; exposé du sujet, thème : Cic. de Or. 3, 203 ; Sen. Ben. 6, 7, 1 ; Quint. 5, 14, 1 ¶ 5 proposition, phrase : Quint. 7, 1, 47 ; Gell. 2, 7, 21 ‖ proposition, énoncé d'un cas de controverse : Dig. 16, 1, 19, 1.

prōpŏsĭtīvus, *a*, *um*, relatif à la proposition : Boet. Top. Arist. 8.

prōpŏsĭtŏr, *ōris*, m., celui qui propose [une opinion] : Aug. Ev. Joh. 19, 16.

prōpŏsĭtum, *i*, n. (propositus) ¶ 1 plan, dessein : *propositum adsequi* Cic. Fin. 3, 22, atteindre son but ; *tenere* Caes. C. 1, 83, 3, persévérer dans son dessein, cf. C. 3, 42, 1 ; 3, 65, 4 ; *peragere* Nep. Att. 22, 2, mettre à exécution sa résolution ¶ 2 objet, sujet traité, thème : Cic. Or. 137 ; *Fin.* 5, 83 ; *Off.* 3, 99 ‖ proposition générale [θέσις] : Cic. Top. 79 ¶ 3 majeure d'un syllogisme : Cic. de Or. 2, 215 ; Sen. Nat. 1, 8, 4.

prōpŏsĭtus, *a*, *um*, part. de propono.

prōpostĕrus, *a*, *um*, ▶ praeposterus : CIL 9, 3058.

prōpŏsŭī, parf. de propono.

prō praetōre, Sall. J. 103, 4 ; Liv. 27, 22, 5, **prōpraetŏr**, *ōris*, m., Cic. Div. 2, 76 ; *Phil.* 14, 6, propréteur [préteur sorti de charge et gouverneur d'une province].

prŏprĭassit, ▶ proprio ▶.

prŏprĭātim, adv. (*proprius*), d'une manière propre : Arn. 3, 43.

prŏprĭē, adv. (*proprius*) ¶ 1 particulièrement, en particulier : Cic. Sest. 37 ¶ 2 proprement, spécialement, personnellement : Cic. Fam. 9, 15, 1 ; *Off.* 1, 107 ¶ 3 en termes propres : Cic. Off. 3, 13 ; *de Or.* 2, 59 ; *proprie magis* Cic. Phil. 2, 77, en termes plus appropriés.
▶ compar. *proprius* Grom. 66, 27 ‖ superl. *propriissime* Boet. Top. Arist. 1, 6.

prŏprĭĕtārĭus, *a*, *um* (*proprietas*), appartenant à qqn : Paul. Sent. 5, 7, 3 ‖ subst. m., propriétaire : Ulp. Dig. 7, 1, 15.

prŏprĭĕtās, *ātis*, f. (*proprius*) ¶ 1 propriété, caractère propre : Cic. Ac. 2, 56 ; *Top.* 83 ‖ caractère spécifique : Cic. Part. 41 ; Tert. Prax. 27, 11 ¶ 2 propriété [par oppos. à la possession] : Dig. 22, 1, 38, 2, [synonyme de *dominium*] ; *nuda proprietas* [par oppos. à l'usufruit] : Gai. Inst. 2, 33 ¶ 3 [fig.] propriété des termes : Quint. 8, 2, 1 ; 10, 1, 21.

prŏprĭĭfĭcātĭo, *ōnis*, f. (propriifico), appropriation : Rust. Aceph. p. 1245 A.

prŏprĭĭfĭcō, *ās*, *āre*, -, - (*proprius, facio*), tr., approprier : Rust. Aceph. p. 1245 A.

prŏprĭō, *ās*, *āre*, *āvī*, *ātum* (*proprius*), tr., approprier, rendre propre : Fest. 254, 6 ‖ assimiler [les aliments] : Cael.-Aur. Acut. 1, 15, 150.
▶ *propriassit* = *propriaverit* Fest.

prŏprītim, ▶ *propriatim* Lucr. 2, 975.

prŏprĭum, *ĭi*, n. (*proprius*), propriété : Cic. Fam. 7, 30, 2 ; *de proprio vivere* Mart. 12, 78, 2, vivre de son bien.

prŏprĭus, *a*, *um* (peu net ; *pro, privus*) ¶ 1 qui appartient en propre, qu'on ne partage pas avec d'autres : *tria praedia Capitoni propria traduntur* Cic. Amer. 21, trois terres sont remises en toute propriété à Capito ; *meis propriis periculis parere commune reliquis otium* Cic. Rep. 1, 7, au prix de dangers que je suis seul à courir, assurer aux autres une tranquillité générale ; *quod meum erat proprium ut...* Cic. Fam. 2, 17, 7, ce qui était mon fait à moi personnellement, à savoir de... ; *populi Romani est propria libertas* Cic. Phil. 6, 19, la liberté est le privilège du peuple romain, cf. Cic. Phil. 3, 29 ¶ 2 propre, spécial, caractéristique : *id non proprium senectutis vitium est, sed commune valetudinis* Cic. CM 35, c'est un défaut qui n'est pas le propre de la vieillesse, mais un caractère général de la mauvaise santé ; *quod est oratoris proprium* Cic. Off. 1, 2, ce qui est le propre de l'orateur ; *viri propria maxime est fortitudo* Cic. Tusc. 2, 43, le courage est essentiellement le propre de l'homme ; *hoc proprium virtutis existimant finitimos cedere* Caes. G. 6, 23, 1, ce qui caractérise le courage à leurs yeux, c'est que les voisins s'en vont... ; *quod est epistulae proprium, ut* Cic. Q. 1, 37, ce qui est le propre d'une lettre, à savoir de... ‖ qui concerne en particulier, spécialement : *tempus agendi fuit magis mihi proprium quam ceteris* Cic. Sull. 9, l'opportunité de l'action me regardait plus particulièrement que les autres ¶ 3 *verbum proprium* Cic. de Or. 3, 150, mot propre ; *qui proprio nomine perduellis est* Cic. Off. 1, 37, celui qui de son vrai nom est un *perduellis* [ennemi de guerre] ¶ 4 qui appartient constamment en propre = durable, stable, permanent : *quod ut illi proprium ac perpetuum sit, optare* Cic. Pomp. 48, souhaiter que ce bonheur lui soit en propre et constamment, cf. Cic. Sen. 9 ; Pl. Most. 224 ¶ 5 [tard.] [à la place de l'adj. possessif réfl.] *libidinum propriarum admonitionibus* Arn. 3, 9, par les marques de leurs propres débauches.

proprius

▶ compar. *proprior* Hil. *Psalm.* 118, 13 ‖ superl. *propriissimus* Boet. *Top. Arist.* 1, 7.

proptĕr (*prope,* cf. *praeter*)

I adv., à côté, auprès, à proximité : *propter est spelunca* Cic. *Verr.* 3, 107, à côté se trouve une caverne, cf. Cic. *Pomp.* 13 ; *Nat.* 2, 120.

II prép. acc. ¶ **1** à côté de, près de : *propter Platonis statuam* Cic. *Brut.* 23, auprès de la statue de Platon, cf. Cic. *Verr.* 4, 96 ; *Tusc.* 1, 104 ; *Nat.* 3, 55 ¶ **2** à cause de : *propter metum* Cic. *Par.* 34, par crainte ; *propter eam ipsam causam* Cic. *de Or.* 1, 92, pour cette raison précisément ; *propter multitudinem illorum hominum et quod...* Cic. *Verr.* 3, 93, à cause du grand nombre de ces habitants et parce que... ; *propter me* Cic. *Mil.* 93, à cause de moi, cf. Cic. *Mil.* 58 ; 81 ; *Amer.* 63 ‖ *propter hoc* Varr. *R.* 3, 16, 14 ; *propter quod* Col. 1, 6, 18 ; *quae propter* Varr. *L.* 7, 37, à cause de cela ‖ *propter* postposé : *quem propter* Cic. *Pis.* 15, à cause de qui, cf. Cic. *CM* 22 ; *Att.* 10, 4, 1 ; Virg. *En.* 12, 177 ¶ **3** en vue de, pour : Vulg. *Psal.* 44, 5.

proptĕrĕā, adv. (cf. *antea, interea*), à cause de cela ¶ **1** [renvoyant à ce qui précède] : Ter. *Eun.* 864 ; [renforcé par *id,* relativement à cela] Ter. *And.* 414 ; *et propterea* Cic. *Nat.* 2, 31, et à cause de cela ; *nec, si..., propterea* Cic. *Phil.* 13, 14, et si..., il ne s'ensuit pas que ¶ **2** [en corrélation] **a)** *propterea... quod, quia,* par cela que, parce que : Cic. *Off.* 3, 12 ; *Fin.* 1, 53 ; *propterea... quoniam* Gell. 3, 6 ; parce que **b)** *propterea... ut* Cic. *Lig.* 8, pour que, afin que.

propterve, v. *proterve* ▶.

proptervĭa auspĭcĭa, n. pl., auspices qui se manifestent près de la route : *Fest. 286, 1 [Ursinus].

proptōsis, *is,* f. (πρόπτωσις), chute en avant : M.-Emp. 8, 6 (*prompt-*).

prŏpŭdĭālis porcus, m., porc offert en expiation : Fest. 274, 29.

prŏpŭdĭōsus, *a, um,* qui est sans pudeur, éhonté, infâme : Pl. *St.* 334 ; Gell. 2, 7, 20 ‖ obscène : Arn. 5, 27.

1 prŏpŭdĭum, *ii,* n. (cf. *repudium* et *pudet*), action immorale, obscénité, dévergondage, infamie : Plin. 28, 122 ; P. Fest. 253, 25 ‖ infâme [injure] : Pl. *Bac.* 579 ; Cic. *Phil.* 14, 8.

2 prŏpŭdĭum, ⓒ *propediem* ? *Petr. 99, 5.

prōpugnācŭlum, *i,* n. (*propugno*) ¶ **1** ouvrage de défense, retranchement, rempart, fortification : Virg. *En.* 9, 170 ; Tac. *H.* 2, 19 ; 3, 84 ¶ **2** [en gén.] tout moyen de défense [en parl. d'un vaisseau] : *propugnaculo ceteris esse* Cic. *Verr.* 5, 89, servir aux autres de rempart ; *classis... propugnaculum provinciae* Cic. *Verr.* 3, 186, la flotte..., rempart de la province ¶ **3** [fig.] *lex Aelia et Fufia, propugnacula tranquillitatis* Cic. *Pis.* 9, les lois Aelia et Fufia, ces remparts de la tranquillité

publique, cf. *Verr.* 3, 40 ; *Par.* 12 ; Nep. *Timol.* 3, 3.

prōpugnātĭo, *ōnis,* f. (*propugno*), action de défendre, défense : *tua propugnatio salutis meae* Cic. *Fam.* 1, 9, 2, la défense que tu as prise de mon salut ; *propugnationem pro aliqua re suscipere* Cic. *Fam.* 5, 8, 1, assumer la défense de qqch.

prōpugnātŏr, *ōris,* m. (*propugno*), celui qui défend en combattant, défenseur, combattant : Cic. *Verr.* 5, 86 ; Caes. *G.* 7, 25 ‖ [fig.] défenseur, protecteur, champion : Cic. *de Or.* 1, 244 ; *Mil.* 16 ; *Sen.* 38 ; *Sest.* 103.

prōpugnātrix, *īcis,* f., celle qui éloigne [un danger] : CIL 6, 1527, 61.

prōpugnātus, *a, um,* part. de *propugno.*

prōpugnō, *ās, āre, āvī, ātum*
I intr. ¶ **1** combattre pour écarter, pour protéger : *ex silvis* Caes. *G.* 5, 9, 6, combattre de l'intérieur des bois [en lançant des projectiles] ; *ex turribus* Caes. *G.* 7, 86, 5, combattre du haut des tours ; *uno tempore propugnare et munire* Caes. *C.* 3, 45, en même temps repousser les attaques et faire le retranchement ; *pro suo partu* Cic. *Tusc.* 5, 79, [en parl. des animaux] lutter pour défendre leurs petits ¶ **2** [fig.] combattre pour, être le défenseur, le champion de : [*pro aliqua re*] Cic. *Off.* 1, 62 ; *Fam.* 11, 16, 2 ‖ [*alicui, alicui rei,* pour qqn, pour qqch.] Apul. *M.* 7, 27, 5 ; 9, 37, 2 ; Hor. *Ep.* 1, 18, 16.
II tr., défendre (*aliquam rem,* qqch.) : Suet. *Caes.* 23 ; Tac. *An.* 13, 31 ; 15, 13 ; *propugnatus* Quadr. d. Gell. 9, 11, 8 ‖ *pectora parmā* Stat. *Th.* 2, 585, couvrir sa poitrine du bouclier.

prōpŭlī, parf. de *propello.*

prōpulsātĭo, *ōnis,* f. (*propulso*), action de repousser [un danger] : Cic. *Sull.* 2.

prōpulsātor, *ōris,* m., celui qui éloigne [fig.], préservateur : Arn. 7, 44 ‖ défenseur : Val.-Max. 7, 8, 7.

prōpulsō, *ās, āre, āvī, ātum* (fréq. de *propello*), tr., repousser, écarter : Caes. *G.* 1, 49, 4 ; Cic. *Mur.* 2 ; *Rep.* 3, 35 ‖ [fig.] repousser, écarter, éloigner, se garantir de, se préserver de : *frigus, famem* Cic. *Fin.* 4, 69, se défendre contre le froid, la faim ; *bellum* Cic. *Phil.* 3, 3, écarter une guerre ; *periculum* Cic. *Clu.* 144, conjurer un péril ‖ *ab aliquo injurias* Cic. *Caecil.* 66, écarter de qqn les injustices, préserver qqn contre les injustices, cf. *Mil.* 30 ; *Mur.* 2 ; *Verr.* 3, 140 ; Liv. 28, 44, 3.

prōpulsŏr, *ōris,* m. (*propello*), celui qui fait marcher devant soi : Fort. *Mart.* 3, 301.

1 propulsus, *a, um,* part. de *propello.*

2 prōpulsŭs, abl. *ū,* m., pression : Sen. *Nat.* 5, 14, 3.

prōpungō, *is, ĕre,* -, -, tr., piquer devant, sur le devant : Cael.-Aur. *Chron.* 1, 1, 36.

prōpurgō, *ās, āre,* -, -, tr., purifier préalablement : Vulg. *Eccli.* 7, 33 ‖ [fig.] Ps. Cypr. *Abus.* 5.

Prŏpūs, *ŏdis,* m. (Πρόπους), nom d'une étoile qui se trouve devant les pieds des Gémeaux : Schol. Germ. *Arat.* 146.

Prŏpўlaeŏn, *i,* n., **-laea**, *ōrum,* n. pl. (Προπύλαιον), les Propylées, portique de l'Acropole [à Athènes] : Cic. *Off.* 2, 60.

prŏpўlōn, *i,* n., vestibule des Propylées : Plin. 35, 101 ; 36, 32.

prō quaestōrĕ, m., proquesteur : Cic. *Verr. prim.* 11 ; *Ac.* 2, 11 ; pl., *cum quaestoribus prove quaestoribus* Cic. *Phil.* 10, 26, avec des questeurs ou des proquesteurs ; [abrév.] **proq.** Lentul. *Fam.* 12, 15, 2.

prōquăm (**prō quăm**), selon que, à proportion que, dans la mesure où : Lucr. 2, 1137 ; 6, 11.

prōquĭrītō, *ās, āre,* -, *ātum,* tr., proclamer : Apul. *Apol.* 82 ; Sidon. *Ep.* 8, 6, 7.

prōra, *ae,* f. (πρῷρα ; it. *proda,* fr. *proue*), proue, avant d'un vaisseau : Caes. *G.* 3, 13, 2 ‖ [prov.] *mihi prora et puppis fuit dimittendi tui* Cic. *Fam.* 16, 24, 1, ma seule préoccupation a été de t'envoyer (tout le soin de ma barque a consisté à...) ‖ [poét.] nef, navire, vaisseau : Virg. *En.* 10, 223.

prōrēpō, *is, ĕre, repsi, reptum,* intr., s'avancer en rampant ou en se traînant, ramper : Hor. *S.* 1, 1, 37 ; 1, 3, 99 ‖ [en parl. des choses] pousser, s'étendre, apparaître : Col. 4, 22, 4 ; 11, 2, 38 ‖ se répandre lentement, suinter : Col. 2, 16, 5.

prōrēta, *ae,* m. (*πρῳρήτης), homme de proue, second : Pl. *Ru.* 1014.

prōreūs, *ei* ou *ĕos,* m. (πρῳρεύς), ⓒ *proreta* : Ov. *M.* 3, 634.

prōrīga, *ae,* m. (*pro, origa,* cf. *periorīga*), palefrenier : Plin. 8, 156.

prōrĭpĭō, *is, ĕre, rĭpŭī, reptum* (*pro, rapio*), tr., traîner dehors, entraîner : *hominem proripi jubet* Cic. *Verr.* 5, 161, il ordonne que l'homme soit traîné devant lui ‖ *se ex curia repente proripuit* Cic. *Har.* 2, il s'est jeté brusquement hors de la curie ; *se ex curia domum* Sall. *C.* 32, 1, se précipiter hors du sénat chez soi, cf. Caes. *C.* 1, 80, 3 ; 2, 11, 4 ; Liv. 29, 9, 4 ; [fig.] Cic. *Fin.* 2, 73 ‖ [abs*t*, au sens réfl.] *quo proripis?* Virg. *En.* 5, 741, où te précipites-tu ?

prōrĭpĭum, *ii,* n. (*pro, rupes*), promontoire : VL. 1 *Reg.* 4, 5.

prōris, *is,* f., ⓒ *prora* : Acc. *Tr.* 575.

prōrītātŏr, *ōris,* m. (*prorito*), querelleur : VL. *Deut.* 21, 20.

prōrītō, *ās, āre, āvī,* - (cf. *irrito* et *provoco*), tr., provoquer, exciter, stimuler : Plin. 26, 90 ‖ attirer, engager, inviter : Sen. Ep. 23, 2 ; Tranq. 12, 5.

prōrŏgātĭo, ōnis, f. (*prorogo*), prolongation, prorogation, remise, ajournement, délai : Cic. Att. 13, 43 ; Liv. 8, 26, 7.

prōrŏgātīvus, a, um, dont l'effet peut être retardé : Sen. Nat. 2, 47.

prōrŏgātŏr, ōris, m., celui qui paie : Cassiod. Var. 10, 28.

prōrŏgātus, a, um, part. de *prorogo*.

prōrŏgō, ās, āre, āvī, ātum, tr. ¶ 1 prolonger : *imperium alicui* Cic. Phil. 2, 24, prolonger les pouvoirs de qqn ; *provinciam* Cic. Att. 5, 11, 1, proroger le gouvernement d'une province ; *aliquid temporis* Cic. Fam. 3, 10, 3, imposer une prorogation, cf. Cic. Fam. 2, 7, 4 ; Phil. 2, 109 ‖ *dies ad solvendum* Cic. Phil. 2, 74, accorder un délai de paiement ; *alicui spem in alium diem* Pl. Aul. 531, renvoyer les espérances de qqn à un autre jour [les ajourner] ‖ *moras* Plin. 16, 83 ; *vitae spatium* Tac. An. 3, 51, prolonger les délais, la durée de la vie ; *famam alicujus* Plin. Ep. 9, 19, 3, étendre la renommée de qqn ¶ 2 payer d'avance : Dig. 40, 1, 4.

prōrostra, ōrum, n. pl., ⬛ *rostra* : Isid. 18, 15, 1.

Prorsa, ae, f. (de *2 prorsus*), déesse qui présidait aux accouchements : Varr. d. Gell. 16, 16, 4.

prorsum, [arch.] **prōsum**, Pl. Trin. 1130, adv. (*pro*, *vorsum*) ¶ 1 en avant : *prorsum ire* Pl. Cis. 426, aller en avant, cf. Ter. Hec. 315 ¶ 2 directement, tout droit : Pl. Mil. 1193 ; Pers. 677 ‖ [fig.] tout franc, carrément, purement et simplement : Pl. Curc. 681 ‖ tout à fait, absolument : *prorsum nihil* Ter. Haut. 776, absolument rien, cf. Gell. 17, 3, 3.

1 prorsus, [arch.] **prōsus**, Pl. Trin. 730, adv. (*pro*, *1 vorsus*) ¶ 1 tourné en avant, en avant : Pl. Ps 955 ; *Enn. Tr. 104 ; Varr. Men. 28 ; [fig.] *prorsus ibat res* Cic. Att. 14, 20, 4, les affaires marchaient bien ‖ tout droit : Ter. Ad. 550 ; Gell. 16, 19, 17 ¶ 2 tout à fait, absolument : *ita prorsus existimo* Cic. Tusc. 2, 14, c'est tout à fait mon avis ; *verbum prorsus nullum* Cic. de Or. 2, 61, absolument pas un mot ; *prorsus omnes* Cic. Fam. 4, 10, 1, absolument tout le monde ; *adfatim prorsus* Cic. Att. 16, 1, 5, tout à fait amplement ; *prorsus valde* Cic. Fam. 6, 20, 2, vraiment beaucoup ; *prorsus opportunus* Sall. C. 16, 5, tout à fait favorable ¶ 3 en un mot : Sall. C. 15, 5 ; 23, 2 ; J. 23, 1.

2 prorsus, a, um (*pro*, *2 vorsus*) ¶ 1 tourné en droite ligne : Fest. 264, 23 ; P. Fest. 265, 23 ¶ 2 [fig.] prosaïque : *prorsā et vorsā facundiā* Apul. Flor. 18 38, en prose et en vers.

prōrumpō, ĭs, ĕre, rūpī, ruptum ¶ 1 tr., faire sortir avec violence : (Aetna) *atram prorumpit ad aethera nubem* Virg. En. 3, 572, (l'Etna) lance dans les airs un sombre nuage ‖ *se prorumpere* Gell. 15, 22, 6, se précipiter [ou] *prorumpi* ; *prorumpitur in mare venti vis* Lucr. 6, 436, la violence du vent se déchaîne contre la mer ; *mare proruptum* Virg. En. 1, 246, mer déchaînée ; *proruptus corpore sudor* Virg. En. 7, 459, la sueur sortie de son corps ‖ [fig.] *prorupta audacia* Cic. Amer. 68, une audace effrénée ¶ 2 intr., [pr. et fig.] s'élancer, se précipiter : Cic. Phil. 13, 18 ; Mur. 85 ; Virg. En. 10, 379 ; Tac. H. 4, 34 ‖ *lacrimae prorumpunt* Plin. Ep. 3, 16, 5, les larmes jaillissent ; *incendium proruperat* Tac. An. 15, 40, l'incendie avait éclaté ; *nihil prorupit* Tac. H. 4, 55, rien ne perça au-dehors ; *eo prorumpere hominum audaciam, ut...* Cic. Amer. 12, [songer] que l'audace de ces hommes se déchaîne au point que... ; *in scelera* Tac. An. 6, 51 ; *ad minas* Tac. An. 11, 35, se précipiter dans le crime, éclater en menaces ; *ad quod prorupit reus* Tac. An. 11, 2, à cette accusation, l'inculpé éclata en reproches.

prōrŭō, ĭs, ĕre, rŭī, rŭtum ¶ 1 intr. **a)** se précipiter : Caes. C. 3, 69, 3 ; *in hostem* Curt. 4, 16, 6, fondre sur l'ennemi **b)** s'écrouler : Tac. An. 15, 22 ¶ 2 tr. **a)** pousser hors de : *foras se* Ter. Eun. 599, se précipiter au-dehors ; *prorutus tumulo cinis* Sen. Tro. 648, cendres arrachées au tombeau **b)** abattre, renverser : *munitionibus prorutis* *Caes. G. 3, 26, 3, les fortifications étant abattues, cf. Liv. 4, 29, 3 ; *Albam a fundamentis proruere* Liv. 26, 13, 16, raser la ville d'Albe ; *vallum in fossas* Liv. 9, 14, 9, renverser la palissade dans les fossés ; *profligare ac proruere hostem* Tac. H. 3, 22, culbuter et écraser l'ennemi.

prōrūpī, parf. de *prorumpo*.

prōruptĭo, ōnis, f. (*prorumpo*), irruption : Capel. 6, 624.

prōruptŏr, ōris, m., celui qui fait irruption : Amm. 24, 5, 5.

prōruptus, a, um, part. de *prorumpo*.

prōrŭtus, a, um, part. de *proruo*.

prōsa, ae, f. (*1 prosus*), la prose : Quint. 1, 8, 2 ; 8, 6, 17.

prōsaepĭum, ĭi, n. (*saepio*), vestibule : Vl. Jer. 36, 10.

prosaeptum, ⬛ *proseptum*.

prōsăgit, **prōsēgit**, pour *prosum agit*, *prosum egit* [pousser en avant] : Not. Tir. 58.

prōsăĭcus, a, um (*prosa*), écrit en prose : Fort. Carm. 7, 11, 1 ‖ subst. m., prosateur : Fort. Mart. 2, 469.

prōsālis, e (*prosa*), qui est en prose : Cassiod. Inst. 2, 1, 1.

prōsăpĭa, ae, f. (*pro*, cf. *2 sopio*, scr. *sapa-s*), [arch., cf. Cic. Tim. 39 ; Quint. 1, 6, 40 ; 8, 3, 26] lignage, lignée, longue suite d'ancêtres, race : Pl. Merc. 633 ; Sall. J. 85, 10 ‖ [fig.] famille, grand nombre : Prud. Perist. 10, 180.

prōsăpĭēs, ēi, f., ⬛ *prosapia* : Cassiod. Var. 9, 25, 4.

prōsăpŏdŏsis, is, f. (προσαπόδοσις), prosapodose [rhét.] : *Capel. 5, 533 [en grec].

prōsārĭus, a, um (*prosa*), de prose : Sidon. Ep. 3, 14, 1.

prōsātŏr, ōris, m. (*2 prosero*, *sator*), procréateur : Aug. Jul. op. imp. 1, 90.

prōsātrix, īcis, f. (*prosator*), mère : Gloss. 5, 608, 4.

prōsātus, a, um, part. de *2 prosero*.

proscēnĭum (**-caenĭum**), ĭi, n. (προσκήνιον), proscénium, le devant de la scène : Pl. Amp. 91 ; Poen. 17 ; Truc. 10 ; Virg. G. 2, 381 ‖ théâtre : Claud. Cons. Stil. 2, 403.

proschŏlus (**-ŏs**), i, m., sous-maître [maître d'étude] : Aus. Prof. 23 (212) tit. ; Aug. Serm. 178, 7, 8.

proscindō, ĭs, ĕre, scĭdī, scissum, tr. ¶ 1 déchirer en avant, fendre en avant **a)** fendre devant soi la terre, labourer [premier labour] : Cat. d. Plin. 18, 176 ; Varr. R. 1, 27, 2 ; 1, 29, 2 ; *terram pressis aratris* Lucr. 5, 209, ouvrir le sol en pesant sur la charrue, cf. Lucr. 5, 1259 ; Virg. G. 2, 237 ; Ov M. 7, 119 ; *proscisso aequore* Virg. G. 1, 97, le sol étant ouvert par le premier labour ; [fig.] *proscissum vulnere pectus* Stat. Th. 10, 439, poitrine labourée par une blessure **b)** fendre un arbre : Luc. 3, 434 **c)** fendre les flots : Catul. 64, 12 ¶ 2 [fig.] déchirer, diffamer : Suet. Aug. 13 ; Cal. 30 ; Ov. Pont. 4, 16, 47.

proscissĭo, ōnis, f., premier labour : Col. 2, 13, 6 ; 6, 2, 8.

proscissum, i, n., sillon du premier labour : Col. 2, 2, 25.

proscissus, a, um, part. de *proscindo*.

proscrībō, ĭs, ĕre, scrīpsī, scriptum, tr. ¶ 1 publier par une affiche, afficher : *non proscripta die* Cic. Verr. 1, 141, sans avoir affiché le jour ; *alicujus nomine lex proscripta* Cic. Verr. 5, 177, loi affichée sous le nom de qqn ; *proscribere venationem* Cic. Att. 16, 4, 1, annoncer par affiches le spectacle d'une chasse ‖ [avec prop. inf.] annoncer par voie d'affiches que : Cic. Quinct. 15 ; Att. 9, 17, 1 ‖ [en gén.] publier, annoncer : Suet. Caes. 49 ¶ 2 [en part.] **a)** afficher qqch. pour une vente, mettre en vente : *ut ea, quae proscripserat, venirent* Cic. Quinct. 20, pour que les biens qu'il avait affichés fussent vendus, cf. Cic. Off. 3, 65 ; Att. 6, 1, 23 **b)** annoncer par affiches la confiscation et la vente des biens de qqn : Cic. Dom. 43 ; *vicinos* Cic. Agr. 3, 14, confisquer les biens de ses voisins ; *possessiones proscriptae* Cic. Agr. 3, 15, biens confisqués **c)** mettre sur les listes de proscriptions, proscrire : Cic. Amer. 16 ; Sall. C. 37, 9 ; ⬛ *2 proscriptus*, un proscrit.

proscriptĭo, ōnis, f. (*proscribo*), affichage pour une vente : *bonorum* Cic.

proscriptio

Quinct. 56, affichage pour la vente des biens, cf. *Amer. 128*; *Flac. 74* ‖ proscription [comportant exil et confiscation des biens des condamnés]: Cic. *Sest. 65*; ***capitis mei*** Cic. *Prov. 45*, proscription de ma tête (de ma personne).

proscriptŏr, *ōris*, m. (*proscribo*), qui aime à proscrire: Plin. *7, 56*.

proscriptūra, *ae*, f., ⓒ *proscriptio*: Not. Tir. *7*.

proscriptŭrĭō, *īs*, *īre*, -, - (*proscribo*), intr., désirer proscrire: Cic. *Att. 9, 10, 6*.

1 **proscriptus**, *a*, *um*, part. de *proscribo*.

2 **proscriptus**, *i*, m., proscrit, ⓥ *proscribo*: Cic. *Amer. 32*; *Verr. 1, 123*; Sall. *C. 51, 33*.

proscultō, *ās*, *āre*, -, - (*pro*, *ausculto*, cf. *adsculto*, *sculto*), tr., épier: VL. *Gal. 2, 4*; Gloss. *5, 476, 63*.

proscultŏr, *ārĭs*, *ārī*, -, ⓒ *prosculto*: VL. *Psal. 91, 8*.

Prosda, *ae*, f., ville d'Égypte ou d'Éthiopie: Plin. *6, 179*.

prōsĕcō (arch. **-sĭcō**) *ās*, *āre*, *ŭī*, **sectum** ⓥ *prosiciae*, tr. ¶ 1 couper, découper [les entrailles des victimes]: Pl. *Poen. 456*; Cat. *Agr. 134*; Liv. *5, 21, 8*; Suet. *Aug. 1* ‖ offrir en sacrifice, sacrifier: Tert. *Apol. 46, 5* ¶ 2 [en gén.] couper: Apul. *M. 2, 30* ‖ fendre, ouvrir, labourer: Plin. *Ep. 5, 6, 10*.
► inf. pass. *prosicarier* Pl. *Poen. 451*.

prōsĕcrō, *ās*, *āre*, -, - (*pro*, *sacro*), intr., sacrifier: Lact. *Inst. 4, 27, 5*.

prōsecta, *ōrum*, n. pl. (s.-ent. *exta*), entrailles [coupées] de la victime: Ov. *M. 12, 152*; *F. 6, 163*; Stat. *Th. 5, 641*.

prōsectĭō, *ōnis*, f. (*proseco*), taille, amputation: Salv. *Gub. 6, 16*.

prōsectŏr, *ōris*, m. (*proseco*), celui qui coupe, qui ampute: Tert. *Anim. 25, 5*.

prōsectum, ⓥ *prosecta* Varr. *L. 5, 110*.

1 **prosectus**, *a*, *um*, part. de *proseco*.

2 **prōsectŭs**, abl. *ū*, m., coupure, entaille, incision: Apul. *M. 8, 28*.

prōsĕcŭī, parf. de *proseco*.

prōsĕcūtĭō, *ōnis*, f. (*prosequor*), action d'accompagner, de faire escorte: Symm. *Ep. 7, 59* ‖ les adieux: Ambr. *Exc. 1, 51* ‖ continuation, suite: Ambr. *Fid. 2, 13, 108*.

prōsĕcūtŏr, *ōris*, m. (*prosequor*), celui qui accompagne, qui fait la conduite: Sidon. *Ep. 4, 8, 1* ‖ celui qui fait escorte, qui sert de garde: Cassiod. *Var. 4, 7*.

prōsĕcūtōrĭa, *ae*, f. (*prosequor*), rescrit fournissant escorte: Cod. Just. *10, 72, 1*.

prōsĕcūtus, *a*, *um*, part. de *prosequor*.

prōsĕda, *ae*, f. (*prosedeo*), une prostituée: Pl. *Poen. 266*; P. Fest. *252, 14*.

prosedāmum, *i*, n., [mot sarmate] *pigritia equorum in coitu*: Plin. *26, 98*.

prōsĕdĕō, *ēs*, *ēre*, -, -, intr., se tenir exposé en public: Isid. *10, 229*.

Prŏsĕlēnŏs, *i*, f., nom de femme: Petr. *132, 5*.

prŏsĕlēnus, *a*, *um* (προσέληνος), prosélène [plus ancien que la lune]: Serv. *G. 2, 342*.

prŏsēlўtus, *a*, *um* (προσήλυτος), prosélyte [qui passe du paganisme au judaïsme]: Vulg. *2 Par. 2, 17* ‖ subst. m., un prosélyte: Tert. *Marc. 3, 21, 3*; subst. f., une prosélyte: CIL *6, 29756*.

prōsēmĭnātŏr, *ōris*, m., celui qui procrée: *Tert. *Nat. 2, 13, 20*.

prōsēmĭnō, *ās*, *āre*, *āvī*, *ātum*, tr., semer, disséminer: Cic. *Frg. F. 5, 78*; Lact. *Inst. 6, 10, 19* ‖ [fig.] faire naître, créer, engendrer: Cic. *de Or. 3, 61*.

prōsentĭō, *īs*, *īre*, *sensī*, -, tr., pressentir, avoir un soupçon: Pl. *Mil. 1152*.

prōseptum (**prōsaep-**), *i*, n., domaine, enclos: Ambr. *Luc. 6, 9*.

prōsĕquĭum, *ĭi*, n. (*prosequor*), action d'accompagner, conduite: P. Fest. *252, 12*.

prōsĕquŏr, *quĕrĭs*, *quī*, *sĕcūtus* (*sĕquūtus*) *sum* (fr. *poursuivre*), tr. ¶ 1 accompagner, reconduire qqn en cortège: ***Dianam*** Cic. *Verr. 4, 77*, faire escorte à Diane, cf. Cic. *Q. 2, 11, 2*; Caes. *C. 3, 91, 4*; Nep. *Alc. 6, 3* ‖ [en parl. d'une seule pers.]: ***me prosecutus est*** Cic. *Att. 6, 3, 6*, il m'a reconduit, cf. Cic. *Fam. 3, 10, 8*; *13, 10, 1* ‖ [en part.] accompagner un mort, un convoi funèbre: Cic. *Clu. 201*; *Lae. 23*; Virg. *En. 6, 476*; *12, 72*; ***se prosequi*** Sen. *Ep. 30, 5*, assister à ses propres funérailles ¶ 2 [idée d'hostilité] suivre sans désemparer, poursuivre: ***hostem*** Caes. *C. 2, 8, 2*, poursuivre l'ennemi, cf. Caes. *C. 2, 41, 4*; *G. 2, 11, 4*; *5, 9, 8* ‖ [fig.] Cic. *Amer. 83* ‖ [sans hostilité] poursuivre, continuer: Virg. *En. 2, 107* ¶ 3 [en gén.] accompagner, escorter: ***volatus pullorum matres prosequuntur*** Cic. *Nat. 2, 129*, les mères accompagnent leurs petits dans leurs vols; [fig.] ***me etesiae prosequi noluerunt*** Cic. *Fam. 12, 25, 3*, les vents étésiens refusèrent de m'accompagner; ***ventus prosequitur euntes*** Virg. *En. 3, 130*, le vent accompagne notre marche ‖ ***laudes cantus ad tibicinem prosequitur*** Cic. *Leg. 2, 62*, des chants avec airs de flûte accompagnent l'éloge ¶ 4 poursuivre (accompagner) qqn de cris, de manifestations diverses: Cic. *Verr. 2, 73*; Caes. *C. 1, 69, 1*; ***eum linquentem terram votis, ominibus lacrimisque prosecuti sunt*** Cic. *Planc. 26*, au moment où il quittait leur pays, ils l'accompagnèrent de leurs vœux, de leurs souhaits de bonheur, de leurs larmes; ***decedentem domum cum favore ac laudibus*** Liv. *2, 31, 11*, ils le reconduisirent à sa demeure avec des marques de sympathie et des éloges, cf. Liv. *39, 55, 4* ¶ 5 [fig.] accompagner, entourer de: ***aliquem honorificis verbis*** Cic. *Tusc. 2, 61*, [m. à m.] donner à qqn l'escorte de paroles de civilité = adresser à qqn des compliments; ***aliquem officiis*** Cic. *Fam. 15, 10, 2*, entourer qqn de bons offices; ***illius mortis opportunitatem benevolentia potius quam misericordia prosequamur*** Cic. *Brut. 4*, à sa mort venue opportunément donnons en offrande notre sympathie plutôt que notre pitié; ***aliquem venia prosequi*** Virg. *En. 11, 106*, faire à qqn un accueil favorable ¶ 6 s'attacher à décrire, à exposer qqch.: ***pascua versu*** Virg. *G. 3, 339*, s'attacher à décrire en vers les pâturages, cf. Plin. *Ep. 1, 8, 8*; *3, 10, 3*; Quint. *2, 6, 1*; *5, 8, 2*.

Prōsĕrĭus, *ĭi*, m., nom d'homme: CIL *3, 2490*.

1 **prōsĕrō**, *ĭs*, *ĕre*, *sĕrŭī*, *sertum* ? (*pro*, *2 sero*), tr., faire sortir, faire paraître, montrer: Sil. *3, 447*; Avien. *Arat. 1111*.

2 **prōsĕrō**, *ĭs*, *ĕre*, *sēvī*, *sătum* (*pro*, *3 sero*), tr., produire, faire pousser: Luc. *4, 411* ‖ [fig.] faire naître, créer: Aus. *Biss. 4 (328), 1*; Apul. *Mund. 11*; *Plat. 1, 1*.

Prŏserpĭna, *ae*, f. (de Περσεφόνη, arch. *Prosepnai*, CIL *1, 558*, cf. *serpo*), Proserpine [fille de Cérès et de Jupiter, enlevée par Pluton]: Cic. *Nat. 3, 53*; Varr. *L. 5, 68*; Ov. *M. 5, 391*.
► souvent chez les poètes *Prōs-*.

prōserpĭnāca, *ae*, f., renouée [plante]: Plin. *26, 23*.

prōserpĭnālis herba, f., serpentaire [plante]: M.-Emp. *10, 58*.

prōserpō, *ĭs*, *ĕre*, -, -, intr. ¶ 1 s'avancer en rampant, se traîner: Pl. *Poen. 1034*; Varr. *L. 5, 68* ¶ 2 sortir lentement [en parl. des plantes], lever: Arn. *3, 33* ¶ 3 [fig.] s'étendre, se propager: Amm. *15, 8, 7*.

prŏseucha, *ae*, f. (προσευχή), synagogue: Juv. *3, 296*.

prŏsĭălĭzō, *ās*, *āre*, -, - (προσσιελίζω), cracher sur: VL. *Lev. 15, 8*.

prōsĭcĭae, *ārum*, f. pl. (*prosico* = *proseco*), ⓒ *prosecta*: Solin. *5, 23*; Capel. *1, 9*.

prōsĭcĭes, *ēi*, f., Varr. d. Non. *220, 23* et **prōsĭcĭum**, *ĭi*, n., P. Fest. *252, 11*, ⓒ *prosecta*.

prōsĭco, ⓥ *proseco*.

prōsĭdens, *tis*, ⓒ *praesidens*: *CIL *6, 723*.

prōsĭlĭbo, ⓥ *prosilio* ►.

prōsĭlĭō, *īs*, *īre*, *sĭlŭī* [plus rar¹] *īvī*, *ĭī* (*pro* et *salio*), intr. ¶ 1 sauter en avant, se jeter en sautant, se lancer, se précipiter: ***ex tabernaculo, ab sede*** Liv. *28, 14, 10*; *2, 12, 13*, bondir de sa tente, de son siège; ***puppe*** Luc. *8, 55*, sauter d'un navire;

temere prosiluerunt Cic. *Cael.* 63, ils s'élancèrent en avant inconsidérément ; *in contionem* Liv. 5, 2, s'élancer à l'assemblée ∥ [poét.] *natura prosiliet* Hor. *S.* 2, 7, 73, la nature s'ébattra [comme un cheval en liberté] ¶ **2** [fig.] **a)** jaillir : Pl. *St.* 466 leçon de A ; *sanguis prosilit* Ov. *M.* 6, 260, le sang jaillit ; *scintilla* Ov. *F.* 4, 796, une étincelle jaillit **b)** pousser, croître : Plin. 15, 93 ; Col. 2, 10, 28 **c)** s'avancer en saillie : Plin. *Ep.* 5, 6, 19 **d)** [fig.] avancer, se dresser [comme un cou] : Plin. 4, 6.
▶ fut. *prosilibo* Ps. Quint. *Decl.* 4, 19 ∥ parf. *īvi* Sen. *Ep.* 115, 15 ; Just. 11, 5, 10 ; *ii* ; Sen. *Clem.* 1, 3, 3 ; Petr. 106, 1.

prōsistens, *tis*, saillant, proéminent, qui déborde : Apul. *M.* 11, 24.

prōsĭtus, *a*, *um*, placé devant : P. Fest. 252, 19.

proslambănŏmĕnŏs, *i*, m. (προσλαμβανόμενος), la note la plus grave de la gamme des Grecs (ajoutée à l'ancien système) : Vitr. 5, 4, 5.

prosmĕlōdŏs, *ŏn* (προσμέλῳδος), ⬢ *proslambanomenos* : Boet. *Mus.* 1, 20.

prosnēsĭum, *ĭi*, n. (πρός, ναῦς), amarre : Isid. 19, 4, 6.

prōsŏcĕr, *ĕri*, m., père du beau-père, grand-père de la femme : Ov. *H.* 3, 74.

prōsŏcrŭs, *ūs*, f., grand-mère de la femme : Modest. *Dig.* 38, 10, 4, 6.

prŏsōdĭa, *ae*, f. (προσῳδία), accent tonique, quantité des syllabes : Varr. d. Gell. 18, 12, 8.

prŏsōdĭăcus, *a*, *um*, cadencé, prosodique : Mar. Vict. *Gram.* 6, 124, 3.

prŏsōpion, *ĭi*, n., **prŏsōpis**, acc. **ĭda**, f. (προσώπιον, προσωπίς), bardane [plante] : Diosc. 4, 102 ; Ps. Apul. *Herb.* 36, 22.

Prŏsōpītēs nŏmŏs, m., le nome Prosopite [de Prosopis, ville du Delta] : Plin. 5, 49.

prŏsōpŏpœia, *ae*, f. (προσωποποιΐα), [rhét.] prosopopée : Quint. 6, 1, 25 ∥ discours supposé, prêté à un personnage : Quint. 2, 1, 2 ; 3, 8, 49.

prospărălēpsis, *is*, f. (προσπαράληψις), [gram.] allongement de la finale d'un mot : Diom. 441, 11.

prospectē, adv. (*prospicio*), après mûre réflexion, en connaissance de cause : Tert. *Apol.* 6, 7 ∥ *-tissime* Aug. *Ep.* 115, 12.

prospectĭo, *ōnis*, f., soins, sollicitude : Cod. Th. 7, 4, 15.

prospectīvus, *a*, *um* (*prospicio*), d'où l'on a de la perspective : Cod. Just. 8, 10, 12.

prospectō, *ās*, *āre*, *āvī*, *ātuum* (fréq. de *prospicio*), tr. ¶ **1** regarder en avant, devant soi : *ex tectis* Liv. 24, 21, 8, regarder du haut des toits, cf. Liv. 23, 47, 3 ; *proelium* Sall. *J.* 60, 3, regarder, contempler le combat ∥ voir au loin, voir de loin : Liv. 22, 14, 11 ; Catul. 64, 52 ∥ regarder autour de soi : Pl. *Mil.* 597 ¶ **2** regarder [orientation], être tourné vers, avoir vue sur : *fines septentrionem prospectant* Tac. *H.* 5, 6, le pays ouvre sur le nord, cf. Tac. *An.* 14, 9 ; *H.* 3, 60 ¶ **3** regarder en avant [avec idée d'attendre, d'épier] : *dies et noctes tamquam avis illa mare prospecto, evolare cupio* Cic. *Att.* 9, 10, 2, jours et nuits comme cet oiseau, je regarde du côté de la mer, je désire m'envoler ; *prospectans, ecquod auxilium ab dictatore appareret* Liv. 5, 48, 7, regardant au loin si qq. secours n'apparaît pas envoyé par le dictateur ; [fig.] *navis prospectare jam exsilium domini videbatur* Cic. *Verr.* 5, 44, ce navire semblait attendre déjà l'exil de son maître.

prospectŏr, *ōris*, m. (*prospicio*), celui qui pourvoit : Tert. *Marc.* 4, 34, 7 ; Apul. *Socr.* 16.

1 prospectus, *a*, *um*, part. de *prospicio*.

2 prospectŭs, *ūs*, m. ¶ **1** action de regarder en avant, au loin, vue, perspective : Cæs. *G.* 2, 22 ; 7, 81, 5 ; Sall. *J.* 53, 1 ; Liv. 10, 32, 6 ; *maris* Cic. *Att.* 12, 9, vue sur la mer, cf. Cic. *Att.* 14, 13, 1 ∥ pl., Sen. *Ep.* 90, 42 ¶ **2** fait de se voir de loin : *in prospectu esse* Cæs. *G.* 5, 10, 2, être visible au loin ∥ [d'où] aspect : *pulcherrimo prospectu* Cic. *Dom.* 116, [portique] du plus bel aspect ¶ **3** action de voir loin, portée de la vue : Cic. *Ac.* 2, 80 ¶ **4** [fig.] *alicujus rei prospectum habere* Gell. 5, 11, 10, envisager une chose, en tenir compte ¶ **5** ➤ *providentia* : Tert. *Spect.* 1, 1.

prospĕcŭlŏr, *āris*, *ārī*, *ātus sum* ¶ **1** intr., épier au loin, regarder au loin : B.-Afr. 31, 2 ∥ explorer, faire une reconnaissance : *prospeculatum mittere* Liv. 3, 43, 2, envoyer en reconnaissance ¶ **2** tr., épier, guetter : *e muris adventum imperatoris* Liv. 33, 1, 3, guetter du haut des murs l'arrivée du général.

1 prospĕr, ➤ *prosperus*.

2 Prospĕr, *ĕri*, m., nom d'homme : CIL 6, 1964 ∥ *Prosperus* CIL 2, 2805.

Prospĕra, *ae*, f., nom de femme : CIL 2, 5271.

prospĕrātĭo, *ōnis*, f. (*prospero*), succès, réussite : Gloss. 2, 345, 50.

prospĕrātus, *a*, *um*, part. de *prospero*.

prospĕrē, adv. (*prosperus*), avec bonheur, heureusement, à souhait : *evenire*, *procedere* Cic. *Fam.* 3, 12, 2 ; 12, 9, 2 ; *cadere* Tac. *An.* 2, 46, réussir [en parl. des choses], bien tourner, bien aboutir ∥ favorablement : *aves quae prosperius evolant* Gell. 6, 6, 8, oiseaux dont le vol est de meilleur augure ∥ *-errime* Suet. *Cæs.* 36.

prospĕrĭtās, *ātis*, f. (*prosperus*), prospérité, bonheur : Cic. *Nat.* 3, 86 ; *valetudinis* Nep. *Att.* 21, 1, santé excellente ∥ Cic. *Nat.* 3, 88.

prospĕrĭtĕr, ⬢ *prospere* Enn. d. Prisc. 3, 71, 5.

prospĕrō, *ās*, *āre*, *āvī*, *ātuum* (*pro spere*, ➤ *spes*), tr., rendre heureux, faire réussir (*rem alicui*) : Liv. 8, 9, 7 ; Tac. *An.* 3, 56 ; *H.* 4, 53 ∥ rendre propice : Prud. *Perist.* 10, 365 ∥ [abs¹] obtenir le succès : *amico* Pl. *Pers.* 263, rendre un ami heureux ∥ [pass.] réussir, prospérer : Lucil. 656 ; Vulg. *Psal.* 36, 7 ; Tert. *Apol.* 6, 6.

prospĕrus, *a*, *um* (de *prospero* ?) ¶ **1** qui répond aux espérances, heureux, prospère : *prospera adversaque fortuna* Cic. *Nat.* 3, 89, la bonne et la mauvaise fortune ; *prosperae res* Cic. *Brut.* 12, la prospérité ; *prosperus et salutaris fulgor* Cic. *Rep.* 6, 17, lueur propice et bienfaisante ; *prosperior civium amor* Tac. *An.* 6, 51, une plus grande popularité ; *prosperius fatum* Ov. *F.* 3, 614, destin plus favorable ; *prosperrimus rerum eventus* Vell. 2, 122, 2, la plus heureuse issue ∥ n. pl., *prospera*, les circonstances heureuses, prospérité : Tac. *H.* 5, 15 ∥ [attrib. rempl. un adv.] *prospera omnia cedunt* Sall. *C.* 52, 29, tout arrive heureusement, a une heureuse issue ; *omnia quae prospera tibi evenere* Liv. 28, 42, 15, tous tes succès, cf. Liv. 21, 21, 9 ; 37, 47, 4 ; 42, 28, 7 ¶ **2** [poét.] *Noctiluca prospera frugum* Hor. *O.* 4, 6, 39, la lune propice aux moissons.

prospex, *ĭcis*, m., qui prévoit, prophète : Tert. *Test.* 5, 2.

prospexī, parf. de *prospicio*.

prospĭca, *ae*, f. (*prospicio*), celle qui pourvoit : Nævius *Com.* 25.

prospĭcĭens, *entis*, part.-adj. de *prospicio*, qui se garde de qq. chose, qui se méfie : Ambros. *Hex.* 5, 8.

prospĭcĭentĕr, adv., prudemment, avec sagesse : Gell. 2, 29, 1.

prospĭcĭentĭa, *ae*, f. (*prospicio*), prévoyance, circonspection, précaution : Cic. *Phil.* 7, 19 ∥ pl., apparences, formes : *Tert. *Val.* 26, 2.

prospĭcĭō, *is*, *ĕre*, *spexī*, *spectum* (*pro*, *specio*), **I** intr. ¶ **1** regarder au loin, en avant : *nisi parum prospiciunt oculi* Ter. *Phorm.* 735, si mes yeux n'ont pas la vue trop courte ; *ex superioribus locis prospicere in urbem* Cæs. *C.* 2, 5, 3, des hauteurs avoir vue sur la ville ; *lucum si excideris, multum prospexeris* Cic. *Fam.* 7, 20, 1, si tu coupes ce bois, tu auras une belle vue ; [fig.] *homo longe in posterum prospiciens* Cic. *Fam.* 2, 8, 1, un homme qui voit loin dans l'avenir, cf. Cic. *Clu.* 34 ¶ **2** être aux aguets : Nep. *Hann.* 12, 4 ¶ **3** [fig.] avoir l'œil, faire attention, être attentif, veiller à, pourvoir à : *prospiciam mihi* Ter. *Ad.* 589, je vais penser à moi ; *prospicite patriae*

prospicio

Cic. *Cat.* 4, 3, songez à la patrie, cf. Cic. *Fin.* 1, 35 ; [avec *ut* subj.] veiller à ce que, avoir soin que : Cic. *Font.* 39 ; *Verr.* 1, 153 ; [avec *ne*] que ne pas éviter de : Cic. *Dom.* 69 ; Caes. *G.* 5, 7, 2.
II tr. ¶ **1** discerner, (apercevoir, voir) qqch. au loin, devant soi : *Italiam summa ab unda* Virg. *En.* 6, 357, apercevoir l'Italie de la crête d'une vague, cf. Virg. *En.* 11, 909 ; *moenia urbis Tarpeia de rupe* Luc. 1, 195, regarder les murailles de la ville du haut de la roche Tarpéienne, cf. Cic. *Verr.* 5, 169 ǁ regarder au loin, épier : *ex speculis adventantem classem* Liv. 21, 49, 8, guetter des hauteurs l'approche de la flotte ¶ **2** jeter un coup d'œil de loin sur qqch. : Cic. *Sull.* 55 ; Plin. *Pan.* 15, 2 ; [fig.] *prospicere vitam* Sen. *Ep.* 66, 42, entrevoir la vie [en parl. d'un enfant qui meurt] ¶ **3** avoir vue sur [orientation], regarder : *domus prospicit agros* Hor. *Ep.* 1, 10, 23, la maison a vue sur la campagne, cf. Plin. 2, 17, 12 ; Ov. *M.* 11, 150 ¶ **4** [fig.] **a)** avoir devant les yeux : *senex aut prospiciens senectutem* Sen *Ep.* 33, 7, le vieillard ou celui qui a la vieillesse devant les yeux **b)** prévoir : *longe prospicere futuros casus rei publicae* Cic. *Lae.* 40, prévoir de loin les malheurs qui menacent l'État ; *multo ante* Cic. *Div.* 1, 111, longtemps à l'avance, cf. Cic. *Att.* 10, 4, 5 ; *Fam.* 4, 3, 1 ; *animo prospicere, quibus de rebus auditurus sis* Cic. *Quinct.* 35, prévoir par la pensée sur quels points tu entendras parler ; *mente et cogitatione, qui concursus futuri sint* Cic. *Caecil.* 42, se représenter par la pensée et par la réflexion quelle foule accourra, cf. Cic. *Verr.* 3, 218 **c)** avoir l'œil à, s'occuper de, préparer : Liv. 4, 49, 14 ; Plin. *Ep.* 1, 14, 1.

prospĭcŭē, adv. (*prospicuus*), avec prévoyance, prévenance : Apul. *M.* 1, 21 ; 11, 18.

prospĭcus, *a, um* (*prospicio*), qui regarde en avant : Naev. *Com.* 25.

prospĭcŭus, *a, um* (*prospicio*) ¶ **1** élevé [qu'on aperçoit de loin ou qui domine] : Stat. *Th.* 12, 15 ¶ **2** qui voit dans l'avenir : Apul. *M.* 6, 20.

prospīrō, *ās, āre*, -, -, intr., souffler au-dehors : Apul. *Apol.* 50.

prostans, *tis*, ▼. *prosto*.

prossārĭus, *a, um* (2 *prorsus*, 1 *prosus*), concernant le tissu peigné : CIL 13, 2023.

prostās, *ădis*, f. (προστάς), vestibule, portique : Vitr. 6, 7, 1.

prosternō, *ĭs, ĕre, strāvī, strātum*, tr. ¶ **1** coucher en avant, jeter bas, renverser, terrasser : *aliquem* Ter. *Ad.* 319, étendre qqn à terre ; *humi corpus* Curt. 8, 5, 6, ou ; *se prosternere* Cic. *Phil.* 2, 45 ; *Planc.* 50, se prosterner à terre, cf. Liv. 45, 20, 9 ; *multam pondere silvam* Ov. *M.* 8, 776, abattre sous son poids une grande partie de la forêt, cf. Cic. *Mil.* 85 ǁ *hostem* Cic. *Phil.* 14, 27, terrasser les ennemis ǁ prostituer (*alicui*, à qqn) : Suet. *Caes.* 2 ; *Tib.* 35 ; *Cal.* 24 ¶ **2** [fig.] abattre, ruiner : Cic. *Clu.* 15 ; 70 ; Plin. 36, 113 ; *jacet prostratus* Cic. *Cat.* 2, 2, il reste par terre abattu, cf. Cic. *Leg.* 2, 42 ; *Vat.* 35.
► contr. *prostrasse* Ov. *Tr.* 3, 5, 33.

prosthĕsis (prŏth-), *is*, f. (πρόσθεσις, πρόθεσις), [gram.] (prosthèse) prothèse [addition d'une lettre au commencement d'un mot] : Char. 278, 1 ; Diom. 440, 32 ; Serv. *En.* 2, 328.

prostĭbĭlis, *e* (*prosto*), prostitué : Pl. *Pers.* 836.

prostĭbŭla, *ae*, f., ▣. ▶ *prostibulum* : Pl. d. Non. 423, 18 ; Tert. *Apol.* 6, 3.

prostĭbŭlum, *i*, n. (*prosto*), prostituée, courtisane : Pl. *Aul.* 285 ǁ prostitué : Arn. 6, 13 ǁ lieu de prostitution : Isid. 18, 42, 2.

prostĭtī, parf. de *prosto*[et peut-être de *prosisto* Prisc. 2, 419, 7].

prostĭtŭō, *ĭs, ĕre, stĭtŭī, stĭtūtum* (*pro, statuo*), tr., placer devant, en avant, exposer aux yeux : Pl. *Ps.* 178 ; Arn. 5, 28 ǁ prostituer : Catul. 110, 8 ; *pudicitiam suam* Suet. *Ner.* 29, se prostituer ǁ [fig.] déshonorer, salir, prostituer : Cat. d. Gell. 17, 3, 4 ; *vocem* Ov. *Am.* 1, 15, 5, prostituer son éloquence.

prostĭtūtĭō, *ōnis*, f. (*prostituo*), prostitution : Arn. 2, 53 ǁ profanation : Tert. *Apol.* 27, 1.

prostĭtūtŏr, *ōris*, m. (*prostituo*), celui qui débauche, corrupteur : Tert. *Cult.* 2, 9, 16 ǁ [fig.] profanateur : Tert. *Pud.* 10, 12.

prostĭtūtus, *a, um*, part.-adj. de *prostituo*, prostitué : Mart. 9, 6, 7 ǁ subst. f., prostituée, courtisane, femme publique : Suet. *Cal.* 36 ǁ [fig.] *prostituti sermones* Sidon. *Ep.* 3, 13, 11, discours obscènes ǁ -*issimus* Tert. *Apol.* 25, 9.

prostō, *ās, āre, stĭtī*, -, intr. ¶ **1** se tenir exposé aux regards du public, se mettre en vue : Pl. *Curc.* 507 ǁ être exposé en vente [en parl. d'un livre] : Hor. *Ep.* 1, 202 ǁ se prostituer : Sen. *Contr.* 1, 2 ; Juv. 1, 47 ǁ [fig.] être prostitué, profané [en parl. de la voix d'un crieur public] : Cic. *Quinct.* 95 ; Ov. *Pont.* 2, 3, 20 ¶ **2** avancer, faire saillie : Lucr. 2, 428.

prostrasse, ▼. *prosterno* ▶.

prostrātĭō, *ōnis*, f. (*prosterno*), prostration : Cassian. *Inc.* 3, 16 ǁ [fig.] renversement, ruine : Tert. *Praescr.* 41, 3.

prostrātus, *a, um*, part. de *prosterno*.

prostrāvī, parf. de *prosterno*.

prostrō, *ās, āre*, -, - (*prostratus* ; it. *prostrare*), tr., renverser : Rufin. *Clem.* 2, 70 ; Anth. 190, 7.

prostȳlŏs, *ŏn*, adj. (πρόστυλος), prostyle, qui a des colonnes par-devant : Vitr. 3, 2, 3.

prostȳpa, *ōrum*, n. pl. (πρόστυπα), moulures [archit.] : Plin. 35, 152.

prōsŭbĭgō, *ĭs, ĕre*, -, -, tr. ¶ **1** façonner d'avance ; forger [la foudre] : Val.-Flac. 4, 288 ¶ **2** remuer devant soi (le sol) avec le pied, gratter le sol du pied : Virg. *G.* 3, 256 ǁ fouler aux pieds : Prud. *Perist.* 3, 130.

prōsŭlĭo, ▣. *prosilio*.

1 **prōsum**, *prōdes, prōdesse, prō-fuī*, -, intr., être utile : *plus in negotiis gerendis res quam verba prosunt* Cic. *Ac.* 2, 2, dans la gestion des affaires les faits servent plus que les mots ǁ [avec dat.] *nihil tibi meae litterae proderunt* Cic. *Fam.* 12, 17, 7, ma lettre ne te servira à rien ; *prodesse omnibus* Cic. *Nat.* 2, 64, être utile à tous ; *ad rem aliquam alicui prodesse* Sall. *J.* 85, 32, être utile à qqn pour (en vue de) qqch. ; *id mirum quantum profuit ad concordiam civitatis* Liv. 2, 1, 11, cette mesure contri-bua étonnamment à mettre la concorde dans la cité ; *in id prodesse, ut...* Quint. 8, 3, 9, servir à ceci, savoir à... ǁ [inf.] *multum prodest contemnere...* Cic. *Tusc.* 4, 64, il est très utile de mépriser... ; *hoc facere illum rei publicae prodest* Cic. *Att.* 2, 1, 6, cette manière qu'il a d'agir rend service à l'État ǁ [méd.] être bon, salutaire, efficace : Plin. 22, 131 ; 22, 141.
► inf. fut. *profore* Hor. *Ep.* 1, 8, 11.

2 **prōsum**, adv., ▣. ▶ *prorsum*.

prŏsūmĭa, *ae*, f. (?), petit navire de reconnaissance, patrouilleur : Caecil. *Com.* 1 ; 110 ; Gell. 10, 25, 5, cf. P. Fest. 252, 18.

Prosumnus, *i*, m., nom d'un ancien héros latin : Arn. 3, 28.

prōsuppō (-sŭpō), *ās, āre*, -, -, tr., étendre en ligne droite : Non. 67, 29.

1 **prōsus**, *a, um* (*provorsus*), ▣. 2 *prorsus* ¶ **1**, direct : Avian. 3, 8 ǁ *prosa oratio* Quint. 1, 5, 18, la prose.

2 **prōsŭs**, adv., ▣. ▶ 1 *prorsus*.

prŏsyllŏgismus, *i*, m., prosyllogisme : Boet. *Anal. pr.* 1, p. 489.

Prŏsymna, *ae* (**-nē**, *ēs*), f., ville d'Argolide, où Junon était particulièrement honorée : Stat. *Th.* 1, 383 ; 3, 325.

Prōtădĭus, *ĭi*, m., nom d'homme : Rutil. 1, 342.

prōtăgĭŏn, *ĭi*, n., sorte de vin : Plin. 14, 76.

Prōtăgŏrās, *ae*, m. (Πρωταγόρας), sophiste d'Abdère, chassé par les Athéniens pour son impiété : Cic. *Nat.* 1, 2 ; *Brut.* 30 ǁ -**rĭŏn**, *ĭi*, n., une maxime de Protagoras : Gell. 5, 11, 1.

Prōtarchus, *i*, m. (Πρώταρχος), nom d'un médecin : Cels. 5, 8, 18.

prŏtăsis, *is*, f. (πρότασις), [gram.] protase, exposition [d'une pièce de théâtre] : Don. *And. pr.* 1.

Prōtăsĭus, *ĭi*, m., saint Protais, martyr : Greg.-M. *Ep.* 11, 15.

prŏtătĭcus, *a, um* (προτατικός), [gram.] protatique, qui ne paraît qu'à la protase : Don. *And. prol.* 1.

prōtaulēs, *ae*, m. (προταύλης), flûtiste : CIL 6, 10136.

Prōtē, *ēs*, f. ¶1 nom d'une des îles Stéchades : PLIN. 3, 79 ¶2 île en face de Céphallénie : MEL. 2, 110.

prōtĕa, *ae*, f. (πρωτέα), nénuphar [plante] : PS. APUL. *Herb.* 68.

prōtectĭo, *ōnis*, f. ¶1 ▻ *protectum* ¶2 [fig.] protection : TERT. *Fug.* 2, 4.

prōtectŏr, *ōris*, m. (*protego*), garde du corps, satellite : AMM. 14, 7, 9 ǁ protecteur, défenseur : TERT. *Apol.* 6, 1.

prōtectōrĭus, *a, um*, qui concerne les *protectores* [gardes du corps] : COD. TH. 7, 20, 5.

prōtectum, *i*, n., toiture, toit, DIG. 9, 2, 29 ; *protecta vinearum* PLIN. 17, 89, berceaux de vignes.

1 **prōtectus**, *a, um*, part. de *protego*.

2 **prōtectŭs**, *ūs*, m., partie en saillie du toit : SCAEV. *Dig.* 8, 2, 41, 1.

prōtĕgō, *ĭs, ĕre, tēxī, tectum*, tr. ¶1 couvrir devant, en avant, abriter : *rates cratibus* CAES. *C.* 1, 25, 9, garnir des radeaux avec des claies ; *aliquem scutis* CAES. *G.* 5, 44, 6, abriter qqn avec leurs boucliers ; [poét.] *scutis protecti corpora* VIRG. *En.* 8, 662, se couvrant le corps de leurs boucliers ǁ faire un avant-toit : CIC. *Top.* 24 ; DIG. 9, 2, 29 ¶2 [fig.] garantir, protéger : CIC. *Sull.* 50 ; LIV. 42, 15, 10 ǁ [rare] cacher, dissimuler : VELL. 2, 100, 5 ; JUST. 38, 1, 9 ¶3 [poét.] écarter, protéger contre : STAT. *S.* 3, 1, 121.

Prōtēĭa insŭla, f., île de Protée, située à l'une des bouches du Nil : JUL.-VAL. 1, 18.

prōtēlātĭo, *ōnis*, f. (*protelo*), action de repousser dehors : JULIAN. *Epit.* 104, 366.

prōtēlō, *ās, āre, āvī, ātum* (*protelum*), tr., éloigner, repousser, chasser : SISEN. d. NON. 363, 4, 18 ; TURPIL. d. NON. 363, 16 ; TER. *Phorm.* 213 ; DON., cf. P. FEST. 235 ǁ [fig.] prolonger, traîner en longueur, différer, remettre : COD. JUST. 3, 1, 13 ǁ conduire jusqu'à, faire arriver [au terme] : TERT. *Paen.* 4, 3 ǁ *protelata moles* AVIEN. *Perieg.* 487, digue étendue.

prōtēlum, *i*, n.[seulement à l'abl. sg. et pl.] (*prōtenslo-m*, cf. *protinus, protendo* ; it. *trapelo*) [d'après DON. *Phorm.* 213, "jet continu de traits" ; d'après GLOSS. 2, 163, 19, ἔξαμπρον, "longe"] ¶1 attache des bœufs : CAT. d. NON. 363, 10 ; LUCIL. 248 ; 435 ¶2 attelage : PLIN. 9, 45 ; 18, 173 ¶3 [fig.] continuité : LUCR. 2, 531 ; *quasi protelo* LUCR. 4, 190 ; *protelo* CATUL. 56, 7, tout d'un trait, sans débrider.

prōtēnam, ▻ *protinam*.

prōtendō, *ĭs, ĕre, tendī, tentum* et *tensum*, tr. ¶1 tendre en avant, étendre, allonger : *brachia in mare* OV. *M.* 14, 191, tendre les bras vers la mer ; *hastas* VIRG. *En.* 11, 606, tendre les lances en avant, en arrêt, cf. TAC. *An.* 14, 37 ; *cervicem* TAC. *An.* 15, 67, tenir le cou tendu ǁ pass.,

protendi s'étendre : PLIN. 6, 47 ; 11, 244 ¶2 [fig.] étendre, allonger [dans la prononciation] : GELL. 2, 17, 11 ; 4, 17, 7.

prōtĕnis, ▻ *protinus* : AFRAN. *Com.* 107.

Prōtēnŏr, *ŏris*, m., guerrier : OV. *M.* 5, 98.

prōtensĭo, *ōnis*, f. (*protendo*) ¶1 action d'étendre [la main] : HIER. *Ep.* 29 ¶2 [log., = πρότασις] majeure du syllogisme : PS. APUL. *Herm.* 1.

prōtentō, *ās, āre*, -, -, tr., éprouver : AVIEN. *Arat.* 286.

prōtentus, *a, um*, part. de *protendo*, [adj¹] *protentior* SOLIN. 30, 9, plus allongé, plus long.

prōtĕnus, ▻ *protinus*.

prōtermĭnō, *ās, āre*, -, -, tr., reculer les frontières : APUL. *M.* 9, 38 ; SIDON. *Ep.* 3, 1, 5.

prōtĕrō, *ĭs, ĕre, trīvī, trītum*, tr. ¶1 écraser, broyer [le grain] : COL. 2, 21, 3 ǁ fouler aux pieds : PL. *Truc.* 268 ; CAES. *C.* 2, 41, 5 ǁ *agmina curru* VIRG. *En.* 12, 330, écraser des bataillons sous son char ¶2 [fig.] a) *aciem hostium* TAC. *H.* 2, 26, écraser l'armée ennemie, cf. HOR. *O.* 3, 5, 34 b) *aliquem* CIC. *Flac.* 53, écraser, fouler aux pieds qqn, cf. HER. 4, 66 c) *ver proterit aestas* HOR. *O.* 4, 7, 9, l'été chasse le printemps d) *protritus*, rebattu, usé par un fréquent usage : *perpauca et a vulgo protrita* GELL. 5, 21, 4, un très petit nombre d'ouvrages, que tout le monde ressasse ; *oratio protrita* GELL. 12, 2, 1, style banal, cf. GELL. 8, 4, 6.

prōtĕron, ▻ *hysteron*.

prōterrĕō, *ēs, ēre, ŭī, ĭtum*, tr., chasser devant soi en effrayant, mettre en fuite : TER. *Haut.* 446 ; CIC. *Dom.* 133 ; VIRG. *En.* 12, 291 ǁ *proterritus* effrayé, chassé : CIC. *Caecin.* 37 ; *Rep.* 1, 5 ǁ effrayé : CAES. *G.* 5, 58, 4.

prōtervē, adv. (*protervus*), effrontément, impudemment, sans retenue : TER. *Hec.* 503 ; CIC. *Rep.* 1, 68 ǁ hardiment [en bonne part] : PL. *Amp.* 837 ǁ *-vius* OV. *A. A.* 1, 599 ; *-issime* AUG. *Civ.* 5, 22.
▶ *properterve* (A) PL. *Amp.* 256.

prōtervĭa, *ae*, f. (*protervus*), pétulance, audace, effronterie, insolence : AUS. *Mos.* 172 ; *Perioch.* 47 (466).

prōtervĭō, *ĭs, īre*, -, -, intr., agir avec impudence : *TERT. *Pat.* 12, 9.

prōtervĭtās, *ātis*, f. (*protervus*), impudence, audace, effronterie : PACUV. d. NON. 121, 15 ; TER. *Haut.* 814 ; CIC. *Cael.* 29.

prōtervĭtĕr, ▻ *proterve* ENN. *Com.* 2.

prōtervus, *a, um* (*propt-*, cf. *accipiter, peto*) ¶1 [poét.] violent, véhément : *venti protervi* HOR. *O.* 1, 26, 2, vents impétueux ; *proterva stella canis* OV. *Am.* 2, 16, 4, astre brûlant de la canicule ¶2 audacieux, sans mesure, impudent, effronté,

libertin, lascif [pers. et choses] : CIC. *Fin.* 5, 35 ; *Cael.* 38 ; *Fin.* 2, 47 ǁ *-vior* JUST. 30, 2, 2.

Prōtĕsĭlāŏdămīa, *ae*, f. (Πρωτεσιλαοδάμεια), nom d'une tragédie de Laevius, Protésilas et Laodamie : GELL. 12, 10, 5.

Prōtĕsĭlāus, *i*, m. (Πρωτεσίλαος), Protésilas [fils d'Iphiclus, mari de Laodamie, tué au moment où il débarquait le premier sur le rivage troyen] : PROP. 1, 19, 9 ; OV. *M.* 13, 68 ǁ *-āēus*, *a, um*, de Protésilas : CATUL. 68, 74.

prōtestātĭo, *ōnis*, f. (*protestor*), [log.] protestation, assurance : SYMM. *Ep.* 1, 56.

prōtestō, *ās, āre*, -, -, ▻ *protestor* : PRISC. 2, 397, 1.

prōtestor, *ārĭs, ārī, ātus sum*, tr., déclarer hautement, protester, affirmer : PS. QUINT. *Decl.* 4, 21 ǁ [fig.] attester, témoigner : MACR. *Sat.* 1, 17, 68.

Prōteūs (dissyl.) *ĕi* ou *ĕos*, m. (Πρωτεύς), Protée [dieu marin, sachant l'avenir, mais se dérobant aux consultations par mille métamorphoses] : VIRG. *G.* 4, 388 ; OV. *M.* 8, 731 ǁ [fig.] un protée, un homme versatile : HOR. *Ep.* 1, 1, 90.

prōtexī, parf. de *protego*.

Prŏthĕōn, *ōnis*, m., un des fils d'Égyptus : HYG. *Fab.* 170, 3.

prŏthĕōrēmăta, *um*, n. pl., principes, éléments [de géométrie] : CAPEL. 2, 138.

prŏthĕsis, ▻ *prosthesis*.

Prŏthŏēnŏr, *ŏris*, m., ▻ *Protenor*.

Prŏthŏŭs (*-ŏŏs*), *i*, m., Prothoos [roi de Thessalie, héros au siège de Troie] : HYG. *Fab.* 97.

prŏthȳmē, adv. (προθύμως), de bon cœur : PL. *Ps.* 1267.

prŏthȳmĭa, *ae*, f. (προθυμία), bonnes dispositions, amabilité, prévenances : PL. *St.* 636.

prŏthȳrum, *i*, n. (πρόθυρον) ¶1 vestibule : VITR. 6, 7, 5 ¶2 [pl.] porche, porte d'entrée : VITR. 6, 7, 5 [διάθυρα].

prōtĭnăm (**prōtĕnăm**), ▻ *protinam* : VARR. *L.* 7, 107 ; PL. *Bac.* 374 ; TER. *Phorm.* 190.

prōtĭnis, ▻ *protinus* NON. 376, 6.

prōtĭnŭs (**prōtĕnŭs**), adv. (*pro, tenus*) ¶1 tout droit en avant, droit devant soi : *capellas protinus agere* VIRG. *B.* 1, 13, pousser droit devant soi ses chèvres ; *pergere protinus* CIC. *Div.* 1, 49, marcher droit devant soi ǁ [fig.] d'emblée, sans ambages : CIC. *Inv.* 1, 20 ¶2 tout droit sans s'arrêter, en continuant d'avancer : *protinus ex eo loco ad flumen contendere* CAES. *G.* 2, 9, 3, se rendre sans délai de ce lieu au fleuve ; *Laodiceam protinus ire* CIC. *Fam.* 3, 6, 2, aller à Laodicée sans s'arrêter, cf. CIC. *Q.* 1, 3, 4 ; LIV. 22, 42, 3 ; 24, 9, 2 ; VIRG. *En.* 10, 340 ; [fig.] VIRG. *G.* 4, 1 ǁ chemin faisant, au cours de la marche : LIV. 26, 51, 9 ; 28, 13, 4 ; 28, 16, 10

protinus

¶ **3** [différents rapports] **a)** [sens local] en continuant: *protinus deinde ab Oceano Rugii* TAC. G. 44, plus loin ensuite en partant de l'océan se trouvent les Rugiens **b)** [temps ou succession] sans interruption: VIRG. En. 7, 601; 9, 337 ∥ immédiatement après, aussitôt, sans désemparer: LIV. 21, 9, 4; *protinus a partu* PLIN. 20, 226, aussitôt après l'accouchement; *protinus ut* QUINT. 1, 1, 3; OV. Tr. 4, 10, 130, aussitôt que **c)** [log.] = *continuo* [avec nég.]: *non protinus* QUINT. 10, 1, 3, il ne s'ensuit pas que.

Prōtō, *ūs*, f., une des Néréides: HYG. Fab. pr. 8.

prōtŏcollum, *i*, n. (πρωτόκολλον), feuillet collé sur un document juridique portant le nom du responsable et la date: NOVEL.-JUST. 44, 2; JULIAN. Epit. 40, 170.

prōtŏcŏmĭum, *ii*, n. (cf. προκόμιον), toupet [sur la tête du cheval]: CHIR. 281; VEG. Mul. 2, 11, 4.

Prōtŏdămās, *antis*, m., un des fils de Priam: HYG. Fab. 90.

Prōtŏgĕnēs, *is*, m. (Πρωτογένης), Protogène [célèbre peintre grec, de Rhodes]: CIC. Brut. 70.

Prōtŏgĕnīa, *ae*, f. (Πρωτογένεια), fille de Deucalion et de Pyrrha: HYG. Fab. 155.

prōtŏlapsus, *i*, m. (πρῶτος, *lapsus*), le premier pécheur [Adam]: COMMOD. Instr. 1, 35, 1.

prōtollō, *is*, *ĕre*, -, -, tr., porter en avant, tendre, étendre: PL. Ps. 860 ∥ [fig.] différer, remettre: PL. Cas. 680; GELL. 3, 16, 15 ∥ [pass.] s'élever, monter [voix]: AMM. 31, 7, 11.

prōtŏmēdĭa, *ae*, f., plante inconnue à vertus magiques: PLIN. 24, 185.

prōtŏmysta, *ae*, m. (πρωτομύστης), premier pontife d'un culte secret; [fig.] maître: SIDON. Ep. 2, 9, 5.

prōtŏnō, *ās*, *āre*, -, -, intr., tonner auparavant [fig.]: VAL.-FLAC. 4, 205.

prōtŏplasma, *ătis*, n. (πρωτόπλασμα), ▶ *protoplastus*: FORT. Carm. 2, 4, 5.

prōtŏplastus, *i*, m. (πρωτόπλαστος), le premier homme: TERT. Jud. 13, 11.

prōtŏpraxĭa, *ae*, f. (πρωτοπραξία), créance privilégiée: PLIN. Ep. 10, 108, 1.

*****prōtŏsĕdĕō**, *ēs*, *ēre*, -, - (πρῶτος, *sedeo*), intr., avoir la préséance: *TERT. Cor. 15, 1.

prōtŏstăsĭa, *ae*, f. (πρωτοστασία), charge de premier inspecteur du fisc: COD. TH. 11, 23, 2.

prōtŏtŏmus caulis, **prōtŏtŏmus**, *i*, m. (πρωτότομος), brocoli, espèce de chou: MART. 14, 101; 10, 48, 16.

prōtŏtўpĭa, *ae*, f. (πρωτοτυπία), recrutement de jeunes soldats [en remplacement]: COD. TH. 6, 35, 5; 7, 13, 7.

prōtŏtўpus, *a*, *um* (πρωτότυπος), originel, élémentaire, primitif: MAR. VICT. Gram. 6, 69, 7 ∥ subst. m., forme primitive: DOSITH. 7, 412, 27.

prōtractĭo, *ōnis*, f. (*protraho*), prolongement [d'une ligne]: MACR. Somn. 1, 12, 5 ∥ [fig.] ajournement: CASSIOD. Var. 12, 2.

1 prōtractus, *a*, *um*, part. de *protraho*.

2 prōtractŭs, *ūs*, m., suite, succession: CIL 6, 30112 ∥ prolongation [de la durée du monde]: TERT. Or. 5, 1.

prōtrăhō, *is*, *ĕre*, *traxī*, *tractum*, tr. ¶ **1** tirer en avant, faire sortir, traîner hors de: *protrahi in convivium* CIC. Verr. 4, 24; *ad operas mercennarias* CIC. Phil. 1, 22, être traîné dans un banquet devant des manœuvres salariés (une populace mercenaire); *protractus e tentorio* TAC. An. 4, 27, arraché de sa tente ¶ **2** [fig.] **a)** *aliquid in lucem* LUCR. 4, 1189, tirer, faire sortir qqch. au grand jour **b)** produire au jour, révéler, dévoiler: *facinus protractum per indicium* CIC. Verr. 27, 3, 1, complot mis au jour grâce à une dénonciation; *aliquem auctorem facinoris protrahere* LIV. 45, 5, 9, révéler qqn comme l'auteur d'un crime, cf. LIV. 44, 26, 1 **c)** *ad paupertatem protractus* PL. Trin. 109, réduit à la misère; *protrahere ad gestum pueros* LUCR. 5, 1031, amener les enfants à faire des gestes **d)** traîner en longueur, prolonger: SUET. Ner. 27; AUG. 17 ∥ ajourner, différer: SUET. Ner. 32 ∥ [abs¹] prolonger sa vie: SUET. Ner. 33 **e)** étendre une observation à, la faire porter jusqu'à...: DIG. 45, 1, 1.

▶ parf. contr. *protraxtis* SIL. 16, 84; inf. *protraxe* LUCR. 5, 1157.

prōtraxe, **prōtraxtis**, ▶ *protraho* ▶.

prōtreptĭcŏn (-cum), *i*, n. (προτρεπτικόν), exhortation [en vers]: AUS. Nep. 1 (321)).

prōtreptĭcus, *a*, *um*, incitatif, exhortatif: AUS. Epist. 17 (407)).

prōtrīcō, *ās*, *āre*, -, -, intr., faire des difficultés préalablement: NOT. TIR. 92.

prōtrīmenta, *ōrum*, n. pl. (*protero*), sorte de ragoût épais: APUL. M. 8, 31.

prōtrītus, *a*, *um*, part. de *protero*.

prōtrīvī, parf. de *protero*.

prōtrŏpŏn (-pum), *i*, n. (πρότροπον), vin de mère-goutte [non pressé]: PLIN. 14, 85; *VITR. 8, 3, 12.

prōtrūdō, *is*, *ĕre*, *trūsī*, *trūsum*, tr. ¶ **1** pousser (lancer) en avant, donner l'impulsion: LUCR. 4, 246; 4, 891; CIC. Fat. 43 ∥ chasser: AFRAN. Com. 174 ¶ **2** [fig.] différer, remettre: CIC. Fam. 10, 26, 3.

prōtūbĕrō, *ās*, *āre*, -, - (*pro*, *tuber*, *tuberans*), intr., devenir saillant, protubérant, saillir: SOLIN. 45, 8 ∥ [fig.] ressortir: AUS. Cent. 1 ep. (350).

prōtŭlī, parf. de *profero*.

prōtŭmĭdus, *a*, *um*, renflé, bombé: APUL. Socr. 1.

prōturbō, *ās*, *āre*, *āvī*, *ātum*, tr. ¶ **1** chasser devant soi en bousculant, repousser [en désordre], chasser: CAES. G. 2, 19, 7; LIV. 5, 47, 5; VIRG. En. 10, 801; TAC. H. 1, 60; 2, 85 ∥ [poét.] *silvas* OV. M. 3, 80, dévaster des forêts ¶ **2** pousser [un soupir]: SIL. 5, 605.

prōtūtēla, *ae*, f., fonction de protuteur: DIG. 27, 3, 1.

prŏtўpĭum, *ii*, n. (*προτύπιον), [pl.] petits modèles [de lettres]: CASSIAN. Coll. 10, 10, 1.

*****prŏtyrum**, f. l. pour *protropon*: *VITR. 8, 3, 12.

prŏŭt, conj. (*pro*, *ut*), selon que, dans la mesure où: CIC. Verr. 2, 83; Att. 11, 6, 7.

prōvectĭbĭlis, *e* (*proveho*), perfectible: FULG. Virg. 147, p. 90, 9 H.

prōvectĭo, *ōnis*, f. (*proveho*), action de faire avancer, avancement, promotion: LACT. Inst. 5, 11, 8.

prōvector, *ōris*, m., promoteur (de sentiments): AUG. Jul. op. imp. 6, 17.

1 prōvectus, *a*, *um* ¶ **1** part. de *proveho* ¶ **2** [adj¹] **a)** avancé [âge]: *aetate provectus* CIC. Div. 2, 5, avancé en âge; *provecta aetate* CIC. Tusc. 1, 94, d'un âge avancé ∥ *provectior* AUS. Epigr. 18 (19), 5, plus âgé **b)** *provecta nox* TAC. An. 13, 20, nuit avancée.

2 prōvectŭs, *ūs*, m. ¶ **1** action de faire avancer, progresser: AUG. Civ. 11, 12 ∥ action d'élever aux dignités: AUR.-VICT. Caes. 39, 45 ¶ **2** avancement, accroissement: SIDON. Ep. 4, 4, 1; PALL. 1, 6, 1.

prōvĕhō, *is*, *ĕre*, *vēxī*, *vectum*, tr. ¶ **1** transporter en avant, mener en avant: *provexi*; *avehere non quivi* PL. Ru. 862, je l'ai menée en avant; l'emmener, je n'ai pas pu [= je l'ai embarquée, mais n'ai pas réussi à l'emmener], cf. LUCR. 6, 1026 ∥ pass., *provehi* se transporter en avant, s'avancer [surtout en bateau]: CAES. G. 5, 8, 2; VIRG. En. 3, 72; *postquam paulum provecta classis est* CIC. Verr. 5, 87, après que la flotte eut un peu gagné la haute mer, cf. CAES. G. 4, 28, 3; C. 3, 8, 2; *provectus equo* LIV. 23, 47, 2, s'étant avancé à cheval ¶ **2** [fig.] **a)** pousser en avant, faire avancer, entraîner: *vestra benignitas provexit orationem meam* CIC. Dom. 32, votre bienveillante attention m'a entraîné plus avant dans mon discours; *studio rusticarum rerum provectus sum* CIC. CM 55, j'ai été entraîné par mon goût pour la campagne; *haec spes provexit ut...* LIV. 2, 50, 5, cette confiance les entraîna, les amena à, cf. LIV. 40, 14, 2; *provectus est intemperantia linguae in maledicta* LIV. 35, 48, 11, il fut entraîné par son intempérance de langage à des invectives ∥ [pass.] *quid ultra provehor?* VIRG. En. 3, 480, pourquoi m'avancé-je plus avant? pourquoi m'étendre davantage?; *sentio me esse longius provectum quam...* CIC. Fin. 3, 74, je sens que je me suis avancé plus loin que..., cf. CIC. Lae. 34; Har. 43 **b)** faire monter, élever, faire progresser: *ecquo te tua virtus provexisset?* Cic. *Phil.* 13, 24, est-ce que ton propre mérite t'aurait porté qq. part (à qq. haut rang)? [ironie]; *aliquem ad summos honores* Liv. 39, 40, 5, faire monter qqn aux plus hautes charges; *in consulatus* Vell. 2, 128, élever aux consulats; *aliquem provehere* Plin. *Ep.* 8, 12, 1, faire avancer qqn ‖ [pass. réfl.] s'élever, faire des progrès: Quint. 2, 8, 4 *c)* [en part., au part.], avancé, V. 1 *provectus, a, um*.

prōvendō, *ĭs, ĕre*, -, -, tr., vendre au loin: *Afran. Com.* 9.

prōvĕnĭō, *īs, īre, vēnī, ventum*, intr. ¶ **1** venir en avant, s'avancer: *in scaenam* Pl. *Ps.* 568, paraître sur la scène ‖ [fig.] se montrer: Pl. *Capr.* 222 ¶ **2** [idée de production] naître, éclore, pousser, croître: *frumentum angustius provenerat* Caes. *G.* 5, 24, 1, le blé avait moins donné; *(gregalia poma) si provenere maturius* Sen. *Ben.* 1, 12, 4, (fruits ordinaires) s'ils murissent avant la saison; *insula in qua plumbum provenit* Plin. 4, 104, île où l'on trouve du plomb; *arbores sua sponte provenientes* Plin. 17, 1, arbres poussant d'eux-mêmes ‖ [poét., en parl. de la terre] être fécond, produire: Tac. *An.* 16, 2 ‖ *proveniebant oratores novi* Naev. d. Cic. *CM* 20, il paraissait de nouveaux orateurs; *provenere ibi scriptorum magna ingenia* Sall. *C.* 8, 3, là virent le jour de grands génies d'écrivains ¶ **3** [fig.] *a)* se produire, avoir lieu: *alicui provenit ostentum* Suet. *Aug.* 94, un présage s'est produit pour qqn; *ex studiis gaudium provenit* Plin. *Ep.* 8, 19, 2, des études sort la joie [les études produisent...] *b)* avoir une issue bonne ou mauvaise: Lucil. d. Non. 521, 3; Tac. *H.* 2, 20 *c)* [en parl. de pers.] réussir bien ou mal: Pl. *Truc.* 516; *Ru.* 837 *d)* avoir une heureuse issue, tourner bien: Tac. *H.* 3, 41; 4, 18.

prōventum, *i*, n., résultat [bon ou mauvais]: Avian. 22, 19.

prōventūrus, *a, um*, part. fut. de *provenio*.

prōventŭs, *ūs*, m. (*provenio*) ¶ **1** venue, croissance: *rosarum* Plin. 21, 22, production des roses ‖ production, récolte [avec idée d'abondance, le plus souv.]: *olei* Plin. 17, 93, production d'huile; *proventu onerat sulcos* Virg. *G.* 2, 518, [l'année] couvre les sillons d'une riche récolte ‖ [fig.] abondance: *poetarum* Plin. *Ep.* 1, 13, 1, abondance de poètes, cf. Quint. 12, 10, 11 ¶ **2** résultat, issue: *pugnae* Caes. *G.* 7, 80, 2, issue du combat; *secundi rerum proventus* Caes. *G.* 7, 29, 3, résultats heureux ‖ [en part.] succès, réussite: Caes. *C.* 2, 38, 2; Plin. *Ep.* 9, 13, 18.

prōverbĭālis, *e*, proverbial: Gell. 2, 22, 4.

prōverbĭālĭter, adv., proverbialement: Amm. 29, 2, 25.

prōverbĭum, *ĭi*, n. (*pro, verbum*), proverbe, dicton: Cic. *Off.* 1, 33; 3, 77; *in proverbii consuetudinem venire Off.* 2, 55; *in proverbium venire* Liv. 40, 46, 12, passer à l'état de proverbe; *quod est Graecis hominibus in proverbio* Cic. *Verr.* 1, 53; *ut in proverbio est* Cic. *Or.* 235, ce qui est passé en proverbe chez les Grecs, comme dit le proverbe, cf. Cic. *Tusc.* 1, 11; *quod proverbii loco dici solet* Cic. *Phil.* 13, 27, ce qu'on a coutume de dire proverbialement; *proverbii locum obtinere* Cic. *Tusc.* 4, 36, être passé en proverbe; *pares vetere proverbio cum paribus congregantur* Cic. *CM* 7, qui se ressemble s'assemble, comme dit un vieux proverbe, cf. Cic. *Lae.* 85; *alicujus iniquitas in communibus proverbiis versata* Cic. *Verr.* 1, 121, l'injustice de qqn devenue l'objet de proverbes courants ‖ parabole, comparaison: Aug. *Ev. Joh.* 103, 1.

prōversus (-vorsus), *a, um*, part. de *proverto*, Pl. d. Varr. *L.* 7, 81; Fest. 254, 1.

prōvertō (-vortō), *ĭs, ĕre*, -, -, tr., diriger en avant: Not. Tir. 28.

prōvexī, parf. de *proveho*.

prōvĭdē, adv. (*providus*), avec prévoyance: Plin. 10, 97.

prōvĭdens, *tis*, part.-adj. de *provideo*, prévoyant, prudent, sage: Cic. *Fam.* 6, 6, 9 ‖ [en parl. des choses] sûr: *id est providentius* Cic. *Fam.* 3, 1, 1, c'est plus sûr ‖ *-issimus* Tac. *H.* 1, 85; Plin. *Ep.* 9, 13, 6.

prōvĭdentĕr, adv. (*providens*), en prévoyant, prudemment, sagement: Sall. *J.* 90, 1 ‖ *-tius* Ps. Quint. *Decl.* 14, 8; *-tissime* Cic. *Nat.* 3, 94.

1 **prōvĭdentĭa**, *ae*, f. (*provideo*) ¶ **1** prévision, connaissance de l'avenir: Cic. *Inv.* 2, 160 ¶ **2** prévoyance: *deorum* Cic. *Nat.* 1, 18, la prévoyance divine, la providence, cf. 3, 58; *Div.* 1, 117; *feriendi, declinandi providentia* Tac. *H.* 4, 29, possibilité de prévoir l'attaque et la parade.

2 **Prōvĭdentĭa**, *ae*, f., la Providence, déesse chez les Grecs et les Romains: Macr. *Sat.* 1, 17, 55 ‖ la Providence = Dieu: Sen. *Nat.* 2, 45, 2; Quint. 1, 10, 7; 10, 1, 109; Minuc. 18, 5.

prōvĭdĕō, *ēs, ēre, vīdī, vīsum* (fr. pourvoir), tr. ¶ **1** voir en avant, devant: *ubi, quid petatur, procul provideri nequeat* Liv. 44, 35, 12, où l'on ne saurait voir de loin devant soi le but à atteindre; *navis provisa* Suet. *Tib.* 14, navire qu'on voit devant soi, navire en vue ‖ voir le premier, être le premier à apercevoir *(aliquem*, qqn): Hor. *Ep.* 1, 7, 69 ¶ **2** prévoir: Cic. *Fin.* 1, 47; *Vat.* 4; *Div.* 1, 63; 2, 16; *Att.* 10, 16, 2; *mala ante provisa* Cic. *Tusc.* 3, 32, maux prévus à l'avance, cf. *Tusc.* 3, 52; *Dom.* 29; *providere quid futurum sit* Cic. *Mur.* 4, prévoir ce qui arrivera; *homo multum providens* Cic. *Fam.* 6, 6, 9, homme très prévoyant; [avec prop. inf.] prévoir que: Cic. *Verr.* 5, 146 ¶ **3** organiser d'avance, pourvoir à *a) rem frumentariam* Caes. *G.* 5, 8, 1, organiser d'avance l'approvisionnement en blé; *frumento exercitui proviso* Caes. *G.* 6, 44, 3, l'approvisionnement en blé de l'armée étant assuré, cf. Caes. *G.* 3, 9, 3; Cic. *Nat.* 2, 58; *quicquid provideri poterit, provide* Cic. *Att.* 5, 11, 1, toutes les mesures qui pourront être prises d'avance, prends-les, cf. Cic. *Att.* 10, 16, 2 *b)* [abs¹] se pourvoir, être prévoyant, prendre des précautions: *actum de te est, nisi provides* Cic. *Fam.* 9, 18, 4, c'est fait de toi, si tu ne prends tes précautions, cf. Cic. *Verr.* 1, 157; *in posterum* Cic. *Phil.* 13, 6, se pourvoir pour l'avenir ‖ *qua de re vobis providendum est* Cic. *Verr.* 2, 28, sur ce point vous devez être prévoyants; *de frumento non satis est provisum* Caes. *G.* 3, 3, 1, en blé on ne s'est pas suffisamment pourvu; *de re frumentaria providere* Caes. *C.* 3, 34, 2, prendre toutes mesures concernant l'approvisionnement en blé ‖ [avec dat.]: *saluti alicujus* Cic. *Q.* 1, 1, 31, pourvoir au salut de qqn, cf. Cic. *Cael.* 22; Caes. *G.* 3, 18, 6; *a dis immortalibus hominibus esse provisum* Cic. *Nat.* 2, 133, [on comprendra] que les dieux veillent aux intérêts des hommes, cf. Cic. *Nat.* 1, 4; *Fam.* 3, 2, 2 ‖ [avec *ut*] veiller à ce que: Cic. *Fam.* 1, 2, 4; [avec *ne, ut ne*] prendre ses dispositions pour empêcher que, pourvoir à ce que ne pas: Cic. *Verr. prim.* 51; *Fam.* 1, 4, 2; Caes. *G.* 7, 20, 12 ‖ [abl. n. du part. pris abs¹] *proviso* Tac. *An.* 12, 39, la chose étant préméditée, avec calcul.

prōvĭdus, *a, um* (*provideo*) ¶ **1** qui prévoit: *rerum futurarum* Cic. *Div.* 2, 117, qui prévoit l'avenir ¶ **2** qui voit en avant, prévoyant, prudent: Cic. *Amer.* 117; *Leg.* 1, 22; *Part.* 15 ‖ *parum providum est* [avec inf.] Plin. *Ep.* 2, 10, 5, n'est guère sage de... ¶ **3** [avec gén.] qui pourvoit à: *utilitatum* Cic. *Nat.* 2, 58, qui veille aux intérêts, cf. Cic. *Nat.* 2, 28; Tac. *An.* 4, 38.

prōvinca, *ae*, f. (cf. *provinco*?), pervinca, pervenche: Gloss. 3, 593, 51.

1 **prōvincĭa**, *ae*, f. (peu clair, cf. *vinco*?) ¶ **1** [en gén.] sphère d'activité, département, domaine d'attributions, mission déterminée, charge, fonction: Pl. *Capr.* 474; *Mil.* 1159; Ter. *Phorm.* 72; *quasi provincias atomis dare* Cic. *Fin.* 1, 20, fixer en qq. sorte des attributions aux atomes; *illam sibi provinciam deposcit, ut me trucidaret* Cic. *Sull.* 52, il a réclamé pour lui la mission de m'égorger, cf. Cic. *Cael.* 63 ¶ **2** [en part., t. officiel] *a)* province = cercle des attributions d'un magistrat, compétence, département: *provincias dividere, decernere, sortiri* Liv. 27, 22, 3; 27, 7, 7; 26, 22, 1, partager, fixer, tirer au sort les provinces, les attributions; *Sicinio Volsci, Aquilio Hernici provincia evenit* Liv. 2, 40, 14, à Sicinius, il échut comme attribution les

provincia

Volsques [= la guerre contre les Volsques], à Aquilius, les Herniques ; *alicui provincia bellum est* LIV. 26, 28, 3 ; *classis* LIV. 30, 43, 1, un tel a comme attribution la direction de la guerre, le commandement de la flotte ; *provincia peregrina, urbana* LIV. 27, 7, 8, = préture pérégrine, urbaine **b)** gouvernement d'une province romaine : *annua* CIC. Fam. 15, 14, 5, gouvernement d'une durée d'un an ; *consularis* CIC. Verr. 1, 34, province consulaire = gouvernement confié à un proconsul ; *praetoria* CIC. Phil. 1, 19, province prétorienne = gouvernement confié à un propréteur **c)** province = le pays lui-même, la circonscription territoriale : *in provinciam proficisci, de provincia decedere* CIC. Fam. 3, 2, 1 ; 2, 15, 4, partir pour sa province, quitter sa province ; *Asia provincia* CIC. Flac. 85 ; *provincia Gallia* CIC. Font. 2, la province d'Asie, de Gaule.

2 Prōvincia, ae, f., la Province, c-à-d. une partie de la Narbonnaise [la Provence] : CAES. G. 1, 1, 3.

prōvinciālis, e (1 *provincia*) ¶ **1** de province, des provinces : CIC. Q. 1, 1, 43 ¶ **2** de gouverneur [ou] de gouvernement d'une province : *aditus ad me minime provinciales* CIC. Att. 6, 2, 5, mes audiences ne sont pas celles d'un gouverneur de province ; *abstinentia provincialis* CIC. Sest. 7, désintéressement montré dans le gouvernement d'une province, cf. Sest. 13 ; Sen. 34 ; TAC. Agr. 4 ‖ subst. m., provincial, habitant d'une province [au sens latin de l'expression] : CIC. Q. 1, 1, 15 ; PLIN. Ep. 9, 23, 2 ; SUET. Cal. 39.

prōvinciātim, adv. (1 *provincia*), par province : SUET. Aug. 49.

prōvincō, ĭs, ĕre, -, -, tr., vaincre auparavant : P. FEST. 253, 15.

Prōvindēmĭātŏr, ōris, m. (cf. Προτρυγητής), étoile dans la constellation de la Vierge : VITR. 9, 4, 1.

prōvīsĭo, ōnis, f. (*provideo*) ¶ **1** action de prévoir, prévision : CIC. Tusc. 3, 30 ‖ *posteri temporis* CIC. Part. 69, prévision de l'avenir ¶ **2** action de pourvoir à, précautions, prévoyance : CIC. Or. 189 ; *omnino omnium horum vitiorum... una cautio est atque una provisio, ut ne...* CIC. Lae. 78, d'une façon générale contre tous ces vices... il n'y a qu'un moyen de se tenir en garde, un moyen de se prémunir, c'est de ne pas... ¶ **3** approvisionnement : TREB. Tyr. 18, 4.

1 prōvīsō, adv., ⓥ *provideo*.

2 prōvīsō, ĭs, ĕre, -, - (*pro, viso*), [seul^t au prés. et au fut.] ¶ **1** intr., s'avancer pour voir, pour s'informer : TER. And. 957 ; Eun. 394 ¶ **2** tr., *aliquem*, s'avancer pour voir si qqn vient : PL. St. 642 ; 644.

prōvīsŏr, ōris, m. (*provideo*) ¶ **1** celui qui prévoit : TAC. An. 12, 4 ¶ **2** celui qui pourvoit à : HOR. P. 164 ¶ **3** pourvoyeur : AUG. Civ. 2, 20.

1 prōvīsus, a, um, part. de *provideo*.

2 prōvīsŭs, abl. ū, m. ¶ **1** action de voir à distance : TAC. H. 3, 22 ¶ **2** prévision : TAC. An. 1, 27 ¶ **3** action de pourvoir : TAC. An. 12, 12 ; *deum* TAC. An. 12, 6, Providence, prévoyance divine ; *rei frumentariae* TAC. An. 15, 8, approvisionnement en blé.

prōvīvō, *vixisse*, intr., continuer de vivre, prolonger sa vie : *provixisse* TAC. An. 6, 25.

prōvŏcābĭlis, e (*provoco*), qui peut être facilement provoqué : CAEL.-AUR. Acut. 3, 21, 198.

prōvŏcābŭlum, ĭ, n. (*pro vocabulo*), pronom : VARR. L. 8, 45.

prōvŏcātīcius, a, um, provoqué : TERT. Marc. 2, 3, 5.

prōvŏcātĭo, ōnis, f. (*provoco*) ¶ **1** provocation, défi : VELL. 1, 12, 4 ; PLIN. 7, 81 ¶ **2** appel, droit d'appel : *ad populum provocatio esto* CIC. Leg. 3, 6, qu'il y ait droit d'appel au peuple, cf. Rep. 2, 53 ; de Or. 2, 199 ; *provocationes omnium rerum* CIC. Rep. 1, 62, le droit d'appel à propos de tout ¶ **3** encouragement à : VULG. Hebr. 10, 24 ¶ **4** appel d'une décision d'un juge [dans la procédure extraordinaire de l'Empire] devant un juge supérieur, au civil comme au criminel : DIG. 35, 2, 11, 3.

prōvŏcātīvus, a, um (*provoco*) ¶ **1** qui est provoqué, excité : TERT. Anim. 37, 7 ¶ **2** capable de provoquer, excitant : CAEL.-AUR. Acut. 3, 4, 40.

prōvŏcātŏr, ōris, m. (*provoco*), celui qui défie, provocateur : JUST. 10, 3, 3 ‖ sorte de gladiateur : CIC. Sest. 134.

prōvŏcātōrius, a, um ¶ **1** de défi : GELL. 2, 11, 3 ¶ **2** qui attire dehors, purgatif : PLIN. VAL. 2, 25.

prōvŏcātrix, īcis, f., celle qui provoque : LACT. Inst. 6, 18, 19.

prōvŏcātus, a, um, part. de *provoco*.

prōvŏcō, ās, āre, āvī, ātum, tr. ¶ **1** appeler dehors, mander dehors, faire venir : PL. Mil. 1122 ; Ps. 638 ; OV. F. 1, 456 ; [avec sup.] *aliquem cantatum* TER. Eun. 443, appeler qqn pour faire de la musique ¶ **2** appeler à, exciter, provoquer : *aliquem ad pugnam* CIC. Tusc. 4, 49, provoquer qqn au combat, cf. LIV. 8, 7, 13 ; 23, 16, 14 ; SEN. Ep. 95, 21 ; *ad hilaritatem* SUET. Cal. 27, faire rire ; *tacentes ad communionem sermonis* SUET. Aug. 74, amener ceux qui se taisent à prendre part à la conversation ; *non solum a me provocatus, sed etiam sua sponte...* CIC. Fam. 1, 7, 3, non seulement provoqué par moi (sollicité, entraîné par moi), mais de son propre mouvement ; *beneficio provocatus* CIC. Off. 1, 48, prévenu par un bienfait ; *his provocati sermonibus* CAES. C. 1, 74, 3, entraînés par ces propos ¶ **3** faire naître, produire : *officia comitate* TAC. H. 5, 1, provoquer le zèle par son affabilité ; *bella* TAC. G. 35, provoquer des guerres ¶ **4** défier, le disputer à : *Graecos elegia provocamus* QUINT. 10, 1, 93, nous défions les Grecs dans l'élégie ; *aliquem virtute* PLIN. Ep. 2, 7, 4, rivaliser de vertu avec qqn ¶ **5** [droit] en appeler, faire un appel : *ad populum* CIC. Phil. 1, 21, en appeler au peuple, cf. LIV. 8, 33, 8 ; *ad Catonem* CIC. Att. 6, 1, 7, en appeler à Caton ; *ab omni judicio provocari licet* CIC. Rep. 2, 54, l'appel de tout jugement est permis, cf. LIV. 1, 26, 6 ‖ [abs^t] *provoco* LIV. 3, 56, 5, en appelle au peuple ‖ *provocare judicium ad populum* VAL.-MAX. 8, 1, 1, déférer le jugement d'une affaire au peuple.

prōvolgo, ⓥ *provulgo*.

prōvŏlō, ās, āre, āvī, ātum, intr. ¶ **1** s'envoler, s'enfuir en volant : PLIN. 10, 159 ¶ **2** [fig.] s'élancer (voler) en avant : QUADR. d. GELL. 2, 19, 8 ; CAES. G. 2, 19, 6 ; *in primum provolant* LIV. 2, 46, 7 ; 3, 62, 8, ils s'élancent au premier rang ‖ [poét. en parl. du tonnerre] : LUCR. 6, 294.

prōvŏlūtus, a, um, part. de *provolvo*.

prōvolvō, ĭs, ĕre, volvī, vŏlūtum, tr. ¶ **1** rouler en avant, faire rouler devant soi, culbuter : TER. And. 777 ; LUCR. 6, 1264 ; HIRT. G. 8, 42 ; LIV. 24, 10, 8 ; TAC. An. 4, 51 ¶ **2** *se provolvere alicui ad pedes* LIV. 6, 3, 4, se jeter (se rouler) aux pieds de qqn ; *ad genua alicujus provolvi* LIV. 34, 11, 5, se jeter aux genoux de qqn ; *genibus provolutus* TAC. A. 12, 18, s'étant jeté aux genoux de ¶ **3** [fig.] [pass. moy.] **a)** s'humilier, s'abaisser : *usque ad... provoluta* TAC. An. 14, 2, s'étant humiliée jusqu'à **b)** s'écrouler : *fortunis provolvi* TAC. An. 6, 17, voir crouler sa fortune, être ruiné.

prōvŏmō, ĭs, ĕre, -, -, tr., vomir [fig.] = projeter : LUCR. 6, 447.

prōvorsus, part. de *proverto*.

prōvulgātus, a, um, part. de *provulgo*.

prōvulgō (-volgō), ās, āre, āvī, ātum, tr., divulguer, rendre public, publier : SUET. Ner. 36 ; APUL. Apol. 84 ; TERT. Cult. 1, 2, 1.

prox, interj. (cf. **prex* ; *prox, bona vox* FEST. 298, 16), sauf votre respect : PL. Ps. 1279 [*prax* qqs mss].

proxĕnēta (-tēs), ae, m. (προξενητής), celui qui s'entremet pour un marché, courtier : SEN. Ep. 119, 1 ; MART. 10, 3, 4.

proxĕnētĭcum, ĭ, n., salaire du courtier, droit de courtage : ULP. Dig. 50, 14, 2.

Proxĕnus, ĭ, m., nom d'homme : LIV. 41, 30.

1 proxĭmātus, a, um, part. de 2 *proximo*.

2 proxĭmātŭs, ūs, m. (2 *proximus*), proximat, dignité de proxime : COD. TH. 6, 26, 11.

proxĭmē (-xŭmē), adv. et prép. ; superl. de *prope*

I adv. ¶1 [lieu] le plus près, très près : *ab loco* Plin. 5, 89, le plus près à partir d'un lieu ¶2 [temps] le plus récemment, tout dernièrement : Caes. G. 3, 29, 3 ; Cic. *Part.* 137 ¶3 [rang] immédiatement après : Cic. *Off.* 2, 1 ¶4 [fig.] **a)** [avec *atque*] *proxime atque ille* Cic. *Fam.* 9, 13, 2, de la manière qui se rapproche le plus de lui **b)** le plus exactement, avec le plus de précision : *quam proxime ex Graeco transferre aliquid in Latinum* Quint. 1, 6, 3, traduire le plus exactement possible qqch. du grec en latin.
II prép. acc. ¶1 [lieu] *quam proxime hostem* Cic. *Att.* 6, 5, 3, le plus près possible de l'ennemi ǁ [dat. par influence de l'adj. *proximus*] *alicujus virtuti proxime accedere* Cic. *Fam.* 11, 21, 4, être bien près d'atteindre la vertu de qqn ¶2 [fig.] **a)** *proxime abstinentiam* Cels. 3, 2, 5, aussitôt après la diète **b)** *proxime morem Romanum* Liv. 24, 48, 11, d'une manière très proche de la coutume romaine, cf. Liv. 30, 10, 12.
► compar. *proximius* Minuc. 19, 2.

proxĭmī, loc., v. 1 *proximus* ¶2.

proxĭmĭtās, ātis, f. (*proximus*) ¶1 proximité, voisinage : Vitr. 2, 9, 7 ¶2 [figuré] affinité : Quint. 3, 6, 95 ǁ ressemblance : Ov. *A. A.* 2, 662 ǁ union, assemblage : Apul. *Plat.* 2, 14.

1 proxĭmō, adv., c. *proxime* : Cic. *Att.* 4, 18, 5.

2 proxĭmō (-xŭmō), ās, āre, -, - (*proximus*), intr. et tr., s'approcher de, être proche de [avec dat.] : Solin. 48, 2 ǁ [avec acc.] Apul. *M.* 11, 16, 5 ǁ [absᵗ] *luce proximante* Apul. *M.* 5, 6, 10, à l'approche du jour ǁ pass. *proximatus*, rapproché de : Cassiod. *Var.* 11, 6.

1 proxĭmus (-ŭmus), a, um, superl. de *propinquus* (*prope, propior,* cf. *maximus*) ¶1 [lieu] le plus proche, très proche, le plus voisin, très voisin : *proxima oppida* Caes. G. 3, 12, 3, les villes les plus proches ; *qua proximum iter erat* Caes. G. 1, 10, 3, par où la route était la plus directe ǁ le plus près de, *alicui*, de qqn, cf. Cic. *Nat.* 2, 53 ; Caes. G. 1, 1, 3 ; *proximus huic, longo sed proximus intervallo* Virg. En. 5, 320, le plus près de lui, mais le plus près à un long intervalle ǁ *ab aliqua re* Cic. *Or.* 217, le plus près de qqch., cf. Liv. 37, 25, 6 ǁ [avec acc.] *proximus mare* Caes. G. 3, 7, 2, le plus près de la mer, cf. Cic. *Att.* 1, 14, 3 ; Liv. 8, 32, 12 ǁ *e proximo, de proximo* Pl. *Aul.* 290 ; *Ru.* 404, du voisinage ; *in proximo* Ter. *Hec.* 341, dans le voisinage ¶2 [temps] **a)** [passé] *proxima, superiore nocte* Cic. *Cat.* 1, 1, dans la nuit dernière et la précédente [avant-dernière] ; *proximis superioribus diebus* Cic. *Fam.* 1, 9, 20, dans les jours immédiatement précédents ; *qui proximus ante me fuerat* Cic. CM 42, qui avait été [censeur] immédiatement avant moi, cf. Cic. *Off.* 1, 109 **b)** [avenir] *petitione proxima* Cic. *Fam.* 10, 26, 2, dans la plus prochaine

candidature ; *triduo proximo* Liv. 29, 20, 4, dans les trois jours qui suivent immédiatement ; [locatif] *die proximi* Gell. 10, 24, 10, au jour le plus prochain ¶3 [rang, succession, classement] *alicui proximus* Cic. *Brut.* 186, le plus près de qqn [par le mérite], cf. Cic. *Att.* 1, 1, 3 ; *cognatione proximus* Cic. *Inv.* 2, 144, le plus proche parent ; *proxima virtutibus vitia* Quint. 10, 2, 16, défauts tout proches des qualités ǁ *non nasci homini optimum est, proximum autem quam primum mori* Cic. *Tusc.* 1, 114, ce qui vaut le mieux pour l'homme, c'est en premier lieu de ne pas naître et immédiatement après de mourir le plus vite possible ; *proximum est, ut doceam...* Cic. *Nat.* 2, 73, la tâche la plus prochaine est que je montre, il me reste immédiatement après à montrer, cf. Cic. *Flac.* 27 ǁ **proxĭmī, ōrum,** m. pl., les plus proches, ceux qui touchent de plus près qqn [parents ou amis] : Cic. *Verr.* 5, 165 ; *Pis.* 79 ; *Off.* 1, 44.
► compar. *proximior* Sen. *Ep.* 108, 16.

2 proxĭmus, i, m. (1 *proximus*), proxime [sorte de préposé qui venait immédiatement après le *magister sacrorum scriniorum*] : Cod. Just. 12, 19, 1.

prūdens, tis (*providens*) ¶1 qui prévoit, qui sait d'avance, qui agit en connaissance de cause : Cic. *Div.* 2, 111 ; Plin. 8, 136 ; *prudens et sciens* Cic. *Marc.* 14, de propos délibéré et sciemment, cf. Cic. *Fam.* 6, 6, 6 ; Hor. *S.* 1, 10, 88 ; 2, 5, 58 ¶2 qui connaît, au courant, compétent : *orator prudens et providus* Cic. *Part.* 15, l'orateur expérimenté et prévoyant ; *in jure civili* Cic. *Lae.* 6, compétent en matière de droit civil ǁ [avec gén.] *juris prudens* Dig. 37, 1, 10, qui a la science du droit ; *legum* Cod. Just. 8, 25, 11, qui a la science des lois ; *belli* Sall. *Mithr.* 16, rompu à l'art de la guerre ; *rei militaris* Nep. *Con.* 1, 2, qui a la science des choses militaires ; *locorum* Liv. 34, 28, 11, ayant la connaissance du pays ǁ [avec inf.] *prudens dissipare...* Hor. *Epo.* 17, 47, qui sait disperser... ; [avec prop. inf.] sachant bien que : Curt. 7, 1, 4 ; Plin. 8, 111 ; *sciens prudensque* Dig. 25, 6, 1, 2, sachant pertinemment que ¶3 prudent, réfléchi, sagace, avisé : *vir natura peracutus et prudens* Cic. *Or.* 18, homme naturellement plein de pénétration et de sagacité ; *in disserendo prudentissimi* Cic. *Brut.* 118, très habiles dans la dialectique ǁ [avec gén. du point de vue] *ceterarum rerum prudens* Cic. *Quinct.* 11, pour le reste homme avisé ǁ *ad consilia prudens* Cic. *Font.* 43, sage dans les entreprises ǁ *consilium prudens* Cic. *Att.* 10, 8, 2, parti prudent ǁ *-tior* Cic. *Clu.* 107 ; *-tissimus* Cic. *Brut.* 118.

prūdentĕr, adv. (*prudens*), avec science, avec sagacité, avec prudence, avec clairvoyance : Cic. *Lae.* 1 ; *Div.* 2, 150 ; *Rep.* 2, 23 ; 3, 16 ; *Fin.* 5, 15 ǁ *-tius* Suet.

Tib. 21 ; Quint. 9, 2, 44 ; *-tissime* Cic. *Div.* 2, 150 ; *Att.* 13, 1, 1.

prūdentĭa, ae, f. (*prudens*) ¶1 prévoyance, prévision : Cic. d. Non. 41, 31 ; *futurorum* Cic. CM 78, prévoyance de l'avenir ¶2 connaissance pratique, compétence : *juris publici* Cic. de Or. 1, 256, connaissance du droit public ; *physicorum est ista prudentia* Cic. *Div.* 2, 11, c'est de la compétence des physiciens ; *in ea prudentia* Cic. *Mur.* 28, dans cette branche de connaissances ¶3 sagesse, savoir-faire, sagacité, prudence : *in constituendis civitatibus* Cic. *Ac.* 2, 3, sagesse pour établir la constitution des villes [clairvoyance politique : Cic. *Brut.* 2] ; *ingenium ac prudentia* Cic. de Or. 1, 151, intelligence et pénétration personnelles ǁ [phil.] = φρόνησις : Cic. *Off.* 1, 153 ; *Fin.* 5, 67 ; *Nat.* 3, 38, la prudence, discernement des choses bonnes, mauvaises, indifférentes ǁ [rhét.] connaissances pratiques : Cic. de Or. 2, 1 ǁ sûreté de goût qui vient de l'habitude acquise : Cic. *Brut.* 73.

prūdentĭcŭlus, a, um (dim. de *prudens*), d'une prudence minutieuse : An. Helv. 236, 19.

Prūdentĭus, ii, m., Prudence [poète chrétien du 4ᵉ s.] : Sidon. *Ep.* 2, 9, 4.

prūdĭtās, ātis, f., ➤ *prudentia* : *Varr. Men. 140.

prŭīna, ae, f. (cf. *prurio, pruna,* scr. *pruṣvā,* al. *frieren,* an. *freeze* ; it. *brina,* fr. *bruine*) ¶1 frimas, gelée blanche : Lucr. 2, 514 ; 3, 20 ; 5, 216 ; Cic. *Nat.* 2, 26 ǁ pl., Cic. *Cat.* 2, 23 ; Hor. *O.* 1, 4, 4 ¶2 neige : Virg. *G.* 3, 368 ǁ hiver : Virg. *G.* 1, 230.

prŭīnōsus, a, um (*pruina*), couvert de givre : Ov. *M.* 4, 82 ǁ glacé : Ov. *Am.* 2, 19, 22 ǁ glacial, qui laisse passer le froid : Petr. 83, 10.

Prummu, n. indécl., ville d'Égypte ou d'Éthiopie : Plin. 6, 179.

prūna, ae, f. (cf. *pruina*), charbon ardent, braise : Cat. *Agr.* 113, 1 ; Virg. *En.* 11, 788 ; Hor. *S.* 1, 5, 36 ; Plin. 20, 54.

prūnellum, i, n. (dim. de *prunulum* ; fr. *prunelle*), petite prune : Fort. *Carm.* 11, 18 tit.

prūnĭcius (-cĕus), a, um (*prunus*), en bois de prunier : Ov. *M.* 12, 272.

prūnŭlum, i, n. (dim. de *prunum*), petite prune : Front. *Orat.* 2, p. 155 N.

prūnum, i, n. (cf. προῦμνον ; fr. *prune*), prune [fruit] : Cat. *Agr.* 133, 2 ; Virg. *B.* 2, 53 ; Plin. 15, 44 ǁ prunelle : Virg. *G.* 4, 145.

prūnus, i, f. (*prunum*), prunier : Virg. *G.* 2, 34 ; Plin. 13, 65 ; Col. 2, 2, 20.

prūrīgĭnōsus, a, um, qui a des démangeaisons : Dig. 21, 1, 3.

prūrīgo, ĭnis, f. (*prurio*), démangeaison : Cels. 2, 8, 18 ; Plin. 23, 154 ǁ prurit lascif : Mart. 4, 48, 3.

prūrĭō, īs, īre, -, - (*prusio,* cf. *pruina* ; it. *prudere*), intr. ¶1 éprouver une déman-

prurio

geaison : Juv. 6, 578 ¶2 [fig.] **a)** *dentes pruriunt* Pl. *Amp.* 295, les dents me démangent [présage de coups à venir], il y a des coups dans l'air, cf. *Mil.* 397 **b)** être transporté d'envie, griller d'envie : Mart. 3, 58, 11 ; 3, 93, 20 ; 6, 37, 3.

prūrĭōsus, *a*, *um* (*prurio*), prurigineux, qui cause des démangeaisons : Cael.-Aur. *Chron.* 2, 1, 33.

prūrītīvus, *a*, *um*, qui cause des démangeaisons : Plin. 19, 157.

prūrītŭs, *ūs*, m. (*prurio*), prurit, démangeaison : Plin. 9, 146 ‖ [fig.] démangeaison, vif désir : Capel. 1, 7.

Prūsa, *ae*, f., Pruse [ville de Bithynie, auj. Brousse] Atlas VI, A4 : Plin. 5, 148 ‖ **-senses**, *ĭum*, m. pl., habitants de Pruse : Plin. *Ep.* 10, 17a, 3.

1 **Prūsĭăs**, *ădis*, f., cf. *Prusa* : Plin. *Ep.* 10, 81, 6 ‖ cf. *Cius* : Plin. 5, 148 ‖ **-sĭensis**, *e*, habitant de Pruse : Plin. 7, 124.

2 **Prūsĭăs**, *ae*, m. (Προυσίας), Prusias [roi de Bithynie, chez lequel Hannibal se réfugia et s'empoisonna] : Cic. *Div.* 2, 52 ; Nep. *Hann.* 10, 1 ‖ **-ăcus**, *a*, *um*, de Prusias : Sil. 13, 888 ‖ **-ădēs**, *ae*, m., descendant de Prusias : Varr. *Men.* 407.

prymnēsĭus, *a*, *um* (πρυμνήσιος), relatif à la poupe : *funis* Isid. 19, 4, 6, cordage de poupe [pour amarrer le navire] ; *palus* *Lucil. 1371, piquet auquel on attache la poupe du navire, cf. P. Fest. 251, 9 ; cf. *1 tonsilla*.

prўtănēum, *i*, n. (πρυτανεῖον), prytanée, résidence des prytanes : Cic. *de Or.* 1, 232 ; Liv. 41, 220, 7.
▶ *prytanium* Cic. *Verr.* 4, 119.

1 **prўtănis**, *is*, m. (πρύτανις), prytane : Sen. *Tranq.* 4, 5 ‖ premier magistrat de Rhodes : Liv. 42, 45, 4.

2 **Prўtănis**, *is*, m., nom de guerrier : Ov. *M.* 13, 258.

Psacae, *ārum*, m. pl., peuple scythe : Plin. 6, 50.

psallentĭum, *ĭi*, n., chant (de psaumes) : Greg.-Tur. *Hist.* 1, 48.

psallō, *ĭs*, *ăre*, *psallī*, - (ψάλλω) (Prisc. 2, 527, 17), intr. ¶1 jouer de la cithare, chanter en s'accompagnant de la cithare : Sall. *C.* 25, 2 ; Hor. *O.* 4, 13, 7 ; *Ep.* 2, 1, 33 ; Suet. *Tit.* 3 ; Gell. 19, 9, 3 ¶2 chanter des psaumes, psalmodier : Hier. *Ep.* 107, 10.

psalma, *ătis*, n. (ψάλμα), chant [accompagné du psaltérion], psaume : Isid. 6, 19, 15.

psalmĭcĕn, *ĭnis*, m. (*psalmus, cano*), celui qui chante des psaumes, qui psalmodie : Sidon. *Ep.* 5, 17, 3.

psalmĭsŏnum, *i*, n., chant des psaumes : Alcim. *Hom.* 25.

psalmista, *ae*, m. (ψαλμιστής), psalmiste, celui qui compose des psaumes : Hier. *Pelag.* 1, 1.

psalmizō, *ās*, *āre*, -, -, tr., chanter, psalmodier : Gloss. 2, 480, 1.

psalmŏcantĭum, *ĭi*, n., chant d'un chœur avec accompagnement d'instrument : Cassiod. *Psalm. pr.* 7.

psalmōdĭa, *ae*, f. (ψαλμῳδία), psalmodie : Hier. *Ep.* 108, 19.

psalmŏgrăphus, *i*, m. (ψαλμογράφος), psalmiste, auteur de psaumes : Ps. Tert. *Marc.* 3, 130.

psalmus, *i*, m. (ψαλμός), chant [avec accompagnement du psaltérion], psaume : Lact. *Inst.* 4, 8, 14.

psaltātrix, *īcis*, f., harpiste : VL. *Eccli.* 9, 4.

psaltĭcus, *a*, *um*, musicien : *Tert. *Scorp.* 8, 3.

psaltērĭum, *ĭi*, n. (ψαλτήριον) ¶1 psaltérion, sorte de cithare : Cic. *Har.* 44 ; Quint. 1, 10, 31 ¶2 [fig.] chant satirique, satire : Paul. *Sent.* 5, 4, 16 ¶3 psautier : Hier. *Ep.* 53, 8.

psaltēs, *ae*, m. (ψάλτης), joueur de cithare, chanteur, musicien : Quint. 1, 10, 18.

psaltrĭa, *ae*, f. (ψάλτρια), joueuse de cithare, chanteuse, musicienne : Ter. *Ad.* 388 ; Cic. *Sest.* 116.

Psămăthē, *ēs*, f. (Ψαμάθη) ¶1 fille de Crotope, aimée d'Apollon : Ov. *Ib.* 575 ¶2 Néréide, mère de Phorcus : Ov. *M.* 11, 389 ¶3 source de Béotie, près de Thèbes : Plin. 4, 25 ‖ source de Laconie : Plin. 4, 17.

Psammăthūs, *untis*, f. (Ψαμμαθοῦς), ville maritime de Laconie : Plin. 4, 16.

Psammētĭchus, *i*, m. (Ψαμμήτιχος), Psammétique [nom porté par trois rois d'Égypte] : Plin. 36, 84 ; Mel. 1, 56.

psārānus, **psārōnĭus lapis**, m. (ψαρώνιος), granit gris d'Assouan : Plin. 36, 157.

1 **psĕcăs**, *ădis*, f. (ψεκάς), esclave faisant l'office de coiffeuse : Cael. *Fam.* 8, 15, 2 ; Juv. 6, 489.

2 **Psĕcas**, *ădis*, f. (Ψεκάς), une des nymphes de Diane : Ov. *M.* 3, 172.

Psegipta, *ae*, f., ville d'Éthiopie : Plin. 6, 193.

psegma, *ătis*, n. (ψῆγμα), paillette de métal [al. *smegma*] : Plin. 34, 134.

Pselcis, *is*, f., ville d'Éthiopie : Plin. 6, 181.

Psĕlĭūmĕnē, *ēs*, f. (ψελιουμένη), la Couronnée [nom d'une statue de Praxitèle] : Plin. 34, 70.

Psemetnepserphreus, m., nom d'un roi d'Égypte : Plin. 36, 71.

psēphisma, *ătis*, n. (ψήφισμα), décret du peuple [chez les Grecs] : Cic. *Flac.* 15 ; 19 ; 75.

psēphŏpaecta (psēfŏ-), *ae*, m. (ψηφοπαίκτης), prestidigitateur, jongleur : Firm. *Math.* 3, 7, 15.

Pserema, *ae*, f., île du golfe Céramique [Carie] : Plin. 5, 134.

psetta, *ae*, f. (ψῆττα), barbue [poisson] : Plin. 9, 57.

pseudanchūsa, *ae*, f. (ψευδάγχουσα), vipérine [plante] : Plin. 22, 50.

pseudăpostŏlus, *i*, m. (ψευδαπόστολος), faux apôtre : Tert. *Praescr.* 4, 4 ; cf. *pseudoapostolus*.

pseudĕpĭgrăphus, *a*, *um* (ψευδεπίγραφος), cf. *pseudographus* : Ps. Hier. *Salom. pr.*

pseudīsŏdŏmus (-mŏs), *a*, *um* (*ŏn*) (ψευδισόδομος), [maçonnerie] à assises de hauteur inégale, mais avec un rythme d'alternance régulier : Vitr. 2, 8, 5 ; Plin. 36, 171.

pseudo- (ψευδο-), [préf. marquant une altération ou une fraude] cf. *Pseudolus*.

pseudŏanchūsa, cf. *pseudanchusa*.

Pseudŏantōnīnus, *i*, m., faux Antonin : Lampr. *Hel.* 8.

pseudŏăpostŏlus, cf. *pseudapostolus*.

pseudŏbaptizātus, *i*, m., qui n'est pas véritablement baptisé : Cypr. *Sent.* 4.

pseudŏbūnĭon, *ĭi*, n. (ψευδοβούνιον), faux bunium [plante] : Plin. 24, 153.

pseudŏcălĭdus, *a*, *um*, qui a l'apparence d'être chaud : M.-Emp. 36, 74.

pseudŏcastus, *a*, *um*, soi-disant chaste : Aug. *Praed.* 1, 12.

Pseudŏcăto, *ōnis*, m., un petit Caton, un Caton au petit pied [en bonne part] : Cic. *Att.* 1, 14, 6.

pseudŏchristĭānus, *a*, *um*, faux chrétien : Aug. *Bapt.* 1, 16, 25.

Pseudŏchristus, *i*, m., faux Christ : Tert. *Marc.* 3, 3, 1.

pseudŏcŏmĭtātenses, *ĭum*, m., faux *comitatenses* : Cod. Th. 8, 1, 10.

pseudŏcўpēros (-pīrus), *i*, f. (ψευδοκύπειρος), sorte de souchet [plante] : Plin. 17, 95.

Pseudŏdămăsippus, *i*, m., faux Damasippe [faux philosophe] : Cic. *Fam.* 7, 23, 3.

Pseudŏdĕcĭmĭānus, *a*, *um*, semblable aux *pira Decimiana* : Plin. 15, 54.

pseudŏdĭăcŏnus, *i*, m., faux diacre : Hier. *Ep.* 143, 2.

pseudŏdictamnum, *i*, n. et **-nus**, *i*, m., faux-dictame, ballote [plante] : Plin. 25, 93 ; 26, 161 ; Orib. *Syn.* 2, 2 Aa.

pseudŏdiptĕrŏs, *ŏn*, adj. (ψευδοδίπτερος), pseudodiptère [temple rectangulaire à péristyle avec une seule rangée de colonnes et ménageant un large espace entre la cella et la colonnade] : Vitr. 3, 2, 6 ; cf. *dipteros*.

pseudŏĕpiscŏpus, *i*, m., faux évêque : Cypr. *Ep.* 55, 24.

pseudŏēvangĕlista, *ae*, m., faux évangéliste : Hier. *Ephes.* 2, 4, 11.

pseudŏflāvus, *a*, *um*, jaunâtre, fauve : M.-Emp. 8, 128.

pseudŏfŏrum, *i*, n. (*forum*, *fores*), porte de derrière, petite porte, poterne : Sulp. Sev. *Dial.* 3, 14, 1 ; Fort. *Mart.* 4, 388 ⓒ *pseudothyrum*.

pseudŏgrăphĭa, *ae*, f., fausse représentation (description) : Boet. *Elench.* 1, 10.

pseudŏgrăphus, *a*, *um* (ψευδόγραφος), apocryphe : Cassiod. *Inst.* 1, 5, 5.

Pseudŏisrāhēlītae, *ārum*, m. pl., faux Israélites : Aug. *Bapt.* 3, 19, 26.

pseudŏlĭquĭdus, *a*, *um*, qui a les apparences d'un liquide : M.-Emp. 16, 8.

Pseudŏlus, *i*, m. (cf. ψεύδω et *credulus*), le Trompeur, titre d'une comédie de Plaute : Cic. *CM* 50.

pseudŏmăgistĕr, *tri*, m., faux maître : Hier. *Ephes.* 2, 4, 11.

pseudŏmĕnos, *i*, m. (ψευδόμενος), menteur [nom d'un sophisme] : Cic. *Ac.* 2, 147 ; Ⓥ *mentiens*.

pseudŏmŏnăchus, *i*, m. (ψευδομόναχος), faux moine : Hier. *Ep.* 57, 2.

pseudŏnardus, *i*, f. (ψευδόναρδος), faux nard [plante] : Plin. 12, 43.

pseudŏpastŏr, *ōris*, m., faux pasteur : Hier. *Ephes.* 2, 4, 11.

pseudŏpătum, *i*, n., faux pavé, imitation de pavé : Cod. Just. 8, 10, 12.

pseudŏpĕriptĕrus, *a*, *um*, pseudopériptère [à colonnes engagées] : Vitr. 4, 8, 6.

Pseudŏphĭlippus, *i*, m. (Ψευδοφίλιππος), le faux Philippe [Andriseus, contre lequel les Romains intervinrent pendant la 3ᵉ guerre de Macédoine] : Cic. *Agr.* 2, 90.

pseudŏphŏrum, *i*, n., Ⓒ *pseudoforum*.

pseudŏpresbytĕr, *ĕri*, m., faux prêtre : Lucif. *Athan.* 2, 9, 6.

pseudŏprŏphēta, *ae*, m. (ψευδοπροφήτης), faux prophète : Tert. *Praescr.* 4, 4.

pseudŏprŏphētīa, *ae*, f., fausse prophétie : Tert. *Jejun.* 1, 5.

pseudŏprŏphētĭcus, *a*, *um*, faussement prophétique : Tert. *Pud.* 21, 8.

pseudŏprŏphētis, *ĭdis*, f., fausse prophétesse : Tert. *Anim.* 57, 9.

Pseudŏpylae, *ārum*, f. pl. (Ψευδόπυλαι), plusieurs îles chez les Troglodytes : Plin. 6, 174.

pseudŏsĕlīnŏn (-um), *i*, n. (ψευδοσέλινον), quintefeuille [plante] : Ps. Apul. *Herb.* 2, 29.

pseudŏsēricus, *a*, *um*, qui imite la soie : Not. Tir. 98.

pseudosmăragdus, *i*, m., fausse émeraude : Plin. 37, 75.

pseudosphex, *ēcis*, f. (ψευδόσφηξ), sorte de guêpe : Plin. 30, 98.

Pseudostŏmŏn, *i*, n., nom du Danube à son embouchure : Plin. 4, 79.

pseudŏthyrum, *i*, n. (ψευδόθυρον), fausse porte, porte de derrière : Amm. 14, 1, 3 ‖ [fig.] échappatoire, moyen détourné : Cic. *Verr.* 2, 50 ; Sen. 14.

pseudŏurbānus, *a*, *um*, qui copie la ville : Vitr. 6, 5, 3.

Pseudŭlus, *i*, m., Ⓥ *Pseudolus*.

psĭăthĭum, *ĭi*, n. (ψιάθιον), petite natte : Cassian. *Coll.* 1, 23.

psīla, *ae*, f. (ψιλή), tapis n'ayant de poil que d'un côté : Lucil. 13.

Psīlē, *ēs*, f., petite île de la mer Égée, voisine de Samos : Plin. 5, 137.

psīlŏcĭthărīsis, *is*, f., jeu de cithare sans accompagnement de la voix : Not. Tir. 106.

psīlŏcĭthărista (-ēs), *ae*, m. (ψιλοκιθαριστής), joueur de cithare qui ne chante pas en jouant : Suet. *Dom.* 4 ; Not. Tir. 106.

Psĭlŏs, *i*, f., île voisine de la Perse : Plin. 6, 111.

psīlōthrō, *ās*, *āre*, -, -, tr., épiler au moyen de l'épilatoire appelé *psilothrum* : Plin.-Val. 3, 52.

psīlōthrum, *i*, n. (ψίλωθρον), bryone [plante employée comme épilatoire] : Plin. 23, 21 ‖ pâte épilatoire : Sen. *Contr.* 7, pr. 3 ; Plin. 32, 135 ; Mart. 6, 93, 9.
▶ orth. *-trum* Plin. 21, 118.

psĭmĭthĭum, *ĭi*, n. (ψιμύθιον, -μίθ-), Ⓒ *cerussa*, céruse [fard] : Plin. 34, 175.

Psĭthărās, *ae*, m., fleuve de la Scythie d'Asie : Plin. 6, 55.

psĭthĭa (psy-) et psĭthĭa vitis, f. (ψιθία, ψυθία), sorte de vigne et de raisin [propre à faire le *passum* : Virg. *G.* 2, 93] : Virg. *G.* 4, 269 ; Col. 3, 2, 24 ‖ *-thĭae*, *ārum*, raisins psithiens : Stat. *S.* 4, 9, 38 ‖ *thia uva* Plin. 14, 81.

psĭthĭum vīnum, n., vin psithien [avec des raisins séchés] : Plin. 14, 80.

psittăcīnus, *a*, *um* (ψιττάκινος), de perroquet : Scrib. 27.

psittăcĭum (ψιττάκιον), par corruption pour *pistacium* : Diocl. 6, 55.

psittăcus, *i*, m. (ψιττακός), perroquet : Plin. 10, 117 ; Apul. *Flor.* 12.

psoea, *ae*, f. (ψοιά), muscle lombaire : Cael.-Aur. *Chron.* 5, 1, 1.

psŏeădĭcus, *a*, *um* (*ψοιαδικός), qui a mal aux reins : Cael.-Aur. *Chron.* 5, 1, 6.

psoealgĭcus, *a*, *um* (ψοιαλγικός), qui souffre d'un lumbago : Theod.-Prisc. 2, 117.

psŏĭcus, *a*, *um* (*ψοϊκός), qui souffre d'un lumbago : *Fragm. Vat. 130.

Psōphis, *ĭdis*, f. (Ψωφίς), ville d'Arcadie : Plin. 4, 20 ‖ *-īdĭus*, *a*, *um*, de Psophis : Plin. 7, 151.

Psŏphŏdĕēs, *is*, m. (ψοφοδεής), le Peureux [titre d'une comédie de Ménandre] : Quint. 10, 1, 70.

psōra, *ae* (**-rae**, *ārum*), f. (pl.) (ψώρα), gale : Plin. 20, 4.

psōranthĕmis, *ĭdis*, f., sorte de romarin [plante] : Ps. Apul. *Herb.* 8, 46.

psōrĭcus, *a*, *um* (ψωρικός), bon pour la gale : Plin. 34, 119.

Psychē, *ēs*, f. (Ψυχή), Psyché [jeune fille aimée par l'Amour] : Apul. *M.* 4, 28.

psychĭci, *ōrum*, m. pl. (ψυχικός), matérialistes, psychiques [chrétiens non montanistes] : Tert. *Mon.* 1, 1.

psychŏgŏnĭa, *ae*, f. (ψυχογονία), génération de l'âme [dans le Timée de Platon] : Chalc. 208.

Psychŏmăchĭa, *ae*, f. (ψυχομαχία), le Combat des âmes [titre d'un poème de Prudence] : Gennad. *Vir.* 3, 13 [en grec].

psychŏmantīum, *ĭi*, n. (ψυχομαντεῖον), lieu où l'on évoque les âmes : Cic. *Tusc.* 1, 115 ‖ évocation des âmes : Cic. *Div.* 1, 132.

psychŏphthŏrŏs, *i*, m. (ψυχοφθόρος), qui tue l'âme [qui nie une âme humaine d. le Christ] : Cod. Just. 1, 1, 6.

psychŏtrŏphum (-ŏn), *i*, n. (ψυχότροφον), Ⓒ *betonica* : Plin. 25, 84.

psychrŏlūsĭa, *ae*, f. (ψυχρολουσία), bain froid : Cael.-Aur. *Acut.* 1, 14, 112.

psychrŏlūta (-tēs), *ae*, m. (ψυχρολούτης), qui prend des bains froids : Sen. *Ep.* 53, 3 ; 83, 5.

Psylli, *ōrum*, m. pl. (Ψύλλοι), Psylles [peuple de Libye qui charmait les serpents et guérissait de leur morsure] : Plin. 21, 78 ; Suet. *Aug.* 17.

psyllĭum, *ĭi*, n. (ψύλλιον), herbe aux puces : Plin. 25, 146.

Psyllus, *i*, m., roi qui donna son nom aux Psylles : Plin. 7, 14.

psythĭa, Ⓥ *psithia*.

Psyttălĭa (-yta-), *ae*, f. (Ψυτταλία), île du golfe Saronique : Plin. 4, 62.

ptarmĭcus, *a*, *um* (πταρμικός), qui fait éternuer : Theod.-Prisc. 2, 15 ‖ subst. n., sternutatoire : Cael.-Aur. *Acut.* 1, 15, 138.

-ptĕ (cf. *pote*, -πτε, hit. *-pat*), [partic. qui s'ajoute aux adj. possessifs (surt. à l'abl. sg.) et qqf. aux pronoms] *meapte* Pl. *Truc.* 471 ; *suopte* Cic. *Nat.* 1, 69 ; *suapte* Cic. *de Or.* 3, 10 ; *nostrapte* Ter. *Phorm.* 766 ; *sumpte* Pl. *Mil.* 391 ; *mepte* Pl. *Men.* 1059.

1 ptĕlĕa, *ae*, f. (πτελέα), orme : Orib. *Syn.* 2, 34.

2 Ptĕlĕa, *ae*, f., ancien nom d'Éphèse : Plin. 5, 115.

Ptĕlĕŏn, *i*, n. (Πτελεόν) ¶ 1 Ⓥ *Pteleum* ¶ 2 ville de Messénie : Plin. 4, 15 ¶ 3 ville d'Ionie : Plin. 5, 117.

Ptĕlĕŏs, *i*, f., Ⓒ *Pteleum* : Luc. 6, 352.

Pteleum

Ptĕlĕum, *i*, n. (Πτελεόν), ville maritime de Thessalie : Liv. 35, 43, 6 ; 42, 67, 9 ; Mel. 2, 44.

Ptĕrĕla, ae, m., roi des Téléboens : Pl. *Amp*. 261.

Ptĕrĕlās, ae, m. (Πτερέλας) ¶ 1 roi des Taphiens : Ov. 1 b. 364 ¶ 2 un des chiens d'Actéon : Ov. *M*. 3, 212.

ptĕris, *ĭdis*, f. (πτερίς), sorte de fougère [plante] : Plin. 27, 78.

pternix, *ĭcis*, f. (πτέρνιξ), tige du cardon [plante] : Plin. 21, 97.

ptĕrōma, *ătis*, n. (πτέρωμα), portique périphérique [d'un temple] : Vitr. 3, 3, 9.

ptĕrŏn, *i*, n. (πτερόν), mur latéral d'un édifice : Plin. 36, 31.

Ptĕrŏphŏrŏs rĕgĭo, f., région voisine des monts Rhiphées : Plin. 4, 88.

Ptĕrōs, *i*, f., île voisine de l'Arabie : Plin. 6, 151.

ptĕrўgĭum, *ĭi*, n. (πτερύγιον) ¶ 1 excroissance qui se forme sur la cornée de l'œil : Cels. 7, 7, 4 ; Plin. 32, 72 ‖ sur les ongles : Plin. 24, 9 ¶ 2 tache sur le béryl : Plin. 37, 79.

ptĕrўgōma, *ătis*, n. (πτερύγωμα), [méc.] arête [pièce triangulaire qui sert à former la glissière de la baliste] : Vitr. 10, 11, 7.

ptĭsăna, *ae*, f. (πτισάνη) ¶ 1 orge mondé : Cels. 2, 12, 2 E ; Mart. 12, 72, 5 ¶ 2 tisane d'orge : Varr. *Men*. 318 ; Plin. 18, 74.
▶ d. mss souvent *tisana*.

ptĭsănārĭum, *ĭi*, n., tisane d'orge : Prisc. 2, 74, 24 ‖ *oryzae* Hor. S. 2, 3, 155, tisane de riz.
▶ mss *tisanarium*.

ptōchēum (-chīum), Cod. Just. 1, 3, 32, 75, **ptōchŏtrŏphīum**, *i*, n., Cod. Just. 1, 2, 19 (πτωχεῖον, πτωχοτροφεῖον), hospice pour les pauvres.

ptōchŏtrŏphus, *i*, m. (πτωχοτρόφος), qui nourrit les pauvres, hospitalier : Novel.-Just. 7, 1.

Ptŏembāni, *ōrum* ou **-phănae**, *ārum*, m. pl., peuple d'Éthiopie : Plin. 6, 192.

Ptŏlĕmaeēum, *i*, n., sépulture des Ptolémées : Suet. *Aug*. 18.

Ptŏlĕmaeum gymnăsĭum, nom d'un gymnase d'Athènes : Cic. *Fin*. 5, 1.

Ptŏlĕmaeus, *i*, m. (Πτολεμαῖος ; it. *Tolomeo*), Ptolémée ¶ 1 fils de Lagus, un des généraux d'Alexandre, qui devint roi d'Égypte : Curt. 9, 8, 22 ¶ 2 nom de ses descendants : Cic. *Tusc*. 1, 83 ; **Ptolemaei** pl., Luc. 8, 696, les Ptolémées ¶ 3 fils de Juba : Tac. *An*. 4, 23 ¶ 4 nom d'un astrologue : Tac. H. 1, 22 ¶ 5 fleuve qui se jette dans la mer Rouge : Plin. 6, 167 ‖ **-maeus**, *a*, *um*, Cic. *Fin*. 5, 1, **Ptolemeicus**, *a*, *um*, Grom. 123, 1, de Ptolémée.
▶ d. mss souvent *Ptolom-*.

Ptŏlĕmāis, *ĭdis* ¶ 1 adj. f. (Πτολεμαίς), des Ptolémées, égyptienne : Aus. *Idyll*. 10, 311 ¶ 2 subst. f. **a)** fille d'un Ptolémée [Cléopâtre] : Luc. 10, 69 **b)** Ptolémaïs [ville d'Égypte] Atlas I, F6 : Cic. *Fam*. 1, 7, 9 **c)** ville de Phénicie, sur la mer Atlas IX, E3 : Plin. 5, 75 **d)** ville de Cyrénaïque [Tolmita] Atlas I, E5 : Plin. 5, 32 ‖ **Ptŏlēmenses (-maeenses)**, *ium*, habitants de Ptolémaïs [en Phénicie] : Ulp. *Dig*. 50, 15, 1 ; Char. 138, 11.

Ptŏlĕmŏcrătĭa, *ae*, f. (Πτολεμοκρατία), nom de femme : Pl. *Ru*. 481.

ptўăs, *ădis*, f. (πτυάς), sorte de serpent cracheur [qui crache son venin] : Plin. 28, 65.

Ptўchĭa, *ae*, f. (Πτυχία), île voisine de Corcyre : Plin. 4, 53.

ptygma, *ătis*, n. (πτύγμα), étoffe repliée, enroulée : Cael.-Aur. *Chron*. 1, 4, 110.

pūbens, *tis*, adj. (*pubes*) ¶ 1 ayant l'âge de la puberté : Claud. *Prob*. 142 ¶ 2 [fig.] *pubentes herbae* Virg. *En*. 4, 514, herbes couvertes de duvet ‖ *pubentes rosae* Stat. *S*. 3, 3, 129, roses fraîches écloses.

pūbĕr, *ĕris*, **V.** ▶ 1 *pubes* : Prisc. 2, 249, 19.

pūbertās, *ātis*, f. (*puber*) ¶ 1 puberté : Suet. *Dom*. 1 ; Plin. 25, 154 ; *pubes factus* Dig. 12, 6, 13, 1, devenu pubère [âge fixé par les juristes à 14 ans pour les garçons, 12 ans pour les filles] ¶ 2 signe de la puberté, poils, barbe : Cic. *Nat*. 2, 86 ‖ duvet des plantes : Plin. 23, pr. 7 ‖ virilité : Tac. *G*. 20, 2 ‖ jeunes gens : Val.-Max. 2, 1, 10.

1 **pūbēs (pūbĕr)**, *ĕris*, adj. (2 *pubes*), pubère, adulte : Cic. *Off*. 1, 129 ; Nep. *Dion* 4, 4 ; *ad puberem aetatem* Liv. 1, 3, 1, jusqu'à l'âge de la puberté ‖ *puberes* Caes. *G*. 5, 56, 2, les jeunes gens pubères ‖ [plantes] : *puberibus foliis* Virg. *En*. 12, 413, avec des feuilles couvertes de duvet.

2 **pūbēs**, *is*, f. (obscur ; cf. *puer* ?) ¶ 1 signe de la virilité, poils : Cels. 7, 19, 1 ; Plin. 34, 58 ¶ 2 aine, pubis : Virg. *En*. 3, 427 ; Plin. 11, 208 ¶ 3 jeunesse, jeunes gens : Cic. *Mil*. 61 ; Liv. 1, 9, 6 ; Virg. *En*. 5, 573 ‖ gens, peuple, foule : Pl. *Ps*. 126 ; Catul. 64, 4.

pūbescō, *ĭs*, *ĕre*, *bŭī*, - (*pubes*), intr. ¶ 1 se couvrir de poils follets, devenir pubère : Lucr. 5, 672 ‖ entrer dans l'adolescence : Cic. *Off*. 1, 118 ; Liv. 8, 8, 4, 6 ¶ 2 pousser, se développer [plantes] : Cic. *Nat*. 1, 4 ; 2, 50 ‖ [poét.] *prata pubescunt flore* Ov. *Tr*. 3, 12, 7, les prés se couvrent de fleurs ‖ *leto* Claud. *Carm. min*. 27, 52, se rajeunir par la mort [le phénix].

1 **pūbis**, *ĕris*, **C.** ▶ 1 *pubes* : Prisc. 2, 249, 19.

2 **pūbis**, *is*, f., **C.** ▶ 2 *pubes* : Prud. *Cath*. 7, 162.

Pūblĭānus, *a*, *um*, de Publius : Sen. *Contr*. 3, 18.

1 **pūblĭcānus**, *a*, *um*, *publicana muliercula*, Cic. *Verr*. 3, 78, misérable femme fermière d'impôts.

2 **pūblĭcānus**, *i*, m., publicain, fermier de l'État, fermier d'un impôt public : Cic. *Planc*. 23.

pūblĭcātĭo, *ōnis*, f. (*publico*) ¶ 1 confiscation, vente à l'encan : Cic. *Cat*. 4, 10 ; *publicatio bonorum* Dig. 22, 1, 6, 1, confiscation au profit de l'État [des biens d'un condamné] ¶ 2 expropriation [pour cause d'utilité publique] : Dig. 8, 3, 23, 2 ¶ 3 publication, promulgation d'un texte de loi : Cod. Th. 5, 3, 1 ¶ 4 [tard.] action de montrer, exposition : Tert. *Virg*. 3, 4.

pūblĭcātŏr, *ōris*, m., Sidon. *Ep*. 3, 13, 2 ; **pūblĭcātrix**, *īcis*, f., Arn. 1, 36, celui, celle qui divulgue.

pūblĭcātus, *a*, *um*, part. de *publico*.

pūblĭcē (*publicus*) ¶ 1 au nom de l'État, ou pour l'État, officiellement : *aliquem publice laudare* Cic. *Verr*. 4, 17, faire officiellement l'éloge de qqn ; *aliquid publice Romam scribere* Cic. *Verr*. 5, 9, envoyer à Rome son rapport officiel ; *nihil adjumenti neque publice neque privatim exspectare* Cic. *Verr*. 4, 137, n'attendre aucune aide ni à titre officiel ni à titre privé [ni de la cité ni des particuliers], cf. Cic. *Verr*. 1, 16 ; *omnia et privatim et publice spoliavit* Cic. *Verr*. 5, 1, 1, il a dépouillé de tout et les particuliers et les cités ; *publice maximam putant esse laudem...* Caes. *G*. 4, 3, 1, ils estiment que la plus grande gloire pour l'État est que... ; aux frais de l'État : *publice efferri* Nep. *Dion*. 10, 3, être enterré aux frais de l'État, cf. Nep. *Arist*. 3, 3 ; Liv. 5, 53, 8 ‖ par une décision officielle : *exsulatum publice ire* Liv. 5, 55, 3, partir collectivement pour l'exil ¶ 2 publiquement **a)** en s'adressant au public : *consulentibus de jure publice responsitare* Gell. 13, 10, 1, donner des consultations de droit au public **b)** ouvertement, devant tout le monde : *publice recitare* Suet. *Dom*. 2, faire une lecture publique, cf. Gell. 17, 21, 1.

Pūblĭcĭānus, *a*, *um*, de Publicius : Cic. *Att*. 12, 38, 4.

pūblĭcĭtŭs, adv. ¶ 1 au nom de l'État, ou pour l'État : Lucil. 530 ; Enn. d. Gell. 16, 10, 1 ; Pl. *Amp*. 161 ; *Pers*. 509 ; *Trin*. 548 ; Ter. *Phorm*. 978 ¶ 2 publiquement : Apul. *M*. 3, 16, 4.

Pūblĭcĭus, *ii*, m., nom de famille romaine ‖ [adj] *clivus Publicius* Liv. 26, 10, 6, nom d'une rue en pente de Rome, cf. Liv. 27, 37, 15.

pūblĭcō, *ās*, *āre*, *āvī*, *ātum* (*publicus*) ¶ 1 adjuger à l'État, faire propriété de l'État, confisquer au profit de l'État : *agrum* Cic. *Att*. 1, 19, 4, confisquer un territoire, cf. Cic. *Agr*. 3, 12 ; Cat. 4, 6 ; *Sest*. 62 ; Caes. *G*. 5, 56, 3 ¶ 2 rendre public **a)** mettre à la disposition du public : *Aventinum* Liv. 3, 31, 1, laisser le mont Aventin au peuple, permettre d'y habiter; *bibliothecas* Suet. *Caes.* 44, ouvrir des bibliothèques publiques; *pudicitiam* Tac. *G.* 19, se prostituer **b)** montrer au public: *se* Suet. *Ner.* 21, se donner en spectacle, cf. Suet. *Aug.* 43 **c)** exposer en public, en étalage [des livres]: Suet. *Tib.* 5; *Caes.* 56 **d)** publier [un livre]: Plin. *Ep.* 1, 1, 1; 1, 5, 2; 4, 27, 5 **e)** inscription sur un registre public (*apud acta*) d'un acte privé, afin de lui conférer l'authenticité et publicité: *testamentum publicare* Cod. Just. 6, 23, 2, 18, enregistrer un testament; *apud magistratus donationes publicare* Cod. Just. 8, 53, 30, faire transcrire une donation sur les registres publics (tenus par les magistrats) **f)** déshonorer (en montrant): Lact. *Inst.* 6, 23, 7.

Pūblĭcŏla ou **Poplĭcŏla**, *ae*, m., [ami du peuple], surnom de P. Valérius qui fut consul avec le premier Brutus, en succédant à Tarquin Collatin après l'abdication de celui-ci [Liv. 2, 2, 10-11]; Cic. *Rep.* 2, 53; Liv. 2, 8, 1.

pŭblĭcum, *i*, n. (*publicus*) ¶ **1** domaine public, propriété de l'État: *publicum populi Romani fieri* Cic. *Agr.* 2, 38, devenir domaine public du peuple romain, cf. Cic. *Agr.* 2, 39; 2, 82 ¶ **2** trésor public, caisse de l'État: *alicujus bona in publicum addicere* Caes. *C.* 2, 18, 5, confisquer les biens de qqn au profit de l'État; *in publicum redigere* Liv. 4, 15, 8, verser au trésor public, cf. Nep. *Timoth.* 1, 2; *in publicum redempti* Liv. 26, 27, 4, [esclaves] rachetés à titre public; *de publico convivari* Cic. *Verr.* 3, 105, festoyer aux frais de l'État ‖ revenus publics: *publico frui* Cic. *Prov.* 12, percevoir les droits publics; *publicum habere* Pl. *Truc.* 143, être fermier public; *publicum agere, agitare* Suet. *Vesp.* 1; Sen. *Ep.* 119, 5, recouvrer des impôts, être collecteur d'impôts, [fig.] Sen. *Const.* 14, 2; *publica conducere* Hor. *Ep.* 1, 1, 77, affermer les revenus de l'État; *publicis male redemptis* Cic. *Q.* 1, 1, 33, les impôts étant affermés dans de mauvaises conditions, avec un bail désavantageux; *societates publicorum* Cic. *Dom.* 74, les sociétés des fermiers de l'État ‖ entrepôt public: *frumentum in publicum conferre* Caes. *C.* 1, 36, 3, stocker le blé dans des entrepôts publics, cf. Caes. *C.* 2, 22, 1 ¶ **3** intérêt public, la chose publique, l'État: *in publicum consulere* Plin. *Ep.* 9, 13, 21, songer au bien public ¶ **4** archives publiques: Varr. *R.* 2, 11, 10 ¶ **5** public, foule: *in publico verbum facere* Cic. *Brut.* 270, dire un mot en public; *aliquid in publicum referre* Caes. *G.* 6, 28, 3, rapporter qqch. et l'exposer en public; *carere publico* Cic. *Mil.* 18, ne pas paraître en public ‖ lieu public: *in publico esse* Cic. *Verr.* 5, 92, rester dehors, dans un lieu public, hors de chez soi.

1 **pūblĭcus**, *a*, *um* (arch. CIL 1, 581, *poplicod*; cf. *populus* et *pubes*) ¶ **1** qui concerne le peuple, qui appartient à l'État, qui relève de l'État, officiel, public: *publica bona* Cic. *Agr.* 1, 2, biens de l'État, domaines publics; *publica magnificentia* Cic. *Mur.* 76, magnificence officielle; *tabulae publicae* Cic. *Mil.* 73, registres officiels, publics [ou] *publicae litterae* Cic. *Verr.* 3, 74; *sacrificia publica ac privata* Caes. *G.* 6, 13, 4, les sacrifices publics et privés; *suam rem bene gessere et publicam* Enn. d. Cic. *Fam.* 7, 6, 1, ils ont bien mené leurs affaires et celles de l'État; *bono publico* Liv. 2, 44, 3, avec (pour) l'intérêt de l'État; *pessimo publico* Liv. 2, 1, 3, pour le plus grand mal de l'État; *egregium publicum* Tac. *An.* 3, 70, l'honneur du peuple romain; *si senatus dominus sit publici consilii* Cic. *Leg.* 3, 28, si le sénat était maître des décisions publiques ‖ *judicia publica* Cic. *Caecil.* 1, instances judiciaires d'intérêt public; *in causis publicis* Cic. *Brut.* 178, dans les causes criminelles ¶ **2** de propriété publique, d'un usage public: *loca publica* Cic. *Verr.* 2, 66, endroits publics; *publica commoda* Cic. *Verr.* 2, 66, avantages dont jouissent tous les citoyens ¶ **3** commun à tous: *verba publica* Cic. *Ac.* 1, 25, les mots de tout le monde; *publicus usus* Hor. *Ep.* 2, 1, 92, l'usage de chacun, de tout le monde; *lux publica mundi* Ov. *M.* 2, 35, [le soleil] lumière commune de l'univers ‖ *publicum picorum est eligere...* Plin. 10, 97, c'est un trait commun des piverts de choisir... ‖ *publica*, *ae*, f., femme publique: Sen. *Ep.* 88, 37 ¶ **4** [poét.] ordinaire, banal, rebattu: Ov. *Pont.* 4, 13, 4; Juv. 7, 53.

2 **pūblĭcus**, *i*, m., esclave public: CIL 6, 2332.

Pūblĭlĭa trĭbŭs, f., tribu Publilia: Liv. 7, 15, 11 ‖ **Pūblĭlĭa**, seconde femme de Cicéron: Cic. *Att.* 12, 32, 1.

Pūblĭlĭus, *ii*, m., nom de famille rom. ‖ Publilius Syrus, auteur de mimes: Plin. 35, 199; Cic. *Fam.* 12, 18, 2; Sen. *Ep.* 8, 8.

Pūblĭpŏr, *ōris*, m., = *Publii puer*, esclave de Publius: Quint. 1, 4, 26.

Pūblĭus, *ii*, m., prénom romain, en abrégé P.

pūbor, f. l. pour *pupor*.

pūbuī, parf. de *pubesco*.

Pūcīnum, *i*, n., ville d'Illyrie: Plin. 3, 127 ‖ **-cīnus**, *a*, *um*, Plin. 17, 31, de Pucinum.

pŭcīnus, *a*, *um* (cf. *puer*, 2 *putus*; it. *piccino*), jeune, petit: Inscr. Chr. Diehl 4023.

pŭdĕfactus, *a*, *um* (*pudeo*, *facio*), rendu honteux: Gell. 15, 17, 1.

pŭdenda, *ōrum*, n. pl. (*pudendus*), parties honteuses: Sen. *Marc.* 22, 3; Aug. *Civ.* 14, 17.

pŭdendus, *a*, *um* (*pudeo*), dont on doit rougir, honteux, infamant: Virg. *En.* 11, 55; Ov. *Pont.* 2, 2, 108; *pudenda dictu* Quint. 1, 2, 8, des choses honteuses à dire ‖ V. *pudenda*.

1 **pŭdens**, *tis*, part.-adj. de *pudeo*, qui a de la pudeur, modeste, réservé, discret: *homo* Cic. *Fam.* 2, 6, 1, homme délicat; *pudentes* Caes. *C.* 2, 31, 4, les gens qui ont de l'honneur ‖ *pudens exitus* Cic. *Verr.* 1, 1, une issue, une fin honorable ‖ *-tior* Cic. *Verr.* 3, 161; *-tissimus* Cic. *Clu.* 77; *Flac.* 48.

2 **Pŭdens**, *tis*, m., nom d'homme: CIL 10, 1881.

pŭdentĕr, adv. (1 *pudens*), avec pudeur, réserve, retenue, discrétion: Cic. *Vat.* 6 ‖ *-tius* Cic. *de Or.* 2, 364; *-tissime* Cic. *Att.* 15, 15, 5.

Pŭdentilla, *ae*, f., nom de femme: Aus. *Parent.* 21 (178), 14.

pŭdĕō, *ēs*, *ēre*, *dŭī*, *dĭtum* (expr., cf. *stupeo*, σπεύδω)

I intr., avoir honte: *pudeo* Pl. *Cas.* 877, j'ai honte; *ad pudendum induci* Cic. *Brut.* 188, être amené à un sentiment de honte, cf. *pudendo* Cic. *de Or.* 1, 120 ‖ *pudentes* Caes. *C.* 2, 31, 4, des gens d'honneur.

II causer de la honte ¶ **1** tr. et pers., *non te haec pudent?* Ter. *Ad.* 754, cela ne te fait pas honte?, cf. Luc. 8, 495; *si te quicquam pudet* Pl. *Mil.* 624, si qqch. te fait honte, cf. Ter. *Ad.* 84; *cum id (eos) pudet* Cic. *Fat.* 37, quand cela (leur) fait honte, cf. Cic. *de Or.* 1, 40 ¶ **2** impers.[acc. de la pers. qui éprouve la honte, gén. de l'objet qui cause de la honte] *aliquem pudet alicujus rei* [m. à m.] cela fait honte à qqn à cause de qqch., qqn a honte de qqch.: *eos infamiae suae non pudet* Cic. *Verr. prim.* 35, ils n'ont pas honte de leur infamie; *pudet me non tui, sed Chrysippi* Cic. *Div.* 2, 35, j'ai honte non pour toi, mais pour Chrysippe ‖ *quod pudet dicere* Cic. *Fin.* 2, 77, ce que l'on a honte de dire; *non pudebat magistratus... escendere* Cic. *Pomp.* 55, les magistats n'avaient pas honte de monter ‖ [avec prop. inf.] *pudebat Macedones urbem deletam esse* Curt. 5, 7, 10, les Macédoniens avaient honte que la ville eût été détruite, cf. Pl. *Ps.* 371 ‖ *pudet dictu* Tac. *Agr.* 32, on a honte de le dire ‖ [parf. dép.] *puditum est* Pl., Cic., au lieu de: *puduit* Ter., Tib., Ov., Sen., Luc.: *pudet quem prius non puditumst unquam* Pl. *Cas.* 878, j'ai honte, moi qui n'ai jamais eu honte auparavant; *nonne esset puditum aliquem dici...?* Cic. *Flac.* 52, n'auraient-ils pas rougi qu'on dise de qqn? ‖ *pudendum est* [avec prop. inf.] Cic. *Phil.* 5, 4, on doit avoir honte de voir que.

▶ noter les deux gén. *patris mei meūm factum pudet* Enn. *Tr.* 44, "j'ai honte de mes actes devant mon père".

pŭdescit, *ĕre*, impers., C. ▶ *pudet*, commencer à avoir honte: Prud. *Cath.* 2, 26.

pŭdĕt, v. ▶ *pudeo*.

pŭdĭbĭlis, *e* (*pudeo*), honteux: Lampr. *Hel.* 12, 2.

pudibundus

pŭdĭbundus, *a*, *um* (*pudeo*) ¶ **1** qui éprouve de la honte, de la confusion : HOR. *P.* 233 ; OV. *Am.* 3, 7, 67 ‖ *ora pudibunda* OV. *F.* 2, 819, visage couvert de honte, cf. STAT. *Th.* 5, 296 ¶ **2** honteux, infâme : VAL.-FLAC. 1, 809.

pŭdīcē, adv. (*pudicus*), pudiquement, avec honneur, vertueusement : TER. *And.* 274 ‖ *pudicius* PL. *Merc.* 714 ; PLIN. *Ep.* 4, 13, 4.

pŭdīcĭtĭa, *ae*, f. (*pudicus*), pudicité, chasteté, pudeur : PL. *Amp.* 840 ; *pudicitiam expugnare* CIC. *Cael.* 49 ; *eripere* CIC. *Mil.* 9, attenter à la vertu, à la pudeur ; *pudor pudicitiaque*, *pudor et pudicitia*, l'honneur (la moralité) et la pudeur [la pureté des mœurs] : CIC. *Cat.* 2, 25 ; *Dej.* 28 ; *Clu.* 12 ; *Verr.* 5, 34 ; *Sest.* 73 ; SALL. *C.* 12, 2 ‖ *Pudicitia*, déesse de la Pudeur : LIV. 10, 23, 5.

pŭdīcus, *a*, *um* (*pudeo*), pudique, chaste, timide, vertueux, modeste : CIC. *Leg.* 1, 50 ; *Phil.* 3, 28 ; OV. *H.* 1, 85 ‖ *-cior* OV. *Ib.* 351 ‖ *-cissimus* CIC. *Phil.* 2, 99.

pŭdŏr, *ōris*, m. (*pudeo*) ¶ **1** sentiment de pudeur, honte, réserve, retenue, délicatesse, timidité : *pudorem rubor consequitur* CIC. *Tusc.* 4, 19, la rougeur accompagne le sentiment de honte ; *ineuntis aetatis meae pudor* CIC. *de Or.* 2, 3, la réserve, la timidité de ma jeunesse ; TER. *Phorm.* 284 ‖ *famae* CIC. *Prov.* 14, la honte d'une mauvaise réputation ; *paupertatis* HOR. *Ep.* 1, 18, 24, la honte d'être pauvre (crainte de...) ; *detrectandi certaminis* LIV. 8, 7, 8, la honte de refuser le combat ‖ *pudor est* [avec inf.] = *pudet* OV. *M.* 14, 18 ; *pudori est* OV. *M.* 7, 667, j'ai honte de ¶ **2** sentiment moral, moralité, honneur : CIC. *Cat.* 2, 25 ; *pudor et pudicitia*, ▶ *pudicitia* ; *ecqui pudor est ?* CIC. *Verr.* 4, 18, as-tu qq. sentiment de l'honneur ? ; *aliquid pudore ferre* CIC. *Tusc.* 2, 46, supporter qqch. par respect humain, cf. CAES. *G.* 1, 40, 14 ¶ **4** [poét.] pudeur ▷ *pudicitia* : OV. *M.* 6, 616 ¶ **5** honte, déshonneur, opprobre : *vulgare alicujus pudorem* OV. *H.* 11, 79, divulguer la honte de qqn ; *pudori esse alicui* LIV. 34, 58, 7, être un objet de honte pour qqn, cf. LIV. 40, 15, 6 ; *pro pudor !* STAT. *Th.* 10, 874, ô honte ! ; *pro pudor imperii !* SEN. *Polyb.* 17, 4, quelle honte pour la puissance souveraine !

pŭdōrātus, *a*, *um* (*pudor*), chaste, pudique : VULG. *Eccli.* 26, 19.

pŭdōrĭcŏlor, *ōris*, ayant le rouge de la pudeur, rose : LAEV. d. GELL. 19, 7, 6.

pŭdōrōsus, *a*, *um*, pudique, modeste : *GLOSS. 2, 220, 17.

Pudput, ▶ *Putput*.

pŭdŭit, parf. de *pudet*.

pŭella, *ae*, f. (*puellus*, dim. de *puera*) ¶ **1** jeune fille : CIC. *Att.* 1, 5, 6 ; VIRG. *En.* 6, 307 ; HOR. *Ep.* 2, 1, 99 ‖ bien-aimée, maîtresse : *deliciae meae puellae* CATUL. 2, 1, délices de ma chérie, cf. HOR. *O.* 3, 26, 1 ; *Ep.* 1, 18, 74 ‖ jeune chienne, jeune chatte : MART. 1, 109, 16 ¶ **2** jeune femme : PROP. 3, 13, 21 ; OV. *F.* 2, 557 ; *H.* 1, 115 ; TAC. *An.* 14, 64 ; 16, 30 ; GELL. 12, 1, 4.
▶ *puellabus* au lieu de *puellis* CN. GELL. d. CHAR. 54, 15.

pŭellāris, *e* (*puella*), de jeune fille, tendre, délicat, innocent : TAC. *An.* 14, 2 ; QUINT. 6, pr. 5 ; PLIN. *Ep.* 5, 16, 2.

pŭellārĭtĕr, adv., en jeune fille, innocemment : PLIN. *Ep.* 8, 10, 1.

pŭellārĭus, *ii*, m. (*puellus*), qui aime les jeunes garçons : PETR. 43, 8.

pŭellascō, *is*, *ĕre*, -, - (*puella*), intr., devenir efféminé : VARR. *Men.* 44.

pŭellātōrĭae tībĭae, f., flûtes hautes [qui imitent la voix d'une jeune fille], ou flûtes d'enfants : SOLIN. 5, 19.

pŭellŭla, *ae*, f. (dim. de *puella*), fillette : TER. *Phorm.* 81 ; CATUL. 61, 57.

pŭellus, *i*, m. (dim. de *puer*, ▶ *puerulus*), jeune enfant, petit enfant, petit garçon : LUCIL. 173 d. NON. 158, 18 ; ENN. *An.* 221 ; LUCR. 4, 1252.

pŭĕr, *ĕri*, m. (-*por*, *pusus*, 2 *putus*, *pullus*, cf. osq. *puklu*, scr. *putra-s*) ¶ **1** enfant [garçon ou fille] : *regis Antiochi filii pueri* CIC. *Verr.* 4, 61, fils encore enfants du roi Antiochus ; *puer Saturni filia* ANDR. d. PRISC. 2, 232, 3, tendre fille de Saturne ‖ *a puero* CIC. *Fam.* 13, 16, 4 ; *Ac.* 2, 8 ; *Brut.* 104 ; [ou avec verbe au pl.] *a pueris* CIC. *de Or.* 1, 2, dès l'enfance ; *ex pueris excedere* CIC. *Arch.* 4, sortir de l'enfance ¶ **2** jeune homme [jusqu'à 17 ans, mais *puer egregius* CIC. *Fam.* 12, 25, 4, " enfant remarquable ", désigne Octave qui a 19 ans] ; cf. CIC. *Phil.* 4, 3 [*puer* désigne le jeune Pallas VIRG. *En.* 11, 42] ¶ **3** enfant, fils : *puer tuus* VIRG. *En.* 4, 94, ton fils [Cupidon] ; *Latonae puer* HOR. *O.* 4, 6, 37, fils de Latone, cf. HOR. *O.* 1, 32, 10 ; *P.* 83 ; 185 ¶ **4** garçon = célibataire : OV. *F.* 4, 226 ‖ [fam.] *puer* TER. *Ad.* 940, mon garçon ¶ **5** esclave, serviteur : CIC. *Amer.* 77 ‖ page : *pueri regii* LIV. 45, 6, 7, pages royaux [à la cour de Persée], cf. CURT. 5, 1, 42 ; 5, 2, 13.
▶ forme secondaire : *poveri* CIL 4, 3730 ; en composition : -*por*, ▶ *Marcipor* ‖ arch. *puerus* PRISC. 2, 231, 13 ‖ voc. *puere* CAECIL. *Com.* 100 ; PL. *Most.* 947 ‖ gén. pl. *puerum* PL. *Truc.* 763.

pŭĕra, *ae*, f. de *puer*, ANDR. d. PRISC. 2, 231, 10 ; VARR. *Men.* 87 ; cf. NON. 156, 17 ; SUET. *Cal.* 8.

pŭĕrārĭus, *ii*, m., pédéraste : TERT. *Anim.* 55, 4.

pŭĕrascō, *is*, *ĕre*, -, - (*puer*), intr. ¶ **1** arriver à l'âge de l'enfance : SUET. *Cal.* 7 ¶ **2** rajeunir : AUS. *Idyl.* 4 (322), 55.

pŭĕrastĕr, *tri*, m., enfant déjà grand : GLOSS. 2, 230, 9.

pŭercŭlus, *i*, m. (dim. de *puer*), tout petit enfant : ARN. 2, 24 ; 4, 13.

pŭĕrĭgĕnus, *a*, *um* (*puer*, *geno*), qui produit des enfants : FULG. *Myth.* 1, pr. 20.

pŭĕrīlis, *e* (*puer*) ¶ **1** enfantin, de l'enfance : *aetas puerilis* CIC. *Arch.* 4, enfance ; *delectatio* CIC. *Fin.* 1, 72, plaisirs enfantins ; *regnum puerile* LIV. 1, 3, 4, règne d'un enfant ¶ **2** [fig.] puéril, irréfléchi : *puerili consilio* CIC. *Att.* 14, 21, 3, avec une tactique d'enfants, cf. *Brut.* 124 ; *puerile est* TER. *And.* 449, c'est un enfantillage ‖ compar. n., *puerilius* HOR. *S.* 2, 3, 250.

pŭĕrīlĭtās, *ātis*, f. (*puerilis*) ¶ **1** enfance : VARR. d. NON. 494, 18 ; VAL.-MAX. 5, 4, 2 ¶ **2** puérilité : SEN. *Ep.* 4, 2.

pŭĕrīlĭtĕr, adv. (*puerilis*), à la manière des enfants : LIV. 21, 1, 4 ‖ puérilement, sans sérieuse réflexion : CIC. *Fin.* 1, 19 ; *Ac.* 2, 33 ; TAC. *H.* 4, 86.

pŭĕrīnus, *a*, *um*, tout enfant : CIL 6, 126.

pŭĕrītās, *ātis*, f. (*puer*), enfance [fig.] : *TERT. *Nat.* 2, 9, 2.

pŭĕrĭtĭa, *ae*, f. (*puer*) ¶ **1** enfance [âge jusqu'à 17 ans] : CIC. *CM* 4 ; *a pueritia* CIC. *Rep.* 1, 10 ; *Tusc.* 2, 27, dès l'enfance ; *jam a pueritia tua* CIC. *Fam.* 4, 7, 1, dès ton enfance ¶ **2** [fig.] pl., les années d'enfance, les commencements : FRONT. *Hist.* 2, f, p. 203 N.
▶ sync. *puertia* HOR. *O.* 1, 36, 8.

pŭĕrĭtĭēs, *ēi*, f., ▷ *pueritia* : AUS. *Prof.* 10 (200), 13.

pŭĕrō, *ās*, *āre*, -, -, sodomiser : CIL 4, 2310.

pŭerpĕra, *ae*, f. (*puer*, *pario*), accouchée, femme en couches, jeune mère ; mère : PL. *Amp.* 1092 ; CATUL. 34, 13.

pŭerpĕrĭum, *ii*, n. (*puerpera*) ¶ **1** accouchement, enfantement : PL. *Truc.* 475 ; TAC. *An.* 15, 23 ; GELL. 12, 1, 4 ; SUET. *Cal.* 8 ; [fig.] enfantement [de la terre] : COL. 3, 21, 3 ¶ **2** enfant : PLIN. 7, 48 ; 18, 282.

pŭerpĕrus, *a*, *um* (*puerpera*), d'accouchement, d'enfantement : *puerpera uxor* SEN. *Ben.* 4, 35, 2, épouse en couches ; *puerpera verba* OV. *M.* 10, 511, formules d'accouchement (favorisant l'accouchement).

pŭertĭa, ▶ *pueritia* ▶.

pŭĕrŭlus, *i*, m. (dim. de *puer*), CIC. *Amer.* 12 ; VAL.-MAX. 1, 6, 1.

1 **pŭĕrus**, *a*, *um*, enfantin, d'enfant : PAUL.-NOL. *Carm.* 25, 217.

2 **pŭĕrus**, *i*, m., ▶ *puer* ▶.

pūga, *ae*, f. (πυγή), fesse : HOR. *S.* 1, 2, 133 ; pl., NOV. *Com.* 19.

pŭgĭl, *ĭlis*, m. (cf. *pugnus*, πυγμή, πύξ), pugiliste, boxeur : CIC. *Tusc.* 2, 40 ; 2, 56 ; *Brut.* 243 ‖ *os pugilis* ASIN. GALL. d. SUET. *Gram.* 22, 3, tête de boxeur.
▶ *pūgil* PRUD. *Sym.* 2, 516.

pŭgĭlātĭo (-ill-), ōnis, f. (pugilor), pugilat: Fulg. Virg. 95, 5 H.

pŭgĭlātŏr (-ill-), ōris, m., ▶ pugil: Arn. 1, 36.

pŭgĭlātōrĭus, ▶ pugill-.

pŭgĭlātŭs, ūs, m. (pugilor), pugilat: Pl. Bac. 428; Capr. 793; Plin. 8, 82.
▶ pugillatus *Cic. Leg. 2, 38.

pŭgĭlĭcē, adv. (pugil), en pugiliste: Pl. Ep. 20.

pŭgĭlis, is, m., ▶ pugil: Varr. Men. 89; ▶ pugillaria.

pŭgĭllăr, āris, n., ▶ pugillares: Aus. Epigr. 114 (146), 3.

pŭgĭllāres, ĭum, m. pl., tablettes [à écrire]: Sen. Ep. 15, 6; Plin. Ep. 1, 6, 1; 6, 5, 6; Suet. Aug. 39; **-lāres cērae**, f. pl., Prud. Perist. 9, 15.

pŭgĭllārĭa, ĭum, n., ▶ pugillares: Catul. 42, 4; Gell. 17, 9, 17; ▶ pugillar.

pŭgĭllārĭārĭus, ĭi, m., fabricant de tablettes: CIL 6, 9841.

pŭgĭllāris, e (pugillus), gros comme le poing: Juv. 11, 156, [où l'on scande pūg-].

pŭgĭllātĭo, ōnis, f. ¶ 1 envoi de pugillares par courrier: CIL 14, 2045 ¶ 2 ▶ pugilatio.

1 pŭgĭllātŏr, ōris, m. ¶ 1 porteur de tablettes (de lettres), courrier: Sidon. Ep. 9, 14, 4 ¶ 2 filou, escamoteur: Isid. 10, 221.

2 pŭgĭllātŏr, ▶ pugilator.

pŭgĭllātōrĭus, a, um (pugillus), de pugiliste: **follis** Pl. Ru. 721, punching-ball.

pŭgĭllātŭs, ūs, ▶ pugilatus.

pŭgĭllor, ▶ pugilor.

pŭgĭllum, i, n., main de fer (pour la torture): Vl. Macc. 4, 8, 13.

pŭgĭllus, i, m. (dim. de pugnus), le contenu de la main fermée, poignée: Cat. Agr. 158; Plin. 20, 242.

pŭgĭlŏr (pŭgillŏr), ārĭs, ārī, - (pugil), intr., s'exercer au pugilat: Apul. Socr. 21 ‖ frapper avec les pieds de devant [en parl. d'un cheval]: Apul. M. 7, 16 ‖ combattre: Treb. Gall. 8.

pūgĭo, ōnis, m. (pungo), poignard: Cic. Phil. 2, 28; Tac. H. 1, 43; 4, 29; Suet. Galb. 11 ‖ symbole d'un droit de vie et de mort: Tac. H. 3, 68, cf. Suet. Vit. 15 ‖ [fig.] **plumbeus pugio** Cic. Fin. 4, 48, poignard de plomb [argument sans portée].

pūgĭuncŭlus, i, m. (dim. de pugio), petit poignard: Cic. Or. 224.

pugna, ae, f. (de 1 pugno) ¶ 1 combat à coups de poings, pugilat: Cic. Verr. 5, 28 ‖ combat, action de se battre, engagement: **diuturnitate pugnae defessi proelio excedebant** Caes. G. 3, 4, 3, fatigués par la longueur de la lutte, ils sortaient de la bataille ‖ combat singulier: Cic. Tusc. 4, 49 ¶ 2 combat, bataille: **pugna Cannensis** Cic. Amer. 89, bataille de Cannes; **navalis ad Tenedum** Cic. Mur. 33, bataille navale de Ténédos; **equestris** Cic. Verr. 4, 122, combat de cavalerie; ▶ committo, consero, 1 pugno ‖ [aux jeux] tournoi: Ov. M. 14, 325 ‖ bataille = l'ordre de bataille: **mediam pugnam tueri** Liv. 22, 45, 8, occuper le centre du combat = commander l'infanterie, cf. Liv. 22, 5, 7; **pugnam mutare** Curt. 3, 2, 14, changer l'ordre de bataille, faire volteface ¶ 3 [fig.] **a)** bataille, lutte, discussion: Cic. Div. 2, 105 **b)** porter un coup, jouer un mauvais tour: **aliquid pugnae edere** Pl. Capr. 585, jouer un mauvais tour; **pugnam aliquam dare** Ter. Eun. 899, jeter le trouble.

pugnābĭlis, e (1 pugno), qu'on peut battre: Pomp.-Gr. 5, 181, 20.

pugnācĭtās, ātis, f. (pugnax), ardeur au combat, combativité: Plin. 10, 101; Tac. D. 31 ‖ [fig.] **argumentorum** Quint. 4, 3, 2, agressivité de l'argumentation.

pugnācĭtĕr, adv. (pugnax), d'une manière combative, avec acharnement: Cic. Ac. 2, 65; **pugnacissime defendere sententiam** Cic. Ac. 2, 9, défendre une opinion avec la plus grande âpreté; **pugnacius dicere aliquid** Quint. 9, 4, 130, dire qqch. avec plus d'agressivité.

pugnācŭlum, i, n., ▶ propugnaculum: Pl. Mil. 334; Amm. 21, 12, 8.

pugnans, tis, part. de 1 pugno, **pugnantes**, m. pl., les combattants: Caes. G. 3, 25, 1; Curt. 4, 12, 23 ‖ **pugnantia**, n. pl. **a)** ▶ contraria, antithèses: Cic. Or. 38 **b)** choses contradictoires: Cic. Tusc. 1, 13; Or. 16.

pugnātĭo, ōnis, f., combat: Ps. Cypr. Sing. cler. 34.

pugnātŏr, ōris, m. (1 pugno), combattant: Liv. 24, 15, 4; Suet. Caes. 39 ‖ **gallus** Plin. 30, 142, coq de combat.

pugnātōrĭus, a, um, qui sert aux combats: **pugnatoria arma** Suet. Cal. 74, armes de combat.

pugnātrix, īcis, f., guerrière: Amm. 23, 6, 28 ‖ une combattante: Prud. Psych. 681.

pugnātus, a, um, part. de 1 pugno.

pugnax, ācis (1 pugno) ¶ 1 belliqueux, ardent à la lutte, combatif: Cic. Phil. 8, 26; Rep. 5, 10; **gentes pugnacissimae** Curt. 3, 9, 3, nations les plus belliqueuses ‖ [avec inf.] acharné à: Sil. 3, 363 ‖ [fig.] belliqueux: **oratio pugnacior** Cic. Brut. 121, style trop polémique, cf. Cic. de Or. 2, 317 ¶ 2 acharné, luttant âprement: Cic. Pis. 70; **pugnax in vitiis** Cael. Fam. 8, 13, 1, entêté dans ses défauts ‖ **pugnacia musta** Plin. 14, 125, moûts âpres.

pugnĕus, a, um (pugnus), de poing: Pl. Ru. 763.

pugnĭtŭs, adv. (pugnus), à coups de poing: Caecil. Com. 49.

1 pugnō, ās, āre, āvī, ātum (pugnus; esp. puñar), intr., combattre à coups de poing ¶ 1 combattre, se battre [combats singuliers ou combats d'armées]: **eminus, cominus** combattre de loin, de près, ▶ eminus, cominus: **ex equo** Cic. Nat. 2, 6 (**ex equis** avec verbe au pl.) combattre à cheval ‖ [avec cum] Cic. Balb. 22; Caes.; Liv. 10, 36, 8, combattre avec (contre) qqn ‖ [avec contra] Cic. Phil. 2, 75 ‖ [avec in acc.]: Quadr. d. Gell. 17, 2, 12; Sall. C. 9, 4; 52; 30; Liv. 8, 6, 16; 8, 7, 15; 10, 43, 3, cf. Liv. 27, 18, 19; 27, 48, 14 = diriger l'attaque contre ‖ [avec adversus] Sall. J. 107, 1; 114, 1 ‖ **pro aliquo** Cic. Pis. 27; **pro aliqua re** Cic. Inv. 1, 1 ‖ [pass. impers.] **pugnatur** Caes. G. 7, 84, 2, on combat, cf. Caes. G. 1, 52, 4 ¶ 2 [avec acc. d'objet intér.] **magnam pugnam pugnare** Lucil. 1323, livrer une grande bataille, cf. Pl. Ps. 524; Gell. 3, 8, 3; **proelium pugnare** Sall. J. 54, 7; Hor. O. 4, 9, 19 ‖ [au pass.] **pugna, quae summa contentione pugnata (est)** Cic. Mur. 34, bataille qui fut livrée avec le plus grand acharnement, cf. Nep. Hann. 5, 1; Liv. 6, 42, 5 ‖ [abl. abs. du part. n.] **aliquantisper pugnato** Quadr. 60, après un assez long combat ¶ 3 [fig.] être en lutte (en désaccord): Cic. Fin. 2, 68; **tecum in eo non pugnabo, quominus... eligas** Cic. Caecil. 58, je ne lutterai pas avec toi pour t'empêcher de choisir; **tecum pugnas** Cic. Phil. 2, 18, tu es en contradiction avec toi-même, cf. Hor. Ep. 1, 1, 97 ‖ **ratio nostra consentit, pugnat oratio** Cic. Fin. 3, 10, nos vues sont d'accord, il n'y a conflit que dans l'expression ‖ [avec prop. inf.] lutter pour l'opinion que, soutenir en bataillant que: Cic. Fin. 3, 41 ‖ [avec interrog. indir.] batailler avec qqn sur la question de savoir: Cic. Fin. 5, 80 ‖ [poét., avec dat.] lutter contre, résister à: Virg. En. 4, 38; Prop. 1, 12, 21 ¶ 4 [en part.] être en contradiction: **pugnantibus et contrariis studiis uti** Cic. Fin. 1, 58, avoir des goûts qui se contrarient et s'opposent; **pugnans: quid tam pugnat quam miserum esse qui non sit?** Cic. Tusc. 1, 13, qu'y a-t-il d'aussi contradictoire que de dire qu'est malheureux qqn qui ne l'est pas? ¶ 5 lutter, faire effort pour obtenir que: **pugnare ut** Cic. Nat. 1, 75; Clu. 116; [avec ne] Cic. Att. 5, 9, 5; Lig. 13, pour empêcher que; [ou qqf. avec quominus] Ov. H. 18 (19), 120 ‖ [avec inf.] lutter pour: Lucr. 2, 205; Ov. M. 1, 685; 2, 822; Luc. 4, 753.

2 Pugno, ōnis, m., un des fils d'Égyptus: *Hyg. Fab. 170, 6.

pugnus, i, m. (pugil, cf. pungo, πύξ, πυγμή; fr. poing) ¶ 1 poing: **pugnum facere** Cic. Ac. 2, 145, serrer (faire) le poing; **pugnis certare** Cic. Tusc. 5, 77, combattre à coups de poing; ▶ impingo, ingero ‖ [poét.] **pugno victus** Hor. O. 3, 12, 8, vaincu dans un pugilat, cf. Hor. O. 1, 12, 26; S. 2, 1, 27 ¶ 2 [mesure] poignée: Cat. Agr. 82; Sen. Ir. 3, 33, 3.

Pŭĭlĭa saxa, n. pl., rochers près du port du Tibre: Fab. Pict. d. Fest. 298, 6.

pulcellus

pulcellūs, ▷ 1 pulchellus.
pulcer, ▷ 1 pulcher.

1 pulchellus (pulcellus), *a, um* (dim. de *1 pulcher*), joli, tout charmant : Cic. *Fam.* 7, 23, 2 ‖ [iron.] mignon : Crass. d. Cic. *de Or.* 2, 262 ; Att. 1, 16, 10.

2 Pulchellus, *i*, m., surnom donné par Cic. à Clodius, au lieu de *Pulcher* : Cic. *Att.* 2, 1, 4 ; 2, 22, 1.

1 pulcher, *chra, chrum* (obscur ; cf. *placeo* ?) ¶ **1** beau : *o puerum pulchrum !* Cic. *Off.* 1, 144, ô le bel enfant ! ; *urbs pulcherrima* Cic. *Verr.* 4, 117, ville belle entre toutes ; *quid potest esse adspectu pulchrius* Cic. *CM* 53, est-il rien de plus beau à voir ? ; *pulcherrime rerum* Ov. *A. A.* 1, 213 ; *H.* 4, 125, ô toi le plus beau de tous les objets ¶ **2** [fig.] beau, glorieux, noble : *pulcherrimum factum* Cic. *Phil.* 2, 114, l'acte le plus beau ; *quae majori parti pulcherrima videntur* Cic. *Off.* 1, 118, ce que la majorité admire le plus, cf. Cic. *Lae.* 26 ; *CM* 43 ‖ [poét.] [avec gén. de cause] Sil. 11, 365 ‖ *pulchrum est* [avec inf.], il est beau de : Sall. *C.* 3, 1 ; Hor. *Ep.* 1, 2, 30 ; *illis pulcherrimum fuit... tradere* Cic. *Pomp.* 12, il fut très beau pour eux de transmettre... ; *pulchrum putare, ducere* [avec inf.] Luc. 9, 391 ; Quint. 1, 2, 22, trouver beau de ; *pulcherrimum judicare* [avec inf.] Caes. *G.* 7, 17, 13, juger très beau que ‖ [fig.] *praetor ne pulchrum se ac beatum putaret* Cic. *Mur.* 26, pour empêcher que le préteur ne se croie beau et bienheureux [allusion au sage stoïcien], ne s'attribuât la perfection du sage.
▶ orth. prim. *pulcer* encore fréq. dans les meilleurs mss de Cic. et dans les Inscr.

2 Pulcher, *chri*, m., surnom romain : *P. Claudius Pulcher* Liv. 38, 35, 9 ‖ *Pulchri promunturium* Liv. 29, 27, 12, cap au nord d'Utique [auj. Ras el-Mekki].

Pulchĕrĭa, *ae*, f., Pulchérie [sœur de Théodose II] : Jord. *Rom.* 332.

Pulchra, *ae*, f., surnom féminin : Tac. *An.* 4, 52.

pulchrālĭa, *ĭum*, n. pl. (*1 pulcher*), ▷ *bellaria*, friandises, délices : Cat. d. Fest. 280, 26.

pulchrē (pulcrē) (*1 pulcher*), de belle façon, bien, joliment, à merveille : avec *dicere* Cic. *Fin.* 2, 63 ; *asseverare* Cic. *Clu.* 72 ; ▷ *lito* : *simulacrum pulcherrime factum* Cic. *Verr.* 4, 128, statue faite à la perfection ; *mihi pulchre est* Cic. *Nat.* 1, 114, je me porte à merveille ; ▷ *procedo* : *pulcre ut simus* Pl. *Merc.* 583, pour que nous fassions bombance, cf. Hor. *S.* 2, 8, 19 ‖ [pour acquiescer] : *pulchre !* Ter. *Eun.* 774, à merveille !, cf. Hor. *P.* 428 ‖ [iron.] *peribis pulcre* Pl. *Mil.* 404, tu seras bel et bien perdu, cf. *Curc.* 214 ; *pulchre sobrius* Ter. *Eun.* 728, d'une belle sobriété.

pulchrescō (pulcr-), *is, ĕre*, -, - (*1 pulcher*), intr., devenir beau, embellir : Cassiod. *Var.* 5, 40, 2.

pulchrĭtās (pulcr-), *ātis*, f., beauté : Caecil. *Com.* 55.

pulchrĭtūdo (pulcr-), *ĭnis*, f. (*1 pulcher*) ¶ **1** beauté [d'une pers.] : Cic. *Verr.* 4, 72 ; *Tusc.* 4, 31 ; *Off.* 1, 98 ; 1, 130 ‖ *maris* Cic. *Nat.* 2, 100, beauté de la mer ; *urbis* Cic. *Flac.* 62, d'une ville ¶ **2** *oratoris perfecti* Cic. *de Or.* 3, 71, la beauté parfaite de l'orateur idéal ; *virtutis* Cic. *Off.* 2, 37, la beauté de la vertu ; *verborum* Quint. 3, 7, 12, beauté de l'expression.

pūlēiātum (-lējā-), *i*, n., vin de pouliot : Lampr. *Hel.* 19, 4.

pūlēiātus (-lējā-), *a, um* (*puleium*), assaisonné de pouliot : Veg. *Mul.* 2, 140, 2.

pūlēium (-lējum), *i*, n. (cf. *pulex* ; it. *puleggio*), pouliot [plante aromatique, du genre des menthes] : Cic. *Div.* 2, 33 ; Cels. 2, 32 ‖ [fig.] odeur agréable, douceur : Cic. *Fam.* 16, 23, 2 ; ▷ *ruta*.

pŭlenta, ▷ *polenta*.

pūlex, *ĭcis*, m. (cf. ψύλλα, scr. *pluṣi-s*, al. *Floh*, an. *flea* ; fr. *puce*), puce : Pl. *Curc.* 500 ; Plin. 20, 155 ‖ puceron : Plin. 19, 177 ; Col. 10, 321.

pūlĭcāre, *is*, n. (*pulicaris*, cf. fr. *pucier*), couverture en peau de chèvre : Diocl. 8, 43.

pūlĭcāris, *e*, **pūlĭcārius**, *a, um*, relatif aux puces ; **pūlĭcārĭa, pūlĭcārĭa herba**, Theod.-Prisc. 1, 36 ; Cael.-Aur. *Acut.* 2, 97, herbe aux puces.

pūlĭcō, *ās, āre*, -, -, attraper les puces, épucer : Gloss. 2, 481, 23.

pūlĭcōsus, *a, um* (*pulex*), couvert de puces : Col. 7, 13, 2.

pullāmen, *ĭnis*, n. (*1 pullus* ; fr. *poulain*), petit d'un animal : Schol. Bern. *G.* 1, 399 ; Chir. 195.

1 Pullāria insŭla, f., île de l'Adriatique : Plin. 3, 151.

2 pullārĭa, *ĭum*, n. pl., **pullārĭa**, *ae*, f. (de παρουλίς), tumeur, abcès des gencives : Chir. 184 ; 91.

pullārĭus, *a, um* (*1 pullus*) ¶ **1** qui concerne les petits des animaux : Veg. *Mul.* 2, 25 ¶ **2** [subst.] **pullarius**, *ĭi*, m., pullaire, celui qui a la garde des poulets sacrés : Cic. *Div.* 2, 72 ; Liv. 8, 30, 2 ‖ *decuria pullaria* CIL 6, 1897, décurie des pullaires.

pullātĭo, *ōnis*, f. (*pullo*), couvaison : Col. 8, 5, 9.

pullātus, *a, um* (*3 pullus*), vêtu de deuil : Juv. 3, 212 ; Sidon. *Ep.* 5, 7, 4 ‖ vêtu d'une toge brune = du bas peuple : Plin. *Ep.* 7, 17, 9 ; Quint. 6, 4, 6 ; d'où **pullāti**, *ōrum*, m. pl., Suet. *Aug.* 44, populace, lie du peuple.

pullēiācĕus, *a, um*, noir, sombre : Aug. d. Suet. *Aug.* 87.

pullĭcella (pūlĭ-), *ae*, f. (dim. de *1 pullus* ; fr. *pucelle*), jeune servante : L. Sal. 3, 3, 10.

pullĭcēnus, *i*, m. (*1 pullus* ; fr. *poussin*), jeune poulet : Lampr. *Alex.* 41, 7.

pullĭgĕr, *ĕra, ĕrum* (*1 pullus*, *gero*), qui contient un poussin [en parl. d'œuf] : Fulg. *Myth.* 1, 20.

pullīgo, *ĭnis*, f. (*3 pullus*), couleur brune : Plin. 8, 191.

pullīnātīcĭus, *a, um* (*1 pullus*), de poulet : Plin. Val. 3, 30.

pullĭnŭrux, celle qui élève des poulets : *Ps. Prisc. *Acc.* 34 = 3, 526, 4.

pullīnus, *a, um* (*1 pullus*), de petits d'animaux : *pullini dentes* Plin. 8, 172, dents de lait [en parl. de poulains] ‖ *pullina ova* Lampr. *Hel.* 22, 1, œufs à poulets, œufs de poule ‖ **pullina**, *ae*, f., chair de poulet : Apic. *Exc.* 1 a.

pullĭprĕma, *ae*, m. (*1 pullus*, *premo*), pédéraste : *Aus. *Epigr.* 65 (70), 8.

pullĭtĭēs, *ēi*, f. (*1 pullus*), couvée, nichée : Varr. *R.* 3, 7, 6 ‖ essaim : Col. 8, 9, 4.

pullĭtra, *ae*, f. (*1 pullus* ; fr. *poutre*), poulette : Varr. *R.* 3, 9, 9.

pullō, *ās, āre*, -, - (*1 pullus*), intr., pousser, germer : Calp. 5, 20.

pullulascō, *ĭs, ĕre*, -, - (*pullulo*), intr., pousser : Col. 4, 21, 3 ‖ [fig.] croître : Prud. *Perist.* 10, 882.

pullŭlātĭo, *ōnis*, f. (*pullulo*), croissance [des végétaux] : Prisc. 3, 437, 3 ‖ [au pl.] les rejetons : Hier. *Orig. Ezech.* 11, 5 ‖ développement : Cypr. *Demetr.* 2.

pullŭlō, *ās, āre, āvī, ātum* (*1 pullulus*) ¶ **1** intr., avoir des rejetons, pulluler [plantes ou animaux] : Virg. *G.* 2, 17 ; *En.* 7, 329 ‖ [fig.] se multiplier, se répandre : Nep. *Cat.* 2, 3 ; Apul. *Mund.* 23 ¶ **2** tr., faire produire en abondance : Apul. *M.* 4, 28 ; Lact. *Inst.* 4, 12, 9.

1 pullŭlus, *i*, m. (dim. de *1 pullus*) ¶ **1** tout petit animal ; [terme de caresse] petit mignon : Apul. *M.* 8, 26 ¶ **2** toute jeune pousse : Plin. 17, 65.

2 pullŭlus, *a, um* (dim. de *3 pullus*), noirâtre, brunâtre : Col. 2, 2, 19.

pullum, *i*, n. (*3 pullus*), le sombre, la couleur sombre : Ov. *M.* 11, 48 ‖ pl., les couleurs [vêtements] sombres : Ov. *A. A.* 3, 189.

1 pullus, *a, um* (cf. *puer*, *pusus*, πῶλος, al. *Füllen* ; it. *pollo*, fr. *poule*) ¶ **1** tout petit : Pl. *Cas.* 138 ; Hier. *Ep.* 53, 8 ¶ **2** [surtout subst.] **pullus**, *i*, m. **a)** petit d'un animal : Varr. *R.* 2, 8, 2 ; Cic. *Fam.* 9, 18, 3 ; [plais¹] Cic. *de Or.* 3, 81 **b)** [en part.] poulet : Hor. *S.* 1, 3, 92 ; 2, 2, 121 ; Sen. *Nat.* 4, 6, 2 ‖ *pulli*, poulets sacrés (servant à la divination) : Cic. *Div.* 1, 77 ; 2, 72 ; *Nat.* 2, 7 **c)** [terme de caresse] poulet, mignon : Hor. *S.* 1, 3, 45 ; Suet. *Cal.* 13 ‖ *cum suo pullo milvino* Cic. *Q.* 1, 2, 6, avec son petit de milan = avec son petit oiseau de proie de fils **d)** jeune pousse, rejeton: Cat. *Agr.* 51; 133.

2 pullus, *a, um* (dim. de *purus*), propret, sans tache: Varr. *Men.* 462.

3 pullus, *a, um* (cf. *palleo*, 1 *palumbus*, πολιός), noir, brun, sombre: Cat. *Agr.* 135, 2; Varr. *R.* 3, 12, 5; Hor. *O.* 1, 25, 18; *Epo.* 16, 46; Virg. *G.* 3, 389 ‖ *pulla toga* Cic. *Vat.* 30, toge sombre, de deuil ‖ *tunica pulla* Cic. *Verr.* 4, 54; 5, 40, tunique sombre des petites gens = vêtement négligé; *sermo pullus* *Varr. *L.* 9, 33, langue vulgaire.

pulmentāris cĭbus, Plin. 18, 118; C. *pulmentarium*.

pulmentārĭum, *ĭi*, n., ce qui sert de *pulmentum*, ce qui se mange comme accompagnement d'un autre mets, fricot: Cat. *Agr.* 58; Varr. *L.* 5, 108; Sen. *Ep.* 87, 3.

pulmentum, *i*, n. (cf. *pulpamentum*), plat de viande; fricot, ragoût: Pl. *Aul.* 316 ‖ portion: Hor. *S.* 2, 2, 34.

pulmo, *ōnis*, m. (de πλεύμων, πνεύμων; fr. *poumon*) ¶ **1** poumon: Cic. *Div.* 1, 85 ‖ *pulmones* Cic. *Nat.* 2, 136, ailes, lobes du poumon ¶ **2** *pulmo marinus* Plin. 18, 359; *pulmo* [seul] Plin. 9, 154, espèce de zoophyte (méduse?).

pulmōnācĕus, *a, um* (*pulmo*), bon pour le poumon: Veg. *Mul.* 1, 12, 2.

pulmōnārĭus, *a, um*, pulmonaire: Col. 7, 5, 14; 7, 10, 7 ‖ *pulmonaria radicula* Veg. *Mul.* 4, 3, 12, pulmonaire [plante].

pulmōnĕus, *a, um* (*pulmo*), de poumon: Pl. *Ru.* 511 ‖ spongieux: Plin. 15, 52.

pulmuncŭlus, *i*, m. (dim. de *pulmo*), excroissance de chair aux pieds ou au dos de certains animaux: Solin. 49, 9; Veg. *Mul.* 2, 56.

pulpa, *ae*, f. (cf. *pulmentum*; it. *polpa*) ¶ **1** chair, viande: Cat. *Agr.* 83; Sen. *Nat.* 6, 24, 2; Mart. 3, 77, 6 ‖ [fig.] *pulpa scelerata* Pers. 2, 62, chair [= les hommes, l'humanité] criminelle ¶ **2** pulpe des fruits: Scrib. 74 ‖ partie tendre du bois: Plin. 16, 184.

pulpāmen, *ĭnis*, n., C. *pulpamentum*: Liv. *Per.* 48, 26.

pulpāmentum, *i*, n. (*pulpa*) ¶ **1** morceau de viande ou de chair de poisson: Plin. 9, 48 ¶ **2** plat de viande; accompagnement du pain, ragoût: Cic. *Tusc.* 5, 90.

pulpĭtō, *ās, āre*, -, - (*pulpitum*), tr., planchéier: Sidon. *Ep.* 8, 12, 5.

pulpĭtum, *i*, n. (obscur), tréteau, estrade: Suet. *Ner.* 13; Hor. *Ep.* 1, 19, 40 ‖ la scène, les planches: Hor. *Ep.* 2, 174; P. 215; Juv. 7, 93.

pulpĭtus, *i*, m., scène, orchestre: Isid. 18, 43.

pulpō, *ās, āre*, -, - (onomat.), intr., crier comme le vautour: *Suet. *Frg.* 161, p. 251, 1; Philom. 27.

pulpōsus, *a, um* (*pulpa*; it. *polposo*), charnu: Apul. *M.* 7, 16.

pulpus, *i*, m., C. *polypus*: Plin. Val. 5, 30.

puls, *pultis*, f. (cf. *pollen*, *polenta*, πόλτος), bouillie de farine [nourriture des premiers Romains avant l'usage du pain]: Varr. *L.* 5, 105; Plin. 18, 83 ‖ [nourriture des pauvres]: Juv. 11, 58; 14, 170 ‖ [employée dans les sacrifices] Val.-Max. 2, 5, 5 ‖ pâtée des poulets sacrés: Cic. *Div.* 2, 73.
▸ pl. *pultes, pultium*.

pulsābŭlum, *i*, n. (*pulso*), plectre: Apul. *Flor.* 15, 9.

pulsātĭo, *ōnis*, f., action de frapper, choc, heurt: Pl. *Bac.* 583; Liv. 31, 39, 13 ‖ *Alexandrinorum* Cic. *Cael.* 23, voies de fait sur les Alexandrins ‖ *pudoris* Paul. *Sent.* 5, 4, 4, attentat à la pudeur.

pulsātŏr, *ōris*, m. (*pulso*), celui qui frappe (à la porte): Aug. *Serm.* 66, 5 ‖ *citharae* Val.-Flac. 5, 694, joueur de cithare.

1 pulsātus, *a, um*, part. de *pulso*.

2 pulsātŭs, *ūs*, m., prière: Greg.-M. *Ep.* 12, 1.

pulsĭo, *ōnis*, f. (*pello*), action de repousser: Arn. 4, 4.

pulsō, *ās, āre, āvī, ātum* (fréq. de *pello*; fr. *pousser*), tr. ¶ **1** bousculer, heurter: *pulsari, agitari* Cic. *Nat.* 1, 114, être bousculé, remué en tous sens ‖ se livrer à des voies de fait sur qqn, maltraiter: *pulsare et verberare aliquem* Cic. *Verr.* 5, 142, maltraiter et frapper qqn ‖ [fig.] *imaginibus pulsantur animi* Cic. *Nat.* 1, 107, les âmes reçoivent un choc, une impression des simulacres envoyés par les objets [théorie d'Épicure], cf. Cic. *Div.* 2, 120 ¶ **2** pousser violemment, avec force: *nervo pulsante sagittae...* Virg. *G.* 4, 313, les flèches sous la vive impulsion de la corde... [fig.] **a)** *quae te vecordia pulsat?* Ov. *M.* 12, 228, quelle démence te pousse? **b)** secouer, agiter: *corda pavor pulsans* Virg. *G.* 3, 105, la crainte agitant les cœurs ¶ **3** frapper: *ostia* Hor. *S.* 1, 1, 10, frapper à la porte, cf. Ov. *M.* 5, 448; [abs*t*] Pl. *Bac.* 579 ‖ *humum pede* Ov. *F.* 6, 330, frapper du pied le sol [en dansant], cf. Hor. *O.* 1, 37, 2; 3, 18, 15 ‖ *ariete muros* Virg. *En.* 12, 706, battre les murs avec le bélier ‖ *chordas digitis, pectine* Virg. *En.* 6, 647, faire vibrer les cordes avec les doigts, avec le plectre ‖ *fluctus pulsant latera* Ov. *M.* 11, 529, les flots battent les flancs [du navire] ‖ *ipse arduus, alta pulsat sidera* Virg. *En.* 3, 619, lui-même est gigantesque, et touche de sa tête les astres dans le ciel ‖ *curru noctivago Phoebe medium pulsabat Olympum* Virg. *En.* 10, 216, Phoebé parcourait de son char nocturne le milieu de l'Olympe ‖ [chrét.] frapper pour entrer (dans l'Église, dans la Vérité): Tert. *Res.* 1, 6; Cypr. *Ep.* 65, 5 ¶ **4** poursuivre, être demandeur en justice: Dig. 5, 2, 3 ‖ [fig.] accuser: Stat. *S.* 5, 5, 77.

pulsŭōsus, *a, um* (*pulsus*), qui agite: Cael.-Aur. *Acut.* 2, 14, 91.

1 pulsus, *a, um*, part. de *pello*.

2 pulsŭs, *ūs*, m. (*pello*; it. *polso*, fr. *pouls*) ¶ **1** impulsion, ébranlement: Cic. *Tusc.* 1, 54; *pulsus remorum* Cic. *de Or.* 1, 153, l'impulsion des rames ¶ **2** heurt, choc: *pulsus venarum* Tac. *An.* 5, 60, le pouls; *remorum* Liv. 22, 19, 7, le battement des rames; *lyrae* Ov. *F.* 5, 667, action de faire vibrer les cordes d'une lyre ‖ *pedum* Virg. *En.* 12, 445, piétinement ¶ **3** [fig.] *imaginum* Cic. *Div.* 2, 137, impression produite par les images des objets sur l'esprit [théorie d'Épicure], cf. Cic. *Div.* 2, 126.

pultārĭus, *ii*, m. (*puls*; esp. *puchero*), sorte de pot [pot à cuire la bouillie *puls*, et en gén., récipient à usages divers]: Plin. 7, 185 ‖ vase pour conserver le raisin: Col. 12, 43, 7 ‖ vase pour le moût: Petr. 42, 2 ‖ employé pour les ventouses: Cels. 2, 11, 2.

pultātĭo, *ōnis*, f. (1 *pulto*), coup à la porte: Pl. *Truc.* 258.

pultĭcŭla, *ae*, f. (dim. de *puls*), bouillie: Plin. 26, 58; pl., Arn. 7, 37 ‖ pâtée: Col. 8, 11, 14.

pultĭfăgus, V. *pultiph-*.

pultĭfĭcus, *a, um* (*puls, facio*), qui fait de la bouillie: Aus. *Idyl.* 12, 8 (344), 5.

pultĭphăgōnĭdēs, *ae*, m. (*puls*, φαγεῖν), mangeur de bouillie: Pl. *Poen.* 54 ou **pultĭphăgus**, *i*, m., Pl. *Most.* 828 [ces deux mots désignent plais*t* les Romains].

pultis, gén. de *puls*.

1 pultō, *ās, āre*, -, - (fréq. arch. de *pello*, V. *pulso*), tr., frapper, heurter: *fores* Pl. *Bac.* 581, frapper à la porte, cf. Pl. *Mil.* 202.

2 Pulto, *ōnis*, m., surnom romain: Val.-Max. 5, 4, 7.

pulver, *ĕris*, m., V. *pulvis* ▸.

pulvĕrārĭus, *a, um* (*pulves*), plein de poussière, poudreux: CIL 6, 975, A, 1, 31.

pulvĕrātĭca, *ae*, f. et **-tĭcum**, *i*, n. (*pulvero*), salaire [prim*t* pour une *pulveratio*]: Cod. Th. 7, 13, 16.

pulvĕrātĭo, *ōnis*, f. (*pulvero*), action de briser les mottes de terre au pied de la vigne: Serv. *G.* 2, 418; Col. 4, 28, 1; 11, 2, 60.

pulvĕrĕus, *a, um* (*pulvis*), de poussière, de poudre: *pulverea nubes* Virg. *En.* 8, 593, nuage de poussière; *pulverea farina* Ov. *Med.* 61, farine fine ‖ poudreux, couvert de poussière: Stat. *Th.* 11, 103; Ov. *M.* 6, 705.

pulvĕris, gén. de *pulvis*.

pulvĕrĭzātus, *a, um* (*pulvis*), pulvérisé: *Veg. *Mul.* 1, 54.

pulvero

pulvĕrō, ās, āre, āvī, ātum (pulvis; fr. poudre), tr. et intr. ¶ **1** tr. **a)** couvrir de poussière : Plin. 11, 114; 17, 49 **b)** pulvériser : Calp. 5, 88 ¶ **2** intr., être couvert de poussière : Pl. d. Gell. 18, 12, 4.

pulvĕrŭlentus, a, um (pulvis) ¶ **1** couvert de poussière, poussiéreux : Cic. Att. 5, 14, 1; Lucr. 5, 742; Virg. En. 4, 154 ¶ **2** [fig.] obtenu à grand-peine : Ov. Am. 1, 15, 4.

pulvescō, is, ĕre, -, -, intr., devenir poussière : Ps. Aug. Serm. 120, 1.

1 **pulvillus**, i, m. (dim. de pulvinus), coussinet : Hor. Epo. 8, 16.

2 **Pulvillus**, i, m., surnom romain : Liv. 2, 8, 4.

pulvīnar (polv-), āris, n. ¶ **1** coussin de lit sur lequel on plaçait les statues des dieux pour un festin [un lectisternium]; lit de parade : Cic. Dom. 136; Phil. 2, 110; Hor. O. 1, 37, 3; Liv. 5, 52, 6 ‖ [fig.] *ad omnia pulvinaria supplicatio decreta est* Cic. Cat. 3, 23, on décréta des supplications à tous les dieux [dans tous les temples], cf. Liv. 22, 1, 15 ¶ **2** lit des déesses, des impératrices : Catul. 64, 47; Ov. Pont. 2, 2, 71 ‖ loge impériale au cirque : Suet. Aug. 45 ‖ [plais¹] lit = mouillage pour un navire : Pl. Cas. 557.

pulvīnāris, e (pulvinus), d'oreiller, de lit : Petr. 37, 7.

pulvīnārĭum, ĭi, n., C. pulvinar : Liv. 21, 62, 4 ‖ V. pulvinar.

pulvīnātus, a, um (pulvinus), rembourré, [d'où] renflé, rebondi, bombé : Plin. 15, 86; 17, 168 ‖ *pulvinatae columnae* Vitr. 1, 2, 6, colonnes avec chapiteaux à balustre.

pulvīnensis, e, doté d'un coussin [épithète de Bellone] : CIL 6, 2233.

pulvīnŭlus, i, m. (dim. de pulvinus), petit amas de terre : Col. Arb. 10, 4.

pulvīnus, i, m. (obscur) ¶ **1** coussin, oreiller : Cic. de Or. 1, 29; Verr. 5, 27 ¶ **2** [fig.] tout ce qui est en forme de coussin [par ex.] planche **a)** plate-bande, massif : Varr. R. 1, 35, 1; Plin. 17, 159; Plin. Ep. 5, 6, 16 **b)** banc de sable dans la mer : Serv. En. 10, 302 **c)** plateforme [dans un port] : Vitr. 5, 12, 5 **d)** balustre [élément reliant les volutes du chapiteau ionique] : Vitr. 3, 5, 7 **e)** banc [dans une piscine] : Vitr. 5, 10, 4 **f)** [méc.] partie du système de pointage de la catapulte : Vitr. 10, 10, 5.

pulvis, ĕris, m., qqf. f. (cf. *pollen, pello*, scr. *palāva-s*, πάλλω; fr. *poudre*) ¶ **1** poussière : *multus erat in calceis pulvis* Cic. Inv. 1, 47, les chaussures étaient pleines de poussière ‖ poussière, sable où les mathématiciens traçaient leurs figures : Cic. Fin. 5, 40; [d'où] *eruditum pulverem attingere* Cic. Nat. 2, 48, toucher à la savante poussière, être mathématicien ; *humilem homunculum a pulvere et radio excitare* Cic. Tusc. 5, 64, faire surgir, en l'enlevant à son sable et à sa baguette, un humble mortel [Archimède] ‖ *Puteolanus pulvis* Sen. Nat. 3, 20, 3; Plin. 16, 202, sable de Pouzzoles, pouzzolane [produisant une sorte de mortier] ‖ [prov.] *sulcos in pulvere ducere* Juv. 7, 48, labourer dans le sable, perdre sa peine ; *pulverem ob oculos aspergere* Gell. 5, 21, 4, jeter de la poudre aux yeux ¶ **2** [poét.] terre : *pulvis coctus* Stat. S. 4, 3, 53, brique; *pulvis Etrusca* Prop. 1, 22, 6, poussière, terre d'Étrurie ¶ **3** [en part.] poussière de la piste, du cirque : *Olympicus* Hor. O. 1, 1, 3, la poussière Olympique ‖ [fig.] piste, carrière : Mart. 12, 82, 5 ‖ [fig.] Ov. F. 2, 360 ‖ [poét.] *sine pulvere* Hor. Ep. 1, 1, 51, [la palme] sans effort, sans peine ¶ **4** [métaph.] la poussière que l'on trouve dans la rue, sur les routes, dans la vie en plein air et que ne connaît pas l'homme renfermé dans son cabinet : *doctrinam ex umbraculis eruditorum in solem atque pulverem produxit* Cic. Leg. 3, 14, il fit sortir la science des retraites ombragées des philosophes pour l'amener au soleil et dans la poussière, cf. Cic. de Or. 1, 157; Brut. 37; *forensis pulvis* Quint. 10, 1, 33, la poussière du forum, les luttes du forum ‖ [chrét.] [symbole de douleur, de néant] : Vulg. Gen. 18, 27; Jos. 7, 6.

▶ f. Enn. An. 282; 315; Prop. 1, 22, 6; 2, 13, 35 ‖ *pulver* nom., Ps. Apul. Herb. 35, cf. Prisc. 2, 249, 17.

pulvisculum, i, n., C. pulvisculus : Hier. Vigil. 4.

pulvisculus, i, m. (dim. de pulvis; it. *polvischio*) ¶ **1** poudre, poussière fine : Solin. 15, 28; Apul. M. 9, 12, 4 ‖ [pour les mathématiques] Apul. Apol. 16, 7; V. *pulvis* ¶ **2** [fig.] *rem cum pulvisculo auferre* Pl. Truc. 19, emporter tout y compris la poussière, sans rien laisser, cf. Pl. Ru. 845.

Pūlўdămās (d'après la forme ionienne Πουλυδάμας), C. Polydamas : Prop. 3, 1, 29.

pūmex, ĭcis, m. (cf. *spūma*; fr. *ponce*) ¶ **1** pierre ponce : Plin. 36, 154; *pumice mundus liber* Hor. Ep. 1, 20, 2, livre poli à la pierre ponce [tranches du rouleau de papyrus] ‖ *aquam a pumice postulare* Pl. Pers. 41, vouloir tirer de l'eau d'une pierre ponce, perdre son temps ¶ **2** [poét.] toute pierre poreuse, roche creuse : Virg. En. 5, 214; Ov. M. 3, 159 ‖ roche érodée : Hor. O. 1, 11, 5.

pūmĭcātŏr, ōris, m., polisseur à la pierre ponce : Gloss. 2, 434, 44.

pūmĭcātus, a, um, part. de pumico.

pūmĭcĕus, a, um (pumex), de pierre ponce : Ov. F. 6, 3, 18 ‖ *pumicei oculi* Pl. Ps. 75, yeux secs comme la pierre ponce.

pūmĭcō, ās, āre, āvī, ātum (pumex; fr. *poncer*), tr., polir à la pierre ponce : Lucil. d. Non. 95, 16; Mart. 5, 41, 6 ‖ *homo pumicatus* Plin. Ep. 2, 11, 23, homme soigneusement épilé.

pūmĭcōsus, a, um (pumex), poreux, spongieux : Plin. 17, 34; 36, 141; -*sior* Plin. 32, 86.

pūmĭlĕus, a, um, nain, C. pumilius : Col. 8, 2, 14.

pūmĭlĭo, ōnis, m. (gén. pl. arch. *poumilionom*, CIL 1, 569; cf. πυγμαῖος, Πυγμαλίων), nain : Sen. Ep. 76, 31; Mart. 1, 43, 10 ‖ f., naine : Lucr. 4, 1162 ‖ [en parl. d'anim. et de pl.] : Col. 8, 2, 14; Plin. 10, 156; 11, 260; 12, 13.

pūmĭlĭus, ĭi, m., C. pumilus : Fulg. Serm. 17.

pūmĭlus, i, m. (de pumilio), nain : Suet. Aug. 83 ‖ [adj¹] *pumilior* *Apul. M. 5, 9, 8; Fulg. Serm. 17.

pūmŭla, ae, f. (cf. pumilus), sorte de vigne : Plin. 14, 37.

puncta, ae, f. (pungo), estocade : Veg. Mil. 1, 12.

punctārĭŏlae, ārum, f. pl., P. Fest. 281, 13, C. punctatoriolae.

punctātim, adv. (punctum), bref : Mamert. Anim. 3, 14, 1.

punctātŏrĭŏlae, ārum, f. pl. (dim.), escarmouches : Cat. d. Fest. 280, 27.

punctillum, i, n. (dim. de punctulum), petit point : Solin. 15, 28.

punctim, adv. (pungo), en pointant, d'estoc : Liv. 22, 46, 5.

punctĭo, ōnis, f. (pungo), action de piquer, pointe, élancement [méd.] : Plin. 25, 150; 34, 151; Cels. 8, 9, 2.

punctĭuncŭla, ae, f. (dim. de punctio), Sen. Ep. 53, 6.

punctōrĭum, ĭi, n. (pungo), plantoir : Garg. Pom. 2, 5.

punctŭlum, i, n. (punctum), petite piqûre : Apul. M. 6, 21.

punctum, i, n. (pungo; fr. *point*) ¶ **1** piqûre : Plin. 11, 100; 29, 131 ‖ stigmate [au fer rouge] : Plin. Pan. 35 ¶ **2** petit trou fait par une piqûre, piqûre : Mart. 11, 45, 6 ¶ **3** ouverture dans une conduite d'eau, et la quantité d'eau qui s'en écoule : Frontin. Aq. 25; 115 ¶ **4** point [signe de ponct.] : Diom. 437, 14 ‖ petite tache : Plin. 10, 144 ¶ **5** petite coupure : *minutis interrogatiunculis quasi punctis* Cic. Par. 2, par de petits raisonnements coupés comme en tranches ¶ **6** point mathématique : Cic. Ac. 2, 116; [d'où] point, espace infime : Cic. Rep. 6, 16 ¶ **7** [en parl. du temps] *punctum temporis* Cic. Phil. 8, 20; *puncto horae* Sen. Frg 83 Haase, pendant un instant; *puncto temporis eodem* Cic. Sest. 53, au même instant; *nullo puncto temporis intermisso* Cic. Nat. 1, 52, sans répit; *uno puncto temporis* Cic. Flac. 60, dans le même instant; *ad punctum temporis* Cic. Tusc. 1, 82, et; *puncto temporis* Caes. C. 2, 14, 4, en un clin d'œil; pl., Cic. Nat. 1, 67 ‖ [abs¹] *punctum est, quod vivimus*

SEN. *Ep.* 49, 3, c'est un instant que la durée de notre vie; **puncto** APUL. *M.* 2, 5, en un instant ¶ **8** vote, suffrage [m. à m., "point mis à côté de chaque nom par les scrutateurs au dépouillement"]: CIC. *Planc.* 53; *Mur.* 72; *Tusc.* 2, 62; *omne tulit punctum qui...* HOR. *P.* 343, il a enlevé tous les suffrages, celui qui... ¶ **9** graduation [sur le fléau de la statère]: *certo puncto* PL. *Pers.* 5, 100, sur le point juste; VITR. 10, 3, 4 ¶ **10** point, coup de dés: SUET. *Ner.* 30.

punctūra, *ae*, f. (*pungo*; fr. *pointure*), piqûre: FIRM. d. PS. SOR. *Quaest.* 100.

1 **punctus**, *a*, *um*, part. de *pungo*, [adj^t] formant un point: *puncto tempore* LUCR. 2, 263, en un instant.

2 **punctus**, *i*, m., ⓒ▸ *punctum*: ISID. 1, 19, 3.

3 **punctŭs**, *ūs*, m., piqûre: PLIN. 29, 131; APUL. *M.* 7, 18, 4.

pungō, *ĭs*, *ĕre*, *pŭpŭgī*, *punctum* (cf. *pugio*, *pugnus*; fr. *poindre*), tr. ¶ **1** piquer: *aliquem* CIC. *Sest.* 24, piquer qqn ‖ faire en piquant: *vulnus acu punctum* CIC. *Mil.* 65, blessure faite par une piqûre d'aiguille ‖ piquer = percer: LUCR. 2, 460 ‖ piquer [saveur piquante]: *sensum* LUCR. 4, 625, piquer le goût (le palais); [abs^t] PLIN. 31, 114 ¶ **2** [fig.] tourmenter, faire souffrir, poindre: CIC. *Fam.* 2, 16, 1; *Tusc.* 2, 33 ‖ harceler: CIC. *Fin.* 4, 7 ‖ *solebat me pungere, ne* subj., CIC. *Att.* 2, 17, 2, j'avais à mon ordinaire de l'inquiétude en appréhendant que....
▸ parf. arch. *pepugi* CIC. *Amer.* 60, cf. GELL. 6, 9, 15; ATTA d. GELL. 6, 9, 10 ‖ *punxi* DIOM. 372, 12.

pūnĭcans, *tis* (*punicus*), rouge: APUL. *M.* 3, 1.

Pūnĭcānus, *a*, *um*, carthaginois: *Punicani lectuli* CIC. *Mur.* 75, lits carthaginois (bancs de bois), cf. VARR. *R.* 3, 7, 3; VAL.-MAX. 7, 5, 1.

Pūnĭcē, adv., à la manière des Carthaginois, en langue punique, en carthaginois: PL. *Poen.* 990.

1 **Pūnĭcĕus**, *a*, *um*, carthaginois: Ov. *Ib.* 284.

2 **pūnĭcĕus**, *a*, *um*, rouge [de sang], pourpre, pourpré: VIRG. *En.* 5, 269; HOR. *O.* 4, 10, 4; Ov. *M.* 2, 607; *fiet tibi puniceum corium* PL. *Ru.* 1000, ta peau deviendra pourpre ‖ jaune-orange [en parl. du crocus]: Ov. *F.* 5, 318.

1 **Pūnĭcum**, *i*, n., ville d'Étrurie: PEUT. 4, 3.

2 **pūnĭcum**, *i*, n., grenade: PLIN. 15, 112. ⓥ▸ *Punicus.*

Pūnĭcus (**Poe-**), *a*, *um* (Φοῖνιξ, ⓥ▸ *Poenus*) ¶ **1** des Carthaginois, de Carthage: VIRG. *En.* 1, 338; *litterae Punicae* CIC. *Verr.* 4, 103, caractères puniques; *Punica bella* CIC. *Verr.* 4, 103, les guerres puniques; *bello Punico secundo* CIC. *Brut.* 57, lors de la seconde guerre punique; *primo Punico bello* CIC. *Off.* 1,

39, lors de la première guerre punique; *Punica fides* SALL. *J.* 108, 3, la foi punique [mauvaise foi]; *Punica ars* LIV. 25, 39, 1, stratagème familier aux Carthaginois; *Punica arbos* COL. 10, 243, grenadier; *Punicum malum* PLIN. 13, 112, grenade ¶ **2** [poét.] rouge: HOR. *Epo.* 9, 27; PROP. 3, 3, 32.

pūnĭō (**poenĭō**), *īs*, *īre*, *īvī* ou *ĭī*, *ītum* (*poena et impunis*), tr. ¶ **1** punir, châtier: *aliquem* CIC. *Off.* 1, 82, punir qqn; *facinus, peccata* CIC. *Mil.* 18; *Inv.* 2, 66, punir un crime, des fautes ‖ *in puniendo* CIC. *Off.* 1, 89, quand on punit, cf. CIC. *Mil.* 9 ¶ **2** venger: *Graeciae fana punire* CIC. *Rep.* 3, 15, venger les temples de la Grèce; *dolorem* CIC. *de Or.* 1, 220, venger une offense (le ressentiment d'une offense).
▸ imparf. *poeniebat* LUCR. 6, 1240.

pūnĭŏr (**poenĭŏr**), *īrĭs*, *īrī*, *ītus sum*, tr., mêmes emplois que *punio* ¶ **1** CIC. *Mil.* 33; *Off.* 1, 88; *Tusc.* 1, 107; *Inv.* 2, 80 ¶ **2** CIC. *Phil.* 8, 7.

pūnītĭō, *ōnis*, f. (*punio*), punition: VAL.-MAX. 8, 1, 1; GELL. 6, 14, 8.

pūnītŏr, *ōris*, m. (*punio*), celui qui punit: SUET. *Caes.* 67; VAL.-MAX. 6, 1, 8 ‖ vengeur: *doloris sui* CIC. *Mil.* 35, de son ressentiment.

pūnītus, *a*, *um*, part. de *punio*.

punxi, un des parf. de *pungo*.

1 **pūpa**, *ae*, f. (redoubl., ⓥ▸ *puppis*, *puella*, *pusus*, 2 *putus*; cf. fr. *poupée*), petite fille: MART. 4, 20, 1 ‖ poupée: VARR. *Men.* 4; PERS. 2, 70.

2 **Pūpa**, surnom: INSCR. *Dess.* 9439.

Pūpĭānus, *i*, m., nom d'homme: INSCR. *Dess.* 6024.

Pupiēnus, *i*, m., Maxime Pupien, empereur romain [238]: JORD. *Rom.* 282.

pūpilla, *ae*, f. (dim. de *pupula*) ¶ **1** petite fille; pupille, mineure: CIC. *Verr.* 1, 130; *de Or.* 3, 165 ¶ **2** pupille [de l'œil]: LUCR. 4, 249; PLIN. 11, 148.

pūpillāris, *e* (*pupillus*), pupillaire, de pupille, de mineur [droit]: LIV. 24, 18; QUINT. 12, 6, 1; SUET. *Aug.* 66 ‖ subst. m., l'héritier désigné à la place d'un orphelin décédé: DIG. 28, 10, 5.

pūpillārĭtĕr, adv. (*pupillaris*), en lieu et place d'un pupille: COD. JUST. 6, 30, 20.

pūpillātŭs, *ūs*, m. (*pupillus*), pupillarité, âge du pupille, minorité: CIL 6, 2210.

pūpillō, *ās*, *āre*, -, - (onomat.), intr., crier comme un paon: *SUET. *Frg.* 161, p. 251, 4; *PHILOM. 26; variantes: *papul-* ‖ *pulpul-*, ⓥ▸ *paupulo.*

pūpillus, *i*, m. (dim. de *pupulus*), pupille, mineur: CIC. *Top.* 46; *de Or.* 3, 165; HOR. *Ep.* 2, 1, 123.

Pūpīnĭa, *ae*, f., la région pupinienne, au sud de Rome: CIC. *Agr.* 2, 96; LIV. 26, 9, 12; COL. 1, 4, 2 ‖ -**nĭus**, *a*, *um*, de la région pupinienne: *Pupinia tribus* P. FEST. 265, 1, la tribu pupinienne ‖

Pūpīnĭensis, *e*, *ager*, LIV. 9, 41, 10, territoire pupinien.

Pūpīnus, *i*, m., nom d'homme: CIL 5, 551.

pūpĭor, ⓒ▸ *pupor* GLOSS. 2, 165, 21.

Pūpĭus, *ii*, m., nom d'une famille romaine: CIC. *Fam.* 13, 9, 3; CAES. *C.* 1, 13, 4; HOR. *Ep.* 1, 1, 67 ‖ **Pupia lex**, loi Pupia, portée par le tribun Pupius: CIC. *Q.* 2, 11, 3; *Fam.* 1, 4, 1.

pūplĭcus, ⓒ▸ *poplicus, publicus* CIL 1, 583; PL. *Pers.* 65.

Puplūna, *ae*, f., forme étrusque de *Populonia*: TLE 357 [monnaie].

pŭpŏr, *āris*, *ārī*, - (*pupus*, cf. *alumnus*), intr., être élève: *DOSITH. 7, 432, 7; *CHAR. 465, 28 B. ‖ ⓥ▸ *pubor, pupior*.

puppēs, *is*, f., ⓒ▸ *puppis*: PROB. *Cath.* 4, 26, 13.

puppis, *is*, f. (expr., cf. 1 *pupa*; it. *poppa*), poupe, arrière d'un bateau: CIC. *Att.* 13, 21, 3; *Fam.* 9, 15, 3; 12, 25, 5 ‖ navire, vaisseau: VIRG. *En.* 1, 399 ‖ [fig.] le Navire (Argo) [constellation]: CIC. *Arat.* 389.
▸ acc. sg. class. *puppim*; abl. *puppi*; acc. pl. *puppis*.

pŭpŭgī, parf. de *pungo*.

pūpŭla, *ae*, f. (dim. de 1 *pupa*) ¶ **1** petite fille: CIL 1, 1570; *mea pupula* APUL. *M.* 6, 16, ma mignonne ¶ **2** pupille [de l'œil]: CIC. *Nat.* 2, 142 ‖ œil: APUL. *M.* 3, 22.

pūpŭlus, *i*, m. (dim. de *pupus*), petit garçon: CATUL. 56, 5; SEN. *Ep.* 12, 3 ‖ poupée, figurine: ARN. 7, 8.

pūpus, *i*, m. (1 *pupa*, *puer*) ¶ **1** petit garçon, bébé: VARR. *Men.* 546; SUET. *Cal.* 13 ¶ **2** pupille [de l'œil]: PAUL.-NOL. *Carm.* 23, 176.

pūrē, adv. (*purus*; it. *pure*) ¶ **1** proprement, purement: *pure lautis corporibus* LIV. 5, 22, 4, ayant le corps purifié de toute souillure; *quam purissime* CAT. *Agr.* 66, de la manière la plus nette possible; *splendens Pario marmore purius* HOR. *O.* 1, 19, 5, ayant un éclat plus pur que le marbre de Paros ¶ **2** [fig.] **a)** vertueusement, purement, de manière irréprochable: CIC. *CM* 13 **b)** purement, correctement [langage]: CIC. *Opt.* 5; *purissime* GELL. 2, 20, 5 **c)** clairement, nettement: GELL. 9, 13, 4 ‖ [sens moral avec prolepse] de manière à rendre clair, serein: HOR. *Ep.* 1, 19, 102 **d)** sans condition ni réserve, purement et simplement: DIG. 50, 16, 10.

pūrĕfăcĭō, *ĭs*, *ĕre*, -, - (*purus*), tr., purifier: NON. 114, 19.

purgābĭlis, *e* (*purgo*), facile à éplucher [noix]: PLIN. 15, 93.

purgāměn, *ĭnis*, n. (*purgo*) ¶ **1** ordure, immondices: Ov. *F.* 6, 713 ¶ **2** purification, expiation: Ov. *F.* 2, 23; *M.* 11, 409 ¶ **3** pureté, propreté: PRUD. *Cath.* 7, 80.

purgāmentum, *i*, n. (*purgo*) ¶ **1** immondices: LIV. 1, 56, 2; TAC. *An.* 11, 31;

purgamentum

ceparum Plin. 20, 41, épluchures d'oignons ; *purgamenta oris* Sen. *Const.* 2, 3, crachats ‖ [injure] ordure : Petr. 74, 9 ; Curt. 6, 11, 2 ¶**2** purification, expiation, sacrifice expiatoire : Petr. 134, 1.

purgātē, adv. (*purgatus*), purement, correctement : Non. 60, 5.

purgātīcĭus, *a, um*, purgatif : Not. Tir. 73.

purgātĭo, *ōnis*, f. (*purgo*) ¶**1** nettoyage, curage : Plin. *Ep.* 10, 41 ‖ *menstrua* Plin. 32, 131, menstrues ‖ purgation : Cat. *Agr.* 157, 13 ; Cic. *Fam.* 16, 101 ¶**2** [fig.] excuse, justification : Ter. *Haut.* 625 ; Cic. *Inv.* 1, 15 ‖ expiation : Plin. 15, 135 ; Vulg. *Hebr.* 1, 3.

purgātīvus, *a, um* (*purgo*), purgatif : Cael.-Aur. *Acut.* 2, 19.

purgātŏr, *ōris*, m. (*purgo*) ¶**1** celui qui nettoie : [fig.] *ferarum* Apul. *Apol.* 22, destructeur des monstres [Hercule] ¶**2** qui purifie : *animæ* Aug. *Civ.* 10, 10, qui purifie l'âme.

purgātōrĭum, *ĭi*, n., purification : Aug. *Civ.* 10, 24.

purgātōrĭus, *a, um* (*purgator*) ¶**1** purgatif : Symm. *Ep.* 6, 65 ¶**2** [fig.] qui purifie : Macr. *Somn.* 1, 8, 8.

purgātrix, *īcis*, f., celle qui purifie : Tert. *Bapt.* 5, 1.

purgātūra, *æ*, f., action de purger, purgation : Diocl. 7, 21.

purgātus, *a, um* ¶**1** part. de *purgo* ¶**2** [pris adj¹], *a)* nettoyé, purifié : *somnia purgatissima pituita* Pers. 2, 57, les songes les mieux débarrassés de la pituite = les plus clairs, les plus véridiques ; *purgata auris* Hor. *Ep.* 1, 1, 7, oreille bien nettoyée, bien prête à écouter *b)* pur : *purgatiora vota* Aug. *Civ.* 6, 2, vœux plus purs *c)* disculpé : *purgatiores* Sall. d. Non. 310, 22, mieux disculpés.

purgĭtō, *ās, āre, -, -* (fréq. de *purgo*), tr., purifier : Pl. d. Non. 190, 10.

purgō, *ās, āre, āvī, ātum* (arch. *purigo, purus,* ou p.-ê. cf. πῦρ, et *ago* ; fr. *purger*), tr. ¶**1** nettoyer : Cic. *Tusc.* 5, 65 ; *oleam a foliis* Cat. *Agr.* 65, 1, débarrasser l'olive des feuilles ; *proprios ungues* Hor. *Ep.* 1, 7, 51, se faire soi-même les ongles ‖ [abs¹] *sarculo purgare* Plin. 18, 241, sarcler ¶**2** [méd.] *a)* débarrasser : *purgatus morbi* Hor. *S.* 2, 3, 7, débarrassé d'une maladie *b)* purger : *ad purgandum* Cic. *Div.* 1, 16, pour purger ; [poét.] *purgor bilem* Hor. *P.* 302, un me purge la bile ; *se purgare aliqua re* Plin. 25, 51, se purger au moyen de qqch. *c)* chasser, faire disparaître : *pituitas* Plin. 20, 188, chasser la pituite, cf. Plin. 8, 101 ; 23, 24 ¶**3** [fig.] *a)* nettoyer, débarrasser : *purga urbem* Cic. *Cat.* 1, 10, purge, débarrasse la ville ; *rationes purgare* Suet. *Cal.* 29, apurer des comptes *b)* faire évacuer, faire disparaître, chasser : *metum doloris* Quint. 12, 2, 3, chasser la crainte de la douleur ¶**4** *a)* justifier, disculper : *aliquem de aliqua re* Cic. *Att.* 13, 10, 3, justifier qqn au sujet de qqch. ; *alicui se* Cic. *Fam.* 7, 27, 2, se justifier aux yeux de qqn, cf. Cic. *Fam.* 15, 17, 1 ; *Att.* 1, 19, 11 ; *sui purgandi causa* Caes. *G.* 4, 13, 5, pour se justifier ; *si parum essem vobis purgatus* Cic. *Phil.* 14, 17, si je n'étais pas assez justifié à vos yeux ‖ *aliquem crimine* Tac. *An.* 3, 17 ; *civitatem facti hostilis* Liv. 37, 28, 1, justifier qqn d'une accusation, la cité d'un acte hostile ; *se adversus aliquid* Suet. *Caes.* 55, se justifier à l'égard de qqch. ‖ [abs¹] *non purgat* Cic. *Sull.* 38, il n'apporte pas de justification ; *de luxuria purgavit Erucius* Cic. *Amer.* 39, pour ce qui est du luxe, Érucius a fourni une justification ‖ *se purgare quod* Liv. 1, 50, 8, se justifier de ce que ‖ [avec prop. inf.] alléguer comme excuse que : Liv. 1, 9, 16 ; 24, 47, 6 ; 28, 37, 2 *b)* [acc. de la chose dont on disculpe] : *crimina* Cic. *Clu.* 3 ; 143, balayer des accusations [en disculper l'accusé], cf. Liv. 39, 24, 10 ; *facinus* Curt. 7, 5, 39, se justifier d'un crime ; *suspicio haud sane purgata est* Liv. 28, 43, 3, le soupçon n'a pas été complètement lavé *c)* démontrer pour se justifier : *innocentiam* Liv. 9, 26, 17, pour se justifier, prouver son innocence *d)* purger d'un crime, d'une faute, purifier : Ov. *F.* 4, 640 ; Tib. 2, 1, 17 ; Plin. 25, 105 ‖ expier, racheter : *malum facinus forti facinore* Liv. 23, 7, 6, racheter une mauvaise action par une action courageuse, cf. Ov. *M.* 13, 952 *e)* [chrét.] absoudre de, pardonner : Vulg. *Eccli.* 7, 34.

▶ forme prim. *purigo* Varr. *R.* 2, 4, 14 ; Pl. *Merc.* 738.

Purgŏpŏlĭnīcēs, v. ▶ Pyrgo-.

pūrĭfĭcātĭo, *ōnis*, f. (*purifico*), purification : Plin. 15, 138 : Mart. 8, pr..

pūrĭfĭcātīvus, *a, um*, qui purifie : *Rufin. *Orig. Num.* 24, 1.

pūrĭfĭcātōrĭus, *a, um*, purificatoire : Ambr. *Hex.* 2, 4, 17.

pūrĭfĭcō, *ās, āre, -, -* (*purus, facio*), tr. ¶**1** nettoyer : Plin. 30, 93 ; Gell. 19, 12, 11 ¶**2** [fig.] purifier : Suet. *Aug.* 94 ; Plin. 8, 2.

pūrĭfĭcus, *a, um* (*purus, facio*), qui purifie : Lact. *Inst.* 4, 15, 4.

pūrĭflŭus, *a, um*, au flot limpide : Carm. Epigr. 908, 8.

pūrĭgō, *ās, āre, -, -*, v. ▶ *purgo* ▶.

pūrĭmē, ▶ purissime : P. Fest. 301, 7.

1 pūrĭtās, *ātis*, f. (*purus*), netteté, pureté : Pall. 11, 14, 12 ‖ [fig.] Hier. *Ep.* 57, 2 ; 3, 3.

2 pūrĭtās, *ātis*, f. (*pus*), purulence : Cael.-Aur. *Chron.* 5, 4, 135.

pūrĭtĕr, ▶ pure Cat. *Agr.* 112 ; Catul. 39, 14 ; 76, 19.

pūrĭtĭa, *æ*, f., ▶ 1 puritas : Varr. *Men.* 420.

1 pūrō, *ās, āre, -, -* (*purus*, it. *purare*), tr., purifier : Fest. 254, 12.

2 pūrō, *ās, āre, -, -* (*pus*), intr., suppurer : *M.-Emp. 14, 39.

purpŭra, *æ*, f. (de πορφύρα, cf. *ampulla* ; fr. *pourpre*) ¶**1** coquillage qui fournit la pourpre, murex : Plin. 9, 125 ¶**2** la pourpre [couleur] : Plin. 9, 130 ; Virg. *G.* 4, 274 ¶**3** la pourpre [vêtement] : Cic. *Sest.* 19 ; *Clu.* 111 ‖ ornement de pourpre, insigne des hautes magistratures ou de la royauté : *sedens cum purpura et sceptro* Cic. *Sest.* 57, [roi] siégeant avec la pourpre et le sceptre, cf. Virg. *G.* 2, 495 ; Ov. *Pont.* 4, 4, 25 ; *septima purpura* Flor. 3, 21, 17, septième consulat ‖ couverture de pourpre : Suet. *Cæs.* 84 ‖ [poét.] = porphyre : Stat. *S.* 1, 5, 37.

purpŭrans, *tis*, de couleur pourpre : Arn. 5, 7.

purpŭrārĭa, *æ*, f., teinturière en pourpre : *CIL* 1, 1413 ‖ marchande de pourpre : Vulg. *Act.* 16, 14.

Purpŭrārĭæ insŭlæ, f., îles de l'Atlantique [Madère] : Plin. 6, 203.

1 purpŭrārĭus, *a, um*, qui concerne la pourpre : Plin. 35, 46.

2 purpŭrārĭus, *ĭi*, m., teinturier en pourpre : *CIL* 6, 9845.

purpŭrascō, *ĭs, ĕre, -, -* (*purpura*), intr., devenir pourpre : Cic. *Ac. frg.* 7 = p. 21, 2, (Non. 163, 29).

purpŭrātus, *a, um* (*purpura*) ¶**1** vêtu de pourpre : Pl. *Most.* 289 ¶**2** m. pris subst¹, homme vêtu de pourpre, gens de la maison du roi : Cic. *Tusc.* 1, 102 ‖ haut dignitaire : Liv. 30, 42, 6 ‖ courtisan : Curt. 3, 2, 10 ‖ [plais¹] premier ministre : Cic. *Cat.* 4, 12.

purpŭrescō, *ĭs, ĕre, -, -*, ▶ *purpurasco* : Optat. 5, 7.

purpŭrētĭcus (πορφυρητικός), ▶ *purpuriticus* : *CIL* 15, 7191.

1 purpŭrĕus, *a, um* (*purpura* et πορφύρεος) ¶**1** de pourpre [toutes les nuances de la pourpre] : Cic. *Div.* 2, 37 ; Verr. 5, 31 ; *Ac.* 2, 105 ‖ *purpuream vomit animam* Virg. *En.* 9, 349, il rend l'âme avec des flots de sang ¶**2** vêtu de pourpre : Hor. *O.* 1, 35, 12 ; Ov. *M.* 7, 102 ‖ *purpureus pennis* Virg. *En.* 10, 722, de pourpre par l'aigrette de son casque = ayant une aigrette de pourpre ¶**3** brillant, beau : *lumen juventae purpureum* Virg. *En.* 1, 591, l'éclat lumineux de la jeunesse, cf. Ov. *F.* 6, 252.

2 Purpŭrĕus, *i*, m., géant, le même que Porphyrion : Naev. *Carm.* 19, 3 d. Prisc. 7, 199, 1.

Purpŭrĭo, *ōnis*, m., surnom : Liv. 35, 41, 8.

purpŭrissātus, *a, um* (*purpurissum*), fardé de rouge [joues] : Pl. *Truc.* 290 ; *Cic. *Pis.* 25 ‖ [fig.] teint en rouge : *purpurissati fasti* Sidon. *Ep.* 8, 8, 3, fastes consulaires.

purpŭrissum, *i*, n. (πορφυρίζον), fard rouge : Pl. *Most.* 261 ǁ couleur rouge [en peinture] : Plin. 35, 30.
▶ m. *purpurissus* Hier. *Ep.* 54, 7.

purpŭrītes, *ae*, m., V.▶ *porphyrites* : Isid. 16, 5, 5.

purpŭrītĭcus, *a*, *um*, de porphyre : CIL 6, 222 ; V.▶ *purpuret-* et *porphyreticus*.

purpŭrō, *ās*, *āre*, -, - (*purpura*) ¶ 1 tr., rendre pourpre, rendre sombre : Fur. d. Gell. 18, 11, 3 ǁ embellir, orner : Apul. *M.* 6, 24 ¶ 2 intr., être pourpré, être resplendissant : *Col. 10, 100.

Purrhus, V.▶ *Pyrrhus*.

pūrŭlentātĭo, *ōnis*, f. (*purulentus*), purulence : Cael.-Aur. *Chron.* 5, 10, 95.

pūrŭlentē, adv. (*purulentus*), de façon purulente : Plin. 23, pr. 7.

pūrŭlentĭa, *ae*, f. (*purulentus*), pus : Hier. *Ep.* 52, 6 ǁ [fig.] rebut, lie : Tert. *Pall.* 5, 7.

pūrŭlentus, *a*, *um* (*pus*), purulent : Cat. *Agr.* 157 ; Cels. 2, 8, 1 ; Plin. 22, 28 ; Sen. *Ep.* 95, 26.

pūrus, *a*, *um* (cf. *1 pius*, *1 putus*, scr. *pavitar-*; fr. *pur*) ¶ 1 sans tache, sans souillure, propre, net, pur : *aqua purior* Hor. *Ep.* 1, 10, 20, eau plus pure ; cf. [fig.] Cic. *Caecin.* 78 ; *terra subacta atque pura* Cic. *CM* 59, sol ameubli et net (propre) ; *purissima mella* Virg. *G.* 4, 163, le miel le plus pur ; *aurum purum* Plin. 33, 84, or pur [sans scories] ǁ *forum purum caede* Cic. *Verr.* 4, 116, le forum pur de tout carnage ¶ 2 clair, pur, serein [en parl. de l'air, du ciel, du soleil] : Hor. *O.* 3, 29, 45 ; 3, 19, 26 ; Tib. 4, 1, 10 ; Ov. *M.* 4, 348 ǁ n. pris subst^t, *per purum* Virg. *G.* 2, 364, dans l'air pur [dans un ciel sans nuages : Hor. *O.* 1, 34, 7] ¶ 3 pur, sans éléments étrangers **a)** *hasta pura* Virg. *En.* 6, 760, lance sans fer [donnée primitiv^t comme récompense aux braves : Plin. 7, 102] ; *pura vestis* Virg. *En.* 12, 169, toge toute blanche ; *toga pura*, même sens, V.▶ *toga* : *pura parma* Virg. *En.* 11, 711, bouclier sans emblème ; *purum argentum* Cic. *Verr.* 4, 49, argenterie unie [sans ciselure] **b)** *purus campus* Virg. *En.* 12, 771, plaine libre, à découvert, dégarnie [sans maisons ni arbres], cf. Liv. 24, 14, 6 ; *purus ab arboribus campus* Ov. *M.* 3, 709, plaine sans arbres **c)** *quid his rebus detractis possit ad dominos puri ac reliqui pervenire* Cic. *Verr.* 3, 200, [vous présumez] ce qui, ces prélèvements opérés, revient aux propriétaires comme reliquat net ¶ 4 **a)** *animus purus* Cic. *Div.* 1, 121, âme pure, sans tache ; *(homo) purior* Cic. *Com.* 18, (un homme) plus irréprochable ǁ *a suspicione religionis domus vacua atque pura* Cic. *Har.* 11, maison exempte et pure de tout soupçon de consécration religieuse ; *sceleris purus* Hor. *O.* 1, 22, 1 ; *vitio* Hor. *S.* 2, 3, 213, pur de tout crime, de tout défaut ǁ *animam puram conservare* Cic. *Verr.* 134, garder une haleine pure ǁ *pura et incorrupta consuetudo* Cic. *Brut.* 260, usage pur et correct [de la langue], cf. Cic. *de Or.* 3, 29 ; Quint. 10, 1, 94 ǁ [t. relig.] *locus purus* Liv. 25, 17, 3, lieu sans souillure, pur, cf. Liv. 31, 44, 5 ; *familia pura* Cic. *Leg.* 2, 57, famille qui a accompli les rites funèbres prescrits par la religion, donc irréprochable du point de vue religieux ; *dies puri* Ov. *F.* 2, 558, jours dégagés de tout deuil, de toute obligation funèbre [après l'expiation des Parentalia], jours purifiés ; [poét.] *arbor pura* Ov. *F.* 2, 25, arbre qui purifie, cf. Tib. 1, 5, 11 **b)** sans mélange : *animus purus et integer* Cic. *CM* 80, âme dans sa pureté et son intégrité [séparée du corps] ǁ sans ornements : *purum quasi quoddam et candidum genus dicendi* Cic. *Or.* 53, un style en qq. sorte limpide et transparent ; *oratio ita pura, ut nihil liquidius* Cic. *Brut.* 274, style d'une pureté telle que rien ne surpassait sa limpidité ; *pura et illustris brevitas* Cic. *Brut.* 262, brièveté toute simple et lumineuse ǁ *purum judicium* Cic. *Inv.* 2, 60, arrêt simple [sans l'addition d'une exception].

pūs, *pūris*, n. (cf. *puteo*, πύος, πύον, scr. *pūyati*, al. *faul*, an. *foul*), pus, humeur : Cels. 5, 26, 20 ; pl., *pura* Plin. 24, 145 ǁ [injure] ordure : Lucil. d. Non. 2, 31 ; Hor. *S.* 1, 7, 1.

pūsa, *ae*, f. (*pusus*), petite fille : Pompon. d. Varr. *L.* 7, 28.

Pūsaeus, *i*, m., nom d'homme : CIL 3, 2341.

pusca, *ae*, f., V.▶ *posca* : *Veg. *Mul.* 1, 56, 14.

puscīnus, *a*, *um* (*pus*), plein de pus, purulent : Nov. *Com.* 122.

Pūsilla, *ae*, f. (dim. de *pusa*), surnom féminin : Hor. *S.* 2, 3, 216.

pŭsillănĭmis, *e* (*pusillus*, *animus*), pusillanime : Sidon. *Ep.* 7, 17, 4.

pŭsillănĭmĭtās, *ātis*, f., pusillanimité : Vulg. *Psal.* 54, 9.

pŭsillănĭmŭs, *a*, *um*, pusillanime : Vulg. *Is.* 35, 4.

pŭsillĭtās, *ātis*, f. (*pusillus*), petitesse [fig.], faiblesse : Tert. *Herm.* 14, 3.

pŭsillŭlus, *a*, *um* (dim. de *pusillus*), encore tout petit : Ambr. *Cant.* 2, 62.

pŭsillum, *i*, n. de *pusillus*, un peu de : Treb. d. Cic. *Fam.* 12, 16, 3 ǁ *pusillum*, adv., un peu, légèrement : Quint. 8, 6, 28.

pŭsillus, *a*, *um* (dim. de *pūsus*, noter ŭ), tout petit [de taille] : Cic. *de Or.* 2, 145 ǁ *pusilla epistula* Cic. *Att.* 6, 1, 23, un bout de lettre ; *Roma* Cic. *Att.* 5, 2, 2, une petite Rome, en miniature ǁ [fig.] *paene pusillus Thucydides* Cic. *Q.* 2, 11, 4, presque un Thucydide au petit pied ; *pusillus animus* Cic. *Fam.* 2, 17, 7, esprit mesquin, petit esprit [mais Hor. *S.* 1, 4, 17, esprit limité].

1 pūsĭo, *ōnis*, m. (*pusus*), petit garçon, bambin : Cic. *Cael.* 36 ; *Tusc.* 1, 57.

2 Pūsĭo, *ōnis*, m., surnom donné ironiquement à un homme de haute taille : Plin. 7, 75.

pūsĭŏla, *ae*, f. (dim. de *pusa*), toute petite fille : Prud. *Perist.* 3, 20.

pŭsĭtō, *ās*, *āre*, -, - (fréq., cf. *pustula*), intr., crier (en parlant des étourneaux) : Philom. 17.

pustŭla, *ae*, f. (cf. scr. *phut-*, φῦσα, rus. *pyhat'*) ¶ 1 pustule, ampoule : Sen. *Ep.* 72, 5 ; Plin. 20, 238 ¶ 2 bulle, bouillon [produit par effervescence] : Vitr. 7, 2, 1 ¶ 3 bulles produites dans la fusion de l'argent, [d'où] argent pur : Mart. 8, 51, 6.
▶ les mss ont souvent *pusula*.

pustŭlātĭo, *ōnis*, f. (*pustulo*), éruption de pustules : Cael.-Aur. *Acut.* 3, 16, 135.

pustŭlātus, *a*, *um* (*pustula*), purifié au feu, pur [en parl. de l'argent = qui a eu des bulles dans la fusion] : Mart. 7, 86, 7 ; Suet. *Ner.* 44.

pustŭlescō, *ĭs*, *ĕre*, -, -, intr., se couvrir de pustules : Cael.-Aur. *Acut.* 5, 1, 17.

pustŭlō, *ās*, *āre*, *āvī*, *ātum* (*pustula*) ¶ 1 tr., couvrir de pustules : Cael.-Aur. *Acut.* 5, 1, 16 ¶ 2 intr., avoir des soufflures [en parl. d'une perle] : Tert. *Cult.* 1, 5, 2.

pustŭlōsus, *a*, *um* (*pustula*), pustuleux, couvert de pustules : Cels. 5, 26, 31.

pūsŭla, *ae*, f. (*pustula*) ¶ 1 V.▶ *pustula* : Sen. *Ir.* 3, 43, 4 ; Cels. 5, 28, 15 ; Plin. 20, 44 ǁ érysipèle : Col. 7, 5, 16 ¶ 2 boursouflure [du pain] : P. Fest. 88, 25.

pūsŭlātus, V.▶ *pustulatus* Alfen. *Dig.* 19, 2, 31.

pūsŭlōsus, *a*, *um* (*pusula*), pustuleux : Col. 7, 5, 17.

pūsus, *i*, m. (*pusillus*, *pusio*, cf. *2 putus*, *puer*, *pisinnus*), petit garçon : Pompon. d. Varr. *L.* 7, 28.

1 pŭtă, *ut pŭtă*, impér. de *puto* pris adv^t, par exemple, V.▶ *puto*.

2 Pŭta, *ae*, f. (*puto*), déesse qui présidait à la taille des arbres : Arn. 4, 7.

pŭtāmen, *ĭnis*, n. (*puto*), ce que l'on élague ou retranche [comme inutile] : [de n'importe quel objet] Non. 157, 28 ; [coquille de noix] Cic. *Tusc.* 5, 58 ; [cosse de fève] Plin. 17, 240 ; [coquille d'œuf, d'huître] Plin. 30, 95 ; [écailles] Plin. 9, 39.

pŭtātĭo, *ōnis*, f. (*puto*) ¶ 1 élagage, émondage, taille : Cic. *de Or.* 1, 249 ¶ 2 supputation : Macr. *Sat.* 1, 13, 5 ¶ 3 action de prendre une personne pour une autre : Dig. 47, 10, 18.

pŭtātīvē, adv. (*putativus*), en imagination : Hil. *Trin.* 6, 5.

pŭtātīvus, *a*, *um* (*puto*), imaginaire : Tert. *Marc.* 3, 8, 4.

pŭtātŏr, *ōris*, m. (*puto*), élagueur : Varr. *L.* 6, 63 ; Plin. 27, 69.

pŭtātōrĭus, *a*, *um*, qui sert à tailler [les arbres] : Pall. 1, 43, 1.

pŭtātus, *a*, *um*, part. de *puto*.

Pŭtea, *ōrum*, n. pl. (*puteum*), ville de Byzacène : Peut. 6, 1.

pŭtĕăl, *ālis*, n. (*puteus*) ¶ **1** margelle : Cic. *Att.* 1, 10, 3 ¶ **2** putéal [balustrade entourant un lieu frappé par la foudre : en part. le putéal de Libon à l'est du forum, où se tenaient les banquiers, les usuriers, les marchands] : Cic. *Sest.* 18 ; Hor. *Ep.* 1, 19, 8 ; *S.* 2, 6, 35 ; Pers. 4, 49 ‖ un putéal, peut-être distinct du précédent, marquait l'endroit où avaient été enfouis le caillou et le rasoir de l'augure Attius Navius : Cic. *Div.* 1, 33 ‖ tribunal du préteur : Gloss. 5, 585, 19.

pŭtĕāle, *is*, n., C. *puteal* : Gloss. 2, 405, 11.

▶ *putiale* CIL 6, 10237.

pŭtĕālis, *e* (*puteus*), de puits : Lucr. 6, 1172 ; Col. 11, 3, 8.

pŭtĕānus, *a*, *um*, C. *putealis* : Col. 12, 26, 1 ; Plin. 14, 82.

pŭtĕārĭus, *ĭi*, m. (*puteus*), ouvrier puisatier : Plin. 31, 48.

pŭtĕfăcĭo, C. *putref-* *Pl. Most. 112.

pŭtĕō, *ēs*, *ēre*, *ŭī*, - (cf. *pus*, scr. *pūti-s* ; it. *putire*, fr. *puer*), intr., être pourri, gâté, corrompu, puer : *Cic. Ac. frg. 11 = p. 21, 8 ; *mero* Hor. *Ep.* 1, 19, 11, puer le vin ; *putentes pisces* Scrib. 186, poissons pourris ‖ *haec tigna putent* *Pl. Most. 146*, ces bois sont pourris.

Pŭtĕŏli, *ōrum*, m. pl. (dim. de *puteus* ; cf. fr. *Poisieux*, *Puisaux*), Putéoles [Pouzzoles, ville maritime de la Campanie, près de Naples] Atlas XII, E4 : Cic. *Att.* 15, 20, 3 ‖ **-ānus**, *a*, *um*, de Pouzzoles : Cic. *Agr.* 2, 78 ; *Puteolanus pulvis* Sen. *Nat.* 3, 20, 3, pouzzolane ‖ **-ānum**, *i*, n., maison de campagne de Pouzzoles : Cic. *Att.* 16, 1, 1 ‖ **-āni**, *ōrum*, m. pl., habitants de Pouzzoles : Cic. *Tusc.* 1, 86.

pŭtĕr, **pŭtris**, *putris*, *e* (cf. *puteo* ; esp. *podre*) ¶ **1** pourri, gâté, corrompu, fétide : Varr. *R.* 1, 8, 4 ; Ov. *M.* 7, 585 ; 15, 365 ‖ délabré, en ruines : Hor. *Ep.* 1, 10, 49 ¶ **2** désagrégé : *glaeba putris* Virg. *G.* 1, 44, terre désagrégée ; *putre solum* Virg. *G.* 2, 204, sol friable ‖ [fig.] flasque : Hor. *Epo.* 8, 7 ; *putres oculi* Hor. *O.* 1, 36, 17, yeux mourants, langoureux ; *in Venerem putris* Pers. 5, 58, s'abandonnant aux plaisirs dissolvants de Vénus.

pūtēscō, **pūtīscō**, *ĭs*, *ĕre*, *tŭī*, - (*puteo*), intr., se corrompre, tomber en pourriture : Cat. *Agr.* 3, 4 ; Varr. *R.* 1, 34, 1 : Cic. *Fin.* 5, 38 ; *Tusc.* 1, 102.

▶ d. les mss souvent confusion avec *putresco*.

pŭtĕum, *i*, n., C. *puteus* : Varr. d. Non. 217, 4 ; Dig. 19, 1, 14.

pŭtĕus, *i*, m. (obscur ; fr. *puits*, it. *pozzo*, al. *Pfütze*, an. *pit*) ¶ **1** trou, fosse : Varr. *R.* 1, 57, 2 ; Virg. *G.* 2, 231 ‖ puits de mine : Plin. 33, 67 ‖ cheminée : Vitr. 8, 6, 3 ¶ **2** puits : Cic. *Prov.* 6 ; *putei juges* Cic. *Nat.* 2, 25, puits d'eau vive.

Pŭtĭcŭli, *ōrum*, m. pl., lieu-dit de Rome : Varr. *L.* 5, 25 ; P. Fest. 241, 1.

Pŭtĭcŭlae, *ārum*, f. pl., C. *Puticuli*, lieu-dit de Rome : *Varr. *L.* 5, 25.

pŭtĭcŭlus, *i*, m. (dim. de *puteus*), tombe à puits : Varr. *L.* 5, 25 ; P. Fest. 241, 2.

pūtĭdē, adv., avec affectation : Cic. *Brut.* 284 ; *putidius* Cic. *de Or.* 3, 41.

pūtĭdĭuscŭlus, *a*, *um* (dim. de *putidus*), qq peu importun : Cic. *Fam.* 5, 7, 3.

pūtĭdŭlus, *a*, *um* (dim. de *putidus*), affecté : Mart. 4, 20, 4.

pūtĭdus, *a*, *um* (*puteo* ; a. fr. *pute*) ¶ **1** pourri, gâté, puant, fétide : Cic. *Pis.* 19 ; Cat. d. Non. 152, 25 ‖ *putidius cerebrum* Hor. *S.* 2, 3, 75, cerveau plus abîmé ‖ *homo putide* Pl. *Bac.* 1163, ô homme décrépit [vieux débris], cf. Hor. *Epo.* 8, 1 ; *putidissimus* *Petr. 34, 5 ¶ **2** qui sent l'affectation, affecté : Cic. *de Or.* 3, 51 ; *Or.* 27 ; *Off.* 1, 133 ; *putidissimus* Petr. 73, 2 ‖ *vereor ne putidum sit scribere ad te*... Cic. *Att.* 1, 14, 1, je crains qu'il n'y ait de l'affectation à t'écrire....

pŭtillus, *i*, m. (dim. de *putus*), ⇒ *pusus*, C. *pusillus* : Pl. *As.* 694 ; Varr. *Men.* 568.

pūtiscō, V. *putesco*.

pŭtō, *ās*, *āre*, *āvī*, *ātum* (*putus* ; esp. *podar*), tr. ¶ **1** nettoyer, rendre propre : Varr. *R.* 2, 2, 18 ; Titin. d. Non. 369, 22 ‖ élaguer, émonder, tailler : Cat. *Agr.* 32, 1 ; 33, 1 ; Virg. *G.* 2, 407 ‖ [fig.] mettre au net, apurer : *rationem cum aliquo*, apurer un compte avec qqn : Cat. *Agr.* 5, 3 ; Cic. *Att.* 4, 11, 1, cf. Varr. *L.* 5, 9 ; Gell. 6, 5, 6 ¶ **2** supputer, compter : Cat. *Agr.* 14, 4 ¶ **3** **a)** supputer, évaluer, estimer : *aliquid denariis quadringentis* Cic. *Verr.* 4, 13, estimer qqch. quatre cents deniers ‖ *magni* Cic. *Planc.* 11 ; *pluris* Cic. *Att.* 12, 21, 5 ; *nihili* Cic. *Sest.* 114, estimer beaucoup, davantage, comme rien **b)** estimer, considérer : *aliquem pro nihilo* Cic. *Caecil.* 24, ne faire aucun cas de qqn, cf. Cic. *Mil.* 64 ; *aliquem in hominum numero* Cic. *Verr.* 4, 41, compter qqn au nombre des hommes ‖ [avec deux acc.] *aliquem civem* Cic. *Phil.* 7, 5, considérer qqn comme citoyen, cf. Cic. *Rep.* 1, 4 ; *Agr.* 2, 65 ‖ [au pass.] *sapientia omnes res humanae tenues putantur* Cic. *de Or.* 2, 344, la sagesse considère toutes choses humaines comme insignifiantes, cf. Cic. *Or.* 56 ; *testimonium ejus nullius momenti putatur* Cic. *Vat.* 1, son témoignage est considéré comme sans importance **c)** peser, réfléchir à : *dum haec puto* Ter. *Eun.* 632, pendant que je réfléchis à cela, cf. Ter. *Ad.* 796 ; *Phorm.* 718 ; Cic. *Planc.* 10 ; Virg. *En.* 6, 332 ‖ [abs.] *non putaram* Cic. *Off.* 1, 81, je n'y avais pas pensé, cf. Sen. *Ir.* 2, 31, 4 ¶ **4** estimer, penser, croire : *citius quam putavissent* Cic. *CM* 4, plus vite qu'ils ne l'auraient cru ; *putare deos (esse)* Cic. *Div.* 1, 104, croire à l'existence des dieux ‖ [avec prop. inf.] *noli putare me maluisse*... Cic. *Att.* 6, 1, 3, ne crois pas que j'aie mieux aimé... ;

puto me teneri Cic. *Att.* 12, 18, 1, je crois que je suis lié..., cf. *Fam.* 9, 16, 2 ; [ellipse de *esse*] *facultatem mihi oblatam putavi* Cic. *Cat.* 3, 4, j'ai cru que la possibilité m'était offerte ; *te reperturum putas ?* Cic. *Mur.* 13, tu crois que tu trouveras ? ; *mihi gratias agendas non putas* Cic. *Fam.* 12, 28, 2, tu crois qu'il ne me faut pas remercier [nég. placée devant *putare*et non devant l'inf., cf. *Fam* 2, 4, 1 Nep. *Paus.* 3, 7] ‖ [passif pers.] *a quibus nos defendi putabamur* Cic. *Har.* 46, ceux que l'on croyait mes défenseurs, cf. Cic. *Div.* 1, 2 ‖ [en incise]. *puto*, je pense, comme je pense : Cic. *Tusc.* 1, 70 ; *Att.* 12, 49, 1 ; *ut puto* Cic. *Att.* 7, 8, 5 ; 9, 13, 4 ¶ **5** imaginer, supposer : *puta aliquem... patrem suum occidere* Sen. *Contr.* 3 (7), 19, 4, suppose que qqn tue son père, cf. Hor. *S.* 2, 3, 161 ; Sen. *Clem.* 1, 26, 2 ; *Ben.* 3, 31, 1 ; *Ep.* 64, 8 ; 90, 31 ‖ [d'où l'emploi de l'impératif *puta*, entre parenthèses, comme un véritable adverbe] par exemple, par suppositon : *Quinte puta aut Publi*... Hor. *S.* 2 ; 5, 32, Quintus, par exemple, ou Publius..., cf. Sen. *Contr.* 3 (7), 20, 11 ; Cels. 7, 8, 3 ‖ *ut puta* même sens : Sen. *Ep.* 47, 15 ; *Nat.* 2, 2, 3 ; Quint. 7, 1, 14 ; 11, 3, 110.

▶ formes contr. *putasti*, *putaris* Pl. Ter. ‖ *putaram*, *putasset* Cic.

pūtŏr, *ōris*, m. (*puteo*), puanteur, mauvaise odeur : Cat. *Agr.* 157 ; Varr. *L* 5, 25 ; Lucr. 2, 872 ; 6, 1101 ‖ pl., Arn. 7, 16.

Putput (Pud-, Pupput), n. indécl., ville de la Maurétanie zeugitane [auj. Abiod] : Anton. 52 ; Peut. 5, 2.

pŭtrāmĕn, *ĭnis*, n. (*puter*), amas de pourriture, tas d'ordures : Cypr. *Laps.* 14.

pŭtrēdo, *ĭnis*, f. (*putreo*), putréfaction, corruption, gangrène : Apul. *M.* 9, 13 ; Macr. *Sat.* 1, 17, 57 ‖ pl., Prud. *Cath.* 9, 31.

pŭtrēdŭlus, *a*, *um* (*putredo*), gâté [voix] : Amm. 22, 16, 16.

pŭtrĕfăcĭō, *ĭs*, *ĕre*, *fēcī*, *factum* (*puter*, *facio*), tr., pourrir, gâter, corrompre : Col. 3, 12, 1 ; Plin. 29, 90 ‖ dissoudre : Liv. 21, 37, 2 ‖ pass., V. *putrefio*.

pŭtrĕfactĭo, *ōnis*, f. (*putrefacio*), putréfaction : Aug. *Ep.* 33, 5 ; Cael.-Aur. *Chron.* 3, 4, 52.

pŭtrĕfīō, *fīs*, *fĭĕrī*, *factus*, pass. de *putrefacio*, pourrir, se gâter, se corrompre, se dissoudre : Pall. 1, 33, 1 ‖ *putrefactus* Varr. *R.* 2, 5, 5 ; Lucr. 2, 895 ; Liv. 42, 3, 7.

pŭtrĕō, *ēs*, *ēre*, *ŭī*, - (*puter*), intr., être pourri, [fig.] être en ruine [par l'âge] : Acc. *Tr.* 56 ; Pacuv. *Tr.* 340.

pŭtrescĭbĭlis, *e* (*putresco*), sujet à la corruption, putrescible : Hier. *Job* 17.

pŭtrescō, *ĭs*, *ĕre*, *trŭī*, - (*putreo* ; fr. *pourrir*), intr., se gâter, se corrompre, se putréfier, pourrir : Varr. *R.* 2, 5, 16 ; Hor. *S.* 2, 3, 119 ‖ s'amollir, devenir friable [sol] : Col. 2, 11, 3 ‖ [fig.] tomber dans le mépris : Vulg. *Jer.* 13, 9.

pŭtrĭbĭlis, e (*puter*), corruptible : Paul.-Nol. *Ep.* 30, 6.

putrĭdŭlus, v. *putre-*.

putrĭdus, a, um (*putreo* ; roum. *putred*), pourri : Plin. 23, 88 ‖ gâté, carié : Cic. *Pis.* 1 ‖ flétri par l'âge : Catul. 64, 351.

putrĭlāgo, ĭnis, f. (*puter*), putréfaction : Non. 21, 23.

pŭtrĭmordax, ācis, dont la morsure engendre la putréfaction [σηψιδακής] : Boet. *Top. Arist.* 6, 2.

putris, v. *puter*.

pŭtrŭōsus, a, um (*puter*), purulent, gangrené : Cael.-Aur. *Chron.* 2, 14, 205.

1 pŭtus, a, um (*puto*, cf. *purus*, scr. *pūta-s*), pur, propre : Varr. L. 6, 63 ; [d'ordin. *purus putus* ensemble] Varr. d. Non. 27, 28 ; *pondus argenti puri puti* Gell. 6, 5, 1, un poids d'argent absolument pur ‖ *purus putus hic sucophantast* Pl. *Ps.* 1200, c'est un sycophante tout pur ; *Polymachaeroplagides purus putus est ipsus* Pl. *Ps.* 989, c'est Polymachaeroplagidès en chair et en os ‖ *purus ac putus* Varr. d. Non. 27, 24 ‖ *putus* seul : Varr. R. 2, 2, 10 ; *meae putissimae orationes* Cic. *Att.* 2, 9, 1, mes éloges si brillants.

2 pŭtus (puttus), i, m. (cf. *puer*, *pusus*, *pisinnus* ; it. *putto*), petit garçon : Catul. 7 (9), 2 ; Gloss. 2, 165, 43.

puxis, v. *pyxis* Scrib. 80.

pўălis, ĭdis, f. (cf. πύελος), sarcophage : CIL 3, 7564.

pycnŏcŏmŏn, i, n. (πυκνόκομον), agripaume [plante] : Plin. 26, 57.

pycnostўlŏs, ŏn (πυκνόστυλος), pycnostyle [temple avec des colonnes très rapprochées] : Vitr. 3, 3, 1.

pycta (-tēs), ae, m. (πύκτης), athlète qui s'exerce au pugilat : Sen. *Contr.* 1, 3 ; Plin. 7, 152 ‖ [fig.] combattant [en parl. d'un coq] : Col. 8, 2, 5.

pyctāle certāmĕn, n., pugilat : Serv. *En.* 5, 373.

pyctŏmăchārĭus, ĭi, m. (πυκτομαχέω), c. *pycta* : *Firm. *Math.* 8, 8, 1.

Pydărās, ae, m., fleuve de Thrace : Plin. 4, 47.

Pydna, ae, f. (Πύδνα), ville maritime de Macédoine [victoire des Romains sur Persée] Atlas I, D5 ; VI, A2 : Nep. *Them.* 8, 5 ; Liv. 44, 6, 3 ; Plin. 4, 34 ‖ **-naei**, ōrum, m. pl., habitants de Pydna : Liv. 44, 45.

pўĕlus, i, m. (πύελος), baignoire : *Pl. *St.* 568.

pȳgargŏs (-gus), i, m. (πύγαργος) ¶ 1 pygargue [sorte d'aigle] : Plin. 10, 7 ¶ 2 espèce de gazelle : Juv. 11, 138 ; Plin. 8, 214.

Pygēla, ae, f. (Πύγελα), ville d'Ionie : Plin. 5, 114 ‖ **-la**, ōrum, n. pl., Liv. 37, 11, 5.

pўgēsĭăcus, a, um (πυγή), relatif aux fesses : *Petr. 140, 5.

Pygmaei, ōrum, m. pl. (Πυγμαῖοι, cf. *pumilio*), les Pygmées [peuple fabuleux de nains, qui était en guerre avec les grues] : Plin. 4, 44 ; 5, 108 ; 6, 188 ; Mel. 3, 81 ; Gell. 9, 4, 10 ‖ **-aeus**, a, um, de Pygmées : Ov. *F.* 6, 176 ; *virgo pygmaea* Juv. 6, 505, une naine.

Pygmălĭōn, ōnis, m. (Πυγμαλίων) ¶ 1 frère de Didon, meurtrier de Sichée, son beau-frère : Virg. *En.* 1, 347 ¶ 2 sculpteur épris d'une statue qu'il avait faite : Ov. *M.* 10, 243 ‖ **-ōnēus**, a, um, de Pygmalion, tyrien, carthaginois : Sil. 1, 21 ; 6, 532.

pygmē, ēs, f. (πυγμή), pugilat : CIL 6, 10156.

Pўlădēs, ae (qqf. *is*, Mart. 6, 11), m. (Πυλάδης) ¶ 1 Pylade [fils de Strophios, fidèle ami d'Oreste] : Cic. *Lae.* 24 ‖ [fig.] un Pylade, un ami fidèle : Mart. 6, 11 ¶ 2 célèbre pantomime sous Auguste : Suet. *Aug.* 45 ‖ **-dēus**, a, um, de Pylade : *Pyladea amicitia* Cic. *Fin.* 2, 84, amitié à la façon de Pylade = éprouvée.

1 Pўlae, ārum, f. pl. (Πύλαι) ¶ 1 les Thermopyles : Liv. 32, 4 ; 36, 15 v. *Thermopylae* ¶ 2 îles près de la Troglodytique : Plin. 6, 174 ¶ 3 ville d'Arcadie : Plin. 4, 20 ‖ **-lăĭcus**, a, um, des Thermopyles : Liv. 31, 31 ; 33, 35.

2 pўlae, ārum, f. pl. (πύλαι), portes [d'un pays], gorges, défilés, pas : Cic. *Att.* 5, 20, 2 ; Curt. 3, 8, 13 ; 5, 3, 17.

Pўlaemĕnēs, is, m., roi de Paphlagonie : Liv. 1, 1, 2 ; Nep. *Dat.* 2, 2 ‖ **-nĭus**, a, um, de Pylémène ; [par ext.] de Paphlagonie : Plin. 6, 5.

Pўlăĭcus, a, um (Πυλαϊκός), v. 1 *Pylae*.

Pўlēnē, ēs, f. (Πυλήνη), Pylène [ville d'Étolie] : Stat. *Th.* 4, 102.

Pўlōrŏs, i, f. (Πυλωρός) ¶ 1 ville de Crète : Plin. 4, 59 ¶ 2 ville de Macédoine : Plin. 4, 36.

pўlōrus, i, m. (πυλωρός), pylore : Cael.-Aur. *Chron.* 2, 1, 10.

Pўlŏs (-lus), i, f. (Πύλος), ville de Messénie, patrie de Nestor Atlas VI, C1 : Liv. 27, 30, 13 ; Ov. *M.* 6, 418 ‖ **-lĭus**, a, um, de Pylos, de Nestor : Ov. *M.* 2, 684 ‖ subst. m. sg. = Nestor : Ov. *M.* 8, 365 ; 12, 537 ‖ subst. m. pl., les Pyliens, les habitants de Pylos : Mel. 2, 52.

1 pўra, ae, f. (πυρά), bûcher : Virg. *En.* 6, 215.

2 Pўra, ae, f., nom d'un lieu du mont Œta, où Hercule fit élever son bûcher : Liv. 36, 30, 3 ; Plin. 25, 49.

Pўracmōn, ŏnis, m. (Πυράκμων), un des Cyclopes ouvriers de Vulcain : Virg. *En.* 8, 425.

Pўracmŏs, i, m., un des Centaures : Ov. *M.* 12, 460.

Pўrae, ārum, f. pl., ville du Latium : Plin. 3, 59.

Pȳraei, ōrum, m. pl., peuple d'Illyrie : Plin. 3, 144 ; Mel. 2, 3.

pȳrălis (-allis), ĭdis, f. (πυραλίς) ¶ 1 espèce de pigeon : Plin. 10, 204 ¶ 2 c. *pyrausta* : Plin. 11, 119.

Pўrămĕus, v. *Pyramus*.

pўrămĭda, ae, f., c. *pyramis* : Mamert. *Anim.* 1, 25, 2.

pўrămis, ĭdis, f. (πυραμίς), pyramide : Cic. *Nat.* 1, 24 ; 2, 47.

pўrămŏīdēs, is (πυραμοειδής), en forme de pyramide : Chalc. 326.

Pўrămus, i, m. (Πύραμος) ¶ 1 Pyrame [jeune Babylonien, amant de Thisbé] : Ov. *M.* 4, 55 ‖ **-ĕus**, a, um, de Pyrame : *Pyramea arbor* Samm. 548, l'arbre de Pyrame [le mûrier, arbre sous lequel Pyrame se donna la mort] ¶ 2 le Pyrame [fleuve de Cilicie] : Cic. *Fam.* 3, 11, 1 ; Curt. 3, 4, 7.

Pўranthē, ēs et **-this**, ĭdis, f., noms de deux filles de Danaos : Hyg. *Fab.* 70.

pўrausta (-ēs), ae, m. (πυραύστης), insecte qui vit dans le feu : Plin. 11, 119.

pўrēn, ēnis, f. (πυρήν), pierre précieuse : Plin. 37, 188.

Pȳrēnaeus, v. *Pyrene*.

Pȳrēnē, ēs, f. (Πυρήνη), **Pȳr-**, Tib. 1, 7, 9 ¶ 1 une des cinquante filles de Danaos : Hyg. *Fab.* 170 ¶ 2 fille de Bébryx, aimée d'Hercule, qui donna son nom aux Pyrénées où elle fut ensevelie : Sil. 3, 420 [d'où] **a)** *Pyrene* = montagne des Pyrénées : Tib. 1, 7, 9 ; Luc. 1, 689 **b)** = Espagne : Sil. 15, 45 ; 16, 246 ‖ **Pȳrēnaeus**, a, um (Pў-, Luc. 4, 83), pyrénéen **c)** *Pyrenaei montes* Caes. G. 1, 1, 7 ; Liv. 21, 23, 2 ; *Pyrenaeus saltus* Caes. *C.* 1, 37, 1 ; *Pyrenaeus mons* Sil. 3, 415 ; *saltus Pyrenaeus* Caes. *C.* 3, 19, 2 ; *Pyrenaeus saltus* Liv. 21, 30, 5 ; *Pyrenaeus* Liv. 26, 43, 8 ; 27, 19, 1, les monts Pyrénées Atlas I, C3 ; IV, B3 ; V, F2 ; *Pyrenaei promunturium* Liv. 26, 19, 11, le cap pyrénéen [à l'est, Cap de Creus] Atlas IV, B4 ; V, F3 **d)** *Pyrenaea Venus* Plin. 3, 22, Vénus Pyrénéenne [qui avait un temple sur les Pyrénées] ; *Pyreneae nives* Luc. 4, 83, neiges pyrénéennes ‖ **Pȳrēnăĭcus**, a, um, pyrénéen : Aus. *Urb.* 112 (297, 6) ‖ **Pȳrēnis**, ĭdis, adj. f., des Pyrénées : Avien. *Perieg.* 883.

1 Pȳrēnĕus, a, um, c. *Pyrenaeus* : Prud. *Perist.* 6, 147.

2 Pȳrēneūs, ĕi et ĕos, m. (Πυρηνεύς), Pyrénée [roi de Daulis, tombé du haut d'une tour en voulant poursuivre les Muses] : Ov. *M.* 5, 274.

pўrēthrum (-ŏn), i, n. (πύρεθρον ; it. *pilatro*), pyrèthre [plante] : Plin. 28, 151 ; Ov. *A. A.* 2, 418 ; v. *piretrum*.

Pȳrētus, i, m., nom d'un Centaure : Ov. *M.* 12, 449.

pўrēum, i, n. (πυρεῖος), sanctuaire où les Perses entretenaient le feu sacré : Cassiod. *Eccl.* 10, 30.

Pyrgi

Pyrgi, *ōrum*, m. pl. (Πύργοι), ville d'Étrurie Atlas XII, D3 : Liv. 36, 3, 6 ; Virg. En. 10, 184 ‖ **-ensis**, *e*, de Pyrgi : Cic. de Or. 2, 287 ‖ **Pyrgenses**, m. pl., ville d'Achaïe : Plin. 4, 22.

Pyrgō, *ūs*, f. (Πυργώ), nourrice des enfants de Priam : Virg. En. 5, 645.

Pyrgŏpŏlĭnīcēs, *is*, m. (πύργος, πόλις, νικάω), nom comique de soldat : Pl. Mil. 56 [cf. Démétrios " Poliorcète "].

Pyrgŏtĕlēs, *is*, m. (Πυργοτέλης), célèbre graveur sur pierre : Plin. 37, 8.

1 pyrgus, *i*, m. (πύργος), petite tour avec des étages à travers lesquels dégringolaient les dés ; [par ext.] cornet, v. *phimus* : Sidon. Ep. 8, 12, 5.

2 Pyrgus, *i*, m. (Πύργος), ville forte de l'Élide : Liv. 27, 32, 7.

Pўrĭphlĕgĕthōn, *ontis*, m. (Πυριφλεγέθων), Pyriphlégéthon [fleuve des Enfers] : Cic. Nat. 3, 43.

pўrītēs, *ae*, m. (πυρίτης) ¶ 1 pierre meulière : Plin. 36, 137 ¶ 2 pyrite : Plin. 36, 138 ¶ 3 marcassite : Plin. 36, 137.

pўrītis, *ĭdis*, f. (πυρῖτις), pierre précieuse inconnue : Plin. 37, 189.

Pyrnŏs, *i*, f. (Πύρνος), ville de Carie : Plin. 5, 103.

Pyrnus, *i*, m., nom de guerrier : Val.-Flac. 3, 112.

Pўrōdēs, *ae*, m. (Πυρώδης), celui qui, le premier, tira le feu d'un caillou : Plin. 7, 198.

pўrŏdrŏmum, *i*, n. (πυρόδρομον), conduit d'air chaud : Diocl. 15, 92.

Pўrŏgĕri, *ōrum*, m. pl., peuple de Thrace : Plin. 4, 40.

Pўrōis et **Pўrŏeis**, *entis*, m. (Πυρόεις) ¶ 1 un des chevaux du Soleil : Ov. M. 2, 153 ; Hyg. Fab. 182 ¶ 2 Mars [planète] : Aus. Idyl. 8 (332), 24.

Pўrŏmăchus, *i*, m., sculpteur : Plin. 34, 80.

pўrŏmantīa, *ae*, f. (πυρομαντεία), pyromancie, divination au moyen du feu : Isid. 8, 9, 13 ‖ **pўrŏmantis**, Varr. d., Ps. Serv. En. 3, 359.

Pyropum, *i*, n., ville des Parthes : Plin. 6, 113.

pўrōpus, *i*, m. (πυρωπός), pyrope, alliage de cuivre et d'or : Plin. 34, 94 ; Lucr. 2 ; 803 ; Prop. 4, 10, 21 ; Ov. M. 2, 2.

Pyrpilē, *ēs*, f., ancien nom de l'île de Délos : Plin. 4, 66.

1 Pyrrha, *ae*, f. (Πύρρα) ¶ 1 femme de Deucalion : Hor. O. 1, 2, 6 ; Ov. M. 1, 350 ¶ 2 nom d'Achille portant des vêtements de femme à Scyros : Hyg. Fab. 96 ‖ **-rhaeus**, *a*, *um*, de Pyrrha (et Deucalion) : Stat. Th. 8, 305.

2 Pyrrha, *ae*, f. (Πύρρα), nom de plusieurs villes ; not^t dans l'île de Lesbos : Plin. 5, 139 ‖ **Pyrrhaeus**, *a*, *um*, de la ville de Pyrrha : Plin. 16, 46 ‖ **Pyrrhĭăs**, *ădis*, adj. f., de Pyrrha : Ov. H. 15, 15.

Pyrrhaecĭūsa, *ae*, f., île du golfe Céramique : Plin. 5, 134.

Pyrrhaeus, v. 1 et 2 Pyrrha.

Pyrrhē, *ēs*, c. 1 Pyrrha : Sen. Tro. 1039.

Pyrrhēum, *i*, n. (Pyrrhus), quartier de la ville d'Ambracie : Liv. 38, 5.

Pyrrhĭa, *ae*, f., nom de femme : Hor. Ep. 1, 13, 14.

1 Pyrrhĭăs, *ădis*, v. 2 Pyrrha.

2 Pyrrhĭăs, *ae*, m. (Πυρρίας), stratège des Étoliens : Liv. 27, 30, 1.

pyrrhĭcha, *ae* et **-chē**, *-ēs*, f. (πυρρίχη), pyrrhique [danse guerrière des Lacédémoniens] : Plin. 7, 204 ; 8, 5 ; Suet. Caes. 39 ; Ner. 12.

pyrrhĭchārĭus, *ii*, m., guerrier qui danse la pyrrhique : Ulp. Dig. 48, 19, 8.

pyrrhĭchista, *ae*, m. (πυρριχιστής), c. *pyrrhicharius* : Not. Tir. 106.

pyrrhĭchĭus, *ii*, m. (πυρρίχιος), [métr.] pyrrhique, pied de deux brèves : Quint. 9, 4, 101 ‖ [adj^t] composé de pieds pyrrhiques : Quint. 9, 4, 80.

pyrrhĭcus, *a*, *um*, de pyrrhique [danse] : *ars pyrrhica* Sidon. Ep. 9, 15, 1 v. 8, la pyrrhique.

Pyrrhĭdae, *ārum*, m. pl. (Πυρρίδαι), les Épirotes [ainsi nommés de leur roi Pyrrhus] : Just. 17, 3, 3.

1 Pyrrho, *ōnis*, m. (Πύρρων), Pyrrhon, [d'Élis, philosophe, disciple d'Anaxarque et chef de l'école sceptique] : Cic. Fin. 2, 35 ‖ **-ōnēi**, *ōrum*, m. pl., Pyrrhoniens, disciples de Pyrrhon : Cic. de Or. 3, 62 ‖ **-ōnĭi**, *ōrum*, m. pl., Gell. 11, 5, 1.

2 pyrrhŏ-, v. *pyro-*.

pyrrhŏcŏrax, *ăcis*, m. (πυρροκόραξ), chocard [sorte de corbeau à pattes rouges] : Plin. 10, 133.

pyrrhŏpoecĭlŏs lăpis, m. (πυρροποίκιλος), granit rose : Plin. 36, 63 ; 157.

Pyrrhus, *i*, m. (Πύρρος) ¶ 1 Pyrrhus ou Néoptolème [fils d'Achille et de Déidamie, tué par Oreste] : Virg. En. 2, 469 ¶ 2 Pyrrhus [roi d'Épire, fameux par son expédition contre les Romains] : Cic. Lae. 28 ; Off. 1, 38 ‖ **Pyrrhi Castra** Liv. 35, 27, 14, lieu de Laconie ; Liv. 32, 13, 2, lieu de Triphylie.

▶ arch. *Burrus* *Enn. An. 178 ; Cic. Or. 160.

pyrrĭ-, v. *pyrrh-*.

Pystira, *ae*, f., île près de Smyrne : Plin. 5, 138.

Pȳthăgŏrās, *ae*, m. (Πυθαγόρας), Pythagore [de Samos, célèbre philosophe qui enseigna à Crotone] : Cic. Tusc. 1, 20 ; Rep. 2, 28 ; *littera Pythagorae* la lettre de Pythagore = Y [représentant les deux routes ouvertes devant un mortel, celle du vice et celle de la vertu] : Aus. Techn. 12 (348), 9 ; Lact. Inst. 6, 3, 6, cf. Pers. 3, 56 ‖ **-rēus** (**-rīus**), *a*, *um*, de Pythagore, pythagoricien : Cic Tusc. 4, 3 ; Plin. 35, 160 ; Hor. Ep. 2, 1, 52 ‖ **-rēi** (**-rīi**), *ōrum*, m. pl., pythagoriciens, disciples de Pythagore : Cic. de Or. 2, 154 ; Tusc. 1, 38 ‖ **-rĭcus**, *a*, *um*., Liv. 40, 29, 8.

pȳthăgŏrissō, *ās*, *āre*, -, - (πυθαγορίζω), intr., pythagoriser, penser comme Pythagore : Apul. Flor. 15, 26.

Pȳthărātus, *i*, m. (Πυθάρατος), archonte d'Athènes [lors de la mort d'Épicure] : Cic. Fat. 19.

pȳthaula (**-lēs**), *ae*, m. (πυθαύλης) ¶ 1 pythaule [joueur de flûte qui jouait le combat d'Apollon Pythien contre le serpent Python] : Hyg. Fab. 273 ¶ 2 joueur de flûte : Sen. Ep. 76, 4.

pȳthaulĭcae tībĭae, f. pl., flûtes du pythaule : Diom. 492, 12.

Pȳthĕās, *ae*, m. (Πυθέας), Pythéas ¶ 1 [de Marseille, célèbre navigateur et géographe du 4e s. av. J.-C.] : Plin. 2, 187 ; 217 ¶ 2 ciseleur : Plin. 33, 156.

1 Pȳthĭa, *ae*, f. (Πυθία), la Pythie (Pythonisse), prêtresse d'Apollon : Cic. Div. 1, 38 ; Nep. Milt. 1, 3.

2 Pȳthĭa, *ōrum*, n. pl. (Πύθια), jeux pythiques : Hor. P. 414 ; Ov. M. 1, 447.

1 Pȳthĭăs, *ădis*, f., nom d'une servante : Ter. Eun. 509 ; Hor. P. 238.

2 Pȳthĭăs, *ae*, m. ¶ 1 nom d'un statuaire : Plin. 34, 52 ¶ 2 v. *Phintias*.

Pȳthĭcus, *a*, *um* (Πυθικός), pythique, pythien, d'Apollon : Liv. 5, 15 ; 5, 21 ; 5, 23.

1 pȳthĭon, *ōnis*, m. (πυθίων), plante bulbeuse inconnue : Plin. 19, 95.

2 Pȳthĭon, *ōnis*, m., de Rhodes, auteur d'un traité d'agriculture : Varr. R. 1, 1, 8.

Pythĭonĭa (**-tĭo-**), *ae*, f., île près de Corcyre : Plin. 4, 53.

Pythĭonīcēs, *ae*, m. (πυθιονίκης), vainqueur aux jeux pythiens : Not. Tir. 107.

Pythis, *is*, m., nom d'un peintre et sculpteur : Plin. 36, 31.

Pȳthĭum, *ii*, n., ville de Macédoine : Liv. 42, 53 ; 44, 2.

1 Pȳthĭus, *a*, *um*, de Pytho, de Delphes, pythien, pythique, d'Apollon Pythien : Cic. Off. 2, 77 ; Div. 1, 3 ; Prop. 2, 31, 16 ; 3, 13, 52 ; Juv. 13, 199.

2 Pȳthĭus, *ii*, m., Apollon Pythien : Vell. 1, 2, 2 ; Sen. Ep. 82, 24.

1 Pȳtho, *ōnis*, m., nom d'homme : Liv. 44, 12.

2 Pȳthō, *ūs*, f. (Πυθώ), ancien nom de la région de Phocide où était Delphes, puis nom de la ville elle-même, célèbre par l'oracle d'Apollon : Tib. 2, 3, 27 ; Luc. 5, 134.

Pȳthŏclēs, *is*, m., **Pȳthocrĭtus**, *i*, m., noms de deux sculpteurs : Plin. 34, 52 ; 34, 91.

Pȳthŏdēmus, *i*, m., nom d'un célèbre lutteur : Plin. 34, 76.

Pȳthŏdĭcus, *i*, m., nom d'un sculpteur : PLIN. *34, 85*.

1 **Pȳthōn**, *ōnis*, m. (Πύθων), serpent énorme tué par Apollon, d'où les jeux Pythiques : Ov. *M. 1, 438* ‖ Delphes [oracle, ville] : TIB. *2, 3, 27* ; LUC. *5, 134* ‖ **Pythonos Comē** PLIN. *10, 62*, bourg de Python, en Asie Mineure.
▶ gén. -ōnŏs VARR. *L. 7, 17* ; acc. -ōnă PROP. *4, 6, 35* ; Ov. *M. 1, 460* ; LUC. *5, 80*.

2 **pȳthōn**, *ōnis*, m. (Πύθων), esprit prophétique : VULG. *1 Reg. 28, 7* ‖ adj., VULG. *Act. 16, 16* ‖ devin : VULG. *Deut. 18, 11*.

pȳthōnĭcus, *a*, *um*, qui devine, prophétique : TERT. *Anim. 28, 5*.

pȳthōnĭŏn, *ii*, n. (πυθώνιον), serpentaire [plante] : Ps. APUL. *Herb. 14, 9* ‖ jusquiame : Ps. APUL. *Herb. 4, 26 adn*.

pȳthōnissa, *ae*, f., pythonisse, devineresse : VULG. *1 Par. 10, 13*.

Pȳthŏpŏlis, *is*, f. (Πυθόπολις), ville de Bithynie : PLIN. *5, 148*.

Pȳthus, *i*, m. (Πύθος), nom d'homme : PLIN. *7, 205*.

pȳtisma, *ătis*, n. (πύτισμα), crachement, crachat : VITR. *7, 4, 5* ; JUV. *11, 175*.

pȳtissō, *ās*, *āre*, -, - (πυτίζω), intr., cracher après dégustation : TER. *Haut. 457*, cf. DIOM. *426, 11*.

pyxăcanthŏs (-us), m., f. (πυξάκανθα), sorte de nerprun [arbrisseau épineux] : PLIN. *12, 31*.

pyxăgăthŏs (-us), *i*, m. (πύξ et ἀγαθός), athlète habile au pugilat : MART. *7, 57, 2*.

pyxĭdātus, *a*, *um* (*pyxis*), fait en forme de boîte : PLIN. *31, 57*.

pyxĭdĭcŭla, *ae*, f. (dim. de *pyxis*), toute petite boîte : CELS. *6, 6, 5*.

pyxĭnum, *i*, n. (πύξινον), sorte de collyre : CELS. *6, 6, 25*.

pyxis, *ĭdis*, f. (πυξίς ; cf. it. *bussola*, fr. *boîte*), petite boîte, coffret : CIC. *Cael. 63* ; SUET. *Ner. 47* ; PLIN. *21, 137* ‖ capsule métallique : PLIN. *18, 112*.
▶ *buxis* HERM. *Vulg. vis. 3, 9*.

Pyxītēs, *ae*, m. (Πυξίτης), rivière de Colchide : PLIN. *6, 12*.

Pyxuratēs, *ae*, m., nom de l'Euphrate supérieur : PLIN. *5, 83*.

Q

q, n., f., indécl., seizième lettre de l'alphabet latin, prononcée *qū* : PROB. *Inst.* 4, 50, 8; κου *CPL* 58; correspondant au *coppa* grec : QUINT. 1, 4, 9; employée d'abord devant *o* et *u*, puis réservée à la notation de la labio-vélaire sourde dans le digramme *qu* ‖ [abrév.] **Q.** = *Quintus* ; **Q.** = *que* dans la formule **S. P. Q. R.** = *senatus populusque Romanus* ; **Q. S. S. S.** = *quae supra scripta sunt*.

1 quă, v.▸ *1 quis*.

2 quā, adv. (abl. f. de *1 qui*) ¶ **1** rel. **a)** par où : *oppida, qua ducebantur* CIC. *Verr.* 5, 66, les villes, par où on les conduisait, cf. CIC. *Caecin.* 21; CAES. *G.* 1, 10, 3; [avec subj. final] PL. *Mil.* 143; [avec subj. conséc.] NEP. *Eum.* 8, 4 ‖ *eadem, qua ceteri, fugere* CIC. *Div.* 1, 123, fuir par les mêmes voies que les autres ‖ *omnia, qua visus erat...* SALL. *J.* 101, 11, tout, sur l'étendue qu'embrassait la vue **b)** par le côté que, en tant que : *non adtingere externa, nisi qua Romanis cohaererent rebus* LIV. 39, 48, 6, ne pas aborder les questions étrangères, si ce n'est dans la mesure où elles touchaient à la politique romaine, cf. QUINT. 4, 1, 17; TAC. *An.* 6, 10 **c)** par le moyen que : *qua datur* VIRG. *En.* 11, 293, par les moyens par lesquels c'est possible, par les moyens qui s'offrent, cf. OV. *Pont.* 2, 4, 33 **d)** quand, où, au moment où : EGER. 4, 2; 5, 4 **e)** où : PAUL.-NOL. *Carm.* 28, 16 **f)** comme : TERT. *Apol.* 39, 16 ¶ **2** [interr.] **a)** [dir.] par quel moyen ?, comment ? : *illuc qua veniam ?* CIC. *Att.* 8, 16, 1, comment viendrai-je là ? **b)** [indir.] par où : *scire... quā quandove ituri sint* CIC. *Att.* 9, 1, 2, savoir par quel chemin (par où) et quand ils partiront, cf. 9, 6, 1; 8, 16, 2 ‖ comment : VIRG. *En.* 1, 616; TER. *Ad.* 690 ¶ **3** [indéf.] **a)** par qq. moyen : *ne qua phalerae invenirentur* CIC. *Verr.* 4, 29, pour empêcher que de qq. manière ces phalères fussent découvertes, cf. HOR. *O.* 3, 8, 25 **b)** *qua... qua*, d'un côté... de l'autre; tant... que ; à la fois, et... et : PL. *Mil.* 1113; *Trin.* 1144; CIC. *Q.* 3, 1, 5; *Att.* 2, 19, 3; 9, 12, 1; 15, 18, 2.

quāăd, v.▸ *quoad* ▸.

quācumquĕ (-cunquĕ) ¶ **1** [rel.] par quelque endroit que : CIC. *Verr.* 1, 44; *Clu.* 193; *Fin.* 5, 5 ‖ de quelque côté que : CIC. *Att.* 14, 17, 6 ¶ **2** [indéf.] par n'importe quel moyen : VIRG. *B.* 9, 14.

quādam, adv., v.▸ *quadamtenus*.

quādāmtĕnŭs, adv., jusqu'à un certain point : [avec tmèse] *quadam prodire tenus* HOR. *Ep.* 1, 1, 32, s'avancer jusqu'à un certain point ‖ [fig.] dans une certaine mesure : PLIN. 15, 110; 24, 124; GELL. 17, 21, 1.

Quādi, *ōrum*, m. pl. (Κουάδοι), les Quades [ancien peuple de Germanie, sur les rives du Danube dans la Moravie] Atlas I, B4 : TAC. *An.* 2, 63.

1 quădra, *ae*, f. (*quattuor, quadrus*) ¶ **1** carré, forme carrée : *in quadram* QUINT. 1, 10, 43; FEST. 318, 30, en carré ¶ **2** [archit.] plinthe [élément du podium d'un temple] : VITR. 3, 34, 5 ‖ listel, filet [sur une base ou un chapiteau de colonne] : VITR. 3, 5, 2; 3, 5, 7 ‖ [méc.] *quadra posterior* VITR. 10, 2, 2, plat arrière [face plate arrière des montants de la chèvre] ‖ morceau carré, quartier : [de pain] VIRG. *En.* 7, 115; HOR. *Ep.* 1, 17, 49; SEN. *Ben.* 4, 29, 2; [de fromage] MART. 12, 32, 18 ‖ division en quatre [marquée sur un pain et symbolisant la croix] : GREG.-M. *Dial.* 1, 11 ‖ [fig.] *aliena vivere quadra* JUV. 5, 2, manger le pain d'autrui, vivre aux dépens d'autrui.

2 Quădra, *ae*, m., surnom romain : SEN. *Nat.* 1, 16, 1.

quādrāgēnārĭus, *a*, *um* ¶ **1** qui contient quarante : *quadragenarium dolium* CAT. *Agr.* 105, 1, jarre de quarante urnes; *quadragenaria fistula* VITR. 8, 7, tuyau de quarante pouces ¶ **2** qui a quarante ans, quadragénaire : SEN. *Ep.* 25, 1 ‖ subst. m., un quadragénaire : ARN. 2, 24 ¶ **3** de quarante jours : *quadragenarium jejunium* CAES.-AREL. *Serm.* 39, 6, un jeûne de quarante jours.

quādrāgēni, *ae*, *a*, distr. pl., quarante chacun, chaque fois quarante : CIC. *Verr.* 1, 147; LIV. 1, 43, 1.

▸ gén. pl. habituel *-num* CAES. *G.* 4, 17, 5; LIV. 38, 38, 15.

quādrāgēsĭma, *ae*, f. (s.-ent. *pars*; fr. carême) ¶ **1** la quarantième partie : SUET. *Cal.* 40 ¶ **2** impôt du quarantième : TAC. *An.* 13, 51 ¶ **3** [chrét.] espace de quarante jours, carême : HIER. *Ep.* 41, 3; 24, 4; 107, 10; [pl.] EGER. 27, 1 ¶ **4** pl., l'Ascension : EGER. 42, 1.

quādrāgēsĭmālis, *e*, de carême : LEO-M. *Serm.* 40, 1.

quādrāgēsĭmus, *a*, *um*, quarantième : *quadragesimo post die* CIC. *Verr.* 1, 30, le quarantième jour après, cf. CIC. *Rep.* 2, 29.

quādrāgessis, *is*, m. (*quadraginta, 2 assis*), quarante as : PRISC. *Fig.* 31 = 3, 416, 17.

quādrāgĭens (-gĭēs), quarante fois : CIC. *Flac.* 30; LIV. 38, 55, 9.

quādrāgīnsĭmālis, v.▸ *quadragiens* : SACRAM. GALL. p. 478 C.

quādrāgintā, pl. indécl. (cf. *quattuor, decem* ; fr. *quarante*), quarante : CIC. *Rep.* 2, 52.

quādrangŭlāris, *e*, à quatre angles : BOET. *Anal. pr.* 2, 25.

quādrangŭlātus, *a*, *um*, quadrangulaire, carré : TERT. *Anim.* 17, 2.

quādrangŭlus, *a*, *um*, v.▸ *quadriang-* : VARR. *Men.* 385.

quădrans, *antis*, gén. pl. *antum*, m. (*quadrus*, cf. *sextans*) ¶ **1** la quatrième partie, le quart : *diei noctisque* PLIN. 18, 207, le quart de la journée et de la nuit ; *heres ex quadrante* SUET. *Caes.* 83, héritier pour un quart de la succession ¶ **2** [pièce de monnaie] quart d'as = trois *unciae* : PLIN. 33, 45; *quadrante lavari* HOR. *S.* 1, 3, 137, prendre un bain pour un quart d'as, cf. SEN. *Ep.* 86, 8; JUV. 6, 446 ¶ **3** [comme mesure] **a)** quart d'arpent : COL. 5, 1, 10 **b)** quart de livre : MART. 11, 105; COL. 12, 20, 5 **c)** quart du *sextarius* = trois *cyathes* : VARR. *R.* 3, 14, 4; MART. 9, 94, 2 **d)** quart d'un pied : GELL. 3, 10, 11 ; 9, 4, 10.

quădrantăl, *ālis*, n. ¶ **1** cube : GELL. 1, 20, 3 ¶ **2** mesure pour les liquides, = *amphora* [8 conges = 26,26 l] : CAT. *Agr.* 57, 2; PL. *Curc.* 103; PLIN. 14, 95.

quădrantālis, *e*, qui contient un quart : *crassitudine quadrantali* PLIN. 13, 93, d'une épaisseur d'un quart de pied.

quădrantārĭus, *a*, *um* ¶ **1** d'un quart, du quart : *tabulae quadrantariae* CIC. *Font.* 2, tables (= lois) réduisant les dettes d'un quart ¶ **2** qui coûte le quart d'un as : SEN. *Ep.* 86, 8; *quadrantaria permutatio* CIC. *Cael.* 62, échange d'un quart d'as [entre Clodia et le baigneur]; *quadrantaria Clytaemnestra* CAEL. d. QUINT. 8, 6, 53, Clytemnestre au quart d'as = courtisane de bas étage [en parl. de Clodia].

quădrās, *ădis*, f. (cf. τετράς), nombre quatre, groupe de quatre [chez les gnostiques] : HIER. *Gal.* 1, 1, 4, p. 314 D.

quădrassis, *is*, m., quatre as : PRISC. *Fig.* 31 = 3, 416, 17.

Quădrātae, *ārum*, f. pl., station dans les Alpes : ANTON. 340.

quădrātārĭus, *a*, *um* ¶ **1** en pierres carrées : CIL 13, 5703 ¶ **2** subst. m., tailleur

quadratarius

de pierre : Cod. Just. 10, 46, 1 ; Cassiod. Psalm. 126, 1 ‖ lapicide : Sidon. Ep. 3, 12, 5.

quădrātē, adv., carrément : Manil. 2, 295.

Quădrātilla, ae, f., nom romain de femme : Plin. Ep. 7, 24, 7.

quădrātĭo, ōnis, f. (quadro), un carré : Vitr. 4, 3, 9.

quădrātŏr, ōris, m., celui qui équarrit, tailleur [de pierre] : Cassiod. Var. 2, 7.

1 quădrātum, i, n. (quadratus) ¶ 1 un carré : Cic. Tusc. 1, 57 ; Nat. 1, 24 ; Hor. Ep. 1, 1, 100 ¶ 2 [astron.] quadrat : Cic. Div. 2, 89 ; Plin. 2, 80 ¶ 3 carré d'un nombre : Aug. Acad. 3, 11, 25.

2 Quădrātum, i, n., ville de Pannonie ; ville de Liburnie : Anton. 260.

quădrātūra, ae, f. ¶ 1 quadrature : Chalc. 35 ; 38 ; Aug. Solil. 2, 19, 33 ‖ carré de nombre : Aug. Faust. 12, 19 ¶ 2 un carré : Vop. Tyr. 3 ¶ 3 bloc équarri [symb.] : Zen. Tr. 1, 14, 5 ¶ 4 les quatre points cardinaux, l'univers : Chrysol. Serm. 12, p. 224 B.

1 quădrātus, a, um (quadro ; fr. carré) ¶ 1 carré : turris quadrata Lucr. 4, 353, tour carrée ; quadratus pes Plin. 33, 75, pied carré [= 0,0876 m²] ; Vitr. 9 pr. 13 ; quadratum saxum Liv. 1, 26, 14, pierre de taille ; quadratum agmen, V. agmen ; quadrata littera Petr. 29, 1, lettre capitale ; quadratus numerus Gell. 1, 20, 4, nombre carré ; versus Gell. 2, 29, 20, vers de huit pieds, octonaire [quatre mètres] ; quadrata Roma Enn. An. 157, ancienne Rome bâtie en forme de carré ¶ 2 bien proportionné, moyen [en parl. de la taille] : Suet. Vesp. 20, cf. Cels. 2, 1, 5 ; Col. 6, 1, 3 ; 7, 12, 4 ¶ 3 [fig.] bien équarri = bien arrondi [en parl. de la phrase] : Quint. 2, 5, 9 ; 9, 4, 69 ¶ 4 bien égalisé [habit] : Tert. Pall. 1, 1.

2 quădrātus, i, m. ¶ 1 un carré : Cassiod. Var. 2, 7 ¶ 2 nombre carré : Chalc. 38.

3 Quădrātus, i, m., surnom romain : Hirt. G. 8, 23, 4.

quădrĭangŭlus, a, um, quadrangulaire : Plin. 13, 118 ; 25, 63 ‖ subst. n., quadrilatère : Prisc. Fig. 32 = 3, 417, 5.

quădrĭbaccĭum (-bācĭum), ĭi, n. (quattuor, baca), assemblage de quatre pierres précieuses : CIL 2, 3386, 10.

Quădrĭburgĭum, ĭi, n., ville des Bataves [auj. Qualburg] : Amm. 18, 2, 4.

quădrĭceps, cĭpĭtis (quattuor, caput), à quatre têtes : Aug. Gram. 5, 502, 40.

quădrĭchordum, i, n., instrument à quatre cordes : Boet. Mus. 1, 20.

quădrĭcŏlor, ōris, adj., de quatre couleurs : Isid. Nat. 31, 2.

quădrĭcŭbĭtālis, e, Boet. Top. Arist. 6, 2 et **quădrĭcŭbĭtus**, a, um, Boet. Elench. 2, 5, long de quatre coudées.

quădrĭdens, tis, qui a quatre dents (quatre pointes) : Cat. Agr. 10, 3 ; 11, 4.

quădrĭdŭānus (quătrĭd-) (quadriduum), de quatre jours : Hier. Ep. 108, 24 ; Vulg. Joh, 11, 39.

quădrĭdŭum, i, n. (quattuor, dies), espace de quatre jours : Pl. Pers. 37 ; Cat. Agr. 65, 2 ; 113, 2 ; Cic. Verr. 4, 6 ; quadriduo quo haec gesta sunt Cic. Amer. 20, le quatrième jour après ces événements (= 3 jours après) V. 1 qui, I B 1 g paucis diebus quibus].
▶ orth. des meilleurs mss.

quădrĭennis, e (quattuor, annus), âgé de quatre ans : Ps. Aur.-Vict. Epit. 45, 10.

quădrĭennĭum, ĭi, n. (quattuor, annus), espace de quatre ans : Cic. Caecin. 19 ; CM 10.

quădrĭēris, is, f. (quattuor et anal. de τριήρης), quadrirème [galère à quatre rangs de rames] : CIL 6, 1064, C 20.

quădrĭfārĭam, adv. (quattuor, cf. bifariam, scr. -dhā), en quatre parts : Liv. 4, 22, 5 ; 38, 1, 7 ; [fig.] de quatre manières : Paul. Dig. 38, 10, 10, 16.

quădrĭfārĭē, adv., de quatre manières : Aug. Serm. 252, 10.

quădrĭfārĭtĕr, adv., de quatre manières : Paul. Dig. 38, 10, 10, 14.

quădrĭfārĭus, a, um, quadruple : Cassiod. Var. 1, 45.

quădrĭfĭdus, a, um (quattuor, findo), fendu en quatre : Virg. G. 2, 25 ; En. 7, 509 ‖ [fig.] partagé en quatre : Claud. Prob. 268.

quădrĭfīnālis, e (quadrifinium), qui touche à quatre propriétés : Grom. 312, 8.

quădrĭfīnĭum, ĭi, n. (quattuor, finis), limite de quatre propriétés : Isid. 15, 14, 5.

quădrĭfīnĭus, a, um, placé à la limite de quatre propriétés : Grom. 250, 3.

quădrĭflŭus, a, um (quattuor, fluo), partagé en quatre cours d'eau : Prud. Cath. 3, 105.

quădrĭflŭvĭum, ĭi, n. (quattuor, fluvius), division en quatre parties : Vitr. 2, 9, 7.

quădrĭfŏris, e (quattuor, fores), qui a quatre ouvertures : Plin. 11, 74 ; Vitr. 4, 6, 5.

quădrĭformis, e (quattuor, forma), qui a quatre formes : Orient. Carm. 4, 2.

quădrĭformĭtās, ātis, f., état de ce qui est quadruple : Eucher. Form. 2 (1).

quădrĭfrons, tis (quattuor, frons), qui a quatre fronts, quatre visages [Janus] : Aug. Civ. 7, 4 ; Serv. En. 7, 607.

quădrīga, ae, f., Gell. 19, 8, 17 ; Plin. 7, 85 ; 36, 36 ; Suet. Vit. 17 ; Prop., Mart., C. quadrigae.

quădrīgae, ārum, f. pl. (quadri-, jugum) ¶ 1 attelage à quatre : [d'ânes] Varr. R. 2, 1, 14 ; [de chameaux] Suet. Ner. 11 ‖ [surtout de chevaux] Liv. 1, 28, 10 ‖ [en part.] attelage conduisant les chars de course aux jeux : currus quadrigarum Cic. Div. 2, 144, char à quatre chevaux, cf. Virg. G. 2, 512 ; quadrigas agitare Suet. Caes. 39, conduire (diriger) des attelages à quatre chevaux ‖ coursiers de l'aurore : Virg. En. 6, 535 ¶ 2 le char lui-même, quadrige : armatae, falcatae Liv. 37, 41, 7 ; 37, 40, 12, quadriges armés, munis de faux, cf. Suet. Ner. 22 ; Hor. O. 2, 16, 35 ¶ 3 [fig.] quadrigae poeticae Cic. Q. 2, 13, 2, le quadrige de la poésie ; navibus atque quadrigis petimus bene vivere Hor. Ep. 1, 11, 29, sur bateaux, sur quadriges nous poursuivons le bonheur [= sur terre, sur mer, partout].

quădrīgālis, e, de quadrige : P. Fest. 43, 8.

quădrĭgămus, a, um (quattuor, γάμος), marié quatre fois : Hier. Jovin. 1, 8.

1 quădrīgārĭus, a, um (quadriga) ¶ 1 de quadrige : Suet. Cal. 17 ; quadrigaria familia CIL 6, 10046, esclaves attachés au service des attelages du cirque ¶ 2 subst. m., cocher de quadrige : Cic. Frg. A. 19, 14 ; Varr. R. 2, 7, 15 ; Suet. Ner. 16.

2 Quădrīgārĭus, ĭi, m., Q. Claudius Quadrigarius, ancien historien latin : Vell. 2, 9, 6 ; Gell. 1, 7, 9.
▶ appelé seul' Claudius Liv. 8, 19, 13.

quădrīgātus, a, um (quadriga), qui porte l'empreinte d'un quadrige : Liv. 22, 52, 2 ‖ quadrigatus, subst. m. (s.-ent. nummus), monnaie marquée d'un quadrige : Plin. 33, 46 ; P. Fest. 87, 12.

quădrĭgĕmĭnus, a, um (quattuor, geminus), quadruple : Plin. 8, 85 ; Isid. 12, 4, 18.

quădrĭgōna, ae, f. (quattuor, γῶνος), carré : Mamert. Anim. 3, 15.

quădrīgŭla, ae, f., Plin. 34, 83 et **-lae, ārum**, Cic. Fat. 5 (dim. de quadrigae), petit quadrige.

quădrĭgŭlārĭus pictŏr, m., peintre de quadriges : CIL 6, 9793.

quădrĭjŭges ĕqui, m., quadrige : Virg. En. 10, 571 ; quadrijuges currus Apul. Flor. 16, même sens.

quădrĭjŭgus, a, um (quattuor, jugum), attelé de quatre chevaux : Enn. Tr. 92 ; Virg. En. 12, 162 ‖ **quădrĭjŭgi, ōrum**, m. pl., quadrige : Ov. M. 2, 167.

quădrĭlătĕrus, a, um (quattuor, latus), quadrilatère : Grom. 106, 3.

quădrĭlībris, e (quattuor, libra), du poids de quatre livres : Pl. Aul. 809.

quădrĭmănus, a, um, **quădrĭmānis (quădrŭ-)**, e (quattuor, manus), quadrumane : Obseq. 111 ; 73.

quădrĭmātŭs, ūs, m. (quadrimus), l'âge de quatre ans : Plin. 19, 181.

quădrĭmembris, e (quattuor, membrum), à quatre membres : Capel. 8, 805.

quădrĭmenstrŭus, a, um (quattuor, mensis), de quatre mois : Cod. Th. 12, 6, 27.

quădrĭmestris, *e* (*quattuor, mensis*), de quatre mois : Suet. *Ner.* 14 ‖ âgé de quatre mois : Varr. *R.* 2, 2, 17.

quădrĭmŏdus, *a, um* (*quattuor, modus*), de quatre sortes : Isid. *Diff.* 2, 154.

quădrĭmŭlus (dim. de *quadrimus*), Pl. *Cap.* 981 ; *Poen.* 85.

quădrīmus, *a, um* (*quadrihimus, cf. *bimus*), âgé de quatre ans : Cic. *Fam.* 16, 22, 1 ; Varr. *R.* 1, 20, 5 ; *quadrimum merum* Hor. *O.* 1, 9, 7, vin de quatre ans ; *quadrima dies* Dig. 23, 4, 19, terme de quatre années.

quădringēnārĭus, *a, um*, qui contient quatre cents : Cic. *Att.* 6, 1, 14 ; Liv. 7, 7, 4.

quădringēni, *ae, a*, distr. pl., quatre cents chacun, chaque fois : Liv. 45, 16, 3.

quădringentēnārĭus, *a, um*, ⓥ *quadringenarius* : Prisc. *Fig.* 27 = 3, 415, 13.

quădringentēni, *ae, a*, ⓥ *quadringeni* : Prisc. *Fig.* 24, = 3, 414, 1.

quădringentēsĭmus, *a, um*, quatre-centième : Liv. 5, 45, 4.

quadringenti, *ae, a*, pl. (*quattuor, quadra, centum*, cf. *septingenti*), quatre cents : Cic. *Pis.* 10 ; *Rep.* 1, 58 ; *Div.* 2, 48.

quădringentĭēs (**-ĭens**), quatre cents fois : Cic. *Verr.* 2, 26.

quădrīni, *ae, a*, distr. pl. (*quattuor*), chacun quatre, chaque fois quatre : Pompon. *Com.* 123 ; Cat. *Agr.* 18, 3 ; Plin. 11, 120.

quădrĭnoctĭum, *ii*, n. (*quattuor, nox*), espace de quatre nuits : Prisc. *Fig.* 31 = 3, 416, 26.

quădrĭpartĭō, *īs, īre*, -, - (*quattuor, partio*), tr., partager en quatre : Dict. 1, 19.

quădrĭpartītĭō, *ōnis*, f., partage en quatre : Varr. *L.* 5, 1 ; 7, 5.

quădrĭpartītō, adv., en quatre parts : Col. 4, 26, 3.

quădrĭpartītus, *a, um*, ⓥ *quadripertitus*.

quădrĭpĕdālis, *e*, qui mesure quatre pieds : Aug. *Trin.* 5, 7, 8.

quădrĭpĕdus, quădrĭpēs ⓥ *quadrupedus*.

quădrĭpertītus, *a, um*, partagé en quatre : Cic. *Tusc.* 1, 68 ; *Nat.* 3, 6 ; Tac. *An.* 13, 39.
▶ orth. la meilleure.

quădripl-, ⓥ *quadrupl-*.

quădrĭpŏtens, *tis*, adj., qui a une quadruple puissance : Mar. Vict. *Ar.* 1, 62.

quădrĭrēmis, *is*, f. (*quattuor, remus*), quadrirème [vaisseau à quatre rangs de rames] : Cic. *Verr.* 5, 86 ‖ [adj¹] Paul.-Nol. *Carm.* 21, 73.

quădrĭrŏtis, *e*, à quatre roues : Diocl. 15, 42 a.

quădrĭsēmus, *a, um* (*quattuor*, σῆμα), de quatre syllabes : Capel. 9, 981.

quădrĭsextĭum, *ii*, n., pour *quadrupex sextarius* : Not. Tir. 90.

quădrĭsōmus, *a, um* (*quattuor*, σῶμα), qui contient ou doit contenir quatre corps : Inscr. Chr. Diehl 3820 ; 3821 ; 3822.

quădrĭsulcus, *a, um* (*quattuor, sulcus*), divisé en quatre lobes : Placid. *Stat. Th.* 3, 320.

quădrĭsyllăbus, *a, um* (*quattuor, syllaba*), de quatre syllabes : Aug. *Mus.* 3, 5, 11.

quădrĭvĭum (**quădrŭ-**), *ii*, n. (*quadri-, via* ; fr. *Carrouge*) ¶ **1** lieu où quatre chemins aboutissent, carrefour : Catul. 58, 4 ; Juv. 1, 63 ¶ **2** [fig.] réunion des quatre parties de la science mathématique [arith., géom., mus., astron.] : Boet. *Arith.* 1, 1, 1 ; 1, 1, 7.
▶ le terme est institutionalisé au 9ᵉ s. alors que *trivium* [les trois *artes* : grammaire, rhétorique, dialectique] manque auparavant, mais cette distributions de savoirs est déjà pratiquée : Aug. *Ord.* 2, 14, 39 ; 41 ; 15, 42 ; Capel. 2, 138 ; Cassiod. *Inst.* 2 pr. 4 ; Greg.-Tur. *Hist.* 10, 31, 18.

quădrĭvĭus, *a, um*, de carrefour : CIL 13, 5621 ; 6731.
▶ aussi *quadrib-* CIL 3, 4441, *quadrub-* CIL 13, 5070.

quădrō, *ās, āre, āvī, ātum* (*quadrus* ; fr. *carrer*) ¶ **1** tr. **a)** équarrir : Col. 12, 2, 13 **b)** faire le carré, compléter de manière à former le carré ; [d'où] parfaire : *orationem* Cic. *Or.* 197, parfaire la phrase ; *acervum* Hor. *Ep.* 1, 6, 35, parfaire un tas ¶ **2** intr. **a)** [abs¹] former un tout harmonieux, équilibré : Cic. *de Or.* 3, 175 **b)** cadrer ; se rapporter parfaitement ; *in aliquem*, à qqn : Cic. *Cael.* 69 ; *hoc ad multa quadrat* Cic. *Att.* 4, 19, 2, cela convient à maints égards **c)** impers., *non sane quadrat* Cic. *Att.* 13, 30, 3, cela ne cadre pas bien ; *tibi ita quadrat omnia fuisse in Themistocle paria et Coriolano* Cic. *Brut.* 43, cela te convient que tout soit semblable chez Thémistocle et Coriolan **d)** cadrer, être exact [en parl. d'une somme] : Cic. *Verr.* 1, 92.

quădrŭla, *ae*, f. (dim. de *quadra*), petit carré : Solin. 37, 13.

quădrum, *i*, n. (*quadrus*) ¶ **1** un carré : Col. 8, 3, 7 ¶ **2** [fig.] *in quadrum redigere* Cic. *Or.* 208, donner une forme symétrique, arrondir.

quădrŭmănus (**-nis**), ⓥ *quadrimanus*.

quădrŭpĕdans, *tis*, adj. (*quattuor, pes*), qui va sur quatre pieds, qui galope : Pl. *Cap.* 814 ; Virg. *En.* 8, 596 ‖ subst. m., cheval : Virg. *En.* 11, 614.

quădrŭpĕdātim, adv., à la manière d'un quadrupède : Char. 183, 11.

quădrŭpĕdus, *a, um*, ⓥ *quadrupes* ; *quadrupedo gradu* Amm. 14, 2, 2, en marchant à quatre pattes ‖ qui galope : Front. *Or.* 2, p. 156, N.

quădrŭpēs, *ĕdis* ¶ **1** qui va sur quatre pieds, qui galope : Enn. *An.* 232 ; Apul. *M.* 6, 28 ¶ **2** qui a quatre pieds ; appuyé sur ses pieds et ses mains ; [fam.] qui est à quatre pattes : Ov. *M.* 15, 222 ; Suet. *Cal.* 27 ; *aliquem quadrupedem constringere* Ter. *And.* 865, lier qqn par les quatre pattes (= pieds et mains) ¶ **3** subst. **a)** m., quadrupède : Cic. *Nat.* 2, 151 **b)** f., Cat. *Agr.* 102 ; Enn. *Tr.* 156 ; Virg. *B.* 5, 26 ; Plin. 8, 62 **c)** n. pl., *quadrupedia* : Col. 11, 2, 14 ; Plin. 8, 89.
▶ forme *quadrip-* meill. mss de Cic.

quădrŭplāris, *e*, quadruple : Boet. *Mus.* 2, 8.

quădrŭplātŏr, *ōris*, m. (*quadruplo*) ¶ **1** celui qui multiplie par quatre, qui amplifie : Apul. *Apol.* 89 ; Sen. *Ben.* 7, 25, 1 ¶ **2 a)** celui qui perçoit les impôts moyennant un quart de remise : Sidon. *Ep.* 5, 7, 3 **b)** quadruplateur, délateur qui recevait le quart des biens de l'accusé : Cic. *Verr.* 2, 21 ; 22 ; P. Fest. 309, 11.
▶ *quadrupulator* *Pl. *Pers.* 70.

quădrŭplātus, part. de *quadruplo*.

quădrŭplex, *ĭcis* (*quattuor, plico*), quadruple : Pl. *Curc.* 619 ; Liv. 30, 10, 5 ; *judicium* Plin. *Ep.* 4, 24, 1 ; ⓥ *centumvir* ‖ [poét.] quatre : Cic. *Arat.* 93 ‖ subst. n., le quadruple : Liv. 45, 42, 1.

quădrŭplĭcātĭō, *ōnis*, f. (*quadruplico*), action de quadrupler : Capel. 7, 750 ; 796.

quădrŭplĭcātō, adv., quatre fois autant : Plin. 2, 76 ; 14, 51.

quădrŭplĭcō, *ās, āre, āvī, ātum* (*quadruplex*), tr., quadrupler : Pl. *St.* 405.

quădrŭplō, *ās, āre*, -, *ātum*, tr., quadrupler : Ulp. *Dig.* 4, 2, 14.

quădrŭplŏr, *ārĭs, ārī*, -, intr., faire le métier de délateur : Pl. *Pers.* 62 ; ⓥ *quadruplator*.

quădrŭplum, *i*, n. (*quadruplus*), le quadruple : *quadrupli condemnare* Cat. *Agr.* pr., condamner à payer quatre fois la valeur ; *judicium dare in quadruplum* Cic. *Verr.* 3, 34, accorder l'autorisation d'intenter une action judiciaire au quadruple, cf. *actio quadrupli* Dig. 4, 2, 14.

quădrŭplus, *a, um*, quadruple : Suet. *Tib.* 34.
▶ *quadrupulus* *Pl. *Truc.* 762.

quădrurbs, *urbis*, f., qui renferme quatre villes : Fest. 312, 4.

quădrus, *a, um* (*quattuor*, cf. *quadraginta* ; it. *quadro* ; fr. *cadre*), carré : Pall. 1, 39, 3 ; *quadrus lapis* Vulg. *Is.* 9, 10, pierre de taille.

quădrussis, *is*, m., ⓥ *quadrassis* : Capel. 7, 737.

quădrŭus, *a, um* ¶ **1** carré : Aus. *App.* 2 (361), 5 ¶ **2** [fig.] quadruple : Prud. *Psych.* 842.

quădrŭv-, ⓥ *quadriv-*.

quae, ⓥ *1 qui, 1 quis*.

quaerĭtō, ās, āre, āvī, ātum (fréq. de *quaero*), tr. ¶ 1 chercher avec ardeur, longuement : **aliquem** Pl. *Amp.* 1014 ; *Poen.* 105, être à la recherche de qqn ¶ 2 chercher à obtenir qqch. ; **ab aliquo**, de qqn : Pl. *Poen.* 688 ‖ trouver avec peine, se procurer péniblement : **lana victum** Ter. *And.* 75, gagner sa vie par le travail de la laine ¶ 3 demander, questionner : Pl. *Ru.* 110 ; Ter. *Eun.* 523.

quaerō, ĭs, ĕre, quaesīvī (ĭĭ), quaesītum (arch. **quairo**, CIL 1, 11) (*quais-, obscur ; a. fr. *querre*, fr. *quérir*), tr.

¶ 1 "chercher" ¶ 2 "chercher à retrouver" ¶ 3 "se procurer", "chercher à effectuer", "penser trouver dans", *quarere ut* "chercher à obtenir que" ¶ 4 "mettre en question, se proposer comme sujet de discussion" ¶ 5 "chercher à savoir, demander à", *quaerere ex, ab aliquo* ; *utrum... an* ; *quaesito an* ; [expr.] *si quaeris* "pour tout dire" ; *noli quaerere, quid quaeris ?* ¶ 6 "faire une enquête", *de servo quaerere* "mettre un esclave à la question" ¶ 7 [tard.] "rechercher pour punir".

¶ 1 chercher : **te ipsum quaerebam** Ter. *Haut.* 844, je te cherchais précisément, cf. Cic. *Sest.* 82 ; **sua signa quaerere** Caes. *G.* 2, 21, 6, chercher ses enseignes [= son manipule] ; **cibum** Cic. *Nat.* 2, 123, chercher sa nourriture ‖ [poét.] **te decisa suum dextera quaerit** Virg. *En.* 10, 395, ta main droite coupée te cherche toi, son maître, cf. Ov. *M.* 6, 560 ¶ 2 chercher à retrouver, chercher en vain : Cic. *Verr.* 3, 47 ‖ réclamer [en parl. des choses] : **quae humidum locum quaerunt** Varr. *R.* 1, 23, 4, les plantes qui réclament un terrain humide, cf. Cic. *Verr.* 1, 29 ; Sall. *J.* 98, 3 ; Liv. 4, 14, 2 ¶ 3 chercher à obtenir, se procurer : **sibi remedium ad rem aliquam** Cic. *Clu.* 29, se procurer un moyen de remédier à qqch. ; **armis gloriam** Sall. *J.* 87, 2, acquérir la gloire au moyen des armes, cf. Sall. *J.* 85, 30 ; **liberos** Suet. *Caes.* 52, chercher à avoir des enfants ; **rem mercaturis faciendis** Cic. *Par.* 46, chercher la fortune en faisant du commerce ; **ne et vetera et externa quaeram** Cic. *Tusc.* 1, 33, pour ne pas chercher des exemples à la fois anciens et étrangers ‖ chercher à effectuer, préparer : **invidiam in aliquem** Cic. *Rab. Post.* 46, susciter la haine contre qqn ; **fugam** Cic. *Phil.* 5, 45, chercher les moyens de fuir ‖ chercher = faire dépendre de, penser trouver dans : **defensionem facinoris a naturae jure aliquo** Cic. *Leg.* 1, 40, chercher dans quelque droit naturel la justification d'un crime ; **in natura summum bonum** Cic. *Ac.* 1, 19, chercher le souverain bien dans la nature, cf. Cic. *Att.* 5, 20, 4 ; **ex epistula crimen in aliquem** Cic. *Sull.* 67, chercher dans une lettre un grief contre qqn ‖ [avec *ut* subj.] chercher à obtenir que, désirer que : Cic. *Att.* 14, 20 ‖ [avec inf.] Hor. *O.* 3, 4, 39 ; *Ep.* 1, 1, 2 ; Col. 1, 8, 13 ; Sen. *Ep.* 109, 8 ; 118, 6 ; Tac. *G.* 2 ¶ 4 rechercher, mettre en question, se proposer comme objet de discussion, d'examen : **rationem perficiendi** Caes. *G.* 7, 37, 6, rechercher les moyens d'exécution ; **oratorem hoc loco quaerimus** Cic. *Brut.* 65, c'est de l'orateur que nous nous occupons ici, cf. Cic. *Off.* 1, 14 ‖ **pars, quae est quaerendi et disserendi** Cic. *Fin.* 1, 22, la partie de la philosophie qui a pour objet la recherche et le raisonnement (la dialectique) ; **de aliqua re quaerere** Cic. *Rep.* 1, 16, étudier une question, faire porter son examen sur qqch. ‖ **versari in re difficili ac multum quaesita** Cic. *Leg.* 3, 33, s'occuper d'une question difficile et très débattue ¶ 5 chercher à savoir, demander ; **ex, ab, de aliquo**, demander qqch. à qqn : **aliquid ex solo** Caes. *G.* 1, 18, 2, demander qqch. à qqn, seul à seul, cf. Caes. *G.* 1, 32, 2 ; 1, 50, 4 ; 6, 35, 7 ; **quaerit ex iis, quot quisque nautas habuerit** Cic. *Verr.* 5, 102, il leur demande combien ils avaient de matelots chacun ; [avec *ab*] Caes. *G.* 1, 18, 2 ; 1, 32, 3 ; 2, 4, 1 ; Cic. *Verr.* 3, 191 ; *Nat.* 1, 60 ; [avec *de*] Cic. *Pis.* 18 ; *Vat.* 10 ; **quaerere num** subj., Cic. *Vat.* 15 ; *Q.* 2, 2, 2, demander si... ; **utrum... an** Cic. *Tusc.* 4, 9, si... ou si ; **quaero, servarisne...** Cic. *Vat.* 15, je demande si tu as conservé... ‖ *quaerere si*, v. Gaffiot *Rev. Phil.* 32, p. 47, janv. 1908 ‖ **quaerere an** Plin., Tac., demander si ; [abl. n. du part.] **quaesito an Caesar venisset** (= cum quaesitum esset) Tac. *An.* 2, 9, après qu'on eut demandé si César était venu ‖ [expr.] **si quaeris, si quaerimus, si quaeritis, si verum quaeris**, si tu veux le savoir = pour tout dire, pour dire la vérité, cf. Cic. *CM* 65 ; *Fam.* 7, 1, 2 ; *de Or.* 2, 254 ; 2, 146 ; *Tusc.* 2, 55 ; de même **noli quaerere, quid quaeris** Cic. *Fam.* 4, 4, 3 ; 3, 1, 2 ¶ 6 chercher à savoir en justice, faire une enquête, instruire, informer : **rem** Cic. *Verr.* 2, 72 ; *Caecin.* 97, informer une affaire, ou **de re** Cic. *Verr. prim.* 27 ; *Amer.* 119 ‖ [abs*t*] Cic. *Amer.* 85 ; Liv. 39, 18, 2 ‖ [en part.] **de servo in dominum** Cic. *Mil.* 59, mettre un esclave à la question touchant son maître, cf. Cic. *Part.* 118 ¶ 7 [tard.] rechercher pour punir : Vulg. *Psal.* 9, 25.

quaesisse, -sissem, contr. pour *quaesiisse, -siissem*.

quaesītĭo, ōnis, f. (*quaero*), recherche : Apul. *M.* 5, 28 ‖ question, torture : Tac. *An.* 4, 45.

quaesītor, ōris, m. (*quaero*) ¶ 1 celui qui cherche : Sen. *Ep.* 119, 5 ‖ celui qui fait une enquête, une instruction criminelle [président d'une chambre d'enquête permanente, *quaestio perpetua*, à défaut d'un préteur] : Cic. *Verr. prim.* 29 ; *Sull.* 78 ; *Brut.* 200 ¶ 2 chercheur [en parl. des sceptiques] : Gell. 11, 5, 2.

quaesītum, i, n. (*quaero*) ¶ 1 demande, question : Ov. *M.* 4, 793 ¶ 2 ce qu'on a amassé, acquis : Hor. *S.* 2, 6, 82.

1 **quaesītus**, a, um ¶ 1 part. de *quaero* ¶ 2 [adj*t*] *a)* recherché, affecté : Tac. *An.* 5, 3 ; 6, 50 *b)* recherché, raffiné, rare : **epulae quaesitissumae** Sall. d. Macr. *Sat.* 2, 9, 9, plats très recherchés ; **leges quaesitiores** Tac. *An.* 3, 26, lois plus raffinées.

2 **quaesītŭs**, abl. ū, m., recherche : Macr. *Sat.* 7, 8, 9.

quaesīvī, parf. de *quaero* et *quaeso*.

quaesō, ĭs, ĕre, sīvī ou ĭĭ, - (désid. de *quaero* ; **quaesso** CIL 10, 2311), tr. ¶ 1 chercher : Enn. et Pl. d. Fest. 312, 7 ; Non. 44, 30 ¶ 2 demander : Lucr. 5, 1229 [d. la langue class. employé d'ordinaire à la 1re pers. du sg.] demander que, prier de [avec *ut* subj.] : Cat. *Agr.* 141, 2 ; Cic. *Amer.* 45 ; *Clu.* 66 ; *Att.* 7, 12, 1 ; [avec *ne*] Cic. *Att.* 14, 1, 2 ; *Rep.* 6, 12 ; [avec subj. seul] Ter. *Ad.* 249 ; Cic. *Att.* 7, 14, 3 ‖ [abs*t*, en incise] **quaeso, quaesumus**, je t'en prie, je vous en prie, de grâce, nous vous en prions : Cic. *Att.* 7, 10, 10 ; *Verr.* 4, 102 ; *Mil.* 23 ; *Rep.* 1, 61 ; *Leg.* 1, 6 ‖ [sorte d'interj.] **quaeso**, je te le demande, voyons : Cic. *Fam.* 3, 7, 5.

quaesti, gén., **V.** *quaestus* ►.

quaestĭcŭlus, i, m. (dim. de *quaestus*), petit gain : Cic. *Div.* 2, 34 ; *Fam.* 9, 16, 7.

quaestĭo, ōnis, f. (*quaero*) ¶ 1 recherche : **esse in quaestione alicui** Pl. *Cap.* 253, être cherché par qqn, cf. Pl. *Pers.* 51 ; *Ps.* 663 ¶ 2 interrogatoire : **captivorum** Caes. *G.* 6, 32, 2, interrogatoire des captifs, cf. Cic. *Clu.* 185 ¶ 3 *a)* question, enquête : **quaestio est, oportueritne...** Cic. *Inv.* 2, 79, la question se pose de savoir s'il avait fallu..., cf. Cic. *Inv.* 2, 52 ; *Or.* 181 ; *Top.* 59 ; *Tusc.* 4, 29 ; **in quaestione est** Plin. 11, 57 ; **maximae quaestionis est** Plin. 28, 10, c'est une question, une très grande question ; **quaestionem proponere** Cic. *Fam.* 7, 19, mettre une question sur le tapis ; **magna quaestio est** Cic. *Tusc.* 1, 23, c'est une question importante *b)* question, problème, thème : **infinita** Cic. *de Or.* 2, 134, question indéfinie, d'ordre général, cf. Cic. *Top.* 79 ‖ point de discussion : Cic. *Inv.* 1, 18 ; 2, 15 ¶ 4 enquête judiciaire, information : **quaestionem instituere, constituere de aliqua re** Cic. *Clu.* 181, instituer une enquête sur qqch. ; **habere** Cic. *Clu.* 182, faire l'enquête ; **in aliquem ferre** Cic. *de Or.* 1, 227, intenter une accusation contre qqn ‖ **quaestiones perpetuae**, chambres d'enquête permanentes [connaissant chacune d'un *crimen* particulier et présidées par un préteur ou à défaut par un *quaesitor*] : Cic. *Brut.* 106 ; 264 ; *Clu.* 89 ; 148 ; *Mil.* 13 ; **quaestionem exercere inter sicarios** Cic. *Fin.* 2, 54, présider la chambre d'enquête sur les assassinats, ou **quaestioni praeesse** Cic. *Amer.* 11 ¶ 5 question, torture : **de servis in filii caput quaestionem habere** Cic. *Clu.* 182, soumettre des esclaves à la question pour les faire déposer contre son fils ; **in quaestionem deferre, postulare** Cic. *Clu.* 181, soumettre à la question, réclamer pour la question ; *quaestionem habere ex aliquo* Liv. 33, 28, 6, soumettre qqn à la question ; *quaestionem mortis paternae de servis habere* Cic. *Amer.* 78, mettre à la question des esclaves à propos du meurtre d'un père, cf. Cic. *Phil.* 11, 5.

quaestĭōnālĭtĕr, adv., sous forme de question : Fulg. *Serm.* 16.

quaestĭōnārĭus, ĭi, m. (*quaestio*), bourreau : Cod. Th. 16, 12, 3.

quaestĭōnō, ās, āre, -, ātum (*quaestio* ¶ 5), soumettre à la question, torturer : Cypr. *Ep.* 66, 7, 2.

quaestĭuncŭla, ae, f. (dim. de *quaestio*), petite question : Cic. *de Or.* 1, 102 ; *Leg.* 2, 51.

quaestŏr, ōris, m. (*quaero*), questeur [magistrat romain] ¶ **1** [primit'] fonctionnaires chargés de gérer les deniers publics (gardiens du trésor, *quaestores aerarii*) et de diriger les enquêtes sur les homicides (*quaestores parricidii*) : Varr. *L.* 5, 81 ¶ **2** [sous la République : à Rome, ils ont la garde du trésor public et tiennent la caisse de l'État ; ils accompagnent le gouverneur de province pour l'administration financière et peuvent le suppléer] ‖ [sous l'Empire : les deux *quaestores Caesaris* représentent l'empereur au sénat] : Plin. *Ep.* 7, 16, 2 ; Tac. *An.* 16, 27 ¶ **3** [sous l'Empire chrétien, sorte de chancelier qui rédige et fait signer les décrets] : Cassiod. *Var.* 8, 19, 3 ; *quaestor sacri palatii*, questeur du palais sacré [ministre de la justice, prépare les lois et les réponses aux questions de droit, l'un des membres éminents du conseil impérial] : Cod. Just. 1, 30.
▶ *quaist(or) CIL* 1, 12.

quaestōrĭcĭus, a, um, de questeur : *CIL* 8, 859.

quaestōrĭum, ĭi, n. (*quaestorius*), résidence du questeur en province : Cic. *Planc.* 99 ‖ tente du questeur : Liv. 10, 32, 8 ; 41, 2, 11-12.

quaestōrĭus, a, um (*quaestor*), de questeur : *quaestoria aetas* Cic. *Rep.* 1, 18, âge de la questure [après Sylla, 30 ans] ; *porta quaestoria* Liv. 34, 47, 2, porte du camp voisine de la tente du questeur [mais *quaestorium forum* Liv. 41, 2, 11 n'est dû qu'à une mauv. ponctuation ; lire *quaestorium, forum*] ; *quaestorius legatus* Cic. *Verr.* 1, 56, légat tenant la place d'un questeur ‖ m. pris subst' **quaestōrĭus**, ĭi, ancien questeur : Cic. *Brut.* 263 ; *Phil.* 13, 30.

quaestŭārĭus, a, um (*quaestus*), dont on trafique : Dig. 3, 2, 4, 2 ‖ qui se vend : Dig. 23, 2, 43, 7 ; [d'où] **quaestuaria**, ae, f., prostituée : Sen. *Ben.* 6, 32, 1 ‖ ouvrière salariée : Hier. *Ep.* 14, 11.

quaestuis, v. *quaestus* ▶.

quaestŭōsē, adv. (*quaestuosus*), [seul' au compar. *quaestuosius* Plin. 19, 56 et au superl. *quaestuosissime* Sen. *Ben.* 4, 3, 3] avec du bénéfice, avantageusement.

quaestŭōsus, a, um (*quaestus*) ¶ **1** lucratif, avantageux : Cic. *Tusc.* 5, 86 ; *quaestuosissima officina* Cic. *Phil.* 2, 35, atelier des plus lucratifs ; *benignitas quaestuosior* Cic. *Agr.* 1, 10, indulgence plus profitable ; *alicui* Cic. *Verr.* 2, 46, avantageux pour qqn ¶ **2** qui cherche le gain : *homo* Cic. *Par.* 49, homme âpre au gain, cf. Plin. 26, 12 ¶ **3** qui gagne beaucoup, qui s'enrichit, riche : Curt. 4, 7, 19 ; Tac. *An.* 12, 63 ; 13, 35.

quaestūra, ae, f. (*quaestor*) ¶ **1** questeur [charge, fonction de questeur] : Cic. *Verr. prim.* 11 ; Mur. 18, 2 ▶ *quaestus CIL* 3, 797].

quaestŭs, ūs, m. (*quaero*) ¶ **1** recherche : Gell. 16, 19, 6 ¶ **2** acquisition, gain, bénéfice : *ad quaestus pecuniae habere vim magnam* Caes. *G.* 6, 17, 1, avoir une grande influence pour les gains d'argent, cf. Cic. *Tusc.* 5, 9 ; *quaestus ac lucrum unius agri et unius anni* Cic. *Verr.* 3, 106, le gain et le profit provenant d'un seul territoire, pendant une seule année ; *habere quaestui rem publicam* Cic. *Off.* 2, 77, trafiquer de l'État ; *quaestum facere ex aliqua re* Cic. *Font.* 17, tirer un profit de qqch. (*in aliqua re* Cic. *Fam.* 15, 14, 1) ; *sibi quaestum instituere* Cic. *Quinct.* 12, se fixer, se proposer comme but le gain ; *Romae pecuniam in quaestu relinquere* Cic. *Pomp.* 37, laisser de l'argent à Rome pour le faire valoir ; *in quaestu esse* Quint. 1, pr. 13, rapporter, procurer du bénéfice ‖ *meretricius* Cic. *Phil.* 2, 44, trafic (métier) de courtisane ; *corpore quaestum facere* Pl. *Poen.* 994, faire commerce de son corps, cf. Liv. 26, 33, 8 ; Tac. *An.* 2, 85 ; [sans *corpore*] Ter. *Haut.* 640 ; *And.* 79 ‖ *facere quaestum carcerarium* Pl. *Cap.* 129, faire le métier de geôlier.
▶ formes arch. gén. *quaestuis* Varr. d. Non. 483, 32 ; *quaesti* Pl. *Poen.* 95 ; Ter. *Hec.* 735 ‖ dat. *quaestu* Pl. *Ru.* 294.

quaesŭmus, v. *quaeso*.

quālĭbet (-lŭbĕt), adv. ¶ **1** par qq. endroit que ce soit, partout : Pl. *Most.* 809 ; Quint. 5, 13, 13 ¶ **2** par tous les moyens : Catul. 40, 6.

quālis, e (1 *quis*, cf. *talis*, πηλίκος ; fr. *quel*) ¶ **1** interr. dir. et indir., quel, quelle ; de quelle sorte, de quelle espèce, de quelle nature : *qualis ista philosophia est ?* Cic. *Fin.* 2, 27, quelle espèce de philosophie est-ce là ? ; *qualem illam feminam fuisse putatis ?* Cic. *Verr.* 4, 102, quelle espèce de femme était-ce à votre avis ? ; *constituam quid et quale sit id de quo quaerimus* Cic. *Fin.* 1, 29, j'établirai l'objet de notre enquête et sa nature ¶ **2** rel. [avec *talis* exprimé ou s.-ent.] tel que : *(oratorem) talem informabo, qualis fortasse nemo fuit* Cic. *Or.* 7, je représenterai un idéal de l'orateur tel que peut-être personne ne l'a réalisé ; *ad aperta somnia veniamus, quale est de...* Cic. *Div.* 2, 135, venons-en à des songes clairs, comme celui qui concerne... ; *in hoc uno crudelissimo bello, quale bellum nulla umquam barbaria cum sua gente gessit* Cic. *Cat.* 3, 25, dans la guerre actuelle qui est de toutes la plus cruelle, une guerre comme jamais horde barbare n'en fit à sa propre nation ‖ [poét.] [avec le sens d'un adv.] ainsi, pareillement : *qualis... Philomela* Virg. *G.* 4, 511, telle Philomèle... ; ainsi Philomèle..., cf. Virg. *En.* 3, 679 ; 4, 143 ; Ov. *Am.* 2, 5, 35 ; *M.* 3, 682 ‖ *quale* [n. adv.], comment : *quale est quod* [avec indic.] Tert. *Marc.* 3, 15, 3, comment est-ce que... ? ¶ **3** exclam., quel ! : *qualis patronus justitiae fuit* Cic. *Lae.* 25, quel avocat de la justice il fut ! ¶ **4** indéf. [phil., cf. ποῖος] ayant telle ou telle qualité : *prius aliquid debet esse, deinde quale esse* Sen. *Ep.* 117, 28, une chose doit avoir d'abord l'existence puis avoir des qualités ; *qualia* Cic. *Ac.* 1, 28, les qualités.

quāliscumquĕ, *quālĕcumquĕ* ¶ **1** [rel.] quel (quelle)... que, de quelque nature que : *homines benevoli, qualescumque sunt* Cic. *Att.* 14, 14, 5, les hommes obligeants quels qu'ils puissent être ; *illud quod est, qualecumque est, probat* Cic. *Brut.* 193, ce qui se présente, quelle qu'en soit la qualité, il l'approuve ; *qualescumque summi civitatis viri fuerint, talem civitatem fuisse* Cic. *Leg.* 3, 31, [on constate] que quels qu'aient été les premiers d'une cité, la cité a été semblable ¶ **2** [indéf.] n'importe quel, quel qu'il soit, quelconque : *sin qualemcumque locum sequimur* Cic. *Fam.* 4, 8, 2, mais si nous cherchons le premier endroit venu, cf. Cic. *Att.* 9, 6, 4 ; Liv. 38, 9, 2 ; Tac. *An.* 11, 4 ; *H.* 4, 8.
▶ tmèse : *quale id cumque est* Cic. *Nat.* 2, 76.

quālislĭbĕt, *quālĕlĭbĕt*, indéf., n'importe quel, tel qu'on voudra : Cic. *Nat.* 2, 93.

quālisnam, *quālĕnam*, interr., de quelle sorte donc : Apul. *Apol.* 2.

quālisquālis, v. *qualiscumque* : Dig. 4, 9, 7, 4.

quālĭtās, ātis, f. (*qualis*), qualité, manière d'être (ποιότης) : Cic. *Ac.* 1, 24 ; *Nat.* 2, 94 ‖ *caeli* Quint. 5, 9, 15, la nature du climat ‖ mode [des verbes] : Quint. 1, 4, 27 ‖ la nature [de Dieu], ses qualités : Tert. *Apol.* 47, 5.

quālĭtātīvus, a, um (*qualitas*), qualitatif : Isid. 2, 29, 4.

quālĭtĕr (*qualis*) ¶ **1** interr., de quelle manière : Col. 1, 4, 6 ; Mart. 5, 7, 1 ¶ **2** rel., ainsi que, comme : Plin. 8, 193 ; Ov. *Am.* 1, 7, 57 ¶ **3** *qualiter qualiter* Dig. 9, 2, 7, 1, de n'importe quelle manière ¶ **4** [tard.] que [avec indic. ou subj. au lieu de prop. inf.] : Vulg. *1 Macc.* 4, 9.

quālĭtercumquĕ ¶ **1** rel., de qq. manière que : Col. 2, 10, 2 ¶ **2** indéf., de n'importe qu'elle manière, de qq. manière que ce soit : Col. 11, 3, 34.

quālĭtĕr quālĭtĕr, v. *qualiter*.

quālŭbet, v. *qualibet*.

qualum

quālum, *i*, n., Cat. *Agr.* 12, 5 ; 23, 1 ; Col. 7, 3, 9 et **quālus**, *i*, m. (cf. *quasillum, quatio*), Cat. *Agr.* 51, 1 ; Virg. *G.* 2, 241 ; Hor. *O.* 3, 12, 4, corbeille, panier.

quam, adv. (*tam*, pél. *pam*, cf. arch. *quamde*, ombr. *pane*, arm. *k'an* ; roum. *ca*).
I [interr.-exclamatif] ¶ **1** combien, à quel point, à quel degré : *quam nihil non consideratum exibat ex ore !* Cic. *Brut.* 265, comme rien qui ne fût réfléchi ne sortait de sa bouche ! [= comme tout ce qui sortait de sa bouche était réfléchi !] ; *haec tota fabella quam est sine argumento !* Cic. *Cael.* 64, toute cette petite comédie, combien elle est dépourvue d'artifice ! ; *videte quam non inimico animo sim acturus* Cic. *Verr.* 5, 9, voyez avec quelle absence d'animosité je plaiderai [= combien ma plaidoirie sera dépourvue d'animosité] ; *vide quam ad me litterae non perferantur* Cic. *Fam.* 2, 10, 1, vois à quel point les lettres ne viennent pas jusqu'à moi ; *quam non multi* Cic. *Brut.* 270, combien peu nombreux ; [très éloigné de l'adj.] *(videre) quam sit genus hoc eorum, qui sibi eruditi videntur, hebes atque impolitum* Cic. *de Or.* 2, 133, (voir) à quel point cette manière (méthode) de gens qui se croient des savants est dépourvue de finesse et d'art || [postclass.] *quam magnus* ▶ *quantus*, combien grand : Vitr. 4, 3, 9 ; Sen. *Ep.* 22, 12 ; Luc. 6, 148 ; Cypr. *Ep.* 75, 24 ; ▼ *quammagnuscumque* ¶ **2** combien peu [sans adj. ni adv.] : Cic. *de Or.* 2, 180 ; *Sull.* 33.
II [en corrél.] ¶ **1** [avec *tam*] *tam... quam*, autant... que... ; *non tam... quam* Cic. *Top.* 2, non pas tant... que, moins... que, cf. Cic. *Dej.* 8 ; *non tam multum in istis rebus intellego quam multa vidi* Cic. *Verr.* 4, 94, en ces matières je suis moins un connaisseur qu'un homme qui a beaucoup vu, cf. *quot* || [ellipse de *tam*] *homo non quam isti sunt gloriosus* Liv. 35, 49, 7, homme moins vaniteux que ces gens-là, cf. Liv. 24, 23, 9 || *tam consimilis est quam potest* Pl. *Men.* 1063, il est aussi ressemblant que possible ; [sans *tam*] *quam potuit* Val.-Max. 4, 1, 5, autant qu'il a pu ; *quam poterat clara voce* Val.-Max. 6, 4, 1, avec une voix aussi éclatante qu'il pouvait || [avec superl.] *civitatem, quam minimam potuit, effecit* Cic. *Rep.* 2, 52, il a fait la cité la plus petite qu'il a pu ; *quam maxime poterit* Cic. *Inv.* 2, 20, le plus qu'il pourra || [surtout sans *possum*] *quam saepissime* Cic. *Div.* 2, 150, le plus souvent possible ; *quam primum* Cic. *Cat.* 3, 8, le plus tôt possible ; *quam plurimis prodesse* Cic. *Div.* 2, 1, être utile au plus grand nombre possible || *tam gratum mihi id erit quam quod gratissimum* Cic. *Fam.* 13, 3, cela me fera le plus grand plaisir du monde ; *tam sum amicus rei publicae quam qui maxime* Cic. *Fam.* 5, 2, 6, je suis attaché à l'intérêt public autant que personne au monde || *quam magis... tam magis* Pl. *Bac.* 1091, plus... plus ; [ellipse de *tam*] *quam magis... magis* Virg. *G.* 3, 309, plus... plus ; *tam magis... quam magis* Virg. *En.* 7, 787, d'autant plus... que ; *quam quisque pessume fecit, tam maxume tutus est* Sall. *J.* 31, 14, plus ils se conduisent mal pour leur part, plus ils sont en sécurité, cf. Cat. *Agr.* 65, 1 ; Varr. *R.* 2, 9, 12 || *quam = tam* [plus une partic. de coordination] : *quam facile accipiter...* Virg. *En.* 11, 721 ; *tam autem*, or c'est d'une manière aussi facile que l'épervier..., cf. Virg. *En.* 6, 309 ¶ **2** [en corrél. avec *tantus tanti tanto* ; v. ces mots]cf. Cic. *Mil.* 58 ; *Lig.* 15 ; Liv. 7, 15, 10 ; 26, 1, 3 ¶ **3** [avec *sic*] *quam multa grandine nimbi crepitant, sic densis ictibus...* Virg. *En.* 5, 458, aussi drue est la grêle que les nuages font crépiter, aussi pressés sont les coups dont... ¶ **4** [avec compar. ou l'expression d'une idée comparative] *magis quam*, plus que ; *potius quam*, plutôt que : *esse quam videri bonus malebat* Sall. *C.* 54, 5, il aimait mieux être homme de bien que le paraître ; *majorem pecuniam polliceri quam quantam hic dedisset* Cic. *Verr.* 2, 70, promettre une somme plus forte que celle que celui-ci avait donnée ; *plus quam quantum* Cic. *de Or.* 1, 167, plus que la quantité que ; *plures quam quot* Liv. 35, 12, 14, plus que le nombre qui || *ex quo judicari potest virtutis esse quam aetatis cursum celeriorem* Cic. *Phil.* 5, 48, par quoi l'on peut juger que le mérite a un cours plus rapide que l'âge ; *his quam physicis potius credere* Cic. *Div.* 2, 37, croire plutôt ceux-ci que les physiciens, cf. Cic. *Off.* 1, 75 || *libentius quam verius* Cic. *Mil.* 78, avec plus d'empressement que de vérité || *quam* non exprimé, ▼ *amplius, minus, plus, major, minor* || *major quam ut, quam qui* [avec subj.], trop grand pour, ▼ *ut, 1 qui* || *duriorem condicionem statuere alicui quam ferre possit* Cic. *Rab. Post.* 15, fixer à qqn des conditions plus dures qu'il ne pourrait le supporter, cf. Cic. *Verr.* 4, 27 ; *Clu.* 175 ; Nep. *Att.* 1, 3 || *major Romanis quam pro numero jactura fuit* Liv. 21, 59, 9, les Romains subirent une perte plus grande que ne le ferait supposer ce nombre || [idée comparative non exprimée] *claris majoribus quam vetustis* Tac. *An.* 4, 61, avec des aïeux plus illustres qu'anciens ; *pacem quam bellum probare* Tac. *An.* 1, 58, approuver la paix plutôt que la guerre, cf. Tac. *G.* 6 ; *H.* 3, 60 ; 3, 70 ; 4, 55 ; *An.* 3, 17 ; 13, 6 ¶ **5** [avec *aeque, alius, aliter, alibi, contra, secus, supra, ultra, dissimilis, diversus*, v. ces mots] ¶ **6** [avec des noms de nombre et des noms multiplicatifs] *dimidium quam quod acceperat* Liv. 35, 1, 2, la moitié de ce qu'il avait reçu, cf. Liv. 45, 18, 7 ; *duplex stipendium quam quantum* Liv. 34, 19, 4, une solde double de celle que ; ▼ *multiplex* ¶ **7** [expr. temporelles *postridie quam, postero die quam* ; v. ces mots] *post diem sextum quam*, six jours après que, ▼ *post*, *die vicensimo quam* Liv. 6, 29, 10, vingt jours après que ¶ **8** *quam* [devant des adv. ou adj. ; aucune corrél. s.-ent.] *quam familiariter* Ter. *And* 136, tout à fait familièrement, cf. Cic. *Att.* 14, 9, 2 ; *quam magni aestimare* Cic. *Att.* 7, 15, 2, mettre au plus haut prix ; *quam multa* Cic. *Verr.* 3, 206, de très nombreuses choses, cf. Cael. *Fam.* 8, 15, 2 ¶ **9** [phrase nominale avec les adv. *mire, admodum, nimis, sane, valde, oppido* suivis de *quam*, v. Gaffiot *Vrai Latin* p. 39, sqq] *mire quam* Cic. *Att.* 1, 11, 3, étonnamment ; *admodum quam saevus* Pl. *Amp.* 541, tout à fait brutal ; ▼ *sane, valde, oppido, nimis*.

quāmdĕ, arch., ▣ ▶ *quam* : Enn. *An.* 97 ; 136 ; Lucr. 1, 640, cf. Fest. 312, 32.

quamdĭū (quandĭū) ¶ **1** adv. interr., depuis combien de temps ? : Pl. *Cap.* 980 ; pendant combien de temps ? : Cic. *Cat.* 1, 1 ¶ **2** rel., aussi longtemps que : Caes. *G.* 1, 17, 6 ; Cic. *Off.* 1, 2 ; [avec tmèse] *quam voluit diu* Cic. *Q.* 1, 1, 21, aussi longtemps qu'il a voulu ¶ **3** [tard.] chaque fois que : Vulg. *Matth.* 25, 40.

quamdĭūcumquĕ (-cunquĕ), rel. indéf., qq. longtemps que : Aug. *Civ.* 10, 30.

quamdūdum, adv. interr., depuis combien de temps ? : Pl. *Amp.* 685 ; Ter. *Eun.* 697 ; Cic. *Att.* 14, 12, 3.

quamlĭbĕt (-lŭbĕt) ¶ **1** adv., autant qu'on veut, qu'on voudra ; à loisir, à discrétion : Lucr. 2, 541 ; Cael. *Fam.* 8, 10, 3 ; Plin. *Ep.* 2, 14, 6 ; Quint. 2, 4, 32 ¶ **2** conj., à qq. degré que : *quamlibet custodiatur* Quint. 12, 29, [la feinte] avec qq. soin qu'on la dissimule, cf. Quint. 1, 1, 18 ; 1, 12, 5, cf. *quamvis*.

quammagnuscumquĕ, *acumquĕ, umcumquĕ*, aussi grand qu'on voudra : Fav. 19 ; ▼ *quam* I ¶ 1 (fin).

quammaxĭmē, ▼ ▶ *quam*.

quam multi, ▼ ▶ *quam* II ¶ 1.

quămŏbrem ou **quăm ŏb rem** ¶ **1** [interr.] pourquoi ? : Cic. *Verr.* 5, 75 ; *cum quaereret quamobrem Ariovistus non decertaret* Caes. *G.* 1, 50, 4, comme il demandait pourquoi Arioviste ne livrait pas un combat décisif ¶ **2** [rel.] *multae sunt causae quamobrem* Ter. *Eun.* 145, il y a plusieurs raisons pourquoi ; *illud est, quamobrem haec commemorem, quod... volo* Cic. *Verr.* 4, 135, la raison que j'ai de mentionner ces choses, c'est que je veux... ; *multa mihi veniebant in mentem quam ob rem... putarem* Cic. *Fam.* 3, 10, 1, plusieurs réflexions me venaient à l'esprit me donnant à croire que... ¶ **3** [coordination] c'est pourquoi : Cic. *Flac.* 65.

quamplūres, f. l. pour *complures*.

quam plūrĭmi, etc., ▼ ▶ *quam*.

quam prīdem, depuis combien de temps, ▼ ▶ *pridem*.

quam prīmum, adv., aussitôt que possible, ▼ ▶ *quam*.

quamquăm (quanq-), (quamquam), à qq. degré que, de qq. quantité que, cf. *ut ut* (fr. *cancan*).
I [conj.] quoique, bien que [avec indic.] : Cic., Caes., Sall., Liv. ‖ [avec subj. potentiel] *quamquam sint...* Cic. *Tusc.* 5, 85, quoiqu'ils puissent être..., cf. Cic. *Or.* 183 ‖ [avec le subj. de concession] *quamquam putem* Nep. *Att.* 13, 6, à qq. degré que je croie, quoique je croie, cf. *Cic. *Mur.* 20 ; Cic. *Or.* 172 ; Virg. *En.* 6, 394 ; Liv. 36, 34, 6 ; Tac. *Agr.* 3 ‖ devant un part. ou un adj., *omnia illa... quamquam expetenda* Cic. *Fin.* 5, 68, toutes ces choses... quoique dignes d'être recherchées, cf. Sall. *J.* 43, 1 ; Liv. 4, 53, 1 ; 8, 13, 6 ; 31, 41, 7.
II [coordination] mais, du reste, d'ailleurs : Cic. *Brut.* 62 ; *Or.* 113 ; *Cat.* 1, 22 ‖ *quamquam o!* Virg. *En.* 5, 195, et pourtant, ô! [aposiopèse]‖ [avec prop. inf. dans st. indir.] Liv. 4, 15, 5 ; Tac. *An.* 12, 65.

quamtus, a, um, c. *quantus* : CIL 1, 593, 37.

quamvīs
I [adv.] ¶ 1 autant que tu veux, autant qu'on voudra : *esse quamvis facetum atque salsum non nimis est per se ipsum invidendum* Cic. *de Or.* 2, 228, être enjoué ou plaisant à qq. degré que ce soit, ce n'est pas chose en soi qui soit tellement enviable ; *stultitiam accusare quamvis copiose licet* Cic. *Tusc.* 3, 73, on peut accuser autant qu'on voudra la sottise humaine, cf. Cic. *Tusc.* 1, 47 ; 4, 53 ; *Leg.* 3, 24 ; *Lae.* 17 ; *Rep.* 1, 43 ; 2, 101 ; Caes. G. 4, 2, 4 ‖ [avec superl.] Sen. *Contr.* 3, pr. 9 ; Sen. *Ep.* 66, 4 ; Col. 2, 2, 25 ; 7, 8, 4 ; Quint. 6, pr. 4 ; Tac. *H.* 3, 28 ; Plin. *Ep.* 9, 17, 1 ¶ 2 [avec idée concessive, devant un adj.] je veux bien ; il est vrai, je vous l'accorde : *aliqua ratione quamvis falsa, modo usitata* Cic. *Verr.* 3, 224, avec un système de défense, mal fondé, je le veux bien, du moins en usage, cf. Cic. *Phil.* 2, 116 ; *Fam.* 3, 6
II [conj.] ¶ 1 [avec subj.] à qq. degré que : Pl. *Bac.* 82 ; *Trin.* 554 ; Cic. *Rep.* 1, 10 ; *senectus, quamvis non sit gravis* Cic. *Lae.* 11, la vieillesse, si peu pénible qu'elle soit, cf. Cic. *Lae.* 97 ; *Att.* 16, 7, 2 ; *Verr.* 3, 209 ‖ quoique : Cic. *Verr.* 5, 168 ; *Rep.* 2, 43 ¶ 2 [avec indic.] quoique : Cic. *Rab. Post.* 4 mss ; Nep. *Milt.* 2, 3 ; Virg. *B.* 3, 84 ; *En.* 5, 542 ; Hor. *S.* 1, 3, 129 ; 2, 2, 29 ; Liv. 2, 40, 7 ; Quint. 8, 6, 73 ¶ 3 [tard.] [en tête de phrase] et pourtant : [avec subj.] Cypr. *Ep.* 32, 2 ; [avec indic.] Greg.-M. *Ev.* 1, 1.

quănăm, par quel endroit donc, par où donc : Liv. 5, 34, 7 ‖ par quel moyen donc : Plin. 11, 137.

quandĭŭ, v. *quamdiu*.

quando, adv. et conj. (cf. *quam, quamde, donec* ; fr. *quand*)
I [adv.] ¶ 1 [interrog.] quand, à quelle époque **a)** [dir.] : Cic. *de Or.* 1, 102 ; *Pis.* 49 **b)** [indir.] : Cic. *CM* 38 ; *Or.* 117 ; 205 ; *nescio quando* Cic. *Phil.* 23, à je ne sais quel moment ¶ 2 [indéf.] *aliquando*

parfois [après *num, ne, si*] : Cic. *Lae.* 60 ; 67 ; *Amer.* 37.
II [conj.] ¶ 1 [avec indic.] **a)** [temporelle] quand : *tum, quando... misimus* Cic. *Agr.* 2, 41, à l'époque où nous avons envoyé..., cf. Cic. *Off.* 2, 75 ; Pl. *Men.* 926 [causale] puisque : Pl. ; Ter. ; Cic. *Nat.* 3, 43 ; *Fin.* 5, 67 ; *Tusc.* 4, 34 ; *Off.* 1, 29 ; *Att.* 9, 13, 8 ; Sall. *J.* 102, 9 ; 110, 7 ; Liv. 7, 10, 3 ; 9, 4, 8 ¶ 2 [tard.] [avec subj., opposition] alors que : Tert. *Apol.* 37, 3.
➤ arch. *quandoc* Fest. 310, 34 ; P.-Fest. 311, 1 ; 4 ; Gai. *Inst.* 4, 21.

quandōcumquĕ(-cunquĕ) ¶ 1 [conj.] à qq. moment que, toutes les fois que : Cat. d. Plin. 29, 14 ; Hor. *Ep.* 1, 14, 17 ; 1, 16, 58 ¶ 2 [adv.] à n'importe quel moment, un jour ou l'autre : Ov. *M.* 6, 544 ; *Tr.* 3, 1, 57 ; [avec tmèse] *quando consumet cumque* Hor. *S.* 1, 9, 33, il consumera qq. jour.

quandōlĭbĕt, adv., qq. jour : Lact. *Opif.* 4, 7.

quandōne, ➤ 1 *quandoque* : [adv.] CIL 6, 22276 ; [conj.] CIL 6, 2120.

1 quandōquĕ
I [adv.] ¶ 1 qq. jour, un jour [= *aliquando*] : Cic. *Fam.* 6, 19, 2 ; Liv. 21, 3, 6 ; Tac. *An.* 6, 20 ¶ 2 parfois : *quandoque... quandoque* Sen. *Nat.* 1, 1, 15, tantôt... tantôt.
II [conj.] ¶ 1 [temporelle] ➤ *quandocumque* : Cic. *Rep.* 6, 24 ; Liv. 1, 31, 4 ; 29, 10, 5 ; 39, 24, 1 ; Hor. *P.* 359 ¶ 2 [causale avec indic.] du moment que, attendu que, puisque : Cic. *Caecin.* 54 ; *Verr.* 3, 187 ; Liv. 8, 7, 15 ; 9, 10, 9.

2 quandōquĕ, ➤ et quando : Hor. *S.* 2, 6, 60.

quandōquĭdem, conj., puisque : Cic. *de Or.* 3, 54 ; *Brut.* 163 ; *Or.* 112 ; *Phil.* 2, 31 ; 14, 28 ; *Nat.* 1, 92.

quanquam, v. *quamquam*.

quantī [gén. de prix] v. 1 *quantum*.

quantillus, a, um, exclam. (dim. de *quantulus*), combien petit : Pl. *Poen.* 1167 ; *Truc.* 637 ‖ interr. dir., *quantillo argento...?* Pl. *Ps.* 1192, pour quelle somme minime...?, cf. Pl. *Curc.* 103 ; *Most.* 627 ; interr. indir., Pl. *Cap.* 193.

quantispĕr ¶ 1 [interr.] combien de temps ? : Caecil. *Com.* 52 ¶ 2 [rel.] aussi longtemps que : Pompon. *Com.* 44.

quantĭtās, atis, f. (*quantus*), quantité : Vitr. 1, 2, 2 ; Plin. 17, 219 ; Quint. 7, 2, 6 ‖ somme d'argent : Dig. 16, 2, 11 ‖ [phil.] quantité, étendue d'une proposition : Ps. Apul. *Herm.* 3.

quantō, abl. de *quantum* pris adv^t, [employé avec les compar. ou expr. impliquant comparaison, supériorité] ¶ 1 [interr.-exclam.] combien : *quanto levior est acclamatio!* Cic. *Rab. perd.* 18, combien les acclamations sont plus faibles !, cf. Cic. *Rep.* 4, 1 ; *Clu.* 32 ; *docuisse quanto anteiret* Cic. *Nat.* 2, 153, avoir montré combien il l'emportait, cf. Cic. *Tusc.* 5, 92 ¶ 2 [rel., en corrél. avec *tanto* ou *tantum* exprimé ou s.-ent.] autant... que : *tanto praestitit, quanto*

populus Romanus antecedebat... Nep. *Hann.* 1, 1, il l'emporta autant... que le peuple romain devançait... ‖ [avec compar.] *quanto diutius considero, tanto mihi res videtur obscurior* Cic. *Nat.* 1, 60, plus je réfléchis longtemps, plus la chose me paraît obscure, cf. Cic. *Mil.* 25 ; Caes. G. 5, 44 ‖ *quanto jure potentior intercessio erat, tantum...* Liv. 6, 38, 5, autant l'opposition avait l'avantage sous le rapport du droit, autant... ‖ [rare] *quanto magis tranquilla omnia foris erant, tanto miseriae plebis crescebant* Liv. 6, 34, 1, plus la tranquillité était grande partout à l'extérieur, plus la misère du peuple allait en augmentant ‖ *quanto major (ira), hoc effervescit manifestius* Sen. *Ir.* 1, 1, 5, plus (la colère) est grande, plus elle laisse voir ses bouillonnements ‖ *quanto quis clarior, minus fidus* Tac. *H.* 3, 58, plus une personne était éminente, moins elle inspirait confiance, cf. Tac. *H.* 1, 88 ; 3, 18 ; *An.* 2, 62 ; 13, 13 ; *ceteri, quanto quis servitio promptior, honoribus extollebantur* Tac. *An.* 1, 2, les autres, en proportion de leur promptitude respective à servir, s'élevaient en dignités, cf. Tac. *An.* 6, 26 ‖ [rare] *quanto quis audacia promptus, tanto magis fidus habetur* Tac. *An.* 1, 57, autant on a la promptitude dans l'audace, autant on inspire davantage la confiance, cf. Tac. *An.* 1, 68 ; 3, 46 ; [tour inverse *tanto* et compar., *quanto* sans compar.] Tac. *An.* 3, 5 ; 4, 84 ; 6, 45 ‖ [tard.] *quanto magis* combien plus, à plus forte raison : Tert. *Apol.* 1, 8 ; Aug. *Civ.* 11, 6.

quantōcĭŭs (quanto ocius), au plus vite : Lucin. d. Lact. *Mort.* 48, 10 ; Aug. *Serm.* 314, 1.

quantŏpĕrĕ (quantō ŏpĕrĕ), adv. ¶ 1 interr., combien : Cic. *Tusc.* 3, 6 ; *Att.* 14, 6, 2 ¶ 2 rel. : *tantopere... quantopere* Cic. *de Or.* 1, 164, autant... que.

quantŭlum, i, n. de *quantulus* ¶ 1 [interr.] quelle petite quantité, combien peu **a)** [dir.] Cic. *Agr.* 2, 66 **b)** [indir.] Cic. *Verr.* 3, 3 ¶ 2 [rel., en corrél. avec *tantulum* exprimé ou s.-ent.] aussi peu que : Cic. *Caecil.* 57 ; *de Or.* 1, 133 ¶ 3 indéf., *quantulum quantulum* Apul. *M.* 9, 35, si peu que ce soit, tant soit peu.

quantŭlus, a, um (dim. de *quantus*) ¶ 1 interr., combien petit : Cic. *Ac.* 2, 82 ; *Leg.* 2, 47 ¶ 2 rel. [en corrél. avec *tantulus* exprimé ou s.-ent.], aussi petit que : Gell. pr. 24.

quantŭluscumquĕ (-cunquĕ), ăcumquĕ, umcumquĕ ¶ 1 [rel.] qq. petit que, si petit que [avec indic.] : Cic. *de Or.* 1, 135 ; 2, 97 ‖ n. pris adv^t, si peu que : *quantulumcumque dicebamus* Cic. *Or.* 106, si faible que soit notre talent oratoire ¶ 2 [indéf. n. pris adv^t] en quantité si faible que ce soit : Val.-Max. 1, 5, 6.

quantŭluslĭbĕt, ălĭbĕt, umlĭbĕt, si petit qu'on voudra : Dig. 21, 1, 4.

quantum

1 quantum [n. de *quantus* pris substᵗ] ¶ **1** [interr.-exclam.] quelle quantité combien : *quantum terroris injecit !* Cic. *Verr.* 5, 14, que d'effroi il inspira !, cf. *Tusc.* 1, 15 ; [interr. indir.] *quantum militum transportatum sit...* Liv. 29, 25, 1, combien de soldats furent transportés... ‖ *quanti*, à quel prix : Cic. *Ac.* 2, 120 ; *Fam.* 2, 16, 5 ¶ **2** [rel., en corrél. avec *tantum* exprimé ou s.-ent.] une aussi grande quantité que, autant que : *tribues his voluminibus temporis quantum poteris* Cic. *Off.* 3, 121, tu consacreras à ces livres autant de temps que tu pourras ; *quantum mihi vel fraus inimicorum... vel res publica tribuet otii, ad scribendum potissimum conferam* Cic. *de Or.* 1, 3, tous les loisirs que la malveillance de mes ennemis... ou la vie politique me donneront, je les consacrerai de préférence à écrire, cf. Cic. *Arch.* 14 ; *iis plus frumenti imperabatur quam quantum exararant* Cic. *Verr.* 3, 57, on leur commandait plus de blé qu'ils n'en avaient récolté, cf. Cic. *Verr.* 3, 70 ‖ [avec nuance conséc.] *mihi videris tantum juris civilis scire voluisse quantum satis esset oratori* Cic. *Brut.* 150, tu as voulu, me semble-t-il, savoir de droit civil juste ce qui suffit à l'orateur, cf. Hor. *S.* 1, 6, 27 ‖ [en incise] *quantum importunitatis habent* Sall. *J.* 31, 22, vu leur acharnement ‖ [gén. de prix] *quae mihi tanti aestimanda sunt, quanti vitam aestimo meam* Cic. *Fam.* 15, 21, 2, témoignages que je dois mettre à aussi haut prix que ma propre vie ; *pluris aestimavit quam quanti erat annona* Cic. *Verr.* 3, 195, il évalua à un prix supérieur au cours des blés ; *quanti quanti, bene emitur, quod necesse est* Cic. *Att.* 12, 23, 3, quel que soit le prix, on fait un bon achat quand il est nécessaire ‖ [droit] *quanti ea res est* Dig. 12, 3, 8, (condamner) à la valeur de la chose, au montant du dommage (une fois qu'il aura été évalué) [expr. utilisée pour fixer la condamnation, au terme du procès, au dommage subi par le demandeur] ; *quanti interest alicujus* Dig. 19, 2, 33, (condamner) aux dommages et intérêts.

2 quantum (fr. *quant*), [pris advᵗ] ¶ **1** [interr.] combien : Cic. *Tusc.* 5, 107 ; *Mil.* 34 ; *Tusc.* 3, 58 ; *Brut.* 257 ¶ **2** [rel., en corrél. avec *tantum* exprimé ou s.-ent.] autant que : *quantum in te est* Cic. *Nat.* 3, 15, autant qu'il est en toi, dans la mesure de tes moyens, ou *quantum potes* Cic. *Att.* 9, 7, 7 ‖ *quantum... tantum*, autant... autant : Cic. *Off.* 3, 6 ‖ *quantum opere processerant, tanto aberant ab aqua longius* Caes. *C.* 1, 81, 4, à mesure qu'ils avançaient dans le travail, ils s'éloignaient davantage de l'eau, cf. Liv. 5, 10, 5 ; 25, 47, 11 ; 32, 5, 2 ; Virg. *En.* 12, 20 ; Tac. *An.* 6, 21 ; *H.* 2, 99 ; *quantum a mari recessisset, minus obvium fore Romanum credens* Liv. 21, 31, 2, croyant à mesure qu'il s'écarterait de la mer, il rencontrerait moins les Romains, cf. Liv. 44, 36, 5 ; 40, 22, 2 ; Tac. *An.* 6, 21 ; *quantum juniores patrum plebi se magis insinuabant, eo acrius...* Liv. 3, 15, 2, plus les jeunes patriciens s'insinuaient dans le peuple, d'autant plus âprement, cf. Liv. 44, 7, 6 ‖ [phrase nominale avec les adj. n. *mirum, immane, nimium, immensum* : " étonnante est la quantité dont... " ; v. Gaffiot *Vrai Latin* p. 39 ; ⟨cf.⟩ *quam* II ¶9] *id mirum quantum profuit* Liv. 2, 1, 11, cette mesure fut étonnamment utile ; *nimium quantum* Cic. *Or.* 87, extraordinairement ; ▶ *immanis* ‖ *in quantum*, dans la mesure où, autant que : Tac. *D.* 2 ; Sen. *Ben.* 2, 23, 1 ; Quint. 2, 10, 4 ; Ov. *M.* 11, 71.

quantumcumquĕ, ▶ *quantuscumque*.

quantumvīs ¶ **1** [adv.] autant que tu voudras, qu'on voudra : Suet. *Cal.* 53 ¶ **2** [conj. = *quamvis*] qq. que, à qq. degré que : Hor. *Ep.* 2, 2, 39.

quantus, a, um (*quam*, cf. *tantus* ; it. *quanto*) ¶ **1** [interr.-exclam.] quel [grandeur] ; combien grand : *quantum adiit periculum !* Cic. *Fin.* 2, 56, quel grand danger il a affronté !, cf. Cic. *Phil.* 2, 108 ; *Sest.* 121 ; *quanto illum maerore esse adflictum putatis ?* Cic. *Cat.* 2, 2, mesurez-vous la profondeur du chagrin qui l'a terrassé ?, cf. Cic. *de Or.* 2, 51 ; *quantum facinus ad vos delatum sit, videtis* Cic. *Cat.* 4, 6, vous voyez quel crime affreux vous est dénoncé, cf. Cic. *Dej.* 12 ; *Verr.* 3, 100 ‖ [par modestie] ▶ *quantulus*, combien petit : *quae... me ipsum paenitet quanta sint* Cic. *Or.* 130, et ces qualités... je suis le premier à regretter leur insuffisance ¶ **2** [rel., en corrél. avec *tantus* exprimé ou s.-ent.] m. à m. tel en grandeur [▶ *tantus*], aussi grand que : *quem Euripum tantas, tam varias habere putatis agitationes fluctuum, quantas perturbationes et quantos aestus habet ratio comitiorum ?* Cic. *Mur.* 35, est-il un Euripe, à votre avis, pour avoir des vagues aussi grandes et aussi tourbillonnantes que les bouleversements, les bouillonnements auxquels est sujet le régime des comices ? ; *tanta est inter eos, quanta maxima potest esse, morum distantia* Cic. *Lae.* 74, il y a entre eux une différence de caractères aussi grande qu'elle peut l'être le plus = la plus grande qu'on puisse imaginer ; *pollicitus est quantam vellent pecuniam* Cic. *Verr. prim.* 23, il promit autant d'argent qu'ils voulaient ‖ *quantus non umquam antea, exercitus ad Sutrium venit* Liv. 9, 37, 2, une armée si nombreuse qu'on n'en avait encore jamais vu de telle vint à Sutrium ; *quanta maxime poterat vi perculit* Liv. 9, 10, 10, il frappa avec le plus de force qu'il pouvait, cf. Liv. 10, 40, 8 ; 21, 41, 4 ‖ [en parenth.] *quanta mea sapientia est* Pl. *St.* 119, vu ma grande sagesse, si j'en crois ma... ‖ [en tête de phrase] *quantus Athos...* Virg. *En.* 12, 701, tel (en grandeur) l'Athos... ‖ *quantus quantus = quantuscumque* : *quanta quanta haec mea paupertas est* Ter. *Phorm.* 904, si grande soit la pauvreté dans laquelle je me trouve ; *tu, quantus quantu's* Ter. *Ad.* 394, toi, avec toute ta taille, de la tête aux pieds ‖ pl. *quanti = quot*, combien nombreux, combien : Prop. 1, 5, 10 ; Lact. *Inst.* 3, 19, 23 ; Amm. 31, 4, 11.
▶ *quamtus*.

quantuscumquĕ, ăcumquĕ, umcumquĕ ¶ **1** [rel.] quel... que en grandeur, qq. grand que, si grand que : *eorum bona quantacumque erant* Cic. *Phil.* 5, 22, leurs biens tout considérables qu'ils étaient ‖ ▶ *quantuluscumque* [formule de modestie] : *facultas quae, quantacumque est in me* Cic. *Arch.* 13, le talent qui, si faible qu'il soit en moi, cf. Cic. *de Or.* 2, 122 ‖ n. *quantumcumque* pris advᵗ, dans toute la mesure où : Cic. *Fin.* 1, 10 ¶ **2** [indéf.] de n'importe quelle grandeur (quel qu'il soit en grandeur, qq. grand ou qq. peu grand qu'il soit) : *quantaecumque, de Romanis tamen, victoriae partae fama* Liv. 27, 31, 3, la renommée d'une victoire, sans doute médiocrement importante, mais gagnée sur les Romains ; *unum quantumcumque ex insperato gaudium* Liv. 30, 10 ; 20, un seul motif de joie, faible ? il n'importe, mais inespéré, cf. Liv. 28, 32, 9.

quantuslĭbĕt, ălĭbĕt, umlĭbĕt, aussi grand qu'on voudra, de n'importe quelle grandeur : *quantalibet magnitudo hominis* Liv. 9, 18, 8, une grandeur humaine aussi considérable qu'on voudra ‖ n. *quantumlibet*, autant qu'on voudra : Liv. 39, 37, 14 ; Quint. 12, 6, 4.

quantus quantus, ▶ *quantus* ; *quanti quanti*, ▶ 1 *quantum*.

quantusvīs, ăvīs, umvīs, aussi grand qu'on voudra : Caes. *G.* 5, 18, 4 ; Liv. 26, 42, 4 ‖ [gén. de prix] *ne illud quidem non quantivis... posse proficisci* Cic. *Fam.* 6, 20, 1, cela non plus n'est pas sans importance, de pouvoir partir... ▶ *quantumvis*.

quāproptĕr ¶ **1** adv. **a)** interr. dir., pourquoi : *quapropter ? — quia...* Pl. *Most.* 825, pourquoi ? — parce que... ‖ interr. indir. : [avec indic.] Pl. *Men.* 714 ; [avec subj.] Pl. *Amp.* 86 **b)** [rel.] *quid est quapropter minitamini ?* Pl. *Bac.* 1144, quelle est la raison pour laquelle vous menacez ?, cf. Ter. *Hec.* 733 ¶ **2** conj. de coord., c'est pourquoi : Ter. *Haut.* 357 ; *Ad.* 342 ; Cic. *Caecin.* 34 ; *Phil.* 6, 17 ‖ [tmèse] *qua... propter* Ter. *Hec.* 364.

quāquā, adv. (*quisque*) ¶ **1** [rel.] par quelque endroit que : Pl. *Mil.* 92 ‖ *quaqua tangit* Pl. *Ep.* 674, partout où il touche ¶ **2** [indéf.] dans n'importe quel sens, ▶ *quaquaversus*.

quāquāversus, adv., de tous côtés : Apul. *M.* 4, 6.

quāquĕ, adv., ▶ *usque quaque*.

quārē, adv. (*qua re* ; fr. *car*) ¶ **1** [interr.] **a)** par quoi ?, par quel moyen ? : Ter. *Eun.* 369 **b)** pourquoi ?, pour quelle raison ? : Pl. *Mil.* 1405 ; Cic. *Verr.* 2, 44 ; 3, 71 ; Att.

quater

11, 15, 4 ‖ [indir.] *quare victus sis, quaerere* Cic. *Planc.* 14, chercher pourquoi tu as été battu ¶ **2** [rel.] **a)** par quoi : *permulta sunt quae dici possunt, quare intellegatur...* Cic. *Amer.* 94 [subj. conséc.] il y a un très grand nombre de choses que l'on peut dire, de nature à faire comprendre..., cf. Cic. *Q.* 2, 2, 3 ; *omnia excogitantur, quare non maneatur* Caes. *G.* 5, 31, 5, on imagine tout pour faire ne pas rester ; *multae res eum hortabantur, quare putaret* Caes. *G.* 1, 33, 2, bien des considérations le poussaient à penser..., cf. Caes. *G.* 1, 14, 2 **b)** pourquoi : *quid adfers, quare... putemus ?* Cic. *Amer.* 54, quelle raison apportes-tu pour que nous pensions... ? ; *multa ab Caesare in eam sententiam dicta sunt, quare... non posset* Caes. *G.* 1, 45, 1, César parla longuement en vue d'exposer pourquoi il ne pouvait... ¶ **3** [coord.] c'est pourquoi : Cic. *Off.* 1, 83 ; *Planc.* 16 ; *Clu.* 64 ; *Tusc.* 2, 14 ; *Q.* 1, 1, 38.

Quariātes, *um* ou *ĭum*, m. pl., peuple de la Narbonnaise : Plin. 3, 35.

Quarquēni, *ōrum*, m. pl., peuple d'Istrie : Plin. 3, 130.

Quarquerni, m., ⇨ *Querquerni* : CIL 2, 2477.

1 **quarta**, *ae*, f. (s.-ent. *pars*), le quart : Quint. 8, 5, 19.

2 **Quarta**, *ae*, f. (*quartus*, cf. *Quinta*), nom d'une martyre de Lyon : Greg.-Tur. *Martyr.* 48.

quartădēcĭmāni (dĕcŭ-), *ōrum*, m. pl., soldats de la 14e légion : Tac. *H.* 2, 16.

quartāna febris et abs‹ᵗ› **quartāna**, *ae*, f., fièvre quarte : Cic. *Nat.* 3, 24 ; *Fam.* 16, 11, 1 ; *Att.* 10, 9, 3.

quartānārĭus, *ĭi*, m. (*quartanus*) ¶ **1** qui a la fièvre quarte : Schol. Juv. 9, 11 ¶ **2** qui contient le quart : *Pall. 2, 11.

quartāni, *ōrum*, m. pl., soldats de la 4e légion : Tac. *H.* 4, 37.

quartānus, *a*, *um* (*quartus*), du quatrième jour, ⇨ *quartana febris*.

1 **quartārĭus**, *ĭi*, m. (*quartus*), un quart ; mesure pour les solides et les liquides [le quart du *sextarius*] : Cat. *Agr.* 95, 1 ; Liv. 5, 47, 8 ; Plin. 18, 9.

2 **quartārĭus**, *ĭi*, m., muletier du dernier rang [qui reçoit un quart de paye] : Lucil. d. Fest. 312, 22.

quartātō, adv. (*quartus*), quatre fois : Cat. d. Serv. *En.* 3, 314.

quarte, ⇨ *quartus*.

quartĭceps, *cĭpis* (cf. *princeps*), quatrième : Varr. *L.* 5, 47.

Quartilla, *ae*, f. (dim. de 2 *Quarta*), nom de femme : CIL 6, 10215 ; Petr. 16, 3.

Quartīnus, *ĭi*, m., nom d'homme : CIL 10, 5824.

quartō, adv. (*quartus*) ¶ **1** en quatrième lieu : Varr. d. Gell. 10, 1, 3 ¶ **2** pour la quatrième fois : Ov. *F.* 2, 823.

quartōcērĭus, *ĭi*, m. (*quartus, cera*), celui qui est au quatrième rang : Cod. Just. 12, 24, 7.

quartōdĕcĭmānus, *a*, *um*, du quatorzième jour : Cassiod. *Eccl.* 9, 38.

1 **quartum**, *i*, n. (*quartus*), le quart : Col. 3, 3, 4.

2 **quartum**, adv., pour la quatrième fois : Cic. *CM* 10, cf. Gell. 10, 1, 6.

1 **quartus**, *a*, *um* (*quattuor*, cf. *quintus* ; fr. *quart*), quatrième : Cic. *Fin.* 2, 47 ; *Phil.* 5, 28 ; *quarta pars copiarum* Caes. *G.* 1, 12, 2, le quart des troupes ; *quartus ab Arcesila* Cic. *Ac.* 2, 16, le troisième après Arcésilas ; *quartus pater* Virg. *En.* 10, 619, trisaïeul ; *die quarto* Cn. Mat. d. Gell. 10, 24, 10, il y a quatre jours [dans le passé] ; *die quarte = quarto* Pompon. *Com.* 77 (Gell. 10, 24, 5, dans quatre jours [avenir] ‖ *per legem Falcidiam retinere quartam (partem hereditatis)* Dig. 36, 1, 53, retenir (de la part de l'héritier) la quarte falcidienne [contre les légataires ; v. *Falcidius*] ‖ [chrét.] *quarta feria* Tert. *Jejun.* 2, 3, mercredi.

2 **Quartus**, *i*, m., nom d'homme : CIL 6, 1700.

quartusdĕcĭmus (quartus decimus), *a*, *um*, quatorzième : Cic. *Brut.* 72 ; Tac. *An.* 1, 70.

quăsĕ, quăsei, ⇨ *quasi* ►.

quăsī (*quam si*, cf. *magis... quasi* Pl. *Aul.* 231, "plus que si" ; *plus... quasi* Pl. *Mil.* 482) ¶ **1** [conj.] comme si **a)** [subj.] Cic. *Off.* 3, 39 ; *Fam.* 3, 7, 3 ; sous prétexte que : Tac. *An.* 15, 71 ‖ [en corrél. avec *sic, ita, perinde, proinde, itidem*] Cic. *Tusc.* 1, 8 ; Verr. 5, 182 ; Quinct. 83 ; *Rep.* 1, 9 ; Pl. *Ru.* 660 ; *eodem loco quasi* Cic. *Leg.* 2, 53, dans la même situation que si ‖ [tard.] comme, dans la pensée que : Hier. *Ep.* 128, 4 **b)** [avec part.] *sic avide... quasi cupiens* Cic. *CM* 26, aussi avidement que si je désirais **c)** ⇨ *ut* [marquant la comparaison], comme : *quasi... sic* Cic. *Div.* 1, 127, de même que... de même ¶ **2** [adv.] **a)** [atténuation] en qq. sorte, pour ainsi dire : Cic. *Brut.* 66 ; 259 ; *Nat.* 2, 12 ; *Or.* 55 **b)** environ : Pl. *Cap.* 20 ; Ter. *Haut.* 145 ; Cic. *Verr.* 1, 22 ; *Ac.* 2, 82 ; Sall. *J.* 50, 3 **c)** *quasi... quasi* Spart. *Get.* 4, 5, mi-... mi-.

► arch. *quansei* CIL 1, 585, 27 ; *quasei* CIL 1, 582, 13 ; *quase* Quint. 1, 7, 24.

quăsillārĭa, *ae*, f. (*quasillum*), fileuse : Petr. 132, 3.

quăsillārĭus, *ĭi*, m., fabricant de corbeilles : Gloss. 3, 461, 74.

quăsillum, *i*, n. (dim. de *qualum*), corbeille à laine : Cic. *Phil.* 3, 10 ; Tib. 4, 10, 3 ; Prop. 4, 7, 41.

quăsillus, *i*, m., corbeille [en gén.] : Cat. *Agr.* 133, 3 ; ⇨ *quasillum*.

quassābĭlis, *e* (*quasso*) ¶ **1** qui peut être ébranlé : Luc. 6, 22 ¶ **2** qui ébranle, qui secoue : Th.-Prisc. 2, 11.

quassābŭlum, *i*, n. (*quasso*), ⇨ *pulsabulum* : *Apul. *Flor.* 15, 9.

quăssābundus, f. l. pour *cassabundus* : *Macr. *Sat.* 5, 21, 16.

quassātĭo, *ōnis*, f. (*quasso*), action de secouer, secousse, ébranlement : Liv. 22, 17, 3 ; Sen. *Ep.* 95, 17 ; *Nat.* 3, 15, 4 ‖ percussion, coups : Arn. 7, 237.

quassātĭpennae, f. (*anates*), qui secouent les ailes : *Varr. *Men.* 489.

quassātūra, *ae*, f. (*quasso*), contusion : Plin. Val. 4, 5.

quassātus, *a*, *um*, part. de *quasso*.

quassō, *ās*, *āre*, *āvī*, *ātum* (fréq. de *quatio* ; fr. *casser*) ¶ **1** tr. **a)** secouer, agiter fortement : Enn. *An.* 517 ; *caput* Virg. *En.* 7, 292, secouer la tête ; *hastam* Virg. *En.* 12, 94, brandir une lance **b)** frapper violemment, ébranler, battre en brèche, endommager : Virg. *En.* 1, 551 ; Ov. *Tr.* 2, 83 **c)** [fig.] ébranler, affaiblir : *quassata res publica* Cic. *Sest.* 73, l'État ébranlé ‖ troubler, jeter dans la confusion : Sil. 8, 593 ¶ **2** intr., branler, trembler : *capitibus quassantibus* Pl. *Bac.* 305, avec le chef branlant, cf. Virg. *G.* 1, 74.

1 **quassus**, *a*, *um* ¶ **1** part. de *quatio* ¶ **2** adjᵗ, fracassé, mis en pièces : Pl. *Curc.* 396 ; Hor. *O.* 4, 8, 32 ; Liv. 25, 3, 11 ; 26, 51, 9 ‖ [fig.] brisé, tremblant [voix] : Curt. 7, 7, 20 ; *quassa (littera) quodammodo* Quint. 12, 10, 29, lettre au son de qq. sorte brisé ; *anima quassa malis* *Sen. *Herc. f.* 1309, âme brisée par le malheur.

2 **quassŭs**, abl. *ū*, m., secousse : Pacuv. d. Cic. *Tusc.* 2, 50.

quătĕfăcĭō, *ĭs*, *ĕre*, *fēcī*, *factum* (*quatio, facio*), tr., ébranler [fig.] : Cic. *ad Brut.* 1, 10, 4.

quătĕnŏs, ⇨ *quatenus* ►.

quătĕnŭs, adv. (2 *qua*, 1 *tenus*) ¶ **1** jusqu'à quel point, à quel degré [seulᵗ dans l'interrog. indir.] : *in omnibus rebus videndum est quatenus* Cic. *Or.* 73, en toute chose, il faut voir jusqu'où l'on peut aller [où est le degré convenable], cf. Cic. *Lae.* 36 ; *de Or.* 2, 237 ‖ *est quatenus amicitiae dari venia possit* Cic. *Lae.* 61, il y a une limite aux concessions faites à l'amitié ¶ **2** dans la mesure où, en tant que : *quatenus intellegit, putat...* Cic. *Off.* 3, 15, dans la mesure où il comprend, il croit que, cf. Cic. *Fam.* 1, 2, 1 ¶ **3** jusqu'à quand, combien de temps ? : Cic. *Phil.* 14, 14 ¶ **4** conj. causale, puisque [avec indic.] : Lucr. 2, 927 ; 3, 218 ; 3, 424 ; Hor. *O.* 3, 24, 30 ; *S.* 1, 1, 64 ; Ov. *Tr.* 5, 5, 21 ; Plin. *Ep.* 3, 7, 14 ; Tac. *An.* 3, 16 ‖ [tard.] afin que jusque là, afin que [avec subj.] : Aug. *Catech.* 14, 21.

► orth. *quatinus, quatenos* (*quatenoc* mss) Fest. 312, 28 ; P. Fest. 313, 13.

quătĕr, adv. (*quattuor*) ¶ **1** quatre fois : Cic. *Tusc.* 5, 54 ; Virg. *En.* 2, 242 ; *quater*

quater

decies Cic. *Verr.* 1, 100, quatorze fois ; ***ter et quater*** Hor. *O.* 1, 31, 13, trois et quatre fois, plusieurs fois, à plusieurs reprises ; ***terque quaterque beati*** Virg. *En.* 1, 94, ô trois et quatre fois heureux ; ***ter aut quater*** Virg. *G.* 1, 410, trois ou quatre fois ¶ **2** pour la quatrième fois : Amm. 23, 1, 1 ; Spart. *Hadr.* 3, 1.

quătergĕmĭnus, *a, um*, quadruple : Aug. *Civ.* 7, 24.

quăternārĭus, *a, um* (*quaterni*), quaternaire : ***numerus quaternarius*** Plin. 28, 64, le nombre quatre ‖ qui a quatre pieds en tous sens : Col. 11, 2, 28.

quăternātĭo, *ōnis*, f., nature quadruple : Iren. 1, 1.

quăterni, *ae, a*, distr. pl. (*quattuor*), quatre chacun, quatre chaque fois : Cic. *Font.* 9 ; *Verr.* 3, 114 ; ***primam aciem quaternae cohortes ex quinque legionibus tenebant*** Caes. *C.* 1, 83, la première ligne était occupée par des cohortes fournies au nombre de quatre par chacune des cinq légions [quatre par légion, donc vingt] ; ***tribus lectis cenare quaternos*** Hor. *S.* 1, 4, 86, dîner sur trois lits à quatre convives par lit ; ***quaternae centesimae*** Cic. *Att.* 5, 21, 12, intérêt de quatre pour cent (par mois) ‖ quatre à la fois : Varr. *L* 5, 1, 6.

▶ gén. habituel *quaternum* Varr. d. Char. 126, 26 ; Liv. 6, 22, 7 ; Plin. 9, 4.

quăternĭo, *ōnis*, m. (*quaterni* ; fr. *carillon*), le nombre quatre : Capel. 7, 767 ‖ escouade de quatre soldats : Vulg. *Act.* 12, 4 ‖ quatre doubles feuillets de seize pages [une feuille pliée en quatre] : Rufin. *Apol.* 2, 11.

quăternĭtās, *ātis*, f. (*quaterni*), nombre quatre : Aug. *Persev.* 67.

quăternus, *a, um* (*quater* ; fr. *cahier*), sg. du distr., *quaterni* : Mart. 12, 76, 1.

quātĭnus, ▣ *quatenus* ▶.

quătĭo, *is, ĕre, -, quassum* (cf. πάσσω, al. *schütten* ?), tr. ¶ **1 a)** secouer, agiter : [les ailes] Virg. *En.* 3, 226 ; [la tête] Liv. 8, 7, 10 ; [des cymbales] Virg. *G.* 4, 64 ; [des chaînes] Plin. *Ep.* 7, 27, 5 ; ***horror membra quatit*** Virg. *En.* 3, 29, un frisson agite les membres **b)** frapper, ébranler [le sol] : Virg. 8, 596 ‖ ***muros arietibus*** Liv. 38, 7, 4, battre les murs à coups de bélier, cf. Liv. 21, 10, 10 ; Virg. *En.* 2, 610 **c)** bousculer, chasser : Cic. *poet. Nat.* 109 ; ***aliquem foras*** Ter. *Eun.* 358, jeter qqn dehors **d)** brandir : ***securim*** Virg. *En.* 11, 656, brandir une hache ; ***scuta*** Tac. *H.* 2, 22, agiter les boucliers ¶ **2** [fig.] ébranler, agiter, émouvoir, troubler : ***aegritudine quasi tempestate quati*** Cic. *Tusc.* 3, 12, être agité par l'affliction comme par une tempête ; ***mentem*** Hor. *O.* 1, 16, 5, troubler l'esprit ; ***oppida bello*** Virg. *En.* 9, 608, ébranler les villes en guerroyant, cf. Tac. *H.* 4, 28.

quătrĭdŭānus, *a, um*, qui date de quatre jours : Hier. *Ep.* 108, 24.

quătrĭdŭum, ▣ *quadri-*.

quătrīni, ▣ *quadrini*.

quătrĭo, *ōnis*, m., le quatre [aux dés] : Isid. 18, 65.

quattŭŏr (quătŭŏr), indécl. (cf. τέσσαρες, scr. *catvar-as*, rus. *četyre*, bret. *pevar*, al. *vier*, an. *four* ; fr. *quatre*), quatre : Cic., Caes.

quattŭŏrangŭlātĭlis, *e*, qui a quatre angles : Grom. 305, 25.

quattŭordĕcĭēs (-ĭens), [adv.] quatorze fois : Plin. 3, 84.

quattŭordĕcim, indécl. (*quattuor, decem* ; fr. *quatorze*), quatorze : Cic., Caes. ‖ ***quattuordecim ordines***, les quatorze banquettes des chevaliers [au théâtre] [d'où] : ***sedere in quattuordecim ordinibus*** Cic. *Phil.* 2, 44, être assis parmi les chevaliers, être chevalier ; [le mot *ordines* n'étant pas exprimé] ***multis quattuordecim clausi sunt*** Sen. *Ep.* 44, 2, l'accès des quatorze bancs est fermé à beaucoup ; ***in quattuordecim deducere aliquem*** Sen. *Ben.* 3, 9, 2, amener qqn aux quatorze bancs [au rang de chevalier], cf. Poll. *Fam.* 10, 32, 2.

quattŭorprīmi, *ōrum*, les quatre premiers décurions d'une ville municipale : CIL 1, 583, 2 ; 6, 29681.

Quattŭorsignāni, m., épithète des Tarbelli : Plin. 4, 108.

quattŭorvĭrālis, *e*, relatif aux quattuorvirs : CIL 3, 5825.

quattŭorvĭrātŭs, *ūs*, m., charge de quattuorvir : Poll. *Fam.* 10, 32, 2.

quattŭorvĭri, *ōrum*, m. pl., quattuorvirs, quatre magistrats chargés à Rome de l'entretien du pavé : Pompon. *Dig.* 1, 2, 2 ‖ sénateurs des villes municipales et des colonies : Cic. *Clu.* 25.

quāvīs, adv., dans n'importe quelle direction : ***quavis adspergere cunctos*** Hor. *S.* 1, 4, 87, éclabousser tout le monde à droite et à gauche (indifféremment).

quaxo, ▣ *coaxo* : Fest. 312, 21.

-quĕ, conj. copulative enclitique (cf. τε, scr. *ca*, gaul. *eti-c*, celtib. *-cue, -ce*, v. irl. *-ch*, lép. *-pe*), et ¶ **1** [emploi] **a)** ***senatus populusque Romanus***, le sénat et le peuple romains ; ***terra marique***, sur terre et sur mer ; ***jus fasque***, le droit humain et divin ; ***jus vitae necisque***, droit de vie et de mort ‖ ***domi bellique***, en paix comme en guerre ; ***longe lateque***, au loin et au large ; ***ferro ignique***, par le fer et le feu ‖ [lie le dernier d'une série de termes juxtaposés] ***pacem, tranquillitatem, otium concordiamque afferre*** Cic. *Mur.* 1, 1, apporter la paix, la tranquillité, le repos et la concorde, cf. Cic. *Mur.* 2 ; *Fin.* 1, 57 **b)** [le second terme est comme une apposition au premier] ***ad Rhenum finesque Germanorum contendere*** Caes. *G.* 1, 27, 4, se diriger vers le Rhin, c'est-à-dire vers le pays des Germains, cf. Caes. *G.* 1, 33, 2 ‖ et en particulier : Caes. *G.* 1, 17, 5 ; Cic. *Rep.* 2, 43 ; *Tusc.* 4, 54 ‖ et d'une manière générale : Caes. *G.* 4, 27, 1, cf. *omninoque* ; Cic. *Ac.* 1, 15 ‖ et alors, et par suite : Caes. *G.* 7, 11, 1 ; Cic. *Com.* 30 ‖ et même : ***deni duodenique*** Caes. *G.* 5, 14, 4, par dix et même par douze, cf. Cic. *Brut.* 236 ‖ [opposition à une négation] et (au contraire) : Cic. *Tusc.* 1, 71 ; 2, 16 ; 2, 42 ; 3, 6 ; 5, 30 ; *Cat.* 2, 28 ‖ et aussi, et pareillement, ▣ surtout ***itemque*** : Cic. *Off.* 3, 96 ; ***vicissimque*** Cic. *Div.* 1, 9, et pareillement en retour, cf. Cic. *Off.* 3, 35 ‖ [liaison en tête d'une phrase] Cic. *Tusc.* 4, 13 ; CM 11, 73 ; *Nat.* 2, 47 ; *Ac.* 2, 39 ¶ **2** [place] en gén. pas après *ab, ob, sub, apud, a, ad* mais ***exque*** Cic. *Phil.* 3, 38 ; *Off.* 1, 122 ; 2, 80 ou ***ex omnique genere*** ; ***inque*** ou ***in lituraque*** ; ***deque*** ou ***de provinciaque*** ; ***perque*** ou ***per vimque*** ‖ ***contraque, infraque, extraque, sineque*** ‖ en gén. pas après *sic, tunc, nunc, huc, illuc* mais [rare] ***hucque*** Tac. *An.* 13, 37 ; ***tuncque*** Tac. *An.* 14, 15 ‖ ***inprimisque, cum primisque***, et surtout ; ***quam primumque***, et aussitôt que possible ‖ ***propter tot, tantos, tam praecipitesque casus*** Cic. *de Or.* 3, 13, à cause des malheurs si nombreux, si grands et si brusques, cf. *de Or.* 3, 124 ; *Flac.* 5 ; ***tamque*** Cic. *Sest.* 46 ; *Amer.* 139 ; Liv. 36, 20, 4 ¶ **3** [venant après d'autres copules] Cic. *Tusc.* 5, 27 ; *Phil.* 5, 36 ; ***Socrates omnesque Socratici Zenoque et ii qui ab eo erant profecti*** Cic. *Div.* 1, 5, [2 groupes] Socrate et tous les socratiques et Zénon avec tous ses disciples, cf. Cic. *Phil.* 5, 40 ; *Fin.* 4, 79 ‖ ***et... et... multaque*** Cic. *Nat.* 2, 161 ¶ **4 a)** [répété] ***noctesque diesque***, et les nuits et les jours, cf. Pl. *Ru.* 369 ; *Amp.* 7 ; Ter. *Ad.* 301 ; Sall. *J.* 10, 2 ; Liv. 1, 55, 6 ; 22, 26, 5 ; 25, 22, 12 ; ▣ ***susque deque b)*** ***que... et*** au lieu de ***et... et*** : Pl. *Amp.* 5 ; *Cap.* 313 ; Sall. *J.* 26, 1 ; 55, 1 ; 89, 7 ; Ov. *M.* 7, 251 ; 541 ; Liv. 1, 43, 2 ; 2, 59, 7 ; 4, 53, 12 ‖ ***-que... atque*** Virg. *G.* 1, 182 ; Ov. *M.* 4, 429 ; Curt. 5, 6, 17 ; Tac. *H.* 3, 63.

▶ finale allongée à la césure : Virg. *En.* 3, 91.

quĕens, ▣ *queo* ▶.

quĕentia, *ae*, f., pouvoir, faculté : Quint. 2, 14, 2.

quei, arch., ▣ **1** *qui* ▶.

queis et **quīs**, arch., ▣ *quibus* : Lucr., Virg., Sall., Hor.

quĕmadmŏdum (quĕm ăd mŏdum), adv. ¶ **1** [interr.] comment : [dir.] Cic. *Verr.* 5, 68 ‖ [indir.] Cic. *Att.* 8, 12, 6 ; Caes. *G.* 3, 16, 3 ¶ **2** [rel.] **a)** comme, de même que : Caes. *G.* 1, 36, 1 **b)** [en corrél. avec *sic, item, eodem modo, adaeque*] ***quemadmodum... sic*** Cic. *Verr.* 4, 68, de même que... de même, cf. Cic. *Off.* 1, 144 ; *Lae.* 16 ; Q. 2, 15 a, 4 ; *Ac.* 2, 110 ; *Fin.* 2, 89 ; Liv. 4, 43, 5 **c)** [en tête, pour introduire des exemples] ainsi, par exemple : Quint. 2, 5, 20 ; 6, 3, 75 ; 8, 6, 56.

quĕō, *īs, īre, īvī* et *ĭī, ĭtum* (de *nequeo*), pouvoir, être en état de [employé surtout avec une nég.] : [avec inf.] ***barbari quidam ferro decertare acerrume possunt, aegrotare viriliter non queunt*** Cic. *Tusc.* 2, 65, des barbares peuvent se battre à ou-

trance, le fer à la main, et ils ne sont pas en état d'être malades courageusement, cf. Cic. *Rep.* 2, 6 ‖ **queo** Cic. *CM* 32; **non queo** Cic. *Fam.* 14, 1, 5; **non quis** Hor. *S.* 2, 7, 92; **non quit** Lucr. 3, 647; **queunt** Sall. *J.* 44, 5; **queam, queas, queat, queamus, queant; quibam, quibat; quiret** Cic. *Off.* 3, 62; **quivit** Nep. *Att.* 19, 2; **quiverit** Tac. *An.* 1, 66; **quivere** Tac. *H.* 3, 25; **quiverunt** Sall. *J.* 58, 3; **quibo** Pl. *Mil.* 1240 ‖ [pass. avec inf. pass.] *forma nosci non quita est* Ter. *Hec.* 572, les traits n'ont pu être reconnus, cf. Pl. *Pers.* 194; Lucr. 1, 1045.
▶ contr. *quisse* Lucr. 5, 1422 ‖ part. prés. *queens* *Quint. 8, 3, 33; *quiens* Apul. *M.* 6, 5; 9, 40.

Quercens, *tis*, m., nom d'homme : Virg. *En.* 9, 684.

quercĕra, v. ▷ *querquera*.

quercētum, *i*, n., v. ▷ *querquetum* : *Hor. *O.* 2, 9, 7; Prisc. 2, 123, 26.

quercĕus, *a*, *um* (*quercus*; it. *quercia*), de chêne : Tac. *An.* 2, 83.

quercīnus, *a*, *um*, c.▷ *querceus* : Tert. *Cor.* 13, 1.

quercŭs, *ūs*, f. (*perk^w-, cf. *Hercynia*, al. *Föhre*) ¶ 1 chêne [arbre] : Cic. *Leg.* 1, 2; Virg. *En.* 3, 680 ¶ 2 [poét.] le vaisseau Argo : Val.-Flac. 5, 65 ‖ javeline : Val.-Flac. 6, 243 ‖ couronne en feuilles de chêne : Virg. *En.* 6, 772; Ov. *F.* 4, 953; Luc. 1, 358 ‖ gland : Juv. 14, 184.
▶ dat. pl. *quercubus* Serv. *G.* 1, 11 ‖ formes de la 2ᵉ décl. d'après Prisc. 2, 267, 4; 6; Diom. 308, 5 : gén. sg. *querci* Pall. 4, 7, 8; abl. pl. *quercorum* Cic. *Frg.* F. 12.

quĕrēla (-ella), *ae*, f. (*queror*) ¶ 1 plainte, lamentation : Cic. *Lae.* 2; 36 ‖ chant plaintif : Virg. *G.* 1, 378 ¶ 2 plainte, doléances, réclamations : *cui sunt inauditae cum Dejotaro querelae tuae?* Cic. *Dej.* 9, qui ne sait la nature de tes plaintes contre Déjotarus ?; Cic. *Rep.* 2, 46; *querela temporum* Cic. *Fam.* 2, 16, 1, plaintes sur les circonstances, cf. Cic. *Lig.* 25; *Phil.* 5, 1; *civitatis querelae* Cic. *Flac.* 55, plaintes de la cité; *querelae, quae apud me de illo habebantur* Cic. *Q.* 1, 2, 2, les plaintes qu'on exprimait contre lui devant moi ‖ [avec prop. inf.] Quint. 1, 1, 1 ‖ [avec *quod* subj.] plainte de ce que : Liv. 32, 34, 5 ¶ 3 plainte en justice : Val.-Max. 9, 10, 2; Petr. 15, 2; Dig. 2, 8, 10 pr. ¶ 4 [fig.] affection, maladie : Sen. *Nat.* 3, 1, 2; Traj. d. Plin. *Ep.* 10, 18, 1.

quĕrēlans, *tis*, part. prés. de *querelor*.

quĕrella, v. ▷ *querela*.

quĕrēlŏr (-llŏr), *āris*, *ārī*, - (*querela*), intr., se plaindre : Arn.-J. *Psalm.* 76.
▶ forme act. *quĕrēlo*, *āre* Al.-Trall. 2, 23.

quĕrēlōsus, *a*, *um* (*querela*), rempli de plaintes : Porph. Hor. *O.* 3, 21, 2.

quĕrĭbundus, *a*, *um* (*queror*), plaintif : Cic. *Sull.* 30 ‖ qui se plaint : Sil. 13, 583; Val.-Flac. 7, 126.

quĕrĭmōnia, *ae*, f. (*queror*) ¶ 1 plainte, lamentation : Gell. 1, 26, 7 ¶ 2 plainte, doléances, réclamation : *alicujus* Cic. *Cat.* 1, 27, plaintes de qqn; *hujus unius criminis* Cic. *Verr.* 4, 67, la plainte qui relève de ce seul grief; *de aliqua re* Cic. *Verr.* 3, 132, plainte au sujet de qqch.; *nulla umquam inter eos querimonia intercessit* Nep. *Att.* 17, 2, jamais il ne s'éleva entre eux de [sujet de plaintes] querelle ¶ 3 maladie : Cael.-Aur. *Chron.* 1, 1, 43.

quĕrĭmōnĭōsus, *a*, *um* (*querimonia*), qui aime à se plaindre : Isid. 10, 232.

quĕrĭmōnĭum, *ii*, n., c.▷ *querimonia* : Fort. *Mart.* 2, 401.

quĕrĭtŏr, *āris*, *ārī*, - (fréq. de *queror*), intr., se plaindre beaucoup : Tac. *An.* 16, 34; Plin. *Pan.* 29, 3.

quernĕus, Cat. *Agr.* 5, 8; Col. 6, 3, 7 et **quernus**, *a*, *um* (*quercus*), Virg. *G.* 1, 305; *En.* 11, 65; Ov. *F.* 4, 333, de chêne.

quĕrŏlus [tard.], c.▷ *querulus* : Quer. 3.

quĕrŏr, *rĕris*, *rī*, *questus sum* (cf. scr. *śvasiti*, toch. B. *kwäs-*, al. *sausen*), tr., se plaindre ¶ 1 [avec acc.] *suum fatum* Caes. *G.* 1, 39, 4, se plaindre de sa destinée, cf. Cic. *Att.* 5, 8, 2; *ignominiam rei publicae* Cic. *Pomp.* 33, déplorer la honte subie par l'État ‖ [avec *de*] *de Milone per vim expulso* Cic. *Att.* 9, 14, 2, se plaindre que Milon ait été banni par un coup de force, cf. Cic. *Fam.* 1, 9; *Phil.* 2, 6; *Verr.* 4, 113 ‖ [avec prop. inf.] Cic. *Tusc.* 5, 14; *Verr.* 5, 160; [avec *quod*] Cic. *Q.* 3, 7, 4; Nep. *Chabr.* 3, 1, se plaindre de ce que ‖ *cum aliquo* Cic. *Fam.* 3, 10, 7; *apud aliquem* Cic. *Att.* 5, 21, 13, se plaindre à qqn, auprès de qqn; *cum aliquo, quod* Cic. *Ac.* 2, 81, se plaindre à qqn de ¶ 2 faire entendre des plaintes, des sons plaintifs : *dulce queruntur aves* Ov. *Am.* 3, 1, 4, les oiseaux font entendre de douces plaintes, cf. Virg. *En.* 4, 463; *flebile nescio quid queritur lyra* Ov. *M.* 11, 52, la lyre rend je ne sais quel accent plaintif ¶ 3 se plaindre en justice : Plin. *Ep.* 3, 4, 2.

querquēdŭla, *ae*, f., onomat. (fr. *sarcelle*), sarcelle : Varr. *R.* 3, 3, 3; 3, 11, 4.

querquĕra fĕbris et absᵗ **querquĕra**, f. (f. de *querquerus*), [expr.] fièvre avec frisson : Lucil. 1194; Gell. 20, 1, 26; Arn. 1, 48.

Querquernae Ăquae, -quennae, f., ville de Tarraconaise : *Anton. 428 ‖ **Querquerni**, *m.*, habitants de cette ville : Plin. 3, 28.

querquĕrus, v. ▷ *querquera*.

querquĕtŭlānus, *a*, *um* (*querquetum*), qui appartient aux forêts de chênes : *Querquetulanae virae* (= *virgines*) Fest. 314, 11, hamadryades ‖ **Querquetulana porta** Plin. 16, 37, la porte Querquétulane [à Rome, entre le Caelius et l'Esquilin, nommée aussi *Caelimontana*] Atlas II ‖ **Querquĕtŭlāni**, *ōrum*, m. pl., peuple du Latium : Plin. 3, 69 ‖ **Querquĕtŭlānus**, *i*, m., autre nom du mont Caelius, à Rome : Tac. *An.* 4, 65.

Querquĕtŭlārĭa porta, porte de Rome : Fest. 314, 15; P. Fest. 315, 8; v. ▷ *querquetulanus*.

querquĕtum, *i*, n. (*quercus*), chênaie, forêt de chênes : Varr. *R.* 1, 16, 6; Hor. *O.* 2, 9, 7.

querquĕus, c.▷ *querceus* : CIL 6, 6981.

quĕrŭlōsus, *a*, *um* (*queror*), qui se plaint beaucoup : Cassiod. *Var.* 9, 14.

quĕrŭlus, *a*, *um* (*queror*) ¶ 1 plaintif, gémissant, criard [en parl. du ton, d'un son] : [cigale] Virg. *G.* 3, 328; [chèvre] Mart. 7, 31, 3; [voix] Ov. *A. A.* 2, 308; [flûte] Hor. *O.* 3, 7, 30; [trompette] Prop. 4, 3, 20; [gémissement] Ov. *H.* 5, 73 ¶ 2 qui se plaint, grincheux, maussade, morose : Hor. *P.* 173 ‖ *libelli rusticorum queruli* Plin. *Ep.* 9, 15, 1, requêtes de paysans pleines de doléances.

ques, v. ▷ *quis* ▶.

quescumque, v. ▷ *quic-*.

quesdam, pl., c.▷ *quidam* : Acc. *Tr.* 477.

questĭo, *ōnis*, f. (*queror*), [rhét.] plainte, pathétique : Cic. *Or.* 135; *questiones* Cic. *Brut.* 142, passages pathétiques.

questŭōsus, *a*, *um*, plaintif : Isid. 10, 232.

1 **questus**, *a*, *um*, part. de *queror*.

2 **questŭs**, *ūs*, m., plainte, plaintes, gémissements ¶ 1 Cic. *Quinct.* 94; Virg. *En.* 9, 480 ¶ 2 reproche : Luc. 1, 247 ¶ 3 chant plaintif [du rossignol] : Virg. *G.* 4, 515.

1 **quī**, *quae*, *quŏd* (*kʷŏ-ī*, arch. *quoi* CIL 1, 1, cf. *quis, uter, ubi,* scr. *ka-s,* al. *wer*, an. *who*; fr. *qui, que*, it. *chi, che*, esp. *qui, quien*)

I relatif "qui, lequel".
A ¶ 1 indicatif ¶ 2 subjonctif *a)* causale *b)* concessive *c)* finale *d)* consécutive, en corrélation avec *sic, ita, talis, tantus*; *sunt qui, quis est qui*; constr. de *dignus, idoneus, aptus*, voir ces mots; *major quam qui* "trop grand pour que" *e)* consécutive-restrictive.
B ¶ 1 rapport avec l'antécédent *a)* verbe sous-entendu dans la relative *b)* particular. d'accord *c)* attraction du cas *d)* reprise de l'antécédent dans la relative *e)* humilior quam qui *f)* [génitif partitif] *quod navium fuerat; quem voles testium *g)* [abl. de temps] *paucis diebus quibus* ¶ 2 [constr. particul.] *a)* rel. compl. d'un compar. *b)* gén. partitif *c)* rel. sans rapport apparent avec le verbe de la rel. *d)* accord de genre non fait, accord fait avec le sens *e)* accord de nombre suivant l'idée qui se dégage, accord de genre *f)* relative précédant la régissante *g)* ellipse du relatif sujet *h)* emploi du démonstratif au lieu du relatif répété ¶ 3 *a)* relative en apposition *b)* entre parenthèses,

qui

quod saepe fiebat, avec subj.-restrictif, *quod sciam*, avec subj. optatif *quod bonum, faustum felixque sit* **c)** antécédent enclavé **d)** parenthèse, *qui meus amor in te est* "étant donné mon amitié pour toi" ¶ **4** relatif de liaison [= *et is*].
II interr. en fonction d'adjectif.
III indéfini, après *si, nisi, ne, num*.

I [rel.] qui, lequel, laquelle [ayant un antécédent exprimé ou s.-ent., avec lequel il s'accorde en genre et en nombre, et prenant d'autre part le cas voulu par le verbe de la prop. qu'il introduit et qui s'appelle prop. rel.].
A [mode de la rel.] ¶ **1** indic. [expression du fait dépouillé de toute nuance] *mihi librum adtulisti, quo quotidie utor*, tu m'as apporté un livre, dont je me sers tous les jours ¶ **2** subj. [fait présenté subjectivement, avec des nuances diverses ; v. GAFFIOT *Subj. de subord. en latin*] **a)** [causale] du moment qu'il, vu qu'il, puisqu'il, car il : *Antiochus, qui animo puerili esset...* Cic. *Verr.* 4, 65, Antiochus, parce qu'il avait l'âme d'un enfant... ; *o fortunate adulescens, qui... inveneris!* Cic. *Arch.* 24, heureux es-tu, jeune homme, d'avoir trouvé... ! [au rel. peuvent se joindre *quippe, utpote, ut* ; v. ces mots] **b)** [concessive adversative] quoiqu'il, qui pourtant : *egomet, qui sero Graecas litteras attigissem* Cic. *de Or.* 1, 82, moi-même, bien que j'eusse abordé bien tard les lettres grecques ; *quae Cenabi oriente sole gesta essent... audita sunt* Caes. *G.* 7, 3, 3, des faits, qui pourtant s'étaient passés à Cenabum au lever du soleil [à 240 km], furent appris (connus) à... **c)** [finale] afin qu'il, pour qu'il : *illum ex omnibus delegistis, quem... praeponeretis* Cic. *Pomp.* 63, vous l'avez choisi entre tous pour le mettre à la tête de... ; *eripiunt aliis quod aliis largiantur* Cic. *Off.* 1, 43, ils enlèvent aux uns pour donner aux autres **d)** [consécutive] de telle sorte qu'il : *domus est, quae nulli mearum villarum cedat* Cic. *Fam.* 6, 18, 5, c'est une maison telle qu'elle ne le cède à aucune de mes villas ‖ [en corrél. avec *sic, tam, ita, talis, ejusmodi, tantus*] *nemo est tam aversus a Musis, qui non... patiatur* Cic. *Arch.* 20, personne n'est hostile aux Muses au point de ne pas souffrir... (n'est assez... pour...) ; *is es, qui nescias* Cic. *Fam.* 5, 12, 6, tu es homme à ignorer ; *quine (= iine qui)* Hor. *S.* 1, 10, 21 ; Pl. *Mil.* 66 ; **v.** 4 *ne* ‖ *sunt qui* [avec subj.], il y a des gens pour, capables de ; *quis est qui... ?* qu'elle est la personne capable de, qui ose ? : *est qui res tueatur* Cic. *Q.* 1, 3, 3, il y a qqn pour s'occuper des affaires ; *non suppetet nobis, quod quotidie dicamus* Cic. *Arch.* 12, nous n'aurons pas de quoi parler tous les jours ‖ [v. constr. de *dignus, indignus, idoneus, aptus qui*] ‖ [compar. suivi de *quam qui*] trop pour qu'il : *majora deliquerant quam quibus ignosci posset* Liv. 26, 12, 6, leurs fautes étaient trop graves pour qu'on pût leur pardonner

e) [consécutive-restrictive] tel qu'il... du moins, de nature du moins à : *nemo, qui aliquo esset in numero* Cic. *Or.* 208, aucun écrivain, du moins qui comptât qq. peu, cf. Cic. *Tusc.* 5, 55 ‖ [souvent accompagné de *quidem* ou de *modo*, v. ces mots].
B [agencement dans la phrase] ¶ **1** [rapport avec l'antécéd[t]] **a)** [verbe de l'antéc. à s.-ent.] *imitamur quos cuique visum est* Cic. *Off.* 1, 118, nous imitons chacun ceux qu'il nous plaît ; *sit pro praetore eo jure qui optimo (est)* Cic. *Phil.* 5, 45, qu'il soit propréteur avec les droits les plus étendus que l'on puisse posséder ; [sans répétition de la prép. de l'antécédent] *in eadem opinione fui, qua reliqui* Cic. *Att.* 8, 11 d, 3, j'ai eu la même opinion que les autres, cf. Cic. *Phil.* 2, 26 ; 2, 37 **b)** [particularités d'accord] *flumen Rhodanus, qui* Caes. *G.* 1, 2, 3 [accord avec *Rhodanus* et non avec *flumen*], cf. Caes. *G.* 1, 12, 1 ; 2, 5, 4 ; 3, 9, 1 ; 6, 33, 3 ; 7, 5, 4 **c)** [attraction du cas] *quibus poterat sauciis ductis secum ad urbem pergit* Liv. 4, 39, 9, ayant emmené avec lui tous les blessés qu'il pouvait, il marche vers la ville, cf. Liv. 1, 29, 4 ; 7, 25, 9 ; 32, 10, 5 **d)** [répétition du subst. antécéd[t] dans la rel.] *diem instare, quo die...* Caes. *G.* 1, 16, 5, que le jour approchait, le jour où... ; *erant omnino itinera duo, quibus itineribus domo exire possent* Caes. *G.* 1, 6, 1, il y avait en tout deux chemins pour sortir de leur pays **e)** [antécéd[t] s.-ent., après *quam* suivant un compar.] *naves humiliores quam quibus uti consuevimus* Caes. *G.* 5, 1, 2, vaisseaux un peu plus bas que ceux dont nous nous servons d'habitude **f)** [antécéd[t] au gén. partitif dépendant du rel. *quod*] *navium quod ubique fuerat, in unum locum coegerant* Caes. *G.* 3, 16, 2, ce qu'il y avait partout de navires, ils l'avaient regroupé en un seul endroit, cf. Caes. *G.* 4, 22, 3 ; Pl. *As.* 443 ; *mittit olei, vini quod visum est, etiam tritici quod satis esset* Cic. *Verr.* 4, 62, il envoie en huile, en vin ce qui lui paraît bon, et même en blé, de quoi suffire ; *quod in rebus honestis operae curaeque ponetur, id jure laudabitur* Cic. *Off.* 1, 19, tout ce que l'on mettra de travail et de soin à des études honorables, recueillera justement l'éloge ‖ *quem voles testium* Cic. *Verr.* 2, 152, [interroge] celui que tu voudras d'entre les témoins ; *tulit, ut dictator quem vellet civium... posset occidere* Cic. *Leg.* 1, 42, décida que le dictateur pouvait tuer le citoyen qu'il voulait **g)** [noter à l'abl. marquant le laps de temps au terme duquel se place un fait] *paucis diebus quibus eo ventum erat* Caes. *G.* 3, 23, 2, peu de jours après que l'on était arrivé là ; *diebus decem quibus...* Caes. *G.* 4, 18, 1, dix jours après que..., cf. 5, 26, 1 ; Planc. *Fam.* 10, 18, 4 ; **v.** *quadriduo quo* à *quadriduum* ¶ **2** [constr. particul.] **a)** [rel. compl[t] d'un compar.] *simulacrum, quo non facile dixerim quicquam me vidisse pulchrius* Cic. *Verr.* 4, 94, une

statue dont je n'oserais dire que j'aie rien vu qui la surpassât en beauté ; [emploi redondant, le compar. étant suivi de *quam*], *... quo nihil turpius physico quam fieri quidquam sine causa dicere* Cic. *Fin.* 1, 19, ... ce qui est plus que tout indigne d'un physicien : prétendre qu'un fait se produise sans cause, cf. Nat. 1, 38 ; **v.** *hic* ¶ 9 **b)** [au gén. part.] *duo Lentuli, quorum Publius* Cic. *Brut.* 268, les deux Lentulus, dont l'un, Publius, cf. Cic. *Prov.* 4 **c)** [rel. sans rapport avec le verbe apparent de la relative] *non satis politus est iis artibus, quas qui tenent eruditi appellantur* Cic. *Fin.* 1, 26, il n'est pas assez rompu dans les sciences dont les spécialistes sont appelés savants, cf. Cic. *Fin.* 2, 115 ; *Nat.* 1, 121 ; *futura modo exspectant, quae quia certa esse non possunt, conficiuntur angore* Cic. *Fin.* 1, 60, c'est l'avenir seulement qu'ils attendent, et, parce qu'il ne peut être assuré, l'angoisse les accable, cf. Cic. *Or.* 136 ; *Fin.* 5, 76 **d)** [accord de genre non fait ; attraction avec l'attrib.] *animal, quem vocamus hominem* Cic. *Leg.* 1, 22, l'être vivant que nous appelons homme ; *sapientia perfecta, quem deum appellant* Cic. *Ac.* 1, 29, la parfaite sagesse, qu'ils appellent dieu ‖ [accord fait avec le sens] *illa furia, qui* Cic. *Fam.* 1, 9, 15, cette furie [Clodius] qui, cf. Cic. *Sest.* 38 ; Liv. 10, 1, 3 **e)** [accord de nombre suivant l'idée qui se dégage] *est eo numero, qui semper... habiti sunt* [*eo = eorum*] Cic. *Arch.* 31, il est du nombre de ceux qui ont toujours passé pour... ; [accord de genre] *vestra consilia accusantur, qui... imposuistis* Sall. *J.* 85, 28, ce sont vos décisions qu'on incrimine, à vous qui m'avez attribué... ; *servili tumultu, quos* Caes. *G.* 1, 40, 5, lors du soulèvement des esclaves que, cf. Liv. 2, 53, 1 ; 5, 40, 3 ; 42, 47, 7 **f)** [rel. précédant la régissante] *quibus excusationibus... defendere solebas, earum habere in hoc homine nullam potes* Cic. *Verr.* 5, 176, des excuses avec lesquelles tu avais l'habitude de défendre..., tu n'en peux invoquer aucune à propos de cet homme **g)** [après un rel. compl., ellipse du rel. sujet] *mancipium, quo et omnes utimur et non praebetur a populo* Cic. *Verr.* 4, 9, les esclaves, dont nous nous servons tous, mais aussi que le peuple ne fournit pas, cf. Cic. *Verr.* 4, 64 ; et comparer Cic. *Verr.* 4, 73 **h)** [au lieu d'un rel. répété et coordonné, emploi de l'anaphorique] *Pythagoras, quem Phliuntem ferunt venisse eumque... disseruisse* Cic. *Tusc.* 5, 8, Pythagore, qui vint, dit-on, à Phlionte et discourut..., cf. Cic. *Off.* 2, 40 ; *de Or.* 2, 299 ; *Fin.* 5, 3 ¶ **3** [rel. en incise ou apposition] **a)** *Heraclius, is qui... habebat* Cic. *Verr.* 4, 137, Héraclius, celui qui avait..., cf. Cic. *Div.* 1, 39 ; *Inv.* 2, 96 **b)** [rel. au n.] *quod saepe fiebat* Cic. *Off.* 2, 74, ce qui arrivait souvent ; *quod contra fit a plerisque* Cic. *Off.* 1, 49, et c'est le contraire que font la plupart des gens, cf. Cic. *Agr.* 2, 40 ; Sall. *J.* 85, 22 ; *quae*

Cic. *Verr.* 4, 116, choses qui ... ‖ *quod ejus facere potueris* Cic. *Fam.* 3, 2, 2, dans la mesure où tu auras pu le faire, cf. *Fam.* 5, 8, 5; *Att.* 11, 12, 4; Liv. 39, 45, 7; 31, 4, 2; *quod in me est* Enn. d. Cic. *Nat.* 2, 65, dans la mesure de mes moyens; *quod per religiones posset* Liv. 44, 17, 8, dans la mesure où les lois religieuses le permettaient, cf. Liv. 26, 32, 6 ‖ [avec subj. conséc.-restrictif] *quod litteris exstet* Cic. *Tusc.* 1, 38, du moins d'après les textes; *quod tuo commodo fiat* Cic. *Fam.* 4, 2, 4, du moins si cela t'arrange, cf. *Fam.* 1, 1, 3; Att. 1, 4, 1; *quod sciam* Cic. *Fin.* 2, 7, que je sache ‖ [subj. conséc.] *quod interdum pudeat* Cic. *de Or.* 1, 40, chose de nature à, bien faite pour remplir de honte; *quod miserandum sit* Cic. *Nat.* 3, 62, chose qui mérite la commisération ‖ [subj. de souhait] [dans une formule solennelle prononcée avant un acte et destinée à le placer sous la protection des dieux] *quod bonum, faustum felixque sit, Quirites, regem create* Liv. 1, 17, 10, et puisse cette mesure être bonne, favorable et heureuse, Romains, nommez un roi; *omnibus rebus agendis "quod bonum, faustum, felix fortunatumque esset" praefabantur* Cic. *Div.* 1, 102, avant tout acte ils prononçaient cette formule "puisse l'entreprise être bonne, favorable, heureuse et prospère", cf. Liv. 1, 28, 7; 3, 34, 2; 3, 54, 8; 10, 8, 12; 39, 15, 1 ‖ [attraction] *quae forsitan laus sit* [= quod] Cic. *Brut.* 33, ce qui est peut-être un mérite **c)** [subst. antécéd^t enclavé] *amici sunt firmi eligendi, cujus generis est magna penuria* Cic. *Lae.* 62, il faut choisir des amis sûrs, espèce fort rare; *praemisso equitatu et essedariis, quo plerumque genere uti consuerant* Caes. *G.* 4, 24, 1, ayant envoyé en avant la cavalerie et les essédaires, genre de combattants qu'ils employaient d'ordinaire **d)** [parenthèse] = eu égard à, vu, étant donné : *istud, qui meus amor in te est, confecissem* Cic. *Fam.* 7, 2, 1, ton affaire, vu mon amitié pour toi [= meo amore qui...], je l'aurais arrangée, cf. Cic. *Fam.* 12, 29, 2; Cael. 45; *Ajax, quo animo traditur* Cic. *Off.* 1, 113, Ajax, avec le caractère que lui assigne la tradition ¶ **4** [rel. de liaison] *qui = is enim, is autem, et is* ‖ [en part. renvoyant à ce qui précède et développé encore par ce qui suit] *quam quidem laudem sapientiae statuo esse maximam, non aliunde pendere...* Cic. *Fam.* 5, 13, 1, et c'est bien là [ce qui précède] le mérite par excellence de la sagesse, ne pas dépendre d'autrui, cf. Cic. *Verr.* 4, 91; 4, 124; *Off.* 3, 112; *cujus rei cum causam quaererem, quidnam esset cur...* Cic. *de Or.* 1, 123, or, cherchant la cause de ce phénomène, la raison pour laquelle ... ‖ [expr.] *in quo* [n.] Cic. *Sull.* 87, et (or) à ce propos, à cet égard.

II [interr. avec valeur adj. et subst. sauf le n. *quod* qui est tj. adj.] qui, quel [sous le rapport de la condition, du caractère; *quis* est le pronom] *qui Chaerea ? — iste ephe-*

bus... Ter. *Eun.* 824, quel Chaeréa ? — tu sais bien, ce jeune homme...; *qui esset ignorabas* Cic. *Verr.* 5, 166, tu ignorais ce qu'il était; *spectari solere qui debeat, qui possit ulcisci* Cic. *Caecil.* 53, [tu ignores] que l'on examine d'ordinaire quel est celui qui doit, qui peut se charger de la vengeance.

III [indéf.] quelque, quelqu'un [après *si, num, ne*; avec valeur adj. et subst. sauf le n. *quod* qui est toujours adj.] *ne qui magistratus... crearetur* Cic. *Rep.* 2, 54, pour empêcher que quelque magistrature ne fût créée; *vereor ne qui sit qui* Cic. *Pis.* 12, je crains qu'il n'y ait qqn pour; *si qui cantet* Cic. *Off.* 1, 145, si qqn chantait, cf. Caes. *G.* 1, 48, 6; 6, 13, 6; 6, 13, 9.

▶ formes arch.: nom. *quei* CIL 1, 7; gén. *quoius* CIL 1, 7; dat. *quoi* (*quoiei* CIL 1, 11); abl. *quī* Pl. *Amp.* 99 (*quicum* Cic. = *cum quo*) ‖ nom. m. pl. *quei* CIL 1, 364; n. pl. *quai* CIL 1, 583, 34; dat.-abl. *queis* Lucr., Virg., *quīs* Cic. *de Or.* 1, 85; *Fam.* 11, 16, 3; *Att.* 10, 11, 3.

2 quī, adv. (anc. abl. de *1 quis*)

¶ **1** interr. dir. *qui fit ut ?* ‖ indir. ¶ **2** rel. **a)** indic. **b)** subj. ¶ **3** indéf. **a)** *quippe qui, atqui*, voir ces mots **b)** [dans les souhaits].

¶ **1** [interr.] en quoi, par quoi, comment : [dir.] Pl. *Amp.* 76; *Bac.* 53; *Mil.* 277; Ter. *Eun.* 658; *deus falli qui potuit ?* Cic. *Nat.* 3, 76, comment Dieu aurait-il pu se tromper ?, cf. Cic. *Nat.* 2, 79; *Tusc.* 3, 55; *Verr.* 4, 45; *qui fit ut... ?* Cic. *Fin.* 2, 12; *Div.* 2, 37, comment se fait-il que... ?; *qui defendet Hortensius* Cic. *Verr.* 2, 177, comment Hortensius présentera-t-il la défense ?; *qui potest ?* Cic. *Ac.* 2, 100, comment est-ce possible ? ‖ [indir.] *quaesisse, qui tantam bestiam percussisset* Cic. *Verr.* 5, 7, qu'il avait demandé comment il avait tué une si grosse bête, cf. Cic. *Vat.* 41; *Nat.* 3, 14 ¶ **2** [rel.] **a)** [indic.] *patera, qui...* Pl. *Amp.* 261, une coupe avec quoi (avec laquelle)...; *multa... qui conjecturam hanc facio* Ter. *And.* 512, beaucoup de choses, grâce à quoi (auxquelles) je fais cette conjecture **b)** [subj. avec nuances] *ego id agam, mihi qui ne detur* Ter. *And.* 335, moi, je ferai le possible pour qu'on ne me la donne pas; *non armis opus est, qui sua tutentur* Lucr. 5, 233, ils n'ont pas besoin d'armes, (avec quoi) pour protéger leurs biens, cf. Lucr. 1, 700; 4, 615; 5, 854; *nihil ut esset, qui distingueretur pallor ille* Cic. *Ac.* 2, 48, en sorte qu'il n'y aurait rien par quoi pût être faite une distinction dans cette pâleur; *in tanta paupertate decessit, ut, qui efferretur, vix reliquerit* Nep. *Arist.* 3, 2, il mourut si pauvre qu'il laissa à peine de quoi se faire enterrer ¶ **3** [indéf.] **a)** [chez Pl. et Ter., sorte d'enclitique, analogue à πως] en quelque façon (joint à *quippe*) v. *quippe*; à *ecastor* Pl. *As.* 930; à *hercle* Pl. *Most.* 824; *Men.* 1092; *Merc.* 412; à *edepol* Pl. *Mil.*

779; *Pers.* 564; *Amp.* 776; à *ut* Pl. *As.* 505; *Bac.* 283; *Curc.* 218; Ter. *And.* 148; cf. *atqui* **b)** [dans les souhaits] *qui te Juppiter dique omnes perduint !* Pl. *Men.* 933, puissent en qq. façon (d'une façon ou d'une autre) Jupiter et tous les dieux causer ta perte !, cf. Pl. *Aul.* 785; Ru. 1166; Ter. *Eun.* 302; *Phorm.* 123; *qui illi di irati !* Cic. *Att.* 4, 7, 1, que les dieux lui fassent sentir leur colère !; v. Gaffiot *Relatifs et indéfinis*, M. Belge 34 p. 167.

quĭă, n. pl. de *1 quis*, conj. (cf. *quianam*, ἄττα; it. *che*, fr. *que*) ¶ **1** parce que [mode normal indic.; souvent en corrél. avec *eo, hoc, ideo, idcirco, ob id, propterea, ea re*] par cela, à cause de cela, pour cela, par cette raison que : Cic. *Tusc.* 1, 13; *Rep.* 3, 45; *Mur.* 51; *Div.* 2, 25; *Fin.* 1, 53 ‖ *ex eo quia* Cic. *Tusc.* 1, 42, de (par) cette raison que, ou *inde quia* Liv. 2, 1, 7 ‖ *nec, quia..., idcirco...* Cic. *Leg.* 2, 10, et parce que..., ce n'est pas une raison pour que... ‖ [subj. du st. indir.] *Diana dicta, quia noctu quasi diem efficeret* Cic. *Nat.* 2, 69, le nom de Diane lui a été donné, parce qu'elle produit en qq. sorte le jour pendant la nuit, cf. Cic. *Fin.* 1, 32 ‖ *non quia*, subj., non pas que [pure hypoth.] : Cic. *Tusc.* 1, 1; Liv. 35, 40, 1; Virg. *G.* 1, 415 [ou] non pas avec l'idée que : Liv. 21, 31, 2 ‖ *non quia... sed...* [indic.] Liv. 10, 41, 12, non parce que... mais..., cf. 7, 10, 13; 8, 19, 3; *non quia... sed quia...* [indic.] Liv. 33, 27, 6, non parce que... mais parce que..., cf. 39, 41, 2; 40, 33, 2; Lucr. 2, 3; Cic. *Planc.* 78 ‖ [arch.] *quia enim* Pl. *Truc.* 733; *Amp.* 666; Ter. *Haut.* 188 ¶ **2** [tard.] que [après les verbes de paroles, d'opinion, de perception, au lieu de la prop. inf.] : *credo quia* Tert. *Anim.* 57, 8, je crois que.

quĭănăm, adv., pourquoi ? : Enn. *An.* 127; 259; Virg. *En.* 5, 13; 10, 6.

quĭănĕ, adv., est-ce parce que ?, la raison serait-elle que ? : Pl. *Pers.* 851; Virg. *En.* 4, 538.

quībo, fut. de *queo*.

quibuscum, v. *1 cum*.

quicquam, quicquid, v. *quisquam, quisquis*.

quicquidcădĭae, ārum, f. pl. (*cado* ; étymologie supposée de *quisquiliae*), Fest. 306, 14.

quīcum, v. *qui* ▶.

quīcumquĕ (**-cunquĕ**), **quaec-**, **quodc-** (*1 qui, -cumque*, cf. *ubicumque*) ¶ **1** [rel.] quel... que : *quicumque is est* Cic. *Fam.* 10, 31, 8, quel qu'il soit; *quaecumque mihi proponetur fortuna, subeatur* Cic. *Cat.* 4, 2, quelle que soit la destinée qui m'attende, je suis prêt à la supporter; *hoc praeceptum, cujuscumque est...* Cic. *Lae.* 60, ce précepte, quel qu'en soit l'auteur...; *ad id, quodcumque decebit, accommodare orationem* Cic. *Or.* 123, adapter le discours à tout ce que demanderont les bienséances; *quaecumque... possunt* Cic. *de Or.* 2, 5, tout ce qui peut...; *quicumque nati sunt* Cic.

quicumque

Har. 49, tous ceux qui ont vu le jour ; *quoscumque audivi, quacumque potui ratione, placavi* Cic. Q. 1, 2, 4, tous ceux que j'ai entendus, je les ai calmés par tous les moyens que j'ai pu ‖ *quodcumque militum contrahere poteritis* Pomp. Att. 8, 12 a, 4, tout ce que vous pourrez réunir de soldats ¶ 2 [indéf.] n'importe quel : *quorumcumque generum* Cic. Tim. 14, de n'importe quels genres ; *quamcumque in partem* Cic. Att. 3, 21, dans n'importe quel sens ; *locupletare aliquem quacumque ratione* Cic. Off. 1, 43, enrichir qqn par tous les moyens, cf. Cic. Nat. 2, 164 ; de Or. 1, 51 ; Q. 2, 8, 1 ; Cat. 2, 11.
▶ tmèse *qua re cumque* Cic. Div. 2, 7, *quod ad cumque genus* Cic. Leg. 2, 46, *quam se cumque in partem* Cic. de Or. 3, 60 ‖ arch. *quescumque* pl. Cat. d. Prisc. 3, 9, 17.

quīcumvīs, adv., = *cum quivis* Pl. St. 627, avec n'importe quoi.

1 quĭd, n. de *1 quis* ¶ 1 [interr. dir. ou indir.] **a)** quelle chose, quoi : [indir.] *constituam, quid et quale sit id, de quo quaerimus* Cic. Fin. 1, 29, j'établirai l'objet de notre enquête et sa nature ‖ [dir.] *quid est jam non modo pudori, probitati ... sed omnino libertati ac saluti loci ?* Cic. Fam. 5, 16, 4, quelle place reste-t-il déjà, je ne dis pas pour l'honneur, la probité..., mais en général pour la liberté et le salut public ? ; *quid mulieris ...?* Ter. Hec. 643, quelle espèce de femme ...? ; *quid picturarum tabularum apud illum putatis esse ?* Cic. Amer. 133, que pensez-vous qu'il y ait chez lui comme tableaux ? ; *quid mihi opus est sapiente judice ?* Cic. Font. 21, qu'ai-je besoin d'un juge éclairé ? ; *quid est civitas nisi ...?* Cic. Rep. 1, 49, qu'est-ce qu'une cité sinon ...? ‖ *in quid ?* Sen. Ben. 4, 12, 5, en vue de quoi ? pourquoi ? ‖ *quid est aliud furere ?* Cic. Pis. 47, n'est-ce pas être fou ? ; V. *alius* ‖ *quid dico ?* qu'est-ce que je dis là ? [formule de correction] : Cic. Att. 4, 13, 1 ; de Or. 2, 365 ‖ *quid hoc ?* Cic. Tusc. 1, 25, qu'est cela ? que signifie cela ? ‖ *exponam breviter, quid hominis sit* Cic. Verr. 2, 134, je montrerai en peu de mots ce que c'est que cet homme ; *dicere, quid non probes ejus, a quo dissentias* Cic. Fin. 1, 27, dire ce que l'on désapprouve chez celui dont on ne partage pas l'opinion ; *nescio quid*, V. *nescio* **b)** *quid ?*, eh quoi ? [formule oratoire de transition] : Cic. Mil 40 ; 41 ; 43 ; Phil. 2, 99 ; Agr. 2, 40 ; Ac. 2, 28 ; *quid ergo ?* Caes. G. 7, 77, 10, quoi donc ? ‖ [énumération pressante] *quid ? cum ... ?* Cic. Div. 1, 98, et puis, quand ...? ; *quid in Cappadocia ?* Pl. Mil. 52, et puis en Cappadoce ? ‖ *quid tum ?* Cic. Tusc. 2, 26, et puis, après ? ‖ *quid enim ?* Cic. Fin. 2, 62, eh quoi, par exemple ?, cf. Cic. Fam. 5, 15, 2 **c)** *quid, si ...* [indic. ou subj.], et si ... : *quid, si optabo ?* Pl. Merc. 908, et si je fais ce souhait ?, cf. Amp. 392 ; Most. 582 ; *quid, si adduco ...?* Pl. Amp. 849, et si j'amène ...?, cf. Bac. 1184 ; Cas. 269 ; Cic. Com. 8 ; Q. 1, 2, 10 ; *hoc verbum suspiciosum est* ; *quid, si hoc muto ?* Caecin. Fam. 6, 7, 4, ce mot est suspect ; et si je le change ? (qu'arrivera-t-il si ...), cf. Cic. Lae. 50 ; *quid, si adeam ...?* Pl. Curc. 145, et si j'approchais ...?, cf. Poen. 330 ; Merc. 564 ; Ter. Haut. 676 ; *quid, si reviviscant Platonis illi auditores et tecum ita loquantur* Cic. Fin. 4, 61, que dirais-tu, si ces platoniciens renaissaient pour te parler en ces termes ? ; *quid, si ... credas ...?* Tac. D. 20, qu'arriverait-il, si tu croyais ...?, se pourrait-il que tu croies ...? **d)** *quid quod ...?* Cic. CM 83, que dire encore de ceci que ...?, cf. Cic. Off. 3, 94 ; Ac. 2, 95 **e)** *quid est quod ...?* [locution] [avec indic.] que signifie ce fait que ...? ; Cic. Arch. 10 ; Verr. 5, 43 ; 5, 47 ; [avec subj.] quelle raison y a-t-il pour que ...? ; Cic. Verr. 4, 43 ; Arch. 28 ; v. Gaffiot *Subj. de subord.* ¶ 2 [indéf.] quelque chose [d'ordin. après *si, nisi, ne, cum*] *si quid in te peccavi* Cic. Att. 3, 15, 4, si j'ai qq. tort à ton égard ; *nisi quid aliud tibi videtur* Cic. Tusc. 3, 7, à moins que tu ne sois d'un autre avis ; *ne quando quid emanet* Cic. Att. 10, 12, 3, pour éviter que qq. jour qqch. se divulgue ; *cum quid evenerit* Cic. Off. 1, 81, quand il sera arrivé qqch., cf. Cic. Div. 1, 29 ; Fin. 3, 20 ¶ 3 [rel.] V. *1 quis*.

2 quĭd [n. de *1 quis* pris adv^t] pourquoi [interr. dir. et indir.] *quid illa commemoro ?* Cic. Mil. 18, pourquoi suis-je en train de rappeler ses faits ?, cf. Cic. Tusc. 1, 100 ; *quid commemorem ...?* Ter. Phorm. 1031, pourquoi faut-il que je rappelle ...? à quoi bon rappeler ...? ; *quid ita ?* Cic. Clu. 61, pourquoi cela ? ; V. *quidni* ; *quaerere, quid historia delectet* Cic. Fin. 5, 51, demander pourquoi l'histoire cause du plaisir, cf. Cic. Div. 1, 59.

quīdam, *quaedam*, *quiddam* pron., *quoddam* adj. (*1 quis, -dam, cf. dum*), certain, un certain [qqn ou qqch. de précis, de bien déterminé, mais qu'on ne désigne pas plus clairement] ¶ 1 adj., *habuit quamdam ille infamiam suam* Cic. Flac. 95, il a eu de son côté son discrédit particulier, sa part de discrédit ; *quosdam dies Romae commorari* Cic. Fam. 11, 5, 1, rester certains jours à Rome ; *furor quidam* Cic. Verr. 5, 153, une sorte de, une forme de folie ; *quasi quidam Roscius* Cic. de Or. 1, 258, pour ainsi dire une sorte de Roscius ; *divina quadam mente praeditus* Cic. Mil. 21, doué d'une pénétration d'espèce divine ; *fuerunt oppidano quodam genere dicendi* Cic. Brut. 242, ils eurent une éloquence à la façon des petites villes, une sorte d'éloquence provinciale ; *est eloquentia una quaedam de summis virtutibus* Cic. de Or. 3, 55, l'éloquence a sa place particulière parmi les plus grandes vertus ; *te natura excelsum quemdam et altum et humana despicientem genuit* Cic. Tusc. 2, 11, la nature a fait de toi un être éminent, aux sentiments élevés, méprisant les choses humaines ; *verbum mihi deest, cum ego hanc potestatem regiam appello, sed profecto major est quaedam* Cic. Agr. 2, 35, faute d'un autre mot, j'appelle ce pouvoir monarchique ; mais à coup sûr c'est quelque chose de plus fort ¶ 2 pron., *cum quidam testimonium dixisset* Cic. Balb. 12, certaine personne ayant fait une déposition ; *quem solum quidam vocant Atticum* Cic. Or. 75, celui à qui certains réservent le nom d'attique ; *cuidam tuorum sodalium* Cic. Verr. 3, 85, à certain de tes compagnons ; *quiddam novi invenire* Cic. Nat. 3, 88, faire une certaine découverte ; *est quiddam nobis inter nos commune* Cic. Verr. 3, 98, nous avons entre nous certain lien de communauté ; *profluens quiddam habuit Carbo et canorum* Cic. de Or. 3, 28, Carbo avait [dans son éloquence] des qualités particulières d'aisance et d'harmonie ¶ 3 pl. = quelques, plusieurs : Liv. 23, 30, 7 ; 24, 26, 10 ; 25, 26, 11.

quĭdem (*1 quid, -em, cf. idem*), particule qui renforce une affirmation ¶ 1 [préparant une oppos.] certes, c'est vrai..., mais [et alors le plus souvent joint à un pron., quoique portant sur un autre mot] : *consuluisti me de Capua tu quidem, sed idem de Casilino respondisses* Cic. Phil. 2, 102, tu m'as consulté sur Capoue, c'est vrai, mais je t'aurais fait la même réponse sur Casilinum, cf. Cic. Lae. 66 ; Fin. 1, 14 ; 4, 43 ; 5, 71 ; Off. 2, 21 ; Brut. 259 ; 267 ¶ 2 [introduisant une limitation, opposition] le certain, c'est que ; mais du moins ; du moins : *id nos fortasse non perfecimus, conati quidem saepissime sumus* Cic. Or. 210, cela, pour notre compte, peut-être ne l'avons-nous pas atteint, mais du moins nous l'avons tenté bien souvent, cf. Tusc. 2, 41 ; 5, 121 ; Ac. 2, 132 ; Verr. 4, 72 ; Pis. 10 ; *haec cogitatione inter se differunt, re quidem copulata sunt* Cic. Tusc. 4, 24, ces notions diffèrent entre elles en théorie, mais en pratique elles sont liées, cf. Cic. Tusc. 1, 99 ; 1, 102 ; *mors quidem ...* Cic. Mil. 17, mais la mort ..., cf. Cic. Div. 2, 113 ‖ [renforcé par *certe*] du moins, en tout cas : Cic. Verr. 4, 47 ; Fam. 1, 9, 22 ; Caes. G. 7, 50, 4 ‖ *illis quidem temporibus* Cic. Mil. 16, à cette époque-là du moins ; V. *si quidem* ‖ [fréquent pour introduire sous forme restrictive des exemples partic. dans un exposé général] *Cretum quidem leges* Cic. Tusc. 2, 34, en tout cas les lois de Crète... ; cf. *Dionysius quidem* ; Cic. Tusc. 3, 27 ; *Decimus quidem Brutus* Cic. Arch. 27 ‖ [en part.] *et ... quidem, et is ... quidem, ac ... quidem*, et qui plus est, et il y a mieux, et encore : *quibusdam, et iis quidem non admodum indoctis, totum hoc displicet philosophari* Cic. Fin. 1, 1, certaines personnes, et encore pas tout à fait dépourvues d'instruction, réprouvent en bloc cette étude de la philosophie ; *una in domo, et ea quidem angusta* Cic. Fin. 1, 65, dans une seule maison, et encore bien étroite ; *vivere, et eam quidem vitam quae ...* Cic. CM 77, vivre, et, qui plus est, de la vie qui ... ; *in bonis ? ac maximis quidem* Cic. Leg. 2, 12, parmi les biens ? et encore parmi les plus grands ¶ 3 **ne... quidem**, ▣ 3 ne I ¶ 1.

quidnam, ▣ quisnam.

quidnī (quid nī), pourquoi ne ... pas ? : **quidni laudet ?** Cic. Off. 2, 76, pourquoi ne louerait-il pas ?, cf. Cic. Verr. 2, 80 ; Tusc. 5, 12 ‖ **quidni ?** Cic. Quinct. 69, pourquoi pas ? ‖ [tmèse] **quid ego ni ita censeam ?** Pl. Mil. 1120, pourquoi n'aurais-je pas cet avis ?, cf. Ter. Ad. 662 ‖ **quidni non permittam** Sen. Ep. 52, 10, pourquoi le permettrais-je ? comment ne m'y opposerais-je pas ?

quidpĭăm, **quidquăm**, ▣ quispiam, quisquam.

quidque, ▣ quisque.

quidquid (quicquid), n. de *quisquis* ¶ 1 [rel.] quelque chose que, quoi que : **quicquid animo cernimus, id ...** Cic. Fin. 1, 64, quoi que nous distinguions par la pensée (tout ce que nous distinguons), cela... ; **accusatorum quicquid erat** Cic. Verr. 2, 135, tout ce qu'il avait d'accusateurs ; **quicquid est in me studii** Cic. Pomp. 69, tout ce qu'il y a en moi de zèle ; **quicquid erit** Cic. de Or. 1, 51, tout ce qui se présentera ‖ **quidquid hujus feci** Ter. Haut. 961, pour tout ce que j'ai fait là (m. à m. de cela), cf. Eun. 202 ; 980 ; 1070, [v. quod ejus d. 1 qui I B 3 b)] ‖ [acc. de rel.] **quidquid progredior** Liv. 31, 1, 5, à chaque pas que je fais en avant, à mesure que j'avance, cf. Liv. 21, 54, 8 ; 34, 62, 12 ; **quidquid amas Catullum** Catul. 56, 3, dans la mesure où tu aimes Catulle (autant que...) ¶ 2 [indéf.] n'importe quoi : **ut quicquid objectum est** Cic. Tusc. 5, 98, quand on leur présente quoi que ce soit, cf. Cic. Tusc. 4, 44 ; **perspicit quatenus quidquid se attingat** Cic. Fin. 5, 24, il distingue dans quelle mesure un objet quelconque le touche ; **ubi quidquid tetigerint, tenent** Pl. Aul. 198, [ces polypes] quand ils ont atteint quoi que ce soit, ils ne le lâchent plus ; **primum quidquid aquai tollitur** Lucr. 5, 264, la masse de l'eau première disparaît ; **jubeto suo quidquid loco condi** Cat. Agr. 26, fais tout remettre à sa place, cf. 7, 1 ; 48, 1 ; v. Gaffiot *Relatifs et indéfinis*, M. Belge 34 p. 165.

▶ sur la préférence donnée à *quicquid* sur *quidquid*, v. Quint. 1, 7, 6.

quīdum, adv. (2 qui, dum I ¶ 3), comment donc ? : Pl. Mil. 325 ; Ter. Hec. 319.

quīdvis, n. de *quivis*, quoi que ce soit, n'importe quoi : Cic. Verr. 2, 134 ; ▣ quivis.

quĭē, ▣ quies ▶.

quĭens, ▣ queo ▶.

quĭēram, **quĭērim**, **quĭērunt**, ▣ quiesco ▶.

¶ **quĭēs**, ētis, f. (cf. τετίημαι, avest. šāitīm, rus. *pokoj*, al. *Weile*, an. *while*) ¶ 1 repos : **senectutis** Cic. Dej. 38, repos de la vieillesse ; **(mors) laborum ac miseriarum quies** Cic. Cat. 4, 7, (la mort) un terme reposant des fatigues et des misères ; **quietem capere** Caes. G. 6, 27, 3, se reposer ; **ex labore se quieti dare** Caes. C. 2, 14, 1, se reposer après un travail ; **somno et quietibus ceteris uti** Cic. Off. 1, 103, profiter du sommeil et des autres formes du repos [distractions, récréations] ; **nulla ab armis quies** Liv. 1, 31, 5, aucun repos du côté des armes, cf. Liv. 7, 22, 6 ¶ 2 [en part.] **a)** vie calme en politique, neutralité : Nep. Att. 7, 3 ; Suet. Tib. 15 ; Tac. An. 14, 47 **b)** tranquillité, paix : Sall. C. 31, 1 ; Tac. G. 14 ; Agr. 11 **c)** calme, silence : Tac. An. 1, 25 ; [fig.] **ventorum** Plin. 18, 231, le calme des vents **d)** repos, sommeil : **ire ad quietem** Cic. Div. 1, 60 ; **quieti se tradere** Cic. Div. 1, 61, aller se coucher, se livrer au repos ; **secundum quietem** Cic. Div. 2, 135, au cours du repos, pl., Sall. C. 15, 4 ‖ **dira quies** Tac. An. 1, 65, sommeil affreux, troublé par des cauchemars **e)** sommeil de la mort : Virg. En. 10, 745 ; Prop. 2, 28, 25 **f)** pl., **quietes** Lucr. 1, 405, lieux de repos, gîtes.

▶ arch. abl. **quie** Afran. Com. 77 ; Laev. Poet. 15.

2 **quĭēs**, ētis, adj., ▣ quietus, calme, paisible : Naev. Poet. 21.

3 **Quĭēs**, ētis, f., le Repos [divinité] : Liv. 4, 41, 8.

quĭescō, ĭs, ĕre, quĭēvī, quĭētum (quietus, quies ; > bret. *Kousket*), intr. ¶ 1 se reposer : **aliud agendi tempus, aliud quiescendi** Cic. Nat. 2, 132, il y a un temps pour l'action, un autre pour le repos ‖ **prato arma quiescunt** Virg. En. 10, 836, les armes reposent sur l'herbe ¶ 2 [en part.] **a)** reposer, dormir : Pl. Amp. 732 ; Cic. Verr. 4, 32 ; Nep. Alc. 10, 4 ‖ **mihi quam molliter ossa quiescant...** Virg. B. 10, 33, comme mes cendres reposeraient agréablement... ‖ [fig.] **ager quievit** Cic. Brut. 16, le champ s'est reposé **b)** se tenir tranquille : Cic. Phil. 11, 37 ; Att. 7, 9, 2 ‖ [polit.] rester neutre : Cic. Att. 9, 10, 10 ; 8, 11, 5 **c)** garder le silence, se tenir coi : Cic. Q. 2, 8, 2 ; de Or. 2, 230 ‖ [fig.] Cic. Caecin. 71 **d)** [phil.] [ἡσυχάζειν] Cic. Ac. 2, 93, faire halte [dans un raisonnement] **e)** rester tranquille, rester en paix : Cic. Rep. 6, 11 ‖ ne pas combattre : Liv. 3, 51, 7 ; 22, 14, 1 **f)** être tranquille = ne pas être inquiété, troublé : **quiescere a suppliciis** Liv. 3, 53, 8, être tranquille du côté des actes de vengeance ... ; [pass. impers.] **quibus (nuptiis) facile potuerat quiesci** Ter. And. 691, ce mariage aurait pu facilement nous laisser vivre tranquillement **g)** se tenir tranquille, s'arrêter, cesser : Quadr. d. Gell. 9, 13, 8 ; Hor. S. 2, 1, 5 ; P. 380 ‖ [avec inf.] cesser de : Pl. Most. 1173 ‖ s'abstenir de : Gell. 1, 28, 2 **h)** ne pas s'inquiéter, se tenir en repos, avoir l'esprit calme : Pl. Men. 466 ; Ter. And. 598 ; Phorm. 670 **i)** [tard.] mourir : Eugip. Sev. 16, 6.

▶ formes contrac. **quierunt, quierim, quierint, quiessem, quiesse**.

quĭesse, quĭessem, ▣ quiesco ▶.

quĭētālis, is, m. (quies), les enfers, le lieu du repos : Fest. 306, 34.

quĭētātĭo, ōnis, f., repos, cessation : *Act. Mart. Ignat. 7, p. 58.

quĭētē, adv. (quietus), tranquillement, paisiblement : Cic. Fin. 1, 52 ; Tusc. 4, 49 ; CM 13 ‖ **-tius** Liv. 27, 12, 13 ; **-tissime** Caes. C. 3, 46, 5.

quĭētō, ās, āre, -, - (quiesco, quietus ; esp., port. *quedar*, fr. *quitter*), intr., être en repos : Prisc. 2, 396, 19 ‖ [tard.] mourir : CIL 3, 4458.

▶ **quietor**, ▣ quieto Prisc. 2, 396, 19.

quĭētūdo, ĭnis, f. (quies), repos : Gloss. 2, 325, 56.

quĭētūrus, part. fut. de *quiesco*.

1 **quĭētus**, a, um (quiesco, quies, cf. avest. *šyātō* ; fr. *coi*, *quitte*) ¶ 1 qui est en repos, qui jouit du repos, qui est dans le calme, qui n'est pas troublé : **numquam per M. Antonium quietus fui** Cic. Fam. 10, 1, 1, jamais M. Antoine ne m'a laissé un moment de repos ; **quieta re publica** Cic. Cat. 2, 19, dans la paix publique ; **cum foris quieta omnia a bello essent** Liv. 2, 34, 1, comme au dehors tout était tranquille sans aucune menace de guerre ¶ 2 paisible, tranquille, qui ne s'agite pas : **quietus esto** Ter. Phorm. 713, ne t'inquiète pas ; **homo quietissimus** Cic. Verr. 4, 40, homme des plus paisibles, cf. Cic. Verr. 1, 63 ; Agr. 2, 77 ; **sermo quietus** Cic. CM 28, langage posé, calme ; **quieta Gallia** Caes. G. 7, 1, 1, la Gaule se tenant tranquille ¶ 3 [en part.] **a)** qui se tient tranquille [polit[t]] : Cic. Phil. 11, 37 ; Nep. Pel. 4, 1 ‖ [milit.] **hiberna nihilo quietiora aestivis** Liv. 33, 19, 8, quartiers d'hiver nullement plus calmes que ceux d'été **b)** paisible, sans ambition, qui se tient dans le repos : Plin. Ep. 7, 31, 1 ; 10, 12 ; Tac. H. 1, 52 ¶ 4 n. pris subst[t] : **quieta movere** Sall. C. 21, 1, troubler la tranquillité ; **nihil quieti** Cic. Fin. 1, 58, rien de calme ¶ 5 au repos = endormi : Tac. An. 1, 49 ‖ **quieti** Nemes. Ecl. 1, 38, les morts.

2 **Quĭētus**, i, m., fils de l'usurpateur Macrien, reconnu empereur avec son père : Treb. Tyr. 14, 1.

quĭī, parf. de *queo*.

quīlĭbĕt (-lŭbĕt), **quaelĭbĕt**, **quod-lĭbĕt** adj. et **quidlĭbĕt** pron. (quis, libet ; cf. fr. *quolibet*), indéfini, celui qu'on voudra, n'importe lequel, quelconque : **qualibet navigatione** Cic. Att. 9, 7, 5, en faisant voile n'importe comment ; **quemlibet sequere** Cic. Ac. 2, 132, suis qui tu voudras ; **nomen quodlibet** Hor. S. 1, 2, 126, le nom que tu voudras ; **fiat quidlibet** Cic. Att. 10, 6, 1, advienne que pourra ‖ **quilubet** Cic. Div. 2, 71, le premier venu ‖ ▣. **quicumque** : **quodlibet horum elegeritis** Aug. Bapt. 2, 6, 7, quel que soit votre choix.

quin

quīn (2 *qui*, 2 *ne*)

> **I** adv. ¶ 1 "comment ne... pas ?, pourquoi ne... pas ?"; [avec impér.] "allons !" ¶ 2 "bien plus"; *quin etiam*; *quin contra* "bien au contraire", *quin immo*, ▶ *immo* ¶ 3 *quin* [avec subj.] = *ut non* **a)** [sens consécutif, principale négative] *nulla est civitas quin*, "sans que" **b)** *non quin*, "non pas que ne pas".
> **II** [conj. avec subj.] **a)** [après les verbes d'empêchement (niés ou interrogatifs)] *quid causae est quin ?* **b)** [verbes de doute, d'ignorance] *non dubitare quin* ; *quis ignorat quin ?*

I [adv.] ¶ 1 comment ne... pas ?, pourquoi ne... pas ? : *quin accipis?* TER. *Haut.* 832, pourquoi ne reçois-tu pas ? ; *quin tu urges istam occasionem ?* CIC. *Fam.* 7, 8, 2, pourquoi ne saisis-tu pas cette occasion ? ; *quin tu aspicis... ?* CIC. *Rep.* 6, 14, allons ! regarde toi-même..., cf. CIC. *Leg.* 1, 14 ; LIV. 1, 57, 7 ‖ *quin me aspice* PL. *Most.* 164, allons ! regarde-moi ; TER. *And.* 45 ; CIC. *Mil.* 79 ‖ [dans st. indir.] LIV. 3, 61, 14 ; 4, 43, 11 ; 40, 40, 4 ¶ 2 [pour renforcer une affirmation] il y a mieux, bien plus : *quin mihi molestum est* TER. *Haut.* 581, mieux, pour moi c'est insupportable ; *non rogo, ut domum redeas ; quin hinc ipse evolare cupio* CIC. *Fam.* 7, 30, 1, je ne te demande pas de revenir à Rome ; il y a mieux, moi-même, je souhaite m'envoler d'ici, cf. CIC. *Mil.* 98 ; *Leg.* 1, 52 ; *Att.* 10, 4, 10 ; 11, 7, 3 ‖ *quin etiam*, même sens : CIC. *Fam.* 3, 6, 5 ; 7, 1, 3 ; 13, 26, 3 ; *Lae.* 59 ; *quin et* HOR. *O.* 1, 10, 13 ‖ *quin contra* LIV. 35, 26, 10, bien au contraire ; ▶ *immo* ¶ 5 ¶ 3 ▶ *ut non* **a)** [avec subj., sens consécutif, général[t] la principale étant négative] que ne... pas : *numquam tam male est Siculis, quin aliquid facete dicant* CIC. *Verr.* 4, 95, jamais les Siciliens ne sont en si mauvaise posture qu'ils ne fassent quelque trait d'esprit ‖ *nemo est quin, nihil est quin, quis est quin... ?* il n'y a personne qui ne... ; il n'y a rien qui ne ; est-il qqn pour ne pas... ? ‖ *nego ullam picturam fuisse quin inspexerit* CIC. *Verr.* 4, 1, je dis qu'il n'y a pas eu une peinture qu'il n'ait examinée ; *nulla est civitas, quin* CAES. *C.* 2, 19, 2, il n'y a pas de cité qui ne... pas, cf. CAES. *C.* 3, 81, 2 ; *nihil est quin intereat* CIC. *Nat.* 3, 30, il n'est rien qui ne meure ‖ *negat esse ullum cibum tam gravem, quin is... concoquatur* CIC. *Nat.* 2, 24, il affirme qu'il n'y a pas de nourriture si lourde qu'elle ne soit digérée..., cf. CIC. *Nat.* 3, 34 ‖ sans que : *ne se quidem servare potuit quin una vos servaret* CIC. *Mil.* 30, il n'a même pas pu se sauver lui-même sans vous sauver en même temps ; *neque ullum fere tempus intercessit, quin... acciperet* CAES. *G.* 5, 53, 5, il ne se passa presque pas un moment sans qu'il reçût..., cf. CIC. *Verr.* 4, 7 **b)** *non quin*, subj., non pas que ne... pas : *non quin ipse dissentiam, sed quod...* CIC. *Fam.* 4, 7, 1, non que je ne diffère moi-même d'avis, mais parce que..., cf. CIC. *Or.* 227 ; *Att.* 10, 7, 1.

II [conj. avec subj.] **a)** [après les verbes d'empêch[t] employés avec une négation ou avec une interrog.] *facere non possum quin* CIC. *Att.* 12, 27, 3, je ne puis m'empêcher de ; ▶ *tempero, recuso, teneo, contineo, intermitto, mora, moror* ; *nihil abest quin* CIC. *Att.* 11, 15, 3, il ne s'en faut de rien que ; *quid causae est quin... ?* TER. *And.* 600, quelle raison y a-t-il pour empêcher que **b)** [verbes de doute, d'ignorance employés avec une négation ou avec une interrog.] *non dubitare quin, non est dubium quin* CIC. *Tusc.* 1, 88 ; CAES. *G.* 1, 3, 6, ne pas douter que, il n'est pas douteux que ; *non abest suspicio quin* CAES. *G.* 1, 4, 4, on n'est pas sans soupçonner que ; *non dubitabat quin... non posset* CIC. *Att.* 5, 11, 6, il était sûr de ne pas pouvoir... ; *quis ignorat quin...* CIC. *Flac.* 64, qui ignore que... ?

▶ cf. GELL. 17, 13.

quīnam, quaenam, quodnam, adj. et pron. interr. (*quis, nam*), [*quodnam* tj. adj.] qui donc, quel donc : PL. *Aul.* 727 ‖ [en parl. de deux] *inter se controversias habebant, quinam anteferretur* CAES. *G.* 5, 44, 2, il y avait entre eux une rivalité à qui passerait avant l'autre.

quīnārĭus, *a, um* (*quini*), quinaire, de cinq : MACR. *Somn.* 1, 6, 20 ‖ qui a cinq pouces de circonférence : PLIN. 31, 58 ‖ subst. m. (s.-ent. *nummus*), pièce de monnaie valant cinq as : VARR. *L.* 5, 173.

quincentum, arch. pour *quingenti* : FEST. 304, 21.

quinctīlis, ▶ *quintilis*.

Quinctĭus, *ii*, m., nom d'une famille rom., not[t] L. Quinctius Cincinnatus : LIV. 3, 26, 8 ‖ T. Quinctius Flamininus, vainqueur de Philippe V, roi de Macédoine : LIV. 32, 10, 7 ‖ adj., -**tĭānus**, *a, um*, de Quinctius Cincinnatus : CIC. *Clu.* 113 ‖ et -**tĭus**, *a, um*, LIV. 3, 12, 3 ; 3, 26, 8.

quinctus, *a, um*, arch. pour *quintus* : *PL. *Trin.* 524.

quincunciālis, *e* ¶ 1 qui contient les cinq douzièmes d'un tout ; long de cinq pouces : PLIN. 9, 155 ¶ 2 planté en quinconce : PLIN. 17, 78.

quincunx, *uncis*, m. et qqf. adj. (1 *quinque, uncia*) ¶ 1 les cinq douzièmes d'un tout ; cinq onces : HOR. *P.* 327 ‖ cinq douzièmes du setier : MART. 1, 27, 2 ‖ les cinq douzièmes d'un jugère : COL. 5, 1, 11 ‖ [poids] cinq onces : COL. 12, 28, 1 ‖ cinq douzièmes d'un héritage : PLIN. *Ep.* 7, 11, 1 ‖ intérêt à 5 pour cent [par an] : PERS. 5, 149 ¶ 2 quinconce : *directi in quincuncem ordines* CIC. *CM* 59, (arbres) plantés en quinconce, cf. VARR. *R.* 1, 7, 2 ; CAES. *G.* 7, 73 ; QUINT. 8, 3, 9.

quincŭpĕdal, ▶ *quinquepedal*.

quincŭplex, f. l. pour *quinquiplex*.

quincŭplĭcĭtĕr, adv., cinq fois [autant] : VL. *Gen.* 43, 34 ; AUG. *Hept.* 1, 178 ; ▶ *quinquiplex*.

quincŭplĭcō, *ās, āre*, -, -, tr., quintupler : BOET. *Arith.* 2, 44, 9.

quincŭplus, *a, um*, quintuple : BOET. *Arith.* 1, 23, 7.

quindĕcĭēs (-**cĭens**), quinze fois : CIC. *Verr.* 2, 61.

quindĕcim, indécl. (1 *quinque, decem* ; fr. *quinze*), quinze : CAES. *G.* 1, 15, 5.

quindĕcimprīmi, *ōrum*, m. pl., les quinze premiers [de Marseille] : CAES. *C.* 1, 35, 1.

quindĕcimvir, *ĭri*, m., un des quindécimvirs : SUET. *Caes.* 79, 4 ; CIL 6, 501 ; ▶ *quindecimviri*.

quindĕcimvĭrālis, *e*, quindécimviral : TAC. *An.* 11, 11 ‖ relatif aux prêtres de Cybèle : CIL 10, 3764 ; [f.] CIL 9, 981.

quindĕcimvĭrātŭs, *ūs*, m., quindécimvirat : LAMPR. *Alex.* 49, 2.

quindĕcimvĭri, *um* et *ōrum*, m. pl. ¶ 1 quindécimvirs [magistrats préposés à la garde des livres sibyllins et à la surveillance du culte de Cybèle] : *Caninius Gallus quindecimvirum* TAC. *An.* 6, 12, Caninius Gallus, un des quindécimvirs, cf. SUET. *Caes.* 79 ; PLIN. 28, 12 ; GELL. 1, 12, 6 ¶ 2 commission de quinze membres [pour un but spécial] : PLIN. 7, 139.

▶ [avec tmèse] *quindecim preces virorum* HOR. *Saec.* 70.

quindēnārĭus, *a, um* (*quindeni*), formé de quinze unités : AUG. *Psalm.* 150, 1.

quindēni, *ae, a* (*quini, deni*), quinze chacun : VITR. 6, 9, 2 ‖ [au sg.] *quindenus* ANTH. 680, 12.

quīnē, quaenē, quodnē, interr. (1 *qui*, 4 *ne*), est-ce celui qui, celle qui, ce qui ? : PL. *Mil.* 13 ; TER. *And.* 768 ; CATUL. 64, 180 ; VIRG. *En.* 10, 673 ‖ noter : *quine putetis* HOR. *S.* 1, 10, 21 ; = *iine qui*, êtes-vous gens à croire [subj. conséc.].

quīn ĕtiam, ▶ *quin*.

quingēnārĭus, *a, um* ¶ 1 de cinq cents chacun : CURT. 5, 2, 3 ¶ 2 de cinq cents livres : PLIN. 33, 145.

quingēni, *ae, a* ¶ 1 distr. pl., cinq cents chacun, cinq cents chaque fois : CIC. *Att.* 16, 8, 1 ¶ 2 cinq cents : COL. 5, 2, 6.

quingentārĭus, *a, um* (*quingenti*), de cinq cents : VEG. *Mil.* 2, 6.

quingentēnārĭus, *a, um*, ▶ *quingentarius* : PRISC. *Fig.* 27 = 3, 415, 13.

quingentēni, *ae, a*, ▶ *quingeni* : VULG. 2 *Macc.* 8, 22 ‖ sg., *quingentenus* AUG. *Serm.* 113 Mai.

quingentēsĭmus, *a, um*, cinq centième : CIC. *Flac.* 1.

quingenti, *ae, a*, pl. (1 *quinque, centum*), cinq cents : CIC. *Rep.* 2, 40 ‖ grand nombre indéterminé [cf. en fr. " mille "] : PL. *Curc.* 587 ; *Aul.* 553, cf. CATUL. 95, 3.

▶ gén. pl. *ōrum* Cɪᴄ. *Verr.* 2, 53, *um* Lɪᴠ. 10, 37, 5.

quingentĭēs (-tĭens), adv., cinq cents fois : Sᴜᴇᴛ. *Aug.* 101.

quīni, *ae, a* (1 *quinque*, cf. *bini*) ¶ 1 [distr. pl.] cinq chaque fois, cinq chacun : Cɪᴄ. *Pis.* 67 ; Cᴀᴇs. *G.* 7, 73, 2 ; [dans une multiplication] *quater quinae minae* Pʟ. *Ps.* 345, quatre fois cinq mines, cf. Vɪʀɢ. *En.* 2, 126 ¶ 2 cinq : Vɪʀɢ. *En.* 7, 538 ‖ sg. *quīnus, a, um* [rare] : *annorum lex quina vicenaria* Pʟ. *Ps.* 303, la loi des vingt-cinq ans [avant cet âge, on était mineur et on ne pouvait emprunter, cf. Cɪᴄ. *Off.* 3, 61] ; *scrobes non altiores quino semipede* Pʟɪɴ. 17, 80, fossés n'ayant pas plus de deux pieds et demi chacun de profondeur.

quīnīdēni, *quinae denae*, ▷ *quindeni*, quinze chacun : Lɪᴠ. 35, 40, 6 ; Qᴜɪɴᴛ. 1, 10, 43.

quīnimmo, ▷ *quin.*

quīnĭo, *ōnis*, m. (*quini*), réunion de cinq : Tᴇʀᴛ. *Anim.* 6, 8 ‖ coup de cinq [au jeu de dés], quine : Iꜱɪᴅ. 18, 65.

quīnīvīcēni, **quīni vīcēni**, *quinaevicenae*, etc., chacun vingt-cinq : Lɪᴠ. 37, 59, 6.

quinquāgēnārĭus, *a, um* (*quinquageni*), de cinquante : *grex* Vᴀʀʀ. *R.* 2, 10, 11, troupeau de cinquante têtes ; *quinquagenaria fistula* Vɪᴛʀ. 8, 6, 4, tuyau de cinquante pouces [orifice] ; *quinquagenarius homo* Qᴜɪɴᴛ. 9, 2, 85, quinquagénaire ; *quinquagenarium dolium* Cᴀᴛ. *Agr.* 69, 2, jarre de cinquante hémines ‖ subst. m., officier qui commande cinquante hommes : Hɪᴇʀ. *Is.* 2, 3.

quinquāgēni, *ae, a* ¶ 1 [distr. pl.] cinquante chacun : Cɪᴄ. *Verr.* 3, 69 ‖ [au sg.] Pʟɪɴ. 19, 11 ¶ 2 cinquante : Mᴀʀᴛ. 12, 66, 1 ; Mᴀɴɪʟ. 3, 603.

quinquāgēsĭēs, cinquante fois : *Pʟ. Men.* 1161.

quinquāgēsĭmus, *a, um*, cinquantième : Cɪᴄ. *Rep.* 1, 25 ‖ **quinquāgēsĭma**, *ae*, f., impôt du cinquantième : Cɪᴄ. *Verr.* 3, 116 ‖ *quinquagesimarum dies* Eɢᴇʀ. 43, 1, la Pentecôte.

quinquāgessis, *is*, m. (*quinquaginta asses*), cinquante as : Pʀɪsᴄ. *Fig.* 31 = 3, 416, 18.

quinquāgĭēs (-ĭens), adv., cinquante fois : Pʟɪɴ. 7, 92.

quinquāgintā (1 *quinque, decem*, anc. n. pl., cf. *quadraginta* ; fr. *cinquante*), indécl., cinquante : Cɪᴄ. *Att.* 4, 2, 5.

quinquangŭlus, *a, um*, qui a cinq angles ; un pentagone [subst. m.] : Pʀɪsᴄ. *Fig.* 32 = 3, 417, 5.

Quinquātres, *ĭum*, m. pl., Pʀɪsᴄ. 2, 355, 14, **Quinquātrĭa**, *ĭum*, n. pl., Sᴜᴇᴛ. *Dom.* 4, ▷ *Quinquatrus.*

Quinquātrūs, *ŭum, ĭbus*, f. pl. (1 *quinque, ater*), Quinquatries ¶ 1 grandes Quinquatries [fêtes en l'honneur de Minerve, qui avaient lieu cinq jours après les ides de mars] : Vᴀʀʀ. *L.* 6, 14 ; Cɪᴄ. *Fam.* 12, 25, 1 ; Oᴠ. *F.* 3, 809 ¶ 2 *Quinquatrus minusculae* Vᴀʀʀ. *L.* 6, 17 ; *minores* Oᴠ. *F.* 6, 561, petites Quinquatries [cinq jours après les ides de juin].

1 **quinquĕ** (*penk^we*, cf. πέντε, osq. *pomp-*, scr. *pañca*, toch. A *päñ*, bret. *pemp*, al. *fünf*, an. *five* ; fr. *cinq*), indécl., cinq : Cᴀᴇs. ; Cɪᴄ. ; *quinque ter* Oᴠ. *M.* 8, 749, quinze.
▶ *cinque* CIL 6, 17508.

2 **quinquĕ**, pour *et quin* : Pʟ. *Cas.* 506.

quinquĕdens, *dentis*, m., fourche à cinq dents : Dɪᴏᴄʟ. 15, 50.

quinquĕfārĭam, adv., de cinq manières : Bᴇᴅ. *Arith.* 1, p. 102.

quinquĕfascālis, *is*, m. (1 *quinque, fascis*), qui n'a que cinq licteurs (faisceaux), gouverneur impérial d'une province de second ordre : CIL 13, 3162, 3, 7.

quinquĕfŏlĭum, *ii*, n., quinte-feuille [plante] : Pʟɪɴ. 25, 109.

quinquĕfŏlĭus, *a, um*, à cinq feuilles : Pʟɪɴ. 21, 20.

Quinquĕgentĭāni, *ōrum*, m. pl. (1 *quinque, gentes*), peuple de la Maurétanie, qui ravagea le pays sous Dioclétien : Eᴜᴛʀ. 9, 22 ‖ ou **Quinquĕgentĭānae nātĭōnēs**, Aᴜʀ.-Vɪᴄᴛ. *Caes.* 39, 22, 1.

quinquĕgĕnus, *a, um* (1 *quinque, genus*), qui est de cinq espèces : Aᴜs. *Techn.* 27, 8 (344), 10.

quinquĕjŭgus, *a, um* (1 *quinque, jugum*), qui a cinq sommets : Jᴜʟ.-Vᴀʟ. 1, 23.

quinquĕlībrālis, *e* (1 *quinque, libra*), qui pèse cinq livres : Cᴏʟ. 3, 15, 3 ‖ et **quinquĕlībris**, *e*, Vᴏᴘ. *Prob.* 5, 1.

quinquĕmestris, *e* (1 *quinque, mensis*), âgé de cinq mois : Pʟɪɴ. 8, 198.

quinquĕmŏdĭālis, *e*, contenant cinq boisseaux : Dɪᴏᴄʟ. 15, 52.

quinquĕnārĭus, *a, um*, ▷ *quinarius* : Aɴᴏɴ. d. Sᴘɪᴄɪʟ. Sᴏʟᴇsᴍ. 1, 12.

quinquennālīcĭus, *a, um*, qui est pour quatre ans : CIL 8, 262.

quinquennālis, *e* (*quinquennis*) ¶ 1 quinquennal, qui a lieu tous les quatre ans : Cɪᴄ. *de Or.* 3, 127 ‖ **quinquennālĭa**, *ĭum*, n. pl., quinquennalia, jeux célébrés tous les quatre ans : CIL 6, 1872 b, C ¶ 2 qui dure quatre ans : Lɪᴠ. 4, 24, 4 ; *magistratus* Aᴘᴜʟ. *M.* 10, 18, 1, magistrature quinquennale ‖ subst. m., quin-quennal, sorte de censeur dans les municipes et dans les colonies : Sᴘᴀʀᴛ. *Hadr.* 19 ‖ chef ou président de différents collèges : Aᴘᴜʟ. *M.* 11, 30 ; Cᴏᴅ. Tʜ. 13, 3, 1.

quinquennālĭtās, *ātis*, f., dignité de quinquennal : CIL 6, 29691.

quinquennātŭs, abl. *ū*, m. (*quinquennis*), âge de cinq ans : Pʟɪɴ. 8, 178.

quinquennis, *e* (1 *quinque, annus*) ¶ 1 âgé de cinq ans : Pʟ. *Poen.* 85 ; Cᴏʟ. 7, 3, 6 ; *quinquenne vinum* Hᴏʀ. *S.* 2, 8, 47, vin de cinq ans ¶ 2 [poét.] quinquennal : Oᴠ. *Pont.* 4, 6, 5 ‖ **quinquennĭa**, n. pl., fêtes quinquennales : Sᴛᴀᴛ. *S.* 5, 3, 113.

quinquennĭum, *ii*, n. (*quinquennis*), espace de cinq ans, lustre : Cɪᴄ. *Leg.* 3, 7 ; *Brut.* 319 ; *Lae.* 96 ; *Att.* 15, 11, 4.

quinquĕpars (-quĭpars), *tis*, adj., divisé en cinq parties [pentamètre] : Dɪᴏᴍ. 498, 22.

quinquĕpartītō, ▷ *quinquepertito.*

quinquĕpartītus, *a, um*, ▷ *quinquepertitus* : Aᴜɢ. *Ep.* 187, 40.

quinquĕpĕdăl, *ālis*, n. (*quinquepes*), règle ou perche de cinq pieds : Mᴀʀᴛ. 14, 91 tit.

quinquĕpĕdālis, *e*, de cinq pieds : Gʀᴏᴍ. 340, 24.

quinquĕpertītō, adv., en cinq parties : Pʟɪɴ. 25, 65.

quinquĕpertītus, *a, um* (1 *quinque, partitus*), divisé en cinq parties : Cɪᴄ. *Inv.* 1, 59 ; 1, 68.

quinquĕplex, *ĭcis* (1 *quinque, plico*), quintuple : Gʟᴏss. 2, 401, 20.

quinquĕplĭco, ▷ *quinqui-.*

quinquĕplum, ▷ *quinqui-.*

quinquĕprīmi (quinquĕ prīmi), m., les cinq premiers dignitaires [d'un municipe] : Cɪᴄ. *Verr.* 3, 68.

quinquĕrēmis, *is*, f. (1 *quinque, remus*), quinquérème, vaisseau à cinq rangs de rames : Cɪᴄ. *Verr.* 4, 103 ; *de Or.* 1, 174 ; Lɪᴠ. 42, 48, 6 ‖ adj., *quinqueremis navis* Lɪᴠ. 41, 9, 1, même sens.

quinquĕris, *is*, f. (cf. τριήρης), ▷ *quinqueremis* : Nᴏᴛ. Tɪʀ. 110.

quinquertĭo, *ōnis*, m. (*quinquertium*), athlète du pentathle : Aɴᴅʀ. d. Fᴇsᴛ. 306, 11.

quinquertĭum, *ii*, n. (1 *quinque, ars*), quinquerce ou pentathle [disque, course, saut, lutte, lancement du javelot] : Fᴇsᴛ. 306, 8 ; ▷ *pentathlum.*

quinquessis, *is*, m. (1 *quinque, as*), monnaie de la valeur de cinq as : Aᴘᴜʟ. d. Pʀɪsᴄ. 2, 251, 2.

quinquĕvertex, *ĭcis*, adj., à cinq têtes : Jᴜʟ.-Vᴀʟ. 1, 29.

quinquĕvir, *i*, m., un quinquévir : Cɪᴄ. *Ac.* 2, 136 ; Hᴏʀ. *S.* 2, 5, 56 ‖ [employé surtout au pl.] **quinquĕviri**, *ōrum* ¶ 1 commission de cinq magistrats chargés de différentes fonctions administratives : [partage des terres] Cɪᴄ. *Agr.* 2, 17 ; Lɪᴠ. 6, 21, 4 ; [liquidation des dettes] *quinqueviri mensarii* Lɪᴠ. 7, 21, 5 ; [réfection des murs et des tours] Lɪᴠ. 25, 7, 5 ; [adjoints aux *triumviri capitales*, pour une garde nocturne contre les incendies] Lɪᴠ. 39, 14, 10 ¶ 2 [sous l'Empire] commission affectée à la réduction des dépenses : Pʟɪɴ. *Ep.* 2, 1, 9.

quinquĕvĭrālis, *e*, adj., des quinquévirs : Cᴏᴅ. Tʜ. 9, 1, 12.

quinquĕvĭrātŭs, *ūs*, m., quinquévirat : Cɪᴄ. *Prov.* 41.

quinquies

quinquĭēs (-ĭens), cinq fois : Cic. *Phil.* 11, 11 ; *Div.* 2, 77 ; **HS viciens quinquiens** Cic. *Verr.* 1, 92, deux millions cinq cent mille sesterces.

quinquĭfĭdus, *a*, *um* (1 *quinque*, *findo*), fendu en cinq : Fort. *Carm.* 5, 6, pr. 14.

quinquĭpars, ▶ *quinquepars*.

quinquĭplex, *ĭcis*, adj. (1 *quinque*, *plico*), plié en cinq : *cera* Mart. 14, 4, 2, tablette [à écrire] à cinq feuilles ‖ qui comprend cinq quartiers : *Tolosa* Aus. *Epist.* 25 (417), 83, Toulouse ‖ quintuple : Vop. *Prob.* 7, 4.
▶ préférable à *quincuplex*.

quinquĭplĭcō, *ās*, *āre*, -, - (1 *quinque*, *plico*), tr., quintupler : Tac. *An.* 2, 36.

quinquĭplum, *i*, n., quintuple : Gloss. 2, 167, 37 ; c. *quincuplus*.

quinquō, *ās*, *āre*, -, - (cf. *Quinquatrus*), intr., faire des lustrations : Char. 81, 22.

Quinta, *ae*, f., prénom de femme : Cic. *Cael.* 34 ; *Har.* 27 ; Liv. 29, 14, 12.

quintădĕcŭmāni (**-dĕcĭmāni**), *ōrum*, m. pl. (*quintus*, *decimus*), soldats de la quinzième légion : Tac. *H.* 4, 36 ; *An.* 1, 23.

quintāna, *ae*, f. (*quintus* ; fr. *quintaine*), voie quintane [rue transversale du camp romain, derrière le *praetorium*, dans laquelle se tenait le marché : P. Fest. 309, 1] ; Liv. 41, 2, 11 ‖ [d'où] marché : Suet. *Ner.* 26.

quintānus, *a*, *um* (*quintus*), qui est de cinq en cinq : *quintanis (vicibus)* Plin. 17, 169, de cinq en cinq ; *quintanae nonae* Varr. *L.* 6, 27, nones qui tombent le cinq du mois ‖ **quintāni**, *ōrum*, m. pl., soldats de la 5ᵉ légion : Tac. *H.* 1, 37 ; 1, 55.

quintārĭus, *a*, *um* (*quintus*), de cinq [sur six] : Vitr. 3, 1, 6 ‖ qui contient cinq centuries [de terre] : Grom. 191, 16.

quintĭceps, *cĭpis*, m. f. (cf. *princeps*), cinquième : Varr. *L.* 5, 50.

Quintīlĭa (**Quinct-**), *ae*, f., nom de femme : CIL 14, 2845.

1 **Quintĭlĭānus** (**Quinct-**), *a*, *um*, de Quintilius : **Quintiliani Luperci** P. Fest. 78, 2, confrérie de Luperques Q. ; Fest. 308, 8.

2 **Quintĭlĭānus**, *i*, m., Quintilien [rhéteur célèbre, né en Espagne, tint école publique à Rome] : Plin. *Ep.* 2, 14, 9 ; Mart. 2, 90, 2 ; Juv. 7, 180.

Quintĭlĭi (**Quinct-**), *ōrum*, m. pl., nom d'une famille patricienne de Rome du temps de Romulus : Fest. 308, 13.

Quintīlis (**Quinct-**), *is*, m. (*quintus*) [seul ou avec *mensis*] le mois de juillet [le 5ᵉ de l'ancienne année romaine] : Cic. *Att.* 14, 7, 2 ‖ adj., de juillet : *nonae Quintiles* Liv. 27, 23, 7, les nones de juillet.

Quintīlĭus (**Quinct-**), *ĭi*, m., ancien chef des Luperques : P. Fest 78, 3 ; Fest. 308, 13 ; ▶ 1 *Quintilianus* ‖ nombreux personnages de la *gens Quintilia*, notᵗ Quintilius Varus de Crémone, ami d'Horace : Hor. *O.* 1, 24, 5 ; *P.* 438 ‖ Quintilius Varus, proconsul, anéanti avec son armée en Germanie : Vell. 2, 117, 2 ; Tac. *An.* 1, 3 ; Suet. *Tib.* 17.

Quintilla, *ae*, f., nom de femme : Catul. 96, 7.

Quintillus, *i*, m., nom d'homme : CIL 6, 338 ‖ frère de Claude le Gothique, proclamé empereur romain [270] : Treb. *Claud.* 12, 3.

Quintīna, *ae*, f., **Quintīnus**, *i*, m., **Quintĭo**, *ōnis*, m., nom de femme, noms d'homme : CIL 5, 4100 ; 6, 1056 ; 5745.

Quintĭpŏr, *ŏris*, m. (*Quintus*, *puer*), esclave de Quintus : Varr. *Men.* 59 ; Fest. 306, 17.

Quintĭus, *ĭi*, m., ▶ *Quinctius*.

quintō, adv. (*quintus*), pour la cinquième fois : Liv. 8, 25, 1.

Quintŭla, *ae*, f., **Quintŭlus**, *i*, m., nom de femme, nom d'homme : CIL 5, 5304 ; 8, 9055.

quintum, adv. (*quintus*), pour la cinquième fois : Liv. 27, 6, 11.

quintŭplex, ▶ *quinquiplex*.

quintŭplĭcĭtĕr, adv., c. *quinquipl-* : *Hier. Orig. Cant.* 1 Migne 23, 99.
▶ f. l. pour *quincu-*.

1 **quintus**, *a*, *um* (1 *quinque*, *Quincius*, cf. πέμπτος ; fr. *quint*), cinquième : Cic. ; Caes. ‖ (s.-ent. *dies*) ; : *quinta sabbati* Aug. *Ep.* 36, 9, jeudi.
▶ arch. *Pl. Trin.* 524.

2 **Quintus**, *i*, m., prénom romain : Cic. *Mil.* 46 [abrév. Q].

quintusdĕcĭmus, *tadecima*, quinzième : Cic. *Inv.* 1, 105 ; Liv. 45, 33, 8.

quīpĭam, adv. indéf., en quelque manière : Pl. *Cap.* 127.

quippĕ, adv. (2 *quid*, *-pe*, cf. *nempe*), [primitᵗ] pourquoi donc ? ¶ 1 certainement, bien sûr, oui certes : *recte igitur diceres…? quippe* ; *quid enim facilius est…* Cic. *Caecin.* 55, tu serais donc en droit de dire…? oui, assurément ; car qu'y-a-t-il de plus facile…? ; Cic. *de Or.* 2, 219 ; *Fin.* 4, 7 ; *Mil.* 47 [ironie] *quippe vetor fatis !* Virg. *En.* 1, 39, bien sûr, les destins me l'interdisent ! ; Cic. *Mil.* 33 ¶ 2 de fait, le fait est que : Ter. *Phorm.* 362 ; Hor. *S.* 1, 2, 4 ; Ov. *M.* 2, 852 ; 14, 91 ; Liv. 3, 67, 5 ; Curt. 3, 4, 8 ‖ [analogue à *nam*, *enim*] car, en effet : Pl. *Mil.* 504 ; Ter. *Haut.* 389 ; Sall. *J.* 85, 5 ; *C.* 19, 2 ; Liv. 1, 25, 2 ‖ [joint à *enim*] *quippe etenim* Lucr. 1, 104, et en effet ; *quippe… enim* Lucr. 6, 617 ¶ 3 [joint aux conj. marquant la cause] *quippe quoniam* Plin. 26, 100 ; *quippe quando* Pl. *Cap.* 886, puisque ‖ [surtout avec *cum* subj., ▶ *cum* ¶ 4 [joint aux rel.] **a)** *quippe qui* [avec indic.] : Pl. *Amp.* 22 ; Cic. *Nat.* 1, 28 mss ; Sall. *C.* 48, 2 ; *J.* 20, 6 ; 28, 1 ; 76, 1 ; Liv. 3, 6 ; 6, 3, 53, 7 ; 5, 37, 7 **b)** [avec subj., constr. la plus ordinaire] Cic. *de Or.* 3, 74 ; *Amer.* 52 **c)** [chez Pl. et Ter., à *quippe* se joint parfois *qui*, adv. indéf., et *quippe qui* a le même sens que *quippe*] Pl. *Amp.* 745 ; *Aul.* 348 ; *Bac.* 369 ; *Truc.* 68 ; Ter. *Haut.* 538 ¶ 5 [avec part.] *quippe reputans* Liv. 27, 39, 14, car il songeait, cf. 3, 67, 5 ; Hor. *O.* 1, 31, 13 ; Tac. *H.* 1, 72.

quippĕnī, ▶ *quippini*.

quippĭam, ▶ *quispiam*.

quippĭnī, adv. (*quippe*, *ni*), pourquoi non ? [et par suite] oui : Pl. *Men.* 1109 ; *Bac.* 839 ; Apul. *M.* 9, 26.

quīquī, abl. arch. de *quisquis*, adv., de qq. manière que, à qq. prix que : Pl. *Men.* 1159.

quīre, **quīrem**, ▶ *queo*.

Quĭrĭānus, *a*, *um*, de Quirius : *Quiriana mala* Plin. 15, 50, sorte de pommes ; ▶ *Quiriniana*.

Quĭrīnālĭa, *ĭum* ou *ĭōrum*, n., Quirinalia, fêtes en l'honneur de Romulus (Quirinus) : Cic. *Q.* 2, 3, 4.

1 **Quĭrīnālis**, *e*, de Quirinus : *Quirinalis mons* Cic. *Rep.* 2, 11 ; ou *Quirinalis collis* Liv. 1, 44, 3, le mont Quirinal [une des collines de Rome] Atlas II, cf. Varr. *L.* 5, 51 ; Fest. 302, 23 ; *porta* P. Fest. 303, 5, la porte Quirinale [à Rome] Atlas II ‖ *flamen Quirinalis* Liv. 5, 40, 7, flamine de Quirinus.

2 **Quĭrīnālis**, *is*, m., Clodius Quirinalis, rhéteur d'Arles : Hier. *Chron.* 44 A. C., p. 180, 4 H.

Quĭrīnĭāna mala, n., sorte de pommes [de Quirinus] : Cat. *Agr.* 7 ; Varr. *R.* 1, 59 ; Plin. 15, 50.

Quĭrīnĭus, *ĭi*, m., nom d'homme : Tac. *An.* 2, 30 ‖ Sulpicius Quirinius, qui fit le recensement de la Judée, l'année de la naissance de J.-C. : Vulg. *Luc.* 2, 3.

Quĭrīnus, *ĭ*, m. (obscur ; cf. 1 *curis*, *Cures*, *quirites* ? : Ov. *F.* 2, 477 ; Macr. *Sat.* 1, 9, 16) ¶ 1 Quirinus [divinité archaïque, associée à Jupiter et à Mars en triade] : Liv. 8, 9, 6 ¶ 2 nom de Romulus après sa mort : Enn. *Ann.* 117 ; Cic. *Rep.* 2, 20 ; Liv. 1, 20 ; Virg. *En.* 1, 292 ¶ 3 surnom de Janus : Suet. *Aug.* 22 ¶ 4 [poét.] Auguste : Virg. *G.* 3, 27 ¶ 5 Antoine : Prop. 4, 6, 21 ‖ adj., **-rīnus**, *a*, *um*, Ov. *M.* 14, 836, le Quirinal, ▶ 1 *Quirinalis*.

1 **quĭrīs**, *is*, f., pique, lance : *Ov. F.* 2, 477 ; ▶ *curis*.

2 **Quĭrīs**, *ītis*, m., citoyen romain, simple particulier : Hor. *Ep.* 1, 6, 7 ; Ov. *M.* 14, 823 ; Juv. 8, 47 ; ▶ *Quirites*.

quĭrītātĭo, *ōnis*, f. (1 *quirito*), action de crier au secours, cris de détresse ou d'effroi : Liv. 33, 28, 3 ‖ **quĭrītātŭs**, *ūs*, m., Quirinus : Plin. *Ep.* 6, 20, 14 ; Val. Max. 9, 2, 1.

Quĭrītes, *ĭum* et *um*, m. pl. (2 *Quiris* ; cf. 1 *curis*, plutôt que *Cures*) ¶ 1 Sabins fondus dans la population romaine : Virg. *En.* 7, 718 et Serv. ; Col. pr. 19 ; Liv. 1, 13,

5 ; [anc. formules fréquentes] **populus Romanus Quiritium** Varr. *L.* 6, 86 ; Liv. 8, 9, 7 ; [appos.] **populus Romanus Quirites** Gell. *1, 12, 14* ; Macr. *Sat. 1, 4, 27*, le peuple romain des Quirites (c.-à-d. de vieille souche), (cf. **Quirites Romani** Liv. *5, 41, 3* ; *26, 2, 11*), cf. Plin. *16, 132* ; **populus Romanus Quiritesque** Liv. 8, 6, 13, le peuple romain et les Quirites ¶ 2 Quirites, citoyens romains formant une communauté de droit privé : **dominus (…) ex jure Quiritium** Gai. *Inst. 2, 40-41* ; *4, 16*, propriétaire selon le droit des Quirites [de droit quiritaire : la forme la plus parfaite de la propriété] ‖ épithète adressée par César aux soldats à titre de reproche, civils pèlerins : Tac. *An. 1, 42* ; Suet. *Caes.* 70 ¶ 3 [poét.] **parvi Quirites** Virg. *G. 4, 201*, jeunes citoyens [en parl. d'abeilles].

1 quĭrītō, *ās, āre, -, ātum* (onomat., cf. *quirrito*, plutôt que *Quirites*, Varr., cf. Petr. 21, 1 ; fr. *crier*, it. *gridare*) ¶ 1 intr., appeler, invoquer les citoyens ; crier au secours, appeler à son aide : Varr. *L. 6, 68* ; Liv. *39, 8, 8* ¶ 2 tr. **a)** protester à grands cris : [suivi du st. dir.] Poll. *Fam. 10, 32, 3* ; [avec prop. inf.] Plin. *9, 67* **b)** déplorer qqch. : Apul. *M. 8, 6*.

▶ dép. **quiritor** Varr. d. Diom. 381, 23 cf. Prisc. 2, 396, 18.

2 quĭrītō, *ās, āre, -, -*, v.▶ *quirrito*.

quĭrītŏr, *āris, ārī, -*, v.▶ 1 *quirito*.

quirquir, adv. arch. (cf. *quisquis*, an. *where*), partout où : Varr. *L. 7, 8*.

quirrītō, *ās, āre, -, -* (1 et 2 *quirito*), intr., grogner [en parl. du cri du cochon] : Philom. 55.

1 quĭs, **quae** (arch. **quis**), **quid** (cf. *qui*, *ubi*, τίς, hit. *kuis*, scr. *cit*, *ka-s*, rus. *kto*, al. *wer*, an. *who*) ¶ 1 [pron. interr. dir. et indir.] qui ? **a)** [pron.] **quis clarior in Graecia Themistocle ?** Cic. *Læ. 42*, qui en Grèce fut plus illustre que Thémistocle ? ; **quis illaec est mulier ?** Pl. *Ep. 533*, qui est cette femme-là ?, cf. *Aul. 168* ; *Pers. 200* ; **quis erit quin malit… ?** Cic. *Amer. 34*, y aura-t-il qqn pour ne pas aimer mieux… ? ; **considera quis quem fraudasse dicatur** Cic. *Com. 21*, [en parl. de deux] examine lequel a trompé, suivant ce qu'on dit, et lequel a été trompé ; **quis sim, cognosces** Sall. *C. 44, 5*, tu apprendras qui je suis, mon nom, cf. Cic. *Cat. 3, 12* ‖ [qqf. exclam.] Cic. *Tusc. 1, 97* **b)** [adj.] **quis senator… ?** Cic. *Cat. 2, 12*, quel sénateur… ? ; **rogitat, qui vir esset** Liv. *1, 7, 9*, il demande qui il est ¶ 2 [pron. indéf.] f. **qua** ; n. pl. **qua**, quelqu'un **a)** *dixerit quis* Cic. *Off. 3, 76*, dirait qqn ; **filiam quis habet** Cic. *Par. 44*, qqn a une fille [hypothèse], cf. Cic. *Tusc. 4, 35* ; *Off. 3, 110* **b)** [après si, nisi, ne, cum, num] Cic. *Phil. 2, 35* ; *Clu. 96* ; **ne quis vir clarus… videatur** Cic. *Prov. 39*, pour éviter que quelque homme illustre ne paraisse… ; **cum quis** Cic. *Prov. 5* ; **etiamsi quis** Cic. *Nat. 3, 90* ; **num quis… ?** Cic. *Nat. 3, 87*, est-ce que qqn ? ; **sive quis deus** Cic. *CM 40*, soit qq. dieu ; **sive alius quis** Cic. *de Or. 2, 357*, soit qq. autre ¶ 3 [rel. généralement indéterminé] **nimis homo nihilist, quis piger est** Pl. *Ru. 920*, il est par trop un nullard, celui qui est paresseux ; **dominus vino quid volet faciet** Cat. *Agr. 148, 1*, le maître fera de son vin ce qu'il voudra ; **qui placebunt aut custodi aut quis… emerit** Cat. *Agr. 145, 1*, qui plairont ou au surveillant ou à celui qui aura acheté ; v. Gaffiot *Relatifs et indéfinis*, M. Belge 34 p. 163.

▶ nom. pl. arch. **ques** Pacuv. *Tr. 221* ; S. C. Bac. = CIL 1, 581 ; gén. pl. **quium** Cat. d. Serv. *En. 1, 95*.

2 quīs, dat.-abl. pl. arch. de *qui*, v.▶ *qui* ▶.

quisnam, **quaenam**, **quidnam** (1 *quis*, *nam*) ¶ 1 [pron. interr.] qui donc : **quisnam tuebitur… ?** Cic. *Verr. 4, 80*, qui donc protégera… ? ; **miserunt consultum, quidnam facerent…** Nep. *Them. 2, 6*, ils envoyèrent demander à l'oracle ce qu'ils devaient faire… ; **quaerere, quisnam is esset Verrucius** Cic. *Verr. 2, 187*, demander qui donc était ce Verrucius ¶ 2 [indéf. après *num*] **numquisnam** Cic. *Amer. 107* ; **numquidnam** Cic. *de Or. 2, 13*, est-ce que qqn, est-ce que qqch.

▶ *nam* séparé de *quis* par plus. mots : Pl. *Aul. 427* ‖ placé avant *quis* Ter. *Phorm. 732* ; Virg. *G. 4, 445*.

quispĭam, **quaepĭam**, **quodpĭam** adj., **quidpĭam** et **quippĭam** pron. (1 *quis*, *-pe*, *jam*, cf. *quippe*), [indéf.] quelque, quelqu'un, quelque, quelqu'un, quelque chose : **quispiam dicet…** Cic. *Verr. 3, 111*, qqn dira… ; **si alius quispiam** Cic. *de Or. 1, 190*, si qqn d'autre ; **quaepiam cohors** Cæs. *G. 5, 35, 1*, qqune des cohortes ; **aliud quodpiam membrum** Cic. *Tusc. 3, 19*, qq. autre membre ; **gravius quippiam dicere** Cic. *Phil. 1, 27*, dire qqch. de plus grave, cf. Cic. *Tusc. 5, 38* ; *Div. 2, 149* ‖ **quippiam nocere** *Cic. *Nat. 3, 86*, nuire en qqch. ‖ **aliae quaepiam rationes** Cic. *Fam. 9, 8, 2*, des modalités différentes.

quisquăm, **quaequăm** (arch. **quisquam**), **quidquam** ou **quicquam** (1 *quis*, *quam*), [indéf.] quelque, quelqu'un, quelque chose : **estne quisquam… ?** Cic. *Com. 18*, est-il qqn ? ; **num arator quisquam… ?** Cic. *Verr. 3, 216*, est-ce que quelque laboureur… ? ; **ne rumor quidem quisquam** Cic. *Att. 5, 10, 4*, pas même le moindre bruit ; **nec quisquam, nec quidquam**, et personne, et rien ; **nec quisquam unus** Liv. *2, 9, 8* ; *28, 37, 6*, et pas un seul ; [avec notion négative] **quisquam unus** Liv. *3, 45, 4*, une seule personne, cf. Liv. *3, 55, 15* ; *32, 20, 7* ‖ **legendus est hic orator, si quisquam alius, juventuti** Cic. *Brut. 126*, la lecture de cet orateur, plus que de tout autre, s'impose à la jeunesse.

▶ **quisquam** f., Pl. *Cis. 64* ; Ter. *Eun. 374*, **quemquam** f., Pl. *Most. 596* ; *Ru. 403* ; *Mil. 1055*.

quisquĕ, *quaequĕ*, *quodquĕ* et *quidquĕ*, pron. (1 *quis*, *-que*, cf. *uterque*, *ubique*)

> ¶ 1 "chaque, chacun", [avec le réfléchi] *pro se quisque*, *quo quisque est sollertior*, *ut quisque est vir optimus*, *ut quisque crudelissime oppugnatur*, *optimum quidque*, *invalidus quisque*, *quinto quoque anno*, *quotus quisque*, v.▶ *quotus* ; *primo quoque tempore* "dans les meilleurs délais" ¶ 2 sens voisin de *omnis* ou *quilibet* ¶ 3 rel. = *quicumque*.

¶ 1 chaque, chacun : **mens cujusque is est quisque** Cic. *Rep. 6, 26*, l'intelligence de chacun, voilà ce qui constitue tout un chacun ‖ **ubi quisque vident** Pl. *Cap. 501*, quand les gens voient, chacun pour son compte ; **coepere se quisque magis extollere** Sall. *C. 7, 1*, ils commencèrent à prendre chacun une conscience plus haute d'eux-mêmes ; **pro se quisque nostrum… debemus** Cic. *Agr. 1, 26*, nous devons chacun pour notre compte… ; **viri in vestibulo suarum quisque aedium stabant** Curt. *4, 4, 14*, les hommes se tenaient debout chacun dans le vestibule de sa demeure respective, cf. Curt. *3, 3, 25* ; Liv. *1, 44, 1* ; *25, 12, 2* ; **trecenti quinquaginta octo delecti, nobilissimus quisque** Liv. *7, 19, 2*, on en choisit trois cent cinquante-huit, les plus nobles ; **ipse cum expeditis, acerrimo quoque viro, evadit** Liv. *21, 32, 13*, lui-même, avec des troupes légères, formées des plus vaillants soldats, il s'échappe ‖ **res familiaris sua quemque delectat** Cic. *Quir. 3*, chacun aime son bien ; **membra suo quaeque loco locata** Cic. *Brut. 209*, membres disposés chacun à sa place ; **sua quemque fraus vexat** Cic. *Amer. 67*, chacun est tourmenté par son propre crime ; **suo cuique judicio utendum est** Cic. *Nat. 3, 1*, il faut suivre chacun son propre jugement ; **pro se quisque** Cic. *Verr. 1, 68*, chacun de son côté [chacun pour son compte], cf. Cic. *Verr. 4, 139* ; **in civitates quemque suas dimisit** Liv. *21, 48, 2*, il les renvoya dans leurs cités respectives ‖ **tantum quisque laudat, quantum se posse sperat imitari** Cic. *Or. 24*, chacun loue seulement ce qu'il espère pouvoir imiter ; **quod cuique obtigit, id quisque teneat** Cic. *Off. 1, 21*, que chacun conserve ce qui lui est échu en partage ; **quam quisque norit artem, in hac se exerceat** Cic. *Tusc. 1, 41*, que chacun s'exerce dans le métier qu'il connaît ; **liceat quanti quisque velit tanti aestimare** Cic. *Verr. 3, 221*, qu'il soit permis à chacun d'évaluer au taux qu'il voudra ‖ **quo quisque est sollertior, hoc docet laboriosius** Cic. *Com. 31*, plus le maître est habile, plus il peine dans son enseignement ‖ **ut quisque est vir optimus, ita difficillime… suspicatur** Cic. *Q. 1, 1, 12*, plus un homme est honnête, plus il a de peine à soupçonner…, cf. Cic. *Off. 1, 49* ; **colendum esse ita quemque maxime, ut**

quisque

quisque maxime virtutibus his erit ornatus Cic. *Off.* 1, 46, [se dire] que l'on doit s'attacher aux hommes dans la mesure où ils seront parés de ces vertus ‖ *ut quisque crudelissime oppugnatur, eum lenissime sublevatis* Cic. *Clu.* 202, plus qqn subit de cruels assauts, plus vous le soulagez amicalement ; *ut quisque honorificentissimam de te sententiam dixisset, eam secutus esset* Cic. *Fam.* 10, 22, 2, il aurait adopté une opinion dans la mesure où elle t'aurait le plus honoré ; *ut quisque maxime perspicit... quisque acutissime... potest videre..., is prudentissimus rite haberi solet* Cic. *Off.* 1, 16, dans la mesure où qqn aperçoit le plus nettement... et où il peut voir avec le plus de pénétration, il passe à bon droit pour le plus avisé ‖ *optimum quidque rarissimum est* Cic. *Fin.* 2, 81, l'excellent est toujours le plus rare ; *antiquissimum quodque tempus spectare* Caes. *G.* 1, 45, 3, considérer chaque fois l'antiquité la plus haute ; *fluit voluptas corporis et prima quaeque avolat* Cic. *Fin.* 2, 106, le plaisir physique est passager et le premier éprouvé est le premier à s'envoler ; *excellentissima quaeque* Cic. *Inv.* 2, 4, les meilleures choses chaque fois, cf. Cic. *Ac.* 1, 13 ; *Tusc.* 1, 37 ; *in optimis quibusque* Cic. *Lae.* 34, chez les meilleurs, cf. Cic. *Off.* 2, 75 ‖ [avec un positif] *ignavi cujusque tenuissimae spes* Sall. *Macr.* 19, les plus frêles espérances de tous les lâches ; *invalidus quisque* Tac. *An.* 12, 43 ; Suet. *Oth.* 2, les personnes les plus faibles ‖ [avec un ordinal] *quinto quoque anno* Cic. *Verr.* 2, 139, tous les cinq ans ; *tertio quoque verbo* Cic. *Fam.* 5, 2, 8, tous les trois mots ; *non decimum quemque esse relictum militem sine vulnere* Caes. *G.* 5, 52, 2, que pas un soldat sur dix n'était resté sans blessure ; ▼ *quotus quisque* ‖ *primum quidque considera quale sit* Cic. *Nat.* 1, 77 ; 3, 7, considère la nature de ces arguments l'un après l'autre ; *primo quoque tempore* Cic. *Phil.* 3, 39 ; *primo quoque die* Cic. *Phil.* 8, 33, aussitôt que possible, à la première occasion, au premier jour ; *prima quaeque regio* Sen. *Ep.* 28, 5, la première région venue ‖ [en parl. de deux, au lieu de *uterque*] Ov. *F.* 2, 715 ; Liv. 2, 44, 9 ; 2, 7, 1 ; 10, 12, 3 ; 27, 35, 5 ¶ **2** [voisin de *omnis* ou *quilibet*] *quae ab quoque traduntur* Caes. *G.* 7, 22, 1, ce qui est enseigné chaque fois par qqn ; *qui quaque de causa ad eos venerunt* Caes. *G.* 6, 23, 9, ceux qui viennent chez eux pour une raison quelconque ; *consilia cujusque modi* Caes. *G.* 7, 22, 1, dispositions prises d'une manière ou d'une autre ; *speciem cujusque rei cernere* Cic. *Or.* 16, distinguer l'espèce de chaque chose [= de toute chose qui se présente] ¶ **3** [rel.]
▶ *quicumque* : Pl. *Mil.* 160 ; Liv. 1, 24, 3.
▶ *quisque* f., Pl. *Poen.* 107 ; Ter. *Hec.* 216.

quisquĭlĭa, ōrum, n. pl., c. *quisquiliae* : Petr. 75, 8.

quisquĭlĭae, ārum, f. pl. (redoubl. cf. *scalpo*, σκύλλω), débris, rognures, déchets, rebut : Caecil. d. Fest. 306, 15 ‖ [fig.] Cic. *Att.* 1, 16, 6 ; *Sest.* 94.

quisquis [adj. ou pron.]*quidquid* ou *quicquid* [pron.] (cf. *ubiubi, utut,* osq. *pispis,* hit. *kwiskwis,* scr. *kaścit*) ¶ **1** [rel.] quelque... que, qui que ce soit qui : *inepte, quisquis Minervam docet* Cic. *Ac.* 1, 18, il agit sottement, celui qui donne des leçons à Minerve, c'est sottise que de vouloir instruire Minerve ; *quisquis est ille* Cic. *Brut.* 255, quel que soit cet homme-là ; *quisquis erat eductus senator Syracusanus, duci jubebat* Cic. *Verr.* 2, 63, tout sénateur syracusain qui avait été assigné, il le faisait conduire en prison ; *quoquo animo facis* Cic. *Phil.* 2, 33, dans quelque intention que tu agisses ; *quoquo modo res se habet* Cic. *Q.* 2, 2, 1, quelle que soit la situation ; *quoquo modo potueram* Cic. *Att.* 8, 12, 1, aussi bien que j'ai pu ‖ ▼ *quidquid,* ▼ *cuicui modi* ¶ **2** [indéf.] n'importe quel, quelconque : *quoquo modo* Cic. *Fam.* 9, 16, 1, de n'importe quelle manière ; ▼ *quidquid.*

▶ *quisquis* f., Pl. *Cis.* 610 ; *Ru.* 1146.

quisquislĭbĕt, *quidquidlĭbet,* c. *quilibet* : Salv. *Eccl.* 3, 18, 84.

quĭssĕ, **quissem**, **quĭtus**, **quīvi**, ▼ *queo.*

quium, ▼ 1 *quis* ▶.

quīvīs, *quaevīs, quodvīs* adj. et *quidvīs* pron. (1 *quis, vis*), n'importe quel, quiconque, quelconque : *quamvis excipere fortunam* Cic. *Prov.* 41, subir n'importe quel sort ; *cujusvis hominis est errare* Cic. *Phil.* 12, 5, tout le monde peut se tromper ; *quivis vitiosissimus orator* Cic. *de Or.* 3, 103, le plus défectueux orateur venu ; *quivis unus ex populo* Cic. *Brut.* 320, le premier venu sorti du peuple ; *horum trium generum quodvis* Cic. *Rep.* 1, 42, n'importe laquelle de ces trois formes de gouvernement ‖ *quidvis perpeti* Cic. *Off.* 1, 109, tout supporter ; *quidvis generis ejusdem* Cic. *Lae* 48, n'importe quoi du même genre ; *quidvis anni* Cat. *Agr.* 17, en n'importe quelle saison.

▶ abl. *quivis* Ter. *Ad.* 254 ; tmèse : *quicumvis* = *cum quovis* Pl. *St.* 627.

quīviscumquĕ, *quaeviscumquĕ, quodvisc-,* c. *quivis* : Lucr. 3, 388 ; Mart. 14, 1, 13.

Quiza Cenitāna, f., ville de Maurétanie sur le Chélif : Plin. 5, 19.

1 **quō**, abl. de *quid* : *respondit se nescire quo loci esset* Cic. *Att.* 8, 10, il répondit qu'il ne savait pas où ses affaires en étaient ; *dicere, quo illa loci nasceretur* Cic. *Div.* 2, 135, dire en quel endroit cette plante poussait, cf. Hor. *O.* 1, 38, 3.

2 **quō**, abl. de *quod*

¶ **1** en tête de phrase = *ea re autem, quo factum est ut* ¶ **2** adverbe **a)** "par cela, d'autant... que" [en corrél. avec *eo, hoc*] *eo beatior quo plenior, quo... eo (hoc)* **b)** " par le fait que " **c)** avec subj. sens final "pour que par là" **d)** qqf. avec subj. nuance conséc. **e)** tour négatif avec subj. " non pour la raison que " ¶ **3** conjonction **a)** avec subj. sens final "pour que par là", avec ou sans compar. **b)** *non quo* [subj.] *... sed ut* "non que... mais pour que" ; *non quo... sed quia* "non que... mais parce que".

¶ **1** [en tête de phrase] = *et ea re, ea re autem,* or par là, à cause de cela [surtout suivi d'un compar.] : Cic. *Lae.* 86 ; *Fin.* 3, 4 ‖ *quo factum est, ut* Nep. *Milt.* 7, 4, d'où il résulta que..., cf. Nep. *Them.* 3, 4 ¶ **2** [adv.] **a)** [en corrél. avec *eo, hoc,* et surtout avec un compar.] par cela, d'autant... que : *si eo beatior quisque sit, quo sit corporis bonis plenior* Cic. *Fin.* 3, 43, si l'on était d'autant plus heureux qu'on dispose plus abondamment des biens matériels ; *plaga hoc gravior, quo est missa contentius* Cic. *Tusc.* 2, 57, le coup est d'autant plus rude qu'il est porté plus violemment ; [eo s.-ent.] Cic. *Off.* 145 ‖ [*quo... eo* ou *hoc*] *id quo studiosius absconditur, eo magis eminet* Cic. *Amer.* 121, ce secret, plus on s'attache à le cacher, plus il ressort, cf. Cic. *Off.* 2, 53 ; *Fam.* 4, 13, 5 **b)** *ea pars morum ejus, quo suspecior, ... placebat* Tac. *H.* 1, 14, ce trait de son caractère, s'il donnait plus d'ombrage..., faisait plaisir, cf. Tac. *H.* 2, 11 **c)** [suivi du subj. avec nuance finale] pour que par là : *in eos eo gravius vindicandum statuit, quo diligentius a barbaris jus legatorum conservaretur* Caes. *G.* 3, 16, 4, il décida de sévir contre eux avec d'autant plus de rigueur qu'il voulait obtenir par là que les droits des ambassadeurs fussent respectés plus scrupuleusement des barbares ; *id eo scripsi, quo plus auctoritatis haberem* Cic. *Att.* 8, 9, 1, je l'ai écrit pour avoir par là plus d'influence ; *omnia facit, quo propositum adsequatur* Cic. *Fin.* 3, 22, il fait tout pour atteindre son but ; *missus ad hoc, quo ne... incurreret hostis* Hor. *S.* 2, 1, 37, envoyé avec mission d'empêcher l'ennemi de faire incursion ; cf. ▶ 1 *qui, ne,* 2 *qui* ¶ **2 d)** [qqf. avec subj. nuance conséc.] en sorte que par là : Cic. *Verr.* 5, 53 ; Hirt. *G.* 8, 48, 2 **e)** [tour négatif avec subj.] non pour la raison que : *non eo dico, quo mihi veniat in dubium tua fides* Cic. *Quinct.* 5, je ne dis pas cela pour la raison qu'il me vienne un doute sur ta loyauté = si je parle ainsi, ce n'est pas que..., cf. Cic. *Amer.* 51 ¶ **3** [d'où emploi comme conj.] **a)** [avec subj., sens final] pour que par là : [suivi d'un compar.] Cic. *Off.* 3, 33 ; *Verr.* 4, 26 ; [sans compar.] Cic. *Clu.* 9, 140 ; *Planc.* 52 ; Sall. *C.* 11, 5 ; 14, 3 ; 33, 1 ; J. 52, 6 **b)** *non quo... sed ut* [subj.] Cic. *Fin.* 1, 29, non que... mais pour que, cf. Cic. *Mur* 2 ; *Har.* 12 ; *sed ut ne* Cic. *Verr.* 4, 65, mais pour empêcher que ;

non quo... sed quia Cic. *de Or. 2,* 305, non que... mais parce que.

3 quō (cf. *huc*, ποῖ), [adv. de lieu] [mouvement] où

¶ **1** interr. [dir. ou indir.] **a)** *quo confugient ?, quo gentium ?* **b)** *quo = ad quam rem ?* ¶ **2** indéf. "quelque part" ¶ **3** relatif **a)** *locus quo aditus non erat* **b)** *quo = ad quod,* etc..

¶ **1** [interr. dir. ou indir.] **a)** *quo confugient ?* Cic. *Verr.* 5, 126, où se réfugieront-ils ? ; *non video, quo non possit accedere* Cic. *Ac.* 2, 93, je ne vois pas jusqu'où elle ne peut pas s'avancer ∥ *quo gentium ?* Pl. *Bac.* 831, pour aller où ?, cf. Pl. *Ru.* 824 ∥ [fig.] *scire quo amentiae progressi sitis* Liv. 28, 27, 12, savoir à quel point de folie vous êtes parvenus **b)** *quo = ad quam rem* : *quo tantam pecuniam ?* Cic. *Verr.* 2, 137, en vue de quoi une si forte somme ?, cf. Cic. *Sest.* 29 ; *Fam.* 7, 23, 2 ; *quo haec spectat oratio ?* Cic. *Att.* 8, 2, 4, où tendent ces propos ? ; *dixit, quo vellet aurum* Cic. *Cael.* 53, il a dit en vue de quoi il voulait l'or ¶ **2** [indéf.] quelque part : *si quo proficisceris* Cic. *Verr.* 5, 45, si tu t'en vas quelque part, cf. Cic. *Att.* 8, 3, 7 ; *de Or.* 2, 301 ; Caes. *G.* 2, 48 ; *si quando Romam aliove quo mitterent legatos* Liv. 38, 30, 7, s'ils envoyaient un jour des ambassadeurs à Rome ou quelque part ailleurs ∥ [fig.] *si quo...* Liv. 27, 28, 5, si à quelque égard ¶ **3** [rel.] **a)** *locus, quo aditus non erat* Caes. *G.* 2, 16, 5, un lieu inaccessible **b)** *quo = ad quod (concilium)* : Caes. *G.* 5, 56, 2 ∥ *= ad quos* : Caes. *G.* 5, 14, 5 ; Cic. *Verr.* 5, 167 ; Liv. 29, 12, 4 ∥ *= in quem (taurum)* Cic. *Verr.* 4, 73.

quŏăd, adv., interrog. et rel. (3 *quo, ad*) ¶ **1** jusqu'où, jusqu'à quel point, jusqu'au point où : *videte, quoad fecerit iter...* Cic. *Agr.* 1, 5, voyez jusqu'où il s'est avancé ∥ *pervenit quoad progredi potuit hominis amentia* Cic. *Phil.* 11, 6, il est allé jusqu'au point où pouvait parvenir la folie d'un homme, cf. Cic. *Leg.* 1, 14 ; *quoad facere potui* Cic. *de Or.* 2, 29, dans la mesure où j'ai pu le faire, cf. Cic. *Att.* 4, 6, 4 ; *Agr.* 2, 19 ∥ *quoad ejus* Cic. *Inv.* 2, 20 ; ▶ *quod ejus,* 🔍 *1 qui I B* ¶ **3** *b* ∥ *quoad longissime potest mens mea respicere spatium.* Cic. *Arch.* 1, aussi loin que mon esprit peut regarder dans le passé..., cf. Liv. 1, 18, 8 ¶ **2** [temps] **a)** jusqu'à quand ; tant que : *quoad exspectatis... ?* Ter. *Phorm.* 148, jusqu'à quand attendez-vous... ?, à quel terme, à quel dernier délai, cf. 462 [524] ∥ *tamdiu... quoad* Cic. *Off.* 1, 2, aussi longtemps que ; *quoad vixit* Cic. *Verr.* 1, 60, autant qu'il a vécu ; *fui Capuae quoad consules* Cic. *Att.* 8, 11 B, 2, je suis resté à Capoue autant que les consuls **b)** jusqu'à ce que : *ut, quoad rex declaratus esset...* Cic. *Rep.* 2, 23, pour que, jusqu'à ce qu'un roi fût nommé... ; *usque eo*

quoad Nep. *Epam.* 9, 3, jusqu'au moment où.

▶ monosyll. Lucr. 2, 849 ; Hor. *S.* 2, 3, 91 ∥ *quaad* Varr. *R.* 1, 1, 2.

quŏădusquĕ, jusqu'à ce que : Lact. *Inst.* 4, 12, 17 ; Iren. 1, 14, 1.

quōcircā, adv. (2 *quo, circa*), c'est pourquoi, en conséquence : Cic. *CM* 41 ; *Div.* 1, 92 ; [tmèse] *quo, bone, circa* Hor. *S.* 2, 6, 95.

quōcum, ▶ *cum quo*.

quōcumquĕ (3 *quo, -cumque*) ¶ **1** [adv. rel.] en quelque lieu que, partout où [mouv^t] : Cic. *Mil.* 1 ; *Verr.* 5, 167 ; *Or.* 52 ¶ **2** [indéf.] de n'importe quel côté : Virg. *En.* 3, 682.

▶ [tmèse] *quo ea me cumque ducet* Cic. *Tusc.* 2, 15, "partout où elle me conduira".

1 quŏd [acc. n. du rel. pris adv^t (acc. de relation)]

¶ **1** "relativement à quoi" ; *est quod gaudeas, quid est quod voces ?, nihil habeo quod accusem, quid est quod ?* ¶ **2** [en tête de phrase] **a)** "et à ce propos" **b)** [particul. de liaison jointe à des conjonctions] *quod si* "or si".

¶ **1** relativement à quoi ; [d'où] à cause de quoi, pour quoi : *ut, quod ad te advenio, intellegas* Pl. *Ep.* 456, pour que tu comprennes ce relativement à quoi, la raison pour laquelle je viens vers toi, cf. Pl. *Ps.* 277 ; *quod veni, eloquar* Ter. *Haut.* 3, je raconterai le motif de ma venue ; *est quod te volo secreto* Pl. *Bac.* 1149, il y a une raison pour laquelle je veux t'entretenir en secret ; *quid est quod me excivisti ?* Pl. *Ep.* 570, pourquoi m'as-tu fait venir ? pourquoi... ?, cf. Pl. *Cas.* 178 ; 630 ; *Ps.* 9 ; *Men.* 677 ; *Truc.* 238 ; Cic. *Verr.* 4, 43 ; *Clu.* 181 ; *Arch.* 10 ; *Pis.* 59 ; *Att.* 4, 8 a, 3 ; *quid fecerat, quod... voluistis ?* Cic. *Dom.* 59, qu'avait-il fait [relativement à quoi vous avez voulu], pour que vous ayez voulu... ? ∥ [avec subj. consec.] [v. Gaffiot *Subj. de subord.* p. 47 et suiv. ; p. 192 et suiv.] *narravi vobis quod vostra opera mi opus siet* Pl. *Poen.* 547, je vous ai raconté en quoi j'ai besoin de vos services ; *est quod gaudeas* Pl. *Trin.* 310, il y a lieu de te réjouir [= il y a de bonnes raisons pour que te réjouisses], cf. Pl. *Merc.* 502 ; *Ru.* 516 ; *St.* 394 ; *quid est quod... voces ?* Pl. *Curc.* 166, quelle raison y a-t-il pour que tu appelles... ?, cf. Pl. *Bac.* 1156 ; *Ep.* 169 ; *nihil quod metuas* Pl. *Ps.* 1066, il n'y a pas de raison pour que tu craignes ; [dans ces tournures le subj. est la constr. ordin. de la prose classique] *nihil habeo quod accusem senectutem* Cic. *CM* 13, je n'ai aucune raison d'incriminer la vieillesse ; *non plus habet quod gaudeat quam quod angatur* Cic. *Fin.* 1, 62, il n'a pas plus de raison de se réjouir que de se tourmenter ; *magis est quod gratuler tibi quam...* Cic. *Att.* 16, 5, 2, il y a plutôt lieu de te féliciter que de... ; *quid est quod,* 🔍 *quid* ¶ **2** [en tête d'une phrase] **a)** et

relativement à cela, et là-dessus, et à ce propos : *quod nescio an ne in uno quidem versu possit tantum valere fortuna* Cic. *Nat.* 2, 93, or sur ce point, je doute que le hasard ait assez de puissance même pour effectuer un seul vers, cf. Cic. *Phil.* 10, 9 ; Cael. *Fam.* 8, 14, 2 ∥ c'est pourquoi : Ter. *And.* 289 ; Hor. *Ep.* 1, 7, 94 ∥ [sur *quod* dans les parenthèses] en tant que, dans la mesure où, 🔍 *1 qui b)* [partic. de liaison, jointe à des conj.]. *quod si* Cic. *Q.* 1, 1, 27, que si, or si ; *quod nisi* Cic. *Fam.* 10, 28, 3 ; 13, 57, 1 ; *Att.* 16, 5, 2, que si... ne pas ; *quod etsi* Cic. *Fin.* 4, 10, or quoique ; *quod quia* Cic. *Fin.* 1, 67, or parce que ; *quod quoniam* Cic. *Fin.* 3, 59 ; *Div.* 2, 127, or puisque ; *quod utinam* Cic. *Fam.* 14, 4, 1, ah ! fassent les dieux que....

2 quŏd, conj. (1 *quod* ; roum. *că*)

¶ **1** "parce que" ¶ **2** "en ce que, de ce que" **a)** après les verbes de sentiment **b)** *bene, male facis quod* ¶ **3** introduit une prop. **a)** en fonction de sujet, d'attribut ou de compl. d'un verbe principal "ce fait que", *huc accedit quod, quid quod ?* **b)** apposition explicative d'un subst. "c'est que" **c)** en corrél. avec un dém. *ex hoc quod* **d)** [expr. particul.] *jamdiu est quod, tantum quod, statim quod* **e)** exprimant une relation "relativement au fait que, quant à ce fait que" [en tête de phrase] **f)** avec subj. potentiel ¶ **4** [tard.] "que", après les verbes de parole ou d'opinion.

¶ **1** parce que [souvent en corrél. avec des adv. ou locution adv. v. *eo, ideo, idcirco, propterea,* "pour cela", "à cause de cela"] : *eo occisus est, quod* Cic. *Verr.* 3, 63, il a été tué pour la raison que ∥ [subj. du st. indir.] *sanctos appellat poetas, quod... videantur* Cic. *Arch.* 18, il appelle les poètes des êtres sacrés, parce que dans sa pensée ils semblent... parce qu'il les regarde comme... ; *Aristides nonne ob eam causam expulsus est patria, quod praeter modum justus esset ?* Cic. *Tusc.* 5, 105, pour exiler Aristide n'a-t-on pas invoqué le prétexte qu'il était juste à l'excès ? ; *seu quod... existimarent..., sive eo quod... confiderent* Caes. *G.* 1, 23, 3, soit parce qu'ils pensaient, j'imagine [pensée non pas des Helvètes, mais de César]..., soit parce qu'ils étaient convaincus..., cf. Cic. *Brut.* 276 ¶ **2** en ce que, de ce que **a)** [après les verbes exprimant un sentiment] *tibi gratias ago, quod me... coegisti* Cic. *Att.* 3, 3, 1, je te remercie de ce que tu m'as forcé à... ∥ [subj. du st. indir.] *laudat Africanum Panaetius, quod fuerit abstinens* Cic. *Off.* 2, 76, Panétius loue l'Africain de son désintéressement [point de vue de Panétius] ; *Periclem vituperat quod tantam pecuniam... conjecerit* Cic. *Off.* 2, 60, il blâme Périclès d'avoir mis tant d'argent... **b)** *bene, male facis quod,* tu fais bien, mal en ce que ; *pergratum mihi fecisti* *quod*, tu m'as fait un très grand plaisir en, ⇒ *facio* ¶ **3** [introduisant une prop.] **a)** [qui joue le rôle de sujet, d'attrib. ou de compl^t d'un verbe principal] ce fait que : ***optimum, quod... sustulisti*** Cic. *Phil.* 2, 91, excellent, ce fait que tu as supprimé ; ***multae res Gallos hortabantur..., cunctatio..., inopia cibariorum... et quod fere libenter homines... credunt*** Cæs. *G.* 3, 18, 6, beaucoup de choses encourageaient les Gaulois..., la temporisation..., le manque de vivres... et le fait que d'ordinaire les hommes croient volontiers... ; ***illud me movet, quod video*** Cic. *Fam.* 14, 18, 1, ce qui m'émeut, c'est que je vois ; ***non probo illud in primis, quod... reliquerunt*** Cic. *Fin.* 1, 18, je n'approuve pas notamment ce fait qu'ils ont laissé de côté... ; ***nec vero illa parva vis naturae, quod unum hoc animal sentit*** Cic. *Off.* 1, 14, ce n'est pas non plus une médiocre propriété de sa nature ce soit lui, le seul être vivant qui perçoive ‖ ***huc accedit quod*** Cic. *Amer.* 104, à cela s'ajoute que ; ***accedit aliud incommodum, quod*** Cic. *Att.* 3, 24, 2, il y a en outre un autre inconvénient, c'est que ; ***adde quod***, ajoutez que, ⇒ *addo, adjicio, accedo, accido* ‖ ***quid quod ?*** que dire de ce fait que ?, ⇒ **2** *quid* **b)** [apposition explicative d'un substantif] ***illum fructum cepi, quod*** Cic. *Fam.* 5, 13, 1, un avantage que j'ai retiré, c'est que ; ***oblivisci recentium injuriarum, quod... quod...*** Cæs. *G.* 1, 14, 3, oublier les récentes injustices, à savoir le fait que... le fait que, cf. Cic. *CM* 39 ; *Off.* 3, 62 ; *Verr.* 3, 109 **c)** [prop. reliée à un dém., compl^t circonstanciel] ***in hoc omnis est error, quod existimant*** Cic. *de Or.* 2, 83, toute l'erreur réside dans le fait qu'ils croient... ; ***ex hoc, quod*** Cic. *Amer.* 52, ou ***hinc, quod*** Cic. *Cat.* 2, 4, d'après ce fait que ; ***pro eo quod*** Cic. *de Or.* 2, 75, en raison de ce que ; ***nomen ductum ab eo, quod*** Cic. *Nat.* 2, 68, mot tiré de ce fait que, de cette considération que ; ***hoc uno praestamus feris, quod*** Cic. *de Or.* 1, 32, ce qui par excellence assure notre supériorité sur les bêtes, c'est que **d)** [expr. particul.] ***jamdiu est quod*** Pl. *Amp.* 302, m. à m. il est de longue durée ce fait que, il y a longtemps que ; ***non temere est quod*** Pl. *Aul.* 624, il n'est pas à l'aventure ce fait que, ce n'est pas par hasard que, cf. Pl. *Phorm.* 998, (v. Gaffiot *Subj.* p. 7) ; ***tantum quod***, il y a seulement ce fait que : ***ut quivis intellegere possit unius hominis causa conscriptum esse (edictum), tantum quod hominem non nominat*** Cic. *Verr.* 1, 116, en sorte que le premier venu pouvait comprendre que cet édit était rédigé pour un seul homme à ceci près qu'il ne manquait que le nom de cet homme ; ***tantum quod veneram, cum*** Cic. *Fam.* 7, 23, 1, il y avait juste le fait de mon arrivée, quand = à peine étais-je arrivé que ; ***haec cum scriberem, tantum quod existimabam...*** [st. épistolaire] Cic. *Att.* 15, 13, 7, en écrivant ceci, je pense à l'instant (tout juste) que... ; ***modo quod accepisti haud multo post... paras*** Pl. *As.* 168, [= *modo quod... cum* c. plus haut Cic. *Verr.* 1, 116], à peine as-tu reçu que sans tarder tu te prépares... ; ***statim quod audieram...*** Cic. *Q.* 1, 2, 12, à peine étais-je au courant de... ; ⇒ ***praeterquam, nisi*** **e)** [exprimant une relation] relativement à ce fait que, quant au fait que [en tête d'une phrase] : ***quod vero admiratus es impudentiam...*** Cic. *de Or.* 1, 237, quant à ton étonnement touchant l'impudence..., cf. Cic. *de Or.* 1, 234 ; *Fin.* 2, 94 ; *Fam.* 4, 2, 3 ; 4, 14, 3 ; *Att.* 11, 12, 4 ; Cæs. *G.* 1, 13, 5 ; 1, 14, 4 ; 1, 36, 6 ; [en tête des paragraphes de procès-verbaux, de décrets] relativement au fait que, question relative au fait que : Cic. *Verr.* 4, 140 ; 143 ; 144 ‖ [dans le corps d'une phrase] : Cic. *Cat.* 1, 16 ; *Off.* 3, 59 ; Cæs. *G.* 1, 18, 10 ‖ [expr.] ***tertius est dies, quod*** Plin. *Ep.* 4, 27, 1, ce jour est le troisième, relativement au fait que, il y a trois jours que, cf. Quint. 10, 3, 14 ; ***inde quod*** Ter. *Haut.* 54 signifie ***ex eo quod***, à partir de ce fait que, de cette circonstance que **f)** [avec subj. potentiel] ***quod tibi... videatur*** Ter. *Eun.* 785, dans le cas où il te paraîtrait..., cf. Ter. *Eun.* 1064 ; *Ad.* 162 ; Pl. *Aul.* 91 ; Cic. *Verr.* 5, 175 ¶ **4** [empl. après les verbes de parole, d'opinion ou de perception, au lieu de la prop. inf.] ***renuntiare quod*** B.-Hisp. 36, 1, rapporter que [subj.] ; ***scire quod*** Petr. 71, 9, savoir que [indic.] ; ***dicere quod*** Tert. *Anim.* 17, 13, dire que [subj.] ; ***videre quod*** Vulg. *Gen.* 3, 6, voir que [subj.].

3 quŏd, pour *quot* [tard.].

quŏdammŏdō (quŏdam mŏdō), en quelque sorte, en quelque façon : Cic. *Brut.* 261 ; *Lae.* 28.

quodnăm, n. de *quisnam*.

quodquŏd, pour *quotquot* [tard.].

Quodsēmĕlarrĭpĭdēs, m., nom burlesque forgé : Pl. *Pers.* 705 ; suivi de **Numquameripides**, ce qu'il a une fois attrapidès jamais ensuite tu ne le rattrapidès.

quoī, arch. ⇒ *cui*.

quŏīās (quŏīātis), ⇒ *cujas, cujatis* : Pl. *Poen.* 109.

1 quŏius, a, um (cf. ποῖος, osq. *púiiu* ; esp. *cuyo*), [arch.], ⇒ **2** *cujus* : Pl. *Curc.* 229.

2 quŏius (*k^wosyo-s*, cf. τέο, τοῦ, scr. *kasya*), [gén. arch.], ⇒ **1** *cujus*.

quŏlībĕt, adv. (**3** *quo, libet*), [mouv^t] n'importe où, où l'on voudra : Lucr. 4, 901 ; Sen. *Ep.* 87, 17.

quŏlōnĭa, ⇒ *colonia* ►.

quŏm, ⇒ *cum* [conj.].

quŏmĭnus (**2** *quo, minus*, cf. *quin*), [empl. comme conj.] ¶ **1** [après verbes d'empêchement] ; ⇒ *impedire, tenere, recusare, deterrere*, empêcher que (de), refuser de ‖ [idée d'empêch^t] ***excipiuntur tabulae, quominus*** Cic. *Verr.* 2, 187, les registres sont l'objet d'une exception empêchant que ; ⇒ *stare, perficere, mora, morari* ¶ **2** pour que... ne pas, pour empêcher que : Cic. *Nat.* 1, 35 ; *Har.* 27 ; *Brut.* 117 ; ***nihil desideramus, quominus... possidere videamur*** Cic. *Att.* 2, 4, 5, il ne nous manque rien qui vous empêche de croire que nous possédons.

quōmŏdŏ, adv. (**1** *quis*, **1** *qui*, **2** *quo, modo* ; fr. *comme*) ¶ **1** [interr.] de quelle manière, comment : [dir.] Cic. *Verr.* 3, 25 ; *Lae.* 9 ; *Att.* 8, 1 ; [indir.] Cic. *Fam.* 2, 5, 1 ; *de Or.* 2, 157 ; *Fin.* 4, 7 ¶ **2** [rel.] **a)** de la manière dont, comme : ***quomodo nunc est*** Cic. *Att.* 13, 2, 2, dans l'état actuel des choses, cf. Cic. *de Or.* 2, 140 ; ***nihil admirabilius quam quomodo... tulit*** Cic. *CM* 12, rien de plus admirable que la manière dont il a supporté..., cf. Cic. *de Or.* 3, 16 ; *Off.* 1, 119 ; Quint. 9, 4, 75 ‖ ***quomodo pessimus quisque, vitiis valebat*** Tac. *H.* 3, 77, comme les pires, il prévalait par les vices **b)** [en corrél. avec *sic, ita*] ***ita... quomodo*** Cic. *Agr.* 2, 3, de la façon dont, de même que ; ***quomodo... sic*** ou ***ita*** Cic. *Tusc.* 3, 37 ; 5, 18 ; 4, 29 ; 1, 91 ; *Off.* 1, 136 ; *Phil.* 5, 9, de même que... de même.

quōmŏdŏcumquĕ (-cunquĕ), adv. ¶ **1** [rel.] de qq. manière que : Cic. *Fin.* 5, 30 ¶ **2** [indéf.] de toute manière : Pl. *Poen.* 405 ; Sen. *Nat.* 1, 5, 12.

quōmŏdŏlĭbĕt, de qq. manière que : Aug. *Civ.* 3, 16.

quōmŏdŏnam, adv., comment donc ? : Cic. *Q.* 2, 15, 5.

quōnam, adv. interr. dir. et indir., où donc [avec mouv^t] : Cic. *Sest.* 95 ; *Verr.* 2, 74 ; ***quonam usque ?*** Gell. 1, 3, 19, jusqu'où donc ?, cf. Stat. *Th.* 1, 215.

quondam, adv. (*quom-, -dam*, cf. *quidam*) ¶ **1** à un certain moment ⇒ *quidam*, à une époque déterminée, un jour : Cic. *Div.* 1, 98 ; *Brut.* 192 ‖ parfois, à certain moment : Cic. *de Or.* 1, 135 ; Virg. *En.* 2, 367 ¶ **2** autrefois, jadis : Cic. *Arch.* 4 ; *Phil.* 2, 15 ; *de Or.* 1, 187 ‖ ***Cyrus quondam rex*** Curt. 10, 1, 23, Cyrus l'ancien roi ¶ **3** [dans l'avenir] parfois : Hor. *S.* 2, 2, 82 ‖ un jour : Virg. *En.* 6, 876.

quŏnĭăm, adv. (*quom, jam*) ¶ **1** après que : Pl. *As.* 711 ; *Aul.* 9 ¶ **2** puisque, parce que [indic.] : Cic. ; Cæs. ‖ [subj. du st. indir.] Cæs. *G.* 5, 3, 5 ; 6, 1, 2 ; *C.* 1, 72, 4 ; Cic. *Fam.* 13, 7, 5 ; Nep. *Milt.* 7, 5 ; *Eum.* 9, 2 ¶ **3** [tard.] que [après les verbes de parole, d'opinion ou de perception, au lieu de la prop. inf.] : ***scire quoniam*** Cypr. *Unit. eccl.* 17, savoir que.

quōpĭam, adv. (**3** *quo*, cf. *quispiam*), quelque part [mouv^t] : Pl. *Most.* 966 ; Ter. *Eun.* 462.

quōquam, adv. (**3** *quo, quam*, cf. *quisquam*), quelque part [mouvement] : Ter. *Ad.* 170 ; Cic. *Verr.* 2, 52 ; Nep. *Att.* 7 ‖ = ***in aliquam rem*** : Lucr. 1, 1053.

1 quŏquĕ, adv. (**2** *quo, -que*), [jamais en tête d'une phrase ; mis après le mot qu'il souligne] aussi : ***Helvetii quoque*** Cæs. *G.* 1, 1, les Helvètes aussi ; ***alii quoque etiam***

Cic. *Verr.* 3, 206, même d'autres aussi ‖ **ne id quoque** Quadr. d. Gell. 17, 2, 18, pas même cela ; = **ne id quidem**, cf. Liv. 10, 14, 13 ; Gell. 1, 2, 5 ; 20, 1, 15 ; **non solum... sed... quoque** Gell. 17, 12, 1, non seulement... mais encore ; **sentire quoque aliud, non solum dicere** Cic. *Fin.* 4, 57, différer aussi d'opinion, non seulement en paroles ; **nec vero id satis est, sed illud quoque intellegendum est...** Cic. *Fin.* 5, 30, et cela n'est pas suffisant, il faut comprendre ceci aussi que....

2 **quŏquĕ**, abl. de *quisque*.

3 **quōquĕ**, ▹ *et quo*.

quōquĕvĕrsŭs (-versum), v.▸ *quoquov-*: Caes. *G.* 3, 23, 2 ; 7, 4, 5.

quōquō, adv. (3 *quo*, cf. *quisquis*), en qq. lieu que [mouvᵗ], de qq. côté que : Pl. *Aul.* 449 ; Cic. *Div.* 2, 24 ; **quoquo gentium** Pl. *Merc.* 858 ; **quoquo terrarum** Ter. *Phorm.* 551, en qq. endroit du monde que.

quōquōmŏdo (quōquō mŏdo), adv. ¶ **1** [rel. de prix] de qq. manière que : Cic. *Fam.* 1, 5, 2 ¶ **2** [indéf.] de n'importe quelle manière, d'une manière quelconque : Cic. *Verr.* 5, 38 ; v.▸ *quisquis*.

quōquōvĕrsŭs (-versŭm, -vorsŭm), adv., dans toutes les directions, de tous côtés [mouvᵗ]: Caes. *G.* 7, 4, 5 ; v.▸ *quoqueversus* ‖ dans tous les sens : Cat. *Agr.* 15, 1 ; Cic. *Phil.* 9, 16.

quorsŭm (-sŭs), adv. (3 *quo, vorsus, vorsum*), [interr. dir. et indir.] ¶ **1** dans quelle direction, de quel côté, où : Ter. *Eun.* 305 ¶ **2** [fig.] **a)** vers quoi, vers quel but : **quorsus haec pertinent ?** Cic. *Leg.* 1, 63, où tend ce discours ?, cf. Cic. *de Or.* 3, 91 ; **quorsum tandem aut cur ista quaeris ?** Cic. *Leg.* 1, 4, à quelle fin ou pourquoi me demandes-tu cela ?, cf. Cic. *CM* 13 ; **quorsus istuc ?** Cic. *Brut.* 292 (Ter. *Ad.* 100) où veux-tu en venir ? **b)** à quel résultat (aboutissement) : **verebar, quorsum id casurum esset** Cic. *Att.* 3, 24, 1, je me demandais avec inquiétude quelles suites cela aurait, cf. *Att.* 2, 21, 1.

Quosenum, i, n., fleuve de Maurétanie : Plin. 5, 9.

quŏt, pron. indécl. (cf. 1 *quis*, πόσος, scr. *kati*, hit. *kuwatta*) ¶ **1** [interr.-exclam. dir. ou interr. indir.] combien [nombre] : **quot et quanti poetae exstiterint !** Cic. *Tusc.* 4, 5, combien de poètes ont apparu et de quelle valeur ! ; **si, bis bina quot essent, didicisset** Cic. *Nat.* 2, 49, s'il avait appris combien font deux fois deux ; **dicere, quot milia abesset...** Cic. *Caecin.* 28, dire à combien de milles de distance se trouvait... ; **dicebant, quot ex sua quisque nave missos sciret esse** Cic. *Verr.* 5, 101, ils disaient combien il y en avait d'envoyés en congé dans leurs navires respectifs, à leur connaissance ¶ **2** [rel.

en corrél. avec *tot* exprimé ou s.-ent.] aussi nombreux que, autant que : **tot et tantas res optare, quot et quantas di immortales ad Q. Pompeium detulerunt** Cic. *Pomp.* 48, désirer autant et d'aussi grandes faveurs que les immortels en ont octroyé à Q. Pompée ; **quot homines, tot sententiae** Cic. *Fin.* 1, 15, autant de personnes, autant d'avis, cf. Cic. *de Or.* 2, 140 ; **quot orationum genera esse diximus, totidem oratorum reperiuntur** Cic. *Or.* 53, autant nous avons distingué de genres de style, autant on trouve de genres d'orateurs ¶ **3** [indéf.] tout, chaque : **quot mensibus** Cat. *Agr.* 43, 2, tous les mois ; v.▸ *quotannis* ; **quot annos** Cic. *Nat.* 2, 130, tous les ans ; v. Gaffiot. *Relatifs et indéfinis*, M. Belge 34, p. 166.

▶ latin tard. *quod*.

quŏtannīs, adv., tous les ans : Cic. *Verr.* 4, 151 ; *Div.* 1, 130 ; Caes. *G.* 1, 4, 4.

▶ latin tard. *quodannis* : CIL 8, 7219.

quotcălendīs, adv., à chaque retour des calendes : Pl. *St.* 60.

quotcumquĕ, pron. rel. indécl., quel que soit le nombre que : Cic. *Leg.* 3, 8.

quŏtēni, ae, a, [interr. distr.] combien nombreux [respectivement] : Cic. *Att.* 12, 33, 1.

quŏtennis, e (*quotannis*), v.▸ *perennis*, de combien d'années : Aug. *Quant.* 19.

quŏtīdĭānō, adv., v.▸ *quotidie* ; orth. *cottidiano* Pl. *Cap.* 725 ; *cotidiano* Cic. *Rep.* 6, 2 ; *Verr.* 4, 18.

quŏtīdĭānus, a, um, quotidien, de tous les jours, journalier : Cic. ; Caes. ‖ [fig.] familier, habituel, commun : Ter. *Eun.* 297 ; Cic. *Fam.* 9, 21, 1.

▶ meill. orth. *cottidianus*.

quŏtīdĭē, adv. (*quotus, dies*, loc.), tous les jours, chaque jour : Cic. ; Caes.

▶ meill. orth. *cottidie*.

quŏtīdĭō, v.▸ *quotidie* : Char. 196, 8.

quŏtiens (quŏtĭēs), adv. ¶ **1** interr. dir. et indir., combien de fois : Cic. *Verr.* 2, 145 ; *Cat.* 1, 15 ; *Phil.* 2, 45 ; *Caecil.* 45 ¶ **2** rel.[en corrél. avec *totiens (toties)* exprimé ou s.-ent.] toutes les fois que : Cic. *de Or.* 1, 251 ; *Att.* 1, 14, 1 ; *Fam.* 7, 7, 1 ‖ [dans la langue, à partir de Sénèque le rhéteur, on constate souvent après *quotiens* le subj. éventuel, v. Gaffiot " *Le subj. après quotiens* " *Rev. Phil.* 27, p. 276] **quotiens pecuniae materia deesset...** Tac. *H.* 1, 66, 19, toutes les fois que l'argent venait à manquer....

quŏtienscumquĕ, adv., toutes les fois que : Cic. *Verr.* 4, 57.

quŏtienslĭbĕt, adv., aussi souvent qu'on voudra : Boet. *Mus.* 1, 4.

quŏtiensquĕ, adv., toutes les fois que : Col. 6, 17, 8.

quotlĭbĕt, indécl., aussi nombreux qu'on voudra : Hyg. *Astr.* 1, 6, 4.

quotquŏt ¶ **1** [pron. rel. indécl.] en quelque nombre que : Cic. *Inv.* 2, 145 ; **quotquot eunt dies** Hor. *O.* 2, 14, 5, autant que s'écoulent de jours = tous les jours ¶ **2** [indéf.] tout, chaque : **quotquot annis** Varr. *L.* 5, 40, tous les ans : **quotquot mensibus** Varr. *L.* 5, 47, tous les mois.

quŏtŭmus, a, um, ▸ *quotus* : Pl. *Ps.* 962 ; 1173.

quŏtus, a, um, adj. interr. dir. et indir. (*quot* ; fr. *cote*), en quel nombre : **quotus erit iste denarius, qui non sit ferendus ?** Cic. *Verr.* 3, 220, quel est le nombre de deniers qu'on ne pourra qualifier d'insupportable ? ; **scire velim, chartis pretium quotus arroget annus** Hor. *Ep.* 2, 1, 35, je voudrais savoir le nombre d'années qui donne aux écrits leur valeur ; **hora quota est ?** Hor. *S.* 2, 6, 44, quelle heure est-il ? ; **quotus esse velis, rescribe** Hor. *Ep.* 1, 5, 30, réponds-moi avec combien de gens tu veux être à table, combien tu veux avoir d'invités avec toi ‖ v.▸ *quotusquisque*.

quŏtuscumquĕ, ăcumquĕ, en qq. nombre que, en si petit nombre que ce soit que : Tib. 2, 6, 54.

quŏtuslĭbĕt, ălĭbĕt, en tel nombre qu'on voudra : Mamert. *Anim.* 1, 18, 3.

quŏtusquisquĕ (quŏtus quisque), ăquaequĕ, umquidquĕ, combien peu [interr. dir., qqf. indir.] : **quotus enim quisque philosophorum reperitur qui... ?** Cic. *Tusc.* 2, 11, car combien on trouve peu de philosophes qui... ; **quota enim quaeque res evenit... ?** Cic. *Div.* 2, 52, car combien peu de faits arrivent... ? ; **quotusquisque juris peritus est ?** Cic. *Planc.* 62, combien y a-t-il d'experts en droit ? ; **quotocuique lorica est ?** Curt. 9, 3, 11, combien peu ont une cuirasse ! ; **quotumquemque inveneris... ?** Tac. *D.* 29, combien en trouveras-tu... ? ‖ [indir.] Sen. *Brev.* 3, 3.

quŏusquĕ, adv., [interr. dir. et indir.] ¶ **1** jusqu'où, jusqu'à quel point : Plin. 33, pr. 3 ; Gell. 1, 3, 15 ; Quint. 1, 5, 63 ¶ **2** jusqu'à quand ?, jusques à quand ? : Cic. *Cat.* 1, 1 ; *Rep.* 6, 17 ; *Att.* 15, 23 ¶ **3** jusqu'au moment où [avec indic.] : Aug. *Conf.* 2, 4, 9 ‖ jusqu'à ce que [avec subj.] : Aug. *Conf.* 11, 2, 2.

▶ [tmèse] **quo enim usque** Cic. *Phil.* 3, 3 ; **quo te sperabimus usque ?** Mart. 2, 64, 9, jusqu'à quand devions-nous t'attendre ?.

quōvīs, adv., où tu voudras, n'importe où [mouvᵗ] : Pl. *Most.* 888 ; **quovis gentium** Ter. *Haut.* 928, n'importe où, au diable.

quum (quom), faux archaïsme : *Pl. *Ps.* 137 [ms. A] ; v.▸ 2 *cum* [conj.].

R

r, n., f. indécl., dix-septième lettre de l'alphabet latin, d'abord écrite P comme en grec et en étrusque, et prononcée *(e)r*: Lucil. 2; *canina littera* Pers. 1, 109; ιρρε CPL 58; *er* Prisc. 2, 8, 11; *littera r* Don. And. 597, la lettre r; *usque ad alterum r* Cic. Verr. 2, 187, jusqu'au second r ‖ [abréviation] souvent **R.** = *Romanus*: S. P. Q. R. = *senatus populusque Romanus*, le sénat et le peuple romain; **R.** = *Rufus*; **R. P.** = *res publica*.

Rā, indécl., v. *Rha*.

rabbī, indécl. (hébr.), maître, docteur: Vulg. Matth. 23, 7.

rabbōnī, indécl. (hébr., mot plus respectueux que *rabbi*), maître: Vulg. Joh. 20, 16.

răbĭa, ae, f., v. *rabies*: Gloss. 5, 478, 24.

răbĭdē, adv. (*rabidus*), avec fureur, avec rage: Cic. Tusc. 5, 16; *rabidius* Aug. Man. 2, 14.

răbĭdus, a, um (*rabies*) ¶ **1** furieux, enragé: Lucr. 5, 892; Virg. G. 2, 151; Plin. 29, 98; Sen. Ir. 1, 1, 6 ‖ [poét.] *ora rabida* Virg. En. 6, 102, la bouche écumante de la Sibylle en délire, cf. Virg. En. 6, 80; *fame rabida* Virg. En. 6, 421, avec une faim qui le fait écumer [Cerbère] ¶ **2** [fig.] en fureur, forcené: Sen. Ir. 1, 12, 5, 3, 16, 2; Gell. 19, 9, 7.

Răbĭēnus, i, m. (*rabies*), nom donné à l'orateur Labiénus par dérision: Sen. Contr. 10, pr. 5.

răbĭēs, ei, f. (cf. scr. *rabhas-*; fr. *rage*) ¶ **1** rage [maladie]: Col. 7, 12, 14; Plin. 7, 64; *velut injecta rabie* Liv. 21, 48, 3, comme après communication de la rage ¶ **2** [fig.] transport furieux, rage, fureur: Cic. Tusc. 3, 63; 4, 53 ‖ délire de la Sibylle: Virg. En. 6, 49 ‖ *fatalem rabiem temporis ejus accusat* Liv. 28, 34, 4, il incrimine le délire envoyé par le destin à ce moment; *ventorum* Ov. M. 5, 7, la rage des vents; *ventris* Virg. En. 2, 357, les transports furieux de la faim.
▶ gén. *rabies* Lucr. 4, 1083; cf. *facies* Gell. 9, 14, 2, v. *rabia*.

răbĭō, *is, ĕre, -, -* (*rabies*), intr., être furieux, emporté, violent: Caecil. Com. 89; Varr. Men. 217; Poet. d. Cic. Div. 1, 66; Sen. Ep. 29, 7.

răbĭōsē, adv. (*rabiosus*), avec fureur: Cic. Tusc. 4, 49.

răbĭōsŭlus, a, um (dim. de *rabiosus*), un peu furieux: Cic. Fam. 7, 16, 1.

răbĭōsus, a, um (*rabies*) ¶ **1** enragé: [chien] Hor. Ep. 2, 2, 75 ‖ atteint de frénésie: Pl. Cap. 547 ¶ **2** [fig.] plein de rage, furieux, emporté: Cic. Tusc. 4, 50; Petr. 96, 5.

Răbīrĭus, ii, m., nom de famille rom.; not[t] C. Rabirius Postumus et C. Rabirius, défendus par Cicéron: Cic. Rab. Post. 1; Rab. perd. 1 ‖ C. Rabirius, poète contemporain de Virgile: Sen. Ben. 6, 3, 1; Quint. 10, 1, 90; Ov. Pont. 4, 16, 5 ‖ **-rĭānus**, a, um, de Rabirius: Cic. Att. 1, 6, 1.

1 răbō, *is, ĕre, -, -*, v. *rabio*.

2 răbo, ōnis, m. (abrév. de *arrhabo*), arrhes: Pl. Truc. 689.

3 răbo, ōnis, m. (sém. *rb' quart*), rabo [mesure de capacité = 1 quadrantal = 26, 26 litres]: Aug. Ep. 102, 23; Inscr. d. BSNAF 1993, 194.
▶ *rapo* Pap. Rav. 8, 2, 14.

Rabocentus, i, m., nom d'un chef des Besses: Cic. Pis. 84.

răbŭla, ae, m. (*rabio*, *rabies*), orateur frénétique, mauvais avocat [m. à m. "aboyeur, braillard"]: *rabula de foro* Cic. Or. 47, braillard de place publique, cf. Brut. 180; 226.

răbŭlātĭo, ōnis, f. (*rabula*), criaillerie de méchant avocat: Capel. 6, 577.

Răbŭlēius, i, m., nom d'un décemvir: Liv. 3, 35.

rabuscŭla vītis, f. (*ravus*), sorte de vigne de couleur jaunâtre: Plin. 14, 42.

1 răca, ae, f. (ῥάκος), v. *racana*: Cod. Th. 14, 10, 3.

2 raca, m. indécl. (hébr.), idiot, débile: Vulg. Matth. 5, 22.

răcāna (răch-), ae, f. (1 *raca*), couverture: Ennod. Ep. 9, 17.

raccō, *ās, āre, -, -*, v. *ranco*: *Anth. 762, 49.

răcēmārĭus, a, um, qui porte des grappes: Col. 3, 18, 4.

răcēmātĭo, ōnis, f. (*racemor*), action de grappiller; [fig.] de ramasser ce qui a échappé: Tert. Apol. 35, 11.

răcēmātus, a, um (*racemus*), qui a des grappes: Plin. 18, 54.

răcēmĭfĕr, ĕra, ĕrum (*racemus*, *fero*), qui porte des grappes de raisin: Ov. M. 3, 666; *racemifer Bacchus* Ov. M. 15, 413, Bacchus couronné de grappes.

răcēmō, *ās, āre, -, -* (*racemus*), tr., grappiller: VL. Jer. 6, 9.

răcēmŏr, *āris, ārī, ātus sum* (*racemus*), tr., grappiller: Aug. Simpl. 1, 2, 20 ‖ [fig.] glaner sur les traces d'un auteur: *Varr. R. 3, 9, 1.

răcēmōsus, a, um (*racemus*) ¶ **1** qui se rattache à une grappe: Plin. 13, 30; 13, 54 ¶ **2** abondant en grappes: *-sissimus* Plin. 14, 40.

răcēmus, i, m. (cf. ῥάξ; fr. *raisin*) ¶ **1** grappe [en général]: Plin. 15, 115 ¶ **2** grappe de raisin, raisin: Virg. G. 2, 60 ‖ vin: Ov. F. 5, 343.

răchāna, ae, f., v. *racana*: Diocl. 7, 60.

Răchĕl, f. indécl., nom de plusieurs femmes juives [entre autres, Rachel, fille de Laban, femme de Jacob]: Vulg. Gen. 29, 6.

Rachĭās, ae, m., roi de Taprobane [Ceylan] sous Claude: Plin. 6, 85.

Răcīlĭa, ae, f., femme de Cincinnatus: Liv. 3, 26, 9.

Răcīlĭus, ii, m., nom d'un tribun de la plèbe, contemporain de Cicéron: Cic. Q. 2, 6, 5; Verr. 2, 31.

Radata, ae, f., ville située sur le Nil: Plin. 6, 178.

rădĭans, tis (cf. *radiatus*), part.-adj. de *radio*, rayonnant, radieux: Lucr. 4, 214; Cic. Arat. 172; Virg. En. 8, 23; 8, 616; Plin. 37, 93 ‖ [fig.] brillant: Val.-Flac. 8, 257.

rădĭātĭlis, e (*radio*), rayonnant, lumineux: Fort. Mart. 2, 286.

rădĭātĭo, ōnis, f. (*radio*), rayonnement, éclat lumineux: [du marbre] Plin. 36, 32 ‖ pl., Arn. 6, 24.

rădĭātus, a, um (*radius*) ¶ **1** muni de rais, de rayons [roue]: Varr. R. 3, 5, 15 ¶ **2** muni de rayons lumineux, rayonnant: Cic. Ac. 2, 126; Lucr. 5, 462 ‖ *radiata corona* Suet. Aug. 94, avec une couronne radiée ¶ **3** irradié: Luc. 7, 214.

rădīcālis, e, qui se rattache à la racine, primordial: Aug. Faust. 13, 12.

rădīcālĭtĕr, adv. (*radix*), jusqu'à la racine, radicalement ‖ [fig.] Aug. Ench. 17.

rădīcātus, a, um, part. de *radicor*.

rădīcescō, *is, ĕre, -, -* (*radix*), intr., prendre racine: Sen. Ep. 86, 20.

rădīcĭna, ae, f. (fr. *racine*), v. *radix*: Pelag. 27.

rădīcĭtŭs, adv. (*radix*), jusqu'à la racine, avec la racine: Cat. Agr. 50; Varr. R. 1, 35, 1; Col. 4, 33, 4 ‖ [fig.] radicalement, à fond: Cic. Nat. 1, 121; Fin. 2, 27; Tusc. 1, 111.

rādīcō, *ās*, *āre*, *āvī*, - (*radix*; it. *radicare*), intr., ⊏▷ *radicor* : [fig.] Vulg. *Eccli.* 24, 16.

rādīcor, *āris*, *āri*, *ātus sum* (*radix*), intr., prendre racine, pousser des racines, s'enraciner : Col. 4, 3, 2 ; **in rectum** Plin. 13, 36, avoir la racine pivotante ǁ *radicatus* Col. *Arb.* 20, enraciné, [fig.] Sidon. *Ep.* 5, 10, 4.

rādīcōsus, *a*, *um* (*radix*), qui a beaucoup de racines : Plin. 16, 151.

rādīcŭla, *ae*, f. (dim. de *radix*; it. *radicchio*) ¶ 1 petite racine, radicule : Cic. *Div.* 2, 136 ¶ 2 radis : Col. 4, 8, 1 ¶ 3 ⊏▷ *struthium* : Plin. 19, 48.

rădĭō, *ās*, *āre*, *āvī*, *ātum* (*radius*; fr. *rayer*) ¶ 1 intr. **a)** envoyer des rayons, rayonner : Ov. *M.* 2, 4 ; Plin. 11, 150 **b)** [fig.] briller, étinceler : Val.-Flac. 8, 257 **c)** [fig.] devenir célèbre : Tert. *Nat.* 1, 4, 14 ¶ 2 tr. **a)** illuminer : Salv. *Gub.* 1, 42ǁ [fig.] Cypr. *Ep.* 37, 2, 1 **b)** émettre des rayons lumineux vers, voir [en esprit] : Aug. *Conf.* 10, 34, 52.

▶ *radiatus* et *radians* sont des adj. tirés de *radius*. Quelques-uns, au lieu d'admettre un emploi de *radiare* tr., expliquent les formes passives comme celles d'un dép. *radiari* intr.

rădĭŏlus, *i*, m. (dim. de *radius*), petit rayon, faible rayon : [du soleil] Amm. 28, 4, 18ǁ sorte d'olive : Col. 12, 49, 2ǁ polypode [fougère] : Ps. Apul. *Herb.* 84, 3.

rădĭōsus, *a*, *um* (*radius*), rayonnant : Pl. *St.* 365.

rădĭŏr, *āris*, *āri*, *ātus sum* (*radio, radius*), dép., intr., rayonner de : Ov. *Pont.* 3, 4, 103 ; Flor. 2, 13, 30 ; Claud. *Pros.* 2, 48 ; **Phoebi radiatus ab ictu** Luc. 7, 214, frappé des rayons de Phoebus.

rădĭus, *ii*, m. (? ; fr. *rai*)
I ¶ 1 baguette, piquet : Liv. 33, 5, 11 ; Plin. 10, 117 ¶ 2 baguette du géomètre : Cic. *Tusc.* 5, 64 ; v.▷ *pulvis* ¶ 3 rayon de roue : Plin. 16, 206 ; Curt. 4, 9, 5 ; Virg. *En.* 6, 616 ǁ rayon du cercle : Cic. *Tim.* 17 ¶ 4 navette de tisserand : Lucr. 5, 1353 ; Virg. *En.* 9, 476 ; Ov. *M.* 6, 56 ¶ 5 [zoologie] **a)** ergot de certains oiseaux, éperon : Plin. 11, 257 ; 30, 97 **b)** épine, dard d'un poisson : Plin. 9, 155 ¶ 6 [botanique] espèce d'olive longue : Virg. *G.* 2, 86 ; Plin. 15, 13 ¶ 7 [anatomie] le radius : Cels. 8, 1, 19.
II [fig.] ¶ 1 rayon projeté par un objet lumineux : Cic. *Fin.* 5, 71 ; *Rep.* 6, 17 ¶ 2 rayons de la foudre : Virg. *En.* 8, 429 ¶ 3 rayons d'une couronne : Virg. *En.* 12, 163.

rādix, *īcis*, f. (cf. ῥίζα, al. *Wurzel*, an. *wort*, *root* ; fr. *rai(fort)*, it. *radice* > fr. *radis*) ¶ 1 racine : **arbores ab radicibus subruere** Caes. *G.* 6, 27, 4, détacher par-dessous des arbres de leurs racines ; **radices agere** Varr. *R.* 1, 35, 1, pousser des racines, cf. Cic. *Off.* 2, 43 (**mittere, emittere** Col. 5, 10, 13 ; 3, 18, 6) ǁ au sg. : Virg. *G.* 2, 292 ; Plin. 13, 128 ; Hor. *Ep.* 2, 150ǁ [en part.] **radix Syriaca** ou **radix** seul : Col. 11, 3, 16 ; Hor. *S.* 2, 8, 8, raifort ¶ 2 [fig.] **a) in radicibus Caucasi natus** Cic. *Tusc.* 2, 52, né au pied du Caucase, cf. Cic. *Fam.* 15, 4, 9 ; Caes. *G.* 7, 36 ǁ au sg., **a Palatii radice devexus** Cic. *Div.* 1, 101, qui descend du pied du Palatin **b)** racine, base : [de la langue] Cic. *Nat.* 2, 136 ; Ov. *M.* 6, 557 ; [des plumes] Ov. *M.* 2, 583 ; [d'un rocher] Lucr. 2, 102 **c)** racine = fondement, source, origine : **virtus altissimis defixa radicibus** Cic. *Phil.* 4, 13, vertu attachée à de profondes racines, reposant sur un solide fondement ; **vir ex isdem, quibus nos, radicibus natus** Cic. *Sest.* 50, homme de la même souche que moi [souche provinciale] ǁ **Pompeius, eo robore vir, iis radicibus** Cic. *Att.* 6, 6, 4, Pompée, un homme si solide, si bien ancré [d'un prestige si profondément enraciné.]

▶ gén. pl. ord^t *radicum* ; *radicium* Char. 124, 31.

rādō, *is*, *ĕre*, *rāsī*, *rāsum* (cf. *rodo*, scr. *radati* ; a. fr. *raire*, fr. *ras*, *rez*), tr. ¶ 1 raser [la tête, les sourcils, etc.] : Cic. *Amer.* 20 ǁ [une pers.] Suet. *Caes.* 45 ; Plin. 7, 211 ¶ 2 raboter, polir : Lucr. 5, 1267 ǁ racler, enlever l'écorce : Virg. *G.* 2, 358ǁ balayer, nettoyer un parquet : Hor. *S.* 2, 4, 83ǁ ratisser, gratter le sol : Hor. *S.* 2, 6, 25 ; Epo. 16, 54 ǁ [fig.] rafler l'argent : Pers. 3, 50 ǁ gratter, rayer un nom : Tac. *An.* 3, 17, 4ǁ égratigner les joues : Cic. *Leg.* 2, 59 ǁ gratter, déchirer la gorge : Lucr. 4, 528ǁ [fig.] écorcher les oreilles : Quint. 3, 1, 3 ¶ 3 toucher en passant, effleurer, côtoyer : **ripas radentia flumina** Lucr. 5, 256, les cours d'eau rasant les rives ; **saxa Pachyni radimus** Virg. *En.* 3, 700, nous côtoyons les rochers de Pachynum.

rādŭla, *ae*, f. (*rado*, esp. *raja*), racloir : Col. 12, 18, 5.

Raecĭus, *ii*, m., nom d'homme : Liv. 27, 36 ; 43, 4.

raeda (**rēda**), *ae*, f. (mot gaulois d'après Quint. 1, 5, 57 ; 68 ; v.▷ *veredus*), chariot [à quatre roues] : Caes. *G.* 1, 51 ; 6, 30 ; Cic. *Mil.* 28 ; *Phil.* 2, 58 ; Hor. *S.* 1, 86.

▶ *rheda*, orthographe défectueuse.

raedārĭus (**rēd-**), *a*, *um*, de chariot : **raedariae mulae** Varr. *R.* 3, 17, 7, mules d'attelage ǁ **raedārĭus**, *ii*, m. **a)** conducteur de chariot, cocher : Cic. *Mil.* 29 **b)** carrossier : Capit. *Max. Balb.* 5, 1.

Raeti (**-tĭa**, **-tĭcus**), v.▷ *Rhaeti*-.

rāga, *ae*, f., v.▷ *racana* : Cod. Th. 14, 10, 3.

răgădes, răgădĕa, v.▷ *rha-*.

Ragando, *ōnis*, f., ville de la Pannonie supérieure : Peut. 4, 2.

Ragŏnĭus, *ii*, m., nom d'homme : Treb. Tyr. 18, 5.

Ragēs, f. indécl., ville de Médie : Vulg. *Tob.* 1, 16.

raia, *ae*, f. (? ; fr. *raie*), raie [poisson] : Plin. 9, 78ǁ aristoloche [plante] : Gloss. 3, 536, 7.

Rălla, *ae*, m., surnom romain, dans la famille Marcia : Liv. 29, 11, 11.

rallum, *i*, n. (*rado*, esp. *rallo*), racloir : Plin. 18, 179.

rallus, *a*, *um* (*rado*, cf. Isid. 19, 22, 23, *rasilis*), à trame claire, à poils ras : **ralla tunica** Pl. *Ep.* 230, tunique légère ; **ralla** [seul] Not. Tir. 71, cf. Non. 539, 15.

rāmălĕ, *is*, n. (*ramus*), rameaux secs ; ramée, fagot : Pers. 1, 97 ǁ surt. au pl., **ramalia** : Sen. *Ep.* 90, 10 ; Tac. *An.* 13, 58 ; Ov. *M.* 8, 644.

rāmālis, *e* (*ramus*), de branchages : Isid. 17, 7, 72.

rāmenta, *ae*, f., ⊏▷ *ramentum*, Pl. *Bac.* 513 ; *Ru.* 1016.

rāmentōsus, *a*, *um* (*ramentum*), où il y a beaucoup de morceaux : Cael.-Aur. *Chron.* 4, 3, 41.

rāmentum, *i*, n. (*radmentum, rado*), raclure, parcelle : **ramenta ferri** Lucr. 6, 1044, limaille de fer ; **auri** Plin. 33, 62, paillettes d'or ; **ramenta ligni** et abs^t, **ramenta** Plin. 24, 6 ; Col. 4, 29, 16, copeaux, cf. Sen. *Nat.* 1, 1, 8 ; **fluminum** Plin. 33, 66, sable, gravier ; [fig.] **omne (aurum) cum ramento reddidi** Pl. *Bac.* 680, j'ai tout rendu jusqu'à la dernière parcelle.

rāmes, *ĭtis*, m. (*ramus*), hernie, v.▷ *ramex* ¶ 3 : Plin. 26, 79.

rāmĕus, *a*, *um* (*ramus*), de branches [sèches] : Virg. *G.* 4, 303.

rāmex, *ĭcis*, m. (*ramus*) ¶ 1 bâton : Col. 9, 1, 3 ¶ 2 pl., (branches) vaisseaux pulmonaires, poumon : Pl. *Merc.* 138 ; *Poen.* 540 ; Varr. *Men.* 192 ; 561 ¶ 3 hernie, varicocèle : Cels. 7, 18, 9 ; Plin. 22, 121 ; 30, 137.

▶ d. Pl. les mss ont *ramites* ; *ramices* est donné par Non. 166, 12.

Rami, *ōrum*, m. pl., peuple voisin du Caucase : Plin. 6, 21.

rāmĭcōsus, *a*, *um* (*ramex*), qui a une hernie, hernieux : Plin. 30, 136 ; M.-Emp. 33, 23.

Ramises, m., v.▷ *Rhamses*.

Ramisi, *ōrum*, m. pl., peuple d'Arabie : Plin. 6, 142.

rāmĭtes, pl., v.▷ *ramex* ▶.

rāmĭtōsus, v.▷ *ramicosus*.

Ramnes, v.▷ *Rhamnes*.

Ramnus, *i*, m., île près de la Crète : Plin. 4, 61.

rāmōsus, *a*, *um* (*ramus*) ¶ 1 branchu, qui a beaucoup de rameaux : Lucr. 5, 1096 ; **ramosae radices** Plin. 21, 89, racines ramifiées ǁ **ramosa cervi cornua** Virg. *B.* 7, 30, la ramure du cerf ¶ 2 [fig.] qui a plusieurs branches, semblable à un branchage : Lucr. 6, 133 ; **ramosa hydra** Ov. *M.* 9, 73, l'hydre aux cent têtes ; **ramosa compita** Pers. 5, 35, les carrefours où s'embranchent les chemins [du vice et de la vertu]‖ **-sior, -sissimus**: PLIN. 21, 58 ; 32, 22.

rāmŭlōsus, *a*, *um* (ramulus), touffu : PLIN. 16, 92.

rāmŭlus, *i*, m. (dim. de *ramus*), petite branche, tige : CAT. Agr. 101 ; CIC. Div. 1, 123.

rāmus, *i*, m. (cf. *radix* ; a. fr. *rain*, it. *ramo*) ¶ **1** rameau, branche : CIC. de Or. 3, 179 ; Cael. 60 ; LUCR. 5, 936 ‖ [fig.] *ramos amputare miseriarum* CIC. Tusc. 3, 13, couper les branches de nos misères, cf. SEN. Ep. 67, 10‖ [poét.] *rami* = les fruits des branches : VIRG. En. 8, 318 ; [en parl. de l'encens] CLAUD. III Cons. Hon. 211 ¶ **2** [fig.] **a)** ramure d'un cerf : CAES. G. 6, 26, 2 **b)** branche servant de massue : PROP. 1, 1, 13 ; 4, 9, 15 **c)** ramification [d'une chaîne de montagne] : PLIN. 6, 134 ; [bras d'un fleuve] SEN. Nat. 4, 2, 12 ; [branche généalogique] PERS. 3, 28 **d)** [les branches de la lettre grecque Υ, considérées par Pythagore de Samos comme les deux sentiers, vice et vertu, où arrive l'adolescence, d'où] *Samii rami* PERS. 3, 56, les branches samiennes, les deux sentiers, l'embranchement, cf. SERV. En. 6, 136 ; AUS. Techn. 12 (348), 9.

rāmusculus, *i*, m. (dim. de *ramus*), petite branche : HIER. Ep. 133, 3.

rāna, *ae*, f. (onomat.?, cf. *racco* ; fr. *raine(tte)*) ¶ **1** grenouille : PLIN. 11, 172 ; VIRG. G. 1, 378 ; [annonçant la pluie] CIC. Att. 15, 16 b ¶ **2** ranule (grenouillette), tumeur sous la langue [des animaux] : CHIR. 950 ¶ **3** la baudroie, diable de mer, lotte : PLIN. 9, 78 ; *rana marina* CIC. Nat. 2, 125 ; *rana piscatrix* PLIN. 9, 143, même sens.

ranceō, *ēs*, *ēre*, -, - (?), intr., rancir ; seul[t] *rancens* : LUCR. 3, 719.

rancescō, *is*, *ĕre*, -, - (ranceo ; fr. *rancir*), intr., rancir, devenir rance : ARN. 1, 21.
▶ *ranciscere* QUER. 85.

rancĭdē, adv. (rancidus), d'une manière aigre : GELL. 18, 8, 1.

rancĭdō, *ās*, *āre*, -, - (rancidus), tr., [pass.] s'aigrir : FULG. Myth. 2, 1.

rancĭdŭlē, adv., d'une manière assez désagréable : PS. PALAEM. 5, 542, 21.

rancĭdŭlus, *a*, *um* (dim. de rancidus), un peu rance : JUV. 11, 135 ‖ [fig.] PERS. 1, 33.

rancĭdus, *a*, *um* (ranceo ; fr. *rance*) ¶ **1** rance, qui sent le rance : HOR. S. 2, 2, 89 ‖ putréfié, infect, fétide : LUCR. 6, 1155 ¶ **2** [fig.] désagréable, déplaisant, insupportable : PLIN. 22, 92 ‖ *-dior* JUV. 6, 185.

rancō, *ās*, *āre*, -, - (onomat.), intr., feuler [en parl. du cri du tigre] : SUET. Frg. 161, p. 247, 4 R. ‖ ▶ *racco*.

rancŏr, *ōris*, m. (ranceo ; it. *rancore*), aigreur : PALL. 1, 20 ‖ [fig.] rancune, rancœur : HIER. Ep. 134, 1.

rānŭla, *ae*, f. (rana), petite grenouille : APUL. M. 9, 34‖ ranule [tumeur] : VEG. Mul. 4, 5 ; ▶ *rana*.

rānuncŭlus, *i*, m. (dim. de *rana* ; it. ranocchio, fr. grenouille) ¶ **1** petite grenouille : CIC. Div. 1, 15‖ [par plaisanterie, en parlant d'un habitant d'un lieu marécageux] : CIC. Fam. 7, 18, 3 ¶ **2** renoncule [plante], ▶ *batrachium* : PLIN. 25, 172.

rāpa, *ae*, f. (fr. *rave*), ▶ *rapum* : COL. 11, 3, 16.

rāpācĭa, ▶ *rapicius*.

rāpācĭda (**-dēs**), *ae*, m. (rapax), fils (descendant) de voleur [mot forgé] : PL. Aul. 370.

rāpācĭtās, *ātis*, f. (rapax), rapacité, penchant au vol : CIC. Cael. 13.

rāpācĭtĕr, adv., avec rapacité : SCHOL. BOB. CIC. Vat. 5, p. 316.

rāpădĭŏn, *ii*, n. (? ; cf. ῥαπιδήϊον), léontice [plante] : *PLIN. 27, 96.

1 rāpax, *pācis* (rapio) ¶ **1** qui entraîne avec [pr. et fig.], qui emporte, ravisseur ; [en parl. de pers.] pillard, voleur : CIC. Pis. 66 ; [de loups] HOR. O. 4, 4, 50 ; [du vent] OV. A. A. 1, 388 ; [d'un fleuve] LUCR. 1, 77 ; [du feu] OV. M. 8, 837 ¶ **2** [avec le gén.] qui s'empare de : *chryselectrum rapacissimum ignium* PLIN. 3, 51, l'ambre si avide du feu, si prompt à s'enflammer ; *rapacia virtutis ingenia* SEN. Ep. 95, 36, les esprits prompts à s'assimiler la vertu, cf. PLIN. 25, 4 ; *nihil est appetentius similium sui nec rapacius quam natura* CIC. Lae. 50, il n'y a rien comme la nature humaine pour rechercher ce qui lui ressemble et s'en emparer avidement.

2 Rāpax, *ācis*, adj., la Rapace [surnom d'une légion] : TAC. H. 2, 43 ; d'où *Rapaces* TAC. H. 3, 22, les soldats de cette légion.

Răphăēl, *ēlis*, m., Raphaël [ange envoyé par Dieu pour conduire Tobie] : VULG. Tob. 3, 25.

Raphāna, *ae*, f., ▶ *Rha-*.

răphănĭnus, *a*, *um* (ῥαφάνινος), de raifort : PLIN. 23, 94.

răphănītis, *ĭdis*, f. (ῥαφανῖτις), sorte d'iris : PLIN. 21, 41.

răphănos agrĭa, **silvestris**, f. (ῥάφανος ἄγρια), sorte d'euphorbe [euphorbia apios, plante] : PLIN. 26, 72.

răphănus, *i*, m. (raphanos, ῥάφανος ; esp. *rabano*), raifort, radis noir : CAT. Agr. 35 ; CATUL. 15, 19 ; PLIN. 19, 80 ‖ ▶ *raphanos*.

rāpīcĭus, *a*, *um* (rapum), de raifort : CAT. Agr. 25, 2 ‖ **rāpīcĭa**, *ōrum*, n. pl., feuilles de raifort : PLIN. 18, 127.

răpĭdē, adv. (rapidus), rapidement : CIC. Leg. 2, 6‖ [fig.] en entraînant avec soi, avec une force torrentielle : CIC. Or. 128 ‖ *-dius* TAC. H. 4, 71.

răpĭdĭtās, *ātis*, f. (rapidus), rapidité d'un courant, violence : CAES. G. 4, 17, 2.

răpĭdŭlus, *a*, *um* (dim. de *rapidus*), assez rapide : CAPEL. 8, 804.

răpĭdus, *a*, *um* (rapio ; a. fr. *rade*, it. *rapido* ; esp. *raudo*) ¶ **1** [poét.] qui entraîne, qui emporte : OV. M. 3, 242 ; H. 10, 96 ; 11, 111‖ qui emporte tout comme une proie, dévorant : *rapidus aestus* VIRG. B. 2, 10, la chaleur dévorante, cf. VIRG. G. 1, 92 ; 1, 424 ; 4, 425 ; GELL. 5, 14, 18 ¶ **2** qui s'élance rapidement, rapide, violent, impétueux, précipité, prompt : *rapidissimum flumen* CAES. C. 1, 50, 3, fleuve très rapide ; *tum rapidus... Euryton* VIRG. En. 5, 513, alors promptement... Eurytion ; *rapidum venenum* TAC. H. 12, 67, poison violent, qui agit rapidement‖ [fig.] *rapida oratio* CIC. Fin. 2, 3, exposé trop rapide, sans temps d'arrêt ; *rapidus in consiliis* LIV. 22, 12, 12, prompt à décider.

1 răpīna, *ae*, f. (rapio ; fr. *ravine*) ¶ **1** rapine, vol, pillage [surt. au pl.] : CIC. Caecil. 3 ; Cat. 2, 10 ; CAES. G. 1, 15 ; SALL. C. 5, 2‖ [sg. marquant plutôt l'action] vol accompagné de violence [à la différence du *furtum* ordinaire ; sanctionné par l'action *vi bonorum raptorum*, l'action des biens ravis par violence] : LIV. 26, 40, 17 ; *rapina alimenti* PLIN. 17, 239, action de tirer à soi l'aliment [sève d'un arbre] ; DIG. 6, 1, 70 ; COD. JUST. 9, 13, 1, 1 e ¶ **2** action d'emporter : AETNA 611.

2 rāpīna, *ae*, f. (rapa), rave : CAT. Agr. 5, 8 ; 35, 2 ‖ champ de raves : COL. 11, 2, 76.

răpīnātĭo, *ōnis*, f. (cf. rapinator), rapine : AUR. d. FRONT. Caes. 2, 13, p. 35 N.

răpīnātŏr, *ōris*, m. (*răpīna*), voleur : VARR. Men. 65.

răpĭō, *is*, *ĕre*, *răpŭī*, *raptum* (cf. ἐρέπτομαι, alb. *rrjep* ; fr. *ravir*), tr. ¶ **1** entraîner, emporter, emporter [précipitamment, violemment] : *quo rapitis me?* PL. Men. 999, où m'entraînez-vous ? ; *cogitatione rapiuntur a domo* CIC. Rep. 2, 7, l'imagination les emporte loin de leur foyer ; *rapere de complexu parentum ad mortem* CIC. Verr. 5, 138, traîner qqn à la mort en l'arrachant aux bras de ses parents ; *rapit totam aciem in Teucros* VIRG. En. 10, 308, il entraîne toute son armée contre les Troyens ; *i pedes quo te rapiunt* HOR. O. 3, 11, 49, va où t'emportent tes pieds ; *se ad caedem rapere* CIC. Phil. 13, 18, se précipiter au massacre ‖ [fig.] *ipsae res verba rapiunt* CIC. Fin. 3, 19, les idées mêmes entraînent les mots ; *opinionibus vulgi rapimur in errorem* CIC. Leg. 2, 43, les opinions de la foule nous entraînent dans l'erreur ; *in invidiam aliquem rapere* CIC. Agr. 3, 7, entraîner qqn dans le discrédit ; *commoda aliorum ad se* CIC. Off. 3, 22, s'approprier les avantages d'autrui ; *rapinarum cupiditas te rapiebat* CIC. Pis. 57, le désir des rapines t'entraînait ; *ad divinarum rerum cognitionem rapi* CIC. Div. 1, 111, être entraîné vers l'étude des choses divines ; *ad opes augendas generis humani rapi* CIC. Rep. 1, 3, être entraîné par l'ambition d'accroître les ressources de l'humanité

rapio

¶ 2 enlever de force ou par surprise, ravir, soustraire, voler, piller : Cic. *Phil.* 2, 62 ; *Rep.* 4, 3 ; **Sabinas virgines rapi jussit** Cic. *Rep.* 2, 12, il fit enlever les jeunes Sabines ; **raptus a dis Ganymedes** Cic. *Tusc.* 1, 65, Ganymède enlevé par les dieux ; **agunt, rapiunt** Cic. *Rep.* 3, 45, on emmène, on pille ; ▼. *ago* et *fero* ‖ s'emparer vivement : **castra urbesque primo impetu rapere** Liv. 6, 23, 5, emporter les camps et les villes au premier assaut, cf. Liv. 3, 23, 3 ‖ [en parl. de la mort] emporter brutalement : Hor. *O.* 2, 13, 20 ; Virg. *En.* 6, 428 ‖ [fig.] **oscula** Hor. *O.* 2, 12, 28, ravir des baisers ; **illicitas voluptates** Tac. *H.* 3, 41, voler des plaisirs criminels ; **dominationem** Tac. *An.* 4, 1, s'emparer de la domination ‖ ➡ *corripere* : **spem acrius in dies** Tac. *H.* 1, 13, s'attacher chaque jour plus vivement à un espoir ¶ 3 se saisir vivement de, prendre rapidement : **arma rapiat juventus** Virg. *En.* 7, 340, que la jeunesse guerrière prenne vivement les armes, cf. Virg. *En.* 8, 220 ; 11, 651 ; [poét.] **sulphura rapiunt flammas** Ov. *M.* 3, 374, le soufre prend feu rapidement ; **colorem rapere** Ov. *M.* 7, 289, prendre rapidement une couleur ‖ [fig.] **oculis lumen rape** Enn. d. Cic. *de Or.* 3, 162, saisis de tes yeux le lumière ; **occasionem** Hor. *Epo.* 13, 3, se saisir de l'occasion ; **limis rapere** Hor. *S.* 2, 5, 53, voir vivement du coin de l'œil. ▼. *limus* ; **raptae prope inter arma nuptiae** Liv. 30, 14, 2, mariage précipité, presque au milieu des armes ‖ **gressus, cursus** Luc. 3, 116 ; 5, 403, précipiter ses pas, sa course.
► fut. arch. *rapsit* Cic. *Leg.* 2, 22 ‖ part. f. pl. dat.-abl. *raptabus* Cn. Gell. d. Char. 54, 14.

răpister, *tri*, m. (*rapio*), ⓒ► *rapinator* : Lucil. 66.

rāpistrum, *i*, n. (*rapum*), rave sauvage [plante] : Col. 9, 4, 5.

răpo, *ōnis*, m. (*rapio*), ⓒ► *raptor* : Varr. *Men.* 378.

Rapsa, *ae*, f., ville d'Afrique : Plin. 5, 37.

rapsi, ▼. *rapio* ►.

rapsō, *ās, āre, -, ātum*, ⓒ► *rapto* : B.-Afr. 75, 4 ; Gell. 2, 6, 5.

raptābus, ▼. *rapio* ►.

raptātĭo, *ōnis*, f. (*rapto*), entraînement : Chalc. 81.

1 **raptātus**, *a, um*, part. de *rapto*.

2 **raptātŭs**, *ūs*, m., ⓒ► *raptatio* : Chalc. 81.

raptē, adv., vivement, rapidement : Fort. *Mart.* 4, 651.

raptim, adv. (*raptus, rapio*) ¶ 1 en prenant : **raptim pila ludere** Nov. *Com.* 23, jouer à rattraper la balle ¶ 2 à la hâte, précipitamment : Cic. *Att.* 2, 9, 1 ; *Dom.* 139 ; Cæs. *C.* 1, 5 ; Curt. 5, 13, 1 ; Liv. 22, 19, 10.

raptĭo, *ōnis*, f. (*rapio*), enlèvement [d'une femme], rapt : Ter. *Ad.* 356 ; Arn. 5, 37.

raptĭtō, *ās, āre, -, -* (fréq. de *rapto*), Gell. 9, 6, 3.

raptō, *ās, āre, āvī, ātum* (fréq. de *rapio*), tr. ¶ 1 entraîner, emporter [avec violence, rapidité] : Enn. d. Cic. *Tusc.* 1, 105 ; Lucr. 5, 398 ; Virg. *En.* 2, 272 ; Ov. *M.* 12, 223 ; **raptata conjux** Cic. *Sest.* 145, l'épouse emmenée de force, cf. Cic. *Dom.* 59 ; *Fam.* 14, 2, 2 ; **vexilla huc vel illuc** Tac. *H.* 3, 22, emporter les enseignes d'un côté ou de l'autre ¶ 2 piller, dévaster : Tac. *An.* 4, 23 ; 12, 54.

raptŏr, *ōris*, m. (*rapio*), ravisseur, voleur [pr. et fig.] : **pueri** Pl. *Men.* 65, ravisseur d'un enfant ; **raptores orbis** Tac. *Agr.* 30, pilleurs de l'univers ; **raptores lupi** Virg. *En.* 2, 356, loups ravisseurs ; **raptor spiritus** Val.-Max. 5, 3, 2, assassin ‖ qui attire : **ferri** Aug. *Civ.* 21, 4, 4, qui attire le fer (aimant).

raptōrĭus, *a, um*, qui sert à saisir : Cæl.-Aur. *Chron.* 3, 6, 88.

raptrix, *īcis*, f., celle qui ravit : Prisc. *Vers. Aen.* 10, 189 = 3, 505, 8.

raptum, *i*, n. (*rapio*), [usité à l'abl.] vol, rapine : **rapto vivere** Liv. 22, 39, 13 ou **ex rapto** Ov. *M.* 1, 144, vivre de rapine ; **rapto gaudere** Liv. 29, 6, 3, se plaire au pillage.

1 **raptus**, *a, um*, part. de *rapio*.

2 **raptŭs**, *ūs*, m. (*rapio* ; it. *ratto*), enlèvement, rapt : [de Proserpine] Cic. *Verr.* 4, 107 ; [de Ganymède] *Tusc.* 4, 71 ‖ vol, rapine : Tac. *An.* 2, 52 ; *H.* 1, 46 ‖ enlèvement [d'éclats, de copeaux par le rabot] : **runcinarum** Plin. 16, 225, les coups de rabot.

răpŭī, parf. de *rapio*.

rāpŭla, *ae*, f., ⓒ► *rapulum* : Titin. *Com.* 164.

rāpŭlātus, *a, um* (*rapulum*), apprêté avec des navets, aux navets : Apic. *Exc.* 7.

rāpŭlum, *i*, n. (dim. de *rapum*), petite rave : Hor. *S.* 2, 2, 43 ; 2, 8, 8.

rāpum, *i*, n. (cf. ῥάπυς, ῥάφανος, al. *Rübe*, rus. *repa* ; esp. *rabo*) ¶ 1 rave, navet : Cat. *Agr.* 6 ; Varr. *R.* 1, 59, 4 ; Plin. 18, 125 ¶ 2 tubercule : Sen. *Ep.* 86, 17 ; ▼. *rapa*.

rārē, adv. (*rarus*), d'une manière peu dense, peu serrée : Col. 2, 9, 6 ‖ rarement : Pl. *Ru.* 995 ‖ *-ius, -issime* Col. 2, 9, 2 ; 11, 3, 29.

rārĕfăcĭō, *is, ĕre, fēcī, factum* (*rarus, facio*), tr., raréfier : Lucr. 6, 233 ‖ au pass., *rarefio, rarefactus* : Lucr. 1, 648 ; 2, 1139.

rārenter, ⓒ► *raro* : Cat. *Agr.* 103 ; [emploi arch.] cf. Non. 515, 23 ; Char. 217, 14 ; Gell. 10, 15, 4 ; 17, 8, 8.

rārescō, *is, ĕre, -, -* (*rarus*), intr., se raréfier, devenir moins dense, moins épais : Lucr. 6, 214 ; 6, 875 ; Plin. 11, 231 ‖ s'éclaircir, se dépeupler : Stat. *Th.* 4, 284 ; *S.* 4, 4, 14 ‖ devenir moins serré : **colles rarescunt** Tac. *G.* 30, les collines s'espacent ; **ubi rarescent claustra Pelori** Virg. *En.* 3, 411, quand la barrière du Pélore s'entrouvrira ‖ s'affaiblir : **sonitus rarescit** Prop. 3, 15, 35, le son s'affaiblit.

rārĭpĭlus, *a, um* (*rarus, pilus*), au poil rare : Col. 1, pr. 26.

rārĭtās, *ātis*, f. (*rarus*) ¶ 1 porosité : Cic. *Nat.* 2, 136 ‖ fait d'avoir des fentes : Plin. 8, 169 ‖ **raritates** Vitr. 2, 5, 3, cavités ¶ 2 rareté, faible nombre : Cic. *de Or.* 2, 247 ; Plin. 28, 163 ; **lavandi** Suet. *Aug.* 82, rareté des bains ‖ rareté, caractère exceptionnel : Plin. 8, 154 ; **raritates** Gell. 3, 16, 9, des raretés.

rārĭtĕr, adv., rarement : Schol. Juv. 11, 208.

rārĭtūdo, *ĭnis*, f. (*rarus*), fait d'avoir des cavités [de n'être pas compact] : Varr. *L.* 5, 130 ‖ fait d'être meuble, légèreté d'une terre : Col. *Arb.* 3, 7.

rārō, adv. (*rarus*), d'une façon clairsemée, rarement, par-ci, par-là : Cic. *de Or.* 3, 153 ; *Nat.* 3, 69 ; *rarius* Cic. *Fam.* 1, 7, 1 ; *rarissime* Col. 5, 5, 7 ; Suet. *Cl.* 3.

Rarungae, *ārum*, m. pl., peuple de l'Inde : Plin. 6, 74.

rārus, *a, um* (cf. *ratis, rete*, ἐρῆμος ; it. *rado*) ¶ 1 peu serré, peu dense, qui a des jours dans sa contexture : **retia rara** Virg. *En.* 4, 131, filets à larges mailles ; **terra rara** Virg. *G.* 2, 227, terre légère ; **textura rara** Lucr. 4, 196, tissu léger ; **rariores silvae** Tac. *Agr.* 37, clairières des bois ¶ 2 espacé, clairsemé, distant, disséminé : **raris in locis** Cic. *Rep.* 6, 20, dans des endroits disséminés sur la terre ; **apparent rari nantes in gurgite vasto** Virg. *En.* 1, 118, çà et là apparaissent des naufragés sur le vaste gouffre de la mer ; **arbores rarae** Nep. *Milt.* 5, 3, arbres clairsemés ; **rarus capillus** Suet. *Cal.* 60, cheveux rares ; **numquam conferti sed rari** Cæs. *G.* 5, 16, 4, jamais en masse compacte, mais par petits groupes, cf. Cæs. *G.* 5, 9, 6 ; 5, 17, 1 ; 7, 45, 7 ; **raris ordinibus constiterant** Liv. 9, 27, 8, ils s'étaient formés en lignes espacées ; **rarior acies erat** Curt. 4, 15, 20, la ligne de bataille était moins compacte ¶ 3 peu nombreux, rare : **raris ac prope nullis portibus** Cæs. *G.* 3, 12, 5, avec des ports rares ou presque sans ports ; **optimum quidque rarissimum** Cic. *Fin.* 2, 81, ce qui est le meilleur est aussi le plus rare, cf. Cic. *Læ.* 79 ; **ex maxime raro genere hominum** Cic. *Læ.* 64, d'une espèce d'hommes rare entre toutes ¶ 4 peu fréquent : **rarus obtrectator** Tac. *An.* 4, 33, détracteur qui se voit rarement ; **rarus egressu** Tac. *An.* 15, 53, qui sort rarement ; **rarum est, ut** subj., Quint. 3, 10, 3 ; 6, 3, 88, il arrive rarement que ‖ [emploi attribut] **rarus adibat** Ov. *M.* 11, 766, il pénétrait rarement ¶ 5 [poét.] rare, remarquable, exceptionnel : **rara avis** Hor. *S.* 2, 2, 26, oiseau rare [le paon] ; **rara facie, sed rarior arte canendi** Ov. *M.* 14, 337, remarquable par sa beauté, plus remarquable encore par son art du chant ; **quercus patulis rarissima ramis**

Ov. *M.* 7, 622, chêne extraordinaire par l'étendue de ses rameaux.

rāsāmĕn, ĭnis, n. (rado), raclure : M.-Emp. 1, 38.

rāsī, parf. de rado.

rāsĭlis, e (rado) ¶1 qu'on peut polir : **torno rasile buxum** Virg. *G.* 2, 449, buis facile à tourner [à polir au tour] ¶2 rendu poli, poli (sans relief) : **rasilis palmes** Plin. 17, 206, sarment écorcé ; **rasile argentum** Vell. 2, 56, 2, argenterie unie [qui n'est pas travaillée en relief] ; **rasiles calathi** Ov. *H.* 9, 76, corbeille lisse.

Răsīna, ae, m., cours d'eau : Mart. 3, 67, 2.

rāsĭo, ōnis, f. (rado), action de raser : Cael.-Aur. *Chron.* 1, 4, 134.

răsis, is, f. (cf. resina), sorte de poix brute : Col. 12, 20, 6.

răsĭtō, ās, āre, āvī, - (fréq. de rado), tr., raser souvent : Suet. *Oth.* 12 ; Gell. 3, 4, 3.

rāsŏr, ōris, m. (rado), [fig.] joueur de lyre : P. Fest. 341, 1.

rāsōrĭus, a, um, soumis au rasoir : Gloss. 5, 329, 24 ǁ subst. m., rasoir : 3, 462, 11.

rasta, ae, f. (mot germ., al. *Rast*), raste, étape [= mesure itinéraire] : Hier. *Joël* 3, 18.

rastellus, i, m. (dim. de raster ; fr. râteau), petit hoyau : Varr. *L.* 5, 136 ; Col. 2, 13, 6 ; Suet. *Ner.* 19.

rastĕr, tri, m. et ordin[t] **-tri**, ōrum, m. pl. (rado), instrument à deux ou plusieurs dents pour briser les mottes, hoyau, croc, râteau : Cat. *Agr.* 10, 3 ; Varr. *L.* 5, 136 ; Virg. *G.* 1, 93 ; **ad rastros res redit** Ter. *Haut.* 931, je suis ruiné [réduit à travailler la terre pour gagner ma vie].

▶ nom. raster Gloss. 2, 169, 4.

rastrārĭa, ae, f. (raster), femme qui travaille la terre, paysanne : Caecil. d. Non. 16, 19.

rastrum, i, n., raster : [sg.] Ov. *M.* 1, 101 ; [pl.] Ov. *M.* 14, 2.

▶ rastrum Gloss. 2, 591, 9.

rāsūra, ae, f. (rado ; it. esp. rasura) ¶1 action de gratter, de racler : Col. 4, 29, 9 ǁ [fig.] **cum rasura gulae** Hier. *Tit.* 3, 9, en s'arrachant le gosier ¶2 raclure, copeaux : Veg. *Mul.* 1, 10, 6.

1 **rāsus**, a, um (fr. rez, ras), part. de rado.

2 **rāsŭs**, ūs, m., action de racler : Varr. *L.* 5, 136.

Ratae, ārum, f. pl., ville de la Bretagne [auj. Leicester] Atlas V, B2 : Anton. 477.

rătārĭa, Gell. 10, 25, 5, **rătĭārĭa**, ae, f. (ratis), Serv. *En.* 1, 43, sorte d'embarcation à fond plat, cf. Isid. 19, 1, 9.

rătē, adv., avec ratification, validement : Cassiod. *Eccl.* 5, 34.

Rateoneum, i, n., ville de la Dalmatie : Plin. 3, 142.

rătēs, is, f., ratis : Prob. *Cath.* 4, 29, 10.

rătĭārĭa, rataria.

rătĭārĭus, ii, m. (ratis), constructeur de ratiariae : Paul. *Dig.* 13, 7, 30.

rătĭhăbĭtĭo, ōnis, f. (ratum habeo), ratification : Ulp. *Dig.* 5, 5, 11 ǁ [avec tmèse] **rati enim habitio** Ulp. *Dig.* 46, 3, 12, 4.

rătĭo, ōnis, f. (reor, cf. al. *Rede* ; fr. raison)

I A ¶1 "calcul, supputation", résultat du calcul "évaluation, chiffre", [fig.] **ad meam rationem** ¶2 "compte" **a)** **ratio accepti atque expensi, rationem reddere**, pl. **rationes referre** **b)** [sens concret] "registre, rôle" **c)** [fig.] **rationem reddere alicujus rei** "rendre compte de", **rationem exploratam habere**. **B** [sens dérivés] ¶1 "relations commerciales, d'intérêts" **a)** **rationem cum aliquo habere b)** [fig.] **c)** [en gén.] "affaires, intérêts" ¶2 "considération, égards", **rationem alicujus rei ducere, duxi meam rationem** ¶3 "système, procédé ; méthode, plan", [périphrases] **decernendi ratio** "négociation", **ratio disserendi** "dialectique" ¶4 évaluation d'une chose **a)** "système, organisation", **eadem ratione** "de la même manière", **omni ratione b)** "domaine, sphère, cadre", **in eam rationem loqui**, [en part.] "sphère politique".

II ¶1 "jugement, intelligence". ¶2 "manière judicieuse". ¶3 "explication". ¶4 "raison, considération". ¶5 [philos.] "argumentation, raisonnement". ¶6 ce qui est rationnel. ¶7 "théorie, doctrine, système scientifique", "manière de voir", **ratio dicendi**.

I A ¶1 calcul, supputation : **digitis rationem computare** Pl. *Mil.* 204, compter sur ses doigts ; **rationem puta** Pl. *Most.* 297, compte, calcule ; **ratione inita** Caes. *G.* 7, 71, 4, le calcul fait, tout compte fait ; [fig.] **vix ratio iniri potest...** Caes. *G.* 7, 24, 4 ; Liv. 29, 17, 19, il est à peine possible de calculer (de déterminer)... ; [fig.] **subducta utilitatis ratione** Cic. *Fin.* 2, 78, en faisant un calcul d'intérêt ; **rationem ducere** Cic. *Verr.* 2, 129, calculer, supputer ; pl., **rationibus subductis** Cic. *Fam.* 1, 9, 10, après avoir fait mes calculs ; [fig.] **periculi sui rationes** Cic. *Verr.* 5, 105, les calculs de ses risques ǁ résultat du calcul, évaluation, chiffre : **istaec ratio maxumast** Pl. *Trin.* 413, c'est là le plus gros chiffre ; **ad mensurae exiguam rationem** Cic. *Verr.* 3, 215, selon une mesure chichement établie ; **ad nostrorum annalium rationem** Cic. *Brut.* 49, par rapport à l'évaluation de nos annales (cf. **ut populi Romani aetas est** Cic. *Brut.* 39, par rapport à l'âge du peuple romain) ; **pro ratione pecuniae** Cic. *Att.* 6, 35, vu l'évaluation de la somme, vu le chiffre ǁ [fig.] **ad meam rationem** Cic. *Verr.* 4, 13, par rapport à moi ; **ad antiquae religionis rationem** Cic. *Verr.* 4, 10, par rapport aux scrupules d'autrefois ¶2 compte **a)** **putatur ratio cum argentario... ; ubi disputatast ratio cum argentario** Pl. *Aul.* 527, 528, on fait le compte avec le banquier... ; quand on s'est mis d'accord sur le compte avec le banquier ; **bene ratio accepti atque expensi inter nos convenit** Pl. *Most.* 304, nos comptes de recettes et dépenses se balancent exactement ; **ut par sit ratio acceptorum et datorum** Cic. *Lae.* 58, pour que la balance soit égale entre le reçu et le donné ; **rationem et numerum habere** Cic. *Verr.* 5, 71, avoir le compte et le chiffre exacts ; **habebant rationem quotidie piratarum** Cic. *Verr.* 5, 71, ils tenaient un compte journalier des pirates, cf. Caes. *G.* 6, 19, 2 ; *C.* 3, 53, 1 ; **quibus in tabulis nominatim ratio confecta erat, qui numerus domo exisset** Caes. *G.* 1, 29, 1, sur ces registres était consignée une liste nominative de tous ceux qui avaient émigré, cf. Cic. *Phil.* 5, 16 ; **rationem reddere** Pl. *Men.* 206 ; Cic. *Verr.* 4, 140, rendre, remettre un compte ; **referre** Cic. *Verr.* 1, 98 ; **pecuniam in rationem inducere** Cic. *Verr.* 1, 106, porter une somme en compte ǁ pl., **rationes referre** Cic. *Fam.* 5, 20, 1 ; **conferre** Cic. *Fam.* 5, 20, 2 ; **conficere** Cic. *Att.* 6, 7, 2, rendre, dresser, arrêter des comptes ; **deponere** Cic. *Fam.* 5, 20, 2 ; **relinquere** Cic. *Att.* 6, 7, 2, déposer ses comptes [en parl. du magistrat qui quitte sa prov.], les laisser [dans les deux principales villes de la province : Cic. *Fam.* 5, 20, 2] ; **rationes totidem verbis referre ad aerarium** Cic. *Fam.* 5, 20, 2, remettre au trésor une copie textuelle de ses comptes, ▶ putare ; **rationes societatis** Cic. *Quinct.* 19, les comptes d'une société **b)** [sens concret] registre, rôle : **ratio carceris** Cic. *Verr.* 5, 147, le registre d'écrou **c)** [fig.] **rationem reddere alicujus rei** Cic. *Caecin.* 28 ; **de aliqua re** Cic. *Verr.* 4, 141, rendre compte de qqch. ; **ab aliquo rationem reposcere** Caes. *G.* 5, 30, 2, réclamer des comptes à qqn ; **ut habere rationem possis, quo loco me... convenias** Cic. *Fam.* 3, 6, 6, pour que tu puisses calculer l'endroit où me joindre... ; **clarorum virorum non minus otii quam negotii rationem exstare oportere** Cic. *Planc.* 66, [ce mot de Caton] que les grands hommes doivent rendre compte aussi bien de leurs loisirs que de leurs occupations ; **petitionis tuae ratio mihi semper fuit explorata** Cic. *Fam.* 15, 13, 1, j'ai toujours considéré le compte de ta candidature comme réglé [le succès assuré] ; **non habet explicatam aut exploratam rationem salutis suae** Cic. *Fam.* 6, 1, 2, la clause de son salut n'est pas mise au net pour lui, ni assurée ; **corporis bona facilem quamdam rationem habere censebant** Cic. *Fin.* 4, 19, les biens matériels, selon eux, comportaient un règlement facile [question facile à résoudre]. **B** [sens dérivés] ¶1 compte des opérations que l'on fait avec qqn, [d'où] relations commerciales, d'intérêts **a)** **magnae pecuniae rationem habere cum aliquo** Cic. *Verr.* 2,

ratio

187, être en compte avec qqn pour des sommes importantes ; *istos inter se non res, non ratio conjunxit* Cic. *Verr.* 3, 22, ces individus ne furent unis entre eux ni par les affaires, ni par les comptes, cf. Cic. *Verr.* 2, 172 ; 5, 8 ; Pl. *Amp.* 4 ; *Ps.* 626 ; *de tota illa ratione atque re Gallicana* Cic. *Quinct.* 15, sur tout ce qui concernait ces opérations et ces propriétés de Gaule ; *omnes, quibuscum ratio huic aut est aut fuit* Cic. *Quinct.* 75, tous ceux qui il est ou a été en relations d'affaires ; *quae ratio tibi cum eo intercesserat ?* Cic. *Com.* 41, quelle affaire d'intérêt y avait-il entre lui et toi ?, cf. Cic. *Verr.* 2, 188 ; *magna ratione cum aliquo contracta* Cic. *Sull.* 56, avoir un compte important à régler avec qqn ; *haec ratio pecuniarum* Cic. *Pomp.* 19, ces comptes d'argent, ce mouvement d'argent **b)** [fig.] *agricolae habent rationem cum terra* Cic. *CM* 51, les cultivateurs sont en compte avec le sol ; *cum omnibus Musis rationem habere* Cic. *Att.* 2, 5, 2, nouer des relations, entrer en commerce avec toutes les Muses, cf. Cic. *Cael.* 50 ; *pacis quae potest esse cum eo ratio ?* Cic. *Phil.* 4, 14, quels rapports la paix peut-elle avoir avec lui ?, cf. Cic. *Phil.* 12, 17 **c)** [en gén.] affaires, intérêts : *publicani suas rationes et copias in illam provinciam contulerunt* Cic. *Pomp.* 17, les publicains ont transporté dans cette province leurs intérêts et leurs ressources ; *non est alienum meis rationibus istum... reservari* Cic. *Verr.* 5, 173, il n'est pas contraire à mes intérêts que cet homme soit réservé pour..., cf. Cic. *Fam.* 3, 10, 5 ¶ **2** calcul, compte = considération, égard : *rationem alicujus rei ducere* Cic. *Amer.* 128, tenir compte de qqch., cf. Cic. *Caecil.* 16 ; *Quinct.* 53 ; *Fam.* 7, 3, 1 ; *duxi meam rationem* Cic. *Att.* 8, 11 D, 7, j'ai tenu compte de moi, de mes intérêts, cf. Cic. *Verr.* 1, 126 ; *valetudinis, rei familiaris habere rationem* Cic. *Fin.* 5, 48, tenir compte de sa santé, de son patrimoine ; *habuit victoriae rationem, habuit humanitatis* Cic. *Verr.* 4, 120, il tint compte de... = il fit la part de la victoire, la part de l'humanité ; *sauciorum et aegrorum habita ratione* Caes. *C.* 3, 75, 1, en tenant compte des..., en ayant égard aux blessés et aux malades ; *hanc rationem habere (= hujus rei rationem)* Cic. *Verr.* 5, 101, tenir compte de cela, réfléchir à cela ; *habeo rationem quid... acceperim* Cic. *Verr.* 5, 36, je me rends compte de la mission que j'ai reçue... ; *neque illud rationis habuisti* [prop. inf.] Cic. *Verr.* 5, 38, tu n'as pas pris en considération que, cf. Cic. *Verr.* 2, 70 ; *habuisti rationem, ut mihi consuleres* Cic. *Fam.* 3, 5, 1, tu as pris en considération (de veiller à mes intérêts) le soin de mes intérêts ‖ *occurrebat illa ratio : quid Cleomene fiet ?* Cic. *Verr.* 5, 104, à sa pensée se présentait ce calcul (ces considérations, réflexions) : quel sera le sort de Cléomène ? ; *similis ratio pudoris* Cic.

Caecin. 77, la même considération de pudeur ; *praecipere tempestatum rationem et praedonum et locorum* Cic. *Mur.* 4, recommander d'avoir égard aux tempêtes, aux pirates, aux passages dangereux ; *propter rationem brevitatis* Cic. *Verr.* 1, 103, en considération de la brièveté ; *propter aerariam rationem* Cic. *Quinct.* 17, parce qu'il fallait tenir compte de la monnaie [de la différence des monnaies] ¶ **3** système, procédé, méthode, plan : *tua ratio est, tu* Cic. *Verr. prim.* 34, ta méthode est de ..., cf. Cic. *de Or.* 2, 292 ; *inita ratio est, ut* Cic. *Rep.* 2, 61, on inaugura un nouveau système, à savoir ... ; *reperta est eadem istius ratio in praesidiis, quae in classibus* Cic. *Verr.* 5, 87, son système se retrouva le même pour les garnisons que pour les flottes ; *haec in philosophia ratio contra omnia disserendi* Cic. *Nat.* 1, 11, cette méthode philosophique d'argumenter contre tout ; *vitae meae rationes ab ineunte aetate susceptae* Cic. *Pomp.* 1, le plan de conduite que j'ai adopté depuis ma jeunesse ; *novae bellandi rationes* Caes. *C.* 3, 50, 1, de nouvelles méthodes de combat ‖ [périphrases] : *decernendi ratio* Cic. *Off.* 1, 80, un règlement pacifique ; *ratio inveniendi (= invenio officii)* Cic. *Off.* 1, 107, la découverte du devoir ; *quae omnia perfacilem rationem habent reprehendendi* Cic. *Cael.* 62, tout cela comporte une critique très facile ; *ratio rogandi* Cic. *Inv.* 52, le procédé de l'interrogation, l'interrogation ; *ratio disserendi* Cic. *Brut.* 120, l'art d'argumenter, la dialectique ; *praecipiendi ratio* Cic. *Q.* 1, 1, 18, le mode de l'enseignement ¶ **4** évaluation d'une chose **a)** [de ce qui la constitue] sa nature, son espèce, ses modalités, son système : *cum duplex ratio sit orationis* Cic. *Off.* 2, 48, comme la parole (l'éloquence) a deux formes ; *judicia, quorum ratio duplex est* Cic. *Off.* 2, 49, les affaires judiciaires qui ont une double modalité [l'accusation, la défense], cf. Cic. *Off.* 2, 52 ; *explicare rationes rerum civilium* Cic. *Rep.* 1, 13, exposer les systèmes [les régimes] politiques ; *ratio comitiorum* Cic. *Mur.* 35, le régime des comices, des élections ; *propter rationem Gallici belli* Cic. *Prov.* 19, à cause du caractère particulier de la guerre contre les Gaulois ; *tripartita ab iis inducitur ratio bonorum* Cic. *Ac.* 1, 21, ils présentent trois espèces de biens ; *castrensis ratio* Cic. *Cael.* 11, la manière des camps, la vie des camps ; *ad novos casus temporum novorum consiliorum rationes accommodare* Cic. *Pomp.* 60, à des conjonctures nouvelles approprier un système de mesures nouvelles ; *hoc genus inest in ratione rerum* Cic. *de Or.* 2, 47, ce genre est dans la nature des choses ; *rerum ratio, verborum ratio* Cic. *de Or.* 2, 63, l'économie des faits, des mots, disposition des faits, des mots ; *mentis ratio perfecta* Cic. *Fin.* 5, 40, un parfait état de l'intelligence ; *ratio atque*

inclinatio temporum Cic. *Verr.* 5, 177, l'état des circonstances et le sens où elles inclinent ; *mei rationem officii confido esse persolutam* Cic. *Verr.* 5, 177, j'ai la conviction que tout ce que comporte mon devoir est accompli ; *quemadmodum esset ei ratio totius belli descripta, edocui* Cic. *Cat.* 2, 13, j'ai montré comment le plan de toute la guerre était arrêté pour lui ; *ratio ordoque agminis* Caes. *G.* 12, 19, 1, la disposition et l'ordre de la colonne ; *rationem pontis hanc instituit* Caes. *G.* 4, 17, 3, il fixa pour le pont la disposition suivante, cf. Caes. *C.* 1, 25, 1 ; *instituta ratio* Cic. *Or.* 162, plan fixé ; *ratio judiciorum* Cic. *Brut.* 306, organisation, fonctionnement des tribunaux ; *ratio rerum civilium* Cic. *Rep.* 2, 52, une organisation politique ; *rationes civitatum* Cic. *Rep.* 2, 22, des régimes politiques ; *haec eadem est nostrae rationis regio et via* Cic. *Verr.* 5, 181, voilà exactement la direction et la voie tracées à ma conduite ‖ *eadem ratione* Cic. *Cat.* 3, 11, de la même manière ; *eadem ratione, qua pridie* Caes. *G.* 5, 40, 3, de la même manière que la veille ; *longe alia ratione... atque* Caes. *G.* 7, 14, 2, d'une tout autre manière que ; *omni ratione* Caes. *C.* 1, 65, 5, par tous les moyens ; *nulla ratione* Caes. *C.* 1, 70, 2, d'aucune façon, cf. Caes. *C.* 3, 85, 2 ; Cic. *Balb.* 62 ; *quibus rationibus* Caes. *C.* 3, 83, 4, par quels moyens, cf. Caes. *C.* 3, 18 ; 3, 58 ; Cic. *CM* 6 ; *honestis rationibus* Cic. *Rab. Post.* 38, par des moyens honorables **b)** [évaluation de ce que comporte, de ce qu'embrasse une chose] son champ, son domaine, sa sphère, son cadre : *in rationem utilitatis cadere* Cic. *Off.* 1, 9, relève du domaine de l'utile ; *haec res non solum ex domestica est ratione, attingit etiam bellicam* Cic. *Off.* 1, 76, cet acte n'est pas seulement de l'ordre des faits civils, il touche aussi à l'ordre des faits militaires, cf. Cic. *Clu.* 1 ; *in dissimili ratione* Cic. *Cat.* 2, 9, dans une autre sphère, dans un ordre de choses différent ‖ *in eam rationem loqui* Cic. *Verr.* 1, 69, parler dans cet ordre d'idées, dans ce sens ; *epistolis tuis in eamdem rationem scriptis* Cic. *Att.* 1, 11, 1, tes lettres étant écrites dans le même sens ‖ [en part.] sphère politique, parti : *popularis ratio* Cic. *Sest.* 101, démocratie, parti démocratique, cf. Cic. *Balb.* 58. **II** ¶ **1** faculté de calculer, de raisonner, raison, jugement, intelligence : Cic. *Off.* 1, 101 ; *Nat.* 2, 153 ; *Leg.* 1, 18 ; *homo, quod rationis est particeps* Cic. *Off.* 1, 11, l'homme, parce qu'il a en partage la raison ; *recta ratio, absoluta ratio* Cic. *Tusc.* 4, 34 ; 5, 39, droite raison, raison parfaite ‖ [chrét.] la Raison de Dieu : Tert. *Prax.* 5, 2. ¶ **2** manière de faire raisonnable, judicieuse : *minari non erat* Cic. *Verr. prim.* 24, il n'était pas raisonnable de menacer ; *nulla ratio est amittere...* Cic. *Caecin.* 15, ce n'est pas du tout raisonnable de laisser échapper... ; *ratione voluptatem sequi* Cic. *Fin.* 1, 32, rechercher le plaisir judicieusement ; *ratione facere* Cic. *Att.* 12, 44, 3, agir judicieusement ; *intervallis pro rata parte ratione distinctis* Cic. *Rep.* 6, 18, avec des intervalles calculés suivant des proportions judicieuses ; *declinatio, cum ratione fiet...* Cic. *Tusc.* 4, 13, quand on se détournera du mal par des moyens raisonnables.... ¶ **3** explication qui rend compte d'une chose, explication, raison : *causa et ratio efficiens magnos viros* Cic. *Off.* 1, 67, la cause et la raison qui produisent les grandes âmes ; *quorum omnium causas si a Chrysippo quaeram, numquam illa dicet facta fortuito naturalemque rationem omnium reddet* Cic. *Div.* 2, 61, si je demande à Chrysippe la cause de tous ces phénomènes, jamais il ne dira qu'ils sont l'effet du hasard, il donnera de tous une explication naturelle ; *quorum omnium una ratio est* Cic. *Div.* 2, 60, pour tous ces phénomènes, il n'y a qu'une seule explication ; *tempestates saepe improviso nulla ex certa ratione, obscura aliqua ex causa concitantur* Cic. *Mur.* 36, les tempêtes souvent s'élèvent à l'improviste sans que rien de précis les explique, par on ne sait quelle cause obscure ; *facti si non bonam, at aliquam rationem adferre* Cic. *Verr.* 3, 195, donner d'une action une raison sinon bonne du moins existante ; *mei consilii causa ratioque* Cic. *Caecil.* 1, la cause et la raison de ma détermination. ¶ **4** raison, considération, raisonnement : *aliquid confirmare argumentis ac rationibus* Cic. *de Or.* 2, 80, prouver qqch. par des arguments et des raisonnements, cf. Cic. *Or.* 44 ; *rationibus conquisitis* Cic. *Fin.* 1, 31, avec des considérations bien choisies, cf. Cic. *Tusc.* 1, 116 ; *Rep.* 1, 4 ; *bonae tuae istae rationes* Ter. *Ad.* 836, ces belles considérations que tu débites ‖ [rhét.] *causae ratio* Cic. *Inv.* 1, 18, le raisonnement sur lequel repose une cause ‖ *nihil rationis adfers, quamobrem adimi civitas possit* Cic. *Caecin.* 96, tu n'apportes aucune raison qui justifie qu'on puisse enlever le droit de cité, cf. Cic. *Verr.* 2, 115. ¶ **5** [phil.] argumentation, raisonnement en forme : Cic. *Fin.* 1, 22 ; *rationem concludere* Cic. *Nat.* 2, 22, conclure un raisonnement, cf. Cic. *Nat.* 3, 23 ; *Div.* 2, 25 ; *necessaria mathematicorum ratione concludere* Cic. *Fin.* 5, 9, arriver à des conclusions par la rigueur d'un raisonnement mathématique. ¶ **6** ce qui est rationnel, fondé sur la raison, dirigé par la raison : *quae ratione docentur et via* Cic. *Or.* 116, ce que l'on enseigne d'une façon rationnelle et méthodique, cf. Cic. *Or.* 10 ; *Fin.* 1, 29 ; *ratione et numero moveri* Cic. *Nat.* 2, 43, avoir un mouvement rationnel et harmonieux. ¶ **7** théorie, principes théoriques, doctrine, système scientifique : *sine ulla arte aut ratione, quae sint in artibus ac rationibus recta ac prava, dijudicant* Cic. *de Or.* 3, 195, sans aucune connaissance pratique ou théorique, ils savent discerner dans la pratique et dans la théorie ce qui est bien et ce qui est mal ; *de ratione Latine loquendi scripsit* Cic. *Brut.* 253, il écrivit sur la théorie du bon latin ; *rei militaris ratio et ordo* Caes. *G.* 2, 22, 1, les règles théoriques et le dispositif de l'art militaire, cf. Caes. *G.* 4, 23, 5 ; *ratio atque usus belli* Caes. *G.* 4, 1, 6, la théorie et la pratique de la guerre, cf. Cic. *de Or.* 3, 80 ; *Epicuri ratio* Cic. *Fin.* 1, 13, la théorie d'Épicure ; *Cynicorum ratio* Cic. *Off.* 1, 148, la doctrine des cyniques ; *(si est in me) hujus rei ratio aliqua* Cic. *Arch.* 1, si j'ai en la matière quelques connaissances théoriques ‖ manière de voir : *mea sic est ratio* Ter. *Ad.* 60, voici ma théorie, ma doctrine, cf. Cic. *Fin.* 5, 12 ; *Tusc.* 5, 108 ‖ [souvent voisin de *ars*] *oratio quidem ipsa propria est hujus unius rationis, de qua quaerimus* Cic. *de Or.* 1, 49, en tout cas le style lui-même appartient uniquement à cet art sur lequel porte notre enquête ; *ratio dicendi* [souvent] art oratoire, cf. Cic. *de Or.* 1, 4 ; 1, 12.

rătĭōcĭnālis, e, basé sur un raisonnement : Gloss. 2, 169, 9.

rătĭōcĭnātĭō, ōnis, f. (*ratiocinor*) ¶ **1** raisonnement, calcul raisonné, réflexion : Cic. *Inv.* 2, 18 ¶ **2** syllogisme : Cic. *Inv.* 1, 57 ¶ **3** sorte de subjection [rhét.] : Her. 4, 23 ¶ **4** théorie [en architecture] : Vitr. 1, 1, 1 ¶ **5** mécanisme, système : Vitr. 10, 8, 1.

rătĭōcĭnātīvus, a, um (*ratiocinor*) ¶ **1** où l'on emploie le raisonnement : Cic. *Inv.* 1, 17 ; Quint. 7, 1, 60 ¶ **2** [conjonction] conclusive : Diom. 416, 9.

rătĭōcĭnātŏr, ōris, m. (*ratiocinor*), calculateur : Cic. *Off.* 1, 59 ; *Att.* 1, 12, 2 ‖ [péjor.] raisonneur : Aug. *Trin.* 1, 2, 4.

rătĭōcĭnĭum, ĭi, n., calcul, évaluation : Col. 5, 11, 13 ‖ [pl.] comptes : Ambr. *Tob.* 20, 79.

rătĭōcĭnŏr, ārĭs, ārī, ātus sum (*ratio, cano*) ¶ **1** calculer : Cic. *Rep.* 5, 4 ; *Tusc.* 1, 5 ; *de pecunia* Cic. *Inv.* 2, 115, faire des calculs d'argent ¶ **2** [fig.] raisonner : Cic. *Mil.* 32 ; *Phil.* 2, 55 ; *parum* Cic. *Nat.* 3, 66, raisonner insuffisamment ‖ [avec interrog. indir.] calculer, examiner : *quo pacto occipiam, id ratiocinor* Pl. *St.* 75, comment commencer, voilà ce que je me demande, cf. Cic. *Inv.* 2, 61 ; Her. 4, 16 ‖ conclure par raisonnement : [avec interrog. indir.] Her. 2, 36 ; [avec prop. inf.] Cic. *Verr. prim.* 20.

rătĭōnābĭlis, e, raisonnable, doué de raison : Apul. *Plat.* 1, 13 ‖ conforme à la raison : Ulp. *Dig.* 5, 1, 2 ‖ spirituel, mystique : Vulg. 1 *Petr.* 2, 2 ‖ *-lior* Pomp. *Dig.* 45, 3, 37.

rătĭōnābĭlĭtās, ātis, f., faculté de raisonner : Apul. *Plat.* 2, 15 ; Boet. *Syll. cat.* p. 779 C ‖ raisonnement : Arn.-J. *Confl.* 2, 1.

rătĭōnābĭlĭtĕr, adv., raisonnablement : Apul. *Plat.* 1, 8 ; Macr. *Somn.* 2, 11, 17 ‖ *-bilius* Prisc. 2, 45, 7.

rătĭōnāle, is, n., rational [ornement du grand prêtre des juifs] : Vulg. *Exod.* 28, 4.

1 rătĭōnālis, e (*ratio*) ¶ **1** qui sert à compter : CIL 6, 9033 ¶ **2** raisonnable, doué de raison : Quint. 5, 10, 56 ; 7, 3, 24 ¶ **3** où l'on emploie le raisonnement : *rationalis philosophia* Sen. *Ep.* 89, 17, la logique, la dialectique ; *medicina* Cels. pr. 10, médecine théorique ¶ **4** [rhét.] fondé sur le raisonnement, sur le syllogisme : Quint. 3, 5, 4 ; 3, 6, 56.

2 rătĭōnālis, is, m., agent comptable, receveur : Lampr. *Alex.* 45 ; 46 ; CIL 6, 9033.

rătĭōnālĭtās, ātis, f., faculté de raisonner : Tert. *Anim.* 38, 6.

rătĭōnālĭtĕr, adv., raisonnablement, par la raison : Sen. *Ep.* 109, 11.

rătĭōnārĭum, ĭi, n. (*ratio*), statistique, état, bilan [de qqch.] : Suet. *Aug.* 28.

rătĭōnārĭus, ĭi, m. (*ratio*), teneur de livres, comptable : Modest. *Dig.* 27, 1, 15, 5.

rătĭōnātīvus, a, um, qui marque la raison [conjonction] : Ps. Asper 5, 553, 21.

rătĭōnātŏr, ōris, m., calculateur : Not. Tir. 42.

1 rătis, is, f. (cf. *rete, rarus*; fr. *radeau*) ¶ **1** radeau : Cic. *Verr.* 5, 5 ; Caes. *G.* 6, 35 ; Plin. 7, 206 ; P. Fest. 339, 6 ‖ pont volant : Liv. 21, 47, 6 ¶ **2** [poét.] bateau, navire, vaisseau : Virg. *G.* 2, 445 ; Enn. *An.* 385 ; Catul. 63, 1 ‖ barque [de Charon] : Catul. 63, 1 ; Virg. *En.* 6, 302 ; *servavisti omnem ratem* Pl. *Most.* 918, tu as sauvé notre barque [nos affaires].

2 rătis, is, f. (cf. bret. *raden*), nom gaulois de la fougère mâle : M.-Emp. 25, 37.

3 Rătis, is, f., île gauloise sur l'Atlantique [Ré] : Geogr.-R. 5, 33.

rătītus, a, um (*ratis*), [pièce de monnaie] qui porte l'effigie d'un navire : Lucil. d. Varr. *L.* 5, 44 ; P. Fest. 341, 2.

rătĭuncŭla, ae, f. (dim. de *ratio*) ¶ **1** petit compte : Pl. *Cap.* 192 ¶ **2** faible raisonnement : Cic. *Tusc.* 4, 43 ; *Nat.* 3, 73 ‖ pl., petits arguments, subtilités : Cic. *Tusc.* 2, 29.

rătō, adv., V. *ratus* ¶ 2c.

Ratumenna, ae, m., nom d'un Véien, vainqueur au cirque : Plin. 8, 161 ‖ nom d'une porte de Rome : Fest. 340, 31.

rătus, a, um ¶ **1** part. de *reor*, ayant pensé, pensant, croyant, V. *reor* ¶ **2** [au sens pass.] **a)** compté, calculé : *pro rata parte*, selon une partie calculée = dans des rapports déterminés, en proportion, à proportion : Cic. *Tusc.* 1, 94 ; *Rep.* 2, 67 ; Caes. *C.* 1, 17, 4 ; *pro rata portione* Plin. 11, 40, *pro rata* Liv. 45, 40, 5, même sens **b)** fixé, réglé, invariable, constant : *tam ratos astrorum ordines videre* Cic. *Nat.* 2, 97, voir si le cours des astres si régulier **c)** ratifié, valable : *leges ratae* Cic. *Phil.* 5, 8, lois ratifiées ; *conclusiones ratae* Cic. *Top.* 56, conclusions péremptoires ; *ra-*

ratus

tum habere judicium Cic. *Top.* 125, tenir un jugement pour valable; ***comitia ne essent rata*** Cic. *Rep.* 2, 56, que les comices fussent déclarés nuls; ***efficere ratas preces*** Ov. *F.* 1, 696, exaucer des prières; ***ratum facere*** Cic. *Div.* 1, 85, ratifier [ce qu'on va faire], être de bon présage ‖ ***de rato*** Paul. *Dig.* 3, 4, 6, 3, par autorisation ‖ [tard.] ***rato habere*** Tert. *Marc.* 4, 1, 2, ratifier, porter en compte; ***rato fieri*** Tert. *Anim.* 35, 1, être ratifié, être porté en compte **d)** décidé, résolu [en parl. de qqn]: Enn. d. Fest. 340, 24. ▶ superl. *ratissimus* Cat. d. Fest. 364, 17; P. Fest. 365, 4.

rauca, *ae*, f. (cf. *runco*?), sorte de ver: Plin. 17, 130; Ulp. *Dig.* 19, 2, 15.

raucē, adv. (*raucus*), d'une manière rauque: Serv. *En.* 9, 124.

raucēdo, *ĭnis*, f. (*raucus*), 🄲▶ *raucitas*: Isid. 4, 7, 14.

raucescō, *ĭs*, *ĕre*, -, - (*raucus*), intr., s'enrouer: Isid. 12, 7, 15.

raucĭdŭlus, *a*, *um* (dim. de *raucus*), un peu enroué: Hier. *Ep.* 40, 2.

raucĭō, *īs*, *īre*, *rausī*, *rausum* (*raucus*), intr., 🄲▶ *raucesco*: Lucil. 567; Prisc. 2, 539, 1.

raucĭsŏnus, *a*, *um* (*raucus*, *sonus*), qui a un son rauque: Lucr. 5, 1084; Catul. 64, 263.

raucĭtās, *ātis*, f. (*raucus*), enrouement: Plin. 22, 104 ‖ raucité, son rauque: Plin. 11, 269 ‖ ronflement: Capel. 8, 804.

raucō, *ās*, *āre*, -, - (*raucus*), intr., avoir la voix rauque: Gloss. 2, 458, 17.

raucŏr, *ārĭs*, *ārī*, -, être enroué: Gloss. 2, 259, 48.

Raucŭla, *ae*, f. (dim. de *raucus*), surnom féminin: CIL 5, 4435.

raucus, *a*, *um* (*ravicus, *ravis*; it. *roco*, a. fr. *rou*, cf. *enroué*) ¶ 1 enroué: Pl. *Ep.* 200; Cic. *de Or.* 1, 258 ¶ 2 au cri rauque: [corneilles] Lucr. 6, 751; [cigales] Virg. *B.* 2, 12 ‖ au son rauque: [trompette] Prop. 3, 3, 41; Virg. *G.* 4, 71; ***raucus Hadria*** Hor. *O.* 2, 14, 14, l'Adriatique aux grondements rauques; ***amnis rauca sonans*** Virg. *En.* 9, 125, le fleuve au grondement rauque; ***rauca tussis*** Lucr. 6, 1189, toux rauque, caverneuse ‖ [fig.] ***rumor raucus factus*** Cic. *Fam.* 9, 2, 5, rumeur assourdie, qui s'éteint.

Rauda, *ae*, f., ville de Tarraconaise [auj. Roa]: Anton. 440.

Raudĭus campus, Flor. 3, 3, 14 et **Raudĭi campi**, m., Vell. 2, 12, 5, plaine de l'Italie supérieure, près du Pô, où Marius défit les Cimbres.

raudus (**rōdus**), *ĕris*, n. (cf. *rudis*, scr. *loha-s*?), objet brut, non travaillé: Fest. 320, 24 ‖ [en part.] morceau de cuivre brut, lingot non travaillé: Varr. *L.* 5, 163; ***raudera*** Val.-Max. 5, 6, 3; n. pl., **rūdĕra**, *um* (it. *ruderi*), Liv. 26, 11, 9, lingots de cuivre servant de monnaie ‖ pierre brute: Acc. *Tr.* 438.

Raudusculă porta (**-lāna**, **Rod-**, **Rud-**), f., une des portes de Rome Atlas II: Varr. *L.* 5, 163; P. Fest. 339, 11.

rauduscŭlum, *i*, n., petit lingot de cuivre: Fest. 322, 1 ‖ [fig.] petite dette: Cic. *Att.* 4, 8, 1; 7, 2, 7; 14, 14, 5.

Raunōnĭa, *ae*, f., île de la mer de Germanie, une des Électrides: Plin. 3, 94.

Rauraca, 🅅▶ *Raurica*.

Raurăci, *ōrum*, m. pl., les Rauraques [peuple voisin de l'Helvétie]: Caes. *G.* 1, 5, 4; 6, 25, 2.

Rauranum, *i*, n., ville des Pictaves: Anton. 459.

Raurĭca cŏlōnĭa et abs[t] **Raurica**, *ae*, f., capitale des Rauraques [auj. Augst] Atlas I, C3; V, D4; XII, A1: Plin. 4, 106; CIL 10, 6087.

Raurĭci, 🄲▶ *Rauraci*: Plin. 4, 106.

Raurĭcum, 🄲▶ *Raurica*: Plin. 4, 79.

rausī, parf. de *raucio*.

rausūrus, *a*, *um*, part. fut. de *raucio*.

rāvastellus, **rāvistellus**, *a*, *um* (*ravus*), qui grisonne: Pl. *Ep.* 620 A, cf. P. Fest. 339, 4.

Răvenna, *ae*, Ravenne [ville de la Gaule cispadane, sur l'Adriatique] Atlas I, C4; XII, C3: Cic. *Fam.* 1, 9, 9 ‖ **-nnas**, *ātis*, adj., de Ravenne: Cic. *Balb.* 50 ‖ **-nnātes**, *ĭum*, m. pl., les habitants de Ravenne: Veg. *Mil.* 4, 31; CIL 6, 1715.

rāvĭdus, *a*, *um* (*ravus*; esp. *roano* > fr. *rouan*), grisâtre: Col. 8, 2, 9.

Răvilla, *ae*, m., surnom rom.: Frontin. *Aq.* 8 ‖ pl., ***Raviliae a ravis oculis, quemadmodum a caesiis Caesullae*** Fest. 340, 30, Ravilia vient de *ravi oculi* (homme aux yeux gris) comme Caesulla vient de *caesii oculi* (homme aux yeux verts).

rāvĭō, *īs*, *īre*, -, - (*ravis*, *ravv-*?), intr., s'enrouer en criant: *Pl. *Poen.* 778 ‖ **ravio, iare** P. Fest. 341, 4.

răvis, *is*, f. (onomat., cf. *rugio*, *raucus*, ῥώχω), enrouement: Pl. *Aul.* 336; Non. 164, 19.

rāvistellus, 🅅▶ *ravastellus*.

răvŭlus, *a*, *um* (dim. de *2 ravus*), un peu enroué: Sidon. *Ep.* 9, 13, 5 v. 78.

1 rāvus, *a*, *um* (cf. al. *grau*?), gris [tirant sur le jaune]: Cic. *Ac.* 2, 105; Hor. *O.* 3, 27, 3, cf. P. Fest. 339, 3.

2 rāvus, *a*, *um* (*ravis*), enroué, rauque: Sidon. *Ep.* 8, 11, 3 v. 49.

1 rĕ-, **rĕd-** (*reciprocus*, *retro*, cf. hit. *arha*?), particule formant des mots composés, **re-** devant les cons.: *reduco*, *rebello* ‖ **red-** devant les voy.: *redeo*, *redigo*, aussi *reddo*; assimilé dans *relliquiae*, *relligio*; *reccido*.

2 rē, abl. de *res*, *re vera*, 🅅▶ *res* II ¶ 1.

rĕa, *ae*, f. (*reus*), accusée: Cic. *Mil.* 50; 🅅▶ *reus*.

rĕaccendō, *ĭs*, *ĕre*, -, -, tr., enflammer de nouveau: Hier. *Is.* 9, 30, 14, p. 344 A.

rĕădoptō, *ās*, *āre*, -, -, tr., adopter de nouveau: Modest. *Dig.* 1, 7, 41.

rĕædĭfĭcō, *ās*, *āre*, -, -, tr., rebâtir: Hier. *Ep.* 108, 9.

rĕăgĭtō, *ās*, *āre*, -, -, tr., agiter de nouveau: Not. Tir. 76.

rĕagnoscō, *ĭs*, *ĕre*, -, -, tr., reconnaître: Ps. Fulg.-R. *Serm.* 29, p. 896 A.

rĕambŭlō, *ās*, *āre*, -, -, 🅅▶ *redambulo*: Not. Tir. 90.

rĕamplĭō, *ās*, *āre*, -, -, tr., augmenter [fig.], relever: Ps. Cypr. *Mart.* 1.

rĕapsĕ (**re-**, **eapse**), ➡ *re ipsa*, réellement, en effet, au fond: Cic. *Rep.* 1, 2; *Div.* 1, 81 ‖ [avec tmèse] ***reque eapse*** Scip. d. Fest. 362, 28.

rĕarmo, 🅅▶ *redarmo*.

Rĕātĕ, *is*, n., ville des Sabins [auj. Rieti] Atlas XII, D3: Plin. 3, 109 ‖ **-tīnus**, *a*, *um*, de Réate: Cic. *Nat.* 2, 6 ‖ **Rĕātīni**, *ōrum*, m. pl., habitants de Réate: Cic. *Scaur.* 27.

Rĕātīnum, *i*, n., fleuve et port d'Italie: Plin. 3, 126.

rĕātŭs, *ūs*, m. (*reus*), [employé pour la première fois par Messala d'après Quint. 8, 3, 34] ¶ 1 état d'accusé, prévention: Just. 4, 4, 4 ‖ imputation, reproche: Vulg. *Deut.* 21, 8 ¶ 2 vêtement (tenue) d'accusé: Apul. *M.* 9, 30 ‖ faute, péché: Prud. *Cath.* 11, 103.

rĕaudĭō, *ĭs*, *īre*, -, -, tr., entendre un son répercuté [l'écho]: Gloss. 5, 39, 15.

Rĕbaptisma, *ătis*, n., second baptême [titre d'un ouvrage attribué à saint Cyprien]: Ps. Cypr. *Rebapt. tit.*.

rĕbaptizātĭo, *ōnis*, f., nouveau baptême: Aug. *Psalm.* 54, 16.

rĕbaptizātŏr, *ōris*, m., celui qui rebaptise: Aug. *Psalm.* 54, 22.

rĕbaptizō, *ās*, *āre*, -, -, tr., rebaptiser: Cod. Just. 1, 6, 2.

Rĕbās, *ae*, m., 🅅▶ *Rhebas*.

Rĕbecca, *ae*, f., femme d'Isaac: Vulg. *Gen.* 24, 15; Tert. *Anim.* 26, 2.

rĕbellātĭō, *ōnis*, f., révolte: Tac. *An.* 14, 31; Val.-Max. 7, 3, 9.

rĕbellātrix, *īcis*, f., celle qui se révolte, rebelle: Liv. 40, 35, 13 ‖ [fig.] Cassian. *Inst.* 5, 18.

rĕbellātus, *a*, *um*, part. de *rebello*.

1 rĕbellĭō, *ōnis*, f. (*rebellis*), reprise des hostilités, rébellion, révolte: ***rebellionem facere*** Caes. *G.* 4, 38, 1, renouveler la guerre, reprendre les hostilités, se soulever, cf. Caes. *G.* 3, 10, 2; 4, 30, 2; Cic. *Scaur.* 42; Tac. *An.* 1, 55.

2 rĕbellĭō, *ōnis*, m., celui qui se révolte: Vop. *Prob.* 9.

rĕbellis, *e* (port. *revel*) ¶ 1 qui recommence la guerre, rebelle, qui se révolte, qui se soulève: Virg. *En.* 12, 185; Tac. *H.* 4, 72 ‖ subst. m. pl., les rebelles: Tac. *An.* 1, 40 ¶ 2 [fig.] rebelle, indocile: Ov. *Rem.* 246.

rĕbellō, *ās*, *āre*, *āvī*, *ātum* (it. *arrovellare*), intr., reprendre les armes, reprendre les hostilités, se révolter, se soulever : Liv. 8, 14, 5 ; 29, 3, 6 ‖ [fig.] se révolter, résister, être rebelle : Sen. Ag. 138 ‖ récidiver, revenir : Plin. 25, 174.

rĕbellum (rĕv-), *i*, n. (*rebello, bellum* ; a. fr. *revel*), révolte : Marculf. 1, 32 ; Gloss. 2, 411, 57.

Rĕbĭlus, *i*, m., surnom : *Sen. Ben. 2, 21, 6.

rĕbītō, *ĭs*, *ĕre*, -, - (*re-, beto*), intr., revenir : Pl. *Cap.* 380.

rĕbŏātŭs, *ūs*, m. (*reboo*), action de répondre par des aboiements : Capel. 2, 213.

rĕbŏō, *ās*, *āre*, -, - ¶ 1 intr., répondre par un mugissement : Val.-Flac. 3, 631 ‖ [fig.] retentir [en écho] : Virg. G. 3, 222 ¶ 2 tr., faire retentir en écho : Lucr. 2, 28.

rĕbulliō, *īs*, *īre*, *īvī* ou *ĭī*, - ¶ 1 intr., rebouillir : Apul. M. 9, 34 ¶ 2 tr., rejeter en bouillant : Apul. M. 5, 26 ‖ rejeter, rendre : Apul. M. 1, 13.

rĕburrĭum, *ii*, n. (*reburrus*), calvitie du devant de la tête : VL. *Lev.* 13, 42.

rĕburrus, *a*, *um* (*burra* ; fr. *rebours*) ¶ 1 qui a le front chauve : Aug. *Faust.* 6, 1 ¶ 2 ébouriffé : Gloss. 5, 609, 11.

rĕcalcĕō (-ĭō), *ās*, *āre*, -, -, tr., rechausser : Not. Tir. 79.

rĕcalcĭtrō, *ās*, *āre*, *āvī*, *ātum*, intr., regimber [fig.] : Hor. S. 2, 1, 20 ‖ [avec dat.] faire opposition à : Amm. 14, 7, 14.

rĕcalcō, *ās*, *āre*, -, -, tr., fouler de nouveau avec les pieds : Col. 2, 2, 19 ‖ [fig.] répéter : Cod. Th. 16, 6, 4.

rĕcălĕfăcĭō, ➤ *recalfacio*.

rĕcălĕfactus, *a*, *um*, part. de *recalefacio*.

rĕcălĕō, *ēs*, *ēre*, -, -, intr., être échauffé de nouveau, réchauffé : Virg. En. 12, 35 ‖ [fig.] être toujours vivace [à l'oreille, dans le cœur] : Amm. 28, 1, 7 ; Auson. *Prof.* 8 (197), 15.

rĕcălescō, *ĭs*, *ĕre*, *călŭī*, -, intr., se réchauffer : Cic. Nat. 22, 6 ; [fig.] Plin. Ep. 7, 9, 6.

rĕcalfăcĭō, *ĭs*, *ĕre*, *fēcī*, -, tr., réchauffer : Ov. M. 8, 443 ; [fig.] Ov. A. A. 2, 214 ‖ [pass.] *recalfio* : Cael.-Aur. *Acut.* 2, 10, 63.

rĕcalvastĕr, *tri*, m., un peu chauve sur le devant : Vulg. *Lev.* 13, 41.

rĕcalvātĭō, *ōnis*, f., calvitie par-devant : Vulg. *Lev.* 13, 42.

rĕcalvĭtĭēs, *ēi*, f., ➤ *recalvatio* : Rufin. *Orig. Lev.* 8, 10.

rĕcalvus, *a*, *um*, chauve par-devant : Pl. *Ru.* 317.

rĕcalx, *alcis*, récalcitrant : Commod. *Apol.* 229.

rĕcandescō, *ĭs*, *ĕre*, *candŭī*, -, intr. ¶ 1 devenir blanc, blanchir : Ov. M. 4, 529 ¶ 2 redevenir chaud, brûlant : Ov. M. 1, 435 ; [fig.] Ov. M. 3, 707.

rĕcănō, *ĭs*, *ĕre*, -, -, intr., répondre en chantant : Plin. 10, 102 ‖ détruire un enchantement : Plin. 28, 29.

rĕcantō, *ās*, *āre*, -, -, tr., répéter [écho] : Mart. 2, 86, 3 ‖ *recantatus a)* rétracté désavoué : Hor. O. 1, 16, 27 *b)* éloigné par des enchantements : Ov. *Rem.* 259.

rĕcăpĭtŭlātĭō, *ōnis*, f., récapitulation : Aug. *Civ.* 15, 21.

rĕcăpĭtŭlō, *ās*, *āre*, -, - (*capitulum*), tr., reconsidérer entièrement : Tert. *Marc.* 5, 17, 1.

rĕcāsūrus, part. fut. de *1 recido*.

rĕcautum, *i*, n., quittance, décharge : Julian. *Epit.* 123, 532.

rĕcăvĕō, *ēs*, *ēre*, *cāvī*, *cautum*, tr., prendre ses assurances de son côté : Cod. Just. 9, 3, 2.

rĕcăvus, *a*, *um*, creux, concave : Prud. *Psych.* 421.

reccĭdo, ➤ *1 recido* ➤.

rĕcēdō, *ĭs*, *ĕre*, *cessī*, *cessum*, intr. ¶ 1 s'éloigner par une marche en arrière, rétrograder, se retirer : *ex loco* Caes. G. 5, 43, 6 ; *e Gallia, a Mutina* Cic. Phil. 8, 21 ; *de medio* Cic. Amer. 112, se retirer d'un lieu, de la Gaule, des environs de Modène, du public ‖ [en part., pour se coucher] : Petr. 85, 4 ; Ov. *Ib.* 239 ¶ 2 [métaph.] *a) undae comitiorum ab aliis recedunt* Cic. Planc. 15, les flots des comices [= le courant populaire, la faveur populaire] s'éloignent des autres ; *anni recedentes* Hor. P. 176, les années en s'éloignant *b) Anchisae domus recessit* Virg. En. 2, 300, la maison d'Anchise est retirée (loin du centre) ; *zotheca recedit* Plin. Ep. 2, 17, 21, un cabinet occupe un enfoncement ; *pleraque a mari recedentia* Curt. 4, 1, 6, la plus grande partie de ce qui (de la région qui) s'écarte de la mer *c) pictor efficit, ut quaedam eminere in opere, quaedam recessisse credamus* Quint. 2, 17, 21, le peintre nous donne l'illusion que telles parties sont en relief dans son œuvre, telles en retrait (en arrière-plan) ¶ 3 s'éloigner, s'en aller : *apes a stabulis non recedunt longius* Virg. G. 4, 191, les abeilles ne s'éloignent pas trop loin de la ruche ; *(nomen hostis) a peregrino recessit* Cic. Off. 1, 37, (le mot *hostis*) s'est éloigné de son sens d'"étranger", a perdu son sens d'"étranger" ‖ *res ab eo recessit et ad heredem pervenit* Cic. *Quinct.* 38, les biens n'ont plus leur propriétaire et sont passés à un héritier ‖ *maris ira recessit* Ov. M. 12, 36, la colère de la mer s'évanouit ; *in ventos vita recessit* Virg. En. 4, 705, la vie s'exhala dans les airs ‖ [en part.] s'éloigner de la foule pour se retirer qq. part, faire retraite : Hor. S. 1, 1, 31 ¶ 4 se détacher de, se séparer de : *carnes recedunt ab ossibus* Plin. 22, 22, les chairs se détachent des os, cf. Ov. *Pont.* 2, 8, 65 ; F. 6, 708 ¶ 5 [fig.] *ab officio recedere* Cic. Off. 3, 19, s'écarter du devoir ; *ab armis* Cic. *Amer.* 16, déposer les armes ; *a natura* Cic. Fin. 4, 43, s'écarter de la nature ; *a vita* Cic. Tusc. 4, 40, se retirer de la vie [se faire mourir].

recellō, *ĭs*, *ĕre*, -, - (cf. *percello*) ¶ 1 intr., rebondir en arrière, se ramener en arrière : Lucr. 6, 573 ; Liv. 24, 34, 10 ¶ 2 tr., retirer en arrière : Apul. M. 7, 24 ; 10, 22.

1 rĕcens, *tis* (re-, cf. gaul. *cintux*, bret. *kent*, al. *hinter*, an. *behind* ; roum. *rece*) ¶ 1 frais, jeune, récent, nouveau [poisson] Pl. *As.* 178 ; *Ps.* 1126 ; [mottes de gazon] Caes. C. 3, 96 ; [fleurs] Hor. O. 3, 27, 43 ; *vinum* Sen. Ep. 36, 3, vin nouveau ; *lege hac recenti ac nova* Cic. Flac. 13, par cette loi récente et nouvelle ; *hanc ipsam (rem) recentem novam devoravit* Cic. Fam. 11, 21, 2, ce nouveau bien lui-même récemment acquis, il l'a dévoré ; *cum pulchritudo ejus recens ad oculos atque integra perveniret* Cic. Verr. 4, 64, la beauté de l'objet arrivant aux yeux toute fraîche et intacte ; *altera epistula quae mihi recentior videbatur* Cic. Fam. 3, 11, 1, la seconde lettre, qui me paraît plus récente ; *recentissima quaeque sunt emendata maxime* Cic. Ac. 1, 13, les constructions de plus fraîche date sont d'ordinaire les plus confortables ; *hi recentes viri* Cic. Mur. 17, ces personnages tout près de nous, d'une époque toute récente ; *hi recentiores* Cic. Fin. 2, 82, ces philosophes plus récents, modernes ; n. pl., *recentia*, faits récents : Cic. *Leg.* 4, 21 ; *Part.* 37 ; *recenti negotio* Cic. Verr. 1, 139 ou *recenti re* Cic. Verr. 1, 101, sur le fait, à l'instant, cf. Pl. *Poen.* 728 ; *Trin.* 1015 ‖ [avec *ab*] qui suit juste à la suite de : *recens a vulnere Dido* Virg. En. 6, 450, Didon avec sa blessure encore fraîche ; *recens ab illorum aetate fuit* Cic. Nat. 3, 11, il vécut peu après leur époque ‖ [avec *ex*] juste au sortir de : *cum e provincia recens esset* Cic. Verr. prim. 5, comme il venait de quitter la province ‖ *Roma sane recentes* Cic. Att. 16, 7, 1, venant juste de quitter Rome ‖ [avec abl.] *a)* juste après : *miles recens victoria* Tac. H. 3, 77, le soldat au sortir de la victoire ; *recens praetura* Tac. An. 4, 52, sortant à peine de la préture *b)* [avec *in* abl.] : *recentes in dolore* Tac. An. 3, 1, étant tout récemment dans la douleur, sous le coup d'une douleur récente *c)* [sans *in*] *ut erat recens dolore et ira* Tac. An. 1, 41, étant depuis peu sous le coup de la douleur et de la colère ; *stipendiis recentes* Tac. An. 15, 59, gens recevant une solde depuis peu ¶ 2 [fig.] qui n'est pas fatigué, frais, dispos : *recentes atque integri* Caes. G. 7, 48, 4, des troupes fraîches et intactes [sans blessures], cf. Caes. G. 5, 16, 4 ; *recentis animi alter consul* Liv. 21, 52, 2, l'autre consul, d'une ardeur encore toute fraîche.

➤ abl. sg., au lieu de *recenti*, chez les poètes souvent *recente*, cf. Catul. 63, 7 ; Ov. F. 4, 346 ; gén. pl. *recentum* Hor. O. 1, 10, 2, au lieu de *recentium*.

recens

2 rĕcens, n. pris advᵗ, récemment : Pl. *Cap.* 718 ; *Cis.* 136 ; Lucr. 2, 416 ; 6, 792 ; Liv. 2, 22, 4 ; 38, 17, 15.

3 recens, tis, f. (1 *recens*), rasade de vin glacé : Alcim. *Ep.* 74 ; 86.

rĕcensĕō, ēs, ēre, censŭī, censum, (tard. **censītum**), tr. ¶ 1 recenser, passer en revue : Caes. *G.* 7, 76, 3 ; Liv. 26, 49, 9 ¶ 2 [fig.] passer en revue par la pensée : Virg. *En.* 6, 683 ; Ov. *M.* 13, 481 ‖ faire l'examen critique d'un écrit : Gell. 17, 10, 6 ‖ considérer [avec prolepse et interr. indir.] : Tert. *Apol.* 11, 11 ‖ [pass.] renaître : Tert. *Anim.* 35, 1.
▶ dép. *recenseor*, " se rappeler " (avec prop. inf.) Aug. *Serm. Dolbeau* 22, 23.

rĕcensĭo, ōnis, f. (*recenseo*), dénombrement, recensement : Cic. *Mil.* 73 ; Suet. *Caes.* 41.

rĕcensītĭo, ōnis, f., C.▶ *recensio* ; Ulp. *Dig.* 10, 4, 3.

rĕcensītus (-census), a, um, part. de *recenseo*.

rĕcensŭs, ūs, m. ¶ 1 C.▶ *recensio* ¶ 2 examen : Tert. *Anim.* 58, 3.

rĕcentārĭa, ae, f. (3 *recens*), marchande de vin glacé : Gloss. 2, 375, 26 ; V.▶ *recentarius*.

rĕcentārĭus, ii, m. (3 *recens*), marchand de vin glacé : CIL 8, 6216.

rĕcentĕr, adv. (*recens*), nouvellement, récemment : Pall. 1, 26, 2 ‖ -tissime Plin. 18, 192.

rĕcento, V.▶ *recanto*.

rĕcentŏr, āris, ārī, - (1 *recens* ; tr. > fr. *rincer, requinquer*), intr., être renouvelé, renaître : Cn. Mat. d. Gell. 15, 25, 1.

Recentorĭcus ăgĕr, m., nom d'un canton de la Sicile : Cic. *Agr.* 1, 10 ; 2, 57.

rĕcēpī, parf. de *recipio*.

rĕcepso, V.▶ *recipio* ▶.

Rĕcepta, ae, f., **-tus**, i, m., nom de femme, d'homme : CIL 6, 2264 ; 10, 1726.

rĕceptābĭlis, e (*recepto*), capable de, susceptible de : Ambr. *Ep.* 44, 1.

rĕceptācŭlum, i, n. (*recepto*) ¶ 1 réceptacle, magasin : Cic. *Tusc.* 1, 52 ; *Nat.* 2, 136 ; **Nili** Tac. *An.* 2, 61, la décharge du Nil ; **aquae** Vitr. 8, 6, 1, réservoir, bassin ¶ 2 refuge, asile : Cic. *Verr.* 2, 3 ; 5, 59 ; Caes. *C.* 2, 8, 1 ; *G.* 7, 14, 9 ‖ [fig.] Cic. *Tusc.* 5, 117.

rĕceptātĭo, ōnis, f. (*recepto*), action de reprendre [haleine] : Amm. 20, 11, 28.

rĕceptātŏr, ōris, m. (*recepto*), réceptacle [en parl. d'un lieu] : Flor. 3, 10, 9 ‖ recéleur : Dig. 47, 16, 1.

rĕceptātrix, īcis, f., recéleuse : Hier. *Didym.* 5.

rĕceptībĭlis, e (*recepto*), recouvrable : Aug. *Trin.* 15, 13 ‖ qu'on peut recevoir, concevable, saisissable : Aug. *Psalm.* 109, 12.

rĕceptīcĭus, a, um (1 *receptus*), réservé par contrat, excepté : Gai. *Dig.* 39, 6, 31 ‖ **servus recepticius** Cat. d. Gell. 17, 6, 2, esclave réservé par la femme mariée ‖ qui concerne la prise de possession : Cod. Just. 4, 18, 2.

rĕceptĭo, ōnis, f. (*recipio*) ¶ 1 action de recevoir : **quid tibi receptio ad te est meum virum ?** Pl. *As.* 920, pourquoi reçois-tu mon mari chez toi ? ‖ [chrét.] action de recevoir dans l'Église, pardon : Ambr. *Luc.* 5, 38 ¶ 2 action de réserver, action de garder par devers soi : Ulp. *Dig.* 8, 4, 10.

rĕceptō, ās, āre, āvī, ātum (fréq. de *recipio* ; it. *ricettare*), tr. ¶ 1 retirer : Virg. *En.* 10, 383 ‖ reprendre : Lucr. 2, 1001 ; 3, 505 ¶ 2 recevoir (qqn), donner retraite à : Ter. *Hec.* 747 ; Liv. 5, 8 ; Tac. *An.* 3, 60 ; **se** Ter. *Haut.* 968 ; Virg. *G.* 1, 336, se retirer [qq. part] ; **litus se receptat** Pers. 6, 8, le rivage se retire, s'enfonce.

rĕceptŏr, ōris, m. (*recipio*) ¶ 1 celui qui a repris : Vop. *Aurel.* 26 ¶ 2 recéleur : Cic. *Mil.* 50 ; Tac. *An.* 4, 23 ¶ 3 [chrét.] celui qui reçoit dans la communion de l'Église : Aug. *Bapt.* 3, 2, 3 ¶ 4 libérateur : Prud. *Cath.* 12, 144.

rĕceptōrĭum, ii, n. (*receptor*), asile, refuge : Sidon. *Ep.* 5, 17, 10.

rĕceptōrĭus, a, um, qui sert de refuge : Tert. *Res.* 27, 5.

rĕceptrix, īcis, f. (*receptor*), recéleuse : Cic. *Verr.* 4, 17 ; 5, 160.

rĕceptum, i, n. (*recipio* ; it. *ricetto*), engagement, promesse : Cic. *Phil.* 2, 79 ; *Verr.* 5, 139 ‖ [pl.] les opinions reçues, la coutume : Tert. *Nat.* 2, 1, 7 ‖ [droit] convention, pacte [créant une obligation, type du pacte exceptionnellement muni d'une action par le préteur] : **receptum arbitri** Cod. Just. 3, 1, 14, 1, convention d'arbitrage [par laquelle l'arbitre s'engage à rendre une sentence] ; Dig. 4, 8 tit. ‖ **receptum** [des aubergistes et transporteurs maritimes] reçu, reconnaissance : Dig. 4, 9 tit. [obligés de rendre les objets confiés].

1 rĕceptus, a, um ¶ 1 part. de *recipio* ¶ 2 adjᵗ, admis par l'usage, usité, reçu : -tior Tert. *Marc.* 4, 5, 5 ; -tissimus Solin. pr. 5.

2 rĕceptŭs, ūs, m. (*recipere (se)* ; a. fr. *recet*), action de se retirer ¶ 1 [milit.] retraite : **receptui canere** Caes. *G.* 7, 47, sonner la retraite ; **receptui signum audire** Cic. *Phil.* 13, 15, entendre le signal (pour) de la retraite ; **receptui suorum timens** Caes. *C.* 3, 46, 1, craignant pour la retraite de ses troupes ; **expeditum ad suos receptum habere** Caes. *G.* 4, 33, 2, pouvoir battre en retraite facilement vers les siens ‖ retraite, refuge, asile : **ad aliquem receptum habere** Caes. *G.* 6, 9, 2, trouver un refuge chez qqn, cf. Caes. *C.* 1, 1, 3 ¶ 2 [en parl. de la respiration] : **spiritus... in receptu difficilis** Quint. 11, 3, 32, souffle... difficile dans l'action de se ramener, souffle qui se reprend difficilement ‖ [fig.] **civitates eo processu-ras, unde receptum ad paenitendum non haberent** Liv. 42, 13, 3, les cités en viendraient à un point d'où le retour au repentir ne leur serait plus possible ; **dare tempus iis ad receptum nimis pertinacis sententiae (= ut sententia receptum habeat)** Liv. 4, 57, 4, leur donner du temps pour que leur résolution trop opiniâtre puisse battre en retraite [= pour revenir sur une ...].

rĕcessa, ae, f., reflux de la mer : Isid. *Ord. creat.* 9, 7.

rĕcesse, **rĕcessem**, arch. pour *recessisse, recessissem*.

rĕcessī, parf. de *recedo*.

rĕcessĭm, adv. (*recedo*), en reculant, à reculons : Pl. *Amp.* 1112 ; *Cas.* 334.

rĕcessĭo, ōnis, f. (*recedo*), action de s'éloigner : Vitr. 1, 6, 9.

1 rĕcessŭs, a, um, part.-adj. de *recedo* : **recessior scena** Vitr. 5, 7, 2, scène plus profonde.

2 rĕcessŭs, ūs, m. ¶ 1 action de se retirer, de s'éloigner : **luna accessu et recessu...** Cic. *de Or.* 3, 178, la lune en se rapprochant et en s'éloignant... ; **natura bestiis dedit... a pestiferis rebus recessum** Cic. *Nat.* 2, 34, la nature a donné aux animaux... l'instinct de fuir les choses nuisibles ; **recessum primis ultimi non dabant** Caes. *G.* 5, 43, 5, les derniers ne laissaient pas aux premiers la possibilité de se retirer, cf. Cael. *Fam.* 8, 10, 1 ‖ **fretorum recessus** Cic. *Div.* 2, 34, le reflux de la mer ‖ mort : Eger. 10, 5 ¶ 2 endroit retiré, retraite : Cic. *Att.* 12, 26, 2 ; Liv. 5, 6, 2 ; Tac. *Agr.* 30 ‖ enfoncement : Virg. *En.* 8, 193 ; 11, 527 ; Ov. *M.* 3, 157 ¶ 3 [fig.] **a)** mouvement de retraite : Cic. *Fam.* 9, 14, 7 **b)** mouvement de rétraction : Cic. *Tusc.* 4, 15 **c)** arrière-plan dans une peinture : Cic. *de Or.* 3, 101 **d)** fond, recoins de l'âme, replis secrets : Cic. *Marc.* 22 ; Plin. *Ep.* 3, 3, 6 ‖ **plus habet in recessu quam fronte promittit** Quint. 1, 4, 2, [la grammaire] a plus dans l'arrière-fond qu'elle ne promet en façade.

rĕchămus, i, m. (?), chape [de poulie] : Vitr. 10, 2, 1.

rĕcharmĭdō, ās, āre, -, - (re-, Charmides), tr., **se**, cesser d'être Charmidès, se décharmidiser [mot forgé] : Pl. *Trin.* 977 ; V.▶ *charmidor*.

rĕcĭdīvātŭs, ūs, m. (*recidivus*), renouvellement, reproduction : Tert. *Anim.* 28, 2.

rĕcĭdīvus, a, um (1 *recido*), qui retombe = qui récidive ; qui revient, renaissant : Cels. 3, 4, 12 ; Plin. 30, 104 ; [poét.] **recidiva Pergama** Virg. *En.* 4, 344, une nouvelle Troie ‖ **de recidivo** ▶ *de integro*, de nouveau : Tert. *Pud.* 16, 12.

1 rĕcĭdō, ĭs, ĕre, reccĭdī et rĕcĭdī, rĕcāsum (re-, cado ; it. *ricadere*, esp. *recaer*), intr. ¶ 1 retomber : **recidunt omnia in terras** Cic. *Nat.* 2, 66, tout retourne à la terre ; **navis, etiamsi recta recideret** Liv.

24, 34, 11, le navire, même s'il retombait droit [dans sa position normale] ¶2 [fig.] **a)** *in morbum* Liv. 24, 29, 3, retomber dans une maladie ; *ne recidam* Cic. Att. 12, 21, 5, pour éviter une rechute [maladie] ; *in eamdem fortunam recidere* Cic. Sest. 146, retomber dans les mêmes malheurs **b)** *potentatus ad eum recciderat* *Cic. Rep. 2, 14, le pouvoir lui était revenu ; *ut poena in ipsum recidat* Cic. Phil. 4, 10, que le châtiment retombe sur lui-même ; *consilia in isporum caput recidentia* Liv. 36, 29, 8, projets retombant sur la tête de leurs auteurs ; *hunc casum ad ipsos recidere posse* Caes. G. 7, 1, 4, [ils montrent] que ce sort peut leur revenir ¶3 tomber dans, passer à, en venir à : *omnia ex laetitia ad luctum reciderunt* Cic. Sull. 91, tout est passé de la joie à la douleur, cf. Liv. 30, 42, 18 ; *id puto ad nihil recasurum* Cic. Att. 4, 18, 4, je crois que cela n'aboutira à rien, n'aura aucun effet, cf. Cic. Or. 233 ; Phil. 7, 27 ; *hucine haec omnia reciderunt, ut ... ?* Cic. Verr. 5, 163, est-ce là qu'ont abouti tous ces avantages, [savoir] à ce que ... ? ; *quorsum recidat responsum tuum, non laboro* Cic. Com. 43, le sens de ta réponse, je ne m'en inquiète pas || tomber dans telle ou telle époque, coïncider avec : Cic. Att. 1, 2 ; Planc. 90 ; Phil. 13, 19 || tomber en partage : *recidere ad paucos* Ter. Hec. 39, devenir le privilège de quelques-uns.

▶ chez les poètes *reccido* pour allonger la première syll. (cf. parf. *reccidi*) : Lucr. 1, 857 ; Ov. M. 6, 212 ; Juv. 12, 54.

2 **rĕcīdō**, *ĭs, ĕre, cīdī, cīsum* (re-, caedo), tr. ¶1 ôter en coupant, trancher, rogner : *vepres* Cat. Agr. 2, 4, raser les buissons ; *pollicem* Quint. 8, 5, 12, trancher le pouce à qqn ; *ungues* Plin. 10, 106, rogner les ongles ; *columnae ultima Africa recisae* Hor. O. 2, 18, 4, des colonnes détachées du fond de l'Afrique [ou abl. question *ubi*] au fond de l'Afrique [= taillées dans le marbre d'Afrique] ; *sceptrum imo de stirpe recisum* Virg. En. 12, 208, sceptre coupé en bas du tronc ¶2 [fig.] retrancher, rogner : *inanem loquacitatem* Quint. 10, 5, 22, retrancher un vain bavardage ; *multa ex orationibus Ciceronis* Quint. 12, 10, 52, retrancher beaucoup de choses dans les discours de Cicéron ; *eas nationes recisas esse ab eo* Cic. Prov. 31, [nous voyons] que ces nations ont eu leur puissance rognée par lui ; *aliquid priscum ad morem* Tac. An. 3, 53, réduire qqch. aux proportions de l'ancien usage.

rĕcinctus, *a, um*, part. de *recingo*.

rĕcingō, *ĭs, ĕre, cinxī, cinctum*, tr. ¶1 dénouer : *zonam* Ov. H. 2, 116, dénouer une ceinture ; *in veste recincta* Virg. En. 4, 518, avec la robe dénouée || *recingor* Ov. M 5, 593, je dénoue ma ceinture ; [poét.] *sumptum recingitur anguem* Ov. M. 4, 510, elle détache d'elle le serpent qu'elle avait pris pour ceinture ; *recingitur ferrum* Stat. S. 1, 4, 75, il se débarrasse de son épée ¶2 ceindre de nouveau : *recingi* Amm. 31, 12, 1, ceindre de nouveau ses armes.

rēcĭnĭum, -ĭātus, ▣ rīcin- : Fest. 342, 20.

rĕcĭnō, *ĭs, ĕre, -, -* (re-, cano) ¶1 intr., sonner de nouveau, résonner avec insistance : *parra recinens* Hor. O. 3, 27, 1, l'oiseau de mauvais augure aux cris répétés ¶2 tr., faire retentir en retour : *deus, cujus recinet jocosa nomen imago* Hor. O. 1, 12, 3, un dieu dont l'écho qui se joue renverra le nom || chanter en réplique [comme en écho] : Hor. O. 3, 18, 11 || répéter en écho, en refrain : Hor. Ep. 1, 1, 55 || chanter : *recinere hymnos* Paul.-Nol. Carm. 26, 269 ¶3 se désavouer, chanter la palinodie : Apul. Socr. 19.

rĕcĭpĕr-, ▣ recuper-.

rĕcĭpĭe, ▣ recipio ►.

rĕcĭpĭō, *ĭs, ĕre, cēpī, ceptum* (re-, capio ; fr. recevoir), tr.

I re- = en arrière ¶1 "tirer en arrière, ramener", *se recipere* "faire retraite", [milit.] "se rallier", *recipere* [sans réfléchi] "se replier", *signo recipiendi dato* ¶2 [en part.] **a)** *spiritum recipere* **b)** [fig.] *ad frugem bonam se recipere* **c)** "se réserver". **II** re- = de nouveau ¶1 "reprendre" [ce qu'on a perdu] ¶2 [fig.] *animum, se recipere*. **III** sens de la particule effacé ¶1 "recevoir, accueillir", *in fidem* "prendre sous sa protection", *in civitatem* ¶2 "recevoir la soumission de" ¶3 "retirer de l'argent d'un produit" ¶4 [fig.] "admettre, accueillir", *causam, officium*, "s'engager à, promettre" ¶5 "prendre sur soi, promettre, accepter" **a)** *aliquid ad se recipere* **b)** *aliquid pro aliquo, aliquid alicui de aliquo* **c)** *alicui* et inf. futur "promettre de" ¶6 [justice] *nomen recipere* "recevoir une accusation", *reum recipere aliquem* "retenir une accusation contre qqn".

I [re = "en arrière"] ¶1 tirer en arrière à soi, retirer, ramener : *ensem recepit* Virg. En. 9, 348, il retira son épée [enfoncée dans la poitrine de l'adversaire] ; *suos omnes incolumes receperunt* Caes. G. 7, 12, 6, ils ramenèrent tous leurs soldats sains et saufs, cf. Caes. C. 1, 45, 8 ; 3, 58, 2 ; Liv. 10, 42, 1 ; Virg. En. 6, 111 || *se recipere*, faire retraite, faire retour : *recepi me* Cic. Brut. 316, j'effectuai mon retour ; *se ex his locis, e Sicilia* Cic. Verr. 4, 21 ; Brut. 318, revenir de ces lieux, de Sicile ; *recipe te ad nos* Cic. Att. 4, 15, 2, reviens vers nous ; [milit.] se rallier : Caes. G. 3, 4, 4 ; se replier, battre en retraite : *se in castra* Caes. G. 5, 50, 5, se replier dans le camp, cf. Caes. G. 2, 11 ; 2, 24 ; 7, 80 ; *se ad eos* Caes. G. 1, 48, 5, se replier vers eux, cf. Caes. G. 1, 46 ; 7, 82 ; *se ex castris in oppidum* Caes. C. 2, 35, 5, se replier du camp dans la ville ; [abs[t] sans le réfléchi] *in portum recipimus* Pl. Bac. 294, nous rentrons dans le port, cf. Pl. Ru. 880 ; Merc. 498 ; [à l'adj. verb. dans Caes.] battre en retraite : *si quo erat celerius recipiendum* Caes. G. 1, 48, 7, s'il fallait faire qq. part une prompte retraite ; *signo recipiendi dato* Caes. G. 7, 52, 1, le signal de la retraite ayant été donné, cf. C. 3, 46, 5 ¶2 [en part.] **a)** *spiritum recipere* Quint. 11, 3, 55, ramener son souffle après l'expiration, reprendre son souffle, cf. Quint. 11, 3, 53 ; *vocem ab acutissimo sono usque ad gravissimum sonum* Cic. de Or. 1, 251, ramener (faire redescendre) la voix du ton le plus aigu au ton le plus grave **b)** [fig.] *ad frugem bonam se recipere* Cic. Cael. 28, revenir à de bons principes, cf. Caes. C. 3, 17, 6 ; *se in principem* Plin. Pan. 76, 5, reprendre le rôle de prince **c)** garder par devers soi, se réserver, retenir [dans une vente] : Pl. Trin. 194 ; Crass d. Cic. de Or. 2, 226 ; Cic. Top. 100 ; Gell. 17, 6, 8 ; *domino pascere recipitur* Cat. Agr. 149, 2, le maître se réserve le droit de faire paître ; *aqua, itinere domini usioni recipitur* Cat. Agr. 149, 2, réserve est faite de l'eau, du passage pour l'usage du maître.

II [re = "en retour", "de nouveau"] ¶1 prendre en retour de ce que l'on a donné, reprendre ce que l'on a perdu : *dandis recipiendisque meritis* Cic. Lae. 26, en rendant et en recevant en retour des services ; *oppidum recipere* Cic. CM 11, reprendre une ville ; *libertas recepta* Cic. Fin. 2, 66, la liberté recouvrée ; *recepta ab hostibus Hispania* Liv. 29, 20, 2, l'Espagne ayant été reprise aux ennemis, reconquise sur les ennemis ¶2 [fig.] *animam* Ter. Ad. 324, reprendre son souffle, sa respiration ; *a pavore, e pavore animam* Liv. 2, 50, 10 ; 44, 10, 1, se remettre d'une alarme ; *animum* Liv. 2, 20, 11, reprendre courage ; *mente recepta* Hor. 2, 2, 104, le bon sens étant recouvré || *se recipere*, se reprendre, se ressaisir : Cic. Rep. 6, 18 ; Liv. 10, 28, 11 ; *ex timore se recipere* Caes. G. 4, 34, 1, se remettre d'une frayeur ; *se ex fuga* Caes. G. 4, 27, 1, se ressaisir après une fuite.

III [sens de la particule effacé] ¶1 recevoir, accepter, accueillir : *ferrum* Cic. Sest. 80, recevoir le coup mortel [quand le peuple ne voulait pas faire grâce au gladiateur vaincu, il lui criait *recipe ferrum*, "reçois le coup"], cf. Cic. Tusc. 2, 41 ; Amer. 33 || *Mosa, parte quadam ex Rheno recepta* Caes. G. 4, 10, 1, la Meuse, ayant reçu une partie dérivée du Rhin || *aliquem* Cic. Off. 3, 48, recevoir qqn ; *aliquem in familiaritatem* Cic. Phil. 2, 78, recevoir qqn dans son intimité ; *in fidem* Cic. Fam. 13, 19, 2, prendre sous sa protection ; *in deditionem* Caes. G. 3, 21, 3, recevoir la soumission de qqn ; *aliquem ad epulas* Cic. Top. 25, recevoir qqn à dîner || *aliquem civitate* ou *aliquem in civitatem recipere* Cic. Balb. 32 ; 29, recevoir qqn

recipio

au rang des citoyens, accorder le droit de cité à qqn ; *oppido* ou *in oppidum* Caes. G. 7, 78, 3 ; 7, 71, 8, recevoir dans une ville ; *suis finibus, intra fines suos* Caes. G. 6, 6, 3 ; 1, 32, 5, recevoir dans son pays, sur son territoire, à l'intérieur de son territoire ; *tecto* Caes. G. 7, 66, 7, recevoir sous son toit ; *domum ad se hospitio* Caes. C. 2, 20, 5, recevoir chez soi à titre d'hôte ; [avec supin] *senem sessum* Cic. CM 63, faire asseoir à côté de soi un vieillard ¶ 2 prendre possession de, recevoir la soumission de : *civitatem* Caes. G. 6, 8, 7, recevoir la soumission d'un peuple, cf. Caes. G. 7, 89, 1 ; *eo oppido recepto* Caes. G. 7, 13, 3, cette ville une fois en sa possession ; *armis recepta re publica* Sall. C. 11, 4, s'étant emparé par les armes du gouvernement ¶ 3 retirer de l'argent d'un produit : Varr. R. 3, 16, 11 ; *pecuniam ex novis vectigalibus* Cic. Agr. 2, 62, tirer de l'argent de nouveaux impôts ¶ 4 [fig.] recevoir, admettre, accueillir : *fabulas* Cic. Rep. 2, 19, admettre des fables ; *assentationem* Cic. Lae. 97, accueillir la flatterie ; *inconstantiam virtus non recipit* Cic. Rep. 3, 18, la vertu n'admet pas le caprice ; Caes. G. 7, 26, 4 ; *non recipere ut* Sen. Ep. 82, 17, ne pas admettre que || *plures rem posse casus recipere intellegebant* Caes. C. 1, 78, ils comprenaient que l'affaire pouvait donner lieu à un assez grand nombre d'accidents ; *quae res tamen fortasse aliquem reciperet casum* Caes. C. 3, 51, 5, initiative qui peut-être pourtant aurait donné lieu à qq. heureux événement || *causam* Cic. Brut. 207, accepter de se charger d'une cause, cf. Cic. Verr. 2, 1 ; Amer. 2 ; *officium* Cic. Verr. 5, 183, accepter une tâche, une mission ; *susceptis rebus, receptis* Cic. de Or. 2, 101, quand on s'est chargé d'une affaire, quand on l'a acceptée ¶ 5 prendre sur soi de, se charger de, s'engager à, promettre **a)** *aliquid ad se* Pl. Mil. 230, se charger de qqch. ; *promitto in meque recipio...* Cic. Fam. 13, 10, 3, je promets et je garantis que..., cf. Cic. Fam. 13, 17, 3 **b)** *aliquid pro aliquo recipere* Cic. Fam. 11, 1, 4, s'engager à qqch. pour qqn ; *aliquid alicui de aliquo* Cic. Fam. 1, 9, 9, promettre qqch. à qqn au sujet de qqn, cf. Cic. Att. 2, 22, 2 ; *de aestate pollicieris, vel potius recipis* Cic. Att. 13, 1, 2, tu promets ou plutôt tu garantis que ce sera pour cet été **c)** *alicui* et inf. fut., promettre à qqn de, que : Cic. Att. 5, 17, 5 ; Fam. 6, 12, 3 ; 13, 72, 1 **d)** [droit] accepter : *recepisse arbitrium videtur, qui judicis partes suscipit* Dig. 4, 8, 13, 2, on considère que celui qui joue le rôle d'un juge a accepté de rendre cet arbitrage ; ⱽ *receptum* ¶ 6 [justice] recevoir [en parl. du préteur] : *nomen* Cic. Verr. 2, 94, recevoir le nom d'une personne qu'on accuse [contraire *deferre nomen*], = recevoir une accusation, la déclarer recevable, cf. Cic. Verr. 2, 102 ; Cael. Fam. 8, 8, 2 || *reum recipere aliquem* ou *inter reos* Tac. An. 4, 21 ; 3, 70, recevoir, retenir une accusation contre qqn.

▶ fut. arch. anal. (cf. *recipio, -es, -iet*) *recipie* = *recipiam* Cat. d. Fest. 286, 21 ; *recepso* = *recepero* Catul. 44, 19.

rĕcĭprŏcātĭo, ōnis, f. (*reciprocus*) ¶ 1 mouvement alternatif ou réciproque, action de rétrograder : *aestus* Plin. 9, 29, le reflux ; *errantium siderum* Gell. 14, 1, 23, retour des planètes à leur point de départ || [fig.] retour : *talionum* Gell. 20, 1, 18, la peine du talion ¶ 2 métempsycose, transmigration [des âmes] : Tert. Nat. 1, 19, 7 ¶ 3 nature réciproque [gram.] ; réciprocité, action réfléchie : Prisc. 2, 584, 4.

1 rĕcĭprŏcātus, a, um, part. de *reciproco*.

2 rĕcĭprŏcātŭs, ūs, m., mouvement alternatif : Aug. Gen. litt. 11, 1.

rĕcĭprŏcē, adv. (*reciprocus*), en refluant : Varr. R. 3, 17, 9 || inversement : Prisc. 3, 241, 25.

rĕcĭprŏcĭcornis, e (*reciprocus, cornu*), qui a les cornes recourbées en dedans : Laber. d. Tert. Pall. 1, 3.

rĕcĭprŏcĭtās, ātis, f., réciprocité : Not. Tir. 31.

rĕcĭprŏcō, ās, āre, āvī, ātum (*reciprocus*) ¶ 1 tr., ramener en arrière de nouveau, faire aller et venir : *animam* Liv. 21, 58, 4, faire les mouvements de la respiration ; *telum* Gell. 9, 11, 5, balancer un javelot ; *in motu reciprocando* Cic. Nat. 3, 24, dans le mouvement alternatif des flots ; *navem reciprocari non posse* Liv. 28, 30, 6, que le navire ne pourrait être ramené en arrière || [fig.] *ista reciprocantur* Cic. Div. 1, 10, ces propositions sont réciproques || *renouveler* : Tert. Apol. 48, 2 ¶ 2 intr., avoir un mouvement alternatif, avoir un flux et un reflux : Liv. 28, 6, 10 ; Curt. 9, 9, 20.

rĕcĭprŏcus, a, um (*recus, procus,* cf. *re-, pro-, rursus prorsus reciprocat* Enn. Tr. 104), qui revient au point de départ : Varr. L. 7, 80 ; *reciprocum mare* Plin. 5, 26, mer qui reflue, cf. Tac. An. 1, 70 || *reciprocae voces* Plin. 2, 115, sons répercutés, échos || *reciproca argumenta* Gell. 5, 10, 2, arguments qui se retournent contre celui qui les emploie ; *reciprocae vices pugnandi* Gell. 15, 18, 3, les alternatives du combat || [gram.] : *reciprocum pronomen*, pronom réciproque, réfléchi : Prisc. 3, 14, 18 ; *reciprocus versus*, vers réciproque, ayant la même mesure lu à rebours : Mar. Vict. Gram. 6, 113, 12.

▶ *rĕcĭprŏcus* chez les poètes, comme *reciproco*.

rĕcīsāmentum, i, n. (2 *recido*), rognure : Plin. 34, 111.

rĕcīsĭo, ōnis, f. (2 *recido*), action de rogner, de couper : Plin. 21, 21 || [fig.] diminution : Ulp. Dig. 28, 5, 35.

rĕcīsus, a, um, part. de 2 *recido* || adj†, diminué, écourté, abrégé : Vell. 2, 89, 1 ; Plin. Ep. 1, 20, 8 ; *recisius tempus* Callist. Dig. 47, 21, 2, temps plus court.

rĕcĭtātĭo, ōnis, f. (*recito*) ¶ 1 action de lire à haute voix, lecture : Cic. Clu. 141 ¶ 2 lecture [faite par un auteur], lecture publique : Plin. Ep. 3, 15, 3 ; Tac. D. 9.

rĕcĭtātŏr, ōris, m. (*recito*) ¶ 1 lecteur [de documents judiciaires dans les procès] : Cic. Inv. 2, 139 ; Clu. 141 ¶ 2 lecteur, auteur qui lit publiquement ses ouvrages : Sen. Ep. 95, 2 ; Plin. Ep. 1, 13, 2.

rĕcĭtātus, a, um, part. de *recito*.

rĕcĭtō, ās, āre, āvī, ātum (*re-*, 2 *cito* ; esp. *rezar*), tr. ¶ 1 lire à haute voix [une loi, un acte, une lettre], produire, citer : Pl. Pers. 500 ; 528 ; Cic. Verr. 2, 23 ; *ex codice* Cic. Verr. 3, 26, lire sur le registre ; *de tabulis publicis* Cic. Flac. 40, lire sur les registres officiels, cf. Agr. 2, 48 ; Clu. 135 ; [invitation de l'avocat au greffier] *recita testimonium* Cic. Verr. 5, 61, lis le témoignage ; *recitentur foedera* Cic. Verr. 5, 50, qu'on fasse lecture du texte du traité ; *in recitando senatu* Cic. Dom. 84, en lisant la liste des sénateurs ¶ 2 prononcer [une formule] : Tac. H. 4, 59 ¶ 3 lire [son propre ouvrage] en public, faire une lecture publique : Hor. S. 1, 4, 75 ; Ep. 1, 19, 42 ; Plin. Ep. 7, 17, 1 ¶ 4 réciter [en gén.], dire de mémoire : Cels. 3, 18, 19 ; Mart. 9, 83, 4 || réciter [prières] : Vulg. Tob. 3, 25.

rĕclāmātĭo, ōnis, f. (*reclamo*), acclamation : Cic. Phil. 4, 5 || désapprobation manifestée par des cris : Apul. Apol. 63.

rĕclāmĭtō, ās, āre, -, - (fréq. de *reclamo*), intr., crier contre || [fig.] se récrier contre, protester contre [avec dat.] : Cic. Amer. 63.

rĕclāmō, ās, āre, āvī, ātum ¶ 1 intr., crier contre, se récrier contre, protester hautement : *theatra tota reclamant* Cic. Or. 3, 196, le théâtre entier proteste par ses cris ; *reclamante populo Romano* Cic. Pis. 5, au milieu des protestations du peuple romain ; *vehementer ab omnibus reclamatur* Cic. Verr. 4, 76 (*undique* Cic. Verr. 4, 85) de toutes les bouches partent de violentes protestations || *alicui rei*, contre qqch. : Cic. Phil. 5, 22 ; Fam. 1, 2, 2 || *alicui*, contre qqn : Quint. 12, 1, 14 ; Plin. Ep. 3, 9, 25 || [poét.] *scopulis illisa reclamant aequora* Virg. G. 3, 261, les flots se brisent à grand bruit contre les rochers || [avec *ne* subj] Cic. Balb. 12, protester pour empêcher que || [avec prop. inf.] protester que : Suet. Aug. 37 ; Just. 24, 2, 10 ¶ 2 tr., [poét.], appeler à plusieurs reprises, à haute voix : Val.-Flac. 3, 596 ; 8, 173.

rĕclangens, tis (*clango*), qui retentit : Amm. 17, 7, 4.

rĕclaudō, ĭs, ĕre, -, *clausum*, ⒞ *recludo* : Corip. Joh. 3, 118.

rĕclīnātĭo, ōnis, f. (*reclino*) ¶ 1 action de pencher, inclinaison : Aug. Serm. 62, 2 ¶ 2 [fig.] repos, relâche : Ambr. Bon. mort. 3, 12.

rĕclīnātōrĭum, ĭi, n. (reclino), reposoir : Vulg. Cant. 3, 10 ‖ dossier [de lit] : Isid. 19, 26, 3.

rĕclīnātus, a, um, part. de reclino, ► reclinis.

rĕclīnis, e (reclino), penché [en arrière ou de côté], appuyé sur, couché : *in gramine* Mart. 9, 90, 1, couché sur l'herbe ; [étendu sur le lit de table] Tac. An. 13, 16 ‖ penché, incliné : Pall. 1, 6, 15.

rĕclīnō, ās, āre, āvī, ātum ¶ 1 tr., pencher en arrière, incliner en arrière : *huc se reclinare* Caes. G. 6, 27, 5, s'incliner (s'appuyer) là-dessus ; *paulum reclinatae* Caes. G. 6, 27, 3, légèrement inclinées en arrière ‖ *scuta* Virg. En. 12, 130, déposer à terre les boucliers : *in gramine reclinatus* Hor. O. 2, 3, 7, étendu sur l'herbe ‖ [fig.] *in aliquem onus imperiti reclinare* Sen. Marc. 2, 3, faire reposer sur qqn le fardeau du pouvoir ; *nullum a labore me reclinat otium* Hor. Epo. 17, 24, aucun loisir ne me repose de ma peine ¶ 2 intr., se coucher : Fort. Rad. 5, 14.

rĕclīnus, a, um, [tard.], ► reclinis : Fort. Mart. 3, 145 ; 3, 345.

rĕclūdō, ĭs, ĕre, clūsī, clūsum (re-, claudo), it. *richiudere*), tr. ¶ 1 ouvrir **a)** [abst] ouvrir la porte : Pl. Most. 452 **b)** *fores* Lucr. 3, 360 ; *portas* Virg. En. 7, 617, ouvrir une porte, des portes **c)** *pectora* Virg. En. 4, 63, ouvrir la poitrine des victimes ; *humum* Tac. An. 2, 25, ouvrir le sol **d)** *ensem* Virg. En. 4, 646, mettre l'épée à nu ; *veteres tellure thesauros* Virg. En. 1, 358, déterrer de vieux trésors ; *fontes* Virg. G. 2, 175, mettre à jour des sources ¶ 2 [fig.] **a)** *precibus fata recludere* Hor. O. 1, 24, 17, ouvrir les portes du destin aux prières ; *sterilitas recluditur* Sen. Clem. 1, 13, 5, la stérilité voit ses barrières s'ouvrir [pour disparaître] **b)** *quae postquam pecunia reclusa sunt* Tac. An. 16, 32, quand l'or eut mis tous ces vices à nu ; *operta recludere* Hor. Ep. 1, 5, 17, mettre au jour les pensées secrètes, cf. Plin. Ep. 6, 31, 2 ¶ 3 [rare] enfermer : Just. 26, 1, 7 ‖ fermer : Amm. 16, 10, 1.

rĕclūsĭo, ōnis, f. (recludo), action d'ouvrir, ouverture : Cael.-Aur. Chron. 3, 1, 8.

rĕclūsus, a, um (fr. *reclus*), part. de recludo.

rĕcoctus, a, um (it. *ricotto*, esp. *recocho*), part. de recoquo.

rĕcōgĭtātĭo, ōnis, f., ressouvenir : Aug. Civ. 12, 25.

rĕcōgĭtātŭs, ūs, m., réflexion : Tert. Anim. 6, 8.

rĕcōgĭtō, ās, āre, āvī, -, intr., repasser dans son esprit : Pl. Cap. 51 ; *de aliqua re* Cic. Q. 2, 2, 1, réfléchir à nouveau sur qqch. ‖ tr., penser, penser à, songer : Tert. Apol. 45, 6.

rĕcōgnĭtĭo, ōnis, f. (recognosco) ¶ 1 revue, examen, inspection : Liv. 42, 19, 1 ; Suet. Cl. 16 ; Sen. Ir. 3, 36, 2 ¶ 2 reconnaissance : Gell. 5, 14, 14 ¶ 3 jugement dernier : Paul.-Nol. Ep. 19, 3.

rĕcōgnĭtus, a, um, part. de recognosco.

rĕcōgnōscō, ĭs, ĕre, nōvī, nĭtum (fr. *reconnaître*), tr. ¶ 1 reconnaître, retrouver : Cic. Tusc. 1, 57 ; Verr. 1, 32 ‖ repasser dans son esprit, rappeler à sa mémoire : Cic. Verr. 2, 18 ; Cat. 1, 6 ; 1, 8 ; Dej. 4 ¶ 2 passer en revue, inspecter : Liv. 42, 31, 7 ; 42, 8, 9 ‖ faire un examen critique d'un ouvrage, reviser : Cic. Leg. 3, 37 ; Balb. 11 ; Vat. 5 ; Plin. Ep. 4, 26, 1 ‖ apprendre que (en lisant) : [avec prop. inf.] Sidon. Ep. 3, 14, 1.

rĕcōgō, ĭs, ĕre, -, -, tr., réunir, rassembler, recomposer : Paul.-Nol. Carm. 31, 311.

rĕcollectus, a, um, part. de recolligo.

rĕcollĭgō, ĭs, ĕre, lēgi, lectum (fr. *recueillir*), tr. ¶ 1 rassembler, réunir : Sen. Ben. 1, 3, 5 ; *stolam* Plin. Ep. 4, 11, 9, retrousser sa robe ¶ 2 ressaisir, reprendre [pr. et fig.] : Plin. Ep. 8, 129 ; *primos annos* Ov. M. 7, 216, retrouver ses premières années ; *se* Ov. M. 9, 744, se ressaisir, reprendre courage ‖ ramener (à de bons sentiments) : Cic. Att. 1, 5, 6.

rĕcollŏcō, ās, āre, -, -, tr., replacer : Cael.-Aur. Chron. 1, 1, 31.

1 **rĕcŏlō**, ās, āre, -, -, tr., filtrer une seconde fois : *Scrib. 268.

2 **rĕcŏlō**, ĭs, ĕre, cŏlŭī, cultum, tr. ¶ 1 cultiver de nouveau : *terram, metalla* Liv. 27, 5, 5 ; 39, 24, 2, reprendre la culture de la terre, l'exploitation des mines ¶ 2 visiter de nouveau : Phaed. 1, 18, 1 ¶ 3 [fig.] **a)** pratiquer de nouveau : *artes* Cic. de Or. 1, 2 ; *studia* Cic. Arch. 13, reprendre des études **b)** exercer de nouveau l'esprit : Plin. Ep. 7, 9, 7 **c)** restaurer, (la gloire, etc.) : Cic. Frg. E. 12 ; Tac. An. 3, 72 ; *imagines* Tac. H. 3, 7, restaurer les honneurs des statues, cf. H. 1, 77 **d)** repasser dans son esprit : Cic. Phil. 13, 45 **e)** passer en revue : Virg. En. 6, 681.

rĕcommentŏr, āris, ārī, ātus sum (fréq. de *recomminiscor*), tr., se rappeler : Pl. Trin. 912.

rĕcommĭniscŏr, scĕris, scī, -, intr., se ressouvenir : Pl. Trin. 915.

rĕcommŏnĕō, ēs, ēre, -, -, tr., avertir de nouveau : Cassiod. Compl. 4.

rĕcompensātĭo, ōnis, f., compensation : Cassiod. Psalm. 125, 6.

rĕcompensō, ās, āre, -, ātum, tr., compenser : Fulg. Theb. p. 183, 25 ‖ donner en retour : Greg.-M. Mor. 26, 52.

rĕcompingō, ĭs, ĕre, -, -, tr., rajuster, rattacher : Tert. Res. 30, 2.

rĕcompōnō, ĭs, ĕre, -, -, tr., remettre, raccommoder, réduire : Ov. Am. 1, 7, 68 ; Plin. Ep. 6, 5, 5 ; Veg. Mul. 2, 47, 2.

rĕcompŏsĭtus, a, um, part. de recompono.

rĕconcĭlĭasso, ► reconcilio ►.

rĕconcĭlĭātĭo, ōnis, f. (reconcilio) ¶ 1 rétablissement : Cic. Cat. 3, 25 ¶ 2 réconciliation, raccommodement : Cic. Clu. 101 ; *gratiae* Cic. Rab. Post. 32, même sens.

rĕconcĭlĭātŏr, ōris, m., celui qui rétablit : Liv. 35, 45, 3 ‖ qui réconcilie : Apul. Apol. 17.

rĕconcĭlĭātus, a, um, part. de reconcilio.

rĕconcĭlĭō, ās, āre, āvī, ātum, tr. ¶ 1 remettre en état, rétablir : *non intellego, cur (gratiam) reconciliatam esse dicas, quae numquam imminuta est* Cic. Fam. 5, 2, 5, je ne vois pas pourquoi tu dis que les bons rapports ont été rétablis entre nous, quand ils n'ont jamais reçu d'atteinte, cf. Cic. Att. 1, 11, 1 ; *reconciliata gratia* Cic. Mil. 21, réconciliation ; *existimationem judiciorum amissam reconciliare* Cic. Verr. prim. 2, rendre aux tribunaux leur réputation perdue ; *laboris detrimentum virtute militum reconciliatur* Caes. C. 2, 15, 4, la perte du travail est réparée par l'énergie des soldats ; *gratiam cum fratre* Liv. 29, 30, 10, reprendre les bonnes relations avec son frère ; *concordiam, amicitiam* Liv. 2, 32, 7 ; 8, 2, 2, rétablir l'harmonie, l'amitié ; *pacem* Nep. Thras. 3, 2, rétablir la paix ¶ 2 ramener **a)** *aliquem domum* Pl. Cap. 33, ramener qqn au logis, cf. Pl. Cap. 168 ; *si hujus huc reconciliasso in libertatem filium* Pl. Cap. 576, si je ramène ici son fils libre **b)** [fig.] réconcilier : *inimicos in gratiam* Cic. Dom. 129, ramener des ennemis à des sentiments amicaux ; *animum patris sui sorori tuae reconciliavit* Cic. Att. 6, 7, 1, il a ramené à ta sœur les sentiments de son père = il a raccommodé son père avec ta sœur ; *voluntatem senatus nobis* Cic. Fam. 1, 2, 1, ramener à nous la bonne volonté du sénat ; *militum animos imperatori* Liv. 8, 36, 7, ramener les soldats à leur général ; *Parum insulam oratione* Nep. Milt. 7, 2, regagner l'île de Paros par la parole ; *te ut plane Dejotaro reconciliet oratio mea* Cic. Dej. 35, [il s'agit] que mon discours te ramène complètement à Déjotarus, te réconcilie avec Déjotarus, cf. Cic. Prov. 21 ; Sull. 35. ► fut. *reconciliasso* = *reconciliavero* Pl. Cap. 576, d'où l'inf. fut. *reconciliassere* = *reconciliaturum esse* Pl. Cap. 168.

rĕconcinnō, ās, āre, -, -, tr., raccommoder, réparer : Pl. Men. 427 ; Cic. Q. 2, 4, 3.

rĕconclūdō, ĭs, ĕre, -, -, tr., renfermer : Tert. Prax. 16, 7.

rĕcondĭdī, parf. de recondo.

rĕcondĭtŏr, ōris, m., qui garde tout (pour soi) : Aug. Serm. 178, 2.

rĕcondĭtōrĭum, ĭi, n., endroit pour ranger, office : Isid. 15, 5, 8.

rĕcondĭtus, a, um

reconditus

I part. de *recondo*.
II adj¹ ¶**1** enfoncé, caché, reculé, secret : *locus reconditus* Cic. *Verr.* 3, 207, endroit profondément caché, cf. Cic. *Agr.* 2, 41; *Nat.* 2, 98 ‖ *in recondito* Plin. 33, 25, sous clef ‖ *recondita*, pl. n., les parties secrètes, les endroits réservés, sanctuaires : Caes. C. 3, 105, 4 ¶**2** peu accessible, fermé : *poema reconditum* Cic. *Brut.* 191, la poésie fermée aux profanes ; *reconditae et exquisitae litterae* Cic. *Brut.* 252, connaissances peu accessibles et de qualité rare ‖ profond, abstrait : *reconditae exquisitaeque sententiae* Cic. *Brut.* 274, pensées profondes et ingénieuses, cf. Cic. *Brut.* 44 ; *reconditiora desidero* Cic. *Ac.* 2, 10, j'attends des considérations plus profondes ¶**3** [caractère] fermé, peu expansif : Cic. *Quinct.* 59.

rĕcondō, *ĭs*, *ĕre*, *dĭdī*, *dĭtum*, tr. ¶**1** replacer, remettre à la place primitivement occupée : *gladium in vaginam* Cic. *Inv.* 2, 14, remettre l'épée au fourreau, cf. Plin. 7, 186 ¶**2** placer en arrière, mettre en réserve, mettre de côté, ranger : *uvas in amphoras, in vasis* Col. 12, 16, 3 ; 12, 15, mettre des raisins dans des amphores, dans des vases ‖ *se in locum, ex quo* Quint. 10, 3, 25, se retirer en un lieu d'où ; *se* Sen. *Ep.* 8, 1, se retirer à l'écart ‖ [fig.] Cic. *Ac.* 2, 30 ; *verba, vultus in crimen detorquens recondebat* Tac. *An.* 1, 7, tournant en griefs les paroles, les mimiques, il les gardait ¶**3** placer loin des regards, cacher, dissimuler [d. Cic. seul¹ le part. *reconditus* Cic. *Verr.* 4, 24 ; 4, 40] *voluptates recondere* Tac. *An.* 4, 57, cacher des plaisirs ‖ *multi, quos fama obscura recondit* Virg. *En.* 5, 302, beaucoup, que cache (tient dans l'oubli) un obscur renom ‖ [poét.] cacher, enfouir : *ensem in pulmone* Virg. *En.* 10, 387 ; *gladium lateri* Ov. *M.* 12, 482, plonger son épée dans le poumon, dans le flanc ; *aves avido recondidit ore* Ov. *M.* 12, 17, il engloutit les oiseaux dans sa gueule avide.

rĕconducō, *ĭs*, *ĕre*, *dūxī*, *ductum*, tr. ¶**1** reprendre à loyer, relouer : Ulp. *Dig.* 19, 2, 13 ¶**2** se charger en retour : Plin. 29, 22.

rĕconflō, *ās*, *āre*, -, -, tr., reforger ‖ [fig.] réparer, rétablir : Lucr. 4, 924.

rĕcongĕrō, *ĭs*, *ĕre*, *gessī*, *gestum*, tr., assembler : Heges. 1, 40, 10.

rĕconjungō, *ĭs*, *ĕre*, -, -, tr., réunir à nouveau : Rufin. *Orig. Psalm.* 37, 1, 1.

reconmentor, v. *recommentor*.

rĕconsīdĕrō, *ās*, *āre*, -, -, tr., considérer de nouveau : Gloss. 5, 512, 32.

rĕconsignō, *ās*, *āre*, -, -, tr., marquer de nouveau, répéter : Tert. *Res.* 52, 18.

rĕconstrŭō, *ĭs*, *ĕre*, -, -, tr., reconstruire : Cassiod. *Var.* 2, 39.

rĕcontrans, *antis* (*re-*, *contra*), récalcitrant, rebelle : Tert. *Nat.* 2, 8, 19.

rĕconvălescō, *ĭs*, *ĕre*, -, -, intr., revenir à la santé : Ennod. *Carm.* 1, 12.

rĕconvincō, *ĭs*, *ĕre*, -, -, convaincre entièrement : Ambr. *Parad.* 8, 39.

rĕcŏquō, *ĭs*, *ĕre*, *coxī*, *coctum* (fr. *recuire*), tr., faire recuire : *Peliam* Cic. *CM* 83, Pélias [pour le rajeunir] ; *lana recocta* Sen. *Ep.* 71, 31, laine recuite [dans la teinture] ‖ reforger : Virg. *En.* 7, 636 ‖ [fig.] *se* Quint. 12, 6, 7, se retremper ‖ *recoctus scriba ex quinqueviro* Hor. *S.* 2, 5, 55, greffier tout frais sorti du quinquévirat, de quinquévir tout frais émoulu greffier.

rĕcordābĭlis, *e*, qu'on se rappelle : Aug. *Mus.* 6, 6, 16.

rĕcordantĭa, *ae*, f., souvenir : Ambr. *Job* 3, 7, 19.

rĕcordātĭo, *ōnis*, f. (*recordor*), opération du souvenir, acte de se souvenir : *veteris cujusdam memoriae non sane satis explicata recordatio* Cic. *de Or.* 1, 4, le rappel encore insuffisamment net d'un vieux souvenir, cf. Cic. *Q.* 2, 2, 1 ; Quint. 11, 2, 43 ; [différent de *commemoratio*, "action de faire souvenir", cf. Cic. *Verr.* 4, 110] ‖ *subiit recordatio egisse me* Plin. *Ep.* 4, 24, 1, le souvenir m'est venu que j'avais plaidé ‖ [abs¹] souvenir : *acerba recordatio* Cic. *de Or.* 3, 1, souvenir cruel, cf. Cic. *Fin.* 1, 57 ; pl., Cic. *Att.* 12, 18, 1.

rĕcordātīva spĕcĭēs, le plus-que-parfait : Capel. 3, 313.

1 rĕcordātus, *a*, *um*, part. de *recordor* et de *recordo*.

2 rĕcordātŭs, *ūs*, m., ressouvenir : Tert. *Res.* 4, 3.

rĕcordō, *ās*, *āre*, *āvī*, *ātum* (*recordor*), tr., faire ressouvenir, rappeler au souvenir : Quadr. d. Non. 475, 26 ; Varr. *L.* 6, 46.

rĕcordor, *āris*, *ārī*, *ātus sum* (*re-*, *cor* ; it. *ricordarsi*), tr. ¶**1** rappeler à sa pensée, se rappeler **a)** *rem*, se rappeler une chose : Cic. *Phil.* 1, 30 ; 2, 45 ; *CM* 13 ; *de Or.* 3, 82 ; *Planc.* 69 ; *Att.* 2, 22, 1 ; 8, 12, 4 ; qqf. *secum recordari rem* même sens : Cic. *Fam.* 5, 17, 1 ; *si cum animis vestris recordari C. Staieni vitam volueritis* Cic. *Clu.* 70, si vous voulez rappeler à votre souvenir la vie de C. Staienus, cf. *Fam.* 15, 21, 5 ‖ [rare] : *recordari principem* Plin. *Pan.* 42, 4, se rappeler le prince **b)** [avec prop. inf.] se rappeler que : Cic. *Clu.* 85 ; *Cat.* 4, 7 ; Caes. *C.* 3, 47, 5 ; [avec inf. prés.] Cic. *Or.* 23 **c)** [avec interr. indir.] : Cic. *Pomp.* 61 ; *Tusc.* 5, 102 ; *Mur.* 72 ; *Att.* 4, 16, 10 ; Caes. *C.* 3, 73, 3 **d)** [pris intr¹] se souvenir ; *de aliquo*, se souvenir de qqn : Cic. *Agr.* 2, 3 ; *Scaur.* 49 ; *Sull.* 5 ; *de aliqua re*, de qqch. : Cic. *Planc.* 104 ‖ [avec gén., rare ou tard.] Cic. *Pis.* 12 ; Vulg. *Ezech.* 16, 60 **e)** [abs¹] *ut recordor* Cic. *Att.* 13, 6, 3, comme je m'en souviens ¶**2** se représenter par la pensée une chose passée : Cic. *Verr.* 3, 22 ‖ une chose à venir : Ov. *H.* 10, 79 ; Just. 5, 7, 10 ‖ part. passif,

recordatus, *a*, *um*, qu'on se rappelle : Sidon. *Ep.* 9, 3, 4.

rĕcorpŏrātĭo, *ōnis*, f., recomposition du corps : Tert. *Res.* 30, 4 ‖ renouvellement du corps : Cael.-Aur. *Chron.* 1, 4, 112 ; v. *recorporo*.

rĕcorpŏrātīvus, *a*, *um*, qui renouvelle le corps : Cael.-Aur. *Chron.* 2, 1, 31 ; 2, 7, 107.

rĕcorpŏrō, *ās*, *āre*, -, - (*re-*, *corpus*), tr., former un nouveau corps, recomposer : Tert. *Res.* 30, 2 ‖ renouveler le corps [par l'évacuation des humeurs] : Cael.-Aur. *Acut.* 3, 4, 47 ‖ réincarner [selon les pythagoriciens] : Tert. *Anim.* 33, 7.

rĕcorrectĭo, *ōnis*, f., correction : Dosith. 7, 376, 8.

rĕcorrĭgō, *ĭs*, *ĕre*, *rēxī*, *rectum*, tr., redresser : Petr. 43, 4 ‖ corriger, réformer : Sen. *Ep.* 50, 5.

rĕcoxī, parf. de *recoquo*.

rĕcrastĭnātĭo, *ōnis*, f., remise au lendemain : Hier. *Ezech.* 2, 7, 7.

rĕcrastĭnō, *ās*, *āre*, -, - (*re-*, *crastinus*), tr., remettre au lendemain : Col. 2, 20, 2 ; Plin. 17, 113.

rĕcrĕābĭlis, *e* (*recreo*), qui réjouit : Cassiod. *Var.* 11, 16.

rĕcrĕātĭo, *ōnis*, f., rétablissement : Plin. 22, 102.

rĕcrĕātŏr, *ōris*, m., celui qui rétablit [des jeux] : CIL 10, 1256 ‖ réparateur : Tert. *Anim.* 43, 7.

rĕcrĕātus, *a*, *um*, part. de *recreo*.

rĕcrēmentum, *i*, n. (*re-*, *cerno* ; cf. *excrementum*), déchets, ordure : *plumbi* Cels. 6, 8, 1 A, crasse de plomb ; *farris* Plin. 18, 142, gros son ‖ excréments : Gell. 17, 11, 2.

rĕcrēmō, *ās*, *āre*, -, -, tr., brûler de nouveau : Fort. *Carm.* 9, 2, 114.

rĕcrĕō, *ās*, *āre*, *āvī*, *ātum*, tr. ¶**1** produire de nouveau : Lucr. 5, 277 ; 759 ; Plin. 33, 155 ¶**2** faire revivre, ranimer, réparer, refaire : *adflictos animos* Cic. *Att.* 1, 16, 8, ranimer les courages abattus ; *vester consessus recreat mentem meam* Cic. *Planc.* 2, votre tribunal me rassure ; *provinciam erexisti atque recreasti* Cic. *Verr.* 3, 212, tu as relevé et fait revivre la province ; *qui ex illo metu mortis ac tenebris quasi luce libertatis et odore aliquo legum recreatus revixisset* Cic. *Verr.* 5, 160, lui qui, échappé à la crainte de la mort et aux ténèbres, s'était repris à vivre, comme ranimé par la lumière de la liberté et par le parfum des lois ‖ *recreari et confirmari* Cic. *Verr.* 5, 178, se remettre et prendre de l'assurance, cf. Cic. *Rep.* 1, 68 ; *Fam.* 6, 10, 5 ; *e gravi morbo recreari* Cic. *Quir.* 4, relever d'une grave maladie ; *se ex magno timore recreare* Cic. *Cat.* 3, 8, se remettre d'une grande frayeur ; *animus cum se collegit atque recreavit* Cic. *Tusc.* 1, 58, quand l'âme s'est ressaisie et remise ‖ *recreari* *animi* Apul. *M.* 2, 11, se remettre [en son âme].

rĕcrĕpō, *ās, āre*, -, - ¶ 1 intr., résonner : Catul. 63, 29 ¶ 2 tr., faire retentir : Ciris 108.

rĕcrescō, *ĭs, ĕre, crēvī, crētum* (fr. recroître), intr., croître de nouveau, repousser, renaître : Lucr. 5, 260 ; Liv. 26, 41, 22 ∥ part., **rĕcrētus**, *a, um*, ayant repoussé [en parl. des cheveux] : Paul.-Nol. *Carm.* 24, 562.

recrīnitus, *a, um*, dont les cheveux ont repoussé : Paul.-Nol. *Ep.* 23, 17.

rĕcrŭcĭfīgō, *ĭs, ĕre*, -, -, tr., crucifier de nouveau : Hier. *Galat.* 3, 5, 24.

rĕcrūdescō, *ĭs, ĕre, crūdŭī*, -, intr., [litt^t redevenir saignant] se raviver : Cic. *Fam.* 4, 6, 2 ; Curt. 7, 1, 7 ∥ [fig.] se ranimer : [combat] Liv. 10, 19, 20.

rectā, adv. (*rectus*), tout droit, en droite ligne : Cic. *Off.* 3, 80.

rectăgōnum, *i*, n. (*rectus*, γῶνος), quadrilatère à angles droits, rectangle : Grom. 338, 24

rectē, adv. (*rectus*) ¶ 1 droit, en ligne droite : Cat. *Agr.* 33, 4 ; Cic. *Fin.* 1, 20 ; Plin. 7, 24 ¶ 2 [fig.] **a)** d'une façon droite, convenable, bien, justement [moralement, intellectuellement] : *recte et vere* Cic. *Lae.* 8, tu as raison et c'est la vérité ; *recte et jure facere* Cic. *Mil.* 8, agir conformément à la morale et au droit ; *recte atque ordine facere, judicare* Cic. *Phil.* 3, 38 ; *Amer.* 138, agir, juger correctement et régulièrement ; *recte, perperam facere* Cic. *Quinct.* 31, agir bien, mal ; *rectissime judicas* Cic. *Rep.* 3, 44, ton avis est parfaitement juste ; *rectissime concludere* Cic. *Ac.* 2, 98, formuler une conclusion très juste ; *rectius appellabitur rex* Cic. *Fin.* 3, 74, il méritera mieux le titre de roi ; *et recte* Cic. *Tusc.* 5, 118, et à bon droit, et avec raison **b)** à bon droit = en toute sécurité, sans avoir rien à craindre : *recte committere aliquid alicui* Cic. *Fam.* 1, 9, 23, confier à juste titre [en toute sécurité] qqch. à qqn, cf. Cic. *Fam.* 2, 5, 2 ; *Att.* 4, 1, 1 ; Caes. *G.* 7, 6, 4 ; *C.* 1, 74, 2 **c)** bien [en parl. de la santé] : *recte esse, recte valere* Cic. *Att.* 14, 16, 4 ; *Fam.* 11, 24, 1, se porter bien ; *apud matrem recte est* Cic. *Att.* 1, 7, ta mère se porte bien, cf. *recte sunt tibi res* Hor. *S.* 2, 2, 106, tout va bien pour toi, (Dolab. *Fam.* 9, 2, 1 ; Cic. d. Quint. 6, 3, 84) **d)** [approbation dans le dialogue] bien, très bien, bravo, parfait : Ter. *Eun.* 773 ∥ c'est bien [pour remercier] : Ter. *Eun.* 342 ∥ [pour esquiver une réponse] : *recte, mater* Ter. *Hec.* 355, tout va bien, ma mère, cf. *Haut.* 518 ; *Phorm.* 778 ; Pl. *Merc.* 367.

rectĭangŭlum, *i*, n., triangle rectangle : Isid. 3, 12, 2.

rectĭangŭlus, *a, um* (*rectus, angulus*), à angle ou angles droits, rectangulaire : Grom. 378, 15.

rectĭlīnĕus, *a, um* (*rectus, linea*), en ligne droite, rectiligne : Grom. 377, 10.

Rectīna, *ae*, f., nom de femme : Plin. *Ep.* 6, 16, 8.

rectĭo, *ōnis*, f. (*rego*), action de gérer, administration, gouvernement : Cic. *Fin.* 5, 11.

rectĭtātŏr, *ōris*, m., qui dirige : Mar. Vict. *Gram.* 6, 103, 18.

rectĭtūdo, *ĭnis*, f., direction en ligne droite : Grom. 3, 9 ∥ [fig.] droiture, justice : Novel.-Just. 13, pr. 8 ; Hier. *Is.* 8, 26, 7 ∥ vérité, orthodoxie : Aug. *Bapt.* 4, 10, 14.

recto, c. ▶ *recta* : Papin. *Dig.* 49, 1, 21.

rectŏr, *ōris*, m. (*rego*), celui qui régit, qui gouverne, guide, chef, maître : Cic. *Nat.* 2, 90 ; *Rep.* 2, 52 ; *de Or.* 1, 211 ; *navium rectores* Cic. *Div.* 1, 24, pilotes ; *rector elephanti* Liv. 27, 49, 1, cornac ; *divum* Virg. *En.* 8, 572, le souverain des dieux ; *pelagi* Ov. *M.* 1, 331, le maître de la mer, Neptune ∥ gouverneur, précepteur, tuteur : Suet. *Aug.* 48 ; Plin. *Ep.* 3, 4 ∥ gouverneur d'une province : Tac. *An.* 2, 4 ∥ chef d'Église [ordin. en parlant d'un évêque] : Paul.-Petric. *Mart.* 2, 153 ∥ juge : Prud. *Perist.* 11, 39.

rectrix, *īcis*, f., directrice, maîtresse, reine : Sen. *Ep.* 85, 32.

rectum, *i*, n. de *rectus* pris subst^t ¶ 1 chose en ligne droite : *in rectum* Ov. *M.* 2, 715, suivant la ligne droite, cf. Luc. 7, 337 ∥ pris adv^t, *deorsum rectum* Lucr. 2, 217, de haut en bas en ligne droite, verticalement ¶ 2 [fig.] **a)** le régulier : Quint. 2, 13, 11 **b)** le bien, le correct, le droit, le juste : Cic. *Fin.* 4, 15 ; *Lae.* 82 ; *Off.* 1, 82.

rectūra, *ae*, f., direction en ligne droite : Grom. 5, 15 ; 11, 30 ∥ direction, commandement : Cassiod. *Var.* 5, 21.

rectus, *a, um* (part. de *rego* ; cf. al. *recht*, an. *right*, bret. *reiz* ; it. *ritto*, fr. *raide*) ¶ 1 droit [horizontalement ou verticalement], en ligne droite : *recta via quidem illuc* Ter. *Phorm.* 310, j'y vais tout droit : *via rectissima* Cic. *Brut.* 281, la route la plus droite ; *recta regio* Lucr. 4, 1272, la direction en ligne droite, cf. Liv. 21, 31, 9 ; *recto itinere* Caes. *C.* 1, 69, 5, par une marche directe, tout droit ; *rectis lineis* Caes. *G.* 7, 23, 5, en lignes droites [horizontales] ; *intueri rectis oculis* Cic. *Rab. Post* 48, regarder en face ∥ *ad perpendiculum... rectis lineis* Cic. *Fat.* 22, perpendiculairement... suivant la verticale, cf. Cic. *Tusc.* 1, 40 ; *qui ita talus erit jactus, ut cadat rectus* Cic. *Fin.* 3, 54, le dé qui aura été jeté de telle sorte qu'il tombe droit ; *recta saxa* Liv. 21, 36, 1, rochers à pic ; *homines recti* Catul. 10, 20, des hommes de belle prestance, cf. Catul. 86, 1 ; Hor. *S.* 1, 2, 123 ; Juv. 3, 26 ∥ *recta tunica* Plin. 8, 194 ou *recta* seul Fest. 342, 30, tunique droite [tissée verticalement] ∥ [anat.] *intestinum rectum* Cels. 4, 1, 9, rectum ¶ 2 [fig.] **a)** droit, régulier, conforme à la règle, bien : *quid in dicendo rectum aut pravum sit, judicabo* Cic. *Brut.* 184, ce qui est bon ou mauvais (bien ou mal) dans un discours, je l'apprécierai, cf. Cic. *de Or.* 3, 195 ; *Ac.* 1, 19 ; *domus recta est* Sen. *Ep.* 100, 6, la maison est bien (conforme à son objet) ; *recta cena* Mart. 2, 69, 7 ; Suet. *Aug.* 74, repas dans les règles, parfait ; *est ista recta docendi via* Cic. *Leg.* 2, 8, c'est la bonne méthode d'enseigner **b)** qui va droit au fait, sans ornements ni développements de style : Cic. *Brut.* 262 ∥ simple, non entortillé, non maniéré : *quae sunt recta et simplicia* Cic. *Off.* 1, 130, les choses qui sont simples et naturelles ; *sonus vocis rectus et simplex* Cic. *de Or.* 3, 45, un ton simple et naturel **c)** bon, raisonnable : *rectius est committere...* Cic. *Rep.* 1, 62, il vaut mieux, il est plus raisonnable de confier... ; *rectum est retinere* Cic. *Off.* 1, 137, il est bon de garder **d)** droit moralement [en parl. des personnes] : *firmus est et rectus* Cic. *Fam.* 12, 5, 2, il a de la fermeté et de la droiture **e)** droit, juste, conforme au bien : *rectum factum* κατόρθωμα *(appello)* Cic. *Fin.* 3, 45, ce que les Grecs appellent κατόρθωμα, je l'appelle *rectum factum*, ce qui est fait avec droiture ; *recta atque honesta ratione* Cic. *Quinct.* 66, par des voies droites et honnêtes ; *rectum est proelium hoc fieri* Cic. *Tusc.* 4, 43, il est juste que ce combat ait lieu **f)** orthodoxe : Aug. *Doctr.* 4, 4, 6.

rĕcŭbātōrĭum, *ĭi*, n. (*recubo*), support ; *pedum* Fort. *Carm.* 5, pr. 9, escabeau.

rĕcŭbĭtŭs, *ūs*, m. (*recumbo*), lit [pour se mettre à table] : Vulg. *Matth.* 23, 6 ∥ action d'être étendu : Plin. 24, 116.

rĕcŭbō, *ās, āre*, -, - (*re-, cubo*), intr., être couché sur le dos, être couché, être étendu : Lucr. 1, 38 ; Cic. *de Or.* 3, 63 ; Virg. *En.* 3, 392 ; *B.* 1, 1.

rĕcŭbŭī, parf. de *recumbo*.

rĕcŭcurri, ▶ *recurro* ▶.

rēcŭla, *ae*, f. (dim. de *res*), petit avoir, faibles biens, faibles ressources : Pl. *Cis.* 377.

rĕcultus, *a, um*, part. de *recolo*.

rĕcumbō, *ĭs, ĕre, cŭbŭī*, - (*re-, cumbo*), intr. ¶ 1 se coucher en arrière, se coucher : Cic. *Div.* 1, 57 ; *in herba* Cic. *de Or.* 2, 287, se coucher dans l'herbe ¶ 2 [en part.] s'étendre sur le lit de festin, s'attabler : Cic. *Verr.* 3, 61 ; *qui mihi proximus recumbebat* Plin. *Ep.* 2, 6, 3, celui qui était étendu à mes côtés (mon voisin de table) ¶ 3 [fig.] [en parl. de choses] s'affaisser, s'écrouler : Virg. *En.* 9, 713 ; Catul. 17, 4 ; Ov. *Tr.* 2, 84 ∥ *juba dextro jactata recumbit in armo* Virg. *G.* 3, 86, la crinière, après chaque secousse, retombe sur l'épaule droite ; *in humeros cervix collapsa recumbit* Virg. *En.* 9, 434, sa tête défaillante retombe sur ses épaules ∥ [en parl de champs] s'étendre, s'allonger : Mart. 4, 64, 3.

rĕcŭpĕrātĭo (**rĕcĭ-**), *ōnis*, f. (*recupero*), recouvrement : Cic. *Phil.* 10, 20 ;

recuperatio

Just. 30, 1, 7 ‖ décision des *recuperatores*: Fest. 342, 9.

rĕcŭpĕrātīvus, *a*, *um*, qui peut être recouvré: Grom. 25, 10.

rĕcŭpĕrātŏr, *ōris*, m. (*recupero*) ¶ 1 celui qui recouvre, qui reprend: Tac. An. 2, 52 ¶ 2 récupérateur, juge dans différentes affaires où il s'agit de restitution, d'indemnité, de recouvrement des impôts: Cic. Verr. 3, 32 ; 135 ; Flac. 47 ‖ *recuperatores* Gai. Inst. 4, 46, juges récupérateurs [particuliers appelés à former un jury, compétents pour trancher collégialement des affaires civiles] ¶ 3 celui qui réconforte: Vulg. Eccli. 13, 26.

rĕcŭpĕrātōrius, *a*, *um*, relatif aux récupérateurs, des récupérateurs: Cic. Inv. 2, 60.

rĕcŭpĕrātus, *a*, *um*, part. de *recupero*.

rĕcŭpĕrō (arch. **rĕcĭpĕrō**), *ās*, *āre*, *āvī*, *ātum* (*re-*, *capio*, cf. *occupo*, *tolero* ; fr. *recouvrer*), tr. ¶ 1 recouvrer, reprendre, rentrer en possession de: Cic. Mur. 50 ; Dom. 143 ; Sull. 88 ; Caes. G. 7, 15, 2 ; *aliquid ex urbe hostium* Cic. Verr. 4, 77 ; *aliquid ab aliquo* Cic. Phil. 13, 11, reprendre qqch. à une ville ennemie, qqch. à qqn ; *jus suum* Cic. Verr. 5, 173, retrouver l'exercice de ses droits ¶ 2 regagner, ramener à soi: Nep. Ages. 6, 3 ‖ *se quiete reciperare* Varr. R. 1, 13, 1, se refaire, se remettre par le repos ¶ 3 [chrét.] sauver: Vulg. Eccli. 2, 6 ‖ soulager, aider: Vulg. Eccli. 29, 25.

rĕcūrō, *ās*, *āre*, *āvī*, *ātum*, tr. ¶ 1 faire avec soin: Plin. 13, 75 ¶ 2 rétablir, remettre en bon état: Catul. 44, 15 ; Apul. M. 8, 18.

rĕcurrō, *ĭs*, *ĕre*, *currī*, *cursum* (fr. *recourir*), intr., courir en arrière ¶ 1 revenir en courant, revenir vite: *ad me* Cic. Att. 2, 11, 1, revenir vers moi en toute hâte, cf. Cic. Mil. 29 ; *naturam expellas furca, tamen usque recurret* Hor. Ep. 1, 10, 24, tu peux chasser le naturel à coups de fourche, il reviendra toujours au galop, cf. Cic. Att. 16, 2, 4 ¶ 2 revenir dans sa course, dans son cours: [en parl. de la lune] Cic. Nat. 2, 50 ; [du soleil] Virg. En. 7, 100 ‖ [fig.] *recurrentes per annos* Hor. Ep. 2, 1, 147, au retour de chaque année, cf. Ov. F. 2, 854 ; *valetudines tempore certo recurrentes* Suet. Aug. 81, affections (infirmités) revenant à époque fixe ¶ 3 [fig.] revenir: *ad easdem deditionis condiciones recurrunt* Caes. C. 2, 16, 3, ils reviennent aux mêmes conditions de reddition, cf. Caes. C. 1, 85, 4 ‖ *memoriae* Plin. Pan. 88, 10, revenir à la mémoire ‖ avoir recours ; *ad rem*, à qqch.: Quint. 1, 6, 13 ; 1, pr. 17.

► parf. *recucurri* Paul.-Nol. Carm. 27, 99.

rĕcursĭō, *ōnis*, f. (*recurro*), retour, révolution: Capel. 9, 911 ‖ vomissement: Cael.-Aur. Acut. 3, 2, 8.

rĕcursĭtō, *ās*, *āre*, -, - (fréq. de *recurso*), Capel. 1, 25.

rĕcursō, *ās*, *āre*, -, -, intr., courir en arrière, s'éloigner rapidement: Lucr. 2, 106 ‖ courir de nouveau: Pl. Most. 581 ‖ [fig.] revenir souvent: Virg. En. 1, 662 ; Tac. H. 2, 78.

rĕcursus, *ūs*, m. (*recurro*) ¶ 1 retour en courant, course en arrière: Virg. En. 5, 583 ‖ possibilité de revenir, retour: Liv. 26, 42, 10 ‖ chemin pour revenir, chemin du retour: Plin. 36, 85 ¶ 2 [fig.] retour: Cels. 4, 7, 4 ; Sen. Nat. 1, 13, 2 ¶ 3 [droit] recours: Cod. Just. 7, 62, 6.

rĕcurvō, *ās*, *āre*, -, *ātum*, tr., recourber: Col. 5, 10, 13 ; Ov. H. 4, 79 ; Gell. 3, 6, 2.

rĕcurvus, *a*, *um*, recourbé, crochu: Virg. En. 7, 513 : Ov. M. 5, 327 ; *recurva aera* Ov. F. 6, 240, hameçons ; *tecto recurvo mori* Ov. M. 10, 71, mourir dans les détours du labyrinthe.

rĕcūsābĭlis, *e*, qui peut être nié: Tert. Marc. 4, 35, 14.

rĕcūsātĭō, *ōnis*, f. (*recuso*) ¶ 1 récusation, refus: Cic. de Or. 2, 26 ; *sine recusatione* Cic. Cat. 3, 5, sans balancer ‖ [fig.] nausée, dégoût: Petr. 141, 6 ¶ 2 [droit] protestation, réclamation: Cic. Clu. 148 ; Leg. 2, 41 ‖ défense: Cic. Inv. 1, 7.

rĕcūsātus, *a*, *um*, part. de *recuso*.

rĕcūsō, *ās*, *āre*, *āvī*, *ātum* (*re-*, *causa*, cf. *accuso* ; it. *ricusare*, a. fr. *reüser*, fr. *ruser*), tr. ¶ 1 repousser, décliner, refuser **a)** *populi Romani amicitiam recusare, appetere* Caes. G. 1, 44, 5, rejeter, rechercher l'amitié du peuple romain ; *periculum* Caes. G. 7, 19, 5, refuser le danger ; *populum Romanum disceptatorem* Cic. Flac. 97, refuser le peuple romain comme arbitre ‖ *terra numquam recusat imperium* Cic. CM 51, la terre ne repousse jamais un ordre, ne refuse jamais d'obéir **b)** [avec *de*] opposer un refus au sujet de, s'opposer, à protester contre: *de stipendio* Caes. G. 1, 44, 4, refuser un tribut, cf. Cic. Fam. 3, 7, 3 ; Verr. 1, 6 **c)** [avec *ne* subj.] refuser de: Cic. Off. 3, 100 ; Caes. C. 3, 82, 4 **d)** *non recusare quin*, ne pas s'opposer à ce que: Cic. Ac. 2, 7 ; Amer. 8 ; Fam. 6, 18, 4 (**non fuit recusandum quin** Cic. Marc. 24, il était inévitable que) ; ou *non recusare quominus* Cic. Fin. 1, 7 ; Phil. 1, 27 ; Caecil. 31 ; Caes. G. 1, 31, 7 **e)** *non recusare* [avec inf.], ne pas refuser de: Planc. Fam. 10, 8, 6 ; 10, 17, 2 ; Ant. d. Cic. Phil. 8, 25 ; Caes. G. 3, 22, 3 ; Liv. 22, 60, 17, cf. Liv. 5, 53, 9 ; [sans nég.] *recusare* [avec inf.], refuser de: Curt. 6, 11, 36 ; Plin. Pan. 5 ; Virg. En. 2, 126 ; Hor. Ep. 2, 1, 208 **f)** [avec prop. inf.] s'opposer à ce que: Plin. 29, 16 ; Tac. An. 1, 79 ¶ 2 [justice] repousser une accusation: Quint. 3, 10, 1 ‖ opposer une réclamation: Pl. Poen. 1355 ‖ opposer une objection, une protestation: Cic. Caecin. 81 ; 82.

rĕcussābĭlis, *e* (*recutio*), qui rebondit: Cael.-Aur. Chron. 3, 6, 88.

1 rĕcussus, *a*, *um*, part. de *recutio*.

2 rĕcussŭs, abl. *ū*, m., rebondissement: Plin. 8, 214 ‖ choc: Fulg. Myth. 1, 18, p. 30, 21 H.

rĕcŭtĭō, *ĭs*, *ĕre*, *cussī*, *cussum* (*re-*, *quatio* ; esp. *recudir*), tr., repousser [fig.]: Val.-Flac. 5, 167 ; Aug. Conf. 8, 11 ‖ faire rebondir : *utero recusso* Virg. En. 2, 52, les flancs [du cheval de bois] étant ébranlés (en retour).

rĕcŭtītus, *a*, *um* (*re-*, *cutis*), ulcéré, écorché, déchiré: Mart. 9, 57, 4 ‖ circoncis: Mart. 7, 30, 5 ; [méton. = juif, des Juifs] Pers. 5, 184.

rēda, v. *raeda*.

rĕdaccendō, v. *reaccendo*: Tert. Anim. 30, 5.

rĕdactĭō, *ōnis*, f. (*redigo*), réduction [en t. d'arith.]: Boet. Arith. 2, 40, 4.

1 rĕdactus, *a*, *um*, part. de *redigo*.

2 rĕdactŭs, *ūs*, m., revenu, produit: Scaev. Dig. 46, 3, 89.

rĕdădoptō, v. *readopto*: Modest. Dig. 1, 7, 41.

rĕdambŭlō, *ās*, *āre*, -, -, intr., revenir après la promenade: Pl. Cap. 900.

rĕdamnō, *ās*, *āre*, -, -, tr., condamner [ce qu'on a jugé]; se déjuger: Theod.-Prisc. Log. 18, 51.

rĕdămō, *ās*, *āre*, -, -, tr., répondre à l'amour de: Cic. Lae. 49.

rĕdamptrŭō (**-amptrŭō -andrŭō**), *ās*, *āre*, - (*red-*), intr., sauter (danser) après le *praesul* [pour faire la contrepartie dans les fêtes des Saliens]: Pacuv. Tr. 106 ; Lucil. 320 ; Fest. 334, 19.

rĕdănĭmātĭō, *ōnis*, f., résurrection: Tert. Res. 30, 4.

rĕdănĭmō, *ās*, *āre*, -, -, tr., animer de nouveau, ressusciter: Tert. Res. 13, 1.

rĕdardescō, *ĭs*, *ĕre*, -, -, intr., s'enflammer de nouveau: Ov. Rem. 734.

rĕdargŭĭtĭō, *ōnis*, f., ⊳ *redargutio*: Orig. Matth. 110.

rĕdargŭō, *ĭs*, *ĕre*, *gŭī*, *gūtum*, tr. ¶ 1 montrer [à l'encontre, en réplique] la fausseté, l'erreur de, réfuter (*aliquem, aliquid*, qqn, qqch.): *redargue me si mentior* Cic. Clu. 62, confonds-moi, si je ne dis pas la vérité, cf. Tusc. 2, 5 ; *contraria* Cic. Part. 33, détruire les arguments de l'adversaire, cf. de Or. 2, 293 ; *improborum prosperitates redarguunt vim omnem deorum* Cic. Nat. 3, 88, le succès des méchants est un argument contre tout pouvoir divin (la Providence divine) ‖ [abs¹] Cic. Fin. 2, 55 ; Att. 6, 1, 18 ¶ 2 dénoncer en retour, en réplique, cf. *arguo* ¶ 2: *in hoc inconstantiam redarguo tuam* Cic. Dom. 21, sur ce point je te reproche ton inconséquence ‖ démontrer à titre de réfutation : [avec prop. inf.] Gell. 15, 9, 7 ¶ 3 [tard.] convaincre de : [avec gén.] Lact. Inst. 3, 1, 15 ; [avec abl.] Aug. Petil. 2, 51, 118 ; [avec prop. inf.] Aug. Bapt. 11, 18.

rĕdargūtĭo, ōnis, f., réplique : VULG. *Psal.* 37, 15 ‖ réfutation : BOET. *Elench.* 1, pr.

rĕdarmō, ās, āre, -, -, tr., armer de nouveau : DICT. 2, 40.

rĕdauspĭcō, ās, āre, -, -, tr., augurer le contraire : **intellego redauspicandum esse in catenas denuo** PL. *Cap.* 767, je vois qu'il me faut augurer l'inverse un retour dans les chaînes.

reddībo, ▶ reddo ▶.

reddĭdī, parf. de *reddo*.

reddĭtĭo, ōnis, f. (*reddo*), action de rendre : AUG. *Civ.* 21, 7 ‖ [rhét.] apodose, corrélation : QUINT. 8, 3, 77 ‖ action de reprendre, de revenir sur : CAPEL. 5, 533 ‖ récompense : VULG. *Eccli.* 1, 29 ‖ châtiment, sanction : VULG. *Eccli.* 14, 6.

reddĭtīvus, a, um (*redditio*), [gram.] qui appartient à l'apodose, corrélatif : PRISC. 3, 129, 2.

reddĭtŏr, ōris, m., celui qui rend, qui paie : AUG. *Serm.* 215, 3.

1 **reddĭtus**, part. de *reddo*.

2 **reddĭtŭs**, ūs, m., ▶ *reditus*.

reddō, ĭs, ĕre, dĭdī, dĭtum (red-, 1 do ; fr. *rendre*, cf. *prendre*), tr.

¶ 1 "donner en retour, rendre" ¶ 2 "s'acquitter de", ***vota, poenas; rationem*** ¶ 3 "restituer", ***se reddere*** ¶ 4 "donner en paiement, en récompense" ¶ 5 "placer en regard, en réplique" ¶ 6 "traduire, rendre" ¶ 7 "répéter" ¶ 8 "répliquer" ¶ 9 "produire en retour" *a)* "envoyer des rayons lumineux" *b)* "imiter" *c)* "exprimer" *d)* "rendre un son" *e)* "produire" [sol] ¶ 10 [avec deux acc.] *a)* ramener à un état antérieur, ***reddere ut*** subj. *b)* amener d'un état à un autre, "rendre" ¶ 11 "remettre, transmettre" ¶ 12 "accorder", ***judicium*** "rendre un jugement", ***jus*** "rendre la justice", [tard.] "reporter" ¶ 13 "exposer, raconter" ¶ 14 "faire sortir au-dehors" *a)* ***animas, sanguinem*** *b)* ***vox reddita est*** ¶ 15 "placer à part, assigner" ¶ 16 "reconnaître".

¶ 1 donner en retour, rendre [à une pers. ce qu'elle vous a donné, confié, prêté] : **aliquid accipere ab alio vicissimque reddere** CIC. *Lae.* 26, recevoir qqch. d'un autre et le lui rendre à son tour, cf. CIC. *Lae.* 58 ; **ea, quae utenda acceperis, majore mensura, si modo possis, jubere reddere Hesiodus** CIC. *Off.* 1, 48, ce qu'on nous a prêté, c'est avec usure que nous devons, si c'est possible, le rendre, suivant les prescriptions d'Hésiode ; **obsides reddere** CAES. *G.* 1, 35, 3, restituer des otages ; **memoria bene redditae vitae** CIC. *Phil.* 14, 32, le souvenir d'une vie que nous avons rendue avec honneur [à la nature], cf. CIC. *Rep.* 1, 4 ; **reddere beneficium** CIC. *Off.* 1, 48, rendre un bienfait en retour ; **acceptam cladem hosti reddere** LIV. 24, 17, 7, rendre à l'ennemi la défaite qu'il avait infligée, cf. LIV. 24, 20, 2 ; 27, 49, 5 ¶ 2 donner en retour ce qu'on doit, ce qu'on a promis ; payer, s'acquitter de : **redde quae restant** CIC. *Brut.* 258, acquitte-toi du reste [achève tout exposé] ; **mors naturae debita, pro patria reddita** CIC. *Phil.* 14, 31, mort due à la nature, payée pour la patrie ‖ **praemia** VIRG. *En.* 9, 254 ; **alicui praemia debita** VIRG. *En.* 2, 537, accorder des récompenses, payer à qqn le salaire qui lui est dû ; **vota** CIC. *Leg.* 2, 22, s'acquitter des vœux, cf. VIRG. *B.* 5, 75 ; **supplicatio redditur** CAES. *G.* 7, 90, 8, on célèbre les actions de grâces prescrites ; **promissa viro** VIRG. *En.* 5, 386, délivrer à qqn la récompense promise ‖ **reddere poenas** SALL. *J.* 14, 21, subir une punition ‖ **reddere rationem**, rendre un compte, ▶ *ratio* ¶ 3 rendre [à qqn ce qu'on lui a pris, enlevé] : **reddere captivos** CAES. *G.* 7, 90, 3, rendre des prisonniers ‖ restituer : CIC. *Phil.* 2, 104 ; **libertatem** SUET. *Cl.* 25 ; **patriam** LIV. 5, 51, 10, rendre la liberté, la patrie ; **suum cuique honorem redditum gaudeo** CIC. *Am.* 136, je me réjouis que chacun se soit vu restituer ses honneurs ; **aliquem patriae** CIC. *Mil.* 94, rendre qqn à sa patrie ; **patriis redditus aris** VIRG. *En.* 11, 269, rendu aux foyers paternels, cf. VIRG. *En.* 2, 740 ; **reddar tenebris** VIRG. *En.* 6, 544, je vais rentrer dans les ténèbres [auxquelles je me suis arraché un moment] ; **Teucrum iterum se reddere in arma** VIRG. *En.* 10, 684, s'exposer de nouveau aux armes des Troyens ; **se convivio** LIV. 23, 9, 13, reprendre sa place au banquet ¶ 4 donner en retour, en paiement, en récompense : **is honos non solum ... datur, sed ... redditur** CIC. *Phil.* 5, 41, cet honneur, on ne le donne en cadeau pas seulement ..., on le rend comme un dû ... ; **pretium alicui pro benefactis** PL. *Cap.* 940, récompenser qqn pour ses bons offices ; **gratiam alicui** SALL. *J* 110, 4, payer qqn de retour, lui manifester sa reconnaissance ¶ 5 placer en regard, en réplique : **paria paribus redduntur** CIC. *Or.* 164, des membres de phrase égaux se répondent ¶ 6 placer en retour, retourner, traduire, rendre : **cum, ea quae legeram Graece, Latine redderem** CIC. *de Or.* 1, 155, alors que je rendais en latin ce que j'avais lu en grec, cf. CIC. *Opt.* 5 ; ▶ *verbum* ¶ 7 donner en retour, en écho, répéter : HOR. *Ep.* 1, 18, 14 ; *S.* 2, 8, 80 ; *P.* 158 ¶ 8 donner en réponse, répliquer (repartir) : VIRG. *En.* 1, 409 ; 6, 689 ; 11, 251 ¶ 9 donner, produire en retour *a)* renvoyer des rayons lumineux : **(gemmae) clara repercusso reddebant lumina Phoebo** OV. *M.* 2, 110, (des pierres précieuses) renvoyaient à Phoebus ses rayons brillants qui s'y réfléchissaient *b)* reproduire, imiter : **odorem croci** PLIN. 36, 177, reproduire l'odeur du safran ; **paternam elegantiam in loquendo** QUINT. 1, 1, 6, reproduire dans son langage l'élégance de son père ; **te nomine reddet** VIRG. *En.* 6, 768, il sera ta reproduction par le nom, il te ressemblera par le nom ‖ **omnes Catilinas, Acidinos postea reddidit** CIC. *Att.* 4, 3, 3, tous les Catilina, les Acidinus ont reparu dès lors en lui [= il s'est conduit comme ...] *c)* exprimer, rendre : **ut, quae secum commentatus esset, ea sine scripto verbis eisdem redderet, quibus cogitavisset** CIC. *Brut.* 301, à tel point que, ce qu'il avait préparé [avant de prononcer son discours], il le reproduisait sans aucune note, dans les termes où il l'avait conçu, cf. QUINT. 10, 6, 3 ; 11, 2, 23 *d)* rendre [un son] : **tibiae ... alium sonum reddunt** QUINT. 11, 3, 20, la flûte rend un son différent, cf. HOR. *P.* 348 *e)* rendre, produire [en parl. du sol] : TER. *Phorm.* 680 ; COL. 2, 16, 2 ; PLIN. 18, 87 ; QUINT. 12, 10, 25 ¶ 10 [avec deux acc.] *a)* ramener à un état antérieur, rendre de nouveau : **senem illum tibi dedo ulteriorem, lepide ut lenitum reddas** PL. *Bac.* 1150, je te confie ce vieux là-bas, le second, pour que tu le ramènes à une aimable douceur, cf. PL. *Poen.* 132 ; **reddes forte latus, nigros angusta fronte capillos, reddes dulce loqui** HOR. *Ep.* 1, 7, 27, tu me rendras une poitrine forte, des cheveux noirs sur un front bas, tu me rendras une voix douce ‖ [avec *ut* subj.] **reddes nobis, ut ... fecisti, sic de magistratibus ut disputes ...** CIC. *Leg.* 3, 13, tu referas pour nous sur les magistratures, comme tu l'as fait ..., un exposé critique ... *b)* amener d'un état à un autre, rendre : **petronem et dominum reddam mortales miserrumos** PL. *Cap.* 822, je ferai du bélier et de son maître les êtres les plus misérables ; **tutiorem vitam reddere** CIC. *Rep.* 1, 3, rendre la vie plus sûre, cf. CIC. *Ac.* 2, 54 ; *de Or.* 2, 8 ; *Brut.* 38 ; CAES. *C.* 3, 79, 4 ; **homines ex feris mites** CIC. *Inv.* 1, 2, amener les hommes de la sauvagerie à la douceur ; **aliquid effectum** PL. *Ps.* 386, amener une chose à réalisation, effectuer, réaliser, cf. PL. *Ps.* 530 ; 1309 ; *Cap.* 345 ‖ [rare au pass.] **corpus imbecillius redditur** CELS. 3, 3, 19, le corps est affaibli, cf. OV. *M.* 4, 175 ; JUST. 29, 4, 3 ‖ [rarᵗ subst. attribut] **aliquem hostem Romanis** NEP. *Hann.* 2, 1, faire de qqn un ennemi des Romains ‖ [avec *ut* subj.] **mortalem summum fortuna reddidit ut famul infumus esset** ENN. *An.* 313, la fortune a fait du mortel le plus élevé le plus bas des esclaves, cf. TER. *And.* 389 ¶ 11 rendre [non pas à la même pers., mais à une autre] ce qu'on a reçu, remettre, transmettre : **Cincius eam mihi abs te epistulam reddidit, quam tu dederas** CIC. *Att.* 1, 20, 1, Cincius m'a remis de ta part la lettre que tu lui avais confiée pour moi, cf. CIC. *Fam.* 2, 1, 1 ; 2, 17, 1 ; CAES. *C.* 1, 1, 1 ; 2, 20, 2 ; SALL *C.* 34, 3 ; LIV. 2, 3, 7 ¶ 12 donner en retour d'une demande, accorder : **neque his petentibus jus redditur** CAES. *G.* 6, 13, 7, on ne leur accorde pas malgré leur demande l'accès à la justice, cf. QUINT. 11, 2, 50 ‖ [d'où] **reddere judicium**, rendre un jugement [en parl. du magistrat à qui on vient demander justice] : TER. *Phorm.* 404 ; QUINT 7, 4, 43 ; TAC. *An.*

reddo

1, 72; *jus reddere* Tac. An. 6, 11, rendre la justice; *judicia in privatos* Caes. C. 2, 18, 5, rendre des jugements contre les particuliers ‖ reporter, revaloir: Vulg. Exod. 34, 7 ¶**13** ➡ *referre*, rapporter, exposer: *causas corruptae eloquentiae* Quint. 8, 6, 76, rapporter les raisons de la corruption de l'éloquence; *aliquid suo loco* Tac. H. 4, 67, raconter une chose en son lieu ¶**14** faire sortir au-dehors, rendre **a)** *animas reddunt* Virg. G. 3, 495, ils exhalent leur souffle, leur vie, cf. Ov. Pont. 2, 11, 7; *sanguinem* Plin. Ep. 5, 19, 6, rendre, vomir du sang **b)** *ex alto luco vox reddita est* Virg. En. 7, 95, des profondeurs du bois sortit une voix, cf. Virg. En. 3, 40 ¶**15** placer à part, [d'où] assigner en propre (en lot): Pl. St. 181; Lucr. 1, 203; 2, 65; Cic. Nat. 1, 103; Virg. En. 12, 817 ¶**16** reconnaître: *reddere illis (diis) majestatem suam* Sen. Ep. 95, 50, reconnaître aux dieux leur majesté.

▶ *redidei = reddidi* CIL 1, 638 ‖ fut. *reddibo* Pl. Cas. 129; Men. 1040; cf. Non 508, 8.

reddūco, v. *reduco*.

reddūcĕ, v. *reduco* ▶.

rĕdēgī, parf. de *redigo*.

rĕdēmī, parf. de *redimo*.

rĕdemptĭo, ōnis, f. (*redimo*; fr. *rançon*) ¶**1** prise à ferme ou à bail, adjudication: Cic. Prov. 11 ¶**2** action de racheter = de délivrer de, v. ➡ *redimo* ¶**2b**: *redemptio est hujus judicii facta grandi pecunia* Cic. Verr. prim. 16, il se racheta de cette poursuite à grands frais ¶**3** entreprise d'un procès au lieu et place de qqn, moyennant rétribution: Ulp. Dig. 17, 1, 6 ¶**4** rachat, rançon: Liv. 25, 6, 14; Quint. 7, 1, 29 ¶**5** la Rédemption: Vulg. Ephes. 1, 7.

rĕdemptĭtō, ās, āre, āvī, - (fréq. de *redempto*), Cat. Orat. 94.

rĕdemptō, ās, āre, -, - (*redimo*), racheter: Tac. H. 3, 36.

rĕdemptŏr, ōris, m. (*redimo*) ¶**1** entrepreneur de travaux publics, de fournitures; celui qui prend à ferme [des recettes publiques], adjudicataire, soumissionnaire; Cic. Div. 2, 47; Phil. 9, 16 ‖ *tutelae Capitolii* Pl. Most. 35, 14, soumissionnaire de (pour) l'entretien du Capitole ¶**2** [droit] *litium (causarum) alienarum* Cod. Just. 4, 35, 22, 2, celui qui rachète l'action judiciaire d'un tiers [rachat d'actions douteuses, à des fins spéculatives]; Dig. 17, 1, 6, 7 ¶**3** celui qui rachète (de la servitude); Sen. Ben. 2, 21, 1 ¶**4** [chrét.] libérateur, sauveur: [en parlant de Dieu] Vulg. Psal. 18, 15; [de Moïse] Vulg. Act. 7, 35; [de Jésus-Christ] Aug. Serm. 130, 2, [= le Rédempteur, le Sauveur].

rĕdemptrix, īcis, f. (*redemptor*), celle qui rachète: Prud. Perist. 10, 774 ‖ [fig.] Ambr. Vid. 6, 36.

rĕdemptūra, ae, f. (*redimo*), adjudication ou entreprise de travaux publics: Liv. 23, 48, 10.

rĕdemptus (**rĕdemtus**, *a, um*), part. de *redimo*.

rĕdĕō, īs, īre, ĭī, rarᵗ īvi, Apul. M. 4, 14, ĭtum (*red-*, 3 *eo*), intr.

I [avec valeur du préfixe] ¶**1** revenir: *ex provincia* Cic. Verr. prim. 16, revenir de sa province; *a foro domum* Pl. Aul. 273, revenir du forum chez soi (*de foro domum* Cic. Caecin. 89); *a cena* Ter. Ad. 26, revenir d'un dîner; *a Caesare* Cic. Q. 2, 6, 6, revenir d'auprès de César, cf. Virg. G. 1, 249; Hor. O. 4, 8, 19; Ov. M. 1, 588; *Caria* Pl. Curc. 225; *rure* Pl. Merc. 586; Ter. Eun. 611; *opsonatu* Pl. Cas. 719, revenir de Carie, de la campagne, de faire les provisions, cf. Ov. M. 1, 698; F. 6, 785 ‖ *eodem unde redierat proficiscitur* Caes. G. 5, 11, 7, il retourne à son point de départ, cf. Caes. C. 3, 37; Cic. Rep. 6, 24 ‖ *Romam* Cic. Quinct. 57, revenir à Rome; *in viam* Cic. Phil. 12, 7, revenir dans le bon chemin, cf. Ter. And. 190; *ad suos* Caes. G. 7, 20, 1, revenir vers les siens ‖ [pass. impers.] *dum rediri posset* Caes. C. 3, 16, 5, jusqu'à ce qu'on pût revenir; *reditum est* Nep. Epam. 8, on revint ‖ [acc. d'objet intér.] *redite viam* Cic. Mur. 26, refaites le chemin, revenez, cf. Virg. En. 6, 122 ‖ [fig.] *redeunt jam gramina campis* Hor. O. 4, 7, 1, les prairies retrouvent leur verdure, cf. Ov. F. 3, 237 ¶**2** [fig.] **a)** *in pristinum statum redierant* Caes. G. 7, 54, 4, ils étaient revenus à leur situation première, cf. Liv. 3, 9, 1; *redire in gratiam cum aliquo* Cic. Prov. 20, se réconcilier avec qqn, cf. Caes. C. 1, 4, 4; Nep. Alc. 5, 1; *in fidem populi Romani* Liv. 25, 1, 2, redevenir fidèle au peuple romain; *in memoriam mortuorum* Cic. CM 21, se rappeler les morts; *redii mecum in memoriam* Ter. Phorm. 802, le souvenir m'est revenu; *ad ingenium* Ter. Ad. 71, revenir à son caractère, à son naturel; *ad se atque ad mores suos* Cic. Caecil. 57, reprendre sa nature et son caractère; *ad se* Cic. Att. 7, 3, 8, redevenir soi-même (mais Ter. And. 622; Liv. 1, 41, 5, revenir à soi, reprendre ses esprits); *ad sanitatem* Cic. Fam. 12, 10, 1, revenir à la raison; *in veram faciem* Ov. M. 4, 231, reprendre sa vraie figure; *in juvenem* Ov. M. 14, 766, redevenir jeune homme **b)** *Caesar, opinione trium legionum dejectus, ad duas redierat* Caes. G. 5, 48, 1, César déçu dans son espoir d'avoir trois légions s'était rabattu sur deux, s'était contenté de deux; *collis leniter fastigatus paulatim ad planitiem redibat* Caes. G. 2, 8, 2, la colline s'étant élevée doucement revenait peu à peu à une surface plane **c)** [dans un exposé] *nunc redeo ad augurem* Cic. Lae. 1, maintenant je reviens à l'augure, cf. Cic. Lae. 62; 75; 96; Fin. 2, 73; *illuc unde abii redeo* Hor. S. 1, 1, 108, je reviens à mon point de départ, cf. Pl. Men. 56; Cic. Tusc. 5, 80; *redeo ad propositum* Quint. 9, 3, 87, je reviens à mon propos, à mon objet ¶**3** venir en retour, revenir comme bénéfice, rapporter: Pl. Trin. 530; Varr.

R. 1, 44, 1; *pecunia quae ex metallis redibat* Nep. Them. 2, 2, l'argent qui était le revenu des mines, que rapportaient les mines.

II aller à un autre endroit ¶**1** passer d'un état à un autre, en venir à: *pilis missis ad gladios redierunt* Caes. C. 3, 93, 2, ayant lancé leurs javelots, ils en vinrent aux épées; *res ad interregnum rediit* Liv. 1, 22, 1, la situation aboutit à un interrègne; *in eum res rediit jam locum ut* Ter. Haut. 359, les choses en sont venues à un point tel que, cf. Ter. Ad. 273; *omnia haec verba huc redeunt* Ter. Eun. 158, toutes ces paroles reviennent à ceci ¶**2** revenir à, échoir à, appartenir à: *ad neminem unum summa imperii rediit* Caes. C. 3, 18, 2, le pouvoir suprême ne revint à personne individuellement, cf. Caes. C. 1, 4, 2; G. 6, 11, 3.

▶ arch. *redinunt = redeunt* Enn. d. Fest. 362, 4; P. Fest. 363, 1 ‖ fut. exceptionnel *redies, rediet* Apul. M. 6, 17; Sen. Ben. 1, 2, 3 ‖ formes contr. habituelles *redistis, redisset, redisse*.

rĕdergŭisse, arch. pour *redarguisse*: Scip. Afr. d. Fest. 334, 28.

rĕdĕuntis, gén. de *rediens*.

rĕdhālō, ās, āre, -, -, tr., exhaler: Lucr. 6, 523.

rĕdhĭbĕō, ēs, ēre, bŭī, bĭtum (*red-, habeo*), tr. ¶**1** faire reprendre une chose vendue, rendre: Pl. Most. 800; Cic. Off. 3, 91, cf. Dig. 21, 1, 21 ¶**2** reprendre une chose vendue: Pl. Merc. 423.

rĕdhĭbĭtĭo, ōnis, f. (*redhibeo*) ¶**1** action de reprendre, de ravoir: Tert. Res. 32, 2 ¶**2** [droit] rédhibition: Dig. 21, 1, 21, [restitution de l'objet vendu, pour cause de vices cachés].

rĕdhĭbĭtŏr, ōris, m. (*redhibeo*), celui qui paie [une dette]: [métaph., en parlant de l'orateur qui doit un sermon] Aug. Psalm. 58, 2, 1.

rĕdhĭbĭtōrĭus, *a, um*, rédhibitoire: Dig. 21, 1, 4.

rĕdhĭbĭtus, *a, um*, part. de *redhibeo*.

rĕdhostĭō, īs, īre, -, - (*red-*, 1 *hostio*), tr., rendre la pareille [surtout un bienfait]: Acc. Tr. 90; Naev. Com. 54.

rĕdī, impér. de *redeo*.

rĕdīcō, ĭs, ĕre, -, -, tr., redire, répéter: Sidon. Ep. 9, 13, 3.

Rĕdĭcŭlus, *i*, m. (*redeo*), nom donné au dieu qui fit reculer (battre en retraite) Hannibal lors de la deuxième guerre punique: P. Fest. 355, 7; Plin. 10, 122.

rĕdĭens, part. prés. de *redeo*.

rĕdĭes, **rĕdĭet**, v. ➡ *redeo* ▶.

rĕdĭgō, ĭs, ĕre, ēgī, actum (*red-, ago*), tr.

I [en retour] ¶**1** pousser pour faire revenir, ramener, faire rentrer: *tauros in gregem* Varr. R. 2, 5, 12, faire revenir les taureaux dans le troupeau; *hostium equitatum in castra* Liv. 26, 10, 4, forcer la cavalerie ennemie à rentrer dans son camp ‖ [fig.] **rem ad pristinam belli rationem** Caes. C. 1, 76, 5, ramener les choses aux anciennes méthodes de guerre ; **in memoriam nostram** [avec prop. inf.] Cic. Phil. 2, 18, rappeler à notre souvenir que ¶ **2** ramener à un état inférieur, réduire à qqch. de moindre : **ad facilia ex difficillimis** Caes. G. 3, 27, 5, ramener à la facilité ces choses très difficiles (les rendre faciles) ; **ex hominum milibus sexaginta vix ad quingentos sese redactos esse dixerunt** Caes. G. 2, 28, 2, ils déclarèrent que de soixante mille hommes ils avaient été réduits à peine à cinq cents, cf. Cic. Marc. 10 ; **ad nihilum redigi** Lucr. 1, 791, être anéanti ; **ad internecionem redigi** Caes. G. 2, 28, 1, être exterminé ‖ **eos multo humiliores redegerunt** Caes. G. 4, 3, 4, ils les réduisirent à un état beaucoup plus faible ¶ **3** faire rentrer [de l'argent], retirer : **pecuniam ex bonis alicujus** Cic. Caecil. 56, retirer de l'argent des biens de qqn, cf. Cic. Phil. 13, 10 ; Agr. 2, 98 ‖ **quicquid captum ex hostibus est, vendidit ac redegit in publicum** Liv. 2, 42, 2, tout le butin pris sur l'ennemi, il le mit en vente et fit rentrer (versa) l'argent au trésor public ; **pars maxima praedae ad quaestorem redacta** Liv. 5, 19, 8, la plus grande partie du butin fut remise au questeur ; **in aerarium redigi** Cic. Phil. 5, 12, être versé au trésor ; **omnis frumenti copia penes istum redacta** Cic. Verr. 3, 171, tout le stock de froment passé entre ses mains ‖ [en part.] **pecuniam redigere** Hor. Epo. 2, 69, faire rentrer [récupérer] son argent. **II** amener dans un autre état, amener à, réduire à : **aliquem, aliquid in suam potestatem** Cic. Phil. 5, 46, soumettre qqn, qqch. à sa puissance ; **in potestatem alicujus** Cic. Off. 3, 79, à la puissance de qqn ; **aliquem in servitutem** Caes. G. 2, 14, 3, réduire qqn en servitude ; **Arvernos in provinciam** Caes. G. 1, 45, 2, réduire le pays des Arvernes en province romaine, cf. Tac. Agr. 14 ‖ **aliquem ad inopiam** Ter. Haut. 929, réduire qqn à la misère ; **aliquem eo, ut** Ter. Eun. 690, amener qqn à un point tel que, ou **redigere aliquem, ut** Ter. Haut. 946 ‖ **Galliam sub populi Romani imperium** Caes. G. 5, 29, 4, soumettre la Gaule à la domination romaine, cf. Nep. Timoth. 2, 1 ; Milt. 1, 4 ; Liv. 28, 21, 1.

rĕdĭī, parf. de redeo.

rĕdĭmĭae, ārum, f. pl., rançon : Gloss. 5, 39, 25.

rĕdĭmĭcŭlō, ās, āre, -, -, tr., dénouer, ôter une attache : Gloss. 2, 170, 30.

rĕdĭmĭcŭlum, i, n. (red-, amiculum, cf. amicio), bandeau de front, cordon, bandelette, bande, ruban : Cic. Verr. 3, 76 ; Virg. En. 9, 616 ; Juv. 2, 84 ‖ ceinture : Isid. 19, 33, 5 ‖ [fig.] lien : Pl. Truc. 395.

rĕdĭmĭō, īs, īre, ĭī, ītum (de redimiculum, cf. amicio), tr., ceindre [ordin^t la tête], couronner, orner : Lucr. 5, 1399 ; Virg. En. 10, 538 ; **sertis redimiri** Cic. Tusc. 3, 43, être ceint de guirlandes, couronné de fleurs ; **redimitus coronis** Cic. Rep. 4, 5, ceint de couronnes, cf. 6, 21 ; [poét.] **torta redimitus tempora quercu** Virg. G. 1, 349, s'étant ceint les tempes d'une couronne de chêne ; [fig.] **arcu hiems redimitur** Claud. Pros. 2, 99, l'orage est entouré d'un arc [l'arc-en-ciel] ‖ entourer : Catul. 63, 3.

▶ imparf. redimibat Virg. En. 10, 538.

1 **rĕdĭmītus**, a, um, part. de redimio.

2 **rĕdĭmītŭs**, ūs, m., action de ceindre : Solin. 33, 16.

rĕdĭmō, ĭs, ĕre, ēmī, emptum (emtum) (red-, emo), tr. ¶ **1** racheter [une chose vendue] : Cic. Phil. 13, 10 ; Sest. 66 ; Att. 11, 13, 4 ¶ **2** [en part.] **a)** racheter [un captif], délivrer, affranchir : **aliquem a praedonibus** Cic. Verr. 5, 90, racheter qqn aux pirates, cf. Cic. Off. 2, 55 ; **redimi e servitute** Cic. Off. 2, 63, être racheté de l'esclavage ‖ **pecunia se a judicibus** Cic. Mil. 87, se tirer des mains des juges [se tirer d'une condamnation] à prix d'argent, acheter son acquittement ; **se a Gallis auro** Liv. 22, 59, 7, payer son rachat aux Gaulois à prix d'or, cf. Liv. 9, 4, 8 ; 6, 14, 12 ; Nep. Dion 10, 2 ; Virg. En. 6, 121 **b)** **metum virgarum pretio** Cic. Verr. 5, 117, se délivrer de la crainte des verges moyennant finance [= détourner, écarter], cf. Cic. Verr. 5, 23 ; Fam. 2, 16, 4 **c)** racheter, compenser, effacer : **culpam** Planc. Fam. 10, 8, 6, racheter une faute, cf. Plin. Pan. 28, 2 **d)** [chrét.] racheter du péché : Tert. Pud. 6, 18 ¶ **3** prendre à ferme : Cic. Brut. 85 ; Verr. 1, 141 ; Caes. G. 1, 18, 3 ¶ **4** acheter en retour de qqch., acheter, obtenir : **militum voluntates largitione** Caes. C. 1, 39, 4, acheter par sa générosité le dévouement des soldats, cf. Caes. G. 1, 44, 12 ; **sepeliendi potestatem pretio** Cic. Verr. 5, 119, acheter à prix d'argent la permission d'ensevelir ‖ **litem** Cic. Amer. 35, terminer son procès par un arrangement, une transaction.

rĕdindūtus, a, um (red-, induo), revêtu de nouveau : Tert. Res. 42, 13.

rĕdintĕgrātĭō, ōnis, f. (redintegro), renouvellement, rétablissement : Macr. Sat. 1, 11, 5 ; **amoris** Serv. B. 2, 14, renouvellement de l'amour ‖ répétition de mot : Her. 4, 38.

rĕdintĕgrātŏr, ōris, m. (redintegro), réparateur, restaurateur : Tert. Anim. 43, 7.

rĕdintĕgrō, ās, āre, āvī, ātum, tr., recommencer : [le combat] Caes. G. 1, 25 ; 2, 23 ; 2, 27 ‖ renouveler, rétablir, restaurer : **redintegratis viribus** Caes. G. 3, 26, ayant repris des forces ; **cum semper hostibus spes victoriae redintegraretur** Caes. G. 7, 25, 1, comme l'espoir de vaincre se ranimait sans cesse chez les ennemis ; **memoriam** Cic. Inv. 1, 99, rafraîchir le souvenir ; **ejus adventu redintegrato animo** Caes. G. 2, 25, 3, son arrivée ayant ranimé le courage ; **ut deminutae copiae redintegrarentur** Caes. G. 7, 31, pour combler les vides dans les effectifs, réparer les pertes subies par les troupes.

rĕdīnunt, v. ► redeo ►.

rĕdinvĕnĭō, īs, īre, -, -, tr., retrouver : Tert. Anim. 46, 9.

rĕdĭpīscŏr, scĕrĭs, scī, - (red-, apiscor), tr., recouvrer : Pl. Trin. 1020.

rĕdiscō, ĭs, ĕre, -, -, tr., apprendre de nouveau : Fort. Mart. 1, 122.

rĕdĭtĭō, ōnis, f. (redeo), retour : Pl. Most. 377 ; Ter. Eun. 671 ; Cic. Verr. 1, 16 ; [construit avec acc. de la question quo, comme le verbe redeo] **domum reditionis spes** Caes. G. 1, 5, 3, l'espoir du retour dans la patrie.

rĕdĭtum, rĕdĭtūrus, v. ► redeo.

rĕdĭtŭs, ūs, m. (redeo) ¶ **1** retour [pr. et fig.] : Cic. Tusc. 1, 89 ; Brut. 227 ; Att. 15, 5, 3 ; 16, 7, 5 ; Caes. G. 4, 30, 2 ; 6, 29, 2 ‖ **qui Narbone reditus ?** Cic. Phil. 2, 76, quel retour de Narbonne ? ; **in caelum, Romam, domum, ad aliquem** Cic. Lae. 13 ; Phil. 2, 108 ; Pis. 7 ; Phil. 8, 32, retour au ciel, à Rome, à la maison, vers qqn ‖ **in gratiam cum aliquo** Cic. Att. 2, 3, réconciliation avec qqn ; **ad propositum** Cic. de Or. 3, 203, retour à son sujet, à son propos ¶ **2** revenu : [sg.] Nep. Att. 14 ; Plin. Ep. 4, 6, 2 ; 6, 3, 1 ‖ [pl.] Liv. 42, 52, 12.

rĕdīvī, v. ► redeo.

rĕdĭvĭa, rĕdĭvĭōsus, v. ► reduv-.

rĕdĭvīvus, a, um (cf. red-, reduvia, induviae, recidivus) ¶ **1** restauré, rechampi : Fest. 334, 25 ; [fig.] **redivivum me senem meretrix vocat** Sen. Contr. 3, 4, les courtisanes m'appellent un vieillard recrépi ‖ utilisé de nouveau [en parl. de vieux matériaux] : Cic. Verr. 1, 147 ‖ [n. sg. et pl. pris subst^t] vieux matériaux : Cic. Verr. 1, 148 ‖ renouvelé, qui recommence : [guerre] Amm. 28, 1, 1 ; cf. 21, 3, 2 ; 26, 6, 17 ¶ **2** [sous l'influence de redeo et de vivus] qui revit, ressuscité : **redivivus Christus** Prud. Cath. 3, 204, le Christ ressuscité.

rĕdo, ōnis, m. (gaul. ?), lamproie [poisson sans arêtes] : Aus. Mos. 89.

rĕdŏlentĭŏr, ĭŭs (redoleo), compar., qui a une meilleure odeur : Aug. Man. 2, 16, 44.

rĕdŏlĕō, ēs, ēre, ŭī, - (red-, oleo), intr. et tr., exhaler une odeur [pr. et fig.] ¶ **1** intr. : **redolent murrae** *Ov. M. 4, 393, la myrrhe répand son parfum ; **mella redolent thymo** Virg. G. 4, 169, le miel sent le thym, cf. Ov. M. 15, 80 ; **mihi ex illius orationibus redolere ipsae Athenae videntur** Cic. Brut. 285, ses discours me paraissent dégager le parfum d'Athènes elle-même ¶ **2** tr., **vinum redolere** Cic. Phil. 2, 63, sentir le vin ; **antiquitatem** Cic. Brut. 82, avoir un parfum d'antiquité, sentir le vieux, cf. Cic. de Or. 2, 109.

rĕdŏmĭtus, *a, um*, ramené à la raison : Cic. *Sull.* 1.

rĕdōnātŏr, *ōris*, m., celui qui restitue : CIL 10, 1256.

Rēdŏnes (Rh-, Rie-), *um*, m. pl. (gaul., cf. *reda*), peuple de l'Armorique : Caes. *G.* 2, 34, 1 ; *Redonum civitas* Not. Gall. 3, 4, la ville capitale des Rédons [Rennes] ‖ **-ŏnensis**, *e*, de Rennes : Greg.-Tur. *Hist.* 8, 32 ‖ **-ŏnĭcus**, *a, um*, des Rédons : Greg.-Tur. *Hist.* 5, 31 ; 10, 9.

rĕdōnō, *ās, āre, āvī*, - (re-, dono), tr. ¶ 1 gratifier de nouveau ; *aliqua re aliquem* : Hor. *O.* 2, 7, 3 ¶ 2 faire l'abandon ; *aliquid alicui*, de qqch. à qqn : *graves iras Marti redonabo* Hor. *O.* 33, 83, je ferai à Mars le sacrifice de ma violente colère.

rĕdŏpĕrĭō, *īs, īre, rŭī*, - (red-), tr., découvrir de nouveau : Ambr. *Noe* 20, 72.

rĕdoptō, *ās, āre*, -, - (red-), tr., souhaiter de nouveau : Tert. *Res.* 4, 6.

rĕdordĭor, *īrĭs, īrī*, - (red-), tr., défaire ce qui est tissé : Plin. 6, 20 ; 11, 76.

rĕdormĭō, *īs, īre*, -, - (re-, dormio), intr., redormir : Cels. 1, 2, 2 ; Plin. *Ep.* 9, 36, 3.

rĕdormītĭo, *ōnis*, f., action de redormir : Plin. 10, 211.

rĕdornō, *ās, āre*, -, - (red-, orno), tr., orner de nouveau : Tert. *Res.* 12, 3.

rĕdŭcis, gén. de *redux*.

rĕdūcō, *ĭs, ĕre, dūxī, ductum* (re-, duco ; fr. *réduire*), tr. ¶ 1 ramener **a)** [choses] *reliquas omnes munitiones ab ea fossa pedes quadringentos reducere* Caes. *G.* 7, 72, 2, ramener tout le reste des fortifications à quatre cents pieds en arrière du fossé, cf. Caes. *G.* 7, 24 ; *falces tormentis introrsus reducere* Caes. *G.* 7, 22, 2, attirer à l'intérieur les faux [des assiégeants] au moyen de machines **b)** [pers.] *aliquem de exsilio* Cic. *Phil.* 2, 9, faire revenir qqn d'exil ; *ab exsilio* Quint. 5, 11, 9 ; *ad aliquem* Cic. *Off.* 3, 86, ramener auprès de qqn, à qqn ; *reduci in carcerem* Cic. *Att.* 4, 6, 2, être ramené en prison ; *regem reducere* Cic. *Fam.* 1, 2, 1, remettre un roi sur le trône ‖ *reductus*, ramené d'exil : Cic. *Rab. Post.* 47 ; Caes. *C.* 3, 18, 4 **c)** [poét.] ramener le soleil, le jour, la nuit, l'été : Virg. *En.* 1, 143 ; *G.* 1, 249 ; *En.* 11, 914 ; *G.* 3, 296 ¶ **2** [en part.] ramener qqn, le reconduire : Cic. *Lae.* 12 ; *Ac.* 1, 1 ; CM 63 ; Quint. 12, 8, 3 ¶ **3** [milit.] ramener (rappeler) des troupes : Caes. *G.* 3, 29 ; 6, 29 ; 7, 68 ; *exercitum in castra* Caes. *G.* 1, 50, 2 ; *ex Britannia* Caes. *G.* 4, 38, 1, ramener son armée de Bretagne ; *copias a munitionibus* Caes. *G.* 7, 88, 5, ramener les troupes des retranchements [de l'assaut des retranchements] ¶ **4** [fig.] *aliquem in gratiam, in gratiam cum aliquo* Cic. *Clu.* 101 ; *Rab. Post.* 19, réconcilier qqn, qqn avec qqn ; *aliquem ad officium* Cic. *Verr.* 2, 98, ramener qqn au devoir ; *in memoriam* [avec interrog. indir.] Cic. *Inv.* 1, 98, rappeler ; *in memoriam alicujus rei* Plin. *Ep.* 3, 10, 2, rappeler qqch. ‖ ramener, rétablir, restaurer ; *habitum vestitumque pristinum* Suet. *Aug.* 40, rétablir la tenue et le costume d'autrefois, cf. Suet. *Aug.* 38 ‖ ramener [dans le bon chemin] : Ter. *Ad.* 830 ¶ **5** amener à un autre état, amener à, réduire à : *in formam* Ov. *M.* 15, 381, amener à une certaine forme ; *corpus ad maciem* Plin. 24, 46, réduire le corps à la maigreur.

▶ [poét.] *re* allongé (*redduco*) Ter. *Ad.* 830 ; Lucr. 1, 228 ‖ impér. arch. *redduce* Ter. *Hec.* 605.

rĕductĭo, *ōnis*, f. (reduco), action de ramener : Cic. *Fam.* 1, 7, 4 ; Vitr. 5, 10, 5.

rĕductō, *ās, āre*, -, - (fréq. de reduco), tr., ramener : Aur.-Vict. *Caes.* 38, 6.

rĕductŏr, *ōris*, m. (reduco), celui qui ramène : Liv. 2, 33, 11 ‖ [fig.] qui rétablit, qui restaure : Plin. *Ep.* 8, 12, 1.

rĕductus, *a, um* ¶ **1** part. de *reduco* ¶ **2** adjt, **a)** [en parl. d'un lieu] retiré, à l'écart : Virg. *G.* 4, 420 ; *En.* 1, 161 ‖ [en peinture] en retrait, en recul : Quint. 11, 3, 46 **b)** [fig.] *virtus est medium vitiorum et utrinque reductum* Hor. *Ep.* 1, 18, 9, la vertu tient le milieu entre ces deux défauts, aussi éloigné de l'un que de l'autre **c)** pl. n., *reducta* Cic. *Fin.* 5, 90, choses mises à l'écart = à rejeter, non désirables [ἀποπροηγμένα des philosophes stoïciens].

rĕdulcĕrō, *ās, āre, āvī, ātum* (red-), tr., ulcérer de nouveau : Col. 7, 5, 8 ‖ [fig.] *redulceratus dolor* Apul. *M.* 5, 11, douleur ravivée.

rĕduncus, *a, um* (red-), courbé en arrière : Plin. 11, 125 ‖ crochu : Ov. *M.* 2, 562.

rĕdundans, *tis*, part.-adj. de *redundo*, débordant, superflu : *-tior* Tert. *Cult.* 2, 9, 1.

rĕdundantĕr, adv., trop abondamment : *-tius* Ambr. *Ep.* 63, 27 ‖ avec redondance, diffusion : Plin. *Ep.* 1, 20, 21.

rĕdundantĭa, *ae*, f. (redundans) ¶ **1** le trop-plein, excès : Vitr. 1, 6, 3 ¶ **2** [fig.] redondance du style : Cic. *Or.* 108 ‖ grande abondance [de] : Tert. *Apol.* 31, 2 ; Apul. *Plat.* 2, 5.

rĕdundātĭo, *ōnis*, f. (redundo) ¶ **1** le trop-plein, engorgement ; *stomachi* Plin. 7, 41, mal de cœur ‖ abondance, multitude : Ps. Quint. *Decl.* 4, 11 ¶ **2** révolution [des astres], marche rétrograde : Vitr. 9, 1, 15.

rĕdundātus, *a, um*, part. de *redundo*.

rĕdundō, *ās, āre, āvī, ātum* (red-, undo), intr. ¶ **1** déborder : Cic. *Nat.* 2, 116 ; *Div.* 2, 69 ; *Nilus campis redundat* Lucr. 6, 712, le Nil déborde dans les campagnes, cf. Lucr. 5, 603 ‖ *pituitosi et quasi redundantes* Cic. *Fat.* 7, des gens pituiteux et chez qui l'humeur déborde ‖ [poét.] *redundatus* = *redundans* Ov. *F.* 6, 402, débordant ; = *undans* Ov. *Tr.* 3, 10, 52, ondoyant, agité ¶ **2** [avec abl.] être inondé de, ruisseler de : *crux civis Romani sanguine redundat* Cic. *Verr.* 4, 26, la croix ruisselle du sang d'un citoyen romain, cf. Cic. *Verr.* 4, 116 ; *Pomp.* 30 ; *Cat.* 3, 24 ¶ **3** [fig.] **a)** être débordant, exubérant, surabondant [en parl. d'orateur ou de style] : Cic. *Brut.* 51 ; 316 ; *de Or.* 2, 88 ; Quint. 9, 4, 116 ; [poét. avec acc.] prononcer des paroles bouillonnantes : Stat. *S.* 4, 3, 71 **b)** déborder, rejaillir, retomber sur : *in aliquem* Cic. *de Or.* 1, 1, rejaillir sur qqn ; *nationes in provincias nostras redundare poterant* Cic. *Prov.* 31, ces nations pouvaient inonder nos provinces ; *quae exempla in civitatem nostram redundarunt* Cic. *Rep.* 1, 5, ces exemples ont débordé chez nous ; *infamia ad amicos redundat* Cic. *Lae.* 76, le déshonneur rejaillit sur les amis **c)** déborder, être en excédent : *si quid redundarit de vestro questu* Cic. *Verr.* 3, 155, le trop-plein (l'excédent) de vos bénéfices ‖ être de reste : *ex meo tenui vectigali aliquid etiam redundabit* Cic. *Par.* 49, mon modeste revenu me laissera encore du superflu **d)** sortir à flots : *hinc illae pecuniae redundarunt* Cic. *Verr.* 1, 100, de là jaillirent ces sommes d'argent ; [métaph.] *non reus ex ea causa redundat Postumus* Cic. *Rab. Post.* 11, Postumus ne sort pas comme accusé de cette cause **e)** être en excès : *cum verbum nullum redundat* Cic. *de Or.* 2, 326, quand il n'y a pas un mot de trop, cf. Cic. *de Or.* 2, 83 ; 3, 16 **f)** [avec abl.] abonder en, regorger de : *defensio redundavit joco* Cic. *de Or.* 2, 221, le plaidoyer fut tout plein d'esprit ; *acerbissimo luctu redundaret victoria* Cic. *Lig.* 15, sur la victoire se serait étendu le deuil le plus cruel ; *haec Capua optimorum civium multitudine redundat* Cic. *Pis.* 25, la Capoue actuelle est pleine d'une foule d'excellents citoyens.

rĕdŭplĭcātĭo, *ōnis*, f. (re-, duplico), [rhét.] redoublement, réduplication : Capel. 5, 533.

rĕdūrescō, *ĭs, ĕre*, -, -, intr., redevenir dur, se durcir : Vitr. 1, 4, 3.

rĕdŭvĭa (rĕdĭv-), *ae*, f. (cf. red-, induviae, redivivus) ¶ **1** envie [aux doigts] : Plin. 28, 40 ; 30, 111 ‖ [prov.] *qui, cum capiti Sex. Roscii mederi debeam, reduviam curem* Cic. *Amer.* 128, moi qui devais sauver la tête de Sex. Roscius, j'en suis réduit à soigner un bobo ¶ **2** restes, débris : Solin. 9, 8 ; 32, 25.

rĕdŭvĭōsus (rĕdĭv-), *a, um*, plein d'envies, d'aspérités : Laev. d. Fest. 334, 8.

rĕdux, *ŭcis*, adj. m. f. (reduco, dux) ¶ **1** qui est de retour, revenu : *quid me reducem esse voluistis ?* Cic. *Mil.* 103, pourquoi avez-vous voulu mon retour [d'exil] ? ; *facere aliquem reducem* Pl. *Cap.* 43 ; 437, faire revenir qqn, cf. Liv. 22, 60, 13 ; *navi reduce* Liv. 21, 50, 6, le navire étant ramené au port ¶ **2** [poét.] qui ramène, qui fait revenir : Curt. 9, 6, 9 ; Ov. *H.* 13, 50 ; Mart. 10, 70, 9.

▶ *reddux* Pl. *Cap.* 923 ‖ abl. -*ce* mais aussi -*ci* Ov. *H.* 6, 1.

rĕdūxī, parf. de *reduco*.

rĕexĭnānĭō, *īs*, *īre*, -, -, tr., vider, verser : Apic. 142.

rĕexspectō, *ās*, *āre*, -, -, tr., attendre de nouveau : Vulg. *Is.* 28, 10.

rĕfăbrĭcō, *ās*, *āre*, -, -, tr., reconstruire : Cod. Just. 8, 10, 5.

rĕfēcī, parf. de *reficio*.

rĕfectĭo, *ōnis*, f. (*reficio*) ¶ 1 réparation [d'édifice] : Suet. *Caes.* 15 ; Vitr. 6, 3, 2 ¶ 2 [fig.] action de se refaire, réconfort, délassement, repos : Plin. 37, 63 ; Quint. 10, 3, 26 ‖ action de se rétablir (recouvrer la santé) : Cels. 3, 15, 3 ¶ 3 réfection, nourriture : Sulp. Sev. *Dial.* 1, 14, 1 ‖ [fig.] régénération par le baptême : Paul.-Nol. *Ep.* 32, 2.

rĕfectŏr, *ōris*, m. (*reficio*), restaurateur [de monument] : Suet. *Vesp.* 18.

rĕfectōrĭus, *a*, *um* (*reficio*), qui réconforte, réconfortant, réparateur : Ambr. *Ep.* 68, 14.

1 rĕfectus, *a*, *um*, part. de *reficio* ‖ adj^t, réconforté : -*tior* Capel. 2, 139.

2 rĕfectŭs, *ūs*, m. ¶ 1 action de se restaurer [par des aliments] : Apul. *M.* 8, 18 ¶ 2 revenu, ce qu'on retire de : Scaev. *Dig.* 36, 1, 78, 12.

rĕfellō, *ĭs*, *ĕre*, *fellī*, - (re-, fallo), tr., réfuter, démentir : *aliquem* Cic. *Tusc.* 2, 5 ; *Att.* 12, 5, 3 ; *eorum instituta* Cic. *Brut.* 31, réfuter leurs principes ; *eorum vita refellitur oratio* Cic. *Fin.* 2, 81, leur vie est la réfutation de leurs propos ; *exemplis, argumentis refellere* Cic. *de Or.* 1, 88, réfuter par des exemples, par des raisonnements ; *nullius memoria jam me refellente* Cic. *de Or.* 2, 9, sans que les souvenirs de personne puissent maintenant me donner un démenti.

rĕfercĭō, *īs*, *īre*, *fersī*, *fertum* (re-, farcio), tr. ¶ 1 bourrer, remplir entièrement, combler [pr. et fig.] : *corporibus cloacas referciri* Cic. *Sest.* 77, [vous vous souvenez] que les égouts regorgeaient de cadavres ; *hominum vitam superstitione omni referserunt* *Nat.* 2, 63, ils ont rempli la vie humaine de toutes sortes de superstitions, cf. *Rab. Post.* 40 ¶ 2 [fig.] entasser, accumuler : *haec, quae coartavit et peranguste refersit in oratione sua* Cic. *de Or.* 1, 163, ces idées qu'il a resserrées et accumulées en si peu de place dans son exposé.

rĕferendārĭus, *ii*, m. (*refero*), référendaire : Cassiod. *Var.* 6, 17.

rĕfĕrĭō, *īs*, *īre*, -, -, tr. ¶ 1 frapper à son tour, rendre un coup : Pl. *As.* 375 ; Sen. *Ir.* 2, 34, 5 ¶ 2 [poét.] refléter, réfléchir : Ov. *M.* 4, 349 ‖ répercuter [le son] : Aus. *Epist.* 10 (399), 23.

rĕfĕrīva, ▶ *refriva faba* [orth. due à un rapprochement avec *refero*] : Plin. 18, 119.

rĕfĕro, *fers*, *ferre*, *rĕtŭlī* et *rettŭlī*, *rĕlātum*, tr.

I [pr.] ¶ 1 "porter en arrière, reporter", *se referre*, *referri*, "restituer" ¶ 2 "rapporter" qqch au point d'où l'on est parti ¶ 3 [milit.] *pedem referre* ¶ 4 "apporter" en s'éloignant d'où l'on est.
II [fig.] ¶ 1 porter une chose au point d'où elle est partie **a)** "rapporter, ramener" **b)** "rétablir" ¶ 2 porter en retour **a)** "renvoyer" **b)** *gratiam referre* **c)** "répliquer" ¶ 3 porter une chose au point d'où l'on est parti **a)** "rapporter" **b)** "rapporter" une réponse, avec prop. inf. ¶ 4 "reproduire, renouveler" ¶ 5 détourner d'une chose et reporter vers une autre **a)** "reporter" **b)** *culpam, crimen in alium referre* ¶ 6 porter ailleurs **a)** "rapporter, raconter", avec prop. inf. **b)** "faire un rapport, mettre à l'ordre du jour", *ad senatum de aliqua re referre* **c)** [en gén.] *referre rem ad aliquem* "consulter qqn sur" **d)** "consigner" [sur un registre] **e)** "mettre au nombre de", *in numerum* **f)** "remettre, déposer" **g)** *in acceptum referre*, ▶ *acceptum* **h)** "rapporter, ramener à", *aliquid in amicitiam* "juger qqch d'après l'amitié".

I [propre] ¶ 1 porter en arrière, reporter : *me referunt pedes in Tusculanum* Cic. *Att.* 15, 16 a, mes pieds me reportent (me ramènent) à ma propriété de Tusculum ; *Auster me Regium rettulit* Cic. *Fam.* 12, 25, 2, l'Auster m'a reporté à Régium ; *ut naves eodem unde erant profectae referrentur* Caes. *G.* 4, 28, 2, en sorte que les navires étaient ramenés à leur point de départ ; *pecunias in templum referri jubet* Caes. *C.* 2, 21, 3, il ordonne que l'argent soit reporté au temple ‖ *se referre Romam* Cic. *Flac.* 60, se reporter, revenir à Rome, cf. Caes. 1, 72, 5 ; *sol se refert* Cic. *Nat.* 3, 37, le soleil rétrograde ; [pass. même sens] Cic. *Tusc.* 1, 119 ; Virg. *En.* 1, 390 ‖ reporter, rendre, restituer : Cic. *Div.* 1, 54 ; Hor. *Ep.* 1, 17, 32 ; Sen. *Ep.* 81, 9 ‖ [poét.] *pedem, gressum, cursum*, revenir : Ov. *H.* 16, 88 ; Sil. 11, 355 ; 8, 89 ¶ 2 rapporter qqch. au point d'où l'on est parti : *caput ejus refertur in castra* Caes. *G.* 5, 58, 6, on rapporte sa tête au camp, cf. Caes. *C.* 3, 19, 8 ¶ 3 [milit.] *pedem referre*, se retirer, se porter en arrière, reculer, lâcher pied : Cic. *Phil.* 12, 8 ; Caes. *G.* 1, 25, 5 ; Liv. 7, 33, 15 ‖ ou *gradum referre* Liv. 1, 14, 8 ¶ 4 porter en s'éloignant d'où l'on est, apporter : *frumentum omne ad se referri jubet* Caes. *G.* 7, 71, 6, il ordonne qu'on lui apporte tout le blé ; *relatis in publicum cornibus* Caes. *G.* 6, 28, 3, les cornes [de l'urus] étant apportées en public, cf. Caes. *G.* 7, 88, 4 ; 1, 29, 1 ‖ [avec idée de rétribution] : Hor. *S.* 1, 6, 75.

II [fig.] ¶ 1 porter une chose au point d'où elle est partie **a)** rapporter, rendre, ramener : *ad equestrem ordinem judicia* Cic. *Verr.* 3, 223, rendre les pouvoirs judiciaires aux chevaliers ; *ut eo, unde digressa est, referat se oratio* Cic. *Rep.* 2, 77, pour que mon exposé revienne à son point de départ, cf. Cic. *Off.* 6, 22 ; *ad philosophiam se referre* Cic. *Off.* 2, 4, revenir à la philosophie **b)** remettre en état, rétablir : *consuetudo longo intervallo repetita ac relata* Cic. *Caecil.* 67, coutume reprise et rétablie après un long intervalle, cf. Cic. *Caecil.* 68 ; *Clu.* 86 ; Liv. 3, 55, 6 ¶ 2 porter en retour **a)** renvoyer : *sonum referre* Cic. *Nat.* 2, 144, renvoyer les sons ; [fig.] Cic. *Q.* 1, 1, 42 **b)** *alicui pro aliqua re gratiam* Caes. *G.* 5, 27, 11, témoigner sa reconnaissance à qqn en retour de qqch., cf. Cic. *Phil.* 3, 39 ; 10, 1 ; *Cat.* 4, 3 ; *referre gratiam non potest, habere certe potest* Cic. *Off.* 2, 69, s'il ne peut témoigner en retour sa reconnaissance, du moins il peut l'éprouver **c)** répliquer, opposer en réplique ; *aliquid alicui*, qqch. à qqn : Cic. *Caecin.* 85 ; *Fat.* 30 ; *Quinct.* 44 ; Virg. *En.* 4, 31 ¶ 3 porter une chose au point d'où l'on est parti **a)** rapporter : *in suam domum ignominiam* Cic. *Off.* 1, 138, rapporter chez soi le déshonneur, cf. Cic. *Amer.* 110 ; *victoriam ex hoste Roman referre* Liv. 4, 10, 3, revenir à Rome avec une victoire remportée sur l'ennemi **b)** rapporter [une réponse, une notification, etc.] : *ejus orationem legati domum referunt* Caes. *C.* 1, 35, 3, les députés rapportent chez eux son discours, cf. Caes. *G.* 4, 9, 1 ; Cic. *Dej.* 25 ‖ [avec prop. inf.] Caes. *G.* 6, 10, 4 ; Liv. 3, 38, 12 ¶ 4 porter de nouveau [répétition], reproduire, renouveler : *mysteria* Cic. *de Or.* 3, 75, recommencer la célébration des mystères, cf. Cic. *Flac.* 1 ‖ *naturam, mores parentum* Lucr. 1, 597, reproduire la nature, les mœurs de ses parents, cf. Lucr. 4, 1221 ; Liv. 10, 7, 2 ; Plin. *Ep.* 5, 16, 9 ; Virg. *En.* 4, 329 ‖ [poét.] *mente* ou *secum referre* ou *referre* seul, se rappeler, faire revivre dans son esprit : Ov. *M.* 15, 27 ; *Rem.* 299 ; *M.* 1, 165 ¶ 5 détourner d'une chose et porter vers une autre, **a)** reporter : *oculos animumque ad aliquem* Cic. *Quinct.* 47, reporter ses yeux et sa pensée sur qqn, cf. Cic. *de Or.* 1, 1 ; *ex aliqua re in aliquam rem aspectum* Cic. *Prov.* 38, au sortir d'une chose tourner ses regards vers une autre **b)** détourner de soi sur un autre : *culpam in alium* Curt. 4, 3, 7, reporter la responsabilité sur un autre ; *crimen in aliquem* Cic. *Inv.* 2, 83, rejeter sur qqn l'accusation ¶ 6 porter ailleurs, à d'autres **a)** rapporter, raconter : *sermones ad me referebantur* Cic. *Fam.* 1, 9, 10, on me rapportait des propos, cf. Cic. *Brut.* 301 ; *factum dictumve* Liv. 6, 40, 5, rapporter un acte ou une parole, cf. Quint. 5, 11, 8 ; 6, 3, 20 ‖ [avec prop. inf.] Suet. *Caes.* 30 ; Ov. *M.* 1, 700 ‖ [abs^t] *refero ad Scaptium* Cic. *Att.* 5, 21, 12, je rapporte la chose à Scaptius ; *saepe aliter est dictum, aliter ad nos relatum* Cic. *Brut.* 208, souvent il a été dit une

refero

chose et il nous en est rapporté une autre ; *de aliqua re ad aliquem* Cic. *de Or.* 1, 239, s'ouvrir à qqn d'une chose, faire part à qqn d'une chose **b)** rapporter officiellement, faire un rapport au sénat [en parl. des magistrats qui le président], c.-à-d. soumettre une affaire à sa délibération, mettre à l'ordre du jour de la séance : *ad senatum de aliqua re referre*, porter une question à l'ordre du jour du sénat, cf. Cic. *Fam.* 8, 8, 5 ; *Pomp.* 58 ; *Phil.* 5, 19 ; 8, 33 ; Caes. *C.* 1, 1, 1 ; *de aliqua re refertur ad senatum* Cic. *Verr.* 4, 142, sur une affaire il y a délibération du sénat ; *refertur de Peducaeo* Cic. *Verr.* 4, 143, on met aux voix le cas Péducaeus, cf. Liv. 26, 2, 1 ‖ *rem ad senatum referre* Cic. *Verr.* 4, 85, saisir d'une question le sénat, cf. Sall. *C.* 29, 1 ; Liv. 29, 15, 1 ; *res integra refertur* Cic. *Att.* 14, 17, 3, toute l'affaire est remise en délibération, cf. Liv. 2, 5, 1 ; 21, 6, 6 ‖ [abs^t] *referente te* Cic. *Phil.* 2, 31, sur ton rapport, sur ta proposition ; *refer ad senatum* Cic. *Cat.* 1, 20, saisis le sénat **c)** [en gén.] *referre rem ad aliquem* Cic. *Att.* 7, 7, 4, consulter qqn sur qqch., s'en remettre d'une chose au jugement de qqn, cf. Cic. *Dom.* 136 ; *Har.* 61 ; *Att.* 1, 13, 3 ; *Div.* 2, 62 ; *Clu.* 137 ‖ *de aliqua re ad pontificum collegium* Cic. *Dom.* 136, consulter le collège des pontifes sur qqch. **d)** porter sur, consigner sur [un registre] : *aliquid in tabulas* Cic. *Verr.* 4, 12, porter qqch., consigner qqch. sur les livres de compte, cf. Cic. *Flac.* 20 ; *in tabulas publicas refertur* [avec prop. inf.] Cic. *Verr.* 4, 134, il est porté sur les registres officiels cette mention que ; *in tabulis refert* [avec prop. inf.] Cic. *Verr.* 4, 31, dans ses registres il relate que ; *orationem in Origines* Cic. *Brut.* 89, reprendre un discours dans ses Origines [Caton] ‖ [abs^t] consigner sur un procès-verbal : Cic. *Phil.* 5, 12 ; Liv. 26, 36, 11 **e)** faire rentrer parmi, mettre au nombre de : *aliquem in reos* Cic. *Verr.* 5, 109, porter qqn au nombre des accusés ; *in labores Herculis aliquid* Cic. *Verr.* 4, 95, mettre qqch. au nombre des travaux d'Hercule ; *in oratorum numerum* Cic. *Brut.* 137 ; *in deorum numero* Cic. *Nat.* 1, 29, ranger au nombre des orateurs, des dieux **f)** remettre, déposer : *ad aerarium rationes* Cic. *Verr.* 1, 77, remettre ses comptes au trésor, cf. Cic. *C.* 3, 167 ; *Pis.* 61 ; ou *rationes referre* seul Cic. *Fam.* 5, 20, 1, rendre ses comptes **g)** *acceptum, in acceptum referre*, v. *acceptus* **h)** *aliquid ad aliquid*, rapporter qqch. à une autre chose prise comme mesure d'évaluation : *omnia ad voluptatem* Cic. *Lae.* 32, faire du plaisir la mesure de tout, rapporter tout au plaisir ; *aliquid ad amicitiam* Cic. *Brut.* 5, juger qqch. d'après l'amitié, cf. Cic. *Dej.* 7 ; *Leg.* 1, 46 ; 2, 8 ; *Or.* 9 ; *139* ‖ [ou] rapporter à une autre chose prise comme fin : *summa omnis philosophiae ad beate vivendum refertur* Cic. *Fin.* 2, 86, toute philosophie dans son ensemble a pour but d'assurer le bonheur, cf. Cic. *Off.* 1, 106 ‖ [ou] rapporter à une autre chose qui est le fondement, le principe : *omnia ad igneam vim referre* Cic. *Nat.* 3, 35, ramener tout au principe du feu, y voir le principe de toutes choses.

▶ *rellatum* Ter. *Phorm.* 21 ; Lucr. 2, 1001.

rēfert, *ferre, tŭlĭt,* - (*rē* abl. de *res, fero*), intr. et impers.

I intr., être important, importer, intéresser ¶ **1** [avec sujet pron. n.] **a)** *quid id refert mea ?* Pl. *Curc.* 395, que m'importe cela ?, cf. Pl. *Ru.* 177 ; Ter. *Phorm.* 723 ; *id mea minime refert* Ter. *Ad.* 881, cela m'est absolument indifférent ; *non ascripsi id, quod tua nihil referebat* Cic. *Fam.* 5, 20, 5, je n'ai pas inscrit dans les comptes une chose qui ne t'intéressait pas, cf. Cic. *Quinct.* 19 **b)** *quid id ad me aut ad meam rem refert ?* Pl. *Pers.* 512, en quoi importe-t-il à moi ou à mes intérêts ? ; *quae ad rem referunt* Pl. *Pers.* 593, les choses qui importent à l'affaire **c)** *faciundum aliquid, quod illorum magis quam sua retulisse videretur* Sall. *J.* 111, 1, [il montra] qu'il faudrait faire qqch. qui parût importer plus à eux qu'à lui-même (plus avantageux pour eux que…) ; *ipsius ducis hoc referre videtur, ut…* Juv. 16, 58, au chef lui-même ceci importe, à savoir que… **d)** [constr. diverses] : [abs^t] *refert magnopere id ipsum* Cic. *Cael.* 57, cette question elle-même est d'une haute importance ; [avec prop. inf.] *illud parvi refert nos… reciperare* Cic. *Pomp.* 18, il est de peu d'importance que nous recouvrions… ‖ [avec *ut*] *illud permagni referre arbitror, ut* Ter. *Haut.* 467, il est de la plus haute importance, à mon avis, que ¶ **2** [avec sujet subst.] : *usque adeo magni refert studium atque voluptas* Lucr. 4, 984, tellement sont de grande importance les goûts et le plaisir, cf. Plin. 7, 42 ; 18, 317.

II impers., il importe ¶ **1** *si mea refert* Pl. *St.* 616, s'il m'importe ; *nil refert* Pl. *Ep.* 166, il n'importe en rien ; *si quid refert* Pl. *Poen.* 778, s'il importe en qqch. ; *quid refert, si…?* Cic. *Nat.* 1, 79, qu'importe, si…? ; *tamquam referret* Tac. *An.* 6, 2, comme s'il importait, comme si cela avait de l'importance ‖ *ipsorum referre…* Liv. 34, 27, 6, [il dit] qu'il leur importait… ; *humanitatis plurimum refert* Plin. *Ep.* 8, 22, 4, c'est au premier chef une affaire d'humanité, cf. Plin. *Pan.* 40, 5 ; Tac. *An.* 4, 33 ‖ *non refert dedecori…* Tac. *An.* 15, 65, la honte est la même…, cf. Hor. *S.* 1, 1, 49 ‖ [avec *ad*] Varr. *R.* 1, 16, 2 ¶ **2** [avec interrog. indir.] *quid refert, utrum voluerim fieri an gaudeam factum ?* Cic. *Phil.* 2, 29, qu'importe que j'aie voulu voir l'acte s'accomplir ou que je me réjouisse de le voir accompli ?, cf. Cic. *Flac.* 21 ; *Div.* 2, 72 ; *refert qui audiant, senatus an populus an judices* Cic. *de Or.* 3, 211, il importe de considérer quel est l'auditoire, si c'est le sénat ou le peuple ou les juges, cf. Cic. *Tusc.* 1, 80 ; *Lae.* 26 ¶ **3** avec inf. [ellipse du sujet indéterm.] : *non refert videre* Cic. *Brut.* 110, il n'importe pas qu'on voie, cf. Cael. *Fam.* 8, 10, 2 ; Virg. *G.* 2, 104 ‖ [avec prop. inf.] Cic. *Q.* 1, 1, 20 ; *Fam.* 13, 68, 2.

rĕfertus, *a, um*, part.-adj. de *refercio*, plein, rempli ¶ **1** [avec abl.] **a)** [noms de choses] *insula referta divitiis* Cic. *Pomp.* 55, île pleine de richesses, cf. Cic. *Tusc.* 5, 20 ; *Nat.* 1, 6 ; *Brut.* 294 ; *litterae refertae omni officio, diligentia* Cic. *Q.* 2, 13, 1, lettre remplie de toutes les marques de la serviabilité, du dévouement, cf. Caes. *C.* 2, 11, 2 ; Liv. 5, 41, 5 **b)** [pers.] Cic. *Dej.* 33 ; *Phil.* 2, 67 ; *Or.* 140 ; 146 ; *Pis.* 11 ; *Planc.* 19 ¶ **2** [avec gén.] **a)** [pers.] Cic. *Font.* 10 ; *de Or.* 2, 154 ; *Planc.* 98 ; *Rab. Post.* 20 ; *Att.* 9, 1, 2 **b)** [choses] Cic. *Har.* 28 ; Plin. 5, 15 ¶ **3** [abs^t] *domus referta* Cic. *de Or.* 1, 161, maison abondamment garnie [où tout se trouve en abondance, riche, opulente], cf. Cic. *Mur.* 20 ; *CM* 56 ‖ *refertius erit aerarium* Cic. *Verr.* 3, 202, le trésor sera plus rempli ; *theatrum celebritate refertissimum* Cic. *Q.* 1, 1, 42, théâtre comble.

rĕfervens, *tis*, brûlant ‖ [fig.] *refervens falsum crimen* Cic. *Com.* 17, une calomnie toute brûlante.

rĕfervescō, *ĭs, ĕre,* -, -, intr., s'échauffer fortement, bouillonner : Cic. *Div.* 1, 46.

rĕfestīnō, *ās, āre,* -, -, intr., retourner à la hâte : Paul.-Nol. *Ep.* 43, 1.

rĕfībŭlō, *ās, āre,* -, -, tr., déboucler, rendre libre : Mart. 9, 27, 12.

rĕfĭcĭō, *ĭs, ĕre, fēcī, fectum* (*re-facio*), tr. ¶ **1** refaire, réparer, restaurer [des murs, une maison, un temple, des navires] : Cic. *Opt.* 19 ; *Top.* 15 ; *Rep.* 3, 15 ; Caes. *G.* 4, 29 ; 5, 1 ; *C.* 1, 34 ‖ refaire, reconstituer [des troupes, une armée] : Caes. *C.* 3, 87, 4 ; Liv. 3, 10, 8 ; *semper refice* Virg. *G.* 3, 70, renouvelle toujours [le bétail] ‖ [fig.] refaire (physiq^t ou moral^t), rétablir, redonner des forces à : *aliquem* Cic. *Att.* 3, 12, rendre la santé à qqn, cf. Sall. *J.* 54, 1 ; *equos* Caes. *C.* 2, 42, 5, refaire les chevaux ; *exercitum ex labore* Caes. *G.* 7, 32, 1, remettre l'armée de ses fatigues ; *se reficere ex labore* Caes. *G.* 3, 5, 3, se refaire de ses fatigues, cf. Cic. *Q.* 3, 1, 1 ; *ad ea quae dicturus sum, reficite vos* Cic. *Verr.* 4, 105, pour ce que j'ai l'intention de dire, renouvelez votre attention ; *refecta spe* Liv. 23, 26, 3, l'espoir s'étant ranimé ; *reficere ab aliqua re* au lieu de *ex aliqua re* : Hirt. *G.* 8, 1 ; Liv. 21, 26, 5 ; 33, 36, 7 ‖ pass. réfléchi, *refici*, se remettre, se refaire : Cic. *Arch.* 12 ; Tac. *An.* 13, 44 ; Sen. *Ep.* 7, 1 ¶ **2** faire de nouveau : *arma, tela* Sall. *J.* 66, 1, fabriquer de nouveau (remettre en état) des armes défensives et offensives ; *ea, quae sunt amissa* Caes. *C.* 2, 15, 1, refaire ce qui a été perdu ‖ renommer, réélire [des tribuns, un consul] : Cic. *Lae.* 96 ; Liv. 3, 21, 3 ¶ **3** retirer [un revenu, un bénéfice, une somme de] : Cic. *Verr.* 3, 119 ; *Par.* 45 ; Liv. 1, 53, 3 ; 35, 1, 12 ; v. *refectus*.

rĕfīgō, *ĭs*, *ĕre*, *fīxī*, *fīxum*, tr. ¶ **1** desceller, déclouer, arracher, enlever : Cic. *Phil.* 12, 12 ; Virg. *En.* 5, 360 ; Hor. *Ep.* 1, 18, 56 ; *cruce se* Sen. *Vit.* 19, 3, se détacher de la croix ¶ **2** [fig.] *leges* Cic. *Phil.* 13, 5, abolir, abroger des lois, cf. *Fam.* 12, 1, 2.

rĕfĭgūrō, *ās*, *āre*, -, -, tr., façonner de nouveau : Vulg. *Sap.* 19, 6.

rĕfingō, *ĭs*, *ĕre*, -, -, tr., façonner de nouveau, refaire : Virg. *G.* 4, 202 ‖ [fig.] *se laetiorem* Apul. *M.* 3, 12, retrouver sa gaité.

rĕfirmō, *ās*, *āre*, -, *ātum*, tr., réparer, établir : *Ruf. Brev.* 14, 5 ; v. *reformo*.

rĕfixus, *a*, *um*, part. de *refigo*.

rĕflābĭlis, *e* (*reflo*), qui s'évapore aisément : Cael.-Aur. *Chron.* 4, 1, 6.

rĕflāgĭtō, *ās*, *āre*, -, -, tr., redemander instamment : Catul. 42, 6.

rĕflammō, *ās*, *āre*, -, -, intr., rallumer : Non. 440, 30.

rĕflātĭo, *ōnis*, f. (*reflo*), transpiration : Cael.-Aur. *Chron.* 1, 1, 12.

1 rĕflātus, *a*, *um*, part. de *reflo*.

2 rĕflātŭs, *ūs*, m., vent contraire : Cic. *Att.* 12, 2, 1 ‖ souffle [d'un cétacé] : Plin. 9, 15 ‖ souffle qui revient : Lact. *Inst.* 3, 29, 6.

rĕflectō, *ĭs*, *ĕre*, *flexī*, *flexum*, tr. ¶ **1** courber en arrière, recourber : *caudam* Plin. 11, 265, replier la queue ‖ tourner en arrière, retourner [la tête, les yeux] : Catul. 45, 10 ; Ov. *M.* 7, 341 ; *pedem* Catul. 64, 112, rétrograder ; *reflexa cervice* Virg. *En.* 10, 535, ayant renversé en arrière le cou de son adversaire ‖ [pass. réfléchi] : *illa tereti cervice reflexā* Virg. *En.* 8, 633, celle-ci [la louve] ployant en arrière son cou arrondi, cf. Ov. *M.* 5, 547 ¶ **2** [fig.] ramener, retourner : Ter. *Ad.* 307 ; Cic. *Sull.* 66 ; *de Or.* 1, 53 ‖ *animum reflexi ad eam* Virg. *En.* 2, 741, je me suis reporté par la pensée vers elle ¶ **3** intr., *ubi morbi reflexit causa* Lucr. 3, 502, quand la cause du mal a reculé.

rĕflexim, adv. (*reflecto*), en retournant [la proposition], en prenant la réciproque : Capel. 4, 411.

rĕflexĭo, *ōnis*, f. (*reflecto*) ¶ **1** action de tourner en arrière, de retourner : Macr. *Sat.* 5, 11, 11 ¶ **2** [fig.] la réciproque [d'une proposition] : Capel. 4, 412.

1 rĕflexus, *a*, *um*, part. de *reflecto*.

2 rĕflexŭs, *ūs*, m. ¶ **1** golfe, anse, enfoncement : Apul. *Flor.* 6 ¶ **2** retour en arrière, rétrogradation [du soleil] : Cassiod. *Var.* 1, 35, 2.

rĕflō, *ās*, *āre*, *āvī*, *ātum* ¶ **1** intr., souffler en sens contraire, être contraire [en parl. du vent] : Cic. *Tusc.* 1, 119 ; *Att.* 6, 7, 2 ‖ [fig.] *cum fortuna reflavit* Cic. *Off.* 2, 19, quand la fortune est devenue contraire ¶ **2** tr. **a)** expirer [opposé à aspirer] : Lucr. 4, 938 **b)** gonfler : Apul. *M.* 10, 31, 2 ‖ faire exhaler : Lampr. *Hel.* 25, 2 ‖ faire évaporer : Cael.-Aur. *Acut.* 2, 29, 151 ‖ animer, faire revivre : Fort. *Carm.* 3, 7, 36.

rĕflōrĕō, *ĭs*, *ĕre*, -, -, intr., refleurir [fig.] : Paul.-Nol. *Ep.* 23, 13.

rĕflōrescō, *ĭs*, *ĕre*, *flōrŭī*, -, intr., refleurir [pr. et fig.] : Plin. 18, 146 ; Sil. 15, 738.

rĕflŭāmĕn, *ĭnis*, n. (*refluo*), débordement : Fort. *Mart.* 1, 29.

rĕfluctŭō, *ās*, *āre*, -, -, intr., refluer : Isid. 13, 20, 3.

rĕflŭō, *ĭs*, *ĕre*, -, -, intr., couler en sens contraire, refluer, se retirer : Virg. *En.* 8, 240 ; 9, 32 ‖ [en parl. de la marée] : Plin. 2, 213.

rĕflŭus, *a*, *um* (*refluo*) ¶ **1** qui reflue : Ov. *M.* 7, 267 ; Plin. 2, 220 ¶ **2** que la mer baigne et découvre alternativement : Apul. *M.* 4, 31, 4.

rĕfŏcĭlō (-**llō**), *ās*, *āre*, *āvī*, *ātum*, tr., réconforter, rétablir, remettre, guérir : Vulg. *Jud.* 15, 19 ‖ restaurer [par des aliments] : Hier. *Malch.* 10.

rĕfŏdĭō, *ĭs*, *ĕre*, *fŏdī*, *fossum*, tr., creuser : Plin. 19, 88 ‖ mettre à nu en creusant : Plin. 7, 74 ‖ déterrer, arracher : Col. 2, 2, 28 ‖ [fig.] déterrer [un souvenir] : Aug. *Solil.* 2, 20, 35.

rĕformābĭlis, *e*, à refaire : Hier. *Psalm.* 2, 9.

rĕformātĭo, *ōnis*, f. (*reformo*) ¶ **1** métamorphose : Apul. *M.* 3, 24 ¶ **2** [fig.] réforme [des mœurs] : Sen. *Ep.* 58, 26 ¶ **3** action de refaire, nouvelle formation : Tert. *Res.* 7, 2 ‖ [chrét.] réparation, rédemption : Tert. *Pud.* 20, 11.

rĕformātŏr, *ōris*, m. (*reformo*), réformateur, qui renouvelle : Plin. *Ep.* 8, 12, 1.

1 rĕformātus, *a*, *um*, part. de *reformo*.

2 rĕformātŭs, *ūs*, m., réforme, transformation : Tert. *Val.* 13, 1.

rĕformīdātĭo, *ōnis*, f. (*reformido*), appréhension : Cic. *Part.* 11.

rĕformīdō, *ās*, *āre*, *āvī*, *ātum*, tr., reculer de crainte devant qqn, qqch., craindre, redouter, appréhender : Cic. *Verr.* 5, 69 ; *Tusc.* 5, 85 ‖ [avec inf.] *dicere reformidat* Cic. *Phil.* 14, 9, il craint de dire ‖ *nec, quid tibi... occurrat, reformidat* Cic. *Lig.* 6, et il ne se demande pas avec inquiétude ce qui se présente à ta pensée ....

rĕformō, *ās*, *āre*, *āvī*, *ātum*, tr. ¶ **1** rendre à sa première forme, refaire : Ov. *M.* 11, 254 ¶ **2** rétablir, restaurer : Val.-Max. 6, 5, 2 ¶ **3** [fig.] réformer, améliorer, corriger : Sen. *Ep.* 25, 1 ; 94, 51 ; Plin. *Pan.* 53, 1 ¶ **4** transformer : Tert. *Apol.* 48, 3 ‖ guérir : Tert. *Praescr.* 44, 5 ¶ **5** restituer : Sidon. *Ep.* 4, 24, 2.

rĕfossus, *a*, *um*, part. de *refodio*.

rĕfōtus, *a*, *um*, part. de *refoveo*.

rĕfŏvĕō, *ēs*, *ēre*, *fōvī*, *fōtum*, tr. ¶ **1** réchauffer : [les membres] Curt. 8, 4, 15 ; [le corps] Ov. *M.* 8, 536 ¶ **2** ranimer [un feu] Ov. *Am.* 2, 19, 15 ‖ se soigner : Plin. 8, 97 ‖ refaire [les forces] : Tac. *An.* 12, 66 ¶ **3** [fig.] *disciplinam castrorum* Plin. *Pan.* 18, 1, rétablir la discipline des camps, cf. Plin. *Ep.* 3, 18, 5 ; *reliquias partium* Suet. *Caes.* 35, ranimer les restes d'un parti.

rĕfractārĭŏlus, *a*, *um* (dim. de *refractarius*), un peu chicaneur (querelleur) : Cic. *Att.* 2, 1, 3.

rĕfractārĭus, *a*, *um* (*refringo*), casseur d'assiettes, querelleur : Sen. *Ep.* 73, 1.

rĕfractīva verba, n., [gram.] verbes réfléchis : Prisc. 3, 176, 17.

1 rĕfractus, *a*, *um*, part. de *refringo*.

2 rĕfractŭs, *ūs*, m., réfraction, répercussion : App.-Prob. 4, 193, 9.

rĕfraen-, v. *refren-*.

rĕfrāgātĭo, *ōnis*, f. (*refragor*), opposition : Aug. *Ep.* 241, 1.

rĕfrāgātŏr, *ōris*, m. (*refragor*), celui qui vote contre, adversaire [politique] : Tert. *Scorp.* 1, 5.

rĕfrāgĭum, *ĭi*, n. (*refragor*), résistance : Ambr. *Psalm.* 35, 17 ‖ empêchement, obstacle : Ambr. *Ep.* 37, 30.

rĕfrāgŏr, *ārīs*, *ārī*, *ātus sum* (cf. *frango*, *suffragor*), intr. ¶ **1** voter contre, être d'avis contraire, s'opposer à combattre [avec dat.] : [nom de chose sujet] Cic. *Mur.* 46 ; [nom de pers. sujet] *Phil.* 11, 20 ¶ **2** [fig.] être opposé à, être incompatible avec, répugner à : Quint. 5, 7, 2 ; Plin. 8, 128 ; [abst] Plin. *Ep.* 2, 5, 5.

rĕfrēgī, parf. de *refringo*.

rĕfrēnātĭo, *ōnis*, f., action de réfréner, répression : Sen. *Ir.* 3, 15, 3.

rĕfrēnō, *ās*, *āre*, *āvī*, *ātum*, tr. ¶ **1** arrêter par le frein [des chevaux] : Curt. 4, 16, 3 ¶ **2** [fig.] réfréner, dompter, maîtriser [qqn, qqch.] : Cic. *Div.* 2, 4 ; *Par.* 33 ; *Verr.* 3, 130 ; *Agr.* 2, 55 ; Lucr. 5, 114 ; 6, 531 ; *a reditu aliquem* Cic. *Phil.* 11, 4, barrer le chemin du retour à qqn ; *adolescentes a gloria* Cic. *Cael.* 76, réfréner l'élan des jeunes vers la gloire.

rĕfrēnus, *a*, *um* (re-, frenum), non retenu par le frein [à bride abattue] : *CIL* 8, 7416.

rĕfrĭcātūrus, part. fut. de *refrico*.

rĕfrĭcō, *ās*, *āre*, *frĭcŭī*, *frĭcātūrus* (esp. *refregar*), tr., frotter, gratter de nouveau ‖ **1** irriter par le frottement : *vulnus, cicatricem* Cic. *Att.* 5, 15, 2 ; *Agr.* 3, 4, rouvrir une blessure, une plaie ¶ **2** [fig.] renouveler, réveiller, raviver : *memoriam, dolorem* Cic. *Phil.* 3, 18 ; *de Or.* 2, 199, raviver un souvenir, une douleur ; *refricat animum memoria* Cic. *Sull.* 19, le souvenir ravive les sentiments.

rĕfrīgĕrātĭo, *ōnis*, f. (*refrigero*), rafraîchissement, fraîcheur : Cic. *CM* 46 ‖ soulagement : Veg. *Mul.* 2, 121, 1.

rĕfrīgĕrātīvus, *a, um*, rafraîchissant : CASS. FEL. 52.

rĕfrīgĕrātōrĭus, *a, um*, rafraîchissant : PLIN. 22, 147.

rĕfrīgĕrātrīx, *īcis*, adj. f., rafraîchissante : PLIN. 19, 27.

rĕfrīgĕrātus, *a, um*, part. de *refrigero*.

rĕfrīgĕrĭum, *ĭi*, n., rafraîchissement : VULG. *Psal*. 65, 12 ∥ [fig.] soulagement, réconfort : TERT. *Apol*. 39, 16 ∥ le bonheur éternel : TERT. *Marc*. 2, 17, 4.

rĕfrīgĕrō, *ās, āre, āvī, ātum*, tr. ¶ 1 refroidir : CIC. *Com*. 17 ; *Nat*. 2, 23 ∥ rafraîchir : OV. *M*. 13, 903 ; PLIN. 20, 17 ; [pass. à sens réfléchi] *refrigerari* CIC. *CM* 57, se rafraîchir ∥ pl. n., *refrigerantia* CELS. 5, 26, 33, substances rafraîchissantes ¶ 2 [fig.] refroidir [enlever le zèle, l'ardeur] : CIC. *Verr. prim*. 31 ; *Fam*. 3, 8, 1 ∥ affaiblir, diminuer l'intérêt de : QUINT. 5, 7, 26 ; SUET. *Cl*. 41 ¶ 3 [tard.] restaurer, délasser, réconforter : TERT. *Anim*. 43, 3 ; *Marc*. 4, 16, 16 ¶ 4 intr. [avec dat.] AMBR. *Psalm*. 118, 5 ∥ se refaire : TERT. *Prax*. 16, 6 ∥ être réconforté : PASS. PERP. 8, 1.

refrīgescentĭa, *ae*, f., soulagement : TERT. *Anim*. 43, 3.

refrīgescō, *ĭs, ĕre, frīxī*, -, intr. ¶ 1 se refroidir, se rafraîchir : LUCR. 4, 703 ; CAT. *Agr*. 105 ¶ 2 [fig.] se refroidir, perdre de son intérêt ; diminuer, tiédir, se ralentir : CIC. *Att*. 1, 1, 2 ; 2, 1, 6 ; *Planc*. 55 ; TER. *Ad*. 233 ; *Scaurus refrixerat* CIC. *Q*. 3, 2, 3, Scaurus a perdu de sa faveur [refroidissement à l'égard de Scaurus].

refrīgŭi, v. ► *refrigesco* ►.

refringō, *ĭs, ĕre, frēgī, fractum* (*re-, frango* ; it. *rifrangere*, fr. *refrain*), tr. ¶ 1 briser, enfoncer [portes, barrières] : CAES. *G*. 2, 33, 6 ; CIC. *Mur*. 17 ∥ déchirer, lacérer [vêtement] : OV. *M*. 9, 208 ∥ casser, arracher en brisant : VIRG. *En*. 6, 210 ¶ 2 [en parl. d'un rayon de soleil] *refringi* PLIN. 2, 150, se réfracter ¶ 3 [fig.] *vim fluminis* CAES. *G*. 7, 56, 4, briser le courant du fleuve ; *impotentem dominationem* NEP. *Lys*. 1, 4, abattre une domination tyrannique ∥ *verba* STAT. *S*. 2, 1, 123, écorcher, estropier les mots.

rĕfrīva, *ae*, f. (*re-, frio*, cf. *frivolus*) *refriva faba*, fève broyée [offerte comme prémice] : CINC. d. FEST. 344, 3 ; *PLIN. 18, 119 ; v. ► *referiva*.

rĕfrīxī, parf. de *refrigesco*.

rĕfrondescō, *ĭs, ĕre*, -, -, intr., se couvrir d'un nouveau feuillage : SIDON. *Carm* 22, 46.

rĕfūdī, parf. de *refundo*.

rĕfŭga, *ae*, m. (*refugio*), fugitif : DIG. 49, 16, 3 ∥ apostat : AUG. *Civ*. 20, 19 ∥ rebelle : VULG. *2 Macc*. 5, 8 ∥ [chrét.] exilé du ciel [en parlant de l'homme avant la rédemption] : HIL. *Trin*. 3, 13.

rĕfŭgĭō, *ĭs, ĕre, fūgī*, -
I intr. ¶ 1 fuir en arrière, reculer en fuyant, s'enfuir : *ex castris in montem* CAES. *C*. 3, 99, 5, s'enfuir du camp sur une montagne ; *acie* CAES. *C*. 3, 95, 4, s'enfuir du champ de bataille ∥ *vites a caulibus refugere dicuntur* CIC. *Nat*. 2, 120, la vigne, dit-on, fuit les choux ∥ *refugit ab litore templum* VIRG. *En*. 3, 536, le temple s'éloigne (est à l'écart) du rivage ¶ 2 chercher un refuge : *ad legatos* CIC. *Dej*. 32 ; *in arcem majorem* LIV. 38, 29, 11, se réfugier près des ambassadeurs, dans la plus grande citadelle ; *refugio ad te admonendum* *CIC. *Att*. 12, 18, 1, je trouve du réconfort à te faire souvenir ¶ 3 [fig.] s'écarter de : *ab instituta nostra consuetudine* CIC. *Att*. 1, 1, 4, il a rompu les relations commencées avec moi ; *a genere hoc toto sermonis* CIC. *de Or*. 1, 99, se refuser à tout ce genre de conversation ∥ [abs¹] *refugit animus* CIC. *Phil*. 14, 9, mon esprit éprouve de la répugnance, cf. VIRG. *G*. 1, 177.
II tr., éviter, fuir, *aliquem, aliquam rem*, qqn, qqch. : CIC. *Com*. 45 ; *Caecin*. 22 ; *Verr*. 5, 40 ∥ [poét. avec inf.] refuser de : HOR. *O*. 1, 1, 34 ; OV. *Am*. 3, 6, 5.

rĕfŭgiscō, *ĭs, ĕre*, -, - (inch. de *refugio*), tr., fuir [fig.] : COMMOD. *Instr*. 1, 23, 9.

rĕfŭgĭum, *ĭi*, n. (*refugio*) ¶ 1 action de se réfugier, fuite : FRONTIN. *Strat*. 1, 11 ; JUST. 2, 6, 11 ¶ 2 refuge, asile [pr. et fig.] : LIV. 9, 37, 10 ; CIC. *Off*. 2, 26 ∥ issue secrète dans une maison : ULP. *Dig*. 7, 1, 13, 7.

rĕfŭgō, *ās, āre*, -, -, tr., mettre de nouveau en fuite : COMMOD. *Apol*. 754.

rĕfŭgus, *a, um* (*refugio*) ¶ 1 fuyard, fugitif : TAC. *H*. 2, 24 ∥ subst. m. pl., *refugi* TAC. *An*. 13, 40 ; *H*. 3, 61, les fuyards ¶ 2 qui fuit, qui échappe, qui se dérobe : *refugi fluctus* LUC. 1, 411, le reflux, cf. PLIN. *Pan*. 30, 4 ∥ [fig.] *refugi a fronte capilli* LUC. 10, 132, chevelure rejetée en arrière ∥ *refugus jejunii* AMBR. *Psalm*. 118, s. 20, 4, qui fuit le jeûne.

rĕfulcĭō, *ĭs, īre*, -, -, tr., étayer : NOT. TIR. 72.

rĕfulgentĭa, *ae*, f. (*refulgeo*), éclat : APUL *Flor*. 18.

rĕfulgĕō, *ēs, ēre, fulsī*, -, intr. ¶ 1 renvoyer un éclat, resplendir, briller : LUCR. 2, 800 ; LUC. *poet*. *Nat*. 2, 114 ; VIRG. *En*. 8, 623 ; 9, 374 ; LIV. 7, 10, 7 ; 8, 10, 5 ¶ 2 [fig.] briller en face de (à l'encontre) : HOR. *O*. 2, 17, 23 ∥ resplendir : PROP. 3, 20, 8 ; PLIN. 35, 60.

rĕfulgĕrăt, *āre*, -, -, impers., il commence à y avoir des éclairs : NOT. TIR. 72.

rĕfundō, *ĭs, ĕre, fūdī, fūsum* (it. *rifundere*), tr. ¶ 1 renverser, répandre de nouveau : CIC. *Nat*. 2, 118 ; OV. *M*. 11, 488 ¶ 2 refouler, rejeter : *ponto refuso* VIRG. *G*. 2, 163, la mer étant refoulée, cf. VIRG. *En*. 1, 126 ; *refusus Oceanus* VIRG. *En*. 7, 225, l'Océan que refoulent les rivages ; *palus Acheronte refuso* VIRG. *En*. 6, 107, marais où reflue l'Achéron ; *refunditur alga* VIRG. *En*. 7, 590, l'algue est repoussée [avec le flot] ¶ 3 [fig.] rendre, restituer : PLIN. *Pan*. 31, 3 ; 40, 4 ¶ 4 faire répandre : *luna refundit glaciem* PLIN. 2, 223, la lune fait fondre la glace ∥ pass. réfléchi, *refundi*, se répandre ; [poét.] s'étendre : SIL. 13, 322 ; *refusa conjugis in gremium* LUC. 8, 105, se renversant sur le sein de son époux.

rĕfuscō, *ās, āre, āvī, ātum*, tr., noircir, assombrir : CASSIOD. *Compl. Apoc*. 12.

***rĕfūsē**, adv. [inus.] de manière à rendre meuble ∥ *-sius* COL. 4, 1, 3.

rĕfūsĭō, *ōnis*, f. (*refundo*) ¶ 1 action de rejeter, épanchement : MACR. *Sat*. 1, 21, 17 ¶ 2 restitution : AMBR. *David* 8, 42.

rĕfūsōrĭae littĕrae, f. pl. (*refundo*), lettre de remise de peine : SIDON. *Ep*. 9, 10, 2.

rĕfūsus, *a, um*, part. de *refundo*.

rĕfūtābĭlis, *e* (*refuto*), facile à réfuter, inadmissible : AMBR. *Luc*. 8, 49.

rĕfūtātĭō, *ōnis*, f. (*refuto*), réfutation : CIC. *Top*. 93 ; QUINT. 5, 13, 1.

rĕfūtātŏr, *ōris*, m., celui qui réfute : ARN. 1, 32.

rĕfūtātōrĭus, *a, um*, qui sert à réfuter : COD. JUST. 7, 61, 1.

rĕfūtātŭs, abl. *ū*, m., réfutation : LUCR. 3, 525.

rĕfūtō, *ās, āre, āvī, ātum* (*confuto, futo* ; it. *rifutare*), tr. ¶ 1 refouler, repousser [pr. et fig.] : *nationes bello* CIC. *Prov*. 32, refouler des nations en guerroyant ; *refutetur ac rejiciatur Philocteteus ille clamor* CIC. *Tusc*. 2, 55, refoulons et rejetons bien loin les cris à la façon de Philoctète ¶ 2 réfuter : CIC. *de Or*. 2, 80 ; *Font*. 35 ; *Pomp*. 52 ∥ [poét., avec prop. inf.] refuser d'admettre que : LUCR. 3, 350.

rēgāles, *ĭum*, m. pl., fils de rois, princes royaux ; famille royale : AMM. 16, 12, 26 ; COD. TH. 7, 19.

rēgālĭa, *ĭum*, n. pl., résidence royale : CASSIOD. *Eccl*. 9, 30 ; 11, 17.

Rēgālĭānus, *i*, m., [un des usurpateurs de l'Empire romain appelés les trente tyrans, 260] : TREB. *Tyr*. 10.

rēgālĭŏlus, *i*, m. (dim. de *regalis*), roitelet [oiseau] : SUET. *Caes*. 81.

1 **rēgālis**, *e* (*rex* ; fr. *royal*) ¶ 1 royal, de roi : *regale genus civitatis* CIC. *Rep*. 2, 41 ; *regalis res publica* CIC. *Rep*. 3, 47, gouvernement royal (monarchique), monarchie ; *regale nomen* CIC. *Rep*. 2, 52, le nom de roi ; *ut sapere, sic divinare regale ducebant* CIC. *Div*. 1, 89, comme la science, la divination était, selon eux, l'apanage des rois ; *regum rex regalior* PL. *Cap*. 825, [je suis] un roi des rois encore plus royal = plus roi que le roi des rois ; *regalia fulmina* CAECIN. d. SEN. *Nat*. 2, 49, 2, foudres qui présageant la royauté ¶ 2 royal, digne d'un roi : CIC. *Fin*. 2, 69 ; *regale donum* CIC. *Verr*. 4, 68, présent royal ∥ *-issimus* JUL.-VAL. 2, 30 ∥ [au Bas-Empire, pour qualifier la majesté de l'empereur] impérial : *regalis aula* COD. TH. 13, 3,

12, la cour impériale ; *regale culmen* Cod. Just. 1, 51, 14, 3, la majesté impériale.

2 **Rēgālis**, *is*, m., nom d'un évêque de Venise : Greg.-Tur. *Hist.* 10, 9.

rēgālĭtĕr, adv., royalement, en roi : Liv. 42, 51, 2 ‖ en despote : Ov. *M.* 2, 397 ‖ **-lius** Jul.-Val. 1, 7.

rĕgammans, *tis* (*gamma*), qui a la forme d'un double gamma : Grom. 24, 27.

rĕgĕlātĭo, *ōnis*, f. (*regelo*), dégel : Grom. 50, 22.

rĕgĕlātus, *a*, *um*, part. de *regelo*.

rĕgĕlō, *ās*, *āre*, *āvī*, *ātum* ¶ **1** tr., faire dégeler, réchauffer : Col. 1, 5, 8 ; 10, 77, 11, 2, 7 ‖ *regelari* Sen. *Ep.* 67, 1, se réchauffer ¶ **2** intr., se refroidir : Plin. Val. 3, 14.

▶ *regelare* *Varr. *R.* 1, 57, 4, " rafraîchir ".

rĕgĕmō, *ĭs*, *ĕre*, -, -, intr., répondre par un gémissement : Stat. *Th.* 5, 389 ; 8, 17.

rĕgendārĭus, *ĭi*, m. (*rego*), sorte d'intendant, de secrétaire du palais impérial : Cassiod. *Var.* 11, 29.

rĕgĕnĕrātĭo, *ōnis*, f. (*regenero*), résurrection : VL. *Matth.* 19, 28 d. Aug. *Civ.* 20, 5, 3 ‖ [fig.] régénération [par le baptême] : Aug. *Civ.* 22, 8, 5.

rĕgĕnĕrō, *ās*, *āre*, *āvī*, *ātum*, tr., reproduire [en soi], faire revivre : [son grand-père, son père] Plin. 7, 51 ; 14, 145 ‖ [en parl. de plantes, d'arbres] reproduire [certains détails, certains défauts] : Plin. 7, 50 ; 12, 11 ‖ régénérer [spirituellement] : Vulg. *1 Petr.* 1, 3.

rĕgens, *tis*, v. *rego*.

rĕgermĭnātĭo, *ōnis*, f. (*regermino*), action de repousser, nouvelle pousse : Plin. 17, 147 ; 19, 122.

rĕgermĭnō, *ās*, *āre*, -, -, intr., germer de nouveau, repousser : Plin. 16, 141 ; 19, 122.

rĕgĕrō, *ĭs*, *ĕre*, *gessī*, *gestum*, tr. ¶ **1** porter en arrière, emporter, enlever : *quo regesta e fossa terra foret* Liv. 44, 11, 5, [il demanda] où la terre enlevée du fossé avait été emportée ‖ porter de nouveau, reporter : Ov. *M.* 11, 188 ‖ introduire en retour, en remplacement : Sen. *Ep.* 15, 3 ‖ lancer en retour, renvoyer : Plin. 37, 131 ¶ **2** [fig.] renvoyer : *convicia* Hor. *S.* 1, 7, 29, renvoyer des injures, riposter par des injures ; *invidiam in aliquem* Quint. 11, 1, 22, faire retomber le discrédit sur qqn, cf. Cass. *Fam.* 15, 19, 1 ¶ **3** porter ailleurs, [d'où] reporter, transcrire, consigner : *aliquid in commentarios* Quint. 2, 11, 7, transcrire qqch. dans ses cahiers de notes.

rĕgesta, *ōrum*, n. pl. (v. *regero* ¶ 3 ; fr. *registre*), registre : Vop. *Prob.* 2, 2 ; Cod. Th. 11, 28, 14.

rĕgestum, *i*, n., terre enlevée : Col. 3, 13, 8.

rĕgestus, *a*, *um*, part. de *regero*.

1 **rēgĭa**, *ae*, f. (*regius*, s.-ent. *domus*) ¶ **1** résidence royale, palais : Cic. *Fin.* 3, 52 ; Caes. *C.* 3, 112 ; Liv. 1, 40, 5 ¶ **2** tente royale dans un camp : Liv. 2, 12, 10 ; Curt. 9, 5, 30 ¶ **3** la cour, le trône [= la famille royale ou la royauté] : Liv. 1, 46, 3 ; 24, 22, 14 ; Tac. *An.* 11, 29 ¶ **4** capitale : Plin. 5, 20 ; Hor. *Ep.* 1, 11, 2 ; Virg. *En.* 9, 737 ¶ **5** basilique : Suet. *Aug.* 76 ; Ascon. Cic. *Scaur.* 45 ¶ **6** puissance royale, royauté : Curt. 6, 6, 2 ; [fig.] Val.-Flac. 5, 67 ¶ **7** plante appelée *basilisca* : Ps. Apul. *Herb.* 128 ¶ **8** v. *Regia*.

2 **Rēgĭa**, *ae*, f. (*1 regia*), la Regia [ancien palais de Numa, sur la voie Sacrée, près du temple de Vesta, devenu plus tard la résidence du Pontifex Maximus] Atlas III B : Cic. *Mil.* 37 ; Ov. *Tr.* 3, 1, 30 ; F. 6, 264.

Rēgĭāna, *ae*, f., ville de la Bétique : Anton. 415.

Rēgĭātes, *um* ou *ĭum*, m. pl., peuple de la Gaule cispadane : Plin. 3, 116.

rĕgĭbĭlis, *e* (*rego*), docile : Amm. 16, 12, 9.

rēgĭē, adv. (*regius*) ¶ **1** à la façon d'un roi, royalement, magnifiquement : Pl. *St.* 377 ; Varr. *R.* 1, 2, 10 ¶ **2** à la manière d'un maître absolu, d'un despote : Cic. *Cat.* 1, 30 ; *Verr.* 3, 115.

1 **Rēgĭensis**, *e*, v. *1 Regium*.

2 **Rēgĭensis**, *e*, de Regium : CIL 11, 843 ‖ **Rēgĭenses**, *ĭum*, m. pl., habitants de Regium : Cic. *Fam.* 13, 7, 4.

rēgĭfĭcē, adv., royalement, magnifiquement : Enn. *Tr.* 85 ; Sil. 11, 273.

rēgĭfĭcus, *a*, *um* (*rex*, *facio*), royal, magnifique : Virg. *En.* 6, 605 ; Val.-Flac. 2, 652.

rēgĭfŭgĭum, *ĭi*, n. (*rex*, *fugio*), fête en mémoire de l'expulsion des rois [de Rome] : P. Fest. 347, 10.

rēgignō, *ĭs*, *ĕre*, -, -, tr., reproduire : Lucr. 5, 244.

Rēgilla, *ae*, f., nom de femme : CIL 6, 1343.

Rēgillānus, *i*, m. (*Regillum*), surnom d'Appius Claudius : Suet. *Tib.* 2.

Rēgillensis, m., surnom de Postumius [qui vainquit les Latins près du lac Régille] : Liv. 4, 49, 7.

Rēgillum, *i*, n., Régille [ville de la Sabine, près de Cures] : Liv. 2, 16, 4 ; *Regilli lacus* Flor. 1, 11, 2 ; v. *Regillus*.

1 **rĕgillus**, *a*, *um* (*rego*, cf. *rectus*), à fils droits (verticaux) : *regilla tunica* Varr. *Men.* 372 ; *inducula* Pl. *Ep.* 223, [jeu de mots avec *regillus*, de *regius*], tunique droite, cf. Fest. 364, 21.

2 **rĕgillus**, *i*, m. (dim. de *regulus*), petit roi, roitelet : Gloss. 2, 256, 17.

3 **Rēgillus**, *i*, m., le lac Régille [dans le Latium] : Cic. *Nat.* 3, 11 ‖ *lacus Rēgillus*, Liv. 3, 20, 4.

4 **Rēgillus**, *i*, m., surnom, dans la famille des Aemilius : Cic. *Att.* 12, 24, 2 ; Liv. 24, 7, 12.

rĕgĭmĕn, *ĭnis*, n. (*rego* ; fr. *royaume*) ¶ **1** direction : *navis* Tac. *An.* 2, 23, direction d'un navire, cf. Tac. *An.* 13, 3 ‖ [poét.] gouvernail : Ov. *M.* 11, 552 ¶ **2** [fig.] direction, conduite, gouvernement, administration : Lucr. 3, 95 ; Liv. 3, 33, 7 ; Tac. *An.* 1, 31 ; 13, 49 ; Suet. *Aug.* 27 ‖ [en part.] direction de l'État, gouvernement : Enn. *An.* 423 ; Tac. *An.* 4, 9 ‖ [sens concret] directeur : Val.-Max. 1, 1, 9.

rĕgĭmentum, *i*, n., c. *regimen* : Amm. 25, 9, 7 ; Fest. 348, 16.

rĕgĭmōnĭum, *ĭi*, n., c. *regimen* : CIL 4, 918.

1 **rēgīna**, *ae*, f. (*rex* ; fr. *reine*) ¶ **1** reine : [en parl. de Cléopâtre] Cic. *Att.* 14, 8, 1 ; Hor. *O.* 1, 37, 1 ; [de Didon] Virg. *En.* 1, 303 ‖ [fig.] *regina Pecunia* Hor. *Ep.* 1, 6, 37, le roi argent, l'argent roi, cf. Cic. *de Or.* 2, 187 ; *Off.* 3, 28 ¶ **2** en parl. des déesses : [de Junon] Cic. *Verr.* 2, 184 ; Virg. *En.* 1, 9 ; [de Vénus] Hor. *O.* 1, 30, 1 ; [de Calliope] Hor. *O.* 3, 4, 2 ¶ **3** fille de roi, princesse : Virg. *En.* 6, 28 ; Ov. *H.* 12, 1 ; *virgines reginae* Curt. 3, 12, 21, les princesses royales ¶ **4** grande dame : Pl. *Truc.* 519 ; Ter. *Eun.* 168 ¶ **5** impératrice : Cod. Just. 5, 6, 26.

2 **Rēgīna**, *ae*, f., ville de Bétique [Reina] : Plin. 3, 14 ‖ **-ensis**, de Régina : CIL 2, 1038.

Rēgīnum, *i*, n., ville de Vindélicie [Regensburg] : Anton. 250.

1 **Rēgīnus**, *a*, *um*, de Regium [Bruttium] : Cic. *Phil.* 1, 7 ‖ **-ni**, *ōrum*, m. pl., habitants de Regium : Cic. *Verr.* 4, 26.

▶ pour l'orth. v. *2 Regium*.

2 **Rēgīnus**, *i*, m., surnom romain : Cic. *Att.* 10, 12, 1.

rĕgĭo, *ōnis*, f. (*rego* ; it. *rione*) ¶ **1** direction : *recta regione* Caes. *G.* 7, 46, 1, en ligne droite ; *recta fluminis Danubii regione* Caes. *G.* 6, 25, 2, en suivant tout droit la direction du Danube, parallèlement au Danube ; *ex diversis regionibus* Liv. 28, 9, 4, en venant de directions opposées ; *superare regionem castrorum* Caes. *C.* 1, 69, 3, dépasser la ligne, le niveau du camp ‖ [fig.] *de recta regione deflectere* Cic. *Verr.* 5, 176, dévier de la ligne droite ‖ *natura et regio provinciae tuae* Cic. *Fam.* 1, 7, 6, la nature et [la direction, l'orientation] la situation géographique de ta province, cf. Cic. *Arch.* 21 ‖ expression adverbiale : *e regione* : **a)** en droite ligne : *e regione moveri* Cic. *Fat.* 18, avoir un mouvement rectiligne, cf. Cic. *Fin.* 1, 19 ; *cadere e regione loci* Lucr. 1, 823, tomber tout droit **b)** vis-à-vis, du côté opposé, à l'opposite [avec gén. ou dat.] : *e regione solis* Cic. *Nat.* 2, 103, vis-à-vis du soleil, cf. Caes. *G.* 7, 25, 2 ; 7, 36, 5 ; *e regione nobis* Cic. *Ac.* 2, 123, à l'opposite de nous, aux antipodes ; *e regione castris castra ponere* Caes. *G.* 7, 35, 1, placer son

regio

camp en face du camp ennemi ¶ 2 ligne a) limite frontière [surt. au pl.]: CIC. *Cat.* 4, 21; *Arch.* 23; [sg.] CIC. *Balb.* 64 ‖ [fig.] CIC. *Arch.* 29; *Agr.* 2, 97 b) lignes imaginaires tracées dans le ciel au moyen du bâton augural, zones: CIC. *Div.* 1, 31; *Nat.* 2, 9; *Leg.* 2, 21 ¶ 3 zone, région a) *regio aquilonia, australis* CIC. *Nat.* 2, 50, région septentrionale, australe, cf. LUCR. 6, 723; HOR. *S.* 1, 4, 30 b) *in regione pestilenti* CIC. *Rep.* 2, 11, dans une région malsaine, cf. CIC. *Fin.* 2, 102 ‖ [fig.] sphère, domaine, champ: PL. *Mil.* 233; CIC. *de Or.* 2, 5 c) région, contrée, territoire, pays: CIC. *Flac.* 27; *Sest.* 66; CAES. *G.* 5, 14; 6, 13; 6, 33 d) [en part.] quartier, canton [divisions de la ville de Rome]: GELL. 15, 27, 4; PLIN. 3, 66; SUET. *Aug.* 30; TAC. *An.* 14, 12; 15, 40 e) campagne, plaine: VULG. *Gen.* 3, 10.

Rĕgĭōn, v. 2 *Regium*: OV. *M.* 14, 48.

rĕgĭōnālis, e (*regio*), provincial: AUG. *Bapt.* 7, 53, 102.

rĕgĭōnălĭtĕr, adv. (*regionalis*), par régions: APUL. *Mund.* 23.

rĕgĭōnārĭus, a, um (*regio*), régionnaire: *centurio* VINDOL. 250.

rĕgĭōnātim, adv. (*regio*), par contrée: LIV. 40, 51, 9 ‖ par quartier: SUET. *Caes.* 39.

1 **rĕgis**, 2ᵉ pers. indic. prés. de *rego*.

2 **rēgis**, gén. de *rex*.

1 **Rēgĭum**, ii, n., ville de la Gaule cispadane, sur la voie Émilienne [Reggio Emilia]: BRUT. *Fam.* 11, 9, 2; 12, 5, 2; appelée aussi *Regium Lepidum* MART. H. 2, 50; v. FEST. 332, 25 ‖ **Rĕgĭensēs**, ĭum, m. pl., habitants de Reggio: CIL 11, 970.

2 **Rēgĭum**, ii, n., ville du Bruttium [Reggio Calabria] Atlas I, D4; XII, G5: CIC. *Verr.* 2, 55; 4, 135; SALL. *J.* 28, 6; LIV. 23, 30, 9; v. *Reginus, 2 Regienses*.

▶ l'orth. *Rhegium* est défectueuse; les meilleurs mss et les inscr. donnent *Regium*; mais v. FEST. 332, 21.

rēgĭus, a, um (*rex*) ¶ 1 de roi, du roi, royal: *genus regium* CIC. *Rep.* 1, 50, race royale; *regia potestas* CIC. *Rep.* 2, 15, puissance royale, royauté; *regium munus* CIC. *Verr.* 4, 65, cadeau d'un roi; *regii anni* CIC. *Rep.* 2, 29, la période monarchique [à Rome]; *bellum regium* CIC. *Pomp.* 50, guerre contre des rois [Mithridate et Tigrane] ¶ 2 despotique, tyrannique: *regia dominatio* CIC. *Verr.* 5, 175, domination despotique ¶ 3 royal, digne d'un roi, princier, magnifique: HOR. *O.* 2, 15, 1 ¶ 4 épithète de plantes, d'arbres: COL. 5, 8, 3; PLIN. 15, 56; 15, 129 ‖ *regius morbus* HOR. *P.* 453; CELS. 3, 24, la jaunisse; *regia stella* PLIN. 18, 235, étoile royale [dans la constellation du Lion] ¶ 5 m. pl., *regii* les troupes du roi: NEP. *Dat.* 1, 4; LIV. 37, 41, 3 b) les satrapes: NEP. *Ages.* 8, 3 ¶ 6 [tard.] impérial: AUG. *Conf.* 9, 7, 16; *urbs* COD. JUST. 8, 47, 6, ville où réside l'empereur; *possessiones* COD. JUST. 12, 35, 15, biens privés de l'empereur.

rĕglescō, is, ĕre, -, - (re-, *glisco*), intr., s'enflammer, s'accroître: PL. d. FEST. 348, 9.

rĕglūtĭnō, ās, āre, -, -, tr. ¶ 1 décoller: CATUL. 25, 9 ‖ [fig.] *reglutinatis luminibus ab...* CAPEL. 6, 586, ayant détaché leurs yeux de... ¶ 2 recoller: PRUD. *Perist.* 10, 874.

regnandus, a, um, v. *regno* II.

regnātŏr, ōris, m. (*regno*), maître, souverain, roi, monarque: PL. *Men.* 410; *deorum* PL. *Amp.* 45, souverain des dieux, cf. VIRG. *En.* 7, 558 ‖ [fig.] *agelli* MART. 10, 65, 3, qui règne sur un petit champ; [avec dat.] *occiduis regnator montibus Atlas* VAL.-FLAC. 2, 621, Atlas, roi des monts du couchant, cf. AUS. *Epigr.* 4 (3), 1 ‖ celui qui se domine: PAUL.-NOL. *Carm.* 22, 73.

regnātrix, īcis, adj. f., [famille] régnante, impériale: TAC. *An.* 1, 4.

regnātus, a, um, v. *regno* II.

regnĭcŏlae, ārum, m. pl. (*regnum, colo*), habitants du royaume des cieux: AUG. *Faust.* 20, 7.

regnō, ās, āre, āvī, ātum (*regnum*)
I intr. ¶ 1 régner, être roi: *Romulus septem et triginta regnavit annos* CIC. *Rep.* 2, 17, Romulus régna trente-sept ans; *Servio Tullio regnante* CIC. *Brut.* 39, sous le règne de Servius Tullius; *in Asia regnare* CIC. *Sest.* 58, occuper le trône en Asie; *omnibus oppidis* CIC. *Verr.* 2, 137, faire fonction de roi dans toutes les villes; *advenae in nos regnaverunt* TAC. *An.* 11, 24, des étrangers ont régné sur nous ‖ [pass. impers.] *hic regnabitur gente sub Hectorea* VIRG. *En.* 1, 272, là le pouvoir royal appartiendra à la race d'Hector; *regnatum Romae ab condita urbe annos ducentos quadraginta quattuor* LIV. 1, 60, 3, la royauté à Rome se maintint depuis la fondation de la ville durant deux cent quarante-quatre ans ¶ 2 exercer le pouvoir absolu, dominer à la façon d'un roi: CIC. *Phil.* 2, 29; 5, 44; *Mil.* 45; *Lae.* 41 ‖ [fig.] *in quo uno regnat oratio* CIC. *Or.* 128, [le pathétique] où par excellence triomphe l'éloquence, cf. QUINT. 7, 4, 24; 11, 3, 181; *ignis per ramos victor regnat* VIRG. *G.* 2, 307, le feu victorieux règne en vainqueur de branche en branche.
II tr. [seulᵗ au pass.]: *regnandam accipere Albam* VIRG. *En.* 6, 770, recevoir le trône d'Albe; *terra regnata Lycurgo* VIRG. *En.* 3, 14, terre sur laquelle régna Lycurgue, cf. VIRG. *En.* 6, 794; OV. *M.* 8, 623 ‖ *Gotones regnantur* TAC. *G.* 44, les Gotons ont des rois, cf. *G.* 25; *An.* 13, 54; H. 1, 16.

1 **regnum**, i, n. (*rego, rex*) ¶ 1 autorité royale, royauté, monarchie, le trône: CIC. *Rep.* 1, 42; 1, 65; 2, 42; *regnum obtinere* CAES. *G.* 5, 54, 2, occuper le trône ‖ [tard.] Empire [sens pr.]: *Romanum regnum* OROS. *Hist.* 1, 16, 3, l'Empire romain ‖ partie de l'Empire: *in alterius principis regno* NOVEL.-THEOD. 2, 1 pr., dans la partie de l'Empire placée sous l'autorité de l'autre empereur ¶ 2 [en gén.] souveraineté, autorité toute-puissante: CIC. *Rep.* 1, 28; 3, 20; *alicui regnum civitatis deferre* CAES. *G.* 5, 6, 3, accorder à qqn la souveraineté dans son pays; *regna vini* HOR. *O.* 1, 4, 18, la royauté du vin [ἀρχιποσία, exercée par le συμποσίαρχος, le roi du festin] ‖ *in regno voluptatis* CIC. *CM* 41, dans l'empire du plaisir, là où le plaisir règne en maître: *sub regno esse omnes animi partes* CIC. *Rep.* 1, 60, [tu veux] que toutes les parties de l'âme soient soumises à une autorité souveraine ¶ 3 [en mauv. part chez les Romains de l'époque républicaine] *regnum appetere* CIC. *CM* 56, aspirer à la royauté, cf. CIC. *Lae.* 41; *Sull.* 27; *Mil* 72 ‖ despotisme, tyrannie: *regnum est dicere...* CIC. *Sull.* 48, c'est de la tyrannie que de parler..., cf. CIC. *Sull.* 21; *Att.* 2, 12, 1; *regnum judiciorum* CIC. *Verr. prim.* 35, empire sur les tribunaux; *in plebe Romana regnum exercere* LIV. 5, 2, 8, exercer la tyrannie sur la plèbe romaine ¶ 4 royaume, états d'un roi: CIC. *Rep.* 6, 9; CAES. *G.* 5, 26; SALL. *J.* 92, 5 ‖ [fig.] domaine, empire, royaume: CIC. *de Or.* 1, 41; *Att.* 14, 16, 1; VIRG. *B.* 1, 70; *G.* 1, 124; 3, 476 ‖ *regna* = *reges* STAT. *Th.* 12, 380 ‖ [chrét.] le royaume [de Dieu]: VULG. *Matth.* 6, 33.

2 **Regnum**, i, n., ville de Bretagne [Chichester]: ANTON. 477.

rĕgō, is, ĕre, rēxī, rectum (*rectus, rex, regula, regio, rogo*, cf. ὀρέγω, scr. r̥ñjati, it. *reggere*), tr. ¶ 1 diriger, guider, mener: *beluam* CIC. *Rep.* 2, 67; *equum* LIV. 35, 11, 10, diriger une bête, un cheval; *rege tela per auras* VIRG. *En.* 9, 409, dirige mes traits à travers les airs ‖ [en part.] *fines regere*, fixer, tracer des limites: CIC. *Leg.* 1, 55; *Mur.* 22; *Top.* 43 ¶ 2 [fig.] a) diriger, conduire, gouverner, régler: *domum* CIC. *Rep.* 1, 61, diriger une maison; *bella* CAES. *G.* 6, 17, 2, avoir la direction des guerres; *animi motus* CIC. *Part.* 76, régler les mouvements de l'âme; *juvenem* CIC. *Att.* 10, 6, 2, diriger un jeune homme; *rem publicam* CIC. *Rep.* 1, 11, diriger les affaires publiques; *civitates* CIC. *Rep.* 2, 15, gouverner les cités, cf. CIC. *Rep.* 1, 42; 1, 43; *ut unius perpetua potestate regatur salus et aequabilitas et otium civium* CIC. *Rep.* 2, 43, en sorte que le pouvoir perpétuel d'un seul (règle) assure la vie, l'égalité, le repos des citoyens b) [absᵗ] commander, exercer le pouvoir: *Clemens ambitioso imperio regebat* TAC. *H.* 2, 12, Cléméns commandait de façon à se rendre populaire; *Tiberio regente* TAC. *An.* 4, 33, sous le gouvernement de Tibère, cf. QUINT. 3, 8, 47 c) diriger dans la bonne voie, guider: CIC. *Mur.* 60; CAES. *C.* 3, 57, 3; PLIN. *Ep.* 10, 19, 1.

rĕgrădātĭo, ōnis, f. ¶1 dégradation d'un emploi : Cod. Th. 8, 5, 2 ¶2 rétrogradation [astron.] : Chalc. 74.

rĕgrădātus, a, um, part. de regrado et regrador.

rĕgrădō, ās, āre, -, ātum (re-, gradus), tr., faire descendre de son grade, dégrader : Hier. Joh. 19, p. 370 B ; Cod. Just. 12, 17, 3 ǁ ramener à son ordre primitif : Solin. 1, 45.

rĕgrădŏr, ārĭs, ārī, ātus sum, intr., revenir en arrière : Chalc. 74 ; 83.

rĕgrĕdĭō, ĭs, ĕre, -, -, cf. regredior : gradum [acc. obj. intér.] Enn. Tr. 5, revenir sur ses pas.

rĕgrĕdĭor, dĕrĭs, dī, gressus sum (re- et gradior), intr., rétrograder, revenir : Cic. Off. 1, 33 ; Phil. 13, 20 ; Caes. G. 5, 44, 6 ; C. 3, 45, 5 ǁ [fig.] Cic. Verr. 1, 109 ; Fat. 35 ; Sall. C. 4, 2 ǁ [droit] se retourner vers, avoir recours contre : Ulp. Dig. 21, 2, 21, 3.

rĕgressĭo, ōnis, f., retour : Apul. M. 2, 18 ; 9, 22 ǁ [rhét.] régression : Quint. 9, 3, 35.

1 **rĕgressus**, a, um, part. de regredior.

2 **rĕgressŭs**, ūs, m. ¶1 marche rétrograde, retour : Cic. Nat. 2, 51 ; Liv. 38, 4, 10 ; Tac. An. 1, 51 ¶2 [fig.] **a)** faculté, moyen de revenir : Liv. 24, 26, 15 ; Tac. H. 2, 74 **b)** recours (*ad aliquem*, à qqn) : Tac. An. 12, 10 **c)** [droit] recours (*adversus aliquem*, contre qqn) : Dig. 21, 2, 34.

1 **rĕgŭla**, ae, f. (*rego*, cf. *tegula* ; esp. *reja*, a. fr. *rieule* > an. *rule*) ¶1 règle servant à mettre droit, à mettre d'équerre : Cic. Ac. frg. 8 ; Plin. 36, 188 ǁ [fig.] règle, étalon [servant à juger, à corriger] : *pravissima consuetudinis regula* Cic. Brut. 258, la règle (si tordue) si défectueuse de l'usage ; *ad regulam aliquid dirigere* Cic. Opt. 23, conformer qqch. à une règle, à un étalon ; *habere regulam, qua vera et falsa judicentur* Cic. Brut. 152, posséder une règle qui permette de déterminer le vrai, le faux ; *lex est juris atque injuriae regula* Cic. Leg. 1, 19, la loi est la règle du juste et de l'injuste ǁ pl., Gai. Inst. 3, 142 ; Cod. Just. 1, 17, 2, 10 ǁ [chrét.] règle de discipline ecclésiastique : Aug. Pecc. or. 5, 5 ǁ règle de foi, credo, symbole : Tert. Marc. 3, 17, 5 ǁ règle monastique : Bened. Reg. tit. ¶2 bâton droit, barre, latte : Caes. C. 2, 10, 4 ǁ tige de piston dans une pompe : Vitr. 10, 7, 3 ǁ [archit.] réglette [baguette horizontale sous le triglyphe sous laquelle se placent les gouttes] : Vitr. 4, 3, 4 ǁ *regulae* Dig. 19, 2, 19, 2, disques pour l'extraction de l'huile ǁ barrière de départ [course] : Stat. Th. 6, 593.

2 **rĕgŭla**, ae, f., basilic [plante] : Ps. Apul. Herb. 128.

rĕgŭlārĭs, e (*regula*) ¶1 qui sert de règle : Cael.-Aur. Chron. 2, 12, 145 ǁ de canon, canonique : Cassiod. Psalm. 24, 5 ¶2 en barre : *regulare aes* Plin. 34, 94, cuivre en barre.

rĕgŭlārĭtĕr, adv. (*regularis*), selon la règle : Macr. Somn. 1, 20, 13 ǁ **rĕgŭlātim**, Diom. 407, 3.

Rēgulbĭum (-lvĭum), ĭi, n., ville de Bretagne Atlas V, C2 : Not. Dign. Oc. 28, 8.

rēgŭlō, ās, āre, -, -, tr., diriger, régler [fig.] : Cael.-Aur. Chron. 3, 4, 62.

rēgŭlŏr, ārĭs, ārī, -, tr., former selon la règle : Dosith. 7, 432, 10.

1 **rēgŭlus**, i, m. (dim. de *rex*) ¶1 roi enfant, jeune roi ; jeune prince : Sall. J. 11, 2 ; Liv. 45, 14, 1 ¶2 roi d'un petit état, roitelet, petit prince : Liv. 27, 4, 9 ¶3 le roi des abeilles : Varr. R. 3, 16, 18 ǁ roitelet [oiseau] : Plin. 10, 204 ¶4 basilic [serpent] : Hier. Is. 16, 59, 6.

2 **Rēgŭlus**, i, m., surnom rom. ; not^t ¶1 M. Atilius Regulus, consul, fait prisonnier et mis à mort à Carthage : Cic. Off. 3, 99 ; Fin. 2, 65 ; Sen. Prov. 3, 11 ¶2 L. Livineius Regulus, lieut^t de César dans la guerre d'Afrique : Cic. Fam. 13, 60, 1 ; Att. 3, 17, 1.

Rēgulvĭum, V. *Regulbium*.

rĕgustō, ās, āre, āvī, ātum, tr., regoûter : Sen. Prov. 3, 13 ; *regustatum salinum* Pers. 5, 138, salière où l'on se sert souvent ǁ [fig.] savourer de nouveau, relire avec délices : Cic. Att. 13, 13, 3 ; 13, 48, 2.

rĕgȳrō, ās, āre, āvī, -, intr., revenir [après un circuit] : Flor. 4, 2, 6.

rĕhālō, ās, āre, -, -, V. *redhalo*.

rĕhiscō, ĭs, ĕre, -, -, intr., s'entrouvrir de nouveau : Gloss. 2, 230, 31.

rēi, V. *res* ▶.

rēĭcĭo, V. *rejicio*.

rēĭcŭlus, rējĭcŭlus, a, um (*rejicio*), qui est de rebut : Cat. Agr. 2, 7 ; Varr. R. 2, 1, 24 ǁ *reiculus dies* *Sen. Brev. 7, 7, jour perdu [qui ne compte pas].

Rēĭi, ōrum, m. pl., ville de la Narbonnaise [auj. Riez] : Plin. 3, 37.

rĕincĭpĭō, ĭs, ĕre, -, -, tr., recommencer : Gennad. Vir. 88.

rĕintegr-, V. *redint-*.

rĕinvītō, ās, āre, -, -, tr., réinviter : Vulg. Luc. 14, 12.

re ipsa, V. *res*.

rĕītĕrō, ās, āre, -, -, tr., réitérer : Apul. M. 8, 8 ; Greg.-Tur. Stell. 33.

rējēcī, parf. de *rejicio*.

rējectānĕa, ōrum, n. pl. (*rejicio*), [phil. stoïcienne] choses à rejeter, non désirables : Cic. Fin. 4, 72.

rējectātĭo, ōnis, f. (*rejecto*), action de rejeter souvent : Solin. 5, 24.

rējectĭo, ōnis, f. (*rejicio*) ¶1 action de rejeter [au-dehors] : *sanguinis* Plin. 33, 146, hémoptysie ¶2 [fig.] **a)** rejet : Cic. Fin. 3, 20 ; Balb. 29 **b)** récusation : Cic. Sull. 92 **c)** action de rejeter sur, d'imputer à un autre : *Quint. 9, 1, 30 ǁ abandon de points étrangers à la question [rhét., ἀπόδειξις] : Jul.-Ruf. 42, 5 = Fig. 12.

rējectō, ās, āre, āvī, - (*rejicio*), tr., renvoyer [le son], répercuter : Lucr. 2, 328 ǁ rejeter, repousser : Sil. 7, 722 ǁ rejeter, vomir : Spart. Anton. 12.

1 **rējectus**, a, um, part. de *rejicio*, pl. n., *rejecta* Cic. Ac. 1, 37 ; Fin. 3, 15, les choses que l'on rejette [phil. stoïcienne, ἀποπροηγμένα] ; cf. *rejectanea*.

2 **rējectŭs**, ūs, m., arrière-pont [d'un navire] : Hyg. Astr. 3, 36.

rējĭcĭō (rēĭcĭō), ĭs, ĕre, jēcī, jectum (re-, jacio ; it. *recere*), tr. ¶1 rejeter **a)** jeter en retour : *tela in hostes* Caes. G. 1, 46, 2, riposter en jetant des traits contre les ennemis **b)** jeter en arrière : *paenulam* Cic. Mil. 29, jeter en arrière son manteau ; *togam ab humero* Liv. 23, 8, 9, rejeter de son épaule le pan de sa toge ; *scutum* Cic. de Or. 2, 294, rejeter son bouclier derrière son dos [pour se protéger dans la fuite] ǁ *membra fatigata* Curt. 10, 5, 3, laisser tomber en arrière ses membres fatigués ; *se rejicere in aliquem* Ter. And. 136, se laisser tomber dans les bras de qqn ǁ rejeter, placer en arrière : Liv. 8, 8, 8 ; Cic. Phil. 2, 58 **c)** rejeter, repousser, écarter : *a se* Ov. M. 9, 51 ; *e gremio suo* Ov. Tr. 1, 1, 66, écarter de soi, de son sein ; *sanguinem ore* Plin. 26, 131, vomir du sang ; *involucris rejectis* Cic. Verr. 4, 65, les voiles étant rejetés ǁ [milit.] : *hostes in urbem* Caes. C. 2, 6, rejeter les ennemis dans la ville, cf. Caes. G. 1, 24, 5 ; 2, 33, 5 ; Cic. Fam. 2, 10, 2 ǁ *naves tempestate rejectae eodem, unde...* Caes. G. 5, 5, 2, vaisseaux rejetés au point d'où... ; Caes. G. 5, 23 ; Cic. Att. 16, 7, 1 ; Phil. 1, 7 ; Caecin. 88 ; [fig.] Cic. Tusc. 1, 119 ¶2 [fig.] **a)** rejeter, repousser, éloigner : *eorum ferrum et audaciam rejeci in campo* Cic. Mur. 79, au Champ de Mars j'ai repoussé leurs armes et leur audace **b)** rejeter, ne pas admettre, ne pas tolérer : Cic. Fin. 1, 4 ; Rep. 1, 16 ; Leg. 1, 60 ; Or. 72 **c)** récuser : Cic. Planc. 36 ; 41 ; Verr. 1, 18 ; 3, 28 ¶3 [fig.] envoyer ailleurs **a)** *rem ad aliquem*, renvoyer une affaire à qqn, s'en décharger sur lui : Caes. C. 3, 17, 5 ; Liv. 5, 20, 9 ; 5, 22, 1 ; 7, 36, 6 ; 26, 15, 2 ǁ *aliquem ad aliquem*, renvoyer qqn à qqn, l'adresser à un autre : Liv. 7, 20, 3 ; 8, 1, 8 ; 24, 2, 6 ǁ *ad ipsam te epistulam rejicio* Cic. Att. 9, 13, 8, je te renvoie à la lettre même **b)** remettre, différer : *philosophos aliud in tempus rejiciamus* Cic. Brut. 31, renvoyons les philosophes à une autre fois, cf. Cic. Q. 2, 3, 1 ; Att. 1, 4, 1 ; Verr. 3, 59.

rējĭcŭlus, V. *reiculus*.

rĕlābŏr, bĕrĭs, bī, lapsus sum, intr. ¶1 couler en arrière, refluer : Virg. En. 10, 307 ; Curt. 6, 4, 19 ; Tac. An 1, 76 ; 2, 24 ǁ tomber en arrière, s'affaisser en arrière : Ov. M. 3, 616 ; H. 15, 95 ¶2 [fig.] retomber dans, revenir à : Hor. Ep. 1, 1, 18 ; Epo. 17, 18.

rĕlaedō, ĭs, ĕre, līsī, -, tr., blesser de nouveau : Avian. Fab. 3, 2.

rĕlambō, *ĭs, ĕre*, -, -, tr., ravaler [avaler ce qu'on a rendu]: Sedul. *Carm.* 4, 248.

rĕlanguescō, *ĭs, ĕre, gŭī*, -, intr.[usité souvent au parf.] s'affaisser [mourant]: Ov. *M.* 6, 291 ‖ s'affaiblir: Caes. *G.* 2, 15, 4; Ov. *Am.* 2, 9, 27; Liv. 35, 45, 5 ‖ se calmer: [en parl. d'une pers.] Cic. *Att.* 13, 41, 1; [en parl. du vent] Sen. *Nat.* 5, 8, 3; pâlir [étoile]: Plin. 37, 134.

rĕlapsĭō, *ōnis*, f., rechute: Paul.-Nol. *Ep.* 24, 10.

rĕlapsus, *a, um*, part. de *relabor*.

rĕlātĭō, *ōnis*, f. (*refero*) ¶ **1** action de porter à nouveau: [de porter à tout instant la plume dans l'encrier] Quint. 10, 3, 31 ¶ **2** [fig.] **a)** *criminis* Cic. *Inv.* 2, 78, renvoyer l'accusation dont on est l'objet contre une autre, en part. contre l'accusateur, cf. Dig. 48, 1, 5 pr.; *juramenti relatio* Dig. 12, 2, 34 pr.; Cod. Just. 4, 1, 12, 1a, relation du serment [de la part du plaideur à qui le serment a été déféré et qui le défère à son tour à son adversaire] **b)** *gratiae* Sen. *Ep.* 74, 13, témoignage de reconnaissance, cf. *Ben.* 5, 11, 1 **c)** rapport d'un magistrat au sénat, mise à l'ordre du jour: *relatio illa salutaris et diligens fuerat consulis* Cic. *Pis.* 14, ce rapport salutaire et consciencieux avait été l'œuvre du consul, cf. Cic. *Pis.* 29; *de aliqua re* Liv. 26, 28, 3, rapport sur une affaire; *relationem in aliquid postulare* Tac. *An.* 13, 49, demander la mise en délibération pour une chose (d'une chose); *relationem egredi* Tac. *An.* 2, 38, sortir de l'ordre du jour proposé (de la question débattue); *relationi consulum intercedere* Tac. *An.* 1, 13, s'opposer à la proposition des consuls; *jus tertiae, quartae... relationis* Capit. *Pert.* 5; Aur. 6; Lampr. *Alex.* 1, droit [de l'empereur] de mettre à l'ordre du jour du sénat trois, quatre... affaires **d)** relation, narration: Quint. 2, 7, 4; 9, 2, 59 **e)** [rhét.] *relatio contrariorum* Cic. *Or.* 166, rapprochement de contraires, antithèse ‖ épanaphore [répétition]: Capel. 5, 534; Quint. 9, 3, 97 **f)** *relatio ad aliquid* Quint. 8, 4, 21, rapport, relation à qqch.

rĕlātīvē, adv. (*relativus*), relativement: Aug. *Trin.* 5, 11.

rĕlātīvus, *a, um* (*refero*), relatif (à): Arn. 7, 13 ‖ relatif [gram.]: Prisc. 3, 142, 1.

rĕlātŏr, *ōris*, m. (*refero*) ¶ **1** rapporteur, celui qui fait un rapport [au sénat]: Balb. *Att.* 8, 15 a, 2 ¶ **2** narrateur: Sidon. *Ep.* 7, 2, 2 ¶ **3** *relator auctionum* CIL 6, 1035, celui qui enregistre les enchères.

rĕlātōrĭa, *ae*, f. (*refero*), quittance, reçu: Cod. Th. 13, 5, 8.

rĕlātrix, *īcis*, f., celle qui rapporte, qui raconte: Drac. *Romul.* 9, 17.

rĕlātum, *i*, n. (*refero*), [rhét.] répétition intentionnelle d'un même mot: Aquil.-Rom. 34.

1 **rĕlātus**, *a, um*, part. de *refero*.

2 **rĕlātŭs**, *ūs*, m. ¶ **1** rapport officiel, mise en délibération: Tac. *An.* 15, 22 ¶ **2** relation, narration, récit: Tac. *H.* 1, 30; Sen. *Nat.* 7, 16, 1.

rĕlăvō, *ās, āre, āvī*, -, tr., mouiller de nouveau: Ps. Prisc. *Accent.* 38 = 3, 527, 1.

rĕlaxātĭō, *ōnis*, f. (*relaxo*), détente, relâche, repos: Cic. *de Or.* 2, 22; *Fam.* 7, 26, 1; *Fin.* 2, 95.

rĕlaxātŏr, *ōris*, m., qui relâche: Cael.-Aur. *Acut.* 2, 38, 221.

rĕlaxātus, *a, um*, part. de *relaxo*.

rĕlaxō, *ās, āre, āvī, ātum*, tr. ¶ **1** desserrer, relâcher: [des liens] Lucr. 6, 356; Ov. *F.* 2, 321; [le ventre] Cic. *Nat.* 2, 136; 2, 138 ‖ ameublir la terre: Varr. *R.* 1, 27, 2 ‖ dilater des pores: Virg. *G.* 1, 89 ¶ **2** [fig.] **a)** détendre, épanouir: [le visage] Sen. *Helv.*, 15, 1 **b)** desserrer, relâcher [les liens de la sévérité]: Cic. *Att.* 10, 6, 2; *de Or.* 2, 236 **c)** détendre, reposer [l'esprit]: Cic. *Arch.* 12; *Brut.* 21; *Off.* 1, 122; *ex aliqua re* Cic. *de Or.* 1, 29, de qqch. ‖ *interdum animis relaxantur* Cic. *Phil.* 2, 39, ils se distraient parfois **d)** relâcher = diminuer, rabattre: *aliquid a contentionibus* Cic. *Leg.* 1, 11, rabattre qqch. des efforts, de l'ardeur ‖ [abs¹] faire relâche: Cic. *Fin.* 2, 94 ‖ *relaxari* Cic. *Ac.* 2, 52, être dans un moment de relâche **e)** *se relaxare aliqua re* ou *ab aliqua re*, se dégager d'une chose, s'en affranchir: Cic. *Or.* 176; *CM* 81; *Att.* 16, 16, 2; *Fam.* 7, 1, 5 **f)** être indulgent pour, pardonner: Aug. *Pecc. mer.* 1, 29, 57.

rĕlectus, *a, um*, part. de 2 *relego*.

rĕlēgātĭō, *ōnis*, f. (1 *relego*) ¶ **1** exil dans un lieu désigné, relégation: Cic. *Amer.* 44; Liv. 3, 10, 12 ¶ **2** legs dans un testament: Ulp. *Dig.* 33, 4, 1, 5.

rĕlēgātus, *a, um*, part. de 1 *relego*.

1 **rĕlēgō**, *ās, āre, āvī, ātum* (*re-*, 1 *lego*), tr. ¶ **1** éloigner d'un lieu, écarter, éloigner, reléguer: *filium ab hominibus* Cic. *Off.* 3, 112, reléguer son fils loin du monde; *filium in praedia rustica* Cic. *Amer.* 42, reléguer son fils dans ses propriétés à la campagne, cf. Caes. *G.* 5, 30, 3; [poét.] *terris gens relegata ultimis* Cic. *Tusc.* 2, 20, nation reléguée aux confins du monde ‖ [offic¹] frapper de relégation [exil dans un lieu déterminé pour une certaine durée, sans *deminutio capitis*]: Ov. *Tr.* 2, 137; Cic. *Fam.* 11, 16, 2; *Sest.* 52 ¶ **2** [fig.] **a)** écarter, renvoyer au loin, bannir: *ambitione relegata* Hor. *S.* 1, 10, 84, ayant banni tout désir de faire ma cour [toute partialité], cf. Plin. *Pan.* 47, 1; Luc. 6, 324 **b)** renvoyer à un auteur: *ad aliquem* Plin. 7, 8 **c)** rejeter sur, faire retomber sur, imputer à: *in aliquem* Quint. 7, 4, 13, rejeter sur qqn; *rationem rectae vitae ad philosophos* Quint. 1, pr. 13, faire remonter aux philosophes les principes du bien ¶ **3** [droit] léguer par testament: Dig. 33, 4, 1.

2 **rĕlĕgō**, *ĭs, ĕre, lēgī, lectum* (*re-*, 2 *lego*), tr. ¶ **1** recueillir de nouveau, rassembler de nouveau: *filo relecto* Ov. *M.* 8, 173, le fil étant remis en peloton ¶ **2** parcourir de nouveau, repasser par un lieu: Virg. *En.* 3, 690; Ov. *Tr.* 1, 10, 24; Val.-Flac. 6, 237 ¶ **3** repasser par la lecture, relire: Hor. *Ep.* 1, 2, 2 ‖ repasser par la pensée, repasser en revue: Cic. *Nat.* 2, 72 ‖ repasser par la parole: Ov. *M.* 4, 569.

rĕlentescō, *ĭs, ĕre*, -, -, intr., se ralentir, languir: Ov. *Am.* 1, 8, 76.

rĕlĕō, *ēs, ēre*, -, -, ⊂▷ *deleo*: Prisc. 2, 178, 10; 488, 20.

rĕlĕvāmen, *ĭnis*, n., soulagement: Prisc. *Perieg.* 441.

rĕlĕvātĭō, *ōnis*, f. (*relevo*) ¶ **1** [= ἐναιώρημα], écume dans l'urine: Cael.-Aur. *Chron.* 5, 3, 55 ¶ **2** allégement: *Front. Caes.* 4, 12, 2, p. 73 N.

rĕlĕvātus, part. de *relevo*.

rĕlēvī, parf. de *relino*.

rĕlĕvō, *ās, āre, āvī, ātum*, tr. ¶ **1** soulever: Ov. *M.* 9, 318; *F.* 4, 169; *Pont.* 3, 3, 11 ‖ [fig.] *caput* Plin. *Ep.* 1, 24, 4, relever la tête = reposer le cerveau, délasser l'esprit ¶ **2** alléger, décharger: Cic. *Att.* 1, 13, 1; *relevari catena* Ov. *Am.* 1, 6, 25, être allégé d'une chaîne ¶ **3** [fig.] **a)** *casum* Cic. *Q.* 1, 4, 4, soulager le malheur, cf. Cic. *Inv.* 1, 25; Plin. *Pan.* 19, 3; Ov. *M.* 15, 16; *morbum* Cic. *Cat.* 1, 31, soulager une maladie **b)** *aliquem* Cic. *Att.* 3, 10, 3, soulager, réconforter qqn, cf. Cic. *Cat.* 2, 7; *metu relevari* Cic. *Cat.* 1, 31, être soulagé d'une crainte ‖ *publicanos tertia mercedum parte* Suet. *Caes.* 20, faire remise aux publicains du tiers des sommes dues.

rĕlīcĭnus, *a, um* (*re-, licium*), dont les cheveux sont plantés en arrière: Apul. *Flor.* 3; *relicina frons* Apul. *Flor.* 3, 8, front découvert, haut.

rĕlictĭō, *ōnis*, f. (*relinquo*) ¶ **1** abandon, délaissement: Cic. *Att.* 16, 7, 5 ¶ **2** séparation [d'une chose]: *argenti vivi* Vitr. 7, 9, 1, la séparation du vif argent.

rĕlictŏr, *ōris*, m., **rĕlictrix**, *īcis*, f. (*relinquo*), celui, celle qui abandonne: Aug. *Civ.* 14, 26 ‖ Prisc. *Vers. Aen.* 11, 209 = 3, 510, 34.

1 **rĕlictus**, *a, um*, part. de *relinquo*.

2 **rĕlictŭs**, *ūs*, m., ⊂▷ *relictio*: *relictui esse* Gell. 3, 1, 9, être laissé à l'abandon.

rĕlĭcŭus, *a, um*, ⊂▷ *reliquus*: Pl. *Bac.* 1098; Lucr. 1, 560; Cic. *Rep.* 2, 39.

rĕlīdō, *ĭs, ĕre, līsī, līsum* (*re-, laedo*), tr., repousser, rejeter: [fig.] Aus. *Epist.* 24 (418), 43 ‖ frapper: Prud. *Perist.* 9, 48.

rĕlĭgāmen, *ĭnis*, n., lien: Prud. *Psych.* 359.

rĕlĭgātĭō, *ōnis*, f. (*religo*), action de lier [la vigne]: Cic. *CM* 53.

rĕlĭgātus, *a, um*, part. de *religo*.

rĕlĭgens, *entis* (re-, 2 lego, cf. *religio*), qui observe scrupuleusement le culte des dieux : Gell. 4, 9, 1.

rĕlĭgĭo, *ōnis*, f. (re-, 2 lego, cf. 2 relego, legio Cic. *Nat.* 2, 72 ; Gell. 4, 9, 1)

¶1 "scrupule, délicatesse, conscience"
¶2 "scrupule religieux" ¶3 "respect"
¶4 "croyance religieuse, religion"
¶5 "pratiques religieuses, culte"
¶6 "respect, sainteté, caractère sacré"
¶7 "engagement sacré" ¶8 "chose sainte, objet sacré" ¶9 "sentiment de culpabilité" ¶10 "consécration religieuse", "interdiction frappant certains jours réputés malheureux".

¶1 attention scrupuleuse, scrupule, délicatesse, conscience : *adest vir summa religione* Cic. *Arch.* 8, est là pour témoigner un homme de la plus haute conscience ; *hac ego religione non sum ab hoc conatu repulsus* Cic. *Or.* 36, ces scrupules, pour ma part, ne m'ont pas détourné de mon entreprise ; *Atheniensium religioni cum serviret orator* Cic. *Or.* 25, l'orateur s'asservissait à la délicatesse de goût des Athéniens ; *oratio nimia religione attenuata* Cic. *Brut.* 283, éloquence appauvrie par un excès de scrupule [recherche excessive de la simplicité ∥ *non nullius officii religio* Cic. *Sest.* 8, l'observation scrupuleuse d'un devoir important ∥ *vestra religio* Cic. *Inv.* 1, 56, vos scrupules [de juges] ; *judicum religiones* Cic. *de Or.* 1, 31, les scrupules des juges ; *religionem adhibere* Cic. *Brut.* 293, montrer du scrupule ; *sanitatem et integritatem quasi religionem et verecundiam oratoris probare* Cic. *Brut.* 284, approuver la simplicité et le naturel [dans le style], comme un trait du caractère scrupuleux et respectueux de l'orateur ; *res in religionem alicui venit* Cic. *Nat.* 2, 10, une chose inspire du scrupule à qqn ; *religio C. Mario non fuerat, quominus Glauciam occideret* Cic. *Cat.* 3, 15, C. Marius ne s'était point fait scrupule de tuer Glaucia ; *nec tamen est habendum religioni nocentem aliquando defendere* Cic. *Off.* 2, 51, il ne faut cependant pas se faire un scrupule (un cas de conscience) de défendre parfois un coupable ¶2 scrupule religieux, sentiment religieux, crainte pieuse : *religio infixa animis* Liv. 29, 18, 1, les sentiments religieux gravés au fond de l'âme ; *se summa religione teneri (dicebant)* Cic. *Verr.* 4, 75, ils disaient qu'ils étaient retenus par les scrupules religieux les plus forts ; *pietate ac religione omnes gentes superavimus* Cic. *Har.* 19, c'est par la piété et l'esprit religieux que nous avons eu le pas sur toutes les nations ∥ *tibi religionem nullam attulit* Cic. *Verr.* 4, 78, [cette Diane] ne t'a inspiré aucune crainte religieuse ; *consules religio tenebat* Liv. 27, 23, 1, des scrupules religieux retenaient les consuls, cf. Liv. 26, 11, 9 ; 27, 37, 5 ; *augures eam religionem exemere* Liv. 4, 31, 4, les augures enlevèrent ce scrupule religieux ∥ *aliquid religioni habere* Cic. *Div.* 1, 77, avoir un scrupule religieux à propos de qqch. ; *in religionem ea res apud Poenos versa est* Liv. 26, 11, 4, cela devint l'objet d'une crainte religieuse pour les Carthaginois ; *religioni fuit, quibus eam opem dei tulissent, vinciri* Liv. 5, 13, 8, on se fit un scrupule religieux de mettre dans les fers ceux à qui les dieux avaient donné cette assistance ; *collegium decrevit non habendum religioni quin...* At. Capito d. Gell. 4, 6, 10, le collège des pontifes décida qu'il n'y avait pas à se faire un scrupule religieux de... ; *oblata religio Cornuto est non satis diligenter eum auspiciis operam dedisse* Cic. *Fam.* 10, 12, 3, on inspira à Cornutus le scrupule de n'avoir pas procédé assez consciencieusement aux auspices ¶3 sentiment de respect, vénération, culte : *religio deorum immortalium* Cic. *Lae.* 96, le respect à l'égard des dieux immortels ; *religiones deorum immortalium retinere* Cic. *Verr.* 3, 6, maintenir le respect (culte) des dieux immortels ; *aut undique religionem tolle aut...* Cic. *Phil.* 2, 110, ou bien supprime partout le culte [de César], ou bien...
¶4 croyance religieuse, religion : *superstitione tollenda religio non tollitur* Cic. *Div.* 2, 148, en supprimant la superstition, on ne supprime pas la religion ; *ceterae gentes pro religionibus suis bella suscipiunt* Cic. *Font.* 30, les autres nations soutiennent des guerres pour leurs convictions religieuses ; *res religione omnium consecrata* Cic. *Tusc.* 1, 32, chose consacrée par les croyances religieuses de tous les peuples ∥ *perversa atque impia religio* Cic. *Sull.* 70, croyances extravagantes et impies ; *prava religio* Liv 27, 23, 2, fausses croyances, superstition, cf. Liv. 4, 30, 9 ; *religiones sibi fingere* Caes. G. 6, 37, 8, se forger des craintes superstitieuses ∥ religion [en parlant de la religion chrétienne] : Tert. *Apol.* 24, 1 ¶5 pratiques religieuses, culte : *cum omnis populi Romani religio in sacra et in auspicia divisa sit* Cic. *Nat.* 3, 5, comme le culte du peuple romain en général consiste dans les sacrifices et dans les auspices ∥ *natio dedita religionibus* Caes. G. 6, 16, 1, nation adonnée aux pratiques religieuses ; *caerimonias religionesque publicas tueri* Cic. *Nat.* 1, 61, observer les cérémonies et les pratiques religieuses officielles, cf. Cic. *Nat.* 3, 5 ; *religiones colere* Cic. *Rep.* 2, 27, se livrer aux pratiques du culte, cf. Liv. 1, 32, 2 ; 3, 57, 7 ; *nihil legibus, nihil religionibus est actum* Cic. *Dom.* 69, rien n'a été fait selon les lois, riens selon les prescriptions religieuses ; *in pace religiones instituere* Liv 1, 32, 5, établir un culte pour le temps de paix ; *templum et caelestes religiones decernuntur* Tac. *An.* 1, 10, on lui décerne un temple et les honneurs divins ∥ [chrét.] culte de Dieu : Iren. 1, 16, 3 ∥ rite [juif] : Hier. *Pelag.* 1, 36, l, 26 ¶6 respect (vénération) dont est entouré qqch., sainteté, caractère sacré : *Diana loco mutato religionem non amisit* Cic. *Verr.* 4, 78, la statue de Diane, en changeant d'emplacement, n'a pas perdu sa sainteté ; *sacrarium Cereris est apud Catinenses eadem religione qua Romae* Cic. *Verr.* 4, 99, le sanctuaire de Cérès est entouré chez les habitants de Catane de la même vénération qu'à Rome ; *(barbari) ignari totius negotii ac religionis* Cic. *Verr.* 4, 77, (ces barbares) ignorant totalement l'affaire et le contexte religieux, cf. Cic. *Verr.* 4, 72 ; 4, 50 ; 4, 111 ; *in sacerdotibus tanta offusa oculis animoque religio* Liv 2, 40, 3, le caractère sacré des prêtres qui s'imposait aux regards et au cœur, cf. Liv. 3, 55, 7 ∥ *magnam possidet religionem paternus maternusque sanguis* Cic. *Amer.* 66, le sang paternel et maternel possède un grand caractère religieux ; *jurisjurandi religio* Cic. *Font.* 20, le caractère sacré du serment ; *si nullam religionem sors habebit* Cic. *Verr.* 1, 38, si la décision du sort n'a aucun caractère sacré ¶7 engagement sacré : *testem ipsum Jovem suae voluntatis ac religionis adhibere* Cic. *Verr.* 4, 67, prendre Jupiter lui-même à témoin de son dessein et de son engagement solennel ; *ut religione civitas solvatur* Cic. *Caec.* 98, pour délier la cité d'un engagement sacré [traité dont on refuse la ratification] ; *religione obligari* Cic. *Balb.* 34, être lié par un engagement sacré ; *timori magis quam religioni consulere* Caes. C. 1, 67, 3, obéir à la crainte plutôt qu'au respect de ses engagements [serment militaire] ; *publicae religiones foederum* Cic. *Verr.* 5, 49, engagements officiels à l'occasion des traités ; *docti nullam scelere religionem exsolvi* Liv. 2, 32, 2, sachant que le crime ne peut délier d'aucun engagement sacré ¶8 ce qui est l'objet de la vénération, de l'adoration, du culte ; [d'où surtout au pl.] chose vénérée, chose sainte, objet sacré : *religionem domesticam requirebant* Cic. *Verr.* 4, 93, ils réclamaient l'objet d'un culte national [une statue d'Apollon] ; *quae religio aut quae machina belli ?* Virg. *En.* 2, 151, qu'était-ce ? une offrande religieuse ou une machine de guerre ? ; *sacrorum omnium et religionum hostis praedoque* Cic. *Verr.* 4, 75, ennemi déclaré et pilleur de tout ce qui est sacré et vénéré religieusement, cf. *Verr.* 1, 9 ; 5, 188 ; *religiones ipsae* Cic. *Mil.* 85, les lieux sacrés eux-mêmes ¶9 scrupule de n'être pas en règle avec la divinité, conscience d'être en faute à l'égard de la religion ; [par suite] état de faute, de culpabilité religieuse qui ne s'efface que par une expiation : *peccatum suum confiteri maluit quam haerere in re publica religionem* Cic. *Nat.* 2, 11, il aima mieux avouer sa faute que de laisser l'État entaché d'une impiété [d'un sacrilège] ; *obstringere religione populum Romanum* Cic. *Phil.* 2, 83, charger le peuple romain d'une impiété ; *religione rem publicam exsolvere* Liv. 29, 18, 1,

religio

débarrasser l'État d'une impiété, cf. Liv. 45, 5, 8 ; *(caerimonias sepulcrorum) violatas inexpiabili religione sancire* Cic. *Tusc.* 1, 27, sanctionner la violation des cérémonies funèbres comme un sacrilège inexpiable ; *de Clodiana religione* Cic. *Att.* 1, 14, 1, au sujet du sacrilège commis par Clodius ; *particeps summae religionis* Cic. *Inv.* 2, 92, complice du pire sacrilège, cf. *Verr.* 4, 78 ‖ *mendacii religione obstrictus* Caes. C. 1, 11, 2, souillé d'un mensonge ; *religionem in se recipere* Liv. 10, 40, 11, attirer sur soi la malédiction divine ¶ **10** consécration religieuse, qui fait qu'une chose appartient à la divinité et ne peut être d'un usage profane : *domum religione omni liberare* Cic. *Har.* 14, dégager une maison de toute consécration religieuse [de toute interdiction religieuse, donc de toute malédiction, de tout anathème] ; *expiare religionem aedium suarum* Cic. *Har.* 11, dégager sa maison d'une interdiction religieuse par une expiation [un apaisement des dieux] ; *in meis aedibus aliquam religionem residere* Cic. *Dom.* 69, [il prétendait] que ma maison est encore frappée d'une consécration religieuse ‖ interdiction frappant certains jours considérés comme malheureux : Liv. 6, 1, 12 ; 6, 28, 6.
▶ chez les poètes *rell-* pour allonger la première syllabe.

rĕlĭgĭōsē, adv. (*religiosus*) ¶ **1** scrupuleusement, consciencieusement : Cic. *Cael.* 55 ; *Fam.* 13, 17, 3 ¶ **2** pieusement : Cic. *Inv.* 1, 48 ; *-ius* Plin. *Ep.* 3, 7, 8 ; *-issime* Cic. *Inv.* 2, 1 ¶ **3** avec un caractère de consécration religieuse : Cic. *Div.* 2, 85.

rĕlĭgĭōsĭtās, *ātis*, f., piété : Apul. *Plat.* 2, 7 ; Tert. *Apol.* 25, 2.

rĕlĭgĭōsŭlus, *a*, *um* (dim. de *religiosus*), un peu religieux : *Hier. *Ruf.* 3, 7.

rĕlĭgĭōsus, *a*, *um* (*religio*) ¶ **1** [en gén.] qui est d'une attention scrupuleuse, scrupuleux : *testis* Cic. *Vat.* 1, témoin scrupuleux ; *rerum Romanarum auctor religiosissimus* Cic. *Brut.* 44, l'historien de Rome le plus scrupuleux ; *aures religiosae* Cic. *Or.* 28, oreilles d'une délicatesse scrupuleuse ¶ **2** [en part.] qui est d'une attention scrupuleuse à l'égard du culte des dieux, religieux, pieux : *qui omnia, quae ad cultum deorum pertinerent, diligenter retractarent, sunt dicti religiosi ex relegendo* Cic. *Nat.* 2, 72, ceux qui s'appliquaient soigneusement de tout ce qui concerne le culte des dieux furent qualifiés religieux (pieux), mot tiré du verbe *relegere*, reprendre en main, cf. Cic. *Font.* 32 ‖ [chrét.] scrupuleux envers Dieu : Tert. *Apol.* 34, 3 ‖ subst. m. pl., adorateurs : Tert. *Apol.* 16, 6 ‖ les hommes pieux, les saints : Tert. *Scorp.* 8, 1 ¶ **3** qui a des scrupules religieux, des craintes religieuses : *civitas religiosa* Liv. 31, 9, 5, le peuple animé de scrupules religieux, cf. Liv. 6, 5, 6 ‖ [sens péjor.] superstitieux (v. Gell. 4, 9, 2) : Ter. *Haut.* 650 ; *-sior* Cat. *Orat.* 204 ¶ **4** vénérable, respecté : *nihil postea neque sacri neque religiosi duxit esse* Cic. *Verr.* 4, 72, à ses yeux désormais il n'y eut rien ni de sacré ni de vénérable ; *religiosissimum fanum* Cic. *Verr.* 4, 93, sanctuaire vénéré entre tous, cf. *Verr.* 5, 184 ‖ consacré par un mauvais présage, frappé d'interdiction : *(dies Alliensis) religiosus etiam nunc* Cic. *Att.* 9, 5, 2, (le jour de la bataille de l'Allia) considéré encore maintenant comme frappé d'interdit, cf. Liv. 6, 1, 11 ; 26, 17, 12 ‖ *religiosum est* [avec inf.] Liv. 2, 5, 3, il est contraire à la religion de, c'est une impiété de ¶ **5** *res religiosae (loca religiosa)* Gai. *Inst.* 2, 4 ; Dig. 11, 7 ; Cod. Just. 3, 44, choses consacrées (lieux consacrés) aux divinités inférieures [catégories particulières de biens : tombeaux, lieux d'inhumation, relevant des *res divini juris* ; inaliénables] : *religiosum locum unusquisque facit, dum mortuum infert in locum suum* Dig. 1, 8, 6, 4, chacun peut donner à un lieu le caractère de chose consacrée en y ensevelissant un mort de sa famille.

rĕlĭgō, *ās*, *āre*, *āvī*, *ātum* (*re-*, *ligo* ; fr. *relier*), tr. ¶ **1** lier en arrière (par derrière) ; lier, attacher : *ad currum religatus* Cic. *Tusc.* 1, 105, attaché à un char ; *naves ad terram religare* Caes. C. 3, 15, 2, amarrer les navires au rivage ; *trabes axibus* Caes. C. 2, 9, 2, relier les poutres avec des planches, cf. Caes. C. 2, 9, 5 ; 2, 10, 3 ‖ [fig.] *prudentia si extrinsecus religata pendeat* Cic. *Tusc.* 3, 37, si la prudence rattachée aux choses extérieures en dépendait ¶ **2** délier : Catul. 63, 84.

rĕlĭnō, *ĭs*, *ĕre*, *lēvī*, *lĭtum*, tr., ôter l'enduit, ouvrir, décacheter : Ter. *Haut.* 460 ; *mella* Virg. G. 4, 228, ôter le miel des rayons.

rĕlinquō, *ĭs*, *ĕre*, *līquī*, *lictum* (*re-*, *linquo*), tr. ¶ **1** laisser en arrière, laisser [ne pas emmener] : *aliquem castris praesidio* Caes. G. 7, 40, 3, laisser qqn à la garde du camp ‖ [fig.] *aculeos in animis* Cic. *Brut.* 38, laisser l'aiguillon dans l'âme des auditeurs ¶ **2** laisser [en héritage] : Cic. *Amer.* 20 ; *Off.* 3, 93 ‖ laisser derrière soi [après sa mort] : Cic. *Arch.* 30 ; *Brut.* 106 ; *Rep.* 1, 35 ; *nullam memoriam* Cic. *Off.* 2, 55, ne pas laisser aucun souvenir de soi ¶ **3** laisser de reste : *alicui nullum granum* Cic. *Verr.* 3, 114, ne pas laisser un grain à qqn ; *relinquebatur una via* Caes. G. 1, 9, 1, il restait une seule route ‖ *quid ei reliquisti, nisi te... intellegere... ?* Cic. *Fin.* 1, 26, que lui as-tu laissé hormis ce mérite que tu comprends [ce qu'il dit] ? ; *relinquitur, ut* subj., Cic. *Att.* 10, 8, 2, il reste que, cf. Cic. *Div.* 2, 14 ; Caes. C. 5, 19, 3 ‖ laisser, abandonner : *urbem direptioni* Cic. *Fam.* 4, 1, 2, abandonner une ville au pillage ‖ accorder, permettre : *aliquid in aliorum spe* Cic. *Caecil.* 26, laisser espérer qqch. à d'autres ; *spatium ad cognoscendum* Caes. G. 7, 42, 1, laisser du temps pour faire une enquête ‖ [avec prop. inf.] laisser, permettre : Lucr. 3, 40 ; Hor. S. 1, 1, 52 ; Ov. M. 14, 100 ¶ **4** laisser dans tel ou tel état : *integram rem* Cic. *Att.* 5, 21, 13, laisser une affaire intacte ; *Morinos pacatos* Caes. G. 4, 37, laisser les Morins pacifiés ¶ **5** quitter qqn ou qqch., abandonner : *domum propinquosque* Caes. G. 1, 44, 2, laisser son foyer et ses proches, cf. Caes. G. 1, 30, 3 ; *relinquit animus Sextium* Caes. G. 6, 38, 4, le sentiment abandonna Sextius, il s'évanouit ‖ [en parl. d'un auditoire] abandonner délaisser, planter là [le lecteur, l'orateur] : Cic. *Brut.* 191 ; 192 ; 289 ‖ [en parl. de navires] laisser à sec : *naves ab aestu relictae* Caes. G. 3, 13, 9, navires laissés à sec par le reflux ¶ **6** délaisser, négliger : *utilitatem communem non relinquere solum, sed etiam prodere* Cic. *Caecin.* 50, négliger, que dis-je ? trahir l'intérêt général ; *relictae possessiones* Cic. *Agr.* 1, 3, propriétés abandonnées ; *pro relicto habere* [avec inf.] Cic. *Brut.* 253, considérer comme une chose démodée (négligeable) de ‖ laisser de côté, ne pas faire état de : *caedes relinquo, libidines praetereo* Cic. *Prov.* 6, je laisse les meurtres, je passe sous silence les débauches, cf. Cic. *Off.* 3, 9 ; *Cat.* 3, 18 ; *Brut.* 165 ‖ fermer l'œil sur : Cic. *Pomp.* 11 ; *Caecin.* 9 ; *Verr.* 1, 84 ‖ [poét., avec inf.] renoncer à : Lucr. 6, 654.

rĕlinquōsus, *i*, m., qui met derrière lui : Non. 492, 5.

rĕlĭqua, n. pl., ▶ *reliquum*.

rĕlĭquārĭum, *ĭi*, n., reste : Gloss. 2, 295, 32.

rĕlĭquātĭo, *ōnis*, f. (*reliquor*) ¶ **1** reliquat de compte, reste, arrérages : Paul. *Dig.* 26, 7, 44 ‖ ce qui reste [de temps à accomplir] : Tert. *Anim.* 56, 4 ¶ **2** détachement de soldats : CIL 8, 1322.

rĕlĭquātŏr, *ōris*, m. (*reliquor*), reliquataire [celui qui doit un reliquat de compte, débiteur qui est en reste] : Paul. *Dig.* 46, 3, 102.

rĕlĭquātrix, *īcis*, f., celle qui doit un reliquat de compte ‖ [fig.] *peccatorum* Tert. *Anim.* 35, 1, qui doit encore compte de quelques péchés.

rĕlĭquātum, *i*, n., reliquat de compte : Gloss. 5, 39, 11.

1 **rĕlĭquī**, de *reliquus*.

2 **rĕlĭquī**, parf. de *relinquo*.

rĕlĭquĭa, *ae*, ▶ *reliquiae* ▶.

rĕlĭquĭae, *ārum*, f. pl. (*reliquus*), ce qui reste ¶ **1** reste ou restes : *gladiatoriae familiae* Caes. C. 3, 21, 4, les restes d'une troupe de gladiateurs ; *pugnae* Liv. 5, 13, 12, les survivants du combat ; *caedis* Liv. 41, 12, 9, les survivants du massacre, cf. Liv. 22, 56, 2 ; 43, 10, 8 ; *cibi* Cic. *Nat.* 2, 138, les résidus de la nourriture ‖ [abs¹] déjections, excréments : Sen. *Const.* 13, 2 ‖ débris, reliefs d'un repas : Pl. *Curc.* 388 ; Suet. *Galb.* 22 ; [jeu de mots] Cic. *Fam.* 12, 4, 1 ‖ restes d'un mort, cendres : Cic. *Leg.* 2, 56 ; Sen. *Ep.* 92, 35 ; Tac. *An.* 1, 62 ‖

ossements: CIL 6, 1884; 14672 ‖ [chrét.] reliques: Hier. Ep. 109, 1 ¶ 2 [fig.] **pristinae fortunae** Cic. Sull. 1, les débris d'une ancienne fortune; **belli** Cic. Prov. 19, les restes d'une guerre; **ut avi reliquias persequare** Cic. CM 19, pour que tu achèves ce que ton aïeul a laissé inachevé.

▶ sg. *reliquia* Apul. Apol. 6, 3 ‖ poét. *relliquiae* pour allonger la première syllabe ‖ *reliciae* CIL 6, 4999.

rĕlĭquĭărĭum, *ĭi*, n., héritage [fig.], reste: Aug. Conf. 5, 8, 15.

rĕlĭquō, *ās, āre, -, -*, tr., redevoir qqch. sur un compte: Dig. 34, 3, 9.

rĕlĭquŏr, *ārĭs, ārī, ātus sum* (reliquus) ¶ 1 tr., redevoir sur un compte: Dig. 33, 7, 20; 26, 7, 46 ¶ 2 intr., être reliquataire: Dig. 10, 2, 20, 6; 50, 4, 6.

rĕlĭquum (-quom, -cuom, -cum), *i*, n. de *reliquus* pris subst¹ ¶ 1 reste, restant: **reliqui summa** Cic. Off. 1, 59, le total du reste; **breve vitae reliquum** Cic. CM 72, le court restant de l'existence; **relicum noctis** Liv. 2, 25, 2, le reste de la nuit, cf. Liv. 2, 64, 11; 3, 15, 8; **de reliquo** Cic. de Or. 1, 100, sur le reste, quant au reste; **in reliquum** Sall. J. 42, 4, pour l'avenir ‖ *reliquum est, ut*, il reste que, il reste à: Cic. Fam. 7, 31, 1; Att. 7, 13, 4; Flac. 32; Nep. Att. 21, 5; [subj. sans *ut*] Cic. Fam. 9, 9, 3; 15, 21, 5; [avec inf.] Cic. Att. 7, 5, 5; Sall. Macr. 2 ‖ **aliquid reliqui facere** Cic. Sull. 89, laisser qqch. de reste; **nihil reliqui facere** Cic. Verr. 3, 115, ne rien laisser, cf. Sall. C. 11, 7; 28, 4; 52, 4; **ne hoc quidem sibi reliqui facit, ut** Cic. Verr. 1, 2, il ne se ménage même pas ce dernier avantage de ‖ **nihil reliqui facere, quod pertineat...** Nep. Att. 21, 5, ne rien négliger de ce qui concerne...; **nihil ad celeritatem sibi reliqui fecerunt** Caes. G. 2, 26, 5, ils se hâtèrent tant qu'ils purent, cf. Caes. C. 2, 5, 5; **nihil reliqui facere, quominus** Tac. An. 1, 21, ne rien négliger pour ¶ 2 [en part., au pl.] ce qui reste à payer, reliquat, arrérages: **ratio reliquorum meorum** Cic. Att. 16, 3, 5, le compte de mes arrérages, cf. Cic. Att. 6, 1, 19; 15, 15, 3; 16, 15, 4; Plin. Ep. 3, 19, 6; 9, 37, 2 ‖ [sg. très rare] Dig. 49, 14, 45; [jeu de mots] **relicuom** Pl. Cap. 16.

rĕlĭquus (rĕlĭcŭus), *a, um* (relinquo, cf. *vacuus*) ¶ 1 qui reste, restant: **ex ea familia reliquus est M. Titurius Rufus** Cic. Fam. 13, 39, de cette famille il reste M. Titurius Rufus, cf. Cic. Clu. 22; Verr. 3, 124; **nulla deprecatio est ei reliqua** Cic. Verr. 4, 120, il ne lui reste aucun moyen d'écarter le châtiment, cf. Cic. Verr. 2, 65; Fam. 9, 18, 4; **moriar, si praeter te quemquam reliquum habeo, in quo...** Cic. Fam. 9, 15, 2, que je meure, si à part toi il me reste qqn chez qui...; **aliquid (alicui) reliquum facere** Cic. Att. 3, 8, 2, laisser qqch. (à qqn), cf. Cic. Verr. 3, 128; **duarum mihi civitatum reliquos feci agros** Cic. Verr. 3, 104, j'ai réservé pour la fin

de mon exposé les terrains de deux cités, ▶ *reliquum*; **ab utrisque nihil reliquum fieri** Sall. J. 76, 4, des deux côtés rien n'était négligé ‖ [en parl. du temps qui reste à venir] futur: **reliqua gloria** Cic. Q. 1, 1, 43, une gloire à venir; **in reliquum tempus** Caes. G. 1, 20, 6, à l'avenir; [de même] **in reliquum** Liv. 23, 20, 6; **de reliquo** Tert. Praescr. 44, 14, quant à l'avenir ¶ 2 le reste d'une chose: **reliqua oratio tua** Cic. Fin. 2, 85, le reste de ton exposé; **relicuus populus** Cic. Rep. 2, 39, le reste du peuple; **reliqua Aegyptus** Cic. Att. 2, 5, 1, le reste de l'Égypte; **quod reliquum est** Cic. Att. 16, 15, 3, pour ce qui est du reste, cf. Cic. Fam. 13, 72, 2; Planc. 11; **de reliquo** Cic. de Or 1, 100, même sens ‖ **reliqui reges** Cic. Rep. 2, 11, les autres rois, cf. Cic. Rep. 2, 22; 2, 54; 6, 17; **hunc cum reliquis rebus locum probarat, tum quod...** Caes. G. 6, 32, 5, il avait choici ce lieu, entre autres motifs, parce que..., cf. Caes. G. 2, 10, 5 ‖ **reliqui** Cic. Rep. 2, 21, les autres, cf. Cic. Leg. 3, 20; Phil. 2, 30; **reliqui omnes** Cic. Planc. 99; **omnes reliqui** Cic. Pomp. 29, tous les autres; n. pl., **reliqua** Cic. Fin. 2, 106, le reste des choses, le reste, cf. Cic. Rep. 2, 71; **reliqua vaticinationis** Cic. Div. 1, 68, le reste de la prédiction; [adv¹] **reliqua** Cic. Q. 1, 3, 10, quant au reste.

▶ toujours chez les Com. *relicuus (-cuos)*, avec quatre syllabes; de même Lucr. 2, 955 *relicui* et 3, 648 *relicuo*.

rĕlīsus, *a, um*, part. de *relido*.

rellātus, poét. pour *relatus*, ▶ *refero*.

rellig-, relliq-, ▶ *relig-, reliq-*.

rĕlŏcō, *ās, āre, -, -*, tr., replacer: Cael.-Aur. Chron. 2, 1, 28 ‖ remettre en location: Ulp. Dig. 19, 2, 13, 10.

rĕlŏquus, *a, um*, qui donne une réponse [oracle]: *Varr. L. 6, 57.

rĕlūcĕō, *ēs, ēre, lūxī, -*, intr., briller en retour, renvoyer de la lumière: **relucens flamma ex capite** Liv. 22, 17, 2, la lueur des flammes sur la tête [des bœufs], cf. Liv. 30, 6, 1; Virg. G. 4, 385 ‖ **illi ingens barba reluxit** Virg. En. 12, 300, sa longue barbe prit feu; **Sigea igni freta lata relucent** Virg. En. 2, 312, la mer de Sigée renvoie au loin les lueurs de l'incendie.

rĕlūcescō, *ĭs, ĕre, lūxī, -* (inch. de *reluceo*), intr., recommencer à luire, à briller: Ov. M. 14, 769; Tac. H. 4, 81 ‖ impers., **paulum reluxit** Plin. Ep. 6, 20, 16, une faible lueur réapparut.

rĕluctans, part. prés. de *reluctor*.

rĕluctantĕr, adv., avec résistance: Aug. Lib. 3, 23, 69.

rĕluctātĭo, *ōnis*, f. (*reluctor*), résistance: Cod. Th. 12, 1, 179.

rĕluctātus, *a, um*, part. de *relucto* et *reluctor*.

rĕluctō, *ās, āre, -, ātus*, ▶ *reluctor*: Apul. M. 4, 20; 7, 5 ‖ part., **reluctatus** [sens passif]: Claud. Pros. 1, 42.

rĕluctŏr, *ārĭs, ārī, ātus sum*, intr., lutter contre, opposer de la résistance, se débattre: Tac. An. 4, 22; Hor. O. 4, 4, 11; **ventos reluctantes domitare** Plin. Pan. 81, 4, dompter la violence des vents contraires; **diu precibus reluctatus** Curt. 8, 2, 11, ayant résisté longtemps aux prières, cf. Plin. Pan. 60, 4.

rĕlūdō, *ĭs, ĕre, -, -*, intr., relancer la balle, riposter: Manil. 5, 170 ‖ renvoyer [des plaisanteries]: Sen. Contr. 2, 10, 7.

rĕlūmĭnātĭo, *ōnis*, f., lumière réfléchie, reflet: Gloss. 2, 228, 53.

rĕlūmĭnō, *ās, āre, -, -*, tr., rendre la lumière ou la vue à: Tert. Apol. 21, 17.

rĕlŭō, *ĭs, ĕre, -, -* (re-, 2 lavo), tr. ¶ 1 relaver: Licin. d. Non. 52, 9 ¶ 2 [fig.] dégager [un objet engagé]: Caecil. Com. 105.

rĕluxī, parf. de *reluceo* et *relucesco*.

rĕmăcrescō, *ĭs, ĕre, crŭī, -*, intr., maigrir de nouveau: Suet. Dom. 18.

rĕmălĕdīcō, *ĭs, ĕre, -, -*, intr., renvoyer des injures, rendre injure pour injure: Suet. Vesp. 9; Hier. Ep. 69, 9.

rĕmancĭpō, *ās, āre, āvī, ātum*, tr., redevenir propriétaire de: Gai. Inst. 1, 140 ‖ *remancipatus* Fest. 342, 34.

1 **rĕmandō**, *ās, āre, -, -*, tr., notifier en réponse: Eutr. 2, 13, 1.

2 **rĕmandō**, *ĭs, ĕre, -, -*, tr., remâcher, ruminer [pr. et fig.]: Plin. 10, 200; Quint. 11, 2, 41.

rĕmănĕō, *ēs, ēre, mansī, mansum* (re-, maneo; it. *rimanere*, a. fr. *remaindre*), intr. ¶ 1 s'arrêter, demeurer, séjourner: Cic. Ac. 2, 148; Cat. 1, 7; Att. 7, 14, 3; Caes. G. 4, 8; C. 1, 33 ¶ 2 rester, subsister, durer: Cic. Tusc. 1, 26; Pomp. 54; Off. 1, 37 ‖ [avec un attribut]: **pars sublicarum integra remanebat** Caes. G. 7, 35, 4, une partie des pilotis restait intacte, cf. Cic. Rep. 2, 59; Or. 183; Off. 3, 100.

rĕmānō, *ās, āre, -, -*, intr., refluer: Lucr. 5, 269; 6, 635.

rĕmansī, parf. de *remaneo*.

rĕmansĭo, *ōnis*, f. (*remaneo*), action de séjourner, séjour: Cic. Lig. 4; Q. 3, 1, 17.

rĕmansŏr, *ōris*, m. (*remaneo*) ¶ 1 soldat qui s'absente au-delà de sa permission: Men. Dig. 49, 16, 5, 6 ¶ 2 soldat en congé: CIL 6, 225.

rĕmĕābĭlis, *e* (*remeo*), qui revient: **remeabile saxum** Stat. Th. 4, 537, pierre [de Sisyphe] qui retombe toujours; **e tumulo** Prud. Apoth. 1049, qui sort du tombeau.

rĕmĕăcŭlum, *i*, n. (*remeo*), retour: Apul. M. 6, 2.

rĕmĕātĭo, *ōnis*, f., retour à son sujet: Carm. Fig. 88.

rĕmĕātus, *ūs*, m. (*remeo*), retour, rappel: Marc. Dig. 48, 19, 4.

remediabilis

rĕmĕdĭăbĭlis, e (remedio), guérissable : Sen. Ep. 95, 29 ‖ qui guérit, salutaire : *Cassiod. Var. 3, 14.

rĕmĕdĭalis, e (remedium), qui guérit, salutaire : Macr. Sat. 7, 16, 34 ; Cassiod. Var. 10, 29, 1.

rĕmĕdĭātĭo, ōnis, f. (remedio), guérison : Scrib. 11.

rĕmĕdĭātŏr, ōris, m. (remedio), celui qui apporte un remède [fig.] : Tert. Marc. 4, 8, 4.

rĕmĕdĭō, ās, āre, āvī, ātum (remedium), tr., guérir : [mal de tête] Scrib. 11 ; [défauts physiques] Tert. Marc. 4, 35, 11.

rĕmĕdĭŏr, āris, ārī, -, intr., guérir (alicui) : Hier. Ep. 68, 1 ; Ps. Apul. Herb. 2 ; 105.

rĕmĕdĭum, ĭi, n. (re-, medeor) ¶ 1 remède, médicament : Cic. Nat. 2, 126 ; *vulneris* Cic. Fam. 5, 15, 1, remède pour une blessure, cf. Cels. 4, 13, 2 ; *contra morsus* Plin. 29, 88, contre des morsures ; *ad fauces* Suet. Ner. 35, pour la gorge ¶ 2 [fig.] remède, expédient : *alicujus rei* Ter. Haut. 539 ; Apul. M. 294, remède contre qqch. ; *hoc remedium est aegrotae rei publicae homines ad legum defensionem quam honestissimos accedere* Cic. Caecil. 70, le remède pour guérir l'État malade, c'est que les gens les plus intègres prennent part à la défense des lois ; *quaerere, invenire remedium ad aliquam rem* Cic. Verr. 5, 26 ; Clu. 27 ; Tusc. 5, 74 ; *alicui rei* Cic. Phil. 13, 25 ; Caecil. 9 ; Caes. C. 3, 50, 2 ; Liv. 3, 3, 5, chercher, trouver un remède pour, contre qqch. ‖ *remedio esse alicui rei*, servir de remède à qqch. : Her. 3, 22 ; Liv. 5, 22, 9 ; 26, 3, 3.

rĕmēlīgo, ĭnis, f. (cf. remillus, promello), lambine : Pl. Cas. 804 ‖ retardatrice : Fest. 344, 15 ; Gloss. 4, 162, 8.

rĕmĕmĭni, isti, isse, se ressouvenir [avec gén.] : Tert. Marc. 4, 1, 6.

rĕmĕmŏrātĭo, ōnis, f., commémoration : Vulg. Psal. 37, 1.

rĕmĕmŏrō, ās, āre, āvī, ātum (memor, cf. reminiscor ; a. fr. remembrer), tr., rappeler : Iren. 3, 21, 2.

rĕmĕmŏrŏr, āris, ārī, ātus sum (memoror, cf. recordor, reminiscor), pass., tr., se rappeler : Vulg. Hebr. 10, 32 ; Isid. 11, 1, 109 ‖ [avec quia] Vulg. Psal. 77, 35 ‖ [avec gén.]. Pass. Perp. 1, 6.
► rememorans Greg.-Tur. Patr. 8, 1.

Rēmensis, e, des Rémois, de Reims : Greg.-Tur. Hist. 6, 3.

rĕmensūrō, ās, āre, -, -, tr., mesurer de nouveau, remesurer : Grom. 384, 4.

rĕmensus, a, um, part. de remetior.

rĕmĕō, ās, āre, āvī, ātum (re-, meo), intr., retourner, revenir : *remeabo intro* Pl. Ep. 662, je vais rentrer [à la maison] ; *aer remeat* Cic. Nat. 2, 118, l'air revient ; *greges remeabant ad stabula* Liv. 24, 3, 5, les troupeaux revenaient à l'étable ; *patrias in sedes remeavere* Tac. An. 14, 25, ils revinrent dans leur patrie ‖ [poét.] *patrias urbes* Virg. En. 11, 793, revenir dans sa patrie, cf. Stat. S. 3, 5, 12 ‖ [avec acc. d'objet intér.] *aevum peractum* Hor. S. 1, 6, 94, parcourir de nouveau les années accomplies, recommencer sa vie.

rĕmergō, ĭs, ĕre, -, -, intr., replonger : Aug. Conf. 8, 5, 12.

rĕmētĭor, īrĭs, īrī, mensus sum, tr. ¶ 1 mesurer de nouveau : *astra* Virg. En. 5, 25, observer de nouveau les astres ‖ parcourir de nouveau : Plin. 2, 181 ; Stat. Th. 3, 324 ‖ [passif] *inter retro remensum est* Lucr. 2, 516, la distance a été mesurée en sens contraire ; *pelago remenso* Virg. En. 2, 181, la mer étant parcourue de nouveau, cf. Virg. En. 3, 143 ¶ 2 [fig.] repasser dans son esprit : Sen. Ir. 3, 36 ‖ passer de nouveau en revue, raconter de nouveau : Apul. M. 1, 4 ; 2, 20 ¶ 3 mesurer en retour, rendre en égale mesure : *frumentum pecunia* Ps. Quint. Decl. 12, 19, payer le blé en argent ‖ [plaist] *vinum omne vomitu* Sen. Ep. 95, 21, vomir intégralement tout le vin absorbé, cf. Mart. 6, 89, 5.

Remetodĭa, ae, f., ville de Mésie : Peut. 6, 5.

rēmex, ĭgis, m. (remus, ago), rameur : Cic. Div. 2, 114 ‖ [collectif] rameurs : Virg. En. 4, 588 ; Hor. Epo. 16, 57 ; Liv. 37, 10, 9 ‖ *uno remige* Sen. Herc. f. 557, avec un seul et même rameur [Charon].

Rēmi, ōrum, m. pl., les Rèmes [peuple de la Gaule Belgique] : Caes. G. 3, 3 ; 3, 11 ; Plin. 4, 106 ‖ la capitale des Rèmes [auj. Reims] : Amm. 15, 11, 10.

rēmĭgātĭo, ōnis, f. (remigo), action de ramer, manœuvre à la rame : Cic. Att. 13, 21, 3.

rēmĭgĭum, ĭi, n. (remigo ; it. remeggio) ¶ 1 rang de rames, rames : Pl. Bac. 289 ; Virg. G. 1, 202 ; En. 8, 94 ; [prov.] *remigio veloque festinare* Pl. As. 157, se hâter à force de rames et de voiles (courir en toute hâte) ; *meo remigio rem gerunt* Pl. Mil. 747, ils agissent à mon commandement ¶ 2 manœuvre des rames, marche à la rame, navigation : Cic. Tusc. 5, 114 ; Plin. 6, 174 ¶ 3 rameurs, matelots, équipage : Virg. En. 3, 471 ; Liv. 21, 22, 4 ; 26, 51, 6 ; Tac. An. 3, 1 ¶ 4 [fig.] *remigio alarum* Virg. En. 1, 301, par le mouvement des ailes, cf. Lucr. 6, 743.

rēmĭgō, ās, āre, āvī, ātum (remex) ¶ 1 intr., ramer : Cic. Tusc. 4, 9 ; Att. 13, 21, 3 ; Caes. G. 5, 8, 4 ¶ 2 tr., conduire en ramant : Claud. Pros. 2, 178.

rĕmĭgrō, ās, āre, āvī, ātum, intr., revenir habiter : [avec in acc.] Cic. Tusc. 1, 118 ; Ac. 1, 13 ; Caes. G. 4, 4, 6 ; [abst] Cic. Fam. 9, 13, 2 ‖ [fig.] revenir : Pl. Poen. 47 ; *ad justitiam* Cic. Tusc. 5, 62, revenir à la justice (rentrer dans la légalité) ‖ *remigrat animus nunc demum mihi* Pl. Ep. 569, je reprends enfin maintenant mes esprits.

rĕmillus, a, um (cf. remeligo), ⇒ repandus, retroussé : P. Fest. 347, 1.

rĕmĭniscentĭa, ae, f. (reminiscor), réminiscence, ressouvenir : Tert. Anim. 23, 6 ; Arn. 2, 19.

rĕmĭniscō, ĭs, ĕre, -, -, ⊂ reminiscor : Prisc. 2, 396, 20, cf. Aus. Epigr. 44 (48), 1 ; Jord. Get. 72.

rĕmĭniscor, scĕris, scī, - (comminiscor, miniscor), intr. et tr. ¶ 1 intr., rappeler à son souvenir, faire acte de souvenir [recordari, "se souvenir"] : Cic. Lig. 35 ; Tusc. 1, 57 ; Varr. L. 6, 44 ‖ [avec gén.] se ressouvenir de : Caes. G. 1, 13, 4 ; Nep. Phoc. 4, 1 ¶ 2 tr. **a)** se rappeler qqch. : Cic. CM 78 ; Att. 4, 2, 4 ; Sulp. Fam. 4, 5, 5 ; Nep. Alc. 6, 3 ; Virg. En. 10, 782 ; Ov. M. 11, 714 ‖ [avec prop. inf.] Lucr. 2, 90 ; 6, 649 ; Ov. M. 1, 256 ‖ [avec interr. indir.] Cic. Tusc. 1, 29 ; Nep. Dat. 5, 1 ; Liv. 4, 2, 4 **b)** imaginer par réminiscence : Nep. Alc. 2, 1 ; Apul. Apol. 54 ; 102.

rēmĭpēs, ĕdis, m., f. (remus, pes) ¶ 1 qui a les pieds palmés : Aus. Epist. 3 (392), 13 ¶ 2 qui avance au moyen de rames : Aus. Epist. 5 (394), 34 ; Mos. 201.

rĕmiscĕō, ēs, ēre, ŭī, mixtum et mistum (re-, misceo ; esp. remecer), tr., remêler : *animus naturae suae remiscebitur* Sen. Ep. 71, 15, l'âme sera rendue à son principe ‖ [fig.] mêler, mélanger [à diverses reprises, complètement] : Hor. P. 151 ; Sen. Const. 7, 4.

rĕmīsī, parf. de remitto.

Remisĭana (Romes-), ae, f., ville de la Mésie supérieure : Anton. 135 ; Peut. 6, 4.

rĕmissa, ae, f. (remitto), remise, rémission : Tert. Marc. 4, 18, 9.

rĕmissārĭus, a, um (remitto), qui desserre, qui donne du jeu [barre] : Cat. Agr. 19, 2.

rĕmissē, adv. (remissus), avec du relâchement, d'une façon libre, non rigoureuse : Cic. de Or. 3, 184 ‖ doucement, sans véhémence, d'une manière apaisée, sans âpreté : Cic. Verr. 4, 76 ; de Or. 1, 255 ‖ *remissius* Cic. Fin. 1, 1, sans trop d'application.

rĕmissĭbĭlis, e (remitto), pardonnable : Tert. Pud. 2, 12 ‖ aisé, doux : Cael.-Aur. Chron. 2, 13, 164.

rĕmissĭo, ōnis, f. (remitto) ¶ 1 action de renvoyer, renvoi : Liv. 27, 17, 1 ‖ [fig.] réflexion [de la lumière] : Vitr. 7, 3, 9 ¶ 2 action de détendre, de relâcher **a)** *superciliorum* Cic. Off. 1, 146, défroncement des sourcils ; *vocis* Cic. de Or. 1, 261, abaissement de la voix **b)** [fig.] *animus intentione sua..., remissione autem...* Cic. Tusc. 2, 54, l'âme en tendant ses ressorts..., en les relâchant... ; *remissio usus* Cic. Lae. 76, relâchement des relations, relations moins suivies ; *morbi* Cic. Fam. 7, 26, 1, affaiblissement du mal ; *poenae* Cic. Cat. 4, 13, adoucissement de la peine ‖ *remissio animi ac* *dissolutio* Cic. *Fam.* 5, 2, 9, indulgence et faiblesse de caractère, cf. Sen. *Ep.* 66, 14 ‖ *remissio animi* Cic. *Arch.* 16, délassement, détente de l'esprit, cf. *de Or.* 2, 22 ; Sen. *Tranq.* 17, 5 ; [sans *animi*] Cic. *Cael.* 49 ; Tac. *Agr.* 9 ; Gell. 15, 2, 5 ¶ **3** abandon, remise : [d'une peine] Plin. *Ep.* 8, 2, 6 ; 10, 8, 5 ; Suet. *Caes.* 20 ‖ *tributi in triennium* Tac. *An.* 4, 13, remise d'impôts pour trois ans ; *post magnas remissiones* Plin. *Ep.* 9, 37, 2, après de grandes remises [de fermages] ¶ **4** [chrét.] pardon, rémission [des péchés] : Tert. *Marc.* 4, 28, 6.

rĕmissīvus, *a*, *um* (*remitto*) ¶ **1** [méd.] émollient : Cael.-Aur. *Acut.* 3, 4, 31 ¶ **2** [gram.] atténuatif [progression lente] : Prisc. 3, 86, 20.

rĕmissŏr, *ōris*, m. (*remitto*), celui qui pardonne : Ambr. *Psalm.* 39, 10.

rĕmissus, *a*, *um* ¶ **1** part. de *remitto* ¶ **2** adj[t], relâché, détendu **a)** *vox, ut nervi, quo remissior...* Quint. 11, 3, 42, la voix, comme les cordes d'une lyre, moins elle a de tension... **b)** adouci : *remissior ventus* Caes. *C.* 3, 26, 2, vent plus calme ; *remissiora frigora* Caes. *G.* 5, 12, 7, froids plus atténués, moins vifs **c)** [en bonne part] doux, indulgent : Cic. *Quir.* 23 ; *Rep.* 1, 66 ‖ calme, tranquille, paisible : Cic. *de Or.* 1, 193 ; CM 28 ‖ qui a de l'abandon, de l'enjouement : Cic. *Cael.* 13 ; *Lae.* 66 ; *Sest.* 115 ; Suet. *Tib.* 21 **d)** [en mauv. part] mou, apathique, sans énergie, indolent, indifférent : Caes. *C.* 1, 21, 5 ; 2, 14, 1 ; Cic. *Fin.* 3, 2 ; *Mur.* 52 ; Sall. *J.* 53, 6 ; 82, 2 ; Nep. *Iph.* 3, 1 ; *agilem oderunt remissi* Hor. *Ep.* 1, 18, 90, les nonchalants n'aiment pas l'homme actif **e)** abaissé [prix] : *remissior aestimatio* Cic. *Verr.* 3, 214, évaluation plus basse ‖ *remississimus* Suet. *Aug.* 98.

rĕmistus, part. de *remisceo*.

rĕmittō, *ĭs*, *ĕre*, *mīsī*, *missum* (*re-*, *mitto* ; fr. remettre), tr.

¶ **1** "renvoyer" **a)** *aliquem domum* **b)** "renvoyer" des javelots **c)** "renvoyer" un son **d)** "restituer" **e)** "renvoyer" "loin de soi" **f)** *remittere nuntium*, v. *nuntius* ¶ **2** laisser aller en arrière, en retour **a)** "relâcher, détendre" **b)** "détendre" [l'esprit] **c)** "laisser s'affaiblir" **d)** "abandonner, renoncer à" **e)** "faire une remise" [de dette, de peine], "concéder", "pardonner" ¶ **3** intr. "se relâcher, s'adoucir".

¶ **1** renvoyer **a)** *aliquem domum* Caes. *G.* 1, 43, 9, qqn chez lui ; *mulieres Romam* Cic. *Att.* 7, 23, 2, les femmes à Rome ; *obsides alicui* Caes. *G.* 3, 8, 5, renvoyer à une cité ses otages ; *aliquem ad aliquem* Cic. *Fam.* 16, 5, 1, renvoyer qqn à qqn ; *litteras alicui* Caes. *G.* 5, 47, 6, écrire une lettre en réponse à qqn **b)** relancer des javelots : Caes. *G.* 2, 27, 4 **c)** renvoyer un son, des paroles [écho] : Virg. *En.* 12, 929 ; Hor. *P.* 349 ; Ov. *M.* 3, 500 **d)** renvoyer, rendre, restituer : *vobis vestrum benefi-*

cium remitto Caes. *C.* 2, 32, 14, je vous rends la faveur que vous m'avez faite [je n'en veux plus], cf. Caes. *G.* 7, 20, 7 ; [poét.] *terra bibit humorem et ex se ipsa remittit* Virg. *G.* 2, 218, la terre pompe l'humidité et la renvoie d'elle-même, cf. Hor. *S.* 2, 4, 69 ; *tractata notam labemque remittunt atramenta* Hor. *Ep.* 2, 1, 235, l'encre que l'on a maniée laisse après elle une marque et une souillure sur les doigts **e)** renvoyer loin de soi : *opinionem animo* Cic. *Clu.* 6, rejeter une opinion loin de son esprit, cf. Lucr. 5, 1198 **f)** *remittere nuntium*, v. *nuntius* ¶ **2** laisser aller en arrière, en retour **a)** relâcher, détendre : *ramulum adductum* Cic. *Div.* 1, 123, laisser repartir un rameau qu'on a tiré à soi ; *habenas adducere, remittere* Cic. *Lae.* 45, tirer sur les guides, les lâcher ; *brachia* Virg. *G.* 1, 202, laisser détendre ses bras [rameurs] ; *contentis corporibus... remissis...* Cic. *Tusc.* 2, 54, si l'on raidit les muscles..., si on les relâche... ; *vinclis remissis* Ov. *M.* 9, 315, les liens étant relâchés, détachés ‖ *calor mella liquefacta remittit* Virg. *G.* 4, 36, la chaleur amollit le miel et le rend liquide ; *vere remissus ager* Ov. *F.* 4, 126, la terre amollie par le printemps **b)** relâcher, détendre l'esprit : Liv. 22, 38 ; Liv. 27, 31, 1 ; Plin. *Ep.* 7, 9, 13 ; *se remittere* Nep. *Alc.* 1, 4, détendre son activité, se donner du loisir, ou *remitti* Plin. *Ep.* 1, 16, 7, se distraire, cf. *Ep.* 7, 9, 9 ; 7, 9, 13 ‖ *animos remiserant a contentione pugnae* Liv. 5, 41, 4, ils s'étaient détendus de leur ardeur de combattre, leur ardeur au combat s'était calmée ; *simul ab religione animos remiserunt* Liv. 5, 25, 11, dès que leurs scrupules religieux se furent calmés ; *ea spes remisit animos a certamine* Liv. 9, 12, 7, cet espoir les fit se relâcher du combat ‖ *inflammatio se remisit* Cels. 4, 31, 8, l'inflammation s'est calmée ; *febres remittuntur* Cels. 3, 12, 1, les fièvres tombent ; *cum se furor ille remisit* Ov. *H.* 4, 51, quand cet égarement s'est apaisé **c)** laisser se détendre (se relâcher), laisser s'affaiblir : *summum illud suum studium remisit* Cic. *Brut.* 320, il laissa tomber cette extrême ardeur qu'il avait eue, cf. Caes. *G.* 6, 14, 4 ; *C.* 2, 13, 2 ; *nec... belli opera remiserat* Liv. 30, 3, 3, et il n'avait pas mis une pause aux opérations militaires ‖ *remissis qui in praesidio erant* Sall. *J.* 58, 1, les hommes de garde s'étant relâchés, étant inattentifs **d)** abandonner, renoncer à : *provinciam remitto* Cic. *Phil.* 8, 25, je renonce à mon gouvernement de province, cf. Cic. *Phil.* 8, 27 ; Caes. *C.* 2, 14, 6 ; *contentionem omnem* Cic. *Brut.* 202, s'interdire tout effort violent ‖ *aliquid iracundiae* Cic. *Phil.* 8, 19 (cf. Cic. *Att.* 10, 4, 2) ; *aliquid de severitate* Cic. *Phil.* 1, 2 (cf. Cic. *Rab. Post.* 31 ; *Verr.* 1, 25 ; Caes. *C.* 3, 174) ; *aliquid ex aliqua re* Cic. *Phil.* 13, 36 (cf. Cic. *Caecin.* 48 ; Caes. *C.* 3, 28, 5) abandonner un peu de son emportement, de sa sévérité, etc. ; *aequo animo*

remittendum de celeritate existimabat Caes. *G.* 5, 49, 6, il pensait qu'on pouvait sans inquiétude relâcher quelque chose de sa rapidité ‖ [avec inf.] renoncer à : Ter. *And.* 827 ; Hor. *O.* 2, 11, 3 ; Sall. *J.* 52, 2 **e)** concéder, faire remise de : *multam* Cic. *Phil.* 11, 18, faire remise d'une amende ; *stipendium* Caes. *G.* 1, 44, 5, faire remise d'une contribution de guerre ; *remittere quod debetur* Cic. *Att.* 13, 23, 3, faire remise de ce qui est dû, cf. Cic. *Verr.* 4, 20 ; *poenam alicui* Liv. 40, 10, 9, faire remise d'un châtiment à qqn ‖ *alicui de summa remittere* Cic. *Verr.* 3, 82, faire à qqn une remise sur une somme totale, cf. Cic. *Q.* 1, 2, 11 ‖ concéder, faire l'abandon de (*alicui aliquid*, qqch. à qqn) : *omnia tibi ista concedam et remittam* Cic. *Verr.* 5, 22, je te concéderai et t'abandonnerai tout cela, cf. Cic. *de Or.* 1, 246 ; *Ac.* 2, 106 ; *Verr.* 1, 30 ; *Rep.* 1, 2 ; Liv. 9, 38, 12 ‖ *alicui remittere atque concedere, ut* Cic. *Planc.* 73, permettre, concéder à qqn de ‖ [chrét.] remettre [les péchés] : Vulg. *Psal.* 31, 1 ¶ **3** intr., se relâcher, s'adoucir, faire relâche : *ventus remittit* Caes. *C.* 3, 26, 4, le vent a une accalmie ; *dolores remittunt* Ter. *Hec.* 349 ; Cic. *Brut.* 130, les douleurs se calment, cf. Liv. 2, 34, 6 ; 40, 33, 4 ‖ [fig.] Cael. *Fam.* 8, 14, 4.

rēmīvăgus, *a*, *um* (*remus, vagor*), qui va au moyen de la rame : Varr. *Men.* 45.

rĕmixtus, *a*, *um*, part. de *remisceo*.

Remmĭa lex, f., loi Remmia [de Remmius, sur les accusations non fondées] : Cic. *Amer.* 55.

Remmĭus, *ĭi*, m., nom d'une fam. rom. : Tac. *An.* 2, 68 ‖ Remmius Palémon, grammairien : Suet. *Gram.* 23 ; v. *Palaemon*.

Remni, v. *Rhemni*.

rĕmōlĭŏr, *īrĭs*, *īrī*, *ītus sum*, tr. ¶ **1** déplacer (écarter loin de soi) : Ov. *M.* 5, 354 ‖ enfoncer, briser : Stat. *Th.* 10, 527 ¶ **2** soulever de nouveau : *arma* Sil. 1, 36, reprendre les armes ‖ [sens passif] v. *remolitus*.

rĕmōlītus, *a*, *um*, part. de *remolior* ‖ [passiv[t]] bouleversé, démoli : Sen. *Herc. f.* 504.

rĕmollescō, *ĭs*, *ĕre*, -, -, intr. ¶ **1** se ramollir : Ov. *M.* 10, 285 ¶ **2** [fig.] s'amollir, s'énerver : Caes. *G.* 4, 2, 6 ‖ s'apaiser, s'adoucir : Ov. *M.* 1, 378.

rĕmolliō, *īs*, *īre*, -, *ītum*, tr. ¶ **1** [fig.] amollir : Col. 2, 11, 2 ; Ps. Apul. *Herb.* 3, 9 ¶ **2** amollir, énerver : Ov. *M.* 4, 286 ‖ adoucir, fléchir : Suet. *Aug.* 79.

Remōn (**Remmon**), f., ville de Judée : Vulg. *Jos.* 15, 32.

Remona, f., habitation de Rémus : P. Fest. 345, 11.

rĕmŏnĕō, *ēs*, *ēre*, -, -, tr., avertir de nouveau : Apul. *M.* 5, 24.

rĕmŏr, *ŏris*, v. *remores*.

remŏra

1 **rĕmŏra**, ae, f. (remoror; esp., port. remora) ¶ 1 retard, obstacle: PL. Trin. 38; *Poen. 929 ¶ 2 rémora [poisson]: DON. And. 739; SERV. En. 8, 699.

2 **Rĕmŏra**, ae, f., nom proposé pour désigner Rome (la ville de Rémus): ENN. An. 82 (CIC. Div. 1, 107).

rĕmōram, contr. pour removeram, V.▶ removeo ▶.

rĕmŏrāmĕn, ĭnis, n. (remoror), retard, empêchement: Ov. M. 3, 567.

rĕmŏrātĭo, ōnis, f. (remoror), action de retarder: AUG. Don. 17, 3.

rĕmŏrātŏr, ōris, m. (remoror), celui qui retarde, qui arrête: CAPEL. 1, 70.

rĕmŏrātus, a, um, part. de remoror.

rĕmorbescō, ĭs, ĕre, -, -, intr., retomber malade: ENN. d. FEST. 346, 6.

rĕmordĕō, ēs, ēre, -, morsum ¶ 1 [fig.] mordre à son tour: HOR. Epo. 6, 4 ‖ ronger en retour [le cœur], mordre de nouveau: peccata remordent LUCR. 3, 827, le remords de la faute ronge [l'âme]; haec te cura remordet VIRG. En. 1, 261, ce souci te ronge encore, cf. LIV. 8, 4, 3 ¶ 2 remordens, piquant [au goût]: CAEL.-AUR. Chron. 2, 13, 181.

rĕmŏres, m. f. pl. (remoror) ¶ 1 qui retardent, qui empêchent: aves P. FEST. 345, 14, oiseaux dont le présage fait ajourner une entreprise ¶ 2 lambin: PS. AUR.-VICT. Orig. 21, 4.

Rĕmŏria (Rĕmŭ-), ae, f., sommet de l'Aventin, où Rémus prit les auspices: P. FEST. 345, 12; PS. AUR.-VICT. Orig. 23, 1.

rĕmŏror, ārĭs, ārī, ātus sum ¶ 1 intr., s'arrêter, rester, séjourner: PL. Cas. 804; LUCR. 2, 75; LIV. 27, 12, 3; OV. M. 4, 137 ¶ 2 tr., retarder, arrêter, retenir, empêcher: CIC. Pomp. 40; Cat. 1, 4; Att. 3, 14, 1; SALL. J. 50, 1; 95, 3 ‖ [avec quominus subj.] empêcher de: SALL. J. 38, 8.

rĕmosse, V.▶ removeo ▶.

*****rĕmōtē** [inus.] compar., remotius CIC. Nat. 1, 87, plus au loin; remotissime AUG. Trin. 12, 5.

rĕmōtĭo, ōnis, f. (removeo) ¶ 1 action d'éloigner, d'écarter: HER. 4, 26 ¶ 2 [fig.] criminis CIC. Inv. 2, 86, action de faire retomber sur autrui une accusation.

rĕmōtus, a, um ¶ 1 part. de removeo ¶ 2 adj† a) éloigné, retiré, écarté, situé à l'écart: CAES. G. 7, 1; CIC. Fam. 7, 20, 2; remotius antrum OV. F. 6, 121, une grotte un peu à l'écart ‖ remotus ab oculis CIC. Lae. 104, éloigné des regards; oculis SUET. Tib. 42 ‖ in remoto SEN. Nat. 3, 26, 1, au loin b) [fig.] éloigné de qqch., qui s'écarte de: ab omni suspicione remotissimus CIC. Verr. 4, 40, absolument à l'abri de tout soupçon; a culpa remotus CIC. Mur. 73, exempt de faute; a Ti. Gracchi pudore longissime remotus CIC. Agr. 2, 31, aussi éloigné que possible d'avoir les sentiments d'honneur de Ti. Gracchus; remotus a dialecticis CIC. Att.

14, 12, 3, étranger à la dialectique; defensio remota ab utilitate rei publicae CIC. Verr. 3, 193, justification contraire à l'intérêt de l'État c) [phil.] n. pl., remota = rejecta [ἀποπροηγμένα] CIC. Fin. 3, 52, choses, biens que l'on rejette [doctrine stoïcienne].

rĕmŏvĕō, ēs, ēre, mōvī, mōtum, tr., écarter, éloigner: aliquid ex conspectu, ex oratione CAES. G. 1, 25; CIC. de Or. 2, 309, écarter qqch. de la vue, d'un discours; aliquid de medio CIC. Amer. 23, faire disparaître qqch.; aliquid ab oculis CIC. Off. 1, 127, éloigner qqch. des regards, cf. CIC. Verr. 5, 99; Lae. 32; CAES. G. 5, 16; 4, 25; aliquem quaestura SUET. Tib. 35, priver qqn de la questure, ôter à qqn la questure ‖ se artibus suis removerunt CIC. Or. 5 [sans ab mss] se détourner de son art; se ab omni negotio CIC. Clu. 43, s'éloigner complètement des affaires; se ab amicitia alicujus CIC. Lae. 77, rompre avec qqn ‖ minis removeri CIC. Verr. 4, 66, être détourné [de son intention] par les menaces ‖ remoto joco CIC. Fam. 7, 11, 3, plaisanterie à part.

▶ contr. remorant HOR. S. 2, 1, 71; remorunt OV. Ib. 240; remosse LUCR. 3, 69.

Rempha (Rempham), idole des israélites: VULG. Act. 7, 43.

rĕmūgĭō, īs, īre, -, -, intr. ¶ 1 répondre par des mugissements: OV. M. 1, 657 ¶ 2 [fig.] a) gronder en retour: (Sibylla) antroque remugit VIRG. En. 6, 99, [voilà en quels termes la Sibylle...] et elle répond en mugissant dans son antre b) retentir, résonner: VIRG. G. 3, 45; En. 12, 722; 928.

rĕmulcĕō, ēs, ēre, mulsī, mulsum, tr. ¶ 1 caresser: APUL. M. 1, 2 ‖ apaiser, calmer: STAT. Th. 8, 93 ‖ charmer: APUL. M. 5, 15 ¶ 2 replier, ramener: VIRG. En. 11, 812; APUL. Flor. 15.

rĕmulcō, ās, āre, -, - (remulcum, esp. remolcar, it. rimorchiare > fr. remorquer), tr., remorquer: GLOSS. 4, 279, 1.

*****rĕmulcum**, i, n. (de ῥυμουλκός; fr. remorque), [le nom. est inusité] corde pour haler, câble pour remorquer: remulco abstrahere CAES. C. 2, 23; adducere CAES. C. 3, 40; trahere LIV. 25, 30, 7, remorquer ‖ [fig.] [prov.] non contis, non remulcis ferebatur AMM. 18, 5, 6, il n'allait pas lentement (à la gaffe et à la remorque).

rĕmulsus, a, um, part. de remulceo.

1 **rĕmŭlus**, i, m. (dim. de remus), petite rame: TURPIL. Com. 97.

2 **Rĕmŭlus**, i, m. ¶ 1 roi d'Albe, foudroyé pour avoir voulu imiter la foudre: OV. M. 14, 616; F. 4, 49 ¶ 2 nom de guerrier: VIRG. En. 9, 36; 11, 636.

▶ au lieu de Remulus, LIV. 1, 3, 9 donne Romulus Silvius, roi d'Albe.

rĕmundō, ās, āre, -, - (it. rimondare), tr., nettoyer: CIL 5, 4016.

rĕmūnĕrātĭo, ōnis, f. (remuneror), rémunération, récompense, reconnais-

sance: CIC. Off. 2, 69; Lae. 49; Inv. 2, 66; sanctarum remunerationum comes CIL 6, 1749, 12, comte des récompenses sacrées [impériales]; COD. TH. 11, 30, 41.

rĕmūnĕrātŏr, ōris, m. (remuneror), rémunérateur: TERT. Apol. 36, 3.

rĕmūnĕrātrix, īcis, f., rémunératrice: AMBR. Psalm. 118, s. 14, 31.

rĕmūnĕrātus, a, um, part. de remuneror ‖ sens pass., V.▶ remuneror ▶.

rĕmūnĕro, V.▶ remuneror ▶.

rĕmūnĕror, ārĭs, ārī, ātus sum, tr., donner un présent en retour, témoigner sa reconnaissance, récompenser, rémunérer: aliquem CIC. Att. 8, 1, 4, payer qqn de retour; aliquem simillimo munere CIC. Fam. 9, 8, 1, offrir en retour à qqn un présent tout semblable, cf. CIC. Brut. 15; aliquem magno praemio CAES. G. 1, 44, 13, payer qqn d'une grande récompense; officiis alicujus beneficia CIC. Sen. 30, payer de bons offices les services de qqn, cf. CIC. Quir. 22; LIV. 2, 12, 15; sophisma GELL. 18, 13, 7, payer de retour un sophisme, y répliquer.

▶ formes actives remunero: PETR. 140, 7; PS. QUINT Decl. 2, 6; DIG. 17, 1, 7; TERT. Apol. 25, 16 ‖ passif: FRONT. Caes. 1, 9, 6, p. 24 N; APUL. M. 7, 14, 4; TERT. Apol. 46, 4.

1 **Rĕmŭria**, n. pl., C.▶ Lemuria; d'après OV. F. 5, 479.

2 **Rĕmŭria**, V.▶ Remoria.

Rĕmŭrīnus ăgĕr, champ possédé par Rémus: P. FEST. 345, 10; V.▶ Remoria.

rĕmurmŭrō, ās, āre, āvī, ātum ¶ 1 intr., répondre par un murmure, murmurer, retentir: VIRG. En. 10, 291 ¶ 2 tr., répéter, redire tout bas: CALP. 4, 28 ‖ murmurer une objection, un reproche: FRONT. Am. 2, 7, 1, p. 192 n.

1 **rēmus**, i, m. (cf. ἐρετμός, τριήρης, scr. aritra-m, al. Ruder, an. rudder, row; it. remo), rame, aviron: pulsus remorum CAES. G. 3, 13, 7, impulsion, action des rames; remis contendere CAES. G. 5, 8, 3, faire force de rames; remis insurgere VIRG. En. 3, 207, peser sur les rames; servos ad remum dare SUET. Aug. 16, mettre des esclaves à la rame = en faire des rameurs ‖ [prov.] velis remisque CIC. Tusc. 3, 25, à force de voiles et de rames, ou ventis remis CIC. Fam. 12, 25, 3 (remis ventisque VIRG. En. 3, 563) avec les vents et les rames [= par tous les moyens possibles] ‖ [fig.] dialecticorum remis CIC. Tusc. 4, 9, avec les rames de la dialectique ‖ [poét.] remi alarum OV. M. 5, 558; pennarum SIL. 12, 98, les ailes.

2 **Rēmus**, i, m., un Rème [Gaule Belgique]: CAES. G. 2, 6, 4; pl., les Rèmes: CAES. G. 2, 3, 1; civis Remus CIL 13, 1055, citoyen rème.

3 **Rēmus**, i, m. (v. étym. de PS. AUR.-VICT. Orig. 21, 4), frère de Romulus: LIV. 1, 5; 1, 7; CIC. Rep. 2, 4; Div. 2, 80 ‖ Remi nepotes CATUL. 58, 5, les Romains, cf. PROP. 2, 1, 23; MART. 10, 76, 4.

***rēn**, rēnis, m., sg. inus., v. renes.

rēnālis, e (ren), des reins : *renalis passio* Cael.-Aur. Chron. 5, 3, 52, néphrite.

rĕnancītur (re-, nancitor), ► reprehenderit : *P. Fest. 347, 5.

rĕnarrō, ās, āre, -, -, tr., faire le récit [à nouveau] de, raconter une seconde fois : Virg. En. 3, 717 ; Ov. M. 316.

rĕnascĭbĭlĭtās, ātis, f., faculté de renaître : Ps. Aug. Quaest. test. 115, 5 ; Ambrosiast. Rom. 16, 11.

rĕnascŏr, scĕrĭs, scī, nātus sum (fr. renaître), intr. ¶ 1 renaître : Cic. Leg. 3, 19 ; Att. 4, 2, 5 ; [avec de] Lucr. 1, 542 ; Ov. M. 15, 402 ; [avec ex] Plin. 13, 43 ¶ 2 [fig.] *bellum renatum* Cic. Fam. 11, 14, 3, guerre rallumée ; *vocabula renascentur* Hor. P. 70, des mots renaîtront ; *principium exstinctum nec ipsum ab alio renascetur nec...* Cic. Tusc. 1, 54, un principe, s'il est détruit, ne pourra ni renaître lui-même d'un autre, ni... ¶ 3 [chrét.] être régénéré [par le baptême] : Vulg. Joh. 3, 3.

rĕnătātus, part. de renato.

rĕnătō, ās, āre, -, -, intr., revenir à la nage : Jord. Get. 16 ‖ tr., *renatatus* Aug. Civ. 18, 17, retraversé à la nage.

1 **rĕnātus**, a, um, part. de renascor.

2 **Rĕnātus**, i, m. (fr. René), nom d'homme : CIL 6, 2318 ‖ surnom de Végèce : Prisc. 2, 97, 19.

rĕnăvĭgō, ās, āre, āvī, - ¶ 1 intr., revenir par mer à : Cic. Att. 14, 16, 1 ; Plin. 6, 106 ; 32, 4 ¶ 2 tr., retraverser [un fleuve] : Sen. Herc. f. 716.

rĕnectō, ĭs, ĕre, -, -, tr., attacher par-derrière : Not. Tir. 74.

rĕnĕō, ēs, ēre, -, -, tr., filer de nouveau [parce que ce qui était filé est défait] : Ov. F. 6, 757.

rēnes, um et qqf. ĭum, m. pl. (cf. nefrones ? ; fr. rein) ¶ 1 reins : Plin. 11, 206 ; Cic. Nat. 2, 137 ; Tusc. 2, 60 ¶ 2 lombes, dos : Vulg. Exod. 12, 11 ‖ [fig.] Vulg. Psal. 138, 12.
► nom. sg. *rien* Pl. d. Fest. 344, 3 ; pl. *rienes* Fest. 342, 35.

rēnĭcŭli, ōrum, m. pl. (dim. de renes) : M.-Emp. 26, 36.

rĕnīdentĭa, ae, f., sourire : Tert. Anim. 49, 1.

rĕnīdĕō, ēs, ēre, -, - (re-, cf. niteo, nidor), intr. ¶ 1 renvoyer des rayons, reluire, briller : *auro renidere* Lucr. 2, 27, avoir l'éclat de l'or ; *ebur non renidet in domo* Hor. O. 2, 18, 2, l'ivoire ne brille pas dans la maison, cf. Virg. G. 2, 282 ¶ 2 [fig.] rayonner, être épanoui, être riant : *homo renidens* Liv. 35, 49, 7, l'homme souriant ; *renidens Scaevinus* Tac. An. 15, 66, Scaevinus avec un sourire entendu ; *ore renidenti* Ov. M. 8, 197, avec un visage riant ‖ [acc. adv.] *falsum renidens vultu* Tac. An. 4, 60, avec un sourire faux, souriant hypocritement ‖ [avec inf.] *renidet adjecisse...* Hor. O. 3, 6, 12, il est tout rayonnant d'avoir ajouté... ‖ *velut hilarior renidet oratio* Quint. 12, 10, 28, le style prend comme un air plus gai.

rĕnīdescō, ĭs, ĕre, -, - (inch. de renideo), intr., commencer à briller, briller [en retour] : Lucr. 2, 326.

rĕnīsŭs, ūs, m. (renitor), résistance : Cels. 5, 28, 12.

rĕnītentĕr, adv. (renitor), avec résistance : Aug. Lib. 3, 23, 69.

rĕnĭtĕō, ēs, ēre, -, -, intr., briller de nouveau : Ambr. Fid. 2, 14.

rĕnĭtescō, ĭs, ĕre, tŭī, - (inch. de reniteo), intr., briller de nouveau : Not. Tir. 113.

rĕnītŏr, tĕrĭs, tī, nīsus sum, intr., faire effort contre, résister, s'opposer : Liv. 5, 49, 2 ; Plin. 2, 198 ; Curt. 6, 3, 5.

rĕnīxus, v. renisus.

1 **rĕnō**, ās, āre, -, - (re-, no), intr., surnager : Hor. Epo. 16, 25 ‖ revenir à la nage : Cons. Liv. 432.

2 **rēno**, ōnis, m. (gaul. ?), casaque de fourrure [portée par les Gaulois et les Germains] : Varr. L. 5, 167 ; Caes. G. 6, 21, 5 ; Sidon. Ep. 4, 20, 2 ; v. reptus.

rĕnōdātus, a, um, part. de renodo.

rĕnōdis, e (re-, nodus), noué par derrière : Capit. Alb. 13, 1.

rĕnōdō, ās, āre, -, ātum, tr., dénouer ; Hor. Epo. 11, 28 ; [poét.] *renodata pharetris* Val.-Flac. 5, 381, débarrassée de son carquois.

rĕnormō, ās, āre, -, ātum, tr., remettre dans des limites : Grom. 232, 16.

rĕnoscō, ĭs, ĕre, -, -, tr., reconnaître : Paul.-Nol. Carm. 15, 342.

rĕnŏvāmen, ĭnis, n. (renovo), métamorphose : Ov. M. 8, 729.

rĕnŏvātĭō, ōnis, f. (renovo), renouvellement [pr. et fig.] : Cic. Nat. 2, 118 ; Brut. 250 ‖ cumul des intérêts : Cic. Att. 6, 1, 5 ‖ rénovation [par le baptême] : Aug. Pecc. mer. 2, 7, 9.

rĕnŏvātīvum fulgur, n., coup de foudre qui renouvelle un présage : Fest. 366, 5.

rĕnŏvātŏr, ōris, m., celui qui répare, restaurateur de : Ps. Tert. Marc. 1, 39.

rĕnŏvātus, a, um, part. de renovo.

rĕnŏvellō, ās, āre, -, -, tr., renouveler : Col. Arb. 6.

rĕnŏvō, ās, āre, āvī, ātum (re-, novo ; it. rinnovare), tr. ¶ 1 renouveler : Lucr. 2, 591 ; Cic. Nat. 2, 118 ; Agr. 2, 34 ; *templum* Cic. Nat. 2, 61, rétablir un temple ‖ *fenore in singulos annos renovato* Cic. Att. 6, 3, 5, avec intérêts composés d'année en année ; *centesimis renovatis quotannis* Cic. Att. 6, 2, 7, les intérêts de un pour cent par mois s'ajoutant chaque année au principal ¶ 2 [fig.] **a)** renouveler, reprendre, recommencer : *bellum, proelium, cursum* Caes. G. 3, 2, 2 ; 3, 20, 4 ; C. 3, 93, reprendre les hostilités, recommencer le combat, reprendre sa course ‖ faire reparaître : *molestiam* Cic. de Or. 3, 1 ; *memoriam rei* Cic. Mur. 16, renouveler un chagrin, faire revivre le souvenir de qqch. **b)** reprendre, répéter [une chose dite] : Cic. Agr. 2, 24 ; Balb. 17 ‖ [avec ut] *tribunis, ut sacrosancti viderentur, renovarunt (consules)* Liv. 3, 55, 6, pour les tribuns (les consuls) renouvelèrent la prescription qu'ils fussent tenus pour inviolables **c)** renouveler, rafraîchir, remettre en état : *corpora animosque* Liv. 21, 21, 8, renouveler les forces physiques et morales ; *se novis copiis* Cic. Mur. 33, se refaire grâce à de nouvelles troupes.

rĕnūbō, ĭs, ĕre, -, -, intr., se remarier [en parl. d'une femme] : Tert. Ux. 1, 7, 3.

rĕnūdō, ās, āre, āvī, ātum, tr., mettre à nu, à découvert : Apul. M. 8, 27, 3 ‖ faire voir, montrer : Capel. 1, 15.

rĕnūdus, a, um, nu : Tert. Virg. 17, 1.

rĕnŭī, parf. de renuo.

rĕnŭmĕrātĭō, ōnis, f. (renumero), récapitulation : *Cassiod. Inst. 2, 2, p. 1159 B.
► passage omis par Mynors.

rĕnŭmĕrō, ās, āre, āvī, ātum, tr., compter, payer [en retour], rembourser : Pl. Bac. 46 ; Ter. Hec. 502.

rĕnuncŭli, ōrum, m. pl. (dim. de renes), ► *reniculi* Vulg. Lev. 3, 4.

rĕnuntĭātĭō, ōnis, f. (renuntio) ¶ 1 déclaration, annonce, publication : Cic. Verr. 1, 88 ; Planc. 14 ‖ proclamation [solennelle du candidat élu, ou du vote du projet de loi, faite par le magistrat qui préside les comices] : Cic. Mur. 18 ¶ 2 renonciation : Dig. 17, 2, 63 ‖ [chrét.] renoncement [au péché] : Aug. Symb. 4, 1.

rĕnuntĭātŏr, ōris, m. (renuntio), celui qui dénonce, qui dévoile : Dig. 48, 19, 38 ‖ [chrét.] Tert. Anim. 57, 11 ‖ celui qui renonce : Tert. Pall. 4, 10.

rĕnuntĭātus, a, um, part. de renuntio.

rĕnuntĭō, ās, āre, āvī, ātum, tr.

I ¶ 1 annoncer en retour, rapporter, annoncer : Caes. G. 1, 10, 1 ; 1, 21, 2 ; 1, 22, 4 ; 4, 21, 9 ¶ 2 [offic[t]] *aliquid ad senatum* Cic. Verr. 3, 73 ; *in concilium* Liv. 29, 3, 4, rapporter qqch. au sénat, à l'assemblée ; *legationem* Cic. Phil. 9, 1, rendre compte de sa mission ‖ [en part.] proclamer le nom du candidat élu [v. *renuntiatio*] : *aliquem consulem* Cic. Mur. 1 ; *aliquem praetorem* Cic. Pomp. 2, proclamer qqn consul, préteur, cf. Verr. 5, 38 ; Liv. 7, 26, 13 ¶ 3 annoncer publiquement : Cic. Q. 3, 2, 2 ‖ [fig.] proclamer : Cic. Rep. 2, 71 ¶ 4 *sibi renuntiare*, se dire à soi-même : Quint. 12, 11, 10 ; Sen. Polyb. 6, 1.

II renvoyer, renoncer à **a)** *ad aliquem* Pl. St. 599, se dédire d'une acceptation à dîner chez qqn (faire savoir à qqn qu'on se dégage de la promesse faite de dîner chez lui) ; *alicui* Sen. Clem. 1, 9, 7, donner

renuntio

contre-ordre à qqn; [pass. impers.] *ne Stoīcis renuntiaretur* Cic. *de Or.* 1, 230, pour éviter une rupture avec les stoïciens; [abs¹] dénoncer un contrat: *quid impudentius publicanis renuntiantibus?* Cic. *Att.* 2, 1, 8, quoi de plus impudent que le dédit des publicains ? ‖ abandonner la partie [p. ex., d. une lutte]: Sen. *Ben.* 5, 2, 4 ***b)*** *alicui hospitium* Cic. *Verr.* 2, 89, annoncer à qqn une rupture des liens d'hospitalité, cf. Liv. 36, 3, 9; 38, 31, 5; 42, 25, 1; Tac. *An.* 2, 70; *decisionem tutoribus* Cic. *Verr.* 1, 141, annoncer aux tuteurs qu'on renonce à l'accommodement, cf. Cic. *Verr. prim.* 16; ⓥ▶ *repudium* ***c)*** *civilibus officiis* Quint. 10, 7, 1, renoncer aux affaires juridiques, cf. Plin. *Ep.* 2, 1, 8; Suet. *Galb.* 11 ‖ [chrét.] renoncer [au monde, au péché, au diable]: Tert. *Apol.* 38, 4; Vulg. *Luc.* 14, 33.

rĕnuntĭus, *ĭi*, m., second messager: Pl. *Trin.* 254; Cod. Th. 3, 7, 1.

rĕnŭō, *is, ĕre, nŭī*, - ¶ **1** intr., faire un signe négatif, ne pas consentir: Hor. *Ep.* 1, 16, 49; Tac. *An.* 1, 76; [avec dat.] Cic. *Rab. Post.* 36; Tac. *An.* 15, 58 ¶ **2** tr., refuser: Cic. *Cael.* 27 ‖ prohiber, défendre: Hor. *Ep.* 2, 2, 63.

Rēnus, *i*, m., rivière d'Émilie [Reno]: Sil. 8, 599; ⓥ▶ Rhenus.

rĕnūtō, *ās, āre*, -, - (fréq. de renuo), intr., refuser: Lucr. 4, 598.

rĕnūtrĭō, *īs, īre*, -, -, tr., nourrir à son tour: Paul.-Nol. *Ep.* 23, 9.

rĕnūtŭs, *ūs*, m. (renuo), refus: Plin. *Ep.* 1, 7, 2.

rĕor, *rēris, rērī, rătus sum* (*ratio*, cf. *ritus, ars*, ἀριθμός, scr. *rta-m*, al. *Rede*), tr., [primitiv¹] compter, calculer, [d'où ord¹] penser, croire ***a)*** [avec prop. inf.] Cic. *Top.* 78; *Off.* 2, 32; *de Or.* 3, 82; *Att.* 14, 8, 1 ***b)*** [avec un attribut à l'acc.] *alii rem incredibilem rati* Sall. *C.* 48, 5, d'autres trouvant la chose incroyable ***c)*** [parenthèse] *reor* Cic. *Tusc.* 1, 94, je pense; *ut potius reor* Virg. *En.* 12, 188, comme c'est plutôt mon idée; *ut rebare* Virg. *En.* 10, 608, comme tu le pensais; ⓥ▶ *ratus*.
▶ *non rebar* arch. au lieu de *non existimabam* Cic. *de Or.* 3, 153 ‖ sens pass. Prisc. 2, 379, 7.

rĕornō, *ās, āre*, -, -, tr., orner de nouveau: Tert. *Res.* 12, 3.

rĕpāges, *um*, f. pl., ⓒ▶ *repagula*: Fest. 350, 22.

rĕpāgŭla, *ōrum*, n. pl. (re-, pango), barres de clôture, ¶ **1** barre de fermeture [de portes à deux battants]: *valvae clausae repagulis* Cic. *Div.* 1, 74, les portes fermées avec des barres, cf. *Verr.* 4, 94; Ov. *M.* 14, 733 ‖ barrière: Ov. *M.* 2, 155; Luc. 1, 295; Sil. 16, 317 ¶ **2** [fig.] barrière: Cic. *Verr.* 5, 39 ¶ **3** sg., *repagulum* Amm. 16, 12, 38, barrière.

rĕpandĭrostrus, *a, um* (repandus, *rostrum*), qui a le museau retroussé: Pacuv. d. Quint. 1, 5, 67.

rĕpandō, *is, ĕre*, -, - (re-, pando), tr., ouvrir: Apul. *M.* 4, 18; 9, 20.

rĕpandus, *a, um* (repando), retroussé: Lucil. 212; *repandi calceoli* Cic. *Nat.* 1, 82, souliers à pointes relevées ‖ cambré [jambe]: Hier. *Jovin.* 1, 48 ‖ épanoui [en parl. d'un lys]: Vulg. 3 *Reg.* 7, 26 ‖ proéminent, saillant: [en parl. du dos du dauphin] Plin. 9, 23, cf. Ov. *M.* 3, 680.

rĕpangō, *is, ĕre*, -, - (re-, pango), tr., mettre en terre, enfouir: Col. 5, 10, 14.

rĕpărābĭlis, *e* (reparo), qu'on peut acquérir de nouveau: Sen. *Ep.* 1, 3; Val.-Flac. 6, 562 ‖ réparable: Ov. *M.* 1, 379; H. 5, 103 ‖ qui se renouvelle, qui renaît: Aus. *Idyl.* 18 (365), 6 ‖ qui reproduit [écho]: Pers. 1, 102 ‖ toujours prêt: Amm. 27, 10, 5 ‖ qui restaure [en parlant de la paix]: Cassiod. *Var.* 1, 1, 1.

rĕpărātĭō, *ōnis*, f. (reparo), rétablissement, renouvellement: Prud. *Cath.* 10, 128.

rĕpărātŏr, *ōris*, m. (reparo), réparateur, restaurateur [surnom de Janus]: Stat. *S.* 4, 1, 11 ‖ [fig.] le Sauveur: Prosp. *Psalm.* 101, 4.

rĕpărātus, *a, um*, part. de reparo.

rĕparcō, *is, ĕre*, -, -, intr., être chiche de, s'abstenir: Lucr. 1, 667; ⓥ▶ *reperco*.

rĕpărō, *ās, āre, āvī, ātum* (re-, *1 paro*; it. *riparare*), tr. ¶ **1** préparer de nouveau: *bellum* Liv. 30, 7, 8, préparer de nouveau la guerre ‖ remettre en état: *exercitum* Liv. 30, 7, 7, remettre sur pied une armée, la reconstituer, cf. Hor. *S.* 2, 5, 2; *tribuniciam potestatem* Liv. 3, 37, restaurer, faire revivre la puissance tribunicienne ‖ réparer, retrouver, rétablir: Cic. *Verr.* 3, 199 ‖ rafraîchir, refaire rendre des forces à: Ov. *H.* 4, 90; *M.* 4, 216; 11, 625; Plin. 77, 5; Quint. 10, 1, 27 ¶ **2** acquérir à la place, en retour, en échange: Hor. *O.* 1, 31, 12; 1, 37, 24 ¶ **3** [chrét.] renouveler, régénérer [par la grâce, la rédemption]: Cypr. *Domin.* 10 ‖ [pass.] renaître, être ressuscité: Minuc. 34, 9.

rĕpartŭrĭō, *īs, īre*, -, -, tr., enfanter à nouveau: [fig.] Alcim. *Carm.* 6, 71.

rĕpascō, *is, ĕre*, -, - (re-, *pasco*; fr. *repaître*), tr., nourrir à son tour ou en retour: Paul.-Nol. *Ep.* 44, 1.

rĕpastĭnātĭō, *ōnis*, f., binage, seconde façon donnée à la terre, second labour: Cic. *CM* 53 ‖ [fig.] révision, correction: Tert. *Cast.* 6, 2.

rĕpastĭnō, *ās, āre, āvī, ātum* (re-, *pastino*), tr. ¶ **1** remuer de nouveau avec la houe, biner, [ou simpl¹] défoncer un terrain, défricher: Cat. *Orat.* 128; Varr. *R.* 1, 18, 8; Plin. 13, 84, cf. Fest. 350, 26; P. Fest. 351, 7 ¶ **2** [fig.] nettoyer: Tert. *Paen.* 11, 2 ‖ corriger, réformer: Tert. *Anim.* 50, 4 ‖ comprimer, réprimer, empêcher: Tert. *Marc.* 2, 18, 1.

rĕpătescō, *is, ĕre, pătŭī*, -, intr., se propager de nouveau, reprendre faveur: Plin. 13, 70.

rĕpătrĭō, *ās, āre, āvī*, -, intr. (re-, *patria*), rentrer dans sa patrie: Solin. 27, 15 ‖ [fig.] revenir à (reparler de): Solin. 33, 23; Cassiod. *Var.* 3, 18.

rĕpausātĭō, *ōnis*, f., repos: Cassiod. *Inst.* 2, 1, 2; *Psalm.* 7 concl., p. 73 D.

rĕpausō, *ās, āre*, -, - (re-, *pauso*; fr. *reposer*), tr. ¶ **1** reposer: Orig. *Matth.* 138 ¶ **2** réconforter, nourrir: Cassian. *Coll.* 18, 14.

rĕpectō, *is, ĕre*, -, *pexum*, tr., peigner de nouveau: Ov. *A. A.* 3, 154; Stat. *Th.* 6, 418; Claud. *Prob.* 223.

rĕpĕdābĭlis, *e* (repedo), qui recule: Fort. *Mart.* 1, 265.

rĕpĕdō, *ās, āre, āvī, ātum* (re-, *pes*), intr., reculer, rétrograder: Lucil. d. Non. 165, 13 ‖ [avec acc. d'objet intér.] *gradum a...* Pacuv. *Tr.* 400, s'éloigner de....

rĕpellō, *is, ĕre, reppŭlī* (*rĕpŭlī*), *rĕpulsum*, tr., repousser, écarter, refouler: Pl. *Bac.* 632; *hostes a castris* Caes. *C.* 1, 75, 2, chasser les ennemis loin du camp (*in silvas* G. 3, 28, 4, refouler dans les forêts); *ab hac spe repulsi* Caes. *G.* 5, 42, 1, déçus de cette espérance; *aliquem a consulatu* Cic. *Cat.* 1, 27, écarter qqn du consulat; *hac religione non sum ab hoc conatu repulsus* Cic. *Or.* 36, ces scrupules ne m'ont pas détourné de cet effort; *dolorem a se* Cic. *Fin.* 1, 30, chasser loin de soi la douleur ‖ *aliquem foribus* Hor. *S.* 2, 7, 90, éloigner qqn de la porte ‖ repousser un point d'appui pour s'élever dans les airs: Virg. *G.* 4, 233; Ov. *M.* 2, 786; 4, 710 ‖ renvoyer, faire rebondir: Virg. *En.* 2, 545; *aera repulsa manu* Tib. 1, 3, 24, instruments d'airain que la main entrechoque [sistres], cf. *M.* 3, 533 ‖ [droit] repousser une action au moyen d'une exception: Gai. *Inst.* 2, 76.
▶ *reppuli* Cic. *Mil.* 70, meilleure forme.

rĕpendō, *is, ĕre, pendī, pensum*, tr. ¶ **1** contrepeser, contrebalancer: Ov. *H.* 9, 78; Prop. 4, 7, 41; Plin. 19, 54 ¶ **2** payer d'un poids égal: *auro caput alicujus* Plin. 33, 48, payer la tête de qqn son poids d'or, cf. Plin. 36, 129; *balsamum duplo rependebatur argento* Plin. 12, 117, le baume était payé deux fois son poids d'argent ‖ payer en échange: *pro C. Gracchi capite aurum repensum* Cic. *de Or.* 2, 269, or payé en échange de la tête de C. Gracchus ¶ **3** [fig.] contrebalancer, compenser: *ingenio formae damna* Ov. *H.* 15, 32, compenser par l'intelligence les disgrâces physiques, cf. Gell. 1, 3, 23 ‖ acheter au prix de: *incolumitatem turpitudine* Plin. *Pan.* 44, 5, payer son salut de la honte, cf. Col. *pr.* 10 ‖ payer en échange, donner comme compensation: Virg. *En.* 2, 161 ‖ payer en retour [ce qui est dû]: *suum cuique decus posteritas rependit* Tac. *An.* 4, 35, la postérité paie à chacun l'honneur qui lui revient ¶ **4** peser dans sa pensée, examiner : CLAUD. Mall. Theod. 228 ‖ réparer, guérir : HIL. Trin. 7, 36.

1 **rĕpens**, *tis* (cf. ῥέπω) ¶1 subit, imprévu, soudain : CIC. Tusc. 3, 52 ; LIV. 22, 7, 7 ‖ adv^t, soudainement : OV. F. 1, 96 ¶2 [postclass.] récent : TAC. An. 6, 7 ; 11, 24 ; H. 1, 23.

2 **rēpens**, *tis*, part. de *repo*.

rĕpensātĭo, *ōnis*, f. (*repenso*), compensation : SALV. Eccl. 4, 3, 17.

rĕpensātrix, *īcis*, f. (*repenso*), celle qui donne une compensation : CAPEL. 9, 898.

rĕpensĭo, *ōnis*, f. (*rependo*), compensation, rétribution : ENNOD. Ep. 9, 10.

rĕpensō, *ās*, *āre*, *āvī*, *ātum* (fréq. de *rependo*), tr., compenser : **merita meritis** SEN. Ir. 2, 32, 1, rendre service pour service ‖ **caput auro** FLOR. 3, 15, 6, payer une tête son poids d'or ‖ faire payer, payer en retour : TERT. Idol. 8, 3.

rĕpensŏr, *ōris*, m. (*rependo*), celui qui compense, qui acquitte : ENNOD. Ep. 9, 29.

rĕpensus, *a*, *um*, part. de *rependo*.

rĕpentālĭtĕr, adv., soudainement : FULG. Myth. 3, 2.

rĕpentē, adv. (*repens*), tout à coup, soudainement, soudain : PL. Mil. 177 ; CIC. de Or. 1, 252 ; Verr. 5, 91 ; Cael. 63 ; Phil. 2, 65 ; CAES. G. 1, 52 ; 6, 12.

rĕpentīnō, adv., ▶ *repente* : PL. Ps. 39 ; CIC. Quinct. 14 ; CAES. G. 2, 33, 2 ; APUL. Flor. 16, 10.

rĕpentīnus, *a*, *um* (*repens*), subit, imprévu, soudain : CIC. Rep. 2, 6 ; Off. 1, 27 ; Agr. 2, 60 ; Tusc. 3, 45 ; Clu. 173 ; CAES. G. 5, 22 ; 5, 26 ; 5, 27 ; **ignoti homines et repentini** CIC. Brut. 242, des hommes sans naissance, à l'élévation soudaine (parvenus), cf. LIV. 1, 34, 6 ‖ **de repentino**, soudainement : APUL. Flor. 16, 4.

rĕperco, ▶ *reparco* : PL. Truc. 376.

rĕpercussĭbĭlis, *e*, qui peut être répercuté : CAEL.-AUR. Chron. 1, 1, 45 ; 3, 6, 88.

rĕpercussĭo, *ōnis*, f. (*repercutio*), réflexion de la lumière : SEN. Nat. 7, 19, 1 ‖ choc en retour : AUG. Quant. 22, 37.

1 **rĕpercussus**, *a*, *um*, part. de *repercutio*.

2 **rĕpercussŭs**, *ūs*, m., action de repousser, de renvoyer : PLIN. 5, 35 ; PLIN. Ep. 2, 17, 17 ‖ répercussion de la voix : TAC. G. 3 ; **quidam colorum repercussus** PLIN. 37, 22, certains reflets [dans le marbre].

rĕpercŭtĭō, *ĭs*, *ĕre*, *cussī*, *cussum*, tr. ¶1 repousser par un choc, refouler : VAL.-MAX. 1, 8, 11 ; PLIN. Ep. 4, 30 ; 8 ‖ [fig.] **a)** rendre le coup [riposter à une attaque] : QUINT. 6, 3, 23 ; 6, 3, 73 **b)** rétorquer : PLIN. pr. 31 ‖ repousser : PLIN. 28, 35 ¶2 au pass. **a)** être renvoyé, répercuté : **repercussae voces** TAC. An. 4, 51, les cris répercutés,

cf. CURT. 3, 10, 2 ; [poét.] **repercussae valles** LIV. 21, 33, 6, l'écho des vallées **b)** être réfléchi, réverbéré, reflété : OV. M. 3, 434 ; **repercusso Phoebo** OV. M. 2, 110, à Phoebus [le soleil] réfléchi [dont les rayons sont réfléchis], ▶ *reddo* ¶9 ; [poét.] **aere repercusso** OV. M. 4, 782, l'airain renvoyant l'image.

rĕpĕrībō, ▶ *reperio* ▶.

rĕpĕrĭō, *īs*, *īre*, *reppĕrī* et *rĕpĕrī*, *repertum* (*re-*, 2 *pario*), tr. ¶1 retrouver : **parentes** TER. And. 806, retrouver ses parents ; **mortui sum reperti** CIC. Tusc. 1, 114, on les retrouva morts ‖ découvrir, dénicher : PL. Aul. 621 ; 820 ; CIC. Fin. 2, 28 ¶2 trouver après recherche, découvrir, se procurer : **si quaerimus..., causas reperiemus duas** CIC. Brut. 325, si nous cherchons..., nous trouverons deux raisons, cf. CIC. Lae. 21 ; 59 ; 64 ; 79 ; **lintribus inventis sibi salutem reppererunt** CAES. G. 1, 53, 2, ayant rencontré des barques, ils trouvèrent le moyen de se sauver ; **(aristolochia) quae nomen ab inventore repperit** CIC. Div. 1, 16, (l'aristoloche) qui doit son nom à celui qui l'a découverte ‖ [avec interrog. indir.] : **quemadmodum salutariter (iis armis) uterentur, non reperiebant** CIC. Brut. 8, ils ne trouvaient pas le moyen d'en faire (de ces armes) un emploi salutaire, cf. CAES. G. 4, 20, 4 ‖ [avec deux acc.] : **omnes inimicos mihi repperi** PL. Ep. 109, je me suis fait tous trouvés mes ennemis ; **idem inopes reperiuntur** CIC. Brut. 118, ces mêmes hommes, se révèlent incapables, cf. CIC. Nat. 2, 8 ; Quinct. 56 ‖ [avec prop. inf.] : **cum quaereret, sic reperiebat, nullum aditum esse...** CAES. G. 2, 15, 3, en s'informant, il trouvait ceci, qu'il n'y avait pas possibilité d'accès..., cf. CAES. G. 1, 18, 10 ; 1, 40, 8 ; 2, 4, 1 ; 6, 35, 7 ; CIC. CM 10 ; **in eas Italiae partes Pythagoras venisse reperitur** CIC. Rep. 2, 28, on découvre que Pythagore était venu dans ces régions de l'Italie ¶3 trouver du nouveau, imaginer : PL. Ep. 256 ; Cap. 539 ; **nihil novi reperiens** CIC. Ac. 2, 16, ne trouvant rien de nouveau ; **mihi via reperiundo est, qua** CIC. Verr. 3, 110, je dois trouver une voie qui me permette... ‖ [avec inf.] PLIN. 35, 79 ‖ pl. n., **reperta** : LUCR. 1, 732, découvertes, inventions, cf. LUCR. 1, 136 ; 5, 2.

▶ fut. arch. **reperibo** CAECIL. Com. 128 ; PL. Ep. 151 ‖ inf. pass. **reperirier** PL. Truc. 677 ; LUCR. 4, 480.

rĕperta, *ōrum*, ▶ *reperio*, fin.

rĕpertīcĭus, *a*, *um* (*reperio*), trouvé, recueilli sur la voie publique [enfant] : PS. SALL. Cic. 1, 1.

rĕpertĭo, *ōnis*, f. (*reperio*), trouvaille, découverte : FULG. Myth. 2, 16.

rĕpertŏr, *ōris*, m. (*reperio*), inventeur, auteur : LUCR. 3, 1049 ; VARR. R. 1, 2, 19 ; VIRG. En. 7, 772 ; HOR. P. 278 ; QUINT. 2, 16, 9 ; **hominum rerumque** VIRG. En. 12, 829, créateur des hommes et des choses ; **perfidiae** SALL. Mithr. 7, artisan de ruses ; [en parlant de Dieu] PRUD. Cath. 4, 9.

rĕpertōrĭum, *ĭi*, n., inventaire : ULP. Dig. 26, 7, 7.

rĕpertrix, *īcis*, f., inventrice : APUL. Apol. 18, 6.

1 **rĕpertus**, *a*, *um*, part. de *reperio*.

2 **rĕpertŭs**, *ūs*, m., action de retrouver : APUL. M. 11, 2, 1 ‖ action de trouver, invention : APUL. M. 11, 11, 3.

rĕpĕtentĭa, *ae*, f. (*repeto*), acte du ressouvenir : LUCR. 3, 849 ; ARN. 2, 26 ; 2, 28.

rĕpĕtītĭo, *ōnis*, f. (*repeto*) ¶1 action de redemander, réclamation : DIG. 50, 17, 41 ¶2 répétition, redite : CIC. de Or. 3, 206 ; QUINT. 6, 1, 1 ; 8, 3, 88 ; 9, 1, 24 ; 10, 1, 7 ¶3 action de faire remonter en arrière : PAUL. Dig. 44, 7, 34, 2.

rĕpĕtītŏr, *ōris*, m. (*repeto*), celui qui réclame : OV. H. 8, 19.

1 **rĕpĕtītus**, *a*, *um*, part. de *repeto*.

2 **rĕpĕtītŭs**, *ūs*, m., retour : NON. 64, 20.

rĕpĕtō, *ĭs*, *ĕre*, *īvī* ou *ĭī*, *ītum*, tr.

I ¶1 "chercher à atteindre de nouveau", "poursuivre à nouveau en justice" ¶2 "regagner" [un lieu].
II [fig.] ¶1 "aller rechercher" ¶2 "reprendre" ¶3 "aller chercher en arrière", **populi originem** ; "raconter en partant de", **altius repetere memoriam** ; "faire partir de, tirer de" ; [abs.] "partir de, remonter à" ¶4 "évoquer" **a)** **aliquid memoria b)** **memoriam alicujus rei c)** **repetere (memoria)** "évoquer" ; avec prop. inf. ¶5 "revendiquer, réclamer" **a)** **in judicio suas res repetere** ; **lex de (pecuniis) repetundis** ; [abs.] **repetere** "réclamer en justice" **b)** [en gén.] "réclamer" **c)** **res repetere** "demander satisfaction" [fétiaux].

I ¶1 chercher à atteindre de nouveau, attaquer de nouveau ; LIV. 4, 19, 5 ; OV. M. 4, 734 ; QUINT. 5, 13, 54 ; SUET. Cl. 44 ‖ assaillir en retour (à son tour) : SEN. Ir. 3, 27, 1 ‖ poursuivre de nouveau en justice : SUET. Aug. 32 ; Dom. 8, 9 ¶2 chercher à gagner un lieu de nouveau, regagner : **urbem** VIRG. En. 2, 749, regagner la ville, cf. LIV. 25, 27, 6 ; 31, 21, 5.

II [fig.] ¶1 ramener, faire revenir, aller rechercher : **repudiatus repetor** TER. And. 249, après qu'on m'a évincé, on me reprend, cf. CIC. Dom. 144 ; **Timaeus Lysiam repetit Syracusas** CIC. Brut. 63, Timée fait rentrer Lysias à Syracuse [comme citoyen] ; **impedimenta** CAES. C. 3, 76, 3, reprendre les bagages [abandonnés] ‖ aller chercher [après interruption, après intervalle] : LIV. 21, 28, 9 ; SUET. Aug. 16 ¶2 reprendre, recommencer, se remettre à : **studia** CIC. Fat. 4, reprendre des études [interrompues] ; **praetermissa** CIC. Fin. 5, 51, revenir sur les questions omises ; **consuetudo longo intervallo repetita ac relata** CIC. Caecil. 67, coutume reprise et rétablie après un long inter-

repeto

valle ‖ [avec inf.] se remettre à faire qqch. : Lucr. 1, 418 ; 6, 936 ‖ [poét.] *repetita* pris advᵗ : *repetita robora caedit* Ov. M. 8, 769, il frappe le chêne à coups redoublés, cf. Ov. M. 5, 473 ; 6, 20 ¶ **3** aller chercher en arrière [l'exposé de qqch.] : *populi originem* Cic. Rep. 2, 3, chercher dans le passé les origines du peuple ‖ raconter en remontant à, en partant de : *juris ortum a fonte* Cic. Leg. 1, 20, exposer l'origine du droit en remontant à sa source, cf. Cic. de Or. 1, 23 ; *altius repetere memoriam religionis* Cic. Verr. 4, 105, remonter plus haut pour raconter l'histoire d'un culte, cf. Cic. Leg. 1, 18 ; Virg. G. 4, 285 ; *quae naturae principia sint societatis humanae, repetendum videtur altius* Cic. Off. 1, 50, l'exposé des fondements naturels de la société humaine, je crois qu'il faut le faire en remontant plus haut ‖ faire partir de, tirer de : *fabulae ab ultima antiquitate repetitae* Cic. Fin. 1, 65, récits tirés de la plus haute antiquité ; *hujus sententiae gravitas a Platonis auctoritate repetatur* Cic. Tusc. 5, 34, qu'on fasse remonter cette noble pensée à l'autorité de Platon, qu'on la mette sous son autorité ; *ingressio e media philosophia repetita* Cic. Or. 11, entrée en matière prise au cœur de la philosophie ; *tam alte repetita oratio* Cic. de Or. 3, 91, exposé tiré de si loin ; *alia longe repetita* Cic. de Or. 3, 160, d'autres choses tirées de loin, cf. Cic. Div. 2, 119 ; Fam. 13, 29, 2 ‖ [absᵗ] partir de, remonter à : *repetunt ab Erechtheo* Cic. Tusc. 1, 116, ils remontent à Érechthée, cf. Cic. de Or. 1, 91 ; Arch. 1 ¶ **4** reprendre par la pensée, évoquer **a)** *aliquid memoria* Cic. de Or. 1, 1, évoquer qqch. dans sa mémoire, cf. Cic. Fam. 11, 27, 2 ; Rep. 1, 13 ; *aliquid animo* Virg. En. 12, 439, se rappeler qqch. ; *memoria repeto* [avec prop. inf.] Scip. Afr. d. Gell. 4, 18, 3, je me rappelle que, cf. Quint. 1, 6, 10 **b)** *repetere memoriam alicujus rei* Cic. Dej. 20, évoquer le souvenir de qqch. **c)** [sans *memoria*] *praecepta repetere* Cic. Q. 1, 2, 7, évoquer (se rappeler) les leçons, cf. Virg. En. 7, 123 ‖ [avec prop. inf.] se rappeler que : Plin. Ep. 3, 5, 16 ; 7, 6, 7 ¶ **5** revendiquer, réclamer **a)** *in judicio suas res* Cic. Verr. 4, 71, réclamer ses biens en justice ; *ereptas pecunias* Cic. Caecil. 18, réclamer [en justice] des sommes dérobées, cf. Cic. Verr. 4, 17 ‖ [d'où] *lex de pecuniis repetundis* Cic. Verr. 4, 17, loi sur les réclamations des sommes indûment enlevées, sur la concussion, cf. Cic. Verr. 3, 195 ; 4, 56 ; Brut. 106 ; Off. 2, 75 ; *pecuniarum repetundarum reus* Sall. C. 18, 3, accusé de concussion ‖ [sans *pecuniae*] *repetundarum causae, crimen, lex*, procès, accusation de concussion, loi sur la concussion : Quint. 4, 2, 85 ; 5, 7, 5 ; 4, 2, 15 ; *de repetundis postulare* Cael. Fam. 8, 2, accuser de concussion ‖ [absᵗ] *repetere*, réclamer en justice : Cic. Verr. 3, 27 **b)** [en gén.] *promissa* Cic. Planc. 101, réclamer les choses promises ; *Gallum a Verticone repetit* *Caes. G. 5, 49, 2, il réclame un Gaulois à Vertico ; *urbes in antiquum jus* Liv. 35, 16, 6, vouloir ramener les villes à leur ancien statut ; *civitatem in libertatem* Liv. 34, 22, 11, vouloir rendre une cité à la liberté ‖ *ab aliquo poenas vi repetere* Cic. Verr. 5, 163, vouloir tirer de force un châtiment de qqn, cf. Cic. Amer. 67 **c)** [en parl. des fétiaux] *res repetere* Varr. L. 5, 86, réclamer à l'ennemi les choses qu'il a prises, [c.-à-d.] demander satisfaction, cf. Liv. 1, 32, 6 ; Cic. Off. 1, 36 ; Sall. Macr. 17.

rĕpĕtundae pecuniae, concussion, v. *repeto* II ¶ 5.

rĕpexus, *a, um*, part. de *repecto*.

rĕpignĕro (-gnŏro), *ās, āre*, -, -, tr., retirer de gage, dégager : Ulp. Dig. 13, 6, 5.

rĕpigratus, *a, um*, part. de *repigro* ‖ adjᵗ, *-tior* Capel. 1, 36, plus paresseux.

rĕpigro, *ās, āre*, -, *ātum*, tr. ¶ **1** rendre indolent : Capel. 1, 35 ¶ **2** ralentir, diminuer : Apul. 8, 15, 8.

rĕpingo, *ĭs, ĕre*, -, -, tr., recolorer : Fort. Mart. 1, 171 ‖ [fig.] tracer, figurer : Fort. Mart. 1, 245.

rĕplanto, *ās, āre, āvī, ātum*, tr., replanter : Vl. Jer. 24, 6 ; Aug. Ep. cath. 74.

replaudo, *ĭs, ĕre*, -, -, tr., frapper à coups redoublés : Apul. M. 1, 7, 4 ; 6, 28, 1.

rĕplēmentum, *i*, n. (*repleo*), accomplissement : Greg.-Tur. Psalm. p. 424, 6 K. = p. 1097 A Migne.

rĕplĕo, *ēs, ēre, plēvī, plētum* (*impleo, pleo, plenus*), tr. ¶ **1** emplir de nouveau, remplir : *exhaustas domos* Cic. Prov. 4, remplir les maisons vidées ; *scrobes repletae* Virg. G. 2, 235, trous comblés, cf. Ov. F. 4, 823 ¶ **2** [pr. et fig.] compléter, parfaire : *consumpta* Cic. Mur. 50, réparer les pertes ; *justam juris civilis scientiam* Cic. de Or. 1, 191, parfaire une connaissance convenable du droit civil ; *exercitum* Liv. 24, 42, 6, remettre son armée au complet ‖ *quod deest* Ov. H. 10, 37, suppléer ce qui manque ‖ *quae replenda sunt* Quint. 10, 4, 1, les choses qui doivent être complétées ¶ **3** remplir : *jam strage hominum campi repleri* Liv. 9, 40, 14, bientôt la plaine fut couverte d'une jonchée de cadavres ; *corpora carne* Ov. M. 12, 155, se rassasier de chair ; *montes gemitu* Lucr. 5, 992, remplir les monts de gémissements ‖ *repleto his rebus exercitu* Caes. G. 7, 56, 9, l'armée étant abondamment pourvue de tout cela ; *eruditione varia repletus est* Suet. Aug. 89, il fut abondamment muni de connaissances variées ¶ **4** part., *repletus, a, um* **a)** plein, rempli : *repleti amnes* Virg. En. 5, 806, les fleuves remplis [de cadavres] **b)** [avec abl.] plein de : Gell. 15, 12 ; Ov. M. 9, 87 ; *trepido terrore* Lucr. 5, 40, tremblant de peur ; *eadem vi morbi repleti* Liv. 25, 26, 8, infectés des mêmes germes morbides **c)** [avec gén.] : Liv. 6, 25, 9.

▶ contr. *replerat* = *repleverat* Lucr. 6, 1270 ; *replessent* Liv. 24, 26, 14 ; *replesti* Stat. S. 3, 1, 92.

rĕplērat, rĕplesti, v. *repleo* ▶.

rĕplētĭo, *ōnis*, f. (*repleo*) ¶ **1** action de compléter : Cod. Just. 6, 28, 4 ¶ **2** action de remplir : Aug. Faust. 15, 1.

rĕplētīvus, *a, um* (*repleo*), qui sert à compléter l'expression [gram.] : Prisc. 3, 88, 28 ; 285, 3 ‖ *repletivum, i*, n., mot explétif : Prisc. 3, 337, 7.

rĕplētus, *a, um*, v. *repleo* ¶ 4.

rĕplĭcābĭlis, *e* (*replico*), qui se replie : Serv. En. 1, 161 ‖ digne d'être répété : Fort. Carm. 7, 8, 33.

rĕplĭcātĭo, *ōnis*, f. (*replico*) ¶ **1** retour sur soi-même, révolution [céleste] : Cic. Nat. 1, 33 ¶ **2** [droit] réplique : Dig. 27, 10, 7, [opposer une exception à une exception] ¶ **3** action de ramener à l'unité, subdivision d'un nombre : Capel. 7, 757 ¶ **4** répétition : Sidon. Ep. 1, 5, 1.

rĕplĭcātūra, *ae*, f., couture d'un ourlet : Diocl. 7, 48.

rĕplĭcātus, *a, um*, part. de *replico*.

rĕplĭco, *ās, āre, āvī, ātum*, tr. **I** plier en arrière ¶ **1** replier, recourber : Cat. Agr. 41, 4 ; Plin. 34, 80 ; *labra* Quint. 11, 3, 81, retrousser les lèvres ; *jocinera replicata intrinsecus* Suet. Aug. 95, foies repliés en dedans ; [fig.] Sen. Ben. 1, 4, 1 ¶ **2** renvoyer, refléter [les rayons] : Sen. Nat. 3, 7 ; 2, 10, 3 ¶ **3** [droit] répliquer : Dig. 2, 14, 35 ‖ réimputer : Aug. Bapt. 8, 9. **II** déplier, déployer **a)** dérouler le manuscrit d'un auteur = lire : Arn. 4, 29 **b)** [fig.] parcourir : *memoriam temporum* Cic. Leg. 3, 31 ; *annalium memoriam* Cic. Sull. 27, parcourir, compulser l'histoire **c)** faire apparaître en se déroulant : Cic. Div. 1, 127 **d)** dérouler dans son esprit, repasser : Apul. M. 3, 1. **III** replier un manuscrit = fermer un livre : Greg.-M. Ep. 13, 19.

▶ *replictus* < *replicitus* Stat. S. 4, 9, 29.

rĕplictus, *a, um*, sync., v. *replico* ▶.

rĕplum, *i*, n. (*repleo* ?), châssis [d'un panneau] : Vitr. 4, 6, 5 ‖ [méc.] partie du tiroir de la baliste : Vitr. 10, 11, 8.

rĕplumbo, *ās, āre*, -, -, tr., dessouder : Sen. Nat. 4, 2, 17.

rĕplūmis, *e* (*re-, pluma*), remplumé, qui se recouvre de plumes : Paul.-Nol. Carm. 21, 81.

rĕplŭo, *ĭs, ĕre*, -, -, intr., pleuvoir à l'encontre, riposter par de la pluie : Musa d. Sen. Contr. 10, pr.9.

rēpo, *ĭs, ĕre, repsī, reptum* (cf. *serpo*, lit. *rėplióti*, al. *Rebe*), intr. ¶ **1** ramper [êtres vivants] : Lucr. 3, 388 ; Nep. Hann. 3 ; Sall. J. 93, 2 ; Plin. 37, 187 ‖ [en parl. des plantes] : Plin. 19, 70 ¶ **2** marcher difficilement, se traîner, faire ses premiers pas : Quint. 1, 2, 6 ‖ marcher lentement : Hor. S. 1, 5, 25 ‖ *aqua repit* Col. 1, 5, 3, l'eau s'infiltre ; *ignis repit* Lucr. 6, 661, le feu s'insinue ¶ **3** [fig.] *sermones repentes per humum* Hor. *Ep.* 2, 1, 251, des conversations terre à terre.

rĕpŏlĭō, *īs, īre,* -, -, tr., nettoyer de nouveau [du grain] : Col. 2, 20, 6.

rĕpondĕrō, *ās, āre,* -, -, tr., rendre l'équivalent de [fig.], payer en retour, rendre : Sidon. *Ep.* 5, 1, 1 ; Mamert. *Anim.* 3, 15.

rĕpōnō, *ĭs, ĕre, pŏsŭī, pŏsĭtum* (re-, pono ; it. *riporre*), tr.

> **I** placer en retour ¶ **1** "replacer", *in memoriam reponere* ¶ **2** "restaurer, remplacer" ¶ **3** "rendre" [ce qui a été prêté ou donné] ¶ **4** "substituer".
> **II** placer en arrière ¶ **1** "ramener en arrière" ¶ **2** "mettre de côté, en réserve" ¶ **3** "déposer".
> **III** mettre à une autre place que la place ordinaire ¶ **1** "faire reposer sur" ¶ **2** "faire rentrer dans".

I placer en retour ¶ **1** replacer, reposer, remettre : *insigne regium, quod ille de suo capite abjecerat, reposuit* Cic. *Sest.* 58, il lui replaça sur la tête le diadème royal qu'il avait jeté ; *suo quemque loco lapidem reponere* Cic. *Verr.* 1, 146, remettre chaque pierre à sa place ; *pecuniam in thesauros reponi* Liv. 29, 19, 7 (*pecunia in thesauros reposita* 31, 13, 1) [il fallait] que l'argent fût reporté au trésor, cf. Suet. *Aug.* 94 ; Cels. 8, 10, 1 ; *aliquem in sceptra reponere* Virg. *En.* 1, 253, remettre qqn sur le trône ; *pecunia reposita in thesauris* Liv. 29, 18, 15, argent replacé dans le trésor ; *pocula plene reponere* Virg. *G.* 4, 378, replacer les coupes pleines (devant les convives) ; *columnas* Cic. *Verr.* 1, 147, replacer des colonnes ‖ [fig.] *in memoriam aliquid* Quint. 11, 2, 19, remettre qqch. en mémoire ; *fabulam* Hor. *P.* 190, remettre une pièce en scène, cf. Hor. *P.* 120 ¶ **2** rétablir, restaurer, remplacer : *ruptos vetustate pontes* Tac. *An.* 1, 63, rétablir des ponts rompus par le temps, cf. Tac. *H.* 3, 34 ; Virg. *En.* 5, 752 ; Suet. *Caes.* 65 ¶ **3** rendre ce qui a été prêté, donné : Pl. *Pers.* 37 ; Sen. *Ben.* 4, 32, 4 ; Plin. *Ep.* 8, 2, 6 ‖ Hor. *Ep.* 1, 7, 39 ‖ [fig.] *injuriam* Sen. *Ir.* 2, 28, 5, rendre une injustice ; *alicui idem reponere* Cic. *Fam.* 1, 9, 19, rendre à qqn la pareille ¶ **4** mettre à la place de, substituer : *meas epistulas delere, ut reponas tuas* Cic. *Fam.* 7, 18, 2, effacer (gratter) mes lettres pour les remplacer par les tiennes ; *si in tuis libris per librarios tuos Aristophanem reposueris pro Eupoli* Cic. *Att.* 12, 6 a, si dans tes exemplaires tu fais mettre par tes copistes Aristophane au lieu d'Eupolis ‖ *praeclarum diem illis reposuisti* Cic. *Verr.* 2, 52, tu leur as donné à la place un beau jour.

II placer en arrière ¶ **1** ramener en arrière : *cervice reposta* Lucr. 1, 35, la nuque rejetée en arrière, cf. Quint. 4, 2, 39 ; *crura reponere* Enn. d. Serv. *G.* 3, 76, ramener la jambe en arrière, fléchir le jarret, cf. Virg. *G.* 3, 76 ‖ *membra toro* Virg. *En.* 6, 220, déposer un cadavre sur le lit funèbre, cf. Virg. *En.* 4, 392 ¶ **2** placer à l'écart, mettre de côté, mettre en réserve, garder : *fructus* Cic. *Nat.* 2, 156, mettre de côté les récoltes ; *Caecubum* Hor. *Epo.* 9, 1, mettre en réserve du Cécube, cf. Quint. 2, 16, 16 ; *scripta in aliquod tempus* Quint. 10, 4, 2, laisser reposer un certain temps l'ouvrage qu'on a écrit ; *tellure repostus* Virg. *En.* 6, 655, enseveli ; *in gremio litteras* Liv. 26, 15, 9, garder une lettre dans le pli de sa toge ‖ *reponere odium* Tac. *Agr.* 39, réserver sa haine ; *manet alta mente repostum judicium Paridis* Virg. *En.* 1, 26, elle garde, conservé, au fond de son cœur, le jugement de Pâris ‖ *arma reposita* Caes. *C.* 2, 14, 1, armes mises à l'écart ‖ [abs^t] *Catulo et Lentulo alibi reponemus* Cic. *Att.* 13, 12, 3, pour Catulus et Lentulus nous réserverons qqch. ailleurs ¶ **3** déposer : *caestus* Virg. *En.* 5, 484, déposer les cestes, cf. Virg. *En.* 11, 149 ; [poét.] *falcem arbusta reponunt* Virg. *G.* 2, 416, les plantations [arbres et ceps de vignes] laissent reposer la serpe.

III mettre à une autre place que la place ordinaire ¶ **1** faire reposer sur : *grues in tergo praevolantium capita reponunt* Cic. *Nat.* 2, 125, les grues appuient leur tête sur le dos de celles qui volent devant elles ‖ [fig.] *in vestra humanitate causam totam repono* Cic. *Sull.* 92, je remets toute la cause à votre humanité ; *spem omnem in virtute* Caes. *C.* 2, 41, 3, mettre tout son espoir dans sa valeur ; *intellegere debes in te repositam esse rem publicam* Cic. *Fam.* 9, 14, 8, tu dois comprendre que l'intérêt général repose sur toi ¶ **2** faire rentrer dans : *in deorum numero* Cic. *Nat.* 2, 54 (Cic. *Verr.* 3, 210) ; *in deorum numerum* Cic. *Nat.* 3, 47 (cf. Cic. *Nat.* 1, 38 ; *Opt.* 17 ; *Inv.* 1, 39), mettre au nombre des dieux.

▶ parf. *reposivi* Pl. *As.* 513 ‖ part. sync. *repostus* Lucr. 1, 35 ; Virg. *G.* 3, 527.

rĕporrĭgō, *ĭs, ĕre,* -, -, tr., présenter de nouveau : Petr. 51, 2.

rĕportātĭō, *ōnis*, f., action de remporter (la victoire) : Aug. *Gest. Pel.* 5.

rĕportātus, *a, um*, p. de reporto.

rĕportō, *ās, āre, āvī, ātum*, tr. ¶ **1** reporter, transporter en revenant, ramener : *candelabrum secum in Syriam* Cic. *Verr.* 4, 64, ramener avec soi le candélabre en Syrie, cf. Cic. *Verr.* 4, 47 ; *milites navibus in Siciliam* Caes. *C.* 2, 43, 1, ramener en bateau les soldats en Sicile, cf. Caes. *G.* 4, 29, 4 ; 5, 23, 2 ; *deos patrios Segestanis* Cic. *Verr.* 4, 77, rapporter aux Ségestains leurs dieux nationaux ‖ rapporter avec soi : *nihil praeter laudem neque ex hostibus neque a sociis reportare* Cic. *Leg.* 3, 18, la gloire exceptée, ne rien rapporter chez soi qui ait été pris sur les ennemis ou qui provienne des alliés, cf. Cic. *Rep.* 2, 15 ; *Pomp.* 8 ; Plin. *Ep.* 3, 7, 3 ; *Pan.* 16, 3 ‖ [fig.] Cic. *Verr.* 5, 128 ; Hor. *Saec.* 74 ; Ov. *M.* 3, 369 ¶ **2** [poét.] rapporter une nouvelle, une réponse : Virg. *En.* 2, 115 ; 7, 285 ; 11, 511 ‖ [avec prop. inf.] Virg. *En.* 7, 167.

1 rĕposcō, *ĭs, ĕre,* -, -, tr., réclamer **a)** *aliquid ab aliquo* Cic. *Verr.* 3, 1 ; *Caecil.* 27 ; Caes. *G.* 5, 30, réclamer qqch. à qqn **b)** [avec deux acc.] : Cic. *Verr.* 4, 17 ; 113 ; Sen. 10 ‖ *rationem reposcitis, quid... fecerimus* Liv. 39, 37, 10, vous demandez compte de ce que nous avons fait... ‖ [pass.] *rationem facti reposcuntur* Quint. 6, 3, 10, on leur demande compte de l'acte ; *libelli pretium reposceris* Plin. *Ep.* 7, 12, 6, on te demande le prix d'un ouvrage **c)** [en part.] *ab aliquo poenas* Catul. 50, 20, punir qqn.

2 rĕposco, *ōnis*, m. (reposco), celui qui réclame : Amm. 22, 16, 23.

rĕpŏsĭtĭō, *ōnis*, f. (repono), action de mettre en réserve : Pall. 1, 32 ‖ lieu où est déposé : Aug. *Hept.* 4, 33, 9.

rĕpŏsĭtōrĭum, *ĭi*, n. (repono) ¶ **1** surtout de table, plateau : Sen. *Ep.* 78, 23 ; Petr. 35, 2 ; 36, 1 ; Plin. 18, 365 ; 28, 26 ¶ **2** resserre : Ps. Acr. Hor. *S.* 1, 1, 53 ‖ cabinet : Capit. *Aurel.* 17, 4 ‖ tombeau : Jul.-Val. 3, 59.

▶ sync. *repostorium* Capit. *Aur.* 17, 4.

rĕpŏsĭtus (poét. **rĕpostus**), *a, um* ¶ **1** part. de repono ¶ **2** adj^t (a. fr. *repost*) **a)** écarté, éloigné, placé dans un lieu retiré : Virg. *En.* 3, 364 ; 6, 59 **b)** subst. n., *repositum, i*, chose mise en réserve : *ex repositis fundere* Sen. *Nat.* 6, 7, 3, tirer d'une réserve.

rĕpŏsīvī, V. repono ▶.

rĕpostŏr, *ōris*, m. (repono), restaurateur [de temples] : Ov. *F.* 2, 63.

rĕpostōrĭum, V. repositorium ▶.

rĕpostus, V. repono ▶.

rĕpŏsŭī, parf. de repono.

rĕpōtātĭō, *ōnis*, f., f. l. pour Varr. *L.* 6, 84 ; V. repotia.

rĕpōtĭa, *ōrum*, n. pl. (re-, poto) ¶ **1** fait de se remettre à boire après le repas : Apul. *Mund.* 35 ; *Apol.* 59, 3 ¶ **2 a)** nouveau festin [le lendemain de la noce] : Fest. 350, 13 ; *Varr. *L.* 6, 84 **b)** lendemain de noces : Hor. *S.* 2, 2, 60 ; Gell. 2, 24, 14 ‖ le septième jour après les noces : Ps. Acr. Hor. *S.* 2, 2, 60.

rĕpōtĭālis, *e* (repotia), qui concerne la fête du lendemain : Pacuv. *Tr.* 193.

reppĕrī, parf. de reperio.

reppĕrĭō, V. reperio.

reppŭlī, parf. de repello.

rĕpraesentātĭō, *ōnis*, f. ¶ **1** action de mettre sous les yeux, représentation : Quint. 8, 3, 61 ; Plin. 9, 12 ‖ hypotypose : Gell. 10, 3, 12 ¶ **2** paiement en argent comptant : Cic. *Fam.* 16, 24, 1 ; *Att.* 12, 31, 2 ; 13, 29, 3 ‖ *fidei commissi* Dig. 35, 1, 36,

repraesentatio

rĕpraesentātŏr, *ōris*, m., celui qui représente, qui est l'image de: Tert. *Prax.* 24, 7.

rĕpraesentātus, *a, um*, part. de *repraesento*.

rĕpraesentō, *ās, āre, āvī, ātum*, tr. ¶ **1** rendre présent, mettre devant les yeux: Quint. 6, 2, 39; Cic. *Sest.* 26 ‖ reproduire [par l'art]: Plin. 34, 88 ‖ reproduire par la parole, répéter: Plin. 7, 89 ‖ reproduire, être l'image de: Hor. *Ep.* 1, 19, 14; Plin. *Ep.* 4, 19, 1 ‖ *se* Col. 1, 8, 11, être présent ¶ **2** rendre effectif, faire sur-le-champ: Caes. *G.* 1, 40, 14; Curt. 6, 11, 33; Sen. *Ep.* 95, 1 ‖ *medicinam* Cic. *Fam.* 5, 16, 6, appliquer immédiatement un remède; *improbitatem suam* Cic. *Att.* 16, 2, 3, faire éclater sans délai ses mauvais desseins; *si repraesentari morte mea libertas civitatis potest* Cic. *Phil.* 2, 118, si ma mort peut ramener tout de suite la liberté de mon pays ‖ *repraesentata judicia* Quint. 10, 7, 2, actions judiciaires brusques, faites sans préparation ¶ **3** payer sans délai, payer comptant: Suet. *Aug.* 101; *Cl.* 18; *pecuniam ab aliquo* Cic. *Att.* 12, 25, 1, payer une somme sur-le-champ par délégation sur qqn (faire payer par qqn), cf. Cic. *Att.* 12, 29, 2 ‖ *fideicommissum* Dig. 35, 1, 36, s'acquitter sur-le-champ d'un fidéicommis.

rĕpraestō, *ās, āre, -, -*, tr., présenter, fournir: Dig. 19, 1, 47.

rĕprĕhendō (**rĕprendō**), *ĭs, ĕre, prendī, prensum* (*re-, prehendo*; fr. *reprendre*), tr. ¶ **1** saisir et empêcher d'avancer, retenir, arrêter: Pl. *Mil.* 60; *Trin.* 624; Cic. *Ac.* 2, 139 ‖ [fig.] *res ab exitio euntes* Lucr. 6, 569, retenir les choses dans leur course à la mort; *extremum vitae vinclum* Lucr. 3, 599, retenir le dernier chaînon de la vie ‖ [métaph.] mettre la main sur qqch. qu'on a laissé échapper: *locum reprehendere qui praeteritus neclegentiast* Ter. *Ad.* 14, reprendre un passage laissé de côté par insouciance, cf. Cic. *Verr.* 3, 51 ¶ **2** reprendre, blâmer, critiquer (*aliquem, aliquid*): Cic. *Clu.* 98; *Planc.* 63; Caes. *G.* 5, 33; 7, 52 ‖ *aliquid in aliquo* Cic. *Or.* 26, reprendre qqch. dans qqn; *id in aliquo reprehendere quod* [avec indic.] Cic. *Planc.* 89, reprocher à propos de qqn le fait que; Caes. *G.* 1, 20, 6; *aliquem in eo, quod dicat* Cic. *Planc.* 82, critiquer qqn; *reprehendo, quod ad voluptatem omnia referantur* Cic. *Nat.* 1, 113, je blâme le fait de tout rapporter au plaisir; *qui in dicendo quid reprehensus est* Cic. *de Or.* 1, 125, celui qui en plaidant donne prise à qq. critique ‖ [rhét.] réfuter: Cic. *Part.* 44.

rĕprĕhensĭbĭlis, *e* (*reprehendo*), répréhensible: Lact. *Inst.* 4, 28, 8.

rĕprĕhensĭbĭlĭtĕr, adv., d'une manière répréhensible: Alcim. *Ep.* 9.

rĕprĕhensĭo, *ōnis*, f. (*reprehendo*) ¶ **1** reprise [de qqch. d'omis]: Cic. *de Or.* 3, 100 ¶ **2** blâme, critique: *doctorum* Cic. *Or.* 1, la critique faite par des gens compétents (éclairés); *vitae* Cic. *Mur.* 11, critique de la vie, cf. Cic. *Phil.* 12, 25; *reprehensionis aliquid habere* Cic. *Or.* 11, être l'objet de qq. critique; *in varias reprehensiones incurrere* Cic. *Fin.* 1, 1, tomber sous le coup de critiques diverses ‖ ce qui est blâmé, défaut: Quint. 3, 11, 22 ‖ [rhét.] réfutation: Cic. *de Or.* 3, 207; *Part.* 44.

rĕprĕhensō, *ās, āre, -, -* (fréq. de *reprehendo*), tr., retenir sans se lasser: Liv. 2, 10, 3.

rĕprĕhensŏr, *ōris*, m. (*reprehendo*), censeur, critique: Cic. *Ac.* 2, 7; *Planc.* 8.

rĕprĕhensus, **rĕprensus**, *a, um*, part. de *reprehendo*.

rĕprendō, V. *reprehendo*.

***rĕpressē** [inus.], compar., **repressius** Gell. 12, 11, 5, avec plus de retenue.

rĕpressī, parf. de *reprimo*.

rĕpressĭo, *ōnis*, f. (*reprimo*), signal de la retraite (donné par la trompette): Heges. 3, 3, 4.

rĕpressŏr, *ōris*, m., celui qui réprime: Cic. *Sest.* 144.

rĕpressus, *a, um*, part. de *reprimo*.

rĕprĭmō, *ĭs, ĕre, pressī, pressum* (*re-, premo*), tr. ¶ **1** faire reculer en pressant, refouler, empêcher d'avancer, arrêter: *influentes in Italiam Gallorum copias repressit* Cic. *Prov.* 32, il refoula les troupes gauloises dont le flot se déversait en Italie, cf. Cic. *Div.* 2, 69; Caes. *G.* 7, 8, 1; *repressus, non oppressus* Cic. *Mur.* 32, [ennemi] refoulé, non écrasé ¶ **2** [fig.] refouler, réprimer, contenir, arrêter: *animi incitationem* Caes. *C.* 3, 92, 5, réprimer l'ardeur de qqn; *fugam* Caes. *G.* 3, 14, 1, arrêter la fuite; *conatus alicujus* Cic. *Verr.* 2, 64, réprimer les efforts de qqn; *homines odium suum a corpore ejus represserunt* Cic. *Sest.* 117, le public contenant sa haine ne se laissa pas aller à des violences sur sa personne; *se reprimere* Ter. *Haut.* 199 [ou absᵗ] *reprimere* Cic. *Leg.* 2, 44, se contenir, s'arrêter de parler; *fletu reprimor, ne scribam* Cic. *Att.* 11, 15, 3, à cause des larmes je me retiens d'écrire [= je pleurerais, si j'écrivais]; *vix reprimor, quin* Pl. *Mil.* 1368, j'ai peine à me retenir de ‖ *itinera* Cic. *Att.* 10, 9, 1, diminuer les étapes, ralentir sa marche.

rĕprŏbābĭlis, *e*, adj., blâmable: Not. Tir. 19.

rĕprŏbātīcĭus, *a, um*, adj., blâmable: Gloss. 236, 37.

rĕprŏbātĭo, *ōnis*, f. (*reprobo*), réprobation: Tert. *Apol.* 13, 2.

rĕprŏbātŏr, *ōris*, m., celui qui réprouve: Gloss. 3, 127, 45.

rĕprŏbātrix, *īcis*, f., celle qui réprouve: Tert. *Marc.* 4, 36, 1.

rĕprŏbō, *ās, āre, āvī, ātum* (*re-, probo*; fr. *réprouver*), tr., rejeter, réprouver, condamner: Dig. 48, 4, 4.

rĕprŏbus, *a, um* (*reprobo*), de mauvais aloi: Dig. 13, 7, 24 ‖ subst. m. pl., les réprouvés, les damnés: Tert. *Scorp.* 12, 11.

rĕprōmissĭo, *ōnis*, f. (*repromitto*), promesse [par stipulation, renforçant une obligation préexistante]: Cic. *Com.* 39; 56; Dig. 23, 3, 72 pr. ‖ [chrét.] promesse de rédemption, de vie éternelle: Vulg. *Act.* 2, 39; Tert. *Marc.* 5, 4, 8.

rĕprōmissŏr, *ōris*, m., [chrét.] celui qui promet, garant, répondant: Ambr. *Fid.* 4, 11, 154 [de la vie éternelle].

rĕprōmittō, *ĭs, ĕre, mīsī, missum*, tr. ¶ **1** promettre par stipulation [pour renforcer une obligation préexistante]: Pl. *Curc.* 667; Cic. *Com.* 39; Dig. 39, 1, 5, 17; 46, 5, 1, 7 ¶ **2** [chrét.] promettre [le salut, l'éternité]: Prud. *Cath.* 1, 46; Cypr. *Domin.* 10.

rĕprŏpĭtĭō, *ās, āre, -, -*, tr., se rendre qqn propice de nouveau: Tert. *Nat.* 1, 17, 2 ‖ expier: Vulg. *Hebr.* 2, 17.

repsī, parf. de *repo*.

reptābundus, *a, um* (*repto*), qui se traîne, en se traînant: Sen. *Vit.* 18, 2.

reptātĭo, *ōnis*, f. (*repto*), action de se traîner: Quint. 1, 12, 20.

1 reptātus, *a, um*, part. de *repto*, sur quoi l'on a rampé: Stat. *Th.* 5, 581; Pacat. *Theod.* (12), 4, 5 ‖ où l'on a nagé, traversé à la nage: Claud. *IV Cons. Hon.* 134.

2 reptātŭs, abl. *ū*, m., action de ramper: Tert. *Anim.* 10, 6 ‖ action de grimper [en parl. de la vigne]: Plin. 14, 13.

reptĭbĭlis, *e* (*repo*), qui peut ramper: Boet. *Top. Cic.* 3, p. 805.

reptĭlis, *e* (*repo*), rampant: Sidon. *Ep.* 8, 12, 6 ‖ subst. n., *reptile*, reptile: Vulg. *Gen.* 1, 24.

reptĭo, *ōnis*, f., action de ramper: Hil. *Psalm.* 68, 35.

reptō, *ās, āre, āvī, ātum* (fréq. de *repo*), intr., ramper: Plin. 9, 95; Gell. 10, 12, 2 ‖ être rampant [en parl. d'un arbuste]: Plin. 19, 69 ‖ se traîner, marcher lentement ou difficilement: Pl. d. Gell. 3, 3, 5; Hor. *Ep.* 1, 4, 4 ‖ tr., parcourir en rampant, V. 1 *reptatus*.

reptus, *i*, m. (cf. v. an. *rift*), casaque de fourrure, V. *reno*: Isid. 19, 23, 4.

rĕpūbescō, *ĭs, ĕre, -, -*, intr., rajeunir: Col. 2, 1, 4.

rĕpŭdĭātĭo, *ōnis*, f. (*repudio*), action de rejeter, rejet, refus: Cic. *Mur.* 9.

rĕpŭdĭātŏr, *ōris*, m., celui qui rejette: Tert. *Marc.* 1, 14, 5.

rĕpŭdĭō, *ās, āre, āvī, ātum* (*repudium*), tr. ¶ **1** repousser, *aliquem*, qqn : Cic. *Verr.* 3, 173 ; 4, 141 ; *Phil.* 13, 48 ‖ repousser, rejeter qqch. : *legem* Cic. *Lae.* 96, repousser une loi ; *consilium senatus a re publica* Cic. *de Or.* 3, 3, écarter le conseil du sénat de la direction des affaires publiques ; *ejus preces a vestris mentibus repudiare debetis* Cic. *Clu.* 201, vous devez repousser ses prières loin de vos cœurs ‖ [droit] refuser d'accepter [un héritage, un fidéicommis] : Dig. 31, 1, 31 ; 31, 1, 35 ¶ **2** [en parl. des fiancés ou des mariés] repousser, répudier : Suet. *Cl.* 26 ; *Cæs.* 79 ; *Tib.* 35.

rĕpŭdĭōsus, *a, um* (*repudium*), qui mérite d'être rejeté, indigne : Pl. *Pers.* 384.

rĕpŭdĭum, *ii*, n. (*pudet, propudium*), rejet d'un mariage ou d'une alliance, répudiation, séparation, divorce : Dig. 50, 16, 191 ; 50, 16, 101 ; *sponsae repudium remittere, renuntiare* Pl. *Aul.* 792 ; Ter. *Phorm.* 928, annoncer à sa fiancée qu'on rompt avec elle ; *uxori repudium remittere* Suet. *Tib.* 11 ; *dicere* Tac. *An.* 3, 22, signifier le divorce à sa femme ‖ renonciation à [avec gén.] : Tert. *Apol.* 12, 7.

rĕpŭĕrāscō, *ĭs, ĕre, -, -*, intr., redevenir enfant [pr. et fig.] : Cic. *CM* 83 ; *de Or.* 2, 22.

rĕpugnans, part. prés. de *repugno* ‖ adjᵗ, *-tior* Lact. *Ir.* 9, 5, plus contradictoire ; v. *repugno*.

rĕpugnantĕr, adv., à contre-cœur, de mauvaise grâce : Cic. *Lae.* 91.

1 rĕpugnantĭa, *ae*, f. (*repugno*), moyen de défense : Plin. 21, 78 ‖ désaccord, antipathie, opposition, incompatibilité : Cic. *Off.* 3, 34 ; Plin. 22, 106.

2 rĕpugnantĭa, *ĭum*, n. pl., v. *repugno* fin.

rĕpugnātĭō, *ōnis*, f., résistance, opposition : Apul. *Plat.* 1, 12.

rĕpugnātŏr, *ōris*, m. (*repugno*), la partie adverse, l'adversaire : Ambr. *Parad.* 8, 38.

rĕpugnātōrĭus, *a, um*, [milit.] qui sert à défendre, de défense : Vitr. 10, 16, 2.

rĕpugnō, *ās, āre, āvī, ātum*, intr. ¶ **1** opposer de la résistance, résister : Cæs. *G.* 3, 4, 2 ; Cic. *Verr.* 5, 91 ‖ [fig.] Cic. *Fam.* 1, 2, 2 ; *Fin.* 2, 90 ; *Off.* 1, 110 ¶ **2** [avec dat.] lutter contre : *naturae* Cic. *CM* 5, lutter contre la nature ‖ se défendre contre : *non oppugnavi fratrem tuum, sed fratri tuo repugnavi* Cic. *Fam.* 5, 2, 10, je n'ai point attaqué ton frère, je me suis défendu contre ses attaques ‖ [poét. avec *ne*] s'opposer à ce que : Ov. *H.* 20, 121 ‖ *non repugnare quominus* Cic. *de Or.* 1, 256, ne pas s'opposer à ce que : Ov. *H.* 17, 137 ; [avec prop. inf.] Lucr. 4, 1088 ¶ **3** être opposé par sa nature à qqch., être incompatible avec qqch. (*alicui rei*) : Cic. *Lae.* 92 ; *Ac.* 2, 45 ‖ *haec inter se repugnant* Cic. *Tusc.* 2, 72, ces choses sont contradictoires, incompatibles, cf. Cic. *Cæl.* 41 ; *Nat.* 1, 30 ; *repugnat recte accipere et invitum reddere* Cic. *Top.* 21, il est contradictoire qu'on ait le droit de recevoir et que l'on rende malgré soi, cf. Cic. *Fin.* 5, 77 ; *quid tam repugnans quam aliquem dicere...* Cic. *Fin.* 4, 78, qu'y a-t-il d'aussi contradictoire que les paroles de qqn qui dit ... ‖ n. pl., **repugnantia**, *ium*, choses contradictoires : Cic. *de Or.* 2, 170 ; *Top.* 19 ; 53.

rĕpŭlī, parf. de *repello*.

rĕpullescō, *ĭs, ĕre, -, -* (*re-, pullus*), intr., c. *repullulo* : Col. 4, 22, 5 ; 4, 24, 4.

rĕpullŭlō, *ās, āre, -, -*, intr., se propager, repousser : Plin. 16, 46 ; 16, 241 ‖ [avec inf.] recommencer de : Aug. *Conf.* 13, 26, 39.

rĕpulsa, *ae*, f. (*repello*) ¶ **1** échec [d'une candidature] : Cæs. *C.* 1, 4, 1 ; Cic. *Pis.* 2 ; *Tusc.* 5, 54 ‖ *repulsam ferre* Cic. *de Or.* 2, 280 ; *a populo repulsam ferre* Cic. *Tusc.* 5, 54, subir un échec, se voir repoussé par le peuple ¶ **2** refus, fin de non-recevoir, échec : Liv. 37, 7, 4 ; Ov. *M.* 2, 97 ; 3, 289 ; Sen. *Ir.* 2, 6, 2.

rĕpulsans, *tis*, part. de *repulso*.

rĕpulsĭō, *ōnis*, f. (*repello*), action de repousser [la violence] : Isid. 5, 4, 2 ‖ [fig.] rejet, refus, réfutation : Cæl.-Aur. *Chron.* 2, 7, 112.

rĕpulsō, *ās, āre, -, -* (fréq. de *repello*) ¶ **1** repousser [habituellement] : Ambr. *Psalm.* 118, s. 22, 37 ¶ **2** répercuter : Lucr. 4, 579 ¶ **3** [fig.] Lucr. 4, 914, rejeter obstinément.

rĕpulsŏr, *ōris*, m., celui qui repousse : Ambr. *Job* 4, 11, 29.

rĕpulsōrĭus, *a, um*, propre à repousser, de défense : Amm. 24, 4, 7 ‖ **-rium**, *ii*, n., moyen de repousser : Ambr. *Psalm.* 118, s. 4, 15.

1 rĕpulsus, *a, um*, part. de *repello* ‖ adjᵗ, écarté, éloigné : [avec *ab*] Lucr. 5, 406 ; *-sior* Cat. *Orat.* 204 d. Fest. 364, 17.

2 rĕpulsŭs, *ūs*, m., réverbération : Lucr. 4, 106 ‖ répercussion : Cic. poet. *Div.* 1, 13.

rĕpūmĭcātĭō, *ōnis*, f. (*re-, pumico*), action de gratter, d'enlever : *gemmarum* Plin. 17, 246, ébourgeonnement.

rĕpungō, *ĭs, ĕre, -, -*, tr., piquer à son tour : *illorum animos leviter* Cic. *Fam.* 1, 9, 19, leur faire en retour une piqûre légère.

▶ au parf. *repupugi* et *repunxi* d'après Prisc. 2, 524, 13 ; 14.

rĕpurgātus, *a, um*, part. de *repurgo*.

rĕpurgĭum, *ii*, n. (*repurgo*), nouveau nettoyage : Cod. Th. 15, 2, 1 ; Cod. Just. 11, 42, 1 ‖ purification [spirituelle] : Cassian. *Coll.* 9, 3, 3.

rĕpurgō, *ās, āre, āvī, ātum*, tr. ¶ **1** nettoyer : Liv. 44, 4, 11 ; Suet. *Aug.* 30 ¶ **2** enlever, ôter en nettoyant : Ov. *M.* 14, 603 ; Plin. 8, 217 ¶ **3** réfuter : Tert. *Apol.* 16, 14.

rĕpūtātĭō, *ōnis*, f. (*reputo*), prise en compte : Dig. 46, 3, 48 ; 10, 2, 19 ‖ réflexion, examen, considération : Tac. *H.* 2, 38 ; Plin. 18, 2 ; Gell. 12, 5, 7 ‖ envoi en retour [d'un cadeau] : Paul.-Nol. *Carm.* 21, 555.

rĕpūtescō, *ĭs, ĕre, -, -*, intr., devenir infect : *Tert. *Anim.* 32.

rĕpŭtō, *ās, āre, āvī, ātum* (*re-, puto* ; a. fr. *reter*, esp. *retar*), tr. ¶ **1** supputer, calculer, prendre en compte, imputer : Cic. *Rep.* 1, 25 ; Tac. *H.* 2, 50 ¶ **2** examiner, méditer, réfléchir : Pl. *Amp.* 172 ; Cic. *Dej.* 38 ; *Nat.* 2, 119 ‖ [avec prop. inf.] songer que, se dire que : Cic. *Fam.* 5, 17, 5 ; [avec interrog. indir.] Cic. *Fam.* 1, 9, 6 ‖ [avec *secum*] Ter. *Eun.* 592 ; Cic. *Sen.* 32 ; Sall. *C.* 52, 2 ; Tac. *An.* 15, 54 ; [avec *cum animo*] Sall. *J.* 13, 5 ; 70, 5 ; 85, 10 ; [*animo*] Liv. 21, 41, 16, même sens ¶ **3** imputer à, attribuer : Tert. *Res.* 16, 5 ‖ assimiler à (*in aliquem*) : Tert. *Prax.* 15, 1 ‖ considérer, estimer comme : Vulg. *Marc.* 15, 28.

rĕquĭērunt, **-quĭērant**, v. *requiesco* ▶.

rĕquĭēs, *quĭētis*, f. (*requiesco*, cf. *quies*) ¶ **1** relâche d'un travail, d'une fatigue, repos : *curarum* Cic. *Off.* 2, 6, relâche, trêve des soucis ; *requies plena oblectationis* Cic. *Lae.* 103, repos plein de charme ; *intervalla requietis* Cic. *Fin.* 1, 49, intervalles de repos ; *ut meae senectutis requietem noscatis* Cic. *CM* 52, pour que vous appreniez ce qui délasse ma vieillesse ; *ad requiem animi et corporis* Cic. *Arch.* 13, en vue du repos intellectuel et physique ¶ **2** [poét.] ▶ *quies* : Lucr. 1, 991 ; 4, 227 ; 6, 934 ; Ov. *M.* 15, 224 ¶ **3** confiance : *habere requiem in aliquo* Vulg. *1 Macc.* 8, 12, avoir confiance en qqn [se reposer sur quelqu'un] ¶ **4** repos éternel : Vulg. *Eccli.* 38, 26.

▶ gén. *requiei* Vulg. *Eccli.* 36, 15 ; *requie* Sall. *H.* 1, 142 ; dat. inus. ‖ acc. *requietem* et *requiem* ‖ abl. *requiete* Cic. poet. *Div.* 1, 22 ; *requie* Liv. 22, 9, 5 ; Ov. *M.* 13, 317 ; Luc. 4, 195.

rĕquĭescō, *ĭs, ĕre, quĭēvī, quĭētum* (*re-, quiesco*) ¶ **1** intr., prendre du repos, se reposer [pr. et fig.] : Cic. *Div.* 1, 104 ; *Amer.* 97 ; *a rei publicae muneribus* Cic. *Off.* 3, 2, se reposer des charges publiques ; *in alicujus sermone* Cic. *de Or.* 2, 234, se délasser en écoutant qqn ; *in alicujus spe* Cic. *Cæl.* 79, se reposer sur qqn, compter sur qqn ‖ *vixdum requiesse aures a strepitu hostili* Liv. 26, 22, 8, à peine encore les oreilles étaient-elles reposées du fracas des armes ennemies ‖ reposer [en parlant des morts] : Vulg. *Eccli.* 38, 24 ¶ **2** tr., faire reposer, arrêter, suspendre : Calv. d. Serv. *B.* 8, 4.

▶ formes contr. *requierunt* Virg. *B.* 8, 4 ; *requierant* Catul. 84, 7 ; *requiesset* Catul. 64, 176 ; Tac. *An.* 1, 25 ; *requiesse* Cic. *de Or.* 2, 290 ; *Att.* 14, 8, 2.

rĕquĭessem, v. *requiesco* ▶.

requietio

rĕquĭētĭo, ōnis, f. (*requiesco*), repos : HIER. *Jovin.* 2, 12.

rĕquĭētōrĭum, ĭi, n., cimetière : CIL 6, 25987.

rĕquĭētus, *a, um* (*requiesco, quietus*), reposé : LIV. 44, 38, 8 ; OV. A. A. 2, 351 ; *terra requietior* COL. 2, 1, 5, terre plus reposée.

rĕquīrĭto, *ās, āre*, -, - (fréq. de *requiro*), tr., rechercher minutieusement, s'enquérir curieusement de : PL. *Most.* 1003.

rĕquīro, *ĭs, ĕre, quīsīvī, quīsītum* (*re-, quaero* ; it. *richiedere*), tr. ¶ **1** rechercher, être à la recherche de, être en quête de (*aliquem, aliquid*, qqn, qqch.) : *Varum requirebat* CAES. C. 2, 35, 1, il recherchait Varus ; *libros* CIC. *Fin.* 3, 10, être en quête de livres ; *requisisse dicitur Archimedem illum* CIC. *Verr.* 4, 131, on dit qu'il fit rechercher l'illustre Archimède ‖ être en quête d'une réponse, d'une solution à une question, demander, s'informer : *recte requiris* CIC. *Brut.* 183, ta question est judicieuse ; *rem a me saepe deliberatam requiris* CIC. *Ac.* 1, 4, ta question porte sur un point auquel j'ai souvent réfléchi, cf. CIC. *Fam.* 1, 9, 19 ; *ex aliquo aliquid* CIC. *Rep.* 2, 64, demander qqch. à qqn ; [avec interr. indir.] *illud a te requiro, quae te tanta poena vexet* CIC. *Dom.* 3, je te demande quel terrible châtiment te tourmente ; *ex quibus requiram, quonam modo...* CIC. *Cael.* 67, je leur demanderai comment donc... ¶ **2** rechercher, réclamer [une chose dont on a l'habitude et qui manque] : *oratio contractior quam aures populi requirunt* CIC. *Brut.* 120, parole plus ramassée que ne le réclame l'oreille du peuple, cf. CIC. *Or.* 33 ; *Verr.* 5, 172 ; *oculi veterem consuetudinem fori requirunt* CIC. *Mil.* 1, les yeux cherchent à retrouver l'ancienne coutume du forum ‖ [d'où] regretter l'absence de, désirer qqch. qui manque : *majorum nostrorum saepe requiro prudentiam* CIC. *Par.* 7, souvent je regrette de ne pas trouver autour de moi la sagesse de nos ancêtres, cf. CIC. *CM* 30 ; 33 ; CAES. G. 7, 63, 8 ‖ réclamer, avoir besoin de : *magnam res diligentiam requirebat* CAES. G. 6, 34, 3, les circonstances exigeaient une grande attention ; *in hoc bello virtutes animi magnae et multae requiruntur* CIC. *Pomp.* 64, dans cette guerre beaucoup de grandes qualités morales sont nécessaires ; *virtus nullam requirit voluptatem* CIC. *Fin.* 1, 61, la vertu n'a besoin aucunement du plaisir, cf. CIC. *Tusc.* 5, 23 ; *Brut.* 143.

rĕquīsītĭo, ōnis, f. (*requiro*), recherche : GELL. 18, 2, 6.

rĕquīsītus, *a, um* ¶ **1** part. de *requiro* ¶ **2** n. pl., *requisita* **a)** besoins : SALL. d. QUINT. 8, 6, 59 **b)** *ad requisita respondere* QUINT. 8, pr. 38, être aux ordres de qqn.

rērĕ, ▶ *rēris*, 2ᵉ pers. sg. impér. ou indic. prés. de *reor*.

rēs, *rĕī*, f. (cf. *reus*, ombr. *ri*, scr. *rā-s* ; *rem > fr. rien*).

> **I** "chose, être, événement", *res urbanae, in secundissimis rebus, maxima rerum Roma, e re nata, pro re nata*.
> **II** [sens part.] ¶ **1** "fait, acte, réalité", "les idées, le fond" ¶ **2** "ce qu'on possède, bien, avoir, patrimoine" ¶ **3** "intérêt, avantage", *in rem* avec inf., *ex tua re non est ut* ¶ **4** "affaires, relations d'affaires" ¶ **5** "affaire judiciaire, litige", distingué de *lis*, opposé à *crimen, et de re et de causa judicavit*, [expr.] *nihil ad rem* "peu importe", *quid ad rem?* ¶ **6** "faits militaires", ▶ *gerere, res populi Romani* "histoire de Rome" ¶ **7** "cause, raison" ¶ **8 a)** *res publica* "l'État", [en part.] le gouvernement dans ses rapports avec l'extérieur, forme de gouvernement **b)** *res* seul, même sens.

I chose, objet, être, affaire, fait, événement, circonstance : *quanto in partes res quaeque minutas distrahitur magis...* LUCR. 2, 826, plus un objet (un corps) est divisé en parties menues... ; *rerum divinarum et humanarum scientia* CIC. *Tusc.* 4, 57, la connaissance des choses divines et humaines ; *res efficientes, res effectae* CIC. *Top.* 58, les forces efficientes, les effets produits ; *quod ipsa res declaravit* CIC. *Verr.* 4, 63, comme l'événement même l'a montré ; *res urbanae* CIC. *Off.* 1, 74, faits de la vie civile ; *quoquo modo se res habet* CIC. *Fam.* 1, 5 a, 2, quoi qu'il en soit ; *in secundissimis rebus* CIC. *Off.* 1, 91, quand tout va pour le mieux ; ▶ *militaris, bellicus, familiaris, rusticus* ‖ *est gloria solida quaedam res* CIC. *Tusc.* 3, 3, la gloire est qqch. de solide ; *neque est ulla res, in qua...* CIC. *Rep.* 1, 2, et il n'y a rien en quoi... ; *multa signa sunt ejus rei* CIC. *Att.* 1, 10, 5, il y a à maintes preuves de cela ; *his rebus fiebat ut...* CAES. G. 1, 2, 4, grâce à cela il arrivait que... ; *quarum rerum... nihil* CAES. G. 3, 4, 3, rien de tout cela, cf. G. 5, 1, 7 ; *quarum omnium rerum maxime admirandum videbatur, quod* CAES. G. 6, 42, 3, de tout cela ce qui lui semblait le plus étonnant, c'est que ; *genus hominum, qui esse primos se omnium rerum volunt* TER. *Eun.* 248, race d'hommes qui veulent être les premiers en tout ; *maxima rerum Roma* VIRG. En. 7, 602, Rome, la merveille du monde ; *quid agis, dulcissime rerum?* HOR. S. 1, 9, 4, comment vas-tu, très cher ? ‖ [expressions] : *e re nata* TER. *Ad.* 295, d'après la situation ; *pro re nata* CIC. *Att.* 7, 8, 2 ; 14, 6, 1, étant donné les circonstances ; *pro tempore et pro re* CAES. G. 5, 8, 1, selon le temps et les circonstances, cf. SALL. *J.* 50, 2 ; LIV. 7, 33, 3 ; ou *ex re et ex tempore* CIC. *Fam.* 12, 19, 3 ‖ [qqf. le gén. pl. *rerum* n'a pas à être traduit en français] : *rerum repugnantia* CIC. *Phil.* 2, 19, contradiction ; *omnium rerum desperatio* CIC. *Cat.* 2, 25, désespérance complète ; *inopia rerum omnium* CIC. *Verr.* 5, 134, dénuement complet ; *causae rerum* CIC. *Fin.* 2, 45, les causes ; *in natura rerum omnium* CIC. *de Or.* 2, 317, dans toute la nature.

II [sens part.] ¶ **1** le fait, l'acte, la réalité : *non re, sed nomine* CIC. *Verr.* 5, 87, non pas de fait, mais de nom ; *non re, non verbo* CIC. *Balb.* 58, ni par des actes, ni par des paroles ; *re quidem vera* CIC. *Clu.* 54, mais en réalité ; *re vera* CIC. *Div.* 2, 110, en réalité, en fait ‖ les idées, le fond : *res bonas verbis electis graviter ornateque dictas quis non legat ?* CIC. *Fin.* 1, 8, qui ne lirait un ouvrage où de belles idées sont exposées, en termes choisis, avec force et élégance ? ; *re mihi non aeque satis facit* CIC. *Fin.* 1, 15, pour le fond il ne me donne pas la même satisfaction ; *de re magis quam de verbis laborans* CIC. *Or.* 77, plus préoccupé du fond que de la forme ; *quae quidem ad rem pertineat, una (dissensio)* CIC. *Leg.* 1, 53, pour ce qui concerne le fond des choses, il n'y a qu'un seul point où ils ne sont pas d'accord ; *re ac non verbis dissidere* CIC. *Leg.* 1, 54, être séparés par les idées et non seulement par des mots ¶ **2** ce qu'on possède, bien, avoir : PL. *Bac.* 1113 ; *Trin.* 330 ; TER. *Eun.* 258 ; *rem augere* CIC. *Rab. Post.* 38, augmenter sa fortune ; *privatae res* CIC. *Att.* 9, 7, 5, fortune privée ‖ patrimoine : *uti legassit super pecunia suae rei* L. XII TAB. 5, 3, de la façon dont il disposera par testament de l'argent de son patrimoine ; *res uxoria* COD. JUST. 5, 13, la dot [le patrimoine de l'épouse] ¶ **3** intérêt, avantage, utilité : PL. *Men.* 575 ; *Cis.* 97 ; *in rem esse alicui* PL. *Aul.* 129 ; TER. *And.* 546 ; *alicujus* TER. *Hec.* 102 ; 249 ; *Phorm.* 449, être conforme à l'intérêt de qqn ; *quae in rem sunt* LIV. 26, 24, 7 ; 30, 4, 6, les choses utiles ; *in rem est* [avec inf.] SALL. *C.* 20, 1, il est utile de ; *ex tua re non est, ut* PL. *Ps.* 338, il n'est pas dans ton intérêt que ; *re publica* CIC. *de Or.* 2, 124, dans l'intérêt général ; ▶ *e, ex* ‖ *ab re aliquid orare* PL. *Cap.* 338, demander qqch. de désavantageux, contraire à l'intérêt, cf. PL. *Trin.* 239 ; *non ab re est* [avec inf.], il n'est pas sans intérêt de : LIV. 8, 11, 1 ; SUET. *Aug.* 94 ; *Dom.* 11 ‖ [ou avec *ut*] il n'est pas inutile que : GELL. 1, 26, 4 ; 2, 2, 12 ; [ou avec prop. inf.] LIV. 35, 32, 6 ¶ **4** affaire, relations d'affaires : *re ac ratione conjunctus cum aliquo* CIC. *Verr.* 2, 172, lié avec qqn par les affaires et par les comptes, cf. CIC. *Verr.* 3, 22 ; 5, 8 ; *Quinct.* 15 ; *Clu.* 39 ‖ *res alicui est cum aliquo* CIC. *Amer.* 84, qqn a affaire à qqn, cf. CIC. *Sest.* 37 ; *Fam.* 9, 20, 2 ; *mecum eis res erit* CIC. *Verr.* 5, 183, c'est à moi qu'ils auront affaire, cf. CIC. *Brut.* 317 ¶ **5** affaire judiciaire, litige : [distinction entre *res* et *lis*] CIC. *Mur.* 27 ; VARR. *L.* 7, 93 ; LIV. 1, 32, 11 ‖ [opp. à *causa*] = une affaire en général, un fait à propos duquel il y a la mise en cause de qqn : *multa quae sunt in re, quia remota sunt a causa, praetermittam* CIC. *Caecin.* 11,

beaucoup de faits qui se rattachent à l'affaire, étant étrangers à la cause que je défends, je les passerai sous silence, cf. Cic. *Fam.* 2, 6, 5 ; 2, 7, 3 ‖ [opp. à *crimen*, sens analogue] ***crimen judicio reservavi, rem notavi*** Cic. *Mil.* 14, j'ai réservé à l'appréciation des juges le chef d'accusation [c.-à-d. ce qui constitue la *causa* ; ici, la question de culpabilité de Milon] tout en flétrissant le fait [meurtre de Clodius], cf. ***et de re et de causa judicavit*** Cic. *Mil.* 15, il a prononcé et sur le fait [meurtre de Clodius] et sur la cause [culpabilité de Milon]‖ [expr.] ***nihil ad rem***, cela ne se rapporte en rien à l'affaire, ce n'est pas la question, peu importe : Cic. *Att.* 12, 40, 2 ; *Fin.* 2, 82 ; ***sed hoc minus ad rem*** Cic. *Div.* 1, 67, mais cela n'importe pas ici ; ***quid ad rem ?*** *Phil.* 2, 72, qu'importe ? ¶ **6** actes, faits [militaires] ▶ *gerere* ‖ ***res populi Romani*** Liv. *pr.* 1, les faits = l'histoire du peuple romain ; ***scriptores rerum suarum secum habuit*** Cic. *Arch.* 24, il avait avec lui des historiens de ses exploits ¶ **7** cause, raison [dans les expr. suivantes] : ***ea re*** Cic. *Att.* 8, 8, 1, à cause de cela, ou ***hac re*** Lucr. 1, 172 ; ***ea re, quod*** Cic. *Ac.* 2, 111, par cette raison que ; ***ob eam rem***, v. ▶ *ob*, ▶ *quamobrem, quare* ¶ **8 a)** ***res publica***, la chose publique, l'État : Cic. *Cat.* 1, 22 ; *Fam.* 4, 9, 3 ; *Rep.* 1, 39 ‖ administration de l'État, affaires publiques, vie politique ; ***in media re publica versari*** Cic. *Rep.* 1, 12, se mêler entièrement à la vie politique ; ***rem publicam tenere*** Cic. *Rep.* 3, 23, être maître du (occuper le) gouvernement ; ***rei publicae usus*** Cic. *Rep.* 1, la pratique des affaires publiques ; ***hac praesertim re publica*** Cic. *de Or.* 3, 63, étant donné surtout l'état politique actuel ; ***cives utiliores rebus suis publicis*** Cic. *Off.* 1, 155, des citoyens plus utiles au gouvernement dans leurs patries respectives ; ***consiliorum in re publica socius*** Cic. *de Or.* 1, 25, ayant les mêmes opinions politiques ; ***in re publica peccare*** Cic. *Att.* 7, 1, 3, faire des fautes politiques ; ***quam rem publicam habemus !*** Cic. *Cat.* 1, 9, quel gouvernement avons-nous !‖ [en part.] le gouvernement dans ses rapports avec l'extérieur : ***in re publica maxime conservanda sunt jura belli*** Cic. *Off.* 1, 34, dans l'ordre politique, il faut respecter avec le plus grand soin les droits de la guerre, cf. Cic. *Off.* 1, 33 ; 3, 46 ‖ forme de gouvernement : ***tria genera rerum publicarum*** Cic. *Rep.* 1, 44, trois types de gouvernement ; ***quartum quoddam genus rei publicae*** Cic. *Rep.* 1, 45, une sorte de quatrième forme de gouvernement [mélange des trois formes-types] **b)** *res* seul, même sens que *res publica* : ***res Romana*** Virg. *En.* 6, 858, la puissance romaine, l'État romain, cf. Liv. 6, 41, 8 ; 21, 16, 3 ; Sall. *C.* 6, 3 ‖ pl., ***custode rerum Caesare*** Hor. *O.* 4, 15, 17, Auguste étant le gardien de l'État, cf. Virg. *En.* 3, 1 ; Tac. *H.* 1, 29 ; ***res novae***, révolution politique, v. ▶ *novus*.
▶ *rēī* avec e long : Lucr. 1, 688 ; 2, 112 ‖ monosyl. : Lucr. 3, 918 ; 4, 885.

rĕsăcro, v. ▶ *resecro* : Nep. *Alc.* 6, 5.

rĕsaevĭo, *īs, īre*, -, -, intr., faire rage de nouveau [fig.] : Ov. *Tr.* 1, 1, 103.

rĕsălūtātĭo, *ōnis*, f., salut rendu : Suet. *Ner.* 37.

rĕsălūto, *ās, āre, āvī, ātum*, tr., rendre son salut à, saluer en retour (*aliquem*) : Cic. *Phil.* 2, 106 ; *Att.* 2, 7, 2 ; Mart. 5, 21, 3.

rĕsalvo, *ās, āre*, -, -, tr., sauver une seconde fois : Hier. *Ep.* 98, 21.

rĕsānesco, *īs, ĕre, sānŭī*, -, intr., revenir à la raison, redevenir sensé : Ov. *Am.* 1, 10, 9 ; Lact. *Inst.* 5, 2, 6.

rĕsāno, *ās, āre*, -, -, tr., guérir : Capel. 9, 926 ‖ [fig.] corriger, réformer : Lact. *Inst.* 4, 20, 1.

rĕsarcĭo, *īs, īre, sarsī, sartum*, tr. ¶ **1** raccommoder : Ter. *Ad.* 121 ; Col. 11, 2, 38 ¶ **2** [fig.] réparer [un dommage] : *Caes. *G.* 6, 1, 3 (*resarciri* α, *sarciri* β) ; Suet. *Cl.* 6.

rĕsarsi, rĕsartum, v. ▶ *resarcio*.

rescindō, *īs, ĕre, scĭdī, scissum*, tr. ¶ **1** séparer en déchirant ou en coupant, couper, déchirer, ouvrir : ***falcibus vallum ac loricam*** Caes. *G.* 7, 86, 5, au moyen des faux de siège, ouvrir, forcer la palissade et le parapet, cf. Cic. *Agr.* 3 ; ***teli latebram penitus*** Virg. *En.* 12, 390, ouvrir à fond le repaire du dard [l'endroit où se cache la pointe du dard], cf. Virg. *G.* 3, 453 ; Plin. *Ep.* 7, 19, 9 ‖ rompre : ***pontem*** Caes. *G.* 1, 7, 2, un pont, cf. Caes. *G.* 4, 19, 4 ¶ **2** [fig.] détruire, annuler, casser, abolir : ***acta Caesaris*** Cic. *Phil.* 2, 109, les actes de César, cf. Cic. *Phil.* 13, 5 ; *Prov.* 10 ; *Verr.* 1, 111 ; *Sull.* 63.

rescĭo, *īs, īre, īvī (ĭī), ītum* (*re-, scio*), tr., savoir qqch. de caché, d'inattendu, cf. Gell. 2, 19, 1 ‖ savoir après coup, de façon inopinée, découvrir : Cael. *Fam.* 8, 10, 4 ‖ au parf., Quadr., Naev., Cat. d. Gell. 2, 19, 1 ; Pl. *Bac.* 782 ; Ter. *Hec.* 287 ; Cic. *Off.* 3, 91 ; Caes. *G.* 1, 28, 1 ; Hor. *Ep.* 2, 1, 227.

rescisco, *īs, ĕre*, -, - (inch. de *rescio*), tr., venir à savoir : Pl. *Amp.* 491 ; *Bac.* 826 ; Ter. *Hec.* 867.
▶ utilise le parf. de *rescio*.

rescissĭo, *ōnis*, f. (*rescindo*), abolition, annulation : Dig. 50, 9, 5.

rescissōrĭus, *a, um*, [droit] rescissoire, résolutoire : Dig. 4, 6, 28.

rescissus, *a, um*, part. de *rescindo*.

rescrībō, *īs, ĕre, scrīpsī, scriptum*, tr. ¶ **1** écrire en retour, en réponse **a)** *alicujus litteris* Cic. *Att.* 13, 23, 1, écrire en réponse à une lettre de qqn, ou *ad litteras alicujus* Cic. *Att.* 6, 2, 1 ; 14, 21, 1 ; ***tibi epistulam, quam ad eum rescripseram, misi*** Cic. *Att.* 13, 6, 3, je t'ai envoyé la lettre que je lui ai écrite en réponse **b)** écrire (composer) en réplique (*alicui, alicui rei*, à qqn, à qqch.) : Suet. *Caes.* 73 ; *Cal.* 53 ; *Aug.* 85 ; Tac. *An.* 4, 34 **c)** [offic[t] en parl. des empereurs] répondre (par un rescrit) : Suet. *Aug.* 40 ; 45 ; 51 ¶ **2** écrire de nouveau, recomposer, refaire [un ouvrage] : Suet. *Caes.* 56 ; Plin. *Ep.* 5, 8, 7 ; 7, 9, 5 ; 8, 21, 6 ‖ inscrire de nouveau enrôler de nouveau : Liv. 9, 10, 6 ¶ **3** reporter par écrit sur un registre **a)** faire porter en compte [chez le banquier soit au crédit soit au débit de qqn] : ***illud mihi argentum rursum jube rescribi*** Ter. *Phorm.* 922, fais de nouveau porter cette somme à mon crédit ; ***reliqua rescribamus*** Cic. *Att.* 16, 2, 1, portons le reste à mon débit, cf. Hor. *S.* 2, 3, 76 **b)** reporter sur une liste : ***ad equum rescribere*** Caes. *G.* 1, 42, 6, faire passer dans le corps des chevaliers [jeu de mots avec cavaliers].
▶ contr. *rescripsti* Cic. *Att.* 5, 9, 2 (M).

rescriptĭo, *ōnis*, f. (*rescribo*), rescrit : Dig. 1, 18, 8.

rescriptum, *i*, n. (*rescribo*), rescrit, réponse [par écrit] du prince : Tac. *An.* 6, 15 ; Ulp. *Dig.* 49, 1, 1.

rescriptus, *a, um*, part. de *rescribo*.

rescŭla, *ae*, f., ▶ *recula* : Apul. *M.* 4, 12 ; Salv. *Gub.* 5, 8, 38.

resculpō, *īs, ĕre, sculpsī*, -, tr., retracer, reproduire [fig.] : Prud. *Psych. pr.* 51.

rĕsĕcābĭlis, *e* (*reseco*), qui peut être retranché, supprimé : Cassiod. *Var.* 2, 41.

rĕsĕcātĭo, *ōnis*, f. (*reseco*), suppression : Salv. *Gub.* 7, 22, 96.

rĕsĕcātus, *a, um*, ▶ *reseco* ▶.

rĕsĕcis, gén. de *resex*.

rĕsĕco, *ās, āre, sĕcŭī, sectum*, tr., enlever en coupant, couper, tailler, rogner : Cic. *Div.* 2, 96 ; *Leg.* 2, 55 ; *Pis.* 43 ‖ [fig.] retrancher, supprimer : Cic. *Tusc.* 4, 46 ; *Cat.* 2, 11 ; *Verr.* 3, 208 ; Hor. *O.* 1, 11, 7 ; ***id ad vivum non reseco*** Cic. *Lae.* 18, en disant cela je ne taille pas jusqu'au vif [je ne prends pas les termes au sens rigoureux].
▶ parf. *resecavi* Symm. *Ep.* 10, 73 ; Capel. 8, 837 ‖ part. *resecatus* Paneg. *Constant.* (8), 11, 5.

rĕsĕcro (**rĕsacro**), *ās, āre, āvī, ātum* (*re-, sacro*), tr. ¶ **1** relever qqn d'une interdiction, retirer les imprécations prononcées contre qqn : Nep. *Alc.* 6, 5 ¶ **2** prier de nouveau : Pl. *Aul.* 684 ; Pers. 47.

rĕsectĭo, *ōnis*, f. (*reseco*), taille [de la vigne] : Col. 4, 29, 4.

rĕsectus, *a, um*, part. de *reseco*.

rĕsĕcŭtus, *a, um*, part. de *resequor*.

rĕsēda, *ae*, f. (*resedo*), réséda [fleur] : Plin. 27, 131.

rĕsēdī, parf. de *resideo* et de *resido*.

rĕsēdo, *ās, āre*, -, -, tr., calmer [un mal], guérir : Plin. 27, 131.

resegmen

rĕsegmĕn, ĭnis, n. (reseco), rognure : PLIN. 13, 77 ; 28, 5.

rĕsēmĭnō, ās, āre, -, -, tr., [fig.] reproduire : OV. M. 15, 392.

rĕsĕquŏr, quĕrĭs, quī, sĕcūtus sum, tr., répondre immédiatement (aliquem, qqn) : OV. M. 6, 36 ; 13, 749.

rĕsĕrātĭo, ōnis, f., ouverture : ENNOD. Dict. 14.

1 rĕsĕrātus, a, um, part. de resero.

2 rĕsĕrātŭs, abl. ū, m., action d'ouvrir : SIDON. Ep. 9, 11, 2.

1 rĕsĕrō, ās, āre, āvī, ātum (sera, V. 4 sero), tr. ¶ **1** ouvrir [une porte, une maison] : OV. F. 2, 455 ; VIRG. En. 7, 613 ; PLIN. 10, 49 ; LIV. 40, 8, 20 ; PLIN. Pan. 65, 5 ¶ **2** [fig.] **a)** rendre accessible : CIC. Phil. 7, 2 ; Off. 2, 55 **b)** dévoiler : OV. M. 15, 145 ; VAL.-FLAC. 2, 438 **c)** commencer : annum OV. Pont. 4, 4, 23, ouvrir l'année, cf. PLIN. Pan. 58, 4 **d)** raconter, publier : SIDON. Ep. 3, 3, 5.

2 rĕsĕrō, ĭs, ĕre, sēvī, -, tr., ensemencer de nouveau, replanter : VARR. L. 5, 39 ; PLIN. 18, 183.

rĕserpō, ĭs, ĕre, -, -, intr., ramper vers : GREG.-M. Ep. 1, 69.

rĕservātus, a, um, part. de reservo.

rĕservō, ās, āre, āvī, ātum, tr. ¶ **1** mettre de côté, réserver : aliquid, aliquem ad aliquam rem CAES. C. 1, 36, 3 ; G. 3, 3, 4, réserver qqch., qqn en vue de qqch., cf. CIC. de Or. 1, 224 ; Sull. 77 ; Cat. 4, 18 ; Off. 2, 75 ; aliquid in aliud tempus CIC. Prov. 47, réserver qqch. pour un autre moment, cf. CIC. Cael. 59 ; CAES. G. 1, 53 ; aliquid alicui CAES. G. 5, 34, réserver qqch. à qqn, cf. CIC. Agr. 1, 12 ; MUR. 45 ; ATT. 1, 16, 9 ; LIV. 25, 6, 14 ; quo (= ad quid) CIC. Sest. 29, en vue de quoi ¶ **2** conserver, sauver : CIC. Fam. 5, 4, 2 ; CELS. 2, 8, 13 ¶ **3** observer, garder : CYPR. Domin. 22.

rĕsĕs, ĭdis, adj. (resideo), qui reste, qui séjourne : LIV. 2, 32, 5 ; VARR. R. 2, 11, 3 ; reses aqua VARR. R. 3, 17, 8, eau stagnante ǁ oisif, inactif [reses = ignavus P.-FEST. 353, 8] : LIV. 6, 23, 5 ; 25, 6, 21 ; VIRG. En. 6, 813 ; resides animi VIRG. En. 1, 722, sentiments apaisés.

rĕsēvī, parf. de 2 resero.

rĕsex, ĕcis, m. (reseco), ▶ pollex, courson, rameau taillé : COL. 4, 21, 3.

rĕsībĭlō, ās, āre, -, -, intr., siffler en réponse : SIDON. Carm. 9, 86.

rĕsiccō, ās, āre, āvī, - (re-, sicco), it. risiccare), tr., sécher de nouveau : DIOSC. 5, 100.

rĕsĭco, C. ▶ reseco : CAT. Agr. 32, 2 ; 47.

rĕsĭdĕō, ēs, ēre, sēdī, sessum (re-, sedeo)
I intr. ¶ **1** rester assis, séjourner, rester : in re publica CIC. Cat. 1, 12, subsister dans l'État ; corvus alta arbore residens PHAED. 1, 13, 4, un corbeau perché sur le haut d'un arbre ¶ **2** [fig.] rester, demeurer, subsister : CIC. Tusc. 1, 104 ; Cat. 1, 31 ; Fam. 5, 5, 3 ; CAES. G. 7, 77, 4
II tr., chômer une fête : venter gutturque resident esurialis ferias PL. Cap. 468, mon ventre et mon gosier chôment la fête de la faim, cf. CIC. Leg. 2, 55.

rĕsĭdis, gén. de reses.

rĕsĭdō, ĭs, ĕre, sēdī, sessum (re-, sido), intr. ¶ **1** s'asseoir [en cessant un état de mouv' ou de station verticale] : CIC. Fin. 3, 9 ǁ s'arrêter [cesser de marcher, de voyager] : CIC. Leg. 1, 15 ; PLIN. 10, 114 ; in villa CIC. Mil. 51, s'arrêter dans une villa (mediis aedibus VIRG. En. 8, 467, au milieu de la maison, cf. VIRG. En. 5, 702 ¶ **2** s'abaisser, s'affaisser **a)** [montagnes] CIC. Pis. 82 ; [flots] VIRG. G. 2, 480 ; PLIN. 5, 57 ; [flammes] TAC. An. 13, 57 ; [vents] VIRG. En. 7, 27 ; PLIN. Ep. 6, 16, 12 **b)** [fig.] se calmer : eorum mentes resederant CAES. G. 7, 64, 7, leurs esprits s'étaient calmés ; tumor animi resedit CIC. Tusc. 3, 26, l'enflure de l'âme est retombée.

rĕsĭdŭum, i, n. (residuus), reste, restant [pr. et fig.] : SUET. Galb. 7 ; quid residui... ? CIC. Verr. 3, 226, quel reste... ? ǁ pl., residua SUET. Aug. 101.

rĕsĭdŭus, a, um (resideo) ¶ **1** qui reste en arrière, qui subsiste encore : CIC. Agr. 2, 59 ; Fam. 1, 9, 20 ; LIV. 29, 37, 9 ; residui nobilium TAC. An. 11, 23, ce qui reste de nobles ǁ residuae pecuniae CIC. Clu. 94, sommes qui restent à payer, reliquat, cf. LIV. 33, 47, 2 ¶ **2** inactif, oisif : ACC. Tr. 696.

rĕsignācŭlum, i, n. (resigno), brisement du sceau : [fig.] VL. Ezech. 2, 28, 11 d. TERT. Marc. 2, 10, 3.

rĕsignātrix, īcis, f. (resigno), celle qui descelle ce qui est scellé = qui touche à une chose défendue : TERT. Cult. 1, 1, 2.

rĕsignātus, part. de resigno.

rĕsignō, ās, āre, āvī, ātum, tr. ¶ **1** rompre le sceau de, ouvrir [une lettre, un testament] : CIC. Att. 11, 9, 2 ; HOR. Ep. 1, 7, 9 ; PLIN. 14, 89 ǁ [fig.] découvrir, dévoiler : OV. F. 6, 535 ; PERS. 5, 28 ¶ **2** [fig.] **a)** ôter toute garantie à, rompre, annuler : CIC. Arch. 9 **b)** dégager de : lumina morte resignat (Mercurius) VIRG. En. 4, 244, (Mercure) délivre les yeux de la mort [les rouvre dans l'au-delà] ¶ **3** ▶ rescribere, faire le report d'un compte à l'autre : FEST. 352, 4 ; [d'où] rendre ce qu'on a reçu : HOR. O. 3, 29, 54 ; Ep. 1, 7, 34 ǁ assigner, porter en compte : CAT. Orat. 97 ; 103 (PS. SERV. En. 4, 244).

rĕsĭlĭō, īs, īre, sĭlŭī, sultum (re-, salio), intr. ¶ **1** sauter en arrière, revenir en sautant : QUADR. d. PRISC. 2, 541, 13 ; PLIN. 9, 71 ; QUINT. 11, 3, 127 ; OV. M. 6, 374 ǁ resilientes ad manipulos velites LIV. 30, 33, 15, les vélites se repliant d'un bond sur les manipules ǁ rebondir, rejaillir : OV. M. 12, 480 ; PLIN. 2, 142 ; 11, 39 ; [fig.] ut ab hoc crimen resilire videas CIC. Amer. 79, en sorte que tu voies l'accusation rebondir loin de mon client ¶ **2** se retirer sur soi-même, se replier, se réduire, se raccourcir : PLIN. 22, 31 ; 11, 234 ; OV. M. 3, 677 ¶ **3** [fig.] se reculer vivement ; ab aliqua re, loin de qqch. : QUINT. 12, 10, 56 ǁ renoncer, se dédire : DIG. 18, 2, 9.
▶ parf. resilivi SEN. Contr. 1, 3, 4 ; resilii PETR. 46, 7.

rĕsimplĭcātus, a, um (re-, simplex), mis en double, plié en deux : CAEL.-AUR. Chron. 5, 1, 20.

rĕsīmus, a, um (re-, simus), retroussé : VARR. R. 2, 9, 3 ; COL. 6, 1, 3 ; OV. M. 14, 95 ǁ recourbé : PLIN. 8, 95.

rēsīna, ae, f. (cf. ῥητίνη ; esp. resina, gr. mod. ρετσίνα), résine : CAT. Agr. 23, 3 ; PLIN. 16, 53 ; 24, 28.

rēsīnācĕus, a, um (resina), résineux : PLIN. 24, 99 ǁ **rēsīnālis**, e, CAEL.-AUR. Chron. 2, 13, 175.

rēsīnārĭa, ae, f., celle qui épile avec la résine : CIL 6, 9855.

rēsīnātus, a, um (resina) ¶ **1** mélangé de résine : MART. 3, 77, 8 ; PLIN. 23, 46 ¶ **2** épilé au moyen de la résine : JUV. 8, 114.

rēsīnōsus, a, um (resina), mélangé de résine : COL. 12, 20, 3 ǁ résineux : PLIN. 26, 48 ǁ resinosus odor PLIN. 27, 26, odeur de résine ǁ -issimus PLIN. 15, 31.

rēsīnŭla, ae, f. (dim. de resina), resinula Panchaica ARN. 7, 27, encens.

rĕsĭpĭō, ĭs, ĕre, -, - (re-, sapio) ¶ **1** tr., avoir la saveur de, le goût de, le parfum de : ferrum, picem VARR. R. 1, 54, 3 ; PLIN. 14, 18, avoir le goût du fer, de la poix ǁ [fig.] homo minime resipiens patriam CIC. Nat. 2, 46, homme qui ne rappelle guère (qui ne tient guère de) sa patrie, cf. GELL. 3, 3, 13 ¶ **2** intr., avoir du goût, de la saveur : AUS. Techn. 4 (340), pr. ǁ [chrét.] venir à résipiscence, à la raison, à la vérité [en parlant d'hérétiques] : AUG. Petil. 2, 92, 205 ǁ revenir à la raison [en parlant d'un possédé] : JUVC. 3, 181.
▶ inf. ressipire JUVC.

rĕsĭpiscentĭa, ae, f. (resipisco), résipiscence : LACT. Inst. 6, 24, 6.

rĕsĭpiscō, ĭs, ĕre, sĭpŭī ou sipĭī ou sipīvī, - (inch. de resipio), intr., reprendre ses sens [pr. et fig.], revenir à soi, se remettre : PL. Mil. 1334 ; TER. And. 698 ; Haut. 844 ; CIC. Sest. 80 ; Att. 4, 5, 1 ; LIV. 36, 22, 1 ǁ [chrét.] venir à résipiscence, revenir à la sagesse, se repentir : TERT. Apol. 17, 5.
▶ formes contr. resipisti PL. Mil. 1345 ; resipisset CIC. Sest. 80 ; resipisse TER. Haut. 844.

rĕsistentĭa, ae, f. (resisto), résistance : AUG. Pecc. mer. 2, 22, 36.

Resisthos, i, f., ville de Thrace [près de la Propontide] : PLIN. 4, 48.

rĕsistō, ĭs, ĕre, restĭtī, -, intr. ¶ **1** s'arrêter, ne pas avancer davantage : resiste TER. And. 344, arrête-toi, cf. CAES. C. 2, 35, 2 ; G. 5, 51, 5 ; CIC. Tusc. 5, 80 ǁ [fig.] in hoc resisto CIC. Fin. 4, 50, je m'arrête ici, je m'en tiens là ‖ [en part.] se tenir ferme [ne plus glisser], retrouver son aplomb : Cic. *Mur.* 84 ¶2 se tenir en faisant face **a)** [milit.] tenir tête, résister : Caes. *G.* 4, 7, 3 ; 4, 12, 2 ; 7, 62 ; **alicui** Caes. *G.* 2, 22, 1, tenir tête à qqn, cf. Caes. *G.* 4, 14 ‖ [pass. impers.] : **eadem ratione ab nostris resistitur** Caes. *G.* 5, 40, 3, les nôtres opposent la même résistance, cf. Caes. *G.* 1, 37, 4 ; *C.* 3, 63, 2 **b)** [en gén.] opposer de la résistance (**alicui, alicui rei**, à qqn, à qqch.) : **alicui rei publicae causa** Cic. *Fam.* 5, 2, 6, tenir tête à qqn dans l'intérêt de l'État ; **dolori** Cic. *Fam.* 4, 6, 1, résister à la douleur ‖ [pass. impers.] : **omnibus his sententiis resistitur** Caes. *C.* 1, 4, 1, on reste insensible à tous ces avis, cf. Cic. *Lae.* 41 ‖ [abs¹] : **mens minime resistens ad calamitates perferendas** Caes. *G.* 3, 19, 6, esprit fort peu résistant pour supporter les revers, cf. Caes. *C.* 3, 21, 1 ; Cic. *Att.* 2, 1, 8 ; Sall. *J.* 37, 2 ; [pass. impers.] Caes. *G.* 5, 30 ‖ [avec *ne* subj.] s'opposer à ce que : Cic. *Har.* 50 ; Nep. *Att.* 3, 2 ; Liv. 23, 7, 4 ‖ **vix deorum opibus resisti potest, quin** Liv. 4, 43, 11, c'est à peine si la puissance divine pourrait s'opposer à ce que **c)** [en parl. de choses] résister : **prominentia montium resistunt** Tac. *An.* 2, 16, les saillies des monts opposent une résistance ; **plaustra adversus tempestatem non resistunt** Varr. *R.* 1, 13, 2, les chariots ne résistent pas au mauvais temps ‖ **navigia ostendunt non aquam sibi resistere, quominus...** Sen. *Nat.* 2, 9, 3, les navires montrent que ce n'est pas l'eau qui fait résistance et les empêche de ....

rĕsŏlĭdātus, *a*, *um*, raffermi : Alcim. *Ep.* 36 (33), 16 P.

rĕsŏlūbĭlis, *e* (*resolvo*), qui peut être désagrégé : Prud. *Apoth.* 515 ; Ambr. *Psalm.* 118, s. 13, 20.

*****rĕsŏlūtē** [inus.], compar., **resolutius** Tert. *Nat.* 1, 19, 3, avec moins de retenue.

rĕsŏlūtĭo, *ōnis*, f. (*resolvo*) ¶1 action de dénouer : Gell. 17, 9, 12 ‖ [fig.] action de résoudre, réfutation : Gell. 18, 2, 10 ¶2 désagrégation : Macr. *Somn.* 1, 5, 18 ‖ décomposition d'un tout : Don. *And.* 851 ¶3 état de relâchement [des organes] : Cels. 2, 8, 14 ; 3, 24, 2 ‖ paralysie des nerfs : Cels. 3, 27, 1 ; [des yeux] Cels. 6, 6, 36 ¶4 annulation : Dig. 41, 2, 13 ‖ mort : Aug. *Conf.* 9, 13, 36.

rĕsŏlūtōrĭa, *ae*, f., analyse [en logique] : Boet. *Diff.* 1, p. 1173 C.

rĕsŏlūtus, *a*, *um* ¶1 part. de *resolvo* ¶2 adjᵗ **a)** amolli : **resolutior** Mart. 10, 98, 2, plus mou **b)** sans frein, sans retenue : Sil. 11, 305.

rĕsolvō, *ĭs*, *ĕre*, *solvī*, *sŏlūtum* ¶1 dénouer, délier : **equos** Ov. *F.* 4, 180, dételer des chevaux ; **virginem catenis** Ov. *M.* 4, 737, débarrasser la jeune fille de ses chaînes ; [poét.] **puella resoluta capillos** Ov. *Am.* 2, 14, 39, la jeune fille ayant les cheveux dénoués ¶2 [d'où] **a)** ouvrir : **litteras** Liv. 26, 15, 9, ouvrir une lettre ; **fauces haec in verba** Ov. *M.* 2, 282, ouvrir la bouche pour dire ceci, cf. Virg. *En.* 3, 457 ; **venas** Tac. *An.* 6, 48, s'ouvrir les veines, cf. Ov. *M.* 1, 227 ; 6, 643 ‖ **muros ariete** Sil. 5, 553, ouvrir, forcer les murs avec le bélier, cf. Sil. 12, 495 **b)** résoudre, désagréger, dissoudre : **aurum** Lucr. 6, 967, dissoudre l'or, cf. Plin. 9, 120 ; **Zephyro putris se gleba resolvit** Virg. *G.* 1, 44, sous le souffle du Zéphyr le sol désagrégé se met en miettes ; **tenebras** Virg. *En.* 8, 591, dissiper les ténèbres **c)** s'acquitter de, payer : Pl. *Ep.* 142 ; 352 ; *Men.* 930 ; Cat. *Agr.* 144 ; 149 **d)** détendre [les nerfs, les membres] : Virg. *En.* 6, 422 ; Ov. *M.* 7, 328 ; 9, 469 ¶3 [fig.] **a)** dissiper [les soucis] Virg. *G.* 1, 302 ; [la tristesse] Plin. 24, 24 **b)** résoudre, débrouiller, démêler : [une équivoque] Quint. 7, 9, 4 ; 12, 2, 13 ; **dolos tecti** Virg. *En.* 6, 29, débrouiller les pièges du labyrinthe ‖ éclaircir, expliquer : Lucr. 5, 772 ‖ résoudre des objections, les réfuter : Quint. 5, 13, 12 **c)** libérer, dégager, (**aliquem**, qqn) : Hor. *O.* 1, 28, 34 ; **amore resolutus** Tib. 1, 10, 83, dégagé des liens de l'amour, cf. Luc. 2, 145 ; Sil. 11, 36 **d)** détruire les liens de, relâcher : **disciplinam militarem** Tac. *H.* 1, 51, relâcher la discipline militaire ‖ rompre, briser : **jura pudoris** Virg. *En.* 4, 27, les lois de la pudeur ; **onera commerciorum** Tac. *H.* 4, 65, supprimer les charges du commerce ; **stipulationem** Dig. 21, 2, 57, annuler une convention ‖ [pass.] mourir : Sulp. Sev. *Ep.* 3, 9.

rĕsŏnābĭlis, *e* (*resono*), qui renvoie les sons : Ov. *M.* 3, 358 ; Aus. *Epigr.* 102 (99), 1.

rĕsŏnantĭa, *ae*, f. (*resono*), écho : Vitr. 5, 3, 7.

1 rĕsŏnō, *ās*, *āre*, *sŏnŭī* et *sŏnāvī*, -, intr. et tr.

I intr. ¶1 renvoyer les sons, résonner : Cic. *Q.* 1, 1, 42 ; *Nat.* 2, 149 ; **aedes plangoribus resonant** Virg. *En.* 12, 607, le palais retentit de lamentations ‖ **gloria virtuti resonat tamquam imago** Cic. *Tusc.* 3, 3, la gloire répond à la vertu comme un écho ‖ [impers.] **in fidibus testudine resonatur** Cic. *Nat.* 2, 144, dans la lyre la résonance se fait au moyen de l'écaille ¶2 faire entendre des sons, retentir : Cic. *Tusc.* 1, 96 ; Ov. *M.* 4, 333 ‖ [fig.] : **in vocibus nostrorum oratorum retinnit quiddam et resonat urbanius** Cic. *Brut.* 171, dans la voix de nos orateurs il y a un certain accent, un certain timbre plus distingué. **II** tr. ¶1 répéter en écho : **formosam resonare doces Amaryllida silvas** Virg. *B.* 1, 5, tu apprends aux forêts à redire le nom de la belle Amaryllis ¶2 faire retentir : **lucos cantu** Virg. *En.* 7, 11, faire retentir les bois de ses chants ‖ [fig.] exprimer [une idée], se faire l'écho de [la pensée d'un autre] : Aug. *Conf.* 12, 31, 42 ‖ signifier : Aug. *Pecc. mer.* 2, 35, 57.

▶ formes anc. de la 3ᵉ conjug. : *resonit* Pacuv., Acc. d. Non. 504, 30 ; *resonunt* Enn., Acc. d. Prisc. 2, 474, 1-5 ‖ parf. *resonavi* Manil. 5, 567 ; Hier. *Ep.* 117, 1 ; *resonui* Porph. Hor. *O.* 1, 20, 5.

2 rĕsŏnō, *ĭs*, *ĕre*, -, -, ▶ 1 resono ▶.

rĕsŏnus, *a*, *um*, qui renvoie un son, retentissant : Luc. 7, 480 ; Sil. 6, 285 ‖ qui produit un son, bruyant : Ov. *M.* 3, 496.

rĕsōpĭo, *īs*, *īre*, -, -, assoupir : Fulg. *Virg.* p. 98, 23 H.

rĕsorbĕo, *ēs*, *ēre*, -, -, tr., avaler de nouveau, ravaler : Ov. *H.* 12, 125 ; Plin. 9, 145 ‖ aspirer de nouveau : Lucr. 6, 1054 ; Quint. 11, 3, 55 ‖ **mare resorberi** Tac. *Agr.* 10 ; **mare in se resorberi** Plin. *Ep.* 6, 20, 9, la mer s'absorber en elle-même, se retirer [reflux] ‖ **fletum** Sil. 12, 594, dévorer ses larmes.

rĕsordĕo, *ēs*, *ēre*, -, -, intr., ▶ sordeo : Anth. 311, 3.

respectĭo, *ōnis*, f. (*respicio*), examen : Vulg. *Sap.* 3, 13.

respectō, *ās*, *āre*, *āvī*, *ātum* (fréq. de *respicio*), intr. et tr. ¶1 intr. **a)** regarder derrière soi : Ter. *Ad.* 157 ; Liv. 8, 39, 4 ; **respectans ad tribunal** Liv. 3, 48, 5, se retournant vers le tribunal ‖ [fig.] **respectantes** Cic. *Sest.* 13, avec un regard en arrière **b)** être dans l'attente : Lucr. 5, 375 ; **respectare, dum** Lucr. 5, 975, attendre que, cf. Varr. *R.* 3, 16, 30 ¶2 tr., **dictatore arcem respectante** Liv. 4, 18, 6, le dictateur se retournant vers la citadelle ; **animus non me deserens, sed respectans discessit** Cic. *CM* 84, son âme est partie non pas en m'abandonnant, mais le regard tourné vers moi ‖ avoir en vue : **funera respectans** Lucr. 6, 1234, ayant la vision de ses funérailles ; [fig.] prendre en considération, se préoccuper de : Virg. *En.* 1, 603.

1 respectus, *a*, *um*, part. de *respicio*.

2 respectŭs, *ūs*, m. (*respicio* ; fr. *répit*) ¶1 action de regarder en arrière : **sine respectu** Liv. 32, 12, 8, sans regarder en arrière ; **fugientibus miserabilem respectum incendiorum fore** Cic. *Div.* 1, 68, [il prédisait] que les gens en fuite auraient derrière eux le lamentable spectacle des incendies ¶2 considération, égard : **sine respectu humanitatis** Liv. 29, 9, 6, sans égard à l'humanité ; **Romanorum maxime respectus civitates movit** Liv. 35, 38, 6, ce fut surtout la pensée des Romains qui influença les cités ; **respectum amicitiae habere** Liv. 42, 37, 2, avoir égard à l'amitié ‖ **respectu alicujus rei** Liv. 2, 30, en considération de qqch., par égard pour qqch., cf. Liv. 8, 28, 6 ; 9, 45, 12 ¶3 possibilité de regarder vers qqn ou qqch., c'est-à-dire de compter sur qqn ou qqch., recours, refuge : **respectum ad senatum non habere** Cic. *Phil.* 5, 49, ne trouver aucun refuge dans le sénat, cf. *Phil.* 10, 9 ; 11, 26 ; Liv. 9, 23, 12 ; 21, 44, 8.

respergo

1 respergo, ĭnis, f., action de mouiller : Prud. Sym. 1, 503.

2 respergō, ĭs, ĕre, spersī, spersum (re-, spargo), tr. ¶ **1** faire rejaillir un liquide sur, éclabousser : Cic. Verr. 5, 100 ; Amer. 68 ; Phil. 3, 4 ‖ [poét.] *lumine terras* Lucr. d. Macr. Sat. 6, 1, 25, inonder la terre de lumière ‖ [fig.] *probro respergi* Tac. H. 1, 48, être entaché d'opprobre ¶ **2** faire jaillir (pousser) en retour [une racine] : Pall. 2, 15, 15.

respersio, ōnis, f. (respergo), action de répandre sur : [vin et parfums sur un tombeau] Cic. Leg. 2, 60 ; *pigmentorum* Cic. Div. 2, 48, action de jeter au hasard des couleurs [sur un tableau].

1 respersus, a, um, part. de respergo.

2 respersŭs, abl. ū, m., éclaboussure : Plin. 10, 9.

respĭcĭō, ĭs, ĕre, spexī, spectum (re- et specio) ¶ **1** [intr.] regarder en arrière, regarder derrière soi, tourner la tête (se retourner) pour regarder : Cic. Div. 1, 73 ; Tusc. 5, 6 ; Caes. G. 5, 43, 4 ; Liv. 21, 22, 7 ; *ad aliquem, ad aliquid* Pl. Cap. 835 ; Cic. Div. 1, 69, tourner la tête du côté de qqn, tourner les yeux du côté de qqch. ‖ [fig.] *a)* tourner son attention : Quint. 7, 10, 14 ; 10, 3, 23 ; 11, 2, 26 *b)* [en parl. de choses] regarder, concerner : *ad hunc summa imperii respiciebat* Caes. C. 3, 5, 4, l'ensemble du commandement le regardait, lui revenait ¶ **2** tr. *a)* *respiciens Caesarem* Caes. C. 3, 91, 3, se retournant vers César ; *respexisse saepe Italiae litora* Liv. 30, 20, 7, il se retourna souvent pour regarder les rivages de l'Italie ; *respicere spatium praeteriti temporis* Cic. Arch. 1, regarder derrière soi l'espace de temps écoulé ‖ [avec prop. inf.] voir en tournant les yeux que : Virg. En. 5, 666 *b)* [fig.] avoir égard à, prendre en considération (*aliquem, aliquid*, qqn, qqch.) : Cic. Verr. 3, 26 ; 3, 127 ; Planc. 91 ; Fam. 2, 16, 5 ; Caes. G. 7, 77, 16 ; C. 1, 1, 3 ; Liv. 29, 17, 9 ; *se respicere* Cic. Fin. 2, 79, songer à soi ‖ [en part.] avoir l'œil sur qqn, le protéger : *di nos respiciunt* Ter. Phorm. 817, les dieux veillent sur nous, cf. Ter. And. 642 ; Hec. 772 ; Cic. Att. 1, 16, 6 ; 7, 1, 2 ‖ songer à, envisager : *spem nullam ab Romanis* Liv. 4, 17, 5, n'envisager aucun espoir du côté des Romains, cf. Liv. 4, 46, 8.

▶ arch. *respexis* = *respexeris* Pl. Aul. 58 ; Most. 523.

respīrābĭlis, e (respiro), respirable : Boet. Top. Arist. 3, 4.

respīrācŭlum, i, n., répit : Mamert. Anim. 2, 12.

respīrāmen, ĭnis, n., canal de la respiration, trachée-artère : Ov. M. 2, 828.

respīrāmentum, i, n. (respiro), relâche, répit : Aug. Conf. 7, 7, 11.

respīrātĭo, ōnis, f. (respiro) ¶ **1** respiration : Cic. Tim. 6 ; Plin. 9, 18 ‖ pause (pour reprendre haleine) : Cic. Or. 53 ; Quint. 7, 9, 11 ¶ **2** exhalation, évaporation : Cic. Nat. 2, 27 ¶ **3** [chrét.] action de reprendre vie, résurrection : Tert. Res. 30, 6.

respīrātŭs, ūs, m., respiration : Cic. Nat. 2, 136 ; Apul. M. 4, 15.

respīrō, ās, āre, āvī, ātum, tr. ¶ **1** renvoyer en soufflant, exhaler : *animam* Cic. Nat. 2, 136, renvoyer l'air ‖ *malignum aera* Stat. S. 2, 2, 78, exhaler un air vicié ¶ **2** [abs¹] *a)* respirer : Cic. Nat. 2, 138 *b)* reprendre haleine : Cic. Fin. 3, 48 ; 4, 64 ; [poét., en parl. des vents] Lucr. 6, 568 ; 570 *c)* [fig.] respirer = se reposer, se remettre : Cic. Fin. 1, 52 ; Fam. 6, 2, 2 ; Mil. 47 ; Sest. 71 ; [impers.] *ita respiratum* Liv. 29, 4, ainsi on respira, on eut du répit ‖ *a metu* Cic. Clu. 200, se remettre de la crainte, cf. Cic. Har. 48 ; Liv. 22, 18, 10 ‖ ressusciter : Tert. Res. 30, 2.

resplendentĭa, ae, f. (resplendeo), vive clarté : [fig.] Aug. Ep. 155, 14.

resplendĕō, ēs, ēre, splendŭī, -, intr., renvoyer la clarté, resplendir, reluire : Virg. En. 12, 741 ; Sen. Ben. 4, 6, 2 ; 4, 30, 4.

resplendescō, ĭs, ĕre, -, -, intr., resplendir : Not. Tir. 34.

respondĕō, ēs, ēre, spondī, sponsum (re-, spondeo ; fr. *répondre*), tr. **I** garantir en revanche, assurer de son côté : Pl. Cap. 899 **II** répondre ¶ **1** faire une réponse [oral¹ ou par écrit] *alicui*, à qqn, *alicui rei*, à qqch. : Cic. Mur. 3 ; Brut. 208 ; Planc. 4 ; Brut. 169 ; Fam. 3, 8, 1 ; Caes. G. 1, 14, 1 ; C. 3, 17, 1 ; *ad rem*, à qqch. : Cic. Phil. 1, 2 ; Rep. 2, 65 ; Caes. G. 1, 36, 1 ; 2, 32, 1 ; *adversus aliquem, adversus aliquid* Liv. 35, 50, 1 ; 30, 31, 1 ‖ [avec pron. n.] *illud respondere cogam, cur...* Cic. Cael. 67, je te forcerai à répondre à cette question, pourquoi..., cf. Vat. 18 ; 41 ‖ [avec prop. inf.] répondre que : Pl. Amp. 214 ; Merc. 943 ; Cic. Lig. 23 ; Sall. J. 11, 6 ; [avec idée d'ordre *ut* subj.] Nep. Them. 2, 6 ‖ [suivi du style direct] Cic. Planc. 33 ; Att. 5, 21, 12 ; Inv. 1, 51 ; Tusc. 5, 56 ; Div. 2, 71 ‖ [supin] *quam brevia responsu !* Cic. Clu. 164, imputations combien courtes du point de vue de la réponse, combien faciles à réfuter ¶ **2** [droit] : *jus respondere* Cic. de Or. 1, 198, donner des consultations de droit, cf. Cic. Leg. 1, 12 ; Plin. Ep. 6, 15, 3 ; Hor. Ep. 1, 3, 24 ; *quae consuluntur, minimo periculo respondentur* Cic. Mur. 28, aux consultations on répond avec bien peu de risques ‖ [abs¹] *de jure alicui* Cic. de Or. 2, 142, donner à qqn des consultations de droit, cf. Cic. Brut. 113 ; Planc. 62 ‖ *jus publice respondendi* Dig. 1, 2, 2, 47, droit de délivrer des consultations ayant valeur officielle ¶ **3** réponse d'un oracle : Cic. Div. 1, 79 ; Sall. C. 47, 2 ¶ **4** répondre à un appel : Varr. d. Gell. 11, 1, 4 ; Liv. 7, 4, 2 ; 39, 18, 2 ‖ répondre à une citation en justice : Cic. Verr. 1, 1 ; Fin. 2, 54 ; Nep. Epam. 8, 1 ‖ [métaph.] Cic. de Or. 3, 191 ; Att. 16, 2, 2 ¶ **5** répondre à, être digne de, égal à, à la hauteur de : *honoribus majorum* Cic. Brut. 117, s'élever aussi haut que ses ancêtres dans les magistratures, cf. Cic. Fin. 3, 8 ; Tusc. 1, 3 ; Lae. 56 ; Fam. 2, 5, 2 ; 15, 21, 4 ‖ cadrer avec, être proportionné à, faire le pendant à : Cic. Nat. 1, 50 ; Or. 38 ; 114 ; Fin. 5, 83 ‖ [avec *ad*] Varr. R. 2, 5, 9 ; Plin. 36, 172 ; Liv. 28, 6, 8 ¶ **6** [en parl. d'objets reflétés] se refléter : *in aqua* Lucr. 4, 213, dans l'eau, cf. Lucr. 4, 177 ¶ **7** répondre [au cultivateur en parl. de champs], produire : Col. 2, 1, 3 ; 3, 2, 11 ; 3, 3, 4 ; Sen. Ep. 23, 5.

responsālis, is, m., répondant, apocrisiaire : Novel.-Just. 37, 1 ; 79, 1 ; Greg.-M. Ep. 4, 20.

responsātīvus, a, um, servant de réponse : Isid. 2, 21, 18.

responsĭo, ōnis, f. (respondeo), réponse : Cic. Balb. 36 ‖ [rhét.] *sibi ipsi responsio* Cic. de Or 3, 207, subjection (cf. Cic. Or. 137).

responsĭtō, ās, āre, āvī, ātum (fréq. de responso), tr., donner des consultations de droit : Cic. Leg. 1, 14 ; Rep. 5, 5 ; Gell. 13, 10, 1.

responsīvē, adv., sous forme de réponse : Ps. Ascon. Verr. 1, 148.

responsīvus, a, um, qui sert à répondre : Prisc. 2, 54, 2.

responsō, ās, āre, āvī, ātum (fréq. de respondeo), intr. ¶ **1** répondre *a)* quand qqn frappe à la porte : Pl. Most. 403 *b)* répliquer, résister, tenir tête à qqn : Pl. Men. 621 ‖ [métaph.] répondre [écho] : Virg. En. 12, 757 ; Val.-Flac. 3, 597 ¶ **2** [fig.] *a)* répondre à, satisfaire [dat.] : Pl. Mil. 964 *b)* tenir tête à, braver : *cupidinibus* Hor. S. 2, 7, 85, tenir tête aux passions, cf. Hor. S. 2, 4, 18 ‖ [les deux sens à la fois] Hor. S. 2, 7, 103.

responsŏr, ōris, m. (respondeo), celui qui peut donner une réponse : Pl. Ru. 226.

responsōrium, ĭi, n. et **responsōrius cantus**, m., verset : Hier. Reg. Pach. 18 ; Ambr. Hex. 3, 5, 23 ; Isid. Ep. 1, 13.

responsum, i, n. (respondeo), réponse : Cic. Planc. 34 ; Verr. 5, 40 ; Cat. 1, 19 ; Caes. G. 5, 58 ‖ [d'un oracle, des haruspices] : Cic. Div. 1, 97 ; Cat. 3, 9 ‖ [d'un jurisconsulte] consultation : Cic. de Or. 1, 239 ; 1, 250.

1 responsus, part. de respondeo.

2 responsŭs, ūs, m., réponse : Dig. 44, 7, 1, 7 ‖ proportion, rapport, symétrie : Vitr. 1, 2, 2 ; 3, 1, 9.

respūblĭca, reipublicae, ▶ *res* II ¶ 8a.

respŭō, ĭs, ĕre, spŭī, -, tr. ¶ **1** recracher, rejeter par la bouche : Cic. Nat. 2, 24 ; Varr. R. 1, 66 ‖ [en gén.] rejeter : *ferrum ab se* Lucr. 6, 1054, repousser le fer loin de soi, cf. Plin. 33, 128 ¶ **2** [fig.] rejeter, repousser : *condicionem* Caes. G. 1, 42, 2, rejeter une proposition, cf. Cic. Caecin. 56 ; Mur. 74 ; Rep. 2, 19 ; *aliquem auribus* Cic. Pis. 45, refuser avec mépris d'entendre qqn ‖ [adj. avec gén.] *respuens communium vocum* Gell. 6, 15, 2, dédaigneux des mots ordinaires.

restagnātĭo, ōnis, f. (*restagno*), débordement : Plin. 6, 146.

restagnātus, a, um, stagnant : Cassiod. *Var*. 2, 32.

restagnō, ās, āre, -, -, intr., déborder, inonder : Liv. 44, 46, 5 ; Ov. *M*. 11, 364 ‖ être inondé, former une nappe d'eau : Caes. *C*. 2, 24, 4 ; Sil. 4, 752.

restans, part. prés. de *resto*.

restaurātĭo, ōnis, f. (*restauro*), renouvellement : Dig. 23, 5, 7.

restaurātor, ōris, m., restaurateur d'une ville : CIL 8, 898.

restaurō, ās, āre, āvī, ātum (cf. *instauro* ; it. *ristorare*), tr., rebâtir, réparer, refaire : Tac. *An*. 3, 72 ; 4, 43 ‖ [fig.] reprendre, renouveler : Just. 2, 10, 1 ; 3, 5, 2.

restertō, ĭs, ĕre, -, -, intr., renifler, ronfler : Pelag. 204, 1.

restĭārĭus, ĭī, m. (*restis*), cordier : Ps. Front. *Diff*. 7, 529, 10.

restĭbĭlĭo, īs, īre, -, - (re-, *stabilio*), tr., rétablir, remettre en état : Pacuv. *Tr*. 324.

restĭbĭlis, e (*resto*), qui est cultivé tous les ans : Cat. *Agr*. 35, 2 ; Varr. *L*. 5, 39 ; *restibile vinetum* Col. 3, 18, 1, vigne cultivée [et qui produit tous les ans] ‖ subst. n., terre qui produit tous les ans : Col. 2, 10, 6 ‖ qui se renouvelle, nouveau, répété : Plin. 28, 249.

restĭcŭla, ae, f. (dim. de *restis*), cordelette, corde : Cat. *Agr*. 110 ; Cic. *Scaur*. 10.

restĭcŭlārĭus, ĭī, m., cordier : Gloss. 2, 450, 18.

restĭcŭlus, i, m. (dim. de *restis*, v. *resticula*), corde : Hier. *Job* 40.

restillō, ās, āre, āvī, ātum (re-, *stillo*), intr., revenir en coulant goutte à goutte [en parl. d'un métal] : Prud. *Sym*. 2, 287.

restinctĭo, ōnis, f. (*restinguo*), étanchement [soif] : Cic. *Fin*. 2, 9.

restinctus, a, um, part. de *restinguo* ‖ adjt, *calx restincta* CIL 1, 698, 2, 20, chaux éteinte.

restinguō, sĭs, ĕre, stinxī, stinctum, tr. ¶ 1 éteindre : *ignem* Cic. *Cat*. 3, 2, le feu ; *aggerem* Caes. *G*. 7, 25, l'incendie de la terrasse ‖ [fig.] *sitim* Cic. *Fin*. 2, 9, éteindre la soif ¶ 2 [fig.] *a)* éteindre, adoucir, apaiser : *cupiditates (eloquentiā)* Cic. *Nat*. 2, 148, éteindre les passions (au moyen de l'éloquence), cf. Cic. *Div*. 1, 61 ; *Rab. Post*. 13 ; *ceterorum studia* Cic. *Or*. 5, éteindre le zèle des autres *b)* anéantir, détruire : Cic. *Fam*. 11, 12, 1 ; *Sest*. 47 ‖ tuer : Plin. 29, 62.

restĭo, ōnis, m. (*restis*), cordier : Suet. *Aug*. 2 ; [plaistᵗ] Pl. *Most*. 884, être cordier = être fustigé avec des cordes ‖ titre d'un mime de Labérius : Gell. 10, 17, 2.

restĭpŭlātĭo, ōnis, f. (*restipulor*), restipulation [demande de contre-garantie] : Cic. *Com*. 37 ; Gai. *Inst*. 4, 18.

restĭpŭlŏr, ārĭs, ārī, -, tr., stipuler de façon réciproque : Cic. *Com*. 38.

restis, is, acc. *im* et *em*, abl. *e*, f. (cf. scr. *rajju-s*, lit. *rēkstis*? ; it. *resta*) ¶ 1 corde : Liv. 27, 37, 14 ; *restim ductare* Ter. *Ad*. 752, tenir la corde en tête, conduire la danse ; *ad restim mihi res redit* Ter. *Phorm*. 686, il ne me reste plus qu'à me pendre, cf. Caecil. *Com*. 215 ¶ 2 queue [d'ail, d'oignon] : Plin. 20, 51 ; Mart. 12, 32, 20.

restĭtī, parf. de *resisto* et de *resto*.

restĭtō, ās, āre, -, - (fréq de *resto*), s'arrêter [à plusieurs reprises] : Pl. *Cap*. 499 ; Ter. *Eun*. 668 ‖ faire des essais de résistance : Liv. 7, 39, 14.

restĭtor, ōris, m. (re-, *stator*), celui qui s'arrête : Not. Tir. 55.

restĭtŭō, ĭs, ĕre, tŭī, tūtum (re-, *statuo*), tr. ¶ 1 remettre à sa place primitive, replacer : [une statue, un arbre] Cic. *Fam*. 12, 25 a, 1 ; Virg. *G*. 2, 272 ¶ 2 remettre debout, remettre en son état primitif : *Capitolium* Cic. *Verr*. 4, 69, relever, restaurer le Capitole, cf. Cic. *Top*. 15 ; Caes. *G*. 1, 28, 3 ‖ remettre en son état normal ; *quaedam depravata* Cic. *Div*. 2, 96, remettre en état des défectuosités physiques ‖ [fig.] rétablir : *rem cunctando* Enn d. Cic. *Off*. 1, 84, rétablir la situation en temporisant, cf. Liv. 2, 63, 5 ; 25, 37, 1 ; *tribuniciam potestatem* Cic. *Agr*. 2, 36, rétablir la puissance tribunicienne ; *aliquem condemnatum* Cic. *Phil*. 2, 56, rétablir dans ses droits un homme condamné, cf. Cic. *Att* 10, 4, 8 ; *aliquem in integrum* Cic. *Phil*. 2, 56, même sens, cf. Cic. *Clu*. 98 ; Caes. *C*. 3, 1, 4 ; *aliquem in suam dignitatem* Caes. *C* 1, 22, 5, rétablir qqn dans sa dignité, cf. Cic. *Verr. prim*. 12 ; *Att*. 2, 23, 2 ‖ *proelium* Caes. *G*. 1, 53, 1, rétablir le combat, cf. *G*. 7, 87, 3 ; Liv. 4, 38, 5 ‖ *judicia* Cic. *Verr*. 2, 63, redresser, casser des jugements ; *damma* Liv. 31, 43, 4, réparer des pertes ; *vim factam* Cic. *Caecin*. 36, réparer les violences faites ¶ 3 restituer, rendre : *aliquid alicui* Cic. *Verr*. 4, 73, qqch. à qqn, cf. Caes. *C*. 1, 87 ; 2, 21 ; *G*. 5, 25, 2 ; *alicui aliquem* Caes. *G*. 1, 53, rendre qqn à qqn, cf. Ter. *Eun*. 147 ; 746 ; *Hec*. 818 ; *aliquem, aliquid ad aliquem* Liv. 2, 13, 6 ; 2, 49, 7 ; 24, 47, 10, rendre qqn, qqch. à qqn ; *se alicui* Cic. *Att*. 15, 4, 1, rendre à qqn son amitié.

Restĭtūta Jūlĭa, f., ville de Bétique : Plin. 3, 14.

restĭtūtĭo, ōnis, f. (*restituo*) ¶ 1 rétablissement, réparation, restauration : Suet. *Aug*. 57 ; *Tit*. 8 ; *Ner*. 40 ¶ 2 rétablissement [d'un condamné dans sa situation primitive] : Cic. *Agr*. 2, 10 ‖ rappel [d'un exilé] : Cic. *Pis*. 35 ¶ 3 *restitutio in integrum* Dig. 4, 1 ; Cod. Just. 2, 21, rétablissement en l'état antérieur [mesure d'annulation d'un acte juridique prise par le préteur] ¶ 4 [chrét.] rédemption : Tert. *Carn*. 14, 3.

restĭtūtŏr, ōris, m. (*restituo*), restaurateur d'édifices : Liv. 4, 20, 7 ‖ celui qui rétablit : *salutis* Cic. *Mil*. 39, sauveur, cf. Quint. 7, 1, 43.

restĭtūtōrĭus, a, um, qui concerne la restitution : Dig. 16, 1, 8, 9 ‖ **restĭtūtōrĭum**, ĭī, n., jugement en restitution : Dig. 27, 6, 7, 3.

restĭtūtrix, īcis, f., celle qui restitue : Ps. Apul. *Asclep*. 2 ; CIL 6, 30876.

1 **restĭtūtus**, a, um, part. de *restituo*.

2 **Restĭtūtus**, i, m., surnom romain : Plin. *Ep*. 3, 9, 16.

restō, ās, āre, stĭtī, - (re-, *sto* ; cf. fr. *rétif*, *rester*, *reste*), intr. ¶ 1 s'arrêter : Pacuv. *Tr*. 227 ; Enn. *An*. 481 ‖ [fig.] persister : Prop. 2, 25, 18 ¶ 2 s'opposer, opposer de la résistance, résister : Sall. *H*. 1, 113 ; Liv. 4, 58, 4 ; 6, 30, 5 ; 26, 3, 3 ; *alicui* Liv. 23, 45, 9, à qqn ‖ *laminis restantibus adversum pila* Tac. *An*. 3, 46, les armures résistant aux javelots ¶ 3 rester, subsister, être de reste : *cum aequalibus, qui pauci restant* Cic. *CM* 46, avec ceux de mon âge dont il ne reste qu'un petit nombre ; *qui e divisione tripartita duas partes absolverit, huic necesse est restare tertiam* Cic. *Off*. 3, 9, si dans une division en trois points vous en avez traité deux, il vous reste forcément un troisième ‖ *illud restiterat, ut te in jus educerent* Cic. *Quinct*. 33, il leur restait à t'assigner devant le préteur ; *restat, ut* Cic. *Pomp*. 27, il reste que, cf. Cic. *Quinct*. 41 ; *Nat*. 2, 44 ‖ [avec inf., poét.] : *restabat aliud nihil nisi oculos pascere* Ter. *Phorm*. 85, il ne restait qu'à se repaître les yeux, cf. Liv. 44, 4, 8 ; Ov. *M*. 1, 700 ; [avec prop. inf.] Stat. *S*. 4, 1, 48 ‖ [en parl. de l'avenir] : *quod restat* Cic. *Verr*. 3, 208, pour ce qui reste, pour l'avenir, désormais ; *huic restat transire...* Lucr. 5, 227, il lui reste (il lui est réservé de) franchir..., cf. Hor. *Ep*. 1, 6, 27 ; [avec prop. inf.] Virg. *En*. 7, 270, il est réservé au Latium que ....

► parf. *restavi* Aug. *Serm*. 112, 2 Mai.

restrictē, adv. (*restrictus*), avec ménagement, retenue, réserve : Cic. *Fin*. 2, 42 ; *-tius* Aug. *Doctr*. 3, 12 ; *-tissime* Plin. *Ep*. 5, 8, 13 ‖ strictement, rigoureusement : Cic. *Lae*. 58 ; *Leg*. 2, 45 ; *Rep*. 3, 7.

restrictim, adv., exactement, rigoureusement : Afran. *Com*. 334.

restrictĭo, ōnis, f., modération, restriction : Aug. *Mor. eccl*. 31.

restrictus, a, um ¶ 1 part. de *restringo* ¶ 2 adjt *a)* étroit, resserré : Suet. *Aug*. 73 ‖ court, ramassé : Suet. *Dom*. 18 *b)* modeste, réservé : Plin. *Ep*. 9, 19, 6 *c)* serré, économe : *ad largiendum ex alieno restrictior* Cic. *Fam*. 3, 8, 8, peu porté à faire des largesses sur le compte d'autrui, cf. Cic. *Off*. 2, 62 ; *Att*. 10, 11, 2 ;

restrictus

Planc. 54 **d)** rigoureux, sévère : Tac. *An.* 15, 48.

restringō, *ĭs*, *ĕre*, *strinxī*, *strictum* (re-, stringo ; fr. restreindre), tr.

I ¶1 serrer, attacher, en ramenant en arrière : *restrictis ad terga manibus* Plin. 35, 93, les mains attachées derrière le dos, cf. Hor. *O.* 3, 5, 35 ; *restrictus membra catena* Catul. 64, 296, ayant les membres liés par une chaîne ‖ ramener en arrière : *laevam* Quint. 11, 3, 131, la main gauche ¶2 [fig.] ramener (ramasser) en serrant **a)** attacher : *homines ad custodiam pecuniae* Plin. *Ep.* 1, 8, 9, river les hommes à la conservation de l'argent **b)** serrer : *animum maestitiā* Tac. *An.* 16, 16, serrer le cœur de tristesse **c)** resserrer, restreindre : *liberalitatem, sumptus* Sen. *Ben.* 1, 4, 2 ; Plin. *Ep.* 6, 19, 4, restreindre la générosité, les dépenses.

II desserrer, ouvrir : *restrictis labellis ridere* Apul. *Apol.* 6, rire en desserrant les lèvres ‖ *dentes* Pl. *Cap.* 486, (découvrir) montrer les dents ‖ [poét.] *rabie restricta (minantur)* *Lucr. 5, 1065, [les babines] retroussées par la rage (lancent une menace).

restringuo, ⟶ *restringo* : Apic. 131.

restruō, *ĭs*, *ĕre*, -, -, tr., rééditier : Tert. *Apol.* 6, 10 ‖ [fig.] rétablir : Tert. *Res.* 31, 2.

rĕsūdātĭo, *ōnis*, f. (resudo), transpiration : Cael.-Aur. *Diaet.* 79 ; 82.

rĕsūdō, *ās*, *āre*, -, - **¶1** intr., renvoyer de la sueur, dégager de l'humidité : Curt. 5, 1, 12 ; 7, 10, 3 **¶2** tr., rendre, évacuer : Prud. *Apoth.* 719.

rĕsulcō, *ās*, *āre*, -, -, tr., labourer de nouveau : Fort. *Mart.* 3, 163.

rĕsultātĭo, *ōnis*, f. (resulto), répercussion : Ambr. *Hex.* 3, 5 ‖ son de la lyre : Cassiod. *Var.* 2, 40 ‖ résistance : Cassiod. *Var.* 2, 24.

rĕsultō, *ās*, *āre*, *āvī*, *ātum* (re-, salto), intr. et tr.

I intr. **¶1** sauter en arrière, rebondir, rejaillir : Lucr. 2, 98 ; Virg. *En.* 10, 330 ; Quint. 12, 2, 11 ‖ rebondir, revenir en écho : Virg. *G.* 4, 50 ; Plin. 11, 65 ‖ [poét.] retentir, faire écho : *pulsati colles clamore resultant* Virg. *En.* 5, 150, les collines retentissent heurtées par les cris, cf. Virg. *En.* 8, 305 ; Plin. *Pan.* 73 ; [avec acc. intér.] *sonum* Apul. *M.* 5, 7, 1, répercuter un son **¶2** [fig.] **a)** être sautillant, saccadé [style] : Quint. 9, 4, 66 ; 9, 4, 83 ; [prononciation] Quint. 11, 3, 183 **b)** regimber contre : *versibus nomina resultant* Plin. *Ep.* 8, 4, 3, les mots n'entrent pas dans le vers.

II tr., faire retentir, louer par des chants : Prud. *Perist.* 2, 516.

rĕsūmō, *ĭs*, *ĕre*, *sumpsī*, *sumptum*, tr. **¶1** prendre de nouveau, reprendre, ressaisir : *librum in manus* Quint. 10, 4, 3, reprendre un livre en mains, cf. Plin. *Ep.* 7, 9, 16 ; Ov. *M.* 9, 524 ; *praetextas* Plin. *Pan.* 61, 8, remettre les toges prétextes ‖ recouvrer : *vires, somnum* Ov. *M.* 9, 193 ; Suet. *Aug.* 78, les forces, le sommeil

¶2 recommencer, renouveler : *pugnam, hostilia* Tac. *H.* 2, 41 ; *An.* 12, 15 ; *militiam* Tac. *H.* 2, 67, recommencer le combat, les hostilités, reprendre du service militaire **¶3** remettre, rétablir [un malade] : Cael.-Aur. *Acut.* 2, 1, 3.

rĕsumptĭo, *ōnis*, f. (resumo), rétablissement, guérison : Cael.-Aur. *Acut.* 2, 37, 217.

rĕsumptīvus, *a*, *um*, Cael.-Aur. *Chron.* 4, 3, 75, **rĕsumptōrĭus**, *a*, *um*, Cael.-Aur. *Acut.* 3, 8, 95 (resumo), qui remet un malade.

rĕsumptus, *a*, *um*, part. de resumo.

rĕsŭō, *ĭs*, *ĕre*, -, *sūtum* (re-, suo), tr., découdre : Suet. *Aug.* 94.

1 rĕsŭpīnātus, *a*, *um*, part. de resupino [adj¹], recourbé, infléchi : Cels. 8, 1, 23 ‖ *pali resupinati* Vitr. 10, 2, 3, pieux plantés obliquement.

2 rĕsŭpīnātŭs, *ūs*, m., posture d'un animal couché : Plin. 9, 72.

rĕsŭpīnō, *ās*, *āre*, *āvī*, *ātum* tr. **¶1** faire pencher en arrière : Ter. *Phorm.* 863 ; *adsurgentem regem resupinat* Liv. 4, 19, 5, il fait retomber en arrière le roi qui voulait se relever ; *aliquam* Juv. 3, 112, culbuter une femme ; *nares* Quint. 11, 3, 80, renverser, retrousser le nez ‖ *resupinari*, se coucher sur le dos : Plin. 24, 162 **¶2** [fig.] **a)** *se resupinare* Sen. *Ben.* 2, 13, 2, se renverser en arrière, redresser fièrement la tête **b)** bouleverser, détruire : Acc. *Tr.* 135.

rĕsŭpīnus, *a*, *um* **¶1** penché en arrière, qui se renverse ou renversé : Acc. d. Cic. *Div.* 1, 44 ; Lucr. 1, 37 ; Virg. *En.* 1, 476 ; Ov. *M.* 4, 121 ; 13, 86 ; *resupinus* Quint. 10, 3, 15, ayant la tête en arrière, cf. Mart. 9, 44, 3 ‖ [en parl. de choses] : Plin. 18, 171 ; 21, 23 ‖ [en parl. du débit oratoire] : *sensim resupina sunt* Quint. 11, 3, 167, [ces paroles] sont dites avec une molle inflexion **¶2** [fig.] **a)** qui se tient renversé, fier, hautain : Ov. *M.* 6, 275 ; Sen. *Ep.* 80, 7 **b)** qui se tient couché ; mou, efféminé : Quint. 5, 12, 20 ‖ nonchalant, négligent : Dig. 22, 3, 32.

rĕsurgō, *ĭs*, *ĕre*, *surrēxī*, *surrectum* (re-, surgo ; it. risorgere), intr. **¶1** se relever : Hor. *O.* 2, 17, 14 ; Ov. *M.* 5, 349 ; *Tr.* 3, 3, 23 ; Tac. *An.* 3, 46 ‖ [en parl. de choses] : Tac. *H.* 2, 78 ; *An.* 15, 41 ; Ov. *Pont.* 4, 8, 28 ; *M.* 2, 453 **¶2** [fig.] se relever, se rétablir, se ranimer, reprendre sa force, sa puissance : Virg. *En.* 1, 206 ; 4, 531 ; Liv. 24, 45, 3 ; Ov. *F.* 1, 523 ; Tac. *An.* 1, 39 ; 3, 74 ; *legiones resurgere in ultionem properant* Tac. *H.* 3, 2, les légions hâtent leur redressement pour se venger ‖ [chrét.] ressusciter : Vulg. *2 Tim.* 2, 8 ; *Matth.* 16, 21.

rĕsurrectĭō, *ōnis*, f. (resurgo), résurrection : Lact. *Inst.* 4, 19, 9.

rĕsurrectūrus, *a*, *um*, part. fut. de resurgo.

rĕsuscĭpĭō, *ĭs*, *ĕre*, -, -, tr., reprendre [fig.] : Arat. *Act.* 2, 589.

rĕsuscĭtātĭo, *ōnis*, f., action de rendre à la vie : Tert. *Res.* 38, 3.

rĕsuscĭtātŏr, *ōris*, m., celui qui ressuscite [les morts] : Tert. *Res.* 57, 7.

rĕsuscĭtō, *ās*, *āre*, *āvī*, *ātum*, tr., réveiller, rallumer [la colère] : Ov. *M.* 8, 474 ; 14, 495 ‖ relever, reconstruire : Lact. *Inst.* 4, 18, 5 ‖ ressusciter [qqn] : Prud. *Perist.* 6, 136 ‖ faire revivre, rendre sa valeur à : Dig. 34, 4, 27, 1.

rĕsūtus, *a*, *um*, part. de resuo.

rētae, *ārum*, f. pl. (cf. *1 ratis*), toute végétation qui encombre le lit d'une rivière : Gell. 11, 17, 4.

rētālĭō, *ās*, *āre*, -, - (re-, talio), tr., traiter selon la loi du talion : Gell. 20, 1, 16.

rĕtangō, *ĭs*, *ĕre*, -, -, tr., toucher plusieurs fois : Cael.-Aur. *Chron.* 2, 13, 156.

rĕtardātĭō, *ōnis*, f. (retardo), retardement, retard, délai : Cic. *Phil.* 5, 30.

rĕtardātus, *a*, *um*, part. de retardo.

rĕtardō, *ās*, *āre*, *āvī*, *ātum*, tr. **¶1** retarder, arrêter : Cic. *Phil.* 10, 11 ; Virg. *G.* 3, 253 ; Hor. *O.* 2, 8, 23 ; *stellarum motus retardantur* Cic. *Nat.* 2, 103, les mouvements des étoiles se ralentissent ‖ [abs¹] *retardando* Cic. *Nat.* 2, 52, en étant en retard, en restant en arrière **¶2** [fig.] arrêter, réprimer, paralyser : Cic. *Pomp.* 13 ; 22 ; *Vat.* 2 ; *Verr.* 1, 17 ; *Sest.* 67 ; *aliquem a scribendo* Cic. *Fam.* 5, 17, 1, empêcher qqn d'écrire ; *non retardare aliquem, quominus* Plin. *Pan.* 22, 2, ne pas empêcher qqn de.

rĕtaxō, *ās*, *āre*, -, -, tr., censurer à son tour : Suet. *Vesp.* 13.

rēte, *is*, abl. *e*, gén. pl. *rētĭum*, n. (cf. *rarus, ratis, retae* ; it. rete, esp. red, fr. rets, réseau), rets, filet : Cic. *Nat.* 2, 123 ; Varr. *R.* 3, 5, 14 ‖ [fig.] Pl. *Pers.* 74 ; Lucr. 4, 1147 ; Prop. 3, 8, 37.

▶ *retis, is* f., nom. d'après Char. 61, 15 ; Prisc. 2, 171, 7, mais pas d'ex. ‖ acc. *retem* Varr. *R.* 3, 5, 11 ; 3, 5, 14 ‖ abl. *rete* Varr. *R.* 3, 5, 11 ‖ acc. pl. *retes* Char. 33, 20 ‖ genre m. signalé d. Char. 61, 15 ; Prisc. 3, 171, 7 ; 332, 15 mais sans ex. sûr, car d. Pl. *Ru.* 942 les mss. donnent *rete* ‖ pas d'ex. d'abl. *reti*, v. mss Pl. *Ru.* 1071, ⟶ *2 retia, 2 retium*.

rĕtectus, *a*, *um*, part. de retego.

rĕtĕgō, *ĭs*, *ĕre*, *texī*, *tectum*, tr. **¶1** découvrir, ouvrir, dévoiler, mettre à nu : Cic. *Att.* 4, 7, 2 ; Varr. *R.* 1, 51, 2 ; Ov. *M.* 13, 459 ; Suet. *Aug.* 78 ; *retectus* Virg. *En.* 12, 374, découvert [non protégé du bouclier] ‖ [en parl. du soleil qui, de sa lumière, dégage le monde du voile de la nuit] : Virg. *En.* 4, 119 ; 9, 461 **¶2** [fig.] dévoiler, révéler : Virg. *En.* 1, 356 ; Hor. *O.* 3, 21, 16 ; Tac. *An.* 15, 74 ; Ov. *M.* 13, 38 **¶3** recouvrir : Pall. 11, 7, 5.

rētějăclŏr, āris, āri, - (rete jaculum, "filet, épervier", V. retiaculum), intr., donner un coup de filet, [fig.] saisir, comprendre : Aur. d. Front. Addit. 7, 2, p. 254 N.

rĕtempĕrō, ās, āre, -, -, tr., modérer, calmer : Cassiod. Psalm. 41, 2.

rĕtempto, etc., V. retento.

ĕtendō, ĭs, ĕre, tendī, tensum (tentum), tr., détendre : Ov. M. 2, 419 ; 3, 166 ‖ [fig.] détendre, relâcher : Quint. 1, 3, 8.

Rĕtēno, ōnis, m., fleuve de l'Italie supérieure : Fort. Mart. 4, 677.

ĕtensus, part. de retendo.

ĕtentācŭlum, i, n., C. retinaculum : Ps. Fort. Med. 14, 33.

ĕtentātŏr, ōris, m. (retento), détenteur : Cassiod. Var. 2, 10.

ĕtentātrix, īcis, adj. f., qui retient : Macr. Sat. 7, 4, 15.

ĕtentātus, a, um, part. de 2 retento.

ĕtentĭō, ōnis, f. (retineo) ¶ 1 action de retenir : Cic. Att. 13, 21, 3 ; 13, 25, 1 ‖ action de suspendre : Cic. Ac. 2, 59 ; 78 ¶ 2 retenue, arrêt : dotis Dig. 31, 1, 79, retenue de dot ‖ [méd.] rétention : Cael.-Aur. Chron. 3, 8, 102 ¶ 3 maintien : Lact. Inst. 6, 10, 25 ; Tert. Marc. 5, 3, 2 ¶ 4 droit de rétention [retenir la chose d'autrui en guise de sûreté] : Dig. 47, 2, 15, 2.

rĕtentō, ās, āre, āvī, ātum (fréq. de retineo), tr., retenir, contenir, arrêter : Pl. Ru. 877 ; Liv. 10, 5, 3 ; Tac. H. 4, 13 ; frena Ov. Am. 2, 9, 30, serrer le frein ; caelum a terris Lucr. 2, 729, maintenir le ciel distant de la terre ‖ [fig.] maîtriser, contenir : Val.-Flac. 3, 97 ‖ préserver, conserver : Cic. poet. Div. 1, 17.

2 rĕtentō (-temptō), ās, āre, āvī, ātum (re-, tento), tr., toucher de nouveau [les cordes de la lyre] : Ov. M. 1, 746 ‖ essayer de nouveau, tenter une seconde fois : Ov. M. 11, 792 ; [avec inf.] Ov. M. 9, 208 ‖ [fig.] revenir sur [qqch.], repasser [dans son esprit] : Sen. Brev. 10, 2 ‖ reprendre, ressaisir [pr. et fig.] : Luc. 2, 514 ; Val.-Flac. 5, 679.

rĕtentŏr, ōris, m., celui qui retient (qui étreint) : Apul. Flor. 6, 5.

rĕtentōrĭus, a, um, qui a la faculté de retenir : Cassiod. Anim. 6.

rĕtentūra, ae, f., troisième division d'un camp située entre la Via quintana et la Porta decumana : *Ps. Hyg. Mun. castr. 17.

1 rĕtentus, a, um, part. de retendo et de retineo.

2 rĕtentŭs, ūs, m., action de retenir [en parl. de la main] : Claud. Ruf. 2, 438.

ĕtergĕō, ēs, ēre, tersī, -, tr., nettoyer : Cael.-Aur. Chron. 2, 14, 107 ; Amm. 29, 6, 11.

ĕtĕrō, ĭs, ĕre, -, trītum, tr., user ou enlever par le frottement : Naev. Com. 127 ; V. retritus.

rĕtexī, parf. de retego.

rĕtexō, ĭs, ĕre, texŭī, textum, tr. I ¶ 1 défaire un tissu, détisser : Cic. Ac. 2, 95 ; Ov. Am. 3, 9, 30 ; Stat. S. 3, 5, 9 ‖ [poét.] décomposer, désagréger : Lucr. 1, 529 ; 5, 267 ¶ 2 [fig.] prendre le contrepied de : Cic. Verr. 2, 63 ; Sen. Ep. 94, 68 ; orationem Cic. Phil. 2, 32 ; dicta Cic. Fin. 5, 84, revenir sur ce qu'on a dit ; se Mat. Fam. 11, 28, 5, renier son passé, devenir un autre homme ; scripta Hor. S. 2, 3, 2, défaire ce qu'on a écrit, corriger. II tisser de nouveau, [fig.] refaire, recommencer : Virg. En. 12, 763 ; Ov. M. 10, 31 ; 15, 249 ‖ raconter de nouveau : Apul. M. 9, 17.

rĕtextus, a, um, part. de retexo.

1 rētĭa, pl. de rete.

2 rētĭa, ae, f., filet : Pl. Ru. 900 d'après Prisc. 2, 332, 22 ; Amm. 16, 2, 12 ; Schol. Juv. 8, 208.

rētĭăcŭlum, i, n. (rete jaculum, cf. retejaclor), grillage, grille : Vulg. Exod. 38, 5 ; V. reticulum.

rētĭālis, e, de filet : Non. 378, 2.

rētĭārĭus, iī, m. (rete), rétiaire [gladiateur armé d'un trident et d'un filet] : Quint. 6, 3, 61 ; Suet. Cal. 30, cf. Fest. 358, 7 ‖ [prov.] contra retiarium ferula Mart. 2, pr., le pot de terre contre le pot de fer [litt¹, une férule contre un rétiaire].

rĕtĭcentĭa, ae, f. ¶ 1 action de garder une chose par-devers soi, de la taire ; silence : Pl. Merc. 893 ; Cic. Phil. 14, 83 ; Off. 3, 65 ¶ 2 [rhét.] réticence, aposiopèse : Cic. de Or. 3, 205 ; Quint. 9, 2, 54.

rĕtĭcĕō, ēs, ēre, ŭī, - (re-, taceo), tr. ¶ 1 garder une chose par-devers soi en se taisant, se taire sur, taire : Cic. Q. 1, 2, 3 ; Fam. 5, 2, 1 ; Flac. 87 ; Clu. 17 ; Phil. 1, 29 ‖ pl. n., reticenda Just. 1, 7, 4, les secrets ¶ 2 [absᵗ] garder le silence : de Chelidone reticuit Cic. Verr. 1, 139, à propos de Chélidon, il a gardé le silence, cf. Cic. de Or. 2, 232 ‖ [avec dat.] alicui Liv. 23, 12, 9, se taire devant qqn, ne pas répondre à qqn, cf. Tac. An. 14, 49 ; Ov. M. 3, 357.

rĕtĭcescō, ĭs, ĕre, -, -, C. reticeo : Greg.-M. Ep. 1, 24.

Rētĭco, ōnis, m., montagne de Germanie : Mel. 3, 30.

rētĭcŭlātim, adv. (reticulatus), comme un réseau : Veg. Mul. 3, 41, 2.

rētĭcŭlātus, a, um (reticulum), fait en forme de réseau, croisé, réticulaire : Plin. 36, 172 ; reticulata fenestra Varr. R. 3, 7, 3, fenêtre grillagée ; reticulata structura Plin. 36, 172, maçonnerie réticulée.

rētĭcŭlum, i, n. (dim de rete). esp. redecilla > fr. résille) ¶ 1 filet à petites mailles, réseau : Sen. Ben. 7, 19, 1 ¶ 2 sac à mailles, sachet, filoche : Cic. Verr. 5, 27 ; Hor. S. 1, 1, 47 ; Juv. 12, 60 ¶ 3 résille, réseau, coiffe à réseau : Petr. 67, 6 ; Juv. 2, 96 ¶ 4 membrane qui enveloppe [le foie] : Vulg. Exod. 29, 13.

rētĭcŭlus, i, m., C. reticulum : Varr. R. 3, 5, 13 ; Plin. 12, 59, cf. Non. 221, 33.

Rētĭcus, V. Rhaeticus.

rētĭfex, ĭcis, m. (rete, facio), fabricant de filets : Alcim. Homil. 28, p. 150, 13.

Retina, ae, f., bourg de Campanie près d'Herculanum : Plin. Ep. 6, 16, 8.

rĕtĭnāclum, sync. de retinaculum : Prud. Sym. 2, 147.

rĕtĭnācŭlum, i, n. (retineo), toute espèce de lien, attache, corde ; bride, rênes ; amarres, cordage : Cat. Agr. 135, 5 ; Liv. 21, 28, 7 ; Virg. En. 4, 580 ‖ [fig.] lien : Plin. Ep. 1, 12, 8.

rĕtĭnax, ācis (retineo), qui retient, qui captive : Symm. Ep. 1, 47, 1.

rĕtĭnens, tis, part.-adj. de retineo, qui conserve, attaché à : homo retinens sui juris Cic. Q. 1, 2, 11, homme attaché à ses droits ‖ -tissimus Gell. 10, 20, 10.

rĕtĭnentĭa, ae, f. (retineo), souvenir : Lucr. 3, 673.

rĕtĭnĕō, ēs, ēre, tĭnŭī, tentum (re-, teneo ; it. ritenere), tr. ¶ 1 retenir, arrêter : quotiens foras ire volo, me retines Pl. Men. 114, chaque fois que je veux sortir, tu me retiens, cf. Caes. G. 1, 18, 1 ; 3, 8, 2 ; 7, 47, 2 ; Cic. Att. 13, 14, 1 ; 13, 33, 4 ; Planc. 100 ; tempestate retentus Caes. C. 3, 102, 5, retenu, bloqué par le mauvais temps ‖ retenir, maintenir : sinistra manu retinebat arcum Cic. Verr. 4, 74, de la main gauche elle tenait contre elle un arc ; mulierem per vim Pl. Bac. 843, retenir chez soi une femme de force ; retenta nave Caes. C. 1, 58, 4, le navire étant maintenu ‖ retenir, garder : armorum parte tertia celata atque in oppido retenta Caes. G. 2, 32, 4, le tiers des armes ayant été caché et conservé dans la ville ; oppidum Caes. G. 7, 21, 3, conserver la place, en rester maître, cf. Cic. de Or. 2, 273 ¶ 2 [fig.] a) retenir, arrêter : ut, cum sciatis quo quaeque res inclinet retinere possitis Cic. Rep. 2, 44, en sorte que, sachant chaque fois de quel côté peut pencher un gouvernement, vous puissiez l'arrêter ‖ maintenir : libertas retenta Cic. Off. 2, 24, la liberté maintenue ; Galliam in senatus populique Romani potestatem Cic. Phil. 3, 8, maintenir la Gaule sous la puissance du sénat et du peuple romain (mais in sua potestate Cic. Rep. 1, 45) ‖ garder, conserver : illum Pericli sucum Cic. de Or. 2, 93, conserver cette sève de Périclès ; rem, amicos Cic. Quinct. 59, conserver son patrimoine, ses amis ; aliquid memoria Cic. Pomp. 19, ou memoriam alicujus rei Caes. G. 2, 21, 2, conserver le souvenir de qqch. ; id retinebatur, ne Cic. Rep. 2, 56, on s'attachait à ce principe, empêcher que ; retinendum hoc esse, ut Cic. Nat. 1, 95, qu'il faut s'attacher à ce principe, savoir que ; retinere Gell. 17, 9, 16, se rappeler b) contenir, maintenir dans des bornes : Cic. Off. 1, 102 ; Fin. 1, 2 ; Ov. M. 3, 566 ; 12, 285 ; aliquem in officio Cic. Amer. 70,

retineo

retenir qqn dans le devoir, cf. Liv. 25, 40, 6; *retineri non potuerant quin... conjicerent* Caes. G. 1, 47, 2, ils n'avaient pu se retenir de jeter..., cf. Pl. Trin. 641; *aegre sunt retenti quin... irrumperent* Caes. C. 2, 13, 4, on les empêcha difficilement de faire irruption....

rĕtinnĭo, *īs*, *īre*, -, -, intr., tinter en retour, résonner: Cic. Brut. 171; ▽ *resono* I ¶2.

rĕtĭnŭī, parf. de *retineo*.

rētĭŏlum, *i*, n. (dim. de *rete*), petit filet: Apul. M. 8, 4 ‖ résille: Aug. Ep. 211, 10.

rētis, *is*, ▽ *rete* ▶.

1 **rētĭum**, gén. pl. de *rete*.

2 **rētĭum**, *ĭi*, n., ⓒ *rete*: Gloss. 2, 277, 47.

rētō, *ās*, *āre*, -, - (*retae*), tr., dégager le lit d'une rivière: Gell. 11, 17, 4.

rĕtollō, *ĭs*, *ĕre*, -, -, tr., remporter: Corip. Joh. 2, 329.

rĕtŏnō, *ās*, *āre*, -, -, intr., retentir: Catul. 63, 82.

rĕtōnsus, *a*, *um*, fauché [blé]: Plin. 18, 161.

rĕtorpescō, *ĭs*, *ĕre*, -, -, intr., s'engourdir de nouveau: Tert. Scorp. 1, 10.

rĕtorquĕō, *ēs*, *ēre*, *torsī*, *tortum* (*re*-, *torqueo*; it. *ritorcere*, fr. *retordre*), tr. ¶1 tourner en arrière: *oculos* Cic. Cat. 2, 2, tourner les yeux en arrière; *manibus retortis* Hor. Ep. 2, 1, 191, les mains liées derrière le dos; *demissa ab laeva pantherae terga* Virg. En. 8, 460, rejeter en arrière la peau d'une panthère qui pend du côté gauche [pour dégager la poignée de l'épée], cf. Virg. En. 2, 400; *crinem* Mart. 6, 39, 6, friser les cheveux; *retortis undis* Hor. O. 1, 2, 13, ses eaux étant rejetées, refoulées, cf. Hor. O. 2, 19, 23 ‖ [pass. de sens réfléchi]: *ubi paulatim retorqueri agmen ad dextram conspexerunt* Caes. C. 1, 69, 3, quand ils virent l'armée faire une conversion à droite ¶2 [fig.] *animum ad praeterita* Sen. Ben. 3, 3, 4, se reporter au passé; *argumentum* Apul. Flor. 18, 26, rétorquer un argument; *scelus in auctorem* Just. 34, 4, 2, faire retomber un crime sur son auteur ‖ *mentem* Virg. En. 12, 841, retourner (changer) ses dispositions d'esprit ‖ *sermones retorti* Front. Eloq. 2, 19, p. 148, N, propos contournés.

rĕtorrescō, *ĭs*, *ĕre*, -, -, intr., se dessécher, griller: Col. 3, 3, 4.

rĕtorrĭdē, adv., d'une manière rabougrie: Plin. 17, 33.

rĕtorrĭdus, *a*, *um*, brûlé par le soleil, desséché, ridé, recroquevillé: [en parl. de branches d'arbre] Sen. Ep. 12, 2; [en parl. de la main brûlée de Mucius Scévola] Sen. Ep. 66, 51; [en parl. de prairies] Varr. R. 1, 9, 5 ‖ [fig.] vieux [rabougri, ratatiné]: Gell. 15, 30, 1 ‖ renfrogné: Capit. Max. Balb. 6, 2 ‖ [en parl. d'un rat] endurci: Phaed. 4, 2, 16.

rĕtorsī, parf. de *retorqueo*.

rĕtortus, *a*, *um* (fr. *retors*, it. *ritorta*), part. de *retorqueo*.

rĕtostus, *a*, *um*, recuit: Plin. 13, 48.

Rĕtŏvīnus, *a*, *um*, de Retovium [ville de Ligurie]: Plin. 19, 9.

rĕtractātĭo, *ōnis*, f. (*retracto*) ¶1 retour sur qqch.: *alicujus* Sen. Ep. 63, 6, rappel du souvenir de qqn ¶2 remaniement de ce qu'on a dit, retouche, correction: *sine retractatione* Cic. Tusc. 5, 82, sans un remaniement des doctrines ‖ *Retractationes*, titre d'un ouvrage de s. Augustin: Aug. Retract. 2, 67 ¶3 résistance: *sine ulla retractatione* Cic. Phil. 14, 38; Att. 13, 24, 2 (25, 1), sans la moindre résistance, sans résister, cf. Liv. 6, 28, 4.

rĕtractātŏr, *ōris*, m. ¶1 celui qui se refuse à: *Tert. Jejun. 15, 3 ¶2 celui qui répète: Isid. 10, 235.

1 **rĕtractātus**, *a*, *um*, part.-adj. de *retracto*, revu, corrigé: *-tius* Cic. Att. 16, 3, 1.

2 **rĕtractātŭs**, *ūs*, m. ¶1 nouvel examen, recherche: Tert. Apol. 4, 4 ¶2 retour sur; [pl.] réflexions, arguments: Tert. Praescr. 7, 5.

rĕtractĭo, *ōnis*, f. (*retraho*), raccourcissement: Macr. Sat. 1, 14, 1 ‖ [archit.] giron [dessus de la marche d'un escalier]: Vitr. 3, 4, 4 ‖ [fig.] hésitation: Arn. 5, 10; ▽ *retractatio* ¶3.

rĕtractō (**rĕtrectō**), *ās*, *āre*, *āvī*, *ātum*, tr.

I (de *re*- et *tracto*) ¶1 remanier, reprendre en mains: *ferrum, arma* Virg. En. 7, 694; Liv. 2, 30, 9, reprendre le glaive, les armes; *agrum* Cels. 1, 4, 1, travailler de nouveau un champ ¶2 [fig.] traiter de nouveau: *locum orationis* Cic. Mur. 54, un point du discours ‖ revenir sur un sujet: Cic. Att. 8, 9, 3 ‖ pratiquer de nouveau: Cic. Nat. 2, 72 ‖ retoucher, réviser: Plin. Ep. 8, 21, 6; Suet. Gram. 2; Aug. 33 ‖ manier de nouveau, employer de nouveau: Ov. Tr. 5, 7, 63 ‖ renouveler: *gaudium* Plin. Ep. 7, 24, 8, sa joie ‖ repasser dans son esprit: Ov. M. 7, 714; 10, 370.

II (fréq. de *retraho*), chercher à tirer en arrière ¶1 *dicta* Virg. En. 12, 11, retirer sa parole; *largitiones* Traj. Plin. Ep. 10, 111, remettre en question des libéralités ¶2 [abs¹] ne pas vouloir avancer, être récalcitrant: Cic. Tusc. 1, 76; Liv. 3, 49, 2; *nullo retractante* Liv. 3, 52, 3, personne ne montrant de résistance; *quid retractas?* Virg. En. 12, 889, pourquoi recules-tu [devant l'action]?; *retractans* Col. 2, 2, 26, rétif ¶3 rabaisser: Gell. 14, 3, 4.

1 **rĕtractus**, *a*, *um* ¶1 part. de *retraho* ¶2 adj¹, retiré, éloigné, enfoncé, à l'écart: Liv. 26, 42, 7; 36, 21, 5; *retractior a mari murus* Liv. 34, 9, 2, mur plus retiré de la mer, cf. Plin. Ep. 2, 17, 6.

2 **rĕtractŭs**, abl. *ū*, m., action de tirer en arrière: Tert. Scorp. 1, 2; Isid. Nat. 40, 1 ‖ réfutation: Tert. Marc. 5, 3, 6.

rĕtrādō, *ĭs*, *ĕre*, -, -, tr., livrer de nouveau, rendre: Dig. 4, 2, 9.

rĕtrăhō, *ĭs*, *ĕre*, *traxī*, *tractum* (fr. *retraire*), tr.

I tirer en arrière ¶1 faire revenir en arrière: Cic. CM 83; *Hannibalem in Africam* Cic. Fin. 2, 56, forcer Hannibal à rentrer en Afrique; *se* Cic. Cael. 64, se retirer en arrière; *manum* Cic. Cael. 63, retirer la main; *pedem* Virg. En. 10, 307, faire reculer ‖ *aliquem* Caes. G. 5, 7, 6, ramener qqn [qui s'est enfui], cf. Cic. Phil. 6, 10; Sall. C. 39, 5; Liv. 25, 7, 14; *ex fuga retractus* Sall. C. 47, 4, rattrapé dans sa fuite ¶2 [fig.] écarter, éloigner, retirer: *consules a re publica* Cic. Sest. 34, retirer les consuls de l'administration des affaires, cf. Nep. Epam. 8, 4; *ex magnis detrimentis retractus est* Suet. Aug. 71, s'est remis des grandes pertes qu'il avait faites ‖ ramener, réduire [d'un nombre à un autre]: Suet. Caes. 41; *aliquid* Liv. 32, 38, 8, faire une réduction ‖ tirer en arrière, retenir, ne pas donner libre cours à: Sen. Ep. 3, 3; 79, 7.

II tirer de nouveau ¶1 traîner de nouveau, amener de nouveau à: Tac. An. 3, 38; 15, 57; H. 4, 70 ¶2 ramener au jour, faire revivre [de vieilles créances]: Tac. An. 13, 23.

rĕtransĕō, *ĭs*, *īre*, -, -, intr., repasser: Aug. Conf. 10, 30, 41 ‖ tr., retraverser: Grom. 312, 14.

rĕtransĭtĭo, *ōnis*, f. (*retranseo*), retour d'une action sur le sujet, action réfléchie, emploi réfléchi [gram.]: Prisc. 3, 168, 22; 175, 17.

rĕtransĭtīvē, adv., à la manière d'un réfléchi, avec sens réfléchi: Prisc. 2, 584, 7.

rĕtransĭtīvus, *a*, *um*, réfléchi [gram.]: Prisc. 3, 168, 8.

rĕtransmĕō, *ās*, *āre*, -, -, tr., passer de nouveau: *Jord. Get. 20, 108.

rĕtransmittō, *ĭs*, *ĕre*, -, -, tr., renvoyer, faire parvenir de nouveau: Fort. Rad. 6, 16.

rĕtrārĭus, *a*, *um* (*retro*), tourné en sens contraire: Aug. Serm. 105, 5.

rĕtrecto, ▽ *retracto*.

rĕtrĭbŭō, *ĭs*, *ĕre*, *trĭbŭī*, *trĭbūtum*, tr. ¶1 donner en échange, en retour: Cic. Com. 44 ¶2 rendre, restituer: Lucr. 5, 275; Liv. 2, 41, 8 ¶3 [fig.] payer de retour: Lact. Inst. 6, 18, 22 ‖ rendre ce qui est dû [récompenser ou punir]: Vulg. Prov. 13, 21.

rĕtrĭbūtĭo, *ōnis*, f., récompense, rétribution: Tert. Apol. 18, 3 ‖ action de rendre (la pareille): Aug. Civ. 22, 23.

rĕtrĭbūtŏr, *ōris*, m., rémunérateur: Tert. Marc. 4, 29, 11.

rĕtrĭbūtus, part. de *retribuo*.

rĕtrices, *um*, f. pl. (obscur), canal d'irrigation proche de Rome : Cat. d. Fest. 356, 17 ; P. Fest. 357, 2.

rĕtrīmĕntum, *i*, n. (*retero*), dépôt, sédiment, résidu : Varr. R. 1, 64, 1 ‖ excrément, excrétion : Varr. Men. 430 ; Macr. Sat. 7, 4, 18.

rĕtrĭŏr, *ōris*, m. f. (*retro*), de derrière, postérieur : Schol. Juv. 11, 138.

rĕtrītūrō, *ās*, *āre*, -, -, tr., rebroyer, triturer de nouveau : Aug. Ep. 108, 3, 7.

rĕtrītus, *a*, *um*, part. de *retero* ‖ usé par le frottement : *retritis pilis* Sen. Ep. 47, 7, les poils étant poncés [détruits par la pierre ponce].

rĕtrō (re-, -tro, cf. 1 *intro* ; a. fr. *rière*, fr. *ar-*, *der-*, esp. *redro*)
I adv. ¶ **1** par-derrière, derrière [avec ou sans idée de mouv[t]] : Lucr. 2, 130 ; Virg. 2, 753 ; 9, 392 ; *ingredi retro* Cic. Fin. 5, 35, marcher à reculons, cf. Liv. 22, 6, 7 ; *agere* Sen. Ir. 1, 17, 4, faire reculer ‖ *quid retro atque a tergo fieret, laborare* Cic. Div. 1, 49, s'inquiéter de ce qui se passait par-derrière et sur ses pas, cf. Tac. H. 2, 26 ¶ **2** [fig.] **a)** en reculant, en remontant dans le passé : Cic. Rep. 1, 58 ; *quodcumque retro est* Hor. O. 3, 29, 46, tout ce qui est derrière nous, le passé ‖ [tard.] *retro principes* Lampr. Alex. 35, 1, les princes antérieurs ; *stipendia retro debita* Capit. Pert. 9, 2, arriérés de solde **b)** en arrière : *ponere* Cic. Tusc. 5, 87, placer en arrière, rejeter, dédaigner ‖ en sens contraire : *quasi retro et contra* Cic. Part. 46, par une sorte de marche en arrière et en sens contraire ; *vide rursus retro* Cic. Fin. 5, 83, vois aussi la réciproque ; *retro vivere* Sen. Ep. 122, 18, vivre au rebours des autres ‖ en retour ; *retro dare, reddere* Marcell. Dig. 46, 3, 67, donner en retour, rembourser.
II prép. avec acc. [tard.], derrière : Apul. M. 6, 8, 2 ; Chalc. 239 ; Vulg. Is. 57, 8 ; Marc. 8, 33.

rĕtrŏăgō (rĕtrō ăgō), *is*, *ĕre*, *ēgī*, *actum*, tr. ¶ **1** faire reculer : [cours d'eau] Mel. 3, 1 ‖ rejeter en arrière : [les cheveux] Quint. 11, 3, 160 ‖ [fig.] refouler [la colère] : Sen. Ir. 1, 17, 4 ¶ **2** faire rétrograder, annuler : [des honneurs] Plin. 7, 145 ‖ intervertir : Quint. 12, 2, 10 ; *retroactus dactylus* Quint. 9, 4, 81, dactyle retourné = anapeste.

rĕtrōcēdō (rĕtrō cēdō), *is*, *ĕre*, *cessī*, -, intr., reculer, rétrograder, rebrousser chemin : Liv. 8, 8, 9.

rĕtrōcessĭō, *ōnis*, f., retrait, situation en retrait : Aug. Quant. 22, 37.

rĕtrōcessŭs, *ūs*, m., mouvement rétrograde, mouvement en arrière : Apul. Plat. 1, 8.

rĕtrōdo, ▶ *retro* I ¶ 2 fin.

rĕtrōdūcō (rĕtrō dūcō), *is*, *ĕre*, *dūxī*, *ductum*, tr., ramener : Vitr. 10, 2, 14 ‖ [fig.] *retroducitur* Marc. Dig. 34, 5, 16, on revient sur [une chose].

rĕtrōĕgī, parf. de *retroago*.

rĕtrōĕō (rĕtrō ĕō), *īs*, *īre*, -, -, intr., rétrograder : Sen. Nat. 7, 21, 2 ; Plin. 2, 69.

rĕtrōflectō (rĕtrō flectō), *is*, *ĕre*, *flexī*, *flexum*, tr., fléchir, plier en arrière : Petr. 126, 15.

rĕtrōgrădātĭō, *ōnis*, f., rétrogradation, mouvement rétrograde : Capel. 8, 881 ; Isid. 17, 3, 69.

rĕtrōgrădĭor (rĕtrō grădĭor), *dĕris*, *dī*, *gressus sum*, intr., rétrograder : Plin. 8, 40 ; 2, 61.

rĕtrōgrădis, *e*, rétrograde : Apul. M. 4, 20, 1.

rĕtrōgrădō, *ās*, *āre*, -, -, intr., rétrograder : Capel. 8, 887.

rĕtrōgrădus, *a*, *um*, rétrograde : Sen. Nat. 7, 25 ; Plin. 2, 77.

rĕtrōgressŭs, *ūs*, m., mouvement rétrograde : Macr. Sat. 1, 17, 61.

rĕtrōlĕgō (rĕtrō lĕgō), *is*, *ĕre*, -, -, tr., côtoyer de nouveau ou en revenant : Ps. Quint. Decl. 6, 7.

rĕtrōpendŭlus, *a*, *um*, qui pend par-derrière : Apul. M. 5, 22, 5.

rĕtrorsŭm (rĕtrorsŭs), adv. (*retrovorsus* ; it. *ritroso*) ¶ **1** dans une direction rétrograde, en arrière : Hor. Ep. 1, 1, 75 ; O. 1, 34, 3 ; Plin. 9, 99 ¶ **2** [fig.] réciproquement, en sens inverse : Cic. Nat. 2, 84 ; Quint. 5, 9, 6 ; 9, 4, 23 ‖ en arrière, dans le passé : Dig. 13, 5, 18.

1 rĕtrorsus, *a*, *um* (*retrovorsus*), tourné en arrière : Plin. 26, 93 ‖ [temps] : *retrosior* Tert. Apol. 19, 4, plus ancien.

2 rĕtrorsŭs, adv., ▶ *retrorsum*.

rĕtrōsĭor, ▶ 1 *retrorsus*.

rĕtrōspĭcĭens, *tis*, qui voit derrière soi : Vitr. 9, 4.

rĕtrōversim, adv., en arrière : Mamert. Anim. 1, 7, 1.

rĕtrōversum, adv., à reculons : Pl. d. Non. 145, 14 ‖ *-versus*, en sens inverse : Petr. 44, 12.

rĕtrōversus, *a*, *um*, tourné en arrière : Ov. M. 4, 655 ‖ renversé, inverse : Lact. 1, 16, 13.

rĕtrōvertō (rĕtrō vertō), *is*, *ĕre*, -, -, tr., retourner, renverser [métr.] : Ter.-Maur. 6, 2347.

rĕtrūdō, *is*, *ĕre*, -, *trūsum*, tr., pousser en arrière, faire reculer : Pl. Ep. 249.

rĕtrūsus, *a*, *um* (*retrudo*), poussé à l'écart, relégué : Cic. Verr. 1, 7 ‖ enfermé, enfoui : Cic. de Or. 1, 87 ‖ dissimulé : Q. Cic. Pet. 44.

rettŭdi, ▶ *retundo* ▶.

rettŭlī, parf. de *refero*.

rĕtŭdī, parf. de *retundo*.

rĕtŭlī, parf. de *refero*.

rĕtŭlit, parf. de *refert*.

rĕtundō, *is*, *ĕre*, *rettŭdī* et *rĕtŭdī*, -, tr. ¶ **1** rabattre une pointe, un tranchant, émousser : Cic. Sull. 83 ; Cat. 3, 2 ; Dom. 63 ¶ **2** [fig.] Cic. Clu. 123 ; Quint. 10, 5, 16 ‖ rabattre, réprimer : Cael. Fam. 8, 6, 1, faire taire les rumeurs, cf. Liv. 33, 31, 8 ; *impetum erumpentium* Liv. 2, 33, 7, briser la brusque sortie des assiégés.
▶ *rettŭdi* Phaed. 4, 24, 21 ; *retunsus* Pl. Ps. 1045.

rĕtunsus, *a*, *um*, ▶ *retundo*.

rĕtūrō, *ās*, *āre*, -, - (cf. *obturo*), tr., ouvrir : *verbis aures* Varr. Men. 10 (Non. 167, 6) ouvrir les oreilles par des propos ‖ déboucher : *Arn. 1, 52.

rĕtūsus (rĕtunsus), *a*, *um*, part. de *retundo* ‖ adj[t], émoussé, obtus, dépourvu de pénétration : Cic. Div. 1, 79 ‖ *-sior* Hier. Ep. 69, 4.

reu, n. indécl. (ῥῆον), racine : Isid. 17, 9, 40 ; ▶ *rheu*.

reubarbărum (rĕŏ-), *i*, n. (ῥῆον βάρβαρον), rhubarbe : Isid. 17, 9, 40.

Reudigni, *ōrum*, m. pl., peuple de Germanie : Tac. G. 40.

rĕulcĕrō, *ās*, *āre*, -, -, tr., ulcérer de nouveau : Not. Tir. 111.

reuma, etc., ▶ *rheum-*.

rĕūmĕnē, *ēs*, f. (ῥεουμένη), sorte de scorie d'argent : *Plin. 33, 108.

rĕunctŏr, *ōris*, m., celui qui frictionne : Plin. 29, 4.

rĕungō (-guō), *is*, *ĕre*, -, -, tr., oindre de nouveau : Not. Tir. 79.

reuponticum (reo-), *i* (ῥῆον ποντικόν), rhubarbe : Isid. 17, 9, 40 ; Plin.-Val. 2, 14.

rĕus, *i*, m., **rĕa**, *ae*, f. (*res* ; roum. *rîu*) ¶ **1** partie en cause dans un procès [demandeur ou défendeur] : *reos appello omnes, quorum de re disceptatur* Cic. de Or. 2, 183, j'appelle des *rei*, tous ceux dont les intérêts sont en cause [= parties intéressées], cf. Cic. de Or. 2, 321 ; Fest. 336, 4 ¶ **2** [en gén.] accusé [opposé à *petitor*, "demandeur"] : Cic. Com. 42, cf. Mil. 40 ; *reus Milonis lege Plotia fuit Clodius, quoad vixit* Cic. Mil. 35, Clodius a été toute sa vie sous le coup d'une accusation de Milon portée en vertu de la loi Plotia ; *rei capitalis reus* Cic. Verr. 2, 94, accusé d'un crime capital ; *avaritiae* Cic. Flac. 7, accusé de cupidité ; *de vi* Cic. Vat. 41 ; Sest. 75 ; *de ambitu* Cic. Q. 3, 3, 2, accusé de violence, de brigue ; *reum facere aliquem* Cic. Q. 3, 3, 2 ; Verr. 2, 94, accuser qqn ; *reum fieri* Cic. Verr. 4, 29, être mis en accusation ‖ [métaph.] *fortunae reus* Liv. 6, 24, 8, accusé d'un mauvais succès ¶ **3** [en part.] celui qui doit une chose [*res*, dette ou promesse], débiteur : Fest. 336, 12 ; Dig. 45, 2, 1 ; 46, 2, 11 ‖ [fig.] *ut suae quisque partis tutandae reus sit* Liv. 25, 30, 5, pour que chacun soit débiteur [= responsable] de la garde de sa position ; *voti reus* Virg. En. 5, 237, débiteur d'un vœu, lié par un vœu, cf. Serv. et Macr. Sat. 3, 2, 6 ¶ **4** partie à un rapport d'obligation [créancier ou débi-

reus

teur] : **reus stipulandi, reus promittendi** Dig. 45, 2, 1, le sujet de la créance stipulée [= créancier], le sujet de la promesse [= débiteur] ¶ **5** [chrét.] condamné : Aug. *Civ. 1, 17* ‖ coupable : Tert. *Apol. 2, 7*.

rĕvălescō, *ĭs*, *ĕre*, *vălŭī*, -, intr., revenir à la santé : Ov. *H. 21, 231*; Gell. 16, 13, 5 ‖ [fig.] reprendre des forces, se relever, se rétablir : Tac. *An. 14, 27*; *H. 2, 54*.

rĕvectō, *ās*, *āre*, -, - (fréq. de *reveho*), tr., ramener par bateau : Jul.-Val. *3, 27*.

rĕvĕhō, *ĭs*, *ĕre*, *vexī*, *vectum*, tr. ¶ **1** ramener par moyen de transport [voiture, bête de somme, navire] : Cic. *Verr. 4, 77*; Liv. *1, 35* ‖ [pass.] revenir [par transport] : Liv. *2, 47, 6*; *3, 70, 41*; Hor. *S. 2, 5, 4* ¶ **2** [fig.] ramener avec soi : Plin. *Ep. 8, 14, 8* ‖ [pass.] revenir : Cic. *Brut. 225*.

rĕvēlātĭō, *ōnis*, f. ¶ **1** action de découvrir, laisser voir : Arn. *5, 35* ¶ **2** [fig.] [chrét.] révélation : Vulg. *1 Cor. 1, 7*; Tert. *Marc. 4, 25, 5*.

rĕvēlātŏr, *ōris*, m., révélateur : Tert. *Marc. 4, 25, 3*.

rĕvēlātŏrĭus, *a*, *um*, propre à révéler : Tert. *Anim. 47, 2*.

rĕvēlātus, *a*, *um*, part. de *revelo*.

rĕvellō, *ĭs*, *ĕre*, *vellī*, *vulsum*, tr. ¶ **1** arracher, ôter de force : *crucem* Cic. *Verr. 4, 26*, arracher une croix, cf. Cic. *Verr. 4, 124*; *4, 52*; Caes. *G. 1, 52*; *7, 73*; *tela de corpore* Cic. *Pis. 25*, arracher des traits du corps ‖ [avec *a*, *ab*] Virg. *En. 12, 787*; *G. 4, 523*; Ov. *M. 9, 86*; [avec *e*, *ex*] Ov. *M. 13, 882*; [avec abl. seul] Virg. *En. 4, 545* ¶ **2** [fig.] arracher : Cic. *Caecin. 70* ‖ détruire, effacer : Cic. *Att. 9, 26, 4*.

rĕvēlō, *ās*, *āre*, *āvī*, *ātum*, tr., dévoiler, découvrir, mettre à nu : Suet. *Galb. 7*; Tac. *G. 31*; Ov. *F. 6, 619* ‖ [fig.] révéler : Apul. *M. 9, 26*; Tert. *Apol. 7, 13*.

rĕvendō, *ĭs*, *ĕre*, -, -, tr., revendre : Dig. *38, 2, 37*.

rĕvēnĕō, *īs*, *īre*, *ĭī*, -, intr., être revendu : Dig. *18, 3, 5*.

rĕvĕnĭō, *īs*, *īre*, *vēnī*, *ventum*, intr., revenir : Cic. *de Or. 1, 175*; *Balb. 28*; Tac. *An. 4, 74* ‖ *in eum locum res revenit, ut* Pl. *Bac. 606*, les choses en sont venues à ce point que ; *rursum si reventum in gratiam est* Pl. *Amp. 942*, s'il y a eu réconciliation.

rĕventĭlō, *ās*, *āre*, -, -, tr., faire reparaître : Mamert. *Anim. 1, 24*.

rĕventŭs, *ūs*, m., retour : Suev. d. Macr. *Sat. 2, 14, 12*.

rĕvērā ou **rē vērā**, réellement, en effet, V.▶ *res* II ¶ **1** : Cic. *Div. 1, 82*; *Leg. 2, 36*.

rĕverbĕrō, *ās*, *āre*, -, -, tr., repousser, refouler, faire rebondir : Sen. *Contr. 1, 3, 11*; Curt. *8, 9, 7* ‖ réfléchir des rayons : Apul. *Socr. 11* ‖ [fig.] Sen. *Clem. 2, 5, 5*.

rĕvĕrēcundĭtĕr, adv., ◐▶ *reverenter* : Pompon. *Com. 75*.

rĕvĕrendus, *a*, *um*, part.-adj. de *revereor*, vénérable : Ov. *Ib. 75*; Juv. *6, 513*; Gell. *9, 14, 26* ‖ *reverendissimus*, révérendissime : *Salv. *Ep. 4, 4*.

rĕvĕrens, *tis*, part.-adj. (*revereor*) ¶ **1** respectueux : *erga aliquem* Tac. *H. 1, 17*, à l'égard de qqn ; *reverentior senatus* Plin. *Pan. 69, 3*, plus respectueux du sénat, cf. Plin. *Ep. 6, 17, 5*; Tac. *G. 34*; *reverentissimus mei* Plin. *Ep. 10, 21*, très respectueux à mon égard ‖ modeste, pudique : Prop. *2, 30, 33* ¶ **2** respectable, vénérable : Flor. *4, 12, 66*.

rĕvĕrentĕr, adv., avec déférence, respectueusement : Plin. *Ep. 3, 21, 5*; *7, 31, 5* ‖ -*tius* Tac. *H. 2, 27*; -*tissime* Suet. *Aug. 93*; Ner. *23*; Plin. *10, 21*.

rĕvĕrentĭa, *ae*, f. (*revereor*) ¶ **1** crainte [provenant de la défiance, la réserve, la discrétion] : *discendi* Col. *11, 1, 10*, crainte d'apprendre [une science trop vaste] ; *poscendi* Prop. *3, 13, 13*, pudeur de demander ¶ **2** crainte respectueuse, respect, déférence : *adversus homines* Cic. *Off. 1, 99*, respect à l'égard des hommes ; *judicum* Quint. *11, 2, 29*, déférence à l'égard des juges ; *sacramenti* Tac. *H 1, 12*, respect à l'égard du serment ; *maxima debetur puero reverentia* Juv. *14, 47*, on doit les plus grands égards à l'enfance, cf. Quint. *11, 1, 66*; *reverentia vestra* Plin. *Pan. 95*, la déférence que je vous dois ; *alicui reverentiam habere, praestare* Plin. *Ep. 4, 17, 6*; *8, 5, 1*, témoigner du respect à qqn ‖ *Reverentia*, divinité, mère de la Majesté : Ov. *F. 5, 23* ‖ [tard.] *vestra Reverentia* Hier. *Ep. 143, 1*, votre Révérence ‖ honte, confusion : Vulg. *Eccli. 41, 20*; *1 Cor. 15, 34*.

rĕvĕrĕō, *ēs*, *ēre*, -, -, ◐▶ *revereor* : Prisc. *2, 396, 21*.

rĕvĕrĕor, *ērĭs*, *ērī*, *vĕrĭtus sum*, tr. ¶ **1** craindre [avec idée de respect] : Ter. *Phorm. 233* ‖ appréhender : Cic. *de Or. 2, 122*; *Tusc. 1, 73* ‖ *non revereri quominus* [subj.] Ter. *Hec. 630*, ne pas craindre que ¶ **2** respecter, révérer ; avoir du respect, de la déférence, des égards pour : Cic. *Inv. 2, 66*; Tac. *D. 36*; Gell. *11, 11, 1*; *fortunam alicujus* Curt. *6, 2, 8*, avoir des égards pour le sort de qqn ‖ avoir égard à, tenir compte de : Plin. *10, 141* ‖ être couvert de honte : Vulg. *Psal. 69, 3*.

▶ pass. impers. *revereatur* Varr. *Men. 449* (Non. *491, 1*), V.▶ *vereor*.

rĕvergō, *ĭs*, *ĕre*, -, -, intr., se tourner en fin de compte vers, tourner à : Mamert. d. Sidon. *Ep. 4, 2, 3*.

rĕvĕrĭtus, *a*, *um*, part. de *revereor*.

rĕverrō (**rĕvorrō**), *ĭs*, *ĕre*, -, -, tr., balayer de nouveau [fig.], éparpiller de nouveau (dissiper) : Pl. *St. 389*.

rĕversĭō, *ōnis*, f. (*reverto*) ¶ **1** action de rebrousser chemin, de faire demi-tour : *reditu vel potius reversione mea laetatus* Cic. *Att. 16, 7, 5*, joyeux de me voir de retour ou plutôt revenu sur mes pas, cf. Cic. *Phil. 1, 1* ‖ *sol binas in singulis annis reversiones ab extremo contrarias facit* Cic. *Nat. 2, 102*, le soleil fait deux fois par an un retour sur ses pas (une révolution) à partir du point extrême de sa course [aux solstices] ¶ **2** réapparition : *febrium* Cic. *Nat. 3, 24*, retour des fièvres ¶ **3** [rhét.] anastrophe [ex. *mecum* pour *cum me*] : Quint. *8, 6, 65*.

rĕversō, *ās*, *āre*, -, - (re-, *verso*; it. *rovesciare*), tr., retourner en sens contraire : Aug. *Conf. 6, 16, 26* ; *reversatus*, retourné : Isid. *20, 2, 15*.

rĕversus, *a*, *um* (it. *rovescio*), part. de *revertor*.

rĕvertĭcŭlum, *i*, n., retour : Apul. *Flor. 18, 31*.

rĕvertō (**revortō**), *ĭs*, *ĕre*, *vertī* (*vortī*), *versum* (*vorsum*), **rĕvertor** (**rĕvortor**), *tĕrĭs*, *tī*, *versus sum* (*vorsus sum*), intr. ¶ **1** retourner sur ses pas, rebrousser chemin, revenir : *ex itinere* Cic. *Div. 1, 26*, retourner au cours d'un voyage ; *a foro* Pl. *Ps. 163*, revenir du forum ; *ab exilio* Tac. *H. 1, 77*, d'exil ; *cum victor a Mithridatico bello revertisset* Cic. *Ac. 2, 3*, étant revenu victorieux de la guerre contre Mithridate, cf. Liv. *7, 17, 5* ‖ [poét.] *multa videbis retro repulsa revorti* Lucr. *2, 130*, tu verras beaucoup de corps repoussés revenir en arrière, cf. Lucr. *1, 785*; Hor. *O. 1, 29, 12*; [métaph.] Hor. *P. 390* ¶ **2** [fig.] **a)** *ad sanitatem* Caes. *G. 1, 42, 2*, revenir à la raison ; *ad pristinum animum* Cic. *Fam. 10, 28, 1*, revenir à ses premiers sentiments, cf. Cic. *Fam. 9, 24, 2* ; *ad propositum* Cic. *Fin. 2, 104*, revenir à son sujet, cf. Cic. *Div. 1, 47*; *Cael. 6* **b)** revenir à = appartenir à : Cic. *Inv. 2, 168* **c)** se reporter à, s'adresser à [à titre de renseignement] : Varr. *R. 1, 1, 4*.

▶ le part. dép. *reversus* est assez rare : Cic. *Phil. 6, 60*; Caes. *G. 6, 42, 1*; Nep. *Them. 5, 2* ‖ en gén. les formes dép. se trouvent au prés., imparf., fut. ; les formes act. au parf. et aux temps qui en dérivent.

rĕvestĭō, *īs*, *īre*, -, -, tr., vêtir de nouveau : *revestitus* Tert. *Res. 42, 12*, vêtu de nouveau [fig.].

rĕvestītus, *a*, *um*, part. de *revestio*.

rĕvexī, parf. de *reveho*.

rĕvĭbrātĭō, *ōnis*, f., Hyg. *Astr. 4, 14* et **rĕvĭbrātŭs**, *ūs*, m., Capel. *2, 110*, reflet, réverbération.

rĕvĭbrō, *ās*, *āre*, -, -, tr., refléter : Capel. *2, 169* ‖ intr., se refléter : Capel. *8, 110*.

rĕvictĭō, *ōnis*, f., réfutation : Ps. Apul. *Herm. 5, p. 180, 7*.

rĕvictūrus, *a*, *um*, part. fut. de *revivo*.

rĕvictus, *a*, *um*, part. de *revinco*.

rĕvĭdĕō, *ēs*, *ēre*, -, -, intr., revenir pour voir : Pl. *Truc. 313*.

rĕvĭgescō, *ĭs*, *ĕre*, *vĭgŭī*, -, intr., reprendre sa force : Juvc. *2, 204*.

rĕvīlescō, *ĭs*, *ĕre*, -, - (re-, *vilis*), intr., perdre sa valeur : Sen. *Tranq. 17, 2*.

rĕvīmentum, *i*, n. (*re-*, *vieo*), repli, courbe : Front. *Fum.* 2, p. 211 N.

rĕvīmĭno, *ās*, *āre*, -, *ātus* (*re-*, *vimen*), tr., recourber : CPL 280.

rĕvincĭbĭlis, *e* (*revinco*), qui peut être réfuté : Tert. *Res.* 63, 8.

rĕvincĭo, *īs*, *īre*, *vinxī*, *vinctum*, tr. ¶ 1 lier, attacher par-derrière : Virg. *En.* 2, 57 ¶ 2 lier fortement : Caes. *G.* 3, 13, 5 ; 4, 17 ; 7, 33 ‖ [avec *ex*] Virg. *En.* 3, 76, attacher à ; [avec *de*] Ov. *M.* 10, 379 ‖ *latus ense* Prop. 3, 14, 11, ceindre une épée ¶ 3 [poét.] *alicujus mentem amore* Catul. 61, 33, enchaîner le cœur de qqn par les liens de l'amour ¶ 4 détacher : Col. 1, 8, 16.

rĕvinco, *īs*, *ĕre*, *vīcī*, *victum*, tr. ¶ 1 vaincre à son tour : *victrices catervae... revictae* Hor. *O.* 4, 4, 24, hordes victorieuses vaincues à leur tour [réprimées] ; *vires ignis aliqua ratione revictae* Lucr. 5, 409, la force du feu battue à son tour par qq. moyen ¶ 2 [fig.] **a)** réfuter, confondre : Lucr. 4, 488 ; Cic. *Arch.* 11 **b)** convaincre : *quae cuncta... revincebatur* Tac. *An.* 6, 5, sur tous ces points il était convaincu, sa culpabilité était démontrée, cf. Tac. *An.* 15, 73.

rĕvinctus, *a*, *um*, part. de *revincio*.

rĕvĭrĕo, *ēs*, *ēre*, -, -, intr., être vert de nouveau : Eleg. Maec. 1, 113.

rĕvĭresco, *ĭs*, *ĕre*, *vĭrŭī*, - (*revireo*), intr. ¶ 1 redevenir vert, reverdir : Tac. *An.* 13, 58 ; Gell. 20, 8, 17 ¶ 2 [fig.] **a)** rajeunir : Ov. *M.* 7, 305 **b)** reprendre des forces, se ranimer, se relever : Her. 4, 45 ; Cic. *Prov.* 34 ; *Phil.* 7, 1 ; Tac. *An.* 4, 12 ; *H.* 3, 7.

rĕviscĕrātĭo, *ōnis*, f., nouvelle formation de la chair : Tert. *Res.* 30, 6.

rĕvīsĭo, *ōnis*, f., révision : Mamert. d. Sidon. *Ep.* 4, 2, 1.

rĕvīsĭto, *ās*, *āre*, -, - (*re-*, *visito*, fréq. de *reviso*, it. *rovistare*), tr., regagner, revenir à : Plin. 18, 13.

rĕvīso, *ĭs*, *ĕre*, *vīsī*, *vīsum* ¶ 1 intr., revenir pour voir : *ad aliquem* Pl. *Truc.* 433, revenir chez qqn pour le voir, cf. Lucr. 2, 359 ; *furor revisit* Lucr. 4, 1117, le délire revient ¶ 2 tr., revisiter, revenir voir : Cic. *Att.* 1, 18, 8 ; 4, 14, 2 ; 12, 50 ; Quinct. 23 ; *multos alterna revisens lusit Fortuna* Virg. *En.* 11, 426, la Fortune visitant avec des alternatives bien des mortels s'est jouée d'eux ‖ *stagna revisunt* Virg. *En.* 6, 330, ils retournent aux marécages.

rĕvīvesco, v. *rĕvīvisco*.

rĕvīvĭfĭcātus, *a*, *um*, revivifié : Tert. *Res.* 19, 4.

rĕvīvisco (**-vesco**), *ĭs*, *ĕre*, *vīxī*, -, intr. ¶ 1 revivre, revenir à la vie : Cic. *Par.* 28 ; *Fin.* 4, 61 ; *Mil.* 79 ; Liv. 26, 41, 25 ‖ *pennae reviviscunt* Plin. 11, 96, les ailes repoussent ¶ 2 [fig.] Cic. *Fam.* 4, 4, 3 ; 6, 10, 5 ; *Verr.* 5, 160 ; *Att.* 6, 2, 4.
▶ *revivesco* Cic. *Fam.* 6, 10, 5.

rĕvīvō, *ĭs*, *ĕre*, -, -, intr., revivre : Sen. *Med.* 476.

rĕvŏcābĭlis, *e*, qu'on peut faire revenir [avec négation] : Ov. *M.* 6, 264 ; Prop. 4, 7, 51 ; Stat. *Th.* 1, 291 ‖ sur quoi l'on peut revenir : Sen. *Ir.* 1, 6, 3.

rĕvŏcāmen, *ĭnis*, n. (*revoco*), action de détourner, de dissuader : Ov. *F.* 1, 561 ; *M.* 2, 296.

rĕvŏcātĭo, *ōnis*, f. (*revoco*) ¶ 1 rappel : *a bello* Cic. *Phil.* 13, 15, la démobilisation ‖ action de s'éloigner : Vitr. 9, 2, 3 ‖ [fig.] *ad contemplandas voluptates* Cic. *Tusc.* 3, 33, le rappel à la contemplation des plaisirs ‖ [droit] *revocatio domum* Dig. 5, 1, 2, 3, faculté de rentrer dans sa patrie ¶ 2 [rhét.] reprise d'un mot [pour insister] : Cic. *de Or.* 3, 206 ; Quint. 9, 3, 44.

rĕvŏcātŏr, *ōris*, m. (*revoco*), celui qui évoque, ressuscite les morts : Ps. Quint. *Decl.* 10, 19.

rĕvŏcātōrĭus, *a*, *um* (*revocator*) ¶ 1 destiné à rappeler : *revocatoria*, f., lettre de rappel : Cod. Just. 12, 1, 18 ¶ 2 révulsif : Theod.-Prisc. *Log.* 107.

rĕvŏcātus, *a*, *um*, part. de *revoco*.

rĕvŏco, *ās*, *āre*, *āvī*, *ātum*, tr.
I rappeler, faire revenir ¶ 1 *heus abit ; quin revocas ?* Pl. *Ps.* 241, hé ! il s'en va ; tu ne le rappelles pas ?, cf. Ter. *Eun.* 49 ; *aliquem ex itinere* Cic. *Div.* 2, 20, faire rebrousser chemin à qqn, cf. Cic. *Off.* 3, 121 ; *de meo cursu revocatus* Cic. *Fam.* 10, 1, 1, rappelé en cours de route ; *revocatus de exsilio* Liv. 5, 46, rappelé d'exil ; *in Italiam revocari* Caes. *C.* 2, 18, 7, être rappelé en Italie ¶ 2 [milit.] rappeler, faire rétrograder, faire replier : Caes. *C.* 1, 80 ; 3, 51 ; *G.* 5, 11 ; Cic. *Rep.* 1, 3 ; *ab opere milites* Caes. *G.* 2, 20, rappeler, retirer les soldats du travail des fortifications, cf. Caes. *C.* 1, 82 (mais *milites revocare* Cic. *Verr.* 5, 80, rappeler les soldats de congé ; *veteranos* Tac. *H.* 2, 82, rappeler les vétérans au service) ¶ 3 [fig.] ramener : *pedem ab alto* Virg. *En.* 9, 125, revenir de la mer ; *gradum* Virg. *En.* 6, 128, revenir sur ses pas ; *deficientem capillum* Suet. *Caes.* 45, ramener sur le front des cheveux clairsemés ‖ *ea, quae nimium profuderunt* Cic. *de Or.* 2, 88, réduire les branches qui se sont trop développées ¶ 4 rappeler un acteur sur la scène : Liv. 7, 2, 9, cf. Cic. *Arch.* 18 ; Plin. *Ep.* 3, 5, 12 ‖ [en part.] demander la reprise d'une tirade : *primos tres versus revocasse dicitur Socrates* Cic. *Tusc.* 4, 63, Socrate, dit-on, demanda la reprise des trois premiers vers [de la trag. d'Oreste], cf. Cic. *Sest.* 23 ¶ 5 [poét.] rappeler de la mort, ramener à la vie : Virg. *En.* 5, 476 ; 7, 769 ; Plin. 23, 113 ¶ 6 [fig.] **a)** ramener, rétablir, faire revivre : *studia intermissa* Cic. *Tusc.* 1, 1, reprendre des études interrompues, cf. Cic. *Ac.* 2, 11 ; *priscos mores* Liv. 39, 41, 4, rétablir les anciennes mœurs ; *vires* Cic. *Fam.* 7, 26, 2, recouvrer les forces ; *natura se ipsa revocavit* Cic. *Div.* 2, 96, la nature s'est corrigée elle-même **b)** ramener, retenir : *animum incitatum ad... revoco* Cic. *Sull.* 46, je retiens l'élan de mon âme qui voudrait... ; *me ipse revoco* Cic. *Att.* 13, 1, 2, je me retiens moi-même ; *vinolenti revocant se interdum* Cic. *Ac.* 2, 52, les gens ivres se ressaisissent parfois **c)** ramener en arrière, retirer, dégager : *revocare se non poterat familiaritate implicatus* Cic. *Pis.* 70, il ne pouvait se retirer, lié qu'il était par l'intimité ; *aliquem a consuetudine* Cic. *Rep.* 2, 25, détourner qqn d'une habitude, cf. Cic. *Clu.* 12 ; *Cat.* 3, 10 ; *Att.* 3, 15, 4 ; Caes. *G.* 3, 17 **d)** détourner de et ramener à : *aliquem a scelere ad humanitatem* Cic. *Verr.* 5, 109, ramener qqn d'intentions criminelles à des sentiments d'humanité ; *animos ad mansuetudinem* Cic. *Rep.* 2, 27, ramener les âmes à la douceur ; *se ad pristina studia* Cic. *Brut.* 11, revenir à ses anciennes études, cf. Cic. *Brut.* 323 ; *de Or.* 3, 119 ; *Tusc.* 3, 64 ; *se ad se* Cic. *Ac.* 2, 51, revenir à soi, se reprendre ; *possessiones omnium in dubium incertumque revocantur* Cic. *Caecin.* 76, les possessions de tous sont ramenées à une situation de doute et d'incertitude [remises en question] **e)** ramener en arrière, reprendre, retirer, rétracter : *promissum* Sen. *Ben* 4, 39, 2, revenir sur une promesse, cf. Ov. *M.* 9, 617 ; Suet. *Vesp.* 8.
II appeler de nouveau ¶ 1 à voter : Liv. 24, 8, 20 ; 40, 46, 3 ; 45, 36, 10 ¶ 2 inviter de nouveau : Suet. *Cl.* 32 ; Petr. 23, 1 ¶ 3 citer de nouveau en justice : Cic. *Q.* 2, 4, 6 ¶ 4 convoquer de nouveau à paraître devant une assemblée : Cic. *Agr.* 3, 1 ¶ 5 faire célébrer, célébrer : Fort. *Rad.* 14, 33.
III appeler à son tour ¶ 1 appeler de son côté, inviter à son tour : Cic. *Amer.* 52 ¶ 2 [droit] provoquer à son tour l'adversaire à une descente sur les lieux : Cic. *Mur.* 26.
IV ¶ 1 [cf. *refero* II ¶ 1] ramener à, faire rentrer dans, rapporter à : *omnia ad artem* Cic. *de Or.* 2, 44, ramener tout à une technique, cf. Cic. *Fin.* 2, 43 ; *omnia ad suam potentiam* Cic. *Lae.* 59, ramener tout à sa domination (n'avoir dans tout en vue que...), cf. Cic. *de Or.* 2, 311 ¶ 2 faire venir à : *rem ad manus* Cic. *Clu.* 136, en venir à la violence ¶ 3 ramener à = juger d'après : *ad veritatem rationem* Cic. *Off.* 3, 84, confronter la théorie à la réalité ¶ 4 renvoyer à, adresser à : *revocata res ad populum est* Liv. 10, 24, 4, l'affaire fut renvoyée au peuple.

rĕvŏlo, *ās*, *āre*, *āvī*, *ātum*, intr., revenir en volant, revoler : Varr. *R.* 3, 5, 7 ; Cic. *Nat.* 2, 125 ; Ov. *M.* 9, 741 ‖ [fig.] Ov. *M.* 7, 684 ; Vell. 2, 123, 2.

rĕvols-, v. *rĕvuls-*.

rĕvŏlūbĭlis, *e* (*revolvo*), qui roule en arrière : Ov. *Ib.* 193 ; Sil. 15, 237 ‖ [fig., avec nég.] = irrévocable : Prop. 4, 7, 51 ‖ qui se

revolubilis

renouvelle par roulement : Tert. *Res.* 12, 7.

rĕvŏlūtĭo, *ōnis*, f., révolution, retour : Aug. *Civ.* 22, 12.

rĕvŏlūtus, *a*, *um*, part. de *revolvo*.

rĕvolvō, *ĭs*, *ĕre*, *volvī*, *vŏlūtum* (re-, volvo ; it. *rivolgere*), tr. ¶ **1** rouler en arrière, faire reculer en roulant : **auster revolvit fluctus** Tac. *An.* 6, 33, l'auster refoule les flots, cf. Tac. *H.* 5, 14 ; **iter** Virg. *En.* 9, 391, refaire un trajet [en sens inverse] ; [poét.] **revolutus arena** Virg. *En.* 5, 336, renversé sur le sable ‖ [pass. réfléchi] **revoluta toro est** Virg. *En.* 4, 691, elle retomba sur le lit ‖ [en parl. du temps] **revoluta saecula** Ov. *F.* 4, 29, les siècles déroulés ; **dies revoluta** Virg. *En.* 10, 256, le jour revenu ¶ **2 a)** dérouler un manuscrit, feuilleter, consulter un livre : Liv. 34, 5, 7 **b)** dérouler de nouveau, relire : Hor. *Ep.* 2, 1, 223 ; Quint. 11, 2, 41 ¶ **3** [fig.] **a)** ramener : **in eadem aliquem** Quint. 12, 10, 34, ramener qqn aux mêmes choses ; **omnia a tempore atque homine ad communes rerum et generum summas revolvuntur** Cic. *de Or.* 2, 135, tout sera ramené des considérations de circonstances et de personnes aux ensembles qui embrassent les faits et les généralités **b)** [surtout au pass. réfléchi] revenir [par la pensée, par la parole] : **revolvor identidem in Tusculanum** Cic. *Att.* 13, 26, 1, je reviens à chaque instant à ma villa de Tusculum ; **ad alicujus sententiam revolvi** Cic. *Ac.* 2, 148, revenir à l'opinion de qqn, cf. Cic. *de Or.* 2, 130 ; *Rep.* 1, 38 ; *Div.* 2, 13 ; *Ac.* 2, 18 ‖ en revenir à, en venir à : **revolutus ad dispensationem inopiae** Liv. 4, 12, 9, n'ayant d'autre recours que de répartir également les privations, cf. Liv. 5, 11, 2 **c)** rappeler, dérouler, raconter : Virg. *En.* 2, 101 ‖ **secum** Tac. *Agr.* 46, repasser dans son esprit ; [sans *secum*] Ov. *F.* 4, 657 ; Tac. *An.* 3, 18 ; **in animo revolvente iras** Tac. *An.* 4, 21, dans une âme qui remâchait sans cesse ses ressentiments.

rĕvŏmō, *ĭs*, *ĕre*, *vŏmŭī*, -, tr., revomir, rejeter : Virg. *En.* 5, 182 ; Plin. 10, 197 ‖ [fig.] Lucr. 2, 199 ; Flor. 2, 10, 3.

rĕvor-, **v.** *rever-*.

rĕvulsĭo (**rĕvol-**), *ōnis*, f. (*revello*), action d'arracher : Plin. 13, 80.

rĕvulsus, *a*, *um*, part. de *revello*.

1 rex, *rēgis*, m. (*rego*, cf. gaul. *rix*, scr. *rāj*- ; fr. *roi*) ¶ **1** roi, souverain, monarque : Cic. *Rep.* 1, 41 ; 2, 43 ; 2, 49 ; **rex Ancus, Ancus rex** Cic. *Rep.* 2, 5 ; 2, 35, le roi Ancus ; **regem deligere** Cic. *Rep.* 2, 24 ; **creare** Cic. *Rep.* 2, 31 ; **constituere** Cic. *Rep.* 2, 33, choisir, élire, établir un roi ‖ [nom odieux pendant la République, synon. de tyran, maître absolu, despote] Cic. *Rep.* 2, 53 ; 2, 50 ; *Off.* 3, 83 ; *Fam.* 12, 1, 1 ; *Agr.* 2, 14 ¶ **2** [relig.] **rex sacrorum, sacrificiorum, sacrificus, sacrificulus**, v. *sacrificulus* ; **rex Nemorensis** Suet. *Cal.* 35, roi du bois de Nemi [prêtre de Diane Aricine] ¶ **3** [en part.] le roi de Perse, le grand roi : Nep. *Milt.* 7, 5 ; *Them.* 3, 2 ; 4, 3 ; Paus. 1, 2 ‖ le roi des Parthes : Suet. *Cal.* 5 ¶ **4** le roi des dieux et des hommes, Jupiter : Cic. *Rep.* 1, 56 ; Virg. *En.* 1, 62 ‖ **aquarum** Ov. *M.* 10, 606, le roi des eaux, Neptune, ou **aequoreus** Ov. *M.* 8, 603 ‖ **umbrarum** Ov. *M.* 7, 249 ; **silentum** Ov. *M.* 5, 356 ; **infernus** Virg. *En.* 6, 106 ; **Stygius** Virg. *En.* 6, 252, le roi des ombres, des enfers, Pluton ¶ **5** [en gén.] souverain, chef, maître : [en parl. d'Énée] Virg. *En.* 1, 544 ‖ protecteur, patron [des parasites] : Pl. *Cap.* 92 ‖ [poét.] **reges**, les riches, les nababs : Hor. *Sat.* 1, 2, 86 ; *Ep.* 1, 10, 33 ‖ **rex mensae** Macr. *Sat.* 2, 1, 3 [βασιλεύς, συμποσιάρχος] le roi du festin ¶ **6 reges** Liv. 1, 39, 2, le roi et la reine, le couple royal, cf. Liv. 27, 4, 10 ; 37, 3, 9 ‖ la famille royale : Liv. 1, 59, 5 ; 2, 2, 11 ‖ les princes du sang ou les fils du roi : Cic. *Verr.* 4, 61 ‖ [tard.] empereur : Aug. *Conf.* 9, 7, 15.

2 Rex, *Rēgis*, m., surnom de la gens Marcia : Sall. *C.* 30, 3 ; Cic. *Att.* 1, 16, 10 [jeu de mots sur *rex*] ; cf. Hor. *S.* 1, 7, 35.

rexī, parf. de *rego*.

Rha, m. indécl. (Ῥᾶ), le Rha [grand fleuve de Sarmatie, qui se jette dans la mer Caspienne, auj. la Volga] Atlas I, A6-B7 : Amm. 22, 8, 28.

rhabdōs, *i*, m. (ῥάβδος), météore en forme de bâton : Apul. *Mund.* 16.

rhācōma, v. *rhecoma*.

Rhacōtēs, *ae* (**-cōtis**, *is*), f., ancien nom d'Alexandrie, ville d'Égypte : Plin. 5, 62 ; Tac. *H.* 4, 84.

Rhadamaei, *ōrum*, m. pl., peuple d'Arabie : Plin. 6, 158.

Rhădămanthus (**-thŏs**), *i*, m. (Ῥαδάμανθος), Rhadamanthe [fils de Jupiter et d'Europe, un des juges des enfers] : Cic. *Tusc.* 1, 10 ; Virg. *En.* 6, 566 ; Ov. *M.* 9, 435.

Rhădămas, *antis*, m., nom d'homme : Pl. *Trin.* 928.

Rhădămistus (**Răd-**), *i*, m., Rhadamiste [roi d'Arménie, fils de Phraate] : Tac. *An.* 12, 44.

rhădĭnē, *ēs*, f. (ῥαδινή), femme délicate, maigre : Lucr. 4, 1167.

Rhaeti (mieux **Rae-**), *ōrum*, m. pl., les Rètes, habitants de la Rétie : Tac. *H* 1, 68.

Rhaetĭa (mieux **Rae-**), *ae*, f., la Rétie [contrée des Alpes orientales, entre le Rhin et le Danube, pays des Grisons] Atlas I, C4 ; V, D4 ; XII, A2 : Tac. *An.* 1, 44 ‖ **-tĭcus**, *a*, *um*, des Rètes, de la Rétie : **Raeticae Alpes** Tac. *G.* 1, les Alpes rétiques Atlas XII, B2, cf. Virg. *G.* 2, 96 ‖ **-tĭus**, Tac. *G.* 41, **-tus**, Hor. *O.* 4, 4, 17, rétique.

R(h)aetus, *i*, m., roi gaulois qui donna son nom à la Rétie : Plin. 3, 133.

rhăgădes, *um*, f. pl. (ῥαγάδες), crevasses, gerçures : Plin. 23, 74 ; 87 ‖ **-dĭa**, *ōrum*, n. pl., Plin. 13, 129 ; 24, 126 ; **-dĭae**, *ārum*, f. pl., Isid. 4, 17, 39 ‖ sg., **rhăgas**, Aug. *Ep.* 38, 1 ; **rhăgadĭum**, Veg. *Mul.* 2, 51.

Rhagĭanē, *ēs*, f., surnom donné à Apamée [ville de Médie] : Plin. 6, 43.

rhāgĭon, *ii*, n. (ῥάγιον), sorte d'araignée : Plin. 29, 86.

Rhammēi, **v.** *Rhadamaei*.

Rhamnenses (**Ram-**), *ĭum*, Varr. *L.* 5, 55 ; Cic. *Rep.* 2, 36, **Rammes**, *ĭum*, Varr. *L.* 5, 81 ; Liv. 10, 6, 7 ; Ov. *F.* 3, 131, m. pl., les *Ramnenses* ou *Ramnes* [l'une des trois tribus primitives].

Rhamnēs, *ētis*, m. ¶ **1** nom de guerrier : Virg. *En.* 9, 325 ¶ **2 Rhamnētes**, **v.** *Rhamnenses* : Serv. *En.* 5, 560.

rhamnŏs (**-nus**), *i*, f. (ῥάμνος), bourgue-épine [plante], paliure [arbrisseau] : Plin. 24, 124.

Rhamnumbova, *ae*, m., rivière qui se jette dans le Gange : Plin. 6, 65.

Rhamnūs, *untis*, m. (Ῥαμνοῦς), Rhamnonte ¶ **1** bourg d'Attique, célèbre par le culte de Némésis : Plin. 4, 24 ¶ **2** port de Crète : Plin. 4, 59.

Rhamnūsia virgo, f., **v.** *Rhamnusis* : Catul. 66, 71.

Rhamnūsis, *ĭdis*, f., Némésis [la Némésis de Rhamnonte] : Ov. *M.* 14, 694.

Rhamnūsĭus, *a*, *um*, de Rhamnonte : Cic. *Brut.* 47.

Rhamsēs, *is*, m., ancien roi d'Égypte : Tac. *An.* 2, 60.

Rhănis, *ĭdis*, f., une des nymphes de Diane : Ov. *M.* 3, 171.

rhăpēĭon, *ii*, n. (ῥαπήϊον), **v.** *leontopodion* : *Plin. 27, 96.

Rhăphăna, *ae*, f., ville de la Décapole, en Syrie : Plin. 5, 74.

rhăphănĭdĭon, *ii*, n., **v.** *leontopetalon* : *Plin. 27, 96.

Rhaphēa, *ae*, f. (Ῥάφεια), Rafiah, ville d'Idumée [Palestine] Atlas IX, E3 : Plin. 5, 68.

rhăpisma, *ătis*, n. (ῥάπισμα), coup de bâton : Cod. Just. 8, 49, 6.

rhapsōdĭa, *ae*, f. (ῥαψῳδία), rapsodie, chant d'un poème homérique : Nep. *Dion* 6, 4.

Rhascўpŏlis, *is*, m., roi de Thrace du temps de César : Luc. 5, 55.

1 Rhēa, *ae*, f., Rhéa, Ops, Cybèle [fille du Ciel et de la Terre, femme de Saturne, mère des dieux] : Ov. *F.* 4, 201.

2 Rhēa, *ae*, f., Rhéa Silvia ou Ilia, mère de Romulus et de Rémus : Liv. 1, 3, 11 ; Flor. 1, 1, 1.

Rhēbās, *ae*, m. (Ῥήβας), fleuve de Bithynie : Plin. 6, 4.

rhēcōma, *ae*, f. (ῥή κόμη), rhubarbe : Plin. 27, 128.

rhēctae, *ārum*, m. pl. (ῥῆκται), sorte de tremblement de terre : Apul. *Mund.* 18.

rhēda (**rēd-, raed-**), *ae*, f. (mot gaulois Quint. 1, 5, 57), chariot [à quatre roues] : Caes. G. 1, 51, 2 ‖ char, voiture [de voyage], carrosse : Cic. Mil. 28; Phil. 2, 58; Att. 5, 17, 1; Hor. S. 1, 5, 86; **meritoria** Suét. Caes. 57, voiture de louage.

1 rhēdārĭus (rēd-, raed-), *a*, *um*, de chariot : Varr. R. 3, 17, 7.

2 rhēdārĭus, *ĭi*, m., cocher : Cic. Mil. 29 ‖ charron, carrossier : Capit. Max. Balb. 5, 1.

Rhēdŏnes, ▨▶ Redones.

Rhēg-, ▨▶ Reg-.

Rhēmi, ▨▶ Remi.

Rhemmĭus, ▨▶ Remm-.

Rhemni, *ōrum*, m. pl., ville d'Égypte ou d'Éthiopie : Plin. 6, 178.

Rhēnānus, *a*, *um*, ▨▶ Rhenus.

Rhēnē, *ēs*, f., une des Cyclades, voisine de Délos : Plin. 4, 67.

Rhēni, *ōrum*, m. pl., peuples riverains du Rhin, les Rhénans : Ov. F. 1, 286.

Rhēnĭgĕna, *ae*, m. et f., né sur les bords du Rhin : Mart. 9, 35, 4.

rhēno, mauvaise orth. de 2 reno.

Rhēnum flūmĕn, n., le Rhin : Hor. P. 18; Prisc. 2, 170, 5.

Rhēnus, *i*, m., le Rhin [grand fleuve entre la Gaule et la Germanie] Atlas I, B3; V, B3-D4; XII, A2 : Caes. G. 1, 1, 5; ▨▶ Renus ‖ **-nānus**, *a*, *um*, du Rhin, rhénan : Sidon. Ep. 4, 17, 2.

Rhescuporis, roi de Thrace : Tac. An. 2, 64.

Rhēsus, *i*, m. (Ῥῆσος) ¶ 1 roi de Thrace, tué par Ulysse et Diomède : Cic. Nat. 3, 45 ¶ 2 rivière de la Troade : Plin. 5, 124 ¶ 3 rivière du Pont : Plin. 6, 4.

Rhētēnŏr, *ŏris*, m., un des compagnons de Diomède : Ov. M. 14, 504.

Rhētĭco, ▨▶ Retico.

rhētŏr, *ŏris*, m. (ῥήτωρ), orateur : Nep. Epam. 6, 3 ‖ rhéteur : Cic. de Or. 1, 84.

rhētŏrĭca, *ae*, f., rhétorique : Cic. Fin. 2, 17; Inv. 2, 178 ‖ **rhētŏrĭcē**, *ēs*, f., Quint. 5, 10, 54.

rhētŏrĭcē ¶ 1 adv., en orateur : Cic. Brut. 43 ¶ 2 ▨▶ rhetorica.

rhētŏrĭcō, *ās*, *āre*, -, -, intr., parler en rhéteur, faire de la rhétorique : Nov. Com. 5 ‖ **-cŏr**, *āris*, *ārī*, -, dép., Tert. Res. 5, 1.

rhētŏrĭcōtĕrŏs, m. (ῥητορικώτερος), [compar. grec de rhetoricus] qui est plus habile rhéteur, plus beau parleur : Lucil. d. Cic. de Or. 3, 171.

rhētŏrĭcus, *a*, *um* (ῥητορικός), qui concerne la rhétorique : *rhetorico modo* Cic. de Or. 1, 133, à la façon des rhéteurs ; *artes rhetoricas exponere* Cic. de Or. 3, 75, exposer les principes de la rhétorique ; *rhetorici doctores* Cic. de Or. 1, 86, les maîtres de rhétorique, les rhéteurs, cf. *de Or. 1, 52* ‖ *rhetorici* Quint. 2, 15, 6; 3, 1, 20, les livres de rhétorique de Cicéron ; *ex Ciceronis rhetorico primo* Quint. 3, 5, 14, d'après le premier livre de

rhétorique de Cicéron [le *de Inventione*] ‖ **rhetorica**, n. pl., les préceptes de rhétorique : Cic. Fat. 4.

rhētŏriscus, *i*, m. (dim. de *rhetor*), apprenti rhéteur : Gell. 17, 20, 4.

rhētŏrissō, *ās*, *āre*, -, - (ῥητορίζω), déclamer : Pompon. Com. 83.

rhētra, *ae*, f. (ῥήτρα), loi [de Lycurgue] : Amm. 16, 5, 1.

Rhētus, ▨▶ Rhaetus.

rheu, ▨▶ reu.

1 rheuma, *ătis*, n. (ῥεῦμα) ¶ 1 marée, flux de la mer : Veg. Mil. 5, 12 ¶ 2 catarrhe : Hier. Ep. 112, 16; [fig.] Hier. Ep. 122, 1.

2 rheuma, *ae*, f., ◨▶ 1 rheuma : Isid. 4, 7, 11.

rheumătĭcus, *i*, m. (ῥευματικός), catarrheux : Plin. 29, 142.

rheumătismus, *i*, m. (ῥευματισμός), catarrhe [en gén.], flux, écoulement d'humeurs : Plin. 22, 46; 23, 56.

rheumătĭzō, *ās*, *āre*, -, -, intr., être atteint de catarrhe, de fluxion : Theod.-Prisc 2, 58.

rhexĭa, *ae*, f. (cf. 2 ῥέξω), vipérine [plante servant à teindre en rouge] : Plin. 22, 51.

Rhĭānus, *i*, m., poète crétois du temps des Ptolémées : Suet. Tib. 70.

Rhidagus, *i*, m., rivière des Parthes : Curt. 6, 4, 6.

rhīnē, *ēs*, f. (ῥίνη), ange [poisson] : Plin. 32, 150; ▨▶ squatus.

rhīnenchўtēs, *ae*, m. (ῥινεγχύτης), pipette [instrument pour faire des instillations dans le nez] : Scrib. 7 ‖ **-gўtŏs**, *i*, m., Cael.-Aur. Chron. 2, 4, 82.

rhīnĭŏn, *ĭi*, n. (ῥίνιον), rhinion [sorte de collyre] : Cels. 6, 6, 30.

Rhinnēa, *ae*, f., île voisine de l'Arabie : Plin. 6, 150.

rhīnŏcĕrōs, *ōtis*, m. (ῥινόκερως), rhinocéros : Plin. 8, 71; Curt. 9, 1, 5 ‖ vase en corne de rhinocéros : Juv. 7, 130 ‖ [fig.] *nasum rhinocerotis habere* Mart. 1, 3, 1, avoir le nez pointu = l'esprit perçant, avoir le goût fin et difficile.
▶ acc. *-tem* Suet. Aug. 43; *-ta* Mart. 14, 52, 2; Spect. 22, 1; acc. pl. *-tas* Curt. 8, 9, 16.

rhīnŏcĕrōtĭcus, *a*, *um*, de rhinocéros : *rhinocerotica naris* Sidon. Carm. 9, 339, raillerie perçante.

rhīnŏclĭa, *ae*, f., sorte d'orcanète [plante] : Plin. 27, 59.

Rhīnŏcŏlūra, *ae*, f. (Ῥινοκόλουρα), ville d'Égypte, sur les confins de la Palestine : Liv. 45, 11, 10; Plin. 5, 68 ‖ **-cŏrūra**, Hier. Is. 27.

rhīnŏcŏrax, *ăcis*, m., espèce de corbeau : Jul.-Val. 3, 21.

Rhinthōn (-tōn), *ōnis*, m. (Ῥίνθων), poète comique grec, de Tarente : Cic. Att. 1, 20, 3 ‖ **-ōnĭcus**, *a*, *um*, de Rhinthon, rhinthonien : Don. Com. 6, 1.

Rhĭōn (Rhĭum), *ĭi*, n. (Ῥίον), promontoire et ville d'Achaïe Atlas XII, D1 : Plin. 4, 6; Liv. 27, 29, 9.

Rhīpaei (Rīpaei, Rīphaei ou Rhīphaei), m. pl., *montes*, les monts Riphées en Scythie : Mel. 1, 109; Plin. 4, 78 ‖ **-us**, *a*, *um*, des monts Riphées : Virg. G. 1, 240; 4, 518 ‖ *Rhipaeus mons* Mel. 1, 115, même sens.

Rhīpeūs (-pheūs), *ei* ou *eos*, m., nom d'un Centaure : Ov. M. 12; 352 ‖ nom d'un guerrier : Virg. En. 2, 339.

Rhithymma, *ae*, f., ville de Crète : Plin. 4, 59.

Rhĭum, ▨▶ Rhion.

rhīzĭās, *ae*, m. (ῥιζίας), extrait de la racine du silphium : Plin. 19, 43.

Rhīzĭnĭum, *ĭi*, n., ville de Dalmatie [auj. Risano] : Plin. 3, 144.

Rhīzo, *ōnis*, f., ville d'Illyrie : Liv. 45, 26, 2 ‖ **-ōnītae**, *ārum*, m. pl., habitants de Rhizo : Liv. 45, 26, 13.

rhīzŏtŏmŏs, *i*, f. (ῥιζοτόμος), sorte d'iris [plante] : Plin. 21, 41.

rhīzŏtŏmūmĕna, *ōrum*, n. pl. (ῥιζοτομούμενα), traité sur les racines [médicaments tirés de racines découpées] : Plin. 20, 258.

Rhīzūs, *untis*, f., Rhizonte [ville de Thessalie, dans la Magnésie] : Plin. 4, 32.

rhō, n. indécl. (ῥῶ), rho [lettre de l'alphabet grec = r] : Cic. Div. 2, 96.

Rhoali, *ōrum*., m., peuple de Syrie, voisin de la Mésopotamie : Plin. 5, 87.

1 Rhoās, ancien nom de Laodicée, en Phrygie : Plin. 5, 105.

2 Rhoās ou **Rhoān**, m., fleuve du Caucase : Plin. 6, 14.

Rhocobae, *ārum*, f. pl., ville de Thrace : Plin. 4, 44.

Rhŏda, *ae*, f., ville de Tarraconaise [auj. Rosas] Atlas IV, B4; V, F3 : Liv. 34, 8, 7 ‖ ville de la Gaule narbonnaise, sur le Rhône [fondée, dit-on, par une colonie de Rhodiens] : Plin. 3, 33.

Rhŏdănus, *i*, m. (Ῥοδανός), le Rhône [grand fleuve de la Gaule, qui se jette dans la Méditerranée] Atlas I, C3; V, E3; XII, B1 : Caes. G. 1, 1, 5 ‖ **-nītis**, *ĭdis*, adj. f., du Rhône : Sidon. Ep. 9, 13, 5 v. 114 ‖ **-nĭcus**, *a*, *um*, qui navigue sur le Rhône : CIL 13, 2002.

Rhŏdănūsĭa, *ae*, f., autre nom de Lugdunum [Lyon] : Sidon. Ep. 1, 5, 2.

Rhŏdaphās, *ae*, m., rivière de l'Inde : Plin. 6, 63.

Rhŏdē, *ēs*, f., rivière de Scythie : Plin. 4, 82.

Rhŏdĭnē, *ēs*, f., nom de femme : CIL 6, 20116.

rhŏdĭnus, *a*, *um* (ῥόδινος), de rose : Plin. 13, 5.

Rhŏdĭŏpŏlis, *is*, f., ville de Lycie : Plin. 5, 100.

rhoditis

rhŏdītis, ĭdis, f. (ῥοδῖτις), pierre précieuse de couleur rose : Plin. 37, 191.

1 Rhŏdĭus, a, um, ▶ Rhodos.

2 Rhŏdĭus, ĭi, m., rivière de Troade, qui a disparu : Plin. 5, 124.

Rhŏdo, ōnis, m., nom d'homme : Cic. Fam. 2, 18, 1.

rhŏdŏdaphnē, ēs, f. (ῥοδοδάφνη), cf. rhododendron : Plin. 16, 79.

rhŏdŏdendrŏn (rŏdandrum, lŏrandrum), i, n. (ῥοδόδενδρον ; it. oleandro), laurier-rose : Plin. 26, 79.

rhŏdŏmel, mellis, n., Theod.-Prisc. 1, 50, **rhŏdŏmēlum**, i, Isid. 20, 3, 2 ou **rhŏdŏmĕli**, n. indécl., Pall. 6, 16, miel rosat.

1 Rhŏdŏpē, ēs, f. (Ῥοδόπη), le Rhodope [montagne de Thrace] : Virg. G. 3, 351 ‖ **-pēĭus**, a, um, du Rhodope : Virg. G. 4, 461 ; **Rhodopeius vates** Ov. M. 10, 11, Orphée ; **Rhodopeia conjux** Stat. Th. 5, 121, Procné ‖ **-pēus**, a, um, Luc. 6, 618.

2 Rhŏdŏpē, ēs, f. (Ῥοδόπη), nymphe de l'Océan, fille de la mer : Hyg. Fab. pr. 6 ‖ nom de femme : Juv. 9, 4.

Rhŏdŏpēĭus et **-pēus**, a, um, ▶ 1 Rhodope.

Rhŏdŏpēni (Rod-), ōrum, m. pl., peuples voisins du Rhodope : Jord. Rom. 220.

Rhŏdōpis, ĭdis, f. (Ῥοδῶπις), courtisane de Thrace, qui fut en captivité avec Ésope : Plin. 36, 82.

Rhŏdŏs (-dus), i, f. (Ῥόδος), Rhodes [île et ville de la mer Égée, célèbre par son école de rhéteurs et par son colosse] Atlas I, E6 ; VI, C3-4 ; IX, D1 : Plin. 2, 202 ; Cic. Rep. 1, 47 ‖ **-dĭus**, a, um, de Rhodes : Virg. G. 2, 102 ; Cic. Brut. 51 ; Quint. 12, 10, 18 ; **-dĭi**, ōrum, m. pl., les Rhodiens : Cic. Rep. 3, 48 ; Pomp. 54 ‖ **-ĭăcus**, a, um, Plin. 31, 131 ‖ **-ĭensis**, e, Suet. Tib. 62, Rhodien.
▶ **Rhodienses**, les Rhodiens [à l'époque romaine] : Cat. d. Gell. 6, 3, 1 ; 13, 25, 13.

Rhodumna (Rod-, Roidomna), ae, f., ville des Ségusiens [auj. Roanne] : Peut. 1, 4.

Rhoduntia, ae, f., sommet du mont Oeta : Liv. 36, 16.

Rhŏdussa, ae, f., île en face de la Carie : Plin. 5, 131.

Rhŏdussae, ārum, f. pl., plusieurs îles dans la Propontide : Plin. 5, 151.

rhoeăs, ădis et **rhoea**, ae, f. (ῥοιάς), coquelicot [plante] : Plin. 19, 169 ; 20, 204.

Rhoecus, i, m. (Ῥοῖκος), Rhécus, Centaure, ▶ Rhoetus : *Luc. 6, 390 ‖ nom de l'inventeur de la plastique : Plin. 35, 152 ‖ un des architectes qui construisirent le labyrinthe de Lemnos : Plin. 36, 90.

Rhoediās, ae, m., fleuve de Macédoine : Plin. 4, 34.

Rhoemetalces, ae, m., roi de Thrace : Tac. An. 2, 64, 2.

Rhoetēĭus, ▶ Rhoeteum.

Rhoetēum, i, n. (Ῥοίτειον), promontoire de Troade sur l'Hellespont : Serv. En. 2, 506 ‖ ville sur le promontoire Rhétée : Liv. 37, 9, 7 ; Plin. 5, 125 ; ▶ **Rhoetion** ‖ **-tēĭus**, Sil. 7, 431, **-tēus**, a, um, rhétéen, troyen ; Ov. M. 11, 197 ; n. pl., **Rhoetea litora** Plin. 5, 125, le promontoire Rhétée ; **Rhoeteius ductor** Virg. En. 12, 456, Énée.

1 Rhoetēus, ▶ Rhoeteum.

2 Rhoeteūs, ĕi ou ĕŏs, m., nom de guerrier : Virg. En. 10, 399.

Rhoetĭenses, ĭum, m., habitants du cap Rhétée ou de la ville de ce nom : Plin. 8, 104.

Rhoetĭŏn, ĭi, n., cf. Rhoeteum, le Rhétée [là était le tombeau d'Ajax] : Luc. 9, 963.

Rhoetus, i, m., un des Géants : Hor. O. 2, 19, 23 ‖ un des Centaures : Virg. G. 2, 456 ; *Luc. 6, 390 ‖ roi des Marrubiens : Virg. En. 10, 388 ‖ ▶ Rhoecus.

Rhōgē, ēs, f. (Ῥώγη), île voisine de la Lycie : Plin. 5, 131.

rhŏïcus, a, um (ῥοϊκός), qui est de sumac, ▶ rhus : Plin. 24, 92.

rhŏītēs, ae, m. (ῥοΐτης), vin de grenade : Plin. 14, 204.

rhombŏīdēs, is, f. (ῥομβοειδής), rhomboïde : Grom. 341, 7 ; Capel. 6, 712.

rhombus (-ŏs), i, m. (ῥόμβος ; it. rombo) ¶ 1 rhombe, losange : Capel. 6, 712 ¶ 2 roue magique actionnée par les fils : Prop. 2, 28, 35 ¶ 3 turbot [poisson de mer] : Hor. S. 1, 2, 116.

rhomphaea (rom-), ▶ romphaea.

rhomphaeālis, e, de romphée : Prud. Cath. 7, 93.

rhonchĭsŏnus, a, um, qui ronfle : Sidon. Carm. 3, 8.

rhonchō (ron-), ās, āre, -, - (rhonchus, cf. runco), intr., ronfler : Sidon. Ep. 1, 6, 3.

rhonchus, i, m. (ῥόγχος), ronflement : Mart. 3, 82, 30 ‖ ricanement, moquerie : Mart. 1, 3, 5 ‖ coassement : Apul. M. 1, 9.

Rhondēs, ae, m., nom d'un pirate : Fest. 332, 25.

rhŏpălĭcus versus, m. (ῥοπαλικός), vers rhopalique [dont le premier mot est monosyllabe, le second dissyllabe, etc.] : Serv. Gram. 4, 467, 15.

rhŏpălŏn, i, n. (ῥόπαλον), nénuphar [plante] : Plin. 25, 75.

rhŏpălus, i, m. (ῥόπαλον), massue : Bed. Stell. 1, p. 443.

Rhōsŏs (-us), i, f. (Ῥῶσος), ville de Syrie : Mel. 1, 69 ‖ **-ĭcus**, a, um, Cic. Att. 6, 1, 13 ‖ **Rhōsii montes**, m. pl., Plin. 5, 80, montagnes de Rhosos.

Rhoxanē, ▶ Roxane.

Rhoxŏlāni (Ro-), ōrum, m. pl., Roxolans [peuple de la Sarmatie d'Europe, entre le Tanaïs et le Borysthène] Atlas I, B6 : Plin. 4, 80 ; Tac. H. 1, 79.

Rhuncus, i, m., nom d'un Géant, probablement le même que Rhoecus : Naev. Carm. 19, 3 ; cf. 2 Purpureus.

rhūs, acc. **rhūn**, abl. **rhū**, n. et f. (ῥοῦς), sumac [arbuste dont les fruits, confits, sont comestibles] **rhus Syriacum (Syriaca)**, sumac de Syrie : Cels. 6, 11, 5 ; Plin. 24, 129 ; Apic. 452 ; ▶ rosmarinus.

rhūsĕlīnŏn (rūs-), i, n. (ῥυσέλινον), sorte d'ache [plante] : Ps. Apul. Herb. 8.

Rhymmĭci, ōrum, m. pl., peuple de Scythie, sur les rives du Rhymmus, fleuve qui se jette dans la mer Caspienne : Plin. 6, 50
▶ **Rumnici**.

Rhymosoli (Ry-), ōrum, m. pl., peuple du Caucase, au-delà du Palus-Méotide : Plin. 6, 21.

Rhyndăcus, i, m., fleuve de la Petite Mysie : Plin. 5, 142 ; 6, 217.

Rhypăra, ae, f., île voisine de Samos : Plin. 5, 135.

rhȳpărŏgrăphus, i, m. (ῥυπαρογράφος), rhyparographe, peintre de choses grossières et viles : Plin. 35, 112.

rhypōdĕs, is, n. (ῥυπῶδες), sorte d'emplâtre [formé d'ingrédients sales] : Cels. 6, 18, 7.

Rhysaddir, n., ville et port de la Maurétanie tingitane [Melilla] : Plin. 5, 18.

rhythmĭca, ae, f., cf. rhythmice : Isid. 1, 2, 1.

rhythmĭcē, ēs, f. (ῥυθμική), la science du rythme : Capel. 9, 969.

rhythmĭcus, a, um (ῥυθμικός), qui concerne le rythme, rythmique, mesuré, cadencé : Diom. 494, 25 ‖ **rythmĭci**, ōrum, m. pl., les techniciens du rythme : Cic. de Or. 3, 190 ; Quint. 9, 4, 68.

rhythmĭzŏmĕnŏn, i, n. (ῥυθμιζόμενον), ce qui est rythmée : Capel. 9, 967.

rhythmŏīdēs, is, f. (ῥυθμοειδής), qui ressemble à un rythme : Capel. 9, 970.

rhythmŏpoeïa, ae, f. (ῥυθμοποιΐα), rythmopée, modulation : Capel. 9, 994.

rhythmŭlus, i, m. (dim. de rhythmus), petit rythme [en parl. du trochée] : Diom. 478, 2.

rhythmus, i, m. (ῥυθμός ; fr. rime), mouvement (battement) régulier, mesure, cadence, rythme : Varr. d. Diom. 513, 1 ; Capel. 9, 967 ‖ [rhét.] nombre, cadence : Quint. 9, 4, 45 [numerus d. Cic.].

Rhȳtĭŏn, ĭi, n., ville de l'île de Crète : Plin. 4, 59.

rhȳtĭum, ĭi, n. (ῥύτιον), rhyton [vase à boire en forme de corne] : Mart. 2, 35, 2.

rīca, ae, f. (*wreikā, cf. lit. ryšys), sorte de voile carré, bordé de franges recouvrant la tête des femmes pendant qu'elles offrent un sacrifice : Varr. L. 5, 130 ; [porté par la femme du flamine] P. Fest. 369, 1, cf. Fest. 368, 3 ; 342, 27 ; P. Fest. 343, 9 ; Gell. 10, 15, 28 ; [servant de déguisement] Gell. 7, 10, 4 ; ▶ ricinium.

2 *rĭca, V. riga.

1 Rĭcĭna, ae, f., Helvia Ricina, ville de Ligurie [Recco]: Peut. 2, 5 ‖ -nensis, e, d'Helvia Ricina: Plin. 3, 111.

2 rīcīna mĭtra, f., C. ricinium: Varr. Men. 433.

rīcīnĭātus, a, um, couvert du ricinium: Arn. 6, 25 ‖ (recin-, Fest. 342, 23; P. Fest. 343, 7).

rīcĭnĭum, ĭi, n. (1 rica), pièce d'étoffe double qui se portait sur la tête, avec une moitié rejetée en arrière: Varr. L. 5, 132; [utilisée dans les funérailles] Cic. Leg. 2, 59, cf. Non. 549, 32.
▶ recinium Fest. 342, 20; P. Fest. 343, 7.

1 rĭcĭnus, i, m. (cf. lit. erkė; esp. rezno) ¶ 1 tique [insecte]: Cat. Agr. 96, 2; Varr. 2, 9, 14; Plin. 22, 47; [prov.] in alio peduclum vides, in te ricinum non vides Petr. 57, 7, tu vois un pou sur un autre, mais tu ne vois pas une tique sur toi [cf. "tu vois une paille dans l'œil d'autrui, mais tu ne vois pas la poutre qui est dans le tien"] ¶ 2 ricin [plante]: Plin. 15, 25 ¶ 3 sorte de mûre: Plin. 23, 137.

2 rīcīnus, a, um, ayant une rica: Varr. Men. 433.

Ricomagensis vīcus, m., bourg des Arvernes [auj. Riom]: Greg.-Tur. Martyr. 85.

Ricti (Ritti), ōrum, m. pl., ville de Pannonie: Not. Dign. Oc. 32, 17; Anton. 242.

rictō, ās, āre, -, - (onomat., cf. ricco), intr., glapir [en parl. du léopard]: Spart. Get. 5, 5.

rictum, i, n., C. rictus: Lucr. 5, 1062; Cic. Verr. 4, 94.

rictŭs, ūs, m. (ringor), ouverture de la bouche, bouche ouverte [surtout pour rire]: Varr. d. Non. 456, 9; Quint. 1, 11, 9; Suet. Cl. 30; risu diducere rictum auditoris Hor. S. 1, 10, 7, dilater la bouche de l'auditeur en le faisant rire ‖ [en parl. des animaux] gueule béante, bord de la gueule: Ov. M. 1, 741; 2, 481; 3, 674; 4, 97.

rīcŭla, ae, f., dim. de rica: Turp. Com. 74.

Ridagnus, i, m., rivière de Parthie: Curt. 6, 4, 6.

rĭdĕō, ēs, ēre, rīsī, rīsum (obscur; fr. rire), intr. et tr.

I intr. ¶ 1 rire: Cic. Verr. 3, 62; Fin. 5, 92; in aliqua re Cic. de Or. 2, 242, à propos de qqch. ‖ (γέλωτα σαρδάνιον) [acc. d'objet intér.] Cic. Fam. 7, 25, rire d'un rire sardonique, rire jaune ¶ 2 rire amicalement, sourire; [poét.] alicui, ad aliquem, à qqn: Catul. 61, 219 ‖ [fig.] tibi rident aequora ponti Lucr. 1, 8, la nappe de la mer te sourit, cf. Hor. O. 2, 6, 13; ridet argento domus Hor. O. 4, 11, 6, la maison est riante d'argenterie; cum tempestas ridebat Lucr. 5, 1395, dans la riante saison ‖ [poét.] être joyeux, triomphant: Hor. O. 4, 1, 18.

II tr. ¶ 1 rire de qqch., de qqn: neque me rident Pl. Cap. 478, et je ne les fais pas rire; joca tua risi Cic. Att. 14, 14, 1, j'ai ri de ton badinage, cf. Cic. Q. 2, 11, 1; Fam. 7, 11, 3; [avec prop. inf.] rire de ce que: Stat. Th. 10, 648 ‖ [pass.] si riderentur Cic. Opt. 11, si [ces prétendus Attiques] faisaient rire [différent de derideri, "être objet de moquerie"]; ejus non sal ridetur Cic. de Or. 2, 279, ce ne sont pas ses plaisanteries qui font rire, cf. Cic. de Or. 2, 236; 2, 284 ¶ 2 se moquer de: aliquem Cic. Har. 8; Fam. 2, 9, 2, se rire de qqn; rem Cic. Quinct. 55; Dom. 104, se moquer de qqch. ‖ [avec prop. inf.] Cic. Har. 8 ‖ [pass.] Quint. 9, 3, 101; 11, 1, 44; Hor. P. 356.
▶ rideor dép. Petr. 57, 3; 61, 4.

rīdĕor, dép., V. rideo ▶.

rīdĭbundus, a, um, tout réjoui, avec la mine épanouie: Pl. Ep. 413; Cat. Orat. 43; Scaur. d. Gell. 11, 15, 13.

rīdĭca, ae, f. (cf. ἐρείδω, portica), échalas, piquet: Cat. Agr. 7, 1.

rīdĭcŭlāris, is, m. (ridiculus), bouffon: Isid. 8; 7, 7.

rīdĭcŭlārĭus, a, um (ridiculus), [touj. pris subst¹] m., un bouffon: Gell. 4, 20, 3 ‖ n. pl., ridicularia, plaisanteries, bouffonneries: Pl. As. 330; Cat. Orat. 114.

rīdĭcŭlē, adv. (ridiculus), plaisamment: multa ridicule dicere Cic. Brut. 172, dire beaucoup de mots plaisants, spirituels ‖ [en mauv. part] homo ridicule insanus Cic. Verr. 4, 148, un fou ridicule.

rīdĭcŭlōsē, C. ridicule: Rufin. Orig. Princ. 4, 2, 17; Aldh. Ep. 5, p. 493, 14.

rīdĭcŭlōsus, a, um, plaisant, drôle: Zen. 1, 1, 4 = 2, 3, 4, 10.

rīdĭcŭlum, i, n. (ridiculus), ce qui fait rire, mot plaisant, plaisanterie, bouffonnerie: Cic. Or. 87; 88; per ridiculum Cic. Off. 1, 134, en plaisantant; pl., Cic. de Or. 2, 237; 286.

rīdĭcŭlus, a, um (rideo) ¶ 1 [en bonne part] qui fait rire, plaisant, drôle: facie magis quam facetiis ridiculus Cic. Att. 1, 13, 2, plus drôle par sa figure que par ses plaisanteries, cf. Cic. Verr. 1, 121; de Or. 2, 221 ‖ [absᵗ] ridiculum! Ter. Eun. 452, plaisanterie! tu veux rire!, cf. Ter. Ad. 676; Phorm. 900 ‖ [poét. avec inf.] ridiculus absorbere… Hor. S. 2, 8, 24, comique par sa manière d'avaler… ‖ m. pris substᵗ, bouffon: Pl. Cap. 469; 476; Ter. Eun. 244 ¶ 2 [en mauv. part] ridicule, absurde, extravagant: hujus insania quae ridicula est aliis Cic. Verr. 4, 148, sa folie qui est risible pour les autres; ridiculum est [avec prop. inf.] Cic. Verr. 4, 56, il est risible, comique que…; [avec inf.] Cic. Mur. 68; Arch. 8, il est ridicule de.

Riduna, ae, f., île entre la Gaule et la Bretagne [Aurigny]: Anton. 509.

riēn, C. ren, V. renes ▶.

riēnōsus, a, um, atteint de néphrite: Gloss. 2, 174, 43.

riga, ae, f. (celt., forme évoluée de 2 *rica, cf. bret. rec; fr. raie), ligne, raie: Bed. Arith. 1, 43.

rĭgātĭō, ōnis, f. (rigo), arrosage: Col. 11, 3, 48.

rĭgātŏr, ōris, adj. m., qui arrose, qui inonde: Tert. Val. 15, 5.

1 rĭgātus, a, um, part. de rigo.

2 rĭgātŭs, abl. ū, m., action d'arroser: Fort. Carm. 8, 21, 3.

rĭgĕfăcĭō, ĭs, ĕre, fēcī, - (rigeo, facio), tr., transir, glacer: Frontin. Strat. 2, 5, 23.

rĭgens, tis, part.-adj. de rigeo ‖ rigentissimus Solin. 15, 21.

rĭgĕō, ēs, ēre, -, - (cf. frigeo?), intr., être raide, raidi, durci: frigore Cic. Tusc. 1, 69, par le froid, cf. Liv. 21, 32, 7 ‖ comae terrore rigebant Ov. M. 3, 100, l'effroi hérissait ses cheveux ‖ aestate incluso frigore riget Plin. Ep. 5, 6, 30, [la galerie] en été, avec le froid qui y est maintenu, est glacée ‖ vestes auro rigentes Virg. En. 11, 72, vêtements que l'or raidit, cf. Virg. En. 5, 405 ‖ summa (scopuli) riget Ov. M. 4, 527, la partie supérieure (du rocher) reste solide, cf. Ov. M. 11, 150; 13, 691 ‖ [fig.] être impassible, insensible: Mart. 5, 31, 5.

rĭgescō, ĭs, ĕre, gŭī, - (rigeo), intr., se raidir, se durcir: Virg. G. 3, 363; aquae rigescunt in grandines Plin. 2, 155, l'eau se congèle en grêle ‖ devenir raide de froid: Cael. Fam. 8, 6, 4 ‖ se hérisser [cheveux]: Ov. F. 1, 97 ‖ [fig.] devenir rigide: Claud. Eut. 2, 113.

rĭgĭdē, adv. (rigidus), en se durcissant, solidement: Vitr. 2, 3, 2 ‖ [fig.] rigidius Val.-Max. 9, 7, plus fermement, plus sévèrement, cf. Ov. Tr. 2, 251 ‖ mittere Sen. Ben. 2, 17, 4, lancer fort.

rĭgĭdĭtās, ātis, f., rigidité, inflexibilité [du bois]: Vitr. 2, 9, 9.

rĭgĭdō, ās, āre, -, -, tr., rendre raide, durcir, raidir: *Sen. Ep. 71, 20.

rĭgĭdus, a, um (rigeo; fr. raide) ¶ 1 raide, dur: Cic. Nat. 1, 101; Ov. M. 5, 673; 9, 85 ‖ [surtout par le froid] Virg. G. 2, 316 ‖ qui se tient raide, tendu, rigide: rigida cervice Liv. 35, 11, 7, avec la nuque raide, cf. Quint. 11, 3, 82; rigidae columnae Ov. F. 3, 529, colonnes rigides, cf. Ov. M. 9, 613 ‖ rigida, f. pris substᵗ = rigida mentula: Catul. 56, 7; V. mentula ‖ qui a de la raideur, qui manque de souplesse: rigidiora signa Cic. Brut. 70, statues ayant trop de raideur ¶ 2 [fig.] dur, rigide, sévère, inflexible: Hor. Ep. 1, 1, 17; 2, 1, 25; Liv. 39, 40, 10; Plin. Ep. 4, 9, 19; Sen. Ep. 11, 10 ‖ dur au travail, endurci: Mart. 7, 71, 4 ‖ rude, farouche, insensible: Ov. M. 8, 20.

Riginia, ae, f., île près de la Grande-Bretagne [Alderney]: Plin. 4, 103.

rĭgō, ās, āre, āvī, ātum (cf. alb. rrjedh, al. Regen, an. rain; esp. regar), tr. ¶ 1 faire couler en dirigeant, diriger [eau; sang dans les veines]: Liv. 5, 16, 9; Plin. 11, 182 ‖ [fig.]

rigo

hinc motus per membra rigantur LUCR. 2, 262, c'est de là que partent les mouvements qui se distribuent dans les membres ¶ **2** arroser, baigner : LUCR. 6, 612 ; 6, 714 ; LIV. 1, 21, 3 ; PLIN. 6, 130 ‖ **lacrimis ora alicujus** VIRG. *En.* 9, 251, baigner de larmes le visage de qqn ‖ [fig.] baigner, imprégner : LUCR. 4, 203 ; 5, 592 ; CIC. poet. *Div.* 1, 20 ; PROP. 3, 3, 52.

Rĭgŏdūlum, *i*, n., ville de Belgique, sur la Moselle [Riol] : TAC. *H.* 4, 71.

Rĭgŏmăgum, *i*, n., ville de Belgique, sur le Rhin [auj. Remagen] : AMM. 16, 3, 1.

rĭgŏr, *ōris*, m. (*rigeo*) ¶ **1** raideur, dureté, rigidité : LUCR. 1, 492 ; VIRG. *G.* 1, 143 ; OV. *M.* 1, 401 ; PLIN. 36, 126 ‖ [en part.] raideur causée par le froid : LUCR. 5, 746 ; [d'où] froid, gelée, frimas : LUCR. 5, 640 ; 6, 368 ; LIV. 21, 58, 9 ; TAC. *An.* 2, 23 ¶ **2** [fig.] rigueur, sévérité, inflexibilité : TAC. *H.* 1, 18 ; *An.* 6, 50 ‖ rigueur, fixité de l'accent : QUINT. 12, 10, 33.

rĭgōrātus, *a*, *um*, maintenu droit, raidi : PLIN. 17, 211.

rĭgŭī, parf. de *rigesco*.

rĭgŭus, *a*, *um* (*rigo*) ¶ **1** qui arrose, qui baigne : VIRG. *G.* 2, 485 ¶ **2** baigné, arrosé : OV. *M.* 8, 646 ; PLIN. 5, 6 ‖ pl. n., **rigua**, lieux inondés, endroits humides : PLIN. 5, 74 ; 9, 175 ‖ subst. m., **riguus**, *i*, conduite d'eau : PLIN. 17, 250.

rīma, *ae*, f. (peu net ; cf. lett. *riêva*, ou bien *write* ?), fente, fissure, fêlure, crevasse : HOR. *Ep.* 1, 7, 29 ; OV. *M.* 11, 515 ; **rimas agere** CIC. *Att.* 14, 9, 1, ou **ducere** OV. *M.* 4, 65, **facere** OV. *Tr.* 2, 85, se fendre, se lézarder ; **rimas explere** CIC. *Or.* 231, remplir les vides ‖ [poét.] **ignea rima** VIRG. *En.* 8, 392, un zigzag de feu, un sillon de lumière [éclair], cf. PLIN. 2, 112 ‖ [plaisˡ] **plenus rimarum sum** TER. *Eun.* 105, je suis plein de trous = je laisse fuir tout ce qu'on me confie, je ne sais rien taire ; **rimam aliquam reperire** PL. *Curc.* 510, trouver qq. fissure (échappatoire).

rīmābundus, *a*, *um*, qui recherche avec soin : APUL. *M.* 2, 5.

rīmātim, adv., à travers les fentes : CAPEL. 2 112.

rīmātor, *ōris*, m., celui qui fait des recherches : ARN. 5, 8.

rīmātus, *a*, *um*, part. de *rimor* et de *rimo*.

rīmō, *ās*, *āre*, -, -, [c.] *rimor* : PACUV. *Tr.* 71 ; 203, cf. PRISC. 2, 396, 20 ‖ rimatus [avec sens passif] : SIDON. *Ep.* 7, 2, 8.

rīmŏr, *āris*, *ārī*, *ātus sum* (*rima*, esp. *rimar*), tr. ¶ **1** fendre, ouvrir : VIRG. *G.* 3, 534 ‖ fouiller, explorer : VIRG. *G.* 1, 384 ; *En.* 6, 599 ; COL. 7, 9, 7 ; 8, 15, 1 ; TAC. *H.* 2, 29 ; JUV. 6, 551 ¶ **2** [fig.] fouiller, scruter, sonder, rechercher : CIC. *Div.* 1, 130 ; QUINT. 3, 4, 6 ; 5, 12, 13 ; TAC. *An.* 6, 3 ; *H.* 4, 11.

rīmōsus, *a*, *um* (*rima*), qui a des fentes, lézardé, crevassé : VIRG. *En.* 6, 414 ; JUV. 3, 270 ; **rimosior** GELL. 17, 11, 1, plus spongieux ‖ [fig.] **rimosa auris** HOR. *S.* 2, 6, 46, oreille fissurée, qui ne garde rien [d'un h. qui ne sait pas se taire].

rīmŭla, *ae*, f. (dim. de *rima*), légère fissure : AUG. *Psalm.* 66, 7.

rīnātus, *a*, *um* (cf. ῥίς), à bec [vase] : GRAUF. 165.

ringŏr, *ĕrĭs*, *gī*, - (express., cf. rus. *rugat'*; esp. *reñir*), intr., grogner en montrant les dents [en parl. des chiens] : POMPON. *Com.* 124 ‖ [fig.] enrager, ronger son frein, être furieux : TER. *Phorm.* 341 ; HOR. *Ep.* 2, 2, 128 ; SEN. *Ep.* 104, 9.

rīnŏcĕrōs, [v.] *rhinoceros*.

1 **rīpa**, *ae*, f. (cf. ἐρείπω ; fr. *rive*, esp. *riba*, *arriba*), rive : CAES. *G.* 1, 38, 5 ‖ [fig.] PL. *St.* 279 ‖ rivage, côte : HOR. *O.* 3, 27, 22.

2 **Rīpa**, *ae*, f., ville de Bétique : PLIN. 3, 10 ‖ **Alta Ripa**, f., ville sur le Rhin ; ville de Pannonie : NOT. DIGN. *Oc.* 33 ; ANTON. 244.

Rīpaei, *ōrum*, m. pl., [v.] *Rhipaei*.

Rīpānus, *i*, m., surnom d'homme : CIL 6, 2579.

Rīpārenses, **-rienses**, *ĭum*, m., soldats stationnés sur les rives [du Danube] : VOP. *Aur.* 38 ; COD. TH. 7, 1, 18.

rīpārius, *a*, *um*, qui se tient sur les rives [en parl. d'oiseaux] PLIN. 30, 33.

rīpārĭŏlus, *a*, *um* (dim. de *riparius*), qui habite les rives [hirondelle] : M.-EMP. 15, 34.

Rīpensis, m., f., voisin des rives [du Danube] : AMM. 26, 5, 12 ‖ **Ripenses milites**, [v.] *Riparenses* : COD. TH. 7, 20, 4.

Riphaei, [v.] *Rhipaei*.

Riphearina, *ae*, f., ville d'Arabie : PLIN. 6, 158.

Rīpheūs, *ei*, m., nom d'un guerrier : VIRG. *En.* 2, 339.

rīpŭla, *ae*, f. (dim. de *ripa*), petite rive : CIC. *Att.* 15, 16 b.

Risardir, n., [v.] *Rhysaddir*.

riscus, *i*, m. (ῥίσκος), panier d'osier recouvert de cuir, malle : TER. *Eun.* 754 ; ULP. *Dig.* 34, 2, 25.

rīsī, parf. de *rideo*.

rīsĭbĭlis, *e*, capable de rire : CAPEL. 4, 398 ‖ capable de faire rire : CASSIOD. *Eccl.* 11, 13.

rīsĭbĭlĭtās, *ātis*, f., disposition à rire : BOET. *Porph. com.* 5, 4 = p. 138 D.

rīsĭlŏquĭum, *ii*, n. (*risus*, *loquor*), mot plaisant, moquerie : TERT. *Paen.* 10, 4.

rīsĭo, *ōnis*, f. (*rideo*), action de rire : **quot risiones** PL. *St.* 658, que de rires !

rīsĭtō, *ās*, *āre*, -, - (fréq. de *rideo*), tr., rire souvent de : NAEV. d. NON. 209, 31.

rīsŏr, *ōris*, m. (*rideo*), un plaisant, un bouffon : HOR. *P.* 225.

rīsōrĭus, *a*, *um*, dérisoire : FULG. *Myth.* 2, 14.

1 **rīsus**, *a*, *um*, part. de *rideo*.

2 **rīsŭs**, *ūs*, m. (*rideo* ; fr. *ris*), rire ¶ **1** **movere risum alicui** CIC. *Att.* 6, 3, 7 ; **alicujus** QUINT. 6, 3, 1, faire rire qqn ; **risus excitare** CIC. *Phil.* 3, 21 ; **facere** CAEL. *Fam.* 8, 9, 1 (v. CIC. *Verr.* 4, 27) ; **captare** CIC. *Tusc.* 2, 17, provoquer, chercher à provoquer les rires ; **miros risus edere** CIC. *Q.* 2, 8, 2, se livrer à de merveilleux accès d'hilarité ; **paene risu corruere** CIC. *Q.* 2, 8, 2, faillir mourir de rire ; **risus consecutus est, non in te** CIC. *Fam.* 5, 2, 2, il s'ensuivit des rires, non pas à ton adresse, cf. CIC. *Q.* 2, 6, 5 ; **magno hominum risu aliquid cavillari** CIC. *Q.* 2, 10, 2, plaisanter de qqch. en faisant beaucoup rire les gens ; **risui esse alicui** LIV. 6, 34, faire rire qqn, être la risée de qqn ; **risum tenere** CIC. *Nat.* 1, 71, se retenir de rire, cf. CIC. *Brut.* 293 ¶ **2** objet du rire : **deus omnibus risus erat** OV. *F.* 1, 438, le dieu était la risée de tous, cf. HOR. *S.* 2, 2, 107.

3 **Rīsŭs**, *ūs*, m., le Rire, divinité de Thessalie : APUL. *M.* 3, 11.

rītĕ, adv. (anc. abl. de *ritis* = *ritus*, cf. **rite nefasto** STAT. *Th.* 11, 285, " par un rite impie ") ¶ **1** selon les rites, selon les coutumes religieuses : CIC. *Leg.* 2, 21 ; VIRG. *En.* 7, 5 ; LIV. 27, 25, 9 ¶ **2** [fig.] **a)** selon les formes, selon les règles : QUINT. 2, 4, 35 **b)** bien, comme il faut : VIRG. *En.* 4, 555 ‖ avec raison, à juste titre : CIC. *Nat.* 1, 52 ; *Fin.* 2, 37 ‖ [en part. des dieux] agir bien pour ceux qui les supplient = favorablement : VIRG. *En.* 3, 36 ; 10, 254 **c)** selon l'usage, de la manière habituelle : LUCR. 1, 495 ; HOR. *O.* 3, 24, 10 ; VIRG. *En.* 9, 352.

***rītō**, *ās*, *āre*, -, -, tr., exciter [simple forme théorique, tiré de *irrito*] : PRISC. 3, 67, 20 ; 71, 14.

rītŭāles libri, m. (*ritus*), livres traitant des rites : CIC. *Div.* 1, 72 ; FEST. 358, 21.

rītŭālĭtĕr, adv. (*ritualis*), selon les rites : AMM. 22, 1, 29.

rītŭis, [v.] *ritus* ▶.

rītŭs, *ūs*, m. (*rite*, cf. *armus*, 2 *artus*, ἀριθμός, scr. *r̥ta-m*) ¶ **1** rite, cérémonie religieuse : VARR. *L.* 7, 88 ; CIC. *Leg.* 2, 20 ; 2, 21 ; *Nat.* 3, 51 ¶ **2** [en gén.] usage, coutume : LIV. 24, 3, 12 ; OV. *M.* 15, 5 ; 15, 93 ; PLIN. 7, 6 ; 11, 23 ‖ **ritu** avec gén., à la manière de : **pecudum ritu** CIC. *Lae.* 32, à la façon des bêtes ; **latronum ritu** CIC. *Phil.* 2, 62, à la manière des brigands, comme les brigands ; **cantherino ritu** PL. *Men.* 395, à la manière des chevaux ; **quo... ritu** LUCR. 6, 1115, de la manière dont, comme.

▶ gén. arch. **rituis** VARR. d. NON. 494, 30.

rīvālĭcĭus, *a*, *um* (*rivalis*), qui concerne les riverains : FEST. 458, 7.

rīvālis, *e* (*rivus*) ¶ **1** de ruisseau : COL. 8, 15, 6 ‖ m. pl. pris substᵗ : **rivales** GELL. 14, 1, 4 ; DIG. 43, 20, 1, 26, riverains ¶ **2** m., **rivalis**, *is*, rival en amour : **Phaedriae** TER. *Eun.* 354, rival de Phaedria, cf. TER. *Eun.* 268 ; **se ipse amans sine rivali** CIC. *Q.*

rīvālītās, ātis, f. (*rivalis*), rivalité [entre deux femmes : [alleg.] APUL. M. 10, 24, 1 ‖ rivalité [en amour], jalousie : CIC. Tusc. 4, 56.

rīvātim, adv. (*rivus*), par des ruisseaux : MACR. Sat. 7, 12, 36.

rīvīnus, i, m. (*rivus*), rival : PL. As. *Arg. 6.

rīvō, ās, āre, -, - (*rivus*), tr., dériver, conduire [un cours d'eau] : PAUL.-NOL. Carm. 28, 614.

rīvŏra, n. pl. (*rivus*), canaux d'irrigation, conduites d'eau : GROM. 327, 25.

rīvŭlus, i, m. (dim. de *rivus*), petit ruisseau, filet d'eau : PRUD. Perist. 10, 160 ‖ [fig.] CIC. Rep. 2, 34 ; de Or. 2, 117 ; Ac. 1, 8.

rīvus, i, m. (cf. scr. *riṇāti*, rus. *reka* ; esp., port. *rio*, fr. *ru*) ¶ **1** ruisseau, petit cours d'eau : CIC. Top. 33 ; CAES. C. 3, 37 ; 3, 49 ; **propter aquae rivum** LUCR. 1, 30, au bord d'une eau courante ¶ **2** conduite d'eau, canal d'irrigation : VIRG. B. 3, 111 ; VITR. 8, 6, 1 ‖ tranchée : TAC. An. 11, 20 ¶ **3** [fig.] ruisseau : [d'argent et d'or] LUCR. 5, 1256 ; [de sang] VIRG. En. 11, 668 ; [de larmes] OV. M. 9, 655 ; [torrent de feu] PLIN. 2, 236.

rixa, ae, f. (*rixor*, cf. *pugna*), dispute, différend, contestation, rixe : CIC. Verr. 4, 148 ; Fam. 9, 22, 1 ; LIV. 2, 18, 2 ‖ pl., HOR. O. 1, 27, 4 ; TAC. G. 22 ; H. 2, 27 ‖ lutte, combat : COL. 9, 15, 4 ; PLIN. 11, 58 ; FLOR. 3, 10, 5.

2 **Rixa**, ae, m., surnom romain : CIL 10, 7852, 6.

rīxātŏr, ōris, m. (*rixor*), querelleur, chicaneur : QUINT. 11, 1, 19.

rīxātōrĭus, a, um, litigieux : FRONT. Caes. 4, 12, 5, p. 74 N.

rīxō, ās, āre, -, -, intr., **C.** *rixor* : VARR. Men. 43 ; 454.

rīxŏr, āris, ārī, ātus sum (cf. ἐρείκω, scr. *riśati*), intr. ¶ **1** se quereller, avoir une rixe : CIC. de Or. 2, 240 ; TAC. D. 26 ; QUINT. 11, 3, 172 ¶ **2** [fig.] lutter, être en lutte : PLIN. 16, 6 ; QUINT. 9, 4, 37 ; 11, 3, 121 ; SEN. Ep. 56, 5 ‖ résister, opposer de la résistance : VARR. R. 1, 47.

rīxōsus, a, um (*rixa*), querelleur, batailleur : COL. 8, 2, 5 ; TERT. Nat. 2, 8, 19.

rīxŭla, ae, f. (dim. de *rixa*), petite dispute, petite rixe : CIL 10, 1948.

rŏbĕus, **v.** *rubeus*.

rŏbĭdus, **v.** *rubidus*.

Rōbīgālĭa, ĭum, n. pl., fêtes en l'honneur de Robigo ou Robigus : VARR. L. 6, 16 ; R. 1, 6 ; PLIN. 18, 284.

rōbīgĭnō, ās, āre, -, - (*robigo*), intr., se rouiller : APUL. Flor. 17, 8.

rōbīgĭnōsus, a, um (*robigo*), rouillé : PL. St. 228 ‖ [fig.] envieux : MART. 5, 28, 7.

1 **rōbīgo**, ĭnis, f. (*robus*, fr. *rouille*) ¶ **1** rouille [métaux] : VIRG. G. 1, 495 ; 2, 220 ; PLIN. 7, 64 ¶ **2 a)** dépôt sur la pierre : PLIN. 36, 136 **b)** tartre des dents : OV. M. 2, 776 ; 8, 802 **c)** ulcère produit par le libertinage : VARR. d. SERV. G. 1, 151 ¶ **3** rouille du blé, nielle : VARR. L. 6, 16 ; R. 1, 1, 6 ¶ **4** [fig.] **a)** rouille, inaction : OV. Tr. 5, 12, 21 **b)** rouille de l'âme, mauvaises habitudes : SEN. Ep. 7, 7 ; 95, 36 **c)** rouille des dents = malignité, envie : MART. 12, pr. 4.

2 **Rōbīgo**, ĭnis, f. et **Rōbīgus**, i, m., divinité [déesse ou dieu] qu'on invoquait pour préserver les céréales de la nielle (*robigo*) : f., OV. F. 4, 907 ; m., VARR. L. 6, 16 ; GELL. 5, 12, 14.

rŏbĭus, **C.** *rubeus*.

rōbor, **v.** *robur* ▶.

rōbŏrārĭum, ii, n. (*robur*), enclos de palissade : SCIP. d. GELL. 2, 20, 5.

rōbŏrascō, ĭs, ĕre, -, - (inch. de *roboro*), intr., prendre de la force : NOV. Com. 21.

rōbŏrātus, a, um, part. de *roboro*.

rōbŏrētum, i, n. (*robur*), chênaie, lieu planté de chênes : GLOSS. 2, 281, 13.

rōbŏrĕus, a, um (*robur*), de chêne : COL. 6, 19, 1.

rōbŏrō, ās, āre, āvī, ātum (*robur*), tr., fortifier, rendre robuste, affermir, consolider : LUCR. 4, 1038 ; COL. 6, 27, 8 ; PLIN. 18, 260 ‖ [fig.] CIC. Off. 1, 112 ; Or. 42.

rōbŏrōsus, a, um (*robur*), [méd.] qui a le tétanos : **roborosa passio** VEG. Mul. 2, 88, 1, le tétanos.

rōbur (**rōbŏr**, LUCR. 2, 1131), ŏris, n. (*robus, robustus*, cf. *ruber* ; it. *rovere*, fr. *rouvre*) ¶ **1** rouvre [sorte de chêne très dur] : PLIN. 16, 19 ; 16, 28 ‖ [poét.] l'olivier : VIRG. En. 12, 783 ¶ **2** cœur de chêne, chêne [bois] : CAES. G. 3, 13 ; CIC. Ac. 2, 101 ; Div. 2, 85 ; HOR. O. 1, 3, 9 ‖ objets en chêne : [banc] **in robore accumbere** CIC. Mur. 74, s'asseoir sur le chêne, à même le chêne [pour manger] ; [lance] VIRG. En. 10, 479 ; [bois de la charrue] VIRG. G. 1, 162 ‖ cachot d'une prison : LIV. 38, 59, 10 ; TAC. An. 4, 29, cf. P. FEST. 325, 3 ‖ instrument de torture : LUCR. 3, 1017 ¶ **3** [fig.] **a)** dureté, solidité, force de résistance : [du fer] LUCR. 2, 449 ; VIRG. En. 7, 610 ; [de la pierre] LUCR. 1, 882 ; [des navires] LIV. 37, 30, 2 ; [d'une personne] CIC. Amer. 149 ; Cael. 73 **b)** force, résistance, vigueur [au moral] : CIC. Off. 1, 14 ; de Or. 2, 343 ; Mil. 101 ; Mur. 58 ; LIV. 24, 26, 11 ; **quid roboris hujus petitioni attulerunt ?** CIC. Planc. 21, quelle force n'apportèrent-ils pas à sa candidature ! ; **oratorium robur** QUINT. 10, 5, 4, la vigueur oratoire **c)** [la partie la plus solide d'une chose] cœur, noyau, élite : **versari in optimorum civium vel flore vel robore** CIC. Or. 34, vivre au milieu d'une élite aussi brillante que solide, formée des meilleurs citoyens ; **robur legionum** LIV. 28, 22, 13, l'élite constituée par les légions ; **quod fuit roboris** CAES. C. 3, 87, ce qu'il y avait de plus solide [dans l'armée], l'élite (cf. **quod roboris in exercitu erat** LIV. 30, 20, 5) ; **C. Flavius Pusio, Cn. Titinnius, C. Maecenas, illa robora populi Romani** CIC. Clu. 163, C. Flavius Pusio, etc., cette élite du peuple romain ; **haec sunt nostra robora** CIC. Att. 6, 5, 3, voilà le noyau de mes troupes ; **robora virorum** LIV. 21, 54, 3, l'élite des combattants ‖ **coloniam virium et opum validam robur ac sedem bello legere** TAC. H. 2, 19, choisir comme point d'appui solide et comme base pour la guerre une colonie forte et riche **d) robus** COL. 2, 6, 1, sorte de blé d'élite [lourd et brillant].
▶ forme arch. **robus** CAT. Agr. 17, 1 ; COL. 2, 6, 1 ‖ robor est attesté par les gram. : CHAR. 30, 5 ; 43, 31 ; PS. PRISC. Acc. 24 = 3, 524, 2.

rōburnĕus, a, um (*robur*), de chêne : COL. 9, 1, 5.

1 **rŏbus**, a, um (cf. *robur, ruber, rufus*), roux : JUV. 8, 155, cf. P. FEST. 325, 1.

2 **rōbus**, ŏris, n., **v.** *robur* ▶.

rōbustē, adv. (*robustus*), fortement, solidement : **-tius** AUG. Conf. 8, 11, 25 ; **-tissime** CASSIOD. Var. 12, 21.

rōbustĕus, a, um (*robur*), de chêne : VITR. 2, 1, 4 ; 3, 4, 2.

Robustini, **v.** *Rubustini*.

rōbustus, a, um (*robur*) ¶ **1** de rouvre, de chêne : CAT. Agr. 18, 4 ; 18, 8 ; VARR. R. 1, 38, 3 ; LIV. 38, 5, 4 ¶ **2** solide [comme le chêne], dur, fort, résistant **a)** [en parl. de pierres] PLIN. 36, 167 ; [de cornes] PLIN. 11, 125 **b)** [en parl. de pers.] fort, vigoureux, robuste : **robusti et valentes satellites** CIC. Agr. 2, 84, des satellites vigoureux et solides ; **aetate robustior** CIC. Phil. 5, 43, tenant de l'âge plus de force, cf. CIC. Sull. 47 ; Cat. 2, 20 ; **robustissima juventus** SUET. Ner. 20, jeunes gens très robustes **c)** [fig.] CIC. Rep. 2, 3 ; Div. 1, 35 ; Off. 1, 67 ; **fit robustius malum** CIC. Phil. 5, 31, le mal [à la longue] se fortifie = devient plus difficile à guérir ; **quae robustioris improbitatis sunt** CIC. Phil. 2, 63, actes qui dénotent de l'énergie dans le mal ; **robusta et stabilis fortitudo** CIC. Tusc. 4, 51, courage fort et inébranlable.

Rocius, ii, m., nom d'homme : CIL 6, 10243.

rōdărum, i, n. (gaul., cf. 1 *robus*), reine des prés [plante] : PLIN. 24, 172.

Rodienses, **v.** *Rho-*.

rōdō, ĭs, ĕre, rōsī, rōsum (cf. *rado*, scr. *radati* ; it. *rodere*), tr. ¶ **1** ronger : CIC. Div. 2, 59 ; HOR. Epo. 5, 48 ; S. 1, 10, 71 ; OV. F. 1, 357 ¶ **2** [en parl. de l'eau, de la rouille, etc.] ronger, miner, user : LUCR. 5, 256 ; OV. Pont. 1, 1, 7 ; PLIN. 36, 166 ¶ **3** [fig.] **a)** déchirer qqn, le mettre en pièces, médire de lui : CIC. Balb. 57 ; HOR. S. 1, 4, 81 ; 1, 6, 46 ; MART. 5, 28, 7 **b) murmura secum et rabiosa silentia** PERS. 3, 81, ronger en soi-même ses grognements et ses rages silencieuses.

rodoides

rŏdŏīdĕs, *is*, n. (ῥοδοειδής), huile rosat: Diocl. 36, 136.

rōdus, rōduscŭlum, ▶ raud-.

Roemus, *i*, m., fleuve de Perse: Amm. 23, 6, 63.

rŏgālis, *e* (*rogus*), de bûcher: Ov. Am. 3, 9, 41 ‖ mis sur le bûcher: Sidon. Ep. 3, 13, 5.

rŏgāmentum, *i*, n. (*rogo*), proposition: Ps. Apul. Herm. 4.

Rŏgāta, *ae*, f., nom de femme: CIL 8, 5798.

Rŏgātĭānus, *i*, m., Rogatien, nom d'un martyr: Greg.-Tur. Martyr. 59.

rŏgātīcĭus, *a, um* (*rogo*), obtenu par prière, emprunté: Front. Ver. 2, 1, 7, p. 123 N.

rŏgātĭo, *ōnis*, f. (*rogo*) ¶ 1 action de demander, demande, question [rare]: Cic. Inv. 1, 54 ‖ [rhét.] interrogation [ἐρώτησις]: Cic. de Or. 3, 203; Quint. 9, 1, 21; 9, 2, 6 ¶ 2 demande adressée au peuple au sujet d'une loi à voter, proposition, projet de loi: *rogationem ferre* Cic. Balb. 33, présenter un projet de loi (*ad populum* Caes. C. 3, 1, au peuple); *promulgare rogationem* Cic. Sest. 25; Sall. J. 40, 1, publier une proposition de loi; ▶ *suadere, suasor, dissuasor, lator*; *per vim rogationem perferre* Cic. Q. 2, 2, 3, faire passer une proposition par la violence, cf. Liv. 3, 54, 15; *populum cohortari ad rogationem accipiendam* Cic. Att. 1, 14, 5, engager le peuple à adopter un projet de loi; *rogationes jubere, antiquare* Liv. 6, 39, 2, accepter, repousser des projets de lois [v. formule de la *rogatio* Gell. 5, 19, 9] ¶ 3 [rare] prière, sollicitation, requête: Cic. Q. 3, 1, 10; Planc. 25; Fam. 6, 12, 2; Val.-Max. 6, 4, 4 ‖ [chrét.] supplications, processions en prières [pl.]: Greg.-Tur. Hist. 2, 34.

rŏgātĭuncŭla, *ae*, f. (dim. de *rogatio*) ¶ 1 petite question: Cic. Fin. 1, 39 ¶ 2 projet de loi peu important: Cic. Dom. 51.

rŏgātŏr, *ōris*, m. (*rogo*) ¶ 1 celui qui propose une loi au peuple: Lucil. 853 ‖ auteur d'une proposition: Cic. Att. 16, 16 B, 9 ¶ 2 celui qui recueillait les voix du peuple dans les comices: *primus* Cic. Nat. 2, 10, celui qui recueillait le premier les suffrages, c.-à-d. dans la première centurie appelée à voter [= *rogator primae centuriae*]; *rogator comitiorum* Cic. Nat. 2, 10, président des comices ¶ 3 mendiant: Mart. 10, 5, 4 ¶ 4 conseiller [fonctionnaire attaché à la maison du prince]: CIL 6, 8958.

rŏgātum, *i*, n. (*rogatus*), question: Cic. Flac. 10.

1 rŏgātus, *a, um*, part. de *rogo*.

2 rŏgātŭs, abl. *ū*, m., demande, sollicitation, prière: Cic. Lae. 4; Att. 1, 9, 3; Fam. 7, 1, 4.

3 Rŏgātus, *i*, m., nom d'homme: CIL 6, 1397.

rŏgĭtātĭo, *ōnis*, f. (*rogito*), proposition de loi: Pl. Curc. 509.

rŏgĭtō, *ās, āre, āvī, ātum* (fréq. de *rogo*), tr., demander avec insistance, interroger de façon pressante: Pl. Aul. 117; 551; Ter. Eun. 554; Liv. 1, 9, 5.

rŏgō, *ās, āre, āvī, ātum* (*rego*; esp., port. *rogar*, a. fr. *rover*), tr. **I** interroger, questionner **¶ 1 a)** [avec interrog. indir.] *rogare, num* Cic. Q. 2, 2, 1, demander si; *rogavit, essentne fusi hostes* Cic. Fin. 2, 97, il demanda si les ennemis étaient en déroute **b)** *aliquem*: *quem rogem ?* Ter. And. 749, qui faut-il que je questionne?; *Stoicos roga* Cic. Fin. 5, 83, interroge les stoïciens; *rogatus a Critone quemadmodum sepeliri vellet* Cic. Tusc. 1, 103, Criton lui ayant demandé comment il désirait qu'on lui rendît les derniers devoirs; *cum Demosthenes rogaretur quid in dicendo esset primum* Cic. de Or. 3, 213, comme on demandait à Démosthène ce qui était le plus important dans l'éloquence **c)** [acc. n. des pron.] *hoc responde, quod rogo* Pl. Curc. 245, réponds à ce que je te demande; *respondeto ad ea quae de te ipso rogaro* Cic. Vat. 10, réponds aux questions que je te poserai sur toi-même **d)** *aliquem* et acc. n. des pron.: *rogare hoc unum te volo* Pl. Merc. 515, je veux te poser cette unique question; *quid me istud rogas ?* Cic. Fin. 5, 83, pourquoi me demandes-tu cela?; *ad ea quae rogati erunt respondere* Cic. Verr. 4, 150, répondre aux questions qui leur auront été posées **¶ 2** [offic¹] **a)** *rogare aliquem sententiam* Cic. Rep. 2; 35, demander à qqn son avis; *sententiam rogari* Cic. Phil. 5, 5, se voir demander son avis, être consulté; *qui primus rogatus est* Cic. Phil. 5, 1, celui qui a été appelé à donner son avis le premier; *ut loco dicat, id est rogatus* Cic. Leg. 3, 40, qu'il parle à son tour, c'est-à-dire sur invitation **b)** *rogare populum* Cic. Phil. 1, 26, consulter le peuple sur une loi, lui faire une proposition de loi, cf. Cic. Leg. 3, 9; ou *rogare legem* Cic. Rep. 3, 17, cf. Cic. Phil. 2, 72, et au pass., Quint. 2, 4, 40; *"uti rogas" omnes tribus jusserunt* Liv. 30, 43, 3, toutes les tribus votèrent " oui "; [pass. impers.] *rogari, ut* Liv. 4, 2, 7, [ils disent] qu'un projet de loi demande que **c)** *rogare magistratum populum* Liv. 6, 42, 14, ou *plebem* Liv. 3, 65, 4, demander au peuple qu'il désigne un magistrat ‖ [sans *populum* ni *plebem*] *ut consules roget praetor* Cic. Att. 9, 15, 2, que le préteur demande au peuple la désignation des consuls; *comitia consulibus rogandis habere* Cic. Div. 1, 33, tenir les comices pour consulter le peuple sur le choix des consuls, cf. Liv. 26, 22, 2; *Tullum Hostilium populus regem, interrege rogante, creavit* Cic. Rep. 2, 31, le peuple élut roi Tullus Hostilius sur la proposition de l'interroi, cf. Cic. Mur. 1 **d)** [milit.] *rogare milites sacramento* Caes. G. 6, 1, 2; Liv. 32, 26, 11; 40, 26, 7, faire prêter le serment militaire, enrôler **e)** [droit] demander à qqn s'il veut consentir à une stipulation: Dig. 1, 14, 7, 12; *roga me viginti minas* Pl. Ps. 114, demande-moi l'engagement de te verser vingt mines, cf. Pl. Bac. 881.

II chercher à obtenir en priant, prier, solliciter, faire une requête **¶ 1 a)** [rare] *aliquid ab aliquo* Pl. Pers. 39; Trin. 758; Her. 4, 63; Sall. J. 64, 1, demander qqch. à qqn, solliciter qqch. de qqn **b)** *aliquem* et acc. n. des pron.: *hoc te rogo* Cic. Fam. 13, 5, 3, je t'adresse cette requête, cf. Cic. Q. 1, 2, 11 ‖ [poét., avec deux acc.] *otium divos* Hor. O. 2, 16, 1, demander aux dieux le repos **c)** *aliquid*: *mittit rogatum vasa* Cic. Verr. 4, 63, il envoie demander les vases, cf. Cic. Lae. 39; *consulatum petere vel potius rogare* Cic. Phil. 2, 76, briguer, ou mieux, mendier le consulat **d)** *aliquem*, solliciter qqn: *de aliqua re* Cic. Q. 3, 1, 4, pour qqch.; *ambiuntur, rogantur* Cic. Rep. 1, 47, on va les trouver, on sollicite leurs suffrages; *non sua sponte, sed rogatus* Caes. G. 1, 44, non de son propre mouvement, mais sollicité **e)** *rogare ut, ne*, subj., demander que, que ne pas: Cic. Verr. 4, 66; Caecil. 3; [subj. seul] Pl. Pers. 634; *maxime rogo, nos quam primum revisas* Cic. Att. 4, 14, 2, je demande surtout que tu reviennes me voir au plus tôt, cf. Fam. 13, 1, 3; Att. 7, 12, 1; Leg. 1, 39; Caes. G. 1, 20, 5 **f)** *rogare aliquem (illud, hoc... aliquem) ut, ne*, demander à qqn de, de ne pas: Cic. Fam. 13, 5, 3; Att. 11, 18, 1; 16, 16, 18; Planc. 91; Verr. 4, 64; Att. 11, 10, 2; 13, 19, 1; *te illud primum rogabo, ne* Cic. Fam. 13, 1, 2, je te demanderai ceci d'abord, de ne pas **g)** [avec inf.] Catul. 35, 10; [avec prop. inf.] Just. 1, 4, 9 **¶ 2** prier qqn de, inviter qqn à [venir faire visite]: Cic. Fam. 16, 22, 1; Att. 2, 3, 3 ‖ *aliquem ad rem, in rem*, inviter (prier) qqn à qqch.: Plin. Ep. 1, 9, 2; Gell. 14, 2, 9 ‖ [chrét.] prier Dieu: Aug. Solil. 1, 1, 2; Prud. Cath. 2, 51.

▶ arch. *rogassit, rogassint* = *rogaverit* Cic. Leg. 3, 9; 3, 10.

rŏgum, *i*, n., ▶ *rogus*: Afran. Com. 114.

rŏgus, *i*, m. (cf. *rego, rectus*), bûcher [funèbre]: Cic. Leg. 2, 59; *in rogum imponere* Cic. Tusc. 1, 85; *in rogum inscendere* Cic. Div. 1, 47; *in rogum illatus* Cic. Nat. 3, 84 (*rogo illatus* Plin. 7, 34), mettre sur le bûcher, monter sur le bûcher, mis sur le bûcher; *rogum exstruere* Cic. Fin. 3, 76, dresser un bûcher ‖ tombeau: Prop. 4, 11, 8.

Roidumna, *ae*, f., ville de Lyonnaise [Roanne]: Peut. 1, 4.

Rōma, *ae*, f., Rome [ville d'Italie, capitale de l'Empire romain] Atlas I, D4; II; III; XII, E3: Cic. Rep. 1, 37, 58 ‖ **-ānus**, *a, um*, de Rome, romain: *Romani ludi* Cic. Verr. 5,

36; Liv. 29, 38, jeux romains [fête annuelle commençant le 4 septembre]; **Romano more** [opposé à *Graeco, Punico*] Cic. *Fam.* 7, 5, 3, à la romaine, franchement, nettement ‖ **Romanum est facere...** Liv. 2, 12, 10, c'est le caractère romain de faire... ‖ **Rōmāni**, *ōrum*, m. pl., les Romains; *Romanus* [collect.] Liv. 2, 27, 1 = les Romains; *Romana* Liv. 1, 26, 4, une Romaine ‖ **-nĭcus**, *a, um,* Cat. *Agr.* 135, 2; **-nĭensis**, *e,* Cat. *Agr.* 162; **-nensis**, Varr. *L.* 8, 33; P. Fest. 53, 11, romain.

Rōmāna, *ae,* f., nom de femme: CIL 8, 2786 ‖ v. *Roma*.

Rōmānē, adv., en [vrai] Romain: Gell. 13, 21, 2.

Rōmāni, *ōrum*, m. pl., v. *Roma*.

Rōmānĭa, *ae,* f., le pays romain [opposé aux barbares]: Fort. *Carm.* 6, 2, 7.

Rōmānĭtās, *ātis*, f., les coutumes romaines: Tert. *Pall.* 4, 1.

Rōmānŭla porta, f., une des portes de Rome: Varr. *L.* 5, 164.

Rōmānus, *a, um* (*Roma*; fr. *romain*), v. *Roma* ‖ subst. m., nom d'homme: CIL 6, 1819 ‖ s. Romain, martyr: Prud. *Perist.* 10 ‖ **C. Julius Romanus**, nom d'un grammairien: Char. 117, 6.

Rōmĕchĭum, *ii*, n., ville maritime de la Grande-Grèce: Ov. *M.* 15, 705.

Rōmĭlĭa ou **Rōmŭlĭa tribus**, f., tribu romaine [en Étrurie]: Varr. *L.* 5, 56; Cic. *Agr.* 2, 79; P. Fest. 331, 1.

Rōmĭlĭus, *ii*, m., nom d'un consul qui fut nommé décemvir: Liv. 3, 33 ‖ centurion sous Galba: Tac. *H.* 1, 56.

omphaea, *ae,* f. (ρομφαία), romphée [longue épée ou lance thrace dont le large fer à deux tranchants]: Claud. *Carm. min.* 50, 9; Vulg. *Apoc.* 2, 12; Isid. 18, 6, 3; Gloss. 4, 462, 31; 5, 578, 8 ‖ framée: Ulp. *Dig.* 43, 16, 3, 2; Gloss. 2, 73, 19; v. *rhomphaea, rumpia*.

Rōmŭla, *ae,* f., mère de l'empereur Galère: Ps. Aur.-Vict. *Epit.* 40, 16.

Rōmŭla, *ae,* f., ville de Bétique, appelée d'ordin. *Julia Romula* ou *Hispalis* [auj. Séville]: Isid. 15, 1, 71.

Rōmŭlāris, *e,* v. *Romulus*.

Rōmŭlĕa, *ae,* f., ville d'Italie, dans le Samnium: Liv. 10, 17.

Rōmŭlensis cŏlōnĭa, f., c. *Julia Romula*: Plin. 3, 11.

Rōmŭlĭa, v. *Romilia*.

Rōmŭlĭānum, *i*, n., lieu dans la Dacie, ainsi nommé de 1 *Romula*: Ps. Aur.-Vict. *Epit.* 40, 16.

Rōmŭlĭānus, *i*, m., nom d'homme: CIL 6, 2659.

Rōmŭlĭdae, *ārum* et *um*, m. pl., descendants de Romulus, les Romains: Lucr. 4, 681; Virg. *En.* 8, 638.

Rōmŭlĭus, v. *Romilius*.

Rōmŭlus, *i*, m. ¶ 1 fils de Mars et d'Ilia [Rhéa Sylvia] frère jumeau de Rémus, fut avec lui fondateur de Rome, puis premier roi des Romains; ayant tué de sa main Acron, roi des Caeniniens, remporta les premières "dépouilles opimes"; fut mis après sa mort au rang des dieux et assimilé à Quirinus Atlas III B: Cic. *Div.* 1, 20; Liv. 1, 4 ‖ **-lĕus**, *a, um,* de Romulus, des Romains, romain: Ov. *F.* 3, 67; 5, 260; ou **-lus**, *a, um,* Virg. *En.* 6, 877; Ov. *F.* 2, 412; ou **-lāris**, *e,* Sidon. *Ep.* 9, 13, 5 v. 107 ¶ 2 Romulus Salvius, roi d'Albe: Liv. 1, 3.

▶ *Romulei* arch. pour *Romuli*: Catul. 28, 15.

Rōmus (**Rho-**), *i*, m., nom d'un fils d'Énée: Fest. 326, 34.

ronch-, v. *rhonch-*.

ronco, v. 1 *runco*.

rōpĭo, *ōnis,* f. (cf. *ruber, robus*?), sorte de poisson, peut-être le rouget: Sacerd. 6, 462, 2 ‖ cinabre: Sacerd. 6, 462, 2 ‖ pénis: Sacerd. 3; v. *sopio*.

rōrans, *tis,* part. prés. de *roro*.

rōrārĭi, *ōrum*, m. pl. (*ros*?), soldats armés à la légère, vélites, voltigeurs: Varr. *L.* 7, 58; Liv. 8, 8, 8; 8, 9, 14 ‖ sg. *rorarius,* Lucil. 290; 393.

rōrārĭus, *a, um,* pour les vélites: P. Fest. 325, 9; v. *rorarii*.

rōrātĭo, *ōnis,* f. (*roro*) ¶ 1 chute de la rosée: Vitr. 8, 2, 2; Apul. *M.* 9, 32 ¶ 2 coulure de la vigne après une gelée blanche: Plin. 17, 226 ¶ 3 chute goutte à goutte dans la clepsydre: Cassiod. *Var.* 1, 48.

rōrātus, *a, um,* part. de *roro*.

rōrĭdus, *a, um* (*ros*), couvert de rosée: Prop. 4, 4, 48; Apul. *M.* 4, 17.

rōrĭfĕr, *fĕra, fĕrum* (*ros, fero*), qui répand la rosée: Lucr. 6, 864.

rōrĭflŭus, *a, um,* c. *rorifer*: Anth. 483, 14.

rōrĭgĕr, *ĕra, ĕrum*, c. *rorifer*: Fulg. *Myth.* 1, 24, p. 13 H.

rōrō, *ās, āre, āvī, ātum* (*ros*), intr. et tr. **I** intr. ¶ 1 répandre la rosée: Ov. *F.* 3, 403; *M.* 13, 622 ‖ [impers.] *rorat,* il fait de la rosée, la rosée tombe: Col. 11, 2, 45; Suet. *Aug.* 92 ¶ 2 [fig.] **a)** être humecté, ruisseler, dégoutter de: **rorantes comae** Ov. *M.* 5, 488, cheveux ruisselants, cf. Ov. *M.* 1, 267; **rorabant sanguine vepres** Virg. *En.* 8, 645, les buissons dégouttaient de sang **b)** tomber goutte à goutte: **lacrimae rorantes** Lucr. 2, 977, larmes tombant goutte à goutte ‖ [impers.] *rorat* Varr. *L.* 7, 58, il bruine, il tombe de petites gouttes. **II** tr. ¶ 1 couvrir de rosée: **rorata tellus** Ov. *F.* 3, 357, terre humide de rosée ¶ 2 [fig.] **a)** humecter, arroser: **ora lacrimis** Lucr. 3, 469, baigner de larmes son visage, cf. Sil. 10, 263 **b)** faire tomber goutte à goutte: **aquae roratae** Ov. *M.* 4, 479, eaux répandues goutte à goutte, cf. Ov. *F.* 4, 728 ‖ [abs[t]] **pocula rorantia** Cic. *CM* 46, coupes répandant le vin goutte à goutte; **rorans juvenis** Manil 5, 482, le Verseau [constell.].

rōrŭlentus, *a, um* (*ros*), humide de rosée: Acc. *Tr.* 495; Cat. *Agr.* 37, 4; Plin. 12, 74 ‖ subst. n., **rorulentum**, *i*, Plin. 18, 330, pays couvert de rosée.

1 rōs, *rōris,* m. (cf. scr. *rasa-s, rasā*, rus. *rosa*, p.-ê. δρόσος, ἄρρην; roum. *rouă*) ¶ 1 rosée: Lucr. 2, 319; Caes. *C.* 3, 15 ‖ pl., Cic. poet. *Div.* 1, 14; Plin. 16, 109; 18, 292 ¶ 2 [fig.] **a)** [en parl. de tout liquide qui dégoutte]: [eau] Lucr. 1, 496; Virg. *En.* 6, 230; **rores pluvii** Hor. *O.* 3, 3, 56, les bruines ‖ [larmes] Ov. *M.* 14, 708; Hor. *P.* 430 ‖ [parfums] Ov. *H.* 15, 76; Tib. 3, 4, 28 **b)** **ros marinus** ou **rosmarinus**, le romarin: Hor. *O.* 3, 23, 6; Col. 9, 4, 2; ou **ros maris** Ov. *M.* 12, 410; ou simpl[t] **ros** Virg. *G.* 2, 213 ‖ n., **ros marinum** Plin. 24, 101, autre plante.

2 rōs, n., c. *rhus*: Col. 9, 13, 5; 12, 42, 3.

rŏsa, *ae,* f. (ῥοδέα, cf. ῥόδον) it. *rosa*) ¶ 1 rose [fleur]: Varr. *R.* 1, 35, 1; Plin. 21, 14 ‖ [sens collect.] = les roses: **in rosa** Cic. *Tusc.* 5, 73; *Fin.* 2, 65, parmi les roses; **pulvinus rosa fartus** Cic. *Verr.* 5, 27, coussin rempli de roses ¶ 2 [fig.] **a)** [terme de caresse]: Pl. *Bac.* 83; *Curc.* 100 **b)** huile rosat: Cels. 6, 18, 8 ¶ 3 rosier: Hor. *O.* 2, 3, 14; Plin. 8, 152; pl., Lucr. 2, 627; Hor. *O.* 3, 29, 3; Plin. 18, 236.

rŏsācĕus, *a, um* (*rosa*), de rose, fait de roses: Plin. 21, 8 ‖ **rosaceum oleum** Plin. 15, 30 et **rosaceum** seul Plin. 22, 108, huile de rose, rosat.

rŏsācĭus, *a, um* (*rosa*), de roses: Pelag. 48.

rŏsālis, *e* (*rosa*), en relation avec la fête des Rosalia: CIL 5, 2090 ‖ **Rosalia**, n. pl., les Rosalia [fête où l'on déposait des fleurs sur les tombeaux]: CIL 3, 7526.

rŏsans, *antis* (*rosa*), couleur de rose: *Anth. 483, 28.

rŏsārĭum, *ii*, n. (*rosarius*), champ de roses, roseraie: Col. 11, 2, 29; Virg. *G.* 4, 119.

rŏsārĭus, *a, um* (*rosa*), de roses: Suet. *Ner.* 27 ‖ subst. m., marchand de roses: Gloss. 3, 357, 11.

rŏsātĭo, *ōnis,* f. (*rosa*), action de répandre des roses [sur des tombeaux]: CIL 6, 10239, 9.

rŏsātus, *a, um,* fait avec des roses: **rŏsātum**, *i*, n., vin à la rose, vin rosat: Pall. 3, 32 ‖ **rosatum oleum** Samm. 630, huile rosat.

Roscĭa lex, f., loi Roscia, v. *Roscius*: Cic. *Mur.* 40.

Roscĭānum, *i*, n., ville du Bruttium [auj. Rossano di Vaglio]: Anton. 112.

roscĭdus, *a, um* (*ros*, cf. *muscidus*?) ¶ 1 de rosée: **roscidus humor** Plin. 9, 38, rosée ¶ 2 couvert de rosée: Varr. *R.* 2, 2,

10; Virg. B. 8, 37 ‖ **roscida dea** Ov. A. A. 3, 180, l'Aurore ; **roscida luna** Virg. G. 3, 337, la lune chargée de rosée, qui répand la rosée ‖ n. pl., **roscida caespitum** Apul. M 1, 2, gazon humide de rosée ¶ **3** [poét.] humecté, mouillé, baigné : Virg. En. 7, 683 ; Mart. 4, 18, 3.

Roscĭus, ĭi, m., nom d'une famille rom. ; not^t L. Roscius Othon, auteur de la loi qui réglait les places au théâtre : Cic. Mur. 40 ‖ Q. Roscius, célèbre comédien, ami de Cicéron qui plaida pour lui : Cic. Arch. 17 ; de Or. 1, 130 ‖ Sext. Roscius d'Amérie, défendu par Cicéron : Cic. Off. 2, 51 ‖ L. Roscius, lieutenant de César : Caes. G. 5, 24 ; 5, 13 ; 6, 35 ‖ **-ĭānus**, a, um, de Roscius : Cic. de Or. 2, 242.

1 **rōsĕa**, ae, f., sorte de chanvre [de Roséa] : Plin. 19, 174.

2 **Rōsĕa**, ae, f., canton des Sabins : Cic. Att. 4, 15, 5 ‖ **-ēānus**, a, um, de Roséa : Varr. R. 2 7, 6 ‖ ou **-ĕus**, a, um, Virg. En. 7, 712.

Rōsellāna, v. Rusellana.

rŏsētum, i, n. (rosa), rosier : Virg. B. 5, 18 ‖ roseraie : Var. R. 1, 35.

1 **rŏsĕus**, a, um (rosa) ¶ **1** de rose, garni de roses : Sen. Med. 70 ; Claud. Pros. 3, 85 ¶ **2** de la couleur de rose, rose, rosé, vermeil, purpurin : Plin. 21, 166 ; 37, 123 ; **roseus Phoebus** Virg. En. 11, 913, le vermeil Phébus ; **rosea aurora** Lucr. 5, 657, l'aurore aux doigts de rose [en parl. du teint, des joues, des lèvres] : Virg. En. 2, 593 ; 12, 606 ; Catul. 80, 1 ; Hor. O. 1, 13, 2.

2 **Rōsĕus**, a, um, v. 2 Rosea.

rōsī, parf. de rodo.

Rōsĭa, ae, f., v. 2 Rosea.

rōsĭdus, a, um, v. roscidus : Catul. 61, 24.

rŏsīna herba, f., plante inconnue : Veg. Mul. 3, 13, 4.

rŏsĭo, ōnis, f. (rodo), tranchées, douleurs d'entrailles, coliques : Cels. 7, 23 ; Plin. 20, 153.

rosmărīnum, rōrismărīni, n. (rhus ; it. ramerino), v. rosmarinus : Plin. 24, 99 ; v. 2 ros.

rosmărīnus, rorismarini, m., romarin [arbuste] : Hor. O. 3, 23, 16 ; Col. 9, 4, 2 ; v. 1 ros.

Rosologĭăcum, i, n., ville de Galatie : *Anton. 206 (cf. 575).

rōsŏr, ōris, m. (rodo), rongeur : Ambr. Serm. 81.

rostellum, i, n. (dim. de rostrum), petit bec : Col. 8, 5, 14 ‖ museau : Plin. 30, 99.

rostra, ōrum, n. pl. (rostrum) ¶ **1** les rostres, la tribune aux harangues [ornée des éperons de navires pris à l'ennemi, cf. Liv. 8, 14, 12 ; Varr. L. 5, 155 ; Plin. 34, 20] Atlas III B : **in rostra escendere** Cic. Off. 3, 80, monter à la tribune ; **de rostris descendere** Cic. Vat. 26, descendre de la tribune ; **rem a subselliis in rostra deferre**

Cic. Clu. 111, porter une affaire du barreau à la tribune ¶ **2 rostra** = le forum : Hor. S. 2, 6, 50 ‖ **rostra movere** Luc. 8, 685, entraîner la tribune [= l'assemblée du peuple].

rostrālis, e (rostra), des rostres, rostral : Sidon. Ep. 1, 11, 3.

rostrātus, a, um (rostrum) ¶ **1** recourbé en forme de bec : Col. 2, 20, 30 ; Plin. 18, 171 ¶ **2** garni d'un éperon [navire] : Cic. Inv. 2, 98 ; Suet. Caes. 63 ; **columna rostrata** Liv. 42, 20, 1, colonne rostrale [colonne garnie des éperons de navires pris sur l'ennemi lors de la victoire de Duilius dans la première guerre punique, cf. Quint. 1, 7, 2] ; **rostrata corona** Plin. 16, 7, couronne rostrale [décernée pour la prise d'un navire ennemi ou pour un acte de courage dans une bataille navale] ; **tempora navali rostrata corona** Virg. En. 8, 684, les tempes ceintes de la couronne navale [rostrale], cf. Vell. 2, 81 ; Suet. Galb. 23.

rostrō, ās, āre, -, -, intr., diriger le coutre [charrue] : Plin. 18, 178.

rostrum, i, n. (rodo ; esp. rostro) ¶ **1** bec d'oiseau : Cic. Nat. 1, 101 ; 2, 122 ‖ groin des porcs : Cic. Div. 1, 23 ; 2, 48 ; Ov. M. 8, 371 ‖ museau, mufle, gueule [du chien, du loup] : Ov. M. 1, 536 ; Plin. 28, 157 ; 8, 112 ; [en parl. d'une pers., injure ou plaisanterie] Pl. Men. 89 ; Petr. 75, 10 ‖ trompe d'abeille : Virg. G. 4, 74 ; Plin. 11, 21 ¶ **2** [fig., objets ayant cette forme] **a)** éperon de navire : Caes. G. 3, 13 ; 3, 14 ; C. 2, 6 ; Liv. 28, 30, 10 ; **trifidum** Sil. 6 358, éperon à trois pointes, cf. Virg. En. 5, 143 ; [d'où] **rostra**, v. rostra ‖ éperon de bélier [machine] : Vitr. 10, 15, 6 **b)** pointe d'une serpette : Col. 4, 25, 1 ‖ bec de charrue : Plin. 18, 171 ‖ bec de lampe : Plin. 28, 163.

Rostrum Nemavĭae, n., ville de Vindélécie : Anton. 237.

rŏsŭla, ae, f. (dim. de rosa), petite rose : Drac. Laud. 1, 717.

Rōsŭlānum, i, n. et **-lānus ager**, v. 2 Rosea : Serv. En. 7, 712.

rŏsŭlentus, a, um (rosa), émaillé de roses : Prud. Perist. 3, 199 ‖ rose, vermeil : Capel. 1, 73.

rōsūra, ae, f. (2 rosus), morsure, douleur : M.-Emp. 27, 35.

1 **rōsus**, a, um, part. de rodo.

2 **rōsŭs**, ūs, m. (rodo), v. rosio.

rŏta, ae, f. (cf. rotundus, petorritum, v. irl. rethim, roth, scr. ratha-s, lit. rātas, al. Rad ; fr. roue) ¶ **1** roue : Lucr. 6, 551 ; Plin. 16, 229 ; Varr. R. 3 ; 5, 15 ‖ [de machine] : Cat. Agr. 11 ; 3 ; Hor. O. 3, 10, 10 ¶ **2** [en part.] **a)** roue de potier : Hor. P. 22 ; Sen. Ep. 90, 31 ; Tib. 2, 3 ; 48 **b)** roue [instrument de supplice] : **in rotam escendere** Cic. Tusc. 5, 24, monter sur la roue, cf. Sen. Ep. 70, 23 ‖ la roue d'Ixion : Virg. G. 3, 484 ; En. 6, 616 ; Tib. 1, 3, 74 **c)** rouleau : Tac. H. 4, 23 ; Vitr. 10, 13, 2 **d)** roue pour élever l'eau : Vitr. 10, 4, 3 ¶ **3** [fig.] **a)** char : Ov. M. 1, 448 ; Prop. 1, 2,

20 ; **rotae impares** Ov. A. A. 1, 264, roues inégales du char de Thalie [distique élégiaque] **b)** disque du soleil : Lucr. 5, 432 **c)** animal marin non identifié : Plin. 9, 8 ; 32, 144 ¶ **4** roue [symbole de l'instabilité] : **fortunae** Cic. Pis. 22, la roue de la fortune, cf. Tib. 1, 5, 70 ; Prop. 2, 8, 8.

rŏtābĭlis, e (roto), qui peut être mû circulairement : Amm. 23, 4, 2.

rŏtābŭlum, i, n., v. rutabulum.

rŏtābundus, a, um (roto), qui se meut en cercle : Chalc. Tim. 40 B.

rŏtālis, e, qui a des roues, à roues : Capit. Macr. 12, 17.

rŏtārĭum, ĭi, n. (rota), péage sur une route, droits de passage : CIL 8, 10327 ; 10328.

rŏtātĭlis, e (roto), circulaire : Sidon. Ep. 2, 9, 4 ‖ [fig.] rapide [en parl. du trochée] : Prud. Perist. pr. 8.

rŏtātim, adv. (rota), en rond, en tournant : *Apul. M. 10, 29, 4 ‖ [fig.] **dicere** Diom. 407, 3, parler avec volubilité.

rŏtātĭo, ōnis, f. (roto), action de mouvoir en rond, de faire tourner, rotation : Vitr. 8, 3, 1.

rŏtātŏr, ōris, m. (roto), celui qui fait tourner (pirouetter) : Stat. S. 2, 7, 7 ‖ celui qui arrondit : Cassiod. Var. 7, 5.

1 **rŏtātus**, a, um, part. de roto.

2 **rŏtātŭs**, ūs, m., action de faire tourner : Stat. Ach. 2, 417 ; Aus. Mos. 362.

rŏtella, ae, f. (dim. de rotula), petite roue : Isid. 14, 2, 1.

Rŏthus, i, m., nom de guerrier : Sil. 2, 165.

rŏtō, ās, āre, āvī, ātum (rota) ¶ **1** tr., mouvoir circulairement, faire tourner : Ov. M. 4, 517 ; 9, 217 ‖ faire tournoyer : Liv. 42, 65, 10 ; Virg. En. 9, 441 ‖ faire rouler : Sen. Nat. 3, 27, 7 ; [fig.] Sen. Nat. 2, 35, 2 ‖ [pass. sens réfl.] se mouvoir en rond, tourner, tournoyer : Ov. M. 12, 296 ; Stat. Ach. 1, 56 ; [fig.] **rotato sermone** Juv. 6, 449, en périodes qui s'arrondissent ¶ **2** intr., = rotari : **saxa rotantia** Virg. En. 10, 362, rochers qui roulent ‖ faire la roue [paon] : Col. 8, 11, 8.

Rŏtŏmăgensis, e, v. Rotomagus.

Rŏtŏmăgi, ōrum, m. pl., v. Rotomagus : Amm. 15, 11, 12.

Rŏtŏmăgus, i, f., ville de la Gaule Lyonnaise, sur la Seine [auj. Rouen] Atlas I, B3 ; V, C2 : Greg.-Tur. Hist. 10, 31 ‖ **-gensis**, e, de Rotomagus : Fort. Carm. 6, 5, 236.

rotta, ae, f. (celt. ?), gardon (?) [poisson] : Pol.-Silv. 3, p. 544, 18.

rŏtŭla, ae, f. (dim. de rota), petite roue : Pl. Pers. 443 ; Col. 11, 3, 52.

rŏtŭlus, i, m. (fr. rôle), v. rotula : Calp. 7, 51.

rŏtunda, ae, f. (rotundus), boulette : Scrib. 201.

rŏtundātĭo, *ōnis*, f. (*rotundo*), cercle, circonférence : Vitr. *1, 6, 6* ‖ rotondité : Vitr. *1, 5, 5* ‖ rotation : Vitr. *10, 1, 1*.

rŏtundātus, *a, um*, part. de *rotundo*.

rŏtundē, adv. (*rotundus*), en rond : *-dissime* Col. *Arb. 5, 2* ‖ [fig.] d'une manière arrondie, élégamment : Cic. *Fin. 4, 7*.

rŏtundĭfŏlĭus, *a, um*, qui a des feuilles arrondies : Ps. Apul. *Herb. 71*.

rŏtundĭtās, *ātis*, f. (*rotundus*), cercle, circonférence, rondeur : Vitr. *10, 3, 1* ‖ [fig.] construction périodique des phrases [style arrondi] : Macr. *Sat. 7, 5, 1*.

rŏtundō, *ās, āre, āvī, ātum* (*rotundus*), tr., former en rond, arrondir : Cic. *Tim. 31* ‖ [fig.] arrondir [une somme], compléter : Hor. *Ep. 1, 6, 34* ‖ arrondir, polir [le style] : Sidon. *Ep. 8, 4, 2*.

rŏtundŭla, *ae*, f. (dim. de *rotunda*), pastille ronde : Ps. Apul. *Herb. 13*.

1 rŏtundus, *a, um* (*rota*, cf. *secundus* ; fr. *rond*) ¶ **1** qui a la forme d'une roue, rond : Lucr. *4, 502* ; Cic. *Fin. 2, 36* ; *Rep. 6, 15* ; *Nat. 1, 24* ; *nihil rotundius* Cic. *Tim. 17*, rien de plus rond ; *rotundissimus* Cels. *8, 1, 24*, le plus rond ; *toga rotunda* Quint. *11, 3, 139*, toge bien arrondie, qui tombe bien ‖ [prov.] *mutat quadrata rotundis* Hor. *Ep. 1, 1, 100*, il remplace des carrés par des ronds [bouleverse tout] ¶ **2** [fig.] **a)** arrondi : *teres atque rotundus* Hor. *S. 2, 7, 86*, [le sage stoïcien] semblable à une boule lisse [sur laquelle glissent les événements], cf. Quint. *8, 5, 27* **b)** [en parl. du style] arrondi, poli, dont tous les éléments sont bien équilibrés : Cic. *Brut. 272* ; *Or. 40* ; *ore rotundo loqui* Hor. *P. 323*, avoir un langage aisé (coulant), cf. Gell. *16, 1, 1* ; *17, 20, 4*.

2 Rŏtundus, *i*, m., surnom romain : Plin. *33, 145*.

Roxānē (Rhox-), *ēs*, f. (Ῥωξάνη), Roxane [femme d'Alexandre le Grand] : Curt. *8, 4, 23* ; Just. *12, 15, 9*.

Roxolāni, v. *Rhox-*.

rŭbĕfăcĭō, *ĭs, ĕre, fēcī, factum* (*rubeo, facio*), tr., rendre rouge, rougir : Ov. *M. 8, 383*.

Rŭbella, *ae*, m., nom d'homme : CIL *11, 5068*.

rŭbellĭāna, *ae*, f. (*rubellus*), espèce de vigne [dont les sarments sont rouges] : Col. *3, 2, 14* ; v. *rubellus*.

rŭbellĭo, *ōnis*, f. (*rubellus*), rouget [poisson de mer] : Plin. *32, 138* ; Apic. *448*.

Rŭbellĭus, *ii*, m., nom d'homme : Tac. *An. 13, 19* ; *14, 22*.

rŭbellŭlus, *a, um* (dim. de *rubellus*), légèrement rouge : Capel. *5, 566*.

rŭbellus, *a, um* (dim. de *ruber*), tirant sur le rouge : Mart. *1, 104, 9* ; *rubellae vineae*, v. *rubelliana* : Plin. *14, 23* ‖ subst. n., vin clairet, vin rosé : Pers. *5, 147*.

rŭbens, *tis*, part.-adj. de *rubeo* ¶ **1** rouge : Lucr. *2, 35* ; Virg. *B. 4, 43* ; Tib. *2, 1, 55* ‖ [poét.] *ver rubens* Virg. *G. 2, 319*, le printemps diapré ‖ *rubentior* Plin. *37, 89* ¶ **2** [fig.] rouge, rougissant de pudeur, de modestie : Tib. *3, 4, 32* ; Mart. *5, 2, 7*.

rŭbĕō, *ēs, ēre, ŭī, -* (cf. *ruber*), intr. ¶ **1** être rouge : Lucr. *6, 1166* ; Virg. *G. 2, 430* ; Ov. *M. 11, 375* ¶ **2** [fig.] être rouge de pudeur, de honte : Cic. *Verr. 2, 187* ; *Att. 15, 4, 3*.

1 rŭber, *bra, brum* (cf. *rubus, 1 robus, rufus*, ἐρυθρός, scr. *rudhira-s*, al. *rot*, an. *red*), rouge : Lucr. *4, 1051* ; Hor. *O. 3, 13, 7* ; Ov. *M. 11, 368* ; *Oceani rubrum aequor* Virg. *G. 3, 359*, la nappe rouge de l'Océan [rougie par le coucher du soleil] ; *rubrior* Plin. *10, 180* ; *ruberrimus* Cels. *5, 18, 31* ‖ *leges rubrae* Juv. *14, 192*, les lois aux titres rouges ‖ vivement coloré [safran] : Ov. *AA. 1, 104*.

2 Rŭbĕr, *bra, brum*, épithète **a)** *Rubrum mare* Cic. *Nat. 1, 97* ; Nep. *Hann. 2, 1* ; Liv. *42, 52, 14* ou *Rubra aequora* Prop. *1, 14, 12* ou *mare Rubrum* Liv. *36, 17, 15* ; Sen. *Ben. 7, 2, 5* ; Tac. *An. 14, 25*, la mer Rouge, la mer des Indes, le golfe Persique **b)** *Saxa Rubra* Cic. *Phil. 2, 77* ; Liv. *2, 49, 12* ; Tac. *H. 3, 79*, bourg d'Étrurie, près du Crémère.

rŭbescō, *ĭs, ĕre, bŭī, -* (inch. de *rubeo*), intr. ¶ **1** devenir rouge, rougir : Virg. *En. 3, 521* ; *7, 25* ; *8, 695* ; Ov. *M. 2, 116* ; Plin. *21, 14* ¶ **2** rougir [honte, timidité] : Sen. *Ep. 11, 4*.

rŭbēta, *ae*, f. (*rubetum*), grenouille de buisson [crapaud venimeux] : Plin. *8, 110, 32, 50* ; Juv. *1, 70*.

rŭbētum, *i*, n. (*rubus* ; it. *roveto*), lieu couvert de ronces, roncier : Ov. *M. 1, 105*.

rŭbĕus, *a, um* (*rubeo, ruber* ; esp. *rubio*, fr. *rouge*), roux, roussâtre : Varr. *R. 2, 5, 8* ; Pall. *4, 14, 3* ; *virga rubea*, cornouiller sanguin : Virg. *G. 1, 266*.

Rŭbi, *ōrum*, m. pl., ville d'Apulie [auj. Ruvo] Atlas XII, E5 : Hor. *S. 1, 5, 94*.

rŭbĭa, *ae*, f. (*rubeo* ; it. *robbia*), garance [plante tinctoriale rouge] : Vitr. *7, 14, 1* ; Plin. *19, 47* ; *24, 94*.

rŭbĭbundus, *a, um*, v. *rubicundus* [forme inventée] : Prisc. *2, 137, 24*.

1 rŭbĭcō, *ās, āre, -, -* (*rubeo, rubicundus*), tr., faire rougir : Fort. *Mart. 2, 462*.

2 Rŭbĭco et qqf. *-cōn*, Luc. *1, 214*, *ōnis*, m., le Rubicon [Rugone, petite rivière qui formait la limite entre la Gaule Cisalpine et l'Italie ; il était interdit à tout général romain d'entrer en armes en Italie ; César le franchit donnant ainsi le signal de la guerre civile] Atlas XII, C3 : Cic. *Phil. 6, 5* ; Plin. *3, 115*.

rŭbĭcundōsus, *a, um* (*rubicundus*), très rouge : Dynamid. *2, 35*.

rŭbĭcundŭlus, *a, um* (dim. de *rubicundus*), tout rouge : Juv. *6, 425*.

rŭbĭcundus, *a, um* (*rubeo*), rouge : *rubicunda Ceres* Virg. *G. 1, 297*, moisson dorée ‖ rougeaud, rubicond : Pl. *Ps. 1219* ‖ *-dior* Sen. *Nat. 7, 11, 3*.

rŭbĭdus, *a, um*, adj. (*rubeo*), rouge-brun : *rubidus panis* Pl. *Cas. 310*, cf. P. Fest. *319, 3*, pain brun ‖ rubicond : Suet. *Vit. 17*.

Rūbīg-, v. *Robig-*.

rŭbīg-, v. *robig-*.

rŭbĭlis, *e*, adj. (*rubeo*), rouge [espèce de poire] : Macr. *Sat. 3, 19, 6*.

rŭbŏr, *ōris*, m. (*rubeo*) ¶ **1** rougeur, couleur rouge : Cic. *Nat. 1, 75* ; *Or. 79* ‖ pourpre : Virg. *G. 3, 307* ‖ [en parl. du visage] : Cic. *Tusc. 4, 19* ; Liv. *30, 15, 1* ; Ov. *M. 1, 484* ‖ [plais¹] : *in ruborem dare aliquem* Pl. *Cap. 962*, rendre rouge le corps de qqn [par des coups] ¶ **2** [fig.] **a)** réserve, pudeur, délicatesse : Cic. *de Or. 2, 242* **b)** rougeur de la honte, honte, ignominie, déshonneur : *ruborem afferre alicui* Cic. *Rep. 4, 6*, être une source de honte pour qqn, cf. Liv. *4, 35, 11* ; Curt. *9, 7, 25* ; Tac. *H. 1, 30* ; *rubor est (alicui)* [avec inf.] Ov. *A. A. 3, 167*, c'est une honte de **c)** honte, confusion : *aliquid alicui rubori est* Liv. *45, 13, 14*, qqch. remplit qqn de confusion, le fait rougir, cf. Tac. *An. 14, 55* ; Ov. *Am. 3, 14, 21*.

rŭbŏrātĭŏr, *ōris*, adj. compar. (*rubor*), qui couvre davantage de honte, plus honteux : Tert. *Anim. 25, 37*.

Rŭbrae, *ārum*, f. pl., v. *Rubra saxa* : Mart. *4, 64, 15*.

rŭbrans, *tis* (*ruber*), rouge : Alcim. *Carm. 5, 525*.

rŭbrātus, *a, um* (*ruber*), rougi, rouge : Alcim. *Ep. 12*.

Rŭbrensis lacus, m., Plin. *3, 32*, **Rŭbraesus**, *i*, m., Mel. *2, 81*, lac de Narbonnaise, traversé par l'Atax [étang de Sigean].

Rŭbrĭa lex, f., loi Rubria [du tribun Rubrius] : CIL *1, 583, 22*.

rŭbrīca, *ae*, f. (*ruber*) ¶ **1** ocre rouge : Col. *3, 11* ; Plin. *18, 135* ¶ **2** rubrique, céruse calcinée rouge : Hor. *S. 2, 7, 98* ‖ rouge, fard : Pl. *Truc. 294* ‖ couleur rouge ; [d'où] **a)** rubrique, titre écrit en couleur rouge : Dig. *43, 1, 2, 3* **b)** recueil des lois où les titres de chapitres étaient inscrits en rouge : *se ad album ac rubricas transferre* Quint. *12, 3, 11*, se porter à l'étude du droit et des lois, cf. Pers. *5, 90*.

1 rŭbrīcātus, *a, um* (*rubrica*), rougi : Petr. *46, 7*.

2 Rŭbrīcātus, m. (*-tum*, *i*, n.), fleuve de Tarraconaise [Lobregat] : Plin. *3, 21*.

rŭbrīcōsus, *a, um* (*rubrica*), d'argile rouge, ferrugineux : Cat. *Agr. 128* ; Col. *4, 33* ; Plin. *18, 163*.

rŭbrīcus, *a, um* (*ruber*), rouge : Not. Tir. *52* ; *78*.

Rŭbrĭus, *ii*, m., nom de fam. rom. : Cic. *Verr. 1, 64* ; *Phil. 2, 40* ; Caes. *C. 1, 23* ‖ *-ĭānus*, *a, um*, de Rubrius : Dig. *40, 5, 26, 9*.

Rŭbrum mare, n., v. *Ruber*.

rubrus

rŭbrus, ⇒ *ruber* : Solin. 40, 23.

rŭbŭī, parf. de *rubeo* et de *rubesco*.

rŭbus, *i*, m. (cf. *ruber, rubeo* ; it. *rogo*), ronce : Caes. G. 2, 17, 4 ; Virg. B. 3, 89 ‖ framboisier : Plin. 16, 180 ‖ framboise : Prop. 3, 13, 28 ‖ le buisson ardent [vu par Moïse] : Prud. Cath. 5, 31 ; Vulg. Exod. 3, 2.
▶ f. Prud. Apoth. 70.

Rŭbustīnus, *a*, *um*, de Rubi [Ruvo, en Apulie] : Lib. Col. 2, p. 262, 10 ‖ subst. m. pl., habitants de Rubi : Plin. 3, 105.

Rucinātes, *um* ou *ĭum*, m. pl., peuple de Vindélicie : Plin. 3, 137.

ructa, *ae*, f. (*ructor*), œsophage : Gloss. 5, 609, 10.

ructābundus, *a*, *um* (*ructo*), qui rote sans cesse : Sen. Vit. 12, 3.

ructāmĕn, *ĭnis*, n., Prud. Ham. 467 et **rūctātĭo**, *ōnis*, f., Cael.-Aur. Chron. 5, 3, 56, ⇒ *ructus*.

ructātŏr, *ōris*, m. (*ructo*), celui qui exhale des mots ; [fig.], qui prêche : Aug. Serm. 34, 2.

ructātrix, *īcis*, adj. f. (*ructator*), qui provoque des renvois : Mart. 10, 48, 10.

ructātŭs, *ūs*, m., ⇒ *ructus* : Aug. Faust. 20, 13.

ructō, *ās*, *āre*, *āvī*, *ātum* (fréq., cf. (e)*rugo*, ἐρεύγομαι, comp. *rugio, rumor* ; fr. *roter*) ¶ 1 intr., roter, avoir des renvois : Cic. Phil. 2, 63 ; Tusc. 5, 100 ; Fam. 12, 25, 4 ¶ 2 tr. **a)** *glandem* Juv. 6, 10, avoir des éructations de gland, cf. Mart. 9, 48 **b)** rejeter [renvoyer] dans une éructation : Sil. 2, 685 ; 15, 435 **c)** [tard.] exhaler, proférer, exprimer : *sapientiam ructare* Tert. Test. 1, 6, prêcher la sagesse ; ⇒ *ructator* ‖ *Tiberim* Sidon. Ep. 4, 17, 1, parler latin [litt éructer le Tibre].

ructŏr, *ārīs*, *ārī*, -, ⇒ *ructo* ¶ 1 intr., Cic. d. P. Fest. 317, 15 ¶ 2 tr., *aves ructari* Varr. R. 3, 2, 3, avoir des éructations d'oiseaux [servis aux repas] ‖ [fig.] *versus* Hor. P. 457, cracher des vers.

ructŭātĭo, *ōnis*, f., ⇒ *ructatio* : Aug. Serm. 150, 9.

ructŭō, *ās*, *āre*, -, - (*ructo, ructus*), ⇒ *ructo* : Solin. 1, 74.

ructŭōsus, *a*, *um* (*ructus*), entrecoupé de renvois : Cael. d. Quint. 4, 2, 123.

ructŭs, *ūs*, m. ((e)*rugo*), rot, renvoi : Cic. Fam. 9, 22, 5.

rūdectus, *a*, *um* (*rudus*), pierreux : Cat. Agr. 34, 2 ; 35, 1.

1 **rŭdens**, *tis*, part. de *rudo*.

2 **rŭdens**, *tis*, m. (cf. ἐρύω ?), cordage [de navire], câble, hauban : Cic. Div. 1, 127 ; *laxare rudentes* Virg. En. 3, 267, mettre à la voile (lâcher les écoutes) ‖ [fig.] *rudentibus apta fortuna* Cic. Tusc. 5, 40, fortune suspendue à des cordages ‖ navire : Val.-Flac. 1, 627.

▶ f. Pl. Ru. 938 ‖ abl. *rudente*, qqf. *rudenti* ; gén. pl. *rudentum*, qqf. *rudentium*.

rūdĕra, pl. de 2 *rudus*.

rūdĕrārĭum crībrum, n. (2 *rudus*), claie à tamiser : Apul. M. 8, 23.

rūdĕrātĭo, *ōnis*, f. (2 *rudus*), bétonnage, pavage en blocage, blocaille : Vitr. 7, 1, 1.

rūdĕrātus, *a*, *um*, qui contient du blocage : Plin. 21, 20.

Rŭdĭae, *ārum*, f. pl., Rudies [Rugge, ville de Calabrie, patrie d'Ennius] : Plin. 3, 102.

rŭdĭārĭus, *ĭi*, m. (2 *rudis*), gladiateur libéré : Suet. Tib. 7.

rŭdĭbundus, *a*, *um* (*rudo*), qui brait : Aldh. Ep. 131.

rŭdĭcŭla, *ae*, f. (2 *rudis*), spatule [cuiller] : Cat. Agr. 95, 1.

rŭdīmentum, *i*, n. (1 *rudis*, (e)*rudio*) ¶ 1 apprentissage, débuts, essais : Virg. En. 11, 157 ; Liv. 1, 3, 4 ; *rudimenta adulescentiae ponere* Liv. 31, 11, 15, faire ses débuts de jeune homme, son coup d'essai comme jeune homme ¶ 2 *prima rhetorices rudimenta* Quint. 2, 5, 1, les premiers éléments de la rhétorique.

Rŭdīnus, *a*, *um*, de Rudies, épith. d'Ennius : Cic. Arch. 22.

Rŭdīni, *ōrum*, m. pl., peuple de Dalmatie : Plin. 3, 144.

1 **rŭdis**, *e* (cf. 2 *rudus*) ¶ 1 qui n'est pas travaillé, brut, cf. Cincius d. Fest. 322, 4 : [terre] Varr. R. 1, 44, 2 ; Virg. G. 2, 211 ; Ov. M. 5, 646 ; [pierre] Quint. 9, 4, 27 ; [marbre] Quint. 2, 19, 3 ; [laine] Ov. M. 6, 19 ‖ n. pl., *rudia* Quint. 2, 12, 8, les objets bruts ‖ [poét.] nouveau, jeune, neuf : Luc. 3, 193 ; Mart. 7, 95, 8 ; 9, 71, 6 ¶ 2 [fig.] qui n'est pas dégrossi, inculte, grossier, ignorant : Cic. Brut. 294 ; Sest. 47 ; *rudis et integer discipulus* Cic. Nat. 3, 7, disciple tout neuf et n'ayant reçu aucune empreinte ; *quae pueris nobis ex commentariolis nostris inchoata ac rudia exciderunt* Cic. de Or 1, 5, les ébauches informes que dans ma première jeunesse j'ai laissé échapper de mes cahiers d'école ‖ [avec gén.] : *rei militaris* Cic. Ac. 2, 2, ignorant tout de l'art militaire, cf. Cic. Flac. 16 ; Balb. 47 ; Verr. 2, 17 ; Off. 1, 1 ; Nep. Pel. 1, 1 ‖ [avec in abl.] : *rudis omnino in nostris poetis* Cic. Fin. 1, 5, tout à fait ignorant de notre poésie ; *in disserendo* Cic. Rep. 1, 13, étranger à l'art d'argumenter, cf. Cic. de Or. 1, 218 ; Phil. 6, 17 ‖ [avec abl. seul] : Ov. Tr. 2, 424 ; Stat. Th. 6, 437 ; Vell. 2, 73, 1 ‖ [avec *ad*] Liv. 24, 48, 5 ; 21, 25, 6 ; 45, 32, 10 ; Ov. H. 11, 48 ; Pont. 3, 7, 18 ; Curt. 6, 21, 9 ‖ [avec dat.] : *fontes rudes puellis* Mart. 6, 42, 4, sources étrangères aux jeunes filles ‖ [avec inf.] Sil. 6, 90 ; 8, 262.

▶ ni compar., ni superl.

2 **rŭdis**, *is*, f. (?), baguette ¶ 1 baguette [dont se servaient les soldats et les gladiateurs dans leurs exercices ; fleuret] : Liv. 26, 51, 4 ; Suet. Cal. 32 ‖ baguette d'honneur [donnée au gladiateur mis en congé, son temps fini] : *rudem accipere* Cic. Phil. 2, 74, recevoir son congé, être licencié, cf. Hor. Ep. 1, 1, 2 ; Juv. 6, 113 ; Suet. Cl. 21 ¶ 2 spatule [cuiller] : Cat. Agr. 79 ; 104, 2 ; 106, 1 ; Plin. 34, 170.

▶ abl. *rude* qqf. *rudi* cf. Capit. Macr. 4, 5.

rŭdītās, *ātis*, f. (*rudis*), impéritie : Apul. Flor. 20, 3.

rŭdītŭs, *ūs*, m. (*rudo*), braiment [de l'âne] : Apul. M. 8, 29.

rŭdō, *ĭs*, *ĕre*, *īvī*, *ītum* (express., cf. scr. *roditi*), intr., braire : Ov. F. 1, 433 ‖ rugir : Virg. En. 7, 16 ‖ crier fortement [en parl. de l'homme], hurler : Virg. En. 8, 248 ‖ faire du bruit : *prora rudens* Virg. En. 3, 561, proue qui crie.

▶ *rūdo* Pers. 3, 9 ‖ parf. *rudivi* Apul. M. 7, 13.

rŭdŏr, *ōris*, m. (*rudo*), retentissement, fracas : Apul. Flor. 17, 10.

1 **rūdus**, ⇒ *raudus*.

2 **rūdus**, *ĕris*, n. (cf. 1 *rudis*, p.-ê. *raudus*), gravois, plâtras, déblais, décombres : Tac. A. 15, 43 ‖ béton : Vitr. 2, 8, 20 ; 7, 1, 1 ‖ marne, terre grasse : Col. 10, 81 ; ⇒ *rudera*.

Ruduscŭlāna, ⇒ *Rauduscula*.

rūduscŭlum, ⇒ *raud-*.

rŭēs, *is*, f. (*ruo, ruina*, cf. *lues*), ⇒ *ruina* : Carm. Arv. = CIL 1, 2 ; Gloss. 4, 281, 5.

Rūfa, *ae*, f., nom de femme : Hor. S. 2, 5, 216.

rūfescō, *ĭs*, *ĕre*, -, -, intr., roussir, devenir roux : Plin. 28, 194.

Rūfilla, *ae*, f., nom de femme : Suet. Aug. 69.

Rūfillus, *i*, m., nom d'homme : Hor. S. 1, 2, 27.

Rūfīna, *ae*, f., nom de femme : Mart. 11, 54.

Rūfīnus, *i*, m., nom d'homme ‖ commandant dans les Gaules, ayant soutenu la révolte de Vindex, fut mis à mort par Vitellius : Tac. H. 2, 94 ‖ Rufin, ministre d'Arcadius, qui appela les Goths dans l'empire, et fut tué par ses soldats : Claud. Ruf. 1, 20 ‖ prêtre d'Aquilée, ami puis ennemi de s. Jérôme : Hier. Ruf. 3, 23 ‖ grammairien et poète d'Antioche, qui a écrit en latin : Gram. 6, 554, 2.

Rūfĭo, *ōnis*, m., nom d'homme : Cic. Att. 6, 2, 18 ‖ **-ōnīnus**, *a*, *um*, de Rufion : CIL 6, 20201.

1 **rūfĭus**, *ĭi*, m. (gaul. ?), lynx : Plin. 8, 70.

2 **Rūfĭus**, *ĭi*, m., nom d'homme : Rutil. 1, 168.

rūfō, *ās*, *āre*, -, - (*rufus*), tr., rendre roux : Plin. 15, 87.

Rŭfrae, *ārum*, f. pl., ville de Campanie : Virg. En. 7, 739 ‖ **-ānus**, *a*, *um*, de Rufrae : CIL 10, 4830.

Rufrena, *ae*, f., nom de femme : CIL 6, 25575.

Rŭfrī mācĕrĭae, ville de Campanie, près de Nole : Cat. Agr. 22, 4.

Rufrĭum, *ĭi*, n., ville du Samnium : Liv. 8, 25, 4.

rūfŭli, *ōrum*, m. pl. (dim. de *rufus*), tribuns militaires créés par les consuls et non par le peuple : Liv. 7, 5, 9.

rŭfŭlus, *a*, *um* (dim. de *rufus*), Plin. 25, 147.

1 rŭfus, *a*, *um* (dial. = 1 *robus*, cf. *ruber*), rougeâtre, roux : Gell. 2, 26, 5 ‖ rouge [de cheveux], roux, rousseau Pl. *Ps.* 1218 ‖ *rufior* Plin. 18, 86.

2 Rŭfus, *i*, m., surnom romain ; not^t M. Minucius Rufus, maître de la cavalerie sous Fabius Maximus : Liv. 22, 8 ‖ surnom d'autres Minucius : Liv. 32, 27 ; 31, 4 ‖ M. Caelius Rufus, correspondant de Cicéron (Cic. *Fam.* 8), défendu dans le *Pro Caelio* : Cic. *Fam.* 2, 9, 3 ‖ Quinte-Curce [*Q. Curtius Rufus*], auteur d'une histoire d'Alexandre : Curt. 3 tit.

1 rūga, *ae*, f. (cf. *runco*, lit. raūkas, ὄρυσσω ; it. *ruga*, fr. *rue*) ¶ **1** ride [du visage] ord^t pl. : Cic. *CM* 62 ; Sen. 15 ; Hor. *O.* 12, 14, 3 ‖ sg., Prop. 2, 18, 6 ; 3, 25, 12 ; Ov. *Tr.* 3, 7, 34 [signe de la vieillesse, des soucis, de la mauvaise humeur, de la tristesse] ¶ **2** [fig.] ride, rugosité, aspérité : Plin. 9, 109 ; 12, 26 ; 15, 59 ‖ plis dans les vêtements : Plin. 35, 56 ‖ Macr. *Sat.* 3, 13, 4 ; Petr. 102, 12 ‖ écrou : Plin. 18, 317.

2 Rŭga, *ae*, m., surnom du consul Sp. Carvilius : Val.-Max. 2, 1, 4 ; Gell. 4, 3, 2 ; 17, 21, 44.

rūgātĭo, *ōnis*, f. (*rugo*), production des rides, rides : Cael.-Aur. *Chron.* 2, 1, 3.

rūgātus, *a*, *um*, part. de *rugo*.

Rŭgi, *ōrum*, m. pl., v. *Rugii* ‖ au sg., *Rugus* Sidon. *Carm.* 5, 582 ; 7, 322.

Rŭgii, *ōrum*, m. pl., Ruges [peuple germain des bords de la Baltique, voisin de l'île nommée auj. Rügen] Atlas I, B4 : Tac. *G.* 43.

rūgĭnōsus, *a*, *um* (*ruga*), ridé, rugueux : Cael.-Aur. *Acut.* 1, 11, 86.

rŭgĭō, *īs*, *īre*, *īvī* (*ĭī*), - (express. ; cf. *rumor, rudo, (e)rugo*, ῥώχω ; it. *ruggire*), intr., rugir [lion] : Spart. *Get.* 5 ‖ braire [âne] : Amm. 27, 3, 1 ‖ [fig.] *rugiens venter* Hier. *Ep.* 52, 6, ventre qui gronde [affamé].

rŭgītŭs, *ūs*, m. (*rugio*), fr. *rut*) rugissement : Vop. *Prob.* 19 ‖ [fig.] *intestinorum* Hier. *Ep.* 22, 11, borborygme.

rūgō, *ās*, *āre*, *āvī*, *ātum* (*ruga*) ¶ **1** tr., rider : *rugatus*, ridé : Plin. 9, 102 ; Hier. *Ep.* 50, 2 ¶ **2** intr., se froncer, faire des plis : Pl. *Cas.* 246.

rūgōsĭtās, *ātis*, f., froncement [du sourcil] : Tert. *Pat.* 15, 4.

rūgōsus, *a*, *um* (*ruga*), ridé [en parl. de la peau] : Ov. *Am.* 1, 8, 112 ‖ [poét.] *rugosa senecta* Tib. 3, 5, 25, la vieillesse ridée, cf. Hor. *Ep.* 1, 18, 105 ‖ ridé [en parl. des choses], plissé, rugueux : Col. 12, 44, 4 ‖ qui ride : Pers. 5, 91 ‖ *-sior* Mart. 3, 93, 4.

Rugusci, *ōrum*, m. pl., peuple des Alpes : Plin. 3, 137.

rŭīna, *ae*, f. (*ruo* ; it. *rovina*) ¶ **1** chute, écroulement : *grandinis* Lucr. 6, 156, la grêle qui tombe ; *permixtas equitum peditumque ruinas dare* Lucr. 5, 1329, faire crouler pêle-mêle cavaliers et fantassins ; *ruina jumentorum sarcinarumque* Liv. 44, 5, 1, dégringolade des bêtes de somme et des bagages ; *ruinam dant* Virg. *En.* 11, 613, ils s'écroulent l'un sur l'autre ; *ruinas facere* Hor. *S.* 2, 8, 54, s'écrouler, crouler, s'effondrer ¶ **2** [en part.] écroulement, éboulement, effondrement de bâtiments : Cic. *de Or.* 2, 353 ; *Div.* 2, 20 ; *Att.* 2, 4, 7 ; Caes. *C.* 2, 11, 4 ‖ pl., Pl. *Ep.* 83 ; Lucr. 2, 1145 ; Hor. *O.* 3, 3, 8 ‖ *incendium ruina restinguere* Sall. *C.* 31, 9, éteindre l'incendie sous les ruines [en faisant crouler l'État, cf. Cic. *Mur.* 51 ; Sen. *Ep.* 30, 14 ¶ **3** [fig.] **a)** écroulement, effondrement, ruine : *ruinas facere* Lucr. 1, 740, s'effondrer ; *ruinas edere* Cic. *Leg.* 1, 39, causer des ruines, exercer des ravages ; *jam ruinas videres* Cic. *Fin.* 5, 83, alors on verrait leur système en ruines, cf. Cic. *Cat.* 1, 14 ; *Sest.* 5 ; *Dom.* 96 **b)** catastrophe, désastre, destruction, ruine : Cic. *Clu.* 96 ; **Cannensis** Liv. 23, 25, 3, désastre de Cannes ‖ *strage ac ruina fudere Gallos* Liv. 5, 43, 3, ils mirent en déroute les Gaulois massacrés et écrasés ¶ **4** ce qui reste après l'écroulement, ruines, décombres : pl., Liv. 9, 18, 7 ; 10, 4, 8 ; 33, 38, 10 ; 42, 3, 9 ‖ sg. rare : Plin. 33, 74 ¶ **5** [poét.] ce qui tombe : *caeli ruina* Virg. *En.* 1, 129, l'effondrement du ciel [en pluies torrentielles].

rŭīnōsus, *a*, *um* (*ruina*), ruineux, qui menace ruine : Cic. *Off.* 3, 54 ‖ ruiné, écroulé : Ov. *H.* 1, 56.

rŭĭtūrus, *a*, *um*, part. f. de *ruo*.

Rullĭānus, *i*, m., surnom de Q. Fabius, qui fut appelé Maximus : Liv. 8, 29, 9.

1 rullus, *a*, *um* (cf. 1 *rudis*), rustre, mendiant : Gloss. 2, 176, 1 ; 175, 60.

2 Rullus, *i*, m., surnom rom. ; not^t P. Servilius Rullus contre lequel Cicéron prononça ses discours sur la loi agraire : Cic. *Fam.* 8, 6, 5.

1 rūma, *ae*, f., Varr. *R.* 2, 11, 5 ; **rūmis**, *is*, f., Plin. 15, 77 ; **rūmen**, *ĭnis*, n., Fest. 332, 15 ; P. Fest. 333, 8 (distinguer p.-ê. *ruma* ¶ **2**, cf. *Rumina*, gall. *rhumen*, de *ruma* ¶ **1**, cf. *ructo*) ¶ **1** œsophage ou premier estomac [des ruminants] ‖ *rumen*, estomac [de l'homme], ventre, panse : Pompon. *Com.* 152 ¶ **2** *ruma, rumis*, f., mamelle [des animaux] tétine, pis : Fest. 326, 25 ; P. Fest. 333, 5.

2 Rūma, *ae*, m., surnom romain : CIL 3, 5350.

rūmen, *ĭnis*, n., v. *ruma*.

rūmentum, *i*, n. (*rumpo*), interruption [en t. d'augures] : Fest. 332, 17 ; P. Fest. 333, 10.

rŭmex, *ĭcis* (cf. 1 *ruta* ; fr. *ronce*) ¶ **1** m. f., rumex, petite oseille [plante] : Plin. 11, 18 ¶ **2** espèce de dard : Lucil. 1315 ; Gell. 10, 25, 2 ; Fest. 332, 3 ; P. Fest. 333, 1.

Rūmĭa (mss.) **Rūmīna**, *ae*, f. (*rumen*), déesse qui présidait à l'allaitement des enfants : Varr. *R.* 2, 11, 5 ; Aug. *Civ.* 4, 11.

rūmĭfĭcō, *ās*, *āre*, -, - (*rumor, facio*), tr., divulguer : Pl. *Amp.* 678.

rūmĭgĕrātĭo, *ōnis*, f., bruits [semés] : Lampr. *Hel.* 10, 4.

rūmĭgĕro, *ās*, *āre*, -, - (*rumor, gero*) et **-gĕror**, *ārĭs*, *ārī*, -, dép., divulguer : Fest. 332, 6 ; P. Fest. 333, 2.

rūmĭgĕrŭlus, *a*, *um*, colporteur de nouvelles, nouvelliste, bavard : Amm. 14, 1, 2 ; Hier. *Ep.* 50, 1.

rūmĭgō, *ās*, *āre*, -, - (*ruma* ¶ **1**, *ago* ; fr. *ronger*), tr., ruminer : Apul. *M.* 4, 22.

Rūmĭna, v. *Rumia*.

rūmĭna ficus, f. (*rumen*), le figuier ruminal [sous lequel furent allaités Romulus et Rémus] : Ov. *F.* 2, 412.

rūmĭnālis, *e* (*rumen*), ruminant : Plin. 8, 260 ‖ *Ruminalis ficus* ou *arbor*, v. *rumina ficus* : Liv. 1, 4, 5 ; Plin. 15, 77.

rūmĭnātĭo, *ōnis*, f. (*rumino*) ¶ **1** rumination : Plin. 11, 201 ‖ [fig.] recrudescence, répétition, retour : Plin. 15, 94 ; 17, 191 ¶ **2** réflexion, méditation : Cic. *Att.* 2, 12, 2.

rūmĭnātŏr, *ōris*, m. (*rumino*), ruminant : Arn. 7, 24.

rūmĭnō, *ās*, *āre*, -, - (*rumen*), intr., ruminer : Plin. 11, 160 ‖ tr., Virg. *B.* 6, 54.

rūmĭnŏr, *ārĭs*, *ārī*, -, c. *rumino* ‖ [fig.] ruminer, méditer : Symm. *Ep.* 3, 13 ; Gell. 19, 7, 2 ‖ rabâcher : Andr. d. Non. 166, 29.

Rūmĭnus, *i*, m. (*rumen*), nourricier [épith. de Jupiter] : Aug. *Civ.* 7, 11.

rūmis, *is*, f., v. 1 *ruma* ¶ **2**.

rūmĭtō, *ās*, *āre*, -, - (*rumor*), intr., rapporter des bruits : Naev. d. P. Fest. 333, 3.

Rumnici, *ōrum*, m. pl., peuple scythe : Plin. 6, 50.

1 rūmō, *ās*, *āre*, -, - (1*ruma* ¶ **1**), intr., c. *rumino* : P. Fest. 333, 8.

2 Rūmo, *ōnis*, m., ancien nom du Tibre : Serv. *En.* 8, 63.

rŭmŏr, *ōris*, m. (cf. *rumito, rugio, ructo*, scr. *rauti* ; it. *romore*) ¶ **1** bruits vagues, bruit qui court, rumeur, nouvelles sans certitude garantie : *rumore aut fama* Caes. *G.* 6, 20, 1, par des bruits vagues ou par la voix publique ; *incerti rumores* Caes. *C.* 4, 5, 3, bruits sans consistance, cf. Caes. *G.* 7, 1, 2 ; *C.* 1, 53, 2 ; Cic. *Dej.* 25 ; *Fam.* 2, 8, 1 ; *rumoribus mecum pugnas* Cic. *Nat.* 3, 13, c'est avec des on-dit que tu discutes contre moi ‖ *rumor est* [avec prop. inf.] Cic. *Fam.* 1, 2, 7, on dit que, le bruit court que, cf. Cic. *Att.* 16, 5, 1 ‖ [avec de] *de aliquo, de aliqua re*, bruits concernant qqn, qqch. : Cic. *Fam.* 12, 9, 1 ; *Dej.* 25 ; Caes. *G.* 7, 59 ; *C.* 1, 60 ; [avec gén.] Cic. *Q.* 3, 8, 4 ; Tac. *H.* 3, 45 ; Suet. *Aug.* 70 ; *Caes.* 2 ¶ **2** propos colportés, opinion courante : *rumor multitudinis* Cic. *Fin.* 2, 49, propos, opinion de la foule, cf. Cic.

rumor

Sest. 115 ; *Mur.* 35 ‖ renommée : *inanem aucupari rumorem* Cic. *Pis.* 57, être en quête d'une vaine réputation, cf. Cic. *Clu.* 131 ; *adverso rumore esse* Liv. 27, 20, 10, avoir contre soi l'opinion, avoir mauvaise réputation ‖ mauvais propos, malveillance publique : Curt. 10, 31, 18 ; Sall. *H.* 2, 15 ‖ *secundo rumore*, au milieu des propos favorables, avec l'approbation générale : Cic. *Div.* 1, 29 ; Hor. *Ep.* 1, 10, 9 ; Virg. *En.* 8, 90 ; Fenest. d. Non. 385, 17.

rumpĭa, *ae*, f. (ῥομφαία), cf. *romphaea* : Enn. d. Gell. 10, 25, 4 [où se trouve une définition] ; Liv. 31, 39, 11.

rumpō, *ĭs*, *ĕre*, *rūpī*, *ruptum* (cf. *rupes*, scr. *lumpati*, *rupyati*, al. *Raub*, *rupfen*, an. *bereave*, *rip* ; fr. *rompre*), tr. ¶ 1 rompre, briser, casser : [des chaînes] Cic. *Cat.* 4, 8 ; [un pont] Liv. 7, 9, 7 ‖ déchirer : [des vêtements] Ov. *M.* 6, 131 ; [la nue] Sen. *Nat.* 2, 58, 1 ‖ fendre, séparer, ouvrir : [une montagne] Juv. 10, 153 ; *alicui praecordia ferro* Ov. *M.* 6, 251, percer d'un fer le cœur de qqn ; *tauri colla securi* Ov. *M.* 12, 249, trancher le cou d'un taureau avec une hache ‖ *aliquem ambulando* Ter. *Hec.* 435, faire crever qqn à force de promenades ; *membrum rumpere* L. XII Tab. 8, 2, briser un membre [ou détruire un organe] ¶ 2 **a)** *se rumpere*, se faire éclater, se faire crever [en parl. de la grenouille] : Hor. *S.* 2, 3, 319 **b)** se tuer à faire une chose : Pl. *Cap.* 14 ; *Merc.* 151 ‖ [pass. réfléchi] *rumpi* Virg. *B.* 8, 71, éclater, crever, cf. Cic. *Div.* 2, 33 ; *rumperis* Hor. *S.* 1, 3, 136, tu éclates [de colère], cf. Cic. *Q.* 3, 9, 1 ; Prop. 1, 8, 27 ; [avec prop. inf.] *non rumperetur supra cineres Cn. Pompei constitui Sejanum ?* Sen. *Marc.* 22, 5, pouvait-il ne pas éclater à l'idée qu'on dressait un Séjan sur les cendres de Pompée ? ¶ 3 rompre, enfoncer [des rangs de soldats, une ligne de bataille] : Virg. *En.* 12, 683 ; Liv. 6, 13, 3 ; 26, 5, 13 ¶ 4 faire en brisant **a)** pratiquer, frayer, ouvrir [une route, un passage] : Virg. *En.* 10, 372 ; Liv. 2, 50, 9 ; Virg. *En.* 2, 494 **b)** faire jaillir [une source] : Ov. *M.* 5, 257 ; *se rumpere* Virg. *G.* 1, 446 ; 4, 368 ; *En.* 11, 548, s'élancer, jaillir impétueusement, ou *rumpi* Virg. *G.* 3, 428 ; *En.* 2, 416 ¶ 5 faire sortir un son de la bouche, faire sortir (entendre) une parole, des mots, des plaintes : Virg. *En.* 2, 129 ; 3, 246 ; 4, 553 ; 11, 377 ; *non exitio fratrum rupta voce* Tac. *An.* 6, 20, sans que la mort de ses frères lui arrache un mot [une plainte] ¶ 6 [fig.] **a)** rompre, briser, détruire : [des traités] Cic. *Balb.* 13 ‖ annuler un testament : Cic. *de Or.* 1, 241 ‖ rompre un mariage : Hor. *O.* 1, 15, 7 ‖ *imperium* Tac. *H.* 3, 19 ; Curt. 10, 2, 15, annihiler le commandement, rompre les liens de l'obéissance ; cf. *sacramenti religionem*, Liv. 28, 27, 4, trahir la religion du serment **b)** interrompre, couper court à : *visum* Cic. *Rep.* 6, 12 ; *somnum* Virg. *En.* 7, 458, interrompre une vision, le sommeil ; *sacra* Virg. *En.* 8, 110, un sacrifice ; *moras* Virg. *En.* 4, 569 ; Plin. *Ep.* 5, 11, 2, couper court aux délais, se hâter.

▶ inf. pass. *rumpier* Afran. *Com.* 127.

rumpŏtĭnētum, *i*, n. (*rumpotinus*), plantation de vigne enlacée à des arbres : Col. 5, 7, 2.

rumpŏtĭnus, *a*, *um* (*rumpus*, *teneo*), qui sert à porter la vigne enlacée : Col. 5, 7, 1 ‖ subst., **-tĭnus**, *i*, f., arbre qui porte la vigne [surtout l'érable, *opulus*] : Plin. 14, 12.

rumpus, *i*, m. (gaul. ? ῥομφεῖς ?), sarment entrelacé dans plusieurs arbres [cf. *tradux*] : Varr. *R.* 1, 8, 4.

rūmuscŭlus, *i*, m. (dim. de *rumor*), menus bruits, propos insignifiants, cancans : Cic. *Leg.* 3, 35 ; *Clu.* 105.

1 rūna, *ae*, f. (cf. *ruo*, ou *rumpo* ?), espèce de javelot : P. Fest. 317, 11.

2 rūna, *ae*, f. (germ., cf. got. *rūna*, al. *Rune*), rune [caractère de l'écriture germanique] : Fort. *Carm.* 7, 18, 19.

rūnātus, *a*, *um*, armé d'une runa : Enn. *An.* 589.

runcātĭo, *ōnis*, f. (*runco*), sarclage : Col. 2, 9, 18 ‖ sarclure : Col. 2, 11, 6.

runcātŏr, *ōris*, m. (*runco*), sarcleur : Col. 2, 12, 1.

1 runcĭna, *ae*, f. (de ῥυκάνη, cf. 1 *runco* ; fr. *rouanne*), rabot : Varr. *L.* 6, 77.

2 Runcĭna, *ae*, f., déesse qui préside au sarclage : Aug. *Civ.* 4, 8.

runcĭnō, *ās*, *āre*, -, - (*runcina*), tr., raboter : Arn. 5, 28.

1 runcō, *ās*, *āre*, -, - (cf. *ruga*, ὀρύσσω ; it. *rancare*), tr., sarcler, désherber : Cat. *Agr.* 48, 2 ; Varr. *R.* 1, 30 ‖ [fig.] épiler : Pers. 4, 36.

2 runco, *ōnis*, m. (1 *runco*), sarcloir : Pall. 1, 43, 3 ; Isid. 20, 14, 5.

rŭō, *ĭs*, *ĕre*, *rŭī*, *rŭtum*, part. fut. *rŭĭtūrus* (cf. 2 *ruta caesa*, *rutrum*, ὄρνυμι, scr. *ṛnoti*, rus. *ryt'*) I intr.
A se précipiter, se ruer, s'élancer ¶ 1 **a)** [en parl. des pers. et des anim.] Cic. *Fin.* 1, 34 ; *Att.* 7, 7, 7 ; 7, 20, 1 ; Liv. 1, 27, 11 ; Tac. *Agr.* 37 **b)** [cours d'eau] Virg. *En.* 4, 164 ; Tac. *H.* 5, 19 ; Ov. *M.* 1, 285 **c)** [paroles de la Sibylle] Virg. *En.* 6, 44 **d)** [la nuit, le jour] Virg. *En.* 2, 250 ; 10, 256 ¶ 2 [fig.] **a)** *ad interitum voluntarium* Cic. *Marc.* 14, courir volontairement à la mort ; *crudelitatis odio in crudelitatem* Liv. 3, 53, 7, par haine de la cruauté se précipiter dans la cruauté ; *quo ruis ?* Virg. *En.* 10, 811, où cours-tu ? ‖ [poét. avec inf.] se précipiter pour : Prop. 4, 1, 71 ; Luc. 7, 751 ; Stat. *Th.* 7, 177 ‖ [pass. impers.] *in fata ruitur* Liv. 8, 24, 4, on court à son destin **b)** courir à l'aveuglette, se précipiter trop, se hâter inconsidérément, agir avec précipitation : Cic. *Off.* 3, 55 ; *Sest.* 133 ; *Att.* 2, 14, 1 ; Liv. 3, 11, 10 ; Tac. *H.* 1, 56.

B ¶ 1 tomber, s'écrouler, crouler, se renverser **a)** [en parl. de personnes] : Virg. *En.* 10, 756 **b)** [bâtiments] : Pl. *Most.* 147 ; Lucr. 5, 307 ; Liv. 4, 21, 5 ; 21, 11 ; *ruit alto a culmine Troja* Virg. *En.* 2, 290, Troie s'écroule de toute sa hauteur ; *ruit arduus aether* Virg. *G.* 1, 324, les hauteurs du ciel s'écroulent en torrents, le ciel fond en eau ¶ 2 [fig.] tomber, s'écrouler, s'effondrer : Cic. *Pomp.* 19 ; *Verr.* 5, 12 ; Lucr. 4, 507 ; Tac. *H.* 3, 64.

II tr.

¶ 1 précipiter **a)** bousculer, pousser violemment : *atram nubem ad caelum* Virg. *G.* 2, 308, pousser vers le ciel un noir tourbillon ; *cinerem* Virg. *En.* 11, 211, remuer des cendres ; *ceteros* Ter. *Ad.* 319, bousculer les autres ; *intus harenam* Lucr. 6, 726, précipiter le sable vers l'intérieur **b)** [avec *ex* ou *ab*] lancer hors de, faire sortir violemment ou brusquement : *unde divitias ruam dic* Hor. *S.* 2, 5, 22, indique-moi d'où je puis faire jaillir des richesses ; *mare a sedibus imis* Virg. *En.* 1, 85, soulever la mer du fond de ses abîmes **c)** bouleverser, fouiller, creuser, cf. *eruo*, v. *ruta caesa* **d)** *se ruere*, se précipiter : Gell. 7, 2, 8.

¶ 2 faire tomber, faire crouler, renverser : Pl. *Trin.* 837 ; Virg. *G.* 1, 105 ; *naves* Lucr. 1, 272, faire couler des navires ‖ *se ruere* Apul. *Flor.* 2, 10, s'écrouler, fondre.

rūpēs, *is*, f. (*rumpo*, *rupex*), paroi de rocher : Caes. *C.* 1, 70, 3 ; *G.* 2, 29, 3 ; *rupes cava* Virg. *G.* 3, 253, crevasse, ravin ‖ antre, grotte, caverne, cf. Virg. *En.* 3, 443 ‖ défilé avec paroi rocheuse : Liv. 21, 36, 1 ‖ précipice : Liv. 21, 40, 9 ; Hor. *Ep.* 1, 20, 15.

rūpĕus, *a*, *um* (*rupes*), de rocher ; [fig.] sans vie : Ambr. *Luc.* 2, 75.

rŭpex, *ĭcis*, m. (cf. *rupes*), homme grossier, lourdaud, rustaud : Lucil. d. Fest. 442, 6 ; P. Fest. 443, 3 ; Tert. *Pall.* 4, 2.

rūpī, parf. de *rumpo*.

rūpĭcăpra, *ae*, f. (*rupes*, *capra*), chamois [animal] : Plin. 8, 214.

rūpĭco, *ōnis*, m., cf. *rupex* : Apul. *Flor.* 7, 13.

Rŭpĭlĭa Faustīna, *ae*, f., grand-mère de Marc Aurèle : Capit. *Aur.* 1, 4.

Rŭpĭlĭa lex, f., loi Rupilia : Cic. *Verr.* 2, 40.

Rŭpĭlĭus, *ii*, m., nom d'une *gens* rom., not[t] P. Rupilius, consul, qui fit rendre une loi en faveur de la Sicile : Cic. *Verr.* 2, 39 ‖ A. Rupilius, médecin : Cic. *Clu.* 176 ‖ un acteur du temps de Cic. : Cic. *Off.* 1, 114 ‖ P. Rupilius Rex, préteur de Préneste, proscrit par les triumvirs : Hor. *S.* 1, 7, 1.

rūpīna, *ae*, f. (*rupes*), sol rocailleux, rochers, falaise : Apul. *Flor.* 11, 1.

ruptĭo, *ōnis*, f. (*rumpo*), effraction, bris : Ulp. *Dig.* 9, 2, 27, 17.

ruptŏr, *ōris*, m. (*rumpo*), celui qui rompt [fig.], qui trouble, violateur : Liv. 21, 40, 11 ; Tac. *H.* 4, 57.

ruptūra, *ae*, f. (*rumpo*), rupture, fracture : Gell. 20, 1, 33.

ruptus, *a*, *um*, part. de *rumpo*.

Rūra, *ae*, f., rivière de Germanie [Ruhr]: Geogr.-R. *4, 24*.

rūrālis, *e* (*rus*), des champs, de la campagne, champêtre, rustique, rural: Amm. *30, 2, 10* ‖ qui protège les champs: Nemes. *Ecl. 1, 63*.

rūrālĭtĕr, adv., d'une manière grossière, inculte: Cassiod. *Var. 3, 51*.

rūrātĭo, *ōnis*, f. (*ruro*), agriculture: Apul. *Flor. 15*; *Apol. 56*.

rūrestris, *e* (*rus*, cf. *campestris*), ▶ *ruralis*: Cod. Just. *4, 65, 31* ‖ agreste, grossier: *Apul. M. 4, 2, 8*.

rūri, ▶ *rus*.

Rūrĭcĭus, *ii*, m., s. Rurice, évêque de Limoges: Sidon. *Ep. 4, 16* ‖ autres du même nom: Amm. *27, 9, 3*; Fort. *Carm. 4, 5, 7*.

rūrĭcŏla, *ae*, m. f. (*rus*, *colo*), qui cultive les champs: Ov. *M. 5, 479*; **ruricolae dentes** Luc. *7, 859*, le hoyau ‖ n. [rare], **ruricola aratrum** Ov. *Tr. 4, 6, 1*, charrue qui cultive la terre ‖ subst. m., laboureur, cultivateur, paysan, campagnard, villageois: Col. *10, 337*.

rūrĭcŏlāris, *e*, campagnard, des champs: Fort. *Mart. 1, 325*.

rūrĭgĕna, *ae*, m. f. (*rus*, *geno*), né aux champs, habitant de la campagne: Ov. *M. 7, 765*.

Rūrīna (Rūsīna), *ae*, f. (*rus*) nom d'une déesse de la campagne, chez les Romains: Aug. *Civ. 4, 8*.

rūrō, *ās*, *āre*, -, -, Pl. *Cap. 84*, **rūrŏr**, *ārĭs*, *ārī*, - (*rus*), intr., Varr. *Men. 457*, vivre à la campagne.

rursŭs, rursŭm, arch. **rūsum, russum**, adv. (*revorsus*) ¶ **1** en arrière, en revenant sur ses pas: **rursus revorti** Pl. *Poen. 79*, revenir; **rursus ac prorsus** Varr. d. Non. *384, 32*; **rursus prorsum** Ter. *Hec. 315*, en arrière et en avant, en reculant, en avançant ¶ **2** [fig.] **a)** en revanche, inversement, en retour: Cic. *Tusc. 1, 40*; **et rursum** Cic. *Tusc. 1, 45*, et en revanche, cf. Cic. *Off. 2, 2*; *Fin. 3, 34*; *de Or. 1, 110*; *Brut. 47*; **rursus autem** Cic. *Lae. 59*, et par contre; **hi rursus in vicem** Caes. *G. 4, 1, 5*, ceux-ci en revanche à leur tour **b)** derechef, une seconde fois: **sed redeamus rursus ad Hortensium** Cic. *Brut. 291*, mais revenons encore une fois à Hortensius, cf. *Mur. 15*; Caes. *G. 1, 25*; *3, 12*.

rūs, *rūris*, n. (**rewos*, cf. av. *ravas-*, al. *Raum*, an. *room*, toch. AB *ru-*) ¶ **1** campagne, propriété rurale: Cic. *Amer. 133*; Virg. *G. 2, 412*; **paterna rura bobus exercet suis** Hor. *Epo. 2, 3*, il travaille le bien paternel avec des bœufs à lui; **cum in sua rura venerunt** Cic. *Tusc. 5, 102*, quand ils viennent dans leurs maisons de campagne ‖ la campagne, les champs [opp. à la ville]: Cic. *Off. 3, 1* ‖ loc. **ruri, ruri habitare** Cic. *Amer. 39*, habiter la campagne, cf. *Off. 3, 112*; *Att. 13, 49, 1*; Pl. *Cap. 84*; *Cas. 126*; Ter. *Ad. 45*; **rure esse** Pl. *Cas. 110*, rester à la campagne, cf. Liv. *38, 53, 8*; Hor. *Ep. 1, 7, 1*; *1, 14, 10*; [avec un qualif.] **rure paterno** Hor. *Ep. 1, 18, 50*, dans la propriété paternelle, cf. Ov. *F. 6, 671* ‖ **rure redire** Cic. *Fam. 5, 20, 9*, revenir de la campagne ‖ **rus ire** Pl. *Cap. 78*; Ter. *Eun. 187*, aller à la campagne ¶ **2** [fig.] la campagne = rusticité, grossièreté: Pl. *Most. 16*; Hor. *Ep. 2, 1, 160*.

Rusaddir, ▶ *Rhysaddir*.

Rusazus, *i*, f., ville de la Maurétanie tingitane Atlas VIII, A2: Plin. *5, 20*.

Rusbĕās, *ae*, m., promontoire de l'Océan septentrional dans la Livonie: Plin. *4, 95*.

1 rusca, *ae*, f. (gaul., cf. *riscus*; fr. *ruche*), écorce: Vit. Patr.-Jur. *65*.

2 Rusca, *ae*, m., M. Pinarius Rusca, tribun de la plèbe: Cic. *de Or. 2, 261*.

ruscārĭus, *a*, *um* (*ruscum*), qui sert à enlever les broussailles: *Cat. Agr. 11, 4*; *Varr. R. 1, 22, 5*.

ruscĕus, *a*, *um* (*ruscus*), rouge [couleur de la baie]: Cat. *Orig. 7, 9*.

Ruscĭno, *ōnis*, m., ville de la Narbonnaise [qui a donné son nom au Roussillon] Atlas IV, B4; V, F2: Plin. *3, 32*; Liv. *21, 24, 2*.

Ruscīnus (Ros-), *i*, m., rivière des Pyrénées: Avien. *Or. 567*.

Ruscĭus, *ii*, m., nom d'homme: Suet. *Dom. 9*.

Rusconĭa, *ae*, f., ville de Maurétanie Atlas VIII, A1: Plin. *5, 20* ‖ **-nĭensis**, *e*, de Rusconia: CIL *8, 9047*.

ruscŭlum, *i*, n. (dim. de *rus*), petite maison de campagne: Gell. *19, 9, 1*.

ruscum, *i*, n. (cf. *russus*, ou scr. *rūkṣa-s*; it. *rusco*), Fest. *320, 17*, **ruscus**, *i*, f., Col. *12, 7, 2*, fragon épineux, petit-houx: Virg. *B. 7, 42*; *G. 2, 413*; Plin. *21, 86*.

Rusellāna, f., *colonia*, Ruselles, ville d'Étrurie [auj. Roselle] Atlas XII, D3: Plin. *3, 51* ‖ **-āni**, *ōrum*, m. pl., habitants de Ruselles: Liv. *28, 45, 18*.

Rūsĭcăde, *ēs*, f., ville de Numidie [Philippeville, auj. Skikda] Atlas VIII, A3: Plin. *5, 22*.

Rūsīna, ▶ *Rurina*: Aug. *Civ. 4, 8*.

Rūso, *ōnis*, m., surnom romain: Hor. *S. 1, 3, 86*.

Rūsŏr, *ōris*, m. (*rūsum, rursum*), divinité qui préside au retour périodique des choses: Varr. d. Aug. *Civ. 7, 23*.

Ruspae, *ārum*, f. pl., ville de Numidie: Peut. *5, 3*.

Ruspĭna, *ae*, f., ville sur la côte d'Afrique, près de Leptis [Monastir] Atlas VIII, A4; XII, H2: Plin. *5, 25*.

ruspō, *ās*, *āre*, -, - (cf. *ruo*, *ruta caesa*, al. *räuspern*; it. *ruspare*), Tert. *Pall. 2, 6*, **ruspŏr**, *ārĭs*, *ārī*, -, Acc. *Tr. 441*; *489*; Apul. *Apol. 41, 2*, tr., fouiller, scruter.

russātus, *a*, *um* (*russus*), qui a une tunique rouge foncé: **russata grex** CIL *6, 10072*, la faction rouge [une des quatre du cirque]; **russatus auriga** *Plin. 7, 186*, cocher de la faction des rouges ‖ rougi: *Tert. Cor. 1, 3*.

Russell-, ▶ *Rusell-*.

russĕŏlus, *a*, *um* (dim. de *russeus*; fr. *rissole*), rougeâtre: Prud. *Perist. 11, 130*.

russescō, *ĭs*, *ĕre*, -, -, intr., rougir, devenir rouge foncé: Enn. *An. 261*.

russĕus, *a*, *um* (*russus*; esp. *rojo*), rouge foncé: Petr. *27, 1*; Plin. *21, 166*; Apul. *M. 2, 8* ‖ [en parl. de chevaux] **russeus color** Pall. *4, 13, 4*, couleur alezan.

russŭlus, *a*, *um* (dim. de *russus*), rougeâtre: Vop. *Prob. 4, 5*.

russus, *a*, *um* (**rudhso-s*, cf. *ruber, ruscum*; it. *rosso, fr. roux*), rouge, roux: Lucr. *4, 65*; Catul. *39, 19*.

rustārĭus [mss], ▶ *ruscarius*.

Rustĭca, *ae*, f., nom de femme: CIL *2, 1956*.

rustĭcānus, *a*, *um* (*rusticus*), de campagne, rustique: **rusticanus homo** Cic. *Verr. 5, 34*, campagnard, paysan, cf. *Tusc. 2, 53*; *Att. 8, 13, 2*; **vita rusticana** Cic. *Amer. 44*, vie à la campagne; **rusticanum tugurium** Hier. *Ep. 52, 6*, hutte de paysan ‖ subst., **rusticani**, *ōrum*, m. pl., gens de la campagne, paysans: Eutr. *9, 20, 3*.

rustĭcātim, adv. (*rusticus*), en paysan: Pompon. *Com. 7*.

rustĭcātĭo, *ōnis*, f. (*rusticor*), séjour à la campagne, vie des champs: pl., Cic. *Lae. 103* ‖ travaux des champs: Col. *11, 1, 6*.

rustĭcē, adv. (*rusticus*), en paysan, en campagnard: Cic. *de Or. 3, 25* ‖ [fig.] grossièrement, maladroitement, gauchement: Cic. *Off. 3, 39* ‖ **-cius** Hor. *S. 1, 3, 31*.

rustĭcellus, *a*, *um* (dim. de *rusticulus*), un peu rustique: Varr. d. Plin. *7, 83*.

Rustĭcĭāna, *ae*, f., nom de femme: Sidon. *Ep. 2, 10, 5*.

Rustĭcilla, *ae*, f., nom de femme: CIL *2, 537*.

rustĭcĭtās, *ātis*, f. (*rusticus*), les choses de la campagne; [en bonne part] les mœurs de la campagne: Plin. *Ep. 1, 14, 4* ‖ [en mauv. part] rusticité, grossièreté: Quint. *7, 1, 37*; Suet. *Caes. 53* ‖ gaucherie, façons campagnardes, accent campagnard: Quint. *11, 3, 10*; *11, 3, 30*.

rustĭcŏr, *ārĭs*, *ārī*, - (*rusticus*), intr. ¶ **1** rester, vivre à la campagne: Cic. *de Or. 2, 22*; *Att. 12, 1, 1*; *Leg. 1, 9* ¶ **2** travailler dans les champs: Col. *11, 1, 5*; *12, 3, 8* ¶ **3** s'exprimer en rustre, incorrectement: Sidon. *Ep. 4, 3, 1*.

rustĭcŭla, *ae*, f. (*rusticulus*), bécasse: Plin. *10, 111*.

1 rustĭcŭlus, *i*, m. (dim. de *rusticus*), un campagnard, un paysan: Cic. *Sest. 82*.

rustĭcŭlus

2 **rustĭcŭlus**, *a*, *um*, assez rustique, grossier : Mart. 10, 20 (19), 2.

1 **rustĭcus**, *a*, *um* (*rus*) ¶ 1 relatif à la campagne, de la campagne, v. *rus* : *praedia rustica* Cic. Amer. 42, propriétés rurales ; *res rusticae* Cic. de Or. 1, 69, agriculture ; *vita rustica* Cic. Amer. 75, vie de la campagne, à la campagne [opp. à *vita agrestis*, "vie des champs", "vie paysanne"] ; *homo, agricola et rusticus* Cic. Amer. 143, cet homme, qui cultive et vit à la campagne ¶ 2 subst. m., *rusticus* homme qui vit à la campagne, campagnard : Cic. Fin. 2, 77 ; Or. 81 ¶ 3 qui rappelle la campagne **a)** [en bonne part] rustique, simple, naïf : Cic. Amer. 75 ; Mart. 10, 72, 11 ; *titulus rusticior* Sen. Ep. 88, 38, titre plus simple, plus modeste **b)** [surt. en mauv. part] grossier, balourd, gauche : Cic. Off. 1, 129 ; Virg. B. 2, 56 ; Ov. M. 14, 522 **c)** novice, gauche : Ov. Am. 2, 4, 13.

2 **Rustĭcus**, *i*, m., Q. Junius Arulénus Rusticus, stoïcien, que Domitien fit périr : Plin. Ep. 1, 5, 2 ǁ s. Rustique [martyrisé avec s. Denis] : Ps. Fort. Dion. 23.

Rusucurum, *i*, n., port et ville de Maurétanie [Dellys] Atlas I, D3 ; VIII, A2 : Plin. 5, 20 ǁ **-ītāni**, *ōrum*, m. pl., habitants de Rusucurum : CIL 8, 8995.

rusum, **russum**, v. *rursum*.

rūsus, *a*, *um*, v. *russus* : Gell. 2, 26, 8.

1 **rūta**, *ae*, f. (cf. *rumex*, ῥυτή ; fr. *rue*, al. *Raute*), rue [plante d'un goût âcre] : Cic. Fam. 9, 22, 3 ; Col. 11, 3, 38 ; Plin. 19, 156, cf. Varr. L. 5, 103 ǁ [fig.] = amertume : *ad cujus rutam puleio mihi tui sermonis utendum est* Cic. Fam. 16, 23, 2, pour combattre sa rue (son âcreté) j'ai besoin du pouliot (de la douceur) de tes propos.

2 **rūta caesa**, n. pl. (*ruo, rutabulum, rutrum*, cf. *eruo, ruspo*), [propr¹, d'après Fest. S 320, 1] les objets, soit extraits du sol (*ruta*), soit coupés sur le sol (*caesa*), que le vendeur se réserve : [d'où] objets quelconques exceptés de la vente : *dicet te, cum aedes venderes, ne in rutis quidem et caesis solium tibi paternum reliquisse* Crass. d. Cic. de Or. 2, 226, elle dira que dans la vente de la maison tu ne t'es même pas laissé, parmi les objets qu'on se réserve, le fauteuil de ton père, cf. Cic. Part. 107 ; Top. 100.

▶ *rūta* cf. Varr. L. 9, 104.

rŭtābŭlum, *i*, n. (*ruo*, 2 *ruta*, *rutrum* ; fr. *râble*), pelle à feu, fourgon, râble [de boulanger, raclette à long manche] : Cat. Agr. 10, 3 ; Fest. 318, 32 ǁ raclette [de bois] : Col. 12, 20, 4 ǁ membre viril : Naev. Com. 127.

rŭtācĕus, *a*, *um* (*ruta*), de rue [plante] : M.-Emp. 29, 57.

rŭtārĭus, *a*, *um* (*ruta*), couvert de rue [plante] : CIL 6, 7803.

rŭtātus, *a*, *um* (*ruta*), assaisonné de rue : Plin. 19, 156.

rŭtellum, *i*, m. (dim. de *rutrum*), racloir : Lucil. 322.

Rŭtēni, *ōrum*, m. pl., peuple et ville d'Aquitaine [auj. Rodez] : Caes. G. 1, 45, 2.

Rūth, f. indécl., femme moabite, épouse de Booz : Vulg. Ruth 1, 4 ; Matth. 1, 5.

Rŭthēni, v. *Ruteni*.

Rŭtĭla, *ae*, f., nom de femme : Juv. 10, 294.

rŭtĭlans, *tis*, part. de *rutilo*, brillant, éclatant : Plin. 16, 53 ǁ *-tior* Fort. Carm. spur. 1, 351.

rŭtĭlātus, *a*, *um* (*rutilo*), roux : [cheveux] Liv. 38, 17, 3.

rŭtĭlescō, *is*, *ĕre*, -, - (*rutilus*), intr., devenir roux [de poil] : Plin. 8, 217 ǁ briller : Capel. 2, 123.

Rŭtĭlĭa, *ae*, f., nom de femme : Sen. Helv. 16, 7.

Rŭtĭlĭānus, *a*, *um*, v. *Rutilius*.

1 **rŭtĭlĭus**, *a*, *um* (1 *rutilus*), roux : Fest. 320, 4 ; P. Fest. 321, 1.

2 **Rŭtĭlĭus**, *ii*, m., nom d'une famille rom. ; not¹ P. Rutilius Rufus, orateur, juriste, historien : Cic. Brut. 85 ; 110 ; 113 ǁ P. Rutilius Lupus, rhéteur du siècle d'Auguste : Quint. 9, 2, 102 ǁ Rutilius Namatianus, poète latin sous Honorius : Rutil. tit. ; Quer. 1 ǁ **-lĭānus**, *a*, *um*, de Rutilius : Gai. Inst. 4, 35.

rŭtĭlō, *ās*, *āre*, *āvī*, *ātum* (*rutilus*) ¶ 1 tr., rendre [les cheveux] roux, teindre en rouge : Tac. H. 4, 61 ; Plin. 28, 191 ¶ 2 intr., briller [comme l'or], être éclatant : Virg. En. 8, 529.

1 **rŭtĭlus**, *a*, *um* (cf. *ruber, Rutuli*), qui est d'un rouge ardent [cheveux] : Ov. M. 2, 319 ǁ roux, [chien] au poil roux : Fest. 358, 27 ǁ éclatant [comme l'or, le feu], ardent [couleur], brillant : Cic. Rep. 6, 17 ; Virg. En. 8, 430 ; *rutila pellis* Val.-Flac. 8, 114, la Toison d'or ; *rutili fontes* Claud. Ruf. 1, 197, le Pactole.

2 **Rŭtĭlus**, *i*, m., surnom rom. : CIL 1, 1471.

rŭtīnus, *a*, *um* (1 *rūta*), tiré de la rue [plante] : Cael.-Aur. Chron. 4, 7, 100.

rŭtrāmĭna, *um*, n. pl. (*rutrum*), déchets, gangue : CIL 2, 5181.

rŭtrum, *i*, n. (*ruo*, 2 *ruta*, *rutabulum*), instrument pour enlever le sable, pelle : P. Fest. 321, 3 ; Cat. Agr. 10, 3 ; Liv. 28, 45, 17 ; Ov. F. 4, 843 ǁ truelle, instrument pour remuer le mortier : Plin. 36, 177.

1 **rŭtŭba**, *ae*, f. (cf. 2 *Rutuba*, *ruo*, *rutrum* ?), confusion, bouleversement : Varr. Men. 488, cf. Non. 167, 9 ; Gloss. 5, 646, 64.

2 **Rŭtŭba**, *ae*, m. (1 *rutuba*), rivière de Ligurie : Plin. 3, 48 ǁ m., nom d'un gladiateur : Hor. S. 2, 7, 96.

Rutubis, *is*, f., port de la Maurétanie tingitane : Plin. 5, 9.

rūtŭla, *ae*, f. (dim. de 1 *ruta*), rue [plante] : Cic. Fam. 9, 22, 3.

Rŭtŭli, *ōrum*, m. (cf. *rutilus, ruber*) ¶ 1 les Rutules, ancien peuple du Latium dont la capitale était Ardée : Cic. Rep. 2, 5 ; Liv. 1, 2 ǁ au sg., Virg. En. 7, 409 [Turnus] ¶ 2 habitants de Sagonte, fondée par des Ardéates : Sil. 1, 584 ǁ **-lus**, *a*, *um*, des Rutules : Virg. En. 9, 728.

rŭtundus, v. *rotundus* : Lucr. 2, 402 ; Cat. Agr. 18, 6 ; Varr. R. 1, 51, 1 ; Fest. 320, 12.

Rŭtŭpīnus, *a*, *um*, de Rutupiae, port de Bretagne [célèbre pour ses huîtres, auj. Richborough] : Juv. 4, 141.

▶ la ville est appelée *Ratupis* Peut. 1, 1 *Ritupis* Anton. 466 ; *Rutupi* Schol. Juv. 4, 141, 2 ; *Rutupiae* est l'adaptation du grec de Ptolémée.

Rymosoli, *ōrum*, m. pl., c. *Rhymosoli* : Plin. 6, 21.

rythmĭcus, **rythmus**, v. *rhythmicus*.

S

, f., n. indécl., dix-huitième lettre de l'alphabet latin : QUINT. 1, 7, 23 ; prononcée ēs : VARR. Frg. 241 ‖ [abrév.] **S.** = **Sextus**, prénom ; **Sp.** = **Spurius**, prénom ; **S.** = **semissis** ; **S. C.** = **senatus consultum** ; **S. P.** = **sua pecunia** ; **S. P. Q. R.** = **senatus populusque Romanus** ; **S. D.** = **salutem dicit**, v. **salus** ; **S. T. T. L.** = **sit tibi terra levis** ; **S. V. B. E. E. Q. V.** = **si vales bene est ego quoque valeo**, si tu vas bien, tant mieux, moi aussi je vais bien.

Săba, ae, f. (Σάβη), c. Sabae : PLIN. 12, 52.

sababim, indécl. (hébr.), toiles d'araignées : HIER. Os. 2, 8, 6.

Săbădĭus, c. Sabazius : CIL 6, 31164.

Săbae, ārum, f. pl. (Σαβαί), Saba [ville de l'Arabie Heureuse] : AVIEN. Perieg. 1345 ; v. Saba.

Săbaea, ae, f., la Sabée [partie de l'Arabie Heureuse] : HOR. O. 1, 29, 3.

Săbaei, ōrum, m. pl., Sabéens, habitants de Saba : VIRG. G. 1, 57 ; PLIN. 6, 154.

Săbaeus, a, um (Σαβαῖος), de Saba, d'Arabie Heureuse : VIRG. En. 1, 416 ‖ d'encens : COL. 10, 262 ; STAT. S. 4, 8, 1 ‖ de myrrhe : VAL.-FLAC. 6, 709.

săbāia, ae, f. (illyr. ; cf. sapa, al. Saft ?), espèce de bière [boisson] : AMM. 26, 8, 2 ; HIER. Is. 7, 19, 5.

săbāiārĭus, ĭi, m., buveur de bière : AMM. 26, 8, 2.

săbănum, i, n. (σάβανον), linge, serviette : PALL. 7, 7, 3 ; APIC. 235 ‖ peignoir : M.-EMP. 26, 94 ‖ sorte de vêtement, écharpe : HIER. Reg. Pach. 81.

sabaoth, f. pl. indécl. (σαβαώθ), [mot hébreu], les armées célestes : **săbāŏth** PRUD. Apoth. 833 ; **săbāŏth** PRUD. Cath. 4, 7 ; **Dominus Sabaoth**, le Seigneur des armées : TERT. Marc. 3, 23, 2 ; VULG. Jer. 11, 20.

Sabarbăres, um, m. pl., peuple numide : PLIN. 5, 30.

Sabarcae, v. Sabracae.

Săbārĭa (Săv-), ae, f., ville de Pannonie Atlas I, C4 ; XII, A5 : PLIN. 3, 146 ‖ **Savariensis** (pour **Sabariensis**), e, de Sabaria : CIL 3, 4161.

Săbātē, ēs, f., ville d'Étrurie avec le lac du même nom, **lacus Sabate**, Atlas XII, D3 : P. FEST. 465, 2.

sabatēnum, i, n., c. diabathrum : PLIN. VAL. 2, 17.

sābāth, indécl., onzième mois de l'année hébraïque [janvier-février] : VULG. 1 Macc. 16, 14.

Sābātha, ae, f., ville de l'Arabie Heureuse : PLIN. 6, 154.

Sābātĭa Văda, n. pl., port de Ligurie, près de Savone [auj. Vado Ligure] : PLIN. 3, 132.

Sabatinca, ae, f., ville du Norique : ANTON. 276.

Săbātīnus et **-tĭus**, a, um, de Sabate [en Étrurie] : COL. 8, 16, 2 ; **Sabatina tribus** LIV. 6, 5, 8, tribu Sabatine ; **Sabatia stagna** SIL. 8, 492, lac Sabate [lac de Bracciano], v. Sabate ‖ subst. m. pl., **Sabatini**, ōrum, habitants de Sabate : LIV. 26, 33, 12.

Sabatĭus, v. Sabatinus.

Sabaudus, v. Sapaudus.

Săbāzĭa (Săvādĭa), ōrum, n. pl., Sabazia [fêtes en l'honneur de Sabazios] : CIC. Nat. 3, 58 ; *ARN. 5, 21 ‖ fêtes en l'honneur de Jupiter : CIL 10, 5197.

Săbāzĭus (-sĭus), ĭi, m. (Σαβάζιος) ¶ **1** Sabazios [dieu phrygien assimilé à Dionysos] : CIC. Leg. 2, 37 ¶ **2** surnom de Jupiter en Crète et en Phrygie : VAL.-MAX. 1, 3, 3 ; CIL 11, 1323.

sabbătārĭus, a, um (sabbatum), du sabbat : SIDON. Ep. 1, 2, 6 ‖ subst. m. pl., les Juifs : MART. 4, 4, 7.

sabbătismus, i, m., observation du sabbat : AUG. Civ. 22, 30, 5 ; HIER. Ep. 140, 8.

sabbătizō, ās, āre, -, - (σαββατίζω), intr., observer le sabbat : TERT. Jud. 2, 10 ; VULG. Exod. 16, 30.

sabbătum, i, n. (hébr., σάββατον ; it. sabato, fr. samedi, al. Samstag), JUST. 36, 2, 14 et ordin[t] **sabbăta**, ōrum, n. pl. (σάββατα), sabbat : PLIN. 31, 24 ; SUET. Aug. 76 ; **una sabbati** HIER. Ep. 120, 6, le lendemain du sabbat, le dimanche ; **secunda sabbati** CASSIAN. Inst. 4, 19, le lundi ‖ sur **tricesima sabbata** HOR. S. 1, 9, 69, v. la note de LEJAY ‖ **sabbata**, fêtes [en gén.] des Juifs : JUV. 6, 159 ‖ repos, sabbat [jour de repos chez les Hébreux et consacré au culte] : VULG. Exod. 16, 23.

sabbătus, i, m., semaine : DIDASC. 54, 3 ‖ sabbat : **sabbatus aeternus** HILARIAN. Mund. 18, le sabbat éternel.

Sabbūra, ae, m., nom d'un lieutenant de Juba : SIL. 15, 441 ; LUC. 4, 723.

Sabdata, ae, f., ville de Sittacène : PLIN. 6, 132.

Săbella, ae, f., nom de femme : MART. 2, 41.

Săbelli, ōrum, m. pl., Sabelli [nom collectif des Sabins, Osques et Samnites], Sabins : HOR. S. 2, 1, 36 ; COL. 10, 137 ; sg., **Săbellus**, HOR. Ep. 1, 16, 49, le Sabin = Horace propriétaire d'un bien dans la Sabine.

Săbellĭāni, ōrum, m. pl., sectateurs de Sabellius : AMBR. Fid. 5, 13, 162.

Săbellĭcus, a, um, des Sabelli, des Sabins : VIRG. G. 3, 255 ; PLIN. 19, 141.

Săbellĭus, ĭi, m., nom d'un hérésiarque : PRUD. Apoth. 178.

1 **Săbellus**, a, um, des Sabelli, des Sabins : LIV. 8, 1, 7 ; VIRG. G. 2, 167 ; v. Sabelli ‖ [fig.] sobre, frugal : JUV. 3, 169.

2 **Săbellus**, i, m., nom d'homme : MART. 3, 98.

Săbĭdĭus, ĭi, m., nom d'homme : MART. 1, 32 ; **Săbĭdĭa**, ae, f., nom de femme : CIL 9, 4644.

1 **săbīna**, ae, f. (cf. sabucus ?), sabine [plante] : CAT. Agr. 70, 1 ; OV. F. 1, 343 ; PLIN. 16, 79.

2 **Săbīna**, ae, f., surnom de Poppée : TAC. An. 13, 45 ‖ Julia Sabina Augusta, femme d'Hadrien : SPART. Hadr. 1, 2.

Săbīnae, ārum, f. pl., les Sabines : CIC. Rep. 2, 12.

Săbīnē, adv., à la manière des Sabins, en langue sabine : VARR. L. 5, 159.

Săbīneius, i, m., nom d'homme : MART. 3, 25.

Săbīnenses (-ĭenses), ĭum, m., Sabins : *CIL 6, 8202.

Săbīni, ōrum, m. pl. (cf. Sabelli, Samnium), Sabins [peuple d'Italie au N.-E. de Rome] : PLIN. 3, 108.

Săbīnĭānus, a, um, de Masurius Sabinus jurisconsulte : COD. JUST. 3, 33, 17 ‖ m. pl., disciples de Sabinus : ULP. Dig. 24, 1, 11.

Săbīnillus, i, m., **Sabīnilla**, ae, f., nom d'homme, nom de femme : CIL 10, 1688.

săbīnum, i, n., vin de Sabine [piquette] : HOR. O. 1, 20, 1.

1 **Săbīnus**, a, um, des Sabins, sabin : CIC. Lig. 23.

Sabinus

2 Săbīnus, *i*, m., nom propre romain; not' Q. Titurius Sabinus lieutenant de César en Gaule : Caes. *G.* 2, 5, 6 ‖ Aulus Sabinus, poète latin : Ov. *Am.* 2, 18, 27 ‖ Masurius Sabinus, jurisconsulte sous Tibère, **v.** *Sabinianus* ‖ Flavius Sabinus, frère de l'empereur Vespasien : Tac. *H.* 1, 46 ‖ nom d'un esclave : Cic. *Fam.* 16, 16, 2.

Săbis, *is*, m. ¶ **1** fleuve de Belgique [la Sambre] : Caes. *G.* 2, 16, 1 ¶ **2** dieu des Sabéens : Plin. 12, 63.

săblo, **v.** *sabulo* : Gloss. 4, 388, 16 ; Fort. *Carm.* 9, 15, 5.

Sablōnes, *um*, m. pl., ville de Belgique : Anton. 375.

sablum, **v.** *sabulum* : *Gloss. 2, 532, 5.

Sabora, *ae*, f., ville de Bétique : Plin. 3, 12 ‖ **-ensis**, *e*, habitant de Sabora : CIL 2, 1423.

Sabŏta, f. sg. ou n. pl., ville de l'Arabie Heureuse : Plin. 6, 155.

Sabracae, *ārum*, m. pl., peuple de l'Inde : Curt. 9, 8, 4.

Sābrāta (-tha), f. sg. ou n. pl., ville de Tripolitaine, près de Leptis Atlas I, E4; VIII, B4 : Plin. 5, 25 ‖ **-tensis**, *e*, Suet. *Vesp.* 3.

Sābrăternus, *a*, *um*, de Sabrateria (?) : Prisc. 2, 81, 5.

Sabrīna, *ae*, m., fleuve de Bretagne [Severn] : Tac. *An.* 12, 31.

săbūcum (samb-), *i*, n. et **săbūcus**, *i*, f. (obscur; fr. *sureau*, it. *sambuco*), sureau [n. = "baie"; f. = "arbre"] : Scrib. 160 ; Plin. 16, 103 ; Apic. 135.

săbūlētum, *i*, n. (*sabulum*), sablonnière : Plin. 27, 64.

săbūlo, *ōnis*, m. (*sabulum*; it. *sabbione*, a. fr. *sablon*), gros sable, gravier : Col. 2, 15, 4 ; **v.** *sabulum*, *sablo*.

săbŭlōnōsus, *a*, *um*, contenant des graviers : *Vitr. 2, 3, 1.

săbŭlōsus, *a*, *um* (*sabulum*; fr. *sableux*), sablonneux : Plin. 13, 28 ; Vitr. 2, 6, 5 ‖ *sabulosa*, n. pl., terrains sablonneux : Plin. 21, 375.

săbŭlum, *i*, n. (cf. ψάμμος, ἄμμος, al. *Sand*, an. *sand*; fr. *sable*), sable : Plin. 35, 168.

1 săburra, *ae*, f. (cf. *sabulum* ; it. *zavorra*), lest [de navire] : Liv. 37, 14, 6 ; Virg. *G.* 4, 195 ‖ [fig.] Ambr. *Virgin.* 17, 106.

2 Saburra, **v.** *Sabbura* : Caes. *C.* 2, 38, 1.

săburrālis, *e* (*saburra*), qui sert de lest : Vitr. 9, 8, 8.

săburrārĭus, *ii*, m., ouvrier chargé de lester les navires : CIL 14, 102.

săburrātus, *a*, *um* (*saburro*), lesté : [fig.] Pl. *Cis.* 121, qui a l'estomac lesté.

săburrō, *ās*, *āre*, -, - (*saburra*), tr., lester : Plin. 81, 361 ; Solin. 10, 14 ‖ [fig.] exhaler : Fort. *Carm.* 5, 1, 1.

Sābus, *i*, m., éponyme des Sabins : Sil. 8, 420 ‖ nom d'un roi de l'Inde : Curt. 9, 8, 11.

Săcae, *ārum*, m. pl. (Σάκαι), les Saces [nation scythique] : Catul. 11, 6 ; Plin. 6, 50 ‖ sg., **Săcēs**, *ae*, m., Claud. *Cons. Stil.* 1, 156.

sacal, n. (mot égyptien), ambre jaune : Plin. 37, 36.

Sacassāni, *ōrum*, m. pl., peuple du Caucase : Plin. 6, 29.

saccārĭa, *ae*, f. (*saccus*), profession de porteur de sacs : Apul. *M.* 1, 7.

saccārĭus, *a*, *um* (*saccus*), de sac : *saccaria navis* Quint. 8, 2, 13, navire chargé de sacs [de farine] ‖ subst. m., porteur de sacs : Paul. *Dig.* 18, 1, 40, 3 ‖ fabricant de filtres : CIL 4, 274.

saccātus, *a*, *um*, part. de *sacco*, filtré : Sen. *Ep.* 86, 11 ‖ *saccatum*, n., piquette : Isid. 20, 3, 11 ‖ *saccatus humor* m. et *saccatum* n., urine : Lucr. 4, 1021 ; Samm. 74 ; Arn. 2, 37.

saccellārĭus, *ii*, m. (*saccellus*), trésorier : Cassiod. *Jos. ant.* 2, 2 ‖ payeur, chargé des distributions : Greg-M. *Ep.* 5, 39.

saccellātio, *ōnis*, f. (*saccellus*), application de sachets : pl., Veg. *Mul.* 2, 11, 3.

saccellĭo, *ōnis*, m. (*saccellus*), sachet, cataplasme : Veg. *Mul.* 2, 88, 9 ; Gloss. 5, 513, 3.

saccellō, *ās*, *āre*, -, - (*saccellus*), tr., envelopper d'un sachet : Plin. Val. 2, 18.

saccellum, *i*, n., **c.** *saccellus*, sachet : Plin. Val. 2, 18.

saccellus, *i*, m. (*sacculus*), bourse, sacoche : Petr. 140, 15 ‖ sachet, cataplasme [méd.] : Veg. *Mul.* 2, 8, 3.

saccĕus, *a*, *um* (*saccus*), en toile à sac : Hier. *Vit. Hil.* 44 ; Arn.-J. *Psalm.* 64.

sacchărŏn (-um), n. (σάκχαρον; ar. *sukkar*, fr. *sucre*, al. *Zucker*, an. *sugar*), tabaschir, concrétion du bambou : Plin. 12, 32.

saccĭbuccis, *e* (*saccus*, *bucca*), joufflu : *Arn. 3, 14.

saccĭmēlŏn, *i*, n., cataplasme composite : *Antid. Brux. 21.

saccīnus, *a*, *um*, **c.** *sacceus* : Vulg. *Zach.* 13, 4.

saccĭpērĭo, *ōnis*, m., Varr. d. Non. 531, 15 ; **-pērĭum**, *i*, n. (cf. σακκοπήρα), sacoche : Pl. *Ru.* 548.

1 saccō, *ās*, *āre*, *āvī*, *ātum* (*saccus*), tr., filtrer : Plin. 18, 77 ; Mart. 2, 40, 5.

2 sacco, **v.** *succo*.

saccŏpathna, *ae*, f. (σακκοπάθνη), sac long et étroit : Diocl. 11, 8.

Saccŏphŏri, *ōrum*, m. pl., hérétiques manichéens [vêtus de sacs] : Cod. Th. 7, 9, 11.

saccŭlārĭus, *ii*, m. (*sacculus*), fraudeur, concussionnaire, filou : Ascon. Cic. *Tog. p.* 89, 22 C. ; Ulp. *Dig.* 47, 11, 9 ; 47, 18, 1-2.

saccŭlus, *i*, m. (dim. de *saccus*), petit sac : Apul. *M.* 9, 33, 3 ‖ [pour filtrer le vin] Lucil. d. Cic. *Fin.* 2, 23 ‖ bourse : Catul. 13, 8 ‖ trésor : *sacculus ecclesiae* Arn.-J. *Psalm.* 118, les finances de l'Église ; *sacculus publicus* Isid. 20, 9, 7, le trésor public.

saccus, *i*, m. (σάκκος ; fr. *sac*, al. *Sack*) ¶ **1** sac : Cic. *Verr.* 1, 95 ; *nummorum* Hor. *S.* 2, 3, 149, sac plein d'écus ou *saccus* [seul] Hor. *S.* 1, 1, 70 ‖ sac à filtrer, chausse : Plin. 14, 138 ; 19, 53 ; *vinarius* Plin. 24, 3, filtre à vin ; *nivarius* Mart. 14, 104, filtre pour l'eau de neige ‖ besace : *ad saccum ire* Pl. *Cap.* 90, aller prendre la besace, aller mendier ¶ **2** vêtement de crin grossier : *accingimini saccis* Vulg. *2 Reg.* 3, 31, revêtez des sacs ; Tert. *Jejun.* 7, 5.

sacella, *ae*, f., trésor, fisc : Greg-M. *Ep.* 2, 36.

săcellārĭus (sacc-), *ii*, m. (2 *sacellus*), trésorier : Gloss. 2, 255, 41.

săcellum, *i*, n. (dim. de *sacrum*), petite enceinte consacrée, avec un autel ; petit sanctuaire [sans toit, cf. Gell. 6, 2, 5 ; Fest. 422, 15] : Cic. *Agr.* 2, 36 ; *Div.* 1, 104.

1 sacellus, *a*, *um* (dim. de *sacer*), Prisc. 2, 110, 17.

2 săcellus, *i*, m., **c.** *saccellus* : Petr. 140, 15.

săcēna, *ae*, f. (cf. *saxum*, ἀξίνη), hache pour les sacrifices : Fest. 422, 33 ; P. Fest. 423, 13.

1 săcĕr, *cra*, *crum* (*sacris*, *sancio*; cf. hit. *saklai-*, toch. A *sākär*, al. *Sache*) ¶ **1** consacré à une divinité, sacré : Cic. *Verr.* 4, 129 ; *jus sacrum* Quint. 2, 4, 33, le droit sacré [qui concerne le culte religieux] ; *sacra arma* Liv. 24, 21, 10, armes sacrées [consacrées au dieu] ; *luces sacrae* Hor. *O.* 4, 15, 26, jours fériés ; *laurus sacra* Hor. *O.* 3, 4, 18, laurier sacré [consacré à Apollon] ; *vates sacer* Hor. *O.* 4, 9, 28, poète sacré [protégé d'Apollon, de Bacchus et des Muses] ‖ [avec gén.] *insula eorum deorum sacra* Cic. *Verr.* 1, 48, île consacrée à ces dieux, cf. *Leg.* 2, 45 ‖ [avec dat.] Virg. *En.* 6, 484 ; Ov. *M.* 7, 623 ; 10, 109 ; Plin. 16, 11 ; 16, 139 ‖ *res sacrae* Gai. *Inst.* 2, 4, choses sacrées [consacrées aux divinités supérieures par une décision publique, *publice consecratae*] ¶ **2** [fig.] saint, sacré, vénéré, auguste : *o sacer et magnus vatum labor* Luc. 9, 980, ô travail sacré et grandiose des poètes, cf. Suet. *Tib.* 27 ; Mart. 5, 69, 7 ; 8, 56, 3 ¶ **3** dévoué à un dieu [dans les imprécations] : *ut caput ejus Jovi sacrum esset* Liv. 3, 55, 7, que sa tête fût dévouée à Jupiter ‖ voué aux dieux infernaux, maudit [celui qui était déclaré *sacer* pouvait être tué sans qu'il y eût crime d'homicide : Fest. 424, 5] ; formule pénale *sacer esto*, qu'il soit voué aux dieux infernaux : L. XII Tab. 8, 21 ‖ [fig.] maudit, exécrable : Pl. *Bac.* 784 ; *homo*

sacerrimus Pl. *Poen.* 90, le plus infâme des hommes ; **auri sacra fames** Virg. *En.* 3, 57, la soif exécrable de l'or ¶ **4** [chrét.] consacré à Dieu : Aug. *Haer.* 82 ¶ **5** rituel : Tert. *Apol.* 9, 3 [en parlant de sacrifices humains].
▶ formes *sacer, sacris, sacre* Pl. *Men.* 289 ; *Ru.* 1208 ; Varr. *R.* 2, 1, 20 ; 2, 4, 16 ; Fest. 420, 26, ▼ *sacrem*.

Săcěr, cra, crum, épithète : **mons Sacer** Cic. *Rep.* 2, 58 ; **sacer mons** Liv. 2, 32, 2, le mont Sacré [près de Rome, où la plèbe fit retraite] ‖ **Sacra via** Cic. *Planc.* 17 (**via Sacra** Sen. *Apoc.* 12, 1) la voie Sacrée [rue de Rome] Atlas III A ; III B [ou] **Sacer clivus** Hor. *O.* 4, 2, 35 ‖ **Sacrum promunturium** Atlas IV, D1 Plin. 2, 242, cap de Lusitanie [auj. cap Saint-Vincent].

Săcěr, cri, m., surnom romain : CIL 3, 14214.

ăcerda, ae, f. (*sacerdus*), prêtresse : CIL 8, 3307.

săcerdōs, ōtis, m. (*sacrum*, 3 -*do*), cf. *sacrificium*, prêtre : Cic. *Leg.* 2, 20 ; Virg. *En.* 5, 760 ; **sacerdotes viri** Vell. 2, 124, prêtres ‖ f., prêtresse : Cic. *Balb.* 55 ‖ [fig.] ministre [de] : Cic. *Phil.* 2, 110 ‖ [Juifs] prêtre : Vulg. *Lev.* 1, 5 ; **summus sacerdos** Vulg. *Marc.* 14, 53, le grand prêtre ‖ [chrét.] prêtre : Aug. *Civ.* 20, 10 ; Paul.-Nol. *Ep.* 1, 11 ‖ évêque : Tert. *Pud.* 21, 17 ; Cypr. *Ep.* 67, 4, 1 ; **summus sacerdos** Tert. *Bapt.* 17, 1.
▶ gén. pl. ord^t -*tum* ; rar^t -*tium* CIL 6, 2242.

Săcerdōs, ōtis, m., surnom romain ; not^t dans la *gens Licinia* : Cic. *Verr.* 1, 27 ‖ M. Plotius Sacerdos, grammairien : Dosith. 7, 393, 12.

ăcerdōtālis, e, de prêtre, sacerdotal : Plin. *Ep.* 7, 24, 6 ; Macr. *Sat.* 3, 5, 6 ‖ subst. m., prêtre d'une province ; ancien prêtre d'une province : Cod. Th. 12, 15, 2 ; Tert. *Spect.* 11, 2 ‖ d'évêque, épiscopal : **sacerdotalis potestas** Cypr. *Ep.* 3, 1, le pouvoir épiscopal ; **sacerdotale judicium** Ambr. *Off.* 1, 18, 72, le jugement épiscopal ; **sacerdotalis sedes** Amm. 15, 7, 9, le siège épiscopal.

ăcerdōtāliter, adv., en prêtre : Greg.-Tur. *Hist.* 9, 39 [epist.].

ăcerdōtia, ae, f. (*sacerdos*), prêtresse : CIL 13, 1754.

ăcerdōtiālis, is, m., ▶ *sacerdotalis* : CIL 6, 2332.

ăcerdōtium, ĭi, n. (*sacerdos*), sacerdoce : Cic. *Agr.* 2, 18 ‖ dignité d'augure : Plin. *Ep.* 4, 8, 1 ‖ [chrét.] sacerdoce [du Christ] : Vulg. *Hebr.* 7, 24 ‖ épiscopat : Cypr. *Ep.* 45, 3.

ăcerdōtŭla, ae, f. (dim. de *sacerdos*), jeune prêtresse : Varr. *L.* 5, 130.

ăcerdus, i, m. (de *sacerdos*), prêtre : CIL 6, 733.

Săcēs, ae, m., ▼ *Sacae* ‖ nom de guerrier : Virg. *En.* 12, 651.

Sacili Martialium, ville de Bétique : Plin. 3, 10.

sācōma, ătis, n. (σήκωμα ; it. *sagoma*), contrepoids : Vitr. 9, 8, 8.

sacomaria, ae, f. (*sacoma*), sorte de vase rebondi : Hier. *Jon.* 4, 6.

sācōmārĭum, ĭi, n. (*sacoma*), bâtiment des poids publics : CIL 14, 406.

sācōmārĭus, ĭi, m., peseur, vérificateur des poids : CIL 1, 1623 ; 10, 1930.

săcŏn, ▼ *socos*.

sacondĭŏs, ▼ *socondios*.

sacŏpēnĭum, ▼ *sagapenum*.

sacŏs, i, m., ▼ *socos*.

săcra, n. pl., ▼ *sacrum*.

săcrāmentārĭum, ĭi, n., sacramentaire, rituel pour l'administration des sacrements : Gennad. *Vir.* 48.

săcrāmentum, i, n. (*sacro* ; fr. *serment*) ¶ **1** enjeu [consigné entre les mains des Pontifes par les parties qui plaidaient (procédure *per sacramentum*) ; l'enjeu du perdant était employé au service des dieux : Fest. 466, 2 ; ou acquis au trésor public Varr. *L.* 5, 180] : **sacramentum justum judicare** Cic. *Caecin.* 97 ; **injustum** Cic. *Dom.* 78, juger la revendication (la prétention) juste, injuste ; **justo sacramento contendere** Cic. *de Or.* 1, 42, soutenir légitimement, avec raison ¶ **2** serment militaire : **sacramentum apud aliquem dicere** Caes. *C.* 1, 23, 5, prononcer le serment devant qqn ; **alicui** Tac. *An.* 1, 28, prêter le serment à qqn ; **consulis sacramento rogare** Caes. *G.* 6, 1, 2, enrôler au moyen du serment prêté au consul, cf. Liv. 40, 26, 7 ; **adigere sacramento Othonis** Tac. *H.* 1, 76, faire prêter serment de fidélité à Othon, cf. Tac. *H.* 2, 55 ; **sacramento dicere** Liv. 25, 5, 8, s'engager par serment [parler suivant la formule du serment] ; **sacramento dicere consulibus** Liv. 24, 8, 19, prêter serment aux consuls ¶ **3** [en gén.] serment : Hor. *O.* 2, 17, 10 ; Plin. *Ep.* 10, 96, 7 ; Petr. 117, 5 ¶ **4** [chrét.] **a)** mystère, secret [en gén.] : Vulg. *Tob.* 12, 7 **b)** plan mystérieux, mystère, œuvre sacrée, disposition divine : Tert. *Marc.* 1, 28, 2 **c)** doctrine secrète : Aug. *Catech.* 33 **d)** mystère, fête solennelle : Hier. *Ep.* 147, 6 ¶ **5** signe sacré : Aug. *Civ.* 10, 5 ¶ **6** rite sacramentel, sacrement : Ambr. *Ep.* 53, 2 ‖ l'eucharistie : Aug. *Ev. Joh.* 26, 2 ¶ **7** religion : Tert. *Apol.* 19, 2 ¶ **8** enseignement sacré, foi, doctrine : Tert. *Pud.* 9, 9.

Săcrāni, ōrum, m. pl., peuple du Latium : Fest. 424, 31 ‖ **-nus**, a, um, Virg. *En.* 7, 796, Sacrane.

săcrārĭa, ae, f., gardienne d'un temple : CIL 5, 34, 23.

săcrārĭum, ĭi, n. (*sacra*) ¶ **1** endroit où sont les objets sacrés, chapelle, sanctuaire : Dig. 1, 8, 9 ; Cic. *Verr.* 4, 4 ; *Mil.* 86 ; Liv. 7, 20, 7 ¶ **2** [fig.] réduit secret, sanctuaire : Cic. *Cat.* 1, 24 ; 2, 13 ; Sen. *Nat.* 7, 30, 6 ; *Ep.* 103, 4 ; Tac. *D.* 20 ; Aug. *Faust.* 12, 44 [en parlant du temple de Jérusalem].

săcrārĭus, ĭi, m. (*sacra*), sacristain : CIL 6, 1818.

Săcrāta, ae, f., ville du Picénum : Peut. 4, 4.

săcrātē, adv. (*sacratus*), religieusement : Aug. *Ep.* 235, 2 ‖ mystiquement : Aug. *Doctr.* 2, 16.

săcrātĭo, ōnis, f. (*sacro*), consécration : Macr. *Sat.* 3, 7, 4.

săcrātus, a, um (esp. *sagrado* subst.) ¶ **1** part. de *sacro* ¶ **2** [adj^t] **a)** consacré, sanctifié, saint : **dies sacratior** Mart. 4, 1, 1, jour plus sacré ; **numen gentibus sacratissimum** Plin. 33, 82, divinité la plus sacrée pour ces nations **b)** auguste, sacré, vénérable : Ov. *F.* 2, 60 ‖ **sacratissimus** [épith. des empereurs], auguste : Dig. 38, 17, 9 ; Gai. *Inst.* 1, 53 **c)** **lex sacrata**, ▼ *sacro* ¶ **4 d)** [chrét.] consacré [à Dieu] : Aug. *Nupt.* 1, 4, 5.

Săcrāviēnses, ĭum, m. pl., habitants de la voie Sacrée : Fest. 190, 14.

sacrem porcum, acc. m., porc nouveau-né [victime pure] : Fest. 420, 26 ; **sacres porci** Pl. *Men.* 289 ; *Ru.* 1208 ; Varr. *R.* 2, 1, 20.

săcrĭcŏla, ae, m. (*sacer, colo*), prêtre [subalterne] : Tac. *H.* 3, 74 ; Macr. *Sat.* 5, 19, 7.

săcrĭfěr, ěra, ěrum, qui porte les choses sacrées : Ov. *F.* 4, 252.

săcrĭfĭcālis, e (*sacrificio*), qui concerne les sacrifices : Tac. *An.* 2, 69 ; *Tert. *Praescr.* 40, 6.

săcrĭfĭcātĭo, ōnis, f. (*sacrifico*), cérémonies [du culte], sacrifices, culte : Cic. *Nat.* 2, 67.

săcrĭfĭcātŏr, ōris, m., sacrificateur : Tert. *Spect.* 8, 10.

săcrĭfĭcātrix, īcis, f., sacrificatrice [épith. de Vénus] : CIL 10, 3692.

săcrĭfĭcātum, i, n., ce qui a été offert aux idoles : Tert. *Spect.* 13, 4.

1 **săcrĭfĭcātus, a, um**, part. de *sacrifico* et de *sacrificor*.

2 **săcrĭfĭcātŭs, ūs**, m., action de sacrifier : **sacrificatui** Apul. *M.* 7, 10.

săcrĭfĭcĭŏlus, i, m., ▶ *sacrificulus* : Varr. *L.* 6, 31.

săcrĭfĭcĭum, ĭi, n. (*sacrifico*), sacrifice : **facere** Cic. *Brut.* 56 ; **procurare** Caes. *G.* 6, 13, 4, accomplir un sacrifice, veiller à l'accomplissement d'un sacrifice ‖ [chrét.] le sacrifice eucharistique, la messe [avec ou sans détermin.] : **obtulit ibi sacrificium corporis Christi** Aug. *Civ.* 22, 8, 7, il offrit là le sacrifice du corps du Christ.

săcrĭfĭcō, ās, āre, āvī, ātum (*sacra, facio*) ¶ **1** intr., offrir un sacrifice : Cic. *Nat.* 2, 67 ; **deo alicui majoribus hostiis** Liv. 32, 1, 13, sacrifier à un dieu avec des

sacrifico

victimes adultes ‖ [chrét.] sacrifier aux idoles : TERT. *Scorp.* 2, 2 ‖ [pass. impers.] **huic deo sacrificatur** VARR. *L.* 6, 16, on fait à ce dieu un sacrifice, cf. LIV. 22, 1, 17 ¶2 tr., offrir en sacrifice : **suem** OV. *F.* 4, 414, offrir en sacrifice une truie, cf. LIV. 45, 41.

▶ *sacrufico* mss de PL.

săcrĭfĭcŏr, āris, ārī, -, dép., sacrifico : VARR. *L.* 6, 18 ; *Men.* 266 ; *R.* 2, 8, 1 ; 2, 11, 5, cf. VARR. *L.* 9, 105 ; GELL. 18, 12, 10.

săcrĭfĭcŭlus, *i*, m., LIV. 25, 1, 8 ou **săcrĭfĭcĭŏlus**, *i*, m., VARR. *L.* 6, 31 (*sacrifico*, cf. *credulus*), prêtre [subalterne] chargé des sacrifices ‖ **rex** LIV. 2, 2, 1, roi des sacrifices [chargé de certains sacrifices faits auparavant par les rois], cf. 6, 41, 9 ; **vates** LIV. 35, 48, 13, prêtre sacrificateur.

săcrĭfĭcus, *a, um* (*sacrifico*), qui sacrifie : **sacrifica securis** OV. *M.* 12, 249, la hache du sacrifice ‖ qui a rapport aux sacrifices, de sacrifice : OV. *M.* 13, 590 ‖ **Ancus sacrificus** OV. *F.* 6, 803, Ancus attentif aux sacrifices, aux pratiques religieuses.

săcrĭlĕgē, adv., de façon sacrilège : TERT. *Apol.* 12, 2.

săcrĭlĕgĭum, *ii*, n. (*sacrilegus*) ¶1 sacrilège, vol dans un temple : QUINT. 7, 3, 10 ; LIV. 29, 8, 9 ¶2 sacrilège, profanation, impiété : SEN. *Vit.* 27, 1 ; *Ben.* 1, 3, 4 ; **sacrilegii damnare aliquem** NEP. *Alc.* 6, 4, condamner qqn pour profanation [des mystères] ¶3 impiété : TERT. *Apol.* 10, 1 ‖ idolâtrie : VULG. *Rom.* 2, 22 ¶4 le fait de ne pas être saint [en parlant d'un lieu] : GREG.-M. *Dial.* 3, 7.

săcrĭlĕgus, *a, um* (*sacra* et *2 lego*) ¶1 qui dérobe des objets sacrés : CIC. *Leg.* 2, 40 ; *Verr.* 1, 9 ¶2 sacrilège, impie, profanateur : **sacrilegae manus** OV. *F.* 3, 700, mains sacrilèges ; **nuptiarum sacrilegus** COD. JUST. 9, 9, 29, profanateur du mariage, adultère ‖ [injure chez les com.] bandit, scélérat : PL. *Ps.* 364 ; TER. *Eun.* 419 ; 829 ‖ superl., **sacrilegissumus** PL. *Ru.* 696.

săcrīma, *ōrum*, n. pl. (*sacer*, cf. *infimus*), offrande de vin à Bacchus : P. FEST. 423, 1.

Săcrĭportŭs, *ūs*, m. ¶1 bourg du Latium, près de Préneste : LIV. *Per.* 87 ; VELL. 2, 26, 1 ; LUC. 2, 134 ¶2 ville sur le golfe de Tarente : LIV. 26, 39, 6.

sacris, ▶ *sacer* ▶.

sacrĭum, *ii*, n., ambre de Scythie : PLIN. 37, 40.

săcrō, *ās, āre, āvī, ātum* (*sacer*), tr. ¶1 consacrer à une divinité : CIC. *Leg.* 2, 22 ; LIV. 5, 25, 12 ; **aras** VIRG. *En.* 5, 48, consacrer des autels, cf. LIV. 23, 31, 81 ‖ **Jovi donum** SUET. *Tib.* 53, consacrer un don à Jupiter ; **arae Jovi sacratae** LIV. 40, 22, 7, autels consacrés à Jupiter ¶2 dévouer à une divinité [comme malédiction] : **alicujus caput Jovi** LIV. 10, 38, 4, dévouer la tête de qqn à Jupiter, cf. LIV. 2, 8, 2 ¶3 consacrer (dédier) à qqn qqch. : VIRG. *En.* 10, 419 ; 12, 141 ; OV. *Tr.* 2, 552 ¶4 consacrer, rendre sacré, sanctifier par la consécration : CIC. *Balb.* 33 ; LIV. 38, 33, 9 ; **lex sacrata**, loi sacrée, qu'on ne peut pas violer sans être maudit (*sacer*) : CIC. *Sest.* 16 ; *Dom.* 43 ; LIV. 2, 33, 3, cf. FEST. 422, 25 ‖ **te patrem deum hac sede sacravimus** LIV. 8, 6, 5, nous t'avons sanctifié comme père des dieux au moyen de ce temple, nous t'avons consacré ce temple ¶5 [poét.] consacrer, immortaliser : LIV. 39, 40, 7 ; HOR. *O.* 1, 26, 11 ; *Ep.* 2, 1, 49.

săcrōsanctus, *a, um* (*sacrō*, abl. sg., *sanctus*) ¶1 déclaré inviolable, sacré [sanctionné par la *sacratio*, la malédiction du coupable] : CIC. *Balb.* 33 ; LIV. 3, 55, 6 ; **sacrosancta potestas** LIV. 29, 20, 11, la puissance sacrée des tribuns ¶2 auguste, sacré : PLIN. *Ep.* 7, 11, 3 ‖ [chrét.] sacrosaint, très saint : TERT. *Marc.* 4, 5, 1 ; *Res.* 22, 2.

Sacrŏvir, *ĭri*, m., noble Gaulois : TAC. *An.* 3, 40 ; 3, 44 ‖ **-vĭrĭānus**, *a, um*, de Sacrovir : TAC. *An.* 4, 18.

săcrŭfĭco, ▶ *sacrifico* ▶.

săcrum, *i*, n. (*sacer*) ¶1 objet sacré, objet de culte : CIC. *Leg.* 2, 22 ; *Verr.* 5, 13 ; HOR. *O.* 3, 3, 52 ; *S.* 2, 3, 110 ; ▶ **commovere** ‖ temple : PL. *Curc.* 471 ¶2 acte religieux : **Graeco sacro** CIC. *Leg.* 2, 21, d'après le rite grec ; **sacrum est** ou **in sacro est** [avec inf.] PLIN. 11, 150 ; 18, 118, c'est un acte religieux que de… ‖ sacrifice : **sacrum, sacra facere** CIC. *Balb.* 55, faire un, des sacrifices ; **sacra diis facere** LIV. 1, 7, 3, faire des sacrifices aux dieux ; **anniversaria sacra Juventutis committere** CIC. *Att.* 1, 18, 3, accomplir le sacrifice anniversaire en l'honneur de la Jeunesse ‖ cérémonies religieuses, culte : **sacris communicatis** CIC. *Rep.* 2, 13, ayant mis les cultes en commun ; **sacra Cereris, Orphica** CIC. *Balb.* 55 ; *Nat.* 3, 58, le culte [les mystères] de Cérès, le culte orphique ‖ sacrifices domestiques, culte domestique : CIC. *Dom.* 36 ; 37 ; *Leg.* 2, 22 ; 2, 48 ; *Off.* 1, 55 ; *Mur.* 27 ; *Or.* 144 ; **sacra nuptialia** QUINT. 1, 7, 28, cérémonie du mariage ‖ [prov.] **inter sacrum saxumque stare** PL. *Cap.* 617, être entre la victime et la pierre tranchante, entre l'enclume et le marteau ; **hereditas sine sacris** PL. *Cap.* 775, héritage sans les frais du culte ‖ avantages obtenus sans peine ¶3 [fig.] **a) caelestia sacra** OV. *Tr.* 4, 10, 19, le culte divin [des Muses], la poésie, cf. MART. 7, 63, 5 ; PERS. *pr.* 7 **b)** caractère sacré : TAC. *D.* 11 ‖ mystères : QUINT. 5, 14, 27 ‖ **sacra**, *orum*, n. pl., [chrét.] sacrifice, cultes ou rites païens : AUG. *Civ.* 7, 33 ‖ rites [juifs] : AUG. *Civ.* 7, 32 ; *Ep.* 102, 2, 12 ‖ ▶ **sacrae**, lettres impériales : GELAS. *Ep.* 1, 12, p. 294.

săculus, *i*, ▶ *sacculus* : CIL 5, 6878.

Sădăla ou **Sădălēs**, *ae*, m. ¶1 Sadale roi de Thrace : CIC. *Verr.* 1, 63 ¶2 un des fils de Cotys, roi de Thrace : CAES. *C.* 3, 4, 3.

Sadanus, *i*, f., île de la mer d'Éthiopie : PLIN. 6, 175.

Saddarus, *i*, m., fleuve d'Asie : PLIN. 6, 94.

Saddūcaei, *ōrum*, m. pl., Sadducéens, secte parmi les Juifs : TERT. *Praescr.* 33, 3 ‖ **-us**, *a, um*, des Sadducéens : ARN. 3, 12.

saeclum, ▶ *saeculum*.

saecŭlāris, *e* (*saeculum*) ¶1 séculaire : **saeculares ludi** PLIN. 7, 159 ; TAC. *An.* 11, 11 ou **saeculares** seul SUET. *Cl.* 21, jeux séculaires, célébrés tous les cent ans ; [d'où le *carmen saeculare* d'Horace] ¶2 du siècle, séculier, profane : HIER. *Ep.* 60, 11.

saecŭlārĭtĕr, adv., d'une manière mondaine : CYPR. *Test.* 3, 36 ; AUG. *Ep.* 27, 5.

saecŭlārĭus, *a, um*, ▶ *saecularis* ¶2, païen : ALCIM. *Ep.* 1 ‖ subst. m. pl., [chrét.] les païens : EUSTATH. *Hex.* 3, 3.

saecŭlum (sync. **saeclum**) ou **sēcŭlum**, *i*, n. (*saitlo-m*, cf. *3 sero*, gall. *hoedl*, bret. *hoal*) ¶1 génération, race : LUCR. 1, 21 ; 2, 173 ; 5, 855 ; 6, 722 ¶2 durée d'une génération humaine [33 ans, 4 mois] : CIC. *Rep.* 6, 24 ; LIV. 9, 18, 10 ¶3 âge, génération, époque, siècle : **in id saeculum Romuli cecidit aetas, cum…** CIC. *Rep.* 2, 18, la vie de Romulus coïncida avec une époque où… ; **saeculorum reliquorum judicium** CIC. *Div.* 1, 36, le jugement des âges suivants, cf. CIC. *Par.* 50 ; *Phil.* 9, 23 ; *Rep.* 2, 18 ‖ **saecula aurea** VIRG. *En.* 6, 792 ; **saeculum aureum** TAC. *D.* 12, âge d'or ‖ [fig.] esprit du siècle, mode de l'époque : TAC. *G.* 19 ¶4 siècle, espace de cent ans : CIC. *de Or.* 2, 154 ; HOR. *O.* 4, 6, 42 ‖ pl., longue durée, siècles : CIC. *Nat.* 2, 52 ; *Rep.* 2, 20 ; **ibit in saecula…** PLIN. *Pan.* 55 ; ▶ *3 eo* ¶2, sg., CURT. 4, 16, 10 ; HOR. *Epo.* 8, 1 ¶5 [chrét.] **a)** le monde, la vie du monde : PRUD. *Cath.* 5, 109 **b)** le paganisme : TERT. *Anim.* 46, 10 ‖ le monde, la vie présente, les choses du temps, le siècle [opp. à l'éternité] : VULG. *Luc.* 16, 8.

saepĕ, adv. (cf. *saepes*?), souvent, fréquemment : **nimium saepe** CIC. *Fin.* 2, 41, trop souvent ‖ compar., **saepius**, superl., **saepissime** : CIC.

saepĕnŭmĕro (**saepĕ nŭmĕro**), souvent, nombre de fois : CIC. ; CAES. ; **saepiusnumero** GELL. 3, 16, 1, plus souvent.

saepes (**sēpēs**), *is*, f. (cf. αἱμασιά ; *siepe*), haie, enceinte, clôture : CAES. *G.* 2, 17, 4 ; 2, 22, 1 ; VIRG. *G.* 1, 270.

▶ nom. *saeps* CIC. d'après AUS. *Techn.* 13 (349), 11.

saepĭcŭla (**sēp-**), *ae*, f. (dim. de *saepes*), petite haie : APUL. *M.* 8, 20.

saepĭcŭlē (**saepĭuscŭlē**, *PRISC. 2, 104, 11) (dim. de *saepe, saepius*), assez souvent : PL. *Cas.* 582 ; APUL. *M.* 1, 12.

saepīmĕn, *mĭnis*, Apul. *Flor.* 1, 4; **saepīmentum**, *i*, Cic. *Leg.* 1, 62; Varr. *R.* 1, 14, 1, n. (*saepio*), clôture.

Saepīnum, *i*, n., ville du Samnium Atlas XII, E4 : Liv. 10, 44, 9 ‖ **-nās**, *ātis*, de Saepinum ; **-nātes**, *ĭum*, m. pl., habitants de Saepinum : Plin. 3, 107.

saepĭō (**sēpĭō**), *īs*, *īre*, *saepsī*, *saeptum* (*saepes*), tr. ¶ 1 entourer d'une haie, enclore, entourer : Cic. *Tusc.* 5, 64 ; *Rep.* 1, 41 ; *urbem moenibus* Cic. *Sest.* 91, entourer une ville de remparts, cf. Cic. *Phil.* 13, 20 ; *Nat.* 2, 142 ‖ fermer : *aditus fori* Cic. *Phil.* 5, 9, fermer les avenues du forum, cf. Cic. *Phil.* 2, 31 ¶ 2 [fig.] **a)** enclore, enfermer : *aliquid memoria* Cic. *de Or.* 1, 142, enfermer qqch. dans sa mémoire **b)** entourer, protéger : Cic. *Brut.* 330 ; *Rep.* 1, 68 ; *Off.* 2, 39.

saepĭor, **saepissĭmus**, compar. et superl. d'un adj. inus. tiré de *saepe*, fréquent : Cat. d. Prisc. 2, 90, 15 ; Prisc. 3, 80, 5.

saepĭuscŭlē, V. *saepicule*.

Saeponē, *ēs*, f., ville de la Bétique : Plin. 3, 14.

saeps, V. *saepes* ►.

saepta, *ōrum*, n. pl., V. *saeptum*.

saeptātus, *a*, *um* (*saeptum*), entouré d'une clôture : Capel. 2, 208.

saeptĭo (**sep-**), *ōnis*, f. (*saepio*), clôture : Vitr. 5, 12, 5.

saeptum (**sep-**), *i*, n. (*saepio* ; esp. *seto*), clôture, barrière, enceinte : Cic. *Phil.* 13, 5 ; Varr. *R.* 1, 14, 1 ‖ en part. **a)** **saepta**, *ōrum*, n. pl., enclos de vote, où les citoyens étaient enfermés par centuries et d'où ils sortaient pour voter un à un : Ov. *F.* 1, 53 ; Cic. *Sest.* 79 ; *Att.* 4, 16, 14 **b)** barrage d'écluse : Dig. 23, 21, 4 **c)** *saeptum* (*transversum*) Cels. 4, 1, 4, diaphragme **d)** [chrét.] refuge d'une église, lieu d'asile : [pl.] Cassiod. *Var.* 2, 11, 2 ; 3, 47, 1.

saeptŭōsē, adv. (*saeptum*), d'une manière embarrassée, obscure : Andr. d. Non. 170, 17.

1 **saeptŭs** (**sep-**), *a*, *um*, part. de *saepio*.

2 **saeptŭs**, *ūs*, m., C. *saeptum* : Itin. Alex. 106 (46).

saeta (**sēta**), *ae*, f. (cf. scr. *syati*, ἱμάς, al. *Saite*; fr. *soie*, al. *Seide*), soie de porc, de sanglier ; poils du bouc ; crinière de cheval : Lucr. 5, 786 ; Ov. *M.* 8, 428 ; Virg. 7, 667 ; Cic. *Tusc.* 5, 62 ‖ poils rudes d'un homme : Virg. *En.* 8, 266 ‖ piquants des conifères : Plin. 16, 41 ‖ pinceau : Plin. 33, 122 ‖ ligne de pêcheur : Mart. 1, 56, 9.

Saetăbis, *is*, f., ville de Tarraconaise [Jativa] Atlas IV, C3 : Plin. 19, 9 ‖ **-bĭtāni**, *ōrum*, m. pl., habitants de Sétabis : Plin. 3, 25 ‖ **-bus**, *a*, *um*, de Sétabis : Catul. 12, 14.

saetĭgĕr (**sēt-**), *ĕra*, *ĕrum* (*saeta*), hérissé de soies : Virg. *En.* 12, 170 ‖ m., **saetiger**, sanglier : Ov. *M.* 8, 376.

saetōsus (**sēt-**), *a*, *um* (*saeta*) **a)** C. *saetiger* : Virg. *B.* 7, 29 **b)** couvert de poils : Hor. *S.* 1, 5, 61 ; *saetosa verbera* Prop. 4, 1, 25, lanière en peau velue.

saetŭlă (**sēt-**), *ae*, f. (dim. de *saeta* ; it. *setola*), petite soie : Arn. 7, 20.

saevē, adv. (*saevus*), cruellement : Suet. *Tib.* 59 ‖ *saevius* Hor. *O.* 2, 10, 9 ; *saevissime* Col. 1, 4, 9.

saevĭdĭcus, *a*, *um*, au langage violent : Ter. *Phorm.* 213.

saevĭō, *īs*, *īre*, *ĭi*, *ītum* (*saevus*), intr. ¶ 1 être en fureur, en furie, en rage [en parl. des animaux] : Lucr. 5, 1075 ; Ov. *M.* 11, 369 ; Gell. 7, 1, 6 ‖ pousser des cris de fureur : Virg. *En.* 7, 17 ¶ 2 [en parl. de l'homme] se démener, faire rage : Pl., Ter. ; *ne saevi* Virg. *En.* 6, 544, reste calme ; *saeviens turba* Liv. 8, 24, 15, foule emportée par la fureur ‖ *in aliquem saevire* Liv. 28, 34, 9, user de rigueur, sévir contre qqn ; *alicui* Ov. *H.* 4, 148 ; Tib. 1, 2, 88 ‖ [avec inf.] s'acharner avec fureur à : Ov. *M.* 1, 200 ‖ [pass. impers.] *saevitum est ea clade* Suet. *Ner.* 38, ce ravage se déchaîna ‖ [fig.] *saevit ventus, mare* Lucr. 1, 276 ; 5, 1003, le vent, la mer fait rage, cf. Caes. *G.* 3, 13, 9 ; *saevit ira* Virg. *En.* 7, 461, la colère est déchaînée. ► sync. *saevibat* Lucr. 5, 1001.

saevis, *e*, C. *saevus* : Amm. 15, 9, 6.

saevĭtās, *ātis*, f. (*saevus*), cruauté : Prud. *Perist.* 10, 483.

saevĭtĕr, adv. (*saevus*), avec rigueur : Pl. *Ps.* 1290 ; Enn. *Tr.* 145 ; 266.

saevĭtĭa, *ae*, f. (*saevus*), fureur, violence, furie [en parl. des anim.] : *saevitia canum* Plin. 8, 146, la méchanceté des chiens ‖ rigueur, dureté, cruauté : Cic. *Part.* 11 ; *Off.* 2, 24 ; Sall. *J.* 7, 2 ; *secandi* Plin. 29, 13, impassibilité dans les opérations chirurgicales ‖ [fig.] fureur [des choses], violence : Plin. 9, 100 ; *saevitia hiemis* Col. 8, 17, rigueur de l'hiver ; *amoris* Col. 6, 37, 1, amour furieux ; *annonae* Tac. *An.* 2, 87, cherté du blé.

saevĭtĭēs, *ēi*, f., C. *saevitia* : Apul. *M.* 6, 19 ; Jul.-Val. 3, 20.

saevĭtūdo, *ĭnis*, f. (*saevus*), rigueur, dureté : Pl. d. Non. 172, 3.

Saevo, m., montagne de Germanie : Plin. 4, 96.

saevus, *a*, *um*, adj. (cf. lett. *sievs* ?) ¶ 1 en fureur, en rage [en parl. des anim.] : Lucr. 3, 306 ; 4, 1016 ; *saevior leaena* Virg. *G.* 3, 246, lionne plus furieuse ¶ 2 [en parl. des h.] furieux, sauvage, cruel, inhumain, barbare : *tyrannus saevissimus et violentissimus in suos* Liv. 34, 32, 3, le tyran le plus cruel et le plus violent contre ses sujets ‖ [poét. avec inf.] *saevus fingere...* Hor. *Ep.* 1, 15, 30, impitoyable pour imaginer ‖ [fig.] *saevum mare* Sall. *J.* 17, 5, mer furieuse ; *saevo vento* Cic. *Att.* 5, 12, avec un vent furieux ; *saevi dolores* Virg. *En.* 1, 25, cruels ressentiments ‖ pl. n., *saeva* Tac. *An.* 2, 5, événements fâcheux (pénibles).

saffīrīnus, C. *sapphirinus* : Marcian. *Dig.* 39, 4, 16, 7.

1 **săga**, *ae*, f. (*sagus*), magicienne, sorcière : Tib. 1, 2, 42 ; Cic. *Div.* 1, 65 ‖ entremetteuse : Lucil. d. Non. 23, 4.

2 **săga**, *ae*, (fr. *saie*), C. *sagum* : Enn. d. Non. 223, 30.

săgācĭtās, *ātis*, f. (*sagax*) ¶ 1 finesse de l'odorat : [chez les chiens] Cic. *Nat.* 2, 158 ; Plin. 9, 92 ‖ finesse, délicatesse [de nos sens] : Sen. *Ep.* 95, 58 ¶ 2 [fig.] sagacité, pénétration : Cic. *Verr.* 4, 29 ; Nep. *Alc.* 5, 2 ; Sen. *Ep.* 110, 9.

săgācĭtĕr, adv. (*sagax*), avec l'odorat subtil : Col. 7, 12, 7 ; *sagacius* Cic. *Att.* 6, 4, 3 ‖ [fig.] avec pénétration, avec sagacité : Cic. *de Or.* 1, 223 ; Liv. 27, 28, 3 ‖ *sagacissime* Cic. *de Or.* 2, 186.

Sagae, *ārum*, m. pl., peuplade scythe voisine de la Perse : Plin. 6, 50.

Sagalassēnus ăgĕr, m., district de Pisidie : Liv. 38, 15, 9.

Sagalassŏs, *i*, f. (Σαγαλασσός), ville de Pisidie : Plin. 5, 94.

1 **săgăna**, *ae*, f., C. 1 *saga* : Prisc. 2, 120, 21.

2 **Săgăna**, *ae*, f., nom de femme : Hor. *Epo.* 5, 25.

Sagănis, *is*, Amm. 23, 6, 49, **Saganŏs**, *i*, Plin. 6, 110, m. (Σάγανος), fleuve de Carmanie.

săgăpēnum (**-ŏn**), *i*, n. (σαγάπηνον), sorte de gomme résine [suc de la férule] : Plin. 12, 126.

Săgărīnus, *i*, m., nom d'homme : Pl. *St.* 644.

Săgăris, *is*, m. (Σάγαρις) ¶ 1 fleuve de Phrygie, le même que *Sangarius* : Ov. *Pont.* 4, 10, 47 ¶ 2 nom d'homme : Virg. *En.* 9, 575.

Săgărītis, *ĭdis*, f., du fleuve Sagaris : Ov. *F.* 4, 229.

1 **săgărĭus**, *a*, *um* (*sagum*), qui concerne les sayons : Dig. 17, 2, 52 ; *sagaria negotiatio* Ulp. *Dig.* 14, 4, 5, 15, commerce de sayons ‖ **săgărĭus**, *ĭi*, m., marchand de sayons : CIL 12, 2619.

2 **Săgărĭus**, V. *Sangarius*.

săgātus, *a*, *um* (*sagum*), vêtu d'un sayon : Cic. *Font.* 33 ; *Phil.* 14, 2 ; Mart. 6, 11, 18.

săgax, *ācis* (*sagio*) ¶ 1 qui a l'odorat subtil : Cic. *Div.* 1, 65 ‖ qui a l'oreille subtile ou fine, vigilant : *sagacior* Ov. *M.* 11, 599 ¶ 2 [fig.] qui a de la sagacité, sagace, pénétrant : Cic. *Fin.* 2, 45 ; *Leg.* 1, 22 ; *Tusc.* 3, 11 ; *ad suspicandum sagacissimus* Cic. *Cat.* 1, 19, très pénétrant pour deviner, cf. Planc. *Fam.* 10, 23, 4 ; [poét. avec gén.] *utilium sagax rerum* Hor. *P.* 218, qui sait découvrir l'utile ; [dat.]

sagax

rimandis offensis sagax Tac. *H.* 4, 11, habile à dépister les ressentiments ; [avec inf.] Ov. *M.* 5, 146.

sagda, *ae*, f., sorte de pierre précieuse : Plin. 37, 181.

săgēna, *ae*, f. (σαγήνη ; fr. *seine*), seine [sorte de filet de pêcheur] : Manil. 4, 670 ; Ulp. *Dig.* 47, 10, 13, 7 ǁ [fig.] filet, piège : Vulg. *Eccles.* 7, 27.

săgēnicum, *i*, n. (*sagena*), coup de filet, poisson pris d'un seul coup de filet : Diocl. 5, 11.

Saggarius, v. *Sangarius*.

Săgĭārĭus, *ii*, m., v. *Sangarius* : Plin. 6, 4.

Sagĭatta, *ae*, f., ville d'Arabie : Plin. 6, 158.

Sagigi, n., golfe de Maurétanie : Plin. 5, 9.

săgīna, *ae*, f. (obscur ; fr. *saindoux*) ¶ 1 engraissement [des animaux, surtout des volailles] : Varr. *R.* 3, 10, 1 ; Col. 6, 27, 9 ; Plin. 10, 140 ; Suet. *Cal.* 27 ¶ 2 embonpoint : Just. 21, 2, 1 ; *saginā ventris* Just. 38, 8, 9, par son ventre énorme ǁ ventre (bedaine) : Pl. *Most.* 65 ; Aus. *Ephem.* 1 (151), 8 ¶ 3 régime qui sert à engraisser, nourriture substantielle [en part. à l'usage des gladiateurs] : Tac. *H.* 2, 88 ; Prop. 4, 8, 25 ǁ bonne chère, bombance : Pl. *Trin.* 722 ; *Most.* 236 ; Varr. *R.* 3, 17, 7 ; Cic. *Flac.* 17 ǁ [fig.] *sagina dicendi* Quint. 10, 5, 7, la nourriture fortifiante de l'éloquence.

săgīnārĭum, *ii*, n. (*sagina*), mue [cage où l'on engraisse les volailles] : Varr. *R.* 3, 10, 7.

săgīnātĭo, *ōnis*, f. (*sagino*), action d'engraisser : Plin. 8, 207 ǁ pâture [pour engraisser] : Tert. *Pall.* 4, 1.

săgīnātŏr, *ōris*, m. (*sagino*), celui qui engraisse : Gloss. 2, 591, 57.

săgīnātus, *a*, *um*, part. de *sagino* ǁ [adj¹] engraissé, gras ; *saginatior* Hier. *Ep.* 21, 12.

săgīnō, *ās*, *āre*, *āvī*, *ātum* (*sagina*), tr., engraisser [les animaux] : Col. 8, 7, 3 ; Plin. 16, 18 ǁ [fig.] *saginare plebem populares suos, ut jugulentur* Liv. 6, 17, 2, [on dit] que la plèbe engraisse ses défenseurs [comme les gladiateurs] pour les faire égorger ; *terra quae copia omnium rerum (eos) saginaret* Liv. 38, 17, 17, un pays capable de les gaver de tout en abondance ; *saginari reipublicae sanguine* Cic. *Sest.* 78, s'engraisser du sang de la république ǁ [chrét.] nourrir, fortifier : Tert. *Res.* 8, 3.

săgĭō, *īs*, *īre*, -, - (cf. ἡγέομαι, al. *suchen*, an. *seek*), intr., avoir du flair, sentir finement : Cic. *Div.* 1, 65.

Sagis, *is*, m., une des bouches du Pô : Plin. 3, 120.

1 **săgitta**, *ae*, f. (cf. *sagio* ? ; it. *saetta*) ¶ 1 flèche : Cic. *Ac.* 2, 89 ; *Nat.* 2, 126 ; Virg. *En.* 4, 69 ; *sagittae Veneris* Lucr. 4, 1278, les flèches (les traits) de l'Amour (Vénus) ¶ 2 [méd.] lancette : Veg. *Mul.* 1, 22, 4 ¶ 3 bout pointu d'un bourgeon ou d'une crossette : Col. 3, 10, 22 ; Plin. 17, 156 ¶ 4 v. *pistana* : Plin. 21, 111 ¶ 5 la Flèche [constellation] : Cic. *Arat.* 382.

2 **Săgitta**, *ae*, m., surnom : Tac. *H.* 4, 49 ; 4, 44.

1 **săgittārĭus**, *a*, *um*, propre à faire des flèches : Plin. 16, 166.

2 **săgittārĭus**, *ii*, m. ¶ 1 archer : Caes. *G.* 2, 7, 1 ; Cic. *Phil.* 5, 18 ¶ 2 fabricant de flèches : Dig. 50, 6, 7 ¶ 3 le Sagittaire [constellation] : Cic. *Arat.* 525 ; Hyg. *Fab.* 124.

săgittātŏr, *ōris*, m., archer : Boet. *Porph. com. pr.* 2, 29, p. 128, 23.

săgittātus, *a*, *um*, percé d'une flèche : Cael.-Aur. *Chron.* 2, 12, 144.

săgittĭfĕr, *ĕra*, *ĕrum* (*sagitta*, *fero*) ¶ 1 armé de flèches : Virg. *En.* 8, 725 ; Catul. 11, 6 ǁ subst. m., le Sagittaire : Manil. 2, 267 ; Anth. 616, 5 ¶ 2 qui contient des flèches : Ov. *M.* 1, 468 ; Stat. *Ach.* 1, 416 ǁ hérissé de flèches : *sagittifera pecus* Claud. *Carm. min.* (9), *Hystr.* 48, porc-épic.

săgittĭgĕr, *ĕri*, m. (*sagitta*, *gero*), le Sagittaire : Avien. *Arat.* 842.

Săgittĭpŏtens, *tis*, m., le Sagittaire : Cic. *Arat.* 73.

săgittō, *ās*, *āre*, *āvī*, *ātum* (*sagitta* ; it. *saettare*) ¶ 1 intr., lancer des flèches : Curt. 7, 5, 42 ; Just. 41, 2, 5 ¶ 2 tr., percer de flèches, v. *sagittatus*.

săgittŭla, *ae*, f. (dim. de *sagitta*), petite flèche, fléchette : Apul. *M.* 10, 32.

sagma, *ătis*, n. (σάγμα ; fr. *somme*), Vulg. *Lev.* 15, 9 ; Diocl. 11, 4, **sagma**, *ae*, f., bât : Veg. *Mul.* 2, 59, 1.

sagmārĭum, *ii*, n. (*sagma*), charge mise sur un bât : Serv. *En.* 1, 417.

sagmārĭus, *a*, *um* (*sagma*), v. *saumarius*, qui porte un bât, [bête] de somme : Isid. 20, 16, 5 ǁ subst. m, bête de somme : Lampr. *Hel.* 4, 4.

sagmĕn, *ĭnis*, n. (*sacer*, *sancio*), brin d'herbe sacrée, herbes sacrées : Liv. 1, 24, 4 ; 30, 43, 9 ; Plin. 22, 5, cf. Fest. 424, 34 ; P. Fest. 425, 4.

săgŏchlămys, *ydis*, f. (*sagum*, *chlamys*), sagochlamyde, sorte de manteau militaire : Treb. *Claud.* 14, 5.

săgŏpēnĭum, v. *sagapenum*.

Sagra, *ae*, m. ou f. (ἡ Σάγρα et ὁ Σάγρας), rivière du Bruttium [auj. la Sagra] Atlas XII, G5, entre le pays des Locriens et celui des Crotoniates, célèbre par la victoire des Locriens sur les Crotoniates plus nombreux : Cic. *Nat.* 2, 6 ; Plin. 3, 95.

săgŭlāris, *e*, **săgŭlārĭus**, *a*, *um* (*sagulum*), de sayon : Ps. Hyg. *Mun. castr.* 32 ; 44.

săgŭlātus, *a*, *um* (*sagulum*), vêtu d'un sayon : Suet. *Vit.* 11.

săgŭlum, *i*, n. (dim. de *sagum*), sayon [surtout du général] : Cic. *Pis.* 55 ; Caes. *G.* 5, 42, 3 ; Virg. *En.* 8, 660 ǁ pèlerine [des ascètes] : Paul.-Nol. *Ep.* 22, 2.

săgum, *i*, n. (gaul., irl. *sái*, lit. *sagis* ; it. *saio*), sayon, saie ¶ 1 sorte de manteau des Germains : Tac. *G.* 17 ¶ 2 vêtement des esclaves : Cat. *Agr.* 59 ; Col. 1, 8, 9 ¶ 3 sayon, casaque militaire [des Romains], habit de guerre : *saga sumere* Cic. *Phil.* 5, 31, prendre les armes, cf. 14, 2 ; *esse in sagis* Cic. *Phil.* 8, 32, être sous les armes ; *ire ad saga* Cic. *Phil.* 14, 1, courir aux armes ; *saga ponere* Liv. *Epit.* 73, déposer les armes ; [en parl. d'une seule pers.] *sagum sumere* Cic. *Verr.* 5, 94, endosser l'habit de guerre ¶ 4 gros drap, couverture : *distento sago in sublime jactare* Suet. *Oth.* 2, berner ; v. 2 *sagus*, 2 *saga*.

Saguntĭa, f., v. *Seguntia* : Plin. 3, 15.

Săguntum, *i*, n. (cf. Ζάκυνθος), Cic. *Div.* 1, 49 ; Liv. 21, 7, 1, **Saguntus**, *i*, f., Liv. 21, 19, 1 ; Juv. 15, 114 ; Plin. 16, 216, **Saguntos**, Stat. *S.* 4, 6, 83, Sagonte, ville de la Tarraconaise Atlas IV, D2 ; IV, C3 ǁ **-tīnus**, *a*, *um*, de Sagonte : Liv. 21, 19, 10, **Săguntīni**, *ōrum*, m. pl., Sagontins, habitants de Sagonte : Liv. 21, 19, 4 ; ou **Săguntii**, gén. **ium**, Sall. *H.* 2, 65 ; Char. 143, 9.

1 **săgus**, *a*, *um* (*sagio*), qui présage, prophétique : Stat. *Ach.* 1, 519 ; P. Fest. 426, 15.

2 **săgus**, *i*, m., v. *sagum* : Enn. *An.* 508 ; Varr. *Men.* 569.

Saguti sinus, golfe de Maurétanie [var. *Sagigi*] : Plin. 5, 9.

Sāii, *ōrum*, m. pl., peuple et ville de la Lyonnaise II [auj. Sées] : Not. Gall. 2, 6.

sāio, *ōnis*, m. (germ.), sorte de bourreau : Gloss. 7, 224B ǁ huissier : Cassiod. *Var.* 4, 47 ; 12, 3.

Săis, *is*, f. (Σάϊς), ville d'Égypte, dans le Delta Atlas I, E6 ; IX, E2 : Plin. 5, 64 ; Mel. 1, 60 ǁ **Săītae**, *ārum*, m. pl., habitants de Saïs : Cic. *Nat.* 3, 29 ǁ **Săītēs nŏmŏs**, le nome Saïtique : Plin. 5, 49.

sāl, *sălis*, m. (cf. ἅλς, rus. *sol'*, al. *Salz*, an. *salt* ; fr. *sel*) ¶ 1 sel : Cic. *Lae.* 67 ; Caes. *C.* 2, 37, 5 ǁ pl., *sales*, grains de sel, sel : Varr. *R.* 2, 11, 6 ; Col. 7, 4, 3 ¶ 2 [métaph.] **a)** [poét.] onde salée, mer : Virg. *En.* 1, 173 ; Ov. *M.* 15, 286 ; Luc. 10, 257 **b)** tache [en forme de grain de sel, dans une pierre précieuse] : Plin. 37, 83 ; pl., 37, 22 ¶ 3 [fig.] **a)** sel, esprit piquant, finesse caustique : Cic. *de Or.* 2, 98 ; *Nat.* 2, 74 ; *Off.* 133 ; *Att.* 1, 13, 1 ; *Brut.* 128 ǁ pl., plaisanteries, bons mots : Cic. *Or.* 87 ; *Fam.* 9, 15, 2 ; Hor. *P.* 271 ; Quint. 10, 1, 117 ; 12, 10, 12 **b)** finesse d'esprit, intelligence : Ter. *Eun.* 400 **c)** bon goût : Nep. *Att.* 13, 2 **d)** sel = condiment, stimulant : Plin. 10, 198 **e)** [chrét.] saveur, élite : *vos estis sal terrae* Vulg. *Matth.* 5, 13, vous êtes le sel de la terre ǁ conservation : *pactum*

Salii

salis VULG. *Num.* 18, 19, un pacte perpétuel.
► genre neutre VARR. *et* FABIAN. d. CHAR. 106, 15 ; [fig.] AFRAN. d. PRISC. 2, 171, 10 ; LUCR. 4, 1162 ‖ forme *sale, -is* n. ENN. *An.* 385 ; VARR. d. NON. 223, 17.

Sala (Salās), *ae*, m., fleuve de Maurétanie Tingitane [Bou Regreg] : PLIN. 5, 5 ‖ **Sala**, *ae*, f., ville de Maurétanie Tingitane [Chella] Atlas I, D1 ; IV, F1 : PLIN. 5, 5.

sălă cattăbĭa, *ae*, f. (?), soupe froide au fromage et au pain, gaspacho : *APIC. 125.

1 **Sălācĭa**, *ae*, f., Salacia, déesse de la mer : VARR. *L.* 5, 72 ; CIC. *Tim.* 35 ‖ la mer : PACUV. *Tr.* 418.

2 **Sălācĭa**, *ae*, f., ville de Lusitanie Atlas IV, D1 : PLIN. 8, 191 ‖ **-ĭensis**, *e*, de Salacia : CIL 2, 32.

sălācĭtās, *ātis*, f. (*salax*), lubricité : PLIN. 9, 59 ; 10, 107 ; TERT. *Jejun.* 1, 2.

sălāco, *ōnis*, m. (σαλάκων), vaniteux, glorieux : CIC. *Fam.* 7, 24, 2.

Salaeca, *ae*, f., ville d'Afrique : LIV. 29, 34, 6.

sălămandra, *ae*, f. (σαλαμάνδρα), salamandre : PLIN. 10, 188.

Sălambo, *ōnis*, f., nom de Vénus en Syrie : LAMPR. *Hel.* 7, 3.

Sălămīna, *ae*, f., ⓒ *Salamis* : JUST. 2, 7, 7.

Sălămīnĭăcus, *a*, *um*, ⓒ *Salaminius* : LUC. 5, 109 ; SIL. 14, 282.

Sălămīnĭus, *a*, *um*, de Salamine [Attique] : CIC. *Tusc.* 1, 110 ‖ subst. m. pl., habitants de Salamine [ville de Chypre] : CIC. *Arch.* 19.

Sălămis, *īnis*, f. (Σαλαμίς), Salamine ¶ 1 île du golfe Saronique, en face d'Éleusis [célèbre par la victoire de Thémistocle sur les Perses] Atlas VI, B2 ; ville principale de l'île : CIC. *Off.* 1, 61 ¶ 2 ville de l'île de Chypre Atlas I, E6 ; IX, D3 : CIC. *Att.* 6, 1, 6.
► acc. *Salamina* CIC. *Tusc.* 1, 110.

Sălānus, *i*, m., un ami d'Ovide : OV. *Pont.* 2, 5, 1.

Salaphītānum oppidum, n., ville de la région syrtique : PLIN. 5, 30.

Sălăpĭa, *ae*, f., ville d'Apulie [auj. Salpi] Atlas XII, E5 : LIV. 24, 20, 15 ; ⓥ *Salpia, Salpinus*.

Sălăpītāni, *ōrum*, ⓒ *Salpini* : LIV. 27, 28, 6.

sălăpitta, *ae*, f. (σαλπιγκτής), gifle [retentissante] : ARN. 7, 33.

sălăputtĭum, *ii*, n. (?), bout d'homme, nabot : CATUL. 53, 5.

sălăr, *ăris*, m. (cf. *salmo*), truite saumonée : AUS. *Mos.* 88 ; 129.

Sălārĭa vĭa, f., PLIN. 31, 8 ; abs¹ **Sălārĭa**, *ae*, f., CIC. *Nat.* 3, 11, voie romaine, allant chez les Sabins Atlas II ; XII, D4, cf. FEST. 436, 8 ; P. FEST. 437, 4.

sălārĭāna castănĕa, f. (cf. *salarius* ?), sorte de châtaigne : PLIN. 15, 94.

sălārĭārĭus, *a*, *um*, mercenaire, payé : DIG. 17, 1, 10, 9.

Sălārĭensis, *e*, de Salaria [ville de Tarraconaise] : PLIN. 3, 25.

sălārĭum, *ii*, n. (*sal*), ration de sel, [puis] solde pour acheter du sel ; solde : PLIN. 31, 89 ; 34, 11 ‖ émoluments, traitement, gages, salaire : TAC. *Agr.* 42 ; PLIN. *Ep.* 4, 12, 2.

sălārĭus, *a*, *um* (*sal*), de sel : LIV. 29, 37, 3 ‖ par où l'on transporte le sel : P. FEST. 437, 4 ; ⓥ *Salaria via* ‖ subst. m., marchand de salaisons : MART. 1, 41, 8 ; 4, 86, 9.

Salassi, *ōrum*, m. pl., peuple au pied des Alpes Pennines [auj. Val d'Aoste] : LIV. 21, 38, 7 ; PLIN. 3, 134.

Salat, m. indécl., fleuve de Maurétanie, Tingitane : PLIN. 5, 9 ; ⓥ *Sala*.

sălax, *ācis* (*salio*), lascif, lubrique : VARR. *R.* 3, 9, 5 ; HOR. *S.* 1, 2, 45 ‖ [poét.] aphrodisiaque : OV. *Rem.* 799 ; *herba salax* OV. *A. A.* 2, 422, roquette ‖ *salacior* LACT. *Opif.* 14, 6 ; *-issimus* COL. 7, 9, 1.

Saldae, *ārum*, f. pl., ville de Maurétanie [Bougie, auj. Bejaïa] Atlas I, D3 ; VIII, A2 : PLIN. 5, 20.

Saldŭba, *ae*, f., ville de Tarraconaise [auj. Saragosse] : PLIN. 3, 24.

1 **sălĕ**, *is*, n., ⓥ *sal* ►.

2 **Sălĕ**, *is*, n., lac en Lydie : PLIN. 5, 117.

sălĕbra, *ae*, f., [rare] ordin¹ **sălĕbrae**, *ārum*, f. pl. (*salio*), aspérités du sol : HOR. *Ep.* 1, 17, 53 ; COL. 9, 8, 3 ‖ [fig.] *haeret in salebra* CIC. *Fin.* 5, 84, il [le discours] est bloqué par un obstacle ‖ aspérités [du style] : CIC. *Or.* 39 ‖ difficultés : CIC. *Fin.* 2, 30 ‖ *brevis tristitiae salebra* VAL.-MAX. 6, 9, ext. 5, léger accès de tristesse.

sălĕbrātim, adv. (*salebra*), tumultueusement : SIDON. *Ep.* 2, 2, 17.

sălĕbrĭtās, *ātis*, f. (*salebra*), aspérités du sol : APUL. *M.* 6, 14.

sălĕbrōsus, *a*, *um* (*salebra*), raboteux, rocailleux : APUL. *M.* 8, 16, 4 ‖ [fig.] embarrassé, pénible : QUINT. 11, 2, 46 ; SEN. *Ep.* 100, 7 ; MART. 11, 2, 7 ‖ *salebrosissimus* SIDON. *Carm.* 14, ep. 1.

sălĕfăcĭō, *is*, *ĕre*, -, - (*sal, facio*), tr., saler : HIPPOCR. *Vict.* 2, 415.

Sălēĭānus, *i*, m., nom d'homme : MART. 2, 65, 1.

Sălēĭus, *i*, m., Saléius Bassus, poète latin : JUV. 7, 80 ; QUINT. 10, 1, 90.

sălēmōrĭa, *ae*, f. (*sal, muria*), fr. saumure), saumure : ANTHIM. 29.

Salēni (Salae-, Sael-), *ōrum*, m. pl., peuple de Tarraconaise : MEL. 3, 15.

Sălentīni (Sall-), *ōrum*, m. pl., Salentins [peuple de Calabrie] : PLIN. 3, 75 ; CIC. *Amer.* 133 ‖ **-īnus**, *a*, *um*, des Salentins : CAT. *Agr.* 6, 1 ; VIRG. *En.* 3, 400.

Sălernum, *i*, n., Salerne, ancienne capitale du Picénum Atlas XII, E4 : PLIN. 3, 70 ; *Salerni castrum* LIV. 32, 29, 3, même sens ‖ **-nĭtānus**, *a*, *um*, de Salerne : VAL.-MAX. 6, 8, 5.

săles, ⓥ *sal*.

Saletĭo, *ōnis*, f., ville de Belgique [auj. Seltz] : PEUT. 2, 3.

salfăcĭō, *is*, *ĕre*, -, -, ⓒ *salefacio* : HIPPOCR. *Vict.* 2, 505.

salgăma, *ōrum*, n. pl. (cf. *sal*), conserves [de fruits, de légumes] : COL. 10, 117 ; 12, 4, 4.

salgămārĭus, *ii*, m. (*salgama*), marchand de conserves : COL. 12, 56, 1 ‖ titre d'un ouvrage de C. Matius : COL. 12, 46, 1.

salgămum, *i*, n., ce qui constitue l'alimentation, nourriture [en gén.] : COD. JUST. 12, 42 ; COD. TH. 7, 9, 1 ‖ [méton.] office, cellier : GREG.-M. *Ep.* 6, 42.

Salgănĕa, n. pl. (ou acc. m.), ville de Béotie : LIV. 35, 37, 6.

Sălĭa, *ae*, m., la Seille [affluent de la Moselle] : FORT. *Carm.* 3, 13, 5.

Sălĭāris, *e* (*Salii*), des [prêtres] Saliens : HOR. *Ep.* 2, 1, 86 ‖ [fig.] à la façon des Saliens : *saltus saliaris* SEN. *Ep.* 15, 4, pas des Saliens ; *saliares dapes* HOR. *O.* 1, 37, 2, festins splendides ; *saliarem in modum epulari* CIC. *Att.* 5, 9, 1, faire un magnifique repas.

sălĭăris, *e* (*salio*), dansant : *saliares insulae* PLIN. 2, 209, îles dansantes.

sălĭātŭs, *ūs*, m. (*Salii*), dignité de prêtre salien : CIC. *Scaur.* 34.

sălĭbārĭum, ⓥ *salivarium* : DIOCL. 10, 5, 1.

sălĭcastrum, *i*, n. (*salix*), douce-amère [plante] : PLIN. 23, 20.

sălĭcētum, *i*, n. (*salix* ; fr. saussaie), ⓥ *salictum* : ULP. *Dig.* 47, 7, 3.

sălĭcis, gén. de *salix*.

1 **sălictārĭus**, *ii*, m. (*salictum*), celui qui a soin des saules : CAT. *Agr.* 11, 1.

2 **sălictārĭus lŭpus**, m., houblon de saule : PLIN. 21, 86.

sălictŏr, *ōris*, m. (*salio*), sauteur : ANTH. 794, 54.

sălictum, *i*, n. (*salicetum, salix*), saussaie, lieu planté de saules : CAT. *Agr.* 1, 7 ; CIC. *Agr.* 2, 36 ‖ saule : VIRG. *B.* 1, 55.

sălĭens, *tis*, part. de *salio*, subst. m. pl. **sălĭentes**, *ĭum* (s.-ent. *fontes*), eaux jaillissantes : CIC. *Q.* 3, 1, 3 ; VITR. 8, 3, 6 ; FRONTIN. *Aq.* 9 ; 11 ; 87.

sălĭfŏdīna, *ae*, f., mine de sel, saline : VITR. 8, 3, 7.

sălignĕus, *a*, *um* (*salix*), de saule : CAT. *Agr.* 43, 1 ; COL. 6, 2, 4 ; **sălignus**, *a*, *um*, CAT. *Agr.* 20, 1 ; HOR. *S.* 1, 5, 22 ‖ *salignus*, d'osier : VIRG. *En.* 7, 632.

Sălĭi, *ōrum*, m. pl. (*salio*) ¶ 1 Saliens, prêtres de Mars, ⓥ *ancile* : VARR. *L.* 5, 85 ; CIC. *Rep.* 2, 26 ; VIRG. *En.* 8, 663 ; OV.

Salii

F. 3, 260; [prêtres d'Hercule] VIRG. *En.* 8, 285; au sg., **Sălĭus**, *ii*, m. CIL 6, 2158 ¶ **2** les Francs Saliens, peuplade germanique : AMM. 17, 8, 3 ‖ au sg., un Franc Salien : CLAUD. *Cons. Stil.* 1, 222.

sălillum, *i*, n. (dim. de *salinum*), petite salière : CATUL. 23, 19.

1 **sălīnae**, *ārum*, f. pl. (*salinus*; fr. *salines*), salines : CIC. *Nat.* 2, 132; CAES. C. 2, 37, 5 ‖ [fig.] mine de bons mots : CIC. *Fam.* 7, 32, 1.

2 **Sălīnae**, *ārum*, f. pl., les Salines [quartier de Rome] : LIV. 24, 47, 15 ‖ lieu de la Dacie : PEUT. 7, 2 ‖ ville des Alpes Pennines : CIL 3, 14632.

1 **sălĭnātŏr**, *ōris*, m. (*salinae*), saunier : ARN. 2, 38; **aerarius** CAT. *Orat.* 103, fermier de saline.

2 **Sălĭnātŏr**, *ōris*, m., surnom romain : CIC. *CM* 7; 11.

Sălĭnensis (-niensis), *e*, des Salines [ville des Alpes, auj. Castellane] : CIL 12, 3.

sălĭnĭensis, *is*, m., marchand de sel : CIL 4, 128.

sălīnum, *i*, n. (*sal*; fr. *salin*), salière : PL. *Pers.* 267; HOR. *O.* 2, 16, 14 ‖ **salini**, *ōrum*, m. pl., VARR. d. NON. 546, 14.

1 **sălĭō**, *īs*, *īre*, *ĭī*, *ītum* (*sal*), COL. 7, 7, 2; VULG. *Ezech.* 16, 4, V. *sallio*.

2 **sălĭō**, *īs*, *īre*, *sălŭī*, *saltum* (cf. ἅλλομαι; fr. *saillir*) ¶ **1** intr., sauter, bondir : PL. *Bac.* 429; LIV. 25, 24, 5; 25, 39, 5 ‖ [en parl. de ch.] **aqua saliens** PLIN. *Ep.* 2, 17, 25, eau courante, ruisselante; **farre pio et saliente mica** HOR. *O.* 3, 23, 20, avec une pieuse farine et le grain de sel pétillant [dans le feu du sacrifice], cf. OV. *F.* 4, 409 ‖ [en parl. du cœur, du pouls] palpiter, tressaillir, battre : PL. *Cas.* 414; OV. *M.* 8, 606 ¶ **2** tr., saillir : VARR. *R.* 2, 2, 14; 2, 4, 8; LUCR. 4, 1196.
▶ parf. *salui* PRISC. 2, 540, 16; SERV. *En.* 3, 416 ‖ [rare] *salii* STAT. *S.* 1, 2, 210; *Th.* 9, 132.

sălĭpŏtens, *entis* (*salum*, *potens*), roi de la mer [épithète de Neptune] : PL. *Trin.* 820.

sălissātĭo, *ōnis*, f. (de σαλάσσω), battements [du cœur], palpitations : M.-EMP. 21, 15.

sălissātŏr, *ōris*, m., celui qui tire des présages des palpitations éprouvées dans quelque membre : ISID. 8, 9, 29.

sălistĭa, *ae*, f. (?), outil (?) : DIOCL. 12, 25.

Sălĭsubsĭli, *ōrum*, m. pl (*Salii*, *subsilio*), Saliens dansants : CATUL. 17, 6.

sălītĭo, *ōnis*, f. (*2 salio*), action de sauter [à cheval] : VEG. *Mil.* 1, 18.

sălītō, *ās*, *āre*, -, - (fréq. de *2 salio*), intr., sautiller : VARR. *L.* 5, 85.

sălītor, **sălītūra**, etc., COL. 12, 21, 3, V. *sallitor*.

sălĭunca, *ae*, f. (celt. ?), valériane celtique [plante] : VIRG. *B.* 5, 17; PLIN. 21, 43.

sălĭuncŭla, *ae*, f., (dim. de *saliunca*) : HIER. *Is.* 15, 55, 12.

Sălĭus, *a*, *um* ¶ **1** des Saliens : FEST. 439, 18 ¶ **2** subst. m., PLIN. 6, 8, fleuve de Cappadoce.

sălīva, *ae*, f. (cf. *sal*, v. irl. *saile*, bret. *halo*; fr. *salive*), salive : CATUL. 23, 16; SEN. *Ir.* 3, 38, 2 ‖ **salivae** pl., même sens : LUCR. 4, 638; COL. 6, 9, 3 ‖ **quidquid ad salivam facit** PETR. 48, tout ce qui fait venir l'eau à la bouche [saliver] ‖ [fig.] **salivam movere** SEN. *Ep.* 79, 7, faire venir l'eau à la bouche [donner envie]; **saliva mercurialis** PERS. 5, 112, l'eau que Mercure fait venir à la bouche [désir du gain] ‖ bave des escargots : PLIN. 30, 136; eau [dans les coquillages] : PLIN. 32, 60 ‖ eau, suintement, écoulement : **lacrimationum salivae** PLIN. 11, 147, larmoiement ‖ saveur [qui excite la salive] : PLIN. 23, 40; PROP. 4, 8, 38.

sălīvārĭum, *ii*, n. (*salivarius*), mors de la bride du cheval : DIOCL. 10, 5.

sălīvārĭus, *a*, *um* (*saliva*), qui ressemble à la salive : PLIN. 9, 160.

sălīvātĭo, *ōnis*, f. (*salivo*), salivation : CAEL.-AUR. *Acut.* 3, 2, 7.

sălīvātum, *i*, n., médicament pour faire saliver : COL. 6, 10, 1; PLIN. 27, 101.

sălīvō, *ās*, *āre*, -, - (*saliva*), tr., produire une liqueur visqueuse : PLIN. 9, 125 ‖ faire saliver : COL. 6, 5, 2 et 7, 9.

sălīvōsus, *a*, *um* (*saliva*), ressemblant à la salive, visqueux : PLIN. 16, 181 ‖ qui salive beaucoup : CAEL.-AUR. *Acut.* 2, 2, 12 ‖ baveux : APUL. *Apol.* 59.

sălix, *ĭcis*, f. (cf. v. irl. *sail*, bret. *haleg*, an. *sallow*; it. *salcio*, fr. *marsault*), saule : VIRG. *B.* 3, 65; COL. 4, 30, 4 ‖ baguette de saule ou d'osier : PRUD. *Perist.* 10, 703.

Sallentīni, V. *Salentini*.

sallĭō, *īs*, *īre*, *ĭī*, *ītum* (cf. *condio*), tr., CAT. *Agr.* 23, 1; 162, 1, **sallō**, *ĭs*, *ĕre*, -, - (*saldo*), VARR. *L.* 5, 110; DIOM. 375, 20, saler.
▶ *salsurus* MUMM. d. PRISC. 2, 546, 20.

sallītūra, *ae*, f. (*sallio*), salage : COL. 12, 21, 3.

sallītus, *a*, *um*, part. de *sallio*.

1 **sallo**, V. *sallio*.

2 **sallo**, V. *prallo*.

Sallustĭānē, adv., à la manière de Salluste : PRISC. 3, 88, 7.

Sallustĭānus, *a*, *um*, de Salluste : QUINT. 4, 2, 45; GELL. 18, 41 ‖ subst. m., SEN. *Ep.* 114, 17, admirateur de Salluste, sallustien.

Sallustĭus, *ii*, m., Salluste [historien latin] : TAC. *An.* 3, 30 ‖ autres du même nom : CIC. *Fam.* 14, 4, 6; HOR. *O.* 2, 2, 3.

Sallŭvĭi (Săl-), *ōrum*, PLIN. 3, 47, **Sălyes (Sall-)**, *um*, **Sălyi (Sall-)**, *ōrum*, m. pl., Salluviens, Sallyens [peuple ligure, établi dans la Narbonnaise, entre Marseille et les Alpes] : LIV. 5, 34, 7; 21, 26, 3; PLIN. 3, 36.

Salmăcĭdēs, *ae*, m., Salmacide, homme efféminé : ENN. *Tr.* 338.

salmăcĭdus, *a*, *um* (*salgama*, *acidus*), saumâtre : PLIN. 31, 36; FLOR. 4, 10, 8.

Salmăcis, *ĭdis*, f. (Σαλμακίς), nymphe et fontaine de Carie [aux eaux amollissantes] : OV. *M.* 4, 286; STAT. *S.* 1, 5, 21.

Salmāni, *ōrum*, m. pl., peuple d'Arabie : PLIN. 6, 118.

Salmantĭca, *ae*, f., Salamanque [ville de Lusitanie] : CIL 2, 827.

Salmantĭcensis, *e*, de Salamanque : CIL 2, 438.

salmentum, *i*, n., C. *salsamentum* CHAR. 265, 16; CONSENT. 5, 392, 10; PS. CAPER 7, 101, 8.

salmo, *ōnis*, m. (gaul., cf. *salar*, 2 *salio*; fr. *saumon*), saumon [poisson] : PLIN. 9, 68; AUS. *Mos.* 97.

Salmōna, *ae*, m., la Salm [affluent de la Moselle] : AUSON. *Mos.* 366.

Salmōnē, *ēs*, f., Salmonée [promontoire de Crète] : VULG. *Act.* 27, 7.

Salmōneŭs, *ĕi* ou *ĕos*, m. (Σαλμωνεύς), Salmonée [fils d'Éole, foudroyé par Jupiter] : VIRG. *En.* 6, 585.

Salmōnis, *ĭdis*, f. (Σαλμωνίς), fille de Salmonée (Tyro) : PROP. 3, 19, 13; OV. *Am.* 3, 6, 43.

1 **sălo**, V. *sallo*.

2 **Sălo**, *ōnis*, m., rivière de Celtibérie, affluent de l'Èbre : MART. 10, 103, 2.

Salobrĭasae, *ārum*, m. pl., peuple de l'Inde : PLIN. 6, 76.

Saloca, *ae*, f., ville du Norique : PEUT. 4, 1.

Salodŭrum, *i*, n., ville d'Helvétie [auj. Soleure] : ANTON. 353.

Salomacum, *i*, n., ville d'Aquitaine : ANTON. 457.

Sălōmōn, *ōnis*, m. (Σαλομών), Salomon [fils de David, troisième roi des Juifs] : VULG. 3 *Reg.* 1, 11 ‖ **-ōnĭacus**, SIDON. *Ep.* 4, 18, 5 v. 13; FORT. *Carm.* 1, 11, 1 et **-ōnĭus**, *a*, *um*, LACT. *Inst.* 4, 13, de Salomon.

Sălōna, *ae*, f., Salone [ville de Dalmatie, auj. Solin] Atlas I, C4; XII, C5 : PLIN. 3, 141; MEL. 2, 57 et **Sălōnae**, *ārum*, f. pl., CAES. C. 3, 8 et 9.

Sălōnĭānus, *i*, m., nom d'homme [fils ou descendant de Salonius] : GELL. 13, 20, 13.

Sălōnīna, *ae*, f., nom de femme : TAC. *H.* 2, 20.

Sălōnīnĭānus, *a*, *um*, saloninien [à l'effigie de Saloninus] : GALL. d. TREB. *Claud.* 17, 7.

Sălōnīnus, *a*, *um*, de Salone ‖ subst. m., Salonin [surnom du fils d'Asinius Pollion qui avait pris Salone] : SERV. *B.* 4, 1 ‖ Saloninus Gallienus, fils de l'empereur Gallien : TREB. *Gall.* 19, 3.

Sălōnītānus, *a, um*, de Salone : Aug. Civ. 20, 5, 4.

Sălōnĭus, *ĭi*, m., Salonius, client de Caton le Censeur : Gell. 13, 20, 8.

sălŏr, *ōris*, m. (*salum*), couleur de la mer : Capel. 1, 8.

salpa, *ae*, f. (σάλπη ; fr. *saupe*), saupe [poisson] : Ov. Hal. 121 ; Plin. 9, 68.

Salpesa, *ae*, f., ville de Bétique : Plin. 3, 14 ‖ **-ānus**, *a, um*, de Salpesa : CIL 2, 1963.

Salpĭa, Vitr. 1, 4, 12, ▣▶ Salapia.

Salpīnās, adj. ▣▶ Sappinas.

salpinga, *ae*, f. (*salpinx*), trompette : *Fil. 141 (113), 2.

Salpīnus, *a, um*, de Salapia : Cic. Agr. 2, 71 ; Vitr. 1, 4, 12 ; Luc. 5, 377.

salpinx, *ingis*, f. (σάλπιγξ), une trompette : Serv. Gram. 4, 464, 11 ; Not. Tir. 107.
▶ **salpix**, -*icis* Aldh. Virgin. 21.

salpista, *ae*, m. (σαλπιστής), un trompette : Vop. Car. 19, 2 ; Firm. Math. 8, 21, 4.

salpūga, *ae*, f. (hispan., ou plutôt *salio, pungo*), araignée venimeuse, tarentule : Plin. 29, 92.
▶ altérations multiples ▣▶ solipuga, solifuga, solipugna.

salsāmĕn, *ĭnis*, n. (*salso*), viande salée : Arn. 7, 24.

salsāmentārĭus, *a, um* (*salsamentum*), de salaison : Col. 2, 10, 16 ‖ subst. m., marchand de salaisons, marchand de marée : Her. 4, 67 ; *Suet. Vit. Hor. p. 44.

salsāmentum, *ī*, n. (*salso*) ¶ 1 salaison, poisson salé : Ter. Ad. 380 ; Cat. Agr. 88, 2 ; Varr. R. 3, 17, 7 ; Col. 8, 17, 12 ¶ 2 saumure : Cic. Div. 2, 117.

salsāre, *is*, n. (*salsus*), vase à mettre de la salaison : Ps. Acr. Hor. S. 2, 8, 86 ‖ saucière : Apic. 431.

salsārĭus nĕgōtĭans, m., marchand de salaisons : CIL 6, 9676.

salsātus, *a, um*, part. de *salso*.

salsē, adv. (*salsus*), avec sel, avec esprit : Cic. de Or. 2, 275 ; -**issime** Cic. de Or. 2, 221.

salsēdo, *ĭnis*, f. (*salsus*), salure, goût de sel : Pall. 11, 14, 2.

salsīcĭus, *a, um*, adj. (*salsus* ; fr. *saucisse*), au sel, salé : Ps. Acr. Hor. S. 2, 4, 60.

salsĭlāgo, *ĭnis*, f., Plin. 31, 92, ▣▶ salsedo.

salsĭpŏtens, m. (*salsus, potens*), roi des mers [épithète de Neptune] : Pl. Trin. 820.

salsĭpŏtis, *e*, Anth. 21, 2, ▣▶ salsipotens.

salsĭtās, *ātis*, f., esprit fin, mordant : Hier. Lucif. 14 ‖ salure, stérilité [du sol] : Cassian. Inst. 5, 36, 2.

salsĭtūdo, *ĭnis*, f. (*salsus*), Vitr. 1, 4, 11 ; Plin. 20, 154, ▣▶ salsedo.

salsĭuscŭlus, *a, um* (dim. de *salsus*), un peu salé : Aug. Conf. 8, 3.

salsō, *ās*, *āre*, *āvī*, - (*salsus*), tr., saler : Aug. Ep. 108, 14.

salsūgo, *ĭnis*, f. (*salsus*) ¶ 1 eau salée, eau de mer : Plin. 19, 85 ; Vitr. 2, 4, 2 ¶ 2 salure : Plin. 36, 176.

Salsŭla, *ae*, f., nom de femme : CIL 8, 16402.

Salsŭlae, *ārum*, f. pl., station près de Narbonne [auj. Salces] : Anton. 389.

Salsulus, *i*, m. (dim. de *salsus*), surnom d'homme : CIL 8, 16574.

Salsum flūmĕn, n., nom de plusieurs fleuves de l'Arabie et la Maurétanie : Plin. 5, 10 ; 6, 111 ‖ **flumen Salsum** B.-Hisp. 7, 1, Rio Guadajoz [rivière de Bétique].

salsūra, *ae*, f. (*sallo*), salaison : Col. 12, 55, 1 ; [sens concret] Varr. R. 2, 4, 18 ‖ [fig.] aigreur, mauvaise humeur : Pl. St. 92 ‖ finesse, raillerie : Fulg. Myth. pr. p .3, 17 H.

salsūrus, *a, um*, ▣▶ sallo ▶.

salsus, *a, um*, part.-adj. de *sallo* (fr. *sauce*) ¶ 1 salé : **salsiores cibi** Plin. 7, 42, aliments plus salés ; **salsissimus sal** Plin. 31, 85, le sel le plus salé ; [épith. de la mer] **vada salsa** Virg. En. 5, 158, l'onde amère (salée) ¶ 2 piquant, spirituel, qui a du sel : **salsiores sales** Cic. Fam. 9, 15, 2, plaisanteries ayant plus de sel, cf. de Or. 2, 255 ; 2, 270 ; Or. 90 ‖ pl. n., **salsa** Cic. de Or. 2, 217, traits piquants ‖ **homo facetus atque salsus** Cic. de Or. 2, 228, homme spirituel et mordant, cf. Cic. Phil. 2, 42.

saltābundus, *a, um* (*salto*), dansant : Gell. 20, 3, 2.

saltātim, adv. (*1 saltus*), en sautant : Gell. 9, 4, 9 ; ▣▶ saltuatim.

saltātĭo, *ōnis*, f. (*salto*), danse : Cic. Mur. 13 ; Brut. 225 ; Quint. 11, 3, 18 ; Suet. Tit. 7.

saltātĭuncŭla, *ae*, f., (dim. de *saltatio*) : Vop. Aur. 6, 4.

saltātŏr, *ōris*, m. (*salto*), danseur : Cic. Mur. 13 ; Off. 1, 150.

saltātōrĭē, adv., en sautillant : Apul. M. 10, 30, 5.

saltātōrĭus, *a, um*, de danse : **saltatorius orbis** Cic. Pis. 22, ronde, cf. Arn. 2, 42.

saltātrĭcŭla, *ae*, f., (dim. de *saltatrix*) : Gell. 1, 5, 3.

saltātrix, *īcis*, f. (*saltator*), danseuse, mime, pantomime : Cic. Pis. 18 ; Plin. 10, 68.

1 saltātus, *a, um*, part. de *salto*.

2 saltātŭs, *ūs*, m., [employé aux deux abl.] danse : Liv. 1, 20, 4 ; Ov. M. 14, 637.

saltĕm (saltim), adv. (cf. *2 salio* ?), à tout le moins [à défaut d'autre chose], au moins, du moins : **eripe mihi hunc dolorem aut minue saltem** Cic. Att. 9, 6, 5, enlève-moi cette peine ou du moins diminue-la ; **si non ... at saltem** Cic. Fam. 9, 8, 2, si non ... du moins ‖ **quis ego sum saltem, si non sum Sosia ?** Pl. Amp. 438, qui suis-je alors [que reste-t-il que je sois], si je ne suis pas Sosie ‖ **sperare saltem licebat** Cic. Fam. 12, 23, 3, l'espoir au moins était permis, cf. Cic. Fin. 4, 57 ; Att. 8, 12, 5 ‖ **non deorum saltem, si non hominum memores** Liv. 5, 38, 1, ne se souvenant pas même des dieux, à défaut des hommes, cf. Liv. 2, 43, 8 ; 6, 2, 19 ; Quint. 1, 1, 24 ; **vix saltem** Quint. 6, 4, 15, à peine seulement, à peine même.

salti, gén., ▣▶ *2 saltus* ▶.

Saltĭae, *ārum*, m. pl., peuple du Pont : Plin. 6, 4.

saltĭcus, *a, um* (*saltus*), dansant : **saltica puella** Tert. Scorp. 8, 3, danseuse.

1 saltim, adv., en sautant : *Prisc. 3, 75, 5 ; ▣▶ saltuatim.

2 saltim, ▣▶ saltem.

saltĭtō, *ās*, *āre*, -, -, fréq. de *salto*, danser beaucoup, avec ardeur : Macr. Sat. 2, 4, 14 ; Arn. 2, 42.

saltō, *ās*, *āre*, *āvī*, *ātum* (fréq. de *salio* ; fr. *sauter*), tr. et intr. ¶ 1 intr., danser [avec gestes, avec pantomime], cf. Scip. Min. d. Macr. Sat. 3, 14, 6 ; Cic. Pis. 22 ; Dej. 26 ; Mur. 13 ; Off. 3, 93 ; **restim ductans saltabis** Ter. Ad. 752, en tenant la corde tu mèneras la danse ; **saltare discere** Cic. de Or. 3, 83, apprendre à danser [indispensable à l'orateur pour savoir l'art des gestes] ‖ [fig.] **saltat incidens particulas** Cic. Or. 226, il a un style sautillant à petites phrases coupées ¶ 2 tr., exprimer (traduire, représenter) par la danse, par la pantomime : **tragoediam** Suet. Cal. 57, jouer une tragédie en pantomime ; **aliquam puellam** Ov. A. A. 1, 501, représenter (mimer) une jeune fille ; **Turnum Vergilii** Suet. Ner. 54, mimer le Turnus de Virgile ; **saltare Cyclopa** Hor. S. 1, 5, 63, mimer le Cyclope ; **pyrrhicham** Suet. Caes. 39, danser la pyrrhique ‖ [pass.] **jactant saltari commentarios suos** Tac. D. 26, ils se vantent que leurs discours soient mimés, cf. Ov. Tr. 2, 519 ; Rem. 755 ‖ [acc. objet intér.] **saltare staticulum** Pl. Pers. 824.

saltŏr, *ōris*, m. (*salio*), danseur : App.-Prob. 4, 212, 30.

Saltŭāres insŭlae, f., îles instables du fleuve Nymphée, affluent du Tigre : *Plin. 2, 209.

saltŭārĭus, *ii*, m. (*2 saltus*), garde forestier ; garde champêtre : Petr. 53, 9 ; Dig. 32, 1, 58.

saltŭātim, adv. (*1 saltus*), en sautant, avec des sauts et des bonds : Amm. 26, 5, 15 ; **saltuatim scribere** Sisen. d. Gell. 12, 15, 2, écrire [l'histoire] d'une manière saccadée (morcelée).

saltŭensis, *e* (*2 saltus*), qui concerne les forêts : Cod. Just. 11, 63, 1.

Saltuinus

Saltŭīnus, *i*, m., surnom d'homme : CIL 3, 5820.

saltŭōsus, *a*, *um* (2 *saltus*), boisé : SALL. J. 38, 1 ; LIV. 27, 12, 9.

1 saltŭs, *ūs*, m. (*salio* ; fr. *saut*), saut, bond : CIC. CM 19 ; SEN. Ep. 15, 4 ; LUCR. 5, 559 ; VIRG. En. 12, 287 ; 12, 326 ; *saltum, saltus dare* OV. M. 4, 551 ; 2, 165, faire un bond, des bonds.

2 saltŭs, *ūs*, m. (▶ *1 saltus* ; it. *salto*) ¶ 1 d'après AEL. GALL. d. FEST. 392, 33, région de bois et de pacages, cf. VARR. L. 5, 6, 10 : *silvestres saltus* VARR. R. 2, 3, 6, pâturages boisés ; *floriferis in saltibus* LUCR. 3, 11, dans les pâturages fleuris, cf. VIRG. G. 3, 40 ; 4, 53 ; CIC. Quinct. 28 ; CURT. 4, 3, 21 ; *saepire plagis saltum* LUCR. 5, 1251, entourer de filets un bocage ¶ 2 [cette même région dans la montagne] défilé, gorge, passage, pas : *saltus Pyrenaei* CAES. C. 1, 37, 1 [ou] *saltus Pyrenaeus* CAES. C. 3, 19, 2, gorges des Pyrénées ; *saltus Thermopylarum* LIV. 36, 15, 6, défilé des Thermopyles ¶ 3 [mesure agraire contenant quatre centuries ou 800 jugères] : VARR. R. 1, 10, 2 ¶ 4 [fig.] **a)** [métaph. plais.] PL. Cas. 922 ; Curc. 56 **b)** *saltus damni* PL. Men. 988, situation épineuse.

▶ gén. arch. *salti*, ACC. Tr. 435.

sălūbĕr, VARR. R. 1, 2, 8 ; OV. Rem. 704, **sălūbris**, CIC. Div. 1, 130, **bris**, **bre** (*salus* ; esp. *salobre*) ¶ 1 utile à la santé, salutaire, sain, salubre : CIC. Fat. 7 ; Rep. 2, 11 ; *salubrior* VARR. R. 1, 4, 3 ; *saluberrimus* CAES. C. 3, 2, 3 ∥ [fig.] salutaire, avantageux, favorable : *sententia rei publicae saluberrima* CIC. Dom. 16, 1, avis le plus salutaire à la république ¶ 2 sain, bien portant : SALL. J. 17, 6 ; LIV. 1, 31, 5 ; 3, 8, 2 ; 10, 25, 10 ∥ [fig.] CIC. Or. 90 ∥ [chrét.] salutaire, qui procure le salut éternel : AUG. Civ. 2, 28.

sălūbrĭtās, *ātis*, f. (*salubris*) ¶ 1 salubrité : CIC. Div. 1, 131 ; Leg. 2, 3 ∥ [fig.] moyens d'assurer la santé, conseils d'hygiène : CIC. Mur. 29 ¶ 2 état de santé, bon état du corps : TAC. An. 2, 33 ; 15, 43 ; CURT. 3, 6, 16, pl. ; GELL. 2, 1, 5 ∥ [fig.] bonne santé = pureté du style : CIC. Brut. 51.

sălūbrĭtĕr, adv. (*salubris*) ¶ 1 d'une manière salutaire, qui assure la santé, sainement : *salubrius* CIC. CM 57 ; PLIN. 19, 24 ; *saluberrime* PLIN. 22, 29 ¶ 2 [fig.] dans de bonnes conditions, dans des conditions avantageuses : LIV. 3, 62, 3 ; PLIN. Ep. 1, 24, 4 ; 6, 30, 3.

sălum, *i*, n. (σάλος) ¶ 1 pleine mer, haute mer : CIC. Caecin. 88 ; NEP. Them. 2 ; LIV. 29, 14, 11 ∥ mer : CATUL. 63, 16 ; VIRG. En. 1, 537 ∥ agitation de la mer, roulis : CAES. C. 3, 28, 4 ∥ agitation des flots dans un fleuve : STAT. Th. 10, 867 ¶ 2 [fig.] *aerumnoso navigare salo* CIC. poet. Tusc. 3, 67, voguer sur une mer d'infortunes ∥ *mentis salum* APUL. M. 9, 19, agitation de l'esprit.

▶ m. *undantem salum* ENN. Tr. 162.

1 salus, *i*, m., ▶ *salum* ▶.

2 sălūs, *ūtis*, f. (*salvus*) ¶ 1 bon état physique, santé : CAT. Agr. 141, 3 ; VARR. R. 1, 2, 27 ; CIC. Nat. 3, 91 ; Har. 35 ¶ 2 salut, conservation : *civitatium* CIC. Rep. 1, 51, le salut des États ; *juris, libertatis, fortunarum* CIC. Verr. 2, 16, la conservation des droits, de la liberté, des biens ; *saluti esse alicui* CIC. Rep. 1, 1, sauver qqn, cf. CAES. G. 7, 50, 6 ; *salutem dare* CIC. Verr. 2, 154, assurer le salut [ou] *ferre* CIC. Fin. 2, 118 [ou] *afferre* CIC. Leg. 3, 35, apporter le salut ∥ moyen de salut : CIC. Verr. 1, 4 ; *una est salus* [avec inf.] LIV. 7, 35, 9, il n'y a qu'une seule ressource, c'est de... ∥ salut d'un citoyen, conservation des droits de citoyen, situation civile : CIC. Mil. 5 ; Sest. 144 ∥ bon état moral, santé morale, perfectionnement : CIC. Lae. 90 ¶ 3 action de saluer, salut, compliments : *alicui multam salutem impertire* CIC. Att. 2, 12, 3, faire mille compliments à qqn [ou] *alicui plurimam salutem dicere* CIC. Fam. 14, 7, 3 ; *tu Atticae salutem dices* CIC. Att. 14, 19, 6, tu feras tous mes compliments à Attica ∥ [titre des lettres] : *Cicero Attico sal.*, Cicéron à Atticus salut ; *M. Cicero s. d. C. Curioni*, M. Cicéron adresse son salut à C. Curion ; *Cicero Paeto s. d.*, Cicéron à Paetus salut ; *Tullius Tironi s.*, Tullius [Cicéron] à Tiron salut ; *s. d. m.* ; *s. d. p.* = *salutem dicit multam, plurimam* ; *mihi dulcis salus visa est per te missa ab illa* CIC. Att. 16, 3, 6, j'ai eu grand plaisir aux amitiés que tu m'as transmises de sa part ; *salute data redditaque* LIV. 3, 26, 9 ; *salute accepta redditaque* LIV. 7, 5, 4, après les salutations réciproques ; *secundum salutem, ut assolet, scriptum erat...* LIV. 24, 31, 7, après la formule de salutation usuelle la lettre portait que... ∥ [en part.] *multam salutem foro dicere* CIC. Fam. 7, 32, 2, faire un grand compliment (tirer sa révérence, dire adieu) au forum ¶ 4 [chrét.] le salut de l'âme, le salut éternel [σωτηρία] : AUG. Pelag. 1, 24 ∥ conversion : HIER. Orig. Jer. 1, 4.

▶ gén. arch. *Salutes* CIL 1, 450 ; dat. *salutei* CIL 1, 728.

3 Salūs, *ūtis*, f., le Salut [divinité] : PL. Cis. 469 ; TER. Ad. 761 ; CIC. Div. 1, 105 ; Leg. 2, 28 ; LIV. 9, 43, 25 ; 10, 1, 9.

Sălust-, ▶ *Sallust-*.

sălūtābundus, *a*, *um* (*saluto*), qui salue : CAPEL. 7, 729.

sălūtāre, *is*, n. (*salutaris*), moyen de salut : TERT. Marc. 3, 14, 4.

Sălūtārĭensis Caesăris Castrum, ▶ *Castrum Julium* et *Urgia* : PLIN. 3, 15.

1 sălūtāris, *e* (*salus*), qui concerne le salut (la conservation), salutaire, utile, avantageux, favorable : [choses] CIC. Leg. 1, 44 ; 2, 13 ; Nat. 2, 34 ; *salutares litterae* CIC. Att. 9, 7, 2, lettre réconfortante, qui rend la vie ; *oratio salutaris* LIV. 24, 28, 1, discours sauveur ; *officia salutaria* SEN. Const. 10, 3, obligations vitales ; [pers.] *tam salutaris civis* CIC. Mil. 20, un citoyen si secourable ∥ *nihil est nobis salutarius* CIC. Nat. 3, 23, rien n'est pour nous plus utile ; *corporibus res salutaris* CIC. Tusc. 4, 58, chose salutaire pour le corps ; *ad aliquid* CIC. Div. 1, 85, heureux, bon pour qqch. ; *contra aliquid* PLIN. 25, 20, bon contre qqch. ∥ [en part.] *salutaris littera* CIC. Mil. 15, la lettre heureuse [qui absout : *a*, abrév. de *absolvo*] ; *digitus* SUET. Aug. 80, l'index [que les spectateurs levaient en l'air pour indiquer qu'ils faisaient grâce au gladiateur vaincu] ; *collegium salutare* CIL 2, 379, collège qui assurait les funérailles ∥ [chrét.] du salut, qui procure le salut éternel : *ratio salutaris* CYPR. Patient. 1, moyen de salut ; *sine ullo salutari sacramento* AUG. Pecc. mer. 3, 5, 10, sans aucun sacrement salvateur [= sans baptême].

2 Sălūtāris, *is*, m., surnom d'homme : CIL 2, 1085.

3 Sălūtāris, *is*, m., f., épithète : *Porta Salutaris* P. FEST. 437, 10, une porte de Rome ; *Collis Salutaris* VARR. L. 5, 52, un des quatre sommets du Quirinal ∥ épith. de Jupiter : CIC. Fin. 3, 66.

sălūtārĭtĕr, adv. (*salutaris*), salutairement, utilement, avantageusement : CIC. Brut. 8 ; PLANC. Fam. 10, 23, 2 ; 10, 24, 2.

sălūtātĭo, *ōnis*, f. (*saluto*) ¶ 1 salutation, salut : CIC. Brut. 13 ; Pis. 96 ; TAC. An. 4, 61 ¶ 2 [en part.] salutation qu'on fait à qqn chez lui, hommages, visite : CIC. Fam. 7, 28, 2 ; 9, 20, 3 ∥ hommages présentés aux empereurs : SUET. Aug. 27 ; Cl. 37 ; Vit. 14 ∥ le fait d'être sauvé, salut : VL. Judith 8, 16.

sălūtātīvus, *a*, *um* (*saluto*), relatif à la salutation ; *casus*, le vocatif : *AN. HELV. 243, 19.

sălūtātŏr, *ōris*, adj. m. (*saluto*), qui salue : STAT. S. 2, 4, 29 ∥ subst., celui qui vient saluer, client, courtisan : Q. CIC. Pet. 34 ; COL. pr. 9.

sălūtātōrĭum, *ii*, n. (*salutatorius*), salle de réception : CASSIOD. Eccl. 9, 30.

sălūtātōrĭus, *a*, *um* (*salutator*), concerne les salutations : *salutatorium cubiculum* PLIN. 15, 38, chambre à coucher où l'on donne audience ∥ qui sert à saluer : *salutatorius casus* PRISC. 5, 73, le vocatif.

sălūtātrix, *īcis*, adj. f. (*salutator*), qui salue : JUV. 5, 21 ; MART. 7, 87, 6 ; *charta salutatrix* MART. 9, 99, 2, lettre.

sălūtātus, *a*, *um*, part. de *saluto*.

sălūtĭfĕr, *ĕra*, *ĕrum* (*salus, fero*), salutaire : OV. M. 2, 642 ; STAT. Ach. 1, 117 ∥ salubre : MART. 5, 1, 6.

sălūtĭfĭcātŏr, *ōris*, m., sauveur : TERT. Res. 47, 15 ; ▶ *salvificator*.

sălūtĭgĕr, ĕra, ĕrum (salus, gero), salutaire : Aus. 6 (332), 26 ‖ qui salue : *salutigeri libelli* Aus. Epist. 24 (418), 4, lettre ‖ ⏵ salutigerulus : Apul. Socr. 6.

sălūtĭgĕrŭlus, a, um (salus, gerulus), chargé de saluer : Pl. Aul. 502.

Sălūtĭo (Salvitto), ōnis, m., surnom d'un Scipion : Suet. Caes. 59 ; Plin. 7, 54 ; 35, 8.

sălūtis, gén. de salus.

sălūtō, ās, āre, āvī, ātum (salus), tr. ¶ 1 saluer qqn, lui faire ses compliments, lui adresser un salut : Cic. Phil. 13, 4 ; Att. 5, 2 ; Brut. 10 ‖ *aliquem Caesarem* Cic. Att. 14, 12, 2, saluer qqn du nom de César [cf. pass. Caes. C. 3, 71, 3] ; *aliquem imperatorem* Tac. An. 2, 18, saluer qqn empereur ‖ *deos* Cic. Amer. 56, rendre ses devoirs aux dieux ‖ *sternumentis salutare* Plin. 28, 23, saluer à un éternuement, dire ; *salve* à qqn qui éternue ¶ 2 venir saluer qqn chez lui, venir lui présenter ses hommages, lui rendre visite : Cic. Att. 13, 9, 1 ; 14, 20, 5 ‖ [pass.] Cic. CM 63, recevoir des visites d'hommages ‖ faire sa cour aux empereurs : Suet. Tib. 32 ; Oth. 6 ¶ 3 [en part.] *a)* saluer les visiteurs = recevoir des visites : Cic. Fam. 9, 20, 3 *b)* dire adieu [rare] : Pl. Mil. 1339 ; Stat. Th. 4, 31 ‖ sauver, défendre : *amicum salutare* Vulg. Eccli. 22, 31 ; Ambr. Off. 3, 16.

Salūvĭi, ⏵ Salluvii.

salvāmentum, i, n., tutelle, protection : Fort. Albin. 25 (9).

salvātĭo, ōnis, f. (salvo) ¶ 1 action de sauver, salut : Vulg. Ezech. 14, 22 ¶ 2 guérison [de malade] : Orig. Matth. 13, 3 ¶ 3 [chrét.] salut [opéré par le Christ], rédemption, salut éternel : Hier. Is. 4, 10, 20.

salvātŏr, ōris, m. (salvo), sauveur : Capel. 5, 510 ‖ [chrét.] le Sauveur [le Christ] : Vulg. Luc. 2, 11 ; Prud. Cath. 1, 50.

salvātrix, īcis, f. (salvator), celle qui sauve : Prosp. Epigr. 39, 3.

salvātus, a, um, part de salvo, subst. m. pl., les sauvés, les élus : Mamert. Anim. 3, 10.

1 **salvē**, impér. de salveo, salut ! bonjour ! je te salue : Pl., Ter. ‖ [à plusieurs] *salvete*, je vous salue ‖ *vale salve* Cic. Fam. 16, 9, 4 ; *vale atque salve* Pl. Cap. 744, adieu et porte-toi bien ‖ salut [à un mort] : Virg. En. 11, 97.

2 **salvē**, adv. (salvus), en bonne santé, en bon état : Pl. Men. 765 ; Trin. 1177 ; St. 13 ; Ter. Eun. 978 ; Apul. M. 1, 26 ; *satine salve ?* Ter. Eun. 978 ; *satin' salve ?* Liv. 1, 58, 7, cela va-t-il bien ?

salveō, ēs, ēre, -, - (salvus), intr., [défectif], être en bonne santé, se porter bien [employé pour saluer qqn] : *a)* [à l'impér.] ⏵ salve, salveto *b)* *te salvere jubeo*, je t'envoie le bonjour ; *Dionysium jube salvere* Cic. Att. 4, 14, 2, donne le bonjour à Denys de ma part, cf. Att. 7, 7, 7 ; *salvebis a meo Cicerone* Cic. Att. 6, 2, 10, tu as le bonjour de mon Cicéron [mon fils] ‖ *jubere aliquem salvere*, saluer qqn après un éternuement : Petr. 98, 5.

salvēto, impér. fut. de salveo, ⏵ salve : Pl. Curc. 235 ; *multum salveto* Pl. Ru. 416, mille fois bonjour.

1 **salvĭa**, ae, f. (salvus ; fr. sauge), sauge [plante] : Plin. 22, 147.

2 **Salvĭa**, ae, f., nom de femme : Suet. Aug. 69 ‖ ville, ⏵ Urbesalvia.

Salviānus, i, m., Salvien, de Marseille, écrivain chrétien du 5ᵉ s. : Gennad. Vir. 68.

salvĭfĭcātŏr, ōris, m. (salvifico), sauveur : *Tert. Res. 47, 15 ; Tert. Pud. 2, 1 ; ⏵ salutificator.

salvĭfĭcō, ās, āre, -, - (salvus, facio), tr., sauver : Sedul. Carm. 5, 7 ; Vulg. Joh. 12, 27 ; 47.

Salvillus et **Salvīnus**, i, m., noms d'hommes : CIL 6, 26998 ; 13, 7825.

Salvĭus, ĭi, m., nom d'homme : Tac. H. 2, 48 ; 1, 75 ‖ nom de famille de l'empereur Othon [69] : Tac. ; Suet. Galb. 17, 2 ; Oth. 1, 2 (1).

salvō, ās, āre, -, - (salvus) *a)* rendre bien portant, guérir : Garg. Arb. 22 *b)* [chrét.] sauver, procurer le salut éternel : Vulg. Jac. 2, 14 ; Hier. Ep. 130, 15 *c)* maintenir, conserver : Aug. Serm. 125, 6.

salvus, a, um, adj. (cf. sollus, solidus, scr. sarva-s, ὅλος ; fr. sauf) ¶ 1 bien portant, en bonne santé, en bon état, bien conservé, sauf : [en parl. de pers.] Cat. Agr. 141, 3 ; Cic. Cat. 3, 25 ; Fam. 4, 3, 2 ; *salvus atque incolumis exercitus* Caes. C. 2, 32, 12, armée soustraite et intacte, cf. Caes. C. 1, 67, 5 ; *salvus revertor* Cic. Div. 1, 55, je reviens en parfait état, cf. Cic. Fin. 4, 19 ; *ne sim salvus, si* Cic. Att. 16, 13 a, 1, que je meure si ; *civibus salvis atque incolumibus* Caes. C. 1, 72, 3, les concitoyens restant saufs et sans dommage ‖ [choses] *sana et salva res publica* Cic. Fam. 12, 23, 3, un gouvernement sain et hors de danger ; *salva epistola* Cic. Fam. 7, 25, 1, lettre saine et sauve ; *salvis auspiciis* Cic. Prov. 45, sans violer les auspices ; *salva lege* Cic. Rep. 3, 17, sans violer la loi ; *salvo officio* Cic. Amer. 4, sans manquer au devoir, cf. Cic. Amer. 95 ; Off. 3, 44 ; *salva conscientia* Sen. Ep. 117, 1, en conscience ¶ 2 [formules] *salvus sum* Pl. Ru. 442, je suis sauvé, je respire ; *salva res est* Pl. Cap. 284, tout va bien, cf. Pl. Aul. 207 ; Ter. Eun. 268 ; Ad. 643 ; *satin' salvae (res sunt) ?* Liv. 1, 58, 7 [qqs mss] cela va-t-il bien ? ; ⏵ 2 salve ‖ *salvus sis* Pl. St. 316 ; Ter. And. 802 = *salve*, salut à toi ‖ [chrét.] sauvé : *Christus venit peccatores salvos facere* Vulg. 1 Tim. 1, 15, le Christ est venu pour sauver les pécheurs.

Sălўes, um, m. pl., ⏵ Sallyes : Avien. Or. 701 ; ⏵ Salluvii.

sam, arch. pour suam et eam : P. Fest. 41, 6 ; Enn. An. 219 ; ⏵ 2 sum.

Samaei, ōrum, m. pl., habitants de Samé : Liv. 38, 28, 6 ; ⏵ Same.

sămăra, ⏵ samera.

Samabrĭae, ārum, peuple de l'Inde : Plin. 6, 78.

samardăcus, i, m. (samartia ?), illusioniste : Aug. Acad. 3, 15, 34 ‖ forme qui délimite trois parcelles : Grom. 305, 22.

samarensis, ⏵ Santarensis.

Sămărēus, a, um, de Samarie, des Samaritains : Cassiod. Var. 3, 45.

Sămărīa, ae, f. (Σαμάρεια), Samarie [contrée et ville de Palestine] Atlas IX, E3 : Plin. 5, 68 ‖ **-ītae**, ārum, m. pl., Samaritains : Tac. An. 12, 54 ; sg., **Sămărītēs**, ae, m., un Samaritain : Hadr. d. Vop. Tyr. 8, 3 ‖ **-ītis**, ĭdis, f., Samaritaine : Juv. 2, 244 ‖ **-ītānus**, Sedul. Carm. 4, 222, **-ītĭcus**, a, um, Juvc. 2, 254, de Samarie, samaritain ‖ **-ītāni**, m., les Samaritains : Vulg. Matth. 10, 5.

Sămărŏbrīva, ae, f., Samarobriva [ville de la Gaule Belgique sur la Somme, auj. Amiens] Atlas V, C2 : Caes. G. 5, 24, 1 ; Cic. Fam. 7, 11, 2.

samartĭa, ae, f. (ἁμαρτία ?), borne indiquant quant trois limites, où l'on se trompe facilement : Grom. 360, 21.

Sambis, is, f., île de Bretagne : Plin. 4, 103.

Sambracēni, ōrum, m. pl., peuple de l'Inde : Plin. 6, 78.

Sambrachatē, ēs, f., île d'Arabie : Plin. 6, 151.

Sambrĭcus, a, um, de la Sambre : Not. Dign. Oc. 38, 8.

sambūca, ae, f. (σαμβύκη) ¶ 1 sambuque, espèce de harpe : Scip. Min. d. Macr. Sat. 3, 14, 7 ; Pers. 5, 95 ¶ 2 ⏵ sambucistria : Pl. St. 381 ; Spart. Hadr. 26, 4 ¶ 3 [méc.] sambuque [machine de guerre servant à l'escalade, placée sur des navires de guerre ou des tours mobiles] : Vitr. 10, 16, 9 ; Veg. Mil. 4, 21 ; P. Fest. 435, 4.

sambūcātus, a, um (1 sambucus), mélangé de sureau : Ps. Theod -Prisc. Diaet. 12.

sambūcĕus, a, um (1 sambucus), de sureau : Plin. 29, 57 ; Ps. Aur.-Vict. Vir. 10, 2.

sambūcĭnĕus, a, um, adj., de sureau : Antid. Brux. 83.

sambūcistrĭa, ae, f. (σαμβυκίστρια), joueuse de sambuque : Liv. 39, 6, 8 ; Fest. 434, 31 ; P. Fest. 435, 4.

1 **sambūcus (săb-**, Samm. 97), i, f. (peu net ; it. sambuco, fr. sureau), sureau [arbre] : Plin. 16, 74.

2 **sambūcus**, i, m., joueur de sambuque : Capel. 9, 924.

Same

Sămē, *ēs*, f. (Σάμη), Samé [ancien nom de Céphallénie] : Ov. *Tr.* 1, 5, 67 ‖ ville et port de Céphallénie : Liv. 38, 29, 9.

sāmentum, *i*, n. (cf. *sagmen, sancio*), touffe de la peau de la victime placée sur l' *apex* du flamine : Aur. d. Front. *Caes.* 4, 4, 1, p. 67 N.

sămĕra (-ăra), *ae*, f. (gaul. ?), semence d'orme : Col. 5, 6, 2 ; Plin. 16, 72.

Sămĭa, *ae*, f., gâteau de Samos : Tert. *Marc.* 3, 5, 3 ; **V.** *Samius*.

sămĭārĭus, *ii*, Gloss. 2, 223, 12 et **sămĭātor**, *ōris*, m. (*samio*), fourbisseur : Diocl. 7, 33.

sămĭō, *ās*, *āre*, -, - (*Samia*), tr., polir, fourbir [avec la terre de Samos] : Non. 398, 29 ; Veg. *Mil.* 2, 14 ‖ *samiatus* Vop. Aur. 7, 6, astiqué ‖ préparer l'argile [de potier] : Grauf. 169.

sămĭŏlus, *a*, *um*, qui est en terre [de Samos] : Pl. *St.* 694.

Sămīrămis, **V.** *Semiramis*.

Sămĭus, *a*, *um* (Σάμιος), de Samos ; *Samius senex* et subst. m., *Samius*, le vieillard de Samos [Pythagore] : Ov. *M.* 15, 60 ; *Tr.* 3, 3, 62 ; *quae Samios diduxit littera ramos* Pers. 3, 56, la lettre qui a produit en divergeant les deux branches du Samien [Pythagore, c.-à-d. Y] ; *Samius lapis* Plin. 36, 152, pierre de Samos [pour brunir l'or] ; *Samia terra* Plin. 35, 191, terre de Samos [utile en médecine] ‖ *Samia testa* Tib. 2, 3, 47, et *Samia* n. pl., Her. 4, 64 ; Plin. 35, 160, vaisselle en terre de Samos, poterie de Samos ‖ *Samia testa*, fragment de pierre ou tesson de poterie [servant à couper] : Lucil. d. Non. 398, 33 ‖ m. pl., **Sămĭi**, habitants de Samos : Cic. *Verr.* 1, 52 ; **V.** *Samia*.

Sammōnĭcus, *i*, m., Sérénus Sammonicus, médecin célèbre sous Caracalla : Macr. *Sat.* 3, 16, 6.

Sammōnĭum, *ii*, n., promontoire de Crète Atlas VI, D3 ; IX, D1 : Plin. 4, 58.

Sammulla, *ae*, f., nom de femme : Plin. 7, 159.

Samnaei, *ōrum*, m. pl., peuple de l'Arabie Heureuse : Plin. 6, 158.

Samnagenses, *ĭum*, m. pl., habitants d'une ville de Narbonnaise : Plin. 3, 37.

Samnis, **Samnītis**, **Samnītes**, **V.** *Samnium*.

Samnĭum, *ii*, n., le Samnium [contrée d'Italie] Atlas XII, E4 : Cic. *Clu.* 197 ; Liv. 7, 32 ‖ **-nīs (-nĭtis)**, Cat. d. Prisc. 2, 237, 24), *ītis*, adj., du Samnium, Samnite : Liv. 24, 20, 4 ‖ subst. m. sg., Liv. 10, 35, Samnite ‖ **-nītes**, *ĭum*, m. pl., Samnites : Cic. *Off.* 1, 38 ; *CM* 55 ; [en part. désigne des gladiateurs] Cic. *de Or.* 2, 325 ; Varr. *L.* 5, 142 ; Plin. 7, 81 ‖ acc. pl. *Samnitas*, Flor. 1, 16, 1 ; Ps. Aur.-Vict. *Vir.* 34, 6 ‖ **-nītĭcus**, *um*, des Samnites : Suet. *Vit.* 1.

samŏlus, *is*, m. (celt. ?), plante inconnue [beccabunga ?] : Plin. 24, 104.

Sămŏs (-us), *i*, f. (Σάμος), Samos ¶ 1 île et ville de la mer Égée Atlas I, D5 ; VI, C3 ; IX, C1 : Cic. *Pomp.* 33 ; Virg. *En.* 1, 16 ¶ 2 **C.** Same : Ov. *M.* 13, 711 ¶ 3 **C.** Samothracia : Ov. *Tr.* 1, 10, 20, cf. Virg. *En.* 7, 208.

Sămŏsăta, *ōrum*, n. pl., Plin. 2, 235, **Sămŏsăta**, *ae*, f., Amm. 14, 8, 7, Samosate [ville de Syrie, auj. Samsat] Atlas I, D7 ; IX, C4 ‖ **-tēnus**, *a*, *um*, de Samosate : Hier. *Vir. ill.* 69, 6.

Sămŏthrāca, *ae*, f., Liv. 42, 25, 6 et **-ācē**, *ēs*, f. (Σαμοθράκη), Plin. 4, 73 ; Varr. *R.* 2, 1, 5, **C.** Samothracia.

Sămŏthrācēnus, *a*, *um*, de Samothrace : Plin. 11, 167.

Sămŏthrāces dii, Varr. *L.* 5, 58, abs[t], **Samothraces**, *um*, m. pl. (Σαμοθράκες), les dieux Cabires [adorés dans les mystères de Samothrace] : Juv. 3, 144.

Sămŏthrācĭa, *ae*, f. (Σαμοθράκια), Samothrace [île et ville de la mer Égée] Atlas VI, A3 : Cic. *Nat.* 1, 119 ; Virg. *En.* 7, 208 ‖ **-cĭus**, Macr. *Sat.* 3, 4, 8, **-cĭcus**, *a*, *um*, Plin. 19, 101 ; Isid. 19, 32, 5, **-cus**, *a*, *um*, Val.-Flac. 2, 439, de Samothrace.

sampsa, *ae*, f. (?), pulpe d'olives triturée et conservée, tourteau d'olives : Col. 12, 51, 2.

Sampsĭcĕrămus, *i*, m., petit roi d'un district de la Syrie : Cic. *Att.* 2, 14, 1.

Sampso, *ūs* ou *ōnis*, f., Viturgia Sampso, femme de l'empereur Proculus : Vop. *Tur.* 12, 3.

sampsūchĭnus, *a*, *um* (σαμψούχινος), de marjolaine : Plin. 21, 163.

sampsūchum (samsacum), *i*, n. (σάμψουχον), Col. 10, 171 ; Plin. 21, 61, **samsūchus**, *i*, f. (σάμθουχος), marjolaine [plante odoriférante] : Cels. 5, 11 ; M.-Emp. 36, 57.

samsa, **V.** *sampsa*.

Samsōn, m. indécl. et **Samsōn**, *ōnis*, Samson [un des juges d'Israël, renommé pour sa force prodigieuse] : Vulg. *Jud.* 13, 24.

Sămŭēl, *ēlis*, m., Samuel [juge et prophète d'Israël] : Vulg. 1 Reg. 1, 20.

Sămŭla, *ae*, f., nom de femme : Plin. 7, 159.

Samulocenae, *ārum*, f. pl., ville de Vindélicie [auj. Rottenburg] : Peut. 3, 1.

sānābĭlis, *e* (*sano*), guérissable : Cic. *Tusc.* 4, 80 ‖ salutaire : Aug. *Serm.* 18, 5 ‖ *sanabilior* Sen. *Ep.* 108, 4.

Sānātes, *um* ou *ĭum*, m. pl., peuple voisin de Rome : Fest. 474, 22 ; P. Fest. 475, 8 ; Gell. 16, 10, 8.

sānātĭo, *ōnis*, f. (*sano*), guérison : Cic. *Tusc.* 3, 5.

sānātīvē, adv., de manière à guérir : Boet. *Top. Arist.* 2, 3, p. 678.

sānātīvus, *a*, *um*, propre à guérir, curatif : Boet. *Top. Arist.* 2, 3.

sānātŏr, *ōris*, m., guérisseur : Paul.-Nol. *Carm.* 19, 294 ‖ [chrét.] sauveur : Vulg. *Exod.* 15, 26.

sānātus, *a*, *um*, part. de *sano*.

sanchrōmătŏn, *i*, n., dracontée [plante] : Ps. Apul. *Herb.* 14.

Sancia, *ae*, f., nom de femme : Tac. *An.* 6, 18.

sancieram, **V.** *sancio* ►.

sancĭō, *īs*, *īre*, *sanxī*, *sanctum* (*sacer, sanctus, Sancus* ? ; esp. *cencido*), tr. ¶ 1 ratifier [une loi], décider par une loi : *sacrosanctum esse nihil potest nisi quod populus sanxit* Cic. *Balb.* 33, rien ne peut être sanctionné par une malédiction si le peuple ne l'a décidé ; *dextra data fidem futurae amicitiae sanxit* Liv. 1, 1, 8, il fonda les liens de l'alliance future en donnant sa main droite ¶ 2 ordonner par une loi ; munir de la sanction d'une loi : *leges quas senatus de ambitu sanciri voluerit* Cic. *Planc.* 44, les lois que le Sénat prit sur la brigue (dont le Sénat sanctionna la brigue) ; *legem tulit diligentius sanctam* Liv. 10, 9, 3, il porta une loi mieux sanctionnée ; *foedus sanguine alicujus sancire* Cic. *Quir.* 13, sanctionner un traité par le sang de qqn, cf. Liv. 23, 8, 10 ; *de jure praediorum sanctum est jure civili, ut* Cic. *Off.* 3, 65, au sujet des immeubles, le droit civil prescrit que, cf. Cic. *Har.* 32 ; *habent legibus sanctum, uti... neve* [et subj.] Caes. *G.* 6, 20, 2, [les cités] ont un article de loi qui ordonne de... qui interdit de ; *lege sancire, ut* Cic. *Rep.* 2, 63, prescrire par une loi que ; *edicto, ne* Cic. *Flac.* 67, interdire par un édit de, cf. Liv. 28, 19, 8 ; *lex sancit, ne* Cic. *Rep.* 2, 54, la loi interdit que ; *nec, quominus id postea liceret, ulla lex sanxit* Cic. *ad Brut.* 1, 5, 3, et pas une loi n'a défendu que cela se fît par la suite ‖ [avec prop. inf.] *fide sanxerunt...* Liv. 25, 8, 8, ils convinrent sous la sanction du serment que... ‖ [en gén.] sanctionner, agréer, ratifier qqch. : Cic. *Agr.* 3, 13 ; *Phil.* 10, 17 ; *Att.* 14, 21, 2 ; *aliquem augurem* Cic. *Phil.* 13, 12, agréer qqn comme augure ; *(religionem), in eo qui violasset sancire* Cic. *Verr.* 4, 114, sanctionner (une religion) sur la personne de celui qui l'a profanée [= en le punissant] ¶ 3 interdire ; *aliquam rem aliqua re*, qqch. sous peine de qqch., punir qqch. de qqch. : *incestum supremo supplicio* Cic. *Leg.* 2, 22, punir l'inceste du dernier supplice, cf. *Leg.* 3, 46 ; *Rep.* 4, 12 ; *Off.* 3, 69 ; *Att.* 10, 1, 2 ; *Planc.* 47 ; *id Athenis exsecrationibus publicis sanctum est* Cic. *Off.* 3, 55, c'est puni à Athènes de malédictions publiques.

► pqp. arch. *sancierat* Pompon. d. Diom. 371, 19 ; Prisc. 2, 538, 29 ‖ part. *sancitus* Lucr. 1, 587 ; Cass. Sev. d. Diom. 371, 20.

sancītus, *a*, *um*, **V.** *sancio* ►.

sanctē, adv. (*sanctus*) ¶ 1 d'une façon sacrée, inviolable ; avec une garantie sacrée : Liv. 24, 18, 14 ¶ 2 religieusement, saintement : *sancte jurare* Pl. *Cap.* 892, faire un serment sacré ; *pie sancteque colere* Cic. *Nat.* 1, 56, honorer pieusement, saintement ‖ scrupuleusement, loyalement, consciencieusement, religieusement, fidèlement : *aliquid sanctissime observare* Cic. *Fam.* 5, 8, 5, observer qqch. religieusement, cf. Cic. *Com.* 7 ; *sanctius* Cic. *Rab. Post.* 8 ‖ avec honneur, honnêtement : *sanctissime se gerere* Cic. *Q.* 1, 2, 13, se comporter de la façon la plus irréprochable ; *sancte habere captivas* Curt. 3, 12, 21, respecter l'honneur des captives.

sanctescō, *ĭs*, *ĕre*, -, - (*sanctus*), intr., se purifier : Acc. d. Non. 143, 23.

sanctĭfĭcātĭo, *ōnis*, f. (*sanctifico*), sanctification : Sidon. *Ep.* 8, 14.

sanctĭfĭcātŏr, *ōris*, m., sanctificateur : Aug. *Conf.* 10, 34.

sanctĭfĭcātus, *a*, *um*, part. de *sanctifico*.

sanctĭfĭcĭum, *ĭi*, n. (*sanctificus*), sanctification : Tert. *Res.* 47, 4.

sanctĭfĭcō, *ās*, *āre*, -, - (*sanctificus*), tr., [chrét.] sanctifier, vénérer comme saint, glorifier : Tert. *Or.* 3, 2 ‖ consacrer, offrir en sacrifice : Vulg. *Exod.* 13, 2 ; *Deut.* 22, 29 ‖ prêcher, administrer saintement : *evangelium* Vulg. *Rom.* 15, 16, prêcher l'évangile.

sanctĭfĭcus, *a*, *um* (*sanctus, facio*), sanctifiant : Juvc. *pr.* 25.

sanctĭlŏquus, *a*, *um* (*sanctus, loquor*), dont le langage est saint : Paul.-Nol. *Carm.* 26, 228.

sanctĭmōnĭa, *ae*, f. (*sanctus*), sainteté des dieux : Cic. *Rab. perd.* 30 ‖ pureté, vertu, probité : Cic. *Quinct.* 93 ‖ pureté, chasteté : Tert. *Pud.* 6, 16.

sanctĭmōnĭālis, *e* (*sanctimonia*), consacré à Dieu : Cod. Just. 1, 3, 56 ‖ subst. f., religieuse : Aug. *Ep.* 35, 2.

sanctĭmōnĭālĭtĕr, adv., saintement : Cod. Just. 1, 3, 56.

sanctĭmōnĭum, *ĭi*, n. (*sanctus*), sainteté : Aug. *Psalm.* 99, 13 ‖ le martyre : Cypr. *Ep.* 21, 4.

1 sanctĭo, *ōnis*, f. (*sancio*), sanction : Cic. *Balb.* 33 ; 36 ‖ peine, punition : Cic. *Verr.* 4, 149 ; *Rep.* 2, 54.

2 Sanctĭo, *ōnis*, f., ville de Germanie, chez les *Rauraci* [auj. Seckingen] : Amm. 21, 3, 3.

sanctĭtās, *ātis*, f. (*sanctus*), caractère sacré, inviolabilité : Cic. *Sest.* 79 ; *Nat.* 2, 5 ; Sen. 34 ‖ probité, droiture, intégrité : Cic. *Phil.* 3, 15 ; *Fam.* 4, 3, 2 ‖ pureté : Cic. *Off.* 2, 11 ; *Cael.* 32 ‖ [chrét.] sainteté : Cypr. *Ep.* 51, 1 ‖ [titre des évêques] Sainteté : Aug. *Ep.* 249, 1.

sanctĭtūdo, *ĭnis*, f. (*sanctus*), sainteté, caractère sacré : Cic. *Rep.* 4, 8 ; Quadr. d. Gell. 17, 2, 19 ‖ pl., Acc. d. Non. 174, 2.

sanctŏr, *ōris*, m. (*sancio*), celui qui établit : Tac. *An.* 3, 26.

sanctŭārĭum, *ĭi*, n. (*sanctus*), lieu sacré : Grom. 23, 24 ‖ sanctuaire, cabinet d'un roi : Plin. 23, 149 ‖ [chrét.] sanctuaire : Arn. 5, 16 ; Vulg. *Exod.* 25, 8 ‖ le temple de Jérusalem : Vulg. *1 Macc.* 5, 1 ‖ [pl.] reliques, étoffes sanctifiées par le contact des reliques : Greg.-M. *Ep.* 6, 22.

sanctŭlus, *a*, *um*, (dim. de *sanctus*) : Hier. *Ruf.* 3, 7.

1 sanctus, *a*, *um*
I part. de *sancio*.
II [adj^t], ¶ 1 pourvu d'une sanction, sacré, inviolable [en parl. des choses et des pers.], cf. Dig. 1, 8, 8 ; 1, 8, 9 : *officium sanctum* Cic. *Quinct.* 26, un devoir sacré ; *in aerario sanctiore* Cic. *Verr.* 4, 140, dans la partie la plus secrète des archives ; *tribuni plebis sancti sunto* Cic. *Leg.* 3, 9, que les tribuns de la plèbe soient inviolables ; *alicui aliquis sanctus est* Cic. *Phil.* 2, 60, la personne de qqn est sacrée pour qqn ; *sanctum habere aliquem* Caes. *G.* 6, 23, 9, tenir la personne de qqn pour sacrée ¶ 2 saint, sacré, auguste [en parl. des divinités, des temples] : Virg. *En.* 5, 576 ; Lucr. 5, 309 ; Cic. *Rep.* 5, 7 ; *Tusc.* 5, 36 ; *sancti ignes* Virg. *En.* 3, 406, les feux sacrés [des sacrifices] ; [en parlant du sénat] Cic. *Cat.* 1, 9 ; [d'Auguste, puis des empereurs] Ov. *F.* 2, 127 ; Plin. *Pan.* ‖ vénérable, pur, vertueux, intègre, irréprochable : *illo nemo neque integrior erat neque sanctior* Cic. *de Or.* 1, 229, personne n'était plus honnête ni plus vertueux que lui, cf. Cic. *Or.* 34 ; *homo sanctissimus* Cic. *Arch.* 9, le plus probe des hommes, cf. *Lae.* 39 ; *Verr.* 5, 49 ; *perfidia plus quam Punica, nihil veri, nihil sancti* Liv. 21, 4, 9 [en lui] une perfidie plus que punique, aucune franchise, aucune probité ¶ 3 [chrét.] **a)** saint, sacré, pur, consacré à Dieu : *sanctus, sanctus, sanctus Dominus* Vulg. *Is.* 6, 3, saint, saint, saint est le Seigneur ; *vasa sancta* Hier. *Ep.* 85, 5, vases sacrés, cf. Vulg. *Rom.* 1, 7 ; Eger. 10, 9 ‖ saint, vénéré : *sanctus Athanasius* Anton. Plac. 45, st. Athanase ; *martyres sancti* CIL 5, 1636, les saints martyrs **b)** subst. m., un saint : *sanctus Dei* Vulg. *Luc.* 4, 34, le saint de Dieu [le Christ] ; *apud sanctos* Tert. *Pud.* 2, 9, devant les saints **c)** subst. n., *sanctum sanctorum* Vulg. *Exod.* 26, 34, le saint des saints.

2 Sanctus, *i*, m., surnom : CIL 13, 939 ‖ Severus Sanctus, poète bucolique chrétien : Paul.-Nol. *Ep.* 28, 6 ; 41, 1.

Sancus, *i*, m. (*sancio* ?), l'Hercule des Sabins : Varr. *L.* 5, 66 ; Liv. 8, 20 ; Ov. *F.* 6, 213 ; ▼ *Semo.*

sandăla, ▼ *scandala.*

Sandălĕōn insŭla (Σανδαλέων), île près de Lesbos : Plin. 5, 140.

1 Sandălĭārĭus (*sandalium*), (s.-ent. *vicus*), rue des Sandales [à Rome] : Gell. 18, 4, 1 ; CIL 6, 448 ; 761 ‖ épithète d'Apollon [dans la même rue] : Suet. *Aug.* 57, 3 (1).

2 sandălĭārĭus, *ĭi*, m., fabricant de sandales : CIL 10, 3981.

sandălĭgĕrŭla, *ae*, f. (*sandalium, gero*), esclave portant les sandales : Pl. *Trin.* 252.

Sandălĭŏs, f., île près de Samos : Plin. 31, 135.

Sandălĭōtis, *ĭdis*, f. (Σανδαλιῶτις), la Sardaigne [qui a la forme d'une sandale] : Plin. 3, 85.

sandălis, *ĭdis*, f., sorte de datte : Plin. 13, 43.

sandălĭum, *ĭi*, n. (σανδάλιον), sandale, sorte de chaussure de femme : Ter. *Eun.* 1028.

sandăpĭla, *ae*, f. (?), cercueil, bière [des pauvres] : Mart. 2, 81, 2 ; Juv. 8, 175 ; Suet. *Dom.* 17.

sandăpĭlārĭus, *ĭi*, m., croque-mort, fossoyeur : Sidon. *Ep.* 2, 8, 2.

sandăpĭlo, *ōnis*, m., ▼ *sandapilarius* : Gloss. 2, 178, 21.

sandărăca (-cha), *ae*, f. (σανδαράκη), sandaraque, réalgar [bisulfure naturel d'arsenic, de couleur rouge vif] : Vitr. 7, 7, 5 ‖ sandaraque, rouge de plomb [minium, oxyde salin de plomb, pigment rouge orangé obtenu par calcination de la céruse] : Vitr. 7, 12, 2 ; Plin. 35, 38 ; ▼ *erithace.*

sandărăcātus, *a*, *um*, mêlé de réalgar : Plin. 35, 177.

sandărăcĕus, Lab. d. Fulg. *Serm.* 4 et **sandărăcĭnus**, *a*, *um*, rouge, de couleur feu, orangé : Naev. d. P. Fest. 435, 3.

sandărēsus (-ŏs), *i*, f. (gr., empr. ind.), quartz plasma [pierre précieuse] : Plin. 37, 102.

sandăsĕrĭos, *ĭi*, f., ▼ *sandaresos* : Plin. 37, 102.

sandastrŏs, *i*, f., escarboucle [pierre précieuse] : Plin. 37, 100.

sandrisīta, *ae*, f., ▼ *sandastros* : Plin. 37, 101.

sandyx, *ўcis* (**sandix**, *ĭcis*), m., f. (σάνδυξ), sandyx, pigment rouge artificiel, fausse sandaraque [céruse calcinée, cf. Vitr. 7, 12, 2 ; Plin. 35, 39] : M.-Emp. *Carm.* 30 ‖ mélange calciné de céruse et d'ocre rouge utilisé par les peintres : Plin. 35, 40 ‖ couleur vermeille : Virg. *B.* 4, 45 ‖ teinture rouge [minium] : Grat. 86 ; [kermès] Vop. *Aur.* 29, 3 ‖ plante tinctoriale [garance ?] : Schol. Bern. Virg. *B.* 4, 45, [Plin. 35, 40].

sānē, adv. (*sanus*) ¶ 1 d'une façon saine, raisonnable : Pl. *Amp.* 448 ; Hor. *O.* 2, 7, 26 ¶ 2 vraiment, réellement : *regalis sane... sententia* Cic. *Off.* 1, 38, pensée bien digne d'un roi ; *sane exiguus sumptus aedilitatis fuit* Cic. *Off.* 2, 59, les dépenses de mon édilité furent vraiment modiques ; *haud sane intellego* Cic. *Off.* 2, 5, je ne comprends vraiment pas ; *non ita sane vetus* Cic. *Brut.* 41, non pas tellement vieux ‖ [dans les réponses] oui vraiment, sans doute, assurément : PL., TER. ; CIC. *Part. 2* ; *Rep. 2, 64* ; *Leg. 2, 1* ‖ [dans les concessions] je veux bien : *laudent te jam sane Mamertini* CIC. *Verr. 4, 150*, que maintenant les Mamertins fassent en ta faveur une déposition élogieuse, j'y consens ; *tibi habe sane istam laudationem Mamertinorum* CIC. *Verr. 4, 151*, conserve pour toi, je veux bien, cette déposition élogieuse des Mamertins, cf. CIC. *Mil. 12* ; *Off. 2, 24* ; *2, 71* ; *testis non modo Afer aut Sardus sane, sed* CIC. *Scaur. 15*, un témoin, je ne dis pas seulement africain ou, si vous voulez, sarde, mais ‖ [avec impér.] *i sane, abi sane*, va seulement, va-t'en seulement : PL., TER. ; *age sane* LIV. *1, 57, 8*, allons donc, cf. CIC. *Marc. 22* ¶ **3** tout à fait, absolument, pleinement : CIC. *Verr. 4, 74* ; *94* ‖ **sane quam** [avec adj. ou verbe], complètement, absolument : CIC. *Leg. 2, 23* ; *Q. 2, 4, 5*, **V.** quam ¶ **9** : *sane bene* CIC. *Quinct. 12*, tout à fait bien ; *nihil sane est quod* CIC. *Q. 1, 2, 7*, il n'y a absolument pas de raison pour que.

sānescō, *ĭs*, *ĕre*, -, - (*sanus*), intr., guérir : COL. *6, 7, 4* ; CELS. *3, 18, 12*.

Sanga, *ae*, m., nom d'esclave : TER. *Eun. 776*.

Sangărĭus, *ĭi*, m. (Σαγγάριος), LIV. *38, 18, 8* ; **Săgĭărĭus**, *ĭi*, m., PLIN. *6, 4* ; **Săgărĭus**, *ĭi*, m., SOLIN. *43, 1* ; **Săgăris**, *is*, m., OV. *Pont. 4, 10, 47*, fleuve de Phrygie Atlas VI, A4 ➡ **-us**, *a*, *um*, du Sangarius, phrygien : *Sangarius puer* STAT. *S. 3, 4, 41* ➡ Attis.

sangenŏn, *i*, n., pierre précieuse : PLIN. *37, 130*.

sanguālis, **V.** ➡ sanqualis.

sanguĕn, **V.** ➡ sanguis ➡.

sanguĭcŭlus, *i*, m. (*sanguis*), boudin de sang : PLIN. *28, 209*.

sanguĭlentus, *a*, *um* (*sanguis* ; fr. *sanglant*), **C.** ➡ sanguinolentus, sanguinolent : *SCRIB. 182* ; *186* ; ADAMN. *Vit. Col. 1, 36*.

sanguĭnālis, *e*, de sang : *herba sanguinalis* COL. *6, 12, 5*, renouée [plante].

sanguĭnārĭus, *a*, *um* (*sanguis*), de sang : *herba sanguinaria* PLIN. *27, 113*, renouée [plante] ‖ [fig.] sanguinaire : CIC. *Att. 2, 7, 3* ; PLIN. *Ep. 4, 22, 6*.

sanguĭnātĭo, *ōnis*, f. (*sanguino*), saignement, hémorragie : CAEL.-AUR. *Chron. 4, 6, 87*.

sanguĭnĕus, *a*, *um* (*sanguis*) ; it. *sanguigno*), de sang : CIC. *Div. 2, 60* ; OV. *M. 2, 260* ‖ sanglant, ensanglanté, teint de sang : OV. *M. 1, 143* ‖ qui verse le sang, sanguinaire, cruel : VIRG. *En. 12, 332* ; OV. *Rem. 153* ‖ couleur de sang : VIRG. *En. 2, 207* ; PLIN. *14, 80*.

sanguĭnō, *ās*, *āre*, -, - (*sanguis* ; fr. *saigner*) ¶ **1** intr., saigner, être sanglant, ensanglanté : Ps. QUINT. *Decl. 10, 8* ‖ [fig.] *sanguinans eloquentia* TAC. *D. 12, 2*, éloquence saignante, meurtrière ‖ être de la couleur du sang : APUL. *M. 5, 17, 3* ¶ **2** tr., battre jusqu'au sang : VULG. *Eccli. 42, 5* ‖ [pass.] saigner : CASS. FEL. *29*.

sanguĭnŏlentĭa, *ae*, f., épanchement de sang : CAEL.-AUR. *Acut. 1, 1, 10*.

sanguĭnŏlentus (-nŭlentus), *a*, *um* ¶ **1** sanguinolent, injecté de sang : [des yeux] M.-EMP. *16, 50* ; CAEL.-AUR. *Acut. 1, 3, 36* ‖ de la teinte du sang : OV. *Am. 1, 12, 12* ; *A. A. 1, 414* ¶ **2** ensanglanté, sanglant, couvert de sang : [pers.] TIB. *2, 6, 40* ; OV. *F. 4, 844* ; SEN. *Ep. 66, 50* ; [objets] QUADR. d. GELL. *9, 13, 18* ; OV. *Ib. 380* ‖ qui a coûté du sang : VARR. d. NON. *466, 33* ; HER. *4, 51* ‖ [fig.] *littera sanguinolenta* OV. *Ib. 4*, lettre sanglante [qui déchire qqn] ; *sanguinulentae centesimae* SEN. *Ben. 7, 10, 4*, usure impitoyable.

sanguĭnōsus, *a*, *um* (*sanguis*), sanguin : CAEL.-AUR. *Acut. 3, 4*.

sanguĭs, *ĭnis*, m. (cf. scr. *asṛk*, *asn-as* ; fr. *sang*) ¶ **1** sang : CIC. *Nat. 2, 138* ; *Quir. 14* ; *sanguinem (alicujus) haurire* CIC. *Sest. 54* ; LIV. *26, 13, 14*, faire couler ou répandre le sang [de qqn] jusqu'à épuisement ; *hauriendus aut dandus est sanguis* LIV. *7, 24, 4*, il faut faire couler tout leur sang ou donner le nôtre ; *sanguinem sistere* PLIN. *20, 59* ; *cohibere* PLIN. *22, 147* ; *supprimere* CELS. *2, 10, 13*, arrêter (étancher) le sang ; *sanguinem mittere* CIC. *Att. 6, 1, 2*, pratiquer une saignée ; [fig.] *missus est sanguis invidiae sine dolore* CIC. *Att. 1, 16, 11*, j'ai fait un sacrifice aux envieux sans qu'il m'en coûte ; *gustare civilem sanguinem vel potius exsorbere* CIC. *Phil. 2, 71*, goûter du sang des citoyens, mieux, s'en abreuver (mais *odio civilis sanguinis* CIC. *Fam. 15, 15, 1*, par haine de verser le sang... = par haine de la guerre civile) ; **V.** ➡ *effundo, fundo, profundo* ¶ **2** [fig.] **a)** force vitale, vigueur, sang, vie : [en parl. de l'État] CIC. *Att. 4, 18, 2* ; *Sest. 78* ‖ [en parl. du trésor public] CIC. *Verr. 3, 83* ; *Att. 6, 1, 2* **b)** origine, descendance, race, parenté : *sanguine conjuncti* CIC. *Inv. 2, 161*, unis par les liens du sang ; *paternus, maternus sanguis* CIC. *Amer. 66*, le sang paternel, maternel ; *ne societur sanguis* LIV. *4, 4, 6*, pour que les sangs ne se mêlent pas ‖ [sens concret, poét.] rejeton, descendant : VIRG. *En. 6, 836* ; HOR. *O. 4, 2, 14* ; LIV. *7, 4, 3* ; *40, 5, 1* **c)** [poét.] = jus, suc : PLIN. *14, 58* ; STAT. *Th. 1, 329*.
➤ forme *sanguen*, n., ENN. *Tr. 24* ; *164* ; *An. 113* ; CAT. *Orig. 4, 7, 19* ; *Orat. 211* ; LUCR. *1, 837* ; *853* ; *860* ‖ *sanguīs* chez LUCR. *passim* ‖ gén. *sanguis* CAEL.-AUR. *Chron. 2, 11, 128* ; PAUL.-NOL. *Carm. 21, 376*.

sanguĭsūga, *ae*, f. (*sanguis, sugo* ; fr. *sangsue*), sangsue : PLIN. *8, 29* ; CELS. *5, 27, 16* ‖ **-sūgĭa**, Ps. ACR. HOR. *P. 476*.

Sanicae, *ārum*, m. pl., peuple du Pont : PLIN. *6, 14*.

sănĭēs, *ēi*, f. (cf. *sanguis* ?) ¶ **1** sang corrompu, sanie, pus, humeur : CELS. *5, 26, 20* ; VIRG. *G. 3, 493* ‖ venin, bave du serpent : VIRG. *En. 2, 221* ; OV. *M. 4, 493* ¶ **2** suc tinctorial du pourpre : PLIN. *9, 134* ‖ toute espèce de liquide visqueux : [marc de l'olive] PLIN. *15, 9* ; [humeur distillée par les araignées] PLIN. *29, 138* ; [saumure, garum] MANIL. *5, 671* ; *auri* PLIN. *33, 4*, chrysocolle [malachite, utilisée comme pigment].

sānĭfĕr, *ĕra*, *ĕrum* (*sanus, fero*), salutaire [fig.] : PAUL.-NOL. *Carm. 23, 224*.

sănĭōsus, *a*, *um* (*sanies*), couvert de sanie : PLIN. *7, 66*.

Sanisera, *ae*, f., ville de l'île Minorque : PLIN. *3, 77*.

sānĭtās, *ātis*, f. (*sanus* ; fr. *santé*) ¶ **1** santé [du corps et de l'esprit] : CIC. *Tusc. 3, 9* ; *4, 30* ¶ **2** raison, bon sens : *ad sanitatem reducere* CIC. *Verr. 2, 98* ; *se convertere* CIC. *Sull. 17* ; *redire* CIC. *Fam. 12, 10, 1* ; *reverti* CAES. *G. 1, 42, 2*, ramener à la raison, revenir à la raison ; *dubiae sanitatis esse* PLIN. *Ep. 6, 15, 3*, n'avoir pas tout son bon sens ¶ **3** [rhét.] santé du style = pureté, correction, bon goût : CIC. *Brut. 51* ; *278* ; *284* ; *Opt. 8* ‖ *victoriae* TAC. *H. 2, 28*, solidité de la victoire.

sānĭtĕr, adv. (*sanus*), raisonnablement : AFRAN. *Com. 220*.

sanna, *ae*, f. (de σάννας), grimace : JUV. *6, 305* ‖ moquerie : PERS. *1, 62* ; *5, 91*.

sannātŏr, *ōris*, m. (*sanno*), moqueur : GLOSS. *2, 178, 30*.

Sannaus, *i*, m., lac d'Asie : PLIN. *2, 232*.

Sanni, *ōrum*, m. pl., peuple du Pont : PLIN. *6, 14*.

1 **sannĭō**, *ōnis*, m. (σαννίων), bouffon, faiseur de grimaces, clown : CIC. *de Or. 2, 251* ; *Fam. 9, 16, 10*.

2 **Sannĭō**, *ōnis*, m., Sannion [esclave] : TER. *Ad. 210*.

sannō, *ās*, *āre*, -, -, **sannŏr**, *āris*, *ārī*, - (*sanna*), intr., ricaner, se moquer : DOSITH. *7, 432, 12* ; GLOSS. *5, 578, 29*.

sānō, *ās*, *āre*, *āvī*, *ātum* (*sanus*), tr. ¶ **1** guérir [qqn, une maladie] : CIC. *Nat. 3, 70* ; *Div. 2, 135* ; TUSC. *4, 81* ; *Rep. 1, 5* ¶ **2** [fig.] CIC. *Mil. 68* ; *Cat. 2, 11* ; *Fam. 16, 1* ‖ réparer, remédier à : *incommodum majoribus commodis sanare* CAES. *G. 7, 29, 5*, réparer (compenser) un désavantage (dommage) par des avantages plus grands ‖ remettre en bon état : CIC. *Att. 13, 12, 1*.

1 **sanquālis**, *is*, f. (*Sancus*), gypaète barbu [oiseau consacré à Sancus] : LIV. *41, 13, 1* ; PLIN. *10, 20*.

2 **Sanquālis porta**, f. (*Sancus*), une des portes de Rome, à proximité d'un temple de Sancus Atlas II : P. FEST. *465, 6*.

Sanquīnĭus, *ĭi*, m., nom d'homme : TAC. *An. 6, 4* ; *6, 7*.

sansa, **V.** ➡ sampsa.

Santarensis (Samar-), *e*, d'une ville de Bétique : *PLIN. 34, 165.

santerna, *ae*, f. (étr. ?), borax [minéral] : PLIN. 33, 93 ; 34, 116.

Santōnes, *um*, m. pl., les Santons [peuple d'Aquitaine, en Saintonge] : CAES. G. 1, 10, 1 ; **-ŏnĭcus**, *a*, *um*, des Santons ou de leur ville : JUV. 8, 145 ; PLIN. 27, 45 ∥ *urbs Santonica* GREG.-TUR. *Hist.* 8, 43, Saintes ∥ **Santŏnĭca herba**, *ae*, f., santonine [plante] : SCRIB. 141 ∥ **Santŏnĭcum (-us)**, *i*, n. (m.), santonine : PELAG. 16.

Santŏni, *ōrum*, m. pl., ⮞ *Santones* : MEL. 3, 23 ; CAES. G. 3, 11, 5 ; 7, 75, 3 ∥ gén. pl., *Santonum* CAES. G. 1, 10, 1 ∥ [sg.] *Santonus* AUS. *Epist.* 25 (417), 79.

Santŏnĭcus, *a*, *um*, ⮞ *Santones*.

Santŏnus, ⮞ *Santoni*.

Santra, *ae*, m., poète et grammairien : MART. 11, 2, 7 ; SUET. *Gram.* 14, 3.

sānus, *a, um* (peu net ; fr. *sain*) ¶ 1 sain, en bon état, bien portant [au phys. et au moral] : CIC. *Ac.* 2, 19 ; *Sest.* 135 ; HOR. *Ep.* 1, 16, 21 ; *sanus utrisque auribus* HOR. *S.* 2, 3, 284, sain des deux oreilles ; *sanus ab illis (vitiis)* HOR. *S.* 1, 4, 129, exempt de ces vices-là ; *aliquem sanum facere* CIC. *Off.* 3, 92, rendre qqn à la santé ; [en parl. d'une blessure qui se ferme, qui se cicatrise] *ad sanum coire* PROP. 3, 24, 18, se guérir ∥ [en parl. de l'État] : *sana res publica* CIC. *Fam.* 12, 23, 3, un gouvernement en bon état, cf. LIV. 3, 17, 4 ¶ 2 [fig.] **a)** d'intelligence saine, raisonnable, sensé, sage : CIC. *Tusc.* 3, 11 ; *Off.* 3, 95 ; *sanus mentis* PL. *Trin.* 454, sain d'esprit ; *male sanus* CIC. *Att.* 9, 15, 5, ayant le cerveau dérangé, mal en point ; *saniores* CIC. *Fam.* 9, 5, 2, plus sages ; *sana mente* CIC. *Att.* 9, 7, 3, raisonnablement ; *sanissimus* CIC. *Ac.* 2, 89, ayant tout son bon sens ; [poét.] *sanus gurges* CLAUD. *Mall. Theod.* 235, un tourbillon sage, raisonnable **b)** [en parl. du style] sain, pur, de bon goût, naturel : CIC. *Brut.* 51 ; 202 ; *Opt.* 8 ; QUINT. 10, 1, 44 ; PLIN. *Ep.* 9, 26, 1.

sanxī, parf. de *sancio*.

Saōcēs mons, montagne de Samothrace : PLIN. 4, 73.

săpa, *ae*, f. (cf. *sapio*, al. *Saft*, an. *sap* ; fr. *sève*), vin cuit [jusqu'à réduction de la moitié (Varron) ou des deux tiers (Pline)] : CAT. *Agr.* 7, 2 ; VARR. d. NON. 551, 23 ; MART. 7, 53, 6 ; PLIN. 14, 80.

Saparinae insŭlae, f. pl., îles de la mer Rouge : PLIN. 6, 168.

Săpaei, *ōrum*, m. pl. (Σαπαῖοι), peuple de Thrace : OV. *F.* 1, 389 ; PLIN. 4, 40 ∥ peuple d'Asie, au-delà du Palus-Méotide : PLIN. 6, 22.

Săpaudĭa, *ae*, f., région de la Gaule [Savoie] : AMM. 15, 11, 17.

Săpaudus, *i*, m., nom d'un évêque d'Arles : SIDON. *Ep.* 5, 10 tit.

Sapē, *ēs*, f., ville d'Éthiopie : PLIN. 6, 191.

sapenŏs, *i*, m., sorte d'améthyste : PLIN. 37, 122.

săperda, *ae*, m. (σαπέρδης), petit poisson salé [coracin, petit castagneau = poisson misérable, sans valeur] : PERS. 5, 134 ; P. FEST. 479, 1 ; [fig.] *saperdae...* σαπροί VARR. *Men.* 312 (NON. 176, 20) coracins pourris.

Saphar, ⮞ *Sapphar*.

Săphărus, *i*, m., nom africain : SIL. 7, 604.

săphīrus, ⮞ *sapphirus*.

Săpho, ⮞ *Sappho*.

Săphōn, *ōnis*, f., ville de Palestine : VULG. *Jos.* 13, 27.

***săpĭdē** [inus.] *sapidissime*, de la façon la plus savoureuse : APUL. *M.* 8, 31.

săpĭdus, *a, um* (*sapio* ; a. fr. *sade*), sapide, qui a du goût, de la saveur : *-dior* APIC. 230 ; *-dissimus* APUL. *M.* 2, 7, 2 ∥ [fig.] sage, vertueux : ALCIM. *Carm.* 6, 458.

săpĭens, *entis*, part.-adj. (*sapio*) ¶ 1 intelligent, sage, raisonnable, prudent : CIC. *Off.* 1, 16 ; *Clu.* 84 ; *sapiens rerum humanarum* GELL. 13, 8, 2, qui a l'expérience des choses humaines ; *sapiens sententiis* CIC. *Brut.* 126, sage de pensées ∥ *sapiens excusatio* CIC. *Att.* 8, 12, 2, justification raisonnable ; *sapientissima arborum* PLIN. 16, 102, le plus sage des arbres [le mûrier, qui fleurit tard] ∥ pris subst^t, l'homme sage, raisonnable : HOR. S. 1, 4, 115 ; 2, 2, 63 ; *Ep.* 1, 6, 15 ¶ 2 sage [σοφός] adj. et subst. : CIC. *Tusc.* 4, 37 ; *Div.* 2, 61 ; *sapientium praecepta* CIC. *Rep.* 3, 7, les préceptes des sages ∥ les Sept Sages de la Grèce : CIC. *Rep.* 1, 12 ; *de Or.* 3, 137 ; ⮞ *septem*.

săpĭentĕr, adv. (*sapiens*), sagement, judicieusement, raisonnablement : CIC. *Rep.* 2, 31 ; 4, 3 ; *Phil.* 4, 6 ∥ *sapientius, -tissime* CIC. *Fam.* 6, 19, 2 ; *Sest.* 137.

săpĭentĭa, *ae*, f. (*sapiens*) ¶ 1 intelligence, bon sens, prudence : CIC. *Marc.* 7 ; *Dej.* 4 ¶ 2 sagesse [σοφία] : CIC. *Leg.* 1, 58 ; *Lae.* 7 ; 20 ; 30 ; *quod haec esset una omnis sapientia, non arbitrari se scire quod nesciat* CIC. *Ac.* 1, 16 [il disait qu'à son avis Apollon l'avait appelé le plus sage des hommes] parce que la sagesse par excellence consiste à ne pas croire qu'on sait ce qu'on ne sait pas ∥ [avec gén.] *ceterarum rerum* CIC. *CM* 4, sagesse sur tout le reste, à tous les autres points de vue ∥ pl., CIC. *Tusc.* 3, 42 ¶ 3 science, savoir [en général, avec idée de sagesse, de prudence habile] : [en part.] philosophie : CIC. *de Or.* 2, 5 ; 2, 144 ; 3, 56 ; *Off.* 2, 5 ; *Fin.* 1, 42 ∥ [avec gén.] *constituendae civitatis* CIC. *de Or.* 2, 154, la science politique, cf. CIC. *de Or.* 3, 59 ¶ 4 [chrét.] [péj.] la sagesse [des hommes, du siècle] : VULG. *1 Cor.* 1, 19 ; AUG. *Ep.* 149, 2 ∥ la sagesse [de Dieu] : VULG. *Eccli.* 1, 1.

săpĭentĭālis, *e* (*sapientia*), intellectuel : TERT. *Anim.* 15, 4.

săpĭentĭpŏtens, *tis*, très sage : ENN. *An.* 181.

săpīnĕa, *ae*, f., partie inférieure du sapin [bois de travail] : VITR. 1, 2 ; 2, 9 ; ⮞ *sapinus*.

săpīnĕus (-ĭus) ou **sapp-**, *a, um*, de sapin : COL. 12, 5, 2 ; PLIN. 15, 10.

Sapīnĭa trĭbŭs, f., district de l'Ombrie près de la rivière *Sapis* : LIV. 31, 2, 6 ; 33, 37, 1.

săpīnus (sapp-), *i*, f. (gaul., cf. *sapa* ; fr. *sapin*), sorte de sapin : VARR. *R.* 1, 6, 4 ; PLIN. 16, 61 ∥ partie inférieure du sapin, sans nœuds : VITR. 1, 2, 8 ; 9 ; PLIN. 16, 196.

săpĭō, *ĭs, ĕre, ĭī*, - (cf. *sapa*, *persibus*, v. isl. *sefi*), intr. et tr.

I intr. avec parfois acc. de l'objet intérieur ¶ 1 avoir du goût : *oleum male sapit* CAT. *Agr.* 66, 1, l'huile a mauvais goût ; *mella herbam eam sapiunt* PLIN. 11, 18, le miel a le goût de cette plante, cf. SEN. *Nat.* 3, 18, 2 ¶ 2 sentir, exhaler une odeur : *crocum* CIC. *de Or.* 3, 99 (d'après PLIN. 17, 38 ; 13, 21) sentir le safran.

II A intr. avec parfois acc. de l'objet intérieur ¶ 1 avoir du goût, sentir par le sens du goût : *non sequitur ut, cui cor sapiat, ei non sapiat palatus* CIC. *Fin.* 2, 24, le goût de l'esprit n'exclut pas forcément le goût du palais ¶ 2 [fig.] avoir de l'intelligence, du jugement : CIC. *Rep.* 1, 65 ; *Off.* 2, 48 ; *pectus quoi sapit* PL. *Bac.* 659, celui dont l'intelligence est avisée ; *ad omnia alia aetate sapimus rectius* TER. *Ad.* 832, pour tout le reste, avec l'âge nous avons des vues plus justes ; *hi sapient* CAES. G. 5, 30, 2, ceux-ci sauront apprécier ; *nihil sapere* CIC. *Phil.* 2, 8, être sans intelligence, être niais ; *si sapis* TER. *Eun.* 76, si tu es sage, avisé ; *recta* CIC. *Att.* 14, 5, 1, avoir des vues justes, juger sainement.

B tr., se connaître en qqch., connaître, comprendre, savoir : *meam rem sapio* PL. *Ps.* 496, je connais mon affaire ; *nullam rem sapis* PL. *Most.* 1094, tu n'y entends rien ; *qui sibi semitam ne sapiunt* ENN. d. CIC. *Div.* 1, 132, ceux qui ne connaissent pas leur chemin.

➤ formes du parf. *sapisti* MART. 3, 2, 6 ; *sapisset* PL. *Ru.* 899 ; *sapivi* NOV. *Com.* 95 ; *sapui* HIER. *Ep.* 3, 1 ; AUG. *Civ.* 1, 10, cf. PRISC. 2, 499, 17.

Săpis, *is*, m., rivière d'Ombrie [Savio] Atlas XII, C3 : PLIN. 3, 115.

săpisti, ⮞ *sapio* ➤.

săplūtus, *a, um*, adj. (διάπλουτος, ζάπλουτος), très riche, plein aux as, rupin : PETR. 37, 6 ∥ **Săplūtus**, *i*, m., nom d'homme : *CIL* 13, 2851 ∥ **Săplūtĭus** *CIL* 13, 7072.

săpo, *ōnis*, m. (gaul., cf. al. *Seife*, an. *soap* ; fr. *savon*), savon : PLIN. 28, 191 ; SAMM. 153.

săpōnāta ăqua, *ae*, f., eau de savon : THEOD.-PRISC. 1, 55.

sapor

1 săpŏr, ōris, m. (sapio ; fr. saveur) ¶ **1** goût, saveur caractéristique d'une chose : *mel suo proprio genere saporis dulce esse sentitur* Cic. *Fin.* 3, 34, le miel par son goût spécial fait éprouver la sensation de douceur ‖ [fig.] **vernaculus** Cic. *Brut.* 172, saveur de terroir [en parl. de plaisanteries], cf. Quint. 12, 10, 75 ; *homo sine sapore* Cic. *Sen.* 14, homme sans personnalité, insipide ¶ **2** pl., choses de bon goût : Plin. 9, 63 ; 12, 4 ¶ **3** odeur, parfum : Plin. 32, 117 ; Virg. *G.* 4, 62 ¶ **4** goût, action de goûter : Lucr. 2, 511 ; 4, 487 ¶ **5** pl., les sens : Sch. Bern. *G.* 2, 246.

2 Săpŏr, ōris, m., nom de plusieurs rois de Perse : Amm. 16, 9, 3 ; Claud. *Eut.* 2, 481.

săpōrātus, *a, um*, part.-adj. de *saporo*, rendu savoureux, assaisonné : Tert. *Spect.* 27, 4 ; *saporati cibi* Amm. 31, 2, 3, ragoûts.

săpōrō, *ās, āre, -, -* (sapor), tr., rendre savoureux : Drac. *Laud.* 1, 718 ‖ [fig.] Fulg. *Myth.* 1, pr. p. 3, 17 H.

săpōrus, *a, um* (sapor), savoureux : Prud. *Ham.* 751 ; Lact. *Inst.* 3, 16, 15.

Sapphar, n., ville de l'Arabie Heureuse : Plin. 6, 104.

Sapphĭcus, *a, um* (Σαπφικός), de Sapho : **Sapphica Musa** Catul. 35, 16, Sapho ; **Sapphicus versus** Aus. *Ephem.* 1 (151) 22 ; **Sapphicum (metrum)** Diom. 508, 22, vers saphique [hendécasyllabe].

sapphīrătus, *a, um*, de saphir : *sapphirati lapilli*, saphirs : Sidon. *Ep.* 2, 10, 4 v. 14.

sapphīrĭnus, *a, um*, de saphir : Hier. *Is.* 15, 54, 11.

sapphīrĭus, *a, um*, adj., de saphir : Jul.-Val. 1, 3.

sapphīrus, *i*, f. (σάπφειρος), saphir [pierre précieuse] : Vulg. *Exod.* 28, 18. ▶ *sapphīrus* Fort. *Carm.* 6, 2, 85 ‖ m. Isid. 16, 9, 2.

Sapphō, *ūs*, f. (Σαπφώ), Sapho [poétesse de Lesbos] : Cic. *Verr.* 4, 125 ; Hor. *O.* 2, 13, 25 ; Plin. 22, 20.

sappĭnātes, *ĭum*, m. pl., peuple d'Étrurie [près de Volsinies] : Liv. 5, 31, 5 ‖ adj., **Sappĭnās**, *ātis*, des Sappinates : Liv. 5, 32, 4.

sappīrus, ⓒ▶ *sapphirus* : Plin. 37, 120.

Sapriportis, *is*, f., ville de la côte de Lucanie : *Liv. 26, 39, 6.

sāprŏphăgō, *ĭs, ĕre, -, -* (σαπρός, φαγεῖν), manger des aliments pourris : Mart. 3, 77, 10.

sāprus, *a, um* (σαπρός), pourri : *caseus* Plin. 28, 132, fromage fermenté (fort).

sapsa (2 *sum, ipse*) [arch.] ⓒ▶ *ipsa* : Enn. *An.* 430 ; Fest. 432, 31.

săpŭi, ▼▶ *sapio* ▶.

sar, m. ? (cf. *sario*), sorte de poisson : Isid. 12, 6, 38.

1 Sāra (Sārai), *ae*, f., Sara, femme d'Abraham : Vulg. *Gen.* 11, 29.

2 Sāra, *ae*, m., la Sarre [affluent de la Moselle] : Fort. *Carm.* 7, 4, 15.

sărăballa, *ae*, f., ⓒ▶ *sarabara* : Aug. *Mag.* 33.

sărăballum, *i*, n., ⓒ▶ *sarabara* : Hier. *Ep.* 1, 9.

sărăbāra, *ae*, f. (σαράβαρα, n. pl.), **sărăbārum**, *i*, n., vêtement oriental [sorte de pantalon] : Tert. *Pall.* 4, 6 ; *Res.* 58, 7 ‖ Hier. *Daniel* 3, 21 ; Isid. 19, 23, 2.

Sărabdēnus, *a, um*, ⓒ▶ *Sareptanus* : Treb. *Claud.* 17, 6.

Sărăcēni, *ōrum*, m. pl. (Σαρακηνοί ; fr. *Sarrasin*), Saracènes [peuple d'Arabie Heureuse] : Amm. 14, 4, 1 ; Hier. *Is.* 42, 11.

sărăgăra, *ae*, f. (cf. σαράγαρον), véhicule : Diocl. 15, 35 a.

Saramanna, *ae*, f., ville d'Hyrcanie : Amm. 23, 6, 52.

Sarangae, *ārum*, m. pl., peuple voisin de la mer Caspienne : Plin. 6, 48.

Sārānus, ▼▶ *Sarranus*.

sărăpa, *ae*, f., ▼▶ *sarpa* : Schol. Bern. *G.* 1, 364.

Saraparae, *ārum*, m. pl., peuple d'Asie, voisin de la mer Caspienne : Plin. 6, 48.

Sarapinae, *ārum*, f. pl., îles de la mer Rouge : Plin. 6, 168.

1 sărăpis, *is*, f. (σάραπις), sorte de tunique persane, mêlée de blanc : Pl. *Poen.* 1312.

2 Sărāpis, ▼▶ *Serapis*.

Sarapta, ▼▶ *Sarepta*.

Sărāvus, *i*, ⓒ▶ *2 Sara* : Aus. *Mos.* 367.

sarca, *ae*, f. (σάρξ), chair : CIL 5, 8294.

sarcasmus ou **-os**, *i*, m. (σαρκασμός), sarcasme [rhét.] : Diom. 462, 6 et 33 ; Char. 276, 25.

sarcīmĕn, *ĭnis*, n. (sarcio), couture, raccommodage : Apul. *M.* 4, 15.

sarcĭna, *ae*, f. (sarcio), bagage, paquet ; d'ord. au pl., **sarcĭnae**, *ārum*, bagages personnels des soldats [on les rassemblait en un seul endroit sous la garde d'un détachement, avant d'engager le combat] : Caes. *G.* 1, 24, 3 ; 7, 18, 4 ; *sub sarcinis* Caes. *G.* 2, 17, 2, soldat chargés de leur bagage ; ▼▶ *colligo* ‖ [fig.] charge, fardeau : Ov. *H.* 4, 24 ; *M.* 6, 224 ‖ vêtements, affaires, meubles : Sen. *Ep.* 102, 24 ; Mart. 2, 11, 8 ; 12, 32, 2 ; 25.

sarcĭnālĭa jūmenta, ⓒ▶ *sarcinaria* : Amm. 15, 5, 3.

sarcĭnārĭa jūmenta, n., bêtes de somme [qui portent le matériel de guerre] : Caes. *C.* 1, 81, 6.

sarcĭnārĭus, *ĭi*, m., muletier : Porphyr. Hor. *Ep.* 2, 2, 72.

1 sarcĭnātŏr, *ōris*, m. (sarcio), raccommodeur : Pl. *Aul.* 515 ; Lucil. d. Non. 175, 33 ‖ **-trix**, *īcis*, f., raccommodeuse, couturière : Varr. d. Non. 56, 25 ; Dig. 15, 1, 27.

2 sarcĭnātŏr, *ōris*, m. (sarcina), qui garde les bagages : Albinus *Orth.* 7, 309, 28 ‖ **-trix**, *īcis*, f., celle qui garde les bagages : Ps. Front. *Diff.* 7, 520, 15.

sarcĭnātus, *a, um* (sarcina), chargé de bagages : Pl. *Poen.* 979 ‖ chargé (de) : Paul.-Nol. *Carm.* 21, 911.

sarcĭnō, *ās, āre, -, -*, raccommoder [des vêtements] : Gloss. 2, 427, 34.

sarcĭnōsus, *a, um* (sarcina), chargé [lourdement] : Apul. *M.* 8, 15.

sarcĭnŭla, *ae*, f. (dim. de *sarcina*), léger bagage, baluchon : Gell. 19, 1, 14 ‖ pl., Plin. *Ep.* 4, 1, 2 ; *collige sarcinulas* Juv. 6, 146, fais ton paquet ‖ trousseau d'une jeune fille : Juv. 3, 161.

sarcĭō, *īs, īre, sarsī, sartum* (cf. ἕρκος ? ; it. *sarcire*), tr., raccommoder, ravauder, rapiécer, réparer : Cat. *Agr.* 2, 3 ; 23, 1 ; 31, 1 ; 39, 1 ; Plin. 18, 236 ; Virg. *G.* 4, 249 ‖ [fig.] *infamiam* Caes. *C.* 3, 74, 1, réparer une perte de l'honneur ; *detrimentum* Caes. *G.* 6, 1, 3, réparer un dommage, cf. Cic. *Fam.* 1, 9, 5 ; *Phil.* 9, 8 ‖ ▼▶ *sartus*.

sarcĭŏn, *ĭi*, n. (σαρκίον, petit morceau de viande), défaut dans les émeraudes : Plin. 37, 73.

sarcĭtectŏr, *ōris*, m. (sarcio, tector), charpentier : Isid. 19, 19, 2.

sarcītes, *ae* ou **-is**, *ĭdis*, f. (σαρκῖτις), sorte de pierre précieuse : Plin. 37, 181.

sarcītŏr, *ōris*, m., celui qui raccommode : CIL 5, 4509.

sarcītrix, *īcis*, f., raccommodeuse, ravaudeuse : Non. 56, 22.

sarcŏcolla, *ae*, f. (σαρκοκόλλα), sarcocolle [arbre résineux] : Plin. 13, 67.

sarcŏfăg-, ▼▶ *sarcophag-*.

sarcōma, *ătis*, n. (σάρκωμα), sarcome [méd.] : Isid. 4, 7, 28.

sarcŏphăgō, *ās, āre, -, -* (sarcophagus), tr., mettre dans un sarcophage ‖ [fig.] enfermer : Fort. *Carm.* 5, 6, 1.

sarcŏphăgum (sarcōf-), *i*, n., sarcophage : CIL 3, 2654 ; 13, 1913.

1 sarcŏphăgus, *a, um* (σαρκοφάγος), qui consume les chairs : Plin. 28, 140 ; *sarcophagus lapis* Plin. 2, 211 ; 36, 131, pierre sarcophage [servant de tombeau et consumant les chairs].

2 sarcŏphăgus, *i*, m. (1 *sarcophagus* ; fr. *cercueil*, al. *Sarg*), sarcophage, tombeau : Juv. 10, 172 ; Dig. 11, 7, 37.

sarcōsis, *is*, f. (σάρκωσις), sarcose, enflure des bêtes de somme : Veg. *Mul.* 2, 30, 1.

sarctē, ⓒ▶ *sarte* : Fest. d. Char. 220, 29.

Sarcŭlārĭa, *ae*, f., la Sarcleuse [titre d'une atellane] : Pompon. *Com.* 162.

sarcŭlātĭo, ōnis, f. (sarculo), sarclage : PLIN. 18, 184 ; PALL. 3, 24, 6.

sarcŭlō, ās, āre, āvī, ātum (sarculum ; fr. sarcler), tr., sarcler : PALL. 2, 9, 1 ‖ **sarculatus** PRUD. Perist. 10, 264.

sarcŭlum, i, n. (sarrio ; it. sarchio), CAT. Agr. 10, 3 ; COL. 2, 11, 10 et **sarculus**, i, m., PALL. 1, 43, 3, sarcloir ‖ hoyau, houe : HOR. O. 1, 1, 11.

1 sarda, ae, f. (Sardus ; it. sarda), sorte de thon : PLIN. 32, 151.

2 sarda, ae, f. (cf. sardonyx), cornaline [pierre précieuse] : PLIN. 37, 105.

3 Sarda, ae ¶ **1** m., surnom d'homme : CIL 8, 11580 ¶ **2** f., femme sarde : CIC. Scaur. 5 ; 6.

sardăchātēs, ae, m. (σαρδαχάτης), sardoine-agate : PLIN. 37, 139.

Sardănăpălus (-pallus), i, m. (Σαρδανάπαλλος), Sardanapale [dernier roi du premier empire d'Assyrie, célèbre par sa vie luxueuse ; assiégé dans Ninive et sur le point d'être pris, il se fit brûler sur un bûcher avec son sérail et ses trésors] : CIC. Tusc. 5, 101 ; JUST. 1, 3, 1 ‖ [fig.] un homme voluptueux : MART. 11, 11, 6 ‖ **-lĭcus**, a, um, de Sardanapale : SIDON. Ep. 2, 13, 7.

Sardaval, ălis, m., fleuve de Maurétanie : PLIN. 5, 21.

Sardĕātes, um ou ĭum, m., peuple de Dalmatie : PLIN. 3, 142.

Sardemīsus, i, m. pl., montagne de Pamphylie : PLIN. 5, 96.

Sardi, ōrum, m. pl. (Σάρδοι), Sardes, habitants de la Sardaigne : CIC. Caecil. 63 ; Off. 2, 50.

Sardĭānus, a, um (Sardis), de Sardes ; **Sardiana balanus, glans**, châtaigne : PLIN. 15, 93 ‖ subst. m. pl., habitants de Sardes : CIC. Fam. 13, 55, 1.

Sardĭcensis, e, adj., ▶ Serdicensis : JORD. Rom. 383.

Sardĭca, ▶ Serdica : *JORD. Rom. 360.

sardīna, ae, f. (sarda ; fr. sardine), sardine : COL. 8, 17, 12.

sardīnārĭus, a, um, plein de sardines : CHRONOGRAPH. 147, 21.

Sardĭnĭa, ae, f., la Sardaigne [île de la Méditerranée] Atlas I, D3 ; XII, E1 : CIC. Q. 2, 2, 1 ; LIV. 23, 32 ‖ **-ĭānus**, a, um, VARR. d. NON. 542, 15 et **-iensis**, e, NEP. Cat. 1, de Sardaigne.

sardĭnus lapis, ▶ sardius lapis : VULG. Apoc. 4, 3.

Sardīs, ĭum, acc. dīs, PL. ; CIC., f. pl. (Σάρδεις), Sardes [capitale de la Lydie] Atlas I, D6 ; IX, C1 ; VI, B3 : CIC. CM 59 ; NEP. Mil. 4, 1 ; LIV. 33, 19, 10, cf. PRISC. 2, 358, 5.
▶ acc. Sardis *PL. Mil. 44, habitants de Sardes, Lydiens.

sardĭus lăpĭs, m. (Σάρδιος), sardoine : VULG. Exod. 28, 17 ou **sardius** seul Exod. 39, 10.

sardō, ās, āre, -, - (Sardus ?), intr., comprendre : NAEV. d. P. FEST. 429, 8 ; VARR. L. 7, 108.

sardŏnĭa herba, ae, f. (Σαρδόνιος), renoncule sarde [scélérate] : VIRG. B. 7, 41 ; SOLIN. 4, 4.

sardŏnĭca herba, ae, f. (Σαρδονικός), ▶ sardonia herba : SAMM. 427.

sārdŏnўcha, ae, f., FORT. Carm. 8, 7, 19 et **lăpĭs sardŏnўchus**, VULG. Job 28, 16, ▶ sardonyx.

sardŏnўchātus, a, um, orné de sardoines : MART. 2, 29, 2.

sardŏnyx, ychis, m., f. (σαρδόνυξ ; fr. sardoine), sardoine [pierre précieuse] : PLIN. 37, 85 ; JUV. 13, 139.

Sardŏus, a, um (Σαρδῷος), de Sardaigne : OV. F. 4, 289 ; PLIN. 3, 75 ; **Sardous caespes** RUTIL. 1, 354, minerai de fer de Sardaigne.

Sardus, a, um, de Sardaigne, sarde : PLIN. 18, 66 ; HOR. S. 1, 3, 3 ; **Sardum mel** HOR. P. 375, miel amer [v. SCHOL.].

Sarē, ēs, f., petite ville de Thrace : LIV. 38, 41, 8.

Sarentīni, ōrum, m. pl., ▶ Salen-.

Sarepta, ae, f., ville de Phénicie : PLIN. 5, 76 ‖ **-tensis**, e, de Sarepta : HIER. Ep. 120, 20 et **-tānus**, a, um : SIDON. Carm. 17, 16.

Sargaurasana, ae, f., partie de la Cappadoce : PLIN. 6, 9.

sargus, i, m. (σάργος ; fr. sargue), sargue [poisson] : PLIN. 9, 65.

sari, n. indécl. (σάρι), sorte de souchet [var. saripha] : PLIN. 13, 128.

1 sărĭo, ōnis, m. (sar), truite saumonée : AUS. Mos. 130.

2 sărĭo, ▶ sarrio.

Sarĭolēnus, i, m., nom d'homme : TAC. H. 4, 41.

sarisa (-ssa), ae, f. (σάρισα), sarissa, lance macédonienne : LIV. 9, 19, 7 ; CURT. 7, 4, 36 ‖ **Sarisae**, les Macédoniens : LUC. 8, 298.

sărīsŏphŏrus (-risso-), i, m. (σαρισοφόρος), sarissophore : LIV. 36, 18, 2 ; CURT. 4, 15, 13.

sărĭt-, ▶ sarrit-.

Sarmătae, ārum, m. pl., Sarmates, peuple iranien habitant la Sarmatie Atlas I, B5 : PLIN. 6, 39 ‖ au sg., **Sarmăta**, ae, m (Σαρμάτης) : LUC. 1, 430.

Sarmătĭa, ae, f. (Σαρματία), la Sarmatie [= l'Ukraine] : PLIN. 4, 81.

Sarmătĭcē, adv., à la manière des Sarmates : **Sarmatice loqui** OV. Tr. 5, 12, 58, parler le sarmate.

Sarmătĭcus, a, um (Σαρματικός), des Sarmates : **Sarmatica laurus** MART. 9, 6, 10, victoire [de Domitien] sur les Sarmates ‖ [fig.] **Sarmatica hiems** STAT. S. 5, 1, 128, hiver rigoureux ; **Sarmaticum mare** OV. P. 4, 10, 38, le Pont-Euxin.

Sarmătĭo, ōnis, m., surnom romain : AMBR. Ep. 63, 7.

Sarmătis, ĭdis, adj., f., de Sarmatie : OV. Tr. 1, 2, 82.

sarmĕn, ĭnis, ▶ sarmentum : PL. Most. 1114.

Sarmentārĭi, ĭōrum, m. pl., surnom donné aux chrétiens brûlés sur le bûcher : TERT. Apol. 50, 3.

sarmentĭcĭus, a, um (sarmentum), de sarment : COL. 6, 26, 3.

Sarmentĭus, ii, AE 1901, 207, **Sarmentus**, i, m., HOR. S. 1, 5, 52, noms d'hommes.

sarmentōsus, a, um (sarmentum), sarmenteux : PLIN. 25, 150.

sarmentum, i, n. (sarpo ; fr. sarment), sarment : CIC. CM 52 ‖ pl., sarments secs, fagots de sarment, 8 fascines : CAT. Agr. 38, 4 ; CAES. G. 3, 18 ; CIC. Verr. 1, 69 ; LIV. 22, 16, 7.

Sarmizĕgĕtūsa (Zar-), ae, f., capitale de la Dacie [auj. Várhely] Atlas I, C5 : PEUT. 6, 5 ; CIL 3, 1450 ; 1456 ; 1503 ; 7969 ‖ **-thūsenses**, ĭum, m. pl., habitants de Sarmizegetusa : CIL 3, 753.

sarna, ae, f. (hisp. ; esp. sarna), gale, teigne : ISID. 4, 8, 6.

Sarnaca, ae, f., ville de Troade : PLIN. 5, 126.

Sarnĭa (-mĭa), ae, f., île entre la Bretagne et la Gaule [auj. Guernesey] : ANTON. 509.

Sarnus, i, m., rivière de Campanie [auj. Sarno] : VIRG. En. 7, 738 ; PLIN. 3, 62.

Sărōnĭcus sĭnus, m. (Σαρωνικὸς κόλπος), le golfe Saronique [entre l'Attique et le Péloponnèse] Atlas VI, C2 : PLIN. 4, 10.

Sarŏs, i, m., fleuve de Cilicie : PLIN. 5, 92 ‖ ▶ Sarus.

sarpa, ae, f. (cf. ἅρπη ?), héron : *BREV. EXPOS. G. 1, 364 ; ▶ sarapa.

Sarpēdōn, ŏnis, m. (Σαρπηδών), Sarpédon [fils de Jupiter] : CIC. Div. 2, 25 ‖ promontoire de Cilicie : LIV. 38, 38, 9 ; PLIN. 5, 92.

sarpĭcŭla, ▶ sirpicula.

sarpō (-ĭō), ĭs, ĕre, -, **sarptum** (cf. ἅρπη ; fr. serpe), tailler la vigne : P. FEST. 429, 1.
▶ parf. sarpsi CHAR. 245, 21 ; PRISC. 2, 531, 22.

1 Sarra, ae, f., ancien nom de Tyr en Phénicie : GELL. 14, 6, 4.

2 Sarra, ▶ 2 Sara.

1 sarrāca, ae, f. (empr., cf. carrus), GLOSS. 2, 178, 53, **sarrācum**, i, n., chariot : *VITR. 10, 1, 5 ; ▶ serracum.

2 sarrāca, ae, f. (serra), ellébore : Ps. DIOSC. 4, 162.

Sarracēni, ▶ Saraceni.

sarrālĭa, ae, f. (serra), laitue : ISID. 17, 10, 11.

Sarrānātes, *um* ou *ĭum*, m. pl., ancien peuple d'Ombrie : PLIN. 3, 114.

Sarrānus, *a, um*, de Tyr, Tyrien, Phénicien : VIRG. G. 2, 506 ; SIL. 15, 205 ‖ Carthaginois : SIL. 6, 468 ‖ de couleur pourpre : COL. 9, 4, 4.

Sarrastes, *um*, m. pl., peuple de Campanie : VIRG. En. 7, 738 ; SIL. 8, 538.

sarrĭō (**sărĭō**), *īs, īre, ĭī* et *ŭī, ĭtum* (cf. *sarpo*), sarcler : VARR. R. 1, 18, 8 ; PLIN. 18, 184 ; *sarire saxum* MART. 3, 93, 20, perdre sa peine [sarcler le roc].
▶ *sărio* CAT. Agr. 33, 4 ; PL. Cap. 663.

sarrītĭo, *ōnis*, f. (*sarrio*), sarclage : COL. 2, 11, 1 ; SERV. G. 1, 21.

sarrītŏr, *ōris*, m. (*sarrio*), sarcleur : COL. 2, 12, 1 ‖ celui qui herse : VARR. R. 1, 29, 2.

sarrītŏrĭus, *a, um*, qui concerne le sarclage : COL. 2, 12, 2.

sarrītūra, *ae*, f., sarclage : COL. 11, 2, 26 ; PLIN. 18, 254.

sarrītus, *a, um*, part. de *sarrio*.

Sars, *artis*, f., fleuve de Tarraconaise : MEL. 3, 11.

sarsī, parf. de *sarcio*.

Sarsīna, **Sassīna**, *ae*, f., Sarsina [ville d'Ombrie, patrie de Plaute] Atlas XII, C3 : MART. 9, 59, 4 ; SIL. 8, 463 ‖ **-nās**, *ātis*, m., f., *u.* de Sarsina : MART. 3, 92, 35. ‖ **Sarsĭnātis**, f., PL. Most. 770, Sarsinienne ; **Sarsĭnātes**, m. pl., habitants de Sarsina : PLIN. 3, 114.

sarsōrĭus, *a, um* (*sartorius*), de mosaïque : ENNOD. Carm. 2, 91 tit. ; GREG.-TUR. Hist. 2, 16 ‖ de reprisage : CAES.-AREL. Virg. 45 (42).

Sarsūra, *ae*, f., ville d'Afrique : B.-AFR. 76, 1.

sartāgo, *ĭnis*, f. (*sartus, sarcio* ; esp. *sartén*), poêle à frire : PLIN. 16, 55 ; JUV. 10, 63 ‖ [fig.] *sartago loquendi* PERS. 1, 80, langage de poêlons [phrases ronflantes] ; *sartago flagitiosorum amorum* AUG. Conf. 3, 1, 1, la poêle des honteuses amours [jeu de mots avec *Carthago*].

sartē, adv. (*sartus*), en bon état, comme il faut : P. FEST. 429, 4 ; ⚙ *sarcte*.

1 **sartŏr**, *ōris*, m. (*sarcio* ; it. *sartore*, prov. *sartre*), celui qui raccommode : NON. 7, 28 ; AUG. Civ. 22, 8, 10 ‖ *sartor arenarius* CIL 8, 7158, balayeur : ⚙ *sarsorius*.

2 **sartŏr**, *ōris*, m. (*sarrio*), sarcleur : PL. Cap. 661.

sartōrĭus, *a, um* (*sartor*), de tailleur : DIOCL. 16, 12 a.

sartrix, *īcis*, f., raccommodeuse : PS. FRONT. Diff. 7, 520, 15 ; CAEL.-AUR. Acut. 3, 9, 100.

1 **sartūra**, *ae*, f. (*sarcio*), raccommodage, réparation : COL. 4, 26, 2 ; SEN. Vit. 25, 2.

2 **sartūra**, *ae*, f. (*sarrio*), sarclage : PLIN. 18, 254.

sartus, *a, um* (*sarcio* ; esp. *sarta*), dans l'expr., *sartus et tectus* ou plus souv. *sartus tectus*, réparé et couvert [en parl. d'un édifice], c.-à-d. en bon état d'entretien : *aedem Castoris sartam tectam tradere* CIC. Verr. 1, 131, livrer en bon état d'entretien le temple de Castor, cf. CIC. Verr. 1, 103 ; 1, 130 ‖ pl. n. pris subst[t], *sarta tecta*, bon état d'entretien : *sarta tecta aedium sacrarum tueri* CIC. Fam. 13, 11, 1, veiller au bon entretien des temples, cf. LIV. 42, 3, 7 ‖ [fig.] *hoc mihi da, ut M'. Curium "sartum et tectum", ut aiunt, ab omnique incommodo sincerum integrumque conserves* CIC. Fam. 13, 50, 2, fais-moi le plaisir de tenir M'. Curius " en bon état d'entretien " [bien logé], comme dit la formule, et préservé intact, entier contre tout dommage ; *sarta tecta tua praecepta usque habui mea modestia* PL. Trin. 317, j'ai toujours gardé par ma sage conduite tes leçons bien entretenues, je les ai soigneusement observées.

Sarunetes, *um*, m. pl., peuple des Alpes Rhétiques : PLIN. 3, 135.

Sarus, *i*, m., fleuve de Cappadoce Atlas IX, C3 : LIV. 33, 41, 7.

sas, [arch.] ⚙ 2 *sum* et *suus* ▶.

Sasa, *ae*, m., nom d'homme : CIL 6, 6370.

Sasaei, m. pl., ⚙ *Sassaei*.

Saserna, *ae*, m., nom d'homme : CIC. Phil. 13, 28.

Sasima, *ōrum*, n. pl., ville de Cappadoce : ANTON. 144.

Sasina, *ae*, f., **Sasinē**, *ēs*, f., port sur le golfe de Tarente : PLIN. 3, 99.

Sāsōnis insŭla, f., petite île de la mer Adriatique [auj. Saseno] : PLIN. 3, 152 ‖ [abs[t]] **Sāsōn**, *ōnis*, f. même sens : LUC. 2, 627.

Sassaei, *ōrum*, m. pl., peuple de Dalmatie : PLIN. 3, 144.

Sassīna, *ae*, f. (Σάσσινα), ⚙ *Sarsina* : CIL 5, 923.

Sassīnās, ⚙ *Sarsina* : PLIN. 11, 241.

Sassŭla, *ae*, f., ville du Latium, près de Tibur : LIV. 7, 19.

Sassumīnī, *ōrum*, m. pl., peuple d'Aquitaine : PLIN. 4, 18.

Sasuri, *ōrum*, m. pl., peuple de l'Inde : PLIN. 6, 67.

săt (**sate**) (cf. *mage*), ▶ *sătis*, assez ; [avec gén.] assez de : PL. Amp. 79 ‖ [attribut] : *quantum sat est* CIC. CM 48, la quantité qui suffit ; *sat habeo* TER. Ad. 335, je tiens pour suffisant, je suis content ; *sat est* [avec inf.], il suffit de ; [avec prop. inf.] il suffit que : TER. Phorm. 769 ; CIC. Div. 2, 104, cf. CIC. Nat. 3, 68 ‖ *sat scio* PL. Aul. 561, je sais bien ; *sat prata biberunt* VIRG. B. 3, 111, les prés sont assez irrigués [ont assez bu] ; *sat bonus* CIC. Amer. 89, assez bon, cf. CIC. de Or. 3, 84 ; Fam. 7, 24, 2 ; *sat diu* PL. Cap. 792, assez longtemps ; ⚙ *satagito, satago*.

săta, *ōrum*, n. pl. (*satus, 3 sero*), terres ensemencées, moissons, récoltes : VIRG. B. 3, 82 ; G. 1, 325 ; LIV. 8, 29, 11 ‖ [en gén.] plantes : SEN. Clem. 1, 8, 7, [au sg. SEN. Ep. 124, 11].

sătaccĭpĭō, *is*, *ĕre*, -, -, ⚙ *satis accipio*.

Satafi, ville de Maurétanie [Kébira] : ANTON. 40.

sătăgĭtō, *ās, āre*, -, - (fréq. de *satago*), intr., *alicujus rei* PL. Bac. 637, avoir assez à faire avec qqch. ‖ *satis agito* TER. Haut. 225, même sens.

sătăgĭus, *a, um* (*satago*), qui se crée des tourments : SEN. Ep. 98, 8.

sătăgō, ⚙ *satis ago*.

Satala, *ae*, f., ville d'Arménie [Sadagh] Atlas I, D7 : ANTON. 183.

sătăn, m. indécl. et **sătănās**, *ae*, m., [mot hébreu], adversaire, ennemi : TERT. Marc. 3, 20, 10 ‖ Satan, le diable : TERT. Apol. 22, 2.

sătănārĭa, *ae*, f., ⚙ *peucedanum* : Ps. APUL. Herb. 94.

Sătarchae, *ārum*, m. pl., peuple de la Chersonèse Taurique : MEL. 2, 3.

Sătarchēi, *ōrum*, m. pl., peuple d'Asie, au-delà du Palus-Méotide [peut-être comme *Salarchae*] : PLIN. 6, 22.

sătarĭus, *a, um* (*sata*), à planter : CAT. Agr. 11, 5.

Satauci, *ōrum*, m. pl., peuple scythe : PLIN. 4, 85.

săte, voc. sg. de *sătus*, ⚙ 3 *sero*.

sătēgī, parf. de *satago*.

sătellĕs, *ĭtis*, m. (étr. ?) ¶ 1 m., garde [d'un prince], garde du corps, satellite, soldat ; pl., la garde, l'escorte : PL. Mil. 78 ; SALL. J. 65, 2 ; HOR. O. 3, 16, 9 ; *satellites regii* LIV. 2, 12, 8, les courtisans, la cour ¶ 2 [fig.] (m., f.) compagnon ou compagne, escorte, serviteur : CIC. Quinct. 80 ; Tusc. 2, 24 ; *pinnata Jovis satelles* CIC. poet. Div. 1, 106, le serviteur ailé de Jupiter [l'aigle] ‖ défenseur, champion : HOR. Ep. 1, 1, 17 ‖ ministre [de], auxiliaire, complice : CIC. Agr. 2, 32 ; Cat. 1, 3 ; Prov. 5.
▶ acc. irrégulier *satellem* COMMOD. Instr. 2, 12, 14.

sătellĭtĭum, *ĭi*, n., garde, escorte : JUL.-VAL. 1, 17, 10 ‖ [fig.] appui : AUG. Doctr. 3, 18.

Satellĭus, *ĭi*, m., nom d'homme : SEN. Ep. 27, 7, 8.

sătĭābĭlis, *e* (*satio*), qui peut être rassasié [fig.] : PS. AUG. Serm. 100, 3 [MAX. 95] ; CAEL.-AUR. Chron. 1, 4, 122.

sătĭantĕr, adv. (*satio*), jusqu'à satiété : APUL. M. 7, 16.

sătĭās, *ātis*, f. (*satis*), [ordin[t] au nom.] satiété [pr. et fig.] : LUCR. 2, 1038 ; 5, 1391 ; PL. Ps. 335 ; TER. Hec. 594 ; Eun. 973 ; *ad satiatem* LUCR. 5, 39, en surabondance.

sătĭātē, adv. (*satio*), jusqu'à satiété : Arn. 6, 1 ǁ **satiatissime** Tert. *Anim.* 46, 11.

sătĭātus, *a*, *um*, part. de *satio*.

Sătĭcŭla, *ae*, f., ville du Samnium : Liv. 7, 32 ǁ **-ānus**, de Saticula : Liv. 23, 14 ; m. pl., habitants de Saticula : Liv. 27, 10.

Sătĭcŭlus, *i*, m., Saticule, habitant de Saticula : Virg. *En.* 7, 729.

sătĭēs, *ēi*, f. (*satis*), ▶ *satietas* : Plin. 8, 209.

sătĭĕtās, *ātis*, f. (*satis*) ¶ 1 suffisance, quantité suffisante : Pl. *Poen.* 87 ; Vitr. 2, 9, 9 ; Curt. 4, 10, 15 ¶ 2 rassasiement, satiété, dégoût, ennui : Cic. *Inv.* 1, 25 ; *de Or.* 3, 99 ; *Mur.* 21 ; **ad satietatem** Liv. 24, 38, 9, jusqu'à satiété ; **mei satietas** Cic. *Mur.* 21, sentiment de lassitude inspiré par ma personne ; **aurium** Cic. *de Or.* 3, 173, la lassitude éprouvée par les oreilles ; **non debent esse amicitiarum satietates** Cic. *Lae.* 67, on ne doit pas se fatiguer des amitiés.

sătillum, adv. (*satis*), une quantité suffisante de [avec gén.] : Pl. *Trin.* 492 [leçon de *A*].

sătin', ▶ *satisne*, est-ce que... assez ? : Pl. *Amp.* 509 ; Cic. *Nat.* 1, 114.

sătĭnĕ, ▶ *satin'* : Ter. *And.* 804.

1 **sătĭō**, *ās*, *āre*, *āvī*, *ātum* (*satis*), tr. ¶ 1 rassasier, satisfaire, assouvir, apaiser : Cic. *Fin.* 2, 25 ; Ov. *M.* 11, 371 ; **satiati agni** Lucr. 2, 320, les agneaux rassasiés ǁ pourvoir abondamment, saturer : **ignes satiantur odoribus** Ov. *M.* 4, 758, les feux sont saturés de parfums [d'encens] ¶ 2 [fig.] **a)** **animum** Cic. *Phil.* 11, 8, rassasier son âme ; **aviditatem legendi** Cic. *Fin.* 3, 7, assouvir sa passion de lecture ; **populum libertate** Cic. *Rep.* 2, 68, rassasier le peuple de liberté **b)** fatiguer, lasser, dégoûter : Cic. *Or.* 215 ; *de Or.* 3, 193 ; **satiatus aratro** Tib. 2, 1, 51, fatigué de la charrue ; [poét. avec gén.] : **caedis** Ov. *M.* 7, 808, fatigué de tuer, cf. Sil. 16, 604.

2 **sătĭō**, *ōnis*, f. (3 *sero* ; fr. *saison*), action de semer, de planter ; semailles, plantation : Cic. *Verr.* 3, 112 ; Varr. *R.* 1, 39, 1 ; **sationem (-nes) facere** Cat. *Agr.* 27 ; 60, faire les semailles ; **optima vinetis satio** Virg. *G.* 2, 319, la meilleure saison pour planter la vigne ǁ pl., champs ensemencés : Cic. *Verr.* 3, 38.

sătĭōnālis, *e* (2 *satio*), qu'on peut ensemencer : Isid. 15, 13, 6 ; Serv. *G.* 1, praef.

sătĭra, ▶ *satura*.

sătĭrĭcē, adv., satiriquement : Porphyr. Hor. *Ep.* 1, 15, 28.

Sătĭrĭcŏn, mauvaise orthographe de *Satyricon*, ▶ *Satyricon*.

sătĭrĭcus, *a*, *um*, satirique : Lact. *Inst.* 2, 4, 3 ; Sidon. *Ep.* 1, 11, 2 ǁ subst. m., Sidon. *Ep.* 4, 1, 2.

sătĭrŏgrăphus, *a*, *um*, adj., satirique : Sidon. *Ep.* 4, 18, 6 ǁ subst. m., écrivain satirique : Sidon. *Ep.* 1, 11, 8.

sătis, adv. (cf. ἄατος, al. *satt* ; fr. *assez*), assez, suffisamment ¶ 1 **satis superque** Cic. *Com.* 11, assez et au-delà [plus] [avec gén.] assez de : **ea amicitia non satis habet firmitatis** Cic. *Lae.* 19, cette amitié n'est pas assez solide ; **ad dicendum temporis satis habere** Cic. *Verr.* 2, 2, avoir assez de temps pour parler ; **satis superque esse sibi suarum cuique rerum** Cic. *Lae.* 45, [ils disent] que chacun a suffisamment et même plus avec ses propres affaires ; **satis video tibi homini ad perdiscendum acerrimo ad ea cognoscenda, quae dicis, fuisse temporis** Cic. *de Or.* 3, 90, je vois qu'avec ton esprit si vif pour apprendre à fond, tu as eu assez de temps pour acquérir les connaissances dont tu parles ǁ [attribut] : **animo istuc satis est** Cic. *Or.* 125, cela est suffisant pour l'esprit ; **non sentire quid sit satis** Cic. *Or.* 73, ne pas sentir ce qui suffit, n'avoir pas le sentiment de la limite ; **satis est, si** Cic. *de Or.* 2, 174, il suffit que ; **satis est respondere** Cic. *Lae.* 98, il suffit de répondre ; **satis est similem esse hominis** Cic. *de Or.* 1, 127, il suffit qu'on ressemble à un homme ; **admoneri me satis est** Cic. *Pis.* 94, il suffit que je sois averti ; **satis est, ut** Liv. 7, 11, 9, il suffit que ; **satin est hoc, ut ?** Cic. *Off.* 3, 73, cela suffit-il pour que ? ; **satis est, ut** Cic. *Tusc.* 5, 53, il y a assez... pour que... ; **neque nunc, ut memoriae prodatur, satis causae putamus** Caes. *C.* 3, 17, 1, et maintenant il n'y a pas à mon sens de raison suffisante pour en laisser le souvenir ǁ **satis habeo**, avec inf., Caes. *G.* 1, 15, 4 ; *C.* 3, 46, 6 ; Cic. *Amer.* 150, je me contente de, il me suffit de ; **satis habeo si** Nep. *Timol.* 2, 4 ; *Ep.* 8, 4 ; Liv. 5, 21, 9 ; Tac. *An.* 2, 37, il me suffit que ; **satis habere quod** Liv. 40, 29, 13, tenir pour suffisant le fait que ; **satis puto**, avec inf., Quint. 2, 4, 9 ▶ **satis habeo** ¶ 2 **c)** de manière suffisante, assez bien, bien : **satis ostendere** Cic. *Rep.* 2, 54, montrer assez, bien faire voir ; **satis mihi videbar habere cognitum Scaevolam** Cic. *Brut.* 147, je croyais connaître assez bien Scévola ; **non enim fortasse satis... intellegis** Cic. *Phil.* 2, 32, c'est que peut-être tu ne comprends pas bien..., cf. Cic. *Rep.* 1, 52 ; **satis constat**, c'est un fait bien établi, ▶ **constat a)** de manière suffisante, passablement : **satis bonus** Cic. *Att.* 2, 19, 4, suffisamment bon, cf. Cic. *Off.* 3, 58 ; **satis bene** Cic. *Off.* 89, passablement **b)** ▶ *satis ago, satis accipio, satis do, satisfacio* ǁ ▶ *sat, satius*.

sătĭs acceptĭo, *ōnis*, f., acceptation d'une caution : Pomp. *Dig.* 45, 1, 5, 2.

sătĭs accĭpĭō, *ĭs*, *ĕre*, -, -, tr., recevoir caution, garantie, **ab aliquo** Cic. *Com.* 40, de qqn ; **quae satis accipiunda sunt** Cat. *Agr.* 2, 6, ce qu'on doit recevoir en garantie.

sătĭs ăgĭto, ▶ *satagito*.

sătĭs ăgō, **sătăgō**, *ĭs*, *ĕre*, *ēgī*, *actum* (*sat*, *ago*), intr., Pl. *Merc.* 228, je me suis donné du mal, cf. Gell. 3, 8, 1 ; 9, 11, 4 ; 19, 1, 3 ; [pass. impers.] **agitur satis** Cic. *Att.* 4, 15, 9, on peine **satagere** Quint. 6, 3, 54 ; 11, 3, 126, se démener, s'agiter, s'évertuer ǁ **satagentibus occurrere** B.-Afr. 78, 7, porter secours aux troupes en péril [en difficulté] ǁ [rare] **sat agit** Pl. *As.* 440, il donne satisfaction ǁ s'efforcer de, tâcher de [inf.] : Vulg. 2 Petr. 3, 14 ; Aug. *Conf.* 9, 9, 19.

sătĭscăvĕō, *ēs*, *ēre*, -, -, ▶ *satisdato*, caveo : Dig. 7, 1, 60, donner caution.

sătĭsdătĭō, *ōnis*, f., action de donner caution : Cic. *Att.* 5, 1 ; 2.

sătĭsdătō, abl. n. pris adv[t], par caution, en donnant caution : Cic. *Att.* 16, 6, 3.

sătĭsdător, *ōris*, m., caution, garant : Sidon. *Ep.* 4, 24, 8.

sătĭsdō (**sătĭs dō**), *dās*, *dăre*, *dĕdī*, *dătum*, intr., donner une garantie suffisante, donner une caution, **alicui**, à qqn : **damni infecti** Cic. *Verr.* 1, 60, pour tout dommage éventuel ǁ [pass. impers.] **curare ut satis detur fide mea** Cic. *Fam.* 13, 28, prendre soin que caution soit donnée sur ma parole ǁ [avec prop. inf.] **satisdare judicatum solvi** Cic. *Verr.* 2, 60, s'engager par caution au règlement de la chose jugée, cf. Cic. *Fam.* 13, 28.

sătĭs exĭgō, *ĭs*, *ĕre*, -, -, exiger caution : Dig. 26, 7, 45.

sătĭsfăcĭō, *ĭs*, *ĕre*, *fēcī*, *factum*, intr. ¶ 1 satisfaire à, s'acquitter de, exécuter : [avec dat.] **alicui honesta petenti** Cic. *Or.* 140, donner satisfaction à une demande honorable, cf. Cic. *Verr.* 5, 139 ; *Att.* 2, 4, 3 ; *Tusc.* 2, 41 ; **morte aut victoria rei publicae satisfacere** Cic. *Phil.* 14, 26, mourir ou vaincre pour s'acquitter envers la république, cf. Cic. *Fam.* 10, 1, 1 ; **officio** Cic. *Caecin.* 47, satisfaire à son devoir ; [pass. impers.] **satisfacitur** Varr. *Men.* 82, on satisfait ǁ **in aliqua re** Cic. *Or.* 109, satisfaire aux exigences (réussir) dans qqch., cf. Cic. *Leg.* 1, 5 ; *Att.* 16, 5, 2 ǁ **vobis satisfeci me nihil reliqui fecisse...** Nep. *Att.* 21, 5, je vous ai montré de façon suffisante que je n'ai rien négligé, cf. Cic. *Verr.* 2, 20 ¶ 2 [en part.] satisfaire un créancier [soit en le payant soit en fournissant caution] : **alicui** Cic. *Fl.* 47, s'acquitter à l'égard de qqn, cf. Cic. *Q.* 1, 2, 7 ; Cael. *Fam.* 8 12, 2 ; Caes. *C.* 3, 61, 5 ¶ 3 donner satisfaction à qqn, lui faire agréer des excuses, des explications, une justification : **satis faciendi causa** Caes. *G.* 5, 54, 3, pour se justifier, cf. Caes. *G.* 1, 41, 3 ; Cic. *Phil.* 2, 49 ǁ **de injuriis** Caes. *G.* 1, 1, 7, donner satisfaction pour les injustices commises, [ou] **injuriarum** Her. 4, 37 ǁ [chrét.] s'acquitter envers, faire pénitence, expier : Tert. *Paen.* 5, 9 ǁ donner satisfaction en expiant : **saepe satisfecit praedae venator** Mart. 12, 14, 3, souvent le chasseur a

satisfacio

réparé ses torts envers le gibier [le gibier a été vengé du chasseur]. ▶ pass. *satisfacitur* (au lieu de *satisfit*) VARR. *Men.* 82.

sătisfactĭo, *ōnis*, f. (*satisfacio*) ¶ 1 action d'acquitter une dette : DIG. 46, 3, 52 ¶ 2 excuse, justification, disculpation, amende honorable : *alicujus satisfactionem accipere* CAES. *G.* 6, 9, 8, accepter la justification de qqn, cf. CAES. *G.* 1, 41, 4 ; CIC. *Fam.* 7, 13, 1 ; *Att.* 4, 6, 3 ; *satisfactionem ex nulla conscientia de culpa proponere* SALL. *C.* 35, 2, présenter des explications sans avoir conscience d'une faute ¶ 3 satisfaction, réparation : TAC. *G.* 21 ∥ [chrét.] pénitence : CYPR. *Laps.* 14 ; *Ep.* 43, 5.

sătisfactĭōnālis lĭber, livre apologétique : CASSIOD. *Eccl.* 9, 23.

sătisfactum, v. *satisfio*.

sătisfīt, *fĭĕrī*, *factum est*, pass. de *satisfacio* employé seul* c. impers. : *ut mihi satisfieri paterer a te* CIC. *Phil.* 2, 49, pour que j'agrée tes excuses.

sătis hăbĕō, v. *satis* ¶ 1 fin.

sătis offĕrō, *ferre*, offrir caution : DIG. 26, 10, 5.

sătis pĕtō, *ĭs*, *ĕre*, -, -, demander caution : DIG. 35, 1, 72.

sătĭŭs, compar. (*satis*), préférable, plus à propos : *satius est*, avec inf., CIC. *Att.* 7, 1, 4, il est préférable de, il vaut mieux, cf. CIC. *Verr.* 2, 88, avec prop. inf., CIC. *Nat.* 3, 70, il vaut mieux que.

sătīva, *ōrum*, n. pl. (3 *sero*), plantes cultivées : PLIN. 19, 185.

sătīvus, *a*, *um* (3 *sero*), semé, qui vient de semis, cultivé : VARR. d. GELL. 17, 3, 4 ; PLIN. 24, 120.

sătō, *ās*, *āre*, *āvī*, -(fréq. de *sero* 3), tr., semer [habituellement] : AUG. *Serm.* 199, 1 Mai.

sătŏr, *ōris*, m. (3 *sero*), planteur : CIC. *Nat.* 2, 86 ; COL. 3, 15, 3 ∥ créateur, auteur, père : VIRG. *En.* 1, 254 ∥ semeur, auteur, artisan : PL. *Cap.* 661 ; LIV. 21, 6, 2 ; SIL. 8, 260.

sătōrĭus, *a*, *um* (*sator*), qui concerne les semailles : COL. 2, 9, 9 ; 12, 52, 8.

sătrăpa, v. *satrapes* : TER. *Haut.* 452 ; CURT. 3, 13, 1.

sătrăpēa, *ae*, f. (σατραπεία), v. *satrapia* : CURT. 5, 1, 44 ; 5, 2, 17.

Sătrăpēnē, *ēs*, f. (Σατραπηνή), la Satrapène [région d'Asie Mineure] : CURT. 5, 2, 1.

sătrăpēs, *ae*, m. (σατράπης), satrape, gouverneur de province chez les Perses : NEP. *Paus.* 1, 2 ; CURT. 8, 4, 21 ∥ gén., *satrapis* NEP. *Lys.* 4, 1.

sătrăpīa, *ae*, f., satrapie, province gouvernée par un satrape : PLIN. 6, 78.

sătraps, *ăpis*, v. *satrapes* : SIDON. *Carm.* 2, 78.

Satrĭāna, *ae*, f., nom d'une déesse inconnue : CIL 6, 114.

Sătrĭcum, *i*, n., ville du Latium [Conca] : CIC. *Q.* 3, 1, 4 ∥ **-cāni**, *ōrum*, m. pl., habitants de Satricum : LIV. 28, 11.

Sătrĭcus, *i*, m., nom de guerrier : SIL. 9, 68.

Sătrĭus, *ĭi*, m., nom d'homme : CIL 6, 1978.

Sătulla, *ae*, f., surnom de femme : CIL 10, 1027.

Sătullīnus, *i*, m. et **Sătullĭo**, *ōnis*, m., surnoms romains : CIL 9, 6083, 132 ; 6, 5471.

sătullō, *ās*, *āre*, -, - (*satullus* ; fr. *soûler*), tr., rassasier : VARR. *Men.* 401.

sătullus, *a*, *um* (dim. de *satur* ; fr. *soûl*), assez rassasié : VARR. *R.* 2, 2, 15.

sătur, *ŭra*, *ŭrum* (*satis*) ¶ 1 rassasié de [avec gén.] : CIC. *Div.* 1, 77 ; HOR. *S.* 1, 1, 20 ∥ rassasié de : TER. *Ad.* 165 ; HOR. *Ep.* 1, 7, 35 ; *saturior lactis* COL. 7, 4, 3, plus rassasié de lait ; [avec abl. poét.] PL. *Poen.* 8 ; OV. *M.* 2, 120 ∥ engraissé, gras : MART. 11, 52, 14 ∥ ivre : AUG. *Conf.* 6, 6, 9 ¶ 2 [fig.] *a)* [couleur] saturé, chargé, foncé : PLIN. 37, 170 ; VIRG. *G.* 4, 335 ; SEN. *Nat.* 1, 5, 12 *b)* riche, abondant, fertile : VIRG. *G.* 3, 214 ; SEN. *Nat.* 5, 9, 1 *c)* [rhét.] pl. n., *satura* CIC. *Or.* 123, sujets riches, matière féconde.

sătŭra, *ae*, f. (*satur*) ¶ 1 un plat (*lanx*) garni de toute espèce de fruits et de légumes, une sorte de macédoine ; un ragoût, un pot-pourri ; une farce, cf. Ps. ACR. HOR. *S.* 1, 1 ; DIOM. 485, 30 ; FEST. 416, 14 et P.-FEST. 417, 1 ∥ aurait désigné aussi une loi composée de plusieurs lois : FEST. et P. FEST. 417, 2 = d'où **per saturam**, en bloc ; *legem per saturam ferre (abrogare)*, faire voter (abroger) une loi comme partie d'un ensemble : CIL 1, 583, 71 ; FEST. 416, 21 ∥ **per saturam** = pêle-mêle : *quasi per saturam sententiis exquisitis* SALL. *J.* 29, 5, ayant demandé les avis en qq. sorte pêle-mêle [sans choix, sans ordre] ¶ 2 forme de poésie *a)* sorte de farce, satire dramatique : LIV. 7, 2, 7 *b)* satire littéraire : d'abord mélange de divers mètres [ENN.], puis poème uniforme, qui critique les vices [LUCIL., HOR.], cf. SUET. d. DIOM. 491, 31 ; HOR. *S.* 2, 1, 1. ▶ orth. postér. *satira, satyra*.

sătŭrābĭlis, *e* (*saturo*), qu'on peut rassasier : GLOSS. 2, 179, 18.

Sătŭrae pălus, marais de Satura [faisant partie des marais Pontins] : VIRG. *En.* 7, 801.

sătŭrāmen, *ĭnis*, n., nourriture : PAUL.-NOL. *Carm.* 20, 197.

sătŭrantĕr, adv. (*saturo*), tout au long, complètement ∥ *-tius* FULG. *Myth.* 3, 6, p. 68, 21 H.

sătŭrātim, adv. (*saturo*), de manière à rassasier : GLOSS. 2, 341, 26.

sătŭrātĭo, *ōnis*, f. (*saturo*), rassasiement : AUG. *Ev. Joh.* 24, 1.

sătŭrātŏr, *ōris*, m., celui qui rassasie : AUG. *Ep.* 140, 25, 62.

sătŭrātus, *a*, *um*, part. de *saturo* ∥ adj*t*, *saturatior color* PLIN. 21, 46, couleur plus foncée, plus intense ∥ plein, riche, complet : *saturata oratio* TERT. *Or.* 27, 1, prière intense.

1 sătŭrēia, *ae*, f. (cf. *satyrion* ? ; it. *santoreggia*, fr. *sarriette*), sarriette [plante aphrodisiaque] : COL. 9, 4 ; 2 ; PLIN. 19, 165.

2 sătŭrēia, *ōrum*, n. pl. (*satureia* et *satyrion*), orchidées [aphrodisiaques] : OV. *A. A.* 2, 415 ; MART. 3, 75, 4.

Sătŭrēium, *i*, n., ville d'Apulie : SERV. *G.* 2, 197 ∥ **Sătŭrēiānus**, *a*, *um*, de Satureium : HOR. *S.* 1, 6, 59.

Sătŭrīcē, v. *satirice*.

Sătŭrĭo, *ōnis*, m. (Σατυρίων et *satur*), nom de parasite : PL. *Pers.* 101.

sătŭrĭtās, *ātis*, f. (*satur*), rassasiement : PL. *Cap.* 109 ; [fig.] *ad saturitatem* PL. *Ru.* 758, jusqu'à satiété ∥ abondance : CIC. *CM* 56 ∥ saturation [d'une couleur] : PLIN. 9, 138 ∥ excréments : PLIN. 10, 92.

Sătŭrĭus, *ĭi*, m., nom d'homme : CIC. *Com.* 1.

Sāturnālĭa, *ĭum*, n., Saturnales, fêtes en l'honneur de Saturne [à partir du 17 décembre ; jours de réjouissances, de liberté absolue, où l'on échange des cadeaux et où not* les esclaves sont traités sur le pied d'égalité par les maîtres ; cf. MACR. *Sat.* 1, 7, 18] : LIV. 2, 21, 2 ; CIC. *Cat.* 3, 10 ; *secundis, tertiis Saturnalibus* CIC. *Att.* 13, 52, 1, le second, le troisième jour des Saturnales ∥ [fig.] *non semper erunt Saturnalia* SEN. *Apoc.* 12, 2, ce ne sera pas toujours fête.

Sāturnālĭcĭus, *a*, *um*, des Saturnales : *SEN. *Apoc.* 8, 2 ; MART. 7, 91, 2.

Sāturnālis, *e*, de Saturne : *Saturnale festum* MACR. 1, 2, 15, Saturnales.

Sāturnĭa, *ae*, f. ¶ 1 ancienne ville fondée par Saturne au sommet du mont Capitolin : VIRG. *En.* 8, 358 ; VARR. *L.* 5, 42 ; OV. *F.* 6, 31 ¶ 2 ville d'Étrurie Atlas XII, D3 : LIV. 39, 55 ¶ 3 la fille de Saturne [Junon] : VIRG. *En.* 1, 23 ; OV. *F.* 1, 265 ¶ 4 l'Italie : FEST. 430, 30.

Sāturnĭānus, *i*, m., Saturnien, nom d'homme : CIL 8, 1888.

Sāturnĭgĕna, *ae*, m. (*Saturnus*, *geno*), le fils de Saturne [Jupiter] : AUS. I 29 (362), 22 ; SIDON. *Carm.* 9, 135.

Sāturnīna, *ae*, f., surnom de femme : CIL 6, 8443.

Sāturnīni, *ōrum*, m. pl., habitants de Saturnia [ville d'Étrurie] : PLIN. 3, 52.

Sāturnīnus, *i*, m. ¶ 1 surnom de différents personnages, not* le tribun L. Appuleius Saturninus qui fit exiler le censeur Q. Metellus : CIC. *Cat.* 1, 4 ∥ L. Antonius

Saturninus, qui conspira contre Domitien : Mart. 4, 11, 2 ¶ 2 Saturnin, empereur romain : Vop. *Tyr.* 7, 1 ‖ saint Saturnin (Sernin) évêque de Toulouse et martyr : Sidon. *Ep.* 9, 16, 3 v. 77.

Sāturnĭus, *a*, *um*, de Saturne : *Saturnia arva* Virg. *En.* 1, 569, le Latium ; *Saturnia tellus* Virg. *En.* 8, 329, l'Italie ; *Saturnia Juno* Virg. *En.* 12, 156, Junon, fille de Saturne ; *Saturnius mons* Varr. *L.* 5, 42 ; Fest. 430, 32, le Capitole ‖ *Saturnia virgo* Ov. *F.* 6, 383, la fille de Saturne [Vesta] ; *Saturnia stella* Cic. *Rep.* 6, 17, Saturne [planète] ; *Saturnia regna* Virg. *B.* 4, 6, l'âge d'or ‖ *Saturnius numerus* Hor. *Ep.* 2, 1, 158, vers saturnien ‖ subst. m., **Sāturnĭus**, *ĭi*, fils de Saturne [Jupiter, Pluton] : Ov. *M.* 8, 703 ; 5, 420 ‖ *Saturnii dicebantur qui castrum in imo clivo Capitolino incolebant* Fest. 430, 34, on appelait Saturniens ceux qui habitaient la ville au bas de la montée du Capitole ‖ V. *Saturnia*.

Sāturnus, *i*, m. (?; an. *saturday*), Saturne [fils d'Uranus et de Vesta, père de Jupiter, de Junon, de Pluton, de Neptune..., régna sur le Latium] : Virg. *En.* 8, 319 ; Ov. *F.* 1, 193 ‖ dieu du temps : Cic. *Nat.* 2, 64 ‖ *Saturni dies* Tib. 1, 3, 18, le sabbat ‖ Saturne [planète] : Hor. *O.* 2, 17, 23.
▶ arch. *Saeturnus* CIL 1, 449.

săturō, *ās*, *āre*, *āvī*, *ātum* (*satur*), tr. ¶ 1 rassasier, repaître, nourrir : Cic. *Nat.* 2, 128 ; Virg. *B.* 10, 30 ; *En.* 8, 213 ; [métaph.] Cic. *Div.* 1, 61 ‖ remplir de, pourvoir abondamment de, saturer : *fimo pingui sola* Virg. *G.* 1, 80, saturer le sol d'un gras fumier ¶ 2 [fig.] **a)** *homines saturati honoribus* Cic. *Planc.* 20, gens rassasiés d'honneurs, cf. Cic. *Verr.* 3, 100 ; *saturare se sanguine civium* Cic. *Phil.* 5, 59, s'abreuver du sang des citoyens ; *crudelitatem* Cic. *Vat.* 6, assouvir sa cruauté ‖ [poét.] *saturata dolorem* Virg. *En.* 5, 608, (Junon) ayant satisfait son ressentiment **b)** rassasier jusqu'à lassitude : *vitae aliquem* Pl. *St.* 18, dégoûter qqn de la vie **c)** [chrét.] rassasier [en parlant de l'eucharistie] : Cypr. *Don.* 15.

1 **sătus**, *a*, *um*, part. de 3 *sero*.

2 **sătŭs**, *ūs*, m. ¶ 1 action de semer ou de planter : Cat. *Agr.* 5, 3 ; Cic. *Div.* 2, 68 ; *CM* 52 ¶ 2 [fig.] **a)** production, génération, paternité, race, souche : Cic. *Fin.* 5, 65 ; *Off.* 1, 118 ; *Div.* 1, 93 **b)** pl., semences : Cic. *Tusc.* 2, 13.

sătyra, V. *satura* ▶.

sătyrĭăsis, *is*, f. (σατυρίασις), priapisme [maladie] : Cael.-Aur. *Acut.* 3, 18, 175 ; Theod.-Prisc. 2, 32.

sătyrĭcē, V. *satirice*.

Sătyrĭcŏn, gén. pl. (σατυρικῶν gén. pl. ; cf. *Georgicon*), (s.-ent. *libri*), titre du roman de Pétrone : Petr. tit. (D,G), = les Satiriques ; V. *Satiricon*.

sătyrĭcōs, adv. (σατυρικῶς), satiriquement, ironiquement : Porphyr. Hor. *Ep.* 1, 18, 19.

Sătyrĭcus, *a*, *um* (σατυρικός), qui concerne les Satyres : Plin. 19, 20 ‖ V. *satiricus*.

sătyrĭŏn, *ĭi*, n. (σατύριον), nom de différentes orchidées : Plin. 26, 97 ; 99.

Sătyriscus, *i*, m. (Σατυρίσκος), petit Satyre : Cic. *Div.* 1, 39.

sătyrŏgrăphus, V. *satirographus*.

sătyrōma, *ătis*, n. (σατύρωμα), pièce satirique, satire : Help. *Benef.* 46.

1 **Sătyrus**, *i*, m. (σάτυρος) ¶ 1 Satyre compagnon de Bacchus, avec les oreilles, la queue, les pieds de chèvre ; plus tard, génie rustique, confondu avec les Faunes : Lucr. 4, 580 ; Hor. *Ep.* 2, 2, 125 ; Ov. *M.* 6, 110 ; Cic. *Nat.* 3, 43 ‖ drame satirique [où jouaient des Satyres] : Hor. *P.* 235 ¶ 2 sorte de singe : Plin. 7, 24.

2 **Sătyrus**, *i*, m., nom d'homme : Liv. 42, 14.

saucaptis, *ĭdis*, f. (?), assaisonnement de fantaisie : *Pl. *Ps.* 832 ; V. *secaptis*.

sauciātĭō, *ōnis*, f. (*saucio*), action de blesser, blessure : Cic. *Caecin.* 43.

sauciātus, *a*, *um*, part. de *saucio*.

sauciĕtās, *ātis*, f. (*saucius*), lésion ; indisposition : Cael.-Aur. *Chron.* 2, 13, 179.

saucĭō, *ās*, *āre*, *āvī*, *ātum* (*saucius*), tr. ¶ 1 blesser, déchirer : Cic. *Verr.* 1, 67 ; *Vat.* 13 ‖ frapper d'un coup mortel : Cic. *Att.* 14, 22, 1 ¶ 2 déchirer, ouvrir la terre : Ov. *Rem.* 172 ; Col. 2, 2, 23 ¶ 3 [fig.] léser, endommager : Pl. *Bac.* 64.

saucĭus, *a*, *um* (?) ¶ 1 blessé : Cic. *Tusc.* 2, 38 ; Caes. *G.* 3, 4, 4 ; 5, 36 ‖ [poét.] *suo saucius ense latus* Prop. 2, 8, 22, blessé au flanc de sa propre épée, cf. Quint. 9, 3, 18 ¶ 2 [fig.] **a)** atteint, endommagé, maltraité : *malus saucius Africo* Hor. *O.* 1, 14, 5, mât endommagé par l'Africus, cf. Ov. *M.* 1, 102 ; 2, 808 ; Mart. 4, 66, 12 ‖ [avec gén. de cause] Apul. *M.* 2, 15 **b)** atteint [moral¹] : Cic. *Cat.* 2, 24 ; Enn. d. Cic. *Cael.* 18 ; Virg. *En.* 4, 1 ; Lucr. 4, 1044 **c)** blessé = aigri : Cic. *Att.* 1, 17, 1 ‖ endommagé, entamé [de réputation] : Cael. *Fam.* 8, 8, 3.

Sauconna, *ae*, f., la Saône : Amm. 15, 12, 17 ; V. *Arar*.

saucus, *i*, f. (*sabucus* ; esp. *sauco*), sureau : *Greg.-Tur. *Hist.* 4, 9.

Saudo, *ōnis*, f. (?), ville de Bétique : Plin. 3, 15.

Saufēia, *ae*, f., Juv. 6, 320, **Saufēius**, *i*, m., Cic. *Rab. perd.* 20 ; *Att.* 1, 3, 1, nom de femme, nom d'homme.

Sauga, *ae*, m., rivière de Tarraconaise : Plin. 4, 111.

Saūl, *ūlis*, m., **Saūl**, indécl., Saül [premier roi des Hébreux] : Vulg. *1 Reg.* 9, 2.

Saulus, *i*, m., Saül, premier nom de saint Paul, apôtre : Vulg. *Act.* 22, 7 ; Prud. *Ditt.* 190.

sauma, *ae*, f., bête de somme : Ps. Fort. *Med.* 21 (7) ; V. *sagma*.

Saunītae, *ārum*, m. pl. (Σαυνῖται), V. *Samnites* : Plin. 3, 107.

Saunĭum, *ĭi*, n., rivière de Tarraconaise : Mel. 3, 15.

1 **saura**, *ae*, f. (σαύρα), sorte de lézard : Isid. 12, 4, 37.

2 **Saura**, *ae*, f., nom de femme : CIL 5, 6268.

3 **Saura**, *ae*, m. (σαύρα), nom d'un sculpteur grec : Plin. 36, 42.

Sauracte, Varr. *R.* 2, 3, 3, V. *Soracte*.

Saurĕa, *ae*, m., nom d'esclave : Pl. *As.* 399.

saurex, V. *sorex*.

saurĭŏn, *ĭi*, n., graine de moutarde : Plin. 19, 171.

saurītis, *is* ou *ĭdis*, f. (σαυρῖτις), pierre précieuse : Plin. 37, 181.

saurix (sŏ-), *ĭcis*, m. (cf. *sorex*), espèce de hibou : Mar. Vict. *Gram.* 6, 26, 7.

Sauroctŏnŏs, *i*, m. (σαυροκτόνος), tueur de lézards [surnom d'Apollon ; motif d'une statue de Praxitèle] : Plin. 34, 70.

Sauromăcēs, *ae*, m., roi d'Ibérie [Caucase] : Amm. 27, 12, 4.

Sauromătae, *ārum*, m. (Σαυρομάτης), V. *Sarmatae* : Ov. *Tr.* 2, 198 ‖ sg. *Sauromata* ‖ **Sauromates**, roi du Bosphore Cimmérien : Plin. *Ep.* 10, 63 ; Ov. *Tr.* 3, 12, 30.

Sauromătis, *ĭdis*, f., femme sarmate : Schol. Juv. 2, 1 ; Mel. 3, 39.

saurus (sōrus), *i*, m. (σαῦρος ; fr. *saurel*), saurel, espèce de maquereau [poisson de mer] : Laev. d. Apul. *Apol.* 30.

Saūs, m., V. *Savus* : Plin. 3, 147.

Sava, *ae*, f., ville de Maurétanie : Peut. 1, 2, 3.

savanum, V. *sabanum*.

Săvārĭa, V. *Sabaria*.

Savē, *ēs*, f., ville d'Arabie Heureuse : Plin. 6, 104.

Săvensis, *e*, V. *Savus*.

săvĭātĭō, V. *suav-*.

săvillum, *i*, n. (*suavis*), gâteau où il entre du fromage et du miel : Cat. *Agr.* 84 ; V. *suavillum*.

săvĭor, **săvĭum**, V. *suav-*.

1 **Săvo**, *ōnis*, m., rivière de Campanie : Plin. 3, 61.

2 **Savo**, *ōnis*, f., ville de Ligurie [auj. Savone] Atlas XII, C1 : Liv. 28, 46.

Sāvus (**Saūs**), *i*, m. (Σαοῦος), la Save [rivière de Pannonie] Atlas I, C4 ; XII, B4-B6 : Plin. 3, 147 ; Peut. 4, 1 ‖ -**ensis**, *e*, de la Save : *Ruf. *Brev.* 7, 5.

Saxa

1 Saxa, ae, m., surnom de Decidius [partisan de César] : Caes. *C.* 1, 66, 3 ; Cic. *Phil.* 10, 22.

2 Saxa rŭbra, n. pl., ▶ *Ruber*.

Saxānus, i, m., surnom d'Hercule : CIL 13, 4623.

saxātĭlis, e (*saxum*) ¶ **1** qui se tient dans les pierres [pigeons] : Varr. *R.* 3, 7, 1 ; *saxatiles pisces* Col. 8, 16, 8, poissons de roche ‖ subst. m., Plin. 9, 52, nom d'un certain poisson ¶ **2** de pierres : Solin. 10, 15.

Saxētānum, i, n., Sexi, ville de Bétique : Anton. 405 ‖ **-ētānus**, a, um, Mart. 7, 78, 1, de Sexi, ▶ *Sexitanus*.

saxētum, i, n. (*saxum*), lieu pierreux : Cic. *Agr.* 2, 67.

saxĕus, a, um (*saxum*) ¶ **1** de rocher, de pierre : Lucr. 4, 699 ; Plin. 12, 9 ; *saxeus scopulus* Ov. *M.* 14, 73, écueil ; *saxea umbra* Virg. *G.* 3, 145, l'ombre d'un rocher ¶ **2** qui a des rochers : *Anien saxeus* Stat. *S.* 1, 3, 20, l'Anio qui coule sur des rochers [en cascades] ¶ **3** [fig.] dur [comme la pierre], dur, insensible : Plin. *Ep.* 2, 3, 7 ; Apul. *M.* 10, 22.

saxĭcŏla, ae, m. (*saxum, colo*), idolâtre, adorateur de dieux de pierre : Paul.-Nol. *Carm.* 19, 168.

saxĭfĕr, ĕra, ĕrum (*saxum, fero*), qui porte des pierres : *saxifera habena* Val.-Flac. 5, 608, fronde.

saxĭfĭcus, a, um (*saxum, facio*), qui pétrifie : Ov. *Ib.* 555 ; Luc. 9, 670.

saxĭfrăga, ae, f., Samm. 595 et **saxĭfrăgum**, i, n. (*saxum, frango*), saxifrage [plante] : Plin. 22, 64.

saxĭfrăgus, a, um (*saxum, frango*), qui brise les rochers : Cic. *de Or.* 3, 167.

saxĭfrĭca, ae, f., Antid. Brux. 200 ; ▶ *saxifraga*.

saxĭgĕnus, a, um (*saxum, geno*), né d'une pierre : Prud. *Cath.* 5, 8.

Saxīnae, ārum, m. pl., peuple de la Troglodytique : Plin. 6, 176.

saxĭtās, Cael.-Aur. *Chron.* 3, 4, 49 ; 3 8, 109 et **saxōsĭtās**, ātis, f., Cael.-Aur. *Chron.* 3, 6, 82 (*saxum*), dureté, nature pierreuse.

Saxōnes, um, m. pl., Saxons [peuple du nord de la Germanie] Atlas I, A4 : Amm. 28, 2, 12 ‖ [sg.] *Saxo* Claud. *Cons. Stil.* 2, 255.

Saxōnĭa, ae, f., le pays des Saxons [la Saxe] : Alcim. *Ep.* 74 ; Fort. *Carm.* 7, 16, 47.

Saxŏnĭcus, a, um, des Saxons : Not. Dign. *Oc.* 1, 36 ‖ adj. m., Saxonique [vainqueur des Saxons] : Pacat. *Theod.* (12) 5, 4.

saxōsus, a, um (*saxum*), pierreux : Col. *Arb.* 21, 1 ; pl. n., *in saxosis* Plin. 21, 175, dans les terrains pierreux ; *saxosum sonans* *Virg. *G.* 4, 369 [Serv.] qui coule avec bruit sur des rochers.

Saxŭla, ae, m., surnom romain : Liv. 41 ; 28.

saxŭlum, i, n. (dim. de *saxum*), petit rocher : Cic. *de Or.* 1, 196.

saxum, i, n. (cf. al. *Sachse, Messer* ; it. *sasso*) ¶ **1** pierre brute, rocher, roche, roc : Lucr. 3, 980 ; 6, 195 ; Cic. *Tusc.* 1, 107 ; *Rep.* 2, 11 ‖ **Saxum** (*sacrum*), la roche sacrée [sur l'Aventin, d'où Rémus avait consulté les auspices] : Cic. *Dom.* 136 ; Ov. *F.* 5, 150 ‖ roche Tarpéienne : Cic. *Att.* 14, 16, 1 ; Hor. *S.* 1, 6, 39 ; Tac. *An.* 2, 32 ; 4, 29 ‖ roche crayeuse : Plin. 35, 196 ‖ *saxa* Virg. *G.* 2, 522, terrains rocheux, cf. Mart. 3, 82, 2 ‖ bloc de pierre, de marbre : Cic. *Ac.* 2, 100 ‖ pierre à affûter : Tac. *An.* 15, 54 ‖ couteau sacrificiel : Liv. 1, 24, 9 ; *inter sacrum saxumque* Pl. *Cas.* 970, entre la victime et le couteau (entre l'enclume et le marteau) ¶ **2** grosse pierre, rocher, pierre : Cic. *Caecin.* 60 ; *Verr.* 1, 147 ; Caes. *G.* 2, 29, 3 ‖ sg. collectif : Liv. 6, 4, 12 ‖ [poét.] mur de pierre : Ov. *F.* 3, 431 ‖ enceinte de pierre : Hor. *O.* 3, 16, 10.

saxŭōsus, a, um, Grom. 6, 29 ; 41, 21, ▶ *saxosus*.

scăbellum (-bĭllum), i, n. (dim. de *scamnum* ; fr. *écheveau* [escabeau]) ¶ **1** escabeau, tabouret : Varr. *L.* 5, 35 ; Quint. 1, 4, 12 ¶ **2** instrument de musique composé d'une semelle de bois dans laquelle était insérée une lame vibrante et que le joueur de flûte fait résonner par intervalles : Cic. *Cael.* 65 ; Suet. *Cal.* 54.

scăbellus, i, m., escabeau : Isid. 20, 11, 8.

scăbĕr, bra, brum (*scabo*) ¶ **1** rude [au toucher], raboteux, rugueux, inégal, hérissé : Virg. *G.* 1, 495 ; Ov. *F.* 4, 921 ; Plin. 16, 126 ¶ **2** couvert de malpropreté, de crasse, sale, malpropre : Poet. d. Cic. *Tusc.* 3, 26 ; Hor. *Ep.* 1, 7, 90 ; Suet. *Aug.* 79 ¶ **3** galeux : Col. 7, 3, 10 ¶ **4** [fig.] rude, dur : Macr. *Sat.* 6, 3, 9 ‖ *scabrior* ; Plin. 12, 67.

scăbĭa, ae, f. (*scabies* ; it. *scabbia*), ▶ *scabies* : Gloss. 2, 481, 44.

scăbĭālis, e (*scabo*), raclé, gratté : *Pelag. 323.

scăbĭdus, a, um (*scabies*), galeux : M.-Emp. 19, 46 ‖ [fig.] qui démange : Tert. *Anim.* 38, 2.

scăbĭēs, ēi, f. (*scabo*) ¶ **1** aspérité, rugosité : Virg. *G.* 2, 220 ¶ **2** gale : Cat. *Agr.* 5, 7 ; Virg. *G.* 3, 441 ; Cels. 5, 28, 16 ‖ gale [des arbres, des plantes] : Plin. 17, 225 ¶ **3** [fig.] démangeaison, vif désir, envie : Hor. *Ep.* 1, 12, 14 ; Mart. 5, 60, 11 ‖ démangeaison agréable, séduction : Cic. *Leg.* 1, 47.

scăbillārĭus, ii, m., scabillaire [celui qui joue du *scabellum* §2] : CIL 6, 33194 ; 9, 3188.

scăbillum, Cat. *Agr.* 10, 4, ▶ *scabellum* ¶ 1.

scăbĭō, ās, āre, āvī, - (*scabies*), intr., être galeux : Pelag. 347.

scăbĭŏla, ae, f. (dim. de *scabies*), [fig.] tentation, démangeaison : Aug. *Jul. op. imp.* 4, 13.

scăbĭōsus, a, um (*scabies* ; it. *scabioso*) ¶ **1** raboteux, rugueux : Plin. 32, 22 ¶ **2** galeux : Col. 11 2, 83 ; Pers. 2, 13.

scăbĭtūdo, ĭnis, f., lèpre : [fig.] Petr. 99, 2 ; ▶ *scabritudo*.

scăbō, ĭs, ĕre, scābī, - (cf. *scobes*, σκαφή, al. *schaben*), tr., gratter : *caput* Hor. *S.* 1, 10, 71, se gratter la tête, cf. Plin. 11, 260 ; *scabentes sese* Plin. 8, 99, [colombes] qui se nettoient en se grattant ‖ racler, gratter : Plin. 18, 236 ; 10, 196.

scăbrātus, a, um (*scaber*), coupé inégalement : Col. 4, 24, 22.

scăbrēdo, ĭnis, f. (*scaber*) ¶ **1** rouille : Corip. *Just.* 4, 45 ¶ **2** gale : Hier. *Vit. Hil.* 11.

scăbrĕō, ēs, ēre, -, - (*scaber*), intr., être hérissé : Enn. *Tr.* 100.

scăbrēs, is, f., malpropreté : Varr. *Men.* 254.

scăbrĭdus, a, um (*scabreo*), rude [à l'oreille], dur, rocailleux : Fort. *Carm.* 2, 10, 7.

scăbrĭtĭa, ae, **scăbrĭtĭēs**, ēi, f. (*scaber*) ¶ **1** aspérité, rugosité : Plin. 28, 139 ; 13, 81 ¶ **2** gale : Col. 7, 5, 8.

scăbrĭtūdo, ĭnis, f., dermatose : Plin. Val. 1, 18 ‖ [pl.] croûtes : M.-Emp. 8, 195 ; ▶ *scabitudo*.

scăbrōsus, a, um, ▶ *scaber* : Not. Tir. 112 ‖ sale : Prud. *Psych.* 106.

Scădīnăvĭa, Scandĭnăvĭa, ae, f., la Scandinavie [région du nord de l'Europe, prob' la Suède] Atlas I, A4 : Plin. 8, 39 ; 4, 96 ‖ **Scandĭa**, Plin. 4, 104.

Scaea porta, ae, f., **Scaeae portae**, pl., la porte Scée à Troie : Virg. *En.* 3, 351 ; 2, 612, cf. Serv. *En.* 2, 13.

scaena (scēna), ae, f. (σκηνή) ¶ **1** scène [d'un théâtre], théâtre : *esse in scaena* Pl. *Poen.* 20, être en scène, cf. Cic. *Brut.* 290 ; *scaena referta est his sceleribus* Cic. *Nat.* 3, 69, le théâtre est rempli de ces sortes de crimes ; *agitur res in scaenis* Hor. *P.* 179, les faits se déroulent sur la scène ¶ **2** [poét.] lieu ombragé [comme une tente], berceau de verdure : Virg. *En.* 1, 164 ¶ **3** [fig.] **a)** scène publique, théâtre public, scène du monde : [en parl. de l'assemblée du peuple] Cic. *Lae.* 97 ; *de Or.* 2, 338 ; [de la vie publique] Cic. *de Or.* 3, 162 ; *Planc.* 29 ; Hor. *S.* 2, 171 **b)** écoles de rhétorique, théâtre de l'éloquence : Tac. *D.* 35 ; Plin. *Ep.* 7, 17, 9 **c)** mise en scène, comédie, intrigue [pour se jouer de qqn] : Cael. *Fam.* 8, 11, 3 ; *scaenam criminis parare* Tac. *An.* 14, 7, préparer la mise en scène d'une accusation **d)** scène, partie d'un acte : Don. *Ad. pr.* 1, 7 **e)** [tard.] machination : Cassian. *Coll.* 22, 6, 4 ; *scaena necis* Ambr. *David* 1, 1, 2, la machination du meurtre [d'Urie].

scaenālis, *e*, qui forme la scène : CIL 6, 13528 (= CE. 1559), 11.

scaenārĭum, *ĭi*, n., lieu de la scène, scène : CIL 11, 3583.

scaenārĭus, *ĭi*, adj. m., de théâtre, qui travaille pour la scène : Amm. 28, 4, 32.

scaenătĭcus, *a*, *um*, Varr. Men. 353 et **scaenătĭlis**, *e*, Varr. Men. 304, scénique, théâtral.

scaenĭcē, adv. (*scaenicus*), comme sur la scène : Quint. 6, 1, 38.

scaenĭcus, *a*, *um* (σκηνικός), de la scène, de théâtre : Cic. Arch. 10 ; *de Or.* 3, 220 ; *scaenici ludi* Liv. 7, 2, 3, jeux scéniques, représentations théâtrales ‖ m., *scaenicus* Cic. Off. 1, 114 ; Quint. 1, 11, 3, acteur, comédien ; pl., Cic. Verr. 3, 184 ‖ f., *scaenica* Cod. Just. 5, 27, 1, actrice, comédienne ‖ [fig.] qui étale une vaine pompe : *rex scaenicus* Flor. 2, 14, 4, véritable roi de théâtre [fantoche].

scaenŏgrăphĭa, *ae*, f. (σκηνογραφία), [archit.] scénographie [dessin en perspective : Vitr. 1, 2, 2.

scaenŏpēgĭa (**scēn-**), *ae*, f. (σκηνοπηγία), fête des tabernacles [chez les Juifs] : Vulg. 1 Macc. 10, 21 ; Hier. Pelag. 1, 35.

scaeptrum, ▶ *sceptrum*.

1 **scaeva**, *ae*, m. (σκαιός), gaucher : Ulp. Dig. 21, 1, 12.

2 **scaeva**, *ae*, f. (σκαιά), présage, augure : Pl. Ps. 1138 ; Varr. L. 7, 97 ; Fest. 432, 36.

3 **Scaeva**, *ae*, m. ¶ 1 surnom romain : not[t] Junius Brutus Scaeva, consul : Liv. 10, 47 ‖ Cassius centurion de César : Caes. C. 3, 53 ¶ 2 ami d'Horace : Hor. Ep. 1, 17, 1 ‖ autres personnages du même nom : Hor. S. 2, 1, 53.

Scaevīnus, *i*, m., nom d'homme : Mart. 3, 70.

scaevĭtās, *ātis*, f. (*scaevus*) ¶ 1 gaucherie, maladresse : Gell. pr. 20 ; 6, 2, 8 ¶ 2 malheur : Apul. M. 9, 10 ‖ méchanceté : Gloss. 4, 283, 27.

Scaevŏla, *ae*, m. (dim. de *Scaeva*), surnom dans la *gens Mucia* ; not[t] P. Mucius Scévola [Romain qui, venu pour tuer Porséna dans son camp, frappa un secrétaire, fut arrêté et, comme pour punir sa main droite de sa maladresse, la plaça sur un brasier ardent et la laissa brûler ; d'où son surnom de *scaevola*, "gaucher"] : Liv. 2, 12 ‖ P. Mucius Scévola, consul en 133 av. J.-C., célèbre jurisconsulte et orateur : Cic. Leg. 2, 47 ‖ son fils Q. Mucius Scévola, le grand pontife, consul en 95 : Cic. Lae. 1 ‖ Q. Mucius Scévola, l'augure, consul en 117 : Cic. Rep. 1, 18.

scaevus, *a*, *um* (cf. σκαιός) ¶ 1 gauche, à gauche : Serv. En. 3, 351 ¶ 2 [fig.] maladroit : Gell. 12, 13, 4 ; *scaevus iste Romulus* Sall. Lep. 5, cette contrefaçon de Romulus [Sylla] ‖ [choses] sinistre, malheureux : *scaevissimus* Apul. M. 4, 27.

scāla, *ae*, f., échelle, ▶ *scalae* : Cels. 8, 15, 5 ; Gai. Dig. 47, 2, 56 ‖ [rhét.] gradation [κλῖμαξ] : *Latine vero gradatio, quoniam scalam dicere noluerunt* Aug. Doctr. 4, 7, 11, en latin "gradatio", car ils n'ont pas voulu l'appeler "échelle".

1 **scālae**, *ārum*, f. pl. (*skandslā, scando ; fr. échelle) ¶ 1 échelle : Caes. G. 5, 43, 3 ; C. 3, 63, 6 ¶ 2 degrés [d'escalier] : Mart. 7, 20, 20 ‖ escalier : Cic. Mil. 40 ; Phil. 2, 21 ‖ étage : *scalis habitare tribus* Mart. 1, 117, 7, habiter au troisième étage = très haut, ▶ *scala*.

2 **Scālae Hannibalis**, l'Escalier d'Hannibal [lieu dans les Pyrénées] : Mel. 2, 89.

scālāre, *is*, n., CIL 6, 10233, ordin[t]

scālārĭa, n. pl. (*scalaris*), escalier, degrés : Vitr. 5, 6, 3.

scālāris, *e* (*scala*), de degrés, d'escalier : Vitr. 10, 8, 1.

scālārĭus, *ĭi*, m. (*scala*), faiseur d'échelles [ou d'escaliers] : CIL 5, 5446.

Scaldis, *is*, m., l'Escaut [fleuve de Belgique] Atlas V, C3 : Caes. G. 6, 33, 3 ; Plin. 4, 98 ‖ *Scaldis pons*, ▶ *Pons*.

scălēnŏs, *on*, adj. (σκαληνός), [math.] inégal, scalène : Boet. Arith. 2, 25, 8.

Scallăbis, *is*, f., ville de Lusitanie [Santarém] Atlas IV, C1 : Plin. 4, 117 ‖ **-bĭtānus**, *a*, *um*, de Scallabis : CIL 2, 35.

scalmus, *i*, m. (σκαλμός ; it. *scalmo*), tolet [cheville qui retient l'aviron] : Vitr. 10, 3, 6 ; Cic. Brut. 197 ‖ aviron, rame : Cic. de Or. 1, 174.

scalpellō, *ās, āre*, -, - (*scalpellum*), tr., entailler avec le bistouri : M.-Emp. 12, 22.

scalpellum, *i*, n. (dim. de *scalprum* ; it. *scarpello*), scalpel, lancette, bistouri : Cic. Sest. 135 ; Div. 2, 96 ‖ canif : Vulg. Jer. 36, 23.

scalpellus, *i*, m., ▶ *scalpellum* : Cels. 2, 10, 15.

scalpĕr, *pri*, m., ▶ *scalprum* : Cels. 8, 3, 4.

scalpō, *ĭs, ĕre, scalpsī, scalptum* (cf. σκάλλω) ¶ 1 gratter : Juv. 9, 133 ¶ 2 creuser : Hor. S. 1, 8, 26 ‖ graver, tailler, sculpter : *nostri memorem sepulcro scalpe querellam* Hor. O. 3, 12, 52, en mémoire de moi, grave un regret sur mon tombeau, cf. Cic. Nat. 2, 35 ; Plin. 36, 15 ‖ [tard.] composer : Greg.-Tur. Hist. 8, 20, [des discours] ; Ennod. Carm. 1, 9, [des poèmes] ¶ 3 [fig.] chatouiller : Pers. 1, 21.

scalprātum ferrāmentum, n., serpe : Col. 9, 15, 9.

scalprum, *i*, n. (*scalpo*), outil tranchant : Hor. S. 2, 3, 106, tranchet ‖ Liv. 27, 49, 1, burin, ciseau ‖ Cat. Agr. 42 ; Col. 4, 25, 1 ; Plin. 17, 119, serpette ‖ Cels. 8, 3, 4, lancette, bistouri, scalpel ‖ Tac. An. 5, 8 ; Suet. Vit. 2, canif.
▶ *scalprus* m., Isid. 19, 19, 13.

scalpsī, parf. de *scalpo*.

scalptŏr, *ōris*, m. (*scalpo*), graveur (sculpteur) sur bois, sur pierre : Plin. 20, 154 ; Vell. 1, 17, 4 ‖ graveur [pour les monnaies] : CIL 6, 8464.

scalptōrĭum, *ĭi*, n. (*scalpo*), instrument pour se gratter : Mart. 14, 83 tit.

scalptūra, *ae*, f. (*scalpo*), action de graver, glyptique, gravure : Plin. 37, 104 ; Suet. Galb. 10 ‖ [sens concret] gravure sculpture : Vitr. 2, 9, 9 ; 3, 3, 10 ; 4, 1, 2.

scalptus, *a*, *um*, part. de *scalpo*.

scalpurrīgo, *ĭnis*, f., action de gratter, chatouillement : Solin. 32, 25.

scalpurrĭō, *īs, īre*, -, - (*scalpo*), tr., gratter : Pl. Aul. 467.

Scămander, *dri*, m. (Σκάμανδρος) ¶ 1 le Scamandre [rivière de la plaine de Troie] Atlas VI, B3 : Virg. En. 1, 473 ; Plin. 5, 124 ¶ 2 nom d'un affranchi : Cic. Clu. 47.

Scămandrĭa, *ae*, f., petite ville voisine de Troie : Plin. 5, 124.

Scămandrĭus, *a*, *um*, du Scamandre : Acc. Tr. 322.

scambus, *a*, *um* (σκαμβός), cagneux : Suet. Oth. 12.

scămellum (-illum), *i*, n. (dim. de *scamnum* ; al. *Schemel*), petit escabeau, petit banc : Prisc. 2, 111, 2 ‖ [méc.] banc [pièce qui ferme le cadre du treuil à l'arrière du fût de la catapulte : *buccula loculamentum*] : Vitr. 10, 10, 3.

scămillārĭus, *ĭi*, m. CIL 11, 4813, ▶ *scabillarius*.

scămillus, *i*, m. (*scamillum*), [archit.] *scamilli inpares* Vitr. 3, 4, 5, petites banquettes de hauteur inégale [procédé permettant d'obtenir le renflement du stylobate d'un temple].

scamma, *ătis*, n. (σκάμμα), espace sablé pour les exercices des athlètes : Hier. Joh. 16 ; Ep. 61, 5 ‖ [fig.] arène, lutte, combat : Tert. Mart. 3, 4.

scammōnĕa, Cic. Div. 1, 16 ou **scammōnĭa**, *ae*, f., Plin. 26, 90 et **scammōnĕum (-ĭum)**, *ĭi*, n., Cat. Agr. 157, 12 ; Plin. 26, 59 (σκαμμωνία, σκαμμώνιον), scammonée [plante].

scammōnītēs, *ae*, m., de scammonée [où l'on a infusé de la scammonée] : Plin. 14, 109.

Scammŏs, *i*, f., ville d'Éthiopie : Plin. 6, 179.

scamnārĭum, *ĭi*, n. (*scamnum*), droit de banc, c.-à-d. droit d'entrée à acquitter par les membres nouvellement admis dans un *collegium* de *tibicines* et de *cornicines* militaires : CIL 8, 2057, 1850 [v. Carcopino Rendic. della Pontif. Acad. Rom. di Arch. 4, 1926, p. 217-229].

scamnārĭus, *ĭi*, m., caissier : CIL 8, 2553.

scamnātus, *a*, *um* (*scamnum*), [champ] qui s'élargit d'ouest en est : Grom. 3, 14 ; 110, 2.

scamnellum

scamnellum, Paul.-Nol. *Carm.* 1, 60; Prisc. 2, 111, 1, **scamnŭlum**, *i*, n., Diom. 325, 32 (dim. de *scamnum*), ▶ *scamellum*.

scamnum, *i*, n. (de *scabnum, cf. scabellum* et σκήπω; it. *scanno*) ¶ **1** escabeau, marchepied : Varr. *L.* 5, 168 ¶ **2** banc : Ov. *F.* 6, 305 ; [bancs des chevaliers au théâtre] Mart. 5, 41, 7 ‖ [fig.] Plin. 12, 10 ; 17, 201 ‖ trône : Enn. *An.* 96 ¶ **3** banquette de terre [espace de terre entre deux fosses] : Col. 2, 2, 25 ; 2, 4, 3 ; 3, 13, 10 ; Plin. 18, 179 ‖ étendue en largeur [opp. *striga*, longueur] : Grom. 207, 2 ‖ espace de 50 à 80 pieds de large : Ps. Hyg. *Mun. castr.* 15.

scāmōnĭa, -mōnium, ▶ *scamm-*.

Scampis (-a), ville de l'Illyrie grecque [Elbasan] : Anton. 318 ‖ **-enses**, *ium*, m. pl., corps d'auxiliaires fourni par cette ville : Not. Dign. *Or.* 9, 48.

scamsilis, ▶ *scansilis*.

Scanchrus, *i*, m., montagne de l'Élymaïde : Plin. 12, 72.

scandăla, *ae*, f. (? ; esp. *escanda*), ▶ *2 scandula*, amidonnier : Plin. 18, 62.

scandălizō, *ās, āre, āvī, ātum* (σκανδαλίζω), tr., scandaliser : Tert. *Virg.* 3, 3 ‖ heurter, choquer, irriter : Vulg. *Matth.* 15, 12 ‖ faire tomber dans le péché, être une cause de chute pour qqn : Hier. *Lucif.* 18.

scandălum, *i*, n. (σκάνδαλον ; fr. *esclandre*) ¶ **1** pierre d'achoppement : Prud. *Apoth. pr.*, 35 ¶ **2** chose qui fait tomber dans le mal, scandale : Tert. *Virg.* 3, 4 ; *Marc.* 3, 1, 1.

Scandia, *ae*, f., ▶ *Scadinavia*.

Scandĭae, *ārum*, f. pl., îles voisines de la Bretagne : Plin. 4, 104.

Scandĭāna māla, n. pl., espèce de pommes : Plin. 21, 89.

Scandĭānus, ▶ *Scantianus* : Col. 5, 10, 19 ; Plin. 15, 50.

Scandila, *ae* et **-ē**, *ēs*, f., île de la mer Égée : Plin. 4, 72 ; Mel. 2, 106.

Scandĭnāvĭa, ▶ *Scadinavia*.

Scandira, ▶ *Scandila*.

scandix, *īcis*, f. (σκάνδιξ), cerfeuil musqué : Plin. 21, 89.

scandō, *is, ĕre, scandī, scansum* (cf. scr. *skandati*, σκάνδαλον, v. irl. *scendid*), intr. et tr., ¶ **1** intr., monter : *in aggerem* Liv. 3, 67, 11, monter sur le rempart, cf. Tac. *H.* 3, 28 ‖ [fig.] : Hor. *O.* 3, 1, 38 ; Tac. *H.* 4, 8 ¶ **2** tr., escalader : *malos* Cic. *CM* 17 ; *muros* Liv. 5, 21, 12, escalader les mâts, les murs ; *Capitolium* Liv. 3, 68, 7, monter au Capitole ; *naves* Hor. *O.* 2, 16, 21, monter sur les bâteaux ‖ [fig.] *gradus aetatis adultae* Lucr. 2, 1123, parvenir à l'âge adulte ‖ scander [métr.] : Ter.-Maur. 6, 377, 1753, cf. Claud. *Carm. min.* 13 (79), 2.

1 scandŭla, *ae*, f. (cf. σχίδαξ et *scando* ; *scandola*, al. *Schindel*), bardeau, petite planche pour couvrir un toit [surt. au pl.] : Hirt. *G.* 8, 42, 1 ; Plin. 16, 36. ▶ orth. postér. *scindula*.

2 scandŭla, *ae*, f., amidonnier, épeautre : Diocl. 1, 8 ; Isid. 17, 3, 11 ‖ ▶ *scandala, sandala*.

scandŭlāca, *ae*, f. (*2 scandula*), cuscute [plante] : P. Fest. 443, 10.

scandular-, ▶ *scindular-*.

scansĭlis, *e* (*scando*), où l'on peut monter : Plin. 17, 84 ; Schol. Juv. 7, 45 ‖ [fig.] qui va par degrés, graduel : Plin. 7, 161.

scansio, *ōnis*, f. (*scando*), action de monter : Varr. *L.* 5, 168 ‖ [fig.] *scansiones sonorum* Vitr. 6, 1, 6, échelle ascendante des sons, gamme ‖ scansion [métr.] : Diom. 495, 30.

scansŏr, *ōris*, m. (*scando, 1 scandula*), couvreur : Gloss. 2, 179, 31 ; ▶ *scindularius*.

scansōrĭus, *a, um* (*scando*), destiné à faire monter : Vitr. 10, 1, 1.

Scansus, *i*, m., le dieu Scansus : Cypr. *Idol.* 2.

1 Scantĭa, *ae*, f., nom de femme : Cic. *Mil.* 75.

2 Scantĭa silva, f., forêt de la Campanie : Cic. *Agr.* 1, 3 ‖ **-tiae Aquae**, Plin. 2, 240, sources voisines de cette forêt.

Scantīnĭus, *ii*, m., nom d'homme : Plin. 23, 31 ‖ **-tīnĭa lex, Scantīnĭa**, f., loi Scantinia [portée par le tribun Scantinius] : Cic. *Fam.* 8, 12, 3 ; 8, 14, 4 ; Suet. *Dom.* 8.

Scantĭus, *ii*, m., nom de famille ‖ **-ānus**, *a, um*, de Scantius : Cat. *Agr.* 7, 3 ; Varr. *R.* 1, 59, 1 ‖ **-anae uvae** Plin. 14, 47 ; **-ana mala** Plin. 15, 50, variété de raisin, de pommes.

1 scăpha, *ae*, f. (σκάφη), esquif, canot, barque : Pl. *Ru.* 75 ; Cic. *Inv.* 2, 154 ; Hor. *O.* 3, 29, 62.

2 Scapha, *ae*, f. (σκάφη), nom d'une vieille courtisane [qui a beaucoup navigué] : Pl. *Most.* 260.

scăphārĭus, *ii*, m., batelier : CIL 2, 1169.

scăphē, *ēs*, f. (σκάφη), cadran solaire concave : Vitr. 9, 8, 1.

scăphĭŏlum, *i*, n. (dim. de *scaphium*) : Not. Tir. 101.

scăphĭum, *ii*, n. (σκάφιον), vase [récipient en forme de nacelle] : Lucr. 6, 1044 ‖ coupe : Cic. *Verr.* 4, 37 ‖ vase de nuit, bassin : Mart. 11, 11, 6 ‖ sorte de cadran solaire : Capel. 6, 597.

scăpho, *ōnis*, m. (*σκάφων), amarre [à l'avant du navire] : Caecil. *Com.* 257 ; Isid. 19, 4, 5.

scăphŭla, *ae*, f. (dim. de *scapha*), nacelle, canot : Veg. *Mil.* 3, 7 ‖ baignoire : Cael.-Aur. *Acut.* 95, 1, 11 ; 2, 40, 232.

scăpĭum, ▶ *scaphium* : Lucr. 6, 1046 (qqs mss).

Scāpŏs, *i*, f., île de la mer Égée : Plin. 4, 74.

scapres, ▶ *scabres*.

Scaptensŭla, *ae*, f. (Σκαπτή, ὕλη), ville de Thrace : P. Fest. 443, 12 ; Lucr. 6, 810.

Scaptĭa, *ae*, f., ancienne ville du Latium : Plin. 3, 68 ‖ **-us**, *a, um*, de Scaptia : *Scaptia tribus* Liv. 8, 17, la tribu Scaptia [à Rome] ‖ **-iensis**, *e*, de la tribu Scaptia : Suet. *Aug.* 40.

Scaptĭus, *ii*, m., nom d'homme : Cic. *Att.* 5, 21.

1 scăpŭla vītis (cf. *scapus*), variété de raisin, ▶ *vennucula* : Plin. 14, 34.

2 scăpŭla, ▶ *scapulae* : Vulg. *Gen.* 21, 14 ; Gloss. 2, 482, 9.

3 Scăpŭla, *ae*, m., surnom romain : Cic. *Fam.* 9, 13, 1 ; Quinct. 17 ‖ **-ānus**, *a, um*, de Scapula : Cic. *Att.* 12, 40, 4.

scăpŭlae, *arum*, f. pl. (cf. σκάπτω), ▶ *spathula*) ¶ **1** épaules : Ov. *A. A.* 3, 273 ; Cels. 8, 1, 19 ; Plin. 21, 155 ‖ dos : Pl. *Cas.* 956 ; *Poen.* 153 ; *scapulas perdidi* Ter. *Phorm.* 76, j'ai mis mon dos à mal [je l'ai exposé aux coups] ; *pro scapulis* Cat. d. Fest. 266, 29, pour des coups reçus, en raison de coups ¶ **2** [fig.] hanche, montant [d'une machine de soulèvement] : Vitr. 10, 2, 3 ‖ croupe [d'une montagne] : Tert. *Pall.* 2, 2.

scăpus, *i*, m. (σκάπος), tige [de plante] : Col. 9, 4, 4 ; Plin. 18, 95 ‖ fût [de colonne] : Vitr. 3, 3, 10 ‖ tige de chandelier : Plin. 34, 11 ‖ montant [de porte] : Vitr. 4, 6, 4 ‖ limon [d'escalier] : Vitr. pr. 9, 8 ‖ fléau [de balance], verge [de peson] : Fest. 9, 12 ; Vitr. 10, 3, 4 ‖ [méc.] pièce rectiligne [en gén.] : Vitr. 10, 11, 7, [montant de baliste] : Vitr. 10, 15, 4, [montant de tortue] : Lucr. 5, 1351 ‖ ensouple de tisserand : Lucr. 5, 1351 ‖ cylindre sur lequel on roulait les manuscrits : Varr. *Men.* 58 ; Plin. 13, 77 ‖ ▶ *membrum virile* : Aug. *Civ.* 7, 24.

scăra, ▶ *eschara*.

scărăbaeus, *i*, m. (cf. κάραβος ; it. *scarafaggio*, fr. *escarbot*), escarbot [sorte de scarabée] : Plin. 11, 97 ; 30, 99 ; Aus. *Epigr.* 65 (70), 10.

Scarabantĭa Julĭa, f., ville du Norique : Plin. 3, 146.

scardĭa, *ae*, f., Ps. Apul. *Herb.* 19, ▶ *aristolochia*.

Scardōna, *ae*, f., ville de Dalmatie Atlas XII, C5 : Plin. 3, 141 ‖ **-ītānus**, *a, um*, de Scardona : Plin. 3, 139.

Scardus, ▶ *Scordus* : Liv. 43, 20, 1.

scărīfātĭo, *ōnis*, f. (*scarifo*), scarification : Col. 6, 12, 1 ; 6, 17, 1.

scărīfĭcātĭo, *ōnis*, f., scarification : Veg. *Mul.* 4, 21, 1 ‖ [fig.] incision de l'écorce : Plin. 17, 254 ‖ léger labour : Plin. 18, 140.

scărīfĭcō, *ās, āre, āvī, ātum* (scarifo), tr., scarifier : PALL. 4, 10, 28.

scărīfō, *ās, āre*, -, - (σκαριφάομαι ; esp. *escarifar*), inciser, scarifier : SCRIB. 262 ; PLIN. 28, 179 ; 32, 79 ∥ graver : CIL 6, 52.

scărīfus, *i*, m. (σκάριφος), tracé, plan d'un champ : GROM. 244, 8.

scărīph-, V. *scarif-*.

scărītēs, *ae*, m., **-tis**, *ĭdis*, f. (σκαρίτης), pierre précieuse inconnue : PLIN. 37, 181.

scărīzō, *ās, āre*, -, - (σκαρίζω), intr., s'agiter, frétiller : IREN. 1, 30, 6.

Scarphē, *ēs*, f., SEN. Tro. 848, C. *Scarphea*.

Scarphēa (**Scarphīa**), *ae*, f. (Σκάρφεια) ¶1 ville de Locride : LIV. 32, 3 ; 36, 20 ; PLIN. 4, 27 ¶2 île de la mer Égée : PLIN. 4, 62.

scarpĭnō, *ās, āre*, -, - (*carpo* ; roum. *scărpina*), tr., gratter : GLOSS. 5, 390, 11.

Scarpōna (**Scarponna**), *ae*, f., localité de Belgique [auj. Dieulouard] : AMM. 27, 2, 1.

scărus, *i*, m. (σκάρος ; esp. *escaro*), scare [poisson de mer] : HOR. S. 2, 2, 22 ; PLIN. 9, 62.

1 scătĕbra, *ae*, f. (scateo), PLIN. 5, 6 ; 31, 108, jaillissement ; pl. [poét.], eau jaillissante, cascade : VIRG. G. 1, 110.

2 Scătĕbra, *ae*, m., rivière du Latium, près de Casinum : PLIN. 2, 227.

scătĕbrōsus, *a, um*, plein d'eau jaillissante : CYPR.-GALL. Gen. 843 ∥ sale, boueux : SCHOL. BERN. G. 2, 348.

scătĕō, *ēs, ēre*, -, -, PL. Aul. 558 ; PLIN. 17, 243, **scătō**, *ĭs, ĕre*, -, -, LUCR. 5, 40 ; 5, 1162 (express., cf. σκαίρω, lit. *skastù*), intr., sourdre, jaillir ∥ [fig.] être abondant, fourmiller, pulluler : LUCR. 6, 896 ; PLIN. 8, 226 ∥ regorger de, fourmiller de : [avec abl.] LIV. 45, 28, 2 ; HOR. O. 3, 27, 26 ; PLIN. 3, 30 ; [avec gén.] **ferarum scatit terra** LUCR. 5, 40, la terre fourmille de bêtes féroces ∥ [fig.] *qualibus ostentis volumen scatet* PLIN. 17, 243, le volume est plein (fourmille) de prodiges semblables ; *scatere verbis* GELL. 1, 15, 2, abonder en paroles, être intarissable ∥ [acc. de pron. n.] *id tuus scatet animus* PL. Pers. 177, ton cœur en est tout débordant [d'amour].

Scatinavia, *ae*, f., PLIN. 4, 96, C. *Scadinavia*.

Scătĭnĭa, Scătĭnĭus, V. *Scant-*.

scătūrex, scăturrex ou **scătūrix**, *ĭgis*, f., source abondante : VARR. Men. 112.

scătūrĭgĭnōsus, *a, um*, abondant en sources : COL. 5, 8, 6.

scătūrīgo (**scăturrīgo**), *ĭnis*, f. (*scaturio*), source, eau qui sourd : LIV. 44, 33, 3 ; PLIN. 31, 47 ∥ [fig.] grande quantité, torrent : APUL. M. 8, 22 ; AMM. 19, 1, 9.

scătūrĭō, scăturrĭō, APUL. M. 4, 6, *īs, īre, īvī*, -, intens. de *scateo* ¶1 intr., C. *scateo*, COL. 3, 1, 8 ∥ [fig.] *totus, ut nunc est, hoc scaturit* CAEL. Fam. 8, 4, 2, pour le moment, voilà ce dont il est tout débordant ¶2 [tard.] tr., faire jaillir : AMBR. Ep. 42, 7.

scătūrix, V. *scaturex*.

Scaugdae, *ārum*, m. pl., peuple sur les bords du Danube : PLIN. 4, 41.

Scaurĭānus, *a, um*, de Scaurus : *Scauriana oratio* CAPEL. 5, 441, discours de Cicéron pour Scaurus.

Scaurīnus, *i*, m., nom d'un grammairien latin : LAMPR. Alex. 3, 3.

1 scaurus, *a, um* (σκαῦρος), pied-bot : HOR. S. 1, 3, 48.

2 Scaurus, *i*, m., surnom romain dans les familles Aemilia et Aurelia ∥ not[t] M. Aemilius Scaurus, qui accusé de concussion fut défendu par Cicéron : CIC. Mur. 36.

scazōn, *ōntis*, m. (σκάζων), [métr.] scazon [trimètre iambique dont le dernier pied est un trochée ou un spondée] : PLIN. Ep. 5, 11, 2 ; MART. 1, 97, 1.

scĕlĕrātē, adv., criminellement, méchamment : CIC. Sull. 67 ; Tusc. 5, 56 ∥ *-tissime* CIC. Sest. 133 ; *-tius* VULG. Ezech. 16, 52.

scĕlĕrātus, *a, um*, part.-adj. de *scelero* ¶1 souillé d'un crime, meurtrier : *terra scelerata* VIRG. En. 3, 60, terre criminelle, cf. Ov. Pont. 1, 6, 29 ∥ *sceleratus vicus* LIV. 1, 48, 7, rue Scélérate, rue du Crime [où la fille de Servius passa sur le cadavre de son père], cf. VARR. L. 5, 159 ; Ov. F. 6, 609 ; *sceleratus campus* LIV. 8, 15, 8, le champ scélérat [où l'on enterrait vivantes les vestales coupables] ; *scelerata sedes* Ov. M. 4, 456, *sceleratum limen* VIRG. En. 6, 563, séjour du crime [où les coupables sont châtiés dans les enfers] ¶2 criminel, impie, infâme : CIC. Rep. 3, 27 ; Off. 3, 38 ; *hasta sceleratior* CIC. Off. 2, 29, lance plus criminelle [vente publique des biens par Sylla], V. 1 *hasta* ¶2 ; *homo sceleratissimus* CIC. Planc. 98, le plus scélérat des hommes ∥ [poét.] *sceleratas sumere poenas* VIRG. En. 2, 576, faire subir le châtiment d'un crime ¶3 désastreux, funeste, fatal : PLIN. 24, 117 ∥ *scelerata porta*, porte maudite ou porte Carmentale [par laquelle les 306 Fabius sortirent pour leur fatale expédition] : FEST. 450, 8 ; P. FEST. 451, 5 ; SERV. En. 8, 337 ; FLOR. 1, 12, 2 ; *scelerata castra* SUET. Cl. 1, camp maudit [où mourut Drusus, père de Claude].
▶ PETR. 56, 8 jeu de mots avec le grec σκάλος "jambon".

scĕlĕrĭtās, *ātis*, f. (*scelus*), criminalité : MARCIAN. Dig. 48, 21, 3.

scĕlĕrō, *ās, āre*, -, *ātum* (*scelus*), tr., souiller [par un crime], profaner, polluer : CATUL. 64, 405 ; VIRG. En. 3, 42 ∥ rendre nuisible : SIL. 3, 272.

scĕlĕrōsus, *a, um* (*scelus*), criminel [pers. et ch.] : TER. Eun. 643 ; LUCR. 1, 82.

scĕlĕrus, *a, um* (*scelus*), abominable : PL. Ps. 817 ∥ différent de *scelerum caput !* PL. Mil. 494, roi des scélérats [où *scelerum* est un gén. pl., V. *scelus* ¶5].

scĕlestē, adv. (*scelestus*), criminellement : CIC. Phil. 1, 11 ; LIV. 24, 25 ∥ *scelestius* AUG. Ep. 91, 5, 1.

scĕlestus, *a, um* (*scelus*), scélérat, criminel [pers. et ch.], impie, sacrilège, affreux, horrible : CIC. Amer. 37 ; Sest. 145 ; SALL. C. 51, 32 ∥ funeste, malheureux, maudit : PL. Most. 494 ∥ pris subst[t] d. la langue comique, coquin, fourbe, bandit : PL. Ps. 360 ; Most. 170 ; *scelestissume !* PL. Amp. 561, maître coquin ! ∥ *scelestior* PL. Most. 532 ; LIV. 5, 27, 4.

scĕlĕtus, *i*, m. (σκελετός), corps desséché, momie : APUL. Apol. 61.

scĕlŏtyrbē, *ēs*, f. (σκελοτύρβη), paralysie des jambes : PLIN. 25, 20.

scĕlus, *ĕris*, n. (cf. σκέλος, σκολιός, al. *scheel*) ¶1 crime, forfait, attentat : CIC. Lae. 27 ; V. *concipere, suscipere* ; *facere* CIC. de Or. 1, 220, commettre un crime ; *in aliquem scelus edere* CIC. Sest. 58, perpétrer un crime contre qqn, cf. LIV. 29, 17, 20 ; *divinum, humanum* LIV. 29, 18, 20, crime contre les dieux, contre les hommes ; [avec gén.] *scelus legatorum interfectorum* LIV. 4, 32, 5, le crime du meurtre..., le meurtre criminel des ambassadeurs ; *scelus est verberare* CIC. Verr. 5, 170, c'est un crime que de frapper... ; *scelerum in homines expiatio* CIC. Leg. 1, 40, expiation des crimes à l'égard des hommes ¶2 esprit de crime, scélératesse, intentions criminelles : CIC. Phil. 5, 42 ; Verr. 3, 152 ; 5, 24 ; 5, 106 ; Cat. 2, 25 ¶3 malheur, calamité : *quod hoc est scelus ?* PL. Cap. 756, quel malheur j'ai !, cf. TER. Eun. 326 ¶4 méfait, action malfaisante [des animaux, des eaux] : PLIN. 25, 20 ; 29, 74 ∥ [de la nature] catastrophe : PLIN. 2, 206 ¶5 [personnif.] crime incarné, scélérat, brigand : *tantum scelus attingere* CIC. Amer. 71, toucher à une telle horreur ∥ [injure fréquente chez les comiques] vaurien, scélérat : PL. Amp. 557 ; Mil. 827 ; *scelerum caput !* PL. Mil. 494, roi des scélérats V. *scelerus* ; [avec pron. m.] *is scelus* PL. Bac. 1095, ce scélérat, cf. TER. And. 606.

1 scēna, V. *scaena*.

2 scēna, ▶ *sacena* : ANDR. d. FEST. 444, 12, cf. 422, 32 ; P. FEST. 423, 13.

scēnalis, -nārius, -nĭcus, V. *scaen-*.

Scēnītae, *ārum*, m. pl. (Σκηνῖται), Scénites [peuple d'Arabie] : PLIN. 5, 65 ; 6, 145.

scēnŏfactōrĭa ars, f. (σκῆνος, facio), art de faire des tentes : VULG. Act. 18, 3.

scēnŏgrăphĭa, *ae*, f. (σκηνογραφία), V. *sciographia* : VITR. 1, 2, 2.

scēnŏpēgĭa, *ae*, f., fête des tabernacles [chez les Juifs] : VULG. 1 Macc. 10, 21.

scensa, ae, f., [mot sabin] Fest. 456, 11; P. Fest. 457, 1; ■> cena.

Scĕparnĭo, ōnis, m., nom d'esclave: Pl. Ru. 97.

Scĕpsis, is, f. (Σκῆψις), ville de Mysie: Plin. 5, 122 ∥ **-ĭus**, a, um, de Scepsis: Cic. Tusc. 1, 59 ∥ abs¹, **Scepsĭus**, m., Métrodore [de Scepsis]: Ov. Pont. 4, 14, 38.

scĕptŏs, i, m. (σκηπτός), tempête, ouragan: Apul. Mund. 15.

scēptrĭfĕr, Ov. F. 6, 480; Sen. Med. 59, **scēptrĭgĕr**, Sil. 16, 244, ĕra, ĕrum (sceptrum fero, gero), qui porte le sceptre.

scēptrum (**scaeptrum**), i, n. (σκῆπτρον) ¶ 1 sceptre: Cic. Sest. 57; Quint. 9, 3, 57; [fig.] *sceptra paedagogorum* Mart. 10, 62, 10, le sceptre des maîtres d'école [la férule] ∥ [fig.] trône, royaume, royauté: Virg. En. 1, 78; 253; Ov. M. 15, 585 ∥ le sceptre = la suprématie: Lucr. 3, 1038 ¶ 2 aspalathus: Plin. 12, 110.

sceptūchus, i, m. (σκηπτοῦχος), porte-sceptre, roi [en Orient]: Tac. An. 6, 33.

Scerdilaedus, i, m. (Σκερδιλαιδος), nom d'un roi d'Illyrie: Liv. 26, 24.

Scētānus, i, m., nom d'homme: Hor. S. 1, 4, 112.

schĕda, ■> scida: Plin. 13, 77.

schĕdĭa, ae, f. (σχεδία), radeau: Dig. 14, 1, 1, 6; Fest. 450, 16; P. Fest. 451, 9.

schĕdĭos (**-ĭus**), a, um (σχέδιος; fr. *esquisse*), fait à la hâte, bâclé: P. Fest. 451, 10, **schĕdĭum**, n., vers improvisés, impromptu: Petr. 4, 5; Sidon. Ep. 8, 3, 1.

schĕdŭla, ae, f. (dim. de *scheda*; it. *cedola*, fr. *cédule*, al. *Zettel*), feuillet, page: Hier. Ruf. 3, 2.

1 **schēma**, ae, f. (σχέμα), Pl. Amp. 117; Caecil. Com. 76, aspect, mine; accoutrement.

2 **schēma**, ătis, n. (σχῆμα), attitude; accoutrement: Naev. Tr. 37 ∥ figure, schéma: Vitr. 3, 1, 3 ∥ figure [de rhétorique]: Quint. 4, 5, 4.
▶ dat. et abl. pl. *schematis* et *schemasin* Varr. et Plin. d. Char. 53, 18.

schēmătismus, i, m. (σχηματισμός), expression figurée: Quint. 1, 8, 14.

Schĕrĭa, ae, f., nom donné par Homère à Corcyre: Plin. 4, 52.

Schĕrīni, ōrum, m. pl., habitants de Schéra [ville de Sicile]: Plin. 3, 91.

schĕsis, is, f. (σχέσις), [rhét.] figure qui consiste à accumuler les synonymes: Cassiod. Psalm. 105, 6; Char. 282, 5.

schĭda, ■> scida.

schĭdĭae, ārum, f. pl. (σχίδια), copeaux: Vitr. 2, 1, 4; 7, 10, 3.

schīnŏs (**schīnus**), i, f. (σχῖνος), lentisque [arbrisseau]: Vulg. Dan. 13, 54.

Schīnus, i, m. (Aeschines), nom d'homme: CIL 6, 12806.

Schinūsa, ae, f., une des Sporades: Plin. 4, 68.

schirrōsis, ■> scirrhosis.

schisma, ătis, n. (σχίσμα), schisme: Tert. Praescr. 5, 1; ■> scisma.

schismătĭcus, a, um, schismatique: Aug. Matth. 11.

schistŏs, a, ŏn (σχιστός), séparé, divisé: Plin. 19, 101; *schiston lac* Plin. 28, 126, lait tourné ∥ *schistos lapis*, m., schiste: Plin. 29, 124.

schoenanthus, ■> schoenuanthos.

Schoenēis, Ov. H. 16, 263, **Schoenis**, ĭdis, Sidon. Carm. 14, 15, f., la fille de Schénée, roi d'Arcadie [Atalante] ∥ *Schoeneia virgo* et abs¹, *Schoeneia*, f., Atalante: Ov. M. 10, 609.

schoenĭcŭla, ae, f. (dim. de *schoenus*), courtisane de bas étage [parfumée au schoenus]: Pl. d. Varr. L. 7, 64; Fest. 442, 7; P. Fest. 443, 4.

Schoenītās, ae, m., port d'Achaïe: Plin. 4, 18.

schoenŏbātēs, ae, m. (σχοινοβάτης), funambule: Juv. 3, 77.

Schoenŏs, i, f., ville de Béotie: Plin. 4, 26.

schoenŭanthŏs, **squīnŭanthos**, ūs, n. (σχοίνου ἄνθος), herbe à chameau [plante à parfum]: Pelag. 441; Pall. 11, 14, 13.

schoenum, i, n., Col. 12, 20, 2; ■> *schoenus*.

1 **schoenus**, i, m. (σχοῖνος) ¶ 1 jonc: Cat. Agr. 105, 2; Col. 12, 20, 2 ∥ parfum à bas prix extrait du jonc: Pl. Poen. 267, cf. P. Fest. 443, 5 ¶ 2 mesure itinéraire chez les Perses: Plin. 6, 125; 12, 53.

2 **Schoenus**, i, m. (Σχοῖνος), baie de Carie: Plin. 5, 104.

schoinŭanthos, ■> schoen-.

schŏla, ae, f. (σχολή; fr. *école*, al. *Schule*, an. *school*) ¶ 1 loisir consacré à l'étude, leçon, cours, conférence: *dierum quinque scholae* Cic. Tusc. 1, 7, conférences d'une durée de cinq jours; *scholae de aliqua re* Cic. Tusc. 3, 81, conférences, entretiens sur une question; *alicui scholam aliquam explicare* Cic. Fin. 2, 1, faire une leçon à qqn; *scholas habere Graecorum more* Cic. Tusc. 1, 7, tenir des conférences à la manière des Grecs ¶ 2 lieu où l'on enseigne, école: Cic. Off. 2, 90; de Or. 1, 102 ∥ *philosophorum scholae* Cic. de Or. 1, 56, les écoles, les sectes philosophiques ¶ 3 galerie: Plin. 36, 22 ∥ salle d'attente dans les bains: Vitr. 5, 10, 4 ∥ *scholae bestiarum* Tert. Apol. 35, 6, amphithéâtre ∥ corporation, compagnie: Cod. Just. 4, 65, 35 ∥ [fig.] [Apôtres] école, doctrine: Tert. Scorp. 12, 1 ∥ corporation, compagnie, collège: Greg.-M. Ep. 8, 16.
▶ les mss et les inscr. ont aussi la forme *scola*.

schŏlāris, e (schola; esp. *escolar*) ¶ 1 d'école: Capel. 3, 326; Hier. Ep. 36, 14 ¶ 2 des gardes du palais [de l'Empereur]: Sulp. Sev. Mart. 2, 2 ∥ **schŏlāres**, ĭum, m. pl., gardes du palais: Cod. Th. 11, 18, 1.

schŏlastĭca, ōrum, n. pl., déclamations: Quint. 4, 2, 30; 7, 1, 14.

schŏlastĭcē, adv., comme à l'école: Sulp. Sev. Dial. 1, 4.

schŏlastĭcŭlus, i, m. (dim. de 2 *scholasticus* ¶ 2), Pomp.-Gr. 5, 145, 3.

1 **schŏlastĭcus**, a, um (σχολαστικός), d'école: Plin. Ep. 9, 2, 3; Quint. 4, 2, 92.

2 **schŏlastĭcus**, i, m. ¶ 1 déclamateur, rhéteur: Suet. Gram. 30, 3; Tac. D. 35 ¶ 2 lettré, savant, érudit; grammairien: Veg. Mul. pr. 4, 2; Hier. Vir. ill. 99; Catal. 5, 4 ¶ 3 avocat [consultant]: Cod. Th. 8, 10, 2 ¶ 4 étudiant, écolier: Plin. Ep. 2, 3, 5.

schŏlĭcus, a, um (σχολικός), d'école: Varr. Men. 144; Gell. 4, 1, 1.

scĭa, ae, f. (v. *ischia*), os de la hanche: Plin. Val. 2, 33.

scĭădē, ēs, f., [méd.] goutte sciatique: Placit. 23, 2.

scĭădeūs, ĕi, m. (σκιαδεύς), ombre [poisson]: Plin. 32, 141.

scĭaena, ae, f. (σκίαινα), femelle de l'ombre [poisson]: Plin. 32, 151.

scĭāg-, **scĭām-**, ■> scio-.

Scĭāpŏdes, um, m. pl. (Σκιάποδες), Sciapodes, habitants fabuleux de la Libye ayant des pieds énormes et qui s'abritaient du soleil en tenant une jambe en l'air: Plin. 7, 23.

Scĭăthus (**-os**), i, f. (Σκίαθος), petite île de la mer Égée: Liv. 31, 28; Val.-Flac. 2, 8.

scĭătĭcum, i, n., goutte sciatique: Ps. Apul. Herb. 24, 2.

scĭătĭcus, a, um (ἰσκιαδικός), atteint de sciatique: M.-Emp. 14, 69.

scībam, ■> scio ▶.

scībĭlis, e (scio), qui peut être su: Tert. Marc. 5, 16, 3; Capel. 4, 375.

scībo, **scībĭtur**, ■> scio ▶.

scĭcĭdi, ■> scindo ▶.

scĭda, ae, f. (σχίδη), feuillet, page: Cic. Fam. 15, 16, 1; Att. 1, 20, 7; Quint. 1, 8, 19; ■> scheda.

scĭdī, parf. de *scindo*.

scĭens, tis (fr. *escient*) ¶ 1 part. prés. de *scio*, sachant, en connaissance de cause: *offendit sciens aliquem* Cic. Planc. 41, il a offensé qqn sciemment ¶ 2 [adj¹] qui sait, instruit, habile: *quis hoc homine scientior umquam fuit?* Cic. Pomp. 28, qui eut une science plus grande que lui? ∥ [avec gén.] *sciens locorum* Sall. J. 97, 3, ayant la connaissance des lieux; *vir regendae rei publicae scientissimus* Cic. de Or. 1, 214, le plus habile homme de gouvernement ‖ [avec inf.] : Hor. O. 3, 7, 25 ; Quint. 12, 3, 5 ‖ pris subst^t, un connaisseur : Cic. Off. 1, 145.

scĭentĕr, adv. (sciens) ¶ 1 avec du savoir : Cic. de Or. 2, 5 ¶ 2 avec à propos, sagement, judicieusement, adroitement : Cic. de Or. 1, 132 ; Caes. C. 1, 55, 2 ‖ scientius, scientissime : Cic.

scĭentĭa, ae, f. (sciens) ¶ 1 connaissance : Cic. Rep. 1, 32 ; 5, 5 ; Ac. 2, 4 ; *alicujus* Cic. Pomp. 28, les connaissances de qqn ; *satisfacere vestrae scientiae* Cic. Phil. 2, 57, satisfaire votre connaissance des faits ; *futurorum malorum* Cic. Div. 2, 23, la connaissance des maux à venir, cf. Cic. de Or. 1, 60 ; Leg. 1, 18 ; Rep. 1, 11 ; Caes. G. 1, 47, 4 ; *sua scientia ad ignominiam alterius contentus non fuit* Cic. Clu. 134, il ne se contenta pas de ce qu'il savait (de sa propre information) pour consommer le déshonneur d'autrui ‖ *cujus scientiam de omnibus constat fuisse* Cic. Sull. 39, celui dont il est avéré qu'il avait connaissance de tous les coupables ‖ *cognitionis et scientiae cupiditas* Cic. Off. 1, 18, le désir d'apprendre et de savoir ¶ 2 connaissance scientifique, savoir théorique, science : *scientia atque usus nauticarum rerum* Caes. G. 3, 8, la connaissance théorique et pratique de la navigation ; *scientia atque usus militum* Caes. G. 2, 20, 3, les connaissances techniques et pratiques des soldats ; *dialecticorum* Cic. Or. 113 ; *juris* Cic. Leg. 1, 18 ; *rei militaris* Cic. Pomp. 28, la science des dialecticiens, du droit, de l'art militaire, cf. Caes. G. 3, 23 ; 7, 29 ; *ars, quae verborum deligendorum scientiam profitetur* Cic. de Or. 2, 36, la science [en tant que corps systématique] qui se propose comme fin l'art de choisir les mots, cf. Sulp. Fam. 4, 5, 5 ; *scientia alicujus in legibus interpretandis* Cic. Phil. 9, 10, la science de qqn dans l'interprétation des lois ‖ *duci majorum rerum contemplatione ad cupiditatem scientiae* Cic. Fin. 5, 49, être conduit par la contemplation des plus grandes choses au désir de la connaissance scientifique ‖ spéculation [opp. actio] : Cic. Part. 76 ‖ [phil.] la connaissance : Cic. Ac. 1, 41 ; Nat. 1, 1 ¶ 3 [chrét.] science, exercice de l'intelligence au service de la vie terrestre : Ambr. Off. 2, 9 ‖ science, connaissance des choses divines et des devoirs de l'homme : Aug. Solil. 1, 5, 11.

scĭentĭālis, e, de science, scientifique : Boet. Anal. post. 1, 10.

scĭentĭābĭlĭtĕr, adv., scientifiquement : Mamert. Anim. 2, 5.

scĭentĭfĭcus, a, um, scientifique : Boet. Anal. post. 1, 7.

scĭentĭŏla, ae, f. (dim. de scientia), connaissance superficielle : Arn. 2, 18 ; Aug. Civ. 11, 31.

scĭĕrim, ▶ scio ►.

scīī, parf. de scio.

scīlĭcĕt, adv. (scire, licet) ¶ 1 [avec prop. inf., arch.] on peut aisément se rendre compte que, il va de soi que, il va sans dire que : Pl. Curc. 363 ; Ru. 395 ; Ter. Haut. 358 ; 856 ; Lucr. 2, 469 ; Sall. J. 4, 6 ; 113, 3 ¶ 2 [adv., formant parenthèse] il va de soi, bien entendu, cela s'entend, naturellement : Ter. Haut. 263 ; And. 185 ; Cic. Rep. 1, 60 ; 2, 69 ; Att. 13, 3, 1 ; Fam. 1, 6, 1 ; CM 26 ‖ [préparant une oppos.] évidemment, bien sûr... mais : Cic. Tusc. 5, 114 ; Fin. 5, 55 ; Or. 120 ; Mur. 42 ¶ 3 [dans une réponse] évidemment, naturellement : Pl. Ps. 879 ; Ter. Ad. 729 ; Hec. 467 ; Phorm. 792 ; Eun. 401 ¶ 4 [ironiq^t] sans doute, apparemment : Cic. Verr. 1, 142 ; Sull. 67 ; Pis. 19 ; Fin. 2, 102 ¶ 5 [postclass.] à savoir, savoir : *sub nomine alieno, nepotum scilicet et uxoris* Suet. Aug. 20, sous un autre nom, savoir celui de ses petits-fils et de sa femme.

scilla, ae, f. (σκίλλα), scille, oignon marin : Plin. 19, 93.

scillĭnus, a, um (σκίλλινος), de scille : Plin. 23, 59 ; Cael.-Aur. Chron. 1, 1, 29.

scillītēs, ae, m., n. (σκιλλίτης), assaisonné de scille : *scillites vinum* Col. 12, 33 ; *acetum* Plin. 26, 77, vin, vinaigre de scille.

scillītĭcus, a, um (σκιλλιτικός), de scille : Col. 12, 34.

scimpŏdĭum (-ŏn), ii, n. (σκιμπόδιον), lit de repos : Gell. 19, 10, 1.

scin', ▶ scio ►.

scincus (-ŏs), i, m. (σκίγκος), scinque [lézard d'Égypte à la chair aphrodisiaque] : Plin. 8, 91 ; 28, 119.

scindapsus, i, m. (σκινδαψός), mot sans signification [accord d'un instrument de musique = tralala] : Boet. Herm. sec. 1, 2, p. 53, 29.

scindō, ĭs, ĕre, scĭdī, scissum (cf. σχίζω, scr. chinatti, al. scheiden), tr. ¶ 1 déchirer, fendre : *epistulam* Cic. Fam. 5, 20, 9 ; *vestem* Liv. 3, 58, 8, déchirer une lettre, lacérer un vêtement ; *quercum cuneis* Virg. En. 7, 510, fendre un chêne avec des coins ; *solum* Virg. G. 2, 399, fendre le sol ; *freta ictu* Ov. M. 11, 463, fendre la mer du battement des rames ; *agmen* Tac. An. 1, 65, fendre la colonne [des soldats] ; *scindit se nubes* Virg. En. 1, 587, le nuage se déchire ‖ arracher : *comam, crines* Acc. d. Cic. Tusc. 3, 62 ; Virg. En. 12, 870, s'arracher les cheveux ; *vallum* Caes. G. 3, 5, arracher la palissade, détruire le retranchement, cf. Caes. G. 5, 51, 4 ‖ [prov.] *alicui pae-nulam* Cic. Att. 13, 33, 4, déchirer le manteau de qqn = l'importuner de sollicitations ¶ 2 couper, trancher, découper [les mets] : Sen. Vit. 7, 2 ; Brev. 12, 5 ; Mart. 3, 12, 2 ¶ 3 séparer, diviser : *dirimit scinditque Suebiam continuum montium jugum* Tac. G. 43, une longue chaîne de montagnes sépare et divise la Suébie ‖ pass. réfl., *scindi*, se diviser, se partager : Lucr. 4, 91 ; Ov. M. 15, 739 ¶ 4 [fig.] **a)** *vox exasperatur et scinditur* Quint. 11, 3, 20, la voix s'enroue et se brise **b)** *aliquem curae scindunt* Lucr. 5, 45, les inquiétudes déchirent qqn, cf. Lucr. 3, 994 **c)** *scindi in contraria studia* Virg. En. 2, 39, se diviser en partis opposés, cf. Sen. Ep. 89, 16 ; *scidit se studium* Quint. pr. 13, l'étude se subdivisa ; *genus amborum scindit se sanguine ab uno* Virg. En. 8, 142, les deux races se séparent en partant d'un sang commun **d)** *necessitudines* Plin. Pan. 37, déchirer des liens de parenté **e)** *dolorem* Cic. Att. 3, 15, 2, rouvrir une blessure, renouveler une douleur **f)** *Pergamum* Pl. Bac. 1053, détruire Pergame.

▶ parf. arch. *scicidi* Enn. Tr. 252 ; Naev. Com. 94 ; Afran. Com. 227, cf. Prisc. 2, 516, 15 ; Gell. 7, 9, 16.

scindŭla, ▶ scandŭla.

scindŭlāris (scandŭ-), e, de bardeaux : Apul. M. 3, 17.

scindŭlārĭus, ii, m., ouvrier qui emploie les bardeaux : Dig. 50, 6, 6.

Scingŏmăgus vīcus, m. (Σκιγγόμαγος), ville des Alpes : Plin. 2, 244.

scnĭphes (-ĭfes), um, m. pl. (σκίφες), punaises : Petr. 98, 1 ‖ moustiques : Vulg. Exod. 8, 16 ; Alcim. Carm. 5, 164.

scintilla, ae, f. (express., cf. σπινθήρ ; fr. étincelle), étincelle : Lucr. 5, 609 ; Virg. En. 1, 174 ; Curt. 6, 3, 11 ‖ point brillant [dans une pierre] : Plin. 37, 95 ‖ [fig.] Cic. Fam. 10, 14, 2 ; Rep. 2, 37 ; *ne scintillam quidem relinques, genus qui congliscat tuum* Pl. Trin. 678, tu ne laisseras même pas une étincelle [un rejeton] pour ranimer ta race.

scintillātĭo, ōnis, f. (scintillo), éblouissement : Plin. 20, 80.

scintillō, ās, āre, āvī, - (scintilla ; fr. étinceler), intr., avoir une lueur [scintillante] : Lucr. 6, 644 ; Virg. G. 1, 392 étinceler, briller : Plin. 2, 113 ; 37, 95 ‖ [fig.] *scintillavit ira genis* Stat. S. ? 9, 562, la colère s'alluma sur son visage.

scintillōsus, a, um (scintilla), scintillant : Cassiod. Var. 2, 39.

scintillŭla, ae, f., petite étincelle : Tert. Anim. 23, 1.

scĭō, īs, īre, īvī et ĭī, ītum (cf. seco, scindo, scr. chyati), tr. ¶ 1 savoir [v. nuances Quint. 1, 10, 13] **a)** [avec acc.] : *omnem rem scio quemadmodum est* Pl. Bac. 473, je sais toute l'affaire, telle qu'elle est ; *quasi ego quicquam sciam, quod iste nesciat, aut, si quid aliquando scio, non ex isto soleam scire* Cic. Fam. 9, 17, 1, comme si moi, je savais une chose que lui ignore ou que, si d'aventure je sais qqch., ce ne soit pas de lui qu'à l'ordinaire je le sache, cf. Cic. Att. 5, 2, 3 ; *quod sciam* Cic. Att. 16, 2, 4, autant que je sache ‖ *id de Marcello sciri potest* Cic. Att. 12, 22, 2, cela peut se savoir par Marcellus ‖ *ab aliquo omnia scire* Liv. 39, 27, 6, savoir tout par qqn **b)** [avec prop. inf.] savoir que : Cic. Rep. 1, 46, 5, 3 ; Lae. 6 ; savoir par soi-même que [oppos. à

scio

accipere apprendre] : Cic. *Caecil.* 67 ; *scito*, sache que, tu sauras que : Cic. *Att.* 2, 3, 2 ; 12, 21, 5 ; *Fam.* 1, 9, 24 ; *Q.* 2, 4, 1 ; *scitote* Cic. *Verr.* 3, 62, sachez que ; *scire licet* [cf. *scilicet*], il est clair que : Lucr. 2, 930 ; Liv. 1, 39, 3 ; [pass. impers.] *quoad scitum sit...* Cic. *Sest.* 82, jusqu'à ce qu'on ait su que... **c)** [avec interr. indécl.] *Sestium quanti faciam, ipse optime scio* Cic. *Fam.* 13, 8, 1, combien j'estime Sestius, c'est moi qui le sais le mieux, cf. *Fam.* 1, 30, 46 ; 2, 3, 6 ; *Mur.* 22 ‖ **haud scio an, nescio an,** v. *an* ‖ *ab aliquo scire, quid agatur* Cic. *Att.* 4, 3, 1, savoir de qqn ce qui se passe, cf. Liv. 41, 22, 1 ‖ [expr. elliptique] *at scin quomodo ?* Pl. *Amp.* 356, sais-tu bien comment tu vas être traité ? sais-tu ce qui t'attend ?, cf. *Aul.* 831 ; *Ru.* 797 **d)** [abs¹] : *cum videbis, tum scies* Pl. *Bac.* 145, quand tu le verras, tu le sauras ; *ut scitis* Cic. *Lae.* 77, comme vous le savez ; *injurato, scio, plus credet mihi quam jurato tibi* Pl. *Amp.* 437, il croira plus, je le sais, ma parole sans serment que la tienne avec serment ; *plus quam opus est scito sciet* Ter. *Phorm.* 584, il saura plus qu'il n'a de savoir, cf. Ter. *Phorm.* 1003 ; *te sciente et vidente* Cic. *Clu.* 129, à ta connaissance et sous tes yeux ‖ [avec *de*] *de omnibus, de Sulla* Cic. *Sull.* 39, avoir connaissance de tous, de Sylla ‖ **e)** *non scire* au lieu de *nescire*, (cf. Cic. *Or.* 157) : Cic. *Flac.* 59 ; Cæs. *G.* 1, 44, 9 ¶ **2** savoir = avoir une connaissance théorique, scientifique, technique, exacte de qqch., être instruit dans qqch. : **a)** *omnes linguas* Pl. *Poen.* 112, posséder toutes les langues ; *litteras* Cic. *Rep.* 5, 5, savoir, connaître ses lettres [lire et écrire] ; *ars earum rerum est quae sciuntur* Cic. *de Or.* 2, 30, la science suppose un objet de connaissance exacte **b)** [avec inf.] *aliqua re uti scire* Cic. *Rep.* 1, 27, savoir se servir de qqch., cf. Cic. *Brut.* 184 ; *vincere scis, victoria uti nescis* Liv. 22, 51, 4, tu sais vaincre [= tu sais l'art de vaincre], mais tu ne sais pas tirer parti de la victoire ¶ **3** [est¹] *Graece* Cic. *de Or.* 2, 59 ; *optime Graece* Cic. *de Or.* 2, 265 ; *Latine* Cic. *Brut.* 140, savoir le grec, très bien le grec, savoir le latin ; *fidibus* Ter. *Eun.* 133, savoir jouer de la lyre [cf. *discere, docere fidibus*] ‖ [avec *de*] *de legibus instituendis* Cic. *de Or.* 1, 50, être versé dans l'art d'établir des lois ¶ **4** connaître qqn : Vulg. *Psal.* 35, 11 ¶ **5** connaître, sentir, éprouver : Arn. 1, 17 ¶ **6** connaître, avoir commerce avec : Vulg. *Gen.* 18, 14 ; v. *sciens, scitus.*

▶ imparf. arch. *scibam, scibas* Pl. ; Ter. ; Lucr. 5, 934 ‖ fut. *scibo* Pl. ; Ter. ; Cat. *Agr.* 5, 5 ‖ *scin = scisne* Pl. ; Ter. ‖ parf. contr. *scisti* Ov. *F.* 4, 527 ; l'inf. parf. régulier est *scisse*, cf. Quint. 1, 6, 17 ‖ part. fut. *sciturus* Sen. *Ep.* 6, 4 ‖ impér. seul¹ *scito, scitote* (*scite* Ov. *M.* 15, 142).

Sciŏessa, *ae*, f., montagne d'Achaïe : Plin. 4, 13.

sciŏlus, *i*, m. (dim. de *scius*), demi-savant : Arn. 2, 62.

Sciŏmăchĭa, *ae*, f. (σκιομαχία), combat avec une ombre (contre un ennemi chimérique) [titre d'une satire ménippée de Varron, *506, en grec].

Sciōnē, *ēs*, f. (Σκιώνη), ville de Macédoine : Plin. 4, 36.

sciŏthērĭcŏn hōrŏlŏgĭum, n., Plin. 2, 178, c. *sciotherum*.

sciŏthērum, *i*, n. (σκιόθηρον), cadran solaire : Grom. 189, 1.

Scīpĭădas, Lucr. 3, 1034 ; Virg. *G.* 2, 170 ; Hor. *S.* 2, 1, 17, **Scīpĭădēs**, *ae*, m. (Σκιπιάδης), Claud. *Cons. Stil.* 3, pr. 1, Scipion, v. 2 *Scipio* ‖ pl., *Scipiadae* les Scipions : Sil. 7, 107.

1 scīpĭo, *ōnis*, m. (cf. σκίπων), bâton : Pl. *Amp.* 520 ; Catul. 37, 10 ; Plin. 28, 15 ‖ bâton d'ivoire, bâton triomphal : Liv. 5, 41, 9.

2 Scīpĭo, *ōnis*, m. (Σκιπίων), Scipion [surnom d'une branche illustre de la famille Cornelia] ; not¹ : *P. Cornelius Scipio Africanus major*, Scipion, le premier Africain : Cic. *CM* 13 ; *P. Cornelius Scipio Aemilianus Africanus minor* : Scipion, le second Africain : Cic. *Ac.* 2, 5 ‖ *Scipio Asiaticus*, Scipion l'Asiatique, frère du premier Africain : Cic. *Fin.* 5, 64 ‖ Scipion Nasica, cousin du premier Africain : Cic. *Ac.* 2, 137.

▶ v. Macr. *Sat.* 1, 6, 26.

Scīpĭōnārĭus, Varr. *L.* 9, 71 et **Scīpĭōnēus**, *a, um* [tard.], de Scipion : Fulg. *Aet.* 11, p. 169, 12 H.

Scirātae, *ārum*, m. pl., peuple légendaire de l'Inde : *Plin. 7, 25.

scircŭla, v. *surcula*.

Sciri, *ōrum*, m. pl. (Σκίροι), peuple près de la Vistule : Plin. 4, 97.

scīrĭa, *ae*, f. (σκιρρία), tumeur, induration : Tert. *Pall.* 4, 3.

Scirītae, v. *Sciratae*.

1 scīrōn, *ōnis*, m. (σκίρων), vent qui souffle de l'Attique [des monts Scironiens] : Plin. 2, 120.

2 Scīrōn, *ōnis*, m. (Σκείρων, Σκίρην), brigand tué par Thésée : Ov. *M.* 7, 444.

Scīrōnis, *ĭdis*, f., Sen. *Phaed.* 1023, **Scīrōnĭus**, *a, um*, de Sciron : *Scironia saxa* Plin. 4, 23, les Roches Scironiennes [en Attique].

scīrŏpaectēs, *ae*, m. (ἰσχυροπαίκτης), acrobate, hercule : Not. Tir. 107.

scīrŏrȳtis, *ĭdŏs*, f., sorte de litharge [écume d'argent] : Plin. 33, 108.

▶ forme altérée.

scirpĕa (sirp-), *ae*, f. (*scirpeus*), panier : Varr. *L.* 5, 139 ; Ov. *F.* 6, 680 ; Arn. 2, 38.

scirpĕus (sirp-), *a, um* (*scirpus*), de jonc : Pl. *Aul.* 595.

1 scirpĭcŭlus (sirp-), *a, um* (*scirpus*), qui concerne le jonc : Cat. *Agr.* 11, 4 ; Varr. *R.* 1, 22, 5.

2 scirpĭcŭlus (sirp-), *i*, m. (1 *scirpiculus* ; esp. *herpil*, fr. *serpillière*), panier : Varr. *R.* 2, 2, 10 ; Prop. 4, 2, 40.

▶ Pl. *Cap.* 816 ; *surpiculi*, des nasses.

scirpō (sirpō), *ās, āre, -, ātum* (*scirpus*), tr., lier [avec du jonc], attacher : Varr. *L.* 5, 137 ; *scirpatus* Varr. *Men.* 116 ‖ tresser : Varr. *L.* 5, 139.

scirpŭla vītis, *ūva*, *ae*, f., sorte de vigne : Plin. 14, 41 ; Col. 3, 2, 27.

scirpus (sirp-), *i*, m. (?; it. *serpe*, al. *Schilf*), jonc : Plin. 16, 178 ; Fest. 444, 15 ; *nodum in scirpo quaerere* Pl. *Men.* 247 ; Enn. *Sat.* 70, [prov.] chercher des difficultés où il n'y en a pas [parce que le jonc n'a pas de nœuds] ‖ énigme : Gell. 12, 6, 1 ‖ couronne de fleurs : Tert. *Cor.* 5, 2 ‖ mèche de lampe : Greg.-Tur. *Martyr.* 31.

scirrhŏs (-rros, scīros), *i*, m. (σκίρος, σκίρρος), squirre, tumeur : Plin. 7, 63.

scirrhōsis (scirrōsis), acc. *in*, f. (σκίρρωσις, σκίρωσις), formation d'un squirre : Cass. Fel. 43 ; Cael.-Aur. *Chron.* 3, 4, 49.

Scirtari, *ōrum*, m. pl., peuple de Dalmatie : Plin. 3, 143.

sciscĭtātĭo, *ōnis*, f., information, enquête : Petr. 24, 5.

sciscĭtātŏr, *ōris*, m., celui qui s'informe, qui s'enquiert : Mart. 3, 82, 16 ‖ celui qui fait des recherches : Amm. 22, 16, 16.

sciscĭtātus, *a, um*, part. de *sciscitor* sens pass., v. *sciscito*.

sciscĭtō, *ās, āre, -, ātum*, tr., = *sciscitor* : Pl. *Merc.* 386 ‖ pass., *sciscitatus* Amm. 25, 8, 12.

sciscĭtŏr, *ārĭs, ārī, ātus sum*, fréq. de *scisco*, tr., questionner sur, s'informer de **a)** [avec acc.] : *ex aliquo Epicuri sententiam* Cic. *Nat.* 1, 17, s'informer auprès de qqn de l'opinion d'Épicure, cf. Cic. *de Or.* 1, 105 ; Liv. 7, 26, 2 ; Tac. *H.* 2, 33 **b)** [avec interrog. indir.] *sciscitari quid velim* Cic. *Q.* 2, 14, 2, s'informer de mes désirs ; *ab aliquo, cur...* Cic. *Nat.* 1, 21, demander à qqn pourquoi... **c)** [abs¹] *de aliqua re* Cic. *Div.* 1, 76, s'informer de qqch., cf. Cic. *Phil.* 14, 19 **d)** *deos* Liv. 45, 27, 8, consulter les dieux ‖ *aliquem* Suet. *Cal.* 28 ; *Dom.* 15, questionner qqn.

sciscō, *ĭs, ĕre, scīvī, scītum* (inch. de *scio*), tr.

I chercher à savoir, s'informer, s'enquérir : Acc. *Tr.* 626 ; Pacuv. *Tr.* 214 ; Pl. *Amp.* 1069.

II ¶ **1** [offic¹] **a)** [en parl. du peuple] agréer, décider, arrêter : *quae sciscit plebes* Cic. *Flac.* 15, les décisions de la plèbe [réunie en assemblée tribute ; *jubere* = décisions du *populus*, réuni en assemblée centuriate], cf. Cic. *Phil.* 1, 26 ; *Leg.* 2, 13 ; Liv. 3, 55, 3 ; 42, 21, 8 ‖ *sciscere, ut* Cic. *Off.* 3, 46 ; *Balb.* 27, décider que ; [avec *ne*] Curt. 8, 1, 18 ; [avec prop. inf.] Sil. 7, 545 **b)** agréer [en parl. d'un particulier] : *legem* Cic. *Prov.* 36 ; *Planc.* 35, voter pour une loi ¶2 apprendre, venir à savoir : Pl. Bac. 302 ; 359 ; Ps. 72 ; Poen. 872.

scisma, *ătis*, n., ⓒ▸ schisma : Cypr. Ep. 69, 7.

scisse, **scisset**, V.▸ scio ▸.

scissĭbĭlis, *e*, ⓒ▸ scissilis : Vindic. Med. 7.

scissĭlis, *e* (*scindo*), fissile, qui se partage en lames : Cels. 5, 2 ; **scissile alumen** Cels. 6, 6, 30, alun scaïole ‖ déchiré, fendu : Veg. Mul. 2, 47, 2.

scissim, adv. (*scindo*), en s'ouvrant : Prud. Ditt. 34.

scissĭo, *ōnis*, f. (*scindo*), coupure, division : Macr. Somn. 1, 6, 18.

scissŏr, *ōris*, m. (*scindo*), celui qui découpe [les viandes], écuyer tranchant : Petr. 36, 6 ‖ celui qui lacère [sorte de gladiateur] : CIL 9, 466.

scissūra, *ae*, f. (*scindo*), coupure, division, séparation : Plin. 5, 50 ‖ déchirure, égratignure : Sen. Nat. 6, 2, 5 ‖ [fig.] division, scission : Prud. Psych. 756 ‖ fissure, crevasse, fente : Vulg. Is. 2, 21.

1 **scissus**, *a*, *um* ¶1 part. de *scindo* ¶2 [adj'] fendu, qui a une fente : Plin. 25, 48 ; 14, 23 ; 11, 136 ‖ [fig.] **vocum genus scissum** Cic. de Or. 3, 216, voix brisée ‖ n., *scissum*, fente : Plin. 11, 84.

2 **scissŭs**, *ūs*, m., action de fendre : Gloss. 2, 450, 14.

scisti, V.▸ scio ▸.

scītāmenta, *ōrum*, n. pl. (1 *scitus*), friandises : Pl. Men. 209, cf. Gell. 20, 93 ‖ [fig.] ornements du style : Gell. 18, 8, 1.

scītātĭo, *ōnis*, f. (*scitor*), enquête, recherche : Amm. 18, 5, 1.

scītātŏr, *ōris*, m. ; adv. (*scitor*), chercheur, scrutateur : Amm. 22, 8, 10.

scītē, adv. (*scitus*), en homme qui sait, habilement, artistement, finement : Cic. Leg. 1, 39 ; Off. 3, 108 ; Sall. J. 85, 39 ‖ **scitius** Gell. 4, 11, 10 ; *-tissime* Pl. St. 273.

scīto ¶1 dat.-abl. de *scitum* et de *scitus* ¶2 impér. de scio.

1 **scītŏr**, *ārĭs*, *ārī*, *ātus sum* (2 *scitus*), tr., s'informer, interroger : **causam alicujus rei** Ov. M. 2, 741, demander la raison d'une chose ; **ex aliquo** Hor. Ep. 1, 7, 60 ; **ab aliquo** Ov. M. 1, 775, demander à qqn, interroger qqn ; **oracula** Virg. En. 2, 114, consulter un oracle.

2 **scītŏr**, *ōris*, m. (*scio*), connaisseur : Mamert. Anim. 1, 11.

scītŭlē, adv. (*scitus*), élégamment, bien : Apul. M. 2, 19.

scītŭlus, *a*, *um* (dim. de *scitus*), joli, mignon, charmant : Pl. Ru. 565 ‖ subst., *scituli* Arn. 2, 6, jeunes élégants.

scītum, *i*, n. (*scisco*), décision : **plebis scitum** Cic. Rep. 1, 63 ; **plebei scitum** Cic. Dom. 44 ; **scitum plebis** Liv. 22, 26, 4, décision de la plèbe, plébiscite [*populi scitum* Cic. Opt. 19 ; Rep. 1, 43 au lieu de *plebis* quand il s'agit de pays étrangers] ; **scita = plebis scita** Cic. Balb. 42 ;

legum scita Cod. Just. 1, 17, 2, 11, les décisions législatives, les lois ‖ **scitum facere, ut** Cic. Opt. 19, proposer un décret comportant que ‖ [phil.] dogme, principe fondamental : Sen. Ep. 94, 47 ‖ **scita veterum juris conditorum** Cod. Just. 9, 1, 19, les opinions des antiques fondateurs du droit ‖ maxime, axiome, principe, opinion : Arn. 2, 11.

1 **scītus**, *a*, *um*, part. de *scio*.

2 **scītus**, *a*, *um*, part.-adj. de *scisco* ¶1 expérimenté, avisé, fin, adroit : Pl. ; Ter. ; Liv. 35, 49, 6 ; Gell. 13, 4, 3 ; **scitior** Pl. Cis. 680 ¶2 [choses] fin, spirituel : **oratio scitissuma** Pl. St. 184, propos entre tous spirituel ; **scitus sermo** Cic. Nat. 1, 93, style beau ; **vetus illud Catonis admodum scitum est** Cic. Div. 2, 51, ce vieux mot de Caton est fort spirituel, cf. Cic. Or. 51 ; Lae. 90 ; **scitum est** [avec inf.] Cic. de Or. 3, 228, il est habile de ¶3 beau, élégant, joli, gentil, mignon : Pl. Merc. 755 ; Petr. 63, 3 ¶4 **scita vox** Gell. 18, 5, 2, voix exercée, aux inflexions appropriées.

3 **scītŭs**, abl. *ū*, m. (*scisco*), ⓒ▸ scitum : **plebi scitu** Cic. Att. 4, 2, 3 ; Liv. 25, 7, 5, par un plébiscite.

scĭūrus, *i*, m. (σκίουρος), écureuil : Plin. 8, 138.

scĭus, *a*, *um* (*scio*), qui sait : Pacuv. d. Prisc. 2, 135, 18 ‖ qui agit sciemment : Lact. Inst. 3, 24, 10.

scīvī, parf. de *scio* et de *scisco*.

sciza, *ae*, f. (σχίζα), bûchette, copeau : VL. 3 Reg. 18, 33 d. Lucif. Athan. 1, 17.

Scizi, *ōrum*, m. pl., peuple sur les bords du Palus-Méotide : Plin. 6, 19.

sclareia, *ae*, f. (?), sclarée [plante] : Gargil. Med. 62.

Sclăvīni (**-ēni**), *ōrum*, m. pl., peuple voisin des Bulgares [les Slovènes] : Jord. Rom. 388 ; Get. 34.

sclingō, *ĭs*, *ĕre*, -, - (onomat.), crier [en parl. des oies] : Suet. Frg. 161.

scloppus (**stl-**), *i*, m. (onomat., cf. fr. *escopette*), glop [bruit qu'on fait en ouvrant brusquement la bouche après avoir gonflé les joues] : Pers. 5, 13.

scŏbĕō, *ĭs*, *ĕre*, -, - (*scobis*), tr., gratter, fouiller [le sol], examiner [fig.] : Hier. Psalm. 76, 7.

scŏbīna, *ae*, f. (*scobis* ; fr. *égoïne*), râpe, lime : Varr. L. 7, 68 ; Plin. 11, 180.

scŏbis, *is*, f. (*scabo*), râpure, raclure, copeau, limaille : Cels. 5, 5, 2 ; Col. 4, 29, 15 ‖ sciure : Hor. S. 2, 4, 81 ; Juv. 14, 66 ‖ **scobis cutis** Plin. 30, 28, dartre.
▸ m. Vitr. 8, 3, 8 ; Pall. 3, 17, 7 ‖ nom. *scobs* d'après Prisc. 2, 320, 24.

scobs, V.▸ scobis ▸.

Scŏdra, *ae*, f., ville d'Illyrie [Scutari, auj. Shkodar] Atlas I, D5 : Liv. 44, 31, 1 ; Plin. 3, 144 ‖ **-ensis**, *e*, de Scodra : CIL 6, 2698 ‖ subst. m. pl., habitants de Scodra : Liv. 45, 26, 1.

Scodri, *ōrum*, m. pl., peuplade indienne : Prisc. Perieg. 1049.

Scodrus, V.▸ Scordus.

scŏla, etc., V.▸ schola.

scŏlăcĭum, *ii*, m., ville du Bruttium [auj. Squillace] : Vell. 1, 15, 4 ; V.▸ Scylletium.

scŏlax, *ācis*, m. (σκώληξ), flambeau de cire : Isid. 20, 10, 5.

scŏlēcĭŏn, *ĭi*, n. (σκωλήκιον), graine d'écarlate : Plin. 16, 22 ; 24, 8.

scŏlex, *ēcis*, m. (σκώληξ), sorte d'oxydation de cuivre [vert-de-gris] : Plin. 34, 116.

scŏlĭbrŏchŏn, *i*, n., capillaire [plante] : Ps. Apul. Herb. 47.

scŏlĭus, *ii*, m. (σκολιός), Diom. 479, 11, ⓒ▸ amphibrachus.

scŏlŏpax, *ăcis*, m. (σκολόπαξ), bécasse [oiseau] : Nemes. Auc. 21.

scŏlŏpendra, *ae*, f. (σκολόπενδρα ; fr. *cloporte*), scolopendre, mille-pattes [insecte] : Plin. 8, 104 ‖ scolopendre de mer, néréide : Plin. 9, 145.

scŏlŏpendrĭum (**-ĭŏn**), *ii*, n. (σκολοπένδριον), scolopendre [plante] : Ps. Apul. Herb. 57.

scŏlŏpendrĭŏs, *ii*, m., ⓒ▸ scolopendrium : Isid. 17, 9, 87.

scŏlŏpendrŏs, *i*, m. (σκολόπενδρος), ⓒ▸ scolopendrium : M.-Emp. 26, 8.

scŏlops, *ŏpis*, m. (σκόλοψ), palissade : Serv. G 1, 264.

Scŏlŏs ou **Scŏlus**, *i*, m. (Σκῶλος), petite ville de Béotie : Plin. 4, 26 ; Stat. Th. 7, 266.

scŏlўmos, *i*, m. (σκόλυμος), sorte de chardon : Plin. 21, 94.

scombĕr, *bri*, m. (σκόμβρος ; esp. *escombro*), maquereau [poisson] : Catul 95 8 ; Plin. 9, 49.

scomma, *ătis*, n. (σκῶμμα), raillerie, mot piquant, sarcasme : Macr. Sat. 7, 3, 1.

1 **scŏpa**, *ae*, f. (σκοπή), observation : Capel. 8, 842.

2 **scŏpa**, *ae*, f. ¶1 balai : Vulg. Is. 14, 24 ; V.▸ scopae ¶2 **scopa regia** Plin. 21, 28 ‖ millefeuille [plante].

scŏpae, *ārum*, f. pl. (⊜▸ 2 *scopa*, cf. 2 *scopus* ; esp. *escova*, fr. *écouvillon*) ¶1 brins, brindilles : Cat. Agr. 152 ; Pall. 3, 24, 8 ; Plin. 20, 241 ¶2 balai : Pl. St. 347 ; Non. S. 2, 4, 81 ; Petr. 34, 3 ; **scopas dissolvere** Cic. Or. 235, [prov.] défaire les brins d'un balai, faire une chose inutile ; [fig.] **scopae solutae** Cic. Att. 7, 13 a, 2, balai défait = loque, homme bon à rien.

scŏpārĭus, *ii*, m. (*scopae*), balayeur : Ulp. Dig. 33, 7, 8.

Scŏpās, *ae*, m. (Σκόπας) ¶1 célèbre sculpteur : Cic. Div. 1, 23 ; Plin. 34, 29 ¶2 vainqueur chanté par Simonide : Cic. de Or. 2, 352.

Scŏpē, *ēs*, f. (Σκόπη), île près de Chypre : Plin. 5, 151 ‖ nom de femme : CIL 9, 3122.

Scopelos

Scŏpĕlŏs, *i*, f. (Σκόπελος), île de la Propontide : Plin. 5, 151 ‖ île voisine de Chios : Plin. 5, 137.

scōpes, *um*, f. pl. (σκῶπες), sorte de hiboux : Plin. 10, 138.

scōpĕus, ▼ 2 scopus : Varr. R. 2, 4, 16, [mss].

Scopinās, *ae*, m., architecte de Syracuse : Vitr. 1, 1, 17.

scŏpĭo, *ōnis*, m. (2 scopus, 2 scopa), rafle, grappe du raisin sans les grains : Cat. Agr. 112, 3 ; Col. 11, 3, 46.

Scŏpĭus, *ĭi*, m., montagne de Macédoine : Plin. 4, 35 ‖ fleuve de Bithynie : Plin. 5, 149.

1 scōpō, *ās*, *āre*, -, - (scopae ; it. scopare), tr., balayer : Vulg. Is. 14, 23 ; Fort. Rad. 23, 56.

2 scōpo, *ĭs*, *ĕre*, -, - (σκοπέω), tr., réfléchir, méditer : Vulg. Psal. 76, 7 ; Cassian. Coll. 1, 19.

scōpŏs, *i*, acc. *ŏn*, m. (σκοπός), but : Cassian. Coll. 1, 5.

scŏpŭla, *ae*, f., Col. 12, 18, 5, **scŏpŭlae**, *ārum*, f. pl. (dim. de 2 scopa), petit balai, balayette : Cat. Agr. 26 ; Col. 12, 38, 4.

scŏpŭlōsus, *a*, *um* (scopulus) ¶ 1 de rocher, de roc, rocheux : Luc. 2, 619 ; Stat. Th. 4, 102 ; pl. n., ***per scopulosa*** Plin. 6, 65, à travers des rochers ¶ 2 semé d'écueils : Cic. de Or. 3, 69 ; [fig.] épineux, difficile : Cic. Caecil. 35.

scŏpŭlus, *i*, m. (σκόπελος ; fr. *écueil*) ¶ 1 rocher, roc, roche : Virg. G. 3, 253 ; En. 4, 445 ; 8, 192 ; ***scopulis surdior*** Hor. O. 3, 7, 21, plus insensible que les rochers ; ***Musarum scopulos superare*** Enn. An. 215, triompher des rochers des Muses = parvenir au sommet de l'Hélicon ; [fig.] *scopulos in corde gestare* Ov. M. 7, 33, avoir un cœur de pierre ‖ quartier de roc, grosse pierre : Stat. Th. 7, 665 ; Val.-Flac. 6, 632 ¶ 2 écueil : Caes. C. 3, 27, 2 ; Virg. En. 1, 145 ‖ [fig.] Cic. de Or. 2, 154 ‖ [en parl. d'une pers.] destructeur, fléau : Cic. Pis. 41.

1 scŏpus, *i*, m. (σκοπός), but (cible) : *Suet. Dom. 19 ‖ [fig.] Cassian. Coll. 1, 5.

2 scōpus, ▼ scopio : Varr. R. 1, 54, 2.

scordălĭa, *ae*, f. (scordalus), querelle, dispute : Petr. 59, 1.

scordălus, *i*, m. (*σκοροδαλός, σκοροδίζω), querelleur : Sen. Ep. 56, 2 ; 83, 12.

scordastus, *i*, f., arbre inconnu : Plin. 12, 36.

scordĭŏn, *ĭi*, n. (σκόρδιον), germandrée [plante] : Plin. 25, 63 ; Ps. Apul. Herb. 70.

scordiscāle, *is*, n. (scordiscus), selle [de cheval] : Gloss. 2, 180, 20.

scordiscārĭus, *ĭi*, m. (scordiscus), peaussier, pelletier, fourreur : Hier. Ep. 51, 5.

Scordisci, *ōrum*, m. pl. (Σκορδίσκοι) ¶ 1 Scordisques, peuple celtique d'Illyrie : Liv. 40, 57 ¶ 2 de Pannonie : Plin. 3, 148.

scordiscum, *i*, n. (Scordisci), cuir brut : Gloss. 4, 389, 4.

scordiscus, *i*, m. (Scordisci), selle [de cheval] : Diocl. 10, 2 ; Gloss. 2, 180, 20.

scordĭum, *ĭi*, n., Pelag. 257, 2, **scordŏtis**, *is*, f., Plin. 25, 63, ▼ scordion.

scordŏn, *i*, n. (σκόροδον), ail : Diosc. 2, 138.

Scordus, Scardus, Scodrus, *i*, m. (τὸ Σκάρδον ὄρος), montagne d'Illyrie : Liv. 43, 20, 1 ; 44, 31, 4.

scōrĭa, *ae*, f. (σκωρία), scorie : Plin. 33, 69 ; Pall. 1, 41, 3.

scŏrisco, ▼ corusco.

scŏrŏdŏn, *i*, n. (σκόροδον), ail : Orib. Eup. 2, 15, 17 ; ▼ scordon.

scŏrŏfĭo, *ōnis*, m. (cf. scorpio ¶ 6), tas de pierres, borne : Grom. 211, 10.

scorpaena, *ae*, f. (σκόρπαινα ; it. *scrofano*), rascasse [poisson] : Plin. 32, 151.

scorpĭăcē, f. (σκορπιακή), antidote contre la piqûre des scorpions : *Tert. Scorp. tit.

scorpĭăcum, *i*, n., ▼ scorpiace.

scorpĭax, *ăcis*, [fig.], venimeux : Lucif. Non parc. 9, 33.

scorpĭnāca, *ae*, f., Ps. Apul. Herb. 18, ▼ proserpinaca.

scorpĭo, *ōnis*, m. (σκορπίος) ¶ 1 scorpion [arthropode venimeux] : Plin. 11, 86 ‖ le Scorpion [constellation] : Hyg. Astr. 2, 26 ; Petr. 39, 11 ¶ 2 chenillette [plante] : Plin. 22, 39 ¶ 3 éphèdre [plante] : Plin. 13, 116 ; 27, 142 ¶ 4 machine de jet **a)** petite catapulte [lanceur de flèches à torsion et à deux bras] : Vitr. 10, 10, 1 **b)** lanceur de pierres à un seul bras [= *onager*] : *scorpio, genus tormenti quem onagrum sermo vulgaris adpellat* Amm. 31, 15, 12, un scorpion, type de machine de jet que l'on appelle couramment onagre **c)** projectile lancé par le scorpion, ▼ scorpio ¶ 4a : Caes. G. 7, 25, 2 ; Isid. 18, 8, 3 ¶ 5 fouet armé de pointes de fer : Isid. 5, 27, 18 ¶ 6 tas de pierres, borne : Grom. 138, 23.

scorpĭoctŏnŏn, *i*, n. (σκορπιοκτόνον), héliotrope [plante] : Ps. Apul. Herb. 49.

scorpĭŏn, *ĭi*, Plin. 25, 122, ▼ thelyphonon.

scorpĭōnĭus, *a*, *um*, de scorpion : Plin. 20, 8.

scorpĭŏs (-ĭus), *ĭi*, m. (σκορπίος) ¶ 1 scorpion [insecte] : Ov. M. 15, 371 ; F. 4, 164 ‖ le Scorpion [constellation] : Cic. Arat. 208 ; 430 ¶ 2 scorpion de mer, rascasse [poisson] : Ov. Hal. 116 ; Plin. 32, 44 ¶ 3 scorpion [arme individuelle = fouet à pointes de fer ?] : Gell. 10, 25, 1.

scorpītēs, *ae*, m., *-tis, ĭdis*, f. (σκορπίτης, -τις), pierre précieuse : Plin. 37, 187.

scorpĭūrus, *i*, m., **scorpĭūrŏn**, *i*, n. (σκορπίουρος), héliotrope, tournesol [plantes] : Ps. Apul. Herb. 49 ; Plin. 22, 60.

scorpius, ▼ scorpios.

Scorpus, *i*, m., nom d'homme : Mart. 10, 53.

scortātĭo, *ōnis*, f., fréquentation des courtisanes, débauche : Aug. Psalm. 70 ; Serm. 1, 9.

scortātŏr, *ōris*, m. (scortor), homme débauché, coureur : Pl. Amp. 207 ; Hor. S. 2, 5, 75.

scortātŭs, *ūs*, m. (scortor), fréquentation des courtisanes, débauche, libertinage : Apul. M. 5, 28.

1 scortĕa, *ae*, f. (scortum ; fr. *écorce*) ¶ 1 manteau de peau : Sen. Nat. 4, 6, 2 ; Mart. 14, 130, 2 ¶ 2 Isid. 20, 7, 1 ; ▼ scortia.

2 scortĕa, *ōrum*, n. pl. (scortum), objets fabriqués avec de la peau, objets en cuir : Varr. L. 7, 84 ; Diocl. 18, 16.

scortes, f. pl. (scortum, scrautum), peau des testicules de bélier : P. Fest. 443, 8.

scortĕus, *a*, *um* (scortum) ¶ 1 de cuir, de peau : Varr. L. 7, 84 ; Ov. F. 1 ; 629 ; Cels. 8, 12, 2 ¶ 2 flasque, avachi : Apul. M. 1, 8.

scortĭa, *ae*, f. (scorteus), outre pour l'huile : Diocl. 10, 16.

scortillum, *i*, n. (dim. de scortulum) : Catul. 10, 3.

scortīnus, *a*, *um* (scortum), de cuir, en cuir : Suet. Frg. 178.

scortiscum, ▼ scordiscum.

scortŏr, *āris, āri*, - (scortum), intr., fréquenter les courtisanes, être débauché : Pl. As. 270 ; Ter. Haut. 206.

scortŭlum, *i*, n. (dim. de scortum), petite putain : Tert. Nat. 2, 10 ; Gloss. 2, 532, 18.

scortum, *i*, n. (cf. scortea, scrautum, corium, al. *scheren*) ¶ 1 peau, cuir : Tert. Pall. 4, 3 ¶ 2 courtisane, prostituée, femme publique : Pl. Amp. 288 ; Cic. Mil. 55 ‖ un prostitué : Cic. Sest. 39 ; Phil. 2, 44.

scŏrusc-, ▼ cŏrusc-.

Scothri, ▼ Scodri.

Scōti (Scotti), *ōrum*, m. pl. ¶ 1 Scots [habitants de la Calédonie, Écossais] : *Amm. 20, 1, 1 ¶ 2 habitants de l'Hibernie [Irlandais] : Claud. Get. 417.

1 scŏtĭa, *ae*, f. (σκοτία), [archit.] scotie : [moulure en creux dans la base attique = trochilus] Vitr. 3, 5, 2 ; [rainure incisée à proximité du bec d'une corniche dans un temple] Vitr. 4, 3, 6.

2 Scōtĭa (Scottia), *ae*, f., pays des Scots, proche de la Bretagne [Irlande] : Isid. 14, 6, 6.

Scōtĭcus (Scottĭcus), *a*, *um*, de la Scotie, des Scots : Claud. Cons. Stil. 2, 254.

Scŏtīnŏs (-us), *a*, *um* (Σκοτεινός), le Ténébreux [surnom d'Héraclite] : Liv. 23, 39, 3 ; Sen. Ep. 12, 6.

scŏtōmătĭcus, *a*, *um*, qui a des vertiges : Theod.-Prisc. 2, 49 ; M.-Emp. 1, 6 ‖ de vertige, qui se manifeste par des vertiges : Cael.-Aur. Chron. 1, 2, 51.

scŏtōmĭa, *ae*, f. (de σκότωμα), vertige, étourdissement : Isid. 4, 7, 3.

scŏtōmō, *ās*, *āre*, -, -, tr., étourdir, troubler : *caput* Ps. Theod.-Prisc. Diaet. 12, porter à la tête.

Scotti, Oros. Hist. 1, 2, 81, V. *Scoti* ¶ 2.

Scŏtussa (Scŏtūsa), *ae*, f. (Σκοτοῦσσα), ville de Thrace : Plin. 4, 42 ‖ ville de Pélasgiotide : Liv. 38, 5, 7 ‖ **-aeus**, *a*, *um*, de Scotussa : Liv. 33, 6, 1 ; [subst. m. pl.] Plin. 4, 35, habitants de Scotussa.

scratta (-apta), **scrātĭa**, **scrattĭa**, *ae*, f. (peu net, cf. *screa* ?, *scortea* ?), épithète d'une prostituée : Pl. d. Varr. L. 7, 65 ; d. Gell. 3, 3, 6 ; d. Non. 169, 8, cf. Fest. 448, 4.

scrautum, *i*, n. (cf. *scortum*, *scortes*), sorte de carquois en peau : P. Fest. 449, 7 ; V. *scrotum*.

scrĕa, *ōrum*, n. pl. (*screo*), crachats : Fest. 448, 6.

scrĕātŏr, *ōris*, m. (*screo*), celui qui crache : Pl. Mil. 648.

scrĕātŭs, *ūs*, m. (*screo*), crachement, expectoration : Ter. Haut. 373.

scrĕō, *ās*, *āre*, -, - (express.), intr., cracher, expectorer : Pl. Curc. 115.

scrība, *ae*, m. (*scribo* ; fr. *écrivain*) ¶ 1 copiste : Fest. 446, 26 ¶ 2 scribe, greffier : Cic. Verr. 3, 183 ¶ 3 secrétaire : Cic. Fam. 5, 20, 1 ; Nep. Eum. 1, 5 ; Liv. 22, 57, 3 ¶ 4 pl., les scribes, docteurs de la loi chez les Juifs : Vulg. Matth. 5, 20.

scrībātŭs, *ūs*, m., emploi de scribe : Cod. Just. 7, 62, 4 ‖ l'ensemble des scribes : VL. Jer. 52, 25.

scrīblīta, **scrībĭlīta**, *ae*, f. (*στρεβλίτης* ?), tourte au fromage : Pl. Poen. 43 ; Petr. 35, 4.

scrīblītārĭus, *ii*, m. (*scriblita*), pâtissier : Afran. Com. 161.

1 **scrībō**, *ĭs*, *ĕre*, *scrīpsī*, *scriptum* (cf. *scrobis*, σκαριφάομαι, rus. *skrebu* ; fr. *écrire*, al. *schreiben*), tr. ¶ 1 tracer, marquer avec le style, écrire : *lineam* Cic. Tusc. 5, 113, tracer une ligne ; *cervum servumque u e o litteris* Quint. 1, 7, 26, écrire les mots *cervum*, *servum* avec un u et un o [*uo = vo* ; ex. *servom*], cf. Quint. 1, 7, 4 ; 1, 7, 20 ; *litterae, quibus scita scribuntur* Cic. Leg. 2, 11, les caractères, avec lesquels sont écrits les décrets ; *terra scripta cum r uno* Varr. L. 5, 21, *terra* écrit avec un seul r ‖ *alicui stigmata* Quint. 7, 4, 14, stigmatiser qqn ‖ [poét.] *arva sanguineo gyro* Stat. Th. 11, 514, tracer sur le sol un cercle de sang, cf. Catul. 37, 10 ¶ 2 **a)** mettre par écrit, composer, écrire : *historiam* Cic. Brut. 287, écrire un ouvrage historique ; *scripta multa sunt et scribentur fortasse plura* Cic. Fin. 1, 11, j'ai beaucoup écrit et j'écrirai peut-être davantage ; *laudationem mortis* Cic. Tusc. 1 ; 116, écrire, composer un éloge de la mort ; *multa praeclare* Cic. Brut. 32, composer beaucoup d'écrits remarquables ; *librum* Cic. CM 54 ; *litteras ad aliquem* Cic. Att. 3, 9, 3, composer un livre, écrire une lettre à qqn ; *in Catone Majore, qui est scriptus ad te de senectute* Cic. Lae. 4, dans mon Cato Major, qui t'a été dédié et qui traite de la vieillesse ; *litterae honorificentissime scriptae* Cic. Att. 14, 13 b, 2, une lettre écrite en termes si flatteurs **b)** [offic[t]] rédiger, établir [des lois, un sénatusconsulte] : Cic. Rep. 2, 54 ; 2, 61 ; Verr. 5, 177 ; Fam. 15, 6, 2 ; [un testament, un traité] Cic. de Or. 2, 24 ; Liv. 42, 12, 5 ; *non scripta, sed nata lex* Cic. Mil. 10, une loi non écrite, mais innée, cf. Cic. Leg. 2, 13 ‖ [en part.] *scribendo adesse* Cic. Fam. 8, 8, 5 ; *ad scribendum esse* Cic. Att. 1, 19, 9, assister à la rédaction d'un sénatusconsulte ‖ [d'où] *scribere*, employer tels ou tels termes dans un acte : Cic. Brut. 195 ; 197 ; *quod scriptum est* Cic. Brut. 196, la lettre d'un acte **c)** rédiger [des discours déjà prononcés] : Cic. Brut. 91 ; Tusc. 4, 55 **d)** écrire = décrire, raconter : *rem versibus* Enn. d. Cic. Brut. 76, raconter les faits en vers, traiter un sujet en vers ; *res gestas alicujus* Hor. P. 74, écrire les exploits de qqn ; *bellum* Liv. 21, 1, 1, raconter une guerre ; *scriberis hostium victor* Hor. O. 1, 6, 1, tu seras (décrit) célébré dans ta victoire sur les ennemis **e)** [avec prop. inf.] écrire que, mentionner que, raconter que : Cic. Rep. 1, 27 ‖ [pass.] *haec avis scribitur solere...* Cic. Nat. 2, 124, on raconte que cet oiseau a l'habitude, cf. Tusc. 1, 114 ; *scriptum est quaesivisse Socratem...* Cic. Div. 1, 123, on rapporte que Socrate demanda... (nous lisons que...) **f)** [abs[t]] écrire, composer, faire des ouvrages : Cic. Off. 2, 4 ; *Tarentinis scribere* Cic. Fin. 1, 7, écrire pour les gens de Tarente ‖ *Plato quo nemo in scribendo praestantior fuit* Cic. Rep. 2, 21, Platon, que personne ne surpassa comme écrivain, cf. Cic. Rep. 3, 13 ¶ 3 [dans la correspondance] faire savoir par écrit, écrire : **a)** *scribes ad me* Cic. Att. 5, 4, 2, tu m'écriras ; *scripsi ad Lamiam* Cic. Att. 5, 8, 3, j'ai écrit à Lamia ; *ut scribis* Cic. Att. 3, 27, comme tu me le dis dans ta lettre ; *scripsi ad te de Varronis erga me officio* Cic. Att. 2, 25, 1, je t'ai parlé des bons offices de Varron à mon égard, cf. Cic. Att. 2, 16, 11 **b)** [avec prop. inf.] : *Graeceius ad me scripsit C. Cassium sibi scripsisse...* Cic. Att. 15, 8, 2, Graeceius m'a écrit que C. Cassius lui avait écrit que... **c)** [avec idée d'ordre, de conseil, subj. seul ou *ut* et subj.] : *scribit Labieno... veniat* Caes. G. 5, 46, 4, il écrit à Labiénus de venir, cf. Cic. Fam. 16, 4, 2 fin ; *ad me scripsit ut in Italiam quam primum venirem* Cic. Att. 11, 7, 2, il m'a écrit de venir le plus tôt possible en Italie, cf. Cic. Att. 4, 14, 1 ; *scribam ad illos ut... ne cui negent* Cic. Phil. 2, 32, je leur écrirai de ne dire non à personne ; *Scipioni scribendum, ne bellum remitteret* Liv. 30, 23, 5, [il disait] qu'il fallait écrire à Scipion de ne pas ralentir la guerre ; [avec inf.] Tac. An. 15, 25 ¶ 4 [en part.] : **a)** inscrire, enrôler des soldats : Cic. Fam. 3, 3, 1 ; Sall. C. 32, 1 ; J. 43, 3 ; Liv. 21, 40, 3 ‖ *sex milia colonorum Albam in Aequos* Liv. 10, 1, 1, inscrire six mille colons pour Alba Fucentia chez les Éques ‖ [fig.] *scribe tui gregis hunc* Hor. Ep. 1, 9, 13, inscris-le dans ta troupe, parmi tes compagnons **b)** mentionner qqn dans son testament, instituer qqn comme héritier : *aliquem heredem* Cic. Mil. 48 ; *aliquem secundum heredem* Sall. J. 65, 1, instituer qqn héritier, héritier en second, cf. Hor. S. 2, 5, 48 **c)** inscrire sur le livre de comptes : *nummos* Pl. As. 440, signer une traite, faire un billet [de reconnaissance d'une dette], cf. Dig. 26, 7, 9, 7 ; *scribe decem (tabulas) a Nerio* Hor. S, 2, 3, 69, fais souscrire dix billets avec les formules dictées par Nérius.

▶ parf. contr. *scripsti* Pl. As. 802 *scripstis* Enn. Tr. 173 *scripse* *Lucil. 818.

2 **scrībo**, *ōnis*, m., qui inscrit, recruteur : Greg.-M. Ep. 12, 30 ‖ scribe, greffier : Greg.-M. Ep. 9, 78 ‖ sorte de chef militaire : Greg.-M. Ep. 5, 29 tit.

Scrībōnĭa, *ae*, f., fille de Scribonius, femme d'Auguste : Tac. An. 2, 27.

Scrībōnĭānus, *i*, m., nom d'homme : Tac. H. 2, 72 ; 4, 39.

Scrībōnĭus, *ii*, m., nom de famille romaine ; not[t] C. Scribonius Curio, correspondant de Cicéron : Cic. Fam. 2, 1 à 7 ‖ Scribonius Libo, ancien historien latin : Cic. Brut. 89 ‖ Scribonius Largus, médecin sous Tibère et Claude, dont il reste un ouvrage : Scrib. tit.

scribsi, C. *scripsi* : CIL 8, 724.

scribtūra, C. *scriptura*.

scrīnĭārĭus, *ii*, m., bibliothécaire, archiviste : CIL 2, 9885 ‖ fonctionnaire des finances : Cassiod. Var. 7, 21.

scrīnĭŏlum, *i*, n. (dim. de *scrinium*), Not. Tir. 101 ‖ [fig.] trésor : Hier. Ep. 77, 7.

scrīnĭum, *ii*, n. (? ; fr. *écrin*, al. *Schrein*, an. *shrine*), coffret, cassette [boîte cylindrique où l'on rangeait les livres, les papiers, les lettres] : Sall. C. 46, 6 ; Sen. Ir. 2, 23, 4 ; Hor. Ep. 2, 1, 113 ; S. 1, 1, 120 ‖ coffret de toilette : Plin. 7, 108 ‖ bibliothèque, archives : Lampr. Alex. 31, 1 ‖ [tard.] bureau (de la chancellerie) : Cod. Just. 6, 23, 19, tit.1 ; *scrinium epistularum* Cod. Just. 12, 19, 3, direction de la correspondance ; *libellorum* Cod. Just. 12, 19, 3, bureau des requêtes ; *memoriae* Cod. Just. 12, 19, 3, archives.

scrīplum, *i*, n., sync. de *scripulum* : Carm. Pond. 9.

scripsĕ, **scripsti**, V. *scribo* ▶.

scriptĭlis, *e* (*scribo*), qui peut être écrit : Amm. 17, 14, 15.

scriptĭo, *ōnis*, f. (*scribo*) ¶1 action d'écrire : Cic. *Att.* 10, 17, 2 ¶2 travail de rédaction, de composition ; travail écrit : Cic. *Brut.* 92 ¶3 exposition écrite, rédaction : Cic. *Fam.* 9, 12, 2 ; *de Or.* 2, 5 ¶4 termes employés, la lettre [opp. à l'esprit] : Cic. *Inv.* 1, 68 ¶5 billet, reconnaissance de dette : Varr. *Men.* 37 ¶6 inscription [sur une monnaie], légende : VL. *Luc.* 20, 24 d. Hier. *Orig. Luc.* 39.

scriptĭōnālis, *e* (*scriptio*), qui concerne l'écriture : Capel. 5, 463.

scriptĭtō, *ās*, *āre*, *āvī*, *ātum* (fréq. de *scripto*), tr. ¶1 écrire souvent : Plin. 13, 69 ¶2 composer souvent : *orationes multis* Cic. *Brut.* 170, écrire souvent des discours pour maints orateurs, cf. Cic. *Brut.* 267 ; *de Or.* 1, 152 ; 2, 51.

scriptĭuncŭla, *ae*, f., petit écrit : Salv. *Gub. pr.* 3.

scriptō, *ās*, *āre*, -, - (fréq. de *scribo*), ⊂. *scriptito* : Prisc. 2, 429, 23.

scriptŏr, *ōris*, m. (*scribo*) ¶1 secrétaire : Cic. *Brut.* 88 ; *de Or.* 1, 136 ; *Dom.* 129 ‖ *librarius* Hor. *P.* 354, copiste ¶2 écrivain, auteur : Cic. *Or.* 29 ; *Brut.* 35 ; 205 ‖ [avec gén.] : *bonarum artium scriptores* Cic. *de Or.* 1, 158, les auteurs qui traitent des belles-lettres ; *scriptor artis* Cic. *de Or.* 1, 91, auteur de traité, cf. Cic. *de Or.* 3, 70 ; *legum* Cic. *Leg.* 2, 63, législateur ; *Theophanem, scriptorem rerum suarum, civitate donavit* Cic. *Arch.* 24, il a gratifié du droit de cité Théophane, historien de ses exploits ; *rerum scriptor* Liv. 21, 1, 1, historien ‖ celui qui rédige : *scriptoris voluntas* Cic. *Inv.* 1, 56, la volonté du rédacteur [d'une loi], de l'auteur, cf. Cic. *Inv.* 1, 69 ; 1, 70.

scriptōrĭum, *ii*, n. (*scriptorius*), style pour écrire sur la cire : Isid. 6, 9, 2.

scriptōrĭus, *a*, *um*, qui sert à écrire : Cels. 5, 28, 12 L ; 6, 4, 3.

1 scriptŭlum, *i*, n. (dim. de *scriptum*), petite ligne [sur le damier] : Ov. *A. A.* 3, 364.

2 scriptŭlum, *i*, n. (cf. *scriptum*), ⊂. *scripulum* : Char. 105, 5.

scriptŭlus, *i*, m., ⊂. *scripulum* : Metrol. p. 128, 8 H.

scriptum, *i*, n. (*scribo*) ¶1 ligne [dans l'expr. *duodecim scripta*, les douze lignes, sorte de jeu de trictrac avec douze lignes formant des cases, sur lesquelles on déplace les jetons ou *calculi*] : Cic. *Frg.* 5, 60 ; *de Or.* 1, 217 ; Quint. 11, 2, 38 ¶2 écrit [en gén.] : *de aliqua re scriptum relinquere* Cic. *Verr.* 4, 124, laisser des ouvrages écrits sur qqch. ; *id quod a Democrito in scriptis relictum est* Cic. *de Or.* 2, 194, opinion que Démocrite a laissée (transmise) dans ses écrits ; *scriptis aliquid mandare* Cic. *Off.* 2, 3, rédiger qqch. ; *sine scripto* Cic. *Brut.* 301, sans note écrite ; *de scripto* Cic. *Planc.* 74, en lisant manuscrit en main, cf. Cic. *Phil.* 10, 5 ; *Att.* 4, 3, 3 ; *laudavit scripto meo* Cic. *Q.* 3, 8, 5, il a prononcé un éloge funèbre que j'avais composé ¶3 [en part.] **a)** le texte, la lettre [de la loi] : Cic. *Inv.* 1, 55 ; *Agr.* 2, 48 ‖ le texte écrit [opp. à l'équité] : Cic. *Brut.* 145 **b)** rédaction d'une loi : *scripto illo istius* Cic. *Dom.* 69, d'après la rédaction que cet homme avait faite de cette loi.

scriptūra, *ae*, f. (*scribo*) ¶1 action de tracer des caractères, écriture : Plin. 33, 122 ; Mart. 1, 67, 3 ; Suet. *Aug.* 80 ; Caec. *Fam.* 6, 7, 1 ¶2 ce qui est tracé, ligne : *malarum* Petr. 126, 15, le dessin des joues ¶3 rédaction, travail de composition, exercice écrit : *assidua ac diligens* Cic. *de Or.* 1, 150, un travail écrit assidu et scrupuleux ‖ composition écrite : *per scripturam amplecti* Cic. *Inv.* 2, 152 ; *scriptura persequi* Cic. *Fam.* 15, 21, 3, rédiger par écrit, cf. Planc. *Fam.* 10, 8, 5 ‖ manière d'écrire, style : Ter. *Phorm.* 5 ; Suet. *Caes.* 41 ‖ action d'écrire, de faire le métier d'auteur : Ter. *Ad.* 1 ¶4 ouvrage, écrit : Ter. *Hec.* 13 ; 24 ; Tac. *An.* 4, 32 ¶5 bon [sur une caisse de banquier] : Don. *Ad.* 277 ¶6 teneur, texte [d'un testament] : Cic. *Inv.* 2, 117 ; Quint. 7, 9, 6 ; 9, 2, 34 ‖ texte de loi : Suet. *Cal.* 41 ¶7 droits perçus pour les pâturages, impôt sur les pâturages : Pl. *Merc.* 146 ; Cic. *Att.* 5, 15, 3 ; 11, 10, 1 ; *Verr.* 2, 169 ‖ [chrét.] l'Écriture, la Bible, l'Ancien Testament [pl.] : Vulg. 1 *Cor.* 15, 3 ‖ registre, table généalogique : Vulg. *Psal.* 86, 6.

scriptūrābĭlis, *e*, sur quoi l'on peut écrire : Cassiod. *Var.* 11, 38.

scriptūrālis, *e*, scripturaire, relatif à l'Écriture sainte : Theod.-Mops. *Gal.* 4, 11.

scriptūrārĭus, *a*, *um*, qui rapporte un droit de pâturage : Fest. 446, 23 ‖ m. pris subst^t, percepteur des droits de pâturage : Lucil. 671.

scriptŭrĭō, *īs*, *īre*, -, - (désid. de *scribo*), intr., avoir envie d'écrire : Sidon. *Ep.* 7, 18, 1.

1 scriptus, *a*, *um*, part. de *scribo*.

2 scriptŭs, *ūs*, m., fonction de greffier, de secrétaire : Gell. 6, 9, 2 ; Front. *Amic.* 2, 7, 5, p. 193 N ; Suet. *Vit. Hor.* 44, 8.

scrīpŭlāris, *e* (*scripulum*), pesant un scrupule, léger : Plin. 33, 126.

scrīpŭlātim, adv., par scrupules, par faibles doses : Plin. 22, 118.

scrīpŭlum (**scrŭp-**), *i*, n. (cf. *scrupulus*) ¶1 scrupule : **a)** 24ᵉ partie de l'once, 288ᵉ partie de l'as [1, 137 g.] : Cic. *Att.* 4, 16, 13 ; Vitr. 7, 8, 3 ; Col. 12, 28, 1 **b)** 288ᵉ partie du jugère : Varr. *R.* 1, 10, 2 ; Col. 5, 1, 8 **c)** la 24ᵉ partie d'une heure : Aur. d. Front. *Caes.* 2, 8, 3, p. 31 N ¶2 [fig.] faible poids, petite quantité, petite fraction : Plin. 2, 48.

▶ on rencontre *scriplum scriptulum* n. et *scriptulus* m.

scrōbātĭo, *ōnis*, f. (*scrobis*), action de creuser des trous [pour y planter des arbres] : CIL 6, 2305.

scrōbĭcŭlus, *i*, m. (dim. de *scrobis*), petite fosse : Col. 4, 15, 3 ; Plin. 21, 26.

scrōbis, *is*, m., f. (cf. *scribo*), trou, fosse : m., Cic. *Frg. F.* 1, 16 ; Caes. *G.* 7, 73, 5 ; Col. 4, 1, 5, cf. Non. 225, 7 et 8 ; Serv. *G.* 2, 288 ‖ f., Virg. *G.* 2, 288 ; Ov. *M.* 7, 243 ; Tac. *An.* 1, 61 ; 15, 67 ‖ sexe de la femme : Arn. 4, 7.

1 scrōfa, *ae*, f. (dial., cf. *scrobis* ; fr. *écrou*) ¶1 truie : Varr. *R.* 2, 4, 4 ; Col. 7, 9, 2 ¶2 au pl., ⊂. *scrofulae* : Chir. 88.

2 Scrōfa, *ae*, m., surnom romain : Varr. *R.* 2, 4, 1 ; Cic. *Att.* 5, 4, 2.

scrōfīnus, *a*, *um* (*scrofa*), de truie : Plin. 28, 163.

scrōfīpascus, *i*, m. (*scrofa*, *pasco*), porcher : Pl. *Cap.* 807.

scrōfŭlae, *ārum*, f. pl. (dim. de *scrofa* ; it. *scrofole*, fr. *écrouelles*), scrofules [maladie] : Veg. *Mul.* 3, 23, 1.

scrōtum, *i*, n. (*scrautum*), scrotum [t. d'anatomie] : Cels. 7, 18, 2.

scrŭpĕa (**scrupp-**), *ae*, f. (*scrupus*, *pes* ?), ⊂. *scrupulus* : Acc. *Tr.* 431.

scrŭpĕda, *ae*, m. f., qui marche avec peine : Pl. d. Gell. 3, 3, 6 ; Varr. *L.* 7, 65.

scrŭpĕus, *a*, *um* (*scrupus*), rocailleux, âpre : Enn. *Tr.* 100 ; Virg. *En.* 6, 238 ‖ semé d'écueils : Sen. *Ag.* 558 ‖ [fig.] rude, pénible, difficile : Tert. *Pall.* 4, 2 ; Aus. *Techn.* 2 (338).

scrŭpĭpĕda, v. *scrupeda*.

scruplōsus, ⊂. *scrupulosus* : Cic. *Tusc.* 4, 33.

scrŭpōsus, *a*, *um* (*scrupus*), rocailleux, âpre : Pl. *Cap.* 185 ; Luc. 5, 675 ‖ pierreux : Apul. *Flor.* 11, 1 ‖ [fig.] rude, difficile : Lucr. 4, 523.

scrūpŭlāris, **scrūpŭlātim**, v. *scripul-*.

scrūpŭlōsē, adv. (*scrupulosus*), minutieusement, scrupuleusement : Quint. 4, 5, 6 ‖ *-sius* Plin. 2, 118 ; *-issime* Col. 1, pr. 3.

scrūpŭlōsĭtās, *ātis*, f. (*scrupulosus*), exactitude minutieuse : Col. 11, 1, 32 ‖ souci, inquiétude : Tert. *Virg.* 11, 4.

scrūpŭlōsus, *a*, *um* (*scrupulus*) ¶1 rocailleux, âpre : Pacuv. *Tr.* 252 ; Cic. *Tusc.* 4, 33 ¶2 [fig.] minutieux, vétilleux, scrupuleux : Quint. 9, 1, 7 ; Plin. *Ep.* 3, 5, 7 ; Gell. *pr.* 13 ; *-sior* Plin. 18, 325 ; *-issimus* Apul. *Socr.* 3.

scrūpŭlum, *i*, n., v. *scripulum*.

scrūpŭlus, *i*, m. (dim. de *scrupus*) ¶1 petite pierre pointue : Solin. 7, 4 ; 53, 25 ; Don. *And.* 940 ¶2 [fig.] sentiment d'inquiétude, embarras, souci, scrupule : Ter. *And.* 940 ; *alicui ex animo scrupulum evellere* Cic. *Amer.* 6, arracher de l'esprit de qqn un souci [cf. en fr., une épine], cf. Cic. *Har.* 11 ; *Att.* 2, 4, 1 ;

scrupulum injicere alicui Cic. Clu. 76, inspirer à qqn des inquiétudes ; *domesticarum sollicitudinum aculei et scrupuli* Cic. Att. 1, 18, 2, les aiguillons et les épines de mes soucis domestiques ¶ **3** recherches subtiles, vétilles : Gell. 5, 15, 9. ▶ les mss ont souvent *scripulus*.

scrŭpus, *i*, m. (?) ¶ **1** pierre pointue : P. Fest. 449, 5 ; *Petr. 79, 3 ; Serv. En. 6, 238 ¶ **2** [fig.] anxiété, souci, inquiétude : Cic. Rep. 3, 26.

1 scrŭta, *ōrum*, n. pl. (cf. *scrautum* ?), vieilles nippes, défroque : Lucil. d. Gell. 3, 14, 10 ; Hor. Ep. 1, 7, 65.

2 scrŭta, *ae*, f., pour *scutra* : VL. Lev. 11, 35.

scrūtābĭlis, *e* (*scrutor*), qu'on peut scruter, sonder : Prosp. Resp. 8.

scrūtābundus, *a*, *um* (*scrutor*), scrutateur, sondeur : Chalc. Tim. 26 B.

scrūtāmĕn, *ĭnis*, n., recherche, enquête : Cassian. Coll. 1, 1, 19.

scrūtans, *-tis*, part. de *scrutor* ‖ *scrutantissimus* [avec le gén.] Amm. 30, 9, 4, très attentif à.

scrūtantĕr, adv., minutieusement : Ambr. Ep. 48, 2.

scrūtārĭa, *ae*, f., Apul. M. 4, 8, **scrūtārĭum**, *ii*, n. (*scruta*), Gloss. 2, 265, 26, commerce de fripier, friperie.

scrūtārĭus, *ii*, m., fripier : Lucil. 1282.

scrūtātĭo, *ōnis*, f. (*scrutor*), action de scruter, recherche minutieuse : Sen. Vit. 23, 2 ; [fig.] Gell. 9, 10, 5.

scrūtātŏr, *ōris*, m. (*scrutor*), celui qui fouille [qqn] : Suet. Cl. 35 ‖ celui qui fouille [un lieu], qui recherche : Stat. S. 3, 1, 84 ‖ [fig.] celui qui scrute : Luc. 5, 122.

scrūtātrix, *īcis*, f., celle qui recherche [fig.] : Alcim. Carm. 2, 326.

scrūtātus, *a*, *um*, part. de *scrutor*.

scrūtillus, *i*, m. (cf. *scrautum*), ventre de porc farci : Pl. d. Fest. 448, 10 ; P. Fest. 449, 2.

scrŭtīna, *ae*, f. (cf. 2 *scruta*), écuelle : VL. 3 Reg. 10, 15.

scrŭtīnĭum, *ii*, n. (*scrutor*), action de fouiller, de visiter : Apul. M. 9, 41 ‖ examen, recherche : Hier. Is. 6, 13, 11 ‖ examen des candidats au baptême : Sacram. Gelas. B. 1, 26, p. 1076.

scrūtĭnō, *ās*, *āre*, -, - (*scrutor*), tr., fouiller [fig.], scruter : Vulg. 4 Esdr. 13, 52 ; Bened. Reg. 55, 16.

scrūto, ▣ *scrutor* ▶.

scrūtŏr, *āris*, *ārī*, *ātus sum* (1 *scruta*), tr. ¶ **1** fouiller, visiter, explorer : *domos, naves* Cic. Vat. 12, fouiller les maisons, les navires, cf. Cic. Pis. 62 ; Verr. 2, 182 ; *aliquem* Poll. Fam. 10, 31, 1, fouiller qqn, cf. Suet. Vesp. 12 ‖ [fig.] *locos ex quibus argumenta eruamus* Cic. de Or. 2, 146, explorer les lieux communs pour en tirer des arguments, cf. Cic. Q. 1, 1, 11 ; Nat. 3, 42 ¶ **2** rechercher : *venas inter saxa* Plin. 35, 37, chercher des filons parmi les rochers ; *mentes deum* Ov. M. 15, 137, rechercher les volontés des dieux [dans les entrailles des victimes] ; *arcanum alicujus* Hor. Ep. 1, 18, 38, chercher à pénétrer les secrets de qqn, cf. Tac. 12, 52 ; 16, 14 ‖ *scrutans*, avec interr. indir., cherchant à savoir : Curt. 8, 2, 6 ; 8, 3, 12.
▶ formes act. *scruto*, *ās*, *āre* Amm. 15, 5, 30 ; Prisc. 2, 396, 15 ‖ sens pass. **a)** *scrutari* Amm. 28, 1, 10 ; 29, 2, 27 **b)** part., *scrutatus* : Val.-Max. 1, 8, 2 ; 8, 13, 3 ; Sen. Ep. 110, 13.

scudĭcĭa, *ae*, f. (*excudo*), sorte de pioche, binette : Isid. 20, 14, 7.

Scudĭlo, *ōnis*, m., nom d'homme : Amm. 14, 10, 8.

sculca (**-ta**), *ae*, m. (germ. ?), éclaireur, garde : Greg.-M. Ep. 2, 33.

sculna, *ae*, m., f., Macr. Sat. 2, 13, 16 ; ▣ *sequester*.

sculpātŏr, *ōris*, m., sculpteur : Gloss. 2, 263, 37.

sculpō, *ĭs*, *ĕre*, *sculpsī*, *sculptum* (*scalpo* ; it. *scolpire*), tr., sculpter : Cic. Ac. 2, 100 ; Vitr. 1, 2, 6 ; *sculpere ebur* Ov. M. 10, 248, travailler l'ivoire ‖ [fig.] graver [dans l'esprit] : Apul. Plat. 2, 20.

sculpōnĕae, *ārum*, f. pl. (*sculpo*), galoches (à semelles de bois) : Pl. Cas. 386 ; Cat. Agr. 59 ; 135, 1.

sculpōnĕātus, *a*, *um*, chaussé de sabots : Varr. Men. 457.

sculpsī, parf. de *sculpo*.

sculptĭlis, *e* (*sculpo*), sculpté, ciselé : Ov. Pont. 4, 9, 28 ; Prud. Perist. 10, 266 ‖ **sculptĭle**, *is*, n., statue, idole : Vulg. Jud. 17, 2 ; Hier. Ep. 29, 3.

sculptĭo, *ōnis*, f., gravure : Fil. 21, 4.

sculptŏr, *ōris*, m. (*sculpo*), sculpteur : Cassiod. Var. 7, 5.
▶ confusion avec *scalptor*.

sculptōrĭus, *a*, *um*, de gravure, de sculpture : *sculptorio opere* Greg.-M. Ev. 17, 12, en bas-relief.

sculptūra, *ae*, f. (*sculpo*), travail de sculpture : Plin. 16, 209 ; Vitr. 2, 9, 9 ‖ gravure sur pierre : Quint. 2, 21, 9 ; Suet. Ner. 46 ; Just. 15, 4, 5 ‖ bas-relief : Vulg. Zach. 3, 9.

sculptūrāta ars, f., sculpture : Fort. Carm. 9, 15, 8.

sculptus, *a*, *um*, part. de *sculpo*.

sculta, ▣ *sculca*.

scultātŏr (**exculc-**), *ōris*, m. (*sculca*, *procultator*), éclaireur : *Veg. Mil. 2, 17.

scultātōrĭa (**exculc-**), *ae*, f., navire d'observation : *Cassiod. Var. 2, 20.

Scultenna, *ae*, m., affluent du Pô Atlas XII, C2 : Plin. 3, 118.

Scŭpi, *ōrum*, m. pl. (Σκοῦποι), ville de Mésie [auj. Uskub] Atlas I, D5 : Paul.-Nol. Carm. 17, 188.

scŭrĭŏlus, *i*, m. (dim. de *sciurus* ; fr. *écureuil*), écureuil : Gloss. 3, 569, 76.

scurra, *ae*, m. (étr. ?) ¶ **1** bel esprit, plaisantin, gandin : Pl. Most. 15 ; Trin. 202 ; Truc. 478 ; Her. 4, 14 ; Cic. Sest. 39 ; Har. 42 ¶ **2** bouffon : Cic. Quinct. 11 ; de Or. 2, 247 ; Verr. 3, 146 ; *scurra Atticus* Cic. Nat. 1, 93, le bouffon d'Athènes [surnom donné par Zénon à Socrate], cf. Hor. S. 1, 5, 52 ; 1, 8, 11 ; Ep. 1, 15, 28 ¶ **3** garde du corps : Lampr. Hel. 33, 7.

scurrībĭlis, *e*, ▣ *scurrilis* : Jul.-Vict. 17.

scurrīlis, *e* (*scurra*), de bouffon, qui sent le bouffon : Cic. Brut. 143 ; Or. 244 ‖ facétieux, divertissant : Val.-Max. 8, 8, 2.

scurrīlĭtās, *ātis*, f. (*scurrilis*), bouffonnerie : Tac. D. 22 ; Quint. 11, 1, 30.

scurrīlĭtĕr, adv., à la manière d'un bouffon : Plin. Ep. 4, 25, 3.

scurro, *ōnis*, m. (*scurra* ¶ 3), garde : Liberat. 23, p. 1045 D.

scurrŏr, *āris*, *ārī*, - (*scurra* ¶ 3), intr., faire le flatteur, flagorner : Hor. Ep. 1, 17, 19 ; 1, 18, 2.

scurrŭla, *ae*, m. (dim. de *scurra*), Apul. M. 10, 16 ; Arn. 6, 21.

scŭta, *ae*, f. (de *scutella* et *scutum*), écuelle : Lucil. 223.

scŭtălĕ, *is*, n. (σκῦτος ?), poche de la fronde : Liv. 38, 29, 6 ; 42, 65, 10.

scŭtānĕus, *a*, *um* (*scutum*), en forme de bouclier : Grom. 362, 18.

scŭtārĭum, *ii*, n. (*scutarius*), rang de scutaire : Gloss. 2, 232, 5 ; Char. 118, 34.

scŭtārĭus, *a*, *um* (*scutum* ; it. *scudaio*, fr. *écuyer*) ¶ **1** de bouclier : Veg. Mil. 2, 11 ¶ **2** subst. m., fabricant de boucliers : Pl. Ep. 37 ¶ **3** *scutarii*, m. pl., scutaires [soldats formant la garde des empereurs] : Amm. 14, 7, 9 ; 20, 2, 5.

scŭtātus, *a*, *um* (*scutum*), muni d'un bouclier : Caes. C. 1, 39, 1 ; Virg. En. 9, 370 ‖ *scutati*, m. pl., soldats armés de boucliers : Liv. 28, 2, 4.

scŭtella, *ae*, f. (dim. de *scutra* ; fr. *écuelle*), petite coupe : Cic. Tusc. 3, 46 ; Prisc. 2, 115, 9 ‖ plateau, soucoupe : Ulp. Dig. 34, 2, 19.

scŭtĭca, *ae*, f. (σκυθική), martinet, fouet à lanières de cuir, étrivières : Hor. S. 1, 3, 119, cf. Suet. Gram. 9.

scŭtĭgĕrŭlus, *i*, m. (*scutum*, *gero*), qui porte le bouclier de son maître, écuyer : Pl. Cas. 154.

scutĭlus, *a*, *um*, adj. (cf. *quisquiliae* ?), mince, fluet : Fest. 440, 28 ; P. Fest. 441, 6.

scutlātus, sync. de *scutulatus* : Cod. Th. 15, 7, 11.

scŭtra, *ae*, f. (?), écuelle : Pl. Pers. 88 ; Cat. Agr. 157, 11 ‖ chaudron : Vulg. 3 Reg. 7, 40.

scŭtrillus, *i*, m. (dim. de *scutra*), petite écuelle : Pomp.-Gr. 5, 164, 25.

scŭtriscum, *i*, n. (dim. de *scutra*) : CAT. *Agr.* 10, 2 ; 11, 3.

1 scŭtŭla, *ae* (dim. de *scuta*) ¶ **1** plat [en forme de losange], écuelle : MART. 11, 31, 19 ; TAC. *Agr.* 10 ¶ **2** carreau [en losange, pour carrelage] : VITR. 7, 1, 4 ¶ **3** écusson [sorte de greffe] : PLIN. 17, 118 ‖ carré d'étoffe : PL. *Mil.* 1178 ¶ **4** losange [pièce du cadre de la baliste en forme de losange] : VITR. 10, 11, 4.

2 scŭtŭla, *ae*, f. (σκυτάλη), rouleau [pour transporter les fardeaux] : CAES. *C.* 3, 40, 2 ‖ levier [de treuil] : VITR. 10, 10, 5.

scŭtŭlātus, *a*, *um* ¶ **1** qui est en forme de losange, à mailles : PLIN. 36, 185 ; 11, 81, **scŭtŭlāta**, *n. pl.*, vêtements à carreaux : JUV. 2, 97 ¶ **2** pommelé [cheval] : PALL. 4, 13, 4 ; ISID. 12, 1, 48.

scūtŭlum, *i*, n. (dim. de *scutum*), petit bouclier : CIC. *Nat.* 1, 82 ‖ [fig.] **scutula operta** CELS. 8, 1, 15, les omoplates ‖ [pl.] cibles [contre lesquelles on s'exerçait à lancer des traits] : CASSIAN. *Coll.* 1, 5, 1 ‖ petit écusson, médaillon [ornement] : VULG. *1 Macc.* 4, 57.

scūtum, *i*, n. (gaul., v. irl. *sciath*, bret. *skoed* ; fr. *écu*), bouclier [ovale et convexe, puis long et creux, c. une tuile faîtière] : CAES. *G.* 2, 21, 5 ; 2, 33 ; LIV. 1, 43, 4 ‖ [fig.] = défense : CIC. *Tull.* 43 ; LIV. 3, 53, 9.

scūtus, *i*, m., > *scutum* : TURPIL. *Com.* 40.

scўbăla, *ōrum*, n. pl. (σκύβαλον), excréments : THEOD.-PRISC. 2, 25.

scybĕlītēs, *ae*, m. (σκυβελίτης), sorte de vin de Galatie : PLIN. 14, 80.

Scydra, *ae*, f. (Σκύδρα), ville de Macédoine : PLIN. 4, 34.

Scydrothemis, *is*, m., nom d'un roi de Sinope : TAC. *H.* 4, 84.

scўfus, > *scyphus*.

Scўlăcē, *ēs*, f. (Σκυλάκη), ville de Mysie : PLIN. 5, 123 ‖ **-cēus**, *a*, *um*, de Scylacée : MEL. 2, 68.

Scўlăcēum, *i*, n., promontoire de Scylacée, dans la Calabre Atlas XII, F5 : VIRG. *En.* 3, 553 ; PLIN. 3, 95.

Scўlax, *ăcis*, m. (Σκύλαξ), astronome : CIC. *Div.* 2, 88.

Scylla, *ae*, f. (Σκύλλα) ¶ **1** fille de Phorcus, changée en monstre marin ; écueil dans la mer de Sicile : OV. *M.* 14, 52 ; CIC. *Verr.* 5, 146 ; *Nat.* 1, 108 ¶ **2** fille de Nisus, roi de Mégare, changée en aigrette : OV. *M.* 8, 8.

Scyllaeum, *i*, n. ¶ **1** ville et promontoire de la Calabre, près de Scylla : PLIN. 3, 73 ¶ **2** ville et promontoire de l'Argolide : LIV. 31, 44, 1.

Scyllaeus, *a*, *um* ¶ **1** de Scylla, de la mer de Sicile : VIRG. *En.* 1, 200 ; *in Scyllaeo illo aeris alieni tamquam in fretu* CIC. *Sest.* 18, dans cette mer de dettes semblable à celle de Scylla ¶ **2** de Scylla, de Mégare : STAT. *Th.* 1, 333.

Scyllētĭum, *ĭi*, n. (Σκυλλήτιον), > *Scolacium* : PLIN. 3, 95.

Scyllĭa, *ae*, f., île déserte entre la Chersonèse et Samothrace : PLIN. 4, 74.

scymnŏs (-us), *i*, m. (σκύμνος), petit [d'un animal] : *scymni leonum* LUCR. 5, 1034, lionceaux.

scynĭphes, > *scinifes* : AUG. *Trin.* 3, 7, 12.

scўphŭlus, *i*, m. (dim. de *scyphus*), petite lampe en verre : PAUL.-NOL. *Carm.* 26, 463.

scўphus, *i*, m. (σκύφος ; it. *schifo*), vase à boire, coupe : CIC. *Verr.* 4, 32 ; HOR. *O.* 1, 27, 1 ; *inter scyphos* CIC. *Fam.* 7, 22, à table ‖ calice de chandelier : VULG. *Exod.* 25, 31 ‖ calice [liturgique] : ORD. ROM. 1, 73, [*sciffus*].

Scўrēis, *ĭdis*, f. (Σκυρηίς), de Scyros : STAT. *Ach.* 2, 147.

Scўrētĭcus, *a*, *um*, de Scyros : PLIN. 31, 29.

Scyri, *ōrum*, m. pl., peuple d'Arabie : PLIN. 4, 97.

Scўrĭăs, *ădis*, f., femme de Scyros : *Scyrias puella* OV. *A. A.* 1, 682 = Déidamie.

Scўrĭus, *a*, *um*, de Scyros : PROP. 2, 9, 16 ; *Scyrius juvenis* SEN. *Tro.* 976, Pyrrhus [fils d'Achille] ; *Scyria pubes* VIRG. *En.* 2, 477, soldats de Pyrrhus ; *Scyria virgo* CLAUD. *Fesc.* 16, Déidamie ; *Scyrius lapis* PLIN. 2, 106, sorte de pierre ponce.

Scўrŏs (Σκύρος), CATUL. 64, 35 ; MEL. 2, 106, **Scўrus**, *i*, f., CIC. *Att.* 5, 12, 1, Scyros, île de la mer Égée Atlas VI, B2.

Scўrus, *i*, m., nom d'homme : CIL 6, 23443.

1 scўtăla, *ae*, **scўtălē**, *ēs*, f. (σκυτάλη), scytale [bâton] ¶ **1** une bande de cuir était enroulée obliquement sur un bâton cylindrique ; on écrivait dessus en long ; la bande déroulée était illisible pour quiconque n'avait pas un bâton semblable au premier sur lequel il pût enrouler la bande [NEP. *Paus.* 3, 4 appelle la scytale spartiate *clava*] : GELL. 17, 9, 15 ¶ **2** sorte de serpent : LUC. 9, 717 ; PLIN. 32, 53 ; > 2 *scutula*.

2 Scўtăla, *ae*, f. (Σκυτάλη), île de la mer Rouge : PLIN. 6, 168.

Scўtălĭcus, *a*, *um*, de Scytala ou ressemblant à une scytale [grecque] : PLIN. 19, 68.

Scўtălŏsăgittĭpellĭgĕr, *ĕri*, m. (*scytale*, *sagitta*, *pellis*, *gero*), qui porte une massue, des flèches et une peau de lion [épith. d'Hercule] : TERT. *Pall.* 4, 3.

scytanum, *i*, n. (?), scytane [mordant utilisé en teinturerie] : PLIN. 33, 88.

Scўthae, *ārum*, m. pl. (Σκύθαι), Scythes, habitants de la Scythie Atlas I, B7 ; PLIN. 4, 81 ‖ sg., **Scytha**, LUC. 10, 454 et **Scythēs**, *ae*, m., un Scythe : CIC. *Tusc.* 5, 90 ; adj. m., de Scythie : SEN. *Phaed.* 906 ; MART. 10, 62, 8 ‖ *Pontus Scytha* STAT. *Th.* 11, 437, le Pont-Euxin.

Scўthĭa, *ae*, f. (Σκυθία), Scythie [vaste contrée au nord du monde connu des anciens] : PLIN. 2, 135 ; CIC. *Nat.* 2, 88 ‖ province romaine tardive [Dobioudja] : AMM. 27, 4, 12.

scўthĭca, *ae* et **scўthĭcē**, *ēs*, f., réglisse [plante] : PLIN. 25, 82 ; 26, 146.

Scўthĭcus, *a*, *um*, de Scythie, des Scythes, scythique : CIC. *Tusc.* 5, 90 ; *Scythica Diana* OV. *M.* 4, 331, Diane de Tauride ‖ *Scythici ignes* CAPEL. 1, 67, feu (éclat) de l'émeraude, > *Scythis*.

1 Scўthis, *ĭdis*, f., femme scythe : OV. *M.* 15, 360.

2 scўthis, *ĭdis*, f., émeraude de Scythie : CAPEL. 1, 67 ; 75.

Scўthissa, *ae*, f., femme scythe : NEP. *Dat.* 1, 1.

Scўthŏlătrōnĭa, *ae*, f., pays des mercenaires scythes [mot burlesque] : *PL. Mil.* 43.

Scўthŏpŏlis, *is*, f. (Σκυθόπολις), ville de Palestine [auj. Beisân] Atlas IX, E3 : PLIN. 5, 74 ‖ **-ītae**, *ārum*, m. pl., VULG. *2 Macc.* 12, 30 ; **-ītāni**, *ōrum*, habitants de Scythopolis : COD. TH. 10, 20, 8.

Scўthŏtauri, *ōrum*, m. pl., les Scythes du mont Taurus : PLIN. 4, 85.

scyzĭnum, *i*, n., vin d'herbes aromatiques, > *itaeomelis* : PLIN. 14, 111.

1 sē (cf. *2 se*, *sed*, *suus*, *sodalis*, *soror*, *suesco*, ἕέ ; scr. *sva-s*, al. *sich*, rus. *sja* ; fr. *se*, *soi*), acc. et abl. de *sui*, v. ce mot.

2 sē, arch. **sēd** (cf. *1 se*, *2 sed*), prép. arch. ¶ **1** [avec abl.] sans [P. FEST. 375, 2 ; 453, 9] : *se fraude esto* L. XII TAB. d. CIC. *Leg.* 2, 60, qu'il soit exempt de faute = il n'y aura pas délit ; *sed fraude* CIL 1, 583, 69 ¶ **2** [en compos. *a*)] sans ; *securus*, sans souci ; *sedulo*, sans tromperie, sans faire du tort *b*) à part : *sepono* ; *seditio c*) éloignement : *secedo*.

3 sē- [en compos.], > *semi*, demi : *selibra*, *semodius*.

4 sē- [en compos.], > *sex* : *semestris*, *sejugis*.

Sĕa, *ae*, f. (Σέα), ville d'Éthiopie : PLIN. 6, 180.

sēbācĭārĭa, *ōrum*, n. pl. (*sebacium*), rondes de nuit que faisaient à Rome, torches à la main, des escouades de vigiles : *facere* CIL 6, 305 ‖ **sēbācĭārĭa**, *ae*, f. : CIL 6, 3056.

sēbācĭārĭusmīles (**sāb-**), soldat chargé de faire des rondes de nuit : CIL 6, 3053.

sēbācĭum, *ĭi*, n. (**sebaceus*, *sebum*), chandelle de suif : APUL. *M.* 4, 19, 3 ; CIL 6, 3079.

Sĕbādĭus, MACR. *Sat.* 1, 18, 11, > *Sabazius*.

sēbālis, *e* (*sebum*), de suif : AMM. 18, 6, 15.

Sĕbastē, *ēs*, f. (Σεβαστή), ville de Palestine, la même que Samarie Atlas IX, E3 :

PLIN. 5, 69 ‖ **-ēnus**, *a*, *um*, de Sébaste ; subst. m. pl., habitants de Sébaste : PLIN. 5, 147.

Sēbastīa, *ae*, f. (Σεβάστεια), ville du Pont : PLIN. 6, 8 ‖ ville de Cappadoce : ANTON. 178.

Sēbastĭānus, *i*, m., Sébastien, nom d'homme : AMM. 23, 3, 5 ; SIDON. *Carm.* 9, 280.

sĕbastŏnīca (-nīcēs), *ae*, m. (σεβαστονίκης), vainqueur aux jeux Sébastes [en l'honneur d'Auguste] : CIL 6, 10120.

Sĕbastŏpŏlis, *is*, f. (Σεβαστόπολις), ville du Pont ; ville de l'Éolide ; ville de Cappadoce : PLIN. 6, 14 ; 5, 121 ; 6, 8.

Sebatum, *i*, n., ville du Norique [Bruneck] : ANTON. 280.

Sĕbazĭa, Sĕbazĭus, v. *Sab-*.

Sēbennȳtēs nŏmŏs, m., le nome Sébennite [dans le Delta] : PLIN. 5, 49 ‖ **-ȳtĭcum ostĭum**, n., la bouche Sébennitique [du Nil] : PLIN. 5, 64.

Sēbēthis, *ĭdis*, f., du Sébéthos : COL. 10, 134 ‖ fille du Sébéthos : VIRG. *En.* 7, 734.

Sēbēthŏs (-us), *i*, m., fleuve de Campanie qui se jette dans le golfe de Naples : STAT. *S.* 1, 2, 263 ‖ le dieu de ce fleuve : CIL 10, 1480.

Sĕbīni, *ōrum*, m. pl., ▶ *Sabini* : PLIN. 3, 108 ; v. *Sevini*.

Sēbinnus, *i*, m., lac voisin du Pô [lac d'Iseo] Atlas XII, B2 : PLIN. 2, 224 ; 3, 131.

sēbō (sēvō), *ās*, *āre*, -, - (*sebum*), tr., suifer, enduire de suif : COL. 2, 21, 3.

1 sēbōsus, *a*, *um* (*sebum*), de la nature du suif : PLIN. 11, 214.

2 Sēbōsus, *i*, m., surnom romain : CIC. *Att.* 2, 14, 2 ‖ Statius Sebosus, géographe : PLIN. 6, 201.

sēbum (sēvum, saevum mss), *i*, n. (cf. *sapo*? ; fr. *suif*), suif [graisse animale fondue] : CAES. *G.* 7, 25, 2 ; COL. 7, 5, 13 ; PLIN. 11, 212.

sĕcābĭlis, *e* (*seco*), qui peut être coupé, divisé : LACT. *Ir.* 1, 7 ; 10, 8.

sĕcābĭlĭtās, *ātis*, f., divisibilité : MAMERT. *Anim.* 1, 15.

sĕcāle, *is*, n. (empr. fr. *seigle*), seigle : PLIN. 18, 141.

sĕcāmenta, *ōrum*, n. pl. (*seco*), petits ouvrages de menuiserie : PLIN. 16, 42.

sēcaptis, v. *saucaptis*.

sēcēdō, *ĭs*, *ĕre*, *cessī*, *cessum* (*2 se*, *1 cedo*), intr. ¶ 1 aller à part, s'écarter, s'éloigner : *secedant improbi* CIC. *Cat.* 1, 32, que les mauvais s'écartent ‖ [choses] être éloigné : LUCR. 5, 705 ; OV. *F.* 6, 279 ; PLIN. *Ep.* 2, 17, 2 ¶ 2 aller à l'écart, se retirer : *in abditam partem aedium* SALL. *C.* 20, 1, se retirer dans la partie la plus reculée de la maison ; [abs^t] *secessisse* PLIN. *Ep.* 1, 9, 3, vivre dans la retraite ‖ entrer dans le repos, mourir, décéder : CIL 10, 6720 ‖ [en part.] faire sécession [en parl. du peuple] : *in Sacrum montem* LIV. 2, 32, 2, se retirer sur le mont Sacré ; *plebs a patribus secessit* SALL. *C.* 33, 3, la plèbe se sépara des patriciens ¶ 3 [fig.] **a)** se séparer de qqn [opinion] : SEN. *Ep.* 117, 4 **b)** *in te ipse secede* SEN. *Ep.* 25, 7, retire-toi en toi-même ‖ loger, descendre : GREG.-M. *Dial.* 3, 33.

sĕcĕl, v. *sicel*.

sĕcēna, *ae*, f. (*seco, securis*), instrument tranchant : *ANDR. *Com.* 2 ; v. *sacena, scena*.

sēcernō, *ĭs*, *ĕre*, *crēvī*, *crētum* (*2 se, cerno*), tr. ¶ 1 séparer, mettre à part : *se a bonis* CIC. *Cat.* 1, 32, se séparer des bons, cf. LIV. 6, 10, 2 ; 41, 3, 3 ; *sucus a reliquo cibo secretus* CIC. *Nat.* 2, 137, le suc séparé du reste de l'aliment ; *aliquem e grege imperatorum* LIV. 35, 9, 14, séparer qqn de la foule des généraux, cf. SUET. *Aug.* 94 ; *Galb.* 18 ; *aliquem populo* HOR. *O.* 1, 1, 32, séparer qqn du peuple ¶ 2 [fig.] **a)** mettre à part : CIC. *Cat.* 4, 15 ; *pulchritudo corporis secerni non potest a valetudine* CIC. *Off.* 1, 95, la beauté physique ne peut se séparer de la santé, cf. CIC. *Tusc.* 1, 75 **b)** distinguer : *blandum amicum a vero* CIC. *Lae.* 95, discerner l'ami flatteur de l'ami véritable ; *justum iniquo* HOR. *S.* 1, 3, 113, distinguer le juste de l'injuste **c)** rejeter, éliminer : CIC. *Mil.* 21 ; *Att.* 1, 16, 3 ; v. *secretus*.

▶ inf. pass. *secernier* LUCR. 3, 263.

sĕcespĭta, *ae*, f. (*seco*?), couteau pour les sacrifices : FEST. 472, 29 ; P. FEST. 453, 16 ; 473, 5.

sēcessī, parf. de *secedo*.

sēcessĭō, *ōnis*, f. (*secedo*) ¶ 1 action de se séparer, de s'éloigner : LIV. 21, 14, 1 ‖ de se retirer à l'écart : CIC. *Mur.* 49 ; CAES. *C.* 1, 20, 1 ¶ 2 sécession, retraite du peuple [au mont Sacré] : CIC. *Rep.* 1, 62 ‖ séparation politique : CIC. *Lig.* 19 ; LIV. 7, 40, 2.

sēcessŏr, *ōris*, m., celui qui se retire au désert, anachorète : CASSIAN. *Coll.* 18, 6, 2.

sēcessŭs, *ūs*, m. (*secedo*) ¶ 1 séparation : PLIN. 10, 76 ; GELL. 2, 1, 2 ¶ 2 retraite, isolement : OV. *Tr.* 1, 1, 41 ; SUET. *Vesp.* 4 ; QUINT. 10, 3, 28 ¶ 3 endroit retiré, enfoncement : VIRG. *En.* 1, 159 ; 3, 229 ; SUET. *Cal.* 29 ‖ pl., TAC. *An.* 14, 62 ; PLIN. *Pan.* 49 ; 83 ; *Ep.* 4, 23 ¶ 4 retraite du peuple, *secessio* : PLIN. 19, 56 ‖ mort : TERT. *Res.* 63, 3 ‖ lieux d'aisance, latrines : VULG. *Matth.* 15, 17.

Secheriēs, *ae*, m., fleuve du Pont : PLIN. 6, 17.

sĕcĭus, v. *setius*.

sĕcīvus, *a*, *um* (*seco*), coupé avec le couteau du sacrifice : FEST. 472, 31.

sēclūdō, *ĭs*, *ĕre*, *clūsī*, *clūsum* (*2 se, claudo*), tr. ¶ 1 enfermer à part : VARR. *R.* 2, 2, 8 ‖ isoler, séparer : CIC. *Verr.* 5, 23 ‖ *aquula seclusa* CIC. *de Or.* 2, 162, filet d'eau capté ; *nemus seclusum* VIRG. *En.* 6, 704, bois isolé, solitaire ¶ 2 séparer de : *munitione flumen a monte* CAES. *C.* 3, 97, 4, séparer, isoler par un retranchement le fleuve de la montagne, cf. CAES. *C.* 1, 55, 2 ; 3, 69, 3 ¶ 3 [fig.] mettre à part, bannir : VIRG. *En.* 1, 562.

sēclum, v. *saeculum*.

sēclūsōrĭum, *ii*, n. (*secludo*), volière : VARR. *R.* 3, 5, 5.

sēclūsus, *a*, *um*, part. de *secludo*.

sĕcō, *ās*, *āre*, *sĕcŭī*, *sectum*, part. fut. *sĕcātūrus* (*securis*, cf. *scio*? *sica*, v. irl. *-scim*, v. sl. *-sěkati*, al. *Säge*, an. *scythe* ; fr. *scier*), tr. ¶ 1 couper, découper, mettre en tranches, en morceaux : CIC. *Nat.* 3, 29 ; GELL. 20, 1, 48 ; *pabulum* CAES. *G.* 7, 14, 4, couper le fourrage ; *alicui collum* Q. CIC. *Pet.* 10, couper la tête à qqn ‖ *dona secto elephanto* VIRG. *En.* 3, 464, des présents en ivoire découpé, façonné ‖ découper [à table] : SEN. *Ep.* 47, 6 ; JUV. 5, 124 ; MART. 3, 67, 3 ¶ 2 couper, amputer [opération chirurgicale] : CIC. *Phil.* 8, 15 ; *Tusc.* 2, 35 ; *Marius cum secaretur* CIC. *Tusc.* 2, 53, Marius subissant une opération [des varices] ‖ [en part.] mutiler, châtrer : MART. 5, 41, 3 ; 9, 6, 4 ‖ n. pl., *secta* PLIN. 31, 126, parties du corps opérées ¶ 3 entamer, déchirer, écorcher : PL. *Most.* 825 ; *hirsuti secuerunt corpora vepres* VIRG. *G.* 3, 444, les buissons épineux ont écorché leur peau, cf. HOR. *Ep.* 1, 19, 47 ; OV. *F.* 6, 148 ; *sectus flagellis* HOR. *Epo.* 4, 11, déchiré de coups de fouet ; *podagra secari* MART. 9, 92, 9, être déchiré, tourmenté par la goutte, cf. CATUL. 71, 2 ‖ [fig.] déchirer [dans des écrits] : PERS. 1, 114 ¶ 4 fendre, couper **a)** = passer à travers ; fendre la mer, l'air : VIRG. *En.* 9, 103 ; *G.* 1, 406 ‖ [poét.] *viam secare* VIRG. *En.* 6, 899, se frayer un chemin, cf. QUINT. 3, 1, 14 ‖ *medium agmen* VIRG. *En.* 10, 440, fendre le milieu des troupes **b)** = séparer, diviser : VIRG. *En.* 7, 717 ; PLIN. *Ep.* 5, 6, 12 ; *sectus orbis* HOR. *O.* 3, 27, 75, une partie du monde ¶ 5 [fig.] **a)** diviser, partager, morceler : *causas in plura genera* CIC. *de Or.* 2, 117, établir trop de divisions dans les causes, cf. QUINT. 8, 6, 13 ; 12, 2, 13 **b)** trancher [un différend] : HOR. *Ep.* 1, 16, 42 ; *S.* 1, 10, 15 **c)** *spem secare* VIRG. *En.* 10, 107 (cf. *secare viam*) s'ouvrir, se ménager une espérance, poursuivre une espérance, cf. SERV. ¶ 6 sacrifier un animal : TERT. *Nat.* 2, 2, 12.

▶ *secaturus* COL. 5, 9, 2.

Secontia, v. *Segontia*.

sēcrētārĭum, *ĭi*, n. (*secretus*) ¶ 1 lieu retiré : APUL. *Mund.* 64, 39 ¶ 2 salle d'assemblée des juges, tribunal secret : COD. TH. 1, 17, 1 ¶ 3 [fig.] sanctuaire : AUG. *Psalm.* 76, 8 ¶ 4 [chrét.] salle où délibèrent les évêques, les prêtres : GREG.-TUR. *Hist.* 5, 18 ‖ sacristie : SULP. SEV. *Dial.* 2, 1 ; GREG.-M. *Ep.* 3, 54.

1 sēcrētārĭus, *a*, *um*, retiré : PASS. FIRM. 2.

secretarius

2 sĕcrētārĭus, ĭi, m., sacristain, gardien du trésor d'une église : Greg.-M. *Ep.* 1, 42.

sēcrētē, adv., Tert. *Pall.* 4, 9 ; **sēcrētim**, Amm. 29, 1, 6 (*secretus*), à part, à l'écart.

sēcrētĭo, ōnis, f. (*secerno*), séparation : Cic. *Tusc.* 1, 71.

sēcrētō, adv. (*secretus*), à part, à l'écart : Pl. *Aul.* 133 ; Liv. 3, 36, 2 ; *secretius* Col. 11, 2, 25, plus particulièrement : en secret, sans témoins : Cic. *Verr.* 4, 100 ; Caes. *G.* 1, 31, 1 ∥ entre soi : *secreto hoc audi* Cic. *Fam.* 7, 25, 2, écoute ceci entre nous ∥ *secretius* Sen. *Nat.* 5, 4, 2, avec plus de discrétion, sans bruit.

sēcrētum, i, n. de *secretus* ¶ 1 lieu écarté, retraite, solitude : Quint. 10, 7, 16 ; Plin. *Ep.* 2, 17, 22 ; 3, 1, 6 ∥ pl., Virg. *En.* 6, 10 ; Hor. *S.* 2, 1, 71 ; Quint. 1, 4, 5 ; *secretiora Germaniae* Tac. *G.* 41, parties plus secrètes de la Germanie ∥ *in secreto* Liv. 26, 19, 6, à l'écart, sans témoins, cf. Curt. 10, 4, 29 ∥ parties secrètes, sexe : Ambr. *Parad.* 13, 63, [qu'Adam et Ève cherchent à voiler] ; Tert. *Anim.* 25, 5 ¶ 2 audience secrète, particulière : Plin. *Ep.* 1, 5, 11 ; Tac. *H.* 2, 4 ; Suet. *Tib.* 25 ; *Cal.* 23 ∥ secret ; pensées, paroles secrètes : Plin. *Ep.* 1, 12, 7 ; Quint. 12, 9, 5 ; *omnium secreta rimari* Tac. *An.* 6, 3, chercher à connaître les secrets de tout le monde ∥ mystères [culte] : Ov. *M.* 2, 556 ; 2, 749 ; Amm. 14, 6, 14 ∥ papiers secrets : Suet. *Cal.* 49 ∥ office de notaire, de secrétaire impérial : Cassiod. *Var.* 1, 4, 10 ∥ [chrét.] mystères : Aug. *Catech.* 9, 13.

sēcrētus, a, um (roum. *secret*, fr. *ségrais*) ¶ 1 part. de *secerno* ¶ 2 adjᵗ **a)** séparé, à part, particulier, spécial, distinct : Varr. *R.* 1, 54, 2 ; Virg. *En.* 6, 478 ; Liv. 1, 52, 6 ; 44, 33, 7 **b)** placé à l'écart, solitaire, isolé, retiré, reculé : Hor. *P.* 298 ; Quint. 11, 1, 47 ; *secretissimus* Petr. 100, 6 ∥ *secreta studia* Quint. 2, 18, 4, études faites isolément, cf. Quint. 12, 2, 7 ; Plin. *Ep.* 7, 9, 4 **c)** caché, secret : Tac. *An.* 1, 4 ; *libertus ex secretioribus ministeriis* Tac. *Agr.* 40, affranchi employé aux affaires confidentielles ; *nihil secretum alter ab altero habent* Liv. 39, 10, 1, ils n'ont pas de secret l'un pour l'autre ∥ [poét.] *secreta auris* Hor. *S.* 2, 8, 78, oreille qui reçoit les secrets [les confidences], cf. Pers. 5, 96 ∥ sans être vu : *tu secreta erige...* Virg. *En.* 4, 494, toi [ma sœur], élève en secret... qui te... **d)** rare, peu commun : Quint. 1, 1, 35 ; 9, 3, 5 **e)** privé de [avec abl.] Lucr. 1, 194 ; [avec gén.] Lucr. 2, 843.

sēcrēvī, parf. de *secerno*.

secta, ae, f. (*sequor*) ¶ 1 ligne de conduite, principes, manière de vivre : Cic. *Cael.* 40 ; *Nat.* 2, 57 ; Quint. 3, 8, 38 ¶ 2 ligne de conduite politique, parti : Cic. *Rab. perd.* 22 ; *Fam.* 13, 4, 2 ; *Verr.* 5, 181 ; *sectam alicujus secuti* Liv. 8, 19, 10, les partisans de qqn ¶ 3 secte, école philosophique : Cic. *Brut.* 120 ; Quint. 5, 7, 35 ; Tac. *An.* 14, 57 ; *H.* 4, 40 ∥ école : [droit] Dig. 1, 2, 2, 47 ; [méd.] Sen. *Ep.* 95, 9 ∥ doctrine religieuse : Vulg. *Act.* 24, 14 ∥ secte religieuse, hérésie : Cod. Just. 1, 9, 3 ; Aug. *Faust.* 20, 3 ¶ 4 bande de brigands : Apul. *M.* 4, 18 ; 4, 24.

sectācŭla, ae, f. (dim. de *secta*), suite, lignée : Apul. *M.* 5, 15.

sectārĭus, a, um (*seco*), coupé, châtré : Pl. *Cap.* 820 [mais d'après P. Fest. 453, 15, qui marche en tête].

sectātĭo, ōnis, f. (*sector*), poursuite de qqch. : Tert. *Ux.* 1, 6, 5.

sectātŏr, ōris, m. (*sector*) ¶ 1 qui accompagne : *sectatores* Cic. *Mur.* 70, cortège qui accompagne le candidat, escorte, suite de clients ∥ [en part.] celui qui accompagnait un magistrat dans sa province : Cic. *Rab. Post.* 8 ; Tac. *An.* 11, 21 ∥ visiteur assidu : Tac. *An.* 4, 68 ¶ 2 sectateur, disciple, tenant d'une doctrine : Tac. *D.* 34 ; Gell. 13, 5, 2 ; 19, 5, 1 ∥ *epularum* Sidon. *Ep.* 3, 13, 3, parasite ∥ successeur : Tert. *Apol.* 19, 6.

sectātrix, īcis, f., celle qui suit une doctrine : Aug. *Virg.* 18, 18.

sectātus, a, um, part. de *sector*.

sectĭlis, e (*seco*) ¶ 1 coupé, fendu, taillé : Plin. 16, 226 ; Vitr. 7, 1, 3 ; Suet. *Caes.* 46 ¶ 2 susceptible d'être coupé, sécable : Juv. 3, 293 ; Mart. 10, 48, 9 ; Plin. 36, 159.

sectĭo, ōnis, f. (*seco*) ¶ 1 action de couper, coupure, amputation : Vitr. 2, 2, 1 ; Plin. 19, 137 ; 25, 150 ∥ mutilation, castration : Apul. *M.* 7, 26 ¶ 2 vente à l'encan [par lots] : Cic. *Phil.* 2, 64 ∥ objets vendus, butin : *sectionem ejus oppidi universam vendidit* Caes. *G.* 2, 33, 6, il vendit l'ensemble du butin de cette ville ¶ 3 [géom.] *in infinitum* Quint. 1, 10, 49, division à l'infini ¶ 4 opération chirurgicale : Aug. *Serm.* 278, 4 ¶ 5 fenaison, fauchage : Concil. Arel. 3, can. 28 ¶ 6 division, schisme : Concil. S. 2, 3, p. 347, 26.

sectĭus, ▶ 1 *setius*.

sectīvus, a, um (*seco*), à couper : *sectivum porrum* Col. 12, 8, 2 ; Plin. 19, 108, poireau à couper [perpétuel].

sectō, ās, āre, āvī, -, ▶ *sector* : Prisc. 2, 396, 21 ; VL. *1 Tim.* 6, 11 ∥ [fig.] poursuivre : Isid. *Eccl.* 2, 5, 20.

1 sectŏr, ārīs, ārī, ātus sum (fréq. de *sequor*), tr. ¶ 1 suivre (accompagner) partout, escorter : Cic. *Amer.* 77 ; *Mur.* 67 ; 70 ; Hor. *S.* 1, 3, 139 ; 1, 2, 78 ; Pl. *Mil.* 9 ∥ [avec idée d'hostilité] *eum pueri sectantur* Cic. *Verr.* 4, 148, les enfants sont continuellement à ses trousses ∥ visiter souvent, fréquenter un lieu : Plin. *Ep.* 1, 22, 6 ¶ 2 poursuivre un animal, faire la chasse à : *apros* Virg. *B.* 3, 75, poursuivre des sangliers, cf. Varr. d. Non. 555, 31 ; Hor. *S.* 1, 2, 106 ; 2, 2, 9 ∥ [fig.] *quid vos hanc miseram ac tenuem praedam sectamini ?* Caes. *G.* 6, 38, 8, pourquoi vous acharnez-vous à poursuivre ce malheureux et maigre butin ?, cf. Hor. *P.* 26 ; Quint. 10, 1, 79 ; *eminentes virtutes sectari* Tac. *An.* 1, 80, rechercher des qualités éminentes ; *praecepta salubria* Suet. *Aug.* 89, rechercher des préceptes utiles ; *sectari, quo...* Hor. *O.* 1, 38, 3, chercher où... ; *sectari, ut* Quint. 1, 10, 1, chercher à, viser à.

▶ pass. *a cane sectari* Varr. *R.* 2, 9, 6, "être accompagné par un chien".

2 sectŏr, ōris, m. (*seco*) ¶ 1 celui qui tranche : *collorum* Cic. *Amer.* 80, qui coupe les gorges, assassin ; *feni* Col. 11, 1, 12, faucheur, *zonarius* Pl. *Trin.* 862, coupeur de bourses ¶ 2 acheteur (à l'encan) de biens confisqués [Dig. 4, 146] : Cic. *Amer.* 103 ; *Phil.* 2, 65 ; 13, 30 ; Tac. *H.* 1, 20 ; P. Fest. 455, 5 ¶ 3 [fig.] *favoris* Luc. 1, 178, qui met en vente ses faveurs [ses suffrages] ¶ 4 [géom.] secteur [d'un cercle] : Ps. Boet. *Geom.* 388, 15 ¶ 5 bourreau : Prud. *Perist.* 5, 529.

sectōrĭus, a, um (2 *sector*), qui concerne les adjudications des biens confisqués : Gai. *Inst.* 4, 146.

sectrix, īcis, f. (2 *sector*), acheteuse de biens confisqués : Plin. 36, 116.

sectūra, ae, f. (*seco*) ¶ 1 coupure, action de couper : Varr. *L.* 5, 115 ; Plin. 37, 111 ∥ [tard.] castration : Rufin. *Greg. Naz. orat.* (Lum.) 3, 4, 2 ¶ 2 coupure [endroit coupé] : Plin. 17, 124 ¶ 3 carrière (de pierre) : Caes. *G.* 3, 21, 3.

sectus, a, um, part. de *seco*.

sĕcŭbātĭo, ōnis, f. (*secubo*), couche séparée : Solin. 26, 4.

sĕcŭbĭtō, ās, āre, -, - (fréq. de *secubo*), intr., faire lit à part : Lucil. 685.

sĕcŭbĭtŭs, ūs, m. (*secubo*), action de coucher à part : Catul. 64, 381 ∥ chasteté : Ov. *Am.* 3, 10, 43.

sĕcŭbō, ās, āre, bŭī, bĭtum (2 *se, cubo*), intr. ¶ 1 coucher seul ou seule, faire lit à part, rester chaste : Catul. 61, 105 ; Tib. 1, 3, 26 ∥ découcher : Liv. 39, 10, 2 ¶ 2 vivre retiré : Prop. 2, 25, 5 ; *in angulo secubans* Apul. *M.* 4, 20, qui se tient dans un coin.

sĕcŭī, parf. de *seco*.

1 sĕcŭla, ae, f. (*seco* ; it. *segolo*, al. *Sichel*, an. *sickle*), faucille : Varr. *L.* 5, 137.

2 Sĕcŭla, ae, m., rivière de Gaule Cisalpine [Secchia] : CIL 11, 826.

sēcŭlāris, **sēcŭlum**, etc., ▶ *saec-*.

sēcum (1 *se*, 1 *cum* ; it. *seco*, esp. *consigo*), ▶ 1 *cum*.

Sĕcunda, ae, f., nom de femme : Varr. *L.* 9, 60 ; CIL 6, 8822.

sĕcundae, ārum, f. pl., secondines, arrière-faix [méd.] : Plin. 27, 30 ; Cels. 7, 29, 9 ▶ *secundus*.

sĕcundānī, ōrum, m. pl., soldats de la deuxième légion : Liv. 34, 15, 8 ; Tac. *H.* 5, 16.

Sĕcundānōrum cŏlōnĭa, ville de Narbonnaise [Orange] : Plin. 3, 36.

sĕcundānus, *a, um* (*secundus*), second par le rang : Capel. 1, 47 ; 51 ‖ ▣ *secundani*.

sĕcundārĭus, *a, um* (*secundus*), secondaire : Cic. Inv. 2, 24 ; Rep. 1, 65 ‖ de seconde qualité : Col. 12, 11, 1 ; Plin. 14, 82 ; *secundarius panis* Suet. Aug. 76, pain de ménage.

sĕcundātŭs, *ūs*, m. (*secundus*), le second rang : Tert. Anim. 27, 3.

sĕcundē, adv. (*secundus*), avec bonheur : Cat. Orat. 163.

sĕcundĭcērĭus, *ĭi*, m. (*secundus, cera*), le second [dans un ordre, dans une compagnie] : Cod. Just. 2, 17, 4.

Sĕcundilla, *ae*, f., nom de femme : Plin. 7, 75.

sĕcundīna, *ae*, f., arrière-faix, secondines [méd.] : Placit. 14, 10.

Sĕcundīnus, *i*, m., nom d'homme : Spart. Sept. 13, 1 ; Amm. 24, 1, 2.

1 sĕcundō, adv. (*secundus*) ¶ **1** en second lieu, en seconde ligne : Cic. Planc. 50 ¶ **2** pour la seconde fois : B.-Alex. 40 ; Eutr. 2, 19 ; Lact. Inst. 4, 17, 9 ¶ **3** deux fois : Treb. Gall. 17, 4.

2 sĕcundō, *ās, āre, āvī*, - (*secundus* ; it. *secondare*), tr., favoriser, rendre heureux, seconder : Virg. G. 4, 397 ; En. 3, 36 ; Ov. H. 13, 136 ; *secundante vento* Tac. An. 2, 24, avec un vent favorable ‖ aider dans : Ambr. Hymn. 2, 15 ‖ [abs.] aider : Ambr. Psalm. 118, 7, 10.

sĕcundum, adv. et prép. (*secundus* ; it. *secondo*)
I adv. ¶ **1** en suivant, derrière : *ire secundum* Pl. Amp. 551, marcher par-derrière, suivre, cf. St. 453 ¶ **2** en second lieu, secondement : Varr. d. Non. 149, 16
II prép., acc. ¶ **1** après, derrière : *nos secundum* Pl. Mil. 1349, derrière nous, cf. Prisc. 3, 26, 27 ¶ **2** le long de : *secundum mare* Cic. Att. 16, 8, 2, le long de la mer, cf. Caes. G. 2, 18 ; 7, 34, 2 ‖ *castra secundum mare ponere* Caes. C. 3, 65, 3, placer son camp au bord de la mer, cf. Sulp. Fam. 4, 12, 2 ; Plin. 25, 68 ¶ **3** immédiatement après, après : *secundum vindemiam* Cat. Agr. 114, 1, après la vendange, cf. Cic. Verr. prim. 34 ; de Or. 1, 264 ; Att. 3, 12, 1 ; *secundum quietem* Cic. Div. 2, 126, après l'assoupissement = pendant le sommeil ¶ **4** *secundum patrem, tu es pater proxumus* Pl. Cap. 239, après mon père, tu es le premier à être pour moi un père, le premier dans mon affection ; *secundum te nihil est mihi amicius solitudine* Cic. Att. 12, 15, après toi rien ne me plaît plus que la solitude, cf. Cic. Off. 2, 11 ; Q. 3, 1, 18 ; *secundum vocem vultus valet* Cic. de Or. 3, 223, tout de suite après la voix, c'est la physionomie qui compte, cf. Cic. Or. 60 ; Vat. 15 ; Caes. G. 1, 33, 2 ¶ **5** selon, suivant, d'après, conformément à : *secundum naturam fluminis* Caes. G. 4, 17, 4, selon la nature du courant ; *secundum naturam vivere* Cic. Fin. 5, 26, vivre selon la nature, cf. Quint. 12, 11, 13 ; *secundum legem* Liv. 1, 26, 5, d'après la loi, cf. Quint. 5, 13, 7 ; 12, 7, 9 ‖ [droit] conformément aux conclusions de, en faveur de, à l'avantage de, pour : *secundum praesentem judicare* Cic. Verr. 2, 41, prononcer en faveur de la partie présente, cf. Cic. Att. 4, 2, 3 ; Liv. 23, 4, 3.

1 sĕcundus, *a, um* (*sequor*) ¶ **1** qui suit, suivant : *secundo lumine* Enn. d. Cic. Att. 7, 26, 1, le jour suivant, le lendemain ¶ **2** qui vient après, second : Cic. Rep. 3, 23 ; Off. 1, 36 ; *id secundum erat de tribus* Cic. Or. 50, c'était la seconde des trois parties de l'éloquence ; *secunda mensa* Cic. Att. 14, 6, 2, second service, le dessert ; *secundus heres* Cic. Top. 21 ; Clu. 33, héritier en seconde ligne, par défaut ‖ **sĕcundae**, *ārum*, f. pl. **a)** ▣ *secundae* **b)** s.-ent. *partes*, second rôle, rôle secondaire : Cic. Caecil. 48 ; Brut. 242 ; Hor. S. 1, 9, 46 ; Quint. 10, 1, 53 ; Sen. Ir. 3, 8, 6 ¶ **3** second par rapport à qqn, à qqch. : *secundus a rege* B.- Alex. 66, le premier après le roi, cf. Liv. 7, 1, 10 ; Hor. S. 2, 3, 193 ‖ [pour la valeur] *nulli Campanorum secundus* Liv. 23, 10, 7, ne le cédant à aucun Campanien, cf. Curt. 5, 10, 3 ; Virg. En. 11, 441 ; [abs[t]] secondaire, d'ordre inférieur : *panis secundus* Hor. Ep. 2, 1, 123, pain de deuxième qualité ¶ **4 a)** qui suit = allant dans le même sens : *secundo flumine* Caes. G. 7, 58, 5, le fleuve allant dans le même sens = en suivant le cours du fleuve, cf. Virg. G. 3, 447 ; En. 7, 494 ; Liv. 21, 28, 7 ; 21, 47, 3 ‖ [d'où] favorable : *et ventum et aestum uno tempore nactus secundum* Caes. G. 4, 23, 6, ayant trouvé en même temps et le vent et la marée favorables ; *secundis ventis* Cic. Planc. 94, avec des vents favorables ; *secundissimo vento* Cic. Nat. 3, 83, avec un vent favorable au plus haut point ; *secundo sole* Nigid. d. Gell. 2, 22, 31, quand le soleil est favorable, en concordance avec le cours du soleil ; *curru dat lora secundo* Virg. En. 1, 156, il abandonne les rênes à son char qui glisse sans obstacle [sur les eaux] **b)** [fig.] propice, favorable : *secundo populo* Cic. Tusc. 2, 4, avec l'assentiment du peuple, cf. Cic. Agr. 2, 101 ; Att. 1, 19, 4 ; Div. 1, 27 ; *tres leges secundissimae plebei* Liv. 8, 12, 14, trois lois très favorables à la plèbe, cf. Liv. 2, 38, 1 ; 5, 49, 4 ‖ heureux, prospère : *in secundissimis rebus* Cic. Off. 1, 91, quand les affaires ont le cours le plus favorable, cf. Cic. Lae. 17 ; 22 ; Att. 4, 2, 1 ; Sull. 66 ; Nat. 3, 88 ; *alicui secundiores res concedere* Caes. G. 1, 14, 5, accorder plus de bonheur à qqn ; *secundissima proelia* Caes. G. 7, 62, 1, combats si heureux ; *de secundo Galliae motu* Caes. G. 7, 59, 1, sur le succès de l'insurrection gauloise ; *omnia secundissima nobis, adversissima illis accidisse videntur* Caes. d. Cic. Att. 10, 8 b tout, manifestement, a tourné au mieux pour nous, au plus mal pour eux ‖ n. pl., **sĕcunda**, bonheur, prospérité, événements favorables : Hor. O. 2, 10, 13 ; Liv. 28, 11, 1 ; 30, 42, 16 ; Tac. H. 2, 59.

2 Sĕcundus, *i*, m., surnom des deux Pline, ▣ *Plinius* ‖ surnom d'un orateur sous Titus, Julius Secundus : Tac. D. 2 ; 5 ; 23 ; 28 ; 33.

sēcūrē, adv. (*securus*) ¶ **1** sans se faire de souci, tranquillement : Plin. Ep. 1, 4, 3 ; Suet. Ner. 40 ; *securius* Sen. Ep. 18, 8 ¶ **2** en sécurité : Plin. Ep. 2, 17, 6.

sĕcūrĭclātus, *a, um* (*securicula*) ¶ **1** assemblé en queue d'aronde : Vitr. 10, 10, 3 ¶ **2** qui a la forme d'une ha-chette ; subst. f., *securiclata, ae*, Plin. 18, 155 ▣ *pelecinos*.

sĕcūrĭcŭla, *ae*, f. (dim. de *securis*) ¶ **1** hachette : Pl. Ru. 1158 ; Mart. 14, 35 ¶ **2** queue-d'aronde : Vitr. 4, 7, 4 ; 10, 11, 8.

sĕcūrĭcŭlārĭus, *ĭi*, m., fabricant de hachettes : Not. Tir. 38.

sĕcūrĭfĕr, Ov. M. 12, 460 et **sĕcūrĭgĕr**, *ĕra, ĕrum* (*securis, fero, gero*), qui porte une hache : Ov. H. 4, 117.

sĕcūris, *is*, f. (*seco* ; it. *scure*, esp. *segur*) ¶ **1** hache, cognée : Cat. Agr. 10, 3 ; Virg. En. 6, 180 ; 2, 224 ; 11, 656 ; *securi ferire* Cic. Verr. 5, 75, frapper de la hache, décapiter, cf. Verr. 5, 113 ; 156 ; *securi percussus* Cic. Verr. 5, 74, décapité ; *eum securi percussisti* Cic. Pis. 84, tu lui fis trancher la tête ; *securibus cervices subicere* Cic. Pis. 83, mettre son cou sous la hache ; *secures de fascibus demere* Cic. Rep. 2, 55, retirer les haches des faisceaux ; *saevus securi Torquatus* Virg. En. 6, 824, Torquatus à la hache cruelle [qui fit décapiter son fils] ; *securis Tenedia* Cic. Q. 2, 11, 2, la hache ténédienne [le roi Ténès, dans l'île de Ténédos, avait établi que tout adultère serait décapité et son fils lui-même subit le châtiment] ¶ **2** [fig.] **a)** coup de hache : *graviorem rei publicae securim infligere* Cic. Planc. 70, assener un coup de hache plus violent à l'État, cf. *injicere* Cic. Mur. 48 **b)** les haches des faisceaux [symbole de l'autorité, d'où] puissance, domination : *Gallia securibus subjecta* Caes. G. 7, 77, 16, la Gaule soumise aux haches romaines, à la puissance romaine, cf. Hor. Saec. 54 ; Tac. An. 12, 34 ; *sumere aut ponere secures* Hor. O. 3, 2, 19, prendre ou déposer les faisceaux = les magistratures ‖ au sg., Ov. Tr. 4, 45 **c)** construction [de navires] avec la hache : *XL die a securi* Plin. 16, 192, quarante jours après la mise en chantier.
▶ acc. ordin. *securim* mais *securem* Varr. Men. 389, Cic. Verr. 5, 123, Liv. 3, 36, 4 8, 7, 20 9, 16, 17 ‖ abl. *securi* mais *secure* Apul. M. 8, 30.

sĕcūrĭtās, *ātis* (*securus*) ¶ **1** exemption de soucis, tranquillité de l'âme : Cic. Fin. 5, 23 ; Tusc. 5, 42 ; Off. 1, 69 ; pl., Plin. 23, 41 ; *mortis* Plin. 7, 184, quiétude devant la mort ‖ [en mauv. part] insouciance, indifférence : Quint. 2, 2, 6 ; 2, 5, 13 ;

securitas

Tac. *H.* 3, 83; Gell. 1, 15, 2; 4, 20, 8 ¶ **2** sûreté, sécurité : Sen. *Clem.* 1, 19, 5; Tac. *An.* 11, 31; ***publica*** Tac. *Agr.* 3, la sécurité publique; ***itinerum*** Plin. 28, 21, la sécurité des voyages, sûreté des routes ¶ **3** sûreté, garantie [par rapport à une dette] : Dig. 27, 4, 1 ¶ **4** reçu, quittance : Cassiod. *Var.* 11, 7, 3.

sēcūrus, **a, um** (2 *se cura*; fr. *sûr*) ¶ **1 a)** exempt de soucis, sans inquiétude, sans trouble, tranquille, calme : ***securus proficiscitur*** Cic. *Flac.* 46, il part sans inquiétude; ***de Lingua Latina securi es animi*** Cic. *Att.* 12, 52, 3, sois tranquille pour le latin; ***securus ab hac parte*** Planc. *Fam.* 10, 24, 8, tranquille de ce côté; ***securior ab Samnitibus*** Liv. 9, 22, 3, assez tranquille du côté des Samnites ǁ [avec gén. poét.] ***securi pelagi atque mei*** Virg. *En.* 7, 304, tranquilles du côté de la mer et de moi, sans s'inquiéter de..., cf. Quint. 8, 3, 51; Tac. *Agr.* 43; *An.* 3, 28; Sen. *Nat.* 6, 1, 2; Hor. *Ep.* 2, 2, 17; Ov. *M.* 6, 137 ǁ [avec interrog. indir.] ***post hoc securus cadat an recto stet fabula talo*** Hor. *Ep.* 2, 1, 176, après cela indifférent à l'échec ou au succès de sa pièce, cf. Hor. *O.* 1, 26, 6; *S.* 2, 4, 50 ǁ ***non securus ne*** [subj.] Liv. 39, 16, 6, craignant que **b)** [choses] ***secura quies*** Lucr. 3, 211, sommeil sans trouble, paisible, cf. Virg. *G.* 3, 376; ***securum holus*** Hor. *S.* 2, 7, 30, légume [repas] paisible, exempt de tout tracas, cf. Tib. 3, 4, 54; Quint. 10, 5, 8; 11, 3, 64; ***castrensis jurisdictio secura*** Tac. *Agr.* 9, la justice des camps qui ne s'inquiète de rien, qui n'a pas de comptes à rendre ǁ ***securae res ab Hannibale*** Liv. 24, 19, 4, situation tranquille du côté d'Hannibal, cf. Plin. 28, 149; ***vota secura repulsae*** Ov. *M.* 12, 199, vœux qui ne craignent pas un refus, cf. Tac. *H.* 1, 86 ǁ [poét.] ***securi latices*** Virg. *En.* 6, 715, des eaux qui apportent la quiétude [Léthé] ¶ **2** exempt de danger, où l'on n'a rien à craindre, sûr, en sécurité [choses] : ***locus securus*** Liv. 39, 1, 6, lieu sûr; ***domus secura*** Plin. *Pan.* 62, 7, maison où l'on est en sûreté; ***materia securior*** Tac. *H.* 1, 1, sujet moins dangereux, cf. Tac. *D.* 3 ǁ n. pl., **sēcūra**, Tac. *D.* 37, la sécurité ǁ ***securissimus*** Spart. *Sept.* 18, 3 ǁ sûr de [de] : Hier. *Ep.* 54, 8.

1 sĕcŭs, adv. (*sequor*, cf. *sech*, bret. *hep*, scr. *sacā*) ¶ **1** autrement : ***quod longe secus est*** Cic. *Lae.* 29, ce qui est tout autrement, cf. Cic. *Opt.* 1; *Rep.* 1, 26; ***nemo dicet secus*** Cic. *Brut.* 293, personne ne dira autrement, le contraire; ***recte secusne ?*** Cic. *Ac.* 2, 135, est-ce à raison ou à tort ?, cf. Cic. *Fin.* 3,44, ou ***recte an secus*** Cic. *Pis.* 68; ***bene aut secus*** Liv. 7, 6, bien ou mal; ***honestis an secus amicis uteretur*** Tac. *An.* 13, 6, [il montrerait] s'il avait de bons ou de mauvais amis = s'il plaçait bien ou mal son amitié ǁ ***hora fere undecima aut non multo secus*** Cic. *Mil.* 29, à la onzième heure environ, ou peu s'en faut; ***haud secus*** Virg. *En.* 2, 382, pareillement, ainsi, de la même manière, cf. Virg. *En.* 12, 9; Tac. *An.* 6, 10 ǁ [avec gén.] ***neque multo secus in iis virium*** Tac. *An.* 4, 5, et il n'y avait pas en elles une grande différence de force, elles n'étaient guère inférieures en force ¶ **2** [construction] : **a)** [sans nég.] ***secus quam*** Ter. *Phorm.* 438, autrement que, cf. Cic. *Cael.* 32; *Div.* 1, 63 ou avec ***atque*** Cic. *de Or.* 3, 119; *Or.* 43; *Nat.* 2, 23 **b)** [avec nég.] ***non secus ac (atque)***, non autrement que : Cic. *Pis.* 45; *Planc.* 3; *de Or.* 2, 24; 3, 83; ***non secus ac si***, comme si : Ter. *Hec.* 278; Cic. *Clu.* 143; *Mur.* 10 ǁ ***non*** ou ***haud secus quam*** : Pl. *Cap.* 273; *Ru.* 410; Cic. *Att.* 6, 2, 2; *Clu.* 133; Liv. 5, 36, 11 **c)** [poét., pour introduire une comparaison] ***non secus ac (atque)***, pareillement, ainsi, de même : Virg. *G.* 3, 346; *En.* 8, 391; 12, 856; Ov. *M.* 8, 162 ¶ **3** autrement qu'il ne faut, mal : ***secus existimare de aliquo*** Cic. *Clu.* 124, avoir une mauvaise opinion de qqn, cf. Cic. *Fam.* 3, 6, 6; ***etiam si secus acciderit*** Cic. *Fam.* 6, 21, 2, même si les événements tournent mal; ***secus facere in aliquem*** Cic. *Att.* 9, 9, 1, mal agir à l'égard de qqn, cf. Cic. *Att.* 1, 19, 11; ***aliquid secus loqui de aliquo*** Tac. *An.* 2, 50, tenir de méchants propos sur qqn; ***aliquid secus senatui de collega scribere*** Liv. 8, 33, 15, écrire quelque chose de défavorable sur son collègue au sénat ¶ **4 V.** ***setius***.

2 sĕcŭs, prép. avec acc. (1 *secus*), ▶ *secundum* (Char. 80, 18) : ***secus mare esse*** Enn. d. Lact. *Inst.* 1, 11, 34, être le long, au bord de la mer, cf. Cat. *Agr.* 21, 2; ***secus viam*** CIL 11, 3932, au bord de la route ǁ ***secus merita ejus*** CIL 11, 5694 selon ses mérites ǁ [en compos.] **V.** *altrinsecus, circumsecus, extrinsecus, intrinsecus, postsecus, utrinsecus*.

3 sĕcŭs, n. indécl. (*seco, sexus*), ▶ *sexus*, sexe [employé en gén. à l'acc. de relation] : ***in quem virile secus habebat*** Asell. d. Gell. 2, 13, 5, l'enfant qu'il avait du sexe masculin, cf. Gell. 3, 10, 7; Sisen. d. Non. 222, 27; Sall. d. Non. 222, 25; ***liberorum capitum virile secus ad decem milia*** Liv. 26, 47, 1, environ dix mille personnes de condition libre du sexe masculin, cf. Liv. 31, 44, 4; Tac. *H.* 5, 13 ǁ nom., Tac. *An.* 4, 62.

sĕcūtĭo, **ōnis**, f. (*sequor*), action de suivre, de chercher : Aug. *Mor. eccl.* 1, 11, 18.

sĕcūtŏr, **ōris**, m. (*sequor*) ¶ **1** un suivant, un surveillant : Apul. *M.* 9, 17 ¶ **2** le poursuivant [gladiateur qui combattait avec le rétiaire] : Suet. *Cal.* 30; Juv. 8, 210 et Schol. ǁ adepte : Tert. *Praescr.* 33, 6; **V.** *sectator*.

sĕcūtōrĭus, **a, um**, qui vient à la suite : Gai. *Inst.* 4, 166; 169.

sĕcūtŭlēius, **a, um**, qui court après, coureur : Petr. 81, 5.

sĕcūtus, **a, um**, part. de *sequor*.

1 sēd, **V.** *2 se*.

2 sĕd (**set**), conj. (cf. *2 se*), mais ¶ **1** [après une nég.] ***non... sed***, ne pas... mais : Cic. Caes.; (***ut***) ***non sibi se soli natum meminerit, sed patriae, sed suis*** Cic. *Rep.* 2, 45, (en sorte qu') il se souvienne d'être né non pour lui seul, mais pour sa patrie, mais pour les siens, cf. Cic. *Tusc.* 3, 82; *Verr.* 3, 169; *Planc.* 24; *Rep.* 1, 64 ǁ [tours] : **a)** ***non solum*** (***non modo, non tantum***)... ***sed*** (***sed etiam***), non seulement ne... pas... mais, (mais encore, mais pas même) **b)** ***non modo non... sed*** (***sed etiam, sed ne... quidem***), non seulement ne... pas... mais, pas même) **c)** ***non modo... sed ne... quidem***, non seulement ne... pas, mais pas même ¶ **2** [après un tour positif, enchérissement] ***affer duas clavas — clavas ? — sed probas*** Pl. *Ru.* 799, apporte deux gourdins — des gourdins ? — mais des bons ǁ [en gén.] ***sed etiam*** = mais aussi, mais en plus : ***Q. Volusium, certum hominem, sed mirifice etiam abstinentem misi*** Cic. *Att.* 5, 21, 6, j'ai envoyé Q. Volusius, un homme sûr, mais aussi étonnement désintéressé, cf. Cic. *Att.* 3, 15, 5; *Fam.* 13, 64, 2; *Or.* 190 ¶ **3** [restriction, réserve (oui), mais **a)** ***perfectus litteris, sed Graecis*** Cic. *Brut.* 247, très versé dans les lettres, les lettres grecques du moins **b)** [*sed* préparé par *quidem, sane*] certes, je veux bien, soit... mais, cf. Cic. *Rep.* 1, 42; *Lae.* 18 **c)** ***sed*** ou ***sed tamen*** après *fortasse*, peut-être... mais (mais pourtant) : Cic. *Div.* 2, 70; *Tusc.* 1, 30; *Off.* 3, 82; *Rep.* 2, 57; *Sest.* 12 **d)** ***sed rursus*** Cic. *Fam.* 14, 18, 1, mais en revanche; ***sed certe*** Caes. *G.* 6, 31, 1, mais le certain, c'est que **e)** mais, quoi qu'il en soit; dans tous les cas : Cic. *Or.* 35; 209; 221; *Off.* 2, 72 ou avec *tamen* : ***sed tamen*** Cic. *Phil.* 2, 104, mais, laissons cela, passons **f)** [deux réserves successives] ***sed... sed tamen*** Cic. *Off.* 1, 136 ¶ **4** [très souvent pour couper court à un dévelopt et passer à un autre ordre d'idées] ***sed nimis haec multa de me*** Cic. *Att.* 15, 4, 15, mais en voilà déjà trop sur ce qui me concerne; ***sed haec hactenus***, mais en voilà assez sur ce point, **V.** *hactenus*; ***sed ista mox, nunc...*** Cic. *Rep.* 1, 20, mais à une autre fois cette question ; maintenant... ǁ [ou pour revenir à un dévelopt interrompu] ***sed redeamus ad Hortensium*** Cic. *Brut.* 291, mais revenons à Hortensius, cf. Cic. *Brut.* 220; 300; [après une parenthèse] : Cic. *de Or.* 3, 45; *Q.* 2, 3, 2 ǁ [ou simplt pour introduire brusquement un nouveau dévelopt] ***sed ecce in manibus*** Cic. *Brut.* 125, mais nous voici en présence de...; ***sed eccum Amphitruonem*** Pl. *Amp.* 1005, mais voici Amphitryon ǁ [une remarque incidente] mais j'ajoute que, or : Virg. *En.* 10, 576; 698.

sēdāmĕn, **ĭnis**, n. (*sedo*), adoucissement : Sen. *Phaed.* 1188.

sēdātē, adv. (*sedo*), avec calme : ***sedate ferre aliquid*** Cic. *Tusc.* 2, 46, supporter qqch. avec calme ǁ d'une façon paisible : ***sedate labi*** Cic. *Or.* 92, avoir une allure calme; ***sedatius*** Amm. 25, 1, 5.

sēdātĭo, ōnis, f. (sedo), action d'apaiser, de calmer : Cic. *Off.* 1, 88 ; *Tusc.* 4, 63 ‖ calme : Cic. *Fin.* 1, 64 ; pl., Cic. *Tusc.* 5, 43, les états de calme, de tranquillité de l'âme ‖ [fig.] pause, arrêt : Tert. *Marc.* 4, 33, 8.

sēdātŏr, ōris, m. (sedo), celui qui apaise : Arn. 3, 26.

1 sēdātus, a, um ¶ 1 part. de *sedo* ¶ 2 [adj¹] calme, paisible : Cic. *Or.* 39 ; *sedatiore animo* Cic. *Att.* 8, 3, 7, avec plus de calme, cf. Virg. *En.* 12, 18 ; *sedato gradu* Liv. 25, 37, 15, sans hâte ‖ *in numeris sedatior* Cic. *Or.* 176, plus modéré dans l'usage du nombre oratoire ‖ *sedatissimus* Her. 3, 24.

2 sēdātŭs, abl. ū, m., état de repos, paix : Virg. Gram. *Epist.* 3, 2, 4.

sēdĕcennis, e (sedecim, annus), âgé de seize ans : Aus. *Epist.* 34 (249), tit.

Sēdĕcĭās, ae, m. (Σεδεκίας), nom de différents personnages du peuple juif : Vulg. 4 *Reg.* 24, 17 ; 1 *Par.* 3, 16.

sēdĕcĭēs (**sexdĕcĭēs**), adv., seize fois : Paul. *Dig.* 38, 10, 10, 18 ; Plin. 6, 183.

sēdĕcim (**sex-**), indécl. ; adv. (sex, decem) ; it. sedici, fr. seize), seize : Cæs. G. 1, 8, 1 ‖ Liv. 36, 36, 6.

sēdĕcŭla, ae, f. (dim. de *sedes*), petit siège : Cic. *Att.* 4, 10, 1.

Sedelaucum, Amm. 16, 2, 3, **Sidoloucum**, i, n., Anton. 360, ville de la Gaule Lyonnaise [auj. Saulieu].

sēdĕnim, V. enim.

sĕdens, V. sedeo.

sĕdentārĭus, a, um (sedens) ¶ 1 à quoi on travaille assis : Col. 12, 3, 8 ¶ 2 qui travaille assis : Pl. *Aul.* 507 ‖ [fig.] *muta ac sedentaria assentiendi necessitas (= assentatio necessaria)* Plin. *Pan.* 73, 3, une approbation forcée, muette et immobile [au sénat] ¶ 3 qui reste assis sans rien faire : Ps. Cypr. *Aleat.* 6.

sĕdĕō, ēs, ēre, sēdī, sessum (sedo, sido, solium, sella, nidus, cf. ἕζομαι, scr. sīdati, rus. sidet', al. sitzen, an. sit ; fr. seoir)

I intr. ¶ 1 être assis : Pl. *Cap.* 2 ; 12 ; Cic. *Amer.* 1 ; *in sella, in solio* Cic. *Div.* 1, 104 ; *Fin.* 2, 66, être assis sur un siège, sur un trône ‖ *sella curuli* Liv. 30, 19, 9, être assis sur la chaise curule [*in sella curuli* Cic. *Att.* 4, 10, 1] ‖ *in equo* Cic. *Verr.* 5, 27, être à cheval ‖ être perché [oiseau] : Virg. G. 4, 154 ‖ [tard.] [avec dat.] *sedere asinae* Hier. *Matth.* 3, 21, 4, monter une ânesse ‖ [méd.] aller à la selle : M.-Emp. 28, 58 ¶ 2 siéger [en parl. de magistrats, de juges] : *Scævola tribuno in rostris sedente* Cic. *Brut.* 161, le tribun Scévola siégeant [comme président du *concilium plebis*] sur les rostres ; *ejus mortis sedetis ultores, cujus...* Cic. *Mil.* 79, vous siégez pour venger la mort d'un homme dont..., cf. Liv. 40, 8, 7 ‖ [assesseurs des juges] : Cic. *de Or.* 1, 168 ‖ [chrét.] siéger à un concile : Concil. S. 2, 3, p. 40, 7 ¶ 3 séjourner, demeurer, se tenir : *Corcyræ* Cic. *Fam.* 16, 7, séjourner à Corcyre ; *in villa totos dies* ... ; Cic. *Att.* 12, 44, 2, rester dans une villa des journées entières ; *sedemus desides domi* Liv. 3, 68, 8, nous demeurons inactifs à Rome, cf. Liv. 1, 58, 8 ; 44, 13, 1 ; *ad gubernacula rei publicæ* Cic. *Amer.* 51, se tenir au gouvernail de l'État ‖ demeurer oisif, inactif, être dans l'inaction, tarder : Cic. *Sest.* 33 ; Nep. *Dat.* 8, 1 ; Liv. 7, 13, 7 ; *Romanus sedendo vincit* Varr. R. 1, 2, 2, le Romain triomphe en restant inactif, cf. Liv. 22, 24, 10 ‖ [en parl. de choses] *nebula campo quam montibus densior sederat* Liv. 22, 4, 6, le brouillard se tenait plus épais sur la plaine que sur les hauteurs ; *depressa sedere* Lucr. 5, 474, rester enfoncés [corps pesants], rester dans le bas ; *memor illius escæ quæ tibi sederit* Hor. S. 2, 2, 73, te souvenant de cette nourriture qui est restée bien tranquille dans ton estomac ‖ s'apaiser, se calmer : *sedere minæ* Sil. 10, 623, les menaces se calmèrent ¶ 4 être arrêté, demeurer fixé [choses] : *librata (glans) cum sederit* Liv. 38, 29, 6, vu que le projectile n'a pas bougé dans la poche de la fronde au cours du tournoiement ; *sedens humero toga* Quint. 11, 3, 161, la toge reposant sur l'épaule ; *postquam (cadaver) sicco litore sedit* Luc. 8, 726, une fois le cadavre échoué sur le sable sec ; *aliquid, quod in animo fideliter sedeat* Sen. *Ep.* 2, 2, qqch. de nature à se fixer solidement dans l'esprit ‖ être enfoncé : *alta sedent vulnera* Luc. 1, 32, les blessures sont profondément enfoncées ‖ *parum mihi sedet judicium* Sen. *Ep.* 46, 3, mon jugement n'est guère arrêté ; *si... id pio sedet Æneæ* Virg. *En.* 5, 418, si telle est la volonté du pieux Énée, cf. *En.* 4, 15 ; *sedet* [avec inf.] Stat. *Th.* 1, 324 ; 3, 459, la résolution est ferme de.

II tr. ¶ 1 [tard.] monter [un animal] : *animalia sedentur* Veg. *Mul.* 1, 56, 12, on monte les animaux ; Solin. 45, 8 ; Greg.-Tur. *Martin.* 4, 31 ¶ 2 [chrét.] siéger, occuper une fonction : *eamdem cathedram sedet* Aug. *Ep.* 53, 3, il occupe le même siège (épiscopal).

sĕdēs, is, f. (sedeo ; esp. *Seo*, an. *see*) ¶ 1 siège [chaise, banc, trône] : Cic. *de Or.* 1, 29 ; *Cat.* 4, 2 ; *Div.* 1, 104 ‖ *ad laevam alicujus sedem capere* Liv. 1, 18, 7, s'asseoir à gauche de qqn. cf. Liv. 4, 9, 8 ¶ 2 séjour, siège, habitation, domicile, résidence : sg., Cic. *Rep.* 1, 41 ; 6, 20 ; *Par.* 25 ; *Clu.* 188 ; 171 ; *omni in sede ac loco* Cic. *Mur.* 85, en tout séjour et en tout lieu, cf. Liv. 22, 39, 11 ‖ pl., [en parl. de plus. pers. ou d'un peuple] : Cic. *Rep.* 2, 7 ; 5, 7 ; *Fam.* 12, 25 ; Cæs. G. 1, 31 ; 1, 44 ; 4, 4 ; 6, 24 ; Sall. C. 6, 1 ; J. 18, 2 ; [en parl. d'une pers.] Cic. *Rep.* 2, 34 ; *Sull.* 18 ; *Caecil.* 19 ¶ 3 [choses] siège, position, terrain, assiette, fondement, théâtre : *sedem trabibus præbere* Plin. 33, 74, donner aux poutres un appui ; *superbia in superciliis sedem habet* Plin. 11, 138, l'orgueil a son siège dans les sourcils ; *montes moliri sede sua* Liv. 9, 3, 3, déplacer des montagnes ; *belli sedes* Liv. 28, 44, 15, théâtre de la guerre ; *verba sedem habere non possunt, si rem subtraxeris* Cic. *de Or.* 3, 19, les mots ne peuvent avoir de fondement sans les idées ; *Roma prope convulsa sedibus suis* Cic. *Pis.* 52, Rome presque arrachée de ses fondements ‖ *sedes orationis* Quint. 9, 4, 62, le point d'arrêt [de repos] de la phrase ¶ 4 fondement, siège, anus : Plin. 22, 61 ‖ [chrét.] siège épiscopal, église épiscopale : Aug. *Cresc.* 3, 58, 64.

▶ gén. pl. *sedum* Cic. *Sest.* 45 ; *Agr.* 2, 51 ; Liv. 5, 42, 1, cf. Prisc. 2, 33, 5 ; *sedium* Vell. 2, 109, 3.

Sēdētāni, m. pl., peuple d'Espagne, 🄲 *Edetani* : Liv. 34, 20, 1 ‖ **Sēdētānus**, a, um, 🄲 *Edetanus*, a, um : Liv. 29, 1, 26.

sēdĭcŭlum, i, n. (sedeo), siège : Varr. L. 8, 54, cf. P. Fest. 453, 12.

1 sēdĭgĭtus, a, um (sex, digitus), qui a six doigts à une main : Plin. 11, 244.

2 Sēdĭgĭtus, i, m., Volcatius Sedigitus, poète romain : Gell. 3, 3, 1 ; 15, 24, 1.

sĕdīlĕ, is, n. (sedeo) ¶ 1 siège, banc : Virg. *En.* 8, 176 ; Sen. *Ep.* 70, 23 ; pl., Virg. G. 4, 350 ; Plin. *Ep.* 5, 6, 40 ‖ sièges au théâtre : Hor. *Epo.* 4, 15 ; P. 205 ; Suet. *Aug.* 43 ¶ 2 [fig.] action de s'asseoir, repos sur un siège : Cels. 1, 3, 9.

sēdĭmen, ĭnis, n. (sedeo), sédiment, dépôt : Cæl.-Aur. *Chron.* 5, 2, 44.

sēdĭmentum, i, n., tassement : Plin. 36, 73.

Sedisca, æ, f., ville d'Asie [auj. Zamboul] : Anton. 217.

sēdĭtĭō, ōnis, f. (2 sed, itio, cf. *secessio*) ¶ 1 action d'aller à part, désunion, division, discorde : Pl. *Amp.* 474 ; Ter. *And.* 830 ; Liv. 45, 19, 13 ; Suet. *Ner.* 26 ; Ov. M. 9, 427 ¶ 2 [polit. ou milit.] sédition, soulèvement, révolte : Cic. *Rep.* 6, 3 ; *duobus tribunis plebis per seditionem creatis* Cic. *Rep.* 2, 59, deux tribuns de la plèbe ayant été institués à la faveur d'un soulèvement populaire ; *pæne seditione facta* Cæs. C. 1, 87, 3, une révolte [des légions] ayant failli se produire, cf. Cæs. G. 7, 28, 6 ; *seditionem concitare* Cic. *Sest.* 77, exciter une révolte [provoquer un soulèvement] ; *seditiones ipsas ornare* Cic. *de Or.* 2, 124, célébrer les séditions elles-mêmes ¶ 3 [fig.] *maris* Stat. *Th.* 9, 142, la révolte de la mer ; *intestina corporis* Liv. 2, 32, 12, dissension à l'intérieur du corps [apologue des membres et de l'estomac] ‖ *Archytas iracundiam... seditionem quamdam animi ducebat* Cic. *Rep.* 1, 60, Archytas regardait l'emportement comme une sorte de soulèvement intérieur ¶ 4 [chrét.] schisme : Aug. *Catech.* 12, 31 [les donatistes].

sēdĭtĭōnārĭus, ĭi, m., émeutier : Gloss. 3, 335, 71.

sēdĭtĭŏnŏr, āris, ārī, -, intr., se soulever : Dosith. 7, 432, 16 ; Gloss. 2, 436, 41.

sēdĭtĭōsē, adv., séditieusement : Cic. Clu. 2 ; Mil. 8 ; -sius Tac. H. 5, 12 ; -issime Cic. Att. 2, 21, 5.

sēdĭtĭōsus, a, um (seditio) ¶ 1 séditieux, factieux : Cic. Phil. 1, 22 ; de Or. 2, 48 ; Leg. 3, 44 ; -sissimus Cic. Rep. 1, 31 ‖ *contiones seditiosae* Cic. Clu. 103, assemblées séditieuses ; *seditiosa oratio* Caes. G. 1, 17, 2, discours factieux ; *seditiosior* Ascon. Mil. 43 ‖ *ea est seditiosa* Cic. Att. 2, 1, 5, c'est une fautrice de tourments ¶ 2 exposé aux troubles : *seditiosa vita* Cic. Inv. 1, 4, vie pleine de troubles.

sēdō, ās, āre, āvī, ātum (causatif de sedeo, cf. sido, sedes, sella, scr. sādayati, al. setzen, an. set)
I tr. ¶ 1 faire asseoir, rasseoir : *pulverem* Phaed. 2, 5, 18, abattre la poussière ¶ 2 faire tenir en repos, calmer, apaiser : *mare, flammam* Cic. Rep. 1, 65, maîtriser la mer, des flammes ; *tempestas sedatur* Cic. Verr. 1, 46, la tempête tombe, se calme ‖ [fig.] *sitim* Lucr. 2, 663, apaiser la soif ; *lassitudinem* Nep. Eum. 9, 6, faire tomber la fatigue ; *bellum sedatur* Cic. Cat. 2, 28, la guerre s'apaise ; *pugna sedatur* Cic. Cat. 3, 6, le combat cesse ; *discordias* Cic. Phil. 1, 1, apaiser des discordes ; *infamiam judiciorum* Cic. Verr. prim. 1, faire tomber (cesser) le discrédit des tribunaux ; *mentes* Cic. de Or. 1, 17, calmer les esprits ; *appetitus omnes* Cic. Off. 1, 103, calmer tous les penchants ; *ut vix a magistratibus juventus sedaretur* Liv. 21, 20, 3, au point que les magistrats avaient peine à calmer la jeunesse
II intr., sedare = sedari, s'apaiser : Gell. Hist. d. Gell. 18, 12, 8.

Sedochezi, ōrum, m. pl., peuplade scythe de Colchide : Tac. H. 3, 48, 1.

Sedratyra, ae, f., ville de Gédrosie : Amm. 23, 6, 73.

sēduc, impér. de seduco, Diom. 349, 27.

sēdūcō, ĭs, ĕre, dūxī, dūctum (2 se, duco ; fr. séduire, ➤ subduco), tr. ¶ 1 emmener à part, à l'écart : *aliquem* Cic. de Or. 1, 239, prendre qqn à part [lui parler en particulier], cf. Cic. Att. 5, 21, 12 ; 15, 1, 3 ; Liv. 30, 5, 9 ; *a te seductus est* Cic. Fam. 10, 28, 1, tu l'as tiré à l'écart ; *te a peste seduxit* Cic. Phil. 13, 22, il t'a soustrait à ta perte ‖ *ocellos* Prop. 1, 9, 27, tourner ses jolis yeux ailleurs ; *vina paulum seducta* Ov. M. 8, 673, le vin placé un peu à l'écart ‖ tirer à part vers soi, tirer à soi : Sen. Ep. 90, 38 ¶ 2 séparer **a)** *quiddam a corporibus seductum* Sen. Ep. 117, 13, qqch. qui est distinct des corps ; *muliebre nomen, ex quo et virtutes tuae seduxerunt* Sen. Helv. 16, 5, ta condition de femme, dont tes vertus t'ont détachée ; *consilia seducta a plurium conscientia* Liv. 2, 54, 7, des réunions tenues à l'insu du public ; *mors anima seduxit artus* Virg. En. 4, 385, la mort a séparé le corps de l'âme **b)** séparer, diviser, partager [en parl. de lieux] : Ov. H. 19, 142 ; M. 13, 611 ; Luc. 8, 291 **c)** [chrét.] séduire, corrompre, détourner du droit chemin : Vulg. Exod. 22, 16.

sēductībĭlis, **sēductīlis**, e (seduco), facile à séduire : Aug. Psalm. 54, 22 ; Conf. 2, 3.

sēductĭo, ōnis, f. (seduco) ¶ 1 action de prendre à part : Cic. Mur. 49 ¶ 2 séparation : Lact. Inst. 2, 12, 9 ¶ 3 séduction, corruption : Vulg. 2 Thess. 2, 10 ; Cypr. Ep. 65, 5 ; Hier. Is. 4, 14, 23.

sēductŏr, ōris, m., séducteur : Vulg. Sap. 10, 12 ‖ [démon] Aug. Serm. 278, 2.

sēductōrĭus, a, um, propre à séduire, séducteur : [talent oratoire] Aug. Conf. 5, 6, 11 ; [le démon] Catech. 25, 46.

sēductrix, īcis, f., tentatrice : Tert. Marc. 2, 2, 7.

sēductus, a, um ¶ 1 part. de seduco ¶ 2 [adj¹] **a)** à l'écart : *paulum seductior* Pers. 6, 42, un peu plus à l'écart **b)** vivant retiré, dans la retraite : Plin. Ep. 7, 25, 5 ; Sen. Helv. 19, 2 ‖ *in seducto* Sen. Tranq. 3, 2, dans la retraite, la solitude **c)** éloigné [en parl. de lieux] : Ov. M. 4, 623 ; 13, 902.

sēdŭlārĭa, ōrum, n. pl. (sedes), banquettes, coussins de voiture : Dig. 33, 10, 4.

sēdŭlē, adv. (sedulus), avec empressement : Col. 9, 9, 1.

sēdŭlĭtās, ātis, f. (sedulus), empressement, assiduité, application : *mali poetae* Cic. Arch. 25, l'empressement d'un mauvais poète, cf. Cic. Caecin. 14 ; Agr. 2, 12 ; *officiosa sedulitas* Hor. Ep. 1, 7, 8, l'assiduité à rendre ses devoirs.

Sēdŭlĭus, ii, m., poète chrétien sous Théodose : Fort. Mart. 1, 15.

Sedullus, i, m., chef des Lémovices : Caes. G. 7, 88.

sēdŭlō, adv. (2 se dolo), franchement (sans tromperie), consciencieusement, avec application, avec empressement, avec zèle, de tout cœur : Pl., Ter., Cic. ; *fingit sedulo causas* Ter. Eun. 138, il imagine de son mieux des prétextes, cf. Pl. Cap. 298 ; Cic. Att. 3, 12, 1 ; *sedulo diem extrahere* Liv. 28, 15, 3, mettre son application à traîner le temps en longueur, cf. Liv. 34, 14, 3.

sēdŭlus, a, um (sedulo), empressé, diligent, zélé, appliqué : Cic. Brut. 176 ; *spectator sedulus* Hor. Ep. 2, 1, 178, le spectateur appliqué, attentif [qui se donne de tout cœur au spectacle], cf. Hor. S. 1, 5, 71 ; Ep. 1, 13, 5 ‖ loyal, sincère : Ambr. Off. 2, 22.

▶ étym. donnée par les Anciens pour sedulo et sedulus : se dolo cf. Don. Ad. 413 ; Serv. En. 2, 374 ; Non. 37, 28 ; Isid. 10, 244 ; 247.

1 **sĕdum**, [arch.] ➤ sed : Char. 112, 5.

2 **sĕdum**, i, n. (?), joubarbe, orpin [plante] : Fest. 462, 13 ; Col. 2, 9, 10 ; Plin. 18, 159.

Sedūni, ōrum, m. pl., habitants de Sédunum [Sion, dans le Valais] Atlas XII, B1 : Caes. G. 3, 1.

Sedusii, ōrum, m. pl., peuple de Germanie : Caes. G. 1, 51.

sēdūxī, parf. de seduco.

sĕgĕs, ĕtis, f. (cf. 3 sero ?) ¶ 1 champ **a)** champ non ensemencé : Cat. Agr. 29 ; 36 ; 155, 2 ; Cic. d. Non. 395, 15 ; Acc. d. Cic. Tusc. 2, 13 ; Virg. G. 4, 129 ; Tib. 1, 3, 61 **b)** champ ensemencé : Varr. R. 1, 29, 1 ; Acc. d. Cic. Tusc. 1, 69 ; Cic. Or. 48 ; CM 54 ; Verr. 3, 20 ; Caes. G 6, 36, 2 ; Virg. G. 1, 47 ; Hor. Ep. 2, 2, 161 ‖ [fig.] *quid odisset Clodium Milo, segetem ac materiam suae gloriae ?* Cic. Mil. 35, pourquoi Milon aurait-il détesté Clodius, le terrain est la matière de sa gloire ?, cf. Acc. d. Non. 395, 27 ¶ 2 **a)** le champ de céréales, les céréales sur pied, moisson : Cic. Or. 81 ; de Or. 3, 155 ; Varr. R. 1, 52, 1 ; Caes. C. 3, 81, 3 **b)** [en gén.] ce qui pousse dans un champ, production d'un champ : *seges lini, avenae* Virg. G. 1, 77, la pousse du lin, de l'avoine ; les récoltes de lin, d'avoine, cf. Virg. G. 2, 267 ; *seges farris dicitur fuisse matura messi* Liv. 2, 5, 3, il y avait, dit-on, du blé sur pied, mûr pour la moisson **c)** [fig.] Virg. En. 7, 526 ; 12, 663.

1 **Sĕgesta**, ae, f. ¶ 1 Ségeste, ville de Sicile Atlas XII, G3 : Cic. Verr. 4, 72 ‖ *-ānus*, a, um, de Ségeste : Cic. Verr. 3, 13 ; Or. 210 ‖ *-ānum*, i, n., territoire de Ségeste : Cic. Verr. 3, 93 ‖ *-āni*, ōrum, m. pl., les Ségestains : Cic. Verr. 4, 72 ¶ 2 *Segesta Tigulliorum* Plin. 3, 48, ville de Ligurie.

2 **Sĕgesta**, ae, f., ville des Alpes Carniques : Plin. 3, 131.

3 **Sĕgesta**, Plin. 18, 8 et **Sĕgĕtĭa**, ae, f., Macr. Sat. 1, 16, 8, déesse de la moisson.

Segestēs, ae, m., nom d'un chef germain : Tac. An. 1, 55.

Segestĭca, ae, f., ville de Tarraconaise : Liv. 34, 17 ‖ île de Pannonie : Plin. 3, 148.

sĕgestra, ae, f., Diocl. 8, 8, 42, ➤ segestre.

sĕgestre (tĕg-), is, surtout pl., **sĕgestrĭa** (tĕg-), ĭum, n. (de στεγάστρον ; cf. tego), natte, couverture de paille tressée : Lucil. 515 ; Varr. L. 5, 166 ‖ housse [servant à l'emballage] Plin. 13, 76 ; [servant à garantir les navires de guerre contre les projectiles] P. Fest. 61, 20.

sĕgĕtālis, e (seges), qui croît parmi les blés : Ps. Apul. Herb. 78.

Sĕgĕtĭa, ae, f., ➤ 3 Segesta.

Seggera, ae, f., ville d'Afrique [auj. Jumah] : Anton. 63.

Segida, ae, f., ville de Bétique : Plin. 3, 10.

Segĭenses, *ĭum*, m. pl., peuple de Tarraconaise : PLIN. 3, 24.

Segimerus, *i*, m., frère de Ségestès : TAC. An. 1, 71.

Segimundus, *i*, m., fils de Ségestès : TAC. An. 1, 57.

Segisama, *ae*, f., FLOR. 2, 33, 48, **Segesamo**, *ōnis*, f., ANTON. 394, ville de Tarraconaise [auj. Sasamon] Atlas IV, B2; V, F1 ǁ **-mōnenses**, *ĭum*, m. pl., habitants de Segisama : PLIN. 3, 26. **Segisamajūlienses**, m. pl., habitants de Segisama Julia : PLIN. 3, 26.

segmĕn, *ĭnis*, n. (*seco*), rognure : FAB. PICT. d. GELL. 10, 15, 15 ; *nulli secabile segmen* AUS. Ecl. 1 (368), 7, particule indivisible [atome] ǁ fissure : VITR. 7, 3, 11.

segmentārĭus, *ĭi*, m., passementier : NOT. TIR. 99.

segmentātus, *a*, *um* (*segmentum*), orné de bandes de pourpre ou d'or, chamarré : JUV. 6, 89 ; CIL 6, 2076 ; 2051 [ACT. ARV.] ǁ [fig.] orné, enrichi : SYMM. Ep. 3, 12.

segmentum, *i*, n. (*seco*), coupure, entaille, incision : PLIN. 36, 53 ǁ [fig.] segment, bande : AUS. Mos. 118 ǁ zone : PLIN. 6, 211 ; 6, 216 ǁ chamarrure : OV. A. A. 3, 169 ; *aurea segmenta* VAL.-MAX. 5, 2, 1, galons d'or ǁ vêtement chamarré : JUV. 2, 124.

segnĕ, adv. (*segnis*), lentement, mollement : AMM. 21, 10, 1.

segnescō, *ĭs*, *ĕre*, -, - (*segnis*), intr., se ralentir : CAEL.-AUR. Acut. 2, 18, 110.

Segni, *ōrum*, m. pl., peuple de Belgique : CAES. G. 6, 32, 1.

segnĭpēs, *ĕdis* (*segnis*, *pes*), qui marche lentement : JUV. 8, 67.

segnis, *e* (cf. ἧκα), lent, indolent, nonchalant, inactif, paresseux, apathique : *propter onus segnes* HOR. S. 2, 3, 102, lents, alourdis à cause de leur fardeau ; *segniores incitare* CAES. C. 1, 3, 1, stimuler les gens trop apathiques ; *segnior* CIC. Att. 8, 11, b, 3, manquant un peu de zèle ; *segnior ad respondendum* CIC. Fin. 1, 34, moins prompt à la réplique, cf. CIC. Font. 17 ; *segnis in pericula* TAC. An. 14, 23, hésitant devant le danger ; *segnis in nocturna bella* VIRG. En. 11, 736, mou aux combats nocturnes [de l'amour] ; *occasionum haud segnis* TAC. An. 16, 14, prompt à saisir les occasions, cf. TAC. An. 14, 33 ; *segnis solvere* HOR. O. 3, 21, 22, lent à dénouer, cf. OV. Tr. 5, 7, 19 ; LUC. 8, 296 ǁ *segnis militia* LIV. 26, 21, 16, service militaire nonchalant, mou ; *non segnior discordia fuit* LIV. 2, 43, 1, les conflits ne désarmèrent pas ; *tam segnis mora* LIV. 25, 8, 13, une inaction si prolongée ; *cultus terrae segnior* CIC. Leg. 2, 45, culture de la terre moins active.

segnĭtās, *ātis*, f., ▶ *segnitia* : ACC. Tr. 108, cf. CIC. de Or. 1, 185.

segnĭtĕr, adv. (*segnis*), avec lenteur, avec paresse, avec indolence, nonchalamment : LIV. 25, 35, 1 ; 29, 19, 12 ; TAC. An. 11, 26 ; H. 2, 71 ; *nihilo segnius* CIC. Mil. 82, avec non moins d'activité, d'énergie, cf. SALL. J. 75, 10 ; LIV. 26, 12, 3 ; **segnissime** CASSIOD. Var. 1, 35.

segnĭtĭa, *ae*, f. (*segnis*), lenteur, indolence, nonchalance, paresse, apathie : CIC. Fin. 1, 5 ; Brut. 282 ; TER. And. 206 ; LIV. 31, 38, 1 ; 36, 15, 2 ; *segnitia maris* TAC. H. 3, 42, le calme de la mer.

segnĭtĭēs, *ēi*, f., ▶ *segnitia* : PL. Trin. 796 ; VIRG. En. 2, 374 ǁ *verbi* PS. QUINT. Decl. 12, 11, faiblesse d'expression.

Sĕgŏbrīga, *ae*, f., ville des Celtibères [auj. Ségorbe] Atlas IV, C3 : PLIN. 36, 160 ǁ **-enses**, *ĭum*, m. pl., habitants de Segobriga : PLIN. 3, 25.

Sĕgŏbrīgĭi, *ōrum*, m. pl., Ségobriges, peuple de Narbonnaise : JUST. 43, 3, 8.

Sĕgŏdūnum, *i*, n., ville d'Aquitaine [Rodez] Atlas IV, A4 ; V, E2 : CIC. Font. 19 ; PEUT. 1, 3.

Sĕgontĭa, **Sĕguntĭa**, **Săguntĭa**, *ae*, f., ville de Tarraconaise [auj. Sigüenza] Atlas IV, C3 : LIV. 34, 19, 10 ; PLIN. 3, 27 ǁ **-tīnus**, *a*, *um*, de Segontia : CIL 2, 4201 ǁ **-tīnenses**, m. pl., habitants de Segontia : CIL 2, 3626.

Sĕgontĭăci, *ōrum*, m. pl., peuple de Bretagne : CAES. G. 5, 21, 1.

Sĕgontĭum, *ĭi*, n., ville de Bretagne [auj. Caernarvon] : ANTON. 482.

Segōsa, *ae*, f., ville d'Aquitaine [auj. Escoussé] : ANTON. 456.

Sĕgōvax, *actis*, m., roi d'une partie de la Bretagne : CAES. G. 5, 22, 1.

Sĕgŏvellauni, *ōrum*, m. pl., peuple de la Narbonnaise : PLIN. 3, 34.

Sĕgŏvēsus, *i*, m., chef gaulois : LIV. 5, 34, 3.

Sĕgŏvĭa, *ae*, f., ville de Tarraconaise [auj. Ségovie] Atlas IV, C2 : PLIN. 3, 27 ǁ ville de Bétique : B.-ALEX. 57, 6.

sēgrĕdĭor, *ĕrĭs*, *dī*, - (2 *se*, *gradior*), intr., aller à l'écart, se retirer : *TERT. Anim. 18, 2.

sēgrĕgātim, adv. (*segrego*), à part, séparément : PRUD. Ham. pr. 39.

sēgrĕgātĭo, *ōnis*, f. (*segrego*), séparation : TERT. Anim. 43, 4 ; CHALC. 279 ǁ action de se tenir ou d'être tenu à l'écart [pour la femme qui a ses règles] : VL. Lev. 18, 19 d. AUG. Quaest. 64.

sēgrĕgātīvus, *a*, *um*, distributif [gram.] : PS. ASPER 5, 550, 36.

sēgrĕgātus, *a*, *um*, part. p. de *segrego*.

sēgrĕgis, gén. de *segrex*.

sēgrĕgō, *ās*, *āre*, *āvī*, *ātum* (2 *se*, *grege*), tr. ¶ 1 séparer du troupeau : NEMES. Cyn. 156 ¶ 2 mettre à part, mettre à l'écart, séparer, isoler, éloigner : CIC. Phil. 5, 29 ; LIV. 22, 58, 2 ; *aliquem ab aliquo* PL. Cap. 470, écarter qqn de qqn, cf. CIC. Arch. 4 ; Har. 26 ; *aliquem e senatu* PL. Most. 1050, mettre qqn hors d'un sénat [de buveurs] ; *pugnam eorum* LIV. 1, 25, 7, diviser l'attaque des adversaires [les avoir séparément comme adversaires] ; *a vita fera* CIC. Nat. 2, 148, éloigner de la vie sauvage ; *virtutem a summo bono* CIC. Fin. 3, 30, séparer la vertu du souverain bien ; *iambum et trochaeum frequentem ab oratore* CIC. de Or. 3, 182, interdire à l'orateur l'usage fréquent de l'iambe et du trochée ǁ *sermonem* PL. Mil. 655, mettre de côté ses paroles [se taire].

▶ tmèse *seque gregari* LUCR. 1, 452.

sēgrĕgus, *a*, *um*, ▶ *segrex* : AUS. Parent. 10 (167), 10.

sēgrex, *ĕgis*, adj. (*segrego*), séparé [des autres], placé à part, isolé, à l'écart : SEN. Ben. 4, 18, 2 ǁ différent, divers : PRUD. Ham. 804.

Segulĭus, *ĭi*, m., nom d'homme : CIC. Fam. 11, 20.

segullum, **segutilum**, *i*, n. (esp. *segullo*), terre qui indique un gisement d'or : PLIN. 33, 67.

Seguntĭa, ▶ *Segontia*.

Sĕgŭsĭāvi, *ōrum*, m. pl., peuple de la Gaule Lyonnaise : CAES. G. 1, 10, 5 ǁ *civitas Segusiavorum*, la ville des Ségusiaves [auj. Feurs < *forum*] : CIL 13, 1645.

Sĕgŭsīnum mūnĭcĭpĭum, n., ▶ *Segusium* : CIL 5, 7235.

Sĕgŭsĭo, *ōnis*, f., ville d'Italie transpadane [auj. Suse] Atlas V, E4 ; XII, B1 : PLIN. 3, 123 ; AMM. 15, 10, 3.

Sĕgŭsĭum, *ĭi*, n., ▶ *Segusio* : GREG.-TUR. Hist. 4, 44 ǁ **-sīni**, m. pl., habitants de Segusium : CIL 5, 7261.

Segustĕro, *ōnis*, m. ou f., ville de Narbonnaise [auj. Sisteron] Atlas V, F3 : ANTON. 342.

segutilum, ▶ *segullum*.

sei, ▶ *si* ▶.

Sēĭa, *ae*, f. (3 *sero*), déesse qui présidait aux semailles : PLIN. 18, 8 ; MACR. Sat. 1, 16, 8.

seipsum, ▶ *se ipsum*.

Sēĭus (**Sējus**), *i*, m., nom d'homme : CIC. Planc. 12 ; Off. 2, 58 ; TAC. An. 2, 20 ǁ **-iānus (-jānus)**, *a*, *um*, de Séjus : VARR. R. 3, 2, 8 ǁ ▶ *Sejanus*.

Sējānus, *i*, m., Séjan, favori de Tibère : TAC. An. 4, 1 ǁ **-nĭānus**, *a*, *um*, de Séjan : SEN. Marc. 1, 2.

sejūgae, *ārum*, f. pl., ▶ *sejuges*, attelage à six chevaux : ISID. 18, 36, 1 ; sg. *sejuga* ISID. 18, 36, 2.

sejūgātus, *a*, *um*, part. de *sejugo*.

1 **sējūgis** (**sexjūgis**), *e* (*sex*, *jugum*), attelé de six chevaux : APUL. Flor. 16, 39 ǁ **sējŭges**, m. pl., attelage de six chevaux : LIV. 38, 35, 4 ; PLIN. 34, 19.

2 **sējūgis**, *e* (*se jugo*), séparé, placé séparément : SOLIN. 4, 2.

sējŭgō, ās, āre, -, ātum (2 se jugo), tr., séparer : Solin. 9, 1 ‖ **sejugatus ab** Cic. Div. 1, 70, séparé de.

sējunctim, adv. (sejungo), séparément : Tib. 4, 1, 103.

sējunctĭo, ōnis, f. (sejungo), action de séparer, séparation : Cic. de Or. 3, 203 ‖ désunion : Flor. 1, 23, 2 ‖ séparation [volontaire des époux] : Cassian. Coll. 8, 22.

sējunctus, a, um, part. de sejungo.

sējungō, ĭs, ĕre, junxī, junctum (2 se, jungo), tr. ¶ 1 disjoindre, désunir : Lucr. 2, 728 ‖ séparer de : [avec ab] Cic. Fam. 10, 6, 2 ; Nep. Hann. 3, 4 ; *orator a philosophorum eloquentia sejunctus* Cic. Or. 68, l'éloquence de l'orateur distincte de celle des philosophes ; *defensio sejuncta a voluntate ac sententia legis* Cic. Verr. 3, 193, moyens de défense qui s'écartent de l'intention et de l'esprit de la loi ‖ [avec ex] Cic. Vat. 26 ‖ [avec abl.] Lucr. 2, 18 ; Stat. S. 5, 3, 241 ¶ 2 [fig.] distinguer, mettre à part : *liberalitatem ab ambitu* Cic. de Or. 2, 105, distinguer la libéralité de la brigue.

Sel, indécl., ville de Bétique : Plin. 3, 8.

Selacosa, ae, f., île du golfe Saronique : Plin. 4, 57.

selāgo, ĭnis, f. (?), plante inconnue : Plin. 24, 103.

sĕlăs, n. indécl. (σέλας), sorte de météore igné : Sen. Nat. 1, 15, 1 ; Apul. Mund. 16.

Selē, ēs, f., ville de Susiane : Amm. 23, 6, 26.

sēlectĭo, ōnis, f. (seligo), choix, triage : Cic. Fin. 3, 12 ; Leg. 3, 23.

sēlectŏr, ōris, m., celui qui fait un choix : Aug. Civ. 7, 3.

sēlectus, a, um, part. de seligo.

sēlēgī, parf. de seligo.

Sĕlēnē, ēs, f. (Σελήνη), fille d'Antiochus : Cic. Verr. 4, 27 ‖ fille de Marc Antoine : Suet. Cal. 26 ‖ femme de Ptolémée IX Lathyros : Just. 39, 4, 1.

sĕlēnĭŏn, ĭi, n. (σελήνιον), pivoine [plante] : Ps. Apul. Herb. 64.

sĕlēnītēs, ae, m. ou **sĕlēnītis**, ĭdis, f. (σεληνίτης, σεληνῖτις), sélénite, pierre de lune : Plin. 37, 181.

sĕlēnītĭum, ĭi, n., sorte de lierre [plante] : Plin. 16, 146.

Sĕlēnĭum, ĭi, n., nom de femme : Pl. Cis. 22.

sĕlēnŏgŏnŏn, i, n., ⓒ selenion : Ps. Apul. Herb. 64.

Sĕlēnuntes, m. pl., nom de deux rivières voisines d'Éphèse : Plin. 5, 115.

sĕlēnūsĭum, ⓥ selinusium.

Sĕlēnūsĭus, ⓒ Selinusius.

Selepītāni, ōrum, m. pl., peuple d'Illyrie : Liv. 45, 26, 14.

Sĕleucēa, ae, f., ⓒ Seleucia : Cael. Fam. 8, 14, 1.

Sĕleucensis, e, de Séleucie [des Parthes] : Tac. An. 6, 42 ‖ subst. m. pl. ¶ 1 habitants de Séleucie [des Parthes] : Tac. An. 6, 42 ¶ 2 habitants d'une ville de Galatie : Plin. 5, 147.

Sĕleucēnus, a, um, de Séleucie : Capit. Ver. 8, 4.

Sĕleucīa, ae, f. (Σελεύκεια), Séleucie [nom de plusieurs villes d'Asie] ; not[t] : en Babylonie, près du Tigre, capitale des rois parthes : Plin. 10, 132 ‖ ville de Syrie Atlas IX, D3 : Plin. 5, 67 ‖ ville de Cilicie : Plin. 5, 93.

Sĕleucĭānus, a, um, de Séleucie : Cic. Att. 4, 18.

Sĕleucĭensis, e, ⓒ Seleucensis : CIL 10, 3487.

1 **sĕleucis**, ĭdis, f. (σελευκίς), oiseau qui se nourrit de sauterelles : Plin. 10, 75.

2 **Sĕleucis**, ĭdis, f. (Σελευκίς), la Séleucide [province de Syrie] : Plin. 10, 75 ‖ nom de femme : CIL 6, 26534.

1 **Sĕleucus**, i, m. (Σέλευκος) ¶ 1 général d'Alexandre, qui devint roi de la Syrie et fonda la dynastie des Séleucides [Seleucus Nicator, Seleucus Philopator] : Just. 13, 4, 16 ¶ 2 nom d'un mathématicien, confident de Vespasien : Tac. H. 2, 78 ¶ 3 nom d'un musicien : Juv. 10, 211 ¶ 4 nom d'un esclave : Cic. Fam. 6, 18, 1.

2 **Sĕleucus mons**, m., montagne et station des Alpes Cottiennes [auj. Masaléon] : Anton. 357.

Selgē, ēs, f. (Σέλγη), ville de Pisidie : Prisc. Perieg. 809 ‖ **Selgĭcus, -īticus**, a, um, de Selge : Plin. 15, 31 ; 23, 95.

sēlībra, ae, f. (semilibra), demi-livre : Cat. Agr. 75 ; Varr. L. 5, 171 ; Plin. 14, 108.

sēlĭgō, ĭs, ĕre, lēgī, lectum (2 se, 2 lego), tr., choisir et mettre à part, trier : Cic. Or. 47 ; 103 ; *selectae sententiae* Cic. Nat. 1, 85, maximes choisies ‖ *selecti judices* Cic. Clu. 121, juges choisis [par le préteur et inscrits sur *l'album judicum*], cf. Cic. Verr. 2, 32 ; Hor. S. 1, 4, 123 ; Sen. Ben. 3, 7, 7 ‖ *dii selecti*, les grandes divinités [vingt selon Varr. d. Aug. Civ. 7, 2, cf. Civ. 7, 33].

sĕlĭnăs, ădos, m., f. (σελινάς), qui ressemble au céleri [choux frisé] : Plin. 20, 79.

sĕlĭnŏn (-um), i, n. (σέλινον, it. sedano, fr. céleri), céleri : Ps. Apul. Herb. 119 ‖ renoncule : Ps. Apul. Herb. 8.

sĕlĭnŏphyllŏn (-fĭllŏn), i, n., capillaire [plante] : Ps. Apul. Herb. 47.

Sĕlīnuntĭi, ōrum, m. pl., habitants de Sélinonte [Sicile] : Plin. 3, 91.

Sĕlīnūs, untis, f., m. (Σελινοῦς), Sélinonte ¶ 1 f., ville de Sicile Atlas XII, G3 : Virg. En. 3, 705 ; Sil. 14, 200 ¶ 2 m., ville et fleuve de Cilicie Atlas I, E6 ; IX, D2 : Liv. 33, 20, 5 ; Luc. 8, 260.

sĕlīnūsĭum, ĭi, n., variété de blé : Plin. 18, 64.

Sĕlīnūsĭus, a, um, de Sélinonte : Vitr. 7, 14, 2 ; Plin. 35, 46.

sĕlĭquastrum, i, n. (cf. sedeo, solium), siège élevé : Varr. L. 5, 128 ; Fest. 460, 1.

sella, ae, f. (sedeo, *sedla ; fr. selle) ¶ 1 siège, chaise : Cic. Div. 1, 104 ¶ 2 [en part.] **a)** siège des petits artisans, *sellarii*, qui travaillaient assis : Cic. Cat. 4, 17 ; Verr. 4, 56 **b)** siège du professeur : Cic. Fam. 9, 18, 4 **c)** chaise curule : Cic. Phil. 2, 85 ; Div. 1, 119 ; Verr. 1, 119 **d)** chaise à porteurs : Suet. Aug. 53 ; Plin. Ep. 3, 5, 15 ; Juv. 1, 124 ; Tac. An. 14, 4 ; 15, 57 **e)** chaise percée : Varr. R. 1, 13, 4 **f)** siège de cocher : Phaed. 3, 6, 5 **g)** attelage : Vulg. Esther 6, 8 **h)** selle [de cheval] : Sidon. Ep. 3, 3, 5 **i)** selle [déjection] : VL. 1 Reg. 24, 4 d. Lucif. Athan. 1, 14.

sellārĭa, ae, f. (sella), prostituée : Schol. Juv. 3, 136 ‖ [pl.] cabinet, boudoir, salon : Plin. 34, 84 ; 36, 111 ; Suet. Tib. 43.

sellārĭŏlus, a, um (dim. de pellerius), de débauche : Mart. 5, 70, 3.

sellāris, e (sella), de chaise à porteurs : Cael.-Aur. Chron. 1, 4, 92 ‖ qu'on monte, [cheval] de selle : Veg. Mul. 1, 56, 34.

sellarium, ĭi, n., selle : Ord. Rom. 1, 29.

sellārĭus, ĭi, m., porteur de litière : Gloss. 2, 279, 21 ‖ débauché : Tac. An. 6, 1.

Sellasia, ae, f. (Σελλασία), ville de Laconie : Liv. 34, 28.

Sellē, ēs, f., ville de Lucanie : Stat. S. 5, 3, 127.

Selli (Selloe), m. pl. (Σελλοί), Selles [anciens habitants de Dodone] : Plin. 4, 2 ; Luc. 3, 180.

sellĭfĕr, ĕra, ĕrum, qui porte une selle, sellé : Anth. 159, 4.

sellisternĭum, ĭi, n. (sella, sterno), sellisterne [repas sacré offert aux déesses, dont les statues étaient placées sur des sièges] : Tac. An. 15, 44 ; Serv. En. 8, 176.

Sellĭum, ĭi, n., ville de Lusitanie [Seijo] : Anton. 421.

sellŭla, ae, f. (dim. de sella), petit siège : *arcuata sellula* Arn. 2, 23, chaise demi-circulaire ‖ petite chaise [à porteurs] : Tac. H. 3, 84 ; Front. Caes. 5, 59, p. 89 N.

sellŭlārĭus, a, um (sellula), de profession sédentaire : Gell. 3, 1, 10 ‖ *sellularii artifices* Apul. Flor. 15, 13, et abs[t], *sellularii*, ouvriers qui travaillent assis : Cic. d. Aug. Pelag. 2, 27.

Sĕlymbrĭa, ae, f. (Σηλυμβρία), ville de Thrace : Liv. 33, 39 ; Plin. 4, 47.

Sēm, m. indécl., Sem, un des fils de Noé : Vulg. Gen. 9, 18.

sēmădăpertus, sēmambustus, sēmănĭmis, ⓥ semia-.

sēmantĭcus, a, um (σημαντικός), significatif : Capel. 9, 985.

sēmassus, ⓥ semiassus.

sēmātus, *a*, *um* (*semis*), qui est à moitié [vide ou plein]: Diom. 436, 14; Gloss. 2, 181, 45.

sembella, *ae*, f. (contraction de *semilibella*), sorte de monnaie d'argent: Varr. L. 5, 174.

Semberrītae, *ārum*, m. pl. (Σεμβρῖται), peuple d'Éthiopie: Plin. 6, 191.

Sembobītis, *ĭdis*, f., île du Nil, en Éthiopie: Plin. 6, 193.

Sembracēnus, *a*, *um*, de Sembraque [île d'Arabie]: Plin. 6, 78.

sĕmĕl, adv. (*similis, simul, simplex, sincerus*, cf. εἷς, scr. *sama-s*, toch. A *sas*, al. *samt*, v. irl. *samain*), une fois ¶ **1** une fois, une seule fois: *plus quam semel* Cic. Verr. 4, 125, plus d'une fois; *semel atque iterum* Cic. Font. 26; *semel iterumque* Cic. Div. 1, 54, à plusieurs reprises; *semel aut iterum* Cic. Brut. 308, une ou deux fois; *semel et saepius* Cic. Phil. 14, 22, bien des fois; **non semel, sed saepe** Cic. Tusc. 5, 56, non pas une fois, mais souvent ¶ **2** une fois pour toutes, une bonne fois, en une fois: Cic. Dej. 9; 39; Off. 3, 62; Liv. 25, 6, 16 ¶ **3** une première fois: *semel... iterum* Cic. Sest. 49, la première fois... la seconde fois, cf. Cic. Verr. 5, 185; Caes. C. 3, 10, 1; Liv. 23, 9, 11 ¶ **4** [avec des conjonctions] *ut semel* Cic. Brut. 51; *cum semel* Cic. Lae. 41; *Par.* 20; Nep. Att. 15, 2, une fois que; *quoniam semel* Cic. de Or. 2, 121, puisque (du moment que) une bonne fois, cf. Cic. Amer. 31; Att. 14, 13, 6.

Sĕmĕlē, *ēs*, qqf. aux cas obl. **Sĕmĕla**, *ae*, f. (Σεμέλη), Sémélé [fille de Cadmos, mère de Bacchus]: Ov. M. 3, 293; F. 6, 485; Hor. O. 1, 19, 2; Cic. Tusc. 1, 28; Nat. 2, 62 ‖ **-ēus**, Stat. Th. 10, 903 ou **-ēius**, *a*, *um*, Hor. O. 1, 17, 22; Ov. M. 3, 520, de Sémélé [épith. de Bacchus].

Semellītāni, *ōrum*, m. pl., habitants de Sémella [Sicile]: Plin. 3, 91.

sēmĕn, *ĭnis*, n. (3 *sero*, cf. al. *Same*; it. *seme*) ¶ **1** semence, graine: Cic. Amer. 50; CM 51; Nat. 2, 81 ¶ **2** semence des animaux: Lucr. 4, 1031; Cels. 4, 28, 1 ¶ **3** [poét.] pl., semences, éléments, atomes, particules: Lucr. 6, 201; 444; 841; Virg. En. 6, 6 ‖ [fig.] *quasi virtutum igniculi et semina* Cic. Fin. 5, 18, comme les étincelles et des semences de vertus, cf. Cic. Div. 1, 6 ¶ **4** espèce de blé: Plin. 18, 82; 18, 198; Col. 2, 12, 1 ¶ **5** jeune plant: Virg. G. 2, 354; Varr. R. 1, 40, 5 ¶ **6** race, souche, sang: Cic. Agr. 2, 95; Phil. 4, 13; Liv. 1, 47, 6 ‖ [poét.] postérité, descendance, rejeton: Ov. M. 2, 629; 10, 470; F. 2, 383 ¶ **7** [fig.] semence, germe = origine, principe, source, cause: *hujus belli semen tu fuisti* Cic. Phil. 2, 55, toi, tu as été le germe de cette guerre, cf. Cic. Cat. 1, 30; Off. 2, 29; Liv. 3, 19, 5; 39, 6, 9; 40, 19, 9; Quint. 2, 20, 6.

sēmenstris, ▶ *semestris* ▶.

sēmenstrum, ▶ *semestrium*: Gloss. 5, 394, 49.

sēmentātĭo, *ōnis*, f. (*semento*), semailles: Tert. Spect. 8, 3.

sēmentĭfĕr, *ĕra*, *ĕrum*, fertile: *Ciris 477.

sēmentis, *is*, acc. *im* et *em*, f. (*sēmen*; it. *sementa*) ¶ **1** ensemencement, semailles: *sementes facere* Caes. G. 1, 3, 1, ensemencer; *ut sementem feceris, ita metes* Cic. de Or. 2, 261, comme tu auras semé, tu récolteras, cf. Cic. de Or. 1, 249; [fig.] *malorum sementem facere* Cic. Nat. 3, 75, semer les malheurs ¶ **2** époque des semailles: Col. 2, 10, 8 ¶ **3** semence, semis: Col. 2, 8, 4 ¶ **4** semailles sortant de terre, blé en herbe: Ov. F. 1, 679.

sēmentīvus, *a*, *um* (*sementis*), relatif aux semailles: Varr. R. 1, 2, 1; Ov. F. 1, 658 ‖ *sementiva pira* Cat. Agr. 7, 4; Varr. R. 1, 59, 3, poires d'automne [tardives] ‖ [chrét., fig.] qui sème: Fort. Carm. 5, 2, 3, [en parlant de la prédication évangélique] ‖ procréatif, générateur: Hil. Trin. 2, 26.

sēmentō, *ās*, *āre*, -, - (*sementis*; it. *sementare*), intr., porter graine: Plin. 18, 259.

sēmentum, *i*, n., ▶ *sementis*: Ps. Cypr. Mart. 23.

sēmermis, ▶ *semiermis*.

sēmessus, ▶ *semesus*.

1 sĕmestris, *e* (*semi, mensis*), d'un demi-mois, de quinze jours: Apul. M. 11, 4.

2 sĕmestris, *e* (*sex, mensis*), de six mois: *filius* Plin. 11, 270, fils de six mois ‖ d'une durée de six mois: *regnum semenstre* Cic. Att. 10, 87, règne de six mois, cf. Caes. C. 1, 9, 2.
▶ *semenstris* meilleurs mss Cic.; Caes.

sĕmestrĭum, *ii*, n. (*semi, mensis*), demi-mois, quinzaine: Col. 11, 2, 6.

sēmēsus, *a*, *um* (*semi, esus*), à demi mangé, demi rongé: Virg. En. 3, 244; Hor. S. 2, 6, 85; *semesa obsonia* Suet. Tib. 34, mets entamés, restes de table, rogatons.

sēmĕt, acc.et abl.de *suimet*, soi-même.

sēmĕter, *tra*, *trum* (*se, metrum*), irrégulier, asymétrique: Prud. Psych. 829.

sēmĭ- (3 *se, semis, semel,* cf. ἡμι-, scr. *sāmi-*, seulement dans les mots composés), demi, semi-.

sēmĭăcerbus, *a*, *um*, à moitié mûr: Pall. 9, 13.

sēmĭădăpertus (**sēmăd-**), *a*, *um*, à demi ouvert: Ov. Am. 1, 6, 4.

sēmĭădŏpertŭlus, *a*, *um* (dim. de *semi-, adorpertus*), mi-clos: Apul. M. 3, 14.

sēmĭăgrestis, *e*, à demi rustique: Aur.-Vict. Caes. 39, 17.

sēmĭalpha, n. indécl., un demi a: Boet. Mus. 4, 3, p. 311, 16.

sēmĭambustus (**sēmambustus**), *a*, *um*, à demi brûlé: Suet. Cal. 59; Sil. 2, 681.

sēmĭămictus, *a*, *um*, à moitié vêtu: Apul. M. 1, 6.

sēmĭamphŏra, *ae*, f., demi-amphore: Metrol. 144, 19.

sēmĭampŭtātus, *a*, *um*, à demi coupé: Apul. M. 1, 4.

sēmĭănĭmis [en poés.] (**sēmănĭmis**), *e*, Virg. En. 10, 396 et **sēmĭănĭmus** [en poés.] (**sēmănĭmus**), *a*, *um*, Lucr. 6, 1268; Cic. Div. 1, 105, à demi mort.

sēmĭannŭus, *a*, *um*, de six mois: Capel. 6, 595.

sēmĭăpertus, *a*, *um*, à demi ouvert: Liv. 26, 39, 22.

sēmĭărĭdus, *a*, *um*, à demi desséché: Herm. Past. 3, 8, 1.

sēmĭassus, *a*, *um*, à demi rôti: Cass. Fel. 29, p. 54, 3.

sēmĭātrātus, *a*, *um*, à moitié vêtu de deuil: Varr. Men. 47.

sēmĭātus, ▶ *sematus*.

sēmĭaxĭus (**sēmaxĭus**), *a*, *um* (*semi, axis*), placé sur une moitié de roue [pour être roué]: Tert. Apol. 50, 3.

sēmĭbarbărus, *a*, *um*, à demi barbare: Suet. Caes. 76; Hier. Jovin. 1, 48.

sēmĭbōs, *ŏvis*, m., f., qui est à moitié bœuf: Ov. A. A. 2, 24.

sēmĭcănālĭcŭlus, *i*, m., , [archit.] demi-canal [les deux "demi-glyphes" creusés sur les côtés du triglyphe, cf. *canaliculus*]: Vitr. 4, 3, 5.

sēmĭcānus, *a*, *um*, à moitié blanc: Apul. M. 8, 24.

sēmĭcăpĕr, *pri*, m., homme qui est à moitié bouc [en parl. des Satyres]: Ov. M. 14, 515; F. 5, 101.

sēmĭcentēsĭma, *ae*, f., le cinquantième [d'un tout]: Cod. Th. 13, 9, 3.

sēmĭchristĭānus, *i*, m., demi-chrétien: Hier. Gal. 3, 14.

sēmĭcinctĭum, *ii*, n., ceinture étroite, cordon [pour ceinture]: Mart. 14, 153; Petr. 94, 8; Isid. 19, 33, 1.

sēmĭcingō, *ĭs*, *ĕre*, -, -, tr., entourer à demi: Oros. Hist. 1, 2, 64.

sēmĭcĭpĭum, *ii*, n. (*semi, caput*), demi-tête: *Gloss. 2, 184, 25.

sēmĭcirculātus, Cels. 7, 26, 2, **sēmĭcirculus**, *a*, *um*, Col. 5, 2, 8, demi circulaire.

sēmĭcirculus, *i*, m., demi-cercle: Cels. 7, 26, 2.

sēmĭclausus (**-clūsus**), *a*, *um*, à demi clos: Apul. M. 10, 10 ‖ enfermé à demi: CIL 12, 103, 1.

sēmĭcoctus, *a*, *um*, à moitié cuit: Col. 8, 5, 2; Plin. 18, 116.

sēmĭcombustus, *a*, *um*, à demi consumé: Sidon. Ep. 3, 13, 5.

sēmĭconfectus, *a*, *um*, à moitié formé: Sidon. Ep. 6, 10, 1.

semiconspicuus

sēmĭconspĭcŭus, *a*, *um*, visible à moitié : Apul. *M.* 3, 2.

sēmĭcorpus, *ŏris*, n., qui n'a que la moitié du corps : Cassiod. *Eccl.* 8, 1.

sēmĭcorus, *i*, m., la moitié du corus [mesure hébraïque de capacité] : Ambr. *Ep.* 44, 8.

sēmĭcrēmātus, *a*, *um*, Mart. 11, 54, 2, **sēmĭcrĕmus**, *a*, *um*, Ov. *M.* 12, 287, à demi brûlé.

sēmĭcrūdus, *a*, *um*, à moitié cru : Col. 6, 25 ‖ qui n'a digéré qu'à moitié : Stat. *S.* 4, 9, 48.

sēmĭcŭbĭtālis, *e*, d'une demi-coudée : Liv. 42, 65, 9.

Sēmĭcūpa, *ae*, m., surnom populaire [demi-tonneau] : Amm. 28, 4, 28.

sēmĭdĕa, *ae*, f., demi-déesse : Ov. *H.* 4, 49 ; Aus. *Griph.* 2 (336), 21.

sēmĭdĕcĭma, *ae*, f., demi-dîme, impôt du vingtième : Cod. Th. 14, 4, 4.

sēmĭdĕus, m., demi-dieu : Ov. *M.* 14, 673 ; *semideum* [gén. pl.] **pecus** Stat. *Th.* 6, 112, les Pans, Faunes ; *semidei reges* Stat. *Th.* 3, 518, les Argonautes ; *semideus canis* Luc. 8, 832, Anubis.

sēmĭdĭămĕtrŏs, *i*, f., demi-diamètre, rayon : Ps. Boet. *Geom.* 424, 3.

sēmĭdĭēs, *ēi*, m., moitié d'un jour, demi-jour : Aus. *Ecl.* 8 (371), 5.

sēmĭdĭgĭtālis, *e*, d'un demi-doigt : Vitr. 10, 16, 5.

sēmĭdoctus, *a*, *um*, à demi savant : Cic. *de Or.* 2, 178.

sēmĭermis (**sēmermis**), *e* (*semi*, *arma*), Liv. 27, 1, 15, **sēmĭermus**, *a*, *um*, Tac. *An.* 1, 68, qui est à moitié armé, armé à demi.

sēmĭēsus, V.▸ *semesus*.

sēmĭfactus, *a*, *um*, à moitié fait, inachevé : Tac. *An.* 15, 7.

semifălārĭca, *ae*, f., demi-falarique : Gell. 10, 25, 2 ; V.▸ *falarica*.

sēmĭfastīgĭum, *ii*, n., moitié du faîte d'une maison : Vitr. 7, 5, 5.

sēmĭfĕr, *ĕra*, *ĕrum* (*semi*, *ferus*) ¶ **1** qui est moitié homme et moitié animal : Lucr. 4, 587 ; *semiferum pectus* Virg. *En.* 10, 212, poitrine d'un être monstrueux [d'un Triton] ‖ **semifer**, *i*, m., être monstrueux : Virg. *En.* 8, 267 ; [Centaure] Ov. *M.* 2, 633 ¶ **2** à demi sauvage : Grat. 253 ‖ à demi barbare : Sil. 3, 542.

sēmĭformis, *e*, formé à demi : Col. 8, 5, 12 ; *semiformis lunae species* Col. 4, 25, 1, demi-lune.

sēmĭfultus, *a*, *um*, à moitié appuyé : Mart. 5, 14, 9.

sēmĭfūmans, *tis*, [fig.] dont il reste encore qqch. : Sidon. *Ep.* 1, 7, 4.

sēmĭfūnĭum, *ii*, n. (*semi*, *funis*), petite corde, ficelle : Cat. *Agr.* 135, 5.

Sēmĭgaetūlus, *a*, *um*, à moitié Gétule : Apul. *Apol.* 24.

sēmĭgĕlātus, *a*, *um*, à demi coagulé : Fav. 30.

sēmĭgĕnĭus, *a*, *um*, *semigenia nomina* An. Helv. 162, 21, noms qui ont un genre différent au singulier et au pluriel.

Sēmĭgermānus, *a*, *um*, à moitié Germain : Liv. 21, 38, 8.

sēmĭgomor, n. indécl., demi-gomor [mesure hébraïque] : VL. *Os.* 3, 2 d. Ambr. *Ep.* 9, 76.

Sēmĭgraecē, adv., moitié à la grecque : *Lucil. 379.

Sēmĭgraecŭlus, *a*, *um* (dim. de *Semigraecus*) Hier. *Ep.* 50, 2 V.▸ *Semigraecus*.

Sēmĭgraecus, *a*, *um* Varr. *R.* 2, 1, 2, à demi grec.

sēmĭgrăvis, *e*, à moitié appesanti : Liv. 25, 24, 2.

sēmĭgrō, *ās*, *āre*, -, - (2 *se*, *migro*), intr., se séparer de, quitter [qqn pour aller vivre ailleurs] [avec *ab*] : Cic. *Cael.* 18.

sēmĭhĭans, *tis*, entrouvert : Catul. 61, 220.

sēmĭhĭulcus (**sēmulcus**), *a*, *um*, entrouvert : Poet. d. Gell. 19, 11, 4 ; Macr. *Sat.* 2, 2, 17.

sēmĭhŏmo, *ĭnis*, m. ¶ **1** qui est à moitié homme [et à moitié bête], qui a une tête d'homme : Virg. *En.* 8, 194 ; Col. 10, 19 ; *semihominem canem* Sedul. *Carm.* 1, 247, Anubis ¶ **2** à demi sauvage : Sil. 11, 180.

▸ scandé trisyllabique *semhomo*.

sēmĭhōra, *ae*, f., demi-heure : Cic. *Rab. perd.* 6 ; Cels. 3, 21, 11.

sēmĭīnānĭs (**sēmĭn-**), *e*, à moitié vide : Plin. 2, 80.

sēmĭintĕgĕr, *gra*, *grum*, à peu près conservé : Amm. 20, 5, 4.

sēmĭjējūnĭum, *ii*, n., demi-jeûne : Tert. *Jejun.* 13, 1.

Sēmĭjūdaeus, *a*, *um*, demi-juif : Hier. *Is.* 1, 2, 20 ; 15, 54, 12.

sēmĭjūgĕrum, *i*, n., demi-jugère : Col. 4, 18, 1.

sēmĭlăcĕr, *ĕra*, *ĕrum*, à moitié déchiré : Ov. *M.* 7, 344.

sēmĭlātĕr, *ĕris*, m., **sēmĭlātĕrĭum**, *ii*, n., demi-brique : Vitr. 2, 3, 4.

sēmĭlautus, *a*, *um*, à demi lavé : Catul. 54, 2.

sēmĭlībĕr, *ĕra*, *ĕrum*, à moitié libre : Cic. *Att.* 13, 31, 3.

sēmĭlībra, *ae*, f., demi-livre : Ps. Apul. *Herb.* 99.

sēmĭlixa, *ae*, m., mi-valet [mi-goujat] : Liv. 28, 28, 4.

sēmĭlixŭlae, *ārum*, f. pl., sorte de petits gâteaux : Varr. *L.* 5, 107 ; V.▸ *lixulae*.

sēmĭlōtus, V.▸ *semilautus*.

sēmĭmădĭdus, *a*, *um*, à demi trempé, assez humecté : Col. 2, 4, 5.

sēmĭmărīnus, *a*, *um*, qui est à moitié poisson : Lucr. 5, 889.

sēmĭmās, *ăris*, adj. et subst. m. ¶ **1** qui est à moitié mâle et à moitié femelle, androgyne, hermaphrodite : Ov. *M.* 4, 381 ; Liv. 31, 12, 8 ¶ **2** eunuque : Ov. *F.* 4, 183 ; *semimas ovis* Ov. *F.* 1, 588, mouton ; *semimares capi* Col. 8, 2, 3, les coqs châtrés [sont appelés] chapons.

sēmĭmascŭlus, *i*, m. (dim. de *semimas*), eunuque : Fulg. *Myth.* 3, 5.

Sēmĭmēdus, *i*, m., à moitié Mède : Apul. *Apol.* 24.

sēmĭmĕtōpĭa, *ōrum*, n. pl., demi-métopes [archit.] : Vitr. 4, 3, 5.

sēmĭmītra, *ae*, demi-coiffe : Ulp. *Dig.* 34, 2, 25.

sēmĭmixtus, *a*, *um*, à demi mélangé : M.-Emp. 23, 11.

sēmĭmŏdĭus, *ii*, m., V.▸ *semodius* : Metrol. 145, 17.

sēmĭmortŭus, *a*, *um*, à demi mort, plus mort que vif, moribond : Catul. 10, 15.

sēmĭnālis, *e* (*semen*) ¶ **1** destiné à être semé : Col. 11, 2, 76 ; **sēmĭnālĭa**, n. pl., terres ensemencées, moissons : Tert. *Marc.* 1, 13, 4 ¶ **2** prolifique, séminal : Priap. 26, 2 ‖ qui porte en germe : Aug. *Civ.* 13, 14.

sēmĭnālĭtĕr, adv., par la génération : Mamert. *Anim.* 1, 21 ‖ en germe : Aug. *Gen. litt.* 4, 33, 51.

sēmĭnānĭs, V.▸ *semiinanis*.

sēmĭnārĭa, *ae*, f., grainetière : CIL 14, 2850.

sēmĭnārĭum, *ii*, n. (*seminarius*), pépinière : Cat. *Agr.* 40, 1 ; Plin. 18, 295 ‖ [fig.] Cic. *Off.* 1, 54 ; Liv. 42, 61, 5 ‖ source, principe, origine, cause : Varr. d. Non. 28, 22 ; Cic. *Pis.* 97 ; *seminarium rixarum* Hier. *Ep.* 27, 2, germes de discorde ‖ capacité d'engendrer : Hier. *Ezech.* 4, 16, 5.

sēmĭnārĭus, *a*, *um*, relatif aux semences : Cat. *Agr.* 10, 5.

sēmĭnātĭo, *ōnis*, f. (*semino*), procréation, reproduction : Varr. *R.* 2, 6, 3 ‖ action d'ensemencer : Ambr. *Noe* 29, 107 ‖ [fig.] semence, source : Cypr. *Ep.* 55, 24 ‖ action de répandre : Cypr. *Ep.* 73, 14.

sēmĭnātŏr, *ōris*, m. (*semino* ; fr. *semeur*), semeur : Cic. *Nat.* 2, 86 ‖ [fig.] Cic. *Nat.* 3, 66.

sēmĭnātus, *a*, *um*, part. de *semino*.

sēmĭnex, *nĕcis*, adj. (*semi-*, *nex*), à demi mort, tué à demi, qui respire encore : Liv. 23, 15, 8 ; Virg. *En.* 10, 462 ; *seminec es artus* Ov. *M.* 1, 228, membres encore palpitants ; *seminecem vitam exhalare* Sil. 10, 456, exhaler un reste de vie.

sēmĭnis, gén. de *semen*.

sēmĭnĭum, *ĭi*, n. (*semen*) ¶ **1** semence : PL. *Mil.* 1060 ¶ **2** race [d'animaux] : VARR. *R.* 2, 1, 14 ; LUCR. 3, 742 ; 4, 1005.

sēmĭnĭverbĭus, *ĭi*, m. (*semino, verbum*), discoureur, beau parleur : VULG. *Act.* 17, 18.

sēmĭnō, *ās, āre, āvī, ātum* (*semen* ; fr. *semer*), tr., semer : COL. 2, 8, 1 ‖ produire : VIRG. *En.* 6, 206 ‖ procréer, engendrer : COL. 6, 24, 1 ‖ [fig.] disséminer, propager, répandre : LACT. *Inst.* 4, 10, 3.

sēmĭnōsus, *a, um*, qui a beaucoup de pépins : PRIAP. 51, 17.

sēmĭnūdus, *a, um*, à moitié vêtu, presque nu : LIV. 24, 40, 13 ‖ [fig.] presque désarmé : LIV. 31, 35, 6 ‖ peu orné : FRONT. *Ant.* 1, 2, 4, p.96 N.

Sēmĭnŭmĭda, *ae*, m., à moitié Numide : APUL. *Apol.* 24.

sēmĭŏbŏlus, *i*, m., demi-obole : CARM. POND. 8 ; ISID. 16, 25, 10.

sēmĭobrŭtus, *a, um*, à demi enfoui : APUL. *M.* 9, 5.

sēmĭŏnustus, *a, um*, à moitié chargé : *SISEN. d. PRISC. 2, 546, 11.

sēmĭorbis, *is*, m., demi-cercle : SEN. *Nat.* 1, 8, 4.

sēmĭpāgānus, *a, um*, à moitié paysan : PERS. *Prol.* 6.

sēmĭpastus, *a, um*, à moitié repu : ISID. 12, 5, 9.

sēmĭpătens, *tis*, à moitié ouvert : SIDON. *Ep.* 7, 6, 8.

sēmĭpĕdālis, *e*, PLIN. 26, 69, **sēmĭpĕdānĕus**, *a, um*, COL. 4, 1, 4, d'un demi-pied.

sēmĭpĕractus, *a, um*, à moitié terminé : PAUL.-NOL. *Carm.* 23, 305.

sēmĭpĕremptus, *a, um*, à demi consumé : PS. CYPR. *Sodom.* 133.

sēmĭperfectĭo, *ōnis*, f., demi-achèvement : AMBR. *Ep.* 44, 8.

sēmĭperfectus, *a, um*, inachevé : SUET. *Cal.* 21 ‖ [fig.] incomplet, imparfait : APUL. *Plat.* 2, 9.

sēmĭpĕrītus, *a, um*, habile à moitié : FRONT. *Caes.* 4, 3, 1, p. 61 N.

Sēmĭpersa, *ae*, m., à moitié Perse : APUL. *Apol.* 24.

sēmĭpēs, *ĕdis*, m., demi-pied [mesure] : CAT. *Agr.* 135, 6 ; VARR. *R.* 3, 5, 15 ; VITR. 2, 3 ‖ demi-pied [métr.] : GELL. 18, 15, 2 ‖ estropié [qui a une jambe coupée] : PRUD. *Perist.* 2, 150.

sēmĭphălārĭca, V. *semifalarica*.

sēmĭpiscīna, *ae*, f., petit réservoir : VARR. *R.* 1, 13, 3.

Sēmĭplăcentīnus, *i*, m., demi-Placentin [originaire de Plaisance du côté de sa mère] : CIC. *Pis.* 14.

sēmĭplautĭa, V. *semiplotia*.

sēmĭplēnē, adv., à demi, incomplètement : SIDON. *Ep.* 4, 22, 5.

sēmĭplēnus, *a, um*, à moitié plein : CIC. *Verr.* 5, 63 ; LIV. 25, 30, 10.

sēmĭplētus, *a, um*, à demi rempli : SALL. *H.* 2, 87 B.

sēmĭplōtĭa, *ōrum*, n. pl. (cf. 1 *plautus* ¶ 2), sandales qui ne couvrent que la moitié du pied, demi-sandales : FEST. 274, 113 ; P. FEST. 275, 5.

sēmĭpŏdĭus, *a, um*, d'un demi-pied [métr.] : MAR. VICT. *Gram.* 6, 166, 28.

sēmĭpŏēta, *ae*, f., demi-poète : SCHOL. PERS. *Prol.* 6.

sēmĭpŭella, *ae*, f., qui a la moitié du corps d'une jeune fille : AUS. *Gryph.* 2 (336), 21.

sēmĭpullātus, *a, um*, à moitié vêtu de noir : SIDON. *Ep.* 1, 7, 9.

sēmĭpŭtātus, *a, um*, à moitié taillé (arbre) : VIRG. *B.* 2, 70.

sēmĭquīnārĭus, *a, um*, qui contient la moitié de cinq : PRISC. *Fig.* 3, 415, 8 ‖ subst. f., *semiquinaria* deux pieds et demi [du vers hexamètre], la moitié d'un pentamètre : DIOM. 502, 32 ; V. *penthemimeres*.

Sēmīrămĭs, *is* et *ĭdis*, f. (Σεμίραμις), femme de Ninus, reine des Assyriens ; embellit Babylone, la dota not[t] de quais couverts, de jardins magnifiques et l'entoura de murs si larges que deux chariots pouvaient y passer de front : OV. *M.* 4, 58 ; CURT. 5, 1, 24 ; JUST. 1, 1, 9 ‖ [fig.] homme sans énergie : CIC. *Prov.* 9 ‖ **-ĭus**, *a, um*, de Sémiramis, de Babylone : OV. *M.* 5, 85 ; MART. 2, 28, 18.
▶ orth. *Sameramis* d. de bons mss et d. SCHOL. JUV. 2, 108 ‖ acc. *Samiramidem* TREB. *Tyr.* 27, 1 *Samiramin* CURT. 7, 6, 20 ‖ abl. *Semiramide* JUST. 1, 1, 10 *Semirami* JUST. 36, 2, 1.

sēmĭrāsus, *a, um*, à demi rasé [signe des esclaves fugitifs repris] : CATUL. 59, 5 ; APUL. *M.* 9, 12, 4.

sēmĭrĕductus, *a, um*, à demi ramené en arrière : OV. *A. A.* 2, 614.

sēmĭrĕfectus, *a, um*, à demi réparé : OV. *H.* 7, 176.

sēmĭrēmex, *ĭgis*, m., ayant une demi rame [épithète d'Hercule] : SEPT.-SER. 4 d. SERV. *En.* 5, 116.

Sēmĭrōmānus, *a, um*, à demi romain : PS. ACR. HOR. *S.* 1, 7, 2.

sēmĭrōsus, *a, um*, à moitié rongé, écorné : ARN. 6, 16.

sēmĭrŏtundus, *a, um*, à demi circulaire : APUL. *M.* 5, 3 ‖ subst. n., hémisphère : APUL. *M.* 11,6.

Semirus, *i*, m., fleuve du Bruttium : PLIN. 3, 96.

sēmĭrŭtus, *a, um*, à demi écroulé [ruiné] : LIV. 28, 44, 9 ; TAC. *An.* 4, 25.

sēmis, *issis* (sēmi-, as, moitié de l'as considéré comme l'unité ; esp. *jeme*, fr. *seime*, it. *scemo*)
I adj., demi : *panem semissem ponebat supra torum* PETR. 64, 6, il plaçait la moitié d'un pain sur le lit.
II subst. m. ¶ **1** moitié : *Africae semissem possidere* PLIN. 18, 35, posséder la moitié de l'Afrique, cf. QUINT. 7, 1, 62 ; SUET. *Ner.* 32 ¶ **2 a)** demi-as : CIC. *Sest.* 55 ‖ [fig.] *non semissis homo* VAT. *Fam.* 5, 10 a, 1, homme qui ne vaut pas un demi-as. **b)** demi-arpent : LIV. 6, 16, 7 ; PLIN. 18, 178 **c)** demi-pied : PLIN. 17, 160 ; COL. 3, 13, 8 **d)** le nombre trois chez les mathém. [*sex* étant le *numerus perfectus*] : VITR. 3, 1, 6 **e)** demi-aureus : LAMPR. *Sev.* 39 ¶ **3** *usura semissium* COL. 3, 3, 9, *semisses usurarum* COL. *ibid.*, [adj.] *semisses usurae* DIG. 22, 1, 13 = intérêts de un demi pour cent par mois = six pour cent par an ; *semissibus magna copia est* CIC. *Fam.* 5, 6, 2, il y a beaucoup d'argent disponible à six pour cent.
▶ *semis* indécl. CIC. *Verr.* 3, 116 ; VITR. 4, 6, 1.

sēmĭsaucĭus, *a, um*, à demi blessé ‖ [fig.] *semisaucia voluntas* AUG. *Conf.* 8, 8, volonté à moitié entamée [fléchissante].

sēmĭseptēnārĭus, *a, um*, qui contient la moitié de sept : PRISC. *Fig.* 3, 415, 8 ‖ subst. f., *semiseptenaria* DIOM. 497, 23 ; V. *hephthemimeres*.

sēmĭsĕpultus, *a, um*, à moitié enfoui : OV. *H.* 1, 55.

sēmĭsermo, *ōnis*, m., jargon, langage à demi barbare : HIER. *Ep.* 7, 2.

sēmĭsiccus, *a, um*, à moitié sec : PALL. 3, 24, 4.

sēmĭsĭcĭlĭcus, *i*, moitié du sicilicus [3 scrupules] : *PALL. 12, 22, 3.

sēmĭsomnis, *e*, SEN. *Brev.* 14, 4, **sēmĭsomnus**, *a, um*, à moitié endormi, assoupi : CIC. *Fam.* 7, 1, 1 ; SALL. *J.* 21, 2 ; LIV. 9, 24, 12 ; *semisomnus sopor* CAEL. d. QUINT. 4, 2, 124, demi-sommeil.

sēmĭsŏnans, *tis*, qui sonne à demi : APUL. *Mund.* 20 ‖ *semisonantes*, f. pl., semi-voyelles : TER.-MAUR. 6, 356, 1054.

sēmĭsŏnus, *a, um*, qui a la moitié du son [langage enfantin] : ARN.-J. *Psalm.* 130 ‖ *semisonae*, f. pl., semi-voyelles : MAR. VICT. *Gram.* 6, 34, 8.

sēmĭsōpītus, *a, um*, APUL. *M.* 1, 15, 4, **sēmĭsōpōrus**, *a, um*, légèrement assoupi : SIDON. *Carm.* 11, 60.

sēmĭspătha, *ae*, f., VEG. *Mil.* 2, 15, épée large et courte [moitié de la spatha].

sēmĭsphērĭum, *ĭi*, n. (*semi* et σφαιρίον), chevalet en demi-cercle sur lequel on monte les cordes de la cithare : BOET. *Mus.* 4, 18.

sēmissālis, *e* (*semis*), contenant la moitié de l'as : MODEST. *Dig.* 50, 12, 10.

sēmissārĭus, *a, um* (*semis*), qui concerne la moitié de l'as : DIG. 30, 1, 116.

sēmissis, gén. de *semis*.

sēmissō, *ās, āre, -, -* (*semis*), tr., cautériser sur un demi-pied [la peau d'un cheval] : VEG. *Mul.* 1, 26, 4.

sēmistertĭus, primitif de *sestertius* : VARR. *L.* 5, 173.

semisupinus

sēmĭsŭpīnus, *a, um*, à demi renversé : Ov. *Am.* 1, 14, 20.

sēmĭta, *ae*, f. (cf. *2 se-* et *trames, meo* ; fr. *sente*), sentier, petit chemin de traverse : Cic. *Agr.* 2, 96 ; Caes. *G.* 5, 19 ‖ ruelle : Cic. *Off.* 2, 58 ‖ [prov.] *qui sibi semitam non sapiunt, alteri monstrant viam* Enn. d. Cic. *Div.* 1, 132, ceux qui ne connaissent pas leur chemin montrent aux autres la route ‖ [fig.] chemin détourné, sentier : Cic. *Verr.* 2, 57 ; *fallentis semita vitae* Hor. *Ep.* 1, 18, 103, le sentier d'une vie ignorée ‖ [chrét.] voie : Vulg. *Psal.* 118, 35 ‖ précepte, commandement : Vulg. *Psal.* 16, 5 ‖ règle de vie : Vulg. *Prov.* 22, 25.

sēmĭtactus, *a, um* (*tango*), à moitié enduit : Mart. 6, 74, 2.

sēmĭtălentum, *i*, n., un demi-talent [trad. de ἡμιτάλαντον] : Prisc. *Fig.* 3, 408, 15.

sēmĭtāles dĭi, m. pl. (*semita*), dieux qui président aux rues, aux carrefours : Catal. 10, 21.

sēmĭtārĭus, *a, um* (*semita*), de ruelle, qui se tient dans les ruelles : Catul. 37, 16.

sēmĭtātim, adv. (*semita*), par des ruelles, Titin. *Com.* 14.

sēmĭtātrīces dĕae, f. pl., déesses qui président aux rues, aux carrefours : CIL 3, 4174.

sēmĭtātus, *a, um* (*semita*), sillonné [d'huile, d'essence sur la tête] : Mart. 6, 74, 2.

sēmĭtectus, *a, um*, à moitié vêtu ou couvert, à moitié nu : *Sen. *Vit.* 25, 2 ; Arn. 6, 25.

sēmĭtō, *ās, āre, -, -* (*semita*), tr., diviser par des sentiers : Plin. 17, 169.

sēmĭtōnĭum, *ĭi*, n. (ἡμιτόνιον), demi-ton : Macr. *Somn.* 2, 1, 25.

sēmĭtonsus, *a, um*, à moitié tondu : Cypr. *Ep.* 77, 3.

sēmĭtractātus, *a, um*, traité à demi, incomplet, inachevé : Tert. *Fug.* 1, 1.

sēmĭtrĕpĭdus, *a, um*, presque tremblant : Apul. *M.* 7, 8.

sēmĭtrītus, *a, um*, à demi broyé : Col. 1, 6, 24 ; Pall. 1, 36, 2.

sēmĭulcus, ▣ *semihiulcus*.

sēmĭuncĭa, -cĭālis, ▣ *semunc-*.

sēmĭustŭlātus, sēmustŭlātus, *a, um* (*semi, ustulo*), à demi brûlé : Varr. d. Non. 263, 27 ; Cic. *Phil.* 2, 91. ▶ *semustilatus* Cic. *Mil.* 33.

sēmĭustŭlō, *ās, āre, -, -*, tr., brûler à demi : Suet. *Tib.* 75.

sēmĭustus (sēmustus), *a, um*, à demi brûlé : Virg. *En.* 3, 578 ; 5, 697 ; *semusta fax* Ov. *F.* 4, 167, flambeau à moitié consumé ‖ [fig.] *se populare incendium semiustum effugisse...* Liv. 22, 40, 3, [il disait] qu'il avait à grand-peine échappé aux flammes populaires [= à la colère du peuple].

sēmĭvĭētus, *a, um*, à demi fané, ridé [raisin] : Col. 13, 16, 3.

sēmĭvillānus, *i*, m., un demi-rustre : Schol. Pers. *Pr.* 6.

sēmĭvĭr, *ĭri*, adj. et subst. m., qui est moitié homme et moitié animal [Centaure] : Ov. *F.* 5, 380 ‖ eunuque : Juv. 6, 513 ‖ [fig.] efféminé, amolli par les délices : *semivir comitatus* Virg. *En.* 4, 215, cortège efféminé ‖ un débauché : Liv. 33, 28, 7.

sēmĭvĭrĭdis, *e*, à moitié vert : Gloss. 2, 324, 43.

sēmĭvīvus, *a, um*, à moitié mort : Cic. *Verr.* 1, 45 ; *Pis.* 31.

sēmĭvŏcālis, *e*, qui n'a qu'à moitié la voix articulée [en parl. des bœufs] : Varr. *R.* 1, 17, 1 ‖ *semivocale signum* Veg. *Mil.* 3, 5, clairon ‖ subst. f. pl., **semivocales**, *ium*, Quint. 1, 4, 6 ; 1, 7, 14, semi-voyelles [gram.].

sēmĭvŏcus, *a, um*, prononcé à demi-voix : Aug. *Serm.* 151, 3.

sēmĭvŏlŭcĕr, *cris, cre*, à moitié oiseau : Symm. *Ep.* 1, 47, 1.

sēmĭvulsus, *a, um*, à moitié arraché : Capel. 1, 10.

sēmizōnārĭus, *ĭi*, m., fabricant de ceinturons : Pl. *Aul.* 516.

semnĭŏn, *ĭi*, ▣ *theombrotios* : Plin. 24, 162.

Semnŏnes, *um*, m., Semnons [peuple faisant partie des Suèbes] : Tac. *G.* 39 ; Vell. 2, 106, 2.

semnōs, adv. (σεμνῶς), emphatiquement : Lucil. d. Macr. *Sat.* 6, 4, 18.

Sēmo, *ōnis*, m., Sémo Sancus, dieu sabin : Liv. 8, 20, 8 ; Ov. *F.* 6, 214.

sēmŏdĭālis, *e*, d'un demi-modius : Cat. *Agr.* 76, 5.

sēmŏdĭus, *ĭi*, m. (*semi-, modius*), demi-modius, demi-boisseau : Col. 2, 10, 35 ‖ demi-muid : Cat. *Agr.* 11, 3.

Sēmōnĭa, *ae*, f. (*semen*), déesse des moissons chez les Romains : Macr. *Sat.* 1, 16, 8.

sēmōtē, adv., à part : M.-Emp. 20, 104.

sēmōtus, *a, um* ¶ 1 part. de *semoveo* ¶ 2 [adj¹] éloigné, retiré, à l'écart : [avec *ab*] Caes. *C.* 1, 84, 1 ‖ *quae terris semota videt* Hor. *Ep.* 2, 1, 21, les choses qu'il voit retirées de la terre ‖ [fig.] Lucr. 2, 19 ; 2, 648 ; 3, 66 ‖ *semota dictio* Tac. *D.* 2, entretien confidentiel.

sēmŏvĕō, *ēs, ēre, mōvī, mōtum* (*2 se, moveo*), tr., écarter, éloigner [pr. et fig.], *ab aliquo, ab aliqua re*, de qqn, de qqch. : Cic. *Har.* 25 ; *Ac.* 1, 34 ; *Fin.* 2, 39.

sempĕr, adv. (cf. *semel, nuper* ; it. *sempre*), une fois pour toutes ; toujours, tout le temps, de tout temps, sans cesse : Cic., Caes. ‖ *semper... non* Prop. 2, 28, 13 ➪ *numquam*, jamais.

semperflōrĭum, *ĭi*, n., joubarbe [plante] : Ps. Apul. *Herb.* 123.

sempervīvus, *a, um*, éternel : Prud. *Ham.* 164 ‖ subst¹, *semperviva*, f., Pall 1, 35, 3 et *sempervivum*, n., Plin. 25, 160, joubarbe [plante].

sempĭternē, adv. (*sempiternus*), toujours, éternellement : Pacuv. *Tr.* 234 ; Mamert. *Anim.* 1, 3.

sempĭternĭtās, *ātis*, f., éternité : Ps. Apul. *Ascl.* 30.

sempĭternō, adv., Cat. d. Char. 218, 16 ; Vitr. 1, 5, 3 ; **sempĭternum**, Pl. *Aul.* 147, toujours.

sempĭternus, *a, um*, adj. (*semper, aeternus*), qui dure toujours, éternel, perpétuel, sempiternel : Cic. *Nat.* 3, 29 ; *Lae.* 32.

Semprōnĭa, *ae*, f., nom de femme : Sall. *C.* 25, 1 ; 40, 5 ‖ [adj¹] ▣ 2 *Sempronius*.

Semprōnĭānus, *a, um*, de Sempronius : Cic. *Fam.* 12, 29, 2 ; Liv. 4, 43, 2.

1 Semprōnĭus, *ĭi*, m., nom d'une *gens* plébéienne comprenant de nombreuses familles, les *Gracchi*, les *Atratini*, les *Blaesi*, les *Longi*, les *Tuditani* : Cic. ; Liv. ; Tac. ‖ *Sempronius Asellio*, nom d'un auteur latin : Gell. 1, 13, 10 ‖ *Forum Semproni*, ville d'Ombrie [auj. Fossombrone] : Anton. 126.

2 Semprōnĭus, *a, um*, de Sempronius : *Sempronia lex* Cic. *Brut.* 222, loi Sempronia ‖ *Sempronia horrea* Fest. 370, 26, greniers de Sempronius [à Rome].

Semprulla, *ae*, f., nom de femme : CIL 5, 2006.

sēmŭl, ▣ *simul*.

sēmuncĭa, *ae*, f. (*semi-, uncia*) ¶ 1 demi-once, vingt-quatrième partie d'un as : Varr. *L.* 5, 171 ¶ 2 vingt-quatrième partie : **a)** d'un arpent : Col. 5, 1, 10 **b)** d'une livre : Cic. *Verr.* 4, 57 ; Liv. 34, 1, 3 ¶ 3 [en gén.] vingt-quatrième partie : Cic. *Caecin.* 17 ¶ 4 [fig.] = faible partie, parcelle : Pers. 5, 121 ¶ 5 sorte de panier pour la récolte des fruits : Cat. *Agr.* 10, 3.

sēmuncĭālis, *e*, d'une demi-once : Plin. 33, 46 ; Solin. 53, 27.

sēmuncĭārĭus, *a, um*, ▣ *semuncialis* : *semunciarium fenus* Liv. 7, 27, 3, intérêt d'un vingt-quatrième par an.

sēmuncĭdĕunx, *uncis*, les sept huitièmes de l'once : Metrol. p. 73, 26.

Sēmŭrĭum, *ĭi*, n., localité voisine de Rome, où était un temple d'Apollon : Cic. *Phil.* 6, 14.

sēmus, *a, um* (*semis*), incomplet : Eugen.-Tol. *pr. ad Drac. p.* 27, 10 V.

sēmust-, ▣ *semiust-*.

1 Sēna, *ae*, f. (Σῆνα), Séna [ville d'Ombrie] ▣ *Senagallia* : Liv. 27, 46, 4.

2 Sēna, *ae*, m., fleuve d'Ombrie : Luc. 2, 407 ; Sil. 8, 453.

3 Sĕna Jūlĭa, *ae*, f., ville d'Ombrie [Sienne] : Geogr.-R. 4, 36.

sĕnācŭlum, *i*, n. (cf. *senatus*), salle de séances pour le sénat : Varr. *L.* 5, 156 ;

Liv. 41, 27, 7; Fest. 470, 5 ‖ [postér^t] lieu de réunion, salon : Lampr. Hel. 4, 3.

Sēnagallĭa, *ae*, f., ville maritime d'Ombrie [auj. Sinigaglia] : Plin. 3, 113.

Sēnānus, *a, um*, de Séna : Cael.-Aur. Chron. 2, 1, 48.

sĕnāpi, ▭ *sinapi*.

sĕnārĭŏlus, *i*, m. (dim. de *senarius*), petit sénaire [épitaphe en trimètres] : Cic. Tusc. 5, 64.

sĕnārĭus, *a, um* (*seni*), composé de six : Macr. Somn. 1, 6, 12 ‖ **senarius versus**; **senarius**, *ii*, m., vers sénaire, composé de six iambes : Cic. Or. 184; 189; Quint. 9, 4, 72.

sĕnātŏr, *ōris*, m. (*senatus*), sénateur : Cic. Leg. 3, 40 ‖ membre d'un sénat en pays étranger : Caes. G. 2, 28, 2; Cic. Rep. 3, 40; Liv. 45, 32, 2 ‖ dignité militaire entre *primicerius* et *ducenarius* : Hier. Joh. 13 ‖ [tard.] noble, grand personnage : Greg.-Tur. Hist. 1, 29.

sĕnātōrĭum (-tūrĭum), *ĭi*, n., [tard.] place près du chœur où se tiennent les hauts personnages : Ord. Rom. 1, 113.

sĕnātōrĭus, *a, um* (*senator*), sénatorial, de sénateur : Cic. Verr. 4, 25 ‖ m. pris subst^t, un sénateur : Ps. Sall. Caes. 2, 11, 6 ‖ [tard.] de la noblesse : Sidon. Ep. 1, 6, 2.

sĕnātrix, *trīcis*, f., sénatrice : Prisc. 2, 140, 16.

sĕnātŭis, ▭ *senatus* ▸.

sĕnātŭs, *ūs*, m. (*senex*) ¶ 1 le conseil des anciens, le sénat : Cic. CM 19; Rep. 2, 23; Sest. 137; senatus populusque Romanus Cic. Planc. 90, le sénat et le peuple romain [ordre inv. très rare : Sall. J. 41, 2; Liv. 24, 37, 7]; ▭ *auctoritas, princeps, censeo, moveo* ¶ 2 réunion du sénat : *in senatum venire* Cic. Cat. 1, 2, venir au sénat; *accedere* Cic. Brut. 219, se rendre au sénat; *senatum habere* Cic. Phil. 3, 9; *mittere, dimittere* Cic. Q. 1, 1; Verr. 4, 146, tenir une réunion du sénat, lever la séance; *alicui datur senatus* Cic. Q. 2, 13, 2, le sénat donne audience à qqn; *ad senatum in Capitolio stare* Cic. Ac. 2, 137, attendre au Capitole une audience du sénat ‖ *agere senatum* [au lieu de *vocare, convocare, cogere*], réunir le sénat : Caes. 88; Aug. 35 ¶ 3 places réservées aux sénateurs au théâtre : Suet. Cl. 25; Ner. 12 ¶ 4 [fig., chez les com.] grand conseil : Pl. Most. 688; 1049; Ep. 159 ‖ [fig.] élite : Hier. Ep. 43, 3 ‖ municipalité, sénat d'une ville : Alcim. Hom. 6, p. 110 ‖ assemblée vénérable : [les élus] Sedul. Carm. ep. p. 9, 7; [les pères, les moines] Sidon. Ep. 9, 3, 4.

▸ formes arch. : gén. *senatuis*, v. Char. 143, 14; Non. 484, 19; Gell. 4, 16, 1; *senati* Pl. Cas. 427; Ep. 189; Cic. Fam. 2, 7, 4; 5, 2, 9; *senatuos* CIL 1, 581; 10, 104 ‖ dat. *senatu* Tac. An. 1, 10; Gell. 4, 16, 5.

sĕnātusconsultum, *i*, n., sénatus-consulte, décret du sénat [not^t recommandation à un magistrat, à caractère contraignant, sauf s'il est frappé par le veto d'un magistrat ; ravalé alors à une simple *auctoritas*, sans autre autorité que morale] : Cael. Fam. 8, 8, 7; Liv. 4, 57, 5; [sous l'Empire, a force de loi] Gai. Inst. 1, 4, 99; en abrégé S. C. ‖ **senatusconsultum facere** Cic. Phil. 13, 19, provoquer un sénatusconsulte; ▭ *consultum*.

Sĕnĕca, *ae*, m. (*senex*; it. *seneca*), nom de famille de la gens Annaea ; not^t ¶ 1 Sénèque [philosophe, précepteur de Néron] : Tac. An. 12, 8; Quint. 10, 1, 125 ¶ 2 son père, dit le Rhéteur, né à Cordoue : Quint. 9, 2, 42.

1 sĕnĕcĭo, *ōnis*, m. (*senex*), vieillard : Afran. Com. 276.

2 Sĕnĕcĭo, *ōnis*, m., nom d'homme : Tac. Agr. 2; An. 13, 12; Plin. Ep. 3, 11, 3; ▭ *1 senecio*.

3 sĕnĕcĭo, *ōnis*, m. (fr. *séneçon*), séneçon [plante] : Plin. 24, 167.

sĕnecta, *ae*, f. (*senex*), vieillesse : Enn., Pl., Ter., Lucr., Virg., Hor., Ov., Liv., Tac. ‖ dépouille des serpents : Plin. 20, 254 ‖ vieillard : Sil. 8, 6.

1 sĕnectus, *a, um* (*senex*), vieux : *senecta aetas* Pl. Amp. 1032; Mil. 253; Lucr. 5, 886; 896, vieillesse; *membra senecta* Lucr. 3, 772, membres décrépits; *senecto corpore* Sall. H. 4, 21, avec un corps vieilli ‖ ▭ *senecta*.

2 sĕnectūs, *ūtis*, f. (*senex*), vieillesse : Cic. CM 1; Lae. 4 ‖ [fig.] Cic. Brut. 8; [= maturité] Cic. Brut. 265 ‖ [poét.] *temporibus geminis canebat sparsa senectus* Virg. En. 5, 416, la vieillesse étendait sa blancheur sur les deux tempes [couvrait les tempes de cheveux blancs] ‖ vieille peau [des serpents] : Plin. 8, 111 ‖ désuétude : Tert. Apol. 4, 8.

Sĕnĕmūris, *is*, m., roi d'Égypte : Macr. Sat. 1, 23, 10.

Sēnensis, *e*, de Séna [Ombrie] : Cic. Brut. 73.

sĕnĕō, *ēs, ēre*, -, - (*senex*), intr., être vieux : Pacuv. Tr. 304; Catul. 4, 26 ‖ [fig.] être sans force : Pacuv. Tr. 275; Acc. Tr. 612.

Senepos, ▭ *Senemuris*.

sĕnescendus, *a, um*, ▭ *senesco* ▸.

sĕnescō, *ĭs, ĕre, sĕnŭī*, - (inch. de *seneo*), intr. ¶ 1 vieillir [pers. et choses] : Cic. CM 38; Rep. 1, 58; Plin. 16, 116 ¶ 2 [fig.] **a)** *inani studio* Quint. 8, pr. 18, blanchir [pâlir] sur un vain travail; *amore senescit habendi* Hor. Ep. 1, 7, 85, le désir d'amasser le fait blanchir [le mine] **b)** s'affaiblir : *famā* Liv. 29, 3, 15, être sur le déclin de sa renommée ‖ *otio* Liv. 25, 7, 11, languir dans l'inaction **c)** *luna senescens* Cic. Nat. 2, 95, la lune décroissante, cf. Cic. Div. 2, 33; *oratorum laus senescit* Cic. Tusc. 2, 5, la gloire de l'éloquence décline ; *consilia senescunt* Liv. 35, 12, 3, les projets languissent, s'éteignent, cf. Liv. 28, 36, 2; Sall. J. 2, 3; 35, 3.

▸ *longissimum spatium senescendorum hominum* Varr. L. 6, 11, "la plus longue durée de la vieillesse humaine", cf. Gaffiot M. Belge 33, p. 226, Rem. 4.

sĕnex, *sĕnis* (*senior, senatus, Seneca*, cf. ένή, scr. *sana-s*, gaul. *Seno-*, bret. *hen*, germ. > fr. *sénéchal*) ¶ 1 adj. avec compar., *senior, senius*, vieux : *Cato, quo erat nemo fere senior temporibus illis* Cic. Lae. 5, Caton, que presque personne ne surpassait en âge à cette époque-là, cf. Cic. Leg. 2, 9; *corpora seniora* Cels. 5, 28, 4, corps plus vieux; *seniores patrum* Liv. 2, 30, 4, les plus vieux des sénateurs, cf. 3, 41 ‖ *senior oratio* Cic. Brut. 160, discours ayant plus de maturité ¶ 2 subst. m., vieillard : Cic. Lae. 5; *comici senes* Cic. CM 36, vieillards de comédie [qui figurent dans les comédies] ‖ f., vieille femme : Tib. 1, 6, 82; Stat. Th. 5, 149 ‖ [en part.] *seniores* opp. à *juniores*, soldats de réserve ; [d'après la constitution de Servius Tullius, pour les comices électoraux, les hommes à partir de 45 ans étaient classés dans les centuries des plus âgés] : **(Servius Tullius) seniores a junioribus divisit** Cic. Rep. 2, 39, (Servius Tullius) sépara les plus âgés des plus jeunes, cf. Gell. 10, 28, 1; Liv. 1, 43, 2 ‖ [en gén.] *seniores*, les vieillards : *centuriae seniorum = seniores* Hor. P. 341; *seniorum, matrum familiae, virginum preces* Caes. C. 2, 4, les prières des vieillards, des mères de famille, des jeunes filles ; ▭ *senior*.

▸ gén. arch. *senicis* Pl. Cis. 373.

sēnī, *ae, a*, gén. *um*, distr. de *sex* (*seksno-*; it. *sena*) ¶ 1 chacun six : *pueri annorum senum* Cic. Verr. 2, 122, enfants ayant chacun six ans; *senis horis* Liv. 6, 4, 10, toutes les six heures ¶ 2 ▭ *sex* : *seni pedes* Hor. S. 1, 10, 59, l'hexamètre; *seni ictus* Hor. P. 253, six temps forts [sénaire].

▸ *senus, a, um* : *bis senus* Sen. Herc. f. 1282, deux fois six.

1 Sēnĭa, *ae*, f., nom de femme : Mart. 12, 27.

2 Sēnĭa, *ae*, f., ville de Liburnie [Segna] Atlas XII, C5 : Plin. 3, 140 ‖ **-iensis**, *e*, de Sénia : CIL 3, 3016.

Sēniae balneae, *ārum*, f. pl., bains publics à Rome : Cic. Cael. 62.

Seniauchus, *i*, m., nom d'homme : Amm. 15, 4, 10.

sĕnĭca, *ae*, f. (*senex*), vieille femme : Pompon. Com. 111; 131.

sĕnĭcis, ▭ *senex* ▸.

sĕnĭcŭlus, *i*, m. (dim. de *senex*), petit vieux : Apul. M. 1, 25.

sēnĭdēnī, ▭ *seni deni*, chacun seize : Liv. 9, 30, 3.

sĕnĭensis, *e*, de Sienne : Tac. H. 4, 45.

sĕnīlis, *e* (*senex*), de vieillard : Cic. Div. 2, 50; CM 38; Verr. 2, 87; Sest. 50.

seniliter

sĕnīlĭtĕr, adv., à la manière des vieillards : Quint. 1, 11, 1.

sēnĭo, ōnis, m. (seni), le six [coup de dés] : Suet. Aug. 71 ; Mart. 13, 1, 6 ; Pers. 3, 48.

sĕnĭŏr, ōris, compar. de senex (fr. seigneur, sieur, sire), subst. m. [tard.], ancien [terme de respect] : Vict.-Vit. 3, 35 (5, 9) ‖ les anciens, les membres du sénat juif : Vulg. Marc. 14, 53 ‖ chef de la communauté chrétienne : Tert. Apol. 39, 5 ‖ vieux moine, ancien : Cassian. Inst. 3, 5, 1 ‖ seigneur : Greg.-Tur. Hist. 8, 31 ; ▶ senex.

sĕnĭōsus, a, um (senium), d'un grand âge : Cat. Agr. 157, 8.

sēnĭpēs, ĕdis, m., de six pieds, sénaire : Sidon. Carm. 12, 10.

sĕnĭum, ĭi, n. (senex) ¶1 grand âge, sénilité : *dicitur senio et aegritudine confectus esse* Cic. Tusc. 3, 27, il succomba, dit-on, sous le poids de l'âge et du chagrin, cf. Tim. 17 ‖ [fig.] déclin, décrépitude, épuisement : *lunae* Plin. 7, 155, décours de la lune ; *mundus se ipse consumptione et senio alebat sui* Cic. Tim. 8, le monde tirait sa substance de son propre épuisement, de sa propre décrépitude, cf. Liv. 7, 22, 5 ; Gell. 20, 1, 10 ¶2 [fig.] **a)** caractère morose, gravité maussade [propre aux vieillards] : Hor. Ep. 1, 18, 47 **b)** chagrin, douleur : Cic. Mil. 20 ; Liv. 40, 54 **c)** [injure, avec un pron. m.] vieux, décrépit : Ter. Eun. 302 v. Don. ‖ antiquité, ancienneté, longue durée : Tert. Res. 32, 3 [où l'on attend longtemps] ‖ aspect repoussant : Carm. Jon. 2.

sĕnĭus, ĭi, m., vieillard, vieux : d. Cic. de Or. 3, 154.

Sennaar, indécl., ancien nom de la Babylonie : Vulg. Gen. 10, 10.

Sennăchĕrĭb, m. indécl. (Σεναχήριβος), roi d'Assyrie : Vulg. 4 Reg. 18, 13 ; Paul.-Nol. Carm. 26, 168.

Sennātes, um ou ĭum, m. pl., peuple d'Aquitaine : Plin. 4, 108.

Sennĭus, ĭi, m., nom d'homme : CIL 12, 2656.

Sĕnŏnes, um, m. pl. ¶1 Sénons [peuple de la Gaule Lyonnaise, habitant le pays de Sens] : Caes. G. 5, 54 ‖ [sg.] **Seno** : Hirt. G. 8, 30 ¶2 Sénons [peuple gaulois établi dans la Gaule Cisalpine] : Liv. 5, 35, 3.

Sĕnŏnĭa, ae, f., le pays du Sénonais : Sidon. Ep. 7, 5, 3.

Sĕnŏnĭcus, a, um, adj., des Sénons : Gell. 17, 21, 21 ‖ **Sĕnŏnĭus**, ĭi, m., surnom d'homme : CIL 13, 2675.

sensa, ōrum, n. pl. (sentio), sentiments, pensées : Cic. de Or. 1, 32 ; Quint. 8, 5, 1 ; *sensa mentis* Cic. de Or. 3, 55, même sens ‖ sens, signification : Aug. Doctr. 4, 7, 11 ‖ notions : Concil. S. 1, 5, p. 278, 37.

sensātē, adv. (sensatus), sensément : Vulg. Eccli. 13, 27.

sensātĭo, ōnis, f., intelligence, compréhension : Iren. 5, 20, 2 ‖ la pensée : Iren. 2, 14, 6 ‖ connaissance : Iren. 2, 13, 2 [émanation gnostique].

sensātus, a, um, [fig.] sensé, raisonnable : Iren. 1, 4, 1 ; Greg.-M. Ep. 5, 53 a ‖ subst. m., homme sage : Vulg. Eccli. 5, 15, [opp. à *impudens*].

sensī, parf. de sentio.

sensĭbĭlis, e (sentio), sensible, qui tombe sous les sens : Lucr. 4, 775 ; Sen. Ep. 124, 2 ; *ea quae sunt sensibilia* Ps. Apul. Asclep. 19, les objets physiques ou matériels, les corps ; *sensibilis auditui* Vitr. 5, 3, 6, appréciable à l'oreille.

sensĭbĭlĭtās, ātis, f. (sensibilis), sens, signification : Non. 173, 14 ‖ sentiment, sensibilité : Fulg. Virg. p. 93, 9 ‖ connaissance, intelligence : Iren. 1, 30, 14.

sensĭbĭlĭtĕr, adv., par les sens, matériellement : Arn. 7, 28.

sensĭcŭlus, i, m. (dim. de sensus), courte pensée : Quint. 8, 5, 14.

sensĭfĕr, ĕra, ĕrum (sensus, fero), qui donne une sensation : Lucr. 3, 245 ; 272.

sensĭfĭcātŏr, ōris, m., celui qui donne le sentiment : Aug. Civ. 7, 3.

sensĭfĭcō, ās, āre, -, - (sensus, facio), tr., donner le sentiment : Capel. 9, 908.

sensĭfĭcus, a, um (sensus, facio), qui produit les sentiments : Macr. Sat. 7, 9, 20.

sensĭlis, e (sentio), sensible, qui tombe sous les sens, tangible, matériel : Lucr. 2, 888 ; Chalc. 349.

sensĭlŏquus (sensĭlŏcus), a, um (sensus, loquor), qui parle sagement, avisé, sage : Non. 186, 10.

sensim, adv. (sentio), insensiblement, sans qu'on s'en aperçoive, peu à peu, graduellement, lentement : Pl. Cas. 815 ; Cic. CM. 38 ; Fin. 5, 41 ; Off. 1, 120 ; Cael. 25 ; de Or. 1, 251 ‖ *sensim queri* Phaed. 4, 16, 9, se plaindre modérément.

sensōrĭum, ĭi, n., siège d'une faculté : Boet. Top. Arist. 8, 5.

sensti, ▶ sentio ▶.

sensŭālis, e (sensus) ¶1 relatif aux sens, doué de sensation : Tert. Anim. 18, 5 ¶2 intellectuel, qui parle à l'intelligence : Prud. Perist. 10, 347.

sensŭālĭtās, ātis, f., faculté de sentir, de percevoir des sensations : Tert. Anim. 17, 2 ; 38, 6.

sensŭālĭtĕr, adv., par les sens : Mamert. Anim. 2, 12.

1 sensus, a, um, part. de sentio, ▶ sensa, pl. n.

2 sensŭs, ūs, m. (sentio ; esp. *seso*)

¶1 "action de s'apercevoir" ¶2 "action de percevoir" ¶3 "sens" ¶4 "sentiment" ¶5 "conception" ¶6 "intelligence" ¶7 "idée, phrase".

¶1 [en gén.] action de sentir, de s'apercevoir : *sensim sine sensu aetas senescit* Cic. CM 38, on vieillit insensiblement sans en avoir conscience ¶2 action de percevoir par les sens, de sentir : *voluptatis sensum capere* Cic. Nat. 3, 32, éprouver une sensation (sentiment) de plaisir ; *moriendi sensum celeritas abstulit* Cic. Lae. 12, la rapidité de la mort lui en a enlevé le sentiment ; *sensum verae gloriae capere* Cic. Phil. 5, 49, goûter la vraie gloire ‖ faculté de sentir : *videmus in partibus mundi inesse sensum atque rationem* Cic. Nat. 2, 30, nous voyons que les parties de l'univers ont la sensibilité et la raison ; *movere sensum* Lucr. 3, 839, agir sur la sensibilité ¶3 sens : *sensus oculorum, aurium* Cic. Tusc. 5, 111 ; Fin. 2, 52 ; *videndi* Cic. de Or. 2, 357 ; *audiendi* Cic. Rep. 6, 19, sens de la vue, de l'ouïe ; *res subjectae sensibus* Cic. Ac. 1, 31, choses qui tombent sous les sens ; *quod neque oculis neque auribus neque ullo sensu percipi potest* Cic. Or. 8, [cette beauté] qui ne peut être perçue, ni par les yeux ni par les oreilles ni par aucun sens ¶4 [au sens moral] sentiment : *sensus amoris, amandi* Cic. Lae. 27 ; *diligendi* Cic. Lae. 27, sentiment d'amour, disposition à aimer ; *humanitatis* Cic. Verr. 1, 47, sentiment d'humanité ; *quod in communibus hominum sensibus atque in ipsa natura positum atque infixum est* Cic. Clu. 17, une chose qui est fixée, gravée dans les sentiments communs à tous les hommes et dans notre propre nature [= un sentiment profondément humain] ; *vultus qui sensus animi plerumque indicant* Cic. de Or. 2, 148, les jeux de physionomie qui d'ordinaire décèlent les sentiments ‖ manière de sentir, disposition d'esprit, sentiment : *vestri sensus ignarus* Cic. Mil. 72, ignorant de vos dispositions d'esprit ; *meus me sensus, quanta vis fraterni sit amoris, admonet* Cic. Fam. 5, 2, 10, mes propres sentiments me rappellent la puissance de l'amitié fraternelle ; *voluntas erga nos sensusque civium* Cic. Mil. 42, les dispositions des citoyens à notre égard et leurs sentiments ¶5 [au sens intellectuel] manière de voir, de concevoir : *sensus communis* Cic. de Or. 1, 12, la manière de penser commune (ordinaire) ; *quae versantur in sensu hominis communi* Cic. de Or. 2, 68, les choses qui se rattachent aux façons ordinaires de penser de l'humanité ; *vulgaris popularisque sensus* Cic. de Or. 1, 108, les façons de penser de la foule ; *de meo sensu judico* Cic. Cat. 4, 11, je juge d'après mon sentiment ‖ intelligence, faculté d'appréciation : *mirari solebam istum in his ipsis rebus aliquem sensum habere, quem scirem nulla in re quicquam simile hominis habere* Cic. Verr. 4, 33, je m'étonnais que cet homme pût avoir qq. goût en ces matières, sachant qu'en rien il n'a quoi que ce soit qui rappelle un être humain ; *tacito quodam sensu* Cic. de Or. 3, 195, par une sorte de jugement instinctif; *ea sunt in communibus infixa sensibus* Cic. *de Or.* 3, 195, ces appréciations [du rythme, de la mélodie] sont du domaine de la sensibilité générale (commune à tous); [d'où]: *cum sensu* Cic. *de Or.* 2, 184, avec du sentiment, avec du tact ¶ 6 intelligence [appliquée aux rapports avec autrui]: *sit in beneficio sensus communis* Sen. *Ben.* 1, 12, 3, en matière de bienfaisance, fionsnous au sens commun; *molestus, communi sensu caret* Hor. *S.* 1, 3, 65-66, c'est un fâcheux, il est totalement dépourvu de savoir-vivre ¶ 7 a) pensée, idée: *scire ubi claudatur sensus* Quint. 1, 8, 1, savoir où l'idée (le sens) s'achève; *salvo modo poetae sensu* Quint. 1, 9, 2, en respectant toutefois la pensée du poète; *egregie dicta circa eumdem sensum tria* Sen. *Ep.* 7, 10, trois belles paroles qui touchent approximativement à la même idée b) phrase, période: *verbo sensum cludere* Quint. 9, 4, 26, terminer la phrase par un verbe.

sensūtus, *a, um*, C.▶ *sensatus*: VL. *Eccli.* 26, 26 d. Aug. *Spec.* 33.

Senta, *ae*, f., caverne en Dalmatie: Plin. 2, 105.

sententĭa, *ae*, f. (*sentio*).

¶ 1 "façon de voir" ¶ 2 "avis, suffrage" ¶ 3 "signification, phrase, maxime".

¶ 1 sentiment, opinion, idée, manière de voir: *de aliqua re stabilem et certam sententiam habere* Cic. *Nat.* 2, 2, avoir sur qqch. une opinion stable et précise; *de sententia deducere, dejicere, depellere, deterrere, decedere, desistere*, cf. ces verbes; *in hac sum sententia, ut* subj., Cic. *Fam.* 4, 4, 5, mon avis est que; *quot homines, tot sententiae* Cic. *Fin.* 1, 15, autant d'hommes, autant d'avis; *mea sententia* Cic. *Rep.* 1, 42, à mon avis ‖ [avec l'idée de volonté, de désir] *sententia est* Cic. *Off.* 3, 116; *stat sententia* Ov. *M.* 8, 67 [avec inf.], on se propose de; *de sententia alicujus facere aliquid* Cic. *Cael.* 68, faire qqch. sur (d'après) le désir de qqn; *ex sententia* Cic. *Fam.* 12, 10, 2, selon les vœux, à souhait, cf. Cic. *de Or.* 1, 123; *ex mea sententia* Cic. *Fam.* 2, 7, 3, selon mes vœux ¶ 2 [polit.] a) avis [donné au sénat]: *sententiam dicere, rogare* Cic. *Q.* 2, 1, 2, donner son avis, demander l'avis de qqn, V.▶ *rogare*; *factum est senatus consultum in meam sententiam* Cic. *Att.* 4, 1, 6, un sénatus-consulte fut pris conformément à mon avis; *ex senatus sententia* Cic. *Fam.* 12, 4, 1, d'après l'avis du sénat; *in sententiam alicujus ire* ou *pedibus ire* Liv. 23, 10, 4; 22, 56, 1, se ranger à l'avis de qqn b) vote, suffrage [dans les comices]: *de aliqua re sententiam ferre* Cic. *Agr.* 2, 26, voter sur une chose ‖ [en parl. des juges] sentence: *sententiam ferre, dicere* Cic. *Verr.* 2, 77; *Off.* 3, 66, prononcer sa sentence; *omnibus sententiis absolvi* Cic. *Verr.* 4, 100, être absous à l'unanimité des suffrages; [fig. en parl. d'un connaisseur] Cic. *Brut.* 188 c) [formule]: *jurare ex sui animi sententia* Cic. *Ac.* 2, 146, jurer en son âme et conscience, cf. Cic. *Off.* 3, 108; Liv. 22, 53, 10 ‖ [d'où, simple formule d'affirmation]: *ex animi mei sententia* Sall. *J.* 85, 27, en mon âme et conscience [sincèrement], en toute sincérité ¶ 3 sens, signification, idée, pensée: a) *in eam sententiam cum multa dixisset* Cic. *Att.* 2, 22, 2, ayant dit beaucoup de choses en ce sens; *multa ab Caesare in eam sententiam dicta sunt, quare... non posset* Caes. *G.* 1, 45, 1, César parla longuement en vue d'expliquer pourquoi il ne pouvait... b) *verbum in eadem sententia ponitur* Cic. *Or.* 135, le mot est pris dans le même sens; *id habet hanc sententiam...* Cic. *Off.* 3, 13, cela veut dire que...; *testamentorum sententiae voluntatesque* Cic. *Brut.* 198, le sens et l'intention des testaments, cf. Cic. *Leg.* 2, 11 c) *loci ac sententiae disputationis* Cic. *de Or.* 3, 16, les thèmes et les idées d'une discussion; *sapientibus sententiis gravibusque verbis ornata oratio* Cic. *de Or.* 1, 31, un discours paré de sages pensées et de fortes expressions; *obscurae, abditae sententiae* Cic. *Or.* 30, pensées obscures et enveloppées d) pensée exprimée, phrase, période: Cic. *Phil.* 13, 22; *Or.* 190; Quint. 9, 3, 45; 10, 1, 130 e) sentence, maxime: Cic. *Nat.* 1, 85 ‖ trait: Quint. 12, 10, 48; Sen. *Ep.* 100, 5; Tac. *D.* 20.

sententĭālis, *e* (*sententia*), qui a la forme d'une sentence, sentencieux: Cassiod. *Inst.* 2, 2, 13; Isid. 2, 9, 11.

sententĭālĭtĕr, adv., sous forme de sentence: Tert. *Carn.* 18, 5.

sententĭō, *ās, āre*, -, - ¶ 1 [abs¹] prononcer un arrêt, un jugement: Act. Ignat. 2, 7 Ruinart ¶ 2 tr., condamner [qqn]: Hil. *Coll. antiar.* p. 56, 16 F.

sententĭŏla, *ae*, f. (dim. de *sententia*), petite maxime [sentence]: Cic. *Phil.* 3, 21; Quint. 5, 13, 37 ‖ pointe: Quint. 12, 10, 73.

sententĭōsē, adv. (*sententiosus*), avec une grande richesse d'idées, de pensées: Cic. *Inv.* 1, 106; *Or.* 236 ‖ de façon sentencieuse: Cic. *Or.* 2, 286.

sententĭōsus, *a, um* (*sententia*), riche d'idées, de pensées: Cic. *Brut.* 325.

Sentĭa, *ae*, f., déesse des bonnes pensées: Aug. *Civ.* 4, 11.

sentĭcētum, *i*, n. (*sentis*), lieu plein d'épines, roncier: Apul. *Flor.* 11; *nihil sentio. — Non enim es in senticeto* Pl. *Cap.* 860, je ne sens rien — C'est que tu n'es pas dans les ronces [jeu de mots sur *sentio* et *sentis*].

sentĭcōsus, *a, um* (*sentis*), couvert d'épines: Julian.-Aecl. d. Aug. *Jul.* 6, 27 ‖ [fig.] acerbe, épineux: Afran. *Com.* 1; Apul. *Flor.* 18, 29.

sentĭfĭco, *ās, āre*, -, -, C.▶ *sensifico*: Mamert. *Anim.* 1, 17; 3, 2.

sentīna, *ae*, f. (cf. lit. *sémti*), sentine, fond de la cale: Cic. *CM* 17; Caes. *C.* 3, 28, 5; *navem quae sentinam trahit* Sen. *Ep.* 30, 2, navire qui fait eau ‖ [fig.] basfond, lie, rebut: Cic. *Att.* 1, 19, 4; *Cat.* 1, 12; *Agr.* 2, 70.

sentīnācŭlum, *i*, n. (*sentina*), écope [pour vider la sentine]: Paul.-Nol. *Ep.* 49, 3.

Sentīnās, *ātis*, m., f., n., de Sentinum [ville de l'Ombrie] Atlas XII, C3: Liv. 10, 27, 1 ‖ subst. m. pl., habitants de Sentinum: Plin. 3, 114.

sentīnātŏr, *ōris*, m. (*sentino*), celui qui vide la sentine: Paul.-Nol. *Ep.* 49, 12.

sentīnō, *ās, āre*, -, - (*sentina*), tr., vider la sentine: Paul.-Nol. *Ep.* 49, 1 ‖ [fig.] intr., [*satagere* Fest. 454, 8], se donner du mal: Caecil. *Com.* 4.

sentīnōsus, *a, um*, infect, malpropre: Cat. d. Non. 152, 25.

Sentīnus, *i*, m., dieu qui donnait la pensée à l'enfant près de naître: Varr. d. Aug. *Civ.* 7, 2; Tert. *Nat.* 2, 11, 4.

sentĭō, *īs, īre, sensī, sensum* (cf. v. irl. *sét*, bret. *hent* "chemin", al. *senden, sinnen*; fr. *sentir*), tr.

I percevoir par les sens ¶ 1 sentir: a) [abs¹]: *omne animal sentit* Cic. *Nat.* 3, 33, tout être vivant perçoit des sensations; *perpetuo sentimus* Lucr. 4, 228, nos sens sont toujours en activité b) [avec acc.] *voluptatem, dolorem* Cic. *Nat.* 3, 33; *suavitatem cibi* Cic. *Phil.* 2, 115, sentir le plaisir, la douleur, la saveur d'un mets, cf. Lucr. 1, 298; 4, 492; *ea quae sentiuntur* Cic. *Nat.* 3, 34, les objets des sensations, cf. Cic. *Off.* 1, 14 ‖ *non prius salutem scripsit? — Nusquam sentio* Pl. *Bac.* 1000, il n'a pas mis d'abord une formule de salut? — Je n'en vois nulle part; [langue augurale] *quid videras? quid senseras?* Cic. *Phil.* 2, 83, qu'avais-tu vu? qu'avais-tu perçu? [p. ex., voir des éclairs, sentir un coup de vent, un tremblement de terre] c) [avec inf. ou prop. inf.] *sentire sonare* Lucr. 4, 229, percevoir les sons; *ire foras animam* Lucr. 3, 607, sentir son âme s'échapper au-dehors; *mel dulce esse sentitur* Cic. *Fin.* 3, 34, la douceur du miel se perçoit ¶ 2 percevoir les effets d'une chose, être affecté par qqch., éprouver: *ceterarum civitatum damna ac detrimenta* Cic. *Verr.* 3, 108, être affecté par les dommages et les pertes des autres cités, cf. *Caecil.* 38; *Verr.* 1, 128; *famem sentire* Curt. 9, 10, 11; Liv. 25, 13, 1, sentir la faim; *sentiet qui vir siem* Ter. *Eun.* 66, elle sentira quel homme je suis; *sentiet in hac urbe esse consules vigilantes* Cic. *Cat.* 2, 27, il sentira qu'il y a dans cette ville des consuls vigilants; *alnos fluvii sensere cavatas* Virg. *G.* 1, 136, les fleuves sentirent voguer sur leurs eaux les aunes creusés; *(amnis) cum sensit aestatem* Sen. *Ir.* 3, 21, 1, un fleuve, lorsqu'il a subi l'influence de l'été ‖ *sentire morbos, rabiem* Plin. 9, 156; 8, 68; 12, 28, être

sentio

sujet aux maladies, à la rage ‖ jouir de, tirer un profit : **commodum** Dig. 14, 3, 1, retirer un intérêt ; **incrementum** Dig. 36, 3, 1, 13, profiter d'un enrichissement. **II** percevoir par l'intelligence ¶ **1** sentir, se rendre compte : **a)** [abs¹] Cic. Sest. 47 ; Rep. 6, 26 ; Or. 193 ; Ac. 2, 52 ; **sensit medios delapsus in hostes** Virg. En. 2, 377, il se rendit compte, étant tombé = il s'aperçut qu'il était tombé au milieu des ennemis ‖ **de profectione hostium** Caes. G. 5, 33, 1, s'apercevoir du départ des ennemis **b)** [avec acc.] **quod quidem senserim** Cic. Lae. 103, du moins pour ce dont j'ai pu m'apercevoir [pour autant que je sache ; **plus sentire** Caes. G. 7, 52, 3, se rendre mieux compte, avoir plus de perspicacité **c)** [avec interrog. indir.] **si quid est in me ingenii, quod sentio quam sit exiguum** Cic. Arch. 1, s'il y a en moi qq. talent, et j'ai conscience du peu que j'en ai, cf. Cic. Arch. 13 ; Nat. 3, 69 **d)** [avec prop. inf.] Cic. Brut. 193 ; Fin. 3, 26 ; Cat. 2, 5 **e)** [poét., pass. pers.] **quae oscula sentiri non esse sororia possent** Ov. M. 9, 539, des baisers qui, cela se sentait, ne pouvaient pas venir d'une sœur, cf. Arn. 1, 28 ¶ **2** avoir dans l'esprit, penser : [abs¹] **si ita sensit, ut loquitur** Cic. Rep. 3, 32, s'il pense ce qu'il dit ; **jocansne an ita sentiens ?** Cic. Ac. 2, 63, est-ce en plaisantant ou en pensant ainsi ? [= sérieusement ?] ; **recte sentire** Cic. Tusc. 1, 6, avoir des pensées justes, cf. Cic. Tusc. 5, 24 ‖ [avec acc.] **dicam quod sentio** Cic. Brut. 292, je dirai ce que je pense, cf. Cic. Rep. 1, 15 ; Fam. 15, 16, 3 ; **quod animo sentiebat** Cic. Planc. 34, le sentiment qu'il éprouvait ¶ **3** juger, avoir telle opinion : **difficillime de se quisque sentit** Cic. de Or. 3, 33, il est très difficile à chacun de s'apprécier soi-même ; **bene de republica sentire** Cic. Phil. 5, 22, avoir de bons sentiments politiques ; **cum aliquo** Cic. Att. 7, 1, 3, partager les opinions (les sentiments) de qqn, cf. Amer. 142 ; Ter. And. 324 ; **contra rem publicam** Sall. C. 26, 5, avoir des sentiments hostiles au gouvernement ; **ab aliquo seorsum** Pl. Cap. 710, avoir une opinion différente de qqn (mais **ab aliquo** Pl. Ru. 1100, être de l'avis de qqn, cf. Liv. 24, 45, 3 ; **nec jam aliter sentire quin** [subj.] Caes. G. 7, 44, 4, ne plus douter que ‖ **quae sensit ille** Cic. Fin. 1, 14, les opinions de ce philosophe ; **unum atque idem sentiunt** Cic. Cat. 4, 14, ils ont une seule et même opinion ; **vera de aliqua re** Cic. Fin. 1, 62, avoir des sentiments vrais sur qqch. ‖ [avec prop. inf.] être d'avis que, penser que : Cic. Fin. 2, 4 ; 5, 23 ‖ **aliquem bonum civem** Cic. Off. 1, 124, juger qqn un bon citoyen = en avoir le sentiment, cf. Cic. Off. 3, 75 ; Fin. 3, 34 ‖ [avec **ut**] avoir l'idée = l'intention que : **hoc voluisse... hoc sensisse... ut** Cic. Brut. 197, sa volonté... son idée avait été que ‖ [avec le subj. sans **ut**] être d'avis que : **sentio... venias** Cic. Att. 1, 4, 1 [mss], je suis d'avis que tu viennes ¶ **4** [polit.] exprimer un avis, voter : Cic. Verr. 2, 76 ;

Fam. 5, 2, 9 ; 11, 21, 2 ; Gell. 5, 10, 14 ‖ vouloir, décider de [avec inf.] : Tert. Anim. 38, 2 ‖ avoir telle ou telle signification : Hil. Matth. 10, 18 [en parl. d'une parole de l'Évangile].

▶ parf. contr. **sensti** Ter. And. 882.

1 sentis, **is**, m. (cf. ξαίνω), f. Culex 56, d'ordin. au pl., ronces, buissons épineux : Caes. G. 2, 17, 4 ; Lucr. 5, 206 ; Virg. G. 2, 411 ‖ sg., Col. 11, 3, 4 ‖ [plais¹] griffes, mains crochues : Pl. Cas. 592.

2 Sentis, ⬧ Sentinum : Grom. 258, 6.

sentiscō, **ĭs**, **ĕre**, -, - (sentio), intr., commencer à sentir, à percevoir : Lucr. 3, 393 ; 4, 586.

Sentĭus, **ĭi**, m., nom d'une famille romaine : Cic. Verr. 3, 217 ; Pis. 84 ; Tac. An. 2, 74.

sentix, **ĭcis**, f., ⬧ sentis, ronce : Prud. Sym. 2, 1043 ; Ps. Apul. Herb. 87.

sentōsus (-tŭōsus), **a**, **um** (sentis), couvert d'épines, de ronces : Boet. Porph. dial. 1, 1, 13 ; Paul.-Nol. Carm. 6, 310.

sentus, **a**, **um** (sentis), épineux, buissonneux : Prud. Sym. 2, 1039 ‖ hérissé : **loca senta situ** Virg. En. 6, 462, lieux repoussants de moisissure [rappel de l'expr. homérique Ἀΐδεω δόμον εὐρώεντα], cf. Ov. M. 4, 436 ‖ [pers.] hérissé, hirsute : Ter. Eun. 236.

sĕnŭī, parf. de senesco.

1 Senum, **i**, n., ville de Calabre : Plin. 3, 100.

2 Sěnum portus, le port des Vieillards, sur le Bosphore de Thrace : Plin. 4, 46.

sĕorsum et **sĕorsus** (2 se-, vorsum, -us) ¶ **1** adv., séparément, à part [pr. et fig.] : **seorsum eunt alii ad alios** Cic. Rep. 6, 1, ils se séparent pour former différents partis ; **seorsum ab rege exercitum ductare** Sall. J. 70, 2, conduire l'armée à part, sans le roi, cf. Cael. Fam. 8, 9, 3 ¶ **2** prép. avec abl., indépendamment de, sans : Lucr. 3, 564.

▶ **sorsum** Lucr. 3, 631 ; 4, 495.

sĕorsus, **a**, **um** (2 se-, vorsus), pris à part, séparé : Aus. Idyl. 17 (364) , 5, cf. Gell. 7, 10, 2.

sēpār, **ăris** (2 se, par), séparé, à part, distinct : Val.-Flac. 5, 58 ; Stat. Th. 4, 481.

sēpărābĭlis, **e** (separo), séparable : Cic. Tusc. 1, 21.

sēpărābĭlĭtās, **ātis**, f., qualité de qui peut être séparé [entre les personnes de la Trinité] : Concil. Hisp. M. 84, p. 532 B.

sēpărābĭlĭtěr, adv., séparément : Aug. Serm. 52, 15.

sēpărātē, seul¹ au compar., **separatius** Cic. Inv. 2, 156, à part, plus spécialement.

sēpărātim, adv. (separo), séparément, à part, isolément : Cic. Phil. 13, 50 ; de Or. 1, 9 ; Brut. 198 ; Caes. G. 7, 36, 2 ‖ **separatim ab**, à part de, d'une manière distincte de : Cic. Fam. 2, 16, 5 ; Nat. 2, 165 ; Caes. C. 1, 76, 2 ; Liv. 40, 47, 4 ‖ **separatim** Cic. de Or. 2, 118, d'une manière indépendante de la cause [c.-à-d. , de telle sorte que les paroles puissent s'appliquer partout cf. **separatum exordium** Cic. Inv. 1, 26], en thèse générale.

sēpărātĭo, **ōnis**, f. (separo) ¶ **1** séparation : Cic. Inv. 2, 55 ; de Or. 3, 132 ‖ divorce : Dig. 1, 9, 8 ¶ **2** schisme : Aug. Catech. 20, 56 ¶ **3** chose mise à part dans un sacrifice : Vulg. Ezech. 44, 29 ¶ **4** distinction : Mar. Vict. Ar. 4, 20.

sēpărātīvus, **a**, **um** (separo), disjonctif [gram.] : Diom. 418, 26 ; Prisc. 3, 57, 4.

sēpărātŏr, **ōris**, m. et **sēpărātrix**, **īcis**, f. (separo) ¶ **1** qui sépare : Tert. Praescr. 30, 10 ; Aug. Trin. 11, 10 ¶ **2** celui qui est à part, étranger : Vulg. Zach. 9, 6.

1 sēpărātus, **a**, **um**, part. de separo ‖ [adj¹] ¶ **1** à part, distinct : Cic. Att. 14, 17, 6 ; **separatior** Tert. Anim. 18, 1 ¶ **2** peu solide : Rufin. Clem. rec. 8, 13 ¶ **3** à part, séparé, schismatique : Aug. Parm. 1, 12, 19.

2 sēpărātŭs, **ūs**, m., séparation : Apul. Flor. 15, 7.

Separi, **ōrum**, m. pl., habitants d'une île proche de la Dalmatie : Plin. 3, 142.

sēpărĭus, ⬧ saeparius.

sēpărō, **ās**, **āre**, **āvī**, **ātum** (2 se, 1 paro ; fr. sevrer), tr. ¶ **1** mettre à part, séparer [pr. et fig.] : Cic. Agr. 2, 87 ; **separata utilitate** Cic. Tusc. 4, 34, indépendamment de tout intérêt ‖ [avec **ab**] séparer de, distinguer de : Cic. Tusc. 3, 47 ; Off. 1, 95 ; Fam. 5, 12, 2 ; **se ab Aetolis** Liv. 38, 43, 12, se séparer des Étoliens [avec **ex**] Cic. Rep. 2, 39 ‖ [avec abl. seul] Ov. Tr. 1, 10, 28 ; Luc. 4, 75 ¶ **2** [réfl.] se séparer [en parlant d'un schismatique] : Aug. Gest. Pelag. 30, 54 ¶ **3** [pass.] être séparé [par l'interdiction de communier] : Aug. Pelag. 4, 9, 26.

sěpělībĭlis, **e** (sepelio), [fig.] qu'on peut ensevelir (cacher) : Pl. Cis. 62.

sěpělĭō, **īs**, **īre**, **īvī** et **ĭī**, **sěpultum** (cf. scr. saparyati ; ἕπω ; fr. ensevelir), tr. ¶ **1** ensevelir : Cic. Tusc. 1, 103 ; Leg. 2, 58 ; Flac. 95 ; Liv. 27, 42, 7 ¶ [fig.] **a)** enterrer, faire disparaître : **dolorem** Cic. Tusc. 2, 32, ensevelir sa douleur ; **salutem in aeternum** Lucr. 2, 570, ensevelir pour l'éternité l'existence des êtres ; **sepultus sum** Ter. Phorm. 943, je suis mort et enterré **b)** **sepultus somno vinoque** Virg. En. 2, 265, enseveli dans le sommeil et le vin ; [en part.] **custode sepulto** Virg. En. 6, 423, le gardien étant endormi ; **sepulta inertia** Hor. O. 4, 9, 29, paresse endormie.

▶ parf. **sepeli** Pers 3, 97 ; **sepulivi** CIL 3, 2326 ; contr. **sepelisset**, **sepelissent** Prop. 1, 17, 19 ; Quint. 8, 5, 16 ‖ part. **sepelitus** Cat. d. Prisc. 2, 546, 2.

sěpělītus, **a**, **um**, ⬧ sepelio ▶.

Septicius

1 sēpēs, *ĕdis* (*sex, pes*), qui a six pieds : APUL. *M.* 6, 10.

2 sēpēs, *is*, 🔎 *saepes*.

sēpĭa, *ae*, f. (σηπία ; fr. *seiche*), seiche [mollusque] : CIC. *Nat.* 2, 127 ; PLIN. 9, 84 ‖ encre : PERS. 3, 13.

Sepias, *ădis*, f., promontoire de Thessalie : PLIN. 4, 32.

sepicula, sepim-, 🔎 *saep-*.

Sēpīnum, 🔎 *Saepinum*.

sēpĭo, 🔎 *saepio*.

sēpĭŏla, *ae*, f. (dim. de *sepia*), petite seiche [mollusque] : *FULG. Myth. 1 *pr., p. 10, 16.

sēpĭōtĭcŏn (-cum), *i*, n. (*sepia*), encre : *FULG. Myth. p. 10, 16. pr.

sēpis, gén. de *sepes* et de *seps*.

Sepĭussa, *ae*, f., île de la mer Égée : PLIN. 5, 134.

Sēplăsia, *ae*, f., CIC. *Pis.* 24 ; *Sest.* 19, **Sēplăsia**, *ōrum*, n. pl., VARR. d. NON. 226, 16, place de Capoue où se vendaient des parfums.

sēplăsĭārĭus, *ii*, m. (*seplasium*), parfumeur : LAMPR. *Hel.* 30, 1 ‖ boutiquier : GLOSS. 2, 393, 48.

sēplăsĭum, *ii*, n. (*Seplasia*), séplase, parfum qui se vendait sur la place de Capoue : PETR. 76, 6 ‖ boutique : GLOSS. 2, 393, 49.

sēpōnō, *ĭs, ĕre, pŏsŭi, pŏsĭtum* (*2 se, pono*), tr. ¶ 1 placer à part, mettre à l'écart : *aliquid sepositum et reconditum habere* CIC. *Verr.* 4, 23, tenir qqch. à l'écart et caché, cf. CIC. *Div.* 2, 112 ; *de Or.* 1, 162 ; *pecuniam seponere* LIV. 42, 52, 12, mettre de l'argent en réserve ; *seponi* TAC. *H.* 2, 33, se tenir à l'écart ¶ 2 réserver [pour un usage déterminé] : *nullum sibi ad rem tempus* CIC. *Or.* 143, ne se réserver aucun moment pour cela, cf. CIC. *de Or.* 3, 132 ; *aliquid senectuti* TAC. *H.* 1, 1, réserver une tâche pour sa vieillesse ¶ 3 séparer : *rem ab re* CIC. *de Or.* 1, 22, séparer une chose d'une autre ; *rem re* HOR. *P.* 273, distinguer une chose d'une autre ¶ 4 éloigner, exclure : *a domo sua* TAC. *An.* 3, 12, exclure de sa maison ; *curas* OV. *M.* 3, 319, bannir les soucis ‖ reléguer, exiler : TAC. *H.* 1, 10 ; 1, 46 ; 2, 63 ; *An.* 4, 44.

▶ part. sync. *sepostus* SIL. 8, 376.

sēpŏsĭtĭo, *ōnis*, f. (*sepono*), action de séparer : DIG. 50, 12, 2.

sēpŏsĭtus, *a, um* ¶ 1 part. de *sepono* ¶ 2 [adj^t] mis à part, choisi, d'élite : TIB. 2, 5, 8 ; MART. 2, 43, 4 ‖ éloigné, écarté : PROP. 1, 20, 24.

sēpostus, 🔎 *sepono* ▶.

Seppĭus, *ii*, m., prénom osque : LIV. 26, 6, 13.

1 seps, *sēpis*, acc. *sepa*, m. et f. (σήψ), seps, lézard (serpent ?) venimeux : LUC. 9, 764 ; PLIN. 29, 102 ‖ insecte : PLIN. 20, 12 ; 29, 137.

2 seps, 🔎 *saepes*.

sepse (*se + pse* particule de renforcement ; cf. *eopse, eapse*), *omnes magis quam sepse diligit* CIC. *Rep.* 3, 12, [la vertu] aime tout le monde plutôt qu'elle-même, cf. CIC. *Rep. frg.* 4 ; SEN. *Ep.* 108, 32.

sepsi, parf. de *sepio*, 🔎 *saepio*.

septa, *ōrum*, n. pl., 🔎 *saeptum*.

septăgē, 🔎 *siptace*.

septăs, *ădis*, f. (de ἑπτάς), le nombre sept : MACR. *Somn.* 1, 6, 45.

septātus, *a, um*, 🔎 *saep-*.

septējŭgis, *is*, m., char attelé de sept chevaux : CIL 6, 10048.

1 septem, indécl. (cf. ἑπτά, scr. *sapta*, toch. A *spät*, v. irl *secht*, bret. *seizh*, al. *sieben*, an. *seven*, rus. *sem* ; it. *sette*), sept : *septem et triginta* CIC. *Rep.* 2, 17, trente-sept ; *viginti et septem* CIC. *Verr.* 3, 123, vingt-sept ‖ *unus e septem* CIC. *Lae.* 59, un des Sept Sages [de la Grèce] ; *sapientissimus in septem* CIC. *Leg.* 2, 26, le plus sage parmi les sept, cf. CIC. *Rep.* 1, 12 ‖ *septem stellae* SEN. *Tr.* 439 = *septentriones*.

2 Septem Ăquae, f., lac près de Réate : CIC. *Att.* 4, 15, 5.

3 Septem Frātres, m., les Sept Frères, sommets de la chaîne d'Abyla [Maurétanie] : PLIN. 5, 18.

Septembĕr, *bris*, m. (*septem, mensis* ; it. *settembre*), septembre : VARR. *L.* 6, 34 ‖ [adj^t] *mense Septembri* CIC. *Att.* 1, 1, 2, au mois de septembre ; *Kalendis Septembribus* CIC. *Fam.* 14, 22, aux calendes de septembre ; *Septembribus horis* HOR. *Ep.* 1, 16, 16, au mois de septembre.

septemchordis (-cordis), *e*, qui a sept cordes : ISID. 3, 21, 4.

septemdĕcim (septen-), indécl., dix-sept : CIC. *Verr.* 5, 124 ; TAC. *An.* 13, 6.

septemflŭus, *a, um*, qui a sept embouchures [Nil] : OV. *M.* 1, 422 ; 15, 753.

septemgĕmĭnus, *a, um*, au nombre de sept, septuple : CATUL. 11, 7 ; VIRG. *En.* 6, 800.

septemmestris, *e* (*mensis*, cf. *September*), de sept mois : CENS. 8, 10.

septempĕdālis, *e*, haut de sept pieds : PL. *Curc.* 441.

Septempĕdāni, *ōrum*, m. pl., habitants de Septempeda [Picénum] : PLIN. 3, 111.

septemplex, *ĭcis*, adj. (*septem, plico*), septuple : *clipeus* OV. *M.* 12, 925, bouclier recouvert de sept peaux ‖ 🔎 *septemfluus* : VIRG. *En.* 5, 187.

septemplĭcĭtĕr, adv., au septuple : VULG. *Is.* 30, 26.

septemtr-, 🔎 *septent-*.

septemvīcennis, *e*, âgé de vingt-sept ans : CIL 11, 2451.

septemvĭr, *i*, m. (*septem viri*) ¶ 1 un septemvir : CIC. *Att.* 15, 19, 2 ; *Phil.* 5, 33, ; **-vĭri**, *um* [pl.], septemvirs [commission de sept membres chargés du partage des terres] : CIC. *Phil.* 5, 21 ; 6, 14 ¶ 2 les septemvirs épulons, 🔎 *epulo* : sg., **septemvir epulonum** PLIN. *Ep.* 2, 11, 12, un septemvir des épulons ; pl., *septemviri* [seul] TAC. *An.* 3, 64.

septemvĭrālis, *e*, septemviral, de septemvir : CIC. *Phil.* 12, 23 ; pl., *septemvirales* CIC. *Phil.* 13, 26, anciens septemvirs.

septemvĭrātŭs, *ūs*, m. (*septemviri*), septemvirat, dignité de septemvir : CIC. *Phil.* 2, 99.

septemzōdĭum, 🔎 *2 septizonium* : AMM. 15, 7, 3.

septēnārĭus, *a, um* (*septem*), septénaire, composé de sept : *numerus* PLIN. 11, 120, le nombre sept ; *versus* DIOM. 515, 3, vers septénaire [iambique ou trochaïque] ; m. pl., *septenarii* CIC. *Tusc.* 1, 107, des vers septénaires.

septēni, *ae, a*, distrib. de *septem*, chacun sept : *duo fasces septenos habuere libros* LIV. 40, 29, 6, deux paquets contenaient chacun sept livres ; [gén.] *septenum* CIC. *Verr.* 2, 122 ‖ 🔎 *septem* : OV. *M.* 2, 682 ; *F.* 5, 105 ‖ sg. *us, a, um* : *septenus Ister* STAT. *S.* 5, 2, 136, l'Ister [Danube] aux sept bouches, cf. LUC. 8, 445 ; PLIN. 28, 228.

septennālis, *e*, qui dure sept ans : HIER. *Ezech.* 1, 1, p. ; 725 B.

septennis (*septem, annus*), CAPIT. *Aur.* 21, 3, 🔎 *septuennis*.

septennĭum, *ii*, n., PRUD. *Ditt.* 23, **septŭennium**, espace de sept ans : FEST. 470, 3.

septentrĭo (septem-), *ōnis*, m. (*septem, trio*), PLIN. 6, 83, ordin^t **septentrĭōnes**, *um*, m. pl. ¶ 1 les sept étoiles de la Grande et Petite Ourse, 🔎 *triones* : CIC. *Ac.* 2, 66 [avec tmèse : *septem subjecta Trioni* VIRG. *G.* 3, 381] ¶ 2 le septentrion, vent du nord : CIC. *Att.* 9, 6, 3 ; LIV. 26, 45, 8 ‖ le septentrion, les contrées septentrionales : CAES. *G.* 1, 1, 6 ; CIC. *Nat.* 2, 49 ‖ le pôle Nord : PLIN. 6, 83.

septentrĭōnālis, *e*, septentrional : PLIN. 2, 177 ; n. pl., *septentrionalia* PLIN. 11, 33, contrées septentrionales.

septentrĭōnārĭus, *a, um*, septentrional, qui vient du nord : GELL. 2, 22, 15.

septēnus, 🔎 *septeni*.

septĕresmos, 🔎 *septiremis*.

septĭchordis, *e*, PS. ACR. HOR. *O.* 1, 34, 🔎 *septemchordis*.

1 Septĭcĭānus, *a, um*, d'un certain Septicius ; *libra Septiciana*, la livre septicienne [valant 8 onces et demie, au lieu de 12] : MART. 8, 71, 6 ; 4, 88, 3.

2 Septĭcĭānus, *i*, m., nom d'homme : MART. 11, 107.

Septĭcĭus, *ii*, m., nom d'homme : HOR. *Ep.* 1, 5, 26.

septĭcollis, e (*septem, collis*), qui a sept collines : Prud. Perist. 10, 413.

septĭcus, a, um (σηπτικός), septique, qui putréfie : Plin. 30, 30.

septĭēs, septĭens, adv. (*septem*), sept fois : Cic. Phil. 2, 93 ; Liv. 28, 6, 10 ¶ pour la septième fois : Spart. Hadr. 1, 3.

septĭfārĭam, adv., en sept parties : Santr. d. Non. 170, 21.

septĭflŭus, a, um, qui a sept bras [fleuve] : Petr. 133, 3.

septĭfŏlĭum, ii, n., potentille [plante] : Ps. Apul. Herb. 117.

septĭfŏris, e (*septem, foris*), qui a sept trous [ouvertures] : Alcim. Carm. 1, 83 ; Sidon. Ep. 2, 2, 14.

septĭformis, e (*septem, forma*), qui a sept formes, septuple : Optat. 6, 3 ; Isid. 7, 3, 13 ¶ à sept branches : Cypr. Testim. 1, 20.

septĭmāna, ae, f. (*septimanus* ; fr. *semaine*), semaine : Cod. Th. 15, 5, 5 ¶ semaine d'années, périple de sept ans : Hier. Orig. Ez. 4, 1.

Septimanca, ae, f., ville de Tarraconaise Atlas IV, B2 : Anton. 435.

septĭmāni, ōrum, m. pl. (*septimanus*), soldats de la 7ᵉ légion : Tac. H. 3, 25.

septĭmānus, a, um, relatif au nombre sept : *nonae septimanae* Varr. L. 6, 27, nones qui tombent le sept du mois ¶ de sept mois : Arn. 3, 10 ; ► *septimana, septimani*.

Septĭmātrūs (Septem-), ŭum, f. pl., Septimatrus, fêtes du 7ᵉ jour après les ides : Varr. L. 6, 14 ; Fest. 306, 5 ; P. Fest. 305, 11.

Septĭmĭa, Septŭmĭa, ae, f., nom de femme : Cic. Att. 16, 11, 1.

Septĭmilla, ae, f., nom de femme : CIL 5, 2188.

Septĭmillus, i, m. (dim. de *Septimius*) : *Septimille* [voc.] Catul. 45, 14, mon petit Septimius.

Septĭmĭnĭcĭa (-mŭnĭcĭa), ae, f., ville de Byzacène : Anton. 48 ¶ **-municiensis**, e, adj. de *Septimunicia* : Not. Episc. Byz. 3.

Septĭmĭus (-tŭmĭus), ii, m., nom d'une famille romaine : Cic. Att. 12, 13, 2 ; Clu. 115 ; Tac. H. 3, 5 ¶ un poète lyrique et tragique : Hor. Ep. 1, 9, 1 ¶ Septime Sévère, empereur romain [193-211] : Eutr. 8, 17.

septĭmō, adv. (*septimus*), pour la septième fois : Quadr. 82 ; Treb. Gall. 17, 4.

Septĭmontĭālis, e, qui concerne la fête du Septimontium : Col. 2, 10, 8 ; Suet. Dom. 4.

Septĭmontĭum, ii, n. (*septem, mons*) ¶ **1** enceinte des sept collines constituant Rome : Varr. L. 5, 41 ; Fest. 424, 32 ; 474, 36 ; Serv. En. 11, 317 ¶ **2** fête des sept collines [en commémoration des sept collines englobées dans la ville] : Varr. L. 6, 24 ; P. Fest. 459, 1.

Septimŭlēius, i, m., meurtrier de C. Gracchus : Cic. de Or. 2, 269.

septĭmŭm, n. pris advᵗ, pour la septième fois : Cic. Nat. 3, 81.

Septimuncĭa, ► *Septiminicia*.

1 septĭmus (-ŭmus), a, um (*septem* ; it. *settimo*, a. fr. *sedme*), septième : Cic. Tusc. 3, 63 ; *sententia septima decima* Cic. Clu. 74, la dix-septième sentence [juges] ¶ *septimus casus* Diom. 317, 24 ; Prisc. 2, 190, 3, le septième cas [l'abl. sans prép.] ; ► *sextus* ¶ [arch., locatif] *die septumei* Pl. Pers. 260, au septième jour, cf. Gell. 10, 24, 1.

2 Septĭmus, i, m., surnom romain : CIL 3, 1937.

septĭmus dĕcĭmus, ► *septimus*.

septĭnervĭa (septe-, septem-), ae (septe-, septem-), f. (*septem, nervia*), plantain : Ps. Apul. Herb. 1, 73.

septingēnārĭus, a, um, au nombre de sept cents : Varr. R. 2, 10, 11.

septingēni, ae, a, adj. distr., chacun sept cents : Plin. 33, 61.

septingentēni, ae, a, ► *septingeni* : Vulg. 2 Macc. 8, 22.

septingentēsĭmus, a, um, sept centième : Liv. Pr. 4.

septingenti, ae, a (*septem, centum*), sept cents : Cic. Or. 120 ; Quinct. 78 ; *septingenta* (s.-ent. *sestertia*) Mart. 7, 10, 7, sept cent mille sesterces.

septingentĭēs (-tĭens), adv., sept cents fois : Plin. 28, 183.

septĭnūba, ae, f. (*septem, nubo*), qui s'est mariée sept fois : Julian.-Aecl. d. Aug. Jul. op. imp. 6, 30.

septĭo, ► *saeptio*.

septĭpēs, ĕdis (*septem, pes*), haut de sept pieds : Sidon. Ep. 8, 9, 5 v. 34 ; Carm. 12, 10.

septĭrēmis, adj. f. (*septem, remus*), qui a sept rangs de rames : Curt. 10, 1, 10 ¶ [arch.] *septeresmos navis* CIL 1, 25, 11.

1 septizōnĭum, ii, n., les sept cercles concentriques des cieux, le zodiaque : Comm. Instr. 1, 7 tit. 1, 14.

2 Septizōnĭum, ii, n. (*septem, zona*), Septizonium [monument construit à Rome par Titus] Atlas II : Suet. Tit. 1 ¶ autre monument élevé par Septime Sévère près du Grand Cirque : Spart. Sept. 19, 5 ; 24, 3. ► *septizōdĭum* CIL 8, 14372.

septŭāgēnārĭus, a, um, qui contient soixante-dix : *septuagenaria fistula* Frontin. Aq. 56, tuyau qui a soixante-dix pouces de diamètre ¶ septuagénaire : Dig. 50, 6, 5.

septŭāgēni, ae, a, distr., soixante-dix chacun : Plin. 36, 92 ¶ au sg., qui est au nombre de soixante-dix : Plin. 26, 99 ¶ **septŭāgēnīquīni**, ae, a, de soixante-quinze [doigts chacun] : Frontin. Aq. 57.

septŭāgēsĭēs, adv., soixante-dix fois : *Capel. 7, 737.

septŭāgēsĭma, ae, f., la septuagésime [70ᵉ jour avant Pâques] : Sacram. Gelas. 1, 13.

septŭāgēsĭmus (-gens-), a, um, soixante-dixième : Cic. Div. 1, 46 ; Liv. 28, 16, 10.

septŭāgessis, is, m., soixante-dix as : Prisc. Fig. 3, 416, 33.

septŭāgĭēs, adv., soixante-dix fois : Col. 5, 2, 7.

septŭāgintā (*septem, decem*, cf. *octuaginta* ; it. *settanta*), indécl., soixante-dix : Cic. Verr. 3, 121 ; Nep. Att. 21, 1 ¶ *septuaginta interpretes*, les Septante [traducteurs de la Bible en grec] : Hier. Ep. 29, 4, 2 ; *septuaginta* [seul] Aug. Ep. 71, 4, 6.

septŭennis, e, âgé de sept ans : Pl. Bac. 440 ; Men. 40 ; Poen. 66 ; ► *sepennis*.

septŭennĭum, ► *septennium*.

septum, ► *saeptum*.

septŭmānus, ► *septimanus*.

Septŭmĭa, -mĭus, ► *Septi-*.

septŭmus, ► *septimus*.

septunx, *uncis*, m. (*septem, uncia*), poids de sept onces : Liv. 23, 19, 16 ¶ sept cyathes [pour les liquides] : Mart. 8, 51, 25 ; *septunce multo perditus* Mart. 3, 82, 29, mis à mal par de nombreuses coupes de 7 cyathes ¶ les 7/12 du jugère : Col. 5, 1, 11.

septŭōsē, ► *saeptuose*.

septŭplum, i, n., le septuple : Aug. Serm. 83, 7 ¶ adv., au septuple : Vulg. Gen. 4, 15.

septŭplus, a (cf. *duplus*), septuple, sept fois plus grand : Aug. Ep. 78, 16 ; Hier. Is. 9, 30.

septus, ► *saeptus*.

septussis, is, m., sept as d'après Varr. L. 5, 169.

sĕpulcrālis, e (*sepulcrum*), sépulcral : Ov. M. 8, 479.

sĕpulcrētum, i, n., lieu de sépulture, cimetière : Catul. 59, 2.

sĕpulcrum (sĕpulchrum), i, n. (*sepelio*) ¶ **1** tombe, sépulcre, tombeau : Cic. Arch. 22 ; Tusc. 5, 64 ; Amer. 24 ; Leg. 2, 62 ¶ tertre : Virg. En. 10, 558 ¶ emplacement du bûcher, bûcher : Ter. And. 128 ; Virg. En. 6, 177 ¶ **2** monument funéraire, pierre tombale avec son inscription funéraire : *sepulcra legere* Cic. CM 21, lire les inscriptions funéraires ¶ **3** [poét.] = les morts : Catul. 96, 1 ; Ov. F. 2, 33.
► [sur l'orth.] *sepulchrum* v. Gell. 2, 3, 3 ; Char. 73, 19 *quod sit seorsum a pulchro parce qu'il est dépourvu de beauté*, cf. CIL 1, 1211.

sĕpultĭo, ōnis, f., action d'ensevelir, ensevelissement, inhumation : Iren. 3, 20, 4 ; Adamn. Loc. sanct. 1, 3.

sĕpultō, *ās, āre, -, -* (fréq. de *sepelio*), tr., tenir enseveli : Fortun. *Carm.* 8, 3, 167.

sĕpultŏr, *ōris*, m. (*sepelio*), celui qui ensevelit : Aug. *Trin.* 4, 3 ∥ [fig.] qui fait disparaître : Tert. *Anim.* 46, 7.

sĕpultōrĭum, *ii*, n., lieu de sépulture : Gloss. 2, 326, 31.

sĕpultūra, *ae*, f. (*sepelio*) ¶ 1 derniers devoirs, sépulture : Cic. *Tusc.* 1, 102 ; *Leg.* 2, 56 ; *Verr.* 5, 134 ; *aliquem sepultura adficere* Cic. *Div.* 1, 56 ; *corpus ad sepulturam dare* Cic. *Phil.* 2, 17, ensevelir qqn, le corps de qqn ¶ 2 tombeau : Vulg. *Tob.* 4, 18 ¶ 3 la tombe : Tert. *Res.* 30, 9.

sĕpultūrārĭus, *a, um*, qui concerne les sépultures : Grom. 303, 12.

sĕpultus, *a, um*, part. de *sepelio*.

Sepyra, *ae*, f., bourg de Cilicie : Cic. *Fam.* 15, 4, 9.

sĕquācĭtās, *ātis*, f. (*sequax*), habileté à suivre : Sidon. *Ep.* 9, 9, 8 ∥ docilité : Sidon. *Ep.* 4, 11, 3 ∥ persistance à rester à la suite [mouvement d'un astre] : Chalc. 74.

sĕquācĭtĕr, adv., conséquemment : Arn. 2, 11.

Sēquăna, *ae*, m., la Seine [Gaule] *I, B3, V, D2* : Caes. *G.* 7, 58, 3 ; Plin. 4, 105 ; *flumen Sequana* Caes. *G.* 7, 57, 1. ▶ *Sygona* Greg.-Tur. *Hist.* 6, 25.

Sēquăni, *ōrum*, m. pl., Séquanes [Bourgogne et Franche-Comté] : Caes. *G.* 1, 1, 5 ; Cic. *Att.* 1, 19, 2.

Sēquănĭcus, Sēquănus, *a, um*, séquane : Mart. 4, 19, 1 ; Luc. 1, 425 ; CIL 13, 2073.

sĕquax, *ācis* (*sequor*) ¶ 1 qui suit facilement ou promptement : *capreae sequaces* Virg. *G.* 2, 374, les chevreuils acharnés [à brouter les vignes] ; *flammae sequaces* Virg. *En.* 8, 432, les flammes acharnées [à la poursuite rapide] ; *sequaces undae* Virg. *En.* 5, 193, les flots pressés ; *fumi sequaces* Virg. *G.* 4, 230, fumée qui pénètre partout ; *hederae sequaces* Pers. *pr.* 6, le lierre grimpant ; *Latio dare terga sequaci* Virg. *En.* 10, 365, fuir devant les Latins acharnés à la poursuite ∥ [fig.] *mores sequaces* Lucr. 3, 315, le caractère qui s'attache à chaque homme ; *curae* Lucr. 2, 47, soucis tenaces ∥ m. pris subst[t] : *Bacchi sequax* Manil. 5, 143, un sectateur de Bacchus ¶ 2 docile, obéissant, souple, flexible : Plin. 7, 65 ; 11, 127 ; *materia sequacior* Plin. 36, 198, matière plus ductile, cf. Plin. *Pan.* 45, 6 ¶ 3 subst. m., sectateur : Manil. 5, 143 ; Ambr. *Psalm.* 38, 8 ∥ élève, disciple : Greg.-M. *Ep.* 6, 16.

sĕquēla (-ella), *ae*, f. (*sequor*) ¶ 1 suite, ceux qui suivent : Frontin. *Strat.* 2, 4, 8 ¶ 2 suite, conséquence : Gell. 6, 1, 9.

sĕquens, *tis*, part.-adj. de *sequor* ¶ 1 [adj[t]] suivant, qui suit : *sequenti nocte* Curt. 4, 8, 10, la nuit suivante ; *sequenti volumine* Plin. 29, 143, dans le volume suivant ∥ ἐπίθετον, *quod a nonnullis sequens dicitur* Quint. 8, 6, 40, l'épithète, que quelques-uns appellent *sequens* ∥ [fig.] second [en qualité], de qualité inférieure : Ambr. *Hel.* 22, 85 ∥ subst. m. pl., ceux qui sont d'un rang subalterne au sénat [sénateurs de second rang oppos. à *priores*] : Cassiod. *Var.* 1, 15, 1 ∥ secondaire [oppos. à *principalis*] : Cassian. *Coll.* 1, 7, 2 ¶ 2 subst. m. pl., la postérité : Cassiod. *Var.* 3, 53, 4 ∥ sg., successeur : Cassiod. *Var.* 11, 6, 2.

sĕquentĭa, *ae*, f., suite, succession : Boet. *Arith.* 1, 1, 10.

1 **sĕquestĕr**, *tra, trum*, **sequestĕr**, *tris, tre* (1 *secus*, cf. *magister*) ¶ 1 qui intervient, médiateur : *pace sequestra* Virg. *En.* 11, 133, la paix étant intervenue ¶ 2 subst. n. *sequestrum*, qqf. *sequestre*, dans les expr., *sequestro ponere, dare*, remettre en dépôt, en séquestre : Pl. *Merc.* 737 ; *Vid.* 5, 2 ; Gell. 20, 11, 5 ; *in sequestri deponere* Ps. Ascon. *Verr.* 1, 12.

2 **sĕquestĕr**, *tris*, Cic., ou *tri*, Pl. ; Dig., m. ¶ 1 intermédiaire, entremetteur [recevant de l'argent à charge de le distribuer pour acheter les juges, les électeurs] : Cic. *Verr.* 2, 108 ; *Clu.* 25 ; 72 ; *Planc.* 38 ¶ 2 médiateur : *inter patres ac plebem publicae gratiae sequester* Sen. *Helv.* 12, 5, médiateur d'une réconciliation officielle entre les patriciens et la plèbe ¶ 3 dépositaire [d'argent ou d'objets contestés] : Pl. *Ru.* 1004 ; Gell. 20, 11, 5 ; Dig. 50, 16, 110.

sĕquestra, *ae*, f., médiatrice : Stat. *Th.* 7, 542 ∥ entremetteuse : *Apul. *M.* 9, 15, 4.

sĕquestrārĭus, *a, um*, relatif au séquestre : Dig. 16, 3, 12.

sĕquestrātim, adv., séparément : Cassian. *Coll.* 19, 4.

sĕquestrātĭo, *ōnis*, f. (*sequestro*), dépôt chez une tierce personne : Cod. Th. 2, 28, 1 ∥ séparation : Cassiod. *Var.* 9, 24 ∥ mise sous séquestre : *sequestratio illa basilicae* Ambr. *Spir.* 1, 1, 21, [de la basilique par l'Empereur].

sĕquestrātŏr, *ōris*, m. [fig.] qui empêche : Symm. *Ep.* 8, 53.

sĕquestrātōrĭum, *ii*, n., lieu de dépôt : Tert. *Res.* 52, 18.

sĕquestrātus, *a, um*, part. de *sequestro*.

1 **sequestrō**, V.▶ 1 *sequester*.

2 **sĕquestrō**, *ās, āre, āvī, ātum* (*sequestrum*), tr. ¶ 1 mettre en dépôt, confier : Tert. *Res.* 38, 2 ¶ 2 séparer, éloigner : Macr. *Somn.* 2, 14, 10 ; *Sat.* 7, 11, 2.

sĕquestrum, V.▶ 1 *sequester*.

sĕquĭor, *ĭŭs*, adj. compar. (1 *secus*), moins bon, inférieur, de moindre qualité : Dig. 2, 15, 8, 11 ; Apul. *M.* 7, 8 ; 10, 23.

sĕquĭpĕda, *ae*, f. (*sequor, pes*, cf. *pedisqua*), suivante : Aldh. *Ep.* 4 ∥ [fig.] servante : *fidei sequipeda* : Aldh. *Virgin.* 24, de la Foi.

sĕquĭus, adv., V.▶ *secius*.

sĕquō, *ĭs, ĕre, -, -*, V.▶ *sequor* ▶.

sĕquŏr, *quĕrĭs, quī, sĕcūtus (sĕquūtus) sum* (1 *secus, socius*, cf. ἕπομαι, scr. *sacate*, v. irl. *sechithir*, p.-ê. al. *sehen*, an. *see* ; fr. *suivre*), tr.

¶ 1 " suivre " ¶ 2 " poursuivre " ¶ 3 " succéder, s'ensuivre " ¶ 4 " obéir " ¶ 5 " échoir ".

¶ 1 suivre : **a)** *aliquem* Caes. *G.* 7, 50, 4, suivre, accompagner qqn ; [abs[t]] *Helvetii secuti* Caes. *G.* 1, 24, 4, les Helvètes ayant suivi, cf. Caes. *G.* 1, 40, 15 **b)** *naturam ducem* Cic. *Lae.* 19, suivre la nature comme guide ; *Epicurus, in quibus sequitur Democritum, non fere labitur* Cic. *Fin.* 1, 18, Épicure, dans les endroits où il suit Démocrite, ne se trompe pas en général ; *Panaetius, quem multum in his libris secutus sum, non interpretatus* Cic. *Off.* 2, 60, Panétius que j'ai beaucoup suivi dans ce traité, sans pourtant le traduire ; *auctoritatem et consilium alicujus* Cic. *Fam.* 4, 3, 2, suivre l'autorité et les conseils de qqn ; *sententiam, factum alicujus* Caes. *C.* 1, 2, 6 ; 2, 32, 2, suivre l'avis, la conduite (l'exemple) de qqn ¶ 2 poursuivre, chercher à atteindre : **a)** *hostes* Caes. *G.* 1, 22, 5, poursuivre les ennemis ; *finis sequendi* Caes. *G.* 7, 47, 3, la fin de la poursuite **b)** *Formias* Cic. *Att.* 10, 18, 2, se diriger vers Formies, chercher à gagner Formies, cf. Cic. *Att.* 3, 16 ; Caes. *C.* 3, 49, 4 ; Virg. *En.* 4, 361 **c)** *platani umbram* Cic. *de Or.* 1, 28, rechercher l'ombre d'un platane ; *praemia recte factorum* Cic. *Mil.* 96, rechercher la récompense des belles actions, cf. Cic. *Lae.* 100 ; *Mur.* 55 ; *Rep.* 3, 18 ; *Leg.* 2, 3 ; *Off.* 1, 110 ; *probabilia conjectura* Cic. *Tusc.* 1, 17, chercher à atteindre la vraisemblance par conjecture ∥ [avec inf.] Lucr. 5, 529, s'attacher à ¶ 3 venir après : **a)** *secutum est bellum Africanum* Cic. *Dej.* 25, vint ensuite la guerre d'Afrique, cf. Cic. *Verr.* 3, 190 ; *Tusc.* 5, 72 ; *et quae sequuntur* Cic. *Or.* 184, et le reste, et ce qui suit, cf. Cic. *Nat.* 2, 110 ∥ *sequitur hunc annum nobilis clade Romana Caudina pax* Liv. 9, 1, 1, après cette année vient la paix Caudine, célèbre par la déroute des Romains ∥ *sequitur ut... doceam* Cic. *Verr.* 3, 163, ma tâche est ensuite de montrer..., cf. Cic. *Nat.* 2, 80 ; *deinde sequitur, quibus jus sit...* Cic. *Leg.* 3, 40, puis vient la question de savoir quels sont ceux qui ont le droit... **b)** suivre comme conséquence, comme résultat : *sequuntur largitionem rapinae* Cic. *Off.* 2, 54, à la suite de la prodigalité viennent les rapines, cf. Cic. *Lae.* 74 ; *Off.* 1, 160 ; 3, 19 ; *ex eo tempore discordiae secutae sunt* Cic. *Off.* 2, 80, à partir de ce moment des discordes se sont succédé **c)** s'ensuivre logiquement : [avec prop. inf.] *sequitur nihil*

sequor

deos ignorare Cic. *Div.* 2, 105, il s'ensuit que les dieux n'ignorent rien, cf. Cic. *Nat.* 2, 75; *Fat.* 28; *Tusc.* 5, 21; [avec ut subj.] Cic. *Fin.* 2, 24; 3, 26; *Tusc.* 5, 53; 5, 67 ¶**4** suivre de soi-même, céder sans résistance, obéir à une impulsion : *herbae aridae factae celerius rumpuntur quam sequuntur* Varr. *R.* 1, 47, les plantes devenues sèches se brisent avant de céder à la main, cf. Virg. *En.* 6, 146; Liv. 38, 21, 11 ∥ [fig.] Cic. *de Or.* 3, 176; *Or.* 52; *non quaesitus est numerus, sed secutus* Cic. *Or.* 165, le rythme n'a pas été cherché, mais il est venu naturellement, cf. Quint. 10, 2, 27; Plin. *Ep.* 1, 8, 14 ¶**5** échoir comme possession, tomber en partage : *ager urbesque captae Aetolos sequuntur* Liv. 33, 13, 10, les terres et les villes prises reviennent aux Étoliens ∥ [formule abrégée d'inscription] **H. M. H. N. S.** = *hoc monumentum heredem non sequitur*, ce tombeau ne fait pas partie de l'héritage, cf. Hor. *S.* 1, 8, 13.

▶ la forme active *sequo, ĕre* est attestée par Gell. 18, 9, 8; Prisc. 2, 396, 21; pass. *sequi* Her. 3, 3, 5.

1 **Sēr**, *Sēris*, m., Sen. *Herc. Oet.* 667; **Sēres**, *um*, pl., Virg. *G.* 2, 121; Plin. 6, 54 (Σήρ), les Sères [peuple d'Asie centrale, Chinois] : *commercium Serum* *Sen. *Ep.* 90, 15, le commerce avec les Sères [c.-à-d. de la soie] ; 🄲 *sericum*.

2 **Ser.**, abrév. de *Servius*.

1 **sĕra**, *ae*, f. (2 *sero, serra*), barre pour fermer une porte : Varr. *L.* 7, 18 ∥ [par ext.] serrure, verrou : Ov. *F.* 1, 266; *M.* 14, 710; Petr. 16, 2.

2 **sĕra**, *ae*, f. (*serus*), retard : Gloss. 2, 259, 55.

3 **sĕrā**, n. pl. pris adv[t], tardivement, tard : Virg. *G.* 4, 122.

4 **Sēra**, *ae*, f. (Σῆρα), capitale des Sères [Si-ngan-Fou] : Amm. 23, 6, 66.

Serāchi, *ōrum*, m. pl., peuple d'Asie, au-delà du Palus-Méotide : *Mel. *1*, 114; 🄲 *Siraci*.

Sērānus, 🄲 *Serranus*.

Sĕrāpēum (Sĕrāpīum), *ii*, n. (Σεραπεῖον), temple de Sérapis : Tert. *Apol.* 18, 8.

sĕrăphim (sĕrăphīn), n. pl. indécl. (hébr.), les Séraphins : Prud. *Cath.* 4, 5 ; Isid. 7, 5, 24.

1 **Sĕrāpĭa**, *ae*, f., nom de femme : CIL 6, 2236.

2 **Sĕrāpĭa (Săr-)**, *ōrum*, n. pl., fêtes de Sérapis : CIL 1, p. 280.

sĕrăpĭăs, *ădis*, f. (σεραπιάς), sérapias, orchidée (*orchis morio*) : Plin. 26, 95.

Sĕrāpĭcus (-pĭăcus), *a, um*, digne des fêtes de Sérapis : *Tert. *Apol.* 39, 15.

1 **Sĕrāpĭōn**, *ōnis*, m. (Σεραπίων), Sérapion ¶**1** surnom d'un Scipion : Plin. 7, 54 ¶**2** Égyptien, gouverneur de l'île de Chypre : Caes. *C.* 3, 109, 4 ¶**3** médecin d'Alexandrie : Cels. 5, 28, 17 ¶**4** esclave d'Atticus : Cic. *Att.* 10, 7, 1 ¶**5** nom d'un peintre : Plin. 35, 113.

2 **sĕrāpĭōn**, *ii*, n., 🄲 *serapias* : Ps. Apul. *Herb.* 15.

Sĕrāpis (Săr-), *is* ou *ĭdis*, m. (Σέραπις, cf. *Osiris, Apis*), Sérapis [divinité égyptienne adoptée dans le monde gréco-romain] : Cic. *Div.* 2, 123; *Verr.* 2, 160; Varr. *L.* 5, 57; Plin. 37, 75.

Sĕrāpīum, 🅅 *Serapeum*.

sĕrārĭus, *a, um* (*serum*), nourri au petit-lait : Cat. *Agr.* 150, 2.

Serbi, *ōrum*, m. pl., peuple de la Scythie d'Asie : Plin. 6, 19.

Serbōnis, *ĭdis*, adj. f. (Σερβωνίς λίμνη), d'un lac de la Basse-Égypte : Prisc. *Perieg.* 241 ; 🅅 *Sirbonis*.

Serdĭca, *ae*, f., ville principale de la Dacie [Sofia] Atlas I, C5 : Cassiod. *Eccl.* 4, 21 ∥ **-censis**, *e* et **-cēnus**, *a, um*, de Serdica : Cassiod. *Eccl.* 4, 24; 4, 33.

Sĕrē, *ēs*, f., ville d'Égypte : Plin. 6, 179.

Sĕrēna, *ae*, f., épouse de Stilichon : Claud. *Seren.* 2 ∥ surnom de femme : CIL 5, 2066.

Sĕrēnātŏr, *ōris*, m. (*sereno*), qui rend l'air serein [épith. de Jupiter] : Apul. *Mund.* 37.

sĕrēnātus, *a, um*, part. de *sereno*.

*****sĕrēnē** [inus.], avec sérénité : [fig.] *serenius* Aug. *Trin.* 8, 3.

Sĕrēnĭānus, *i*, m., favori de Vibius Gallus, frère de Julien : Amm. 14, 7, 7.

sĕrēnĭfĕr, *ĕra, ĕrum* (*serenum, fero*), qui amène la sérénité : Avien. *Arat.* 989.

sĕrēnĭfĭcus, *a, um* (*serenus, facio*), serein : CIL 3, 77.

sĕrēnĭflŭus, serein : Anth. 4, 241.

sĕrēnĭgĕr, *ĕra, ĕrum*, 🄲 *serenifer* : Anth. 389, 4.

sĕrēnĭtās, *ātis*, f. (*serenus*) ¶**1** sérénité : *caeli* Cic. *Div.* 2, 94, du ciel ¶**2** [fig.] calme : Liv. 42, 62, 4; Sen. *Ir.* 3, 25, 4 ¶**3** grandeur sérénissime, Sérénité [titre honorifique] : Facund. *Def.* 5, 2; Rust. *Synod.* = Concil. S. 1, 4,p. 80, 30.

sĕrēnō, *ās, āre, āvī, ātum* (*serenus*), tr. ¶**1** rendre serein, rasséréner : Virg. *En.* 1, 255 ∥ [poét.] *luce serenanti* Cic. poet. *Div.* 1, 18, dans une lumière sereine ∥ [impers.] *serenat* Minuc. 32, 4, le temps est serein ¶**2** [fig.] *nubila animi* Plin. 2, 13, dissiper les nuages de l'âme ∥ [poét.] *spem fronte* Virg. *En.* 4, 477, montrer sur son front un espoir serein ¶**3** rouvrir [les yeux], rendre la vue à : Prud. *Cath.* 10, 80.

sĕrēnum, *i*, n. (*serenus*) ¶**1** temps serein : *sereno* Liv. 31, 12, 5, par un temps serein, cf. Liv. 37, 3, 2; Sen. *Nat.* 2, 18 ∥ pl., *serena* Virg. *G.* 1, 393, temps serein; *serena caeli* Lucr. 2, 1100, les espaces sereins du ciel ¶**2** [fig.] sérénité : *supero... sereno* Prud. *Apoth.* 904, par la sérénité divine ¶**3** tranquillité : Oros. *Hist.* 1, 21, 18.

1 **sĕrēnus**, *a, um* (cf. ξερός? ; fr. *serein*) ¶**1** serein, pur, sans nuages : *caelo sereno* Cic. *Fam.* 16, 9, 2, par un ciel serein; *serenior* Mart. 4, 64, 6 ∥ *color serenus* Plin. 9, 107, couleur claire ; *vox serena* Pers. 1, 19, voix pure ∥ [poét.] *favonius serenus est* Pl. *Merc.* 877, le vent d'ouest est serein = amène un temps serein ¶**2** [fig.] serein, calme, paisible : Cic. *Tusc.* 3, 31 ; Lucr. 3, 293 ; Ov. *Tr.* 1, 1, 39; *rebus serenis* Sil. 8, 546, dans le bonheur ∥ *serenissimus* Cod. Just. 5, 4, 23, sérénissime [épith. honorifique].

2 **Sĕrēnus**, *i*, m., surnom d'homme ¶**1** Annaeus Sérénus, parent de Sénèque : Sen. *Ep.* 63, 14 ¶**2** 🅅 *Sammonicus*.

Sēres, 🅅 *Ser*.

1 **sĕrescō**, *ĭs, ĕre*, -, - (*serenus*), intr., sécher, devenir sec : Lucr. 1, 306.

2 **sĕrescō**, *ĭs, ĕre*, -, - (*serum*), intr., se convertir en petit-lait : Plin. 11, 238.

Sĕrestus, *i*, m., nom de guerrier : Virg. *En.* 1, 661; 9, 171.

Sergestus, *i*, m., un des compagnons d'Énée : Virg. *En.* 1, 51.

Sergĭa, *ae*, f., nom de femme : Liv. 8, 18 ∥ adj. f., de Sergius : *Sergia tribus* Cic. *Vat.* 36, tribu Sergia ; *Sergia olea* Col. 5, 8, 4, sorte d'olive [de Sergius].

sergĭāna olea, f., espèce d'olive [de Sergius] : Cat. *Agr.* 6, 1 ; Varr. *R.* 1, 24, 1.

Sergĭŏlus, *i*, m. (dim. de *Sergius*), nom d'homme : Juv. 6, 105.

Sergĭus, *ii*, m., nom d'une *gens* ; not[t] L. *Sergius Catilina* ; Sall. *C.* 1,1 ; *C. Sergius Orata* ; Cic. *Off.* 3, 67; *de Or.* 1, 178.

1 **sĕrĭa**, *ae*, f. (?), jarre, cruche : Pl. *Cap.* 917; Liv. 24, 10, 8; Pers. 2, 11.

2 **sĕrĭa**, n. pl., 🅅 *serius*.

3 **sĕrĭa**, *ae*, f., 🄲 *series* : CIL 7, 39.

4 **Seria**, *ae*, f., ville de Bétique : Plin. 3, 14.

Serĭānē, *ēs*, f., ville de Syrie Atlas IX, D4 : Anton. 194.

sērĭbĭbi, *ōrum*, m. pl. (*serus, bibo*), les buveurs nocturnes [club de fêtards] : CIL 4, 581.

sērĭcārĭa, *ae*, f. (*sericum*), esclave préposée au soin des vêtements de soie : CIL 6, 9892.

sērĭcārĭus (nĕgōtĭātŏr), *ii*, m., marchand de soieries : CIL 6, 9678; 14, 9793.

sērĭcātus, *a, um* (*sericum*), vêtu de soie : Suet. *Cal.* 52.

sērĭcĕus, *a, um*, de soie : Flor. 3, 11.

sērĭchātum, *i*, n., arbre inconnu : Plin. 12, 99.

sērĭcoblattĕa (-blatta), *ae*, f. (*blatta*), vêtement de soie couleur de pourpre : Cod. Just. 11, 7, 10.

sērĭcula, *ae*, f., 🅅 *securicula*.

sērĭcum, *i*, n. (*Seres*; fr. *serge*), la soie : AMM. 23, 6, 66 ‖ n. pl., **serica**, étoffes ou vêtements de soie : PROP. 1, 14, 22 ; MART. 9, 38, 3.

Sērĭcus, *a*, *um*, des Sères ‖ de soie : HOR. *Epo.* 8, 15 ; PLIN. 21, 11 ‖ subst. m., marchand de soierie : SALV. *Gub.* 4, 14, 69.

sērĭē, adv. (*serius*), sérieusement, extrêmement : PS. AUR.-VICT. *Epit.* 15, 4.

sērĭēs, acc. *em*, abl. *ē*, f. (2 *sero*) ¶ 1 file, suite rangée, enchaînement [d'objets qui se tiennent] : CURT. 3, 1, 17 ; PLIN. 7, 70 ; TIB. 1, 3, 63 ‖ [fig.] *series rerum sententiarumque* CIC. *Leg.* 1, 52, suite, enchaînement de faits et de pensées, cf. CIC. *Nat.* 1, 9 ; *Div.* 1, 125 ; *artis* CIC. *Part.* 137, enchaînement des préceptes de la rhétorique ; [abs^t] CIC. *Ac.* 2, 21 ; HOR. *P.* 242 ; QUINT. 5, 14, 32 ¶ 2 lignée des descendants, descendance : OV. *M.* 13, 29 ; *Pont.* 3, 2, 109 ¶ 3 teneur, texte, contexte : CASSIAN. *Coll.* 19, 12, 3 ; GREG.-M. *Ep.* 8, 12 ; V. 3 *seria*.

sērĭĕtās, *ātis*, f., le sérieux, air sérieux : AUS. *Parent.* 4 (161), 6.

sērīlĭa, *ĭum*, n. pl. (2 *sero*), cordes de jonc : PACUV. *Tr.* 251.

sērĭō, adv., sérieusement : PL. *Amp.* 906 ; TER. *Haut.* 541 ; LIV. 7, 41, 3 ; PLIN. *Ep.* 2, 20, 10.

sērĭŏla, *ae*, f. (dim. de *seria*), petite jarre : PERS. 4, 29 ; PALL. 4, 10, 9.

Serīphŏs (-us), *i*, f. (Σέριφος), une des Cyclades : CIC. *Nat.* 1, 88 ; PLIN. 4, 66 ‖ **-ĭus**, *a*, *um*, de Sériphos : CIC. *CM* 8 ; TAC. *An.* 4, 21.

Serippo, *ōnis*, f., ville de la Bétique : PLIN. 3, 14.

sĕris, *ĭdis*, f. (σέρις), endive, chicorée des jardins : PLIN. 20, 73, 76 ; VARR. *R.* 3, 10, 5.

sērĭsăpĭa, *ae*, f. (*serus, sapio*), sagesse tardive [jeu de mots avec des biscuits secs, *xerophagiae*] : PETR. 56, 8.

sērĭtās, *ātis*, f., retard, arrivée tardive : SYMM. *Ep.* 3, 28.

1 **sērĭus**, compar. de 1 *sero*.

2 **sērĭus**, *a*, *um*, adj. (cf. al. *schwer*) ¶ 1 sérieux [en parl. de choses] : CIC. *Off.* 1, 103 ; 1, 134 ; *Phil.* 2, 7 ; *verba seria dictu* HOR. *P.* 107, paroles sérieuses ‖ **sērĭum**, *ii*, n., surtout **sērĭa**, *ōrum*, n. pl., les choses sérieuses : *aliquid in serium convertere* PL. *Poen.* 1321, prendre qqch. au sérieux, cf. CURT. 5, 7, 10 ; *joca, seria* CIC. *Fin.* 2, 85, les choses plaisantes et les choses sérieuses ¶ 2 [pers.] : AFRAN. *Com.* 253.

sermo, *ōnis*, m. (2 *sero, series*) ¶ 1 paroles échangées entre plusieurs personnes, entretien, conversation : CIC. *Off.* 1, 132 ; *sermonem cum aliquo conferre* CIC. *Off.* 1, 132, s'entretenir avec qqn [ou] *habere* CIC. *Fam.* 16, 22, 2 ; *sermonem serere*, V. *sero* ; *fit sermo inter eos* CIC. *Verr.* 1, 66, la conversation s'engage entre eux ; *alicui sermo est cum aliquo* CIC. *Vat.* 3, qqn a une conversation avec qqn ; *esse in sermone omnium* CIC. *Phil.* 10, 14, être l'objet de toutes les conversations ‖ [en part.] propos [surtout malveillants] : *sermo vulgi* CIC. *Fam.* 3, 11, 1, les propos de la foule, cf. CIC. *Fam.* 3, 8, 1 ; *dare sermonem alicui* CIC. *Fam.* 9, 3, donner prise aux propos de qqn ; *in sermonem incidere* CIC. *Fam.* 9, 3 ; *venire* CIC. *Verr.* 4, 13, faire parler de soi ; pl., *sermones hominum* CIC. *Cat.* 1, 23, les critiques de la foule ; *sermones lacessere, reprimere* CIC. *Fam.* 3, 8, 7, provoquer, arrêter des propos (les faire taire) ; *de aliquo habere* CIC. *Verr.* 5, 102, tenir des propos sur qqn ‖ [avec prop. inf.] *mihi venit in mentem multum fore sermonem me... fecisse* CIC. *Att.* 7, 23, 2, j'ai songé qu'on dirait partout que j'ai fait..., cf. CIC. *Flac.* 14 ‖ [chrét.] homélie, sermon : AMBR. *Ep.* 2, 3 ¶ 2 conversation littéraire, dialogue, discussion : *sermonem de amicitia habere cum aliquo* CIC. *Lae.* 3, disserter de l'amitié avec qqn, cf. CIC. *Rep.* 1, 17 ; *in sermonem ingredi* CIC. *Rep.* 1, 38, entrer dans la discussion, commencer à disserter ; *omnem sermonem tribuimus M. Catoni* CIC. *CM* 3, j'ai mis tout l'exposé dans la bouche de M. Caton, cf. CIC. *Fam.* 9, 8, 1 ; *Leg.* 1, 13 ; *Fin.* 3, 40 ¶ 3 langage familier, ton de la conversation : HER. 3, 23 ; CIC. *Off.* 1, 132 ; *Or.* 64 ; *sermonis plenus orator* CIC. *Brut.* 239, orateur chez qui abonde le langage familier ; *sermoni propiora scribere* HOR. *S.* 1, 4, 42, écrire des vers assez proches du parler quotidien, cf. HOR. *P.* 95 ‖ [HOR. appelle *sermones* ses *Ep.* et ses *Sat.*] : HOR. *Ep.* 1, 4, 1 ; 2, 2, 60 ; 2, 1, 250 ¶ 4 manière de s'exprimer : **a)** style : *sermo plebeius, quotidianus, vulgaris* CIC. *Fam.* 9, 21, 1 ; *Or.* 67 ; *Ac.* 1, 5, le parler du peuple, le style ordinaire, courant ; *illius aetatis sermo* CIC. *Brut.* 60, le style de ce temps-là, cf. *Brut.* 68 ; *de Or.* 1, 255 ; *Arch.* 3 ; *Off.* 1, 134 **b)** langue, idiome : *consuetudo sermonis nostri* CIC. *Lae.* 21, l'usage de notre langue ; *Latinus sermo* CIC. *de Or.* 3, 42, la langue latine, cf. 2, 28 ; *Graecus* CIC. *Fin.* 1, 1, langue grecque ; *usitatus* CIC. *Brut.* 259, langue usuelle ; *est actio quasi sermo corporis* CIC. *de Or.* 3, 222, l'action oratoire est comme le langage du corps ; *voltus, qui sermo quidam tacitus mentis est* CIC. *Pis.* 1, le visage qui est comme le langage muet de l'esprit **c)** une expression, une phrase, des mots : DIG. 7, 1, 20 ‖ mot : HIER. *Ep.* 20, 1 ¶ 5 écrit, livre, traité : AUG. *Cresc.* 1, 1, 1 ‖ l'Écriture, la Parole : AMBR. *Ep.* 7, 5 ¶ 6 volonté : VULG. 2 *Par.* 18, 4 ¶ 7 le Verbe, la Parole proférée, la Parole créatrice : PRUD. *Cath.* 6, 3.

▶ au nom. o est long cf. LUCR. 4, 535 ; HOR. *S.* 1, 20, 23 ; abrégé d. JUV. 6, 193 ; 8, 39.

sermōcĭnantĕr, adv. (*sermocinor*), en causant : SIDON. *Ep.* 8, 6, 13.

sermōcĭnātĭo, *ōnis*, f. (*sermocinor*), entretien, conversation : QUINT. 9, 2, 31 ; GELL. 19, 8, 2 ‖ [rhét.] dialogisme : HER. 4, 65.

sermōcĭnātrix, *īcis*, f., une bavarde : APUL. *M.* 9, 17 ‖ adj^t [en parl. d'une partie de la rhét.] = προσομιλητική, qui concerne les entretiens de la vie courante : QUINT. 3, 4, 10.

sermōcĭnō, *ās*, *āre*, -, -, intr., C. *sermocinor* : ISID. 1, 39, 2.

sermōcĭnŏr, *ārĭs*, *ārī*, *ātus sum* (*sermo, cano*, cf *ratiocinor*), intr., converser, s'entretenir, causer : [*cum aliquo*] CAT. *Orat.* 116 ; CIC. *Verr.* 1, 138 ‖ [abs^t] CIC. *Inv.* 2, 54 ; SUET. *Tib.* 56.

sermōnālis, *e*, qui parle, qui a la parole [à côté de *rationalis*, qui a la raison] : TERT. *Prax.* 5, 3.

sermōnō, *ās*, *āre*, -, -, C. *sermocinor* : CIL 1, 1012.

sermōnŏr, *ārĭs*, *ārī*, -, C. *sermocinor* : GELL. 17, 2, 17.

sermuncŭlus, *i*, m. (dim. de *sermo*), petit discours [écrit] : HIER. *Ep.* 32, 1 ‖ racontars, cancans : CIC. *Dej.* 33 ; *Att.* 13, 10, 3.

serna, V. *sarna*.

sernĭōsus, *a*, *um* (*sarna*), galeux, teigneux : THEOD.-PRISC. 1, 37.

1 **sērō**, adv. ¶ 1 tard : CIC. *Att.* 7, 21, 1 ; *Fam.* 7, 22 ; *Brut.* 39 ‖ *serius* CIC. *Sest.* 67 ; *Or.* 186 ; *serissime* CAES. *C.* 3, 75, 2 ¶ 2 trop tard : PL. ; TER. ; cf. *Q.* 1, 2, 9 ; *Verr.* 5, 164 ; *Att.* 7, 5, 5 (ou *serius* CIC. *Rep.* 1, 20 ; *de Or.* 3, 75 ; *Brut.* 330 *Cat.* 1, 5) ; *nimis sero* CIC. *Phil.* 2, 47, vraiment trop tard.

2 **sĕrō**, *ĭs*, *ĕre*, (*sĕrŭī*), *sertum* (*series, sermo*; cf. εἴρω, toch. A *sark*), tr., entrelacer, tresser ¶ 1 [au pr., seul^t le part. *sertus, a, um*] *lorica serta* NEP. *Iph.* 1, 4, cuirasse faite d'un entrelacement de maillons, cotte de mailles ‖ V. *sertum* ¶ 2 [fig.] joindre, enchaîner, unir, attacher : *causa causam serens* CIC. *Fat.* 27, une cause unissant une cause = un enchaînement de causes ; *bella ex bellis* SALL. *Mithr.* 20, faire succéder une guerre à une autre, cf. SALL. *Phil.* 7 ; LIV. 21, 10, 4 ; *fati lege immobilis rerum humanarum ordo seritur* LIV. 25, 6, 6, les lois du destin enchaînent d'une façon immuable la succession des choses humaines ; *colloquia cum aliquo* LIV. 34, 61, 7, nouer des entretiens avec qqn ; *sermonem* PL. *Curc.* 193 ; *Mil.* 692 ; CAECIL. d. GELL. 2, 23, 10 ; LIV. 3, 17, 10 ; 28, 24, 7 ; PLIN. *Ep.* 9, 10, 2, enchaîner des propos, tenir des propos ; *fabulam* LIV. 38, 56, 8, bâtir, composer un récit ; *serere negotium* PL. *Most.* 1100, créer une suite d'embarras.

3 **sĕrō**, *ĭs*, *ĕre*, *sēvī*, *sătum* (**sīsH₁ō*, *semen*, cf. al. *säen, Same*, rus. *sejat'*, bret. *had*), tr. ¶ 1 planter, semer : CIC. *CM* 59 ; *Rep.* 3, 16 ; *Brut.* 16 ; CAES. *G.* 5, 14, 2 ; *C.* 3, 44, 3 ; V. *sata* ¶ 2 ensemencer : *jugera aliquot* CIC. *Verr.* 3, 112, ensemen-

sero

cer un certain nombre d'arpents, cf. Cic. *Nat.* 2, 130 ¶ **3** [mét., hommes] procréer : Cic. *Leg.* 1, 24 ; *Att.* 14, 20, 2 ; *Tusc.* 1, 60 ; 1, 118 ‖ [poét.] : **satus Anchisā** [abl., cf.▶ natus] Virg. *En.* 5, 244, fils d'Anchise ; **de aliquo** Ov. *F.* 4, 54, issu de qqn ¶ **4** [fig.] semer, répandre, engendrer, faire naître : **diuturnam rem publicam** Cic. *Rep.* 2, 5, semer les graines d'un État durable ; **mores** Cic. *Leg.* 1, 20, implanter des mœurs ; **volnera** Lucr. 5, 1290, semer des blessures ; **discordias** Liv. 3, 40, 10, semer des discordes.

4 **sĕrō**, *ās, āre, āvī, ātum* (*sera*), tr. ¶ **1** fermer : [tard.] Prisc. 2, 532, 6 ¶ **2** ouvrir : Varr. *L.* 7, 108.

Sĕrōnātus, *i*, m., Séronat [= né tard, cf. *diutinus*], nom d'homme : Sidon. *Ep.* 2, 1, 1.

sĕrōtĭnus, *a, um* (*serus*, cf. *diuturnus*) ¶ **1** [pers.] qui agit tard : Sen. *Contr.* 7, 6 (21) ¶ **2** tardif, qui vient tard : Col. 8, 5, 24 ; Plin. 15, 58 ‖ qui produit tardivement : Plin. 18, 196.

Serpa, *ae*, f., ville de Bétique : Anton. 426 ‖ **-ensis**, *e*, de Serpa : CIL 2, 971.

serpēdo, *ĭnis*, f. (*serpo*), érysipèle : Isid. 4, 8, 5.

serpens, *tis*, f., m. (*serpo* ; fr. *serpent*) ¶ **1** serpent, dragon : Cic. *Nat.* 2, 124 ‖ Virg. *En.* 2, 214 ; Ov. *M.* 3, 38 ¶ **2** le Dragon [constell.] : Hyg. *Astr.* 3, 1 ¶ **3** ver [du corps humain] : Plin. 7, 172 ¶ **4** le serpent, le diable : Vulg. *Gen.* 3, 1 ; Aug. *Symb.* 4, 1.

serpentiformis, *e* (*serpens, forma*), en forme de serpent : Iren. 1, 30, 5.

serpentĭgĕna, *ae*, m. (*serpens, geno*), né d'un serpent : Ov. *M.* 7, 212.

serpentīnārĭa, *ae*, f., serpentaire [plante] : Ps. Apul. *Herb.* 14.

serpentīnus, *a, um* (*serpens*), de serpent : Hier. *Ep.* 117, 2 ‖ [fig.] Aug. *Civ.* 15, 23 ‖ **Serpentini**, pl., les Ophites (hérétiques) : Aug. *Manm.* 2, 21 ‖ du serpent, du diable, fallacieux, rusé, diabolique : Cypr. *Zel.* 17 ; Aug. *Civ.* 15, 23.

serpentĭpēs, *ĕdis* (*serpens, pes*), dont les pieds sont des serpents : Ov. *Tr.* 4, 7, 17.

serpĕrastra, *ōrum*, n. pl. (*serpo* ?), éclisses, attelles [pour maintenir droites les jambes des enfants] : Varr. *L.* 9, 11 ‖ [fig., en parl. d'officiers] **serperastra cohortis meae** Cic. *Att.* 7, 3, 8, les redresseurs de ma cohorte.

serpill-, v.▶ **serpyl-**.

serpĭō, *is, ĕre*, -, -, c.▶ *serpo* : VL. *Act.* 4, 17.

serpō, *is, ĕre, serpsī*, - (cf. ἕρπω, scr. *sarpati*), intr. ¶ **1** ramper : Cic. *Fin.* 5, 42 ; *Nat.* 2, 122 ‖ [plantes] Cic. *CM* 52 ; Plin. 27, 82 ; [feu] Lucr. 5, 523 ; Liv. 30, 6, 5 ‖ [mét., en parl. de l'écrivain] : Hor. *P.* 28 ¶ **2** [fig.] se glisser, avancer lentement, se répandre insensiblement, gagner de proche en proche : **hoc malum, obscure serpens** Cic. *Cat.* 4, 6, ce mal poursuivant sa marche insensible ; **serpit per omnium vitas amicitia** Cic. *Lae.* 87, l'amitié s'insinue dans toutes les existences ; **serpit hic rumor** Cic. *Mur.* 45, ce bruit circule. ▶ contr. *serpsit* = *serpserit* Fest. 472, 36.

serps, c.▶ *serpens* : Fort. *Carm.* 8, 3, 195.

serpsit, v.▶ *serpo* ▶.

serpŭla, *ae*, f. (*serpo*), [arch.] serpent : P. Fest. 473, 15.

serpullum (**-yllum, -illum**), *i*, n. (ἕρπυλλον, esp. *serpol*), serpolet [plante] : Cat. *Agr.* 73 ; Varr. *L.* 5, 103 ; Virg. *B.* 2, 11 ; *G.* 4, 31.

serpyllĭfĕr, *ĕra, ĕrum* (*serpyllum, fero*), qui produit du serpolet : Sidon. *Ep.* 8, 11, 3, v. 45.

serpyllum, v.▶ *serpullum*.

serra, *ae*, f. (cf. *sera* ?, esp. *sierra*) ¶ **1** scie : Cic. *Tusc.* 5, 116 ; Lucr. 2, 410 ‖ [prov.] **serram cum aliquo ducere** Varr. *R.* 3, 6, 1, échanger des mots avec qqn ¶ **2** [fig.] **a)** Cat. *Frg.* 82, 2 = soit manœuvre militaire semblable au va-et-vient de la scie : Fest. 466, 28 ; soit ordre de bataille en forme de scie : Gell. 10, 9, 1 **b)** scie [poisson] : Plin. 9, 3 **c)** chariot ayant des roues à dents : Hier. *Amos* 1.

serrābĭlis, *e* (*serra*), sciable : Plin. 16, 227.

serrācŭlum, *i*, n. (cf. 1 *sera* ; it. *serraglio*), gouvernail : Ulp. *Dig.* 9, 2, 29, 2.

serrācum, v.▶ *sarracum* : *Vitr. 10, 1, 5 ; Quint. 8, 3, 21 ; Juv. 5, 23.

serrāgo, *ĭnis*, f. (*serra*), sciure : Cael.-Aur. *Acut.* 1, 14, 106.

serrālĭa, *ae*, f., v.▶ *sarralia* : Isid. 17, 10, 11.

1 **serrānus**, v.▶ *sarranus*.

2 **Serrānus**, *i*, m. ¶ **1** surnom d'Atilius Regulus : Cic. *Sest.* 72 ; Plin. 18, 20 ; Virg. *En.* 6, 844 ¶ **2** nom de guerrier : Virg. *En.* 9, 335.

Serrapilli, *ōrum*, m. pl., peuple de Pannonie : Plin. 3, 147.

1 **serrārĭus**, *a, um* (*serra*), travaillant avec une scie : **sector serrarius** CIL 1, 1224, scieur de marbre.

2 **serrārĭus**, *ii*, m. (1 *serrarius*), scieur [de pierres] : Gloss. 3, 309, 14 ; CIL 2, 1131, 1132.

serrāta, *ae*, f., germandrée [plante] : Plin. 24, 130.

serrātim, adv. (*serra*), en dents de scie : Vitr. 6, 8, 7 ; **folia serratim scissa** Ps. Apul. *Herb.* 2, feuilles dentelées.

serrātōrĭus, *a, um* (*serro*), qui sert à scier : Amm. 23, 4, 4.

serrātŭla, *ae*, f., c.▶ *betonica*, bétoine [plante] : Plin. 25, 84.

serrātūra, *ae*, f. (*serro*), sciage : Pall. 3, 17, 1.

serrātus, *a, um* (*serra*), en forme de scie, dentelé : Plin. 11, 160 ; **morsus serratus** Petr. 136, 4, morsure qui rappelle celle de la scie ‖ **serrati**, m. pl. (s.-ent. **nummi**), pièces dentelées : Tac. *G.* 5.

Serrētes, *um*, m. pl., peuple voisin de la Colchide : Plin. 3, 147.

Serri, *ōrum*, m. pl., peuplade voisine du Caucase : Plin. 6, 16.

Serrĭum (Serrhĕum, Serrhĭōn), *i*, n., montagne et promontoire de Thrace : Plin. 4, 43 ; *Mel. 2, 28 ‖ place forte sur cette montagne : Liv. 31, 16, 5.

serrō, *ās, āre, āvī*, - (*serra*), tr., scier : Veg. *Mil.* 2, 25 ; Vulg. *Is.* 41, 15.

serrŭla, *ae*, f. (dim. de *serra*), petite scie : Cic. *Clu.* 180 ; Col. *Arb.* 6, 4.

1 **serta**, *ae*, f., c.▶ *sertum* : Prop. 2, 33, 37.

2 **serta campanica**, et abs', **serta**, *ae*, f., mélilot [plante] : Cat. *Agr.* 107 ; 113.

sertātus, *a, um* (*sertum*), couronné : Capel. 1, 85 ; 5, 426.

Sertōrĭus, *ii*, m., général romain, partisan de Marius, se rendit dans sa province d'Espagne quand Sylla fut maître de l'Italie ; il se constitua un véritable royaume indépendant, résista longtemps aux généraux romains, fut assassiné en 72 par son lieutenant Perpenna : Cic. *Brut.* 180 ; *Mur.* 32 ‖ **-ĭānus**, *a, um*, de Sertorius : Cic. *Verr.* 5, 72.

sertrix, v.▶ *sartrix*.

sertŭla campana (2 *serta*), mélilot [plante] : Plin. 21, 53.

sertum, *i*, n., Aus. *Ecl.* 2 (325), 88, ordin' **serta**, *ōrum*, n. pl. (2 *sero*), guirlandes, tresses, couronnes : Cic. *Tusc.* 3, 43 ; *Cat.* 2, 10 ; Virg. *En.* 1, 417.

sertus, *a, um*, part. de 2 *sero*.

1 **sĕrum**, *i*, n. (cf. *serpo*, ὀρός, scr. *sisarti* ; it. *siero*), petit-lait : Plin. 11, 239 ; Virg. *G.* 3, 406 ‖ [en gén.] liquide séreux : Plin. 16, 60 ; Catul. 80, 8. ▶ forme *seru* donnée par Char. 31, 7 ; 36, 1.

2 **sērum**, *i*, n. de *serus*[pris subst'] (fr. *soir*), soirée : **serum erat diei** Liv. 7, 8, 4, le jour était avancé ; **sero diei** Tac. *An.* 2, 21, le jour étant avancé ; **in serum noctis** Liv. 33, 48, 6, jusqu'à une heure tardive de la nuit ‖ [adv'] Virg. *En.* 12, 864, tard.

sērus, *a, um* (cf. *setius*, v. irl. *sir*, bret. *hir*, scr. *sāyam* ; it. *sera*) ¶ **1** qui a lieu tardivement, tardif : **sera gratulatio** Cic. *Fam.* 2, 7, 1, félicitations tardives ; **spe omnium serius bellum** Liv. 2, 3, 1, guerre plus tardive qu'on ne pensait ; **serissima omnium pirus** Plin. 15, 55, le poirier le plus tardif de tous ‖ **serus redeas** Hor. *O.* 1, 2, 45, puisses-tu retourner tard [au ciel] ; **poena sera venit** Tib. 1, 10, 3, le châtiment vient tard ; **sera lumina accendere** Virg. *G.* 1, 251, allumer les feux du soir ‖ **seri studiorum** Hor. *S. 1, 10, 21,* gens qui apprennent sur le tard ‖ **serus versare...** Prop. *3, 5, 35,* qui tarde à faire tourner... ¶**2** qui a de la durée : **sera ulmus** Virg. *G. 4, 144,* ormeau déjà grand ¶**3** trop tardif, trop retardé : Cic. *Phil 5, 1* ; Quint. *12, 1, 31* ; **serum auxilium venerant** Liv. *3, 5, 15,* ils étaient venus au secours trop tardivement, cf. Liv. *27, 20, 3* ‖ **venis serus** Ov. *H. 17, 107,* tu viens trop tard.

serva, *ae,* f., une esclave : Pl. *Cis. 765* ; Hor. *O. 2, 5, 3* ; Liv. *1, 47, 1.*

servābĭlis, *e* (*servo*), qui peut être sauvé : Ov. *Tr. 4, 5, 21.*

servācŭlum, ▶ *serraculum*.

Servaeus, *i,* m., nom d'homme : Tac. *An. 2, 56.*

Servanda, *ae,* f., **Servandus**, *i,* m., noms propres : CIL *13, 1945* ; *11, 720.*

servans, *tis,* part. de *servo,* [adj^t] qui observe : **servantissimus aequi** Virg. *En. 2, 427,* le plus strict observateur de l'équité.

servasso, ▶ *servo* ▶.

Servāta, *ae,* f., **Servātus**, *i,* m. (*servo* ; fr. *Servat, Serbat*), surnoms latins : CIL *12, 1363* ; *13, 1945.*

servātĭo, *ōnis,* f. (*servo*), observation d'une règle : Plin. *Ep. 10, 120, 1.*

servātŏr, *ōris,* m. (*servo*) ¶**1** observateur, guetteur : Luc. *8, 171* ; Stat. *Th. 3, 352* ¶**2** sauveur, libérateur, conservateur : Cic. *Planc. 89* ; *102* ; Liv. *6, 17, 5* ‖ Sauveur [épith. de Jupiter] : Plin. *34, 74* ‖ [chrét.] le Sauveur : Aug. *Serm. 18, 4, 4* ; Leo-M. *Serm. 3, 1* ¶**3** observateur, qui se conforme à [avec gén.] : Luc. *2, 389.*

servātōrĭum, *ii,* n. (*servo*), amulette : Gloss. *2, 473, 49.*

servātrix, *īcis,* f. de *servator* : Ter. *Hec. 856* ; Cic. *Fin. 5, 26* ; Ov. *M. 7, 50.*

1 **servātus**, *a, um,* part. de *servo*.

2 **Servātus**, ▶ *Servata*.

Servĭānus, *a, um,* de Servius [surtout le jurisc.] : Dig. *20, 1, 3.*

servībam, servībo, ▶ *servio* ▶.

servĭcŭlus, *i,* m. (dim. de *servus*), misérable esclave : Tert. *Idol. 10, 3.*

Servīlĭa, *ae,* f., nom de femme : Cic. *Att. 14, 21, 3.*

Servīlĭānus, *a, um,* de Servilius : Suet. *Ner. 47.*

servĭlĭcŏla, ▶ *servulicola*.

Servīlĭo, *ōnis,* m., nom d'homme : Fort. *Carm. 4, 13, 3.*

servīlis, *e* (*servus*), d'esclave, qui appartient aux esclaves : **in servilem modum** Caes. *G. 6, 19, 3,* comme à l'égard d'un esclave ; **servili tumultu** Caes. *G. 1, 40, 5,* lors du soulèvement des esclaves ; **bellum servile** Cic. *Pomp. 28,* la guerre des esclaves ; **servilis vestis** Cic. *Pis. 92,* vêtement d'esclave ; **servile jugum** Cic. *Phil. 1, 6,* le joug de la servitude ; **munus servile** Cic. *Sull. 55,* fonction d'esclave ‖ **servilia fingere** Tac. *An. 16, 2,* imaginer des flatteries serviles ; **servile gemens** Claud. *Gild. 365,* poussant des gémissements d'esclave.

servīlĭtĕr, adv. (*servilis*), à la manière des esclaves, servilement : Cic. *Tusc. 2, 55.*

1 **Servīlĭus**, *ii,* m., nom d'une famille romaine ; not^t **C. Servilius Ahala**, qui tua Spurius Mélius : Liv. *4, 13* ; **C.** et **P. Servilius Casca**, meurtriers de César : Cic. *Phil. 2, 27.*

2 **Servīlĭus**, *a, um,* de Servilius : Cic. *Clu. 140* ; *Brut. 161* ; **lacus** Cic. *Amer. 89,* lac Servilius [réservoir voisin du forum à Rome].

servĭō, *īs, īre, īvī* (*ĭi*), *ītum* (*servus* ; fr. *servir, sergent*), intr. ¶**1** être esclave, vivre dans la servitude : Cic. *Rep. 3, 28* ; *Phil. 6, 19* ‖ **alicui** Cic. *Rep. 1, 50,* être esclave de qqn, être asservi à qqn, cf. Cic. *Rep. 1, 55* ; Nep. *Alc. 9, 4* ; **apud aliquem** Cic. *de Or. 1, 182,* être esclave chez qqn ‖ [acc. objet intér.] : **servitutem servire** Cic. *Mur. 61,* être dans la condition d'esclave, cf. Cic. *Top. 29* ; Liv. *40, 18, 7* ; *45, 15, 5* ; Quint. *7, 3, 26* ; **servitutem servire alicui** Pl. *Aul. 592,* être l'esclave de qqn, cf. Pl. *Cap. 391* ¶**2** [en parl. de choses] **a) domus serviet domino non minori** Plin. *Ep. 7, 24, 8,* la maison servira un maître qui ne le cède pas au précédent **b) praedia, quae serviebant** Cic. *Agr. 3, 9,* les terres frappées d'une servitude, cf. Cic. *Off. 3, 67* ; *de Or. 1, 178* ¶**3** [fig.] **a)** être sous la dépendance de, être esclave de, être soumis à [avec dat.] : **cupiditatibus** Cic. *Lae. 82,* être esclave des passions ; **alicui** Cic. *Amer. 48,* se faire l'esclave de qqn ; **servitum est brevitati** Cic. *de Or. 2, 327,* on s'est asservi à la concision **b)** se mettre au service de, être dévoué à [avec dat.] : **temporibus suorum pecuniā, gratiā** Cic. *Cael. 13,* mettre au service de ses amis dans l'embarras son argent, son crédit ; **commodis alicujus** Cic. *Rep. 1, 8,* se dévouer aux intérêts de qqn, cf. Cic. *Q. 1, 1, 27* ; *Caecin. 64* ; *Sest. 23* ; **populo** Cic. *Planc. 11,* servir la cause du peuple ‖ [pass. impers.] **ut communi utilitati serviatur** Cic. *Off. 1, 31,* qu'on soit dévoué à l'intérêt général ‖ s'en tenir à : **quantitati contractus** Dig. *13, 4, 2, 8,* s'en tenir à la quantité fixée par le contrat ; **verbis edicti** Dig. *14, 1, 1, 30,* aux termes de l'édit ¶**4** adorer, servir : **servierunt sculptilibus** Vulg. *Psal. 105, 36,* ils honorèrent leurs idoles ‖ servir [Dieu] : **illi soli servies** Vulg. *Deut. 6, 13,* tu seras à son seul service.

▶ arch. imparf. **servibas** Pl. *Cap. 247* ‖ arch. fut. **servibo** Pl. *Men. 1101* ; Ter. *Hec. 495.*

servĭtĭālis, *e* (*servitium*), consacré au service : Isid. *Ep. 1, 15.*

servĭtĭo, *ōnis,* f., servitude : Vl. *Num. 8, 25.*

servĭtĭum, *ii,* n. (*servus* ; it. *servizio*) ¶**1** servitude, condition d'esclave, esclavage : Ter. *And. 675* ; Sall. *J. 62, 9* ; *94, 4* ; Brut. d. Cic. *ad Brut. 1, 16, 9* ; Liv. *2, 23, 6* ‖ [fig.] Sall. *C. 1, 2* ; Virg. *G. 3, 168* ; Ov. *Am. 1, 2, 18* ¶**2** [sens collect.] la gent esclave, les esclaves : sg., Cic. *Verr 5, 9* ; *Rep. 3, 16* ; *Har. 25* ‖ pl., **servitia concitat** Cic. *Cat. 4, 13,* il soulève les esclaves, cf. Cic. *Verr. 5, 15* ; *Leg. 3, 25* ; Liv. *2, 10, 8* ; *28, 11, 9* ¶**3** charge, office, service : Greg.-Tur. *Hist. 5, 3* ¶**4** esclavage [du démon] : Aug. *Pecc. or. 40, 45* ¶**5** dévotion, service [de Dieu] : Greg.-M. *Dial. 3, 14.*

servītŏr, *ōris,* m. (*servio*) ¶**1** serviteur [des dieux] : CIL *10, 1560* ¶**2** fidèle serviteur [d'un saint], desservant [son église] : Inscr. Chr. *Diehl 2364 a* ¶**3** servant [à table, dans un monastère] : Bened. *Reg. 36, 10.*

servītrīcĭus, *a, um* (*servus*), relatif aux esclaves, d'esclaves : Pl. *Pers. 418.*

servĭtūdo, *ĭnis,* f. (*servus*), servitude, esclavage : P. Fest. *73, 7.*

servĭtūs, *ūtis,* f. (*servus*) ¶**1** condition d'esclave, servitude : Cic. *Dej. 30* ; Caes. *G. 7, 14* ¶**2** servitude politique, sujétion, asservissement : Cic. *Rep. 1, 68* ; *2, 47* ; *Lae. 42* ; Caes. *G. 7, 77, 15* ¶**3** [fig.] **a)** servitude, sujétion, état de dépendance : **officii** Cic. *Planc. 74,* obligations imposées par des services reçus, cf. Liv. *34, 7, 12* **b)** servitude réelle [grevant un immeuble] ou personnelle [usufruit] : Dig. *8, 1* ; Cic. *Q. 3, 1, 3* ; *Att. 15, 26, 4* ¶**4** [poét.] ▶ *servitium* : Hor. *O. 2, 8, 18* ¶**5** [sg.] les officiers du préfet du prétoire : Cassiod. *Var. 11, 8, 6* ¶**6** service [de Dieu], culte : **servitus Dei** Vulg. *Eccli. 2, 1.*

Servĭus, *ii,* m., prénom dans la famille des Sulpicius [Ser.] : Cic. *Mur. 54* ‖ Servius Tullius, sixième roi de Rome : Liv. *1, 39, 1* ‖ Servius Maurus Honoratus, grammairien de la fin du 4e s. apr. J.-C., commentateur de Virgile : Macr. *Sat. 1, 2, 15.*

servō, *ās, āre, āvī, ātum* (cf. *servus,* ὁράω, al. *wahren,* an. *beware,* it. *serbare*), tr.

¶**1** "observer" ¶**2** "garder (un lieu)" ¶**3** "conserver, réserver" ¶**4** "préserver" ¶**5** "réserver".

¶**1** observer, faire attention à, être attentif à ; **aliquem** Pl. *Ru. 895,* avoir l'œil sur qqn ; **aliquid** Pl. *Ru. 383,* sur qqch. ; **dum sidera servat** Virg. *En. 6, 338,* pendant qu'il observait les astres ; **itinera nostra servabat** Caes. *G. 5, 19, 1,* il suivait attentivement nos étapes ; [l. augurale] **de caelo servare** Cic. *Phil. 2, 83,* observer le ciel, cf. Cic. *Sest. 129* ; *Att. 2, 16, 2* ‖ [acc. intér.] **vigilias, custodias servare** Liv. *34, 9* ; *33, 4,* monter la garde, être de faction ‖ [avec ut, ne] veiller à ce que, à ce que ne pas : Liv. *3, 36, 3* ; *39, 14, 10* ‖ [abs^t] veiller, être de garde, de surveillance : Pl. *Aul.*

servo

81; *Most.* 412; TER. *Eun.* 780; *serva*, fais attention, gare! ; PL. *Pers.* 810; TER. *Ad.* 172; HOR. *S.* 2, 3, 59 ¶ **2** [poét.] garder un lieu = ne pas le quitter, y séjourner, y demeurer, l'habiter : HOR. *Ep.* 1, 10, 6; 1, 5, 31 ; VIRG. *G.* 4, 383 ; 4, 459 ¶ **3** observer, garder, conserver, maintenir : *ordines* CAES. *G.* 4, 26, 1, garder ses rangs ; *fidem* CAES. *G.* 6, 36, 1, observer ses engagements; *pacem cum aliquo* CIC. *Phil.* 7, 22, conserver la paix avec qqn ; *promissa* CIC. *Off.* 1, 23, tenir ses promesses; *legem* CIC. *Fam.* 2, 17, 2, observer une loi ; *illud quod decet* CIC. *Off.* 1, 97, observer les convenances ¶ **4** conserver, sauver, préserver, maintenir intact : *aliquid ex flamma* CIC. *Verr.* 4, 78, sauver qqch. des flammes, cf. CIC. *Verr.* 3, 131 ; *Rep.* 1, 5; CAES. *C.* 2, 41, 8; *aliquid ab aliquo* PLIN. 7, 103, préserver qqch. de qqn ; *se servare* CAES. *G.* 7, 50, 4, sauver sa vie ; *rem publicam discessu suo* CIC. *Sest.* 49, sauver l'État par son départ; *urbem Caesari* CAES. *C.* 2, 20, 2, conserver la ville pour César [en la défendant contre l'ennemi] || *cives integros* CIC. *Cat.* 3, 25, maintenir les citoyens sains et saufs, cf. CIC. *Verr.* 5, 67 ¶ **5** conserver, réserver : *se temporibus aliis* CIC. *Planc.* 13, se réserver pour d'autres circonstances ; *aliquid alicui* CIC. *Verr.* 4, 66, conserver, réserver qqch. pour qqn, cf. CIC. *Rep.* 1, 69 ; *se ad tempora* CIC. *Planc.* 13, se réserver pour certaines circonstances || réserver, retenir [un péché], ne pas pardonner [oppos. à *concedere*] : TERT. *Pud.* 9, 20.

▶ arch. *servasso* = *servavero* PL. *Most.* 228; *servassint* PL. *Trin.* 384.

servŏlĭcŏla, 🅥 *servulicola*.

servŏlus, 🅥 *servulus*.

servŭla, *ae*, f. (dim. de *serva*), une misérable esclave : CIC. *Att.* 1, 12, 3.

servŭlĭcŏla, *ae*, f. (*servulus, colo*), qui hante les esclaves de bas étage : *PL. *Poen.* 267.

servŭlus (-ŏlus), *i*, m. (dim. de *servus*), petit esclave, jeune esclave : CIC. *Quinct.* 27; PL. *Men.* 339; TER. *And.* 83.

1 **servus**, *a*, *um* (cf. *servo*; fr. *serf*), d'esclave, esclave, asservi : *serva capita* (= *servi*) LIV. 29, 29, 3, esclaves ; *servum pecus* HOR. *Ep.* 1, 19, 17, troupeau servile; *servam civitatem habere* LIV. 25, 31, 5, tenir une cité asservie || [droit] *praedia serva* CIC. *Agr.* 3, 9, terres grevées de servitudes.

2 **servus**, *i*, m., esclave : PL. ; TER. ; CIC. || [fig.] *cupiditatum* CIC. *Verr.* 1, 58, esclave des passions, cf. CIC. *Verr.* 4, 112 ; *Cael.* 79 || serviteur de Dieu, fidèle adorateur de Dieu : VULG. *4 Reg.* 21, 8 ; AUG. *Ev. Joh.* 10, 7.

sēsăma, *ae*, f. (σησάμη), 🅒 1 *sesamum* : PLIN. 15, 25.

sēsămĭnus, *a*, *um* (σησάμινος), de sésame : PLIN. 13, 11.

sēsămŏīdēs, *is*, n. (σησαμοειδές), plante semblable au sésame : PLIN. 22, 133.

Sesamōs, *i*, f., ville d'Éthiopie : PLIN. 6, 178.

1 **sēsămum (sī-)**, *i*, n. (σήσαμον), sésame [plante] : COL. 2, 10, 18 ; CELS. 5, 15 ; *sesamum silvestre*, ricin : PLIN. 15, 25.

2 **Sēsămum**, *i*, n. (Σήσαμον), ville de Paphlagonie : PLIN. 6, 5.

sescēnāris, *e* (cf. *sesqui, annus*), terme rituel appliqué à un bœuf de sacrifice d'un an et demi : LIV. 41, 15, 1.

sescēn-, sescent-, 🅥 *sexc-*.

sescenti, *ae*, *a* (*sex, centum*), six cents : PL. ; CIC. || = un très grand nombre, mille : PL. *Aul.* 320; TER. *Phorm.* 668; CIC. *Verr.* 1, 125 ; 🅥 *sexcenti*.

sescla, *ae*, f., 🅒 *sextula* : ANTH. 741, 11.

Sescŭl-, 🅥 *Sesquiul-*.

sescuncĭa, *ae*, f. (*sesqui, uncia*), une once et demie : PLIN. 36, 187 || un douzième et demi = un huitième : DIG. 37, 8, 7.

sescuncĭālis, *e* (*sescuncia*), d'un huitième : PLIN. 13, 94.

sescŭplāris, *e*, 🅒 *sescuplus* : CHALC. 35 ; 46 ; 92.

sescŭplex, sesquĭplex, *ĭcis* (*sesqui, plico*), qui contient une fois et demie : QUINT. 9, 4, 47 ; CIC. *Or.* 193.

sescŭplus, *a*, *um*, 🅒 *sescuplex* || subst. n., *sescuplum*, une fois et demie : QUINT. 9, 4, 47.

sēsē, acc. et abl. de *sui*.

sĕsĕlĭ, n., PLIN. 8, 112 ; **sĭsĕlĕum**, *i*, n., M.-EMP. 20, 88 et **sĕsĕlis**, *is*, f. (σέσελις), tordyle [plante ombellifère] : CIC. *Nat.* 2, 127.

sēsĭma, *ae*, f., 🅥 1 *sesamum* : PLIN. 15, 28.

sēsĭmŏīdēs, 🅥 *sesamoides*.

Sesītēs, *ae*, m., rivière de Gaule Cisalpine, affl. du Pô [auj. la Sesia] : PLIN. 3, 118.

Sĕsōsis, *idis*, m., 🅒 *Sesostris* : TAC. *An.* 6, 28.

Sĕsostris, *is* (*ĭdis*), m. (Σέσωστρις), célèbre roi d'Égypte : PLIN. 33, 52.

Sĕsōthēs, m., roi d'Égypte : PLIN. 36, 65.

sesqualtĕr, *ĕra*, *ĕrum*, 🅥 *sesquialter* : BOET. *Arith.* 1, 1, 4.

sesquāti nŭmĕri, *ōrum*, m. pl. (*sesqui*), deux nombres qui sont dans une proportion sesquialtère : AUG. *Mus.* 1, 9, 17-18 || au sg., *sesquata pars* TER.-MAUR. 6, 372, 1577.

sesque-, 🅒 *sesqui*.

sesquĭ (*semis, -que*, cf. *sesquilibra*), adv. [employé surtout en compos.], dans un rapport sesquialtère, un demi en plus : CIC. *Or.* 188.

sesquĭaltĕr, *ĕra*, *ĕrum*, sesquialtère : CIC. *Tim.* 20 ; *sesqialter numerus* VITR. 3, 1, 6, nombre sesquialtère, qui en contient un autre une fois et demie.

sesquĭcullĕāris, *e*, qui contient un *culleus* et demi : COL. 12, 18, 7.

sesquĭcyăthus, *i*, m., un cyathe et demi : CELS. 6, 7, 2.

sesquĭdĕcĭmus, *a*, *um*, égal aux 11/10 (1 plus 1/10) : BOET. *Mus.* 2, 9.

sesquĭdĭgĭtālis, *e*, d'un doigt et demi : VITR. 10, 16, 5.

sesquĭdĭgĭtus, *i*, m., un doigt [un pouce] et demi : VITR. 8, 5, 2.

sesquĭhōra, *ae*, f., une heure et demie : PLIN. *Ep.* 4, 9, 9.

sesquĭjūgĕrum, *i*, n., un jugère et demi : PLIN. 4, 31.

sesquĭlībra, *ae*, f., une livre et demie : CAT. *Agr.* 23, 2; COL. 12, 36.

sesquĭmensis, *is*, m., un mois et demi : VARR. *R.* 1, 27, 1.

sesquĭmŏdĭus, *ii*, m., un modius et demi : CIC. *Verr.* 3, 215.

sesquĭŏbŏlus, *i*, m., une obole et demie : PLIN. 26, 73.

sesquĭoctāvus, *a*, *um*, qui contient une fois et un huitième [ou 9/8] : CIC. *Tim.* 21 || *sesquioctavus decimus* BOET. *Mus.* 3, 2, égal aux 19/18.

sesquĭŏpĕra, *ae*, f., 🅒 *sesquiopus* : COL. 2, 12, 2.

sesquĭŏpus, *ĕris*, n., une journée et demie de travail : PL. *Cap.* 725.

sesquĭpĕdālis, *e*, d'un pied et demi : CAT. *Agr.* 15 ; CAES. *G.* 4, 17 || [fig.] d'une longueur démesurée : CATUL. 97, 5; HOR. *P.* 97.

sesquĭpĕdānĕus, *a*, *um*, PLIN. 9, 82 et **sesquĭpĕdis**, *e*, d'un pied et demi : GARG. *Arb.* 3, 1.

sesquĭpēs, *ĕdis*, m., un pied et demi : VARR. *R.* 1, 43 ; COL. 3, 13, 8.

sesquĭplăga, *ae*, f., [mot forgé] une blessure et demie : *sesquiplagā interfectum a se* TAC. *An.* 15, 67, [disant] qu'il l'avait tué une fois et demie.

sesquĭplāris, *is*, m., soldat qui reçoit une ration et demie : VEG. *Mil.* 2, 7.

sesquĭplex, 🅒 *sexcuplex*.

sesquĭplĭcārĭus, *ii*, m., 🅒 *sesquiplaris* : *PS. HYG. *Mun. castr.* 16.

sesquĭplus (dim. de *sestertius*), 🅥 *sescuplus*.

sesquĭquartus, *a*, *um*, qui contient une fois et un quart [= 5/4] : BOET. *Arith.* 1, 24, 1.

sesquĭquintus, *a*, *um*, égal à 6/5 : BOET. *Arith.* 1, 24, 2.

sesquĭsĕnex, *sĕnis*, m. f., archivieux [vieux une fois et demie] : POET. d. VARR. *L.* 7, 28.

sesquĭseptĭmus, *a*, *um*, qui contient une fois et un septième [= 8/7] : BOET. *Mus.* 5, 17.

sesquĭsextus, *a, um*, qui contient une fois et un sixième [= 7/6] : Boet. *Arith.* 2, 44, 13.

sesquĭtertĭus, *a, um*, qui contient une fois et un tiers [= 4/3] : Cic. *Tim.* 21.

sesquĭtrĭcēsĭmus, *a, um*, égal aux 31/30 : Boet. *Mus.* 5, 17.

Sesquĭŭlyxes (Sesquĕ-), Sescŭlixes, *is*, m., un Ulysse et demi, Ménippée de Varron [un fourbe et demi] : Plin. *praef.* 24 ; Non. 28, 12.

sesquĭvīcēsĭmus, *a, um*, qui contient une fois et son vingtième [= 21/20] : Boet. *Mus.* 5, 17 ; 18.

Sessĭa, *ae*, f., nom d'une déesse qui présidait aux semences : *Tert. *Spect.* 8, 3 ; ▶ *Seia*.

sessĭbĭle, *is*, n., siège : Jul.-Val. 1, 33.

sessĭbŭlum, *i*, n. (*sedeo*), siège : Pl. *Poen.* 268.

sessĭlis, *e* (*sedeo*), sur quoi l'on peut s'asseoir : Ov. *M.* 12, 401 ‖ qui peut se tenir bien assis, à large base : Pers. 5, 148 ‖ sessile [botan.] : Plin. 19, 125.

sessĭmōnĭum, *ii*, n. (*sedeo*), résidence, séjour : Vitr. 7, pr. 16.

sessĭo, *ōnis*, f. (*sedeo*) ¶ **1** action de s'asseoir : Cic. *Off.* 1, 128 ; *Fin.* 5, 35 ‖ session = audience du préteur : Dig. 38, 15, 2 ¶ **2** siège : Cic. *de Or.* 2, 20 ; *Fin.* 5, 2 ¶ **3** pause, halte : Cic. *Att.* 14, 14, 2 ; *de Or.* 3, 121.

Sessis, *is*, m., ▶ *Sesites* : Ennod. *Carm.* 1, 1, 39.

sessĭtō, *ās, āre, āvī,* - (fréq. de *sedeo*), intr., être assis habituellement : Cic. *Brut.* 59.

sessĭuncŭla, *ae*, f. (dim. de *sessio*), petit cercle [de personnes] : Cic. *Fin.* 5, 56.

sessŏr, *ōris*, m. (*sedeo*) ¶ **1** spectateur [au théâtre] : Hor. *Ep.* 2, 2, 130 ¶ **2** cavalier : Sen. *Const.* 12, 3 ¶ **3** habitant : Nep. *Cim.* 2, 5.

sessōrĭum, *ii*, n. (*sedeo*), siège : Cael.-Aur. *Acut.* 1, 11, 83 ‖ séjour, domicile : Petr. 77, 4.

sessŭs, *ūs*, m. (*sedeo* ; esp. *sieso*), [seulement au dat. sg.] action de s'asseoir : Apul. *Flor.* 16, 12.

sestans, ▶ *sextans*.

sestertĭārĭus, *a, um*, [fig.] de peu de valeur [d'un sesterce] : Petr. 45, 8.

sestertĭŏlus, *i*, m., **sestertĭŏlum**, *i*, n., un petit sesterce : Mart. 1, 59, 5.

sestertĭum, *ii*, n. ¶ **1** ▶ 2 *sestertius* ¶ **2** [mesure] deux pieds et demi : Col. *Arb.* 1, 5.

1 sestertĭus, *a, um* (*semis, tertius*), qui contient deux et demi ¶ **1** *sestertius nummus*, sesterce ; gén. pl., *sestertium nummum* Cic. *Or.* 56 ; Varr. *R.* 3, 6, 1 ; ▶ 2 *sestertius* ¶ **2** [fig.] de faible valeur : *sestertio nummo aestimare aliquid* Sen. *Ep.* 95, 59, estimer qqch. [pour un sesterce, un sou], cf. Cic. *Rab. Post.* 45.

2 sestertĭus, *ii*, m., sesterce, monnaie d'argent valant deux as et demi ou le quart du denier, en abrégé II et S (*emis*), devenu HS ¶ **1** [de 1 à 1000 la forme *sestertius* est d'usage] **quattuor, centum, mille sestertii**, quatre, cent, mille sesterces ¶ **2** [à partir de 1000] **a)** gén. pl. *sestertium*, **bina milia sestertium**, 2000 sesterces [rar* *sestertiorum*] **b)** *sestertium*, n'étant plus senti comme génitif a été pris comme un subst. n. = 1000 sesterces ; d'où **tria, septem, trecenta sestertia**, 3000, 7000, 300 000 sesterces, et plus souvent avec les distributifs ¶ **3** [les millions sont désignés de deux façons] **a)** *decies, vicies, tricies centena milia sestertium*, 10 fois, 20 fois, 30 fois 100 000 sesterces = 1, 2, 3 millions de sesterces **b)** suppression de *centena* avec *sestertium*, se déclinant tj au sg. et signifiant, 100 000 sesterces : **ei sestertium milies relinquitur** Cic. *Off.* 3, 93, il lui est laissé 100 millions de sesterces ; **syngrapha sestertii centies** Cic. *Phil.* 2, 95, obligation de 10 millions de sesterces ; **centies sestertio cenare** Sen. *Helv.* 10, 4, faire un dîner de 10 millions de sesterces ¶ **4** [abréviations] **HS XX** = 20 sesterces ; **HS X̄X̄** = 20 000 sesterces ; **HS |X̄X̄|** = 2 000 000 de sesterces ¶ **5** [fig.] **amplo sestertio emere** Solin. 27, 53, acheter cher, à prix d'or ¶ **6** sous les empereurs, monnaie de cuivre valant 4 as : Plin. 34, 4.

Sestĭācus, *a, um*, de Sestos Atlas VI, A3 : Stat. *S.* 1, 3, 27.

Sestianae Arae, f. pl., autels Sestiens [Tarraconaise] : Plin. 4, 111.

Sestĭānus, ▶ *Sextianus*.

Sestĭăs, *ădis*, f., héroïne de Sestos [Héro] : Stat. *Th.* 6, 547.

Sestīnum, *i*, n., ville d'Ombrie [auj. Sestino] : CIL 6, 209 ‖ **-nātes**, *um*, (*ĭum*), m. pl., habitants de Sestinum : Plin. 3, 114.

Sestis, *ĭdis*, f., ▶ *Sestias* : *Ov. *H.* 17, 2.

Sestĭus, ▶ 2 *Sextius*.

Sestŏs (-us), *i*, f. (Σηστός), ville de Thrace, en face d'Abydos [légende de Héro et Léandre] : Plin. 4, 49.

Sestus, *a, um*, de Sestos : *Ov. *H.* 17, 2.

set, ▶ *sed*.

seta, ▶ *saeta*.

Sētăb-, ▶ *Saetab-*.

Setae, *ārum*, m. pl., peuple de l'Inde : Plin. 6, 67.

sētănĭa, *ae*, f., Plin. 15, 84, **-ĭŏn**, *ii*, n. (σητάνιον), sorte de nèfle : Plin. 23, 141 ‖ *setania cepa* Plin. 19, 95, espèce d'oignon.

sētănĭŏn (σητάνιον), Plin. 18, 70, blé de trois mois [de printemps].

Sēth, m. indécl., Seth, troisième fils d'Adam : Vulg. *Gen.* 4, 25.

Sēthĭāni, *ōrum*, m. pl., hérétiques qui prétendaient que Seth était le Messie : Isid. 8, 5, 16.

Sēthrōītēs, *ae*, m., nome d'Égypte : Plin. 5, 49.

Sētĭcāni, *ōrum*, m. pl., , f. l. pour *Baeticani* : Jord. *Rom.* 213.

Sētĭa, *ae*, f. (Σητία), bourg du Latium [auj. Sezze], renommé pour ses vins : Liv. 6, 30 ; Mart. 13, 23, 1.

Sētĭēnus, Sētĭānus, *a, um*, du mont Sétius : *Avien. *Or.* 629.

sētĭgĕr, ▶ *saetiger*.

sētim, n. [mot hébreu], bois de sétim : Vulg. *Exod.* 25, 10.

sētĭmus, *a, um*, ▶ *septimus* (it. *settimo*) : CIL 8, 9815.

Sētīnus, *a, um*, de Sétia [Latium] : Cic. *Agr.* 2, 66 ‖ **Setini**, *ōrum*, m. pl., habitants de Sétia : Liv. 8, 1 ‖ **Setina**, f., la Femme de Sétia, titre d'une comédie de Titinius : Non. 144, 4 ‖ **Setinum**, n., vin de Sétia : Juv. 10, 2 ; Mart. 6, 86, 1.

1 sētĭus (sēcĭŭs, sēquĭŭs), adv., compar. (cf. *serus*, bret. *het*, al. *seit*) ¶ **1** moins : *quo setius* = *quo minus* Afran. *Com.* 291 ; Her. 1, 21 ; **non setius, haud setius** Virg. *En.* 9, 441 ; 7, 781, pas moins ; **nihilo setius** Caes. *G.* 1, 49, 4, néanmoins, cf. Caes. *G.* 4, 17, 9 ; **nihilo tamen setius** Caes. *G.* 5, 4, 3, pourtant malgré tout, cf. Caes. *G.* 5, 7, 3 ; Nep. *Att.* 22, 3 ; **neque eo setius** Nep. *Milt.* 2, 3, et pas moins pour cela ‖ **nihilo setius quam somnia** Pl. *Men.* 1047, rien de moins que, pas autre chose que des songes ¶ **2** moins bien, moins bon : **cum hoc ago setius** Pl. *Cis.* 692, pendant que je fais cela sans succès ; **invitus, quod sequius sit, loquor** Liv. 2, 37, 3, c'est malgré moi que je dis des choses déplaisantes ; **de aliquo sequius loqui** Sen. *Ben.* 6, 42, 2, parler mal de qqn ‖ **sequius ac** Apul. *M.* 9, 29, autrement que, moins bien que.

▶ la forme *sectius* est donnée par Gell. 18, 9, 6 comme étantd. Pl. *Men.* 1047 mais les mss ont *secius* ou *setius* ; *Secius* et *sequius* sont analogiques de *secus*.

2 Sētĭus mons, m., cap sur la Méditerranée [Sète] : Avien. *Or.* 608.

sētōsus, ▶ *saetosus*.

sētŭla, ▶ *saetula*.

seu, conj. (de *sive*), ▶ *sive* ¶ **1** ou si : Pl. *Ru.* 633 ¶ **2** *seu... seu*, soit que... soit que : Caes. *G.* 5, 31, 2 ; 5, 51, 3 [ou] *sive... seu* Virg. *En.* 2, 34 ; Liv. 10, 14, 9 [ou] *seu... sive* Virg. *B.* 8, 6 ; *En.* 1, 218 [ou] *seu... aut* Virg. *En.* 12, 685 ¶ **3** ou [après une partic. interrog.] ▶ *an* : Virg. *En.* 2, 739 ¶ **4** *seu quis alius = vel si quis alius* : *Platonis illud, seu quis dixit alius* Cic. *Rep.* 1, 29, ce mot de Platon, ou d'un autre [si qq. autre l'a dit = à moins que l'expression ne vienne d'un autre].

Seurbi

Seurbi, ōrum, m. pl., peuple de Tarraconaise : PLIN. 4, 112.

Seuthēs, ae, m., roi de Thrace : NEP. Alc. 8, 3.

seutlŏphăcē, ▭▷ teutlophace : CAEL.-AUR. Acut. 2, 39, 229.

Seutlūsa, ae, f., île près de Rhodes : PLIN. 5, 133.

sĕvăcii, sĕvālis, ▭▷ seb-.

sĕvĕhŏr, hĕrĭs, hī, vectus sum (pass, 2 se-, veho), intr., [fig.] s'en aller loin de : PROP. 3, 3, 21.

Sĕvēra, ae, f., surnom de femme : VINDOL. 244 ; ▭▷ Otacilia.

sĕvērē, adv. (severus), sévèrement, gravement, rigoureusement, durement : CIC. Fin. 2, 24 ; Mur. 42 ‖ **severius** CIC. Att. 10, 12, 3 ; **severissime** CIC. Off. 1, 71.

Sĕvērĭāni, ōrum, m. pl., Sévériens, sectateurs de Sévère : ISID. 8, 5, 24.

1 **Sĕvērĭānus**, a, um, de Sévère (Septime) : SPART. Sept. 19, 5.

2 **Sĕvērĭānus**, i, m., Sévérien, ou Livius Sévère, empereur romain [461-465] : JORD. Rom. 335.

Sĕvērilla, ae, f., nom de femme : CIL 12, 3129.

sĕvērĭtās, ātis, f. (severus), sévérité, austérité, gravité, sérieux ; **ad severitatem factus** CIC. Off. 1, 103, fait pour une vie sérieuse, cf. CIC. Lae. 66 ; CM 65 ‖ sévérité [dans le style, dans les jugements littéraires] : PLIN. Ep. 2, 5, 6 ; 3, 18, 9 ‖ rigueur, dureté : CIC. Fin. 1, 24.

sĕvērĭtĕr, ▭▷ severe : TITIN. Com. 67 ; APUL. M. 2, 27.

sĕvērĭtūdo, ĭnis, f., sévérité : PL. Ep. 609 ; APUL. M. 1, 25.

sĕvērum, n. pris advᵗ, d'une manière sévère : PRUD. Cath. 2, 33.

1 **sĕvērus**, a, um (cf. *swe-, sed, verus) ¶ 1 sévère, grave, sérieux, austère : CIC. Lae. 95 ; Brut. 117 ¶ 2 dur, rigoureux : CIC. Off. 3, 112 ; LIV. 7, 40, 7 ; PLIN. Ep. 9, 13, 21 ¶ 1 [choses] : a) **judicia severa** CIC. Verr. 4, 133, jugements sévères, rigoureux b) **triste et severum dicendi genus** CIC. Brut. 113, éloquence maussade et sévère ; **sententiae graves et severae** CIC. Brut. 325, pensées fortes et graves ; **severa silentia noctis** LUCR. 4, 460, le grave silence de la nuit ‖ severior, severissimus CIC. de Or. 2, 289 ; 2, 228.

2 **Sĕvērus**, i, m., surnom romain : QUINT. 10, 1, 89 ; 10, 1, 116 ; ▭▷ Septimius.

3 **Sĕvērus mons**, m., mont Sévère [Sabine] : VIRG. En. 7, 713.

sēvī, parf. de 3 sero.

Seviāna pira, n. pl., poires de Sévius : PLIN. 15, 54.

Sĕvīna, ae, f., surnom de la Bonne Déesse : CIL 14, 3437.

Sĕvīni, ▭▷ Sebini.

Sĕvīnus, ▭▷ Sebinus.

sēvĭr (sex vĭr), ĭri, m. (sex viri), sévir, membre d'un collège de six personnes : **Augustalis** CIL 12, 526, sévir augustal, cf. PETR. 30, 2.

sēvĭrālis, e, de sévir : CAPIT. Aur. 6, 3.

sēvĭrātus (sexvĭrātŭs), ūs, m., sévirat : PETR. 71, 12 ; CIL 11, 6126.

1 **sēvo**, ▭▷ sebo.

2 **Sēvo**, ōnis, ▭▷ Saevo.

sēvŏcātŏr, ōris, m., celui qui tire à l'écart : GLOSS. 2, 242, 48.

sēvŏcātus, a, um, part. de sevoco.

sēvŏcō, ās, āre, āvī, ātum (2 se, voco), tr. ¶ 1 appeler à part, tirer à l'écart, prendre à part : CIC. Phil. 2, 34 ; Mur. 15 ; CAES. G. 5, 6, 4 ¶ 2 [fig.] détacher, séparer ; **ab aliqua re**, de qqch. : CIC. Tusc. 1, 75 ; Nat. 3, 21 ‖ **ab aliquo**, de qqn : PL. Merc. 384 ; CIC. Or. 66.

sēvōsus, sēvum, ▭▷ seb-.

sex (cf. ἕξ, scr. ṣaṭ, toch. A ṣäk, rus. šestʹ, v. irl. sé, bret. c'hwec'h, al. sechs, an. six ; fr. six, it. sei), indécl., six : CIC. Rep. 2, 39 ‖ **sex, septem**, six ou sept : TER. Eum. 332 ; CIC. Att. 10, 8, 6 ; HOR. Ep. 1, 1, 58.

sexāgēnārĭus, a, um (sexageni), qui contient soixante : **sexagenaria fistula** FRONTIN. Aq. 54, tuyau qui a 60 pouces de diamètre ‖ sexagénaire : QUINT. 6, 3, 75 ; **major sexagenario** EUTR. 8, 3, 8, qui a plus de soixante ans ; **sexagenarii de ponte** VARR. d. NON. 523, 21 ; FEST. 450, 22, sexagénaires qui ne votent plus ; cf. **pons, depontanus** ‖ de soixante mille : **sexagenaria procuratio** COD. JUST. 10, 9 ; 1, emploi payé 60 000 sesterces ‖ qui rapporte soixante fois plus : AUG. Parm. 1, 13, 20 ; CYPR. Hab. virg. 21 ; Ep. 76, 6, [en parlant de la moisson des martyrs].

sexāgēni, ae, a, distr. pl. (sexaginta), chacun soixante : LIV. 8, 8, 4 ‖ soixante chaque fois [= par an] : CIC. Verr. 5, 53. ‖ **sexāgēnus**, a, um, qui rapporte soixante pour cent : AUG. Serm. 101, 3 ; 216, 3 ‖ [terre] qui rapporte soixante pour un : AUG. Civ. 21, 27, 6.

sexāgēnī quīni, ae, a, distr. pl., qui sont soixante-cinq : **fistula sexagenum quinum** [gén. pl.] FRONTIN. Aq. 55, tuyau qui a soixante-cinq pouces de diamètre.

sexāgēsĭēs, adv., soixante fois : CAPEL. 6, 610.

sexāgēsĭmus, a, um, soixantième : CIC. Brut. 324 ; Att. 6, 1, 26 ‖ subst. f., le soixantième [d'un tout] : PLIN. 29, 24.

sexagessis, is, m. (sexaginta, as), soixante as : PRISC. Fig. 3, 416, 33.

sexāgĭēs (-ens), soixante fois : CIC. Phil. 2, 45 ; CAES. C. 1, 23, 4.

sexāgintā (sex, decem, cf. triginta ; fr. soixante), indécl, soixante : CIC. Amer. 100 ; LIV. 44, 4, 10 ‖ [fig.] nombre indéfini : MART. 12, 26, 1.

sexangŭlātus, a, um, ▭▷ sexangulus : SOLIN. 33, 20.

sexangŭlus, a, um, hexagonal : PLIN. 11, 29 ; OV. M. 15, 382 ‖ subst. n., hexagone : PRISC. Fig. 3, 417, 4.

Sexātrūs, ŭum, f. pl., Sexatrus, fête qui a lieu le sixième jour des ides : VARR. L. 6, 14.

sexcēnārĭus, a, um, composé de six cents : CAES. G. 3, 4, 3.

sexcēni, CIC. Verr. 5, 62, **sexcentēni**, ae, a, distr., six cents chacun ou chaque fois : COL. 3, 5, 3 ; SUET. Cl. 32.

sexcentēnārĭus, a, um, composé de six cents : PRISC. Fig. 3, 415, 13.

sexcentēsĭmus, a, um, six centième : PLIN. 8, 19.

sexcenti, ▭▷ sescenti.

sexcentĭēs (-ens), adv., six cents fois : CIC. Att. 4, 16, 14 ; PLIN. Ep. 2, 20, 13.

sexcentŏplāgus, i, m. (sexcenti, plaga), qui reçoit des volées de six cents coups [mot forgé] : PL. Cap. 726.

sexcuplus, ▭▷ sescuplus.

sexdĕcim, ▭▷ sedecim.

sexennis, e (sex, annus), âgé de six ans : PL. Poen. 902 ; PLIN. 8, 116 ; **sexenni die** CAES. C. 3, 20, 5, dans un délai de six ans.

sexennĭum, ĭi, n. (sexennis), espace de six ans : CIC. Phil. 5, 7 ; Div. 1, 100.

sexfascālis, is, m. (fascis), qui a six faisceaux [en parlant d'un magistrat] : CIL 8, 7015.

sexĭēs (-ens), adv., six fois : CIC. Verr. 3, 102 ; LIV. 4, 32, 2 ; PLIN. 18, 146.

sexĭēsdĕcĭēs, adv., seize fois : PRISC. Fig. 3, 415, 20.

sexis, m. indécl. (contr. de sex, assis), six as : CAPEL. 3, 305 ‖ le nombre six : CAPEL. 7, 767.

Sexĭtānus, a, um, de Sexi [ville de Bétique] : PLIN. 32, 146 ; ▭▷ Saxetanus.

sexjŭgis, ▭▷ sejugis.

sexpertita dīvīsĭo, VARR. R. 1, 37, 4, division en six.

sexprīmi, ōrum, m. pl., les six premiers, bureau des six greffiers du questeur : CIC. Nat. 3, 74 ‖ les six premiers membres de la curie : FRAGM. VAT. 124 ‖ [sg.] CIL 6, 1827.

sexsĭens, ▭▷ sexies : MON. ANC. 16, 1.

Sexsignāni, ōrum, m. pl., surnom des Cocosates [Aquitaine] : PLIN. 4, 108.

sexta, ae, f. (fr. sieste, esp. siesta) ¶ 1 [chrét.](s.-ent. dies) vendredi : TERT. Jejun. 10, 4 ¶ 2 [s.-ent. hora] sexte, heure canoniale : CASSIAN. Inst. 2, 2, 2 ; ▭▷ sextus.

sextădĕcĭmāni, ōrum, m. pl., soldats de la 16ᵉ légion [sexta decima legio] : TAC. H. 3, 22.

sextănĕus, *a, um*, sixième : Grom. 248, 15.

sextāni, *ōrum*, m. pl., soldats de la 6ᵉ légion : Plin. 3, 36 ; Mel. 2, 75.

Sextānōrum colonĭa, ville de Narbonnaise [Arles] : Plin. 3, 36 ; **Sextani Arelatenses** CIL 6, 1006, habitants d'Arles.

sextans, *tis*, m. (*sex*) ¶ 1 sextant, 1/6 de l'as : Varr. L. 5, 171 ; Cic. de Or. 2, 254 ¶ 2 un sixième **a)** d'une somme : *in sextante heres* Cic. Fam. 13, 29, 4, héritier pour un sixième **b)** d'une livre [poids] : Plin. 26, 121 **c)** d'un arpent : Varr. R. 1, 10, 2 ; Col. 5, 1, 10 **d)** du sextarius = deux cyathes : Col. 12, 23, 1 ; Mart. 5, 64, 1 ; Suet. Aug. 77 ¶ 3 le sixième du nombre parfait [six] = l'unité : Vitr. 3, 1, 6.

sextantālis, *e* (*sextans*), long d'un sixième de pied : Vitr. 10, 2, 14.

sextantārĭus, *a, um* (*sextans*), de deux onces : Plin. 33, 44.

Sextantĭo, *ōnis*, m. ou f., ville de Narbonnaise : CIL 12, 3362 ; Anton. 396.

sextārĭŏlus, *i*, m. (dim. de *sextarius*), petit vase contenant un setier : Aug. d. Suet. Vit. Hor. p. 47.

sextārĭus, *ii*, m. (*sextus*), sixième partie, un sixième : Fest. 288, 28 ¶ 1 setier, 1/6 du conge [mesure liquide = 0, 547 l] : Cat. Agr. 13, 3 ; Cic. Off. 2, 56 ; Hor. S. 1, 1, 74 ¶ 2 1/16 du modius [mesure sèche = 0, 547 l] : Plin. 18, 131.

Sextĭa, *ae*, f., nom de femme : Tac. An. 6, 29.

Sextĭānus, *a, um*, de Sextius : Catul. 44, 10.

sextĭceps, m. f. (*sextus, caput*), sixième [cf. *princeps*] : Varr. L. 5, 50.

Sextĭlĭa, *ae*, f., mère de Vitellius : Tac. H. 2, 64.

Sextĭlĭānus, *a, um*, de Sextilius : *Sextiliana pira* Macr. Sat. 3, 19, 6, variété de poires [de Sextilius] ∥ subst. m., nom d'homme : Mart. 1, 12, 2.

sextīlis, *is*, m., août [primitivement le 6ᵉ mois de l'année romaine] : Cic. Fam. 10, 26, 1 ; Hor. Ep. 1, 7, 2 ; Liv. 3, 6.

Sextīlĭus, *ii*, m., nom d'une famille romaine ; notᵗ C. Sextilius Rufus, commandant de la flotte de Cassius : Cass. Fam. 12, 13, 4 ; 13, 48.

Sextillus, *i*, m., nom d'homme : Mart. 2, 28, 1.

Sextīna, *ae*, f., **Sextīnus**, *i*, m., surnoms de femme et d'homme : CIL 12, 2327 ; 5, 7259.

Sextĭo, *ōnis*, m., surnom d'homme : CIL 5, 3256.

1 **Sextĭus**, *a, um*, de Sextius : Cic. Quinct. 25 ; *aquae Sextiae*, Atlas V, F3 ; v. *Aquae*.

2 **Sextĭus**, *ii*, m., nom d'une famille romaine : Cic. Brut. 130 ; Caes. G. 2, 25.

▶ orth. *Sestius* plus répandue : Cic. Sest. 5.

sextō, adv., six fois : Treb. Gall. 17, 4.

sextŭla, *ae*, f. (dim. de *sexta*), sextule, le 1/6 de l'once, le 1/72 de l'as : Varr. L. 5, 171 ∥ le 1/72 du jugère : Col. 5, 1, 9 ∥ le 1/72 d'un tout : *heres ex duabus sextulis* Cic. Caecin. 17, héritier pour le 1/36ᵉ.

sextum, n. pris advᵗ, pour la sixième fois : Cat. d. Gell. 10, 1 ; Cic. Pis. 20.

sextŭplex (**sexcŭ-, sescŭ-**), *ĭcis*, **sextŭplus**, *a, um* (*sextus, plico*), sextuple : Gloss. 2, 301, 58 ; 5, 388, 48.

1 **sextus**, *a, um*, adj. ordinal (*sex* ; cf. ἕκτος, scr. *saṣṭha-s*, al. *sechste*, an. *sixth* ; esp. *siesta*), sixième : Cic. Rep. 2, 57 ; Ov. F. 2, 682 ∥ *hora sexta* Caes. C. 1, 80, 3, la sixième heure [midi] ∥ *sextus casus* Varr. L. 10, 62 ; Quint. 1, 4, 26, l'ablatif [avec une préposition] ; v. *septimus*.

2 **Sextus**, *i*, m., prénom romain [abrév. Sex.] ; notᵗ Sextus Roscius Amerinus : Cic. Amer. 15 ∥ Sextus Pompeius : Cic. Att. 12, 37, 4.

sextus dĕcĭmus, *a, um*, seizième : Cic. Rep. 2, 57 ; Tac. An. 1, 37.

sexŭālis, *e* (*sexus*), du sexe, de femme, féminin : Cael.-Aur. Acut. 3, 18, 184.

sexŭs, *ūs*, m. (cf. *seco* ?), sexe : Cic. Inv. 1, 35 ∥ [plantes, minéraux] : Plin. 13, 31 ; 12, 61 ; 36, 128 ∥ organes sexuels : Plin. 22, 20.

▶ abl. pl. *sexibus* Lact. Inst. 1, 8, 4 ; *sexubus* Jul.-Val. 1, 36.

sexvir, etc., v. *sevir*, etc.

sfaera, v. *sphaera*.

sfondĭlus, v. *spondylus*.

sfongĭa, sfungĭa, v. *spongia*.

sfongĭō, v. *sfongizo* Apic. 330.

sfongĭzō, *ās, āre*, -, - (σφογγίζω), tr., éponger, nettoyer : Apic. 323.

sī, arch. **seī**, CIL 1, 10 ; 581, conj. (*sic, nisi, 2 sum* ; esp. *si* ; it. *se*), si ¶ 1 [conditionnel avec indic. ou subj.] si, quand, toutes les fois que, même si : **a)** *si suscipis causam, conficiam commentarios rerum omnium* Cic. Fam. 5, 12, 10, si tu te charges de l'affaire, je rédigerai un mémoire de tous les faits ; *tyrannos si boni oppresserunt, recreatur civitas* Cic. Rep. 1, 68, si les bons citoyens écrasent les tyrans, la cité renaît ; *persequar, si potero* Cic. Rep. 2, 42, je poursuivrai, si je peux ; *accommodabo, si potuero* Cic. Rep. 1, 70, j'adapterai, si je peux ; *pergratum mihi feceris, si disputaris* Cic. Lae. 16, tu me feras grand plaisir si tu dissertes... **b)** *si quis deus mihi largiatur, ut..., valde recusem* Cic. CM 83, si un dieu m'accordait la grâce de..., je refuserais énergiquement ; *si ad supplicium ducerere, quid aliud clamitares ?* Cic. Verr. 5, 166, si tu étais conduit au supplice, que crierais-tu d'autre ? ; *si nihil litteris adjuvarentur, numquam se ad earum studium contulissent* Cic. Arch. 16, si les lettres ne leur servaient à rien, jamais ils ne se seraient adonnés à leur étude **c)** *si non... at tamen* Cic. Or. 103, sinon... du moins ; *si minus* Cic. Brut. 248, sinon, cf. Cic. Rep. 3, 7 ; Cat. 1, 10 **d)** *tum demum... si* Cic. Nat. 1, 13, alors seulement... si ; *ita... si* Cic. CM 38, sous cette condition que, cf. Cic. Brut. 195 ; *si triginta illi... voluissent, num idcirco...* Cic. Leg. 1, 42, si les fameux Trente avaient voulu..., est-ce que pour cela (s'ensuit-il que) ? ; *non, si Opimium defendisti, idcirco te isti bonum civem putabunt* Cic. de Or. 2, 170, ce n'est pas une raison, si tu as défendu Opimius, pour que ces gens-là te croient un bon citoyen, cf. Cic. Cael. 21 **e)** *ne sim salvus, si aliter scribo ac sentio* Cic. Att. 16, 13, 1, que je meure, si je ne le dis pas comme je le pense ¶ 2 [restrictif] si seulement, si du moins, v. *modo, forte* ∥ tours elliptiques : *aut nemo, aut, si quisquam, ille sapiens fuit* Cic. Lae. 9, ou il n'y eut jamais de sage, ou, s'il y en eut un, ce fut lui ; *vereor, ne nihil sim tui nisi supplosionem pedis imitatus et pauca quaedam verba et aliquem, si forte, motum* Cic. de Or. 3, 47, je crains de n'avoir jamais rien imité de toi que le frappement du pied, certaines expressions en petit nombre et tel ou tel geste, peut-être, cf. Cic. Off. 2, 70 ; *si nihil aliud* Cic. Verr. 1, 152, à défaut d'autre chose ; v. *alius* ¶ 3 ▶ *si quidem* : *si est ita necesse* Cic. Brut. 4, puisque c'est inévitable, puisqu'il ne peut en être autrement ; v. *siquidem* ¶ 4 *si quis* ▶ 1 qui I [rel.] : *Alexandro roganti ut diceret, si quid opus esset* Cic. Tusc. 5, 92, à Alexandre qui lui demandait de dire ce dont il pouvait avoir besoin ; *si quid* ; Off. 3, 3 ; Nat. 3, 9 ; Att. 7, 9, 4 ; 8, 5, 2 ; *si quem* : Pl. Cap. 390 ; Cic. Arch. 6 ; 7 ; 12 ; Verr. 1, 9 ; Phil. 13, 39 ; Off. 2, 44 ; Caes. G. 7, 29, 3 ¶ 5 [explicatif] : *summa gloria constat ex tribus his, si diligit multitudo, si...* Cic. Off. 2, 31, le plus haut degré de gloire résulte de cette triple condition, que la foule nous aime, que... que..., cf. Off. 1, 67 ; Caes. G. 3, 5, 2 ; Liv. 3, 46, 6 ; 30, 23, 6 ; 35, 18, 8 ; 41, 23, 5 ; *ea quae multum ab humanitate discrepant, ut si qui in foro cantet* Cic. Off. 1, 145, ce qui s'éloigne beaucoup des bonnes manières, comme de chanter sur le forum ¶ 6 [= *etiam si*] Cic. CM 38 ; Mur. 8 ¶ 7 [avec subj.] pour le cas où, dans l'hypothèse que, avec l'idée que : *equitatum ostentare coeperunt, si ab re frumentaria Romanos excludere possent* Caes. G. 7, 55, 9, ils se mirent à faire des démonstrations de cavalerie pour voir s'ils pourraient empêcher l'approvisionnement des Romains, cf. Caes. G. 6, 29 ; 6, 37 ; 7, 20, 10 ; C. 3, 55, 1 ; Cic. Att. 11, 9, 2 ; Nep. Hann. 8, 1 ∥ surtout après les verbes qui signifient "attendre", "essayer", "faire effort", v. *exspecto, experior, conor* ∥ si [interr. indir.] : Prop. 2, 3, 5 [quaero] ; [tard.] Vulg. Marc. 8, 23 [interrogo] ∥ [pour la question de *si* interrogatif, v. Gaffiot

si

Ecqui fuerit si particulae in interrogando Latine usus, Paris 1904 ; *Revue de Phil.* 32 (1908) ; et en gén. sur l'emploi du subj. dans les conditionnelles, v. *Antiquité classique* 2, 1933, 2 et sqq. ; De Saint-Denis *Rev. ét. lat.* 23, 1945 ; Hofmann / Szantyr 543-545] ¶ **8** [tard.] est-ce que ? [interr. dir] : *si licet* Vulg. *Matth.* 12, 10, est-il permis ? ; *si justum est* Vulg. *Act.* 4, 19, est-il juste ? ¶ **9** souhait : *o si* [subj.] ; ah ! si ; oh ! si seulement : Virg. *En.* 8, 560 ; 6, 187 ; Hor. *S.* 2, 6, 8 ‖ v.▷ *siquidem*.

sĭăgŏnes, *um*, m. pl., Cael.-Aur. *Chron.* 1, 1, 37 ; 1, 4, 90, **sĭăgŏnītae**, *ārum*, f. pl., Cael.-Aur. *Acut.* 2, 10, 59 (σιαγόνες, σιαγονῖται), muscles maxillaires.

Siagrĭus, v.▷ *Syagrius*.

Siagu, n. indécl., ville d'Afrique Atlas XII, H2 : Peut. 5, 1 ‖ **-gĭtānus**, *a, um*, de Siagu : CIL 8, 964.

Sĭaletae, *ārum*, m. pl., peuple de Thrace : Plin. 4, 41.

Sĭambis, *is*, f., île entre la Bretagne et l'Irlande : Plin. 4, 103.

Sĭarum, *i*, n., ville de Bétique Atlas IV, D2 : Plin. 3, 11 ‖ **-rensis**, *e*, de Siarum : CIL 2, 1276.

sĭat [3ᵉ sg.] (cf. *sissiat*, ἱκμάς, scr. *siñcati*, al. *seihen*), intr., [mot enfantin] il fait pipi : Gloss. 2, 183, 29.

Siata, *ae*, f., île près de la côte de l'Armorique : Anton. 510.

Sibăris, v.▷ *Sybaris*.

sĭbĕ, sĭbei, v.▷ *sui* ▶.

Siberus, *i*, m., fleuve d'Attique : Plin. 37, 114.

1 **sĭbi**, dat. de *sui*.

2 **Sibi**, n. indécl., ville d'Arabie : Plin. 6, 155.

sībĭla, *ōrum*, v.▷ 1 *sibilus*.

sībĭlātĭō, *ōnis*, f. (*sibilo*), sifflement : Vulg. *Sap.* 17, 9.

sībĭlātrix, *īcis*, f., qui siffle [en parl. de la syrinx] : Capel. 9, 906.

sībĭlātŭs, *ūs*, m., sifflement : Cael.-Aur. *Acut.* 2, 27, 144.

sībĭlō, *ās, āre, -, -* (express., cf. *sifilo* ; esp. *silbar*, fr. *siffler*) ¶ **1** intr., siffler, produire un sifflement : Her. 4, 42 ; Virg. *En.* 11, 754 ; Ov. *M.* 4, 588 ; 12, 279 ¶ **2** tr., siffler qqn, *aliquem* : Cic. *Att.* 2, 19, 2 ; Hor. *S.* 1, 1, 66.

1 **sībĭlus**, *a, um*, adj. (*sibilo*), sifflant : Virg. *G.* 3, 421 ‖ pl. n., **sībĭla**, *ōrum*, sifflements : Lucr. 5, 1382 ; Ov. *M.* 3, 38 ; 4, 493 ; 15, 670.

2 **sībĭlus**, *i*, m., sifflement : Virg. *B.* 5, 82 ; Liv. 25, 8, 11 ‖ sifflets, huées : *sibilum metuere* Cic. *Pis.* 65, craindre les sifflets ; *sibilis explodi* Cic. *Com.* 30, être chassé par des sifflets, cf. Cic. *Sest.* 126 ; *Att.* 2, 19, 3 ‖ pl. n., *sibila*, v.▷ 1 *sibilus*.
▶ abl. arch. *sibilu* Sisen. d. Prisc. 2, 264, 5.

sĭbĭmĕt, dat. de *suimet* : Vulg. *Jer.* 3, 6.

sĭbīna (sȳb-, sĭbȳna), *ae*, f. (σιβύνη ; esp. *sobina*), sorte de lance : Enn. *An.* 504 ; v.▷ *zibina*.

sibitillus (sivi-, subi-), *i*, m., gâteau : Gloss. 3, 15, 37.

Sĭbulla, *ae*, f., c.▷ *Sibylla* : Tac. *An.* 6, 12, 1.

sĭbus, *a, um* (cf. *sapio*, osq. *sipus*), fin, avisé : P. Fest. 453, 8 ; v.▷ *persibus*.

Sibuzātes, *um* ou *ĭum*, m. pl., peuple d'Aquitaine : Caes. *G.* 3, 27.

Sĭbylla, *ae*, f. (σίβυλλα), [sens premier] femme qui a le don de prophétie, ¶ **1** nom appliqué à plusieurs prophétesses en qui les Anciens reconnaissaient une inspiration divine et la vertu de rendre des oracles ; notᵗ la Sibylle de Marpessos en Asie Mineure, près de l'Ida ; la Sibylle d'Érythrée en Ionie ‖ pour les Romains il y avait la Sibylle de Tibur (Tib. 2, 5, 69) ; mais c'était celle de Cumes, prêtresse d'Apollon, qui constituait le grand oracle national : Virg. *En.* 6, 10 ; Ov. *M.* 14, 104 ‖ sous le nom de la Sibylle circulaient des prédictions fort obscures, les vers sibyllins ; à Rome depuis Tarquin l'Ancien, il y en avait un recueil, les livres sibyllins, déposé au Capitole, et à sa garde était préposé un collège spécial de prêtres, d'abord des *duumviri*, puis des *decemviri*, enfin des *quindecemviri* : Cic. *Nat.* 3, 5 ; *Div.* 1, 97 ; Liv. 38, 45, 3 ; Gell. 1, 19 ; Lact. *Inst.* 1, 6, 7 ¶ **2** [emploi familier] une Sibylle = une devineresse : Pl. *Ps.* 25.

sĭbyllīnus, *a, um* (*sybilla*), sibyllin : Cic. *Verr.* 4, 108 ‖ [absᵗ] *in sibyllinis*, (s.-ent. *libris*) : Cic. *Div.* 2, 112, dans les livres sibyllins, v.▷ *Sibylla*.

sĭbȳna, v.▷ *sibina*.

sīc, arch. **seic**, CIL 1, 1012, adv. (*si, -ce, sicine*, 2 *sum* ; it. *si*, fr. *si*), ainsi, de cette manière, ¶ **1** [renvoyant à ce qui précède] ainsi, c'est ainsi, voilà comment : *sic omnibus hostium copiis fusis se in castra recipiunt* Caes. *G.* 3, 6, 3, ainsi, après avoir mis en déroute toutes les forces ennemies, ils rentrent dans le camp ‖ [en incise] *sic enim nunc loquuntur* Cic. *Brut.* 310, car c'est ainsi qu'on s'exprime maintenant ‖ *sic prorsus existimo* Cic. *Brut.* 125, tel est absolument mon avis ; *his litteris respondebo ; sic enim postulas* Cic. *Att.* 6, 1, 1, je répondrai à cette lettre ; car c'est là ce que tu demandes ‖ *vir acerrimo ingenio, sic enim fuit* Cic. *Or.* 18, cet homme très pénétrant, car il le fut, cf. Cic. *Att.* 1, 18, 6 ‖ [en réponse] *sic* Ter. *Phorm.* 316, c'est cela, oui ‖ par conséquent : Cic. *Brut.* 154 ‖ dans ces conditions : Cic. *Lae.* 39 ; *recordamini... ; sic enim perspicietis* Cic. *Sest.* 55, rappelez-vous... car ainsi vous verrez pleinement... ¶ **2** [annonçant ce qui suit] *ingressus est sic loqui : Catonis hoc senis est...* Cic. *Rep.* 2, 1, il commença à parler en ces termes : voici une pensée du vieillard Caton... ‖ [ellipse] *ego sic : diem statuo...* Cic. *Att.* 6, 1, 16, moi, j'opère ainsi : je fixe un jour... ‖ *sic loqui nosse, judicasse vetant* Cic. *Or.* 157, ils interdisent ces formes *nosse, judicasse* ‖ *sic sentio, naturam adferre...* Cic. *de Or.* 1, 113, mon sentiment est que la nature apporte... ; *ego sic existimo, oportere...* Cic. *Pomp.* 38, voici mon avis, il faut... ‖ [réponse] *quidum ? — sic : quia...* Pl. *Most.* 450, comment cela ? — voici : parce que... ¶ **3** [dém.] *processi sic* Pl. *Amp.* 117, je me présente ainsi, dans cet accoutrement que vous voyez, cf. Pl. *Bac.* 675 ; *Ru.* 1274 ‖ *sic dedero* Pl. *Poen.* 1286, voilà à quoi il faut s'attendre de moi, cf. Ter. *Phorm.* 1027 ; *sic datur, si quis* Pl. *Ps.* 155, voilà ce qui l'attend, celui qui ; *sic deinde, quicumque alius transiliet moenia mea* Liv. 1, 7, 2, voilà le sort de quiconque franchira désormais mes murailles, cf. Liv. 1, 26, 5 ¶ **4** [en corrélation] **a)** *sic... ut* Cic. *Verr.* 4, 68, de même que, comme ; *ut... sic* Cic. *Brut.* 42, de même que..., de même, ou *quemadmodum... sic* Cic. *de Or.* 2, 338, ou *sicut... sic* Cic. *Brut.* 230, ou *quomodo... sic* Cic. *Tusc.* 3, 37, ou *tamquam... sic* Cic. *Brut.* 213 ‖ *sic... quasi* Cic. *Clu.* 4, de même que, ou *sic... tamquam* Cic. *Fam.* 13, 69, 1 ‖ *sic... quomodo* Sen. *Ben.* 2, 1, 1, de même que, ou *sic... quam* Prop. 2, 9, 33 ‖ *nec sic laetatus Ulixes... quanta ego collegi gaudia* Prop. 2, 14, 5, Ulysse n'a pas eu autant d'allégresse que j'ai éprouvé de transports **b)** *ut quisque* [superl.]... *sic* [superl.] Cic. *Caecin.* 7, plus... plus, ‖ *ut c) sic... quasi* Cic. *Verr.* 4, 120, comme si, ou *sic... tamquam si* Cic. *Phil.* 6, 10 ; *sic atque si* Dig. 1, 19, 1, comme si **d)** *sic... ut*, subj., de telle sorte que, à tel point que : Cic. *Brut.* 250 ; *Mil.* 56 ; [*sic ut* rapprochés] Cic. *Or.* 125 ‖ [restrictif] *sic tamen ut* Cic. *Brut.* 274, mais de telle façon pourtant que, cf. Cic. *Marc.* 34 **e)** *sic... si*, à condition que : *sic ignovisse putato me tibi, si cenas hodie mecum* Hor. *Ep.* 1, 7, 69, tiens-toi pour pardonné, à condition que tu dînes aujourd'hui avec moi, cf. Liv. 1, 17, 9 ¶ **5** [avec le subj. optatif] qu'à cette condition : **a)** *parce : sic bene sub tenera quiescat humo* Tib. 2, 6, 30, épargne-moi ; qu'alors (à cette condition, à ce prix, en retour) elle repose en paix sous la terre légère, cf. Tib. 2, 5, 121 ; Ov. *M.* 14, 762 **b)** *sic te diva potens Cypri... regat..., reddas incolumem* Hor. *O.* 1, 3, 1, puisse la déesse qui règne sur Chypre diriger ta course à ce prix : rends sain et sauf..., cf. Ov. *M.* 8, 857 **c)** *sic mihi te referas, ut non altera nostro limine intulit ulla pedes* Prop. 1, 187, 11, puisses-tu revenir à moi, comme il est vrai que nulle autre n'a franchi mon seuil, cf. Ov. *M.* 8, 866 ‖ [avec le fut.] *sic me di amabunt, ut* Ter. *Haut.* 463, les dieux me seront propices aussi vrai que... ¶ **6** comme cela, purement et simplement, sans plus : *sic nudos in flumen dejicere* Cic. *Amer.* 71, les précipiter tout nus dans le fleuve, cf. Cic. *Fin.* 5, 7 ;

Att. 14, 1, 1; Pl. *Ru.* 781; Ter. *And.* 175; Hor. *O.* 2, 11, 14 ¶ **7** [fam.] comme ci, comme ça : *illa, sive faceta sunt, sive sic* Cic. *Fam.* 15, 21, 2, ces propos, qu'ils soient spirituels ou comme ça.

sīca, *ae*, f. (empr., cf. *sicilis*) ¶ **1** poignard : Cic. *Cat.* 1, 16; 2, 23 ‖ [fig.] *sicae* Cic. *Off.* 3, 36, les poignards = les assassinats ¶ **2** [méton.] *sicae dentium* Plin. 18, 2, les pointes des dents du sanglier, boutoirs.

sĭcălĕ, v. *secale* : Diocl. 1, 3.

Sĭcambri (Sugambri), *ōrum*, m. pl., Sicambres [peuple de Germanie, habitant les bords du Rhin, la Westphalie] Atlas I, B3 : Caes. *G.* 4, 6, 2 ‖ f., **Sicambra** Ov. *Am.* 1, 14, 49, une femme Sicambre ‖ adj. f., **Sugambra cohors** Tac. *An.* 4, 47, cohorte de Sicambres.

Sĭcambrĭa, *ae*, f., pays des Sicambres : Claud. *Eutr.* 1, 383.

Sicandrus, *i*, m., lac de Thessalie : Plin. 8, 227.

Sĭcāni, *ōrum*, m. pl., Sicanes [peuple de Sicile], Siciliens : Virg. *En.* 5, 293 ‖ ancien peuple du Latium, sur le Tibre : Virg. *En.* 7, 795.

Sīcănĭa, *ae*, f., la Sicile : Plin. 3, 86; Ov. *M.* 5, 464.

Sīcănis, *ĭdis*, f., de Sicile : Ov. *Ib.* 596.

Sīcănĭus, Virg. *En.* 8, 416, **Sīcānus**, Virg. *En.* 5, 24, *a*, *um* (**Sīcănus**, Sil. 10, 314), de Sicile.

sīcārĭus, *ii*, m. (*sica*), sicaire, assassin, tueur : Cic. *Amer.* 8; *quaestio inter sicarios* Cic. *Clu.* 147, chambre d'enquête concernant les assassinats; *inter sicarios defendere* Cic. *Phil.* 2, 8, plaider dans une affaire d'assassinat.

1 Sicca, *ae*, m., nom d'homme : Cic. *Fam.* 14, 4, 6.

2 Sicca, *ae*, f., ville de Numidie [auj. Le Kef, Tunisie] : Sall. *J.* 56, 3; Plin. 5, 22 ‖ **-enses**, *ium*, m. pl., habitants de Sicca : Sall. *J.* 56, 4.

siccābĭlis, *e* (*sicco*), siccatif : Cael.-Aur. *Chron.* 3, 8, 138; 139.

Siccanās, *ae*, m., fleuve se jetant dans le golfe Persique : Plin. 6, 411.

siccānĕa, n. pl. (*siccaneus*), endroits secs : Col. 2, 2, 4.

siccānĕus, Col. 2, 16, 3, **siccānus**, *a*, *um*, Plin. 16, 72 (*siccus*), d'une nature sèche, sec.

siccārĭus, *a*, *um* (*siccus*), propre à tenir au sec : Serv. *En.* 1, 706.

siccātĭo, *ōnis*, f. (*sicco*), dessiccation : Plin. 34, 129.

siccātīvus (*sicco*), siccatif : Cael.-Aur. *Chron.* 2, 3, 69.

siccātus, *a*, *um*, part. de *sicco*.

siccē, adv. (*siccus*), en lieu sec : Col. 6, 12, 2 ‖ [fig.] *quasi sicce dicere* Cic. *Opt.* 12, avoir un style pour ainsi dire d'une complexion sèche, saine; v. *siccitas* ¶ 2 et 3.

siccescō, *ĭs*, *ĕre*, -, - (*siccus*), intr., devenir sec : Plin. 18, 339.

siccĭfĭcus, *a*, *um*, desséchant : Macr. *Sat.* 7, 16, 34.

siccĭtās, *ātis*, f. (*siccus*) ¶ **1** sécheresse, état de sécheresse, siccité : Plin. 18, 315; *siccitates paludum* Caes. *G.* 4, 38, 2, dessèchement des marais ‖ temps de sécheresse : Cic. *Q.* 3, 1, 1; Caes. *G.* 5, 24 ¶ **2** complexion sèche du corps, état dispos, sain [d'une pers. sobre] : Cic. *CM* 34; *Tusc.* 5, 99 ¶ **3** [rhét.] sécheresse du style [style simple, sans ornements] : Cic. *Nat.* 2, 1; *Brut.* 285.

siccō, *ās*, *āre*, *āvī*, *ātum* (*siccus*; fr. *sécher*), tr. ¶ **1** rendre sec, faire sécher : Lucr. 5, 390; Virg. *B.* 3, 95; Plin. 27, 79 ‖ *paludes* Cic. *Phil.* 5, 7, dessécher les marais ¶ **2** assécher, épuiser, vider complètement : Virg. *B.* 2, 42; Hor. *Epo.* 2, 46; *S.* 2, 6, 68 ¶ **3** intr., sécher, se dessécher : Lact. *Inst.* 7, 3, 8 ¶ **4** impers., *siccat* Cat. *Agr.* 112, 2, il fait sec ¶ **5** momifier : Aug. *Serm.* 361, 12.

siccŏcŭlus, *a*, *um* (*siccus*, *oculus*), qui a l'œil sec : Pl. *Ps.* 77.

siccum, *i*, n. (*siccus*), lieu sec : Virg. *En.* 10, 301; *in sicco* Virg. *G.* 1, 353, au sec = sur le rivage, sur la terre ferme ‖ pl. n., *in siccis* Plin. 16, 165, dans les endroits secs; *sicca* Quint. 12, 11, 13, lieux secs = la terre ferme.

siccus, *a*, *um* (express., cf. ἰσχνός, bret. *hesk*; it. *secco*) ¶ **1** sec, sans humidité : Virg. *G.* 1, 389; 4, 427; *En.* 5, 180 ‖ [avec gén.] *sicci sanguinis enses* Sil. 7, 213, épées qui n'ont pas versé le sang ‖ *signa sicca* Ov. *Tr.* 4, 9, 18, constellations qui ne se plongent pas dans la mer [qui restent sur notre horizon] ‖ sec [température] : Hor. *O.* 3, 29, 20; Plin. 17, 101 ¶ **2** sec [en parl. de la complexion du corps], ferme, sain : Plin. 34, 65; Catul. 23, 12 ‖ [fig., en parl. du style] Cic. *Opt.* 8; *Brut.* 202; Quint. 2, 4, 6 ‖ [qqf. en mauv. part] Quint. 11, 1, 32; Tac. *D.* 21; Gell. 14, 1, 32 ¶ **3** [fig.] **a)** sec, altéré : Pl. *Pers.* 822; Hor. *S.* 2, 2, 14 **b)** qui n'a pas bu, à jeun : Cic. *Ac.* 2, 88; *Agr.* 1, 1; Hor. *S.* 2, 3, 281; Sen. *Ep.* 18, 3 **c)** sec, froid, indifférent : Prop. 2, 12, 17; Ov. *A. A.* 2, 686; Mart. 11, 81, 2 ‖ *siccior* Catul. 23, 12; *siccissimus* Col. 12, 15, 2.

Sicdelis, *is*, f., île entre la Gaule et la Bretagne : Anton. 509.

sicĕl, indécl. (hébr.), v. *siclus* : Isid. 16, 25, 18.

sĭcĕlĭcŏn, *i*, n. (σικελικόν), herbe aux puces : Plin. 25, 140.

Sĭcĕlis, *ĭdis*, f. (Σικελίς), de Sicile : Virg. *B.* 4, 1; Ov. *M.* 5, 412.

sīcĕra, *ae*, f. (hébr., σίκερα, n. pl.; fr. *cidre*), boisson enivrante : VL. *Lev.* 10, 9 d. Tert. *Jejun.* 9, 7; Vulg. *Deut.* 14, 26; Hier. *Ep.* 52, 1.

Sĭcha, *ae*, m., nom propre carthaginois : Sil. 9, 385.

Sĭchæus, **Sī-**, *i*, m., Sichée [époux de Didon, reine de Carthage] : Virg. *En.* 1, 343; Ov. *H.* 7, 97.

Sĭchēm, m. indécl., chef chananéen : Juvc. 2, 244 ‖ ville de Judée, la même que Neapolis : Vulg. *Gen.* 12, 6.

Sicila, *ae*, f., village de Gaule, où fut assassiné Alexandre Sévère : Lampr. *Alex.* 59.

Sĭcĭlĭa, *ae*, f. (Σικελία), la Sicile Atlas I, D4; XII, G4 : Pl. *Ru.* 54; Cic. *Verr.* 2, 1.

Sicilibba, *ae*, f., ville d'Afrique : Peut. 4, 4.

sĭcĭlĭcissĭtō, *ās*, *āre*, -, - (fréq. de *sicilisso*), intr., avoir l'accent sicilien : *Pl. *Men.* 12.

sĭcĭlĭcŭla, *ae*, f. (dim. de *sicilis*), sorte de petit poignard : Pl. *Ru.* 1169.

sĭcĭlĭcus, *i*, m. (*sicilis*), sicilique, le quart de l'once, le 1/48 de la livre : *Carm. Pond. 21 ‖ un quart de pouce : Plin. 13, 94 ‖ le 1/48 du jugère : Col. 5, 1, 9; 5, 2, 5 ‖ le 1/48 d'une heure : Plin. 18, 325 ‖ virgule : Mar. Vict. *Gram.* 6, 23, 3 ‖ sigle [indiquant le redoublement d'une consonne] : Mar. Vict. *Gram.* 6, 8, 3.

Sĭcĭlĭensis, *e*, de Sicile, Sicilien : Cic. *Nat.* 3, 24; *Brut.* 318.

sĭcĭlīmentum, *i*, n. (*sicilio*), herbe laissée par les faucheurs : Cat. *Agr.* 5, 8.

sĭcĭlĭō, *īs*, *īre*, -, - (*sicilis*), tr., faucher avec la faucille : Varr. *R.* 1, 49, 2; Col. 2, 22, 3.

sĭcĭlis, *is*, f. (cf. *sica*; roum. *secere*), faucille : Plin. 6, 38 ‖ [arme] Enn. *An.* 507; Gell. 10, 25, 2; P. Fest. 453, 20.

sĭcĭlissō (sĭcĕ-, -lizō), *ās*, *āre*, -, - (σικελίζω), intr., avoir l'accent sicilien : P. Fest. 26, 8; Consent. 5, 376, 33.

Sicimina, *ae*, m., montagne de la Gaule Cisalpine : Liv. 45, 12, 1.

sĭcĭnĕ, **sīcin** (*si-ce*, 4 *-ne*), est-ce ainsi que ? : Pl.; Ter.; Cic. *Flac.* 82; Liv. 6, 16, 2; *sicine... ut ?* Cic. *Fin.* 1, 34, est-ce de telle manière que... ?

Sĭcĭnĭus, *ii*, m., nom d'un tribun de la plèbe : Cic. *Brut.* 216; 263.

sicinnista, *ae*, m. (σικιννιστής), siciniste, danseur du *sicinnium* : Acc. d. Gell. 20, 3, 3.

sĭcinnĭum, *ii*, n. (σίκιννις), sorte de danse dans le drame satyrique : Gell. 20, 3, 2.

Sicinus, *i*, f. (Σίκινος), île de la mer Égée : Plin. 4, 12.

sĭcĭum, v. *isicium*.

siclus, *i*, m. (hébr.), sicle, shekel [poids et monnaie des Hébreux] : Vulg. *Exod.* 30, 13; 1 Par. 21, 25; Hier. Ezech. 1, 4, 9.

Sicobotes, m. pl., peuple sarmate : Capit. *Aur.* 22, 1.

Sĭcŏris, *is*, m., le Sicoris [rivière de Tarraconaise, auj. Segre] Atlas IV, B4; V, F2 : Caes. *C.* 1, 40; 1, 48; Plin. 3, 24.

sĭcŭbi, adv. (*si*, *-cubi*), = *si alicubi*, si qq. part : Cic. *Tusc.* 1, 103 ; *Sest.* 110 ; *Balb.* 32.

sĭcŭla, *ae*, f. (dim. de *sica*), petit poignard : Catul. 67, 31.

Sĭcŭli, *ōrum*, m. pl. (Σικελοί) ¶ 1 Sicules [peuple légendaire de la Ligurie et du Latium] : Varr. *L.* 5, 101 ; Plin. 3, 56 ¶ 2 les Siciliens : Cic. *Verr.* 4, 95 ∥ gén. pl., *Siculum* Lucr. 6, 642 ∥ sg., *Siculus*, un Sicilien : Pl. *Cap.* 888 ; Cic. *de Or.* 2, 278.

Sĭcŭlōtae, *ārum*, m. pl., peuple de Dalmatie : Plin. 3, 143.

1 **Sĭcŭlus**, *a*, *um* (Σικελός), de Sicile, Sicilien : Virg. *En.* 1, 34 ; *Siculus pastor* Virg. *B.* 10, 51, le berger de Sicile [Théocrite?] ; *tyrannus* Ov. *Tr.* 3, 11, 41, Phalaris ; *Sicula conjux* Juv. 13, 50, Proserpine ; *Sicula virgo* Stat. *S.* 2, 1, 10, une Sirène ∥ subst. m., **v.** *Siculi*.

2 **Sĭcŭlus**, *i*, m., chef ligure qui conduisit les Sicules en Sicile : Sil. 14, 37 ∥ *Siculus Flaccus*, médecin et géomètre, qui a écrit sous Domitien : Grom. 134.

sĭcundĕ, adv. (*si*, *-cunde*), = *si alicunde*, si de qq. part : Cic. *Att.* 13, 30, 3 ; Liv. 26, 38, 5.

sīcŭt, **sīcŭtī**, adv. (*sic*, *ut*, *uti*), de même que, comme ¶ 1 **a)** [avec un verbe] : *sicut ait Ennius* Cic. *Rep.* 1, 64, comme dit Ennius ∥ en corrél. : *sicut... ita* Cic. *Mil.* 30, de même que... de même,, ou *sicut... sic* Cic. *de Or.* 2, 186, ou *sicut... itidem* Pl. *Mil.* 730 **b)** [sans verbe] *amicitiarum sicut aliarum rerum satietates* Cic. *Lae.* 67, le dégoût des amitiés comme des autres choses [en corrél. avec *ita*] Quint. 3, 1, 20 ; [avec *sic*] Liv. 28, 284, 6 ; *sicut in foro... item in theatro* Cic. *de Or.* 1, 118, de même qu'au forum..., pareillement au théâtre ¶ 2 [parenth., confirmation] *quamvis intentus animus tuus sit, sicut est* Cic. *Phil.* 10, 18, quelque attentif que soit ton esprit, comme il l'est réellement, cf. Cic. *Phil.* 11, 22 ; *Rep.* 3, 4 ; *Leg.* 1, 17 ; *sicut feci* Cic. *Sull.* 28, comme je l'ai fait d'ailleurs, cf. Cic. *Att.* 10, 4, 1 ; *dicat Epicurus, sicut dicit* Cic. *Off.* 3, 117, qu'Épicure dise, comme il dit en effet ¶ 3 [introd. une comparaison] comme, pour ainsi dire, en qq. sorte : *in capite sicut in arce* Cic. *Tusc.* 1, 20, dans la tête comme dans une citadelle ; *sese sicut speculum praebere civibus* Cic. *Rep.* 2, 69, s'offrir à ses concitoyens comme une sorte de miroir ¶ 4 [introd. un exemple] comme, par exemple : Cic. *de Or.* 1, 238 ; Nep. *Dat.* 9 ; *Pel.* 4 ; Quint. 9, 3, 16 ¶ 5 *sicut eram, erat*, comme j'étais, comme il était ∥ dans la tenue, dans la position, dans l'état où : Ov. *M.* 3, 178 ; 5, 601 ; *ille, sicut nudatus erat...*, Curt 9, 7, 10, lui, nu comme il était ; *sicut erat togatus* Suet. *Cl.* 34, tel quel avec sa toge, cf. Suet. *Cl.* 9 ; *Cal.* 45 ¶ 6 *sicuti* = *sicuti si* [avec subj.], comme si : *sicuti... defenderent* Sall. *C.* 38, 3, comme s'ils défendaient, cf. Sall. *C.* 31, 5 ; *J.* 60, 4 ∥ [avec supin, rare] *sicuti salutatum introire* Sall. *C.* 28, 1, comme pour saluer ¶ 7 aussi vrai que = d'autant que vraiment : Pl. *Ep.* 272 ; *Mil.* 974.

Sĭcўōn, *ōnis*, f. [m. Cic. *Att.* 1, 13, 1] (Σικυών), Sicyone ¶ 1 [ancienne ville d'Achaïe, riche en oliviers, patrie d'Aratos : Cic. *Off.* 2, 81 ; Ov. *Pont.* 4, 15, 10] Atlas VI, B2 ¶ 2 ville d'Afrique sur l'Océan : Plin. 37, 38.

▶ abl. *e* mais locatif *i* Pl. *Cis.* 156 ; 190 ; *Ps.* 995.

Sĭcўōnius, *a*, *um*, de Sicyone : *Sicyonii calcei* Cic. *de Or.* 1, 231 ; *Sicyonia* n. pl., Lucil. 1161 ; Lucr. 4, 1125, chaussures de Sicyone [élégantes] ∥ *Sicyonii*, m. pl., Sicyoniens, habitants de Sicyone : Cic. *Tusc.* 3, 53.

sĭcўōs ăgrĭōs, m. (σίκυος ἄγριος), concombre sauvage : Ps. Apul. *Herb.* 113.

Sīda, *ae*, f., Cic. *Fam.* 3, 6, 1, **Sīdē**, *ēs*, f., Plin. 5, 96, ville maritime de Pamphylie Atlas I, D6; IX, C2 ∥ **-ensis**, *e*, de Sida : *CIL* 6, 9580 ; **v.** *Sidetae*.

Sidenum flūmen, n., fleuve du Pont : Plin. 6, 11.

sīdĕrālis, *e* (*sidus*), qui concerne les astres, sidéral : Plin. 7, 160.

sīdĕrātīcius, *a*, *um* (*sideror*), frappé d'une influence maligne : Veg. *Mul.* 2, 99.

sīdĕrātĭo, *ōnis*, f. (*sideror*), sidération, action funeste des astres et surtout du soleil, insolation : Plin. 17, 218 ; M.-Emp. 20, 6.

sīdĕrātus, *a*, *um*, part. de *sideror*, paralysé, infirme : VL. *Matth.* 15, 30 ; Hier. *Matth.* 3, 21, 15.

sīdĕrĕus, *a*, *um* (*sidus*) ¶ 1 étoilé : Virg. *En.* 3, 586 ; Ov. *M.* 10, 140 ∥ relatif aux astres, des astres : *siderei ignes* Ov. *M.* 15, 665, les astres ¶ 2 relatif au soleil, du soleil : Ov. *M.* 1, 779 ; Mart. 12, 60, 2 ¶ 3 [poét.] divin : Val.-Flac. 7, 166 ∥ brillant, étincelant : Virg. *En.* 12, 167 ∥ d'une beauté divine : Mart. 9, 37, 10 ; 10, 66, 7.

sīdĕrĭŏn, *ii*, n. (σιδήριον), verveine [plante] : Plin. 25, 34.

1 **sīdĕris**, gén. de *sidus*.

2 **Sīdĕris**, *is*, m., fleuve d'Hyrcanie : Plin. 6, 46.

sĭdērītēs, *ae*, m. (σιδηρίτης), aimant : Plin. 37, 58 ∥ sorte de diamant : Plin. 37, 58.

sīdērītēsis, *is*, f., **c.** *heliotropium* : Ps. Apul. *Herb.* 19.

sīdērītis, *tĭis*, acc. *tim*, f. (σιδηρῖτις), mille-feuille [plante] : Plin. 25, 42 ∥ aimant : Plin. 36, 127 ∥ sorte de diamant : Plin. 37, 182*siderites*.

sīdĕrīzūsa, *ae*, f. (σιδηρίζω), eau ferrugineuse : Cael.-Aur. *Chron.* 4, 1, 1.

sīdĕrŏpœcĭlŏs, *i*, m. (σιδηροποίκιλος), pierre précieuse : Plin. 37, 182.

sīdĕrŏr, *ārĭs*, *ārī*, *ātus sum* (*sidus*), intr., subir l'action funeste des astres, être frappé d'insolation [grec ἀστροβολεῖσθαι] : Plin. 9, 58 ; 28, 226 ; Veg. *Mul.* 2, 39, 1.

sīdĕrōsus, *a*, *um*, **c.** *sideratus* : Gloss. 2, 183, 41.

Sīdētae, *ārum*, m. pl., habitants de Sida : Liv. 35, 48, 6.

Sĭdĭcīnus, *a*, *um*, de Sidicinum [ville de Campanie] Atlas XII, E4 : Virg. *En.* 7, 727 ; Liv. 26, 9 ∥ **Sidicini**, *ōrum*, m., habitants de Sidicinum : Cic. *Phil.* 2, 107.

1 **sīdō**, *īs*, *ĕre*, *sīdī* et *sēdī*, *sessum* (*si-sdō, cf. ἵζω, *sedeo*, scr. *sīdati*), intr. ¶ 1 s'asseoir, se poser, se percher : *sessum ire* Cic. *Nat.* 3, 74, aller s'asseoir, cf. Cic. *CM* 63 ; *columbae super arbore sidunt* Virg. *En.* 6, 203, les colombes se posent sur l'arbre ¶ 2 se fixer, s'arrêter : Plin. 6, 82 ; 16, 47 ∥ [navires] toucher le fond, s'échouer : Liv. 26, 45, 7 ; Tac. *An.* 1, 70 ¶ 3 s'affaisser, crouler : Prop. 3, 9, 37 ; Luc. 7, 791 ∥ [fig.] Sen. *Const.* 2, 2 ; Plin. 15, 78 ; *sidente paulatim metu* Tac. *H.* 2, 15, la panique tombant peu à peu ¶ 4 se fixer, prendre pied : *postquam sicco iam litore sedit* Luc. 8, 726, une fois qu'il eut pris pied sur le rivage.

2 **Sido**, *ōnis*, m., roi des Suèbes : Tac. *H.* 3, 5.

Sidoloucum, **v.** *Sedelaucum*.

1 **Sīdōn**, *ōnis*, m., fils aîné de Chanaan, qui fonda Sidon : Vulg. *Gen.* 10, 15 ; cf. 2 *Sidon*.

2 **Sīdōn**, *ōnis* et *ŏnis*, f. (Σιδών), Sidon [ville de Phénicie] Atlas IX, E3 et [par ext.] Tyr : Cic. *Att.* 9, 9, 2 ; Plin. 5, 76 ; Virg. *En.* 1, 619 ; Sil. 8, 438 ; Mel. 1, 116 ∥ [méton.] pourpre : Mart. 11, 1, 2.

Sīdŏnes, *um*, m. pl. (Σιδόνες), **c.** *Sidonii* : Isid. 9, 2, 56.

Sīdŏnĭa, *ae*, f., le pays de Sidon : Just. 11, 10, 8.

Sīdŏnis (*-ōnis*), *ĭdis*, f., de Sidon, de Tyr : Ov. *M.* 2, 840 ; *Sidonis concha* Ov. *M.* 10, 267 ; pourpre de Tyr ∥ subst. f. = Europe, Didon et sa sœur Anne [originaires de Sidon] : Ov. *F.* 5, 610 ; *M.* 14, 80 ; *F.* 3, 649.

1 **Sīdŏnius** (*-ŏnĭus*), *a*, *um* ¶ 1 de Sidon, de Tyr, de Phénicie : Virg. *En.* 4, 545 ; Ov. *Pont.* 1, 3, 77 ∥ *Sidonii*, *ōrum*, m., habitants de Sidon, Tyriens : Sall. *J.* 78, 1 ∥ *Sidonium ostrum* Hor. *Ep.* 1, 10, 26, pourpre ; *Sidonia chlamys* Virg. *En.* 4, 137 ; *vestis* Prop. 2, 16, 55, chlamyde de pourpre, robe de pourpre ¶ 2 de Thèbes [en Béotie, fondée par le Tyrien Cadmus] : Ov. *M.* 4, 542 ; Stat. *Th.* 7, 443 ∥ des Carthaginois [originaires de Tyr] : Sil. 1, 10 ; 17, 213.

2 **Sīdŏnius**, *ii*, m., Sidoine Apollinaire, évêque de Clermont, poète chrétien : Greg.-Tur. *Hist.* 2, 21.

1 **sīdus**, *ĕris*, n. (cf. ἰθύς?) ¶ 1 étoile [dans un groupe] ou groupe d'étoiles,

constellation; [puis] étoile isolée: Cic. *Rep.* 6, 15; *Nat.* 1, 35; 2, 155 ‖ [influence sur la destinée] *sidera natalicia* Cic. *Div.* 2, 91, les astres qui ont présidé à la naissance; *pestifero sidere icti* Liv. 8, 9, 12, atteints par un astre malfaisant; *sidus Julium* Hor. *O.* 1, 12, 47, l'astre des Jules = la fortune des Césars ¶ **2** [fig.] ***a)*** pl., les astres, le ciel: Virg. *En.* 9, 239; 11, 136; Prop. 3, 2, 17; *feriam sidera vertice* Hor. *O.* 1, 1, 36, de mon front je toucherai le ciel ***b)*** pl., la nuit: Prop. 1, 3, 38; Stat. *Th.* 8, 219 ***c)*** éclat, beauté, ornement: Ov. *Pont.* 3, 3, 2; 4, 6, 9; Curt. 9, 6, 8 ***d)*** saison, époque: Virg. *G.* 1, 1; *En.* 4, 309; Ov. *Pont.* 2, 4, 25; Tac. *An.* 1, 70 ‖ climat, ciel, contrée: Plin. 15, 3; Juv. 12, 103 ‖ état atmosphérique, tempête: *triste Minervae sidus* Virg. *En.* 11, 260, la funeste tempête déchaînée par Minerve, cf. Ov. *M.* 5, 281; *abrupto sidere nimbus it ad terras* Virg. *En.* 12, 451, la constellation (la tempête) s'étant déchaînée, le nuage s'abat sur la terre; *confectum sidus* Plin. 18, 207, achèvement de la tempête [fin du déchaînement produit par l'astre].

2 **Sĭdūs**, *untis*, f. (Σιδοῦς), Sidonte [Mégaride]: Plin. 4, 23.

Sidūsa, *ae*, f. (Σιδοῦσα), île de la mer Égée: Plin. 5, 137.

Sidyma, *ōrum*, n. pl., ville de Lycie: Plin. 5, 100.

sĭem, sies, siet, V.▶ *sum* ▶.

sīfīlātio, *ōnis*, f., action de siffler, sifflement: Non. 531, 4; V.▶ *sibilatio*.

sīfīlō, *ās*, *āre*, -, -, intr. (fr. *siffler*), siffler: Non. 531, 2; V.▶ *sibilo*.

sīfīlum, *i*, n., sifflement: Prisc. 2, 35, 20.

sīfīlus, *a*, *um*, V.▶ *sibilus*.

sīfō, **sīfōn**, V.▶ *sipho*.

sifuncŭlus, V.▶ *siphunculus*.

Siga, *ae*, f., ville de Maurétanie Césarienne Atlas IV, E3: Plin. 5, 19 ‖ **-ensis**, *e*, de Siga: Anton. 13.

sĭgāla, *ae*, f. (cf. *secale*), seigle: Hier. *Ezech.* 4, 9.

Sĭgālĭōn, *ōnis*, m. (cf. σιγάω), le dieu du silence chez les Égyptiens [Harpocrate]: Aus. *Epist.* 24 (418), 27.

Sigambri (Σύγαμβροι), C.▶ *Sicambri*.

1 **Sīgē**, *ēs*, f. (Σίγη), ville de Troade: Avien. *Or.* 46.

2 **Sīgē**, *ēs*, f. (σιγή), un des Éons de Valentin [Silence]: Tert. *Val.* 7, 5.

3 **Sīgē**, *ēs*, f., surnom de femme: CIL 6, 7404.

Sīgēĭus, V.▶ *Sigeus*.

Sigensis, V.▶ *Siga*.

Sīgēum, *i*, n. (Σίγειον), Sigée [de Troade, où se trouvait le tombeau d'Achille]: Cic. *Arch.* 24.

Sīgēus, Virg. *En.* 2, 312 et **-ēĭus**, *a*, *um*, Ov. *H.* 1, 33; *M.* 13, 3, de Sigée, Troyen; **Sigei campi** Virg. *En.* 7, 294, la plaine de Troie ‖ Romain: Sil. 9, 203.

1 **Sĭgillārĭa**, *ĭum* (*ĭōrum*), n. pl. (*sigillum*) ¶ **1** Sigillaires [fête qui suivait les Saturnales]: Macr. *Sat.* 1, 10, 24 ¶ **2 sĭgillārĭa**, sigillaires, statuettes, cadeaux envoyés pendant les Sigillaires: Sen. *Ep.* 12, 3.

2 **Sĭgillārĭa**, *ĭōrum*, n. pl., un des faubourgs de Rome: Suet. *Cl.* 16 ‖ abl. *-iis* Gell. 2, 3, 5; *-ibus* Scaev. *Dig.* 32, 1, 102.

sĭgillārĭārĭus, *ii*, m. (*sigillum*), fabricant de statuettes: CIL 6, 9895.

sĭgillārīcĭus, *a*, *um* (*sigillum*), servant à cacheter: Vop. *Aur.* 50 ‖ subst. n. sg., *sigillaricium*, C.▶ 1 *Sigillaria* ¶ **1**: Vop. *Aur.* 50, 2 ‖ n. pl., cadeau de statuettes: Spart. *Hadr.* 17, 3; V.▶ 1 *Sigillaria*.

sĭgillārĭum, *ii*, n. (*sigillum*), figurine, V.▶ 1 *Sigillaria* ¶ 2.

1 **sĭgillārĭus**, *a*, *um*, adj. (*sigillum*), de figurine, de marionnette: Tert. *Anim.* 6, 3; *Val.* 18, 2.

2 **sĭgillārĭus**, *ii*, m. (*sigillum*), fabricant de cachets: CIL 6, 9894.

sĭgillātus, *a*, *um* (*sigillum*), orné de figurines, de reliefs, ciselé: Cic. *Verr.* 4, 32 ‖ orné de figures [vêtement]: Cod. Th. 15, 7, 11 ‖ façonné en statue [en parl. du sel]: Prud. *Ham.* 745.

sĭgillĭŏlum, *i*, n. (dim. de *sigillum*), figurine, statuette: Arn. 6, 11.

sĭgillō, *ās*, *āre*, *āvī*, - (*sigillum*; fr. *sceller*), tr. ¶ **1** empreindre: Fulg. *Myth.* 1, pr. p. 6, 2 H. ¶ **2** marquer du signe de la croix = chasser par le signe...: Fort. *Marc.* 49 (10).

sĭgillum, *i*, n. (dim. de *signum*; fr. *sceau*, al. *Siegel*) ¶ **1** petite figure, figurine, statuette: Vitr. 9, 8, 6; Apul. *Apol.* 62 ‖ pl., Cic. *Verr.* 4, 48; 4, 85 ¶ **2** empreinte d'un cachet: Cic. *Ac.* 2, 86 ‖ cachet, sceau: Hor. *Ep.* 1, 20, 3 ¶ **3** signe, marque: Fort. *Mart.* 2, 326.

Sigimērus, *i*, m., V.▶ *Segimerus*: Vell. 2, 118, 2.

sigla, *ōrum*, n. pl. (contraction de *sigilla*), sigles, abréviations: Cod. Just. 1, 17, 2, 22.

sigma, *ătis*, n. (σίγμα), lettre grecque valant s: Lucil. 379 ‖ objet ayant la forme d'un sigma majuscule C, donc d'un demi-cercle: [d'où] lit de table demi-circulaire: Mart. 10, 48, 6 ‖ siège de bain semi-circulaire: Sidon. *Ep.* 2, 2, 5.

sigmentum, f. l. pour *figmentum*: CIL 8, 1013.

signācŭlum, *i*, n. (*signo*), marque distinctive: Tert. *Apol.* 21, 2 ‖ sceau, cachet: Apul. *Flor.* 9, 21 ‖ partie de l'anneau où est gravé le cachet: Vulg. *Eccli.* 38, 28 ‖ signe de la croix (fait sur le front au baptême): Tert. *Marc.* 3, 22, 7; Prud. *Psych.* 360 ‖ marque physique [en parlant de la circoncision]: Aug. *Pecc. or.* 30, 35 ‖ [chrét.] sceau, cachet, preuve: Vulg. *Ezech.* 28, 12 ‖ signes visibles [dans la célébration des mystères]: Aug. *Serm.* 351, 7.

signālis, *e* (*signum*; it. *segnale*), qui sert de signe: Grom. 361, 22.

signālĭtĕr, adv., figurément: Cassiod. *Var.* 1, 10.

signantĕr, C.▶ *signate*: Aus. *Grat.* (419), 2, 9 ‖ **signantius** Aug. *Cons.* 2, 6, 19.

signārĭus, *a*, *um* (*signum*), relatif aux statues: *artifex signarius* CIL 6, 9896, statuaire.

signātē, adv. (*signo*), d'une manière expressive, clairement: Gell. 2, 6, 6; Macr. *Sat.* 6, 7, 9 ‖ **signatius** Amm. 23, 6, 1.

signātim, adv. (*signo*), d'une manière distinctive: Grom. 307, 5.

signātio, *ōnis*, f. (*signo*), signe de la croix: Tert. *Ux.* 2, 8, 8.

signātŏr, *ōris*, m. (*signo*) ¶ **1** monnayeur: CIL 6, 44 ¶ **2** celui qui scelle un acte pour en garantir l'authenticité, signataire [surtout de testaments]: Suet. *Aug.* 33; *falsi signatores* Sall. *C.* 16, 2, faussaires ‖ témoin: Juv. 10, 336.

signātōrĭus, *a*, *um*, qui sert à sceller: Val.-Max. 8, 14, 4; Ulp. *Dig.* 34, 2, 25, 10 ‖ subst^t, **signātōrĭum**, *ii*, n., cachet: Alcim. *Ep.* 78.

signātus, *a*, *um* ¶ **1** part. de *signo* ¶ **2** [adj^t] ***a)*** bien gardé, intact: Varr. d. Non. 397, 22 ***b)*** clair expressif: Tert. *Res.* 13, 3; Ambr. *Virg.* 1, 48.

Signĭa, *ae*, f., ville des Volsques [Segni] Atlas XII, E4: Liv. 1, 56, 3 ‖ **-īnus**, *a*, *um*, de Signia: Juv. 11, 73; Plin. 15, 55; **Signīnum**, ma-çonnerie de Signia [mortier à tuileaux, fait d'un mélange de chaux, d'eau, de sable et de tuiles écrasées]: Vitr. 2, 4, 3; Plin. 35, 165; **Signīni**, *ōrum*, m. pl., habitants de Signia: Liv. 27, 10, 7.

Signias, *ae*, m., mont de Carie: Plin. 5, 106.

1 **signĭfer**, *ĕra*, *ĕrum* (*signum*, *fero*) ¶ **1** portant le pavillon [poupe d'un navire]: Luc. 3, 558 ¶ **2** parsemé d'astres, étoilé: Lucr. 6, 481 ‖ *orbis signifer* Cic. *Div.* 2, 89 [ou] **signifer** [seul] Sen. *Nat.* 7, 24, 1, le Zodiaque, cf. Plin. 2, 48.

2 **signĭfer**, *ĕri*, m. (1 *signifer*), porte-enseigne: Cic. *Div.* 1, 77; Caes. *G.* 2, 25, 2 ‖ [fig.] chef, guide: Cic. *Sull.* 34; *Mur.* 50; *Att.* 2, 1, 7.

signĭfex, *ĭcis*, m. (*signum*, *facio*), statuaire: Arn. 6, 13.

signĭfĭcābĭlis, *e* (*significo*), ayant un sens: Varr. *L.* 6, 52.

signĭfĭcans, *tis* ¶ **1** part. de *significo* ¶ **2** [adj^t] qui exprime bien, expressif: Quint. 9, 2, 44; 11, 1, 2; 12, 10, 21 ‖ *-tior* Quint. 8, 2, 9; *-tissimus* Gell. 1, 15, 17.

significanter

significantĕr, adv. (*significans*), d'une manière expressive, significative : QUINT. 11, 1, 53 ; 12, 10, 52 ‖ **-tius** CIC. *Fam.* 3, 12, 3 ; QUINT. 10, 1, 49 ; **-issime** PS. QUINT. *Decl.* 247.

significantĭa, ae, f. (*significans*), force d'expression, valeur expressive : QUINT. 10, 1, 121 ‖ signification : ARN. 7, 24 ‖ [chrét.] signification mystérieuse, mystique, figure : HIL. *Myst.* 1, 6 ‖ preuve, signe : OROS. *Apol.* 21, 1.

significātĭō, ōnis, f. (*significo*) ¶ 1 action d'indiquer, de signaler, indication, annonce, signal : CIC. *de Or.* 3, 220 ; CAES. *G.* 2, 33, 2 ; 7, 81, 3 ; C. 3, 65, 2 ; *ex significatione Gallorum* CAES. *G.* 7, 12, 6, d'après l'indication que fournissaient les Gaulois, cf. CIC. *Pomp.* 7 ; *significatio victoriae* CAES. *G.* 5, 53, 1, annonce de la victoire, cf. CAES. *G.* 6, 29 ; *virtutis* CIC. *Lae.* 48, manifestation de la vertu ; *ex quibus magna significatio fit non adesse constantiam* CIC. *Off.* 1, 131, signes qui indiquent bien que l'équilibre est absent, cf. SUET. *Ner.* 37 ¶ 2 [en part.] **a)** marque d'approbation, signe d'assentiment, manifestation favorable : CIC. *Sest.* 105 ; 122 ; 127 ; Q. 1, 1, 42 ; LIV. 31, 15, 2 **b)** action de faire entendre, allusion : *significatione aliquem appellare* CIC. *Fam.* 1, 9, 20, nommer (désigner) qqn par allusion ‖ [rhét.] l'emphase : HER. 4, 67 ; CIC. *de Or.* 3, 202 ; *Or.* 139 ; QUINT. 8, 3, 82 ; 9, 2, 3 **c)** signification d'un mot, sens, acception : CIC. *Part.* 108 ; VARR. *L.* 9, 40 ; QUINT. 9, 1, 4 ; 10, 1, 10 **d)** [gram.] voix verbale : DON. *Gram.* 4, 383, 1 ; PRISC. 2, 373, 10 ¶ 3 chose signifiée : BOET. *Porph. com.* 2, 3 ¶ 4 [chrét.] symbole, signe : HIL. *Myst.* 1, 6 ‖ signe [en parlant d'un miracle, de l'étoile des mages] : LEO-M. *Serm.* 32, 1.

significātīvē, adv., de manière à faire comprendre : AUG. *Serm.* 89, 6.

significātīvus, a, um (*significo*) ¶ 1 qui a la propriété de faire comprendre, significatif : AUG. *Civ.* 14, 32 ‖ [avec gén.] qui est le signe (l'indication) de : ULP. *Dig.* 45, 1, 75 ; PAUL. *Dig.* 50, 16, 282 ; PRISC. 2, 368, 3 ; DON. *And.* 804 ¶ 2 figuré, symbolique : AUG. *Ep.* 102, 17.

significātŏr, ōris, m., celui qui indique : HIER. *Luc.* 35.

significātōrĭus, a, um, qui signifie, qui indique : *TERT. *Herm.* 32, 1 ; AMBR. *Inc.* 9, 98.

significātum, i, n., désignation : GLOSS. 2, 269, 16.

1 **significātus**, a, um, part. de *significo*.

2 **significātŭs**, ūs, m. ¶ 1 indice, signe : PLIN. 18, 221 ; 310 ¶ 2 signification, sens : GELL. 5, 12, 9 ¶ 3 dénomination : ARN. 1, 3.

significō, ās, āre, āvī, ātum (*signum, facio*), tr. ¶ 1 indiquer [par signe], faire connaître, faire comprendre, montrer, donner à entendre : *deditionem* CAES. *G.* 7, 40, 6, faire entendre qu'on se rend ; *silentium* CIC. *Brut.* 280, faire comprendre [par des gestes, des cris] que c'est le moment de faire silence, réclamer le silence ; *aliud nihil habeo quod ex iis a te verbis significari putem* CIC. *Att.* 16, 7, 5, je ne vois pas que dans ces mots tu me laisses entendre autre chose ‖ [avec prop. inf.] CAES. *G.* 2, 13, 2 ; 4, 3, 1 ; CIC. *Mil.* 4 ; *ex quo significabat...* CIC. *Brut.* 88, par quoi il laissait entendre que... ‖ [avec interrog.indir.] *ex quo satis significavit, quantum esset in actione* CIC. *de Or.* 3, 213, par quoi il montra bien toute la puissance de l'action ‖ [avec ut subj.] demander par signe que : CAES. *C.* 1, 86, 2 ‖ [en part.] désigner, faire allusion à (*aliquem*, à qqn) : *Zenonem significabat* CIC. *Tusc.* 2, 60, il faisait allusion à Zénon ‖ [abs^t] faire des signes, donner des indications : CIC. *de Or.* 1, 122 ; CAES. *G.* 7, 3, 2 ‖ *de fuga* CAES. *G.* 7, 26, 4, donner des indications annonçant leur fuite ¶ 2 annoncer, présager : CIC. *Div.* 1, 2 ; *Amer.* 97 ; OV. *M.* 9, 495 ; TAC. *H.* 1, 18 ¶ 3 signifier, vouloir dire, avoir tel, tel sens : CIC. *Tusc.* 1, 88 ; *Caecin.* 88 ; VARR. *L.* 5, 3.

▶ forme dép. *significor* donnée par GELL. 18, 12, 10 mais sans exemple.

significor, ▶ *significo* ▶.

signīlis, e, du Zodiaque : CAPEL. 6, 193.

Signīnum, -nus, ▶ *Signia*.

signĭō, īs, īre, -, - (*signum, insignio*), tr. marquer d'un signe distinctif : PRISC. *Vers. Aen.* 8, 161 = 3, 497, 13.

signĭtĕnens, tis (*signum*), étoilé : ENN. *Tr.* 96 (VARR. *L.* 5, 19).

signō, ās, āre, āvī, ātum (*signum* ; it. *segnare*), tr. ¶ 1 marquer d'un signe, marquer, caractériser, distinguer : **a)** *campum* VIRG. *G.* 1, 126, marquer un champ par un signe distinctif, par des bornes ; *moenia aratro* OV. *F.* 4, 819, marquer (tracer) les remparts au moyen de la charrue ; *vocis soni notis signati* CIC. *Rep.* 3, 3, les sons de la voix notés par des signes, des caractères ; *cera signatur figuris* OV. *M.* 15, 169, la cire reçoit l'empreinte de figures ; *locutio proprio nomine signata* CIC. *Or.* 64, langage caractérisé par un nom spécial **b)** mettre à la façon d'une marque (d'une empreinte), imprimer, graver, tracer : *caeli regionem in cortice* VIRG. *G.* 2, 269, marquer l'orientation sur l'écorce ; *nomina saxo* OV. *M.* 8, 539, graver des noms sur la pierre ; *summo vestigia pulvere* VIRG. *G.* 3, 171, imprimer une trace à la surface de la poussière ; *nomen signatum pectore* OV. *H.* 13, 66, nom gravé dans le cœur ; *signari in animis* CIC. *Ac.* 2, 71, être gravé dans les esprits ‖ marquer, traduire en langage : FAUST. *Trin.* 7, 3 ‖ [pass.] être remarqué, évident, signalé : AUG. *Bapt.* 1, 18, 28 ¶ 2 marquer d'une empreinte : **a)** marquer d'un sceau, sceller : *signatus libellus* CIC. *Att.* 11, 1, 1, billet scellé, cacheté, cf. HOR. *Ep.* 1, 13, 2 ; NEP. *Pel.* 3, 2 ; PLIN. *Ep.* 2, 20, 8 ‖ [fig.] établir, arrêter : *jura signata* LUC. 3, 302, contrats conclus ‖ sceller, fermer : MART. 4, 45, 3 **b)** [monnaies] *argentum signatum* CIC. *Verr.* 5, 63, argent frappé, cf. CIC. *Leg.* 3, 6 ; CURT. 5, 2, 11 ‖ *denarius signatus victoria* PLIN. 33, 46, denier portant l'effigie d'une Victoire, cf. LIV. 44, 27, 9 **c)** [fig.] *pater ipse suo superum jam signat honore* VIRG. *En.* 6, 780, et le père des dieux lui-même le marque déjà de sa propre majesté ; *responsum signare* SEN. *Ben.* 7, 16, 1, faire une réponse en bonne et due forme ¶ 3 signaler, désigner, indiquer : *verbis, appellatione aliquid* QUINT. 2, 14, 1 ; 4, 1, 2, désigner qqch. par des mots, par une appellation ; *differentiam* QUINT. 6, 2, 20, marquer une différence [de sens] ¶ 4 remarquer, distinguer : *ora sono discordia* VIRG. *En.* 2, 423, grâce à l'accent reconnaître les voix différentes ; *se signari oculis videt* VIRG. *En.* 12, 3, il voit les regards spécialement dirigés sur lui ¶ 5 marquer, prouver, attester : VULG. *Joh.* 3, 33 ; AUG. *Ev. Joh.* 14, 8 ¶ 6 faire savoir : CYPR. *Ep.* 68, 5 ¶ 7 [chrét.] marquer allégoriquement, préfigurer, symboliser : HIL. *Myst.* 1, 17 ; GREG.-M. *Mor.* 8, 48, 84.

signum, i, n. (cf. *seco, lignum* ; fr. *seing*)

¶ 1 "marque, signe, empreinte" ¶ 2 "signal", *proelii committendi, recipiendi, signum dare ut,* "ordonner de", [tard.] "cloche" ¶ 3 "mot d'ordre" ¶ 4 "enseigne, drapeau", *ab signis discedere* "fuir" ; *signa inferre* "se mettre en marche", *convertere* "attaquer", *constituere* "faire halte", *signis collatis, signa (con)vellere* "partir, marcher", "enseignes des manipules" ¶ 5 "signe, présage", [tard.] "miracle" ¶ 6 "signe, indication" ¶ 7 "statue" ¶ 8 "cachet, sceau" ¶ 9 "signe" du zodiaque, "constellation" ¶ 10 "sobriquet" ¶ 11 "cible".

¶ 1 marque, signe, empreinte : *id signum Amphitruoni non erit* PL. *Amp.* 145, Amphitryon n'aura pas ce signe distinctif ; *pecori signum imprimere* VIRG. *G.* 1, 263, marquer un troupeau ; *signa et notae* CIC. *Lae.* 62, signes et marques distinctives ; *signa rerum commutare* CIC. *Fin.* 5, 74, démarquer des objets ‖ *signa timoris mittere* CAES. *C.* 1, 71, 3, donner des signes de frayeur ¶ 2 signal : *signum tuba dare* CAES. *G.* 2, 20, donner le signal avec la trompette ; *proelii committendi signum dare* CAES. *G.* 2, 21, donner le signal d'engager le combat ; *recipiendi* CAES. *G.* 7, 52, signal de la retraite ; *signum mittendis quadrigis* LIV. 8, 40, 3, donner le signal du départ aux quadriges ; ▶ *canere* ‖ *signum dare, ut* avec subj, CIC. *Mil.* 39 ; LIV. 21, 14, 3, donner la consigne de, ordonner de ‖ [tard.] signal [de la cloche ou d'un morceau de bois que l'on frappe] : HIER. *Reg. Pach.* 23 ; ISID. *Reg. mon.* 9, 1 ‖ cloche : GREG.

Tur. *Martyr.* 9; 75 ¶**3** mot d'ordre : Suet. *Cal.* 56 ; *Cl.* 42 ; *Ner.* 9 ; **signo Felicitatis dato** B.-Afr. 83, ayant donné comme mot d'ordreFelicitas ; **signum petere** Sen. *Const.* 18, 3, demander le mot d'ordre ¶**4** enseigne, drapeau, étendard : Caes. *G.* 2, 25 ; 7, 2 ; **signa subsequi** Caes. *G.* 4, 26, 1, suivre les enseignes, rester avec les soldats de son manipule ; **ab signis discedere** Caes. *G.* 5, 16, quitter les enseignes, fuir ; **ferre signa** Caes. *G.* 1, 39 ; **inferre** Caes. *G.* 1, 25 ; **convertere** Caes. *G.* 6, 8 ; **constituere** Caes. *G.* 7, 47, se mettre en route, attaquer (changer), faire une conversion, faire halte ; **collatis signis** Caes. *G.* 7, 2, les enseignes étant réunies (mais **signa conferre cum hostibus** Cic. *Pis.* 49, = engager le combat avec les ennemis, cf. Cic. *Att.* 7, 5, 5, et **collatis signis** Cic. *Pomp.* 66, = en bataille rangée ; **signa referre** Luc. 2, 598, ramener les enseignes [pour battre en retraite] ; **signa vellere, convellere** Liv. 3, 50, 11 ; 3, 7, 3, arracher les enseignes [pour avancer] ; **sub signis legionem ducere** Cic. *Att.* 16, 8, 2, mener une légion en rangs, en formation régulière ‖ enseignes des manipules [oppos. à *aquila*, aigle de la légion] : Cic. *Cat.* 2, 13, cf. Varr. *L.* 5, 88 ¶**5** signe, présage, pronostic, symptôme : Cic. *Div.* 1, 15 ; 1, 77 ; 2, 145 ; Virg. *G.* 3, 440 ; 3, 503 ; 4, 253 ‖ [chrét.] miracle : **signa et prodigia** Vulg. *Joh.* 4, 48, signes et prodiges ¶**6** signe, marque, indice [ce qui démontre, prouve qqch.] : Her. 2, 11 ; Cic. *Mil.* 61 ; *Cael.* 22 ; **hoc signum est** avec prop. inf., Ter. *Haut.* 298, c'est un signe (une preuve) que, cf. Nep. *Att.* 17, 2, ou **id est signi** Cic. *Amer.* 83 ¶**7** statue : **aeneum, marmoreum, eburneum** Cic. *Verr.* 4, 1, statue d'airain, de marbre, d'ivoire ; **ex aere** Cic. *Verr.* 4, 96, statue d'airain ‖ figure [effectuée par un travail artistique] : **signum pictum** Pl. *Merc.* 315, figure peinte, portrait ; **vestis signis ingentibus apta** Lucr. 5, 1428, vêtement rehaussé d'énormes figures brodées, cf. Virg. *En.* 1, 648 ¶**8** cachet, sceau : **est notum signum, imago avi tui** Cic. *Cat.* 3, 10, le cachet [l'empreinte du cachet] est bien connu, c'est l'image de ton aïeul ; **integris signis** Cic. *Cat.* 3, 6, avec les cachets intacts, ▣ *obsignare* ; **sub signo habere aliquid** Cic. *Att.* 9, 10, 4, tenir qqch. cacheté, scellé ¶**9** signe (du zodiaque), constellation, ... Lucr. 1, 2 ; Cic. *Inv.* 1, 59 ; **in signo Leonis** Cic. *Div.* 1, 121, dans le signe du Lion ; **signum pluviale Capellae** Ov. *F.* 5, 113, le signe pluvieux de la Chèvre ; **caelo diffundere signa** Hor. *S.* 1, 5, 10, répandre les constellations au travers du ciel ¶**10** sobriquet : Vop. *Aur.* 6, 2 ¶**11** cible, but [au tir à l'arc] : **se exercere ad signum** Vulg. 1 *Reg.* 20, 20, tirer à la cible.

Siguitani, *ōrum*, m. pl., habitants de Sigus : CIL 8, 19133.

Siguitānus, *a, um*, de Sigus : CIL 8, 19121.

Sigus (Siguis), *i*, m., ville de Numidie : Peut. 2, 4.

sĭi, ▣ *sino* ▶.

1 **sīl**, *is*, n. (?), ocre jaune : Vitr. 7, 7, 1 ; Plin. 33, 158.

2 **sĭl**, *is*, n. (*seselis*), tordyle [plante] : Plin. 24, 177.
▶ abl. sg. *sili* Plin. 20, 36 ; P. Fest. 473, 2.

Sīla, *ae*, f., forêt du Bruttium Atlas XII, G5 : Cic. *Brut.* 85 ; Virg. *G.* 3, 219.

sīlācĕus, *a, um*, adj. (1 *sil*), d'ocre jaune : Vitr. 7, 4, 4 ; Plin. 35, 50.

Sīlae, *ārum*, m. pl., peuple de l'Inde : Plin. 6, 77.

Sīlāna, *ae*, f. ¶**1** ville de Thessalie : Liv. 36, 13 ¶**2** nom de femme : Tac. *An.* 11, 12.

Sīlănĭo (-ĭōn), *ōnis*, m., nom d'un sculpteur athénien : Cic. *Verr.* 4, 126 ; Plin. 34, 51.

Sīlănĭānus, *a, um* (*Silanus*), **senatus consultum Silanianum** Ulp. *Dig.* 29, 5, 1, 7, le sénatus-consulte silanien [10 apr. J.-C. ; autorise l'usage de la torture sur tous les esclaves d'une maison présumés coupables ou complices dans les cas de mort violente du chef de famille].

1 **sīlănus**, *i*, m. (Σιλανός), fontaine [dont la bouche représente un silène] : Lucr. 6, 1265 ; Fest. 482, 3 ; **silanus juxta cadens** Cels. 3, 18, 15, le bruit [de l'eau qui coule] d'une fontaine voisine ; ▣ *Silenus*.

2 **Sīlānus**, *a, um*, de la forêt de Sila : Cassiod. *Var.* 12, 12.

3 **Sīlānus**, *i*, m. (cf. 1 *silanus*), surnom dans la famille Junia : Cic. *Fin.* 1, 24 ; Sall. *C.* 50, 4 ; Cic. *Brut.* 135 ; Liv. 23, 15.

Sĭlărus (-ĕrus), *i*, m., rivière de Lucanie [auj. le Sele] : Virg. *G.* 3, 146 ; Plin. 2, 226.

Sĭlās, *ae*, m., apôtre, compagnon de saint Paul : Vulg. *Act.* 15, 22.

sĭlātum, *i*, n. (2 *sil*), vin au séséli [tordyle] : P. Fest. 473, 1.

sĭlaus, *i*, m. (2 *sil*), plante ressemblant à l'ache : Plin. 26, 88.

Silbĭum, *ii*, n., ville de Phrygie ‖ **-iāni**, *orum*, m. pl., habitants de Silbium : Plin. 5, 106.

Sīlēnē, *ēs*, f. (Σειληνή), une Silène : Lucr. 4, 1164.

Sīlēnĭcus, *a, um*, de Silène : **Silenicum hederae genus** Plin. 16, 146, le lierre silénien.

sĭlens, *tis* ¶**1** part. de *sileo* ¶**2** [adj*ᵗ*] silencieux : **silenti nocte** Liv. 26, 5, 9, dans le silence de la nuit ; **silenti agmine ducere** Liv. 25, 38, 15, conduire en une marche silencieuse ‖ **silentes**, gén. poét. *um*, m. pl., les ombres, les mânes : Virg. *En.* 6, 432 ; Ov. *M.* 5, 356 ‖ **silens sarmentum** Col. 4, 29, 1, le sarment qui sommeille [où la sève ne circule pas encore] ; **silenti luna** Cat. *Agr.* 29, 40, 1 ; 50, 1 ; Col. 2, 10, 12, la lune n'apparaissant pas.

sĭlentĕr, adv., silencieusement : Juvc. 3, 462 ; Vulg. 1 *Reg.* 24, 5.

sĭlentiārius, *ii*, m. (*silentium*), esclave qui impose le silence aux autres : Salv. *Gub.* 4, 3 ‖ silentiaire, huissier du palais impérial : Cod. Just. 3, 28, 30.

sĭlentĭōsē, adv., en silence : Cassiod. *Var.* 11, 1.

sĭlentĭōsus, *a, um* (*silentium*), silencieux : Apul. *M.* 11, 1.

sĭlentĭum, *ii*, n. (*silens*) ¶**1** silence : **ceteris silentium fuit** Cic. *de Or.* 3, 143, les autres firent silence ; **silentium facere** Liv. 2, 45,12, faire faire silence ; **fit a praecone silentium** Sen. *Contr.* 9, 2, 10, le héraut fait faire silence, cf. Ov. *Tr.* 2, 28 ; **silentium fieri jubere** Cic. *Div.* 1, 59, commander le silence ; **significare** Cic. *Brut.* 290, donner le signal du silence ; **de Partho silentium est** Cic. *Att.* 5, 16, 4, sur les Parthes, silence = on ne dit rien des Parthes ; **a silentio vindicare** Cic. *de Or.* 2, 7, arracher au silence, à l'obscurité, à l'oubli ‖ abl., **silentio**, en silence : Caes. *G.* 7, 11, 7 ; 7, 28, 6 ; Cic. *Prov.* 29 ; *Phil.* 7, 8 ; **praeterire silentio aliquid** Cic. *Sull.* 62, passer sous silence qqch., cf. Cic. *Part.* 82 ‖ **silentio noctis** Caes. *G.* 7, 36, 7, dans le silence de la nuit, cf. Caes. *G.* 7, 26, 2 ‖ [poét. pl.] **silentia noctis** Lucr. 4, 461, le silence de la nuit, cf. Virg. *En.* 10, 63 ; Ov. *M.* 1, 232 ‖ ¶**2** [l. augurale] absence de toute perturbation lors de la prise des auspices : Cic. *Div.* 2, 71, cf. Fest. 474, 12 ¶**3** [fig.] silence, repos, inaction, oisiveté : **silentium judiciorum** Cic. *Pis.* 32, le silence des tribunaux ‖ **silentio vitam transire** Sall. *C.* 1, 1, traverser la vie en silence, sans faire parler de soi, sans rien faire.

sĭlentus, *a, um* (*sileo*), silencieux : Laev. d. Gell. 19, 7, 7.

Sīlēnus, *i*, m. (Σιληνός) ¶**1** Silène [père nourricier de Bacchus] : Cic. *Tusc.* 1, 114 ; Hor. *P.* 239 ‖ pl., **Sileni**, les Silènes [génies des forêts, voisins des Satyres, mais ayant les oreilles velues avec des pieds de cheval] : Catul. 64, 252 ; Plin. 35, 110 ¶**2** historien grec : Cic. *Div.* 1, 49 ; Nep. *Hann.* 13, 3 ; Liv. 26, 49.

sĭlĕō, *ēs, ēre, ŭī, -* (cf. σιλή, σιωπή), tr. et intr. ¶**1** intr., se taire, garder le silence : **silete** Pl. *Poen.* 3, restez silencieux ; **de nobis silent** Cic. *Sull.* 80, ils se taisent sur notre compte, cf. *Div.* 2, 65 ; *Brut.* 157 ; [pass. impers.] **silebitur de furtis** Cic. *Caecil.* 32, on fera le silence sur les vols ‖ **silet aequor** Virg. *B.* 9, 57, les flots se taisent ; **silent late loca** Virg. *En.* 9, 190, la région au loin est silencieuse ‖ [fig.] être en repos, chômer : **silent leges inter arma** Cic. *Mil.* 10, les lois sont muettes au milieu des armes, cf. Cic. *Ac.* 1, 2 ; *Leg.* 3, 39 ; **nec ceterae nationes silebant** Tac. *H.* 3, 47, les autres nations non plus ne se tenaient pas silencieuses ‖ [avec inf., rare] **ut sileat verbum facere** B.-Hisp. 3, 7, qu'il cesse de parler ¶**2** tr.,

sileo

omnia silere Cic. *Clu.* 18, taire tout, cf. Cic. *Att.* 2, 18, 3; **neque te silebo** Hor. *O.* 1, 12, 21, et je ne te passerai pas sous silence; **res siletur** Cic. *Flac.* 6, on tait la chose, on n'en parle pas; *(via Appia) cruentata antea caede honesti viri silebatur* Cic. *Mil.* 18, (cette voie Appienne), quand elle fut ensanglantée par le meurtre d'un honorable citoyen, on n'en parlait pas ‖ *si chartae sileant quod bene feceris* Hor. *O.* 4, 8, 21, si les livres [= l'histoire] se taisent sur tes belles actions ‖ **silenda**, *orum*, n. pl., choses qu'on doit taire, mystères: Liv. 39, 10, 5 ‖ secrets: Curt. 6, 7, 3.

1 **sĭler**, *ĕris*, n. (?), espèce de saule: Virg. *G.* 2, 12; Plin. 16, 77.

2 **Sĭler**, *ēris*, C.▶ *Silarus*: Luc. 2, 426; Col. 10, 136.

sĭlescō, *ĭs*, *ĕre*, -, - (*sileo*), intr., devenir silencieux: Virg. *En.* 10, 101 ‖ devenir calme: Ter. *Ad.* 785.

sĭlex, *ĭcis*, m., f. (?; it. *selce*) ¶ 1 silex, caillou: Cic. *Div.* 2, 85; Liv. 41, 27, 5; *lapides silices* Liv. 30, 43, 9, pierres de silex; *saxo silice* Liv. 1, 24, 9, avec une pierre de silex ‖ roc: Virg. *B.* 1, 15 ‖ pierre: *viam silice sternere* Liv. 38, 28, 3, empierrer une route ‖ [fig.] *natus silice* Cic. *Tusc.* 3, 12, né d'un rocher, avec un cœur de pierre, cf. Tib. 1, 1, 64; Ov. *M.* 9, 614 ¶ 2 [poét.] roc, roche: Lucr. 1, 571; Virg. *En.* 8, 233.
▶ f. Virg. *B.* 1, 15; Ov. *M.* 9, 225.

Sīliānus, *a*, *um*, de Silius: Cic. *Att.* 12, 31.

sĭlĭca, V.▶ *siliqua*.

sĭlĭcārĭus, *ii*, m. (*silex*), paveur: Frontin. *Aq.* 117.

sĭlĭcernĭum, *ii*, n. (cf. 2 *sil*, *cena*?) ¶ 1 repas funèbre: P. Fest. 377, 4; Caecil. *Com.* 122; Capel. 8, 805 ¶ 2 sorte de saucisse: Arn. 7, 24 ¶ 3 [injure] cadavre ambulant: Ter. *Ad.* 587.

sĭlĭcernĭus, *ii*, m., C.▶ *silicernium* ¶ 3: Fulg. *Serm.* 8.

Silices, *um*, m. pl., V.▶ *Silici*: Plin. 6, 118.

sĭlĭcĕus, *a*, *um*, de silex: Cat. *Agr.* 18, 3; Vitr. 8, 3, 19 ‖ [fig.] subst. n., **siliceum**, nature de silex: *quis tam siliceo (est)?* Laev. d. Gell. 19, 7, 10, qui est assez dur?

Silici, *ōrum*, m. pl., nom de deux peuples d'Arménie et d'Assyrie: Plin. 6, 118.

sĭlĭcĭa, *ae*, f. (cf. *siliqua*), fenugrec [plante]: Plin. 18, 140.

sĭlĭcĭnĕus, *a*, *um*, C.▶ *siliceus*: Grom. 306, 22.

sĭlĭcis, gén. de *silex*.

1 **sĭlĭcŭla**, *ae*, f. (dim. de *siliqua*), silicule, petite silique: Varr. *R.* 1, 23, 3.

2 **sĭlĭcŭla**, *ōrum*, n. pl. (*siliqua*?), moulures: Vitr. 7, 5, 1.

sĭlīgĭnācĕus, *a*, *um* (*siligo*), de froment: Plin. Val. 1, 46.

sĭlīgĭnārĭus, *ii*, m., boulanger, pâtissier: Ulp. *Dig.* 47, 2, 52, 11.

sĭlīgĭnĕus, *a*, *um* (*siligo*), du plus pur froment: *siliginea farina* Cat. *Agr.* 121, fleur de farine ‖ de fleur de farine: Sen. *Ep.* 123, 2; *esurienti panem cibarium siligineum videri* Varr. d. Non. 88, 14, que la faim fait paraître pain blanc le pain bis.

sĭlīgĭnĭārĭus, *a*, *um*, adj., travaillant le pur froment: *pistor siliginiarius* CIL 6, 22; C.▶ *siliginarius*.

sĭlīgo, *ĭnis*, f. (cf. 2 *sil*?), froment de première qualité, gruau: Cat. *Agr.* 35, 1; Varr. *R.* 1, 23, 2; Col. 2, 6, 2 ‖ fleur de farine: Juv. 5, 70; Plin. 18, 85.

sĭlĭqua, *ae*, f. (?; it. *serqua*) ¶ 1 silique, cosse: Plin. 18, 120; Virg. *G.* 1, 74 ‖ **siliquae**, *ārum*, f. pl., légumes à cosse, plantes légumineuses: Hor. *Ep.* 2, 1, 123; Juv. 11, 58 ¶ 2 *siliqua Graeca* Col. 5, 10, 20; *siliqua* [seul] Plin. 15, 95, caroube ¶ 3 C.▶ *silicia*: Col. 2, 10, 33 ¶ 4 [mesure] 1/6 du scrupule: Veg. *Mul.* 1, 20, 2 ‖ [monnaie] 1/24 du *solidus*: Cod. Just. 4, 32, 26.

sĭlĭquastrensis, *e*, de la grosseur d'une cosse de siliquastrum: Anth. 761, 46.

sĭlĭquastrum, *i*, n., grande passerage [plante]: Plin. 19, 187; 20, 174.

sĭlĭquātārĭus, *ii*, m., percepteur de l'impôt dit *siliquaticum*: Cassiod. *Var.* 2, 26.

sĭlĭquātĭcum, *i*, n. (*siliqua*), droit du 24ᵉ [sur toute vente]: Cassiod. *Var.* 4, 19.

sĭlĭquŏr, *ārĭs*, *ārī*, - (*siliqua*), intr., se couvrir d'une silique: Plin. 17, 54.

silis, gén. de *sil*.

1 **Sīlĭus**, *a*, *um*, de Silius: *Silia lex* Gai. *Inst.* 4, 19, loi Silia.

2 **Sīlĭus**, *ii*, m., nom de famille romaine; nott P. Silius, propriétaire de Bithynie: Cic. *Fam.* 13, 47 ‖ autre du même nom: Caes. *G.* 3, 7, 4 ‖ Silius Italicus, auteur d'une épopée sur la deuxième guerre punique: Plin. *Ep.* 3, 7, 1.

sillŏgrăphus, *i*, m. (σιλλογράφος), sillographe, auteur de silles [σίλλοι, sortes de parodies ou de satires]: Amm. 22, 16, 16.

1 **sillўbus**, *i*, m., V.▶ *sittybos*.

2 **sillўbus**, *i*, f. (σίλλυβος), sorte de chardon: Plin. 22, 85; 26, 40.

1 **sīlo**, *ōnis*, m. (*silus*), camard: Varr. *Men.* 207.

2 **Sīlo**, *ōnis*, m. (1 *silo*), surnom romaine: Dig. 48, 19, 27 ‖ au pl.: **Silones** Plin. 11, 158.

3 **Sīlo**, f. indécl., ville de Judée: Vulg. *Jos.* 18, 1.

Sīlōa, *ae*, f., Prud. *Apoth.* 680, **Sīlōē**, indécl., fontaine de Palestine, dans la Samarie Atlas XI: Vulg. *Joh.* 9, 7.

silphĭum (**silpium**, Cat. *Agr.* 157, 7), *ii*, n. (σίλφιον), silphium [férule de Cyrénaïque qui produit un condiment, le laser]: Col. 2, 10, 16; Plin. 22, 100; V.▶ *sirpe* et *laserpicium*.

Silpĭa, *ae*, f., ville de Tarraconaise: Liv. 28, 12.

sĭlŭa, diérèse, V.▶ *silva* ▶.

sĭlŭī, parf. de *sileo*.

Silumĭus, mauvaise graphie pour *Silvanus*: CIL 3, 1306.

Silŭres, *um*, m. pl., peuple de Bretagne [Galles du S.-E.]: Tac. *An.* 12, 32; Plin. 4, 103.

sĭlūrus, *i*, m. (σίλουρος), silure [poisson]: Plin. 9, 45.

1 **sīlus**, *a*, *um* (cf. *Silanus*), camus, camard: Cic. *Nat.* 1, 80.

2 **Sīlus**, *i*, m. (1 *silus*, cf. *Silo*), surnom dans la *gens Sergia*: Cic. *de Or.* 2, 285; Liv. 32, 27, 7; Tac. *An.* 15, 59.

Silŭum, V.▶ *Silvum*.

silva (mieux que **sylva**), *ae*, f. (peu net; it. *selva*) ¶ 1 forêt, bois: Cic. *Div.* 1, 114; *Rep.* 2, 33; Caes. *G.* 2, 19, 6 ¶ 2 parc, bosquet: sg., Cic. *Verr.* 1, 51; Nep. *Att.* 13, 2 ‖ pl., *inter silvas Academi* Hor. *Ep.* 2, 2, 45, dans les bosquets d'Académos ¶ 3 pl., arbres, arbustes, plantes: Virg. *G.* 2, 26; Prop. 1, 14, 5; Stat. *Th.* 2, 248; Luc. 2, 409 ‖ sg. [en parl. d'un arbre]: Mart. 11, 41, 3 ¶ 4 [fig.] **a)** grande quantité, abondante matière: Cic. *Or.* 12; 139; *de Or.* 3, 103; 3, 118 ‖ [poét.] forêt de traits: Virg. *En.* 10, 887; Luc. 6, 205; [forêt de cheveux] Juv. 9, 13 **b)** matière [phil.]: Tert. *Anim.* 2, 6; Isid. 13, 3, 1 **c)** brouillon, esquisse: Quint. 10, 3, 17 **d)** *Silva* ou *Silvae*, titre d'ouvrage, cf. Gell. *pr.* 5; 6; Suet. *Gram.* 24; nott les Silves de Stace **e)** monde profane: Commod. *Apol.* 605; *Instr.* 1, 25, 3.
▶ *silua* trisyl. Hor. *O.* 1, 23, 4; *Epo.* 13, 2.

Silvānae, *ārum*, f. pl., déesses des forêts: CIL 5, 3303.

Silvanectae (**-nectes**), *ārum* (*um*), m. pl., peuple de Belgique [région de Senlis]: Not. Dign. *Oc.* 42, 2; Not. Gall. 6, 9 ‖ **-ensis**, *e*, des Silvanectes: Greg.-Tur. *Hist.* 9, 20.

Silvānus, *i*, m. (*silva*) ¶ 1 Silvain [dieu des forêts]: Virg. *B.* 10, 24; Hor. *Ep.* 2, 1, 143; pl., les Silvains [divinités des forêts]: Ov. *M.* 1, 193 ¶ 2 surnom donné à Mars: Cat. *Agr.* 83 ¶ 3 surnom de plusieurs Plotius: Tac. *An.* 4, 22.

silvātĭcus, *a*, *um* (*silva*; fr. *sauvage*), de bûcheron: Cat. *Agr.* 11, 4 ‖ sauvage [en parl. des végétaux]: Varr. *R.* 1, 40, 5; Plin. 30, 70.

silvescō, *ĭs*, *ĕre*, -, - (*silva*) ¶ 1 intr., pousser trop de bois: Cic. *CM* 52; Col. 4, 11, 2 ‖ [fig.] *silvescentes crines* Arn. 3, 15, forêt de cheveux ¶ 2 [fig.] s'étendre, se développer avec exubérance: Aug. *Civ.* 2, 18, 3.

Silvester, *tri*, m., nom de plusieurs papes : Greg.-Tur. *Hist.* 2, 31.

silvestris (qqf. **silvester**, Plin. 14, 110 ; Col. 1, *pr.* 25), *is, e* (*silva*) ¶ **1** de forêt, couvert de forêts, boisé : Caes. G. 2, 18 ; 5, 19 ; Cic. *Lae.* 68 ǁ pl. n., *silvestria* Liv. 38, 49, 7, endroits boisés ¶ **2** qui vit dans les forêts, appartenant aux forêts, sauvage : *silvestris belua* Cic. *Rep.* 2, 4, bête des forêts, cf. Hor. *P.* 391 ; *silvestris umbra* Ov. *M.* 13, 815, ombre des forêts ; *Musa* Lucr. 4, 589, la Muse des forêts ¶ **3** sauvage [animaux plantes] : *tauri silvestres* Plin. 8, 74, taureaux sauvages ; *arbor silvestris* Virg. *B.* 3, 70, arbre sauvage, cf. Ov. *M.* 2, 681 ; Hor. *S.* 2, 2, 57 ǁ *silvestrior* Plin. 16, 116 ; 22, 146.
▶ dat. *silvestro* CIL 3, 3499 ; gén. pl. *silvestrum* *Acc. *Tr.* 256.

Silvi, *ōrum*, m. pl., peuplades proches de l'Albanie [Caucase] : Plin. 6, 29.

Silvia (**Sylvia**), *ae*, f., fille de Tyrrhénus : Virg. *En.* 7, 487 ǁ Rhéa Silvia [ou Ilia] : Liv. 1, 3, 11 ; Flor. 1, 1, 1.

silvicaedus, *i*, m. (*silva, caedo*), bûcheron : Chalc. 128.

silvicŏla, *ae*, m. f. (*silva, colo*), qui habite les forêts : Virg. *En.* 10, 551 ; *silvicolae viri* Prop. 3, 13, 34, les Faunes ǁ brahmane : Tert. *Apol.* 42, 1.

silvicŏlens, *entis*, ⊂> *silvicola* : CIL 2, 2660.

silvicŏmus, *a, um* (*silva, coma*), qui a une chevelure de forêts [montagne] : Poet. d. Mar. Vict. *Gram.* 6, 145, 5.

silvicultrix, *īcis*, adj. f., qui habite les forêts : Catul. 63, 72.

silvifrăgus, *a, um* (*silva, frango*), qui brise les arbres [vent] : Lucr. 1, 275.

silviger, *ĕra, ĕrum* (*silva, gero*), boisé : Plin. 31, 43 ǁ *deus*, le dieu des forêts : CIL 6, 462.

Silvīni, *ōrum*, m. pl., peuplade d'Apulie : Plin. 3, 105.

Silvius (**Sylvius**), *ii*, m., fils d'Énée : Virg. *En.* 6, 763 ǁ fils d'Ascagne, deuxième roi d'Albe : Liv. 1, 3, 6 ǁ ensuite le nom de Silvius est donné à tous les rois d'Albe : Liv. 1, 3, 7.

silvōsus, *a, um* (*silva*), boisé : Liv. 9, 2, 7 ǁ touffu : Plin. 12, 23.

silvŭla, *ae*, f. (dim. de *silva*), bosquet : Col. 8, 15, 4 ǁ pl., silves : Sidon. *Carm.* 9, 229 ; ⊂> *silva*.

Silvum, *i*, n., ville d'Istrie : Peut. 5, 1.

sīma, *ae*, f. (1 *simus*), [archit.] doucine, gueule droite : Vitr. 3, 5, 15.

Sīmălio, *ōnis*, m., nom d'homme : Ter. *Eun.* 772.

sīmātus, *a, um*, ⊂> *simus* : Anth. 649, 37.

Simbarri, m. pl., peuple d'Éthiopie : Plin. 6, 191.

Simbruīnus, Simbruvīnus, *a, um*, du Simbruvium : Tac. *An.* 11, 13 ; 14, 22.

Simbruvium, *ii*, n., lac chez les Éques, formé par l'Anio : Sil. 8, 371.

Simēna, *ōrum*, n. pl. (Σίμηνα), ville de Lycie : Plin. 5, 100.

Simĕōn, *ōnis*, m., fils de Jacob : Vulg. *Gen.* 29, 33 ǁ autre personnage du même nom : Vulg. *Luc.* 2, 25.

sīmia, *ae*, f. (σιμία ; it. *scimmia*), singe : Cic. *Div.* 1, 76 ; 2, 69 ǁ [fig.] imitateur : Plin. *Ep.* 1, 5, 2 ; ⊂> *simius*.

sĭmil, ⊂> *similis* ▶.

sĭmĭla, *ae*, f. (empr., cf. σεμίδαλις ; it. *semola*, > fr. *semoule*, al. *Semmel*), fleur de farine : Cels. 2, 18, 4 ; Mart. 13, 10 tit.

sĭmĭlăgĭnārius, *a, um*, qui emploie la plus fine fleur de farine : CIL 1, 1207.

sĭmĭlăgĭneus, *a, um*, de fleur de farine : Vulg. *Eccli.* 39, 31.

sĭmĭlāgo, *ĭnis*, ⊂> *simila* : Cat. *Agr.* 75 ; Plin. 18, 89.

sĭmĭlātio, *ōnis*, ⊂> *simulatio*, ressemblance : Aug. *Serm.* 8, 14.

sĭmĭlĕ, *is*, n. de *similis*, pris subst¹ ¶ **1** chose semblable, analogue, analogie, comparaison : Cic. *Fin.* 3, 46 ; Quint. 11, 2, 30 ; *similia* Cic. *Div.* 2, 48, faits semblables, exemples analogues ¶ **2** ressemblance : Quint. 7, 8, 7.

sĭmĭlĭgĕnus, *a, um* (*similis, genus*), semblable, similaire : Cael.-Aur. *Acut.* 2, 19, 115.

sĭmĭlĭmembrius, *a, um*, uniforme, identique en tout à lui-même [en parlant de Dieu] : Iren. 2, 13, 3.

Sĭmĭlīnus, *i*, m., nom d'homme : Greg.-Tur. *Martyr.* 59.

1 **sĭmĭlis**, *e* (*simul, semel* ; cf. v. irl. *samail*, bret. *hañval*), semblable, ressemblant, pareil ¶ **1** *quam simile istud sit, tu videris* Cic. *Nat.* 3, 9, à quel point ta comparaison est-elle juste ? à toi de voir ; *in simili causa* Cic. *Rep.* 2, 63, dans une cause semblable ; *simili ratione* Caes. G. 7, 4, 1, d'une manière semblable, pareillement ¶ **2** [constr.] *a)* [avec gén.] *alii vestri similes* Cic. *Phil.* 2, 107, d'autres qui vous ressemblent ; *statuere utrius te malles similiorem* Cic. *Brut.* 148, décider auquel des deux tu aimerais le mieux ressembler ; *ab Rullo et Rulli similibus conquisiti* Cic. *Agr.* 2, 97, choisis par Rullus et ses pareils ; *dolorem, morbum, paupertatem, similia horum* Cic. *Fin.* 3, 51, la douleur, la maladie, la pauvreté et les autres choses semblables ; *quid est simillimum veri ?* Cic. *Tusc.* 5, 11, qu'est-ce qui est le plus vraisemblable ? *b)* avec dat. [rare] : *alicui* Cic. *Ac.* 2, 118, semblable à qqn ; *quid simile habet epistula contioni ?* Cic. *Fam.* 9, 21, 1, en quoi une lettre ressemble-t-elle à une harangue d'assemblée ? *c)* [à la fois gén. et dat.] Cic. *Nat.* 1, 90 ; 2, 149 ;

Lucr. 4, 1211 *d) homines inter se similes* Cic. *Clu.* 46, hommes semblables entre eux, cf. Cic. *de Or.* 3, 206 *e)* [avec *ac (atque)*] : Ter. *Phorm.* 31 ; Varr. *R.* 2, 7, 6 ; Cic. *Verr.* 3, 193 ; *Fin.* 5, 40 ; Caes. G. 7, 38, 10, le même que ; *simile est... ac si* Cic. *Rep.* 3, 34, c'est la même chose que si ǁ [avec *et*] Cic. *Fin.* 4, 31 *f)* [avec *ut, tamquam*] *similis ut si* Cic. *CM* 17 ; *tamquam si* Cic. *Div.* 2, 131, le même que ǁ *g)* [avec *cum*] *similis cultus cum aequalibus* Sen. *Ir.* 2, 21, 11, un genre de vie semblable à celui des compagnons de son âge ǁ [avec *in* acc.] Apul. *M.* 10, 30, semblable par rapport à : *haud dissimilis in dominum* Tac. *An.* 2, 39, guère différent de son maître.
▶ superl. arch. *simillumus* ǁ *simil = similis* Naev. *Com.* 60 ; Nov. *Com.* 62.

2 **Sĭmĭlis**, *is*, m., nom d'homme : Spart. *Hadr.* 9, 5.

sĭmĭlĭtās, *ātis*, f., ressemblance : Caecil. *Com.* 216 ; Vitr. 2, 9, 5.

sĭmĭlĭter, adv. (*similis*), semblablement, pareillement : Cic. *Tusc.* 4, 25 ; *Rep.* 2, 61 ǁ *similiter ac (atque)* Varr. *R.* 1, 31, 3 ; Cic. *Agr.* 1, 13 ; *Phil.* 1, 9 ; *Ac.* 2, 72, de la même manière que ; *similiter ac si* Varr. *L.* 9, 10 ; Cic. *Nat.* 3, 8 ; *et si* Cic. *Fin.* 2, 21 ; *ut si* Cic. *Off.* 1, 87 ; *Tusc.* 4, 81, comme si ǁ [avec dat.] : *similiter his* Plin. 11, 86, de la même manière qu'eux ǁ *similius* Phaed. 5, 5, 34 ; *simillime* Cic. *Tusc.* 2, 54 ; *Agr.* 1, 13.

sĭmĭlĭtūdĭnāriē, adv., approximativement : *Don. *And.* 814.

sĭmĭlĭtūdo, *ĭnis*, f. (*similis*) ¶ **1** ressemblance, analogie, similitude : *est homini cum deo similitudo* Cic. *Leg.* 1, 25, l'homme a une ressemblance avec Dieu, cf. Cic. *Brut.* 150 ; *id ex similitudine floris lilium appellabant* Caes. G. 7, 73, 9, cet ouvrage, ils l'appelaient lis d'après sa ressemblance avec la fleur ; *aliquid ad similitudinem panis efficere* Caes. *C.* 3, 48, 1, fabriquer qqch. qui imite le pain ; *similitudo servitutis* Cic. *Rep.* 1, 43, ressemblance avec la servitude, cf. Cic. *Rep.* 1, 64 ; 3, 46 ; *Lae.* 81 ; *sine cujusquam similitudine* Cic. *de Or.* 2, 98, sans ressembler à personne ǁ pl., *similitudines* Cic. *Brut.* 143, cas semblables, faits analogues, cf. Cic. *Off.* 1, 11, (mais *similitudines honesti* Cic. *Off.* 3, 13, les apparences de l'honnête, cf. *simulacra virtutis* Cic. *Off.* 1, 46, et aussi *Off.* 3, 69 ¶ **2** représentation, portrait, image ressemblante : Cic. *Or.* 9 ; Sen. *Ep.* 71, 2 ǁ statue, figure : Vulg. *Exod.* 20, 4 ǁ [fig.] image mentale [dans la mémoire] : Aug. *Conf.* 10, 8, 14 ¶ **3** comparaison, rapprochement : *ut ad valetudinis similitudinem veniamus* Cic. *Tusc.* 4, 27, pour faire un rapprochement avec la santé physique ǁ [rhét.] la similitude, l'analogie : Her. 4, 59 ; Cic. *de Or.* 2, 168 ; *propter similitudinem* Cic. *Inv.* 1, 52, par analogie ǁ exemple, comparaison, parabole : *posuisti nos in similitudinem gentibus* Tert. *Praescr.* 26,

similitudo

3; *Idol.* 5, 3; [péjor.] Vulg. *Psal.* 43, 15, tu as fait de nous la fable des païens ‖ type, symbole: *aliquam inanis similitudinis speciem exaptasse* Hil. *Myst.* 1, 1, avoir attaché [à l'interprétation de l'Écriture] un semblant de vaine symbolique ¶ 4 monotonie: Cic. *Inv.* 1, 76.

sĭmĭlō, *ās, āre, -, -* (*similis*; fr. sembler), intr., être semblable: CIL 4, 1877; Diom. 365, 20.
▶ qqf. confusion avec *simulo*.

sīmĭnīnus, *a, um* (*simia*), de singe: *Obseq. 43 (103) ‖ **siminina herba** Ps. Apul. *Herb.* 86, sorte de muflier [plante].

sīmĭŏlus, *i*, m. (dim. de *simius*), petit singe: Cic. *Ep.* 7, 2, 3.

Simittu, n. indécl., ville de Numidie [auj. Chemtou] Atlas VIII, A3; XII, H1: Anton. 43 ‖ **-ŭensis**, *e*, de Simittu: Plin. 5, 29.

sĭmītū, adv. (cf. *semel, itus*), en même temps, à la fois: Pl. *Amp.* 631; *Trin.* 223; Lucil. d. Non. 175, 16; *simitu cum aliquo* Pl. *Men.* 745, en même temps que qqn.

sĭmītur, adv., en même temps que, ⒸⒷ *simitu*: CIL 6, 9290.

sīmĭus, *ii*, m. (cf. *simia, simus, silus*; fr. singe), singe: Phaed. 1, 10, 6; Mart. 14, 202 ‖ [fig.] singe, imitateur servile: Sen. *Contr.* 9, 12; Hor. S. 1, 10, 18.

simma, *ătis*, n., ⒸⒷ *sigma*.

Simmĭēum mĕtrum, n., mètre Simmien [de Simmias, poète grec]: Sacerd. 6, 511, 7.

1 **sĭmō**, *ās, āre, āvī, ātum* (*simus*), tr., aplatir [le nez]: Lucil. 284 ‖ retailler, redresser en rognant: Vitr. 4, 1, 11.

2 **Sĭmo**, *ōnis*, m. (Σίμων), personnage de comédie: Pl. *Most.* 687; Ter. *And.* 41; Hor. *P.* 238.

3 **Sĭmo**, *ōnis*, m., un chef juif: Tac. H. 5, 9.

Sĭmŏīs, *entis* ou *entos*, m. (Σιμόεις), le Simoïs [rivière de la campagne de Troie]: Virg. *En.* 1, 100; Ov. *M.* 13, 324; Plin. 5, 124.

Sĭmōn, Sīmōn, *ōnis*, m. ¶ 1 nom de plus. pers. juifs ‖ **Simon Petrus**, saint Pierre: Vulg. *Matth.* 10, 2 ‖ Simon le Cyrénéen, disciple de J.-C.: Vulg. *Marc.* 15, 21 ‖ Simon le lépreux reçut chez lui J.-C.: Vulg. *Matth.* 14, 3 ‖ Simon le zélote, apôtre et martyr: Vulg. *Matth.* 10, 4 ‖ *Simon magus*, Simon le magicien: Vulg. *Act.* 8, 18; ⒹⒷ *simoniacus* ¶ 2 nom d'un sculpteur: Plin. 34, 90.

simoniacus, *a, um*, adj. et subst. m., simoniaque: Greg.-M. *Ep.* 8, 4; 9, 177.

Sīmōnĭdēs, *is*, m. (Σιμωνίδης), Simonide [poète lyrique grec, né à Céos]: Cic. *Rep.* 2, 20; Quint. 10, 1, 64 ‖ **-ēus**, *a, um*, de Simonide: Catul. 38, 8.

simplāris, *e* (*simplus*), qui reçoit la ration simple: Veg. *Mil.* 2, 7.

simplārĭus, *a, um*, simple: Pomp. *Dig.* 21, 1, 48.

1 **simplex**, *ĭcis* (cf. *semel, plico*) ¶ 1 simple: *aut simplex est natura animantis... aut concreta et ex pluribus naturis* Cic. *Nat.* 3, 34, ou la substance de l'animal est simple... ou elle est composée de plus d'une substance [de plus d'un élément], cf. Cic. *Nat.* 2, 29; CM 78; *Off.* 3, 119; *simplex officium* Cic. *Sull.* 9; *simplex judicium* Cic. *Font.* 22, devoir, jugement simple = tout uni, sans complication ¶ 2 seul, isolé, un: *verba simplicia, collocata* Cic. *de Or.* 80, mots isolés, groupés; *plus vice simplici* Hor. *O.* 4, 14, 13, plus d'une fois; *simplici ordine* Liv. 44, 12, 6, sur une file, un à un ¶ 3 naturel, non artificiel: *sonus vocis rectus et simplex* Cic. *de Or.* 3, 45, ton (timbre) de la voix simple et naturel; *recta et simplicia* Cic. *Off.* 1, 130, les choses simples et naturelles, cf. Cic. *Att.* 10, 6, 2 ¶ 4 [moral] simple, sans détour, ingénu, naïf: Cic. *Rep.* 3, 26; *Brut.* 196; *Off.* 1, 63 ‖ **simplicior** Hor. *S.* 1, 3, 63; Quint. 11, 3, 15; **simplicissimus** Quint. 10, 5, 10.

2 **Simplex**, *ĭcis*, m., surnom d'homme: Tac. *H.* 2, 60.

simplĭcābĭlis, *e*, simple: Cassiod. *Anim.* 12, p. 1304 C.

simplĭcĭtās, *ātis*, f. (*simplex*) ¶ 1 simplicité = substance simple: Lucr. 1, 609 ‖ simplicité, état de ce qui n'est pas composé: Hil. *Trin.* 9, 61 ‖ simplicité, absence d'apprêts: Tert. *Bapt.* 2, 1 ¶ 2 [moral] ingénuité, droiture, franchise: Liv. 40, 47, 3 ‖ candeur, naïveté: Liv. 40, 23, 1 ¶ 3 [chrét.] intégrité, pureté de la foi: Cassian. *Coll.* 15, 3, 1, [oppos. à *infidelitas*, hérésie].

simplĭcĭter, adv. (*simplex*) ¶ 1 simplement, isolément, séparément: *verborum ratio simpliciter videnda est, deinde conjuncte* Cic. *de Or.* 3, 149, il faut, pour l'emploi des mots, les considérer isolément, puis réunis ensemble, cf. Cic. *Top.* 84 ‖ purement et simplement, tout bonnement: Cic. *de Or.* 3, 62 ¶ 2 sans apprêt, sans ornement: Cic. *de Or.* 2, 11 ‖ d'une manière facile à comprendre, sans détour: Cic. *de Or.* 2, 68; *Off.* 2, 31 ¶ 3 avec franchise, ingénument, sans détour: *simpliciter et candide* Cael. *Fam.* 8, 6, 1, avec franchise et sincérité, cf. Curt. 7, 2, 36; Plin. *Ep.* 1, 13, 2; Tac. *D.* 21 ‖ **simplicius** Tac. *H.* 3, 53; Plin. *Ep.* 5, 19, 1; **simplicissime** Tac. *H.* 1, 15.

simplĭcĭtūdo, *ĭnis*, f., simplicité, expression simple: Cled. 5, 38, 7.

simplĭcō, *ās, āre, -, -* (*simplex*), tr., produire un seul: Pall. 2, 15, 15.

simplō, *ās, āre, -, -* (*simplus*), tr., ramener à l'unité: Sedul. *Carm.* 1, 298.

simplūdĭārĕa fūnĕra, n. (*simplus, ludius*), jeux funèbres dans lesquels ne paraissaient que des histrions: P. Fest. 453, 2.

simplus, *a, um*, adj. (cf. *simplex, duplus*; it. *scempio*), simple, un, unique: Prud. *Perist.* 10, 878 ‖ **simplum**, n., l'unité: Cic. *Top.* 49; Liv. 29, 15, 12; *simplum solvere* Pl. *Poen.* 1362, payer seulement la somme due ‖ **simpla**, f., la somme (la valeur) toute simple, telle quelle: Varr. *R.* 2, 10, 5; Dig. 21, 9, 60.

simptax, *acis*, m., plantain [herbe]: Ps. Apul. *Herb.* 1.

simpŭium, ⓥ ▶ *simpulum* ▶.

simpŭlātŏr, *ōris*, m. (*simpulum*), convive: Fulg. *Serm.* 47.

simpŭlātrix, *īcis*, f., femme qui participe aux sacrifices: P. Fest. 455, 16.

simpŭlo, *ōnis*, m., ⒸⒷ *simpulator*.

simpŭlum, *i*, n. (?), puisette, cassotte [godet à long manche utilisé pour les libations]: Varr. *L.* 5, 124; P. Fest. 455, 14; *excitare fluctus in simpulo* Cic. *Leg.* 3, 36, [prov.] faire une tempête dans un verre d'eau.
▶ graphie courante pour *simpuium, simpuvium*, v. Non. 544, 24 [Varr. *Men.* 115].

simpŭvĭātrix, *īcis*, ⒸⒷ *simpulatrix*: Schol. Juv. 6, 343.

simpŭvĭum, *ii*, n., ⒸⒷ *simpulum*: Cic. *Rep.* 6, 11; Varr. *Men.* 115; Juv. 6, 343; Arn. 7, 29.

sĭmŭl, arch. **sĕmŏl**, CIL 1, 1175 (*similis*)

I adv. ¶ 1 dans le même temps, en même temps, ensemble: Cic. *Rep.* 1, 13; Lae. 67; *Mil.* 48, cf. Char. 222, 24 ¶ 2 [constr.] **a)** *simul cum aliquo, aliqua re*, en même temps que qqn, que qqch.: Cic. *de Or.* 2, 100; Lae. 13; *Rep.* 1, 70; Verr. 4, 69; Att. 1, 16, 13 **b)** *simul et*, en même temps que: Cic. *Att.* 2, 20, 2; 10, 4, 12; 10, 16, 4; 16, 11, 6; Q. 2, 5, 3; *Fin.* 2, 33; *Brut.* 228, ou *simul ac, atque* Liv. 7, 26, 5; Curt. 3, 5, 2; Sen. *Ep.* 90, 25 **c)** *simul* développé par *et... et*: Cic. *Phil.* 10, 5; *Tusc.* 4, 60; Caes. G. 7, 48, 4 **d)** *et simul* Cic. *Phil.* 1, 28; *Fam.* 13, 6, 2; *Fin.* 5, 28; aliquando Cic. *Fam.* 1, 7, 8; 7, 10, 3; Vat. 23, et en même temps **e)** *simul etiam* Cic. *Vat.* 18, en même temps encore ‖ *simul et*, un même temps aussi: Cic. *Verr.* 4, 136; 5, 3; *Balb.* 65; *Prov.* 36; *Att.* 1, 1, 4; Q. 1, 1, 34; Sall. J. 84, 5; 92; 2; Liv. 44, 34, 10 **f)** *simul... simul* Caes. G. 4, 14, 5, à la fois... à la fois, d'une part... d'autre part en même temps, cf. Liv. 3, 9, 25, 8.

II prép. avec abl. [poét.], en même temps que: *simul his* Hor. *S.* 1, 10, 86, en même temps qu'eux, cf. Ov. *Tr.* 5, 10, 29; Tac. *An.* 3, 64; 4, 55.

III conj. ¶ 1 *simul ac, simul atque*, aussitôt que, dès que: Cic. *Verr.* 2, 46; *Phil.* 4, 1; *Ac.* 2, 51; *Clu.* 40; *Mur.* 22; *Rep.* 2, 49; *Verr.* 4, 47; Caes. G. 5, 3, 3; *simul ac primum* Cic. *Verr.* 1, 34; 1, 138; *Phil.* 4, 1, ou *simul ut* Cic. *Ac.* 2, 51; *Tusc.* 4, 5; *Planc.* 14; Q. 2, 5, 3, ou *simul et* Cic. *Att.* 2, 20, 2; 10, 4, 12; 10, 16, 4; 16, 11, 6 (leçon de M) ¶ 2 *simul* [seul], aussitôt que: Cic. *Tusc.* 4, 12; *Ac.* 2, 86; *Fin.* 3, 21; Caes. G. 4, 26, 5; C. 1, 30, 3, ou *simul*

prīmum Liv. 6, 1, 6; 35, 44, 5; Suet. *Caes.* 30.

sĭmŭlac, sĭmŭlatque, ▶ *simul*.

sĭmŭlācrum, *i*, n. (*simulo*) ¶1 représentation figurée de qqch. : **non animorum simulacra, sed corporum** Cic. *Arch.* 30, représentations, non des âmes, mais des corps ; **oppidorum** Cic. *Pis.* 60, reproductions de villes, cf. Plin. 5, 36 ; [d'où] image, portrait, effigie, statue : Cic. *Verr.* 2, 159 ; *simulacrum ex aere Dianae* Cic. *Verr.* 4, 72, statue de Diane en bronze ; *simulacrum celebrati ejus diei pingi jussit* Liv. 24, 16, 19, il fit reproduire sur un tableau le spectacle de cette journée ; *litterarum simulacra* Sen. *Ep.* 94, 51, tracé, figuration des lettres ‖ *ad simulacrum templi Veneris* Suet. *Caes.* 84, à l'image (sur le modèle) du temple de Vénus ‖ [en part.] mannequins d'osier [dans lesquels on enfermait des hommes vivants, et que l'on brûlait en l'honneur des dieux] : Caes. *G.* 6, 16, 4 ¶2 [fig.] **a)** fantôme, ombre, spectre : Lucr. 4, 99 ; Virg. *G.* 1, 477 ; Ov. *H.* 9, 39 **b)** [phil.] image, simulacre des objets [εἴδωλον] : Lucr. 4, 130 **c)** [mnémotechnie] représentation matérielle des idées : Cic. *de Or.* 2, 354 **d)** portrait moral : Liv. 45, 25, 3 **e)** simulacre, apparence : Cic. *Div.* 2, 71 ; *simulacra virtutis* Cic. *Off.* 1, 46, des apparences de vertu ; *belli simulacra* Lucr. 2, 41, simulacres de la guerre, image de la guerre, cf. Virg. *En.* 5, 585 ; Liv. 26, 51, 6 ; 35, 26, 2 ; Tac. *An.* 11, 31 ¶3 [chrét.] image [de Dieu, en parlant de l'homme créé, non encore animé] : Zen. 2, 5, 2.

sĭmŭlāmen, *ĭnis*, n. (*simulo*), imitation, représentation : Ov. *M.* 10, 727.

sĭmŭlāmentum, *i*, n. (*simulo*), artifice, stratagème : Gell. 15, 22.

1 sĭmŭlans, *tis*, part. de *simulo*, adj¹ avec gén. : *vocum simulantior* Ov. *Am.* 2, 6, 23, meilleur imitateur de la voix.

2 Sĭmŭlans, *tis*, m., titre d'une comédie d'Afranius : Cic. *Sest.* 118.

sĭmŭlantěr, adv. ▶ *simulate* : Apul. *M.* 8, 10.

sĭmŭlātē, adv. (*simulo*), d'une manière simulée, par feinte : Cic. *Nat.* 2, 168 ; *Q.* 1, 1, 13 ‖ *simulatius* Petr. *poet. Frg.* 28, 4.

sĭmŭlātĭlis, *e*, simulé : Fort. *Mart.* 2, 276.

sĭmŭlātĭo, *ōnis*, f. (*simulo*) ¶1 simulation, faux-semblant, feinte : Cic. *Off.* 2, 43 ; 3, 61 ¶2 [avec gén.] : *insaniae* Cic. *Off.* 3, 97, feinte démence, folie simulée, cf. Cic. *Brut.* 53 ; *Lae.* 92 ; Caes. *G.* 6, 8, 2 ; *C.* 3, 28 ‖ *Fausti simulatione* Cic. *Sull.* 54, en prétextant Faustus, cf. *Pomp.* 66 ; *Fam.* 11, 3, 5 ; Tac. *H.* 2, 61 ; *per simulationem amicitiae* Cic. *Quir.* 21 ; *cum simulatione timoris* Caes. *G.* 5, 50, 5, en feignant l'amitié, la crainte.

sĭmŭlātō, adv. ▶ *simulate* : *simulato ferre* Ennod. *Op.* 2, 35, feindre ; Lampr. *Hel.* 25, 4.

sĭmŭlātŏr, *ōris*, m. (*simulo*) ¶1 celui qui représente, qui copie, imitateur : Ov. *M.* 11, 634 ¶2 celui qui feint, qui simule : Cic. *Off.* 1, 108 ; Tac. *An.* 13, 47 ‖ *segnitiae* Tac. *An.* 14, 57, feignant l'indolence, cf. Sall. *C.* 5, 4.

sĭmŭlātōrĭē, adv. (*simulatorius*), d'une manière feinte : Aug. *Pecc. or.* 40, 45.

sĭmŭlātōrĭus, *a*, *um* (*simulo*), artificieux, faux : Aug. *Ep.* 82, 11.

sĭmŭlātrix, *īcis*, f. (*simulator*), celle qui transforme, qui métamorphose [Circé] : Stat. *Th.* 4, 551.

sĭmŭlātus, *a*, *um*, part. de *simulo*.

sĭmŭlō, *ās*, *āre*, *āvī*, *ātum* (*similis*), tr. ¶1 rendre semblable : *Minerva simulata Mentori* Cic. *Att.* 9, 8, 2, Minerve ayant pris les traits de Mentor [s'étant rendue semblable à Mentor], cf. Virg. *En.* 3, 349 ‖ [d'où] reproduire, copier, imiter : *aliquid imitatione simulatum* Cic. *de Or.* 2, 189, qqch. reproduit par imitation ; *simulare Catonem* Hor. *Ep.* 1, 19, 13, copier Caton ; [avec prop. inf.] *simulat terram prodere...* Ov. *M.* 6, 80, elle représente la terre produisant... ¶2 simuler, feindre ; *aliquid* qqch. : Cic. *Off.* 3, 61 ; *Phil.* 13, 2 ; *aegrum* Liv. 25, 8, 12, faire le malade ; *simulatā amicitiā* Caes. *G.* 1, 44, 10, sous prétexte d'amitié ; *nihil fictum est, nihil simulatum* Cic. *Lae.* 26, rien n'est feint, rien n'est affecté ‖ [avec prop. inf.] *simulat se proficisci* Cic. *Clu.* 27, il feint de partir, cf. Cic. *Lae.* 99 ; Caes. *G.* 4, 4 ‖ [avec inf., poét.] *simulat abire* Ov. *M.* 2, 687, il feint de partir, cf. Ov. *M.* 4, 338 ‖ *sese probos simulavere* Sall. *J.* 85, 9, ils ont fait semblant d'être honnêtes ‖ *simulare quasi* Pl. *Amp.* 200, faire comme si, faire semblant de, cf. Pl. *Mil.* 909 ‖ [abs¹] user de feinte, feindre : Cic. *Q.* 1, 1, 15.
▶ qqf. orth. *similo*.

sĭmultās, *ātis*, f. (*simul*) ¶1 rivalité, compétition : *in simultate esse cum aliquo* Nep. *Att.* 17, 1, être en contestation avec qqn ; *de locis summis simultatibus contendebant* Caes. *G.* 5, 44, 2, ils luttaient pour les grades militaires avec ardeur ¶2 sg., inimitié, haine : *simultatem deponere* Cic. *Att.* 3, 24, 2, renoncer à son inimitié, cf. Caes. *C.* 2, 25, 4 ‖ pl., *simultates, quas mecum habebat, deposuit* Cic. *Planc.* 76, il oublia ses différends avec moi ; *simultates exercere cum aliquo* Cic. *Flac.* 88, être en mauvais termes avec qqn ¶3 lutte, combat : Hyg. *Fab.* 84 ; 185.

sĭmulter, ▶ *similiter* : Pl. *Ps.* 382.

1 sīmŭlus, *a*, *um*, un peu camus : Lucr. 4, 1169.

2 Sīmŭlus, *i*, m., nom d'homme : Ter. *Ad.* 465.

1 sīmus, *a*, *um* (σιμός ; al. *Sims*, esp. *simado*), camard, camus : Plin. 11, 158 ; Virg. *B.* 10, 7 ‖ *simo vultu* Moret. 108, en faisant la grimace ‖ aplati : Cels. 8, 10, 7 G ; ▶ *sima*.

2 Sīmus, *i*, m. ¶1 surnom romain : Plin. 11, 158 ¶2 nom d'un peintre grec : Plin. 35, 143.

sīn, conj. (*si*, 4 *-ne*), mais si, si au contraire ¶1 *si... sin* Cic. *Cat.* 1, 18, si..., si au contraire ; ou *si... sin aliter* Pl. *Amp.* 269 [ou] *sin autem* Cic. *Fin* 2, 98 ; *Lae.* 14 ‖ [ellipt¹] *sin aliter, sin minus, sin secus* ou qqf. *sin* ou *sin autem*, dans le cas contraire : Cic. *Agr.* 3, 2 ; *Planc.* 62 ; *Tim.* 6 ; *Att.* 16, 13 b, 2 ; *Att.* 10, 7, 2 ¶2 [sans être précédé de *si, nisi*] *sin* Cic. *Rep.* 3, 6 ; *Lae.* 78 ; *de Or.* 3, 95 ; *sin autem* Lae. 34 ; *Rep.* 1, 11, si au contraire.

Sīnā, Sīnāī, m. indécl., le mont Sinaï : Sulp. Sev. *Chron.* 1, 17, 2 ; Vulg. *Exod.* 16, 1.

sĭnāpĭ, n. indécl. (σίναπι ; it. *senape*, fr. *sanve*, al. *Senf*), Plin. 19, 170 ; **sĭnāpe**, Apic. 63 ; 98 ; **sĕnāpis**, f., Pl. *Ps.* 817 ou **sĭnāpis**, f., Col. 10, 122, moutarde [plante] et sa graine.

sĭnāpismus, *i*, m. (σιναπισμός), sinapisme, cataplasme : Cael.-Aur. *Chron.* 2, 7, 108 ; 3, 8, 112.

sĭnāpīzō (-issō), *ās*, *āre*, -, - (σιναπίζω), tr., appliquer un sinapisme sur : Veg. *Mul.* 2, 6, 11 ; 2, 98 ; Cael.-Aur. *Chron.* 1, 4, 117.

sincērē, adv. (*sincerus*) ¶1 de façon nette, sans altération : Pl. *Ep.* 634 ¶2 franchement, sincèrement, loyalement : Caes. *G.* 7, 20, 8 ; Atticus d. Cic. *Att.* 9, 10, 9 ‖ *-rius* Gell. 6, 3, 55 ; *-issime* Aug. *Ep.* 137, 17.

sincērĭtās, *ātis*, f. (*sincerus*) ¶1 pureté, intégrité : Plin. 15, 22 ¶2 [fig.] Sen. *Vit.* 15, 1 ; Gell. 14, 2, 5.

sincērĭtěr, ▶ *sincere* : Gell. 13, 16, 1.

sincērō, *ās*, *āre*, -, - (*sincerus*), tr., rendre pur : Diom. 364, 28 ‖ intr., redevenir serein [ciel] : Ps. Fulg.-R. *Serm.* 16, p. 880 A ‖ être revenu à la santé, guérir : Aug. *Ev. Joh.* 30, 3.

sincērus, *a*, *um* (cf. *semel, cresco, Ceres*) ¶1 pur, intact, naturel, non altéré, non corrompu, non fardé : Cic. *Lae.* 95 ; *Fam.* 13, 50, 2 ; *sincerus populus* Tac. *H.* 4, 64, peuple sans mélange, de race pure ¶2 [fig.] **a)** [rhét.] style probe [qui ne dissimule pas, qui rend l'idée directement] : Cic. *Brut.* 291 ; *rerum gestarum pronuntiator sincerus et grandis etiam* Cic. *Brut.* 287, historien qui raconte les faits dans un style pur et même grand **b)** *sincerum judicium* Cic. *Or.* 25, goût sûr **c)** *in aliis quoque oraculis Delphicis aliquid non sinceri fuit* Cic. *Div.* 2, 118, il y eut aussi dans les autres oracles de Delphes qqch. qui n'était pas irréprochable (franc, sincère) ; *sincera fide* Liv. 39, 2, 1, sincèrement, avec une parfaite bonne foi.

sincinia

sincĭnĭa, *ae*, f., ⓒ▶ *sincinium* : P. Fest. 455, 4.

sincĭnĭum, *ĭi*, n. (cf. *sincerus*, *cano*), [musique] solo : Isid. 6, 19, 6.

sincĭpĭtāmentum, *i*, n. (*sinciput*), la moitié de la tête [d'un animal] : Pl. Men. 211.

sincĭput, *ĭtis*, n. (*semi*, *caput*), demi-tête, la moitié de la tête : Pers. 6, 70 ; Plin. 8, 209 ∥ tête, cervelle : Sidon. Carm. 5, 418 ; [fig.] Pl. Men. 506.

sincĭpŭtāmentum, ⓥ▶ *sincipitamentum*.

Sindenses, *ĭum*, m. pl., habitants de Sinda [Pisidie] : Liv. 38, 15.

Sindēs, *ae* ou *is*, m., ⓒ▶ *Sindus* : Tac. An. 11, 10.

Sindi, *ōrum*, m. pl., peuple scythe, sur les bords du Palus-Méotide : Val.-Flac. 6, 86.

Sindĭcus, ⓥ▶ *Sindos*.

sindōn, *ōnis*, f. (σινδών ; esp. *cendal*) ¶ 1 fin tissu, mousseline : vêtement de mousseline : Mart. 4, 19, 12 ; 11, 1, 2 ¶ 2 linceul : *involvit illud in sindone munda* Vulg. Matth. 27, 59, il le roula dans un linceul propre.

Sindōnes, ⓥ▶ *Sindos*.

Sindŏs, *i*, f., ville des Sindi : Mel. 1, 111 ∥ **-dĭcus**, *a*, *um*, Plin. 6, 17, de Sindos ∥ **-dŏnes**, *um*, m. pl., habitants de Sindos : Mel. 1, 111.

Sindus, *i*, m., nom indien de l'Indus [le Sind] : Plin. 6, 71.

1 sĭnĕ (cf. ἄτερ, toch. A *sne*, scr. *sanutar*, al. *sonder*, an. *sunder* ; esp. *sin*, fr. *sans*, ⓥ▶ *absentia*), prép. abl., sans : *sine regibus esse* Cic. Rep. 1, 58, n'avoir pas de rois ; *lectio sine ulla delectatione* Cic. Tusc. 2, 7, lecture dépourvue de tout agrément, cf. Cic. Tusc. 4, 13 ; *sine omni sapientia* Cic. de Or. 2, 5, sans une culture générale ; *sine impensa opera* Liv. 5, 4, 4, sans dépense d'énergie, cf. Liv. 7, 12, 11 ; 45, 25, 7 ∥ *cum fratre an sine ?* Cic. Att. 8, 3, 5, avec mon frère ou sans lui ? ∥ [après son rég., poét.] : *flamma sine* Hor. S. 1, 5, 99, sans feu, cf. Hor 1, 3, 68.

2 sĭnĕ, impér. de *sino*.

sĭnĕdum (*sino*, *dum*), permets seulement : Pl. Truc. 628.

Singae, *ārum*, m. pl., peuple de l'Inde au-delà du Gange : Plin. 6, 74.

Singăra, *ōrum*, n. pl., ville de Mésopotamie Atlas I, D7 : Plin. 5, 86 ∥ **-rēnus**, *a*, *um*, de Singara : Ruf. Brev. 27, 1.

***singentĭāna rādix**, f. (forme douteuse), iris jaune : *Ps. Apul. Herb. 6 ; *Gloss. 3, 576, 47 ; ⓥ▶ *acorum*.

Singidūnum, *i*, n., ville de la Mésie supérieure [auj. Belgrade] : Anton. 563 ∥ **-dūnensis**, *e*, de Singidunum : Ps. Aur.-Vict. Epit. 44, 1.

Singilĭa, *ae*, f., ville de Bétique : Plin. 3, 10 ∥ **-ensis**, *e*, de Singilia : CIL 2, 2026.

Singĭlĭo, *ōnis*, m. (empr.), vêtement léger : Treb. Claud. 17, 6.

Singilis, *is*, m., rivière de Bétique : Plin. 3, 10.

singillātim, **singŭlātim**, adv. (*singuli*), isolément, un à un, individuellement : Pl. Trin. 881 ; Ter. Phorm. 1032 ; Lucr. 2, 153 ; Cæs. G. 3, 2, 3 ; Cic. Verr. 5, 143 ∥ en détail, un à un : Suet. Aug. 9.

singlārĭtĕr, ⓥ▶ *singulariter* ▶.

singŭla, *ae*, f., ⓥ▶ *sembella* : Metrol. 70, 7.

singŭlāres, *ĭum*, m. pl. (*singularis*), corps d'élite de cavalerie, gardes du corps : Tac. H. 4, 70 ∥ courriers des préfets dans les provinces : Cod. Just. 1, 27, 1.

singŭlārĭē, adv., en particulier : Cic. d. Char. 219, 24.

1 singŭlāris, *e* (*singuli* ; fr. *sanglier*) ¶ 1 unique, seul, isolé, solitaire : *homo* Cæs. G. 7, 8, 2, homme isolé, marchant isolément, cf. Cæs. G. 4, 26, 2 ; Cic. Agr. 2, 97 ; Rep. 1, 39 ; Ac. 1, 26 ∥ unique [en parlant de Dieu] : Hil. Trin. 7, 8 ¶ 2 qui se rapporte à un seul : *imperium singulare* Cic. Rep. 1, 50, autocratie ; *odium* Cic. Sull. 1, haine particulière, personnelle ∥ [gram.] singulier : *singularis numerus* Quint. 1, 5, 42, le singulier, cf. Varr. L. 7, 33 ; 10, 54 ; Quint. 1, 6, 14 ; 1, 6, 26 ; *in singulari* Varr. L. 8, 66 ; Quint. 8, 6, 28, au singulier ¶ 3 unique (en son genre), singulier, exceptionnel, extraordinaire, rare : *Aristoteles in philosophia prope singularis* Cic. Ac. 2, 132, Aristote, philosophe à peu près unique, cf. Cic. Brut. 293 ; Div. 2, 97 ; *audite singularem ejus cupiditatem* Cic. Verr. 4, 99, écoutez un trait inouï de sa cupidité, cf. Cic. Verr. 3, 106 ; Fin. 5, 56 ; *eorum inter Gallos virtutis opinio est singularis* Cæs. G. 2, 24, 4, leur réputation de courage parmi les Gaulois est sans pareille ¶ 4 célibataire : *permaneant singulares* : Leo-M. Ep. 14, 4, qu'ils restent célibataires ¶ 5 individuel [oppos. à *pluralis*] : Dig. 50, 16, 122 ∥ *jus singulare* Dig. 1, 3, 16, statut dérogatoire, privilège [p. ex. la condition des militaires, des mineurs de 25 ans].

2 singŭlāris, *is*, m., pris subst[t], ⓥ▶ *singulares* ∥ f., veuve : Comm. Inst. 2, 31, 15.

singŭlārĭtās, *ātis*, f. (*singularis*) ¶ 1 le fait d'être unique, unicité : Tert. Val. 37, 2 ∥ unité : [de la divinité] Aug. Serm. 126, 9, [oppos. à *pluralitas*] ; [de la Trinité] Ambr. Fid. 5, 3, 46 ∥ célibat : Tert. Cast. 1, 1 ¶ 2 [gram.] a) nombre singulier : Char. 93, 4 b) unité, nombre un : Capel. 7, 774 ¶ 3 singularité, caractère singulier, exemplaire [d'une vertu] : Greg.-M. Dial. 4, 17 ¶ 4 solitude [en gén.] : Hier. Orig. Ep. 9, p. 790 [oppos. à *multitudo*].

singŭlārĭtĕr, adv. (*singularis*) ¶ 1 individuellement, isolément : Lucr. 6, 1067 ∥ [gram.] au singulier : Quint. 1, 5, 16 ; Gell. 19, 8, 12 ¶ 2 extraordinairement, singulièrement : Cic. Verr. 2, 117 ; Plin. Ep. 1, 22, 1 ¶ 3 en célibataire : Ps. Cypr. Sing. 9 ¶ 4 d'une manière unique : Tert. Carn. 19, 2.

▶ *singlariter* Lucr. 6, 1067.

singŭlārĭus, *a*, *um* (*singularis*) ¶ 1 isolé, unique, particulier : *unicā naturā ac singulariā* Turpil. d. Non. 491, 2, d'une nature unique et particulière ; *catenae singulariae* Pl. Cap. 112, chaînes simples [à un seul tour, légères, oppos. *majores*] ou individuelles [en supposant qu'au début les deux esclaves sont attachés ensemble : mss *vincti* ou *juncti*] ; *litterae singulariae* Gell. 17, 9, 2, abréviations, ▶ *sigla* ¶ 2 extraordinaire : Gell. 9, 4, 6 ¶ 3 ((*equites*) *singularii* CIL 11, 1836) ; ⓥ▶ *singulares*.

singŭlārīzō, *ās*, *āre*, -, -, tr., étudier dans le détail : Cassian. Inst. 2, pr.

singŭlātim, adv., ⓥ▶ *singillatim* : Cat. Agr. 76, 4.

singŭli, *ae*, *a*, pl. (cf. *semel* ; *sincerus*, roum. *singur*), un par un, ¶ 1 [distrib.] chacun un : *duodena jugera in singulos homines describere* Cic. Agr. 2, 85, répartir douze arpents par tête ; *singuli singulorum deorum sacerdotes* Cic. Leg. 2, 29, un prêtre pour chaque dieu, cf. Cæs. G. 1, 48, 5 ; 2, 20, 3 ; *quibus singulae naves erant adtributae* Cæs. G. 3, 14, 3, qui avaient reçu chacun l'attribution d'un navire ∥ *in singulos annos* Cæs. G. 5, 22, 4, pour chaque année ; *in singula diei tempora* Cæs. G. 7, 16, 2, heure par heure ; *in dies singulos* Cic. Cat. 1, 5, de jour en jour ¶ 2 chacun en particulier, un à un, un seul : *quos singulos contemnas, eos esse aliquid putare universos* Cic. Tusc. 5, 104, ceux qu'on méprise individuellement, croire qu'en bloc ils ont de la valeur ; *singulis a diis immortalibus consuli* Cic. Nat. 2, 164, chaque individu être l'objet de la sollicitude des dieux immortels, cf. Cic. Agr. 2, 85 ; Rep. 1, 54 ; de Or. 3, 211 ; *ne agam de singulis* Cic. Off. 1, 149, pour ne pas entrer dans le détail ¶ 3 un individu, une personnalité : Sen. Nat. 4, pr. 2 ¶ 4 isolé, seul : Sen. Ot. 1, 1.

▶ le sg. *singulus* est rare ¶ 1 *nummo singulo multabatur* Gell. 18, 13, 6, " la peine était chaque fois d'un écu " ¶ 2 *singulum vestigium* Pl. Cis. 701, " une empreinte isolée " ; *singulus numerus* Gell. 19, 8, 5, " le singulier ".

singultātus, *a*, *um*, part. de *singulto*.

singultim, adv. (*singultus*), d'une façon entrecoupée, par saccades : Hor. S. 1, 6, 56.

1 singultĭō, *īs*, *īre*, -, - (*singultus*), intr. ¶ 1 avoir des hoquets : Cels. 5, 26, 19 ; Plin. 23, 48 ∥ glousser : Col. 8, 11, 15 ¶ 2 [fig.] palpiter de plaisir : Pers. 6, 72.

2 singultĭō, *ās*, *āre*, -, - (it. *singhiossare*), ⓒ▶ *singulto* : Gloss. 2, 185, 1.

singultō, *ās*, *āre*, -, - (*singultus*, fr. *sangloter*) ¶ 1 intr. **a)** avoir des hoquets : Quint. 10, 7, 10 **b)** râler : Virg. En. 9, 333 ; Sil. 2, 362 **c)** *verba singultantia* Stat. S. 5, 5, 26, paroles entrecoupées, saccadées ¶ 2 tr., rendre avec des hoquets, en râlant : Ov. M. 5, 134 ; Stat. Th. 5, 261 ǁ entrecouper [de sanglots] : Ov. Tr. 3, 5, 16.

singultŭs, *ūs*, m. (express., cf. *gluttio* ; fr. *sanglot*) ¶ 1 hoquet [en gén.], soubresaut : Sen. Ep. 47, 3 ; Plin. 20, 189 ǁ [en part.] hoquet des personnes qui pleurent, sanglot : Cic. Planc. 76 ; Lucr. 6, 1160 ǁ pl., Catul. 64, 131 ; Hor. O. 3, 27, 74 ¶ 2 râle, hoquet : Virg. En. 9, 415 ; Sen. Marc. 11, 4 ¶ 3 gloussement : Col. 8, 5, 3 ǁ croassement : Plin. 18, 362 ¶ 4 [fig.] gargouillement de l'eau : Plin. Ep. 4, 30, 6.

singŭlus, *a*, *um*, V. *singuli* ▶.

sinī, parf. arch., V. *sino* ▶.

Sĭnis, *is*, m., brigand tué par Thésée : Prop. 3, 22, 37 ; Ov. M. 7, 440.

sĭnistĕr, *tra*, *trum* (cf. *sine*? *dexter*, *magister* ; it. *sinestro*) ¶ 1 gauche, qui est du côté gauche : Caes. G. 7, 62, 4 ; V. *sinistra (manus)* ǁ *sinistri* Liv. 9, 27, 9, les soldats de l'aile gauche ǁ *a sinistro* Quint. 11, 3, 144, [en partant] de gauche ; *in sinistrum* Quint. 11, 3, 109, [en allant] à gauche, sur la gauche ¶ 2 [fig.] **a)** gauche, maladroit, mal tourné, de travers : *mores sinistri* Virg. En. 11, 347, caractère malheureux, cf. Catul. 29, 16 ; *natura prava et sinistra* Curt. 7, 4, 10, nature mal faite et toute de travers **b)** malheureux, fâcheux, sinistre : *arboribus Notus sinister* Virg. G. 1, 444, le Notus funeste aux arbres ; *sinister rumor* Tac. H. 2, 93, bruits fâcheux ǁ [avec gén.] *fidei sinister* Sil. 1, 56, funeste sous le rapport de la loyauté, perfide ǁ [n. pris substᵗ] *studiosa sinistri* Ov. Tr. 2, 257 [femme] éprise du mal ¶ 3 [t. religieux] **a)** [chez les Romains] à gauche = de bon présage, favorable, heureux : *liquido auspicio, avi sinistra* Pl. Ep. 183, avec un présage limpide (heureux), un oiseau à gauche, cf. Cic. Div. 2, 74 ; 82 ; Virg. B. 9, 15 ; Plin. Pan. 5, 3 **b)** [chez les Grecs] de mauvais présage : *omen sinistrum, avibus sinistris* Ov. H. 13, 49 ; 2, 115, présage funeste, avec de fâcheux auspices ¶ 4 [moralᵗ] qui s'égare : Prud. Cath. 2, 95 ǁ méchant, mauvais : Prud. Perist. 13, 21.

▶ *sinisterior* Varr. R 9, 34 ; Galb. Fam. 10, 30, 4 ; Suet. Dom. 17 ; *sinistimus* Fest. 454, 1 ; Prisc. 2, 95, 4.

sĭnistĕrior, *ius*, V. *sinister* ▶.

sĭnistĕrĭtās, *ātis*, f. (*sinister*), maladresse : Plin. Ep. 6, 17, 3 ; 9, 5, 2.

sĭnistimus, *a*, *um*, superl., V. *sinister* ▶.

sĭnistra, *ae*, f. (s.-ent. *manus*) ¶ 1 main gauche : Caes. G. 1, 25, 3 ; C. 1, 75, 3 ǁ main gauche [faite pour le vol] : Ov. M. 13, 111 ; Catul. 12, 1 ; [d'où, en parl. de deux voleurs] *duae sinistrae Pisonis* Catul. 47, 1, les deux mains gauches (agents) de Pison ǁ main gauche [pour la parade, portant le bouclier] : Quint. 6, 3, 69 ¶ 2 [locutions] : *a sinistra* Cic. Phil. 6, 12, du côté gauche ; *sub sinistra* Caes. G. 5, 8, 2, vers la gauche ; *dextera ac sinistra* Caes. C. 2, 15, 4, à droite et à gauche, cf. Cic. Ac. 2, 125.

sĭnistrātus, *a*, *um* (*sinister*), placé à gauche : Grom. 247, 5.

sĭnistrē, adv. (*sinister*), mal, de travers : Hor. P. 452 ; Tac. H. 1, 7 ; 3, 52 ; Plin. Pan. 45, 5.

sĭnistrorsum, Hor. Epo. 9, 20 ; S. 2, 3, 50 et **sĭnistrorsus**, Caes. G. 6, 25, 3 ; Suet. Galb. 4, vers la gauche, du côté gauche, à gauche.

sĭnistrōversus, V. *sinistrorsum* : Lact. Inst. 3, 6, 4.

Sinnacēs, *is*, m., nom d'homme : Tac. An. 6, 31.

Sinnĭus, *ii*, m., nom d'homme ; [en part.] Sinnius Capito, grammairien : Gell. 5, 21, 9 ǁ **-ĭānus**, *a*, *um*, de Sinnius : Gell. 5, 21, 14.

Sinnum flūmĕn, n., fleuve de la Gaule cispadane : Peut. 3, 5.

sĭnō, *ĭs*, *ĕre*, *sīvī*, *sĭtum* (cf. ἐάω?, scr. *sināti*), tr., poser [sens premier conservé dans le part. *situs*, *a*, *um* et dans *pono* = *posino*] [d'où ¶ 1 laisser libre de, permettre : **a)** [avec prop. inf.] *praecipitem amicum ferri sinit* Pl. Lae. 89, il laisse son ami tomber dans l'abîme, cf. Cic. Rep. 3, 16 ; Phil. 11, 32 ǁ [au pass.] : *hic accusare eum non situs est* Cic. Sest. 95, il ne lui a pas été permis de l'accuser **b)** [avec subj.] *sine sciam* Liv. 2, 40, 5, permets que je sache, laisse-moi savoir, cf. Pl. Poen. 375 ; Hor. Ep. 1, 16, 70 ; Virg. En. 2, 669 **c)** [avec inf.] Pl. And. 188 ; Curt. 5, 8, 13 ; Tac. An. 1, 43 **d)** [avec acc.] *sine hanc animam* Virg. En. 10, 598, laisse-moi la vie ; *sinite arma viris* Virg. En. 9, 620, laissez le fer aux hommes ǁ *sine me* Ter. Ad. 321, laisse-moi tranquille **e)** [absᵗ] *sinentibus nobis* Plin. Ep. 4, 10, 4, avec notre agrément ¶ 2 [en part.] **a)** [dans la convers.] *sine* Ter. Eun. 381, laisse-moi faire **b)** *sine veniat* Ter. Eun. 739, qu'il vienne seulement ! [ou] *sine modo* Pl. Most. 11 **c)** *sine* Pl. Bac. 811, laisse faire, c'est bon, cf. Pl. Truc. 636 **d)** [souhaits] *ne di sirint, ne di siverint* Pl. Bac. 468 ; Merc. 323, les dieux nous en préservent ! aux dieux ne plaise ! ; *ne istuc Juppiter sirit* Liv. 28, 28, 11, puisse Jupiter ne pas permettre cela.

▶ parf. *siit* Varr. d. Diom. 374, 16 ; Ter. Ad. 104 ; [autre forme] *sini* Scaur. d. Diom. 374, 16 ǁ formes contr. habituelles *sisti, sistis, siris, sirit, sisset, sissent*.

1 **sĭnōn**, m. (σίνων), faux-amome [plante] : Plin. 27, 136.

2 **Sĭnōn**, *ōnis*, m. (Σίνων), Grec qui conseilla aux Troyens de faire entrer dans leur ville le cheval de bois : Virg. En. 2, 79.

Sinōnĭa, *ae*, f., île de la mer Tyrrhénienne : Mel. 2, 121 ; Plin. 3, 81.

1 **Sĭnōpē**, *ēs*, Cic. Pomp. 21 ou **Sĭnōpa**, *ae*, f., Cic. Verr. 1, 87 ; Agr. 2, 53 (Σινώπη), Sinope [ville et port de Paphlagonie, patrie de Diogène] Atlas I, C6.

2 **Sĭnōpē**, *ēs*, f., nom grec de Sinuessa : Liv. 10, 21, 8 ; Plin. 3, 59.

Sĭnōpensis, *e*, de Sinope : Ulp. Dig. 50, 15, 1 ; subst. m. pl., habitants de Sinope : Liv. 40, 2, 6.

Sĭnōpeūs, *ĕi* (*ēi*), acc. pl. *as*, Pl. Curc. 443, **Sĭnōpĭcus**, *a*, *um*, de Sinope : *Sinopeus Cynicus* Ov. Pont. 1, 3, 67, le Cynique de Sinope = Diogène ; *Sinopicum minium* Cels. 5, 19, 21, V. Sinopis.

Sĭnōpis, *ĭdis*, f. (σινωπίς ; fr. *sinople*), terre de Sinope, variété d'ocre rouge : Plin. 35, 31.

sinta, *ae*, m. (σίντης), sorte de gladiateur : Aug. Catech. 16, 25.

Sintĭcē, *ēs*, f., contrée de la Macédoine Atlas VI, A2 : Liv. 44, 46, 2 ; 45, 29, 6 ǁ **-ĭcus**, *a*, *um*, de la Sintique : Plin. 4, 35 ǁ **Sintii**, m. pl., habitants de la Sintique : Liv. 42, 51, 7.

Sintŭla, *ae*, m., nom d'homme : Amm. 20, 4, 3.

sinŭāmĕn, *ĭnis*, n. (*sinuo*), courbure, sinuosité : Prud. Psych. 870 ; Juvc. 1, 87.

sinŭātĭo, *ōnis*, f. (*sinuo*), V. *sinuamen* : Fulg. Myth. 1, pr. 14, 10 H.

1 **sĭnŭātus**, *a*, *um*, part. de *sinuo*.

2 **sĭnŭātŭs**, abl. *ū*, m., courbure : Prisc. 2, 263, 11.

Sĭnŭessa, *ae*, f., ville-frontière du Latium Atlas XII, E4 : Cic. Att. 9, 16, 1 ; Liv. 10, 21, 8 ; Plin. 3, 59 ǁ **-ānus**, *a*, *um*, de Sinuessa : Cic. Att. 14, 8, 1.

sĭnum, *i*, n., arch. **sīnus**, *i*, m., Pl. Curc. 82 ; Ru. 1319, jatte : Varr. L. 5, 123 ; Virg. B. 7, 33 ; Cic. Frg. K. 14.

sĭnŭō, *ās*, *āre*, *āvī*, *ātum* (2 *sinus*), tr., rendre courbe, rendre sinueux, courber : Virg. En. 2, 208 ; Ov. M. 9, 64 ; *arcum* Ov. M. 8, 381, bander un arc ; *orbes* Tac. An. 6, 37, former des cercles ǁ *sinuari in arcus* Ov. M. 3, 42, se plier en arc ; *muri introrsus sinuati* Tac. H. 5, 11, murs à angles rentrants ; *in Chattos sinuari* Tac. G. 35, former une courbe jusque chez les Chattes ǁ creuser en formant une sinuosité : Col. 7, 8, 21.

sĭnŭōsē, adv. (*sinuosus*), d'une manière sinueuse ǁ [fig.] *sinuosius* Gell. 12, 5, 6, d'une manière plus détournée.

sĭnŭōsus, *a*, *um* (*sinus*), courbé, recourbé, sinueux : Virg. G. 1, 244 ; En. 11, 753 ; Plin. 5, 113 ǁ [fig.] avec des digressions, contourné, compliqué : Quint. 2, 4, 3 ; Gell. 14, 2, 13 ǁ [poét.] *sinuoso in pectore* Pers. 5, 27, dans les replis (au fond) du cœur.

1 **sīnus**, *i*, m., V. *sinum*.

2 sĭnŭs, *ūs*, m. (?) ¶ **1** courbure, sinuosité, pli : Cic. *poet. Nat.* 2, 106 ; Ov. *M.* 15, 689 ‖ plis de la voile [que le vent fait disparaître en la gonflant] : Virg. *En.* 3, 455 ; 5, 831 ¶ **2 a)** concavité, creux : *terra in ingentem sinum consedit* Liv. 30, 2, 12, la terre s'affaissa, creusant un vaste entonnoir **b)** golfe, anse, baie : Cic. *Verr.* 5, 30 ; *Att.* 16, 6, 1 ; Caes. *C.* 2, 32 ; Sall. *J.* 78, 2 ‖ *sinus montium* Curt. 3, 9, 12, la cuvette formée par les montagnes ¶ **3** [en part.] le pli de la toge [quand, ayant passé derrière l'épaule droite, elle remonte sur l'épaule gauche pour pendre le long du dos, elle forme en travers sur la poitrine un large pli] : **a)** *sinum ad ima crura deducere* Suet. *Caes.* 82, abaisser le pli de la toge jusqu'aux pieds ; *aliquid ferre sinu laxo* Hor. *S.* 2, 3, 172, porter qqch. dans le pli trop lâche de sa toge [au risque de le perdre ; le pli servait en effet de poche] : Cic. *Verr.* 5, 147 ; Liv. 21, 18, 13 ; Quint. 7, 1, 30 ; [fig.] Tac. *H.* 3, 19 ‖ [il servait de bourse] : Prop. 2, 16, 12 ; Ov. *Am.* 1, 10, 18 ; Sen. *Ben.* 6, 43, 1 ; *abditis pecuniis per occultos aut ambitiosos sinus* Tac. *H.* 2, 92, en cachant leur argent grâce à des bourses [= chez des personnes] obscures ou en vue ; *Scaurus, rapinarum sinus* Plin. 36, 116, Scaurus, receleur des rapines **b)** pli d'autres vêtements : Virg. *En.* 1, 320 ‖ [p. ext.] vêtements : Ov. *H.* 13, 36 ; *F.* 2, 310 ; 5, 28 **c)** [fig.] sein, poitrine : *sit in sinu et complexu meo* Cic. *Fam.* 14, 4, 3, qu'il soit sur mon sein et dans mes bras, cf. Cic. *Cat.* 2, 22 ; *suo sinu complexuque aliquem recipere* Cic. *Phil.* 13, 9, recevoir qqn sur son sein et dans ses bras ; *esse in sinu* Cic. *Q.* 2, 13, 1, être dans le cœur, dans l'affection de qqn ; *in sinu gaudere* Cic. *Tusc.* 3, 51, se réjouir intérieurement ; *tamquam res publica in Vespasiani sinum cessisset* Tac. *H.* 3, 69, comme si l'État était venu dans les bras de Vespasien **d)** *in sinu urbis* Sall. *C.* 52, 35, au sein, au cœur de la ville, cf. Cic. *Verr.* 5, 96 ; *Rep.* 3, 43 ‖ *in sinu Abrahae* Vulg. *Luc.* 16, 22, dans le sein d'Abraham ; Tert. *Marc.* 4, 34, 10 ¶ **4** partie retirée, replis, rayons [d'une bibliothèque] : Cassiod. *Inst.* 1, 31, 2.
▶ dat. abl. pl. *sinibus*.

1 sĭōn (**sĭum**), *ii*, n. (σίον), berle [plante] : Plin. 22, 84 ; 26, 88.

2 Sĭōn, f. indécl., montagne de Jérusalem : Prud. *Ham.* 459 ‖ Jérusalem : Vulg. *Is.* 64, 10.

sĭpărĭum, *ii*, n. (*siparum, supparum*, cf. P. Fest. 459, 4) ¶ **1** rideau [manœuvré entre les scènes, tandis que l'*aulaeum* ne l'était qu'au début ou à la fin de la pièce] : Apul. *M.* 1, 8 ; 10, 29 ‖ [fig.] *post siparium* Cic. *Prov.* 14, en cachette [derrière le rideau, dans la coulisse] ¶ **2** style comique, comédie : *multa coturno, non tantum sipario fortiora* Sen. *Tranq.* 11, 8, beaucoup de pensées dont la force dépasse le cothurne (la tragédie) et pas seulement la scène comique, cf. Juv. 8, 186

¶ **3** rideau garantissant du soleil le tribunal : Quint. 6, 1, 32 ; 6, 3, 72.

sīpărum, Sen. *Ep.* 77, 1 ; *Med.* 328, **sīphărum**, Front. *Ant.* 1, 2, 5, p. 97 N, *i*, n. (σίφαρος) ¶ **1** c.▶ *supparum*, petite voile de perroquet ¶ **2** rideau de théâtre : Tert. *Val.* 13, 2 ¶ **3** étendard [sur un navire] : Paul.-Nol. *Ep.* 49, 3 ¶ **4** *siphara*, *ōrum*, n. pl., morceaux d'étoffe carrée des *vexilla* et des *cantabra* : Tert. *Apol.* 16, 8.

Sĭphae, *ārum*, f. pl., ville de Béotie : Plin. 4, 8.

Sĭphnus (-ŏs), *i*, f. (Σίφνος), une des Cyclades : Mel. 2, 111 ; Plin. 4, 66 ‖ **-ĭus**, *a, um*, de Siphnos : Plin. 36, 159.

sīpho, *ōnis*, m. (σίφων ; it. *sifone*) ¶ **1** siphon [grec διαβήτης] : Sen. *Nat.* 2, 16 ; Col. 3, 10, 2 ; Plin. 2, 166 ¶ **2** pompe à incendie : Plin. *Ep.* 10, 33, 2 [cf.▶ *Ctesibica machina*] ¶ **3** petit tube : Cels. 1, 8, 3 ¶ **4** jet [d'un liquide] : Juv. 6, 310.

sīphon, c.▶ *sipho* : Isid. 20, 6, 9.

sīphōnārĭus, **sīpōnārĭus**, *ii*, m. (*sipho*), pompier : CIL 6, 2994.

sīphuncŭlus, *i*, m. (dim. de *sipho*), petit tuyau : Plin. *Ep.* 3, 6, 23.

sīpiōtĭcŏn, v.▶ *sepioticon*.

1 sĭpō, *ās*, *āre*, -, -, v.▶ *supo*.

2 sīpo, c.▶ *sipho* : Plin. *Ep.* 10, 33, 2.

sĭpōlindrum, *i*, n., sorte d'aromate : *Pl. Ps.* 832 [*cepolendrum* A].

sīpōnārĭus, v.▶ *siphonarius*.

Sīpontum (-puntum), *i*, n. (Σιπούς), ville d'Apulie [Siponto] Atlas XII, E5 : Cic. *Att.* 9, 15, 1 ; Plin. 3, 103 ‖ **-īnus**, *a, um*, de Siponte : Cic. *Agr.* 2, 71.

siptăcē, *ēs*, f. (cf. *pittacus*), nom indien du *psittacus* [perruche] : Plin. 10, 117.

sīpuncŭlus, c.▶ *siphunculus* : *Front. Orat.* 12 C, p. 158 N.

Sīpūs, *untis*, f., c.▶ *Sipontum* : Luc. 5, 377 ; Sil. 8, 635.

Sĭpўlus, *i*, m. (Σίπυλος) ¶ **1** nom d'un fils de Niobé : Ov. *M.* 6, 231 ¶ **2** le mont Sipyle, en Lydie [où est adoré la Magna Mater] : Cic. *Q.* 2, 11, 3 ; Liv. 36, 43, 9 ‖ **-ēus**, Stat. *S.* 5, 1, 33 ‖ **-ēus**, *a, um*, Aus. *Epit.* 28 (244), 1 et **-ēnŏs**, *ē, ŏn*, *Ulp. Reg.* 22, 6, du Sipyle.

1 sīquă, **sī quā**, v.▶ *quis*.

2 sīquā, **sī quā**, adv., si par qq. côté, v.▶ **2** *quā*.

sīquando, **sī quando**, v.▶ *quando*.

1 sīqui, **sī qui**, v.▶ *qui*.

2 sīquī, **sī quī**, adv., si de qq. manière, v.▶ *qui*.

sīquĭdĕm (sī quĭdĕm), conj., si vraiment : Cic. *Tusc.* 1, 3 ; *Nat.* 3, 79 ‖ oui, si ; au moins si : Cic *Tusc.* 2, 39 ; 3, 76 ‖ puisque : *Tusc.* 1, 54 ; 3, 8.
▶ *sīquĭdem* Ov. *M.* 10, 104.

sīquis ou **sī quis**, v.▶ *quis*.

sīquō, **sī quō**, adv., v.▶ **2** *quo*.

Sirăci, *ōrum*, m. pl., peuple de Sarmatie Atlas I, C7 : Tac. *An.* 12, 15.

Sirae, *ārum*, f. pl. (Σεῖραι), ville de Thrace : Liv. 45, 4.

sĭraeum, *i*, n. (σίραιον), vin cuit : Plin. 14, 80.

Sĭrapilli, *ōrum*, m. pl., peuple de Pannonie : Plin. 3, 147.

sirbēnus, *a, um* (συρβηνός), qui bredouille : Front. *Eloq.* 4, 1, p. 149 N.

Sirbĭtum, *i*, n., ville d'Éthiopie : Plin. 6, 194.

Sirbōnis lacus, m., lac de la Basse-Égypte : Plin. 5, 68.

sircĭtŭla, *ae*, f. (?), sorte de raisin : Col. 12, 43, 9.

sircŭla, *ae*, f., c.▶ *sircitula* : *Plin. 14, 34.

Sirecae, *ārum*, m. pl., peuple de la Troglodytique : Plin. 6, 176.

Sīrēdŏnes, *um*, c.▶ *Sirenes* : Aus. *Griph.* 2 (336), 20.

sīremps [peu net = *similis res ipsa*, d'après P. Fest. 467, 5], indécl., absolument semblable : Cat. *Orat.* 234 ; CIL 1, 582, 12 ; 585, 27, cf. L. d. Frontin. *Aq.* 129, 8 ; *omnium rerum... siremps lex esto* Sen. *Ep.* 91, 16, que tout soit soumis à la même loi.

sīrempsĕ, indécl., c.▶ *siremps* : *Pl. Amp.* 73.

Sīrēn, *ēnis*, f. (Σειρήν) ¶ **1** Sirène [d'après la tradition de l'Odyssée, les Sirènes sont des divinités de la mer qui, à l'entrée du détroit de Sicile, attiraient à elles par leurs chants d'un attrait irrésistible les navigateurs passant dans leurs parages et les entraînaient à la mort ; on les représente avec un corps d'oiseau et une tête de femme] : Sil. 14, 473 ; d'ordin. pl. : Cic. *Fin.* 5, 49 ; *Sirenum scopuli* Virg. *En.* 5, 854, rochers des Sirènes [près de Caprée] ¶ **2** [fig.] Sirène = qui chante agréablement : Poet. d. Suet. *Gr.* 11 ; Juv. 14, 18 ‖ [poét.] *improba Siren desidia* Hor. *S.* 2, 3, 14, la trompeuse sirène qu'est la paresse ¶ **3** faux-bourdon [insecte] : Plin. 11, 48.

Sīrēna, *ae*, f., c.▶ *Siren* : Hier. *Ep.* 22, 6 ; 54, 13 ; Capel. 6, 641.

Sīrēnaeus (-ēus), *a, um*, des Sirènes : Hier. *Ep.* 82, 5.

Sīrēnis, *ĭdis*, adj. f., des Sirènes : *Sirenis rupes* Prisc. *Perist.* 354, le rocher des Sirènes.

Sīrēnius, *a, um* (Σειρήνιος), des Sirènes : Gell. 16, 8, 17.

Sīrĭăcus, *a, um* (Σειριακός), de Sirius, de la canicule : Avien. *Arat.* 285.

sīrĭăsis, *is*, f. (σειρίασις), siriasis [sorte de fièvre] : Plin. 22, 59 ; 30, 135.

sīrĭcae, *ārum*, f. pl., c.▶ *sericae*, vêtements de soie : CIL 4, 1940.

sīrĭcārĭus, c.▶ *sericarius* : CIL 6, 9678.

Sīrīnus, *a, um*, de Siris [ville et fleuve de Lucanie]: Plin. *3, 97* ‖ subst. m. pl., habitants de Siris: Plin. *3, 98.*

sīrinx, v. *syrinx*.

Sirĭo, *ōnis*, m. ou f., ville d'Aquitaine [sur le Ciron, affluent de la Garonne]: Anton. *461*.

1 **sīris, sīrit, sīrĭtis**, v. *sino* ►.

2 **Sīris**, *is*, m. (Σῖρις) ¶ **1** nom d'une partie du Nil en Éthiopie: Plin. *5, 54* ¶ **2** fleuve de Lucanie Atlas III, F5: Plin. *3, 97* ¶ **3** f., surnom de la ville d'Héraclée: Plin. *3, 97*.

Sīristē, adv. (Συριστί), en syriaque: Eger. *47, 3*.

sīrĭum, *ĭi*, n., armoise [plante]: Ps. Apul. *Herb. 10*.

Sīrĭus, *ĭi*, m. (Σείριος), Sirius [une des étoiles de la canicule], la canicule: Virg. *G. 4, 425*; Tib. *1, 7, 21*; Hyg. *Astr. 3, 34* ‖ **Sirius**, *a, um*, de Sirius: Virg. *En. 10, 273*; Col. *10, 289*.

Sirmĭo, *ōnis*, f., péninsule du lac Bénacus où Catulle avait une propriété: Catul. *31, 1*.

Sirmĭum, *ĭi*, n., ville de Pannonie [auj. Sremska-Mitrovica] Atlas I, C5: Sidon. *Carm. 5, 109*; Aus. *Epist. 16, 2 (406), 1* ‖ **-iensis**, *e*, de Sirmium: Ambr. *Spir. 3, 10, 59* ‖ **-ienses**, *ĭum*, m. pl., habitants de Sirmium: Plin. *3, 148*.

Sirnĭdes, *um*, f. pl., îles voisines de la Crète: Plin. *4, 61*.

Sīro, *ōnis*, m. (Σείρων), Siron [philosophe épicurien, ami de Cicéron et maître de Virgile]: Cic. *Ac. 2, 106*; *Fin. 2, 117*; *Fam. 6, 11, 2*; Catal. *5, 9*; *8, 1*.

sīrŏmastēs, *ae*, m. (σειρομάστης), bâton muni d'un crochet dont se servent les douaniers pour sonder les tas de blé: Hier. *Ep. 109, 3*; *147, 9*.

Sirōna, *ae*, f., nom d'une déesse des Gaulois: CIL *13, 5424*.

sirpĕ, *is*, n. (cf. σίλφιον), c. *laser* [condiment]: Pl. *Ru. 630*; Solin. *17, 48*.

sirpĕa, sirpĭa, v. *scirpea*.

sirpĭcĭum, *ĭi*, n. (sirpe, laserpicium), gomme silphium: Cat. *Agr. 157, 7*.

sirpĭcŭlus, v. *scirpiculus*.

1 **sirpĭcus**, *a, um* (sirpe), fait avec du laser: Solin. *27, 49*.

2 **Sirpĭcus**, *i*, m., nom d'homme: Tac. *An. 1, 23*.

sirpō, *ās, āre*, -, -, v. *scirpo*.

sirpus, v. *scirpus*.

sirulugus, *i*, m. (?), animal inconnu: Plin. *30, 146*.

sīrus, *i*, m. (σιρός; esp. *silo*), silo à grain: Varr. *R. 1, 57, 2*; Plin. *18, 306*.

1 **sīs**, = *si vis*, si tu veux, s'il te plaît, de grâce: Pl., Ter., Cic. *Amer. 48*; *Mil. 60*.

2 **sīs**, subj. prés. de *sum*.

3 **sīs**, v. *suus* ►.

Sisăpo, *ōnis*, f., ville de Bétique Atlas I, D2; IV, D2: Cic. *Phil. 2, 48*; Plin. *3, 14* ‖ **-ōnensis**, *e*, de Sisapo: Plin. *33, 121*.

Siscĭa, *ae*, f., ville de Pannonie Atlas I, C4; XII, B5: Plin. *3, 147*; Vell. *2, 113*.

Sīsĕbūtus, *i*, m., Sisebut [roi wisigoth, 612-621]: Isid. *Nat. tit.*

sĭsĕlĕum, c. *seseli*: M.-Emp. *20, 88*.

Sĭsenna, *ae*, m., surnom romain; not^t L. Cornélius Sisenna, orateur et historien, contemporain de Cicéron: Cic. *Brut. 228*; *Leg. 1, 7*; Sall. *J. 96, 2* ‖ autres du même nom: Hor. *S. 1, 7, 8*; Tac. *An. 2, 1*.

Sĭsennus, *i*, m., nom d'homme: Fort. *Carm. 1, 2, 21*.

sĭsĕr, *ĕris*, n. (σίσαρον), panais [plante à racine comestible]: Col. *11, 3, 18*; Plin. *19, 20* ‖ f. pl., *siseres* Plin. *20, 35*.

sĭsĕra, *ae*, f., c. *siser*: Varr. *R. 3, 16, 26*.

Sĭsichthōn, *ŏnis*, m. (Σεισίχθων), surnom de Neptune: Amm. *17, 7, 12*.

Sisolenses, *ĭum*, m. pl., ancien peuple du Latium: Plin. *3, 69*.

sispĕs, *pĭtis*, m. f., c. *sospes*: Fest. *462, 2*; Gloss. *5, 482, 20*.

Sispĭta, *ae*, f., c. *Sospita*: CIL *14, 85*.

sissent, v. *sino* ►.

sissĭăt (cf. *siat, sessio?*), intr., [mot enfantin] il fait caca [3e sg.]: Gloss. *2, 185, 14*.

sissīna (sess-), *ae*, f. (express.), bout de sein: Placit. *3, 21*; *22*.

sistis (de *sisto*), v. *sino* ►.

sistō, *ĭs, ĕre, stĕtī (stĭtī), stătum* (cf. *sto*, ἴστημι, scr. *tiṣṭhati*), tr. et intr.

> I tr. ¶ **1** "placer" ¶ **2** "se présenter" [justice] ¶ **3** "arrêter" ¶ **4** "consolider".
> II intr. ¶ **1** "se placer" ¶ **2** "comparaître" ¶ **3** "s'arrêter" ¶ **4** "tenir bon" ¶ **5** [pass. impers.] "résister".

I tr. ¶ **1** faire se tenir, placer, poser, mettre, établir: *monstrum sacrata sistimus arce* Virg. *En. 2, 245*, nous plaçons le monstre [le cheval de bois] dans l'enceinte sacrée de la citadelle; *templum juxta equos sistere* Tac. *An. 12, 13*, poster des chevaux près du temple, cf. Tac. *H. 3, 77*; *alicui jaculum in ore* Virg. *En. 10, 323*, planter un javelot dans la bouche de qqn; *huc siste sororem* Virg. *En. 4, 634*, fais venir ici ma sœur ‖ ➥ *statuere*, élever, dresser, ériger [temple, trophées]: Tac. *An. 4, 37*; *15, 18*; *15, 72* ‖ *fana* Fest. *476, 14*; P. Fest. *477, 3*, déterminer les emplacements de temples futurs dans une fondation de ville, [ou d'après Antistius Labeo] établir des *lectisternia* à jours et endroits déterminés ¶ **2** faire comparaître devant le tribunal à une date fixée; *se sistere* ou *sisti*, comparaître, se présenter au jour dit: Cic. *Quinct. 67*; Gell. *7, 1, 10* ‖ *vadimonium sistere* Cic. *Quinct. 30*, tenir l'engagement pris, comparaître, se présenter ‖ [en gén.]: *vas factus est alter ejus sistendi* Cic. *Off. 3, 45*, l'autre se porta caution de la comparution de celui-ci = de son retour; *sisto tibi me* Pl. *Curc. 163*, je me présente à ta sommation; [d'où] venir se présenter, venir trouver qqn d'après une promesse faite: Cic. *Att. 3, 25*; *10, 16, 6* ¶ **3** arrêter: *se sistere* Virg. *En. 11, 853*, s'arrêter; *gradum* Virg. *En. 6, 465*; *pedem* Ov. *Rem. 80*, arrêter sa marche; *fugam* Liv. *30, 12, 1*, arrêter la fuite; *iter* Tac. *H. 3, 50*, faire halte; *legiones Sabinas* Liv. *1, 37, 3*, arrêter l'élan des légions sabines, cf. Liv. *10, 14, 18*; Curt. *5, 3, 11*; Tac. *H. 3, 71*; *se ab effuso cursu* Liv. *6, 29, 3*, s'arrêter dans sa course désordonnée; *aquam fluviis* Virg. *En. 4, 489*, suspendre le cours des fleuves, cf. Ov. *M. 7, 154*; *sanguinem* Tac. *An. 15, 54*, arrêter le sang ‖ [fig.] *lacrimas, querelas* Ov. *F. 1, 367*; *M. 7, 711*, cesser ses larmes, ses plaintes; *ruinas* Plin. *Pan. 50, 4*, arrêter les destructions ¶ **4** affirmer, consolider: *rem Romanam* Virg. *En. 6, 858*, assurer l'existence de l'État romain [facere ut stet], cf. Liv. *3, 20, 8* ¶ **5** fixer, déterminer, au part., v. *1 status*.

II intr. ¶ **1** se poser, se placer, se tenir: *capite* ou *ore* Pl. *Curc. 287*; *Cap. 793*, se tenir sur la tête, sur la figure, être renversé sur la tête la première; *in terra sistere terram* Lucr. *2, 603*, la terre se poser sur la terre; *sistere legionem in aggere jubet* Tac. *H. 3, 21*, il ordonne à la légion de se poster sur le remblai ¶ **2** comparaître devant le tribunal: Cic. *Quinct. 25* ¶ **3** s'arrêter: *ubi sistere detur* Virg. *En. 3, 7*, [ne sachant] où il leur est donné de s'arrêter; *sistunt amnes* Virg. *G. 1, 479*, les fleuves s'arrêtent ¶ **4** tenir bon, tenir ferme: Virg. *En. 11, 873* ‖ résister; *alicui*, à qqn: Tac. *H. 1, 35* ‖ [fig.] subsister, se maintenir: Cic. *Verr. 3, 223* ¶ **5** [pass. impers.]: *non sisti potest* Pl. *Trin. 720*, on ne peut plus tenir [cela ne peut continuer]; *sisti non posse* Liv. *45, 19, 13*, [il disait] que toute résistance serait impossible, cf. Liv. *2, 29, 8*; *3, 9, 8*; *29, 10, 1*.

► dans Virg. *En. 3, 403*; Liv. *8, 32, 12* les formes *stet-* relèvent plutôt de *stare*, cf. Gell. *2, 14, 1*.

sistrātus, *a, um* (sistrum), qui porte un sistre: *sistrata turba* Mart. *12, 29, 19*, les prêtres d'Isis.

sistrĭfĕr, *ĕra, ĕrum*, qui porte le sistre: Anth. *4, 99*.

sistrĭgĕr, *ĕra, ĕrum*, c. *sistrifer*: CIL *8, 212, v. 84*.

sistrum, *i*, n. (σεῖστρον), sistre [sorte de crécelle métallique utilisée dans le culte d'Isis]: Virg. *En. 8, 696*; Ov. *M. 9, 692*.

sĭsurna (σισύρνα), **sĭsўra** (σισύρα), *ae*, f., fourrure grossière, peau garnie de son poil: Amm. *16, 5, 5*.

Sisygambis, *is*, f. (Σισύγαμβις), nom de la mère et de la femme de Darius Codoman : Curt. 3, 3, 22.

sĭsymbrĭum, *ii*, n. (σισύμβριον), cresson de fontaine : Plin. 20, 247 ‖ menthe sauvage : Ov. F. 4, 869 ; Plin. 19, 172.

Sĭsȳphēĭus, *a*, *um*, ▶ *Sisyphius* : Avien. Arat. 598.
▶ avec Sĭ- contre l'usage.

Sĭsȳphēus, *a*, *um*, ▶ *Sisyphius* : Myth. 2, 105.

Sĭsȳphĭdēs, *ae*, m. (Σισυφίδης), fils de Sisyphe [Ulysse] : Ov. A. A. 3, 313.

Sĭsȳphĭus, *a*, *um*, de Sisyphe : Prop. 2, 17, 7 ; Ov. H. 12, 204 ‖ de Corinthe : Sil. 14, 51.

Sĭsȳphus (-ŏs), *i*, m. (Σίσυφος), Sisyphe [fils d'Éole, fondateur de Corinthe, célèbre pour sa ruse, puni aux Enfers] : Cic. Tusc. 1, 98 ; Hor. S. 2, 3, 21 ; Ov. M. 4, 459.

sĭsȳrinchĭŏn (-ingĭŏn), *ii*, n. (σισυρίγγιον), sorte d'iris [plante] : Plin. 19, 95.

sĭsȳrum, *i*, n. (grec), nom de la bruyère en arbre chez les Eubéens : Plin. 11, 42.

sītănĭus, *a*, *um* (σητάνιος), de l'année : *panis* Plin. 22, 139, pain fait avec du blé de l'année.

sītarcĭa (-chia), *ae*, f. (σιταρκία), provisions, vivres : Apul. M. 2, 11, 3 ; Hier. Mal. 10 ‖ sac, sacoche : Isid. 20, 9, 6.

sĭtella, *ae*, f. (dim. de *situla* ; fr. *seau*), urne [de scrutin] : Cic. Nat. 1, 106 ; Liv. 25, 3, 16 ; 41, 18, 8.

Sīthōn, *ōnis*, m. (Σίθων), nom d'un hermaphrodite : Ov. M. 4, 280.

Sīthōnē, *ēs*, f. (Σιθώνη), ville de Macédoine : Plin. 4, 38.

Sīthŏnes, *um*, m. pl., ▶ *Sithonii* ‖ adj., des Thraces : Ov. F. 3, 719.

Sīthŏnĭi, *ōrum*, m. pl., les Thraces : Hor. O. 1, 18, 9 ; Plin. 4, 41.

Sīthŏnis, *ĭdis*, f., de Thrace : Ov. H. 2, 6 ‖ subst. f., une femme de Thrace : Ov. Rem. 605.

Sīthŏnĭus, *a*, *um*, de Thrace : Virg. B. 10, 66 ; Hor. O. 3, 26, 10.

sĭtĭcen, *ĭnis*, m. (1 *situs* ¶ 3, *cano*), trompette qui joue aux funérailles : Cat. Orat. 223 ; Gell. 20, 2.

sĭtĭcŭlōsē, adv., avec soif : Aldh. Ep. 13.

sĭtĭcŭlōsus, *a*, *um* (*sitis*), desséché : [chaux] Vitr. 7, 2, 2 ‖ aride [sol] : Hor. Epo. 3, 16 ‖ altéré : Sidon. Ep. 2, 2, 12 ‖ altérant : Plin. 23, 104.

sĭtĭens, *entis*, ▶ *sitio*.

sĭtĭentĕr, adv. (*sitiens*), avidement, ardemment : Cic. Tusc. 4, 37 ; Lact. Inst. 2, 1, 3.

Sĭtĭfis, n. indécl., **Sĭtĭfis**, *is*, f., colonie romaine en Maurétanie [auj. Sétif] Atlas I, D3 ; VIII, A2 : Amm. 28, 6, 23 ‖ **-ensis**, *e*, de Sétif, sitifien : CIL. 8, 8480.

sĭtĭō, *īs*, *īre*, *īvī* ou *ĭi*, *ītum* (*sitis*) ¶ 1 intr., avoir soif : **a)** *sitio* Pl. Cas. 725, j'ai soif, cf. Curc. 103 ; Lucr. 4, 1100 ; *sitiens* Cic. Fin. 2, 64, ayant soif ‖ *aeris* Symm. Ep. 1, 27, avoir soif (besoin) d'air **b)** = avoir besoin d'eau, être à sec : *agri sitiunt* Cic. Or. 81, les champs sont altérés, cf. Virg. B. 7, 57 ; G. 4, 402 ¶ 2 tr., avoir soif de, désirer boire : **a)** *Tagum* Mart. 10, 98, avoir soif des eaux du Tage ; *quo plus sunt potae, plus sitiuntur aquae* Ov. F. 1, 216, plus on a bu d'eau, plus on veut en boire **b)** [fig.] *nostrum sanguinem* Cic. Phil. 2, 20, avoir soif de notre sang ; *honores* Cic. Q. 3, 5, 3, avoir soif d'honneurs, cf. Cic. Rep. 1, 66 ‖ [d'où le part.] *sitiens*, avide : *sitientes aures* Cic. Att. 2, 14, 1, oreilles avides ; [avec le gén.] *sitiens virtutis tuae* Cic. Planc. 13, avide de tes talents, cf. Cic. de Or. 3, 75 ; Gell. 12, 2, 13 ‖ [chrét.] avoir soif de : *sitivit in te anima mea* Vulg. Psal. 62, 2, mon âme a eu soif de toi ; [pass. impers.] *sititur* Aug. Serm. 104, 3, on a soif.

Sĭtĭogagus, *i*, m., rivière d'Asie : Plin. 6, 99.

sĭtis, *is*, f. (cf. φθίσις "consumption", scr. *kṣiti-s* ; it. *sete*, fr. *soif*) ¶ 1 soif : *sitim depellere* Cic. Fin. 1, 37, *explere* Cic. CM 26, chasser la soif, étancher sa soif ; *quaerere* Cic. Phil. 5, 19, chercher à avoir soif ‖ [poét.] = manque d'eau : Virg. G. 2, 353 ; Tib. 1, 4, 42 ; Plin. 19, 29 ¶ 2 [fig.] **a)** *cupiditatis sitis* Cic. Par. 6, la soif, l'avidité du désir **b)** *libertatis* Cic. Rep. 1, 66, la soif de la liberté, cf. Hor. Ep. 1, 18, 28 ; Juv. 10, 140 ; Quint. 6, 3, 19.

sītista ōva, n. (σιτιστός), œufs nourris [tout en jaune] : Plin. 29, 45.

sĭtītŏr, *ōris*, m. (*sitio*), qui a soif de, avide de : Mart. 12, 3, 12 ; Apul. M. 1, 2, 6.

sītōna, *ae*, m. (σιτώνης), intendant des greniers publics : Dig. 50, 8, 9, 6.

Sitōnes, *um*, m. pl., peuple de Germanie : Tac. G. 45.

sītōnĭa, *ae*, f. (σιτωνία), intendance des greniers publics : Ulp. Dig. 50, 5, 2.

sītōnĭcŏn, *i*, n. (σιτωνικόν), caisse pour l'achat de blé : CIL 3, 6998.

Sitrae, *ārum*, m. pl., peuple de Mésopotamie : Plin. 6, 118.

Sittăcē, *ēs*, f., ▶ *Sittica*.

Sittăcēnē, *ēs*, f. (Σιττακηνή), la Sittacène, province d'Arménie méridionale : Plin. 6, 132.

Sittica, *ae*, f., capitale de la Sittacène : Plin. 6, 132.

Sittĭus, *ii*, m., nom d'homme : Cic. Fam. 5, 17 ; Sall. C. 21, 3 ‖ **Sittĭānus**, *a*, *um*, de Sittius : Cic. Fam. 8, 2, 2 ; 8, 4, 5.

sittybŏs (silly-), *i*, m. (σίττυβος), étiquette de parchemin portant les titres et auteurs des livres : Cic. Att. 4, 5, 3 ; 4, 8, 2.
▶ ou *sillybus* ?

sĭtŭla, *ae*, f. (?; it. *secchia*, fr. *seille*), seau : Pl. Amp. 671 ‖ urne [de vote] : Pl. Cas. 359.

sĭtŭlārĭus, *ii*, m., porteur d'eau : CIL 2, 3442.

sĭtŭlus, *i*, m., seau : Cat. Agr. 10, 2 ; 11, 8 ; Vitr. 10, 4, 4.

sĭtūrus, *a*, *um*, part. fut. de *sino*.

1 sĭtus, *a*, *um* (*sino*) ¶ 1 placé, posé : *in ore sita lingua est* Cic. Nat. 2, 149, la langue est placée dans la bouche, cf. Div. 1, 30 ‖ établi : *juxta siti* Sall. Mithr. 17, les voisins, cf. Tac. An. 12, 10 ; *gens in convallibus sita* Plin. 7, 28, nation établie dans les vallées ‖ fondé [en parlant des églises primitives] : Aug. Petil. 1, 11, 12 ¶ 2 situé : *locus in media insula situs* Cic. Verr. 4, 106, endroit placé au milieu de l'île ¶ 3 [en parl. des morts] placé dans la tombe, enseveli : *hic est ille situs* Enn. d. Cic. Leg. 2, 57, c'est ici qu'il repose, cf. Leg. 2, 56 ‖ [d'où les épitaphes] *hic situs est*, ci-gît ; *hic siti sunt*, ici reposent ¶ 4 bâti, élevé, dressé : Tac. An. 3, 38 ; 6, 41 ¶ 5 [fig.] **a)** *aliquid situm est in aliquo* Cic. Mur. 83, qqch. repose sur qqn, dépend de qqn, est en son pouvoir ; *quantum est situm in nobis* Cic. Arch. 1, autant qu'il dépend de nous ; *est situm in nobis, ut* Cic. Fin. 1, 57, il dépend de nous de ; *quae sunt in casu sita* Cic. Off. 1, 115, les biens qui relèvent du hasard **b)** *in officio colendo sita vitae est honestas omnis* Cic. Off. 1, 4, c'est dans la pratique du devoir que consiste toute l'honnêteté, cf. Cic. Tusc. 5, 25.

2 sĭtŭs, *ūs*, m. (*sino*) ¶ 1 position, situation [d'une ville, d'un camp] : Cic. Verr. 5, 26 ; Rep. 2, 22 ; Caes. G. 5, 57, 3 ‖ place, disposition des membres dans le corps humain : Cic. Nat. 2, 153 ; Tusc. 1, 41 ‖ pl., *situs oppidorum* Caes. G. 3, 12, situation des places fortes ; *castrorum situs cognoscere* Caes. G. 7, 83, 1, apprendre la position des camps ‖ [d'où] région, contrée : Plin. 2, 245 ; 3, 108 ¶ 2 situation prolongée [d'où] : **a)** état d'abandon, de délaissement, jachère [champs] : Virg. G. 1, 72 **b)** moisissure, rouille, pourriture, détérioration : *arma situ squalent* Quint. 10, 1, 30, les armes sont tachées de rouille ; *mens velut in opaco situm ducit* Quint. 1, 2, 18, l'esprit, comme un objet à l'ombre, se rouille ; *verborum situs* Sen. Ep. 58, 5, rouille des mots = mots surannés, tombés en désuétude, cf. Hor. Ep. 2, 2, 118 **c)** saleté corporelle, malpropreté : Cic. poet. Tusc. 3, 26 ; Ov. M. 8, 802 **d)** inaction, oisiveté : Liv. 33, 45, 7 ; Ov. Tr. 5, 12, 2.

sĭum, *ii*, ▶ *1 sion*.

sīvĕ, **seu**, arch. **seive**, CIL 1, 401, conj. (*si*, *-ve*) ¶ 1 ou si : *si... sive* Caes. G. 4, 17, si... ou si ‖ *postulo, sive aequumst, te oro* Ter. And. 190, je te demande, ou, s'il le faut, je te prie ¶ 2 *sive... sive*, soit que... soit que : **a)** [avec un verbe dans chaque membre] Cic. Cat. 4, 11 ; Tusc. 1, 76

b) [avec un verbe commun] *sive casu accidit sive consilio* Cic. *Tusc.* 4, 64, que l'événement soit dû au hasard ou à la volonté; *sive iracundia, sive dolore, sive metu permotus* Cic. *Att.* 10, 4, 6, sous l'empire soit de la colère, soit de la douleur, soit de la crainte ‖ *sive... seu; seu... sive,* ⚫ *seu* ¶ **3** *sive... an* Tac. *An.* 11, 26, soit... soit plutôt; *sive... seu... an* Tac. *An.* 14, 59, soit... soit... soit plutôt ¶ **4** = ou: *sive etiam* Cic. *Q.* 1, 1, 4, ou même; *ejectus sive emissus* Cic. *Sull.* 17, rejeté ou renvoyé; *sive adeo* Cic. *Verr.* 1, 87, *sive potius* Cic. *Att.* 8, 3, 3, ou pour mieux dire.

sīvī, parf. de *sino*.

sĭzĭō, *īs, īre*, -, -, siffler: Boet. *Anal. post.* 2, p. 211.

smărăgdăchātēs, *ae*, m., nom d'une pierre précieuse: Plin. 37, 139.

smărăgdĭnĕus, *a, um*, d'émeraude: Fort. *Carm.* 8, 8, 18.

smărăgdĭnus, *a, um* (σμαράγδινος), d'émeraude: Vulg. *Esther* 1, 6 ‖ **smărăgdĭnum**, *i*, n., sorte d'emplâtre [vert]: Cels. 5, 9, 4.

Smărăgdītēs mons, m., montagne de Bithynie, près de Chalcédoine: Plin. 37, 73.

smărăgdus, *i*, m. et f. (σμάραγδος; it. *smeraldo*, fr. *émeraude*), émeraude: Varr. *Men.* 382; Sen. *Ep.* 90, 33; Plin. 37, 62; Ov. *M.* 2, 24.
▶ *zmar-* Lucr. 2, 805; 4, 1126; CIL 2, 3386.

smăris, *ĭdis*, f. (σμαρίς), picarel [petit poisson de mer au goût mauvais]: Plin. 32, 108; Ov. *Hal.* 120.

smectĭcus, *a, um* (σμηκτικός), détersif: Plin. 30, 29.

smegma, *ătis*, n. (σμῆγμα), liniment ou topique détersif: Plin. 22, 156 ‖ dat. et abl. pl. *smegmatis* Plin. 31, 105.

Smerdis, *is*, m. (Σμέρδις), fils de Cyrus, tué par l'ordre de son frère Cambyse: Just. 1, 9, 4.

Smertrĭus, *ĭi*, m., Mars celtique: CIL 13, 11975.

smigma, ⚫ *smegma*: Vulg. *Dan.* 13, 17.

1 **smīlax**, *ăcis*, f. (σμίλαξ) ¶ **1** if: Plin. 16, 51 ¶ **2** liseron épineux, salsepareille: Plin. 16, 19; ⚫ *milac*.

2 **Smīlax**, *ăcis*, f., jeune fille qui fut changée en liseron: Ov. *M.* 4, 283.

smīlĭŏn (-lĭon), *ĭi*, n. (σμίλιον), sorte de collyre: *M.-Emp. 35, 32.

1 **Sminthēus (Zmintheēus)**, *a, um*, de Smithée, d'Apollon: Sen. *Ag.* 176.

2 **Smintheūs**, *ĕi* ou *ĕos*, m. (Σμινθεύς), Smithée, surnom d'Apollon: Ov. *F.* 6, 425; *M.* 12, 585.

Sminthĭus, *a, um*, de Sminthe [ville de Troade]: Arn. 3, 119.

smўris, *ĭdis*, f. (σμύρις; it. *smeriglio*, fr. *émeri*, al. *Smirgel*), émeri, pierre dure pour polir le diamant: Isid. 16, 4, 27.

1 **Smyrna (Zmy-)**, *ae*, f., Smyrna, la même que Myrrha, sujet d'un poème d'Helvius Cinna: Catul. 95, 1.

2 **Smyrna (Zmy-)**, *ae*, f. (Σμύρνα) ¶ **1** Smyrne en Ionie [une des villes qui prétendaient avoir donné le jour à Homère] Atlas I, D5; IX, C1; VI, B3: Cic. *Flac.* 71 ¶ **2** *Smyrna Trachea* Plin. 5, 115, un des quartiers d'Éphèse ‖ **-naeus**, *a, um*, de Smyrne: Plin. 5, 120 ‖ d'Homère, [et par ext.] héroïque, épique: Luc. 9, 984; Sil. 8, 595 ‖ **Smyrnaei**, m. pl., les habitants de Smyrne: Cic. *Arch.* 19; Liv. 37, 16, 8.

3 **smyrna (smurna)**, *ae*, f. (σμύρνα), myrrhe: Lucr. 2, 504; ⚫ *myrrha*.

smyrnĭŏn (zmyrnĭum), *ĭi*, n. (σμυρνίον), smyrnium, maceron [plante ombellifère]: Plin. 27, 133.

smўrus (zmy-), *i*, m., le mâle de la murène [poisson]: Plin. 32, 151.

sŏbŏles, sŏbŏlesco, ⚫ *sub-*.

sōbrĭăcus, *a, um* (sobrius, ebriacus), qui n'a pas bu: Inscr. Ross. 1, 160.

sōbrĭē, adv. (*sobrius*), sobrement: Cic. *Off.* 1, 106 ‖ avec sang-froid, avec prudence: Pl. *Cap.* 225.

sōbrĭĕfactus, *a, um*, rendu sage: Apul. *M.* 8, 10.

sōbrĭĕtās, *ātis*, f. (*sobrius*) ¶ **1** tempérance dans l'usage du vin: Sen. *Tranq.* 17, 16 ‖ [en gén.] sobriété: Dig. 1, 7, 17 ‖ prudence: Amm. 31, 10, 19 ¶ **2** [fig.] modération, sagesse: *non plus sapere quam oportet, sed sapere ad sobrietatem* Vulg. *Rom.* 12, 3, ne pas être sage plus qu'il ne faut, mais être sage avec modération: Ambr. *Ep.* 7, 19.

sŏbrīna, *ae*, f. (*sobrinus*), cousine issue de germaine: Tac. *An.* 12, 6.

sŏbrīnus, *i*, m. (*soror*), cousin issu de germain: Cic. *Off.* 1, 54.

sōbrĭō, *ās, āre*, -, - (*sobrius*), tr., rendre sobre: Paul.-Nol. *Carm.* 21, 685.

sōbrĭus, *a, um* (so-, ebrius) ¶ **1** qui n'a pas bu, à jeun: Cic. *Phil.* 2, 31; *Or.* 99 ‖ *sobria pocula* Tib. 1, 6, 28, coupes sobres [de vin mêlé d'eau]; *sobrii convictus* Tac. *An.* 13, 45, banquets sans excès; *sobria uva* Plin. 14, 31, raisin qui n'enivre pas ¶ **2** sobre, frugal, tempérant: Cic. *Verr.* 3, 67; Hor. *O.* 2, 10, 8 ¶ **3** modéré, réservé, rassis: Cic. *Cael.* 74; *sobrii oratores* Cic. *de Or.* 2, 140, orateurs méthodiques, cf. Sen. *Ep.* 114, 3; Gell. 7, 14, 10.
▶ *sobrior* Laber. d. Char. 83, 20.

Socanda, *ae*, f., ville maritime d'Hyrcanie: Amm. 23, 6, 52.

soccātus, *a, um* (*soccus*), chaussé de brodequins: Sen. *Ben.* 2, 12, 2.

soccellus, *i*, Isid. 19, 34, 12, **soccŭlus**, *i*, m. (dim. de *soccus*; it. *zoccolo*, fr. *socle*), Sen. *Ben.* 2, 12, 1; Quint. 10, 2, 22; Plin. *Ep.* 9, 7, 3; ⚫ *soccus*.

soccĭfĕr, *ĕra, ĕrum* (*soccus, fero*), comique [celui qui porte le brodequin des acteurs comiques]: Sidon. *Carm.* 9, 215.

soccĭtō, *ās, āre*, -, - (onomat.), intr., crier [en parlant de la grive]: Suet. *Frg.* 161, p. 253 R.

soccŭlus, *i*, m., ⚫ *soccellus*.

soccus, *i*, m. (cf. σύκχος; esp. *zueco*, al. *Socke*, an. *sock*), socque, chausson, espèce de pantoufle: Cic. *de Or.* 3, 127 ‖ portée dans la maison par les femmes; portée par un homme, marque un caractère efféminé: Suet. *Cal.* 52 ‖ c'était la chaussure propre aux comédiens: Hor. *Ep.* 2, 1, 174; *P.* 80; 90 ‖ [par extens.] genre comique, comédie: Quint. 10, 2, 22.

sŏcĕr, *ĕri*, m. (*swe-, cf. socrus, sodalis, ἑκυρός, scr. śvaśura-s, al. Schwager*, rus. *svëkor;* it. *svocero*), beau-père: Cic. *Off.* 1, 129 ‖ *socer magnus*, grand-père du mari ou de la femme: Modest. *Dig.* 38, 10, 4 § 6 [ou] *socer* [seul] *Dig.* 50, 16, 146.

sŏcĕra, *ae*, f., ⚫ *socrus*: CIL 3, 3895.

sŏcĕrus, *i*, m., ⚫ *socer*: Pl. *Men.* 957.

sŏcĭa, *ae*, f., compagne: Cic. *Brut.* 45; ⚫ 1 *socius*.

sŏcĭābĭlis, *e* (*socio*), qui peut être uni: Plin. 16, 225 ‖ uni: *sociabilis consortio inter binos reges* Liv. 40, 8, 12, l'entente liant entre eux les deux rois ‖ sociable: Sen. *Ep.* 95, 52.

sŏcĭāle bellum, la guerre sociale [que Rome soutint contre ses alliés italiens qui réclamaient le droit de cité]: Liv. *Epit.* 71, 4; Flor. 3, 18, 1; Juv. 5, 31.

sŏcĭālis, *e* (*socius*) ¶ **1** fait pour la société, sociable, social: **(homo) sociale animal** Sen. *Ben.* 7, 1, 7, (l'homme) animal sociable; *res socialis* Sen. *Ben.* 5, 11, 5, acte social [qui intéresse la société] ¶ **2** qui concerne les alliés, d'allié: *lex socialis* Cic. *Caecil.* 18, loi qui concerne les alliés; *socialis exercitus* Liv. 31, 21, 7, les troupes des alliés, ⚫ *sociale bellum*; *socialia* Tac. *An.* 2, 57, les affaires des alliés ¶ **3** nuptial, conjugal: Ov. *M.* 7, 800; *Tr.* 2, 161; *F.* 2, 729; *H.* 21, 155 ¶ **4** de communauté religieuse: Greg.-M. *Ezech.* 38, 15 ¶ **5** qui sert de lien: Pacat. 2, 1, [l'Océan].

sŏcĭālĭtās, *ātis*, f. (*socialis*), compagnie, entourage: Plin. *Pan.* 49, 4.

sŏcĭālĭtĕr, adv. (*socialis*) ¶ **1** en bon compagnon: Hor. *P.* 258 ¶ **2** au point de vue social [l'union des sexes]: Aug. *Faust.* 22, 61 ¶ **3** en partageant avec d'autres: Aug. *Conf.* 16, 39, 64 ¶ **4** en commun: Greg.-M. *Dial.* 4, 36.

sŏcĭātĭo, *ōnis*, f. (*socio*), association: Capel. 2, 109.

sŏcĭātŏr, *ōris*, m. (*socio*), celui qui unit: Ps. Mar. Vict. *Phys.* 21.

sŏcĭātrix, *īcis*, f., celle qui unit: Val.-Flac. 5, 499.

sŏcĭātus, *a, um*, part. de *socio*.

sŏcĭĕtās, ātis, f. (*socius* ; it. *soccita*) ¶ 1 association, réunion, communauté, société : *hominum inter ipsos* Cic. Leg. 1, 28, la société humaine ; *societas generis humani* Cic. Lae. 20, la société du genre humain ; *societatem cum aliquo coire... dirimere* Cic. Phil. 2, 24, nouer une association avec qqn, la rompre ; *nulla societas nobis cum tyrannis est* Cic. Off. 3, 32, il n'y a pas de relations sociales entre nous et les tyrans ; *societas vitae* Cic. Amer. 111, la vie sociale ; *vir conjunctissimus mecum consiliorum omnium societate* Cic. Brut. 2, homme qu'une complète communauté d'idées liait à moi étroitement ; *facti, consilii societas* Cic. Phil. 2, 25 ; 2, 32, participation à un acte, à une entreprise, cf. Cic. Verr. 4, 136 ; *omnium facinorum sibi cum Dolabella societatem initam confiteri* Cic. Phil. 13, 36, avouer qu'une association pour tous les crimes le lie à Dolabella ¶ 2 association commerciale, industrielle ; société, compagnie : *fecit societatem earum rerum quae in Gallia comparabantur* Cic. Quinct. 12, il forma une association relative aux produits que l'on se procurait en Gaule ; *magna fide societatem gerere* Cic. Quinct. 13, gérer une association très honnêtement ǁ société fermière, compagnie des fermiers publics : Cic. Brut. 85 ; Sest. 32 ; Mur. 69 ; Planc. 32 ¶ 3 union politique, alliance : *cum Ptolemaeo societas erat facta* Caes. C. 3, 107, une alliance avait été contractée avec Ptolémée, cf. Caes. G. 6, 2, 2 ; Sall. J. 77, 2 ; Nep. Con. 2, 2 ; Alc. 4, 7.

sŏcĭō, ās, āre, āvī, ātum (*socius*), tr. et intr.

I tr. ¶ 1 faire partager, mettre en commun : *suum regnum cum aliquo* Cic. Rep. 2, 13, partager son trône avec qqn ; *sociatus labor* Ov. M. 8, 547, travail commun ǁ [pass.] *sociari ecclesiae* Aug. Catech. 8, 12, entrer dans l'Église comme membre ¶ 2 former en association, associer, mettre ensemble : *coetus utilitatis communione sociatus* Cic. Rep. 1, 39, réunion fondée sur la communauté des intérêts, cf. Cic. Rep. 6, 13 ; *omne genus hominum sociatum inter se esse* Cic. Leg. 1, 32, que tout le genre humain forme une société ǁ joindre, unir : *vim rerum cum exercitatione* Cic. de Or. 3, 131, allier la masse des connaissances à la pratique [de l'homme d'État] ; *se alicui vinclo jugali* Virg. En. 4, 16, s'unir à qqn par le lien conjugal ; *verba socianda chordis* Hor. O. 4, 9, 4, paroles qui doivent être alliées à la lyre ¶ 3 [pass.] se cicatriser : Salv. Eccl. 1, 46

II intr., être associé, s'associer : Tert. Bapt. 3, 5.

sŏcĭōfraudus, a, um (*socius*, *fraudo*), qui trompe son associé : Pl. Ps. 362.

1 **socĭus**, a, um, adj. (cf. *sequor* ; roum. *sot*) ¶ 1 associé, en commun : *socium cum aliquo nomen habere* Ov. F. 1, 608, partager un nom avec qqn ; *mea consilia pacis socia fuerunt* Cic. Marc. 14, ma politique a fait cause commune avec la paix ; *nocte socia* Cic. Phil. 2, 45, avec la complicité de la nuit ¶ 2 allié : *urbs socia* Liv. 27, 1, 6, ville alliée ; *regum sociorum auxilia* Cic. Fam. 15, 4, 3, les troupes auxiliaires fournies par les rois alliés.

2 **socĭus**, ĭi, subst. m. ¶ 1 compagnon, associé : *socius regni* Cic. Rep. 2, 35, associé au trône ; *culpae* Cic. Att. 11, 14, 1, qui prend sa part. d'une faute, cf. Cic. Fam. 13, 71 ; Rep. 2, 14 ; *alicui rei* Virg. En. 5, 712, associé à qqch. ǁ [poét.] *generis* ou *sanguinis* Ov. M. 3, 259 ; Tr. 4, 5, 29, ayant en commun la race, le sang (parent) ; *tori* Ov. M. 14, 678, le lit (époux) ǁ associé [le corps avec l'âme] : Prud. Apoth. 931 ¶ 2 associé [dans une affaire commerciale] : Cic. Verr. 3, 50 ; Amer. 116 ǁ *socii* Cic. Brut. 86, membres d'une société fermière, publicains, cf. Cic. Fam. 13, 9, 3 ǁ *pro socio damnari* Cic. Flac. 43, être condamné pour fraude envers un associé ǁ *pro socio actio* Dig. 17, 2, 31, l'action du contrat de société ; *socii unius rei, universorum bonorum* Ulp. Dig. 17, 2, 63 pr., associés mettant en commun une seule chose, avec mise en commun de tous leurs biens ¶ 3 allié : *socii et Latini* Cic. Lae. 12, les alliés et les Latins [ou *socii et nomen Latinum* Sall. J. 39, 2, les alliés et les villes de nom latin ¶ 4 voisin, compagnon : VL. 3 Reg. 20, 35 d. Ambr. Nab. 17, 72.

► gén. pl. *socium* Virg. En. 5, 174 ; Liv. 21, 17, 2 ; 22, 27, 11.

sŏcōn, ▼ *socos, sacon*.

socondĭos (-ŏn ?), ĭi, m. (n.) (*socos*), sorte d'améthyste : Plin. 37, 122 ; ▼ *socos, sacon*.

sŏcordĭa, ae, f. (*socors*) ¶ 1 défaut d'intelligence, stupidité : Tac. An. 4, 35 ; Suet. Cl. 3, cf. P. Fest. 375, 1 ¶ 2 défaut de cœur, d'énergie ; insouciance, indolence, lâcheté : Sall. C. 4, 1 ; 58, 4 ; Liv. 22, 14, 5.

*sŏcordĭtĕr, inus., *socordius*, avec plus de nonchalance, de négligence : Sall. H. 3, 25 ; Liv. 1, 22, 5 ; Tac. H. 2, 15.

sŏcors, dis (*swe-, cor*, cf. 2 *se*, *sobrius, sodalis*) ¶ 1 qui manque d'intelligence, qui est d'esprit borné, stupide : Cic. Nat. 1, 4 ; Liv. 9, 34, 13 ; Tac. An. 13, 47 ¶ 2 qui manque de cœur, d'énergie ; insouciant, indolent, apathique : Cic. Brut. 239 ; Sall. J. 100, 1 ; Tac. H. 4, 37 ǁ [avec gén.] *futuri* Tac. H. 3, 31, insouciant de l'avenir, cf. Ter. Ad. 695 ǁ *socordior* Sidon. Ep. 5, 7, 6 ; -issimus Apul. Apol. 24.

sŏcōs (-ŏn), i, m. (n.), couleur hyacinthe de l'améthyste chez les Indiens : Plin. 37, 122.

socra, ae, f. ▼ *socrus* : CIL 2, 530.

Sōcrătēs, is, m. (Σωκράτης) ¶ 1 Socrate [philosophe athénien] : Cic. Fin. 2, 1 ¶ 2 nom d'un peintre, d'un sculpteur : Plin. 35, 137 ; 36, 32 ǁ pl. **Socratae, ārum** Gell. 14, 1, 29, des Socrates ǁ **Sōcrătĭcus**, a, um, de Socrate, socratique : Hor. P. 310 ; Cic. de Or. 3, 67 ; Off. 1, 104 ; **Sōcrătĭcī**, m. pl., les disciples de Socrate : Cic. Att. 14, 9, 1 ; Off. 1, 2.

► voc. *Socrate* Cic. d. Non. 337, 31 ; d. Prisc. 2, 248, 1.

Sōcrătĭon, ōnis, m., nom d'homme : Catul. 47, 1.

sŏcrŭālis, e (*socrus*), de belle-mère : Sidon. Ep. 6, 2, 3.

sŏcrŭs, ūs, f. (*socer*, cf. ἑκυρά, scr. *śvaśrū-s*), belle-mère : Cic. Clu. 23 ; Ov. F. 2, 626 ǁ *socrus magna* ou abst, *socrus*, grand-mère du mari ou de la femme : Dig. 38, 10, 4, 6 ; Fest. 113, 26 ǁ *major*, bisaïeule des mêmes : Dig. 38, 10, 4, 6.

sŏdălĭa, ae, f. (*sodalis*), compagne : CIL 6, 20874.

sŏdălĭcĭārĭus, ĭi, m., camarade : CIL 6, 10185 ; et **sŏdălĭcĭārĭa**, ae, f., CIL 6, 9275.

sŏdălĭcĭum, ĭi, n. (*sodalis*) ¶ 1 camaraderie : Catul. 100, 4 ; Val.-Max. 4, 7, 1 ¶ 2 association, confrérie, corporation : CIL 9, 5450 ; 11, 1159 ǁ repas de corporation : Her. 4, 64 ¶ 3 club politique, société secrète : Cic. Planc. 36 ; 47.

sŏdălĭcĭus, a, um (*sodalis*), de camarade : Just. 20, 4, 14 ǁ de corporation : Amm. 15, 9, 8.

1 **sŏdălis**, is, adj. m. f. (cf. *sed*, **swed-*, *soror, socer, suesco*, ἑδανός, ἑταῖρος), de compagnon, de camarade : Ov. Rem. 586 ǁ compagnon : *Hebrus hiemis sodalis* Hor. O. 1, 25, 19, l'Hèbre compagnon de l'hiver, cf. Hor. O. 9, 18, 6.

2 **sŏdălis**, is, subst. m. ¶ 1 camarade, compagnon : Cic. CM 45 ; de Or. 2, 200 ; Verr. 1, 91 ¶ 2 membre d'une corporation, d'un collège, d'une confrérie : Dig. 47, 22, 4 ; *alicui in Lupercis sodalem esse* Cic. Cael. 26, être le collègue de qqn dans la confrérie des Luperques ; *sodales Augustales* Tac. An. 3, 64, la confrérie des Augustales [prêtres consacrés au culte de la *gens Julia*], cf. Tac. An. 1, 54 ; *sodales Titii* Varr. L. 5, 85, [observateurs des auspices] ¶ 3 compagnon de club politique [en mauv. part] ; acolyte : Cic. Planc. 46 ; Pl. Pers. 561.

► nom. pl. arch. *suodales* CIL 1, 2832 ; abl. *sodali*, mais *sodale* Mart. 1, 86, 5 ; Plin. Ep. 2, 13, 6.

sŏdălĭtās, ātis, f. (*sodalis*) ¶ 1 camaraderie : Cic. Verr. 1, 94 ; Brut. 166 ; Tac. An. 15, 68 ; Gell. 20, 4, 3 ¶ 2 corporation, confrérie, collège : Cic. Cael. 26 ¶ 3 réunion de camarades, cercle : Cic. CM 45 ¶ 4 club politique, association secrète : Cic. Planc. 37 ; Q. 2, 3, 5.

sŏdălĭti-, ▼ *sodalici-*.

Sodamus, i, m., fleuve de Gédrosie : Plin. 6, 94.

sŏdēs (*si audes* Cic. Or. 154), s'il te plaît, de grâce : Pl. ; Ter. ; Cic. Att. 7, 3, 11 ; Hor. Ep. 1, 7, 15 ; P. 438.

Sodi, *ōrum*, m. pl., peuple d'Asie, dans l'Ibérie [Caucase] : Plin. 6, 29.

Sŏdŏma, *ōrum*, n. pl. (Σόδομα), Tert. Apol. 40, 7 ; Vulg. Luc. 17, 29 ; **Sŏdŏma**, *ae*, f., Vulg. Gen. 10, 19 ; **Sŏdŏmum**, *i*, n., Solin. 35, 7, Sodome [ville de Palestine détruite par le feu du ciel].

Sŏdŏmi, *ōrum*, m. pl., Sodome, habitants de Sodome : Carm. Sod. 127.
▶ gén. pl. *Sodomum* Carm. Sod. 12 ; 87.

sŏdŏmīa, *ae*, f., sodomie : Greg.-M. Ep. 10, 2 (4).

Sŏdŏmīta, adj. m. f. (Σοδομίτης), de Sodome, sodomite : Prud. Psych. 42 ∥ **Sŏdŏmītae**, *ārum*, subst. m. pl., habitants de Sodome : Prud. Apoth. 384 ∥ **-mīticus**, *a*, *um*, adj., de Sodome : Alcim. Carm. 3, 51.

sŏfistēs, v. *sophistes*.

Sogdĭāna regio, f., la Sogdiane [région de Perse] : Curt. 7, 10, 1 ∥ **-āni**, *ōrum*, m. pl., habitants de la Sogdiane, Sogdiens : Curt. 7, 4, 5 ; Plin. 6, 49.

Sogĭonti, *ōrum*, m. pl., peuple des Alpes : Plin. 3, 137.

Sohaemus, *i*, m., roi des Ituréens : Tac. An. 12, 23.

1 sōl, *sōlis*, m. (cf. ἥλιος, scr. *sūrya-s*, bret. *heol* ; it. *sole*) ¶ **1** soleil : *in sole ambulare* Cic. de Or. 2, 60, se promener au soleil ; *sol oriens, occidens*, soleil levant, couchant, v. *orior, occido* ∥ [poét.] jour, journée : Virg. En. 3, 203 ¶ **2** [fig.] **a)** la lumière du soleil, le plein jour, la vie publique : Cic. Brut. 37 ; Leg. 3, 14 ; Mur. 30 **b)** = grand homme (un astre) : Cic. Nat. 2, 14 ; Hor. S. 1, 7, 24 ¶ **3** âge : Prud. Perist. 3, 109 ¶ **4** [méton.] *sol justitiae* Hier. Matth. 2, 14, 15, soleil de justice.

2 Sōl, *Sōlis*, m., le Soleil [divinité] : Cic. Nat. 3, 51 ; Off. 3, 94 ∥ **Solis oppidum** Plin. 5, 61, ville du Soleil [Héliopolis, en Égypte] ; **Solis insula** Plin. 6, 86, île du Soleil [Ceylan] près de Taprobane ; **Solis fons** Curt. 4, 7, 22, source dans la Marmarique ; **Solis gemma** Plin. 37, 181, pierre précieuse inconnue ; **Solis promunturium** Plin. 5, 9 [cap au sud de la Maurétanie Tingitane].

sōlācĭō, *ās*, *āre*, -, -, consoler, soulager, aider [avec dat.] : Greg.-M. Ep. 9, 120.

sōlācĭŏlum, *i*, n. (dim. de *solacium*), léger soulagement : Catul. 2, 7.

sōlācĭum, *ii*, n. (*solor* ; a. fr. *soulas*) ¶ **1** soulagement, adoucissement : Cic. Tusc. 2, 59, Verr. 4, 134 ∥ consolation : Cic. Lae. 10 ; Prov. 16 ; *alicui solacia dare* Cic. Brut. 11, donner des consolations à qqn ; *hoc sibi solacii proponebant, quod* Caes. G. 7, 15, 2, ils avaient cette consolation en perspective de... ∥ aide, assistance : Cassian. Inst. 10, 20 ∥ troupe de secours : Greg.-Tur. Hist. 6, 42 ¶ **2** compensation, indemnité : Dig. 8, 4, 13 ¶ **3** excuse : Ambr. Luc. 1, 17.

sōlācĭus, *a*, *um*, consolant : Inscr. Ross. 1, 211.

sōlae, v. *solus* ▶.

sōlāgo, *ĭnis*, f. (*sol*), tournesol [plante] : Ps. Apul. Herb. 49.

sōlāmĕn, *ĭnis*, n. (*solor*), consolation, soulagement : Virg. En. 3, 661 ; 10, 493 ; 10, 859 ∥ secours en blé : CIL 2, 1180, l.

sōlāmentum, *i*, n. (*solor*), soulagement : Paul.-Nol. Carm. 18, 343.

Solanades, *um*, f. pl., îles voisines de la Gédrosie : Plin. 6, 158.

sōlānum, *i*, n. (*sol*), sorte de morelle [plante] : Plin. 27, 132 ; Cels. 2, 33, 2.

sōlānus, *i*, m. (*sol*), vent d'est : Vitr. 1, 6, 5.

sōlāris, *e* (*sol*), du soleil, solaire : Sen. Nat. 1, 10 ; Ov. Tr. 5, 9, 37 ; *solaris herba* Cels. 5, 27, 5, tournesol ∥ tourné vers le soleil : Plin. 16, 57.

1 sōlārĭum, *ii*, n. (1 *solum*), impôt foncier : Dig. 30, 1, 39.

2 sōlārĭum, *ii*, n. (*sol* ; it. *solaio*, a. fr. *solier*, al. *Söller*) ¶ **1** cadran solaire : Varr. L. 6, 2, 52 ; Pl. d. Gell. 3, 3, 5 ∥ à Rome, sur le forum, se trouvait un cadran solaire qui était un point de réunion : *ad solarium versari* Cic. Quinct. 59, fréquenter les environs du cadran solaire ¶ **2** clepsydre : Cic. Nat. 2, 87 ¶ **3** [endroit exposé au soleil] terrasse, balcon : Pl. Mil. 340 ; 378 ; Suet. Ner. 16 ; Cic. 10 ∥ [sur un monument funéraire] : CIL 14, 3323 ¶ **4** étage : Rufin. Mon. 9, p. 428 C.

sōlārĭus, *a*, *um* (*sol*), solaire : Plin. 7, 213.

***solas** (?), animal marin non identifié : Plin. 32, 151.

sōlātĭo, *ōnis*, f., v. *solicatio*.

sōlātĭŏlum, **sōlātĭum**, v. *solac-*.

sōlātŏr, *ōris*, m. (*solor*), consolateur : Tib. 1, 3, 16.

sōlātum, *i*, n. (*sol*), insolation : Afran. d. Fest. 388, 20.

1 sōlātus, *a*, *um* (*sol*), qui a reçu un coup de soleil : Plin. 29, 118.

2 sōlātus, *a*, *um*, part. de *solor*.

3 sōlātus, *a*, *um*, part. de *solo*.

Solcinĭum, *ii*, n., ville de Germanie [auj. Schwetzingen] : Amm. 27, 10, 8.

soldūrĭi, *ōrum*, m. pl. (celt.), soldures, féaux, dévoués [compagnons dévoués à un chef jusqu'à la mort] : Caes. G. 3, 22, 1.

soldus, *a*, *um*, v. *solidus* ▶.

sŏlĕa, *ae*, f. (1 *solum* ; it. *soglia*, fr. *sole*, al. *Sohle*) ¶ **1** sandale : Gell. 13, 21, 5 ; *soleas poscere* Hor. S. 2, 8, 77, demander ses sandales [le repas fini], cf. Pl. Truc. 363 ; 367 ¶ **2** entraves : Cic. Inv. 2, 149 ¶ **3** garniture du sabot [d'une bête de somme] : *soleae mularum argenteae* Suet. Ner. 30, les sabots des mules ayant une garniture d'argent, mules chaussées d'argent, cf. Catul. 17, 26 ; Col. 6, 12, 2 ; Plin. 33, 140 ¶ **4** pressoir : Col. 12, 5, 6 ¶ **5** sole [poisson] : Plin. 9, 52 ¶ **6** sorte de plancher : Fest. 386, 24 ; P. Fest. 387, 4 ¶ **7** sole, sabot [des animaux] : Veg. Mul. 1, 56, 31.

sŏlĕāris, *e* (*solea*), qui a la forme d'une sandale : Spart. Carac. 9, 4.

sŏlĕārĭus, *ii*, m. (*solea*), fabricant de sandales : Pl. Aul. 514.

sŏlĕātus, *a*, *um* (*solea*), chaussé de sandales [en public, signe de relâchement] : Cic. Verr. 5, 86 ; Pis. 13 ; Sen. Ir. 3, 18, 4, cf. Gell. 13, 21, 1.

sōlemn-, v. *soll-*.

sōlēn, *ēnis*, m. (σωλήν), solen, couteau [coquillage] : Plin. 32, 151.

sōlennis, etc., v. *sollemnis*.

sŏlens, *tis*, v. *soleo*.

Sŏlensis, *e*, v. 4 *Soli*.

Solentini, c. *Soluntini*, v. 2 *Solus*.

sŏlĕō, *ēs*, *ēre*, *ĭtus sum* (cf. *suesco*, ἔθος ; it. *solere*, a. fr. *souloir*), intr. ¶ **1** avoir coutume, être habitué : **a)** avec inf. : *solitus est versus fundere ex tempore* Cic. de Or. 3, 194, il eut l'habitude d'improviser des vers ; *id quod accidere solitum est* Cic. de Or. 2, 56, ce qui arriva habituellement ; *ad haec illa dici solent* Cic. Rep. 3, 26, à cela on répond d'ordinaire ceci ; *coli soliti sunt* Cic. CM 7, ils ont eu l'habitude d'être honorés **b)** *cum audissem Antiochum, ut solebam* Cic. Fin. 5, 1, ayant entendu Antiochus, comme j'en avais l'habitude, cf. Cic. Cael. 19 ; Verr. 5, 107 ∥ *ut solebat* (= *ut fieri solebat*) Cic. Fam. 9, 7, 16, comme cela se faisait à l'ordinaire, cf. Liv. 30, 10, 4 ; *quod in tali re solet* Sall. J. 15, 5, ce qui arrive d'ordinaire en pareille circonstance ∥ **sŏlens**, *tis*, qui a l'habitude, habitué : *lubens fecero et solens* Pl. Cas. 869, je le ferai volontiers et en habituée, cf. Amp. 198 ¶ **2** avoir commerce, *cum aliquo*, avec qqn : Pl. Cis. 36 ; Catul. 113, 2.
▶ arch. *solinunt* = *solent* Fest. 160, 3 ∥ parf. *solui* Cat. et Enn. d. Varr. L. 9, 107, cf. Non. 509, 2 ; Prisc. 2, 489, 8 ∥ dép. *soleor* Prisc. 2, 397, 3.

sŏlĕrō, *ās*, *āre*, -, - (3 *solus*), tr., cimenter [un sol], ressemeler [chaussure] : Gloss. 5, 623, 28.

sōlers, etc., v. *soll-*.

Soletum, *i*, n., ville de Calabre : Plin. 3, 101.

Sŏleūs, *ĕi* ou *ĕos*, v. 4 *Soli*.

1 sōli, gén. de 1 *solum*.

2 sōli, dat. de *sol*.

3 sōli, dat. de *solus* ∥ ancien gén. du même, v. *solus* ▶.

4 Sŏli (**Sŏloe**, Mel. 1, 71 ; Plin. 5, 92), *ōrum*, m. pl. (Σόλοι), Soles ¶ **1** ville maritime de Cilicie, patrie de Chrysippe, de Ménandre, d'Aratos Atlas IX, D2 : Cic. Leg. 2, 41 ∥ **Sŏlensis**, *e*, de Soles : Plin. 11, 19 ; **-ses**, *ĭum*, m. pl., habitants de Soles : Cic. Leg. 2, 41 ∥ **Sŏleūs**, *ĕi*, m.

Soli

(Σολεύς), de Soles : Varr. R. 1, 1, 8 ; Plin. 35, 146 ¶ 2 ville de l'île de Chypre : Plin. 5, 130.

sŏlĭăr, *āris*, n. (*solium*), coussin, tapis qu'on étend sur le solium : Varr. Men. 228, cf. Fest. 386, 4.

sŏlĭārĭus, ■> solearius.

sŏlĭcănus, *a, um* (*solus, cano*), soliste, qui chante seul : Capel. 2, 127.

sŏlĭcātĭo, *ōnis*, f. (*sol*), exposition au soleil [grec ἡλίωσις] : Cael.-Aur. Chron. 4, 2, 18.

sŏlĭcĭt-, ■> soll-.

sŏlĭcŭlŏr, *āris, ārī*, - (*sol*), intr., s'exposer au soleil : Gloss. 3, 144, 38.

sŏlĭdāmĕn, *ĭnis*, n. (*solido*), fondement : Fort. Carm. 6, 2, 115.

sŏlĭdāmentum, *i*, n. (*solido*), charpente [du corps humain] : Lact. Opif. 7, 1.

sŏlĭdātĭo, *ōnis*, f. (*solido*), consolidation : Vitr. 5, 3, 3 ; 7, 1, 7.

sŏlĭdātrix, *īcis*, f. (*solido*), celle qui rend solide : Arn. 4, 8.

sŏlĭdātus, *a, um*, part. de *solido*.

sŏlĭdē, adv. (*solidus*) ¶ 1 solidement : *aqua solidius concreta* Gell. 19, 5, 5, eau plus fortement gelée ¶ 2 d'une seule pièce : Petr. 47, 4 ¶ 3 [fig.] fortement, beaucoup, complètement : Pl. Trin. 850 ; Ter. And. 964 ¶.

sŏlĭdescō, *ĭs, ĕre*, -, - (*solidus*), intr., devenir solide : *cartilago rupta non solidescit* Plin. 11, 276, un cartilage rompu ne se reforme pas ∥ devenir massif : Vitr. 2, 6, 1.

sŏlĭdĭpēs, *ĕdis* (*solidus, pes*), solipède : Plin. 10, 184 ; 11, 128.

sŏlĭdĭtās, *ātis*, f. (*solidus*) ¶ 1 qualité de ce qui est massif, dense, compact : Cic. Nat. 1, 49 ; 1, 105 ¶ 2 solidité, dureté, fermeté : Vitr. 2, 6, 4 ; 7, 3, 9 ¶ 3 [droit] totalité, tout : Cod. Just. 4, 52, 2.

sŏlĭdō, *ās, āre, āvī, ātum* (*solidus* ; fr. *souder*), tr. ¶ 1 rendre solide, consolider, affermir, donner de la consistance, durcir : Virg. G. 1, 179 ; Tac. An. 15, 43 ; H. 2, 19 ; Plin. Ep. 8, 20, 4 ¶ 2 [fig.] renforcer : [tard.] Cod. Th. 15, 9, 1 ∥ unir [par le mariage] : Lact. Epit. 61, 8.

1 sŏlĭdum, n. adverbial (*solidus*), fortement : Apul. M. 5, 28.

2 sŏlĭdum, *i*, n. pris subst^t (*solidus*) ¶ 1 le solide : Cic. Nat. 1, 75 ; *solida* Cic. Nat. 2, 47, les solides ∥ *solido procedere* Liv. 44, 5, avancer sur un terrain solide ; *per solidum* Tac. An. 4, 62, sur une base solide ; [fig.] *in solido* Virg. En. 11, 427, sur du solide = en lieu sûr ¶ 2 totalité d'une somme : Cic. Rab. Post. 46 ; Hor. S. 2, 5, 65 ; Tac. An. 6, 17.

1 sŏlĭdus, *a, um* (cf. *sollus, salvus*, ὅλος) ¶ 1 dense, solide, massif, compact, consistant : *solida corpora* Cic. Fin. 1, 18, corps tout d'une masse, indivisibles [atomes] ; *paries solidus* Cic. Top. 22, mur plein ; *crateres auro solidi* Virg. En. 2, 765, cratères en or massif, cf. Virg. G. 3, 25 ; En. 6, 69 ; Tac. An. 2, 33 ¶ 2 entier, complet : *usura solida* Cic. Att. 6, 1, 3, intérêts entiers ; *solidum stipendium* Liv. 5, 4, 7, solde entière [de l'année] ∥ *solida proprietas* Dig. 33, 2, 26 pr., la pleine propriété [= non démembrée] ; *in solidum* pour le tout, globalement [par oppos. à pour sa part, not^t pour les dettes d'une succession] Dig. 14, 5, 4 pr. ; *agere in solidum* Dig. 32, 1, 21, agir pour la totalité de la dette [contre un des codébiteurs] ¶ 3 [fig.] **a)** solide, réel : *est gloria solida quaedam res et expressa, non adumbrata* Cic. Tusc. 3, 3, la gloire est une réalité solide, avec reliefs saillants, et non pas une esquisse pâle ; *suavitas solida* Cic. de Or. 3, 103, une douceur ayant de la consistance [pleine de fermeté] **b)** ferme, inébranlable : *mens solida* Hor. O. 3, 3, 4, esprit que rien n'entame **c)** [rhét.] style plein, ferme, de bon aloi : Cic. Brut. 291 ∥ *solidior* Col. 7, 8, 4 ; Gell. 11, 13, 8 ; *-issimus* Lucr. 1, 565 ; Ov. M. 15, 262.

► sync. *soldus* Hor. S. 1, 2, 113 ; 2, 5, 65.

2 sŏlĭdus, *i*, subst. m. (*aureus solidus* ; fr. *sou*), pièce d'or, sou d'or : Dig. 9, 3, 5.

sŏlĭfĕr, *ĕra, ĕrum* (*sol, fero*), oriental [qui apporte le soleil] : Sen. Herc. Oet. 159.

sŏlĭferrĕum, ■> solliferreum.

sŏlĭfŭga, *ae*, f. (*sol, fugio*, cf. *salpuga*), tarentule [araignée] : Solin. 4, 3 ; Isid. 12, 3, 4 ; ■> salpuga.

Sōlĭgĕna, *ae*, m. (*sol, geno*), Fils du Soleil : Val.-Flac. 5, 317.

sōlĭlŏquĭum, *ĭi*, n. (*solus, loquor*), soliloque, monologue : Aug. Sol. 2, 7, 14.

Solĭmara, *ae*, f., déesse des Bituriges : CIL 13, 1195.

Solimnĭa, *ae*, f., île de la mer Égée : Plin. 4, 72.

Solĭnātes, *um* (*ĭum*), m. pl., ancien peuple de l'Ombrie : Plin. 3, 114.

sŏlĭnō, *ĭs, ĕre*, -, - (*soleo* ?), ■> consulo : P. Fest. 477, 7 ; Fest. 476, 24.

sŏlĭnunt, ■> soleo ►.

Sōlīnus, *i*, m., Solin, Égyptien qui a écrit en latin : Serv. G. 2, 215.

sōlĭpūga, *ae*, f. (*sol et salpuga*), Plin. 8, 104 ; 22, 163 ; Cic. d. Plin. 29, 92 ; **sōlĭpugna**, *ae*, f., P. Fest. 389, 4, tarentule [araignée] ■> salpuga.

sōlĭsĕqua (-ssĕqua), *ae*, f. (*sol, sequor*), héliotrope [plante] : Isid. 17, 9, 37.

sōlĭsĕquĭa, ■> solsequia.

sōlisfŭga, *ae*, f. (cf. *solifuga*), tarentule : *Arn. 2, 23.

sōlisternĭum, *ĭi*, n. (*solium, sterno*), ■> sellisternium : *Tert. Nat. 1, 10, 29.

sōlistĭmum, -tŭmum, sollistĭmum tripŭdĭum, *ĭi*, n. (*sollus*, cf. *dextimus*), augure favorable [tiré de ce que les oiseaux sacrés laissaient tomber des grains à terre en mangeant] : Cic. Div. 1, 28 ; 2, 72 ; Liv. 10, 40, 4.

sōlistĭtĭum, etc., ■> solstitium.

solitānaecochlĕae (solitannae), f. pl., sorte d'escargots [d'Afrique] : Varr. R. 3, 14, 4 ; Plin. 9, 174.

sōlĭtānĕus, *a, um* (*solus*), isolé, séparé, intime : Theod.-Prisc. Gyn. 1.

sōlĭtārĭē, adv. (*solitarius*), solitairement : Cassian. Coll. 19, 11 ∥ seulement : Boet. Trin. 1, 1.

sōlĭtārĭus, *a, um* (*solus*) ¶ 1 isolé, solitaire : *virtus solitaria* Cic. Lae. 83, la vertu solitaire ; *homo solitarius* Cic. Off. 2, 39, homme vivant isolé ¶ 2 unique en son genre, seul : Lact. Inst. 1, 7, 4 ; Cassian. Incar. 1, 2, 5 ¶ 3 subst. m., solitaire, anachorète : Cassian. Inst. 1, 1 ; Hier. Ep. 125, 16 ¶ 4 subst. f. pl., courtisanes : Salv. Gub. 7, 22, 99.

sōlĭtās, *ātis*, f. (*solus* ; esp. *soledad*), solitude, isolement : Acc. Tr. 354 ; Apul. M. 9, 18, 2.

sōlĭtātim, adv., solitairement : Front. Ver. 2, 1, 20 c, p. 127 N.

sōlĭtaurīlĭa, *ĭum*, n. pl. (*sollus*), ■> suovetaurilia : Fest. 372, 22.

sōlĭtē, adv., d'une façon habituelle : Corip. Joh. 4, 283.

1 sŏlĭtō, *ās, āre, āvī*, - (*soleo*), intr., avoir l'habitude : Gell. 6, 1, 6.

2 sŏlĭtō, adv. (*solitus*), habituellement : Isid. 12, 4, 6.

sōlĭtūdō, *ĭnis*, f. (*solus*) ¶ 1 solitude : Cic. Off. 1, 139 ; Verr. 4, 114 ; Lae. 87 ; *in aliqua desertissima solitudine* Cic. Verr. 5, 171, dans quelque solitude absolument déserte ; *vastae solitudines* Cic. Rep. 6, 20, déserts immenses, cf. Cic. Arch. 19 ¶ 2 solitude de qqn, état d'abandon, vie isolée sans protection : Cic. Verr. 1, 153 ; Caecin. 13 ; Q. 1, 4, 5 ¶ 3 absence, manque : *magistratuum* Liv. 6, 25, 10, manque de magistrats.

sŏlĭtum, *i*, n. pris subst^t (*soleo*), chose habituelle : *praeter solitum* Hor. O. 1, 6, 20 ; *super solitum* Sen. Ben. 6, 36, 1 ; *ultra solitum* Tac. An. 4, 64 ; *plus solito* Liv. 24, 9, 7 ; *magis solito* Liv. 25, 7, 8, plus que d'ordinaire ; *solito formosior* Ov. M. 7, 84, plus beau qu'à l'ordinaire.

sŏlĭtus, *a, um* ¶ 1 part. de *soleo*, qui a l'habitude ¶ 2 adj^t, habituel, ordinaire : Virg. En. 11, 415 ; Ov. F. 4, 168 ; M. 4, 83 ; Tac. H. 4, 60 ; *solito bonis more* Ov. H. 21, 127, suivant la pratique habituelle des gens honnêtes.

sŏlĭum, *ĭi*, n. (*sedeo*) ¶ 1 siège, trône : Cic. Fin. 2, 69 ; Liv. 1, 47, 4 ∥ [en part.] fauteuil [du père de famille, du patron, du jurisconsulte : Cic. de Or. 2, 226 ; 3, 133 ; 2, 143 ; Leg. 1, 10 ∥ [fig.] trône = royauté : Lucr. 5, 1137 ; Liv. 39, 53, 4 ; Tac. H. 1, 40 ¶ 2 cuve **a)** = baignoire : Lucr. 6, 800 ; Liv. 44, 6, 1 ; Suet. Aug. 82 ∥ salle de bains : Aug. *Ord.* 2, 11, 34 **b)** [en gén.] Plin. 19, 28 ¶ **3** sarcophage, cercueil : Suet. *Ner.* 50 ; Curt. 10, 10, 9 ǁ reliquaire, châsse : Paul.-Nol. *Ep.* 13, 13 ; *Carm.* 18, 130.

sŏlĭvăgus, *a*, *um* (*solus*, *vagus*) ¶ **1** qui erre en solitaire : Cic. *Tusc.* 5, 38 ; *Rep.* 1, 39 ¶ **2** isolé, solitaire : Cic. *Tim.* 18 ; *Off.* 1, 157.

sŏlĭvertĭātŏr, *ōris*, m. (*solum*, *verto*), qui retourne le sol : *Test. Porcell.

sollemne, *is*, n. de *sollemnis* ¶ **1** solennité, fête (cérémonie) solennelle : **sollemne clavi figendi** Liv. 7, 3, 8, la solennité de l'enfoncement du clou, cf. Liv. 1, 5, 2 ; 1, 9, 7 ; 9, 34, 18 ; Tac. *An.* 12, 69 ǁ pl., **sollemnia** Liv. 9, 29, 9 ; Suet. *Ner.* 34 ; Tac. *An.* 11, 26 ¶ **2** habitude, usage : Cic. *Att.* 7, 6, 1 ; Plin. 28, 135 ǁ pl., Liv. 2, 14, 1 ; Tac. *An.* 3, 6 ; **insanire sollemnia** Hor. *Ep.* 1, 1, 101, avoir une folie ordinaire ǁ ⓥ *sollemnis*.

sollemnis (mieux que **sollennis**, **solemnis**), *e* (*sollus* ; it. *lemme*) ¶ **1** qui revient régulièrement, solennel, consacré : Cat. *Orat.* 72 ; Cic. *Mil.* 73 ; *Mur.* 1 ; *Tusc.* 1, 113 ; *Leg.* 2, 29 ; Liv. 3, 15, 4 ¶ **2** habituel, ordinaire, commun : Virg. *En.* 12, 193 ; Hor. *Ep.* 1, 18, 49 ; Liv. 4, 53, 13 ; **sollemne est**, avec inf., Hor. *Ep.* 2, 1, 103, c'est une habitude de, cf. Suet. *Aug.* 44 ; Gell. 15, 2, 3 ¶ **3** [droit] qui répond à des formes prescrites, formaliste, formel : **stipulationes sollemnibus verbis compositae** Cod. Just. 8, 37, 10, stipulations recourant aux paroles exigées par l'usage ; **actus** Dig. 1, 7, 25, 1, acte juridique formaliste ǁ **sollemnior** Tert. *Bapt.* 19, 1 ; -*issimus* Front. *Ant.* 1, 2, 1, p. 95 N ; Apul. *M.* 16, 16.

sollemnĭtās, *ātis*, f. (*sollemnis*) ¶ **1** solennité, fête solennelle : Gell. 2, 24, 15 ǁ formalité, usage : Dig. 26, 8, 19 ¶ **2** interdiction légale : Novat. *Cib. Jud.* 5.

sollemnĭtĕr, adv. (*solemnis*), solennellement : Liv. 5, 46, 3 ǁ selon le rite, selon la coutume : Plin. *Ep.* 8, 1, 1.

sollemnĭtus, ⓒ *sollemniter* : Andr. *Tr.* 9.

sollemnĭzō, *ās*, *āre*, -, -, tr., solenniser : Aug. *Serm.* 93, 5.

sollers (mieux que **sōlers**), *tis* (*sollus*, *ars*), adj. ¶ **1** tout à fait industrieux, habile, adroit : Afran. d. Non. 21, 33 ; Ter. *Eun.* 478 ; Cic. *Rep.* 2, 37 ; **sollertior** Cic. *Com.* 31 ; **sollertissimus** Sall. *J.* 96, 1 ǁ **sollers ponere** Hor. *O.* 4, 8, 8, habile à représenter... ; [avec gén.] **lyrae sollers** Hor. *P.* 407, qui a la science de la lyre ; **cunctandi** Sil. 7, 126, qui sait temporiser ¶ **2** [en parl. de choses] ingénieux, intelligent, habile : **sollers subtilisque descriptio partium** Cic. *Nat.* 2, 121, adroite et fine distribution des parties du corps, cf. Cic. *Nat.* 2, 128 ; *Brut.* 236 ; **insitiones, quibus nihil invenit agricultura sollertius** Cic. *CM* 54, les greffes, qui sont la découverte la plus ingénieuse de l'agriculture ǁ **fundus sollertissimus** Cat. *Agr.* 8, 2, propriété la plus productive.

sollertĕr (mieux que **sōlerter**), adv., adroitement, habilement, ingénieusement : Cic. *Leg.* 1, 26 ; **sollertius** Cic. *Nat.* 2, 88 ; -*issime* Cic. *Verr.* 4, 98.

sollertĭa (mieux que **sōlertĭa**), *ae*, f., industrie, adresse, habileté, savoir-faire, ingéniosité : Cic. *Nat.* 2, 123 ; *Div.* 1, 91 ; *CM* 59 ; *Off.* 1, 33 ; Caes. *G.* 7, 22, 1 ; *C.* 2, 8, 3 ; **oblectatio sollertiae** Cic. *Tusc.* 5, 66, le plaisir de l'invention ǁ **agendi cogitandique sollertia** Cic. *Off.* 1, 157, l'ingéniosité dans l'action et dans la pensée ; **judicandi** Cic. *Opt.* 11, habileté à juger.

sollĭcĭtātĭo, *ōnis*, f. (*sollicito*) ¶ **1** souci : Ter. *And.* 261 ¶ **2** sollicitation, instigation : Cic. *Cat.* 3, 14 ; *Clu.* 191 ¶ **3** séduction : Tert. *Virg.* 14, 1.

sollĭcĭtātŏr, *ōris*, m. (*sollicito*), séducteur : Sen. *Contr.* 2, 15, 3.

sollĭcĭtātus, *a*, *um*, part. de *sollicito*.

sollĭcĭtē, adv. (*sollicitus*) ¶ **1** avec inquiétude : Sen. *Ep.* 76, 30 ¶ **2** avec soin, avec précaution, avec sollicitude : Sen. *Clem.* 1, 26, 2 ; Plin. *Ep.* 6, 15, 4 ǁ **sollicitius** Plin. *Ep.* 1, 4, 2 ; -*issime* Suet. *Cl.* 18.

sollĭcĭtō, *ās*, *āre*, *āvī*, *ātum* (*sollicitus* ; fr. *soucier*), tr. ¶ **1** remuer totalement, agiter fortement, remuer, agiter, ébranler : **tellurem** Virg. *G.* 2, 418, remuer à fond la terre ; **remis freta** Virg. *G.* 2, 503, battre les flots avec les rames ; **spicula dextra** Virg. *En.* 12, 404, secouer, ébranler le dard avec sa main droite ¶ **2** troubler, inquiéter, tourmenter **a)** **stomachum** Hor. *S.* 2, 2, 43, troubler l'estomac **b)** **multa me sollicitant** Cic. *Att.* 1, 18, 1, beaucoup de choses m'inquiètent, cf. Cic. *CM* 1 ; *Q.* 3, 3, 1 ; *Fam.* 2, 16, 5 ; *Brut.* 331 ǁ **de aliqua re sollicitari** Cic. *Rep.* 3, 41, s'inquiéter de qqch. ǁ intr., être en souci, se soucier de : Vl. *Luc.* 12, 22 ¶ **3** exciter, provoquer, soulever : Cic. *Dej.* 30 ; *Phil.* 7, 18 ; 10, 22 ; Caes. *G.* 5, 2, 4 ; 7, 54, 1 ; 7, 64, 7 ǁ [avec *ad*] exciter à, provoquer à : Cic. *Clu.* 47 ; Cael. 51 ; Sall. *C.* 50, 1 ; Liv. 25, 15, 5 ǁ [avec *ut*] engager vivement à, presser de : Caes. *G.* 3, 8, 4 ; Cic. *Fam.* 15, 2, 6 ; [avec *ne*] Ov. *M.* 9, 683, engager à ne pas ǁ [poét. avec inf.] exciter à : Lucr. 4, 1196 ; Ov. *Am.* 3, 8, 36 ¶ **4** solliciter, attirer : **oculos** Sen. *Ep.* 88, 7, attirer les regards, cf. Plin. *Ep.* 3, 19, 1 ǁ solliciter, chercher à gagner, à séduire : Ov. *M.* 7, 721 ; *H.* 16, 4 ; *Am.* 3, 1, 50.

sollĭcĭtūdō, *ĭnis*, f. (*sollicitus*), inquiétude, sollicitude, souci : Cic. *Tusc.* 4, 18 ; *Leg.* 1, 40 ; **struere sollicitudinem alicui** Cic. *Att.* 5, 21, 3, créer des inquiétudes à qqn ; avec prop. inf., **alicui sollicitudo inest** Liv. 2, 41, 2, qqn appréhende que ǁ **gemmarum** Plin. 33, 25, l'inquiétude que causent les pierreries ǁ pl., Cic. *Off.* 3, 84 ; *Fin.* 1, 51 ; *Div.* 2, 150 ; Hor. *O.* 1, 18, 4.

sollĭcĭtus, *a*, *um* (*sollus*, *citus*) ¶ **1** entièrement remué, agité **a)** sans cesse remué : **sollicitus motus** Lucr. 1, 343, mouvement sans repos, cf. Lucr. 6, 1038 **b)** **mare sollicitum** Virg. *G.* 4, 262, mer agitée ; **sollicita ratis** Ov. *F.* 5, 720, navire ballotté ¶ **2** plein d'anxiété, de souci, troublé, inquiet, alarmé, agité : Cic. *Phil.* 12, 36 ; **sollicitum habere aliquem** Cic. *Sest.* 25, tenir qqn dans l'inquiétude, donner de l'inquiétude à qqn, cf. Cic. *Att.* 2, 18, 1 ; *CM* 66 ; Caes. *C.* 3, 22 ; Liv. 8, 29, 1 ǁ **de aliqua re** Cic. *Fam.* 2, 11, 1, inquiet de, au sujet de qqch., cf. Cic. *Cat.* 4, 1 ; **pro aliquo** Cic. *Lae.* 45, pour qqn ǁ **sollicitus futuri** Sen. *Marc.* 19, 6, inquiet de l'avenir ǁ [avec *ex*] Curt. 3, 1, 17, à la suite de ǁ [avec *ne*] **mater sollicita est, ne... conspiciat** Cic. *Mur.* 88, la mère angoissée appréhende de voir, cf. Liv. 35, 31, 1 ; Plin. 11, 104 ǁ [avec interrog. indir.] **sollicitus quidnam futurum sit** Cic. *Att.* 8, 6, 3, inquiet de l'avenir, cf. Liv. 30, 21, 2 ¶ **3** [animaux] : **sollicitus lepus** Ov. *F.* 5, 372, le lièvre inquiet, craintif ǁ **canis sollicitus ad nocturnos strepitus** Liv. 5, 47, 3, le chien attentif aux bruits de la nuit ¶ **4** [choses] : **sollicita consulatus est cupiditas** Cic. *Mil.* 42, le désir du consulat comporte de l'inquiétude ; **sollicita exspectatio** Cic. *Tusc.* 5, 52, attente inquiète ǁ **nemo sollicito bono fruitur** Sen. *Ep.* 14, 18, on ne jouit pas d'un bien instable, qui cause des soucis ; **omnia suspecta atque sollicita** Cic. *Lae.* 52, tout est objet de soupçon et d'inquiétude, cf. Cic. *Mil.* 5 ǁ **sollicitior** Quint., Sen., Tac. ; -*issimus* Sen. *Brev.* 16, 1 ¶ **5** [hommes] soigneux, attentif : Ambr. *Psalm.* 118, 11 ǁ chargé de [super] : Bened. *Reg.* 22, 3.

sollĭcūrĭus, *a*, *um* (*sollus*, *curo*), qui veut tout savoir : Fest. 384, 33.

sollĭferrĕum, *i*, n. (*sollus*, *ferreus*), javelot tout de fer : Liv. 34, 14, 11 ; Gell. 10, 25, 2 ; Fest. 384, 34.

sollistĭmum, ⓥ *solistimum*.

Sollĭus, *ii*, m., un des prénoms de Sidoine Apollinaire : Greg.-Tur. *Hist.* 4, 12.

sollus, *a*, *um*, adj. arch. (cf. *solus*, *salvus*, osq. *sullus*, ὅλος), ⇒ *totus*, entier, intact : Lucil. 1318.

1 **sŏlō**, *ās*, *āre*, *āvī*, *ātum* (*solus*), dépeupler, désoler : **urbes populis** Stat. *Th.* 4, 36, dépeupler les villes de leurs habitants ; **domos** Stat. *Th.* 5, 149, rendre les maisons désertes.

2 **Sŏlo**, *ōnis*, m., ⓥ *Solon*.

3 **sŏlō**, *ās*, *āre*, -, - (1 *solum*), tr., ressemeler : Diocl. 8, 7.

Sŏloe, *ōrum*, ⓥ *Soli*.

sŏloecismus, *i*, m. (σολοικισμός), solécisme : Her. 4, 17 ; Quint. 1, 5, 16 ǁ faute, péché : Hier. *Helv.* 16.

sŏloecista, *ae*, m. (σολοικιστής), faiseur de solécismes : Hier. *Ruf.* 3, 6.

sŏloecŏphănēs, *is*, n. (σολοικοφανές), solécisme apparent : Serv. *En.* 8, 260.

sŏloecus, *a*, *um* (σόλοικος), qui pèche contre la langue : [n. pl.] ***barbara quaedam et soloeca*** Cic. *Att.* 1, 19, 10, certaines expressions barbares et contraires à la langue ; [n. sg.] Gell. 5, 20, 5 ; 17, 2, 11.

Sŏlŏm-, V. ▶ *Salom-*.

Sŏlōn, **Sŏlo**, *ōnis*, m. (Σόλων), Solon ¶ **1** législateur d'Athènes [lois de Solon, constitution de Solon], un des Sept Sages de la Grèce : Cic. *Brut.* 27 ¶ **2** chef de garnison de Pydna : Liv. 44, 45, 7.

Sŏlōnātēs, *um* (*ĭum*), m. pl., peuplade de la Gaule Cisalpine : Plin. 3, 116.

Solonĭum, *ĭi*, n., secteur du territoire de Lanuvium : Cic. *Div.* 1, 79 ‖ **Solonĭus ager**, même sens : Liv. 8, 12, 2.

sōlŏr, *ārīs*, *ārī*, *ātus sum* (cf. ἱλάσκομαι, al. *selig*), tr. ¶ **1** réconforter, fortifier : Pl. *Ep.* 112 ; Hor. *Ep.* 2, 1, 131 ; Virg. *En.* 9, 290 ; Quint. 1, 10, 16 ‖ dédommager : Tac. *An.* 2, 86 ¶ **2** consoler : Virg. *En.* 4, 394 ; 5, 770 ¶ **3** adoucir, soulager, calmer : ***famem*** Virg. *G.* 1, 159, apaiser sa faim ; ***laborem cantu*** Virg. *G.* 1, 293, adoucir la fatigue par des chants ; ***lacrimas*** Ov. *F.* 2, 821, chercher à sécher des larmes ; ***cladem*** Tac. *An.* 16, 13, adoucir un désastre.

Solorĭus, *ĭi*, m., montagne de Tarraconaise : Plin. 3, 6.

Solovettĭus, *ĭi*, m., chef gaulois : Liv. 45, 34.

sŏlox, *ōcis*, adj. (cf. *solidus*, *ferox*), épais, rude [laine coupée au ciseau ou en toison] : cf. Fest. 386, 27 ; P. Fest. 387, 8 ; Gloss. 2, 186, 6 ‖ [fig.] Symm. *Ep.* 1, 1, 2 ‖ [pris subst¹] vêtement grossier : Tert. *Pall.* 4, 4.

solsĕquĭa, *ae*, f. (*sol*, *sequor* ; fr. *souci*), chicorée amère : *Isid. 17, 9, 37.

solstĭtĭālis, *e* (*solstitium*) ¶ **1** du solstice d'été, solsticial : ***dies*** Cic. *Tusc.* 1, 94, le jour le plus long de l'année ; ***orbis*** Cic. *Nat.* 3, 37, le tropique du Cancer (***circulus*** Varr. *L.* 9, 24) ¶ **2** = de l'été, de la plus grande chaleur : Liv. 35, 49, 6 ; ***morbus*** Pl. *Trin.* 544, fièvre du plein été ‖ = du soleil, solaire, annuel : Liv. 1, 19, 6.

solstĭtĭānum, *i*, n., le solstice d'été : ***solstitiani flore*** Valer. *Hom.* 6, 7, par une floraison tardive.

solstĭtĭum, *ĭi*, n. (*sol*, *sto*, cf. *superstes*) ¶ **1** solstice : Cat. *Agr.* 17, 1 ; ***brumale***, ***hibernum*** Col. 7, 3, 11 ; 11, 2, 94, solstice d'hiver ¶ **2** [en part.] solstice d'été : Varr. *L.* 6, 8 ; Cic. *Nat.* 2, 19 ‖ = été, chaleurs de l'été : Virg. *G.* 1, 100 ; Hor. *Ep.* 1, 11, 18.

sŏlūbĭlis, *e* (*solvo*) ¶ **1** qui se dissout, se désagrège : Amm. 16, 8, 10 ¶ **2** qui dissout, qui relâche : Cael.-Aur. *Acut.* 2, 37, 192 ¶ **3** [chrét.] qui peut être absous [pers.] : Greg.-M. *Dial.* 4, 57.

1 **sŏlŭi**, V. *solvo* ▶.

2 **sŏlŭi**, V. *soleo* ▶.

1 **sŏlum**, *i*, n. (cf. rus. *selo*, al. *Saal* ; it. *suolo*) ¶ **1** la partie la plus basse d'un objet, base, fondement, fond : ***fossae*** Caes. *G.* 7, 72, 1, le fond d'un fossé ; ***stagni*** Ov. *M.* 4, 298, le fond d'un étang ‖ [fig.] ***solum et quasi fundamentum oratoris*** Cic. *Brut.* 258, la base et pour ainsi dire le fondement de l'éloquence, cf. Cic. *de Or.* 3, 151 ‖ [poét.] support : ***cereale solum*** Virg. *En.* 7, 111, table faite d'un gâteau ‖ le support des navires, la mer : Virg. *En.* 5, 199 ¶ **2** plante des pieds : [humains] Cic. *Tusc.* 5, 90 ; Lucr. 1, 927 ; [chiens] Varr. *R.* 2, 9, 4 ‖ semelle : Pl. *Bac.* 332 ¶ **3** base (surface) de la terre, aire, sol : ***sola marmorea*** Cic. *Par.* 49, des aires, des dallages de marbre ; ***agri solum*** Caes. *G.* 1, 11, 5, le sol des champs ; ***solum incultum*** Cic. *Brut.* 16, sol inculte, cf. Cic. *Agr.* 2, 67 ; Virg. *G.* 1, 64 ; ***solum movere*** Plin. 18, 175, remuer le sol (labourer) ; ***solo aequare***, V. ▶ *aequo* ; ***urbem ad solum diruere*** Curt. 3, 10, 7, raser une ville ‖ [prov.] ***quodcumque in solum venit*** Cic. *Nat.* 1, 65 ; [avec ellipse de *venit*] ***Fam.*** 9, 26, 2, tout ce qui se présente sur le sol [devant les pieds = à l'esprit] ‖ [droit] ***res soli*** Dig. 13, 3, 1, biens-fonds, cf. Sen. *Nat.* 2, 1, 2 ; Plin. *Ep.* 6, 19, 4 ; Suet. *Tib.* 48 ¶ **4** sol = pays, contrée : ***solum vertere, hoc est, sedem ac locum mutare*** Cic. *Caecin.* 100, changer de sol, c'est-à-dire chercher une autre résidence et un autre séjour [émigrer, s'exiler] ; ***in Mamertinorum solo*** Cic. *Verr.* 4, 26, sur le sol de Messine.

2 **sōlum**, adv. (*solus*) ¶ **1** seulement, uniquement : Cic. *Leg.* 1, 53 ; *Phil.* 2, 81 ; *Or.* 160 ¶ **2** ***non solum... sed*** ou ***verum etiam***, non seulement... mais encore ; Cic. *Rep.* 2, 6 ; *Lae.* 6 ‖ ou ***non solum... sed***, non seulement... mais : Cic. *Cat.* 3, 24 ; *Leg.* 3, 17 ; ***non solum... sed ne... quidem*** Cic. *Rep.* 2, 28, non seulement ne... pas..., mais pas même, V. ▶ *ne... quidem* ; ***non solum... sed paene*** Caes. *G.* 1, 20, 2, non seulement... mais presque ¶ **3** ***genere etiam, non solum ingenio esse divino*** Cic. *Rep.* 2, 4, être aussi d'une naissance divine, pas seulement d'un génie divin.

sōlummŏdo, adv., seulement : Ulp. *Dig.* 4, 9, 1 ; Ps. Quint. *Decl.* 247.

1 **sōlus**, *a*, *um*, adj. (cf. 2 *se* ; it. *solo*, fr. *seul*) ¶ **1** seul, unique : ***solus ex toto collegio*** Cic. *Prov.* 18, seul de tout le collège ; ***Stoici soli ex omnibus*** Cic. *de Or.* 3, 65, les Stoïciens seuls entre tous ; ***non mihi soli... sed etiam posteris*** Cic. *Lae.* 102, non pas à moi seul... mais aussi à la postérité, cf. Cic. *CM* 63 ; ***solum habere velle summa dementia est*** Cic. *Tusc.* 4, 56, vouloir être seul à avoir qqch., c'est le comble de la folie ; ***ex uno oppido solo*** Cic. *Verr.* 2, 185, d'une seule ville uniquement, cf. Cic. *Verr.* 2, 13 ; *Pis.* 96 ; ***solos novem menses praeesse*** Cic. *Att.* 5, 17, 5, gouverner pendant neuf mois seulement, cf. Cic. *Verr.* 2, 182 ; *Phil.* 11, 18 ; *Ac.* 2, 138 ¶ **2** isolé, délaissé : Ter. *Eun.* 147 ; *Ad.* 291 ; Sall. *J.* 14, 17 ¶ **3** solitaire, désert [où il n'y a pas d'hommes] : ***in locis solis*** Cic. *Div.* 1, 59, dans des lieux déserts, cf. Sall. *J.* 103, 1 ; [poét.] ***sola sub nocte per umbram*** Virg. *En.* 6, 268, dans la solitude de la nuit dans l'ombre.

▶ au lieu de *solius* gén. *soli* Cat. d. Prisc. 2, 227, 12 ‖ au lieu de *soli* dat. m. *solo* CIL 14, 2977 ; dat. f. *solae* Pl. *Mil.* 356 ; 1019 ; Ter. *Eun.* 1004.

2 **Sŏlūs**, *untis*, f., ville de Sicile [Solanto] : Plin. 3, 90 ‖ **-untīni**, *ōrum*, m. pl., habitants de Solus : Cic. *Verr.* 3, 103 ; sg., Cic. *Verr.* 2, 102.

3 **sŏlus**, *ĕris*, n. (1 *solum*), sol : Gloss. 5, 611, 30.

sŏlūtē, adv. (*solutus*) ¶ **1** en se résolvant : Lucr. 4, 55 ¶ **2** d'une manière dégagée, avec aisance : ***facile soluteque*** Cic. *Brut.* 280, avec facilité et aisance, cf. Cic. *Brut.* 110 ‖ librement, sans entraves : Cic. *Div.* 2, 100 ¶ **3** d'une manière lâche, relâchée, négligée : ***solute agere*** Cic. *Brut.* 277, plaider avec détachement, cf. Liv. 23, 37, 6 ; 39, 1, 4 ‖ ***solutius*** Tac. *An.* 4, 31.

sŏlūtĭlis, *e* (*solutus*), qui peut se défaire : Suet. *Ner.* 34.

sŏlūtim, adv., d'une manière lâche : Tert. *Pall.* 5, 2.

sŏlūtĭo, *ōnis*, f. (*solvo*) ¶ **1** dissolution, désagrégation : Cic. *Tusc.* 3, 61 ‖ dissolution [du mariage par la mort d'un conjoint] : Tert. *Mon.* 11, 9 ‖ état de celui qui est libre, non marié [oppos. à *alligatio*] : Hier. *Ep.* 145, 1 ¶ **2** dégagement, aisance : ***linguae*** Cic. *de Or.* 1, 114, langue déliée ¶ **3** relâchement, dévoiement : Plin. 23, 112 ¶ **4** paiement, acquittement : Cic. *Off.* 2, 84 ; *Clu.* 34 ; *Pomp.* 19 ; *Att.* 15, 20, 4 ¶ **5** solution, explication : Sen. *Ben.* 2, 34, 1 ; Gell. 18, 2, 6 ¶ **6** destruction : Ambr. *Hex.* 2, 3, 12.

sŏlūtŏr, *ōris*, m. (*solvo*) ¶ **1** celui qui brise [un cachet] : Aug. *Man.* 2, 13 ¶ **2** celui qui paie : Tert. *Marc.* 4, 17, 2 ¶ **3** [chrét.] celui qui remet [les péchés, oppos. à *ligator*] : Orig. *Matth.* 13, 31.

sŏlūtrix, *īcis*, f. (*solutor*), celle qui délivre de : Diom. 486, 30.

sŏlūtus, *a*, *um*

I part. de *solvo*.

II adj¹ ¶ **1** sans liens, libre, non enchaîné : Cic. *Dej.* 22 ; Liv. 24, 45, 10 ¶ **2** disjoint, de contexture relâchée : ***solutior terra*** Sen. *Ep.* 90, 21, terre plus meuble ; ***aer solutior*** Cic. *Nat.* 2, 10, air moins dense, plus volatil ¶ **3** [fig.] **a)** dégagé, libre, sans entraves : ***judicio soluto et libero*** Cic. *Phil.* 5, 41, par une décision d'une pleine et entière liberté ; ***soluta nobis est eligendi optio*** Cic. *Fin.* 1, 33, nous avons le libre pouvoir de choisir ; ***soluti a cupiditatibus*** Cic. *Agr.* 1, 27, dégagés des passions, cf. Cic. *Verr.* 4, 23 ; ***solutus omni fenore*** Hor. *Epo.* 2, 4, dégagé de toute usure, cf. Liv. 2, 1, 4 ‖ [avec gén.] ***operum soluti*** Hor. *O.* 3, 17, 16, libres de toute tâche ‖ ***soluta praedia*** Cic. *Agr.* 3, 9, terres dégagées de toute servitude ‖ ***solutum est*** [avec inf.] Tac. *An.* 4, 35, on est libre de, cf. Caecil. *Fam.* 6, 7, 3 ‖ quitte de, dégagé de : *furtis noxisque solutus* [en parlant d'un esclave] Dig. 21, 2, 30, quitte de tout vol et dommage causé à autrui ; *princeps legibus solutus est* Dig. 1, 3, 31, l'empereur n'est pas tenu d'observer les lois **b)** qui a de l'aisance, de la facilité : *solutissimus in dicendo* Cic. *Brut.* 180, ayant une très grande aisance de parole, cf. Cic. *Brut.* 173 **c)** dégagé des liens du rythme : Cic. *Or.* 77 ; n. pl., *soluta* Cic. *Or.* 234, un style lâche, cf. Cic. *Or.* 233 ; *soluta oratio* Cic. *Brut.* 32, la prose, cf. Cic. *Or.* 192 ; 215 ; *verba soluta* Cic. *de Or.* 3, 176, mots sans l'entrave du rythme, cf. Cic. *Brut.* 274 ; *numerus quidam astrictus et solutus* Cic. *de Or.* 3, 175, une sorte de rythme à la fois strict et libre **d)** sans bride, sans retenue : *soluta praetura* Cic. *Mil.* 34, une préture sans frein, cf. Cic. *Rep.* 4, 4 ; Liv. 27, 31, 6 **e)** relâché, négligent, insouciant : *solutus et mollis in gestu* Cic. *Brut.* 225, plein de négligence et de laisser-aller dans l'action oratoire ; *solutior cura* Liv. 3, 8, 8, soin qui se relâche davantage [plus grande négligence] ; *omnia soluta apud hostes esse* Liv. 8, 30, 3, que la négligence est complète chez les ennemis ‖ sans énergie : *lenitas solutior* Cic. *Cat.* 2, 27, indulgence trop molle ; *solutus et enervis* Tac. *D.* 18, ayant un style sans énergie et sans nerf.

Solva mansĭo, f., relais routier en Pannonie : Anton. 266.

Solvensis, e, de Solva [ville du Norique] : Plin. 3, 146.

solvō, *ĭs*, *ĕre*, *solvī*, *sŏlūtum* (*2 se*, *socors*, *2 luo*, cf. λύω ; a. fr. *soudre*, esp. *solver*), tr.

¶ 1 "délier, dénouer, détacher", *ancoram solvere* "appareiller", *(naves) solvere* "mettre à la voile", [fig.] *ora solvere* ¶ 2 [fig.] "délier, détacher, délivrer", *militia, legibus solvi* ¶ 3 "payer, acquitter", *pecuniam solvere*, [abs.] "payer", *justa* "rendre les honneurs funèbres", *vota* "acquitter des vœux", *fidem* "tenir sa parole", *poenas* "subir des châtiments" ¶ 4 "désagréger, rompre", *ordines solvere* "rompre les rangs" ¶ 5 [fig.] "relâcher, amollir" ¶ 6 [fig.] "anéantir, réfuter", "résoudre une difficulté" ¶ 7 *obsidionem*, *disciplinam solvere*.

¶ 1 délier, dénouer, détacher : *nodum* Curt. 3, 1, 18, défaire un nœud ; *vinculum epistulae* Curt. 7, 2, 25 [ou] *epistulam* Cic. *Att.* 15, 4, 4 ; Nep. *Hann.* 11, 3, ouvrir une lettre ; *fasciculum* Cic. *Att.* 11, 9, 2, défaire, ouvrir un paquet ; *crinem* Ov. *M.* 11, 682, dénouer la chevelure ; *aliquem* Pl. *Truc.* 838, délier qqn ; *vincti solvuntur* Cic. *Verr.* 5, 12, on détache les gens enchaînés, cf. Cic. *Verr.* 5, 11 ; *Tusc.* 1, 75 ; *ergastula* Brut. *Fam.* 11, 13, 2, délivrer les esclaves ; *equum* Hor. *Ep.* 1, 1, 8, dételer un cheval ‖ *a stipite funem* Ov. *F.* 4, 333, détacher le câble de la souche ‖ *ancoram* Cic. *Att.* 1, 13, 1, lever l'ancre, ou *naves* Caes. *G.* 4, 36 ; 5, 8, appareiller, cf. Liv. 29, 25, 13, ou *naves a terra* Caes. *C.* 3, 101, 6, ou *solvere* abs[t], mettre à la voile ; Caes. *G.* 4, 23 ; Cic. *Fam.* 16, 9, 2 ; *e portu solventibus* Cic. *Mur.* 4, à ceux qui sortent du port ; *Alexandrea solverunt* Cic. *Off.* 3, 50, ils ont fait voile d'Alexandrie ; [rar[t]] *naves e portu solverunt* Caes. *G.* 4, 28, 1, les navires quittèrent le port ‖ [fig.] *ora solvere* Ov. *M.* 15, 74, ouvrir la bouche ¶ 2 [fig.] délier, détacher, dégager, délivrer : *scelere solvi* Cic. *Mil.* 31, être dégagé du crime ; *somno solutus sum* Cic. *Rep.* 6, 29, je fus tiré de mon sommeil ; *aliquem cura solvere* Cic. *Rep.* 1, 30, délivrer qqn du souci ; *militia solvi* Tac. *An.* 1, 44, être délié du service militaire, être renvoyé du service ; *solutus opere* Cic. *de Or.* 2, 23, débarrassé de son travail ; *aliquem obsidione* Liv. 44, 30, 13, délivrer qqn d'un siège ; *legibus solvi* Cic. *Phil.* 11, 11, être affranchi (être au-dessus) des lois ; *nec Rutulos solvo* Virg. *En.* 10, 111, et je n'affranchis (dégage) pas les Rutules de cette loi, cf. Her. 3, 2 ; [fig.] Sen. *Ben.* 7, 27, 1 ¶ 3 payer, acquitter : *pecuniam debitam* Cic. *Flac.* 54, payer une dette, cf. Cic. *Att.* 16, 6, 3 ; *pecunias creditas* Cic. *Pis.* 86, payer ses dettes ; *pensionem* Cic. *Com.* 51, effectuer un paiement ; *pecuniam, nummos* Cic. *Att.* 16, 16, 4 ; *Off.* 3, 91, payer une somme d'argent, verser des pièces ; *rem a trapezita* Pl. *Curc.* 618, payer son banquier, cf. Cic. *Att.* 7, 18, 4 ‖ [abs[t]] *solvere (alicui)* Cic. *Flac.* 46, payer (qqn) ; *solvendo non esse* Cic. *Phil.* 2, 4, ne pas être solvable ‖ *praemia solvere* Cic. *Phil.* 14, 38, donner les récompenses promises ; *justa* Cic. *Amer.* 23, rendre les honneurs funèbres, *suprema* Tac. *An.* 1, 61, *exsequias* Virg. *En.* 7, 5 ; *vota* Cic. *Phil.* 3, 11, acquitter des vœux ; *Veneri votum* Pl. *Ru.* 60, acquitter un vœu à Vénus ; *voti fidem* Ov. *F.* 1, 642, acquitter la promesse d'un vœu ; *fidem* Ter. *And.* 643, tenir sa parole, cf. Planc. *Fam.* 10, 21, 3 ; *promissum* Val.-Max. 9, 6, 1, acquitter une promesse ; *solutum quod juraverant rebantur* Liv. 24, 18, 5, ils croyaient acquittée la promesse qu'ils avaient faite par serment ; *poenas solvere* Cic. *Mil.* 85, subir des châtiments ; *capite poenas* Sall. *J.* 69, 4, être puni de mort ¶ 4 désagréger, dissoudre, rompre, résoudre : *pontem* Curt. 4, 16, 8 ; Tac. *An.* 1, 69, rompre un pont ; *(calor) solvens differt primordia vini* Lucr. 6, 235, (la chaleur de l'éclair) désagrège et disperse en tous sens les éléments du vin ; *solvi* Sen. *Nat.* 3, 15, 7, se désagréger, se dissoudre, cf. Sen. *Nat.* 3, 29, 4 ; *viscera solvuntur* Virg. *G.* 4, 302, les entrailles se décomposent ; *solvi (evaporationum) impetum* Sen. *Nat.* 5, 5, 1, l'élan (des évaporations) se perd ‖ *senectus, quae solvit omnia* Liv. 39, 40, 11, la vieillesse qui désagrège tout ‖ *ordines* Liv. 42, 65, 8, rompre les rangs ; *convivium* Curt. 8, 5, 24, lever le banquet, congédier les convives, cf. Curt. 8, 6, 16 ; Ov. *F.* 6, 675 ; *versus* Quint. 1, 9, 2, briser les vers [pour les mettre en prose], cf. Hor. *S.* 1, 4, 60 ¶ 5 [fig.] relâcher, énerver, amollir : *infantiam deliciis* Quint. 1, 2, 6, amollir l'enfance par une vie de douceurs ; *Hannibalem hiberna solverunt* Sen. *Ep.* 51, 5, les quartiers d'hiver amollirent Hannibal ; *in Venerem corpora solvere* Virg. *G.* 4, 199, épuiser son corps dans l'amour, cf. Tac. *H.* 2, 99 ; 3, 38 ; *membra* Lucr. 6, 798, amollir les membres ; *solvuntur illi frigore membra* Virg. *En.* 12, 951, le froid de la mort affaisse ses membres ; *corpora somnus solvit* Ov. *M.* 10, 369, le sommeil détend les corps, cf. Virg. *En.* 9, 236 ; *in somnos solvi* Virg. *En.* 4, 530, sombrer dans le sommeil ¶ 6 [fig.] dissiper, réduire en poudre, anéantir, réfuter : Cic. *Fin.* 1, 22 ; Quint. 2, 17, 34 ; Sen. *Const.* 12, 3 ‖ résoudre une question, une difficulté : Quint. 5, 10, 96 ; 8, 6, 53 ¶ 7 briser, rompre, détruire : *obsidionem* Liv. 27, 28, 17, faire lever un siège, cf. Liv. 36, 10, 14 ; 37, 7, 7 ; Tac. *An.* 4, 24 ; *morem* Liv. 8, 4, 7, rompre une coutume, cf. Liv. 1, 49, 7 ; *leges* Curt. 10, 2, 5, détruire les lois ; *disciplinam militarem* Liv. 8, 7, 16, détruire la discipline militaire ; *curam metumque* Hor. *Epo.* 9, 38, dissiper les soucis et les craintes.

▶ parf. *solui* Catul. 2, 13 [trisyll.] ; *soluisse* Tib. 4, 5, 16 [quatre syll.].

Sŏlўma, *ōrum*, n. pl. (Σόλυμα), Mart. 11, 94, 5, **Sŏlўma**, *ae*, f., Arat. 2, 827, Jérusalem ‖ **Sŏlўmus**, a, um, de Jérusalem : Juv. 6, 544 ; ▶ *Hierosolyma*.

Sŏlўmi, *ōrum*, m. pl. (Σόλυμοι), Jérusalem : Plin. 5, 94 ‖ habitants de Jérusalem : Tac. *H.* 5, 2.

Solymnĭa, ae, f., ▶ *Solimnia*.

1 **Sŏlўmus**, ▶ *Solyma*.

2 **Sŏlўmus**, *i*, m., un des compagnons d'Énée, qui fonda une colonie à Sulmone : Ov. *F.* 4, 79.

Sōmēna, ae, m., Somme [fleuve de Belgique] : Fort. *Carm.* 7, 4, 15.

somnĭālis, e (*somnium*) ¶ 1 de songe, rêvé : Fulg. *Myth.* 1 pr., p. 3, 18 H. ¶ 2 qui envoie des songes : CIL 11, 1449.

somnĭālĭtĕr, adv., en songe : *Fulg. *Myth.* 2, 14.

somnĭātŏr, *ōris*, m. (*somnio*), rêveur, visionnaire : Sen. *Contr.* 3, 22, 15 ‖ celui qui voit en songe, interprète des songes : Vulg. *Gen.* 37, 19 ; *Deut.* 13, 3.

somnĭcŭlŏr, *āris*, *ārī*, -, intr. (cf. *somniculosus, somniculus*; fr. *sommeiller*), somnoler : Quer. 74 ; 82.

somnĭcŭlōsē, adv., nonchalamment : Pl. *Amp.* 622 ; *Cap.* 227.

somnĭcŭlōsus, a, um (*somnus*) ¶ 1 dormeur adonné au sommeil : Mart. 3, 58, 36 ‖ endormi, engourdi : Cic. *CM* 36 ; Col. 11,

somniculosus

1, 13 ¶**2** endormant : LABER. *Com.* 86, cf. GELL. 9, 12, 12.

somnĭcŭlus, *i*, m. (dim. de *somnus* ; fr. *sommeil*), sommeil léger, somme : NOT. TIR. 83.

somnĭfĕr, *ĕra, ĕrum* (*somnus, fero*), assoupissant, somnifère, narcotique : **(Mercurii) virga somnifera** OV. *M.* 1, 672, la baguette (de Mercure) qui répand le sommeil ; **somnifera vis papaveris** PLIN. 18, 229, les vertus narcotiques du pavot ‖ qui cause un engourdissement mortel : OV. *M.* 9, 693 ; LUC. 9, 701 ‖ subst. f., **-fĕra**, *ae*, ⊳ *strychnon* : PS. APUL. *Herb.* 75.

somnĭfĭcus, *a, um* (*somnus, facio*), soporifique, narcotique : PLIN. 25, 150 ‖ qui cause un engourdissement mortel : PLIN. 29, 63.

somnĭgĕr, *ĕra, ĕrum* (*somnus, gero*), qui envoie le sommeil : DRAC. *Laud.* 1, 214.

somnĭō, *ās, āre, āvī, ātum* (*somnium* ; it. *sognare*, fr. *songer*), intr. et tr. ¶**1** intr., rêver, avoir un songe : **de aliqua re** CIC. *Div.* 2, 140, rêver de qqch. ; **totas noctes somniamus** CIC. *Div.* 2, 121, nous avons des rêves des nuits entières ‖ **somniantes philosophi** CIC. *Nat.* 1, 18, philosophes rêvants, songe-creux ‖ [avec acc. de l'objet intérieur] **mirum somnium somniare** PL. *Ru.* 597, avoir un rêve merveilleux, cf. *Mil.* 381 ‖ [pass. impers.] PLIN. 28, 54 ¶**2** tr., voir en rêve : **ovum** CIC. *Div.* 2, 134, rêver d'un œuf, cf. SUET. *Galb.* 18 ; [avec prop. inf.] rêver que : CIC. *Div.* 1, 39 ; 2, 134 ‖ [fig.] **Trojanum somniabam** CIC. *Att.* 9, 13, 6, je rêvais que c'était la villa de Troie [en Italie].

▶ dép. *somnior* APUL. *M.* 3, 22 ; 8, 12 ; PETR. 74, 14.

somnĭŏr, *ārĭs, ārī, -*, ⊳ *somnio* ▶.

somnĭōsus, *a, um* (*somnio*), somnolent : CAEL.-AUR. *Acut.* 3, 5, 51.

somnĭum, *ii*, n. (*somnus* ; it. *sogno*, esp. *sueño*, fr. *songe*) ¶**1** songe, rêve : CIC. *Div.* 1, 39 ; 2, 119 ‖ les Songes [pl. personnifié] : CIC. *Nat.* 3, 44 ; OV. *M.* 11, 588 ¶**2** = chimère, extravagance : CIC. *Nat.* 1, 39 ; 1, 42 ; HOR. *Ep.* 2, 1, 52 ‖ **somnia !** TER. *Phorm.* 494, rêveries ! chansons ! ; **somnium !** TER. *Phorm.* 874, tu rêves !, cf. TER. *Ad.* 204 ; PL. *Amp.* 738.

somnŏlentĭa (-ŭlentĭa), *ae*, f. (*somnolentus*), somnolence : SIDON. *Ep.* 2, 2, 13.

somnŏlentus (-ŭlentus), *a, um* (*somnus*), assoupi : APUL. *M.* 1, 26.

somnurnus, *a, um* (*somnus*, cf. *nocturnus*), paru en songe : VARR. *Men.* 427.

somnus, *i*, m. (cf. *sopor*, 1 *sopio*, ὕπνος, scr. *svapna-s*, rus. *son* ; it. *sonno*, fr. *somme*) ¶**1** sommeil : **somnum capere** CIC. *Tusc.* 4, 44, dormir ; **somno se dare** CIC. *Tusc.* 1, 113, se livrer au sommeil ; **somnum vix tenere** CIC. *Brut.* 278, se retenir à peine de dormir ; **ducere somnos** VIRG. *En.* 4, 560, prolonger son sommeil ; **somnos ducere** HOR. *Epo.* 14, 3 (**somnum** JUV. 3, 242) ; **facere** OV. *M.* 7, 153, amener le sommeil ; **per somnum** CIC. *Div.* 2, 27 [et surtout] **in somnis** CIC. *Nat.* 1, 82, pendant le sommeil, en songe ; **artior somnus** CIC. *Rep.* 6, 10, un sommeil plus profond ‖ le Sommeil [divinité] : VIRG. *En.* 5, 838 ; OV. *M.* 11, 586 ¶**2** [fig.] **a)** = inaction, paresse, oisiveté : CIC. *Sest.* 138 ; TAC. *H.* 2, 90 ; G. 15 **b)** = la nuit : VIRG. *G.* 1, 208 **c)** **longus, frigidus, niger** HOR. *O.* 3, 11, 38 ; VAL.-FLAC. 3, 178 ; SIL. 7, 633, le long, le froid, le noir sommeil [de la mort].

sōna, ⊳ *zona*.

sŏnābĭlis, *e* (*sono*), sonore, retentissant : OV. *M.* 9, 784.

sŏnans, *tis* ¶**1** part. de *sono* ¶**2** adjᵗ, retentissant, sonore : OV. *M.* 1, 333 ; PLIN. *Ep.* 6, 16, 13 ; **verba sonantiora** CIC. *Part.* 17, mots plus sonores, cf. PLIN. 7, 12, 4 ‖ **litterae sonantes** APUL. *Mund.* 20, voyelles.

sŏnantĭus, adv., d'une manière plus sonore : DON. *Phorm.* 2.

sŏnārĭum, *ii*, n. (ζωνάριον), petite ceinture : NOV. *Com.* 34.

sŏnātūrus, ⊳ *sono* ▶.

Sonautēs, *ae*, m., fleuve de Bithynie : PLIN. 6, 4.

sŏnax, *ācis* (*sono*), retentissant, bruyant, sonore : APUL. *M.* 4, 31 ; 8, 4.

sonchus (-ŏs), *i*, m. (σόγχος ; it. *sonco*), laiteron [plante] : PLIN. 22, 88.

Sondrae, *ārum*, m. pl., peuple de l'Inde : PLIN. 6, 78.

sŏnĭgĕr, *ĕra, ĕrum* (*sonus, gero*), bruyant, sonore : AUG. *Serm.* 28, 4 Mai.

sŏnĭpēs, *ĕdis* (*sonus, pes*), au pied bruyant : GRAT. 43 ‖ subst. m., cheval, coursier : CATUL. 63, 41 ; VIRG. *En.* 11, 600.

sŏnĭti, gén., ⊳ *sonitus* ▶.

sŏnĭtō, *ās, āre, -, -* (fréq. de *sono*), *SOLIN. 2, 40.

sŏnĭtŭs, *ūs*, m. (*sono*), retentissement, son, bruit, fracas : **remorum** CAES. *G* 7, 60, 4, bruit des rames ; **sonitum dare** VIRG. *En.* 11, 614, faire entendre un bruit ; **reddere** CIC. *Tusc.* 1, 96 ‖ **verborum sonitus inanis** CIC. *de Or.* 1, 51, un vain bruit de mots ; **nostri sonitus** CIC. *Att.* 1, 14, 4, mes éclats d'éloquence ; **sonitum Aeschines habuit** CIC. *de Or.* 3, 28, Eschine eut en partage la sonorité des grands mots.

▶ gén. arch. *soniti* PACUV. *Tr.* 133 ; CAECIL. *Com.* 21.

sōnĭum, *ii*, n. (germ. ; fr. *soin*), souci : GLOSS. 2, 417, 20.

sŏnĭvĭus, *a, um* (*sonus*), qui fait du bruit [l. des augures] : CIC. *Fam.* 6, 6, 7 ; FEST. 370, 12 ; 382, 10 ; P. FEST. 371, 5.

1 **sŏnō**, *ās, āre, sŏnŭī, sŏnĭtum*, adv. (*sonus* ; fr. *sonner*)

I intr. ¶**1** rendre un son, sonner, retentir, résonner : **graviter, acute** CIC. *Rep.* 6, 18, rendre un son grave, aigu ; **tympana sonuerunt** CAES. *C.* 3, 105, 4, les tambourins résonnèrent ; **sonuit contento nervus ab arcu** OV. *M.* 6, 286, un arc tendu fit résonner sa corde ¶**2** renvoyer un son, retentir : **omnia ploratibus sonant** LIV. 29, 17, 16, tout retentit des gémissements ¶**3** [avec l'acc. de l'objet intérieur] avoir tel accent [prononciation] : **Cotta sonabat contrarium Catulo** CIC. *Brut.* 259, Cotta avait un accent à l'opposé de celui de Catulus ; **poetae pingue quiddam sonantes** CIC. *Arch.* 26, des poètes ayant je ne sais quoi de gras dans l'accent ; **nec vox hominem sonat** VIRG. *En.* 1, 328, et ta voix n'a pas un son humain, cf. VIRG. *En.* 6, 50.

II tr. ¶**1** **a)** émettre par des sons, faire entendre : **homines inconditis vocibus inchoatum quiddam et confusum sonantes** CIC. *Rep.* 3, 3, les hommes faisant entendre dans des paroles informes des embryons de pensées confuses ; **evoe sonare** OV. *M.* 6, 597, crier évoé ! ; [abs] **inani voce sonant** CIC. *Fin.* 2, 48, ils font entendre des paroles vides de sens **b)** [poét.] faire entendre avec éclat, faire sonner, vanter : VIRG. *En.* 12, 529 **c)** chanter, célébrer : HOR. *O.* 2, 13, 26 ; OV. *M.* 10, 205 ; **sonandus eris** OV. *A. A.* 1, 206, tu devras être chanté ¶**2** [sens des mots] faire entendre, signifier : **quid sonat haec vox voluptatis ?** CIC. *Fin.* 2, 6, que signifie ce mot plaisir ? ; **unum sonare** CIC. *Off.* 3, 83, avoir le même sens.

▶ formes [tard.] *sonavi*, etc. VL. *Psal.* 45, 4 ; *TERT. *Scap.* 3, 2 ; *sonarit* JUVC. 4, 569 ‖ *sonaturus* HOR. *S.* 1, 4, 44 ‖ [3ᵉ conjug.] *sonere* LUCR. 3, 156 ; 871 et ENN., PACUV., ACC., cf. NON. 504 ; 505 ; ⊳ *sonans*.

2 **sŏnō**, *ĭs, ĕre, -, -* (cf. 1 *sono*, scr. *svanita-s*), ⊳ 1 *sono* ▶.

sŏnŏr, *ōris*, m. (*sono*), retentissement, son, bruit : LUCR. 1, 644 ; VIRG. *G.* 3, 199 ; TAC. *An.* 1, 65.

sŏnōrē, adv. (*sonorus*), d'une manière sonore : GELL. 4, 20, 8.

sŏnŏrĭtās, *ātis*, f., sonorité : PRISC. 2, 9, 16.

sŏnōrus, *a, um* (*sonor*), retentissant, sonore : VIRG. *En.* 1, 53 ; 12, 139 ; TIB. 3, 4, 69 ‖ compar. n., **sonorius** PRISC. 2, 45, 7.

▶ forme *sonovi* DIOM. 498, 25 ; 499, 24.

sons, *sontis*, adj. (*sum, absens, sonticus*, cf. ὤν, al. *Sünde*, an. *sin*) ¶**1** nuisible : P. FEST. 383, 5 ¶**2** coupable, criminel : VIRG. *En.* 10, 854 ; OV. *M.* 7, 847 ‖ [subst.] **sons**, m., un coupable : CIC. *Phil.* 2, 18 ; *Fam.* 4, 13, 3 ; *Off.* 1, 82 ‖ subst. n., crime : ALDH. *Ep.* 5.

▶ gén. pl. *-tium* mais *-tum* STAT. *Th.* 4, 475.

Sontĭātes, *um*, m. pl., peuple d'Aquitaine : CAES. *G.* 3, 20.

sontĭcus, *a, um* (*sons*), dangereux, sérieux : **morbus sonticus** GELL. 20, 1,

27, maladie sérieuse, qui fournit une excuse légitime [= épilepsie], cf. GELL. 16, 4, 4 ‖ *sontica causa* NAEV. *Com.* 128; TIB. 1, 8, 51, raison de maladie, cause grave, excuse valable.

Sontini, *ōrum*, m. pl., peuple de Lucanie : PLIN. 3, 98.

Sontius, *ii*, m., rivière de Carinthie [Isonzo] : CASSIOD. *Var.* 1, 18.

1 **sŏnus**, *a*, *um* (*sono*), qui rend un son ; *sonae (litterae)* f. pl., voyelles : ISID. 1, 4, 4.

2 **sŏnus**, *i*, m. (cf. scr. *svana-s* ; fr. *son*) ¶ 1 son, retentissement, bruit : *tubae* CAES. *G.* 7, 47, 2, le son de la trompette, cf. CAES. *C.* 3, 105 ; *soni vocis* CIC. *Nat.* 2, 149 ; *nervorum* CIC. *Nat.* 2, 150, les sons de la voix, des cordes de la lyre, cf. CIC. *Or.* 57 ; *acutissimus, gravissimus sonus* CIC. *de Or.* 1, 251, le ton le plus aigu, le plus grave ‖ *inanes sonos fundere* CIC. *Tusc.* 5, 73, proférer des paroles creuses, des sons vides ¶ 2 *a)* accent [prononciation] : CIC. *Brut.* 172 [*ora sono discordia signare* VIRG. *En.* 2, 423 v. *signo* ¶ 4] *b) sonus vocis* CIC. *de Or.* 1, 114, bonne sonorité de la voix ¶ 3 [fig.] sonorité, éclat du style : QUINT. 10, 1, 68 ‖ ton, caractère propre : CIC. *Opt.* 1 ; *Brut.* 100 ; *de Or.* 2, 54.

▶ formes de la 4ᵉ décl. *sonŭs*, *-ūs*, abl. *-u* AMM. 20, 4, 14 ; SISEN. d. NON. 491, 27 ; APUL. *M.* 8, 30.

3 **Sōnus**, *i*, m., affluent du Gange : PLIN. 6, 65.

Sōpătĕr, *tri*, m. (Σώπατρος), nom d'un grand nombre de personnages ; not*ᵗ* deux victimes de Verrès : CIC. *Verr.* 2, 68 ; 4, 85.

sōpescō, *ĭs*, *ĕre*, -, -, intr. (inch. de *sopio*), s'assoupir : NOT. TIR. 83.

Sōphēnē, *ēs*, f. (Σωφηνή), la Sophène [partie de l'Arménie] Atlas I, D7 : PLIN. 5, 66 ‖ *-ni*, *ōrum*, m. pl., habitants de la Sophène : *PLIN. 6, 28.

1 **sŏphĭa**, *ae*, f. (σοφία) ¶ 1 la sagesse : *ENN. *An.* 218 ; MART. 1, 112, 1, cf. SEN. *Ep.* 89, 7 ; GELL. 13, 8, 3 ¶ 2 [chrét.] la Sagesse divine [identifiée avec le Logos] : PRUD. *Cath.* 11, 20 ; CYPR. *Ep.* 60, 3.

2 **Sŏphĭa**, *ae*, f., Sophie, femme de l'empereur Justin II : CORIP. *Just.* 1, 65 ‖ **Sŏphĭānus**, *a*, *um*, de Sophie, sophien [palais à Constantinople] : CORIP. *Just.* 4, 287.

sŏphĭcus, *a*, *um*, sophistique : Ps. PROSP. *Prov.* 769.

sŏphisma, *ătis*, n. (σόφισμα ; it. *fisima*), sophisme : SEN. *Ep.* 45, 8 ; GELL. 18, 13, 2.

sŏphismătĭum (*-ĭŏn*), *ii*, n. (dim. de *sophisma*, σοφισμάτιον), petit sophisme : GELL. 18, 13.

sŏphistēs, CIC. *Ac.* 2, 72 ; *Nat.* 1, 63, **sophista**, GELL. 17, 5, 3, *ae*, m. (σοφιστής) ¶ 1 sophiste : CIC. *Ac.* 2, 72 ; *in Sophiste* QUINT. 3, 2, 10, dans le Sophiste [ouvrage de Platon] ¶ 2 philosophe, sage : MAMERT. *Anim.* 2, 9 [s. Augustin] ¶ 3 rhéteur : FORT. *Carm.* 7, 12, 23 ¶ 4 [pl.] devins, interprètes des songes [à la cour de Babylone] : TERT. *Jejun.* 7, 7.

▶ voc. *-a* LUCIL. 1117.

1 **sŏphistĭcē**, adv., par des sophismes, captieusement : COD. JUST. 8, 10, 12.

2 **sŏphistĭcē**, *ēs*, f., art du sophisme, chicane : APUL. *Plat.* 2, 9.

sŏphistĭcus, *a*, *um* (σοφιστικός), sophistique, captieux : GELL. 7, 3, 35 ; 18, 2, 6 ‖ faux : BOET. *Herm. pr.* 1, 6, p. 81, 1.

sŏphistrĭa, *ae*, f. (σοφίστρια), femme sophiste : HIER. *Chron.* 770.

Sŏphŏclēs, *is* (et *i*, GELL. 12, 11, 6), m. (Σοφοκλῆς), Sophocle, poète tragique grec : CIC. *Fin.* 5, 3 ; *CM* 22 ; HOR. *Ep.* 2, 1, 163 ; QUINT. 10, 1, 67 ‖ *-ēus*, *a*, *um*, de Sophocle : CIC. *Fam.* 16, 18, 3.

▶ voc. *Sophocle* CIC. *Off.* 1, 144.

Sŏphoclĭdisca, *ae*, f., nom de servante : PL. *Pers.* 201.

Sŏphŏnĭba, *ae*, f. (Σοφονίβα), Sophonisbe [fille d'Hasdrubal Gisgon et femme de Syphax] : LIV. 30, 12, 11].

1 **sŏphos (-us)**, *i*, m. (σοφός), sage : MART. 7, 32, 4.

2 **sŏphōs**, adv. (σοφῶς), bravo ! : PETR. 40, 1 ‖ subst. n., un bravo : MART. 1, 49, 37 ; 3, 46, 8.

Sōphrōn, *ŏnis*, n. (Σώφρων), Sophron [auteur de mimes] : VARR. *L.* 5, 179 ; QUINT. 1, 10, 17.

Sōphrōna, *ae*, f., personnage de nourrice : TER. *Eun.* 807.

Sōphrŏniscus, *i*, m. (Σωφρονίσκος), statuaire, père de Socrate : VAL.-MAX. 3, 4, 1 ; SEN. *Ben.* 3, 32, 2.

Sōphrŏsўnē, *ēs*, f. (Σωφροσύνη), fille de Denys l'Ancien : NEP. *Dion* 1, 1.

sŏphum, *i*, n., langage élevé : *cothurnato sopho* FORT. *Carm.* 3, 23, 2, dans le ton de la tragédie, avec le pathos tragique.

1 **sŏphus**, ▶ 1 *sophos* : PHAED. 3, 14, 9 ; 4, 15, 8.

2 **Sŏphus**, *i*, m., surnom romain [le Sage] : LIV. 9, 45.

1 **sōpĭō**, *īs*, *īre*, *īvī* ou *ĭī*, *ītum* (cf. *sopor, somnus*, scr. *svāpayati*), tr. ¶ 1 assoupir, endormir : *aliquem* LIV. 9, 30, 8 ; 24, 46, 5, assoupir qqn ; *sopitum corpus* CIC. *Div.* 1, 115, le corps endormi ; *sopita quies* LIV. 9, 37, 9, engourdissement du sommeil ‖ [poét.] = faire périr : SIL. 10, 153 ‖ *leto sopitus* LUCR. 3, 904, endormi dans la mort ; *eadem aliis sopitu' quietest* LUCR. 3, 1038, (Homère) est endormi du même sommeil que les autres ¶ 2 [fig.] *venti sopiuntur* PLIN. 2, 129, les vents s'endorment, s'apaisent ; *sopiti ignes* VIRG. *En.* 5, 743, feu assoupi ‖ *sopita virtus* CIC. *Cael.* 41, la vertu endormie ; *moenera militiai sopita* LUCR. 1, 29, les travaux de la guerre assoupis.

2 **sōpĭo**, *ōnis*, m. (cf. *prosapia* ?), pénis : CATUL. 37, 10.

1 **sōpītĭō**, *ōnis*, f. (*sopio*), assoupissement : *M.-EMP. 29, 12.

2 **sōpītĭo**, ▶ 2 *sopio* : PETR. 22, 1.

sōpītus, *a*, *um*, part. de *sopio*.

Sōpŏlis, *is*, m., peintre du temps de Cicéron : CIC. *Att.* 4, 16 ; PLIN. 35, 148.

1 **sŏpŏr**, *ōris*, m. (cf. *somnus*, 1 *sopio*) ¶ 1 sommeil profond, sommeil : PL. *Ru.* 916 ; LIV. 1, 7, 5 ; VIRG. *En.* 4, 522 ‖ sommeil de la mort : PL. *Amp.* 304 ; LUCR. 3, 466 ; HOR. *O.* 1, 24, 5 ¶ 2 [fig.] *a)* torpeur, engourdissement : CAEL. d. QUINT. 4, 2, 124 ; CURT. 8, 6, 26 *b)* torpeur morale : TAC. *H.* 2, 76 *c)* narcotique, breuvage soporifique : NEP. *Dion* 2, 5 ; SEN. *Ben.* 5, 13, 5 *d)* tempe [siège du sommeil] : STAT. *S.* 2, 3, 29.

2 **Sŏpŏr**, *ōris*, m., Sommeil [divinité] : VIRG. *En.* 6, 278.

sŏpŏrātus, *a*, *um* ¶ 1 part. de *soporo* ¶ 2 adj*ᵗ* *a)* endormi, engourdi : OV. *Am.* 1, 9, 21 ; VAL.-FLAC. 5, 334 ; PLIN. 10, 209 ‖ [fig.] CURT. 7, 1, 7 *b)* qui a une vertu soporifique, somnifère : VIRG. *En.* 5, 855 ; 6, 420.

sŏpŏrĭfer, *ĕra*, *ĕrum* (*sopor*, *fero*), soporifique, somnifère : VIRG. *En.* 4, 486 ; OV. *M.* 11, 586 ; PLIN. 19, 126.

sŏpŏrō, *ās*, *āre*, *āvī*, *ātum* (*sopor*), tr. ¶ 1 assoupir, endormir : CELS. 2, 2, 2 ; PLIN. 21, 182 ; 28, 118 ¶ 2 [fig.] *multo imbre rogum* STAT. *Th.* 6, 235, éteindre un bûcher sous les flots de pluie ‖ *soporatus dolor* CURT. 7, 1, 7, douleur assoupie ¶ 3 [intr.] *soporans*, endormi : CASSIOD. *Var.* 7, 7 ; FORT. *Carm.* 3, 4, 2 ¶ 4 v. sens particul. du part. *soporatus* ¶ 2b.

sŏpŏrus, *a*, *um* (*sopor*) ¶ 1 qui apporte le sommeil : VIRG. *En.* 6, 390 ; SIL. 13, 856 ¶ 2 assoupi : VAL.-FLAC. 2, 221.

Sōra, *ae*, f., ville du Latium Atlas XII, E4 : LIV. 7, 28, 6 ; PLIN. 3, 63 ‖ *-nus*, *a*, *um*, de Sora : CIC. *de Or.* 3, 43.

Sōractē, *is*, n., le Soracte [mont des Falisques consacré à Apollon] : HOR. *O.* 1, 9, 2 ; VIRG. *En.* 7, 696 ‖ *-tīnus*, *a*, *um*, du Soracte : VITR. 2, 7, 1.

▶ *Soractem*, m., acc. : PLIN. 7, 19.

Soractia, *ae*, f., ville d'Arabie : PLIN. 6, 145.

sōrăcus, *i*, m. et **sōrăcum**, *i*, n. (σώρακος), coffre [pour mettre les costumes des comédiens] : PL. *Pers.* 392 ; P. FEST. 383, 1.

1 **Sōrānus**, *a*, *um*, ▶ *Sora*.

2 **Sōrānus**, *i*, m. ¶ 1 surnom de Pluton (*Dis pater*) : SERV. *En.* 11, 785 ¶ 2 *Barea Soranus* TAC. *An.* 12, 53 ; 16, 21, mis à mort sous Néron.

sorbĕō, *ēs*, *ēre*, *ŭī* (*ītum*, PRISC. 2, 492, 21, mais sans ex.) (cf. ῥοφέω, rus. *serbat'*, it. *sorbire*), tr. ¶ 1 avaler, gober, humer : PL. *Bac.* 372 ; PLIN. 29, 42 ; SUET. *Cal.* 37 ¶ 2 absorber, engloutir : VIRG. *En.* 3, 422 ;

sorbeo

Ov. *M.* 7, 64; 9, 172 ‖ [fig.] Cic. *Phil.* 11, 10 ‖ **odia alicujus** Cic. *Q.* 3, 9, 5, avaler (= supporter) la haine de qqn, [fig.] absorber [par l'intelligence], comprendre: Aug. *Catech.* 25, 47.

▶ sorpsi, sorptum, v. ▶ sorbo.

sorbĭlis, *e* (*sorbeo*), qu'on peut avaler: Cels. 2, 18, 10; Petr. 33, 5.

sorbillō, *ās, āre*, -, -, tr. (dim. de *sorbeo*), avaler à petites gorgées, à petits coups, siroter: Ter. *Ad.* 591; Apul. *M.* 2, 16 ‖ [fig.] **sorbillantibus saviis** Apul. *M.* 3, 14, avec des baisers gourmands.

sorbĭlō, adv. (*sorbeo*), par gorgées; [fig.] par morceaux, par bribes: Caecil. *Com.* 73; Pl. *Poen.* 266.

sorbĭtĭō, *ōnis*, f. (*sorbeo*) ¶ 1 absorption: Pers. 4, 2 ¶ 2 breuvage, tisane, potion: Cat. *Agr.* 157, 13; Sen. *Ep.* 78, 25 ‖ bouillie, pâtée: Col. 6, 10, 1; Phaed. 1, 26, 5.

sorbĭtĭuncŭla, *ae*, f. (dim. de *sorbitio*), petit breuvage: M.-Emp. 10, 18 ‖ bouillie: Hier. *Vit. Hil.* 11; *Jovin.* 2, 5.

sorbō, *ĭs, ĕre, sorpsī, sorptum*, c. ▶ sorbeo: Apul. *M.* 2, 11; Prisc. 2, 491, 14.

sorbsi, ▶ sorpsi.

sorbŭī, parf. de *sorbeo*.

sorbum, *i*, n. (cf. lit. *saŕas*; fr. *sorbe*), sorbe, fruit du sorbier: Virg. *G.* 3, 380; Cat. *Agr.* 7, 4; Plin. 15, 85.

sorbus, *i*, f., sorbier: Plin. 16, 74.

sordĕō, *ēs, ēre, ŭī*, - (*sordes*), intr. ¶ 1 être sale, malpropre: Pl. *Truc.* 379; Sen. *Ep.* 5, 3 ‖ [impers.] avoir de la chassie: Pl. *Poen.* 315 ¶ 2 [fig.] **a)** être misérable, sans valeur: Pl. *Poen.* 1179; Gell. 15, 8, 20 ‖ **sordentia verba** Gell. 19, 13, 3, mots grossiers **b)** *alicui sordere*, être méprisable pour qqn: Hor. *Ep.* 1, 11, 4; Virg. *B.* 2, 44; Liv. 4, 25, 11; Quint. 8, pr. 26; Tac. *D.* 23.

sordēs, *is*, f. (cf. *2 suasum*, al. *schwarz*), [rare au sg.] Cic. *Att.* 1, 16, 11; *Flac.* 7; Hor. *Ep.* 1, 2, 53 [surtout au pl.] **sordēs, ĭum**, f. pl. ¶ 1 ordure, saleté, crasse: [sg.] Lucr. 6, 1271; [des ongles] Ov. *A. A.* 1, 519 ‖ cérumen [des oreilles]: Cic. *Nat.* 2, 144; [sg.] Hor. *Ep.* 1, 2, 53 ‖ chassie: Pl. *Poen.* 314 ‖ souillure sur les tablettes de vote: Cic. *Verr. prim.* 17 ¶ 2 habits négligés [de deuil], deuil: Cic. *Mur.* 86; *Pis.* 89; *Dom.* 59; Liv. 29, 16, 6 ¶ 3 personne sale, ignoble: Cic. *Pis.* 62 ‖ crasse, lie du peuple: Cic. *Att.* 1, 16, 11 ¶ 4 [fig.] bassesse de condition: Cic. *Brut.* 224; *Sest.* 60; *Phil.* 1, 20 ‖ bassesse, trivialité du style: Sen. *Contr.* 7, pr. 4; Sen. *Ep.* 114, 13; Tac. *D.* 21 ¶ 5 crasse, avarice sordide, lésinerie: Cic. *Mur.* 76; [sg.] Cic. *Flac.* 7; Tac. *H.* 1, 52 ‖ bassesse d'âme, vilenie, fange: Cic. *Att.* 1, 16, 2; Sen. 10 ¶ 6 [fig.] objet abominable, idole honteuse: Vulg. *Deut.* 29, 17 ¶ 7 souillure morale, péché: Tert. *Paen.* 9, 4.

▶ abl. *sordē* Lucr. 6, 1271, cf. *tabē*; gén. *sorderum* Pl. *Poen.* 314.

sordescō, *ēs, ēre, dŭī*, - (*sordeo*), intr., devenir sale, se salir: Hor. *Ep.* 1, 20, 11; Plin. 11, 31 ‖ [champ] se couvrir de mauvaises herbes: Gell. 4, 12, 1 ‖ [fig.] Amm. 15, 13, 2.

Sordĭcē, *ēs*, f., étang formé par le Sordus: Avien. *Or.* 570 ‖ **-dĭcēnus**, *a, um*, du Sordus: Avien. *Or.* 558.

sordĭcŭla, *ae*, f. (dim. de *sordes*), petite saleté: M.-Emp. 8, 172.

1 sordĭdātus, *a, um* (*sordidus*) ¶ 1 vêtu salement, sale, d'une tenue négligée: Pl. *As.* 497; Ter. *Haut.* 297; Cic. *Pis.* 67; *Phil.* 2, 73 ¶ 2 en vêtements de deuil: Cic. *de Or.* 2, 195; *Verr.* 2, 62; *Pis.* 99 ¶ 3 [fig.] **sordidatissima conscientia** Sidon. *Ep.* 3, 13, 11, conscience très sale.

2 sordĭdātus, *a, um*, part. de *sordido*.

sordĭdē, adv. (*sordidus*) ¶ 1 salement: **sordidissime** Lampr. *Hel.* 33, 7 ¶ 2 [fig.] de basse condition: **sordidius** Tac. *D.* 8 ‖ d'un style bas, trivial: Pl. *Mil.* 1001; Cic. *de Or.* 2, 339; Suet. *Gram.* 30, 3 ‖ sordidement, mesquinement: Cic. *de Or.* 2, 352; Plin. *Ep.* 3, 9, 2; Suet. *Dom.* 9.

sordĭdō, *ās, āre, āvī, ātum* (*sordidus*), tr. ¶ 1 salir, souiller: Sidon. *Carm.* 23, 349 ¶ 2 [chrét.] salir, souiller [moralement], abaisser, avilir: Hier. *Ep.* 75, 2; Aug. *Conf.* 11, 11, 17 ¶ 3 corrompre [le langage]: Hier. *Ep.* 107, 9 ¶ 4 [pass.] être en deuil, vêtu de deuil: Hier. *Ep.* 38, 4.

sordĭdŭlus, *a, um* (dim. de *sordidus*), un peu sale: Juv. 3, 149 ‖ [fig.] passablement vil: Pl. *Poen.* 137.

sordĭdus, *a, um* (*sordes*) ¶ 1 sale, crasseux, malpropre: Virg. *En.* 6, 301; Hor. *Ep.* 1, 5, 22 ‖ **calcatis sordidus uvis** Ov. *F.* 4, 897, sali, éclaboussé par les raisins foulés ¶ 2 [fig.] bas, insignifiant, infime, méprisable: **homo egens, sordidus** Cic. *Flac.* 52, homme pauvre, misérable, cf. *Att.* 8, 4, 2; *Leg.* 3, 35; **villula sordida** Cic. *Att.* 12, 27, 1, petite villa mesquine ‖ bas, trivial [style]: Quint. 8, 3, 17; 8, 3, 49; **sordidiores artes** Cic. *de Or.* 3, 128, arts moins nobles [manuels] ¶ 3 bas, vil, ignoble: **iste omnium turpissimus et sordidissimus** Cic. *Att.* 9, 9, 3, cet homme de tous le plus vil et le plus ignoble; **sordidi quaestus** Cic. *Off.* 1, 150, gains vils; **pecuniam praeferre amicitiae sordidum existimant** Cic. *Lae.* 63, ils regardent comme une bassesse de préférer l'argent à l'amitié, cf. Cic. *Rep.* 1, 9; *Off.* 2, 50; **quis non odit sordidos?** Cic. *Fin.* 3, 38, qui ne déteste les gens bas? [âmes pétries de boue] ‖ crasseux, avare, sordide: Hor. *S.* 1, 1, 96; 1, 2, 10; Quint. 5, 13, 26; Plin. *Ep.* 2, 6, 1 ‖ de qualité inférieure: **sordidus panis** Sen. *Ep.* 110, 12, pain bis ‖ **munera sordida** Dig. 50, 1, 17, 7, corvées dégradantes [dont était dispensée toute une catégorie de privilégiés].

sordĭtas, *ātis*, f. (*sordeo*), saleté, souillure: **sorditas vitiorum** Salon. *Prov.* p. 986 B, tache des vices.

sordĭtĭa, *ae*, f. (*sordeo*), saleté: Schol. Hor. *S.* 2, 8, 10; Gloss. 2, 428, 14.

sordĭtūdō, *ĭnis*, f. (*sordeo*), saleté: Pl. *Poen.* 970.

Sordones, *um*, m. pl., peuple des Pyrénées [Cerdagne]: Plin. 3, 32; Mel. 2, 84.

sordŭī, parf. de *sordeo*.

sordŭlentus, *a, um* (*sordes*), crasseux: Tert. *Paen.* 11, 1.

sōrex, *ĭcis*, m. (cf. *susurrus*, ὕραξ; fr. *souris*), souris: Ter. *Eun.* 1023; Varr. *R.* 2, 4, 12.

sōrĭcīnus, *a, um* (*sorex*), adj., de souris: Pl. *Bac.* 889.

sōrītēs, *ae*, m. (σωρείτης), sorite [sorte d'argument]: Cic. *Div.* 2, 11.

sōrītĭcus, *a, um*, en forme de sorite: Mar. Vict. *Rhet.* 2, 27, p. 285, 9 H.

sōrix, v. ▶ saurix.

Sorofages, *um*, m. pl., peuple de l'Inde: Plin. 6, 77.

sŏror, *ōris*, f. (*swe-sōr, *sobrinus*, *uxor*; cf. *1 se*, *sodalis*, scr. *svasar-*, rus. *sestra*, bret. *c'hoar*; fr. *sœur*) ¶ 1 sœur: **doctae sorores** Tib. 3, 4, 45, les doctes sœurs [les Muses appelées aussi **novem sorores** Ov. *Tr.* 5, 12, 45, "les neuf sœurs"]; **sorores tres** Prop. 2, 13, 44, les trois sœurs [les Parques]; **vipereae sorores** Ov. *M.* 6, 662, les sœurs à la chevelure de serpents [les Furies] ¶ 2 cousine: Ov. *M.* 1, 351 ¶ 3 amie, compagne: Virg. *En.* 1, 321; 11, 823 ¶ 4 [chrét.] sœur: Vulg. *1 Tim.* 5, 2 ¶ 5 [en parl. de choses semblables]: **a)** main gauche par rapport à la main droite: Pl. *Poen.* 418 **b)** boucles de cheveux: Catul. 66, 51.

sŏrorcŭla, *ae*, f. (dim. de *soror*), chère sœur, petite sœur: Pl. *Cis.* 451.

sŏrōrĭcīda, *ae*, m. (*soror*, *caedo*), meurtrier de sa sœur: Cic. *Dom.* 26.

sŏrōrĭcīdĭum, *ii*, n., meurtre d'une sœur: Gloss. 2, 532, 2.

sŏrōrĭcŭlāta vestis, f., sorte de vêtement: Plin. 8, 195.

1 sŏrōrĭō, *ās, āre*, -, - (*soror*), intr., grandir ensemble [comme des sœurs, en parl. des seins, *papillae*]: Pl. *Frg.* 87; P. Fest. 381.

2 sŏrōrĭō, *īs, īre*, -, -, intr., être gonflé [sein]: Plin. 31, 66.

1 sŏrōrĭus, *a, um* (*soror*), de sœur: Pl. *Curc.* 660; Cic. *Sest.* 16.

2 sŏrōrĭus, *ii*, m., beau-frère [mari de la sœur]: CIL 5, 4369 ‖ neveu [fils de la sœur]: Gloss. 4, 174, 13.

sorpsī, parf. de *sorbo*.

sors, *tis*, f. (*2 sero*, cf. *fors*; fr. *sort*) ¶ 1 sort [objet qu'on mettait dans une urne pour tirer au sort: caillou, tablette, lamelle, baguette portant des inscriptions] : **in hydriam sortes conjicere** Cic. *Verr.* 2, 127, déposer les tablettes du sort dans l'urne ; *Tuberonis sors conjecta est* Cic. *Leg.* 21, une tablette avec le nom de Tubéro fut jetée dans l'urne ; *eorum sortes non dejciuntur* Caes. *C.* 1, 6, 6, on ne met pas leurs noms dans l'urne pour le tirage au sort, cf. Liv. 21, 42, 2 ; *sors ducitur* Cic. *Verr.* 4, 143, on tire au sort ; *sors alicujus exit* Cic. *Att.* 1, 19, 3 ; *excidit* Liv. 21, 42, 3, le nom de qqn sort de l'urne ∥ [en part. tablettes de bois portant des réponses et déposées dans les temples ; leur diminution de volume *(sortes attenuatae* ou *extenuatae)* était interprétée comme un mauvais présage] : Liv. 21, 62, 5 ; 22, 1, 11 ¶ **2** tirage au sort, sort : *ei sorte provincia Sicilia obvenit* Cic. *Verr.* 2, 17, il obtint du sort la province de Sicile *(evenit* Liv. 4, 37, 6) ; *aliquem quaestorem sors dedit* Cic. *Q.* 1, 1, 11, le sort a désigné qqn comme questeur ; *e vectoribus sorte ductus* Cic. *Rep.* 1, 51, un des passagers tiré au sort ; *extra sortem* Cic. *Verr.* 2, 127, sans tirage au sort ; *excipere aliquid sorti* Virg. *En.* 9, 271, exclure qqch. du tirage au sort [cf. *exsors* Virg. *En.* 8, 552] ¶ **3** le résultat du tirage **a)** oracle, prophétie [portés sur les tablettes qu'un enfant mêlait et dans lesquelles il effectuait le tirage] : Cic. *Div.* 2, 86, cf. Cic. *Div.* 1, 76 ; 2, 115 ; Virg. *En.* 4, 346 ; *dictae per carmina sortes* Hor. *P.* 403, oracles exprimés en vers ∥ [en part., vers ou phrases d'écrivains inscrits comme oracles sur des tablettes et tirés au sort], cf. Lampr. *Alex.* 14, 5 ; Aug. *Conf.* 4, 3 **b)** charge attribuée par le sort : *sors urbana, peregrina (= provincia urbana, peregrina)* Liv. 23, 30, 18, fonction de préteur urbain, pérégrin ; *comitia sortis sunt alterius consulis* Liv. 35, 6, 2, la tenue des comices relève du tirage au sort de l'un des consuls ¶ **4** sort, destin, destinée : Virg. *En.* 10, 501 ; Hor. *S.* 1, 1, 1 ; Liv. 21, 43, 2 ; *ejus mali sors incidit Remis* Hirt. *G.* 8, 12, 3, le sort de cette malheureuse aventure [ce sort malencontreux] échut aux Rèmes, cf. Hirt. *G.* 8, 1, 3 ∥ [d'où] condition, rang : *secundam ingenii sortem tenere* Liv. 22, 29, 9, occuper le second rang dans l'ordre de l'intelligence ; *secundae sortis ingenium* Sen. *Ep.* 52, 3, intelligence de second ordre, cf. 36, 4 ; *sors feminea* Ov. *M.* 6, 680, le sexe féminin ∥ lot, partage : *in nullam sortem bonorum* Liv. 1, 34, 3, sans avoir part aux biens ¶ **5** capital prêté à intérêts : Ter. *Ad.* 243 ; Cic. *Att.* 6, 1, 3.

▶ nom. arch. *sortis* Pl. *Cas.* 271 ; Ter. *And.* 985 ∥ abl. *sorti* Pl. *Cas.* 319 ; Virg. *G.* 4, 165 ; Liv. 29, 20, 4.

sorsum, V.> *seorsum*.

sortĭcŭla, *ae*, f. (dim. de *sors* ; esp. *sortija*), bulletin de vote : Suet. *Ner.* 21.

sortĭgĕr, *ĕra*, *ĕrum*, qui rend des oracles : Luc. 9, 512.

sortĭlātŏr, *ōris*, m. (*sors*, *lator*), devin : *Porph. Hor. S.* 1, 6, 114.

sortĭlĕgus, *a*, *um* (*sors*, 2 *lego*), prophétique : Hor. *P.* 219 ∥ subst. m., devin : Cic. *Div.* 1, 132 ∥ sorcier : Greg.-M. *Ep.* 11, 33 (B).

sortĭo, *īs*, *īre*, *īvī*, *ītum*, [arch.] ➡ *sortior* : Pl. *Cas.* 286 ; 304 ; Varr. d. Non. 471, 4 ∥ tr., partager : Enn. *Tr.* 112 ∥ part. **sortītus**, *a*, *um*, V.> *sortior* ▶.

sortĭor, *īrĭs*, *īrī*, *ītus sum* (*sors* ; fr. sortir) ¶ **1** intr., tirer au sort : Cic. *Verr. prim.* 21 ; 2, 127 ¶ **2** tr. **a)** fixer par le sort : *provincias* Cic. *Att.* 1, 13, 5, tirer les provinces au sort, cf. Cic. *Att.* 1, 19, 2 ; *Agr.* 2, 21 ; [avec interrog. indir.] *sortiti uter dedicaret* Liv. 2, 8, 6, ayant décidé par le sort qui des deux ferait la dédicace, cf. Cic. *Nat.* 1, 98 ; *Fat.* 46 **b)** obtenir par le sort : Liv. 39, 45, 4 ; Suet. *Caes.* 18 ; Hor. *O.* 1, 4, 18 **c)** [en gén.] obtenir du sort, de la destinée : Liv. 38, 16, 12 ; Hor. *S.* 1, 6, 53 ; *P.* 92 ; Ov. *M.* 2, 241 ; Plin. *Ep.* 1, 3, 4 **d)** choisir : Virg. *G.* 3, 71 ; *En.* 12, 920 **e)** répartir : Virg. *En.* 3, 634 ; 8, 445 ; 9, 174.

▶ part. *sortītus*, *a*, *um* avec sens passif, "tiré au sort" Cic. *Att.* 4, 16, 6 ; Prop. 4, 11, 20 ; Stat. *S.* 5, 2, 57.

1 sortis, gén. de *sors*.

2 sortis, nom., V.> *sors* ▶.

sortītĭo, *ōnis*, f. (*sortior*), tirage au sort : Cic. *Planc.* 53 ; *Phil.* 2, 82 ; 3, 24.

sortītō, adv. (*sortitus*), après tirage au sort, par le sort : Cic. *Verr.* 4, 142 ∥ par la destinée : Pl. *Merc.* 136 ; Hor. *Epo.* 4, 1.

sortītŏr, *ōris*, m. (*sortior*), celui qui tire les noms de l'urne : Sen. *Tro.* 982.

1 sortītus, *a*, *um*, V.> *sortior*.

2 sortītŭs, *ūs*, m. ¶ **1** tirage au sort : Pl. *Cas.* 197 ; Cic. *Dom.* 50 ; Virg. *En.* 3, 323 ¶ **2** tablette de vote : Stat. *Th.* 6, 389 ∥ lot, destinée : Stat. *Th.* 12, 557.

sortus, ➡ *surrectus* : Andr. d. Fest. 380, 35 ; P. Fest. 381, 6 ; V.> *subrigo*.

sōrus, C.> *saurus* : Plin. 32, 151.

sōry̆, *ĕos*, n. (σῶρυ), sory, sulfate de cuivre : Plin. 34, 117 ; Cels. 6, 9, 23.

sōs, arch. pour *suos* et pour *eos*, V.> *suus*, 2 *sum* ▶.

Sosaeadae, *ārum*, m. pl., peuple de l'Inde : Plin. 6, 78.

Sōsăgŏrās, *ae*, m., nom d'un médecin : Cels. 5, 18, 29.

1 Sōsĭa, *ae*, m. (Σωσίας), Sosie, esclave de comédie : Pl. *Amp.* 124.

2 Sōsĭa, *ae*, f., nom de femme : Tac. *An.* 4, 19.

Sōsĭānus, *a*, *um*, V.> *Sosius*.

Sōsĭās, *ae*, m., C.> 1 *Sosia* : Aus. *Ephem.* 4 (154) 9.

Sosibes, m. pl., peuple sarmate : Capit. *Aur.* 22, 1.

Sōsĭbĭānus, *i*, m., nom d'homme : Mart. 4, 33.

Sōsĭbĭus, *ĭi*, m., précepteur de Britannicus : Tac. *An.* 11, 1.

Sōsĭclēs, *is*, m., nom d'homme : Pl. *Men.* 1123.

Sōsĭgĕnēs, *is*, m. (Σωσιγένης), Sosigène [astronome qui aida César à réformer le calendrier] : Plin. 18, 211.

Sōsĭlās, *ae*, m., Rhodien, ami des Romains : Liv. 34, 30.

Sōsĭlus, *i*, m. (Σώσιλος), historien grec, qui avait écrit la vie d'Hannibal : Nep. *Hann.* 13, 3.

Sōsĭmĕnēs, *is*, m., nom d'un médecin : Plin. 20, 192.

Sosintigi, n., ville de Bétique : Plin. 3, 14.

Sōsĭŏla, *ae*, f., nom de femme : CIL 2, 1058.

Sōsippus, *i*, m. (Σώσιππος), nom d'homme : Cic. *Verr.* 2, 25.

Sōsis, *is*, m., nom d'homme : Cic. *Fam.* 13, 30 ; Liv. 24, 21 ; 26, 21 ∥ f., nom de femme : CIL 6, 9617.

Sōsĭthĕus, *i*, m. (Σωσίθεος), nom d'un esclave, lecteur de Cicéron : Cic. *Att.* 1, 12, 4 ∥ autre pers. : Cic. *Verr.* 3, 200.

Sōsĭus, *ĭi*, m., nom d'homme : Cic. *Att.* 8, 6, 1 ; 9, 1, 12 ; **Sosii**, m. pl., les Sosies [libraires célèbres sous Auguste] : Hor. *P.* 345 ∥ **-ĭānus**, *a*, *um*, de Sosius : Plin. 13, 53.

sospĕs, *pĭtis*, adj. (peu clair, cf. *hospes*, *potis*) ¶ **1** qui sauve, sauveur, cf. P. Fest. 389, 6 ; Enn. *An.* 590 ; V.> *Sospita* ¶ **2** sauvé, échappé au danger : Pl. *Cap.* 873 ; Plin. *Pan.* 67, 5 ; Hor. *O.* 3, 14, 10 ∥ favorable, propice : Pl. *Poen.* 1188 ; Hor. *Saec.* 40.

▶ arch. *sispes* Fest. 462, 2.

Sospĭta, *ae*, f. (*sospes*), protectrice, libératrice [épith. de Junon] : Cic. *Div.* 1, 99 ; *Mur.* 90 ; *Nat.* 1, 82.

sospĭtālis, *e* (*sospes*), sauveur, tutélaire, protecteur : Pl. *Ps.* 247.

sospĭtās, *ātis*, f. (*sospes*), action de sauver : Macr. *Sat.* 1, 7, 35 ∥ salut, guérison, délivrance : Vulg. *Job* 5, 11.

sospĭtātŏr, *ōris*, m., **-trix**, *īcis*, f. (*sospito*), sauveur, libératrice : Apul. *M.* 9, 3 ; *Apol.* 64 ; *M.* 11, 9 ; 11, 15 ∥ [chrét.] le Sauveur : Arn. 1, 53.

sospĭtō, *ās*, *āre*, -, - (*sospes*) ¶ **1** tr., conserver sain et sauf, sauver, protéger : Pl. *Aul.* 546 ; Catul. 34, 24 ; Liv. 1, 16, 3 ∥ [chrét.] guérir : Cypr. *Hab. virg.* 2 ; Unit. *eccl.* 3 ¶ **2** souhaiter bonne santé à, saluer : Ruric. *Ep.* 2, 32.

Sostra, *ae*, f., ville d'Élymaïde : Plin. 12, 78.

Sostrātē, *ēs*, f., C.> *Sostra* : Plin. 6, 136.

Sostrătus, *i*, m. (Σώστρατος), chirurgien célèbre : Cels. 4, 3, 14 ∥ architecte qui éleva le phare d'Alexandrie : Plin. 36, 83 ∥ Athénien : Plin. 34, 51.

Sosus

Sōsus, *i*, m., nom d'homme : Plin. 36, 84 ∥ titre d'un ouvrage d'Antiochus : Cic. Ac. 2, 12.

Sōtăcus, *i*, m., nom d'un naturaliste grec : Plin. 36, 146.

Sōtădēs, *is*, m. (Σωτάδης), poète de Crète, inventeur d'une sorte de vers : Mart. 2, 86, 2 ∥ **-ēus**, *a*, *um*, de Sotade, sotadéen : Quint. 9, 4, 90 ∥ **-ĭcus**, *a*, *um*, Plin. Ep. 5, 3, 2 ∥ subst. masc. pl., **Sōtădĭci**, vers sotadéens : Gell. 7, 9, 16.

Sōtās (-ēs), *ae*, m., médecin : Mart. 4, 9.

Sōtēr, *ēris*, m. (σωτήρ), sauveur, ¶ 1 surnom de Jupiter : Cic. Verr. 2, 154 ; Serv. En. 8, 652 ¶ 2 surnom de Ptolémée Ier, roi d'Égypte : Plin. 7, 208 ¶ 3 le Sauveur (un Éon de Valentin) : Tert. Val. 16, 1.

Sōtēra, *ae*, f., nom de femme : CIL 6, 13549.

sōtērĭa, *ōrum*, n. pl. (σωτήρια), présents pour féliciter d'un retour à la santé, cadeaux de convalescence : Mart. 12, 56, 3 ∥ titre d'une poésie adressée comme cadeau de convalescence : Stat. S. 1, 4.

Sōtērĭcĭānus, *a*, *um*, de Soter [du Sauveur] : Tert. Val. 27, 2.

Sōtērĭcus, *i*, m., nom d'homme : Cic. Balb. 56 ; Sen. d. Gell. 12, 2, 11.

Sōtĕris, *ĭdis*, f., nom de femme : CIL 6, 10216.

Soti, *ōrum*, m. pl., peuple d'Italie : Plin. 3, 47.

Sotiātes, *um* et *ĭum*, m. pl., peuple d'Aquitaine [cf. Sos] : Plin. 4, 108.

Sotīmus, *i*, m., nom d'homme : Liv. 8, 24.

Sōtīra, *ae*, f. ¶ 1 ville du Pont : Plin. 6, 10 ¶ 2 nom de femme : Plin. 1, 28.

soubtīlis, ⚫ subtilis : Diocl. 7, 48.

sŏvos, *a*, *om*, ⚫ suus ▶.

Soza, *ae*, f., ville des Dandares : Tac. An. 12, 16.

1 sozūsa, *ae*, f. (σώζουσα), armoise [plante] : Ps. Apul. Herb. 10.

2 Sozūsa, *ae*, f., nom de femme : CIL 6, 10730.

spăcus, *i*, m. (?; it. *spago*), cordon, ficelle : *Cass. Fel. 51.

spādastĕr, *trī*, m. (2 *spadix*), teinturier : Firm. Math. 3, 6, 4.

spādĭcum, *i*, n., spadice, inflorescence du palmier : Amm. 24, 3, 12.

1 spādix, *īcis*, m. (σπάδιξ) ¶ 1 ⚫ *spadicum* : Gell. 2, 26, 10 ¶ 2 sorte de lyre : Quint. 1, 10, 31.

2 spādix equus, m. (▶ 1 *spadix*), cheval bai-brun : Virg. G. 3, 82.

spădo, *ōnis*, m. (σπάδων) ¶ 1 eunuque : Liv. 9, 17, 16 ; Quint. 11, 3, 19 ; Plin. 13, 41 ∥ cheval hongre : Veg. Mul. 3, 7, 2 ; *spadones surculi* Col. 3, 10, 15, rejetons stériles ¶ 2 [fig.] qui garde volontairement la continence, continent : Tert. Res. 61, 6.

spădōnātŭs, *ūs*, m. (*spado*), condition d'eunuque, [fig.] continence : Tert. Cult. fem. 2, 9, 3.

spădōnĭus, *a*, *um*, **spădōnīnus**, *a*, *um* (*spado*), stérile [arbre] : Plin. 15, 51 ; 15, 130.

spaera, ⚫ *sphaera*.

spaerīta, *ae*, f. (σφαιρίτης), gâteau [en forme de boule] : Cat. Agr. 82.

spagas (mot asiatique), résine : Plin. 14, 123.

Spalaei, *ōrum*, m. pl., peuple de l'Asie ultérieure : Plin. 6, 22.

Spălathra, *ae*, f. (Σπάλαθρα), ville maritime de Magnésie en Thessalie : Plin. 4, 32.

spălax, *ăcis*, f. (σπάλαξ), plante inconnue [colchique ?] : *Plin. 19, 99.

spandō, *ĭs*, *ĕre*, -, -, part. *spandĭtus*, ⚫ *expando* : Vis. Paul. 13.

Spānĭa, ⚫ *Hisp-* : Porph. Hor. O. 2, 2, 9.

Spānĭensis, ⚫ *Hisp-* : Aug. Ep. 35, 2.

Spanĭus, *ĭi*, m., nom d'homme : CIL 6, 21099.

Spānus, ⚫ *Hisp-* : Arn. 5, 24.

spărăgum, *i*, n., ⚫ *asparagus*, cameline [plante] : Diosc. 4, 115.

Sparata, *ae*, f., relais de Mésie : Itin. Burdig. 567.

Spărax, m., nom d'esclave : Pl. Ru. 657.

spargănĭŏn, *ĭi*, n. (σπαργάνιον), ruban d'eau [plante aquatique] : Plin. 25, 109.

1 spargo, *ĭnis*, f. (2 *spargo*), aspersion : Fort. Carm. 3, 4, 1.

2 spargō, *ĭs*, *ĕre*, *sparsī*, *sparsum* (cf. σπείρω, an. *sprinkle* ; it. *spargere*), tr. ¶ 1 jeter çà et là, répandre, éparpiller, semer : *semen* Cic. Amer. 50, répandre la semence ; *aliquid in (supra) rem* Cat. Agr. 36 ; 161, répandre qqch. sur une chose ; *nummos populo de rostris* Cic. Phil. 3, 16, jeter des pièces de monnaie à la volée au peuple du haut de la tribune ; *pedibus arenam* Virg. En. 9, 629, faire voler la poussière sous ses pieds ; *late sparsurae corpora pinus* Ov. M. 7, 442, des pins qui [abaissés vers la terre et relâchés] devaient disperser au loin les corps en lambeaux ; *sparsus silebo* Sen. Herc. Oet. 1394, je me laisserai déchiqueter en silence ; *tela* Virg. En. 12, 51, faire voler les traits ; *spargere* [seul] Quadr. d. Gell. 9, 1, 1 ∥ *una est Geryon sparsus manu* Sen. Herc. Oet. 26, Géryon a été jeté à terre [abattu, terrassé] par mon seul bras ∥ répandre un liquide : Lucr. 2, 195 ; 6, 629 ; Hor. Epo. 5, 26 ¶ 2 disperser, disséminer : *aper spargit canes* Ov. M. 8, 343, le sanglier disperse les chiens ; *sparsa tempestate classis* Liv. 37, 13, 2, la flotte dispersée par la tempête ; *sparsi per vias* Liv. 9, 23, 3, disséminés le long des routes, cf. Tac. H. 3, 46 ∥ *se in fugam spargere* Liv. 33, 15, 15, s'éparpiller en fuyant ; *scintilla se in ignes suos spargit* Lucr. 4, 606, l'étincelle s'éparpille en gerbe de feux ∥ [poét.] *magnum rex spargit ab Argis Alciden* Val.-Flac. 5, 448, le roi [Eurysthée] lance loin le grand Alcide d'Argos ∥ [fig.] jeter au vent, dissiper : [ses biens] Hor. Ep. 2, 2, 195 ; [le temps] Sen. Ep. 19, 1 ¶ 3 parsemer, joncher ; *aliquid aliqua re* : Cat. Agr. 103 ; 157 ; Virg. B. 5, 40 ; *virgulta fimo* Virg. G. 2, 347, couvrir les rejetons de fumier ; *sparsis pellibus albo* Virg. B. 2, 41, avec des peaux semées de taches blanches, cf. Liv. 41, 21, 13 ; [fig.] *litterae humanitatis sale sparsae* Cic. Att. 1, 13, 1, lettres saupoudrées du sel de la culture ∥ arroser : *saxa sanguine* Enn. d. Cic. Tusc. 1, 107, arroser, éclabousser de sang les rochers, cf. Lucr. 5, 1202 ; Hor. O. 4, 11, 8 ; *genas lacrimis* Lucr. 2, 977, inonder les joues de larmes ; [abs^t] *qui spargunt* Cic. Par. 37, ceux qui arrosent, cf. Pl. d. Gell. 18, 12, 4 ¶ 4 [fig.] **a)** *animos in corpora humana* Cic. CM 77, disséminer les âmes dans les corps humains, cf. Arch. 30 ; *nomen per urbes* Ov. M. 8, 267, répandre un nom à travers les villes **b)** répandre un bruit, colporter : *voces in vulgum* Virg. En. 2, 98, semer des propos dans la foule, cf. Quint. 8, 3, 58 ; 9, 2, 80 ∥ *spargebatur Albinum... usurpare* Tac. H. 2, 58, on répandait le bruit qu'Albinus s'arrogeait....

▶ inf. pass. *spargier* Hor. O. 4, 11, 8.

Spargōs, *i*, f., nom de la nourrice de Cyrus : Just. 1, 4, 14.

sparsĭlis, *e* (*spargo*), qui peut être dispersé : Tert. Pud. 2, 3.

sparsim, adv. (*sparsus*), çà et là : Apul. M. 10, 34 ; Gell. 11, 2, 5.

sparsĭo, *ōnis*, f. (*spargo*), aspersion [de parfums dans le cirque et dans le théâtre] : Sen. Nat. 2, 9, 1 ∥ aspersion [du sang du Christ] : VL. 1 Petr. 1, 2 ∥ distribution [de présents au théâtre] faite à la volée : Stat. S. 1, 6, 66.

sparsus, *a*, *um* ¶ 1 part. de *spargo* ¶ 2 adj^t, épars : *sparsior racemus* Plin. 16, 146, grappe plus écartée.

Sparta, *ae*, f., Cic. Rep. 2, 43 et **Spartē**, *ēs*, f., Sparte, Lacédémone Atlas I, D5 ; VI, C2 : Prop. 3, 14, 1 ; Ov. M. 6, 414.

Spartăcus, *i*, m., esclave condamné à la gladiature servile qui soutint contre les Romains une guerre : Cic. Har. 26 ; Hor. O. 3, 14, 19 ∥ [épith. donnée à Antoine] : Cic. Phil. 4, 15.

Spartānus, *a*, *um*, de Sparte : Virg. En. 1, 316 ; Liv. 38, 17, 12 ∥ subst. m., Spartiate : Pl. Poen. 639 ; Nep. Pel. 2, 4 ; Reg. 1, 2 ; Tac. An. 3, 26.

1 Spartārĭa, *ae*, f. (*spartarius*), surnom de Carthage la Neuve [Carthagène en Espagne] : Plin. 31, 94.

2 spartārĭa, *ōrum*, n. pl. (*spartarius*), lieux abondants en sparte.

spartārĭus, *a, um* (*spartum*), abondant en sparte : Plin. 31, 94.

spartĕŏlus, *i*, m. (dim. de *sparteus*), pompier [muni de cordes de sparte] : Tert. *Apol.* 39, 15.

spartĕus, *a, um* (*spartum*), fait de sparte : Cat. *Agr.* 3 ; 11, 2 ; Pacuv. *Tr.* 251 ; Col. 12, 52, 8 ‖ subst., **spartĕa**, *ae*, f., semelle de sparte : Col. 6, 12, 3.

Sparti (-toe), *ōrum*, m. pl. (Σπαρτοί), les Spartes [guerriers nés tout armés des dents du dragon semées par Cadmus] : Hyg. *Fab.* 178 ; Varr. d. Gell. 17, 3, 4.

Spartĭăcus, C. ▶ *Spartiaticus* : *Apul. *M.* 1, 1, 3.

Spartĭānus, *i*, m., Spartien, un des auteurs supposés de l'Histoire Auguste : Spart. *Hadr.* tit.

Spartĭātae, *ārum*, m. pl., Spartiates, habitants de Sparte : Cic. *Tusc.* 1, 102 ‖ **-tēs**, *ae*, m., Pl. *Poen.* 780.

Spartĭātĭcus, *a, um*, Pl. *Poen.* 719, **Sparticus**, *a, um*, Culex 400, de Sparte.

spartŏpŏlĭos, *ii*, m., **-ŏlĭă**, *ae*, f. (σπαρτοπόλιος), pierre précieuse : Plin. 37, 191.

spartum (-ŏn), *i*, n. (σπάρτον) ¶ 1 sparte [sorte de jonc] : Plin. 19, 26 ¶ 2 corde en sparte : Cat. *Agr.* 135, 3 ; Plin. 28, 46.

spărŭlus, *i*, m. (dim. de *sparus*), petit javelot : Val.-Max. 3, 2, 16 ‖ sparaillon [poisson de mer] : Ov. *Hal.* 106 ; Mart. 3, 60, 6.

spărum, *i*, n., C. ▶ 1 *sparus* : Lucil. 1315.

1 spărus, *i*, m. (cf. bret *sparl*, al. *Speer*, an. *spear*), petit javelot, dard : Sall. *C.* 56, 3 ; Liv. 34, 15, 4 ; Virg. *En.* 11, 682 ; V. ▶ *sparum*.

2 spărus, *i*, m. (σπάρος, esp. *esparo*), spare, brème de mer [poisson] : Cels. 2, 18, 7.

spasma, *ătis*, n., **spasmus**, *i*, m. (σπάσμα, σπασμός ; it. *spasimo*, fr. *pâmer*), spasme : Plin. 22, 21 ; 28, 237.

spastĭcus, *a, um* (σπαστικός), qui a des spasmes : Plin. 20, 157.

Spătala, *ae*, f., nom de femme : CIL 6, 28812.

Spătălē, *ēs*, f., nom de femme : Mart. 2, 52, 2.

spătălĭum, *ii*, n. (σπατάλιον), sorte de bracelet : Plin. 13, 142.

spătălŏcĭnaedus, *i*, m. (σπάταλος et κίναιδος), un délicieux mignon : Petr. 23, 3.

Spătălus, *i*, m., nom d'homme : CIL 6, 14226.

spătangĭus, *ii*, m. (σπατάγγης), variété d'oursin : Cod. Th. 14, 20, 1.

spătha, *ae*, f. (σπάθη ; fr. épée) ¶ 1 battoir [dont les anciens tisserands se servaient pour battre la trame au lieu de la peigner] : Sen. *Ep.* 90, 20 ¶ 2 spatule : Col. 12, 42, 3 ¶ 3 spathe [du palmier] : Plin. 16, 112 ¶ 4 sorte de palmier : Plin. 12, 134 ¶ 5 épée longue, sorte de latte : Tac. *An.* 12, 35, 3.

spăthārĭa făbrĭcă, f., fabrique de glaives nommés *spatha* : Not. Dign. *Oc.* 9, 29.

spăthārĭus (spata-), *ii*, m., gardien du glaive de son maître, porte-glaive, garde : CIL 6, 9898.

spăthē, *ēs*, f., spathe du palmier : Plin. 16, 112.

spăthŏmēlē, *ēs*, f. (σπαθομήλη), sonde en forme de spatule : Isid. 4, 11, 3.

spăthŭla (spatu-), *ae*, f. (dim. de *spatha* ; it. *spatola*, *spalla* ; fr. *épaule*) ¶ 1 spatule : Anthim. 35 ¶ 2 branche de palmier : Vulg. *Lev.* 23, 40 ¶ 3 borne [en forme de *spatha*] : Grom. 341, 13 ¶ 4 *spatula porcina* : Apic. 168, palette de porc.

spătĭātŏr, *ōris*, m. (*spatior*), grand promeneur, batteur de pavés : Cat. *Orat.* 113.

spătĭātus, part. de *spatior*.

spătĭō, *ās*, *āre*, -, -, intr., errer, circuler : Fort. *Mart.* 4, 108 ; V. ▶ *spatior*.

spătĭŏlum, *i*, n. (dim. de *spatium*), petit espace : Pall. 1, 38, 2.

spătĭŏr, *ārĭs*, *ārī*, *ātus sum* (*spatium* ; a. fr. *espacier*, al. *spazieren*), intr. ¶ 1 aller de côté et d'autre, de long en large, aller et venir, se promener : Cic. *Amer.* 59 ; *Opt.* 8 ; Hor. *S.* 1, 8, 15 ¶ 2 marcher, s'avancer : Virg. *En.* 4, 62 ; Ov. *M.* 4, 87 ; Quint. 11, 3, 131 ¶ 3 s'étendre : Ov. *M.* 14, 629 ; Plin. 17, 65 ; Sen. *Ir.* 3, 10, 4 ‖ s'étendre [dans une digression] : Aug. *Jul.* 3, 3, 9 ‖ s'étendre [dans un ouvrage] : Mamert. *Anim.* 3, 17 ; V. ▶ *spatio*.

spătĭōsē, adv. (*spatiosus*), au large : Plin. *Ep.* 3, 18, 1 ‖ **spatiosius** Prop. 3, 20, 11, dans un espace plus vaste, un temps plus long.

spătĭōsĭtās, *ātis*, f. (*spatiosus*), espacement : Sidon. *Ep.* 2, 2, 5.

spătĭōsus, *a, um* (*spatium*), spacieux, étendu, vaste : Plin. 4, 82 ; Quint. 11, 2, 18 ; Ov. *M.* 11, 754 ; [fig.] Sen. *Ep.* 88, 33 ‖ [en parl. du temps] : Ov. *M.* 8, 529 ; 12, 186 ‖ *spatiosior* Ov. *A. A.* 2, 645 ; *-issimus* Plin. *Pan.* 63, 8.

spătĭum, *ii*, n. (cf. *spes*, al. *spät* ; fr. *espace*) ¶ 1 champ de courses, carrière, arène : Enn. *An.* 374 ; Cic. *CM* 83 ; *Brut.* 307 ; *Lae.* 40 ; Ov. *M.* 6, 487 ; Liv. 35, 40, 1 ‖ *spatia* Virg. *G.* 2, 541, tours de piste, cf. *G.* 3, 202 ; *En.* 5, 325 ; Tac. *D.* 39 ; [sg.] Sen. *Ep.* 30, 13 [fig.] *eadem spatia conficere* Cic. *de Or.* 3, 178, parcourir la même trajectoire [en parl. de planètes] ¶ 2 étendue, distance, espace : *duum milium spatio* Caes. *G.* 3, 17, 5, à une distance de deux mille pas ; *magno spatio confecto* Caes. *G.* 3, 29, 2, une grande étendue de terrain ayant été parcourue ; *tanto spatio* Caes. *G.* 7, 45, 4, à une distance si grande [ou] *ab tanto spatio* Caes. *G.* 2, 30, 3 ; *aequo spatio* Caes. *G.* 1, 43, à égale distance, cf. Caes. *G.* 7, 23 ; *magnum spatium abesse* Caes. *G.* 2, 17, 2, être à une grande distance ¶ 3 lieu de promenade, place ; *communia spatia* Cic. *Rep.* 1, 41, places publiques ; *Academiae spatia* Cic. *Or.* 12, les promenades [les jardins] de l'Académie, cf. Cic. *Leg.* 1, 14 ; 1, 15 ‖ tour de promenade, promenade : Cic. *de Or.* 1, 28 ; *Rep.* 1, 18 ; *si uno basilicae spatio honestamur* Cic. *Mur.* 70, s'ils nous font l'honneur d'un seul tour de basilique ¶ 4 espace : Lucr. 1, 426 ; 1, 523 ; *reliquum spatium mons continet* Caes. *G.* 1, 38, 5, une montagne ferme le reste de l'espace ; *spatium non est agitandi* Nep. *Eum.* 5, 4, il n'y a pas de place pour prendre de l'exercice ‖ grandeur, étendue, dimensions : Ov. *M.* 2, 672 ; 3, 95 ; Juv. 6, 503 ; *spatium admirabile rhombi* Juv. 4, 39, les prodigieuses dimensions d'un turbot ; *aures in spatium trahere* Ov. *M.* 11, 176, allonger les oreilles ¶ 5 durée, laps de temps : Caes. *G.* 1, 7, 6 ; 5, 15, 3 ; *C.* 3, 75, 2 ; *spatia temporis* Caes. *G.* 6, 18, 2, les intervalles du temps [les moments de la durée] ; *usque ad extremum spatium* Cic. *Arch.* 30, jusqu'au dernier moment de la vie ; *in brevi spatio* Ter. *Haut.* 955, en un instant, cf. Lucr. 2, 78 ; Ov. *M.* 1, 411 ; Suet. *Cl.* 12 ; *intra breve spatium* Curt. 9, 8, 27 ; Sen. *Nat.* 7, 12, 8 ; *brevi spatio* Sall. *C.* 56, 2 ; J. 87, 3 ; Liv. 29, 36, 3 ; *hoc spatio* Cic. *de Or.* 2, 353, pendant cet intervalle de temps ; *tam longo spatio* Cic. *Off.* 2, 81, pendant une si longue durée ¶ 6 temps, délai, répit : *dare alicui spatium ad scribendum* Cic. *Fam.* 15, 17, 1 ; *pila conjiciendi* Caes. *G.* 1, 52, 3, donner à qqn le temps d'écrire, de lancer les javelots ; *spatium habere, sumere ad…* Cic. *Verr. prim.* 56 ; *Fin.* 4, 1, avoir, prendre le temps de… ; *sex dies ad eam rem conficiendam spatii postulant* Caes. *C.* 1, 3, 7, ils demandent un délai de six jours pour mener l'affaire à bonne fin ¶ 7 [métr.] temps, mesure : Cic. *Or.* 193 ; Quint. 1, 5, 18.

spatula, *ae*, C. ▶ *spathula*.

spătŭlē, *ēs*, f. (σπατάλη), débauche : Varr. *Men.* 275.

spĕca, V. ▶ *spica* : Varr. *R.* 1, 48, 2.

spĕcellatus, V. ▶ *specillatus*.

spĕcĭālis, *e* (*species*), spécial, particulier : Sen. *Ep.* 94, 31 ; Quint. 5, 10, 43 ‖ *specialis*, m., ami particulier, intime : Mamert. d. Sidon. *Ep.* 4, 2, 4 ‖ propre à : Treb. *Tyr.* 14, 3.

spĕcĭālĭtās, *ātis*, f. (*specialis*), spécialité, qualité distinctive : Isid. 2, 25, 6.

spĕcĭālĭtĕr, adv. (*specialis*), en particulier, spécialement, notamment : Cels. 5, 24, 4 ; Quint. 5, 10, 43.

spĕcĭārĭa, *ae*, f., épicière : CIL 6, 10112.

spĕciātim, adv. (*species*), en particulier : Capel. 9, 939.

spĕciātus, **a**, **um** (*species*), figuré, conformé : Tert. *Herm.* 40, 2.

spĕciē, **spĕciī**, gén., ▨▶ *species* ▶.

spĕcies, *ēi*, f. (*specio* ; fr. *épice*)

> I ¶ 1 "vue, regard" ¶ 2 "aspect, apparence" ¶ 3 "aspect extérieur, air, dehors", *ad, in speciem* ¶ 4 "éclat, lustre" ¶ 5 [sens concret] **a)** "apparition nocturne, vision" **b)** "statue" **c)** "fantôme de l'imagination" ¶ 6 "apparence, semblant", *senatus specie* "sous couleur de défendre le sénat", *sub specie, per speciem* "sous prétexte de" ¶ 7 [droit] "cas particulier, espèce" ¶ 8 [tard.] **a)** "objet, marchandise" **b)** "épices, drogues" ¶ 9 "chose".
> II [t. de philosophie] ¶ 1 "aspect, point de vue" ¶ 2 "Idée" platonicienne ¶ 3 "type" ¶ 4 "espèce" d'un genre.

I ¶ 1 vue, regard : Lucr. 4, 236 ; 4, 242 ; 5, 707 ; Vitr. 9, 1, 12 ¶ 2 ensemble des traits qui caractérisent et font reconnaître un objet ; aspect : *humana specie et figura* Cic. *Amer.* 63, avec l'aspect et la conformation de l'homme ; *speciem boni viri prae se ferre* Cic. *Off.* 2, 39, donner l'impression d'un homme de bien ; *hospitis speciem non effugere* Cic. *Brut.* 172, garder la caractéristique d'un étranger ; *speciem habere honesti* Cic. *Off.* 3, 7, avoir les caractères de l'honnête, cf. Cic. *Tusc.* 4, 30 ; *honestum natura et specie sua commovet* Cic. *Off.* 2, 32, le bien émeut par son essence propre et ses traits caractéristiques ; *summa species arborum stantium relinquitur* Caes. *G.* 6, 27, 4, on laisse de quoi donner l'illusion parfaite que les arbres se tiennent debout normalement ¶ 3 ce qui apparaît aux regards, aspect, extérieur, air, dehors, etc. : *horum hominum species est honestissima* Cic. *Cat.* 2, 18, ces hommes ont un air des plus honorables ; *universa comprensio et species orationis* Cic. *Or.* 198, le pourtour et la forme de la phrase dans son ensemble ; *navium species inusitata* Caes. *G.* 4, 25, 1, forme de navires inusitée ; *ager una specie* Sall. *J.* 79, 3, champ d'aspect uniforme ‖ *nova atque inusitata specie commoti* Caes. *G.* 2, 31, 1, bouleversés par ce spectacle nouveau et extraordinaire ; *ponite ante oculos miseram illam ac flebilem speciem* Cic. *Phil.* 11, 6, représentez-vous cette scène (ce tableau) pitoyable et lamentable ‖ *specie* Cic. *CM* 57 ; *ad speciem* Verr. 1, 58 ; *in speciem* Caes. *G.* 7, 23, 5, extérieurement, pour l'aspect, au point de vue de l'aspect ¶ 4 bel aspect, grand air, éclat, lustre : *species candorque caeli* Cic. *Tusc.* 1, 68, la beauté et la splendeur du ciel ; *triumpho praebere speciem* Liv. 34, 52, 10, ajouter de l'éclat au triomphe ; *adhibere quamdam in dicendo speciem atque pompam* Cic. *de Or.* 2, 294, donner à sa parole un air de dignité et d'assurance ; *species dignitasque populi Romani* Cic. *Dom.* 89, grandeur et majesté du peuple romain ¶ 5 [sens concret] **a)** apparition, vision nocturne, fantôme : Lucr. 1, 125 ; Ov. *M.* 9, 473 ; 11, 677 ; Liv. 8, 6, 9 ; 26, 19, 4 **b)** statue, image : Cic. poet. *Div.* 1, 21 **c)** fantôme de l'imagination : Hor. *S.* 2, 3, 208 ; *P.* 7 ; Curt. 7, 1, 36 ¶ 6 apparence, semblant : *speciem pugnantium praebere* Caes. *G.* 3, 25, 1, avoir l'apparence de combattants ; *ad speciem* Caes. *G.* 1, 51, 1 ; *C.* 2, 35, 6 ; *in speciem* Caes. *G.* 5, 51, 4, pour l'apparence, pour faire illusion ; *specie... reapse* Cic. *Lae.* 47, en apparence... en réalité ; *speciem offerre* Cic. *Div.* 1, 81, ne présenter qu'une apparence ; *praeclara classis in speciem* Cic. *Verr.* 4, 86, magnifique flotte en apparence ‖ *senatus specie* Sall. *C.* 38, 2, sous couleur de défendre le sénat, cf. Liv. 30, 20, 5 ; *sub specie tutelae* Curt. 9, 2, 7, sous prétexte de tutelle, cf. Curt. 10, 6, 21 ; Liv. 44, 24, 4 ; *per speciem auxilii ferendi* Liv. 39, 35, 4, sous prétexte de porter secours, cf. Liv. 9, 30, 8 ; 40, 13, 8 ; 42, 52, 8 ¶ 7 [droit] cas particulier, espèce : *haec species incidit in cognitionem meam* Plin. *Ep.* 10, 56 (64), 4, voici un cas qui a été soumis à ma compétence (dont j'ai eu à connaître) ; *proponitur apud eum species talis...* Dig. 9, 2, 5, on lui soumet le cas suivant..., cf. 31, 1, 85 ¶ 8 [tard.] **a)** objet, marchandise, denrée : sg., Pall. 11, 14, 3 ; pl., *publicae species* Cod. Just. 1, 2, 10, marchandises publiques, cf. 11, 73, 3 **b)** épices, drogues, ingrédients : Macr. *Sat.* 8, 7, 8 ; Dig. 39, 4, 16 ¶ 9 chose, objet matériel, matière [d'un sacrement, en parlant du sel au baptême] : Aug. *Catech.* 26, 50.

II [phil.] ¶ 1 ce par quoi se manifeste (se révèle) extérieurement une notion, un principe ; aspect, considération, point de vue : *utilitatis speciem videbat, sed eam, ut res declarat, falsam judicavit* Cic. *Off.* 3, 99, l'intérêt se montrait à lui, mais sous un aspect qu'il jugea décevant, comme les faits le prouvent, cf. Cic. *Off.* 3, 41 ; 46 ; 47 ; *utilitatis specie peccatur* Cic. *Off.* 3, 46, la considération de l'intérêt fait commettre des fautes ; *cum aliqua species utilitatis objecta est...* Cic. *Off.* 3, 35, quand l'utilité s'offre à nous avec tel ou tel caractère apparent ; *objecta specie voluptatis* Cic. *Fin.* 1, 47, quand s'est dressée devant eux l'idée du plaisir ¶ 2 l'idée platonicienne [ἰδέα] : Cic. *Ac.* 1, 30 ; 33 ; *Tusc.* 1, 58 ‖ image ou représentation qu'on se fait d'une chose : *doloris speciem non ferre* Cic. *Tusc.* 2, 54, ne pas supporter l'idée de la douleur ¶ 3 type : *obversentur species honestae et verae* Cic. *Tusc.* 2, 52, qu'il ait devant les yeux des types réels de vertu ; *species civitatis* Cic. *Rep.* 1, 51, type [forme] de gouvernement ; *eloquentiae* Cic. *Or.* 18, [un type] un idéal d'éloquence ¶ 4 espèce [d'un genre] : Cic. *Or.* 6 ; *Top.* 30 ; 31 ; 68 ; Quint. 3, 6, 26 ; Sen. *Ep.* 58, 7, cf. Vitr. 1, 2, 2 ; 3, 3, 1 ‖ [droit] subdivision d'un genre [par oppos. à *genus*], type individualisé, catégorie spécifique, corps certain : *in stipulationibus alias species, alias genera deducuntur* Dig. 45, 1, 54 pr., à la fois les corps certains, à la fois les choses de genre peuvent faire l'objet d'une stipulation.

▶ arch. gén. *specie* ; *specii* cf. Gell. 9, 14, 15 ‖ *specierum*, *speciebus* remplacés par *formarum*, *formis* Cic. *Top.* 30 mais employés tardivement.

spĕciĕtās, *ātis*, f. (*species*), espèce, qualité spéciale : Ps. Front. *Diff.* 7, 525, 21.

spĕcĭfĭcātus, *a*, *um* (*species*, *facio*), distinct, séparé : Boet. *Eut.* 4, 7.

spĕcĭfĭcus, *a*, *um*, *differentia specifica* Boet. *Porph. com. sec.* 4, 2, p. 244, 6, différence spécifique.

spĕciī, ▨▶ *species* ▶.

spĕcillātus, *a*, *um* (*specillum*), travaillé à facettes : Vop. *Prob.* 4, 5.

spĕcillum, *i*, n. (*specio*) ¶ 1 sonde : Cic. *Nat.* 3, 57 ; Cels. 5, 28, 12 ¶ 2 dim. de *speculum*, petit miroir : Aug. *Ep.* 3, 3.

spĕcĭmen, *ĭnis*, n. (*specio*) ¶ 1 preuve, indice, exemple, échantillon : *ingenii specimen est transilire...* Cic. *de Or.* 3, 160, c'est une preuve d'imagination que de franchir d'un bond... ; *in aliqua re specimen aliquod dare* Cic. *Caecil.* 27, donner en qqch. un échantillon de son savoir-faire ; *Solis specimen* Virg. *En.* 12, 164, image [symbole, emblème] du Soleil ¶ 2 exemplaire, modèle, idéal, type : *prudentiae specimen est Scaevola* Cic. *Nat.* 3, 80, Scaevola est un modèle de sagesse, cf. Cic. *Tusc.* 5, 55 ; *Pis.* 95 ; *specimen naturae ex optima quaque natura capere* Cic. *Tusc.* 1, 32, prendre le type naturel dans l'exemplaire le plus parfait.

▶ employé seul[t] au sg.

specīni, *ōrum*, m. pl. (celt. ?), sapeurs : CIL 5, suppl. Ital. 611.

spĕcĭō (**spĭcĭō**), *ĭs*, *ĕre*, *spexī*, *spectum* (cf. σκέπτομαι, scr. *paśyati*, al. *spähen*), tr., regarder [arch.] : Enn. ; Cat. ; Pl. *Cas.* 516 ; *Bac.* 399 ; Varr. *L.* 6, 82.

spĕciōsē, adv. (*speciosus*) ¶ 1 avec un aspect brillant, magnifiquement : Plin. 35, 49 ; *speciosius* Liv. 37, 4, 3, plus magnifiquement ¶ 2 avec grâce, élégance : Hor. *Ep.* 1, 18, 52 ; [fig.] Quint. 9, 4, 14 ; *speciosissime* Quint. 8, 6, 18.

spĕciōsĭtās, *ātis*, f., beauté, bel aspect : Vulg. 1 *Macc.* 1, 27.

spĕciōsus, *a*, *um* (*species*) ¶ 1 de bel aspect, d'extérieur brillant : *(homo) introrsum turpis, speciosus pelle decora* Hor. *Ep.* 1, 16, 45, (un homme) laid intérieurement, mais qui a bon air grâce à un bel extérieur ; *speciosa femina* Quint. 5, 10, 47, belle femme ; *familiam nemo speciosiorem producet* Sen. *Ep.* 87, 6, personne ne présentera un personnel domestique de plus belle mine ¶ **2** [fig.] ***reversionis has speciosas causas habes*** Cic. *Att.* 16, 7, 6, voilà les bonnes raisons qui expliquent mon retour ; ***speciosum ministerium*** Liv. 4, 8, 6, fonctions brillantes ; ***speciosissimum genus orationis*** Quint. 8, 6, 49, le style qui produit le plus d'effet ; ***speciosa vocabula*** Hor. *Ep.* 2, 2, 116, mots expressifs ‖ spécieux : ***speciosus titulus Graeciae liberandae*** Liv. 42, 52, 15, le prétexte spécieux de libérer la Grèce, cf. Liv. 35, 16, 2 ; pl. n., ***speciosa dictu*** Liv. 1, 23, 7, des paroles spécieuses, de beaux prétextes.

speclar-, ▷ *specular-*.

spectābĭlis, *e* (*specto*) ¶ **1** visible, qui est en vue : Ov. *M.* 3, 709 ; *Tr.* 3, 8, 35 ¶ **2** remarquable, brillant : Ov. *M.* 6, 166 ; 7, 705 ; Tac. *Agr.* 34 ‖ [qualificatif de certains dignitaires sous les empereurs] : ***vir*** Cod. Just. 2, 7, 11, " Considérable ".

spectābĭlĭtās, *ātis*, f., excellence [titre] : ***tua*** Aug. *Ep.* 129, 7, votre Excellence ‖ dignité du *vir spectabilis* sous les empereurs : Cod. Just. 9, 27, 5.

spectāclum, *i*, n., sync. de *spectaculum*, Prop. 4, 8, 21.

spectācŭlum, *i*, n. (*specto*) ¶ **1** spectacle, vue, aspect : ***o spectaculum miserum !*** Cic. *Verr.* 5, 100, ô spectacle lamentable ! ; ***rerum caelestium*** Cic. *Nat.* 2, 140, spectacle des choses célestes ; ***hoc spectaculum videre*** Cic. *Mil.* 103, voir ce spectacle ; ***alicui spectaculum praebere*** Cic. *Nat.* 2, 155, offrir un spectacle à qqn ; ***varia spectacula habere*** Cic. *Tusc.* 1, 47, jouir de spectacles variés ; ***homini nostra incommoda spectaculo esse nollem*** Cic. *Att.* 10, 2, 2, je n'aurais pas voulu que mes embarras s'offrissent en spectacle à cet homme ¶ **2** spectacle [au cirque, théâtre, etc.] : ***crudele gladiatorum spectaculum..., ut nunc fit*** Cic. *Tusc.* 2, 41, le spectacle des gladiateurs est cruel..., comme il se passe maintenant, cf. Liv. 28, 21, 10 ; ***nondum commisso spectaculo*** Liv. 2, 36, 1, le spectacle n'étant pas encore commencé ¶ **3** pl., ***spectacula a)*** places au cirque, au théâtre : ***spectacula tributim dare*** Cic. *Mur.* 72, donner des places de spectacle aux tribus ; ***ex omnibus spectaculis*** Cic. *Sest.* 124, de toutes les places des gradins, cf. Liv. 45, 1, 2 ; ***spectacula sibi facere*** Liv. 1, 35, 8, s'installer une loge ; ***spectacula ruunt*** Pl. *Curc.* 647, les gradins s'écroulent ***b)*** théâtre, amphithéâtre : Suet. *Cal.* 35 ¶ **4** merveille à voir : ***septem omnium terrarum spectacula*** Gell. 10, 18, 4, les Sept Merveilles du monde, cf. Vitr. 2, 8, 11.

spectāměn, *ĭnis*, n. (*specto*) ¶ **1** preuve, indice : Pl. *Men.* 966 ¶ **2** spectacle : Apul. *M.* 4, 20.

spectāmentum, *i*, n. (*specto*), spectacle [mis sous les yeux] : Ps. Front. *Diff.* 7, 531, 15.

spectātē, adv., d'une manière remarquable [usité seul[t] au superl.] : ***spectatissime*** Plin. 21, 2 ; Amm. 28, 3, 9.

spectātĭo, *ōnis*, f. (*specto*) ¶ **1** action de regarder, vue : Cic. *Fam.* 7, 1, 2 ; *Att.* 13, 44, 2 ¶ **2** examen : ***pecuniae*** Cic. *Verr.* 3, 181, vérification de l'argent ¶ **3** [fig.] considération, égard : Flor. 2, 7, 3.

spectātīvus, *a*, *um* (*specto*), spéculatif : Quint. 3, 5, 11.

spectātor, *ōris*, m. (*specto*) ¶ **1** qui a l'habitude de regarder, d'observer, observateur, contemplateur : ***caeli siderumque*** Liv. 24, 34, 2, observateur du ciel et des astres, cf. Cic. *Nat.* 2, 140 ¶ **2** spectateur, témoin : ***Leuctricae calamitatis*** Cic. *Off.* 2, 26, témoin du désastre de Leuctres, cf. Cic. *Fam.* 2, 7, 2 ¶ **3** spectateur [au théâtre] : Pl. *Amp.* 66 ; 1145 ; Cic. *Har.* 22 ¶ **4** appréciateur, critique : Ter. *Eun.* 566, cf. Liv. 42, 34, 7 ‖ ***pecuniae*** Don. *Eun.* 566, vérificateur de monnaie.

spectātrix, *īcis*, f. (*spectator*), spectatrice : Sen. *Marc.* 18 ; Ov. *Am.* 2, 12, 26 ‖ juge : Amm. 30, 8, 1.

1 spectātus, *a*, *um* ¶ **1** part. de *specto* ¶ **2** adj[t] ***a)*** éprouvé, à l'épreuve : Cic. *de Or.* 1, 124 ; *Caecin.* 11 ; *Verr. prim.* 29 ; ***spectatissimus*** Liv. 1, 57, 7 ; ***mihi spectatum est*** [avec prop. inf.] Sall. *Macr.* 23, c'est pour moi un fait reconnu que ***b)*** estimé, considéré, en vue : ***spectatissimus vir*** Cic. *Fam.* 5, 12, 7, homme très considéré ***c)*** remarquable : ***spectator paeninsula*** Plin. 4, 107, une péninsule assez remarquable.

2 Spectātus, *i*, m., nom d'homme : Amm. 17, 7, 15.

spectĭlĕ (**spĕtĭlĕ**), *is*, n. (cf. *specio* ?, al. *Speck* ?), un morceau de la panse du porc : Pl. d. Fest. 446, 1 = *Frg.* 49 ; P. Fest. 445, 6.

spectĭo, *ōnis*, f. (*specio*), action d'observer [les auspices] : Cic. *Phil.* 2, 81 ; Varr. *L.* 6, 82.

spectō, *ās*, *āre*, *āvī*, *ātum* (fréq. de *specio*), tr. et intr. ¶ **1** regarder, observer, contempler ***a)*** tr.[avec acc.] Pl. *Poen.* 208 ; Ter. *Eun.* 988 ; Cic. *Tusc.* 1, 44 ***b)*** intr., ***spectantibus omnibus*** Cic. *Verr.* 1, 53, sous les regards de tous ; ***alte spectare*** Cic. *Rep.* 6, 25, regarder en haut ; ***ad me specta*** Pl. *Most.* 835, regarde de mon côté ; ***in aliquem*** Cic. *Off.* 1, 58, avoir les yeux sur qqn ¶ **2** regarder un spectacle ***a)*** tr., ***Megalesia*** Cic. *Har.* 22, regarder les jeux Mégalésiens, cf. 24 ; Pl. *Bac.* 215 ; Hor. *S.* 2, 6, 48 ; *P.* 190 ‖ [avec prop.inf.] voir : Pl. *Ru.* 1249 ***b)*** intr., Pl. *Poen.* 32 ; *Amp.* 151 ¶ **3** considérer, faire attention à : ***audaciam meretricum specta*** Ter. *Eun.* 994, considère l'effronterie des courtisanes ‖ tenir compte de : ***rem, non verba*** Cic. *Tusc.* 5, 32, considérer les idées, non les mots ; ***res spectatur, non verba penduntur*** Cic. *Or.* 51, on s'attache aux idées, loin que l'on pèse les mots, cf. *Off.* 2, 69 ; ***spectare quanti homo sit*** Cic. *Q.* 1, 2, 14, considérer (avoir égard à) sa valeur ¶ **4** éprouver, faire l'essai de : ***spectatur in ignibus aurum*** Ov. *Tr.* 1, 5, 25, on éprouve l'or au feu, cf. Cic. *Off.* 2, 38 ‖ apprécier, juger : Cic. *Com.* 28 ; *Tusc.* 5, 31 ; *Att.* 12, 39 ; *de Or.* 1, 258 ; Lucr. 3, 55 ¶ **5** avoir en vue, viser à ***a)*** tr., ***magna*** Cic. *Off.* 2, 45, se proposer un but élevé ; ***fugam*** Cic. *Att.* 8, 7, 1, avoir en vue la fuite, cf. Cic. *Mil.* 15 ; *Lae.* 18 ; Liv. 6, 33, 1 ; 22, 22, 21 ; 23, 34, 11 ***b)*** intr., ***ad imperatorias laudes*** Cic. *Vat.* 24, aspirer aux lauriers de grand capitaine ; ***alte*** Cic. *Tusc.* 1, 82, viser haut ; ***spectare ut*** Cic. *Fam.* 5, 8, 3, viser à ¶ **6** [en parl. de choses] tendre, avoir en vue ***a)*** tr., ***nostra consilia sempiternum tempus spectare debent*** Cic. *de Or.* 2, 169, nos projets doivent avoir en vue l'éternité, cf. Cic. *Off.* 3, 23 ; *Tusc.* 5, 71 ***b)*** intr., ***mea consilia ad salutem sociorum spectaverunt*** Cic. *Verr.* 5, 188, tous mes projets ont eu en vue le salut des alliés ; ***quo haec spectat oratio ?*** Cic. *Att.* 8, 2, 4, où tend ce propos ? ; ***in unum exitum spectantia*** Cic. *de Or.* 1, 92, choses tendant au même but ‖ ***res ad caedem maximam spectat*** Cic. *Att.* 14, 13, 2, la situation tourne à une horrible tuerie ; ***ad perorandum spectat sermo tuus*** Cic. *Brut.* 292, ton exposé tend vers la conclusion ; ***res eo spectat, ut*** Cic. *Lig.* 13, les faits tournent à cette constatation que ; ***hoc eo spectabat, ut*** Cic. *Div.* 2, 118, cela aboutissait à ‖ avoir trait à, se rapporter à : ***ad te unum omnis mea spectat oratio*** Cic. *Dej.* 5, c'est à toi seul que s'adresse tout mon propos ; ***beneficia, quae ad singulos spectant*** Cic. *Off.* 2, 72, les bienfaits qui ont trait aux individus séparément, cf. Cic. *Off.* 1, 7 ; 2, 6 ; *Leg.* 2, 58 ¶ **7** [lieux] regarder, donner sur, avoir vue sur ***a)*** tr., Liv. 25, 9, 10 ; 30, 25, 11 ; Plin. *Ep.* 5, 6, 15 ***b)*** intr., ***(pars) quae ad fretum spectat*** Cic. *Verr.* 5, 169, (la partie du) rivage) qui regarde le détroit, cf. Caes. *G.* 5, 13 ; 7, 69, 5 ; ***in septentrionem*** Caes. *G.* 1, 1, 6, regarder le nord ; ***inter occasum solis et septentriones*** Caes. *G.* 1, 1, 7, être exposé au nord-ouest ‖ ***vestigia omnia te adversum spectant*** Hor. *Ep.* 1, 1, 75, tous les pas sont tournés dans ta direction.

spectrum, *i*, n. (*specio*), [phil.] pl., ▷ *simulacra* [εἴδωλα] : Cic. *Fam.* 15, 16, 1, spectres, simulacres [émis par les objets].

spectŭs, *ūs*, m. (*specio*), air, aspect : Pacuv. *Tr.* 147.

1 spěcŭla, *ae*, f. (*specio*) ¶ **1** lieu d'observation, hauteur : ***ignis ex specula sublatus*** Cic. *Verr.* 5, 93, un feu partant d'un observatoire [élevé sur une hauteur], cf. Cic. *Fam.* 4, 3, 1 ; *Phil.* 7, 19 ; Virg. *En.* 3, 239 ‖ [fig.] Plin. *Pan.* 86, 4 ¶ **2 a)** ***in speculis esse*** Cic. *Dej.* 22, être en observation, être aux aguets, cf. Cic. *Verr. pr.* 46 ; *Mur.* 79 ; Liv. 34, 26, 4 ***b)*** [poét.] lieu élevé, montagne : Virg. *B.* 8, 59 ; *En.* 10, 454.

specula

2 **spĕcŭla**, ae, f. (dim. de spes), faible espérance, lueur d'espoir : PL. Cas. 197 ; Pers. 310 ; CIC. Clu. 72 ; Fam. 2, 16, 5.

spĕcŭlābĭlis, e (speculor), placé en vue : STAT. Th. 12, 624.

spĕcŭlābundus, a, um (speculor), qui est aux aguets : TAC. H. 4, 50 ‖ [avec acc.] qui observe : SUET. Tib. 65.

spĕcŭlāmĕn, ĭnis, n. (speculor), vue : PRUD. Apoth. 20.

spĕcŭlăr, āris, n., vitre : TERT. Anim. 53 ; v. specularia.

spĕcŭlārĭa, ĭum ou ĭōrum, n. pl. (specularis), plaques transparentes [servant de vitres v. specularis] : SEN. Ep. 90, 25 ; Nat. 4, 13, 9 ; PLIN. Ep. 2, 17, 4.

spĕcŭlāris, e (speculum), de miroir : SEN. Nat. 1, 5, 9 ‖ transparent : **specularis lapis** PLIN. 36, 150, pierre spéculaire [mica, qui se débitait en feuilles minces, et dont les Anciens faisaient des vitres].

spĕcŭlārĭtĕr, adv., visiblement : FORT. Carm. 5, 6, 3.

spĕcŭlārĭus, ĭi, m. (speculum), miroitier : COD. TH. 13, 4, 2 ‖ sync. speclārius CIL 6, 2206.

spĕcŭlātĭo, ōnis, f. (speculor) ¶ 1 espionnage : AMM. 27, 2, 2 ; [par ext.] rapport d'un espion : AMM. 26, 10, 4 ¶ 2 contemplation : BOET. Cons. 4, 1 ; 5, 2 ¶ 3 [chrét.] poste d'observation : VULG. Os. 5, 1 ‖ [à propos de Sion] AUG. Civ. 17, 16, 2 ¶ 4 [phil.] spéculation, considération : BOET. Porph. com. 1, 5.

spĕcŭlātīvus, a, um (speculor), spéculatif : BOET. Porph. com. pr. 1, 3, p. 8, 2 ‖ subst. f., spéculation, observation : CASSIOD. Var. 1, 45.

spĕcŭlātŏr, ōris, m. (speculor) ¶ 1 observateur, espion : VARR. L. 6, 82 ; CIC. Verr. 5, 164 ; Nat. 2, 140 ‖ [milit.] pl., éclaireurs : CAES. G. 2, 11, 2 ‖ messager, courrier, garde du corps auprès du général : TAC. H. 2, 73 ; SUET. Aug. 74 ; Cal. 44 ; Cl. 35 ‖ garde : SEN. Ir. 1, 18, 4 ; Ben. 3, 25 ¶ 2 observateur [des phénomènes] : CIC. Nat. 1, 82 ; SEN. Nat. 4, 6, 2.

spĕcŭlātōrĭum, ĭi, n., observatoire, lieu où réside la Divinité : HIER. Mich. 1, 3, 9.

spĕcŭlātōrĭus, a, um (speculator), d'observation, d'éclaireur : **speculatoria navigia** CAES. G. 4, 26, 4, croiseurs, bâtiments servant d'éclaireurs, cf. LIV. 30, 10, 14 ; f. pl., **speculatoriae** [s.-ent. naves] LIV. 22, 19, 5, navires d'observation ; **speculatoria caliga** SUET. Cal. 52, chaussure d'éclaireur ; subst. f., **speculatoria** TERT. Cor. 1, 3.

spĕcŭlātrix, īcis, f. (speculator), observatrice : CIC. Nat. 3, 46 ‖ [fig.] STAT. S. 2, 2, 3, qui a vue sur.

1 **spĕcŭlātus**, a, um, part. de speculor.

2 **spĕcŭlātus**, a, um (speculum), garni de miroirs : *SUET. Vit. Hor. p .47, 13 R.

spĕcŭlŏr, ārĭs, ārī, ātus sum (spĕcula) ¶ 1 tr., observer, guetter, épier, surveiller, espionner : CIC. Tusc. 5, 59 ; Cat. 1, 6 ; SALL. J. 108, 1 ; LIV. 40, 21, 11 ; 42, 25, 8 ‖ [avec interrog. indir.] PL. Truc. 708 ; LIV. 33, 10, 1 ‖ abst, espionner : CAES. G. 1, 47, 6 ‖ voir, contempler : PRUD. Apoth. 335 ¶ 2 intr., être en surveillance d'en haut, observer d'en haut : OV. M. 1, 667.

▶ sens pass. BOET. Arith. 2, 24, 5.

spĕcŭlum, i, n. (specio ; it. specchio, al. Spiegel) ¶ 1 miroir : VARR. L. 5, 129 ; PL. Most. 251 ; **aliquid tamquam in speculo intueri** CIC. Pis. 71, regarder qqch. comme dans un miroir, cf. CIC. Fin. 5, 61 ; Rep. 2, 69 ¶ 2 [fig.] = reproduction, fidèle, image : **parvi et bestiae, quae putat esse specula naturae** CIC. Fin. 2, 32, les enfants et les bêtes qu'il appelle le miroir de la nature ¶ 3 [chrét.] miroir [d'une prophétie], symbole : HIL. Myst. 1, 1 ¶ 4 lumière : PRUD. Cath. 5, 154 ‖ vue [de Lazare ressuscité] : PRUD. Apoth. 761.

spĕcŭs, ūs, m. (cf. specio, specula) ¶ 1 grotte, caverne, antre : ENN. Tr. 155 ; VARR. d. NON. 222, 31 ; LIV. 1, 56, 10 ; 10, 10, 1 ¶ 2 conduite d'eau : CIC. Att. 15, 26, 4 ¶ 3 souterrain : VIRG. G. 3, 376 ; LIV. 39, 13, 13 ; TAC. An. 12, 57 ¶ 4 puits de mine, mine : VITR. 7, 7, 1 ; 10, 16, 9 ¶ 5 [fig.] cavité, creux : VIRG. En. 9, 700 ; PHAED. 4, 6, 10.

▶ genre f. ENN. d. NON. 222, 23 ; PACUV. d. NON. 223, 2 ; GELL. 5, 14, 18 cf. SERV. En. 7, 568 ‖ n. VIRG. 7, 568 ; SIL. 13, 425 ‖ sur les nombreuses formes données par les gram., v. NEUE.

spĕĭcŭla, ae, f. (dim. de spes), c. 2 specula : SALV. Eccl. 3, 18, 81.

1 **spēlaeum**, i, n. (σπήλαιον), tanière, repaire : VIRG. B. 10, 52 ‖ caverne : PRUD. Ditt. 20 ‖ [grotte de la Nativité] : CASSIAN. Inst. 4, 31 ‖ caverne [où l'on initiait au culte de Mithra] : TERT. Cor. 15, 3 ‖ grotte sépulcrale : PS. VIGIL.-THAPS. Trin. 23.

2 **Spēlaeum**, i, n., lieu près de Pella : *LIV. 45, 33.

spelta, ae, f. (germ., cf. al. Spelt ; fr. épeautre), épeautre [sorte de blé] : CARM. POND. 12 ; HIER. Ezech. 1, 4, 9.

1 **spēlunca**, ae, f. (σπήλυγξ), caverne, antre, grotte : CIC. Fin. 2, 94 ; Verr. 4, 107 ‖ [métaph.] repaire : VULG. Matth. 21, 13 [le temple de Jérusalem pour les marchands].

2 **Spēlunca**, ae, f., nom d'une maison de campagne de Tibère [Sperlonga] : TAC. An. 4, 59 ; SUET. Tib. 39.

spēluncōsus, a, um, caverneux : CAEL.-AUR. Acut. 2, 37, 191.

Spendŏphŏrus, i, m., nom d'homme : MART. 9, 56.

spēpondi, v. spondeo ▶.

spērābĭlis, e (spero), qu'on peut espérer : PL. Cap. 518.

Spērātĭānus, -tīnus, i, m., nom d'homme : CIL 6, 1058 ; 3, 11710.

Spērātĭo, ōnis, m., nom d'esclave : CIL 9, 3448.

Spērātŏr, ōris, m. (spero), celui qui espère : AUG. Serm. 20, 4.

1 **spērātus**, a, um, part. de spero ‖ **spērāta**, subst. f., **spērātus**, m., fiancée, fiancé : AFRAN. d. NON. 174, 31, 33.

2 **Spērātus**, i, m., nom d'homme : CIL 5, 8660.

Sperchēis, ĭdis, adj. f., du Sperchios : OV. M. 2, 250.

Sperchēŏs(-chēus, -chĭŏs, -chīus), i, m. (Σπερχειός), le Sperchios [fleuve de Thessalie] : VIRG. G. 2, 487 ; LIV. 36, 14, 15 ; PLIN. 4, 28 ; STAT. Th. 4, 838.

Sperchīae, ārum, f. pl., ville de Thessalie : LIV. 32, 13, 10.

Sperchīŏnĭdēs, ae, m., riverain du Sperchios : OV. M. 5, 86.

Sperchīus, v. Spercheos.

spēres, ancien pl., v. spes ▶.

spergō, ĭs, ĕre, -, -, v. spargo : COL. 12, 39, 3.

sperma, ătis, n. (σπέρμα), sperme, semence : SULP. SEV. Chron. 1, 11.

spermătĭcus, a, um (σπερματικός), spermatique, séminal : CAEL.-AUR. Acut. 3, 18, 180.

spernax, ācis (sperno), qui méprise [avec gén.] : SIL. 81, 463 ‖ méprisant, dédaigneux : SIDON. Ep. 4, 9, 4.

spernō, ĭs, ĕre, sprēvī, sprētum (cf. σφύρον, scr. sphurati, al. Sporen), tr. ¶ 1 écarter, éloigner : **se a malis** ENN. Tr. 161, se tenir loin du mal, cf. PL. Cap. 517 ¶ 2 [fig.] repousser, rejeter, dédaigner : CIC. Lae. 54 ; Fin. 1, 4 ; **haudquaquam spernendus auctor** LIV. 30, 45, 5, autorité nullement méprisable ‖ [avec gén.] **morum spernendus** TAC. An. 14, 40, méprisable pour son caractère ‖ [avec inf.] dédaigner de : HOR. O. 1, 1, 21 ; OV. M. 9, 117.

spernŏr, ārĭs, ārī, - (de aspernor), tr., mépriser : JUV. 4, 4.

spērō, ās, āre, āvī, ātum (spes, prosper, cf. spatium, al. spät ; fr. espérer), tr., attendre, s'attendre à.

I [qqch. de favorable] espérer ¶ 1 abst : **bene sperare** CIC. Dej. 38, avoir bon espoir ; **de re publica bene** CIC. Marc. 2, avoir bon espoir de la direction des affaires publiques ; **bene ex aliquo** CIC. Fam. 13, 16, 1, avoir bon espoir de qqn ; **ab aliquo** CIC. Att. 13, 29, 2, avoir de l'espoir du côté de qqn ; **ut spero** CIC. Att. 16, 3, 4 ; **quemadmodum spero** CIC. Arch. 3, comme je l'espère ¶ 2 [avec acc.] espérer, attendre : **victoriam** CIC. Phil. 12, 10, espérer la victoire ; **praemia ab aliquo** CIC. Phil. 12, 26, espérer des récompenses de qqn, cf. CAES. C. 3, 96 ; LIV. 21, 13, 3 ; **plurimum ab aliquo** CIC. Off. 1, 49, attendre le plus de qqn ; **sibi aliquid** CIC. Tusc. 1, 86, espérer pour soi qqch., cf. CIC. Att. 1, 13, 2 ; **omnia ex victoria** CAES. C. 3, 6, espérer tout de la victoire, cf. SALL. *C.* 37, 6 ‖ **sperata gloria** CIC. *Q.* 1, 1, 43, gloire exemptée ‖ [tard.] désirer : EUGIP. *Sev.* 19, 4 ¶ **3** avec prop. inf. **a)** [surtout à l'inf. futur] **sperant se... esse capturos** CIC. *Lae.* 79, ils espèrent recueillir..., cf. CIC. *CM* 68 ; **spero vos... esse visuros** CIC. *Mil.* 78, j'espère que vous verrez... ; **spero fore ut** CIC. *Tusc.* 1, 82, j'espère qu'il arrivera que [j'espère que] **b)** [inf. prés.] **spero me habere...** TER. *Eun.* 920, j'espère avoir... ; **speramus nostrum nomen vagari latissime** CIC. *Rep.* 1, 26, nous espérons que notre nom se répand au loin ; **sperabam tuum adventum adpropinquare** CIC. *Fam.* 4, 6, 3, j'espérais que ton arrivée était proche, cf. CIC. *Fam.* 1, 6, 2 ; *Att.* 12, 6, B, 4 ‖ croire : CIC. *Fam.* 2, 2 ; *Phil.* 11, 39 ; [avec posse] : **sperant se posse...** CAES. *G.* 1, 3, 8, ils espèrent pouvoir, cf. CAES. *G.* 5, 26, 40 ; 6, 10, 2 **c)** [avec inf. parf.] **spero tibi me causam probasse** CIC. *Att.* 1, 1, 4, j'espère que je t'ai fait agréer mes raisons, cf. CIC. *Q.* 2, 4, 2 ; *Fam.* 7, 32, 1 ; *Att.* 10, 7, 3 ; LIV. 4, 15, 6 ; **me spero liberatum metu** CIC. *Tusc.* 2, 67, j'espère être délivré de la crainte, cf. *Att.* 2, 21, 2 **d) sperare ut** LIV. 34, 27, 3, espérer que, cf. *CAES. *C.* 3, 85, 2 ; SEN. *Contr.* 25, 18.

II [qqch. de fâcheux] attendre, appréhender, s'attendre à : **id quod non spero** CIC. *Amer.* 10, ce que je n'appréhende pas ; **haec mihi speranda fuerunt** VIRG. *En.* 11, 275, je devais m'attendre à ce malheur ‖ [avec prop. inf.] : **haec satis spero vobis molesta videri** CIC. *de Or.* 3, 51, je crains bien que cela ne vous paraisse fastidieux.

1 spēs, **spĕī**, f. (cf. *spero, prosper*), attente

I [d'une chose favorable] espérance, espoir ¶ **1 bona spes** CIC. *Cat.* 2, 25, le bon espoir ; **summae spei adulescentes** CAES. *G.* 7, 63, 9, jeunes gens ayant les plus hautes espérances [visées] ; **ad spem alicujus rei** CIC. *Rep.* 2, 5, dans l'espoir de qqch., en prévision de ; **praeter spem** CIC. *Verr.* 5, 91, contre son espoir ; **praeter spem omnium** CIC. *Phil.* 5, 43, contre l'espérance générale [contre toute espérance] ; **animo aut spe** CIC. *Lae.* 102, en pensée ou en espérance ; **quae est spes ab irato ?** CIC. *Fam.* 6, 6, 9, qu'espérer d'un homme en colère ?, cf. LIV. 21, 13, 4 ; **omnes Catilinae spes** CIC. *Cat.* 3, 16, tous les espoirs de Catilina ¶ **2** [constr.] **in aliqua re, in aliquo spem collocare** CIC. *Verr. prim.* 9 ; *de Or.* 1, 25, fonder une espérance sur qqch., sur qqn ; **tui spem das** CIC. *Rep.* 1, 15, tu permets de compter sur toi ; **in aliquo, in aliqua re spem habere** CIC. *Fam.* 3, 10, 1 ; *Inv.* 1, 71, avoir espoir en qqn, en qqch. ; **de aliquo spem habere** CIC. *Lae.* 11, concevoir des espérances au sujet de qqn ; **in spe esse** CIC. *Fam.* 14, 3, 2, avoir de l'espoir ; **in nulla spe esse** CIC. *Att.* 9, 19, 2, n'avoir aucun espoir, cf. CIC. *Att.* 6, 2, 6 ; 8, 11 D, 1 (mais **in spe esse** CAES. *C.* 2, 17, 4, être espéré ; **defectio in spe Hannibali erat** LIV. 25, 7, 10, la défection était espérée d'Hannibal) ; **in spem alicujus rei venire** CAES. *G.* 7, 12, 5 [ou] **de aliqua re** CAES. *G.* 7, 30, 4, en venir à espérer, se prendre à espérer qqch. ; **spes aliquem fefellit de aliqua re** CAES. *G.* 2, 10, 4, qqn est déçu dans ses espérances touchant qqch. ; **ea spe dejectus** CAES. *G.* 1, 8, 4 ; **ab hac spe repulsus** CAES. *G.* 5, 42 ; **hac spe lapsus** CAES. *G.* 5, 55, 3, déçu de cette espérance ‖ **spem habere ad ejus salutem exstinguendam** CIC. *Mil.* 5, concevoir des espérances touchant sa perte, cf. CIC. *Att.* 15, 20, 2 ; LIV. 21, 25, 10 ; 43, 18, 10 ; 43, 19, 9 ‖ [avec prop. inf.] **in spem maximam adducti, hunc annum... fore** CIC. *Mil.* 78, conduits à espérer ardemment que cette année sera... ; **magnam habere spem Ariovistum finem facturum** CAES. *G.* 1, 33, avoir le ferme espoir qu'Arioviste mettra un terme... ; **magnam in spem veniebat fore uti** CAES. *G.* 1, 42, 3, il se prenait à espérer fortement [qu'il arriverait] que ; **magna me spes tenet bene mihi evenire...** CIC. *Tusc.* 1, 97, j'ai grand espoir que c'est pour moi un bonheur..., cf. CIC. *Clu.* 7 ; **in spem venio appropinquare tuum adventum** CIC. *Fam.* 9, 1, 1, je me prends à espérer ta venue prochaine ; **non tam a spe scalis capi urbem posse quam** LIV. 6, 9, 9, moins dans l'espoir que la ville pourrait être prise par escalade que, cf. LIV. 40, 31, 6 ‖ **spem afferre, ut** CIC. *Lae.* 68, laisser espérer que, cf. PL. *Bac.* 370 ; TAC. *An.* 16, 26 ; GELL. 7, 14, 4 ¶ **3** [en part.] espoir d'héritage : HOR. *S.* 2, 5, 47 ; **spes secunda** TAC. *An.* 1, 8, espoir d'hériter en seconde ligne ¶ **4** espoir, objet de l'espoir : **vestras spes uritis** VIRG. *En.* 5, 672, ce sont vos espérances [les vaisseaux] que vous brûlez ; **spe potitur** OV. *M.* 11, 527, il est au comble de ses vœux, cf. *M.* 2, 719 ‖ **capella gemellos, spem gregis, reliquit** VIRG. *B.* 1, 15, la chèvre a abandonné deux jumeaux, l'espoir de mon troupeau ‖ **et spes reliqua nostra, Cicero** CIC. *Fam.* 14, 4, 6, et toi, mon dernier espoir, mon cher Cicéron ‖ [caresse] : **spes mea !** PL. *Ru.* 247, mon doux espoir !

II attente, perspective : **spes multo asperior** SALL. *C.* 20, 13, une perspective [un avenir] encore bien plus pénible, cf. SALL. *J.* 88, 1 ; **omnium spe celerius** LIV. 21, 6, 5, plus vite qu'on ne s'y attendait, cf. LIV. 2, 3, 1.

▶ arch. nom. acc. pl. **speres** ENN. *An.* 128, 429 ; abl. **speribus** VARR. *Men.* 1 ; 350, cf. FEST. 446, 12.

2 Spēs, **ĕī**, f., l'Espérance [divinité] : CIC. *Nat.* 2, 61.

spĕtīle, ▣▸ **spectile** : P. FEST. 445, 6.

Speusippus, *i*, m. (Σπεύσιππος), Speusippe [d'Athènes, philosophe académicien] : CIC. *Ac.* 1, 17.

speustĭcus pānis, m. (σπευστικός), sorte de pain [fait à la hâte] : PLIN. 18, 105.

spexī, parf. de *specio*.

sphăcŏs, *i*, m. (σφάκος) ¶ **1** sauge [plante] : PLIN. 22, 146 ¶ **2** ▣▸ **sphagnos** : PLIN. 24, 27.

sphaera, (**spaera**, CAT.), *ae*, f. (σφαῖρα ; it. *spera*) ¶ **1** sphère, globe : CIC. *Fat.* 15 ; *Nat.* 2, 47 ‖ boule, boulette : CAT. *Agr.* 82 ¶ **2** sphère céleste [représentant le ciel] : CIC. *Rep.* 1, 21 ; *Tusc.* 1, 63 ¶ **3** sphère de révolution des planètes : CIC. *Nat.* 2, 55 ¶ **4** corps céleste : MACR. *Somn.* 2, 4, 8 ¶ **5** paume, balle à jouer : CAEL.-AUR. *Chron.* 1, 4, 78.

▶ tard. **sphēra** PRUD. *Apoth.* 210.

sphaerālis, *e*, sphérique : MACR. *Somn.* 1, 22, 7.

Sphaerĭa, *ae*, f., île près d'Éphèse : PLIN. 5, 137.

sphaerĭcus, *a, um* (σφαιρικός), circulaire : MACR. *Somn.* 2, 14, 31 ; **sphaericus numerus** ISID. 2, 7, nombre cubique ‖ subst. f. **sphaerica**, science relative à la sphère céleste, mécanique céleste : BOET. *Arith.* 1, 1, 11.

sphaerĭŏn, *ii*, n. (σφαιρίον), globule, pilule : CELS. 6, 6, 21.

sphaerista, *ae*, m. (σφαιριστής), joueur de paume : SIDON. *Ep.* 2, 9, 4 ; 5, 17, 7.

sphaeristērĭum, *ii*, n. (σφαιριστήριον), salle de jeu de paume : PLIN. *Ep.* 2, 17, 12 ‖ jeu de paume : SIDON. *Ep.* 2, 2, 15.

sphaerīta, ▣▸ **spaerita**.

sphaerŏīdēs, *ĕs*, adj. (σφαιροειδής), sphéroïde, sphérique : VITR. 8, 5, 3.

sphaerŏmăchĭa, *ae*, f. (σφαιρομαχία), le jeu de paume : SEN. *Ep.* 80, 1.

sphaerŏpaecta (**sphĕrŏpe-**), *ae*, m. (σφαιροπαίκτης), jongleur : MAR. VICT. *Gram.* 6, 187, 15 ; GLOSS. 3, 172, 45.

sphaerŭla, *ae*, f. (dim. de *sphaera*), petite sphère : AUG. *Gen. litt.* 2, 15 ‖ boule, bouton [ornement de métal] : VULG. *Exod.* 25, 31.

Sphaerus, *i*, m. (Σφαῖρος), nom d'un philosophe stoïcien : CIC. *Tusc.* 4, 53.

Sphăgēae (**-gĭae**), *ārum*, f. pl. (Σφαγίαι), nom de trois îles en face de Pylos : PLIN. 4, 55.

sphagnŏs, *i*, m. (σφάγνος), lichen à parfum du chêne : PLIN. 12, 108 ; 24, 27.

sphălangĭus, *ii*, m., tarentule [araignée venimeuse] : VEG. *Mul.* 2, 141, 1 ; ▣▸ *phalangium*.

▶ **sphălangĭo**, *-ōnis* m. VEG. *Mul.* 2, 143, 1.

sphēniscŏs, *i*, m. (σφηνίσκος), petit coin [pour fendre] : BOET. *Arith.* 2, 25, 8.

sphēra, ▣▸ *sphaera* ▸.

sphĕrīzō, *ās, āre*, -, - (σφαιρίζω), jouer à la balle : ORIB. 5, 803, *Syn.* 1, 3.

sphinctēr, *ēris*, m. (σφιγκτήρ), muscle sphincter de l'anus : CAEL.-AUR. *Chron.* 2, 1, 11 ; ▣▸ *1 spinther*.

sphinga, *ae*, ▣▸ sphinx : SIDON. *Ep.* 5, 7, 5 ; ISID. 12, 2, 32.

sphingatus

sphingātus (sping-), *a*, *um*, en forme de sphinx : Isid. 20, 11, 3.

sphingĭōn, *ĭi*, n. (σφιγγίον), sorte de singe : Plin. 6, 173 ; 10, 199.

sphinx, *gis*, f. (σφίγξ) ¶ 1 sphinx **a)** [d'Égypte ; monstre ayant un corps de lion et une tête d'homme] : Plin. 36, 77 **b)** [de Thèbes ; corps de lion, tête de femme et des ailes ; proposait des énigmes] : Pl. Poen. 444 ; Stat. Th. 1, 66 ; Sen. Oed. 92 ¶ 2 espèce de singe : Plin. 8, 72 ; Mel. 3, 88.

sphondyl-, 🅥 *spond-*.

sphongĭa, 🅥 *spongia*.

sphrăgis, *ĭdis*, f. (σφραγίς) ¶ 1 cachet : Plin. 37, 117 ¶ 2 sorte de siccatif : Cels. 5, 26, 23 ¶ 3 terre sigillée : Plin. 35, 33.

sphrăgītis, *ĭdis*, f. (σφραγῖτις), stigmate : Prud. Perist. 10, 1076.

sphўraena, *ae*, f. (σφύραινα), sorte de poisson [brochet ?] : Plin. 32, 154 ; 🅥 *sudis*.

1 spīca, *ae*, f. (cf. *spicum*, *spina*, al. *spitz* ; it. *spiga*) ¶ 1 pointe, [d'où] épi : Cic. Fin. 4, 37 ; 5, 91 ǁ [prov.] *in segetem spicas fundere* Ov. Tr. 5, 6, 44, porter des épis dans un champ de blé [perdre son temps] ¶ 2 tête [d'autres plantes], gousse : *alii* Col. 8, 5, 21, tête d'ail, cf. Cat. Agr. 70, 1 ; Plin. 21, 47 ; 22, 161 ; Ov. F. 1, 76 ¶ 3 [fig.] **a)** l'Épi [étoile de la constellation de la Vierge] : Col. 11, 2, 65 **b)** *testacea* Vitr. 7, 1, 7, briquette disposée en épi, en arête de poisson ¶ 4 branche : Hier. Zach. 1, 4, 11 ¶ 5 sorte de farine [hébr. *chasamim*] : VL. d. Hier. Ezech. 4, 9.
▶ forme *speca* Varr. R. 1, 48, 2.

2 Spica, *ae*, f., nom de femme : CIL 6, 13478.

spīcārĭum, *ĭi*, n. (*spica* ; al. *Speicher*), grenier à grain : Gloss. 5, 635, 26 L. Sal. 16, 2.

spīcātus, *a*, *um*, part. de *spico*.

spĭcella, *ae*, f. (corruption de *specilla*, 🅥 *specillum*), sonde [méd.] : Placit. 11, 14.

spīcĕus, *a*, *um* (*spica*), d'épi : Tib. 1, 10, 22 ; Hor. Saec. 30 ; Plin. 18, 6.

spīcĭfĕr, *ĕra*, *ĕrum* (*spica*, *fero*), qui porte des épis : Manil. 2, 442 ǁ qui produit des épis, fertile [en grain] : Mart. 10, 74, 9 ; Sil. 3, 403.

spīcĭlĕgĭum, *ĭi*, n. (*spica*, *lego*), glanage : Varr. L. 7, 109 ; R. 1, 53.

spĭcĭō, *is*, *ĕre*, -, -, 🅥 *specio*.

spīclum, sync. pour *spiculum* : Capel. 9, 903.

spīcō, *ās*, *āre*, -, *ātum* (*spica* ; esp. *espigar*), tr. ¶ 1 fournir un épi : *grana spicantur* Plin. 18, 60, les grains se forment en épis ; *herbae spicatae* Plin. 21, 101, plantes avec des épis ¶ 2 [fig.] donner la forme d'épi à, rendre hérissé : Grat. 118.

spīcŭla, *ae*, f. ¶ 1 dim. de *spica* : Not. Tir. 96 ¶ 2 muscade [plante] : Ps. Apul. Herb. 26.

spīcŭlātŏr, *ōris*, m. (*spiculum*), satellite, garde du corps : Vulg. Marc. 6, 27 ǁ bourreau : Hier. Ep. 1, 8.

spīcŭlātus, *a*, *um*, part. de *spiculo*.

spīcŭlō, *ās*, *āre*, -, - (*spiculum*), tr., rendre pointu : Plin. 11, 3.

spīcŭlum, *i*, n. (dim. de *spicum* ; it. *spigolo*) ¶ 1 dard : [de l'abeille] Virg. G. 4, 237 ; [du scorpion] Ov. F. 5, 542 ; Plin. 11, 100 ¶ 2 pointe d'un trait : Cic. Fam. 5, 12, 5 ; [d'une flèche] Hor. O. 1, 15, 17 ¶ 3 dard, javelot : Cic. Rep. 3, 15 ; Virg. En. 7, 687 ǁ flèche : Virg. B. 10, 60 ; En. 7, 497 ; Prop. 2, 13, 2 ¶ 4 [fig.] rayons du soleil : Prud. Cath. 2, 6.

1 spīcŭlus, *a*, *um*, pointu : *Tert. Pud. 7, 21.

2 Spīcŭlus, *i*, m., nom d'un mirmillon : *Suet. Ner. 30 ; 47.

spīcum, *i*, n. (*spica* ; fr. *épi*), Cic. CM 51 ; Varr. d. Non. 225, 29, **spīcus**, *i*, m., Fest. 446, 9, épi ǁ *spicus crinalis* Capel. 9, 903, aiguille à cheveux.

1 spīna, *ae*, f. (cf. *spica* ; fr. *épine*) ¶ 1 épine : Virg. En. 3, 594 ; Tac. G. 17 ǁ *solstitialis* Col. 2, 18, 1 [ou] *alba spina* Plin. 21, 68, aubépine ; *Aegyptia* Plin. 13, 66, prunellier d'Égypte ǁ [fig.] = difficultés, subtilités : *disserendi spinae* Cic. Fin. 4, 79, les épines de la dialectique, cf. Cic. Fin. 4, 6 ; Tusc. 4, 9 ǁ = soucis : Hor. Ep. 1, 14, 4 ǁ défauts : Hor. Ep. 2, 2, 212 ¶ 2 épines, piquants d'animaux : Cic. Nat. 2, 121 ǁ épine dorsale : Virg. G. 3, 87 ; Plin. 11, 179 ; Gell. 3, 10, 7 ǁ [poét.] le dos : Ov. M. 6, 380 ǁ *sacra spina* Suet. d. Front. Amic. 1, 13, p. 182 N, os sacrum ǁ arête de poisson : Cic. d. Quint. 8, 3, 66 ǁ mur peu élevé qui traversait le cirque : Cassiod. Var. 3, 51, 8 ; Schol. Juv. 6, 588 ¶ 3 queue : VL. Lev. 8, 25 ¶ 4 quille, carcasse de vaisseau : Carm. Jon. 39.

2 Spīna, *ae*, f., ville près de l'embouchure du Pô : Plin. 3, 120.

Spīnae, *ārum*, f. pl., ville de Bretagne : Anton. 485.

spīnālis, *e* (*spina*), de l'épine [dorsale] : *spinalis medulla* Macr. Sat. 7, 9, 22, moelle épinière.

spīnĕa, *ae*, f., 🅥 *spionia* : Plin. 14, 34.

spīnĕŏla rŏsa, églantier : Plin. 21, 16.

spīnescō, *ĭs*, *ĕre*, -, - (*spina*), intr., se couvrir d'épines : Capel. 6, 704.

Spīnētĭcus, *a*, *um*, de Spina : Plin. 3, 120.

spīnētum, *i*, n. (*spina* ; fr. *épinaie*, *Épinay*), [seul' au pl.] buisson d'épines : Virg. B. 2, 9 ; Plin. 10, 204 ; Sen. Ir. 2, 10, 6 ǁ [fig.] vaines subtilités : Hier. Virg. 2.

spīnĕus, *a*, *um*, d'épine [bois] : Ov. M. 2, 789 ; *corona spinea* Salv. Eccl. 2, 5, couronne d'épines ǁ épineux : Solin. 7, 29.

spinga, *ae*, f., 🅥 *sphinga* : Isid. 20, 11, 3.

spingātus, 🅥 *sphingatus*.

Spĭnĭensis, *e*, m., dieu invoqué contre les épines : Aug. Civ. 4, 21.

spīnĭfĕr, *ĕra*, *ĕrum* (*spina*, *fero*), 🅒 *spiniger* : Prud. Cath. 5, 31.

spīnĭgĕr, *ĕra*, *ĕrum* (*spina*, *gero*), épineux : Cic. Arat. 178 ; Prud. Perist. 11, 120.

spīnĭŏla, *ae*, 🅒 *spineola*.

Spĭno, *ōnis*, m., nom d'un fleuve voisin de Rome, honoré comme une divinité : Cic. Nat. 3, 52.

spīnōsĭtās, *ātis*, f., subtilité : Julian. Aecl. d. Aug. Jul.op. imp 6, 29.

spīnōsŭlus, *a*, *um*, dim. de *spinosus*, [fig.] un peu subtil (captieux) : Hier. Ep. 69, 4.

spīnōsus, *a*, *um* (*spina* ; fr. *épineux*) ¶ 1 couvert d'épines, épineux : Varr. R. 2, 3, 8 ; Plin. 19, 47 ¶ 2 [fig.] **a)** piquant, cuisant : Catul. 64, 72 **b)** pointu, subtil : Cic. Fin. 3, 3 ; de Or. 1, 83 ; *haec spinosiora* Cic. Tusc. 1, 16, ces subtilités trop grandes, cf. Cic. Or. 114 ; *spinosissimus* Aug. Doctr. 2, 37.

spinter, 🅥 *spinther*.

Spinthărus, *i*, m., affranchi de Cicéron : Cic. Att. 13, 25, 3 ǁ athlète : Plin. 34, 68.

1 spinthēr (-tēr), *ēris*, n. (σφιγκτήρ), spinther [bracelet que les femmes portaient en haut du bras gauche] : Pl. Men. 527 ; Fest. 448, 15 ; P. Fest. 449, 8.

2 Spinthēr, *ēris*, m., surnom romain : Plin. 7, 54 ; Quint. 6, 3, 57.

spintrĭa, *ae*, m. f. (*σφιγκτρια, cf. *sphincter*), débauché, pédéraste : Petr. 113, 11 ; Tac. An. 6, 1, 2 ; Suet. Tib. 43, 1.

Spintum, *i*, n., ville d'Éthiopie : Plin. 6, 180.

spinturnīcĭum, *ĭi*, n. (*spinturnix*), [fig.] oiseau de malheur [injure] : Pl. Mil. 989.

spinturnix, *īcis*, f., oiseau de mauvais augure : Plin. 10, 36 ; Fest. 446, 7.

spīnŭla, *ae*, f. (dim. de *spina* ; it. *spilla*), petite épine : Arn. 2, 11 ǁ petite épine dorsale : Apul. M. 10, 32.

spīnŭlentus, *a*, *um* (*spina*), épineux : Solin. 46, 4.

1 spīnus, *i*, f. (*spina* ; it. *spino*), prunellier, épine noire : Virg. G. 4, 145.

2 spīnŭs, *ūs*, f., 🅒 *1 spinus* : Varr. d. Char. 144, 21.

Spĭō, *ūs*, f. (Σπειώ), nom d'une Néréide : Virg. En. 5, 826.

spĭōnĭa, *ae*, f. (cf. *2 Spina ?* 🅥 *spinea*), sorte de vigne : Col. 3, 2, 27 ; 3, 21, 3 ; Plin. 14, 34.

spĭōnĭcus, *a*, *um* (*spionia*), de la vigne *spionia* : Col. 3, 21, 10.

spīra, *ae*, f. (σπεῖρα) ¶ 1 spirale, nœuds des serpents, anneaux, replis : Virg. G. 2, 154 ; En. 2, 217 ǁ nœuds des arbres : Plin.

16, 198 ¶2 base [de colonne] : Vitr. 3, 3, 2 ; Plin. 36, 179 ‖ moulures de base [d'un podium de temple] : Vitr. 3, 4, 5 ‖ pâtisserie en spirale : Cat. Agr. 77 ‖ câble : Pacuv. Tr. 385 ‖ natte, tresse de cheveux : Plin. 9, 117 ; Val.-Flac. 6, 396 ‖ cordon pour attacher le chapeau : Juv. 8, 208 ‖ mouvement en spirale : Enn. An. 510 ¶3 circonvolutions [des intestins] : Lact. Opif. 11, 16.

spīrābĭlis, *e* (*spiro*) ¶1 respirable, aérien : Cic. Nat. 2, 91 ; Tusc. 1, 40 ‖ *lumen spirabile* Virg. En. 3, 600, le jour que nous respirons, cf. Racine Iphig. 2, 1 ¶2 fait pour la respiration : Plin. 9, 17 ¶3 [type de machine] pneumatique : Vitr. 10, 1, 1.

spīrācŭlum, *i*, n. (*spiro* ; it. *spiraglio*) ¶1 soupirail, ouverture : Lucr. 6, 493 ; Virg. En. 7, 568 ¶2 exhalaison, odeur [des fleurs] : Tert. Cor. 5, 3 ¶3 souffle : Vulg. Prov. 20, 27 ‖ [pl.] inspiration divine : Juvc. 1, 115.

spīraea, *ae*, f. (σπειραία), troène [plante] : Plin. 21, 53.

Spīraeum, *i*, n., promontoire d'Argolide : Plin. 4, 18.

spīrāmen, *ĭnis*, n. (*spiro*) ¶1 ouverture par où passe l'air ; fosse nasale, narines : Enn. An. 260 ; Luc. 2, 183 ‖ conduit souterrain : Luc. 10, 247 ¶2 souffle, haleine : Luc. 6, 90 ; Amm. 17, 7, 11 ; Stat. Th. 12, 268 ¶3 [chrét.] souffle mystique, inspiration [de Dieu, de la grâce, du Saint-Esprit] : Vulg. 4 Esdr. 16, 63 ¶4 souffle, respiration, vie : Hier. Is. 12, 42, 6.

spīrāmentum, *i*, n. (*spiro*) ¶1 canal, conduit, pore, soupirail : *calor... caeca relaxat spiramenta* Virg. G. 1, 90, la chaleur dilate les canaux cachés (mystérieux) [par où la sève gagne les plantes], cf. G. 4, 39 ; Ov. M. 15, 343 ‖ *spiramenta animae* Virg. En. 9, 580, les poumons ‖ bouche d'aération : Vitr. 7, 4, 1 ¶2 [fig.] **a)** circulation d'air : Vitr. 4, 7, 4 ‖ exhalaison : Vitr. 7, 12, 1 **b)** temps de respirer, pause : Tac. Agr. 44 ; Amm. 29, 1, 40 ¶3 inspiration : Sedul. Op. 1, 1, p. 177, 19.

spīrans, ▶ *spiro*.

spīrarchēs, *ae*, m. (σπειράρχης), celui qui conduit une troupe, un chœur : CIL 6, 2251.

spīrātĭo, *ōnis*, f. (*spiro*), respiration : Scrib. 47 ‖ haleine : Scrib. 185 ‖ inspiration, action d'insuffler : Iren. 1, 6, 1 ; ▶ *inspiratio*.

Spīrĕonstŏma, *ătis*, n., embouchure du Danube : Plin. 4, 19.

Spīrĭdĭōn, *ōnis*, m. (Σπειριδίων), nom d'homme : Quint. 6, 1, 41.

spīrĭtālis, *e* (*spiritus*) ¶1 propre à la respiration : *spiritalis arteria* Arn. 3, 13, la trachée-artère ‖ pneumatique : Vitr. 10, 1, 1 ‖ [fig.] spirituel, immatériel : Tert. Apol. 22, 1 ¶2 [chrét.] spirituel, de l'esprit, de l'âme : Vulg. 1 Petr. 2, 5 ‖ subst. n. pl., les choses, les biens spirituels : Tert. Jejun. 3, 2 ¶3 qui est un effet du Saint-Esprit : Vulg. Rom. 1, 11 ¶4 qui comprend en esprit : Aug. Leg. 1, 17, 35.

spīrĭtālĭtās, *ātis*, f. (*spiritalis*), spiritualité, immatérialité : Alcim. Ep. 14.

spīrĭtālĭtĕr, adv. (*spiritalis*), spirituellement, immatériellement : Tert. Bapt. 4, 5.

spīrĭtŭālĭs, ▶ *spiritalis* : [mss tard.].

spīrĭtum, *i*, n., ▶ *spiritus* ▶.

spīrĭtŭs, *ūs*, m. (*spiro* ; fr. *esprit*)

¶1 "souffle" [de l'air, du vent] ¶2 "air" [respiré], *spiritum ducere*, "souffle, haleine" ¶3 "vie" ¶4 **a)** [poét.] "soupir" **b)** [gram.] "aspiration" **c)** "exhalaison, odeur" ¶5 [métaph.] "inspiration" ¶6 [fig.] **a)** "suffisance, arrogance, orgueil" au sg. et au pl. **b)** "disposition d'esprit, sentiment" **c)** "souffle créateur, esprit poétique ; génie" **d)** [poét.] "esprit, âme" **e)** [chrét.] "le Saint-Esprit" ¶7 "sens spirituel" ¶8 "esprit" [inspiré par Dieu].

¶1 souffle [de l'air, du vent] : Sen. Nat. 5, 13, 4 ; Virg. En. 12, 365 ¶2 air : Plin. 2, 10 ; *quid tam est commune quam spiritus vivis ?* Cic. Amer. 72, est-il chose plus commune que l'air pour les êtres vivants ? ; *hujus caeli spiritus* Cic. Cat. 1, 15, l'air de ce ciel [que nous respirons ici] ‖ air aspiré (respiré) : *spiritum haurire* Cic. Nat. 2, 136, respirer ; *spiritus diffunditur per arterias* Cic. Nat. 2, 138, l'air se répand dans les artères ; *spiritum ducere* Cic. Pomp. 33, respirer, vivre ; [fig.] *nullum otiosum spiritum ducere* Cic. Arch. 30, n'avoir pas un moment de vie tranquille ‖ souffle, respiration, haleine : *animantium vita tenetur cibo, potione, spiritu* Cic. Nat. 2, 134, la vie des êtres animés est entretenue par trois fonctions : manger, boire, respirer ; *alicujus postremum spiritum ore excipere* Cic. Verr. 5, 118, recueillir sur les lèvres le dernier souffle de qqn ; *uno spiritu* Cic. de Or. 3, 182, d'une seule haleine ; *spiritum intercludere* Liv. 21, 58, 4, couper la respiration ‖ acte de la respiration : *aer* ou *anima spiritu ducitur* Cic. Nat. 2, 101 ; 2, 138, l'air est amené par la respiration [est aspiré], cf. Cic. Nat. 2, 136 ¶3 souffle = vie : Cic. Phil. 10, 20 ; Verr. 5, 118 ; Virg. En. 4, 336 ¶4 **a)** [poét.] = soupir : Hor. Epo. 11, 10 ; Prop. 1, 16, 32 **b)** [gram.] aspiration : Prisc. 2, 51, 24 ; Aus. Techn. 12 (348), 19 **c)** exhalaison, émanation, odeur : Lucr. 3, 222 ; Cels. 5, 26, 31 ; Gell. 9, 4, 10 ¶5 [métaph.] souffle, inspiration : *quasi divino quodam spiritu inflari* Cic. Arch. 18, être pénétré comme d'une sorte de souffle divin, cf. Cic. Nat. 2, 19 ; 3, 28 ¶6 [fig.] **a)** suffisance, assurance, présomption, arrogance, orgueil ; [au sg.] : *qua adrogantia ! quo spiritu !* Cic. Phil. 8, 24, avec quelle arrogance ! quel orgueil ! ; *his rebus tantum fiduciae ac spiritus Pompeianis accessit, ut* Caes. C. 3, 72, 1, cet avantage donna tant de confiance et d'assurance aux Pompéiens, que..., cf. Cic. Q. 1, 2, 6 ; Liv. 24, 22, 8 ; Hor. S. 2, 3, 311 ‖ [au pl.] : Cic. Verr. 1, 75 ; 3, 22 ; Clu. 109 ; Sull. 27 ; Pomp. 66 ; Nep. Dion 5, 5 ; Liv. 2, 35, 8 ; 26, 24, 5 ; *tantos sibi spiritus sumere, ut* Caes. G. 1, 33, 5, concevoir un tel orgueil que, cf. Caes. G. 2, 4, 3 ; Liv. 4, 54, 8 **b)** disposition d'esprit, sentiment : *hostiles spiritus gerere* Liv. 2, 35, 6, nourrir des sentiments hostiles, cf. Liv. 1, 31, 6 ; Curt. 5, 8, 17 ; Sen. Ep. 90, 44 ; *avidus spiritus* Hor. O. 2, 2, esprit avide, avidité **c)** souffle créateur, esprit poétique, génie, inspiration : *spiritum Phoebus mihi dedit* Hor. O. 4, 6, 29, Phoebus m'a donné le souffle (l'inspiration), cf. O. 2, 16, 38 **d)** [poét.] esprit, âme : Ov. M. 15, 167 ; Tac. An. 16, 35 ‖ esprit = personne : Vell. 2, 123, 2 ; Val.-Max. 1, 1, 14 **e)** [chrét.] le Saint-Esprit : Vulg. Joh. 15, 26 ; Cypr. Ep. 73, 9, [par l'imposition des mains] ¶7 l'intelligence du sens spirituel [oppos. à la lettre] : Vulg. 2 Cor. 3, 6 ¶8 esprit, principe de vie spirituelle [inspiré par Dieu] : Vulg. Rom. 8, 15 ‖ esprit, puissance surnaturelle [en parlant de Dieu] : Vulg. Joh. 4, 24 ‖ esprit, être surnaturel : Aug. Conf. 4, 3, 4.

▶ *spīrĭtus* Prud. Cath. 10, 8 ; Sedul. Hymn. 1, 100 ‖ n. *spiritum* VL. Act. 16, 7, CIL 13, 1898.

spīrō, *ās*, *āre*, *āvī*, *ātum* (express., cf. *pustula*, φῦσα, rus. *piščat'*)

I intr. ¶1 souffler : *spirantia flabra* Lucr. 6, 428, les vents qui soufflent, cf. Virg. En. 5, 844 ; Plin. 8, 138 ; *illi dulcis spiravit crinibus aura* Virg. G. 4, 417, le souffle parfumé pénétra sa chevelure ‖ *spirat pectore flamma* Ov. M. 8, 356, les flammes soufflent, s'exhalent de sa poitrine ¶2 bouillonner : *qua vada non spirant* Virg. En. 10, 291, dans l'étendue où les flots ne bouillonnent pas, cf. Virg. G. 1, 327 ¶3 respirer, vivre : Lucr. 6, 1129 ; Cic. Amer. 65 ; Nat. 3, 94 ; *spirans* Cic. Mil. 91, vivant, cf. Cic. Dom. 134 ; Sall. C. 61, 4 ; *spirantia exta* Virg. En. 4, 64, entrailles palpitantes ‖ [fig.] *videtur Laeli mens spirare in scriptis* Cic. Brut. 94, l'esprit de Laelius semble encore respirer [vivre] dans ses discours écrits, cf. Hor. O. 4, 9, 10 ; *spirantia signa* Virg. G. 3, 34, statues qui semblent respirer, cf. Virg. En. 6, 847 ; *spirante etiam re publica* Cic. Sest. 54, la république respirant encore ¶4 [poét.] **a)** avoir le souffle poétique, être inspiré : Hor. O. 4, 4, 24 ; [avec acc. n. adverbial] *tragicum spirare* Hor. Ep. 2, 1, 166, avoir le souffle tragique **b)** exhaler une odeur : *graviter* Virg. G. 4, 31, avoir une odeur forte ; *spirabunt floribus arae* Stat. S. 3, 3, 211, les autels auront le parfum des fleurs **c)** avoir une émission, un timbre [en parl. de lettres] : Quint. 12, 10, 27.

II tr. ¶1 [poét.] souffler, émettre en soufflant : *equi spirantes naribus ignem*

spiro

LUCR. 5, 29; VIRG. En. 7, 281, chevaux soufflant le feu par leurs naseaux, cf. LIV. 22, 17, 5 ‖ exhaler une odeur : VIRG. En. 1, 404; **pinguia Poppaeana** JUV. 6, 463, exhaler l'odeur de la pommade Poppée ‖ [fig.] **mendacia** JUV. 7, 111, exhaler des mensonges ¶**2** [fig.] respirer **a)** aspirer à, être avide de : **bellum** LUCR. 392; **Martem** CIC. Att. 15, 11, 1 (cf. Ἄρη πνέων CIC. Q. 3, 4, 6), respirer la guerre, les combats; **majora** CURT. 6, 9, 11, avoir des visées plus hautes **b)** donner des signes de, manifester, annoncer : **tribunatum** LIV. 3, 46, 2, respirer le tribunat = être tribun dans l'âme; **mollem quietem** PROP. 1, 3, 7, donner les signes d'un doux repos, cf. HOR. O. 4, 13, 19 ¶**3** insuffler : LACT. Inst. 1, 11, 3 ¶**4** [abs.] inspirer : SEDUL. Carm. 1, 198 ¶**5** animer : IREN. 2, 33, 4.

Spīrŏpŏlis, *is*, f., ville située sur le Bosphore de Thrace : PLIN. 5, 150.

spīrŭla, *ae*, f. (dim. de *spira*), tore [archit.] : SERV. En. 2, 217 ‖ sorte de gâteau : ARN. 2, 42.

spissāmentum, *i*, n. (*spisso*), bouchon, tampon : COL. 12, 49, 4 ‖ [fig.] SEN. Ep. 31, 2.

spissātĭo, *ōnis*, f. (*spisso*), compression : *SEN. Ep. 86, 18; v. *pisatio*.

spissātus, *a*, *um*, part. de *spisso*.

spissē, adv. (*spissus*) ¶**1** d'une manière serrée, en tassant : PLIN. 36, 188; **spissius** PLIN. 29, 31; COL. 2, 9, 2 ¶**2** d'une façon lente : CIC. Brut. 138; VARR. d. NON. 392, 29 ‖ d'une façon intense : PETR. 18, 4.

spissescō, *is*, *ĕre*, -, - (*spissus*), intr., se condenser, s'épaissir : LUCR. 6, 176; CELS. 5, 27, 4.

spissĭgrădus, *a*, *um* (*spissus*, *gradior*), à la marche lente : *-issimus* PL. Poen. 506.

spissĭtās, *ātis*, f. (*spissus*), densité : VITR. 2, 9, 8; PLIN. 18, 304.

spissĭtūdo, *ĭnis*, f., condensation : SEN. Nat. 2, 30, 4 ‖ essaim épais, nuée : CASSIOD. Var. 3, 53.

1 **spissō**, *ās*, *āre*, *āvī*, *ātum* (*spissus*), tr. ¶**1** rendre épais (compact), épaissir, condenser, coaguler : PLIN. 11, 238; Ov. M. 15, 250; SEN. Ep. 90, 10 ¶**2** [fig.] presser = ne pas laisser d'intervalle, faire souvent, sans arrêt : PETR. 140, 9.

2 **spissō**, adv., lentement : AFRAN. Com. 211; v. *perspisso*.

spissus, *a*, *um* (cf. σπιδνός; it. *spesso*, fr. *épais*) ¶**1** serré, dense, compact, dru : LUCR. 2, 444; VIRG. En. 2, 621; HOR. P. 381; Ep. 1, 19, 41 : **spissius semen** COL. 4, 33, 3, semence plus drue ‖ **corona non tam spissa viris** VIRG. En. 9, 509, couronnement (du rempart) moins garni de guerriers, cf. SEN. Ep. 76, 13 ‖ **spissae** [s.-ent. *vestes*] SEN. Ben. 1, 3, 7, robes épaisses ‖ [fig.] **quod pessimum est et, ut ita dicam, spississimum** SEN. Ep. 81, 22, ce qui est le plus mauvais et, pour ainsi dire, le plus tassé ¶**2** [fig.] **a)** lent, qui va lentement, qui avance péniblement, laborieux : **opus spissum et operosum** CIC. Q. 2, 12, 1, ouvrage long et pénible; **sin id erit spissius** CIC. Fam. 2, 10, 4, mais si c'est un peu trop (long) à obtenir, cf. CIC. Att. 16, 18, 2; de Or. 2, 213; 3, 145 **b)** pressé = accumulé, entassé, en grand nombre : PETR. 31, 1.

spĭthăma, *ae*, f. (σπιθαμή), c. *palmus*, palme, empan [mesure d'une demi-coudée] : PLIN. 7, 26; HIER. Is. 40, 12.

Spithami, *ōrum*, m. pl., peuple de l'Inde : PLIN. 7, 26.

splanchna, *ōrum*, n. pl. (σπλάγχνα), entrailles : CAEL.-AUR. Chron. 5, 10, 102.

splēn, **splēnis**, m. (σπλήν; roum. *splină*), rate : COL. 7, 10, 8; PLIN. 23, 25; PERS. 1, 12.

splendens, *tis*, part.-adj. de *splendeo*, brillant : *-tior* CLAUD. Gig. 77.

splendentĭa, *ae*, f. (*splendeo*), splendeur, éclat : HIER. Ep. 57, 11.

splendĕō, *ēs*, *ēre*, -, - (express.), intr. ¶**1** briller, étinceler, être éclatant : VIRG. En. 7, 9; 12, 417; HOR. Ep. 1, 5, 7; **claro colore** LUCR. 5, 1258, briller d'une vive couleur ¶**2** [fig.] **virtus splendet per sese semper** CIC. Sest. 60, la vertu a toujours son éclat propre; **aliena invidia splendens** LIV. 22, 34, 2, devant son lustre à la haine qu'il avait soulevée contre d'autres, à l'impopularité d'autrui, cf. LIV. 38, 53, 7.

splendescō, *ĭs*, *ĕre*, *dŭī*, -, intr. ¶**1** devenir brillant, prendre de l'éclat : VIRG. G. 1, 46; Ov. Pont. 2, 10, 23; M. 10, 77 ¶**2** [fig.] CIC. Par. 3; CM 28; PLIN. Ep. 5, 11, 3.
▶ parf. *splendui* AUG. Conf. 10, 27.

splendĭcō, *ās*, *āre*, -, - (*splendeo*), intr., briller : APUL. M. 5, 9, 5.

splendĭdē, adv. (*splendidus*), d'une façon brillante, avec éclat, magnifiquement, splendidement [pr. et fig.] : CIC. Quinct. 93; Tusc. 3, 61; CM 64; **splendidius** B.-ALEX. 24, 2; **splendidissime natus** SEN. Ep. 47, 10, de la plus brillante naissance ‖ [fig.] **simpliciter et splendide loqui** CIC. de Or. 2, 68, unir la simplicité de l'exposition à l'éclat du style, cf. CIC. Off. 1, 4.

splendĭdō, *ās*, *āre*, -, - (*splendidus*), tr., rendre brillant : APUL. Apol. 103, 2.

splendĭdus, *a*, *um* (*splendeo*) ¶**1** brillant, éclatant, resplendissant : LUCR. 4, 444; Ov. M. 2, 722; **splendidissimus candor** CIC. Rep. 6, 16, la plus éclatante blancheur; **fons splendidior vitro** HOR. O. 3, 13, 1, fontaine plus brillante que le cristal ¶**2** [fig.] **a) secundas res splendidiores facit amicitia** CIC. Lae. 22, l'amitié donne plus d'éclat à la prospérité **b) eques Romanus splendidus** CIC. Fin. 2, 58, brillant chevalier Romain **c) splendida ratio dicendi** CIC. Brut. 261, un genre d'éloquence éclatant, cf. CIC. Brut. 261 **d) splendida nomina** CIC. Or. 163, noms à la belle sonorité, cf. CIC. Brut. 203 **e)** de brillante apparence, spécieux : Ov. Rem. 240; **non tam solido quam splendido nomine** CIC. Fin. 1, 61, d'un nom plus beau que solide.

splendĭfĭcē, adv. (*splendificus*), avec éclat : FULG. Myth. 1, pr. p. 13, 22 H.

splendĭfĭcō, *ās*, *āre*, -, - (*splendor*, *facio*), tr., rendre brillant : CAPEL. 9, 912.

splendĭfĭcus, *a*, *um* (*splendor*, *facio*), v. *splendifluus* : BED. Hist. 5, 7.

splendĭflŭus, *a*, *um* (*splendor*, *fluo*), qui jette de l'éclat : EUGEN.-TOL. Carm. 37, 2.

splendŏr, *ōris*, m. (*splendeo*) ¶**1** l'éclat, le brillant, le poli éclatant : PL. Mil. 1; Aul. 602; LUCR. 4, 304; HOR. S. 1, 4, 28 ‖ pl., GELL. 2, 6, 4; SEN. Nat. 1, 2, 3 ¶**2** [fig.] splendeur, magnificence : CIC. Flac. 28; Cael. 77 ‖ considération, lustre, gloire : **summorum hominum splendor** CIC. de Or. 1, 200, les hommes jetant le plus vif éclat, cf. CIC. Clu 198; **splendor equester** CIC. Amer. 140, la brillante distinction de l'ordre équestre; **animi et vitae** CIC. Rep. 2, 69, l'éclatante pureté de son âme et de sa vie ‖ **verborum** CIC. Or. 110, éclat des mots, pompe du style (mais CIC. Or. 164, belle sonorité des mots, cf. **vocis** CIC. Brut. 250, belle sonorité de la voix.

splendŏrĭfer, *ĕra*, *ĕrum*, éclatant : CARM. RES. 130.

splendŭī, parf. de *splendesco*.

splēnĕtĭcus (**splēnī-**), *a*, *um* (*splen*), splénétique : PS. APUL. Herb. 34; v. *spleniticus*.

splēnĭăcus, *a*, *um* (*splen*), v. *splenicus* : *THEOD.-PRISC. 2, 83.

splēnĭātus, *a*, *um* (*splenium*), couvert d'un emplâtre : MART. 10, 22, 1.

splēnĭcus, *a*, *um* (σπληνικός), splénétique : PLIN. 20, 87.

splēnĭon (-**ĭum**), *ĭi*, n. (σπλήνιον) ¶**1** cétérac [fougère médicinale] : PLIN. 25, 46 ¶**2** compresse, bandeau : PLIN. 29, 126; MART. 2, 29, 9; PLIN. Ep. 6, 2, 2.

splēnītēs, *ae*, m. (σπληνίτης), de la rate, à la rate : CAEL.-AUR. Chron. 3, 8, 106.

splēnītĭcus, *a*, *um*, v. *spleneticus* : M.-EMP. 1, 106.

Splōnistae, *ārum*, m. pl., habitants de Splonos, ville de Dalmatie : CIL 3, 8783.

spŏdĭăcus, *a*, *um* (σποδιακός), couleur de cendre, cendré : SCRIB. 24.

spŏdĭum, *ĭi*, n. (σπόδιον) ¶**1** cendre : PLIN. 23, 76 ¶**2** c. *spodos* : PLIN. 34, 172.

spŏdŏs, *i*, f. (σποδός), spode, oxyde de zinc : PLIN. 34, 128.

Spodūsa, *ae*, f., île du Pont : PLIN. 4; 93.

Spŏlētānus, *a*, *um*, c. *Spoletinus*, v. *Spoletium* : PRISC. 2, 78, 7.

Spŏlētĭum, *ĭi* (-**tum**, *i*, PRISC. 2, 78, 7), n., Spolète [ville d'Ombrie] Atlas XII, D3 : LIV. 22, 9; SUET. Vesp. 1 ‖ **-tīnus**, *a*, *um*, de Spolète : CIC. Balb. 48; Brut. 271; **Spŏ-**

lētīni, *ōrum*, m. pl., les habitants de Spolète : Liv. 27, 10 ; subst. n. pl., **Spoletina**, vins de Spolète : Mart. 14, 116, 1.

spŏlĭa, *ae*, f., ▶ *spolium* ▶.

spŏlĭārĭum, *ĭi*, n. (*spolium*), spoliaire, endroit où l'on dépouillait les gladiateurs tués : Sen. *Ep.* 93, 12 ; *Prov.* 3, 7 ‖ [fig.] morgue : Sen. *Contr.* 5, 33.

spŏlĭātĭo, *ōnis*, f. (*spolio*), pillage, spoliation : Cic. *Sest.* 47 ; *Verr.* 4, 132 ; Liv. 29, 8, 9 ; [fig.] vol : Cic. *Mur.* 87 ; *Phil.* 2, 27.

spŏlĭātŏr, *ōris*, m. (*spolio*), spoliateur : Cic. *Verr.* 4, 80 ; Liv. 29, 18, 15.

spŏlĭātrix, *īcis*, f. (*spoliator*), spoliatrice : Cic. *Cael.* 52.

spŏlĭātus, *a*, *um* ¶ 1 part. de *spolio* ¶ 2 adj^t : *nihil illo regno spoliatius* Cic. *Att.* 6, 1, 4, rien de plus dépouillé, vidé que ce royaume.

spŏlĭō, *ās*, *āre*, *āvī*, *ātum* (*spolium* ; it. *spogliare*), tr. ¶ 1 dépouiller [du vêtement], déshabiller : Cic. *Verr.* 4, 86 ; Liv. 2, 55, 5 ; 8, 32, 10 ¶ 2 dépouiller, déposséder : *aliquem aliqua re* Cic. *Verr.* 4, 37, dépouiller qqn de qqch. ‖ dévaliser : *fana* Cic. *Sull.* 71, dépouiller, dévaliser les temples ; *hospitium spoliatum* Cic. *Verr.* 4, 60, l'hospitalité dépouillée (= un hôte dépouillé) ¶ 3 prendre comme dépouille, ravir : *dignitatem* Cic. *Cael.* 3, ravir l'honneur de qqn, cf. Cic. *Cael.* 42 ; *Pis.* 38.

▶ dép. *spoliantur* Enn. *An.* 619 = *spoliant*.

spŏlĭum, *ĭi*, n. (cf. σπολάς, al. *spalten* ; esp. *espoja*) ¶ 1 dépouille d'un animal : Lucr. 5, 954 ; Ov. *M.* 9, 113 ‖ toison : Ov. *M.* 6, 13 ‖ peau d'un serpent qui mue : Lucr. 4, 62 ¶ 2 ordin^t au pl., dépouille guerrière, butin : *spolia ducis hostium* Liv. 1, 10, 6, dépouilles du général ennemi ; *opima spolia* Liv. 1, 10, 6, dépouilles opimes ; *classium* Cic. *Pomp.* 55, dépouilles des vaisseaux, éperons, cf. Cic. *Sest.* 54 ; *Amer.* 145 ; Caes. *C.* 2, 39 ‖ [fig.] Cic. *Off.* 3, 22 ; *Amer.* 8 ; Tac. *An.* 15, 52 ; *H.* 1, 2 ‖ sg., Virg. *En.* 10, 500 ; 12, 94 ; Sall. *Mithr.* 11 ; Suet. *Caes.* 64 ; Ov. *M.* 8, 87.

▶ f. *spolia*, *ae* Aug. *Serm. Mai* 146, 1.

sponda, *ae*, f. (?; it. *sponda*), bois de lit : Ov. *M.* 8, 657 ‖ lit : Virg. *En.* 1, 698 ; Ov. *F.* 2, 345 ‖ lit de mort, bière : Mart. 10, 5, 9.

spondaeus, ▶ *spondeus*.

spondăĭcus, ▶ *spondiacus*.

spondaulēs, *ae*, m. (σπονδαύλης), spondaule, joueur de flûte dans les sacrifices : Mar. Vict. *Gram.* 6, 44, 23.

spondaulĭum, *ĭi*, n., air joué par le spondaule : Diom. 476, 13 ‖ déclamation avec accompagnement de flûte : Cic. *de Or.* 2, 193.

Spondē, *ēs*, f. (Σπονδή), nom de femme : CIL 6, 25020.

spondēădĕus, *a*, *um* (▶ *spondiazon*), spondaïque : Sacerd. 6, 500, 14.

spondĕō, *ēs*, *ēre*, *spŏpondī*, *sponsum* (cf. σπένδω, σπονδή, hit. *ispant*-), tr. ¶ 1 [droit] *a)* promettre [solennellement, dans les formes prescrites], s'engager comme débiteur [à titre principal, par un contrat appelé stipulation] : Dig. 40, 7, 24 *b)* promettre à titre de caution, garantir la dette d'autrui : Dig. 2, 2, 3, 3 ; *pro aliquo spondere* Cic. *Planc.* 47, se porter caution pour qqn, cf. Cic. *Att.* 12, 14, 2 ; *hic sponsum vocat* Hor. *Ep.* 2, 2, 67, un tel m'invite à lui servir de caution *c)* [au nom de l'État] *spoponderunt consules, legati, quaestores, tribuni militum* Liv. 9, 5, 4, l'engagement solennel a été pris par les consuls, les légats, les questeurs, les tribuns militaires ; *pacem* Liv. 9, 8, 15, s'engager à faire la paix ; [avec prop. inf.] prendre l'engagement que : Liv. 9, 9, 6 *d)* [mariage] *filiam tuam sponden mihi uxorem dari?* Pl. *Trin.* 1162, t'engages-tu à me donner ta fille en mariage ? ; *sponden ergo tuam gnatam uxorem mihi?* Pl. *Trin.* 1157, alors tu me promets ta fille en mariage ?, cf. Gell. 4, 4, 2 ¶ 2 [en gén.] promettre sur l'honneur, assurer, garantir *a)* [avec acc.] *praemia* Cic. *Phil.* 5, 28, prendre l'engagement de donner des récompenses, cf. Cic. *Att.* 16, 6, 3 ; *Fam.* 15, 21, 1 *b)* [avec prop. inf. et inf. fut.] Cic. *Mur.* 90 ; *Phil.* 5, 51 ; Liv. 5, 5, 9 ; 28, 38, 9 *c)* [inf. prés.] donner l'assurance que : Cic. *Fam.* 13, 17, 2 ¶ 3 vouer, dédier : Vulg. *Lev.* 29, 2.

▶ *sponden* = *spondesne* Pl. *Cap.* 898 ‖ parf. *spepondi* cf. Gell. 7, 9, 12 et 14 *spondi* VL. *Prov.* 6, 3 ; arch. *sponsis = spoponderis* cf. Fest. 476, 20.

spondēōs, ▶ *spondeus* : Ter.-Maur. 6, 394, 2312.

spondēum, *i*, n. (σπονδεῖον), vase servant aux libations : Apul. *M.* 11, 20.

spondēus (-*īus*), *i*, m. (σπονδεῖος), spondée [pied métrique formé de deux longues] : Cic. *Or.* 216.

spondīăcus, *a*, *um* (σπονδειακός), de spondée : Diom. 495, 21.

spondīazōn, *ontis* (σπονδειάζων), composé uniquement de spondées : Diom. 498, 13.

spondīlĭum, *ĭi*, n. (σπονδύλιον), vertèbre : Isid. 11, 1, 95 ; ▶ *spondylium*.

spondīlus, ▶ *spondylus*.

spondōgŏs, *i*, m. (σπογγώδες), bédegar [plante] : M.-Emp. 27, 108.

Spondŏlīci, *ōrum*, m. pl., peuple riverain du Tanaïs [Don] : Plin. 6, 22.

spondŭlus, ▶ *spondylus*.

spondўlē, *ēs*, f. (σπονδύλη), sorte de serpent ou d'insecte : Plin. 27, 143.

spondўlĭum (-*ŏn*), *ĭi*, n. (σπονδύλιον), berce brancursine [plante] : Plin. 12, 128 ; 24, 25 ‖ partie charnue des huîtres : Cael.-Aur. *Chron.* 3, 2, 25.

spondўlus (**sph-**, **sf-**, -*ŭlus*, -*ĭlus*), *i*, m. (σπόνδυλος) ¶ 1 vertèbre : Plin. 29, 67 ¶ 2 huître épineuse : Col. 8, 16, 7 ; Sen. *Ep.* 95, 26 ; Apic. 47 ¶ 3 logement de la coquille d'huître : Plin. 32, 60 ¶ 4 cardon, artichaut : Diocl. 6, 1, 2 ; Apic. 115.

▶ graphies *sfondilus* Apic., *sphondilus* Col., *spondulus* Diocl.

spongārĭum, *ĭi*, n. (σπογγάριον), sorte de collyre : CIL 13, 3, 1, p. 567 *Sign. oc.* 38.

sponge-, ▶ *spongi-*.

1 spongĭa (-*ĕa*), *ae*, f. (σπογγία ; it. *spugna*, fr. *éponge*) ¶ 1 éponge : Cic. *Nat.* 2, 136 ; Plin. 9, 148 ¶ 2 [fig.] *a)* plastron, cotte de mailles des gladiateurs : Liv. 9, 40, 3 *b)* racine d'asperge : Col. 11, 3, 43 ; Plin. 19, 146 ‖ racine de menthe : Plin. 19, 159 *c)* pierre ponce : Vitr. 2, 6, 2 *d)* morille : Plin. 19, 63 *e)* masse poreuse (de minerai fondu) : Plin. 34, 146.

2 Spongĭa, *ae*, m., surnom romain : Cic. *Att.* 1, 16, 6.

spongĭō, ▶ *sfongio*.

spongĭŏla (**spongĕola**), *ae*, f. (dim. de *spongia*) ¶ 1 racine d'asperge : Col. 11, 3, 44 ¶ 2 excroissance fongueuse de l'églantier : Plin. 25, 18.

spongĭōsus (-*gĕōsus*), *a*, *um*, spongieux, poreux : Plin. 11, 188 ; Cels. 4, 1, 4.

spongītēs, *ae*, m. ou -*tis*, *ĭdis*, f. (σπογγίτις), spongite, pierre spongieuse : Plin. 37, 182.

spongĭus, *a*, *um*, spongieux : Cassiod. *Var.* 11, 38.

spongizō, ▶ *sfongizo*.

spongŏs (-*gus*), *i*, m. (σπόγγος), éponge : Juvc. 4, 697.

spons, ▶ *sponte et spontis*.

sponsa, *ae*, f. (*spondeo* ; it. *sposa*, fr. *épouse*), fiancée : Pl. ; Ter. ; Hor. *O.* 4, 2, 21 ‖ [chrét.] épouse [du Christ] : [en parlant de l'Église] Aug. *Ev. Joh.* 8, 4 ‖ [en parlant de l'âme] : Mamert. *Anim.* 2, 9.

sponsālĭcĭus, *a*, *um*, de fiançailles : Sidon. *Ep.* 7, 2, 8.

sponsālis, *e* (*sponsus*), de fiançailles : Varr. *L.* 6, 70 ‖ **sponsālĭa**, *ĭum* ou *ĭorum*, Sen. *Ben.* 1, 9, 4 ; Suet. *Aug.* 53, n. pl. (fr. *épousailles*) *a)* fiançailles : Dig. 23, 1, 2 ; Cic. *Att.* 6, 6, 1 ; Liv. 38, 57 ; Suet. *Aug.* 53 ; Gell. 4, 4, 2 *b)* fête de fiançailles, repas de noces : Cic. *Q.* 2, 5, 2 *c)* cadeaux de noces : Cod. Just. 5, 3, 3.

sponsĭo, *ōnis*, f. (*spondeo*) ¶ 1 engagement oral et solennel, promesse, assurance, garantie : Dig. 50, 16, 7 ; Cic. *Leg.* 2, 41 ; Liv. 9, 9, 4 ; 9, 11, 5 ; 9, 41, 20 ; 39, 43, 5 ; *sponsionem facere uti...* Sall. *J.* 79, 1, prendre l'engagement solennel que ¶ 2 [droit] promesse verbale et réciproque entre deux parties de payer une certaine somme si telle condition n'est pas remplie ; cet engagement peut être le

sponsio

sponsio, point de départ d'une action judiciaire, cf. Cic. Quinct. 30, 31, 32; Com. 10; Gai. Inst. 4, 93 ‖ promesse réciproque, engagement réciproque : *sponsio est, ni* Cic. Verr. 3, 135 [ou] *sponsionem facere, ni* Cic. Off. 3, 77, il y a engagement pris, prendre engagement pour le cas où il ne serait pas vrai que ; *cogit eum sponsionem II milium nummum facere cum lictore suo, ni furtis quaestum faceret* Cic. Verr. 5, 141, il le contraint à prendre un engagement de deux mille sesterces avec son licteur pour le cas où il ne serait pas prouvé qu'il s'enrichissait de vols = il le contraint à prendre l'engagement de verser deux mille écus à son licteur s'il ne se disculpait de ... ; *sponsio fit de capite ac fortunis tuis* Cic. Verr. 3, 133, il se fait un engagement qui met en cause ta personnalité civile et ta fortune, cf. Cic. Verr. 3, 137 ; *sponsionem vincere* Cic. Caecin. 91, gagner la somme stipulée [par l'adversaire] [ou] *sponsione vincere* Cic. Quinct. 84, gagner dans la stipulation qu'on a faite soi-même ¶ 3 somme stipulée : Varr. L. 6, 70.

sponsis, [arch.] ▶ *spondeo* ▶.

sponsiuncŭla, ae, f. (dim. de *sponsio*), Petr. 58, 8.

sponsō, ās, āre, -, - (fréq. de *spondeo* ; fr. épouser), tr. ¶ 1 promettre : Paul. Dig. 23, 2, 38 ¶ 2 promettre en mariage, fiancer : Tert. Virg. 11, 5.

sponsŏr, ōris, m. (*spondeo*), répondant, caution : Cic. Fam. 6, 18, 3 ‖ *promissorum alicujus* Cic. Att. 15, 15, 2, garant des promesses de qqn, cf. Cic. Prov. 43 ; Fam. 7, 5, 2 ‖ [chrét.] parrain d'un néophyte : Tert. Bapt. 18, 4 ‖ garante [épithète de Vénus] : Ov. H. 16, 116.

sponstrix, īcis, f., répondante : Prob. Inst. 4, 212, 16.

sponsum, i, n. (*spondeo*) ¶ 1 chose promise, engagement : Varr. L. 7, 107; Hor. S. 1, 3, 95 ¶ 2 ▶ *sponsio* : *ex sponso agere* Cic. Quinct. 32, intenter une action en vertu d'un engagement pris.

1 **sponsus**, a, um, part. de *spondeo*.

2 **sponsus**, i, m. (1 *sponsus* ; it. *sposo*, fr. époux), fiancé : Cic. Inv. 2, 78 ‖ *sponsi Penelopae* Hor. Ep. 1, 2, 28, les prétendants de Pénélope ‖ [chrét.] époux [dans la parabole des dix vierges] : Vulg. Matth. 25, 10 ‖ l'Époux [en parlant du Christ] : Aug. Ev. Joh. 7, 5 ; [époux de l'Église] Aug. Psalm. 95, 7.

3 **sponsŭs**, ūs, m., promesse, engagement : Cic. Att. 12, 19, 2 ; Varr. L. 6, 71 ; *ex sponsu agere* Varr. L. 6, 72, intenter une action en vertu d'un engagement pris.

spontālis, e (*spons*), spontané : Apul. M. 4, 11.

spontālĭter, Sidon. Ep. 8, 9, 5, adv., ▶ *spontanee*.

spontānĕē, adv. (*spontaneus*), spontanément, volontairement : Vulg. 1 Petr. 5, 2 ; Hier. Ep. 52, 7.

spontānĕus, a, um (*sponte*), spontané, volontaire : Macr. Somn. 2, 12, 2.

spontĕ, adv., abl. de l'inus. **spons*, f. (cf. σπάω, al. spannen) ¶ 1 d'après la volonté, *alicujus*, de qqn : Tac. An. 2, 59 ; 6, 31 ; 13, 42 ; Plin. 9, 160 ‖ [avec une prép.] : *de tua sponte* Cotta d. Char. 220, 2, d'après ta volonté ; *a sponte, de sponte ejus, sine sponte sua* Varr. L. 6, 69 ; 71 ; 72 ; 73, d'après sa volonté, sans sa volonté ¶ 2 [tour classique] : *mea, tua, sua sponte* **a)** spontanément, volontairement, de mon, de ton, de son propre mouvement : Cic. Att. 15, 27 ; Fam. 9, 14, 2 ; Verr. 4, 72 ‖ [sans adj. possessif] *Italiam non sponte sequor* Virg. En. 4, 361, ce n'est pas par ma volonté que je suis en quête de l'Italie ; *sponte properant* Ov. M. 11, 486, ils se hâtent de leur propre mouvement, cf. Tac. An. 3, 16 ; Plin. Ep. 6, 29, 11 **b)** par soi-même, par ses seules forces, sans appui : *nec sua sponte, sed eorum auxilio qui* Cic. Fam. 7, 2, 3, [il a agi] non par lui-même, mais avec l'appui de ceux qui ..., cf. Caes. G. 1, 9, 2 ; 5, 28, 1 ; 7, 65, 2 **c)** par soi-même, de sa propre nature, naturellement : *res sua sponte scelerata* Cic. Verr. 1, 108, action criminelle par elle-même, cf. Cic. Or. 115 ; Cael. 10 ; *vera et falsa sua sponte, non aliena judicantur* Cic. Leg. 1, 45, les choses vraies et fausses se jugent d'après leur propre nature, non sur un indice extérieur.

▶ nom. *spons* d. Char. 49, 16 ; Aus. Techn. 11 (347), 11.

spontis, gén. de l'inus. **spons*, f., volonté : *homo qui suae spontis est* Cels. 1, 1, 1, un homme qui ne dépend que de lui-même [son propre maître], cf. Varr. L. 6, 71 ‖ *aqua suae spontis* Col. 11, 3, 10, eau coulant naturellement.

spontīvus, a, um (*spons*), volontaire : Solin. 2, 36.

spŏpondī, parf. de *spondeo*.

Spŏrădes, um, f. pl. (Σποράδες), les Sporades, dix-neuf îles de la mer Égée, entre les Cyclades et la Crète Atlas IX, C1; VI, C3 ; Plin. 4, 68 ; Mel. 2, 111.

sporta, ae, f. (σπυρίς ; it. *sporta*) ¶ 1 panier, corbeille : Cat. Agr. 11, 4 ; Col. 8, 7, 1 ¶ 2 filtre : Plin. 18, 77.

sportella, ae, f. (dim de *sportula* ; it. *sportella*), sportelle, petite corbeille ; [en part.] sorte de repas froid [déposé dans un petit panier] : Cic. Fam. 9, 20, 2.

sportellārĭus, a, um, donné en sus : CIL 3, p. 937, 2 bis ‖ subst. m., enfant trouvé : Gloss. 2, 187, 34.

sportŭla, ae, f. (dim. de *sporta* ; it. *spocchia*) ¶ 1 petit panier : Pl. Curc. 289 ; Men. 219 ¶ 2 c'est dans des paniers de cette sorte que les patrons distribuaient des présents, en nature ou en argent, à leurs clients ; sportule : Juv. 1, 95 ; 3, 249 ; Suet. Ner. 16 ¶ 3 largesses, libéralités, cadeaux : Plin. Ep. 2, 14, 4 ¶ 4 [chrét.] sportules, offrandes au clergé : Cypr. Ep. 39, 5.

sportŭlans, antis, qui reçoit la sportule, qui vit d'aumônes : Cypr. Ep. 1, 1.

Spŏrus, i, m., nom d'homme : Suet. Ner. 28.

spōsus, i, m., forme vulgaire de *sponsus* : CIL 8, 4318.

sprēbĭlis, e, adj. (*sperno*), méprisable : Eustath. Hex. 7, 5, p. 942 B.

sprēbĭlĭtās, ātis, f., mépris : Fulg. Virg. p. 100, 18 H.

sprērunt, contr. pour *spreverunt*.

sprētĭo, ōnis, f. (*sperno*), mépris, dédain : *Liv. 40, 5, 7.

sprētŏr, ōris, m. (*sperno*), celui qui méprise, contempteur : Ov. M. 8, 613.

1 **sprētus**, a, um, part. de *sperno*.

2 **sprētŭs**, ūs, m., mépris : Apul. Socr. 3 ; Sidon. Ep. 3, 14, 2.

spūma, ae, f. (cf. *pumex*, scr. *phena-s*, rus. *pena*, al. *Feim*, an. *foam* ; it. *spuma*), écume, bave : Cic. Nat. 3, 59 ; Virg. En. 1, 35 ; *spumas agere* Lucr. 3, 489 ; *in ore spumas agere* Cic. Verr. 4, 148, écumer, avoir l'écume à la bouche ‖ *argenti* Plin. 33, 102, litharge ; *caustica* Mart. 14, 26 [ou] *Batava* Mart. 8, 33, 20, savon caustique [avec lequel les Germains se teignaient les cheveux en rouge].

spūmābundus, a, um (*spumo*), écumant : Apul. Apol. 44.

spūmans, tis, part. de *spumo*.

spūmātĭo, ōnis, f., écume : Cael.-Aur. Acut. 3, 2, 8.

1 **spūmātus**, a, um, part. de *spumo*.

2 **spūmātŭs**, ūs, m., écume, bave [d'un serpent] : Stat. S. 1, 4, 103.

spūmescō, ĭs, ĕre, -, - (inch. de *spumo*), intr., devenir écumeux : Ov. H. 2, 87.

spūmĕus, a, um (*spuma*), écumant, écumeux : Virg. En. 2, 419 ; 10, 212 ; Plin. 15, 109 ; 20, 207 ‖ qui ressemble à de l'écume : Pall. 4, 13, 4.

spūmĭdus, a, um (*spuma*), écumeux : Apul. Apol. 50.

spūmĭfĕr, ĕra, ĕrum (*spuma, fero*), écumeux : Ov. M. 11, 140.

spūmĭgĕna, ae, f. (*spuma, geno*), née de l'écume [de la mer], Vénus : Capel. 9, 915.

spūmĭgĕr, ĕra, ĕrum, ▶ *spumifer* : Lucr. 5, 985 ; Manil. 5, 74.

spūmō, ās, āre, āvī, ātum (*spuma* ; it. *spumare*) ¶ 1 intr. **a)** écumer, jeter de l'écume, mousser ; *spumans aper* Virg. En. 1, 158, sanglier écumant ; *spumat sale* Enn. d. Gell. 2, 26, la mer écume ; *pocula novo spumantia lacte* Virg. B. 5, 67, coupes couvertes de la mousse du lait qu'on vient de traire ‖ *terra spumat*

CELS. 5, 27, 4, la terre écume, est en effervescence **b)** [fig.] écumer de colère : ARN. 5, 20 ; SUET. *Cl.* 30 ¶ **2** tr. **a)** couvrir d'écume ; *spumatus, a, um* CIC. *poet. Div.* 1, 13, couvert d'écume **b)** jeter en écume, exhaler en écume ; [fig.] *spumans ex ore scelus* HER. 4, 68, ayant à la bouche l'écume du crime, suant le crime par tous les pores **c)** prononcer [les oracles] l'écume à la bouche : PRUD. *Apoth.* 440.

spūmōsus, *a*, *um* (*spuma* ; it. *spumoso*), écumant, écumeux : VIRG. *En.* 6, 174 ; *spumosior* CLAUD. *VI Cons. Hon.* 458.

spŭō, *ĭs*, *ĕre*, *spŭī*, *spūtum* (cf. πτύω, al. *speien*, an. *spew*) ¶ **1** intr., cracher : *in sinum* PLIN. 28, 36, cracher dans son sein [pour conjurer un malheur] ¶ **2** tr., rejeter en crachant, cracher : VIRG. *G.* 4, 97.

spurcālĭa, *ĭum*, n. pl., obscénités, superstitions païennes : ALDH. *Virgin.* 25.

spurcāmĕn, *ĭnis*, n. (*spurco*), ordure : PRUD. *Cath.* 9, 56.

spurcātus, *a*, *um*, part. de *spurco* pris adjᵗ, *spurcatissimus* CIC. *Dom.* 25, très sale.

spurcē, adv. (*spurcus*), salement : COL. 7, 9, 14 ; [fig.] CIC. *Phil.* 2, 99 ; *spurcius* CAT. d. PLIN. 29, 14 ; *-cissime* CIC. *Att.* 11, 13, 2.

spurcĭdĭcus, *a*, *um* (*spurcus*, *dico*), ordurier : PL. *Cap.* 56.

spurcĭfĭcus, *a*, *um* (*spurcus*, *facio*), qui fait des choses malpropres : PL. *Trin.* 826.

spurcĭlŏquĭum, *ĭi*, n., parole obscène : TERT. *Res.* 4, 7.

spurcĭtĭa, *ae*, f. (*spurcus*) ¶ **1** COL. 1, 5, 8, **spurcĭtĭēs**, *ēi*, f., LUCR. 6, 977, saleté, ordures, immondices, cf. VARR. *R.* 3, 16, 7 ; PLIN. 17, 52 ; AFRAN. *Com.* 54 ; 164 ¶ **2** [chrét.] impureté : SACRAM. LEON. p. 68, 26 ¶ **3** impureté légale : VULG. *Num.* 19, 13.

spurcō, *ās*, *āre*, *āvī*, *ātum* (*spurcus* ; it. *sporcare*), tr., salir, souiller : PL. *Men.* 168 ; CATUL. 108, 2.

spurcus, *a*, *um*, adj. (cf. *spurius*, *mancus* ; it. *sporco*) ¶ **1** sale, malpropre, immonde : LUCR. 6, 782 ; LUCIL. d. NON. 394, 25 ; *spurcior* GELL. 17, 19, 4 ¶ *spurcissima tempestas* CIC. *Frg. E.* 5, 15, le temps le plus affreux, cf. SUET. *Caes.* 60 ¶ **2** [fig.] CIC. *Phil.* 11, 1 ; *Verr.* 1, 94 ; *spurcior* CIC. *Dom.* 47.

Spŭrĭānus, *i*, m., nom d'homme : *CIL* 11, 2042.

Spurinna, *ae*, m., surnom de plusieurs Romains : CIC. *Div.* 1, 119 ; *Fam.* 9, 24, 2 = TAC. *H.* 2, 11 ; PLIN. *Ep.* 2, 7, 1 ; 3, 1, 1.

Spŭrīnus, *i*, m., surnom de Q. Petilius : LIV. 40, 18, 2.

spŭrĭum, *ĭi*, n. (*spurius*), sexe de la femme : ISID. 9, 5, 24 ∥ [fig.] sorte d'animal marin [porcelaine ?] : APUL. *Apol.* 35, 6.

1 **spŭrĭus**, *a*, *um*, adj. (cf. *spurcus*), bâtard, illégitime, naturel : COD. JUST. 1, 10, 12 ∥ faux, supposé : AUS. *Epist.* 18 (408), 30.

2 **Spŭrĭus**, *ii*, m., prénom romain [abrégé *Sp.*] : CIC. *Rep.* 2, 50.

spūtāmĕn, *ĭnis*, n. (*sputo*), crachat : CAEL.-AUR. *Chron.* 2, 14, 199 ; TERT. *Res.* 20, 5 ; **sputāmentum**, *i*, n., TERT. *Spect.* 30, 6.

spūtātĭlĭcus, *a*, *um* (*sputo*), digne d'être conspué : SISEN. d. CIC. *Brut.* 260.

spūtātŏr, *ōris*, m., cracheur : PL. *Mil.* 648.

spūtō, *ās*, *āre*, -, - (fréq. de *spuo* ; it. *sputare*), tr., cracher : PL. *Merc.* 138 ; OV. *M.* 12, 256 ∥ éloigner un mal en crachant : *qui sputatur morbus* *PL. *Cap.* 550, le mal dont on se préserve en crachant [épilepsie].

spūtum, *i*, n. (*spuo* ; it. *sputo*), crachat : LUCR. 6, 1188 ; PLIN. 28, 38 ∥ léger enduit, couche légère : MART. 8, 33, 11.

spūtŭs, *ūs*, m. (*spuo*), crachat : LACT. *Inst.* 4, 18 ; AUG. *Civ.* 18, 23.

squālens, *entis*, part.-adj. de *squaleo*, sale, hideux : TERT. *Cast.* 10, 4 ∥ **-tĭa**, *ĭum*, n. pl., déserts : PLIN. 5, 52.

squālĕō, *ēs*, *ēre*, -, - (1 *squalus*), intr. ¶ **1** être rude, hérissé, âpre : *squalentes conchae* VIRG. *G.* 2, 348, coquilles couvertes d'aspérités ; *tunica squalens auro* VIRG. *En.* 10, 314, tunique où l'or met des aspérités, cf. VIRG. *En.* 12, 87 ; *maculis auro squalentibus* VIRG. *G.* 4, 91, avec des taches hérissées ∥ *squalentia tela venenis* OV. *F.* 5, 397, traits enduits de poisons ¶ **2** être sale, négligé, malpropre : *tecta nigro squalentia tabo* OV. *M.* 2, 760, demeure souillée d'un sang noir ; *squalens barba* VIRG. *En.* 2, 277, barbe inculte, cf. OV. *F.* 3, 640 ∥ en friche, aride : *squalent abductis arva colonis* VIRG. *G.* 1, 507, les terres sont en friche [hérissées de mauvaises herbes], parce qu'on a emmené les laboureurs ; *squalens litus* TAC. *An.* 15, 42, rivage aride [sablonneux] ¶ **3** [fig.] porter des vêtements sombres [de deuil] : *squalent municipia* CIC. *Mil.* 20, les municipes sont en deuil, cf. CIC. *Sest.* 32.

squālēs, *is*, f., ▶ *squalor* : VARR. *Men.* 254 ; PACUV. *Tr.* 314.

squālescō, *ĭs*, *ĕre*, -, - (inch. de *squaleo*), intr., devenir sale : NOT. TIR. 40 ∥ se souiller [de vices] : PS. AUG. *Serm.* 120, 1.

squālĭdē, adv., [fig.] *squalidius* CIC. *Fin.* 4, 5, d'un style plus négligé.

squālĭdĭtās, *ātis*, f., [fig.] négligence, désordre : AMM. 26, 5, 15.

squālĭdus, *a*, *um* (*squaleo*) ¶ **1** âpre, hérissé, rugueux : LUCR. 2, 469 ; 5, 956 ¶ **2** sale, malpropre, négligé : PL. *Truc.* 923 ; TER. *Eun.* 236 ; LIV. 21, 39, 2 ∥ inculte, aride : CURT. 7, 4, 27 ; OV. *F.* 1, 558 ∥ en vêtements négligés, de deuil : OV. *M.* 15, 38 ; QUINT. 6, 1, 30 ; TAC. *H.* 2, 60 ; PLIN. *Ep.* 4, 9, 22 ¶ **3** [fig.] *haec sua sponte squalidiora sunt* CIC. *Or.* 115, ces notions sont naturellement un peu arides.

squālĭtās, *ātis*, f., LUCIL. 597 ; ACC. *Tr.* 617, **squālĭtūdo**, *ĭnis*, f., ACC. *Tr.* 340, ▶ *squalor*.

squālŏr, *ōris*, m. (*squaleo*) ¶ **1** âpreté, état rugueux (hérissé), aspérité : LUCR. 2, 425 ; [fig.] QUINT. 6, 1, 33 ¶ **2** saleté, malpropreté, crasse : CIC. *Verr.* 3, 31 ; LIV. 2, 23, 3 ; 21, 40, 9 ; PLIN. *Ep.* 7, 27, 5 ∥ état négligé, inculte, désolé : CURT. 5, 6, 3 ¶ **3** [fig.] état négligé des vêtements = deuil : CIC. *Verr.* 5, 128 ; *Sest.* 68 ; *Mur.* 86.

1 **squălus**, *a*, *um*, adj. (cf. *squama*), sale : ENN. *Tr.* 283.

2 **squălus**, *i*, m. (cf. *squatus*, al. *Wal*, an. *whale*), squale [poisson] : PLIN. 9, 78.

squāma, *ae*, f. (cf. 1 *squalus*, al. *schaben*, *Schuppe* ; it. *squama*, esp. *escama*) ¶ **1** écaille : CIC. *Nat.* 2, 121 ; PLIN. 9, 114 ∥ = poisson : JUV. 4, 25 ¶ **2 a)** maille de cuirasse : VIRG. *En.* 9, 707 ; 11, 488 **b)** [dans l'œil] cataracte : PLIN. 29, 21 **c)** pellicule [de millet] : PLIN. 34, 107 ∥ écaille, paillette [de fer] : PLIN. 34, 154 ¶ **3** [fig.] rudesse [du gaulois] : SIDON. *Ep.* 3, 3, 2.

squāmātim, adv. (*squama*), en manière d'écailles : PLIN. 16, 49.

squāmātĭo, *ōnis*, f. (*squama*), formation d'écailles [sur la peau] : ISID. 4, 8, 10.

1 **squāmātus**, *a*, *um* (*squama*), couvert d'écailles : TERT. *Apol.* 21, 8.

2 **squāmātus**, *i*, m., sorte de poisson [ange] : ISID. 12, 6, 37.

squāmĕus, *a*, *um* (*squama*), écailleux, couvert d'écailles : VIRG. *G.* 2, 154 ; *auro* CLAUD. *IV Cons. Hon.* 524, couvert de mailles d'or.

squāmĭcŭtis, *e* (*squama*, *cutis*), qui a la peau écailleuse : *CARM. SOD.* 144 ; ▶ *squamiger*.

squāmĭfĕr, *ĕra*, *ĕrum*, LUC. 9, 709, **squāmĭger**, *ĕra*, *ĕrum*, CIC. *Arat.* 328 (*squama*, *fero*, *gero*), ▶ *squameus* ∥ **squāmĭgĕri**, *um*, m. pl., poissons : LUCR. 1, 162 ; 2, 343.

squamma, etc., ▶ *squama*.

squāmōsus (**-ossus**), *a*, *um* (*squama* ; esp. *escamoso*), ▶ *squa-meus* : PL. *Ru.* 942 ; *Men.* 919 ; VIRG. *G.* 4, 408 ∥ [poét.] âpre, rude, raboteux : LUC. 4, 325.

squāmŭla, *ae*, f. (dim. de *squama*), petite écaille : CELS. 5, 28, 17.

squarrōsus, *a*, *um* (cf. *eschara*, *scara*), couvert de boutons : LUCIL. 1121.

squătĭna, *ae*, f., ange [poisson de mer] : PLIN. 9, 40.

squătus, *i*, m. (cf. *squalus* ; it. *squadro*), ▶ *squatina* : PLIN. 32, 150 ; ISID. 12, 6, 37.

1 **squilla**, *ae*, f. (?), squille [sorte de crustacé] : CIC. *Nat.* 2, 123 ; HOR. *S.* 2, 4, 58.

2 **squilla**, *ae*, f. (it. *squilla*), ▶ *scilla*.

squīnantĭum, squīnantus, V.▶ *schoenoanthus*: Plin. Val. 2, 18; Cael.-Aur. Chron. 2, 25.

squīnŭanthŏs, V.▶ *schoenoanthus*: Pall. 11, 14, 3.

squīnum, V.▶ *schoenoanthus*: Isid. 17, 9, 11.

st, interj. (onomat.; it. *zitto*, fr. *chut*), chut! paix! silence!: Cic. Rep. 6, 12; Fam. 16, 24, 2.

Stăbĕrĭus, *ii*, m., nom d'un grammairien latin: Suet. Gram. 13; Plin. 35, 199.

Stăbĭae, *ārum*, f. pl., Stabies, ville de Campanie: Plin. 3, 70 ‖ **-ĭānus**, *a, um*, de Stabies: Sen. Nat. 6, 1, 1 ‖ subst. n., **Stăbĭānum**, *i* **a)** maison de Stabies: Cic. Fam. 7, 1, 1 **b)** territoire de Stabies: Plin. 31, 9.

stăbĭlīmĕn, *ĭnis*, n., C.▶ *stabilimentum*: Acc. Tr. 210.

stăbĭlīmentum, *i*, n. (*stabilio*), appui, soutien: Pl. Curc. 367; Plin. 11, 16; Val. Max. 7, 6, 1.

stăbĭlĭō, *īs*, *īre*, *īvī*, *ītum* (*stabilis*; fr. *établir*), tr. ¶ **1** faire se tenir solidement, maintenir solide, affermir: Lucr. 3, 202; Caes. G. 7, 73, 7 ¶ **2** [fig.] soutenir, étayer, appuyer, consolider: Cic. Fin. 4, 65; Sest. 143; Leg. 1, 62.

stăbĭlis, *e* (*sto*; esp. *estavle*) ¶ **1** propre à la station droite, où l'on peut se tenir droit: *via plana et stabilis* Cic. Flac. 105, route plane et sûre; *locus stabilis* Liv. 44, 9, 7, lieu ferme [où l'on peut marcher], cf. Liv. 21, 31, 11 ‖ qui se tient ferme, solide: *per stabilem ratem* Liv. 21, 28, 8, sur le radeau solide, ferme; *elephanti stabiles pondere ipso* Liv. 21, 28, 12, les éléphants maintenus d'aplomb par leur propre poids; *stabili gradu* Liv. 6, 12, 8, de pied ferme, en se tenant solidement, cf. Tac. H. 2, 35; *stabilis pugna* Liv. 28, 2, 7, combat de pied ferme; *stabilior Romanus erat* Liv. 44, 35, 19, les Romains se tenaient plus solidement sur le terrain ¶ **2** [fig.] ferme, solide, inébranlable, durable: *stabilem se in amicitia praestare* Cic. Lae. 64, se montrer un ami sûr, solide; *stabilis sententia* Cic. Nat. 2, 2, opinion ferme; *oratio stabilis ac non mutata* Cic. Mil. 92, un langage ferme et invariable ‖ *stabiles aquae* Plin. 31, 48, eaux pérennes ‖ *spondei* Hor. P. 256, les spondées lourds, cf. Quint. 9, 4, 97 ‖ *quaestus stabilissimus* Cat. Agr. pr. 4, gain le plus assuré ‖ *stabile est* [avec prop. inf.] Pl. Bac. 520, c'est une chose arrêtée que.

stăbĭlĭtās, *ātis*, f. (*stabilis*) ¶ **1** stabilité, solidité, fermeté, fixité, consistance: Caes. G. 4, 33, 3; Cic. Nat. 2, 120 ‖ [fig.] Cic. Tusc. 5, 40; Off. 1, 47; Lae. 65 ¶ **2** [chrét.] caractère de ce qui est sûr, vrai, réalité: Aug. Spir. 11, 18 ‖ immutabilité [de l'âme au ciel]: Aug. Pecc. mer. 1, 3, 3.

stăbĭlĭtĕr, adv. (*stabilis*), solidement, fermement: Vitr. 10, 9, 2 ‖ *ius* Suet. Cl. 20.

stăbĭlītŏr, *ōris*, m. (*stabilio*), appui, soutien: Sen. Ben. 4, 7, 2.

stăbĭlītus, *a, um*, part. p. de *stabilio*.

stăbŭlārĭa, *ae*, f. (*stabularius*), une aubergiste: Ambr. Theod. 42 ‖ adj., Aug. Civ. 18, 18, 1.

stăbŭlārĭus, *ii*, m. (*stabulum*) ¶ **1** palefrenier: Col. 6, 23, 3 ¶ **2** aubergiste, logeur: Sen. Ben. 1, 14, 1.

stăbŭlātĭo, *ōnis*, f. (*stabulor*), séjour dans l'étable: Col. 6, 3, 1 ‖ demeure [humaine]: Gell. 16, 5, 10.

stăbŭlātus, *a, um*, part. de *stabulor* et de *stabulo*.

stăbŭlō, *ās, āre*, -, - (1 *stabulum*; it. *stabbiare*) ¶ **1** tr., garder dans une étable: Varr. R. 1, 21, 1 ¶ **2** intr., être à l'étable, habiter, séjourner: Virg. G. 3, 224; En. 6, 286.

stăbŭlŏr, *āris, ārī, ātus sum* (*stabulo*), intr., avoir son étable, habiter, séjourner: Varr. R. 3, 3, 7; Col. 6, 12, 2; Ov. M. 13, 822; Gell. 6, 3, 1.

1 **stăbŭlum**, *i*, n. (*sto*; it. *stabbio*) ¶ **1** lieu où l'on séjourne, séjour, gîte, demeure: Pl. Aul. 231; Most. 350 ¶ **2** [en part.] étable, écurie, parc, bergerie: Varr. R. 2, 2, 19; Col. 1, 6, 4; Virg. G. 3, 295; 3, 302 ‖ *stabula pastorum* Cic. Sest. 12, les burons des bergers ‖ poulailler: Col. 8, 1, 3 ‖ vivier: Col. 8, 17, 4 ‖ ruche: Virg. G. 4, 14 ¶ **3** auberge, hôtellerie: Plin. Ep. 6, 19, 4; Mart. 6, 94, 3; Petr. 6, 3 ‖ lieu de débauche, mauvais lieu, bouge: Cic. Phil. 2, 69; Pl. Poen. 268 ‖ [injure] étable, repaire: Pl. Cas. 138; Truc. 187; Suet. Caes. 49.

2 **Stăbŭlum**, *i*, n., ville de Mysie: Plin. 5, 126.

stăchys, *yŏs*, f. (στάχυς), épiaire [plante]: Plin. 24, 136.

stacta, *ae*, f. (στακτή), stacté, essence de myrrhe, myrrhe: Pl. Truc. 476; Lucr. 2, 847 ‖ **stactē**, *ēs*, f., Pl. Curc. 100; Plin. 13, 17.

Stactari, *ōrum*, m. pl., ville de Taurique: Plin. 4, 85.

Stactē, *ēs*, f., surnom de femme: CIL 6, 6324.

stactŏn (-tum), *i*, n. (στακτόν), sorte de collyre: Scrib. 34.

Stădĭa, *ae*, f., ancien nom de Cnide, ville de Carie: Plin. 5, 104.

stădĭālis, *e* (*stadium*), d'un stade: Grom. 368, 11.

stădĭātus, *a, um* (*stadium*), muni d'un stade: Vitr. 5, 11, 3.

Stădĭeus (-ĭŏs), m., nom d'un peintre athénien: Plin. 35, 146.

stădĭŏdrŏmŏs, *i*, m. (σταδιόδρομος), coureur du stade, athlète qui dispute le prix à la course: Plin. 34, 59.

Stădisis, *is*, f., ville d'Éthiopie: Plin. 6, 181.

stădĭum, *ĭi*, n. (στάδιον; it. *staggio*) ¶ **1** stade [mesure: 125 pas ou 625 pieds, le huitième du mille = 185 m]: Cic. Fin. 5, 1; Plin. 2, 85 ¶ **2** le stade [course]: *stadium currere* Cic. Off. 3, 42, faire la course du stade, cf. Cic. Tusc. 2, 56; [fig.] piste, stade: Her. 4, 4; Cic. de Or. 1, 147 ¶ **3** parc [d'une maison particulière]: Tert. Cor. 4, 3.

stădĭus, *ĭi*, m. seul[t] au pl. (cf. στάδιοι), stades [mesure]: Macr. Somn. 1, 15, 18.

stăfis, V.▶ *staphis*: Theod.-Prisc. 1, 12.

Stăgīra, *ōrum*, n. pl. (Στάγιρα), Stagire [en Macédoine, patrie d'Aristote]: Plin. 4, 38 ‖ **-rītēs**, *ae*, m., le Stagirite, Aristote: Cic. Ac. 1, 17; **Stagerites** Varr. R. 1, 1, 3.

stagnālis, *e* (*stagnum*), d'étang: Descr. Mund. 35.

stagnans, part. de *stagno*.

stagnātĭlis, *e* (*stagno*), d'étang: Plin. Val. 1, 42.

stagnātŏr, *ōris*, m. (2 *stagnum*), ouvrier en étain, étameur: Gloss. 2, 339, 29.

1 **stagnātus**, *a, um*, part. de *stagno*.

2 **stagnātus**, V.▶ *stannatus*.

stagnensis, *e* (*stagnum*), d'étang: Aug. Psalm. 103, 1, 18.

stagnĕus, *a, um*, V.▶ *stanneus*.

stagnīnus, *a, um* (*stagnum*), semblable à l'eau dormante: Frontin. Aq. 7.

1 **stagnō**, *ās, āre, āvī, ātum* (1 *stagnum*; it. *stagnare*) ¶ **1** intr., être stagnant, former une nappe stagnante: Virg. G. 4, 288; Curt. 8, 9, 7; 9, 2, 17 ¶ **2** être couvert d'une nappe stagnante, être inondé, submergé: Sall. d. Non. 138, 7; *orbis stagnat paludibus* Ov. M. 1, 324, l'univers est recouvert par les eaux; *terra stagnat caede* Sil. 6, 36, la terre forme un lac de sang ‖ **stagnantia**, *ium*, n. pl., endroits inondés: Plin. 2, 193 ¶ **3** tr. **a)** rendre stagnant, immobiliser: Just. 36, 3, 7; Stat. S. 3, 20, 110 **b)** inonder, submerger: Tac. An. 1, 76; Ov. M. 15, 269.

2 **stagnō**, *ās, āre, āvī, ātum* (2 *stagnum*; esp. *estañar*), tr. ¶ **1** recouvrir d'étain, souder: Plin. Val. 1, 31; 3, 3 ¶ **2** [fig.] *se adversus insidias* Just. 37, 2, 6, se cuirasser contre les embuscades.

stagnōsus, *a, um* (*stagnum*), couvert d'eau, inondé: Sil. 6, 653; pl. n., **stagnosa** Amm. 17, 13, 4, lieux marécageux.

1 **stagnum**, *i*, n. (cf. στάζω, bret. *ster*, it. *stagno*), eau stagnante, nappe d'eau, bassin: Ov. M. 1, 38; Liv. 26, 48, 4 ‖ lac, étang: Virg. En. 10, 764 ‖ *Phrixeae stagna sororis* Ov. F. 4, 278, les eaux de la sœur de Phrixus [l'Hellespont], cf. Ov. Pont. 1, 8, 38 ‖ *stagnum aquae calidae* Tac. An. 15, 64, bain chaud ‖ [chrét.] [fig.] *in stagnum ignis* Tert. Pud. 19, 8, dans l'étang de feu [en enfer].

2 **stagnum**, *i*, n. (empr., cf. al. *Zinn*, an. *tin* ; fr. *étain*), plomb d'œuvre, plomb argentifère : Plin. 34, 159 ‖ étain : Isid. 16, 23, 1 ; *v.* stannum.

stăgŏnīās, *ae*, m. (σταγονίας), encens mâle : Plin. 12, 62.

stăgōnītis, *ĭdis*, f., galbanum [plante] : Plin. 12, 126.

Stăiēnus, *i*, m., C. Aelius Staienus Paetus [v. Cic. *Brut.* 241 et *Clu* 72], juge dans le procès d'Oppianicus, avait été acheté et s'étant chargé sous son tour d'acheter des collègues en nombre suffisant, s'était approprié l'argent qu'on lui avait remis à cet effet : Cic. *Clu.* 66 ; 68 ‖ **Staieni**, *ōrum*, m. pl., des Staienus = des avocats véreux : Cic. *Brut.* 244.

Stailūcus, m. (*Stai Lūcus* ?), ville de la Pannonie supérieure : Peut. 4, 3.

Stāius, *i*, m., nom d'homme : Liv. 10, 20 ; Tac. *An.* 4, 27.

stălagmĭās, *ae*, m. (σταλαγμίας), vitriol naturel [qui tombe goutte à goutte] : Plin. 34, 124.

stălagmĭum, *ii*, n. (σταλάγμιον), pendant d'oreilles : Pl. *Men.* 542.

Stalagmus, *i*, m., nom d'esclave : Pl. *Cap.* 875.

staltĭcus, *a*, um (σταλτικός), astringent : Theod.-Prisc. 2, 86.

stāmĕn, *ĭnis*, n. (cf. *sto*, στήμων ; it. *stame*) ¶ 1 chaîne [du métier vertical des tisserands anciens] : Varr. *L.* 5, 113 ; Ov. *M.* 6, 54 ¶ 2 fil d'une quenouille : Ov. *M.* 4, 34 ; 4, 179 ‖ fil des Parques : Tib. 1, 7, 2 ; 3, 3, 36 ; Ov. *M.* 8, 453 ‖ destinée : Juv. 10, 252 ¶ 3 toute espèce de fils ; fil d'Ariane : Prop. 4, 4, 42 ‖ fil d'araignée : Plin. 11, 80 ‖ fil de filet : Plin. 19, 11 ‖ fibre, filament : Plin. 16, 86 ‖ corde d'instrument : Ov. *M.* 11, 170 ‖ bandelette sacrée : Prop. 4, 9, 52 ‖ Sil. 2, 25 ‖ tissu, vêtement : Claud. *Eutr.* 1, 304 ‖ [fig.] destin fatal, mort : Paul.-Nol. *Carm.* 24, 163.

stămĭnārĭa, *ae*, f., fileuse : Laber. d. Gell. 16, 7, 4.

stămĭnātus, *a*, um (de στάμνος), contenu dans une cruche : **staminatas (potiones) duxi** Petr. 41, 12, j'ai vidé force cruchons.

stămĭnĕus, *a*, um (*stamen* ; fr. *étamine*), garni de fil : Prop. 3, 6, 26 ‖ filamenteux [en parl. du bois] : Plin. 16, 226.

stannātĭo, *ōnis*, f., étamage, alliage pour étamer : Hier. *Amos* 3, 7, 7.

stannātūra, *ae*, f., crépi : Hier. *Amos* 3, 7, 7.

stannātus, *a*, um (*stannum*), étamé : Antid. Brux. 17.

stannĕus, *a*, um (*stannum*), d'étain : Col. 12, 42, 1 ; Plin. 30, 38.

stannum, *v.* stagnum.

stans, *tis*, part. de sto.

stantārĭus, *a*, um (*stans*, de *sto*), stationnaire : Jul.-Val. 3, 22.

stăphis ăgrĭa, et abs[t], **stăphis**, *ĭdis*, f. (σταφίς), staphisaigre, herbe aux poux : Plin. 23, 17 ; Pall. 1, 27, 2.

Stăphyla, *ae*, f. (Σταφύλη), nom de femme : Pl. *Aul.* 269.

stăphylē, *ēs*, f. (σταφυλή), bryone à fleurs blanches : Plin. 23, 21.

stăphylīnŏs (-ŭs), *i*, m. (σταφυλῖνος), carotte [plante] : Plin. 19, 88.

stăphylŏdendron, *i*, n. (σταφυλόδενδρον), staphylier [arbre] : Plin. 16, 69.

stăphylōma, *ătis*, n. (σταφύλωμα), staphylome [maladie des yeux] : Veg. *Mul.* 2, 19.

Stăphylus, *i*, m. (Στάφυλος), fils de Bacchus et d'Ariane : Plin. 7, 199.

Stăsĕās, *ae*, m. (Στασέας), philosophe péripatéticien de Naples : Cic. *de Or.* 1, 104 ; *Fin.* 5, 8.

stăsĭmŏn (-mum), *i*, n. (στάσιμον), morceau que le chœur chantait sans changer de place : Mar. Vict. *Gram.* 6, 76, 28.

Stăsĭmus, *i*, m., nom d'esclave : Pl. *Trin.* 404.

Stāta māter, f., Vesta [déesse] : Cic. *Leg.* 2, 28 ; Fest. 416, 25.

Stătānum vīnum, n., vin d'un terroir de Campanie : Plin. 14, 65 ; 23, 36.

Stătānus, Stătŭlīnus, *i*, m., dieu qui présidait aux premiers pas de l'enfance : Varr. d. Non. 532, 24 ; Aug. *Civ.* 4, 21.

stătārĭus, *a*, um (*sto*) ¶ 1 qui reste en place : **statarius miles** Liv. 9, 19, 8, soldat qui combat en ligne, en gardant son rang, cf. Liv. 22, 18, 3 ¶ 2 [fig.] **statarius orator** Cic. *Brut.* 239, orateur posé, dont l'action oratoire est calme ; **stătārĭa (comoedia)** Ter. *Haut.* 36, comédie d'un genre calme, avec peu d'action ; **stătārĭi**, *ōrum*, m. pl., acteurs d'une stataria : Cic. *Brut.* 116.

Statellae, Statelli, *v.* Statiellae, -i.

stătēr, *ēris*, m. (στατήρ) ¶ 1 statère, poids : Cod. Th. 12, 7, 1 ¶ 2 statère, monnaie juive de 4 drachmes : Hier. *Matth.* 3, 17, 26 ; Vulg. 1 *Reg.* 9, 8.

stătēra, *ae*, f. (στατήρ ; it. *stadera*) ¶ 1 statère, balance romaine : Cic. *de Or.* 2, 159 ; Varr. *Men.* 419 ; Vitr. 10, 3, 4 ‖ [fig.] valeur, prix d'une chose : Plin. 12, 127 ¶ 2 joug : Stat. *S.* 4, 3, 35 ‖ sorte de plat : Nep. d. Plin. 33, 146.

Stătĭānus, *i*, m., nom d'homme : Vell. 2, 82, 2.

stătĭcē, *ēs*, f. (στατική), sorte de plante astringente (**statice armeria**), gazon d'Olympe : Plin. 26, 51.

stătĭcŭlum, *i*, n. (dim. de *statua*), statuette, figurine : Plin. 34, 163 ‖ idole : Tert. *Scorp.* 2, 6.

stătĭcŭlus, *i*, m., danse sur place, danse noble : Pl. *Pers.* 824.

Statiellae (Statellae), *ārum*, f. pl., ville de Ligurie Atlas XII, C1 : Plin. 31, 4 ‖ **-lās, ātis**, adj., de Statielles : Liv. 42, 7, 3 ‖ **-lātes, ĭum**, m. pl., Liv. 42, 8 ; 42, 21 et **-lenses, ĭum**, m. pl., Brut. *Fam.* 11, 11, 2, habitants de Statielles ‖ **-li, ōrum**, m. pl., Plin. 3, 47 ; Liv. 42, 21, 5.

Stătīlĭa, *ae*, f., Statilia Messalina [femme de Néron] : Suet. *Ner.* 35.

Stătīlīnus, *v.* Statulinus, *v.* Statanus.

Stătīlĭus, *ĭi*, m., nom de famille romaine ; not[t] L. Statilius, complice de Catilina : Cic. *Cat.* 3, 6 ‖ nom d'un augure : Cic. *Att.* 12, 13.

stătim, adv. (*sto*) ¶ 1 de pied ferme, sur place, sans reculer : Pl. *Amp.* 276 ; Enn. d. Non. 393, 14 ‖ d'une façon stable, constamment : Ter. *Phorm.* 790, cf. Don. et Non. 393, 16 ¶ 2 sur-le-champ, aussitôt : Cic. *Tusc.* 1, 18 ; *Or.* 200 ; Caes. *G.* 1, 53, 7 ‖ **statim ut** Cic. *de Or.* 2, 313 [ou] **ut... statim** Cic. *Att.* 12, 18, 1 ; **statim... simul ac** Cic. *Att.* 15, 12, 1, aussitôt que ‖ [noter] **statim quod** Cic. *Q.* 1, 2, 12, aussitôt que [v. Gaffiot *Subj.* p. 7] ‖ **statim atque** et **statim quam** Dig. 1, 16, 1 ; 1, 16, 2, aussitôt que ‖ **statim** [seul] Vop. *Car.* 9, 4, aussitôt que ‖ **statim post civilia bella** Suet. *Aug.* 83, aussitôt après la guerre civile ; **statim a prima luce** Col. 11, 1, 17, dès le début du jour, cf. Plin. 16, 41 ; 18, 80 ‖ [log.] **non statim** Tac. *D.* 18, il ne s'ensuit pas que.

Stătīna, *ae*, f., déesse qui présidait aux premiers pas de l'enfance : Tert. *Anim.* 39, 2.

Stătīnae, *ārum*, f. pl., source dans l'île de Pithécuse : Stat. *S.* 3, 5, 104.

stătĭo, *ōnis*, f. (*sto* ; it. *stagione*) ¶ 1 position permanente, état d'immobilité : **in statione manere** Lucr. 4, 396, rester immobile ; **stationem facere** Plin. 2, 77, s'arrêter [en parl. d'astres] ‖ [fig.] règle, principe : Vitr. 1, 2, 5 ¶ 2 station, lieu de séjournement, résidence : **Athenis statio mea nunc placet** Cic. *Att.* 6, 9, 5, maintenant je me plais à rester à Athènes ; **sedes apibus statioque petenda** Virg. *G.* 4, 8, il faut choisir pour les abeilles un lieu de séjour et d'habitation ; **statio gratissima mergis** Virg. *En.* 5, 128, lieu où les plongeons aiment particulièrement à se poser ; **stationes** Plin. *Ep.* 1, 13, 2, les lieux de stationnement, cf. Plin. *Ep.* 2, 9, 5 ; Suet. *Ner.* 37 ; **stationes** Gell. 13, 13, 1, cercles, réunions, cf. Juv. 11, 4 ‖ [poét.] emplacement, place, position : **comas in statione ponere** Ov. *Am.* 1, 7, 68, mettre les cheveux en place ¶ 3 station navale, mouillage, rade : Caes. *C.* 3, 6 ; 3, 8 ; Liv. 10, 2, 6 ; 28, 6, 9 ; Virg. *En.* 2, 23 ¶ 4 poste militaire : **statio et praesidium** Caes. *G.* 6, 42, 1, le poste assigné et l'emplacement à défendre ; **in statione esse** Caes. *G.* 4, 32, 1, être de garde ; **cohors in statione** Caes. *G.* 6, 37, 3, cohorte de garde, cf. Caes. *G.* 38, 3 ; **in stationem succedere** Caes. *G.* 4, 32, 2,

statio

prendre son tour de garde, remplacer la garde ; **statione relicta** VIRG. *En.* 9, 222, ayant quitté son poste ∥ [fig.] *de statione vitæ decedere* CIC. *CM* 73, quitter le poste de la vie ¶**5** les hommes de garde, poste, garde, sentinelles, détachement : ***stationes dispositas habere*** CÆS. *G.* 5, 16, 4, tenir des postes échelonnés, cf. CÆS. *G.* 7, 69, 7 ; ***stationes Romanæ insederant vias*** LIV. 27, 18, 20, des détachements romains gardaient les routes ; ***ad stationem in porta segniter agentem vigilias perveniunt*** LIV. 10, 32, 7, ils arrivent près du poste qui montait la garde avec négligence à la porte du camp ¶**6** poste, bureau d'un fonctionnaire dans les provinces : COD. TH. 12, 6, 19 ∥ relais de poste : CIL 14, 4120, 3 ∥ factorerie : IG 14, 830, 10 ∥ réunion des chrétiens priant debout, station : TERT. *Or.* 29, 3 ¶**7** [chrét.] le fait de persévérer, état définitif : AMBR. *Psalm.* 1, 20 ¶**8** arrêt, cessation : HIER. *Jovin.* 2, 15∥ fin du jeûne : CASSIAN. *Inst.* 5, 20 ¶**9** lieu où se tiennent les chrétiens, réunion des chrétiens, synaxe : TERT. *Ux.* 2, 4, 4 ¶**10** jeûne [en parlant du Carême] : CASSIAN. *Coll.* 21, 29, 2.

stătĭōnālis, e (*statio*), stationnaire, fixe : PLIN. 2, 60.

stătĭōnārĭus, a, um (*statio*) ¶**1** 🔸 *stationalis* : ISID. *Nat.* 22, 3 ¶**2** qui est de garde : SUET. *Aug.* 32 ∥ policier : AUG. *Psalm.* 93, 9 ; DIG. 11, 4, 4 ¶**3** subst. m., maître de poste : COD. TH. 8, 5, 1.

stătĭōrŏn, i, n., carline [plante] : PS. APUL. *Herb.* 25.

Stătĭus, ĭi, m. ¶**1** Cæcilius Statius [poète comique] : CIC. *Opt.* 2 ; *Att.* 7, 3, 10 ¶**2** Stace [auteur des Silves, de la Thébaïde] : JUV. 7, 83 ¶**3** un proconsul : CIC. *Phil.* 11, 39 ; CÆS. *C.* 3, 15 ¶**4** un esclave de Cicéron : CIC. *Att.* 5, 2, 1 ¶**5** prénom osque : CIC. *Clu.* 9 [abrév. STA.].

stătīva, ōrum, n. pl. (*sto*) ¶**1** campement fixe, campement, quartiers : LIV. 1, 57, 4 ; 29, 34, 3 ; TAC. H. 1, 66 ¶**2** lieu de séjour, station [d'un voyageur] : PLIN. 6, 103.

stătīvæ, ārum, f. pl., lieux où l'on séjourne : LAMPR. *Alex.* 45, 2.

stătīvus, a, um (*sto*), qui reste en place, qui séjourne, stationnaire : VARR. d. NON. 217, 2 ; ***præsidium stativum*** CIC. *Phil.* 12, 24, poste militaire, cf. LIV. 41, 1, 6 ; 44, 40, 6 ; ***stativa castra*** CIC. *Verr.* 5, 29 ; CÆS. *C.* 3, 30 ; 🔸 *stativa*.

Statōnes, um, m. pl., habitants de Statonia [Étrurie] : PLIN. 3, 52 ∥ **Statōnĭensis**, e, de Statonia : PLIN. 2, 209 ∥ *in Statoniensi* VARR. *R.* 3, 12, 1, sur le territoire de Statonia, habitant de Statonia [Étrurie] ; PLIN. 3, 52 ∥ **-enses**, ĭum, m. pl.

1 **Stătŏr**, ōris, m. (*sisto*), surnom de Jupiter [qui arrête les fuyards] : CIC. *Cat.* 1, 11 ; LIV. 1, 12, 6 ; OV. *F.* 6, 793.

2 **stătŏr**, ōris, m. (*sto*) ¶**1** esclave public qui faisait l'office de planton, ordonnance, planton : CIC. *Fam.* 2, 19, 2 ; PLANC. *Fam.* 10, 21, 2 ¶**2** appariteur d'un juge [fig.] [en parlant du Christ] : PS. HIL. *Ev.* 38 ¶**3** aide de camp : VL. *Exod.* 15, 4 d. RUFIN. *Orig. Exod.* 6, 3 ¶**4** soldat de la garde impériale : DIG. 4, 6, 10.

Stătōrĭus, ĭi, m., nom d'homme : LIV. 24, 48.

stătŭa, æ, f. (*statuo*), statue : CIC. *Pis.* 5, 41 ; *Phil.* 5, 41 ; *Verr.* 2, 87 ; 4, 86 ; ***statuam ponere*** CIC. *Att.* 6, 17 ; ***statuere*** CIC. *Sest.* 83, placer, dresser une statue ; [fig.] HOR. *Ep.* 2, 2, 83 ∥ colonne : VOP. *Aur.* 37 ; 2.

stătŭārĭa ars, **stătŭārĭa**, æ, f., la statuaire : PLIN. 34, 33 ; 35, 156 ; 36, 15.

stătŭārĭus, ĭi, m. (*statua*), statuaire, sculpteur : SEN. *Ep.* 88, 18 ; QUINT. 2, 21, 1.

stătŭlībĕr, ĕri, m., **stătŭlībĕra**, æ, f., qui doit être affranchi, affranchie par testament : DIG. 48, 7, 1 ; 30, 1, 81, 8, cf. FEST. 414, 32.

Stătŭlīnus, 🔸 *Statanus*.

Statumæ, ārum, f. pl., ville de Narbonnaise, chez les Arécomices : CIL 12, 3362.

stătūmārĭa, æ, f., renouée [plante] : PS. APUL. *Herb.* 18.

stătūmĕn, ĭnis, n. (*statuo*) ¶**1** échalas : COL. 4, 2, 1 ; 4, 16, 3 ¶**2** varangue [marine] : CÆS. *C.* 1, 54, 2 ¶**3** fondement (fondation) en pierres : VITR. 7, 1, 1 ¶**4** première couche, base [d'une fabrication] : PLIN. 13, 79.

stătūmĭnātĭo, ōnis, f. (*statumino*), action d'établir une fondation : VITR. 7 ; 1, 3.

stătūmĭno, ās, āre, -, - (*statumen*), tr., étayer, soutenir, échalasser : PLIN. 18, 47 ∥ faire une fondation : VITR. 7, 1, 3.

stătuncŭlum, i, n. (dim. de *statua*), statuette, figurine : PETR. 50, 6 ; *DON. Gram.* 4, 376, 9.

stătŭō, ĭs, ĕre, ŭī, ūtum (*status*), tr. ¶**1** *a)* établir, poser, placer, mettre dans une position déterminée : ***statuite hic lectulos*** PL. *Pers.* 759, placez ici les lits ; ***statue signum*** LIV. 5, 55, 1, plante l'enseigne ; ***tigna statuere*** CÆS. *G.* 4, 17, placer des pilotis ; ***crateres statuere*** VIRG. *En.* 1, 724, mettre des cratères sur la table ; ***captivos in medio*** LIV. 21, 42, 1, placer les captifs au milieu, cf. LIV. 28, 33, 12 ; 39, 49, 11 ; ***bovem ante aram*** VIRG. *En.* 1, 45, 6, placer une génisse devant l'autel, cf. VIRG. *En.* 9, 627 ; ***aliquem ante oculos*** CIC. *de Or.* 1, 245, placer, mettre qqn devant les yeux *b)* élever, ériger, dresser, mettre debout : ***tabernacula, statuam*** CÆS. *C.* 1, 81, 2 ; CIC. *Phil.* 5, 41, dresser des tentes, une statue ; ***tropæum*** CIC. *Inv.* 2, 69, élever un trophée ; ***statuitur Lollius in illo convivio*** CIC. *Verr.* 3, 61, en maintenant debout mon Lollius dans ce banquet∥ ***statuar tumulo*** TAC. *D.* 13, je serai dressé (ma statue se dressera) sur tombeau, cf. OV. *H.* 2, 67 ∥ ***urbem quam statuo vestra est*** VIRG. *En.* 1, 573, la ville que je fonde est à vous, cf. VIRG. *En.* 4, 655 ; PROP. 3, 11, 21 ¶**2** [fig.] établir : ***exemplum in aliquo*** CIC. *Verr.* 2, 111, instituer un exemple dans la personne de qqn ; ***exemplum in aliquem*** CIC. *Verr.* 3, 210, faire un exemple de qqn ; ***documentum statuere*** LIV. 24, 45, 5, faire un exemple ; ***omnium rerum jura*** CIC. *Cæcin.* 34, établir des lois pour tout ; ***aliquem arbitrum alicujus rei*** CIC. *Att.* 15, 1 A, 2, faire qqn arbitre d'une chose ¶**3** décider, fixer, déterminer *a)* ***omnes partes religionis*** CIC. *Rep.* 2, 26, déterminer toutes les parties de la religion ; ***modum alicui rei*** CIC. *Verr.* 5, 163, fixer une limite à qqch. [ou] ***alicujus rei*** CIC. *Sull.* 48 ; ***condicionem, legem alicui*** CIC. *Balb.* 25 ; *Phil.* 10, 12, fixer des conditions, une loi à qqn ; ***diem alicui, alicui rei*** SALL. *C.* 36, 2 ; *J.* 70, 3, assigner un jour [fixer une date] à qqn, à qqch., cf. LIV. 24, 27, 1 ; 35, 35, 15 ; ***statuto tempore*** CURT. 6, 3, 7, à l'époque fixée *b)* [avec interrog. indir.] ***statuere utrum sint an...*** CIC. *Phil.* 2, 30, décider, trancher, s'ils sont ou si, cf. *Mur.* 27 ; *Ac.* 2, 9 ; ***apud animum suum*** LIV. 24, 2, 4, décider dans son esprit..., cf. LIV. 6, 39, 11 ; ***si habes statutum quid... putes*** CIC. *Fam.* 4, 2, 4, si tu as une idée arrêtée sur ce que tu penses... ¶**4** poser en principe, être d'avis, juger, estimer *a)* [avec deux acc.] ***aliquem hostem*** CIC. *Phil.* 11, 3, juger qqn un ennemi, cf. CIC. *Off.* 1, 5 ; *Sest.* 144 ; *Læ.* 38 *b)* [avec prop. inf.] ***statuerant se... numquam esse visuros*** CIC. *Verr.* 5, 95, ils avaient dans l'idée qu'ils ne verraient jamais..., cf. CIC. *Brut.* 143 ; *Phil.* 12, 12 ; *Cæcin.* 39 ; *Planc.* 51 ; ***sic statuo a me... partes esse susceptas*** CIC. *Sest.* 3, mon point de vue est que j'ai assumé le rôle..., cf. CIC. *Fam.* 7, 33 ; ***non statuebas tibi... rationem esse reddendam*** CIC. *Verr.* 2, 28, tu n'estimais pas que tu devais rendre compte..., cf. *Verr.* 5, 103 ; *Sest.* 24 ; ***manendum mihi statuebam*** CIC. *Phil.* 1, 1, je considérais comme mon devoir de rester ; CIC. *Clu.* 16 ; *Fam.* 5, 2, 1 ; CÆS. *G.* 1, 11, 6 ; ***statuit exspectandam classem*** CÆS. *G.* 3, 14, 1, il estima qu'il fallait attendre la flotte *c)* ***ut ego mihi statuo*** CIC. *Mur.* 32, comme je m'en forme l'idée ; ***ut Manilius statuebat*** CIC. *Cæcin.* 69, comme c'était l'avis de Manilius ¶**5** décider, arrêter, résoudre *a)* [avec inf.] ***statuit jus non dicere*** CIC. *Prov.* 10, 1, il décida de ne pas rendre la justice, cf. CIC. *Mil.* 24 ; *Lig.* 21 ; *Off.* 1, 4 ; ***sic habuisti statutum cum animo... rejicere*** CIC. *Verr.* 3, 95, tu as eu le parti pris de récuser... *b)* [avec ut, ne] ***statuunt ut... mittantur*** CÆS. *G.* 7, 21, 2, ils décident que soient envoyés, cf. CIC. *Verr.* 3, 38 ; *Off.* 3, 48 ; ***statuitur, ne... sit Creta provincia*** CIC. *Phil.* 2, 97, on décide que la Crète ne sera plus province *c)* décider, décréter, statuer : ***aliquid gravius in aliquem*** CIC. *Verr.* 4, 19, prendre une mesure particulièrement sévère contre qqn ; ***aliquid de aliquo*** SALL. *C.* 52, 31, prendre une décision sur qqn [ou absᵗ] ***de aliquo***

statuere Caes. G. 1, 19, 5 ; **pro merito cujusque statuitur** Liv. 8, 14, 1, on statue selon les services de chacun ‖ ***de se statuere*** Tac. An. 6, 29, décider pour soi, se donner la mort ¶ **6** garder, conserver inviolé : Vulg. 1 Macc. 2, 27 ‖ dresser : ***cum statu oris et corporis animum tuum statue*** Cypr. Demetr. 16, élève ton âme à l'aplomb de ton visage et de ton corps.

stătūra, *ae*, f. (*sto*), stature, taille : Cic. Phil. 2, 41 ; Caes. G. 2, 30, 4 ; 6, 21 ‖ hauteur d'une plante : Col. 5, 5, 8.

stătūrōsus, *a*, *um*, gigantesque : Aug. Civ. 15, 23.

stătūrus, *a*, *um*, part. fut. de *sto*.

1 **stătus**, *a*, *um*, part. de *sisto* ‖ adj^t, fixé, fixe, périodique : ***sollemne et statum sacrificium*** Cic. Tusc. 1, 113, sacrifice revenant tous les ans à date fixe ; ***stato tempore*** Plin. 11, 173, à époque fixe.

2 **stătŭs**, *ūs*, m. (*sto*) ¶ **1** action de se tenir, posture, attitude, pose : ***oratoris status erit erectus et celsus*** Cic. Or. 59, l'orateur se tiendra droit, la tête levée ; ***signi*** Cic. Verr. 1, 57, l'attitude d'une statue, cf. Nep. Chabr. 1, 3 ; ***status, incessus, sessio, accubitatio*** Cic. Off. 1, 129, le maintien, la démarche, la manière de s'asseoir, de se tenir à table ; ***motus et status naturae congruentes*** Cic. Fin. 5, 35, manières de se mouvoir et de se tenir conformes à la nature ‖ taille, stature : Stat. S. 1, 6, 58 ; Col. 1, 9, 3 ¶ **2** position du combattant : ***statum alicujus conturbare*** Quadr. d. Gell. 9, 13, 16, bousculer son adversaire ; ***statu hostes movere*** Liv. 30, 18, 4, ébranler l'ennemi ‖ [fig.] ***animum certo de statu demovere*** Cic. Caecin. 42, faire perdre contenance à l'âme ; ***adversarios de statu omni dejicere*** Cic. Or. 129, jeter les adversaires dans le désarroi, leur rendre impossible toute position de combat, cf. Cic. Par. 15 ¶ **3** [fig.] **a)** état, position, situation : ***vitae*** Cic. Att. 10, 4, 1, situation sociale ; ***amplus status*** Cic. Att. 3, 10, 2, situation considérable, haut rang ; ***in eo statu civitas est, ut*** Cic. Sest. 106, la cité est dans un état tel que ; ***rei publicae*** Cic. Fam. 3, 11, 4, l'état des affaires publiques, cf. Cic. Fam. 5, 16, 2 ; Phil. 13, 2 ; ***eo tum statu res erat, ut*** Caes. G. 6, 12, 9, la situation [en Gaule] était alors la suivante ‖ ***statum caeli notare*** Liv. 37, 12, 11, noter l'état du ciel, cf. Lucr. 3, 292 ; Curt. 6, 4, 19 **b)** forme de gouvernement : ***optimatium*** Cic. Rep. 1, 68, le régime de l'aristocratie, gouvernement aristocratique ; ***rei publicae*** Cic. Rep. 1, 68, la forme du gouvernement [ou] ***civitatis*** Cic. Rep. 1, 33 **c)** bon état, stabilité, assiette solide : ***rei publicae statum labefactare*** Cic. Cat. 1, 3, ébranler la constitution de l'État, cf. Cic. Har. 41 ; ***pro statu civitatis nullum vitae discrimen vitare*** Cic. Sen. 20, ne reculer devant aucun danger pour maintenir l'existence de la cité, cf. Cic. Cael. 70 ; Sull. 63 ‖ ***multorum excisi status*** Tac. An. 3, 28, beaucoup de situations furent ruinées ‖ ***status aetatis*** Dig. 31, 1, 79, âge de la majorité [25 ans] **d)** [rhét., = στάσις], position [que prend l'orateur pour repousser l'attaque de l'adversaire] : Cic. Top. 93 ; Part. 102 ; Tusc. 3, 79 ‖ ***status causae*** ou ***status*** seul [➞ *constitutio* Her. 1, 18 ; cf. Cic. Inv. 1, 10], position de la question, point du débat, genre de cause, nature propre de la cause : Quint. 3, 6, 2 **e)** [gram.] mode du verbe : Quint. 1, 5, 41 ; 9, 3, 11 **f)** [droit] condition, statut d'une personne, état juridique : Dig. 1, 5, 21 ; 4, 5, 11 ¶ **4** état, manière d'être, nature, essence : Hier. Ruf. 2, 20.

stătūtĭō, *ōnis*, f. (*statuo*), mise en place [d'une poutre] : Vitr. 10, 2, 10.

stătūtum, *i*, n. (*statutus*), décret, statut : Lact. Inst. 2, 16, 14.

stătūtus, *a*, *um*, part. de *statuo*.

Staures, *um*, m. pl., peuple voisin de la mer Caspienne : Plin. 6, 46.

staurō, *ās*, *āre*, -, - (*instauro*), tr., établir : Fulg. Aet. 7, p. 153, 16 H.

stĕ, [v.] *iste*.

stĕătītis, *ĭdis*, f. (στεατῖτις), stéatite, pierre de lard [pierre précieuse] : Plin. 37, 186.

stĕătōma, *ătis*, n. (στεάτωμα), stéatome, sorte de tumeur : Plin. 25, 82.

stĕfănĭum, [v.] *steph.*-.

stĕga, *ae*, f. (στέγη), pont [de navire], tillac : Pl. Bac. 278 ; St. 413.

Stĕgănŏs, *i*, f. (Στεγανός), île près de Rhodes : Plin. 8, 133.

Stĕganus, *i*, m., un des bras du Nil : Plin. 5, 128.

stegnus, *a*, *um* (στεγνός), qui resserre [les pores] : ***stegnae febres*** [= *constrictae febres*] Plin. 23, 120, fièvres sans transpiration.

stēla, *ae*, f. (στήλη), [archit.] stèle : Plin. 6, 150 ‖ cippe, colonne funéraire : Petr. 62, 4.

Stelendena, *ae*, f., contrée de Syrie, voisine de Palmyre : Plin. 5, 89.

stĕlĕphŭros, *i*, m. (στελεφοῦρος), variété de plantain [plante] : Plin. 21, 201.

stĕlĭo, *ōnis*, m. (*stella*), stellion, sorte de lézard : Plin. 29, 90 ; Virg. G. 4, 243 ‖ [fig.] fourbe [cf. ➞] *versipellis* : Plin. 30, 89 ; Apul. M. 5, 30 ; [v.] *stellio*.

stĕlis, *ĭdis*, f. (στελίς), nom grec du gui : Plin. 16, 245.

1 **stella**, *ae*, f. (*stel-nā*, cf. 2 *latus*, ἀστήρ, al. Stern, an. star ; fr. étoile) ¶ **1** étoile : ***sidera et stellae*** Cic. Rep. 6, 15, les constellations et les étoiles ; ***stellae errantes*** Cic. Nat. 2, 51, planètes ; ***stella comans*** Ov. M. 15, 749, comète ‖ étoile filante : Virg. G. 1, 365 ; En. 2, 694 ; Sen. Nat. 1, 14, 3 ‖ planète : Cic. Arat. 227 ¶ **2** étoile [figurée sur un vêtement] : Suet. Ner. 25 ¶ **3** ver luisant : Plin. 18, 251 ‖ étoile de mer (zoophyte) : Plin. 9, 183 ¶ **4** [métaph.] œil : Claud. Carm. min. 27 (Phoen.), 37 ¶ **5** astérisque [pour signaler un passage ajouté] : Hier. Ep. 106, 7.

2 **stella**, [cf.] *stela* [qqs mss].

3 **Stella**, *ae*, m., L. Arruntius Stella [poète sous Trajan] : Mart. 1, 7 ; 1, 44.

stellans, *tis*, part. de *stello* (cf. *stellatus*) ‖ adj^t, garni (parsemé) d'étoiles : Lucr. 4, 212 ; Virg. En. 7, 210 ‖ étincelant : Ov. M. 1, 723 ‖ [fig.] ***frons stellans*** Mart. 2, 29, 9, front constellé, qui est comme couvert d'étoiles.

1 **stellāris**, *e* (*stella*), d'étoile, d'astre : Macr. Somn. 1, 14, 19.

2 **stellāris**, *is*, f. (s.-ent. *ars*), astrologie : Tert. Pall. 6, 2.

Stellātīna trĭbŭs, f., tribu Stellatina : Liv. 6, 5, 8, cf. Fest. 464, 14.

Stellātis (Stellās) campus (ăgĕr), m., canton de Campanie : Cic. Agr. 1, 20 ; Liv. 10, 31, 5.

stellātūra, *ae*, f. (*stella*, cf. *stellionatus*), profit illicite [des fournisseurs militaires] : Lampr. Sev. 15, 5 ; Cod. Th. 7, 4, 28, 1.

stellātus, *a*, *um* (*stella*) ¶ **1** étoilé, parsemé d'étoiles : Cic. Tusc. 5, 8 ; Val.-Flac. 2, 42 ¶ **2** [fig.] aux cent yeux [Argus] : Ov. M. 1, 664 ‖ étincelant : Virg. En. 4, 261.

stellĭfĕr, *ĕra*, *ĕrum* (*stella*, *fero*), étoilé : Cic. Rep. 6, 18.

stellĭgĕr, *ĕra*, *ĕrum* (*stella*, *gero*), qui porte des astres, étoilé : Cic. Arat. 482 ; Stat. Th. 12, 565.

stellĭmĭcans, *tis* (*stella*, *mico*), brillant d'étoiles : Varr. Men. 92.

1 **stellĭo**, [v.] *stelio*.

2 **Stellĭo**, *ōnis*, m., surnom romain : Liv. 39, 23, 2.

stellĭōnātŏr, *ōris*, m. (*stellio*), un fourbe, un imposteur : *Gloss. 2, 337, 4.

stellĭōnātŭs, *ūs*, m. (*stellio*), stellionat, sorte d'escroquerie [droit] : Ulp. Dig. 40, 7, 9.

stellō, *ās*, *āre*, -, *ātum* (*stella*) ¶ **1** tr., semer d'étoiles : Plin. 37, 100 ; Capel. 2, 118 ¶ **2** intr., [v.] *stellans*.

stello, [v.] *stellio* : Ps. Caper 7, 107, 2.

stellŭla, *ae*, f. (dim. de *stella*), astérisque : Hier. Ep. 112, 19.

stellŭmĭcans, [v.] *stellimicans*.

stēlŏgrăphia, *ae*, f. (στηλογραφία), inscription sur une colonne : Hil. Psalm. 55, 1.

stemma, *ătis*, n. (στέμμα) ¶ **1** guirlande [en gén.] : Firm. Math. 3, 7, 2 ¶ **2** guirlande qui reliait entre eux les noms des ancêtres : Sen. Ben. 3, 28, 2 ; Plin. 35, 6 ‖ [d'où] arbre généalogique, tableau généalogique : Sen. Ep. 44, 1 ; Suet. Ner. 37 ; Galb. 2 ; Pers. 3, 28 ; Juv. 8, 1 ‖ [fig.] = antique origine : Mart. 8, 6, 3 ¶ **3** figure, symbole : Prud. Cath. 12, 180.

Stena

Stĕna, ōrum, n. pl. (Στενά), nom d'un défilé : Liv. 32, 5.

Stenācum (Stanāgum), i, n., ville du Norique : Anton. 249.

Stĕnae, f., plusieurs îles de la mer Rouge : Plin. 6, 169.

Stenĭus, V. Sthenius.

stĕnŏcŏrĭāsis, is, f. (στενοκορίασις), sténocoriase, rétrécissement de la prunelle [chez les chevaux] : Veg. Mul. 2, 16, 1.

stentīnae, ārum, f. pl. (*intestinae* ; v. esp. *estentina*), intestins : Chir. 703.

stentīnum, i, n., C. intestinum : Chir. 212 ; V. stentinae.

Stentŏr, ŏris, m. (Στέντωρ), Stentor [héros de l'Iliade dont la voix, selon Homère, était aussi puissante que celle de 50 hommes criant à la fois] : Juv. 13, 112 ; **Stentoris portus** Plin. 4, 43, port aux bouches de l'Hèbre ‖ **-rĕus**, a, um, de Stentor : Arn. 2, 97.

Stĕphăna, ae, f., nom de femme : CIL 6, 29665.

Stĕphănē, ēs, f. (Στεφάνη) ¶ 1 ancien nom de Samos : Plin. 5, 135 ¶ 2 ancien nom de Préneste : Plin. 3, 64 ¶ 3 montagne de Phthiotide : Plin. 4, 29.

Stĕphănēplŏcŏs, i, f. (Στεφανηπλόκος), qui tresse une couronne (Glycère) [titre d'un tableau de Pausias] : Plin. 21, 4 ; 35, 125.

Stĕphănĭa, ae, f., Stéphanie, nom de femme : Ps. Prisc. Acc. 3, 521, 36.

Stĕphănĭo, ōnis, m., nom d'homme : Plin. 7, 159.

Stĕphănītēs, ae, m., Col. 3, 2, 7 et **-nītis**, ĭdis, f. (στεφανίτης, στεφανῖτις), sorte de vigne : Plin. 14, 42.

1 stĕphănĭum, ĭi, n., petite couronne : Cosmogr. 84.

2 Stĕphănĭum, ĭi, nom d'une servante : Pl. St. 651 ‖ **Stĕphăniscĭdĭum**, ĭi, n. (dim.), ma petite Stephanium : Pl. St. 740.

stĕphănŏmēlis, is, f. (grec), ansérine ? [plante] : Plin. 26, 136.

Stĕphănŏpōlis, is, f. (στεφανόπωλις), Marchande de couronnes [tableau de Pausias] V. Stephaneplocos : Plin. 35, 125.

Stĕphănŏs Ălexandri, m. (στέφανος), daphné lauréole [plante] : Plin. 15, 132.

stĕphănŏs Ăphrŏdītēs, C. sisymbrium : Ps. Apul. Herb. 105.

Stĕphănus (Stĕf-), i, m. (Στέφανος), nom d'un statuaire : Plin. 36, 33 ‖ saint Étienne, premier martyr : Prud. Ditt. 177.

Stĕphănūsa, ae, f. (Στεφανοῦσα), la Tresseuse de couronnes [titre d'une statue de Praxitèle] : Plin. 34, 70.

stercēia, ae, f. (*stercus*), bonne d'enfant [torcheuse] : Tert. Val. 8, 5.

Stercĕnĭus, ĭi, m., C. Sterculius : Serv. En. 11, 850.

stercĕr-, C. stercor-.

Stercēs, is, C. Sterculius : Aug. Civ. 18, 15.

stercĭlīnum, i, n., C. sterculinum : Cat. Agr. 2, 3 ; 5, 8 ; 39, 1.

stercŏrārĭus, (stercĕ-, Cat. Agr. 10, 3), a, um (*stercus*), qui concerne le fumier ou les excréments : Cat. Agr. 11, 4 ; Varr. R. 1, 22, 3 ; **porta stercoraria** Fest. 466, 35, la porte au fumier.

stercŏrātĭo, ōnis, f. (*stercoro*), action de fumer ; fumage des terres : Varr. R. 2, 2, 12 ; Plin. 18, 192.

stercŏrātus, a, um (*stercus*), fumé ‖ **-issimus** Col. 11, 2, 85.

stercŏrĕus, a, um (*stercus*), excrémentiel : Arn.-J. *Psalm.* 77 ‖ [fig.] immonde [injure] : Pl. Mil. 90.

stercŏris, gén. de *stercus*.

stercŏrō, (stercĕ-, Cat. Agr. 50), ās, āre, āvī, ātum (*stercus* ; esp. *estercolar*), tr. ¶ 1 fumer [les terres] : Cic. CM 54 ¶ 2 vider, curer : Dig. 7, 1, 15 ; **stercorata colluvies** Col. 1, 6, 54, vidange.

stercŏrōsus, a, um (*stercus*), bien fumé : Col. 11, 3, 43 ‖ fangeux, vaseux, sale : Col. 8, 3, 8 ‖ **-issimus** Cat. Agr. 46.

Stercŭlĭa, ae, f., surnom de femme : CIL 8, 19640.

stercŭlīnum, i, n. (*stercus*), tas de fumier, fosse à fumier : Cat. Agr. 2, 3 ; **e sterculino effosse** [voc.] Pl. Cas. 114, déterré d'un tas de fumier ! ‖ [fig.] ordure ! fumier ! [injure] : Pl. Pers. 406 ; Ter. Phorm. 526.

Stercŭlĭus, ĭi, m. (*stercus*), surnom de Saturne [inventeur de la fumure] : Macr. Sat. 1, 7, 25.

Stercŭlus, i, m., dieu de la fumure : Tert. Apol. 25, 3 ; Prud. Perist. 2, 449.

stercŭs, ŏris, n. (cf. *muscerda, strundius*, σκώρ ; it. *sterco*), excrément, fiente, fumier : Cic. Div. 1, 57 ; Cat. ; Varr. ; Col. ‖ [injure] fumier !, ordure ! : Cic. de Or. 3, 164 ‖ **ferri** Scrib. 188, mâchefer.

Stercūtus, i, m., C. Sterculus : Plin. 17, 50.
▶ f. l. pour *Sterculus* ?

stĕrĕlȳtis, V. scirerytis : Plin. 33, 108.

stĕrĕŏbăta (-ēs), ae, m. (στερεοβάτης), [archit.] stéréobate, soubassement : Vitr. 3, 4, 1.

Stereses, um, f. pl., ville de Belgique : Plin. 3, 14.

stĕrēsĭus, a, um (στέρησις), dépourvu de : Isid. 11, 3, 8.

stergēthrŏn, i, n. (στέργηθρον), joubarbe [plante] : Plin. 25, 160 ; Ps. Apul. Herb. 123.

Stergūsa, ae, f., nom de femme : CIL 6, 16758.

Stĕrĭa, ae, f. (Στειρία), ville de l'Attique : Plin. 4, 24.

stĕrigmŏs, i, m. (στηριγμός), station d'une planète [astron.] : Apul. Mund. 16.

stĕrĭlescō, ĭs, ĕre, -, - (*sterilis*), intr., devenir stérile : Plin. 8, 45 ; 8, 200 ; 17, 63 ‖ [fig.] s'évanouir, devenir vain : Dirae 9.

stĕrĭlĭcŭla, ae, f. (dim. de *sterilis*), vulve d'une jeune truie : Petr. 35, 3.

stĕrĭlis, e, adj. (cf. στεῖρα, scr. *stari-s*) ¶ 1 inféconde, stérile : Virg. G. 2, 70 ; En. 3, 141 ; 6, 251 ; Hor. P. 65 ‖ [poét.] qui rend stérile : Hor. O. 3, 23, 6 ; Plin. 17, 157 ‖ [avec gén.] **sterilis baccarum** Plin. 15, 130, sans fruits, cf. Plin. 33, 119 ; [avec abl.] Lucr. 2, 845 ¶ 2 [fig.] qui ne rapporte rien **a)** **sterilis epistula** Plin. Ep. 5, 2, 2, lettre que n'accompagne aucun cadeau **b)** **Februarius sterilis erit** Cic. Q. 2, 10, 2, Février sera sans résultat ; **pax** Tac. An. 1, 17, paix stérile ; **amor** Ov. M. 1, 496, amour vain, non payé de retour ‖ [avec gén.] **virtutum sterile saeculum** Tac. H. 1, 3, siècle stérile en vertus ; [avec abl.] Plin. Pan. 56, 2.
▶ n. pl. sterila Lucr. 2, 845 d'une forme *sterilus*, a, um ; abl. *sterile* au lieu de *sterili* Apic. 253 ‖ sterilior Varr. R. 3, 9, 6.

stĕrĭlĭtās, ātis, f. (*sterilis*) ¶ 1 stérilité, infécondité : Cic. Div. 1, 131 ; Agr. 2, 70 ; Plin. 28, 97 ‖ **caelestis** Plin. 18, 290, température qui cause la stérilité ¶ 2 [fig.] impuissance, néant : Plin. 15, 121 ¶ 3 famine, disette : Vulg. Gen. 26, 1 ‖ manque : Hier. Ezech. 1, 4, 9.

stĕrĭlĭter, adv., sans rien produire : Aug. Serm. 31, 3, 4.

stĕrĭlus, a, um, V. sterilis ▶.

sternax, ācis, adj. (*sterno*), qui terrasse, qui renverse [son cavalier] : Virg. En. 12, 364 ‖ qui se prosterne : Sidon. Ep. 5, 14, 3.

sternō, ĭs, ĕre, strāvī, strātum (*stramen, strages*, cf. *stella, struo*, στόρνυμι, scr. *strṇāti, strṇoti*, al. *streuen*, an. *strew*), tr.

I étendre sur le sol ¶ 1 répandre, étendre : **vellus in solo** Ov. F. 4, 954, étendre une peau sur le sol ; **virgas** Ov. M. 4, 743, étendre des branches sur le sol ; **stratis in herbis** Ov. M. 7, 254, sur un lit d'herbes ; **strata jacent passim sua quaeque sub arbore poma** Virg. B. 7, 54, les fruits gisent répandus çà et là chacun sous l'arbre qui les a produits ‖ **fessi sternunt corpora** Liv. 27, 47, 9, fatigués ils étendent leur corps à terre ; **se somno** Virg. E. 4, 432, s'étendre pour dormir [ou] **sterni** Virg. En. 3, 509 ; [surtout au part. *stratus, a, um*] **humi strati** Cic. de Or. 3, 22, étendus à terre ; **stratus ad pedes alicui** Cic. Att. 10, 4, 3, prosterné aux pieds de qqn ‖ **insulae sternuntur...** Plin. 4, 101, les îles s'étendent...
¶ 2 abattre sur le sol, terrasser, renverser : **proximos** Liv. 5, 47, 5, renverser les plus proches ; **stratis ariete muris** Liv. 1, 29, 2, les murs étant abattus par le bélier, cf. Ov. M. 12, 550 ; **aliquem caede**

VIRG. *En.* 10, 119; *leto* VIRG. *En.* 8, 566; *morte* VIRG. *En.* 11, 796, étendre mort qqn, abattre d'un coup mortel, faire mordre à qqn la poussière; *sternite omnia ferro* LIV. 24, 38, 7, que votre fer abatte tout, cf. HOR. *S.* 2, 3, 202 ‖ [fig.] *afflictos se et stratos esse fatentur* CIC. *Tusc.* 3, 72, ils reconnaissent qu'ils ont été abattus et terrassés; *mortalia corda stravit pavor* VIRG. *G.* 1, 331, la frayeur a abattu le cœur des mortels ¶ 3 aplanir, niveler: *aequora* VIRG. *En.* 5, 763, aplanir les flots, cf. VIRG. *B.* 9, 57; OV. *M.* 11, 501; PLIN. 2, 125 ‖ *viam* LUCR. 3, 1030, faire une route unie, cf. QUINT. 2, 13, 16 ‖ [fig.] calmer, apaiser: TAC. *H.* 1, 58
II recouvrir, joncher ¶ 1 *pelliculis haedinis lectulos Punicanos* CIC. *Mur.* 75, couvrir des lits carthaginois [bancs de bois] de misérables peaux de bouc; *in lecto strato pulcherrimo textili stragulo* CIC. *Tusc.* 5, 61, sur un lit recouvert d'un tapis tissé de toute beauté, cf. LUCR. 5, 1417 ‖ *lectum, triclinium sternere* CIC. *Clu.* 14; *Mur.* 75, dresser un lit [le garnir de tapis], équiper une salle à manger; *jubet sterni sibi* PLIN. *Ep.* 7, 27, 7, il se fait dresser un lit ¶ 2 garnir de pierres, paver: *sternere semitam saxo quadrato* LIV. 10, 23, 12, paver un trottoir de dalles carrées; *vias silice* LIV. 41, 27, 5, paver des rues; *emporium lapide* LIV. 41, 27, 8, daller le marché ‖ [d'où] *sternere* [abst¹], paver: *via strata* LIV. 8, 15, 8, route pavée; *locum sternendum locare* CIC. *Att.* 14, 15, 2, mettre en adjudication le pavage d'un lieu ¶ 3 seller, harnacher des chevaux: LIV. 37, 20, 12 ¶ 4 [en gén.] couvrir, joncher: *argento iter sternere* LUCR. 2, 626, joncher d'argent le chemin; *solum telis* VIRG. *En.* 9, 666, joncher le sol de traits; *aspreta erant strata saxis* LIV. 9, 35, 2, le sol raboteux était jonché de pierres; *terram caesi stravere juvenci* VIRG. *En.* 8, 719, des taureaux égorgés ont recouvert le sol ¶ 5 [métaph.] adresser [ses prières, étant prosterné]: TERT. *Apol.* 43, 2.

▶ pqp. contr. *strarat* MANIL. 1, 774; *strasset* VARR. d. NON. 86, 8.

sternūmentum, *i*, n. (*sternuo*) ¶ 1 éternuement: CIC. *Div.* 2, 84; PLIN. 2, 24 ¶ 2 un sternutatoire: PLIN. 25, 135.

sternŭō, *ĭs, ĕre, nŭī*, - (express., cf. *sterto, strepo,* πτάρνυμαι, bret. *streviañ*) ¶ 1 intr., éternuer: PLIN. 2, 107 ‖ pétiller [lampe]: OV. *H.* 19, 151 ¶ 2 tr., accorder en éternuant: CATUL. 45, 9; PROP. 2, 3, 24.

sternūtāmentum, *i*, n. (*sternuto*), éternuement: SEN. *Ir.* 2, 25, 4.

sternūtātio, *ōnis*, f. (*sternuo*), éternuement: APUL. *M.* 9, 25.

sternūtō, *ās, āre, āvī*, - (fréq. de *sternuo*; fr. *éternuer*), intr., éternuer souvent: PETR. 98, 4; PLIN. 19, 40.

Stĕrŏpē, *ēs*, f. (Στερόπη), fille d'Atlas, aimée de Mars, changée en une des Pléiades: OV. *F.* 4, 172 ‖ l'une des cavales du Soleil: HYG. *Fab.* 143.

Stĕrŏpēs, *ae*, m., un des Cyclopes: VIRG. *En.* 8, 425; OV. *F.* 4, 288 ‖ **-es**, *is*, STAT. *S.* 1, 1, 4.

sterquĭlīnĭum (-num), ▣ *sterculinum*: COL. 7, 5, 8; SEN. *Apoc.* 7, 3.

Stertĭnĭus, *ii*, m. ¶ 1 nom d'un proconsul en Espagne: LIV. 31, 50, 11 ¶ 2 philosophe stoïcien au siècle d'Auguste: HOR. *S.* 2, 3, 33 ‖ **-ĭus**, *a, um*, de Stertinius: HOR. *Ep.* 1, 12, 20.

stertō, *ĭs, ĕre*, -, - (cf. *sternuo*), intr., ronfler ou dormir en ronflant = dormir profondément: CIC. *Att.* 4, 3, 5; *Div.* 2, 129.

▶ parf. *stertui* d'après PRISC. 2, 537, 11.

Stēsĭchŏrĭum mĕtrum, n. (Στησιχόρειον μέτρον), vers de Stésichore: SERV. *Gram.* 4, 462, 20.

Stēsĭchŏrus, *i*, m. (Στησίχορος), Stésichore, poète lyrique de Sicile: CIC. *CM* 23.

stĕti, parf. de *sto* et de *sisto*.

Sthĕnĕboea, *ae*, f., Sthénébée [femme de Proetos, éprise de son beau-fils, Bellérophon]: JUV. 10, 327 ‖ **-boeius**, *a, um*, de Sthénébée: SIDON. *Carm.* 11, 74.

Sthĕnĕlus, *i*, m. (Σθένελος) ¶ 1 fils de Capanée, un des chefs grecs au siège de Troie, compagnon de Diomède: VIRG. *En.* 2, 261; HOR. *O.* 1, 15, 24; 4, 9, 20 ¶ 2 fils de Persée et d'Andromède, père d'Eurysthée: HYG. *Fab.* 244 ¶ 3 roi de Ligurie, père de Cycnus, changé en cygne: OV. *M.* 2, 367 ‖ **-lēïus**, *a, um*, de Sthénélus: OV. *M.* 9, 273; *hostis* OV. *H.* 9, 25, Eurysthée ‖ **-lēïs**, *idis*, f., de Sthénélus: OV. *M.* 12, 581.

Sthĕnĭus, *ii*, m., nom d'homme: CIC. *Verr.* 2, 83.

Sthennis, *ĭdis*, m., statuaire olynthien: PLIN. 34, 90.

Sthĕnō (Sthenno), *ūs*, f. (Σθενώ), une des filles de Phorcys, sœur de Méduse: HYG. *Fab. pr.* 9.

stība, *ae*, f., ▣ *stiva*: ALDH. *Virgin.* 31.

stĭbădĭum, *ii*, n. (στιβάδιον), lit semi-circulaire [de table]: PLIN. *Ep.* 5, 6, 36; SERV. *En.* 1, 698.

stĭbārĭus, *ii*, m. (*stiba*), laboureur: ALDH. *Virgin.* 28.

stĭbi, *is*, n. (στίβι), ▣ *stibium*: CELS. 5, 19, 28; PLIN. 33, 101.

stĭbĭnus, *a, um* (*stibi*), d'antimoine: VULG. *1 Par.* 29, 1.

stĭbĭum, *ii*, n. (στίβι), antimoine: PLIN. 12, 43 ‖ cosmétique noir tiré de l'antimoine, pour teindre les sourcils, les cils: HIER. *Ep.* 54, 7; 108, 15.

Stĭchus, *i*, m. (στίχος), personnage qui donne son nom à une comédie de Plaute: PL. *St.* 371.

Stictē, *ēs*, f. (Στικτή), nom d'une chienne d'Actéon: OV. *M.* 3, 217; HYG. *Fab.* 181.

stĭcŭla, *ae*, f.?, variété de vigne: COL. 3, 2, 27.

stigma, *ătis*, n. (στίγμα) ¶ 1 stigmate, marque faite au fer rouge [châtiment d'esclave]: *stigmata alicui inscribere* SEN. *Ben.* 4, 37, 3; *scribere* QUINT. 7, 4, 14, marquer qqn, cf. SUET. *Cal.* 27; PLIN. 30, 30 ¶ 2 flétrissure, marque d'infamie: SUET. *Caes.* 73; MART. 6, 64, 26; 12, 61, 11 ‖ coupure, balafre: MART. 11, 84, 13 ¶ 3 [chez les Hébreux] incisions sur la peau [en signe de deuil]: VULG. *Lev.* 19, 28.

▶ **stigma**, *ae*, f., PETR. 45, 9; 69, 1.

stigmătĭās, *ae*, m. (στιγματίας), esclave stigmatisé (marqué): CIC. *Off.* 2, 25 ‖ titre d'une comédie de Naevius: VARR. *L.* 7, 107.

stigmō, *ās, āre, āvī*, - (*stigma*), tr., marquer [au fer rouge]: PRUD. *Perist.* 10, 1080.

stigmōsus, *a, um* (*stigma*), marqué [au fer rouge]: PETR. 109, 8; REGUL. d. PLIN. *Ep.* 1, 5, 2.

Stilbo, ▣ *Stilpo*: SEN. *Ep.* 9, 1.

Stilbōn, *ōnis*, m. (Στίλβων), Mercure [planète]: AUS. *Idyl.* 18 (365), 11 ‖ un des chiens d'Actéon: HYG. *Fab.* 181.

Stĭlĭcho, *ōnis*, m., général goth, beau-père et ministre d'Honorius: CLAUD. *Cons. Stil.* 1, 9 ‖ **-ōnĭus**, *a, um*, de Stilichon: CLAUD. *Nupt. Hon.* 177.

stīlĭcĭdĭum, *ii*, n., ▣ *stillicidium*: LUCR. 1, 313.

Stĭlĭo, *ōnis*, m., nom d'un philosophe, maître d'Alexandre Sévère: LAMPR. *Alex.* 3.

stilla, *ae*, f. (cf. *stiria*, στίλη), goutte: CIC. *Fin.* 3, 45; PLIN. 29, 70 ‖ [fig.] une goutte, une petite quantité: MART. 12, 70, 3; AUG. *Ep.* 261, 1.

stillans, *tis*, part. de *stillo*.

stillantĕr, adv. (*stillo*), goutte à goutte: AMBR. *Ep.* 41, 14.

stillārĭum, *ii*, n. (*stilla*), pot-de-vin: *SEN. *Ep.* 97, 2.

stillātīcĭus, *a, um* (*stillo*), qui tombe goutte à goutte: PLIN. 16, 54.

stillātim, adv., goutte à goutte, par gouttes: VARR. *L.* 5, 27.

stillātĭo, *ōnis*, f. (*stillo*), action de tomber goutte à goutte, écoulement lent: HIER. *Mich.* 1, 2, 6.

stillātīvus, *a, um*, ▣ *stillaticius*: PLIN. VAL. 1, 18.

stillātus, *a, um*, part. de *stillo*.

stillĭcĭdĭum, *ii*, n. (*stilla, cado*) ¶ 1 eau qui tombe goutte à goutte: VARR. *L.* 5, 27; LUCR. 1, 313 ‖ écoulement lent, gouttes: PLIN. 30, 66 ‖ [fig.] SEN. *Ep.* 101, 14 ¶ 2 eaux de pluie; eaux du toit, de gouttière: CIC. *de Or.* 1, 173; *Or.* 79; *Top.* 27.

▶ orth. *stilicidium* LUCR. 1, 313 et dans de bons mss.

stillō, *ās, āre, āvī, ātum* (*stilla*), intr. et tr.

stillo

I intr. ¶ **1** tomber goutte à goutte : Varr. *R. 1,* 41, 2 ; Lucr. 4, 1060 ; Tib. 1, 7, 51 ; Ov. *M.* 1, 112 ‖ [fig.] [en parlant des mots d'un discours] Sen. *Ep.* 40, 3 ¶ **2** être dégouttant de : [avec abl.] *saxa guttis manantibus stillant* Lucr. 6, 943, les pierres dégouttent de l'eau qui suinte, cf. Tib. 3, 4, 28 ; Ov. *Am.* 1, 8, 11 ‖ [sans compl.] *umida saxa stillantia* Lucr. 5, 951, des roches humides d'où l'eau filtre ; *stillantem prae se pugionem tulit* Cic. *Phil.* 2, 30, il montra ostensiblement son poignard dégouttant de sang
II tr., faire couler goutte à goutte : Hor. *P.* 429 ; Plin. 20, 40 ‖ pass., **stillatus**, *a, um*, tombé goutte à goutte : Ov. *M.* 2, 364 ; 10, 501 ‖ [fig.] *aliquid in aurem* Juv. 3, 122, instiller, glisser qqch. dans l'oreille.

1 stĭlō, *ās, āre, āvī,* - (*stilus*), intr., pousser une tige : Col. 4, 33, 3.

2 Stĭlo, *ōnis,* m., Aelius Stilo [gram. latin] : Plin. 33, 29.

Stilpo (Stilpon, Stilbo, Stilbon), *ōnis,* m. (Στίλπων), philosophe de Mégare : Cic. *Ac.* 2, 75 ; Sen. *Ep.* 9, 1.

stĭlus (non **stўlus**), *i,* m. (cf. *stimulus, stingo*) ; it. *stelo,* al. *Stiel*), tout objet en forme de tige pointue, ¶ **1** pieu : *stili caeci* B.-Afr. 31, 5, pieux dissimulés ‖ instrument d'agriculture : Col. 11, 3, 53 ‖ tige de plante : Col. 11, 3, 46 ‖ [méc.] pivot, cheville : Vitr. 10, 6, 3 ; 10, 10, 3 ¶ **2** style, poinçon pour écrire : *stilum prendere* Cic. *Brut.* 93, prendre son style, sa plume ; *orationes paene Attico stilo scriptae* Cic. *Brut.* 167, discours qu'on dirait écrits par une plume attique ; [jeu de mots avec instr. d'agriculture : Cic. *de Or.* 2, 96] *stilum vertere in tabulis* Cic. *de Or.* 2, 101, passer le style renversé sur des tablettes [se servir du bout aplati], effacer, cf. Hor. *S.* 1, 10, 72 ¶ **3** [fig.] *a)* travail du poinçon, de la plume, c-à-d. de la composition : *(stilus) est dicendi opifex* Cic. *Fam.* 7, 25, 2, la plume est l'ouvrière de l'expression ; *stilus optimus et praestantissimus dicendi effector ac magister* Cic. *de Or.* 1, 150, la plume est le meilleur et le plus éminent des artisans et maîtres du bien dire, cf. *de Or.* 1, 257 ; 3, 190 ; Quint. 1, 9, 2 ; 10, 7, 4 ; *artifex, ut ita dicam, stilus* Cic. *Brut.* 96, une plume faisant, pour ainsi dire, du travail de maître ; *unus sonus est totius orationis et idem stilus* Cic. *Brut.* 100, tout le discours a le même accent et trahit la même plume *b)* manière, style : Plin. *Ep.* 1, 8, 5 ; 3, 18, 10 ; 7, 9, 7 *c)* œuvre littéraire : Val.-Max. 8, 13, 4 ‖ bulletin de vote : Apul. *M.* 10, 8 ‖ langue : *Graecus stilus* Hier. *Ep.* 3, 4, langue grecque.

Stĭmĭchōn, *ōnis,* m., nom de berger : Virg. *B.* 5, 55.

stimmi, n. (στίμμι), v. *stibium* : Plin. 33, 101.

Stĭmŭla, *ae,* f., nom d'une divinité des Romains : Aug. *Civ.* 4, 11, cf. Ov. *F.* 6, 503.

stĭmŭlātĭo, *ōnis,* f. (*stimulo*), action d'aiguillonner ; [fig.] aiguillon, stimulant : *Tac. *H.* 1, 90, 3 ; Plin. 35, 7.

stĭmŭlātŏr, *ōris,* m. (*stimulo*), celui qui excite, instigateur : Claud. *Ruf.* 2, 501.

stĭmŭlātrix, *īcis,* f., instigatrice : Pl. *Most.* 203.

1 stĭmŭlātus, *a, um,* part. de *stimulo.*

2 stĭmŭlātŭs, abl. *ū,* m., aiguillon : Ps. Cypr. *Jud. incr.* 8.

stĭmŭlĕus, *a, um* (*stimulus*), d'aiguillon : Pl. *Mil.* 511.

stĭmŭlō, *ās, āre, āvī, ātum* (*stimulus*), tr. ¶ **1** piquer de l'aiguillon : Sil. 4, 439 ; Col. 7, 3, 5 ¶ **2** [fig.] *a)* aiguillonner, tourmenter : Cic. *Amer.* 6 ; *Par.* 18 ; *Att.* 9, 15, 2 ; 12, 13, 1 ; Liv. 44, 44, 1 *b)* stimuler, exciter : *aliquem, animum* Liv. 3, 68, 10 ; 1, 22, 2, exciter qqn, l'âme de qqn ; *ad alicujus salutem defendendam stimulari* Cic. *Planc.* 69, être poussé à prendre la défense de qqn, cf. Sall. *C.* 18, 4 ; Liv. 1, 23, 7 ; *in aliquem* Liv. 1, 40, 4, exciter contre qqn, cf. Liv. 21, 11, 3 ; *stimulare aliquem, ut* Cic. *Fam.* 3, 12, 4, exciter qqn à ; *stimulari ne* Tac. *D.* 37, être poussé à éviter de ‖ [poét.] [avec inf.] Virg. *En.* 4, 576 ; Luc. 6, 423 ‖ [abs¹] *stimulante fame* Ov. *Tr.* 1, 6, 9, sous l'aiguillon de la faim, cf. Curt. 5, 11, 7 ; 7, 7, 26.

stĭmŭlōsus, *a, um,* [fig.], qui aiguillonne : Cael.-Aur. *Chron.* 5, 9, 90.

stĭmŭlus, *i,* m. (cf. *stilus,* στίζω) ¶ **1** aiguillon [pour exciter les bêtes] : Tib. 1, 1, 30 ; Ov. *M.* 14, 647 ; *aliquem fodere stimulo* Pl. *Curc.* 130 ; *stimulis* Cic. *Phil.* 2, 86, donner à qqn des coups d'aiguillon [forme de supplice] ¶ **2** [fig.] *a)* tourment, piqûre : Lucr. 3, 1019 ; *stimulos doloris contemnere* Cic. *Tusc.* 2, 66, mépriser l'aiguillon [les atteintes] de la douleur, cf. Cic. *Tusc.* 3, 35 *b)* = stimulant, excitation, encouragement : *animum gloriae stimulis concitare* Cic. *Arch.* 29, exciter l'âme avec l'aiguillon de la gloire, cf. Cic. *Rep.* 1, 3 ; *stimulos admovere alicui* Cic. *Sest.* 12, stimuler qqn ; *defendendi Vatinii fuit etiam ille stimulus...* Cic. *Fam.* 1, 9, 19, pour me faire prendre la défense de Vatinius il y avait encore cet aiguillon...
¶ **3** sorte de chausse-trape : Caes. *G.* 7, 73, 9 ; 7, 82, 1.

stincus, *i,* m. (cf. *scincus*), orchis [plante aphrodisiaque] : Isid. 17, 9, 43.

stingō, *ĭs, ĕre,* -, - (de *distingo,* cf. *instigo,* στίζω, al. *stechen,* an. *stick*), tr., piquer : Gloss. 2, 437, 62.

stinguō, *ĭs, ĕre,* -, - (de *extinguo,* cf. σβέννυμι), tr., éteindre : Lucr. 1, 666 ; 2, 828 ; 4, 1098 ; Cic. d. Prisc. 2, 504, 15.

stīpa, *ae,* f. (cf. *stipo* et *stuppa*), emballage, paille : Fest. 478, 5.

stīpāmĕn, *ĭnis,* n. (*stipo*), affluence : Heges. 2, 6, 3.

stīpātĭo, *ōnis,* f. (*stipo*), affluence autour de qqn, cohue, rassemblement : Varr. *L.* 7, 52 ; Cic. *Sull.* 66 ; Plin. *Ep.* 4, 16, 1 ; [fig.] Quint. 5, 14, 27.

stīpātŏr, *ōris,* m. (*stipo*), celui qui fait cortège, qui escorte : Varr. *L.* 7, 52 ; Cic. *Off.* 2, 25 ; *stipatores corporis* Cic. *Agr.* 2, 32, gardes du corps, satellites.

stīpātrix, *īcis,* f. de *stipator,* Ambr. *Hex.* 5, 16, 53.

stīpātus, *a, um,* part. de *stipo,* adj¹, **stipatissimus** Sidon. *Ep.* 3, 2, 1, très entouré.

stīpendĭālis, *e* (*stipendium*), relatif à un tribut : Sidon. *Ep.* 8, 9, 5, v. 47.

stīpendĭārĭus, *a, um* (*stipendium*) ¶ **1** soumis à un tribut, tributaire, qui paie une contribution en argent : Caes. *G.* 1, 30, 3 ; Liv. 28, 25, 9 ; *vectigal, quod stipendiarium dicitur* Cic. *Verr.* 3, 12, un tribut qu'on appelle la redevance en argent ‖ **stipendiarii**, *ōrum,* m. pl., les tributaires [versant une contribution en argent] : Cic. *Verr.* 4, 134 ; *Prov.* 10 ; *Leg.* 3, 41 ; sg., Liv. 21, 41, 7 ¶ **2** qui est à la solde, stipendié : Liv. 8, 8, 3 ; Tac. *An.* 4, 73.

stīpendĭātus, *a, um,* part. de *stipendior.*

stīpendĭŏr, *āris, ārī, ātus sum* (*stipendium*), intr., toucher une solde : Tert. *Marc.* 3, 13, 3 ‖ *alicui* Plin. 6, 68, être à la solde de qqn.

stīpendĭōsus, *a, um,* depuis longtemps à la solde : Veg. *Mil.* 1, 18.

stīpendĭum, *ĭi,* n. (*stips, pendo*)
I ¶ **1** impôt, tribut, contribution [en argent] : *stipendium pendere* Caes. *G.* 1, 36, 5 ; *capere* Caes. *G.* 1, 44, 2 ; *imponere* Caes. *G.* 7, 54, 4, payer, tirer, imposer une contribution de guerre, cf. Sall. *C.* 20, 7 ; Liv. 33, 42, 4 ; 39, 7, 3 ¶ **2** [poét.] réparation, rançon : Hor. *Epo.* 17, 36 ¶ **3** [pl.] service dans la milice chrétienne, prêtrise : Hil. *Matth.* 5, 1 ‖ secours versés au clergé par l'évêque : Cypr. *Ep.* 41, 2, 1
II solde militaire ¶ **1** solde, paie : *stipendium numerare militibus* Cic. *Pis.* 88, payer la solde aux soldats [ou] *persolvere* Cic. *Att.* 5, 14, 1 ; *stipendio afficere exercitum* Cic. *Balb.* 61, assurer la paie d'une armée ¶ **2** [surt. au pl.] service militaire : *stipendia merere* Cic. *Cael.* 11, faire son service militaire, servir [ou] *facere* Sall. *J.* 63, 3 ; Liv. 3, 27, 1 ; 5, 7, 5 ; *emereri* Liv. 25, 6, 16, achever son temps de service ; v. *emereo, emeritus* ¶ **3** année de solde, campagne : *in singulis stipendiis* Pl. *Ep.* 38, à chaque campagne ; *octavo jam stipendio* Hirt. *G.* 8, 8, 2, étant déjà à la huitième campagne ; *secundo stipendio* Plin. 7, 104, à la seconde campagne ; *tricena, quadragena stipendia* Tac. *An.* 1, 17, trente, quarante années de service ; *milites stipendiis confecti* Cic. *Pomp.* 26, les

soldats accablés d'années de campagne, cf. Liv. 31, 8, 10 ‖ [par ext.] un service [en général] : **rex cui Hercules duodecim stipendia debebat** Just. 2, 4, 18, le roi auquel Hercule devait douze services [douze travaux] ¶ **4** [fig.] **vitae stipendia** Sen. Ep. 93, 4, les obligations de la vie.

stīpĕs, *ĭtis*, m. (*stipo*, cf. *caespes* ; esp. *entibo*) ¶ **1** tronc, souche : Virg. En. 4, 444 ; Tib. 1, 1, 11 ‖ [injure] bûche, = imbécile : Ter. Haut. 877 ; Cic. Pis. 19 ; Sen. 14 ‖ [poét.] arbre : Ov. F. 3, 37 ‖ branche d'arbre : Mart. 13, 19, 2 ; Luc. 9, 820 ¶ **2** pieu : Cæs. G. 7, 73, 3 ‖ bâton : Virg. En. 7, 524 ‖ poteau : Suet. Ner. 29 ‖ instrument de torture [chevalet] : Prud. Perist. 10, 114 ‖ le tronc, le bois [de la croix] : Prud. Perist. 2, 24 ‖ idole de bois : Prud. Cath. 12, 198.

▶ **stīps**, *stīpis*, m., Petr. 43, 5 ‖ *stipes* f., Apul. M. 8, 22.

Stiphelus, ⓥ *Styphelus*.

stīpĭdōsus, *a*, *um* (*stipes*), ligneux : Ps. Apul. Herb. 68.

stīpō, *ās*, *āre*, *āvī*, *ātum* (*stipes*, *stipula*, al. *steif*, an. *stiff*, lit. *stipti*, cf. στείβω ; it. *stipare*, esp. *estivar*), tr. et intr.

I tr. ¶ **1** mettre dru, mettre serré, entasser, [surtout au part. *stipatus*] : **asses stipare** Varr. L. 5, 182, mettre les pièces en pile, cf. Virg. En. 3, 465 ; **Graeci stipati in lectulis** Cic. Pis. 67, les Grecs entassés, serrés les uns contre les autres sur les lits de table, cf. Liv. 26, 39, 13 ; Hor. Ep. 2, 1, 60 ; **apes mella stipant** Virg. G. 4, 164, les abeilles accumulent le miel ; **stipare Platona Menandro** Hor. S. 2, 3, 11, entasser, empiler Platon sur Ménandre ¶ **2** mettre serré autour, entourer de façon compacte : **senatum armatis** Cic. Phil. 3, 31, investir le sénat d'hommes armés ; **Catilina stipatus choro juventutis** Cic. Mur. 49, Catilina entouré d'un chœur de jeunes gens, cf. Cic. Sest. 95 ; Verr. 4, 86 ; Pis. 19 ‖ escorter, faire cortège à : **stipatus gregibus amicorum** Cic. Att. 1, 18, 1, escorté de la troupe de mes amis, cf. Cic. CM 28 ; **magna stipante caterva** Virg. En. 4, 136, un long cortège se pressant autour d'elle, cf. Liv. 42, 39, 2

II intr., se lover, se tapir [serpent] : Tert. Pall. 3, 2 ‖ s'épaissir, se concentrer : Sulp. Sev. Dial. 2, 2 (1), 6.

1 **stips**, *stĭpis*, f. (*stipula* ? *stipo* ?) ¶ **1** petite pièce de monnaie, obole : Varr. L. 5, 182 ; P. Fest. 379, 7 ; Fest. 379, 3 ; **stipem Apollini, quantam commodum esset, conferre** Liv. 25, 12, 14, [il ordonna] d'apporter à Apollon une offrande d'argent proportionnée aux moyens ; **stipem cogere** Cic. Leg. 2, 22, ramasser les offrandes, faire la quête ; **stipem tollere** Cic. Leg. 2, 40, supprimer les quêtes ; **stips aeris abjecti** Sen. Ben. 4, 29, 2, l'aumône d'une misérable monnaie de cuivre ‖ pl. *stipes* Suet. Cal. 42 ¶ **2** [fig.] argent, gain, profit : Plin. 10, 172 ; Quint. 1, 12, 18 ; Curt. 4, 1, 19 ; Ov. F. 4, 350 ‖ cotisation : Tert. Apol. 39, 5 ‖ [pl.] salaire donné au clergé par l'évêque : Cypr. Ep. 65, 3.

▶ nom. *stips* est attesté par Varr. L. 5, 182 ; Char. 109, 27 ‖ [rare] gén. pl. *stipium* Tert. Jejun. 13, 3.

2 **stips**, ⓥ *stipes* ▶.

stīpŭla, *ae*, f. (cf. *stipo*, rus. *steblo* ; it. *stoppia*, fr. *éteule*, al. *Stoppel*), tige des céréales, chaume, paille : Virg. G. 1, 315 ; Plin. 14, 101 ; Varr. L. 7, 109 ‖ [séparée du grain] : Varr. R. 1, 53 ; Ov. F. 3, 185 ; 4, 781 ‖ chalumeau, pipeau : Virg. B. 3, 27 ; Plin. 37, 182 ‖ tige des fèves : Ov. F. 4, 725 ‖ [fig.] **flamma de stipula** Ov. Tr. 5, 8, 20, feu de paille.

stīpŭlātĭo, *ōnis*, f. (*stipulor*), stipulation, obligation verbale [promesse faite solennellement par le débiteur en réponse à l'interrogation posée par le créancier] : Dig. 45, 1, 5, etc. ; Cic. Leg. 2, 53 ; Com. 36 ; Leg. 1, 14 ; Nep. Att. 9, 5.

stīpŭlātĭuncŭla, *ae*, f. (dim. de *stipulatio*), stipulation insignifiante : Cic. de Or. 1, 174.

stīpŭlātŏr, *ōris*, m. (*stipulor*), celui qui se fait faire une promesse solennelle, une obligation : Suet. Vit. 14 ; Dig. 2, 10, 3.

1 **stīpŭlātus**, *a*, *um*, part. de *stipulor*, [sens pass.] ⓥ *stipulor*.

2 **stīpŭlātŭs**, *ūs*, m., stipulation : Dig. 45, 1, 1.

stīpŭlō, *ās*, *āre*, -, -, : Gloss. 2, 306, 49.

stīpŭlor, *āris*, *ārī*, *ātus sum* (*stipula* ? *stipo* ?), tr. ¶ **1** se faire promettre verbalement et solennellement, exiger un engagement formel [par oppos. à *promittere* "s'engager par une promesse verbale"] : Cic. Leg. 2, 53 ; Com. 13 ; Varr. R. 2, 3, 5 ; 2, 5, 11 ; Dig. 45, 1, 4 ¶ **2** promettre par stipulation : Dig. 46, 3, 5 ‖ part., *stipulatus*, à sens pass. : **pecunia est stipulata** Cic. Com. 14, l'argent a été promis par stipulation.

stīpŭlum, *i*, n., ⓒ *stipula* : Gloss. 2, 337, 15.

stīpŭlus, *a*, *um*, ⓔ *firmus* : Inst. Just. 3, 15.

1 **stīrĭa**, *ae*, f. (cf. *stilla*), goutte congelée : Virg. G. 3, 366 ; Plin. 34, 124 ‖ roupie : Mart. 7, 37, 5.

2 **Stiria**, *ae*, f., île à l'ouest de Chypre : Plin. 5, 130.

stīrĭăcus, *a*, *um* (*stiria*), congelé [en parl. d'une goutte] : Solin. 27, 48.

stīrĭcĭdĭum, *ii*, n. (*stiria, cado*), chute de petits glaçons : P. Fest. 465, 7.

Stirnĭdes, *um*, f. pl., îles près de la Crète : Plin. 4, 61.

stirpātŏr, *ōris*, m. (pour *exstirpator*), dissipateur : Bened. Reg. 31, 12.

stirpĕs, *is*, f., ⓥ *stirps* ▶.

stirpescō, *ĭs*, *ĕre*, -, - (*stirps*), intr., pousser des rejetons : Plin. 19, 149.

stirpĕus, *a*, *um* (*stirps*), de souche : Chalc. 31.

stirpis, *is*, f., ⓥ *stirps* ▶.

stirpĭtŭs, adv. (*stirps*), avec les racines : Dig. 47, 7, 3 ‖ [fig.] radicalement : Cic. Tusc. 4, 83.

stirpō, *ās*, *āre*, -, - (pour *exstirpo*), tr., [pr. et fig.] nettoyer [un champ] : Ambr. Luc. 9, 30.

stirps, *stirpis*, f. (? ; it. *sterpo*) ¶ **1** souche, racine : Cic. Or. 147 ; Nat. 2, 83 ; **palmarum stirpibus ali** Cic. Verr. 5, 131, se nourrir de racines de palmiers ¶ **2** [surt. au pl.] plantes : **stirpium naturas persequi** Cic. Fin. 5, 10, traiter de la nature des plantes, cf. Cic. Fin. 5, 33 ; Phil. 2, 55 ‖ rejeton, surgeon : Cat. Agr. 40, 2 ; Col. 3, 5, 4 ; Lucr. 5, 1365 ¶ **3** [fig.] **a)** souche, origine, race, famille, sang : **ignoratio stirpis et generis** Cic. Læ. 70, ignorance de la souche (de l'origine) et de la race, cf. Cic. de Or. 1, 176 ; **Herculis stirpe generatus** Cic. Rep. 2, 24, issu de la race d'Hercule [de la famille des Héraclides], cf. Cic. Leg. 2, 3 ‖ rejeton, lignée, progéniture, descendants : Virg. En. 6, 864 ; Liv. 41, 8, 9 ; 45, 41, 11 ; Tac. An. 2, 37 **b)** racine, origine, principe, source, fondement : **superstitionis stirpes** Cic. Div. 2, 149, les racines de la superstition ; **repetere stirpem juris a natura** Cic. Leg. 1, 20, aller chercher dans la nature les racines, le fondement du droit, cf. Cic. Fin. 4, 5 ; **Carthago ab stirpe interiit** Sall. C. 10, 1, Carthage périt de fond en comble ; **gens ab stirpe exstincta est** Liv. 9, 34, 19, une famille a été complètement anéantie, cf. Liv. 34, 2, 3 ; **stirpem hominum sceleratorum interficere** Cæs. G. 6, 34, 5, exterminer radicalement les scélérats.

▶ m., Enn. ; Pacuv. ; Cat. Agr. 40, 2 ; Virg. G. 2, 379 ; En. 12, 208 ; 12, 770 ‖ nom. *stirpis* Liv. 1, 1, 11 ; 26, 13, 16 et *stirpes* Liv. 41, 8, 11.

stīva, *ae*, f. (cf. *stolo*, στελεά ; esp. *esteva*), manche de charrue : Varr. L. 5, 88 ; **a stiva ipsa homines mecum conloquebantur** Cic. Scaur. 25, les gens s'entretenaient avec moi sans quitter même le manche de leur charrue.

stīvārĭus, ⓥ *stibarius*.

stlāta, ⓥ *stlatta*.

stlātāris, *e*, ⓥ *stlatarius* : Ps. Caper 7, 107, 1.

stlātārĭus (**-ttārius-**), *a*, *um* (*stlata*), apporté par bateau, c.-à-d. cher : Juv. 7, 134 ‖ n. pl., étoffes précieuses : Enn. An. 226.

stlatta, *ae*, f. (2 *latus*), navire marchand, [puis] brigantin : Aus. Epist. 22, 2 (415), 31 ; Fest. 410, 34 ; P. Fest. 411, 12 ; Gell. 10, 25, 5.

stlembus, *a*, *um* (express.), lent, qui va lentement : Lucil. 1109, cf. Fest. 412, 1 ; P. Fest. 413, 1.

stlis

stlīs, *ītis*, f. arch., ▶ *lis* ; d'après Cic. *Or. 156* ; Quint. *1, 4, 16*.

stlŏcus, ▶ *locus* : Quint. *1, 4, 16*.

stlŏppus, *i*, m., ▶ *scloppus*.

stō, *stās*, *stāre*, *stĕtī*, *stătum*, *stătūrus* (cf. *sisto*, ἵστημι, scr. *tiṣṭhati*, lit. *stoti*, rus. *stojat'*, al. *stehen*, an. *stand* ; esp. *estar*), intr.

> **I** se tenir debout ¶ 1 "être debout, se dresser" ¶ 2 "se tenir" **a)** [troupes] **b)** "être à l'ancre" **c)** "se dresser, être hérissé" **d)** [poét.] "reposer sur" **e)** "coûter", *multo, parvo stare* ¶ 3 "être du parti de", *stare ab aliquo* ¶ 4 *per aliquem stat (non stat) quin, quominus* "il dépend (il ne dépend pas) de qqn d'empêcher que".
> **II** se tenir immobile ¶ 1 "être immobile" ¶ 2 [poét.] "s'arrêter" ¶ 3 "stationner".
> **III** se tenir solidement ¶ 1 "tenir bon" [dans le combat], [fig.] *animo stare* "être plein d'assurance" ¶ 2 "subsister" ¶ 3 [fig.] se tenir ferme **a)** "persévérer" **b)** "être fidèle à" [avec abl.] *decreto non stare*, [impers.] "s'en tenir à" [abl.] ¶ 4 "être établi, fixé" **a)** *stat sentential* "la décision est prise" **b)** *alicui stat* avec l'inf. "être résolu à" ¶ 5 "apparaître" ¶ 6 "se tenir" [logiquement].

I se tenir debout, ¶ 1 *stant, non sedent* Pl. *Cap. 1*, ils sont debout, pas assis, cf. Cic. *Div. 1, 104* ; *stetit soleatus in litore* Cic. *Verr. 5, 86*, il se tint debout en sandales sur le rivage ; *frequentissimi steterunt in gradibus Concordiae* Cic. *Phil. 7, 21*, ils se tinrent en foule sur les degrés du temple de la Concorde ; *qui ausi sunt stantes loqui* Cic. *Brut. 269*, qui ont osé parler debout devant le public ; *stare ad januam* Cic. *de Or. 2, 353*, être debout à la porte ; *ad cyathum* Suet. *Caes. 49*, être échanson ‖ *statua, quae Delphis stabat* Cic. *Div. 1, 75*, la statue qui se dressait à Delphes, cf. Cic. *Phil. 9, 4* ; *Verr. 1, 61* ; *stabat acuta silex* Virg. *En. 8, 233*, un roc pointu était debout, cf. Hor. *O. 1, 9, 1* ‖ [fig.] *securus, cadat an recto stet fabula talo* Hor. *Ep. 2, 1, 176*, ne s'inquiétant pas si la pièce tombe ou si elle se tient ferme sur ses talons ¶ 2 se tenir, **a)** [troupes] *ex eo, quo stabant, loco recesserunt* Caes. *G. 5, 43, 6*, ils quittèrent le lieu où ils se tenaient ; *in Asia totius Asiae steterunt vires* Liv. *37, 48, 8*, en Asie les forces de toute l'Asie furent sur pied **b)** se tenir à l'ancre, au mouillage : Liv. *37, 11, 3* ; *37, 16, 5* **c)** se tenir droit, hérissé : *steterunt comae* Virg. *En. 2, 774*, les cheveux se tinrent dressés, cf. Virg. *En. 3, 48* ; Ov. *M. 4, 631* ‖ [avec abl.] *stant pulvere campi* Enn. *An. 608*, les plaines forment une épaisse couche de poussière ; *stat pulvere caelum* Virg. *En. 12, 408*, le ciel est épaisse de poussière ; *stat nive Soracte* Hor. *O. 1, 9, 1*, le Soracte dresse son bloc de neige

d) [poét.] *omnis in Ascanio stat cura parentis* Virg. *En. 1, 646*, toute la sollicitude du père repose sur Ascagne, cf. Val.-Flac. *3, 673* **e)** se tenir à tel, tel prix, coûter : *tibi gratis stat navis* Cic. *Verr. 5, 48*, tu as le navire pour rien ; *centum talentis alicui stare* Liv. *34, 50, 6*, coûter cent talents à qqn ; *haud parvo* Virg. *En. 10, 494*, coûter cher ; *multo sanguine ac vulneribus ea Poenis victoria stetit* Liv. *23, 30, 2*, cette victoire coûta aux Carthaginois beaucoup de sang et de blessures, ne fut obtenue qu'au prix de... ¶ 3 être du parti de qqn : *cum aliquo* Cic. *Inv. 2, 142*, être aux côtés de qqn, être avec, pour qqn, cf. Nep. *Ages. 5, 4* ; Liv. *26, 21, 17* [ou *pro aliquo, pro aliqua re* Liv. *2, 12, 14* ; *23, 8, 3* ; *45, 22, 10* [ou surtout] *ab aliquo, ab aliqua re* Cic. *Inv. 1, 81* ; *1, 4* ; *2, 128* ; *ab aliquo contra aliquem* Cic. *Brut. 2, 273*, soutenir le parti de qqn contre qqn ; *unde jus stabat, ei victoriam dedit* Liv. *21, 10, 9*, à celui qui avait pour lui le droit, il a donné la victoire ¶ 4 *per aliquem stat quominus*, il dépend de qqn d'empêcher que : Caes. *C. 1, 41, 3* ; *2, 13, 4* ; Liv. *44, 14, 12* [avec *ne* Liv. *3, 61, 2* ; *45, 23, 6*] ‖ *per aliquem non stat quin*, il ne dépend pas de qqn que... : Liv. *2, 31, 11*, [avec *quominus* Liv. *6, 33, 2* ; *8, 2, 2*] ‖ *per ignorantiam stetit, ut tibi saepius obligarer* Plin. *Ep. 10, 6, 2*, mon ignorance a permis que je sois plusieurs fois ton obligé.

II se tenir immobile ¶ 1 *moveri videntur ea quae stant* Cic. *Div. 2, 120*, des objets immobiles paraissent se mouvoir, cf. Cic. *Ac. 2, 123* ; *stantibus aquis* Ov. *M. 4, 732*, les flots étant calmes ; *stant ora metu* Val.-Flac. *4, 639*, son visage est figé de crainte ‖ *diu pugna neutro inclinata stetit* Liv. *27, 2, 6*, longtemps le combat se soutint sans pencher ni d'un côté ni de l'autre, cf. Liv. *8, 38, 10* ; *29, 2, 15* ¶ 2 [poét.] demeurer immobile, s'arrêter : *hasta stetit toro* Ov. *M. 5, 34*, le javelot s'arrêta dans le lit, cf. Ov. *M. 5, 132* ; *8, 145* ¶ 3 stationner, séjourner : Cic. *Pis. 13* ; *Cat. 2, 5* ; *Phil. 2, 8*.

III se tenir solidement, ferme ¶ 1 [dans le combat] tenir bon, faire bonne contenance : Cic. *Tusc. 2, 54* ; Caes. *C. 1, 47, 2* ; Liv. *22, 60, 5* ; [fig.] Cic. *Fam. 1, 4, 1* ‖ se maintenir, ne pas s'effondrer : *ut praeter spem stare muros viderunt* Liv. *38, 5, 4*, quand ils virent que contre toute attente les murailles restaient debout, cf. Cic. *Off. 2, 29* ‖ [fig.] *stamus animis* Cic. *Att. 5, 18, 2*, je suis plein d'assurance, de confiance ; *stas animo ?* Hor. *S. 2, 3, 213*, es-tu dans ton assiette, dans ton bon sens ? ¶ 2 se tenir debout, subsister : *stat Asia Luculli institutis servandis* Cic. *Ac. 2, 3*, l'Asie subsiste en respectant les institutions de Lucullus, cf. Cic. *Lae. 23* ; *Flac. 69* ; *Rep. 2, 24* ; *Cael. 1* ; *Cat. 2, 21* ¶ 3 [fig.] se tenir ferme, persévérer **a)** *stare oportet in eo quod sit judicatum* Cic. *Fin. 1, 47*, il faut s'en tenir à ce qu'on a jugé, cf. Cic. *Att. 2, 4, 1* ; *Rab. perd. 28* ; Liv.

44, 9 **b)** [surtout avec abl.] se tenir fermement à, être fidèle à : *promissis, conventis* Cic. *Off. 1, 32* ; *3, 96*, être fidèle aux promesses, aux engagements ; *decreto non stare* Caes. *G. 6, 13, 6*, ne pas rester soumis à une décision ; [impers.] *si pacto non staretur* Liv. *9, 5, 5*, si l'on n'était pas fidèle à l'engagement, cf. Liv. *21, 19, 4* ‖ se tenir à, s'en tenir à : *alicujus judicio* Cic. *Tusc. 2, 63*, se tenir à l'avis de qqn, cf. Cic. *Tusc. 5, 81* ; *Att. 8, 4, 1* ; *Clu. 132* ; [impers.] *fama rerum standum est* Liv. *7, 6, 6*, il faut s'en tenir à la tradition ; *eo stabitur consilio* Liv. *7, 35, 2*, on s'en tiendra à cet avis ¶ 4 être établi, arrêté, fixé **a)** *stat sententia* Ter. *Eun. 224*, la décision est prise, cf. Ov. *M. 1, 243* ; *Hannibali sententia stetit pergere...* Liv. *21, 30, 1*, Hannibal prit la décision ferme de continuer... **b)** *mihi stat... desinere* Nep. *Att. 21, 6*, je suis résolu à cesser... ; *modo nobis stet illud, vivere...* Cic. *Fam. 9, 2, 5*, pourvu que ce soit une chose bien arrêtée pour nous de vivre... ; *neque adhuc stabat, quo potissimum* Cic. *Att. 3, 14, 2*, je n'ai pas encore décidé où je me porterai de préférence [s.-ent. *nos converteremus*] ¶ 5 se montrer, paraître : Vulg. *Psal. 106, 25* ¶ 6 se tenir logiquement : Hier. *Psalm. 118, 19*.

▶ *stĕtĕrunt* Virg. *En. 2, 774* ; *3, 48*.

Stŏbi, *ōrum*, m. pl. (Στόβοι), ville de Péonie [au nord de la Macédoine] Atlas I, D5 ; VI, A1 : Liv. *33, 19, 3* ; *39, 53, 15* ; Plin. *4, 34* ‖ **-ensis**, *e*, de Stobi : Dig. *50, 15, 8, 8*.

stobrus, *i*, f., arbre odoriférant : Plin. *12, 79*.

stoebē, *ēs*, f. (στοιβή), plante, la même que *pheos* : Plin. *21, 91* ; *22, 28*.

Stoechădes, *um*, f. pl. (Στοιχάδες), les îles Stéchades [près de Marseille] : Plin. *3, 79*.

stoechăs, *ădis*, f. (στοιχάς), lavande [plante] : Plin. *26, 42*.

Stoeni, *ōrum*, m. pl., capitale des Euganéens [cf. Stenico] : Plin. *3, 134*.

Stōĭcē, adv., à la façon des Stoïciens : Cic. *Mur. 74* ; *Par. 3*.

Stōĭcĭda, *ae*, m., disciple des Stoïciens : Juv. *2, 65*.

Stōĭcus, *a*, *um* (Στωϊκός), des Stoïciens, stoïcien : *Stoicum est* [avec prop. inf.] Cic. *Ac. 2, 85*, c'est un principe des Stoïciens que... ‖ subst. m., un Stoïcien : Cic. *Mur. 61* ‖ **Stōĭca**, *ōrum*, n. pl., la philosophie des Stoïciens : Cic. *Nat. 1, 15*.

Stōĭdes, *is*, f., île de l'océan Indien, riche en perles : Plin. *6, 110* ‖ **Stōĭdis**, Plin. *9, 106*.

1 **stŏla**, *ae*, f. (στολή) ¶ 1 longue robe, stola [pour hommes et femmes] : Enn. *Tr. 285* ; Varr. d. Non. *537, 29* ; Ov. *F. 6, 654* ¶ 2 [en part.] robe des matrones romaines : Cic. *Verr. 4, 74* ; *Phil. 2, 44* ; Hor. *S. 1, 2, 99* ‖ [fig.] femme de haut rang, dame de qualité : Stat. *S. 1, 2, 235* ; Plin. *33, 140* ‖ robe des prêtres d'Isis : Apul. *M. 11, 24* ‖

des joueurs de flûte à la fête de Minerve: Ov. *F. 6, 654* ‖ vêtement [d'apparat]: Vulg. *Luc. 20, 46*.

2 Stŏla, *ae*, m., surnom romain: Cic. *Flac. 46*.

stŏlātus, *a, um* (*stola*), vêtu de la stola: Vitr. *1, 1, 5*; *stolatae* f. pl., Petr. *44, 18*, matrones ‖ *stolatus pudor* Mart. *1, 36, 8*, pudeur de grande dame ‖ *stolatus Ulixes* Calig. d. Suet. *Cal. 23*, Ulysse en jupon.

stŏlĭdē, adv. (*stolidus*), sottement, stupidement: Liv. *25, 19, 2*; Tac. *An. 1, 3* ‖ d'une manière insensée: Plin. *15, 52* ‖ *stolidius* Amm. *19, 5, 2*.

stŏlĭdĭtās, *ātis*, f. (*stolidus*), sottise, stupidité: Gell. *18, 4, 6*; Flor. *3, 3, 12*.

stŏlĭdus, *a, um*, adj. (cf. *stultus*, *stolo*), lourd, grossier, sot, stupide, niais **a)** [pers.] Enn. *An. 105*; *180* (Cic. *Div. 2, 116*); Pl. *Cap. 656*; Ter. *And. 470*; Lucr. *1, 641*; *stolidior* Sall. *H. 4, 1*; *stolidissimus* Liv. *22, 28, 9* **b)** [choses] *nullum est hoc stolidius saxum* Pl. *Mil. 1024*, il n'y a pas de pierre plus stupide que lui; *stolidae vires* Liv. *28, 21, 10*, force brutale; *stolida fiducia* Liv. *34, 46, 8*, confiance aveugle ‖ [fig.] inerte: Cic. *Top. 59*.

1 stŏlo, *ōnis*, m. (cf. *stiva*, στελεά; it. *stolone*), surgeon, rejet, gourmand: Varr. *R. 1, 2, 9*; Plin. *17, 7*; *17, 150*.

2 Stŏlo, *ōnis*, m., surnom dans la gens Licinia: Varr. *R. 1, 2, 9*.

stŏlus, *i*, m. (στόλος; it. *stuolo*), trajet par eau, navigation: Cod. Th. *13, 5, 7* ‖ équipement d'une flotte: Heges. *2, 9*.

stŏmăcăcē, *ēs*, f. (στομακάκη), maladie de la bouche, espèce de scorbut: Plin. *25, 20*.

stŏmăchābundus, *a, um* (*stomachor*), furieux, irrité: Gell. *17, 8, 6*.

stŏmăchantĕr, adv. (*stomachor*), avec colère: Aug. *Beat. 2, 15*.

stŏmăchātĭo, *ōnis*, f., colère: Cassiod. *Psalm. 33, 2*.

stŏmăchātus, *a, um*, part. de *stomachor*.

1 stŏmăchĭcus, *a, um*, adj. (στομαχικός), stomachique: Cael.-Aur. *Chron. 3, 2, 13*.

2 stŏmăchĭcus, *i*, m., celui qui souffre de l'estomac: Sen. *Ep. 24, 14*; Plin. *20, 100*; *24, 123*.

stŏmăchŏr, *āris*, *ārī*, *ātus sum* (*stomachus*), intr. ¶ **1** avoir de l'aigreur = s'irriter, se formaliser, prendre mal les choses: Cic. *Fam. 15, 16, 3*; *Nat. 1, 93*; *jucundissimis tuis litteris stomachatus sum in extremo* Cic. *Fam. 10, 26, 1*, ta lettre pourtant si charmante m'a donné de l'humeur sur la fin ‖ *stomachari cum aliquo* Cic. *de Or. 2, 267*, se chamailler avec qqn ¶ **2** [avec acc. pron. n.] *omnia* Cic. *Att. 14, 21, 3*; *aliquid* Aug. d. Suet. *Tib. 21*, se formaliser de tout, de qqch., cf. Ter. *Eun. 324* ‖ [acc. intér.] Apul. *M. 5, 31*.

stŏmăchōsē, adv. (*stomachosus*), avec humeur: *stomachosius* Cic. *Att. 10, 5, 3*, avec un peu d'humeur.

stŏmăchōsus, *a, um* (*stomachus*), qui a de l'humeur, qui témoigne de l'irritation: Hor. *Ep. 1, 15, 12* ‖ *stomachosiores litterae* Cic. *Fam. 3, 11, 5*, lettre trahissant un peu de mauvaise humeur, cf. Cic. *de Or. 2, 279*; *Brut. 236*.

stŏmăchus, *i*, m. (στόμαχος) ¶ **1** œsophage: Cic. *Nat. 2, 134*; Cels. *4, 1, 6* ¶ **2** estomac: Cic. *Nat. 2, 124*; Plin. *11, 179*; Lucr. *4, 632*, *4, 872*; Hor. *S. 2, 2, 18*; *2, 8, 9* ¶ **3** [fig.] **a)** goût: *ludi non tui stomachi* Cic. *Fam. 7, 1, 2*, jeux qui ne sont pas de ton goût, cf. Plin. *Ep. 1, 24, 3* **b)** *bonus stomachus* Quint. *2, 3, 3*, bonne digestion = bonne humeur, cf. Quint. *6, 3, 93*; Mart. *12 pr.*; *ferre aliquid Ciceronis stomacho* Cic. d. Quint. *6, 3, 112*, supporter qqch. avec la bonne humeur de Cicéron **c)** mauvaise humeur, mécontentement, irritation: *stomachum movere alicui* Cic. *Mur. 28* [ou] *facere* Cic. *Att. 5, 11, 2*; *Fam. 1, 9, 10*, donner de l'humeur à qqn; *alicui esse majori stomacho* Cic. *Att. 5, 1, 4*, donner plus d'humeur à qqn; *epistula plena stomachi* Cic. *Q. 3, 8, 1*, lettre pleine d'aigreur; *erumpere stomachum in aliquem* Cic. *Att. 16, 3, 1*, décharger sa bile sur qqn; *summo cum labore stomachoque erudire aliquem* Cic. *Com. 31*, former qqn au prix des plus grandes peines et des plus grandes contrariétés; *gravis Pelidae stomachus* Hor. *O. 1, 6, 6*, la fâcheuse irritation d'Achille ¶ **4** poitrine: Aug. *Ord. 1, 2, 5*.

stŏmătĭcē, *ēs*, f. (στοματική), remède pour la bouche: Plin. *22, 26*; *23, 108*.

stŏmătĭcus, *a, um*, bon pour la bouche: Cass. Fel. *35*.

stŏmis, *ĭdis*, f. (στομίς), embouchure du joueur de flûte: *Lucil. 511.

stŏmōma, *ătis*, n. (στόμωμα), stomome, fine paillette de fer ou de cuivre: Plin. *34, 108*, [en grec d. Cels. *6, 6, 5*].

stŏrăcĭnus, *a, um*, ➤ *styracinus*: Sulp. Sev. *Dial. 1, 19, 1*.

stŏrax, ➤ *styrax*: Solin. *33, 10*.

storbŏs, *i*, f., sorte de *ladanum* [gomme]: Plin. *12, 74*.

stŏrĕa (-**ĭa**), *ae*, f. (στόρνυμι; it. *stuoia*, esp. *estera*), natte [de jonc ou de corde]: Caes. *C. 2, 9, 5*; Liv. *30, 3, 9* ‖ natte [où se couche le moine en pénitence]: Isid. *Reg. 18, 8*.

1 stŏrĭa, ➤ *storea*.

2 stŏrĭa, *ae*, f., ➤ *historia*: Schol. Juv. *7, 99*.

străba, ➤ *strava*.

Străbax, *ăcis*, m., nom d'esclave: Pl. *Truc. 665*.

1 străbo, *ōnis*, m. (στράβων), louche, affligé de strabisme: Cic. *Nat. 1, 80*; Hor. *S. 1, 3, 44* ‖ [fig.] envieux, jaloux: Varr. *Men. 176*.

2 Străbo, *ōnis*, m. (Στράβων), Strabon, surnom romain: Cic. *Att. 12, 17*; *Ac. 2, 81*; Plin. *11, 150*.

Străbōnilla, *ae*, f., nom de femme: *CIL 9, 4030*.

străbōnus, *a, um*, ➤ *strabus*: Petr. *68, 8*.

străbus, *a, um*, adj. (στραβός; roum. *strîmb*), louche, aux yeux divergents: Varr. *Men. 344*; Non. *27, 2*.

străges, *is*, f. (cf. *sterno*, *stragulus*; esp. *estragar*) ¶ **1** jonchée, monceau: *armorum* Liv. *35, 30, 5*, amas d'armes; *boum hominumque* Liv. *41, 21, 7*, masse de cadavres [de bœufs et d'hommes], cf. Liv. *10, 34, 11*; *26, 6, 2* ‖ *dare stragem satis* Virg. *En. 12, 454*, renverser les moissons; *stragem facere* Liv. *40, 2, 1*, ravager [dévaster]; *complere strage campos* Liv. *7, 24, 5*, remplir les plaines d'une jonchée de cadavres ‖ débris, ruines: *muri* Liv. *32, 17, 10*, décombres d'un mur écroulé, cf. Tac. *H. 1, 86*; *aedificiorum et hominum* Tac. *An. 1, 76*, un amoncellement de ruines et de cadavres ¶ **2** massacre, carnage: *stragem ciere* Virg. *En. 6, 829*; *strages facere* Cic. *Phil. 3, 31* [ou] *edere* Cic. *Leg. 3, 22*, provoquer un carnage, faire, exercer des ravages.

străgŭla, *ae*, f. (*stragulus*), couverture: Apul. *M. 2, 21* ‖ linceul: Petr. *78, 1* ‖ housse: Dig. *34, 2, 25, 3*.

străgŭlāta vestis, f., couverture: Vulg. *Prov. 31, 22*.

străgŭlum, *i*, n. (*sterno*), tapis, couverture: Varr. *L. 5, 167*; Sen. *Ep. 87, 2* ‖ couverture de lit: Cic. *Tusc. 5, 61*; Plin. *8, 226* ‖ linceul: Suet. *Ner. 50*; Petr. *42, 6* ‖ housse: Mart. *14, 86, 1* ‖ litière [couche pour la ponte des œufs]: Plin. *10, 100*.

străgŭlus, *a, um* (*sterno*), qu'on étend: *stragula vestis* Cic. *Amer. 133*, tapis, couverture, [d'où] *stragula*, ➤ *stragula*, *stragulum*.

strāmĕn, *ĭnis*, n. (*sterno*; it. *strame*), ce qu'on étend à terre, lit de paille, d'herbe, de feuillage, litière: Virg. *En. 11, 67*; Ov. *M. 5, 447*; pl., Ov. *M. 8, 701*; *F. 3, 184*.

strāmentārĭus, *a, um*, relatif au chaume, à la paille [faucille]: Cat. *Agr. 10, 3*.

strāmentĭcĭus, *a, um*, couvert de chaume: B.-Hisp. *16, 2* ‖ Petr. *63, 8*, fait de paille.

strāmentŏr, *āris*, *ārī*, -, intr., fourrager: Hyg. *Fab. 14*.

strāmentum, *i*, n. (*stramen*; it. *stramento*) ¶ **1** ce qu'on répand sur le sol, [surtout] paille, chaume, litière [pl.]: Cat. *Agr. 5, 7*; Pl. *Truc. 278*; Hor. *S. 2, 3, 117*; Plin. *18, 79* ‖ *desecta cum stramento seges* Liv. *2, 5, 3*, les épis moissonnés avec la paille; *casae stramentis tectae*

stramentum

Caes. G. 5, 43, 1, baraques couvertes de chaume ¶ 2 couverture, housse, bât : Caes. G. 7, 45, 2 ; Apul. M. 7, 21.

strāmĭnĕus, *a, um* (stramen ; it. stramigno), fait de paille, couvert de chaume : Prop. 2, 16, 20 ; Ov. Am. 2, 9, 18.

strangĭās, *ae*, m. (στραγγίας), sorte de blé grec : Plin. 18, 64.

strangŭlābĭlis, *e* (strangulo), qui peut être étouffé : Tert. Anim. 32, 6.

strangŭlātĭo, *ōnis*, f. (strangulo), étranglement, resserrement, rétrécissement : Plin. 23, 59 ; 24, 21.

strangŭlātŏr, *ōris*, m., **-trix**, *īcis*, f., celui, celle qui étrangle : Spart. Sept. 14, 1 ; Prud. Perist. 10, 1103.

1 **strangŭlātus**, *a, um*, part. de *strangulo*.

2 **strangŭlātŭs**, *ūs*, m., ▣▶ *strangulatio* : Plin. 20, 197.

strangŭlō, *ās, āre, āvī, ātum* (στραγγαλάω ; fr. étrangler), tr. ¶ 1 étrangler : Cic. Fam. 9, 22, 4 ; Tac. An. 6, 25 ; Plin. Ep. 2, 11, 8 ‖ suffoquer, étouffer : Plin. 20, 63 ; Quint. 11, 3, 20 ; *strangulari* Cels. 2, 1, 23, être étouffé ‖ *sata* Quint. 8, pr. 23, étouffer les moissons ¶ 2 [fig.] *strangulat dolor* Ov. Tr. 5, 1, 63, la douleur suffoque.

strangūrĭa, *ae*, f. (στραγγουρία), strangurie, rétention d'urine : Cic. Tusc. 2, 45 ; Plin. 27, 99.

strangūrĭōsus, *a, um*, qui souffre de strangurie : M.-Emp. 26, 66.

Strāŏr, *ŏris*, m., rivière d'Hyrcanie : Plin. 6, 46.

Strapellīni, *ōrum*, m. pl., peuple de l'Italie du Sud : Plin. 3, 105.

strārat, strasset, ▣▶ *sterno* ▶.

strāta, *ae*, f. (s.-ent. *via, sterno* ; it. *strada*, a. fr. *estrée*, al. *Strasse*, an. *street*), chemin pavé, grande route : Eutr. 9, 15 ; Aug. Serm. 9, 21 ; ▣▶ *stratum*.

strătēgēma, *ătis*, n. (στρατήγημα), stratagème, ruse de guerre : Flor. 1, 13, 6 ‖ [en gén.] stratagème, ruse : Cic. Att. 5, 2, 2 ‖ abl. pl. *-tis* Val.-Max. 7, 4.

strătēgēmătĭca, *ōn*, n. pl., ▣▶ *strategemata*, titre de l'ouvrage de Frontin : Frontin. Strat. tit., [en grec].

strătēgēum (**-gīum**), *i*, n. (στρατηγεῖον), tente du général : Cassiod. Eccl. 2, 18 ; Obseq. 116.

strătēgĭa, *ae*, f. (στρατηγία), stratégie, préfecture militaire : Plin. 4, 40 ; 6, 27.

strătēgĭca, *ōn*, n. pl. (στρατηγικός), stratégie, opérations militaires : Frontin. Strat. 4, pr., [en grec].

strătēgus, *i*, m. (στρατηγός), général d'armée : Pl. Curc. 265 ‖ [fig.] président [d'un banquet] : Pl. St. 697 ‖ officier de la police du grand prêtre : Gaud. Serm. 12, p. 929 B.

Strătĭē, *ēs*, f., ville d'Arcadie : Stat. Th. 4, 286.

Strătĭī, *ōrum*, m., habitants de Stratos [en Étolie] : Liv. 43, 22, 7.

strătĭo, *ōnis*, f. (sterno), préparatifs d'un banquet : CIL 14, 2112, 2, 16.

strătĭōtes, *ae*, m. (στρατιώτης), nom d'une plante aquatique : Plin. 24, 169.

strătĭōtĭcē, *ēs*, f., ▣▶ *myriophyllon* : Ps. Apul. Herb. 88.

strătĭōtĭcus, *a, um* (στρατιωτικός), militaire, de soldat : Pl. Mil. 1359 ; Ps. 603 ; *stratioticus homo* Pl. Ps. 918, homme de guerre ‖ subst. n., sorte de collyre : Scrib. 33.

Strătĭōtōn, *i*, n., île de la mer Azanienne : Plin. 6, 173.

Strătippoclēs, *is*, m., nom de jeune homme : Pl. Ep. 34.

Strătĭus, *ĭi*, m., médecin du roi Eumène : Liv. 45, 19, 8.

Strătŏ (**-tōn**), *ōnis*, m. (Στράτων) ¶ 1 philosophe péripatéticien de Lampsaque : Cic. Ac. 1, 34 ¶ 2 esclave médecin : Cic. Clu. 176 ¶ 3 *Stratonis turris* Plin. 5, 69, Césarée [ville de Palestine].

Stratoburgus, *i*, m., ▣▶ *Argentoratum* [auj. Strasbourg] : Greg.-Tur. Hist. 9, 36.

Strătŏclēa (**-līa**), *ae*, f. (Στρατόκλεια), ville du Bosphore Cimmérien : Plin. 6, 18.

Strătŏclēs, *is*, m. (Στρατοκλῆς), nom d'un comédien célèbre : Quint. 11, 3, 178 ; Juv. 3, 99.

▶ [autre gén. *-cletis* Char. 132, 10].

Strătŏclīa, ▣ ▶ *Stratoclea*.

Strătōn, ▣ ▶ *Strato*.

Strătŏnĭcē, *ēs*, f. (Στρατονίκη) ¶ 1 fille de Démétrius Poliorcète et femme de Séleucus Nicator : Plin. 35, 139 ¶ 2 ville de Mésopotamie : Plin. 6, 118.

Strătŏnĭcēa, *ae*, f. (Στρατονίκεια), Stratonicée [ville de Carie] Atlas VI, C4 : Liv. 33, 18, 7 ; Plin. 5, 109.

Strătŏnĭcensis, *e*, de Stratonicée : Liv. 33, 18, 4 ‖ subst. m. pl., habitants de Stratonicée : Tac. An. 3, 62.

Strătŏnĭcēum, *i*, n., nom d'un temple dédié à Vénus Stratonicis : Vitr. 5, 9, 1.

Strătŏnĭcēus, *ĕi* ou *ĕos*, adj. m., originaire de Stratonicée [en Carie] : Cic. Brut. 315 ; Ac. 2, 16.

Strătŏnĭcis, *ĭdis*, f. (Στρατονικίς), surnom de Vénus à Smyrne : Tac. An. 3, 63.

Strătŏnĭcus, *i*, m. (Στρατόνικος) ¶ 1 nom d'homme : Pl. Ru. 932 ¶ 2 nom d'un sculpteur grec : Plin. 34, 84.

Strătŏnĭdās, *ae*, m. (Στρατωνίδης), nom grec : Liv. 33, 28, 10.

strătŏpĕdum (**-ŏn**), *i*, n., camp : Obseq. 116.

Strătŏphănēs, *is*, m., nom de personnage comique : Pl. Truc. 500.

strātŏr, *ōris*, m. (sterno) ¶ 1 écuyer : Amm. 29, 3, 5 ¶ 2 celui qui dispose, qui range : Vulg. Jer. 48, 12 ¶ 3 geôlier : Cod. Just. 9, 4, 1.

strātōrĭum, *ĭi*, n. (stratorius), lit de repos : Vulg. 2 Reg. 17, 28.

strātōrĭus, *a, um* (sterno), qui sert à couvrir : Paul. Sent. 3, 6, 67.

Stratos (**-tus**), *i*, f. (Στράτος), ville d'Acarnanie : Liv. 36, 11 ; Plin. 4, 5.

strātum, *i*, n. (sterno ; esp. *estrado*), **strāta**, *ōrum*, n. pl. ¶ 1 couverture de lit : Lucr. 4, 849 ; Ov. M. 5, 34 ; Suet. Cal. 51 ¶ 2 lit, couche : Virg. En. 3, 513 ; 8, 415 ; Nep. Ages. 8 ; Liv. 21, 4, 7 ; pl., Ov. H. 10, 54 ; Am. 1, 2, 2 ¶ 3 housse, selle, bât : Ov. M. 8, 33 ; Liv. 7, 14, 7 ; Sen. Ep. 80, 9 ; [prov.] *qui asinum non potest, stratum caedit* Petr. 45, 8, quand on ne peut taper sur l'âne, on frappe le bât ¶ 4 pavage : *strata viarum saxea* Lucr. 1, 315, le pavage en pierre des routes, cf. Lucr. 4, 415 ¶ 5 plate-forme [dans une machine de siège] : Vitr. 10, 13, 6.

strātūra, *ae*, f. (sterno) ¶ 1 pavement : Suet. Cl. 24 ¶ 2 couche de fumier : Pall. 12, 7, 11.

1 **strātus**, *a, um*, part. de *sterno*.

2 **strātŭs**, *ūs*, m. ¶ 1 action d'étendre, de répandre : Varr. R. 1, 50, 3 ¶ 2 couverture, tapis : Dig. 50, 16, 45 ; Gell. 15, 8, 2.

străva (**-ba**), *ae*, f. (germ., cf. *struo*), trophée formé des armures prises à l'ennemi : Jord. Get. 258 ; Placid. Stat. Th. 12, 62 ‖ ▣▶ *tumulus, sepulcrum* : Gloss. 5, 516, 9.

strāvī, parf. de *sterno*.

strĕbŭla căro, f., Arn. 7, 24, **strĕbŭla**, *ōrum*, n. pl. (στρεβλός), chair des cuisses des victimes : Pl. d. Fest. 410, 33 ‖ **strĭbŭla**, Varr. L. 7, 67.

strēna, *ae*, f. (strenuus ; fr. étrennes) ¶ 1 pronostic, présage, signe : Pl. St. 461 ; *bona strena* Pl. St. 673, bon présage ¶ 2 présent qu'on fait un jour de fête pour servir de bon présage, étrenne : Suet. Aug. 57 ; Cal. 42 ; Fest. 410, 21.

Strēnĭa, *ae*, f., déesse qui présidait à la bonne santé : Varr. L. 5, 47 ; Aug. Civ. 4, 16.

Strēnĭōn, *ōnis*, m., nom d'homme : CIL 14, 250.

1 **strēnŭa**, *ae*, f., ▣▶ *strena* : CIL 6, 10234, 8.

2 **Strēnŭa**, ▣▶ *Strenia* : Symm. Ep. 10, 15, 1.

strēnŭē, adv. (strenuus), vivement, diligemment, activement : Her. 3, 24 ; Cic. Q. 2, 4, 2 ; Fam. 14, 5, 1 ‖ *strenuissime* Veg. Mil. 1, 17.

strēnŭĭtās, *ātis*, f. (strenuus), activité, diligence, entrain : Varr. L. 8, 15 ; Ov. M. 9, 320 ‖ zèle : Aug. Ep. 263, 2.

strēnuus, *a, um*, adj. (*strena*) ¶1 diligent, actif, agissant, vif, empressé : Cat. Agr. pr. 3 ; Sall. C. 51, 16 ; 61, 7 ; Liv. 8, 28, 8 ; *si minus fortis, at tamen strenuus* Cic. Phil. 2, 78, sinon brave, du moins actif, cf. Cic. Phil. 8, 11 ∥ [avec gén.] *militiae* Tac. H. 3, 43, soldat actif ¶2 remuant, turbulent : Tac. H. 1, 52 ¶3 [choses] *praehibere rei publicae operam fortem atque strenuam* Cat. d. Gell. 3, 7, 19, offrir à l'État son concours énergique et actif ; *strenua facie* Pl. Ru. 314, avec une figure décidée ; *strenua inertia* Hor. Ep. 1, 11, 28, agitation stérile ∥ *strenuior* Lucil. 532 ; Pl. Ep. 447 ; *-uissimus* Cat. Agr. pr. 4 ; Sall. C. 61, 7.

strĕpĭti, gén., V. *strepitus* ▶.

strĕpĭtō, *ās, āre, -, -* (fréq. de *strepo*), intr., faire grand bruit : Virg. G. 1, 413 ; Tib. 2, 2, 17 ∥ retentir : Val.-Flac. 4, 288.

strĕpĭtŭs, *ūs*, m. (*strepo*) ¶1 bruit, vacarme, tumulte [foule] : Caes. G. 2, 11, 1 ; 6, 7, 8 ; Cic. Att. 12, 48, 1 ; Brut. 317 ∥ manifestations bruyantes [approbation ou blâme] : Cic. Verr. prim. 45 ; Agr. 3, 2 ∥ pl., Liv. 5, 47, 3 ; 39, 15, 9 ¶2 [bruits divers] : *fluminum* Cic. Leg. 1, 21, murmure des eaux courantes ; *rotarum* Caes. G. 4, 33, fracas des roues ∥ craquement, grincement des portes : Tib. 1, 8, 60 ; Hor. O. 3, 10, 5 ∥ pet : Petr. 117, 13 ∥ [poét.] son de la lyre : Hor. Ep. 1, 2, 31 ; O. 4, 3, 18.
▶ gén. *strepiti* Enn. d. Non. 490, 8.

strĕpō, *ĭs, ĕre, pŭī, pĭtum* (express., cf. *sterto, sternuo*), intr. et tr. ¶1 intr. **a)** faire du bruit [toute sorte de bruits] : *cum Achivi coepissent inter se strepere* Cic. poet. Div. 1, 29, les Grecs s'étant mis à murmurer entre eux ; *strepere vocibus truculentis* Tac. An. 1, 25, faire du vacarme en poussant des cris menaçants ; *apes strepunt* Plin. 11, 26, les abeilles bourdonnent ∥ *fluvii strepunt* Hor. O. 4, 12, 13, les fleuves grondent ; *litui* Hor. O. 2, 1, 18, les clairons sonnent ∥ *sententia Messalini strepebat* Tac. Agr. 45, les arrêts de Messalinus retentissaient, cf. Liv. 2, 45, 5 **b)** résonner, retentir : *strepit murmure campus* Virg. En. 6, 709, la plaine résonne de leur bourdonnement ; *aures strepunt clamoribus* Liv. 22, 14, 8, les oreilles retentissent des clameurs ; *urbs strepebat apparatu belli* Liv. 26, 51, 8, la ville retentissait des préparatifs de la guerre ∥ [fig.] *equorum gloria strepere* Plin. 8, 156, faire grand bruit de la gloire de ses chevaux ¶2 tr., remplir de bruit, faire retentir : Aur. d. Front. Caes. 3, 10, 2, p. 48 N ∥ faire entendre : Juvc. 4, 579 ∥ annoncer par ses cris : Ps. Hier. Ep. 36, 2.

strepsĭcĕrōs, *ōtis*, m. f. (στρεψικέρως), sorte d'antilope (qui a les cornes recourbées) : Plin. 8, 214.

streptis ūva, f. (στρεπτός), variété de vigne : Plin. 14, 39.

strĭa, *ae*, f. (cf. *stringo* ; it. *stria*), sillon : Varr. R. 1, 29, 3 ∥ cannelure : Vitr. 3, 5, 14 ; Plin. 22, 92.

strĭātūra, *ae*, f. (*stria*), striure, cannelure : Vitr. 4, 3, 9.

strĭātus, *a, um*, part. de *strio*.

strĭbĭlīgo et **strĭblīgo**, *ĭnis*, f. (cf. *stribula*, στρεβλός), solécisme : Gell. 5, 20, 1 ; Arn. 1, 59.

strĭblīta, V. *scriblita*.

strĭbŭla, V. *strebula*.

strīcōsus, V. *strigosus* ▶.

strictē, adv. (*strictus*), étroitement : *strictissime* Gell. 16, 3, 4 ; *strictius putare* Pall. 1, 6, tailler plus court [la vigne] ∥ strictement : Dig. 8, 2, 20.

strictim, adv. (*strictio*) ¶1 étroitement : Pall. 1, 13, 2 ∥ à ras [tondre] : Pl. Cap. 268 ¶2 [fig.] en effleurant légèrement, rapidement : Cic. Clu. 29 ; Nat. 3, 19 ; *strictim aspicere* Cic. de Or. 1, 162, jeter un coup d'œil, effleurer du regard.

strictĭo, *ōnis*, f. (*stringo*), action de serrer, pression : Cael.-Aur. Acut. 2, 9, 79 ∥ rigueur, sévérité : Cassian. Coll. 19, 12.

strictīvellae (-villae), **strittivillae**, f. pl. (*stringo, vellus* ou *villus*), [femmes] qui s'épilent : Pl. d. Non. 169, 8, cf. Gell. 3, 3, 6.

strictīvus, *a, um* (*stringo*), cueilli [en parl. des olives] : Cat. Agr. 146.

strictŏr, *ōris*, m. (*stringo*), qui fait la cueillette [des olives] : Cat. Agr. 144, 3.

strictōrĭa, *ae*, f. (*stringo*), sorte de chemise d'homme à longues manches, qui serre étroitement le corps : Diocl. 7, 56.

strictōrĭum, *ii*, n., lacet : Gloss. 2, 449, 34.

strictūra, *ae*, f. (*stringo* ; it. *strettura*) ¶1 resserrement : Cael.-Aur. Acut. 1, 7, 9 ∥ [fig.] compression, oppression : Juvc. 2, 789 ¶2 masse de métal travaillée à la forge : Virg. En. 8, 421 ∥ barre de fer : Lucil. 144 ; Varr. d. Serv. En. 10, 174 ; Plin. 34, 143 ¶3 ce qui attache, lien : Ambr. Spir. 1, 9, 108.

strictus, *a, um* (fr. *étroit*) ¶1 part. de *stringo* ¶2 adj. **a)** serré, étroit : *strictissima janua* Ov. Rem. 233, porte très étroite ; *strictior aura* Aus. App. 2 (361), 3, air, qui pince davantage **b)** de style serré, concis : Quint. 10, 11, 77 ; *Demosthenes est strictior* Quint. 12, 10, 52, Démosthène est plus ramassé **c)** sévère, rigoureux, strict : Manil. 5, 106 ; Stat. S. 3, 5, 87.

strĭcŭlus, V. *hystriculus* [qqs mss].

strīdĕo, *ēs, ēre, -, -*, **strīdō**, *ĭs, ĕre, strīdī, -* (express., cf. *strepo*, τρίζω), intr., produire un bruit aigu, perçant, strident : [grillon] Plin. 29, 138 ; [flûte] Catul. 64, 264 ; *candens ferrum stridit* Lucr. 6, 149, le fer rougi à blanc siffle [plongé dans l'eau], cf. Virg. En. 8, 450 ; *horrendum stridens* Virg. En. 6, 287, [l'hydre de Lerne] poussant d'affreux sifflements ; *serra stridens* Lucr. 2, 410, scie grinçante ; *mare stridit* Virg. G. 4, 262, la mer gronde ; *stridentia plaustra* Virg. G. 3, 536, les chariots qui grincent ; *ipse cruor stridit* Ov. M. 9, 171, le sang lui-même frémit ; *presso diu stridere molari* Juv. 5, 160, faire entendre un grincement en serrant longtemps les molaires, faire entendre un long grincement de dents ∥ bourdonner [abeilles] : Virg. G. 4, 556 ∥ grincer [des dents contre qqch.] : Vulg. Psal. 36, 12 ∥ crier contre : Commod. Apol. 739.

strīdŏr, *ōris*, m. (*strido* ; it. *stridore*), son aigu, perçant, strident : sifflement [des serpents] Ov. M. 9, 65 ; [des cordages] Virg. En. 1, 87 ; [du vent] Acc. d. Cic. Tusc. 1, 68 ∥ barrissement [des éléphants] Liv. 30, 18, 7 ∥ grincement : [de la scie] Cic. Tusc. 5, 116 ; [d'une porte] Ov. M. 11, 608 ∥ bourdonnements d'oreille : Plin. 20, 45 ∥ *tribuni plebis unus stridor* Cic. Agr. 2, 70, un seul murmure d'un tribun de la plèbe ∥ grincement [de dents] : Vulg. Matth. 23, 13.

strīdŭlus, *a, um* (*strido*), qui rend un son aigu, strident, perçant, sifflant, grinçant : Sen. Ep. 56, 2 ; Virg. En. 12, 267 ; Ov. Tr. 3, 12, 30.

1 strīga, *ae*, f. (cf. *stria, stringo*), rangée d'herbes coupées : Col. 2, 18, 2, cf. Fest. 414, 20 ; P. Fest 415, 3 ∥ sillon tracé en longueur sur le sol ; bande de terre [allongée comme un sillon, du nord au sud] : Grom. 206, 11 ∥ allée entre les tentes où l'on pansait les chevaux : Char. 109, 14 ; Ps. Hyg. Mun. castr. 1 ; 7 ; Gloss. 5, 516, 11 ; 624, 8.

2 strīga, *ae*, f. (1 *strix* ; it. *strega*), sorcière [dont on effraie les enfants] : Petr. 63, 4.

strĭgātus, *a, um*, sillonné en longueur : Grom. 3, 12 ; 110, 1.

strĭges, *um*, de *strix*.

strĭgĭlārĭus, *ii*, m., fabricant de strigiles : Gloss. 2, 378, 44.

strĭgĭlēcŭla, *ae*, f. (*strigilis*), petit strigile : Apul. Flor. 9, 23.

strĭgĭlis, *is*, f. (cf. *stringo, striga* ; fr. *étrille*) ¶1 strigile [sorte d'étrille pour nettoyer la peau après le bain] : Cic. Fin. 4, 30 ; Hor. S. 2, 7, 110 ; Sen. Ep. 97, 47 ¶2 sonde [pour les oreilles] : Cels. 6, 7, 1 C ; Plin. 25, 164 ¶3 [archit.] listel [dégagé par le creux des cannelures sur une colonne] : Vitr. 4, 4, 3.
▶ acc. *em* et aussi *im* ; Lucil. d. Char. 126, 6 ; abl. *i* ; gén. pl. *ium* et sync. *striglium* Vitr. 4, 4, 3 ; abl. sync. *striglibus* Juv. 3, 263.

strĭgis, gén. de *strix*.

strīglibus, V. *strigilis* ▶.

strigmentum, *i*, n. (*stringo*) ¶1 raclure : Plin. 20, 17 ; Cels. 2, 6, 12 ¶2 saleté

strigmentum

de la peau, crasse : Cels. 5, 22, 4 ; Plin. 9, 160.

strĭgō, ās, āre, -, - (1 striga), intr., faire halte, se reposer [en labourant] : Plin. 18, 117 ; [fig.] Sen. Ep. 31, 4.

*strĭgŏr, ōris, m. (cf. stringo, striga), strigores = densarum virium homines P. Fest. 415, 2, gens vigoureux ‖ = **strigosus** Fest. 414, 17.
▶ peut-être faut-il lire strigōnes.

strĭgōsus, a, um (1 striga), efflanqué, maigre : Col. 7, 12, 8 ; **equi strigosiores** Liv. 27, 47, 1, chevaux plus maigres ; **capella strigosissimi corporis** Col. 7, 6, 9, chèvre au corps tout efflanqué ‖ [fig.] Cic. Brut. 64.

strĭgŭla, ae, f., ▣▶ strigilis : Schol. Juv. 3, 263.

stringes, f. pl. (stringo ?), sorte de vêtement propre aux Espagnols : Isid. 19, 23, 1, cf. **strigium genus vestimenti** Gloss. 5, 631, 43.

stringō, ĭs, ĕre, strinxī, strictum (1 striga, stria, praestigiae, cf. rus. strič, al. streichen, an. strike), tr. ¶ 1 étreindre, serrer, resserrer, lier : Cic. Tim. 13 ; Liv. 22, 51, 6 ; Gell 17, 8, 16 ; 15, 16, 4 ; Luc. 5, 143 ; Firm. Err. 27, 1 ‖ [style] resserrer : Quint. 4, 2, 128 ‖ refréner, contenir : Claud. Get. 371 ‖ pincer, serrer le cœur : Virg. En. 9, 294 ‖ blesser, offenser : Ov. Tr. 5, 6, 21 ¶ 2 pincer, couper, arracher, cueillir : **folia stricta ex arboribus** Caes. C. 3, 58, 3, feuilles détachées des arbres, cf. Liv. 23, 30, 3 ; **frondes stringere** Virg. B. 9, 61, cueillir du feuillage, cf. Hor. Ep. 1, 14, 28 ; **oleam** Cat. Agr. 65, 1, cueillir les olives, cf. Varr. R. 1, 55, 2 ; Virg. G. 1, 305 ; **arbores** Col. 6, 3, 7, pincer, rogner des arbres ‖ [fig.] **rem ingluvie** Hor. S. 1, 2, 8, rogner son patrimoine par sa gloutonnerie ‖ [en part.] **equos** Char. 109, 15 ; Ps. Caper 7, 111, 12, étriller (panser) les chevaux ¶ 3 serrer l'extrémité de, toucher légèrement, effleurer, raser : **cautes** Virg. En. 5, 163, effleurer les rochers ; **undas** Ov. M. 11, 733, raser les flots ; **tela stringentia corpus** Virg. En. 10, 331, traits effleurant le corps ‖ [lieux] toucher à : Curt. 7, 7, 4 ¶ 4 tirer, dégainer [l'épée] : Caes. C. 3, 93 ; Liv. 7, 5, 5 ; 7, 40, 10 ; **strictus ensis** Virg. En. 10, 577, épée nue ‖ [fig.] **stricta manus** Ov. Am. 1, 6, 14, main nue = toute prête au combat, tout armée ; **in hostes stringatur iambus** Ov. Rem. 377, que l'iambe soit dégainé contre les ennemis.

stringŏr, ōris, m. (stringo), saisissement, élancement [douloureux] : Lucr. 3, 693.

strĭō, ās, āre, āvī, ātum (stria), tr., faire des cannelures : Vitr. 4, 3, 9 ‖ **strĭātus**, a, um, cannelé, strié : Pl. Ru. 297 ; *Sen. Nat. 1, 7, 1 ; Plin. 9, 102 ‖ ridé [front] : Apul. M. 10, 3, 1.

*strītăvus, stritt-, (= **tritavus** Pl. Pers. 57), i, m., Fest. 414, 14 ; P. Fest. 415, 1.

strittabilla, ae, f. (stritto), femme à la démarche chancelante : Varr. L. 7, 65.

strittĭvillae, ▣▶ strictivillae.

strittō, ās, āre, -, - (expr., cf. al. streiten, an. stride), intr., se tenir difficilement sur ses jambes : **strittare ab eo qui sistit aegre** Varr. L. 7, 65.

1 **strix, strĭgis**, f. (στρίγξ, ▣▶ 2 striga), strige [oiseau qui passait chez les Anciens pour sucer le sang des enfants], vampire : Pl. Ps. 820 ; Ov. F. 6, 133 ; Plin. 11, 232 ; Tib. 1, 5, 52, cf. Fest. 414, 20 ‖ sorcière : Stat. Th. 3, 503.

2 **strix, strĭgis**, f. (stringo ?), paillette [d'or natif] : Plin. 33, 62.

Strŏbīlum, i, n., (-us, m. ?), promontoire du golfe Arabique : *Mel. 3, 80.

1 **strŏbīlus**, i, m. (στρόβιλος), pomme de pin, pignon : Ulp. Dig. 32, 1, 55, 10.

2 **Strŏbīlus**, i, m., nom d'esclave : Pl. Aul. 264.

strōma, ătis, n. (στρῶμα) ¶ 1 couverture, tapis : Capit. Ver. 4, 9 ¶ 2 **strōmăta**, um, n. pl., recueil de sujets variés [les tapis étant brochés ou peints avec des couleurs et dessins divers] : Hier. Gal. pr.

Strōmătĕūs, ĕī, m. (στρωματεύς), Mélanges [titre d'un ouvrage de Céséllius, grammairien, et d'Origène] : Prisc. 2, 230, 12 ; Hier. Ep. 84, 3 ‖ surnom de Clément d'Alexandrie, auteur des Stromates : Cassiod. Inst. 1, pr. 4.

strombus, i, m. (στρόμβος ; it. strombo), strombe, coquillage en spirale : Plin. 32, 117.

strongўla, ae, f. (στρογγύλος), portrait en médaillon : Tert. Pall. 4, 2.

1 **strongўlē**, ēs, f. (στρογγύλη), sorte d'alun : Plin. 35, 137.

2 **Strongўlē**, ēs, f. ¶ 1 une des îles Éoliennes [auj. Stromboli] Atlas XII, F5 : Plin. 3, 94 ¶ 2 ancien nom de Naxos : Plin. 4, 67.

Strongўliōn, ōnis, m. (Στρογγυλίων), nom d'un statuaire : Plin. 34, 82.

strŏpha, ae, f. (στροφή) ¶ 1 strophe [partie chantée par le chœur évoluant de droite à gauche ; opp. à antistrophe] : Macr. Somn. 2, 3, 5 ¶ 2 [surtout au pl.] détour, ruse, artifice : Sen. Ep. 26, 5 ; Plin. Ep. 1, 18, 6 ; Mart. 11, 7, 4 ; Petr. 60, 1.

Strŏphădes, um, f. pl. (Στροφάδες), les Strophades [deux îles de la mer Ionienne, séjour des Harpies] : Plin. 4, 55 ; Virg. En. 3, 210.

strŏphărĭus, ĭī, m., artificieux : Gloss. 4, 287, 38.

strŏphē, ēs, f., strophe, ▣▶ stropha : Mar. Vict. Gram. 6, 59, 12.

strŏphĭărĭus, ĭī, m., fabricant de strophiums : Pl. Aul. 516.

strŏphĭcus, i, m. (strophus), celui qui souffre de la colique : Theod.-Prisc. 2, 9.

strŏphĭŏlum, i, n. (dim. de strophium), ruban : Plin. 21, 3 ‖ petite couronne : Tert. Cor. 15, 2.

strŏphĭum, ĭī, n. (στρόφιον), strophium ¶ 1 soutien-gorge [bande qui soutenait la poitrine des femmes] : Varr. et Cic. d. Non. 538, 7 ; Catul. 64, 65 ; Cic. Har. 44 ¶ 2 couronne : Copa 32 ¶ 3 corde, attache : Apul. M. 11, 16.

Strŏphĭus, ĭī, m. (Στρόφος), roi de Phocide, père de Pylade : Ov. Pont. 2, 6, 25.

strŏphōma, ătis, n. (στρόφωμα), colique : Hier. Is. 13, 8.

1 **strŏphōsus**, a, um (strophus), qui souffre de coliques : Veg. Mul. 1, 43, 5.

2 **strophōsus (strof-)**, a, um (stropha), artificieux : Not. Tir. 48.

strŏphus, i, m. (στρόφος) ¶ 1 colique, tranchée : Veg. Mul. 1, 43, 1 ; 1, 57, 1 ; Ps. Apul. Herb. 26 ¶ 2 ▣▶ **struppus**, estrope d'aviron : Vitr. 10, 3, 6 ¶ 3 artifice : **strophus verborum** Arn.-J. Confl. 2, 5, p. 277 A, paroles entortillées.

stroppus, ▣▶ struppus.

structē, adv. (structus), d'une manière ornée : Front. Eloq. 1, 2, p. 114 N. ‖ -tius Tert. Cult. 2, 11, 1.

structĭbĭlis, e (struo), [fig.] qu'on édifie : Eustath. Hex. 1, 5, p. 873 B.

structĭlis, e (struo) ¶ 1 qui sert à la construction : Mart. 9, 76, 1 ; Ulp. Dig. 8, 5, 6, 5 ¶ 2 maçonné : Vitr. 5, 9, 7 ; Col. 12, 52, 10.

structĭō, ōnis, f. (struo), disposition ; tas : Pall. 12, 22, 5 ‖ préparation, organisation : *Firm. Math. 8, 9, 3 ‖ construction [d'une maison] : Greg.-Tur. Hist. 3, 13 ‖ [chrét.] édification : Tert. Pat. 3, 11.

structŏr, ōris, m. (struo) ¶ 1 constructeur, architecte, maçon : Cic. Q. 2, 6, 2 ; Att. 14, 3, 1 ¶ 2 [fig.] esclave ordonnateur d'un banquet, maître d'hôtel : Juv. 5, 120 ; Mart. 10, 48, 15, cf. Serv. En. 1, 703.

structōrĭus, a, um, de constructeur : Tert. Apol. 14.

structūra, ae, f. (struo) ¶ 1 arrangement, disposition : [des os] Cels. 8, 1, 21 ‖ [des pierres] Quint. 8, 6, 63 ; 9, 4, 27 ; Plin. 36, 169 ¶ 2 construction, maçonnerie : **parietum** Caes. C. 2, 9, 1, l'appareil des murs ; **structurae antiquae genus** Liv. 21, 11, 8, genre de construction ancienne, cf. Plin. 36, 172 ‖ bâtiment, construction [sens concret] : Vitr. 5, 12, 2 ; Plin. 36, 170 ¶ 3 [rhét.] arrangement des mots [dans la phrase pour produire un rythme] : **verborum quasi structura** Cic. Brut. 33, pour ainsi dire la maçonnerie de la phrase, cf. Cic. Or. 149 ; Opt. 5 ; Sen. Ep. 89, 9 ; Quint. 1, 10, 23.

1 **structus**, a, um, part. de struo.

2 **structŭs**, ūs, m., amoncellement, tas : Arn. 7, 15 ‖ base, appui : Tert. Anim. 18, 5.

strŭēs, *is*, f. (*struo*) ¶ **1** amas, monceau, tas : Cic. *Att.* 5, 12, 3 ; Liv. 23, 5, 12 ‖ *rogi* Tac. *G.* 27, amoncellement formant le bûcher ‖ *confusa strue implicantur* Liv. 44, 41, 7, [les soldats de la phalange] sont empêtrés dans le désordre de la bousculade ¶ **2** gâteaux sacrés : Fest. 408, 21 ; Cat. *Agr.* 134, 2 ; 141, 4 ; Ov. *F.* 1, 276.

strŭfertārĭus, *ii*, m. (*strues* ¶ 2, *fertum*), celui qui fait un sacrifice près d'un arbre frappé de la foudre : P. Fest. 377, 2, cf. *ferctum* P. Fest. 75, 19.

strŭix, *īcis*, f., ⓒ *strues* : Fest. 408, 25 ; Pl. *Men.* 102 ‖ [fig.] *malorum* Naev. *Tr.* 64, amas de maux.

1 strūma, *ae*, f. (pas net, cf. al. *strotzen*, an. *strut*), scrofules, écrouelles : Cels. 5, 28, 7 ; Cic. *Sest.* 135 ; *Att.* 2, 9, 2.

2 Strūma, *ae*, m., surnom romain : Catul. 52, 2.

strūmătĭcus, *a*, *um*, scrofuleux : Firm. *Math.* 8, 19, 11.

strumella, *ae*, f. (dim. de *struma*), M.-Emp. 15, 11.

strūmentum, *i*, n. (pour *instrumentum*), instrument, ustensile : Alcim. *Ep.* 50.

strūmōsus, *a*, *um* (*struma*), qui a les écrouelles, scrofuleux : Col. 7, 10, 3 ; Juv. 10, 309.

strūmus, *i*, m. (*struma*), ⓒ *cucubalus* : Plin. 27, 68 ‖ ⓒ *ranunculus* : Plin. 25, 174.

strundĭus (struntus), *ii*, m. (germ. ? ; it. *stronzo*, fr. *étron*), excrément : *Gloss.* 2, 189, 38.

strŭō, *ĭs*, *ĕre*, *struxī*, *structum* (cf. *sterno*), tr. ¶ **1** disposer par couches, assembler, arranger : *lateres* Cæs. *C.* 2, 10, 4, assembler des briques ; *montes ad sidera* Ov. *M.* 1, 153, entasser des montagnes jusqu'aux astres ; *ordine penum* Virg. *En.* 1, 704, disposer les mets en ordre sur la table ‖ [poét.] *altaria donis* Virg. *En.* 5, 54, charger d'offrandes les autels ‖ [tard.] fermer, boucher : Arn. 3, 43 ¶ **2** disposer avec ordre, ranger : *copias* Cæs. *C.* 3, 37, mettre ses troupes en ordre de bataille, cf. Liv. 42, 51, 3 ; *acies manipulatim structa est* Liv. 8, 8, 3, l'armée fut rangée par manipules ‖ [fig.] *verba* Cic. *de Or.* 3, 171, structurer les mots, cf. Cic. *Or.* 219 ; *tamquam in vermiculato emblemate structum verbum* Cic. *Brut.* 274, mot comme enchâssé dans une mosaïque ‖ [abs¹] *in struendo dissipatus fuit* Cic. *Brut.* 216, dans la disposition [l'arrangement] des mots il était désordonné ¶ **3** édifier en disposant par couches, construire, bâtir, élever, ériger, dresser : *fornacem* Cat. *Agr.* 38, 1, construire un four ; *pyras* Virg. *En.* 11, 204, élever des bûchers ; *speluncae saxis structae* Cic. *poet. Tusc.* 1, 37, cavernes faites de rochers ‖ *convivia* Tac. *An.* 15, 37, dresser des festins ‖ [métaph.] *bene structa collocatio (verborum)* Cic. *Or.* 232, phrase bien construite ¶ **4** [fig.] tramer, préparer, machiner : *insidias* Cic. *Clu.* 190, tendre des pièges ; *odium in aliquem* Cic. *de Or.* 2, 208, provoquer des sentiments de haine contre qqn ; *mortem alicui* Tac. *An.* 4, 10, machiner la mort de qqn ; *crimina et accusatores* Tac. *An.* 11, 12, susciter des griefs et des accusateurs ‖ *sibi sollicitudinem* Cic. *Att.* 5, 21, 3, se forger des inquiétudes ¶ **5** instruire : Tert. *Virg.* 9, 3.

▶ confusion tardive avec *exstruo*, *instruo*.

Struppĕārĭa, *ĭum* ou *ĭōrum*, n. pl. (*struppus*), fête des couronnes chez les Falisques : Fest. 410, 14.

struppus (strop-), *i*, m. (στρόφος ; it. *stroppo*, fr. *estrope*) ¶ **1** estrope [courroie de l'aviron] : Isid. 19, 4, 9 ‖ courroie [qui attache le bâton de la chaise à porteur] : Gracch. d. Gell. 10, 3, 5 ¶ **2** couronne rituelle : Plin. 21, 3 ; Fest. 410, 10.

strūthēus (-thĭus), *a*, *um* (στρούθιος), de moineau : Fest. 313 ; *struthea mala* Plin. 15, 38, sorte de coings, cf. Cat. *Agr.* 7, 3 [ou abs¹] ; *struthea* Pl. *Pers.* 87.

strūthĭo, *ōnis*, m. (στρουθίων ; it. *struzzo*, fr. *autruche*, al. *Strauss*), autruche : *Isid. 12, 7, 1.

strūthĭŏcămēlīnus, *a*, *um*, d'autruche : Plin. 29, 96.

strūthĭŏcămēlus ou **strūthŏc-**, *i*, m., f. (στρουθιοκάμηλος), autruche : Plin. 10, 1 ; Petr. 137, 4.

strūthĭŏn, *ĭi*, n. (στρουθίον) saponaire [plante] : Plin. 19, 48 ; 24, 96.

strūthĭŏnīnus, *a*, *um* (*struthio*), d'autruche : Plin. Val. 2, 30.

strūthŏpŏdes, *um*, m. f. pl. (στρουθόποδες), qui ont de tout petits pieds : Plin. 7, 24.

struxī, parf. de *struo*.

strychnŏs (-nus), *i*, m. (στρύχνος), sorte de morelle à fruits noirs : Plin. 21, 177.

Strȳmo (-ōn), *ŏnis* et *ŏnos*, m. (Στρυμών), le Strymon [Struma, fleuve de Macédoine, près de la Thrace] Atlas VI, A2 : Nep. *Cim.* 2, 2 ; Virg. *G.* 4, 508 ; Liv. 44, 44, 8 ; Plin. 4, 38 ‖ [par ext.] la Thrace : Stat. *Th.* 5, 188 ‖ **-nis**, *ĭdis*, f., du Strymon, de Thrace, amazone : Prop. 4, 4, 72 ‖ **-nĭus**, *a*, *um*, du Strymon, de Thrace : Virg. *G.* 1, 120 ‖ septentrional : Ov. *Ib.* 602.

Stuberra, *ae*, f., ville de Macédoine : Liv. 31, 39, 4 ‖ **-aeus**, *a*, *um*, de Stuberra : Liv. 40, 24, 7.

stuc, ⓥ *istuc* ▶.

stŭdĕō, *ēs*, *ēre*, *dŭī*, - (cf. *tundo*, *stupeo*)

I intr. ¶ **1** s'appliquer à, s'attacher à, rechercher **a)** [avec dat.] *agriculturae* Cæs. *G.* 6, 22, 1, s'appliquer à l'agriculture ; *pecuniae, imperiis, opibus, gloriae* Cic. *Fin.* 1, 60, rechercher la fortune, les commandements, la puissance, la gloire ; *novis rebus studentem* Cic. *Cat.* 1, 3, suspect de menées révolutionnaires ; *patrimonio augendo* Cic. *de Or.* 2, 225, s'attacher à augmenter son patrimoine, cf. Cic. *Rep.* 5, 5 ‖ *litteris* Cic. *Brut.* 322, étudier la littérature **b)** [acc. n. des pron.] *unum* Cic. *Phil.* 6, 18, avoir un seul but, cf. Hor. *Ep.* 2, 1, 120 ; *id* Pl. *Pœn.* 575 ; Liv. 40, 56, 2, avoir cela en vue ; [rarᵗ acc. d'un nom de chose] *has res* Pl. *Mil.* 1437, avoir du goût pour ces sortes d'aventures **c)** [avec gén.] *tui* Cæcil. *Com.* 201, s'occuper de toi **d)** *in aliquam rem* Quint. 12, 6, 6, s'appliquer à qqch., cf. Quint. 10, 2, 6 ; *in aliqua re* Cat. d. Gell. 11, 2, 5 **e)** [avec inf. ou prop. inf.] désirer, souhaiter de, aspirer à : *scire studeo* Cic. *Att.* 13, 20, 3, je désire savoir, cf. Cic. *de Or.* 1, 107 ; 2, 150 ; *Sest.* 96 ; *gratum se videri studet* Cic. *Off.* 2, 70, il veut se montrer reconnaissant, cf. Ter. *Eun.* 1 ; Sall. *C.* 1, 1 ; *illum studeo pervenire* Cic. *Fam.* 13, 26, 4, je désire qu'il parvienne, cf. 15, 4, 13 ; Cæs. *C.* 1, 4, 5 ; Pl. *St.* 52 ; Lucr. 1, 24 **f)** [avec ut] Cat. *Agr.* 5, 8 ; Ter. *Ad.* 868, (comparer *lenonem ut perdas, id studes* Pl. *Pœn.* 575, c'est la perte du léno que tu as en vue ; *huic rei studendum, ut...* Cæs. *G.* 7, 14, 2, il faut s'appliquer à ceci, savoir... ; *quod reliquum erat id studere, ne* Liv. 40, 56, 2, il avait en vue la seule possibilité qui restait, empêcher que...) ¶ **2** s'intéresser à qqn, le soutenir, le favoriser : *Scauro studet* Cic. *Att.* 4, 15, 7, il est pour Scaurus, cf. Cic. *Mur.* 76 ; *Cæl.* 10 ; 12 ‖ [absᵗ] *neque studere neque odisse* Sall. *C.* 51, 13, ne montrer ni partialité ni hostilité ¶ **3** étudier, s'instruire : Quint. 11, 3, 7 ; Sen. *Ep.* 94, 20 ; Tac. *D.* 21 ; 32 ; 34 ; Plin. *Ep.* 7, 13, 2.

II tr., [méd.] soigner : Greg.-Tur. *Hist.* 6, 32.

stŭdĭŏlum, *i*, n. (dim. de *studium*), petite étude, petit écrit : Aur. d. Front. *Cæs.* 4, 5, 3, p. 68 N.

stŭdĭōsē, adv. (*studiosus*), avec application, avec empressement, avec ardeur : Cic. *de Or.* 2, 253 ; *Brut.* 121 ; *studiosius aliquem commendare* Cic. *Fam.* 13, 54, recommander qqn plus chaudement ; *studiosissime* Cic. *Rep.* 1, 15 ; *Off.* 3, 101 ‖ avec passion : Cic. *Tusc.* 3, 50.

1 stŭdĭōsus, *a*, *um* (*studium*) ¶ **1** appliqué à, attaché à, qui a du goût pour **a)** [avec gén.] *venandi aut pilae* Cic. *Læ.* 74, qui aime la chasse ou le jeu de paume ; *existimationis meae studiosissimus* Cic. *Verr.* 2, 117, si désireux de mon estime ; *qui studiosi sunt harum rerum* Cic. *Verr.* 4, 13, ceux qui sont amateurs de ces objets **b)** [avec dat.] Pl. *Mil.* 802 ; Just. 9, 8, 4 ‖ [avec ad] Varr. *R.* 1, 17, 7 **c)** [avec in ab.] *studiosior in me colendo* Cic. *Fam.* 5, 19, 1, plus appliqué à m'entourer de prévenances **d)** [absᵗ] *homo studiosus ac diligens* Cic. *Ac.* 2, 98, homme plein d'ardeur et d'activité ; *studiosi* Cic. *Opt.* 13, ceux qui s'intéressent, les amateurs ¶ **2** qui s'intéresse à

studiosus

qqn, attaché à, dévoué à, partisan, ami, admirateur : *cum ejus studiosissimo Pammene* Cic. *Or.* 105, avec Pammènès, son admirateur passionné ∥ [pris subst¹] ***studiosi***, m. pl., admirateurs, partisans de qqn, de qqch. : *habet certos sui studiosos* Cic. *Brut.* 64, il a ses partisans déclarés, cf. *Att.* 1, 16, 8 ; 3, 22, 4 ; *Mil.* 21 ; *Ac.* 2, 125 ¶ **3** appliqué à l'étude, studieux : Hor. *Ep.* 1, 3, 6 ; Plin. *Ep.* 6, 26, 1 ; Quint. 10, 3, 32 ∥ *studiosa disputatio* Quint. 11, 1, 70, discussion savante, d'érudits.

2 **Stŭdĭōsus**, *i*, m., nom d'un gladiateur : Plin. 11, 245.

stŭdĭum, *ĭi*, n. (*studeo* ; fr. *étude*) ¶ **1** application zélée, empressée à une chose, zèle, ardeur [v. définition : Cic. *Inv.* 1, 36] ; goût, passion ***a)*** [absᵗ] ***studium***, *operam ponere in aliqua re* Cic. *Fin.* 1, 1, mettre son application, son activité dans une chose ; *suo quisque studio maxime ducitur* Cic. *Fin.* 5, 5, chacun se règle surtout sur son goût personnel ; *sunt pueritiae certa studia* Cic. *CM* 76, l'enfance a des goût déterminés ***b)*** [avec gén.] *ad studium fallendi studio quaestus vocari* Cic. *Agr.* 2, 95, être entraîné par l'amour du gain à l'amour du mensonge ; *efferor studio patres vestros videndi* Cic. *CM* 83, je suis transporté du désir de voir vos pères ; *discendi* Cic. *de Or.* 2, 1, passion d'apprendre ; *ad studium laudis aliquem cohortari* Cic. *Fam.* 2, 4, 2, exhorter qqn à rechercher l'estime du monde ¶ **2** zèle pour qqn, dévouement, affection, attachement : *praemium judicio studioque civium delatum* Cic. *Brut.* 281, récompense décernée par le choix et l'attachement des citoyens ; *habuit studia suorum ardentia* Cic. *Planc.* 20, il eut pour lui le zèle empressé de ses concitoyens ; *grata fore vobis sua studia arbitrabuntur* Cic. *Verr.* 4 68, ils penseront que les témoignages de leur dévouement vous seront agréables ∥ *alicujus studio incensus* Cic. *de Or.* 1, 97, brûlant de sympathie pour qqn, cf. Cic. *Verr.* 1, 35 ; *studium erga aliquem* Cic. *Att.* 2, 19, 4 ; *in aliquem* Cic. *Inv.* 2, 104, dévouement à l'égard de qqn ; *tua pristina erga me studia* Cic. *Fam.* 15, 12, 2, les marques que tu m'as données antérieurement de ton dévouement ∥ esprit de parti, partialité : Liv. 24, 28, 8 ∥ *studia* Cic. *Mil.* 12, sentiments manifestés, cf. Cic. *Mil.* 94 ; *accensis studiis pro Scipione et adversus Scipionem* Liv. 29, 19, 10, les passions étant allumées pour ou contre Scipion ¶ **3** application à l'étude, étude : *natura, studium, exercitatio* Cic. *de Or.* 2, 232, les dons naturels, l'étude, l'exercice, cf. Cic. *Lae.* 6 ∥ *bonarum artium studia* Cic. *Vat.* 6, la pratique des belles-lettres, cf. Cic. *Brut.* 3 ∥ étude, branche de connaissances : *studia exercere* Cic. *Fam.* 9, 8, 2, se livrer aux études [ou] *se dare studiis* Cic. *Rep.* 1, 16, cf. *1, 30* ; *sint eae res de quibus disputant in aliis quibusdam studiis* Cic. *de Or.* 1, 49, que les sujets qu'ils traitent relèvent,

je le concède, d'études spéciales différentes, cf. Cic. *de Or.* 1, 65 ; *Arch.* 4 ; 16 ¶ **4** = prép., pour : *studio fugae* Ennod. *Op.* 7, 4, pour s'enfuir.

stultē, adv. (*stultus*), sottement, follement : Cic. *Sull.* 70 ; *Leg.* 2, 16 ; *stultius* Liv. 30, 13, 14 ; *-tissime* Cic. *Nat.* 2, 70.

stultĭfĭcō, *ās, āre, -, -*, tr., juger sot, stupide, déconsidérer : Hier. *Orig. Jer.* 5, p. 661 B.

stultĭlŏquentĭa, *ae*, f., Pl. *Trin.* 222,
stultĭlŏquĭum, *ĭi*, n., Pl. *Mil.* 296, sot langage.

stultĭlŏquus, *a, um* (*stulte, loquor*), qui dit des sottises : Pl. *Pers.* 514.

stultĭtĭa, *ae*, f. (*stultus*), sottise, déraison, niaiserie, folie : Pl. *Mil.* 878 ; Cic. *Div.* 2, 90 ; *de Or.* 3, 142 ; *in pari stultitia sunt* Cic. *Par.* 36, ils sont aussi insensés ; *stultitia est nolle* Cic. *Nat.* 3, 84, c'est folie de ne pas vouloir... ∥ pl., *stultitiae* Cic. *Brut.* 236, les sottises ∥ [chez les comiques] folie de jeunesse : Pl. *Aul.* 752 ; Ter. *Haut.* 961 ∥ folle tentative, action indigne : Vulg. *2 Reg.* 13, 12.

stultĭvĭdus, *a, um* (*stultus, video*), qui a la berlue : Pl. *Mil.* 335.

stultus, *a, um* (cf. *stolidus* ; it. *stolto*, a. fr. *estout*, al. *stolz*), sot, qui n'a point de raison, insensé, fou : Cic. *Par.* 27 ; *Pis.* 58 ; *CM* 36 ; *stulta arrogantia* Caes. *C.* 3, 59, folle présomption ; *stultior* Pl. *Amp.* 907 ; *quid stultius quam... ?* [inf.] Cic. *Lae.* 55, quoi de plus sot que de... ? ; *stultissimus* Cic. *Lae.* 100.

stūpa, v.▸ *stuppa*.

stŭpĕfăcĭō, *ĭs, ĕre, fēcī, factum* (*stupeo, facio*), tr., étourdir, paralyser : Liv. 5, 39, 5.

stŭpĕfīō, *fīs, fĭĕrī, factus sum* (pass. de *stupefacio*), être interdit, stupéfié, étonné : *stupefactus* Cic. *de Or.* 3, 53 ; Virg. *G.* 6, 365 ; Ov. *H.* 14, 97.

stŭpendus, *a, um* (adj. verbal de *stupeo*), étonnant, merveilleux : Val.-Max. 5, 7, 1.

stŭpens, part.. de *stupeo*, adjᵗ, stupéfait, interdit : *stupentibus similes* Curt. 8, 2, 3, semblables à des gens frappés de stupeur.

stŭpĕō, *ēs, ēre, ŭī, -* (express., cf. *stuprum*, τύπτω, rus. *topot*) **I** intr., être engourdi, demeurer immobile, être interdit, demeurer stupide, être frappé de stupeur : Cic. *Verr.* 5, 95 ; *Fin.* 2 ; 77 ; *Rep.* 6, 18 ; [avec gén., poét.] *stupere animi* Liv. 6, 36, 8, avoir l'esprit engourdi, paralysé, cf. *animus stupet* Ter. *And.* 304 ∥ *exspectatione stupere* Liv. 8, 13, 17, être figé dans l'attente ; *novitate* Quint. 12, 6, 5, être paralysé par la nouveauté ; *aere* Hor. *S.* 1, 4, 28, rester béant devant des vases d'airain, cf. *S.* 2, 2, 5 ; *O.* 2, 13, 33 ; *in titulis* Hor. *S.* 1, 6, 17, être ébloui par les inscriptions honorifiques ; *stupet in Turno* Virg. *En.* 10, 446, il contemple Turnus avec étonnement ∥

ad supervacua Sen. *Ep.* 87, 5, être en extase devant des superfluités ; *ad auditas voces* Ov. *M.* 5, 509, rester immobile en entendant ces paroles ∥ [choses] *stupuit Ixionis orbis* Ov. *M.* 10, 42, la roue d'Ixion s'arrêta ; *unda quae stupet* Mart. 9, 99, 10, l'eau qui est stagnante ; *stupuerunt verba palato* Ov. *Am.* 2, 6, 47, les mots s'arrêtèrent dans sa gorge ; *stupente ita seditione* Liv. 28, 25, 3, la sédition étant ainsi suspendue **II** tr., regarder avec étonnement, s'extasier sur : Virg. *En.* 2, 31 ; Mart. 12, 15, 4 ∥ [avec prop. inf.] voir avec étonnement que : Virg. *B.* 6, 37 ; *En.* 12, 707.

stŭpescō, *ĭs, ĕre, -, -* (*stupeo*), intr., s'étonner : Cic. *de Or.* 3, 102 ∥ s'engourdir [membre] : Tert. *Cult.* 2, 13, 4 ∥ devenir agacé [en parlant des dents de ceux qui ont mangé des fruits verts] : Vulg. *Ezech.* 18, 2.

stŭpĕus, v.▸ *stuppeus*.

stŭpĭdĭtās, *ātis*, f. (*stupidus*), stupidité : Cic. *Phil.* 2, 80.

stŭpĭdō, *ās, āre, -, -*, tr., étourdir, stupéfier : Capel. 6, 572.

stŭpĭdus, *a, um* (*stupeo*) ¶ **1** étourdi, stupéfait, interdit : Pl. *Poen.* 1250 ∥ immobile, en extase : Cic. *Par.* 37 ; *studio stupidus* Ter. *Hec.* 4, fasciné ¶ **2** stupide, sot, niais : Cic. *Fat.* 10 ; Mart. 11, 7, 1 ; *stupidissimus* Varr. *Men.* 406 ¶ **3** [fig.] aveugle : Tert. *Nat.* 2, 4, 19.

stŭpŏr, *ōris*, m. (*stupeo*) ¶ **1** engourdissement, saisissement, paralysie, état d'insensibilité : Cic. *Tusc.* 3, 12 ; *Phil.* 2, 115 ∥ stupeur : Liv. 9, 3, 10 ¶ **2** stupidité : Cic. *Phil.* 2, 30 ¶ **3** agacement des dents : Vulg. *Amos* 4, 6 ¶ **4** ravissement d'esprit, extase : Vulg. *Act.* 3, 10.

stŭpōrātus, *a, um* (*stupor*), trompeur : Tert. *Cult.* 2, 3, 2.

stuppa, *ae*, f. (στύππη, στύπη ; cf. al. *stopfen*, an. *stop* ; fr. *étoupe*), filasse, étoupe [fibres externes grossières du chanvre ou du lin] : Lucr. 6, 880 ; Caes. *C.* 3, 101, 2 ; Plin. 418, 18 ∥ mèche de cierge : Prud. *Cath.* 5, 20.

stuppārĭus (**stūpā-**), *a, um*, servant à faire l'étoupe : Plin. 19, 17.

stuppātŏr, *ŏris*, m. (*stuppa*), calfat : CIL 6, 1649.

stuppĕus (**stūp-**), *a, um* (*stuppa*), de lin, d'étoupe : Virg. *En.* 2, 236 ; Grat. 36.

stŭprātĭo, *ōnis*, f. (*stupro*), action de souiller : Arn. 2, 73.

stŭprātŏr, *ōris*, m. (*stupro*), séducteur, corrupteur : Quint. 4, 2, 69 ; Suet. *Dom.* 8.

stŭprātus, *a, um*, part. de *stupro*.

stŭprē, adv., honteusement : Poet. d. Fest. 418, 10.

stŭprō, *ās, āre, āvī, ātum* (*stuprum* ; it. *storpiare*, fr. *estropier*), tr. ¶ **1** souiller, polluer : Cic. *Har.* 33 ¶ **2** attenter à l'honneur de, déshonorer, faire violence à : Pl. *Aul.* 36 ; Cic. *Fin.* 2, 66 ; 5, 64 ; Liv. 39, 15, 1 ; Quint. 4, 2, 69.

stŭprōsē, adv., honteusement : Greg.-Tur. *Hist.* 2, 12.

stŭprōsus, *a*, *um* (*stuprum*), débauché : Val.-Max. 6, 1, 8.

stŭprum, *i*, n. (cf. *stupeo*) ¶ **1** déshonneur, opprobre : Naev. d. Fest. 418, 8 ¶ **2** attentat à la pudeur, violence, action de déshonorer, viol : *stuprum inferre* [dat.] Cic. *Off.* 3, 38, violer une femme ‖ relations coupables : Acc. d. Cic. *Nat.* 3, 68 ; Cic. *Mil.* 73 ; Sall. *C.* 23, 3 ; Liv. 10, 31, 9 ‖ adultère : Prop. 4, 7, 57 ‖ accouplement [animaux] : Col. 7, 6, 3 ‖ relations sexuelles avec une femme non mariée (jeune fille, veuve) ou avec un jeune garçon : Dig. 50, 16, 101 pr.

stŭpŭī, parf. de *stupeo*.

Stura, *ae*, m., rivière de la Gaule Cisalpine qui se jette dans le Pô : Plin. 3, 118.

Sturĭī, *ōrum*, m. pl., peuple à l'embouchure du Rhin : Plin. 4, 101.

Sturĭum, *ii*, n., île de la Méditerranée : Plin. 3, 79.

Sturnīnī, *ōrum*, m. pl., peuple de Calabre : Plin. 3, 105.

sturnīnus, *a*, *um* (*sturnus*), gris comme un étourneau : Hier. *Is.* 66, 20.

sturnus, *i*, m. (cf. στρουθός, *turdus*, ψάρ, al. *Star*, an. *starling* ; it. *storno*, fr. *étourneau*), étourneau [oiseau] : Plin. 10, 72 ; Mart. 9, 54, 7.

Stўgĭālis, *e*, du Styx : *Ciris 374.

Stўgĭus, ▸ *Styx*.

stўlŏbăta (**-tēs**), *ae*, m. (στυλοβάτης), stylobate [archit.] : Varr. *R.* 3, 5, 11 ; Vitr. 3, 4, 2 ‖ gén. *-tis* Varr. *R.* 3, 5, 12.

stўlus, *i*, m., ▸ *stilus*.

stymma, *ătis*, n. (στύμμα), un astringent : Plin. 13, 7.

Stymphāla, *ōrum*, n. pl., ▸ *Stymphalum* : Lucr. 5, 30.

Stymphālĭcus, ▸ *Stymphalum*.

Stymphālis, *ĭdis*, f. (Στυμφαλίς), de Stymphale : Ov. *M.* 9, 187 ; *F.* 2, 273 ‖ **-ides aves**, Hyg. *Fab.* 20 (**-idae**, Isid. 12, 7, 27) [et abs^t] **-ides**, *um*, f. pl., Mart. 9, 102, oiseaux du lac Stymphale [ayant des plumes d'airain, exterminés par Hercule].

Stymphālŏs (**-us**), m. (Στύμφαλος), **Stymphālum**, *i*, n., Stymphale [ville et lac d'Arcadie] : Plin. 4, 20 ; Suet. *Vit. Ter.* 5 ; Stat. *S.* 4, 6, 100 ‖ **-lĭcus**, *a*, *um*, de Stymphale : Pl. *Pers.* 4 ‖ **-lĭus**, *a*, *um*, Catul. 68, 113 ▸ aussi *Stymphalis*.

Stўphĕlus, *i*, m. (στυφελός), nom d'un Centaure : Ov. *M.* 12, 459.

Styppax, *ăcis*, m., sculpteur chypriote : Plin. 34, 81.

stypsis, *is*, f. (στύψις), saveur astringente, âpreté : Cassiod. *Var.* 12, 4.

styptērĭa, *ae*, f. (στυπτηρία), alun : Ulp. *Dig.* 27, 9, 3, 6.

styptērĭazūsa, *ae*, f. (στυπτηριάζουσα), qui renferme de l'alun : Cael.-Aur. *Chron.* 4, 1, 1.

styptĭcus, *a*, *um* (στυπτικός), styptique, astringent : Plin. 24, 120 ; 32, 11.

styptīrĭa, ▸ *stypteria*.

stўrăca, *ae*, f., ▸ *styrax* : Plin. Val. 2, 11.

stўrăcĭnus (**stŏr-**), *a*, *um*, de styrax : Cael.-Aur. *Chron.* 2, 7, 113 ; Sulp. Sev. *Dial.* 1, 19, 2.

stўrax (**stŏr-**, Solin. 33, 10), *ăcis*, m. f. (στύραξ), aliboufier [arbre qui distille une résine odorante] : Plin. 12, 125 ‖ le parfum qu'on en tire : Plin. 24, 24.

Styx, *ўgis* et *ўgŏs*, f. (Στύξ), le Styx ¶ **1** fontaine d'Arcadie, dont l'eau était mortelle : Plin. 2, 231 ; Sen. *Nat.* 3, 25, 1 ¶ **2** fleuve des enfers, par qui juraient les dieux : Cic. *Nat.* 3, 43 ; Virg. *G.* 4, 480 ‖ les enfers : Virg. *G.* 1, 243 ; Ov. *M.* 10, 13 ‖ **-ўgĭus**, *a*, *um*, du Styx, des enfers : Virg. *En.* 6, 323 ; Ov. *M.* 1, 139 ‖ fatal, pernicieux, funeste : Virg. *En.* 5, 855.

suād, adv. (cf. 2 *sum*, *si*, osq. *suae*), ainsi : Fest. 476, 25.

Suāda, *ae*, f. (*suadus*), déesse de la Persuasion : Enn. *An.* 308 (Cic. *Brut.* 59).

suādēla, *ae*, f. (*suadeo*), persuasion, talent de persuasion : Pl. *Cis.* 296 ‖ déesse de la Persuasion : Hor. *Ep.* 1, 6, 38.

suādenter, adv. (*suadeo*), d'une manière persuasive : Arn. 2, 19.

suādĕō, *ēs*, *ēre*, *suāsī*, *suāsum* (cf. *suavis*, ἁνδάνω, scr. *svādate*) ¶ **1** intr., conseiller, donner un conseil : *faciam*, *ut suades* Cic. *Att.* 11, 16, 1, je suivrai ton conseil ; *amici bene suadentes* Cic. *Lae.* 44, amis de bon conseil, donnant de sages avis ; *alicui* Cic. *Phil.* 2, 27, conseiller qqn, cf. Cic. *Fam.* 2, 7, 1 ‖ *autumno suadente* Lucr. 1, 175, sur le conseil [à l'invitation] de l'automne, cf. Virg. *En.* 9, 340 ; 10, 724 ; Hor. *Ep.* 3, 7, 6 ¶ **2** tr. **a)** *pacem* Cic. *Fam.* 7, 3, 2, conseiller la paix ; [en part.] *legem* Cic. *CM* 14, parler en faveur d'une loi, soutenir, appuyer une loi, cf. Cic. *Brut.* 89 ; *rogationem* Cic. *Rep.* 3, 28, appuyer un projet de loi, cf. Cic. *Mil.* 47 ; *Off.* 3, 109 ‖ *tantum religio potuit suadere malorum* Lucr. 1, 101, tant la religion a pu conseiller de crimes ! **b)** [pron. n.] *quod tibi suadeo* Pl. *Cap.* 237, ce que je te conseille, cf. Cic. *Att.* 13, 38, 2 ; Hor. *S.* 1, 1, 101 ; *quod suadetur* Pl. *Trin.* 670, ce qu'on conseille **c)** [avec inf.] conseiller de, engager à : *alicui... elaborare* Cic. *de Or.* 1, 251, conseiller à qqn de travailler..., cf. Cic. *Fin.* 2, 95 ‖ [avec constr. transitive] *me pietas suadet sequi...* Ter. *Hec.* 481, le devoir filial m'engage à suivre..., cf. Lucr. 1, 142 ; Virg. *En.* 12, 813 ; *Megadorus a sorore suasus ducere uxorem* Pl. *Aul. arg.* 1, 6, Mégador déterminé par sa sœur à prendre femme, cf. Arn. 2, 26 **d)** [avec *ut*] *quod suades*, *ut scribam...* Cic. *Att.* 11, 16, 4, quant au conseil que tu me donnes d'écrire... ; *alicui*, *ut* Pl. *Most.* 797 ; *Ep.* 355 ; Cic. *Caecil.* 52, conseiller à qqn de ; *alicui*, *ne* Tac. *H.* 4, 8, conseiller à qqn de ne pas ; *me*, *ut...*, *non solum suasit*, *verum etiam rogavit* Cic. *Prov.* 42, il m'a non seulement conseillé, mais prié de... **e)** [subj. seul] Pl. *Trin.* 681 ; *capias suadeo* Cic. *Fam.* 7, 7, 1, je te conseille de prendre, cf. Cic. *Fam.* 2, 16, 7 ; Nep. *Con.* 4, 1 **f)** [avec prop. inf.] persuader que : Cic. *Caecin.* 15 ; *Arch.* 14.

▸ *suādent* trisyll. Lucr. 4, 1157.

suādĭbĭlis, *e* (*suadeo*), qui persuade : Aug. *Civ.* 18, 51 ‖ qui se laisse persuader : Vulg. *Jac.* 3, 17.

suādus, *a*, *um* (*suadeo*), invitant, insinuant, persuasif : Stat. *Th.* 4, 453 ; ▸ *Suada*.

Suaeuconi, *ōrum*, m. pl., peuple de Belgique : Plin. 4, 106.

sualiternĭcum, *i*, n., variété rougeâtre de l'ambre : Plin. 37, 33.

Sŭānenses, *ĭum*, m. pl., peuple d'Étrurie [cf. Sovana] : Plin. 3, 52.

Suanetes, *um* (*ĭum*), m. pl., peuple des Alpes : Plin. 3, 137.

Suāni, *ōrum*, m. pl., peuple de Colchide : Plin. 6, 14 ; 32, 52.

Suarataratae, *ārum*, m. pl., peuple de l'Inde : Plin. 6, 75.

Suardōnes, *um*, m. pl., peuple de Germanie : Tac. *G.* 40.

Suāri, *ōrum*, m. pl., peuple de l'Inde, en deçà du Gange : Plin. 6, 69 ; 6, 94.

sŭārĭa, *ae*, f. (1 *suarius*), commerce de porcs : CIL 6, 1771, 11.

1 **sŭārĭus**, *a*, *um* (*sus*), de porcs : Plin. 21, 10 ; *suarium forum* Dig. 1, 12, 1, marché aux porcs.

2 **sŭārĭus**, *ii*, m., porcher : Plin. 8, 208 ‖ marchand de porcs : Cod. Th. 14, 4, 3.

Suasani, *ōrum*, m. pl., peuple d'Ombrie : Plin. 3, 114.

suāsī, parf. de *suadeo*.

suāsim, adv. (*suadeo*), par persuasion : Greg.-M. 1 *Reg.* 5, 2, 26.

suāsĭo, *ōnis*, f. (*suadeo*), action de conseiller : Sen. *Ep.* 95, 65 ; Gell. 10, 19, 4 ‖ *legis* Cic. *Clu.* 140, appui donné à une loi, discours en faveur d'une loi ‖ [rhét.] *suasiones* Cic. *Or.* 37, discours du genre délibératif, cf. Cic. *de Or.* 2, 333.

suāsŏr, *ōris*, m. (*suadeo*), celui qui conseille, conseiller : Cic. *Att.* 16, 7, 2 ; *Phil.* 2, 29 ‖ celui qui appuie une loi : Cic. *Att.* 16, 16 B,9.

suāsōrĭē, adv. (*suasorius*), sur un ton persuasif : Prisc. 3, 255, 16.

suāsōrĭus, *a*, *um* (*suadeo*), qui conseille, qui tend à persuader : Quint. 2, 10, 1 ; 3, 8, 6 ; 11, 1, 48 ‖ trompeur, qui cherche à égarer : Iren. 1, pr. 2 ‖ subst.,

suāsōrĭa, ae, f., suasoire, discours pour conseiller [sorte de déclamation où le rhéteur visait à persuader un personnage historique ou mythologique de prendre un parti déterminé] : Quint. 2, 4, 25.

1 suāsum, ĭ, n. (suadeo), parole persuasive : Cypr.-Gall. Gen. 103.

2 sŭāsum, i, n. (cf. sordes, al. schwarz, an. swarthy), tache [faite sur un vêtement blanc par une goutte d'eau mêlée de suie] : Pl. Truc. 271, cf. Fest. 392, 25.

1 suāsus, a, um, part. de suadeo.

2 suāsŭs, ūs, m., conseil : Ter. Phorm. 730.

sŭātim, adv. (sus), en pourceau : Nigid. d. Non. 40, 26.

sŭāvĕ (suavis), n. pris adv\[t\], agréablement : Hor. S. 1, 4, 76 ; Virg. B. 3, 63 ; 4, 43.

sŭāvĕŏlens (sŭāvĕ ŏlens), à l'odeur suave : Catul. 61, 7.

sŭāvĕŏlentĭa, ae, f., parfum [fig.] : Aug. Conf. 8, 6, 15 ; Sidon. Ep. 8, 14, 4.

sŭāvĭātĭo (sāvĭātĭo), ōnis, f. (suavior), baiser tendre : Pl. Bac. 129 ; Gell. 18, 2, 8.

sŭāvĭātus (sāv-), a, um, part. de suavio et de suavior.

sŭāvĭdĭcus, a, um (suavis, dico), aux sons doux (harmonieux) : Lucr. 4, 178.

sŭāvĭfĭcō, ās, āre, -, ātus (suavis, facio), tr., rendre doux, agréable : Isid. 17, 8, 11 ; Arn.-J. Psalm. 103.

sŭāvĭfrāgantĭa, ae, f., parfum suave : Ps. Aug. Serm. 40, Mai p. 1210.

sŭāvillum, v. savillum.

sŭāvĭlŏquens, tis (suavis, loquor), qui parle agréablement = aux doux accents, harmonieux, mélodieux : Enn. An. 303 ; Lucr. 1, 945 [v. Gell. 12, 2, 7 qui cite, en le désapprouvant, un passage où Sénèque blâme l'expression suaviloquens jucunditas employée par Cicéron (Cic. Rep. 5, 11) à l'imitation d'Ennius].

sŭāvĭlŏquentĭa, ae, f. (suaviloquens), douceur de langage : Enn. d. Cic. Brut. 58.

sŭāvĭlŏquĭum, ĭi, n., v. suaviloquentia : Aug. Mend. 11, 18.

sŭāvĭlŏquus, a, um, v. suaviloquens : Capel. 1, 3.

sŭāvĭlūdĭus, ĭi, m. (suavis, ludus), amateur de spectacles : Tert. Spect. 20, 2 ; Cor. 6, 3.

sŭāvĭŏ (sāvĭŏ), ās, āre, -, -, v. suavior.

sŭāvĭolum (sāv-), i, n. (dim. de suavium), baiser tendre : Catul. 99, 2 et 14.

sŭāvĭor (sāvĭŏr), ārĭs, ārī ātus sum (suavium), tr., embrasser, baiser : Cic. Att. 16, 36 ; Brut. 53.

▶ forme active savio Pompon. Com. 83 ; Quadr. d. Prisc. 2, 393, 6 ‖ part. à sens pass. saviata, "qui mérite d'être embrassée = charmante, délicieuse" : Front. Caes. 5, 48, 2, p. 86 N.

sŭāvis, e (cf. suadeo, ἡδύς, scr. svādu-s, al. süss, an. sweet ; it. soave, a. fr. souef), doux, agréable **a)** [aux sens] : [odeur] Cic. Verr. 3, 23 ; [couleur] Cic. Tusc. 5, 46 ; [mets] Cic. Fin. 2, 64 ; [voix] Cic. Off. 1, 133 **b)** [à l'esprit, à l'âme] suavissima epistula Cic. Att. 2, 13, 1, lettre très agréable ; mi suavissime Volumni Cic. Fam. 7, 33, 1, ô mon si aimable Volumnius ; *o medicum suavem !* Cic. Fam. 7, 20, 3, ô l'exquis médecin !, cf. Cic. Att. 7, 3, 12 ; *suavis oratio* Cic. Part. 22, style agréable, cf. Cic. Part. 21 ; Inv. 1, 3 ; Nat. 1, 60 ‖ *suave est* [avec inf.] Lucr. 2, 1, il est doux de ; *tibi suave est* [avec inf.] Ter. Haut. 481, il est agréable pour toi de, cf. Cael. Fam. 8, 1, 1.

sŭāvĭsātŏr, f. l. pour suavis homo : *Vesp. 96.

sŭāvĭsāvĭātĭo, ōnis, f. (suavis, saviatio), action de donner de tendres baisers : Pl. Ps. 61 ; Bac. 116 ; 120.

sŭāvĭsŏnus, a, um (suavis, sono), au doux son : Acc. Tr. 572 ; Naev. Tr. 23 (25).

sŭāvĭtās, ātis, f. (suavis), douceur, qualité agréable, suavité **a)** [aliments] Cic. Phil. 2, 115 ‖ moelleux du vin : Cic. Brut. 287 ; [parfum] Cic. CM 59 ; [teint agréable] Cic. Opt. 8 ‖ douceur du timbre de la voix : Cic. de Or. 3, 42 ‖ *suavitates* Cic. Off. 3, 117, douceurs, jouissances **b)** [pour l'esprit, l'âme] douceur, charme, agrément : Cic. de Or. 1, 193 ; Cael. 25 ; Lae. 66 ; Rep. 1, 7 ; *alicujus eximia suavitas* Cic. de Or. 1, 234, l'exquise amabilité de qqn ; [pl.] Cic. Fam. 3, 1, 1.

sŭāvĭtĕr, adv. (suavis), d'une façon douce, agréable [pour les sens et l'esprit] : Cic. Ac. 2, 139 ; de Or. 3, 43 ; *suavissime legere* Plin. Ep. 3, 15, 3, lire de façon très agréable ‖ Cic. Fin. 1, 57 ; Fam. 15, 21, 4 ; *litterae suavissime scriptae* Cic. Fam. 13, 18, 1, lettre écrite en termes si agréables.

sŭāvĭtūdo, ĭnis, f. (suavis), douceur, charme, agrément : Her. 3, 22 ‖ [terme d'affection] Pl. St. 755.

sŭāvĭum (sāvĭum), ĭi, n. (suavis) ¶1 lèvres tendues pour le baiser : Pl. Mil. 94 ; Poet. d. Gell. 19, 11, 4 ¶2 baiser, cf. Serv. En. 1, 260 ; Pl., Ter. ; Cic. Att. 16, 11, 8 ‖ [fig.] *meum savium* Ter. Eun. 456, mon amour.

sŭb, subs- (cf. susque, deque, sustineo, subtus, summus, supinus, super, ὑπό, scr. upa, al. auf, oben, an. up ; esp. so), prép. avec abl. et acc.

I abl. ¶1 [sens local] **a)** "sous" ; *sub pellibus, sub armis, sub hasta, sub corona vendere* **b)** "de dessous" **c)** "au bas de, au pied de", *sub moenibus* **d)** "immédiatement après" **e)** "au fond de" ¶2 [temporel] "au moment de" ¶3 [idée de sujétion] *sub rege ; sub specie, sub nomine ; sub lege ne* "à la condition de ne pas" ¶4 [tard.] "par, à cause de".

II acc. ¶1 [local] **a)** *sub jugum mittere* ; [fig.] *sub judicium alicujus cadere* **b)** "au pied de" [avec mouv\[t\]] ¶2 [temporel] **a)** "vers, tout proche de" **b)** "immédiatement après" ¶3 [idée de sujétion avec verbe de mouv\[t\]] *sub imperium alicujus cadere*.

III en composition.

I avec abl. ¶1 [sens local] **a)** sous : *sub terra habitare* Cic. Nat. 2, 95, habiter sous terre ; *sub pellibus hiemare* Caes. C. 3, 13, 5, passer l'hiver sous des tentes ‖ *sub armis* Caes. C. 1, 41, 2, sous les armes ; *sub sarcinis* Caes. G. 2, 17, 2, avec ses bagages [ou] *sub onere* Caes. C. 1, 66, 2 ; *sub oculis alicujus* Caes. C. 1, 57, sous les yeux de qqn ; *sub corona, sub hasta vendere*, mettre à l'encan, v. ces mots ; *sub ictu teli* Liv. 28, 30, 8, à portée de trait ; *Gallia sub septentrionibus posita* Caes. G. 1, 16, 2, la Gaule située au nord ‖ [avec v. de mouv\[t\]] *sub terra demissi sunt* Liv. 22, 57, 6, ils furent jetés sous terre ; *sub jugo mittere* Liv. 3, 28, 11, envoyer sous le joug ‖ [fig.] *sub nomine pacis bellum latet* Cic. Phil. 12, 17, sous le nom de paix se cache la guerre, cf. Agr. 3, 12 **b)** de dessous : *sub terra* Pl. Aul. 628, [sortir] de dessous terre ; cf. Cap. 730 **c)** au bas de, au pied de, près de : *sub monte* Caes. G. 1, 21, 1 ; *sub moenibus* Cic. Rep. 1, 17, au pied d'une montagne, des remparts ; *sub Novis* Cic. de Or. 2, 266, aux Boutiques Neuves [v. *Novae*] **d)** immédiatement après : Virg. En. 5, 323 ; Sen. Ep. 94, 60 **e)** au fond de : *sub pectore* Virg. En. 1, 36, au fond du cœur ¶2 [temporel] au moment de : *sub bruma* Caes. G. 5, 13, 3, au moment du solstice d'hiver, cf. C. 1, 27, 3 ; Hirt. G. 8, 49, 2 ‖ *sub Domitiano* Tac. Agr. 45, sous, au temps de Domitien, cf. Tac. Agr. 6 ; Plin. Ep. 3, 5, 5 ¶3 [idée de sujétion] *sub regno esse* Cic. Rep. 1, 60 ; Att. 7, 7, 5 ; *sub rege* Cic. Rep. 2, 43, être sous le régime monarchique, sous un roi ; *sub alicujus dicione* Caes. G. 1, 31, 7, être sous la domination de qqn ‖ *sub specie pacis* Liv. 36, 7, 12, sous l'apparence de la paix ; *sub nomine, sub condicione* [v. ces mots] ; *sub lege, ne* Suet. Aug. 21, sous la condition de ne pas... ; *sub mortis poena* Suet. Cal. 48, sous peine de mort ¶4 [tard., circonstances diverses] **a)** [instrument] par, grâce à : Aug. Bapt. 6, 5, 7 **b)** [manière] *sub Dei testificatione firmare* Aug. Coll. Don. 1, 14, affirmer en prenant Dieu à témoin **c)** [cause] *sub terrore capitali* Aug. Parm. 9, 15, par peur de la peine capitale.

II avec acc. ¶1 [local] **a)** *sub jugum mittere* Caes. G. 1, 7, envoyer sous le joug ; *sub orbem solis se subjicere* Cic. Rep. 1, 25, se placer sous le disque du soleil ; *sub terras ire* Virg. En. 4, 654, aller sous la terre ‖ [fig.] *sub judicium alicujus cadere* Cic. Fin. 3, 61, tomber sous le (être exposé au) jugement de qqn; *quae sub sensus subjecta sunt* Cic. *Ac.* 2, 74, ce qui tombe sous les sens, cf. Cic. *Or.* 67 ‖ *sub Borean esse* Luc. 7, 364, être exposée à Borée, au nord **b)** être exposée à [avec mouv*t*]: *sub montem succedere* Caes. *C.* 1, 45, 2, s'avancer au pied de la montagne, cf. Cic. *Rep.* 2, 54; Hirt. 8, 41, 1; Liv. 44, 45, 7; Tac. *H.* 5, 11 ¶ **2** [temporel] **a)** vers, tout proche de: *sub noctem* Caes. *C.* 1, 28; *sub vesperum* Caes. *G.* 2, 33; *sub lucem* Caes. *G.* 7, 83, 7, à l'approche de la nuit, du soir, du jour; *sub dies festos* Cic. *Q.* 2, 1, 1, à proximité des fêtes; *sub galli cantum* Hor. *S.* 1, 1, 10, vers l'heure où le coq chante **b)** immédiatement après: *sub eas (litteras) statim recitatae sunt tuae* Cic. *Fam.* 10, 16, 1, aussitôt après cette lettre, on fit lecture de la tienne, cf. Liv. 23, 15, 1; 23, 16, 3; 45, 10, 10 ¶ **3** [idée de sujétion, avec verbe de mouv*t*] *sub alicujus imperium dicionemque cadere* Cic. *Font.* 12, tomber sous l'autorité et la domination de qqn, cf. Cic. *Verr.* 5, 144; Nep. *Milt.* 1; *sub legis vincula aliquid conjicere* Liv. 4, 4, 10, mettre qqch. sous les liens d'une loi, sous l'empire d'une loi.

III en composition *sub* [prép. ou préverbe] apporte l'idée de **a)** sous, dessous, par-dessous: *subjaceo, subjicio* **b)** de bas en haut: *sublatus, sublevo* **c)** remplacement: *succedo* ‖ immédiatement après: *succresco, subinde, suboles*; *succurro, subvenio* **d)** secrètement, à la dérobée: *subripio, subrepo* **e)** un peu: *subiratus, sublustris*; *subaccuso* ‖ *subs* est remplacé par *sus* devant *c, t, p*: *suscipio, sustineo, suspendo*.

sŭbabsurdē, adv., d'une manière un peu absurde: Cic. *de Or.* 2, 275.

sŭbabsurdus, *a*, *um*, un peu absurde, un peu étrange, un peu inepte: Cic. *Att.* 16, 3, 4; *de Or.* 2, 274 ‖ n. pl., *subabsurda dicere* Cic. *de Or.* 2, 289, dire de feintes naïvetés.

sŭbaccūsō, *ās*, *āre*, -, -, tr., accuser avec modération: Cic. *Planc.* 86; *Att.* 13, 46, 2.

sŭbăcĕr, *acris*, *acre*, un peu âcre: Isid. 17, 10, 8.

sŭbăcĭdus, *a*, *um*, aigrelet: Cat. *Agr.* 108, 2; Plin. 12, 120.

sŭbactārĭus, *a*, *um* (*subigo*), qui assouplit: *coriarius* CIL 10, 1916, corroyeur.

sŭbactĭo, *ōnis*, f. (*subigo*) ¶ **1** broiement, trituration: Vitr. 2, 4, 3; Arn. 3, 13 ¶ **2** [fig.] préparation, formation de l'esprit: Cic. *de Or.* 2, 131 ¶ **3** pouvoir d'expulser [les mauvais esprits]: Tert. *Marc.* 4, 7, 13.

1 **sŭbactus**, *a*, *um*, part. de *subigo*.

2 **sŭbactŭs**, abl. *ū*, m., broiement: Plin. 18, 67.

sŭbadjŭva, *ae*, m., sous-auxiliaire: Cod. Th. 6, 27, 3.

sŭbadmŏvĕō, *ēs*, *ēre*, -, -, tr., approcher discrètement: Col. 6, 36, 4.

sŭbadrŏganter, adv., avec un peu de présomption: Cic. *Ac.* 2, 114.

sŭbadsentĭens, *subadsentientibus humeris* Quint. 11, 3, 100, avec un léger mouvement d'assentiment des épaules.

sŭbădūnō, *ās*, *āre*, -, -, tr., réunir secrètement: Cassiod *Psalm.* 134, 4.

sŭbaedĭānus, *a*, *um* (*sub aedibus*), qui travaille dans l'intérieur de la maison, à domicile: CIL 10, 6699 ‖ **sŭbaedānus**: CIL 16, 7814.

sŭbaemŭlātĭo, *ōnis*, f., émulation ou rivalité secrète: Ambr. *Psalm.* 36, 10.

sŭbaemŭlor, *ārĭs*, *ārī*, -, tr., jalouser secrètement: Ambr. *Psalm.* 36, 10.

sŭbaerātus, *a*, *um*, ayant du cuivre par-dessous: Pers. 5, 106.

sŭbăgĭtō, v. *subigito*.

sŭbăgrestis, *e*, un peu agreste, un peu éloigné de l'urbanité, des habitudes de la ville: Cic. *Brut.* 259; *Rep.* 2, 12.

sŭbālārĕ, *is*, n. (*sub ala*), baudrier: Diocl. 10, 10.

sŭbālāris, *e*, qui est sous les ailes: Lampr. *Hel.* 19, 9 ‖ **sŭbālāres**, *ium*, f. pl., plumes qui se trouvent sous les ailes: Vulg. 4 Esdr. 11, 25 ‖ qu'on peut porter (cacher) sous l'aisselle: *subalaris telum* Nep. *Alc.* 10, 5, un poignard.

sŭbalbens, *tis*, v. *subalbidus*: Cassiod. *Var.* 5, 34.

sŭbalbīcans, *tis*, v. *subalbidus*: Varr. *R.* 3, 9, 5.

sŭbalbĭdus, *a*, *um*, blanchâtre: Cels. 5, 28, 8; Plin. 21, 168.

sŭbalbus, *a*, *um*, blanchâtre: Varr. *R.* 1, 9, 5.

sŭballĭgātūra, *ae*, f. (*ligatura*), [pl.] amulettes: Gaud. *Serm.* 4, 14, p. 870 A.

sŭbalpīnus, *a*, *um*, subalpin, placé au pied des Alpes: Plin. 25, 71.

sŭbalternātim, adv., en subordonnant: Boet. *Top. Arist.* 1, 13.

sŭbalternus, *a*, *um*, subalterne [log.]: Julian.-Aecl. d. Aug. *Jul. op. imp.* 5, 25.

sŭbămārē, adv., avec quelque amertume: Schol. Bob. Cic. *Sest.* 3, p. 293, 31.

sŭbămārus, *a*, *um*, un peu amer: Cic. *Inv.* 1, 25; *Fat.* 8 ‖ *subamarum*, n. pris adv*t*, avec quelque amertume: Amm. 27, 11, 5.

sŭbambĭgŭē, adv., avec un peu d'ambiguïté: Don. *Phorm.* 683.

sŭbăpĕrĭō, *īs*, *īre*, -, -, tr., ouvrir en dessous, fendre: Arn. 2, 58; Apic. 367 ‖ découvrir qq. peu, révéler un peu: Rufin. *Orig. Rom.* 7, 16.

sŭbăquānĕus, *a*, *um* (*sub aqua*), qui se trouve sous l'eau, aquatique: Tert. *Anim.* 32, 3.

sŭbăquĭlīnus, *a*, *um*, un peu aquilin: Itin. Alex. 6.

sŭbăquĭlus, *a*, *um*, un peu brun [couleur de l'aigle]: Pl. *Ru.* 423.

sŭbărātor, *ōris*, m. (*subaro*), celui qui laboure tout près: Plin. 17, 227.

sŭbărātus, v. *subaro*.

sŭbărescō, *ĭs*, *ĕre*, -, -, intr., se dessécher quelque peu: Vitr. 7, 3, 5.

sŭbargūtŭlus, *a*, *um* (dim., cf. *argutus*), assez fin (spirituel): Gell. 15, 30, 1.

sŭbarmālis, *is*, m., Treb. *Claud.* 14, 8; Vop. *Aur.* 13, 3, **sŭbarmālis vestis**, f., Capel. 5, 426 (*sub armis*), tunique qui ne recouvre pas les bras.

subarō, *ās*, *āre*, -, *ātum*, tr., labourer autour de: Plin. 16, 116.

sŭbarrō, *ās*, *āre*, -, - (*sub arris*), tr., engager par des arrhes, hypothéquer: Cassian. *Coll.* 7, 6 ‖ [pass.] être fiancé [sens pr. et chrét.]: Sulp. Sev. *Ep. app.* 2, 12, p. 241, 22.

sŭbarrŏgantĕr, v. *subadr-*.

sŭbărundĭnō, *ās*, *āre*, -, -, tr., échalasser: Drac. *Laud.* 1, 173.

sŭbaspĕr, *ĕra*, *ĕrum*, un peu rugueux: Cels. 5, 28, 19.

sŭbassentĭens, *tis*, v. *subads-*.

sŭbassō, *ās*, *āre*, -, *ātum*, tr., faire rôtir légèrement: Cael.-Aur. *Chron.* 4, 3, 65; Apic. 64.

sŭbātĭo, *ōnis*, f. (*subo*), période du rut [en parl. des truies]: Plin. 8, 205.

sŭbaudĭō, *īs*, *īre*, -, *ītum*, tr. ¶ **1** entendre à peine: Apul. *M.* 5, 19 ¶ **2** sous-entendre: Ps. Asc. Cic. *Verr.* 1, 2, 4; Ulp. *Dig.* 28, 5, 1.

sŭbaudītĭo, *ōnis*, f., action de sous-entendre: Serv. *En.* 10, 89.

sŭbaudītus, *a*, *um*, part. de *subaudio*.

sŭbaulĭcus, *i*, m., officier de la cour: Bonif. *M.* 20, p. 878 A.

sŭbaurātus, *a*, *um*, doré légèrement: Petr. 32, 3.

sŭbauscultō, *ās*, *āre*, -, -, tr., écouter furtivement, surprendre en écoutant: Pl. *Mil.* 993; Cic. *de Or.* 2, 153; *Top.* 75; *Att.* 10, 18, 1.

sŭbaustērus, *a*, *um*, un peu rude, un peu âpre [vin]: Cels. 3, 6, 17; *C.* 6, 6, 8 C.

subbājŭlō, *ās*, *āre*, -, -, tr., porter sur les épaules: Aug. *Faust.* 15, 5.

subbalbē, adv., en bégayant un peu: Spart. *Get.* 5, 1.

Subballĭo, *ōnis*, m., sous-Ballion [esclave qui sert Ballion]: Pl. *Ps.* 607.

subbăsĭlĭcānus, *i*, m., un habitué (un promeneur, flâneur) des basiliques: Pl. *Cap.* 815.

subbĭbō, *ĭs*, *ĕre*, -, -, tr., boire un peu: Suet. *Ner.* 20.

subblandĭŏr, *īrĭs*, *īrī*, -, intr., flatter un peu, caresser doucement, cajoler,

subblandior

alicui, qqn : PL. *Cas.* 585 ; *Bac.* 517 ; *Most.* 220.
▶ fut. *sublandibitur* PL. *Bac.* 517.

subbrachĭa, ōrum, n. pl. (*sub brachiis*), le creux de l'aisselle : ISID. 11, 1, 65.

subbrĕvis, *e*, un peu court : PLIN. 21, 43.

subbullĭō, īs, īre, -, - (*sub, bullio* ; it. *sobbollire*), intr., bouillir un peu : CASSIOD. *Eccl.* 7, 2.

subcaelestis, adv., qui se trouve sous le ciel : *TERT. *Marc.* 3, 24, 5.

subcaerŭlĕus, *a*, *um*, bleuâtre : CELS. 6, 5, 3.

subcandĭdus, *a*, *um*, blanchâtre : PLIN. 27, 16.

subcăvus, *a*, *um*, adj. (*sub, cavus* ; esp. *sobaco*), creusé intérieurement, creux : CAT. *Agr.* 151, 3 ∥ souterrain : LUCR. 6, 557.

subcēnō, ās, āre, -, -, tr., dîner après : GALBA d. QUINT. 6, 3, 90.

subcentīvus, ▶ *succ-*.

1 **subcentŭrĭo**, *are*, ▶ *succ-*.

2 **subcentŭrĭo**, ōnis, m. (*sub centurione*), sous-centurion, remplaçant du centurion : LIV. 8, 8, 18.

subcernō (**succer-**), ĭs, ĕre, crēvī, crētum, tr., passer au crible, au tamis, tamiser : CAT. *Agr.* 25 ; 151, 3 ; PLIN. 18, 115 ; [plais¹] PL. *Poen.* 513 ∥ [fig.] agiter : AETNA 495.

subcĭnĕrĭcĭus, *a*, *um* (*sub cinere*), cuit sous la cendre : HIER. *Os.* 2, 8, 7 ; ISID. 20, 2, 15 ; VULG. *Gen.* 18, 6.

subcing-, ▶ *succing-*.

subcīsīvus, ▶ *subsicivus*.

subclāmo, ▶ *succ-*.

subcŏlōrātus, *a*, *um*, un peu coloré : ISID. 6, 10, 3.

subcommūnis, *e*, *subcommune genus* DIOM. 301, 13, genre commun (un seul genre désignant un animal des deux sexes).

subconnŭmĕrō, ās, āre, -, -, tr., [pass.] être compté avec : RUFIN. *Clem. rec.* 3, 11, p. 1288 C.

subcontĭnŭātĭo, ōnis, f., suite immédiate [cause] : PRISC. 3, 95, 2.

subcontĭnŭātīvae conjunctĭōnes, f., conjonctions qui indiquent une suite immédiate [subordination causale] : PRISC. 3, 94, 22.

subcontrārĭus, *a*, *um*, sous-contraire : BOET. *Herm. pr.* p. 85, 22.

subcontŭmēlĭōsē, adv., un peu ignominieusement : CIC. *Att.* 2, 7, 3.

subcŏquō, ĭs, ĕre, -, -, tr., faire cuire doucement, à petit feu : M.-EMP. 36, 51.

subcornĭcŭlārĭus, *ĭi*, m. (*sub corniculario*), sous-corniculaire, aide du corniculaire : CIL 6, 3596.

subcorrĭgō, ĭs, ĕre, -, -, tr., corriger un peu [un livre] : EUGEN.-TOL. *pr. ad*, DRAC. p. 27, 6.

subcortex, ĭcis, m. (*sub cortice*), aubier [arbre] : VEG. *Mul.* 3, 28, 7.

subcrassŭlus, *a*, *um*, grassouillet : CAPIT. *Gord.* 6, 1.

subcrĕpo, subcresco, ▶ *succ-*.

subcrētus, part. de *subcerno*.

subcrispus, *a*, *um*, un peu crépu : CIC. *Verr.* 2, 108 ; VARR. R. 2, 7, 5.

subcrŏtillus, *a*, *um*, ▶ *succr-*.

subcrūdus, *a*, *um*, peu cuit, un peu cru : CAT. *Agr.* 156, 7 ∥ non mûr [un abcès] : CELS. 6, 13, 2.

subcrŭentus, *a*, *um*, un peu ensanglanté : CELS. 4, 25, 1.

subcŭb-, subcŭd-, ▶ *succ-*.

subcultrō, ās, āre, -, - (*culter*), tr., hacher : APIC. 142.

subcumbo, ▶ *succ-*.

subcumbus (**succ-**), *i*, m., borne d'un champ : GROM. 305, 9.

subcŭnĕātus, *a*, *um*, calé en dessous par des coins : VITR. 6, 8, 2.

subcūrātor, ōris, m. (*sub curatore*), sous-curateur [fonctionnaire subalterne, adjoint d'un curateur et affecté à des tâches municipales] : DIG. 3, 5, 29.

subcursor, ▶ *succursor*.

subcurvus, *a*, *um*, un peu courbé : AMM. 26, 9, 11.

subcus, ŭtis (*sub cute*), ▶ *subcutaneus* : GLOSS. 5, 611, 4.

subcustos, ōdis, m., sous-gardien : PL. *Mil.* 868.

subcŭtānĕus, *a*, *um* (*subcus*), sous-cutané : Ps. AUR.-VICT. *Epit.* 14, 9.

subcŭtĭo, ▶ *succ-*.

subdĕalbō, ās, āre, -, -, tr., blanchir légèrement : VARR. *Men.* 171.

subdēbĭlis, *e*, un peu faible : SUET. *Vit.* 17.

subdebilitatus, *a*, *um*, un peu paralysé [fig.], découragé : CIC. *Att.* 11, 5, 1.

subdēfectĭo, ōnis, f., affaiblissement : AUG. *Hept.* 6, 30.

subdēfendō, ĭs, ĕre, -, -, tr., défendre mollement : DON. *And.* 896.

subdēfĭcĭō, ĭs, ĕre, -, -, intr., s'affaiblir, défaillir : CURT. 7, 7, 20 ∥ [fig.] AUG. *Serm.* 343, 10.

subdēprĭmō, ĭs, ĕre, pressī, pressum, tr., enfoncer profondément : FAUST.-REI. *Grat.* 1, 1, p. 7, 21.

subdescendō, ĭs, ĕre, scendi, scensum, intr., descendre [du ciel, par l'incarnation] : CAES.-AREL. *Serm.* 103, 6.

subdĭācōn, ŏnis, m. (*sub diacone*), sous-diacre : GREG.-M. *Ep.* 2, 1.

subdĭācōnālis, *e*, de sous-diacre : FORT. *Marc.* 6, 20.

subdĭācōnātŭs, ūs, m., sous-diaconat : GREG.-M. *Ep.* 11, 53.

subdĭācŏnus, *i*, m. (*sub diacono*), sous-diacre : COD. JUST 1, 3, 6.

subdĭālis, *e* (*sub diu*), exposé en plein air : PLIN. 14, 11 ∥ n. pl., plates-formes, terrasses : PLIN. 36, 186.

subdĭdī, parf. de *subdo*.

subdiffĭcĭlis, *e*, un peu difficile : CIC. *Lae.* 67.

subdiffīdō, ĭs, ĕre, -, -, intr., se défier un peu : CIC. *Att.* 15, 20, 2.

subdīmĭdĭus, *a*, *um*, inférieur d'un tiers [dans le rapport de 2 à 3] : CAPEL. 7, 761.

Subdinnum, *i*, n., ville de Lyonnaise : PEUT. 1, 3.

subdisjunctīvus, *a*, *um*, qui établit une sous-division : PROCUL. *Dig.* 50, 16, 124 ; PRISC. 3, 97, 17.

subdistinctĭo, ōnis, f. ¶1 [rhét.] distinction qui oppose successivement des choses semblables, paradiastole : CARM. FIG. 115 ¶2 ponctuation faible, virgule : DIOM. 438, 5 ¶3 détermination : HIER. *Tract. Psal.* 270, 17.

subdistinguō, ĭs, ĕre, -, -, tr., séparer par une virgule : Ps. ASC. *Verr.* 2, 13, 32 ; PORPH. HOR. *Epo.* 16, 15.

subdĭtātĭo, ōnis, f., action de donner gage, prendre en gage : GLOSS. 2, 298, 54.

subdĭtīcĭus (**-tĭus**), *a*, *um* (*subdo*), supposé, apocryphe : LAMPR. *Hel.* 17, 9.

subdĭtīvus, *a*, *um* (*subditus*) ¶1 supposé [enfant], substitué, faux : PL. *Amp.* 828 ; CIC. *Verr.* 5, 69 ; SUET. *Ner.* 7 ∥ **Subditivus**, *i*, m., titre d'une pièce de Caecilius : GELL. 15, 9, 1 ¶2 caché : ARN. 5, 32.

subdĭtē, adv., d'une manière soumise : AUG. *Gen. litt.* 8, 24.

subdĭtĭo, ōnis, f. ¶1 action d'ajouter : GREG.-M. 1 *Reg.* 3, 14 ¶2 soumission : VL. *Hebr.* 5, 8.

subdĭtō, ās, āre, -, - (fréq. de *subdo*), tr., prendre en gage : GLOSS. 2, 298, 56.

1 **subdĭtus**, *a*, *um*, part. de *subdo*, ▶ *subdo* ¶3 ∥ adj., soumis, humble : VULG. *Jac.* 4, 7 ∥ subst. m. pl., les sujets, les subordonnés [d'un évêque] : GREG.-M. *Ep.* 5, 58.

2 **subdĭtŭs**, ūs, m., action de mettre dessous : PLIN. 32, 28.

subdiu, *PL. *Most.* 765, de jour.

subdīval, ālis, n. (*subdivalis, sub diu*), terrasse [d'une maison] : TERT. *Jud.* 11, 7.

subdīvālis, *e*, qui est en plein air : AMM. 19, 11, 4.

subdīvĭdō, ĭs, ĕre, -, -, tr., subdiviser : AUG. *Civ.* 6, 3 ; *Trin.* 3 pr.

subdīvīsĭo, ōnis, f., subdivision : HIER. *Ep.* 58, 8 ; COD. JUST. 3, 28, 37.

subdīvum, *i*, n. (*subdivus*), le grand air, le plein air : TERT. *Pall.* 2, 2.

subdīvus, *a, um*, ⊂ subdivalis: Gloss. 2, 463, 11.

subdō, *ĭs, ĕre, dĭdī, dĭtum* (sub, 3 -do), tr. ¶ **1** mettre sous, placer dessous, poser sous: *ignem* Cat. Agr. 105, 1, mettre du feu dessous, cf. Cic. Nat. 2, 27; *furcas vitibus* Plin. 14, 32; *pugionem pulvino* Suet. Oth. 11, mettre des fourches sous les ceps, un poignard sous son chevet; *calcaria equo* Liv. 2, 20, 2, piquer des deux son cheval ‖ *Rhodopae subditi* Plin. 4, 41, situés au pied du Rhodope ¶ **2** [fig.] **a)** *ingenis stimulos* Ov. Tr. 5, 1, 76, stimuler les esprits; *alicui spiritus* Liv. 7, 40, 8, inspirer de l'orgueil à qqn; *alicui acriores ad studia dicendi faces* Quint. 1, 2, 25, enflammer qqn d'une ardeur plus vive pour les études oratoires **b)** soumettre, assujettir: *ne feminae imperio subderentur* Tac. An. 12, 40, de peur d'être soumis à l'autorité d'une femme, cf. Tib. 4, 1, 67 **c)** exposer à: Plin. Ep. 3, 19, 4 ¶ **3** mettre en remplacement **a)** *aliquem in locum alicujus* Cic. Dom. 85, mettre qqn à la place de qqn, le substituer à qqn, cf., Cic. Verr. 1, 12; Plin. Pan. 25, 3; Quint. 3, 6, 54 **b)** mettre faussement à la place, supposer: *reos* Tac. An. 15, 44, supposer des coupables, substituer des coupables supposés, cf. Tac. An. 1, 6; *majestatis crimina subdebantur* Tac. An. 3, 67, on forgeait des accusations de lèse-majesté; *testamentum* Tac. An. 14, 40, supposer un testament ‖ [d'où] **subditus**, *a, um*, enfant supposé: Ter. Haut. 1014; Liv. 40, 9, 2 ¶ **4** fournir, mettre à la disposition de: Ambr. Hel. 20, 76 ¶ **5** dire ensuite, ajouter: Cassian. Coll. 2, 1, 3.

subdŏcĕō, *ēs, ēre*, -, - ¶ **1** tr., instruire qqn à la place d'un maître: *aliquem* Cic. Att. 8, 4, 1 ¶ **2** intr., *alicui* Aug. Conf. 8, 6, suppléer qqn dans son enseignement.

subdoctŏr, *ōris*, m. (sub doctore), sous-maître: Aus. Prof. 23 (212), tit..

subdŏlē, adv. (subdolus), artificieusement, avec ruse: Pl. Trin. 238; Cic. Brut. 35; Sall. J. 108, 1.

subdŏlens, *tis*, un peu douloureux: Cael.-Aur. Acut. 3, 2, 7.

subdŏlōsĭtās, *ātis*, f., fourberie, astuce: Isid. 10, 229.

subdŏlōsus, *a, um*, astucieux, rusé: Cassiod. Psalm. 106, 34.

subdŏlus, *a, um*, astucieux, fourbe, artificieux: Pl. Aul. 334; Sall. C. 5, 4; J. 38, 1; Tac. An. 6, 51 ‖ *subdola oratio* Caes. G. 7, 31, paroles artificieuses; *subdola placidi pellacia ponti* Lucr. 2, 559, la séduction traîtresse des flots apaisés.

subdŏmō, *ās, āre*, -, -, tr., soumettre: Pl. As. 702.

subdŭbĭtō, *ās, āre*, -, -, intr., douter un peu: Cic. Att. 14, 15, 2.

subduc, impér. de subduco.

subdūcō, *ĭs, ĕre, duxī, ductum* (sub, duco; fr. séduire, ⊂ seduco), tr.

I tirer de bas en haut ¶ **1** soulever: *subducere sursum* Pl. Aul. 366, amener en haut, cf. Cat. Agr. 157, 15; *cataractam funibus* Liv. 27, 28, 10, soulever la herse avec des câbles; *subductis tunicis* Hor. S. 1, 2, 26, les tuniques retroussées; *supercilia* Sen. Ep. 48, 5, relever, froncer les sourcils ¶ **2** amener les vaisseaux sur le rivage: *naves in aridum* Caes. G. 4, 29, 2, amener les vaisseaux au sec sur le rivage; *subductis navibus* Caes. G. 5, 11, 7, les navires étant tirés sur le rivage, cf. Cic. Off. 3, 49; *navis subducta in terra* Pl. Most. 738, navire tiré sur le rivage, cf. Liv. 45, 42, 12

II tirer de dessous ¶ **1** retirer de dessous, retirer, soustraire: *ignem* Cat. Agr. 105, 1, retirer le feu dessous; *lapidibus ex turri subductis* Caes. C. 2, 11, 4, des pierres ayant été retirées à la base de la tour; *capiti ensem* Virg. En. 6, 524, retirer une épée de la tête de qqn ‖ *cibum athletae* Cic. Tusc. 2, 40, retirer la nourriture à un athlète; *rerum fundamenta* Cic. Fin. 4, 42, saper les fondements des choses; *cubiculum subductum ventis* Plin. 2, 17, 10, chambre soustraite aux vents ‖ *poenae* *Dig. 49, 14, 2, 5, soustraire à une peine ¶ **2** retirer, emmener: *copias in proximum collem* Caes. G. 1, 22, 3, retirer les troupes sur la plus proche colline [à la fois retraite et montée], cf. Sall. J. 98, 4; *cohortes e dextro cornu subductae* Liv. 27, 48, 13, cohortes tirées de l'aile droite, cf. Liv. 22, 48, 5; 44, 37, 2 ¶ **3** retirer secrètement, enlever à la dérobée, furtivement: *furto obsides* Liv. 9, 11, 6, soustraire furtivement des otages; *alicui anulum* Pl. Curc. 360, soustraire un anneau à qqn; *post ignem aetheria domo subductum* Hor. O. 1, 3, 30, après que le feu eut été dérobé au ciel ‖ *de circulo se subducere* Cic. Q. 3, 4, 1, s'éclipser du groupe; *clam se ab custodibus* Nep. Alc. 4, 4, se dérober furtivement à ses gardiens ‖ *fons subducitur* Plin. Ep. 5, 6, 39, la source se dérobe, s'éclipse ‖ *morte subductus* Cod. Just. 9, 6, 4, 1, emporté par la mort

III avec *ratiunculam* Pl. Cap. 192; *rationem* Cic. Fin. 2, 78, faire un compte, calculer, supputer; *rationibus subductis summam feci cogitationum mearum* Cic. Fam. 1, 9, 10, ayant tout calculé, j'ai fait la somme de mes pensées; *subducamus summam* Cic. Att. 5, 21, 11, calculons le montant total; *voluptatum calculis subductis* Cic. Fin. 2, 60, en faisant la supputation des plaisirs; *hoc quid intersit, certe habes subductum* Cic. Att. 5, 21, 13, la différence, certes tu en as le calcul tout fait ‖ [abs¹] *adsidunt, subducunt* Cic. Att. 5, 21, 12, ils s'assoient, ils font le calcul.

▶ parf. contr. *subduxti* Ter. Eun. 795; inf. *subduxe* Varr. R. 2, 1, 6.

subductārĭus, *a, um*, qui sert à soulever: Cat. Agr. 12, 1.

subductĭo, *ōnis*, f. (subduco) ¶ **1** action de tirer les navires sur le rivage, mise à sec: Caes. G. 5, 1, 2; Vitr. 10, 2, 10 ¶ **2** calcul, supputation: Cic. de Or. 2, 132 ¶ **3** ravissement, extase: Aug. Gen. litt. 12, 32, 60.

subductĭsŭpercĭlĭcarptŏr, *ōris*, m., dénigreur aux sourcils froncés [mot forgé]: Laev. d. Gell. 19, 7, 16.

subductus, *a, um* ¶ **1** part. de subduco ¶ **2** [adj¹] retiré: *subductior terra* Capel. 6, 951, terre plus reculée.

subdulcis, *e*, assez doux, douceâtre: Plin. 26, 58; 98.

subdŭplex, *ĭcis*, ⊂ subduplus: Boet. Arith. 1, 30, 3.

subdŭplus, *a, um*, sous-double [contenu deux fois dans un nombre]: Boet. Arith. 1, 23, 3.

subdūrus, *a, um*, un peu dur: Cels. 5, 28, 14 ‖ [fig.] Q. Cic. Pet. 46.

subduxĕ, ⊂ subduco ▶.

subduxī, parf. de subduco.

sŭbĕdō, *ēs, esse, ēdī, ēsum*, tr., ronger par-dessous, miner: Ov. M. 11, 783.

sŭbēgī, parf. de subigo.

sŭbĕō, *ĭs, īre, ĭĭ, ĭtum* (sub, 3 eo; esp. *subir*), intr. et tr.

> **I** intr. ¶ **1** "aller sous" ¶ **2** "s'approcher en montant", *in adversos montes subire* ¶ **3** "venir en remplacement" ¶ **4** [poét.] "se glisser, s'insinuer" ¶ **5** [fig.] "venir à la pensée", *subit* avec inf. "on se prend à", avec prop. inf. "il vient à l'esprit que", avec interr. indir..
> **II** tr. ¶ **1** "aller sous" ¶ **2** "approcher de" ¶ **3** "remplacer" ¶ **4** "pénétrer furtivement" ¶ **5** "pénétrer dans", [fig.] *memoria subit animos* ¶ **6** [fig.] "supporter, subir", "s'exposer à".

I intr. ¶ **1** aller sous: *cum luna sub orbem solis subisset* Liv. 37, 4, 4, la lune étant venue sous le disque du soleil; *ne subeant herbae* Virg. G. 1, 180, pour que l'herbe ne pousse pas dessous ‖ *in nemoris latebras* Ov. M. 4, 601, pénétrer dans les profondeurs du bois ‖ *feretro* Virg. En. 6, 222, porter la civière sur ses épaules ‖ [fig.] *verba sub acumen stili subeunt* Cic. de Or. 1, 151, les mots se présentent sous la pointe du stylet ¶ **2** aller en s'approchant de bas en haut, s'approcher en montant, s'avancer d'en bas: *ex inferiore loco subeuntes non intermittere* Caes. G. 2, 25, 1, ne pas s'arrêter dans leur marche ascendante; *testudine facta subeunt* Caes. G. 7, 85, 5, faisant la tortue ils avancent; *quamquam ascensus difficilis erat... subierunt* Liv. 27, 18, 13, malgré la difficulté de l'ascension..., ils avancèrent; *in adversos montes* Liv. 41, 18; 11, gravir la pente des montagnes; *ad hostes* Liv. 2, 31, 5, marcher à l'ennemi [qui est sur les

subeo

hauteurs]; *ad montes* Liv. *1, 28, 7*, s'approcher des montagnes; *ad urbem* Liv. *31, 45, 4*, marcher contre la ville [après avoir débarqué], cf. Liv. *34, 16, 2*; *34, 46, 7*; *39, 27, 10*; *muro* Virg. *En. 7, 161*, s'approcher du mur, arriver au pied du mur, cf. Virg. *En. 9, 371*; *portu* [dat.] *Chaonio* Virg. *En. 3, 292*, arriver au port de Chaonie ¶ **3** venir en remplacement, venir prendre la place : [abs¹] Virg. *G. 3, 67*; Ov. *M. 1, 114*; *3, 648* ‖ [avec dat.] *dexterae alae sinistra subiit* Liv. *27, 2, 7*, l'aile gauche vint remplacer l'aile droite, cf. Liv. *25, 37, 6* ‖ *in locum alicujus rei* Ov. *M. 1, 130*, se substituer à qqch. ¶ **4** [poét.] s'approcher furtivement, se glisser, s'insinuer : Prop. *1, 9, 26*; Ov. *Am. 1, 2, 6* ¶ **5** [fig.] se présenter à l'esprit, venir à la pensée : *subiit deserta Creusa* Virg. *En. 2, 562*, à ma pensée s'offrit Créuse abandonnée, cf. Virg. *En. 11, 542* ; Quint. *11, 2, 17*; Tac. *An. 1, 13* ‖ *subit* [avec inf.] il vient à l'esprit de : Plin. *12, pr. 2*; *25, 23* ‖ [avec prop. inf.] il vient à l'esprit que : Ov. *M. 1, 755*; [avec interrog. indir.] *quid sim subit* Ov. *Tr. 3, 8, 38*, je songe à ce que je suis **II** tr. ¶ **1** aller sous : *tectum* Caes. *G. 1, 36, 7*, entrer sous un toit, cf. Quint. *2, 16, 6*; *jugum* Plin. *10, 128*, se laisser atteler, cf. Virg. *En. 3, 313*; *alicujus mucronem* Virg. *En. 10, 798*, se mettre sous la pointe du glaive de qqn; *terram* Curt. *4, 10, 5*, se mettre sous la terre [éclipse de lune] ‖ supporter : *dorso onus* Hor. *S. 1, 9, 21*, porter une charge sur son dos, cf. Virg. *En. 2, 708* ¶ **2** approcher de [en allant de bas en haut] : *vallum* Liv. *36, 18, 8*, approcher, arriver au pied du retranchement, cf. Virg. *En. 7, 12, 3*; [fig.] *ubi maxime montes Trasumennus subit* Liv. *22, 4, 2*, où le lac de Trasimène se rapproche le plus du pied des montagnes ‖ *collem* Hirt. *G. 8, 15, 1*, escalader une colline; *ascendere altissimas ripas, subire iniquissimum locum* Caes. *G. 2, 27, 5*, escalader une rive très escarpée, pénétrer dans une région très difficile ‖ aborder = assaillir : Virg. *En. 9, 344*; *precibus tonantem* Stat. *Th. 9, 510*, aborder Jupiter avec des prières ¶ **3** prendre la place de, remplacer : Ov. *M. 14, 612*; *furcas subiere columnae* Ov. *M. 8, 700*, des colonnes remplacèrent les étais ¶ **4** pénétrer furtivement dans : Ov. *M. 3, 282*; *H. 19, 56* ¶ **5** pénétrer dans : *limina* Virg. *En. 8, 363*, franchir un seuil; *domos* Ov. *M. 1, 121*, entrer dans les maisons, cf. Hor. *Ep. 1, 7, 33*; *paludem Tritoniacam* Ov. *M. 15, 358*, se plonger dans le lac Triton ‖ [fig.] *paenitentia subiit regem* Curt. *3, 2, 19*, le repentir s'empara du roi, cf. Curt. *5, 2, 15*; Plin. *Ep. 3, 7, 10*; *Pan. 22, 3*; *beneficiorum memoria subit animos patrum* Liv. *37, 49, 3*, le souvenir des services rendus pénètre dans l'esprit des sénateurs, cf. Liv. *40, 8, 9* ¶ **6** [fig.] se charger de, supporter, subir : *injuriam* Cic. *Prov. 41*, supporter l'injustice; *dupli poenam* Cic. *Off. 3, 65*, subir la peine du double; *incesti poenas* Obseq. *37 (97)*, les peines prévues pour l'inceste; *subitam avertere curam* Lucr. *2, 363*, détourner le souci qui l'obsède ‖ s'exposer à : *subeundae sunt saepe pro re publica tempestates* Cic. *Sest. 139*, il faut souvent pour l'intérêt public affronter des tempêtes ‖ *onera matrimonii* Dig. *23; 3, 7 pr.*, supporter les charges du ménage; *periculum* Dig. *13, 1, 3*, le risque.

▶ parf. *subivit* Ov. *F. 1, 314*; Stat. *S. 2, 1, 155*.

sūbĕr, *ĕris*, n. (cf. σύφαρ; it. *sughero*), chêne-liège : Plin. *16, 34* ‖ bouchon de liège : Virg. *En. 11, 554*.

sūbĕrectus, *a*, *um*, part. de *suberigo*, Apul. *M. 2, 21, 1*.

sūbĕrĕus, *a*, *um* (*suber*), de liège : Col. *9, 1, 3*.

sūbĕrĭēs, *ēi*, f. (*suber*), liège, chêne-liège : Isid. *17, 7, 27*.

sūbĕrĭgo, *ĭs*, *ĕre*, -, *ērectum*, tr., faire monter en hauteur : Sil. *15, 155*.

1 **sūbĕrīnus**, *a*, *um* (*suber*), de liège : Sidon. *Ep. 2, 2, 12*.

2 **Sūbĕrīnus**, *i*, m., surnom romain : Plin. *Ep. 6, 33, 6*.

sŭberrō, *ās*, *āre*, -, -, intr., errer par-dessous [dat.] : Claud. *Prob. 254*.

Subertāni, *ōrum*, m. pl., habitants de Subertum [ville du sud de l'Étrurie] : Plin. *3, 52* ‖ **-ānus**, *a*, *um*, de Subertum : Liv. *26, 23, 5*.

sŭbest, de *subsum*.

sŭbēsus, *a*, *um* (*subedo*), miné, corrompu, altéré : Hier. *Jer. 1, 2, 37*.

sŭbĕundus, *a*, *um*, de *subeo*.

sŭbex, ▣▶ *subices*.

sŭbexcūsō, *ās*, *āre*, -, -, tr., excuser un peu : Salv. *Gub. 4, 3, 14*.

sŭbexhĭbĕō, *ēs*, *ēre*, -, -, tr., présenter dessous : Arn. *6, 8*.

sŭbexplĭcō, *ās*, *āre*, -, -, tr., déployer en dessous : Arn. *7, 46*.

subfar, ▣▶ *suffar*.

subfermentātus, *a*, *um*, un peu fermenté : Tert. *Val. 17, 1*.

subfĕro, ▣▶ *suffero*.

subfervĕfăcĭō, *ĭs*, *ĕre*, -, *factum*, tr., faire bouillir un peu : Plin. *18, 104* ‖ pass., *subfervefio* Plin. *27, 75*; *subfervefactus* Plin. *14, 114*.

subfervĕō, *ēs*, *ēre*, -, -, intr., bouillir un peu : Ps. Apul. *Herb. 115*.

subfĭ-, ▣▶ *suffi-*.

subflāvus, *a*, *um*, tirant sur le blond : Suet. *Aug. 79*.

subflo, subfrĭco, ▣▶ *suff-*.

subfrīgĭdē, adv., d'une manière un peu froide [fig.] : Gell. *2, 9, 4*.

subfrīgĭdus, ▣▶ *suffrigidus*.

subfundātus, *a*, *um*, placé comme fondement : Varr. d. Non. *48, 15*.

subfŭror, ▣▶ *suffuror*.

subfuscŭlus, *a*, *um* (dim. de *subfuscus*), Apul. *M. 2, 13*; Amm. *22, 16, 23*.

subfuscus, *a*, *um*, un peu brun [de peau], un peu basané : Tac. *Agr. 12*.

subgamba, *ae*, f., patte : Veg. *Mul. 3, 4*.

subgĕro, ▣▶ *suggero*.

subglūtĭō, *īs*, *īre*, -, -, tr., avaler difficilement : Veg. *Mul. 2, 124*.

subgrandis, *e*, assez grand : Cic. *Q. 3, 1, 2*.

subgrĕdĭor, ▣▶ *suggredior*.

subgrunda (sugg-), *ae*, f. (*sub, grunda*), avant-toit : Varr. *R. 3, 3, 5* ‖ auvent [dans une machine de guerre] : Vitr. *10, 15, 1*.

subgrundārĭum, *ii*, n., auvent pour une sépulture de petit enfant : Fulg. *Serm. 7*.

subgrundātĭo, *ōnis*, f., Vitr. *4, 2, 1*, **subgrundĭum**, *ii*, n., Vitr. *2, 9, 16*; Plin. *25, 160*, avant-toit, auvent.

subgrunnĭō, *īs*, *īre*, -, -, intr., grogner un peu : Paul.-Nol. *Carm. 20, 349*.

sŭhaerĕō, *ēs*, *ēre*, -, -, intr., rester attaché à : Val.-Max. *6, 6, 10*; Aug. *Trin. 12, 3, 3*.

sŭbhaeres, ▣▶ *subheres*.

sŭbhastārĭus, *a*, *um* (*subhasto*), mis à l'encan : Cod. Th. *13, 6, 9*.

sŭbhastātĭo, *ōnis*, f. (*subhasto*), vente à l'encan : Cod. Th. *10, 17, 1*.

sŭbhastō, *ās*, *āre*, -, - (*sub hasta*), tr., mettre à l'encan, vendre à la criée : Cod. Just. *7, 55, 3*; Solin. *10, 4*.

sŭbhērēs (subhaer-), *ēdis*, m., second héritier : CIL *10, 3645*.

sŭbhirci, *ōrum*, m. pl. (*sub, hircus*), aisselles : Isid. *11, 1, 65*.

sŭbhorrēscō, *ĭs*, *ĕre*, -, -, intr., se hérisser un peu, commencer à se hérisser; devenir houleuse [mer] : Sisen. d. Non. *423, 9*.

sŭbhorrĭdus, *a*, *um*, un peu hirsute : Cic. *Sest. 21*.

subhortānus, *a*, *um* (*sub hortis*), proche des jardins : CIL *15, 543*.

sŭbhūmĭdus, *a*, *um*, un peu humide : Cels. *3, 6, 7*.

Subi, m. indécl., rivière d'Espagne : Plin. *3, 21*.

sūbĭces, *um*, f. pl., ▣▶ *subjices*, *subjicio*, ▣▶ *obex*, marchepied [des dieux, en parl. des nuages] : Enn. *Tr. 2*, cf. Gell. *4, 17, 14*; Fest. *394, 33*.

sūbĭcĭō, *ĭs*, *ĕre*, -, -, ▣▶ *subjicio* ▶.

subidus, *a*, *um*, adj. (*subo*), excité : Poet. d. Gell. *19, 9, 11*.

sŭbĭectus, ▣ ▶ *subjectus* : Sen. *Phaed. 287*.

sŭbĭgĭtātĭo, *ōnis*, f. (*subigito*), caresse lascive : pl., Pl. *Cap. 1030*.

sŭbĭgĭtātrix, *īcis*, f. (*subigito*), enjôleuse : Pl. *Pers.* 227.

sŭbĭgĭtō, *ās, āre*, -, - (fréq. de *subigo*), tr., solliciter, **aliquem**, qqn [à faire qqch.] : Apul. *Apol.* 87 ‖ caresser, enjôler par des caresses : Pl. *Merc.* 203 ; Ter. *Haut.* 567.

sŭbĭgō, *ĭs, ĕre, ēgī, actum* (*sub, ago* ; esp. *sobar*), tr. ¶ 1 pousser vers le haut [de bas en haut], faire avancer : **adverso flumine lembum** Virg. *G.* 1, 202, faire avancer une barque contre le courant ; **naves subigi ad castellum jussit** Liv. 26, 7, 9, il fit remonter les bateaux jusqu'au fort ¶ 2 [fig.] pousser de force, contraindre **a)** **ad deditionem** Liv. 6, 2, 13 ; 9, 1, 4 ; **in deditionem** Liv. 28, 43, 15 ; Curt. 7, 7, 18, forcer à se rendre ; **insidiis subactus** Virg. *En.* 12, 494, poussé à bout par la perfidie ; **simili inopia subacti** Caes. *G.* 7, 77, 12, sous la contrainte d'une pareille disette **b)** **aliquem, ut** Pl. *Curc.* 540 ; Tac. *An.* 2, 40, forcer qqn à ‖ **aliquem decernere...** Sall. *C.* 51, 18, forcer qqn à décréter..., cf. Sall. *C.* 10, 5 ; Pl. *Truc.* 783 ; Virg. *En.* 5, 794 ; Liv. 9, 41, 5 ¶ 3 soumettre, réduire, assujettir, subjuguer : Cic. *Amer.* 103 ; *Balb.* 25 ; *Font.* 36 ; Sall. *C.* 2, 2 ¶ 4 remuer en dessous le sol, le travailler en soulevant la terre, [d'où] retourner, travailler, ameublir : Lucr. 5, 211 ; Cic. *Agr.* 2, 84 ; *Leg.* 2, 45 ; Virg. *G.* 1, 125 ‖ **panem** Plin. 18, 105, pétrir le pain, cf. Cat. *Agr.* 74 ‖ [poét.] **digitis opus** Ov. *M.* 6, 20, lisser l'ouvrage avec ses doigts [en filant] ; **in cote secures** Virg. *En.* 7, 627, aiguiser les haches sur une pierre ‖ [fig.] façonner, discipliner : Cic. *de Or.* 2, 131 ; **subacti atque durati bellis** Liv. 42, 52, 10, formés et endurcis par les guerres.

sŭbĭī, parf. de *subeo*.

subimmĭnens, *entis* (*immineo*), tout à fait menaçant, imminent : Greg.-M. *Mor.* 20, 6, p. 1380.

subimplĕō, *ēs, ēre*, -, -, tr., [pass.] se remplir peu à peu : Aug. *Fund.* 22, 24.

sŭbimpŭdens, *tis*, un peu impudent : Cic. *Fam.* 7, 17, 1.

sŭbĭna, V. *sibina*.

sŭbĭnānis, *e*, un peu vain : Cic. *Att.* 2, 17, 2.

sŭbincrĕpĭtō, *ās, āre*, -, -, intr., faire un léger craquement : Fort. *Mart.* 1, 259.

sŭbindĕ, adv. (*sub, inde* ; fr. *souvent*) ¶ 1 immédiatement après : Hor. *Ep.* 1, 8, 15 ; Liv. 8, 27, 1 ; Tac. *An.* 6, 2 ¶ 2 de temps en temps, sans cesse, souvent : Sen. *Ep.* 18, 10 ; Plin. *Ep.* 2, 7, 6 ; Suet. *Cal.* 30.

sŭbindĭcō, *ās, āre*, -, -, tr., donner à entendre : Hier. *Ephes.* 1, 2, 15.

sŭbindignantĕr, adv., avec qq. dépit : Don. *Ad.* 101.

sŭbindō, *ĭs, ĕre*, -, -, tr., ajouter encore : Ps. Aur.-Vict. *Orig.* 3, 7.

sŭbindūcō, *ĭs, ĕre*, -, -, tr., introduire subrepticement : Hier. *Ephes.* 3, 6, 13.

sŭbinfĕrō, *fers, ferre, tŭlī*, -, tr., ajouter : Vulg. 2 *Petr.* 1, 5 ; Aug. *Serm.* 361, 4.

subinflŏr, *ārĭs, ārī, ātus*, pass., être un peu boursouflé : Cael.-Aur. *Chron.* 2, 4, 71.

sŭbingrĕdĭor, *dĕrĭs, dī*, -, intr., entrer avec précaution [dans] : Hier. *Pelag.* 2, 16.

sŭbinsānus, *a, um* (*sub, insanus*), un peu fou, dérangé : CPL 280.

subinsertĭo, *ōnis*, f., subjonction [rhét.] : Ps. Jul.-Ruf. *Lex.* 4, p. 49, 11.

subinsulsus, *a, um*, assez dépourvu de goût : Cic. *Opt.* 7.

sŭbintellĕgō (-lĭgō), *ĭs, ĕre*, -, -, tr., comprendre un peu : Tert. *Marc.* 5, 3, 1 ‖ sous-entendre, suppléer : Aug. *Trin.* 6, 4 ; *Serm.* 104, 3.

sŭbintellĭgentĭa, *ae*, f., action de comprendre implicitement : Mar. Vict. *Gen.* 5, p. 1022 B.

sŭbinterjăcĕō, *ēs, ēre, cŭī, cĭtūrus*, intr., s'étendre en dessous : Greg.-M. *Mor.* 31, 96, p. 626 D.

sŭbintrō, *ās, āre, āvī, ātum*, intr., pénétrer subrepticement dans : Tert. *Marc.* 5, 3, 3 ‖ [fig.] Aug. *Civ.* 1, 32.

sŭbintrōdūcō, *ĭs, ĕre*, -, -, tr., introduire subrepticement, secrètement : Aug. *Ep.* 78, 3.

sŭbintrŏĕō, *īs, īre, ĭī*, -, intr., s'introduire subrepticement : Tert. *Marc.* 5, 13, 10 ‖ tr., [fig.] revêtir (la forme de) : Arn. 6, 12.

sŭbintrōmittō, *ĭs, ĕre, mīsī, missum*, tr., introduire sournoisement [une nouvelle hérésie] : Rust. *Concil. S.* 1, 4, p. 63.

sŭbinvĭcem, adv., l'un sous l'autre, parallèlement : Isid. 16, 14, 12.

sŭbinvĭdĕō, *ēs, ēre*, -, -, porter un peu envie à [dat.] : Cic. *Fam.* 7, 10, 1.

sŭbinvīsus, *a, um*, assez mal vu : Cic. *Rab. Post.* 40.

sŭbinvītō, *ās, āre, āvī*, -, tr., inviter discrètement à [avec *ut* subj.] : Cic. *Fam.* 7, 1, 6.

sŭbinvŏlō, *ās, āre*, -, -, intr., se conduire sournoisement : Aug. *Serm.* 1, 2 Mai.

sŭbīrascŏr, *scĕrĭs, scī*, -, intr., s'irriter un peu, se fâcher : Cic. *Fin.* 2, 12 ; [avec *quod*, de ce que] Cic. *Att.* 9, 7, 7 ; *Fam.* 10, 28, 1 ; **alicui rei** Cic. *Fam.* 11, 24, 1, de qqch.

sŭbīrātus, *a, um*, un peu irrité, fâché, **alicui**, contre qqn : Cic. *Fam.* 3, 9, 1 ; *de Or.* 1, 72.

subis, *is*, f. ?, oiseau [sittelle ?] : *Nigid. d. Plin.* 10, 37.

sŭbissem, **sŭbisti**, de *subeo*.

sŭbĭtānĕus, *a, um* (*subitus* ; fr. *soudain*), soudain, subit : Col. 1, 6, 24 ; Sen. *Nat.* 7, 22, 1.

sŭbĭtārĭus, *a, um* (*subitus*), fait à l'improviste, fait subitement : **subitarius exercitus** Liv. 3, 30, 3, armée levée à la hâte, cf. Liv. 3, 4 ; 11 ; 31, 2, 6 ; **subitaria aedificia** Tac. *An.* 15, 39, maisons improvisées ; **subitaria dictio** Gell. 9, 15, 5, improvisation.

sŭbĭtātĭō, *ōnis*, f. (2 *subito*), apparition soudaine : Vulg. *Sap.* 5, 2 ; Cypr. *Test.* 3, 16.

1 **sŭbĭtō**, adv. (abl. de *subitus*), subitement, soudain : Cic. *Font.* 42 ; *Rep.* 1, 23 ; Caes. *G.* 1, 39 ; **dicere** Cic. *de Or.* 1, 150, improviser ‖ **cum subito...** Cic. *Caecin.* 30, quand tout à coup..., cf. Curt. 9, 9, 19.

2 **sŭbĭtō**, *ās, āre*, -, - (*subitus*), intr., apparaître soudain : Pont. *Cypr.* 15 ‖ tr., attaquer soudain, surprendre : Aug. *Serm.* 24, 4 Denis ‖ [pass.] être surpris : Cypr. *Ep.* 60, 2.

sŭbĭtum, *i*, n., V. *subitus*.

sŭbĭtus, *a, um* ¶ 1 part. de *subeo* ¶ 2 [adj¹] **a)** subit, soudain, imprévu : Cic. *Fam.* 10, 16, 2 ; *Tusc.* 3, 52 ; Caes. *G.* 3, 7 ; 3, 8 ; **subitae dictiones** Cic. *de Or.* 1, 152, improvisations ‖ **homo levis et subitus** Cic. *Pis. frg.* 11, homme léger et précipité ; **subitus miles** Tac. *H.* 4, 76, soldat improvisé ‖ **subitus irrupit** Tac. *H.* 3, 47, il fit soudain irruption, cf. Quint. 6, 2, 31 ; Plin. *Ep.* 1, 13, 3 ‖ **subitum est ei remigrare** Cic. *Fam.* 13, 2, il est dans l'obligation soudaine de déménager **b)** **subitum**, *i*, n., chose soudaine, imprévue [et surt. pl.] **subita** : **si tibi subiti nihil est** Pl. *Pers.* 585, si tu n'es pas pressé ; **in subito** Plin. 7, 143, dans un cas imprévu ; **per subitum** Plin. 10, 505 ; **in subitum** Sil. 7, 594, soudainement ; **subitis occurrere** Quint. 10, 7, 30, faire face à l'imprévu ; **subitis terreri** Tac. *An.* 15, 59, être effrayé par les surprises ; **sive meditata sive subita proferre** Plin. *Ep.* 1, 16, 2, parler soit après préparation soit en improvisant ; **subita belli** Liv. 25, 15, 20, les surprises de la guerre.

subjăcĕō, *ēs, ēre, ŭī*, -, intr. ¶ 1 être couché dessous, être placé dessous : Plin. 10, 174 ; **alicui rei** Plin. 18, 301, être placé sous qqch., cf. Plin. *Ep.* 2, 17, 15 ¶ 2 être soumis à, subordonné à : Quint. 3, 6, 27 ; 7, 4, 12 ‖ impers., **palam subjacet** Tert. *Nat.* 1, 10, 5, il est manifeste.

subjacto, V. *subjecto*.

subjēcī, parf. de *subjicio*.

*****subjectē** [inus.] (*subjectus*), **subjectissime** Caes. *C.* 1, 84, 5, le plus humblement.

subjectĭbĭlis, *e*, soumis : Vulg. *Bar.* 1, 18.

subjectĭō, *ōnis*, f. (*subjicio*) ¶ 1 action de mettre sous, devant : **sub adspectum** Cic. *de Or.* 3, 202 ; [rhét.] **sub oculos** Gell.

subjectio

10, 3, 7, vive représentation, hypotypose ¶2 supposition, substitution [de testament] : Liv. 39, 18, 4 ¶3 action de mettre à la suite, adjonction : Her. 4, 24 ‖ projection [d'une figure] sur un plan : Vitr. 9, 7, 7 ‖ [rhét.] subjection, réponse faite par l'orateur à une question qu'il s'est posée lui-même : Her. 4, 33 ; Quint. 9, 2, 15 ¶4 [chrét.] soumission : Tert. Jejun. 4, 2 ‖ humilité, obéissance : Hil. Trin. 1, 33 ¶5 [méc.] barre d'appui [dans la catapulte] : Vitr. 10, 10, 5.

subjectīvē, adv. (*subjectivus*), en rapport avec le sujet : Capel. 4, 393.

subjectīvus, a, um (*subjectus*), placé ensuite : *Tert. Virg. 4, 5 ‖ qui se rapporte au sujet : Capel. 4, 393.

subjectō, ās, āre, -, - (fréq. de *subjicio*), tr. ¶1 mettre sous, approcher : Ov. M. 4, 359 ‖ *alicui stimulos* Hor. S. 2, 7, 94, donner de l'aiguillon à qqn ¶2 jeter en haut, soulever : Lucr. 6, 700 ; Virg. G. 3, 241.
▶ *subjactari* *Varr. R. 1, 52, 2.

subjectŏr, ōris, m. (*subjicio*), qui suppose : *testamentorum* Cic. Cat. 2, 7, fabricateur de testaments.

subjectum, i, n. (*subjicio*), [gram.] sujet : Capel. 4, 361.

1 **subjectus**, a, um ¶1 part. de *subjicio* ¶2 [adj^t] **a)** voisin, proche, limitrophe ; *alicui rei*, de qqch. : Cic. Rep. 6, 20 ; Caes. C. 3, 37, 3 ; Liv. 2, 38, 2 **b)** *subjecta*, n. pl., bas-fonds, vallées : Tac. An. 1, 64 ; 65 **c)** soumis, assujetti : Cic. Nat. 2, 77 ; Liv. 26, 49, 8 ‖ *subjecti*, m. pl., les sujets : Plin. 25, 7 **d)** exposé : *subjectior invidiae* Hor. S. 2, 6, 47, plus exposé à l'envie **e)** ci-joint : Greg.-M. Ep. 9, 143.

2 **subjectŭs**, abl. ū, m., application [d'un topique] : Plin. 26, 154.

subjĭcĭō, ĭs, ĕre, jēcī, jectum (*sub, jacio*), tr.

I jeter, mettre sous ¶1 "placer dessous", *cervices securi* ¶2 [fig.] **a)** *oculis subjicere* **b)** "se cacher sous" ¶3 "mener à proximité de" ¶4 **a)** "assujettir" **b)** "mettre sous la dépendance de" **c)** "exposer à".
II jeter de bas en haut ¶1 *aliquem in equum* ¶2 *alnus se subjicit*.
III mettre à la place de ¶1 "substituer" ¶2 "supposer" ¶3 "suborner" [des témoins].
IV mettre après ¶1 "ajouter" ¶2 "faire suivre".
V présenter ¶1 *libellum subjicere* ¶2 "rappeler" ¶3 "suggérer", *subjectum est* avec prop. inf.

I jeter ou mettre sous ¶1 placer dessous : Caes. G. 1, 26, 3 ; C. 3, 40, 2 ; Cic. Verr. 1, 69 ; 4, 95 ‖ placer sous : *cervices suas securi* Cic. Phil. 2, 51, mettre sa tête sous la hache, cf. Cic. Q. 3, 1, 2 ; *cum tota se luna sub orbem solis subjecisset* Cic. Rep. 1, 25, la lune s'étant placée tout entière sous (devant) le disque du soleil ¶2 [fig.]

a) *res quae subjectae sunt sensibus* Cic. Fin. 5, 36 ; *sub sensus* Cic. Ac. 2, 74, les choses qui tombent sous nos sens ; *aliquid oculis* Cic. Or. 139, mettre qqch. sous les yeux **b)** *intellegere quae res huic voci subjiciatur* Cic. Fin. 2, 6, comprendre quelle idée s'abrite sous ce mot, cf. Cic. Fin. 2, 13, (*sub hanc vocem* Cic. Fin. 2, 48) ¶3 mettre sous, au pied de, amener à proximité de : *paene castris Pompei legiones* Caes. C. 3, 55, 1, mettre ses légions presque au pied du camp pompéien, cf. Caes. C. 3, 37, 2 ‖ *iniquis locis se subjicere* Caes. C. 3, 85, 1, s'approcher [en montant] de parages difficiles ¶4 soumettre **a)** assujettir : *Galliam perpetuae servituti* Caes. G. 7, 77, 9, placer la Gaule sous une servitude perpétuelle ; *securibus subjecta* Caes. G. 7, 77, 16, soumise aux faisceaux romains, cf. Caes. G. 7, 1, 3 ; *se alicui* Liv. 28, 28, 9, se soumettre à qqn ; *parcere subjectis* Virg. En. 6, 853, épargner les peuples soumis **b)** mettre sous la dépendance de, subordonner : *se imperio alicujus* Cic. Off. 2, 22, se subordonner à l'autorité de qqn ; *omnia subjecta sunt sub fortunae dominationem* Her. 4, 24, tout est soumis au pouvoir absolu de la fortune ; *tamquam materies oratoribus subjecta esse debet* Cic. de Or. 1, 201, ce sont comme des matériaux qui doivent toujours être à la disposition des orateurs ‖ [phil.] : *sub metum subjecta sunt...* Cic. Tusc. 4, 16, sous l'idée de crainte on range ..., cf. Cic. Tusc. 4, 19 ; *formae, quae cuique generi subiciuntur* Cic. Top. 33, les espèces qui se rattachent à chaque genre, cf. Cic. de Or. 3, 118 ; Tusc. 4, 16 ; Quint. 3, 8, 26 ; *dicere apte ornatui subjiciunt* Quint. 1, 5, 1, on fait rentrer l'harmonie du style dans le chapitre de l'ornement **c)** exposer à : *hiemi navigationem* Caes. G. 4, 36, 2, exposer le voyage en mer aux tempêtes de l'hiver ; *fraudem nocentis odio civium* Cic. de Or. 1, 202, livrer le crime du coupable à l'indignation publique, cf. Cic. Planc. 56 ; *bona civium voci praeconis* Cic. Off. 2, 83, livrer les biens des citoyens aux enchères du crieur public.
II jeter de bas en haut ¶1 *inter carros tragulas subiciebant* Caes. G. 1, 26, 3, placés entre les chariots ils lançaient d'en bas des javelots ; *corpora saltu subiciunt in equos* Virg. En. 12, 288, d'un bond ils s'élancent sur leurs chevaux ; *aliquem in equum* Liv. 31, 37, 10, soulever qqn et le mettre à cheval, cf. Liv. 6, 24, 5 ¶2 *vere novo se subjicit alnus* Virg. B. 10, 74, au retour du printemps l'aune s'élève [pousse], cf. Virg. G. 2, 19.
III mettre à la place de ¶1 substituer : *pro verbo proprio subicitur aliud* Cic. Or. 92, au mot propre on en substitue un autre, cf. Quint. 3, 6, 28 ; 6, 3, 74 ¶2 supposer, substituer [faussement] : *testamenta* Cic. Phil. 14, 7, supposer des testaments, cf. Quint. 9, 2, 73 ¶3 suborner des témoins : Quint. 5, 7, 12 ‖ *subicitur L.*

Metellus, qui ... distrahat Caes. C. 1, 33, 3, on corrompt L. Métellus pour écarter ...
IV mettre après ¶1 ajouter : *cur sic opinetur, rationem subicit* Cic. Div. 2, 104, la raison de son opinion, il la donne ensuite, cf. Varr. R. 1, 7, 2 ; *subjecerunt* [avec prop. inf.] Liv. 29, 15, 2, ils ajoutèrent que... ; *vix pauca furenti subjicio* Virg. En. 3, 314, à la malheureuse qui s'égare j'ai peine à répondre quelques mots ¶2 faire suivre : *post orationis figuras tertium locum subjicere* Quint. 9, 1, 36, faire suivre l'étude des figures d'un troisième chapitre ; *longis litteris breves* Quint. 9, 4, 34, faire succéder des brèves aux longues, cf. Quint. 4, 2, 24.
V soumettre = présenter ¶1 *libellum alicui* Cic. Arch. 25, présenter une supplique à qqn, cf. Luc. 7, 574 ¶2 mettre devant l'esprit, rappeler : *si meministi id ..., subice* Ter. Phorm. 387, si tu t'en souviens ..., souffle-lui, cf. Cic. Verr. 5, 25 ¶3 suggérer, insinuer : *subjiciens, quid ... dicerem* Cic. Flac. 53, me suggérant ce qu'il fallait dire, cf. Liv. 3, 48, 8 ; *subjectum est* [avec prop. inf.] Liv. 29, 15, 1, il fut suggéré que ; v. *subjectus*.
▶ l'orth. *sūbĭco* est très fréquente [-*bi-* = -*bji-*].

subjūdĭcō, ās, āre, -, -, tr., supposer : Boet. Herm. sec. 3, 9, p. 227, 4.

subjŭgālis, e, qu'on met sous le joug : Prud. Perist. 10, 333 ‖ subst. n., **subjugale**, bête de somme : Vulg. Matth. 21, 5.

subjŭgātĭō, ōnis, f. (*subjugo*), action de subjuguer, soumission : Aug. Psalm. 119, 7 ; Priscil. 7, 1, p. 84, 3.

subjŭgātŏr, ōris, m. (*subjugo*), vainqueur de, qui réduit : Apul. Plat. 2, 7 ; Jul.-Val. 1, 33.

subjŭgātus, a, um, part. de *subjugo*.

subjŭgĭus, a, um (*sub jugo*), qui sert à attacher le joug : Cat. Agr. 135, 5 ; Vitr. 10, 3, 3 ‖ subst. n. pl., **subjŭgĭa**, ōrum, Cat. Agr. 63, courroies pour attacher le joug.

subjŭgō, ās, āre, āvī, ātum (*sub jugum*), tr. ¶1 faire passer sous le joug : Arn. 4, 4 ; Eutr. 4, 17 ¶2 subjuguer, soumettre : Claud. VI Cons. Hon. 6, 249 ‖ [avec dat.] astreindre à, soumettre à : Dig. 4, 8, 43 ; Lact. Inst. 4, 10, 10 ; 7, 24, 4.

1 **subjŭgus**, a, um (*sub jugo*), mis sous un joug : Apul. M. 7, 15.

2 **subjŭgus**, i, m., animal inconnu : Plin. 30, 146.

subjunctĭō, ōnis, f. ¶1 [rhét.] Cī. *subinsertio*, subjonction : Ps. Jul.-Ruf. Lex. 4, p. 49, 11 ¶2 soumission : VL. Jud. 1, 14.

subjunctīvus, a, um (*subjungo*), qui sert à lier : *modus subjunctivus* Diom. 340, 23 ; Prisc. 2, 424, 12, le subjonctif ‖ *subjunctivae conjunctiones* Char. 226, 6, conjonctions subjonctives [qui introduisent une proposition subordonnée] ‖ *subjunctivae vocales* Prisc. 2, 37, 9, voyelles subjonctives [qui peuvent suivre d'autres voyelles, pour former des diphtongues].

subjunctōrĭum, ĭi, n. (subjungo), attelage : Cod. Th. 8, 5, 10 ‖ bête de trait : Ambr. Job 2, 5, 20.

subjungō, ĭs, ĕre, junxī, junctum (sub, jungo ; it. *soggiungere*), tr. ¶ 1 assujettir par un joug, atteler : *curru* [dat.] *tigres* Virg. B. 5, 29, atteler des tigres à un char, prop. ‖ Plin. 11, 262 ‖ [poét.] *puppis rostro subjuncta leones* Virg. En. 10, 157, vaisseau ayant des lions attelés à sa proue = dont la proue est ornée de figures de lions ‖ [d'où fig.] subjuguer, soumettre : *urbes sub imperium alicujus* Cic. Verr. 1, 55, placer des villes sous la domination de qqn, cf. Cic. Agr. 2, 98 ; *sibi res, non se rebus* Hor. Ep. 1, 1, 19, dominer les événements, sans être dominé par eux ; *gentem* Virg. En. 8, 502, subjuguer une nation ¶ 2 attacher dessous **a)** placer dessous : *immortalia fundamenta rebus* Lucr. 2, 862, mettre sous l'univers des fondements éternels **b)** subordonner, mettre sous la dépendance de, rattacher à : *omnes artes oratori* Cic. de Or. 1, 218, mettre toutes les sciences sous la dépendance de l'orateur [= l'éloquence] ; *tralationi haec subjungit* Cic. Or. 94, il range ces figures sous la rubrique métaphore, il les rattache à, cf. Quint. 3, 3, 10 ; *carmina percussis nervis* Ov. M. 5, 340, accompagner son chant des accents de la lyre **c)** mettre à la place de, substituer : Gell. 1, 25, 8 **d)** mettre ensuite, ajouter : *verbo idem verbum plus significans subjungitur* Quint. 9, 3, 67, on fait suivre un mot du même mot avec un sens plus fort ; *nunc... subjungam* Quint. 4, 2, 31, maintenant j'ajouterai, je dirai en outre..., cf. Plin. Ep. 1, 5, 14 ; 3, 14, 6.

sublăbĭum, ĭi, n. (sub labiis), cynoglosse [plante] : Ps. Apul. Herb. 97.

sublābor, bĕrĭs, bī, lapsus sum, intr. ¶ 1 glisser par-dessous, s'affaisser : Sen. Contr. 7, 1, 17 ; Ep. 71, 34 ; [fig.] Virg. En. 2, 169 ‖ s'écrouler : *aedificia vetustate sublapsa* Plin. Ep. 10, 75, 1, bâtiments ruinés par le temps ¶ 2 se glisser dans, s'insinuer : *lues sublapsa veneno* Virg. En. 7, 354, le mal qui s'est glissé avec le poison, cf. Virg. En. 12, 686.

sublābro, ās, āre, -, - (sub labrum), tr., mettre dans la bouche, sous la dent : Nov. Com. 13.

Sublăcensis, ▽ *Sublaqueum*.

sublăcrĭmans, tis, larmoyant : Veg. Mul. 1, 30.

sublāmĭna, ae, lame de métal placée en dessous : Cat. Agr. 21, 3.

sublapsus, a, um, part. de *sublabor*.

sublăquĕō, ās, āre, -, -, tr., mettre un plafond à : CIL 11, 5820.

Sublăquĕum, i, n., petite ville chez les Èques dans le Latium [Subiaco] : Plin. 3, 109 ; Tac. An. 14, 22 ‖ **-lăcensis**, e, de Sublaqueum : Frontin. Aq. 7 ; 14 ; 93.

sublātē, adv. (sublatus) ¶ 1 à une grande hauteur : Amm. 22, 15, 12 ¶ 2 [fig.] **a)** dans un style élevé : Cic. Brut. 201 **b)** *sublatius* Cic. Dom. 95, avec trop d'orgueil.

sublātĕō, ēs, ēre, -, -, intr., être caché dessous : Cael.-Aur. Diaet. 136.

sublātĭo, ōnis, f. (tollo) ¶ 1 action d'élever, le temps levé [de la mesure, temps fort, arsis] : Quint. 9, 4, 48 ; 55 ¶ 2 [fig.] **a)** *animi* Cic. Fin. 2, 13, transport de l'âme **b)** action d'élever, éducation : Don. And. 464, [cf.▷ *tollo* I ¶ 5 f] **c)** annulation, suppression : Quint. 7, 1, 60.

sublātus, a, um ¶ 1 part. de *tollo* ¶ 2 [adj'] **a)** élevé : *voce sublatissima* Gell. 16, 19, 14, sur un ton très élevé **b)** enflé, enorgueilli : *eo proelio sublatus* Caes. G. 1, 15, 3, enivré par ce combat [heureux], cf. Caes. G. 5, 38, 1 ‖ fier : Ter. Hec. 505 ; *sublatior* Ov. Hal. 54.

Sublavĭo (-abĭo), ōnis, f., ville de Rétie : Anton. 275.

sublăvō, ās, āre, -, -, tr., laver [en bas ou en dessous, ou en secret] : Cels. 6, 18, 10.

sublectĭo, ōnis, f. (sublego), second choix, remplacement : Tert. Marc. 4, 31, 5.

sublectō, ās, āre, -, - (fréq., sub, lacio, cf. *allecto*), séduire, tromper : Pl. Mil. 1066.

sublĕgō, ĭs, ĕre, lēgī, lectum, tr. ¶ 1 ramasser sous, ramasser à terre : Hor. S. 2, 8, 12 ; Col. 12, 52, 1 ¶ 2 soustraire, ravir : Pl. Ru. 749 ‖ [fig.] recueillir furtivement : Pl. Mil. 1090 ; *alicui carmina* Virg. B. 9, 21, surprendre les vers de qqn, les recueillir à son insu ¶ 3 choisir à la place de, élire en remplacement : Varr. L. 6, 66 ; *in demortuorum locum* Liv. 23, 23, 4, élire en remplacement des défunts ‖ choisir en outre, adjoindre : Tac. An. 11, 25.

sublestus, a, um (sub, cf. al. *löschen*), faible : *sublestissimum vinum* Pl. Frg. 98 d. Fest. 378, 8, vin très faible ‖ *fides sublestior* Pl. Pers. 348, crédit un peu faible, un peu chancelant, cf. Pl. Bac. 542.

sublĕvāmentum, i, n., aide, soutien : Aug. Lib. 3, 14, 40.

sublĕvātĭo, ōnis, f. (sublevo), soulagement : Cic. Rep. 2, 59 ‖ [chrét.] action d'élever, de sublimer : Aug. Conf. 13, 7, 8.

sublĕvātus, a, um, part. de *sublevo*.

sublĕvō, ās, āre, āvī, ātum (sub, levo ; it. *sollevare*, fr. *soulever*), tr. ¶ 1 soulever, lever, exhausser : Cic. Att. 10, 4, 3 ; Caes. G. 6, 27, 2 ; 7, 47, 7 ; Liv. 5, 47, 2 ; 28, 20, 5 ; *jubis equorum sublevati* Caes. G. 1, 48, 7, [soulevés au moyen de] se tenant accrochés à la crinière des chevaux ¶ 2 [fig.] **a)** alléger, soulager : *calamitates* Cic. Tusc. 4, 26, adoucir les malheurs, cf. Cic. Sull. 75 **b)** affaiblir, atténuer, diminuer : *militum laborem* Caes. G. 6, 32, 5, épargner de la fatigue aux soldats **c)** soulager, aider qqn : Cic. Verr. 4, 20 ; Caecin. 23 ; Caes. G. 1, 40, 5.

sublīca, ae, f. (sub, cf. *liqueo*, *lix*), pieu, piquet : Caes. C. 3, 49, 3 ; Liv. 23, 37, 2 ‖ pilotis : Caes. G. 4, 17, 4 ; 7, 35, 4 ; Liv. 1, 37, 1.

sublīces, um, f. pl. (sublica), pilotis : Sall. H. 4, 85 ; Gloss. 2, 185, 22 ; Fest. 374, 31.

sublīcĭus pons, m. (sublica), pont de charpente, pont sur pilotis [construit à Rome par Ancus Marcius] : Liv. 1, 33, 6 ; Plin. 34, 22 ; 36, 100 ; Sen. Vit. 25, 1 ; Tac. H. 1, 86 ; Fest. 374, 25.

sublīdō, ĭs, ĕre, -, - (sub, laedo), tr., briser : Vitr. 6, 8, 2 ‖ [fig.] étouffer : Prud. Apoth. 848.

sublĭgācŭlum, i, n., ▷ *subligar* : Varr. L. 6, 21 ; Cic. Off. 1, 129.

sublĭgăr, āris, n. (subligo), pagne, sorte de caleçon : Plin. 12, 59 ; Mart. 3, 87, 4 ; Juv. 6, 70.

sublĭgātĭo, ōnis, f. (subligo), action de lier en dessous : Pall. 1, 6, 10.

sublĭgō, ās, āre, āvī, ātum, tr. ¶ 1 attacher en dessous : *vites* Cat. Agr. 33, 4, lier la vigne ‖ *subligata* Mart. 7, 67, 4, retroussée ¶ 2 attacher : *lateri ensem, clipeum sinistrae* Virg. En. 8, 459 ; 11, 11, attacher l'épée au côté [ceindre l'épée], à gauche le bouclier.

sublīmātĭo, ōnis, f. (sublimo), action d'élever : Alcim. Eutych. 1, p. 20, 6.

sublīmātŏr, ōris, m. (sublimo), celui qui élève : Salv. Gub. 1, 8, 36.

sublīmātus, a, um, part. de *sublimo*.

1 sublīmē, adv. (sublimis), en l'air ¶ 1 dans les airs, en haut : *humi, sublime putescere* Cic. Tusc. 1, 102, pourrir dans le sol, dans les airs, cf. Div. 2, 67 ‖ [avec mouv'] Cic. Tusc. 1, 40 ; Nat. 2, 101 ; Liv. 21, 30, 8 ¶ 2 [fig.] en style sublime : *sublimius* Quint. 9, 4, 130, d'une façon plus sublime.

2 sublīmĕ, is, n. de *sublimis*, pris subst', hauteur : Plin. 10, 112 ; Suet. Cl. 27.

sublīmen, adv. (sub limen), ▷ *sublime*, en haut, dans les airs : Pl. Men. 992 ; 995 ; 1002 ; Ter. And. 861, cf. Fest. 401, 5.

sublīmis, e, adj. (sublimen ; cf. P. Fest. 401, 5) ¶ 1 suspendu en l'air, qui est dans l'air : *sublimem aliquem rapere* Virg. En. 5, 255, emporter [un serpent] dans l'air ; *sublimen aliquem rapere, arripere* Pl., Ter., enlever qqn de terre ; *sublimis abiit* Liv. 1, 16, 8, il s'en alla dans les airs ‖ tourné vers le haut : *os sublime* Ov. M. 1, 85, un visage tourné vers le ciel ; *sublimi anhelitu* Hor. O. 1, 15, 31, hors d'haleine [levant la tête pour respirer] ¶ 2 haut, élevé : *columna* Ov. M. 2, 1, colonne élevée ; *portae sublimes* Virg. En. 12, 133, hautes

sublimis

portes; *Atlas sublimior... omnibus montibus* Juv. 11, 24, l'Atlas plus élevé que toutes les autres montagnes [de Libye] ‖ placé en haut: Virg. En. 11, 67; Ov. M. 6, 650 ¶ 3 [fig.] élevé, grand, sublime: *sublimes viri* Varr. R. 2, 4, 9, grands hommes, cf. Hor. P. 165; Ov. F. 1, 301; Juv. 8, 232; Plin. 22, 10 ‖ [rhét.] sublime: Quint. 8, 3, 74; 11, 1, 3.

sublīmĭtās, ātis, f. (*sublimis*) ¶ 1 hauteur: Quint. 12, 5, 5; Plin. 19, 24 ¶ 2 [fig.] **a)** élévation, grandeur: Plin. 7, 94; 35, 67 **b)** élévation du style, sublimité: Quint. 1, 8, 5; 10, 1, 27; Plin. Ep. 1, 16, 4 ¶ 3 [méton.] grand être, être sublime [Dieu]: Hier. Jovin. 2, 4 ‖ [titre honor.] sa Grandeur: Cassiod. Var. 2, 7 ¶ 4 fierté, insolence: Vulg. Jer. 48, 29.

sublīmĭtĕr, adv. (*sublimis*), en haut: Cat. Agr. 70, 2; Col. 8, 11, 1.

sublīmĭtŭs, adv. (*sublimis*), en haut: Front. Ver. 2, 1, 22, p. 128 N.

sublīmō, ās, āre, āvī, ātum (*sublimis*), tr., élever: Enn. Tr. 234; Apul. M. 3, 21; [fig.] Cat. Orig. 2, 32 ‖ exalter, glorifier: Macr. Sat. 1, 24, 17 ‖ [chrét.] élever au ciel: Tert. Marc. 3, 7; Mamert. Anim. 2, 6.

1 sublīmus, a, um, ⊂► *sublimis*: Acc. Tr. 576; 563; Sall. H. 3, 27; [n. pl.] *sublima caeli* Lucr. 1, 340, les hautes régions du ciel.

2 sublīmus, a, um (*sub, 1 limus*), un peu oblique: Tert. Pall. 4, 9.

sublinguĭum, ĭi, n. (*sub lingua*), luette: Isid. 11, 1, 59.

sublinguĭus, a, um (*sub lingua*), du dessous de la langue [son]: Gloss. 5, 40, 6.

sublingŭlo, ōnis, m. (*sub, lingo*), le lécheur (des plats) en second = marmiton, aide de cuisine: *Pl. Ps. 893.

sublĭnō, ĭs, ĕre, lēvī, lĭtum (*sub, lino*), tr. ¶ 1 oindre par-dessous, enduire, appliquer par-dessous: Plin. 30, 80; 35, 45; *alicui rei* Plin. 37, 105, appliquer sous qqch. ¶ 2 recouvrir, crépir: Cat. Agr. 15, 1 ‖ *os alicui* Pl. Mil. 110, barbouiller la figure de qqn = se moquer de lui.

sublīsus, a, um, part. de *sublido*.

sublĭtus, a, um, part. de *sublino*.

sublīvĭdus, a, um, un peu livide: Cels. 5, 28, 1.

sublongus, a, um, elliptique, ovale: Cassiod. Inst. 2, 7, 4.

subloquŏr, quĕris, quī, cūtus sum (*sub, loquor*), tr., parler incidemment de, dire à mots couverts: Rust. Concil. S. 1, 4, p. 227, 19.

sublūcānus, a, um (*sub luce*), un peu avant le jour: Plin. 11, 30.

sublūcĕō, ēs, ēre, lūxī, -, intr., briller par-dessous, de dessous, à travers: Cic. Arat. 289; Virg. G. 4, 275; Ov. H. 21, 217; Plin. 14, 127.

sublūcĭdus, a, um, faiblement éclairé: Apul. M. 6, 3.

sublūcō, ās, āre, -, - (*sub, lux*), tr., éclaircir, émonder: Fest. 474, 28.

Sublucu, ❦► *Sullucu*: Peut. 3, 2.

sublūnāris, e, adj. (*sub luna*), sublunaire: Chalc. 144.

sublŭō, ĭs, ĕre, lŭī, lūtum (*sub, 2 lavo*), tr. ¶ 1 laver en dessous: Cels. 4, 22, 2; Col. 6, 32, 1; Mart. 6, 81, 2 ¶ 2 baigner le bas de: Caes. G. 7, 69, 2; C. 3, 97; Curt. 9, 6, 20.

sublustris, e, adj. (*sub*, cf. *illustris*), à peine éclairé, ayant un soupçon de clarté: Hor. O. 4, 27, 31; Virg. En. 9, 373; Liv. 5, 47, 2 ‖ ayant un faible éclat: Gell. 13, 24, 12.

sublūtĕus, a, um (*sub, luteus*), jaunâtre: Arn. 5, 12.

sublūtus, a, um, part. de *subluo*.

sublŭvĭēs, ēi, f. (*subluo*) ¶ 1 boue, vase: Amm. 15, 4, 5 ¶ 2 abcès au pied [des moutons] Col. 7, 5, 11; [des hommes] Plin. 30, 80.

sublŭvĭum, ĭi, n. (*subluo*), suppuration: M.-Emp. 18, 31.

submaestus, a, um, un peu triste: Amm. 15, 8, 11.

submăgistĕr (summăg-), tri, m. (*sub magistro*), vice-président: CIL 10, 3645.

submānes, submano, ❦► *summ-*.

submĕdĭus, a, um, qui tient à peu près le milieu: *submedia distinctio* Diom. 437, 13, virgule.

submēiō, ĭs, ĕre, -, - (*sub, meio*), tr., *se* M.-Emp. 8, 128, uriner sous soi.

submēiŭlus, i, m. (*submeio*), enfant qui pisse au lit: M.-Emp. 26, 130.

Submemmium (Summ-), ĭi, n., quartier des courtisanes de bas étage: Mart. 1, 34, 6 ‖ **-mĭānus**, a, um, du Summemmium: Mart. 3, 82, 2.

submergō (summergō), ĭs, ĕre, mersī, mersum (*sub, mergo*; it. *sommergere*), tr. ¶ 1 submerger, engloutir: *Pallas ipsos potuit submergere ponto* Virg. En. 1, 40, Pallas a pu les engloutir eux-mêmes dans la mer ‖ [surtout au pass.] *navis submersa* Caes. C. 3, 39, 2, navire englouti; *submersus voraginibus* Cic. Div. 1, 73, englouti par les remous, cf. Liv. 24, 8, 13 ‖ *genera submersarum beluarum* Cic. Nat. 2, 100, les espèces d'animaux marins des profondeurs ¶ 2 [fig.] = supprimer: Arn. 3, 7.

submersio, ōnis, f. (*submergo*), submersion: Aug. Gaud. 1, 22, 25 ‖ coucher [des astres]: Chalc. 59.

submersō, ās, āre, -, - (fréq. de *submergo*), tr., engloutir: Jul.-Val. 3, 26.

1 submersus, a, um, part. de *submergo*.

2 submersŭs, abl. ū, m., submersion: Tert. Anim. 32, 6.

submĕrus, a, um, presque pur [vin]: Pl. St. 273.

submĭgrātĭo, ōnis, f., émigration: Amm. 25, 9, 1.

submĭnĭa, ae, f. (*sub, minium*), sorte de vêtement de femme tirant sur le rouge: Pl. Ep. 232.

submĭnistrātĭo, ōnis, f. (*subministro*), action de fournir, de procurer: Tert. Apol. 48, 13 ‖ apport, organisation: Hier. Ephes. 2, 4, 16.

submĭnistrātŏr, ōris, m. (*subministro*), fournisseur, pourvoyeur: Sen. Ep. 114, 25.

1 submĭnistrātŭs, a, um, part. de *subministro*.

2 submĭnistrātŭs, abl. ū, m., action d'administrer [des aliments], dose: Macr. Sat. 7, 12, 20.

submĭnistrō (summ-), ās, āre, āvī, ātum (*sub, ministro*), tr. ¶ 1 apporter à pied d'œuvre, fournir, procurer: Caes. G. 1, 40, 11; 3, 25, 1; *alicui pecuniam* Cic. Dej. 25, procurer de l'argent à qqn; *tabellarios* Cic. Q. 2, 13, 4, fournir des messagers ¶ 2 [fig.] Cic. Inv. 1, 7; Tac. D. 37; Suet. Tib. 61 ‖ *timores* Sen. Ep. 104, 10, inspirer des craintes ¶ 3 exercer, administrer: Cypr. Ep. 24, 1.

submīsī, parf. de *submitto*.

submissē (summ-) (*submitto*), [fig.] en s'abaissant **a)** [rhét.] dans un style simple, modeste, sans éclat: Cic. de Or. 2, 215; *submissius a primo* Cic. Or. 26, d'un ton assez modéré, calme au début **b)** d'une façon modeste, humble: Cic. Planc. 12; Tac. H. 3, 9; *summissius se gerere* Cic. Off. 1, 90, se comporter avec plus de modération.

submissim (summ-), adv., doucement, tout bas: Suet. Aug. 74; Gell. 17, 8, 7.

submissĭo (summ-), ōnis, f. (*submitto*), abaissement [de la voix]: Cic. Off. 1, 146 ‖ simplicité [du style]: Cic. Or. 85 ‖ infériorité: Cic. Top. 71 ‖ instigation: Hier. Tract. Psal. 158, 5 ‖ fraude: Ps. Hil. Coll. antiar. 2, 1, 15, p. 111, 15.

1 submissus (summissus), a, um (fr. *soumis*) ¶ 1 part. de *submitto* ¶ 2 [adj¹] **a)** baissé, abaissé: *secundis submissioribus* Liv. 44, 9, 6, les seconds se baissant un peu, cf. Ov. M. 8, 638; *capillo submissiore* Suet. Tib. 68, avec des cheveux descendant plus bas **b)** [rhét.] abaissé: *voce summissa* Cic. Or. 56, d'un ton de voix modéré, sans éclat; *oratio summissa* Cic. de Or. 2, 183, style simple; *aliud... summissius* Cic. Or. 91, un autre genre de style plus modeste [se tenant à de moindres hauteurs], cf. Quint. 11, 3, 154; *(orator) summissus* Cic. Or. 76, (orateur) au style simple, cf. Cic. Or. 90; Quint. 9, 4, 138; *miscens elata summissis* Quint. 11, 3, 43, [style] qui tour à tour s'élève et s'abaisse **c)** bas, rampant:

[pers.] Cic. *Off.* 1, 124; [action] Cic. *Tusc.* 4, 64 **d)** humble, soumis: *civitates calamitate submissiores* Hirt. *G.* 8, 31, 2, rendus moins fiers par la défaite; *submissae preces* Luc. 8, 594, humbles prières.

2 submissŭs, *ūs*, m., introduction furtive: Tert. *Marc.* 5, 16, 5.

submittō (summittō), *ĭs*, *ĕre*, *mīsī*, *missum* (it. *sommettere*, fr. *soumettre*), tr.
I envoyer dessous ¶**1** mettre dessous, placer sous: *canterium vitibus* Col. 4, 14, 1, mettre une perche comme étai sous la vigne, cf. Col. 7, 4, 3 ‖ = accoupler: Pall. 4, 13, 6 ‖ [fig.] soumettre: *periculo animum* Brut. *Fam.* 11, 3, 3, se soumettre au danger, céder au danger; *animos amori* Virg. *En.* 4, 414, céder à l'amour, se courber sous sa loi, cf. Sen. *Tranq.* 4, 1; *Ep.* 66, 6; Tac. *An.* 2, 72; *imperium alicui* Liv. 6, 6, 7, subordonner son autorité à celle de qqn; *se submittens* Liv. 3, 70, 1, se mettant aux ordres de ¶**2** faire ou laisser aller en bas **a)** baisser, abaisser: *alicui fasces* Cic. *Brut.* 22, baisser les faisceaux devant qqn; *genu* Ov. *M.* 4, 340, fléchir le genou; *se ad pedes* Liv. 45, 7, 5, se jeter, se prosterner aux pieds de qqn ‖ *Tiberis submittitur* Plin. *Ep.* 5, 6, 12, le Tibre baisse; *summissa fastigio planities* Liv. 27, 18, 6, plateau s'abaissant en pente, cf. Curt. 6, 6, 23 ‖ [fig.] *se in amicitia* Cic. *Lae.* 72, s'abaisser avec ses amis; *se in humilitatem causam dicentium* Liv. 38, 52, 2, s'abaisser au humble niveau des gens qui se disculpent, cf. Liv. 27, 31, 6; *orationem* Plin. *Ep.* 3, 13, 4, baisser le ton; [abs¹] *multum submittere* Cic. *Caecil.* 48, baisser beaucoup = s'effacer beaucoup, ne pas donner tous ses moyens ‖ *furorem* Virg. *En.* 12, 832, calmer son emportement ‖ *pretia* Plin. 29, 21, faire baisser les prix **b)** laisser croître, pousser [barbe, cheveux]: Tac. *G.* 31; Plin. *Ep.* 7, 27, 14; Suet. *Caes.* 67.
II envoyer de dessous, de bas en haut ¶**1** produire, faire surgir: *tibi tellus submittit flores* Lucr. 1, 8, la terre fait naître les fleurs sous tes pas, cf. Lucr. 1, 193; *non monstrum summisere Colchi majus* Hor. *O.* 4, 4, 63, le Colchide n'a pas produit de monstre plus terrible ¶**2** faire ou laisser croître, pousser; élever: *vitulos* Virg. *G.* 3, 159, élever des veaux, cf. Virg. 3, 73; *prata in fenum* Cat. *Agr.* 8, 1, laisser pousser l'herbe pour le foin ¶**3** lever, élever: *palmas* Sil. 4, 411, élever les mains vers le ciel; *falces aliae submissae, aliae in terram demissae* Curt. 4, 9, 5, des faux les unes dressées en l'air, les autres abaissées vers le sol.
III envoyer à la place de ¶**1** envoyer remplacer: [abs¹] *alicui* Cic. *Prov.* 8, envoyer un remplaçant à qqn; *aliquam rem* Dig. 7, 1, 70, mettre qqch. en remplacement ¶**2** envoyer à l'aide [dans la bataille]: [abs¹] *laborantibus* Caes. *G.* 7, 85, 1, envoyer de l'aide aux soldats en difficulté ‖ [avec compl. dir.]: *nullum esse subsidium, quod submitti posset* Caes. *G.* 2, 25, 1, [il vit] qu'il n'y avait aucune réserve qui pût être envoyée à la rescousse; *subsidia alicui* Caes. *G.* 4, 26, 4, envoyer des secours à qqn ‖ *cohortes equitibus subsidio* Caes. *G.* 5, 58, 5, envoyer des cohortes en soutien de la cavalerie, cf. *G.* 7, 81, 6.
IV envoyer en sous-main ¶**1** Cic. *Verr.* 3, 69 ‖ [abs¹] *alicui* Cic. *Verr.* 1, 105, s'adresser en dessous à qqn ¶**2** suborner: Suet. *Ner.* 28.

Submoenĭum, v. *Submemmium.*

submŏlestē, adv., avec un peu de peine, de désagrément: Cic. *Att.* 5, 21, 1.

submŏlestus, *a*, *um*, un peu désagréable: Cic. *Att.* 16, 4, 4.

submŏnĕō (summ-), *ēs*, *ēre*, *ŭī*, - (a. fr. *semondre*), tr., avertir secrètement: Ter. *Eun.* 570; *nullo submonente* Suet. *Aug.* 53, sans que personne ne le lui soufflât.

submonstrō (summ-), *ās*, *āre*, -, -, tr., montrer secrètement: Arn. 3, 23.

Submontōrĭum (-munt-), *ĭi*, n., ville de Vindélicie: Not. Dign. *Oc.* 35.

submŏrŏr, *ārĭs*, *ārī*, -, intr., s'arrêter, attendre un peu: Aug. *Ord.* 1, 6, 15.

submŏrōsus, *a*, *um*, un peu grincheux, qui laisse paraître un peu d'humeur: Cic. *de Or.* 2, 279.

submossēs, v. *submoveo* ▸.

submōtus (summ-), *a*, *um*, part. de *submoveo.*

submŏvĕō (summ-), *ēs*, *ēre*, *mōvī*, *mōtum* (it. *summuovere*), tr. ¶**1** écarter, repousser, éloigner **a)** *reliquos a porta paulum submovit* Caes. *G.* 7, 50, 5, il écarta un peu les autres de la porte; *hostes ex muro* Caes. *C.* 2, 11, 3, écarter les ennemis du rempart; *hostes ex agro* Liv. 7, 17, 11, écarter les ennemis du territoire; *summotus patria* Ov. *Pont.* 4, 16, 47, banni de sa patrie **b)** écarter de [soi, de l'endroit où l'on est]: Cic. *Quinct.* 31; *Leg.* 1, 39; *summoto populo* Liv. 26, 38, 8, la foule étant écartée **c)** *ubi Alpes Germaniam ab Italia summovent* Plin. 3, 132, là où les Alpes séparent la Germanie de l'Italie **d)** [licteur] faire écarter, faire place: *lictor, summove turbam* Liv. 3, 48, 3, licteur, écarte la foule, cf. Liv. 25, 3, 16; [fig.] Hor. *O.* 2, 16, 10 ‖ [pass. imp.] *cui summovetur* Sen. *Ep.* 94, 60, celui à qui on fait faire place [qui marche précédé de licteurs]; part. n. abl. abs., *summoto* (= *cum summotum esset*) Liv. 28, 27, 15, après qu'on eut dégagé la place ¶**2** [fig.] éloigner, écarter, tenir éloigné: *aliquem a re publica* Quint. 11, 1, 85, tenir qqn éloigné des affaires publiques; *utrumque genus ambitionis* Quint. 12, 7, 6, écarter les deux manières d'acquérir de la popularité ‖ détourner: *aliquem a maleficio* Cic. *Amer.* 70, détourner qqn du crime; *reges a bello* Liv. 45, 23, 12, détourner les rois de la guerre ¶**3** ébranler, soulever [par un tremblement de terre]: Adamn. *Loc. sanct.* 3, 6.
▸ forme contr. *summosses* = *summovisses* Hor. *S.* 1, 9, 48.

submultĭplex, *ĭcis*, sous-multiple: Boet. *Arith.* 1, 22, 2.

submultĭplĭcĭtas, *ātis*, f., qualité de sous-multiple: Boet. *Arith.* 1, 23, 4.

Submūrānum (Summ-), *i*, n., lieu de Lucanie [auj. Morano]: Anton. 105.

submurmŭrātĭo, *ōnis*, f., action de murmurer à part soi: Aug. *Psalm.* 36, 3, 8.

submurmŭrō, *ās*, *āre*, -, -, intr., murmurer à part soi: Aug. *Conf.* 6, 9, 14.

submussus (summ-), *i*, m. (*sub*, *musso*), celui qui marmonne entre ses dents: Naev. *Tr.* 63; P. Fest. 385, 1.

submūtātĭo, *ōnis*, f., échange: Gloss. 2, 228, 42.

submūtō (summ-), *ās*, *āre*, -, -, tr., échanger: Cic. *Or.* 93.

subnascŏr, *scĕrīs*, *scī*, *nātus sum*, intr., naître en dessous: Plin. 17, 234 ‖ repousser, renaître: Plin. 11, 78; Sen. *Brev.* 4, 6.

subnătō, *ās*, *āre*, -, -, intr., nager sous l'eau: Sil. 14, 483; Apul. *M.* 4, 31.

subnātus, *a*, *um*, part. de *subnascor.*

subnāvĭgō, *ās*, *āre*, *āvī*, -, tr., faire voile auprès de, côtoyer: Vulg. *Act.* 27, 4.

subnectō, *ĭs*, *ĕre*, *nexŭī*, *nexum*, tr., attacher par-dessous, attacher: *velum antennis* Ov. *M.* 11, 33, attacher la voile aux antennes; *cingula mammae* Virg. *En.* 1, 492, fixer un ceinturon sous le sein ‖ [fig.] ajouter: Just. 43, 4, 4; Quint. 3, 3, 5.

subnĕgō, *ās*, *āre*, *āvī*, -, tr., refuser à demi: Cic. *Fam.* 7, 19.

Subnĕro, *ōnis*, m., un second Néron [Domitien]: Tert. *Pall.* 4, 5.

subnervō, *ās*, *āre*, *āvī*, - (*sub nervis*, -*iis*), tr., couper les nerfs des jambes: Tert. *Jud.* 10, 9 ‖ **subnervĭō**, *ās*, *āre*, -, - [fig.] couper court à: Apul. *Apol.* 84.

subneutĕr, *tra*, *trum*, ▸ *alteruter*: Ps. Apul. *Herm.* 5.

subnexĭo, *ōnis*, f., [rhét.] ▸ *subinjectio*: Ps. Jul.-Ruf. *Lex.* 4, p. 49, 11 ‖ ▸ *prosapodosis*: Carm. Fig. 112.

subnexus, *a*, *um*, part. de *subnecto.*

subnĭgĕr, *gra*, *grum*, noirâtre: Pl. *Ps.* 1218; Varr. *R.* 2, 9, 3.

subnixus (-nīsus), *a*, *um* (*sub, nitor*) ¶**1** appuyé sur [avec abl.]: Cic. *Rep.* 6, 21; Virg. *En.* 1, 506 ¶**2** [fig.] qui se repose sur, soutenu par, confiant dans: Cic. *Rep.* 2, 45; *ejus artis adrogantia subnixi* Cic. *de Or.* 1, 246, soutenus par l'orgueil de posséder cette science, cf. Liv. 25, 41, 26, 13 ‖ *firmissima ratione sententia subnixa* Dig. 45, 3, 18, 3, une décision renforcée par un raisonnement inébranlable ‖ [abs¹] confiant: Liv. 4, 22, 5;

subnixus

subnixo animo ex victoria Quadr. d. Gell. 17, 2, 4, avec une âme confiante par suite de la victoire.

subnŏtātĭo, *ōnis*, f. (*subnoto*), signature, seing : Cod. Just. 1, 23, 6.

subnŏtō, *ās*, *āre*, *āvī*, *ātum*, tr. ¶ **1** noter en dessous, annoter : Apul. *Plat.* 3, 266 ; Sen. *Ep.* 108, 30 ǁ signer : *libellos* Plin. *Ep.* 1, 10, 9, contresigner des requêtes ǁ *nomina* Suet. *Cal.* 41, prendre des noms en note ¶ **2** remarquer, noter : Mart. 1, 28, 5.

subnŭba, *ae*, f. (*sub*, *nubo*), concubine : Ov. *H.* 6, 153.

subnūbĭlus, *a*, *um*, un peu obscur, un peu ténébreux : Caes. *C.* 3, 54, 2.

sŭbō, *ās*, *āre*, -, - (cf. *sub*, *subsido* II ¶ 3), intr., être en chaleur [en parl. des femelles] : Lucr. 4, 1199 ; Plin. 10, 181 ǁ être en rut, ressentir une ardeur amoureuse : Hor. *Epo.* 12, 11.

subobscēnus, *a*, *um*, un peu obscène, graveleux : Cic. *Or.* 88.

sŭbobscūrē, adv., d'une manière un peu obscure : Gell. 3, 14, 6 ; 10, 1, 7.

sŭbobscūrus, *a*, *um*, un peu obscur [fig.] : Cic. *Or.* 11 ; *Brut.* 29.

sŭboccultē, adv., un peu en cachette : Fort. *Rad.* 4, 13.

Sŭbocrīni, *ōrum*, m. pl., peuple des Alpes, au pied du mont Ocra : Plin. 3, 133.

sŭbŏcŭlāris, *e* (*sub oculo*), suboculaire [médec.] : Veg. *Mul.* 3, 4.

sŭbŏdĭōsus, *a*, *um*, assez ennuyeux : Cic. *Att.* 1, 5, 4.

suboffendō, *is*, *ĕre*, -, -, intr., déplaire un peu [*apud aliquem*] : Cic. *Q.* 2, 6, 5 ǁ tr., heurter un peu : Aug. *Util. cred.* 2, 4.

sŭbŏlĕō, *ēs*, *ēre*, -, - (*sub*, *oleo*), intr., répandre une odeur ; [d'où fig.] *hoc subolet mihi*, *subolet mihi*, *subolet* seul, je me doute de cela, je flaire la chose : Pl. *Ps.* 421 ; *Cas.* 277 ; 266 ; Ter. *Phorm.* 474.
▶ *subolat* subj. 3ᵉ conjug., Ter. *Haut.* 899.

sŭbŏles (mieux que **sŏbŏles**), *is*, f. (*sub*, cf. *adolesco*, *proles*, *alo*) ¶ **1** rejeton, pousse : Col. 5, 6, 2 ; Plin. 17, 65 ¶ **2** [fig.] descendants, rejetons, postérité, race, lignée : Cic. *Leg.* 3, 7 ; *Off.* 1, 54 ; *Phil.* 2, 54 ; Liv. 26, 41, 22 ǁ [animaux] : Hor. *O.* 3, 13, 8 ; Plin. 7, 31.
▶ mot poét. d'après Cic. *de Or.* 3, 153.

sŭbŏlescō, *is*, *ĕre*, -, -, intr., former une génération nouvelle : Liv. 29, 3, 13.

sŭbolfăcĭō, *is*, *ĕre*, -, -, tr., flairer : Petr. 45, 10.

subŏlo, ▶ *suboleo* ▶.

sŭboptĭo, *ōnis*, m. (*sub optione*), aide de l'*optio* : CIL 9, 349.

sŭbŏrĭor, *īrĭs*, *īrī*, -, intr., naître [à la place ou successivement], se reproduire, se reformer : Lucr. 1, 1035 ; Plin. 2, 207.

sŭbornātŏr, *ōris*, m. (*suborno*), suborneur : Paul. *Sent.* 5, 13 ; Amm. 15, 5.

sŭbornātrix, *īcis*, f. (*sub*, *ornatrice*), celle qui aide la femme de chambre : CIL 8, 9428.

sŭbornō, *ās*, *āre*, *āvī*, *ātum* (*sub*, *orno* ; esp. *sobornar*), tr. ¶ **1** [pr. et fig.] équiper, pourvoir, armer, munir : *aliquem pecunia* Anton. d. Cic. *Phil.* 13, 32, munir qqn d'argent ; *a natura subornatus* Cic. *Leg.* 1, 59, pourvu, doué par la nature, cf. Sen. *Ep.* 24, 5 ; *Ben.* 3, 28, 5 ¶ **2** préparer en dessous, en secret, suborner : Cic. *Caecin.* 71 ; *Com.* 51 ; *medicum indicem* Cic. *Dej.* 17, suborner un médecin pour en faire un révélateur ; *aliquem ad rem* Liv. 42, 15, 3, suborner qqn pour une chose ; *ab subornato ab se litteras accepit* Liv. 44, 44, 4, il reçut une lettre d'un affidé qu'il avait soudoyé.

sŭbortŭs, *ūs*, m., lever successif [des astres] : Lucr. 5, 303.

sŭbostendō, *is*, *ĕre*, *tendī*, *tensum*, tr., montrer sous main [fig.], faire entrevoir : Tert. *Marc.* 4, 38, 5 ; *Val.* 1, 4 ; *Bapt.* 19, 2.

Subota, *ōrum*, n. pl., île de la mer Égée : Liv. 44, 28, 6.

subpaedăgōgus, *i*, m. (*sub paedagogo*), sous-précepteur : CIL 6, 8976.

subpaetŭlus (supp-), *a*, *um*, un peu louche [œil] : Varr. *Men.* 375.

subpallĭdus (supp-), *a*, *um*, un peu pâle, pâlot : Cels. 2, 4, 23.

subpalp-, subpăr-, ▶ *supp-*.

subpe-, ▶ *suppe-*.

subpingo, ▶ *supp-*.

subpinguis, *e*, assez gras, grassouillet : Cels. 6, 4, 1 ǁ visqueux : Theod.-Prisc. 1, 82.

subpostōrĭum, *ii*, n. (*sub*, *pono*), sorte de patène : Greg.-M. *Ep.* 1, 42, p. 66, 20.

subpraefectus, *i*, m. (*sub praefecto*), sous-préfet : CIL 3, 1464 ; 11, 6337 ǁ [fig.] auxiliaire, adjoint : Sen. *Nat.* 5, 16, 3.

subpre-, ▶ *suppre-*.

subprinceps, *ĭpis*, m. (*sub principe*), chef en second : CIL 11, 5215.

subprincĭpālis, *e*, qui est sous l'hypate [mus.] : Capel. 9, 931 ; 941 ; 942.

subprōcūrātŏr, *ōris*, m. (*sub procuratore*), sous-administrateur : CIL 3, 1088.

subprōmus, ▶ *suppromus*.

subpŭdet, ▶ *suppudet*.

subquădrŭplus, *a*, *um*, sous-quadruple : Boet. *Arith.* 1, 23, 3.

subquartus, *a*, *um*, qui est dans le rapport de 4 à 5 : Capel. 7, 761.

subrădĭō, *ās*, *āre*, -, -, tr., faire rayonner [fig.], indiquer, signifier : *Tert. *Res.* 29, 1.

subrādō, *is*, *ĕre*, *rāsī*, *rāsum*, tr. ¶ **1** racler en dessous : Cat. *Agr.* 50, 2 ¶ **2** arroser, baigner le pied de : Amm. 28, 2, 1.

subrancĭdus, *a*, *um*, un peu rance : Cic. *Pis.* 67.

subrāsus, *a*, *um*, part. de *subrado*.

subraucum, adv., avec un son un peu rauque : Amm. 31, 16, 6.

subraucus, *a*, *um*, *vox subrauca* Cic. *Brut.* 141, voix un peu sourde.

subrectĭo, *ōnis*, f. (*subrigo*) ¶ **1** action de dresser, érection : Arn. 5, 39 ¶ **2** résurrection : Arat. *Act.* 1, 314 ¶ **3** le fait de se lever [le matin] : [pl.] Hil. *Psalm.* 126, 12 ¶ **4** [chrét.] relèvement, élévation : Aug. *Ord.* 1, 10, 29.

subrectĭtō, *ās*, *āre*, -, - (fréq.), intr., s'élever habituellement : Cat. *Orat.* 213 d. Gell. 10, 13, 2.

subrectŏr, *ōris*, m., **subrectrix**, *īcis*, f. (*subrigo*), celui, celle qui dresse : Prisc. *Vers. Aen.* 11, 204 = 3, 509, 17.

1 **subrectus**, *a*, *um*, à peu près droit : Grom. 332, 5.

2 **subrectus (surrectus)**, *a*, *um*, part. de *subrigo*.

subrĕfectus, *a*, *um* (*sub*, *reficio*), un peu remis, un peu soulagé : Vell. 2, 123, 3.

subrĕgō (-rĭgō), *is*, *ĕre*, -, -, tr., gouverner [en second] : Fort. *Carm. app.* 2, 66.

subrēgŭlus, *i*, m. (*sub regulo*), petit prince vassal : Amm. 17, 12, 11.

subrĕlinquō, *is*, *ĕre*, -, -, tr., laisser après soi : Aug. *Civ.* 18, 33.

subrĕmănĕō, *ēs*, *ēre*, -, -, intr., rester en arrière, demeurer : Tert. *Anim.* 18, 10.

subrēmĭgō, *ās*, *āre*, -, -, intr. ¶ **1** ramer sous, en dessous : Virg. *En.* 10, 227 ǁ nager en dessous : Oros. *Hist.* 6, 22, 14 ¶ **2** tr., pousser, exciter : Calp.-Flac. *Decl.* 20.

subrēnālis, *e* (*sub renibus*), qui est sous les reins : Veg. *Mul.* 1, 8.

subrēpentĕ, adv., un peu brusquement : Aug. *Mor. eccl.* 1, 24, 25.

subrēpō (surrēpō), *is*, *ĕre*, *repsī*, *reptum*, tr. et intr. ¶ **1** se glisser sous : *sub tabulas* Cic. *Sest.* 126, se glisser sous les planches ; *urbis moenia* Hor. *S.* 2, 6, 100, se glisser dans l'enceinte de la ville ǁ [avec dat.] *clatris* Col. 9, 1, 9, sous les barreaux ¶ **2** [fig.] *subrepentibus vitiis* Sen. *Ep.* 90, 6, les vices s'insinuant ; *alicui subrepere* Sen. *Marc.* 1, 5, surprendre qqn [cf. prendre en traître] ; *insinuatio subrepat animis* Quint. 4, 1, 42, que l'insinuation se glisse dans les âmes, cf. Plin. 21, 5 ; *terror subrepit pectora* Sil. 15, 136, l'effroi se glisse dans les cœurs ǁ [pass. impers.] *ita subrepetur animo judicis* Quint. 4, 5, 20, ainsi on s'insinuera dans l'esprit du juge ¶ **3** usurper [un droit] : Concil. S. 2 ; 33, 1, p. 40, 1, 7.
▶ parf. contr. *subrepsti* Catul. 77, 3.

subrepsti, ▷ *subrepo* ►.

subreptīcĭus, *a, um* (*subrepo*), clandestin: PL. *Curc.* 205.

subreptĭo, *ōnis,* f. (*subripio*), friponnerie, larcin: APUL. *M.* 10, 15 ‖ [pl.] pillages: CASSIOD. *Var.* 1, 16, 2 ‖ action d'enlever [par la mort]: CASSIOD. *Var.* 4, 42, 3.

subreptĭo, *ōnis,* f. (*subrepo*), action de se laisser entraîner: GREG.-M. *Mor.* 9, 53, p. 889 B ‖ action de s'insinuer, subreption: AUG. *Pecc. mer.* 2, 2, 2; COD. JUST. 1, 14, 2 ‖ insinuation trompeuse, tromperie: GREG.-M. *Mor.* 8, 60, p. 839 A.

subreptīvē, adv., clandestinement, en cachette: JORD. *Get.* 293.

subreptīvus, *a, um* (*subreptus*), clandestin, secret: COD. TH. 12, 6, 1.

subreptŏr, *oris,* m. (*subrepo*), le trompeur [le diable]: MAX. *Hom.* 43, p. 324 A.

subreptus, *a, um,* part. de *subripio*.

subrĕsŏnō, *ās, āre,* -, -, intr., se faire entendre: ALCIM. *Ar.* 19, p. 8.

subrexī, parf. de *subrigo*.

subrīdĕō, *ēs, ēre, rīsī, rīsum* (*sub, rideo*; fr. *sourire*), intr., sourire: CIC. *Com.* 22; VIRG. *En.* 10, 742.

subrīdĭcŭlē, adv., assez plaisamment: CIC. *de Or.* 2, 249.

subrĭgō (surrĭgō), *is, ĕre, rēxī, rectum* (*sub, rego*), tr., dresser, redresser: [les oreilles] VIRG. *En.* 4, 183; *plana* SEN. *Nat.* 6, 4, 1, exhausser les plaines; *se* PLIN. 9, 88, se dresser, cf. 10, 86; 18, 365.

subrĭgŭus, *a, um,* un peu humide [sol]: PLIN. 17, 128.

subrimius, ▷ *subrumus*.

subringŏr, *gĕris, gī,* -, intr., grogner intérieurement, gronder à part soi: CIC. *Att.* 4, 5, 2.

subrĭpĭō (surr-), *is, ĕre, rĭpŭī, reptum* (*sub, rapio*), tr. ¶ 1 dérober furtivement, soustraire: *ex sacro vasa* CIC. *Inv.* 2, 55, subtiliser des vases dans un sanctuaire, cf. CIC. *Dom.* 66; PL. *Poen.* 1247; *aliquid ab aliquo* CIC. *Brut.* 76, dérober furtivement qqch. à qqn, (*alicui aliquid* SEN. *Ep.* 108, 34); *de mille fabae modiis unum* HOR. *Ep.* 1, 16, 55, sur mille mesures de fèves en voler une ‖ *se alicui* PL. *Mil.* 333, se dérober à qqn, cf. HOR. *O.* 4, 13, 20 ¶ 2 [fig.] *virtus quae nec eripi nec surripi potest* CIC. *Par.* 51, la vertu qui ne peut être enlevée ni ouvertement, ni furtivement, cf. CIC. *Verr.* 1, 10; *aliquid spatiis surripere* CIC. *Att.* 5, 16, 1, prendre un peu sur son temps ¶ 3 [pour *subrepo*] surprendre qqn, surprendre sa confiance [avec dat.]: GREG.-M. *Ezech.* 1, 12, 26 ‖ circonvenir: VULG. *Dan.* 6, 6.

► subj. parf. *surrepsit* PL. *Mil.* 333 ‖ formes *subrupio, is, ĕre, rupui, ruptum* PL. *Aul.* 39; 347; *Cap.* 292; *Trin.* 83 ‖ part. sync. *surptus* PL. *Pers.* 150; *Ru.* 1105 ‖ formes sync. *surpite* HOR. *S.* 2, 3, 283; *surpuit* PL. *Cap.* 8; *surpuerat* HOR. *O.* 4, 13, 20; *surpere* LUCR. 2, 314.

subrīsĭo, *ōnis,* f. (*subrideo*), rire léger, sourire: HIER. *Am.* 2, 5, 8.

Subriti (-ta), indécl., ville de Crète: PEUT. 7, 5.

Subrĭus, *ii,* m., nom d'homme: TAC. *An.* 15, 49; *H.* 1, 31.

subrŏbĕus, *a, um,* ▷ *subrubeus*.

subrŏgātĭo, *ōnis,* f., subrogation, substitution: AMBR. *Ep.* 13, 2.

subrŏgō (surr-), *ās, āre, āvī, ātum,* tr., faire choisir qqn à la place d'un autre, élire en remplacement ou en plus: CIC. *Rep.* 2, 62; LIV. 2, 7, 6; 3, 19, 1; 39, 39, 7; *sibi aliquem collegam* CIC. *Rep.* 2, 55, se faire adjoindre qqn comme collègue ‖ *legem* ULP. *Reg.* 1, 3, ajouter qqch. à une loi ‖ fournir, ménager, mettre à la disposition: AMBR. *Tob.* 16, 55.

subrostrāni, *ōrum,* m. pl. (*sub rostris*), nouvellistes de la place publique [du pied des rostres]: CAEL. *Fam.* 8, 1, 4.

subrŏtātus, *a, um* (*sub, roto*), monté sur roues: VITR. 10, 13, 4.

subrŭbĕō, *ēs, ēre,* -, -, intr., être un peu rouge: OV. *Am.* 2, 5, 36 ‖ rougir: PALL. 4, 10, 31.

subrŭbĕr, *bra, brum,* ▷ *subrubicundus*: CELS. 5, 28, 8.

subrŭbĕus, *a, um,* ▷ *subrubicundus*: NON. 549, 9.

subrŭbĭcundus, *a, um,* rougeâtre: SEN. *Ir.* 3, 4, 1; PLIN. 25, 167.

subrūfus, *a, um,* roussâtre, rougeâtre: PLIN. 37, 170 ‖ qui a les cheveux roux: PL. *Cap.* 648.

subrūmō, *ās, āre,* -, - (*sub ruma*), tr., mettre à la mamelle [les agneaux, etc.]: COL. 7, 4, 3; FEST. 400, 34.

subrūmus, (subrimius, FEST. 332, 12; P. FEST. 333, 6), *a, um* (*sub ruma*), qui tète, à la mamelle: VARR. *R.* 2, 1, 20.

subruncātŏr, *ōris,* m. (*sub, runco*), sarcleur: SERV. *G.* 1, 21.

subruncīvus, *a, um* (*sub, runco*), sarclé, tenu en bon état: GROM. 111, 15.

subrŭō (surr-), *is, ĕre, rŭī, rŭtum* ¶ 1 abattre par la base, renverser, saper les fondements: *murum* CAES. *G.* 2, 6, 2, saper un mur, cf. CAES. *C.* 2, 12, 3; LIV. 5, 21, 6; 21, 11, 8; 31, 46, 15; *arbores a radicibus* CAES. *G.* 6, 27, 4, déraciner des arbres ¶ 2 [fig.] *libertatem* LIV. 41, 23, 8, saper la liberté; *aemulos reges muneribus* HOR. *O.* 3, 16, 14, faire crouler les rois ses rivaux à l'aide de présents.

subrŭpio, ▷ *subripio* ►.

subruptīcĭus, ▷ *surrupticius*.

subrustĭcē, adv., de façon un peu rustique: GELL. *pr.* 10.

subrustĭcus, *a, um,* un peu rustique (campagnard): CIC. *Brut.* 259; *Or.* 161; *Fam.* 5, 12, 1.

subrŭtĭlō, *ās, āre,* -, -, intr., tirer sur le rouge: HIER. *Is.* 15, 54, 12 ‖ [fig.] être suffisamment clair: MAMERT. *Anim.* 1, 25.

subrŭtĭlus, *a, um,* rougeâtre: PLIN. 10, 8.

subrŭtus, *a, um,* part. de *subruo*.

subsalsus, *a, um,* un peu salé: CELS. 3, 12, 3; PLIN. 21, 175.

subsaltō, *ās, āre, āvī,* -, intr., approcher en sautant, en bondissant: VL. *Joel* 1, 17.

subsānĭum, ▷ *subsann-*.

subsannātĭo, *ōnis,* f. (*subsanno*), moquerie, grimace insultante: VULG. *Psal.* 34, 16.

subsannātŏr, *ōris,* m. (*subsanno*), moqueur: VULG. *Eccli.* 33, 6.

subsannātōrĭus, *a, um* (*subsanno*), plein de moquerie: HIER. *Job* 15.

subsannĭum, *ii,* n. (*sub,* σανίς), intérieur d'un navire: HIST. APOL. 38; 39.

subsannō, *ās, āre, āvī,* - (*sub, sanna*; esp. *sosañar*), tr., faire des grimaces à, se moquer de, tourner en dérision: HIER. *Ep.* 40, 2.

subsarcĭnō, *ās, āre,* -, -, tr., munir secrètement: PAUL.-NOL. *Ep.* 29, 2.

subscālāris, *e* (*sub scalis*), placé sous l'escalier: CIL 6, 29791.

subscalpō, *ĭs, ĕre,* -, -, tr., gratter doucement: CAPEL. 1, 7.

subscindō, *ĭs, ĕre,* -, -, tr., fendre un peu: PLIN. VAL. 2, 30.

subscrībendārĭus, *ii,* m., secrétaire: COD. TH. 7, 4, 1.

subscrībō, *ĭs, ĕre, scrīpsī, scriptum,* tr. ¶ 1 écrire dessous, écrire au bas, mettre en inscription: *statuis subscripsit* [avec prop. inf.] CIC. *Clu.* 101, il mit comme inscription sur des statues que..., cf. SUET. *Caes.* 80; HOR. *O.* 3, 24, 28; *meo subscribitur causa sepulcro* OV. *M.* 9, 563, la cause de ma mort est inscrite sur ma tombe ¶ 2 signer en second une accusation, être accusateur secondaire: CIC. *Q.* 3, 3, 2; NEP. *Att.* 6, 3 ‖ [ou simpl^t] signer une accusation, rédiger une accusation, *in aliquem*, contre qqn: CIC. *Clu.* 131 ¶ 3 [censeurs] inscrire au-dessous du nom d'une personne le motif d'un blâme, inscrire, noter: CIC. *Clu.* 119; 123; 127; *Div.* 1, 29 ¶ 4 signer un document: *testamento* DIG. 40, 1, 40, signer un testament ‖ [d'où] approuver: *rationibus, rationes* DIG. 34, 3, 12; 44, 3, 13, 1, approuver des comptes; cf. SUET. *Oth.* 7 [avec acc.] ‖ [abs^t] apposer sa signature: SUET. *Ner.* 10; *Cal.* 29 ‖ [fig.] adhérer à, souscrire à, approuver: *odiis accusatorum Hannibalis* LIV. 33, 47, 4, s'associer à la haine des accusateurs d'Hannibal, cf. LIV. 10, 22, 4 ¶ 5 écrire à la suite, ajouter: *earum (litterarum) exemplum*

subscribo

subscripseras Cic. *Att.* 8, 11 D,3, tu avais reproduit la copie de cette lettre à la suite de la tienne ; **numerus aratorum subscribitur** Cic. *Verr.* 3, 120, on inscrit à la suite l'effectif des cultivateurs [sur les registres officiels après la mention des propriétés, de leur superficie, des noms des propriétaires] ; **haec subscribe libello** Hor. *S.* 1, 10, 92, ajoute ces pages au livre ¶ **6** inscrire à la dérobée, à la volée : Quint. 12, 8, 7 ; Suet. *Aug.* 27 ; **cum suspiria nostra subscriberentur** Tac. *Agr.* 45, alors que nos soupirs étaient furtivement notés.

subscriptĭo, ōnis, f. (*subscribo*) ¶ **1** inscription [au bas d'une statue] : Cic. *Att.* 6, 1, 17 ¶ **2** action d'être accusateur en second : Cic. *Caecil.* 49 ‖ action de signer une accusation [d'en prendre la responsabilité] : Dig. 48, 2, 7 ; [d'où] accusation : Sen. *Ben.* 3, 26, 2 ; Marc. 22, 5 ; Apoc. 14, 1 ¶ **3** indication du délit [par le censeur], grief, objet du blâme : Cic. *Clu.* 118 ; 123 ; 130 ¶ **4** signature d'un document : Suet. *Tib.* 32 ; Dig. 48, 10, 15 ¶ **5** inscription à la suite, relevé [sur des registres] : Cic. *Verr.* 3, 113 ¶ **6** réponse portée par l'empereur au bas de la requête qu'un particulier ou un fonctionnaire lui a adressée : Gai. *Inst.* 1, 94 ¶ **7** [pl.] liste des personnages occupant de hautes fonctions : Cassiod. *Var.* 6, 21, 3.

subscriptīvus, a, um, qui désigne : Boet. *Porph. com.* 1, 1, 15.

subscriptŏr, ōris, m. (*subscribo*) ¶ **1** accusateur en second : Cic. *Q.* 3, 4, 1 ; Caecin. 51 ; Cael. *Fam.* 8, 8, 1 ¶ **2** qui souscrit à qqch., approbateur, partisan : Gell. 5, 21, 6 ; 19, 8, 12.

subscriptus, a, um, part. de *subscribo*, [chrét.] subst. m. pl., candidats au baptême [qui ont souscrit à un nom de baptême] : Concil. Carth. 4, can. 25.

subscrūpōsus, a, um, assez pointilleux : Amm. 21, 16, 3.

subscūdo, ĭnis, f., ⓒ ▶ *subscus* : Aug. *Civ.* 15, 27, 3.

subscūs, cūdis, f. (*subs, cudo*), broche, queue-d'aronde : Pacuv. *Tr.* 250 ; Cat. *Agr.* 18, 9 ; Vitr. 4, 7, 4 ; Fest. 398, 36.

subsēcīv-, Ⓥ *subsic-*.

subsĕco, ās, āre, sĕcŭī, sectum, tr., couper par-dessous, en bas : Varr. *R.* 1, 23, 3 ; 1, 50, 1 ; Ov. *F.* 6, 230.

subsĕcundārĭus, a, um, qui vient après, accessoire : **subsecundaria tempora** Gell. *pr.* 23, moments de loisir.

subsĕcundō, ās, āre, -, -, intr., [fig.] passer après, se plier à [avec dat.] : Hil. *Matth.* 7, 8.

subsĕcūtĭo, ōnis, f., suite, continuation : Cassiod. *Var.* 8, 14.

subsĕcūtus, a, um, part. de *subsequor*.

subsēdī, parf. de *subsido*.

subsĕllārĭum, ĭi, n. (*subsellium*), auditorium muni de bancs : CIL 11, 3583.

subsĕllārĭus, ĭi, m. (*subsellium*), fabricant de bancs : CIL 6, 6055.

subsĕllĭum, ĭi, n. (*sub, sella*) ¶ **1** siège peu élevé, petit banc : Varr. *L.* 5, 128 ¶ **2** [en gén.] banc, banquette : Pl. *Cap.* 471 ; St. 489 ; 698 ; Cels. 7, 26, 1 ¶ **3** [en part.] **subsellia a)** bancs du théâtre : Pl. *Amp.* 65 ; Poen. 5 ; Suet. *Aug.* 43 ; 44 ; Ner. 26 **b)** bancs des sénateurs dans la curie : Cic. *Brut.* 290 ; *Phil.* 5, 18 ; *Cat.* 1, 16 **c)** [au tribunal, bancs des juges, des plaideurs, des avocats, des greffiers, des amis, d'où] enceinte du tribunal : Cic. *Brut.* 289 ; *de Or.* 1, 264 ‖ = les tribunaux, la justice : Cic. *de Or.* 1, 32 ; 1, 264 ‖ **versatus in utrisque subselliis** Cic. *Fam.* 13, 10, 2, ayant fait office d'avocat et de juge.

subsentātŏr, ōris, m. (cf. *adsentator*), adulateur : Pl. *Frg.* 55.

subsentĭō, īs, īre, sensī, -, tr., remarquer sans en avoir l'air : Ter. *Haut.* 471.

subsĕquentĕr, adv., à la suite, en suivant : Aug. *Psalm.* 67, 11 ; Aug. *Serm.* 331, 2 ; Cassiod. *Psalm.* 24, 8.

subsĕquŏr, quĕrĭs, quī, sĕcūtus sum, tr. ¶ **1** suivre immédiatement, être sur les talons de qqn, **aliquem** : Pl. *Amp.* 551 ; Caes. *C.* 1, 83, 2 ; **signa** Caes. *G.* 4, 26, 1, suivre les enseignes [rester dans son manipule] ‖ [abs¹] venir ensuite : **Caesar subsequebatur omnibus copiis** Caes. *G.* 2, 19, 1, César marchait à la suite avec toutes ses troupes, cf. Caes. *G.* 2, 11 ; 5, 18 ¶ **2** suivre, accompagner : **manus digitis subsequens verba** Cic. *de Or.* 2, 220, la main accompagnant des doigts les paroles ‖ venir après : **totidem subsecuti libri Tusculanarum disputationum...** Cic. *Div.* 2, 2, venant ensuite en nombre égal les livres des Tusculanes... ¶ **3** marcher sur les traces de = se régler sur, imiter : Cic. *Nat.* 1, 32 ; *Div.* 1, 6 ; *Phil.* 13, 23 ‖ **suo sermone subsecutus est humanitatem litterarum tuarum** Cic. *Fam.* 3, 1, 2, ses propos furent en parfait accord avec les bons sentiments de ta lettre, cf. Cic. *Part.* 25.

subsĕquuus, a, um (*subsequor*), subséquent : Oros. *Hist.* 1, 1, 7.

subsērĭcus, a, um, qui est mi-soie [opposé à *holosericus*] : Lampr. *Hel.* 26, 1.

1 **subsĕrō**, ĭs, ĕre, -, sertum (2 *sero*), tr., insérer, introduire : Apul. *M.* 7, 28 ‖ [fig.] insérer en plus, ajouter : Amm. 16, 7, 4.

2 **subsĕrō**, ĭs, ĕre, -, - (3 *sero*), tr., planter à la place de, rajeunir [un plant] : Col. 4, 15, 1.

subsertus, a, um, part. de 1 *subsero*.

subservĭō, īs, īre, -, -, intr., servir, être aux ordres de [avec dat.] : Pl. *Men.* 766 ‖ [fig.] **orationi alicujus** Ter. *And.* 735, seconder les paroles de qqn.

subsesquĭaltĕr (-qualtĕr), -sesquĭtertĭus, -quĭquartus, -qui-

quintus, a, um, [nombre] contenu dans un autre une fois 1/2, une fois 1/3, une fois 1/4, une fois 1/5 : Boet. *Arith.* 1, 24, 2.

subsessa, ae, f. (*subsido*), embuscade : Veg. *Mil.* 3, 6.

subsessŏr, ōris, m. (*subsido*), celui qui se tient en embuscade, à l'affût : Petr. 40, 1 ; Serv. *En.* 11, 268 ‖ [fig.] Val.-Max. 2, 1, 5 ‖ séducteur, suborneur : Arn. 4, 28 ; 5, 20.

subsiccō, ās, āre, -, -, tr., **se**, sécher un peu : Pelag. 24, 2.

1 **Subsĭcīvum**, i, n., ville de Campanie [auj. Giojosa] : Anton. 115.

2 **subsĭcīvum**, i, [n. pris subst¹] portion de terre qui est en plus de la mesure, parcelle supplémentaire : Varr. *R.* 1, 10, 2 ; Suet. *Dom.* 9.

subsĭcīvus (mieux que **subsĕcīvus**), a, um (*sub, seco*) ¶ **1** [litt¹] ce qui est retranché du partage comme étant en plus de la mesure, ce qui reste après mesurage, en surplus : Grom. 246, 27 ; 366, 3 ¶ **2** [fig.] **a) subsiciva tempora** Cic. *Leg.* 1, 9, moments de reste [les occupations étant accomplies], moments perdus **b) subsicivae operae** Cic. *Phil.* 2, 20, travaux accessoires, secondaires [faits aux moments perdus], cf. Cic. *de Or.* 2, 364 ; **philosophia non est res subsiciva, ordinaria est** Sen. *Ep.* 53, 10, la philosophie n'est pas une tâche secondaire, c'est la tâche essentielle **c)** restant en plus : Apul. *M.* 3, 8, 5 **d)** occasionnel, accidentel : Apul. *Socr.* 4.

subsĭcŭus, ⓒ ▶ *subsequus* : Jul.-Val. 2, 16 (21).

subsīdentĭa, ae, f. (*subsido*), dépôt, sédiment : Vitr. 8, 3, 18.

subsĭdĭālis, e, ⓒ ▶ *subsidiarius* : Amm. 14, 6, 17 ; 27, 10, 15.

subsĭdĭārĭus, a, um (*subsidium*) ¶ **1** qui forme la réserve : Caes. *C.* 1, 83, 2 ; Liv. 9, 27, 9 ; Tac. *An.* 1, 63 ‖ **subsidiarii**, ōrum, m., troupes de réserve : Liv. 5, 38, 2 ¶ **2** qui est réservé [dans la taille de la vigne] : Col. 4, 24, 13 ¶ **3** subsidiaire : Dig. 27, 8, 1, 4.

subsĭdĭŏr, ārĭs, ārī, - (*subsidium*), intr., former la réserve : Hirt. *G.* 8, 13, 2.

subsĭdĭum, ĭi, n. (*sub, sedeo*) ¶ **1** ligne de réserve [dans l'ordre de bataille] : Fest. 398 ; 9 ; Varr. *L.* 5, 89 ; Liv. 4, 28, 2 ; 21, 46, 6 ; Sall. *C.* 59, 5 ‖ réserve, troupes de réserve : Caes. *G.* 2, 22, 1 ; 2, 25 ¶ **2** [d'où] soutien, renfort, secours : **integros subsidio adducere** Caes. *G.* 7, 87, 2, amener des troupes fraîches en renfort ; **subsidio mittere, proficisci** Caes. *G.* 2, 7 ; *C.* 3, 78, envoyer en renfort, partir pour renfort, cf. Cic. *Phil.* 5, 46 ; *Att.* 8, 7, 1 ; **in subsidium mittere** Tac. *An.* 12, 55 ¶ **3** [fig.] aide, appui, soutien, assistance : Cic. *Clu.* 3 ; *Att.* 12, 3, 52 ; *de Or.* 1, 199 ‖ moyen de remédier, ressources, arme : **his difficultatibus duae res erant subsidio**

Caes. *G.* 2, 20, 3, pour parer à ces difficultés, il y avait deux remèdes ; **subsidia ad omnes casus comparare** Caes. *G.* 4, 31, 2, se ménager des moyens de parer à toute éventualité [des ressources pour toute éventualité], cf. Cic. *Fam.* 9, 6, 4 ; **industriae subsidia** Cic. *Cat.* 2, 9, les ressources de l'activité ¶ **4** lieu de refuge, asile : **in hortos Pomponii quasi fidissimum ad subsidium perfugerat** Tac. *An.* 5, 8, il s'était réfugié dans les jardins de Pomponius comme dans le plus sûr des asiles ; **importuosum mare et vix modicis navigiis pauca subsidia** Tac. *An.* 4, 67, une mer sans port, et à peine quelques abris pour de petits bâtiments.

subsīdō, *ĭs*, *ĕre*, *sēdī*, *sessum* (*sub, sido*) **I** intr. ¶ **1** se baisser, s'accroupir : Liv. 28, 2, 6 ; **(elephanti) clunibus subsidentes** Liv. 44, 5, 7, (les éléphants) s'asseyent sur le derrière ; **poplite subsidens** Virg. *En.* 12, 492, fléchissant sur le genou || s'affaisser, s'abaisser : [rochers] Lucr. 5, 493 ; [vallées] Ov. *M.* 1, 43 ; Curt. 9, 9, 19 ; [flots] Virg. *En.* 5, 820 ; Ov. *M.* 1, 344 || tomber, se calmer : [vent] Prop. 1, 8, 13 ; Ov. *Tr.* 2, 151 ; [fig., fougue] Quint. 3, 8, 60 ; [vices] Sen. *Ep.* 94, 69 ; [des frayeurs] Sen. *Ep.* 13, 12 || tomber au fond, se déposer, faire un dépôt : Lucr. 5, 497 ; Sen. *Ep.* 108, 26 ; Plin. 28, 68 ; [poét.] **extremus galeaque ima subsedit Acestes** Virg. *En.* 5, 498, et dans le fond du casque est resté le dernier, le nom d'Aceste || tomber au fond, s'enfoncer dans l'abîme : Lucr. 6, 590 || céder [sous le doigt] : Ov. *M.* 10, 284 ¶ **2** s'arrêter, faire halte : **subsedi in ipsa via** Cic. *Att.* 5, 16, 1, je me suis arrêté en pleine route, cf. Cic. *Att.* 6, 8, 2 || [fig.] séjourner : Quint. 2, 1, 3 || se poster [en embuscade] : Cic. *Mil.* 49 ; 51 ; Liv. 1, 14, 7 || être placé en réserve : Varr. *L.* 5, 89 ¶ **3** se mettre sous [dans l'accouplement] [avec dat.] : Lucr. 4, 1198 ; Hor. *Epo.* 16, 31 **II** tr. ¶ **1** tendre un guet-apens à, attendre dans une embuscade : **devictam Asiam (= victorem Asiae = Agamemnonem) subsedit adulter** Virg. *En.* 11, 268, un adultère [Égisthe] tendit un piège au vainqueur de l'Asie ; **leonem** Sil. 13, 221, être à l'affût d'un lion ; [fig.] Amm. 28, 4, 22 ¶ **2** prendre par ruse : Luc. 5, 226.
▶ parf. **subsidi** Amm. 14, 3, 2 ; 24, 4, 29 [qqs mss].

subsĭdŭus, *a*, *um* (*sub, sedeo*, cf. *residuus*), qui s'est déposé au fond : Grat. 474.

subsignānus, *a*, *um* (*sub signis*), groupé sous les drapeaux, légionnaire [oppos. aux détachements et aux auxiliaires] : Tac. *H.* 1, 70 ; 4, 33 ; Amm. 29, 5, 23.

subsignātĭo, *ōnis*, f., souscription, signature : Dig. 50, 16, 39 || [fig.] promesse, assurance : Tert. *Paen.* 2, 4.

subsigno, *ās*, *āre*, *āvī*, *ātum*, tr. ¶ **1** inscrire au bas, à la suite, consigner après : **Ciceronis sententiam ipsius verbis subsignabimus** Plin. 18, 228, nous consignerons ici [à la suite] l'opinion de Cicéron dans ses propres termes, cf. Plin. 18, 33 ¶ **2** consigner [à la suite] sur les états, sur les rôles des propriétés gardés au trésor ou par le censeur : Cic. *Flac.* 80 ¶ **3** engager, offrir en garantie : **praedia subsignata** Cic. *Agr.* 3, 9, terres hypothéquées comme caution || [fig.] **fidem** Plin. *Ep.* 10, 3, 4, donner sa parole ¶ **4** [fig.] garantir formellement, répondre de : Plin. *Ep.* 3, 1, 12 ¶ **5** [chrét.] promettre, consacrer : Tert. *Ux.* 1, 4, 8 ¶ **6** attribuer, accorder : Tert. *Marc.* 1, 27, 2.

subsĭlĭō, *ĭs*, *īre*, *sĭlŭī*, - (*sub, salio*) ¶ **1** sauter en l'air, sauter : Pl. *Cas.* 931 ; Prop. 4, 8, 46 || Lucr. 2, 191, s'élever || [fig.] Sen. *Ep.* 13, 3 ¶ **2** s'élancer dans [avec acc.] : Sen. *Clem.* 1, 3, 5.

subsilles, 🔷 ipsilles : P. Fest. 399, 1.

subsĭmĭlis, *e*, assez semblable : Cels. 5, 26, 20.

subsīmus, *a*, *um*, un peu camus : Varr. *R.* 2, 5, 7.

subsĭpĭō, *ĭs*, *ĕre*, -, -, intr. (*sub, sapio*), avoir peu de saveur : Varr. *L.* 5, 128.

subsistendus, *a*, *um*, adj. verbal de *subsisto* ; subst. n., existence, réalité : Hil. *Trin.* 3, 23.

subsistentĭa, *ae*, f. (ὑπόστασις), l'existence, l'être, la substance : Cassiod. *Eccl.* 5, 38.

subsistō, *ĭs*, *ĕre*, *stĭtī*, -, intr. et tr. **I** intr. ¶ **1** s'arrêter, faire halte : Caes. *C.* 1, 79 ; 2, 41 ; *G.* 1, 15 ; Hirt. *G.* 8, 16 || se tenir en embuscade : Liv. 9, 23, 6 ; 22, 12, 8 || s'arrêter : [cours d'eau] Plin. *Pan.* 30, 4 ; Virg. *En.* 8, 87 ; [de larmes] Quint. 11, 1, 54 || [fig.] s'arrêter, s'interrompre : [de parler] Quint. 4, 5, 20 || **substitit clamor** Ov. *M.* 1, 207, les cris s'arrêtèrent ¶ **2** rester, demeurer, séjourner : Varr. *L.* 5, 155 ; Plin. *Ep.* 4, 1, 6 ; 6, 16, 15 ; Curt. 4, 9, 1 || [fig.] **intra priorem paupertatem** Tac. *An.* 12, 53, rester dans sa pauvreté première ; **nomen subsistebat** Plin. 33, 30, le nom subsistait ¶ **3** opposer de la résistance, résister, tenir bon : Caes. *G.* 5, 10, 2 ; Virg. *En.* 9, 800 || [avec dat.] **alicui** Liv. 27, 7, 3, résister à qqn ; [fig.] **sumptui** Brut. *Fam.* 11, 10, 5, faire face aux dépenses ¶ **4** durer, subsister, exister : Hier. *Jer.* 10, 20 ; Boet. *Eut.* 3 **II** tr., tenir tête à : **feras subsistere** Liv. 1, 4, 9, tenir tête aux bêtes sauvages, cf. Liv. 9, 31, 6.

subsĭtus, *a*, *um*, situé au-dessous : Apul. *M.* 6, 3.

subsōlānĕus, *a*, *um*, adj. (*sub 1 solo*), qui est sous le sol : Fest. 398, 21.

1 **subsōlānus**, *a*, *um*, adj. (*sub sole*), tourné vers l'orient : Plin. 7, 24.

2 **subsōlānus**, *i*, m., vent d'est : Sen. *Nat.* 5, 16, 4 ; Plin. 2, 119 ; Gell. 2, 22, 8.

subsolvō, *ĭs*, *ĕre*, -, -, tr., dissoudre un peu : Plin. Val. 2, 18.

subsōnō, *ās*, *āre*, -, -, tr., donner à entendre : Sisen. d. Char. 194, 7.

subsortĭor, *īrĭs*, *īrī*, *ītus sum*, tr., tirer au sort pour remplacement, tirer au sort de nouveau : **judicem** Cic. *Clu.* 96, désigner de nouveau un juge ; **in alicujus locum** Cic. *Verr. prim.* 30, tirer au sort pour remplacer qqn ; [absᵗ] Cic. *Clu.* 92.

subsortītĭo, *ōnis*, f. (*subsortior*), tirage au sort en remplacement [de juges récusés], second tirage de noms : Cic. *Verr.* 1, 157 ; *Clu.* 91 || tirage de noms pour remplacer les citoyens morts à qui l'État distribuait du blé : Suet. *Caes.* 41.

subspargō, *ĭs*, *ĕre*, -, -, tr., , [fig.] semer : Tert. *Carn.* 63, 9.

substāmĕn, *ĭnis*, n., 🔷 stamen : Schol. Juv. 2, 66.

substantĭa, *ae*, f. (*substo*) ¶ **1** substance, être, essence ; existence, réalité d'une chose : **substantia ejus sub oculos venit** Quint. 7, 2, 5, sa substance, son être est venu sous les yeux, il s'est montré en chair et en os, cf. Sen. *Ep.* 113, 4 ¶ **2** soutien, support : **sine substantia facultatum** Tac. *D.* 8, sans le support de la richesse ¶ **3** [tard.] aliments, nourriture : Prud. *Cath.* 7, 40 ¶ **4** moyens de subsistance, biens, fortune : Cod. Just. 1, 4, 9 ; **honora Dominum de tua substantia** Vulg. *Prov.* 3, 9, honore le Seigneur avec tes biens ¶ **5** hypostase, personne : Aug. *Trin.* 5, 8, 10 ¶ **6** le fait d'être sous le coup de, de subir : Tert. *Or.* 4, 5.

substantĭālis, *e*, substantiel, réel : Tert. *Res.* 45, 15 || indépendant, qui existe par soi-même : Amm. 14, 11, 25 || matériel : Hier. *Am.* 3, 6, 7.

substantĭălĭtās, *ātis*, f., caractère de ce qui est essentiel : Casssiod. *Eccl.* 7, 14 || puissance de la substance : Mar. Vict. *Ar.* 3, 10, [Trinité].

substantĭălĭtĕr, adv., essentiellement : Tert. *Val.* 7, 3.

substantĭātus, *a*, *um*, entré dans la même substance : Mar. Vict. *Ar.* 2, 2.

substantĭŏla, *ae*, f. (dim. de *substantia*), petit bien, faibles ressources : Hier. *Ep.* 108, 26.

substantīvus, *a*, *um* (*substantia*), substantiel : Tert. *Prax.* 26, 6 || **substantivum verbum** Prisc. 2, 414, 15, le verbe substantif [= *sum*].

substernō, *ĭs*, *ĕre*, *strāvī*, *strātum*, tr. ¶ **1** étendre dessous : Ter. *And.* 727 ; Plin. 20, 158 || étendre sous : **segetem ovibus** Cat. *Agr.* 37, 2, étendre de la paille sous les brebis || [absᵗ] **pecori male** Plin. 18, 194, faire une mauvaise litière au bétail || **se alicui** [en parl. d'accouplement] Catul. 64, 403 || part. **substratus**, qui s'étend, s'étale [d'eau] : Lucr. 4, 411 ; 6, 619 ; 6, 746 ; [poét.] **substernere bracchia collo** Catul. 64, 332, mettre ses bras autour du cou de qqn, enlacer de ses bras le cou de qqn ¶ **2** [fig.]

substerno

a) soumettre, subordonner ; *aliquid alicui rei*, qqch. à une chose : Cic. *Tim.* 26 ; *Rep.* 1, 65 **b)** mettre à la disposition : Lucr. 2, 22 ‖ sacrifier misérablement [cf. "faire litière de qqch."] : *aliquid alicui* Suet. *Aug.* 68, abandonner honteusement qqch. à qqn ¶ **3** joncher, recouvrir : *solum paleis* Varr. *R.* 1, 57, 2, joncher le sol de paille, cf. Plin. 36, 95 ‖ garnir par-dessous, à la base : *nidos mollissime* Cic. *Nat.* 2, 129, garnir le fond des nids le plus mœlleusement possible ; *pullos* Plin. 10, 93, garnir par-dessous les petits [leur faire une couche] ¶ **4** vaincre, abattre : Fulg. *Aet.* 9, p. 160, 25.

substillum, *i*, n. (*substillus*), bruine, temps humide : Tert. *Pall.* 2, 2 ; Fest. 398, 31.

substillus, *a, um* (*sub, stillo*), qui s'épanche goutte par goutte : Cat. *Agr.* 156, 7.

substĭnĕo, **v.** *sustineo*.

substĭtī, parf. de *subsisto*.

substĭtŭō, *ĭs, ĕre, tŭī, tūtum* (*sub, statuo*)
I tr. ¶ **1** mettre sous **a)** [au pr.] [tard.] *aliquid alicui rei* Pall. *Mart.* 4, 10, 23 **b)** [fig.] *substituerat animo speciem corporis amplam* Liv. 28, 35, 5, il s'était représenté (mis dans l'esprit) une prestance imposante ; *crimini substitui* Plin. *Ep.* 6, 31, 8, être soumis à une accusation, être accusé ¶ **2** mettre après : B.-Afr. 39, 3 ¶ **3** mettre à la place, substituer **a)** *aliquem in locum alicujus* Cic. *Verr.* 5, 72, mettre qqn à la place de qqn, cf. Nep. *Alc.* 7, 3 ; *aliquem alicui* Liv. 29, 1, 10, substituer qqn à qqn [ou] *aliquem pro aliquo* Cic. *Verr.* 3, 161 ; Liv. 38, 42, 10 **b)** donner en substitution : *pro te Verrem substituisti alterum civitati* Cic. *Verr.* 3, 161, tu as donné à l'État pour le remplacer un second Verrès ; *philosophia nobis pro rei publicae procuratione substituta* Cic. *Div.* 2, 7, la philosophie remplaçant pour moi l'administration des affaires publiques **c)** [droit] *heredem*, instituer un héritier en remplacement éventuel d'un premier désigné, cf. Suet. *Tib.* 76 ; Dig. 28, 6, 1 ; *alicui heres substitutus* Suet. *Galb.* 9, héritier de qqn à titre de remplacement ¶ **4** [pass.] apparaître : Commod. *Apol.* 306 ‖ être constitué, établi : Mar. Vict. *Ar.* 1, 56.
II intr., servir de fondement : Mar. Vict. *Ar.* 1, 59.

substĭtūtĭo, *ōnis*, f. ¶ **1** action de mettre à la place, substitution : Arn. 3, 9 ¶ **2** action de remplacer un héritier : Gai. *Inst.* 2, 174 ¶ **3** [chrét.] la matière, le sujet : Iren. 2, 14, 6.

substĭtūtīvus, *a, um*, conditionnel, subordonné : Ps. Apul. *Herm.* 2.

substĭtūtus, *a, um*, part. de *substituo*, adj., créé [en parlant du Fils selon les Ariens] : Faust. *Trin.* 1, 1.

substō, *ās, āre, -, -*, intr. ¶ **1** être dessous : Cels. 6, 10, 3 ¶ **2** tenir bon : Ter. *And.* 914.

substŏmăchŏr, *āris, āri*, - (*sub, stomachor*), intr., marquer un léger dépit : Don. *Hec.* 176 ; Julian.-Aecl. d. Aug. *Jul. op. imp.* 6, 16 ; Aug. *Conf.* 3, 12, 21.

substrāmen, *ĭnis*, n. (*substerno*) ¶ **1** litière : Varr. *R.* 3, 10, 4 ¶ **2** revêtement [mis sur le sol pour faciliter le transport] : Sil. 12, 444.

substrāmentum, *i*, n., ▶ *substramen* : Cat. *Agr.* 161, 2.

substrātōrĭum, *ĭi*, n., nappe, linge d'autel : Sacram. Greg. p. 220 B.

1 **substrātus**, *a, um*, part. de *substerno*.

2 **substrātŭs**, abl. *ū*, m., action d'étendre sous : Plin. 24, 61.

substrĕpens, *tis*, murmurant : Apul. *M.* 5, 18.

substrictus, *a, um* ¶ **1** part. de *substringo* ¶ **2** [adj¹] étroit, serré, grêle, maigre : Ov. *M.* 2, 216 ; 11, 752 ; *ventre substrictiore* *Col. 6, 20, avec un ventre un peu étroit.

substrīdens, *tis*, qui frémit un peu : Amm. 16, 4, 2.

substringō, *ĭs, ĕre, strinxī, strictum*, tr. ¶ **1** attacher par en bas en relevant, lier, serrer, nouer : *crinem nodo* Tac. *G.* 38, attacher par un nœud la chevelure retroussée ; *caput (equi) loro* Nep. *Eum.* 5, 5, attacher la tête du cheval avec une courroie passant sous le cou [pour le relever] ; *lintea malo* Sil. 1, 689, carguer les voiles ‖ [fig.] *aurem substringe* Hor. *S.* 2, 5, 95, dresse l'oreille [serre les oreilles en les relevant, allusion aux oreilles d'un animal] ¶ **2** [fig.] resserrer, arrêter, contenir : *effusa* Quint. 10, 5, 4, resserrer ce qui est diffus.

substructĭo, *ōnis*, f. (*substruo*), substruction, construction en sous-sol, fondation : Cic. *Mil.* 53 ; 86 ; Caes. *C.* 2, 25 ; Liv. 38, 28, 3.

substructum, *i*, n., ▶ *substructio* : Vitr. 8, 6, 6.

substructus, *a, um*, part. de *substruo*.

substrŭō, *ĭs, ĕre, struxī, structum*, tr. ¶ **1** construire en sous-sol : [fig.] *fundamentum* Pl. *Most.* 121, établir des fondations dans le sol, cf. Plin. 33, 74 ¶ **2** donner des fondations à, construire avec fondation : *Capitolium saxo quadrato substructum est* Liv. 6, 4, 12, le Capitole fut construit avec des fondations en pierre de taille ‖ *glareā vias substruere* Liv. 41, 27, 5, mettre une assise de gravier sur les routes ; *intervalla montium ad libramenta* Vitr. 8, 6, 5, combler l'intervalle des montagnes jusqu'à nivellement ‖ [fig.] étayer : Tert. *Anim.* 38, 5, [la bâtisse du corps étayée par un squelette].

subsūdō, *ās, āre, -, -*, intr., transpirer un peu : Fort. *Rad.* 35, 81.

subsultim, adv. (*subsilio*), en sautillant : Suet. *Aug.* 83.

subsultō, *ās, āre, āvī, -* (*sub, salto*), intr., bondir en l'air : Pl. *Cap.* 637 ; *Cas.* 324 ‖ [fig.] être sautillant, saccadé : Quint. 11, 3, 43 ‖ tressaillir [fœtus] : Tert. *Anim.* 26, 2.

subsum, *esse*, intr. ¶ **1** être dessous : *nihil subest* Cic. *Rep.* 1, 69, il n'y a rien dessous ; *arieti nigra subest lingua palato* Virg. *G.* 3, 388, le bélier a une langue noire sous son palais ; *subucula subest tunicae* Hor. *Ep.* 1, 1, 96, il a une chemise sous la tunique ; *cum sol Oceano subest* Hor. *O.* 4, 5, 40, quand le soleil est sous l'océan [est couché] ‖ [fig.] être par-dessous, à la base, au fond : *in ea re nulla subest suspicio* Cic. *Amer.* 28, dans cette affaire il n'y a rien au fond qu'on puisse soupçonner, cf. Cic. *Phil.* 9, 4 ; *causas subesse oportet easdem* Cic. *Off.* 1, 38, il faut qu'il y ait à la base les mêmes causes, cf. Cic. *de Or.* 1, 20 ; 1, 50 ; *si his vitiis ratio non subesset* Cic. *Nat.* 3, 71, si ces vices n'avaient pas le support de la raison ; *pars est, quae subest generi* Cic. *Inv.* 1, 42, l'espèce est d'un niveau inférieur par rapport au genre ; *illi regi tolerabili... subest ad inmutandi animi licentiam crudelissimus ille Phalaris* Cic. *Rep.* 1, 44, sous ce roi supportable [Cyrus] il y en a en puissance, conformément à la possibilité des changements de caractère, cet autre roi si cruel, Phalaris ¶ **2** être dans le voisinage : *subest Rhenus* Caes. *G.* 5, 29, 3, le Rhin est proche, cf. Caes. *G.* 1, 25 ; *C.* 1, 65 ; 1, 79 ; Liv. 27, 18, 6 ‖ [avec dat.] : *mari* Ov. *M.* 11, 359, être près de la mer ; *nox jam suberat* Caes. *C.* 3, 97, 4, la nuit était déjà proche, cf. Caes. *C.* 3, 27 ; *cum dies comitiorum subesset* Cic. *Mil.* 42, le jour des comices étant proche.

subsŭperpartĭcŭlāris, *e* (*sub, superparticularis*), sous-superpartiel [nombre contenu une fois dans un autre plus une unité] : Boet. *Arith.* 1, 22, 2.

subsŭperpartĭens, *tis* (*sub, superpartiens*), sous-superpartient [nombre contenu une fois dans un autre avec un reste supérieur à l'unité] : Boet. *Arith.* 1, 22, 2.

subsurdus, *a, um* (*sub, surdus*), un peu sourd [voix] : *Quint. 11, 3, 32.

subsūtūra, *ae*, f., couture par-dessous, reprise : Diocl. 7, 49.

subsūtus, *a, um* (*sub, suo*), portant cousu au bas, garni au bas : Hor. *S.* 1, 2, 29 ‖ ajouté [par écrit] : Iren. 2, 14, 2.

subtābĭdus, *a, um*, un peu dépérissant : Amm. 26, 6, 15.

subtăcĭtus, *a, um*, un peu silencieux : Prud. *Ham.* 174.

subtālāris (**-tol-**), *e* (*sub talo* ; fr. *soulier*), qui descend jusqu'aux chevilles : Isid. 19, 34, 7.

subtectĭo, ōnis, f. (subtego), action de recouvrir : Aug. Hept. 2, 177, 15.

subtectus, part. de subtego.

subtegmĕn, ⸺► subtemen.

subtĕgō, ĭs, ĕre, -, -, tr., couvrir par-dessous : Aug. Conf. 13, 15, 19 ‖ [pass.] se cacher le bas du corps [Adam, après la faute] : Aug. Serm. 122, 1.

subtĕgŭlānĕus, a, um (sub tegulis), placé sous le toit : Plin. 36, 185.

subtĕl, n. indécl. (cf. talus), le creux du pied : Prisc. 2, 147, 9.

subtēmĕn (subtegmĕn), ĭnis, n. (subtexo) ¶ 1 trame d'un tissage : Varr. L. 5, 113 ; Ov. M. 6, 56 ; Virg. En. 3, 483 ; Plin. 11, 81 ¶ 2 [fig.] fil : Pl. Merc. 518 ; Tib. 4, 1, 121 ‖ fil des Parques : Hor. Epo. 13, 15 ¶ 3 rétine de l'œil : Chalc. 244.

subtempŏrālis, e, soumis aux lois du temps : Rust. Aceph. p. 1180 A.

subtendō, ĭs, ĕre, tendī, tentum (tensum) ¶ 1 tr., tendre par-dessous : Cat. Agr. 10, 5 ¶ 2 intr., s'étendre par-dessous : Grom. 100, 14.

subtĕnŭis, e, assez fin : Varr. R. 2, 7, 5.

subtĕr (sub, cf. inter)
I adv., au-dessous, par-dessous : Cic. de Or. 3, 20 ; Nat. 2, 106 ; Rep. 6, 17 ‖ **subterius** 16, 8, 4, plus au-dessous
II prép. ¶ 1 [avec acc.] sous : Cic. Tusc. 1, 20 ; 5, 4 ‖ de dessous : Liv. 8, 9, 5 ; au pied [des remparts] : Liv. 34, 20, 8 ¶ 2 [avec abl.] sous : Catul. 65, 7 ; Virg. En. 9, 514.

subtĕractus, a, um (ago), poussé par-dessous : Cels. 5, 28, 1.

subtĕradnexus, a, um (adnecto), attaché au-dessous : Capit. Macr. 12, 7.

subtĕrănhēlō, ās, āre, -, -, intr., haleter en dessous : Stat. S. 1, 1, 56.

subtĕrannexus, ⸺► subteradnexus.

subterannŏtō (-adn-), ās, āre, -, -, tr., noter en dessous : Priscill. Can. pr. p. 111, 9.

subtercăvātus, a, um, creusé sous terre : Solin. 2, 47.

subtercurrens, tis, qui s'étend en dessous : Vitr. 9, 4, 2.

subtercŭtānĕus, a, um, sous-cutané : *Veg. Mul. 4, 3, 4.

subterdūcō, ĭs, ĕre, dūxī, -, tr., soustraire, dérober : Pl. As. 278 ; se Pl. Mil. 343, s'esquiver.

subtĕrĕō, ĭs, īre, -, -, intr., aller sous : Isid. 13, 20, 1.

subterflŭō, ĭs, ĕre, - ¶ 1 intr., couler au-dessous, au bas, au pied : Vitr. 8, 2, 6 ; Plin. 8, 201 ¶ 2 tr., Sen. Nat. 3, 30, 4 ; [fig.] Paneg. Constantin. (7),15, 3.

subterfŭgĭō, ĭs, ĕre, fūgī, - ¶ 1 intr., fuir subrepticement : *alicui* Pl. Bac. 771, fuir sous le nez de qqn ¶ 2 tr., se dérober à, échapper, esquiver : Cic. Verr. prim. 8 ; Off. 3, 97 ; Caecin. 100 ; Lae. 35.

subterfŭgĭum, ĭi, n., subterfuge : Facund. Def. 1, 3.

subterfundō, ās, āre, -, -, tr., affermir au-dessous : Lact. Inst. 2, 8, 52.

subtĕrhăbĕō, ēs, ēre, -, -, tr., placer au-dessous de : Apul. M. 1, 12.

subtĕrĭor, ĭus, adj. (subter, cf. inferior), placé dessous : Orib. Syn. 9, 1, 48.

subtĕrĭus, adv., plus en dessous, par-dessous : Isid. 16, 8, 4.

subterjăcĕō, ēs, ēre, -, -, intr., être situé sous [avec acc.] : Alcim. Carm. 1, 196.

subterjăcĭō, ĭs, ĕre, -, -, tr., jeter en dessous : Pall. 3, 18, 1.

subterlābŏr, bĕrĭs, bī, -, tr., couler sous, au pied de [avec acc.] : Virg. G. 2, 157 ; Aus. Mos. 454 ‖ s'esquiver : Liv. 30, 25, 6.

subterlătĕō, ēs, ēre, ŭī, -, intr., se cacher au-dessous de [un crime sous un autre] : Bonif. Ep. 73.

subterlĭnō, ĭs, ĕre, -, -, tr., oindre par-dessous : Plin. 28, 83.

subterlŭō, ĭs, ĕre, -, - (subter, 2 lavo), tr., baigner par-dessous : Claud. VI Cons. Hon. 177.

subterlŭvĭo, ōnis, f. (subterluo), action de baigner par-dessous : Mamert. Anim. 1, 2.

subtermĕō, ās, āre, -, -, intr., couler sous [avec acc.] : Claud. Carm. min. 26, 61 ‖ passer sous la Terre [astres] : Plin. 2, 214.

subtermittō, ĭs, ĕre, -, -, tr., mettre dessous : Aug. Hept. 2, 177, 14.

subtermŏvĕō, ēs, ēre, -, -, tr., mouvoir par-dessous : Isid. 16, 4, 2.

subternătans, tis, nageant par-dessous : Solin. 32, 26.

subternus, a, um (subter), de l'enfer : Prud. Ham. 922.

subtĕrō, ĭs, ĕre, trīvī, trītum (sub, tero), tr. ¶ 1 user en dessous : Cat. Agr. 72 ; Col. 6, 15, 2 ¶ 2 piler, égruger : Col. 12, 5, 1.

subterpendens, tis, qui pend par-dessous : Pall. 4, 10, 8.

subterpŏnō, ĭs, ĕre, posŭī, pŏsĭtum (subter, pono), tr., placer dessous, soumettre : Aug. Psalm. 93, 6 ; Conf. 13, 15, 17.

subterpŏsĭtus, ⸺► subterpono.

subterrānĕus, a, um, adj. (sub terra, fr. souterrain), souterrain : Cic. Att. 15, 26, 4 ; Sen. Nat. 3, 16, 3 ; Tac. G. 16 ; Plin. Ep. 4, 11, 9 ‖ subst. n., **subterrānĕum**, un souterrain : Apul. M. 11, 6 ‖ adv., sous terre : Tert. Anim. 32, 3.

subterrēnus, Apul. M. 9, 22, **subterrēus**, a, um, Arn. 7, 19, ⸺► le précédent.

subtersĕcō, ās, āre, -, -, tr., couper en dessous : Cic. Arat. 273.

subtersternō, ĭs, ĕre, strāvī, strātum, tr., recouvrir, joncher : Jul. Val. 2, 13.

subtertĭus, a, um, qui est dans le rapport de trois à quatre : Capel. 7, 761.

subtervăcans, tis, qui est vide en dessous : Sen. Nat. 6, 25, 1.

subtervŏlō, ās, āre, -, -, intr., voler sous [avec acc.] : Stat. Th. 3, 670.

subtervolvō, ĭs, ĕre, -, -, tr., faire rouler sous : Amm. 22, 8, 48.

subtexō, ĭs, ĕre, texŭī, textum, tr. ¶ 1 tisser dessous ; [fig.] **a)** étendre un tissu par-dessous, par-devant : *nubes patrio capiti (= Soli)* Ov. M. 14, 368, étendre un voile de nuages devant la tête de son père (le Soleil) [dessous par rapport à la terre], cf. Val.-Flac. 5, 414 ; Luc. 4, 104 **b)** couvrir d'un tissu : *subtexunt nubila caelum* Lucr. 5, 466, les nuages voilent le ciel ; *caerula nimbis subtexere* Lucr. 6, 482, couvrir l'azur d'un tissu de nuages, cf. Virg. En. 3, 582 ¶ 2 tisser dans, ajouter en tissant ; [fig.] **a)** adapter à : *lunam alutae* Juv. 7, 192, adapter un croissant à la chaussure **b)** insérer, ajouter : *familiarum originem subtexuit* Nep. Att. 18, 2, il inséra dans son récit la généalogie des familles ; *subtexit fabulae huic legatos interrogatos esse*... Liv. 37, 48, 6, il ajoute à cette histoire que les ambassadeurs avaient été interrogés..., cf. Quint. 4, 2, 13 ; Suet. Aug. 94 ‖ *subtexta malis bona sunt* Manil. 3, 526, les biens sont entremêlés de maux.

subtextus, a, um, part. de subtexo.

subtĭcēscō (-ĕō), ĭs (ēs), ĕre (ēre), ŭī, - (sub, taceo, inch.), intr., se taire [un petit moment] : Aug. Ord. 1, 3, 9.

subtīlĭlŏquentĭa, ae, f., langage subtil : Tert. Marc. 5, 1, 7.

subtīlĭlŏquus, a, um (subtilis, loquor), qui discourt avec subtilité, subtil : Tert. Marc. 5, 19, 7.

subtīlĭō, ās, āre, -, - (subtilis ; it. sottigliare), tr., amincir, affaiblir : Orig. Matth. 15, 20.

subtīlis, e (tela, cf. subtemen ; it. sottile) ¶ 1 fin, délié, menu, subtil : *subtile filum* Lucr. 4, 88, fil délié ; *subtili corpore* Lucr. 4, 901, d'une matière déliée ; *subtilis acies (gladii)* Sen. Ep. 76, 14, tranchant bien affilé d'une épée ; *ignis subtilis* Lucr. 6, 225, feu subtil ¶ 2 [fig.] **a)** fin, délicat : [palais] Hor. S. 2, 8, 38 ; [goût, jugement] Cic. Fam. 15, 6, 1 ; Hor. Ep. 2, 1, 242 ; S. 2, 7, 101 ; Plin. Ep. 4, 14, 7 **b)** fin, pénétrant, d'une précision stricte : *sollers subtilisque discriptio partium* Cic. Nat. 2, 121, adroite et sagace distribution des parties du corps ; *subtilis definitio* Cic. de Or. 1, 109, définition stricte ; *subtiliores epistulae* Cic. Att. 5, 14, 3, lettres plus minutieuses **c)** [style] simple, sans apprêt : *oratio* Cic. Or. 78, style simple, sobre ; *Lysias, subtilis scriptor atque elegans* Cic. Brut. 35, Lysias,

subtilis

écrivain sobre et châtié ‖ **subtilissimus** Cic. *de Or.* 2, 98 ¶ **3** fin, rusé : Minuc. 14, 3 ¶ **4** [chrét.] subtil [en parlant du corps apparent du Christ, selon les docètes] : Gelas. *Ep.* 2, 21 A.

subtīlĭtās, ātis, f. (*subtilis*) ¶ **1** finesse, ténuité : Plin. 35, 82 ¶ **2** [fig.] **a)** finesse, pénétration, précision stricte : **sententiarum** Cic. *Nat.* 2, 1, finesse des pensées ; **subtilitate quadam disputandi** Cic. *Brut.* 31, avec une finesse de discussion particulière, cf. Cic. *Rep.* 1, 16 **b)** simplicité du style : Cic. *Brut.* 67 ; *Or.* 76 **c)** [péjor.] subtilité, ruse, artifice : Cassian. *Coll.* 2, 13, 3.

subtīlĭtĕr, adv. (*subtilis*) ¶ **1** d'une manière fine, déliée, ténue : Lucr. 3, 739 ; 6, 1031 ‖ en petits morceaux : Plin. 5, 67 ¶ **2** [fig.] **a)** finement, subtilement, avec pénétration : **aliquid subtiliter judicare** Cic. *Verr.* 4, 127, juger finement d'une chose ‖ avec une précision minutieuse : Cic. *Att.* 2, 21, 1 ; 1, 13, 4 ; Liv. 3, 5, 13 ; **quam subtilissime persequi** Cic. *Top.* 26, passer en revue avec le plus de précision possible **b)** avec un style simple, sobre : Cic. *Or.* 72 ; **subtilius** Cic. *Fam.* 9, 21, 1, avec un style plus simple.

subtĭmĕō, ēs, ēre, -, -, tr., appréhender secrètement : Cic. *Phil.* 2, 36.

subtinnĭō, īs, īre, -, -, intr., résonner doucement : Tert. *Pall.* 4, 7.

subtĭtŭbō, ās, āre, -, -, intr., chanceler un peu [fig.] : Fort. *Mart.* 2, 475.

subtorquĕō, ēs, ēre, torsī, -, tr., tordre : Garg. *Cur.* 6.

subtractĭō, ōnis, f. (*subtraho*), action de se retirer : Vulg. *Hebr.* 10, 39.

subtractus, a, um, part. de *subtraho*.

subtrăhō, ĭs, ĕre, traxī, tractum (it. *sottrarre*) ¶ **1** tirer par-dessous : **aggerem cuniculis** Caes. *G.* 7, 22, 2, au moyen de mines tirer la terrasse en bas ‖ tirer de dessous : **subtractus mortuo Romano** Liv. 22, 51, 9, tiré de dessous un Romain mort ‖ [pass.] se dérober par-dessous : **pedibus tellus subtracta** Lucr. 6, 605, la terre se dérobant sous les pieds, cf. Virg. *En.* 5, 199 ; Tac. *An.* 1, 70 ¶ **2** enlever par-dessous, soustraire, emmener furtivement : **impedimenta** Hirt. *G.* 8, 33, 1, emporter prestement les bagages ; **si dediticii subtrahantur** Caes. *G.* 1, 44, 5 [st. indir.] si les peuples rendus à discrétion lui sont soustraits ; **subtrahere milites ex acie, ab dextro cornu** Liv. 10, 14, 14 ; 44, 37, 2, retirer discrètement des soldats de la ligne de bataille, de l'aile droite ¶ **3** [fig.] enlever, soustraire, retirer : **cibum** Cic. *Frg.* F. 5, 85, retirer la nourriture [aux chevaux], cf. Cic. *de Or.* 3, 19 ; *Div.* 2, 139 ; **nolite mihi subtrahere vicarium meae diligentiae** Cic. *Mur.* 80, ne me retirez pas le suppléant de mon activité ; **se ab omni parte reipublicae** Cic. *Q.* 2, 6, 5, renoncer à toute participation aux affaires publiques ; **se subtrahere** Liv. 44, 16, 6, se dérober, s'éloigner ; **se oneri**

Quint. 12, 9, 21, se dérober à une tâche ‖ **ei judicio eum mors subtraxit** Liv. 6, 1, 7, il fut soustrait à ce jugement par la mort ¶ **4** dérober, voler : Adamn. *Loc. sanct.* 3, 2 ¶ **5** faire durer [un chant] : Bened. *Reg.* 13, 2.

subtrĕmŭlus, a, um, un peu agité : Ps. Sor. *Puls.* 280.

subtrĭplus, a, um, sous-triple [contenu trois fois] : Boet. *Arith.* 1, 23, 3.

substristis, e, un peu triste : Ter. *And.* 447.

subtrītus, a, um, part. de *subtero*.

subtŭnĭcālis, is, f., [traduction de ὑποδύτης], chemise, vêtement de dessous [du prêtre hébreu] : Hier. *Ep.* 29, 4.

subturpĭcŭlus, a, um, tant soit peu laid : Cic. *Att.* 4, 5, 1.

subturpis, e, assez laid : Cic. *de Or.* 2, 264.

subtŭs, adv. (*sub*, cf. *intus* ; fr. *sous*), en dessous, par-dessous : Cat. *Agr.* 48, 2 ; Varr. *R.* 2, 9, 3 ‖ prép. acc. [tard.] Vulg. *Luc.* 8, 16.

subtūsus, a, um (*sub*, *tundo*), **subtusa genas** Tibul. 1, 10, 55, s'étant un peu meurtri les joues.

subtūtus, a, um, un peu en sûreté : Commod. *Inst.* 1, 30, 18.

Sububa, ae, m., fleuve de Maurétanie Tingitane [Oued Sébou] : Plin. 5, 9.

sŭbūber, ĕris, adj. (*sub ubere*), qui est à la mamelle : Gloss. 5, 611, 54.

Sububus, i, m., fleuve de Maurétanie : Plin. 5, 5.

1 **sŭbūcŭla**, ae, f. (cf. *induo*, *exuo*), tunique de dessous, chemise : Varr. *L.* 5, 131 ; Hor. *Ep.* 1, 1, 94.

2 **sŭbūcŭla**, ae, f. (cf. συβίτυλλος), gâteau sacré : Fest. 402, 25 ; P. Fest. 403, 8.

sŭbŭla, ae, f. (*suo* ; it. *subbia*) ¶ **1** alène : Mart. 3, 16, 2 ‖ [prov.] **subula leonem excipere** Sen. *Ep.* 82, 24, affronter un lion avec une alène [être mal prémuni contre un danger] ¶ **2** outil pour polir les pierres : Grom. 306, 28.

sŭbulcus, i, m. (*sus*, cf. *bubulcus*, φύλαξ), gardeur de porcs, porcher : Cat. *Agr.* 10, 1 ; Varr. *R.* 2, 4, 14 ; Mart. 10, 98, 10.

1 **sŭbūlō**, ōnis, m. (étr. *suplu*) ¶ **1** joueur de flûte : Enn. *Sat.* 65, cf. Fest. 402, 2 ¶ **2** daguet, jeune cerf : Plin. 11, 213 ; 28, 231.

2 **Sŭbūlō**, ōnis, m., surnom romain : Liv. 43, 17.

sŭbumbrō, ās, āre, -, -, tr., couvrir d'ombre : VL. *Exod.* 25, 20.

sŭbŭmĭdus, V. *subhumidus*.

sŭbunctĭō, ōnis, f., légère onction : Cael.-Aur. *Acut.* 3, 3, 22.

sŭbunguō, ĭs, ĕre, -, -, tr., oindre ou frotter légèrement : Not. Tir. 79.

sŭbūnō, ās, āre, -, - (*sub uno*), tr., unir [deux choses] : Orig. *Matth.* 73.

Sŭbur, f., ville de Tarraconaise : Plin. 3, 21.

Sŭbūra, ae, f., Subure [quartier populeux de Rome, bruyant, avec des tavernes mal famées] Atlas II ; Varr. *L.* 5, 48 ; Quint. 1, 7, 29 ; Liv. 3, 13, 2 ; Pers. 5, 32 ‖ **-ānus**, a, um, de Subure : Cic. *Agr.* 2, 79 ; **Suburanae tradere magistrae** Mart. 11, 78, 11, confier qqn à une maîtresse d'école de Subure = à l'enseignement d'une courtisane.

Sŭbūrānenses, ĭum, m. pl., habitants de Suburе : P. Fest. 191, 5.

sŭburbānĭtās, ātis, f., proximité de Rome, banlieue : Cic. *Verr.* 2, 7.

sŭburbānum, i, n., banlieue, faubourg : Cassiod. *Var.* 8, 33, 5.

sŭburbānus, a, um (*sub urbe*), aux portes de la ville, voisin de la ville : **rus suburbanum** Cic. *Amer.* 133, propriété aux environs de Rome ; Cic. *Div.* 12, 693 ; *de Or.* 131, 98 ; **peregrinatio suburbana** Tac. *An.* 3, 47, voyage, promenade aux portes de Rome ‖ **sŭburbānum**, i, n., propriété près de Rome : Cic. *Att.* 16, 13, 1 ; *Verr.* 1, 54 ‖ **sŭburbāni**, ōrum, m. pl., habitants de la banlieue de Rome : Ov. *F.* 6, 58.

sŭburbĭcārĭus, a, um (*sub urbe*), suburbanus, suburbain, suburbicaire, proche de Rome : Cod. Th. 11, 1, 9 ; 11, 28, 12.

sŭburbĭum, ii, n. (*sub urbe*), faubourg, banlieue : Cic. *Phil.* 12, 24.

sŭburgĕō, ēs, ēre, -, -, tr., pousser peu à peu contre : Virg. *En.* 5, 202.

Sŭbūrĭtāni, ōrum, m. pl., habitants de la ville de Subur : CIL 2, 4271.

sŭbūrō, ĭs, ĕre, -, ustum, tr., brûler légèrement : Suet. *Aug.* 68 ‖ [fig.] ronger, miner : Anth. 301, 10.

Sŭburra, **Sŭburrānus**, V. *Subura*.

sŭbus, dat. et abl. pl. de *sus*.

sŭbustĭō, ōnis, f. (*suburo*), action de chauffer par-dessous : Cod. Th. 15, 1, 32.

sŭbustus, a, um, part. de *suburo*.

subvās, ădis, m., seconde caution : L. XII Tab. d. Gell. 16, 10, 8.

subvastō, ās, āre, -, -, tr., détruire : VL. *Hebr.* 11, 28.

subvectĭō, ōnis, f. (*subveho*), transport [par eau, par charroi] : Caes. *G.* 7, 10, 1 ; Liv. 44, 8, 1 ; Tac. *An.* 13, 51 ‖ [fig.] secours, aide : Optat. 2, 19.

subvectō, ās, āre, -, - (fréq. de *subveho*), tr., transporter, charrier : Virg. *En.* 11, 131 ; Tac. *An.* 15, 43.

subvectŏr, ōris, m., qui transporte [par eau] : Avien. *Perieg.* 199.

1 **subvectus**, a, um, part. de *subveho*.

2 **subvectŭs**, ūs, m., transport par eau : Tac. *An.* 15, 4.

subvĕhō, ĭs, ĕre, vēxī, **vectum**, tr., transporter de bas en haut, en remontant : Lucr. 5, 515 ; Virg. En. 11, 478 ; Liv. 9, 23, 10 ; 22, 16, 4 ‖ [surtout par voie d'eau] : Caes. G. 1, 16, 3 ; 1, 48, 2 ; Virg. En. 8, 58 ; Liv. 24, 40, 2.

subvellō, ĭs, ĕre, -, **vulsum**, tr., épiler par-dessous : Scip. d. Gell. 7, 12, 5 ; Lucil. 264.

subvēlō, ās, āre, -, -, tr., voiler légèrement : Aug. Lib. 2, 14, 38.

subvĕnībō, V. subvenio ▶.

subvĕnĭō, ĭs, īre, vēnī, **ventum** (fr. *souvenir*), intr. ¶ 1 survenir : Plin. 31, 74 ‖ [fig.] se présenter : Gell. 19, 7, 2 ; [à l'esprit] Apul. M. 3, 29 ¶ 2 venir à la rescousse, venir au secours [milit.] : *alicui* Caes. G. 5, 35, venir au secours de qqn, cf. Hirt. G. 8, 19 ‖ [pass. impers.] *priusquam ex castris subveniretur* Sall. J. 54, 10, avant qu'un secours arrive du camp, cf. Liv. 23, 14, 11 ; 29, 25, 12 ; 34, 18, 2 ¶ 3 [fig.] **a)** secourir, venir en aide à : *patriae* Cic. Fam. 10, 10, 2, secourir la patrie, cf. Cic. Verr. 4, 37 ; Clu. 4 ; Caes. G. 7, 32, 2 ; 7, 50, 6 ; Liv. 10, 26, 1 ‖ [pass. impers.] Cic. Phil. 5, 36 ; Off. 2, 13 **b)** remédier à, secourir contre : *tempestati, necessitati* Cic. Off. 1, 83 ; 2, 56, combattre la tempête, remédier à la nécessité ; cf. Cic. Att. 16, 14, 4 ; Tac. An. 15, 68 **c)** avec *quominus* Tac. An. 4, 51, venir en aide en empêchant que.
▶ fut. arch. *subvenibo* Pl. Men. 1009.

subventĭō, ōnis, f. (*subvenio*), secours, aide : Cassiod. Var. 12, 28.

subventō, ās, āre, -, - (fréq. de *subvenio*), intr., accourir au secours, *alicui*, de qqn : Pl. Ru. 231.

subventŏr, ōris, m., qui se porte au secours de : CIL 10, 1256.

subventrīlĕ, is, n. (*sub ventre*), ventre (de lièvre) : M.-Emp. 28, 49.

subventūrus, a, um, part. fut. de *subvenio*.

subverbustus, a, um (*sub, verbera*), marqué de coups : Pl. d. Fest. 402, 15 ; Tert. Pall. 4, 8.

subvĕrĕŏr, ērĭs, ērī, -, intr., appréhender un peu : Cic. Fam. 4, 10, 1.

subversĭō, ōnis, f. (*subverto*), renversement, destruction : Arn. 1, 8 ‖ [fig.] Arn. 5, 13 ‖ [chrét.] séduction, ruine [des âmes] : Hier. Jovin. 2, 11 ‖ [méton.] vin trouble : Vl. Hab. 2, 15.

subversō, ās, āre, -, - (fréq. de *subverto*), tr., renverser [fig.], ruiner : Pl. Curc. 484.

subversŏr, ōris, m., celui qui renverse, qui abolit : Tac. An. 3, 28 ‖ destructeur [le diable] : Alcim. Carm. 2, 76.

subversus, a, um, part. de *subverto*.

subvertō (-vortō), ĭs, ĕre, **vertī** (**vortī**), **versum** (**vorsum**), tr. ¶ 1 mettre sens dessus dessous, retourner, renverser : Suet. Ner. 47 ; Cal. 34 ; *subvorsi montes* Sall. C. 13, 1, montagnes renversées, aplanies ; *pedem* Hor. Ep. 1, 10, 43, faire tourner le pied ¶ 2 [fig.] bouleverser, ruiner, détruire, anéantir : Lucr. 5, 1136 ; Sall. C. 10, 4 ; Tac. An. 2, 36 ; 4, 30 ; Quint. 7, 7, 6 ‖ [chrét.] séduire, pervertir, faire tomber : Vulg. 2 Tim. 2, 18.

subvespertīnus ventus, m. (*sub vesperum*), le vent du couchant : Veg. Mil. 4, 38 ‖ **subvespĕrus**, i, m., Vitr. 1, 6, 19.

subvestĭō, ĭs, īre, -, -, tr., couvrir en dessous : Drac. Laud. 1, 642.

subvexī, parf. de *subveho*.

subvexus, a, um (*subveho*), qui s'élève en pente douce : Liv. 25, 36, 6.

subvīlĭcus (-illĭcus), i, m. (*sub vilico*), sous-intendant [d'un domaine] : CIL 6, 9991.

subvindĭcō, ās, āre, -, -, tr., garantir un peu : Corip. Joh. 6 (5), 742.

subvĭrĭdis, e, verdâtre : Plin. 25, 113.

subvŏlō, ās, āre, -, -, intr., s'élever en volant : *in caelestem locum* Cic. Tusc. 1, 40, s'élever vers la région céleste.

subvoltŭrĭus, V. *subvulturius*.

subvolvō, ĭs, ĕre, -, -, tr., rouler de bas en haut, élever : Virg. En. 1, 424.

subvulsus (-volsus), a, um, part. de *subvello*.

subvultŭrĭus, a, um, grisâtre [un peu de la couleur du vautour] : Pl. Ru. 423.

Sŭcambri, V. *Sicambri*.

succ-, V. *subc-*.

Succabar, n., V. *Succhabar*.

succănō, ĭs, ĕre, -, -, V. *succino*.

succantō, ās, āre, -, - (fréq. de *succino*), tr., seriner aux oreilles de qqn : Schol. Pers. 3, 19.

Succăsīni, ōrum, m. pl., épithète des *Interamnates*, peuple du Latium [m. à m. voisins de *Casinum*], surnommés aussi *Lirinates* : Plin. 3, 64.

Succasses, ĭum, m. pl., peuple d'Aquitaine : Plin. 4, 108.

succēdānĕus (succīdānĕus), a, um (*succedo*), substitué, qui remplace, cf. Serv. En. 2, 140 ; Gell. 4, 6, 4 ; Pl. Ep. 140 ‖ m. pris subst^t, remplaçant, suppléant : Cod. Just. 10, 31, 27 ; Dig. 17, 8, 4.

succēdō, ĭs, ĕre, **cessī**, **cessum** (*sub, cedo*), intr. et qqf. tr.

I aller sous ¶ 1 "pénétrer sous" ¶ 2 [fig.].
II aller de bas en haut ¶ 1 "monter, escalader" ¶ 2 [fig.] *ad summum honorem succedere*.
III aller près de ¶ 1 "s'avancer" ¶ 2 [fig.].
IV venir à la place de ¶ 1 "succéder" ¶ 2 [fig.] **a)** *alicui succedere* "succéder dans une fonction à" **b)** *in locum alicujus succedere* "prendre la place de" ¶ 3 [droit] "avoir cause".
V venir à la suite de [fig.] ¶ 1 "succéder" ¶ 2 "se rattacher à" ¶ 3 "aboutir à" tel résultat **a)** *hoc bene successit* **b)** impers. *hac non successit* **c)** passif [rare] **d)** passif impers..

I aller sous ¶ 1 pénétrer sous, s'avancer sous : *tecto et umbrae* Virg. G. 3, 418, s'abriter sous le couvert et l'ombre ; *nubes succedere soli coepere* Lucr. 5, 286, les nuages ont commencé à passer sous le soleil ; *imo tumulo* Virg. En. 5, 93, pénétrer au fond du tombeau ¶ 2 [fig.] *verba sub acumen stili subeant et succedant necesse est* Cic. de Or. 1, 151, les mots nécessairement se présentent et se placent sous la pointe du style [de la plume] ; *hoc negotium succedit sub manus* Pl. Mil. 873, l'affaire vient à notre main [tout marche à souhait], cf. Pers. 450 ‖ *oneri* Virg. En. 2, 723, se mettre sous un fardeau [s'en charger], cf. Plin. 35, 92.

II aller de bas en haut ¶ 1 gravir, monter, escalader : *alto caelo* Virg. G. 4, 227, monter en haut du ciel ; *in arduum* Liv. 5, 43, 2, monter sur une pente escarpée ; *in montem* Lucr. 5, 1370, gravir les montagnes ‖ *fons, quo* (= *ad, in quem*) *mare succedit* Caes. C. 2, 24, 4, une fontaine où monte la marée ; [avec acc.] *succedere muros* Liv. 27, 18, 13, monter à l'assaut des murs, cf. Liv. 22, 28, 12 ; 31, 45, 5 ; Tac. An. 2, 20 ; [abs^t] *succedere* Tac. An. 2, 81, monter à l'assaut ; *succedentes* Liv. 26, 46, 1, les assaillants ‖ *sub aciem nostram* Caes. G. 1, 24, 5, s'avancer vers nos lignes [placées sur une colline], cf. Caes. C. 1, 45 ¶ 2 [fig.] *ad summum honorem* Lucr. 5, 1122, s'élever au faîte des honneurs, cf. Virg. En. 12, 235.

III aller près de, au pied de ¶ 1 s'approcher, s'avancer [souvent avec l'idée de monter v. le ¶ précédent] : *ad urbem* Liv. 26, 44, 7, s'avancer vers la ville [qui est sur une éminence], cf. Liv. 7, 37, 7 ; 30, 8, 3 ; *sub ipsum vallum* Liv. 31, 36, 5, s'avancer au pied du retranchement lui-même ; *moenibus* Liv. 24, 19, 6, s'approcher des remparts, cf. Liv. 9, 14, 9 ; 10, 34, 5 ‖ [avec acc.] *murum* Liv. 38, 7, venir au pied des murailles ¶ 2 [fig.] **a)** *ad alteram partem succedunt Ubii* Caes. G. 4, 3, 3, de l'autre côté tout proche habitent les Ubiens **b)** *in affinitatis jura succedere* Just. 7, 3, 9, devenir [par mariage] l'allié (de qqn).

IV venir à la place de ¶ 1 venir remplacer, succéder : *in stationem* Caes. G. 4, 32, 2, venir relever un poste ; *in pugnam* Liv. 9, 27, 10, remplacer les combattants ; *defatigatis* Caes. G. 5, 16, 4, prendre la place des troupes fatiguées, cf. Caes. G. 7, 41 ; C. 3, 94 ; Liv. 9, 32, 9 ; *hostes defessi proelio excedebant, alii integris viribus succedebant* Caes. G. 3, 4, 3, les ennemis, fatigués, se retiraient du combat, d'autres avec leurs forces intactes prenaient leur place ¶ 2 [fig.] **a)** succéder dans une fonction : *alicui* Caes. G. 6, 13, 9, succéder à qqn, cf. Cic.

succedo

Verr. 4, 81; *Flac.* 33; *Fam.* 3, 3, 1 ‖ [part. pris subst'] *succedentes* Frontin. *Aq.* 2, 3, les successeurs [dans une fonction]; [pass. impers.] *tibi successum est* Cic. *Fam.* 3, 6, 2, tu as un successeur, cf. Cic. *Att.* 5, 21, 3; *Pis.* 88 **b)** *in locum alicujus, alicujus rei* Cic. *Phil.* 2, 62; *Fin.* 1, 56, prendre la place de qqn, de qqch. ¶ **3** [droit] être l'ayant cause : *in locum alicujus* Dig. 43, 19, 3, 2, être l'ayant cause d'un individu; *in universum jus* Dig. 21, 3, 3, 1, ayant cause à titre universel [= acquérir l'universalité des biens de son auteur]; *in rem* Dig. 39, 2, 24, 1, ayant cause à titre particulier [= acquisition d'un droit déterminé, par vente, succession]. **V** venir à la suite [fig.] ¶ **1** succéder : *horum aetati successit Isocrates* Cic. *Or.* 40, à leur génération succéda Isocrate, cf. Cic. *Or.* 105; *Phil.* 11, 39; *ei succedo orationi, quae* Cic. *Balb.* 4, je prends la parole en un discours qui ; [pass. impers.] *male gestis rebus alterius successum est* Liv. 9, 18, 15, on a pris la suite d'opérations mal dirigées par le prédécesseur ¶ **2** se rattacher à : *comparativo generi* Quint. 3, 10, 4, se rattacher au genre dit comparatif, cf. Quint. 3, 6, 71 ¶ **3** aboutir à tel ou tel résultat, avoir telle ou telle issue **a)** *hoc bene successit* Ter. *Ad.* 287, l'affaire a bien réussi ; *res nulla successerat* Caes. *G.* 7, 26, 1, rien n'avait réussi, cf. Varr. *R.* 3, 9, 16; Liv. 35, 5, 3; 42, 58 **b)** [impers.] : *hac non successit* Ter. *And.* 670, par ce moyen il n'y a pas eu de succès ; *si quando minus succedet* Cic. *Or.* 98, si par hasard le succès est moindre, cf. Cic. *Q.* 2, 14, 1 ; [avec dat.] *si proinde ut ipse mereor mihi successerit* Planc. *Fam.* 10, 4, 4, si j'ai le succès que je mérite ; *si successisset coeptis* Liv. 25, 37, 19, si l'entreprise réussissait, cf. Liv. 38, 25, 8; 40, 11, 10 **c)** pass. [rare] : *omnia velles mihi successa* Cic. Fil. *Fam.* 16, 21, 2, tu souhaiterais que tout me réussît **d)** [pass. impers.] : *successum erat* Liv. 9, 31, 13, on avait eu l'avantage, cf. Liv. 2, 45, 5.

succendō, *is, ere, cendī, censum* (sub, *cando, cf. candeo, candidus), tr. ¶ **1** mettre le feu (incendier) par-dessous, à la base : Cic. *Pis.* 42; Caes. *G.* 7, 24, 2; Liv. 45, 33, 2 ¶ **2** [fig.] enflammer **a)** *rubor succendit ora alicui* Luc. 9, 792, la rougeur enflamme le visage de qqn **b)** embraser qqn des feux de l'amour : Prop. 1, 2, 15 ; Ov. *H.* 15, 167 ‖ *succensus cupidine* Ov. *M.* 8, 74, enflammé de désir **c)** exciter : *furorem* Luc. 6, 166, allumer la fureur.

succēno, ▶ *subceno*.

succensĕo, ▶ *suscenseo*.

1 succensio, *ōnis*, f. (*succendo*), embrasement, incendie : Amm. 25, 10, 13 ‖ [fig.] Tert. *Res.* 12, 3 ‖ chauffage : Amm. 31, 1, 2.

2 succensio, ▶ *suscensio*.

succensus, *a, um*, part. de *succendo*.

succentĭo, *ōnis*, f. (*succino*), résonance légère : Favon. 409, 28.

succentīvus, *a, um* (*succino*), qui fait accompagnement [mus.] : Varr. *R.* 1, 2, 15.

succentŏr, *ōris*, m. (*succino*), chanteur qui accompagne : Isid. 7, 12, 26 ‖ conseiller, instigateur : Amm. 19, 12, 13.

succentŭrĭātus, *a, um*, part. de *succenturio*, subst. m. pl., troupes de renfort : Hier. *Jovin.* 2, 37, p. 352 A.

1 succentŭrĭō (subc-), *ās, āre, -, ātum* (sub centuria), tr., ajouter pour compléter une centurie : Fest. 400, 27 ‖ [fig.] tenir en réserve : Ter. *Phorm.* 230 ‖ substituer : Favor. d. Gell. 15, 8, 2.

2 succentŭrĭō, *ōnis*, m., ▶ *subcenturio*.

succentŭs, *ūs*, m. (*succino*), action d'accompagner un chant, accompagnement : Capel. 1, 11 ‖ ton plus grave [oppos. à *accentus*] : Chalc. 44.

succerda, ▶ *sucerda*.

succerno, ▶ *subcerno*.

successĭo, *ōnis*, f. (*succedo*) ¶ **1** action de succéder, de prendre la place, succession : *successionem voluptatis efficere* Cic. *Fin.* 1, 37, faire succéder le plaisir ; *in alicujus locum* Brut. ad Brut. 1, 17, 2, remplacement de qqn ; *Neronis principis* Plin. 7, 58, l'avènement de l'empereur Néron [Néron arrivant à l'empire par succession] ¶ **2** héritage : *per successiones quasdam* Plin. *Ep.* 1, 12, 4, par des sortes de transmissions successives [en qq. sorte héréditairement] ; *jura successionum* Tac. *G.* 32, droits transmis par succession ¶ **3** issue : *prospera* Cic. d. Aug. *Beat.* 26, succès, cf. Arn. 2, 8.

successŏr, *ōris*, m. (*succedo*), successeur dans une fonction : Cic. *Prov.* 37 ; *Flac.* 33 ‖ héritier : Quint. 12, 10, 6 ; Ov. *M.* 13, 51 ‖ remplaçant : Ov. *Rem.* 462 ; f., *(Phoebe) fraternis successor equis* Corn. Sev. d. Char. 86, 10, (Phébé) qui succède au char de son frère [le Soleil] ‖ successeur à titre particulier [pour un droit], à titre universel [pour une fraction du patrimoine, choses et droits] : Dig. 21, 3, 3, 1 ; 4, 2, 14, 2 ‖ séducteur : Arn. 4, 23.

successōrĭus, *a, um* (*successor*), qui concerne les successions : Amm. 14, 8, 5 ; Dig. 22, 6, 1, 3 ; 38, 9, 1 pr.

successŭs, *ūs*, m. (*succedo*) ¶ **1** action de pénétrer à l'intérieur, [d'où] lieu à l'intérieur duquel on pénètre, caverne, gouffre : Arn. 5, 24 ¶ **2** approche, arrivée : Caes. *G.* 2, 20, 2 ‖ marche en avant : *equorum* Virg. *En.* 12, 616, la manière dont avancent les chevaux = leur allure ¶ **3** suite, succession [du temps] : Just. 1, 8, 14 ¶ **4** succès, réussite : Virg. *En.* 2, 386 ; 5, 210 ; Liv. 2, 50, 3 ; 42, 66, 2 ; Tac. *H.* 4, 28 ; Quint. 10, 7, 13 ‖ pl., Ov. *M.* 8, 273 ; Liv. pr. 13 ¶ **5** descendants : Cael.-Aur. *Chron.* 1, 5, 177.

Succhabăr, *ăris*, n., colonie romaine de Maurétanie : Plin. 5, 21.

Succi, *ōrum*, m. pl., peuple et ville de Mésie : Amm. 21, 10, 13.

succīdānĕus, ▶ *succedaneus*.

succīdĭa, *ae*, f. (2 *succido*) ¶ **1** quartier de porc salé : Varr. *R.* 2, 4, 3 ; L. 5, 110 ‖ [fig.] ressource, réserve : Cic. *CM* 56 ¶ **2** *succidias humanas facere* Cat. d. Gell. 13, 24, 12, faire des quartiers de viande humaine, égorger des êtres humains.

1 succĭdō, *is, ere, cĭdī, -* (sub, *cado*), intr. ¶ **1** tomber sous [fig.] : Varr. *L.* 5, 116 ¶ **2** s'affaisser : Pl. *Curc.* 309 ; Lucr. 3, 156 ; 5, 109 ; 5, 482 ; Virg. *En.* 12, 911 ; [fig.] Sen. *Ep.* 71, 26.

2 succīdō, *is, ere, cīdī, cīsum* (sub, *caedo*), tr., couper au bas, tailler par-dessous : *arboribus succisis* Caes. *G.* 5, 9, 5, avec des arbres coupés au pied ; *succisis feminibus poplitibusque* Liv. 22, 51, 7, avec les cuisses et les jarrets coupés ; *frumentis succisis* Caes. *G.* 4, 19, 1, le blé étant fauché, cf. Virg. *G.* 1, 297 ; Ov. *M.* 7, 227 ‖ renverser, détruire : Lact. *Mort.* 43, 5 ‖ réduire à néant, réfuter : Aug. *Acad.* 3, 10, 22.

3 succīdō, *ās, āre, -, -,* ▶ *sucido*.

succĭdus, *a, um*, ▶ *sucidus*.

succĭdŭus, *a, um* (1 *succido*), qui s'affaisse, qui fléchit : Ov. *M.* 10, 458 ; *H.* 13, 24 ; Stat. *Th.* 10, 116 ‖ [fig.] qui fait défaut : Sidon. *Ep.* 7, 6, 9.

succĭlus, *i*, m. (*sub ciliis*), extravasation ou suffusion du sang dans les paupières : Ps. Caper *Dub.* 7, 111, 13.

succĭnātĭus, ▶ *sucin-*.

succinctē, adv. (*succinctus*), succinctement, brièvement, d'une façon concise : Amm. 28, 1, 2 ‖ -*tĭus* Sidon. *Ep.* 1, 9, 2.

succinctim, adv. (*succinctus*), succinctement : Mamert. *Anim. pr.* p. 19, 5 = M. 697.

succinctĭō (subc-), *ōnis*, f., le fait de se couvrir le bas du corps [avec une ceinture de feuilles] : Aug. *Jul.* 2, 6, 16.

succinctōrĭum, *ĭi*, n. (*succingo*), pagne, cache-sexe : Aug. *Civ.* 14, 17, 40.

succinctŭlus, *a, um* (dim. de *succinctus*), joliment serré : Apul. *M.* 2, 7.

succinctus, *a, um* ¶ **1** part. de *succingo* ¶ **2** [adj'] **a)** préparé, armé pour qqch. : Quint. 2, 2, 12 **b)** serré, ramassé, court : *arbores succinctiores* Plin. 16, 39, arbres plus ramassés.

succĭnĕrārĭus, ▶ *subc-*.

succingō, *is, ere, cinxī, cinctum* (sub, *cingo*), tr. ¶ **1** retrousser et attacher d'une ceinture, agrafer, (ceindre, attacher) en relevant, en retroussant [surtout au part.] **succinctus**, *a, um*, ayant son vêtement [robe, tunique] retroussé, relevé : Hor. *S.* 2, 6, 107 ; Mart. 12, 24, 7 ; Ov. *M.* 3, 156 ‖ [poét.] *vestem ritu succincta*

Dianae Ov. *M.* 10, 536, ayant son vêtement retroussé à la façon de Diane, cf. Ov. *M.* 10, 103; 15, 603 ¶ 2 ceindre, entourer, environner: Vitr. 9, 5, 1; [poét.] *Scylla feris atram canibus succingitur alvum* Ov. *M.* 13, 732, Scylla a son flanc sombre entouré de chiens furieux, cf. Lucr. 5, 892; Virg. *B.* 6, 75 ‖ [part.] **succinctus**, *a*, *um*, ceint, portant à la ceinture: *gladio succinctus* Her. 4, 65, ceint d'une épée; *pugione* Anton. d. Cic. *Phil.* 13, 33, portant un poignard à sa ceinture, cf. Liv. 7, 5, 3; 40, 9, 12 ¶ 3 [fig.] garnir, entourer, munir: *se canibus* Cic. *Verr.* 5, 146, s'environner de chiens [d'espions]; *se terrore* Plin. *Pan.* 49, 3, s'environner de terreur; *Carthago succincta portubus* Cic. *Agr.* 2, 87, Carthage entourée de ports; *succinctus armis legionibusque* Liv. 21, 10, 4, entouré d'armes et de légions; *horum scientia succinctus* Quint. 12, 5, 1, muni, armé de leur connaissance.

succingŭlum, *i*, n. (*succingo*), baudrier: Pl. *Men.* 200; Fest. 390, 20.

succĭnō, *ĭs*, *ĕre*, -, - (*sub*, *cano*.) ¶ 1 intr., chanter après, répondre à un chant: Petr. 69, 4; Calp. 4, 79 ‖ [métaph.] Varr. *R.* 1, 2, 16, accompagner ‖ [fig.] faire écho, chanter à son tour: Hor. *Ep.* 1, 17, 48 ‖ répondre: Varr. *R.* 2, 1, 27 ¶ 2 tr., chanter en réponse, répondre: Pers. 3, 20.
▶ forme *succano* Varr. *L.* 6, 75.

succĭnum, **succĭnus**, v. *sucin-*.

succinxī, parf. de *succingo*.

succĭpĭō, *ĭs*, *ĕre*, *cēpī*, - (*sub*, *capio*), arch. pour *suscipio*: Serv. *En.* 1, 175.

succīsĭō, *ōnis*, f. (2 *succīdo*), action de couper ras: Sidon. *Ep.* 1, 2, 2 ‖ coupe [de bois]: Vulg. *Deut.* 19, 5 ‖ [fig.] destruction: Hier. *Ezech.* 10, 31.

succīsīvus, v. *subsicivus*.

succīsŏr, *ōris*, m. (2 *succīdo*), celui qui taille les arbres: Alcim. *Carm.* 4, 48.

succīsus, *a*, *um*, part. de 2 *succido*.

succlāmātĭō, *ōnis*, f., action de crier à la suite, en réponse, cris, clameurs: Liv. 28, 26, 12; 40, 36, 4; 42, 28, 3; Suet. *Ner.* 24.

succlāmātus, *a*, *um*, de *succlamo*.

succlāmō, *ās*, *āre*, *āvī*, *ātum*, intr., crier à la suite, en réponse: Liv. 26, 22, 8; 30, 42, 20 ‖ *alicui* Liv. 3, 50, 10, crier en réponse à qqn ‖ [pass. impers.] *succlamatum est* Brut. *Fam.* 11, 13, 3, on répondit par des clameurs, cf. Liv. 10, 25, 7; 21, 18, 14 ‖ [pass.] *succlamatus*, objet de clameurs: Ps. Quint. *Decl.* 18, 9.

succlīnō, *ās*, *āre*, -, - ¶ 1 tr., courber, plier un peu: Fort. *Carm.* 8, 12 ep. ¶ 2 intr., s'incliner un peu: Fort. *Carm.* 5, 6, 16.

succo, *ōnis*, m. (*succus*; cf. *sucosus*), juteux, richard: *Cic. *Att.* 7, 13a,1, [par jeu sur le nom des *Oppii*: ὀπός, jus, et lat. *opes*].

succollō, *ās*, *āre*, *āvī*, *ātum* (*sub collo*), tr., charger sur ses épaules: Varr. *R.* 3, 16, 8; Suet. *Cl.* 10; *Oth.* 6.

succondĭtŏr, *ōris*, m., aide du *conditor*, au cirque: CIL 6, 10046.

succōs-, v. *sucos-*.

succrēpō, *ās*, *āre*, -, -, intr., craquer en bas: Aug. *Beat.* 1, 3.

succrescō (**subc-**), *ĭs*, *ĕre*, *crēvī*, *crētum*, intr. ¶ 1 pousser en dessous: Cels. 7, 7, 8 ¶ 2 pousser ensuite, repousser: Pl. *Trin.* 31; Ov. *M.* 9, 352; Col. 4, 14, 2 ‖ [fig.] *non ille mediocris orator vestrae quasi succrescit aetati* Cic. *de Or.* 3, 230, ce n'est pas un orateur ordinaire qui pousse en qq. sorte pour votre génération.

succrētus, v. *subcretus*.

succrotillus, *a*, *um*, adj. (*sub*, *crotalum*), mince, délié, fluet [voix]: Fest. 398, 1.

succŭba, *ae*, f. (*sub*, *cubo*), concubine: Apul. *M.* 5, 28 ‖ subst. m., ⇒ *cinaedus*: Prud. *Perist.* 10, 192.

1 **succŭbō**, *ās*, *āre*, -, -, intr., être couché sous: [avec dat. *alicui rei*] Apul. *M.* 1, 12; [avec acc.] Apul. *M.* 9, 26.

2 **succŭbo**, *ōnis*, f., *Titin. *Com.* 92, v. *succubonea*.

succŭbōnĕa, *ae*, f., concubine: *Titin. *Com.* 92.

succŭbŭī, parf. de *succumbo*.

succŭlentus, v. *sucul-*.

succumbō, *ĭs*, *ĕre*, *cŭbŭī*, *cŭbĭtum* (*sub*, -*cumbo*, cf. *accumbo*), intr. ¶ 1 s'affaisser sous: *ferro* Catul. 64, 370, tomber sous le fer ‖ s'affaisser, fléchir: Plin. 36, 106 ‖ s'accoupler avec: Varr. *R.* 2, 10, 9; Catul. 111, 3; Ov. *F.* 2, 810 ‖ s'aliter: Suet. *Aug.* 98 ¶ 2 [fig.] **a)** succomber, se laisser abattre: Cic. *Fin.* 2, 95; *Scaur.* 16; *Tusc.* 2, 17; *animo* *Tusc.* 2, 56, avoir le courage abattu **b)** [avec dat.] succomber à (devant, sous), céder à: *crimini* Cic. *Planc.* 82, succomber sous une accusation; *fortunae, homini* Cic. *Off.* 1, 66, se laisser dominer par la fortune, par une personne; *philosopho succubuit orator* Cic. *de Or.* 3, 129, l'orateur fut vaincu par le philosophe; *senectuti* Cic. *CM* 27, succomber à la vieillesse (sous le poids de la vieillesse) **c)** [tard.] [avec inf.] *non succubuisset perpeti...* Arn. 1, 38, il ne se serait pas laissé aller à supporter....

succūrātor, v. *subcurator*.

succurrīcĭus, *a*, *um*, qui vient en aide: Schol. *ad*; Germ. *Progn.*

succurrō, *ĭs*, *ĕre*, *currī*, *cursum* (*sub*, *curro*; fr. *secourir*), intr.
I courir sous ¶ 1 se trouver dessous dans sa course: Lucr. 5, 753 ‖ [fig.] être au-dessous, derrière: Varr. *L.* 5, 48 ¶ 2 **a)** aller dessous, affronter: *licet pericula impendeant omnia, succurram ac subibo* Cic. *Amer.* 31, tous les dangers peuvent être suspendus sur ma tête, je les affronterai, je les braverai **b)** se présenter à l'esprit: *ut quidque succurrit, libet scribere* Cic. *Att.* 14, 1, 2, à mesure que chaque détail me vient à l'esprit, je me plais à l'écrire; *illud mihi succurrebat grave esse...* Cic. *Fil. Fam.* 16, 21, 6, il me venait à l'esprit qu'il est délicat pour moi de...; *non dubito bella cum Volscis gesta legentibus illud quoque succursurum, unde... suffecerint milites* Liv. 6, 12, 2, sans doute au lecteur de ces guerres soutenues contre les Volsques cette réflexion aussi se présentera: d'où leur sont venus des soldats en nombre suffisant...? ‖ [impers.] *non succurrit tibi quamdiu...* Curt. 7, 8, 21, tu ne songes pas combien de temps...; *succurrit annotare* Plin. 7, 157, l'idée me vient de noter au passage...
II courir vers ¶ 1 courir au secours: *succurrit illi et... subvenit* Caes. *G.* 5, 44, 9, il accourt à ses côtés et il lui vient en aide [le tire d'affaire]; *alicui auxilio* Caes. *G.* 7, 80, 3, accourir au secours de qqn, cf. Caes. *C.* 6, 2; Sall. *C.* 60, 4 ‖ [pass. impers.] *si celeriter succurratur* Sall. *C.* 3, 80, si l'on accourt rapidement au secours, cf. Sall. *C.* 3, 52; Liv. 3, 58, 4 ¶ 2 [fig.] **a)** secourir, porter secours à: *alicui* Cic. *de Or.* 1, 169 **b)** accourir à l'appel de, donner satisfaction à: *ut eorum expectationi, qui audiunt, succurratur* Cic. *de Or.* 2, 313, qu'on réponde à l'attente des auditeurs **c)** remédier à: *infamiae communi* Cic. *Verr. prim.* 2, porter remède à un discrédit général ‖ *his tantis malis haec subsidia succurrebant, quominus...* Caes. *C.* 3; 70, 1, à cette situation si mauvaise intervenait comme remède, pour empêcher que....

succursŏr (**subc-**), *ōris*, m. (*sub cursore*), second dans les combats du cirque: CIL 10, 1074.

succursūrus, *a*, *um*, part. fut. de *succurro*.

succus, v. *sucus*.

Succusānus pagus, nom d'un quartier de Rome: Varr. *L.* 5, 48.

succussātŏr, *ōris* (*succusso*), qui secoue, qui a le trot dur: Lucil. 163.

succussātūra, *ae*, f. (*succusso*), trot dur d'un cheval: Non. 17, 24.

succussī, parf. de *succutio*.

succussĭō, *ōnis*, f. (*succutio*), secousse [de tremblement de terre]: Sen. *Nat.* 6, 21, 2.

succussō, *ās*, *āre*, -, - (*succutio*), tr., secouer [en trottant]: Acc. *Tr.* 568.

succussŏr, *ōris*, m., ⇒ *succussator*: Lucil. 507.

1 **succussus**, *a*, *um*, part. de *succutio*.

2 **succussŭs**, *ūs*, m., secousse, secouement: Pacuv. *Tr.* 257; Apul. *M.* 3, 21.

succŭtānĕus, v. *subtercutaneus* [qqs mss].

succutio

succŭtĭō, *ĭs*, *ĕre*, *cussī*, *cussum* (*sub*, *quatio*; fr. *secouer*), tr., secouer par-dessous, ébranler, agiter : Lucr. 6, 551 ; Sen. *Nat.* 5, 1, 1.

sŭcerda, *ae*, f. (*sus*, cf. *muscerda*), fumier de porc : Lucil. 1018, cf. Fest. 390, 24 ; P. Fest. 391, 4.

Suchē, *ēs*, f., ville d'Égypte : Plin. 6, 172.

Sucidāva, *ae*, f. (Σουκίδαυα), ville de Mésie : Anton. 224.

sūcīdĭă, v. *succidia*.

sūcĭdō, *ās*, *āre*, -, - (*sucidus*), tr., rendre humide, frais : Plin. Val. 2, 9.

sūcĭdus, *a*, *um* (*sucus*), humide, moite : Apul. *Apol.* 24 ‖ **sucida lana** Varr. *R.* 2, 11, 6, laine graisseuse [après la tonte], cf. Plin. 29, 30 ; Mart. 11, 27, 8 ; Juv. 5, 24 ‖ [fig.] **(puella) sucida** Pl. *Mil.* 787, (jeune fille) pleine de sève, pleine de suc.

sūcĭnācĭus, *a*, *um* (*sucinum*), qui a la couleur de l'ambre : Isid. 20, 3, 5.

sūcĭnum, *i*, n. (cf. *sucus*, lit. *sūkas*), ambre jaune, succin [appelé aussi *electrum*] : Plin. 37, 30 ; Tac. *G.* 45 ‖ pl., **sucina**, parures d'ambre : Plin. 36, 1 ; Mart. 3, 65, 5 ; Juv. 6, 573.

sūcĭnus, *a*, *um* (*sucinum*), d'ambre : Plin. 22, 99 ; Mart. 4, 59, 2 ; 6, 15, 2.

sūco, v. *succo*.

sūcŏphanta, v. *sycophanta*.

sūcōsĭtās, *ātis*, f. (*sucosus*), nature juteuse : Cael.-Aur. *Acut.* 2, 29, 151.

sūcōsus, *a*, *um* (*sucus*, cf. *succo* ; it. *sugoso*), qui a du suc : Cels. 2, 18, 6 ; Plin. 25, 117 ‖ [fig.] riche : Petr. 38, 6 ‖ **sucosior** Col. 4, 29, 1.

Sucro, *ōnis*, m., fleuve [Júcar] et ville de Tarraconaise Atlas IV, C3 : Plin. 3, 20 ; Liv. 28, 24, 5 ; 29, 19, 13 ‖ **-nensis**, *e*, Cic. *Balb.* 5, du Sucro.

suctĭō, *ōnis*, f., succion : Greg.-M. *Mor.* p. 1091 A.

1 suctus, *a*, *um*, part. de *sugo*, Pall. 3, 26, 5.

2 suctŭs, *ūs*, m., sucement, succion : Plin. 9, 91 ; 10, 129.

sŭcŭla, *ae*, f. (dim. de *sus*) ¶ **1** jeune truie : Pl. *Ru.* 1170 ¶ **2** treuil, arbre de treuil : Vitr. 1, 1, 8 ; 10, 2, 2 ‖ [pressoir] : Cat. *Agr.* 12 ; 19, 1 ; Vitr. 10, 1, 5 ¶ **3 Suculae** [faux rapprochement avec le grec ὗς au lieu de ὕω] Cic. *Nat.* 2, 111, les Hyades, cf. Plin. 18, 247.

sŭcŭlentus, *a*, *um*, plein de suc : Apul. *M.* 2, 2, 9.

sŭcŭlus, *i*, m. (dim. de *sus*) it. *succhio*), goret : Inst. Just. 2, 1, 37.

sūcus (succus), *i*, m. (cf. ὀπός, rus. *sok* ; it. *sugo*) ¶ **1** suc, sève : [relat^t aux plantes] Cic. *Nat.* 2, 120 ; [au corps humain] Cic. *Nat.* 2, 137 ; [aux fruits] Plin. 12, 135 ; Tib. 1, 10, 47 ‖ suc extrait de poissons : Hor. *S.* 2, 8, 46 ‖ potion, décoction, jus divers : Ov. *Pont.* 4, 3, 53 ; *M.* 14, 403 ; Tib. 1, 6, 13 ¶ **2** goût, saveur : **sucum sentire** Lucr. 4, 615, sentir le suc, le goût d'un aliment ; **ova suci melioris** Hor. *S.* 2, 4, 13, œufs d'une meilleure saveur, cf. Hor. *S.* 2, 4, 70 ¶ **3** [fig.] **a)** force, bonne santé : **sucus ac sanguis civitatis** Cic. *Att.* 4, 16, 10, la sève et le sang de la cité ; [en parl. du style] Cic. *Or.* 76 **b)** caractère général, ensemble de la constitution de qqch. : **ornatur oratio genere primum et quasi colore quodam et suco suo** Cic. *de Or.* 3, 96, la beauté du discours tient d'abord à ses traits généraux, et, si j'ose dire, au teint, à la sève qui lui est propre.

▶ de la 4e décl. : gén. sg. *sucus* Apul. *M.* 9, 32 ; Isid 17, 9, 28 ; gén. pl. *sucuum* Apul. *M.* 10, 13 ; acc. pl. *sucus* Manil. 3, 144.

sūdābundus, *a*, *um* (*sudo*), couvert de sueur : Laus Pis. 189.

sūdārĭŏlum, *i*, n. (dim. de *sudarium*), petit mouchoir : Apul. *Apol.* 53.

sūdārĭum, *ĭi*, n. (*sudo* ; fr. *suaire*), mouchoir : Catul. 12, 14 ; Quint. 6, 3, 60 ‖ suaire : Hier. *Ep.* 120, 5, 2 ; Vulg. *Joh.* 11, 44.

sūdātĭlis, *e*, obtenu par suée (l'ambre) : Cassiod. *Var.* 5, 2.

sūdātĭo, *ōnis*, f. (*sudo*) ¶ **1** action de suer, sueur, transpiration : Sen. *Ep.* 86, 6 ¶ **2** étuve : Vitr. 5, 11, 2 ‖ pl., sudorifiques : Cels. 2, 17, 1.

sūdātŏr, *ōris*, m. (*sudo*), sujet à suer, à transpirer : Plin. 23, 43.

sūdātōrĭum, *ĭi*, n. (*sudatorius*), étuve : Sen. *Ep.* 51, 6.

sūdātōrĭus, *a*, *um*, sudorifique : Pl. *St.* 229 ‖ d'étuve : Cassiod. *Var.* 2, 39.

sūdātrix, *īcis*, f., en sueur, trempée de sueur : Mart. 12, 18, 5.

sūdātus, *a*, *um*, part. de *sudo*.

sūdĭcŭlum (sūdŭc-), *i*, n. (*sudo*), chose qui met en sueur, objet qui fait suer : P. Fest. 453, 13 ‖ **suduculum flagri** Pl. *Pers.* 419, qui fait transpirer le fouet [injure à un esclave cf. *ulmitriba*].

▶ *suduculum* Pl. *Pers.* 419 leçon de A ; *subiculum* P.

Sudĭnēs, *is*, m., minéralogiste grec : Plin. 9, 115 ; 36, 59.

sŭdis, *is*, f. (cf. σοῦδα) ¶ **1** pieu, piquet : Caes. *G.* 5, 18, 3 ‖ épieu : Tib. 1, 10, 65 ‖ dard, épine de certains poissons : Juv. 4, 128 ‖ pointe de rocher : Apul. *M.* 7, 17 ¶ **2** sorte de brochet : Plin. 32, 154.

sūdō, *ās*, *āre*, *āvī*, *ātum* (cf. ἱδρώς ; scr. *sveda-s*, an. *sweat*, al. *Schweiss* ; fr. *suer*), intr. et tr.

I intr. ¶ **1** suer, être en sueur, transpirer **a)** [abs^t] Cic. *de Or.* 2, 223 ; *Div.* 1, 98 ; 2, 58 ; Hor. *P.* 413 **b)** [avec abl.] être humide de : Lucr. 6, 943 ; Virg. *G.* 1, 117 ; **scuta sanguine sudasse** Liv. 22, 1, 8, que les boucliers avaient sué du sang, s'étaient couverts d'une sueur de sang, cf. Liv. 27, 4, 14 **c)** [poét.] sortir comme une sueur, suinter : **balsama ligno sudantia** Virg. *G.* 2, 118, baume qui découle du bois, bois distillant le baume ¶ **2** [fig.] se donner de la peine [cf. "suer sang et eau"] : Cic. *Sest.* 139 ‖ [pass. impers.] : **ad supervacua sudatur** Sen. *Ep.* 4, 8, c'est pour le superflu que l'on se met en nage, en sueur.

II tr. ¶ **1** épancher comme une sueur, distiller : **durae quercus sudabunt roscida mella** Virg. *B.* 4, 30, les durs chênes distilleront un miel semblable à une rosée, cf. *B.* 8, 54 ; **ubi balsama sudantur** Tac. *G.* 45, où se distillent, où suintent les baumes, cf. Ov. *M.* 10, 308 ¶ **2** [fig.] faire avec sueur, avec peine : Sil. 3, 92 ; Stat. *Th.* 5, 189 ; **multo labore Cyclopum sudatus thorax** Sil. 4, 436, cuirasse qui a coûté beaucoup de travail et de sueur aux Cyclopes ¶ **3** [rare] couvert de sueur : **vestis sudata** Quint. 11, 3, 23, vêtement trempé de sueur.

sūdŏr, *ōris*, m. (*sudo*, cf. ἴδος ; fr. *sueur*) ¶ **1** sueur, transpiration : Cic. *Div.* 2, 58 ; *de Or.* 3, 6 ; **sudor a fronte defluens** Cic. *Nat.* 2, 143, sueur découlant du front ; **sudorem excutere** Nep. *Eum.* 5, 5 ; **movere** Plin. 24, 101 ; **facere** Plin. 24, 30 ; **ciere** Plin. 37, 115, faire suer ; pl., Sen. *Ep.* 108, 16 ; Lucr. 3, 154 ‖ **sudor maris** Lucr. 2, 465, l'eau de mer ‖ humidité, suintement : Plin. 16, 52 ; 33, 69 ; Sen. *Nat.* 3, 15, 7 ¶ **2** [fig.] = travail pénible, peine, fatigue : Cic. *Font.* 12 ; *Agr.* 2, 16 ; Liv. 7, 38, 7 ; Virg. *En.* 9, 458 ; Hor. *Ep.* 2, 1, 156 ; Sen. *Ep.* 31, 7 ; **stilus ille tuus multi sudoris est** Cic. *de Or.* 1, 257, cet exercice de style que tu recommandes coûte beaucoup de peine.

sūdōrĭfĕr, *ĕra*, *ĕrum* (*sudor*, *fero*), sudorifique : Cael.-Aur. *Acut.* 3, 21, 206.

sūdōrus, *a*, *um* (*sudor*), qui est en sueur : Apul. *Flor.* 16, 21.

sūdŭcŭlum, v. *sudiculum* ▶.

sūdus, *a*, *um*, adj. (cf. scr. *śuṣka-s*, αὖος, rus. *suhoj*, an. *sear*), sans humidité, sec, serein : Lucil. 871 ; Virg. *G.* 4, 77 ‖ **sūdum**, *i*, n. **a)** [pris subst^t] temps clair, ciel pur : Virg. *En.* 8, 529 ; **cum sudum est** Pl. *Mil.* 2, quand il fait beau, cf. Pl. *Ru.* 123 ; Cic. *Fam.* 16, 18, 3 **b)** [pris adv^t] **sudum praenitens** Prud. *Cath.* 7, 80, ayant un bel éclat.

▶ *suda* Arn. 7, 3 doit peut-être se lire *subuda*.

Suē, *ēs*, f., ville d'Assyrie : Plin. 6, 118.

Suēbi, *ōrum*, m. pl., Suèbes, v. 2 *Suevi* : Plin. 4, 100.

▶ orth. correcte, cf. al. *Schwabe*.

Suēbĭa, v. *Suevia*.

Suēbĭcus, v. *Suevicus*.

Suebri, *ōrum*, m. pl., peuple de la Gaule Narbonnaise : Plin. 3, 35.

Suēbus, *a*, *um*, v. *Suevus*.

Suēcĭus, *ĭi*, m., nom d'un grammairien latin : *Char. 103, 29.

Suedĭus, *ĭi*, m., nom d'homme : Tac. *H.* 1, 87.

Suēius, *i*, m., nom d'un poète latin : Macr. *Sat.* 3, 18, 11.

Suel, *ēlis*, n., ville de Bétique [Fuengirola] Atlas IV, E2 : Plin. *3, 8* ‖ **-ītānus**, *a*, *um*, de Suel : CIL 2, 1944.

Suellēni, *ōrum*, m. pl., peuple d'Arabie : Plin. 6, 157.

sŭellus, *i*, m. (dim. de *sus*), petit porc : Aldh. *Metr.* 2, p. 64, 12.

Suelteri, *ōrum*, m. pl., peuple de Narbonnaise : Plin. 3, 35.

***suĕō**, *ēs*, *ēre*, -, -, intr., avoir coutume de, v. *suesco* ►.

suĕrint, **suĕrunt**, v. *suesco* ►.

suĕris, gén., v. *sus* ►.

suescō, *ĭs*, *ĕre*, *suēvī*, *suētum* (cf. *sodalis*, *soror*, *soleo*, *mansues*, ἦθος, al. Sitte) ¶ **1** intr., s'accoutumer, s'habituer : *militiae* Tac. *An.* 2, 44, s'accoutumer au métier militaire ‖ [surt. au parf. *suevi* avec inf.] Lucr. 6, 793 ; Cic. poet. *Nat.* 2, 111 ; Prop. 4, 10, 17 ¶ **2** tr., habituer : Tac. *An.* 2, 52.
► formes contr. *suerunt* Cic. ; *suerit* Lucr. 5, 53 ; *suesse* Lucr. 5, 912 ; pour la forme *sŭēmus* Lucr. 1, 60 ; *suēmus* (dissyl.) Lucr. 1, 131, il semble bien qu'on ait affaire non pas à un verbe *sueo* disparu, mais au parf. contr. *suevimus*.

Suesĭa, *ae*, f., marais de Germanie : Mel. 3, 29.

Suessa, *ae*, f. ¶ **1** ville de Campanie, appelée aussi *Suessa Aurunca* [Sessa] Atlas XII, E4 : Cic. *Phil.* 3, 10 ¶ **2** ville des Volsques, appelée aussi *Suessa Pometia* : Cic. *Rep.* 2, 44 ‖ **Suessānus**, *a*, *um*, de Suessa : Cat. *Agr.* 22, 3 ‖ m. pl., les habitants de Suessa : CIL 14, 3902.

Suessās, *ātis*, m. f. n., de Suessa : Garg. *Arb.* 12.

Suessatĭum, *ĭi*, n., ville d'Espagne : Anton. 454.

suesse, v. *suesco* ►.

Suessētāni, *ōrum*, m. pl., Suessétans [peuple de la Tarraconaise] : Liv. 25, 34, 6 ‖ **-nus**, *a*, *um*, des Suessétans : Liv. 28, 24, 4.

Suessĭōnas (**Sess-**), indécl., Soissons : Greg.-Tur. *Hist.* 4, 21.

Suessĭōnes, *um*, m. pl., peuple de Gaule [aux environs de Soissons] : Caes. *G.* 2, 3, 5 ; Plin. 4, 106 ‖ **-ōnĭcus**, *a*, *um*, de Soissons : Greg.-Tur. *Hist.* 9, 9.

Suessōnes, c. *Suessiones* : Luc. 1, 423.

Suessŭla, *ae*, f., ancienne ville de Campanie [auj. Sessola] : Liv. 23, 32, 3 ‖ **-āni**, *ōrum*, m. pl., les habitants de Suessula : Liv. 8, 14.

Suētēs, *ae*, m., nom de guerrier : Val.-Flac. 6, 550.

Suetĭus, *ĭi*, m., nom d'homme : Cic. *Verr.* 5, 147.

Suētōnĭus, *ĭi*, m., nom d'une famille romaine ; not[t] Suetonius Paulinus, général d'Othon : Tac. *An.* 14, 29 ‖ Suetonius Tranquillus, l'historien latin Suétone : Plin. *Ep.* 1, 24, 1.

Suetri, *ōrum*, m. pl., peuple de Narbonnaise : Plin. 3, 137.

suētūdō, *ĭnis*, f., habitude, coutume : Paul.-Pell. *Euch.* 179.

suētum, *i*, n. (*suetus*), coutume, habitude : Apul. *M.* 4, 24.

suētus, *a*, *um*, part. de *suesco* ¶ **1** habitué, accoutumé à : [avec dat.cf. *suesco*] Virg. *En.* 3, 541 ; Hor. *S.* 1, 8, 17 ; Liv. 5, 43, 8 ¶ **2** habituel, ordinaire : *sueta apud paludes proelia* Tac. *An.* 1, 64, combats livrés d'ordinaire dans les marais = habitude des combats..., cf. H. 2, 80.

1 **suēvī**, parf. de *suesco*.

2 **Suēvi** (**Suēbi**), *ōrum*, m. pl., les Suèbes [= Suèves, peuple germain ; auj. Souabes] : Caes. *G.* 4, 1, 3 ‖ **Suēvus**, *a*, *um*, des Suèbes : Caes. *G.* 1, 53, 4 ‖ **Suēvĭcus**, *a*, *um*, Tac. *G.* 45.
► les mss de Caes. ont tous *Suevi*, non *Suebi*.

Suēvĭa, *ae*, f., le-pays des Suèbes : Tac. *G.* 43.

Sufasar, *ăris*, n., ville de Maurétanie [Amourah] : Anton. 31.

Sūfax, *ācis*, m., v. *Syphax*.

1 **sūfēs**, *ētis*, m. (pun.), = juge, sufète [magistrat suprême à Carthage] : Liv. 28, 37, 2 ; 30, 7, 5 ; 34, 61, 15, cf. Fest. 404, 29 ; P. Fest. 405, 6.
► mauv. orth. *suffes* ; abl. pl. *sufetis* Calidius d. P. Fest. 405, 7.

2 **Sūfēs**, abl. **Sufibus**, f. pl., ville de la Byzacène [auj. Sbiba] : CIL 8, 2569 ; Anton. 48.

Sūfētānus, *a*, *um*, adj., de Sufes : CIL 8, 262.

Sūfētŭla, *ae*, f., ville de Byzacène [auj. Sbeïtla] Atlas VIII, B3 : Anton. 46.

Sūfētŭlensis, *e*, de Sufetula : CIL 8, 11340 ‖ **Sūfētŭlenses**, *ĭum*, m. pl., habitants de Sufetula : CIL 8, 23220.

suffarcĭnātus, *a*, *um*, de *suffarcino*.

suffarcĭnō (**subf-**), *ās*, *āre*, *āvī*, *ātum* (*sub farcina*), tr., charger, surcharger ; [surt. au part.] *suffarcinatus*, chargé, surchargé : Pl. *Curc.* 289 ; Ter. *And.* 770 ‖ bien rempli, repu, lesté : Apul. *M.* 10, 16 ‖ bouffi d'orgueil : Paul.-Nol. *Ep.* 29, 2.

suffēcī, parf. de *sufficio*.

suffectĭo, *ōnis*, f. (*sufficio*), addition : Arn. 5, 12 ‖ remplacement : Tert. *Anim.* 28, 2.

suffectūra, *ae*, f. (*sufficio*), remplaçant, doublure : Tert. *Marc.* 1, 28, 3.

1 **suffectus**, part. de *sufficio*, subst. m., chef, gouverneur : Vulg. *2 Macc.* 4, 31.

2 **suffectŭs**, *ūs*, m., v. *suffectio*, action d'ajouter : Ennod. *Dict.* 7, 5.

Suffēnātes (**Sūfē-**), *um* ou *ĭum*, m. pl., Suffénates [peuple du Latium] : Plin. 3, 107.

Suffēnus, *i*, m., mauvais poète du temps de Catulle : Catul. 14, 19 ; 22, 1.

suffercĭtus, v. *suffertus* ►.

sufferentĕr, adv. (*suffero*), avec patience : An. Helv. 213, 27.

sufferentĭa, *ae*, f. (*suffero*), action de supporter, résignation : Tert. *Marc.* 4, 15, 4 ‖ attente patiente : Vulg. *Eccli.* 16, 14.

suffermentātus, *a*, *um*, v. *subf-*.

sufferō (**subferō**), *fers*, *ferre*, *sustŭlī*, - (fr. *souffrir*), tr.
I porter sous ¶ **1** placer sous, soumettre, présenter : Pl. d. Non. 397, 1 ; *Poen.* 724 ¶ **2** présenter, fournir : *neque mater potest sufferre lac* Varr. *R.* 2, 4, 19, et la mère ne peut fournir du lait ‖ fournir les dépens d'un procès : Dig. 30, 1, 69.
II supporter ¶ **1** *se sufferre*, se soutenir, se maintenir : Suet. *Cal.* 50 ; Arn. 2, 58 ¶ **2** [fig.] **a)** supporter, prendre la charge de, endurer : *laborem, solem, sitim* Pl. *Merc.* 861, supporter la fatigue, le soleil, la soif, cf. Lucr. 5, 1304 ; Varr. *R.* 2, 8, 5 **b)** [en part.] *poenas alicui* Pl. *Amp.* 1002, être châtié par qqn, cf. Pl. *Cis.* 202 ; *poenas alicujus rei* Cic. *Flac.* 96, être puni de qqch., cf. Cic. *Cat.* 2, 28 ; *poenas sustulit* Cic. *Nat.* 3, 82, il a été puni ; *multam* Cic. *Caecin.* 98, subir une peine **c)** [abs[t]] *vix suffero* Ter. *Haut.* 400, je puis à peine y tenir ; *ad praetorem sufferam* Pl. *Curc.* 376, je me laisserai citer devant le préteur.

suffertus, *a*, *um* (*sub*, *farcio*), bien rempli, bien étoffé : Suet. *Ner.* 20.
► *suffercitus* *Lucil. 509.

sufferv-, v. *subferv-*.

suffes, v. *sufes* ►.

suffessĭo, *ōnis*, f. (*sub*, *fateor*), concession [rhét.] : Carm. Fig. 121.

Suffētĭus, **Fuffētĭus**, v. *Mettus*.

Sufētŭla, mauv. orth. de *Sufetula*.

suffībŭlum (**subf-**), *i*, n. (*suffigo*, *fibula*), voile des vestales et de certains prêtres : Varr. *L.* 6, 21 ; Fest. 474, 3 ; P. Fest. 475, 4.

sufficĭens, *tis* (*sufficio*), [part. pris adj[t]] suffisant, adéquat : Curt. 3, 6, 19 ‖ **-issimus** Tert. *Marc.* 5, 2, 4.

sufficĭentĕr, adv., suffisamment, assez : Traj. Plin. *Ep.* 10, 29, 3 ; Ulp. *Dig.* 7, 1, 15, 24 ‖ **-tius** Aug. *Pecc. mer.* 1, 29 ; **-issime** Aug. *Ep.* 43, 20.

sufficĭentĭa, *ae*, f., ce qui suffit, suffisance, contentement : Tert. *Ux.* 1, 4, 7 ; Sidon. *Ep.* 6, 12, 9 ‖ le fait de suffire, capacité : Aug. *Civ.* 10, 29.

sufficĭō, *ĭs*, *ĕre*, *fēcī*, *fectum* (*sub*, *facio* ; fr. *suffire*), intr. et tr.
I tr. ¶ **1** mettre sous **a)** imprégner : *lanam medicamentis* Cic. *Frg. F.* 5, 23, soumettre la laine à la teinture ; [poét.] *oculos suffecti sanguine* Virg. *En.* 2, 210, ayant

sufficio

les yeux injectés de sang ; *nubes sole suffecta* Sen. *Nat.* 1, 5, 12, nuage coloré par le soleil **b)** fournir, mettre à la disposition : *salices pastoribus umbram sufficiunt* Virg. *G.* 2, 435, les saules donnent de l'ombre aux bergers, cf. Virg. *G.* 2, 424 ; Lucr. 2, 108 ; 3, 704 ¶ **2** mettre après **a)** mettre, élire à la place de : *collegam* Cic. *Mur.* 85, faire élire un nouveau collègue, cf. Cic. *Mur.* 82 ; *regem* Virg. *G.* 4, 202, élire un nouveau roi ; *in alicujus locum suffectus* Vatin. *Fam.* 5, 10, 2, élu à la place de qqn, cf. Liv. 2, 8, 4 ; 5, 31, 9 ; *alicui suffectus* Liv. 9, 7, 14, nommé à la place de qqn, cf. Liv. 10, 47, 1 ; Tac. *An.* 4, 16 ∥ *suffectus consul* Liv. 41, 18, 16, consul suffect [subrogé] **b)** mettre en remplacement : *aliam ex alia generando suffice prolem* Virg. *G.* 3, 65, en faisant sortir les générations l'une de l'autre, assure leur continuité.

II intr., suffire, être suffisant **a)** *scribae sufficere non potuerunt* Cic. *Phil.* 2, 16, les greffiers ne purent suffire [assurer la tâche], cf. Virg. *En.* 9, 515 ; Liv. 36, 45, 2 ; *nec jam vires sufficere cujusquam* Cæs. *G.* 7, 20, 11, que d'autre part personne n'avait plus les forces suffisantes **b)** *paucorum cupiditati sufficere poterant* Cic. *Verr.* 5, 127, ils pouvaient suffire (fournir suffisamment) à la cupidité de quelques-uns ; *alimentis mons sufficiebat* Liv. 29, 31, 9, la montagne suffisait à l'alimentation ; *nec sufficit umbo ictibus* Virg. *En.* 9, 810, et le bouclier ne suffit pas à protéger contre les coups **c)** [avec ad] *terra vix ad perennes suffecit amnes* Liv. 4, 30, 7, la terre put à peine alimenter les cours d'eau permanents, cf. Liv. 3, 5, 1 ; 21, 8, 4 ; 33, 20, 13 ; [avec in et acc.] Ov. *M.* 7, 613 ; *Am.* 2, 7, 1 ; [avec adversus] Liv. 10, 25, 13 **d)** [avec inf.] : *nec iis sufficiat... effingere* Quint. 10, 2, 15, et qu'ils ne se contentent pas de reproduire... ; *nec obniti contra sufficimus* Virg. *En.* 5, 22, et nous ne sommes pas assez forts pour tenir tête ; [avec ut] *sufficit ut sinas* Pl. *Ep.* 9, 21, 3, il suffit que tu permettes ; [avec ne] Plin. *Ep.* 9, 33, 11, il suffit que ne pas ; [avec si] *sufficere tibi debet si* Plin. *Ep.* 5, 1, 9, il doit te suffire que, cf. Plin. *Pan.* 88, 2 ∥ être disponible, accessible, utilisable : *actio sufficit* Dig. 13, 6, 22, on peut utiliser une action.

suffīgō (subf-), *ĭs, ĕre, fīxī, fixum*, tr., fixer par-dessous, attacher, clouer : *columnam mento suffigit suo* Pl. *Mil.* 209, il met une colonne sous son menton ; *aliquem in cruce* Hor. *S.* 1, 3, 82, mettre qqn en croix ; *caput Galbae hasta suffixum* Suet. *Galb.* 20, la tête de Galba plantée au bout d'une pique ∥ *crepidas aureis clavis* Plin. 33, 50, mettre des clous d'or à des pantoufles ∥ [chrét., pass.] être crucifié : *Tert. *Marc.* 4, 26, 1.

suffīmen, *ĭnis*, n., ⟶ *suffimentum* : Ov. *F.* 4, 731.

suffīmentō, *ās, āre*, -, -, tr. (*suffimentum*), fumiger : Veg. *Mul.* 4, 3, 16.

suffīmentum, *ĭ*, n. (*suffio*), fumigation, parfum : Cic. *Leg.* 1, 40 ; Plin. 15, 135, cf. Fest. 472, 33 ; P. Fest. 473, 12.

suffīō (subf-), *īs, īre, īvī* ou *ĭī, ītum* (cf. *fumus, fimus*, θύω), tr. ¶ **1 a)** fumiger, parfumer : *thymo* Virg. *G.* 4, 241, parfumer de thym, cf. Lucr. 4, 1175 ; Cat. *Agr.* 113, 1 ; *urna suffita* Ov. *F.* 5, 676, urne purifiée par une fumigation, cf. Plin. 12, 81 ; 25, 49 **b)** exposer à la fumée, fumer : Plin. 28, 154 ¶ **2** [poét.] échauffer : *ignibus aetheriis terras suffire* Lucr. 2, 1098, échauffer les terres des feux de l'éther.

suffisclātōrĭus, *a, um* (de *suffiscus*), concernant les bourses : Diocl. 16, 8 a.

suffiscus, *ĭ*, m., bourse de cuir : Fest. 402, 34 ; P. Fest. 403, 11.

suffītĭo, *ōnis*, f. (*suffio*), fumigation, action de parfumer par la vapeur : Col. 1, 6, 20 ; 12, 50, 16 ; Plin. 25, 12, cf. P. Fest. 3, 5.

suffītŏr, *ōris*, m. (*suffio*), celui qui fumige : Plin. 34, 79.

1 **suffītus**, *a, um*, part. de *suffio*.

2 **suffītŭs**, *ūs*, m., fumigation : Plin. 32, 142 ∥ parfum de la fumée : Plin. 21, 116.

suffixus, *a, um*, part. de *suffigo*.

sufflābĭlis, *e* (*sufflo*), qui s'exhale : Prud. *Apoth.* 838.

sufflāmĕn, *ĭnis*, n. (cf. φάλαγξ, al. *Balken*), sabot pour enrayer : Juv. 8, 148 ∥ [fig.] obstacle, entrave : Juv. 16, 50.

sufflāmĭnō, *ās, āre*, -, - (*sufflamen*), tr., enrayer : *Sen. *Apoc.* 14, 3 ∥ [fig.] modérer [qqn] : Aug. d. Sen. *Contr.* 4, pr. 7.

sufflammō, *ās, āre*, -, - (*sub, flammo*), tr., attiser [fig.], exciter : Sidon. *Ep.* 4, 6, 4 ∥ brûler vif [qqn] : VL. *2 Macc.* 6, 11 d. Lucif. *Non parc.* 303.

sufflātĭo, *ōnis*, f. (*sufflo*), gonflement : Plin. 9, 18 ; 86.

sufflātōrĭum, *ĭi*, n., soufflet [à souffler] : Vulg. *Jer.* 6, 29.

1 **sufflātus**, *a, um* ¶ **1** part. de *sufflo* ¶ **2** [pris adj¹] **a)** enflé, gonflé : Varr. d. Non. 395, 8 **b)** [fig.] gonflé de colère : Pl. *Bac.* 603 ∥ bouffi d'orgueil : Varr. *Men.* 6 ∥ plein d'enflure [style], boursouflé : Gell. 7, 14, 5.

2 **sufflātŭs**, *ūs*, m., action de souffler, souffle : Plin. 32, 28.

sufflāvus, *a, um*, **v.** ⟶ *subflavus*.

sufflō, *ās, āre, āvī, ātum* (*sub, flo*; fr. *souffler*)
I intr. ¶ **1** souffler : *buccis* Mart. 3, 17, 4, souffler avec sa bouche, cf. Plin. 11, 62 ¶ **2** se gonfler [d'orgueil] : Pers. 4, 20
II tr. ¶ **1** gonfler : *sibi buccas* Pl. *St.* 724, se gonfler les joues ; *sufflata cutis* Plin. 8, 9, 138, peau gonflée, cf. Cat. *Agr.* 157, 7 ∥ *se uxori suae sufflavit* Pl. *Cas.* 582, il s'est gonflé contre sa femme, il a du ressentiment, il est monté contre elle ¶ **2** souffler sur : *ignes* Plin. 34, 79, souffler sur le feu ∥ *aliquem* Petr. 45, 11, souffler sur qqn ∥ insuffler [une âme, le souffle de vie] : Aug. *Civ.* 12, 24.

suffŏcābĭlis, *e* (*suffoco*), suffocant, étouffant : Cael.-Aur. *Acut.* 1, 9, 59.

suffŏcātĭo, *ōnis*, f. (*suffoco*), suffocation, étouffement : Plin. 20, 30 ; 26, 158.

suffŏcō, *ās, āre, āvī, ātum* (*sub faucibus*; it. *soffocare*), tr., serrer la gorge de, étouffer, étrangler : *aliquem* Cic. *Mur.* 61, cf. Sen. *Nat.* 6, 2, 4 ; Quint. 11, 3, 51 ∥ [fig.] Cic. *Att.* 9, 7, 4 ; Plin. 17, 209 ∥ [pass.] être suffoqué [par l'apoplexie] : Oros. *Hist.* 7, 15, 3 ∥ être suffoqué, ne plus savoir que répondre : Aug. *Petil.* 3, 41, 50.

suffŏdĭo (subf-), *ĭs, ĕre, fōdī, fossum*, tr. ¶ **1** creuser sous, fouiller, percer, saper : *muros* Tac. *H.* 2, 21, saper des murailles, cf. Plin. 8, 104 ; *sacella suffossa sunt* Cic. *Har.* 32, les sanctuaires ont été sapés, cf. Sen. *Ep.* 90, 7 ¶ **2** percer par-dessous, de bas en haut, transpercer : Liv. 42, 59, 3 ; *suffossis equis* Caes. *G.* 4, 12, 2, perçant le ventre des chevaux, cf. Virg. *En.* 11, 671 ; Curt. 4, 13, 33 ¶ **3** faire en creusant, creuser : Curt. 9, 8, 14.

suffossĭo (subf-), *ōnis*, f. (*suffodio*), creusement, excavation : Sen. *Ep.* 49, 8 ∥ mine, sape : Vitr. 1, 5, 5.

suffossus, *a, um*, part. de *suffodio*.

suffrāgātĭo, *ōnis*, f. (*suffragor*) ¶ **1** action de donner son suffrage, vote favorable, appui, suffrages : Cic. *Mur.* 38 ; *Planc.* 15 ; 44 ; Liv. 10, 13, 13 ; *consulatus* Cic. *Mil.* 34, moyen de recommandation pour le consulat ¶ **2** [fig.] Sen. *Marc.* 24, 3.

suffrāgātŏr, *ōris*, m. (*suffragor*), qui vote pour, qui soutient une candidature, partisan : Cic. *Mur.* 16 ; 44 ; Q. Cic. *Pet.* 35 ; Plin. *Ep.* 4, 17, 6 ; *quaesturae* Sen. *Ben.* 7, 28, 2, qui soutient une candidature à la questure ∥ [fig.] Pl. *Cas.* 299 ; Varr. *R.* 3, 5, 18 ; Plin. *Ep.* 3, 20, 5 ∥ suffragant [coadjuteur dépendant d'un évêque provincial] : Pelag. II *M.* 72, p. 743 B.

suffrāgātōrĭus, *a, um* (*suffragor*), qui appuie une candidature : Q. Cic. *Pet.* 26.

suffrāgātrix, *īcis*, f. (*suffragator*), approbatrice : Aug. *Civ.* 18, 9.

suffrāgĭnōsus, *a, um* (2 *suffrago*), qui a les éparvins [maladie des chevaux] : Col. 6, 38, 2.

suffrāgĭum, *ĭi*, n. (*suffragor*) ¶ **1** suffrage, vote, voix qu'on donne : *ferre* Cic. *Leg.* 3, 53, voter ; *de alicujus capite, liberis, fortunis omnibus suffragium ferre* Cic. *Dom.* 46, voter sur = tenir à la merci de son vote la vie, les enfants, toute la fortune de qqn ; *suffragium inire* Liv. 3, 17, 4, aller voter ; *in suffragium mittere* Liv. 31, 7, faire voter ¶ **2** droit de suffrage : Cic. *Agr.* 2, 17 ; *Vat.* 2 ; Liv. 38,

36, 8 ¶ 3 jugement, opinion : Cic. *Phil.* 2, 42 ǁ approbation, suffrage : Hor. *Ep.* 1, 19, 37 ; 2, 2, 103 ; Plin. 7, 101 ǁ recommandation [impériale pour un candidat à une fonction] : Cod. Just. 4, 3, 1 ; Cod. Th. 7, 1, 7 ǁ rétribution [versée pour obtenir cette recommandation] : Cod. Just. 12, 16, 5 ǁ bienveillance, indulgence, faveur : **aetatis** Cod. Just. 2, 3, 22, faveur due à l'âge [minorité].

1 **suffrāgō**, *ās, āre, āvī, -*, tr., voter pour, approuver : Sisen. d. Non. 468, 12 ǁ [abs¹] : Pompon. *Com.* 106 ǁ intr., avoir du succès : VL. *Deut.* 28, 28 ; **V.** *suffragor*.

2 **suffrāgo**, *ĭnis*, f. (*sub*, cf. *frango*) ¶ 1 jarret des animaux : Plin. 8, 183 ; 11, 248 ¶ 2 provin : Col. 4, 24, 4.

suffrāgor, *ārĭs, ārī, ātus sum* (peut-être de *frango*, comme *fragor*, allusion au bruit des acclamations ; *suffragium* dérive de *suffragor* ; cf. *refragor*), intr. ¶ 1 voter pour, donner sa voix, soutenir une candidature : Cic. *Mur.* 71 ; *Leg.* 3, 34 ; Liv. 28, 38, 8 ¶ 2 [fig.] faire campagne pour, soutenir, appuyer, favoriser [avec dat.] : **alicui** Cic. *Leg.* 1, 1 ; **legi** Cic. *Verr.* 5, 178, faire campagne pour qqn, pour une loi ; **huic consilio suffragabatur etiam illa res, quod** Caes. *C.* 1, 61, 3, en faveur de ce projet militait aussi cette circonstance que, cf. Cic. *Off.* 1, 138 ; *Planc.* 1, 1 ǁ [abs¹] **fortuna suffragante** Cic. *Fam.* 10, 5, 3, avec l'appui de la fortune, cf. Nep. *Alc.* 5, 4 ; Quint. 11, 2, 42.

suffrēnātĭō, *ōnis*, f. (*sub*, *freno*), ce qui sert à maîtriser, crampon : Plin. 36, 169 ; Isid. 19, 10, 13.

suffrendens, *tis* (*sub*, *frendo*), grinçant des dents : Amm. 15, 12, 1.

suffrĭcō (**subf-**), *ās, āre, -, -*, tr., frotter légèrement : Col. 12, 25, 4.

suffrīgĭdē, **V.** *subfrigide*.

suffrīgĭdus, *a, um* (*sub*, *frigidus*), un peu froid, [argument] peu convaincant : Amm. 17, 11, 4.

suffringō (**subfr-**), *ĭs, ĕre, frēgī, fractum* (*sub*, *frango*), tr., rompre en bas, briser par le bas : Pl. *Truc.* 638 (*subfr-Ru.* 1059) ; Cic. *Amer.* 56.

Suffūcius, *ĭī*, m., nom d'homme : Cic. *Div.* 2, 85.

suffūcō, *ās, āre, -, -*, tr., farder : Ps. Cypr. *Pudic.* 12.

suffūdī, parf. de *suffundo*.

suffŭgĭō, *ĭs, ĕre, fūgī, -* (*sub*, *fugio*) ¶ 1 intr., s'enfuir sous (pour s'abriter) : Liv. 24, 46, 5 ¶ 2 tr. [fig.] se dérober à, échapper à : Lucr. 5, 150.

suffŭgium, *ĭī*, n. (*suffugio*), refuge : Tac. *An.* 4, 47 ; **hiemi** Tac. *G.* 16, abri pour l'hiver [avec gén.] ; **imbris** Plin. *Ep.* 9, 39, 2, refuge contre la pluie, cf. Tac. *G.* 46 ǁ [fig.] **malorum** Tac *An.* 4, 66, refuge contre les calamités [mais **suffugia Garamantum** Tac. *An.* 3, 74, lieux de refuge chez les Garamantes.

suffulcĭō (**subf-**), *īs, īre, fulsī, fultum*, tr., soutenir, étayer : Lucr. 4, 427 ǁ [fig.] Lucr. 4, 868, soutenir.

suffulgĕō (**subf-**), *ēs, ēre, -, -*, intr., briller dessous : Anth. 551, 2.

suffultŏr, *ōris*, m., appui, soutien : Ruf. *Orig. Psal.* 36, hom. 3, 8.

suffultūra, *ae*, f. (*suffulcio*), étai : Cassiod. *Eccl.* 9, 34.

suffultus, *a, um*, part. de *suffulcio*.

suffūmĭgātĭo, *ōnis*, f., fumigation : Veg. *Mul.* 2, 87, 5.

suffūmĭgō (**subf-**), *ās, āre, -, -*, tr., fumiger, exposer à la fumée : Varr. *R.* 3, 16, 6 ; Cels. 5, 27, 5.

suffūmō, *ās, āre, -, -* ¶ 1 tr., fumiger : Gloss. 2, 466, 27 ¶ 2 intr., avoir un fumet de : Hier. *Ep.* 29, 1.

suffundātus, **V.** *subfundatus*.

suffundō (**subf-**), *ĭs, ĕre, fūdī, fūsum*, tr. ¶ 1 verser par-dessous, répandre sous, en bas : **aquolam** Pl. *Curc.* 160, verser un peu d'eau [au bas d'une porte], cf. Pl. *Rud.* 588 ; **animum esse cordi suffusum sanguinem** Cic. *Tusc.* 1, 19, [il est d'avis] que l'âme, c'est le sang circulant sous le cœur ; **aqua suffunditur** Sen. *Nat.* 3, 26, 1, l'eau se répand par-dessous ǁ **sanguis oculis suffusus** Plin. 20, 142, sang épanché sous les yeux ¶ 2 baigner, inonder [par-dessous] : **tepido lumina rore** [= *lacrimis*] Ov. *M.* 10, 360, s'inonder les yeux d'une tiède rosée ; [poét.] **lacrimis oculos suffusa** Virg. *En.* 1, 228, s'étant inondé les yeux de larmes ; **suffusi cruore oculi** Plin. 29, 126, yeux infectés de sang ǁ **aequabili calore suffusus aether** Cic. *Nat.* 2, 54, l'éther baigné, pénétré d'une chaleur égale ; **nebulae suffundunt caelum sua caligine** Lucr. 6, 479, les brouillards couvrent le ciel de leurs ténèbres ¶ 3 [en part. de la rougeur qui semble monter de dessous la peau] **Masinissae rubor suffusus (est)** Liv. 30, 15, 1, la rougeur envahit le visage de Masinissa ; **(luna) si virgineum suffuderit ore ruborem** Virg. *G.* 1, 430, si la lune a répandu sur sa face une rougeur virginale ¶ 4 [fig.] pénétrer de, imprégner de : **omnia mortis nigrore** Lucr. 3, 39, imprégner tout des noires couleurs de la mort ; **animus malevolentia suffusus** Cic. *Fam.* 1, 9, 22, âme empreinte de malveillance ¶ 5 [fig.] couvrir de confusion, faire rougir : Hier. *Jovin.* 1, 48 ǁ [pass.] rougir : Tert. *Virg.* 2, 4.

suffūrŏr (**subf-**), *ārĭs, ārī, -*, tr., dérober furtivement : Pl. *Truc.* 566.

suffusc-, **V.** *subf-*.

suffūsĭo (**subf-**), *ōnis*, f. (*suffundo*) ¶ 1 suffusion, épanchement par-dessous : **fellis** Plin. 22, 104, jaunisse ǁ **oculorum suffusio** [ou] **suffusio** [seul], cataracte : Plin. 28, 7 ; 32, 33 ; 34, 114 ; Cels. 7, 7, 14 ǁ **pedis** Veg. *Mul.* 1, 38, 1, engorgement aux jambes [animaux] ¶ 2 action de verser, infusion : Apic. 1 ¶ 3 action de rougir, de faire rougir, honte : Vulg. 4 *Reg.* 8, 11 ¶ 4 mélange [dans la conception] : Tert. *Anim.* 36, 4.

suffūsōrĭum, *ĭī*, n. (*suffundo*), burette : Hier. *Is.* 2, 4, 1.

suffūsus, *a, um* ¶ 1 part. de *suffundo* ¶ 2 adj¹, timide, pudique : **suffusior** Tert. *Anim.* 38.

Sufibus, **V.** *Sufes*.

Sugabarrītānus, *a, um*, de Sugabarri [= *Succabar*] : Amm. 29, 5, 20.

Sŭgamber, *bra, um*, des Sicambres : **Sugambra cohors** Tac. *An.* 4, 47, la cohorte des Sicambres.

Sŭgambrĭa, **Sŭgambri**, **V.** *Sic-*.

Sugdĭāna, **V.** *Sogdiana regio*.

Sugdĭās, *ădis*, f., Sogdiane [Asie] **V.** *Sogdiani*.

suggĕra, *ae*, f. (*suggero*), accomplissement : Cod. Th. 14, 6, 3.

suggĕrenda, *ae*, f., requête, supplique : Vict.-Vit. 2, 40 (14).

suggĕrō (**subg-**), *ĭs, ĕre, gessī, gestum*, tr.
I porter sous ¶ 1 mettre sous : **flamma suggeritur costis undantis aeni** Virg. *En.* 7, 463, la flamme est mise sous les flancs d'une chaudière bouillonnante ǁ [fig.] **invidiae flammam** Liv. 3, 11, 10, attiser la haine, cf. Quint. 5, 7, 8 ¶ 2 mettre sous la main, fournir : **tela alicui** Virg. *En.* 10, 333, présenter des traits à qqn ; **cibum animalibus** Tac. *H.* 3, 36, donner à manger aux animaux ¶ 3 [fig.] **a)** fournir, produire : **alimenta tellus suggerit** Ov. *M.* 15, 82, la terre fournit des aliments, cf. Plin. *Ep.* 2, 8, 1 ; **suggeram quae vendatis** Liv. 10, 17, 5, je vous fournirai de quoi vendre **b)** suggérer : Curt. 10, 5, 8.
II porter à la place de, à la suite de ¶ 1 suppléer : **verba** Cic. *de Or.* 2, 110, rétablir des mots qui manquent ¶ 2 mettre à la suite de : **singulis generibus argumentorum copias** Cic. *de Or.* 2, 117, faire suivre chaque genre de sa masse d'arguments, cf. Cic. *Nat.* 3, 73 ; **Bruto Horatium** Liv. 2, 8, 5, faire succéder chronologiquement Horatius à Brutus, cf. Liv. 9, 44, 3 ǁ **suggerebantur damna aleatoria** Cic. *Phil.* 2, 67, s'ajoutaient des pertes de jeu.
III porter de bas en haut ; entasser : **suggesta humo** Prop. 4, 4, 8, avec de la terre amoncelée.

suggestĭo (**subg-**), *ōnis*, f. ¶ 1 action d'ajouter, addition : Cael.-Aur. *Chron.* 2, 13, 182 ¶ 2 [rhét.] ▶ *subjectio*, suggestion : Quint. 9, 2, 15 ǁ avis, suggestion : Vop. *Aur.* 14 ¶ 3 action de faire savoir, rapport : Horm. *Ep.* 59, p. 850.

suggestŏr, *ōris*, m., celui qui fournit, apporte : Cassian. *Coll.* 7, 8, 2.

suggestum, *ĭ*, n. (*suggero*) ¶ 1 lieu élevé, hauteur : Varr. *R.* 3, 5, 16

suggestum

¶2 tribune, estrade : Cic. *Tusc.* 5, 59 ; *Div.* 1, 124.

1 suggestus, *a*, *um*, part. de *suggero*.

2 suggestŭs, *ūs*, m. ¶1 ⇨ *suggestum* **a)** Cat. *Agr.* 154 ; Suet. *Caes.* 76 **b)** Caes. G. 6, 3 ; Tac. H. 1, 55 ; Liv. 31, 29, 9 ¶2 [fig.] accumulation : Apul. M. 5, 6 ¶3 [fig.] arrangement, organisation : Tert. *Spect.* 7, 12 ‖ suggestion : Dig. 27, 8, 1, 5 ¶4 tribunal [en parlant du siège de l'évêque] : Salv. *Eccl.* 2, 9, 37.

suggillātĭo (**sūgil-**), *ōnis*, f. (*suggillo*), meurtrissure : Plin. 32, 74 ; Sen. *Ben.* 5, 22, 4 ‖ [fig.] raillerie mordante : *alicujus* Liv. 43, 14, 5, contre qqn ‖ outrage, insulte, *alicujus rei* Plin. 7, 150, contre qqch.

suggillātĭuncŭla, *ae*, f. (dim. de *suggillatio*), légère moquerie, taquinerie : Mamert. *Anim.* 2, 9, 4.

1 suggillātus (**sūgil-**), *a*, *um*, part. de *suggillo*.

2 suggillātŭs, *ūs*, m., flétrissure [fig.] : Tert. *Marc.* 4, 34, 10.

suggillō (**sūgil-**), *ās*, *āre*, *āvī*, *ātum* (dim. de *sugo*), tr. ¶1 meurtrir, tuméfier, contusionner : Sen. *Ep.* 13, 2 ; Varr. d. Non. 171, 13 ‖ part. n. pl., *sugillata* : Plin. 20, 55, contusions ¶2 [fig.] se moquer de, insulter, outrager, *aliquem*, qqn : Liv. 4, 35, 10 ; Val.-Max. 3, 2, 1 ; 7, 5, 5 ¶3 suggérer, faire dire : Prud. *Perist.* 10, 999.

sugglūtĭo, ⇨ *subglutio*.

suggrandis, ⇨ *subgrandis*.

suggrĕdĭor (**subg-**), *dĕrĭs*, *dī*, *gressus sum* (*sub*, *gradior*) ¶1 intr., s'avancer à la dérobée : Tac. *An.* 2, 12 ; 13, 57 ; 14, 37 ; 15, 11 ¶2 tr., attaquer en montant, donner l'assaut à : Tac. *An.* 4, 47 ; Sall. H. 4, 86.

suggrund-, ⇨ *subgrund-*.

suggrunnĭo, ⇨ *subgrunnio*.

sūgillo, ⇨ *suggillo*.

sūgō, *ĭs*, *ĕre*, *sūxī*, *suctum* (cf. rus. *sosat'*, an. *suck* ; it. *suggere*), tr., sucer : Cic. *Nat.* 2, 122 ; Varr. R. 2, 1, 29 ‖ [fig.] *cum lacte errorem* Cic. *Tusc.* 3, 2, sucer l'erreur avec le lait.

sŭī gén., dat. *sĭbi*, acc. et abl. *sē*, pour tous les genres sg. et pl. ; pron. réfléchi (cf. *suus*, ἕ, σφι, scr. *sva-*, rus. *-sja*, al. *sich* ; fr. *se*, *soi*), de soi, à soi, soi ; d'eux, d'elles, à eux, à elles ¶1 [renvoyant au sujet] *virtus est amans sui* Cic. *Lae.* 98, la vertu est éprise d'elle-même ; *principes sui conservandi causa profugerunt* Cic. *Cat.* 1, 7, les premiers citoyens se sauvèrent pour assurer leur salut, cf. Cæs. G. 3, 6 ; 4, 34 ; 5, 38 ; *ferrum se inflexit* Cæs. G. 1, 25, le fer s'est tordu ‖ [sujet logique] *neque sui colligendi hostibus facultatem relinquunt* Cæs. G. 3, 6, et ils ne laissent pas aux ennemis la possibilité de se rassembler ; *deforme est de se ipsum praedicare* Cic. *Off.* 1, 137, il est laid de se louer soi-même ‖ [dat. explétif] *quid sibi vult clamor?* Liv. 44, 12, 1, que signifient les cris ?, cf. Liv. 40, 12, 14 ; ⇨ *volo* ; *servit suo sibi patri* Pl. *Cap.* 5, il est l'esclave de son propre père ¶2 [renvoyant dans une subordonnée, au sujet de la prop. principale] *impetrat a senatu, ut dies sibi prorogaretur* Cic. *Verr.* 1, 98, il obtient du sénat un délai ; *a Caesare invitor, sibi ut sim legatus* Cic. *Att.* 2, 18, 3, je reçois de César l'invitation d'être son lieutenant ‖ [sans crainte de l'équivoque] *Ariovistus respondit..., quod sibi Caesar denuntiaret se Haeduorum injurias non neglecturum, neminem secum sine sua pernicie contendisse* Cæs. G. 1, 36, 6, Arioviste répondit... quant à ce que César lui notifiait qu'il [César] ne resterait pas indifférent aux injustices qu'on ferait aux Héduens, il l'avertissait que personne ne s'était mesuré avec lui [Arioviste] sans trouver sa perte ¶3 *inter se* [pron. réciproque], l'un l'autre : *inter se diligunt* Cic. *Lae.* 82, ils s'aiment l'un l'autre, réciproquement, cf. Cic. *Cat.* 3, 13 ; *Nat.* 1, 122 ; *Att.* 6, 1, 12 ; *haec inter se quam repugnant, plerique non vident* Cic. *Tusc.* 3, 72, combien ces idées sont contradictoires, la plupart des gens ne le voient pas.

▶ anc. dat. *sibei* CIL 1, 15 ; *sibe* CIL 5, 300 ; Quint. 1, 7, 24 ; acc. arch. *sed* CIL 1, 581 ; abl. *sed* CIL 1, 62 ; renforcement *sepse* Cic. *Rep.* 3, 12, cf. Sen. *Ep.* 108, 32 ; *semet* Hor. S. 1, 6, 78 ; Liv. 2, 12, 7 ; 2, 44, 8 ; *sibimet ipsi* postclass. Liv. 5, 45, 7 ; Vulg. *Hebr.* 6, 6 ; *sibimet* Vul. *Jer.* 3, 6 ; *suus sibi* (renforc.) arch. et tard., Pl. *Cap.* 5 ; M.-Emp. 8, 128.

sŭĭfĭcātĭo, *ōnis*, f., appropriation : Rust. *Aceph.* p. 1248 A, [le Verbe incarné].

sŭīlĕ, *is*, n. (*sus*), étable à cochons, porcherie : Col. 7, 9, 14.

Sŭillātes, *um* ou *ĭum*, m. pl., peuple d'Ombrie : Plin. 3, 114.

sŭillīnus, *a*, *um*, ⇨ *suillus* : Greg.-Tur. *Hist.* 10, 24.

sŭillus, *a*, *um*, adj. (dim. de *suinus* ; esp. *sollo*), de porc, de cochon : Liv. 22, 10 ; Col. 7, 9, 14 ; *suilla caro* Varr. R. 2, 4, 8, viande de porc ; *suilli fungi* Mart. 3, 60, 5, bolets ‖ **sŭilla**, *ae*, f., viande de porc : Cels. 3, 9, 3 ; Plin. 30, 38.

sŭīnus, *a*, *um* (*sus*, cf. al. *Schwein*, an. *swine* ; it. *suino*), ⇨ *suillus* : *Varr. R. 2, 4, 8 ; Cass. Fel. 71, p. 171, 11.

Suĭōnes, *um*, m. pl., peuple de la Germanie septentrionale : Tac. G. 44.

sŭīpassĭo, *ōnis*, f., action réfléchie [gram.] : Prisc. 3, 223, 11.

sŭīpassus, *a*, *um*, réfléchi [gram.] : Prisc. 3, 165, 17.

sŭĭs, gén. de *sus*.

Suismontĭum, *ĭi*, n., montagne de Ligurie : Liv. 39, 2 ; 40, 41.

Sŭissa, *ae*, f., ville d'Asie Mineure : Anton. 207.

Suissatĭum, ⇨ *Suessatium*.

sulca ficus, ⇨ 1 *sulcus*.

sulcābĭlis, *e* (*sulco*), labourable, arable : Ambr. *Hex.* 3, 4.

sulcāmĕn, *ĭnis*, n. (*sulco*), sillon : Apul. M. 6, 2.

sulcātŏr, *ōris*, m. (*sulco*) ¶1 celui qui laboure, qui cultive : Prud. *Sym.* 2, 939 ¶2 celui qui fend, qui sillonne : Sil. 7, 363 ; Luc. 4, 588 ¶3 celui qui déchire : Claud. *Pros.* 2, 340.

sulcātŏrĭa, *ae*, f. (*sulcator*), bateau de transport : Cassiod. *Var.* 2, 20.

sulcātus, *a*, *um*, part. de *sulco*.

Sulci, *ōrum*, m. pl., peuple et ville de Sardaigne Atlas XII, F1 : Mel. 2, 123 ‖ **Sulcensis**, *e*, de Sulci : Plin. 3, 84.

Sulcĭtāni, *ōrum*, m. pl., ⇨ *Sulci* : B.-Afr. 93, 1 ; Plin. 3, 85.

Sulcĭus, *ĭi*, m., nom d'homme : Hor. S. 1, 4, 65.

sulcō, *ās*, *āre*, *āvī*, *ātum* (*sulcus*), tr. ¶1 mettre en sillons, labourer : Tib. 2, 3, 85 ; Ov. Tr. 3, 10, 68 ; Col. 2, 2, 25 ¶2 [fig.] **a)** creuser : Varr. R. 1, 29, 2 **b)** sillonner : [les flots] Virg. En. 5, 158 ; Ov. M. 4, 707 ; [le sable] Ov. M. 15, 726 ; [la peau de rides] Ov. M. 3, 276 ‖ tatouer : Amm. 31, 2, 2 **c)** tracer [des lettres], écrire, composer : Fort. *Mart.* 1, 23.

1 *sulcus, *a*, *um*, adj., *ficus sulca* *Col. 5, 10, 11, sorte de figuier inconnu.

2 sulcus, *i*, m. (cf. ὁλκός ; it. *solco*) ¶1 sillon, cf. Fest. 392, 17 ; Varr. R. 1, 29, 3 ; *sulcum imprimere* Cic. *Div.* 2, 50 ; *ducere* Col. 2, 2, 27, creuser, tracer un sillon ; *sulcis committere* Virg. G. 1, 223 ; *mandare* Virg. B. 5, 36, confier aux sillons, semer ‖ [poét., en parlant des organes f. de la génération] Lucr. 4, 1272 ; Virg. G. 3, 136 ¶2 [fig.] **a)** labour : *altero sulco* Col. 2, 9, 15, avec un second labour, cf. Col. 2, 12, 8 ; Plin. 18, 181 ; Plin. *Ep.* 5, 6, 10 **b)** excavation, trous alignés : Cat. *Agr.* 33, 4 ; Virg. G. 2, 24 ; 2, 289 **c)** sillons tracés sur l'eau : Virg. En. 5, 142 **d)** rides de la peau : Mart. 3, 72, 4 **e)** sillon de lumière : Virg. En. 2, 697 **f)** *sulci viperarum* Apul. M. 11, 3, replis des vipères.

Sulevĭae, *ārum*, f. pl. (cf. *silviae*), divinités champêtres : CIL 6, 767.

sulfŭr (**sulphŭr**, **sulpŭr**), *ŭris*, n. (cf. al. *Schwefel* ; it. *solfo*), soufre : Lucr. 6, 221 ; Cat. *Agr.* 39 ; Plin. 35, 174 ; *sulpur vivum* Liv. 39, 13, 12 ; *sulpura viva* Virg. G. 3, 449, soufre vierge (solide) ‖ *aethereum* Luc. 7, 160, le feu du ciel, la foudre ; *sacrum* Pers. 2, 25, même sens ‖ m., Tert. *Prax.* 16, 2.

sulfŭrans, *tis* (*sulfur*), sulfureux : Tert. *Val.* 15, 2.

sulfŭrārĭa, *ae*, f. (*sulfur*), soufrière : Ulp. *Dig.* 47, 2, 53, 8.

sulfŭrātĭo, *ōnis*, f. (*sulfur*), infiltration sulfureuse : Sen. *Nat.* 3, 15, 4.

sulfŭrātum, *i*, n. (*sulfuratus*) ¶ **1** brin soufré, allumette : Mart. 1, 41, 4 ¶ **2** mine de soufre : Plin. 31, 49.

sulfŭrātus, *a*, *um* (*sulfur*), soufré : Mart. 10, 3, 3 ; *sulfurata aqua* Plin. 31, 59, eau sulfureuse ‖ **-tior** Tert. *Marc.* 1, 28, 1.

sulfŭrĕus (**sulphŭ-**, **sulpŭ-**), *a*, *um*, de soufre, du soufre : Plin. 36, 141 ; Ov. *M.* 15, 340 ‖ qui contient du soufre, sulfureux : Virg. *En.* 7, 517.

sulfŭrōsus (**sulph-**), *a*, *um*, sulfureux : Vitr. 8, 3, 4.

Sulis, *is*, f., déesse bretonne assimilée à Minerve honorée à Bath : RIB 150 ; *Aquae Sulis* Anton. 486, Bath Atlas V, C1.

Sulla, (mieux que **Sylla**), *ae*, m. (dim. de *sura*), surnom de la *gens Cornelia* ; not¹ ¶ **1** Sylla (L. Cornélius) vainqueur de Mithridate [rival de Marius et dictateur perpétuel, surnommé *Felix*] : Cic. *Div.* 1, 72 ¶ **2** L. Cornelius Sulla [surnommé Faustulus, fils du dictateur] : Cic. *Clu.* 94 ¶ **3** P. Cornélius Sulla [neveu du dictateur, complice de Catilina, puis partisan de César, défendu par Cicéron] : Cic. *Sull.* 1 ¶ **4** astrologue du temps de Caligula : Suet. *Cal.* 57 ‖ **-Sullānus**, *a*, *um*, de Sylla : Cic. *Par.* 46 ‖ subst. m. pl., **Sullāni**, les partisans de Sylla : Cic. *Agr.* 3, 7.

sullātŭrĭō, *īs*, *īre*, -, -, intr., avoir envie d'imiter Sylla, de faire son Sylla [de proscrire] : Cic. *Att.* 9, 10, 6, cf. Quint. 8, 3, 32.

sullec-, **sullĕg-**, v. subl-.

Sullīnus, *i*, m., surnom d'homme : CIL 5, 1812.

Sullŏnĭăci, *ōrum*, m. pl., ville de Bretagne, près de Londres : Anton. 471.

Sullucu, n., ville de Numidie : Anton. 20.

1 **Sulmo**, *ōnis*, m. ¶ **1** Sulmone [ville du Samnium, patrie d'Ovide] : Cic. *Att.* 8, 4, 3 ; Ov. *Am.* 3, 15, 11 ; Tr. 4, 10, 3 ‖ **-ōnensis**, *e*, de Sulmone : Plin. 17, 250 ‖ **-ōnenses**, *ĭum*, m. pl., habitants de Sulmone [Péligniens] : Caes. *C.* 1, 18, 1 ¶ **2** ancienne ville du Latium : Plin. 3, 68 ; 34, 145.

2 **Sulmo**, *ōnis*, m., nom de guerrier : Virg. *En.* 9, 412.

sulphŭr, v. *sulfur*.

Sulpĭcĭa, *ae*, f. ¶ **1** nièce de Messalla, auteur de six petites élégies, publiées dans le *corpus Tibullianum* 3, 13-18 : Tib. 3, 8, 1 ¶ **2** femme poète sous Domitien : Mart. 10, 35, 1.

Sulpĭcilla, *ae*, f., dim. iron. de *Sulpicia*, Fulg. *Myth.* 1, pr. 4, 1.

Sulpĭcĭus, nom d'une famille romaine ; not¹ Ser. Sulpicius Galba, orateur : Cic. *Brut.* 86 ‖ C. Sulpicius Gallus, orateur : Cic. *Brut.* 78 ‖ *Lae.* 101 ‖ Ser. Sulpicius Rufus, juriste, correspondant de Cicéron : Cic. *Fam.* 4, 1 tit. ‖ un tribun de la plèbe, auteur de la loi Sulpicia : Nep. *Att.* 2, 1 ‖ **-cĭus**, *a*, *um*, de Sulpicius : Hor. *O.* 4, 12,

18 ‖ **-cĭānus**, *a*, *um*, Caes. *C.* 3, 101, 3 ; Quint. 6, 3, 75.

sultis, v. *si vultis*, v. *volo*.

1 **sum**, *es*, *esse*, *fŭi*, - (cf. osq. *ezum*, *sum*, *sim*, εἰμί, hit. *eszi*, scr. *asti*, rus. *est'*, al. *ist*, an. *is* ; fr. *suis*, *est*, it. *sono*, è), être.

> **I** verbe substantif ¶ **1** "être, exister", *sunt qui* avec subj. ¶ **2** être dans un lieu **a)** *Romae esse* **b)** *esse cum aliquo* **c)** *in lege est ut*, *minimum est in aliquo*, *esse in* avec abl. "dépendre de", *esse in aere alieno* "être endetté" **d)** *esse ab aliquo* "être partisan de" **e)** *sic*, *ita esse* "se trouver de telle manière" ¶ **3** être réellement **a)** *est ut dicis* **b)** *esto* **c)** *est ut* **d)** *est ubi*, *est cum*, *est quod*, etc., v. ces mots **e)** *est* avec inf. "il est possible de" **f)** *in eo (res) est ut* ¶ **4** [avec dat.] "appartenir à, s'appliquer à".
> **II** verbe copulatif ¶ **1** avec un attribut ¶ **2** avec gén. **a)** *quid hoc hominis ?* **b)** gén. possessif, suivi d'un inf. "il appartient à, c'est le propre de", *est tuum videre*, avec *ut* **c)** génitif de qualité *nullius animi fui*, avec gén. de l'adj. verb. **d)** gén. de prix *ager pluris est* ¶ **3** avec abl. de prix, de qualité ¶ **4** avec dat. ou *ad* : *oneri ferendo est*, *quae ad ornandum templum erant* ¶ **5** double dat.

I verbe subst. ¶ **1** être, exister : *qui nisi fuisset, quis nostrum esse potuisset ?* Cic. *Phil.* 5, 42, si lui n'avait pas existé, qui de nous aurait pu exister ? ; *homines qui nunc sunt* Cic. *Pomp.* 27, les contemporains ; *omnium qui sunt, qui fuerunt, qui futuri sunt* Cic. *Fam.* 11, 21, 1, de tous ceux qui existent, ont existé, doivent exister ; *nulla sermonis, contentionis praecepta rhetorum sunt* Cic. *Off.* 1, 132, il n'existe pas pour la conversation de règles données par les rhéteurs, il en existe pour la parole soutenue ; *nolite arbitrari me... nullum fore* Cic. *CM* 79, ne croyez point que je n'existerai pas ; *senatus hodie fuerat futurus* Cic. *Att.* 4, 17, 4, le sénat doit se réunir aujourd'hui, cf. Cic. *Att.* 5, 6, 1 ‖ [traduit souvent par "il y a"] *flumen est Arar...* Caes. *G.* 1, 12, 1, il y a un fleuve, l'Arar..., cf. Caes. *G.* 1, 43, 1 ; 2, 9, 1 ; 7, 19, 1 ‖ [en part.] *sunt qui* [indic.] Cic. *Fam.* 1, 9, 25, il y a des gens ; *sunt qui* [subj.] Cic. *Tusc.* 1, 18, il y a des gens pour, capables de ; *fuit quem imitarentur* Cic. *Fin.* 1, 10, ils eurent qqn à imiter ; *sunt quos... collegisse juvat* Hor. *O.* 1, 1, 3, il y en a qui aiment à recueillir... ; *haec sunt, quae* Cic. *de Or.* 1, 152, voilà les choses qui ; *quis est qui, nemo est qui*, qui y a-t-il qui, il n'y a personne qui ; *quid est quod (cur)*, qu'y a-t-il pour que, v. *quis*, *qui*, *quod*, *cur* ¶ **2** être dans un lieu, dans une situation **a)** *non licet quemquam Romae esse qui...* Cic. *Verr.* 2, 100, personne ne peut rester à Rome, si... ; *cum Athenis decem ipsos dies fuissem* Cic. *Fam.* 2, 8, 3, étant resté à Athènes juste dix jours **b)** *esse cum aliquo* Cic. *Brut.* 309, être, vivre avec qqn ; *esse apud aliquem* Cic. *Rep.* 1, 21, se trouver chez qqn ; *ad me bene mane Dionysius fuit* Cic. *Att.* 10, 16, 1, Dionysius arriva chez moi de bon matin **c)** *esse in aliquo, in aliqua re*, sens divers : *in lege est, ut* Cic. *Leg.* 2, 40, il y a dans la loi un article qui veut que ; *exemplum litterarum in quo erat illas undecim esse legiones* Cic. *Fam.* 6, 18, 2, la copie d'une lettre dans laquelle il y avait que ces légions étaient au nombre de onze ; *multum sunt in venationibus* Caes. *G.* 4, 1, 8, ils s'adonnent beaucoup à la chasse ‖ *minimum est in aliquo* Cic. *Lae.* 29, il y a fort peu de ressource dans qqn, qqn a fort peu de valeur, de mérite, cf. Cic. *de Or.* 1, 123 ; 2, 122 ; 2, 313 ; *totum in eo est, ut* Cic. *Q.* 3, 1, 1, tout l'important consiste en ceci que... ‖ *in ore sunt omnia* Cic. *de Or.* 3, 221, tout repose sur, dépend de l'expression du visage, cf. Cic. *de Or.* 2, 215 ; *vocis bonitas non est in nobis* Cic. *Or.* 59, la bonne qualité de la voix ne dépend pas de nous ; *valentes imbecilline simus, non est id in nobis* Cic. *Fat.* 9, notre force, notre faiblesse ne dépendent pas de nous ; *in his duobus tota causa est* Cic. *Verr.* 5, 110, la cause roule tout entière sur ces deux hommes ‖ *esse in aere alieno* Cic. *Verr.* 4, 11 ; *in servitute* Cic. *Clu.* 21 ; *in odio* Cic. *Att.* 2, 22, 1, être endetté, esclave, détesté **d)** *esse ab aliquo* Cic. *de Or.* 2, 160, se tenir du côté de qqn, être partisan de qqn ; *judicia pro hoc sunt* Cic. *Clu.* 88, des arrêts se trouvent pour lui, sa faveur ; *creticus est ex longa et brevi et longa* Cic. *de Or.* 3, 183, le crétique se compose d'une longue, d'une brève et d'une longue ; *liber qui est de animo* Cic. *Tusc.* 1, 24, le livre qui traite de l'âme, cf. Cic. *Tusc.* 3, 8 ; 4, 72 **e)** [avec *sic*, *ita*] se trouver de telle ou telle manière ; v. ces mots ; *sic est vulgus* Cic. *Com.* 29, telle est la nature de la foule ‖ [avec adv. attribut] *bene*, *male est*, cela va bien, mal, v. *bene*, *male* ; *ita est*, il en est ainsi ; *ut nunc quidem est* Cic. *Att.* 15, 15, 3, du moins au train actuel des choses ¶ **3** être réellement **a)** *est, ut dicis* Cic. *Fin.* 3, 19, c'est bien comme tu dis ; *sunt ista* Cic. *Lae.* 6, tu dis vrai **b)** formules : *esto* ; *verum esto* Cic. *Caecil.* 47 ; *Fin.* 2, 75, soit ; mais admettons **c)** *est, ut* [avec subj.], il est réel que, il arrive vraiment que : Ter. *Phorm.* 270 ; 925 ; *Hec.* 558 ; Cic. *Or.* 199 ; *Cael.* 48 ; *Div.* 1, 128 ; Hor. *Ep.* 1, 12, 2 ; *futurum esse ut* Caes. *G.* 1, 31, 11, [il disait] qu'il arriverait que ‖ il y a lieu de : Cic. *Mil.* 35 ; *Cael.* 14 ; Plin. 18, 3 **d)** *est ubi*, *est cum*, *est quod*, *est cur*, v. *ubi*, *cum*, *quod*, *cur* **e)** [avec inf.] il est possible de : Pl. *Truc.* 501 ; Ter. *Ad.* 828 ; Haut. 192 ; Virg. *G.* 4, 447 ; *En.* 6, 596 ; Hor. *Ep.* 1, 1, 32 ; *S.* 1, 2, 79 ; 2, 5, 103 ; Tib. 4, 3, 3 **f)** *in eo res est, ut* Liv. 8, 27, 3 ; *in eo est, ut* Liv. 2, 17, 5, les choses en sont au point que [d'où] être sur le point de

sum

¶ 4 [avec dat.] appartenir à, s'appliquer à : *ei morbo nomen est avaritia* Cic. *Tusc.* 4, 24, ce mal a nom cupidité ; *huic spes nulla est* Cic. *Verr.* 3, 168, cet homme n'a aucun espoir ; *eis militiæ vacatio est* Cic. *Phil.* 5, 53, ils ont l'exemption du service militaire ; *terminus nullus falso est* Sen. *Ep.* 16, 9, il n'y a pas de limite à l'erreur ; *est populo Romano omne certamen cum percussore* Cic. *Phil.* 4, 15, le peuple romain n'a plus à combattre qu'un assassin ; *cum eo mihi omnia sunt* Cic. *Fam.* 13, 1, 2, entre lui et moi il y a tout en commun ; *nihil est mihi cum eo* Cic. *Phil.* 2, 77, je n'ai rien à faire avec lui.

II verbe copulatif ¶ 1 [avec un attribut] : *et præclara res est et sumus otiosi* Cic. *Læ.* 17, d'abord le sujet est beau, puis nous sommes de loisir ; *nos numerus sumus* Hor. *Ep.* 1, 2, 27, nous, nous sommes le nombre, la foule ; *aliquid sum* Cic. *Fam.* 6, 18, 4, je suis qqch. ‖ [inf. sujet et attribut] *recte loqui putabat esse inusitate loqui* Cic. *Brut.* 260, il croyait que bien parler, c'est parler en sortant de l'usage ‖ [tour] *hoc est, id est*, c'est-à-dire : Cic. *Brut.* 172 ; *Læ.* 97 ‖ [ellipse de *esse* avec *volo*] *se Atticos volunt* Cic. *Opt.* 15, ils veulent être des orateurs attiques, cf. Cic. *Fin.* 5, 13 ; *Brut.* 206 ; *Off.* 2, 78 ; [avec *cupio*] Cic. *Phil.* 2, 19 ; [avec *commemini*] Cic. *Tusc.* 1, 13 ‖ [ellipse de *esse* très ordin. à l'inf. fut., à l'inf. parf. pass. avec l'adj. verb.] ¶ 2 [avec gén.] **a)** [gén. partitif, emploi arch.] *quid illuc est... hominum* Pl. *Ru.* 148, quelle espèce d'hommes est-ce là ? ; *quid hoc hominis ? Amp.* 576, quelle sorte d'homme est-ce là ? ; *quid illuc hominis est ?* Ter. *Eun.* 833, quelle sorte d'homme est-ce là ? ; *quid tu hominis es ?* Ter. *Haut.* 848, quel genre d'homme es-tu ?, cf. *Eun.* 237 **b)** [gén. d'appartenance] *dempsi metum omnem ; hæc magis sunt hominis* Ter. *Ad.* 736, je lui ai enlevé toute crainte ; voilà qui est plutôt d'un homme ; *ii, quorum summa est auctoritas* Cic. *Rep.* 1, 12, ceux qui ont le plus grand prestige ; *temeritas est florentis ætatis* Cic. *CM* 20, la témérité appartient, est le propre de l'âge dans sa fleur cf. Cæs. *G.* 1, 41, 3 ; *Pompei totus sum* Cic. *Fam.* 2, 13, 2, je suis tout entier à Pompée ; *Ptolemæus propter ætatem alieni arbitrii erat* Liv. 42, 29, 7, Ptolémée à cause de son jeune âge était sous la dépendance d'autrui ; *hominum, non causarum toti erant* Liv. 3, 36, 7, ils étaient entièrement dévoués aux personnes, non aux causes, cf. Liv. 6, 14, 9 ; *Æmilius, cujus tum fasces erant* Liv. 8, 12, 13, Æmilius, qui avait alors les faisceaux [de consul] ‖ [suivi d'un inf.] c'est le propre de, il appartient à, c'est le fait de, le devoir de : *sapientis est explicare* Cic. *de Or.* 2, 333, c'est le fait du sage de développer, cf. Cic. *Off.* 1, 122 ; *id ipsum est summi oratoris summum oratorem populo videri* Cic. *Brut.* 186, c'est précisément le propre du grand orateur, d'être un grand orateur aux yeux du peuple ; *non est gravitatis tuæ ferre...* Cic. *Fam.* 5, 16, 5, il n'est pas digne de ta gravité de supporter... ; *est tuum videre* Cic. *Mur.* 83, il t'appartient de voir ‖ [qqf. suivi de *ut*] *est miserorum ut... sint* Pl. *Cap.* 583, c'est le propre des malheureux d'être... ; *moris non est Græcorum, ut* Cic. *Verr.* 1, 66, il n'est pas dans les habitudes des Grecs que, cf. Cæs. *G.* 4, 5 **c)** [gén. de qualité] *nullius animi, nullius consilii fui* Cic. *Sest.* 36, j'ai manqué de fermeté, de sagesse ; *virtus tantarum virium non est, ut* Cic. *Tusc.* 5, 2, la vertu n'a pas assez de force pour ; *(jumenta) summam ut sint laboris, efficiunt* Cæs. *G.* 4, 2, 2, ils arrivent à former des chevaux très durs à la fatigue, cf. Cic. *Mur.* 34 ; *res est magni laboris* Cic. *de Or.* 1, 150, la chose est très pénible ‖ [avec gén. de l'adj. verb.] *quæ res evertendæ rei publicæ solent esse* Cic. *Verr.* 2, 132, choses qui d'habitude ont pour propriété de ruiner un État ; *regium imperium, quod initio conservandæ libertatis fuerat* Sall. *C.* 6, 7, le pouvoir royal qui avait été au début la sauvegarde de la liberté, cf. Liv. 3, 31, 7 ; 27, 9, 12 ; 38, 51, 8 **d)** [gén. de prix] *frumentum tanti fuit, quanti* Cic. *Verr.* 3, 194, le blé fut au prix que ; *ager pluris est* Cic. *Com.* 33, le champ vaut plus ; *parvi sunt foris arma, nisi* Cic. *Off.* 1, 76, les armes ont peu de poids au-dehors à moins que ; *quod est mille denarium* Cic. *Off.* 3, 92, ce qui vaut mille deniers, cf. Cic. *Verr.* 1, 140 ¶ 3 [avec abl. de prix] Liv. 29, 37, 4 ‖ [de qualité] *tenuissima valetudine esse* Cæs. *G.* 5, 40, 7, avoir une très faible santé ; *esse hebeti ingenio* Cic. *Tusc.* 5, 45, avoir une intelligence émoussée ; *bono animo sint tui* Cic. *Fam.* 6, 18, 1, que tes amis soient rassurés ; *eodem jure esse* Cic. *Rep.* 1, 67, avoir les mêmes droits ; *superciliis semper est rasis* Cic. *Com.* 20, il a toujours les sourcils rasés ¶ 4 [avec dat. ou *ad*] *magno est documento homines scire... quod* Cic. *CM* 78, une grande preuve que les hommes savent... c'est que ; *solvendo esse* Cic. *Phil.* 2, 4, être solvable ; *oneri ferendo esse* Liv. 2, 9, 6, être capable de supporter le fardeau ; *res impedimento fuit ad...* Liv. 4, 13, 2, la chose fut un obstacle à... ‖ *res quæ sunt ad incendia* *Cæs. *C.* 3, 101, 2, les choses qui servent à incendier ; *valvæ, quæ ad ornandum templum erant maxime* Cic. *Verr.* 4, 124, des portes qui étaient surtout destinées à orner le temple ¶ 5 [double datif] : *civitas prædæ tibi et quæstui fuit* Cic. *Verr.* 3, 85, la cité fut pour toi une proie et une source de profits ; *ei, quibus occidi patrem Roscii bono fuit* Cic. *Amer.* 13, ceux qui avaient avantage à ce que le père de Roscius fût tué ; *ludibrio esse populi Romani nomen piratico myoparoni !* Cic. *Verr.* 5, 100, le nom du peuple romain être le jouet d'une corvette de pirates !

▶ formes arch. *esum = sum* Varr. *L.* 9, 199 ; *essis = es* Acc. d. Non. 200, 30 ; *escit = erit* L. XII Tab.. d. Gell. 20, 1, 25 ; Lucr. 1, 619 ; *escunt = erunt* Cic. *Leg.* 2, 60 ; parf. *fuvimus* Enn. d. Cic. *de Or.* 3, 168 ; *fuveit* CIL 1, 1297 ; subj. prés. *siem, sies, siet, sient* Pl. *Amp.* 57 ; 924 ; 58 ; Lucr. 3, 101 ; Pl. *Amp.* 209 ; *fuam, fuas, fuat, fuant* Pl. *Bac.* 156 ; Andr. *Tr.* 21 ; Pl. *Amp.* 985 ; *Bac.* 1033 ; part. prés. *ens* employé par Cæs. selon Prisc. 3, 239, 8.

2 sum (cf. *sapse, si*, οἱ, gaul. σοσιν), ▶ *eum* : Enn. *An.* 98 ; *sam* Enn. *An.* 219 ; *sos* Enn. *An.* 22 ; *sas* Enn. *An.* 101, cf. Fest. 284, 25.

sumbŭl-, V. *symbol-*.

Sumĕlŏcennensis, e, adj., de Sumelocenna [ville de Germanie sur le Neckar, auj. Rottenburg] Atlas V, D4 ; CIL 13, 6365.

sūmĕn, ĭnis, n. (*sugsmen*, de *sugo*) ¶ 1 tétine de truie [mets recherché des Romains] : Pl. *Cap.* 904 ; *Ps.* 166 ; Plin. 11, 211 ‖ sein : Lucil. d. Non. 458, 7 ¶ 2 truie : Juv. 12, 73 ¶ 3 [fig.] sol gras, riche, fécond, fertilité : Varr. *R.* 1, 7, 10 ; Plin. 17, 32.

Sumina, V. *Somena* : Greg.-Tur. *Hist.* 2, 9.

sūmĭnātus, a, um (*sumen*), de tétine de truie : Arn. 2, 42 ‖ subst. f., *suminata* Lampr. *Sulp.* 23, 8, truie qui allaite.

summa, æ, f. (*summus*) ¶ 1 la place la plus haute, le point le plus élevé : *vobis summam ordinis consiliique concedunt* Cic. *Cat.* 4, 15, ils vous concèdent la place la plus haute dans les ordres de l'État et dans les délibérations ; *summam habet apud nos* Pl. *Truc.* 700, il a le premier rang parmi nous ¶ 2 [fig.] **a)** le point culminant, l'apogée : Quint. 3, 2, 1 ; 5, 10, 72 **b)** la partie essentielle, le principal : *summæ rerum* Cic. *Leg.* 2, 18, les points principaux ; *rei summam dicere* Cic. *Inv.* 1, 20, dire l'essentiel d'un fait ¶ 3 [dans un calcul] total, somme, montant : *addendo deducendoque videre, quæ reliqui summa fiat* Cic. *Off.* 1, 59, par addition et soustraction voir le montant du reste ; *summam subducere* Cic. *Att.* 5, 21, 11 ; *facere* Cic. *Verr.* 2, 131, faire la somme, le total ; *summa omnium fuerunt ad milia trecenta* Cæs. *G.* 1, 29, 3, le chiffre total était d'environ trois cent mille hommes ‖ [métaph.] *summa cogitationum mearum* Cic. *Fam.* 1, 9, 10, la somme de mes pensées, cf. Cic. *Tusc.* 3, 55 ; *Rep.* 1, 67 ‖ somme d'argent : *pecuniæ summa* Liv. 30, 16, 12 ; 33, 23, 9 ; Curt. 3, 13, 16 [ou] *summa* [seul] Ter. *Ad.* 816 ; Liv. 22, 61, 2 ; 32, 17, 2 ; Sen. *Ben.* 3, 27, 3 ¶ 4 [fig.] totalité, tout, ensemble : *summa exercitus* Cæs. *G.* 6, 34, 3, l'armée dans sa totalité, dans son ensemble, cf. Cic. *C.* 1, 67, 5 ‖ *belli* Cæs. *G.* 1, 41, 3 ; 2, 4, 7, la conduite totale, générale d'une guerre ; *imperii* Cæs. *G.* 2, 23, 4 ; 7, 57, 3, le commandement suprême ; *victoriæ* Cæs. *G.* 7, 21, la totalité de la victoire ; *cum penes unum est omnium summa rerum, regem illum unum vocamus* Cic. *Rep.* 1, 42, quand un seul a en main la conduite générale de toutes les affaires, à celui-là seul nous donnons le nom de roi ; *quicquid dixi ad* *unam summam referri volo vel humanitatis, vel clementiae, vel misericordiae* Cic. *Lig.* 29, dans toutes mes paroles je ne vise à atteindre qu'une seule chose au total, ou ton humanité ou ta clémence ou ta pitié, comme on voudra l'appeler ‖ résumé : Mar. Vict. *Ephes.* 1 pr., M. 8, p. 1255 A ¶ **5** expr. adv. [pr. et fig.] : *ad summam a)* en somme : Liv. 45, 4, 1 *b)* en somme, pour ne pas entrer dans le détail : Cic. *Off.* 1, 149 ; *Fam.* 14, 14, 2 ‖ *in summa* Cic. *Q.* 2, 16, 3, au total, cf. Cic. *Q. 3, 5, 5* ; Plin. *Ep.* 1, 15, 4 ‖ [tard.] *in summa* Just. 13, 8, 8, enfin ; Tert. *Marc.* 5, 16, 6 ‖ *ad summam* Tert. *Marc.* 5, 17, 10, en plus.

summālis, *e* (*summa*), total, complet : Tert. *Hermog.* 31, 3.

summālĭtĕr, adv., au sens le plus étendu : Tert. *Nat.* 2, 3, 4.

summānālĭa, *ĭum*, n. pl. (*summanus*), sorte de gâteaux sacrés en forme de roue, offerts à *Summanus* : Fest. 474, 17 ; P. Fest. 475, 7.

Summānes, *ĭum*, m. pl. (*sub manibus*), sorte de divinités inférieures : Capel. 2, 164.

summānō, *ās, āre, -, -* (*sub, mano*) ¶ **1** intr., couler sous : Vitr. 8, 1, 2 ¶ **2** tr., mouiller [*vestimenta*, ses vêtements] : Pl. *Curc.* 416 ; v. *Summanus*.

Summānus, *i*, m., divinité qui présidait aux phénomènes atmosphériques de la nuit, par ex. aux éclairs nocturnes [Plin. 2, 138], à la rosée [v. jeu de mots sur *Summanus* et *summano*, Pl. *Curc.* 416] ; incertitude marquée par Ov. *F.* 6, 731 sur la nature de cette divinité ; elle avait un temple au Capitole [Cic. *Div.* 1, 16], cf. Plin. 20, 57.

Summara, *ae*, f., ville d'Éthiopie : Plin. 6, 193.

summārĭum, *ĭi*, n., sommaire, abrégé : Sen. *Ep.* 39, 1.

summās, *ātis*, adj. m. f., du plus haut rang, éminent : Pl. *Cis.* 25 ; *St.* 492 ; [gén. pl.] *summatum* Pl. *Ps.* 227 ‖ subst. m. pl., les grands : Cassiod. *Var.* 6, 4, 7.

summātim, adv. (*summa*) ¶ **1** à la surface, sans enfoncer, légèrement : Cic. 12, 48, 1 ¶ **2** [fig.] sommairement : *summatim breviterque describere* Cic. *Or.* 51, tracer à grands traits et brièvement, cf. Cic. *Att.* 5, 16, 1 ; *summatim cognoscere* Cic. *Fam.* 10, 28, 3, apprendre en substance [des nouvelles] ‖ superficiellement, en gros : Sen. *Ep.* 121, 12.

summātŭs, *ūs*, m., souveraineté : Lucr. 5, 1140.

summē, adv. (*summus*), au plus haut degré, extrêmement : Cic. *de Or.* 2, 295 ; Quinct. 69 ; 77 ; *Fam.* 4, 7, 2 ; *Verr.* 1, 63 ; *Fam.* 13, 18, 2 ; Caecil. 57.

summe-, v. *subme-*.

summĭnistro, v. *subm-*.

summissim, v. *subm-*.

summĭtās, *ātis*, f. (*summus*), la partie la plus haute d'une chose, sommité, sommet, cime, point culminant : Pall. 1, 6, 10 ; Macr. *Somn.* 1, 6, 53 ‖ [tard.] *Summitas Vestra* Rustic. = Concil. S. 1, 4, p. 76, 3, votre Sommité [titre impérial].

summĭtĕr, adv., en haut : M.-Emp. 21, 11.

summitto, v. *submitto*.

1 **summō** (*summus*), [abl. pris adv[t]] à la fin, pour finir : Quint. 7, 1, 10.

2 **summō**, *ās, āre, āvī, -* (*summus*), tr., porter à son apogée : Schol. Bob. Cic. *Mil.* 10.

summŏnĕo, v. *submoneo*.

Summontōrĭum, v. *Subm-*.

summŏpĕrĕ, adv. (*summus*, *opus*, cf. *magnopere*), avec le plus grand soin : Cic. *Inv.* 1, 260.

summōtātĭo, v. *subnotatio*.

summōtĕnŭs, adv., jusqu'en haut : Ps. Apul. *Herb.* 75.

summŏvĕo, v. *submoveo*.

summŭla, *ae*, f. (dim. de *summa*), petite somme : Sen. *Ep.* 77, 8 ; Apul. *M.* 11, 28.

1 **summum**, *i*, n. de *summus* pris subst[t] ¶ **1** le sommet, le haut : Caes. *G.* 6, 26, 2 ; Sall. *J.* 93, 2 ; Cic. *CM* 46 ‖ le dessus, la surface : Cic. *Fin.* 3, 48 ¶ **2** [fig.] le point le plus élevé, le plus parfait : *perfecta et ad summum perducta natura* Cic. *Leg.* 1, 25, la nature parfaite et portée à son point culminant ‖ [poét.] *summa ducum Atrides* Ov. *Am.* 1, 9, 37, l'Atride [Agamemnon] le chef suprême, le roi des rois.

2 **summum**, adv, ¶ **1** au plus, tout au plus : *duo milia nummum aut summum tria* Cic. *Verr.* 3, 201, deux mille sesterces ou, tout au plus, trois mille, cf. Cic. *Verr.* 2, 129 ; *Mil.* 12 ; 26 ; *Fam.* 5, 21, 1 ¶ **2** pour la dernière fois : Cons. Liv. 137.

Summuntŭrĭum, v. *Submuntorium* : Anton. 250.

Summūrānum, *i*, n., ville de Campanie : Anton. 105.

summus, *a, um*, adj. (superl. de *superior*, **sup-mo-s*, cf. *sub*, *supremus*, *demum*) ; it. *sommo*) ¶ **1** le plus haut, le plus élevé : *summus ego* Hor. *S.* 2, 8, 20, j'étais le plus haut [sur le lit de table] ‖ le sommet de, l'extrémité de, la surface de : *summus mons* Caes. *G.* 1, 22, 1, le sommet de la montagne ; *in summa sacra via* Cic. *Planc.* 17, au haut de la Voie sacrée ; *aqua summa* Cic. *Fin.* 4, 64, le dessus, la surface de l'eau ¶ **2** [fig.] *a)* [en parlant du son] : *summa voce* Cic. *de Or.* 1, 261, sur le ton le plus élevé de la voix *b)* [temps] : *hieme summa* Cic. *Fam.* 13, 60, 2, au plus fort, au cœur de l'hiver (mais *ad summam senectutem* Cic. *Rep.* 1, 1, à l'extrémité, à la limite de la vieillesse, cf. Cic. *Quir.* 19 ; *Phil.* 8, 31 ; *summa dies* Virg. *En.* 2, 324, le dernier jour ; *(argumenta) prima et summa* Quint. 6, 4, 22, (arguments) les premiers et les derniers *c)* [le degré, le rang, l'importance] : *summi et infimi* Cic. *Rep.* 1, 52, les hommes du rang le plus élevé et le plus bas ; *summi Peripatetici* Cic. *Div.* 1, 5, les plus grands, les plus illustres Péripatéticiens ; *summus vir et imperator* Cic. *Arch.* 27, éminent comme citoyen et général ; [noter] *severitatis et munificentiae summus* Tac. *An.* 1, 46, m. à m. le plus haut sous le rapport de la sévérité et de la munificence, c.-à-d. disposant souverainement des châtiments et des grâces ; *summo jure* Cic. *Verr.* 5, 4, dans le plus strict (le plein) exercice de son droit ; *summum bonum* Cic. *Lae.* 20, le souverain bien ; *summa turpitudo* Cic. *Lae.* 61, la pire honte ; *summa religio* Cic. *Verr.* 4, 72, la plus grande dévotion ; *mihi ad summam gloriam nihil deest nisi...* Cic. *Fam.* 2, 10, 4, pour mettre le comble à ma gloire il ne me manque que... ; *summa res publica* Cic. *Phil.* 3, 57, l'ensemble de la chose publique, l'intérêt de l'État ; *summa salus rei publicae* Cic. *Cat.* 1, 11, la sûreté générale de l'État ; *in Pompeio summa esse omnia* Cic. *Pomp.* 51, que Pompée a toutes les qualités requises au plus haut degré ; *omnia summa facere* Cic. *Att.* 15, 13, 5, faire tout le possible ; *summo rei publicae tempore* Cic. *Phil.* 5, 46, dans les circonstances politiques les plus difficiles ¶ **3** superficiel, extérieur : Lucif. *Moriend.* 5, 31, p. 295, 13 ¶ **4** subst. m., le Très-Haut : Commod. *Apol.* 26.

summūto, v. *submuto*.

sūmō, *ĭs, ĕre, sumpsī, sumptum* (*subs, emo* ; esp. *sumir*), tr.

¶ **1** "prendre, se saisir de" ¶ **2** [fig.] *a)* *spatium sumere ad* "prendre le temps de" *b)* "tirer" un mot de (*ex*) *c) laborem sumere d) animum sumere e) supplicium, poenam de aliquo sumere* ¶ **3** prendre pour soi *a)* "choisir, prendre de préférence" *b)* "assumer" *c)* "retenir, citer" [dans une argumentation] ¶ **4** "s'approprier" ¶ **5** "admettre en principe", avec prop. inf. ¶ **6** "recevoir" ¶ **7** "entreprendre".

¶ **1** prendre à soi, prendre, se saisir de : *vas in manus* Cic. *Verr.* 4, 63, prendre un vase dans ses mains, cf. Cic. *Agr.* 2, 15 ; *ex agris frumentum* Caes. *G.* 1, 16, 6, trouver du blé dans les champs [sur place] ; *aliquid ab aliquo* Cic. *Nat.* 3, 84, prendre qqch. des mains de qqn ; *litteras ab aliquo ad aliquem* Cic. *Fam.* 13, 26, 3, se faire donner une lettre par qqn pour qqn ; *pecuniam mutuam* Cic. *Flac.* 46, emprunter de l'argent, cf. Cic. *Verr.* 1, 28 ; *sumpta virili toga* Cic. *Lae.* 1, après avoir pris la toge virile, cf. Cic. *Rep.* 1, 18 ; *Verr.* 5, 94 ; Nep. *Eum.* 13, 3 ; *cibum, venenum* Nep. *Att.* 21, 6 ; *Them.* 10, 3, prendre de la nourriture, du poison, cf. Suet. *Aug.* 77 ; *arma* Liv. 3, 19, 8 ; Quint. 5, 10, 71, prendre les armes ; *ferrum ad aliquem interficien-*

sumo

dum Liv. 40, 11, 10, s'armer pour tuer qqn ; *arma* Cic. de Or. 2, 84, s'armer ; *tanti ista signa sumpsisti, quanti* Cic. Fam. 7, 23, 2, tu as acquis ces statues pour un prix auquel..., cf. Cic. Fam. 7, 23, 4 ; *pervenire eo, quo sumpta navis est* Cic. Off. 3, 89, parvenir à la destination pour laquelle on a frété [loué] le navire ¶ 2 [fig.] **a)** *spatium ad cogitandum* Cic. Fin. 4, 1, prendre du temps pour réfléchir, cf. Cic. Leg. 1, 6 **b)** *ab omnibus civitatibus testimonia* Cic. Verr. 4, 138, prendre dans toutes les villes des témoignages ‖ tirer un développement de qqch. : *ab aliqua re* Cic. Inv. 1, 101, cf. Cic. Inv. 1, 28 ; Caecin. 74 ; [avec ex] tirer un mot de : *pro verbo proprio subicitur aliud sumptum ex re aliqua consequenti* Cic. Or. 92, au mot propre on en substitue un autre... pris (emprunté) à une idée voisine [métonymie] **c)** *frustra laborem* Caes. G. 3, 14, 1, prendre une peine inutile **d)** *arrogantiam sibi* Caes. G. 1, 33, 5, prendre de l'arrogance ; *animum* Tac. Agr. 31, prendre courage, cf. Ov. F. 1, 147 ; Liv. 4, 54, 8 **e)** *de aliquo supplicium* Caes. G. 6, 44, 2, tirer de qqn un châtiment [soumettre qqn à un supplice], cf. Cic. Inv. 2, 82 ; Verr. 2, 91 ; Amer. 66, [ex aliquo Liv. 23, 3, 1] ; *poenam sumere* Cic. Inv. 2, 108, punir ; *poenam ex scelerato sanguine* Virg. En. 12, 949, punir, se venger en versant un sang criminel ¶ 3 prendre pour soi, choisir **a)** *Miltiadem sibi imperatorem* Nep. Milt. 1, 3, se donner, prendre Miltiade pour chef, cf. Sall. J. 85, 10 ; Liv. 1, 50, 8 ; 7, 1, 5 ; *Q. Naso judex sumitur* Cic. Flac. 50, Q. Naso est pris comme juge ; *meminero me non sumpsisse quem accusem* Cic. Verr. 2, 179, je me souviendrai que je n'ai pas choisi un homme pour l'accuser ; *diem* Cic. Fam. 7, 21, 7, prendre un jour [pour régler qqch.] ; *philosophiae studium* Cic. Ac. 1, 8, se mettre de préférence à l'étude de la philosophie ; *sumite materiam vestris aequam viribus* Hor. P. 38, choisissez un sujet proportionné à vos forces ; *ex hoc numero exempla* Cic. Lae. 38, prendre des exemples dans ce nombre ‖ [avec inf.] *sumere* [ou] *sibi sumere*, choisir de : Hor. O. 1, 12, 2 ; Ep. 1, 3, 7 **b)** assumer : *operam* Cic. Verr. 4, 69, assumer une tâche ; *sumptis inimicitiis* Cic. Vat. 28, ayant assumé la haine ‖ *bellum* Sall. J. 83, 1, assumer, entreprendre une guerre, cf. Liv. 1, 42, 3 ; 36, 2, 3 **c)** choisir pour une argumentation, s'arrêter à, retenir [un fait, un nom] : *homines notos* Cic. Amer. 47, retenir, citer en exemple des hommes connus, cf. Cic. Cael. 36 ; *unum hoc sumo, quod mihi apertum tuum scelus dat* Cic. Amer. 97, je ne retiens que ce qui me montre ton crime au grand jour, cf. Cic. Sest. 27 ; Inv. 1, 79 ; Part. 139 ; Verr. 3, 104 ¶ 4 s'arroger, s'attribuer, s'approprier : *imperatorias sibi partes* Caes. C. 3, 51, 5, s'arroger le rôle du commandant en chef ; *mihi non sumo tantum, ut* Cic.

Planc. 8, je n'ai pas une présomption telle que ; *sumpsi hoc mihi, ut ad te... scriberem* Cic. Fam. 13, 50, 1, j'ai pris sur moi de l'écrire... ; *tantum tibi sumito pro Capitone apud Caesarem quantum ipsum meminisse senties* Cic. Fam. 13, 29, 6, prends sur toi d'agir en faveur de Capito auprès de César dans la mesure où tu verras s'il se souvient de lui ¶ 5 poser en principe, admettre, prendre comme prémisses : *primum hoc sumitis* Cic. Div. 2, 104, vous posez d'abord ces prémisses, cf. Cic. Fin. 4, 52 ; *quae omnia perite et scienter sumpta...* Cic. Brut. 197, or toutes ces idées habilement et savamment prises comme base de la plaidoirie ‖ [avec prop. inf.] *beatos esse deos sumpsisti* Cic. Nat. 1, 89, tu as posé comme préalable que les dieux sont heureux ; *si tibi hoc sumis, nisi qui patricius sit, neminem bono esse genere natum* Cic. Mur. 15, si tu poses en principe qu'à moins d'être patricien, on n'est pas bien né ¶ 6 recevoir [dans son cœur] : Paul.-Nol. Carm. 10, 161 ¶ 7 entreprendre, entonner : Vulg. Psal. 80, 2.

▶ inf. parf. contr. *sumpse* Naev. Com. 97 ; arch. *suremit* = sumpsit ; *surempsit* = sumpserit P. Fest. 383, 15.

sumpsĕ, ▶ sumo ▶.

sumpsī, parf. de sumo.

***sumpta**, ae, f., pincée, prise : *Garg. Cur. 1.

sumpti, gén., ▶ 2 sumptus ▶.

sumpti făcio, ĭs, ĕre, -, -, tr., faire la dépense de : *restim sumpti fecerim* Pl. Cas. 425, je ferais la dépense d'une corde ; *quod facit sumpti* Pl. Trin. 250, ce qu'il dépense, cf. Lucil. 1050 ; Varr. Men. 52 ; cf. ▶ 2 sumptus ▶.

sumptĭcŭlus, i, m. (dim. de 2 sumptus), [pl.] les petits frais : Aug. Serm. 356, 10.

sumptĭo, ōnis, f. (sumo) ¶ 1 action de prendre, prise : [pl.] Cat. Agr. 145, 2 ; Vitr. 1, 2, 2 ¶ 2 prémisse d'un syllogisme : Cic. Div. 2, 108.

sumptĭtō, ās, āre, āvī, - (fréq. de sumo), tr., prendre souvent : Plin. 25, 51.

sumptŭārĭus, a, um (2 sumptus), qui concerne la dépense : Cic. Fam. 7, 26, 2 ; Att. 13, 7, 1 ; *rationes sumptuariae* Cic. Att. 13, 47, 1, comptes de dépenses.

sumptum, i, n. (sumo), mineure [d'un syllogisme] : Capel. 4, 404 ‖ dépense, frais : Commod. Instr. 2, 34, 2.

sumptŭōsē, adv. (sumptuosus), à grands frais, somptueusement, avec magnificence : Catul. 47, 5 ‖ -sius Cic. Cat. 2, 20.

sumptŭōsĭtās, ātis, f. (sumptuosus), somptuosité, faste, prodigalité : Sidon. Ep. 9, 6, 2.

sumptŭōsus, a, um (2 sumptus) ¶ 1 coûteux, onéreux, somptueux : Cat. Agr. 1, 6 ; Cic. Fam. 9, 23 ; *ludi sumptuosiores* Cic. Q. 3, 8, 6, jeux plus dispen-

dieux ; *portus operis sumptuosissimi* Suet. Ner. 9, port dont la construction est très chère ¶ 2 dépensier, prodigue, fastueux : Cic. de Or. 2, 135 ; Par. 49 ; Sen. Ep. 50, 3.

1 sumptus, a, um, part. de sumo.

2 sumptŭs, ūs, m., coût, dépense, frais : *exiguus sumptus aedilitatis fuit* Cic. Off. 2, 59, il n'y a eu que de modiques dépenses pour mon édilité ; *perpetuos sumptus suppeditare* Cic. Off. 2, 42, fournir aux dépenses continuelles, cf. Cic. Att. 11, 13, 4 ; [dat.] *sumptu ne parcas* Cic. Fam. 16, 4, 2, [je te prie] de ne pas regarder à la dépense ; *adventus noster nemini ne minimo quidem fuit sumptui* Cic. Att. 5, 14, 2, mon arrivée n'a pas entraîné même la moindre dépense pour personne ; *suo sumptu equitatum alere* Caes. G. 1, 18, 5, entretenir de la cavalerie à ses frais ; *sumptu publico* Cic. Verr. 5, 45, aux frais de l'État ; *in militem sumptum facere* Cic. Pomp. 39, faire des dépenses pour l'entretien des soldats, cf. Fam. 12, 30, 4 ; Att. 5, 16, 3 ; *sumptum nusquam melius posse poni* Cic. Q. 3, 1, 3, [j'affirme] qu'on ne peut nulle part employer mieux son argent ; *sumptum dare* Cic. Inv. 2, 87, fournir à (allouer pour) une dépense.

▶ gén. arch. *sumpti* Caecil. Com. 180 ; Turpil. Com. 172 ; Cat. Agr. 22, 3 ; en part. v. *sumpti facio* ‖ souv[t] dat. *sumptu*, v. plus haut, Cic. Fam. 16, 4, 2.

Sunamītis, ĭdis, f., de Sunam [en Palestine], Sunamite : Hier. Ep. 52, 2.

sungrăphus, ▶ syngraphus.

Sūnĭăs, ădos, f., de Sounion : Prisc. Perieg. 532.

Sunista, ae, f., ville de Pannonie : Itin. Burdig. 561.

Sūnĭum (-ĭŏn), ĭi, n. (Σούνιον), le cap Sounion, et une ville à la pointe de l'Attique Atlas VI, C2 : Cic. Att. 13, 10, 3 ; *abrepta e Sunio* Ter. Eun. 115, enlevée de la région de Sounion ; *ire Sunium* Ter. Phorm. 337, aller à Sounion.

sunto, impér. fut. pl. de *sum*, qu'ils soient.

suntrŏphus, ▶ syntrophus.

Sunuci, ōrum, m. pl., peuple de Belgique : Plin. 4, 106.

sŭō, ĭs, ĕre, sŭī, sūtum (cf. *subula*, κασσύω ?, scr. *sīvyati*, rus. *šit'*, an. *sew*), tr., coudre : Cic. Nat. 2, 150 ‖ *corticibus suta cavatis (alvaria)* Virg. G. 4, 33, (ruches) formées d'une contexture d'écorces creuses ‖ [fig.] *metuo lenonem ne quid suo suat capiti* Ter. Phorm. 491, je crains que le léno n'attire sur sa tête qq. méchante affaire ‖ tresser [une couronne] : Tert. Pall. 4, 3.

sŭoptĕ, ▶ 2 suus-.

sŭŏvĕtaurīlĭa (sŭŏvĭ-), ĭum, n. (*sus, ovis, taurus*), suovétauriles, sacrifice d'un verrat, d'un bélier et d'un taureau dans les lustrations : Cat. Agr.

141, 3; Varr. R. 2, 1, 10; Liv. 1, 44, 2 ‖ [doublet donné par Fest. 372, 22: *solitaurilia*, venant de *sollus* = *totus*].

sŭpĕlex, ▣ ➤ *supellex*: CIL 6, 9049.

sŭpellectĭcārĭus, *ĭi*, m., préposé à la vaisselle: *Petr. 34, 3; Ulp. Dig. 33, 7, 12, 31.
➤ *supellectilarius* CIL 6, 9914.

sŭpellectĭlis, *is*, f., ▣ ➤ *supellex* ►.

sŭpellex, *lectĭlis*, f. (*super, 2 lectus*) ¶ 1 équipement ménager, ustensiles de ménage, vaisselle: *hostium spolia in instrumento atque in supellectile Verris nominabuntur* Cic. Verr. 4, 97, les dépouilles des ennemis figureront dans la nomenclature du mobilier et des ustensiles de Verrès, cf. Cic. Verr. 2, 83; 2, 176 ¶ 2 [fig.] matériel, mobilier, bagage: *amicos parare, optimam vitae supellectilem* Cic. Lae. 55, se procurer des amis, c.-à-d. le meilleur mobilier de la vie, cf. Cic. de Or. 1, 165; Or. 80; *supervacua litterarum* Sen. Ep. 88, 36, inutile bagage de littérature.
➤ nom. *supellectilis* Cat. Orat. 201; Eutr. 3, 23, v. Fest. 378, 11; abl. -*e* Cic. Verr. 4, 97, plus souvent que -*i*.

1 sŭpĕr, *ĕra*, *ĕrum*, ▣ ➤ *superus*: Cat. Agr. 149, 1.

2 sŭpĕr (cf. *sub*, *supra*, ὑπέρ, scr. *upari*, gaul. *ver*-, al. *über*, an. *over*; esp. *sobre*)

I adv.
¶ 1 "par-dessus". ¶ 2 [fig.] "en plus".
II prép.
A acc. ¶ 1 "au-dessus de" ¶ 2 [fig.] "pendant, en plus de, plus, sur".
B abl. ¶ 1 "sur" ¶ 2 "pendant, au sujet de, en plus de".

I adv.
¶ 1 en dessus, par-dessus: *eo* (= *in hos capreolos*) *super tigna injiciunt* Caes. C. 2, 10, 3, là, sur cela (sur ces chevrons) ils jettent par-dessus des solives = là-dessus ils jettent, cf. Virg. En. 9, 168; 6, 221 ‖ du dessus, d'en haut: Virg. En. 8, 245; Tac. An. 6, 35 ¶ 2 [fig.] *a)* en plus, au-delà: *satis superque vixisse* Cic. Tusc. 1, 110, avoir vécu assez et au-delà, assez et même trop; *satis superque rerum* Cic. Lae. 45, assez et même trop d'affaires; *super quam satis est* Hor S. 1, 2, 65, plus qu'il n'est suffisant *b)* en outre: *super quam quod* Liv. 22, 3, 14, outre que, cf. Liv. 27, 20, 10; *et super* Virg. En. 2, 71, et en outre; *ira super* Virg. En. 7, 462, la colère en outre ‖ là-dessus: Virg. En. 5, 482 *c)* en plus, de reste: *nihil erat super* Nep. Alc. 8, 1, il ne restait rien; *quid super sanguinis* (*esset*) Liv. 4, 58, 13, [ils demandaient] que restait-il de sang, cf. Virg. B. 6, 6; En. 3, 489.

II prép.
A acc. ¶ 1 sur, au-dessus de [avec ou sans mouv[t]]: *super terrae tumulum noluit quicquam statui nisi columellam* Cic. Leg. 2, 66, il ne voulut pas que sur le tertre on élevât rien d'autre qu'une petite colonne; *super aspidem adsidere* Cic. Fin. 2, 59, s'asseoir sur un serpent; *super quas* (*naves*) *turrim effectam... opposuit* Caes. C. 3, 39, 2, une tour étant dressée sur les navires, il la plaça en face; *super lateres coria inducuntur* Caes. C. 2, 10, 6, sur les briques on étend des peaux; *scuto super caput elato* Liv. 10, 41, 14, avec le bouclier élevé au-dessus de la tête; *stricto super capita gladio* Liv. 22, 53, 9, avec l'épée nue sur les têtes ‖ au-dessus, au-delà de [géographiquement]: Sall. J. 19, 5; Liv. 28, 8, 11; 43, 21, 6 ‖ au-dessus de [sur le lit de table]: Hor. S. 2, 8, 23; Curt. 8, 5, 22; Suet. Aug. 43 ¶ 2 [fig.] *a)* pendant: *super cenam* Curt. 6, 11, 27, pendant le repas, cf. Curt. 8, 4, 30; Plin. Ep. 4, 22, 6; 9, 33, 1; Suet. Aug. 77; Caes. 87 *b)* en plus de, en sus de, outre: *alii super alios* Liv. 42, 25, 8, les uns en sus des autres, après les autres (mais *alii super alios ruunt* Sen. Vit. 1, 3, ils s'écroulent les uns sur les autres, cf. Lucr. 6, 186; Liv. 3, 34, 6; *super dotem* Liv. 26, 50, 12, en plus de la dot, cf. Liv. 28, 46, 15 *c)* au-dessus de: *super tres modios* Liv. 23, 12, 1, plus de trois boisseaux, cf. Liv. 26, 25, 11; Tac. G. 33; *super omnia* Virg. En. 8, 303, par-dessus tout, plus que tout, cf. Liv. 31, 18, 3; Quint. 12, 9, 12; *super omnes* Plin. Ep. 7, 13, 2, plus que tous les autres, cf. Suet. Vit. 13 *d) super armamentarium positus* Curt. 6, 7, 22, préposé à l'arsenal.
B abl. ¶ 1 *super musculo lateres struuntur* Caes. C. 2, 10, 4, des briques sont disposées sur le mantelet; *super cervice* Hor. O. 3, 1, 17, sur la tête, cf. Hor. O. 1, 9, 5; 1, 12, 6; Epo. 7, 3; Virg. B. 1, 81 ¶ 2 [fig.] *a)* pendant: *nocte super media* Virg. En. 9, 61, au milieu de la nuit, ou, d'après Servius, au-delà du milieu, après le milieu de la nuit *b)* sur, au sujet de: *super aliqua re scribere* Cic. Att. 16, 6, 1, écrire sur un sujet, cf. Cic. Att. 10, 8, 10; 14, 22, 2; Pl. Amp. 58; Cis. 659; Aul. 683; Sall. J. 71, 5; Nep. Paus. 4; Liv. 26, 15, 5; 40, 46, 15 *c)* en plus de: *super his* Hor. S. 2, 6, 3, en plus de cela.
➤ *super* après son régime: Lucr. 6, 1256; 1258; Virg. B. 1, 60; Tac. An. 16, 35; H. 3, 19.

1 sŭpĕra, ▣ ➤ *superus*.

2 sŭpĕrā ¶ 1 adv., au-dessus: Lucr. 4, 670; 5, 1405; Cic. poet. Nat. 2, 106 ¶ 2 prép. avec acc., sur: Lucr. 6, 561.

sŭpĕrābĭlis, *e* (*supero*) ¶ 1 qui peut être franchi: Liv. 25, 23, 12 ¶ 2 [fig.] dont on peut triompher, qu'on peut surmonter: Tac. An. 2, 25; H. 4, 81.

sŭpĕrablŭo, *ĭs*, *ĕre*, -, -, tr., baigner par-dessus [un pays]: *Avien. Perieg. 881.

sŭpĕrabnĕgātīvus, *a*, *um*, qui nie par surcroît: Boet. Top. Cic. 5.

sŭpĕrăbundans, *tis*, surabondant, très abondant: Macr. Somn. 1, 14, 6; Lact. Epit. 6, 13.

sŭpĕrăbundantĕr, adv., surabondamment: Vulg. Eph. 3, 20.

sŭpĕrăbundantĭa, *ae*, f., surplus, surabondance: Hier. Ezech. 6, 18, 6 ‖ superflu: Cassian. Inst. 16, 16.

sŭpĕrăbundō, *ās*, *āre*, *āvī*, -, intr., surabonder [fig.]: Tert. Res. 34, 3; Priscil. 44, 9 ‖ déborder [logique, le genre déborde l'espèce]: Boet. Porph. com. prim. 2, 14.

sŭpĕraccommŏdō, *ās*, *āre*, -, -, tr., ajuster par-dessus, adapter: Cels. 8, 10, 1.

sŭpĕrăcervō, *ās*, *āre*, -, -, tr., accumuler [fig.]: Tert. Nat. 1, 15, 5.

sŭpĕraddĭtĭo, *ōnis*, f., nouvelle addition: Aug. Jul. 3, 8, 17.

sŭpĕraddō (**sŭpĕr addō**), *ĭs*, *ĕre*, -, *ĭtum*, tr., mettre par-dessus, ajouter sur [*aliquid alicui rei*]: Virg. B. 5, 42; Prop. 2, 13, 33.

sŭpĕraddūcō, *ĭs*, *ĕre*, *dūxī*, *ductum*, tr., attirer en plus: Vl. Deut. 23, 13.

sŭpĕrădhĭbĕō, *ēs*, *ēre*, -, -, tr., mettre sur: Theod.-Prisc. 2, 44.

sŭpĕradjĭcĭō, *ĭs*, *ĕre*, *jēcī*, -, tr., surajouter, ajouter en sus: *Macr. Sat. 1, 14, 6; *Apic. 264; Pall. 11, 14, 15.

sŭpĕradlĭgo, ▣ ➤ *superalligo*.

sŭpĕradlŭō, ▣ ➤ *superabluo*.

sŭpĕradnectō, *ĭs*, *ĕre*, *nexŭī*, -, tr., joindre en surplus: Boet. Mus. 4, 17.

sŭpĕrădornātus, *a*, *um*, orné à la surface: Sen. Nat. 4, 2, 18.

sŭpĕradsistō, *sistĭs*, *sistĕre*, *stĕtī* -, tr., se camper au-dessus: Prud. Psych. 155.

sŭpĕradspergō, *ĭs*, *ĕre*, -, -, tr., répandre sur: Cael.-Aur. Chron. 5, 1, 14; *Apic. 136 ‖ *superadspersus* Isid. 12, 2, 19, parsemé, saupoudré [fig.].

sŭpĕradstō, *ās*, *āre*, -, -, intr., se tenir au-dessus: *Sall. H. 1, 126.

sŭpĕrădulta, *ae*, f., tout à fait nubile: Vulg. 1 Cor. 7, 36.

sŭpĕrădustĭo, *ōnis*, f., action de brûler par-dessus: Cass. Fel. 29.

sŭpĕraedĭfĭcātĭo, *ōnis*, f., action d'édifier sur [fig.]: Tert. Marc. 5, 6, 11.

sŭpĕraedĭfĭcĭum, *ĭi*, n., construction élevée sur [fig.]: Ambrosiast. 1 Cor. 3, 10.

sŭpĕraedĭfĭcō, *ās*, *āre*, -, -, tr., bâtir par-dessus, édifier sur: Porph. Hor. O. 2, 18, 20; Paul.-Nol. Ep. 28, 2 ‖ [péjor.] surajouter: Hier. Ezech. 9, 28, 11.

Sŭpĕraequāni, *ōrum*, m. pl., habitants de Superaequuum, ville des Péligniens: Plin. 3, 106.

sŭpĕrafflŭens, *entis*, surabondant: Greg.-M. Ep. 9, 135.

sŭpĕraggĕrō, *ās*, *āre*, -, -, tr., accumuler sur: Sidon. Ep. 8, 13, 2 ‖ combler, remplir: Col. 12, 46, 4.

sŭpĕrallĭgō, ās, āre, -, -, tr., attacher par-dessus : M.-Emp. 32, 6.

sŭpĕrallŭo, ▶ superadluo.

sŭpĕrambŭlo, ās, āre, -, -, tr., marcher sur : Sedul. Carm. 3, 226.

sŭpĕrāmentum, i, n. (supero), reste, débris, morceau : Ulp. Dig. 32, 1, 55, 4.

sŭpĕramplector, ĕris, ī, plexus sum, tr., inclure, comprendre : Aug. Gen. imp. 8, p. 180, 6.

sŭpĕrans, tis, part.-adj. de supero, prédominant : *-tior* Lucr. 5, 394 ; *-issimus* Solin. 2, 25.

sŭpĕrantĭa, ae, f. (supero), prédominance : Cael.-Aur. Diaet. 9.

sŭpĕrappārĕō, ēs, ēre, -, -, intr., apparaître au-dessus : Fulg. Myth. 2, 13.

sŭpĕrappārĭtĭo, ōnis, f., apparition au-dessus : Fulg. Myth. 2, 13.

sŭpĕrargūmentŏr, āris, ārī, -, intr., ajouter dans l'argumentation : Tert. Herm. 37, 1.

sŭpĕrārĭus, a, um (super), de dessus : Gloss. 3, 121, 5.

sŭpĕrascendō, ĭs, ĕre, -, -, tr., dépasser : Iren. 2, 30, 5.

sŭpĕraspergo, ▶ superadspergo.

sŭpĕrātĭo, ōnis, f. (supero), action de surmonter : Vitr. 3, pr. 2.

sŭpĕrātŏr, ōris, m. (supero), vainqueur : Ov. M. 4, 699 ; F. 1, 641.

sŭpĕrātrix, īcis, f. (superator), celle qui l'emporte sur : CIL 6, 13300.

sŭpĕrattrăhō, ĭs, ĕre, -, -, tr., tirer au-dessus de : *Avien. Arat. 1250.

sŭpĕrātus, a, um, part. de supero.

sŭpĕraugĕō, ēs, ēre, auxī, auctum, tr., ajouter en plus : VL. Lev. 6, 5.

sŭpĕraugmentum, i, n., ce qu'on surajoute, surcroît : Isid. 6, 17, 23.

sŭpĕraurātus, a, um, doré : Ov. Hal. 107.

Superba, ae, f., surnom de femme : CIL 6, 19159.

sŭpĕrbē, adv. (superbus), orgueilleusement, superbement, avec arrogance : Caes. G. 1, 31 ; Liv. 2, 45, 6 ; 24, 25, 8 ; *superbius* Cic. Pomp. 11 ; *-bissime* Cic. Pis. 64.

sŭpĕrbĭa, ae, f. (superbus) ¶ 1 orgueil, fierté, hauteur, insolence : Cic. Rep. 1, 51 ; Off. 1, 90 ; Verr. 4, 89 ; Lae. 54 ; [pl.] Pl. St. 300 ¶ 2 [en bonne part] noble fierté : Hor. O. 3, 30, 14 ; Tac. H. 3, 66 ; [variété de poires] : Plin. 15, 53 ‖ éclat, splendeur [d'une couleur] : Vitr. 7, 3, 4.

sŭpĕrbĭbō, ĭs, ĕre, -, -, tr., boire par-dessus (après) : Plin. 23, 42.

sŭpĕrbĭfĭcus, a, um (superbus, facio), qui inspire de l'orgueil : Sen. Herc. f. 58.

sŭpĕrbĭlŏquentĭa, ae, f., langage arrogant : Poet. d. Cic. Tusc. 4, 35.

sŭpĕrbĭo, īs, īre, -, - (superbus), intr. ¶ 1 être orgueilleux, s'enorgueillir : [avec abl.] *avi nomine* Ov. M. 11, 218, s'enorgueillir du nom de son aïeul, cf. Ov. H. 8, 43 ; A. A. 3, 103 ; Plin. 9, 122 ‖ [avec *quod*] Tac. An. 1, 19, s'enorgueillir à l'idée que ¶ 2 [en bonne part] être fier, superbe, éclatant : Prop. 4, 5, 22 ; Plin. 37, 106.

sŭpĕrbĭpartĭens, tis (super, bipartio), **sŭpĕrbĭtertĭus**, a, um (super, bis, tertius), superbipartient, qui contient un nombre et les deux tiers de ce nombre (5 vs 3) : Boet. Arith. 1, 28, 9.

sŭpĕrbĭtĕr, ▶ superbe : Afran. Com. 285, cf. Non. 515, 10 ; Prisc. 3, 71, 3.

sŭpĕrbullĭens, entis, débordant : Cand. Gen. 7.

1 **sŭpĕrbus**, a, um (super, cf. probus, fio, fui) ¶ 1 orgueilleux, superbe, fier, altier, hautain, insolent : Cic. Att. 8, 4, 1 ; *aliquem superbiorem facere* Cic. Fam. 7, 13, 1, rendre qqn plus orgueilleux ; *superbissimus rex* Cic. Rab. perd. 13, le roi le plus orgueilleux ‖ *non est virtus superba* Cic. Lae. 50, la vertu n'est pas dédaigneuse ; *victoria, quae natura insolens et superba est* Cic. Marc. 9, la victoire, qui est naturellement insolente et intraitable ; *bellum superbum* Virg. En. 8, 118, une guerre insolente, injuste ; *aures, quarum est judicium superbissimum* Cic. Or. 150, les oreilles, le plus sourcilleux des juges ‖ [avec abl.] fier de : Hor. Epo. 4, 5 ; 15, 18 ‖ [avec inf.] Sil. 3, 374 ; 12, 433 ; 14, 646 ‖ *superbum est* Cic. Rep. 2, 39, c'est un acte de superbe, de despotisme, cf. Cic. de Or. 2, 165 ; [avec inf.] Cic. Verr. 4, 45 ¶ 2 [en bonne part] magnifique, brillant, fier, glorieux, imposant : Sen. Ep. 76, 21 ; Virg. En. 1, 21 ; 2, 785 ; Hor. O. 1, 35, 3 ‖ *superba pira* Col. 5, 10, 18 ; Plin. 15, 54, [variété de poires], ▶ *superbia*; [de même] *superbae olivae* Plin. 15, 17.

2 **Sŭperbus**, i, m., le Superbe [surnom de Tarquin, dernier roi de Rome] : Cic. Rep. 2, 28 ; Tusc. 1, 68 ; Ov. F. 2, 718.

sŭpercădō, ĭs, ĕre, cĕcĭdī, -, intr., tomber sur : Vulg. Psal. 57, 9.

supercaelestis, e, élevé au-dessus des cieux : Tert. Anim. 23, 3.

sŭpercalcō, ās, āre, -, -, tr., fouler : Col. 12, 39, 3.

sŭpercănō, ĭs, ĕre, -, -, ▶ supercino : *Mar. Vict. Gram. 6, 58, 15.

sŭpercēdō, ĭs, ĕre, cessī, -, dépasser : Apul. M. 10, 2.

sŭpercertŏr, āris, ārī, -, intr., combattre pour : Vulg. Jud. ep. 3.

sŭpercĭlĭōsus, a, um (supercilium), renfrogné, rébarbatif : Sen. Ep. 123, 11 ‖ présomptueux : Arn. 1, 12 ‖ *-sior* Capel. 8, 809.

sŭpercĭlĭum, ii, n. (super, cilium, cf. *intercilium*; fr. *sourcil*) ¶ 1 sourcil **a)** sg., Cic. Pis. 14 ; Quint. 11, 3, 74 ; Lucr. 6, 1184 ; Hor. Ep. 1, 18, 94 **b)** pl., *superciliorum remissio aut contractio* Cic. Off. 1, 146, le mouvement de détente ou de froncement des sourcils, cf. Cic. Com. 20 ; Nat. 2, 143 ; Quint. 1, 11, 10 **c)** [fig.] partie saillante, saillie, proéminence, sommet : Virg. G. 1, 108 ; Liv. 34, 29, 11 ‖ hauteur, crête : Liv. 27, 18, 10 ; Plin. 6, 17 ‖ [archit.] linteau : Vitr. 4, 6, 2 ‖ listel terminal de la scotie supérieure d'une base ionique : Vitr. 3, 5, 3 ¶ 2 [fig.] fierté, orgueil, morgue, arrogance : Cic. Agr. 2, 93 ; Sen. 14 ; Sest. 19 ; Sen. Ben. 2, 4, 1 ‖ sévérité, air sourcilleux : Mart. 1, 5, 2 ; 11, 2, 1, cf. Cic. Prov. 8.

sŭpercingō, ĭs, ĕre, -, -, tr., couvrir par-dessus : Aug. Hept. 2, 177, 3.

sŭpercĭnō, ĭs, ĕre, -, -, tr., chanter après, [ou] en plus : Mar. Vict. Gram. 6, 59, 26.

sŭpercompōnō, ĭs, ĕre, -, -, tr., ajuster par-dessus : *Apic. 151.

sŭperconcīdō, ĭs, ĕre, -, -, tr., hacher par-dessus : *Apic. 202.

sŭpercontĕgō, ĭs, ĕre, -, -, tr., recouvrir : Cels. 4, 1, 5 ; Sil. 16, 42.

sŭpercorrĭgō, ĭs, ĕre, -, -, tr., corriger en surplus : Hier. Tit. 1, 5.

sŭpercorrŭō, ĭs, ĕre, -, -, intr., tomber par-dessus : Val.-Max. 5, 6, 5.

sŭpercrĕātus, a, um, formé par-dessus : Cael.-Aur. Chron. 3, 8, 125.

sŭpercrĕō, ās, āre, -, -, [pass.] être créé après, en sus [en parlant du Fils, selon les Ariens] : Hil. Trin. 6, 13.

sŭpercrescō, ĭs ĕre, crēvī, - ¶ 1 intr., croître par-dessus : Cels. 5, 28, 2 ; 5, 28, 22 ‖ [fig.] s'ajouter, venir par surcroît : Ps. Quint. Decl. 5, 14, fin ¶ 2 tr., surpasser, dépasser : Aug. Acad. 1, 1, 2.

sŭpercŭbō, ās, āre, āvī, -, intr., être couché par-dessus : Col. 7, 4, 5 ; Apul. M. 6, 29.

sŭpercŭmŭlō, ās, āre, āvī, ātum, tr., accroître : Sidon. Ep. 3, 13, 6.

sŭpercurrō, ĭs, ĕre, -, - ¶ 1 intr., gagner de vitesse : Veg. Mil. 3, 20 ¶ 2 tr., excéder, être supérieur à : Plin. Ep. 7, 18, 3 ‖ [fig.] passer par-dessus, négliger : Sidon. Ep. 4, 22, 6.

sŭperdătus, a, um, part. de superdo.

sŭperdēlĭgō, ās, āre, -, -, tr., lier par-dessus : Cels. 7, 7, 8.

sŭperdestillō, ās, āre, -, -, tr., répandre d'en haut goutte à goutte : Cael.-Aur. Chron. 5, 1, 18.

sŭperdēsum, es, esse, fŭī, intr., être un malheur supplémentaire pour [avec dat.] : *Greg.-Tur. Martin. 3, 57.

sŭperdīcō, ĭs, ĕre, -, -, tr., dire en outre, ajouter : Ulp. Dig. 12, 2, 13 ; Tert. Prax. 15, 6.

sŭperdīmĭdĭus, a, um, qui contient un nombre et la moitié de ce nombre (3 vs 2, 6 vs 4, 9 vs 6) : Capel. 7, 761.

sŭperdō, *ās, ăre, -, dătum*, tr., appliquer par-dessus : CELS. 5, 28, 3.

sŭperdormĭō, *īs, īre, īvī (ĭī), ītum*, intr., dormir sur : VL. Deut. 21, 23.

sŭperdūcō, *ĭs, ĕre, dūxī, ductum*, tr. ¶ **1** étendre par-dessus : SIDON. Ep. 5, 17, 4 ¶ **2** amener en plus, donner [une belle-mère à ses enfants] en contractant un second mariage : PS. QUINT. Decl. 38 ; DON. Eun. 9 ¶ **3** ajouter : TERT. Anim. 36, 3 ¶ **4** dépasser [un nombre] : COD. TH. 8, 5, 53 ¶ **5** [fig.] amener [un malheur] : VULG. Bar. 4, 10.

sŭperductĭō, surcharge [d'écriture] : ULP. Dig. 28, 4, 1, 1 ‖ action de tirer par-devant : GREG.-M. Mor. M. 20, 17, p. 163 A.

sŭperductus, *a, um*, part. de *superduco*.

sŭperĕdō, *-, -, ēdī, -*, tr., manger par-dessus : PLIN. 9, 113.

sŭperefferō, *fers, ferre, -, -*, tr., exalter : AUG. Psalm. 49, 30.

sŭpereffĭcĭō, *ĭs, ĕre, -, -*, intr., [en parlant d'une mesure] faire plus que le compte : AMBR. Psalm. 118, s. 14, 9.

sŭpereffluō, *ĭs, ĕre, -, -*, intr., déborder, surabonder : VULG. Luc. 6, 38 ‖ [fig.] être supérieur à [dat.] : AMBR. Luc. 5, 34.

sŭpereffulgens, *entis*, brillant d'un très vif éclat : RUST. Aceph. M. 67, p. 1250 B.

sŭpereffundō, *ĭs, ĕre, fūdī, fūsum*, tr. et intr., répandre, se répandre, être surabondant : HIER. Jer. 3, 13, 24 ‖ regorger : VL. Psal. 143, 13.

sŭperēgrĕdĭor, *dĕris, dī, -*, tr., s'élever au-dessus de, dépasser [fig.] : NAZ. = PANEG. 10, 16, 2 ; HIER. Orig. Luc. 7.

sŭperēlātīvus, *a, um*, transcendant : MAR. VICT. Ar. 1, 49.

sŭperēlĕvō, *ās, āre, -, -*, tr., élever par-dessus [fig.] : VULG. 4 Esdr. 16, 77.

sŭperēmĭcō, *ās, āre, -, -*, tr., s'élancer au-dessus de : SIDON. Carm. 15, 75.

sŭperēmĭnens, *entis*, part. de *supereminēo*, adj., qui domine [en parlant de Dieu] : HIL. Trin. 1, 6 ‖ éminent [compar. et superl.] : FULG. Virg. p. 89, 5 ; AUG. Petil. 2, 80.

sŭperēmĭnentĭa, *ae*, f., grandeur suprême : AUG. Serm. 341, 9.

sŭperēmĭnĕō, *ēs, ēre, -, -* ¶ **1** tr., s'élever au-dessus de, surpasser, *aliquem*, qqn : VIRG. En. 6, 857, cf. Ov. M. 10, 765 ¶ **2** intr., s'élever au-dessus, à la surface : COL. 12, 49, 1 ; SEN. Nat. 5, 15, 1 ; *supereminentia verba* PRISC. 3, 271, 29, verbes exprimant la supériorité.

sŭperēmŏrĭor, *rĕris, rī, -*, intr., mourir dessus : PLIN. 10, 4.

sŭperēnătō, *ās, āre, -, -*, tr., flotter au-dessus, surnager : ALCIM. Carm. 4, 240.

Sŭperĕquāni, ◧ *Superae-*.

sŭperĕquĭtō, *as, āre, -, -*, intr., [fig.] s'emballer, se déchaîner : CASSIAN. Coll. 5, 13.

sŭperērŏgātĭo, *ōnis*, f., surérogation, action de donner en plus : PS. QUINT. Decl. 3, 6.

sŭperērŏgō, *ās, āre, -, -*, tr., donner en plus : COD. TH 11, 8, 1 ‖ dépenser en sus ou de plus : VULG. Luc. 10, 35.

sŭperescit, ◧ *supersum* ▶.

sŭperest, ◧ *supersum*.

sŭperēvŏlō, *ās, āre, -, -*, tr., franchir en volant : LUC. 3, 299 ‖ [fig.] dépasser : AUG. Acad. 1, 7, 21.

sŭperexactĭō, *ōnis*, f., action d'exiger au-delà de ce qui est dû, exaction : COD. TH. 11, 8, 1.

sŭperexaltō, *ās, āre, -, -* ¶ **1** tr., élever au-dessus, exalter : VULG. Psal. 36, 35 ; *superexaltatus* AUG. Conf. 3, 2 ‖ dépasser, surpasser : VULG. Jac. 2, 13 ¶ **2** intr., être élevé au-dessus de [dat.] : AUG. Perf. 34.

sŭperexcellens, *tis*, qui s'élève au-dessus de tout : FULG. Virg. p. 95, 11.

sŭperexcurrō, *ĭs, ĕre, -, -*, intr., dépasser : ULP. Dig. 43, 27, 1, 12.

sŭperexĕō, *īs, īre, -, -*, intr., s'étendre au-delà [fig.] : *AUS. 32 (365), 1.

sŭperexhaustus, *a, um*, épuisé entièrement : SCHOL. JUV. 9, 57.

sŭperexĭgō, *ĭs, ĕre, -, -*, tr., exiger au-delà de ce qui est dû : COD. JUST. 1, 55, 4.

sŭperexstō, *ās, āre, -, -*, intr., exister au-delà : FORT. Carm. 7, 12, 18.

sŭperexsultō, *ās, āre, -, -*, intr., être transporté de joie : CASSIOD. Compl. Jac. 5.

sŭperextendō, *ĭs, ĕre, -, -* ¶ **1** tr., étendre au-dessus : VULG. Ezech. 37, 6 ¶ **2** intr., s'étendre à l'excès : VULG. 2 Cor. 10, 14.

sŭperextollō, *ĭs, ĕre, -, -*, tr., élever au-dessus : TERT. Res. 24, 15.

sŭperferō, *fers, ferre, tŭlī, lātum*, tr. ¶ **1** porter au-dessus : PLIN. 28, 103 ; [pass.] *superferri*, être porté à la surface : PLIN. 9, 58 ‖ [pass.] être porté au-dessus [en parlant de l'esprit de Dieu au-dessus des eaux] : AMBR. Myst. 3, 9 ‖ être bâti sur : ARN. 6, 6 ¶ **2** dépasser, reculer, porter au-delà : PLIN. 32, 133.

sŭperfētō, *ās, āre, -, -*, intr., concevoir de nouveau : PLIN. 7, 48 ; 10, 179.

sŭperfĭcĭālis, *e* (*superficies*) ¶ **1** relatif aux surfaces : ISID. 3, 7, 4 ¶ **2** [fig.] superficiel : TERT. Marc. 4, 28, 2.

sŭperfĭcĭārĭus, *a, um* (*superficies*), dont on n'a pas le fonds, dont on n'a que l'usufruit : DIG. 10, 2, 10 ; 43, 10, 2 ; [fig.] SEN. Ep. 88, 28 ‖ subst. m., usufruitier : DIG. 6, 1, 74.

sŭperfĭcĭens, *tis* (*super, facio*), surabondant : ULP. Dig. 39, 3, 1.

sŭperfĭcĭēs, *ēi*, f. (*super, facies*) ¶ **1** partie supérieure, surface : PLIN. 16, 130 ; COL. 8, 15, 3 ‖ [fig.] l'enveloppe extérieure ; l'extérieur : TERT. Val. 24, 3 ; AUG. Petil. 2, 75, 168 ¶ **2** constructions sur la surface du sol : CIC. Att. 4, 1, 7 ; 4, 2, 5 ; LIV. 5, 54, 2 ‖ *superficies solo cedit* GAI. Inst. 2, 73, les constructions suivent la propriété du sol ¶ **3** superficie : PLIN. 11, 260 ‖ [géom.] surface : MACR. Somn. 2, 2, 6.

sŭperfĭcĭum, *ii*, n., ◧ *superficies* : JAVOL. Dig. 31, 1, 39 ; IREN. 2, 14, 2 ; CIL 6, 8511.

sŭperfīō, *fīs, fĭĕrī, -*, intr., être de reste, rester : PL. Ep. 346 ; Mil. 356 ; Trin. 510 ; St. 592.

sŭperfixus, *a, um*, fiché sur, superposé : LIV. 42, 60, 2.

sŭperflexus, *a, um* (*super, flecto*), incliné sur : SIDON. Ep. 8, 12, 5.

sŭperflōrescens, *tis*, adj., qui refleurit : PLIN. 19, 70.

sŭperflŭa, *ōrum*, n. pl. (*superfluus*), les excréments : CAEL.-AUR. Chron. 5, 4, 67.

sŭperflŭē, adv. (*superfluus*), surabondamment, sans nécessité : HIER. Ep. 27, 1.

sŭperflŭens, *tis*, part. de *superfluo*.

sŭperflŭĭtās, *ātis*, f. (*superfluus*), surabondance : BENED. Reg. 36, 4.

1 **sŭperflŭō**, adv., ◧ *superflue* : AUG. Ep. 166, 4.

2 **sŭperflŭō**, *ĭs, ĕre, flūxī, -* ¶ **1** intr., déborder **a)** CELS. 6, 18, 2 ; PLIN. 31, 51 ; TAC. An. 2, 61 ; SEN. Ben. 6, 7, 3 ‖ [métaph.] CIC. Brut. 316 ; TAC. D. 18 **b)** [fig.] surabonder, être de trop : QUINT. 8, 2, 22 ; 10, 7, 13 ; SEN. Ben. 1, 11, 5 ; Helv. 7, 4 ‖ *armis* SIL. 8, 606, regorger d'armes ; *superbus et superfluens* CATUL. 29, 7, hautain et opulent ¶ **2** tr., [fig.] *aures* QUINT. 2, 51, 13, passer au-delà des oreilles, échapper aux oreilles ‖ submerger : VL. Prov. 3, 20.

sŭperflŭus, *a, um*, débordant, superflu, excessif : VULG. Eccles. 2, 26 ‖ de reste : PAPIN. Dig. 36, 1, 58.

sŭperfoedō, *ās, āre, -, -*, tr., salir dessus : *CORIP. Joh. 7 (6), 348.

sŭperfoetō, ◧ *superfeto*.

sŭperfor, *fāris, fārī, fātus sum*, tr., dire en plus, ajouter : IREN. 1, 21, 3.

sŭperfŏrānĕus, *a, um* (*super, forum*), oiseux, superflu : SIDON. Ep. 4, 11, 4.

sŭperfŏrātus, *a, um*, troué en dessus : SCRIB. 84.

sŭperfŏre, inf. fut. de *supersum*.

sŭperfortĭor, vraiment fort : VL. 3 Esdr. 4, 3.

sŭperfrŭtĭcō, *ās, āre, -, -*, intr., pulluler : TERT. Val. 39, 2.

sŭperfūdī, parf. de *superfundo*.

superfugio

sŭperfŭgĭō, *ĭs*, *ĕre*, -, -, tr., fuir par-dessus : VAL.-FLAC. 3, 554.

sŭperfŭī, parf. de *supersum*.

sŭperfulgĕō, *ēs*, *ēre*, -, -, tr., briller au-dessus de : STAT. S. 1, 1, 33.

sŭperfundō, *ĭs*, *ĕre*, *fūdī*, *fūsum*, tr. ¶ **1** répandre sur, verser sur : COL. 12, 57, 1 ; PLIN. *Ep.* 9, 33, 9 ; TAC. *An.* 13, 55 ǁ *magnam vim telorum* TAC. *Agr.* 36, faire pleuvoir une grêle de traits ¶ **2** pass., *superfundi* se répandre sur, déborder : LIV. 7, 3, 2 ; PLIN. *Ep.* 8, 17, 1 ; OV. *M.* 2, 459 ǁ [fig.] *jacentem hostes superfusi oppresserunt* LIV. 39, 49, 5, comme il gisait à terre, les ennemis fondirent sur lui en trombe ; *gens superfusa montibus* PLIN. 6, 39, nation répandue sur les montagnes ¶ **3** [fig.] *se superfundere in Asiam* LIV. 45, 9, 5, s'étendre en Asie [royaume] ; *se superfundens laetitia* LIV. 5, 7, 8, la joie se répandant ¶ **4** recouvrir de (*aliqua re*) : COL. 12, 57, 3 ǁ envelopper, submerger [les troupes ennemies] : TAC. *H.* 3, 2.

sŭperfūsĭō, *ōnis*, f. (*superfundo*) ¶ **1** action de répandre par-dessus : PALL. 1, 17, 1 ¶ **2** chute abondante de pluies, de neige : AMM. 17, 7, 12 ; SERV. *G.* 3, 354.

sŭperfūsōrĭum, *ii*, n., burette à huile : VL. *Exod.* 38, 17.

sŭperfūsus, *a*, *um*, part. de *superfundo*.

sŭperfŭtūrus, part. fut. de *supersum*.

sŭpergaudĕō, *ēs*, *ēre*, -, -, intr., se réjouir à propos de [dat.] : ARN.-J. *Psalm.* 3.

sŭpergĕnĕrō, *ās*, *āre*, -, -, tr., créer en surplus : AMBROS. *Tob.* 13, 43.

sŭpergestus, *a*, *um* (*supergero*), entassé par-dessus : COL. 11, 3, 6 ǁ bouché, fermé : APUL. *M.* 9, 40.

sŭperglōrĭŏr, *āris*, *ārī*, -, tr., regarder de haut, mépriser : VL. *Jac.* 2, 3.

sŭperglōrĭōsus, *a*, *um*, souverainement glorieux : VULG. *Dan.* 3, 53.

sŭpergrădĭor, ►supergredior : PLIN. 27, 110.

sŭpergrātŭlŏr, *āris*, *ārī*, -, intr., déborder de reconnaissance [avec dat.] : BARNAB. 5, 3.

sŭpergrĕdĭor, *dĕrĭs*, *dī*, *gressus sum* (*super, gradior*), tr. ¶ **1** passer au-delà, dépasser : PLIN. 32, 133 ǁ [fig.] SEN. *Suas.* 6, 6 ¶ **2** surpasser : TAC. *An.* 13, 45 ; QUINT. 6, *pr.* 8ǁ surmonter : SEN. *Ep.* 32, 5. ► part. *supergressus* au sens pass., "dépassé, surpassé" : PALL. 12, 4, 2 ; forme act. *supergresserat* *APUL. *M.* 10, 2, 2.

sŭpergressĭō, *ōnis*, f., excédent : BOET. *Arith.* 1, 27, 5.

1 sŭpergressus, *a*, *um*, part. de *supergredior*.

2 sŭpergressŭs, *ūs*, m., dépassement [fig.] : TERT. *Res.* 40, 8.

sŭperhăbĕō, *ēs*, *ēre*, -, -, tr., avoir par-dessus : CELS. 7, 20, 7 ǁ regarder de haut, dédaigner : LUCIF. *Athan.* 1, 5.

sŭperhŭmĕrāle, *is*, n. (*super umeros*), éphod, vêtement de dessus du grand prêtre des Juifs : HIER. *Ep.* 29, 4 ; 64, 15 ǁ pallium d'évêque : GREG.-M. *Ep.* 1, 24.

Sŭpĕri, ► *superus*.

superīcŏnĭcae littĕrae, f. pl., lettres au-dessus de l'image d'un saint : GREG.-TUR. *Vit. Patr.* 6.

sŭperillĭgō, *ās*, *āre*, -, -, tr., attacher par-dessus, lier en dessus : PLIN. 29, 40 ; 39, 51.

sŭperillĭnītus, *a*, *um* (*super, illinio*), ►*superillitus* : PS. APUL. *Herb.* 75.

sŭperillĭnō, *ĭs*, *ĕre*, -, *lĭtum*, tr., oindre de [à la surface] : CELS. 3, 19, 19 ǁ répandre au-dessus : CELS. 6, 18, 9 ; PLIN. 30, 111.

sŭperimmĭnĕō, *ēs*, *ēre*, -, -, intr., être suspendu au-dessus, menacer : VIRG. *En.* 12, 306.

sŭperimmittō, *ĭs*, *ĕre*, -, -, tr., mettre par-dessus : APIC. 45.

sŭperimpendens, *tis*, suspendu au-dessus, surplombant, menaçant : CATUL. 64, 286.

sŭperimpendō, *ĭs*, *ĕre*, -, -, tr., [pass.] se dépenser à profusion : VULG. 2 *Cor.* 12, 15.

sŭperimplĕō, *ēs*, *ēre*, *ēvī*, *ētum*, tr., [pass.] déborder : VL. *Eccles.* 1, 17.

sŭperimplētŏr, *ōris*, m., celui qui accomplit pleinement : ISID. *Eccl.* 2, 5, 9.

sŭperimpōnō, *ĭs*, *ĕre*, -, *pŏsĭtum*, tr., mettre sur, superposer (*rem rei*) : LIV. 39, 50, 3 ; CELS. 5, 27, 6.

sŭperimpŏsĭtus, *a*, *um*, part. de *superimpono*.

sŭperincendō, *ĭs*, *ĕre*, -, -, tr., enflammer en plus : VAL.-FLAC. 2, 126.

sŭperincernō, *ĭs*, *ĕre*, -, -, tr., tamiser par-dessus : PLIN. 17, 73.

1 sŭperincĭdō, *ĭs*, *ĕre*, -, -, intr., tomber d'en haut sur : [au part. prés.] *superincidens* LIV. 2, 10, 11 ; 23, 15, 13.

2 sŭperincīdō, *ĭs*, *ĕre*, -, -, tr., couper (inciser) en dessus : CELS. 7, 31, 7.

sŭperincrĕpĭtō, *ās*, *āre*, -, -, [abs¹] apostropher : JUVC. 2, 161.

sŭperincrescō, *ĭs*, *ĕre*, *crēvī*, -, intr., croître par-dessus : CELS. 8, 10, 7.

sŭperincŭbans, *tis*, couché dessus : LIV. 22, 51, 9.

sŭperincumbō, *ĭs*, *ĕre*, *cŭbŭī*, -, intr., se coucher par-dessus : COL. 6, 17, 1 ; OV. *H.* 11, 57.

sŭperincurvātus, *a*, *um*, courbé sur : APUL. *M.* 9, 7.

sŭperindictīcĭus, **sŭperindictus**, *a*, *um*, ajouté à l'indiction : CASSIOD. *Var.* 5, 14, 6 ; COD. TH. 1, 12, 7.

sŭperindictĭō, *ōnis*, f., **sŭperindictum**, *i*, n., supplément à l'indiction : COD. JUST. 10, 17, 1 ; 11, 74, 1.

sŭperindūcō, *ĭs*, *ĕre*, *dūxī*, *ductum*, tr. ¶ **1** recouvrir par en haut : JUST. 2, 10, 14 ǁ répandre par-dessus, PLIN. 15, 61 ǁ crépir : HIER. *Am.* 3, 7, 7 ¶ **2** apporter sur, faire venir sur : VULG. *Dan.* 9, 12 ¶ **3** [fig.] ajouter, dire ensuite : *TERT. *Herm.* 26, 1.

sŭperinductīcĭus, *a*, *um*, faux, supposé : VL. *Gal.* 2, 4 *d* ; TERT. *Marc.* 5, 3, 3.

sŭperinductĭō, *ōnis*, f., surcharge [d'écriture] : *ULP. *Dig.* 28, 4, 1.

sŭperinductus, part. de *superinduco*.

sŭperindŭmentum, *i*, n. (*superinduo*), vêtement de dessus [fig.], ce dont on recouvre : TERT. *Marc.* 3, 24, 6.

sŭperindŭō, *ĭs*, *ĕre*, *ŭī*, *ūtum*, tr., endosser par-dessus : SUET. *Ner.* 48 ; revêtir [fig.] : TERT. *Apol.* 48, 13.

sŭperinfĕrō, *fers*, *ferre*, *tŭlī*, *lātum*, tr., apporter, servir en plus : CASSIAN. *Coll.* 8, 1, 2.

sŭperinfundō, *ĭs*, *ĕre*, -, *fūsum*, tr., verser par-dessus : CELS. 5, 25, 4 ; 8, 4.

sŭperingĕrō, *ĭs*, *ĕre*, -, *gestum*, tr., entasser par-dessus, mettre sur : PLIN. 18, 308 ; STAT. S. 1, 1, 59.

sŭperingrĕdĭor, *dĕrĭs*, *dī*, -, intr., entrer sur [dat.] : APUL. *M.* 6, 24, 3.

sŭperinjĭcĭō, *ĭs*, *ĕre*, *jēcī*, *jectum*, tr., jeter par-dessus : VIRG. *G.* 4, 46 ; OV. *F.* 5, 533 ǁ mettre sur : CELS. 5, 26, 33.

sŭperinscriptĭō, *ōnis*, f., inscription : VL. *Luc.* 20, 24.

sŭperinspectŏr, *ōris*, m., surveillant [évêque] : CASSIOD. *Psalm.* 108.

sŭperinspĭcĭō, *ĭs*, *ĕre*, -, -, tr., inspecter, surveiller : SIDON. *Ep.* 6, 1, 1.

sŭperinsternō, *ĭs*, *ĕre*, *strāvī*, *strātum*, tr., étendre sur : *tabulas* LIV. 30, 10, 5, installer des planches par-dessus [couvrir de planches].

sŭperinstillō, *ās*, *āre*, -, -, tr., verser goutte à goutte par-dessus : *APIC. 101.

sŭperinstō, *stās*, *stāre*, *stĭtī*, *stātūrus*, intr., rester, demeurer : FORT. *Carm. app.* 19, 1.

sŭperinstrātus, *a*, *um*, part. de *superinsterno*.

sŭperinstrĕpō, *ĭs*, *ĕre*, -, -, intr., retentir (résonner) au-dessus : SIL. 2, 186.

sŭperinstrŭō, *ĭs*, *ĕre*, -, *structum*, tr., bâtir par-dessus : COD. JUST. 8, 10, 1 ǁ **superinstructus**, *a*, *um*, superposé : COL. 9, 7, 3.

sŭperinsultans, *tis*, qui saute sur : *CLAUD. *Gig.* 83.

sŭperintĕgō, *ĭs*, *ĕre*, -, -, tr., recouvrir : PLIN. 18, 47.

sŭperintellĕgō, *ĭs*, *ĕre*, -, -, tr., comprendre en outre : HIER. *Didym.* 10.

sŭpĕrintendō, ĭs, ĕre, -, -, intr., surveiller : Aug. Psalm. 126, 3 ; Civ. 19, 19.

sŭpĕrintentŏr, ōris, m., surveillant : Aug. Psalm. 126, 3.

sŭpĕrintrō, ās, āre, āvī, ātum, intr., entrer pompeusement : VL. Amos 6, 1.

sŭpĕrĭnundō, ās, āre, -, -, intr., déborder [fig.] : Tert. Res. 63, 9.

sŭpĕrinungō, ĭs, ĕre, -, -, tr., oindre dessus, bassiner : Cels. 7, 7, 1.

sŭpĕrinvălĕō, ēs, ēre, ŭī, ĭtum, intr., se renforcer : VL. Gen. 49, 26.

sŭpĕrinvĕhō, ĭs, ĕre, -, -, tr., amener au-dessus : *Avien. Arat. 1158.

1 sŭpĕrĭor, ĭus, ōris (compar. de superus) ¶ **1** plus au-dessus, plus haut, plus élevé, [ou] la partie supérieure, le plus haut de : *dejectus qui potest esse quisquam nisi in inferiorem locum de superiore motus ?* Cic. Caecin. 50, comment peut-on être jeté en bas sans être poussé d'un lieu plus élevé dans un qui l'est moins ? ; *inferiore omni spatio vacuo relicto superiorem partem collis castris compleverant* Caes. G. 7, 46, 3, tout l'espace inférieur étant laissé vide, ils avaient couvert de camps la partie supérieure de la colline ; *de loco superiore dicere* Cic. Verr. 2, 104, parler d'un lieu plus élevé = du haut du tribunal [ou] *de loco superiore agere* Cic. Verr. 1, 14, plaider du haut de la tribune [ou] *superiore e loco contionari* Cic. Tusc. 1, 117, haranguer du haut de la tribune, cf. Cic. de Or. 3, 23 ; *in loco superiore consistere* Liv. 26, 18, 7, se placer sur un endroit élevé [pour faire une déclaration de candidature] ǁ *tota domus superior vacat* Cic. Att. 12, 10, toute la partie supérieure de la maison est inoccupée ¶ **2** [en parlant du temps ou de la succession] antérieur, précédent, plus âgé **a)** *omnes superiores dies* [acc.] Caes. G. 6, 36, 1, durant tous les jours précédents ; *superioribus diebus* Caes. G. 7, 58, 5, les jours précédents ; *superiora proelia* Caes. G. 2, 20, les combats antérieurs ; *superiores* Cic. Verr. 4, 150, les devanciers, les prédécesseurs, cf. Cic. Ac. 2, 1 ; *superiore nocte* Cic. Cat. 1, 1, la nuit précédente, cf. Cic. Sest. 85 ; *superior aetas* Caes. C. 2, 5, âge plus avancé ; *Africanus superior* Cic. Arch. 22 ; *superior Africanus* Cic. Phil. 5, 48, le premier Africain ; *superius genus* Cic. Off. 1, 7, la première espèce [en parlant de deux], cf. Cic. Div. 1, 8 ; Amer. 15 **b)** la partie antérieure de : *in superiore vita* Cic. CM 26, dans la partie antérieure de la vie (mais *in vita superiore* Cic. Hortens. 85, dans une vie antérieure) **c)** n. pl., *cujus ut superiora omittam* Cic. Phil. 5, 35, pour laisser de côté ses actes antérieurs ¶ **3** [rang] supérieur : *superiores ordines* Caes. G. 6, 40, 7, grades supérieurs [de centurions], cf. Caes. C. 3, 74, 2 ; *loco, fortuna, fama superiores* Cic. Lae. 94, supérieurs par la naissance, par la fortune, par la réputation ; *humanitate superior* Cic. Off. 1, 90, supérieur par l'affabilité ; *superiores* Cic. de Or. 2, 209, les supérieurs, les gens d'un rang supérieur, cf. Cic. Lae. 71 ; *largitione superior quam hic* Cic. Att. 9, 9, 2, surpassant celui-ci en largesses ¶ **4** plus puissant, plus fort, supérieur : *equitatu superiores* Caes. G. 7, 65, plus forts en cavalerie ; *superior discessit* Cic. Caecin. 2, il s'en alla [du procès] avec l'avantage, cf. Sall. C. 39, 4 ; Nep. Hann. 1, 2 ; *causa superior, inferior* [κρείττων, ἥττων λόγος] Cic. Brut. 30, la cause la plus forte (la meilleure), la plus faible (la moins bonne) ; *eventus humanos superiores quam suos animos esse ducunt* Cic. Tusc. 4, 61, ils estiment que les événements humains sont plus forts que leur âme, ils se croient plus faibles que….

2 Sŭpĕrĭor, ĭus, épith. ajoutée à un nom de pays, Supérieur : *Germania* CIL 7, 9381, la Germanie Supérieure.

sŭpĕrirrŭō, ĭs, ĕre, -, -, intr., se précipiter sur [dat.] : *Ps. Hil. Macc. 266.

sŭpĕrĭus ¶ **1** n. de superior ¶ **2** ⓥ▶ supra.

sŭpĕrjăcĕō, ēs, ēre, -, -, intr., être étendu dessus, être appliqué dessus : Cels. 8, 9, 18.

sŭpĕrjăcĭō, ĭs, ĕre, jēcī, jectum, tr. ¶ **1** jeter dessus, placer dessus : Col. 2, 1, 6 ; Suet. Cal. 19 ; *se rogo* Val.-Max. 1, 8, 10, se jeter sur un bûcher ; *aequor superjectum* Hor. O. 1, 2, 11, mer débordée ; *Phrygia Troadi superjecta* Plin. 5, 145, la Phrygie située au-dessus de la Troade ¶ **2** [fig.] ajouter, enchérir [en paroles] : Liv. 10, 30, 4 ¶ **3** jeter par-dessus : *scopulos superjacit undam (pontus)* Virg. En. 11, 625, la mer lance ses vagues par-dessus les rochers, cf. Plin. 7, 21.

▶ part. *superjactus* Sall. H. 2, 56 ; Plin. 11, 270 ; Tac. H. 5, 6.

sŭpĕrjactō, ās, āre, -, -, tr. ¶ **1** jeter par-dessus : Val.-Max. 9, 2, 4 ¶ **2** dépasser, franchir : Plin. 9, 54.

sŭpĕrjactus, ⓥ▶ superjacio ▶.

sŭpĕrjectĭō, ōnis, f. ¶ **1** action de jeter dessus : Arn. 3, 14 ¶ **2** hyperbole [rhét.] : Quint. 8, 6, 67.

1 sŭpĕrjectus, ⓥ▶ superjacio.

2 sŭpĕrjectŭs, ūs, m., action de jeter sur : Itin. Alex. 33 (77) ǁ acte de saillir, saillie : Col. 6, 36, 4.

sŭpĕrjūmentārĭus, ii, m., inspecteur des haras : Suet. Cl. 2.

sŭpĕrlābŏr, bĕrĭs, bī, -, intr., glisser au-dessus [astres] : Sen. Ep. 90, 42, cf. Sidon. Ep. 1, 2, 5 ǁ s'écouler sur [une petite canalisation] : Aug. Ord. 1, 4, 11.

sŭpĕrlăcrĭmō, ās, āre, -, -, intr., pleurer sur [en parlant de la sève de la vigne] : Col. 4, 24, 16.

sŭpĕrlātĭo, ōnis, f. (superfero) ¶ **1** exagération, hyberbole [rhét.] : Her. 4, 44 ; *superlatio veritatis* Cic. de Or. 3, 303 ; Quint. 9, 2, 3, même sens ǁ le plus haut degré de : Apul. Plat. 2, 16 ¶ **2** [gram.] le superlatif : Quint. 1, 5, 45 ǁ action d'être porté sur [en parlant de l'Esprit de Dieu sur les eaux] : Aug. Gen. imp. 4, p. 469, 12.

sŭpĕrlātīvē, adv., au superlatif : Char. 113, 2.

sŭpĕrlātīvus, a, um, superlatif : Char. 112, 16 ǁ hyperbolique, exagéré : Isid. 2, 21, 16 ǁ qui sert à exprimer le superlatif : Diom. 417, 24.

sŭpĕrlātus, a, um, part. de superfero, adj., qui est au-dessus de tout : Aug. Conf. 3, 2, 3.

sŭpĕrlaudābĭlis, e, souverainement louable : Vulg. Dan. 3, 53 ; 54.

sŭpĕrlex, ⓥ▶ supellex : Arn. 2, 40.

sŭpĕrlĭgō, ās, āre, -, -, tr., lier au-dessus : M.-Emp. 14, 53.

sŭpĕrlīmĕn, ĭnis, n., linteau d'une porte : CIL 11, 4123 ǁ **sŭpĕrlīmĭnāre**, is, n., Vulg. Exod. 12, 22.

sŭpĕrlĭnĭō, īs, īre, -, -, tr., appliquer comme enduit [sur qqch.] : Iren. 5, 15, 2 ; Pall. 11, 14, 7.

sŭpĕrlĭnītĭō, ōnis, f., action d'appliquer comme enduit [liniment] : M.-Emp. 8, 84.

sŭpĕrlĭnō, ĭs, ĕre, lēvī, lĭtum, tr., oindre par-dessus, appliquer sur [comme enduit] : Plin. 27, 41 ; 22, 103.

sŭpĕrlĭtĭō, ōnis, f. (superlino), liniment : M.-Emp. 8, 127.

sŭpĕrlĭtus, a, um, part. de superlino.

sŭpĕrlŭcrŏr, ārĭs, ārī, ātus sum, tr., gagner en plus : Vulg. Matth. 25, 20.

sŭpĕrlūgĕō, ēs, ēre, -, -, tr., déplorer en plus : Aug. Job 27.

sŭpĕrmandō, ĭs, ĕre, -, -, tr., manger par-dessus : Plin. 31, 65.

sŭpĕrmĕō, ās, āre, -, -, tr. ¶ **1** couler par-dessus : Plin. 2, 214 ¶ **2** [abst, fig.] passer par-dessus : Solin. 37, 8.

sŭpĕrmētĭŏr, īrĭs, īrī, mensus sum, tr., mesurer (distribuer) largement : Tert. Anim. 38, 3.

sŭpĕrmĭcō, ās, āre, -, -, intr., briller au-dessus : Avien. Arat. 845.

sŭpĕrmiscĕō, ēs, ēre, -, -, tr., mêler en plus : VL. Os. 4, 2.

sŭpĕrmittō, ĭs, ĕre, mīsī, -, tr., jeter sur, mettre par-dessus : Just. 12, 14, 9 ; Apic. 1.

sŭpĕrmŏlāris lăpis, meule tournante : Ambr. Tob. 21, 83.

sŭpĕrmōlĭŏr, īrĭs, īrī, ītus sum, intr., se démener (se dépenser) au plus haut point : Itin. Alex. 46 (104).

sŭpĕrmundānus, a, um (super mundum), qui est au-dessus du monde, céleste : Rust. d. Concil. S. 1, 3, p. 73, 27.

supermundialis

sŭpermundĭālis, *e*, qui est au-dessus de ce monde, céleste : TERT. *Anim.* 18, 3.

sŭpermūnĭō, *īs*, *īre*, -, -, tr., garantir par en haut : COL. 9, 7, 4.

sŭpermūtātĭō, *ōnis*, f., nouveau changement : AUG. *Serm.* 94, 2 Mai.

sŭpernās, *ātis*, m., f., n. (*supernus*), qui vient d'en haut, de la mer Supérieure, de l'Adriatique : PLIN. 15, 40 ; 16, 197 ; ▶ *infernas* ‖ subst. m., vent qui souffle de l'Adriatique [vent d'est] : VITR. 1, 6, 10.

sŭpernāscŏr, *scĕrĭs*, *scī*, *nātus sum*, intr., naître en plus, s'ajouter : FORT.-RHET. 1, 18 ‖ croître par-dessus [en parlant de la chair sur les os dans la vision d'Ézéchiel] : PAUL.-NOL. *Carm.* 31, 320.

sŭpernătō, *ās*, *āre*, *āvī*, -, intr., flotter sur [dat.] APUL. *M.* 6, 29 ‖ surnager, venir à la surface : COL. 12, 9, 2 ; PLIN. 7, 65 ; 28, 134.

sŭpernātus, *a*, *um*, né par-dessus, survenu [excroissance] : CELS. 8, 2, 1 ; PLIN. 19, 45.

sŭpernāvĭgō, *ās*, *āre*, -, -, intr., naviguer sur : GLOSS. 2, 310, 19.

sŭpernē, adv. (*surpernus*), d'en haut, de dessus : LUCR. 1, 1105 ; LIV. 1, 25, 12 ‖ en haut, par en haut : HOR. *P.* 4 ; *S.* 2, 7, 64 ‖ vers le haut : VIRG. *En.* 6, 658 ; PLIN. 19, 76. ▶ finale brève : LUCR. 1, 496 ; 4, 439 ; 6, 544 ; HOR. *O.* 2, 20, 11.

sŭpernexīvus, *a*, *um*, qui sert à associer [deux assertions : *similiter*] : PS. ASPER 5, 553, 22.

sŭpernĭtās, *ātis*, f. (*supernus*), élévation, hauteur, grandeur : TERT. *Val.* 7, 1.

sŭpernō, *ās*, *āre*, -, - (*super*, *no*), intr., nager par-dessus : MACR. *Sat.* 7, 12, 14 ; GELL. 9, 9, 15.

sŭpernōmĭnō, *ās*, *āre*, -, -, tr., nommer après, surnommer : TERT. *Apol.* 18, 5.

sŭpernŭmĕrārĭus, *a*, *um*, surnuméraire : VEG. *Mil.* 3, 18.

sŭpernŭmĕrō, *ās*, *āre*, -, -, tr., énumérer : PRIMAS. 3, 9, 16.

sŭpernus, *a*, *um* (*super*), placé en haut, d'en haut, supérieur : LUCR. 5, 647 ; OV. *M.* 15, 128 ; GELL. 2, 30, 9 ‖ *ex supernis* GELL. 9, 1, 2 ; *de supernis* VITR. 10, 7, 3, d'en haut, du haut ‖ céleste, divin : GREG.-M. *Ezech.* 2, 5, 4 ‖ les choses divines [oppos. à *terrena*] : CASSIOD. *Var.* 1, 10, 3.

sŭpĕrō, *ās*, *āre*, *āvī*, *ātum* (*super* ; esp. *sobrar*), intr. et tr.

> I intr. ¶ 1 "s'élever au-dessus"
> ¶ 2 [fig.] "être supérieur, surabonder, être de reste, survivre".
> II tr. ¶ 1 "aller au-delà" ¶ 2 "doubler un cap" ¶ 3 [fig.] "surpasser, vaincre".

I intr. ¶ 1 s'élever au-dessus : *capite* VIRG. *En.* 2, 219, dépasser de la tête ¶ 2 [fig.] *a)* être supérieur, avoir le dessus, l'emporter : *virtute nostri milites superabant* CAES. *G.* 3, 14, nos soldats l'emportaient par la vaillance, cf. CAES. *G.* 1, 40 ; NEP. *Ages.* 3, 6 ; LIV. 9, 32, 7 ; 29, 30, 8 ; *superat sententia Sabini* CAES. *G.* 5, 31, 3, l'avis de Sabinus prévaut *b)* être en abondance, à profusion, surabonder ; *pecunia superabat* CIC. *Or.* 224, l'argent abondait ; *uter est divitior ? cui deest an cui superat ?* CIC. *Par.* 49, lequel des deux est le plus riche ? celui qui n'a pas assez ou celui qui a en trop ; *alicui divitiae superant* C. 20, 11, qqn regorge de richesses, cf. SALL. *J.* 64, 1 ; *de eo quod ipsis superat aliis gratificari volunt* CIC. *Fin.* 5, 42, ils veulent sur ce qu'ils ont de trop faire des cadeaux aux autres *c)* être de reste, rester : *si quod superaret pecuniae rettulisses* CIC. *Verr.* 3, 195, si tu avais rapporté l'excédent de l'argent ; *quae Jugurthae superaverant* SALL. *J.* 70, 2, ce qui pour Jugurtha restait à faire ; *si de quincunce remota est uncia, quid superat ?* HOR. *P.* 328, si de cinq onces on retire une once, que reste-t-il ? ; *nihil ex raptis commeatibus superabat* LIV. 22, 40, 8, il ne restait rien des approvisionnements pillés ; *aliquot horis die superante* LIV. 29, 7, 7, plusieurs heures restant avant la fin du jour ‖ *uter eorum vita superarit* CAES. *G.* 6, 19, 2, celui des deux qui survit ; [poét.] *captae superavimus urbi* VIRG. *En.* 2, 643, nous avons survécu à la prise de la ville.

II tr. ¶ 1 aller au-delà, dépasser, franchir : *summas ripas fluminis* CAES. *C.* 1, 48, 2, dépasser les rives les plus élevées du fleuve, cf. CAES. *C.* 1, 69, 3 ; CIC. *Tusc.* 1, 43 ; *Tauro monte superato* LIV. 35, 13, 4, ayant franchi le mont Taurus ; *turris, quae superare fontis fastigium posset* HIRT. *G.* 8, 41, 5, une tour qui pût dominer le départ de la source ¶ 2 doubler un cap : LIV. 26, 26, 1 ; 30, 25, 6 ; TAC. *An.* 15, 46 ¶ 3 [fig.] *a)* surpasser, dominer, l'emporter sur : *aliquem virtute* CIC. *Planc.* 6, surpasser qqn en vertu, cf. CIC. *Tusc.* 1, 3 ; *Fam.* 1, 9, 16 ; NEP. *Alc.* 11, 2 ; *summam spem civium incredibili virtute* CIC. *Lae.* 11, surpasser par son mérite extraordinaire les plus hautes espérances de ses concitoyens ; *celeritate* CIC. *Q.* 1, 1, 1, dépasser en vitesse ; *omnes in ceteris artibus* NEP. *Epam.* 2, 2, surpasser tout le monde dans les autres sciences ; *falsa vita moresque mei superant* SALL. *J.* 85, 27, le faux, ma vie et mon caractère le réfutent victorieusement [sont au-dessus de la calomnie] *b)* vaincre, triompher de, battre : *maximas nationes* CAES. *G.* 3, 28, 2, battre les plus puissantes nations, cf. CAES. *G.* 1, 40, 6 ; *bello superati* CAES. *G.* 1, 45, vaincus à la guerre ; *terra marique superati* CIC. *Cat.* 2, 29, vaincus sur terre et sur mer, cf. CIC. *Pomp.* 55 ; *varietates injuriasque fortunae veterum philosophorum praeceptis instituta vita superabat* CIC. *Fin.* 4, 17, une vie formée par les préceptes des anciens philosophes surmontait les vicissitudes et les injustices de la fortune.

sŭpĕrobductus, *a*, *um* (*super*, *obduco*), mis par-dessus : PAUL.-NOL. *Carm.* 25, 110.

sŭpĕrobrŭō, *ĭs*, *ĕre*, *rŭī*, *rŭtum*, tr., accabler par-dessus = écraser sous : PROP. 4, 91 ; *superobrutus* AUS. *Epit.* 26 (242), 3, écrasé.

sŭpĕrobumbrō, *ās*, *āre*, -, -, tr., ombrager d'en haut : MERCAT. *Cyr. inc.* 14.

sŭpĕroccĭdens, *tis*, adj., qui se couche après : MACR. *Somn.* 1, 18, 10.

superoccupō, *ās*, *āre*, -, -, tr., surprendre qqn (en fondant sur lui) : VIRG. *En.* 10, 384, [mais plutôt en deux mots].

sŭpĕrŏpĕrĭō, *īs*, *īre*, -, -, tr., recouvrir : PROSP. *Psalm.* 105, 17.

sŭpĕrordĭnātĭō, *ōnis*, f., choix d'un évêque en remplacement d'un autre déjà choisi : AMBR. *Ep.* 12, 5.

sŭpĕrordĭnō, *ās*, *āre*, -, -, tr., surajouter : VULG. *Gal.* 3, 15.

sŭperpartĭcŭlāris, *e* (*particula*), superpartiel, qui contient un nombre plus une fraction de ce nombre : CAPEL. 7, 761.

sŭperpartĭcŭlārĭtās, *ātis*, f., qualité d'un nombre superpartiel : BOET. *Arith.* 1, 32, 17.

sŭperpartiens numerus, m., ⊂ *superparticularis* : CAPEL. 7, 762.

sŭperpendens, *tis*, suspendu au-dessus : LIV. 37, 27, 7.

sŭperpĕtō, *ĭs*, *ĕre*, -, -, tr., demander en surplus : *PS. FORT. *Leob.* (20) 6.

sŭperpictus, *a*, *um*, part. de *superpingo*.

sŭperpingō, *ĭs*, *ĕre*, -, -, tr., peindre par-dessus : AVIEN. *Arat.* 906 ; SOLIN. 17, 8.

sŭperplaudō, *ĭs*, *ĕre*, -, -, intr., battre [des ailes] par-dessus : SOLIN. 2, 49.

sŭperpollŭō, *ĭs*, *ĕre*, -, -, tr., souiller par-dessus [fig.] : VULG. 4 *Esdr.* 15, 6.

sŭperpondĭum, *ii*, n., excédent de poids : APUL. *M.* 7, 18.

sŭperpōnō, *ĭs*, *ĕre*, *pŏsŭī*, *pŏsĭtum*, tr. ¶ 1 placer, appliquer, mettre sur ; *aliquid alicui rei*, qqch. sur qqch. : LIV. 1, 34, 9 ; SUET. *Cl.* 20 ‖ *Galatia superposita* PLIN. 5, 146, la Galatie située au-dessus ¶ 2 [fig.] *a)* préposer, mettre à la tête de : LIV. *Frg.* 21 (22), 9 ; HIER. *Tit.* 1, 5 *b)* mettre au-dessus, préférer : *aliquid alicui rei* SEN. *Ep.* 58, 13 *c)* placer avant : *aliquid alicui rei* QUINT. 9, 4, 25 ; COL. 3, 10, 7 *d)* laisser de côté : COL. 3, 10, 7.

sŭperpŏsĭtĭō, *ōnis*, f., paroxysme [maladie] : CAEL.-AUR. *Chron.* 2, 13, 179.

sŭperpŏsĭtus, *a*, *um*, part. de *superpono*, subst. m. ‖ chef : VL. *Lev.* 18, 21.

sŭperpostŭlātĭō, *ōnis*, f., demande en surcroît : COD. TH. 7, 4, 28.

sŭperpŏsŭī, parf. de *superpono*.

sŭperprōjĭcĭō, *ĭs, ĕre,* -, -, tr., appliquer sur : Cass. Fel. 30, p. 60, 15.

sŭperquădrĭpartĭens, *tis* et **sŭperquădrĭquintus,** *a, um,* qui contient un nombre et les quatre cinquièmes de ce nombre (9 vs 5, 18 vs 10) : Boet. Arith. 1, 28, 9.

sŭperquartus, *a, um,* qui contient un nombre et le quart de ce nombre (cinq par rapport à quatre) : Capel. 5, 761.

sŭperquătĭō, *ĭs, ĕre,* -, -, tr., agiter violemment au-dessus : Avien. Arat. 1205.

sŭperquintus, *a, um,* qui contient un nombre et le cinquième de ce nombre (six par rapport à cinq) : Capel. 7, 761.

sŭperrāsus, *a, um,* rasé en dessus : Plin. 22, 104.

sŭperrĕvertŏr, *tĕris, tī, versus sum,* intr., revenir : VL. Deut. 24, 19.

sŭperrīdĕō, *ēs, ēre,* -, -, intr., rire [de qqch., avec dat] : VL. Prov. 1, 26.

sŭperrĭmus, v. *super* ►.

sŭperrŭō, *ĭs, ĕre,* -, - ¶ 1 intr., se précipiter sur, tomber sur : Amm. 16, 12, 53 ; [dat.] Apul. M. 2, 26 ¶ 2 tr., Apul. M. 1, 16.

sŭperrŭtĭlō, *ās, āre,* -, -, intr., briller au-dessus : Prud. Perist. 3, 196.

sŭpersăpĭō, *ĭs, ĕre,* -, -, intr., être le plus sage : Tert. Anim. 18, 2.

sŭperscandō, *ĭs, ĕre,* -, -, tr., escalader par-dessus, franchir : Liv. 7, 36, 2 ǁ [fig.] Col. 11, 3, 7 ǁ **sŭperscendo,** Tert. Paen. 10, 4 ǁ dépasser : Tert. Nat. 1, 7, 17.

sŭperscrībō, *ĭs, ĕre, scrīpsī, scriptum,* tr. ¶ 1 écrire par-dessus, mettre à titre d'inscription : Modest. Dig. 50, 10, 4 ; Schol. Juv. 6, 123 ¶ 2 ajouter comme remarque que [avec prop. inf.] : Ulp. Dig. 28, 4, 1 ¶ 3 écrire par-dessus, surcharger : Plin. Ep. 7, 12, 3 ; Gell. 20, 6, 14 ; Suet. Ner. 5, 2.

sŭperscriptĭō, *ōnis,* f., inscription : Vulg. Matth. 22, 20 ǁ épigraphe [d'un psaume] : Hil. Matth. 63, 1.

sŭpersĕdĕō, *ēs, ēre, sēdī, sessum,* intr. et tr. ¶ 1 être assis sur, être posé sur : *elephanto* Suet. Ner. 11, être assis sur un éléphant ǁ [avec acc.] Apul. M. 11, 11 ¶ 2 présider : *alicui rei* Cat. Agr. 5, 1 ¶ 3 [fig.] se dispenser de, s'abstenir de **a)** *a proelio* Caes. G. 2, 8, 1, s'abstenir de combattre ; *labore itineris* Cic. Fam. 4, 2, 4, s'épargner les fatigues d'un voyage ǁ [pass. impers.] *narratione supersedendum est* Cic. Inv. 1, 30, il faut supprimer la narration, cf. Cic. Inv. 1, 28 ; *supersederi litibus aequum est* Liv. 38, 51, 8, il convient qu'on fasse trêve, qu'on surseoie aux débats, cf. Liv. 6, 1, 12 ; 7, 27, 4 **b)** [avec dat.] B.-Afr. 75, 2 **c)** tr., *operam* Gell. 2, 29, 13, ne pas accorder son concours ; *haec causa non visa est supersedenda* Her. 2, 26, ce procès n'a pas paru devoir être remis **d)** [avec inf.] : *supersedissem loqui* Liv. 21, 40, 1, je me serais dispensé de parler, cf. Liv. 4, 7, 8 ; 34, 59, 2 ; Tac. An. 15, 63 ; Plin. Ep. 5, 7, 5.

sŭpersellĭum, *ii,* n. (*super sellam*), housse : Vit. Caes.-Arel. 2, 2, 29.

sŭpersēmĭnātŏr, *ōris,* m. (*supersemino*), celui qui sème par-dessus : Tert. Anim. 16, 7.

sŭpersēmĭnō, *ās, āre, āvī, ātum,* tr., semer par-dessus : Hier. Ep. 30, 14.

sŭpersĕrō, *ĭs, ĕre, sēvī,* -, tr., semer par-dessus : Hil. Psalm. 127, 11 ; Arn.-J. Psalm. 55.

sŭpersessus, *a, um,* part. de *supersedeo.*

sŭpersextus, *a, um,* qui est dans le rapport de sept à six : Capel. 7, 761.

sŭpersīdō, *ĭs, ĕre,* -, -, intr., s'asseoir sur : Amm. 25, 8, 2.

sŭpersignō, *ās, āre,* -, -, tr., clore [fig.], mettre les scellés sur : Vulg. 4 Esdr. 6, 19.

sŭpersĭlĭō, *ĭs, īre,* -, - (*super, salio*), tr., bondir par-dessus : Chalc. 220 ǁ intr., se percher sur : Col. 8, 3, 7.

sŭpersistō, *ĭs, ĕre, stĭtī,* -, tr., s'arrêter au-dessus de [avec acc.] : Apul. M. 8, 11 ; 11, 24 ; Amm. 29, 1, 31.

sŭpersorbĕō, *ēs, ēre,* -, -, tr., boire en outre : Placit. 5, 16 a, 29 b.

sŭperspargō (-spergō), *ĭs, ĕre,* -, *spersus,* tr., répandre sur : Arn. 7, 16 ǁ **superspersus,** *a, um,* parsemé de [avec abl.] : Solin. 27, 36 ; 30, 19.

superspērō, *ās, āre,* -, -, intr., espérer surtout en : Vulg. Psal. 118, 43.

sŭperspĭcĭō, *ĭs, ĕre,* -, -, intr., regarder au-delà : Solin. 1, 99.

sŭperstagnō, *ās, āre, āvī,* -, intr., former un lac : Tac. An. 1, 79.

sŭperstătūmĭnō, *ās, āre,* -, -, tr., établir comme lit (comme base) : Pall. 1, 9, 4.

sŭpersternō, *ĭs, ĕre, strāvī, strātum,* tr., étendre sur : *superstrati cumuli* Liv. 10, 29, 19, monceaux entassés par-dessus ǁ couvrir de : Amm. 16, 8, 10 ǁ seller, bâter : VL. Num. 22, 21.

sŭperstĕs, *ĭtis,* adj. (*super, sto,* cf. *antistes*) ¶ 1 qui est présent, témoin : Pl. Frg. 6 ; Fest. 394, 37 ; Cic. Mur. 26 ; Serv. En. 3, 339 ¶ 2 qui reste, qui subsiste, qui survit, survivant : Suet. Aug. 59 ; Quint. 6, pr. 6 ; Hor. O. 2, 2, 8 ; Ov. Tr. 3, 7, 50 ǁ [avec dat.] : *alicui* Cic. Nat. 2, 72, qui survit à qqn, cf. Cic. Fam. 6, 2, 3 ; Liv. 1, 34, 3 ; Tac. An. 5, 8 ǁ [avec gén.] : *utinam te non solum vitae, sed etiam dignitatis meae superstitem reliquissem* Cic. Q. 1, 3, 1, plût au ciel que je t'eusse laissé survivre non seulement à moi, mais encore à ma gloire, cf. Liv. 40, 8, 18 ; Quint. 6, pr. 4 ; Tac. An. 3, 4 ; G. 6.

sŭperstillō, *ās, āre,* -, -, tr., verser goutte à goutte sur : Apic. 101.

sŭperstĭtĭō, *ōnis,* f. (*supersto, statio*) ¶ 1 superstition : Cic. Nat. 1, 117 ; 2, 71 ; Div. 2, 148 ǁ pratique religieuse contraire aux usages reçus : Aug. Acad. 1, 1, 3 ¶ 2 [fig.] observation trop scrupuleuse : Quint. 4, 2, 85 ¶ 3 objet de crainte religieuse : Virg. En. 12, 817 ¶ 4 culte religieux, vénération : Sen. Ep. 95, 35 ; Just. 39, 3, 9 ; 41, 3, 4.

sŭperstĭtĭōsē, adv. (*supertitiosus*), superstitieusement : Cic. Nat. 3, 92 ; Div. 1, 126 ǁ trop scrupuleusement : Quint. 10, 6, 5.

sŭperstĭtĭōsus, *a, um* (*superstitio*) ¶ 1 superstitieux : Cic. Nat. 2, 72 ; Div. 2, 118 ; Liv. 6, 5, 6 ¶ 2 prophétique : Pl. Amp. 323 ; Ru. 1138 ; Enn. d. Cic. Div. 1, 66 ¶ 3 craintif, lâche : VL. Jud. 9, 4 ǁ **superstitiosior** Vulg. Act. 17, 22 ; **-sissimus** Tert. Scorp. 2, 13.

sŭperstĭtis, gén. de *superstes.*

sŭperstĭtō, *ās, āre,* -, - ¶ 1 intr., survivre : Pl. Pers. 331 ¶ 2 tr., faire durer : Enn. Tr. 250.

sŭperstō, *ās, āre, stĕtī,* - ¶ 1 intr., se tenir au-dessus : Liv. 10, 5, 11 ; 44, 9, 8 [avec dat.] se tenir sur : *columnis* Liv. 40, 2, 2, être placé sur des colonnes, cf. Liv. 10, 28, 9 ; 37, 27, 8 ¶ 2 tr., *aliquem* Virg. 10, 540, se dresser au-dessus de qqn, cf. Ov. H. 10, 123 ; Stat. Th. 2, 713.

sŭperstrātus, *a, um,* part. de *supersterno.*

sŭperstringō, *ĭs, ĕre, strinxī, strictum,* tr., serrer, lier par-dessus : Apul. M. 11, 14.

sŭperstrŭō, *ĭs, ĕre, struxī, structum,* tr., bâtir par-dessus : Tac. An. 4, 62 ; [fig.] Quint. 1, 4, 5.

sŭpersubstantĭālis, *e,* quotidien [ἐπιούσιος] : Vulg. Matth. 6, 11.

sŭpersubstantīvus, *a, um,* adj., qui est plus qu'une substance ordinaire [le Christ qui a deux substances en deux natures] : Rust. Aceph. p. 1184 B.

sŭpersum, *es, esse, fŭī,* -, intr. ¶ 1 être de reste, rester, subsister : *nulli supersunt de inimicis* Cic. Marc. 21, il ne reste plus d'ennemis ; *non multum aestatis supererat* Caes. G. 5, 22, 4, il ne restait pas beaucoup de l'été [l'été tirait à sa fin], cf. Caes. G. 1, 23 ; C. 3, 51 ǁ [avec dat.] *quod satietati ejus superfuit* Cic. Verr. 1, 13, ce que sa satiété a laissé de restant, cf. Cic. Off. 2, 4 ; Rep. 1, 8 ; Liv. 21, 4, 7 ǁ *quod superest* Cic. Att. 9, 19, 3, pour le reste, au surplus, cf. Virg. En. 5, 691 ǁ *superest* [avec inf.] Liv. 44, 6, 14 ; Ov. M. 14, 145 ; F. 3, 675 ; [avec ut subj.] Plin. Ep. 1, 1, 2, il reste à ¶ 2 [en part.] survivre : *ex eo proelio circiter milia hominum centum et triginta superfuerunt* Caes. C. 3, 87 ; Poll. Fam. 10, 33, 5 ǁ [avec dat.] *rei publicae* Poll. Fam. 10, 33, 5, survivre à la république ; *patri* Liv. 1, 34, 2, survivre

supersum

à son père, cf. Liv. 27, 49, 9 ; 8, 11, 5 ¶ **3** être en surabondance : *verba mihi supersunt* Cic. *Fam.* 13, 63, 2, les mots m'arrivent en surabondance ; *cui tanta erat res et supererat ?* Ter. *Phorm.* 69, lui qui possédait tant d'argent et même en surabondance ? ; *adeo supererant animi ad sustinendam invidiam* Liv. 2, 27, 12, tant chez lui le courage surabondait pour affronter la haine, cf. Liv. 1 ; 6, 3 ; 2, 42, 9 ¶ **4** [poét.] être en quantité suffisante, suffire : *modo vita supersit* Virg. *G.* 3, 10, pourvu que je vive assez ; *labori superesse* Virg. *G.* 3, 127, suffire à une tâche ‖ *rei suae* Dig. 27, 10, 2 ; *negotiis suis superesse* Dig. 3, 1, 5, maîtriser, administrer son patrimoine ¶ **5** être de trop, être superflu : Cic. *de Or.* 2, 108 ¶ **6** assister, secourir : Aug. d. Suet. *Aug.* 56, cf. Gell. 1, 22, 1 ¶ **7** être au-dessus, dominer : Val.-Flac. 6, 760.

▶ fut. arch. *superescit*, Enn. *An.* 494 ; Acc. *Tr.* 266 ‖ tmèse : Pl. *Curc.* 85 ; Nep. *Alc.* 8, 1 ; Virg. *B.* 6, 6 ; *En.* 2, 567 ; Tac. *H.* 1, 20.

sŭpersūmō, *ĭs*, *ĕre*, -, -, tr., prendre par surcroît : Plin. Val. 1, 61 ; *M.-Emp. 17, 13.

sŭpersuspensus, *a*, *um*, suspendu au-dessus : Cael.-Aur. *Acut.* 3, 5.

sŭpertĕgō, *ĭs*, *ĕre*, *tēxī*, *tectum*, tr., couvrir au-dessus, abriter : Tib. 3, 2, 10 ; Col. 9, 14, 14 ; Apul. *M.* 11, 14.

sŭpertĕgŭlum, *i*, n. (*supertego*), coupole : Greg.-Tur. *Hist.* 5, 50.

sŭpertendō, *ĭs*, *ĕre*, -, -, tr., tendre au-dessus [dat.] : Aug. *Psalm.* 70, 12, 11 ‖ tendre en plus : Cael.-Aur. *Acut.* 2, 9, 49.

sŭperterrēnus, *a*, *um*, qui est sur la terre, terrestre : Tert. *Res.* 49, 5.

sŭperterrestris, *e*, adj., terrestre : Iren. 2, 7, 3.

sŭpertertĭus, *a*, *um*, qui contient un nombre et le tiers de ce nombre (4 vs 3) : Capel. 7, 761.

sŭpertexō, *ĭs*, *ĕre*, -, -, tr., recouvrir [comme d'un tissu] : Avien. *Or.* 127.

sŭpertollō, *ĭs*, *ĕre*, -, -, tr., élever au-dessus : Commod. *Instr.* 2, 19, 2.

sŭpertrăhō, *ĭs*, *ĕre*, -, -, tr., traîner par-dessus : Plin. 18, 173.

sŭpertransĕō, *īs*, *īre*, *ĭī*, *ĭtum*, tr., passer par-dessus, dépasser : Ambr. *Psalm.* 37, 29.

sŭpertrĭpartĭens, *tis*, **sŭpertrĭquartus**, *a*, *um*, qui contient un nombre et les trois quarts de ce nombre (7 vs 4) : Boet. *Arith.* 1, 28, 9.

sŭperturbō, *ās*, *āre*, -, -, tr., bouleverser [qqn] : Ambr. *Psalm.* 118, 17, 27.

1 **Sŭpĕrum**, gén. pl. de *Superi*.

2 **sŭpĕrŭm-**, V. *superhum-*.

sŭperunctĭō, *ōnis*, f. (*superungo*), fomentation, liniment (à la surface) : Cael.-Aur. *Acut.* 3, 4, 34.

sŭperunctus, *a*, *um*, part. de *superungo*.

sŭperundō, *ās*, *āre*, -, -, intr., déborder (surabonder) de [abl.] : Paul.-Nol. *Carm.* 18, 102.

sŭperungō, *ĭs*, *ĕre*, *unxī*, *unctum*, tr., enduire (oindre) par-dessus : Cels. 7, 7, 1 ; Ambr. *Ep.* 80, 4.

sŭperurgens, *tis* (*super*, *urgeo*), qui presse d'en haut : Tac. *An.* 2, 23.

sŭpĕrus, *a*, *um* (*super*) ¶ **1** qui est au-dessus, qui est en haut, d'en haut, supérieur : *superi dii* Cic. *Lae.* 12, les dieux d'en haut ; *superae res* Cic. *Nat.* 2, 140, les choses du ciel, le ciel ; *mare Superum* Cic. *de Or.* 3, 69, la mer Supérieure [mer Adriatique], *Superum* seul Cic. *Att.* 9, 5, 1 ‖ *de supero* Pl. *Amp.* 1001 ; *ex supero* Lucr. 2, 227, d'en haut ‖ **Sŭpĕri**, *um* (*ōrum*), m. pl., Virg. ; Hor. ; Ov., les dieux d'en haut ‖ **sŭpĕra**, *ōrum*, n. pl., les choses d'en haut, les astres : Cic. *Ac.* 2, 123, ou les régions supérieures, les hauteurs : Cic. *Tusc.* 1, 42 ¶ **2** qui est en haut par rapport aux enfers, qui occupe la région supérieure = la terre : Virg. *En.* 7, 562 ; 6, 128 ; 6, 680 ; d'où *superi*, ceux d'en haut, les hommes, le monde : Virg. *En.* 6, 481 ; Vell. 2, 48, 2 ; Val.-Flac. 1, 792.

▶ nom. *super*, Cat. *Agr.* 49, 1 ‖ *superrimus = supremus* Varr. *L.* 6, 5 ; *superrumus* Varr. *L.* 7, 51.

sŭpervăcānĕō, adv., ⬧ *supervacuo* : Front. *Caes.* 4, 3, 7, p. 65 N.

sŭpervăcānĕus, *a*, *um* (*super*, *vacuus*) ¶ **1** qui est en plus, en surplus : Cat. *Agr.* 12 ; *supervacaneum opus* Cic. *CM* 56, travail dans les moments de loisir ¶ **2** surabondant, inutile, superflu : Cic. *Att.* 16, 2, 5 ; *Fam.* 3, 5, 1 ; Liv. 22, 39, 1 ; *nihil supervacaneum* Cic. *Nat.* 1, 121, rien de superflu, cf. Cic. *Nat.* 1, 99 ‖ *supervacaneum est* avec inf., Sall. *C.* 51, 19, il est inutile de ; *pro supervacaneo haberi* Liv. 10, 24, 12, passer pour être de trop.

sŭpervăcō, *ās*, *āre*, -, -, intr., surabonder, être de trop : Gell. 1, 22, 3.

sŭpervăcŭē, adv., ⬧ *supervacuo* : Vulg. *Psal.* 24, 4.

sŭpervăcŭĭtās, *ātis*, f., vanité, néant : Vulg. *Sap.* 14, 14.

sŭpervăcŭō, adv., surabondamment, sans nécessité, inutilement : Plin. 11, 87.

sŭpervăcŭus, *a*, *um* (*super*, *vaco*), surabondant, superflu, inutile : Hor. *Ep.* 1, 15, 3 ; P. 337 ; Quint. 2, 8, 8 ; 3, 6, 65 ; n. pl., **supervăcŭa**, Quint. 12, 8, 7, des choses inutiles ‖ *supervacuum est* avec inf., il est inutile de : Sen. *Brev.* 6, 3 ; Plin. *Ep.* 7, 17, 5 ‖ *ex supervacuo* Liv. 2, 37, 8 ; *in supervacuum* Sen. *Marc.* 1, 6 ; *Ep.* 70, 18, inutilement ‖ méprisable, sans valeur : Vulg. *Sap.* 11, 16.

sŭpervādō, *ĭs*, *ĕre*, -, -, tr., franchir, escalader : Sall. *J.* 75, 2 ; Liv. 32, 24, 5.

sŭpervăgānĕa ăvis, f. (*supervagor*), oiseau qui se fait entendre d'en haut : P. Fest. 397, 1.

sŭpervăgor, *āris*, *ārī*, *ātus sum*, intr., s'étendre trop [vigne] : Col. 4, 22, 4.

sŭpervălĕō, *ēs*, *ēre*, -, -, intr., être plus fort, plus puissant : Vulg. *Eccli.* 43, 32.

sŭpervălescō, *ĭs*, *ĕre*, -, -, intr., devenir plus fort, plus puissant : Vulg. 4 *Esdr.* 15, 31.

sŭpervectŏr, *āris*, *ārī*, - (fréq. de *supervehor*), pass., être transporté sur : *Tert. *Bapt.* 4, 1.

sŭpervĕhŏr, *vĕhĕris*, *vehī*, *vectus sum*, pass., avec acc., être transporté au-delà de, franchir : *montem* Catul. 66, 43, franchir une montagne ‖ doubler un cap : Liv. 42, 48, 7 ‖ *supervectus* Gell. 16, 11, 7, transporté par-dessus.

sŭpervĕnĭō, *īs*, *īre*, *vēnī*, *ventum* ¶ **1** venir par-dessus **a)** tr., *unda supervenit undam* Hor. *Ep.* 2, 2, 176, un flot vient par-dessus un flot ; *crura loquentis terra supervenit* Ov. *M.* 10, 490, comme elle parlait encore la terre vint couvrir ses jambes **b)** intr., avec dat. : *lapso supervenit* Virg. *En.* 12, 356, il tombe [se jette] sur son ennemi abattu **c)** saillir : Col. 6, 24, 3 ; Plin. 10, 174 ¶ **2** intr., survenir **a)** [abs¹] *superveniunt legati* Curt. 3, 1, 9, sur ces entrefaites arrivent des ambassadeurs, cf. Liv. 30, 25, 9 ‖ arriver en outre, par surcroît : Liv. 2, 6, 10 ; 27, 28, 17 **b)** [avec dat.] arriver comme appui, comme secours pour qqn : *timidis supervenit Aegle* Virg. *B.* 6, 20, Églé vient en aide aux jeunes gens timides, cf. Liv. 42, 56, 5 ‖ *huic laetitiae Quinctius supervenit* Liv. 34, 40, 7, à ces transports de joie l'arrivée de Quinctius apporta encore un surcroît **c)** surprendre : *munientibus supervenit Marcellus* Liv. 24, 35, 9, ils travaillaient à se retrancher quand Marcellus les surprit, tomba sur eux, cf. Liv. 28, 7, 7 ¶ **3** tr., dépasser : Col. 8, 7, 5 ; Stat. *Th.* 2, 298.

sŭperventĭō, *ōnis*, f., apparition soudaine : Chrysol. *Serm.* 12, p. 223 B.

sŭperventōres, *um*, m. pl. (*supervenio*), troupes de réserve [pour attaques soudaines] : Amm. 18, 9, 3.

sŭperventŭs, *ūs*, m. (*supervenio*), venue subite, arrivée imprévue : Tac. *H.* 2, 54 ; Plin. 7, 64 ‖ surprise [de guerre] : Veg. *Mil.* 3, 8.

sŭpervestīmentum, *i*, n., vêtement de dessus : Hier. *Ep.* 29, 4.

sŭpervestĭō, *īs*, *īre*, -, *ītus*, tr., recouvrir, revêtir : Aug. *Civ.* 14, 3 ; Arn.-J. *Psalm.* 38.

sŭpervincō, *ĭs*, *ĕre*, -, -, tr., vaincre, triompher de : Cassiod. *Eccl.* 6, 46.

sŭpervīvō, *ĭs*, *ĕre*, *vīxī*, -, intr., survivre ; *alicui*, *alicui rei*, à qqn, à qqch. : Just. 28, 3, 3 ; Plin. *Ep.* 2, 1, 2.

sŭpervŏcō, *ās, āre, -, -*, tr., appeler en plus [fig.], faire intervenir : Hil. *Psalm.* 41, 11.

sŭpervŏlĭtō, *ās, āre, āvī, -* (fréq. de *supervolo*), tr., voltiger au-dessus : Virg. *B.* 6, 81 ; Tac. *H.* 3, 56.

sŭpervŏlō, *ās, āre, -, -* ¶ 1 intr., voler au-dessus, dans les airs : Plin. 8, 36 ‖ voler par-dessus [en parl. d'un trait] : Virg. *En.* 10, 522 ¶ 2 tr., Ov. *M.* 4, 624.

sŭpervolvō, *is, ĕre, volvī, vŏlūtum*, tr., rouler au-dessus : Avien. *Arat.* 971.

Sŭpīnālis, *e* (*supinus*), qui peut tout renverser [épithète de Jupiter] : Aug. *Civ.* 7, 11.

sŭpīnātĭo, *ōnis*, f. (*supino*), renvoi des aliments : Cael.-Aur. *Chron.* 4, 3, 64.

sŭpīnātus, *a, um*, part. de *supino*.

sŭpīnē, adv. (*supinus*), avec nonchalance : Sen. *Ben.* 2, 24, 3.

sŭpīnĭtās, *ātis*, f. (*supinus*), posture de qqn qui se renverse en arrière, position renversée : Quint. 11, 3, 122.

sŭpīnō, *ās, āre, āvī, ātum* (*supinus*), tr., renverser sur le dos, renverser en arrière : *aliquem in terga* Stat. *Th.* 6, 789, renverser qqn sur le dos ; *supinata testudo* *Sen. *Ep.* 121, 8, tortue retournée ‖ *manus supinata* Quint. 11, 3, 100, main renversée ‖ retourner [la terre] : Virg. *G.* 2, 261 ‖ [poét.] *nasum nidore supinor* Hor. *S.* 2, 7, 38, je lève mon nez en l'air à cause de l'odeur [l'odeur me fait lever le nez en l'air].

sŭpīnus, *a, um* (*sub*, cf. ὕπτιος ; a. fr. *sovin*) ¶ 1 tourné vers le haut, penché en arrière : *motus supinus* Cic. *Div.* 1, 120, renversement du corps en arrière ; *supina ora* Cic. *Tim.* 49, visage renversé en arrière ‖ tourné en arrière, tourné vers le haut : *supinae manus* Virg. *En.* 3, 176, mains renversées [pour supplier] ; *supino jactu* Liv. 30, 10, 13, en lançant de bas en haut ‖ couché sur le dos : Hor. *S.* 1, 5, 19 ; Plin. 32, 41 ; Suet. *Aug.* 16 ; *supina testudo* *Sen. *Ep.* 121, 8, tortue retournée ¶ 2 **a)** tourné en sens inverse, qui reflue, qui rétrograde : Ov. *Pont.* 4, 5, 43 ; *supinum carmen* Mart. 2, 86, 1, vers qui garde le même mètre lu à rebours **b)** [lieux] incliné, qui va en pente douce : Liv. 4, 46, 5 ; 6, 24, 3 ; Quint. 12, 10, 79 ; Virg. *G.* 2, 276 ; Hor. *O.* 3, 4, 23 ‖ comme couché sur le dos, qui s'étend en surface : *supinum mare* Plin. 9, 2, la mer qui s'étale ¶ 3 [fig.] **a)** paresseux, nonchalant, négligent : Quint. 10, 2, 17 ; 11, 3, 3 **b)** qui renverse la tête en arrière, orgueilleux, guindé : Mart. 5, 8, 10 ; Pers. 1, 129 **c)** *supinum*, n., [gram.; forme du verbe en -*um* et en *u*], supin : Char. 175, 25 ; Prisc. 2, 412, 16 ; [forme en -*di*, -*do*, -*dum*], gérondif : Char. 175, 25 ; Prisc. 2, 425, 20 ‖ *supinior* Plin. 17, 214 ; Mart. 2, 6, 13.

supō (**sĭpō**, **suppō**), *ās, āre, -, -* (*dissipo*, cf. *sub*, *suppus*), tr., jeter : *supat jacit, unde dissipat, disicit* P. Fest. 407, 9, cf. 252, 10 ‖ *supp-* Acc. *Tr.* 180.

suppa, *ae*, f. (germ., cf. al. *saufen* ; fr. *soupe*, al. *Suppe*, an. *soup*), soupe : Orib. *Syn.* 9, 16.

suppactus, part. de *suppingo*.

suppaedăgōgus, [V.] *sub-*.

suppaenĭtet, *ēre* (*sub, paenitet*), impers., être un peu mécontent, avoir quelque regret : Cic. *Att.* 7, 14, 1.

suppaetŭlus, suppallĭdus, [V.] *sub-*.

suppalpŏr (**sub-**), *āris, ārī, -*, intr., flatter [en dessous], caresser [fig.](*alicui*) : Pl. *Mil.* 106 ; Symm. *Ep.* 1, 90, 2.

suppār, *ăris* (*sub, par*) ¶ 1 à peu près égal : *huic aetati suppares* Cic. *Brut.* 29, à peu près contemporains de cette époque ; *suppar aevum* Aus. *Epist.* 1 (390), 13, âge à peu près égal ¶ 2 à peu près conforme : Apul. *M.* 6, 24.

suppărăsītŏr (**sub-**), *āris, ārī, -*, intr., se comporter en parasite à l'égard de qqn, flatter, caresser (*alicui*) : Pl. *Amp.* 993 ; *Mil.* 348.

suppărātūra, *ae*, f. (*supparo*), reproduction [de la race] : Tert. *Res.* 61, 4.

suppărĭlĕ (**sub-**), *is*, n. (*sub, parilis*), paronomase [rhét.] : Carm. Fig. 109.

suppărō, *ās, āre, -, -* (*sub, 1 paro*), tr., arranger : Tert. *Anim.* 25, 9 ; Val. 4, 3 ‖ procurer, donner : Tert. *Marc.* 4, 34, 8.

suppartĭŏr, *īris, īrī, ītus sum* (*sub, partior*), tr., subdiviser : Iren. 1, 15, 5.

suppărum, *i*, n. (σίφαρος) ¶ 1 petite voile [qui surmonte la grande], voile de perroquet : Fest. 458, 14 ; Luc. 5, 428 ¶ 2 châle [de femme] : Luc. 2, 364 ; Fest. 406, 8 ; Tert. *Pall.* 4, 9 ¶ 3 bannière, flamme : Tert. *Apol.* 16, 8 ; [V.] *sipharus*.

suppărus, *i*, m., [C.] *supparum* ¶ 2 : Varr. *L.* 5, 131 ; P. Fest. 407, 6, cf. Nov. *Com.* 70 ; Afran. *Com.* 123 ; Pl. *Ep.* 232.

suppătĕō (**sub-**), *ēs, ēre, -, -*, intr., être ouvert en dessous : Apul. *M.* 8, 20 ‖ s'étendre au bas : Apul. *M.* 7, 24.

suppĕdānĕum scăbellum, Greg.-M. *Dial.* 1, 2, **suppĕdānĕum**, *i*, n., Lact. *Inst.* 4, 12, 17, marchepied.

suppĕdĭtātĭo, *ōnis*, f. (*suppedito*), abondance, affluence : Cic. *Nat.* 1, 111.

suppĕdĭtātus, *a, um*, part. de *suppedito*.

suppĕdĭtō (**subpĕd-**), *ās, āre, āvī, ātum* (*sub pedibus* / *pedes*, fréq.), intr. et tr.
I intr. ¶ 1 être en abondance à la disposition, être en quantité suffisante sous la main : *undique mihi suppeditat, quod... dicam* Cic. *Scaur.* 46, je trouve de tous côtés en abondance de quoi parler... ; *ne charta quidem tibi suppeditat* Cic. *Fam.* 7, 18, 2, tu n'as même pas de papier en suffisance, cf. Cic. *de Or.* 3, 124 ; *Brut.* 178 ; *Nat.* 1, 109 ; *cui si vita suppeditavisset* Cic. *Brut.* 245, s'il avait vécu suffisamment ; *parare, quae suppeditent ad victum* Cic. *Off.* 1, 12, se procurer de quoi fournir aux nécessités de la vie ¶ 2 [avec inf.] *dicere non suppeditat* Lucr. 3, 731, on ne saurait dire.
II tr. ¶ 1 fournir à suffisance, en abondance : *frumentum toti Italiae* Cic. *Verr.* 5, 99, fournir du blé à toute l'Italie ; *sumptum* Cic. *Agr.* 2, 32, fournir aux dépenses, cf. Cic. *Off.* 2, 42 ; Liv. 23, 48, 7 ; *omnium rerum abundantiam* Cic. *Lae.* 87, fournir une abondance de tous les biens ; *hortorum amoenitatem domus mihi suppeditat* Cic. *Q.* 3, 1, 14, ma maison me fournit le charme des jardins ¶ 2 [abs[t]] : *alicui sumptibus* Ter. *Haut.* 931, fournir aux dépenses de qqn, cf. Cic. *Att.* 14, 20, 3 ‖ [pass. impers.] Cic. *Att.* 14, 11, 2 ¶ 3 pass. **a)** *suppeditari aliqua re*, être fourni, pourvu en abondance de qqch. : Cic. *Cat.* 2, 25 **b)** *vix arvis suppeditati* Lucr. 2, 1162, à peine pourvus du nécessaire par les champs.

suppēdō (**sub-**), *is, ĕre, -, -* (*sub, 2 pedo*), intr., lâcher un petit pet : Cic. *Fam.* 9, 22, 4.

suppellex, [V.] *supellex* : Pl. *Poen.* 1145 ; 1146 [mss].

suppĕrĭor, *īris, īrī, ītus sum* (*sub, perior*, cf. *experior*), tr., subir : *Ulp. *Dig.* 11, 3, 9, 3.

suppernātus, *a, um* (*sub perna*), qui a les cuisses coupées, cul-de-jatte : Fest. 396, 22 ; P. Fest. 397, 7 ‖ [fig.] taillé, ébranché : Catul. 17, 19.

suppĕtĭae, *ārum*, f. pl. (*suppeto*), [seul[t] au nom. et acc.] aide, secours, assistance : Pl. *Ep.* 677 ; *Amp.* 1106 ; *alicui suppetias advenire* Pl. *Men.* 1026, arriver au secours de qqn ; *suppetias legionibus occurrere* B.-Afr. 39, courir au secours des légions.

suppĕtĭātŭs, *ūs*, m. (*suppetior*), aide, assistance : Non. 2, 47.

suppĕtĭlis, *e* (*suppetior*), qui aide : Itin. Alex. 76 (32).

suppĕtĭŏr, *āris, ārī, ātus sum*, intr., secourir, prêter assistance (*alicui*) : *Cic. *Att.* 14, 18, 2 ; Apul. *M.* 1, 14 ; 8, 20.

suppĕtĭum, *ĭi*, n., [C.] *suppetiae* : Commod. *Apol.* 1013.

suppĕtō (**subp-**), *is, ĕre, īvī* ou *ĭi*, *ītum* (*sub, peto*), intr. ¶ 1 être sous la main, à la disposition : *ne pabuli quidem satis magna copia suppetebat* Caes. *G.* 1, 16, 2, on ne disposait pas même d'une assez grande quantité de fourrage, cf. Caes. *G.* 1, 3, 1 ; *si cui haec suppetunt* Cic. *Off.* 1, 31, si qqn dispose de ces avantages ‖ être en abondance à la disposition : *mihi crimina non suppetunt* Cic. *Verr.* 1, 31, les chefs d'accusation ne sont pas en abondance à ma disposition ‖ [poét.] *novis ut suppetas doloribus* Hor. *Epo.* 17, 64, pour que tu sois exposé constamment à de nouvelles douleurs ¶ 2 être en quantité suffisante, suffire : *cotidianis sumptibus copiae suppetunt* Cic. *Tusc.* 5, 89, les ressources suffisent aux dépenses quotidiennes; *pauper non est, cui rerum suppetit usus* Hor. *Ep.* 1, 12, 4, il n'est pas pauvre celui qui dispose suffisamment des choses nécessaires à la vie ¶3 demander au nom de qqn : Ulp. *Dig.* 47, 2, 53, 11 ¶4 exiger hyprocritement, briguer en cachette: VL. 2 Macc. 4, 7; Aug. *Conf.* 10, 31, 44.

suppīlō (sub-), *ās, āre, -, ātum* (*sub* et *pilo*, cf. *compilo*), tr., voler, dérober: *aliquid* Pl. *Truc.* 566; *aliquid alicui* Pl. *Men.* 740; 803 ‖ voler, dépouiller qqn : Pl. *As.* 815; Pompon. d. Non. 13, 2; Caecil. d. Non. 12, 33.

▶ *suppeilo* Pl. *As.* 815.

1 suppingō, *ĭs, ĕre, pēgī, pactum* (*sub, pango*), tr. ¶1 ficher sous, enfoncer sous (*aliquid alicui rei*): Pl. *Trin.* 720; Symm. *Ep.* 1, 62 ¶2 garnir en dessous: *auro habere soccis subpactum solum* Pl. *Bac.* 332, avoir une semelle garnie d'or à ses souliers.

2 suppingō, *ĭs, ĕre, pinxī, pictum* (*sub, pingo*), tr., peindre un peu: Avien. *Arat.* 1454.

suppinguis, ▶ *sub-*.

supplantātĭō, *ōnis,* f. (*supplanto*), croc-en-jambe: ruses, pièges : Vulg. *Psal.* 40, 10 ‖ action de faire tomber: Cassian. *Coll. pr.* 5.

supplantātŏr, *ōris*, m. (*supplanto*), celui qui supplante: Hier. *Ep.* 69, 6.

supplantō (subp-), *ās, āre, āvī, ātum* (*sub planta*), tr. ¶1 faire un croc-en-jambe, *aliquem*, à qqn : Cic. *Off.* 3, 42 ; Sen. *Ep.* 13, 2, cf. Non. 36, 3 ¶2 renverser à terre : Plin. 17, 212 ¶3 [fig.] estropier les mots en parlant: Pers. 1, 35 ¶4 tromper: Vulg. *Jer.* 9, 4; Hier. *Is.* 4, 9, 8 ¶5 supplanter, prendre la place de : Vulg. *Gen.* 27, 36.

supplau-, ▶ *supplo-*.

supplēmentum (subpl-), *i*, n. (*suppleo*) ¶1 fait de compléter, complément : *in exercituum complementum* Liv. 29, 13, 8, en vue de compléter l'effectif des armées, cf. Liv. 28, 37, 4 [ou] *ad supplementum* Liv. 26, 47, 3 ; *supplementi nomine* Caes. C. 3, 4, 2, sous couleur de compléter les effectifs, cf. Caes. *G.* 7, 9, 1 ¶2 renfort: *supplementum mittere* Liv. 30, 20, 2, envoyer des renforts; *supplementum legionibus scribere* Cic. *Fam.* 3, 3, 1, recruter de quoi renforcer les légions ‖ aide, secours : Suet. *Aug.* 80; Apul. *M.* 2, 21.

supplĕō, *ēs, ēre, plēvī, plētum*, tr. (*sub, pleo*, cf. *expleo*; esp. *suplir*), compléter en ajoutant ce qui manque ¶1 Cat. *Agr.* 69; *bibliothecam* Cic. *Q.* 3, 4, 5, compléter une bibliothèque; *referendis praeteritis verbis scriptum* Cic. *de Or.* 2, 110, compléter un texte en rétablissant les mots omis; *legionem* Cic. *Phil.* 8, 27, compléter l'effectif d'une légion ; *remigio naves* Liv. 26, 39, 7, compléter les navires en rameurs; *inania moenia* Ov. *M.* 7, 628, remplir une enceinte vide ‖ *te illum usum provinciae supplere (voluerunt)* Cic. *Verr.* 4, 9, [nos ancêtres] ont voulu que tu satisfasses sur ce point à tes besoins de gouverneur de province ¶2 ajouter pour parfaire un tout : *supplete ceteros, honores et imperia meditantes* Cic. *Phil.* 12, 14, ajoutez [pour parfaire le compte] tous les autres qui n'aspirent qu'aux charges et aux commandements; *ex alio acervo, quantumcumque mensurae defuit, supplet* Col. 12, 10, en prenant dans un autre tas, il ajoute tout ce qui manque à la mesure ¶3 suppléer, remplacer : *exercitus damna* Tac. *An.* 1, 71, réparer les pertes de l'armée; *quod cessat ex reditu frugalitate suppletur* Plin. *Ep.* 2, 4, 3, ce qui manque du côté du revenu, la frugalité y supplée ‖ *vicem solis* Plin. *Ep.* 5, 6, 25, remplir l'office du soleil; *locum parentis* Sen. *Phaed.* 633, jouer le rôle de père ¶4 ▶ *impleo*, achever, accomplir: VL. *Matth.* 13, 35.

supplētĭō, *ōnis*, f., complément : Greg.-M. *Mor.* 34, 25 ‖ *suppletio diabolica* Cassian. *Coll.* 7, 31, possession diabolique.

supplētus, *a, um*, part. de *suppleo*.

supplex, *plĭcis*, adj. (*supplicium*, cf. *duplex*, 2 *plecto*; fr. *souple*), qui plie les genoux, qui se prosterne, suppliant **a)** [abs[t]] Cic. *Phil.* 2, 86; *Lig.* 13; *Pomp.* 21; *Cat.* 4, 18; *manus supplices* Cic. *Font.* 48, mains suppliantes; *supplicia verba* Cic. *Att.* 12, 32, 1, paroles suppliantes **b)** [avec dat.] *supplex judicibus non fuit* Cic. *Tusc.* 1, 71, il ne se présenta pas en suppliant devant les juges, cf. Cic. *de Or.* 1, 229; *me plurimis pro te supplicem abjeci* Cic. *Mil.* 100, pour toi, je me suis jeté en suppliant aux pieds d'un grand nombre de personnes; *cum Alcibiades Socrati supplex esset, ut...* Cic. *Tusc.* 3, 77, Alcibiade suppliant Socrate de... **c)** [pris subst[t]] Caes. *G.* 2, 28; Cic. *Lig.* 13 ; *vester est supplex* Cic. *Clu.* 200, il vous supplie, cf. Hor. *O.* 3, 10, 16; *supplex vestrae misericordiae* Cic. *Cael.* 79, qui implore votre pitié, cf. Nep. *Paus.* 4, 5; *Ages.* 4, 8.

▶ abl. *supplici*; poét. *supplice* subst. ‖ gén. pl. *supplicum*, Cic. *Mur.* 9.

supplĭcāmentum, *i*, n. (*supplico*), supplications, actions de grâce: Apul. *M.* 11, 22, 3 ‖ punition, torture: Tert. *Fug.* 9, 3.

supplĭcantĕr, adv., en suppliant: Sedul. *Ep.* 2, p. 174.

supplĭcassis, ▶ *supplico* ▶.

supplĭcātĭō, *ōnis*, f. (*supplico*), prières publiques, supplications propitiatoires, actions de grâces rendues aux dieux: *diis immortalibus decreta est* Cic. *Cat.* 3, 15, des actions de grâces aux dieux immortels furent décrétées; *supplicationes per dies quinquaginta ad omnia pulvinaria constituere* Cic. *Phil.* 14, 37, faire célébrer des actions de grâces pendant cinquante jours dans tous les temples, cf. Liv. 40, 28, 9; *dierum viginti supplicatio* Caes. *G.* 4, 38, 5, une fête d'actions de grâces de vingt jours, cf. Cic. *Prov.* 27; *dierum viginti supplicatio redditur* Caes. *G.* 7, 90, 8, en reconnaissance on célèbre une fête d'actions de grâces de vingt jours ‖ *dies quindecim supplicatio decreta est* Caes. *G.* 2, 35, 4, une fête d'actions de grâces fut décrétée pour une durée de quinze jours, cf. Liv. 27, 4, 15 ; 41, 28, 1 ; *in quatriduum* Liv. 5, 23, 3, pour quatre jours, cf. Liv. 37, 47, 4 ‖ *alicui supplicationem decernere* Cic. *Sull.* 85, décréter des prières publiques en l'honneur de qqn [ou] *nomine alicujus* Cic. *Cat.* 3, 15, au nom de qqn, cf. Cic. *Prov.* 27 ; *Cat.* 4, 5.

supplĭcātŏr, *ōris*, m. (*supplico*), adorateur: Aug. *Civ.* 5, 23.

supplĭcĭālis, *e*, pénal, de torture : Aug. *Jul. op. imp.* 6, 36.

supplĭcis, gén. de *supplex*.

supplĭcĭtĕr, adv. (*supplex*), en suppliant, d'une manière suppliante, humblement : Cic. *Flac.* 21; *de Or.* 1, 90; Caes. *G.* 1, 27, 2.

supplĭcĭum (subpl-), *ĭi*, n. (*supplex*) ¶1 action de ployer les genoux **a)** supplications aux dieux: Acc. d. Non. 398, 19; Sall. *C.* 52, 29; *J.* 55, 2 **b)** [surtout] offrande, sacrifice que l'on fait dans la supplication, cf. P. Fest. 405, 4; *boves quos ad deorum servant supplicia* Varr. *R.* 2, 5, 10, bœufs qu'ils réservent pour les sacrifices aux dieux, cf. Pl. *Ru.* 25; Sall. *C.* 9, 2; Liv. 22, 57, 5; Apul. *M.* 11, 16, 9 **c)** prières à des hommes : *fatigati regis suppliciis* Sall. *J.* 66, 2, fatigués des supplications, des instances du roi, cf. Sall. *J.* 46, 2 ¶2 punition, peine, châtiment, supplice : *gravissimum supplicium ei rei constitutum est* Caes. *G.* 6, 17, 5, pour ce crime le supplice le plus rigoureux est institué ; *illi de me supplicium dabo* Ter. *Haut.* 138, je me punirai moi-même pour lui donner satisfaction, cf. Ter. *Eun.* 70 ; *ad supplicium dari* Nep. *Paus.* 5, 5, subir un supplice ; *supplicium sumere de aliquo* Ter. *And.* 624, châtier qqn ; *de aliquo virgis supplicium crudelissime sumere* Cic. *Verr.* 2, 91, faire subir à qqn le supplice si cruel des verges, cf. Cic. *Verr.* 5, 117; *Rep.* 3, 45; *supplicio affici* Caes. *G.* 1, 27, 4, subir un supplice, un châtiment; *supplicio omni vindicare aliquid* Cic. *Lae.* 43, punir qqch. par toute espèce de supplice; *ad exquisita supplicia proficisci* Cic. *Off.* 3, 100, aller au-devant de supplices raffinés ; *ad innocentium supplicia descendunt* Caes. *G.* 6, 16, 5, ils en viennent à soumettre des innocents au supplice.

▶ gén. *supplici*, Pl. *Merc.* 991; Ter. *And.* 903.

supplĭcō (subp-), *ās*, *āre*, *āvī*, *ātum* (*supplex*; it. *supplicare*), intr. (et tr.), plier sur ses genoux, se prosterner ¶ 1 prier, supplier, **a)** *alicui*, qqn : Pl., Ter. ; Cic. *Planc.* 50 ; *Fam.* 6, 14, 3 ; [pass. impers.] Cic. *Fin.* 7, 55 ‖ [abst] Cic. *Par.* 40 ; *Lae.* 57 ; *de Or.* 1, 320 ; **missitare supplicantes legatos** Sall. *J.* 38, 1, envoyer à tout instant des messagers suppliants **b)** tr., *aliquem* *Acc. d. Prisc. 3, 316, 23 ; Dig. 28, 5, 93 ; Firm. *Err.* 28, 1 ; ▶. ¶ 2 adresser des prières aux dieux : [avec dat.] Pl. *Aul.* 24 ; Cat. *Agr.* 143, 2 ; Liv. 3, 63, 5 ; 10, 23, 2 ; ***per hostias diis supplicare*** Sall. *J.* 63, 1, offrir un sacrifice aux dieux ; ***mola salsa*** Plin. 12, 83, faire offrande de farine salée ¶ 3 [avec acc.] ***imperatorem supplicare*** Dig. 28, 5, 93, adresser une supplique, requête à l'empereur ; Cod. Just. 3, 1, 10.

▶ subj. parf. *supplicassis*, Pl. *As.* 467 ‖ arch. *sub vos placo* Fest. 206, 18 = *vobis supplico*.

supplĭcŭē (subp-), ▶ *suppliciter* : Apul. 9, 39.

supplōdō (subp-), -plaudō, *ĭs*, *ĕre*, *sī*, *sum* ¶ 1 tr., frapper sur le sol : ***pedem*** Cic. *de Or.* 1, 230, frapper du pied, cf. Sen. *Ep.* 75, 2 ‖ [fig.] fouler aux pieds, confondre : Macr. *Somn.* 1, 2, 3 ¶ 2 intr., ***sibi supplodere*** Tert. *Idol.* 12, 1 ; Hier. *Ephes.* 2, 3, 5, s'applaudir de, se vanter de.

supplōsĭo, -plausĭo, *ōnis*, f., action de frapper [sur le sol] : Cic. *de Or.* 3, 47.

suppo, ▶ *supo*.

suppōnō (subp-), *ĭs*, *ĕre*, *pŏsŭī*, *pŏsĭtum* (*sub*, *pono*; roum. *supune*), tr. ¶ 1 mettre (placer) dessous ; ***aliquid alicui rei***, mettre une chose sous une autre : ***anatum ova gallinis*** Cic. *Nat.* 2, 124, faire couver des œufs de canes par des poules ; ***tauros jugo*** Ov. *M.* 7, 118, mettre des taureaux sous le joug ; ***ignes suppositi cineri*** Hor. *O.* 2, 1, 8, feux cachés sous la cendre ; ***suppositus deo*** Ov. *Tr.* 4, 8, 48, soumis à un dieu ‖ mettre au pied, au bas, à la base : ***falcem maturis aristis*** Virg. *G.* 1, 348, mettre la faux au pied des épis mûrs, soumettre à la faux les épis mûrs ; ***tectis ignem*** Ov. *F.* 4, 803, mettre le feu à une maison ¶ 2 [fig.] **a)** soumettre : ***criminibus illis pro rege se supponit reum*** Cic. *Dej.* 42, ces accusations, il les prend sur lui, à la place du roi ; ***aethera ingenio suo*** Ov. *F.* 1, 306, soumettre l'éther à son génie **b)** subordonner : ***generi partes*** Cic. *Inv.* 1, 12, rattacher des espèces à un genre **c)** mettre au bas, à la suite de : ***exemplum alicujus epistolae*** Cic. *Att.* 8, 6, 3, mettre à la suite la copie d'une lettre **d)** mettre après, préférer : ***Latio Samon*** Ov. *F.* 6, 48, mettre Samos après le Latium, préférer le Latium à Samos ¶ 3 mettre à la place **a)** *aliquem alicui* Pl. *Curc.* 256, ***in locum alicui*** Cic. *Verr.* 5, 72, mettre qqn à la place d'un autre ; ***operae nostrae vicaria fides amicorum supponitur*** Cic. *Amer.* 111, la fidélité de nos amis se substitue pour remplacer notre action personnelle **b)** mettre à la place faussement, supposer : ***puerum*** Ter. *Eun.* 39, faire une substitution d'enfant, cf. Cic. *Clu.* 125 ; Liv. 3, 44, 9 ; ***testamenta*** ou ***testamenta falsa supponere*** Cic. *Par.* 43 ; *Leg.* 1, 43, supposer des testaments, produire de faux testaments ¶ 4 [tard.] gager, hypothéquer : ***de rebus non supponendis*** Dig. 27, 9, des choses qui ne peuvent (sans autorisation du magistrat) faire l'objet d'un gage ; Cod. Just. 6, 61, 8, 5.

▶ parf. *supposivi* Pl. *Truc.* 449 ; 776 ‖ part. *suppostus* Virg. *En.* 6, 24 ; Sil. 3, 90.

supportātōrĭum, *ĭi*, n. (*supporto*), support : Ambr. *Noe* 7, 1.

supportō, *ās*, *āre*, *āvī*, *ātum* (*sub*, *pono*; it. *sopportare*), tr. ¶ 1 apporter de bas en haut, transporter en remontant : Caes. *G.* 1, 48, 2 ; 3, 3, 2, [ou] apporter à pied d'œuvre, apporter, amener : Caes. *G.* 1, 39, 6 ; *C.* 2, 15, 3 ; Liv. 41, 1, 5 ; 44, 18, 14 ¶ 2 supporter, soutenir : Vulg. *Eph.* 4, 2.

suppŏsĭtīcĭus (subp-), *a*, *um* (*suppono*), mis à la place, remplaçant : Mart. 5, 24, 8 ‖ substitué, supposé : Varr. *R.* 2, 8, 2.

suppŏsĭtĭo (subp-), *ōnis*, f. (*suppono*) ¶ 1 action de placer dessous : Col. 8, 5 9 ¶ 2 supposition, substitution frauduleuse : Pl. *Cis.* 142 ; *Truc.* 430.

suppŏsĭtīvē, adv. (*suppositivus*), hypothétiquement : Prisc. 3, 245, 23.

suppŏsĭtīvus, *a*, *um* (*suppono*), hypothétique [gram.] : Prisc. 2, 449, 16.

suppŏsĭtōrĭum, *ĭi*, n. (*suppositorius*) ¶ 1 support : Gloss. 2, 466, 19 ¶ 2 plateau pour des gobelets : Greg.-M. *Ep.* 1, 42.

suppŏsĭtōrĭus, *a*, *um*, qui est en dessous : Vop. *Car.* 17, 4.

suppŏsĭtus, *a*, *um*, part. de *suppono*.

suppŏsīvi, ▶ *suppono* ▶.

suppostŏr, *ōris*, m. (*suppono*), celui qui met la monnaie sous le coin pour la frappe : CIL 6, 44.

suppostrix, *īcis*, f. (*suppono*), celle qui substitue frauduleusement : Pl. *Truc.* 763.

suppostus, ▶ *suppono* ▶.

suppraefectus, ▶ *subp-*.

suppressē, adv., à voix basse, discrètement : Ambr. *Psalm.* 47, 9.

suppressī, parf. de *supprimo*.

suppressĭo (subp-), *ōnis*, f. (*supprimo*) ¶ 1 appropriation frauduleuse, détournement : Cic. *Clu.* 2 ¶ 2 étouffement, oppression : Plin. 27, 87.

suppressŏr, *ōris*, m. (*supprimo*), receleur [d'esclaves] : Dig. 48, 15, 6, 1.

suppressus, *a*, *um* ¶ 1 part. de *supprimo* ¶ 2 pris adj **a)** abaissé, bas [voix] : Cic. *Sull.* 30 ; *suppressior* Cic. *Or.* 85 **b)** rentrant, effacé [menton] : Varr. *R.* 2, 9, 3.

supprĭmō (subp-), *ĭs*, *ĕre*, *pressī*, *pressum* (*sub*, *premo*), tr. ¶ 1 faire enfoncer, couler à fond ; couler bas des navires : Liv. 22, 19, 12 ; 28, 30, 11 ; 37, 11, 11 ¶ 2 contenir (arrêter) dans son mouvement : ***hostem nostros insequentem*** Caes. *C.* 1, 45, 1, arrêter l'ennemi dans sa poursuite de nos soldats ; ***iter*** Caes. *C.* 1, 66, 2, couper court à un départ, s'arrêter ; ***sanguinem*** Cels. 5, 26, 22, arrêter le sang, cf. Plin. 27, 113 ; ***quaecumque per locum praecipitem missa erant, ea aggere suppressa...*** Hirt. *G.* 8, 42, 2, tous les objets qui avaient été lancés sur la pente, arrêtés par le parapet... ‖ ***aegritudinem*** Cic. *Tusc.* 3, 75, arrêter le développement de la tristesse, cf. Liv. 2, 35, 2 ; Ov. *F.* 4, 83 ¶ 3 arrêter pour soi au passage, retenir, détourner : [de l'argent] Cic. *Clu.* 68 ; 71 ; 75 ; 99 ‖ étouffer, supprimer : ***senatus consulta*** Liv. 3, 55, 13, étouffer, supprimer des sénatus-consultes ; ***famam decreti*** Liv. 5, 1, 7, étouffer la nouvelle d'une décision ; ***nomen Vespasiani*** Tac. *H.* 2, 96, ne pas souffler mot de Vespasien, cf. Tac. *H.* 1, 17 ; Curt. 6, 8, 8.

supprinceps, -cĭpālis, ▶ *sub-*.

supprōcūrātŏr, ▶ *sub-*.

supprōmus (sub-), *i*, m., maître d'hôtel en second, sous-sommelier : Pl. *Mil.* 825 ; 837 ; 846.

suppŭdet (subp-), *ēre*, impers., éprouver une certaine honte, rougir un peu : Cic. *Fam.* 9, 1, 2 ; 15, 16, 1.

suppungō, *ĭs*, *ĕre*, -, - (*sub*, *pungo*), tr., piquer en dessous [douleur lancinante] : Eugen.-Tol. *Carm.* 6 (5), 16 ‖ [fig.] tourmenter : VL. *Is.* 58, 3.

suppūrātĭo, *ōnis*, f. (*suppuro*), suppuration, écoulement, plaie suppurante, abcès : Col. 6, 12, 4 ; Plin. 20, 16 ; 23, 24 ; Sen. *Ep.* 14, 6.

suppūrātōrĭus, *a*, *um* (*suppuro*), suppuratif : Plin. 28, 51.

suppūrātus, part. de *suppuro*.

suppūrō, *ās*, *āre*, *āvī*, *ātum* (*sub*, *pus*) ¶ 1 intr., suppurer, être en suppuration : Cat. *Agr.* 157, 3 ; Plin. 22, 38 ; ***suppurantia***, n. pl., abcès : Plin. 22, 122 ‖ [fig.] s'évacuer : Sen. *Ep.* 59, 17 ‖ former un abcès purulent : Sen. *Brev.* 12, 1 ¶ 2 tr., produire un abcès ; seul[t] au part., **suppuratus**, *a*, *um*, qui suppure, suppurant : Plin. 21, 131 ‖ ***suppurata***, n. pl., plaies suppurantes, pus : Plin. 21, 131 ‖ [fig.] ***suppurata tristitia*** Sen. *Ep.* 80, 6, tristesse qui ronge [comme un abcès], cf. Curt. 7, 1, 8 ‖ engendrer, produire [à la façon des abcès] : Tert. *Scorp.* 1, 1.

suppus, *a*, *um* (*sub*, *supo* ; = *supinus* d'après Fest. 370, 20), la tête en bas : Lucr. 1, 1061 ‖ subst[t], le trois [au jeu de dés] : Isid. 18, 65.

suppŭtārĭus, f. l. pour *supputatorius*.

supputatio

suppŭtātĭo, ōnis, f. (supputo), supputation, calcul : Vitr. 2, 1, 93.

suppŭtātŏr, ōris, m. (supputo), calculateur : Caes.-Arel. Serm. 33, 2.

suppŭtātōrĭus, a, um, qui sert à supputer : Tert. Apol. 19, 5.

suppŭtātus, part. de supputo.

supputō, ās, āre, āvī, ātum (sub, puto), tr. ¶ 1 tailler, émonder : Cat. Agr. 27 ; Col. 4, 33, 5 ; Plin. 17, 70 ¶ 2 supputer : Sen. Ep. 88, 26 ¶ 3 réserver : Vulg. Num. 31, 37.

sŭprā (super ; it. sopra, fr. sur)

> I adv. ¶ 1 "au-dessus" ¶ 2 "précédemment" ¶ 3 "en plus", *supra quam*.
> II prép. acc. ¶ 1 "au-dessus de" ¶ 2 [temps] "avant" ¶ 3 "en plus de" ¶ 4 "au-delà de" ¶ 5 "en plus de" ¶ 6 [fig.] "sur".

I adv. ¶ 1 à la partie supérieure, en haut, au-dessus : Cic. de Or. 3, 20 ; Nat. 2, 135 ; Div. 1, 33 ; Caes. C. 1, 64 ‖ [compar.] *superius rapi* Sen. Nat. 5, 8, 3, être entraîné plus haut, vers les hautes régions ¶ 2 plus haut, précédemment, ci-dessus : *ut supra dixi* Cic. Rep. 2, 9, comme je l'ai dit plus haut, cf. Cic. Lae. 15 ; de Or. 3, 208 ; Fam. 6, 10, 2 ; Caecin. 14 ; Caes. G. 2, 1 ‖ *superius* Phaed. 4, 23, 2 ; B.-Hisp. 28, 4 ¶ 3 **a)** en plus, en sus, plus, davantage : *supra adjicere* Cic. Verr. 3, 77, surenchérir ; *amor tantus ut nihil supra possit* Cic. Fam. 14, 1, 4, affection si grande que rien ne la peut dépasser, cf. Cic. Att. 13, 19, 3 ; *ager trecentis aut etiam supra nummorum milibus emptus* Hor. Ep. 2, 2, 165, champ acheté trois cent mille sesterces ou même davantage, cf. Tac. An. 1, 35 **b)** *supra... quam* Cic. Or. 139, *supra quam* Sall. C. 5, 3, plus que.
II prép. acc. ¶ 1 au-dessus de, sur, par-dessus : *exire supra terram* Cic. Nat. 2, 95, sortir [des entrailles de la terre] et monter à sa surface ; *versus supra tribunal scribebantur* Cic. Verr. 3, 77, on écrivait des vers au-dessus du tribunal ‖ *accumbere supra aliquem* Cic. Fam. 9, 26, 1, être couché (placé à table) au-dessus de qqn ‖ *ecce supra caput homo levis* Cic. Q. 1, 2, 6, me voici sur la tête (sur le dos, sur les bras) un homme insignifiant ; *esse supra caput* Sall. C. 52, 24, menacer d'un péril imminent, cf. Liv. 3, 17, 2 ‖ [géograph¹] au-dessus de, au-delà de : *supra Suessulam* Liv. 23, 32, 2, au-dessus de Suessula, cf. Plin. 2, 183 ¶ 2 [temps] avant : *supra hanc memoriam* Caes. G. 6, 19, 4, avant notre époque, cf. Liv. praef. 4 ¶ 3 plus de : *supra quattuor milia hominum orabant, ut...* Liv. 43, 3, 2, plus de quatre mille hommes demandaient que..., cf. Liv. 30, 35, 3 ; 42, 66, 10 ¶ 4 au-delà de : *supra hominis fortunam* Cic. Leg. 2, 41, au-dessus de la destinée humaine, cf. Cic. Nat. 2, 34 ; *supra leges esse* Brut. d. Cic. ad Brut. 1, 17, 6, se mettre au-dessus des lois ; *supra vires* Hor. Ep. 1, 18, 22, au-dessus des moyens ¶ 5 en plus de, outre : Liv. 2, 18, 3 ¶ 6 *supra bibliothecam esse* Vitr. 7, pr. 5, être préposé à une bibliothèque.

sŭprācaelestis, e (supra caelum), supracéleste : Mar. Vict. Ar. 3, 3 ; 4, 31.

sŭprādictus, = *supra dictus*, ▶ *supra* I ¶ 2.

sŭprāfātus, a, um, susdit : Sidon. Ep. 5, 14, 3.

sŭprāfundō, ĭs, ĕre, -, -, tr., verser dessus : Schol. Juv. 10, 153.

sŭprāgrăvō, ās, āre, -, -, tr., surcharger : *VL. 2 Cor. 1, 8 d. Tert. Res. 48, 12.

sŭprālātĭō, ōnis, f., ▶ *superlatio* : Cic. de Or. 3, 203.

sŭprānătans, tis, surnageant, flottant : *Vitr. 8, 3, 8.

sŭprāpŏsĭtĭō, ōnis, f., paroxysme : Cael.-Aur. Chron. pr. 1.

sŭprāscandō, ĭs, ĕre, -, -, tr., passer par-dessus, franchir : Liv. 1, 32, 8.

sŭprāscrībō, ĭs, ĕre, -, -, tr., écrire en haut, au-dessus : Ps. Sen. Ep. Paul. 10 ‖ intituler : Orig. Matth. 117.

sŭprāsĕdens, tis, assis dessus : Vulg. Eccli. 33, 6.

sŭprāvīvō, ĭs, ĕre, -, -, intr., survivre : Spart. Hadr. 25, 8.

1 suprema, ae, f., (s.-ent. *tempestas*) le coucher du soleil, le soir : Varr. L. 6, 5 ; Plin. 7, 212 ; Gell. 17, 2, 10.

2 sŭprēma, ōrum, n. pl. de *supremus* ¶ 1 les derniers instants : Quint. 6, pr. 11 ; Tac. An. 6, 50 ; 12, 66 ¶ 2 les derniers honneurs, les derniers devoirs : Plin. 7, 33 ; Tac. An. 1, 61 ; 3, 49 ¶ 3 les dernières volontés, testament : Tac. An. 1, 8 ‖ les restes du corps brûlé : Amm. 25, 9, 12.

sŭprēmĭtās, ātis, f. (supremus), l'extrémité : Amm. 25, 1, 12 ‖ [pl.] hautes spéculations : Mamert. Anim. 3, 15.

sŭprēmō, adv. (supremus), enfin, à la fin : Plin. 11, 115.

1 sŭprēmum, n. de *supremus*, pris adv¹ ¶ 1 pour la dernière fois : Ov. M. 12, 526 ¶ 2 une dernière fois : Virg. An. 3, 68 ; à jamais, pour toujours : Tac. H. 4, 14.

2 sŭprēmum, i, n. de *supremus*, pris subst¹ : *ventum ad supremum est* Virg. En. 12, 803, nous voici à l'heure suprême, décisive.

sŭprēmus, a, um, superl. de *superus* (cf. *superior*, *supra*, *extremus*) ¶ 1 [poét.] le plus au-dessus, le plus haut ; le sommet de : *supremi montes* Virg. G. 4, 460, le sommet des montagnes, cf. Lucr. 1, 274 ; Hor. Epo. 17, 68 ¶ 2 [temps] le plus au-delà, à l'extrémité, le dernier **a)** *supremam manum imponere bellis* Ov. Rem. 114, mettre la dernière main à [achever] la guerre ; *supremis suis annis* Plin. 23, 58, dans ses dernières années ; *supremo sole* Hor. Ep. 1, 5, 3, au coucher du soleil **b)** [en parl. de la mort] : *supremo vitae die* Cic. Tusc. 1, 71, au dernier jour de la vie, cf. Cic. Mur. 75 ; Phil. 1, 14 ; *supremum iter* Hor. O. 2, 17, 11, le dernier voyage ; *ore supremo vocare* Ov. M. 8, 521, adresser à qqn ses dernières paroles, appeler d'une voix mourante ; *suprema cura* Plin. 7, 150, *suprema officia* Tac. An. 5, 2, les derniers devoirs ; *supremus honor* Virg. En. 11, 61, les honneurs funèbres ; *suprema judicia hominum* Quint. 6, 3, 92, les dernières volontés ; ▶ *suprema* ¶ 2-3 *Trojae sorte suprema* Virg. En. 5, 190, lors du suprême destin [de la chute] de Troie ¶ 3 [rang] le plus haut, le plus grand, suprême, cf. Gell. 11, 1, 2 ; *suprema macies* Virg. En. 3, 590, la dernière maigreur ; *supremum supplicium* Cic. Leg. 2, 92, le dernier supplice ; *Juppiter supreme* Pl. Men. 1114, ô souverain Jupiter.

▶ *superrimus*, v. *superus* ◀.

sups-, ▶ *subs-*.

1 sūra, ae, f. (cf. ὥρη, ἄωροι ?), le mollet : Plin. 11, 253 ; Virg. B. 7, 32 ; En. 1, 337 ‖ os de la jambe, péroné : Cels. 8, 1, 26.

2 Sūra, ae, m., surnom romain : Plin. 7, 55, cf. Cic. Fam. 5, 11, 2.

3 Sūra, ae ¶ 1 f., ville de Syrie Atlas IX, D4 : Plin. 5, 87 ¶ 2 m., rivière de Belgique, affluent de la Moselle [la Sûre] : Aus. Mos. 355.

Surae, ārum, m. pl., peuple de l'Inde en deçà du Gange : Plin. 6, 73.

Surānus, a, um, ▶ *2 Sura* : Aur.-Vict. Caes. 13, 8.

surcellus, -cillus, i, m. (dim. de *surculus*, roum. *surcele*), baguette, brochette : Apic. 135.

surclō, ās, āre, -, - (pour *surculo*, de *surculus* ¶ 3), tr., attacher sur une broche, embrocher [cuisine] : Apic. 177 ; 287.

surclus, ▶ *surculus* ◀.

surcŭla, ae, f. (surculus), sorte de raisin : Plin. 14, 34.

surcŭlăcĕus, a, um (surculus), ligneux : Plin. 19, 119.

surcŭlāris, e (surculus), propre à produire des rejetons : Col. 3, 11, 5.

surcŭlārĭus, a, um (surculus) ¶ 1 planté d'arbrisseaux : Varr. R. 1, 2, 17 ¶ 2 surculaire [qui vit sur les rejetons, surnom d'une espèce de cigale] : Plin. 11, 94.

surcŭlō, ās, āre, -, - (surculus), tr., dépouiller des rejetons, nettoyer : Col. 5, 9, 11 ‖ [cuisine] agrafer : Apic. 371 ; ▶ *surclo*.

surcŭlōsē, adv. (surculosus), avec une nature ligneuse : Plin. 18, 148.

surcŭlōsus, a, um (surculus), ligneux : Plin. 12, 89.

surcŭlum, n., ▶ *surculus* ◀.

surcŭlus, i, m. (dim. de *surus*) ¶ 1 rejeton, drageon, scion : Cat. Agr. 159 ; Virg.

G. 2, 87; Plin. 29, 113, cf. Cic. de Or. 3, 110 ¶ **2** greffe, bouture, marcotte : Cic. de Or. 2, 278 ¶ **3** écharde, épine : Cels. 8, 10, 6 ‖ baguette : Gell. 17, 9, 7 ‖ brochette [cuisine] : Apic. 200 ¶ **4** arbrisseau : Col. 3, 28 ; 7, 4, 4.
▶ acc. pl. sync. *surclos* Varr. R. 1, 40, 4 ‖ forme *surculum, i* n. Fort. Carm. 5, 13, 4.

Surdaones, *um*, m. pl., peuple de Tarraconaise : Plin. 3, 24.

surdaster, *tra, trum* (*surdus*), un peu sourd, dur d'oreille : Cic. Tusc. 5, 116.

surdē, adv. (*surdus*), à la manière des sourds, sans entendre : Afran. Com. 348.

surdescō, *ĭs, ĕre, -, -* (*surdus*), intr., devenir sourd : Aug. Ep. 157, 4, 25.

surdīgo, *ĭnis*, f. (*surdus*), surdité : M.-Emp. 9, 71.

surdĭtās, *ātis*, f. (*surdus*), surdité : Cic. Tusc. 5, 116.

surdĭtĭa, *ae*, f., ⓒ▶ *surditas* : Garg. Arb. 23 ; 26.

surdō, *ās, āre, -, -*, tr. (*surdus*), assourdir : Calp. 4, 131.

surdus, *a, um* (cf. *susurrus* ; it. *sordo*) ¶ **1** qui n'entend pas, sourd : Cic. Tusc. 5, 117; Div. 2, 9 ‖ *surdissimus* Capel. 9, 926 ; Aug. Ep. 26, 4 ‖ [expr. proverbiales] *surdo narrare fabulam* Ter. Haut. 922, conter une histoire à un sourd [perdre son temps]; *canere surdis* Virg. B. 10, 8, chanter pour des sourds, cf. Prop. 4, 8, 47 ; *haud surdis auribus dicta* Liv. 3, 70, 7, ce ne furent pas des paroles pour des sourds, cf. Liv. 40, 8, 10 ; Hor. Ep. 2, 1, 199 ¶ **2** qui ne veut pas entendre, sourd, insensible : *surdae ad omnia solacia aures* Liv. 9, 7, 3, oreilles sourdes à toutes consolations, cf. Tac. H. 3, 67 ; *surdi in vota dii* Ov. Pont. 2, 8, 28, dieux sourds aux vœux, aux prières ; *lacrimis surdus* Mart. 10, 13, 8, sourd aux larmes ; *scopulis surdior Icari* Hor. O. 3, 7, 21, plus sourd, plus insensible que les rochers d'Icare ‖ *votorum surdus* Sil. 10, 554, sourd aux vœux, cf. Sil. 1, 692; Col. 3, 10, 18 ¶ **3** qui n'est pas sonore, qui n'a pas de retentissement : *surdum theatrum* Varr. L. 9, 58, théâtre où la voix est assourdie ‖ *vox surda* Quint. 11, 3, 32, voix sourde, cf. Quint. 12, 10, 28 ¶ **4** assourdi, faible, peu perceptible, terne : Pers. 6, 35 ; Plin. 37, 67 ‖ muet, silencieux : Prop. 4, 5, 58 ; Juv. 7, 71 ‖ inconnu, ignoré : Stat. Th. 4, 359 ; Sil. 6, 75 ; 8, 248 ; Plin. 22, 5 ; Juv. 13, 194.

suregit, ▶ *surrexit* : Andr. d. Fest. 380, 35 ; Ⓥ▶ *subrigo*.

sŭrēmit, sŭrempsit, Ⓥ▶ *sumo* ▶.

1 **sŭrēna**, *ae*, f. (1 *sura*, cf. *perna*), coquillage : Varr. L. 5, 77.

2 **sŭrēna**, *ae*, m. (iran.), le premier après le roi chez les Parthes, grand vizir : Tac. An. 6, 42.

Sŭrentum, Ⓥ▶ *Surrentum*.

Surgasteus, *i*, m. (συνεργάστης), coopérateur, surnom de Jupiter à Tios en Bithynie : CIL 5, 4206.

surgĕdum, lève-toi : Pl. ; Ⓥ▶ *dum* I ¶ **2**.

surgō, *ĭs, ĕre, surrēxī, surrectum* (*sub, rego*, cf. *surrigo, pergo* ; fr. *sourdre*), tr. et intr.
I tr. [arch.] mettre debout, dresser : *Pl. Ep. 733 ; Ⓥ▶ *subrigo*.
II intr. se lever, se mettre debout ¶ **1** *de sella* Cic. Verr. 4, 147, se lever de son siège ; *e lectulo* Cic. Off. 3, 112, de son lit ; *ex subselliis* Cic. Flac. 22, des banquettes ; *solio* Ov. M. 3, 273, de son siège, cf. Ov. M. 9, 702 ; 12, 579 ; *ab umbris ad lumina vitae* Virg. En. 7, 771, remonter de la nuit à la clarté du jour ; *in Teucros surgit ab Arpis* Virg. En. 10, 28, il surgit d'Arpi pour combattre les descendants de Teucer ‖ [orateur] se lever pour prendre la parole : Cic. Amer. 1 ; de Or. 2, 316 ; Clu. 51 ‖ se lever, quitter le lit : Cic. Inv. 2, 14 ; Att. 16, 13 a, 1 ; Ov. M. 13, 677 ; Hor. S. 2, 2, 81 ¶ **2** [choses] : *ignis surgit ab ara* Ov. Pont. 4, 9, 53, le feu s'élève de l'autel ; *mare surgit* Ov. M. 15, 508, la mer se soulève, cf. Virg. En. 3, 196 ; 6, 354 ; *surgente die* Virg. G. 3, 400, au point du jour ; *luna surgit* Virg. En. 6, 453, la lune se lève, cf. Hor. S. 1, 9, 73 ; *surgens a puppi ventus* Virg. En. 5, 777, le vent se levant en poupe, cf. Virg. En. 3, 481 ; *messes surgunt* Virg. G. 1, 161, le blé lève, cf. Hor. S. 2, 2, 124 ; Ov. M. 13, 891 ; *surgens arx* Virg. En. 1, 366, la citadelle en train de s'élever, cf. Luc. 2, 679 ; Plin. Ep. 6, 16, 14 ‖ [poét.] *Ascanius surgens* Virg. En. 4, 274, Ascagne qui grandit ¶ **3** [fig.] *supra prosam orationem surgere* Quint. 10, 1, 81, s'élever au-dessus de la prose ; *quae nunc animo sententia surgit ?* Virg. En. 1, 582, quelle pensée maintenant se lève dans ton esprit ? ; *pugna aspera surgit* Virg. En. 9, 867, un combat violent s'engage ; *non ulla laborum nova mi facies surgit* Virg. En. 6, 104, parmi mes épreuves aucune ne m'apparaît sous un aspect étrange ; *rumor surrexit* Tac. H. 2, 42, [une nouvelle] un bruit s'éleva ¶ **4** se relever (moralˡ) : Aug. Psalm. 50, 3 ¶ **5** ressusciter : Vulg. Rom. 6, 4 ¶ **6** s'insurger : Vulg. Luc. 21, 10.
▶ parf. contr. *surrexti* Mart. 5, 79 ; inf. *surrexe* Hor. S. 1, 9, 73.

Sŭri, Sŭrĭa, Ⓥ▶ *Syri*.

Sŭrilla, Ⓥ▶ *Syrilla*.

sŭrĭō, *ĭs, īre, -, -*, intr. (1 *surus* ?), être en rut : Arn. 5, 28 ; Apul. Apol. 38.

Sŭrisc-, Ⓥ▶ *Syrisc-*.

Sŭrĭum, *ĭi*, n. (Σύριον), ville de Colchide : Plin. 6, 13.

1 **Sŭrĭus**, *a, um*, Ⓥ▶ *Syrius*.

2 **Sŭrĭus**, *ĭi*, m., rivière de Colchide : Plin. 6, 13 ; 2, 226.

surpĕre, Ⓥ▶ *subripio* ▶.

surpĭcŭlus, Ⓥ▶ *scirpiculus* ▶.

surpĭte, surpŭi, -ŭĕram, Ⓥ▶ *subripio* ▶.

surr-, Ⓥ▶ *subr-*.

surrădĭo, Ⓥ▶ *subradio*.

surrectĭo, *ōnis*, f. (*surrigo*), Ⓥ▶ *subrectio*.

surrectūrus, surrectus, Ⓥ▶ *surgo* et *subrigo*.

surref-, surreg-, surren-, Ⓥ▶ *subr-*.

Surrentĭum, *ĭi*, n., promontoire de la Maurétanie Césarienne : Plin. 5, 10.

Surrentum, *i*, n., ville de Campanie renommée pour ses vins [auj. Sorrente] Atlas XII, E4 : Tac. An. 6, 1 ; Plin. 3, 62 ‖ **-īnus**, *a, um*, de Surrentum : Plin. 3, 60, n. pl., **Surrentina** ()s.-ent. *vina*, vins de Surrentum : Pl. 14, 64 ; Mart. 13, 100, 1 ‖ m. pl., **Surrentīni**, habitants de Surrentum : Liv. 22, 61, 12.

surrex-, Ⓥ▶ *surgo*.

surruptīcĭus, *a, um* (*surrupio = subripio*), volé : Pl. Men. 60 ; Poen. 962.

sursŭm, adv. (*subs, vorsum* ; fr. *sus*) ¶ **1** de dessous vers le haut ; en haut, en montant : *sursum deorsum commeare* Cic. Nat. 2, 84, circuler en haut et en bas ‖ *vineam sursum vorsum ducere* Cat. Agr. 33, 1, diriger la vigne vers le haut, cf. Lucr. 2, 188 ; *sursum versus* Cic. Part. 24, en remontant, à rebours ‖ [fig.] *omnia sursum deorsum versare* Sen. Ep. 44, 4, mettre tout sens dessus dessous ¶ **2** en haut [sans mouv¹] : Cic. Nat. 2, 141 ; Varr. R. 1, 6, 3.
▶ *sursus* Lucr. 2, 188 ; *susum* Cat. Agr. 157, 15.

sursumvŏcātĭo, *ōnis*, f., appel céleste : Lucif. Moriend. 2.

sursŭorsum, Ⓒ▶ *sursum* : CIL 1, 584, 14.

sursŭs, Ⓥ▶ *sursum* ▶.

surtārĭa, *ae*, f. (*scutum* ?), bouclier où sont peintes des images pieuses : *Greg.-M. Ep. 9, 147.

1 **sŭrus**, *i*, m. (*surculus*, cf. *sura*, scr. *svaru-s*), piquet, pieu : *Enn. An. 525 ; Varr. L. 10, 73 ; Fest. 362, 27 ; 382, 25.

2 **Sŭrus**, *i*, m. ¶ **1** Ⓥ▶ *Syrus* ¶ **2** nom d'un éléphant : Plin. 8, 12.

1 **sūs**, *sŭis*, m. f. (*suinus*, cf. ὗς, al. *Sau, Schwein*, an. *swine*) ¶ **1** verrat, porc, cochon ; truie : Cic. Nat. 2, 160 ; Div. 1, 23 ; [prov.] *sus Minervam (docet)* Cic. Ac. 1, 18 ; Fam. 9, 18, 3, c'est un pourceau qui en remontre à Minerve, cf. Cic. de Or. 2, 233 ¶ **2** sorte de poisson : Ov. Hal. 132.
▶ nom. *suis* Varr. L. 10, 7 ; gén. *sueris* ; abl. *suere*, Varr. L. 5, 110, cf. Pl. Frg. 49 ‖ dat.-abl. pl., *suibus* Varr. L. 5, 110 ; R. 2, 1, 5 ; *subus* Cic. Nat. 2, 111 ; Lucr. 5, 966.

2 **sus**, Ⓥ▶ *susque*.

Sūsa, *ōrum*, n. pl. (τὰ Σοῦσα), Suse [anc. capitale de la Perse] Atlas I, E8 : Plin. 6, 133 ; Curt. 5, 1, 7 ; Prop. 2, 13, 1.

suscensĕō (succ-), ēs, ēre, censŭī, censum (subs, censeo, cf. succendo, successus), intr., être enflammé ‖ [fig.] être irrité, courroucé, en colère : Pl. Merc. 960 ; Ter. Phorm. 263 ; Liv. 7, 13, 9 ; 22, 29, 2 ‖ [avec dat.] *alicui* Cic. Arch. 13, être irrité contre qqn, en vouloir à qqn, cf. Cic. Tusc. 1, 99 ; Brut. 231 ; *alicui, quod...* Cic. de Or. 3, 75, s'irriter contre qqn, en raison de ce que..., cf. Caes. C. 1, 84 ‖ [avec prop. inf.] s'irriter de ce que : Suet. Vesp. 5 ; [avec si] Liv. 33, 38, 7 ‖ avec pron. n., *id, nihil, aliquid*, en cela, en rien, en qqch. : Pl. Pers. 431 ; Ter. Haut. 976 ; Cic. Dej. 35 ; Att. 15, 26, 4 ‖ [d'où] *peccata non suscensenda sunt* Gell. 6, 2, 5, les fautes ne doivent pas exciter la colère.

suscensĭo, ōnis, f. (suscenseo), colère : Symm. Ep. 5, 35.

suscēpī, parf. de suscipio.

susceptĭbĭlis, e, susceptible de, qui peut recevoir [avec gén.] : Boet. Top. Arist. 5, 2.

susceptĭo, ōnis, f. (suscipio) ¶ 1 action de se charger de : *causae* Cic. Mur. 2, prise en main d'une cause ; *laborum* Cic. Ac. 1, 23, action de supporter les fatigues ¶ 2 soutien, assistance : Hier. Ep. 52, 3 ¶ 3 action de recevoir [un nouveau-né dans ses bras, en parlant de la sage-femme] : Ambr. Hex. 4, 4, 14 ‖ action de recevoir [salaire, récompense] : Hil. Trin. 9, 23 ‖ action d'accueillir : Ambr. Luc. 6, 6 ‖ [en parlant de l'Incarnation] action de prendre sur soi, de recevoir [l'humanité] : Ambr. Incarn. 5, 37.

susceptīvus, a, um (susceptio), capable de recevoir, d'admettre [avec gén.] : Boet. Top. Arist. 5, 1.

susceptō, ās, āre, -, -, tr., accepter, admettre : *Apul. M. 2, 30, 5 ; * 11, 29, 1 ; Arn. 2, 8 ; Prud. Apoth. 548.

susceptŏr, ōris, m. (suscipio) ¶ 1 qui se charge de, entrepreneur : Just. 8, 3, 8 ¶ 2 receveur, percepteur : Cod. Th. 12, 6 tit. ; *vestium* Cod. Just. 10, 72, 14, percepteur de la taxe sur les vêtements (reçue en nature) ; *aurarius* Cod. Just. 10, 22, 1, percepteur de la taxe sur l'or (en espèces) ¶ 3 receleur : Paul. Sent. 5, 3, 4 ¶ 4 qui se charge d'un procès pour autrui : Cod. Th. 2, 12, 6 ‖ soutien, défenseur : Vulg. Psal. 3, 4 ¶ 5 celui qui a pris sur lui [la nature humaine] : Aug. Quaest. 73, 2.

susceptōrĭum, ĭi, n., lieu où l'on reçoit : Iren. 1, 14, 1.

susceptum, i, n. (suscipio), entreprise : Ov. M. 11, 200.

1 **susceptus**, a, um, part. de suscipio, pris subst[t] ***a)*** client [opp. à *patronus*], celui dont on assume la défense : Symm. Ep. 5, 39 ; Cod. Just. 12, 22, 1 ; pl., Aug. Ep. 149, 16 ***b)*** client [opp. à *medicus*], patient : Cassian. Inst. 10, 7 et 14.

2 **susceptŭs**, ūs, m., entretien : Lact. Inst. 1, 1, 11.

suscĭpĭō, ĭs, ĕre, cēpī, ceptum (subs, capio), tr.

> I ¶ 1 "prendre par-dessous", "soutenir" ¶ 2 "soulever" ***a)*** "reconnaître" ***b)*** "engendrer", "mettre au monde" ¶ 3 [fig.] ***a)*** "adopter" ***b)*** "accueillir" ***c)*** "admettre" [une idée] ***d)*** [chrét.] ¶ 4 "reprendre".
> II prendre sur soi ¶ 1 "assumer", "entreprendre", *in se scelus suscipere* ¶ 2 "subir".

I ¶ 1 prendre par-dessous, en bas ; recevoir par-dessous, soutenir : *dominam ruentem* Virg. En. 11, 806, soutenir sa maîtresse qui tombe ; *cruorem pateris* Virg. En. 6, 249, recevoir le sang dans des patères ; *ignem foliis* Virg. En. 1, 175, recueillir le feu (étincelle) sur des feuilles sèches ‖ étayer : *labentem domum* Sen. Ben. 6, 15, 7, étayer une maison qui menace ruine ; *(lapideis molibus) porticus* Sen. Ep. 90, 25, soutenir des portiques par des masses de pierre ¶ 2 soulever en l'air ; [en part.] soulever l'enfant qui vient de naître pour témoigner qu'on le reconnaît comme son fils et qu'on veut l'élever ; d'où ***a)*** reconnaître, accueillir : *qui a parentibus suscepti educatique sunt* Cic. Verr. 5, 123, qui ont été reconnus et élevés par leurs parents, cf. Ter. And. 401 ***b)*** engendrer, mettre au monde : *filiam ex uxore* Ter. Phorm. 943, avoir une fille de sa femme, cf. Cic. Phil. 3, 17 ; *susceperas liberos non solum tibi, sed etiam patriae* Cic. Verr. 3, 161, tu avais procréé des enfants non seulement pour toi, mais aussi pour la patrie, cf. Fam. 5, 16, 3 ; Virg. En. 4, 327 ; [au pass.] venir au monde : *die natali meo, quo utinam susceptus non essem* Cic. Att. 11, 9, 3, le jour de mon anniversaire, où je souhaiterais de n'être pas né, cf. Har. 57 ¶ 3 [fig.] ***a)*** prendre, adopter : *judicis severitatem, accusatoris vim* Cic. Verr. 4, 69, prendre la sévérité d'un juge, l'animosité d'un accusateur, cf. Cic. Pomp. 11 ; Phil. 31 [ou] *sibi suscipere* Cic. Cael. 37 ***b)*** adopter, accueillir : *aliquem in populi Romani civitatem* Cic. Leg. 2, 5, admettre qqn dans la cité romaine, au nombre des citoyens romains ; *querimonias alicujus* Cic. Caecil. 67, accueillir, adopter les plaintes de qqn, s'en faire l'interprète ***c)*** admettre [une idée, un raisonnement] : Cic. Div. 1, 7 ; 2, 83 ; 2, 84 ; Tusc. 1, 78 ***d)*** [chrét., en parlant du parrain] accueillir à la remontée de la cuve baptismale : Greg.-M. Dial. 4, 32 ‖ [Incarnation] prendre, adopter, assumer [la nature humaine] : Ambr. Incarn. 5, 37 ‖ *servum fugitivum* Dig. 11, 3, 1, 2, recueillir un esclave fugitif [= recel] ¶ 4 reprendre : *sermonem* Quint. 2, 15, 28, reprendre la parole ‖ [abst[t]] reprendre, répondre : *suscipit Stolo "tu, inquit..."* Varr. R. 1, 2, 24, là-dessus Stolo reprend " toi, dit-il ... ", cf. Virg. En. 6, 723.

II prendre sur soi ¶ 1 se charger de, assumer : *curam ut...* Cic. Verr. 4, 69, assumer la tâche de ... ; *causam, patrocinium, negotium* Cic. Rep. 4, 27 ; 3, 8 ; Cat. 3, 5, se charger d'une cause, d'une défense, d'une affaire ; *aes alienum amicorum* Cic. Off. 2, 56, assumer les dettes de ses amis ; *partes* Cic. Verr. 4, 81, se charger d'un rôle ; *gloriam Africani tuendam* Cic. Verr. 4, 82, se charger de défendre la gloire de l'Africain ; *hoc non suscepi, ut...* Cic. Rep. 1, 38, je ne me suis pas chargé de ... ‖ entreprendre : *bellum* Cic. Pomp. 35, entreprendre une guerre ; *iter Asiaticum tuum suscepisti* Cic. Att. 4, 15, 2, tu as entrepris ton voyage en Asie ; *mihi haec oratio suscepta est* Cic. Off. 2, 45, j'ai entrepris ce développement, cf. Cic. Rep. 1, 12 ; Off. 1, 7 ; de Or. 1, 103 ; *sacra* Cic. Vat. 14, entreprendre des sacrifices, cf. Liv. 5, 52, 6 ‖ *sibi legationem* Caes. G. 1, 3, 3, se réserver l'ambassade ; *sibi auctoritatem* Cic. Verr. 5, 152, s'arroger de l'influence ‖ *vota Jovi* Pl. Amp. 230, se charger des vœux à l'adresse de Jupiter [prendre l'engagement de les accomplir], cf. Liv. 27, 45, 8 ; Ov. F. 6, 246 ‖ *in se scelus* Cic. Phil. 11, 9, se charger d'un crime, s'en rendre coupable [*facinus* sans *in se* Cic. Verr. 5, 11, même sens, cf. Cic. Inv. 1, 45] ¶ 2 subir, supporter, affronter : *inimicitias, invidiam, dolores* Cic. Verr. 5, 180 ; 2, 135 ; Fin. 1, 24, affronter les haines, le discrédit, les douleurs ; *poenam* Cic. Pomp. 7, subir un châtiment ‖ *in se alicujus culpam crimenque* Cic. Verr. 4, 91, assumer, supporter la faute de qqn et son inculpation.

suscĭtābŭlum, i, n. (suscito), ce qui donne le ton [pour un chanteur] : Varr. Men. 348.

suscĭtātĭo, ōnis, f. (suscito), action de rappeler à la vie, de ressusciter (résurrection) : Tert. Carn. 23, 1 ‖ [fig.] *virtutum* Ambr. Bon. mort. 4, 15, réveil des vertus ‖ action de bâtir : VL. 3 Esdr. 5, 62.

suscĭtātŏr, ōris, m. (suscito), celui qui ressuscite [qui rappelle à la vie] : Tert. Prax. 28, 13 ‖ [fig.] celui qui ranime, qui fait renaître : Sidon. Ep. 8, 2, 1.

suscĭtātus, a, um, part. de suscito.

suscĭtō, ās, āre, āvī, ātum (subs, cito, it. *susta*), tr. ¶ 1 lever, soulever, élever : Virg. G. 1, 97 ; Ov. H. 5, 54 ; Luc. 10, 225 ¶ 2 faire se dresser, ***a)*** élever, bâtir : *delubra* Lucr. 5, 1166, un temple ***b)*** *aliquem a subselliis* Cic. Com. 37, faire lever qqn de son banc ; *aliquem e somno* Cic. Tusc. 4, 44, tirer qqn de son sommeil, cf. Pl. Mil. 690, ou *suscitare* seul Pl. Most. 382 ; [fig.] Hor. O. 2, 10, 19 ; *in arma viros* Virg. En. 9, 462, appeler aux armes les guerriers [les faire se lever et s'armer] ; *aliquem* Hor. S. 1, 1, 83, mettre sur pied qqn [un malade alité] ***c)*** éveiller, exciter, animer : *sopitos ignes* Virg. En. 5, 743, ranimer un feu assoupi ; [fig.] *bellum civile* Brut. et Cass. Fam. 11, 3, 3, allumer une guerre civile ; *vim suscitat ira* Virg. En. 5, 454, la colère réveille la force [du héros]; **caedem suscitat** Virg. En. 12, 498, il déchaîne le carnage ¶ 3 renouveler : Vulg. Ezech. 16, 60 ¶ 4 engendrer, produire : Vulg. Gen. 38, 8.

suscus, ■> subscus.

Sūsĭānē, *ēs*, f. (Σουσιάνη), la Susiane [province de Perse] : Plin. 6, 133 ‖ **Sūsĭāni**, *ōrum*, m. pl., habitants de la Susiane : Plin. 6, 133 ; Curt. 4, 12, 5 ‖ **Susiana regio**, la Susiane : Curt. 5, 2, 17.

sūsĭnātus, *a*, *um* (*susinus*), à base de lis : M.-Emp. 7, 20.

sūsĭnus, *a*, *um* (σούσινος), de lis, fait de lis : Plin. 13, 11 ; Cels. 5, 21, 1.

Sūsis, *ĭdis*, adj. f., de Suse : Sidon. Ep. 7, 17, 2 v. 7 ; 8, 9, 5 v. 46 ‖ **Sūsĭdes pylae**, Curt. 5, 3, 17, Portes de Suse [défilé].

susovorsum, ■> sursuorsum : CIL 1, 584, 7.

suspectātus, *a*, *um*, ■> suspecto.

suspectĭo, *ōnis*, f. (*suspicio*) ¶ 1 soupçon : Cael.-Aur. Diaet. 63 ¶ 2 admiration : Arn. 7, 13.

suspectīvus, *a*, *um*, qui indique une conjecture : Prisc. 3, 274, 17.

1 **suspectō**, adv. (*suspectus*), d'une manière suspecte : Dig. 34, 9, 11.

2 **suspectō**, *ās*, *āre*, *āvī*, *ātum* (fréq. de *suspicio* ; esp. *sospechar*), tr. ¶ 1 regarder en haut, en l'air : Ter. Eun. 584 ; Plin. 11, 104 ¶ 2 suspecter, soupçonner : Tac. An. 12, 65 ; H. 2, 27 ; 3, 82 ; [avec prop. inf.] Tac. An. 15, 51 ‖ [pass.] **alicui suspectari** Tac. An. 4, 3, être suspect à qqn.
▶ forme dép., *suspectari*, "suspecter" Amm. 28, 1, 8.

1 **suspectŏr**, *ārĭs*, *ārī*, -, ■> suspecto ▶.

2 **suspectŏr**, *ōris*, m., admirateur : Sidon. Ep. 3, 5, 1.

1 **suspectus**, *a*, *um* ¶ 1 part. de *suspicio* ¶ 2 adj[t] **a)** suspect, soupçonné : **quo quis versutior et callidior est, hoc invisior et suspectior** Cic. Off. 2, 34, plus on est roué et habile, plus on est odieux et suspect ; **alicui** Cic. Cat. 1, 17, suspect à qqn, cf. Cic. Tusc. 3, 1 ; Phil. 10, 15 ‖ **alicui nomine neglegentiae** Cic. Fam. 2, 1, 1, suspect à qqn du fait de négligence ; **de aliqua re** Cic. Off. 3, 94 ; **aliqua re** Curt. 8, 6, 1 ; **super aliqua re** Sall. J. 71, 5 ; **propter aliquid** Curt. 3, 5, 16 ; **ad aliquid** Liv. 35, 14, 4 ; **in aliqua re** Tac. H. 1, 13 ; Suet. Vit. 16 ; **alicujus rei** Liv. 24, 9, 10 ; Curt. 6, 8, 3 ; Tac. An. 3, 29, suspect au sujet de qqch., à cause de qqch., relativement à qqch., de qqch. ; [avec inf.] **suspectus fovisse** Tac. H. 1, 46, suspect d'avoir favorisé, cf. Tac. H. 4, 34 ; Curt. 9, 10, 21 **b)** soupçonnant, qui suspecte : Tert. Apol. 21, 20 ; Apul. M. 9, 20, 3 **c)** **tutor suspectus** Dig. 26, 10, tuteur suspect de malhonnêteté [motif de récusation ou de destitution] ; **heres suspectus** Dig. 42, 5, 31, héritier à la solvabilité douteuse.
▶ -tissimus Suet. Tit. 6.

2 **suspectŭs**, *ūs*, m. (*suspicio* ; it. *sospetto*) ¶ 1 action de regarder en haut, vue de bas en haut : Virg. En. 6, 579 ‖ hauteur : Virg. En. 9, 530 ¶ 2 estime, admiration : Sen. Ben. 2, 26, 1 ; Marc. 5, 2 ; Ov. F. 5, 31.

suspendĭōsus, *a*, *um* (*suspendium*), qui s'est pendu : Varr. d. Serv. En. 12, 603 ; Plin. 28, 49.

suspendĭum, *ĭi*, n. (*suspendo*) ¶ 1 action de se pendre, pendaison : **suspendio perire** Cic. Scaur. 10, mettre fin à ses jours en se pendant, cf. Cic. Verr. 3, 129 ; Suet. Aug. 65 ; **suspendium mandare alicui** Apul. M. 9, 36, envoyer qqn se faire pendre ¶ 2 suspension [de jugement intérieur] : Aug. Conf. 6, 4, 6.

suspendō, *ĭs*, *ĕre*, *pendī*, *pensum* (*subs*, *pendo* ; it. *sospendere*), tr. ¶ 1 suspendre : **aliquid ex alta pinu** Virg. G. 2, 389, suspendre qqch. au sommet d'un pin ; **malo ab alto** Virg. En. 5, 489, au sommet d'un mât ; **collo** Plin. 37, 124 ; **e collo** Plin. 23, 125, suspendre à son cou ‖ **aliquem arbori infelici** Cic. Rab. perd. 13 ; **in oleastro** Cic. Verr. 3, 57, suspendre, pendre qqn au poteau fatal, à un olivier sauvage ; **se de ficu** Cic. de Or. 2, 278 ; **e ficu** Quint. 6, 3, 88, se pendre à un figuier ; **se** Cic. Verr. 3, 129, se pendre ‖ [fig.] **picta voltum mentemque tabella** Hor. Ep. 2, 1, 97, suspendre, attacher ses yeux et son âme à un tableau ‖ [poét.] **suspensus** [avec acc. cf. *indutus*] : **laevo suspensi loculos lacerto** Hor. S. 1, 6, 74, portant pendue à leur bras gauche leur boîte de classe ¶ 2 suspendre en offrande : Virg. En. 9, 408 ; 12, 769 ; **arma capta patri Quirino** Virg. En. 6, 859, faire offrande au vénérable Quirinus des armes prises sur l'ennemi ¶ 3 tenir en l'air, en hauteur, attacher par-dessous à : **tignis contignationem** Caes. C. 2, 9, 2, fixer le plancher à des poutres ; **ita aedificatum est (opus) ut suspendi non posset** Cic. Top. 22, la construction a été faite de telle sorte qu'elle ne peut se soutenir en l'air [sans étai] ; **muro suspenso furculis** Liv. 38, 7, 9, le mur étant soutenu par des fourches, cf. Plin. 33, 68 ; Sen. Ben. 6, 15, 7 ‖ [en part.] construire en voûte : Cic. Hort. 73 R. ‖ **pes summis digitis suspenditur** Quint. 11, 3, 125, le pied se porte, s'appuie sur l'extrémité des doigts ; **suspenso digitis gradu** Ov. F. 1, 426, en marchant sur la pointe des pieds ; **suspenso gradu** Ter. Phorm. 867 [**suspenso pede** Phaed. 2, 4, 18], en marchant sur la pointe des pieds, à pas de loup ‖ **tellurem suspendere tenui sulco** Virg. G. 1, 68, soulever la terre par un léger labour, cf. Col. 3, 13, 7 ¶ 4 [fig.] **a)** tenir en suspens, dans l'incertitude : **medio responso rem** Liv. 39, 29, 1, par une réponse équivoque laisser la question indécise ; **animos** Curt. 9, 7, 20, tenir les esprits en suspens, cf. Plin. Ep. 2, 20, 3 ; Quint. 9, 2, 22 ; Suet. Tib. 24 ; **expectationem** Curt. 7, 4, 14, maintenir l'attente suspendue = maintenir dans l'attente **b)** suspendre, retenir : **spiritum, fletum** Quint. 1, 8, 1 ; Ov. F. 4, 849, retenir son souffle, ses larmes **c)** **aliquem, aliquid naso** Hor. S. 1, 6, 5 ; 2, 8, 64, tenir qqn, qqch. sous son nez = flairer dédaigneusement, faire fi de **d)** tenir à l'écart, priver, interdire : Cassian. Inst. 4, 16, 2.

*****suspensē** [inus.] compar., -*sĭus*, assez légèrement : Aug. Conf. 10, 34, 53.

suspensĭo, *ōnis*, f. (*suspendo*) ¶ 1 [archit.] ■> suspensura, radier, sol suspendu [du caldarium] : Vitr. 5, 10, 2 ¶ 2 interruption, suspension [dans la prononciation] : Diom. 438, 29 ¶ 3 action de se tirer vers le haut [en parl. des paupières] : Cael.-Aur. Acut. 3, 5, 50 ¶ 4 action d'être suspendu [en croix] : Hil. Trin. 10, 23.

suspensūra, *ae*, f., radier, sol suspendu [du caldarium] : Vitr. 5, 10, 2 ; Sen. Ep. 90, 25 ‖ élévation, montée [mer] : VL. Psal. 92, 4.

suspensus, *a*, *um*
I part. de *suspendo*.
II pris adj[t] ¶ 1 [pr.] suspendu, qui plane, qui flotte : **suspensis alis** Liv. 1, 34, 8, en vol plané ; **qui, per undas currus suspensos rapuisse, dicuntur** Poet. d. Cic. Tusc. 2, 67, [les chevaux] qui emportèrent, dit-on, sur les eaux le char glissant à la surface ; **fluctu suspensa tumenti ferret iter** Virg. En. 7, 810, elle ferait route en glissant sur les flots gonflés ¶ 2 suspendu à, subordonné à, dépendant de : **extrinsecus aut bene aut male vivendi suspensas habere rationes** Cic. Fam. 5, 13, 1, considérer que notre bonheur ou notre malheur dépend de circonstances extérieures, cf. Cic. Tusc. 5, 36 ¶ 3 en suspens, incertain, indécis, flottant : Cic. Agr. 2, 66 ; **suspensus metu** Cic. Agr. 1, 23, que la crainte tient en suspens ; **suspensis animis** Cic. Verr. 5, 14, avec des esprits indécis, qui balancent à prendre parti ; **suspensiore animo** B.-Afr. 48, 3, avec plus d'anxiété ; **suspensi et vitabundi** Tac. H. 3, 37, avec hésitation et répugnance ‖ **suspensum aliquem habere, tenere** Cic. Att. 10, 1, 2 ; Clu. 8 ; Liv. 8, 13, 17, tenir qqn dans l'incertitude ; **vultus** Cic. Clu. 54, visage inquiet ‖ **quid ageretur suspensi** Hirt. G. 8, 43, 2, incertains sur ce qui se passait ‖ **in suspenso relinquere** Sen. Ep. 97, 14, laisser en suspens, cf. Tac. H. 1, 78 ‖ **est suspensum et anxium ... nihil scire** Plin. Ep. 6, 4, 3, on est en suspens et anxieux, quand on ne sait rien ....

suspexī, parf. de *suspicio*.

suspĭcābĭlis, *e* (*suspicor*), conjectural : Arn. 1, 48.

suspĭcātĭo, *ōnis*, f., supposition : Leo M. Ep. 166, 1.

suspĭcātus, *a*, *um*, part. de *suspicor*.

suspĭcax, *ācis* (*suspicor*), soupçonneux, défiant : Nep. Timoth. 3, 5 ; Liv. 40,

suspicax

14, 5‖ où perce le soupçon : Tac. *An*. 3, 11 ‖ éveilleur de soupçons : Sen. *Ir*. 2, 29, 2.

suspĭcĭentĕr, adv., avec défiance : Non. 360, 5.

suspĭcĭentĭa, æ, f. (*suspicio*), estime, admiration : Cassian. *Coll*. 23, 16.

1 **suspĭcĭō**, *ĭs*, *ĕre*, *spexī*, *spectum* (*subs*, *specio*) ¶ 1 intr., regarder de bas en haut : *in caelum* Cic. *Rep*. 3, 3, lever les yeux vers le ciel ; *nec suspicit nec circumspicit* Cic. *Div*. 2, 72, il ne regarde ni au-dessus ni autour de lui ¶ 2 tr. **a)** *caelum* Cic. *Nat*. 2, 4 ; *astra* Cic. *Tusc*. 1, 62, regarder au-dessus de soi, le ciel, les astres, cf. Cic. *Ac*. 2, 81 ; Ov. *M*. 11, 506 **b)** élever ses regards (sa pensée) vers : Cic. *Lae*. 32 **c)** [fig.] regarder avec admiration, admirer : Cic. *Off*. 2, 36 ; *Div*. 2, 148 ; Hor. *Ep*. 1, 6, 18 ¶ 3 suspecter, soupçonner [un seul emploi connu où *suspicins* est en antithèse avec *suspectus*] : Sall. *J*. 70, 1 ; V.➤ *suspectus*.

2 **suspĭcĭo**, *ōnis*, f. (*suspicor* ; fr. *soupçon*) ¶ 1 soupçon, suspicion : *omnis suspicio in servos commovebatur* Cic. *Clu*. 180, tous les soupçons se portaient sur les esclaves ; *improborum facta suspicio insequitur* Cic. *Fin*. 1, 50, le soupçon s'attache aux actes des méchants ; *in aliquem convenit* Cic. *Amer*. 65, ou *cadit* Cic. *Att*. 13, 10, 3, le soupçon porte, tombe sur qqn ; *in eamdem suspicionem cadere* Cic. *Phil*. 11, 24, être l'objet des mêmes soupçons ; *in suspicionem venire alicui* Cic. *Verr*. 5, 15, exciter les soupçons de qqn ; *in crimine nulla suspicio est* Cic. *Cael*. 55, l'accusation ne donne lieu (prise) à aucun soupçon, ou *subest* Cic. *Amer*. 28 ; *suspicionem sedare, excitare* Cic. *Brut*. 144, apaiser, éveiller les soupçons ; *defectio in suspicione Romanis erat* Liv. 25, 7, 10, la défection était soupçonnée des Romains ; *de morte si res in suspicionem venit* Cæs. *G*. 6, 19, 3, si l'on a des soupçons sur les circonstances de la mort ‖ [avec gén. obj.] *alicui suspicionem dare ficte reconciliatæ gratiae* Cic. *Fam*. 3, 12, 4, amener qqn à soupçonner qu'une réconciliation n'est pas sincère ; *quae res auget suspicionem Pompei voluntatis* Cic. *Fam*. 1, 1, 3, cela rend les intentions de Pompée encore plus suspectes ; *in suspicionem avaritiæ venire alicui* Cic. *Q*. 1, 1, 14, être soupçonné par qqn de cupidité ; *in suspicionem incidere regni appetendi* Cic. *Mil*. 72, être soupçonné de convoiter le trône, cf. *vocari* Cic. *Verr*. 5, 10 ; *ea res minime firmam veneni suspicionem habet* Cic. *Clu*. 174, cet événement ne donne prise qu'à un bien faible soupçon d'empoisonnement, cf. Cic. *Mur*. 12 ; *habebat suspicionem adulteri* Nep. *Epam*. 5, 5, il était soupçonné d'adultère ; *in iis hominibus nulla fraudis suspicio est* Cic. *Off*. 2, 33, ils n'inspirent aucun soupçon de fraude ‖ *suspicio est* [avec prop. inf.] Cic. *Brut*. 57, on soupçonne que ; *in suspicionem venerunt suis civibus, expilasse...* Cic. *Verr*. 4, 30, ils furent soupçonnés par leurs concitoyens d'avoir pillé... ‖ *neque abest suspicio, quin* Cæs. *G*. 1, 4, 4, on ne manque pas de soupçonner que ¶ 2 soupçon, conjecture : *nulla suspicio deorum* Cic. *Nat*. 1, 62, aucun soupçon de l'existence des dieux, cf. Cic. *Nat*. 3, 64 ; *suspicionem nullam habebam, te... transiturum* Cic. *Att*. 8, 11 d, 1, je ne soupçonnais pas que tu franchirais... ‖ *haec navigatio habet quasdam suspiciones periculi* Cic. *Att*. 16, 4, 4, cette navigation à certains indices fait soupçonner le danger ; *ne quam suspicionem infirmitatis daret* Suet. *Tib*. 72, pour ne rien laisser soupçonner de son malaise ¶ 3 apparence, soupçon [de blessure] : Petr. 94, 14 ¶ 4 attente, espoir : Iren. 1, 13, 3 ¶ 5 inquiétude : Paul.-Pell. *Euch*. 324.

suspĭcĭōsē, adv., de manière à faire naître des soupçons : Cic. *Amer*. 55 ; *Dej*. 17 ; *suspiciosius* Cic. *Brut*. 131.

suspĭcĭōsus, *a*, *um* (2 *suspicio*) ¶ 1 soupçonneux, ombrageux : Ter. *Ad*. 606 ; Cic. *Verr*. 5, 74 ; *Lae*. 65 ; *Flac*. 68 ; *in aliquem* Cic. *Q*. 1, 1, 14, défiant à l'égard de qqn ¶ 2 qui fait naître, qui inspire des soupçons **a)** [pers.] : Cat. d. Gell. 9, 12, 7 **b)** [choses] : Cic. *Clu*. 54 ; *suspiciosissimum negotium* Cic. *Flac*. 7, administration si suspecte.

suspĭcĭtĕr, adv. (2 *suspicio*), avec défiance : Non. 360, 5.

suspĭcō, *ās*, *āre*, -, -, C.➤ *suspicor* : Pl. *Cas*. 394.

suspĭcŏr, *āris*, *ārī*, *ātus sum* (1 *suspicio*, *conspicor*, 2 *suspicio*), tr. ¶ 1 soupçonner : *res nefarias* Cic. *Mil*. 63, soupçonner les actes criminels ; *nihil mali* Cic. *Clu*. 27, ne soupçonner rien de mal ; *nihil de alicujus improbitate* Cic. *Verr*. 4, 65, ne rien soupçonner de la malhonnêteté de qqn ‖ [avec prop. inf.] soupçonner que : Cæs. *G*. 1, 44, 10 ‖ *aliquem* Pl. *As*. 889 ; Apul. *M*. 10, 24, soupçonner qqn ¶ 2 soupçonner, conjecturer, se douter de : *figuram divinam* Cic. *Nat*. 1, 28, soupçonner une figure divine ; *aliquid de aliquo, de aliqua re* Cic. *Brut*. 56, faire une conjecture au sujet de qqn, de qqch., cf. Cic. *de Or*. 3, 15 ‖ [avec interrog. indir.] Cic. *Inv*. 2, 2 ; *Nat*. 2, 90 ; *de Or*. 1, 136 ‖ [avec prop. inf.] : Cic. *Rep*. 2, 6 ; 6, 16 ; *Q*. 2, 9, 1.

suspīrātĭo, *ōnis*, f. (*suspiro*), action de soupirer, soupir : Quint. 11, 3, 158 ; Plin. *praef*. 9.

1 **suspīrātus**, *a*, *um*, part. de *suspiro*.

2 **suspīrātŭs**, *ūs*, m., Ov. *M*. 14, 129, soupir.

suspīrĭōsus, *a*, *um* (*suspirium*), asthmatique : Col. 4, 38, 1 ; Plin. 20, 9 ; *suspiriosus morbus* Veg. *Mul*. 1, 11, 1, asthme.

suspīrĭtŭs, *ūs*, m. (*suspiro*, *spiritus* ; fr. *soupirer*), profond soupir : Pl. *Merc*. 124 ; *Cis*. 56 ; *Cic. *Att*. 1, 18, 3 ; Liv. 30, 15, 3.

suspīrĭum, *ĭi*, n. (*suspiro*) ¶ 1 respiration [profonde] : Ov. *M*. 10, 402 ; Mart. 1, 109, 9 ‖ soupir : Pl. *Truc*. 600 ; Cic. *Tusc*. 4, 72 ¶ 2 asthme : Sen. *Ep*. 54, 1 ; Col. 6, 14, 2.

suspīrō, *ās*, *āre*, *āvī*, *ātum* (*sub*, *spiro* ; fr. *soupirer*) ¶ 1 intr., respirer profondément : Ov. *M*. 2, 655 ‖ soupirer : Cic. *Att*. 1, 18, 1 ; 2, 21, 2 ‖ dire en soupirant : Hor. *O*. 3, 2, 9 ‖ [fig.] soupirer à propos de qqn, après qqn : *in aliquo* Catul. 64, 98 ; Ov. *F*. 1, 417 ‖ [poét.] *tellus atro exundante vapore suspirans* Sil. 12, 136, la terre exhalant de noires vapeurs ¶ 2 tr. **a)** exhaler : Luc. 6, 370 ; Sil. 4, 779 **b)** *aliquem* Hor. *O*. 3, 7, 10, soupirer après qqn, cf. Juv. 11, 152 **c)** = se plaindre ; [avec prop. inf.] Lucr. 2, 1164.

susquĕ dēquĕ, adv. (*subs*, *de*), de bas en haut (*subs*) comme de haut en bas (*de*) [c.-à-d.] de toute façon, indifféremment : *susque deque habere aliquid* Pl. *Amp*. 886 [ou] *ferre* Gell. 16, 9, 1, ne pas se soucier de qqch. ; *de Octavio susque deque* Cic. *Att*. 14, 6, 1, pour ce qui concerne Octave, je ne me mets pas en peine ; *susque deque esse* Lucil. 111 ; Varr. d. Gell. 16, 9, 1, être indifférent, sans importance.

sussĭlĭō, sussulto, V.➤ *subs-*.

sustentābĭlis, *e* (*sustento*), supportable : Chalc. *Tim*. 52 A ; 343.

sustentācŭlum, *i*, n. (*sustento*), soutien, support : Tac. *H*. 2, 28 ‖ ce qui sustente, nourriture : Aug. *Mor. eccl*. 33.

sustentātĭo, *ōnis*, f. (*sustento*) ¶ 1 soutien, étai : Serv. *B*. 2, 29 ‖ sustentation, nourriture : Ulp. *Dig*. 34, 3, 22, 9 ¶ 2 action d'arrêter, de contenir : Lact. *Inst*. 6, 18, 32 ‖ action de retenir l'auditeur, subjection [rhét.] : Cels. d. Quint. 9, 2, 2 ‖ délai, remise, retard : Cic. *Inv*. 2, 146.

sustentātrix, *īcis*, f. (*sustento*), celle qui nourrit : Jul.-Val. 2, 15.

1 **sustentātus**, *a*, *um*, part. de *sustento*.

2 **sustentātŭs**, *ūs*, m., action de soutenir, appui : *Apul. *Apol*. 21, 5 ; Aus. *App*. 1, 30 (449), 8 ‖ transport [fig.] : Hier. *Orig. Ez*. 4, 1.

sustentō, *ās*, *āre*, *āvī*, *ātum* (fréq. de *sustineo*), tr. ¶ 1 tenir par-dessous, soutenir, supporter : Lucr. 5, 96 ; Virg. *En*. 10, 339 ; Curt. 8, 4, 15 ¶ 2 [fig.] **a)** soutenir, maintenir, conserver en bon état : *rem publicam* Cic. *Mur*. 32, soutenir fermement l'État, cf. Cic. *Rep*. 2, 2 ; *valetudo sustentatur notitia sui corporis* Cic. *Off*. 2, 86, la santé se conserve par la connaissance de notre tempérament, cf. Cic. *Fam*. 7, 1, 5 ; *amicos suos fide* Cic. *Rab. Post*. 4, soutenir ses amis de son crédit, cf. Cic. *Att*. 3, 23, 5 ; *Q*. 2, 3, 4 ; *litteris sustentor et recreor* Cic. *Att*. 4, 10, 1, les études me soutiennent et me réconfortent, cf. Cic. Att. 10, 4, 5 ; **pugnam** Tac. An. 2, 17, soutenir le combat **b)** sustenter, alimenter, nourrir : Cic. Rep. 2, 4 ; Nat. 2, 101 ; Prov. 12 ; Liv. 2, 34, 5 **c)** résister à, supporter : **famem pecore adacto** Caes. G. 7, 17, 3, supporter la faim (la combattre) en faisant venir du bétail ; **egestatem** Cic. Sen. 11, soutenir la pauvreté = y faire face, cf. Cic. Cael. 38 ; Fam. 16, 21, 4 ; **aegre sustentatum est** Caes. G. 2, 6, 1, on résista avec peine ‖ **dolorem** Cic. Pis. 89, supporter la douleur ; **aegre is dies sustentatur** Caes. G. 5, 39, 4, [cette journée est soutenue difficilement] on résiste difficilement ce jour-là ‖ [abs¹] tenir bon : Liv. 34, 18, 2 **d)** différer, ajourner, prolonger : Cic. Fam. 13, 64, 1 ; Q. 2, 5, 4 ; **sustentando aut prolatando** Cic. Cat. 4, 6, par des atermoiements ou des délais.

1 sustentus, a, um, part. de sustineo.

2 sustentŭs, ūs, m. (sustineo), action de tenir en haut [dans l'eau] : *Apul. Apol. 21, 5.

sustĭnentĭa, ae, f., action de supporter, patience : Lact. Epit. 29 (34), 7 ‖ persévérance : Vulg. Eccli. 2, 16.

sustĭnĕō, ēs, ēre, tĭnŭī, tentum (subs, teneo ; fr. soutenir), tr.

¶1 "tenir par-dessous", "soutenir", "maintenir" ¶2 "porter", "supporter" ¶3 "arrêter", "retenir" ¶4 [fig.] **a)** "maintenir", "conserver en bon état" **b)** "avoir la charge de", "tenir bon contre" **impetum hostis sustinere**, [abs.] "tenir bon" **c)** "supporter", "endurer" **d)** avec inf. "prendre sur soi de", avec prop. inf., avec ut **e)** "suspendre", "différer" ¶5 [abs¹] "attendre", "avoir confiance".

¶1 tenir par-dessous, tenir en l'air, soutenir, maintenir : **aer volatus alitum sustinet** Cic. Nat. 2, 101, l'air soutient le vol des oiseaux ; **se alis** Ov. M. 4, 411, se soutenir sur ses ailes ; **manibus sublatis sacra quaedam reposita in capitibus sustinebant** Cic. Verr. 4, 5, de leurs mains levées en l'air elles maintenaient posés sur leurs têtes certains objets pour le sacrifice ; **se sustinere** Caes. G. 2, 25, 1, se soutenir [ne pas tomber] ; **se a lapsu** Liv. 21, 35, 12, se maintenir sans glisser ¶2 porter, supporter : **umeris bovem vivum** Cic. CM 33, porter un bœuf vivant sur ses épaules, cf. Cic. CM 4 ; **columnae porticus sustinent** Cic. de Or. 3, 180, des colonnes supportent les galeries ¶3 arrêter, retenir : **incitatos equos** Caes. G. 4, 33, 3, arrêter des chevaux lancés au galop, cf. Cic. Ac. 2, 94 ; Lae. 63 ; **se sustinere** Cic. Tusc. 4, 41, s'arrêter [dans sa chute] ; **sustinet a jugulo dextram** Virg. En. 11, 750, il écarte la main de sa gorge ‖ [fig.] **se ab omni assensu** Cic. Ac. 2, 48, se retenir de toute adhésion ; **se** Cic. Ac. 2, 53, se retenir ; [avec ne] Cic. Fam. 9, 8, 1, se retenir de ¶4 [fig.] **a)** maintenir, soutenir, conserver en bon état : **decus civitatis** Cic. Off. 1, 124, soutenir l'honneur de la cité ‖ entretenir, sustenter, nourrir : Cic. Verr. 3, 11 ; Att. 2, 16, 1 ; Liv. 39, 9, 6 **b)** avoir la charge de, porter, soutenir : **causam publicam** Cic. Caecil. 27, soutenir une cause publique ; **munus in rem publicam** Cic. Verr. 3, 199, supporter une charge envers l'État ; **tres personas** Cic. de Or. 2, 102, soutenir trois rôles ; **sustines non parvam exspectationem imitandae industriae nostrae** Cic. Off. 3, 6, sur tes épaules tu portes la grande attente où l'on est de te voir imiter mon activité ‖ tenir bon contre : **impetum hostis** Caes. G. 1, 24, 1, soutenir le choc de l'ennemi ; **senatus querentes eos non sustinuit** Liv. 31, 13, 4, le sénat ne put tenir contre leurs plaintes [dut s'incliner devant...] ; **ad noctem oppugnationem** Caes. G. 5, 37, 6, soutenir l'assaut jusqu'à la nuit, cf. Cic. Verr. 3, 207 ‖ [abs¹] tenir bon : **exercitum sustinere non posse** Caes. C. 1, 71, 1, que l'armée ne pourrait tenir bon, cf. Caes. G. 2, 6, 4 ; 4, 11, 6 ; 7, 86, 2 ; Cic. Fam. 12, 6, 2 ‖ **nec ultra sustinuere certamen Galli, quin terga verterent** Liv. 33, 36, 12, et les Gaulois ne purent soutenir plus longtemps la lutte sans tourner le dos, cf. Liv. 2, 19, 4 ; 40, 26, 5 **c)** supporter, endurer : **alicujus imperia** Caes. G. 1, 31, 13, supporter les ordres de qqn, cf. Cic. Phil. 7, 17 ; **labores** Cic. Rep. 1, 4, supporter des fatigues, cf. Cic. Tusc. 5, 16 ; **dolorem** Cic. Brut. 6, supporter une douleur ; **poenam** Cic. Dom. 77, supporter un châtiment **d)** [avec inf.] prendre sur soi de, gagner sur soi de : Ov. M. 13, 584 ; Liv. 23, 9, 7 ; Curt. 4, 13, 8 ; Quint. 12, 9, 10 ; Plin. Ep. 9, 13, 16 ; Suet. Caes. 75 ‖ [avec prop. inf.] : **sustinebunt se... non credidisse ?** Cic. Verr. 1, 10, auront-ils le courage de n'accorder aucune créance... ? ‖ [avec ut] **sentio non posse tuam famam sustinere ut... arma feras** Balbus Att. 9, 7 B, 1, je conçois que ta gloire ne peut te permettre de prendre les armes... **e)** suspendre, différer : Cic. Att. 12, 51, 3 ; **rem in noctem** Liv. 5, 45, 7, remettre la chose à la nuit ; **bellum consilio** Liv. 3, 60, 1, tenir la guerre en suspens [la prolonger sans combat] par sa prudence, cf. Liv. 3, 65, 6 ¶5 [abs¹] attendre, rester : Vulg. Act. 18, 18 ‖ avoir confiance dans : Vulg. Psal. 129, 4.

sustollō, ĭs, ĕre, -, -, tr. (subs, tollo ; V.▶ sustuli) ¶1 lever en haut, élever : Ov. M. 13, 542 ‖ soulever : **onus** Sen. Ep. 71, 25, soulever, porter un fardeau ; **multa pondere magno levi sustollit machina nisu** Lucr. 4, 906, une machine soulève d'un effort léger beaucoup d'objets d'un grand poids ¶2 enlever : Pl. Cis. 279 ¶3 abolir : *Lact. Mort. 36, 1.

sustringo, V.▶ substringo.

sustŭlī, parf. de tollo et de suffero.

sūsum, V.▶ sursum ▶.

sŭsurna, V.▶ sisura : Amm. 16, 5, 5.

sŭsurrāmĕn, ĭnis, n. (1 susurro), murmure, formules [magiques] marmottées : Apul. M. 1, 3, 1 ; Capel. 7, 726.

sŭsurrātim, adv., avec un murmure : Capel. 6, 705.

sŭsurrātĭo, ōnis, f. (1 susurro), murmure, chuchoterie : Cassiod. Var. 9, 18.

sŭsurrātŏr, ōris, m. (1 susurro), celui qui chuchote, qui colporte des histoires : Cael. Fam. 8, 1, 4.

1 sŭsurrĭo, m., V.▶ 2 susurro : *Vulg. Eccli. 5, 16 ; 21, 31 ; 28, 15.

2 sŭsurrĭō, īs, īre, -, - (2 susurrus), intr., être chuchoté, circuler [rumeur] : Alcim. Ep. 57, p. 85, 19.

sŭsurrĭum, ĭi, n., chuchotement, bavardages, médisance : Aug. Conf. 9, 9, 20.

1 sŭsurrō, ās, āre, -, - (2 susurrus ; it. sussurare) ¶1 intr., murmurer, bourdonner : [en parl. des abeilles] Virg. G. 4, 260 ‖ [fig.] **fama susurrat** Ov. H. 21, 233, un bruit se répand tout bas ¶2 tr., fredonner : Mart. 3, 63, 5 ‖ chuchoter : Ov. M. 3, 643 ; pass. impers., **susurratur** [avec prop. inf.] : Ter. And. 779, on chuchote que.

2 sŭsurro, ōnis, m. (1 susurro), chuchoteur, médisant : Hier. Ep. 11, 4 ; 108, 19, 5 ; V.▶ 1 susurrio.

1 sŭsurrus, a, um, qui chuchote : Ov. M. 7, 825.

2 sŭsurrus, i, m. (redoubl., cf. sonus, surdus, scr. svarati, al. Schwarm), murmure, bourdonnement des abeilles : Virg. B. 1, 56 ‖ chuchotement : Cic. Tusc. 5, 103 ; Hor. O. 1, 9, 19 ; S. 2, 8, 78 ; Juv. 4, 110 ‖ **Susurri** Ov. M. 12, 61, les Chuchotements [les petits bruits, cortège de la Renommée].

▶ abl. susurru, Apul. Flor. 17, 10.

sūta, ōrum, n. pl. (sutus, suo), objets cousus ; [d'où] assemblage : **per aerea suta** Virg. En. 10, 313, à travers la cuirasse d'airain [formée de lamelles cousues ensemble], cf. Stat. Th. 3, 585 ; 4, 131.

sūtēla, ae, f. (suo), assemblage de pièces cousues, ruses, machinations : Pl. Cap. 692, cf. P. Fest. 407, 11.

Suthul, ŭlis, n., forteresse en Numidie : Sall. J. 37, 3 ; 38, 2.

sūtĭlis, e (suo), cousu : **balteus** Virg. En. 12, 273, baudrier fait de pièces cousues, cf. Virg. En. 6, 414 ; **coronae sutiles** Ov. F. 5, 335, couronnes tressées.

sūtŏr, ōris, m. (suo ; a. fr. sueur) ¶1 cordonnier : Pl. Aul. 73 ; Varr. L. 5, 93 ; Gell. 13, 21, 8 ‖ = homme du bas peuple : Cic. Flac. 17 ; Juv. 3, 294 ‖ [prov.] **ne supra crepidam sutor**, V.▶ crepida ¶2 [fig.] rapetasseur, compilateur : Aug. Faust. 22, 79.

sūtōrĭcĭus, a, um, C.▶ sutorius : M.-Emp. 8, 2.

sūtōrĭus, a, um (sutor), de cordonnier : Cic. Fam. 9, 21, 3 ‖ subst. m., ancien cordonnier : Cic. Att. 6, 1, 15.

sūtrĭballus, i, m., savetier : Schol. Juv. 3, 150 ; 151.

sūtrīna, æ, f. (*sutrinus*) ¶ **1** boutique de cordonnier : VARR. L. 8, 55 ; PLIN. 10, 122 ¶ **2** métier de cordonnier : VARR. Men. 211 ; LACT. Inst. 1, 18, 21.

sūtrīnum, i, n. (*sutrinus*), cordonnerie [métier] : SEN. Ep. 90, 23.

sūtrīnus, a, um (*sutor*), de cordonnier : VARR. L. 5, 93 ; TAC. An. 15, 34.

Sūtrĭum, ĭi, n., ville d'Étrurie [Sutri] Atlas XII, D3 : LIV. 6, 3, 2 ‖ **-trīnus**, a, um, de Sutrium : PLIN. 3, 51 ‖ **-trīni**, ŏrum, m. pl., les habitants de Sutrium : LIV. 6, 3 ‖ **-trĭus**, a, um, de Sutrium : SIL. 8, 493.

sūtūra, æ, f. (*suo*), couture : LIV. 38, 29, 6 ‖ suture [du crâne] : CELS. 8, 1, 2.

sūtus, a, um, part. de *suo*.

1 **sŭum**, gén. pl. de *sus*, V.▹ *suus*.

2 **sŭum**, V.▹ *suus* ▸.

1 **sŭus**, a, um, adj. (*se*, cf. ὅς, scr. *sva-s*, rus. *svoj*, al. *sein* ; fr. *son*), son, sa, sien, sienne, leur, leurs.

I réfléchi ¶ **1** *sceleris sui socios Romæ reliquit* CIC. Cat. 3, 3, il a laissé à Rome les complices de son crime ¶ **2** *si Cæsarem beneficii sui pæniteret* CIC. Lig. 22, si César regrettait son bienfait, cf. CIC. Agr. 2, 26 ; Verr. prim. 35 ‖ *habenda est ratio non sua solum, sed aliorum* CIC. Off. 1, 139, il faut tenir compte non seulement de soi, mais d'autrui, cf. CIC. de Or. 2, 210 ; Tusc. 4, 20 ; *quod sibi petitur, certe alteri non exigitur* CIC. Com. 52, ce qu'on demande pour soi, on ne l'exige pas en tout cas pour l'autre [pour l'associé] ‖ *nihil erit iis domo sua dulcius* CIC. Leg. 3, 19, rien ne leur sera plus doux que leur maison, cf. CIC. Sul. 88 ; Fin. 5, 37 ; Att. 10, 4, 4 ; de Or. 3, 26 ; Planc. 81 ; *qui poterat salus sua cuiquam non probari?* CIC. Mil. 81, comment serait-il possible que l'on désapprouve ce qui assure son salut ? ; *Cato me quidem delectat, sed etiam Bassum Lucilium sua* CIC. Att. 12, 5, 2, je suis content de mon Caton [éloge de Caton], mais Bassus Lucilius l'est aussi de ses productions ; *Gallis præ magnitudine corporum suorum brevitas nostra contemptui est* CÆS. G. 2, 30, 4, les Gaulois par comparaison avec leur haute taille méprisent notre petitesse, cf. CÆS. C. 1, 22, 6 ‖ *eadem ratio fuit Sesti in necessitate defendendæ salutis suæ* CIC. Sest. 92, ce fut aussi la conduite de Sestius, dans la nécessité de défendre sa vie ; *de testibus a suis civitatibus notandis* CIC. Fam. 3, 11, 3, au sujet de la flétrissure des témoins par leurs propres cités ; *ut ipsis consistendi in suis munitionibus locus non esset* CÆS. C. 2, 16, 2, si bien qu'eux-mêmes n'auraient pas la possibilité de tenir dans leurs retranchements ; *illa philosophorum de se ipsorum opinio* CIC. Brut. 114, la haute opinion que les philosophes ont d'eux-mêmes, cf. CIC. Brut. 205 ; Or. 124 ; *expositio sententiæ suæ* CIC. de Or. 3, 203, l'exposé de son opinion, cf. CÆS. C. 1, 4, 3 ‖ *defendere equitem Romanum in municipio suo nobilem* CIC. Clu. 109, défendre un chevalier romain notable dans son municipe, cf. CIC. Fam. 7, 24, 1 ; Verr. 3, 74 ; Flac. 48 ; *eum tu suorum civium principem cognosces* CIC. Fam. 13, 78, 1, tu verras qu'il a le premier rang chez ses concitoyens, cf. CIC. Verr. 1, 18 ; Phil. 10, 8 ‖ *quid dulcius datum est quam sui cuique liberi?* CIC. Quir. 2, qu'y a-t-il de plus cher pour chacun de nous que ses enfants ? ‖ qqf. *quisque* séparé de *suus* ; *quod est cujusque maxime suum* CIC. Off. 1, 113, ce que chacun a de plus personnel, cf. CIC. Off. 2, 78 ; Nat. 2, 127 ; Leg. 3, 46 ‖ *voluisti in suo genere unumquemque nostrum esse Roscium* CIC. de Or. 1, 258, tu voulais que chacun de nous fût dans son genre une espèce de Roscius, cf. CIC. Verr. prim. 46 ; Fin. 5, 5 ; Q. 1, 1, 45 ‖ *Dejotari adventus cum suis copiis* CIC. Att. 5, 18, 2, l'arrivée de Déjotarus avec ses troupes, cf. CIC. Fam. 1, 41 ; de Or. 2, 247 ; Agr. 2, 53 ; CÆS. G. 5, 53, 3 ; C. 3, 24, 3 ¶ **3** [dans une subordonnée] *petunt rationes illius, ut minuatur contra suum furorem imperatorum copia* CIC. Mur. 83, son intérêt demande qu'il y ait moins de généraux à opposer à sa démence ‖ *non quæ privatim sibi eripuisti, flagitat* CIC. Verr. 5, 128, il ne réclame pas ce que tu lui as dérobé à titre privé ; *quod pro se opus erat, ipse dicebat* CIC. Brut. 102, il disait lui-même ce qu'il fallait pour sa défense, cf. CIC. Phil. 2, 7 ; Att. 2, 7, 5 ; Quinct. 14 ; Inv. 1, 55 ; 1, 70 ; 2, 7 ‖ *mimulam suam suas res sibi habere jussit* CIC. Phil. 2, 69, il a donné ordre à sa comédienne de reprendre ses effets ; *neque propinquum suum P. Crassum suæque interfectum manu vidit* CIC. de Or. 3, 10, et il n'a pas vu le suicide de son parent P. Crassus.

II sens possessif ¶ **1** son propre : *desinant insidiari domi suæ consuli* CIC. Cat. 1, 32, qu'ils cessent d'attenter aux jours du consul dans sa propre maison ; *hunc sui cives e civitate ejecerunt* CIC. Sest. 142, ses propres concitoyens l'ont banni ; *nusquam locum ei datum a suis civibus* CIC. CM 63, [on dit] qu'aucune place ne lui avait été donnée par ses concitoyens ; [noter] *sua morte defunctus* SUET. Cæs. 89, mort de mort naturelle ‖ [fam. et tard.] *suus sibi* PL. Cap. 81 ; Pœn. 1083 ; CIC. Phil. 2, 96 ; PETR. 66, 2 ; LACT. Inst. 2, 5, 6 ; CIL 11, 7267, son propre ‖ *nomen tribunorum suum*, le mot propre ; *magis delectari alienis verbis quam propriis et suis* CIC. de Or. 3, 159, aimer mieux le mot métaphorique que le mot propre, exclusivement réservé à l'objet, cf. CIC. Fam. 9, 22, 2 ; Fin. 5, 91 ; Off. 1, 127 ‖ propre, particulier, personnel : *quid suum, quid alienum sit, ignorare* CIC. de Or. 1, 173, ignorer ce qui est à soi ou à autrui, cf. CIC. Part. 76 ; 77 ; 80 ; *quæ est animo natura? propria, puto, et sua* CIC. Tusc. 1, 70, quelle nature a l'âme ? une nature propre et qui n'est qu'à elle, à mon avis ‖ [= *sui juris*] *ancilla quæ mea fuit hodie sua nunc est* PL. Pers. 472, la servante qui était à moi encore aujourd'hui s'appartient maintenant à elle-même [est libre] ; *in suam potestatem pervenire, suæ potestatis esse* DIG. 1, 6, 1 pr., accéder à (ou avoir) la capacité juridique [après l'extinction de la puissance paternelle] ; *sui juris esse* DIG. 1, 6, 1 pr., avoir la capacité juridique ; [fig.] *poterit esse in disputando suus* CIC. Fin. 4, 10, il pourra dans les discussions rester son maître [ne pas dépendre d'autrui], cf. SEN. Ep. 75, 18 ‖ dévoué : *ut perspiciat, si in eo negotio nobis satis fecerit, totum me futurum suum* CIC. Att. 15, 1, 2, de façon qu'il voie bien que s'il nous donne satisfaction dans cette affaire, je serai tout à lui ¶ **2** favorable, avantageux, propice **a)** *habuisset suos consules* CIC. Mil. 89, il aurait eu des consuls à lui, à sa dévotion ; *utebatur populo suo* CIC. Quinct. 29, il avait pour lui le peuple **b)** *suis locis bellum ducere cogitabant* CÆS. C. 1, 61, ils méditaient de traîner la guerre en longueur dans une région favorable ; *ventis iturus non suis* HOR. Epo. 9, 30, sur le point de partir avec des vents défavorables ¶ **3** *sui*, les siens : *quæsivit salvusne esset clipeus ; cum salvum esse sui respondissent...* CIC. Fin. 2, 97, il demanda si son bouclier était sauf ; les siens lui ayant répondu qu'il l'était..., cf. CIC. Tusc. 1, 92 ; Cæl. 5 ; de Or. 3, 7 ‖ *suum*, n. et surtout pl., *sua*, son bien, ses biens, leurs biens : *socios sui nihil deperdere vult* CÆS. G. 1, 43, il veut que les alliés ne perdent rien de leurs biens ; *se suaque defendunt* CÆS. G. 1, 11, 2, ils protègent eux et leurs biens, cf. CÆS. G. 2, 13, 2 ‖ *suum sibi* son propre bien : PL. Trin. 156 ; *jus de suo sibi* APIC. 166 ; 167 ; 197 ; 199 ; 367, jus de cuisson, son propre jus ‖ *heredes sui* DIG. 38, 16, 1, 2, [qualifie la position successorale des descendants d'un *pater familias* à sa mort], héritiers siens.

▸ gén. pl. *suum* TER. Ad. 411 ‖ arch. *sam* = *suam* P. FEST. 41, 6 ; *sis* = *suis* ENN. An. 149 ; *sos* = *suos* FEST. 388, 4 ; P. FEST. 387, 12 ‖ *sovo*, *suvo* = *suo* CIL 1, 1211 ; 1598 ; *sovom* = *suorum*, *soveis* = *suis* CIL 1, 727 ; 364.

2 **sŭus**- [renforcé de *-met* ou de *-pte*] son propre : *suapte manu* CIC. de Or. 3, 10, de sa propre main ; *suopte pondere* CIC. Nat. 1, 69, de son propre poids, cf. CIC. Tusc. 1, 40 ; *suomet ipsi more* SALL. J. 31, 6, eux-mêmes par leur propre caractère, cf. SALL. J. 8, 2 ; LIV. 6, 36, 4 ; 8, 18, 9 ; 22, 14, 13.

suxī, parf. de *sugo*.

Sўăgrĭus, ĭi, m. (Συάγριος), nom de plusieurs patrices de Gaule : SIDON. Carm. 24, 36 ‖ évêque d'Autun : FORT. Carm. 5, 6, 35.

Sўagrum, i, n., promontoire d'Arabie : PLIN. 6, 100 ; 153.

sўăgrus, i, m. (σύαγρος), sorte de datte : PLIN. 13, 41.

Symiamira

1 Sỹbăris, *is*, f. (Σύβαρις) **¶ 1** ville de l'Italie méridionale sur le golfe de Tarente [plus tard Thurium], célèbre par le luxe et la mollesse de ses habitants Atlas XII, F5 : Cic. *Rep.* 2, 28 **¶ 2** ruisseau voisin de la ville : Plin. 31, 13 ǁ **-ītae**, *ārum*, m. pl., les Sybarites : Sen. *Ir.* 2, 25, 2 ; Quint. 3, 7, 24 ǁ **-tānus**, *a, um*, de Sybaris : Plin. 8, 157 ǁ **-tĭcus**, *a, um* [fig.] voluptueux, lascif : Mart. 12, 96, 2.

2 Sỹbăris, *is*, m., nom d'homme : Hor. O. 1, 8, 2.

Sỹbărītis, *ĭdis*, f. (Συβαρῖτις), la [femme] Sybarite [titre d'un poème latin] : Ov. *Tr.* 2, 417.

Sỹbillātes, *um*, m. pl., peuple d'Aquitaine : Plin. 4, 108.

sỹbīna, *ae*, v.▸ sibina.

Sỹbŏta, *ōrum*, n. pl. (Σύβοτα), trois îles près de Corcyre : Plin. 4, 53.

sỹbōtēs, *ae*, m. (συβώτης), porcher : Hyg. *Fab.* 126.

Sỹcămĭnŏs Hĭĕra, f. (Συκάμινος), ville de la Thébaïde, en Égypte : Plin. 6, 184.

Sycaminum, *i*, n., ville de Phénicie : Plin. 5, 75.

sỹcămĭnus (-ŏs), *i*, f. (συκάμινος), sycomore [arbre] : Cels. 3, 18, 12 ; 5, 18, 7 B ǁ **sỹcămĭnŏn**, Ulp. *Dig.* 47, 11, 10.

1 sỹcē, *ēs*, f. (συκῆ) **¶ 1** sorte de plante [*peplis*] : Plin. 27, 119 **¶ 2** excroissance du pin : Plin. 16, 44 **¶ 3** sorte d'abcès purulent à l'œil : Plin. 20, 44.

2 Sỹcē, *ēs*, f., île de la mer Égée, voisine de l'Asie : Plin. 5, 137.

Sỹchaeus, *i*, m., v.▸ Sichaeus : Virg. *En.* 1, 343 ǁ **-aeus**, *a, um*, de Sychée : Virg. *En.* 4, 552.

sycion agrion, n., concombre sauvage : Ps. Apul. *Herb.* 113.

sỹcītēs, *ae*, m. (συκίτης), vin de figues : Plin. 14, 102.

sỹcītis, *ĭdis*, f. (συκῖτις), pierre précieuse inconnue : Plin. 37, 191.

Sỹcŏlătrōnĭa, *ae*, f. (σῦκον et *latro*), pays des voleurs de figues, nom d'un peuple imaginaire : *Pl. *Mil.* 43.

sỹcŏmŏrus, *i*, f. (συκόμορος), sycomore [arbre] : Cels. 5, 18, 7.

sỹcŏphanta (suc-), *ae*, m. (συκοφάντης) **¶ 1** celui qui dénonce un voleur de figues [à Athènes] : Fest. 392, 9 ; P. Fest. 393, 5 **¶ 2** fourbe, sycophante, imposteur : Pl. *Poen.* 1032 **¶ 3** flatteur habile, parasite : Pl. *Amp.* 506.

sỹcŏphantĭa (suc-), *ae*, f. (συκοφαντία), fourberie, imposture : Pl. *Mil.* 767 ; *Poen.* 654 ; *As.* 71.

sỹcŏphantĭōsē (suc-), adv., avec fourberie : Pl. *Ps.* 1211.

sỹcŏphantŏr (suc-), *ārĭs, ārī*, - (sycophanta), intr., agir avec ruse, user de fourberie : Pl. *Trin.* 787 ; *alicui* Pl. *Trin.* 958, à l'égard de qqn.

sỹcŏphyllŏn, *i*, n. (συκόφυλλον), guimauve : Ps. Apul. *Herb.* 38.

sỹcōsis, *is*, f. (σύκωσις), fic, tumeur [à l'œil] : Scrib. 37.

sỹcōtum, *i*, n. (συκωτόν), foie, cf.▸ *ficatum* : Anth. 199, 84.

Sycurĭum, *ĭi*, n. (Συκύριον), ville de Thessalie, au pied du mont Ossa : Liv. 42, 54.

Sỹcussa, *ae*, f., île de la mer Égée, près d'Éphèse : Plin. 5, 137.

Sydraci, *ōrum*, m. pl., peuple de l'Inde : Plin. 12, 24.

Sydrus, *i*, m., fleuve de l'Inde : Plin. 6, 63.

Sỹĕdră, *ōrum*, n. pl. (τὰ Σύεδρα), ville de Cilicie : Luc. 8, 259.

Sỹēnē, *ēs*, f. (Συήνη), ville de la Haute Égypte, célèbre pour son granit rouge [Assouan] Atlas I, F6 : Plin. 2, 183 ǁ [poét.] granit rouge : Stat. *S.* 4, 2, 27 ǁ **Sỹēnītēs**, *ae* **a)** adj. m. (Συηνίτης), de Syène : Ov. *M.* 5, 74 **b)** subst. m., syénite, granit rouge : Plin. 36, 63 ǁ **-nītae**, *ārum*, m. pl., habitants de Syène : Plin. 6, 178.

Sygambra, *ae*, f., une Sycambre : Ov. *Am.* 1, 94, 49.

Sỹgambri, v.▸ Sic-.

Sygarŏs, *i*, f., île du golfe Arabique : Plin. 6, 155.

Syla, v.▸ Sila.

Sỹlēum, v.▸ Sylleum.

1 Sylla, -ānus, v.▸ Sulla.

2 sylla, *ae*, m. (1 Sylla), débauché, efféminé : Char. 110, 6.

syllăba, *ae*, f. (συλλαβή), syllabe : Pl. *Bac.* 433 ; Cic. *Par.* 26 ; *de Or.* 3, 183 ; Hor. P. 251 ǁ, vers, poème : Mart. 1, 62, 1 ǁ lettre, épître : Leo-M. *Ep.* 110, 88.

syllăbārĭi, *ōrum*, m. pl. (syllaba), élèves qui apprennent à épeler, à lire : Rufin. *Orig. Num.* 27, 12.

syllăbātim, adv. (syllaba), mot à mot, mot pour mot ; textuellement : Cic. *Ac.* 2, 119 ; *Att.* 13, 25, 3.

syllăbĭcē, adv. (syllabicus), par syllabes : Prisc. 3, 35, 11.

syllăbĭcus, *a, um* (συλλαβικός), syllabique : Ps. Prisc. *Acc.* 46 = 3, 528, 22.

syllăbus, *i*, m. (σύλλαβος), sommaire, table : Aug. *Conf.* 13, 15, 18.

Syllătŭrĭo, v.▸ Sullaturio.

syllēpsis, *is*, f. (σύλληψις), syllepse [rhét.] : Don. *And. pr.* 3 ; Char. 281, 4 ; Diom. 444 ; 31.

Sylleum, *i*, n. (Σύλλαιον), ville de Pamphylie : Liv. 38, 14, 10 ; v.▸ *Syleum*.

syllŏgismătĭcus (sill-), *a, um*, qui est en syllogismes : Fulg. *Myth.* 1, pr., p. 15, 6 H.

syllŏgismus, *i*, m. (συλλογισμός), [log.] syllogisme : Sen. *Ep.* 108, 12 ; 113, 26 ; Quint. 3, 6, 43 ; Plin. *Ep.* 2, 3, 3.

syllŏgistĭcē, adv. (syllogisticus), par syllogisme, sous forme de syllogisme : Mar. Vict. *Rhet.* 2, 48.

syllŏgistĭcus, *a, um*, syllogistique : Quint. 5, 10, 6.

syllŏgīzō, *ās, āre*, -, -, intr. (συλλογίζω), faire un syllogisme : Boet. *Anal. pr.* 1, 1 ; *Anal. post.* 1, 9.

Syllus, *i*, m., général des Crétois dans l'armée de Persée : Liv. 42, 51, 7.

Sylui (-vi), *ōrum*, m. pl., peuple d'Asie : Plin. 6, 29.

sylv-, Sylv-, v.▸ silv-, Silv-.

Sỹmaethēus, *a, um*, du Symèthe : Ov. *F.* 4, 472 ǁ **-thĭus**, *a, um*, Virg. *En.* 9, 584 ; Ov. *M.* 13, 879 ǁ **-thĭi**, *ōrum*, m. pl., habitants des environs du Symèthe : Plin. 3, 91.

Sỹmaethis, *ĭdis*, adj. f., du Symèthe : Ov. *M.* 13, 750.

Sỹmaethum, *i*, n., **Sỹmaethus**, *ī*, m. (Σύμαιθος), le Symèthe, fleuve de Sicile Atlas XII, G5 : Plin. 3, 89 ; Sil. 14, 231.

symbŏla (symbŏlē), *ae (ēs)*, f. (συμβολή), cotisation pour un repas, écot : *symbolarum conlatores* Pl. *Curc.* 474, ceux qui recueillent les cotisations [amateurs de pique-nique] ; *ut de symbolis essemus* Ter. *Eun.* 540, pour faire un repas par cotisations [un pique-nique] ǁ d'où *symbolae*, pl. = le repas lui-même : Pl. *Ep.* 127 ; Ter. *Eun.* 607 ǁ questions discutées à table par chaque convive, sorte d'écot : Gell. 7, 13, 12 ǁ valeur contractuelle : Apul. *Plat.* 2, 7.

symbŏlē, *ēs*, f., v.▸ symbola.

symbŏlĭcē, adv. (symbolicus), figurément : Gell. 4, 11, 10.

symbŏlĭcus, *a, um* (συμβολικός), significatif, allégorique : Char. 160, 21.

1 Symbŏlum, *i*, n. (Σύμβολον), port de la Sarmatie d'Europe : Plin. 4, 86.

2 symbŏlum, *i*, n. (σύμβολον) **¶ 1** [chrét.] tableau des principaux articles de la foi [Symbole des apôtres] : Aug. *Ep.* 214, 2 ; Prud. *Perist.* 2, 438 **¶ 2** cf.▸ *symbola*, écot : Vulg. *Prov.* 23, 21 ǁ symbole synodal [de communion] : Horm. *Ep.* 130, p. 949.

▶ *simbolum* [mss P] = *symbolus* Pl. *Ps.* 648.

symbŏlus, *i*, m. (σύμβολος), pièce justificative d'identité, signe de reconnaissance : Cat. d. Front. *Ant.* 1, 2, 11, p. 100 N. ; Pl. *Bac.* 263 ; *Ps.* 55 ; 648 ; 717 ; Plin. 33, 10.

▶ d. les mss de Pl. qqf. *symbulus, sumbolus, simbolus*, v.▸ *symbolum* ▶ ǁ noter que souvent il est impossible de distinguer le n., *symbolum*, du m., *symbolus*.

Sỹmē, *ēs*, f. (Σύμη), île de la mer Égée, voisine de la Carie : Plin. 5, 133.

Symiamira, *ae*, f., mère d'Héliogabale : Lampr. *Hel.* 4, 4.

Symmachus

Symmăchus, *i*, m., Symmaque [orateur et homme d'État romain de la fin du 4ᵉ siècle, dont il nous reste des lettres] : Macr. *Sat.* 5, 1, 7 ; Sidon. *Ep.* 1, 1, 1 ; Amm. 21, 12, 24 ‖ **-iānus**, *a*, *um*, de Symmaque, Sidon. *Ep.* 8, 10, 1.

Symmaethōs, *i*, f., ville de Carie : Plin. 5, 108.

symmĕtrĭa, *ae*, f. (συμμετρία), symétrie, système modulaire : Vitr. 1, 2, 4 ; Plin. 34, 58.

symmĕtrŏs, *ŏn* (σύμμετρος), symétrique, proportionné : Vitr. 1, 2, 4.

symmystēs (-ta), *ae*, m. (συμμύστης), initié aux mêmes mystères ; [fig.] confrère, compagnon : Hier. *Ep.* 58, 11.

sympasma, *ătis*, n. (σύμπασμα), topique en poudre : Cael.-Aur. *Acut.* 2, 38, 218.

sympăthĭa, *ae*, f. (συμπάθεια), sympathie, accord, affinité naturelle [entre deux ou plus. choses ; le mot toujours en grec dans Cic.] : Varr. *Men.* 409 ; Plin. 20, 1 ; 37, 59.

sympĕrasma, *ătis*, n. (συμπέρασμα), conclusion [du syllogisme] : Capel. 3, 343.

symphōnĭa, *ae*, f. (συμφωνία ; it. *zampogna*), concert, musique d'orchestre : *cum symphonia caneret* Cic. *Verr.* 3, 105, alors qu'une musique d'orchestre se faisait entendre, cf. Cic. *Verr.* 5, 31 ; *Fam.* 16, 9, 3 ; Liv. 39, 10, 7 ; *aliquid ad symphoniam canere* Sen. *Ep.* 12, 8, chanter qqch. avec accompagnement d'orchestre ‖ sorte d'instrument de musique : Isid. 3, 21, 7 ‖ accord, symphonie : Vitr. 1, 1, 9.

symphōnĭăcus, *a*, *um*, de concert, de musique : *symphoniaci pueri* ou *servi* Cic. *Mil.* 55 ; *Caecil.* 55, esclaves symphonistes, musiciens d'orchestre, cf. Cic. *Verr.* 5, 64 ‖ *symphoniaca herba* Ps. Apul. *Herb.* 4, jusquiame [plante].

symphōnĭum, *ĭi*, n., <C.> *symphonia* : Schol. Bern. *G.* 2, 193.

Symphŏrĭānus, *i*, m., saint Symphorien, martyr d'Autun : Fort. *Carm.* 8, 3, 160.

Symphŏrus, *i*, m. (Σύμφορος), nom d'homme : CIL 12, 354.

Symphŏsius (Simf-, Symp-), *ĭi*, m., nom d'un poète latin : Aldh. *Metr.* 6, p. 75.

symphytŏn (-tum), *i*, n. (σύμφυτον), grande consoude [plante] : Plin. 27, 41 ‖ ➡ *helenion* : Plin. 14, 108.

symplectŏs, *i*, m. (σύμπλεκτος), pied métrique de deux longues et trois brèves : Diom. 481, 27.

1 symplēgăs, *ădis*, f. (συμπληγάς), cohésion, adhésion : Rutil. 1, 461.

2 Symplēgas, *ădis*, f., une Symplégade : Val.-Flac. 4, 221 ‖ mais surtout pl., **Symplēgădes**, *um* (Συμπληγάδες, " qui s'entrechoquent "), les Symplégades [ou Cyanées ; deux écueils à l'entrée du Pont-Euxin qui, suivant la légende, s'écartaient, puis se rapprochaient pour briser les vaisseaux] : Plin. 4, 92 ‖ [plais¹] Mart. 11, 99, 5 ; Aus. *Epigr.* 107 (108), 9.

symplegma, *ătis*, n. (σύμπλεγμα), groupe [en sculpture ; lutteurs aux mains entrelacées] : Plin. 36, 24 ‖ étreinte : Mart. 12, 43, 8 ‖ [pl.] embrassements amoureux : Arn. 7, 33.

symplŏcē, *ēs*, f. (συμπλοκή), sorte de répétition [rhét.] : Capel. 5, 175.

sympŏsĭăcus, *a*, *um* (συμποσιακός), de festin : Gell. 17, 11, 6 ‖ n. pl., **Sympŏsĭăca**, le Banquet [œuvre de Platon] : Gell. 3, 6, 1.

sympŏsĭŏn (-sĭum), *ĭi*, n. (συμπόσιον), banquet : Apul. *Apol.* 57 ‖ **Sympŏsĭŏn**, le Banquet [titre d'un ouvrage de Platon et d'un autre de Xénophon] : Nep. *Alc.* 2, 2 ; Gell. 1, 9, 9 ; Plin. 34, 79.

sympŏtĭcus, *a*, *um* (συμποτικός), relatif au repas, de repas : Gell. 7, 13, tit.

sympsalma, *ătis*, n. (σύμψαλμα), action de chanter en s'accompagnant de la lyre : Aug. *Psalm.* 4, 4.

symptōma, *ătis*, n. (σύμπτωμα), symptôme : Theod.-Prisc. *Log.* 69 ‖ rencontre inattendue, coïncidence : Hier. *Tract. Psal.* 90, 3.

sy̆năfĭa, <V.> *synaphia*.

sy̆năgōga, *ae*, f. (συναγωγή), synagogue des Juifs : Vulg. *Act.* 13, 43 ‖ religion juive : Hier. *Ep.* 129, 6 ‖ assemblée, réunion, ensemble, peuple : Vulg. *Exod.* 34, 31.

sy̆nălīphē, *ēs*, <C.> *synaloephe* : Quint. 9, 4, 109 ; Char. 279, 4.

sy̆năloephē, *ēs* (**-pha**, *ae*), f. (συναλοιφή), [gram.] synalèphe [synérèse, crase] = contraction de plusieurs voyelles en une seule syllabe : Capel. 3, 267 ; Prisc. 2, 364, 16.

Sy̆nălus, <V.> *Synhalus*.

sy̆nanchē, *ēs*, f. (συνάγχη), angine [maladie] : Gell. 11, 9, 1.

sy̆nanchĭcus, *a*, *um* (συναγχικός), d'angine : Cael.-Aur. *Acut.* 2, 25, 140.

sy̆năphĭa, *ae*, f. (συνάφεια), connexion, jonction d'un vers avec le suivant : Mar. Vict. *Gram.* 6, 129, 30.

Sy̆năpothnescontes, m. pl. (Συναποθνήσκοντες), qui meurent ensemble [titre d'une pièce de Diphile, imitée par Térence] : Ter. *Ad.* pr. 6.

Sy̆năristōsae, f. (Συναριστῶσαι), Les Compagnes de Banquet [titre d'une comédie de Ménandre, imitée par Caecilius] : Plin. 23, 159 ; Gell. 15, 15, 2.

sy̆năthroesmŏs, m. (συναθροισμός), figure de rhétorique qui réunit des choses disparates : Cassiod. *Psalm.* 11, 1.

sy̆naxis, *ĕos* ou *is*, f. (σύναξις), réunion pour l'office religieux : Fort. *Carm.* 8, 17, 1.

syncătēgŏrēma, *ătis*, n. (συγκατηγόρημα), <V.> *consignificatio* : Prisc. 2, 54, 7.

syncăthēdrĭa, *ae*, f. (συγκαθεδρία), <C.> *consessus*, ensemble des évêques qui ont siégé à un concile : Rust. = Concil. S. 1, 4, p. 210, 6.

syncellīta, *ae*, m. (σύν, *cella*), compagnon de cellule de monastère : Cassian. *Coll.* 20, 2, 1.

syncellus, *i*, m. (σύγκελλος), camérier, secrétaire [d'un évêque, d'un pape, et partageant la même chambre] : Hormisd. *Ep.* 111, p. 912.

syncĕrastum, *i*, n. (συγκεραστόν), ragoût : Varr. *L.* 7, 61.

Syncĕrastus, *i*, m., nom d'esclave : Pl. *Poen.* 821.

synchōrēsis, *is*, f. (συγχώρησις), [rhét.] concession : Isid. 2, 21, 49.

synchrisma, *ătis*, n. (σύγχρισμα), friction avec un liniment : Veg. *Mul.* 2, 45, 7 ‖ **-ma**, *ae*, f., Veg. 3, 18 ; 3, 22, 2.

synchrŏnus, *a*, *um* (σύγχρονος), contemporain : Hier. *Proph. pr.*

synchy̆sis, *is*, f. (σύγχυσις), [rhét.] synchyse ou hyperbate, désordre dans la construction [des mots, de la phrase] : Char. 275, 17 ; Diom. 461, 7.

syncŏpa, *ae*, **syncŏpē**, *ēs*, f. (συγκοπή) ¶ 1 [gram.] syncope [retranchement d'une syllabe dans l'intérieur d'un mot] : Diom. 441, 27 ; Macr. *Sat.* 5, 21, 11 ¶ 2 défaillance, évanouissement : Veg. *Mul.* 1, 53, 3.

syncŏpātus, *a*, *um* (*syncopa*), en syncope : Veg. *Mul.* 1, 53, 1.

syncŏpō, *ās*, *āre*, *āvī*, - (*syncopa*), intr., être frappé de syncope : Veg. *Mul.* 1, 53, 1.

syncrăsis, *is*, f. (σύγκρασις), mélange [Éon de Valentin] : Tert. *Val.* 8, 2.

syncrĭsis, *is*, f. (σύγκρισις), [rhét.] comparaison : Cassiod. *Psalm.* 19, 8.

syndĭcus, *i*, m. (σύνδικος ; it. *sindaco*), avocat représentant une ville [syndic] : Gai. *Dig.* 3, 4, 1.

Syndraci, *ōrum*, m. pl., peuple d'Arachosie : Plin. 6, 92 ; <V.> *Sydraci*.

syndy̆asmŏs, *i*, m. (συνδυασμός), [rhét.] parallèle, antithèse : Cassiod. *Psalm.* 51, 8.

sy̆necdŏchē, *ēs*, f. (συνεκδοχή), [rhét.] synecdoque : Quint. 8, 6, 18.

sy̆necdŏchĭcē, adv., par synecdoque : Hier. *Matth.* 2, 12, 40.

sy̆necdŏchĭcus, *a*, *um* (συνεκδοχικός), mis par synecdoque : Hier. *Is.* 5, 14, 2.

sy̆nĕchēs, *ēs*, adj. (συνεχής), continu : Capel. 9, 981.

sy̆nectĭcus, *a*, *um* (συνεκτικός), synectique, qui comprend en soi : Cael.-Aur. *Acut.* 1, 14, 112.

sўnĕdrĭum, *ĭi*, n. (συνέδριον), salle du conseil : Arn.-J. *Psalm.* 103.

sўnĕdrus, *i*, m. (σύνεδρος), synèdre [sénateur chez les Macédoniens] : Liv. 45, 32, 1.

sўnemmĕnŏn, *i*, n. (συνημμένον), qui s'enchaîne, conjoint [mus.] : Vitr. 5, 4, 5.

sўnemptōsis, *is*, f. (συνέμπτωσις), coïncidence : Prisc. 3, 347, 10.

Sўnĕphēbi, *ōrum*, m. pl. (Συνέφηβοι), les Synéphèbes [comédie de Ménandre, imitée par Caecilius] : Cic. *Fin.* 1, 4.

sўnĕrĕsis, V. *synaeresis*.

sўnergĭum, *ĭi*, n. (συνέργιον), monastère [où l'on exerce en commun l'*opus Dei*] : Fort. *Rad.* 13, 32.

sўnĕsis, *is*, f. (σύνεσις), l'intelligence [Éon de Valentin] : Tert. *Val.* 8, 2.

syngĕnĭcŏn, *i*, n. (συγγενικόν), parenté : Plin. 35, 134.

syngrăpha, *ae*, f. (συγγραφή), billet, obligation, reconnaissance : **syngrapha sestertii centies** Cic. *Phil.* 2, 95, une obligation de dix millions de sesterces ; **cum inanibus syngraphis** Cic. *Verr.* 4, 30, avec des billets sans valeur, cf. Cic. *Fam.* 7, 17, 1 ; *Att.* 5, 21, 11.
▶ à la différence du chirographe, n'émane pas de la main du débiteur, mais est authentifié par le sceau des témoins : Gai. *Inst.* 3, 134.

syngrăphum, *i*, n., écrit, billet : Corip. *Just.* 2, 368.

syngrăphus, *i*, m. (σύγγραφος), billet, contrat écrit : Pl. *As.* 746 ‖ sauf-conduit : Pl. *Cap.* 506.

Sўnhălus (-nălus), *i*, m., nom d'homme : Sil. 5, 352.

Sўnhiētae, *ārum*, m. pl., peuple d'Asie, au-delà du Palus-Méotide : Plin. 6, 22.

sўnhŏdus, V. *synodus* : CIL 6, 10117.

Sўnicense castellum, n., forteresse de Numidie, voisine d'Hippone : Aug. *Civ.* 22, 8.

sўnizēsis, *is*, f. (συνίζησις), [gram.] synizèse, contraction : Serv. *En.* 1, 698.

Synnăda, *ae*, f., Claud. *Eutr.* 2, 273 ; **Synnăda**, *ōrum*, n. pl., Cic. *Fam.* 3, 8, 3 ; **Synnas**, *ădis*, f. (άδος), Mart. 9, 76, 8 ; Stat. *S.* 1, 5, 37 ; Plin. 5, 105, Synnade [ville de Phrygie, renommée pour ses marbres] Atlas I, D6 ; VI, B4 ; IX, C2 ‖ **-densis**, *e*, de Synnade : Cic. *Att.* 5, 21, 9 ‖ ou **-dĭcus**, *a, um*, Plin. 35, 3 ‖ **Synnăs**, *ădis*, adj. f., de Synnade : Capit. *Gord.* 3, 32.

synnăvus, *a, um* (σύνναος), adoré dans le même temple : CIL 11, 3074.

synnephītis, *ĭdis*, f., pierre précieuse, C. *galactites* : Plin. 37, 162.

sўnŏchītis, *ĭdis*, f., pierre précieuse : Plin. 37, 192 ‖ **synochītĭda**, ae, f., Isid. 16, 15, 22.

sўnŏdālis, *e* (*synodus*), synodal : Fort. *Mart.* 3, 415 ‖ **-lĭa**, *n.* pl., statuts synodaux : Fort. *Mart.* 3, 423.

sўnōdĭa, *ae*, f. (συνῳδία), unisson, accord : Varr. *Men.* 150.

sўnŏdĭcē, adv., conformément aux décisions synodales : Cassiod. *Eccl.* 4, 25.

sўnŏdĭcum, *i*, n., recueil de lettres se rapportant à un concile : Rust. = Concil. S. 1, 4, tit. ‖ [pl.] lettre synodique [d'un pape contre des hérétiques] : Hier. *Ep.* 88, 2.

sўnŏdĭcus, *a, um* (συνοδικός), qui arrive en même temps, synodique [astronomie] : Firm. *Math.* 3, 5, 30 ‖ synodal, conforme aux décisions synodales : Hier. *Vir. ill.* 45 ; Greg.-M. *Ep.* 1, 4.

sўnŏdītae, *ārum*, m. pl. (συνοδῖται), synodites, cénobites : Cod. Just. 1, 4, 6 ; Cod.-Th. 11, 30, 57.

sўnŏdĭum, *ĭi*, n., C. *synodia* : Diom. 492, 14.

sўnŏdontītis, *ĭdis*, f. (συνοδοντῖτις), pierre précieuse [se trouve dans la tête du poisson nommé *synodus*] : Plin. 37, 182.

sўnŏdŏs, *i*, f. (σύνοδος), V. 1 *synodus*.

1 **sўnŏdus (-hŏdus)**, *i*, f. (σύνοδος), confrérie (collège de prêtres) : CIL 6, 10117 ; 14, 2977 ‖ synode : Amm. 15, 7, 7 ; Cod. Just. 1, 3, 23.

2 **sўnŏdūs**, *ōntis*, m. (συνόδους), spare denté [poisson de mer] : Plin. 37, 182.

sўnoecĭum, *ĭi*, n. (συνοικίον), gîte commun, auberge : Petr. 93, 3.

sўnōnētŏn, *i*, n. (συνώνητον), achat global : Cod. Th. 11, 15, 1.

sўnōnymĭa, *ae*, f. (συνωνυμία), synonymie : Capel. 5, 535 ; Isid. 2, 21, 8, [en grec d. Quint. 8, 3, 16].

sўnōnymŏn (-um), *i*, n. (συνώνυμον), synonyme : Front. *Eloq.* 4, 7, p. 151 N. ; 5, 4, p. 154 N. ; Serv. *En.* 2, 128 ; Prisc. 2, 59, 17.

sўnōnymŏs, *ŏs*, *ŏn*, adj. (συνώνυμος), synonyme : Consent. 5, 341, 18.

sўnopsis, *is*, f. (σύνοψις), plan, relevé, inventaire : Ulp. *Dig.* 27, 9, 5.

sўnōris, *ĭdis*, f. (συνωρίς), couple, paire : Hier. *Ep.* 130, 7.

syntagma, *ătis*, n. (σύνταγμα), traité : Hier. *Ep.* 65, 6, 2.

syntaxis, *is*, f. (σύνταξις), controverse : *Suet. *Gram.* 25, 9 ‖ ordre (arrangement) des mots : Prisc. 3, 108, 2 [en grec] ; Not. Tir. 92.

syntectĭcus, *a, um* (συντεκτικός), de consomption : Plin. 22, 105 ; 28, 88.

syntexis, *is*, f. (σύντηξις), consomption [méd.], atrophie : Plin. 22, 129.

synthema, *ătis* (σύνθεμα, σύνθημα), permis d'utiliser des chevaux de poste : Hier. *Ep.* 118, 1.

synthĕsĭna, *ae*, f., vêtement pour les repas : Suet. *Ner.* 51.

synthĕsis, *is*, f. (σύνθεσις) ¶ 1 collection, réunion de plusieurs objets de nature analogue : Stat. *S.* 4, 9, 44 ; Mart. 4, 46, 15 ¶ 2 composition [d'un médicament] : Samm. 573 ; 1064 ¶ 3 synthèse [vêtement de dessus pour les repas] : Mart. 5, 79, 2.

syntŏnum (-ŏnŏn), *i*, n. (σύντονον), instrument de musique, C. *scabellum* : Quint. 9, 4, 142.

syntrŏphĭum, *ĭi*, n. (συντρόφιον), ronce [plante] : Ps. Apul. *Herb.* 87.

1 **syntrŏphus**, *i*, m. (σύντροφος), frère de lait : Tert. *Val.* 8, 5.

2 **Syntrŏphus**, *i*, m., nom d'homme : CIL 6, 2197.

syntўchĭa (-thĭcia), *ae*, f. (συντυχία), alliance, pacte : Greg.-M. *Ep.* 1, 30.

synzŭgĭa, *ae*, f., C. *syzygia* : Diom. 502, 16.

Syphax, *ācis*, m. (Σύφαξ), roi des Numides : Sall. *J.* 5, 4 ; Liv. 24, 48.

Sўra, *ae*, f., nom d'une esclave : Pl. *Merc.* 670.

Syracella, *ae*, f., ville de Thrace : Anton. 332.

Sўrācŏsĭus, V. *Syracusae*.

Sўrācūsae, *ārum*, f. pl. (Συρακοῦσαι), Syracuse, ville principale de la Sicile Atlas I, D4 ; XII, H5 : Cic. *Verr.* 4, 115 ‖ **-cōsĭus**, *a, um*, de Syracuse, Syracusain : Virg. *B.* 6, 1 ; Cic. *Off.* 1, 155 ; **-cŏsĭi**, *ōrum*, m. pl., Syracusains : Cic. *Div.* 1, 39 ‖ **-cūsānus**, *a, um*, de Syracuse : Cic. *Verr.* 5, 68 ; *Fin.* 2, 92 ‖ **-cūsāni**, *ōrum*, m. pl., les habitants de Syracuse, les Syracusains : Cic. *Verr.* 5, 71 ‖ **-cūsĭus**, *a, um*, de Syracuse : Cic. *Tusc.* 5, 100 ; *de Or.* 2, 57 ‖ **-cūsĭi**, *ōrum*, m. pl., Syracusains : Plin. 7, 208.

Syrbotae, *ārum*, m. pl., peuple d'Éthiopie : Plin. 6, 190.

syrĕŏn, *i*, n. (σύρεον), plante, C. *tordylion* : Plin. 24, 177.

Sўri, *ōrum*, m. pl. (Σύροι), V. 1 *Syrus*.

Sўria, *ae*, f. (Συρία), la Syrie [contrée de l'Asie entre la Méditerranée et l'Euphrate] Atlas I, D7 ; IX, D4 : Cic. *Div.* 1, 91 ‖ **-rĭus**, *a, um*, de la Syrie, Syrien : Virg. *G.* 2, 88 ; Plin. 18, 63 ‖ **Syrĭi**, *ōrum*, m. pl., les Syriens : Just. 26, 2 ‖ **-ĭăcus**, *a, um*, Cic. *Q.* 1, 2, 7 ; Plin. 8, 179 ‖ ou **-ĭcus**, *a, um* (it. *sorgo*), Plin. 15, 51 ; Col. 5, 10, 19 ‖ **-ĭātĭcus**, *a, um*, Ulp. *Dig.* 26, 2, 15.
▶ forme *Sur-* donnée souvent par les mss.

Sўrĭăcē, adv., en syriaque : Vulg. 4 *Reg.* 18, 26.

Sўrĭăcus, V. *Syria*.

Sўrĭāna, *ae*, f., ville d'Asie : Plin. 6, 47.

Sўrĭāpis, C. *Serapis*.

Sўrĭarcha, **Sўrĭarchēs**, *ae*, m. (Συριάρχης), le gouverneur de la Syrie : Cod. Th. 15, 19, 2.

Sўrĭarchĭa, *ae*, f. (Συριαρχία), la dignité d'un syriarque : Cod. Th. 12, 1, 103.

Syriaticus

Sўrĭātĭcus, v. *Syria*.

1 Sўrĭcus, v. *Syria*.

2 Sўrĭcus, v. *2 Syrius*.

Sўrĭē, *ēs*, f., île voisine d'Éphèse : Plin. 2, 204.

Sўrilla (Su-), *ae*, f., nom de femme : CIL 6, 12156.

1 sўringa, *ae*, f. (σύριγξ; fr. *seringue*) ¶ **1** seringue, [par ext.] lavement, clystère : Veg. *Mul.* 1, 28, 7 ¶ **2** fistule : Plin. Val. 1, 32.

2 Syringa, *ae*, f., C. *2 Syrinx* : Serv. B. 2, 31; 10, 26.

sўringĭa, *ae*, f., C. *syringa* : Plin. Val. 1, 23.

sўringĭānus (-gnātus), v. *syringiatus*.

sўringĭās, *ae*, m. (συριγγίας), sorte de roseau : Plin. 16, 164.

sўringĭātus, *a, um*, adj. (*syringia*), vidé en flûte [cuis., agneau, chevreau] : Apic. * 361; 362.

sўringĭo, *ōnis*, f., C. *syringa* : Plin. Val. 5, 44 *tit*.

sўringītis, *is* (*ĭdis*), f. (συριγγῖτις), pierre précieuse : Plin. 37, 182.

sўringŏtŏmĭum, *ĭi*, n. (συριγγοτόμιον), bistouri pour opérer les fistules : Veg. *Mul.* 2, 27, 2.

1 sўrinx, *ingis*, acc. *inga*, f. (σύριγξ) ¶ **1** roseau; flûte de roseau, flûte de Pan : Serv. B. 2, 31 ¶ **2** pl., **sўringes**, *um*, f. pl., cavernes, passages souterrains : Amm. 17, 7; 22, 15.

2 Sўrinx, *ingis*, f., nymphe d'Arcadie, changée en roseau : Ov. *M.* 1, 691.

Syris, *is*, m., fleuve du Pont : Plin. 6, 4.

Sўriscus, *i*, m. (Συρίσκος, dim. de Σύρος), dim. familier de Syrus [nom d'esclave] : Ter. *Ad.* 763; *Eun.* 772 ‖ **Sўrisca**, *ae*, f., nom de femme : Copa 1.

sўrītēs, *ae*, m. (συρίτης), petite pierre [qui se trouve dans la vessie du loup] : Plin. 11, 208.

1 syrĭum, ⇒ *lilinum* : Plin. 21, 127.

2 Syrĭum, *ĭi*, n., fleuve de Bithynie : Plin. 5, 149.

1 Sўrĭus, v. *Syria*.

2 Sўrĭus, *a, um* (Σύριος), de Syros : Cic. *Tusc.* 1, 38.

syrma, *ătis*, n. (σύρμα), robe traînante; [en part.] longue robe des tragédiens : Juv. 8, 229 ‖ [méton.] tragédie : Juv. 15, 30; Mart. 12, 94, 4 ‖ **syrma**, *ae*, f., Afran. *Com.* 64; Poet. d. Prisc. 2, 200, 2 ‖ queue, traîne : [d'Hérodiade] Paul.-Nol. *Carm.* 25, 127 ‖ [fig., en parlant des ornements du style] : Fort. *Mart.* 1, *epist*.

Syrmatae, *ārum*, m. pl., peuple de l'Asie ultérieure : Plin. 6, 48.

syrmătĭcus, *a, um* (συρματικός), boiteux [qui traîne une jambe] : Veg. *Mul.* 2, 86, 1.

Syrmus, *i*, m., rivière de Thrace : Plin. 4, 50.

Syrnŏs, *i*, f., île de la mer Égée : Plin. 4, 69.
► les mss donnent aussi *Sciro* Cic. *Ac.* 2, 106; *Siro* Cic. *Fin.* 2, 119.

Sўrŏcĭlĭces, *um*, m. pl., Syrociliciens [Syriens mélangés aux Ciliciens] : Mel. 1, 13.

1 Sўron, C. *Syro*.

2 sўrŏn, *i*, n., sorte d'ail, C. *molon* : Plin. 26, 33.

Sўrŏphoenix, *īcis*, m. (Συροφοίνιξ), Syrophénicien, Phénicien : Lucil. 497; Juv. 8, 159 ‖ **Syrophoenissa**, Hier. *Is.* 5, 23, 12, la Chananéenne.

Sўrŏs, *i*, f. (Σύρος), une des Cyclades [auj. Syra] : Plin. 4, 67.

Syrtis, *is* (*ĭdos*), Luc. 9, 710), f. (Σύρτις, σύρω), [littᵗ] banc de sable, cf. Sall. *J.* 78, 3 ¶ **1 Syrtes**, *um*, f. pl. (Solin. 2, 43; 27, 54), les Syrtes [deux bas-fonds sur la côte nord de l'Afrique, entre Cyrène et Carthage] Atlas I, E4 : Sall. *J.* 78, 1; 2; Plin. 5, 26; **Syrtis major** Plin. 5, 27 et **Syrtes majores** Plin. 5, 34, la grande Syrte [à l'est, auj. golfe de Surt]; **Syrtis minor** Plin. 5, 25 et **Syrtes minores** Plin. 6, 136, la petite Syrte [à l'ouest, auj. golfe de Gabès] Atlas VIII, B4 ¶ **2** [fig.] = bas-fond, écueil : *syrtim patrimonii scopulum libentius dixerim* Cic. *de Or.* 3, 163, au lieu de *syrtis patrimonii* [la syrte où sombre le patrimoine] j'aimerais mieux dire *scopulus patrimonii* [l'écueil où sombre le patrimoine] ‖ **Syrtĭcus**, *a, um*, des Syrtes : **Syrticae gentes** Sen. *Ep.* 90, 17, peuples voisins des Syrtes, cf. Plin. 8, 32; sablonneux : Sidon. *Ep.* 8, 12, 1 ‖ **Syrtītēs**, *ae*, m. (*lapis*), pierre précieuse : Plin. 37, 93.

Syrtītĭdes gemmae, f., pierres syrtiques [de la région syrtique] : Plin. 37, 182.

1 Sўrus, *a, um* (Σύρος), Syrien : Hor. *O.* 1, 31, 2 ‖ **Sўri**, *ōrum*, m. pl., les Syriens : Cic. *Nat.* 1, 81.

2 Sўrus, *i*, m. ¶ **1** nom d'esclave : Ter. *Ad.* 247 ¶ **2** Publilius Syrus, poète, auteur de mimes : Macr. *Sat.* 2, 7, 1 ¶ **3** un des chiens d'Actéon : Hyg. *Fab.* 187.

3 sўrus, *ūs*, m. (σύρω), balai : Varr. *Men.* 271.

4 Sўrus, v. *Syros*.

systaltĭcus, *a, um* (συσταλτικός), qui resserre [le rythme] : Capel. 9, 994.

systēma, *ătis*, n. (σύστημα), assemblage; système [mus.] : Capel. 9, 947; 953.

systēmătĭcus, *a, um* (συστηματικός), systématique : Mar. Vict. *Gram.* 6, 57, 2.

systŏlē, *ēs*, f. (συστολή), [gram.] systole, abrègement d'une syllabe longue par nature : Isid. 1, 34, 4; Char. 279, 1; Diom. 442, 5.

systўlŏs, *ŏn* (σύστυλος), [archit.] systyle [temple avec des entrecolonnements de deux diamètres] : Vitr. 3, 3, 1.

syzўgĭa, *ae*, f. (συζυγία) ¶ **1** union, assemblage : Iren. 1, 9, 2 ¶ **2** [métr.] syzygie, réunion de plusieurs pieds métriques, pieds composés : Diom. 502, 16.

T

t, n., f. indécl., dix-neuvième lettre de l'alphabet latin prononcée *tē*, v.➤ *d* ‖ [abrév.] *T.* = *Titus* ‖ *T. P.* = *tribunicia potestate* ‖ *Ti.* = *Tiberius*, v.➤ *tau*.

Tăbae, *ārum*, f. pl., ville de Phrygie Atlas VI, C4 : Liv. 38, 13, 11 ‖ ville de Sicile : Sil. 14, 272 ‖ ville de Perse : Curt. 5, 13, 2.

Tabalta, *ae*, f., ville d'Afrique Atlas VIII, B4 : Anton. 48.

tăbānus, *i*, m. (étr. ? ; fr. *taon*), taon [sorte de mouche] : Varr. R. 2, 5, 14 ; Plin. 11, 100 ; 11, 113.

tābĕfăcĭō, *is, ĕre, -, factum*, tr., fondre, liquéfier : Solin. 2, 25 ‖ [fig.] Vulg. *Eccli.* 31, 1 ; *tabefac audaciam...* Vulg. *1 Macc.* 4, 32, laisse se dissiper l'audace...

tābĕfactus, *a, um*, part. de *tabefacio* : Solin. 2, 25 ; Vulg. *Jud.* 14, 14.

tăbella, *ae*, f. (dim. de *tabula* ; it. *tavella*) ¶ **1** petite planche, planchette : Catul. 32, 5 ; Plin. 33, 19 ¶ **2** *a)* tablette de jeu : Ov. A. A. 3, 365 ; Tr. 2, 481 *b)* sorte de gâteau : Mart. 11, 31, 9 *c)* berceau où furent exposés Romulus et Rémus : Ov. F. 2, 408 ¶ **3** *a)* tablette à écrire : Fest. 490, 37 ; *litteras tabellae insculpere* Quint. 1, 1, 27, tracer des caractères sur une tablette, cf. Plin. 34, 59 *b)* pl., écrit de toute sorte : [lettre] Cic. *Cat.* 3, 10 ; *tabellae quaestionis* Cic. *Clu.* 184, protocole d'un interrogatoire [avec application de la question] ; *tabellae laureatae* Liv. 45, 1, 8, dépêche, message entouré de lauriers [annonçant une victoire] ; *tabellae dotis* Suet. *Cl.* 29, contrat de mariage ‖ [sg. rare] : Tac. D. 36 ; Suet. *Cl.* 15 ¶ **4** tablette de vote, bulletin *a)* [dans les comices : s'il s'agissait de l'élection d'un magistrat, le votant mettait le nom de son candidat sur le bulletin ; s'il s'agissait d'une proposition de loi, le votant recevait deux bulletins, l'un portant les deux lettres *U. R.* = *uti rogas*, " comme tu le proposes ", mention d'adoption, l'autre portant la lettre *A.* = *antiquo*, " je rejette ", mention de refus] : Cic. *Pis.* 3 ; 96 ; *Phil.* 11, 19 ; *Planc.* 16 *b)* [dans les tribunaux : chaque juge recevait trois bulletins, l'un avec la lettre *A.* = *absolvo*, " j'absous ", l'autre avec *C.* = *condemno*, " je condamne ", le troisième avec *N. L.* = *non liquet*, " ce n'est pas clair " = je ne me prononce pas] : *judicialis tabella* Cic. *Verr.* 2, 79, la tablette judiciaire ; *tabellam dare, committere alicui* Cic. *Flac.* 79 ; *Verr.* 2, 79, remettre à un juge la tablette des votes ; *ternas tabellas dare* Caes. C. 3, 83, 3, remettre à chacun les trois tablettes de vote ; *tabellam dimittere de aliquo* Sen. *Ben.* 3, 7, 7, rendre son arrêt sur qqn ; *per tabellam sententiam ferre* Cic. *Verr.* 4, 104, donner son suffrage ¶ **5** petit tableau : Cic. *Fam.* 7, 23, 3 ; Hor. *Ep.* 2, 2, 180 ¶ **6** tablette votive, petit tableau déposé dans un temple en ex-voto : Juv. 12, 27 ; Tib. 1, 3, 28 ; Ov. F. 3, 268 ¶ **7** contrat, acte : Tert. *Apol.* 2, 20.

tăbellănĭŏ, *ōnis*, c.➤ *tabellio* : Diocl. 7, 41.

1 tăbellārĭus, *a, um* (*tabella*) ¶ **1** qui a rapport aux lettres : *tabellariae naves* Sen. *Ep.* 77, 1, navires postaux, avisos ¶ **2** relatif aux bulletins de vote : *sunt quattuor leges tabellariae* Cic. *Leg.* 3, 35, il y a quatre lois concernant le vote par bulletin secret.

2 tăbellārĭus, *ii*, m., messager, courrier, exprès : Cic. *Fam.* 9, 15, 1 ‖ comptable : Sidon. *Ep.* 4, 11, 5 ‖ préposé aux impôts : Cod. Th. 12, 6, 2, 1.

tăbellĭo, *ōnis*, m. (*tabella*), tabellion [rédacteur professionnel d'actes privés : testaments, donations, suppliques ; dépourvu d'autorité officielle, il est utilisé par les particuliers qui le désirent], écrivain public : Dig. 48, 19, 9, 4 ‖ notaire [muni d'une autorisation officielle, officier public, à partir de Justinien] : Cod. Just. 4, 21, 17 ; Novel.-Just. 44.

tābĕō, *ēs, ēre, -, -* (cf. τήκω, al. *tauen*, an. *thaw*), intr., se liquéfier, fondre, se putréfier, se décomposer : Ov. M. 7, 541 ‖ se désagréger, se dissoudre : Lucr. 4, 1262 ‖ *tabentes genae* *Virg. En. 12, 221, joues livides ‖ ruisseler : *sale tabentes artus* Virg. En. 1, 173, membres ruisselants de l'onde amère ‖ [fig.] languir : Enn. *Tr.* 68.

tăberna, *ae*, f. (cf. *trabs, lucerna* ; fr. *taverne, Saverne*) ¶ **1** échoppe, cabane : Hor. O. 1, 4, 13 ; P. 229 ¶ **2** estrade, loge au cirque : Cic. *Mur.* 73 ¶ **3** boutique, magasin : Cic. *Cat.* 4, 17 ; *Clu.* 178 ‖ *libraria* Cic. *Phil.* 2, 21 ou *taberna* [seul] Hor. S. 1, 4, 71, boutique de libraire ; *argentaria* Liv. 26, 11, 7, comptoir de banquier ; *sutrina* Tac. *An.* 15, 34, échoppe de cordonnier, cf. Hor. S. 1, 3, 131 ; *devorsoria* Pl. *Truc.* 697, auberge, hôtellerie ou *taberna* [seul] Cic. *Inv.* 2, 14 ‖ *Hadriae taberna* Catul. 36, 15, taverne de l'Adriatique.

tăbernăcŭlārĭus (**tabernăclārius**), *ii*, m., constructeur de boutiques : CIL 6, 9053.

tăbernăcŭlum, *i*, n. (*taberna*) ¶ **1** tente, cf. Fest. 490, 29 ; *ponere, collocare, statuere* Cic. *Verr.* 5, 87 ; *Pis.* 61 ; Caes. C. 1, 81, établir, dresser une tente, des tentes ; *tabernaculis stantibus* Liv. 22, 42, 2, les tentes restant debout ; *tabernacula detendere* Caes. C. 3, 85, plier les tentes, cf. Liv. 41, 3, 1 ‖ tente augurale : *tabernaculum capere* Cic. *Div.* 1, 33, choisir l'emplacement de la tente augurale [avant les comices], cf. Cic. *Div.* 2, 75 ; Liv. 4, 7, 3 ‖ tente, tabernacle [des Hébreux] : Vulg. *Exod.* 26, 13 ¶ **2** [chrét.] habitation, tabernacle, le corps [où habite l'âme] : Vulg. *2 Petr.* 1, 14.

Tăbernae, *ārum*, f. pl., ville de Germanie [Rheinzabern] : Anton. 355, v.➤ *Tres*.

tăbernārĭa, *ae*, f., tenancière d'une taverne : Dig. 23, 2, 43, 9 ; Schol. Juv. 8, 162 ‖ courtisane : Isid. 15, 2, 43 ‖ marchande en boutique : Cod. Just. 5, 27, 1 ‖ commerce en boutique : Cod. Th. 11, 10, 1 ‖ comédie de cabaret : Fest. 480, 15.

tăbernārĭum, *ii*, n., taxe payable par le tenancier : Cassiod. *Var.* 10, 28, 1.

1 tăbernārĭus, *a, um* (*taberna*), de boutique, de taverne, grossier, trivial : Apul. *Apol.* 87 ; Diom. 489, 15.

2 tăbernārĭus, *ii*, m., boutiquier : Cic. *Flac.* 18 ; *Dom.* 13.

1 tăbernŭla, *ae*, f. (dim. de *taberna*), petite cabane, baraque : Apul. M. 7, 7 ; 9, 40.

2 Tabernŭla (**-nŏla**), *ae*, f., lieudit à Rome : Varr. L. 5, 47.

tābēs, *is*, f. (*tabeo*) ¶ **1** corruption, putréfaction : *cadavera tabes absumebat* Liv. 41, 21, 7, les cadavres se décomposaient, cf. Liv. 41, 15, 2 ‖ désagrégation, décomposition : Liv. 40, 29, 5 ¶ **2** déliquescence, gâchis, bourbe : *fluens tabes liquescentis nivis* Liv. 21, 36, 6, la boue liquide formée par la neige fondante ; *per tabem sanguinis* Liv. 30, 34, 10, à travers les mares de sang ‖ bave venimeuse d'un serpent : Ov. M. 3, 49 ‖ venin : Ov. *Pont.* 3, 1, 26 ‖ *oculorum* Tac. H. 4, 81, sanie des yeux ¶ **3** consomption, dépérissement : Plin. 2, 156 ; Liv. 2, 32, 10 ¶ **4** maladie contagieuse, épidémie : Tac. H. 5, 3 ; *An.* 12, 50 ‖ [fig.] épidémie, fléau : Sall. C. 36, 5 ; J. 32, 4 ; Liv. 7, 38, 7 ¶ **5** [fig.] maladie qui ronge (qui mine) moralement, langueur : Cic. *Tusc.* 3, 27 ; Virg. En. 6, 442.

tābēscō, *is, ĕre, bŭī, -* (inch. de *tabeo*), intr. ¶ **1** se liquéfier, fondre : [glace, cire] Cic. *Nat.* 2, 26 ; Ov. A. A. 2, 89 ; [de sel] Cat. *Agr.* 88, 1 ; Plin. 31, 95 ‖ se putréfier,

tabesco

se corrompre : Ov. M. 15, 363 ¶ **2** [fig.] **a)** diminuer, dépérir : [nuit] LUCR. 5, 680 ; [d'un royaume] SALL. J. 14, 25 **b)** [moral¹] se consumer : CIC. Tusc. 4, 37 ; Cat. 2, 6 ; *otio* CIC. Att. 2, 14, 1, languir dans l'inaction ‖ se ronger d'envie : HOR. S. 1, 1, 111 ‖ **perspicio nobis in hac calamitate tabescendum esse** CIC. Att. 3, 25, je vois clairement qu'il me faut croupir dans cette malheureuse situation ‖ se consumer d'amour : Ov. M. 3, 445 ; PROP. 3, 6, 23 ; *ex aliquo* Ov. M. 4, 254, pour qqn.

Tabidium, ▶ Tabudium.

tābĭdōsus, *a, um* (tabidus), corrompu : TERT. Apol. 14, 1.

tābĭdŭlus, *a, um*, dim. de *tabidus*, CIRIS 182.

tābĭdus, *a, um* (tabes) ¶ **1** fondu, liquéfié : LIV. 21, 36, 7 ‖ corrompu, en putréfaction : SUET. Tib. 51 ‖ [métaph.] : Ov. Pont. 1, 1, 67 ¶ **2** qui corrompt, infectieux : TAC. An. 12, 66 ; VIRG. En. 3, 137 ‖ destructeur : Ov. Pont. 4, 8, 49 ‖ [fig.] consumé de chagrin : CYPR. Sent. 22.

tābĭfĭcābĭlis, *e* (tabificus), qui consume [par le chagrin] : ACC. Tr. 421.

tābĭfĭcātĭo, *ōnis*, f., action de se consumer [de désespoir] : AUG. Psalm. 122, 6.

tābĭfĭco, *ās, āre, -, -* (tabificus), tr., dissoudre, liquéfier : CASSIOD. Psalm. 37, 5 ; AUG. Jul. 5, 15, 54.

tābĭfĭcus, *a, um* (tabes, facio), qui fait fondre : LUCR. 6, 737 ‖ qui corrompt, qui désagrège : SUET. Tib. 73 ‖ pestilentiel, infectieux : LUC. 5, 911 ‖ [fig.] qui mine, qui consume : CIC. Tusc. 4, 36.

tābĭflŭus, *a, um* (tabes, fluo) ¶ **1** qui s'en va en pourriture : PRUD. Apoth. 891 ¶ **2** qui fait pourrir [maladie] : FORT. Mart. 4, 430.

tābĭōsus, *a, um*, ▶ tabidosus : TERT. Pud. 14, 16.

Tabis, *is*, m., promontoire du pays des Sères : PLIN. 6, 53 ; MEL. 3, 60.

tābĭtūdo, *inis*, f. (tabes), consomption, dépérissement : PLIN. 22, 129 ‖ corruption, putréfaction : VULG. Eccli. 28, 7.

Tablae, *ārum*, f. pl., ville des Bataves, dans une île du Vahal : PEUT. 1, 2.

tăblīcĭus, *a, um*, garni de planches : VL. Exod. 27, 8.

tăblīnum, PLIN. 35, 7 ; VITR. 6, 3, 5 et **tăbŭlīnum**, *i*, n., VARR. d. NON. 83, 21 ; APUL. Flor. 23, 3 grande salle, salon ‖ **tablina**, n. pl., archives : PLIN. 37, 5.

tablissō, *ās, āre, -, -* (ταβλίζω), intr., jouer aux latroncules [sorte d'échecs] : DIOM. 423, 1 ; 426, 11.

tablista, *ae*, m. (tabula), joueur de latroncules [sorte d'échecs] : ANTH. 196, 7.

tabola, ▶ tabula ▶.

Tābrăca, *ae*, f. (Θάβρακα), ville maritime de Numidie [Tabarka] Atlas VIII, A3 ; XII, H1 : PLIN. 5, 22 ; MEL. 1, 33 ; SIL. 3, 256 ; ▶ Thabraca.

Tābrăcēnus, *a, um*, de Tabraca : SCHOL. JUV. 10, 194.

Tabratensis, ▶ Sabratensis.

Tabudenses, *ĭum*, m., pl., [ville d'Afrique] : CIL 8, 1124.

Tabudĭum, *ii*, m., ville d'Afrique [Thouda] : PLIN. 5, 37.

tăbŭī, parf. de *tabesco*.

tăbŭla, *ae*, f. (cf. ombr. *tafle* ; fr. *tôle*, it. *tavola*, al. *Tafel*) ¶ **1** planche, ais : CIC. Off. 3, 89 ; Att. 4, 18, 3 ¶ **2** table de jeu : SEN. Tranq. 14, 7 ; JUV. 1, 90 ¶ **3** tablette à écrire **a)** HOR. S. 1, 6, 74 ; Ep. 1, 1, 56 ; JUV. 9, 41 ; *litteraria* VARR. R. 3, 5, 10, tablette à écrire ‖ [prov.] **manum de tabula** CIC. Fam. 7, 25, 1, lâche ta tablette **b)** pl., tablettes = écrit de toute sorte ; registres de comptes, livres : CIC. Top. 16 ; Font. 12 ; **in tabulas referre aliquid** CIC. Flac. 20, porter qqch. sur ses registres ; **tabulas conficere** CIC. Verr. 1, 60, tenir des livres de comptes à jour ; **alicujus tabulas exquirere** CIC. Verr. 4, 137, dépouiller les comptes de qqn ‖ **novae tabulae** CAES. C. 3, 1, 3, nouveaux comptes = abolition des dettes, ou diminution, cf. CIC. Phil. 6, 11 ; Off. 2, 84 ; Att. 5, 21, 13 ; 14, 21, 4 ; SALL. C. 21, 2 ‖ **publicae** CIC. Arch. 8, registres officiels, archives, cf. CIC. Flac. 40 ; LIV. 26, 36, 11 ‖ **duodecim tabulae** CIC. Rep. 2, 54, les Douze Tables [lois], cf. CIC. Rep. 2, 61 ; 2, 63 ; de Or. 1, 193 ; 1, 195 ‖ **in tabulas referre** CIC. Verr. 5, 102, relater sur des tablettes, établir un procès-verbal ‖ tables, listes de proscription : CIC. Amer. 26 ; au sg., JUV. 2, 28 ‖ **tabulae Dicaearchi** CIC. Att. 6, 2, 3, carte géographique de Dicéarque ‖ testament : Ov. A. A. 2, 332 ; PLIN. Ep. 2, 20, 11 ; JUV. 2, 58 ; 4, 19 ; **bonorum possessio secundum tabulas** DIG. 37, 11, possession des biens du défunt conformément aux dispositions du testament ‖ **tabulae nuptiales** COD. JUST. 5, 4, 9, contrat de mariage [dispositions concernant la dot, sa restitution] ; **dotales** COD. JUST. 5, 4, 3, même sens ¶ **4** table affichée, affiche **a)** *decreti alicujus* CIC. Phil. 1, 3, affiche d'un décret **b)** affiche de vente aux enchères, vente aux enchères : CIC. Caecin. 16 ; Att. 12, 40, 4 ¶ **5** liste : **tabulae praerogativae** CIC. Pis. 11, bulletins de la centurie prérogative ; ▶ praerogativus ‖ liste des censeurs : LIV. 4, 8, 4 [= *memoria publica* CIC. Mil. 73] ¶ **6** bureau de change : CIC. Quinct. 25 ¶ **7** avec ou sans **picta**, tableau, peinture : CIC. Verr. 4, 132 ; BRUT. 261 ; Fin. 5, 3 ; de Or. 1, 161 ; Par. 37 ¶ **8** tableau votif : HOR. O. 1, 5, 19 ¶ **9** un carré de terrain : PALL. 2, 11 ; GROM. 200, 12 ¶ **10** pl., plis d'un vêtement : TERT. Pall. 5, 1.

▶ arch. **tabola** CIL 1, 581, 26 (= S. C. Bacch.) ; abl. pl. **tableis** CIL 1, 585, 46.

tăbŭlāmentum, *i*, n. (tabula), plancher : FRONTIN. Strat. 1, 7, 1.

tăbŭlāre pălāti, n., voile du palais [anat.] : VEG. Mul. 2, 11, 4.

1 **tăbŭlārĭa**, *ae*, f. (tabularium), dépôt des archives : QUADR. d. NON. 208, 27 ‖ office de teneur de livres, d'archiviste : COD. JUST. 7, 9, 3.

2 **tăbŭlārĭa** (tabularis), n. pl. de *tabularium* et de *tabularis*.

tăbŭlāris, *e* (tabula), propre aux planches, à l'usage des planches : PETR. 75, 7 ‖ **aes tabulare** PLIN. 34, 97, airain en feuilles.

tăbŭlārĭum, *ii*, n. (tabula), archives publiques Atlas III A ; III B : CIC. Nat. 3, 74 ; Arch. 8 ; pl., VIRG. G. 2, 502.

tăbŭlārĭus, *ii*, m., teneur de livres [comptes], caissier : SEN. Ep. 88, 10 ; ULP. Dig. 11, 6, 7, 4 ‖ sorte de notaire : COD. JUST. 1, 55, 9, 1 ‖ caissier public : COD. JUST. 10, 1, 2.

tăbŭlātim, adv., par carrés de terrain : PALL. 3, 9, 11.

tăbŭlātĭo, *ōnis*, f. (tabula), assemblage de planches, plancher, étage : CAES. C. 2, 9, 4 ; VITR. 5, 5, 7.

tăbŭlātum, *i*, n. (tabula ; it. *tavolato*), plancher, étage : CAES. C. 1, 25, 10 ; LIV. 28, 6, 2 ‖ plancher où l'on dépose les fruits : CAT. Agr. 3, 4 ‖ étages ménagés pour faire grimper la vigne : COL. 12, 39, 3 ; PLIN. 14, 12 ; VIRG. G. 2, 361.

tăbŭlātus, *a, um*, part. de *tabulo*.

tăbŭlīnum, ▶ tablinum.

tăbŭlō, *ās, āre, -, -*, tr., planchéier : ITIN. ALEX. 33.

*****tābum**, *i*, n. [inus. au nom.] (tabes) ¶ **1** sang corrompu, sanie, pus : ENN. Tr. 310 ; VIRG. En. 3, 29 ; TAC. H. 2, 70 ¶ **2** maladie infectieuse, peste : VIRG. G. 3, 557 ; LIV. 4, 30, 9 ; Ov. M. 15, 627 ¶ **3** suc tinctorial du pourpre : STAT. S. 1, 2, 125.

Tăburnus, *i*, m., mont du Samnium : VIRG. G. 2, 38 ; GRAT. 509.

Tăcăpē, *ēs*, **Tacăpa**, *ae*, f., ville d'Afrique [Gabès] Atlas I, E3 ; VIII, B4 : PLIN. 5, 25 ; CIL 8, 21920 ‖ **-pensis**, *e*, de Tacapa : PLIN. 16, 115.

Tacātŭa, *ae*, f. (Τακατύη), ville de Numidie [Takouch] : PLIN. 5, 22.

tăcendus, *a, um*, qu'il faut taire, mystérieux : PRUD. Cath. 6, 76.

tăcĕō, *ēs, ēre, cŭī, cĭtum* (tacitus ; cf. got. *þahan* ; fr. *taire*) ¶ **1** intr. **a)** se taire, garder le silence : **tacendo loqui videbantur** CIC. Sest. 40, en gardant le silence ils semblaient parler ; **nobis tacentibus** CIC. Ac. 2, 101, sans que nous parlions ; **de aliqua re tacere** CIC. Verr. prim. 27, garder le silence sur qqch. ; pass. impers., **in aliqua re de se taceri vult** CIC. Agr. 3, 4, il veut que le silence soit gardé sur son compte à propos de qqch. **b)** ▶ silere, être silencieux, calme : VIRG. En. 4, 525 ; TIB. 2, 4, 49 ; Ov. H. 15, 198 ; TAC. H. 3, 85 ¶ **2** tr., taire, ne pas dire, ne pas parler de : acc. de pron. n., **quod tacui et tacendum putavi** CIC. de Or. 1, 119, ce que j'ai tu et cru devoir taire ‖ [poét.]

aliquem tacere Virg. G. 4, 123, ne pas parler de qqn, cf. Ov. M. 13, 177 ‖ *dicenda tacenda loqui* Hor. Ep. 1, 7, 72, parler à tort et à travers ‖ *hoc ipso, quod tacuerunt, consensisse videntur* Dig. 19, 2, 13, 11, qui ne dit mot consent.

Tacfarīnas, ātis, m., chef numide qui guerroya contre les Romains sous Tibère : Tac. An. 2, 52.

Tachempsō, ūs, f., Mel. 1, 51, **Tacompsŏs**, i, f., Plin. 6, 178, île et ville d'Éthiopie.

Tachinē, ēs, f., nom de femme : CIL 6, 24915.

tăcĭbundus, a, um, qui se tait, taciturne : *Don. Virg. p. 67 R.

Tăcĭta, ae, f. (*tacitus*), déesse du Silence : Ov. F. 2, 572.

tăcĭtē, adv. (*tacitus*), tacitement, sans rien dire : Cic. Mil. 11 ; Pomp. 13 ; Liv. 2, 58, 8 ‖ sans bruit, silencieusement, en secret : Cic. Quinct. 50 ; Ov. F. 1, 65 ; Plin. 5, 17, 2.

tăcĭtō, C. *tacite* : Just. 18, 4, 9.

tăcĭtŭlus, a, um (dim. de *tacitus*), Varr. Men. 187 ; 318.

tăcĭtum, i, n. (*tacitus*), secret : Ov. Am. 3, 7, 51 ‖ silence : *per tacitum* Virg. En. 9, 31 ; Sil. 10, 354, silencieusement ; V. *tacitus*.

tăcĭtŭrĭō, īs, īre, -, - (désid. de *taceo*), intr., avoir envie de se taire : Sidon. Ep. 8, 16, 3.

tăcĭturnĭtās, ātis, f. (*taciturnus*), action de garder le silence, silence : Cic. Sest. 40 ; Cat. 1, 16 ; Att. 7, 8, 1 ‖ discrétion : *alicujus taciturnitatem experiri* Cic. Brut. 231, mettre la discrétion de qqn à l'épreuve ‖ caractère renfermé : Cic. Fam. 1, 5, 2.

tăcĭturnus, a, um (*tacitus*), taciturne : Cic. Sest. 21 ‖ silencieux : Nep. Att. 22, 2 ; Hor. O. 3, 29, 24 ; Prop. 1, 7, 18, 1 ‖ *ingenium statua taciturnius* Hor. Ep. 2, 2, 83, un talent [un homme de talent] plus muet qu'une statue ‖ *taciturnissimus* Pl. Curc. 20.

tăcĭtūrus, a, um, part. fut. de *taceo*.

1 **tăcĭtus**, a, um (*taceo*, cf. ombr. *taçez*) I ¶ 1 dont on ne parle pas : *aliquid tacitum relinquere* Cic. Fam. 3, 8, 2 ; *tenere* Cic. de Or. 3, 64, laisser qqch. sans en parler, garder, tenir qqch. caché, secret ; *non feres tacitum* Cic. Att. 2, 3, 2, tu n'emporteras pas le silence [de moi] = je ne resterai pas muet, je saurai quoi dire ; *tacitum ferre aliquid ab aliquo* Liv. 1, 50, 9, ne pas obtenir de réplique de qqn sur une chose ; *ut tacitum feras quod celari vis* Liv. 3, 45, 6, pour que tu aies le silence sur ce que tu veux tenir caché ; *non patientibus tacitum tribunis quod...* Liv. 7, 1, 5, les tribuns ne supportant pas qu'on garde le silence sur ce fait que ¶ 2 tacite : *tacitae exceptiones* Cic. Inv. 2, 140, exceptions tacites, non formellement exprimées, cf. Cic. Top. 5 ¶ 3 secret, tenu caché : *tacitum judicium* Cic. Att. 4, 17, 3, un jugement tenu secret ; *tacitum vivit sub pectore vulnus* Virg. En. 4, 67, sa blessure vit cachée au fond de son cœur ; *tacito quodam sensu* Cic. de Or. 3, 195, par une sorte de sentiment secret, instinctif, inconscient.

II ¶ 1 qui ne parle pas : qui garde le silence : *patria quodammodo tacita loquitur* Cic. Cat. 1, 18, la patrie en gardant le silence te parle en quelque sorte, cf. Cic. Cat. 3, 26 ; *tacitis nobis* Cic. Caecin. 53, sans que nous disions rien, cf. Cic. Verr. 2, 180 ; 3, 41 ; *tacita exspectatio* Cic. Clu. 63, attente muette ; *luminibus tacitis* Virg. En. 4, 364, avec des regards muets = sans rien dire ; *legens aut tacitus* Hor. S. 1, 3, 65, lisant ou méditant ¶ 2 silencieux, calme, sans bruit : *per tacitum nemus ire* Virg. En. 6, 386, traverser une forêt silencieuse, cf. Virg. En. 8, 87 ; *sidera tacito labentia caelo* Virg. En. 3, 515, les astres glissant dans le ciel silencieux ‖ *per tacitum* Virg. En. 9, 31, [le Gange s'écoule] d'un cours silencieux ; *per tacitum mundi* Luc. 10, 253, à travers les régions silencieuses de l'univers ; *erumpunt per tacitum lacrimae* Sil. 12, 554, les larmes s'échappent en silence.

2 **Tăcĭtus**, i, m., Tacite [historien latin] : Plin. Ep. 2, 1, 6 ; 2, 11, 2 ‖ empereur romain [275-276] : Vop. Tac. 3, 1.

Tacompsos, V. *Tachempso*.

tactĭlis, e (*tango*), tangible, palpable : Lucr. 5, 152.

tactim, adv. (*tango*, *tactio*), par le toucher : Prob. Inst. 4, 153, 1.

tactĭo, ōnis, f. (*tango*) ¶ 1 action de toucher : [arch.] *tactio est alicui (= tangit aliquis) aliquem* Pl. Aul. 423, qqn fait l'acte de toucher qqn, cf. Pl. Aul. 744 ; Cas. 406 ¶ 2 tact, sens du toucher : Cic. Tusc. 4, 20.

tactŏr, ōris, m., celui qui touche [d'un instrument de musique] : Aug. Psalm. 95, 6.

1 **tactus**, a, um, part. de *tango*.

2 **tactŭs**, ūs, m. ¶ 1 action de toucher, attouchement : Lucr. 1, 318 ; Cic. de Or. 3, 216 ¶ 2 influence : *solis* Cic. Nat. 2, 40 ; *lunae* Cic. Div. 2, 97, action du soleil, de la lune, cf. Cic. de Or. 2, 60 ; Virg. En. 3, 133 ¶ 3 sens du toucher, tact : Cic. Nat. 2, 141 ; Ac. 2, 76 ; Cael. 42.

tăcŭī, parf. de *taceo*.

Tader, ĕris, m., rivière de Tarraconaise [Segura] : Plin. 3, 9 ; 3, 19.

Tadĭātes, um ou ĭum, m. pl., peuple du Latium : Plin. 3, 108.

Tadĭnātes, um ou ĭum, m. pl., peuple d'Ombrie : Plin. 3, 114.

1 **Tadĭus**, ii, m., peintre du temps d'Auguste : Plin. 35, 116.

2 **Tădĭus**, ii, m., nom d'homme : Pers. 6, 66.

Tadnŏs (Tatnos), i, f., fontaine voisine du golfe Arabique : *Plin. 6, 168.

Tadu, n. indécl., île d'Éthiopie : Plin. 6, 185.

Tadutti, n. indécl., ville de Numidie : Anton. 32.

taeda (tēda), ae, f. (de δαῖδα, acc. de δαΐς ; esp. *teia*) ¶ 1 pin : Plin. 16, 44 ¶ 2 branche de pin, morceau de pin : Caes. C. 2, 11 ; 3, 101 ; Virg. En. 4, 505 ¶ 3 torche : Cic. Pis. 46 ; Verr. 4, 106 ‖ torche nuptiale : Ov. M. 4, 758 ; [d'où] noces, hymen, mariage : *conjugis taedae* Virg. En. 4, 339, les flambeaux de l'hymen, cf. Virg. En. 7, 388 ; 9, 76 ; Ov. M. 9, 721 ‖ amour : Prop. 1, 8, 21 ‖ instrument de torture : Lucr. 3, 1017 ; Juv. 1, 155 ¶ 4 petit morceau de graisse détaché du corps de la victime dans les sacrifices : Arn. 7, 24.

taedĕo, V. *taedet*.

taedescĭt, ĕre, -, - (inch. de *taedet*), impers., *aliquem alicujus rei*, commencer à s'ennuyer de qqch. : Minuc. 28, 10.

taedĕt, ēre, taedŭĭt et taesum est (*taeter* ?) ¶ 1 impers. **a)** *aliquem alicujus rei*, être dégoûté, fatigué de qqch. : *eos vitae taedet* Cic. Att. 5, 16, 2, ils sont dégoûtés de la vie ; *vos talium civium taedet* Cic. Flac. 105, vous êtes dégoûtés de tels concitoyens ; *me convivii taesum est* Pl. Most. 316, j'ai été dégoûté du festin **b)** [avec inf.] *taedet audire...* Ter. Phorm. 486, cela vous dégoûte d'entendre..., cf. Virg. En. 4, 451 ; 5, 617 ¶ 2 pers., [tard.] : *coepi taedere captivitatis* Hier. Vit. Malch. 7, j'ai commencé à être las de la captivité.

taedĭālis (tēdĭālis), e, ennuyeux, fastidieux : Adamn. Vit. Col. 3, 30.

taedĭfĕra (dĕa), f., déesse portant une torche à la main [Cérès] : Ov. H. 2, 42.

taedĭō, ās, āre, āvī, - (*taedium*), intr., être dégoûté : Lampr. Alex. 29, 5 ; Tert. Jud. 11, 9 ; Veg. Mul. 1, 17, 12.

taedĭŏr, ārĭs, ārī, -, intr., être inquiet, s'inquiéter : Vl. Marc. 14, 33 ; Tob. 10, 6.

taedĭōsē, adv., avec ennui : Gloss. 2, 219, 26.

taedĭōsus, a, um (*taedium*), ennuyeux, fatigant, pénible : Firm. Math. 1, 8, 6.

taedĭtūdo, inis, f. (*taedet*), ennui : Gloss. 2, 431, 31.

taedĭum, ii, n. (*taedet*) ¶ 1 dégoût, ennui, lassitude, fatigue ; aversion, répugnance : *taedium afferre alicui* Liv. 34, 34, 2, apporter de la lassitude à qqn [rebuter] ; *rerum adversarum* Sall. J. 62, 9 ; *belli* Liv. 8, 2, 2, dégoût de l'adversité, lassitude de la guerre ‖ pl., Virg. G. 4, 332 ; Ov. M. 13, 213 ‖ *esse taedio alicui* Plin. Ep. 8, 18, 8, inspirer de la répugnance à qqn ¶ 2 [fig.] *vetustas oleo taedium affert* Plin. 15, 7, le vieillissement rend l'huile répugnante, lui donne un goût désagréable [rance] ; *ea taedia* Plin.

taedium

34, 167, ces incommodités ¶ 3 maladie : Ruric. *Ep.* 2, 22.

taeduĭt, parf. de *taedet*.

taedŭlus, *a*, *um* (*taedet*), qui est ennuyeux : Fest. 496, 6.

Taenăra, *ōrum*, n. pl., v.▸ *Taenarum* : Sen. *Tro.* 402 ; Stat. *Th.* 2, 32.

Taenărĭdēs, *ae*, m., le Ténaride [Hyacinthe, qui était de Ténare] : Ov. *M.* 10, 183.

Taenăris, *ĭdis*, f., femme de Ténare, de Laconie : Ov. *H.* 16, 30 ‖ = Hélène : Ov. *H.* 8, 70.

Taenărĭus, *a*, *um* (Ταινάριος), de Ténare, de Laconie, de Sparte : Plin. 9, 28 ; Ov. *H.* 15, 274 ; Luc. 6, 648 ; *Taenarius lapis* Plin. 36, 135, marbre de Ténare ; *deus* Prop. 1, 13, 22, = Neptune ; *Taenariae fauces* Virg. *G.* 4, 467, les gouffres du Ténare [entrée des enfers] ; *Taenaria vallis* Ov. *F.* 612, = l'enfer ; *Taenarius currus* Claud. *Pros.* 1, 2, le char de Pluton ; *Taenaria marita* Ov. *H.* 13, 45, Hélène.

Taenărum, *i*, n., Plin. 4, 16, **-nāra**, *ōrum*, n. pl., Sen. *Tro.* 404, **-nărus**, Sen. *Herc. f.* 663, **-năros**, *i*, m., Luc. 9, 36 (Ταίναρος), Ténare [promontoire de Laconie et ville du même nom, avec un temple de Neptune, des marbres noirs réputés et, suivant la tradition, une des entrées des enfers] Atlas VI, C2 ‖ [poét.] = les enfers : Hor. *O.* 1, 34, 10 ; Sen. *Tro.* 404.

taenĕa, v.▸ *taenia* : Plin. 13, 81.

Taenĕōtica charta, papyrus fabriqué dans un endroit près de Saïs : Plin. 13, 76.

taenĭa, *ae*, f. (ταινία) ¶ 1 bande, bandeau, bandelette : Fest. 494, 33 ; Virg. *En.* 5, 269 ; 7, 352 ; Mart. 14, 24, 1 ¶ 2 [fig.] **a)** ténia, ver solitaire : Cat. *Agr.* 126 ; Plin. 11, 113 ; 31, 102 **b)** [poisson] cépole : Plin. 32, 76 **c)** platebande de l'architrave d'une colonne : Vitr. 4, 3, 4 **d)** bande de papyrus, qui boit l'encre : Plin. 13, 81 **e)** banc de rochers [où se trouvait en part. le pourpre (coquillage)] : Plin. 3, *pr.* 4.

▸ abl. pl. *taenis* Virg. *En.* 5, 269.

taenĭensis, *e*, qui se trouve sur un long banc de rochers, v.▸ *taenia* : Plin. 9, 131.

taenĭŏla, *ae*, f. (dim. de *taenia*), petite bande : Col. 11, 3, 23.

taenĭōsus, *a*, *um*, entouré de bandelettes [cadavre] : Gloss. 2, 194, 50.

taesum est, v.▸ *taedet*.

taeter (**tēter**), *tra*, *trum*, adj. (cf. *taedet* ?, *tetricus* ?) ¶ 1 qui affecte désagréablement les sens ; repoussant, hideux, affreux, horrible : *taeter odor* Caes. *C.* 3, 49, 2, odeur repoussante, cf. Lucr. 2, 415 ; 6, 22 ; *cruor* Virg. *En.* 10, 727, un sang noir ; *taetra belua* Cic. *Tusc.* 4, 45, bête repoussante ; *mulier taeterrima vultu* Juv. 6, 418, femme d'une laideur repoussante ; *aliquid taetri* Cic. *Div.* 2, 141, qqch. de repoussant ¶ 2 [moral] : *quis taetrior hostis huic civitati ?* Cic. *Cael.* 13, quel ennemi plus odieux pour ce pays ? ; *in aliquem taeterrimus* Cic. *Tusc.* 1, 96, le plus détestable, le plus abominable envers qqn ‖ *taeterrimum bellum* Cic. *Fam.* 10, 14, 2, la plus horrible des guerres ; *nullum vitium taetrius est quam avaritia* Cic. *Off.* 2, 77, il n'y a pas de vice plus repoussant que la cupidité ¶ 3 noirâtre, sombre : Sedul. *Op.* 5, 19.

▸ forme *taetrus* Gloss. 2, 195, 47.

taetrē, adv. (*taeter*), d'une façon affreuse, hideuse : Cic. *Div.* 1, 60 ; *taeterrime* Cic. *Att.* 7, 12, 2.

taetrĭcĭtās (**tētr-**), *ātis*, f. (*taetricus*), air sombre, sévère : Laus Pis. 103.

taetrĭcus (**tētr-**), *a*, *um* (*taeter* ?), sombre, sévère : Liv. 1, 18, 4 ; Ov. *A. A.* 1, 721 ; *Am.* 3, 8, 61 ; Mart. 12, 70, 4.

▸ peut-être l'orth. *tetricus* est-elle préférable si le mot ne se rattache pas à *taeter*, v. Ernout et Meillet.

taetrĭtūdo, *ĭnis*, f. (*taeter*), laideur, difformité : Acc. *Tr.* 556.

taetrō, *ās*, *āre*, -, - (*taeter*), tr., souiller, infecter : Pacuv. *Tr.* 303.

taetrum, adv., d'une manière affreuse : Prud. *Cath.* 4, 22.

Tafis, indécl. (*Tafa*, n. pl. ?), ville d'Égypte dans le Delta : Anton. 161.

Tagastē, indécl., ville de Numidie [Souk Ahras] Atlas VIII, A3 ; XII, H1 : Anton. 44 ‖ **-ensis**, *e*, de Thagaste : Plin. 5, 30 ; Aug. *Conf.* 2, 3, 5 ; v.▸ *Thagaste*.

tăgax, *ācis*, m. (*tango*), qui touche à, voleur : Lucil. 1031 ; Cic. *Att.* 6, 3, 1.

Tăgēs, *ētis*, m., Étrusque, inventeur de la divination : Serv. *En.* 1, 2 ; Cic. *Div.* 2, 50 ; Ov. *M.* 15, 558.

Tagesense oppĭdum, c.▸ *Tagaste* : Plin. 5, 30.

Tageste, v.▸ *Tagaste*.

Tăgētĭcus, *a*, *um*, de Tagès : Licin. d. Macr. *Sat.* 5, 19, 13.

tăgo, v.▸ *tango* ▸.

Tagora, *ae*, f., ville de Numidie [Taura] : Anton. 41.

Tagŏrae, *ārum*, m. pl., peuple voisin du Tanaïs [Don] : Plin. 6, 22.

Tagrus, *i*, m., montagne de Lusitanie : Varr. *R.* 2, 1, 19.

Tagulis, *is* (**Tagulus**, *i*), m., ville voisine des Syrtes : Peut. 7, 2.

Tăgus, *i*, m. ¶ 1 le Tage [fleuve d'Espagne] Atlas I, C2 ; IV, C1 : Liv. 21, 5, 8 ; Plin. 4, 115 ; Luc. 7, 755 ¶ 2 nom d'un guerrier : Virg. *En.* 9, 418.

Taifali, *ōrum*, m. pl. (fr. *Tiffauges*), Taïfales [peuple goth] : Ps. Aur.-Vict. *Epit.* 47, 3 ; v.▸ *Theifalia*.

talabarrĭo, *ōnis*, **talabarriuncŭ-lus**, *i*, m. (?), mot de sens inconnu : Laber. d. Gell. 16, 7, 6.

Talabriga, *ae*, f., ville de Lusitanie : Plin. 4, 113.

Tălăĭŏnĭdēs, *ae*, m., fils de Talaos [Adraste] : Stat. *Th.* 5, 18.

Tălăĭŏnĭus, *a*, *um*, de Talaos : Ov. *A. A.* 3, 13.

Talalatensis līmes, circonscription de la Tripolitaine : Not. Dign. *Oc.* 31, 3.

Talarenses, *ĭum*, m. pl., peuple de Sicile : Plin. 3, 91.

tălāria, *ĭum*, n. (*talaris*) ¶ 1 chevilles du pied : Sen. *Ep.* 53, 7 ¶ 2 talonnières, brodequins munis d'ailes [que les poètes donnent à Mercure] : Virg. *En.* 4, 239 ; [à Persée] Ov. *M.* 4, 667 ; [à Minerve] Cic. *Nat.* 3, 59 ; [prov.] *talaria videamus* Cic. *Att.* 14, 21, 4, vérifions nos talonnières, préparons-nous à fuir ¶ 3 robe longue, traînante : Ov. *M.* 10, 591 ¶ 4 brodequins [instrument de torture qui serre les chevilles] : Sen. *Ir.* 3, 19, 1.

tălāris, *e* (*talus*) ¶ 1 qui descend jusqu'aux chevilles, long, traînant : *tunica talaris* Cic. *Verr.* 5, 31 ; *Cat.* 2, 22, tunique talaire [d'un caractère efféminé] ¶ 2 relatif à la *tunica talaris* : *ludi talares* Quint. 11, 2, 58 ; v.▸ *talarius*.

1 tălārĭus, *a*, *um* (*talus*), *talarius ludus* Cic. *Off.* 1, 150, jeu [représentation, spectacle] d'un caractère efféminé ou licencieux [où les acteurs étaient sans doute vêtus de la *tunica talaris*], cf. Cic. *Att.* 1, 16, 3.

2 Tălārĭus, *ii*, m., nom d'homme : Suet. *Cal.* 8.

Talarus, *i*, m., montagne d'Épire : Plin. 4, 2.

tălăsĭo (**tălassĭo**), *ōnis*, m. (étr. ?), cri lancé par le cortège nuptial : Catal. 12, 5 ; 13, 16 ; Mart. 1, 35, 6 ; Fest. 478, 34 ; P. Fest. 479, 13 ; v.▸ *Talassus*.

Tălāsĭus, *ii*, m., c.▸ *Talassus* : Catul. 61, 134.

Tălassus, *i*, m. (*talassio*), dieu du mariage : Mart. 12, 42, 4 ; v.▸ *Talassius*.

Talatensis, c.▸ *Talalatensis*.

Tălăus, *i*, m. (Ταλαός), Talaos, père d'Adraste, d'Eurydice, d'Eriphyle : Ov. *Ib.* 356.

tălĕa, *ae*, f. (cf. *talus* ; it. *taglia*) ¶ 1 pieu, piquet : Caes. *G.* 7, 73, 9 ¶ 2 bouture, rejeton : Cat. *Agr.* 45 ; Varr. *R.* 1, 40, 4 ‖ branche, tenon pour retenir deux murs ensemble : Vitr. 1, 5, 3 ¶ 3 *talea ferrea* *Caes. *G.* 5, 12, 4, barre de fer [monnaie des Bretons].

tălentārĭae bălistae, f. pl., balistes lançant des charges d'un talent : Sisen. d. Non. 556, 26.

tălentum, *i*, n. (τάλαντον ; it. *talento*) ¶ 1 talent [poids grec variable ; environ 50 livres] : Virg. *En.* 11, 333 ; Plin. 9, 44 ; 12, 80 ¶ 2 talent [somme d'argent variable, mais toujours d'une certaine importance] : Cic. *Tusc.* 5, 91 ; [qqf. appelé grand talent] *magnum talentum* Pl. *Truc.* 845, cf. Gell. 11, 10, 6 ; Vulg. *Matth.* 25, 28 ‖ autre talent valant 80 mines : Liv. 38, 38, 13 ‖ [fig.] richesse : Cassiod. *Var.* 6, 20, 3.

▶ gén. pl. *talentum* Cic. *Rab. Post.* 21; Liv. 30, 16, 12; *talentorum* Suet. *Caes.* 54.

tălĕŏla, *ae*, f. (dim. de *talea*), petite bouture : Col. 3, 17, 1.

Talgē, *ēs*, f., île de la mer Caspienne : Mel. 3, 58.

tāliătūra, *ae*, f., fente : Grom. 360, 17.

tāliătus, *a*, *um*, fendu, taillé : Grom. 360, 18.

1 **tālĭo**, *ōnis*, f. (*talis*), talion, peine du talion : Fest. 496, 15; Gell. 20, 1, 33; 20, 1, 38; Cic. *Frg.* 33.

2 **tālĭo**, *ās*, *āre*, -, - (*talea*; fr. *tailler*), tr., couper, tailler : Grom. 360, 18.

tālĭpĕdo, *ās*, *āre*, -, - (*talus*, *pes*), intr., flageoler sur ses pieds : Fest. 492, 22.

tālis, *e* (cf. *tam*, *qualis*, τηλίκος; fr. *tel*), dém. de qualité ¶ **1** tel = de cette qualité, de cette nature, de ce genre : *quod erit ejus modi, nihil ut tale ulla in re publica reperiatur* Cic. *Rep.* 2, 43, ce caractère particulier sera de telle nature qu'on ne peut rien trouver de pareil dans aucun gouvernement ; *quibus rebus tantis, talibus gestis* Cic. *Phil.* 2, 71, or, après avoir accompli ces actes si grands, si beaux ; *urbes tantae atque tales* Cic. *Nat.* 3, 92, des villes de cette grandeur et de cette qualité, cf. Cic. *Fam.* 13, 66, 1 ; 15, 4, 14 ; *tot et tales viri* Cic. *Quinct.* 42, tant de personnes si éminentes ; *pro tali facinore* Caes. *G.* 6, 34, en punition d'un crime de cette nature, d'un tel crime ; *haec taliaque vociferantes* Liv. 5, 2, 13, vociférant ces paroles et des paroles de ce genre, cf. Cic. *Off.* 1, 59 ; *qui dicuntur iracundi aut misericordes aut invidi aut tale quid* Cic. *Tusc.* 4, 80, ceux dont on dit qu'ils sont emportés ou pitoyables ou jaloux ou qqch. de ce genre ‖ [annonçant ce qui suit] *omnem legem esse laudabilem quibusdam talibus argumentis docent* Cic. *Leg.* 2, 11, le caractère louable de toute loi, on le montre par certains arguments du genre que voici, cf. Enn. d. Cic. *Div.* 1, 40; Virg. *En.* 1, 559 ; 5, 79 ; 6, 372 ; Quint. 7, 1, 6 ¶ **2** [en corrélation] **a)** [avec *qualis* [tel que : *cum esset talis, qualem te esse video* Cic. *Mur.* 32, alors qu'il était tel que je te vois ; *qualis... talis* Cic. *Off.* 2, 44, tel... tel ; *licet videre, qualescumque summi civitatis viri fuerint, talem civitatem fuisse* Cic. *Leg.* 3, 31, on peut voir que quels qu'aient été les premiers de la cité, la cité a été pareille, leur a ressemblé **b)** [avec *ac*, *atque*] : *honos tali voluntate paucis est delatus ac mihi* Cic. *Vat.* 10, les charges ont été déférées à bien peu avec le même empressement qu'à moi, cf. Ter. *Phorm.* 1028 **c)** [avec *ut* ou *qui* et subj. consec.] : *tales esse, ut jure laudemur* Cic. *Off.* 1, 91, être tels que nous méritions des louanges, cf. Cic. *Rep.* 2, 39 ; *Fin.* 4, 31 ; *Ac.* 2, 49 ; *Phil.* 13, 30 ; *talem esse, qui te sejungas...* Cic. *Fam.* 10, 6, 3, être tel, que tu te sépares..., cf. Cic. *Verr.* 1, 82.

tāliscumque, *talĕcumque*, tel : *Priap.* 16, 7.

Tălīsĭus, *ii*, m., nom d'homme : Aus. *Parent.* 10 (167), 3.

tālĭtĕr, adv. (*talis*), de cette manière, de telle manière : Plin. 35, 124; Pall. 9, 8, 1 ‖ *qualiter... taliter* Mart. 5, 7, 1, comme... ainsi.

tālĭtrum, *i*, n. (*talus*), chiquenaude : Suet. *Tib.* 68.

Talĭus, *ii*, m., nom d'homme : Tac. *An.* 14, 50.

talla, *ae*, f. (cf. *talea*), pelure d'oignon : *Lucil.* 194 ; Fest. 492, 28.

Tallĭātes, *um* ou *ĭum*, m. pl., peuple germain voisin des Ubiens : CIL 13, 7777.

Tallōnĭus, *ii*, m., nom d'homme : CIL 13, 1896.

Tallūsa, C.▶ *Thallusa* : CIL 6, 25942.

Talmis, *is*, f., ville de la Haute-Égypte : Anton. 161.

Talna, *ae*, m., nom d'homme : Cic. *Att.* 13, 29, 1.

tālo, *ōnis*, m. (*talus*; fr. *talon*), cheville : Gloss. 3, 605, 18.

Talori, *ōrum*, m. pl., peuple de Lusitanie : CIL 2, 760.

talpa, *ae*, f., m. Virg. *G.* 1, 183 (*talus* ?, fr. *taupe*, it. *topo*), taupe [animal] : Cic. *Ac.* 2, 81 ; Plin. 9, 17 ; Sen. *Nat.* 3, 16, 5.

talpīnus, *a*, *um* (*talpa*), de taupe : Cassiod. *Var.* 9, 3.

talpōna, *ae*, f. (?), sorte de vigne : Plin. 14, 36.

Talthybĭus, *ii*, m. (Ταλθύβιος), héraut grec au siège de Troie : Ov. *H.* 3, 9 ‖ **Talthu-**, Pl. *St.* 305.

Taludaei, *ōrum*, m. pl., peuple d'Arabie : Plin. 6, 150.

tālus, *i*, m. (*taxillus*, cf. *talpa* ?) ¶ **1** astragale, malléole, cheville [du pied] : Plin. 11, 106 ; Ov. *M.* 4, 343 ‖ [animaux] paturon : Plin. 11, 253 ¶ **2** cheville, talon [bas de la jambe] : *purpura ad talos demissa* Cic. *Clu.* 111, pourpre qui descend jusqu'aux chevilles ; *a vertice ad imos talos* Hor. *Ep.* 2, 2, 4, de la tête au bas des chevilles ; *recto talo* Hor. *Ep.* 2, 1, 176, solidement sur ses pieds, cf. Pers. 5, 104 ¶ **3** [primit[t]] osselet à jouer, [puis] dé [rond de deux côtés avec les quatre autres marqués, tandis que les *tesserae* étaient marquées des six côtés : on jouait avec quatre *tali* et trois *tesserae*] : *ad talos se conferre* Cic. *de Or.* 3, 58, s'adonner aux dés, cf. Cic. *CM* 58 ; *Div.* 1, 23.

talūtĭum, *ii*, n. (celt.; fr. *talus*), lit superficiel de terre aurifère indiquant la présence de l'or dans le sous-sol : Plin. 33, 67.

1 **tam**, adv. dém. (cf. *iste*, *tot*, *quam*; esp. *tan*) ¶ **1** tant, autant, si, à ce degré, à ce point : *tam necessario tempore, tam propinquis hostibus* Caes. *G.* 1, 16, 6, dans une circonstance si pressante, avec des ennemis si proches ; *vestris tam gravibus tamque multis judiciis concisus* Cic. *Phil.* 12, 11, accablé par vos jugements si pleins de rigueur et si nombreux; *haec tam parva civitas* Cic. *Verr.* 3, 85, cette cité si petite ; *tam magnus* [pour *tantus*] Pl. *Cas.* 430; Luc. 3, 83, si grand ; *in hoc tam exiguo vitae curriculo* Cic. *Arch.* 28, dans cette carrière si courte de la vie ; *ille homo tam locuples* Cic. *Verr.* 4, 11, cet homme-là si riche ; *tamenne ista tam absurda defendes ?* Cic. *Nat.* 1, 81, persisteras-tu à défendre des choses aussi absurdes ; *tot tam nobiles disciplinae* Cic. *Ac.* 2, 147, tant d'écoles si célèbres ; *tam aperte, tam diu, tam cito* Cic. *Ac.* 2, 60 ; *CM* 13 ; *Tusc.* 2, 14, si ouvertement, si longtemps, si vite ; *tam modo,* ▶ *tammodo* : *non tam haesitaret* Cic. *Fin.* 2, 18, il n'hésiterait pas à ce point ¶ **2** [en corrélation] **a)** [avec *quam*] autant (aussi)... que : *non tam praeclarum est scire Latine quam turpe nescire* Cic. *Brut.* 140, il est moins beau de savoir le latin que laid de l'ignorer ; *nihil esse tam detestabile tamque pestiferum quam voluptatem* Cic. *CM* 41, que rien n'est aussi détestable, aussi funeste que la volupté ; *quis tam brevi tempore tot loca adire potuit quam celeriter Cn. Pompeio duce belli impetus navigavit ?* Cic. *Pomp.* 34, qui a pu traverser tant de lieux avec une rapidité égale à la promptitude avec laquelle sous la conduite de Cn. Pompée l'offensive a parcouru les mers ? ; *tam ferre... quam contemnere* Cic. *Att.* 13, 20, 4, supporter... autant que mépriser ; *tam id honestum tuendum est nobis quam illud sapientibus* Cic. *Off.* 3, 17, nous devons défendre cette honnêteté autant que les sages la leur ‖ *quam magis... tam magis* Pl. *Poen.* 348, plus... plus, cf. Pl. *Bac.* 1091 [ou] *quo magis... tam magis* Lucr. 4, 999 [ou] *quanto magis... tam magis* Lucr. 5, 453 ; *tam magis... quam magis* Virg. *En.* 7, 787, d'autant plus que ‖ *quam* et superl. ...*tam* et superl. plus... plus : Cat. *Agr.* 64 ; 65 ; 157 ; Pl. *Aul.* 236 ; Ter. *Ad.* 503 ; Sall. *J.* 31, 14 **b)** [avec *quasi*] autant que, si, comme si : Pl. *Curc.* 51 **c)** [avec *ut* ou *qui, quae, quod* et le subj. consec.] tellement que, assez pour : *quis nostrum tam animo agresti ac duro fuit, ut... non commoveretur ?* Cic. *Arch.* 17, qui de nous a eu le cœur assez farouche, assez dur pour n'être pas ému... ? ; *tam variae sunt sententiae, ut* Cic. *Nat.* 1, 1, les opinions sont si diverses que ; *nemo tam sine oculis, tam sine mente vivit ut...* Cic. *de Or.* 1, 249, aucun être vivant n'est assez dépourvu d'yeux, assez dépourvu d'intelligence pour ‖ [avec *qui*, la principale ayant valeur négative] *nihil tam absurde dici potest, quod non dicatur ab aliquo philosophorum* Cic. *Div.* 2, 119, on ne peut rien dire de si absurde que qq. philosophe ne le dise ; *nemo est tam senex, qui...* Cic. *CM* 24, personne n'est assez vieux pour... ; *neque tam docti tum erant, ad quorum judicium elaboraret* Cic. *Fin.* 1, 7, il n'y avait pas alors

tam

d'hommes assez éclairés pour qu'il s'efforçât de satisfaire leur goût, cf. Cic. *CM* 67 **d)** [avec *quin* et le subj. conséc., quand la principale est négative] **numquam tam male est Siculis, quin... dicant** Cic. *Verr.* 4, 95, jamais les Siciliens ne sont en si mauvaise posture qu'ils ne disent..., cf. Cic. *Verr.* 5, 26; *Fam.* 6, 1, 7; Nep. *Alc.* 6, 4.

2 **tam**, adv., ➡ *tamen*, cf. Fest. 494, 17; Pl. *St.* 44.

1 **tăma**, ae, f. (?), tumeur à la jambe: Lucil. 1195 d. Fest. 494, 33.

2 **Tama**, ae, f., ville d'Éthiopie: Plin. 6, 184.

tămărīcē, ēs, f. (empr.), Plin. 24, 67, **-rīcum**, i, n., Scrib. 128, **-rīcium**, ĭi, n., Serv. B. 4, 3, **-riscus**, i, f., *Cael.-Aur. *Chron.* 3, 4, 61 et **-rix**, īcis, f., Col. 8, 15, 4, tamaris [plante].

Tamarĭci, ōrum, m. pl., peuple de la Tarraconaise, sur les rives du Tamaris: Plin. 4, 111; *Mel. 3, 11 ‖ **-ĭcus**, a, um, du Tamaris: Plin. 31, 23.

Tamaris, is, m., fleuve de la Tarraconaise: Mel. 3, 11.

Tămăsŏs, i, f. (Τάμασος), nom d'une ville de Chypre: Plin. 5, 130 ‖ **-ăsēus**, a, um, de Tamasos: Ov. *M.* 10, 644.

tamdĭū (**tam dĭū**), adv., aussi longtemps, si longtemps: **abs te tamdiu nihil litterarum** Cic. *Att.* 1, 2, 1, si longtemps aucune lettre de toi ‖ [en corrélation avec *quamdiu, quoad, dum, donec*] aussi longtemps que, tant que, ➡ *ces mots* ‖ [avec *quam*] **vixit tamdiu quam licuit... vivere** Cic. *Brut.* 4, il a vécu aussi longtemps qu'on pouvait vivre..., cf. Cic. *Brut.* 236 ‖ [avec *ut* conséc.] si longtemps que: Cic. *Ac.* 2, 69.

tăme, ➡ 1 *tam*: Fest. 494, 6.

tămen, adv. (*tamem*, cf. *quidem*), cependant, pourtant, toutefois ¶ 1 [restriction à une affirmation]: **semper Ajax fortis, fortissimus tamen in furore** Cic. *Tusc.* 4, 52, Ajax fut toujours brave [oui, c'est entendu], pourtant sa plus grande bravoure se montra dans sa démence; **illi tamen ornarunt** Cic. *Verr.* 4, 123, eux malgré tout ornèrent [ne manquèrent pas d'orner]; **aliqua tamen... ratio fuisset** Cic. *Verr.* 5, 85, il y aurait eu malgré tout qq. moyen..., cf. Cic. *Verr.* 1, 21; **Cyri vitam legunt praeclaram illam quidem, sed neque tam nostris rebus aptam nec tamen Scauri laudibus anteponendam** Cic. *Brut.* 112, on lit la vie de Cyrus, très belle sans doute, mais moins appropriée à nos mœurs et malgré tout ne méritant pas de surpasser en louanges le panégyrique de Scaurus; **et tamen** Cic. *Nat.* 3, 23; **neque tamen** Cic. *Mur.* 51 ‖ **tamenne... perstabitis?** Cic. *Ac.* 2, 26, est-ce que malgré tout vous resterez...? persisterez-vous à...?, cf. Cic. *Agr.* 2, 77; *Flac.* 21; *Font.* 16; *Dom.* 50; [sans *ne*] Cic. *Caecil.* 21 ‖ [en tête d'une lettre] **tamen a malitia non discedis** Cic. *Fam.* 9, 19, 1, malgré tout [il n'y a pas à dire], tu es toujours malin ‖ [dans une rel., réflexion restrictive]: **perturbat me, C. Caesar, etiam illud interdum, quod tamen, cum te penitus recognovi, timere desino** Cic. *Dej.* 4, je suis troublé parfois, C. César, par cette autre chose encore, mais quand je revois au fond ton caractère, je cesse de la craindre; **fuit mirificus quidam in Crasso pudor, qui tamen non modo non obesset... sed... commendaret** Cic. *de Or.* 1, 122, il y avait chez Crassus une modestie extraordinaire, de nature pourtant je ne dis pas seulement à ne pas nuire..., mais à recommander... ‖ **ne tamen...** Cic. *Fam.* 7, 31, 2, pour éviter que malgré tout... ‖ [fortifié souvent par *sed*] mais pourtant: Cic. *Rep.* 1, 42; *Pomp.* 10; *Cat.* 2, 20 [ou **verum**, ➡ ce mot] ¶ 2 [restriction après ponctuation forte]: **ac (atque) tamen** Cic. *Or.* 6, et pourtant, cf. Cic. *Or.* 26; *Sest.* 115; **atque is tamen** Cic. *Lig.* 22, et pourtant il... [ou] et puis d'ailleurs: Cic. *CM* 65; *Rep.* 2, 29 ‖ **sed tamen** Cic. *Lig.* 16, mais pourtant, mais d'ailleurs, cf. Cic. *Fam.* 4, 2, 1; *de Or.* 1, 253 ‖ **et tamen (nec tamen)**, et d'ailleurs: Cic. *Att.* 7, 3, 10; **et tamen quia...** *Att.* 10, 6, 1; **neque tamen...** *Fam.* 4, 12, 3 ‖ **sed tamen** ou **verum tamen** suivi d'ellipse [aposiopèse]: **scito illa quidem sermone et Attico, sed tamen** Cic. *Nat.* 1, 93, finement tout cela certes et avec atticisme, et pourtant..., Cic. *Fam.* 2, 16, 6; **verum tamen** Cic. *Att.* 14, 12, 1, et pourtant, passe encore ‖ **tamen** en tête de phrase: Cic. *Marc.* 4; Liv. 21, 55, 10 ‖ **non tamen** Tac. *An.* 15, 22, [anal. à *non idcirco*, il ne s'ensuit pas que] ¶ 3 après une subordonnée de sens concessif: **a)** **quamquam... tamen** Cic. *Brut.* 143, quoique..., pourtant, cf. Cic. *Agr.* 2, 77; *Pomp.* 1; 34; *Cat.* 2, 19 **b)** **quamvis... tamen** Cic. *Rep.* 1, 37, à quelque degré que..., pourtant, cf. Cic. *Or.* 76; *Phil.* 2, 68 **c)** **etsi, tametsi... tamen**, quoique... pourtant: Cic. *Fam.* 6, 18, 4; *Pomp.* 13; *Marc.* 21; Caes. G. 1, 30, 2; 7, 43 **d)** **etiam si... tamen** Cic. *Rep.* 1, 25; *Div.* 2, 131; *Pomp.* 13 **e)** **ut** subj. **..., tamen** Cic. *Rep.* 1, 11, à supposer que..., pourtant, cf. Cic. *Tusc.* 4, 70 **f)** **si... tamen** *Rep.* 1, 43; *Pomp.* 50; *Cat.* 3, 7 **si minus... tamen** Cic. *Part.* 92 **g)** **cum... tamen**, ➡ *cum* **h)** [après relatif] Cic. *Div.* 2, 138 ¶ 4 [*tamen* mis avant l'expr. concessive avec l'acception apparente de *etsi* ou *quamquam* = parataxe] **tamen contemptus abs te haec habui in memoria** Ter. *Eun.* 170 malgré tes mépris, je m'en suis souvenu, cf. Cic. *Sest.* 140; *Rep.* 6, 21.

tămĕnetsi (**tămĕn etsi**), conj., quoique, bien que, ➡ *tametsi*: Enn. d. Cic. *de Or.* 3, 168; Cic. *de Or.* 2, 210; *Fam.* 4, 15, 2.

Tămĕsis, is, m., Caes. *G.* 5, 11, **Tămĕsa**, ae, f. (an. *Thames*), Tac. *An.* 14, 32, la Tamise [fleuve de Bretagne] Atlas V, B2.

tămetsi ¶ 1 conj., quoique, bien que **a)** [avec indic.] Cic. *Verr.* 3, 62; 4, 17; Caes. *G.* 7, 43, 4 **b)** [subj.] Ter. *Eun.* 216 ¶ 2 adv., cependant, du reste, mais: Cic. *Verr.* 4, 19; 4, 35; *Cat.* 1, 22.

Tamfana, ➡ *Tanf-*: Tac. *An.* 1, 51.

tămĭăcus, a, um (ταμιακός), qui appartient au fisc ou au trésor impérial: Cod. Just. 11, 69, 2.

Tamĭagi, ōrum, m. pl., peuple d'Afrique: Plin. 5, 37.

Tamĭāni, ōrum, m. pl., peuple d'Afrique: Liv. 33, 18.

tămĭnĭa ūva, f. (cf. *tamnus*), tamier [plante]: Plin. 23, 17; Cels. 3, 21, 7; Fest. 492, 9.

tammŏdŏ, adv., à l'instant: Fest. 492, 26 [en deux mots d. Pl. *Trin.* 609].

tamnus, i, f., ➡ *taminia uva*: Plin. 21, 86; ➡ *thamnus*.

Tamogadi, ➡ *Thamugadi*.

Tamphĭlus, i, m., surnom romain: Liv. 31, 49; Nep. *Hann.* 13, 1 ‖ **-ĭānus**, a, um, de Tamphilus: Nep. *Att.* 13, 2.

Tampsapŏr, oris, m., nom d'un général perse: Amm. 16, 9, 3.

tamquam (**tanquam**), adv. ¶ 1 comme, de même que: Pl., Ter.; **ficta omnia celeriter tamquam flosculi decidunt** Cic. *Off.* 2, 43, tout ce qui est feint passe aussi promptement que les fleurs, cf. Cic. *CM* 83; *Nat.* 2, 140; *Rep.* 1, 39; 1, 68; 3, 25 ‖ [en corrél. avec *sic* ou *ita*] **sic Ephesi fui... tamquam domi meae** Cic. *Fam.* 13, 69, 1, j'ai été à Éphèse comme chez moi, cf. Cic. *Tusc.* 1, 19; **tamquam... sic** Cic. *Q.* 1, 1, 4; 1, 1, 46; *Tusc.* 5, 13; *CM* 36, de même que... de même; **ita... tamquam** Cic. *CM* 84, de même que... de même; **tamquam... ita** Cic. *Nat.* 2, 125, de même que... de même ¶ 2 pour ainsi dire: **dare tamquam ansas ad reprehendendum** Cic. *Lae.* 59, donner pour ainsi dire des anses à la critique [prêter le flanc], cf. Cic. *Lae.* 45; *Off.* 1, 15 ¶ 3 **tamquam si** [avec subj.], comme si: **tamquam si tua res agatur** Cic. *Fam.* 2, 16, 7, comme s'il s'agissait de tes intérêts, cf. Cic. *Phil.* 2, 106; **sic... tamquam si** Cic. *Phil.* 6, 10; **ita... tamquam si** Liv. 40, 9, 7, comme si ‖ **tamquam si..., ita** Cic. *Caecin.* 61, comme si..., ainsi, cf. Cic. *Amer.* 91; *Q.* 3, 2, 2 ‖ **tamquam** [seul avec subj.], comme si: Cic. *Fam.* 12, 9, 1; *Inv.* 2, 3; *Brut.* 5; Liv. 10, 34, 5; 28, 43, 17; 29, 22, 1 ‖ dans la pensée que: Tac. *Agr.* 25, 2; *H.* 1, 8 ¶ 4 par exemple: Col. 3, 11, 5; Sen. *Ep.* 65, 8; 66, 5.

tamtus, ➡ *tantus* ▶.

Tamuda, ae, f., ville de la Maurétanie Tingitane [Tétouan] Atlas I, D2; IV, E2: Plin. 5, 18.

Tamudaei, ōrum, m. pl., peuple d'Arabie: Plin. 6, 157.

Tamugadi, ➡ *Tham =*.

Tamus, i, m., promontoire de l'Inde: Mel. 3, 68.

Tamusĭus, ĭi, m., nom d'homme: CIL 5, 8465.

Tănăgĕr, gri, m., Tanagre [fleuve de Lucanie] Atlas XII, E5: Virg. *G.* 3, 151.

Tănăgra, *ae*, f. (Τάναγρα), ville de Béotie : Cic. *Dom.* 111 ; Plin. 4, 26 ‖ **-aeus**, *a, um*, de Tanagra : Cic. *Dom.* 111 ; Stat. *Th.* 9, 745 ‖ ou **-ĭcus**, *a, um*, Varr. *R.* 3, 9, 6.

Tănăis, *is* ou *ĭdis*, m. (Τάναϊς) ¶ **1** le Tanaïs [fleuve qui sépare l'Europe de l'Asie, le Don] Atlas I, B7 : Plin. 4, 78 ; Hor. *O.* 3, 10, 1 ; Virg. *G.* 4, 517 ; Liv. 38, 38 ¶ **2** ville à l'embouchure du Tanaïs : Plin. 6, 30 ¶ **3** nom d'homme : Virg. *En.* 12, 513 ; Hor. *S.* 1, 1, 105 ¶ **4** fleuve de Numidie [acc. *Tanain*] : Sall. *J.* 90, 3 ¶ **5** = le fleuve ; *Iaxartes* Curt. 4, 5, 5 ; 6, 6, 13.

Tănāītae, *ārum*, m. pl., les Tanaïtes, peuple riverain du Tanaïs : Plin. 6, 22 ; Amm. 31, 3, 1.

Tănāīticus, *a, um*, du fleuve Tanaïs : Sidon. *Carm.* 5, 479 ; 11, 96.

Tănāītis, *īdis*, f., habitante des bords du Tanaïs, Amazone : Sen. *Phaed.* 399.

Tănăquĭl, *īlis*, f., femme de Tarquin l'Ancien : Liv. 1, 34, 4 ‖ [fig.] femme ambitieuse : Juv. 6, 566 ; Aus. *Epist.* 23, (416), 31.

Tanarus, *i*, m., le Tanaro, affluent du Pô Atlas XII, C1 : Plin. 3, 118 ‖ surnom de Jupiter chez les Bretons : CIL 7, 168.

Tanatus, *i*, f., île de la Bretagne [Thanet] : Solin. 22, 8.

Tanaus, *i*, m., nom d'une baie de la Bretagne : *Tac. *Agr.* 22, 1.

tandem, adv. (*tam, pridem*) ¶ **1** enfin, à la fin : *tandem vulneribus defessi pedem referre coeperunt* Caes. *G.* 1, 25, 5, à la fin, épuisés par les blessures, ils commencèrent à battre en retraite ‖ *jam tandem* Cic. *Agr.* 2, 103, désormais enfin ; *tandem aliquando* Cic. *Cat.* 2, 1, enfin une bonne fois [ou] *aliquando tandem* Cic. *Phil.* 2, 75 ‖ [avec impér.] *recognosce tandem* Cic. *Cat.* 1, 8, repasse enfin ¶ **2** [dans les interrog. pressantes] enfin, donc : *quousque tandem... ?* Cic. *Cat.* 1, 1, jusqu'à quel point enfin... ? ; *quo tandem animo... ?* Cic. *Brut.* 3, avec quels sentiments donc...?, cf. Cic. *Part.* 12 ; *Leg.* 1, 53 ; *Pis.* 56 ; *Rep.* 1, 19 ; *exspectabant, quo tandem progressurus esset* Cic. *Verr.* 5, 161, ils se demandaient jusqu'où enfin il irait, cf. Cic. *Fin.* 4, 14 ¶ **3** [dans un raisonn[t]] en fin de compte : *quid, si tandem... ?* Cic. *Com.* 8, que sera-ce, si en fin de compte... ? ; *haec tandem bona sunt, quibus...* Cic. *Tusc.* 3, 46, tels sont en fin de compte les biens grâce auxquels... ¶ **4** [rare] bref : Quint. 12, 1, 25.

tandĭu, v. *tamdiu*.

Tanētum, v. *Tannetum*.

Tanfāna, *ae*, f., divinité germanique : Tac. *An.* 1, 51.

tangĕdum (*tange, dum*), *tange*, impér. de *tango*, v. *dum*.

Tangensis līmes (**Taugensis**), m., l'une des circonscriptions de l'Afrique : Not. Dign. *Oc.* 25, 16 ; 34.

tangĭbĭlis, *e* (*tango*), qui peut être touché, palpable : Lact. *Inst.* 7, 11, 9 ; Hier. *Ep.* 61, 9.

tangō, *ĭs, ĕre, tĕtĭgī, tactum* (*tagam, integer, contiguus, dumtaxat, pango* ; cf. τεταγών, toch. B *teksa*, an. *take* ; esp. *tañer*), tr.

I [pr.] ¶ **1** toucher : *aliquem digitulo* Pl. *Ru.* 728, toucher qqn du bout du doigt ; *genu terram* Cic. *Tusc.* 2, 57, toucher la terre du genou ; *manum* Sen. *Ben.* 6, 16, 2, tâter le pouls ¶ **2** toucher à **a)** prendre : *de praeda teruncium non tangere* Cic. *Fam.* 2, 17, 4, ne pas prendre un quart d'as sur le butin ; *nullum agrum* Cic. *Agr.* 2, 67, ne pas toucher à un champ **b)** goûter, manger : Pl. *Poen.* 244 ; Hor. *S.* 2, 6, 87 ; Ov. *M.* 7, 550 ¶ **3** toucher **a)** aborder un lieu, atteindre : *simul ac tetigit provinciam* Cic. *Verr.* 1, 27, aussitôt qu'il fut arrivé dans la province, cf. Cic. *Att.* 6, 1, 6 ; Virg. *En.* 4, 612 **b)** être contigu à : *haec civitas Rhenum tangit* Caes. *G.* 5, 3, ce pays touche au Rhin, cf. Cic. *Amer.* 20 ; *Mil.* 51 ¶ **4** = frapper **a)** [poét.] toucher les cordes d'une lyre : Ov. *Rem.* 336 ; *flagello aliquem* Hor. *O.* 3, 26, 12, toucher qqn de son fouet **b)** porter la main, *aliquem*, sur qqn : Cic. *Att.* 15, 11, 2 **c)** [au part.] *de caelo tactus* Cic. *Div.* 2, 47, frappé de la foudre, cf. Liv. 25, 7, 7 ; 29, 14, 3 [ou] *fulmine tactus* Ov. *Tr.* 2, 144 [ou] *tactus* seul, Plin. 2, 144 **d)** *virginem* Ter. *Ad.* 686 toucher (= séduire) une jeune fille, cf. Pl. *Aul.* 755 ; Ter. *Eun.* 638 ; Hor. *S.* 1, 2, 28 ; Ov. *M.* 3, 748 ¶ **5** imprégner, mouiller [poét.] : *corpus aqua* Ov. *F.* 4, 790, répandre de l'eau sur son corps, cf. Ov. *M.* 6, 140 ; Tib. 1, 8, 52.

II [fig.] ¶ **1** affecter, impressionner, émouvoir : *minae Clodii modice me tangunt* Cic. *Att.* 2, 19, 1, les menaces de Clodius me touchent médiocrement, cf. Liv. 3, 17, 3 ; Virg. *En.* 1, 462 ; Hor. *P.* 98 ¶ **2** duper, attraper : Pl. *Poen.* 101 ; *Ps.* 121 ; *senem triginta minis* Poet. d. Cic. *de Or.* 2, 257, soutirer trente mines au vieillard, cf. Pl. *Ep.* 703 ¶ **3** toucher, piquer par une raillerie : Ter. *Eun.* 420 ¶ **4** toucher, traiter, parler de : Cic. *Amer.* 83 ; *Ac.* 2, 136 ; *de Or.* 2, 43 ¶ **5** toucher à, s'adonner à : *carmina* Ov. *Am.* 3, 12, 17, mettre la main à la poésie, cf. Prop. 4, 2, 16.

▶ [primit[t]] *tago* Pl. *Mil.* 1092 ; Turpil. *Com.* 131 ; Pacuv. *Tr.* 344 ; *taxat* Fest. 490, 12] ‖ subj. parf. *taxis* Varr. *Men.* 304 ; Non. 176, 18 ; 180, 8.

tangŏmĕnās (τεγγομένας, cf. *pertango*), *facere* Petr. 34, 7 ; 73, 6, boire à tire-larigot.

Tanis, *is*, f. (Τάνις), ville de Basse-Égypte Atlas IX, E2 : Isid. 15, 1, 32 ‖ **Tanītēs nŏmŏs**, m., le nome de Tanis : Plin. 5, 49 ‖ **Tanītĭcus**, *a, um*, de Tanis : Plin. 5, 64 ; 19, 14.

Tannetum, *i*, n., bourg de la Gaule cispadane [Taneto] Atlas XII, C2 : Liv. 21, 25, 13 ‖ **-āni**, *ōrum*, m. pl., habitants de Tanetum : Plin. 3, 116.

Tannum, *i*, n., ville d'Aquitaine : Anton. 459.

tanŏs, *i*, m., émeraude de qualité inférieure : Plin. 37, 74.

tanquam, v. *tamquam*.

1 Tantălēus, *a, um*, de Tantale : Prop. 2, 1, 66.

2 Tantălĕus, *ei* ou *eos*, m., c. *Tantalus* : Prop. 4, 11, 24.

Tantălĭdēs, *ae*, m. (Τανταλίδης), fils ou descendant de Tantale [Pélops, Atrée, Thyeste, Agamemnon, Oreste] : Ov. *F.* 2, 627 ‖ pl., race de Tantale : Poet. d. Cic. *Nat.* 3, 90.

Tantălis, *ĭdis*, f. (Τανταλίς) ¶ **1** fille ou petite-fille de Tantale : Ov. *M.* 6, 211 ; Stat. *Th.* 3, 193 ¶ **2** ville de Lydie : Plin. 5, 117.

1 tantălus, *i*, m. (f. ?, 2 *Tantalus*), héron : Isid. 12, 7, 21.

2 Tantălus, *i*, m. (Τάνταλος) ¶ **1** Tantale [fils de Jupiter, père de Pélops et de Niobé] : Cic. *Tusc.* 1, 10 ; 4, 35 ¶ **2** fils d'Amphion et de Niobé : Ov. *M.* 6, 240.

tanti, gén. n. de *tantus*, marquant le prix : *frumentum tanti fuit, quanti iste aestimavit* Cic. *Verr.* 3, 194, le blé fut au prix auquel cet homme l'évalua ; *tanti habitare* Plin. 17, 3, avoir une maison si chère ‖ [fig.] *tanti esse, ut*, subj., Caes. *G.* 1, 20, 5, avoir une valeur si grande que : *hic tibi ne qua morae fuerint dispendia tanti... quin* (= *ut non*) *adeas vatem* Virg. *En.* 1, 453, ne crois pas que quelques instants perdus à t'attarder ici aient assez de valeur pour t'empêcher d'aller consulter la prêtresse ; *id non tanti est quam quod...* Cic. *Mil.* 58, cela n'a pas une aussi grande valeur que ce fait que... ; *est mihi tanti... subire* Cic. *Cat.* 2, 15 cela vaut la peine pour moi d'affronter, cf. Cic. *Cat.* 1, 22 ; *Verr.* 4, 28 ; 4, 43 ; *nihil est tanti* Cic. *Att.* 2, 13, 2, rien ne vaut cela.

tantĭdem, adv. (*tanti*, cf. *idem*), de même prix : [fig.] *tantidem facere quanti...* Cic. *Amer.* 115, estimer autant que....

tantillŭlus, *a, um* (dim. de *tantillus*), si petit, minuscule : Apul. *M.* 2, 25.

tantillum, *i*, n. (dim. de *tantum*), une si petite quantité : Pl. *Truc.* 537 ‖ *tantillum loci, ubi catellus cubet* Pl. *St.* 620, un petit coin juste pour abriter un petit chien ‖ pour un tout petit peu de temps : VL. *Jac.* 4, 14.

tantillus, *a, um* (dim. de *tantulus*), si petit : Ter. *Ad.* 563.

tantispĕr, adv. (*tantus*, cf. *paulisper*) ¶ **1** aussi longtemps, pendant tout ce temps : Cic. *Att.* 12, 14, 3 ; *Caecin.* 30 ; Liv. 1, 3, 1 ‖ en attendant, jusqu'à nouvel ordre : Cic. *Tusc.* 5, 19 ¶ **2** [en corrél. avec *dum*] pendant tout le temps que : Cic. *Inv.* 2, 149 ; *Fam.* 9, 2, 4 ‖ [avec *quoad*] Gell. 6, 4, 1, jusqu'à ce que.

tanto

tantō, adv. (*tantus*), [avec compar. ou expr. de comparaison] autant, tant, de cette quantité ¶ **1** *ter tanto pejor est quam...* Pl. *Pers.* 153, elle est trois fois pire que..., [litt¹, trois fois autant plus...], cf. Pl. *Men.* 680 ; *bis tanto amici sunt quam...* Pl. *Amp.* 943, ils sont deux fois plus amis que... ; *quinquiens tanto amplius quam* Cic. *Verr.* 3, 225, cinq fois plus que ; *tantone minoris decumae venierunt quam fuerunt ?* Cic. *Verr.* 3, 106, les dîmes ont-elles été adjugées à un prix à ce point inférieur ? ∥ *tanto ante* Cic. *Verr.* 5, 89, si longtemps avant ; *post tanto* Virg. *G.* 3, 476 ; Curt. 6, 7, 26, si longtemps après ∥ *tanto nequior* Ter. *Ad.* 528, tu aggraves ton cas [tu n'en es que pire] ; *tanto melior* Pl. *Pers.* 326, tant mieux, bravo !, cf. Ter. *Haut.* 549 ¶ **2** [en corrél. avec *quanto*] autant que : *tanto ille superiores vicerat gloria, quanto tu omnibus praestitisti* Cic. *Dej.* 12, lui, il avait battu en renom ses devanciers autant que toi, tu as surpassé tous les hommes ; *quanto erat in dies gravior oppugnatio, tanto crebriores litterae ad Caesarem mittebantur* Caes. G. 5, 45, 1, plus le siège devenait de jour en jour difficile, plus on envoyait lettre sur lettre à César ∥ [en corrél. avec *quantum*] *quantum opere processerant, tanto aberant ab aqua longius* Caes. C. 1, 81, 4, à mesure qu'ils avançaient dans le travail, ils se trouvaient plus éloignés de l'eau, cf. Tac. *An.* 7, 23.

tantŏpĕrĕ (**tantō ŏpĕrĕ**), à ce point, tellement Cic. *Rep.* 1, 30 ; *Mur.* 23 *tantopere... quantopere* (*quam* Cic. *Fin.* 1, 11 ; Cic. *de Or.* 1, 164, autant que ; *quantopere... tantopere* Caes. G. 7, 52, 3, autant... autant) ∥ *tantopere, ut* [subj.] Cic. *Tusc.* 1, 100 à tel point que.

tantŭlō, abl. n. de prix, à si bas prix, si bon marché : Cic. *Amer.* 130.

1 **tantŭlum**, n. pris adv¹, si peu que ce soit : Cic. *Verr.* 2, 124.

2 **tantŭlum**, n. pris subst¹, une aussi petite quantité : *qui tantuli eget, quantost opus* Hor. S. 1, 1, 59, celui qui limite ses désirs au strict nécessaire ∥ aussi peu que cela, pas plus que cela : *tantulum morae* Cic. *Verr.* 2, 93, un tant soit peu de retard ; *tantulum in rem suam convertere* Cic. *Amer.* 114, détourner tant soit peu à son profit.

tantŭlus, *a*, *um* (dim. de *tantus*), aussi petit : Cic. *CM* 52 ; Caes. G. 2, 30 ; 4, 22 ; 7, 19 ∥ *tantulus ut* Cic. *Tusc.* 2, 66, tellement petit (faible) que.

1 **tantum**, n. de *tantus* pris adv¹ (fr. *tant*) ¶ **1** *a)* [absᵗ, m. à m.] relativement à cette grandeur, à cette quantité ; autant, à ce point : *ne miremini, qua ratione hic tantum apud istum libertus potuerit* Cic. *Verr.* 2, 134, pour que vous ne vous demandiez pas avec étonnement pour quelles raisons cet affranchi a eu autant de pouvoir auprès de cet homme ; *tantum temporibus illis jusjurandum valebat* Cic. *Off.* 3, 112, telle était en ce temps-là la puissance du serment ; ▶ *tantus* ¶ 1 fin *b)* [corrél. de *quantum*] *tantum... quantum* Cic. *Off.* 1, 11, autant... que, dans la mesure où : *tantum, quantum sensu movetur (belua)... se accommodat* Cic. *Off.* 1, 11, dans la mesure où (la bête) est menée par les sens, elle se porte vers... ; *tantum movet, quantum intellegit* Cic. *Tusc.* 2, 44, il conseille dans la mesure où il l'entend (ses préceptes valent ses idées), cf. 1, 29 ∥ [au lieu de *tam* avec des adj.] Virg. *G.* 4, 101 ; Hor. S. 2, 5, 80 ∥ [avec *ut* consec.] *id tantum abest ab officio, ut* Cic. *Off.* 1, 43, cette conduite est tellement éloignée du devoir que ; [qqf.] = si peu, que : Caes. C. 3, 55, 1 ¶ **2** seulement : *nomen tantum virtutis usurpare* Cic. *Par.* 17, employer seulement le mot de vertu, cf. Brut. 171 ; *non tantum... sed (etiam)*, non seulement, mais encore ∥ *tantum non* Liv. 5, 7, 2, presque, cf. Liv. 25, 15, 1 ; 34, 40, 5 ; 37, 29, 9, (mais *tantum non cunctandum esse* Liv. 35, 18, 8, seulement il ne fallait pas de temporisation) ∥ *tantum quod*, juste, précisément [temporel] : Cic. *Fam.* 7, 23, 1 ; *Att.* 15, 13, 7 ; Suet. *Aug.* 98 ; Ner. 6 ; avec cette réserve que, seulement : Cic. *Verr.* 1, 116, (mais *tantum quod exstaret aqua quaerentibus* Liv. 22, 2, 9, cherchant seulement qqch. qui dépassât le niveau de l'eau ; *tantum quod* Liv. 33, 4, 6, seulement par le fait que) ∥ [postclass.] *tantum ut* [subj.] Prop. 2, 26, 41, à condition que, pourvu que, si seulement = *modo ut*.

2 **tantum**, n. pris subst¹, cette grandeur, cette quantité, autant, tant *a)* *tantum debuit* Pl. *Bac.* 272, c'est la somme qu'il devait ; *tantum licentiae dabat gloria* Cic. *CM* 44, voilà le degré de liberté que conférait la gloire, cf. Pl. *Poen.* 918 ; Cic. *Verr.* 2, 141 ; *ut adeas, tantum dabis* Cic. *Verr.* 5, 118, pour être admis à l'intérieur, tu donneras tant ∥ *cum tantum belli in manibus esset* Liv. 4, 57, 1, ayant une si grande guerre sur les bras, cf. Liv. 34, 27, 1 ∥ *tantumst* Ter. *Eun.* 996, c'est tout ; *tamtumne est ?* Ter. *Hec.* 813, est-ce tout ?, cf. Ter. *Phorm.* 683 ; Pl. *Merc.* 279 ; *Cas.* 87 *b)* *tantum quam* Ter. *Hec.* 417, autant que *c)* *tantum... quantum*, autant... que ; *non tantum ingenioso homini et ei, qui..., opus esse arbitror temporis, quantum...*, Cic. *de Or.* 3, 86, l'homme de talent et celui qui... n'ont pas besoin, à mon avis, d'autant de temps que... ; *tantum nautarum quantum...* Cic. *Verr.* 5, 102, la quantité de matelots que... ; *tantum verborum est, quantum necesse est* Cic. *de Or.* 2, 326, il y a la quantité de mots nécessaires ; *Antonio tantum tribuo, quantum supra dixi* Cic. *Brut.* 143, j'attribue à Antoine tout ce que j'ai dit plus haut ; *sexies tantum, quam quantum satum est* Cic. *Verr.* 3, 102, six fois autant que la quantité semée, six fois plus que... ∥ *tantum quantum*, cela seulement (en quantité) que, seulement autant que : Cic. *de Or.* 1, 14 ; 252 ; 3, 85 ∥ *alterum tantum* Pl. *Ep.* 519, le double *d)* [avec rel. consec.] : *tantum complectitur, quod satis sit..., loci* Cic. *Leg.* 2, 6, il embrasse tout juste assez d'espace pour suffire à..., cf. Cic. *Tusc.* 5, 91 ; *Verr.* 3, 102 ; Cat. *Agr.* 156, 3 ; [avec *unde* = *ex quo*] Cic. *Agr.* 2, 1 *e)* [avec *ut* consec.] *tantum animi, ut* Cic. *Font.* 26, assez de courage pour ; *tantum momenti ut* Liv. 4, 58, 3, une telle importance que ∥ [expr.] *tantum abest ut..., ut,* ▶ *absum* ∥ [restriction] *tantum cibi et potionis adhibendum, ut* Cic. *CM* 36, il faut prendre juste assez de nourriture et de boisson pour ; *praesidii tantum est, ut* Caes. G. 6, 35, 9, la garnison est si faible que, cf. Caes. C. 3, 2, 2 *f)* *in tantum* Virg. *En.* 6, 876, à un si haut degré, cf. Liv. 22, 27, 4 ; *in quantum* Sen. *Ben.* 2, 23 ; Vell. 2, 43, 4, dans la mesure où ; *in tantum, ut* Sen. *Nat.* 3, 24, 1, à tel point que.

tantumdem, n. pris subst¹, cette même quantité, juste autant : Cic. *Att.* 12, 35 ; Caes. C. 3, 63 ; *undique ad inferos tantumdem viae est* Cic. *Tusc.* 1, 104, n'importe quel endroit la distance aux enfers est juste la même ∥ *tantumdem... quantum* Cic. *Verr.* 3, 201, juste autant... que, cf. Cic. *Leg.* 2, 48 ; Caes. G. 7, 72, 1.

tantummŏdŏ, adv., seulement : Cic. *Rep.* 2, 51 ; *Nat.* 2, 81 ; *non... tantummodo, sed...* Cic. *de Or.* 3, 52, non pas seulement, mais..., cf. Liv. 9, 37, 2 ; 21, 32, 4.

tantundem, ▶ *tantumdem*.

tantus, *a*, *um* (cf. *tam*, *onustus*), dém. de quantité, de grandeur ¶ **1** de cette quantité, de cette grandeur, aussi grand : *quattuor robustos filios, quinque filias, tantam domum, tantas clientelas regebat* Cic. *CM* 37, quatre fils dans la vigueur de l'âge, cinq filles, une maison de cette importance, une clientèle si considérable, voilà ce qu'il gouvernait ; *urbes tantas et tales conservare* Cic. *Nat.* 3, 92, conserver des villes de cette importance et de cette qualité, si grandes et si belles ; *tot tantaque vitia* Cic. *Verr. prim.* 47, tant de vices si graves ; *in hominem tantum et talem* Cic. *Fam.* 13, 66, 1, à l'égard d'un homme de cette importance et de ce mérite ∥ *sescenta tanta reddere* Pl. *Bac.* 1034, rendre six cents fois autant, cf. Pl. *Ps.* 632 ; *tribus tantis minus* Pl. *Trin.* 530, trois fois moins ∥ [pour conclure en renvoyant à ce qui précède, c. *hic*] *tanta est stultitiae inconstantia atque perversitas* Cic. *CM* 4, telle est la grandeur de..., tel est le degré qu'atteint l'inconséquence et l'illogisme de la sottise ; *tanta lubido in partibus erat* Sall. *J.* 40, 3, telle était la passion des partis ∥ grand comme cela = de qq. grandeur : *nec quicquam posthac non modo tantum, sed ne tantulum quidem praeterieris* Cic. *Att.* 15, 27, 3, n'oublie rien dans la suite qui ait, je ne dis pas qq. importance, mais une importance si minime qu'elle soit ¶ **2** en corrél.

a) *tantus... quantus*, aussi grand que : *tantam eorum multitudinem nostri interfecerunt, quantum fuit diei spatium* Caes. G. 2, 11, 6, les nôtres en tuèrent un nombre proportionné à la longueur du jour, autant que le permit la longueur du jour **b)** *tantus... quam* Virg. En. 6, 352 ; *ullane tanta opum voluptas quam spectare ?* Tac. D. 6, est-il dans les richesses un plaisir égal à celui de regarder ... ?, cf. Cic. Verr. 1, 4 **c)** [avec *ut* ou le rel. suivis du subj.] si grand que, de telle importance que ; *tanta erat operis firmitudo, ut* Caes. G. 4, 17, la solidité de l'ouvrage était si grande que ; *nulla est tanta vis, quae non ferro frangi possit* Cic. Marc. 8, il n'y a pas de puissance si grande qu'on ne puisse la briser par le fer ‖ [restriction] tel sous le rapport de la grandeur = si petit, si faible que : *vectigalia tanta sunt ut iis... vix contenti esse possimus* Cic. Pomp. 14, les redevances sont si faibles que nous pouvons à peine nous en contenter ..., cf. Cic. Fam. 1, 7, 4 ¶ **3** [tard.] pl., **tanti** = *tot* : Amm. 27, 7, 7.
▶ arch. *tamtus, a, um* CIL 1, 593, 38.

tantusdem, **tădem**, **tumdem** (*tantus, idem*), juste de cette grandeur, juste aussi grand : *tantumdem est periculum quantum...* Pl. Poen. 633, il y a juste autant de danger que... ; *tantumdem*.

Tanŭsĭus, *ĭi*, m., nom de famille romaine : Q. Cic. Pet. 9 ‖ nom d'un historien : Sen. Ep. 93, 11 ; Suet. Caes. 9.

tăōs, *i*, m. (ταώς), pierre précieuse : Plin. 37, 187.

tăpantă, f. l. pour τὰ πάντα.
▶ *topenta* mss.

tăpēs, *tapete* ▶.

tăpētĕ, *is*, n. (ταπήτια, n. pl. ; fr. *tapis*), **tăpētum**, *i*, n., tapis, tapisserie [pour recouvrir toute espèce de choses] : nom. pl., *tapetia* : Pl. Ps. 147 ; St. 378 ‖ abl. pl., *tapetibus* : Virg. Ep. 9, 325 ; Liv. 40, 24, 7 ; Ov. M. 13, 638 ‖ abl. pl., *tapetis* : Virg. En. 7, 277 ; Plin. 8, 191 ; Mart. 14, 147, 1.
▶ forme *tapes*, m., nom., inus. d'après Char. 62, 7 ; acc. *tapeta* Sil. 4, 270 ; abl. *tapete* Sil. 17, 64 ; acc. pl. *tapetas* Virg. En. 9, 358 ; Stat. Th. 1, 518 ; 10, 107.

tăpētum, *tapete*.

Taphĭae, f. pl., îles près de Leucade : Plin. 4, 53.

Taphĭassus, *i*, m., montagne d'Étolie : Plin. 4, 6.

Taphis (**Tafis**), *is*, f., ville de la Haute-Égypte, dans la Thébaïde : Anton. 161.

Tăphĭūsa, *ae*, f. (Ταφιοῦσα), région près de Leucade : Plin. 36, 150 ‖ **-iūsĭus**, *a, um*, de Taphiusa : Plin. 36, 150.

Taphrae, *ārum*, f. pl., isthme de la Chersonèse Taurique : Mel. 2, 4 ‖ ville de cet isthme : Plin. 4, 85 ; 87.

Tăphrŏs, *i*, f. (Τάφρος), détroit entre la Corse et la Sardaigne [Bonifacio] : Plin. 3, 83.

Tăphrus, *i*, m., Taphros : Avien. Or. 606.

tăphus (**tăfus**), *i*, m. (τάφος), tombeau : Fort. Carm. 7, 12, 28.

tăpīnōma, *ătis*, n. (ταπείνωμα), mot grossier : Sidon. Ep. 4, 3, 4.

tăpīnŏphrŏnēsis, *is*, f. (ταπεινοφρόνησις), bassesse d'âme, de sentiments : Tert. Jejun. 12, 2, [en grec].

tăpŏsīris, *is* ou *eos*, f., *tapinoma* : Serv. B. 6, 76 ; En. 1, 118.

Tapori, *ōrum*, m. pl., peuple de Lusitanie : Plin. 4, 118.

Taposīris, *is*, f., ville d'Égypte : Plin. 27, 53 ; 32, 100.

Tappo, *ōnis*, m., nom d'homme : CIL 6, 27104.

Tappōnĭus, *ii*, m., nom d'homme : CIL 6, 27104.

Tappŭlus, *i*, m., surnom romain : Liv. 29, 38, 4 ; 31, 49, 12 ‖ **Tappula lex**, désignation fictive d'une loi sur les festins : Lucil. 1307 d. Fest. 496, 30.

Tāprŏbănē, *ēs*, f. (Ταπροβάνη), Taprobane [île de la mer des Indes, Ceylan] : Mel. 3, 70 ; Plin. 6, 81 ; Ov. Pont. 1, 5, 80 ‖ **-bāna**, *ae*, f., : Isid. 14, 6, 12 ‖ **-băni**, *ōrum*, m. pl., habitants de Taprobane [Cinghalais] : Vop. Tac. 15, 2.

Taps-, *Thaps-*.

Tăpyri, *ōrum*, m. pl., peuple de Médie : Plin. 6, 46.

Tarachĭē, *ēs*, f. (Ταραχίη), île de la mer Ionienne, près de Corcyre : Plin. 4, 53.

Taracĭa, *ae*, f., *Tarracia*.

Taradastili, *ōrum*, m. pl., peuple de l'Inde : Plin. 24, 161.

tarandrus, *i*, m. (τάρανδρος), renne : Plin. 8, 123 ; Solin. 30, 25.

Tărănis, *is*, m., Jupiter gaulois [à qui l'on immolait des victimes humaines] : Luc. 1, 446.
▶ *Tanarus* CIL 7, 168.

Tărănucnus, **Tărănucus**, *i*, m., surnom de Jupiter en Germanie et en Dalmatie : CIL 13, 6478 ; 3, 2804.

Tărās, *antis*, m. (Τάρας) ¶ **1** fondateur de Tarente : Stat. S. 1, 1, 103 ¶ **2** Tarente : Luc. 5, 376.

Tărătalla, appellation plaisante d'un cuisinier par souvenir d'Homère *Iliade* 1, 465, μίστυλλόν τ' ἄρα τ' ἄλλα : Mart. 1, 51, 2.

tărătantăra, taratata [onomatopée destinée à imiter le bruit de la trompette] : Enn. An. 140.

tărătrum, *i*, n. (celt., cf. *tero, terebrum* ; esp. *taladro* ; fr. *tarière*), tarière : Isid. 19, 19, 15.

tărax, *ăcis*, m. (cf. *tetrax*), coq de bruyère : Nemes. Auc. 1.

Tarbelli, *ōrum*, m. pl., Tarbelles [peuple d'Aquitaine, cf. Tarbes] : Caes. G. 3, 27 ; Plin. 4, 108 ; 31, 4 ‖ **-bellĭcus**, Luc. 1, 421 ou **-bellus**, *a, um*, Tib. 1, 7, 9, des Tarbelles ‖ **Aquae Tarbellicae**, f. pl., ville d'Aquitaine [Dax] : Plin. 31, 4.

Tarcho, *ōnis*, **Tarchon**, *ontis*, m., Tarchon [chef étrusque] : Virg. En. 8, 506 ; 8, 603 ; 11, 727 ; Sil. 8, 474.

Tarcondimotus, *i*, m., nom d'un petit roi de Pisidie : Cic. Fam. 15, 1, 2.

tardābĭlis, *e* (*tardo*), qui engourdit : Tert. Anim. 43, 3.

tardātĭo, *ōnis*, f., lenteur : Cael.-Aur. Chron. 2, 1, 28.

tardātus, *a, um*, part. de *tardo*.

tardē, adv. (*tardus* ; esp. *tarde*) ¶ **1** lentement : *tardius* Cic. Nat. 2, 51, plus lentement ; *-dissime* Cic. Caecin. 7, avec le plus de lenteur, cf. Cic. Fin. 5, 41 ; Verr. 1, 26 ¶ **2** tardivement, tard : Cic. Att. 4, 14, 1 ; Fam. 2, 9, 1.

tardescō, *is*, *ĕre*, *dŭī*, - (*tardus*), intr., devenir lent, s'engourdir : Lucr. 3, 477 ; Tib. 1, 4, 37.

tardĭcors, *ordis* (*tardus, cor*), lent [d'esprit] : Aug. Ench. 103.

tardĭgĕnuclus, *a, um* (*tardus, genu*), qui se traîne lentement [qui a les genoux pesants] : *Laev. d. Gell. 19, 7, 3.

tardĭgrădus, *a, um* (*tardus, gradior*), à la démarche lente : Pacuv. d. Cic. Div. 2, 133.

tardĭlinguis, *e* (*tardus, lingua*), à la langue embarrassée, qui bégaye : VL. Exod. 4, 10.

tardĭlŏquus, *a, um* (*tardus, loquor*), à la parole lente : Sen. Ep. 40, 14.

tardĭpēs, *edis*, m. (*tardus, pes*), qui marche lentement : *Tardipes deus*, ou [abst] *Tardipes*, le dieu boiteux, Vulcain : Catul. 36, 7 ; Col. 10, 419.

tardĭtās, *ātis*, f. (*tardus*) ¶ **1** lenteur : *navium* Caes. C. 1, 58, 3, lenteur de déplacement des vaisseaux ; *occasionis* Cic. Phil. 2, 118, les lenteurs de l'occasion ; *tarditas et procrastinatio in rebus gerendis* Cic. Phil. 6, 7, lenteur et ajournement dans l'action ; *legatorum* Cic. Phil. 5, 33, retards causés par une ambassade ; *tanta fuit operis tarditas, ut* Cic. Cat. 3, 20, le travail fut si lent, que : *moram et tarditatem afferre bello* Cic. Phil. 5, 25, retarder et ralentir la guerre ; *tarditates in ingressu molliores* Cic. Off. 1, 131, lenteur trop languissante dans la démarche ; *tarditas veneni* Tac. An. 16, 14, lent effet du poison ¶ **2** lenteur d'esprit, facultés bornées : Cic. de Or. 1, 125 ; Or. 229 ; Pis. 1 ; Leg. 1, 51.

tardĭtĭēs, *ēi*, f., *tarditas* : Acc. Tr. 278.

tardĭtūdo, *ĭnis*, f. (*tardus*), marche lente, lenteur : Acc. Tr. 69 ; Pl. Poen. 532.

tardĭuscŭlē, adv., un peu lentement : Aur. d. Front. Caes. 5, 22, p. 79N.

tardĭuscŭlus, *a, um* (dim. de *tardus*), un peu lent : Pl. d. Non. 198, 26 ; Ter. Haut. 515.

tardo

tardō, *ās*, *āre*, *āvī*, *ātum* (*tardus*; fr. *tarder*) ¶ **1** tr., retarder, mettre du retard à, ralentir, arrêter dans sa marche : **cursum, profectionem** Cic. *Tusc.* 1, 75 ; *Fam.* 7, 5, 1, ralentir une course, retarder un départ ; **impetum hostium** Caes. *G.* 2, 25, arrêter l'élan de l'ennemi ; **aliquem** Caes. *G.* 7, 52, 3, arrêter qqn dans sa marche ǁ **Romanos ad insequendum** Caes. *G.* 7, 26, 2, gêner les Romains dans la poursuite, cf. Cic. *Verr.* 3, 130 ; **aliquem a laude alicujus** Cic. *Caecin.* 77, retenir qqn de louer qqn ; **aliquem in persequendi studio** Cic. *Pomp.* 22, ralentir qqn dans l'âpreté de sa poursuite ǁ [avec inf.] **timore propius adire tardari** Caes. *C.* 2, 43, 4, être empêché par la crainte de s'approcher plus près ; **tardabam converti ad dominum** Aug. *Conf.* 6, 11, 20, je tardais à me tourner vers le Seigneur ; [avec *quominus*] **quem, quo minus ad Italiam contenderet, hiems aspera tardavit** Aur.-Vict. *Caes.* 42, 5, que la rigueur de l'hiver retint de se diriger vers l'Italie ; [avec nég. et *quin*] **aliquem non tardare quin** Ov. *M.* 13, 283, ne pas empêcher qqn de ǁ [fig.] **vereor, ne exercitus nostri tardentur animis** Cic. *Phil.* 11, 24, je crains que nos armées ne sentent ralentir leur ardeur ǁ [pass. impers.] **numquid putes tardandum esse nobis** Cic. *Att.* 6, 7, 2, si tu crois que je devrais retarder qq. peu mon retour ¶ **2** intr., tarder, être en retard : Plin. 11, 27.

tardŏr, *ōris*, m., C.▶ *tarditas* : Varr. *Men.* 57.

tardus, *a*, *um* (cf. βραδύς ?; fr. *tard*) ¶ **1** lent, traînant, qui tarde : **tarda et languida pecus** Cic. *Fin.* 2, 40, une bête lente et nonchalante ; **(homo) tardus** Cic. *de Or.* 2, 275, un homme lent [famᵗ, un lambin] ; **ad injuriam tardiores** Cic. *Off.* 1, 33, plus lents à commettre l'injustice, cf. Cic. *Rep.* 2, 23 ; *Caecin.* 9 ; **in decedendo erit tardior** Cic. *Att.* 7, 3, 5, il sera un peu long à revenir de province ; **incessu tardus** Plin. 7, 76, lent dans sa démarche ; [avec inf.] lent à faire qqch. : Sil. 3, 234 ; [avec gén.] **tardus fugae** Val.-Flac. 3, 547, lent à fuir ǁ **poena tardior** Cic. *Caecin.* 7, punition plus lente à venir ; **tardiores tibicinis modos facere** Cic. *de Or.* 1, 254, faire ralentir la cadence du joueur de flûte [qui accompagne] ǁ [poét.] **tarda podagra** Hor. *S.* 1, 9, 32 ; **tarda senectus** Hor. *S.* 2, 2, 88, la goutte, la vieillesse qui ralentit [le ralentissement qui est propre à la goutte, à la vieillesse, la pesanteur de...] ¶ **2** [fig.] ***a)*** lent [d'esprit], lourd, bouché, borné : Cic. *Nat.* 1, 12 ; *de Or.* 1, 127 ; 2, 117 ; *Agr.* 3, 6 ; *Tusc.* 5, 68 ǁ **tardus in cogitando** Cic. *Brut.* 216, long à trouver les idées, lent dans l'invention ; **non tardus sententiis** Cic. *Brut.* 247, plein de vivacité dans l'invention ***b)*** **sensus hebetes et tardi** Cic. *Ac.* 1, 31, sens émoussés et lents ***c)*** **principia tarda sint** Cic. *de Or.* 2, 213, que les débuts soient ménagés avec lenteur ; **sit tardus stilus** Quint. 10, 3, 5, que la plume [= le travail de la composition] soit lente ; **tardior pronuntiatio** Quint. 10, 7, 22, débit plus lent, ralenti.

▶ **tardissimus** Pl. *Poen.* 510.

Tardytenses, *ĭum*, m. pl., peuple ou ville de Syrie : Plin. 5, 82.

Tărentīna nux (Tĕr-), f. (*Tarentinus*), variété de noix : Plin. 15, 90 ; Macr. *Sat.* 3, 18, 13.

Tărentīnus, *a*, *um* (Ταραντῖνος), tarentin, de Tarente : Liv. 24, 13, 2 ; Mel. 2, 67 ; Plin. 3, 101 ǁ **-tīni**, *ōrum*, m. pl., Tarentins, habitants de Tarente : Cic. *Arch.* 5 ; Liv. 8, 27, 2.

Tarentos, V.▶ *Terentum* ▶.

1 **Tărentum**, *i*, n. (Τάρας), Tarente [ville de Grande-Grèce] Atlas I, D4 ; XII, E6 : Cic. *CM* 11 ; *Brut.* 72 ; Hor. *O.* 3, 5, 56 ; Ov. *M.* 15, 50 ǁ **Tărentus**, *i*, f., Sil. 12, 434.

2 **tărentum**, *i*, n. (*trans* ?), tombeau : *Varr. *L.* 6, 23 ; V.▶ *Terentum*.

Tarichēa, *ae*, m., ville et lac de Galilée [Magdala] : Plin. 5, 71 ǁ **-ēa castra**, n. pl., Cass. *Fam.* 12, 11, 2, camp de Tarichée.

tărīcus, *a*, *um* (ταριχευτός), salé : Apic. 429.

Tarinātes, *um* (*ĭum*), m. pl., peuple de l'Italie méridionale : Plin. 3, 107.

Tariona, *ae*, f., ville forte de Dalmatie : Plin. 3, 141.

Tarĭōtae, *ārum*, m. pl., peuple de Dalmatie : Plin. 3, 141.

Tarĭus, *ii*, m., surnom romain : Plin. 18, 37.

tarmĕs, *ĭtis*, m. (cf. *tero*, τερηδών, al. *Darm* ; it. *tarma*), ver qui ronge le bois : Pl. *Most.* 825 ǁ ver de la viande : P. Fest. 495, 1.

tarmus, *i*, m., C.▶ *tarmes* : Isid. 12, 5, 12.

Tarnaiae, *ārum*, f. pl., ville d'Helvétie Atlas XII, B1 : Anton. 351.

Tarnanto, *ōnis*, f., ville du Norique : Peut. 3, 4.

1 **Tarnis**, *is*, f. (*Tarne*), fontaine de Lydie : *Plin. 5, 110.

2 **Tarnis (Tarnēs)**, *is*, f., rivière d'Aquitaine [le Tarn] Atlas IV, A4 ; V, F2 : Plin. 4, 109 ; Aus. *Mos.* 465.

Tarpa, *ae*, m., surnom romain ; notᵗ Maecius Tarpa, critique du temps d'Auguste : Hor. *S.* 1, 10, 38.

Tarpēia, *ae*, f., jeune fille qui livra la citadelle de Rome (le Capitole) aux Sabins : Liv. 1, 11, 6 ; Val.-Max. 9, 6, 1 ǁ [d'où] ***a)*** **Tarpēius mons**, le mont Tarpéien [pour désigner le Capitole] : Varr. *L.* 5, 41 ; Liv. 1, 55, 1, cf. Prop. 4, 1, 7 ; Mart. 9, 41, 1 ***b)*** [en part.] la roche Tarpéienne [d'où on précipitait les criminels] : **saxum Tarpeium** Liv. 6, 20, 12 ; **Tarpeia rupes** Tac. *H.* 3, 71 ; [absᵗ] **Tarpeium** Sen. *Ir.* 1, 16, 5 ; Plin. 7, 143 ***c)*** épithète de Jupiter, C.▶ *Capitolinus* : Prop. 4, 1, 7 ; Juv. 13, 78.

Tarpēiānus, *a*, *um* (*Tarpeius*), à la Tarpéius [recette] : Apic. 364 ; 395.

Tarpēius, *i*, m. ¶ **1** nom de famille romaine ; notᵗ Sp. Tarpeius, père de Tarpeia : Liv. 1, 11, 6 ¶ **2** adj., V.▶ *Tarpeia*.

tarpezīta, *ae*, m. (corr. de *trapezita*), *Pl. *Curc.* 341 ; 406 ; 712.

Tarquĭnĭī, *ōrum*, m. pl., Tarquinia [ville d'Étrurie, patrie des Tarquins] Atlas XII, D3 : Cic. *Rep.* 2, 34 ; Liv. 1, 34 ; 27, 4 ǁ **-iensis**, *e*, de Tarquinia : Cic. *Div.* 2, 50 ; Plin. 3, 209 ; **in Tarquiniensi** Varr. *R.* 3, 12, 1, dans le territoire de Tarquinia ǁ **-ienses**, *ium*, habitants de Tarquinia : Liv. 2, 6 ; Plin. 3, 52.

1 **Tarquĭnĭus**, *ii*, m., Tarquin [nom de deux rois de Rome, Tarquin l'Ancien, Tarquin le Superbe] : Cic. *Rep.* 2, 35 ; 46 ; Liv. 1, 34 ; pl., **Tarquĭnĭī**, *ōrum*, m. pl., les Tarquins : Cic. *Rep.* 2, 46.

2 **Tarquĭnĭus**, *a*, *um*, de Tarquin : Liv. 1, 47 ; 2, 18.

Tarquĭtĭus, *ii*, m., nom d'un Étrusque qui écrivit sur la divination : Macr. *Sat.* 3, 7, 2 ǁ **-tiānus**, *a*, *um*, de Tarquitius : Amm. 25, 2, 7.

Tarracenses, *ĭum*, m. pl., peuple de Tarraconaise : Plin. 3, 24.

Tarracĭa, *ae*, f., nom d'une Vestale : Plin. 34, 25.

Tarrăcīna, *ae*, f., Cic. *Att.* 7, 5, 3, **-cīnae**, *ārum*, f. pl., Liv. 4, 59, 4, ville du Latium Atlas XII, E4 ǁ **-īnensis**, *e*, de Terracine : Sall. *C.* 46, 3 ǁ **īnenses**, *ĭum*, m. pl., habitants de Terracine : Tac. *H.* 4, 3.

Tarrăco, *ōnis*, f., ville principale de la Tarraconaise [Tarragone] Atlas I, C3 ; IV, C4 : Plin. 3, 21 ; Cic. *Balb.* 28 ǁ **-cōnensis**, *e*, de la Tarraconaise : Liv. 26, 19 ; **Hispania Tarraconensis, Citerior** Plin. 3, 6, l'Espagne Tarraconaise, Citérieure, la Tarraconaise Atlas I, C2 ; IV, C2 ; **colonia Tarraconensis** Tac. *An.* 1, 78, la colonie de Tarragone.

Tarraelĭī, *ōrum*, m. pl., peuple d'Éthiopie : Plin. 5, 44.

Tarratĭus, *ii*, m., nom d'homme : Amm. 28, 1, 27.

Tarrutēnĭus, *ii*, m., nom d'homme : Lampr. *Comm.* 4.

Tarsa, *ae*, m., nom d'un chef des Thraces : Tac. *An.* 4, 50.

Tarsatĭca, *ae*, f., ville de Liburnie [Tersatto] Atlas XII, B4 : Plin. 3, 140.

Tarsumennus, V.▶ *Trasumenus*.

Tarsus, *i*, f. (Ταρσός), **Tarse** [ville de Cilicie] Atlas I, D6 ; IX, C3 : Cic. *Fam.* 2, 17, 1 ; *Att.* 5, 20, 3 ; Luc. 3, 225 ǁ **-senses**, *ĭum*, m. pl., habitants de Tarse : Cic. *Fam.* 12, 13, 4 ; *Att.* 5, 21, 7.

tartărālis, *e*, adj. (gr. méd. τάρταρον), imbibé de tartre : Pelag. 260.

Tartărīnus, *a*, *um*, digne du Tartare, affreux : Enn. *An.* 521.

Tartărum, *i*, n., rivière et canal entre l'Adige et le Pô : Plin. 3, 121 ; C.▶ *Fossae Philistinae*.

Tartărus et **Tartărŏs**, *i*, m., Lucr. 3, 1012; Virg. En. 6, 577 et **Tartăra**, *ōrum*, n. pl., Lucr. 3, 42; Virg. En. 4, 243 (Τάρταρος, Τάρταρα), le Tartare, les enfers : *Tartarus pater* Val.-Flac. 4, 258, Pluton ‖ **-ărĕus**, *a*, *um*, du Tartare, des enfers : Cic. poet. Tusc. 2, 22; Virg. En. 6, 395 ‖ infernal = effrayant, horrible : Virg. En. 7, 514.

tartēmŏrion, v. *tetartemorion*.

Tartēsĭus, c. *Tartessius*.

Tartessus, **Tartessŏs (-ēsŏs)**, *i*, f. (Ταρτησσός, Ταρτησός), Tartessos [ville à l'embouchure du Guadalquivir] : Plin. 3, 7; Sil. 3, 399 ‖ **-tessĭus**, *a*, *um*, de Tartessos : Ov. M. 14, 416; Sil. 10, 538 ‖ = espagnol : Sil. 13, 673 ‖ **-tessĭi**, *ōrum*, habitants de Tartessos : Cic. CM 69 ‖ **-tessĭăcus**, *a*, *um*, de Tartessos : Sil. 6, 1; Col. 10, 370 ‖ **-tessis**, *ĭdis*, adj. f., de Tartessos : Col. 10, 192.

Tartēsus, c. *Tartessus*.

Tarŭenna, v. *Tarvenna*.

tarum, *i*, n. (empr.), bois d'aloès : Plin. 12, 98.

Tarus (Tarvus), *i*, m., fleuve de Gaule cispadane [Taro] Atlas XII, C2 : Plin. 3, 118 ‖ nom d'homme : CIL 1, 1688.

Tarusātes, *um* ou *ĭum*, m. pl., peuple d'Aquitaine [Tartas] : Caes. G. 3, 23; Plin. 4, 108.

Taruscōnĭenses, *ĭum*, m. pl., habitants de Tarusco, ville de la Narbonnaise [auj. Tarascon] Atlas IV, B4; V, F2 : Plin. 3, 37.

Tarutĭus, *ii*, m., nom d'un astrologue : Cic. Div. 2, 98.

Tarvenna (Tarŭenna), *ae*, f., ville de Belgique [auj. Thérouanne] : Anton. 376.

Tarvesedē, *ēs*, f., Anton. 278 et **Terrvessedum**, *i*, n., Peut. 3, 1, ville de Rhétie.

Tarvīsĭs, *i*, f., **-vīsum**, *i*, **-visĭum**, *ii*, n., ville de Vénétie (Trévise) Atlas XII, B3 : Fort. Mart. 4, 681 ‖ **-sānus**, *a*, *um*, de Tarvise : Plin. 3, 126.

Tarvus, *i*, m., taureau divinisé en Gaule, v. *trigaranus*.

Tasci, *ōrum*, m. pl. (Τάσκοι), peuplade de la Perse : Prisc. Perieg. 971.

tasconĭum, *ii*, n. (ibér.), terre semblable à l'argile : Plin. 33, 69.

Tasgetĭus, *ii*, m., chef des Carnutes : Caes. G. 5, 25.

Tasgoduni, *ōrum*, m. pl., peuple de Narbonnaise : Plin. 3, 37.

tăsis, *is*, f. (τάσις), tenue de la voix : Capel. 9, 939.

Tastris, f., presqu'île des Cimbres : Plin. 4, 97.

tăt (*attat*, onomat.), eh! : Pl. Truc. 663.

tăta, *ae*, f. (cf. *atta*, τάτα, bret. *tad*, an. *dad*; esp. *tata*), papa [mot enfantin] : Varr. d. Non. 81, 5; Mart. 1, 100, 1.

tătae, interj. (cf. *tat*, *babae*), Pl. St. 771.

Tătĭus, *ii*, m., Tatius [roi des Sabins] : Enn. An. 109; Cic. Rep. 2, 7, 13; Liv. 1, 10, 1; Prop. 4, 2, 52 ‖ **Tătĭus**, *a*, *um*, de Tatius : Prop. 4, 4, 31.

Tatnos, v. *Tadnos*.

Tattaeus, *a*, *um*, de Tatta [lac de Phrygie] : Plin. 31, 84; 99.

tătŭla, *ae*, m. (dim. de *tata*), petit papa : CIL 9, 1666.

tau, n. indécl. (ταῦ), tau [lettre grecque] : Paul.-Nol. Carm. 26, 624 ‖ [symbole de la croix] Tert. Marc. 3, 22, 6 ‖ [lettre gauloise, θ = ts] Catal. 2, 4 d. Quint. 8, 3, 28.

Tāŭgĕta, v. *Taygeta*.

Tāŭgĕtē, v. *Taygete*.

Taulantĭi, *ōrum*, m. pl., peuple d'Illyrie : Liv. 45, 26, 14; Plin. 3, 144 ‖ **-tĭus**, *a*, *um*, des Taulantes : Luc. 6, 16; Sil. 15, 294.

Taunus, *i*, m., montagne de Germanie : Mel. 3, 30; Tac. An. 1, 56; 12, 28 ‖ **-ensis**, *e*, de Taunus : CIL 13, 6705.

taura, *ae*, f. (*taurus*; fr. *taure*), taure, vache stérile : Varr. R. 2, 5, 6; Col. 6, 22, 1, cf. Fest. 480, 19.

Taurānĭa, *ae*, f., ancienne ville de Campanie : Plin. 3, 70.

Taurānus, *i*, m., nom de guerrier : Sil. 5, 472.

taurārĭus, *ii*, m. (*taurus*; esp. *torero*), toréador : CIL 10, 1074.

Taurasĭa, *ae*, f., ville du Samnium : CIL 1, 7 ‖ **-sīni**, *ōrum*, m. pl., habitants de Taurasia : Liv. 40, 38.

Tauraunitĭum rĕgĭo, partie de la Grande-Arménie : Tac. An. 14, 24.

1 **taurĕa**, *ae*, f., lanière en cuir de bœuf : Juv. 6, 492; Tert. Mart. 5, 1 ‖ c. *taura* : Serv. En. 2, 140.

2 **Taurĕa**, *ae*, m., surnom d'un Campanien : Cic. Pis. 24.

taurĕlĕphās, *antis*, m. (ταυρελέφας), animal de l'Inde qui tient du taureau et de l'éléphant : Jul.-Val. 3, 19.

Taurentus, *i*, m., port de Narbonnaise, près de Toulon : Anton. 506.

taurĕus, *a*, *um* (*taurus*), de taureau, de cuir : Lucr. 6, 1071; *taurea terga* Virg. En. 9, 706, peaux, cuirs de taureaux [mais Ov. F. 342 = tambourins].

Tauri, *ōrum*, m. pl., Taures, habitants de la Tauride [Chersonèse Taurique] : Cic. Rep. 3, 15; Ov. Pont. 3, 2, 45.

Taurĭānum, *i*, n., ville du Bruttium Atlas XII, G5 : Mel. 2, 68.

Taurĭcāna, *ae*, f., côte orientale de la Sicile : Fest. 150, 27.

Taurĭcĭānus, *i*, m. (*Tauricius*), surnom d'homme : CIL 13, 1709.

Taurĭcĭus, *ii*, m. (2 *Tauricus*), nom d'homme : CIL 13, 1709.

taurĭcornis, *e* (*taurus*, *cornu*), qui a des cornes de taureau : Prud. Perist. 10, 222.

1 **Taurĭcus**, *a*, *um*, Taurique, de la Tauride : Ov. Pont. 1, 2, 80; Plin. 4, 85 ‖ **-rĭca**, *ae*, f., la Chersonèse Taurique : Plin. 4, 91.

2 **Taurĭcus**, *i*, m., nom d'homme : CIL 13, 1709.

taurĭfĕr, *ĕra*, *ĕrum* (*taurus*, *fero*), qui produit ou nourrit des taureaux : Luc. 1, 473.

taurĭformis, *e* (*taurus*, *forma*), qui a la forme d'un taureau : Hor. O. 4, 14, 25.

taurĭgĕnus, *a*, *um* (*taurus*, *geno*), de taureau : Acc. Tr. 463.

Taurĭi lūdi, *ōrum*, m. pl., jeux et sacrifices en l'honneur des dieux infernaux : Varr. L. 5, 154; Liv. 39, 22; Ps. Serv. En. 2, 140.
▶ orth. *Tauri* P. Fest. 479, 8.

Taurīnācus, *a*, *um*, c. 2 *Taurinus* : Ps. Prisc. Acc. 3, 525, 29.

taurīnae, *ārum*, f. pl., chaussure de cuir de taureau : Diocl. 15; 16.

Taurīnās, v. *Taurini*.

Taurīni, *ōrum*, m. pl., les Tauriniens [peuple habitant les Alpes Cottiennes] : Liv. 21, 38; Plin. 3, 123 ‖ [capitale] *Augusta Taurinorum* [auj. Turin] Atlas I, C3; V, E4; XII, B1 : Tac. H. 2, 66 ‖ **Taurīnus**, *a*, *um*, taurinien, des Tauriniens : Sil. 3, 646; *Taurinus saltus* Liv. 5, 34, défilé des Tauriniens ‖ **Taurīnās**, *ātis*, adj., taurinien : Paneg. Constantin. (9), 6, 2.

Taurīnĭenses, *ĭum*, m. pl., Tauriniens : CIL 5, 6970.

1 **taurīnus**, *a*, *um* (*taurus*), de taureau, de bœuf : Lucr. 6, 1069; Ov. F. 6, 197; Plin. 28, 147; 232; *taurina tympana* Claud. Cons. Stil. 3, 364, tambours phrygiens.

2 **Taurīnus**, *a*, *um*, v. *Taurini*.

3 **Taurīnus**, *i*, m., nom d'homme : CIL 13, 301.

Taurĭo, *ōnis*, m., nom d'esclave : CIL 6, 8946.

Tauris, *ĭdis*, f., île voisine de l'Illyrie : B.-Alex. 45.

Taurisci, *ōrum*, m. pl. (Ταυρίσκοι), peuple du Norique : Plin. 3, 148 ‖ *Taurisca gens* Plin. 3, 134, les Taurisques [de Tauride].

Tauriscus, *i*, m., nom d'un acteur : Cic. de Or. 3, 221; v. *Taurisci*.

taurŏbŏlĭātus, *a*, *um*, qui a reçu le taurobole : CIL 14, 39.

taurŏbŏlĭcus, *a*, *um*, qui concerne le taurobole : CIL 9, 1538.

taurŏbŏlĭŏr, *ārĭs*, *ārī*, - (*taurobolium*), recevoir le taurobole : Lampr. Hel. 7, 1.

taurŏbŏlĭum, *ii*, n. (ταυροβόλιον), taurobole, sacrifice d'un taureau en l'honneur de Cybèles : CIL 6, 505.

taurŏbŏlus, *i*, m., prêtre chargé du taurobole : Anth. 4, 57.

taurocenta

taurŏcenta, *ae*, m. (*ταυροκέντης), picador : CIL 10, 1074.

Taurŏentum, *i*, n., ville du Bruttium, la même que *Taurianum* : PLIN. 3, 73.

Taurŏīs, *ŏentis*, m., port fortifié de la Narbonnaise, ⓒ *Taurentus* : CAES. *C.* 2, 4, 5 ; MEL. 2, 77.

Taurŏmĕnĭum (-mĭnĭum), *ii*, n., ville maritime de Sicile [Taormina] Atlas XII, G5 : PLIN. 3, 88 ; CIC. *Att.* 16, 11, 7 ǁ **-nĭtānus**, *a*, *um*, de Tauroménium : CIC. *Verr.* 2, 13 ; PLIN. 3, 88 ; LUC. 4, 461 ǁ **-nĭtāni**, *ōrum*, m. pl., habitants de Tauroménium : CIC. *Verr.* 2, 160 ; 5, 49.

Taurŏmĕnum, *i*, n., ⓒ *Tauromenium* : OV. *F.* 4, 475.

Taurōn, *ōnis*, m., nom d'homme : PLIN. 7, 24.

taurophthalmŏn, *i*, n. (ταυρόφθαλμον), sorte de romarin : PS. APUL. *Herb.* 79.

Taurŏpŏlŏs, *i*, f. (Ταυροπόλος), surnom de Diane : LIV. 44, 44, 4.

Tauroscўthae, *ārum*, m. pl. (Ταυροσκύθαι), Tauroscythes, habitants de Tauride : CAPIT. *Anton.* 9, 9.

Taurŭbŭlae, *ārum*, f. pl., deux petites hauteurs dans l'île de Capri : STAT. *S.* 3, 1, 129.

taurŭlus, *i*, m. (dim. de 1 *taurus*), taurillon : PETR. 39, 6.

Taurūnum, *i*, n., ville de la Pannonie Inférieure [auj. Semlin] : PLIN. 3, 148 ǁ **-enses**, *ĭum*, m., habitants de Taurunum : NOT. DIGN. *Oc.* 5, 111.

1 **taurus**, *i*, m. (cf. ταῦρος, gaul. *tarvos* ; it., esp. *toro*) ¶ **1** taureau : VARR. *R.* 2, 5, 3 ; CIC. *Div.* 2, 36 ; CAES. *G.* 6, 28 ; VIRG. *G.* 3, 212 ¶ **2** [fig.] **a)** taureau d'airain de Phalaris : CIC. *Verr.* 4, 73 ; PLIN. 34, 89 **b)** le Taureau, constellation : VIRG. *G.* 1, 218 ; PLIN. 2, 110 **c)** butor [oiseau] : PLIN. 10, 116 **d)** sorte de scarabée : PLIN. 30, 39 **e)** racine d'arbre : QUINT. 8, 2, 13 **f)** périnée : FEST. 372, 32 ; DIOM. 450, 8.

2 **Taurus**, *i*, m., montagne de Lycie Atlas I, D6 ; IX, C2 : CIC. *Fam.* 15, 1, 3 ; 15, 2, 2 ; *Dej.* 35 ; NEP. *Con.* 2, 3 ǁ **Tauri Pylae** CIC. *Att.* 5, 20, 2, les portes du Taurus, défilé entre la Cappadoce et la Cilicie.

3 **Taurus**, *i*, m., nom d'homme : CIC. *Q.* 3, 1.

Taus, ⓥ *Tanaus*.

tautānus, *i*, m. (celt.), boomerang : ISID. 18, 7, 7.

Tautarēnē, *ēs*, f., ville d'Éthiopie : PLIN. 6, 178.

tautŏlŏgĭa, *ae*, f. (ταυτολογία), tautologie [rhét.] : CAPEL. 5, 535 ; CHAR. 271, 16 ; DIOM. 450, 16.

Tavēni, *ōrum*, m. pl., peuple d'Arabie : PLIN. 6, 157.

Tavĭa, *ae*, f., ANTON. 201, **Tavĭum**, *ĭi*, n., PLIN. 5, 146, ville principale des Trocmes en Galatie.

tax, ⓥ *tuxtax*.

taxa, *ae*, f. (cf. *taxus*), fragon [arbuste] : *PLIN. 15, 130.

taxātĭo, *ōnis*, f. (*taxo*) ¶ **1** estimation, appréciation, valeur : CIC. *Tull.* 7 ; SEN. *Ben.* 3, 10, 3 ; PLIN. 7, 56 ; DIG. 31, 1, 41 ¶ **2** chiffre maximal fixé par le magistrat à la condamnation [le juge ne peut le dépasser] : GAI. *Inst.* 4, 51 ; *ultra peculii taxationem dominus non condemnatur* DIG. 19, 1, 24, 2, le maître ne peut être condamné à une somme dépassant le pécule.

taxātŏr, *ōris*, m. (*taxo*), qui invective : FEST. 490, 18.

taxātus, *a*, *um*, part. de *taxo*.

taxĕa, *ae* (gaul.), lard : AFRAN. *Com.* 284, cf. ISID. 20, 2, 24 ; ARN. 7, 229.

taxĕōta, *ae*, m. (ταξεώτης), appariteur d'un magistrat, taxéote : JULIAN. *Epit.* (115), 428.

taxĕōtĭcus, *a*, *um*, de taxéote : JULIAN. *Epit.* (115), 428.

1 **taxĕus**, STAT. *S.* 5, 5, 29 et **taxĭcus**, *a*, *um*, PLIN. 16, 51, d'if.

2 **taxĕus**, *i*, f., ⓒ *taxus* : FLOR. 4, 12, 50.

Taxĭlae, *ārum*, m. pl., peuple de l'Inde : PLIN. 6, 78.

Taxĭlēs, *is*, m., nom héréditaire du souverain qui régnait sur les Taxiles dans l'Inde : CURT. 8, 12, 14.

Taxilla, *ae*, f., ville de l'Inde : PLIN. 6, 62.

taxillus, *i*, m. (dim. de *talus*), petit dé à jouer : CIC. *Or.* 153 ǁ tasseau : PALL. 2, 15.

1 **taxim**, adv. (*tango*), peu à peu, tout doucement : POMPON. *Com.* 23 ; VARR. *Men.* 187.

2 **taxim**, ⓥ *tango* ▶.

Taximagŭlus, *i*, m., roi d'une partie de la Bretagne : CAES. *G.* 5, 22.

1 **taxō**, *ās*, *āre*, *āvī*, *ātum* (*tago*, *tango*, cf. *dumtaxat*), tr. ¶ **1** toucher souvent et fortement : GELL. 2, 6, 5 ¶ **2** [fig.] **a)** blâmer, reprendre : SUET. *Aug.* 4 ; *Dom.* 10 **b)** estimer, évaluer, taxer : PLIN. 35, 136 ; SUET. *Aug.* 41 ǁ apprécier : SEN. *Marc.* 19, 1 ; *Ep.* 24, 2 ; 81, 8.

2 **taxo**, *ōnis*, m. (germ., cf. al. *Dachs* ; it. *tasso*, a. fr. *taisson*, fr. *tanière*), blaireau : POL. SILV. 3, p. 543, 10.

▶ *tasio* GLOSS. 5, 621, 31 ; *taxus* GLOSS. 3, 320, 12.

taxōnīnus, *a*, *um* (*taxo*), de blaireau : M.-EMP. 36, 5.

tax pax, onomatopée qui marque le bruit des coups : NAEV. d. CHAR. 239, 12 ; ⓥ *tuxtax*.

1 **taxus**, *i*, f. (cf. τόξον ; it. *tasso*), if [arbre qui passait pour vénéneux] : CAES. *G.* 6, 31 ; VIRG. *B.* 9, 30 ; PLIN. 16, 50 ǁ pique, lance [en bois d'if] : SIL. 13, 210.

2 **taxus**, *i*, m., blaireau, ⓥ 2 *taxo* ▶.

Tāўgĕta (Tāŭgĕta), *ōrum*, n. pl., VIRG. *G.* 2, 488, **Tāўgĕtus**, *i*, m., CIC. *Div.* 1, 112 ; PLIN. 4, 16 ; PROP. 3, 14, 15, le Taygète [montagne de Laconie].

Tāўgĕtē, *ēs*, f. (Ταϋγέτη), Taygète [fille d'Atlas] : VIRG. *G.* 4, 232 ; OV. *M.* 3, 595 ; CIC. *Arat.* 269.

1 **tĕ**, acc. et abl. de *tu*.

2 **-tĕ** (cf. 1 *te*, σε, τε ?), partic. de renforcement jointe à *tu*, 1 *te*.

1 **Tĕānum Āpŭlum**, n. (Τέανον), Téanum d'Apulie : CIC. *Att.* 7, 12, 2 ; PLIN. 3, 103 ǁ **-nenses**, *ĭum*, m. pl., habitants de Téanum : LIV. 9, 20, 4 ǁ **-āni**, *ōrum*, m. pl., PLIN. 3, 104.

2 **Tĕānum Sidicinum**, Téanum des Sidicins [Teano] : CIC. *Att.* 8, 11, 2 ; LIV. 22, 57, 8 ; PLIN. 3, 63.

Tĕari, *ōrum*, m. pl., peuple de Tarraconaise : PLIN. 3, 23.

Tĕarus, *i*, m. (Τέαρος), rivière de Thrace : PLIN. 4, 45.

Tĕātĕ, *is*, n., ville d'Italie centrale [Chieti] : SIL. 8, 521 ; 17, 454 ǁ **Tĕātīni**, *ōrum*, m. pl., habitants de Téate : PLIN. 3, 106.

Tĕātes, *um*, m., peuple d'Apulie : LIV. 9, 20, 7.

tĕba, *ae*, f. (sabin, cf. *tifata*, τῆβος ?), tertre, colline : VARR. *R.* 3, 1, 6.

Tebassus, *i*, m., nom d'homme : CIC. *Att.* 14, 10, 2.

Tebeste, ⓥ *Theveste*.

tecco, *ōnis*, m. (gaul. ; fr. *tacon*), jeune saumon : ANTHIM. 45.

techĭna, ⓒ *techna* : PL. *Most.* 550 ; *Poen.* 817.

techna, *ae*, f. (τέχνη), ruse, fourberie, tromperie : PL. *Cap.* 642 ; TER. *Eun.* 718 ; ⓥ *techina*.

technĭcus, *i*, m. (τεχνικός), maître d'un art, spécialiste, technicien : QUINT. 2, 13, 19.

technŏgrăphus, *i*, m. (τεχνογράφος), auteur de traité [gram. et rhét.] : SACERD. 6 ; 454, 27.

technŏpaegnĭŏn (-ĭum), *ĭi*, n. (τεχνοπαίγνιον), jeu d'art [titre d'un poème d'Ausone] : AUS. *Techn. tit.*

Techum, ⓥ 2 *Tecum*.

Tecmessa, *ae*, f. (Τέκμησσα), Tecmesse [femme d'Ajax] : HOR. *O.* 2, 4, 6 ; OV. *A. A.* 3, 517.

Tecmōn, *ōnis*, m. (Τέκμων), ville d'Épire : LIV. 45, 26, 4.

tēcŏlĭthŏs, *i*, m. (τηκόλιθος), ⓒ *spongites* : PLIN. 36, 143 ; SOLIN. 37, 12.

Tecta, *ae*, f., s.-ent. *via*, une des voies de Rome : OV. *F.* 6, 192.

tectārĭum, *ĭi*, n. (*tego*), couvercle : CAT. *Agr.* 11, 2.

tectē, adv. (*tectus*) ¶ **1** à couvert, en restant protégé : CIC. *Or.* 228 ¶ **2** en cachette, secrètement : CIC. *Att.* 1, 14, 4 ǁ *tectius* CIC. *Fam.* 9, 22, 2.

tectĭo, *ōnis*, f. (*tego*), action de couvrir : AUG. *Job* 7, p. 521, 25 ǁ action de recouvrir, d'appliquer sur : CAEL.-AUR. *Acut.* 3, 5, 58.

tectŏnĭcus, *a*, *um* (τεκτονικός), architectonique : Aus. *Mos.* 299.

tectŏr, *ōris*, m. (*tego*), badigeonneur, stucateur : Varr. *R.* 3, 2, 9 ; Cic. *Planc.* 62.

tectōrĭŏlum, *i*, n. (dim. de *tectorium*), petit ouvrage de stuc : Cic. *Fam.* 9, 22, 3.

tectōrĭum, *ii*, n. (*tector*) ¶ 1 revêtement de stuc, enduit de stuc : Cic. *Div.* 2, 58 ; Verr. 1, 145 ¶ 2 enduit, plâtrage, fard : Juv. 6, 467 ‖ [fig.] fard du langage, plâtrage : Pers. 5, 25.

tectōrĭus, *a*, *um* (*tector*) ¶ 1 qui sert à couvrir : Pl. *Mil.* 18 ¶ 2 qui sert à revêtir, à crépir : Cic. *Leg.* 2, 65 ; Varr. *R.* 1, 57, 1 ; Plin. 35, 43.

Tectŏsăges, *um*, m. pl., **Tectŏsăgi**, *ōrum*, m. pl., les Tectosages ¶ 1 peuple volque de Narbonnaise : Caes. *G.* 6, 24, 2 ; Plin. 3, 37 ; Mel. 2, 75 ¶ 2 peuple galate d'Asie Mineure : Liv. 38, 16, 11.

tectŭlum, *i*, n. (dim. de *tectum*), petit toit : Hier. *Ep.* 117, 9.

tectum, *i*, n. (*tectus*, *tego* ; it. *tetto*, fr. *toit*) ¶ 1 toit, toiture de maison : Pl. *Ru.* 78 ; Lucr. 2, 191 ; Cic. *Q.* 3, 1, 14 ; *Brut.* 257 ; *Att.* 4, 3, 2 ‖ plafond, lambris : Enn. *Tr.* 84 ; Cic. *Par.* 13 ; 49 ; *Leg.* 2, 2 ; Hor. *O.* 2, 16, 12 ¶ 2 abri, maison **a)** *in tecto* Cat. *Agr.* 112, 2, à l'abri, sous un toit ; *tecto recipi* Caes. *G.* 7, 66, 7, être reçu sous un toit, trouver un asile ‖ *tectum non subire* Caes. *G.* 1, 36, 7, ne pas pénétrer dans une demeure, n'avoir pas de domicile fixe ; *exercitus tectis suis recipere* Cic. *Agr.* 2, 90, recevoir nos armées dans ses demeures ; *in vestra tecta discedite* Cic. *Cat.* 3, 29, rentrez chacun chez vous ; *aestiva Venusiae sub tectis agere* Liv. 27, 21, 3, prendre ses quartiers d'été à Venouse dans les cantonnements **b)** asile, repaire de bêtes sauvages : Virg. *En.* 6, 8 ‖ nid d'oiseau : Virg. *En.* 5, 216.

tectūra, *ae*, f. (*tego* ; fr. *toiture*), enduit, crépi : Pall. 1, 15 ‖ couverture de livre : Aug. *Faust.* 13, 18.

tectus, *a*, *um* ¶ 1 part. de *tego* ¶ 2 adj^t : **a)** caché, couvert, souterrain : Hirt. *G.* 8, 41, 4 **b)** [fig.] *verba tecta* Cic. *Fam.* 9, 22, 5, mots couverts, cf. Cic. *Fam.* 9, 22, 1 ; *occultior atque tectior cupiditas* Cic. *Amer.* 104, passion mieux cachée et dissimulée ‖ *notionem de fortitudine tectam atque involutam habere* Cic. *Tusc.* 4, 53, avoir sur le courage des idées confuses et voilées ‖ *in dicendo tectissimus* Cic. *de Or.* 2, 296, très circonspect dans ses discours ; *tectiores* Cic. *Or.* 146, plus discrets ; *tecti ad alienos* Cic. *Amer.* 116, discrets, réservés avec les étrangers ‖ secret : Prud. *Ham.* 177 **c)** *tecta navis* Caes. *C.* 1, 56, 1 ; Liv. 36, 43, 8, navire ponté ; V. *apertus*.

1 tecum (it. *teco*, esp. *contigo*), ➞ *cum te*, avec toi, V. *cum*.

2 Tecum (Techum), *i*, n., Plin. 3, 32, et **Ticis**, *is*, m., fleuve de Narbonnaise [Tech] : Mel. 2, 84.

Tecumessa, *ae*, f., Tecmessa : Mar. Vict. *Gram.* 6, 9, 21.

1 tĕcŭsa, *ae*, f. (τεκοῦσα), mère de famille : CIL 8, 4692.

2 Tĕcŭsa, *ae*, f., nom de femme : CIL 6, 16008.

tēd, [arch.] ➞ *te* : Pl. *Bac.* 571.

tēda, **tēdĭfĕr**, V. *taeda*.

Tēdignĭlŏquĭdēs, *ae*, m., [mot forgé par Pl. *Pers.* 704] parleur digne de toi.

Tĕdĭus, *ii*, m., nom d'homme : Suet. *Aug.* 27.

Tedusĭa, *ae*, f., ville de Narbonnaise : CIL 12, 3362.

Teganōn, f., île près de Rhodes : Plin. 5, 133.

Tĕgĕa, *ae* (**Tĕgĕē**, *ēs*, Stat. *Th.* 11, 177), f. (Τεγέα), Tégée [ville d'Arcadie] Atlas VI, C2 : Mel. 2, 43 ; Plin. 4, 20 ‖ d'Arcadie : Stat. *Th.* 11, 117.

Tĕgĕaeus, **Tĕgĕēus**, *a*, *um*, de Tégée, d'Arcadie : Virg. *G.* 1, 18 ; *En.* 5, 299 ; Stat. *S.* 1, 5, 4 ‖ **Tĕgĕaea**, l'Arcadienne, Atalante : Ov. *M.* 8, 317 ; 380.

Tĕgĕātae, *ārum*, m. pl., Tégéates, habitants de Tégée : Cic. *Div.* 1, 37 ‖ **-āticus**, *a*, *um*, d'Arcadie : Stat. *S.* 1, 2, 18 ; 5, 1, 102.

Tĕgĕātis, *ĭdis*, adj. f., de Tégée, Arcadienne : Sil. 13, 329 ‖ l'Arcadienne, Atalante : Stat. *Th.* 9, 571.

Tĕgĕē (Τεγέη), V. *Tegea*.

Tĕgĕēus, V. *Tegeaeus*.

tĕgĕs, *ĕtis*, f. (*tego*), natte, couverture : Varr. *R.* 1, 22, 1 ; Col. 5, 5, 15 ; Plin. 21, 112.

tĕgestĕ, *is*, n. (*tego*), ce qui sert à couvrir : Schol. Juv. 6, 117.

Tegestraei, *ōn*, m. pl. (Τεγεστραῖοι), habitants de Tergeste [auj. Trieste] : Prisc. *Perieg.* 375.

tĕgestre, *is*, n. (*segestre* et *teges*), couverture : Diocl. 8, 42.
▶ *tegestra*, ae f. 8, 52 a.

tĕgētārĭus, *ii*, m. (*teges*), marchand de nattes : Gloss. 2, 195, 55.

tĕgētīcŭla, *ae*, f. (dim. de *teges*), petite natte : Varr. *R.* 3, 8, 2 ; Mart. 9, 93, 3 ; Col. 8, 9, 3.

Tĕgĭānum (Tegeanum), *i*, n., ville de Lucanie : CIL 4, 3525 ‖ **Tĕgĭānenses**, *ĭum*, m. pl., habitants de Tegianum : CIL 10, 482.

tĕgĭcŭlum, *i*, n. (*tego*), natte, tapis : Don. *Phorm.* 27.

tĕgīlĕ, *is*, n. (*tego*), ce qui couvre, vêtement : *Apul. *M.* 9, 12, 3.

tĕgillum, *i*, n. (dim. de *tegulum*), petit paletot, petit capuchon : Fest. 503, 1 ; Pl. *Ru.* 576 ; Varr. d. Non. 179, 4.

tĕgĭmĕn, V. *tegmen* : Cic. *Tusc.* 5, 90 ; Ov. *M.* 3, 52 ; Sen. *Nat.* 6, 25, 1 ; Tac. *An.* 2, 29.

tĕgĭmentum, V. *tegumentum* : Caes. *G.* 2, 21, 5 ; *C.* 2, 9, 2 ; 3, 44, 6.

Teglicĭum, *ii*, n., ville de Mésie : Anton. 223.

tegmen (tĕgĭmen, tĕgŭ-), *ĭnis*, n. (*tego*) ¶ 1 tout ce qui sert à couvrir **a)** vêtement : (*tegimen*) Cic. *Tusc.* 5, 90 ; Ov. *M.* 3, 52 ‖ (*tegumen*) Virg. *En.* 3, 594 ; *textile tegmen* Lucr. 5, 1350, vêtement tissé **b)** cuirasse, armure : Liv. 5, 38, 8 **c)** casque : Tac. *An.* 2, 21 **d)** abri pour la vigne : Col. 5, 5, 15 **e)** enveloppe du grain : Col. 10, 243 ‖ *caeli tegmen* Lucr. 1, 988, voûte du ciel, cf. Cic. *poet.* Nat. 2, 112 ‖ *fluminis* Laev. d. Gell. 19, 7, 15, couche de glace **f)** toit, demeure : Paul.-Nol. *Carm.* 21, 384 ¶ 2 [fig.] ce qui sert à protéger, protection, défense : Liv. 4, 39, 3.

tegmentum, V. *tegumentum*.

tĕgō, *ĭs*, *ĕre*, *tēxī*, *tectum* (στέγω), tr. ¶ 1 couvrir, recouvrir : *casae stramentis erant tectae* Caes. *G.* 5, 43, les cabanes étaient couvertes en chaume ; *tectae naves* Caes. *C.* 1, 56, 1, navires pontés ; *bestiae coriis tectae* Cic. *Nat.* 2, 121, animaux dont le corps est recouvert de cuir ; *corpus alicujus pallio tegere* Cic. *Div.* 2, 143, couvrir le corps de qqn d'un manteau ; [poét.] *tectus lanugine malas* Ov. *M.* 12, 291, ayant les joues couvertes de duvet ‖ couvrir d'un vêtement, vêtir : Tib. 2, 3, 76 ‖ [sépulture] *ossa tegebat humus* Ov. *M.* 15, 56, la terre recouvrait ses os, cf. Ov. *Am.* 2, 6, 59 ; Prop. 2, 26, 44 ; Mart. 9, 29, 11 ¶ 2 cacher, abriter : *fugientem silvae texerunt* Caes. *G.* 6, 30, 3, les forêts l'abritèrent dans sa fuite ; *tectis insignibus suorum* Caes. *C.* 2, 45, 7, les insignes de ses hommes étant recouverts, dissimulés ; *ferae latibulis se tegunt* Cic. *Rab. Post.* 42, les bêtes sauvages s'abritent dans leurs retraites ‖ [fig.] voiler, cacher, dissimuler : *summam prudentiam simulatione stultitiae* Cic. *Brut.* 53, recouvrir la plus haute sagesse d'une feinte sottise, cf. Cic. *Pis.* 56 ; *Q.* 1, 1, 15 ; *animus ejus vultu, flagitia parietibus tegebantur* Cic. *Sest.* 22, ses sentiments se cachaient derrière son visage, ses turpitudes derrière les murailles de sa maison ; *totus est sermo verbis tectus* Cic. *Fam.* 9, 22, 1, tout le récit est voilé par l'expression ¶ 3 garantir, protéger : *janua se ac parietibus, non jure legum judiciorumque texit* Cic. *Mil.* 18, c'est derrière une porte et des murailles, non derrière la justice des lois et des tribunaux qu'il s'est abrité ; *portus ab Africo tegebatur* Caes. *C.* 3, 26, 4, le port était protégé contre l'Africus, cf. Caes. *C.* 3, 27, 2 ‖ *tegi* Liv. 4, 37, 11, se couvrir [milit.] ‖ [fig.] *excusatione amicitiae tegere* Cic. *Lae.* 43, abriter, protéger sous l'excuse de l'amitié, cf. Cic. *Planc.* 1 ; *de Or.* 1, 253 ; *innocentia tectus* Cic. *Pomp.* 70, couvert de son innocence ; *ab audacia*

tego

alicujus tegere aliquem Cic. *Clu.* 31, protéger qqn contre l'audace de qqn, cf. Liv. 1, 53, 8; 8, 6, 7 ∥ [en part.] *tegere latus alicui* Hor. S. 2, 5, 18; Suet. *Cl.* 24, couvrir le côté de qqn, marcher au côté de qqn; *aliquem tegere* Virg. En. 11, 12, accompagner qqn, environner qqn, cf. Stat. S. 5, 1, 26.

tēgŭla, *ae*, f. (*tego*; fr. *tuile*, al. *Ziegel*, an. *tile*), tuile : Cic. *Att.* 9, 7, 5; Ov. *F.* 6, 316 ∥ [surt. au pl.] tuiles, [d'où] toit, toiture : Cic. *Verr.* 3, 119; *Phil.* 2, 45; Liv. 36, 37, 2∥ tuile creuse sur laquelle on faisait rôtir les viandes : Apic. 397.

1 tēgŭlārĭus, *a*, *um*, adj. (*tegula*), de tuiles : CIL 1, 594.

2 tēgŭlārĭus, *ĭi*, m. (1 *tegularius*; fr. *tuilier*), fabricant de tuiles : CIL 10, 6637.

Tēgŭlāta, *ae*, f., ville de Narbonnaise : Anton. 298 ∥ ville d'Italie : Anton. 294.

tēgŭlātus, *a*, *um*, couvert de tuiles : Fulg. *Aet.* 3, p. 138, 18 H.

tēgŭlīcĭus, *a*, *um* (*tegula*), couvert de tuiles : CIL 13, 6054.

tēgŭlum, *i*, n. (*tego*), toiture : Plin. 16, 156; 178.

tēgŭmĕn, v.> *tegmen* : Virg. En. 3, 594; Liv. 1, 20, 4; 4, 39, 3.

tēgŭmentum (**tĕgĭm-, tĕgm-**), *i*, n. (*tego*), ce qui couvre, ce qui enveloppe : *pennarum contextu corpori tegumenta faciebat* Cic. *Fin.* 5, 32, avec l'assemblage des plumes il confectionnait de quoi se couvrir le corps, cf. Cic. *Nat.* 2, 150; *palpebrae, quae sunt tegmenta oculorum* Cic. *Nat.* 2, 142, les paupières, qui sont les couvertures des yeux; *scutis tegimenta detrudere* Caes. *G.* 2, 21, 6, enlever l'enveloppe des boucliers ∥ *ut tegumenta corporis essent* Liv. 1, 43, 2, pour couvrir, abriter le corps ∥ *tegumenta capitis* Liv. 22, 1, 3, des perruques.

tēgŭrĭum, *ĭi*, n. (*tego*), v.> *tugurium* ¶ 1 hutte : CIL 5, 5005; Caes.-Arel. *Serm.* 194, 1 ¶ 2 édicule, chapelle : Adamn. *Loc. sanct.* 1, 2; v.> *tugurium*.

tēgus, v.> *tergus* ►.

Tēĭus, *a*, *um* (Τήϊος), de Téos : Hor. O. 1, 17, 18; *Epo.* 14, 10; Ov. *Tr.* 2, 364 ∥ **Tēĭi**, *ōrum*, m. pl., habitants de Téos : Liv. 37, 12.

tēla, *ae*, f. (**texlā*, *texo*; fr. *toile*) ¶ 1 toile : Cic. *Ac.* 2, 95; *Verr.* 4, 59; Virg. En. 4, 264; 11, 75; *vetus in tela deducitur argumentum* Ov. *M.* 6, 69, un sujet antique est représenté développé sur la toile ∥ toile d'araignée : Pl. *St.* 349; Catul. 68, 49; Juv. 14, 61 ¶ 2 *a)* chaîne de la toile : Virg. *G.* 1, 285; 3, 562; Tib. 1, 6, 79; Ov. *M.* 4, 275 *b)* métier de tisserand : Cat. *Agr.* 10, 5; 14, 2; Ov. *M.* 4, 35; 6, 576 ¶ 3 [fig.] trame, intrigue, manœuvre, machination : Pl. *Bac.* 350; *Ps.* 400; Cic. *de Or.* 3, 226.

Tēlămo (**-ōn**), *ōnis*, m. (Τελαμών) ¶ 1 fils d'Éaque et père d'Ajax : Cic. *Nat.* 3, 79; *Tusc.* 3, 39; *de Or.* 2, 193; Hor. O. 2, 4, 5; Hyg. *Fab.* 14 ¶ 2 port d'Étrurie [Talamone] : Plin. 3, 51.

tĕlămōnes, *um*, m. pl. (τελαμών), [archit.] télamons [supports en forme d'homme, atlantes] : Vitr. 6, 7, 5.

Tĕlămōnĭădēs, *ae*, m., le fils de Télamon, Ajax : Ov. *M.* 13, 231.

Tĕlămōnĭus, *a*, *um*, de Télamon ∥ **-nĭus**, *ĭi*, m., Ajax : Ov. *M.* 13, 194; *Tr.* 2, 525.

tēlānae fĭcus, f. pl., espèce de figues : Cat. *Agr.* 8, 1; Plin. 15, 72.

Tēlandrĭa, *ae*, f., île voisine de la Lycie : Plin. 5, 131; **Tēlandrus**, *i*, m., ville de Lycie : Plin. 5, 101.

Tēlăvĭum, *ĭi*, n., fleuve de Liburnie Atlas XII, C5 : Plin. 3, 140.

Telchīnes, *um*, m. pl. (Τελχῖνες), les Telchines [famille de prêtres exerçant la magie, qui vinrent s'établir à Rhodes] : Ov. M. 7, 365; Stat. *Th.* 2, 274.

Telchĭus, *ĭi*, m., cocher de Castor et de Pollux : Plin. 6, 16.

Tēlĕbŏae (**Tēlŏbŏae**), *ārum*, m. pl. (Τηλεβόαι), Téléboens [peuple de l'Acarnanie] : *Pl. *Amp.* 101; 217 ∥ [venus coloniser l'île de Capri, en face de Sorrente] Virg. En. 7, 735; Tac. *An.* 4, 67; Sil. 7, 418.

Tēlĕbŏides insulae, f., îles des Téléboens, les mêmes que *Taphiae* : Plin. 4, 53.

Tēlĕgŏnus (**-ŏs**), *i*, m. (Τηλέγονος), Télégonos [fils d'Ulysse et de Circé, meurtrier de son père qu'il ne connaissait pas, fondateur de Tusculum] : Hor. O. 3, 29, 8; Ov. *F.* 3, 92; Hyg. *Fab.* 127; Stat. *S.* 1, 3, 83 ∥ [fig.] qui est funeste à son auteur : Ov. *Tr.* 1, 1, 114.

Tēlĕmăchus, *i*, m. (Τηλέμαχος), Télémaque [fils d'Ulysse et de Pénélope] : Catul. 61, 229; Hor. *Ep.* 1, 7, 40; Hyg. *Fab.* 127.

Tēlĕmus, *i*, m. (Τήλεμος), Télème [devin, fils de Protée] : Ov. *M.* 13, 770; Hyg. *Fab.* 128.

Telendŏs, *i*, f., île voisine de la Cilicie : Plin. 5; 131.

Tĕlĕphănēs, *is*, m., nom de deux artistes : Plin. 34, 68; 35, 16.

tĕlĕphĭŏn, *ĭi*, n. (τηλέφιον), sorte de plante : Plin. 27, 137.

Tēlĕphus, *i*, m. (Τήλεφος) ¶ 1 Téléphe [fils d'Hercule, roi de Mysie] : Hor. *Epo.* 17, 8; *P.* 96; Hyg. *Fab.* 101; Plin. 34, 152 ¶ 2 un ami d'Horace : Hor. O. 1, 13, 1; 3, 19, 26; 4, 11, 21.

Teleptē (**Thelepte**), indécl., ville d'Afrique Atlas VIII, B3 : Anton. 77; CIL 8, 2094.

tĕlesfŏrus, *i*, f. (τελεσφόρος), courtisane sacrée : *VL. *Deut.* 23, 18.

Tĕlĕsĭa, *ae*, f., ville du Samnium [Telese] Atlas XII, E4 : Liv. 22, 13; 24, 20.

Tĕlĕsīna, v.> *Thelesina*.

Tĕlĕsīnus, *a*, *um*, de Telesia : CIL 9, 2231 ∥ **-sīni**, *ōrum*, m. pl., habitants de Telesia : Plin. 3, 64.

Telesphŏrĭo, *ōnis*, m., **Telesphŏris**, *ĭdis*, f., nom d'homme, nom de femme : CIL 6, 7582; 22116.

Telesphŏrus, *i*, m. (Τελεσφόρος), surnom d'homme : Mart. 1, 114.

Telestes, *ae* ou *is*, m., Crétois, père d'Ianthe : Ov. *M.* 9, 716.

tĕlestīnus, *a*, *um* (τελεστής), initié aux mystères : CIL 11, 574.

Telestis, *ĭdis*, f., personnage de jeune fille : Pl. *Ep.* 635.

Telestus, *i*, m., poète grec : Plin. 35, 109.

tĕlĕta, *ae*, f. (τελετή), initiation, consécration : Apul. *M.* 11, 22; Aug. *Civ.* 10, 9.

Tĕlĕtē, *ēs*, f., nom de femme : CIL 6, 5294.

Tĕlĕthrĭus, *ĭi*, m., montagne d'Eubée : Plin. 25, 94.

Tĕlĕthūsa, *ae*, f., femme de Lygdus et mère d'Iphis : Ov. *M.* 9, 682.

Tĕlĕtus, *i*, m. (Τελετός), le Parfait, un des Éons de Valentin : Tert. *Scorp.* 10, 1.

tĕlīcardĭŏs ou **thĕlycardĭŏs**, *ĭi*, m., pierre précieuse : Plin. 37, 183.

tĕlĭgĕr, *ĕra*, *ĕrum* (*telum*, *gero*), qui porte des traits : Sen. *Herc. Oet.* 543.

Telīni, m., v.> *Telesini*.

tēlīnum, *i*, n. (τήλινον), parfum tiré de la plante appelée *telis* : Pl. *Curc.* 101; Plin. 13, 13; Tert. *Pall.* 4, 3; Isid. 4, 12, 7.

tĕlirrhīzŏs, thĕlyrrhīzŏs, *i*, f., pierre précieuse : Plin. 37, 183.

tēlis, *is*, f. (τῆλις), fenugrec [plante] : Plin. 24, 184.

tellāna, *ae*, f. (?), figue noire : Cat. *Agr.* 8, 1.

Tellegatae, *ārum*, f. pl., ville d'Italie [auj. Telgate] : Anton. 558.

Tellēna, *ōrum*, n. pl., Tellène [ancienne ville du Latium] : Liv. 1, 33; Plin. 3, 68.

Tellonum, *i*, n., v.> *Telonnum*.

Tellūmo, *ōnis*, f. (*tellus*), divinité qui symbolise la fécondité de la terre : Aug. *Civ.* 4, 10; 7, 23.

Tellūrus, *i*, m., c.> le précédent : Capel. 1, 49.

tellūs, *ūris*, f. (cf. *meditullium*, 2 *latus*, gaul. *tal-*, al. *Diele*) ¶ 1 la Terre, le globe terrestre : Cic. *Rep.* 6, 17; *Tusc.* 1, 40; *Nat.* 2, 98; Lucr. 6, 579 ∥ *Tellus*, la Terre, déesse : Cic. *Nat.* 3, 52; *Q.* 3, 1, 14; *Att.* 16, 14, 1; Hor. *Ep.* 2, 1, 143 ¶ 2 [poét.] *a)* terre, sol, terrain : Ov. *M.* 1, 15; 1, 291; Virg. *G.* 1, 99; Hor. *Epo.* 16, 43 *b)* bien, propriété, domaine : Hor. O. 2, 14, 21; *S.* 2, 2, 129 *c)* pays, contrée : Virg. En. 6, 23; Hor. O. 1, 22, 15; Tib. 1, 7, 57; 3, 4, 91; Ov. *M.* 7, 53.

Tellusa, *ae*, f., île près de Chio : Plin. 5, 137.

tellustĕr, *tris*, *tre* (*tellus*), terrestre : Capel. 7, 729.

Telmedĭus, *ĭi*, m., rivière de Carie : Plin. 5, 103.

Telmessenses, *ĭum*, m. pl., Tert. *Anim.* 46, 3 et **Telmesses**, *ĭum*, m. pl. (Τελμησεῖς), habitants de Telmesse : Cic. *Div.* 1, 64 ; Liv. 37, 56, 4.

Telmessĭcus, **Telmessĭus**, *a*, *um*, Liv. 37, 56, 4 ; 5, **Telmessis**, *ĭdis*, adj. f., de Telmesse : Luc. 8, 248 ; Plin. 14, 74 ; Liv. 37, 16, 13.

Telmessus (Telmesŏs), *i*, f. (Τελμησσός), Telmesse [ville maritime de Lycie] Atlas IX, C1; VI, C4 : Cic. *Div.* 1, 91 ; Liv. 38, 39, 16 ; Mel. 1, 82 ; Plin. 5, 101.

Telmiss-, C.▶ *Telmess-*.

Telmisum, *i*, n., ville de Carie : Plin. 5, 107.

1 **tĕlo**, *ōnis*, m. (cf. *tollo* ?), grande perche servant de levier pour tirer l'eau d'un puits : Isid. 20, 15, 3.

2 **Tĕlo**, V.▶ *Telon*.

3 **Tĕlo Martĭus**, m., port de Narbonnaise [auj. Toulon] Atlas V, F3 : Anton. 505.

Tĕlŏbŏae, V.▶ *Teleboae* : Pl. *Amp.* 101 ; 217.

Tĕlōn, *ōnis*, m., chef des Téléboens de Capri : Virg. *En.* 7, 734.

tĕlōnĕarĭus, -nārĭus, -nĭārĭus, *ĭi*, m. (*telonium*), percepteur d'impôts : Cod. Th. 11, 28, 3 ; Aug. *Serm.* 302, 17 ; Non. 24, 19.

Telonensis, *e*, de Telo Martius : Not. Dign. *Oc.* 11, 72.

tĕlōnĕum, tŏlōnĕum, tĕlōnĭum, *ĭi*, n. (τελώνιον ; a. fr. *tonlieu*, al. *Zoll*, an. *toll*), bureau du percepteur d'impôts : Tert. *Idol.* 12, 3 ; Vulg. *Luc.* 5, 27 ‖ taxe maritime : Cassiod. *Var.* 5, 39, 9.

Telonnum, *i*, n., ville d'Aquitaine : Anton. 456.

Tĕlōnum, *i*, n., fleuve des Marses : Ov. *F.* 5, 565.

Tĕlŏs, *i*, f. (Τῆλος), une des Sporades : Plin. 4, 69.

tēlum, *i*, n. (peu net, cf. *tendo, protelum*) ¶ 1 arme de jet, trait, cf. Fest. 502, 4 : *telum jacere, mittere* Cic. *Quinct.* 8 ; Caes. G. 3, 4, 2, lancer un trait ; V.▶ *adigo* : *tela conjicere, jacere, mittere*, lancer des traits, V.▶ ces verbes : *ad conjectum teli venire* Liv. 2, 31, 6, venir à portée de trait ; *nubes telorum* Liv. 38, 26, 6, une nuée de traits ¶ 2 [en gén.] toute arme offensive, arme : *telum quod cuique fors offerebat* Cic. *Verr.* 4, 95, l'arme que le hasard mettait sous la main de chacun ; *stare in comitio cum telo* Cic. *Cat.* 1, 15, se tenir armé dans le comitium ; *esse cum telo* Cic. *Mil.* 11, avoir une arme, être armé ; *securim in caput dejecit relictoque in vulnere telo...* Liv. 1, 40, 7, il abattit la hache sur sa tête et laissant l'arme dans la plaie... ‖ [épée] : Her. 1, 18 ; [ceste] Virg.

En. 5, 438 ; [corne] Ov. *M.* 8, 883 ¶ 3 [fig. **a)** rayons du soleil : Lucr. 1, 147 **b)** traits, carreaux de la foudre : Ov. *F.* 3, 316 **c)** point de côté : Samm. 398 **d)** ▶ *membrum virile* : Mart. 11, 78, 1 ; Just. 38, 1, 9 ¶ 4 arme, moyen pour faire une chose : Cic. *Lae.* 61 ; Liv. 3, 55, 3 ; 4, 28, 5 ; 5, 29, 9 ‖ trait = coup : *tela fortunae* Cic. *Fam.* 5, 16, 2, les coups de la fortune.

Temarunda, *ae*, f., nom donné par les Scythes au Palus-Méotis : Plin. 6, 20.

Tembrogĭus, *ii*, Plin. 6, 4, **Tymbrēs**, *ētis*, m., Liv. 38, 18, rivière de Bithynie.

Tĕmĕnītēs, *ae*, m. (Τεμενίτης), Téménite [surnom d'Apollon] : Cic. *Verr.* 4, 119, V.▶ *Temenos*.

Tĕmĕnītis, *ĭdis*, f. (Τεμενῖτις) ¶ 1 Téménienne [épith. d'une porte de Tarente] : Liv. 25, 9, 9 ¶ 2 fontaine près de Syracuse : Plin. 3, 89.

Tĕmĕnŏs (-us), m. (Τέμενος), lieu voisin de Syracuse où Apollon avait un temple : Suet. *Tib.* 74.

tĕmĕrābĭlis, *e* (*temero*), souillé : Fort. *Carm.* 2, 4, 10.

tĕmĕrārĭē, adv. (*temerarius*), témérairement, à la légère : Sen. *Nat.* 3, 18, 7 ; *Tert. *Virg.* 3, 2.

tĕmĕrārĭus, *a*, *um* (*temere*) ¶ 1 qui arrive par hasard, accidentel : Fest. 168, 14 ; *haud (non) temerarium est* Pl. *As.* 262 ; *Aul.* 184, ce n'est pas l'effet du hasard ¶ 2 inconsidéré, irréfléchi : *homines temerarii atque imperiti* Caes. G. 6, 20, 2, des hommes irréfléchis et sans expérience, cf. Caes. G. 1, 31, 13 ; Cic. *Inv.* 1, 2 ; *Dej.* 16 ; *Tusc.* 3, 4 ‖ qui n'est pas pesé : *consilium tam temerarium* Cic. *Quinct.* 81, entreprise si inconsidérée, cf. Cic. *Nat.* 1, 1 ; *Caecin.* 34 ; *vox temeraria* Liv. 23, 22, 9, parole irréfléchie, lancée à la légère ‖ [poét.] *tela temeraria* Ov. *M.* 2, 616, traits lancés au hasard ‖ *temerarium est* [avec inf.] Plin. *Ep.* 4, 9, 10, c'est folie que de.

tĕmĕrātĭo, *ōnis*, f. (*temero*), falsification : Cod. Th. 1, 32, 1.

tĕmĕrātŏr, *ōris*, m. (*temero*), corrupteur : Stat. *Th.* 11, 12 ‖ falsificateur : Dig. 48, 10, 29.

tĕmĕrātus, *a*, *um*, part. de *temero*.

tĕmĕrē, adv. (abl. de l'inusité *temus*, *eris* = " dans les ténèbres ", cf. *tenebrae*, scr. *tamas-*, al. *Dämmerung*) ¶ 1 au hasard, à l'aventure, à l'aveuglette, au petit bonheur, à la légère, sans réflexion : *forte temere* Cic. *Div.* 2, 141, par hasard, sans calcul, sans intention, cf. Liv. 23, 3, 3 ; *casu et temere* Cic. *Nat.* 2, 115, accidentellement et à l'aventure ; *temere ac fortuitement*, cf. Cic. *Off.* 1, 103 ; Liv. 2, 28, 1 ; *inconsulte ac temere* Cic. *Nat.* 1, 43, sans réflexion et à la légère ; *non scribo hoc temere* Cic. *Fam.* 4, 13, 5, je n'écris pas cela au hasard, cf. Cic. *Div.* 2, 113 ; *Font.* 1 ‖ [arch.] *non temere est* Ter. *Eun.* 291, ce n'est pas au hasard, ce n'est pas pour rien, cf. Liv. 1, 59, 6 ; *non temerest, quod* Pl. *Aul.* 624 ; Ter. *Phorm.* 998, ce n'est pas pour rien que ¶ 2 *non temere*, non pas sans de sérieuses raisons, rarement : *hoc non temere nisi libertis suis deferebant* Cic. *Q.* 1, 1, 13, ils ne le donnaient malaisément [ils ne le donnaient guère], sauf à leurs affranchis, cf. Caes. G. 4, 20, 3 ; Nep. *Att.* 20, 2 ; Lucr. 5, 1177 ; Liv. 2, 61, 4 ; 30, 30, 11.

▶ compar. *temerius* Acc. d. Non. 178, 22.

Temerenda, V.▶ *Temarunda*.

tĕmĕrĭtās, *ātis*, f. (*temere*) ¶ 1 hasard aveugle, absence de combinaison, de calcul : *in quibus nulla temeritas, sed ordo apparet* Cic. *Nat.* 2, 82, [l'arbre, l'animal] dans lesquels on ne voit pas le moindre hasard, mais qqch. d'ordonné, cf. Cic. *Div.* 2, 85 ; Her. 2, 36 ¶ 2 irréflexion, caractère inconsidéré, témérité : Cic. *Off.* 1, 101 ; *Marc.* 7 ; *Planc.* 9 ; *CM* 20 ; *temeritatem cupiditatemque militum reprehendere* Caes. G. 7, 52, 1, blâmer l'ardeur irréfléchie et passionnée des soldats ¶ 3 [phil.] la partie aveugle de l'homme [τὸ ἄλογον, oppos. à la partie raisonnable] : Cic. *Tusc.* 2, 47, cf. Cic. *Div.* 1, 61.

tĕmĕrĭtĕr, C.▶ *temere* : Enn. d. Prisc. 3, 71, 4 ; Acc. *Tr.* 96.

tĕmĕrĭtūdo, *ĭnis*, f. (*temere*), irréflexion : Pacuv. *Tr.* 149.

tĕmĕro, *ās*, *āre*, *āvī*, *ātum* (cf. *temere* ; litt', toucher inconsidérément), tr., déshonorer, profaner, souiller, violer, outrager, cf. Fest. 500, 7 : *templa* Virg. *En.* 6, 840, profaner des temples, cf. Liv. 29, 8, 13 ; *Juliam in matrimonio Agrippae temeraverat* Tac. *An.* 1, 53, il avait débauché Julie, alors femme d'Agrippa ‖ *Alpes* Sil. 15, 532, violer les Alpes ‖ [poét.] *ferrum* Luc. 1, 147, souiller de sang le fer ‖ altérer, corrompre [un écrit] : Cassian. *Inst.* 1, 15, 2.

Tĕmĕsa, *ae*, f., V.▶ *Temese* : Mel. 2, 69.

Tĕmĕsae, *ārum*, f. pl., C.▶ *Temese* : Stat. *Ach.* 1, 413.

Tĕmĕsaeus, *a*, *um*, de Témèse : Ov. *M.* 7, 207 ; Stat. *S.* 1, 5, 47 ‖ ou **-sēĭus**, Ov. *Med.* 41.

Tĕmĕsē, *ēs*, f. (Τεμέση), Ov. *M.* 15, 707, **Tempsa**, *ae*, f. (Τεμψά), Liv. 34, 45, 4, Témèse ou Tempsa [ville du Bruttium] Atlas XII, F5.

tĕmētum, *i*, n. (*abstemius, temulentus*, cf. *temere* ?), boisson capiteuse, vin pur : Pl. *Aul.* 355 ; Cic. *Rep.* 4, 6 ; Hor. *Ep.* 2, 2, 163 ; Juv. 15, 25 ; *temeti timor* Nov. *Com.* 17, la terreur du vin pur [en parlant du parasite].

Tĕmĭsa, V.▶ *Temesa*.

Temmelisum, *i*, n., ville de Syrie : Anton. 195.

temnĭbĭlis, *e* (*temno*), méprisable : Cassiod. *Inst.* 1, 29, 1.

Temnii

Temnii, Temnites, v. *Temnos*.

temnō, *ĭs, ĕre, -, -* (contemno, cf. στέμβω, al. *stampfen*, an. *stamp*, plutôt que τέμνω?), tr., mépriser, dédaigner : Lucr. 3, 957 ; Virg. *En.* 6, 620 ; Hor. *S.* 2, 2, 38 ; **haud temnenda manus** Tac. *H.* 3, 47, troupe non méprisable.

Temnos, *i*, f. (Τῆμνος), ville d'Éolide : Cic. *Flac.* 42 ; Plin. *5, 121* ǁ **--nītēs**, *ae*, m., de Temnos : Cic. *Flac.* 42 ǁ **-nītae**, *ārum*, m. pl., Cic. *Flac.* 45 ; **-nĭi**, *ōrum*, m. pl., Tac. *An.* 2, 47, habitants de Temnos.

1 tēmo, *ōnis*, m. (cf. tendo, al. *Deichsel*; fr. *timon*) ¶ **1** timon, flèche d'un char, d'une charrue : Varr. *L.* 7, 73 ; Virg. *G.* 3, 173 ; Ov. *M.* 2, 107 ¶ **2** [fig.] **a)** char : Juv. 4, 126 **b)** Chariot, Grande Ourse : Cic. *poet. Nat.* 2, 109 ; Ov. *M.* 10, 447 **c)** perche, traverse : Col. 6, 19, 2.

2 temo, *ōnis*, m. (empr.), impôt de recrutement [rachat des recrues] : Cod. Th. 6, 26, 14 pr.

temōnărĭus, *a, um*, qui concerne l'impôt appelé *temo* : Cod. Just. 12, 24, 1 ; Cod. Th. 11, 16, 14 ǁ m., percepteur de l'impôt appelé *temo* : Cod. Just. 12, 29, 2.

Tempanĭus, *ii*, m., nom d'homme : Liv. 4, 38.

Tempē, n. pl., [nom. et acc.] (Τέμπη), la vallée de Tempé, en Thessalie : Virg. *G.* 4, 317 ; Liv. 33, 35, 7 ; Mel. 2, 36 ; Plin. 4, 31 ǁ une vallée délicieuse : Virg. *G.* 2, 469 ; Ov. *F.* 4, 477 ; Stat. *Th.* 1, 485.

tempĕrācŭlum, *i*, n. (tempero), trempe [de l'acier] : Apul. *Flor.* 6, 2.

tempĕrāmentum, *i*, n. (tempero) ¶ **1** combinaison proportionnée des éléments d'un tout, combinaison, proportion, mesure : Cic. *Leg.* 3, 24 ; Tac. *An.* 3, 12 ; **egregium principatus temperamentum, si** Tac. *H.* 2, 5, on aurait eu une excellente combinaison de qualités pour constituer un empereur, si ǁ **temperamentum fortitudinis postulare** Tac. *H.* 1, 83, demander que le courage soit mesuré, tempéré ¶ **2** mouvement modéré : Tert. *Marc.* 4, 7, 2 ¶ **3** mélange [des deux natures dans l'union hypostatique] : Rust. = Concil. S. 2, 3, p. 415, 3.

tempĕrans, *tis* ¶ **1** part. de tempero ¶ **2** [adj'] **a)** retenu, modéré : Cic. *Par.* 21 ; *Tusc.* 3, 16 ; 4, 36 ; *Font.* 40 ; **temperantissimus** Cic. *Font.* 38 ; **-tior** Cic. *Par.* 21 ǁ **temperantior a cupidine imperii** Liv. 26, 22, 14, plus modéré du côté de l'ambition **b)** [avec gén.] ménager de : Ter. *Phorm.* 271 ; Plin. *Pan.* 52, 5 ; Tac. *An.* 13, 46.

tempĕrantĕr, adv. (temperans), avec mesure, avec modération : Tac. *An.* 4, 33 ; 15, 29 ; **temperantius** Cic. *Att.* 9, 2a, 2.

tempĕrantĭa, *ae*, f. (temperans), modération, mesure, retenue : Cic. *Fin.* 1, 47 ; 2, 60 ; *Tusc.* 3, 16 ; *Off.* 1, 14 ; *Part.* 76 ; **in omnibus rebus** Cic. *Pomp.* 36, modération en tout, juste équilibre en tout ǁ **in victu** Cic. *Tusc.* 5, 57, tempérance, sobriété ; **temperantia** [seul] Tac. *G.* 23 ; Plin. *Ep.* 1, 12, 9.

tempĕrātē, adv. (temperatus), avec mesure, modération, retenue : Cat. *Agr.* 69, 2 ; Cic. *Att.* 12, 32, 1 ; **temperatius** Cic. *Att.* 13, 1, 1 ; **-tissime** Aug. *Mus.* 6, 15 ǁ également : Rufin. *Hist.* 11, 23.

tempĕrātĭo, *ōnis*, f. (tempero) ¶ **1** combinaison bien proportionnée des éléments qui constituent une chose, constitution bien équilibrée : **illius aeris temperationem perspicis** Cic. *Verr.* 4, 98, tu sais reconnaître parfaitement la bonne composition de ce bronze ; **rei publicae** Cic. *Leg.* 3, 12, bonne organisation politique, cf. Cic. *Tusc.* 4, 1 ; **corporis** Cic. *Tusc.* 4, 30, constitution bien proportionnée du corps ǁ distribution mesurée d'une chose, juste proportion : **caloris** Cic. *Nat.* 2, 26, heureuse distribution de la chaleur ; **caeli** Cic. *Nat.* 2, 13, équilibre du climat, de la température ; **mensium** Cic. *Leg.* 2, 16, l'heureuse répartition des saisons ¶ **2** action de régler, de mesurer, de tempérer : **sol..., mens mundi et temperatio** Cic. *Rep.* 6, 17, soleil, principe intelligent et régulateur de l'univers ǁ **est hujus vitii temperatio, quod...** Cic. *Leg.* 3, 27, il y a pour tempérer ce défaut le fait que ....

tempĕrātīvus, *a, um* (tempero), [méd.] adoucissant : Cael.-Aur. *Chron.* 4, 1, 11.

tempĕrātŏr, *ōris*, m. (tempero) ¶ **1** qui mesure, qui dose : Cic. *Or.* 70 ; Sen. *Vit.* 14, 1 ¶ **2** [poét.] **armorum** Mart. 5, 55, 15, qui donne aux armes la trempe convenable ; v. *tempero I* ¶ **3** fin.

tempĕrātūra, *ae*, f. (tempero) ¶ **1** constitution régulière, composition (constitution) bien dosée, équilibrée : **aeris** Plin. 34, 97, proportions d'un alliage, alliage ; **corporis** Sen. *Ep.* 11, 6, constitution physique ¶ **2** *caeli* Varr. d. Non. 179, 12, **temperatura** [seul] Sen. *Ep.* 86, 10, température ¶ **3** réglage [des machines de jet] : Vitr. 1, 1, 8.

1 tempĕrātus, *a, um* ¶ **1** part. de tempero ¶ **2** [adj'] **a)** bien disposé, bien réglé : Cat. *Agr.* 12 ; **temperatior oratio** Cic. *de Or.* 2, 212, discours mieux réglé **b)** tempéré, modéré, mesuré [en parlant de choses] : Cic. *Div.* 1, 115 ; **loca sunt temperatiora** Caes. *G.* 5, 12, 7, le climat est plus tempéré ; **temperatissimum anni tempus** Varr. *R.* 2, 5, 14, la saison la plus tempérée ǁ [pers.] Cic. *Nat.* 3, 87 ǁ [rhét.] style tempéré : Cic. *Or.* 95 ; *Off.* 1, 3.

2 tempĕrātŭs, *ūs*, m., fait de s'abstenir : Arn. 5, 16.

tempĕrī, adv. (loc. de *1 tempus*), à temps : Pl. *Men.* 445 ; *Trin.* 911 ; *Ru.* 921 ; Cat. *Agr.* 2, 1 ; 3, 4 ; *Cic. *Off.* 3, 58 ǁ v. *temperius* et *tempori*.

tempĕrĭēs, *ēi*, f. (tempero) ¶ **1** mélange, alliage, combinaison : Plin. 34, 8 ǁ juste proportion, équilibre : Ov. *M.* 1, 430 ; Plin. 2, 190 ¶ **2 caeli** Curt. 4, 7, 17, température, cf. Plin. *Ep.* 5, 6, 3 ; Ov. *M.* 15, 211 ¶ **3** saison : Cypr. *Ep.* 37, 2.

tempĕrĭus, compar. de *temperi*, plus tôt : Cic. *Fam.* 9, 16, 8 ; Ov. *M.* 4, 198.

tempĕrō, *ās, āre, āvī, ātum* (1 tempus ; it. *temperare*, fr. *tremper*)

> I tr. ¶ **1** "disposer les éléments d'un tout, combiner, préparer", **venenum, vinum** ¶ **2** "organiser, régler, diriger, gouverner" ¶ **3** "équilibrer, régulariser".
> II intr. ¶ **1** "garder la mesure" **a)** *in aliqua re, ad multa* **b)** *ab injuria* **c)** *temperare ne* **d)** *non temperare quin* ¶ **2** "être modéré" **a)** *alicui temperare* "épargner" **b)** *linguae, irae, oculis*.

I tr. ¶ **1** disposer convenablement les éléments d'un tout, combiner (allier, mélanger, unir) dans de justes proportions : **herbas** Ov. *F.* 5, 402 ; **colores** Plin. 2, 79, faire une combinaison d'herbes, de couleurs ; **acuta cum gravibus** Cic. *Rep.* 6, 18, combiner les sons aigus avec les graves, cf. Cic. *Or.* 99 ; **ea cum tria sumpsisset, in unam speciem temperavit** Cic. *Tim.* 22, ayant pris ces trois choses, il les allia en une seule essence ; **(hi pedes) sunt inter se miscendi et temperandi** Cic. *Or.* 197, (ces pieds) doivent être mêlés et combinés habilement entre eux, cf. Cic. *Or.* 103 ǁ faire en combinant : **venenum** Suet. *Ner.* 2, composer un poison ; **vinum** Plin. 29, 50, préparer un vin [médicament] ; [d'où, au pass.] **ex igni atque anima temperatus** Cic. *Nat.* 3, 36, formé de la combinaison harmonieuse du feu et de l'air, cf. Cic. *Off.* 3, 119 ; *Rep.* 1, 69 ; **sit permixta et temperata numeris (oratio)** Cic. *Or.* 195, que la prose soit faite d'un mélange et d'une heureuse combinaison de pieds ¶ **2** organiser, régler : **rem publicam** Cic. *Tusc.* 1, 2, organiser un État politiquement, cf. Cic. *Div.* 1, 96 ; *Ac.* 2, 3 ; **frigoris et caloris modum** Cic. *Nat.* 2, 19, régler la distribution du froid et du chaud, cf. Cic. *Or.* 60 ǁ diriger, gouverner : **mare ac terras variisque mundum horis** Hor. *O.* 1, 12, 16, gouverner la mer et la terre ainsi que l'univers par la diversité des saisons, cf. Hor. *O.* 3, 4, 45 ; 4, 12, 1 ; **delirum senem** Hor. *S.* 2, 5, 71, diriger à son gré un vieillard gâteux ; **Gallica lupatis ora frenis** Hor. *O.* 1, 8, 7, dresser des chevaux gaulois au moyen de freins à pointes ¶ **3** modérer, tempérer, équilibrer, régulariser : **aquam ignibus** Hor. *O.* 3, 19, 6, tiédir l'eau (modérer sa fraîcheur par le feu) ; **etesiarum flatu nimii temperantur calores** Cic. *Nat.* 2, 131, le souffle des vents étésiens modère les chaleurs excessives ; **ea quae speras Tulliae meae prudentia temperari posse** Cic. *Fam.* 15, 2, les points sur lesquels tu espères que la sagesse de ma chère Tullia peut apporter une atténuation ǁ **annonam** Suet. *Tib.* 34, régulariser les cours du

marché; *iras* Virg. *En.* 1, 57, modérer les courroux ‖ *ferrum* Plin. 34, 145, tremper le fer.
II intr. ¶**1** garder la mesure, l'équilibre, être modéré **a)** *in aliqua re* Pl. *Ep.* 111, garder la mesure en qqch.; *in multa* Liv. 2, 52, 5, à propos de l'amende, cf. Sall. *J.* 85, 9 **b)** *ab injuria* Caes. *G.* 1, 7, 5, se garder de l'injustice, s'abstenir de l'injustice, cf. Her. 2, 29; Virg. *En.* 2, 8; Liv. 7, 20, 9; 25, 25, 9; 39, 10, 9 **c)** *temperare ne* Pl. *St.* 117, s'abstenir de: [avec inf.] Pl. *Poen.* 33 **d)** *non temperare quin* Cic. *Verr.* 4, 34, ne pas se retenir de, cf. Tac. *An.* 3, 67; Suet. *Cl.* 41; Sen. *Ep.* 114, 19; *non temperare, quominus* Plin. 18, 41, ne pas se retenir de ¶**2** être modéré **a)** *alicui*, pour qqn, ménager, épargner qqn: *alicui in aliqua re* Cic. *Verr.* 2, 17, ménager qqn en qqch., cf. Cic. *Verr.* 2, 4; 1, 154; *Balb.* 60 **b)** *ab sociis* Liv. 6, 17, 8, épargner les alliés ¶**3** [avec dat.] maîtriser **a)** *sibi temperare ab aliqua re* Her. 4, 25, se maîtriser sous le rapport de qqch., s'abstenir de qqch. [*ab aliquo* Sen. *Clem.* 1, 26, 4, épargner qqn]; *sibi non temperare, quin* Caes. *G.* 1, 33, 4, ne pas se retenir de, cf. Sen. *Ben.* 2, 29, 2; *vix temperavere animis, quin* Liv. 5, 45, 7, ils eurent peine à se retenir de **b)** *linguae tempera* Pl. *Ru.* 1254, tiens ta langue, cf. Liv. 28, 44, 18; *victoriae temperare* Sall. *C.* 11, 7 (*Cic. Marc.* 8) être modéré dans la victoire; *vix lacrimis temperans* Liv. 30, 20, 1, maîtrisant ses larmes avec peine; *irae temperare* Liv. 33, 20, 6; *gulae* Plin. *Ep.* 2, 6, 5; *risu* [= *risui*] Liv. 32, 34, 3, maîtriser sa colère, sa gourmandise, son rire; *manibus* Liv. 2, 23, 9; Curt. 7, 5, 24, s'abstenir de voies de fait; *oculis* Liv. 21, 22, 7, s'abstenir de regarder; *non temperamus imperiis, quominus illi auxilii egeant* Liv. 3, 52, 9, nous ne mettons pas dans notre exercice du pouvoir une modération suffisante pour qu'eux [le peuple] n'aient pas besoin de secours [le secours des tribuns].

tempestās, *ātis*, f. (1 *tempus*, 1 *tempestus*; esp. *tempestad*, fr. *tempête*) ¶**1** laps de temps, moment: L. XII Tab. d. Gell. 17, 2, 10; Varr. *L.* 7, 51 ‖ époque, temps [arch. dans ce sens d'après Cic. *de Or.* 3, 153]: *ea tempestate* Pl. *Cas.* 18, à cette époque; *tempestas, cum* Pl. *Truc.* 380, une époque où; *eadem tempestate* Cic. *Div.* 1, 75, à la même époque, cf. Sall. *C.* 17, 7; *J.* 3, 1 ‖ = saison: Cic. *Rep.* 1, 68 ‖ pl., *multis tempestatibus* Sall. *C.* 53, 5, pendant de longues périodes [longtemps]; *in paucis tempestatibus* Sall. *J.* 96, 1, dans un court espace de temps, cf. Pl. *Most.* 18; Liv. 1, 5, 2 ‖ *tempestates = tempora* Sall. *C.* 20, 3, circonstances ¶**2** temps, température: *liquida* Pl. *Most.* 751, temps clair, cf. Lucr. 4, 169; *bona tempestate* Cic. *Q.* 2, 2, 4, par un beau temps (favorable), cf. Cic. *Att.* 9, 13, 2; *idonea ad navigandum tempestas* Caes. *G.* 4, 23, 1, temps favorable à la navigation ‖ pl., Lucr. 1, 178; Cic. *Fam.* 16, 1, 2

¶**3** mauvais temps, tempête, orage: Cic. *Verr.* 5, 26; *Rep.* 4, 8; *Phil.* 5, 15; *tanta tempestas cooritur, ut* Caes. *C.* 1, 48, 1, un orage si violent éclate que ‖, Cic. *Inv.* 2, 96; *Phil.* 7, 27; *Mur.* 36; *Off.* 2, 19 ¶**4** [fig.] trouble, malheur, calamité: *in hac tempestate populi* Cic. *Planc.* 11, dans cette tourmente populaire; *periculi tempestas* Cic. *Sest.* 101, les dangers amoncelés comme un orage; *tempestas invidiae* Cic. *Cat.* 1, 22, un orage de haines; *communis Siculorum tempestas* Cic. *Verr.* 2, 91, la tempête sévissant indistinctement sur tous les Siciliens [= Verrès]; *tempestas querelarum* Cic. *Pis.* 89, une tempête (un concert) de plaintes ‖ pl., Cic. *Rep.* 1, 1; *Nat.* 1, 4; *Sest.* 46; *de Or.* 1, 2.
▶ gén. pl. *tempestatium* Vitr. 9, 6, 3.

tempestillus, *a, um* (dim. de *tempestus*), qui arrive à point: Apul. *M.* 8, 2.

tempestīvē, adv. (*tempestivus*), en son temps, à propos, à point: Cat. *Agr.* 61, 1; Cic. *Nat.* 2, 156 ‖ *tempestivius* Hor. *O.* 4, 1, 9.

tempestīvĭtās, *ātis*, f. (*tempestivus*) ¶**1** temps opportun, favorable, opportunité: Plin. 10, 105; 11, 36 ¶**2** disposition appropriée, appropriation: *sua cuique parti aetatis tempestivitas est data* Cic. *CM* 33, chaque époque de la vie a son caractère propre qui lui est assigné ¶**3** bonne constitution, santé: Plin. 29, 120.

tempestīvus, *a, um* (*tempestus*) ¶**1** qui vient en son temps, qui arrive à propos, opportun, favorable, approprié: *tempestivi venti* Cic. *Nat.* 2, 131, vents qui arrivent à propos; *nondum tempestivo ad navigandum mari* Cic. *Pomp.* 34, la mer n'étant pas encore propice à la navigation; *tempestiva oratio* Liv. 5, 12, 12, discours opportun; *num parum tempestivus interveni?* Tac. *D.* 14, mon arrivée est-elle intempestive?; *multa mihi ad mortem tempestiva fuerunt* Cic. *Tusc.* 1, 109, dans beaucoup de circonstances ma mort serait arrivée à propos; *tempestivum est* Plin. 16, 188, c'est le moment ¶**2** qui est à point, mûr: *tempestiva maturitas* Cic. *CM* 5, maturité arrivant à son heure; *tempestivi fructus* Cic. *Off.* 2, 14, fruits mûrs, à point ‖ point pour le mariage: Hor. *O.* 1, 23, 12 ¶**3** prématuré, précoce, hâtif: *tempestivum convivium* Cic. *Mur.* 13, festin qui commence avant l'heure habituelle [c.-à-d. prolongé, plantureux], cf. Cic. *Arch.* 13; *CM* 46 ‖ matinal: Plin. 7, 181.

tempestŭōsus, *a, um* (*tempestas*), orageux [fig.]: Sidon. *Ep.* 4, 6, 2 ‖ subst. n. pl., [fig.] orages: Cassiod. *Psalm.* 148, 8.

1 **tempestus**, *a, um*, adj. (1 *tempus*), *tempestivus*: P. Fest. 499, 6.

2 **tempestūs**, *ūtis*, f., le dernier moment opportum pour la prise des augures: Varr. *L.* 7, 51.

templāris, *e* (*templum*), de temple, relatif aux temples: Grom. 230, 20.

templātim, adv. (*templum*), de temple en temple: Tert. *Apol.* 42, 8.

templum, *i*, n. (cf. τέμνω, τέμενος, 1 *tempus, exemplum*; roum. *tîmplă*) ¶**1** espace circonscrit, délimité; espace tracé dans l'air par le bâton de l'augure comme champ d'observation en vue des auspices: Serv. *En.* 1, 92; Varr. *L.* 7, 6; *ad inaugurandum templa capere* Liv. 1, 6, 4, choisir les emplacements pour prendre les auspices ¶**2** espace que la vue embrasse, champ de l'espace, enceinte, circonscription: *deus, cujus hoc templum est omne quod conspicis* Cic. *Rep.* 6, 15, dieu qui a pour domaine tout ce que tu vois; *caerula caeli templa* Enn. d. Varr. *L.* 7, 6 les espaces azurés du ciel, cf. Lucr. 1, 1014; 1064; 2, 1039; *templum mundi* Lucr. 5, 1436, l'enceinte du monde; *in locis Neptuniis templisque turbulentis* Pl. *Mil.* 415, dans le séjour de Neptune et dans son domaine agité, cf. Pl. *Ru.* 897; *Acherusia templa* Enn. d. Varr. *L.* 7, 6, les régions de l'Achéron, infernales ‖ [fig.] *umida linguai templa* Lucr. 4, 624, les régions humides de la langue, le palais ¶**3** espace consacré, inauguré, cf. Gell. 14, 7, 7; [tribune aux harangues] Cic. *Vat.* 24; *Sest.* 62; *rostraque id templum appellatum* Liv. 8, 14, 12, et cet endroit consacré fut appelé les rostres; [*templum* = tribune] Liv. 2, 56, 10; 8, 35, 8 ‖ [curie] Cic. *Dom.* 131; Liv. 1, 30, 2; 26, 31, 11; 26, 33, 4; [tribunal] Liv. 23, 10, 5 ‖ asile: Liv. 2, 1, 4 ‖ [fig.] *templa mentis* Lucr. 5, 103, le sanctuaire de la pensée, cf. Cic. *Mil.* 90 ¶**4** temple: *Herculis* Cic. *Verr.* 4, 94 temple d'Hercule, cf. *Div.* 1, 4; *Rep.* 1, 21 ‖ temple élevé [aux mânes de Sychée]: Virg. *En.* 4, 457 ¶**5** panne [d'une charpente]: Vitr. 4, 2, 1, cf. P. Fest. 505, 1; V.▶ *extemplo*.
▶ *tempulum* CIL 3, 10439; 6, 831; 10, 1578.

tempŏra, pl. de 1-2 *tempus*.

1 **tempŏrālis**, *e* (1 *tempus*) ¶**1** qui ne dure qu'un temps, temporaire: Sen. *Nat.* 7, 23, 1; Quint. 6, 2, 10; Tac. *Agr.* 46 ‖ passager, instable: Vulg. *Marc.* 4, 17 ‖ [gram.] qui désigne le temps: Varr. *L.* 9, 108; Prisc. 2, 62, 7; 3, 80, 30 ¶**2** récent: Iren. 1, 9, 4 ¶**3** [chrét.] du monde, du siècle, terrestre: Aug. *Ev. Joh.* 124, 5.

2 **tempŏrālis**, *e* (2 *tempus*), de la tempe, temporal: Veg. *Mul.* 2, 11, 4; 2, 16, 6.

tempŏrālĭtās, *ātis*, f. (*temporalis*), durée limitée: Tert. *Res.* 60, 4; Hier. *Os.* 1, 1, 2 ‖ circonstances: Tert. *Pall.* 1, 3.

tempŏrālĭtĕr, adv. (*temporalis*) ¶**1** temporairement, pour un temps: Tert. *Jud.* 2, 9; Aug. *Civ.* 10, 15 ¶**2** à la manière du siècle, du monde: Greg.-M. *Dial.* 2, pr.

tempŏrănĕus, *a, um*, adj. (*tempus*), qui se fait à temps: Aug. *Conf.* 13, 18, 22 ‖ s.-ent. *imber*, pluies de printemps: Vulg.

temporaneus

Jac. 5, 7 ‖ **-neum**, *i*, n., fruit mûr de bonne heure : VULG. *Is.* 28, 4 ‖ C.▶ *temporalis*, temporaire [opp. à *aeternus*] : MAMERT. *Anim.* 1, 18.

tempŏrārĭē, adv., temporairement, pour un temps : SALV. *Gub.* 5, 8, 40.

tempŏrārĭus, *a*, *um* (*tempus*) ¶ 1 approprié aux circonstances, dépendant des circonstances : NEP. *Att.* 11, 3 ; *amicitiae temporariae* SEN. *Ep.* 9, 9, amitiés de circonstance ; *temporaria ingenia* CURT. 4, 5, 11, caractères changeants comme le temps, capricieux, versatiles ¶ 2 temporaire : QUINT. 5, 10, 28 ; 36, 114.

tempŏrātim, adv. (*tempus*), selon les temps : TERT. *Pall.* 2, 2.

tempŏri, adv. (de *temperi*, locatif de *tempus*), à temps : CIC. *Att.* 12, 39, 2 ; TITIN. d. NON. 369, 22 ‖ *temporius* COL. 8, 4, 3 ‖ V.▶ *temperi* et *temperius*.

tempŏrīvē, adv., tôt : GREG.-TUR. *Hist.* 5, 45.

tempŏrīvus, *a*, *um*, précoce : VL. *Jac.* 5, 7.

Tempsa (Temsa), *ae*, f., C.▶ *Temese*.

Tempsānus (Temsānus), *a*, *um*, de Tempsa, V.▶ *Temesaeus* : CIC. *Verr.* 5, 39 ; LIV. 34, 45, 4.

Tempsis, *is*, m., sommet du mont Tmolus : PLIN. 7, 159.

temptābundus, *a*, *um* (*tempto*), tâtonnant : LIV. 21, 26, 1.

temptāmĕn, *ĭnis*, n., essai, C.▶ *temptamentum* : OV. *M.* 3, 341 ‖ tentative de corruption : OV. *M.* 7, 734.

temptāmentum, *i*, n. (*tempto*) ¶ 1 essai, tentative : GELL. 9, 15, 6 ; [pl., même sens] VIRG. *En.* 8, 144 ; OV. *M.* 15, 629 ; TAC. *H.* 2, 38 ¶ 2 tentation : HIER. *Ep.* 139, 1 ; AMBR. *Hel.* 20, 75 ; GREG.-M. *Mor.* 29, 44.

temptātĭo, *ōnis*, f. (*tempto*) ¶ 1 atteinte, attaque de maladie : CIC. *Att.* 10, 17, 2 ¶ 2 essai, expérience : LIV. 3, 38, 7 ; 41, 23, 14 ¶ 3 [chrét.] tentation : VULG. *Matth.* 6, 13 ; AUG. *Civ.* 1, 27 ‖ tentation, provocation [contre Dieu, par les murmures qui semblent vouloir tenter sa patience] : VULG. *Exod.* 17, 7.

temptātŏr, *ōris*, m. (*tempto*), qui attente, séducteur : HOR. *O.* 3, 4, 71 ‖ qui attaque la santé : TERT. *Anim.* 48, 1 ‖ **-tātrix**, *īcis*, f., séductrice : AUG. *Serm.* 343, 10 ‖ [chrét.] tentateur, celui qui entraîne au péché [le diable] : HIER. *Is.* 6, 14 ; GAUD. 19, 10.

temptātus, *a*, *um*, part. de *tempto*.

temptō (tentō), *ās*, *āre*, *āvī*, *ātum* (cf. 1 *tempus*, *tempero* ; fr. *tenter*), tr.

I ¶ 1 toucher, tâter : *pede flumen* CIC. *Leg.* 2, 6, tâter du pied l'eau d'une rivière ; *rem manu* HER. 4, 62, toucher de la main un objet ‖ *venas* QUINT. 11, 3, 88, tâter le pouls ¶ 2 attaquer, assaillir : *opera nostra* CAES. *G.* 7, 73, 1, attaquer nos ouvrages, nos fortifications ; *scalis et classe moenia oppidi* CAES. *C.* 3, 40, 1,

attaquer les murs d'une place avec des échelles et la flotte, cf. CAES. *C.* 3, 55 ; LIV. 9, 35, 1 ; 26, 38, 5 ; 33, 5, 3 ; *gravis autumnus omnem exercitum valetudine temptaverat* CAES. *C.* 3, 2, 3, un automne malsain avait affecté la santé de toute l'armée ; *morbo temptari* CIC. *Tusc.* 4, 31, être attaqué par la maladie, cf. LUCR. 6, 1104.

II ¶ 1 examiner, sonder, essayer, tenter, mettre à l'épreuve : *se totum* CIC. *Leg.* 1, 59, s'examiner entièrement ‖ *tempto te, quo animo accipias* CIC. *Fam.* 15, 16, 3, je te mets à l'épreuve pour voir comment tu le prends ; *scientiam alicujus* CIC. *Div.* 1, 32, mettre les connaissances de qqn à l'épreuve, cf. CIC. *Tusc.* 1, 98 ; *iter per provinciam per vim* CAES. *G.* 1, 14, 3, tenter de passer de force à travers la province ; *belli fortunam* CAES. *G.* 1, 36, 3, tenter la fortune de la guerre ; *tentata est exigua pacis spes* LIV. 21, 12, 4, on essaya de voir s'il y avait qq. faible espoir de paix ; *tentata est triumphi spes* LIV. 28, 38, 4, il essaya de voir s'il pouvait espérer le triomphe ‖ [avec interrog. indir.] : *tentavi, quid... possem* CIC. *Tusc.* 1, 7, j'ai essayé de quoi j'étais capable... ‖ [avec inf.] essayer de : HIRT. *G.* 8, 40, 1 ; LUCR. 2, 659 ; VIRG. *En.* 12, 104 ; OV. *M.* 2, 172 ‖ [avec *ut*] CIC. *Rep.* 2, 23 ; *Amer.* 13 : LIV. 4, 49, 6 ¶ 2 tâter, essayer de venir à bout de qqn, tâcher de gagner qqn : CIC. *de Or.* 1, 97 ; 2, 13 ; *Clu.* 176 ; CAES. *G.* 6, 2, 2 ; *judicium pecunia temptatum est* CIC. *Clu.* 9, on a essayé de corrompre les juges, d'acheter leur sentence ; *per legatos pecunia temptare aliquem* SALL. *J.* 29, 1, au moyen d'émissaires chercher à gagner qqn par de l'argent ‖ [avec *ut*] *nequiquam temptati, ut desisterent* LIV. 4, 55, 5, vainement sollicités de renoncer à..., cf. LIV. 29, 2, 3 ‖ [chrét.] tenter [Dieu], provoquer [sa patience] : VULG. *Psal.* 77, 18.

tempŭlum, *i*, n., V.▶ *templum* ▶.

1 tempŭs, *ŏris*, n. (cf. *tempero*, *tempto*, *temo* ; fr. *temps*)

¶ 1 "division de la durée, moment, instant", *tempus anni* "saison"
¶ 2 "temps" [en gén.], *ex quo tempore, id temporis , nihil ad hoc tempus*
¶ 3 "époque favorable, occasion", *tempus est* avec inf., prop. inf.,, *ut, tempus adeundi* ¶ 4 "circonstance, situation", en part. [sg. et pl.] "circonstances critiques" ¶ 5 [poét.] "mesure, quantité" ¶ 6 [gram.] "temps" d'un verbe ¶ 7 expr. adverbiales **a)** *tempore* "en temps opportun" **b)** *in tempore* "au bon moment" **c)** *in tempus* "temporairement" **d)** *ad tempus* "au moment voulu" **e)** *ante tempus* "prématurément" **f)** *ex tempore* "sur-le-champ" **g)** *pro tempore* "en raison des circonstances" **h)** *per tempus* "à temps".

¶ 1 division de la durée, moment, instant, temps : *ad extremum tempus diei* CIC. *de Or.* 1, 26, jusqu'à la dernière heure du jour, cf. CAES. *G.* 7, 11, 5 ; *matutina tempora* CIC. *Fam.* 7, 1, 1, les heures matinales ; *in singula diei tempora* CAES. *G.* 7, 16, 2, pour chaque moment de la journée, heure par heure ; *nocturna tempora* CAES. *G.* 5, 11, 6, les heures de la nuit ; *tempus anni* CIC. *Verr.* 4, 107, moment de l'année, saison, cf. CAES. *G.* 1, 54 ; 7, 8, 2 ; *hibernum tempus anni* CIC. *Rep.* 1, 18, l'hiver ‖ intervalle de temps, période : *longo post tempore* VIRG. *B.* 1, 68, un long temps après ; *longis temporibus ante* CIC. *Rep.* 2, 59, longtemps avant ; *notatis temporibus* CIC. *Or.* 120, en marquant les dates des événements ; *conservatis temporibus* CIC. *Or.* 120, en observant l'ordre chronologique ; *a primis temporibus aetatis* CIC. *Tusc.* 5, 5, dès les premières années, cf. CIC. *Fam.* 4, 3, 3 ; 6, 12, 4 ¶ 2 le temps [en général] : *mihi omne tempus est ad meos libros vacuum* CIC. *Rep.* 1, 14, je dispose de tout mon temps pour mes livres ; *erit, erit illud profecto tempus, cum* CIC. *Mil.* 69, il viendra, il viendra, j'en suis sûr, le temps où ; *unum atque idem erat tempus, cum* CIC. *Flac.* 61, c'était juste le moment même où ; *nascendi tempus* CIC. *Div.* 2, 95, l'époque de la naissance ; *tempus committendi proelii* CAES. *G.* 2, 19, 6, le moment d'engager le combat ; *dare tempus exponendi* CIC. *Fam.* 1, 9, 3, donner le temps d'exposer ; *in reliquum tempus* CIC. *Agr.* 1, 13, pour le (en vue du) reste du temps, pour la suite ; *uno tempore* CIC. *Verr.* 4, 93, en même temps, du même coup, cf. CAES. *G.* 3, 14 ; 7 ; *illis temporibus* CIC. *Lae.* 5 ; *temporibus illis* CIC. *Arch.* 6, en ce temps-là ; *quibusdam temporibus* CIC. *Rep.* 1, 43 ; *certis temporibus* CIC. *Rep.* 1, 23, à certaines époques, à des époques fixes ‖ *ex quo tempore* CIC. *Fam.* 3, 4, 2, depuis l'époque où ; *id temporis* CIC. *Cat.* 1, 10, à cette époque ; *per idem tempus* CIC. *Brut.* 286, dans la même période ; *vere an secus, nihil ad hoc tempus* CIC. *de Or.* 3, 66, sont-ils dans le vrai ou non, cela n'importe pas pour le moment ; *quorum consilium quale fuerit, nihil sane ad hoc tempus* CIC. *de Or.* 2, 5, comment qualifier le système qu'ils avaient adopté ? ce n'est pas du tout le moment de le chercher ; *quando id faciat... nihil ad hoc tempus* CIC. *Or.* 117, quand faut-il qu'il le fasse ? ce n'est pas le moment de m'en occuper maintenant ¶ 3 époque favorable, occasion : *tempus habes tale, quale...* CIC. *Phil.* 7, 27, tu as une occasion comme... ‖ *tempus est* [avec inf.] CIC. *Top.* 5, il est temps de, cf. CIC. *de Or.* 2, 181 ; [avec prop. inf.] CIC. *Tusc.* 1, 99 ; [avec *ut*] APUL. *M.* 8, 13 ‖ *tempus ad te adeundi capere* CIC. *Fam.* 11, 16, 1, saisir l'occasion de t'aborder ; *tempore capto* LIV. 26, 12, 15, ayant saisi le moment propice ; *datum tempus, in quo amorem experirer tuum* CIC. *Att.* 16, 16, 10, une occasion offerte d'éprouver ton amitié ; *neque dimisi tempus* Cic. de Or. 2, 89, et je n'ai pas laissé perdre l'occasion ; *cessit e vita suo magis quam suorum civium tempore* Cic. Brut. 4, il a quitté la vie à une heure plus opportune pour lui que pour ses concitoyens, cf. Cic. Verr. 4, 64 ¶ **4** circonstance, conjoncture, situation : *alienissimo rei publicae tempore* Cic. Brut. 2, dans les circonstances politiques les plus défavorables à l'État ; *nostrae civitatis temporibus optimis* Cic. Caecil. 66, aux temps les meilleurs de notre cité ; *inclinatio temporis* Cic. Agr. 2, 80, un changement de circonstances ; *consilia temporum sunt* Cic. Att. 14, 20, 4, les résolutions dépendent des conjonctures ; *temporis causa* Cic. Tusc. 4, 8, sous l'influence des circonstances, en tenant compte des circonstances, cf. Cic. Flac. 36 ; 37 ; Q. 1, 1, 31 ; *tempori cedere* Cic. Fam. 4, 9, 2, se plier aux circonstances ‖ [en part. sg. et pl.] circonstances critiques, difficiles : Cic. Arch. 12 ; Mil. 100 ; Verr. 4, 61 ; Cat. 1, 22 ; *tuum tempus* Cic. Fam. 6, 14, 2, ta situation (malheureuse) ; *meum tempus* Cic. Fam. 1, 9, 23, ma situation malheureuse [la période malheureuse de mon existence = mon exil] ; *summo rei publicae tempore* Cic. Phil. 5, 46, dans les circonstances politiques les plus critiques ; *omne meum tempus amicorum temporibus transmittendum putavi* Cic. Pomp. 1, j'ai cru devoir consacrer tous mes instants aux intérêts de mes amis en difficulté ; *extremis rei publicae temporibus* Cic. Rab. perd. 4, dans les circonstances politiques les plus critiques ¶ **5** temps prosodique, mesure, quantité : Cic. Or. 194 ; Hor. S. 1, 4, 58 ; Quint. 9, 4, 46 ¶ **6** [gram.] temps d'un verbe : Varr. L. 9, 32 ; Quint. 1, 5, 47 ¶ **7** expr. adverbiales **a)** *tempore*, en temps opportun : *si tempore fit (jocus)* Cic. Off. 1, 104, si la plaisanterie est opportune, cf. Cic. Mil. 41 ; Fam. 7, 18, 1 ; ▶ *tempori* et *temperi* **b)** *in tempore*, en temps opportun, au bon moment : *non adfuere in tempore* Liv. 24, 17, 5, ils ne furent pas présents au moment opportun, cf. Ter. Haut. 364 ; Liv. 33, 6, 2 ; *in ipso tempore* Pl. Poen. 1138 ; Ter. And. 532 ; *in tempore ipso* Ter. And. 974 ; Pl. Cis. 670, juste à point, juste au bon moment **c)** *in tempus*, pour un temps, temporairement : Tac. An. 14, 20 ‖ *in omne tempus* Cic. Fam. 5, 15, 1, pour toujours, à jamais ; cf. *in perpetuum* **d)** *ad tempus* Cic. Fin. 5, 1 ; Att. 13, 45, 2, au moment fixé, voulu ; [ou] suivant les circonstances : Cic. Fam. 10, 9, 3 ; [ou] pour un temps, momentanément : Cic. Off. 1, 27 ; Lae. 53, cf. *ad exiguum tempus* Cic. CM 74, pour peu de temps **e)** *ante tempus* Cic. Lae. 11 ; Tusc. 1, 93, avant le temps, prématurément **f)** *ex tempore*, sur-le-champ : *ex tempore dicere aliquid* Cic. Arch. 18, improviser qqch., cf. Cic. de Or. 3, 194 ; [ou] d'après les circonstances, en s'inspirant du moment : Cic. Off. 2, 33 ; Flac. 36 ; Fam. 12, 19, 2 **g)** *pro tempore* Caes. G. 5, 8, 1, conformément aux circonstances [en raison des circonstances : Sall. J. 49, 6] **h)** *per tempus* Pl. Truc. 188, à temps, opportunément, cf. Pl. Men. 139 ; Ter. And. 783.

▶ *tempus* comporte aussi un thème en -es-, cf. *temperi, tempestus*.

2 tempŭs, ŏris, n. (cf. *temno*, στέμβω ; fr. *tempe*), tempe ; [surtout] *tempora*, pl., les tempes ‖ sg., Her. 4, 68 ; Virg. En. 9, 418 ‖ pl., Lucr. 1, 930 ; Plin. 20, 54 ; Virg. En. 5, 416 ; Hor. O. 1, 7, 23 ‖ [en parlant du visage] Prop. 2, 18, 32 ; 2, 24, 3 ; [de la tête] Prop. 4, 9, 15.

Tempȳra, ōrum, n. pl., ville de Thrace : Liv. 38, 41 ; Ov. Tr. 1, 10, 21.

Temsa, Temsānus, ▶ *Tempsa, Tenese*.

tēmŭlentĕr, adv. (*temulentus*), dans l'ivresse : Col. 8, 8, 10 ‖ **-tissime**, Cassiod. Psalm. 68, 13.

tēmŭlentĭa, ae, f. (*temulentus*), ivresse : Plin. 14, 90 ; 140 ; Val.-Max. 2, 5, 4.

tēmŭlentus, a, um, adj. (cf. *temetum, abstemius*), ivre : Cic. Sest. 20 ; Liv. 9, 17, 17 ; *apud Vitellium omnia indisposita, temulenta* Tac. H. 2, 68, dans l'armée de Vitellius ce n'était que désordre, qu'ivresse ‖ [fig.] saturé, imbibé : Apul. M. 5, 22 ‖ *temulentior* Sidon. Ep. 3, 13, 4.

tĕnāces, ĭum, m. pl. (*tenax*), liens, attaches : Pall. 3, 18, 1.

tĕnācĭa, ae, f. (*tenax*), caractère rétif [chevaux] : Enn. Tr. 157 ‖ avarice : Greg.-M. Ep. 1, 25.

tĕnācĭtās, ātis, f. (*tenax*) ¶ **1** action de tenir (de retenir) solidement : Cic. Nat. 2, 122 ; Plin. 9, 86 ¶ **2** parcimonie, avarice : Liv. 34, 7, 4.

tĕnācĭtĕr, adv. (*tenax*) ¶ **1** en tenant solidement, fortement : Ov. H. 9, 21 ; Macr. Somn. 1, 6, 23 ; *tenacius* Val.-Max. 7, 5, 2 ¶ **2** opiniâtrement, obstinément : Ov. H. 3, 43 ; *tenacissime* Apul. M. 5, 20.

tĕnācŭlum, i, n. (*teneo*, cf. *tenax* ; fr. *tenailles*), lien, attache : Ter.-Maur. 6, 326, pr. 29.

tĕnax, ācis (*teneo*) ¶ **1** qui tient fortement : *tenaci forcipe* Virg. En. 12, 404, avec une pince mordante, cf. Virg. En. 6, 3 ; *tenacia vincla* Virg. G. 4, 412, des liens solides ; *tenacissimus* Plin. 36, 181 ‖ [avec gén.] *vestium tenax* Plin. 27, 32, qui s'attache aux vêtements ; *cutis tenacior capilli* Plin. 22, 82, peau qui retient plus fortement les cheveux ¶ **2** parcimonieux, dur à la détente : Pl. Cap. 289 ; Cic. Cael. 66 ; Planc. 54 ¶ **3** tenace, adhérent : *in tenaci gramine* Hor. Epo. 2, 24, sur une herbe épaisse ; *tenacissimum solum* Plin. Ep. 5, 6, 10, sol très compact ‖ *pondere tenacior navis* Liv. 28, 30, 11, navire que son poids rend plus capable de tenir la mer, plus résistant ¶ **4** [fig.] *memoria tenacissima* Quint. 1, 1, 19, mémoire très fidèle ‖ [avec gén.] *tenax propositi* Hor. O. 3, 3, 1, ferme dans ses desseins, cf. Ov. M. 7, 657 ; *tenax justitiae* Juv. 8, 25, fermement attaché à la justice ‖ obstiné, opiniâtre : *equus* Liv. 39, 25, 13, cheval rétif ; *ira tenax* Ov. Pont. 1, 9, 28, colère implacable.

Tenctēri (-thēri), ōrum, m. pl., les Tenctères [peuple de Germanie] : Caes. G. 4, 1 ; 4, 16 ; Tac. An. 13, 56.

Tendēba, ōrum, n. pl. (Τένηβδα), ville de Carie : Liv. 33, 18, 6.

tendĭcŭla, ae, f. (*tendo*) ¶ **1** lacet, piège : *litterarum tendiculae* Cic. Caecin. 65, les misérables pièges des lettres (de l'interprétation littérale) ¶ **2** corde, séchoir [des foulons, pour étendre le drap] : Sen. Nat. 1, 3, 2 ; Aug. Serm. 181, 7.

tendō, ĭs, ĕre, tĕtendī, tentum et tensum (cf. *teneo, pendo*, τείνω ; fr. *tendre, toise*), tr. et intr.

I tr. ¶ **1** tendre, étendre, déployer : *plagas* Cic. Off. 3, 68, tendre des filets ; *arcum* Virg. En. 7, 164, bander un arc ; [poét.] *sagittas arcu* Hor. O. 1, 29, 9, tendre des flèches sur un arc ; *praetorium* Caes. C. 3, 82, dresser la tente du général ; *manus ad caelum* Caes. C. 2, 5, tendre les mains vers le ciel ; *manus ad aliquem* [ou] *alicui* Caes. G. 2, 13, 2 ; 7, 48, 3, tendre les mains à qqn [en suppliant], cf. Caes. C. 2, 12 ; Cic. Font. 48 ; Cat. 4, 18 ‖ *plaga ponti se tendit* Lucr. 5, 481, la plaine de la mer s'étend ¶ **2** [sens priapéen] Mart. 11, 60, 3 ; *tentus* Mart. 11, 73, 3, tendu, bandé ‖ *tenta*, ōrum, n. pl., membre viril : Catul. 80, 6 ¶ **3** [fig.] *insidiae tenduntur alicui* Cic. Com. 46, on tend des pièges à qqn, cf. Cic. Leg. 1, 47 ; *cunctis civibus lucem ingenii et consilii sui porrigens atque tendens* Cic. de Or. 1, 184, [présentant] tendant [comme avec la main] à tous les citoyens les lumières de son génie et de sa prudence ; *ultra legem tendere opus* Hor. S. 2, 1, 2, faire une œuvre tendue au-delà des règles ; *aestivam sermone benigno noctem* Hor. Ep. 1, 5, 11, passer toute une nuit d'été à d'aimables propos ; *cursum, iter* Lucr. 5, 631 ; Virg. En. 1, 656, diriger sa course ; *qui et unde et quo tenderent cursum* Liv. 23, 34, 5, [demandant] leur qualité, le point de départ et le but de leur voyage ¶ **4** [pass.] s'étaler, s'aplanir [flots] : Prud. Apoth. 652 ¶ **5** [pass.] s'étendre dans le temps : Aug. Conf. 11, 26, 33 ¶ **6** différer : Prud. Ditt. 95.

II intr. ¶ **1** tendre, se diriger : *Venusiam* Cic. Att. 16, 5, 3, aller à Venouse, cf. Hor. S. 1, 5, 71 ; *ad castra* Liv. 9, 37, 10 ; *in castra* Liv. 10, 36, 7, se porter vers le camp ; *quo tendis ?* Hor. S. 1, 9, 63, où vas-tu ? ‖ *levibus in sublime tendentibus* Plin. 2, 11, les corps légers tendant à s'élever ; *via, quae Ditis magni sub moenia tendit* Virg. En. 6, 540, route qui mène au pied des murailles du puissant Pluton ¶ **2** tendre vers, viser à : *ad aliquid* Cic. Div. 2, 4, se porter vers qqch. ; *ad altiora* Liv. 4, 13, 4, viser plus haut ‖ incliner vers : *cum alii alio tenderent* Liv.

tendo

24, 28, 1, les esprits étant partagés ; *ad Carthaginienses* Liv. 24, 5, 8, pencher pour l'alliance carthaginoise ‖ [avec inf.] chercher à, s'efforcer de : *manibus tendit divellere nodos* Virg. En. 2, 220, de ses mains il essaie de desserrer les nœuds, cf. Hor. Ep. 1, 7, 31 ; 1, 19, 16 ; Liv. 6, 38, 7 ; 24, 35, 9 ¶3 faire des efforts, déployer de l'énergie, tendre ses ressorts : Sall. C. 60, 5 ; Virg. En. 5, 21 ; Liv. 32, 32, 7 ; 34, 34, 1 ‖ [avec ut] Liv. 4, 7, 8, faire effort pour obtenir que ¶4 dresser une tente ou des tentes, camper : *sub vallo tendere* Caes. G. 6, 37, 2, camper au pied du retranchement ; *in praetorio tetenderunt* Liv. 28, 27, 15, ils ont dressé leur tente sur l'emplacement réservé au général, cf. Curt. 3, 8, 18 ; 5, 7, 6 ; Virg. En. 2, 29 ; 8, 605.
▶ arch. *tennitur* *Ter. Phorm. 330, cf. Don..

Tĕnĕa, ae, f. (Τενέα), petite ville d'Achaïe, entre Corinthe et Mycènes : Cic. Att. 6, 2, 3.

tĕnĕbellae, ārum, f. pl. (dim. de tenebrae), obscurité : Mamert. Anim. 2, 9, 4.

tĕnĕbrae, ārum, f. pl. (cf. temere, scr. tamisrā, al. finster ; esp. tinieblas) ¶1 obscurité, ténèbres : Cic. Rep. 1, 25 ; Nat. 2, 96 ; Fin. 3, 38 ; *tetrae tenebrae* Cic. Agr. 2, 44, noires ténèbres ¶2 = nuit : Cic. Phil. 2, 76 ; Nep. Eum. 9, 5 ; Liv. 31, 23, 4 ¶3 nuage sur les yeux [dans un évanouissement] : Pl. Curc. 309 ; Virg. En. 11, 824 ; Ov. M. 2, 181 ¶4 ténèbres de la mort : Prop. 2, 20, 17 ‖ de la cécité : Lucr. 3, 415 ; Ov. M. 3, 515 ¶5 réduit ténébreux, prison : Sall. J. 14, 15 ; Gell. 6, 4, 3 ‖ cachette : Catul. 55, 2 ‖ enfers : Virg. En. 7, 325 ; Hor. O. 4, 7, 25 ¶6 [fig.] obscurité de l'esprit : Cic. Ac. 2, 61 ‖ ténèbres de l'oubli : Cic. Arch. 14 ; Dej. 30 ‖ ténèbres d'une situation embrouillée, difficile : Cic. Dom. 24 ; Sen. 5 ; Amer. 91 ‖ ténèbres du malheur : Cic. Tusc. 3, 72 ‖ [chrét.] ténèbres [de l'ignorance, de l'incroyance, du péché] : Aug. Pecc. mer. 1, 36, 67 ‖ [fig.] les démons : Prud. Cath. 6, 134.
▶ sg. *tenebra* Apul. M. 5, 20 ; Lampr. Comm. 16, 2.

tĕnĕbrārĭus, a, um (tenebrae), obscur, inconnu : Vop. Tyr. 2, 2.

tĕnĕbrātĭo, ōnis, f. (tenebro), obscurcissement : Cael.-Aur. Chron. 1, 2, 51.

tĕnĕbrescō, ĭs, ĕre, -, -, intr., se couvrir de ténèbres, s'obscurcir : Tert. Jud. 10, 17 ; Aug. Gen. lit. 1, 10, 22.

tĕnĕbrĭcō, ās, āre, āvī, - (tenebrae) ¶1 intr., ⊂. *tenebresco* : Tert. Jud. 13, 14 ¶2 tr., [pass.] s'obscurcir : Aug. Serm. 124, 2 Mai.

tĕnĕbrĭcōsĭtās, ātis, f. (tenebricosus), obscurcissement de la vue : Cael.-Aur. Chron. 1, 4, 73.

tĕnĕbrĭcōsus, a, um (tenebricus), ténébreux, enveloppé d'obscurité, de ténèbres : Cic. Ac. 2, 73 ; Varr. R. 3, 9, 19 ‖ -cosissimus Cic. Vat. 11.

tĕnĕbrĭcus, a, um (tenebrae), ténébreux, sombre : Cic. poet. Tusc. 2, 22 ‖ de couleur foncée : Tert. Pall. 4, 10.

tĕnĕbrĭo, ōnis, m. (tenebrae), un ami des ténèbres : Varr. ; Men. 195 ; 377 ; Afran. Com. 109.

tĕnĕbrō, ās, āre, -, - (tenebrae), tr., obscurcir, rendre obscur : Apul. M. 8, 15, 5 ; Amm. 19, 8, 5 ; Lact. Inst. 4, 19.

tĕnĕbrōsē, adv. (tenebrosus), dans l'obscurité : Hier. Jon. 4, 6.

tĕnĕbrōsĭtās, ātis, f. (tenebrosus), ténèbres, obscurité, lieu sombre : Arn.-J. Psalm. 103 ; 118.

tĕnĕbrōsus, a, um (tenebrae), ténébreux, obscur, sombre : Virg. En. 5, 839 ; 6, 107 ; Luc. 2, 79 ; Mart. 1, 60, 3 ‖ -sior Tert. Anim. 1, 6 ‖ [fig.] *tenebrosissimus error* Cod. Just. 6, 43, 3, la plus noire erreur ; *homo tenebrosus* Tert. Marc. 2, 28, 1, homme obscur [incompréhensible].

Tĕnĕdos (-us), i, f. (Τένεδος), Ténédos [petite île en face de Troie] Atlas VI, B3 : Plin. 2, 245 ; Cic. Arch. 21 ; Mur. 33 ‖ **Tĕnĕdĭus**, a, um, de Ténédos : Cic. Q. 2, 9, 2 ‖ **-dĭi**, ōrum, m. pl., habitants de Ténédos : Cic. Q. 2, 9, 2 ; Nat. 3, 39.

tĕnellŭlus, a, um (dim. de tenellus), tendre, délicat : Laev. d. Prisc. 2, 536, 19 ; Catul. 17, 15.

tĕnellus, a, um (dim. de tener), tendre, délicat : Pl. Cas. 108 ; Varr. R. 1, 41, 2 ; Stat. S. 5, 5, 86 ‖ tendrement chéri : Mamert. Anim. 1, 1.

tĕnĕō, ēs, ēre, tĕnŭī, tentum (cf. tendo, tener, 1 tenus, tenor, tenuis, telum, scr. tanoti ; fr. tenir)

I tr. A ¶1 "tenir" ¶2 "diriger" ¶3 "atteindre" ¶4 [fig.] "comprendre, savoir" [avec inf., prop. inf.] ¶5 *teneo ut = obtineo* "réussir à" B ¶1 "tenir, occuper" ¶2 "occuper, habiter" ¶3 "tenir" [en parlant d'un être chéri] ¶4 [fig.] "occuper" [l'esprit] ¶5 "contenir", "comprendre" C ¶1 "tenir, garder" ¶2 [fig.] *foedus, suas leges* ¶3 *memoria tenere* "garder dans sa mémoire" [, avec prop. inf.], *tenere* seul, même sens D ¶1 "maintenir" ¶2 "soutenir, conserver" ¶3 "s'attacher à" une idée, [avec prop. inf.], avec *ut, ne* ¶4 "retenir, captiver" ¶5 "astreindre, lier" ¶6 [pass.] *teneri* "être convaincu" [d'erreur], "pris en flagrant délit" E ¶1 "arrêter, retarder" ¶2 "retenir, empêcher", *se non tenere quin* "ne pas se retenir de ".
II intr. ¶1 "occuper un lieu, se tenir" ¶2 "se diriger" ¶3 [fig.] "subsister, durer", *tenet fama* [et prop. inf.].

I tr.
A ¶1 tenir : *aliquid in manu* [ou] *manu* Cic. Cael. 63 ; Div. 1, 46, tenir dans sa main ; *radicem ore* Cic. Div. 2, 141, tenir une racine dans sa gueule ‖ [fig.] *manu tenere aliquid* Cic. Off. 3, 68, tenir de la main qqch. = toucher de la main, connaître de façon évidente, palpable, cf. Cic. Clu. 20 ; *res manibus tenetur* Cic. Sest. 69, le succès est assuré ¶2 tenir, diriger : *secundissimo vento cursum tenere* Cic. Nat. 3, 83, tenir le cap par un vent très favorable, cf. Caes. G. 4, 26, 5 ; 5, 8, 2 ; *quo tenetis iter ?* Virg. En. 1, 370, où dirigez-vous vos pas ? ¶3 atteindre : *montes petebant et pauci tenuere* Liv. 1, 37, 4, ils cherchaient à gagner les montagnes et bien peu les atteignirent, cf. Liv. 30, 25, 11 ; 36, 21, 1 ; 37, 16, 4 ; *portum tenuit* Tac. Agr. 38, [la flotte] arriva dans le port, cf. Tac. H. 2, 9 ¶4 [fig.] tenir dans son esprit, comprendre : *reconditos alicujus sensus* Cic. Sest. 22, comprendre les sentiments secrets de qqn ; *nunc teneo, nunc scio quid hoc sit negoti* Pl. Cap. 697, maintenant je comprends, maintenant je sais de quoi il s'agit ‖ savoir, posséder [une science, une connaissance] : Cic. de Or. 1, 165 ; Div. 1, 25 ; Rep. 1, 70 ‖ [avec inf.] savoir : Pl. Bac. 655 ; [prop. inf.] Lucr. 3, 647 ¶5 [avec ut et ne] sens de *obtineo* ¶5 : Liv. 2, 42, 2 ; 4, 30, 16 ; 24, 19, 7.

B ¶1 tenir, occuper : *summam imperii* Caes. G. 3, 22, 1, détenir le pouvoir suprême ; *locum oratoris* Cic. Brut. 137, tenir le rang d'orateur ; *totam rem publicam* Cic. Mur. 83, tenir entre ses mains tout le salut de l'État ; *cornu* Nep. Pel. 4, 3, commander une aile ; *multa hereditatibus tenebantur* Cic. Off. 2, 81, beaucoup de propriétés étaient occupées par héritage ‖ [fig.] *cum rem publicam opes paucorum, non virtutes tenere coeperunt* Cic. Rep. 1, 51, quand la puissance d'un petit nombre et non pas ses vertus a pris la direction de l'État ¶2 occuper, habiter : *quam ab dispari tenebantur (tecta)* ! Cic. Phil. 2, 104, combien différent était l'occupant (de cette demeure) ! ; [tard.] tenir à loyer, louer : Gelas. Ep. 32, p. 448 ‖ tenir en son pouvoir [milit.] : Caes. G. 3, 2, 1 ; 7, 69 ¶3 tenir, posséder [être aimé] : *dum me Galatea tenebat* Virg. B. 1, 31, tandis que Galatée possédait mon cœur, cf. Tib. 1, 6, 35 ; 2, 6, 52 ¶4 [fig.] *magna me spes tenet* Cic. Tusc. 1, 97, un grand espoir occupe ma pensée ; *de triumpho nulla me cupiditas umquam tenuit* Cic. Att. 7, 2, 6, quant au triomphe, aucun désir ne s'est jamais emparé de moi, cf. Cic. Att. 1, 11, 3 ; *alicujus rei desiderio teneri* Cic. CM 33, être pris du regret de qqch. [de ne pas avoir qqch.], cf. Cic. Ac. 1, 4 ¶5 tenir en soi, embrasser, contenir : Hor. S. 2, 3, 46 ‖ [surtout au pass.] être compris dans, fondé sur : *genus officiorum, quod tenetur hominum societate* Cic. Off. 1, 160, genre de devoirs qui tient à la société humaine, cf. Cic. Leg. 1, 23.

C ¶1 tenir, garder : *legio locum non tenuit* Caes C. 1, 44, la légion ne put garder la position ; *locum* Cic. Clu. 128, garder son poste ¶2 [fig.] *consuetudinem, morem, ordinem* Cic. Phil. 1, 27 ;

Off. 3, 44; *Phil. 5, 35*, garder une habitude, une coutume, observer un ordre établi ; **foedus** Cic. *Balb. 34*, observer un traité ; **civium jura** Cic. *Cat. 1, 28*, garder ses droits de citoyen ; **suas leges** Cic. *Verr. prim. 13*, garder ses lois ¶ **3 memoriā tenere** Cic. *Cat. 3, 19*, garder dans sa mémoire, se souvenir ; [avec prop. inf.] Cic. *Cat. 3, 19* ; *Tusc. 1, 107* ; ▶ memoria ∥ [sans memoria] **dicta** Hor. *P. 336*, retenir ce qui a été dit, cf. Hor. *S. 2, 4, 8* ; Quint. *11, 2, 50*.
D ¶ **1** maintenir : **admodum tenenda sunt sua cuique** Cic. *Off. 1, 110*, chacun doit maintenir fermement sa personnalité ∥ **castris se tenere** Caes. *G. 1, 40, 8*, se tenir dans son camp, cf. Caes. *G. 3, 17* ; Liv. *2, 45, 2* ; *3, 26, 3* ; **se domi a conventu remotum** Nep. *Dion 9, 1*, rester chez soi en s'isolant de la foule ¶ **2** soutenir, maintenir, conserver : **imperium populi Romani illius opera tenebatur** Cic. *Mur. 58*, la domination du peuple romain était maintenue grâce à lui, cf. Cic. *Off. 2, 26* ; *Nat. 2, 134* ; **bestiae hoc calore tenentur** Cic. *Nat. 2, 31*, les bêtes subsistent grâce à cette chaleur ¶ **3** tenir à, s'attacher à [idée] : **hoc teneo, hic haereo** Cic. *Verr. 5, 166*, voilà à quoi je m'en tiens, à quoi je m'attache, cf. Cic. *Verr. 5, 165* ; *Ac. 2, 71* ; *Fin. 3, 44* ∥ [avec prop. inf.] **hoc tenebo... Cic. *Fin. 1, 35*, je me tiendrai à cette idée que, cf. Cic. *Par. 14* ∥ [avec **ut**] **teneamus, ut censeamus...** Cic. *Tusc. 1, 100*, tenons-nous en à croire que ; **demus hoc sane Bruto ut..., nos tamen teneamus ut...** Cic. *Tusc. 5, 34*, faisons, je le veux bien, cette concession à Brutus que..., mais nous, maintenons fermement notre opinion que... ∥ [avec **ne**] **haec duo tenere in amicitia, primum ne quid sit...** Cic. *Lae. 65*, maintenir solidement ces deux principes en amitié, d'abord qu'il n'y ait rien... ¶ **4** tenir, retenir, captiver : **me omni tuo sermone tenuisti** Cic. *Brut. 232*, tu m'as captivé par tout ce que tu as dit ; **aures** Cic. *Brut. 193*, captiver les oreilles ; **pompa, ludis teneri** Cic. *Fin. 5, 48*, être captivé par les cortèges, par les jeux ∥ **cum is qui audit ab oratore jam obsessus est ac tenetur** Cic. *Or. 210*, quand l'auditeur est déjà investi par l'orateur et à sa discrétion ¶ **5** astreindre, lier : **ut populum teneant (eae leges)** Cic. *Phil. 5, 10*, pour que (ces lois) obligent le peuple, cf. Cic. *Phil. 11, 11* ; Liv. *8, 12, 14* ; **interdicto non teneri** Cic. *Caecin. 41*, ne pas être astreint par l'ordonnance ; **promisso teneri** Cic. *Att. 12, 18, 1*, être lié par une promesse, cf. Cic. *Q. 2, 3, 5* ; Liv. *24, 29, 11* ¶ **6** [au pass.] **teneri**, être pris = ne pas avoir d'échappatoire, ne pouvoir nier : **in aliqua re manifesto** Cic. *Verr. prim. 2* ; *2, 99* ; **in manifesta re** Cic. *Verr. 2, 144*, être pris en flagrant délit de, cf. Cic. *Caecin. 4* ; [avec gén.] **ejusdem cupiditatis teneri** Cic. *Leg. 3, 31*, être convaincu de la même passion ; **caedis** Quint. *5, 14, 11*, être convaincu d'un meurtre, cf. Tac. *An. 11, 7* ∥ **non solum argumentis, sed etiam certis testibus istius audacia tenebatur** Cic. *Verr. 5, 101*, son impudence était démontrée non seulement par des arguments, mais encore par des témoins.
E ¶ **1** retenir, arrêter, retarder : **aliquem** Cic. *Att. 11, 3, 1*, retenir qqn [l'empêcher de partir], cf. *Fam. 16, 19* ; **Corcyrae tenebamur** Cic. *Fam. 16, 7*, nous sommes retenus à Corcyre ; **senatus lectionem** Liv. *27, 11, 9*, retarder la liste des sénateurs ∥ **non tenebo te pluribus** Cic. *Fam. 11, 16, 3*, je ne te tiendrai pas plus longtemps, je ne t'en dirai pas plus long, cf. Cic. *Verr. 1, 34* ∥ **ab aliquo tenere manus** Ov. *Am. 1, 4, 10*, ne pas toucher qqn ∥ **naves tenebantur, quominus** Caes. *G. 4, 22, 4*, les navires étaient retenus et empêchés de ¶ **2** retenir, empêcher : **metu legum teneri** Cic. *Verr. 4, 75*, être retenu par la crainte des lois ; **risum, somnum vix tenere** Cic. *Brut. 293* ; *278*, avoir peine à s'empêcher de rire, de dormir ; **iracundiam** Cic. *Par. 33*, retenir son penchant à la colère ∥ **se tenere** Cic. *Fin. 2, 21*, se retenir ; **se non tenere, quin** Cic. *Ac. 2, 12*, ne pas se retenir de, cf. Cic. *Att. 15, 14, 2* ; *Phil. 13, 46* ; **se ab accusando** Cic. *Q. 3, 2, 2*, se retenir d'accuser.
II intr. ¶ **1** tenir, occuper un lieu, se tenir : **tenent Danai qua deficit ignis** Virg. *En. 2, 505*, les Grecs sont partout où la flamme n'est pas, cf. Liv. *3, 62, 7* ; *32, 5, 12* ¶ **2** tenir une route, une direction, se diriger, se porter à un endroit ; Liv. *1, 1, 4* ; *21, 49, 2* ; *31, 45, 14* ¶ **3** [fig.] subsister, se maintenir, durer : **imber per noctem totam tenuit** Liv. *23, 44, 6*, la pluie dura toute la nuit, cf. Liv. *2, 3, 5* ; *3, 47, 6* ; *24, 47, 15* ∥ **tenet fama** [avec prop. inf.] Liv. *1, 4, 6*, une tradition persistante rapporte que (mais **fama tenuit** Liv. *23, 12, 2*, la tradition a prévalu que, cf. Quint. *2, 1, 1*).

▶ parf. arch. **tetini** Diom. *366, 23* ; *372, 18* ; subj. **tetinerim, tetinerit** Pacuv. *Tr. 172* ; Acc. *Tr. 39* ; inf. parf. **tenisse** Pacuv. *Tr. 226* ; fut. ant. **tetinero** P. Fest. *301, 7* ∥ parf. **tenivi** Char. *248, 2*.

Tĕnĕōtĭca (charta), ▶ Taen-.

tĕnĕr, ĕra, ĕrum, adj. (cf. teneo, tenuis ; fr. tendre) ¶ **1** tendre, délicat, frêle : **tenerae plantae** Virg. *B. 10, 49*, pieds tendres, délicats, cf. Lucr. *3, 765* ; **tenerae radices** Caes. *C. 3, 58, 3*, racines tendres ; **procera et tenera palma** Cic. *Leg. 1, 2*, palmier grand et frêle ∥ léger, meuble [sol] : Cat. *Agr. 45, 1* ; *151, 2* ¶ **2** = jeune, du premier âge : **tener in cunis puer** Prop. *2, 6, 10*, tendre enfant au berceau ; **equis vetulis teneros anteponere** Cic. *Lae. 67*, aux chevaux déjà vieux en préférer de jeunes ; **tenerae arbores** Caes. *G. 2, 17, 4*, jeunes arbres, cf. Virg. *G. 2, 343* ; **teneri anni** Plin. *Pan. 15, 1*, la jeunesse ; **teneri manes** Stat. *Th. 6, 121*, enfants morts jeunes ∥ [pris subst^t, m.] **parcendum est teneris** Juv. *14, 215*, il faut ménager le jeune âge ; n., **parcendum teneris** Virg. *G. 2, 363*, il faut ménager les jeunes plants ∥ [expr.] **a teneris unguiculis** Cic. *Fam. 1, 6,* *2* [ou] **de tenero ungui** Hor. *O. 3, 6, 24* [ou] ; **a tenero** Quint. *1, 2, 18*, dès le jeune âge ; **in teneris** Virg. *G. 2, 272*, dans l'âge tendre ¶ **3** [fig.] **a) virtus est in amicitia tenera atque tractabilis** Cic. *Lae. 48*, en amitié la vertu est tendre et souple, cf. Cic. *Tusc. 3, 12* ; **oratio mollis et tenera** Cic. *Or. 52*, langage souple et malléable, cf. *de Or. 3, 176* ; *Brut. 274* **b)** **tener poeta** Catul. *35, 1*, tendre poète, poète délicat ; **teneri versus** Hor. *P. 246*, vers délicats **c)** **teneri poetae** Ov. *Rem. 757*, les poètes érotiques ; **teneri versus** Ov. *A. A. 2, 273*, vers d'amour [ou **tenerum carmen** Ov. *Am. 3, 8, 2*] **d)** **animi teneri et rudes** Cic. *Leg. 1, 47*, âmes tendres et neuves, cf. Anton. d. Cic. *Att. 14, 13a, 3* ; Tac. *D. 29* ; Quint. *2, 4, 5* **e)** voluptueux, efféminé : **teneri Maecenates** Juv. *12, 29*, des efféminés comme Mécène, cf. *1, 22* ∥ **tenerior** Cic. *Fam. 5, 21, 3* ; **tenerrimus** Cat. *Agr. 151, 2* ; Ov. *A. A. 1, 299*.

tĕnĕrascō, ĭs, ĕre, -, - (tener), intr., devenir tendre : Lucr. *3, 765*.

tĕnĕrē, adv. (tener), mollement, délicatement, tendrement : Plin. *Ep. 4, 27, 1* ; Tac. *D. 26* ∥ **tenerius** Petr. *24, 2* ; **-errime** Plin. *23, 72*.

tĕnĕrescō, ĭs, ĕre, -, - (tener), intr., devenir mou, s'amollir : Cels. *6, 6, 4* ; Plin. *17, 189*.

tĕnĕrĭtās, ātis, f. (tener), tendreté, qualité de ce qui est tendre, mollesse : Cic. *Fin. 5, 58* ; Plin. *15, 100* ; *37, 101* ∥ [fig.] délicatesse (morale) : Tert. *Nat. 2, 1, 5*.

tĕnĕrĭtĕr, ▶ tenere : Char. *182, 22*.

tĕnĕrĭtūdō, ĭnis, f. (tener), qualité de ce qui est tendre, mollesse : Varr. *R. 1, 36* ; Suet. *Tib. 44*.

tĕnĕrōsĭtās, ātis, f. (tener), tendre enfance : *Ps. Fort. Med. 3, 8.

tĕnĕrŭlus, a, um (dim. de tener), Rufin. *Gram. 6, 563, 5*.

Tĕnēs (Tennēs), ae, m. (is) (Τέννης), fils de Cycnus : Cic. *Nat. 3, 39*.

tēnesmōdēs, n. **ĕs**, adj. (τεινεσμώδης), semblable au ténesme : *Theod.-Prisc. 2, 104*.

tēnesmus (-ŏs), i, m. (τεινεσμός, τηνεσμός), ténesme, envie douloureuse d'aller à la selle : Cels. *4, 25, 1* ; Nep. *Att. 21, 2*.

Tēnĭi, ▶ Tenos.

tĕnĭtae, arum, f. pl. (teneo), les Parques : P. Fest. *505, 17*.

tĕnīvi, ▶ teneo ▶.

Tennēs, ▶ Tenes.

tennĭtur, ▶ tendo ▶.

tĕnōn, ontis, m. (τένων), tendon, nerf : Cael.-Aur. *Acut. 3, 3, 20*.

tĕnŏr, ōris, m. (teneo ; it. tinore) ¶ **1** cours ininterrompu, direction, marche continue : **retinere rectum tenorem** Sen. *Ep. 83, 27*, continuer à marcher droit ; **hasta servat tenorem** Virg. *En. 10, 340*, le trait continue sa route, cf. Ov. *M. 3, 113*

tenor

¶ **2** [fig.] suite non interrompue, continuité : **tenorem pugnae servare** Liv. 30, 18, 12, continuer le combat ; **interrumpere rerum tenorem** Liv. 41, 15, 7, interrompre la suite d'une entreprise ; **eodem tenore** Liv. 7, 40, 9, avec la même continuité de vues, dans le même esprit ; **obstinatus tenore eodem consiliorum** Liv. 22, 15, 1, poursuivant opiniâtrement son plan de campagne ¶ **3** accent de la voix, ton, ligne mélodique : Quint. 1, 5, 26 ; pl., 1, 5, 22 ¶ **4** [droit] teneur, disposition [d'une loi], Dig. 9, 2, 56 ‖ [tard.] registre [des dépenses] : Greg.-M. Ep. 2, 32 ¶ **5** [expr.] **uno tenore** Cic. Or. 21, d'un même cours, d'une façon uniforme, d'une manière égale, cf. Liv. 23, 49, 3 ‖ sans interruption : Liv. 7, 5, 5.

Tēnŏs (-us), *i*, f. (Τῆνος), une des Cyclades, voisine de Délos [Tinos] Atlas VI, C3 ; IX, C1 : Plin. 4, 65 ; Liv. 36, 21 ; Ov. M. 7, 469 ‖ **Tēnĭi**, *ōrum*, m. pl., habitants de Ténos : Tac. An. 3, 63.

tensa, *ae*, f. (cf. *tendo*), char sacré sur lequel on promenait les images des dieux dans la pompe du cirque : Cic. Verr. 1, 154 ; 5, 186 ; Liv. 5, 41, 2 ; Suet. Aug. 43 ‖ char [en gén.] : Titin. Com. 140.

tensĭbĭlis, *e* (*tendo*), qui peut être tendu : Cassiod. Inst. 2, 5, 6.

tensĭo, *ōnis*, f. (*tendo* ; esp. *tesón*) ¶ **1** tension ; pl., cordes pour tension : Vitr. 1, 1, 8 ‖ manière de tendre [les tentes] : Ps. Hyg. Mun. castr. 1 ¶ **2** contraction des nerfs : Veg. Mul. 1, 21, 3.

tensūra, *ae*, f. (*tendo*), tension : Veg. Mul. 1, 34, 3 ‖ C. tensio : Ps. Hyg. Mun. castr. 1 ; 2 ; 14 ‖ C. tentigo : Antid. Brux. 5.

tensus, *a*, *um* (esp. *teso* ; fr. *toise*), part. de *tendo*.

tentā-, V. *tempta-*.

tentācŭlum (tempt-), *i*, n., tentation : VL. Gen. 49, 19.

tentīgo, *ĭnis*, f. (*tendo*), érection, priapisme : Hor. S. 1, 2, 118 ; Mart. 7, 67, 2 ; Juv. 6, 129.

tentĭo, *ōnis*, f. (*tendo*), tension : Prisc. Vers. Aen. 3, 484, 5 ‖ [méc.] ressort [d'une machine de jet] : Vitr. 1, 1, 8.

tentĭpellĭum, *ii*, n. (*tendo*, *pellis*), forme de cordonnier : Fest. 500, 29, cf. Mart. 9, 73, 1 ‖ ingrédient contre les rides : Fest. 500, 32.

tento, V. *tempto*.

tentŏr, *ōris*, m., celui qui tend : Prisc. Vers. Aen. 3, 484, 4 ‖ celui qui attèle les chevaux : CIL 2, 4314.

tentōrĭŏlum, *i*, n. (dim. de *tentorium*) : B.-Afr. 47, 5.

tentōrĭum, *ii*, n. (*tendo*), tente : Hirt. G. 8, 5 ; Virg. En. 1, 469 ; Luc. 1, 396 ; Suet. Aug. 96.

tentōrĭus, *a*, *um*, qui sert aux tentes : Treb. Claud. 14, 3.

tentrix, *īcis*, f. (*tentor*), celle qui tend : Prisc. Vers. Aen. 3, 484, 4.

1 tentus, *a*, *um*, part. de *tendo* et *teneo* ‖ subst. n. pl., ce qui est tendu, toiles d'araignées : Evod. d. Aug. Ep. 161, 2 ‖ [fig.] ce qu'on possède : Hier. Is. 5, 17, 11.

2 tentŭs, *ūs*, m. (*teneo*), action d'arrêter, arrêt : Cael.-Aur. Chron. 5, 1, 2.

Tentўra, *ōrum*, n. pl. (Τέντυρα), Juv. 15, 35, **Tentўris**, *ĭdis*, f. (Τέντυρις), Plin. 5, 60, ville de la Haute-Égypte [Dendérah] ‖ **Tentўrītēs**, *ae*, adj. m. (Τεντυρίτης), de Tentyra : Plin. 5, 49 ‖ **-tae**, *ārum*, m. pl., habitants de Tentyra : Plin. 8, 92 ; Sen. Nat. 4, 2, 15 ‖ **-rīticus**, *a*, *um* (Τεντυριτικός), de Tentyra : Plin. 19, 14.

tĕnŭābĭlis, *e* (*tenuo*), qui amincit, qui diminue : Cael.-Aur. Acut. 3, 4, 34.

tĕnŭātim, adv. (*tenuo*), en s'amincissant : Apic. 61.

tĕnŭātĭo, *ōnis*, f. (*tenuo*), amaigrissement, consomption : Cael.-Aur. Chron. 2, 1, 3.

tĕnŭātus, *a*, *um*, part. de *tenuo*.

tĕnŭescens, *tis*, adj. (*tenuis*), qui décroît : Ps. Cens. 3, 6.

tĕnŭī, parf. de *teneo* ; V. *tenuis*.

tĕnŭĭārĭus (tĕnŭārĭus), *a*, *um*, adj., en tissu fin : CIL 6, 1928 ; 6852.

tĕnŭĭcŭlus, *a*, *um* (dim. de *tenuis*), tout à fait mince, chétif : Cic. Fam. 9, 19, 1.

tĕnŭis, *e* (cf. *teneo*, *tendo*, ταυυ-, scr. *tanu-s*, al. *dünn*, an. *thin* ; anc. fr. *tenve*) ¶ **1** mince, délié, fin, grêle, ténu : **tenue subtemen** Pl. Merc. 518, un fil mince ; **natura oculos membranis tenuissimis saepsit** Cic. Nat. 2, 142, la nature a recouvert les yeux de membranes très minces ‖ **tenue caelum** Cic. Fat. 7, air subtil, léger, cf. Cic. Div. 1, 130 ; Nat. 2, 42 ‖ **tenuis aqua** Ov. F. 2, 250, eau claire ; **tenue vinum** Plin. 14, 80, vin clair, léger ; **tenues pluviae** Virg. G. 1, 92, pluies fines ‖ **tenui agmine** Liv. 25, 23, 16, en colonne mince, en file ; **tenuis acies** Tac. An. 1, 64, mince front de bataille ; **tenuis nitedula** Hor. Ep. 1, 7, 29, mulot chétif ; **tenuis penna** Hor. O. 2, 20, 1, une aile faible ; **tenues animae (defunctorum)** Ov. M. 14, 411, les ombres ténues (des morts) ; [poét.] **tibia tenuis** Hor. P. 203, la flûte grêle [au son grêle] ; **vox tenuis** Quint. 11, 3, 32, voix grêle ¶ **2** petit, chétif, de peu d'importance, faible : **oppidum tenue** Cic. Verr. 2, 53, ville de faible importance ; **tenuis murus** Cic. Rep. 4, 4, mince rempart ; **rivulus** Cic. Rep. 2, 34, mince ruisselet ; **victus** Cic. Lae. 86, une table frugale ; **tenues opes** Cic. Quinct. 2, maigres ressources ; **tenuissimum lumen** Cic. Nat. 2, 50, très faible lumière ‖ [fig.] **tenuissima valetudo** Caes. G. 5, 40, santé précaire ; **spes tenuior** Cic. Att. 2, 19, 2, espérance plus faible, cf. Cic. Com. 43 ; **tenui quodam et exsangui sermone** Cic. de Or. 1, 57, dans un style grêle et sans vie ; **artificium tenue et leve** Cic. de Or. 1, 129, un métier chétif et frivole ‖ [condition sociale] **homines tenues** Cic. Verr. 5, 167, des gens de peu, cf. Cic. Mur. 70 ; Off. 2, 70 ; **tenuissimum quemque contemnit** Cic. Verr. 1, 123, il méprise les gens en fonction de l'humilité de leur condition ; **animi tenuiorum** Cic. Mur. 47, les esprits des petites gens ‖ subst. m., le pauvre : Hier. Ep. 64, 2 ¶ **3** fin, subtil, délicat : **tenuis et acuta distinctio** Cic. Ac. 2, 43, distinction fine et subtile ; **oratores tenues** Cic. Or. 20, les orateurs au style simple, cf. Cic. Or. 81 ; **tenues Athenae** Mart. 6, 64, 17, Athènes, ville fine, policée ‖ [métaph.] **rationes ad tenue elimatae** Cic. Ac. 2, 66, des raisons amincies par le travail de la lime.

▶ chez les poètes qqf. dissyll. *tenvis* : Lucr. 1, 885 ; 2, 232 ; Virg. G. 1, 397 ; 2, 121 ; 4, 38 ; *tenvia* ‖ compar. *tenuior*, superl. *tenuissimus*.

tĕnŭĭtas, *ātis*, f. (*tenuis*) ¶ **1** qualité de ce qui est mince, grêle, fin, ténu : **tenuitas animi** Cic. Tusc. 1, 50, nature subtile (déliée) de l'âme ; **quos tenuitas delectat** Cic. Brut. 64, ceux qui aiment les formes minces, sveltes ¶ **2** faiblesse, insignifiance, pauvreté : **Boiorum** Caes. G. 7, 17, 3, le peu de ressources des Boïens ; **Magii** Cic. de Or. 2, 265, la pauvreté de Magius ; **aerarii** Cic. Off. 2, 74, dénuement du trésor public ¶ **3** [fig.] **a)** simplicité du style : Cic. Brut. 64 ; Opt. 9 **b)** finesse, subtilité : **propter limatam quamdam et rerum et verborum tenuitatem** Cic. Fin. 3, 40, à cause d'une subtilité raffinée dans les idées comme dans l'expression.

tĕnŭĭtĕr, adv. ¶ **1** d'une façon mince, fine : Caes. G. 3, 13 ‖ [fig.] avec finesse, subtilité : Cic. Or. 456 ; **tenuius** Cic. Inv. 2, 51 ¶ **2** maigrement, chétivement : Ter. Phorm. 145 ‖ [fig.] Cic. Verr. 2, 157 ; **tenuissime** Cic. Verr. 4, 35.

tĕnŭō, *ās*, *āre*, *āvī*, *ātum* (*tenuis*), tr. ¶ **1** amincir, amenuiser, amoindrir : **aera** Sen. Nat. 5, 3, 3, rendre l'air plus léger ; **dentem aratri** Ov. Tr. 4, 6, 13, amincir le soc de la charrue ‖ amaigrir : Virg. G. 3, 129 ; Hor. S. 2, 2, 84 ; Tac. An. 15, 63 ‖ **tenuatus in auras umor abit** Ov. M. 15, 246, l'eau évaporée passe dans les brises ‖ **vocem** Quint. 11, 3, 32, réduire sa voix [en diminuer le volume] ¶ **2** [fig.] amoindrir, diminuer, affaiblir : **iram** Ov. H. 20, 73, adoucir la colère, cf. Ov. M. 5, 374 ; Tr. 3, 11, 65 ; **magna modis parvis** Hor. O. 3, 3, 72, amoindrir de grands sujets par la petitesse des rythmes (des chants) ; **carmen** Prop. 3, 1, 5, composer une poésie légère.

Tenupsis, *is*, f., ville sur les bords du Nil : Plin. 6, 192.

1 tĕnŭs (cf. *teneo*, *tendo*, *protinus*, *intus*), [prép. qui suit son régime] avec extension jusque, jusqu'à ¶ **1** [avec gén.] **labrorum tenus** Lucr. 1, 940, jusqu'aux lèvres ; **lumborum tenus** Cic. Arat. 83, jusqu'aux reins, cf. Virg. G. 3, 53 ; En. 10,

210; Cael. *Fam.* 8, 1, 2; *Corcyrae tenus* Liv. 26, 24, 11, jusqu'à Corcyre, cf. Liv. 44, 40, 8 ¶ **2** [avec abl.] **a)** *Tauro tenus* Cic. *Dej.* 36, jusqu'au Taurus, cf. Nep. *Con.* 2, 3; Liv. 21, 54, 9; Suet. *Aug.* 30; Tac. *An.* 13, 41; 15, 40; Virg. *En.* 3, 427; Hor. *O.* 3, 15, 16 **b)** [rapports divers] *Cantabrico tenus bello* Suet. *Aug.* 85, jusqu'à la guerre des Cantabres; *vulneribus tenus* Liv. 41, 20, 12, jusqu'aux blessures seulement; *titulo tenus* Suet. *Caes.* 76, jusqu'au titre seulement = avec le titre seulement, cf. Suet. *Cl.* 25 **c)** [en part.] *verbo tenus* Cic. *Leg.* 3, 14, en paroles seulement, cf. Liv. 34, 5, 4 [ou] *nomine tenus* Tac. *An.* 15, 6 **d)** ▶ *eatenus, hactenus, quatenus.*

2 **tĕnus**, n. (cf. *teneo, tendo, tenor*), [emploi rare; seul¹ nom. et acc.] corde tendue: Serv. *En.* 6, 62 ‖ filet, lacet: Pl. *Bac.* 793; Non. 6, 12.

3 **Tēnus**, ▶ *Tenos.*

Tĕōs, *i*, f. (Τέως), ville d'Ionie, patrie d'Anacréon Atlas VI, B3; IX, C1: Liv. 37, 27, 9; Mel. 1, 89.

tĕpĕfăcĭō, *ĭs, ĕre, fēcī, factum* (*tepeo, facio*), tr., faire tiédir, échauffer: Cic. *Nat.* 2, 40; Plin. 15, 19 ‖ pass., *tepefieri* Cels. 6, 7, 1C, devenir tiède; *tepefactus* Cic. *Nat.* 2, 26, échauffé.

tĕpĕfactō, *ās, āre, -, -* (fréq. de *tepefacio*), tr., réchauffer: Catul. 68, 29.

tĕpĕfactus, *a, um*, part. de *tepefacio*, adj. [fig.] sans force: Prud. *Psych.* 237; Cassiod. *Var.* 5, 9, 1.

tĕpĕō, *ēs, ēre, -, -* (*tepor, tepidus,* cf. scr. *tapati, tapas,* rus. *tĕplyĭ*), intr. ¶ **1** être tiède (chaud modérément): Cat. *Agr.* 69, 2; Plin. 29, 78; *est ubi plus tepeant hiemes?* Hor. *Ep.* 1, 10, 15, est-il un endroit où les hivers soient plus tièdes?; *tepentes aurae* Virg. *G.* 2, 330, tièdes brises ¶ **2** [fig.] **a)** être échauffé par l'amour: Hor. *O.* 1, 4, 20; Ov. *H.* 11, 26 **b)** être tiède, aimer froidement: Ov. *Rem.* 7; *Am.* 2, 2, 53 ‖ être languissant: Quint. 6, 1, 44.

tĕpescō, *ĭs, ĕre, pŭī, -* (*tepeo*), intr. ¶ **1** devenir tiède, s'échauffer: Cic. *Nat.* 2, 26; Ov. *M.* 3, 412; *Pont.* 3, 4, 56‖ Virg. *En.* 9, 701 ¶ **2** s'attiédir, se refroidir: Mart. 2, 1, 10 ‖ [fig.] Luc. 4, 284 ¶ **3** tr., refroidir: Drac. *Orest.* 583.

tĕphrĭās, *ae*, m. (τεφρίας), marbre de couleur cendrée: Plin. 36, 56.

tĕphrītis, *ĭdis*, f. (τεφρῖτις), pierre précieuse: Plin. 37, 184.

tĕpĭdārĭum, *ii*, n. (*tepidarius*), salle où l'on prend des bains tièdes: Vitr. 5, 10, 1 et 5; Cels. 1, 4, 2.

tĕpĭdārĭus, *a, um* (*tepidus*), relatif à l'eau tiède, aux bains tièdes: Vitr. 5, 10, 1.

tĕpĭdē, adv. (*tepidus*) ¶ **1** tièdement: Col. 8, 5, 19; *-dius natare* Plin. *Ep.* 5, 6, 25, nager dans une eau plus tiède ¶ **2** [fig.] faiblement: *-dissime* Aug. *Conf.* 8, 11, 27.

tĕpĭdĭtās, *ātis*, f., [chrét.] tiédeur: Primas. *Apoc.* 1, p. 800 A.

tĕpĭdō, *ās, āre, -, -* (*tepidus*), tr., faire tiédir, chauffer modérément: Plin. 17, 250.

tĕpĭdus, *a, um* (*tepeo*; fr. *tiède*) ¶ **1** tiède: Sen. *Ep.* 92, 21; Lucr. 6, 1165; Virg. *En.* 6, 248; Hor. *S.* 1, 3, 81; *tepidior* Varr. *R.* 1, 6, 2; *-dissimus* Plin. *Ep.* 5, 6, 24 ¶ **2** [fig.] attiédi, refroidi: Ov. *Rem.* 629; *M.* 11, 225.

tĕpŏr, *ōris*, m. (*tepeo*; it. *tepore*) ¶ **1** chaleur modérée (douce), tiédeur: Cic. *CM* 53; *Nat.* 2, 26; Liv. 41, 2, 4; Plin. 16, 142; pl., Lucr. 2, 517; Catul. 46, 1 ‖ pl., fomentations: Cael.-Aur. *Acut.* 2, 19, 120 ¶ **2** chaleur insuffisante, tiédeur [d'un bain]: Tac. *H.* 3, 32 ‖ [fig.] langueur du style: Tac. *D.* 21.

tĕpŏrō, *ās, āre, -, -*, tr., faire tiédir: Drac. *Laud.* 1, 145 ‖ *-ratus* Plin. 36, 199.

tĕpŏrus, *a, um* (*tepor*), tiède, qui a une douce chaleur: Aus. *Ecl.* 10 (384), 1; Sidon. *Ep.* 9, 16, 2.

tĕpŭī, parf. de *tepesco*.

Tĕpŭla ăqua, f, aqueduc qui alimentait le Capitole: Plin. 16, 132; Frontin. *Aq.* 8.

tĕr, adv. (**tris*, cf. *tres*, τρίς, scr. *tris*) ¶ **1** trois fois: Cic. *Amer.* 132; Caes. *G.* 1, 53; *ter centum milia* Hor. *S.* 2, 3, 116, trois cent mille; *terni ter cyathi* Hor. *O.* 3, 19, 14, neuf cyathes ¶ **2** [simple idée de répétition]: Virg. *En.* 4, 690; 10, 873; Hor. *O.* 3, 3, 65 ‖ [not¹] *bis terque* Cic. *Q.* 3, 6, 6, deux et trois fois [intensité]; *terque quaterque* Virg. *En.* 12; 155, trois fois, quatre fois ‖ *o terque quaterque beati* Virg. *En.* 1, 94, ô trois et quatre fois heureux = heureux entre tous.

tĕramum, *i*, n. (τέραμον), sorte d'herbe nuisible aux fèves: Plin. 18, 155.

Terănĕi, *ōrum*, m. pl., peuple d'Arabie: Plin. 6, 142.

tercēnārĭus, **tercentēni**, **tercenti**, ▶ *trec-*.

terdĕcĭēs, **ter dĕcĭēs**, (*-cĭens*), treize fois: Cic. *Verr.* 3, 184.

terdĕcĭmus (*-ŭmus*), *a, um*, treizième: Manil. 5, 366; CIL 6, 27140.

terdēni, *ae, a*, trente: Juvc. 4, 426.

Terebellĭcae Ăquae, f., ville d'Aquitaine [auj. Dax]: Anton. 455.

Terebentina, ▶ 2 *Tucca.*

tĕrĕbinthĭnus, *a, um*, de térébinthe: Veg. *Mul.* 2, 54, 4; Cels. 5, 6, 1.

tĕrĕbinthīzūsa, *ae*, f. (τερεβινθίζουσα), sorte de pierre précieuse: Plin. 37, 116.

tĕrĕbinthus, *i*, f. (τερέβινθος), térébinthe, arbre résineux: Virg. *En.* 10, 136; Plin. 3, 154.

tĕrĕbra, *ae*, f. (*tero*) ¶ **1** tarière, foret, vrille: Cat. *Agr.* 41, 3; Plin. 7, 198 ¶ **2** trépan [chirurgie]: Cels. 8, 3, 1 ¶ **3** trépan [machine de guerre pour percer les murs]: Vitr. 10, 13, 7 ¶ **4** ver du bois: Isid. 19, 19, 14.

tĕrĕbrāmĕn, *ĭnis*, n., trou, perforation: Fulg. *Myth.* 2, 16.

tĕrĕbrātĭō, *ōnis*, f. (*terebro*) ¶ **1** percement, action de percer: Col. 4, 29, 13; 5, 11, 12 ¶ **2** trou, percée: Vitr. 9, 8, 9.

tĕrĕbrātŏr, *ōris*, m., celui qui perce: Gloss. 2, 460, 44.

1 **tĕrĕbrātus**, *a, um*, part. de *terebro.*

2 **tĕrĕbrātŭs**, *ūs*, m., percement: Scrib. 206.

tĕrĕbrō, *ās, āre, āvī, ātum* (*terebra*), tr. ¶ **1** percer avec la tarière: Cat. *Agr.* 41, 3; Col. 5, 9, 16‖ percer avec le trépan: Liv. *Epit.* 52 ¶ **2** percer, trouer: Virg. *En.* 2, 38; Ov. *F.* 6, 697 ‖ creuser [la terre]: Plin. 29, 138‖ creuser en grattant: Pers. 5, 138 ¶ **3** [fig., pris abs¹] s'insinuer, frayer sa voie: Pl. *Bac.* 1198 ¶ **4** faire en creusant, creuser: Vitr. 10, 16, 5.

tĕrĕbrum, *i*, n. (*terebra*), tarière, foret: Hier. *Is.* 12, 44, 12.

tĕrēdō, *ĭnis*, f. (τερηδών), ver qui ronge le bois: Plin. 16, 182; Ov. *Pont.* 1, 69 ‖ ver dans la farine: Plin. 22, 121 ‖ dans la viande: Plin. 28, 264 ‖ teigne, ver qui ronge les étoffes: Col. 4, 24, 6.

Tĕrēdōn, *ŏnis*, f. (Τερηδών), ville d'Arabie: Plin. 6, 145 ‖ *-ŏnĭus*, *a, um*, de Térédon: Avien. *Perieg.* 1161.

Tĕrēĭdēs, *ae*, m., fils de Térée [Itys]: Ov. *Ib.* 432.

Tĕrensis, *is*, f. (*tero*), déesse qui présidait au battage du blé: Arn. 4, 7; 4, 11.

1 **Tĕrentĭa**, *ae*, f., Térentia [femme de Cicéron]: Cic. *Fam.* 14.

2 **Tĕrentĭa lex**, loi Térentia: Cic. *Verr.* 5, 52.

1 **Tĕrentĭānus**, *a, um* ¶ **1** de Térence (poète): *Terentianus Chremes* Cic. *Fin.* 1, 3, le Chrémès de Térence; *ille Terentianus ipse se puniens* Cic. *Tusc.* 3, 65, ce personnage de Térence qui se punit lui-même = *Hautontimorumenos* ¶ **2** de Térentius Varron: Liv. 23, 32, 16.

2 **Tĕrentĭānus**, *i*, m., L. Terentianus Maurus [grammairien]: Aug. *Util. cred.* 7, 17.

Tĕrentĭlĭus, *i*, m. (dim. de *Terentius*), nom de famille; [not¹] C. Terentilius Harsa: Liv. 3, 9, 2.

Tĕrentilla, *ae*, f. (dim. de *Terentia*), Suet. *Aug.* 69.

Tĕrentīnus, *a, um*, ▶ *Terentus.*

Tĕrentĭŏlus, *i*, m. (dim. de *Terentius*), nom d'homme: Greg.-Tur. *Hist.* 8, 30.

Tĕrentĭus, *ii*, m., nom de famille romaine; [not¹] ¶ **1** *P. Terentius Afer*, Térence [le poète comique, affranchi de Terentius Lucanus]: Hor. *Ep.* 2, 1, 59 ¶ **2** *M. Terentius Varro*, Varron [écrivain et savant]: Cic. *Brut.* 205 ¶ **3** *C. Terentius Varro* [défait à Cannes]: Liv. 22, 61.

Terentum

Tĕrentum (Tăr-), *i*, n., emplacement du Champ de Mars où l'on célébrait les jeux séculaires Atlas II : Ov. *F. 1, 501* ; P. Fest. *479, 6* ; Serv. *En. 8, 63* ‖ **Tĕrentīnus (Tăr-)**, *a, um*, du Térentum : Cic. *Planc. 43* ; *54* ; Aus. *Gryph. 2 (336), 34*.
▶ nom. Tarentos Mart. *1, 60, 2* ; *4, 1, 8*.

tĕrĕs, ĕtis (*tero*, cf. *tornus*) ¶ **1** arrondi, rond (cf. Fest. *498, 15*) : Caes. *G. 7, 73, 6* ; Virg. *En. 6, 207* ; *7, 665* ; Liv. *21, 8, 10* ‖ [corps] : Lucr. *1, 35* ; Virg. *En. 8, 633* ; Hor. *O. 2, 4, 21* ; *teres puer* Hor. *Epo. 11, 28*, garçon bien tourné [bien fait] ‖ [métaph.] *sapiens..., teres atque rotundus* Hor. *S. 1, 7, 86*, le sage..., qui est arrondi et sphérique [comme une boule unie sur laquelle glissent les événements] ¶ **2** [fig.] poli, fin, délicat : *teretes aures* Cic. *Opt. 11*, oreilles fines, exercées, cf. Cic. *Or. 27* ; *oratio teres* Cic. *de Or. 3, 199*, style bien arrondi [bien proportionné, élégant] ; *fretu teretius scribere* Gell. *13, 20, 15*, s'exprimer d'une façon plus arrondie, plus élégante en disant *fretu* [au lieu de *freto*].

Tēreūs, ĕi (ĕos), m. (Τηρεύς), Térée [roi de Thrace, fut changé en huppe] : Ov. *F. 2, 629* ; *M. 6, 497* ‖ titre d'une tragédie d'Accius : Cic. *Att. 16, 2, 3* ; *16, 5, 1*.

Tereventīnātes, *um*, m. pl., peuple d'Italie : Plin. *3, 107*.

Tergedum, *i*, n., ville d'Égypte ou d'Éthiopie : Plin. *6, 184*.

Tergĕmĭna, V. *Trigemina*.

Tergĕmĭni, *ōrum*, m. pl., les Trois Jumeaux [titre d'une comédie de Plaute] : Gell. *6, 9, 7*.

tergĕmĭnus, Virg. ; Hor. **trĭgĕmĭnus**, *a, um*, Liv. ; Col. ¶ **1** né le troisième du même enfantement : *trigemini* Col. *3, 8, 1*, trois jumeaux ; *trigemina spolia* Liv. *1, 26, 2*, les dépouilles des trois frères jumeaux [des Curiaces] ¶ **2** triple : *tergemina Hecate* Virg. *En. 4, 511*, la triple Hécate [appelée aussi Lune et Diane] ; *tergemini honores* Hor. *O. 1, 1, 8*, les trois hautes charges [questure, préture, consulat] ‖ le triple Géryon : Lucr. *5, 28* ; Ov. *Tr. 4, 7, 16* ‖ le triple Cerbère : Tib. *3, 4, 88* ‖ pl., C. *tres* : Prud. *Perist. 6, 33*.

tergĕnŭs, adv., de trois espèces : Aus. *Griph. 2 (336), 43*.

tergĕō, (plus rar¹ **tergō, ĕre**), *ēs, ēre, tersī, tersum* (*mantele*, peu clair ; it. *tergere*), tr. ¶ **1** essuyer : *qui tergent* Cic. *Par. 37*, ceux qui essuient, cf. Varr. *L. 6, 85* ; Quint. *6, 3, 60* ‖ frotter, nettoyer : *arma* Liv. *26, 51, 4*, fourbir des armes, cf. Virg. *En. 7, 626* ; Juv. *14, 62* ¶ **2** [poét.] *a) aures terget sonus* Lucr. *6, 119*, le son racle les oreilles *b) tergere palatum* Hor. *S. 2, 2, 24*, flatter le palais ¶ **3** [fig.] *librum* Mart. *6, 1, 3*, corriger un ouvrage ; *scelus* Sen. *Herc. Oet. 908*, effacer, expier un crime.
▶ les formes de la 3ᵉ conjug. se trouvent à partir de Varr. *L. 6, 85*, puis Prop. *4, 8, 84* et à l'époque impériale.

Tergestĕ, *is*, n., **(-tum**, *i*), n., Mel. *2, 55*, Tergeste [ville d'Istrie, auj. Trieste] Atlas I, C4 ; XII, B4 : Plin. *3, 127* ; Vell. *2, 110, 4* ; Mel. *2, 61* ‖ **-īnus**, *a, um*, de Tergeste : Plin. *3, 127* ‖ **-īni**, *ōrum*, m. pl., Tergestins : Hirt. *G. 8, 24*.

Tergilāni, *ōrum*, m. pl., peuple de Lucanie : Plin. *3, 98*.

1 **tergilla**, *ae*, f. (dim. de *tergus*), couenne de lard : Apic. *168*.

2 **Tergilla**, *ae*, m., auteur cité par Pline : Plin. *14, 147*.

tergīnum, *i*, n. (*tergum*), courroie, fouet : Lucil. *772* ; Pl. *Ps. 152*.

tergĭversantĕr (*tergiversor*), en hésitant, en tergiversant : Vell. *1, 9, 3*.

tergĭversātĭō, *ōnis*, f. (*tergiversor*), tergiversation, lenteur calculée, détour : Cic. *Mil. 54* ; *Att. 10, 7, 1* ‖ hésitation, scrupule : Aug. *Pecc. mer. 3, 2, 3*.

tergĭversātŏr, *ōris*, m. (*tergiversor*), celui qui tergiverse, qui use de faux-fuyants : Gell. *11, 7, 9* ; Arn. *7, 43*.

tergĭversātŏrĭē, adv., en tergiversant : Aug. *Coll. Don. 1, 8*.

tergĭversātŏrĭus, *a, um*, qui use de détours, qui tergiverse : Aug. *Emer. 11*.

tergĭversŏr, *āris, ārī, ātus sum* (*tergum, verso*), intr., tourner le dos, [d'où] user de détours, tergiverser : *huc atque illuc* Cic. *Com. 37*, user d'échappatoires en tous sens, cf. Cic. *Planc. 48* ; *Tusc. 5, 81* ; *Off. 3, 118* ; Liv. *2, 23, 13* ‖ se désister d'une accusation : Dig. *48, 16, 1* ‖ hésiter : Aug. *Pecc. mer. 3, 11, 20*.

tergō, V. *tergeo* ▶.

tergŏris, gén. de *tergus*.

tergŏrō, *ās, āre, -, -* (*tergus*), tr., recouvrir : *se luto* Plin. *8, 212*, se vautrer dans la fange.

tergum, *i*, n. (cf. στέρφος ?) ¶ **1** dos : Cic. *Nat. 2, 159* ; *tergo ac capite puniri* Liv. *3, 55, 14*, expier de son dos et de sa tête, être battu de verges et décapité ‖ *terga vertere* Caes. *G. 1, 53, 1*, tourner le dos, fuir, cf. Caes. *G. 3, 19, 3* [ou] *terga dare* Liv. *22, 29, 5* ; *36, 38, 4* ; *terga fugae praebere* Ov. *M. 10, 706*, prendre la fuite ; *alicui terga dare* Liv. *2, 51, 9* ou *praestare* Tac. *Agr. 37*, fuir, tourner le dos devant qqn ; *terga hostium caedere* Liv. *2, 11, 9*, attaquer les arrières de l'ennemi ; *a tergo* Cic. *Phil. 3* ; *32*, par-derrière, cf. Cic. *Mil. 29* ; *56* ; Verr. *5, 98* ; Caes. *G. 7, 87* ; *post tergum* Caes. *G. 4, 15, 1*, sur les arrières, cf. Caes. *G. 4, 22* ; *7, 62* ; C. *3, 44* ¶ **2** [fig.] ***a)*** face postérieure : *pertrahere hostem ad terga collis* Liv. *25, 15, 12*, entraîner l'ennemi derrrière la colline ***b)*** dos, surface : [de la terre] Virg. *G. 1, 97* ; *2, 236* ; [d'un fleuve] Ov. *Pont. 1, 2, 82* ***c)*** = corps d'un animal : Virg. *G. 3, 426* ; *En. 2, 208* ; *6, 422* ; *8, 183* ***d)*** peau, cuir : Virg. *En. 1, 368* ; Ov. *A. A. 2, 655* ***e)*** objets faits de cuir ou de peau : *taurea terga ferire* Ov. *F. 4, 342*, frapper les tambours phry- giens ; *tergum adversi Sulmonis* Virg. *En. 9, 412*, le bouclier de Sulmon qui fait face ‖ *ceste* : Virg. *En. 5, 403* ***f)*** *ferri terga* Virg. *En. 10, 482*, les lames de fer [du bouclier, qui forment, comme les peaux, des couches successives], cf. *10, 784*.

1 **tergus**, *i*, m., C. *tergum* : Pl. *As. 319*.

2 **tergus**, *ŏris*, n. (*tergum*) ¶ **1** dos : Prop. *2, 26, 6* ; Col. *6, 37, 10* ¶ **2** = corps d'un animal : Ov. *M. 8, 649* ; Phaed. *2, 1, 11* ¶ **3** peau, cuir, dépouille : Virg. *En. 1, 211* ; Cels. *7, 25, 1* ; Plin. *8, 30* ‖ pl., peaux d'un bouclier : Ov. *M. 13, 347* ‖ cuirasse : Mart. *7, 2, 2*.
▶ arch. *tegus* Pl. *Cap. 902* ; *915* ; *Ps. 198*.

Tērĭās, *ae*, m. (Τηρίας), fleuve de Sicile : Plin. *3, 89*.

Teridates, V. *Tiridates*.

Tĕrīna, *ae*, f. (Τέρινα), ville du Bruttium Atlas XII, F5 : Plin. *3, 72* ; Liv. *8, 24* ‖ **-aeus**, *a, um*, de Térina : Cic. *Tusc. 1, 115* ; Plin. *3, 72*.

Tĕrĭŏli, *ōrum*, m. pl., ville forte de Rétie [cf. Tirol] Atlas V, D4 : Not. Dign. *Oc. 35, 11*.

terjŭgus, *a, um* (*ter, jugum*), triple : Apul. *M. 6, 19, 3* ; Aus. *Epist. 8 (397), 11* ‖ **-ga**, *ae*, f., phrase formée de trois membres : *Carm. Fig. 145*.

Termaxĭmus, *i*, m., trois fois grand, Trismégiste [épithète d'Hermès] : Amm. *21, 14, 5*.

termĕn, *ĭnis*, n. (*terminus, trans*, cf. τέρμα ; it. *termine*, fr. *terme*), borne : Varr. *L. 5, 21* ; CIL *1, 584, 8*.

termentum, *i*, n. (*tero*), dommage, détriment : Pl. *Bac. 929* ; Fest. *498, 20*.

Termera, *ae*, f., ville de Carie : Plin. *5, 107*.

1 **termĕs**, *ĭtis*, m. (?), rameau détaché de l'arbre : P. Fest. *505, 10* ‖ branche, rameau : Hor. *Epo. 16, 45* ; Gell. *3, 9, 9*.

2 **Termes**, n. indécl., ville de Tarraconaise [Tiermes] Atlas IV, B3 : Plin. *3, 27* ; Flor. *3, 23* ‖ **Termestīnus**, *a, um*, de Termès : Tac. *An. 4, 45* ‖ **-tīni**, *ōrum*, m. pl., habitants de Termès : Liv. *Epit. 54*.

3 **Termēs**, *ētis*, f., ville d'Ionie : Plin. *5, 118*.

4 **termĕs**, *ĭtis*, m., C. *tarmes* : Isid. *12, 5, 10* ; Serv. *G. 1, 256*.

Termessus, *i*, f. (Τερμησσός), ville de Pisidie Atlas VI, C4 ; IX, C2 : Liv. *38, 15, 6* ‖ **-ssenses**, *ĭum*, m. pl., habitants de Termesse : Liv. *38, 15, 4*.

termĭnābĭlis, *e* (*termino*), qu'on peut limiter : Hier. *Ep. 98, 17*.

Termĭnālĭa, *ĭum* ou *ĭorum*, n. pl. (*terminalis*), Terminalia [fêtes en l'honneur du dieu Terme] : Cic. *Att. 6, 1, 1* ; *Phil. 12, 24* ; Varr. *L. 6, 13*.

termĭnālis, *e* (*terminus*) ¶ **1** relatif aux limites, aux frontières : Amm. *18, 2, 15* ; Paul. *Sent. 5, 22, 2* ¶ **2** terminal, final, qui conclut : Cod. Just. 4, 31, 14 ; Apul. M. 10, 29, 5.

termĭnātē, adv. (*termino*), avec des bornes, des limites : Grom. 335, 29.

termĭnātĭo, *ōnis*, f. (*termino*) ¶ **1** délimitation : Liv. 34, 62, 11 ; Sen. Ben. 7, 4, 3 ‖ [fig.] **aurium** Cic. Or. 178, limitation marquée par l'oreille ; **rerum expetendarum** Cic. Fin. 5, 27, délimitation des choses désirables ¶ **2** borne, limite : Vitr. 6, 1, 5 ‖ [rhét.] clausule, fin de phrase : Cic. Or. 200 ‖ [gram.] terminaison, désinence : Prisc. 2, 284, 8.

termĭnātŏr, *ōris*, m. (*termino*), qui pose des bornes, des limites : Aug. Civ. 4, 11.

1 **termĭnātus**, *a, um*, part. de *termino*.

2 **termĭnātŭs**, *ūs*, m., limite : Grom. 69, 24.

termĭno, *ās, āre, āvī, ātum* (*terminus*), tr. ¶ **1** borner, limiter : Cic. Off. 1, 33 ; Cat. 3, 26 ; Caecin. 22 ; **agrum publicum a privato** Liv. 42, 1, 6, séparer le domaine public des propriétés privées ‖ [fig.] **sonos vocis paucis litterarum notis** Cic. Tusc. 1, 62, ramasser, renfermer tous les sons de la voix dans un petit nombre seulement de caractères, de lettres, cf. Cic. CM 82 ; Arch. 29 ; Mil. 74 ; **modum magnitudinis** Cic. Tusc. 2, 45, fixer une mesure, une limite de la grandeur ; **bona voluptate** Cic. Off. 3, 117, renfermer dans le plaisir tout le bien [le souverain bien], cf. Cic. Fin. 1, 38 ¶ **2** terminer, clore, finir : **spiritu quasi necessitate aliqua verborum comprehensio terminatur** Cic. Brut. 34, la respiration, comme une loi naturelle, marque le terme de la phrase ; **ut pariter extrema terminentur** Cic. Or. 38, que les fins de phrases aient des désinences pareilles, cf. Cic. Or. 199 ; **clausulas vult longa plerumque syllaba terminari** Cic. de Or. 3, 183, les clausules, selon lui, doivent se terminer d'ordinaire par une syllabe longue ; **imperio annuo terminato** Cic. Fam. 3, 12, 4, mon année de commandement [gouvernement d'une province] étant achevée ¶ **3** intr., finir sur, aboutir à : Aug. Serm. 270, 5.

1 **termĭnus**, *i*, m. (*termen*, cf. τέρμα) ¶ **1** borne, limite, extrémité : Cic. Ac. 2, 132 ; Mil. 74 ; Liv. 45, 5, 7 ; Vulg. Psal. 71, 8 ¶ **2** [fig.] **artis** Cic. de Or. 1, 214, limites d'un art, cf. Cic. Lae. 56 ; Cat. 4, 21 ‖ terme, fin : **contentionum** Cic. Fam. 6, 22, 2, fin de démêlés, cf. Cic. Rab. perd. 29 ¶ **3** détermination, sentence, arrêt : Greg.-M. Ep. 3, 52 ¶ **4** [log.] terme [d'une définition : le sujet et le prédicat] : Boet. Diff. 1, p. 1175 B ¶ **5** canton, district [*pagus*] : Greg.-Tur. Conf. 49.

2 **Termĭnus**, *i*, m., le dieu Terme, qui préside aux bornes : Ov. F. 2, 639 ; Liv. 1, 55, 3.

Termissus, ▶ *Termessus*.

termītēus, *a, um* (1 *termes*), de branche d'olivier : Grat. 447.

termo, *ōnis*, m. (τέρμων), ▶ *terminus* : Enn. An. 479.

termospŏdĭon, ▶ *thermospodion*.

1 **ternārĭus**, *a, um* (*terni*), qui contient le nombre trois, ternaire : Col. 11, 2, 28 ; Aus. Griph. 1 (335), p. 128, 4.

2 **ternārĭus**, *ii*, m., ▶ *triens* : *Pelag. 256.

ternārĭusdēnārĭus, *a, um*, contenant treize : Prisc. Fig. 3, 415, 10.

terni, *ae, a*, adj. pl. (*tres, tertius, testis*) ¶ **1** [distributif] chacun trois, chaque fois trois, par trois : **singulas ternae naves circumsistunt** Caes. G. 3, 15, 1, chaque navire est entouré par trois adversaires ; **in jugera singula ternis medimnis decidere** Cic. Verr. 3, 114, transiger à raison de trois médimnes par arpent ; **ternae sunt utriusque partes** Cic. Or. 201, chacun des deux éléments a trois parties ; **in naves ternos optare juvencos (dat)** Virg. En. 5, 247, il donne à choisir trois taureaux pour chaque navire ; **terna milia** Hor. S. 2, 4, 76, chaque fois trois mille sesterces ‖ sg. [rare] : **terno consurgunt ordine remi** Virg. En. 5, 120, les rames se lèvent ensemble à trois étages chaque fois ¶ **2** [poét.] = trois : **tres turmae, terni ductores** Virg. En. 5, 560, trois escadrons, leurs trois chefs, cf. Tib. 4, 1, 112 ; Ov. M. 10, 22.

ternīdēni, *-naedēnae, -nadēna*, pl., chaque fois treize : Plin. 18, 231.

ternĭo, *ōnis*, m. (*terni*), le nombre trois : Gell. 1, 20, 6 ; Capel. 7, 775.

ternĭtās, *ātis*, f., ▶ *trinitas* : Prisc. Fig. 3, 415, 28.

Ternoderense castrum, n., ville de Gaule [Tonnerre] : Greg.-Tur. Conf. 11.

ternox, *noctis*, f., triple nuit : Stat. Th. 12, 301.

ternus, *a, um*, ▶ *terni*.

tĕrō, *ĭs, ĕre, trīvī, trītum* (*terebra, tribulum, triticum*, cf. *taratrum*, τρίβω, τέρετρον, τόρνος, τρίσω, al. *dreschen*), tr. ¶ **1** frotter : **oculos** Ter. Eun. 68, se frotter les yeux ; **teritur lignum ligno** Plin. 16, 208, on frotte le bois contre le bois ; **calamo labellum** Virg. B. 2, 34, frotter ses lèvres sur le chalumeau = jouer du chalumeau ¶ **2** frotter de manière à polir, polir : **radios** Virg. G. 2, 444, polir, façonner des rayons pour des roues, cf. Plin. 36, 193 ; **crura pumice** Ov. A. A. 1, 506, s'épiler les jambes à la pierre ponce ; **catillum Evandri manibus tritum** Hor. S. 1, 3, 90, plat poli par le frottement des mains d'Évandre = en usage depuis longtemps ¶ **3** frotter de manière à enlever la balle, battre le blé : Varr. R. 1, 13, 5 ; Virg. G. 1, 192 ; Hor. S. 1, 1, 45 ; Tib. 1, 5, 22 ¶ **4** frotter de manière à broyer, triturer, broyer : **aliquid in mortario** Plin. 34, 104, broyer qqch. dans un mortier ; **aliquid in farinam** Plin. 34, 170, réduire en farine ; **teritur baca trapetis** Virg. G. 2, 519, l'olive se broie sous le pressoir

¶ **5** frotter de manière à user, user, émousser : **tempus adamanta terit** Ov. Tr. 4, 6, 14, le temps use le diamant ; **corpus ferrum terebat** Ov. M. 12, 167, son corps émoussait le fer ; **trita labore colla** Ov. M. 15, 124, cous des bœufs usés par le travail [sous le joug], cf. Hor. Ep. 1, 1, 96 ‖ **librum** Mart. 8, 3, 4, user un livre à force de le manier, le lire souvent, cf. Hor. Ep 2, 1, 92 ¶ **6** frotter souvent de ses pas = fouler souvent un lieu : **via trita pede** Tib. 4, 13, 10, route souvent foulée ; **Appiam mannis terit** Hor. Epo. 4, 14, il use, il fatigue avec ses chevaux la voie Appienne, cf. Mart. 2, 11, 2 ; 10, 10, 2 ‖ **angustum formica terens iter** Virg. G. 1, 380, la fourmi foulant un étroit sentier ¶ **7** ▶ *futuere* : Pl. Cap. 888 ; Prop. 3, 11, 30 ; Petr. 87, 8 ¶ **8** [fig.] **a)** consumer, user : **in his discendis rebus aetatem** Cic. de Or. 1, 123, user sa vie à apprendre cela ; **teretur interea tempus** Cic. Phil. 5, 30, cependant le temps passera ‖ [simpl'] employer, passer le temps : Liv. 1, 57, 5 ; 26, 19, 5 ; 27, 3, 1 ‖ au pass., **in foro terimur** Plin. Ep. 2, 3, 5, nous nous usons, nous usons notre vie au barreau, cf. Plin. Ep. 10, 12, 3 **b)** user, épuiser : **in armis plebem** Liv. 6, 27, 7, user la plèbe à des guerres, cf. Liv. 6, 8, 10 **c)** employer souvent : **verbum** Cic. Ac. 2, 18, se servir souvent d'un mot ; [d'où] rendre banal, commun : Cic. Fin. 3, 15 ; ▶ *tritus*.

▶ parf. *terui* Char. 248, 4 ; contr. *tristi* Catul. 66, 30.

Terpander, *dri*, m., Terpandre [poète et musicien grec] : Plin. 7, 204.

Terpnē, *ēs*, f., nom de femme : CIL 6, 16190.

Terpnus, *i*, m., fameux joueur de cithare : Suet. Ner. 20.

terplĭcō, *ās, āre, -, -*, ▶ *triplico* : Gell. 1, 20, 5.

Terpsĭchŏra, *ae*, f., ▶ *Terpsichore* : Anth. 88, 5.

Terpsĭchŏrē, *ēs*, f. (Τερψιχόρη), Terpsichore [muse de la danse] : Aus. App. 4 (367), 5 ‖ muse, poésie : Juv. 7, 35 ; Sidon. Ep. 8, 16, 2.

Terpsĭlāus, *i*, m., nom d'homme : CIL 6, 8637.

Terpūsa, *ae*, f. (Τέρπουσα), nom de femme : CIL 6, 33838 a.

terquīni, *ae, a* (*ter, quini*), qui sont au nombre de quinze : Victor. Gen. 2, 381.

1 **terra**, *ae*, f. (*extorris, terrestris*, cf. *torreo*, osq. *terúm*, v. irl. *tir*; fr. *terre*) ¶ **1** la Terre, le globe terrestre : Cic. Nat. 2, 98 ; Tusc. 1, 40 ; de Or. 3, 178 ¶ **2** la terre [en tant que matière, élément] : **ut eorum ossa terra non tangat** Cic. Amer. 72, sans que la terre soit en contact avec leurs os ; **terrae filius** Cic. Att. 1, 13, 4, un fils de la terre [un individu quelconque] ¶ **3** la terre, la surface de la terre, le sol : **terrae motus** Cic. Div. 1, 35, tremblement de terre ; **tollere saxa de terra** Cic. Caecin. 60, ramasser des pierres par terre ; **accidere**

terra

ad terram Pl. *Poen.* 485, tomber par terre; *dare ad terram* Pl. *Cap.* 797, jeter par terre ‖ [poét. dat.] *terrae defigitur arbos* Virg. *G.* 2, 290, l'arbre est planté en terre, cf. Virg. *En.* 11, 87 ‖ *ex terra sucum trahere* Cic. *Nat.* 2, 120, tirer sa sève de la terre, du sol ¶ 4 terre, continent [opp. à la mer et au ciel]: *terra marique* Cic. *Pomp.* 56, par terre et par mer; *et terra et mari* Cic. *Mur.* 33, à la fois sur terre et sur mer; *iter terra petere* Cic. *Planc.* 96, faire route par terre, cf. Liv. 31, 16, 3; *ex magna iactatione terram videre* Cic. *Mur.* 4, après avoir été longuement ballotté sur les flots, apercevoir la terre ‖ pl., *sub terras penetrare* Cic. *Verr.* 4, 107, pénétrer sous terre [dans les enfers]; *in terris* Cic. *Phil.* 2, 48, sur terre = dans le monde, ici-bas, cf. Cic. *Phil* 50; 57; *Cael.* 12; *Agr.* 2, 62 [cf. le sg. d. Pl. *Bac.* 1170 *Cis.* 659 *Mil.* 56; 313 *Poen.* 1270 *Ps.* 351]; *orbis terrarum* Cic. *Agr.* 2, 33, le monde, l'univers; *orbis terrae* Cic. *Phil.* 8, 10; *Dom.* 110; *Sull.* 33; *Cat.* 1, 3; 1, 9; *Off.* 2, 27; *ubi terrarum* Cic. *Att.* 5, 10, 4, à quel endroit du monde, cf. Cic. *Verr.* 5, 143; *Phil.* 2, 113 ¶ 5 pays, contrée: *in hac terra* Cic. *Lae.* 13, dans ce pays, cf. Cic. *Verr.* 4, 106; *in ceteris terris* Cic. *Sest.* 65, dans les autres contrées (pays); *terra Gallia* Caes. 1, 30, 2, la Gaule; *terra Italia* Liv. 29, 10, 5, la terre d'Italie, l'Italie, cf. Liv. 30, 32, 6; 29, 23, 10; 38, 58, 5; *abire in aliquas terras* Cic. *Cat.* 1, 20, s'en aller dans qq. autre pays, cf. Cic. *Rep.* 2, 9; *Nat.* 2, 42; *Verr.* 3, 47; Caes. *G.* 7, 77.

▶ gén. arch. *terrai* Lucr. 1, 212; 1, 251; *terras* Naev. d. Prisc. 2, 199, 1 ‖ forme *tera* Varr. *L.* 5, 21.

2 **Terra**, *ae*, f., la Terre [divinité]: Cic. *Nat.* 3, 52; Ov. *F.* 6, 299.

Terracīn-, ⊂. *Tarracin-*.

Terrăco, v. *Tarraco*.

terrālis herba, f., thymbrée [plante]: Ps. Apul. *Herb.* 105.

terrānĕŏla, *ae*, f. (dim.), alouette: Phaed. 135 (*App.* 30 = 32), 1.

terrārium, *ĭi*, n. (fr. *terrier*), levée de terre, talus, digue: CIL 14, 16.

terrārius, *a, um* (*terra*), en pleine terre, qui vit en liberté: Schol.; Pers. 6, 22 ‖ terrestre: Arn. 2, 39.

terrēnē, adv., d'une manière terrestre: Hier. *Orig. Jer.* 17, 4; Aug. *Job* 1, 30.

terrēnus, *a, um*, adj. (*terra*; it. *terreno*, fr. *terrain*) ¶ 1 formé de terre, de terre: *terrenus tumulus* Caes. *G.* 1, 43, 1, tertre, cf. Liv. 38, 20, 1; *campus terrenus* Liv. 33, 17, 8, plaine de terre; *corpora nostra terreno principiorum genere confecta* Cic. *Tusc.* 1, 42, nos corps composés du terrestre (d'éléments terrestres) ‖ **terrenum**, *i*, n., terre, terrain: Liv. 23, 19, 14; Plin. 9, 164 ¶ 2 qui a rapport à la terre, terrestre: *bestiae terrenae* Cic. *Nat.* 1, 103, animaux terrestres, cf. Cic. *Nat.* 2, 43; 3, 16 ‖ **terrēna**, n. pl., Quint. 12, 11, 13, animaux terrestres ‖ [poét.] *terrenus eques* Hor. *O.* 4, 11, 27, cavalier terrestre = mortel ‖ subst. m. pl., les hommes: Aug. *Conf.* 9, 8, 18.

terrĕō, *ēs, ēre, ŭī, ĭtum* (cf. *tremo*, τρέω), tr. ¶ 1 effrayer, épouvanter: Cic. *Par.* 17; *Amer.* 67; *Tusc.* 3, 52; Caes. *G.* 7, 84 ‖ *territus animi* Liv. 7, 34, 4, effrayé dans son âme ‖ [pass. avec *ne*] = craindre que: *territi, ne opprimerentur* Liv. 10, 14, 20, craignant d'être écrasés ‖ [act. avec *ne*] = faire craindre que: *terruit gentes, ne rediret saeculum Pyrrhae* Hor. *O.* 1, 2, 5, il fit craindre aux nations le retour du siècle de Pyrrha ¶ 2 mettre en fuite par la crainte, chasser, faire fuir: Hor. *O.* 4, 11, 25; *S.* 1, 8, 7; Ov. *M.* 1, 727; 14, 518 ¶ 3 détourner par la crainte, détourner: Cic. *Rep.* 5, 6; *a repetenda libertate terreri* Sall. *Lep.* 6, être empêché de ressaisir sa liberté ‖ [avec *quominus*] Caes. *G.* 7, 49, 2, empêcher par la crainte de, [ou avec *ne*] Liv. 2, 45, 1; [avec inf.] Amm. 27, 7, 9; Manil. 5, 576.

terrestris, *e* (*terra*) ¶ 1 relatif à la Terre, au globe terrestre, terrestre: *res caelestes atque terrestres* Cic. *Nat.* 2, 75, choses célestes et terrestres; *terrestre domicilium Iovis* Cic. *Verr.* 4, 129, séjour terrestre de Jupiter ¶ 2 relatif à la terre [terre ferme], qui vit sur la terre: *animantium genus terrestre* Cic. *Tim.* 35, l'espèce des animaux terrestres; *terrestris archipirata* Cic. *Verr.* 5, 70, capitaine de pirates de terre ferme.

▶ nom. *terrester* Flor. 2, 2, 4.

terrĕus, *a, um* (*terra*) ¶ 1 fait de terre: Varr. *R.* 1, 14, 2; *L.* 5, 48 ¶ 2 [chrét.] de la terre, temporel [opp. à *aeternus*]: Prud. *Apoth.* 505 ¶ 3 [fig.] terrestre: Paul.-Nol. *Carm.* 17, 179.

terrĭbĭlis, *e* (*terreo*), effrayant, épouvantable, terrible: *terribilis aspectu* Cic. *Sest.* 19, effrayant à voir (d'aspect terrible); *alicui terribilis* Cic. *Par.* 18, terrible pour qqn, cf. Liv. 44, 10, 6; *terribilior* Cic. *Phil.* 2, 65; Liv. 25, 29, 3 ‖ respectable, vénérable: Cod. Just. 3, 1, 13.

terrĭbĭlĭtās, *ātis*, f., caractère effrayant d'une chose: Jord. *Get.* 24, 127.

terrĭbĭlĭter, adv. (*terribilis*), terriblement, effroyablement: Arn. 2, 20; Aug. *Conf.* 12, 25, 34.

terrĭcŏla, *ae*, m. f. (*terra, colo*), habitant de la terre: Lucil. 484; Apul. *Socr.* 6.

terrĭcrĕpus, *a, um* (*terreo, crepo*), qui retentit de façon effrayante: Aug. *Conf.* 8, 2, 3.

terrĭcŭla, *ae*, f. (*terreo*), Afran. *Com.* 270; Lucil. 15, 5, **terrĭcŭlum**, *i*, n., Acc. *Tr.* 324; 623 [pl. Liv. 5, 9, 7; 34, 11, 2], épouvantail.

terrĭcŭlāmentum, *i*, n. (*terriculum*), fantôme, épouvantail: Apul. *Socr.* 15; *Apol.* 64; Sidon. *Ep.* 7, 1, 3.

terrĭcŭlum, v. *terricula*.

terrĭfăgus (**terrĭphăgus**), *a, um*, qui mange de la terre [en parlant du serpent]: Julian.-Aecl. d. Aug. *Jul. op. imp.* 6, 28.

terrĭfĭcātĭo, *ōnis*, f., épouvantail: Non. 135, 15.

terrĭfĭcō, *ās, āre, -, -* (*terreo, facio*), tr., effrayer, épouvanter: Lucr. 1, 134; Virg. *En.* 4, 210.

terrĭfĭcus, *a, um* (*terrifico*), effrayant, terrible: Lucr. 2, 632; Virg. *En.* 5, 524; Plin. *Ep.* 6, 20, 19.

terrĭgĕna, *ae*, m. f. (*terra, gigno*) ¶ 1 né de la terre, fils de la terre: Lucr. 5, 1411; 1427 ‖ [en parlant de l'escargot]: Cic. *poet. Div.* 2, 133; [en parlant d'un serpent] Stat. *Th.* 5, 506 ¶ 2 [fig.] fils de la terre, du peuple, d'humble origine: Vulg. *Psal.* 48, 3.

terrĭgĕnus, *a, um*, ⊂. le précédent: Tert. *Marc.* 2, 12, 2; Fort. *Carm.* 1, 10, 3.

terrĭlŏquus, *a, um* (*terreo, loquor*), effrayant [paroles]: Lucr. 1, 103.

Terrīnĭus, *ĭi*, m., nom d'homme: Suet. *Aug.* 13.

terrĭpăvĭum, **terrĭpŭdĭum** et **terrĭpŭvĭum**, *ĭi*, n., ⊂. *tripudium*: Cic. *Div.* 2, 72; P. Fest. 285, 16.

▶ étym. de *tripudium* ¶ 2 par *terra* et *pavio*.

terrĭsŏnus, *a, um* (*terreo, sono*), qui fait un bruit effrayant: Claud. *Cons. Stil.* 1, 109.

territĭo, *ōnis*, f., action d'effrayer: Ulp. *Dig.* 47, 10, 15, 41.

territō, *ās, āre, āvī, -* (fréq. de *terreo*), tr., frapper d'effroi violemment, effrayer, épouvanter: Caes. *G.* 5, 6, 4; 7, 63, 3 [abs^t] Caes. *G.* 5, 57, 2.

territor, *ōris*, m. (*terreo*), qui répand la terreur [épithète de Jupiter]: CIL 14, 3559.

territōrĭālis, *e* (*territorium*), territorial, du territoire: Grom. 4, 21.

territōrĭum, *ĭi*, n. (*terra*), territoire: Varr. *L.* 5, 21; Cic. *Phil.* 2, 102; Plin. 29, 106.

territus, *a, um*, part. de *terreo*.

terrŏr, *ōris*, m. (*terreo*) ¶ 1 terreur, effroi, épouvante: Cic. *Tusc.* 4, 19; *terrorem alicui iniicere* Cic. *Prov.* 43; *inferre* Cic. *Mil.* 71; *esse terrori alicui* Caes. *G.* 6, 66, inspirer de l'effroi à qqn, frapper d'effroi qqn [ou] *terrorem alicui incutere* Liv. 3, 4, 9 [ou] *facere* Liv. 10, 2, 8 [ou] *afferre* Liv. 6, 42, 7; *est in imperio terror* Cic. *Agr.* 2, 46, les pouvoirs d'un magistrat provoquent l'effroi; *plena terroris oratio* Cic. *Brut.* 268, éloquence d'un effet terrifiant ‖ *terror meus* Pl. *Amp.* 1066, l'effroi que j'inspire; *peregrinus, externus, servilis* Liv. 3, 10, 14; 3, 16, 4; 3, 16, 3, effroi venant de l'étranger, de l'extérieur, des esclaves (que causent...); *belli* Cic. *Pomp.* 15, crainte de la guerre; *exercitus* Cic. *Dom.* 131, effroi inspiré par l'armée, cf. Cic. *Caecin.* 24 ‖ *suus quemque terror maxime vexat* Cic. *Amer.*

67, c'est son propre effroi qui tourmente le plus (le criminel) ¶ 2 objet qui inspire la terreur : *duobus hujus urbis terroribus depulsis* CIC. *Rep.* 1, 71, les deux terreurs de notre ville ayant été chassées ‖ sujet d'effroi [au pl.] : *terrores ad me adtulit Caesarianos* CIC. *Att.* 6, 8, 2, il m'a apporté des sujets d'effroi concernant César = des nouvelles effrayantes, cf. LIV. 3, 42, 6 ; PLIN. *Ep.* 6, 20, 15 ‖ événements terrifiants [au pl.] : LIV. 29, 27, 4.

terrōsus, *a*, *um* (*terra* ; fr. *terreux*), terreux : VITR. 2, 4, 1.

terrŭla, *ae*, f. (dim. de *terra*), coin de terre : COD. JUST. 10, 15, 1 ; PRISC. 2, 110, 21.

terrŭlentē, adv. (*terrulentus*), d'une manière terrestre : PRUD. *Perist.* 103, 378.

terrŭlentus, *a*, *um* (*terra*), terreux : PRUD. *Perist.* 2, 195 ‖ **-lenta**, n. pl., productions de la terre : PRUD. *Ham. pr.* 5.

terruncĭus (tĕru-), *ii*, m. (*ter*, **ters*, **tris*, *uncia*) ¶ 1 le quart [3/12] d'un as : VARR. *L.* 5, 174 ‖ [en gén.] désigne une valeur minime : *ne teruncius quidem* CIC. *Att.* 5, 17, 2, pas même un quart d'as, cf. *Att.* 6, 2, 4 ; *Fam.* 2, 17, 4 ; *Fin.* 3, 45 ¶ 2 le quart d'une somme : *heredem facere aliquem ex teruncio* CIC. *Att.* 7, 2, 3, faire qqn héritier du quart.

tersi, parf. de *tergeo* ou *tergo*.

tersŏr, *ōris*, m., celui qui essuie, qui frotte : GLOSS. 2, 342, 10.

tersōrĭum, *ii*, n., linge ou éponge à essuyer : GLOSS. 3, 370, 17.

1 tersus, *a*, *um* ¶ **1** part. de *tergeo* ¶ **2** adj[t] **a)** propre, net : PL. *St.* 745 ; OV. *M.* 2, 736 **b)** [fig.] pur, élégant, soigné : *tersior* QUINT. 10, 1, 93, auteur plus correct, plus châtié ; *judicium tersum* QUINT. 12, 10, 28, goût pur ; *tersissimus* STAT. *S.* 2, pr.

2 tersŭs, *ūs*, m., nettoiement, essuyage : APUL. *M.* 1, 23 ; *Apol.* 6.

1 tertĭa, *ae*, f. (fr. *tierce*), (s.-ent. *pars*), un tiers : SCRIB. 90 ‖ s.-ent. *hora* : AUR. d. FRONT. *Caes.* 4, 6, 1, p. 69 N., la troisième heure ‖ **tertĭae**, s.-ent. *partes* **a)** le tiers : PLIN. 33, 131 **b)** le troisième rôle : PLIN. 7, 51.

2 Tertĭa, *ae*, f., nom de femme : SUET. *Caes.* 50.

tertĭădĕcĭmānī (-dĕcŭ-), *ōrum*, m. pl., soldats de la treizième légion : TAC. *H.* 3, 27.

tertĭāni, *ōrum*, m. pl., soldats de la troisième légion : TAC. *An.* 13, 38 ; *H.* 3, 24.

tertĭānus, *a*, *um* (*tertius*), qui revient le troisième jour : *tertianae febres* CIC. *Nat.* 3, 24, fièvres tierces ; *tertiana* [f. pris subst[t]] PLIN. 24, 170, fièvre tierce ‖ *tertianus*, *tertiani* TAC. *H.* 3, 29, un soldat, les soldats de la troisième légion.

tertĭārĭum, *ii*, n., un tiers : CAT. *Agr.* 95, 1.

tertĭārĭus, *a*, *um*, adj. (*tertius* ; esp. *tercero*), de la contenance d'un tiers, d'un tiers : PLIN. 34, 160.

tertĭātĭo, *ōnis*, f. (2 *tertio*), troisième pressurage de l'olive : COL. 12, 52, 11.

tertĭātō, adv. (*tertiatus*), trois fois : CAT. d. SERV. *En.* 3, 314.

tertĭātus, *a*, *um*, part. de 2 *tertio*.

tertĭceps, *cĭpis* (cf. *princeps*), **mons** VARR. *L.* 5, 50, troisième colline de Rome.

tertĭēs, adv., trois fois : AUG. *Ep.* 213, 1.

1 tertĭō, adv. ¶ **1** pour la troisième fois : CIC. *Dej.* 14 ; *Amer.* 60 ¶ **2** en troisième lieu, troisièmement : CAES. *C.* 3, 43, 4 ; VARR. *L.* 5, 80 ¶ **3** trois fois : PALL. 1, 11, 2.

2 tertĭō, *ās*, *āre*, *āvī*, *ātum* (*tertius*), tr. ¶ **1** répéter pour la troisième fois : APUL. *M.* 5, 18 ¶ **2** donner un troisième labour : COL. 2, 4, 4.

tertĭŏcērĭus, *ii*, m. (*tertius*, *cera*), fonctionnaire du troisième rang : COD. JUST. 12, 21, 1.

tertĭum, adv. (*tertius*), pour la troisième fois : CIC. *Div.* 2, 121 ; LIV. 3, 22, 1.

1 tertĭus, *a*, *um* (*tres*, *terni*, cf. τρίτος, scr. *trtīya-s*, al. *dritte*, an. *third* ; it. *terzo*, fr. *tiers*), troisième : CIC. *Lae.* 56 ; *Saturnalibus tertiis* CIC. *Att.* 5, 20, 5, le troisième jour des Saturnales ; *ab Jove tertius* OV. *M.* 13, 28, arrière-petit-fils de Jupiter ‖ *tertia regna* OV. *F.* 4, 584 ; *tertia numina* OV. *Tr.* 2, 53, le royaume des enfers, les divinités infernales ; *nihil est tertium* CIC. *Phil.* 2, 131, il n'y a pas une troisième possibilité, il n'y a pas de milieu, cf. CIC. *Fam.* 9, 22, 1.

2 Tertĭus, *ii*, m., nom d'homme : CIL 6, 2759.

tertĭusdĕcĭmus, **-adĕcĭma**, **-umdecimum**, treizième : CELS. 3, 4, 14 ; COL. 6, 36, 2 ; PLIN. 8, 171.
▶aussi en deux mots.

tertĭusvīcēsĭmus, **-avicesima**, **-umvicesimum**, vingt-troisième : GELL. 17, 7, 4.

Tertŭlĭa, *ae*, f., Tertullia : CIL 4, 2319 a.

Tertulla, *ae*, f., nom de femme : SUET. *Caes.* 50 ; *Aug.* 69 ; *Vesp.* 2.

Tertullĭa, *ae*, f. (*Tertulla*), nom de femme : CIL 11, 5752.

Tertullĭānistae, *ārum*, m. pl., Tertullianistes, sectateurs de Tertullien : ISID. 8, 5, 60.

Tertullĭānus, *i*, m., célèbre jurisconsulte : ULP. *Dig.* 29, 2, 30, 6 ‖ Tertullien [écrivain chrét., africain] : LACT. *Inst.* 5, 1, 23 ; ISID. 8, 5, 60.

Tertullīna, *ae*, f., **Tertullīnus**, *i*, m., nom de femme, nom d'homme : CIL 5, 520 ; 9, 1095.

Tertullus, *i*, m. (dim. de 2 *Tertius*), nom d'homme : CIL 6, 715.

tertus, *a*, *um*, [arch.] 1 *tersus* : VARR. *Men.* 169.

tĕrŭī, *tero* ▶.

tĕruncĭus, *terruncius*.

tervĕnēfĭcus, *i*, m., triple empoisonneur : PL. *Bac.* 813.

Terventīnātes, Trev-.

tervium, *trivium* : CIL 9, 2476.

tesca (tesqua), *ōrum*, n. pl. (cf. v. irl. *terc* ?, scr. *tuccha-s* ?), friches, lieux déserts : ACC. d. VARR. *L.* 7, 11 ; CIC. *Frg. L* 14 ; HOR. *Ep.* 1, 14, 19 ‖ sg., *tescum* : VARR. *L.* 7, 8 [dans une vieille formule religieuse], cf. FEST. 488, 12 ; P. FEST. 489, 7.

tessălārĭus, *a*, *um*, concernant le dé [à jouer] : CIL 6, 9927 ; *tessellarius*.

tessărăcostē, *ēs*, f. (τεσσαρακοστή), le quarantième jour : AMBR. *Luc.* 3, 16.

tessărescaedĕcătītae, *ārum*, m. pl. (τέσσαρες καὶ δέκα, "quatorze"), ceux qui célébraient la fête de Pâques, comme les Juifs, le 14e jour de la lune de mars : ISID. 8, 5, 61.

Tessata, *ae*, f., ville d'Éthiopie : PLIN. 6, 179.

tessella, *ae*, f. (dim. de *tessera* ; it. *tassello*, fr. *tasseau*), petite pièce carrée, carreau : PLIN. 17, 120 ‖ cube pour les ouvrages de marqueterie, de mosaïque : SEN. *Nat.* 6, 31, 3 ‖ dé à jouer : JUV. 11, 132.

tessellārĭus (tessa-), *ii*, m., ouvrier en mosaïque, mosaïste : GLOSS. 3, 310, 4 ; COD. TH. 13, 4, 2.

tessellātim, adv. (*tessella*), en dés : APIC. 168.

tessellātŏr, *oris*, m., *tessellarius* : GLOSS. 2, 480, 43.

tessellātum, *i*, n. (*tessello*), sol en mosaïque : PELAG. 270 ; VEG. *Mul.* 2, 111, 3.

tessellō, *ās*, *āre*, *āvī*, *ātum* (*tessella* ; it. *tassellare*), tr., paver en mosaïque : *tessellatus* SUET. *Caes.* 46, fait en mosaïque.

tessĕra, *ae*, f. (de τεσσαράγωνος) ¶ **1** dé à jouer [marqué sur les six côtés : *ad tesseras se conferre* CIC. *de Or.* 3, 58, s'adonner aux dés, cf. CIC. *Div.* 2, 85 ; CM 58 ¶ **2** tessère [tablette portant le mot d'ordre ou les ordres dans l'armée] : LIV. 26, 46, 1 ; *it bello tessera signum* VIRG. *En.* 7, 637, la tessère circule, signal en vue de la guerre ¶ **3** tessère [servant de reconnaissance pour les hôtes entre eux], tessère d'hospitalité : PL. *Poen.* 901 ; *tesseram confringere* PL. *Cis.* 232, rompre l'hospitalité ¶ **4** tessère [en échange de laquelle le peuple recevait de l'argent ou du blé] : SUET. *Ner.* 11 ; *Aug.* 40 ; JUV. 7, 174 ; MART. 8, 78, 10 ; *tessera frumentaria* DIG. 5, 1, 52, 1, carte de ravitaillement [pour les distributions de blé] ¶ **5** tessère [servant à la marqueterie ou à la mosaïque] : PLIN. 35, 62 ; MART. 10, 33 ‖ [fig.] signal convenu [signal donné par la trompette de la résurrection] : ZEN. 1, 16, 11.

tessĕrăcoste, *tessaracoste*.

tessĕrārĭus, *a*, *um*, adj. (*tessera*), relatif aux dés : AMM. 14, 6, 14 ; 28, 4, 21 ‖ **tessĕrārĭus**, *ii*, m., tesséraire, agent de

tesserarius

liaison qui porte la tessère = les ordres du général : Tac. *H.* 1, 25.

tessĕrātus, ⟹ *tessellatus* : Apul. *M.* 8, 28.

tessĕrŭla, *ae*, f. (dim. de *tessera*) ¶ 1 pl., petits morceaux de pierre ou de marbre employés dans une mosaïque : Lucil. d. Cic. *de Or.* 3, 171 ¶ 2 tablette de vote, bulletin : Varr. *R.* 3, 5, 18 ¶ 3 tessère, jeton pour avoir du blé : Pers. 5, 47.

Tessuĭnum, *i*, n., fleuve côtier d'Italie [Tesino] : Plin. 3, 110.

1 testa, *ae*, f. (cf. *testudo* ; fr. *tête*) ¶ 1 brique, tuile : Cic. *Dom.* 61 ; Cat. *Agr.* 18, 7 ; Varr. *R.* 2, 3, 6 ¶ 2 vase en terre cuite, pot, cruche : Her. 4, 9 ; Plin. 31, 114 ‖ amphore : Hor. *Ep.* 1, 2, 70 ‖ lampe d'argile : Virg. *G.* 1, 391 ¶ 3 fragment de poterie, tesson, débris de tuile : Sisen. d. Non. 125, 18 ; Tac. *H.* 5, 6 ; Ov. *M.* 8, 662 ; Mart. 2, 43, 10 ; Plin. 36, 167 ; *testa tunsa* Vitr. 2, 5, 1, poudre de tuileaux ‖ [fig.] esquille d'os : Cels. 6, 13, 4 ‖ [métaph.] tache de rouge au visage : Plin. 26, 163 ¶ 4 écaille, coquille [servant au vote chez les Grecs, ὄστρακον] : Nep. *Cim.* 3, 1 ¶ 5 coquille des mollusques : Cic. *Nat.* 2, 100 ; Plin. 32, 60 ‖ [d'où] huître : Hor. *S.* 2, 4, 31 ‖ carapace de tortue : Varr. *L.* 5, 79 ‖ [poét.] carapace [glace] : Ov. *Tr.* 3, 10, 38 ¶ 6 crâne : Aus. *Epigr.* 68 (72), 2 ; Cael.-Aur. *Chron.* 1, 1, 6 ; Prud. *Perist.* 10, 762 ¶ 7 pl. *testae*, [sorte d'applaudissement inventé par Néron] les tuiles = le plat des mains : Suet. *Ner.* 20 ‖ plaque, carreau [de vitre] : Sen. *Ep.* 90, 25.

2 Testa, *ae*, m., surnom romain : Cic. *Fam.* 7, 5.

testābĭlis, *e* (*testor*), qui a le droit de déposer en justice : Gell. 6, 7, 2.

testācĕum, *i*, n., brique pilée : Plin. 36, 176.

testācĕus, *a*, *um* (*testa* ; it. Testaccio) ¶ 1 de terre cuite, de brique : Col. 1, 6, 13 ; Plin. *Ep.* 10, 37, 2 ; Vitr. 2, 8, 18 ¶ 2 de couleur de brique : Plin. 37, 106 ; 15, 55 ¶ 3 qui a une écaille, une coquille : Plin. 32, 58.

testāmĕn, *ĭnis*, n. (*testor*), témoignage : Ps. Tert. *Marc.* 3, 99.

testāmentālis, *e*, de testament : Jord. *Get.* 50.

testāmentārĭus, *a*, *um* (*testamentum*), de testament, testamentaire : Cic. *Verr.* 1, 108 ; Plin. 35, 8 ‖ [m. pris subst[t]] **a)** fabricateur de testaments [faussaire] : Cic. *Off.* 3, 73 ; *Sest.* 39 **b)** [plus tard.] auteur d'un testament : Dig. 28, 5, 9, 3.

testāmentum, *i*, n. (*testor*) ¶ 1 testament : *tabulae testamenti* Cic. *Fam.* 7, 21, tablettes d'un testament, cf. Cic. *Clu.* 41 ; *testamentum facere, obsignare* Cic. *Mil.* 48, faire un testament, le sceller [les témoins signaient et scellaient] ; *testamenti factio* Cic. *Top.* 50, capacité de tester ; *testamenti factionem habere* Cic. *Fam.* 7, 21, avoir le droit de tester ; *testamentum conscribere* Cic. *Har.* 42 ; *scribere* Cic. *de Or.* 2, 24, rédiger un testament ; *constat agnascendo rumpi testamentum* Cic. *de Or.* 1, 241, on sait que cette nouvelle naissance rend nul le testament ; *hereditas quae venerat testamento* Cic. *Verr.* 2, 46, héritage qui était échu par testament, cf. Cic. *Off.* 3, 93 ; *ex testamento* Cic. *Verr.* 2, 36, d'après les termes du testament ; *esse in testamento, ut* Cic. *Verr.* 2, 36, [ils disent] qu'une clause du testament porte que, ⟹ *subjicio, subjector, suppono* ‖ *testamentum per aes et libram* Gai. *Inst.* 2, 102, testament par l'airain et la balance [forme classique du testament] ; *in procinctu* Gai. *Inst.* 2, 101, en tenue de combat [testament simplifié fait au front] ; *calatis comitiis* Gai. *Inst.* 2, 101, devant les comices [archaïque, solennel] ¶ 2 [chrét.] pacte, accord, alliance : Vulg. *1Macc.* 1, 12 ‖ pacte, alliance entre l'homme et Dieu : Vulg. *Psal.* 88, 40 ; Cypr. *Testim.* 3, 20 ¶ 3 Testament [texte de l'alliance entre l'homme et Dieu] : *vetus Testamentum* Vulg. *2 Cor.* 3, 14, l'Ancien Testament (hébreu) ; *novum Testamentum* Hier. *Ruf.* 2, 34, le Nouveau Testament (chrétien) ¶ 4 promesse : Vulg. *1 Macc.* 2, 54 ¶ 5 Tables de la Loi : VL. *Exod.* 27, 21 ¶ 6 ordre, disposition, arrêt, loi : Vulg. *Act.* 7, 8.

testātim, adv. (*testa*), en petits morceaux : Pompon. d. Non. 178, 25.

testātĭo, *ōnis*, f. (*testor*) ¶ 1 action de prendre à témoin : *foederum ruptorum* Liv. 8, 6, 3, de la violation des traités ¶ 2 déposition, témoignage : Quint. 5, 7, 32 ; 12, 3, 5 ; Dig. 22, 4, 4 ¶ 3 attestation : Priscill. 2, 49.

testātō, abl. n. du part. *testatus* ¶ 1 devant témoins, en présence de témoins : Ulp. *Dig.* 15, 4, 1 ; Apul. *Apol.* 78 ¶ 2 la chose étant attestée, indiscutable : Plin. 8, 130 ¶ 3 après avoir testé : Paul. *Dig.* 19, 14, 45.

testātŏr, *ōris*, m. (*testor*) ¶ 1 celui qui rend témoignage : Prud. *Cath.* 12, 87 ¶ 2 testateur : Suet. *Ner.* 17 ; Dig. 38, 3, 17 ‖ [chrét.] le Testateur, le garant de l'alliance [Jésus-Christ] : Hier. *Gal.* 2, 3, 15.

testātrix, *icis*, f., testatrice, celle qui a fait un testament : Dig. 31, 1, 30 ; 31, 1, 35.

testātus, *a*, *um* ¶ 1 part. de *testor*, qui a fait un testament [oppos. à *intestatus*] : Inst. Just. 2, 14, 5 ¶ 2 [adj[t]] attesté, prouvé, avéré, reconnu, incontestable, manifeste : Cic. *Verr.* 2, 187 ; *Fam.* 11, 27, 6 ‖ *testatior* Cic. *Cael.* 64 ; Hirt. *G.* 8, 42 ; Nep. *Alc.* 4, 5 ; *-tissimus* Aug. *Conf.* 8, 6.

testĕus, *a*, *um* (*testa*), d'argile : Macr. *Sat.* 7, 15, 15 ; *Somn.* 1, 11, 12.

testĭcŏrĭus, *a*, *um* (*testa, corium*), qui a une enveloppe très dure : Eustath. *Hex.* 7, 3.

testĭcŭlātus ĕquus, m., cheval entier : Veg. *Mul.* 3, 7, 2 ‖ **testĭcŭlāta**, f. (*herba*), mercuriale mâle : Ps. Apul. *Herb.* 72.

testĭcŭlŏr, testĭlŏr, *āris, ārī, -,* tr., accoupler des animaux : P. Fest. 503, 12 ; 13.

testĭcŭlus, *i*, m. (dim. de *1 testis*) ¶ 1 testicule : Her. 3, 33 ; Juv. 6, 339 ; Mart. 3, 24, 5 ; Pers. 1, 103 ¶ 2 orchis [plante] : Ps. Apul. *Herb.* 15.

testĭcŭtis, *e* (*testa, cutis*), ayant une carapace en guise de peau, crustacé : Eustath. *Hex.* 7, 2.

testĭfĭcātĭo, *ōnis*, f. (*testificor*) ¶ 1 déposition, témoignage : Cic. *Verr.* 4, 92 ; 5, 102 ; *Mur.* 49 ; *Brut.* 277 ¶ 2 [en gén.] attestation, témoignage, preuve : Cic. *Fam.* 1, 1, 2 ; *Phil.* 9, 15 ¶ 3 avertissement : Vulg. *4Reg.* 17, 15 ¶ 4 preuve de l'alliance entre Dieu et l'homme, Tables de la Loi : Vulg. *Exod.* 25, 16 ¶ 5 [fig.] attestation, martyre, passion [du Christ] : Paul. Nol. *Ep.* 31, 5.

testĭfĭcātus, *a*, *um*, part. de *testificor*.

testĭfĭcŏr, *āris, ārī, ātus sum* (*testis* et *facio*), tr. ¶ 1 déposer, témoigner, certifier, attester qqch. : Cic. *Verr.* 5, 17 ‖ [avec prop. inf.] Cic. *Phil.* 6, 5 ; *de Or.* 2, 224 ; *Or.* 35 ‖ [avec interrog. indir.] Cic. *Tusc.* 5, 33 ‖ [abs[t]] *testificati discedunt* Cic. *Caecin.* 45, ils se retirent leur déposition faite ¶ 2 témoigner, montrer, prouver : *amorem* Cic. *Fam.* 2, 4, 2, témoigner son affection, cf. Cic. *Att.* 1, 8, 3 ‖ [part. au sens pass.] : *abs te testificata tua voluntas* Cic. *Att.* 1, 17, 8, ta volonté manifestée par toi, cf. Ov. *F.* 4, 326 ¶ 3 prendre à témoin, attester qqn, en appeler au témoignage de : Cael. *Fam.* 8, 16, 1 ; Ov. *H.* 20, 160 ; *F.* 5, 250.

testĭlor, ⟹ *testiculor*.

testĭmōnĭālis, *e* (*testimonium*), qui rend témoignage, qui atteste : Tert. *Jejun.* 16, 7 ‖ *testimoniales (litterae)* Cod. Th. 20, 21, certificat.

testĭmōnĭum, *ii*, n. (*1 testis* ; fr. *témoin*) ¶ 1 témoignage, déposition, attestation : *alicujus* Caes. *G.* 5, 2, témoignage de qqn, cf. Cic. *Mil.* 46 ; *testimonium dicere* Cic. *Nat.* 3, 83 [*in aliquem* Cic. *Amer.* 102], faire une déposition, porter un témoignage [contre qqn] ; *aliquid pro testimonio dicere* Cic. *Verr.* 4, 19, dire qqch. en témoignage ; *sunt in eam rem testimonia* Cic. *Caecin.* 95, il y a des témoignages à cet égard, relativement à cela ; *alicujus innocentiae testimonio esse* Cic. *Font.* 16, témoigner de l'innocence de qqn ; *alicujus virtuti debitum testimonium dare* Cic. *Fam.* 5, 17, 4, donner au mérite de qqn le témoignage qui lui est dû ; *testimonium meorum de re publica consiliorum dare* Cic. *Brut.* 330, témoigner de ma conduite politique ‖ [en gén.] témoignage, preuve : *sui judicii testimonium dare* Cic. *Leg.* 3, 1, donner une preuve de son jugement ; *id testimonio est* [avec prop. inf.] Cic. *Caecin.* 52, cela prouve que ; *ejus rei testimonio est, quod bellum non intulit* Caes. *G.* 1, 44, 6, la preuve de cela est qu'il n'a pas apporté la guerre ; *laboris sui testimonium adferre* Caes. C. 3, 53, 4, donner une preuve de ses peines ; ▶ *perhibeo* ¶ 1 ¶ 3 précepte, ordre, commandement : Vulg. *Deut.* 6, 20.

Testimōnĭus, *ĭi*, m. (*testimonium*), divinité du témoignage : CIL 8, 8246.

1 **testis**, *is*, m. (**tri-sti-s*, *tres*, *sto*) ¶ 1 témoin : *gravis* Cic. *Verr.* 5, 113, témoin de poids ; *religiosus* Cic. *Vat.* 1, scrupuleux ; *locupletissimus* Cic. *Brut.* 323, le plus qualifié ; *testes dare, proferre, adhibere* Cic. *Rep.* 1, 58 ; *Balb.* 41 ; *Fin.* 2, 67, produire des témoins ; *alicujus rei testem adhibere aliquem* Cic. *Verr.* 4, 67, produire qqn comme témoin de qqch. ; *in rem aliquam testem citare aliquem* Cic. *Verr.* 2, 146, appeler qqn en témoignage pour un fait ; *testibus uti* Cic. *Verr. prim.* 55, utiliser des témoins, les faire déposer ‖ *his utimini testibus appropinquare eorum adventum* Caes. *G.* 7, 77, 11, vous avez en ceux-ci des témoins de leur arrivée prochaine ; *testibus se militibus uti posse, quanto studio pacem petisset* Caes. C. 3, 90, 1 [il rappela] qu'il pouvait prendre les soldats à témoin du zèle qu'il avait mis à chercher la paix ‖ [avec des f. ou des n.] : *inducta teste in senatu* Suet. *Cl.* 40, une femme étant introduite pour déposer devant le sénat, cf. Pl. *Ru.* 1338 ; Ov. *Pont.* 3, 9, 50 ; H. 16, 124 ; *sidera sunt testes* Prop. 2, 9, 41, les astres sont témoins, cf. Hor. *O.* 4, 4, 38 ¶ 2 ▶ *arbiter*, témoin oculaire : Pl. *Curc.* 32 ; Ov. *A. A.* 3, 398 ; Luc. 9, 887 ; Juv. 6, 311.

2 **testis**, *is*, m. (1 *testis*), testicule : Plin. 28, 261 ‖ d'ord. au pl. : Hor. *S.* 1, 2, 45 ‖ jeu de mots : Pl. *Curc.* 32.

testītrăhus, *a*, *um* (2 *testis*, *traho*), entier, mâle : Laber. d. Tert. *Pall.* 1, 3.

testō, *ās*, *āre*, -, -, ▶ *testor* : Prisc. 2, 392, 8.

testŏr, *ārĭs*, *ārī*, *ātus sum* (1 *testis*), tr. ¶ 1 prendre à témoin, attester qqn, qqch. : *deos, aliquem* Cic. *Clu.* 194 ; *Fin.* 2, 66, prendre à témoin les dieux, qqn ‖ [avec prop. inf.] : *vos testor me defendere...* Cic. *Sull.* 8, 6, je vous prends à témoin que je défends, cf. Cic. *Phil.* 2, 28 ; *Rab. perd.* 30 ; *Caecin.* 83 ‖ [avec un pron. n.] : *hoc vos testor* Cic. *Sull.* 35, je vous prends à témoin de ceci, cf. Ter. *Hec.* 476 ‖ *aliquem de aliqua re* Cic. *Clu.* 194, attester qqn au sujet de qqch., cf. Cic. *Sest.* 45 ‖ [avec interrog. indir.] : *testabor deos hominesque qui sentiam* Cic. *Phil.* 7, 20, je prendrai les dieux et les hommes à témoin de mes sentiments ¶ 2 [abs¹] déposer comme témoin, témoigner : Ov. *Pont.* 4, 15, 11 ; Quint. 11, 3, 172 ‖ [avec acc.] attester, témoigner de : *alicujus furtum* Cic. *Verr.* 3, 168, attester le vol de qqn, cf. Cic. *Nat.* 2, 138 ‖ [surtout avec prop. inf.] témoigner que, attester que, affirmer que : Cic. *Div.* 1, 132 ; *Clu.* 23 ; *Quinct.* 66 ; *Mur.* 78 ; *saepe hoc testandum est* Cic. *Or.* 227, il faut souvent l'attester ‖ [avec sens pass. au parf. ou au part.] prouver, démontrer : *(venae, arteriae) toto corpore intextae vim quandam incredibilem... operis testantur* Cic. *Nat.* 2, 138, (les veines, les artères) entrelacées par tout le corps prouvent la nature vraiment incroyable de cette œuvre... ; *nisi pecunia esset... testata, cui data esset* Cic. *Fam.* 5, 20, 5, si l'on n'avait prouvé... à qui l'argent avait été donné, cf. *Flac.* 26 ; Quint. 2, 15, 8 ; 2, 17, 2 ; 8, pr. 20 ¶ 3 tester, faire son testament : Cic. *Inv.* 2, 62 ; Liv. 1, 34, 3 ; Quint. 7, 6, 10 ‖ [avec prop. inf.] déclarer par testament que : Quint. 7, 4, 20 ‖ [poét.] : *tabulae testatae* Catul. 68, 122, tablettes testamentaires, testament.

testū, n. indécl. (*testa* ; a. fr. *test*, esp. *tiesto*), couvercle d'argile, tuile : Cat. *Agr.* 75 ; Ov. *F.* 5, 510 ‖ vase d'argile : Ov. *F.* 2, 645 ; ▶ *testum*.

testŭācĭum, *ĭi*, n. (*testu*), pain ou gâteau cuit dans un vase d'argile : Varr. *L.* 5, 106.

testūdĭnātus, *a*, *um*, **-nĕātus**, *a*, *um* (*testudo*), à quatre pans (plafond) : Vitr. 2, 1, 4 ; 6, 3, 2 ; Col. 12, 15, 1.

testūdĭnĕus, *a*, *um* (*testudo*), de tortue, d'écaille de tortue : Pl. *Aul.* 49 ; Prop. 4, 6, 22 ; Mart. 9, 60, 9 ‖ n. pl., *testudinea* ; Javol. *Dig.* 32, 1, 100, objets faits en écaille de tortue.

testūdo, *ĭnis*, f. (*testa* ; it. *testuggine*) ¶ 1 tortue : Cic. *Nat.* 2, 124 ; Liv. 36, 32, 6 ; Sen. *Ep.* 121, 8 ¶ 2 écaille, carapace de tortue **a)** incrustations d'écaille de tortue : Virg. *G.* 2, 463 ; Ov. *M.* 2, 737 **b)** tout instrument à cordes voûté, lyre, luth, cithare : Cic. *Nat.* 2, 144 ; Virg. *G.* 4, 464 ; Hor. *O.* 3, 11, 3 **c)** réduit, cour entièrement couverts : Cic. S. 161 ; Cic. *Brut.* 87 ; Virg. *En.* 1, 505 **d)** [milit.] tortue [machine de guerre : galerie montée sur roues] : Caes. *G.* 5, 42, 5 ; 5, 43, 3 ; *testudo arietaria* Vitr. 10, 13, 2, tortue bélière [machine de siège montée sur roues, pourvue d'un châssis protecteur et contenant un bélier actionné par des soldats] ‖ [formation d'attaque des soldats faisant une voûte au-dessus de leurs têtes avec leurs boucliers joints] *testudine facta* Caes. *G.* 2, 6, 3 ; 5, 9, 7, ayant fait la tortue, cf. Liv. 34, 39, 6 ; 44, 9, 6 ; Tac. *An.* 13, 39 **e)** enveloppe de l'oursin : Mart. 13, 86, 1 **f)** coquille [d'œuf] : Aug. *Serm.* 105, 7.

testŭla, *ae*, f. (dim. de *testa*) ¶ 1 tesson, fragment de poterie : Col. 11, 3, 3 ¶ 2 lampe d'argile : Seren. d. Diom. 511, 19 ¶ 3 tablette de vote à Athènes = ὄστρακον : Nep. *Arist.* 1, 2.

testum, *i*, n., ▶ *testu* ¶ 1 couvercle d'argile, vase d'argile : Cat. *Agr.* 76, 2 ; 84, 2 ; Plin. 30, 114 ¶ 2 tête, crâne : Greg.-Tur. *Martyr.* 60.

teta, *ae*, f. (cf. 1 *titus*), colombe : Serv. *B.* 1, 58.

tĕtănĭcus, *a*, *um* (τετανικός), qui est atteint du tétanos : Plin. 20, 239 ; 26, 130.

tĕtănus, *i*, m. (τέτανος), contraction des nerfs, crampe, tétanos : Plin. 23, 48 ; 31, 122.

tĕtartēmŏrĭa, *ae*, f. (τεταρτημορία), quart de ton : Capel. 9, 930.

tĕtartēmŏrĭŏn, *ĭi*, n. (τεταρτημόριον), quart du zodiaque = trois des signes du zodiaque : Plin. 7, 160.

tētĕ, acc. et abl. de *tute* (*tu*).

tĕtendī, parf. de *tendo*.

tēter, ▶ *taeter*.

tĕthălassōmĕnŏn (**vīnum**), n. (τεθαλασσωμένος οἶνος), vin mélangé d'eau de mer : Plin. 14, 78.

tēthĕa, *ōrum*, n. pl. (τήθεα), variété d'éponges : Plin. 32, 99 ; 32, 117.

Tēthys, *yŏs*, acc. *yn*, f. (Τηθύς) ¶ 1 Téthys [femme de l'Océan, mère des fleuves] : Virg. *G.* 1, 31 ; Catul. 64, 29 ; Ov. *F.* 5, 168 ¶ 2 la mer : Ov. *M.* 2, 69 ; Luc. 1, 413 ; Sil. 3, 60.

tĕtĭgī, parf. de *tango*.

tĕtĭnĕrim, **tĕtĭnī**, **tĕtĭnisse**, ▶ *teneo* ▶.

tĕtrachmum, *i*, n. (τέτραχμον), tétradrachme [pièce d'argent grecque de quatre drachmes = *nummus*] : sg., Maecian. *Distr.* 45 ; pl., Cass. *Fam.* 12, 13, 4 ; Liv. 34, 52, 6.

▶ gén. pl. *ōrum* Liv. 37, 59, 4 et *um* Liv. 37, 46, 3.

tĕtrăchordŏn, *i*, n. (τετράχορδον) ¶ 1 tétracorde, succession diatonique de quatre tons : Vitr. 5, 4, 3 ; Capel. 9, 935 ¶ 2 réunion de quatre : Varr. *Men.* 458.

tĕtrăchordŏs, *ŏn*, adj. (τετράχορδος), tétracorde [dispositif à quatre tuyaux de l'orgue hydraulique] : Vitr. 10, 8, 2 ; Ps. Acr. Hor. *P.* 216.

tĕtrăcōlŏn, *i*, n. (τετράκωλον), période à quatre membres : Sen. *Contr.* 8, 2, 27.

tĕtrăcōlŏs, *ŏn* (τετράκωλος), à quatre membres [rhét.] : Mar. Vict. *Gram.* 6, 165, 13.

tĕtrăcordŏs, ▶ *tetrachordos*.

Tetrădĭa, *ae*, f., nom de femme : Greg.-Tur. *Hist.* 10, 8.

tĕtrădĭum (**tĕtrădĕum**), *i*, n. (τετράδιον et τετραδεῖον), le nombre quatre : Sen. *Contr.* 10, pr. 12 ; Col. 3, 20, 2.

Tĕtrădĭus, *ĭi*, m., nom d'homme : Greg.-Tur. *Hist.* 3, 16.

tĕtrădōrus, *a*, *um*, **-ŏs**, *ŏn* (τετράδωρος), qui a quatre palmes de dimension : Vitr. 2, 3, 3 ; Plin. 35, 170.

tĕtrăfarmăcum, ▶ *tetrapharmacum*.

tĕtrăgnăthĭŏn, *ĭi*, n. ou **-ĭus**, *ĭi*, m. (τετράγναθον), sorte d'araignée : Plin. 29, 87.

tĕtrăgōnālis, *e* (*tetragonum*), à quatre angles, à quatre côtés : Boet. *Mus.* 2, 17.

tĕtrăgōnĭcus, *a*, *um*, adj. (τετραγωνικός), du carré, carré : *tetragonicum latus* Boet. *Arith.* 2, 50, 10, côté carré [racine carrée].

Tetragonis

Tĕtrăgōnis, ĭdis, f., ville d'Asie, au pied du Caucase : Plin. 6, 92.

tĕtrăgōnismus, i, m. (τετραγωνισμός), quadrature : Boet. Anal. post. 1, 7.

tĕtrăgōnĭum, ĭi, n. (τετραγώνιον), ▼ tetragonum : Not. Tir. 98.

tĕtrăgōnum, i, n. (τετράγωνον) ¶ 1 tétragone, carré : Capel. 6, 712 ¶ 2 quadrat, aspect carré [astrol.] : Aus. Ecl. 2 (369), 40.

tĕtrăgōnus, a, um (τετράγωνος), carré, qui a quatre côtés : Grom. 247, 8 ‖ carré [nombre] : Boet. Arith. 1, 27, 7 ‖ [astrol.] **tetragonus aspectus** Aus. Ecl. 2 (369), 21, aspect carré.

tĕtrăgrammătŏs, ŏn (τετραγράμματος), composé de quatre lettres : Isid. 19, 21, 7.

tĕtrăgrammus, a, um, composé de quatre lettres : Hier. Quaest. 17, 3-5, p. 26, 28 L.

Tĕtrăītēs, is, m. (Τετρα-), nom de gladiateurs : CIL 4, 538 ; 12, 5696, 32 ; ▼ Petraites.

tĕtrălix, ĭcis, f. (τετράλιξ), variété de bruyère : Plin. 21, 94.

tĕtrămĕtĕr, tri, m. (τετράμετρος), tétramètre, qui a quatre mètres [métr.] : Diom. 586, 28.

tĕtrămĕtrus, a, um (τετράμετρος), composé de quatre pieds doubles ou dipodies dans les vers iambiques, trochaïques et anapestiques, mais de quatre pieds dans les vers dactyliques, crétiques, bacchiaques : Ter.-Maur. 6, 388, 2095 ; Isid. 6, 2, 17.

Tĕtrănaulŏchus, i, m., ville de Thrace : Plin. 4, 45.

tetrans, antis, m. (τετράς), quart, quatrième partie d'un tout : Vitr. 4, 2, 4.

tetrăo, ōnis, m. (τετράων), tétras, coq de bruyère : Plin. 10, 56 ; Suet. Cal. 22.

tĕtrăōnўmus, a, um (τετραώνυμος), qui a quatre noms : Prisc. 2, 61, 1.

tĕtrăpharmăcum, i, n. (τετραφάρμακον) ¶ 1 emplâtre fait de quatre substances : Veg. Mul. 2, 15, 2 ¶ 2 plat de quatre mets : Spart. Hadr. 21 ; Lampr. Alex. 30.

tĕtrăphŏri, ōrum, m. pl. (τετραφόρος), quatre porteurs [du même fardeau] : **phalangarii tetraphori** Vitr. 10, 3, 7, groupe de quatre portefaix.

Tĕtrăphỳlĭa, ae, f., ville d'Athamanie : Liv. 38, 1, 7.

tĕtrăplăsĭus, a, um (τετραπλάσιος), quadruple : Capel. 9, 953.

tĕtrăpleurus, a, um (τετράπλευρος), qui a quatre côtés : Capel. 6, 230.

tĕtrăplŏ, ās, āre, -, - (τετραπλόος), quadrupler : Capel. 9, 952.

tĕtraptōtŏn, i, n., **tĕtraptōta**, ōrum, n. pl. (τετράπτωτον), qui a (qui ont) quatre cas distincts [gram.] : Prisc. 2, 188, 16 ; Diom. 309, 22.

tĕtraptōtŏs forma, forme qui n'a que quatre cas distincts : Consent. 5, 351, 22 ; 28.

Tĕtrăpūs, ŏdis, m. (τετράπους), Quadrupède [titre du huitième livre d'Apicius] : Apic. 330 tit.

tĕtrăpylum (-ŏn), i, n. (τετράπυλον), édifice tétrapyle, à quatre portes : Expos. Mund. 26.

Tĕtrăpyrgĭa, ae, f. (Τετραπυργία), ville de Cilicie : Peut. 9, 3.

tetrarchēs, ae, m. (τετράρχης), tétrarque : Cic. Mil. 76 ; Dej. 27 ; Caes. C. 3, 3 ; Sall. C. 20, 7 ‖ prince [en gén.] : Prud. Cath. 6, 69.
▶ nom. **tetrarcha** Vulg. Matth. 14, 1.

tetrarchĭa, ae, f., tétrarchie : Cic. Dej. 42 ; Div. 1, 27.

tĕtrărhythmus, um (τετράρρυθμος), formé de quatre mesures : Mar. Vict. Gram. 6, 96, 27.

tĕtrăsēmus, a, um (τετράσημος), qui a quatre unités de temps [métr.] : Capel. 9, 981.

tĕtrastĭcha, ōn, n. pl. (τετράστιχον), quatrain : Quint. 6, 3, 96 ; Mart. 7, 85, 1.

tĕtrastĭchus, a, um, -ŏs, ŏn (τετράστιχος) ¶ 1 de quatre vers : Anth. 658, 5 tit. ¶ 2 de quatre rangs : Treb. Gall. 18, 5.

tĕtrastrŏphus, a, um, -ŏs, ŏn (τετράστροφος), de quatre strophes : Serv. Gram. 4, 468, 21 ; Fort. Carm. 3, 4, 3.

tĕtrastỳlum (-ŏn), i, n. (τετράστυλον), tétrastyle, galerie à quatre colonnes ou quatre rangs de colonnes : Capit. Gord. 62.

tĕtrastỳlus, a, um, -ŏs, ŏn, tétrastyle [qui a quatre colonnes ou quatre rangs de colonnes] : Vitr. 3, 3, 7 ; 6, 3, 1.

tĕtrăsyllăbus, a, um (τετρασύλλαβος), de quatre syllabes : Ps. Prisc. Acc. 3, 526, 19.

tĕtrax, ăcis, m. (τέτραξ), outarde [oiseau] : Nemes. Auc. 1, 1 ; ▼ tetrao.

tĕtrē, ▼ taetre.

Tĕtrĭca, ae, f., montagne de la Sabine : Varr. R. 2, 1, 5 ; Virg. En. 7, 713 ‖ **Tetrica rupes** Sil. 8, 419.

tetrĭcĭtas, tetrĭcus, ▼ taet-.

Tetrilĭus, ĭi, nom d'homme : Cic. Ac. 2, 11.

Tetrĭnius, ĭi, m., nom d'homme : Suet. Cal. 30.

tetrinnĭō, īs, īre, -, - (onomat.), ▶ tetrissito : Philom. 22.

tetrissītō, ās, āre, -, -, intr., caqueter [canards] : Suet. Frg. 161, p. 251.

tĕtrĭtūdo, tĕtro, tĕtrum, ▼ tae-.

tettĭgŏmētra, ae, f. (τεττιγομήτρα), larve de cigale : Plin. 11, 93.

tettīgŏnĭum, ĭi, n. (τεττιγόνιον), petite cigale : Plin. 11, 92.

Tettĭus, ĭi, m., nom d'homme : Cic. Att. 4, 3, 3.

tĕtŭlī, parf. de fero.

Tetum, n., rivière de Narbonnaise : Plin. 3, 32.

tetus, i, m. (teta, cf. titus), ▶ palumbes, pigeon ramier : Schol. Bern. B. 1, 58.

Teuca, ▼ Teuta.

Teucĕr (Teucrus, Virg. En. 3, 108 ; Lact. Inst. 1, 21, 1), **cri**, m. (Τεῦκρος), Teucer ¶ 1 fils du fleuve Scamandre et de la nymphe du mont Ida, premier roi de la Troade [d'où le nom de Teucri donné aux Troyens], beau-père de Dardanos : Virg. En. 1, 235, 3, 108 ; Ov. M. 13, 705, [en fait un héros Crétois ; déjà dans Lycophron, Scamandre est un roi de Crète] ¶ 2 fils de Télamon, roi de Salamine et demi-frère d'Ajax : Hor. O. 1, 7, 21 ; Ov. M. 13, 157.

Teuchira, ae, f., Arsinoé Teuchira [ville de la Cyrénaïque] : Plin. 5, 31.

teuchītis, ĭdis, f., sorte de jonc odoriférant : Plin. 21, 120.

teuchus, n. (τεῦχος), volume, livre : **teuchus volumen, unde pentateuchus** Euch. Instr. 2, 15,p. 161, 7, " teuque " signifie " livre ", d'où " pentateuque ".

Teucri, ōrum, m. pl., les Troyens : Virg. En. 1, 38 ; Ov. M. 13, 705 ‖ les Romains : Sil. 17, 348.

1 teucrĭa, ae, f., germandrée [plante] : Plin. 26, 35.

2 Teucrĭa, ae, f., la Troade : Virg. En. 2, 26.

teucrĭŏn, ĭi, n. (τεύκριον), cétérach [plante] : Plin. 25, 45 ‖ germandrée : Plin. 24, 130.

Teucris, ĭdis, f. (Τευκρίς), Troyenne [sobriquet] : Cic. Att. 1, 12, 1 ; 1, 13, 6.

Teucrĭus, a, um [rare], de Troie : Sil. 13, 36.

1 Teucrus, a, um, de Troie, troyen : Catul. 64, 345 ; Ov. M. 14, 72.

2 Teucrus, ▼ Teucer.

Teudalenses, ▼ Theudalenses.

Teudūrum, i, n., ville de Belgique [Tüddern] : Anton. 375.

Teuma, ătis, n., bourg de Thessalie : Liv. 32, 13, 12.

Teumēsus, i, m., montagne de Béotie : Stat. Theb. 1, 485.

Teurnĭa, ae, f., ville du Norique Atlas XII, A4 : Plin. 3, 146.

Tĕus, ▶ Teos.

Teuta, ae, f., ▶ Teutana : Plin. 34, 24.

Teutāna, ae, f., reine d'Illyrie : Flor. 2, 5, 2.

Teutāni, ōrum, m. pl., peuple du Péloponnèse : Plin. 3, 50.

Teutātēs, *ae*, m. (cf. *Teutoni, totus*), Teutatès [divinité gauloise] : Luc. *1, 445* ; Lact. *Inst. 1, 21, 3*.

teuthălis, *ĭdis*, f. (τευθαλίς), ▶ *polygonos* : Plin. *27, 113*.

Teuthŏni, ▶ *Teutoni*.

Teuthrănĭa, *ae*, **Teuthrănĭē**, *ēs*, f., région de Mysie : Plin. *5, 125 ; 2, 201*.

Teuthrans, ▶ *Teuthras*.

Teuthrantēus, *-tĭus*, *a*, *um*, de Teuthras, de Mysie : Ov. *M. 2, 243* ; **Teuthrantia turba** Ov. *H. 9, 51*, la foule teuthrantienne = les cinquante filles de Thespius, fils de Teuthras.

Teuthrās, *antis*, m. (Τεύθρας) ¶ 1 Teuthras [fils de Pandion et roi de Mysie] : Hyg. *Fab. 99* ; *100* ¶ 2 petite rivière de Campanie : Prop. *1, 11, 11* ¶ 3 un des compagnons d'Énée : Virg. *En. 10, 302*.

Teuthrēdōn, *ŏnis*, m., nom d'un héros du siège de Troie : Hyg. *Fab. 98*.

teuthrĭōn, *ĭi*, n., germandrée, polium [plante] : Plin. *21, 44*.

Teutĭcus, *i*, m., ambassadeur de Gentius [Illyrien] : Liv. *44, 31, 9*.

teutlŏphăcē, *ēs*, f. (τευτλοφακή), plat composé de bettes et de lentilles : Cael.-Aur. *Acut. 1, 15, 12*.

Teutŏbŏdus, *i*, m., chef des Cimbres : *Flor. 1, 38, 10 (3, 3)*.

Teutŏburgĭum (**Teutĭ-**), *ĭi*, n., ville de la Pannonie inférieure [auj. Teuteberg] : Anton. *243* ‖ **Teutŏburgĭensis saltus**, m., forêt de Teutoburg [défaite romaine en 9 apr. J.-C., site controversé] Atlas I, B4 ; V, B4 : Tac. *An. 1, 60, 3*.

Teutomatus, *i*, m., roi des Nitiobriges : Caes. *G. 7, 31 ; 7, 46*.

Teutŏni, *ōrum*, m. pl., Teutons [peuple de Germanie] Atlas I, A4 : Caes. *G. 1, 33* ; Cic. *Pomp. 60* ; Suet. *Caes. 11* ‖ sg., **Teutŏnus**, Luc. *6, 259* ‖ **Teutŏnĭcus**, *a*, *um*, des Teutons : Prop. *3, 3, 44* ; Luc. *1, 256* ; Vell. *2, 120, 1* ; Val.-Max. *6, 1*.
▶ forme *Teutones, um*, m. pl., Caes. *G. 7, 77, 12* ; Eutr. *5, 1, 3*.

Teutŏnīcĭānus, *a, um*, teutonique : Not. Dign. *Oc. 42, 33*.

Teutrĭa, *ae*, f., île de l'Adriatique, en face de l'Apulie : Plin. *3, 151*.

Teveste, ▶ *Thebeste*.

texī, parf. de *tego*.

texō, *ĭs*, *ĕre*, **texŭī**, **textum** (cf. *tela, tignum*, τέκτων, scr. *tāṣṭi* ; it. *tessere*, fr. *tisser*), tr. ¶ 1 tisser : **telam** Ter. *Haut. 285*, ourdir une toile ; [fig.] Cic. *de Or. 3, 226*, ourdir une trame ; **tegumenta corporum texta** Cic. *Nat. 2, 150*, vêtements de corps tissés, cf. Cic. *Nat. 2, 123* ; Catul. *68, 49* ; Prop. *3, 6, 33* ¶ 2 tresser ; [un brancard, une corbeille] Virg. *En. 11, 65* ; *G. 1, 266* ; [des claies] Hor. *Epo. 2, 45*, cf. Ov. *F. 6, 262* ‖ entrelacer [des fleurs] : Ov. *M. 10, 123*, cf. Prop. *3, 3, 36* ‖ faire, construire en entrelaçant ; [des haies] Virg. *G. 2, 371* ; [des nids] Quint. *2, 16, 16* ; Plin. *30, 89* ‖ construire, bâtir : **basilicam** Cic. *Att. 4, 16, 14*, construire une basilique, cf. Virg. *En. 11, 326* ; Plin. *13, 72* ¶ 3 [fig.] **quod tua texuerunt scripta** *Ov. *Pont. 1, 30*, l'ouvrage de tes lettres [les consolations qu'elles avaient tissées, formulées] ‖ **sermones** Pl. *Trin. 797*, entrelacer, échanger des propos ; **epistulas cottidianis verbis** Cic. *Fam. 9, 21, 1*, composer les lettres avec les mots de tous les jours, cf. Cic. *Q. 3, 5, 1*.
▶ inf. pass. *texier* Pl. *Trin. 792*.

textĭle, *is* (*textilis*), [n. pris subst¹] tissu : **pictura in textili** Cic. *Verr. 4, 1*, tapisserie, cf. Cic. *Leg. 2, 45* ; Liv. *45, 35, 2*.

textĭlis, *e* (*texo*) ¶ 1 tissé : **textile stragulum** Cic. *Tusc. 5, 61*, tapis ; **textilis pestis** Cic. *poet. Tusc. 2, 20*, fléau tissé [tunique de Nessus] ¶ 2 tressé, entrelacé : **textilia serta** Mart. *6, 80, 8*, guirlandes [de roses] ; Sen. *Med. 572*.

textŏr, *ōris*, m. (*texo*), tisserand : Pl. *Aul. 519* ; Hor. *Ep. 1, 19, 13*.

textōrius, *a, um* (*textor*), de tisserand, de tissu ‖ [fig.] **textorium, inquis, totum istud...** Sen. *Ep. 113, 26*, c'est inextricable, diras-tu, tout cela.

textrīcŭla, *ae*, f. ; adj. (dim. de *textrix*), qui tisse sa toile : Arn. *5, 14*.

textrīna, *ae*, f. (*textor*) ¶ 1 atelier de tisserand : Apul. *Flor. 9, 25* ¶ 2 tissu, étoffe : Cassiod. *Psalm. 29, 12* ; toile [d'araignée] : Aug. *Ep. 162, 7*.

textrīnum, *i*, n. (*textor*) ¶ 1 atelier de tissage : Cic. *Verr. 4, 58* ; *4, 103* ; Vitr. *6, 4, 2* ¶ 2 art de tisser, tissage : Sen. *Ep. 90, 20* ; Suet. *Gram. 23* ¶ 3 chantier naval : Enn. *An. 477*.

textrīnus, *a, um*, de tissage : Vulg. *Tob. 2, 19*.

textrix, *īcis*, f. (*textor*), celle qui fait de la toile : Tib. *2, 1, 65* ; Mart. *4, 19, 1*, pl. = les Parques : Apul. *M. 6, 19*.

textum, *i*, n. (*texo*) ¶ 1 tissu, étoffe : Ov. *M. 8, 640* ; *H. 17, 223* ¶ 2 contexture, assemblage : **clipei** Virg. *En. 8, 625*, contexture d'un bouclier ; **pinea conjungens in flexae texta carinae** Catul. *64, 10*, joignant les pins pour former la trame de la carène recourbée ‖ [tissu du style] Quint. *9, 4, 17*.

textūra, *ae*, f. (*texo*) ¶ 1 tissu : Pl. *St. 348* ; Lucr. *3, 209* ; Sen. *Ep. 121, 22* ‖ [fig.] Lucr. *1, 247* ¶ 2 assemblage, enchaînement : Arn. *5, 35* ¶ 3 suite [d'un discours], texte, teneur : Aug. *Conf. 7, 21, 27*.

1 textus, *a, um*, part. de *texo*.

2 textŭs, *ūs*, m. ¶ 1 enlacement, tissu, contexture : Lucr. *4, 728* ; Plin. *9, 132* ; *18, 60* ‖ [fig.] Quint. *9, 4, 13* ¶ 2 assemblage, enchaînement : Arn. *5, 35* ‖ suite [d'un texte], teneur : Aug. *Conf. 7, 21, 27*.

Texŭandri, *ōrum*, m. pl., peuple de Belgique : Plin. *4, 106*.

texŭī, parf. de *texo*.

Thabēna, *ae*, f., ville de Numidie [Thyna] : B.-Afr. *77, 2* ‖ **-enses**, *ĭum*, m. pl., habitants de Thabena : B.-Afr. *77, 1*.

Thabor, m. indécl., le mont Thabor, en Judée : Vulg. *Jud. 4, 6*.

Thābrăca, ▶ *Tabraca* : Mel. *1, 33* ; Juv. *10, 194*.

Thabrasta, *ae*, f., ville d'Afrique : Anton. *72*.

Thabusĭŏn (**-ĭum**), *ĭi*, n., forteresse de Grande-Phrygie : Liv. *38, 14*.

Thaduti, ▶ *Taduti*.

Thagaste, ▶ *Tagaste*.

Thaginēs, *is*, m., fleuve de Grande-Grèce Atlas XII, F6 : Plin. *3, 96*.

Thāis, *ĭdis*, f. (Θαΐς) ¶ 1 célèbre courtisane d'Athènes : Prop. *2, 6, 3* ; Ov. *A. A. 3, 604* ¶ 2 courtisane de Rome : Mart. *3, 8* ; *4, 12* ¶ 3 personnage : Ter. *Eun. 91*.

Thala, *ae*, f., ville de Numidie : Sall. *J. 75, 1* ; Tac. *An. 3, 21*.

thălămēgus, *i*, f. (θαλαμηγός), gondole pourvue de cabines : Suet. *Caes. 52*.

thălămus, *i*, m. (*epithalamium*, θάλαμος ; esp. *talamo*) ¶ 1 chambre : Virg. *En. 6, 280* ; Ov. *M. 2, 738* ‖ chambre à coucher : Ov. *M. 10, 456* ; Vitr. *6, 10* ¶ 2 couche nuptiale, lit : Virg. *En. 6, 623* ; Prop. *2, 15, 14* ; *3, 7, 49* ‖ mariage, hymen : Virg. *En. 4, 550* ; pl., Virg. *En. 10, 649* ; Ov. *M. 1, 658*.

1 thălassa, *ae*, f. (θάλασσα), marée [poissons] : *Apic. 398 tit*.

2 Thălassa, *ae*, f., ville de Crète : Vulg. *Act. 27, 28* ‖ nom de femme : CIL *6, 7595*.

thălassaeglē, *ēs*, f., plante magique : Plin. *24, 164*.

thălassĭcus, *a, um* (θαλασσικός), de marin : Pl. *Mil. 1179 ; 1282*.

thălassĭnus, *a, um* (θαλάσσινος), de pourpre [d'origine marine] : Lucr. *4, 1119*.

thălassĭo, **Thălassus**, ▶ *talassio, Talassus*.

thălassĭŏn phўcŏs, n. (θαλάσσιον φῦκος), sorte de fucus [plante] : Plin. *26, 103*.

thălassītēs, *ae*, m. (θαλασσίτης), vin de mer [qu'on plongeait dans la mer pour le faire vieillir] : Plin. *14, 78*.

Thălassĭus, *ĭi*, m., nom d'homme : Amm. *14, 1, 10*.

thălassŏmĕl(Plin. Val. *1, pr.*) et **thălassŏmĕli**, n. (θαλασσόμελι), eau de mer miellée : Plin. *31, 68* ; Samm. *532*.

thălassŏmĕtra, *ae*, m. (θάλασσα et μετρέω), celui qui mesure la mer : Ambr. *Hex. 5, 10, 26*.

1 Thălassus, ▶ *Talassus*.

2 Thălassus, *i*, m., nom d'homme : CIL *9, 2029*.

Thălēa, ▶ *Thalia* : Fest. *492, 20*.

Thălēs, *lētis* et *lis*, m. (Θαλῆς), Thalès de Milet [un des Sept Sages de la Grèce] : Varr.

Thales

R. 2, 1, 3; Cic. Nat. 1, 25 ‖ **-ētĭcus**, *a*, *um*, de Thalès : Sidon. Carm. 15, 89.
► acc. -letem Cic. Rep. 1, 25 ; Serv. En. 3, 241 ; -lem Pl. Cap. 274 ; Cic. Div. 1, 111 ; -len Cic. de Or. 3, 137 ; Div. 2, 58 ; -leta Serv. G. 4, 363 ; 382 ‖ abl. -lete Cic. Rep. 1, 22 ; -le Cic. Nat. 1, 91.

Thalestris, *is*, f., reine des Amazones : Curt. 5, 6, 25.

Thali, *v.* Thalli.

Thălīa, *ae*, f. (Θάλεια), Thalie [muse de la comédie] : Virg. B. 6, 2 ‖ muse de la poésie : Hor. O. 4, 6, 25 ‖ une des Grâces : Sen. Ben. 1, 3, 6 ‖ une des Néréides : Virg. En. 5, 826.

Thălĭarchus, *i*, m. (Θαλίαρχος), destinataire d'une ode : Hor. O. 1, 9, 8.

Thalibae, *ārum*, m. pl., peuple troglodyte : Plin. 6, 176.

thălĭĕtrum, *i*, n. (θαλίητρον), **thălictrum**, *i*, n. (θαλίκτρον), rue des prés [plante] : Plin. 27, 138.

Thălīnus, *i*, m., nom d'homme : CIL 6, 36747.

Thălĭus, *ĭi*, m., nom d'homme : Mart. 4, 67.

Thalli, *ōrum*, m. pl., peuple de l'Asie Ultérieure : Plin. 6, 17.

Thallūmētus, *i*, m., nom d'un affranchi d'Atticus : Cic. Att. 5, 12, 2.

1 **thallus**, *i*, m. (θαλλός ; it. *tallo*), tige d'une plante garnie de ses feuilles : Col. 11, 3, 58 ; Pall. 3, 24, 4 ‖ branche de myrte : Ciris 376.

2 **Thallus**, *i*, m. (Θαλλός), historien grec : Tert. Apol. 10, 7 ; 19, 6 ; Lact. Inst. 1, 13, 8.

Thallūsa, *ae*, f., surnom de femme : CIL 6, 5554.

Thalna, surnom romain, *v.* Talna : Liv. 39, 31 ; Plin. 7, 182.

Thalpĭus, *ĭi*, m., un des prétendants d'Hélène : Dict. 1, 17.

Thalpūs, *ontis*, m., nom d'homme : CIL 6, 27341.

Thalutae, *ārum*, m. pl., peuple de l'Inde : Plin. 6, 67.

1 **Thamar**, f. indécl., nom de plusieurs femmes de l'Ancien Testament : Vulg. Gen. 38, 6 ; 2 Reg. 13, 1.

2 **thamar**, n. indécl. (hébr.), palmier : VL. Gen. 14, 7 d. Hier. Quaest. 14, 7, p. 23, 9L.

Thamaro, *ōnis*, f., ville de Judée : Peut. 9, 1.

Thămīrās, *v.* Thamyras.

Thamna, f., ville des Iduméens : Vulg. Gen. 36, 40.

Thamnata, **Thamnathsare**, f. indécl., ville de Judée : Vulg. 1Macc. 9, 50 ; Jud. 2, 9.

Thamnītĭcus, *a*, *um*, de Thamnata : Plin. 5, 70.

thamnus, *i*, f. (θάμνος), tamier [arbuste] : Col. 10, 373 ; Tert. Anim. 32, 1 ; *v.* tamnus.

Thămūgădi (Tam-), *is*, n., ville de Numidie Atlas I, E3 ; VIII, A3 [Timgad] : CIL 8, 2353 ‖ **-ādensis**, *e*, de Thamugadi : Aug. Ep. 87, 5.

Thămўrās, *ae*, m., (**Thămўris**, *is*) m. Stat. Th. 4, 183, poète de Thrace qui, concourant avec les Muses, fut battu, puis privé de la voix et de la vue : Prop. 2, 22, 19 ; Ov. Am. 3, 7, 62 ; Plin. 7, 204.

Thămўris, *v.* Thamyras et Tomyris.

Thanar, n. indécl., rivière d'Arabie : Plin. 6, 151.

Thănătŏs, *i*, f., île entre la Gaule et la Bretagne : Isid. 14, 6, 3.

Thapsacum, *i*, n., ville de Syrie, sur l'Euphrate : Plin. 5, 87.

Thapsagum, *i*, n., ville de Libye : Plin. 5, 37.

thapsĭa, *ae*, f. (θαψία), sorte de férule [plante] : Plin. 13, 124.

Thapsus (-ŏs), *i*, f. (Θάψος) ¶ 1 ville d'Afrique dans la Byzacène [Ras Dimas] Atlas I, E4 ; VIII, A4 ; XII, H2 : Liv. 33, 48 ; Plin. 5, 25 ; B.-Afr. 28, 1 ; 44, 1 ¶ 2 péninsule de Sicile, près de Syracuse : Virg. En. 3, 689 ; Sil. 14, 206 ‖ **-sītāni**, *ōrum*, m. pl., habitants de Thapsus : B.-Afr. 97, 2.

Thărăsĭa, *c.* 2 Therasia : Greg.-Tur. Conf. 108.

Tharnē, *ēs*, f., lieu de l'Attique : Plin. 11, 190.

Tharrĭās, *ae*, m., nom d'un médecin : Cels. 3, 21, 14.

Tharsenses, *ĭum*, m. pl., habitants de Tharsis : Vulg. 2 Macc. 4, 30.

Tharsis (Tarsis), *is* (*ĭdis*), f., *c.* Tartessus : CIL 5, 6134 ‖ ville de l'Inde : Isid. 9, 2, 35.

Tharsus, *i*, m., nom d'homme : CIL 6, 21820.

Thascius, *ĭi*, m., nom d'homme : Prud. Perist. 13, 88.

Thăsĭa, *ae*, f. (*Thasius*), (s.-ent. *laurus*), fragon [arbuste] : *Plin. 15, 130 ; *v.* taxia.

Thăsĭē, *ēs*, f., contrée d'Asie, dans l'Ibérie [Caucase] : Plin. 6, 29.

Thăsŏs (-us), *i*, f. (Θάσος), Thasos [île de la mer Égée] Atlas I, D5 ; VI, A2 : Cic. Pis. 89 ; Plin. 4, 73 ; Liv. 33, 30, 3 ‖ **Thăsĭus**, *a*, *um*, de Thasos : *Thasius lapis* Sen. Ep. 86, 6, la pierre [marbre] de Thasos ‖ **Thăsĭi**, *ōrum*, m. pl., les habitants de Thasos : Nep. Cim. 2, 5.

Thassius, Thassos, f., *v.* Thasos.

1 **Thăsus**, *i*, m., nom d'homme : Ov. Ib. 477.

2 **Thăsus**, *i*, f., *v.* Thasos.

thau, n. indécl. (hébr.), taw [dernière lettre de l'alphabet, notée X et servant de marque] : Vulg. Ezech. 9, 4.

Thaumăci, *ōrum*, m. pl., Liv. 32, 4, 1 (Θαυμακοί), **Thaumăcĭē**, *ēs*, f., Plin. 4, 32 (Θαυμακία), ville de Thessalie, dans la Magnésie.

Thaumantēus, *a*, *um* (Θαυμάντειος), de Thaumas : **Thaumantea virgo** Ov. M. 14, 845, Iris [fille de Thaumas].

Thaumantĭăs, *ădis*, f., fille de Thaumas [Iris] : Ov. M. 4, 480 ‖ [abs¹] Iris : Virg. En. 9, 5 ; Val.-Flac. 8, 115.

Thaumantis, *ĭdis*, f., *c.* Thaumantias : Ov. M. 11, 647.

Thaumās, *antis*, m. ¶ 1 fils de l'Océan et père d'Iris : Cic. Nat. 3, 51 ¶ 2 nom d'un Centaure : Ov. M. 12, 303.

Thaumastē, *ēs*, f., CIL 6, 28534.

Thaumastus, *i*, m., CIL 3, 1997, nom de femme, nom d'homme.

Thĕaetētus, *i*, m. (Θεαίτητος) ¶ 1 le Théétète [titre d'un dialogue de Platon] : Gell. 13, 19, 1 ¶ 2 nom d'un amiral des Rhodiens : Liv. 45, 25.

Thĕăgĕnēs, *is*, m., **Thĕăgĕnis**, *ĭdis*, f., Théagène [nom d'homme], Théagénis [nom de femme] : CIL 6, 2166 ; 15052.

thĕămēdēs, *is*, acc. *ēn*, m., pierre qui repousse le fer : Plin. 36, 130.

Thĕăngĕla, *ae*, f. (Θεάγγελα), ville de Carie : Plin. 5, 107.

thĕangĕlis, *ĭdis*, f. (θεαγγελίς), plante magique : Plin. 24, 164.

Thĕăngĕlus, *i*, m., surnom d'homme : CIL 6, 20839.

Thĕānō, *ūs*, f. (Θεανώ), fille de Pythagore : Aus. Parent. 32 (189), 5.

thĕātrālis, *e* (*theatrum*), de théâtre, relatif au théâtre : Cic. Sest. 115 ; *theatrales operae* Tac. An. 1, 16, claqueurs, la claque [applaudisseurs salariés] ‖ théâtral, faux, feint : Quint. 2, 2, 10.

thĕātrĭcus, *a*, *um* (θεατρικός), de théâtre : Aug. Civ. 6, 10.

thĕātrĭdĭon, *ĭi*, n., petit théâtre : Varr. R. 3, 5, 13.

thĕātrum, *i*, n. (θέατρον) ¶ 1 théâtre, lieu de représentations : Cic. Rep. 3, 44 ; Tusc. 1, 37 ; Fin. 1, 49 ; Hor. Ep. 2, 2, 130 ‖ théâtre grec qui servait de salle de conseil : Cic. Flac. 16 ; Liv. 24, 39, 1 ; Nep. Timol. 4, 2 ; Tac. H. 2, 80 ‖ amphithéâtre : Virg. 5, 288 ¶ 2 le théâtre = les spectateurs, le public : Cic. Div. 1, 59 ; Phil. 1, 30 ; Tusc. 1, 106 ; de Or. 3, 196 ¶ 3 [fig.] théâtre, scène : *(forum fuit) quasi theatrum illius ingenii* Cic. Brut. 6, (le forum fut) en qq. sorte le théâtre de son génie, cf. Cic. Verr. 5, 35 ; Tusc. 2, 64 ; Q. 1, 1, 42.

Thēbae, *ārum*, f. pl. (Θῆβαι) ¶ 1 Thèbes [aux cent portes, capitale de la Haute-Égypte] Atlas I, F6 : Mel. 1, 60 ¶ 2 ville de Mysie détruite par Achille : Ov. M. 12, 110 ¶ 3 ville de Béotie, fondée par Cadmus, patrie de Pindare Atlas VI, B2 : Mel. 2, 40 ; Plin. 4, 25 ; Cic. Inv. 1, 93 ¶ 4 ville de Cilicie : Plin. 5, 92.

Thēbaeus, *a*, *um*, de Thèbes [en Égypte] : Claud. Carm. min. 27, 91.

Thēbāgĕnēs, *ae*, m. (Θηβαγενής), originaire de Thèbes (en Béotie) : Varr. Men. 112.

Thēbăĭcus, *a*, *um*, de Thèbes [en Égypte] : Plin. 23, 97 ; Stat. S. 4, 9, 26.

1 **Thēbăĭs**, *ĭdis*, adj. f., de Thèbes [en Béotie] : Stat. S. 2, 2, 60 ; *Sen. Ag. 315 ‖ subst. **a)** f. pl., **Thebaides, um** Ov. M. 6, 163, les Thébaines **b)** f., **Thebais, idos** Juv. 7, 83, la Thébaïde [titre d'un poème de Stace].

2 **Thēbăĭs**, *ĭdis*, f., la Thébaïde, contrée de la Haute-Égypte : Plin. 5, 48 ; 12, 100.

Thēbăĭtēs, *ae*, m., fleuve de Carie : Plin. 5, 109.

Thēbāni, *ōrum*, m. pl., Thébains [en Béotie] : Cic. Fat. 7 ; Rep. 4, 4 ‖ **-bānus**, *a*, *um*, thébain : Hor. P. 394 ; *Thebani duces* Prop. 2, 9, 50, Étéocle et Polynice, cf. Luc. 4, 551 ; *Thebani modi* Hor. Ep. 1, 3, 13, rythmes de Pindare ; **Thebanus deus** Prop. 3, 18, 6, Hercule ; **Thebana**, subst., Ov. Tr. 4, 3, 29, la Thébaine = Andromaque [de Thèbes en Mysie].

Thebăsa, *ōrum*, n. pl., ville de Lycaonie, au pied du mont Taurus : Plin. 5, 95 ‖ **-sēni**, *ōrum*, m. pl., habitants de Thebasa : Plin. 5, 147.

1 **Thēbē**, *ēs*, f., Thèbes [en Égypte] : Juv. 15, 6 ; Plin. 5, 60 ‖ Thébè, ville de l'Éolide [Mysie] : Plin. 5, 122.

2 **Thēbē**, *ēs*, f. ¶ **1** nymphe aimée par le fleuve Asope : Ov. Am. 3, 6, 33 ¶ **2** femme d'Alexandre, tyran de Phères : Cic. Inv. 2, 144 ; Off. 2, 25.

1 **Thebēs**, f. indécl., ville de la Samarie : Vulg. Jud. 9, 50 ; 2 Reg. 11, 21.

2 **Thēbēs Campus**, *i*, m., la Plaine de Thébè [Mysie] : Liv. 37, 19, 7.

Thĕbestē (Tĕvestē), f. indécl. (Θεουέστη), ville de Numidie [Tébessa] : Cod. Th. 11, 30, 5.

Thēbŏgĕnēs, ▶ *Thebagenes*.

thēca, *ae*, f. (θήκη ; fr. *taie*) ¶ **1** étui, gaine, fourreau : Cic. Verr. 4, 52 ¶ **2** cassette : Cic. Att. 4, 7, 2 ‖ boîte, coffre : Amm. 28, 4, 13 ‖ étui pour ranger les roseaux à écrire : Suet. Cl. 35.

thēcātus, *a*, *um* (*theca*), enfermé dans un étui : Sidon. Ep. 1, 2, 5.

Thĕcla, *ae*, f., nom de femme : Fort. Carm. 8, 6, 34.

1 **Thecŭa**, *ae*, m., **Thecŭē**, indécl., nom d'homme : Vulg. 4Reg. 22, 14 ; 1Esdr. 10, 15.

2 **Thecŭa**, *ae*, f., **Thecŭē**, indécl., ville de Judée : Vulg. 2Reg. 14, 2 ; 2Par. 11, 6 ‖ **-cŭēni**, *m. pl.*, habitants de Thécua : Vulg. 2Esdr. 3, 5 ‖ **-ītes**, *ae*, m., **-ītis**, *ĭdis*, f., de Thécua : Vulg. 1Par. 11, 28.

Thēgānūsa, *ae*, f. (Θηγάνουσα), île voisine de la Laconie : Plin. 4, 56.

Theifalĭa, *ae*, f., ville des Pictons [auj. Tiffauges] : Greg.-Tur. Vit. Patr. 15, 1, ▶ *Taifali*.

Theĭum, *ĭi*, n., ville d'Athamanie : Liv. 38, 1.

Theĭus, *ĭi*, m., nom d'homme : CIL 6, 12538.

Thelbōn, *ōnis*, f., ville de Mésopotamie : Peut. 10, 3.

Thelcĭus, *ĭi*, m., cocher de Pollux : Plin. 6, 16.

Thelepte, ▶ *Telepte* : CIL 8, 2094.

Thĕlĕsīna (Tel-), *ae*, f., **Thĕlĕsīnus (Tel-)**, *i*, m., nom de femme, nom d'homme : Mart. 2, 49 ; 3, 40.

Thĕlĭnē, *ēs*, f., ancien nom d'Arles : Avien. Or. 679 ; ▶ *Arelas*.

Thĕlis, f., arch. pour *Thetis* : Varr. L. 7, 87 ; R. 3, 9, 19 ; *Enn. Tr. 392.

thĕlŏdīves, *ĭtis* (θέλω, *dives*), qui veut passer pour riche : Aug. Ep. 149, 27.

thĕlŏhŭmĭlis, *e* (θέλω, *humilis*), qui se donne comme humble : Aug. Ep. 149, 27.

thĕlŏsăpĭens, *entis* (θέλω, *sapiens*), qui veut passer pour sage : Aug. Ep. 149, 27.

Thelpūsa, *ae*, f., ville d'Arcadie : Plin. 4, 20.

Thelūsa, *ae*, f., nom de femme : CIL 6, 1971.

Thelxĭnŏē, *ēs*, f., une des quatre premières Muses : Cic. Nat. 3, 54.

thēlўcardĭŏs, *ĭi*, m. (θηλυκάρδιος), pierre précieuse inconnue : Plin. 37, 183.

Thēlўco, *ōnis*, m., nom d'homme : CIL 6, 8890.

thēlўcōn, *i*, n. (θηλυκός), mercuriale [plante] : Ps. Apul. Herb 82 ; ▶ *thelygonos*.

Thēlўcus, *i*, m., nom d'homme : CIL 6, 8890.

thēlўgŏnŏs, *i*, m. (θηλυγόνος), persicaire [plante] : Plin. 27, 63.

thēlўphŏnŏn, *i*, n. (θηλύφονον), aconit [plante] : Plin. 25, 122 ; 27, 9.

thēlyptĕris, *ĭdis*, f. (θηλυπτερίς), fougère femelle [plante] : Plin. 27, 78.

thēlyrrhīzŏs, *i*, m. (θηλύρριζος), nom d'une pierre précieuse inconnue : Plin. 37, 183.

thĕma, *ătis*, n. (θέμα) ¶ **1** thème, proposition, sujet, thèse : Sen. Contr. 3, 20 ; Quint. 4, 2, 28 ¶ **2** thème de géniture, horoscope : Suet. Aug. 94.

Themetra, *ae*, f., ville d'Afrique : CIL 5, 4919 ‖ **-ensis**, *e*, de Thémétra : CIL 5, 4919.

Thĕmĭdĕus, *a*, *um*, f., de Thémis : Myth. 1, 2, 3, 1.

Thĕmis, *ĭdis*, acc. *in*, f. (Θέμις), fille du Ciel et de la Terre, déesse de la Justice : Catul. 68, 155 ; Ov. M. 1, 321 ‖ mère d'Anchise : Hyg. Fab. 94 ; 270.

Themiscyra, *ae*, f. (Θεμίσκυρα), Plin. 6, 10, **Thĕmiscyrĭum**, *ĭi*, n., Mel. 1, 105, ville de Cappadoce, capitale des Amazones Atlas I, D6 ‖ **-raeus**, **-rēnus**, *a*, *um*, de Thémiscyre : Amm. 22, 8, 17 ; Plin. 6, 9.

Thĕmĭsōn, *ōnis*, m. (Θεμίσων), célèbre médecin de Syrie : Sen. Ep. 95, 9 ; Plin. 29, 6.

Thĕmista, *ae*, f., **Thĕmistē**, *ēs*, f., nom d'une philosophe épicurienne de Lampsaque : Cic. Fin. 2, 68 ; Pis. 63 ; Lact. Inst. 3, 25, 15.

Thĕmistăgŏra, *ae*, f., une des cinquante filles de Danaos : Hyg. Fab. 170.

Thĕmistăgŏrās, *ae*, m., nom d'un habitant de Lampsaque : Cic. Verr. 1, 83.

Thĕmistĕās, *ae*, m., promontoire de Carmanie : Plin. 6, 111.

Thĕmistō, *ūs*, f., femme d'Athamas : Hyg. Fab. 239, 2.

Thĕmistŏclēs, *i* (*is*) m. (Θεμιστοκλῆς), célèbre général athénien : Cic. Att. 7, 11, 3 ; Tusc. 4, 44 ; Nep. Them. 1, 2 ‖ **-ēus**, *a*, *um*, de Thémistocle : Cic. Att. 10, 8, 4 et 7. ▶ gén. *-cli* Cic. de Or. 2, 300 ; Fam. 5, 12, 5 ; Nep. Them. 4, 5 ‖ *-clis* Just. 2, 9, 15 ‖ acc. *-clem* Cic. Sest. 141 ; Rep. 1, 5 ; *-clen* Nep. Them 8, 7 ; *-clea* Val.-Max. 5, 3, 3.

Thĕmistus, *i*, m., nom d'homme : Liv. 24, 24.

Thena, *ae*, f., ville d'Afrique [Ténès] : Plin. 5, 25 ‖ **Thaenītāni**, *ōrum*, m. pl., habitants de Théna : CIL 8, 22797.

thensaurus, ▶ *thesaurus*.

Thĕŏchrestus, *i*, m., historien de la Libye : Plin. 37, 37.

Thĕŏclīa, f. (Θεόκλεια), sœur d'Alexandre Sévère : Capit. Maxim. 29, 2.

Thĕŏclius, *ĭi*, m., nom d'un historien sous Aurélien : Vop. Aur. 6, 4.

Thĕŏcrĭtus, *i*, m. (Θεόκριτος), Théocrite [poète bucolique de Syracuse] : Quint. 10, 1, 55 ; Macr. Sat. 5, 2, 4 ; Suet. Vit. Verg. 53.

Thĕoctistus, *i*, m., maître de Priscien : Prisc. 2, 238, 6 ; 3, 231, 24.

Thĕŏdămās, **-dămās**, *antis*, m. (Θειοδάμας), roi des Dryopes, tué par Hercule : Hyg. Fab. 14 ; 271 ‖ **-mantēus**, *a*, *um*, de Théodamas : Prop. 1, 20, 6.

Theodās, *ae*, m., nom d'un faux prophète : Vulg. Act. 5, 36.

Thĕŏdectēs, *is* ou *i*, m. (Θεοδέκτης), orateur cilicien, célèbre pour sa mémoire : Cic. Or. 172 ; Quint. 11, 2, 51 ; Val.-Max. 8, 14, 3.

thĕŏdŏchŏs, *on*, adj. (θεοδόχος), qui reçoit Dieu [notion nestorienne, en parlant de la chair du Christ, qui a reçu la divinité] : Cassian. Inc. 5, 2, 1.

Thĕŏdōra, *ae*, f. ¶ **1** femme de Constance Chlore : Jord. Rom. 298 ¶ **2** femme de Justinien : Jord. Rom. 382.

Thĕŏdōrēi, *ōrum*, m. pl., disciples de Théodore de Gadara : Quint. 4, 2, 32.

Thĕŏdōrīcĭānus, *a*, *um*, de Théodoric II : Sidon. Ep. 2, 1, 3.

Theodoricus

Thĕŏdōrīcus (**Thĕŭdōrīcus**, **Thĕŏdĕrĭcus**), *i*, m., Théodoric, rois des Visigoths : Sidon. *Carm.* 7, 474 ; *Ep.* 1, 2, 1 ‖ roi des Ostrogoths [475-523] : Jord. *Rom.* 349 ‖ Thierry Ier [fils de Clovis, 511-534] : Greg.-Tur. *Hist.* 3, 1.

Thĕŏdōris (**Theu-**, *is*), m., ⓒ▶ *Theodoricus*.

Thĕŏdōrus, *i*, m. (Θεόδωρος) ¶ 1 Théodore de Byzance, sophiste grec : Cic. *Brut.* 48 ; Quint. 3, 1, 11 ¶ 2 Théodore de Cyrène, l'athée (ἄθεος) : Cic. *Nat.* 1, 2 ; *Tusc.* 1, 102 ; 5, 117 ¶ 3 rhéteur de Gadara : Quint. 3, 1, 17 ; Suet. *Tib.* 57.

Thĕŏdōsĭa, *ae*, f., ville de la Chersonèse Taurique [Kaffa] Atlas I, C3 ; Plin. 4, 86 ; Mel. 2, 3.

Thĕŏdŏsĭŏpŏlis, ⓥ▶ *Theudosiopolis*.

Thĕŏdŏsĭus, *ii*, m. (Θεοδόσιος), nom de plusieurs empereurs romains [Théodose Ier, 379-395 ; Théodose II, empereur d'Orient, 408-450, promulgua en 438 le Code théodosien] : Jord. *Rom.* 315 ; 328 ‖ **-ĭăcus**, Not. Dign. *Or.* 6, 33, **-ĭānus**, *a, um*, Cod. Just. 10, 13, 1, de Théodose, théodosien.

Thĕŏdŏtē, *ēs*, f., nom de femme : CIL 10, 3487.

1 **thĕŏdŏtĭŏn**, *ii*, n. (θεοδοτιον), sorte de collyre : M.-Emp. 8, 122.

2 **Thĕŏdŏtĭōn**, *ōnis*, m., traducteur d'une partie de la Bible : Jord. *Rom.* 276.

Thĕŏdŏtŏs (-us), *i*, m., nom d'homme : Liv. 45, 26 ; 24, 21.

Thĕŏdulfus, *i*, m., nom d'homme : Greg.-Tur. *Hist.* 10, 14.

Thĕŏdūlus, *i*, m. (Θεόδουλος), nom d'homme : CIL 6, 11762.

Thĕŏgĕnēs, *is*, m., Liv. 44, 32 et **Thĕŏgĕnis**, *ĭdis*, f., CIL 6, 6200, nom d'homme, nom de femme.

Thĕognis, *ĭdis*, m. (Θέογνις), poète gnomique grec, de Mégare : Lucil. d. Gell. 1, 3, 19.

Thĕŏgŏnĭa, *ae*, f. (θεογονία), Théogonie, généalogie des Dieux [titre d'un poème d'Hésiode] : Cic. *Nat.* 1, 36.

Thĕŏgŏnĭus, *ii*, m., nom d'homme : Suet. *Cl.* 40.

thĕŏlŏgĭa, *ae*, f. (θεολογία), théologie : Aug. *Civ.* 6, 5.

thĕŏlŏgĭcus, *a, um*, théologique, de théologie : Amm. 16, 5, 5.

Thĕŏlŏgūmena, *ōn*, n. (θεολογούμενα), recherches sur Dieu et les choses divines [titre d'un ouvrage d'Aristote] : Macr. *Sat.* 1, 18, 1.

thĕŏlŏgus, *i*, m. (θεολόγος) ¶ 1 théologien [celui qui écrit sur la mythologie] : Cic. *Nat.* 3, 53 ; Arn. 3, 11 ¶ 2 métaphysicien [celui qui discute sur la divinité] : Cassiod. *Var.* 1, 45, 4.

thĕŏmăchĭa, *ae*, f. (θεομαχία) ¶ 1 bataille entre les dieux, théomachie : Rufin. *Hist.* 1, 2, 20 ¶ 2 combat contre Dieu : Rufin. *Hist.* 3, 16, 17.

thĕŏmăchus, *i*, m. (θεομάχος), qui combat contre les dieux [Géant] : Hier. *Psalm.* 87, 11.

thĕŏmbrōtĭŏn, *i*, n. (*θεῶν βρώτιον, nourriture des dieux), plante magique [de Susiane] : Plin. 24, 162.

Thĕŏmbrōtus, *i*, m., nom d'un philosophe : Plin. 7, 123.

Thĕŏmĕnēs, *is*, m., nom d'un naturaliste : Plin. 37, 38.

Thĕomnestus, *i*, m., statuaire : Plin. 34, 91 ‖ peintre : Plin. 35, 107.

Thĕŏmolpus, *i*, m., nom d'homme : CIL 6, 3405.

1 **Theōn** [gén. pl.] **Ŏchēmă**, n., montagne de Libye [litt[t] le char des dieux] : Plin. 2, 238 ; 5, 10.

2 **Theōn**, *ōnis*, m. (Θέων) ¶ 1 peintre de Samos : Quint. 12, 10, 6 ; Plin. 35, 144 ¶ 2 calomniateur ; [d'où] **Thĕōnīnus**, *a, um*, de Théon, médisant : Hor. *Ep.* 1, 18, 82.

Thĕondās, *ae*, m., magistrat suprême de Samothrace : Liv. 45, 5, 6.

thĕōnīna, *ae*, f., ⓒ▶ *portulaca* : Ps. Apul. *Herb.* 103.

Thĕōnīnus, *a, um*, ⓥ▶ 2 *Theon*.

Thĕōnis, *ĭdis*, f., nom de femme : Inscr. Chr. Rom. 10572.

Thĕŏnŏē, *ēs*, f., fille de Thestor, enlevée par les pirates : Hyg. *Fab.* 190 ‖ nom de femme : CIL 6, 28643.

Thĕŏphănē, *ēs*, f. (Θεοφάνη), fille de Bisaltès, changée en brebis par Neptune : Hyg. *Fab.* 188 [désignée sous le nom de *Bisaltis*, acc. *ida*, d. Ov. *M.* 6, 117].

Thĕŏphănēs, *is*, m. (Θεοφάνης), Théophane de Mytilène [qui écrivait l'histoire de Pompée de son vivant] : Cic. *Arch.* 24 ; *Att.* 5, 11, 3 ; Caes. *C.* 3, 18 ; Tac. *An.* 6, 18.

Thĕŏphĭla, *ae*, f., nom de femme : Mart. 7, 69.

Thĕŏphĭlus, *i*, m. (Θεόφιλος), nom d'homme : Cic. *Fam.* 4, 9, 1 ; 4, 10, 1.

Thĕŏphrastus, *i*, m. (Θεόφραστος), Théophraste [philosophe grec] : Cic. *Or.* 62 ; *Brut.* 121 ; *Att.* 2, 16, 3.

Thĕŏplastus, *i*, m., nom d'un évêque : Sidon. *Ep.* 6, 5 tit.

thĕopnŏē, *ēs*, f. (θεοπνοή), romarin [plante] : Ps. Apul. *Herb.* 79.

Thĕŏpŏlis, *is*, f., localité de Narbonnaise [Théou] : CIL 12, 1524.

Thĕŏpompus, *i*, m. (Θεόπομπος) ¶ 1 historien de Chios, disciple d'Isocrate : Cic. *de Or.* 2, 57 ; 3, 36 ‖ **-pēus (-pīus)**, *a, um*, de Théopompe : Cic. *Or.* 207 ; *Att.* 2, 6, 2 ¶ 2 un partisan de César : Cic. *Att.* 13, 7, 4 ; *Phil.* 13, 33 ‖ personnage en relations avec Cicéron : Cic. *Q.* 1, 2, 9 ; 2, 10, 4.

Thĕŏprŏpīdēs, *is*, m. (Θεοπροπίδης), nom d'homme : Pl. *Most.* 447.

Thĕōractus, *ī*, m. (Θεόρρηκτος, frappé par les dieux, fou), Théoracte [surnom du Syracusain Theomnastus] : Cic. *Verr.* 4, 148.

thĕōrēma, *ătis*, n. (θεώρημα), théorème, proposition : Gell. 17, 19, 3 ; Capel. 3, 230 ‖ pl., vues, doctrines [des astrologues] : Chalc. 342 ‖ visions, contemplations : Ambr. *Psalm.* 36, 64.
▶ dat. abl. pl. -*tis* Gell. 1, 2, 6 ; *-tibus* Chalc. 342.

thĕōrēmătĭum, *ii*, n. (θεωρημάτιον), dim. de *theorema*, Gell. 1, 13, 9.

thĕōrētĭcă, *ae*, f., ⓒ▶ *theoretice* : Cassian. *Coll.* 14, 2.

thĕōrētĭcē, *ēs*, f. (θεωρητική), science religieuse, contemplation : Cassian. *Coll.* 14, 2.

thĕōrētĭcus, *a, um*, spéculatif [opp. *practicus*] : Fulg. *Myth.* 2, 1 ; Ambr. *Hex.* 1, 5, 17.

thĕōrĭa, *ae*, **thĕōrĭcē**, *ēs*, f. (θεωρία, θεωρική), la spéculation, la recherche spéculative : Hier. *Ezech.* 12, 40, 4 ; *Ep.* 30, 1 ; Cassian. *Coll.* 14, 2.

thĕōrĭcus, *a, um* (θεωρικός), spéculatif, contemplatif : Hier. *Ep.* 149, 6, 2.

Thĕōrus, *i*, m., Plin. 35, 144, **Thĕōris**, *ĭdis*, f., CIL 6, 2169, nom d'homme, nom de femme.

thĕostăsis, *is*, f. (θεός, στάσις), niche d'une divinité : CIL 2, 1724.

thĕŏtēta, *ae*, f. (θεότης), divinité [du Père et du Fils] : Hil. *Matth.* 16, 4.

Thĕōtīma, *ae*, f., nom de femme : CIL 6, 27360.

Thĕōtīmus, *i*, m., nom d'homme : Pl. *Bac.* 776 ; Q. Catul. d. Gell. 19, 9, 14.

thĕŏtŏcŏs, *i*, f. (θεοτόκος), mère de Dieu [la Vierge Marie] : Cod. Just. 1, 1, 6.

Thĕoxĕna, *ae*, f., nom de femme : Liv. 40, 4, 3.

Thĕoxĕnus, *i*, m., nom d'homme : Liv. 33, 18.

Thēra, *ae*, f. (Θήρα), île de la mer Égée [Santorin] Atlas VI, C3 ; IX, D1 ; Plin. 2, 202 ‖ **Thēraeus**, *a, um*, de l'île de Théra : Plin. 21, 117 ‖ **-raei**, *ōrum*, m. pl., habitants de Théra : Sall. *J.* 19, 3.

Thērāmĕnēs, *is* ou *ae*, m. (Θηραμένης), Théramène [un des Trente Tyrans d'Athènes] : Cic. *Tusc.* 1, 96.

Thĕramnae, **Thĕramnaeus**, ⓥ▶ *Therapnae*.

thĕrăpeutĭca, *ōrum*, n. pl. (θεραπευτικά), traités de médecine : Cassiod. *Inst.* 1, 31, 2.

thĕraphim, pl. indécl. (hébr.), idoles [représentant des dieux domestiques] : Hier. *Os.* 1, 3, 4.

Thĕrapna, *ae*, f., ⓒ▶ *Therapnae*.

Thĕrapnae, *ārum*, f. pl. et **Thĕrapnē**, *ēs*, f., Thérapné [ville de Laconie] : Stat. *S.* 4, 8, 53 ; Mel. 2, 41 ‖ **Thĕrapnaeus**, *a, um* (Θεραπναῖος), de Thérapné, de Laconie, de Sparte : Ov. H. 15, 196 ; Stat. S. 2, 2, 111.

Thĕrăpontĭgŏnus, ī, m., nom grec forgé de soldat : Pl. Curc. 421.

1 Thērăsĭa, ae, f. (Θηρασία) ¶ **1** île voisine de Théra : Plin. 2, 202 ; Sen. Nat. 6, 21, 1 ¶ **2** une des îles Lipari : Plin. 3, 93.

2 Thērăsĭa, ae, f., nom de la femme de Paulin de Nole : Paul.-Nol. Ep. 3 pr.

Thērē, ēs, f., une des Cyclades : Sen. Nat. 6, 21, 1.

1 thĕrĭăca, ae, **thērĭăcē**, ēs, f. (θηριακή ; it. triaca), thériaque [remède contre les morsures venimeuses] : Plin. 20, 264 ; Tert. Anim. 24, 5.

2 Thērĭăca, ōn, n. pl., Thériaques [titre d'un ouvrage] : Macr. d. Char. 81, 18.

thĕrĭăcus, a, um (θηριακός), qui guérit les morsures venimeuses : Plin. 29, 70 ; Pall. 3, 28, 1.

thĕrĭbethrŏn, ī, n., léontice [plante], ▶ thorybethron : Ps. Apul. Herb. 7.

Thērĭclēs, is, m. (Θηρικλῆς), potier de Corinthe : Plin. 16, 205 ǁ **-ēus**, a, um, de Thériclès : Cic. Verr. 4, 38.

Thērĭdĭus, ĭī, m., nom d'homme : Paul.-Nol. Carm. 23, 107.

Thērĭmăchus, ī, m., nom d'un statuaire : Plin. 35, 78.

Thērīnus, ī, m. (Θέρινος), nom d'homme : Mart. 9, 13.

Thērĭŏnarcĭa, ae, f., île voisine de la Carie : Plin. 5, 133.

thērĭŏphŏnŏn, ī, n. (θηρίον, φόνος), serpentaire [plante] : Ps. Apul. Herb. 14.

thĕristrum, ī, n. (θέριστρον), habit d'été (de femme) : Hier. Is. 2, 3, 23 ; Vulg. Gen. 38, 14 ǁ [fig.] voile : Hier. Ep. 107, 7.

1 thermae, ārum, f. pl. (θερμός), thermes, bains d'eau chaude : Plin. 35, 26.

2 Thermae, ārum, m. pl., ville de Sicile, près d'Himère Atlas XII, G4 : Plin. 3, 90 ǁ **-ĭtānus**, a, um, de Thermes : Cic. Verr. 2, 83 ǁ **-tāni**, ōrum, m. pl., habitants de Thermes : Cic. Verr. 3, 99 ǁ **Thermenses**, ĭum, m. pl., CIL 10, 2.

Thermaeus sĭnŭs (-măĭcus), m., golfe Thermaïque, en Macédoine : Tac. An. 5, 10 ; Plin. 4, 36 ; Mel. 2, 35, ▶ Therme.

Thermantĭa, ae, f., nom de la mère de Théodose : Ps. Aur.-Vict. Epit. 48, 1 ǁ fille de Stilicon, femme d'Honorius : *Jord. Rom. 322.

thermantĭcus, a, um (θερμαντικός), échauffant : Ps. Apul. Herb. 120.

thermăpăla ōva, n. (θερμός, ἁπαλός), œufs mollets : Theod.-Prisc. 2, 31.

thermārĭus, ĭī, m., préposé aux thermes : *CIL 10, 475.

Thermē, ēs, f. (Θέρμη), ancien nom de Thessalonique : Plin. 4, 36 ; ▶ Thermaeus.

Thermenses, ▶ Thermae.

thermĭnus, a, um (θέρμινος), de lupin : Plin. 23, 94.

thermĭpōlĭum, ĭī, n. (θερμοπώλιον), cabaret [où l'on sert des boissons chaudes] : Pl. Curc. 292 ; Ru. 529 ; ▶ thermopolium.

Thermĭtānus, a, um, ▶ Thermae.

Thermōdōn, ontis, m. (Θερμώδων), fleuve de Cappadoce, près duquel habitaient les Amazones : Virg. En. 11, 659 ; Plin. 6, 10 ǁ **-dontēus**, Prop. 3, 14, 6, **-dontĭăcus, -dontĭus**, a, um, du Thermodon, des Amazones : Ov. M. 12, 611 ; Sen. Med. 215.

thermŏpōlĭum, ĭī, n., lupanar : Gloss. 3, 196, 61 ; ▶ thermipolium.

thermŏpōtō, ās, āre, āvī, - (θερμός, poto), tr., boire chaud : Pl. Trin. 1014.

Thermŏpўlae, ārum, f. pl. (Θερμοπύλαι), les Thermopyles [défilé du mont Œta, célèbre par le dévouement de Léonidas et des trois cents Spartiates, et aussi par la victoire des Romains sur Antiochus le Grand] Atlas I, D5 ; VI, B2 : Plin. 4, 28 ; Liv. 36, 15, 5 ; **in Thermopylis** Cic. Tusc. 1, 101 ; Fin. 2, 97 ; **apud Thermopylas** (ad Liv. 37, 58, 7) Cic. CM 32, aux Thermopyles.

thermŏs, ī, m. (θέρμος), lupin [plante] : Ps. Apul. Herb. 111, 6.

thermospŏdĭum, ĭī, n. (θερμοσπόδιον), réchaud à braises, braisière : Apic. 131.

thermŭlae, ārum, f. pl. (dim. de thermae), petits thermes : Mart. 6, 42, 1.

thermŭlārĭus, a, um, préposé à de petits thermes : CIL 6, 4169.

Thermus, ī, m., surnom romain : Cic. Fam. 2, 17, 6 ; 2, 13, 53.

Thērŏdămās, antis (Θηροδάμας), **Thērŏmĕdōn**, ontis, m. (Θηρομέδων), nom d'un roi scythe : Ov. Pont. 1, 2, 121 ǁ **-antēus, -ontēus**, a, um, de Thérodamas, Théromédon : Ov. Ib. 381.

Thērōn, ōnis, m. (Θηρῶν) ¶ **1** nom de guerrier : Virg. En. 10, 312 ¶ **2** nom de chien : Ov. M. 3, 211.

thērŏnarca, ae, f. (*θηρονάρκη), plante qui endort les bêtes sauvages : Plin. 24, 163 ǁ laurier-rose : Plin. 25, 113.

Thērŏthōes, um, m. pl., peuple d'Afrique : Plin. 6, 176.

Thersĭlŏchus, ī, m. (Θερσιλοχος), fils d'Anténor, tué au siège de Troie : Virg. En. 6, 483 ; 12, 363.

Thersītēs, ae, m. (Θερσίτης), Thersite [célèbre par sa difformité et par sa mauvaise langue] : Ov. M. 13, 233 ; Juv. 11, 31 ǁ = homme très laid : Juv. 8, 269 ǁ = une mauvaise langue : Sen. Ir. 3, 23, 3 ; Amm. 30, 4, 15.

Thersŏs, ī, m., fleuve du Pont : Plin. 6, 14.

thēsaurārĭum, ĭī, n., sorte de tirelire [mot familier] : Aug. Psalm. 48, 1, 12.

1 thēsaurārĭus (thens-), a, um, de trésor : Pl. Aul. 395.

2 thēsaurārĭus, ĭī, -saurensis, is, m., gardien du trésor, trésorier : Isid. Ep. 1, 10 ; Cod. Just. 12, 24, 2.

thēsaurĭum, ĭī, n., trésor : VL. 3Esdr. 5, 45 ; Cassiod. Psalm. 21, 31.

thēsaurĭzātĭo, ōnis, f., action de thésauriser : Eucher. Form. 238.

thēsaurĭzō, ās, āre, āvī, -, tr., thésauriser : Salv. Eccl. 1, 7 ǁ amasser : Vulg. Jac. 5, 3.

Thēsaurŏchrўsŏnīcŏchrўsīdēs (Thens-), ae, nom forgé par Plaute : Pl. Capt. 285.

thēsaurum, ī, n., ▶ thesaurus : Petr. 46, 8.

thēsaurus (thens-), ī, m. (θησαυρός ; it. tesoro, fr. trésor, bret. tenzor) ¶ **1** trésor [caché, enfoui] : Pl. Aul. 7 ; Trin. 783 ; Cic. Div. 2, 134 ; CM 21 ¶ **2** [fig.] un trésor = une quantité de, une infinité de : Pl. Merc. 163 ǁ [en parlant de qqn] : **leno, thensaurus meus** Pl. Curc. 676, le leno, mon trésor (où je puise) ¶ **3** trésor = lieu où l'on conserve des richesses, où l'on emmagasine : Liv. 29, 8, 9 ; 29, 18, 4 ǁ [cellules d'abeilles] : Virg. G. 4, 229 ¶ **4** [fig.] trésor = dépôt, magasin : **thesaurus rerum omnium, memoria** Cic. de Or. 1, 18, le trésor de toutes les connaissances, la mémoire, cf. Cic. Part. 109 ; Fin. 2, 67 ; Plin. Ep. 1, 22, 2.
▶ la forme **thensaurus** est fréquente dans les meilleurs mss.

Thesbē, ēs, f., Thesbé [ville de Judée] : Eger. 16, 1 ǁ **Thesbĭtēs**, ae, m., habitant de Thesbé : Vulg. 3 Reg. 17, 1.

Thēsēis, ĭdis, f., la Théséide, poème dont Thésée est le centre : Juv. 1, 2.

Thēsēĭŭs, a, um (Θησήϊος), de Thésée : Ov. M. 15, 492 ǁ Hippolyte [fils de Thésée] : Stat. Th. 12, 681.

1 Thēseūs, ĕī (ĕos), m. (Θησεύς), Thésée [père d'Hippolyte] : Cic. Nat. 3, 45 ; Ov. F. 6, 737.

2 Thēsēus, a, um, de Thésée : Ov. M. 8, 263 ǁ de l'Attique, Athénien : Prop. 3, 21, 24 ; Mart. 13, 104, 1.

Thēsīdēs, ae, m., descendant de Thésée [Hippolyte] : Ov. H. 4, 65 ; Aus. Epigr. 19 (20), 2 ǁ **-ae**, ārum, m. pl., les Athéniens : Virg. G. 2, 383.

thēsīŏn (-īum), ĭī, n. (θήσειον), plante indéterminée : Plin. 21, 107 ; 22, 66.

thĕsis, is, f. (θέσις), acc. in ¶ **1** sujet, thèse, thème : Quint. 2, 4, 24 ; 3, 15, 11 ¶ **2** temps abaissé de la mesure, abaissement de la voix, temps faible [opp. arsis] : Mar. Vict. Gram. 6, 40, 16 ¶ **3** dépôt d'argent que l'on perd, si le vœu qu'on forme est exaucé : CIL 14, 2854 ¶ **4** position [d'un syllogisme] : Boet. Anal. pr. 1, 38 ¶ **5** ▶ positura [ponctuation, Don.] : Cassian. Inst. 1, 15, 12.

thēsīum, ▶ thesion.

Thesmophoria

Thesmŏphŏrĭa, ōrum, n. pl. (θεσμοφόρια), Thesmophories [fêtes en l'honneur de Cérès] : Plin. 24, 59.

Thespĭăcus, a, um, de Thespies : Val.-Flac. 1, 93 ‖ de l'Hélicon : Stat. S. 2, 7, 16.

Thespĭădae, ārum, m. pl. (*Thespius*), fils d'Hercule et des filles de Thespios, dont l'un fonda Crotone : **agmen Thespiadum** [gén. pl.] Sil. 12, 364, l'armée des descendants de Thespios [des Crotoniates].

Thespĭădēs, ae, m., originaire de Thespies : Val.-Flac. 1, 124 ‖ **Thespĭădĕs**, um, f. pl., les filles de Thespios : Sen. Herc. Oet. 369 ‖ les Muses [honorées à Thespies] : Cic. Verr. 4, 4 ; Plin. 36, 33.

Thespiae, ārum, f. pl., Thespies [ville de Béotie] Atlas VI, B2 : Plin. 36, 22 ; Cic. Verr. 4, 4.

*****Thespĭăs**, ădis, f., sg. inus., v. *Thespiades*.

Thespĭenses, ĭum, m. pl., habitants de Thespies : Cic. Verr. 4, 135.

Thespis, is ou ĭdis, m. (Θέσπις), Thespis [fondateur du drame grec] : Hor. P. 276 ; Ep. 2, 1, 163.

Thespĭtēs, ae, m., lac traversé par le Tigre, Plin. 6, 128.

1 **Thespĭus**, a, um, de Thespies : Val.-Flac. 1, 478 ‖ **-pĭi**, ōrum, m. pl., habitants de Thespies : Arn. 6, 11.

2 **Thespĭus**, ĭi, m., fondateur de Thespies, qui maria ses cinquante filles à Hercule : Stat. S. 3, 1, 43.

Thesprōti, ōrum, m. pl., habitants de la Thesprotie : Liv. 43, 21, 4 ; Luc. 3, 179.

Thesprōtĭa, ae, f. (Θεσπρωτία), **Thesprōtis**, ĭdis, f. (Θεσπρωτίς), Avien. Arat. 385, la Thresprotie (Thesprotide) [région d'Épire] : Cic. Att. 6, 3, 2 ; Plin. 4, 4.

Thesprōtĭus, a, um, de la Thesprotie, thesprotique : Liv. 8, 24 ; Sil. 15, 297.

Thesprōtus, i, m., roi d'Épire, fils de Lycaon : Hyg. Fab. 88 ‖ roi de la région de Pouzzoles : Prop. 1, 11, 3.

Thessăli, ōrum, m. pl., Thessaliens : Caes. C. 3, 4 ; Mel. 2, 35 ; Plin. 8, 182.

Thessălĭa, ae, f. (Θεσσαλία), la Thessalie [grande province au nord de la Grèce] Atlas VI, B2 : Plin. 4, 29 ; Cic. Pis. 96 ; Luc. 6, 333 ‖ **Thessălĭcus**, a, um, de Thessalie, thessalien : Varr. R. 2, 7, 6 ; Ov. H. 9, 100 ; Plin. 16, 244 ‖ **Thessălis**, ĭdis, f., thessalienne : Ov. H. 13, 112 ; Luc. 6, 451 ‖ **Thessălĭus**, a, um, cf. *Thessalicus* : *Apul. M. 1, 5, 2.

Thessalochē, ēs, f., ancien nom de Magnésie du Méandre : Plin. 5, 114.

Thessălŏnīca, ae, Cic. Planc. 99 ; Liv. 40, 4, 9, **Thessălŏnīcē**, ēs, Mel. 2, 35 ; Liv. 39, 27, 1, f. (Θεσσαλονίκη), Thessalonique [ville de Macédoine, Salonique] Atlas I, D5 ; VI, A2 : Plin. 4, 36 ‖ Thessalonice, fille de Philippe II : Just. 14, 6, 3 ; 14, 6, 13.

Thessălŏnīcenses, ĭum, m., habitants de Thessalonique : Cic. Pis. 84 ; Prov. 4.

1 **Thessălus**, a, um (Θεσσαλός), de Thessalie, thessalien : Hor. O. 2, 4, 10 ; Liv. 9, 19, 5 ; Suet. Cl. 21.

2 **Thessălus**, i, m., nom d'homme : Plin. 29, 9.

Thessandrus, i, m., nom de guerrier grec : Virg. En. 2, 261.

Thestĭădes, ae, m. (Θεστιάδης), descendant de Thestius : Ov. M. 8, 304 ; F. 5, 35.

Thestĭăs, ădis, f. (Θεστίας), fille de Thestius [Althée] : Ov. M. 8, 452 ; Tr. 1, 7, 18.

Thestĭus, ĭi, m., père de Léda : Ov. M. 8, 487 ; Hyg. Fab. 77.

Thestŏr, ŏris, m. (Θέστωρ), père de Calchas : Hyg. Fab. 128.

Thestŏrĭdēs, ae, m. (Θεστορίδης), fils de Thestor [Calchas] : Ov. M. 12, 19 ; 12, 27.

Thestўlis, is (ĭdis), f., nom de femme : Virg. B. 2, 10.

Thestўlus, i, m., nom d'homme : Mart. 7, 29, 1.

thētă, n. indécl. (θῆτα), thêta [θ], huitième lettre de l'alphabet grec et abréviation de θανών [mort], **cf.** CIL 6, 19247 : Aus. Epigr. 78 (128), 13 : Pers. 4, 13 ; Mart. 7, 37, 2 ‖ signe critique de suppression : Sidon. Carm. 9, 335.

Thetaedĭa, ae, f., une des îles Sporades : Plin. 4, 71.

thētātus, a, um (*theta*), marqué du θ de θανών [= mort] : CPL 112, 47 (θ-).

thĕtĭcus, a, um (θετικός), affirmant en thèse générale, abstrait : Mar. Vict. Rhet. 2, 16 ; Fort.-Rhet. 2, 26.

Thĕtīdēĭus, adj. m., de Thétis, fils de Thétis : Ital. 690 ; 892.

Thĕtīdĭum, ĭi, n. (Θετίδιον), ville de Thessalie : Liv. 33, 6 ; 7.

Thĕtis, ĭdis, f. (Θέτις), Thétis [nymphe de la mer, fille de Nérée, femme de Pélée, mère d'Achille] : Hor. Epo. 13, 12 ; Hyg. Fab. 54 ; Catul. 64, 21 ‖ [poét.] la mer : Virg. B. 4, 32 ; Mart. 10, 30, 11.

Theudalis, is, f., ville d'Afrique, près d'Hippone : Plin. 5, 23 ‖ **Teudalenses**, m. pl., habitants de Theudalis : CIL 8, 585, 79.

Theudās, ae, m., affranchi de Trebianus : Cic. Fam. 6, 10.

Theudensis, v. *Thuggensis*.

Theudōrĭa, ae, f., ville d'Athamanie : Liv. 38, 1, 7.

Theudōrĭcus, v. *Theodoricus*.

Theudŏsĭūpŏlis, is, f., Théodosiopolis, ville de Théodose [nom de deux villes, en Arménie et en Mésopotamie] : Corip. Joh. 1, 70.

Theudŏsĭus, v. *Theodosius*.

Theudŏtos, i, m., Théodote [savant de Chios] : Ov. Ib. 468.

thĕurgĭa, ae, f. (θεουργία), théurgie, opération magique, évocation des esprits : Aug. Civ. 10, 9 ; 10.

thĕurgĭcus, a, um, de théurgie : Aug. Civ. 10, 9 ; 10.

thĕurgus, i, m., théurge, magicien qui évoque les esprits : Aug. Civ. 10, 10.

Theutātes, v. *Teutates*.

Theutoni, v. *Teutoni*.

Thĕvestē (Thĕbestē), n. indécl., ville de Numidie [Tébessa] Atlas I, E3 ; VIII, A3 : Anton. 27 ; 33 ‖ **-tīnus**, a, um, de Théveste : CIL 6, 790.

1 **Thīa**, ae, f. ¶ **1** femme d'Hypérion, mère du Soleil : Catul. 66, 44 ¶ **2** une des Cyclades : Plin. 2, 202.

2 **thīa (-tīa)**, ae, f. (θεία ; it. *zia*), tante : Rufin. Hist. 10, 6.

thĭăsītās, ātis, f. (*thiasus*), confrérie de Bacchus : P. Fest. 503, 16.

thĭăsō, ās, āre, -, - (*thiasus*), intr., conduire un thiase ; [d'où] *thiasans melus* Pacuv. Tr. 311, un chant ayant toute l'ardeur d'un thiase.

thĭăsus, i, m. (θίασος), thiase, danse en l'honneur de Bacchus : Virg. B. 5, 30 ; Stat. S. 3, 1, 41 ‖ [par ext.] cortège : [de Cybèle] Catul. 63, 28 ; [de Satyres] Catul. 64, 252.

Thibii, ōrum, m. pl., peuple du Pont : Plin. 7, 17.

Thibilis, v. *Tibilis*.

Thibursicensis, e, de Thibursicum : CIL 8, 1427 ‖ **Thibursicum**, i, n., ville d'Afrique [Téboursouk] : CIL 8, 4876.

thieldones, um, m. pl., espèce de chevaux : Plin. 8, 166.

Thignica (Tignica), ae, f., ville de Numidie : Peut. 4, 3 ‖ **-censis**, e, de Thignica : CIL 8, 1408.

Thilūtha, ae, f., nom d'une forteresse dans la Mésopotamie méridionale : Amm. 24, 2, 1.

Thimidenses, ĭum, m. pl., habitants de Thimida Régia [Afrique] : CIL 8, 883.

Thinidrumense oppidum, (Thibi-), n., ville de la province d'Afrique : Plin. 5, 29.

Thinītes nomos, m., le nome Thinite [Thébaïde] : Plin. 5, 49.

Thĭŏdămās, v. *Theodamas*.

Thirmĭda, ae, f., ville de Numidie : Sall. J. 12, 3.

thīrŏphăgus (thīrŏfăgus), i, m. (θηροφάγος), mangeur de bêtes sauvages, de gibier : Fulg. Aet. 10, p. 166, 15.

Thisba, v. *Thesbe*.

Thisbaeus, a, um, de Thisbé : Ov. M. 11, 300.

Thisbē, ēs, f. (Θίσβη) ¶ **1** jeune fille de Babylone, aimée de Pyrame : Ov. M. 4, 55

¶ **2** ville de Béotie : Plin. *4, 26* ; Stat. *Th. 7, 261* ; *9, 768.*

thīum, *ii*, n. (gr. ?), autre nom du *sucinum* [ambre] en Italie : Plin. *37, 40.*

thīus (**tīus**), *ii*, m. (θεῖος ; it. *zio*), oncle : Isid. *9, 6, 15.*

thlăsĭās, *ae*, m. (θλασίας), eunuque : Ulp. *Dig. 50, 16, 128* ; **v.** *thlibias.*

thlaspi, n., (**thlapsis**), *is*, f. (θλάσπι, -ις), bourse-à-pasteur [plante] : Plin. *27, 139* ; Cels. *5, 23, 3.*

thlĭbĭās, *ae*, m. (θλιβίας), eunuque : Paul. *Dig. 48, 8, 5* ; **v.** *thlasias.*

thlībŏmĕnī, *ōrum*, m. pl. (θλίβω), les éprouvés : Cypr. *Ep. 8, 3.*

thlipsis, *is*, f. (θλίψις), tribulation : VL. *Deut. 28, 20.*

Thŏactēs, *ae* ou *is* (Θοάκτης), nom de guerrier : Ov. *M. 5, 147.*

Thŏani, *ōrum*, m. pl., peuple d'Arabie : Plin. *6, 154.*

Thŏantēus, *a, um*, de Thoas, de Tauride : Val.-Flac. *8, 208* ; Sil. *14, 260.*

Thŏantĭās, *ădis*, f. (Θοαντιάς), Ov. *H. 6, 163*, **Thŏantis**, *idis*, f., Stat. *Th. 5, 560*, Hypsipyle [fille de Thoas].

Thoar, n., ville de l'île Méninx : Plin. *5, 41.*

Thŏās, *antis*, m. (Θόας) ¶ **1** roi de la Tauride, où Iphigénie était prêtresse de Diane, fut tué par elle, aidée par son frère Oreste : Ov. *Pont. 3, 2, 59* ; *Tr. 1, 9, 28* ¶ **2** roi de Lemnos, père d'Hypsipyle : Hyg. *Fab. 15* ; Stat. *Th. 5, 239* ¶ **3** roi de Calydon, en Étolie : Virg. *En. 2, 262* ; Hyg. *Fab. 81* ; *97* ¶ **4** compagnon d'Énée : Virg. *En. 10, 415* ¶ **5** notable étolien : Liv. *36, 7.*

thŏcum, *i*, n. et **thŏcus**, *i*, m. (θῶκος), sorte de siège : Pl. d. P. Fest. *504, 18.*

thŏlōs-, **v.** *Tolos.*

thŏlus, *i*, m. (θόλος), voûte [de temple] : Varr. *R. 3, 5, 12* ; Vitr. *4, 7* ; *7, 5* ; Mart. *2, 59, 2* ‖ temple de forme ronde : Varr. *R. 3, 5, 12* ‖ édifice avec une coupole : Mart. *2, 59, 2* ‖ **tholi balnearum** Amm. *28, 4, 9*, étuves.

Thomala, *ae*, f., ville d'Arabie : Plin. *6, 154.*

Thōmās, *ae*, m., saint Thomas : Vulg. *Joh. 20, 24.*

thōmix (**tōmix**), *ĭcis*, f. (θῶμιξ, cf. *funis*), corde grossière : P. Fest. *489, 1* ; Col. *12, 32* ; Plin. *17, 62.*

Thomna, *ae*, f., ville des Gébanites, dans l'Arabie : Plin. *6, 153.*

Thŏmȳris, **v.** *Tomyris.*

Thora, *ae*, f., ville de Samarie : Peut. *9, 1.*

thōrāca, *ae*, f., **v.** *thorace* : Ennod. *Op. 6, 7* [où il est scandé à tort *thŏrăcā*].

thōrācātus, *a, um* (*thorax*), cuirassé, couvert d'une cuirasse : Plin. *35, 69.*

thōrācē, *ēs*, f., buste : Treb. *Claud. 3, 3.*

thōrācĭda, *ae*, f., **v.** *thorace* : buste : Adamn. *Loc. sanct. 3, 4.*

thōrācĭum, *ii*, n. (*thorax*), petite cuirasse : Ampel. *8, 5.*

Thorānĭus, **v.** *Toranius.*

thōrax, *ācis*, acc. *ācem* [poét. *ācă*] m. (θώραξ) ¶ **1** poitrine, thorax : Cels. *5, 25, 8* ; Plin. *27, 49* ¶ **2** cuirasse : Liv. *4, 20, 7* ; Virg. *En. 10, 337* ‖ tout vêtement qui couvre la poitrine, pourpoint : Suet. *Aug. 82* ; Juv. *5, 143* ¶ **3** buste : Treb. *Claud. 3.*

Thŏria lex, f., loi Thoria [du tribun Thorius] : Cic. *de Or. 2, 284.*

Thŏrĭcŏs (**-us**), *i*, f., ville d'Attique : Plin. *4, 24.*

Thŏringi (**Thū-**), *ōrum*, m. pl., les Thuringiens [peuple germain] : Jord. *Get. 280* ‖ sg., **-gus**, Sidon. *Carm. 7, 323* ‖ **-gus**, *a, um*, thuringien : Fort. *Carm. 8, 1, 22.*

Thŏringĭa (**Tŏringĭa**), *ae*, f., la Thuringe : Fort. *Carm. 6, 1, 75* ; Cassiod. *Var. 4, 1.*

Thŏrĭus, *ii*, m., Thorius Balbus [tribun de la plèbe] : Cic. *Brut. 136* ; *de Or. 2, 284.*

thŏrus, *i*, m., **v.** *1 torus.*

thŏrȳbētron, *i*, n. (θορύβηθρον), léontice [plante] : Plin. *26, 52.*

thōs, *ōŏs* (*ōis*), m. (θώς), chacal : Plin. *8, 123* ; *10, 206* ; Grat. *256* ; Solin. *30, 28.*

Thospītis, *is*, f., lac d'Arménie [lac de Van] : Avien. *Perieg. 1170.*

Thōth (**Thōt**) m. indécl. (Θωθ, Θευθ), nom d'une divinité et du premier mois des Égyptiens [assimilé à Hermès] : *Cic. *Nat. 3, 56* ; *Lact. *Inst. 1, 6, 3.*

thōtī, nom du premier mois égyptien [septembre] : Plin. *27, 105.*

Thrāca, *ae*, f., Cic. *Rep. 2, 9* ; Virg. *En. 12, 335*, **Thrācē**, *ēs*, Hor. *O. 2, 16, 5* ; Ov. *F. 5, 257*, **v.** *Thrācĭa.*

Thrācensis, *e*, de Thrace : Cassiod. *Eccl. 2, 8.*

Thrāces, *um*, m. pl. (Θρᾷκες), Thraces, habitants de la Thrace : Virg. *En. 3, 14* ; Liv. *31, 39* ‖ sg., **Thrax**, *ācis*, Hor. *O. 2, 19, 16* ; Virg. *En. 6, 645.*

Thrāchas, *ădis*, f., Terracine : Ov. *M. 15, 717* ; **v.** *Tarracina.*

Thrācĭa, *ae*, f., la Thrace [contrée au nord de la Grèce] Atlas I, D5 ; VI, A3 : Varr. *R. 1, 57, 2* ; Liv. *44, 27* ; Plin. *4, 40.*

Thrācĭcus, *a, um*, **v.** *Thracius* : CIL 11, 705.

Thraciscus, *i*, m. (dim. de *Thrax*), petit Thrace : Capit. *Maxim. 3, 3.*

Thrācĭus, *a, um* (Θρᾴκιος), de Thrace : Virg. *En. 5, 565* ; Hor. *O. 1, 25, 11.*

Thrācus, *a, um*, de Thrace : Gell. *10, 25, 14* ; *19, 12, 6.*

Thraece, **v.** *Threce.*

Thraecĭcus, *a, um*, des Thraces, relatif aux Thraces : Capit. *Maxim. 2, 5.*

Thraecĭdĭca, *ōrum*, n. pl. (*Thraecidicus*), armes d'un gladiateur thrace : Cic. *Phil. 7, 17.*

Thraecĭdĭcus, *a, um*, relatif au gladiateur thrace : Plin. *33, 129.*

Thraecĭus, *a, um*, **v.** *Thracius* : Cic. *Off. 2, 25.*

Thraeissa (**Thrēis-**), *ae*, **Thraessa**, *ae*, f., femme thrace : Virg. *En. 1, 316* ; Ov. *H. 19, 100.*

Thraex (**Threx**), *cis*, m., Thrace, sorte de gladiateur : Cic. *Phil. 6, 13* ; Hor. *S. 2, 6, 44.*

thranis, *is*, m., **v.** *xiphias* : Plin. *32, 151.*

Thrăsămundus, *i*, m., roi des Vandales : Anth. *211, 3* ‖ **-ĭăcus**, *a, um*, de Thrasamund : Anth. *212, 11.*

thrascĭās, *ae*, m. (θρασκίας), vent du nord-nord-ouest : Vitr. *1, 6, 10* ; Sen. *Nat. 5, 16, 6.*

Thrăsĕa, *ae*, m., Pétus Thraséa [Stoïcien] : Tac. *An. 13, 49* ; *H. 2, 91* ; *Agr. 2* ; Suet. *Ner. 37* ; Plin. *Ep. 8, 22, 3.*

Thrăsĭmēnus, **v.** *Trasumenus.*

Thrăsippus, *i*, m., général macédonien : Liv. *42, 51, 5.*

Thrăso, *ōnis*, m. (Θράσων), Thrason [soldat fanfaron] : Ter. *Eun. 353* ‖ **-nĭānus**, *a, um*, de Thrason : Sidon. *Ep. 1, 9, 8.*

Thrăsȳbūlus, *i*, m. (Θρασύβουλος), Thrasybule [Athénien qui chassa les Trente Tyrans] : Cic. *Att. 8, 3, 6* ; Nep. *Thras. 1, 10.*

Thrăsȳleo, *ōnis*, m., titre d'une comédie de Turpilius : Non. *95, 10.*

Thrăsyllus, *i*, m. (Θράσυλλος), nom d'un astrologue, sous Tibère : Juv. *6, 576.*

Thrăsȳmăchus, *i*, m. (Θρασύμαχος), Thrasymaque [sophiste de Chalcédoine] : Cic. *Brut. 30* ; *Or. 40* ; Quint. *3, 1, 10.*

Thrausi, *ōrum*, m. pl., peuple thrace : Liv. *38, 41, 6.*

thraustŏn, *i*, n. (θραυστόν), espèce de gomme : Plin. *12, 107.*

1 **Thrax**, **v.** *Thraex.*

2 **Thrax**, *ācis*, m., **v.** *Thraces.*

Thrēcē, *ēs*, f. (Θρῄκη), **v.** *Thraca* : Ov. *A. A. 2, 588* ; *M. 7, 223.*

Thrēcĭa, *ae*, f., **v.** *Thracia* : Liv. *43, 27, 3.*

Thrēcĭcus, **v.** *Thracius* : Capit. *Maxim. 2, 5.*

thrēcĭdĭcus, **v.** *thraecidicus.*

Thrēciscus, **v.** *Thraciscus.*

Thrēcĭus, **v.** *Thracius* : Ov. *Am. 1, 14, 21.*

Thrēĭcĭus, *a, um* (Θρηΐκιος), de Thrace : Virg. *En. 6, 645* ; Hor. *O. 1, 24, 13* ; Ov. *M. 11, 2.*

Thrēissa, **Thressa**, *ae*, f., **v.** *Thrae-.*

thrēnĭcus, *a, um* (*threnus*), élégiaque : Serv. *Gram. 4, 461, 31.*

thrēnus, *i*, m. (θρῆνος), thrène, chant funèbre, complainte : Aus. *Prof. 6 (195), 3.*

threscĭa, *ae*, f. (θρησκεία), service de Dieu [chez les anges] : Aug. *Ep. 149, 27.*

Threx

Threx, v. *Thraex*.
Thriăsĭus, *a, um*, de Thrie [bourg d'Attique] : Plin. 4, 24.
thrĭdax, *ăcis*, f. (θρίδαξ), laitue, scarole : Ps. Apul. *Herb.* 30.
thrĭŏn, *ĭi*, n. (θρίον), sorte de gâteau enveloppé de feuilles de figuier : Varr. *L.* 5, 107.
thrīpes, *um*, m. pl. (θρίπες), vers qui rongent le bois : Plin. 16, 220 ‖ [fig.] choses de rien : Capel. 2, 164.
thrissa, *ae*, f. (θρίσσα), alose [poisson] : Plin. 32, 151.
Thriūsi, *ōrum*, m. pl., peuplade de l'Attique : Plin. 4, 22.
Thrŏnĭum (-ŏn), *ĭi*, n., principale ville des Locriens : Liv. 32, 36 ; Plin. 4, 27.
thrŏnus, *i*, m. (θρόνος) ¶ **1** trône : Plin. 35, 63 ‖ **thronos Caesaris** Plin. 2, 178, trône de César [constellation] ¶ **2** [fig.] règne, nomination : Vulg. *Prov.* 20, 25 ¶ **3** [chrét.] pl., les Trônes [un des 9 ordres angéliques] : Vulg. *Col.* 1, 16.
thryallis, *ĭdis*, f. (θρυαλλίς), c. *Iychnitis* : Plin. 21, 101 ; 25, 121.
Thryŏn (-um), *i*, n., ville de Messénie : Plin. 4, 15.
Thubes, f. pl., ville d'Afrique : Plin. 5, 37.
Thuburbi, v. *Tuburbi*.
Thubursicum, *i*, n. ¶ **1** ville d'Afrique [Khamissa] : *Tac. An.* 4, 24) ¶ **2** ville d'Afrique [Téboursouk] : CIL 8, 1424.
Thubuseum, v. *Thubursicum* § 1.
Thuccabori, c. *Tuccabori*.
Thūcўdĭdēs, *i* et *is*, m. (Θουκυδίδης), Thucydide [historien grec] : Cic. *Brut.* 287 ; Plin. 7, 111 ‖ **-dĭdĭus**, *a, um*, de Thucydide : Cic. *Opt.* 16 ‖ **-dĭdĭi**, *ōrum*, m. pl., imitateurs de Thucydide : Cic. *Or.* 30.
Thugga, *ae*, f., ville de la Zeugitane [Dougga] Atlas VIII, A3 ; XII, H1 : CIL 8, 1488 ‖ **-ensis**, *e*, de Thugga : CIL 8, 26580.
Thūlē, *ēs*, f. (Θούλη), île imprécise formant la limite septentrionale du monde connu des Anciens [Islande ?] : Virg. *G.* 1, 30 ; Plin. 2, 187 ; Tac. *Agr.* 10.
Thuni, *ōrum*, m. pl., peuple d'Asie orientale : Plin. 6, 55.
thunnus, thunnărĭus, v. *thyn-*.
Thunusidiense oppidum, n., ville de Numidie : Plin. 5, 29.
Thūre, v. *Thyre*.
thūrĕus, thūrĭfĕr, etc., v. *tur-*.
Thurĭa, *ae*, f., v. *Turia*.
Thūrĭae, *ārum*, f. pl., v. *Thurium* : Liv. 10, 2 ; 25, 15.
Thūrĭi (Θούριοι), c. *Thurium* : Cic. *Att.* 9, 19, 3 ; Varr. *R.* 1, 7, 6 ; Caes. *C.* 3, 22.
Thūringi, v. *Thoringi*.
Thūrĭum, *ii*, n. (Θούριον), Thurium [ville de Grande-Grèce, sur l'emplacement de Sybaris] Atlas XII, F5 : Mel. 2, 68 ; Cic. *Att.* 3, 5 ; Plin. 3, 97 ‖ **Thūrīnus**, *a, um*, de Thurium : Cic. *Tull.* 14 ; Caes. *C.* 3, 22 ; Plin. 16, 81.

Thurrus, *i*, m., roitelet celtibère : Liv. 40, 49, 4.
thursĭo, c. *tursio* : Plin. 9, 34.
thūs, v. *tus*.
Thuys, acc. *Thuynem* ou *Thuyn*, m., nom d'un prince de Paphlagonie : Nep. *Dat.* 2 ; 3.
1 **thўa**, *ae*, f. (θύα), thuya [arbre] : Plin. 13, 100 ; Prop. 3, 7, 49.
2 **Thya**, v. *Thia*.
Thyămis, *ĭdis*, m. (Θύαμις), rivière de Thesprotie : Cic. *Att.* 7, 2, 3 ; *Leg.* 2, 7, 7 ; Plin. 4, 4.
Thyăs (Thyĭăs), *ădis*, f. (Θυάς, Θυιάς), **Thyĭădes**, *um*, pl., une bacchante, les bacchantes : Virg. *En.* 4, 302 ; Hor. *O.* 3, 15, 10 ‖ Catul. 64, 392 ; Hor. *O.* 2, 19, 9 ; Ov. *F.* 6, 514.
Thyătīra, *ae*, f. (Θυάτειρα), **Thyătīra**, *ōrum*, n. pl., Thyatire [ville de Lydie] Atlas VI, B3 : Liv. 37, 8, 7 ; Liv. 37, 44, 4 ; Plin. 5, 115 ‖ **-rēni**, *ōrum*, m. pl., habitants de Thyatire : Plin. 5, 126.
Thўbris, v. *Tiberis*.
Thydonŏs, *i*, f., ville de Carie : Plin. 5, 109.
Thўēnē, *es*, f., une des Hyades : Ov. *F.* 6, 711.
Thўestēs, *ae* et rarement *is*, m. (Θυέστης), Thyeste [fils de Pélops, frère d'Atrée, lequel par vengeance lui fit manger la chair de ses fils dans un festin] : Hyg. *Fab.* 88 ; Pl. *Ru.* 509 ; Cic. *Tusc.* 4, 77 ‖ **-taeus** ou **-tēus**, *a, um* (Θυέστειος), de Thyeste : Cic. *Pis.* 43 ; Ov. *Pont.* 4, 6, 47 ; *M.* 15, 462 ‖ **Thyestĭădēs**, *ae*, m., fils de Thyeste [Égisthe] : Ov. *A. A.* 2, 407.
► v. *Thyesta* Cic. *Tusc.* 3, 26 ; acc. *-tem* Cic. *Tusc.* 3, 39 ; *-ten* Hor. *O.* 1, 16, 17.
thyĭnus, *a, um* (θύινος), de thuya : Vulg. *3Reg.* 10, 11.
thўlăcista (phўlă-), *ae*, m. (*θυλακιστής), quêteur : *Pl. *Aul.* 518.
Thўlē, c. *Thule* : Plin. 2, 187.
Thylōn, *ōnis*, m., nom d'homme : Plin. 25, 14.
thўmallus, *i*, m., ombre [poisson] : Ambr. *Hex.* 5, 2, 6 ; Isid. 12, 6, 29.
1 **thymbra**, *ae*, f. (θύμβρα), sariette [plante] : Virg. *G.* 4, 31 ; Col. 9, 4, 6 ; Plin. 19, 165.
2 **Thymbra**, *ae* et **-brē**, *ēs*, f. (Θύμβρη), Thymbra [ville de Troade, sur le fleuve Thymbris, avec un temple d'Apollon] : Stat. *S.* 4, 7, 22 ; *Th.* 8, 202.
thymbraeum, *i*, n., la menthe à feuilles hérissées : Plin. 20, 247.
1 **thymbraeus**, *a, um*, de sariette : CIL 8, 212,v. 89.
2 **Thymbraeus**, *a, um* (Θυμβραῖος), de Thymbra, Thymbréen [épith. d'Apollon] : Virg. *En.* 3, 85 ; **-ēus**, Fest. 490, 1 ; P. Fest. 491, 1.
Thymbrē, v. *Thymbra*.

Thymbris, *is*, m. ¶ **1** fleuve de Bithynie : Liv. 36, 18 ¶ **2** nom de guerrier : Virg. *En.* 10, 124.
thўmĕlaea, *ae*, f. (θυμελαία), garou [plante] : Plin. 13, 114.
1 **thўmĕlē**, *ēs*, **-la**, *ae*, f. (θυμέλη), thymélé, autel de Dionysos dans le théâtre grec ; [par ext.] théâtre : Sidon. *Ep.* 9, 13, 5v. 69 ; Cod. Th. 8, 7, 21.
2 **Thўmĕlē**, *ēs*, f. (Θυμέλη), nom de femme : Mart. 1, 5, 5 ; Juv. 1, 36.
thўmĕlĭca, *ae*, f., actrice, comédienne : Cod. Th. 15, 7, 5.
thymĕlĭcus, *a, um* (θυμελικός), relatif au théâtre : Apul. *Apol.* 13 ; Aug. *Civ.* 6, 7 ‖ **-cus**, *i*, m., musicien de théâtre : Vitr. 5, 7, 2 ; Ulp. *Dig.* 3, 2, 4 ‖ acteur : Cod. Th. 15, 7, 12.
thўmĭāma, *ătis*, n. (θυμίαμα), parfum à brûler, encens : Cels. 5, 18, 7 ‖ **ammoniacum thymiama** Cels. 6, 6, 28, gomme d'ammoniaque.
thўmĭāmătērĭum, *ii*, Vulg. *Jerem.* 52, 19 ; Ambr. *Ep.* 4, 3, **thўmĭātērĭum**, *ĭi*, n., Vulg. *2Par.* 4, 22 (θυμιατήριον), brûle-parfum, cassolette.
thўmĭāmătīzō, *ās, āre*, -, -, intr., brûler des parfums : VL. *Luc.* 1, 9.
thўmĭāmātus, *a, um*, imprégné d'encens : Plin. Val. 1, 22.
thўmĭāmus, *a, um* (thymus, amo), qui aime le thym : *Pl. *Bac.* 1129.
thўmĭnus, *a, um* (θύμινος), de thym : Col. 6, 33, 2.
thўmītēs, *ae*, m. (θυμίτης), vin de thym : Col. 12, 35, 1.
thўmĭum (-ŏn), *ii*, n. (θύμιον), thymion [sorte de verrue] : Plin. 32, 128 ; Cels. 5, 28, 14 ‖ tumeur : Cels. 5, 28, 2.
Thymnĭās sĭnŭs, m., golfe de Carie : Plin. 5, 104.
Thўmoetēs, *ae*, m., un des fils de Priam : Virg. *En.* 2, 32 ; 10, 123.
thўmōsus, *a, um* (thymum), de thym, fait avec du thym : Plin. 11, 39 ‖ qui sent le thym : Macr. 3, 19, 6.
thўmum, *i*, n. et **thўmus**, *i*, m. (θύμον ; it. *timo*), thym : Virg. *En.* 1, 436 ; Plin. 21, 154 ; Quint. 12, 10, 25 ‖ pl., Ov. *F.* 5, 272 ; Mart. 11, 42, 4.
Thȳni, *ōrum*, m. pl. (Θυνοί), ► *Bithyni*, peuplade thrace passée en Bithynie : Plin. 5, 145 ‖ **-nĕus**, *a, um*, de Bithynie : Val.-Flac. 4, 424.
Thȳnĭa, *ae*, f. (Θυνία), partie de la Bithynie, la Bithynie : Catul. 31, 5 ‖ **Thȳnĭăcus**, *a, um*, de Bithynie : Ov. 1, 10, 35 ‖ **Thȳnĭăs**, *ădis*, f. (Θυνιάς), de Bithynie : Prop. 1, 20, 34 ‖ **Thȳnĭcus**, *a, um*, de Bithynie : Maecen. d. Isid. 19, 32, 6.
Thȳnĭăs, *ădis* ¶ **1** v. *Thynia* ¶ **2** subst. f. **a)** ville de Thrace : Plin. 4, 45 **b)** île du Pont-Euxin Atlas VI, A3 : Plin. 5, 151.
Thynna, *ae*, f., v. *Thynia*.

thynnărĭus (thunnărĭus), *a, um*, de thon : Ulp. *Dig.* 8, 4, 13 pr.

Thynnĭus, *a, um*, de Bithynie : Isid. 19, 32, 5 et 6.

thynnus (thunnus), *i*, m. (θύννος ; it. *tonno*, fr. *thon*), thon : Hor. *S.* 2, 5, 44 ; Plin. 9, 44.

Thȳnŏs, *i*, f., ville sur la côte de Syrie ou de Cilicie : Plin. 5, 91.

Thȳnus, *a, um*, de Bithynie : Hor. *O.* 3, 7, 3.

thȳŏn, *i*, n., ▶ *thya* : Plin. 13, 100.

Thȳŏnē, *ēs*, f. (Θυώνη), femme de Nysus, mère du cinquième Bacchus : Cic. *Nat.* 3, 58.

Thȳōneūs, *ĕi* ou *ĕos*, m. (Θυωνεύς), fils de Thyoné [Bacchus] : Hor. *O.* 1, 17, 23 ; Ov. *M.* 4, 13.

Thȳōnĭānus, *i*, m., le Thyonien [Bacchus] : Aus. *Cent. pr. (350)*.

thyōtēs, *ae*, m. (θυώτης), sacrificateur : Val.-Flac. 2, 438.

thȳraeus, *i*, m. (θυραῖος), portier [épith. d'Apollon] : Tert. *Cor.* 13, 9.

thȳrambus, *i*, m., [licence poétique pour *dithyrambus*] : Ennod. *Carm.* 1, 7, 65.

Thȳrē, Thūrē, *ēs*, f., ville de Messénie : Stat. *Th.* 4, 48.

Thȳrĕa, *ae*, f. (Θυρέα), bourg de Laconie : Plin. 4, 16.

Thȳrĕātis, *ĭdis*, f., de Thyré : Ov. *F.* 2, 663.

Thȳrĭdes, *um*, f. pl., île près de la Messénie : Plin. 4, 56.

thȳrōma, *ătis*, n. (θύρωμα), porte : Vitr. 4, 6, 1.

Thyrrĕum, *i*, n., ville d'Acarnanie, près d'Ambracie : Cic. *Fam.* 16, 5, 1 ; Liv. 36, 11, 10.

Thyrrĭenses, m. pl., habitants de Thyrréum : Liv. 36, 12, 7.

Thyrsăgĕtae, *ārum*, m. pl. (Θυρσαγέται), peuple sarmate, près du Palus-Méotide : Val.-Flac. 6, 140 ∥ sg., **-gĕtēs**, *ae*, m., Val.-Flac. 6, 135.

thyrsĭcŭlus, *i*, m. (dim. de *thyrsus*), petite tige : Ps. Apul. *Herb.* 98.

thyrsĭcus, *a, um*, portant le thyrse [pris de vin] : Fort. *Carm. pr.* 5.

thyrsĭdēs, *ae*, m., celui qui porte un thyrse : *Anth.* 199, 44.

thyrsĭger, *ĕra, ĕrum* (*thyrsus, gero*), qui porte un thyrse : Sen. *Med.* 110.

Thyrsis, *is*, m., nom de berger : Virg. *B.* 7, 2 ∥ nom d'homme : Liv. 40, 24.

thyrsĭtĕnens, *entis*, qui tient un thyrse : *Anth.* 751, 2.

thyrsus, *i*, m. (θύρσος ; it. *torso* ; fr. *torse*) ¶ 1 tige des plantes : Plin. 19, 129 ; Col. 10, 370 ¶ 2 thyrse [bâton couronné de feuilles de lierre ou de vigne, attribut de Bacchus] : Hor. *O.* 2, 19, 8 ; Ov. *M.* 3, 542 ; Stat. *Th.* 9, 614.

Thysdrītānus, *a, um*, de Thysdrus : Plin. 7, 37 ∥ **-āni**, *m.* pl., habitants de Thysdrus : B.-Afr. 97, 2.

Thysdrus, *i*, f. (Θύσδρος), **Thysdra**, *ae*, f., ville de la Byzacène [El Djem] Atlas VIII, A4 : Capit. *Maxim.* 14, 3 ; B.-Afr. 36, 2.

Thyssăgĕtae, ▶ *Thyrsagetae*.

Thyssus, *i*, f., ville de Macédoine : Plin. 4, 37.

tĭāra, *ae*, f., **tĭārās**, *ae*, m. (τιάρα), tiare [coiffure des Orientaux] : Virg. *En.* 7, 247 ; Juv. 6, 516 ; Sen. *Ben.* 6, 31, 12.

Tiarae, *ārum*, f. pl., nom d'une colline près de Mytilène : Plin. 19, 37.

tĭārātus, *a, um* (*tiara*), coiffé de la tiare : Sidon. *Ep.* 8, 3, 5.

Tĭărē, *ēs*, f., ville de Mysie : Plin. 5, 126 ∥ **-rēni**, *ōrum*, m. pl., habitants de Tiare : Plin. 5, 126.

Tĭbărāni, *ōrum*, m. pl., peuple de Cilicie : Cic. *Fam.* 15, 4, 10.

Tĭbărēni, *ōrum*, m. pl. (Τιβαρηνοί), peuple scythe, près du Pont-Euxin : Plin. 6, 11 ; Mel. 1, 13 ; 1, 106.

tĭbe, arch. pour *tibi* : CIL 1, 10.

Tĭbĕrēĭus, *a, um*, **Tĭbĕrēus**, *a, um*, de Tibère : Stat. *S.* 3, 3, 66 ; *Tibereum marmor* Plin. 36, 55, marbre trouvé en Égypte sous le règne de Tibère.

Tĭbĕrĭăcum, *i*, n., ville de Belgique [Zieverick] : Anton. 375.

1 Tĭbĕrĭānus, *a, um*, de Tibère : Suet. *Vit.* 15 ; *Tiberiana pira* Plin. 15, 54, poires de Tibère [préférées par Tibère].

2 Tĭbĕrĭānus, *i*, m., nom d'un poète latin : Fulg. *Virg.* p. 97, 9 H. ∥ préfet de Rome : Vop. *Tac.* 19, 1.

Tĭbĕrĭăs, *ădis*, f., Tibériade [ville de Galilée] Atlas IX, E3 : Plin. 5, 71.

Tĭbĕrīnis, *ĭdis*, f., du Tibre : Ov. *F.* 2, 597.

1 Tĭbĕrīnus, *i*, m. ¶ 1 roi d'Albe, qui donna son nom au Tibre : Liv. 1, 3 ; Varr. *L.* 5, 29 ; Ov. *F.* 2, 389 ¶ 2 le Tibre [fleuve] : Virg. *En.* 7, 30 ; Prop. 4, 2, 7 ; Ov. *F.* 4, 291 ¶ 3 surnom posthume d'Héliogabale [jeté dans le Tibre] : Ps. Aur. Vict. *Epit.* 23, 7 ; Lampr. *Hel.* 17, 5.

2 Tĭbĕrīnus, *a, um*, du Tibre : Cic. *Pomp.* 33 ∥ *Tiberinum ostium* Cic. *Pomp.* 33 ; *Rep.* 2, 5, la bouche (l'embouchure) du Tibre ∥ *Tiberina ostia*, n. pl., le port d'Ostie : Plin. 3, 38.

Tĭbĕrĭŏlus, *i*, m. (dim. de *Tiberius*), *Tiberiolus meus* Tac. *An.* 6, 5, mon petit Tibère.

Tĭbĕrĭŏpŏlītānus, *a, um*, de Tibériopolis [ville de Phrygie] : CIL 12, 5718.

Tĭbĕris, *is*, acc. *im*, **Thybris**, *ĭdis*, acc. *im* (*in*), m. (Θύβρις), le Tibre [qui traverse Rome] Atlas II ; XII, C3 : Cic. *Att.* 13, 33, 4 ; Plin. 3, 53 ; Liv. 1, 3 ∥ le Tibre, dieu du fleuve : Virg. *En.* 8, 72 ; 10, 421.

▶ forme *Tiberis* Cic. *Amer.* 100 ; *Mil.* 41 ; Liv. 24, 9 ; 30, 38 ; Hor. *Ep.* 1, 11, 19 ; *S.* 1, 9, 18 ∥ *Thybris* Virg. *En.* 2, 782 ; *-brim* Virg. *En.* 3, 500 ; *-brin* *Ov. *M.* 2, 259 ; *-bridis* Ov. *M.* 15, 432 ; Luc. 6, 810.

Tĭbĕrĭus, *ĭi*, m., prénom romain [abrégé *Ti.*] ∥ not[t] Tibère [empereur romain, successeur d'Auguste, 14-37 apr. J.-C.] : Suet. *Tib.* 2.

tĭbi, dat. de *tu*.

tībĭa, *ae*, f. (?; fr. *tige*) ¶ 1 flûte : Lucr. 4, 585 ; Cic. *Tusc.* 1, 107 ; Virg. *En.* 11, 737 ; Hor. *P.* 202 ∥ [souv. au pl. parce qu'on jouait de deux flûtes à la fois] : Pl. *St.* 723 ; Cic. *Brut.* 192 ; *de Or.* 2, 338 ; *Nat.* 2, 22 ; Nep. *Praef.* 1 ; *Epam.* 2, 1 ; *tibia dextra, sinistra*, flûte grave, aiguë : Varr. *R.* 1, 2, 15 ; *tibiae pares*, deux flûtes de même partie, dessus ou basse : Ter. *And. didasc.* ; *tibiae impares*, l'une de dessus, l'autre de basse : Ter. *Haut. didasc.* ; [prov.] *apertis, ut aiunt, tibiis* Quint. 11, 3, 50, à pleine flûte, comme on dit (= à pleine voix) ¶ 2 os antérieur de la jambe, tibia : Cels. 8, 1, 26 ∥ jambe : Plin. *Ep.* 1, 20, 15 ¶ 3 petit tube d'une seringue à clystère : Cael.-Aur. *Acut.* 3, 4, 29.

tībĭăle, *is*, n. (*tibia* ¶ 1), sorte de bas, bandes qui enveloppaient la jambe pour la tenir chaude : Paul. *Dig.* 49, 16, 14 ; pl., Suet. *Aug.* 82.

tībĭālis, *e* (*tibia* ¶ 2), de flûte : Sidon. *Ep.* 9, 13, 5 carm. 81 ∥ propre à faire des flûtes : Plin. 16, 168.

tībĭārĭus, *ĭi*, m., fabricant de flûtes : CIL 6, 9935.

tībĭcen, *ĭnis*, m. (*tibia, cano*) ¶ 1 joueur de flûte : Pl. *St.* 723 ; Cic. *Brut.* 192 ; *Leg.* 2, 62 ; *transit jurisconsultus tibicinis Latini modo* Cic. *Mur.* 26, le jurisconsulte passe de son côté à la façon du joueur de flûte latin [qui soutient tantôt un acteur, tantôt un autre] (pour lui souffler la formule) ∥ [sg. coll.] Cic. *CM* 44 ¶ 2 soutien, pilier, support : Catul. 61, 158 ; Ov. *F.* 4, 695 ; Juv. 3, 193, cf. P. Fest. 503, 5.

tībĭcĭna, *ae*, f. (*tibicen*), joueuse de flûte : Pl. *Aul.* 289 ; *Most.* 960 ; Ter. *Ad.* 905 ; Hor. *Ep.* 1, 14, 25 ; Ov. *F.* 6, 687.

tībĭcĭnārĭa, *ae*, f., l'art du joueur de flûte : Boet. *Top. Arist.* 1, 8, p. 916 B.

tībĭcĭnātŏr, *ōris*, m., ▶ *tibicen* : Gloss. 2, 250, 54.

tībĭcĭnĭum, *ĭi*, n. (*tibicen*), art de jouer de la flûte : Cic. *Nat.* 2, 22 ; *Or.* 198 ; Gell. 4, 13, 2.

tībĭcĭnō, *ās, āre*, -, - (*tibicen*), intr. ¶ 1 jouer de la flûte : *Fulg. *Myth.* 3, 9 ¶ 2 tr., étayer, soutenir : Tert. *Anim.* 38, 5 ; Schol. Juv. 3, 193.

Tibigense oppĭdum, n., ville de Numidie : Plin. 5, 29.

Tibilis, *is*, f., ville de Numidie Atlas VIII, A3 : Aug. *Ep.* 112, 1 ∥ **-ĭtānus**, *a, um*, de Tibilis : Aug. *Civ.* 22, 8, 11.

tībīnus, *a, um* (*tibia*), de flûte : Varr. *Men.* 132.

tībis (thībis), *is*, f. (θῖβις), corbeille [de papyrus où fut recueilli Moïse] : VL. *Exod.* 2, 3 d. Aug. *Loc. hept.* 2, 5.

Tĭbĭsēnus, *a*, *um*, du Tibisis [fleuve de Scythie] : Val.-Flac. 6, 50.

tībizo, ⇒ *tibicino* ¶ 1.

tibracus, *i*, m. (cf. *tubrucus*), vêtement couvrant les bras et les jambes : Isid. 19, 22, 30.

Tĭbrĭcŏla, *ae*, m. (*Tiberis*, *colo*), habitant des bords du Tibre : Prud. *Perist.* 11, 174.

Tĭbrīnus, *a*, *um*, du Tibre : Claud. *Seren.* 16.

Tĭbris, ⇒ *Thybris* : Isid. 13, 21, 27.

Tĭbullus, *i*, m., Tibulle [poète, ami d'Horace et d'Ovide] : Hor. *O.* 1, 33, 1 ; Quint. 10, 1, 93.

tĭbŭlus, *i*, f. (?), pin silvestre : Plin. 16, 39.

Tĭbŭr, *ŭris*, n., ville voisine de Rome, sur l'Anio [auj. Tivoli] Atlas XII, D3 : Hor. *O.* 2, 6, 5 ; Virg. *En.* 7, 630 ; Juv. 3, 192.

Tĭburna, *ae*, f., nom de femme : Sil. 2, 554.

Tĭburnus, *i*, m. **a)** habitant de Tibur : Stat. *S.* 1, 3, 74 **b)** le fondateur de Tibur : Plin. 16, 237 ; Hor. *O.* 1, 7, 13 ‖ **Tiburnus**, *a*, *um*, de Tibur : Prop. 3, 22, 23.

Tĭburs, *urtis*, m. f. n., de Tibur : Virg. *En.* 7, 670 ; Hor. *S.* 1, 6, 108 ; 2, 4, 70 ; Liv. 7, 11, 4 ‖ *in Tiburti* Varr. *R.* 1, 9, 6 ; Cic. *Att.* 8, 14, 3 ; *in Tiburte* Glaucia d. Cic. *de Or.* 2, 263 ; Gell. 19, 5, 1, dans une propriété sur le territoire de Tibur ‖ **-tes**, *ium*, m. pl., habitants de Tibur : Liv. 7, 11 ; Plin. 16, 237.

Tĭburtīnus, *a*, *um* (it. *travertino*), de Tibur : Plin. 15, 70 ; Prop. 4, 7, 85 ; Mart. 4, 57, 10 ‖ **Tiburtīnum**, *i*, n., maison de campagne de Tibur : Cic. *Phil.* 5, 19 ; Sen. *Ben.* 4, 12, 3.

Tĭburtĭus, *ii*, m., nom d'homme : Inscr. Chr. Rom. 24767.

Tĭburtus, *i*, m., nom du fondateur de Tibur : Virg. *En.* 7, 671 ; ⇒ *Tiburnus*.

Tĭcĕr (Ticher), *ĕri*, m. (*Ticher*), rivière de Tarraconaise : Plin. 3, 22.

Tichis, *is*, m., ⇒ *Tecum*.

Tichiūs, *untis*, m., un des sommets du mont Œta : Liv. 36, 16 ; 36, 17.

Tĭchŏs, n. (τεῖχος, mur), mot qui entre dans la formation de plusieurs noms de villes : ⇒ *Macrontichos*, *Megatichos*, *Neontichos*.

Tĭcĭda, **Tĭcĭdās**, *ae*, m., Aulus Ticidas [poète latin] : Ov. *Tr.* 2, 433 ‖ Lucius Ticidas [partisan de César] : B.-Afr. 44, 46.

Tĭcīnensis, *e*, de Ticinum : Ps. Aur.-Vict. *Epit.* 35, 2.

Tĭcīnum, *i*, n., ville de Gaule Cisalpine [sur le *Ticinus*, auj. Pavie] Atlas V, E4 ; XII, B2 : Plin. 3, 124 ; Tac. *H.* 2, 17 ; *An.* 3, 5.

Tĭcīnus, *i*, m., le Tessin [fleuve de la Gaule Cisalpine] Atlas XII, B2 : Plin. 2, 224 ; Liv. 5, 34, 9 ; Flor. 2, 6, 10 ‖ **Tīcīnus**, *a*, *um*, du Tessin : Sil. 12, 548.

Ticis, *is*, m., rivière de Gaule [Tech] : Mel. 2, 84 ; ⇒ *Ticer*.

Tīfāta, *ōrum*, n. pl., montagne et ville de Campanie, ayant un temple de Diane : Liv. 7, 29, 6 ; 23, 36, 1 ; 26, 5, 4 ; Sil. 12, 487. ▶ d'après P. Fest. 503, 14, *tifata* désigne des lieux couverts d'yeuses, et il y avait à Rome une *Tifata curia*.

Tīfātīna, adj. f., épithète de Diane [de Tifata] : CIL 10, 3795.

Tifernātes, *um* ou *ĭum*, m. pl., habitants de Tifernum [villes d'Ombrie et du Samnium] : Plin. 3, 114.

Tifernum, *i*, n. ¶ **1** ville du Samnium : Liv. 9, 44, 6 ; 10, 14, 6 ¶ **2** ville d'Ombrie sur le Tibre Atlas XII, D3 : Plin. 3, 53 ; Plin. *Ep.* 4, 1, 4 ¶ **3** ville d'Ombrie sur le Métaure : Plin. 3, 114.

Tifernus, *i*, m. ¶ **1** montagne du Samnium : Liv. 10, 30, 7 ¶ **2** rivière du Samnium [Biferno] : Mel. 2, 65 ; Plin. 3, 103.

Tigavae, *ārum*, f. pl., ville de la Maurétanie Césarienne : Plin. 5, 21.

Tĭgellīnus, *i*, m., Tigellin, préfet du prétoire, favori de Néron : Tac. *An.* 14, 48 ; 14, 51 ; Suet. *Galb.* 15 ; Juv. 1, 155.

Tĭgellĭus, *ii*, m., nom de deux musiciens ¶ **1** Tigellius de Sardes, favori de César : Cic. *Fam.* 7, 24, 1 ; *Att.* 13, 49, 1 ; Hor. *S.* 1, 3, 4 ¶ **2** Tigellius Hermogène, contemporain d'Horace : Hor. *S.* 1, 3, 129 ; 1, 4, 72.

Tigense oppĭdum (Si-), n., ville de la région syrtique : *Plin. 5, 30.

Tĭgĭdĭus, *ii*, m., nom d'homme : Lampr. *Comm.* 4, 7.

tĭgillum, *i*, n. (dim. de *tignum*), petite poutre, chevron : Liv. 1, 26, 13 ; Catul. 67, 39 ; Tib. 2, 1, 39 ‖ *sororium tigillum* P. Fest. 399, 2, lieudit à Rome consacré à Junon, où était installée la poutre sous laquelle, comme sous un joug, le jeune Horace avait dû passer pour expier son crime ; elle existait, paraît-il, encore au temps de Tite-Live, cf. Liv. 1, 26, 13 ‖ poutre du toit, toit : Pl. *Aul.* 301 ‖ [pl.] demeures, maisons : Paul.-Nol. *Carm.* 21, 486.

Tĭgillus, *i*, m., épith. de Jupiter, soutien du monde : Aug. *Civ.* 7, 11.

Tigisi, n. indécl., ville de la Maurétanie Césarienne : Anton. 39 ‖ **-sensis**, *e* et **Tigisitānus**, *a*, *um*, de Tigisi : CIL 8, 18767.

tignārĭus, *a*, *um* (*tignum*), de charpente : *tignarius faber* Cic. *Rep.* 2, 39 ; *Brut.* 257, charpentier.

tignŭlum, *i*, n. (dim. de *tignum*), petite poutre : Boet. *Arithm.* 2, 4, 2.

tignum, *i*, n. (*texo*, cf. *lignum*) ¶ **1** matériaux de construction [en gén.] : Dig. 47, 3, 1 ; 50, 16, 62 ¶ **2** poutre, solive : Caes. *G.* 4, 17 ; *C.* 2, 9 ; 2, 10 ; Hor. *Ep.* 2, 3, 73 ; P. 279.

Tigrānēs, *is* ou *ae*, Prisc. 2, 246, 11, m. (Τιγράνης), nom de plusieurs rois d'Arménie ; not[t] Tigrane, allié et gendre de Mithridate : Cic. *Att.* 2, 4, 2 ; *Sest.* 58.

Tigrānŏcerta, *ae*, f. (Τιγρανόκερτα), Tigranocerte [ville d'Arménie] Atlas I, D7 : Plin. 6, 26 ‖ **-ta**, *ōrum*, n. pl., Tac. *An.* 12, 50 ; 14, 24.

tĭgrĭfĕr, *ĕra*, *ĕrum* (*tigris*, *fero*), qui produit des tigres : Sidon. *Carm.* 2, 24.

tĭgrīnus, *a*, *um*, tigré, moucheté, tacheté : Plin. 13, 96.

1 tĭgris, *is* (*ĭdis*), d'ordinaire m. en prose et f. en poésie (τίγρις), tigre : Virg. *G.* 2, 151 ; Suet. *Aug.* 43 ; Plin. 6, 73 ‖ peau de tigre : Claud. *Pros.* 1, 17 ‖ épée : Greg.-Tur. *Conf.* 40.
▶ acc. *tigrim* Virg. *En.* 9, 730 ; Plin. 8, 65 ; abl. *tigri* Virg. *En.* 10, 166 ; Plin. 6, 73.

2 Tĭgris, *is* ou *ĭdis*, m., le Tigre [fleuve d'Asie qui reçoit l'Euphrate] Atlas I, D7 ; IX, C4 : Hor. *O.* 4, 14, 16 ; Luc. 3, 256 ‖ nom d'un chien tigré d'Actéon : Ov. *M.* 3, 217 ‖ nom d'un navire ayant un tigre comme emblème sur la proue : Virg. *En.* 10, 166.
▶ acc. *Tigrim* Virg. *B.* 1, 62 ; Plin. 6, 118 ; abl. *Tigri*, Plin. 6, 25.

Tigullĭa, *ae*, f., ville de Ligurie Atlas XII, C2 : Plin. 3, 48 ‖ **-ii**, *ōrum*, m. pl., habitants de Tigullia : Plin. 3, 48.

Tĭgŭrīnus pagus, m., un des quatre cantons de l'Helvétie : Caes. *G.* 1, 12, 4 ‖ **-ini**, *ōrum*, m. pl., Tigurins, habitants de ce canton : Caes. *G.* 1, 12, 4 ; Liv. *Per.* 65.

tĭlĭa, *ae*, f. (cf. πτερέα ; it. *tiglio* ; fr. *tille*, anc. fr. *teil*) ¶ **1** tilleul [arbre] : Virg. *G.* 1, 173 ; Plin. 16, 65 ‖ **-liae**, *ārum*, f. pl., tablettes en tilleul : Dict. Pr. p. 2, 15 et 22 ¶ **2** ⇒ *philyra* : Plin. 16, 65.

tĭlĭācĭus, *a*, *um*, Capit. *Anton.* 13, **tĭlĭāgĭnĕus**, *a*, *um*, Col. 12, 47, 5, **tĭlĭāris**, *e*, Cael.-Aur. *Chron.* 5, 1, 20, de tilleul.

Tiliaventum, *i*, n., fleuve de Vénétie [auj. Tagliamento] Atlas XII, B3 : Plin. 3, 126.

Tillĭus, *ii*, m., nom d'homme : Hor. *S.* 1, 6, 107.

Tīma, *ae*, f., nom de femme : CIL 6, 16156.

Tĭmăchi, *ōrum*, m. pl., peuple de Mésie : Plin. 3, 149.

Timachum (Timacum), *i*, n., nom de deux villes de Mésie : Peut. 6, 4 ‖ **-censes**, *ĭum*, m. pl., troupes auxiliaires tirées de ces villes : Not. Dign. *Or.* 9, 40.

Timachus, *i*, m., rivière de Mésie : Plin. 3, 149.

Tīmaeus, *i*, m. (Τίμαιος) ¶ **1** Timée [historien de Sicile, sous Agathocle] : Cic. *Brut.* 63 ; 325 ; *de Or.* 2, 58 ¶ **2** philosophe pythagoricien, contemporain de Platon : Cic. *Fin.* 5, 87 ; *Rep.* 1, 16 ¶ **3** titre d'un dialogue de Platon traduit en latin par Cicéron : Cic. *Tusc.* 1, 63 ; *Nat.* 1, 18 ; *Fin.* 2, 15.

Tīmāgĕnēs, *is*, m. (Τιμαγένης), Timagène [rhéteur de l'époque d'Auguste]: Hor. *Ep.* 1, 19, 15; Sen. *Ir.* 3, 23, 3; Quint. 1, 10, 10; 10, 1, 75 ‖ général de Zénobie: Treb. *Claud.* 11, 1.

Tīmāgŏrās, *ae*, m. (Τιμαγόρας), nom d'un peintre: Plin. 35, 58.

Timanei, *ōrum*, m. pl., peuple de l'Arabie: Plin. 6, 157.

Tīmanthēs, *is*, m. (Τιμάνθης), peintre grec: Cic. *Brut.* 70; Plin. 35, 64; Quint. 2, 13, 13.

Tīmarchĭdēs, *is*, m., nom d'un statuaire: Plin. 34, 91 ‖ affranchi de Verrès: Cic. *Verr.* 4, 94.

Tīmarchus, *i*, m., statuaire: Plin. 34, 51.

Tīmărĕtē, *ēs*, f. (Τιμαρέτη), femme peintre, comme son père, Micon: Plin. 35, 59.

Timarum, *i*, n., ville de Thessalie: Liv. 32, 14, 3.

Tĭmāsĭcrătēs, *is*, m., nom d'un chef rhodien: Liv. 37, 14.

Tīmāsīthĕus, *i*, m. (Τιμασίθεος), nom d'un dirigeant de l'île de Lipari: Liv. 5, 28.

Tīmāvus, *i*, m., le Timave [Timavo, fleuve de Vénétie]: Virg. *En.* 1, 244; Luc. 7, 194; Plin. 2, 229.

timbris, *is*, f. (germ.), peau: Cassiod. *Var.* 5, 1, 1.

tĭmĕfactus, *a*, *um* (timeo, facio), effrayé: Lucr. 2, 44; Cic. *Off.* 2, 24.

timendus, *a*, *um* (timeo), [pris adj^t] redoutable, *ou* **timenda**, *ōrum*, n. pl., les choses redoutables, effrayantes: Sen. *Ep.* 88, 29.

tĭmens, *tis*, [part.-adj. avec gén.]: *mortis timentes* Lucr. 6, 1239, craignant la mort ‖ [abs^t] rempli d'inquiétude, effrayé: *timentes omnium animos consolatione sanat* Hirt. *G.* 8, 38, 2, chez tous ces peuples effrayés, en les réconfortant, il calme les esprits ‖ [pris subst^t] *timentes confirmat* Caes. *G.* 7, 7, 4, il rassure ceux qui ont peur.

tĭmĕō, *ēs*, *ēre*, *ŭī*, -, (?; it. *temere*, cf. fr. *craindre*) ¶ **1** tr., craindre **a)** [avec acc.]: *aliquem* Caes. *G.* 1, 40, 6; Cic. *Rep.* 3, 23; *Scaur.* 8; *Leg.* 1, 41; *aliquam rem* Cic. *Att.* 10, 14, 1; *Mil.* 36; *Tusc.* 4, 41; *Off.* 2, 38, craindre qqn, craindre qqch. ‖ *noxiam vini aegris* Plin. 14, 101, craindre pour les malades les mauvais effets du vin, cf. Quint. 4, 1, 9; 11, 1, 75 ‖ *aliquid pro aliquo* Brut. d. Cic. *ad Brut.* 1, 16, 2 craindre qqch. pour qqn ‖ *de se nihil timere* Cic. *Sest.* 1, ne rien craindre pour soi; *de suo ac legionis periculo nihil timere* Caes. *G.* 5, 57, 1, n'avoir aucune crainte de danger pour lui et pour la légion, cf. Caes. *G.* 3, 3, 1 ‖ *ab aliquo aliquid* Cic. *Sest.* 41, craindre qqch. de la part de qqn, cf. *Phil.* 5, 51; 10, 14; Liv. 24, 38, 9 **b)** [avec interrog. indir.] se demander avec inquiétude: *timeo, quidnam... eloqui possim* Cic. *Caecil.* 42, je me demande avec inquiétude ce que je peux dire..., cf. Cic. *Att.* 12, 24, 1; *haec quo sint eruptura, timeo* Cic. *Att.* 2, 20, 5, je redoute les suites de tout cela; *nostrae timeo parti, quid hic respondeat* Ter. *And.* 419, je me demande avec inquiétude pour notre cause ce qu'il va répondre **c)** [avec inf.] craindre de: Cic. *Com.* 4; Caes. *C.* 1, 64, 3; 3, 73, 6; Hirt. *G.* 8, 16, 2; Hor. *Ep.* 1, 7, 4 ‖ [avec prop. inf.] craindre que: Cael. *Fam.* 8, 11, 3; Liv. 3, 22, 2; 5, 21, 6; 7, 39, 4 **d)** [avec *ne* ou *ut*] craindre que... ne [ou] craindre que ne... pas: [V.> *paveo* ¶ 2]; *ne abducam, times* Cic. *Fin.* 5, 86, tu crains que je n'emmène, cf. Cic. *Agr.* 2, 38; Caes. *G.* 2, 26; *C.* 1, 2, 3; *omnes labores te excipere video; timeo, ut sustineas* Cic. *Fam.* 14, 2, 3, je vois que tu prends sur toi toutes les fatigues; je crains que tu n'y résistes pas; *timere, ne non* Hor. *Ep.* 1, 17, 37, craindre que ne... pas, cf. Curt. 3, 17, 9 ‖ [avec anticip.]: *rem frumentariam, ut satis commode supportari posset, timere* Caes. *G.* 1, 39, 6, craindre que le blé ne fût pas bien facile à transporter; *timebatur, ne tyrannidem concupisceret* Nep. *Alc.* 7, 3, on craignait qu'il ne convoitât la tyrannie ¶ **2** [abs^t] craindre, être dans la crainte: *numquam timere, numquam dolere* Cic. *Ac.* 2, 135, n'éprouver jamais de crainte, jamais de douleur; *timentibus ceteris* Cic. *Rep.* 1, 29, les autres étant remplis d'inquiétude, cf. Cic. *Tusc.* 4, 66; *Clu.* 20; *Att.* 10, 14, 1; Caes. *G.* 7, 7 ‖ [avec dat.] craindre pour, *alicui*, *alicui rei*, pour qqn, pour qqch.: Cic. *Quir.* 13; *Leg.* 2, 41; Caes. *G.* 4, 16, 1; 7, 44, 4; *C.* 3, 27, 3, 69 ‖ [avec *pro*] Curt. 6, 10, 27; Plin. *Ep.* 3, 17, 3; Sen. *Contr.* 7, 20, 1; Sen. *Ep.* 14, 1 ‖ [avec *a*, *ab*]: *timere a suis* Cic. *Phil.* 2, 116, être dans la crainte du fait des siens, redouter les siens, cf. Cic. *Sull.* 59 ‖ [avec *de*]: *de re publica* Cic. *Att.* 7, 6, 2, avoir des craintes pour l'État, cf. Cic. *Sest.* 62 ‖ *ales timuit exterrita pennis* Virg. *En.* 5, 105, l'oiseau effrayé trahit sa crainte par un battement d'ailes.

tĭmescō, *ĭs*, *ĕre*, -, -, intr., s'effrayer: Not. Tir. 43.

Tīmēsīthĕus, V.> *Timas-*.

Timici, ville de Maurétanie Césarienne: Plin. 5, 21 ‖ **-ītānus**, *a*, *um*, de Timici: Not. Episc. *Maur. Caes.* 6.

timictŏnĭa, *ae*, f. (gr.), pierre précieuse: Plin. 37, 187.

tĭmĭdē, adv. (timidus), avec crainte, timidement: Cic. *Div.* 2, 67; *timidius* Cic. *Caecin.* 77; Caes. *C.* 1, 19; *timidissime* Quint. 11, 1, 77.

tĭmĭdĭtās, *ātis*, f. (timidus), timidité, manque d'assurance, esprit craintif: Cic. *Cael.* 36; *Phil.* 2, 71 ‖ pl., *timiditates* Cic. *Mil.* 69, marques de timidité ‖ [chrét.] crainte de Dieu: Hier. *Is.* 10, 50, 10.

tĭmĭdŭlē, adv. (dim. de *timide*), un peu timidement: Apul. *M.* 4, 8.

tĭmĭdus, *a*, *um* (timeo), qui craint, craintif, timide, circonspect: Cic. *Off.* 1, 83; 3, 115; *Sest.* 36; *timidiora mandata* Cic. *Fam.* 11, 18, 1, recommandations plus timides; *timidissimus* Ov. *M.* 5, 224 ‖ *in labore militari* Cic. *Fam.* 7, 17, 1, craintif face aux épreuves militaires; *ad mortem* Cic. *Fin.* 2, 63, tremblant devant la mort; [poét.] *timidus procellae* Hor. *P.* 28, qui redoute l'orage, cf. Ov. *M.* 5, 100; Sen. *Vit.* 20, 6 ‖ [avec inf.] *non timidus mori* Hor. *O.* 3, 19, 2, qui ne craint pas de mourir, cf. Hor. *O.* 9, 9, 52 ‖ [chrét.] qui éprouve une crainte respectueuse, qui craint [Dieu]: Cypr. *Ep.* 11, 7.

Tīmŏchărēs, *is*, m. (Τιμοχάρης), ami du roi Pyrrhus: Gell. 3, 8, 3 ‖ nom d'un architecte: Plin. 34, 148.

Tīmŏcles, *is*, m. (Τιμοκλῆς), sculpteur grec: Plin. 34, 52.

Tīmŏcrătēs, *is*, m. (Τιμοκράτης) ¶ **1** philosophe épicurien: Cic. *Fin.* 2, 101 ¶ **2** gouverneur d'Argos: Liv. 34, 29 ‖ **-tĭus**, *a*, *um*, de Timocrate: Serv. *Gram.* 4, 464, 15.

Tīmŏlĕōn (**Tīmŏlĕō**), *ontis*, m. (Τιμολέων), citoyen de Corinthe [délivra les Syracusains de la tyrannie de Denys le Jeune]: Cic. *Fam.* 5, 12, 7; Nep. *Timol.* 1, 1 ‖ **-ontēus**, *a*, *um*, de Timoléon: Nep. *Timol.* 2, 11.

Tīmŏlītēs, C.> *Tmolites*: Cic. *Flac.* 8.

Tīmŏlĭtus, *a*, *um*, de Tmole, de Lydie: Plin. 14, 74.

Tīmōlus et **Tȳmōlus**, *i*, m. (Τύμωλος), C.> *Tmolus*: Ov. *M.* 6, 15; Plin. 5, 110.

Tīmŏmăchus, *i*, m. (Τιμόμαχος), nom d'un peintre de Byzance: Plin. 35, 136; Auson. *Epigr. App.* 5, 121 (129), 1.

Tīmōn, *ōnis*, m. (Τίμων), Timon d'Athènes [surnommé le Misanthrope]: Cic. *Lae.* 87; *Tusc.* 4, 25 ‖ **-ōnĕus**, *a*, *um*, de Timon: Sen. *Ep.* 18, 7.

Tīmōnĭăcenses, *ĭum*, m., habitants de Timoniacum [Galatie]: Plin. 5, 147.

tĭmŏr, *ōris*, m. (timeo) ¶ **1** crainte, appréhension, effroi: Cic. *Tusc.* 4, 19; *timorem habere* Cic. *Mil.* 4, avoir peur [*in aliquo* Nep. *Alc.* 3, 5, pour qqn]; *magno timore sum* Cic. *Att.* 5, 14, 2, j'ai très peur; *alicui res dolori et timori est* Cic. *Har.* 43, une chose cause du chagrin et de la crainte à qqn; *aestas quae sequitur magno est in timore* Cic. *Fam.* 2, 10, 4, la campagne prochaine est très alarmante [est un grand objet de crainte]; *facere timorem alicui* Cic. *Fam.* 10, 18, 2 *ou injicere* Cic. *Att.* 5, 20, 3; *Agr.* 1, 23; Caes. *G.* 7, 55, inspirer de la crainte à qqn ‖ *timor de aliquo* Brut. *Fam.* 11, 2, 3; *pro aliquo* Virg. *En.* 6, 352, la crainte au sujet de, pour qqn; *ab aliquo* Liv. 45, 26, 7, la crainte venant de qqn ‖ *belli* Cic. *Fam.* 2, 7, 4, la crainte d'une guerre, cf. Cic. *Rep.* 2, 4; 5, 6; Caes. *C.* 6, 23; *quo timore* (= cujus rei timore) Caes. *G.* 7, 26, 5, par la crainte de cela ‖ *vester timor* Cic. *Cat.* 4, 2, la crainte que vous éprouvez ‖ [avec *ne*] crainte que: Caes. *G.* 1, 27, 4; *C.* 1, 61, 2; Liv. 1, 17, 4 ‖ [avec prop. inf.] Cic. *de Or.* 2,

timor

334; Liv. 10, 39, 5; *in timore civitas fuit...* Liv. 32, 26, 16, les citoyens eurent peur que... ǁ [avec inf.] crainte de: **adflictumne fuit tantus adire timor?** Ov. *Tr.* 1, 8, 12, as-tu tellement craint d'approcher un malheureux? ǁ pl., *timores*, les craintes, les appréhensions: Cic. *Rep.* 1, 68; Lucr. 2, 45; 5, 46; Virg. *En.* 5, 812; Hor. *Ep.* 1, 4, 12 ǁ crainte personnifiée: Virg. *En.* 9, 719; Hor. *O.* 3, 1, 37; [pl.] Ov. *M.* 12, 60 ¶ **2** [poét.] **a)** crainte religieuse: **divum** Lucr. 5, 1223, crainte des dieux, cf. Hor. *S.* 2, 3, 295 **b)** objet de crainte, qui inspire la crainte (qui effraie): Hor. *S.* 1, 4, 67; Prop. 3, 7, 28; Ov. *F.* 1, 551; *M.* 3, 291 **c)** objet des alarmes [pour qui l'on craint]: Stat. *S.* 3, 2, 80.

tĭmōrātus, *a*, *um* (*timor*), qui craint Dieu: Hier. *Is.* 14, 50, 10.

tĭmōs, *ōris*, m., ⓒ *timor*: Non. 487, 6; Naev. *Tr.* 43.

Tīmosthĕnēs, *is*, m. (Τιμοσθένης), Timosthène [commandant les flottes de Ptolémée II]: Plin. 6, 183.

tĭmōsus, *a*, *um*, ⓥ *thymosus*: Macr. *Sat.* 3, 19, 6.

Tīmŏthĕus, *i*, m. (Τιμόθεος), Timothée ¶ **1** musicien de Milet: Cic. *Leg.* 2, 39; Quint. 2, 3, 3 ¶ **2** fils de Conon, restaurateur des murs d'Athènes: Cic. *Off.* 1, 116; *Tusc.* 5, 100; Nep. *Timoth.* 4, 1, 3.

Tīmoxĕnus, *i*, m. (Τιμόξενος), nom d'homme: CIL 6, 2625.

Timpirum, *i*, n., ville de Thrace: Anton. 322.

tĭmŭī, parf. de *timeo*.

tĭmum, ⓥ *thymum*.

tīna, *ae*, f. (?; fr. *tinette*), sorte de carafe à long col avec couvercle: Varr. d. Non. 544, 4 ǁ baquet: Fort. *Rad.* 17, 40.

tinca, *ae*, f. (gaul.; fr. *tanche*), tanche [poisson]: Aus. *Mos.* 125.

Tincās, *ae*, m., nom d'homme: Cic. *Brut.* 172.

Tincontĭum, *ii*, n., ville des Bituriges [Sancoins]: Anton. 460.

1 **tincta**, *ae*, f. (*tingo*; al. *Tinte*), action de tremper dans l'encre, trait de plume [d'une signature sous l'édit impérial]: Lucif. *Moriend.* 8, 1.

2 **tincta**, *ōrum*, n. pl. de *tinctus*, étoffes teintes: Cic. *Leg.* 2, 45.

tinctĭlis, *e* (*tingo*), qui sert à imprégner: Ov. *Tr.* 3, 10, 64 ǁ [fig.] teint, trempé: Paul.-Nol. *Carm. app.* 2, 55.

tinctĭo, *ōnis*, f. (*tingo*), action de teindre, de tremper: Aug. *Ev. Joh.* 62, 3; Gloss. 3, 490, 22 ǁ [fig.] teinture, aperçu: Greg.-M. *Mor.* 18, 74 ǁ baptême: Cypr. *Ep.* 71, 1.

tinctŏr, *ōris*, m. (*tingo*), teinturier: Gloss. 2, 256, 40.

tinctŏrĭum, *ii*, n. (*tinctorius*), atelier de teinture: Not. Tir. 50 ǁ baptistère: Euch. *Instr.* 2, 15.

tinctōrĭus, *a*, *um* (*tingo*), qui sert à teindre, tinctorial: Plin. 7, 44.

tinctūra, *ae*, f. (*tingo*; fr. *teinture*), teinture: Plin. 37, 119.

1 **tinctus**, *a*, *um*, part. de *tingo*.

2 **tinctŭs**, *ūs*, m., teinture: Plin. 10, 134.

Tindari, *ōrum*, m. pl., peuple des bords du Tanaïs [Don]: Plin. 6, 19.

tĭnĕa, *ae*, f. (?; fr. *teigne*), teigne, mite [insecte rongeant livres et vêtements]: Cat. *Agr.* 98, 1; Hor. *S.* 2, 3, 119; Plin. 11, 117 ǁ ver intestinal: Plin. 27, 145 ǁ gale, rouille du métal: Vulg. *Matth.* 6, 19; Sedul. *Carm.* 4, 21 ǁ [méton.] jalousie: Cypr. *Zel.* 7.

tĭnĕō (**tĭnĭō**), *ās*, *āre*, -, -, intr., être mangé, rongé [des mites, des vers]: Vulg. *Bar.* 6, 71; VL *Jac.* 5, 2.

tĭnĕŏla, *ae*, f. (dim. de *tinea*; it. *tignuola*), ver, pou: Veg. *Mul.* 1, 44, 1.

tĭnĕōsus (**tĭnĭōsus**), *a*, *um*, adj. (*tinea*; fr. *teigneux*), plein de vers: Col. 9, 14, 20 ǁ plein de teignes: M.-Emp. 6, 25 ǁ subst. m. pl., les teigneux: Aug. *Jul. op. imp.* 6, 16.

Tinge (**Tingi**), n. indécl., ville de Maurétanie [Tanger] Atlas I, D1; IV, E2: Mel. 1, 26; Plin. 5, 4 ǁ **Tingensis**, *e*, de Tingi: *Corip. *Joh.* 6 (5), 278.

Tingītāna prŏvincĭa, f., la Maurétanie Tingitane [contrée d'Afrique, Maroc] Atlas IV, E2: Plin. 5, 17 ǁ **-nus**, *a*, *um*, de la Tingitane: Mamertin. *Gen. Max.* (3), 16, 5.

tingō (**tinguō**), *ĭs*, *ĕre*, *tinxī*, *tinctum* (cf. τέγγω, *unguo*; fr. *teindre*), tr. ¶ **1** mouiller, baigner, tremper: **tunica sanguine tincta** Cic. *Nat.* 3, 70, tunique trempée de sang; **aequore tingi** Virg. *G.* 1, 246, se tremper dans l'eau; **tingere stridentia aera lacu** Virg. *G.* 4, 172, plonger dans l'eau l'airain frémissant; **in undis pedum vestigia** Ov. *M.* 4, 343, baigner ses pieds dans l'eau ǁ [chrét.] plonger dans l'eau du baptême: Lact. *Inst.* 4, 15, 2 ǁ [fig.] imprégner: **libellos sale Romano** Mart. 8, 3, 19, imprégner un livre de sel (d'esprit) romain; [surt. au pass.] **tinctus litteris** Cic. *de Or.* 2, 85, imprégné [teinté] de connaissances, de belles-lettres, cf. *de Or.* 2, 120; *Brut.* 211; Quint. 4, 2, 117 ¶ **2** teindre: **lanas murice** Hor. *O.* 2, 16, 36, teindre de pourpre les laines, cf. Hor. *S.* 2, 6, 103; *Ep.* 2, 2, 181; Tib. 2, 4, 28; Ov. *M.* 6, 9; **tingi sole** Plin. 6, 70, être coloré, bronzé par le soleil; **candenti lumine tinctus** Lucr. 5, 720, teint d'une blanche lumière ¶ **3** produire une teinte, une couleur: **purpuram** Plin. 6, 201, faire de la pourpre, cf. Plin. 16, 77.

1 **Tĭnĭa**, *ae*, m., rivière d'Ombrie, affluent du Tibre [Timia]: Plin. 3, 53.

2 **tĭnĭa**, *ae*, f., ⓥ *tinea*: Cat. *Agr.* 162, 3; Virg. *G.* 4, 246.

tĭnĭārĭa (**herba**), f. (*tinea*), polium, herbe aux mites: Scrib. 83.

tĭnĭātĭca, *ae*, f., ⓒ *tiniaria*: M.-Emp. 17.

tĭnĭōsus, ⓥ *tineosus*.

tīnĭum, *ii*, n. (*tina*), vase à vin: P. Fest. 501, 1.

tinnĭbŭlātus, ⓥ *tintinnabulatus*.

tinnĭlis, *e*, retentissant, sonore: Fort. *Mart.* 4, 39.

tinnīmentum, *i*, n. (*tinnio*), tintement [d'oreilles]: Pl. *Ru.* 806.

tinnĭō (qqf. **tīnĭō**), *īs*, *īre*, *īvī* ou *ĭī*, *ītum* (onomat.), intr. ¶ **1** tinter, rendre un son clair: Enn. *An.* 402 d. Macr. *Sat.* 6, 3, 3; Quint. 12, 10, 31 ¶ **2** [fig.] crier aux oreilles: Pl. *Cas.* 250; *Poen.* 33 ¶ **3** [avec acc. intér.] faire entendre des sons: Suet. *Ner.* 20; Pers. 5, 106 ǁ [fig.] faire tinter l'argent, payer en espèces sonnantes: Cic. *Att.* 14, 21, 4.

tinnĭpō, *ās*, *āre*, -, - (onomat.), intr., crier [en parlant de l'orfraie]: Anth. 733, 9; 762, 9.

tinnītŭs, *ūs*, m. (*tinnio*), tintement, son (clair et aigu): [d'un casque] Virg. *En.* 9, 809; [d'une épée] Ov. *M.* 5, 204; [de l'airain] Ov. *F.* 4, 184; Sen. *Ir.* 3, 35, 3 ǁ **tinnitus ciere** Virg. *G.* 4, 64, faire retentir l'airain ǁ bourdonnement d'oreilles: Plin. 20, 162 ǁ [fig.] cliquetis de style: Tac. *D.* 26.

tinnŭlus, *a*, *um* (*tinnio*) ¶ **1** qui rend un son clair, aigu, qui tinte: Ov. *Pont.* 1, 1, 38; *M.* 4, 393; **tinnulae Gades** Stat. *S.* 1, 6, 71, la bruyante Cadix [avec ses danses accompagnées de musique, cf. Juv. 11, 162] ¶ **2** [voix] **a)** au son clair, argentin: Catul. 61, 13 **b)** aigu [ou] en fausset: Pompon. *Com.* 59 ǁ [fig.] **tinnuli** Quint. 2, 3, 9, les orateurs à la voix perçante.

tinnuncŭlus, *i*, m., faucon crécerelle [oiseau]: *Col. 8, 8, 7; Plin. 10, 109; ⓥ *titiunculus*.

tintinnābellum, *i*, n. (dim. de *tintinnabulum*), Not. Tir. 112.

tintinnābŭlātus, *a*, *um*, qui porte une clochette: Sidon. *Ep.* 2, 2, 14.

tintinnābŭlum, *i*, n. (*tintinno*), crécelle en métal, grelot, clochette: Pl. *Trin.* 1004; *Ps.* 332; Suet. *Aug.* 91; Juv. 6, 441; Mart. 14, 163.

tintinnācŭlus, *i*, m. (*tintinno*), **tintinnaculi viri** Pl. *Truc.* 782, les gens à cliquetis = porteurs de chaînes.

tintĭnĭāla (**-nm-**), *ae*, f. (*tintinno*), insecte qui fait un bruit aigu avec ses ailes [= le cousin, *culex*]: Ps. Acr. Hor. *S.* 1, 5, 14.

tintinnĭō, *īs*, *īre*, -, - **tintinnō**, *ās*, *āre*, -, -, intr., ⓒ *tinnio*: Afran. *Com.* 392; Naev. *Com.* 114, cf. Fest. 500, 17.

tintinnŭlae, *ārum*, f. pl. (dim. de *tintinnus*), clochettes [de la robe du grand prêtre hébreu]: Hier. *Tract. Psalm.* 132, 2, p. 279, 104.

tintinnus, *i*, m., clochette, sonnette : Fort. *Carm.* 2, 16, 49.

tintĭnō, *ās*, *āre*, -, - (onomat.; it. *tentennare*), ▣ ▶ tinnio : Catul. 51, 11.

Tĭnurtĭum, *ii*, n., ville de Gaule [Tournus] : Anton. 359.

tīnus, *i*, f. (?), laurier-tin [arbuste] : Plin. 15, 128 ; Ov. *M.* 10, 98.

tinxī, parf. de *tingo*.

Tĭōs, *i*, f. (Τῖος), ville de Bithynie : Mel. 1, 104 ; ▣ ▶ *Tium*.

Tipasa, *ae*, f., ville de la Maurétanie Césarienne Atlas IV, D4 ; VIII, A1 : Plin. 5, 20 ; Anton. 15.

tiphē, *ēs*, f. (τίφη), sorte de blé monocoque, engrain : Plin. 18, 81 ; 18, 93.

Tiphus, *i*, m., nom d'homme : CIL 6, 23730.

tiphyŏn, *ii*, n. (τίφυον), sorte de narcisse [fleur] : *Plin. 21, 67.

Tīphys, *yis* (*yŏs*), m. (Τῖφυς), pilote des Argonautes : Virg. *B.* 4, 34 ; Ov. *H.* 6, 48.

tippūla, **tīpulla**, *ae*, f. (cf. τίφη), araignée d'eau : Pl. *Pers.* 244 ; Varr. *Men.* 50.

tiprum, *i*, n. (?), cruche : Jon. *Col.* 1, 16.

Tirēnus pons, m., pont sur le Liris, à Minturnes : Cic. *Att.* 16, 13.

Tīrĕsĭās, *ae*, m. (Τειρεσίας), célèbre devin de Thèbes qui était aveugle : Cic. *Tusc.* 5, 115 ; *Nat.* 2, 7 ; Stat. *Th.* 10, 589 ∥ un aveugle : Juv. 13, 249.
▶ nom. *Tiresia* Sen. *Oed.* 289.

Tirida, *ae*, f., ville de Thrace : Plin. 4, 42.

Tīrĭdātēs, *ae* ou *is*, m. (Τιριδάτης), Tiridate [roi des Parthes] : Hor. *O.* 1, 26, 5 ; Suet. *Ner.* 13 ; Plin. 7, 129.

Tĭrīnus, *i*, m., petite rivière des Péligniens : CIL 9, 5959.

Tiris (Tyris), *is*, f., île en face du Bruttium, qui a disparu : Plin. 3, 96.

Tīristăsis, *is*, f. (Τειρίστασις), ville de Thrace : Plin. 4, 48.

1 **tīro**, *ōnis*, m. (?) ¶ **1** jeune soldat, recrue : Cic. *Tusc.* 2, 38 ; Cæs. *C.* 3, 28, 3 ∥ [pris adjᵗ] : ***tiro exercitus*** Cic. *Fam.* 7, 3, 2 ; ***tirones milites*** Cic. *Phil.* 11, 39, armée de recrues, recrues ¶ **2** [fig.] débutant, apprenti, novice : Cic. *de Or.* 1, 218 ; *Verr.* 2, 17 ; Quint. 2, 10, 9 ∥ [en part.] débutant [au forum, après la prise de la toge virile] : Suet. *Ner.* 7 ∥ en parlant du bœuf non encore attelé : Varr. *R.* 1, 20, 2 ∥ [chrét.] catéchumène : Comm. *Instr.* 2, 1, 5.

2 **Tīro**, *ōnis*, m., M. Tullius Tiron [affranchi de Cicéron] : Cic. *Fam.* 16, 10 ∥ **-rōnĭānus**, *a*, *um*, tironien, de Tiron : Gell. 13, 20, 16.

tīrōcĭnĭum, *ii*, n. (*tiro*) ¶ **1** apprentissage du métier militaire, inexpérience militaire : B.-Afr. 31, 6 ; Liv. 39, 47, 3 ∥ recrues, jeunes soldats : Liv. 40, 35, 12 ¶ **2** [fig.] apprentissage, coup d'essai, débuts : ***in L. Paulo accusando tirocinium ponere*** Liv. 45, 37, 3, faire son coup d'essai en accusant Paul-Émile, cf. Quint. 12, 6, 3 ; ***dies tirocinii*** Suet. *Tib.* 54 ; ***tirocinium alicujus*** Suet. *Cal.* 10, jour des débuts de qqn [au forum, après la prise de la toge virile] ∥ ***navium*** Plin. 24, 41, première traversée ¶ **3** [chrét.] état de catéchumène, catéchuménat : Tert. *Paen.* 6, 14.

tīrōnātŭs, *ūs*, m. (*tiro*), condition de *tiro*, de recrue : Cod. Th. 7, 13, 21.

tīrōnĭa, *ae*, f. (*tiro*), apprentissage des armes : Arn.-J. *Psalm.* 118, p. 509 B.

Tīrōnĭānus, *a*, *um*, ▣ ▶ *Tiro*.

tīrōnĭcum, *i*, n. (*tiro*), somme pour le rachat d'une recrue : [en grec τιρωνικόν] Synes. *Ep.* 79.

tīrŏpătĭna, *ae*, f. (τυρός, *patina*), flan au lait caillé : Apic. 302.

tīrŏtărīcus, *a*, *um*, à base de fromage et de poisson salé : Apic. 144 ; ▣ ▶ *tyrotarichum*.

tirsus, ▣ ▶ *thyrsus*.

tīrunculă, *ae*, f. (*tirunculus*), jeune catéchumène, jeune disciple : Hier. *Ep.* 31, 14 ∥ ***canis***, chienne qui a mis bas pour la première fois : Col. 7, 12, 11.

tīruncŭlus, *i*, m. (dim. de *tiro*), nouveau soldat, recrue [pr. et fig.] : Sen. *Ep.* 108, 23 ; Plin. *Ep.* 3, 6, 4 ; Suet. *Ner.* 21 ∥ [chrét.] catéchumène : Hier. *Ep.* 118, 2.

Tīryns, *nthis*, f. (Τίρυνς), Tirynthe [ville d'Argolide, où Hercule fut élevé] : Plin. 4, 17 ; Stat. *Th.* 4, 147 ∥ **Tīrynthĭus**, *a*, *um*, de Tirynthe : Ov. *M.* 7, 410 ; Stat. *Th.* 6, 489 ∥ subst. m. = Hercule : Virg. *En.* 7, 662 ; Ov. *M.* 9, 66 ; *F.* 5, 629 ∥ **-ii**, *ōrum*, m. pl., habitants de Tirynthe : Plin. 7, 195.

tīs, gén., ▣ ▶ *tu* ▶.

Tisaeus, *i*, m. (Τισαῖος), montagne de Thessalie : Liv. 28, 5, 17.

Tīsăgŏrās, *ae*, m., frère de Miltiade : Nep. *Milt.* 7, 5.

Tīsămĕnus, *i*, m., roi d'Argos, fils d'Oreste : Ov. *Ib.* 348.

tĭsăna, ▣ ▶ *ptisana* : CIL 4, 4986.

tĭsănāris, *is*, m., tisanière : Grauf. 79.

tĭsănārĭum, ▣ ▶ *ptisanarium* : Hor. 9, 2, 3, 155.

Tisanūsa, *ae*, f., ville maritime de Carie : Plin. 5, 104.

Tisaphernes, ▣ ▶ *Tissaphernes*.

Tisdra, -drītānus, ▣ ▶ *Thys-*.

Tisēnĭus, *i*, m., nom d'homme : CIL 8, 18085.
▶ *Disenius* CIL 12, 4164.

Tisĭās, *ae*, m. (Τισίας) ¶ **1** Tisias [de Sicile, fut avec Corax le fondateur de la rhétorique] : Cic. *Brut.* 46 ; *de Or.* 1, 91 ; Quint. 2, 16, 3 ¶ **2** nom d'un sculpteur : Plin. 34, 91.

Tīsĭcrătēs, *is*, m., sculpteur de Sicyone : Plin. 35, 146.

tĭsĭcus, ▣ ▶ *phtisicus* : Petr. 64, 3.

Tisidĭum, *ii*, n., ville d'Afrique près de Tunis : Sall. *J.* 62.

Tīsĭphŏnē, *ēs*, f. (Τισιφόνη), l'une des Furies : Virg. *En.* 6, 561 ; Ov. *M.* 4, 481 ∥ **Tīsĭphŏnēus**, *a*, *um*, de Tisiphone, des Furies : Ov. *Tr.* 4, 9, 6.

Tīsippus, *i*, m., Étolien partisan des Romains : Liv. 45, 28.

Tiso, *ōnis*, m., de Patras, amiral des Achéens : Liv. 35, 26.

Tissē, *ēs*, f., Tissa [bourg au pied de l'Etna] : Sil. 14, 267 ∥ **-senses**, m. pl., habitants de Tissa : Cic. *Verr.* 3, 86 ∥ **-sinenses**, Plin. 3, 91.

Tissaphernēs, *is*, m. (Τισσαφέρνης), Tissapherne [un des satrapes d'Artaxerxès] : Nep. *Con.* 2.

Tissenses, ▣ ▶ *Tisse*.

Tissinenses, ▣ ▶ *Tisse*.

Tītān, m. (Τιτάν) ¶ **1** un des Titans, ▶ *Titanes* : Prisc. 2, 216, 7 ¶ **2** descendant d'un Titan ; not**ᵗ a)** d'Hypérion = le Soleil : Virg. *En.* 4, 119 ; Tib. 4, 1, 50 **b)** de Japet = Prométhée : Juv. 14, 35.
▶ voc. *Titan*, *Titane* Char. 25, 27 ; gén. *-nos*, *-nis* Prisc. 2, 216, 7-8 ; dat. *-no* Manil. d. Varr. *L.* 7, 16 ; acc. *-na* Luc. 1, 90 ; *-nem* Char. 25, 27.

Tītānes, *um*, m. pl., les Titans [fils du Ciel et de la Terre, furent vaincus dans la lutte contre Jupiter] : Cic. *Leg.* 3, 5 ; Char. 25, 28 ; acc. *-nas*, Hor. *O.* 3, 4, 43.

Tītāni, *ōrum*, m. pl., ▣ ▶ *Titanes* : Pl. *Pers.* 26 ; Cic. *Nat.* 2, 70.

Tītānĭa, *ae*, f., [Circé, Pyrrha, Latone, Diane] fille, petite-fille, sœur d'un Titan : Ov. *M.* 14, 382 ; 1, 395 ; 6, 346 ; 3, 173.

Tītānĭăcus, *a*, *um*, né des Titans : Ov. *M.* 7, 398.

Tītānĭda, *ae*, f., ▣ ▶ *Titanis* : Hyg. *Fab.* 183.

Tītānis, *ĭdis*, f. (Τιτανίς), des Titans : Juv. 8, 132 ∥ Circé [fille du Soleil] : Ov. *M.* 14, 14 ∥ Diane : Enn. *Tr.* 362.

Tītānĭus, *a*, *um*, de Titan, des Titans : Virg. *En.* 6, 580 ; Val.-Flac. 4, 91.

Tītānŏmăchĭa, *ae*, f., lutte des Titans et de Jupiter : Hyg. *Fab.* 150.

Tĭtărīsŏs (-sus, -ssus), *i*, m., fleuve de Thessalie : Luc. 6, 376.

Titedĭus, *ii*, m., Titedius Labeo, proconsul en Narbonnaise : Plin. 35, 20.

tĭtĕlus, ▣ titulus : CIL 6, 8987.

Tithŏēs, *is*, m., roi d'Égypte qui construisit le labyrinthe : Plin. 36, 84.

Tīthōnaeus, adj. m., fils de Tithon : Avien. *Perieg.* 368.

Tīthōnĭa, *ae*, f., Ov. *F.* 4, 943, **-nis**, *ĭdis*, f., Stat. *S.* 5, 1, 34, l'Aurore, épouse de Tithon.

Tīthōnĭus, *a*, *um*, de Tithon : Ov. *F.* 3, 403.

Tīthōnus, *i*, m. (Τιθωνός), Tithon [fils de Laomédon et époux de l'Aurore] : Virg. *En.* 4, 585 ; Cic. *CM* 3.

Tithorea

Tithŏrĕa, *ae*, f. (Τιθορέα), ville de Phocide : Plin. 4, 8.

Tithrōnē, *ēs*, f., ville de Phocide : Plin. 4, 8.

tĭthўmălis, *is*, f. (τιθυμαλίς), sorte de tithymale : Plin. 26, 68.

tĭthўmălus, Plin. 26, 62, **-mallus**, *i*, m. f. (τιθύμαλος), Samm. 835 ; 1098, **-mălŏn**, *i*, n. (τιθύμαλον), Ps. Apul. Herb. 108, tithymale, euphorbe [plante].

1 tĭtĭa, *ae*, f., [mot enfantin] viande : Gloss. 2, 198, 43.

2 tĭtĭa, *ae*, f., nom de femme : CIL 2, 23.

Tĭtĭālis, adj., préposé au culte de l'empereur Titus : CIL 6, 31746.

Tĭtĭāna, *ae*, f., femme de Pertinax : Capit. Pert. 5, 4.

1 Tĭtĭānus, *i*, m., surnom masculin : Spart. Hadr. 15, 6.

2 Tĭtĭānus, *i*, m., L. Titianus Salvus, frère de l'empereur Othon : Suet. Oth. 1.

Titidĭus, *ii*, m., nom d'homme : Tac. An. 2, 85.

Tĭtĭenses, *ĭum*, m. pl. (*Titus*), les Titienses ¶ 1 une des trois tribus primitives de Rome : Varr. L. 5, 55 ; 5, 89 ; Liv. 10, 6, 7 ; Ov. F. 3, 131 ; Fest. 468, 7 ‖ *Titiensis tribus* P. Fest. 503, 19, la tribu des Titienses ¶ 2 une des centuries de chevaliers instituées par Romulus du nom de Titus Tatius : Cic. Rep. 2, 36 ; Liv. 1, 13, 8 ; 1, 36, 2.

Tĭtĭes, m., *Titienses* : Varr. L. 5, 81 ; Prop. 4, 1, 31.

Tĭtĭi sŏdāles, m. pl., **Tĭtĭi**, *ōrum*, m. pl. (*Titus Tatius*), collège de prêtres romains chargés de faire les sacrifices des Sabins : Luc. 1, 602 ; Varr. L. 5, 85.

tītillāmentum, *i*, n., chatouillement : Fulg. Myth. 2, 15.

tītillātĭo, *ōnis*, f. (*titillo*), chatouillement : Cic. Nat. 1, 113 ; CM 47 ; Sen. Ep. 92, 6 ‖ [pl.] plaisirs : Hier. Ep. 52, 3.

tītillātŭs, *ūs*, m. (*titillo*), chatouillement : Plin. 11, 138.

tītillō, *ās*, *āre*, *āvī*, *ātum* (redoubl., dim.), tr., chatouiller : Lucr. 2, 429 ; Cic. Fin. 1, 39 ; Off. 2, 63 ‖ [fig.] caresser, charmer : Hor. S. 2, 3, 179 ; Sen. Ep. 99, 27.

tītillōsus, *a*, *um*, chatouilleux : Gloss. 2, 261, 5.

tītillus, *i*, m. (*titillo* ; it. *ditello*), chatouillement : Cod. Th. 8, 5, 2.

Tĭtīnĭa, *ae*, f., cliente de C. Aurelius Cotta : Cic. Brut. 217.

Tĭtīnĭus, *ii*, m., ancien poète comique latin : Char. 241, 28.

tītinnĭō, *īs*, *īre*, -, -, **tītinnō**, *ās*, *āre*, -, -, *tinnio* : Afran. et Nigid. d. Non. 40, 13.

1 tĭtĭō, *ās*, *āre*, -, - (onomat.), intr., pépier, gazouiller : Suet. Frg. 161.

2 tĭtĭo, *ōnis*, m. (cf. *titus* ? ; fr. *tison*), tison, brandon : Cels. 2, 12, 4 ; Hyg. Fab. 171.

3 Tĭtĭo, *ōnis*, m., nom d'homme : CIL 3, 5316.

Tĭtĭŏla, *ae*, f. (dim. de *Titus*), nom de femme : CIL 13, 2537.

tĭtĭuncŭlus, *i*, m. (onomat.), faucon crécerelle : *Col. 8, 8, 7 ; Gloss. 2, 347, 12 ; *tinnunculus*.

1 Tĭtĭus, *ii*, m., nom de famille : Cic. Brut. 225 ; Hor. Ep. 1, 3, 9.

2 Tĭtĭus, *a*, *um*, de Titius : Cic. Mur. 18 ; Leg. 2, 14 ; Val.-Max. 8, 1, 3.

tītĭvillīcĭum, *ii*, n. (expr.), chose sans valeur, un rien : *Pl. Cas. 347 ; **tittĭbĭlīcĭum**, P. Fest. 504, 1.

tītlus, tītŏlus, *titulus* : CIL 10, 3416 ; 5, 914.

tĭtŭbantĕr, adv. (*titubo*), en balançant, en hésitant : Cic. Cael. 15 ; Amm. 24, 4, 28.

tĭtŭbantĭa, *ae*, f. (*titubo*), hésitation : Jul.-Val. 1, 20 ‖ *linguae* [ou] *oris*, bégaiement : Suet. Cl. 30 ; Vit. 6.

tĭtŭbātĭo, *ōnis*, f. (*titubo*) ¶ 1 démarche chancelante : Sen. Ep. 95, 16 ‖ *linguae* Macr. Sat. 7, 6, 9, bégaiement ¶ 2 [fig.] hésitation : Cic. Inv. 2, 41.

tĭtŭbātus, *a*, *um*, part. de *titubo*.

tĭtŭbō, *ās*, *āre*, *āvī*, *ātum* (redoubl., cf. *tundo* ?), intr. ¶ 1 chanceler, faire des faux pas, tituber : Ov. M. 11, 90 ‖ *titubat lingua* Ov. A. A. 1, 598, la langue balbutie ¶ 2 [fig.] chanceler, être hésitant, broncher : Cic. Cael. 66 ; Hor. Ep. 1, 13, 19 ; Nep. Eum. 9, 2 ; *verbo titubare* Cic. Flac. 22, hésiter sur un mot, broncher d'un mot ‖ [pass. impers.] *si quid titubatum est* Cic. *de Or.* 3, 192, si qq. part on a bronché ¶ 3 [pass.] *vestigia titubata* *praecipitare praecipatus* Virg. En. 5, 332, pas chancelants, mal assurés.

tĭtŭlātĭo, *ōnis*, f., action d'intituler, titre : Oros. Apol. 11, 2.

tĭtŭlātus, *a*, *um*, part. de *titulo*.

Titulcĭa, *ae*, f., ville de Tarraconaise Atlas IV, C2 : Anton. 436.

Titullus, *i*, m., nom d'homme : Mart. 8, 44.

tĭtŭlō, *ās*, *āre*, *āvī*, *ātum* (*titulus*), tr., désigner par un titre, par un nom : Tert. Anim. 13, 1 ; Capel. 1, 41 ‖ mentionner : Commod. Apol. 462 ‖ inscrire : CIL 8, 7724 ‖ attribuer à [après confiscation] : Greg.-M. Ep. 1, 63.

tĭtŭlus, *i*, m. (redoubl., cf. *tellus*, al. *Diele* ; esp. *tilde*, fr. *titre*) ¶ 1 titre, inscription **a)** *aram dedicavit cum ingenti rerum ab se gestarum titulo* Liv. 28, 46, 16, il fit la dédicace d'un autel avec une énorme inscription portant le récit de ses exploits, cf. Liv. 23, 19, 18 ; Hor. O. 4, 14, 4 ; Ov. M. 9, 793 ; Tr. 4, 2, 20 ; *cum titulo nominis Camilli* Liv. 6, 4, 3, avec l'inscription du nom de Camille **b)** sous le portrait de chaque ancêtre, inscription portant son nom, ses actes, ses magistratures : Plin. 35, 6 ; Tac. D. 8 **c)** épitaphe : Plin. Ep. 6, 10, 3 ; 9, 19, 3 ; Juv. 6, 230 **d)** titre d'un livre : Ov. Rem. 1 ; Sen. Tranq. 9, 6 ; Quint. 2, 14 ; 4 ; Plin. Ep. 5, 15, 3 **e)** écriteau [attaché au cou d'un esclave mis en vente] : Prop. 4, 5, 51 ; écriteau **f)** affiche [de vente, de location] : Plin. Ep. 7, 27, 7 ; *ire sub titulum* Tib. 2, 4, 54 ; *mittere sub titulum* Ov. Rem. 302, être mis, mettre en vente **g)** [fig.] étiquette : *sustinere titulum consulatus* Cic. Pis. 19, porter le titre de consul ¶ 2 [fig.] **a)** titre, titre d'honneur, titre honorifique : *hic titulus (sapientis)* Cic. Tusc. 5, 30, ce titre (de sage) **b)** titre = honneur : *perpetrati belli* Liv. 28, 41, 3, l'honneur de terminer la guerre ; *egregius titulus est... liberare* Liv. 36, 17, 13, c'est un titre magnifique que de libérer... **c)** prétexte : *specioso titulo Graecarum civitatium liberandarum uti* Liv. 35, 16, 2, recourir au prétexte spécieux de libérer les villes grecques ; *speciosum titulum alicujus rei ferre* Liv. 45, 52, 15, mettre en avant le prétexte spécieux de qqch. ; *praetendere* Liv. 37, 54, 13 ; *praeferre* Curt. 5, 10, 12 ; *praetexere* Tac. H. 4, 73 ¶ 3 titre, droit à : Cypr. Ep. 28, 2 ¶ 4 titre de propriété, marque, borne : Aug. Psalm. 21, 2, 31 ‖ impôts : Cassiod. Var. 4, 25 ¶ 5 croix : Conc. Turon. 2, can. 3.

▶ n. *titulum* CIL 6, 8012.

Tĭtūrĭus, *ii*, m., un des lieutenants de César : Caes. G. 5, 27 ; Suet. Caes. 25 ‖ **-ĭānus**, *a*, *um*, de Titurius : Suet. Caes. 67.

Tĭturnĭus, *ii*, m., nom d'homme : Cic. Fam. 13, 39 ‖ **-ĭus**, *a*, *um*, de Titurnius : Cic.

1 tĭtus, *i*, m. (onomat., cf. 1 *titio*), pigeon ramier : Isid. 12, 7, 62.

2 Tĭtus, *i*, m., prénom romain [abrégé T.], not⟨ᵗ⟩ ¶ 1 *T. Livius*, Tite-Live [historien] : Quint. 10, 32 ¶ 2 Titus [*Titus Flavius Vespasianus*, fils de Vespasien, empereur romain, 79-81] : Suet. Tit. 1.

Tĭtўo, *ōnis*, m., *Tityos* : Vesp. = Anth. 199, 85.

Tĭtўos, *i*, m. (Τιτυός), géant précipité dans les enfers où un vautour lui ronge le foie : Lucr. 3, 992 ; Hor. O. 4, 6, 2 ; Virg. En. 6, 595 ; Ov. M. 4, 457.

1 Tĭtўrus, *i*, m. (Τίτυρος), Tityre [nom de berger] : Virg. B. 1, 1 ‖ [d'où, poét., = les Bucoliques] Ov. Am. 1, 15, 25 ; [= Virgile] Prop. 2, 34, 72 ; [= un berger] Virg. B. 8, 55.

2 tĭtўrus, *i*, m. (τίτυρος), nom laconien du bélier qui précède le troupeau : Serv. B. pr. p. 4, 7.

Tĭtўus, *ii*, m., fleuve d'Illyrie : Plin. 3, 129 ‖ *Tityos*.

Tium, *ii*, n. (Τίον), ville maritime de Bithynie : Plin. 6, 4.

tius, *thius*.

Tlēpŏlĕmus, *i*, m. (Τληπόλεμος), Tlépolème [fils d'Hercule, chef des Rhodiens au siège de Troie]: Ov. *M.* 12, 537.

Tlōs, f., ville de Lycie: Plin. 5, 101.

Tmărus (-ŏs), *i*, m. (Τμάρος), montagne d'Épire: Virg. *B.* 8, 44 ‖ **Tmărĭus**, *a*, *um*, du mont Tmarus: Claud. *Get.* 18.

tmēsis, *is*, f. (τμῆσις), [gram.] tmèse: Serv. *En.* 1, 412.

Tmōlītēs, *ae*, adj. m., du Tmole; subst. **a)** habitant du Tmole: Cic. *Flac.* 8; pl., **-tae**, *ārum*, Cic. *Flac.* 5, les Tmolites **b)** vin du Tmole: Vitr. 8, 3, 12; Plin. 14, 74.

Tmōlĭus, *a*, *um* (Τμώλιος), du Tmole, de Lydie: Ov. *Pont.* 4, 15, 9.

Tmōlus, *i*, m. (Τμῶλος), le Tmole [montagne de Lydie] Atlas VI, B4: Virg. *G.* 1, 56; Plin. 5, 110 ‖ rivière de Lydie: Plin. 33, 126.

Tŏbīās, *ae*, m., Tobie: Vulg. *Tob.* 1, 1.

tŏcās, *ădis*, f. (τοκάς), poule pondeuse: CIL 250, 31.

Tŏchări, *ōrum*, m. pl. (Τόχαροι), les Tochares [peuple iranien de Bactriane]: *Plin. 6, 55; *Just. 42, 2, 2; *Peut. 11, 5. ▶ à distinguer des "Tochariens" du Sin-Kiang, qui parlaient des dialectes originaux (6e-9e s.).

tŏcītēs, *ae*, m. (τοκίτης), sorte de plante: Ps. Apul. *Herb.* 19.

tŏcŏglÿphŏs, *i*, m. (τοκογλύφος), usurier: *Lucil. 497.

Tocolosida, *ae*, f., ville de la Maurétanie Tingitane: Anton. 23.

tŏcullĭo, *ōnis*, m. (*τοκύλλιον), usurier: Cic. *Att.* 2, 1, 12.

todillus, (dim. de *todus*), Pl. *Cis.* 408, cf. **todillus** = *gracilis* Gloss. 5, 624, 39.

todus, *i*, m. (?), petit oiseau [rougegorge?]: P. Fest. 481, 3.

toecharchus, V. *tutarchus*.

toechŏbātēs, acc. *ēn*, m. (τοιχοβάτης), escaladeur: Vop. *Car.* 19, 2.

tōfācĕus (-cĭus), *a*, *um* (*tofus*), de tuf: Plin. 17, 43; *Pall. 9, 9, 2.

tōfĭcĭus, *a*, *um*, C. *tofaceus*: Capit. *Max.* 6, 9.

tōfīnĕus, *a*, *um*, Grom. 347, 14, **-fīnus**, *a*, *um*, Suet. *Cl.* 21, de tuf.

tōfōsus, *a*, *um* (*tofus*), spongieux comme le tuf: Sidon. *Ep.* 3, 13, 6.

tōfus (tōphus), *i*, m. (?; it. *tufo*), tuf, pierre spongieuse et friable: Virg. *G.* 2, 214; Plin. 17, 29; Stat. *S.* 4, 3, 52.

1 **tŏga**, *ae*, f. (*tego*) **I** primit[t], ce qui couvre ¶ **1** = toit: Non. 406, 21 ¶ **2** vêtement [de jour ou de nuit, pour homme ou pour femme]: Varr. d. Non. 541, 2. **II** toge ¶ **1** vêtement des citoyens romains en temps de paix: *toga pura* Cic. *Att.* 5, 20, 9; 7, 8, 5; 9, 6, 1 [ou surtout] *toga virilis* Cic. *Sest.* 144 V. *sumo* [ou] *toga libera* Prop. 4, 1, 132; Ov. *F.* 3, 771, toge virile [prise par les jeunes gens après la robe prétexte, à dix-sept ans, V. *praetexta*]; *toga picta* Liv. 30, 15, 11, toge brodée [portée par les triomphateurs], cf. Liv. 10, 7, 9; *candida*, toge blanche des candidats, V. *candidus*: *pulla*, toge sombre de deuil, V. *pullus* ¶ **2** [fig.] **a)** vêtement national, nationalité romaine: *togae oblitus* Hor. *O.* 3, 5, 10, oubliant sa qualité de Romain **b)** vêtement de paix, paix: *cedant arma togae* Cic. poet. *Off.* 1, 77, que les armes le cèdent à la toge, cf. Cic. *de Or.* 3, 167 ‖ vêtement du citoyen, vie civile: *in armis, in toga* Cic. *CM* 11, sous les armes, sous la toge = comme guerrier, comme citoyen, cf. Cic. *Phil.* 2, 20 **c)** [sous les empereurs] emploi (fonction) dans la cité, par ex. en parlant du sénat: *decreto togae* Claud. *Cons. Stil.* 1, 330, par un décret du sénat **d)** *togae* Mart. 10, 18, 4, des clients, cf. Mart. 10, 47, 5 **e)** robe de courtisane, courtisane: Sulpicia d. Tib. 4, 10, 3.

2 **tŏga**, *ae*, f. (gaul.; fr. *douve*), canalisation: Greg.-Tur. *Martyr.* 24.

Tŏgāta Gallĭa, f., la Gaule Cisalpine: Hirt. *G.* 8, 24, 3; 52, 1; Plin. 3, 112.

tŏgātārĭus, *ĭi*, m. (*togatus*), acteur de *fabula togata*: Suet. *Aug.* 45.

tŏgātŭlus, *i*, m. (dim. de *togatus*), pauvre client: Mart. 10, 74, 3; 11, 24, 11.

tŏgātus, *a*, *um* (*toga*) ¶ **1** vêtu de la toge, en toge [caractéristique du citoyen romain]: *judex modo palliatus, modo togatus* Cic. *Phil.* 5, 14, juge tantôt en manteau [grec], tantôt en toge [romaine], cf. Cic. *Verr.* 2, 152; *togatus* Cic. *Off.* 1, 79, en toge = comme citoyen, civil [opp. à guerrier], cf. Cic. *Cat.* 3, 23; 4, 5; *Arch.* 27 ‖ subst. m., avocat, avoué: Ambr. *Ep.* 82, 2 ‖ **tŏgāti**, *ōrum*, Cic. *Flac.* 61; *Amer.* 135, de Or. 3, 111, citoyens romains ¶ **2 tŏgāta**, *ae*, f. **a)** (s.-ent. *fabula*), comédie à sujet romain, oppos. à *palliata*, sujet grec: Cic. *Sest.* 118; Hor. *P.* 288; Sen. *Ep.* 8, 8; Quint. 10, 1, 100 **b)** prostituée: Hor. *S.* 1, 2, 63; 1, 2, 82; Mart. 6, 64, 4 ¶ **3** [sous les empereurs] *togatus* Juv. 3, 127; 7, 142, un client; *togata turba* Juv. 1, 96, la foule des clients, cf. Mart. 3, 46, 1.

Togienses, *ĭum*, m. pl., peuple d'Istrie: Plin. 3, 130.

Togisŏnus, *i*, m., rivière de Vénétie: Plin. 3, 121.

Togōnĭus, *ii*, m., nom d'homme: Tac. *An.* 6, 2.

tŏgŭla, *ae*, f. (dim. de *toga*), petite toge: Cic. *Pis.* 55; *Att.* 1, 18, 6; Mart. 9, 100, 5.

tolae, *ārum*, f. pl., C. *toles*: Gloss. 2, 198, 58.

Tolbĭacum (Tolpĭacum), *i*, n., Tolbiac [ville de la Germanie Inférieure, auj. Zülpich] Atlas V, C3: Anton. 373.

Toleandossus, *i*, m., épithète d'Hercule chez les Tolosates: CIL 13, 434.

Tolentīnātes, *um* et *ĭum*, m. pl., habitants de Tolentinum: Plin. 3, 111 ‖ **-tīnensis**, *e*, de Tolentinum: CIL 9, 5565.

Tŏlentīnum, *i*, n., ville du Picénum [Tolentino]: CIL 9, 5542.

Tŏlēnum flūmĕn, n., **Tŏlēnus**, *i*, m., rivière du Latium [Turano]: Ov. *F.* 6, 565; Oros. *Hist.* 5.

tŏlĕrābĭlis, *e* (*tolero*) ¶ **1** tolérable, supportable: Cic. *Lae.* 78; *Cat.* 4, 16; *Rep.* 1, 42; *orator tolerabilis* Cic. *Brut.* 178, orateur passable; *tolerabilior* Cic. *CM* 8 ‖ *tolerabilius est dicere* Cic. *de Or.* 1, 218, il est plus admissible de dire; *tolerabilius est audire* Cic. *Fam.* 7, 30, 1, il est plus tolérable d'entendre ¶ **2** qui peut supporter, endurer: Col. 7, 3, 14.

tŏlĕrābĭlĭtĕr, adv. (*tolerabilis*) ¶ **1** d'une manière supportable, passable: Col. 2, 2, 3 ¶ **2** avec endurance, avec patience: *tolerabilius* Cic. *Fin.* 3, 42, avec plus de patience, cf. Cic. *Fam.* 15, 20, 2.

tŏlĕrandus, *a*, *um* (*tolero*), supportable: Liv. 38, 8, 2.

tŏlĕrans, *tis* ¶ **1** part. de *tolero* ¶ **2** [adj[t], avec gén.] qui supporte: *laborum* Tac. *An.* 4, 1, résistant à la fatigue; *frigoris tolerantior* Col. 6, 22, 2, qui résiste mieux au froid; *-tissimus* Col. 7, 1, 2.

tŏlĕrantĕr, adv. (*tolerans*), patiemment, avec résignation: Cic. *Tusc.* 2, 43; *Fam.* 4, 6, 2 ‖ d'une façon tolérable: *tolerantius* Plin. 8, 176, plus raisonnablement.

tŏlĕrantĭa, *ae*, f. (*tolero*), constance à supporter, endurance: Cic. *Par.* 2; Quint. 2, 20, 10 ‖ patience: Sen. *Ep.* 66, 13; 67, 5 ‖ résignation, patience: Cypr. *Mort.* 10; Cassian. *Inst.* 4, 6.

tŏlĕrātĭo, *ōnis*, f. (*tolero*), capacité de supporter: Cic. *Fin.* 2, 94.

1 **tŏlĕrātus**, *a*, *um* ¶ **1** part. de *tolero* ¶ **2** [adj[t]] *toleratior* Tac. *An.* 12, 11, mieux supporté, plus supportable.

2 **tŏlĕrātŭs**, *ūs*, m., le fait d'endurer: Salv. *Gub.* 3, 7, 28.

Tolerienses, *ĭum*, m. pl., peuple du Latium: Plin. 3, 69.

tŏlĕrō, *ās*, *āre*, *āvī*, *ātum* (*tollo*, cf. *recipio*, *recupero*), tr. ¶ **1** porter, supporter [au pr.] un poids, un fardeau: Plin. 10, 10; 35, 173; Apul. *M.* 3, 8; 4, 26 ¶ **2** [fig.] **a)** supporter, endurer: *hiemem* Cic. *Cat.* 2, 23, supporter le froid; *militiam* Cic. *Fam.* 7, 18, 1, les fatigues militaires, cf. Sall. *C.* 10, 2; Tac. *G.* 4; [avec inf.] supporter de: Tac. *An.* 3, 3; [avec prop. inf.] supporter que: Sall. *C.* 20, 11 **b)** [abs[t]] tenir bon, Caes. *G.* 7, 71, 4; rester, persister: Tac. *An.* 4, 40 **c)** soutenir, maintenir, sustenter, entretenir: *equitatum* Caes. *C.* 3, 58, 4, nourrir la cavalerie, cf. Caes. *C.* 3, 49; *vitam aliqua re* Caes. *G.* 7, 77, 12, soutenir sa vie au moyen de qqch. ‖ *silentium* Apul. *M.* 4, 10, garder le silence **d)** soutenir = résister à, combattre: *famem aliqua re* Caes. *G.* 1,

tolero

28, 3, combattre la faim au moyen de qqch., cf. SALL. *C.* 37, 7 ; v. **sustentare paupertatem eri** PL. *Ru.* 918, soulager la pauvreté de son maître, cf. PL. *Trin.* 338 ; 358.

▶ dépon. *toleror* d'après PRISC. 2, 397, 2.

tŏles, *ĭum*, f. pl. (cf. *tonsillae*), amygdales : VEG. *Mul.* 1, 38, 3 ; FEST. 490, 9 ; ISID. 11, 1, 57 ‖ amygdalite : CHIR. 557.

Tŏlētum, *i*, n., Tolède [ville de Tarraconaise] Atlas I, C2 ; IV, C2 ; LIV. 35, 7 ; 39, 30 ‖ **-tānus**, *a*, *um*, de Tolède : GRAT. 34 ‖ **-tāni**, *ōrum*, m. pl., habitants de Tolède : LIV. 35, 22 ; PLIN. 3, 25.

Tollē, *ēs*, f., ville d'Éthiopie : PLIN. 6, 191.

tollēno (tŏlē-), *ōnis*, f. (cf. *tollo*) ¶ 1 machine à puiser de l'eau, à l'aide d'une bascule : PLIN. 19, 60 ¶ 2 engin de levage [pour soulever des objets ou des soldats] : LIV. 24, 34, 10 ; 38, 5, 4 ; VEG. *Mil.* 4, 21.

Tollentīnātes, v. *Tolen-*.

tollō, *ĭs*, *ĕre*, *sustŭlī*, *sublātum* (cf. *tuli*, 1 *latus*, *tolero*, τλῆναι, τάλαντον, al. *Geduld*, it. *togliere*), tr.
I soulever, élever ¶ **1 candelabrum tollere incipiunt, ut referrent** CIC. *Verr.* 4, 65, ils se mettent à soulever le candélabre pour le remporter ; **aliquem in caelum** CIC. *Rep.* 1, 25, porter qqn au ciel ; **saxa de terra** CIC. *Caecin.* 60, ramasser des pierres par terre ; **se tollere a terra** CIC. *Tusc.* 5, 37, s'élever de terre [plantes] ; **aliquem in equum** CIC. *Dej.* 28 ; **in currum** CIC. *Off.* 3, 94, monter qqn sur un cheval, sur un char ; **in crucem** CIC. *Verr.* 4, 24, mettre qqn en croix ; **manus** CIC. *Ac.* 2, 63, lever les mains au ciel ; **manibus sublatis** CIC. *Verr.* 4, 5, au moyen de leurs mains levées en l'air ; **ignis e specula sublatus** CIC. *Verr.* 5, 93, feu s'élevant d'un observatoire ; **oculos** CIC. *Fam.* 16, 10, 2, lever les yeux ¶ **2 ancoras** CAES. *G.* 4, 23, 6, lever l'ancre, cf. CAES. *C.* 1, 31 ; LIV. 22, 19, 6 ; [fig.] partir : VARR. *R.* 3, 17, 1 ‖ **signa** CAES. *C.* 2, 20, 4, lever de terre les enseignes, se mettre en marche ¶ **3 altius tectum** CIC. *Har.* 33, exhausser une maison ¶ **4** soulever = porter, embarquer : **naves quae equites sustulerant** CAES. *G.* 4, 28, les navires qui avaient embarqué les cavaliers, cf. CAES. *C.* 3, 28, 3 ; PL. *Merc.* 75 ; **tollite me, Teucri** VIRG. *En.* 3, 601, prenez-moi à bord, Troyens, cf. LIV. 45, 6, 2 ‖ prendre avec soi en voiture : CIC. *Q.* 2, 8, 2 ; HOR. *S.* 2, 6, 42 ; OV. *A. A.* 3, 157 ¶ **5** [fig.] **a) in caelum aliquem** CIC. *Arch.* 22, porter qqn aux nues ; **laudes alicujus in astra** CIC. *Att.* 2, 25, 1, porter aux nues les louanges de qqn ; **aliquid laudibus tollere** CIC. *Att.* 4, 16, 8, vanter, célébrer, élever aux nues qqch. [ou] **ad caelum laudibus** CIC. *Fam.* 15, 9, 1 **b) clamorem in caelum, ad sidera** VIRG. *En.* 11, 745 ; 2, 222, pousser des cris vers les cieux ; **clamor tollitur** CIC. *Verr.* 4, 94, des cris s'élèvent **c) cachinnum** CIC. *Fat.* 10 ; **risum** HOR. *P.* 381, pousser des éclats de rire **d)** élever, relever qqch.

par la parole : CIC. *de Or.* 3, 104 ; QUINT. 8, 6, 11 ; 10, 4, 1 ‖ **animos alicui** LIV. 3, 67, 6, relever le courage de qqn, cf. LIV. 35, 1, 3 ; SEN. *Ben.* 3, 28, 6 ; **aliquem** HOR. *S.* 2, 8, 61, relever le moral de qqn ; *v.* *sublatus* **e)** soulever = se charger de : **providere quid oneris in praesentia tollant** CIC. *Verr.* 3, 1, prévoir de quel fardeau ils se chargent pour le présent ; **Apollodorus poenas sustulit** CIC. *Nat.* 3, 82, Apollodore a subi son châtiment **f)** [propr[t]] soulever de terre l'enfant, par là le reconnaître et marquer son intention de l'élever, cf. *suscipio* I ¶ 2 ; d'où, par ext.] élever un enfant : PL. *Amp.* 501 ; *Men.* 33 ; TER. *And.* 219 ; QUINT. 4, 2, 42 ‖ [d'où] **ex aliqua liberos tollere** CIC. *Phil.* 13, 23, avoir des enfants d'une femme, cf. SUET. *Ner.* 5 **g)** divulguer, répandre qqch. : PL. *Mil.* 293.
II lever, enlever ¶ **1 e fano aliquid** CIC. *Verr.* 4, 103, enlever un objet d'un temple ; **frumentum de area** CIC. *Verr.* 3, 36, enlever le blé de l'aire ; **amicitiam e vita** CIC. *Lae.* 47, enlever l'amitié de l'existence ; **aliquid alicui** CIC. *Nat.* 1, 121, enlever qqch. à qqn ; **praedam** CAES. *G.* 7, 14, 9, emporter du butin ¶ **2** enlever les plats d'une table : HOR. *S.* 1, 3, 80 ; 2, 8, 10 ; VIRG. *En.* 8, 175 ‖ enlever la table elle-même : CIC. *Pis.* 67 ¶ **3** enlever = supprimer, faire disparaître : **aliquem de medio** CIC. *Amer.* 20 [ou] **e medio** LIV. 24, 6, 1, faire disparaître qqn ; **aliquem veneno** CIC. *Nat.* 3, 81, supprimer qqn par le poison ; **Carthaginem funditus** CIC. *Off.* 1, 35, détruire Carthage de fond en comble ‖ [jeu de mots avec élever, faire monter dans les honneurs] : CIC. *Fam.* 11, 20, 1 ‖ enlever qqch., écarter, supprimer : **dictaturam funditus ex re publica** (CIC. *Sest.* 30) CIC. *Phil.* 1, 3, éliminer radicalement la dictature du gouvernement ; **nomen ex libris** (CIC. *Tusc.* 3, 44) CIC. *Att.* 13, 44, 3, rayer un nom d'un livre ; **sublata benevolentia amicitiae nomen tollitur** CIC. *Lae.* 19, supprimer le dévouement, c'est supprimer le nom même de l'amitié ; **errorem** CIC. *Rep.* 1, 38, écarter l'erreur ; **veteres leges novis legibus sublatae** CIC. *de Or.* 1, 247, anciennes lois abolies par les lois nouvelles ; **deos** CIC. *Nat.* 1, 85, supprimer les dieux = en nier l'existence, cf. CIC. *Ac.* 2, 33 ; **diem** CIC. *Leg.* 3, 40, faire perdre une journée [en gardant la parole pendant toute une séance au sénat, ou CIC. *Dom.* 45, en prenant les auspices, ou en alléguant des excuses] ¶ **4** supporter, subir : CYPR. *Ep.* 57, 4 ¶ **5** retirer, refuser : **(Deo) gratiam tollere** SALV. *Gub.* 7, 9, 37, refuser de remercier [Dieu].

▶ formes de parf. tardives : **tollisset** SALV. *Gub.* 4, 15, 74 ; **tollisse** ULP. *Dig.* 46, 4, 13 ‖ parf. *tuli* dans l'expr. **filium (liberos) ex aliqua tollere** : SUET. *Aug.* 63 ; *Cal.* 7 ; *Cl.* 1 ; 27 ; **tulerat** SUET. *Tib.* 47 ; *Dom.* 3.

tŏlōnārĭus, c. *telonarius* : GLOSS. 5, 101, 18.

tŏlōnēum, *i*, n., c. *teloneum* : APP.-PROB. 197, 20.

Tŏlōsa, *ae*, f., ville de Narbonnaise [Toulouse] Atlas I, C3 ; IV, A4 ; V, F2 : CAES. *G.* 3, 20 ; CIC. *Font.* 9 ; MART. 9, 100, 3 ‖ **Tŏlōsānus**, *a*, *um*, de Tolosa : CIC. *Nat.* 3, 74 ‖ **-sāni**, *ōrum*, m., habitants de Tolosa : PLIN. 3, 37 ; 4, 109 ‖ **Tŏlōsātes**, *um* (*ĭum*), m. pl., Tolosates : CAES. *G.* 1, 10 ‖ **-sās**, *tis*, adj., de Tolosa : MART. 12, 32, 18 ‖ **Tŏlōsensis**, *e*, de Tolosa : JUST. 32, 3, 9.

Tolostobogi, *ōrum*, m. pl., peuple celte de Galatie : *FLOR. 2, 11, 5 ‖ **-bogĭi**, *ĭorum*, m. pl. : LIV. 38, 15, 15 ; PLIN. 5, 146.

Tolpĭăcum, v. *Tolbiacum*.

Tŏlumnĭus, *ii*, m. ¶ **1** Lars Tolumnius, roi de Véies : LIV. 4, 17 ¶ **2** nom d'un augure : VIRG. *En.* 11, 429 ; 12, 258.

tŏlūtāris, *is*, *e*, adj. (*tolutim*), qui va au trot : [fig.] FRONT. *Orat.* 2, p. 156 N.

tŏlūtārĭus, *ii*, m. (*tolutim*), trotteur [cheval] : SEN. *Ep.* 87, 10.

tŏlūtĭlis, *e* (*tolutim*), qui va au trot : **gradus** VARR. *Men.* 306, trot.

tŏlūtĭlŏquentĭa, *ae*, f. (*tolutim, loquor*), volubilité de langue : NOV. *Com.* 38.

tŏlūtim, adv. (*tollo*), au trot : PL. *As.* 706 ; PLIN. 8, 166 ‖ en courant, au pas de course : VARR. d. NON. 4, 20.

tŏmācīna, *ae*, f. (τεμάχιον, τόμος), cervelas, saucisson : VARR. *R.* 2, 4, 10.

tŏmācŭlārĭus, *ii*, m. (*tomaculum*), marchand de cervelas, de saucissons : *NOT. TIR. 103.

tŏmācŭlum (-clum), *i*, n., c. *tomacina* : MART. 1, 42, 9 ; JUV. 10, 355.

Tŏmărus, *i*, m. (Τόμαρος), le Tomarus [Tmarus, montagne d'Épire] : PLIN. 4, 6.

tŏmē, *ēs*, f. (τομή), [métr.] césure : AUS. *Epist.* 4, (393), 90 ; TER.-MAUR. 6, 401, 2570.

tōmentum, *i*, n. (cf. *tumeo, totus* ; esp. *tomiento*), tout ce qui sert à rembourrer [bourre, laine, plumes, jonc] : PLIN. 8, 192 ; VARR. *L.* 5, 167 ; TAC. *An.* 6, 23.

Tŏmi, *ōrum*, m. pl. (Τόμοι), Tomes [Constanța, ville à l'embouchure du Danube, où Ovide mourut exilé] Atlas I, C6 : STAT. *S.* 1, 2, 254 ‖ **-itae**, *ārum*, m. pl., habitants de Tomes : OV. *Tr.* 1, 2, 85 ‖ **-ītānus**, *a*, *um*, de Tomes : OV. *Pont.* 1, 1, 1 ; 3, 8, 10.

Tŏmis, *is*, f. (Τόμις), c. *Tomi* : OV. *Tr.* 3, 9, 33 ; *Pont.* 4, 19, 59.

tōmix, v. *thōmix*.

Tŏmoe, c. *Tomi* : MEL. 2, 22.

tŏmus, *i*, m. (τόμος), morceau, pièce : MART. 1, 66, 3 ‖ livre, fascicule : HIER. *Ep.* 22, 38 ‖ lettre : FACUND. *Def.* 1, 1.

Tŏmўris (Τόμυρις), **Thămyris**, *is*, f., reine des Massagètes : TIB. 3, 7, 143 ; VAL. MAX. 9, 10, 1.

Tonabaei, *ōrum*, m. pl., peuple d'Arabie : PLIN. 6, 154.

tŏnaeus, *a*, *um*, tendu [en parlant du son]: Boet. *Music*. 5, 15.

tŏnans, *tis*, part. de *tono*, **Jupiter Tonans**, **Capitolinus Tonans** [Tonans seul Ov. *M*. 1, 170], Jupiter Tonnant: Ov. *F*. 2, 69 ‖ [poét., chrét.] Dieu: Prud. *Cath*. 6, 81.

tŏnantĕr, adv., au bruit du tonnerre, avec des coups de tonnerre: Drac. *Laud*. 3, 228.

tŏnātĭo, *ōnis*, f. (*tono*), tonnerre, retentissement du tonnerre: Eustath. *Hex*. 7, 2.

Tonberos, *i*, m., fleuve de l'Asie Ultérieure: Plin. 6, 93.

tondĕō, *ēs*, *ēre*, *tŏtondī*, *tonsum* (cf. τένδω, τέμνω; fr. *tondre*), tr. ¶ 1 tondre, raser, couper: Cic. *Tusc*. 5, 58; **tondemur** Quint. 1, 6, 44, nous nous rasons, cf. Liv. 27, 34, 6; *ex barba capilloque tonsa* Sen. *Ep*. 92, 34, poils de barbe et cheveux coupés ¶ 2 élaguer, émonder: Virg. *G*. 4, 137; Plin. 15, 4 ‖ couper [l'herbe, le blé]: Virg. *G*. 1, 290; 1, 71; Tib. 4, 1, 172 ¶ 3 brouter, tondre en broutant: Lucr. 2, 660; Virg. *G*. 1, 15 ‖ dévorer: Virg. *En*. 6, 598 ¶ 4 [fig.] *aliquem auro* Pl. *Bac*. 242, tondre qqn de son or, cf. Prop. 3, 19, 22.
▶ *tundunt* CIL 1, 1, p. 280.

tŏnescō, *ĭs*, *ĕre*, -, -, intr., ⓒ *tono*: Varr. *Men*. 56.

tongĕō, *ēs*, *ēre*, -, - (cf. al. *denken*, an. *think*), tr., savoir: Enn. *Var*. 28 d. P. Fest. 489, 6.

tongĭtĭo, *ōnis*, f. (*tongeo*), connaissance: P. Fest. 489, 5.

tŏnĭaeus, *a*, *um* (τονιαῖος), de la longueur d'un ton: Boet. *Mus*. 5, 16.

tŏnĭtrālis, *e*, qui retentit du bruit du tonnerre: *Lucr. 1, 1105.

tŏnĭtru, n., ⓥ *tonitrus* ▶.

tŏnĭtrŭālis, *e*, qui lance la foudre: Apul. *Mund*. 37.

tŏnĭtrŭō, *ās*, *āre*, -, -, intr., tonner: Commod. *Instr*. 1, 67; Hier. *Psalm*. 76.

tŏnĭtrŭs, *ūs*, m. (*tono*, fr. *tonnerre*), Pl. *Amp*. 1062; Lucr. 6, 164; Virg. *En*. 4, 122, et **tŏnĭtrŭum**, *i*, n., tonnerre: *tonitrua jactusque fulminum extimescere* Cic. *Div*. 2, 42, craindre le tonnerre et la chute de la foudre, cf. Cic. *Div*. 2, 44; *Phil*. 5, 15; *cum magno fragore tonitribusque* Liv. 1, 16, 1, avec un grand fracas et des coups de tonnerre.
▶ *tonitruus*, *i*, m., Hier. *Joh*. 10 ‖ nom. *tonitru* d'après Char. 36, 1; 65, 30.

tŏnō, *ās*, *āre*, *nŭī*, - (cf. scr. *tanyati*, al. *Donner*, an. *thunder*; fr. *tonner*), intr. ¶ 1 tonner, faire entendre le bruit du tonnerre: Cic. *Div*. 2, 43; 2, 149 ¶ 2 faire un grand bruit, retentir fortement: Lucr. 2, 618; Virg. *En*. 9, 541 ‖ [fig.] tonner [en parl. d'un orateur]: Cic. *Or*. 29; Virg. 11, 383; Plin. *Ep*. 1, 20, 19 ¶ 3 [avec acc.] **a)** appeler d'une voix de tonnerre: Virg. *En*. 4, 510 **b)** faire retentir comme le tonnerre: Prop. 4, 1, 134.

▶ 3e conj. *tonimus* Varr. *Men*. 132.

tŏnŏr, *ōris*, m., accent [d'une syllabe]: Quint. 1, 5, 22.

tŏnōtĭcus, *a*, *um* (τονωτικός), tonique, fortifiant [méd.]: Theod.-Prisc. *Log*. 85.

1 tonsa, *ae*, f. (cf. *tondeo*), aviron, rame: Enn. *An*. 230; 231; Val.-Flac. 1, 369 ‖ pl., Lucr. 2, 554; Virg. *En*. 7, 28; 10, 299.

2 tonsa, *ae*, f. (*tondeo*), chèvre: Ambr. *Psalm*. 118, 15, 12.

tonsĭcŭla, *ae*, f. (*tonsa*), sorte de poisson: Cassiod. *Var*. 12, 4.

tonsĭlis, *e* (*tondeo*), qui peut être rasé, tondu: Plin. 8, 203; 16, 40 ‖ tondu, coupé: Gell. 20, 9, 3; Plin. 12, 13.

1 tonsilla (**tosilla**), *ae*, f. (dim. de 1 *tonsa*), poteau pour amarrer une barque: Pacuv. *Tr*. 218; Acc. *Tr*. 517; Enn. *An*. 499.

2 tonsilla, *ae*, f. (cf. *tondeo*, 1 *tonsilla*), aigrette [oiseau]: Schol. Bern. *B*. 6, 74.

tonsillae, *ārum*, f. pl. (cf. *toles*, *tendo*), amygdales, glandes de la gorge: Cic. *Nat*. 2, 135; Plin. 11, 175; Fest. 490, 10.

tonsĭo, *ōnis*, f. (*tondeo*; fr. *toison*), action de tondre, tonte [des brebis]: Vulg. *Deut*. 18, 4 ‖ fauchage: Vulg. *Amos* 7, 1.

tonsĭtō, *ās*, *āre*, -, - (fréq. de *tondeo*), tr., tondre délicatement: Pl. *Bac*. 1127.

tonsŏr, *ōris*, m. (*tondeo*), barbier, perruquier: Varr. *R*. 2, 11, 10; Cic. *Tusc*. 5, 58; Hor. *Ep*. 1, 7, 50 [le barbier coupait les ongles Pl. *Aul*. 312] ‖ élagueur: Arn. 6, 12 ‖ tondeur: Vulg. *Gen*. 38, 12.

tonsōrĭus, *a*, *um* (*tonsor*), qui sert à tondre, à raser: *tonsorius culter* Cic. *Off*. 2, 25, rasoir; *tonsorius cultellus* Val.-Max. 3, 2, 15, couteau pour faire les ongles.

tonstreinum, ⓥ *tonstrinum*.

tonstrīcŭla, *ae*, f. (dim. de *tonstrix*), petite barbière: Cic. *Tusc*. 5, 58.

tonstrīna, *ae*, f. (*tonsor*), échoppe de barbier: Pl. *As*. 343; *Amp*. 1013; Cap. 266; Plin. 36, 165.

tonstrīnum, *i*, n. (*tonsor*), métier de barbier: *Petr. 46, 7 ‖ mime du barbier: Petr. 64, 4.
▶ orth. *tonstreinum* *Petr. 46, 7.

tonstrix, *īcis*, f. (*tonsor*), barbière: Pl. *Truc*. 405; Mart. 2, 17, 3.
▶ *tonsrix* d'après Char. 44, 11; avis opposé de Prisc. *Vers. Aen*. 1, 16 (= 3, 463, 16).

tonsūra, *ae*, f. (*tondeo*), action de tondre [les brebis, les cheveux], tonte: Varr. *R*. 2, 11, 8; Plin. 28, 115 ‖ taille des arbres: Plin. 16, 175 ‖ tonsure: Isid. *Eccl*. 2, 4, 1.

tonsūrō, *ās*, *āre*, -, -, tr., tondre les cheveux à qqn (*aliquem*): Greg.-M. *Ep*. 4, 50; Greg.-Tur. *Hist*. 6, 15.

1 tonsus, *a*, *um*, part. de *tondeo*.

2 tonsŭs, *ūs*, m., coupe de cheveux: Pl. *Amp*. 444.

tŏnŭī, parf. de *tono*.

1 tŏnus, *i*, m. (τόνος) ¶ 1 tension d'une corde: Vitr. 10, 10, 6 ¶ 2 ton, son d'un instrument: Vitr. 5, 4, 3; Macr. *Somn*. 2, 1, 20 ‖ accent d'une syllabe: Nigid. d. Gell. 13, 25, 1 ‖ [pl.] chants harmonieux [opp. à *clamores*]: Cassiod. *Var*. 1, 31, 4 ‖ les tons, les gammes: Cassiod. *Var*. 2, 40, 9 ¶ 3 [fig.] le clair-obscur: Plin. 35, 29.

2 tŏnus, *i*, m. (*tono*), tonnerre: Caecin. d. Sen. *Nat*. 2, 56, 1.

tŏpantă (τὰ πάντα), tout: *topanta est illius* Petr. 37, 4, elle est tout pour lui.

tŏparcha ou **-ēs**, *ae*, m. (τοπάρχης), toparque, gouverneur d'une région: Spart. *Hadr*. 13, 8.

tŏparchĭa, *ae*, f. (τοπαρχία), toparchie, gouvernement d'une région: Plin. 5, 70; Vulg. 1 *Macc*. 11, 28.

tŏpazĭăcus, *a*, *um*, de topaze: Fort. *Carm*. 8, 3, 273.

tŏpazŏs (**-us**), *i*, f. (τόπαζος), topaze [pierre précieuse]: Plin. 37, 107 ‖ **-zĭus**, f., Tert. *Marc*. 2, 10, 3 ‖ **-zĭon**, *ii*, n., Amb. *Psalm*. 118; *Serm*. 16, 41 ‖ **-zōn**, *ontis*, m., Prud. *Psych*. 861.

Tŏpazŏs, *i*, f. (Τόπαζος), île de la mer Rouge: Plin. 6, 169; 37, 108.

tŏpazus, *a*, *um*, ⓒ *topaziacus*: Fort. *Mart*. 2, 454.

tŏpeōdĕs, *is*, n. (τοπειώδης), tableau paysagiste: *Vitr. 5, 6, 9.

toph-, ⓥ *tof-*.

tŏpĭa, *ōrum*, n. pl. (τόπια), paysage peint: Vitr. 7, 5, 2 ‖ jardins de fantaisie: Spart. *Hadr*. 10, 4.

tŏpĭārĭa, *ae*, f. (*topia*), art du jardinier décorateur: Cic. *Q*. 3, 1, 5.

tŏpĭārĭum, *ii*, n., œuvre du jardinier décorateur: Plin. 18, 265.

tŏpĭārĭus, *ii*, m., jardinier décorateur: Cic. *Q*. 3, 1, 5; Plin. 15, 122.

tŏpĭās fīcus, f., sorte de figuier: Col. 5, 10, 11.

Tŏpĭca, *ōrum*, n. pl. (Τοπικά), les Topiques [titre d'un traité de Cicéron traduit d'Aristote, sur les τόποι, sources de développements, arguments]: Cic. *Fam*. 7, 19; ⓥ *locus* ¶ 5.

tŏpĭcē, *ēs*, f. (τοπική), la topique, art de trouver les arguments [en grec]: Cic. *Top*. 6.

tŏpĭcus, *a*, *um* (τοπικός), local: Serv. *En*. 1, 44 ‖ relatif aux lieux communs: Boet. *Top. Cic*. 1, p. 1041 D.

Tŏpīris, *ĭdis*, f., **Tŏpīrŏs**, *i*, f. (Τοπηρίς et Τόπειρος), ville de Thrace: Plin. 4, 42.

tŏpŏgrăphĭa, *ae*, f. (τοπογραφία), topographie, description d'un lieu: Serv. *En*. 1, 159; Placid. *Stat. Th*. 2, 32.

tŏpŏthĕsĭa, *ae*, f. (τοποθεσία), situation fictive d'un endroit: [en grec d. Cic. *Att*. 1, 13, 5; 1, 16, 18] Serv. *En*. 1, 159.

topper, adv. (*tod-per, cf. *iste, tum, parumper*) **a)** = *celeriter et mature* ANDR. d. FEST. *482, 13* **b)** ▷ *fortasse*: ENN.; PACUV. d. FEST. *482, 20* ‖ mot périmé d'après QUINT. *1, 6, 40*.

tŏrăl, ālis, n. (*torus*), dessus de lit : HOR. *S. 2, 4, 84*; *Ep. 1, 5, 22*; VARR. *L. 5, 167*.

tŏrārĭa, ae, f. (*torus*), infirmière, garde-malade : PL. *Mil. 694*.

tŏrārĭus, ii, m., infirmier, garde-malade : *GLOSS. 2, 199, 18*.

torcuis, ▷ *torquis* : VARR. *Men. 170*.

torcŭlăr, āris, n. (*torqueo*), pressoir : VITR. *6, 6, 3*; PLIN. *18, 230* ‖ lieu où est le pressoir, pressoir : VITR. *6, 6, 2*; COL. *1, 6, 18*; PLIN. *15, 6*.

torcŭlāris, e (*torcular*), **torcularis praeparatio** VITR. *10, 1, 5*, appareil de pressurage.

torcŭlārĭum, ii, n. (*torcularius*), pressoir : CAT. *Agr. 13*; *18*; PLIN. *18, 317*.

1 torcŭlārĭus, a, um, adj. (*torcular*), qui sert à tordre ; qui concerne le pressoir : VARR. *R. 1, 22, 4*; COL. *1, 6, 9*; *12, 18, 3*.

2 torcŭlārĭus, ii, m., pressureur : COL. *12, 52, 3*.

torcŭlō, ās, āre, -, -, tr., faire couler (comme au pressoir) : FORT. *Carm 5, 6, 2*.

torcŭlum, i, n. (*torqueo*; it. *torchio*, fr. *treuil*), ▷ *torcular* : VARR. *R. 1, 55, 7*; PLIN. *18, 317*; PLIN. *Ep. 9, 20, 2*.

torcŭlus, a, um, ▷ 1 *torcularius* : CAT. *Agr. 1, 4*; *14, 68*.

tordīlŏn (tordȳlŏn), i, n. (τόρδυλον), semence de séséli [tordyle] : PLIN. *20, 238*; *24, 177* ‖ tordyle : PLIN. *24, 177*.

Tŏrētae, ārum, m. pl. (Τορέται), peuple d'Asie, près du Pont-Euxin : PLIN. *6, 17*.

tŏreuma, ătis, n. (τόρευμα), tout ouvrage ciselé, vase d'or, d'argent : CIC. *Pis. 67*; *Verr. 4, 38*; SALL. *C. 20, 12* ‖ ▷ *torus*, coussin, lit de table : PRUD. *Psych. 370*; SIDON. *Ep. 1, 2, 6*.
▶ gén. est -*tum* et -*torum* d'après CHAR. *42, 32* ‖ dat.-abl. pl. -*tis* APUL. *Flor. 7, 8*; CELS. d. PRISC. *2, 201, 5*.

tŏreuta (-ēs), ae, m. (τορευτής), ciseleur : PLIN. *35, 54*.

tŏreutĭcē, ēs, f. (τορευτική), la toreutique, art de ciseler : PLIN. *34, 56*; *35, 77*.

Toringi, ▷ *Thoringi*.

tormentum, i, n. (*torqueo*; fr. *tourment*) ¶ **1** machine de guerre à lancer les traits, reposant sur le principe de détente de cordes préalablement tordues [terme générique] : CAES. *G. 2, 30, 3*; *4, 25, 2*; CIC. *Phil. 8, 20*; *Tusc. 2, 57*; LIV. *24, 34, 2* ‖ projectile [lancé par la machine] : CAES. *C. 2, 9, 3*; *51*; *3, 55*; PLIN. *8, 85* ¶ **2** treuil, cabestan : CAES. *G. 7, 22, 2*; *C. 3, 9, 3* ¶ **3** machine à projeter de l'eau : SEN. *Nat. 2, 9, 2* ¶ **4** cordage : *ferreum* PL. *Curc. 227*, cordage de fer, chaîne de fer ; *tormenta* seul = chaînes, tortures : PETR. *102, 13* ; PS. QUINT. *Decl. 10, 15* ¶ **5** instrument de torture, torture : CIC. *Phil. 11, 5* ; *11, 8* ; *13, 21* ; *Dej. 3* ; *Clu. 176* ; *Mil. 57* ; CAES. *G. 6, 19, 3* ‖ [fig.] tourments, souffrance : *tormenta fortunae* CIC. *Tusc. 5, 1*, les tourments qu'envoie la fortune ; *invidia Siculi non invenere tyranni majus tormentum* HOR. *Ep. 1, 2, 59*, l'envie surpasse tous les tourments inventés par les tyrans de Sicile ; *tormentum sibi injungere* PLIN. *Pan. 86, 1*, se causer du tourment ¶ **6** natte [de cheveux] : PAUL.-NOL. *Carm. 25, 85*.

tormentŭōsus, a, um (*tormentum*), plein de souffrance : CAEL.-AUR. *Acut. 3, 6, 66*.

tormĭna, um, n. pl. (*torqueo*), mal de ventre, colique : CAT. *Agr. 126*; CIC. *Tusc. 2, 45*; CELS. *4, 18, 3*; PLIN. *22, 148* ‖ *urinae* PLIN. *20, 74*, strangurie (dysurie).

tormĭnālis, e (*tormina*), qui guérit les tranchées : CELS. *2, 30, 3*; PLIN. *15, 85*.

tormĭnōsus, a, um (*tormina*), qui est sujet aux tranchées, aux coliques : CIC. *Tusc. 4, 27*.

Tornācus, i, m., ville de Belgique [Tournai] Atlas V, C3 : HIER. *Ep. 123, 15* ‖ **Tornācensis**, e, de Tournai : GREG.-TUR. *Hist. 10, 27*.

Tornadotus, i, m., fleuve d'Assyrie : PLIN. *6, 132*.

tornātĭlis, e (*torno*), tourné, fait au tour : AMBR. *Psalm. 118, s. 17, 19* ‖ [fig.] fini, parfait : VULG. *Cant. 5, 14*; *7, 2*.

tornātim, adv. (*torno*), en tournant, au tour : *PS. ASPER 5, 552, 15*.

tornātŏr, ōris, m. (*torno*), tourneur : FIRM. *Math. 4, 13, 2*.

tornātūra, ae, f. (*torno*), art du tourneur : VULG. *3 Reg. 6, 18*.

tornātus, a, um, part. de *torno*.

tornō, ās, āre, āvī, ātum (*tornus*; fr. *tourner*), tr., tourner, façonner au tour, arrondir : CIC. *Rep. 1, 22*; *Tim. 17*; PLIN. *11, 227* ‖ [fig.] *barbam* HIER. *Ep. 50, 2*, tortiller sa barbe ‖ *male tornati versus* HOR. *P. 441*, vers mal tournés [mal faits].

Tornŏmăgensis (vīcus), m., ville de Gaule [auj. Tournon-Saint-Pierre] : GREG.-TUR. *Hist. 10, 3*.

tornus, i, m. (τόρνος; fr. *tour*), tour, instrument de tourneur : LUCR. *4, 361*; VIRG. *G. 2, 449*; PLIN. *7, 198* ‖ [fig., travail du poète] PROP. *2, 34, 43*.

Tŏrōnē, ēs, f. (Τορώνη), ville de Macédoine Atlas VI, A2 : LIV. *28, 7, 13*; PLIN. *4, 37* ‖ **-naeus**, a, um, de Toronè : TAC. *An. 5, 10* ‖ **-naei**, ōrum, m. pl., habitants de Toronè : PLIN. *4, 35* ‖ **-nāïcus**, a, um, LIV. *44, 11*.

tŏrōsŭlus, a, um (dim. de *torosus*), bien découplé, élégant : HIER. *Jov. 2, 14*; *Ep. 117, 8*.

tŏrōsus, a, um (*torus*), musculeux : OV. *M. 7, 429*; COL. *6, 1, 3*; *torosior* COL. *6, 20* ‖ charnu, épais : PLIN. *21, 90* ‖ noueux : SEN. *Nat. 1, 7, 1*.

torpēdo, ĭnis, f. (*torpeo*) ¶ **1** torpeur, engourdissement : CAT. d. GELL. *11, 2, 6*; SALL. *Phil. 19*; MACR. *26*; TAC. *H. 3, 63* ¶ **2** torpille [poisson] : VARR. *L. 5, 77*; CIC. *Nat. 2, 127*; PLIN. *9, 143*.

torpĕfăcĭō, ĭs, ĕre, -, - (*torpeo, facio*), tr., engourdir : NON. *182, 5*.

torpĕō, ēs, ēre, -, - (cf. rus. *terpet'*), intr. ¶ **1** être engourdi, raidi, immobile : *torpentes rigore nervi* LIV. *21, 58, 9*, nerfs raidis par le froid, cf. LIV. *21, 55, 8*; *21, 56, 7*; OV. *M. 13, 541*; *serpentes torpentes* PLIN. *24, 148*, serpents engourdis ; *torpente palato* JUV. *10, 203*, avec un palais engourdi ‖ *torpentes lacus* STAT. *Th. 9, 452*, lacs dormants ¶ **2** [fig.] être engourdi [moralᵗ], être paralysé, inerte : CIC. *Nat. 1, 102*; *torpere metu* LIV. *28, 29, 11*, être paralysé par l'effroi ; *animo et corpore* HOR. *Ep. 1, 6, 14*, être dans la torpeur moralement et physiquement ; *Pausiacā tabellā* HOR. *S. 2, 7, 95*, rester saisi d'admiration devant un tableau de Pausias ‖ *alicujus consilia torpent re subita* LIV. *1, 41, 3*, l'esprit d'initiative de qqn est paralysé par l'imprévu, cf. LIV. *6, 23, 7*.

torpescō, ĭs, ĕre, pŭī, - (*torpeo*), intr., s'engourdir : PLIN. *11, 220*; *torpuerat lingua* OV. *H. 11, 82*, ma langue s'était engourdie [paralysée par l'effroi] ‖ [fig.] *quid tot dextrae? torpescent in amentia illa?* LIV. *23, 9, 6*, et tant de bras s'engourdiront-ils à la vue de cette folie ? [cet acte de démence les paralysera-t-il?], cf. SALL. *C. 16, 3*; *J. 2, 4*; TAC. *H. 1, 71*.

torpĭdus, a, um (*torpeo*), engourdi : LIV. *7, 36, 3*; *25, 38, 17*.

torpŏr, ōris, m. (*torpeo*), engourdissement, torpeur, apathie : CIC. *Nat. 2, 127*; PLIN. *2, 123*; VIRG. *En. 12, 867*; SEN. *Ep. 82, 3* ‖ [fig.] TAC. *H. 2, 77*; *2, 99*.

torpōrō, ās, āre, āvī, ātum (*torpor*), tr., engourdir : TURP. *Com. 76*; LACT. *Inst. 2, 8, 62*.

torpŭī, parf. de *torpesco*.

Torquātĭānus, ▷ *Torquatus*.

1 torquātus, a, um (*torquis*), qui porte un collier : [distinction honorifique conférée à un soldat] VEG. *Mil. 2, 7* ‖ subst. m., AMBR. *Ep. 69, 7* ‖ *Alecto torquata colubris* OV. *H. 2, 119*, Alecto ayant un collier de serpents ; *torquatus palumbus* MART. *13, 67, 1*, le pigeon à collier, pigeon cravaté.

2 Torquātus, i, m., surnom de T. Manlius, qui dépouilla de son collier un Gaulois qu'il avait terrassé en combat singulier : LIV. *7, 10*; comme son père, le dictateur T. Manlius, il portait le surnom d'*Imperiosus*, pour sa réputation de sévérité, et cette sévérité resta comme un apanage de la famille, cf. CIC. *Off. 3, 112*; *Fin. 2, 60*; SEN. *Ben. 3, 37, 4* ‖ surnom gardé par les descendants : CIC. *Fin. 1, 23*; *Off. 3, 112* ‖ **-tus**, a, um, des Torquatus : LUC. *7, 584*; **-tiānus**, a, um, FRONTIN. *Aq. 5*.

torquĕō, ēs, ēre, torsī, tortum (cf. τρέπω, al. *drechseln*; fr. *tordre*), tr.

I ¶ **1** tordre, tourner [par un mouv¹ de torsion] **a)** *stamina pollice* Ov. M. 12, 475, tordre les brins du fil avec son pouce, filer ; *cervices oculosque* Cic. Leg. 2, 39, tourner le cou et les yeux ; *terra circum axem se convertit et torquet* Cic. Ac. 2, 123, la Terre opère une conversion et une rotation autour de son axe **b)** *torti angues* Virg. G. 3, 38, serpents enroulés comme des liens ; *tegumen torquens leonis* Virg. En. 7, 666, enroulant [autour de soi] une peau de lion ¶ **2** imprimer un mouvement de rotation **a)** rouler, faire rouler : *amnis torquet sonantia saxa* Virg. En. 6, 551, le fleuve roule des pierres qui retentissent ǁ faire tournoyer les cordes d'une fronde : Virg. G. 1, 309 ǁ [poét.] *torquet nunc lapidem, nunc ingens machina tignum* Hor. Ep. 2, 2, 73, un cabestan élève [par un enroulement de câbles] tantôt une pierre, tantôt une poutre énorme **b)** lancer après avoir brandi : *amentatas hastas* Cic. de Or. 1, 242, lancer des javelines à courroie [de nature à porter plus loin] ; *jaculum in hostem* Virg. En. 10, 585, lancer un javelot sur un ennemi, cf. Virg. En. 12, 536 ; *fulmina* Virg. En. 4, 208, lancer la foudre ǁ [fig.] *enthymema* Juv. 6, 449, lancer l'enthymème [raisonnement probabiliste] ǁ [poét.] *Atlas axem umero torquet* Virg. En. 6, 796, Atlas fait tourner le ciel sur son épaule = porte sur ses épaules le ciel qui tourne ǁ faire par torsion, former par enroulement : *serpens orbes torquet* Ov. M. 3, 42, le serpent forme ses anneaux **c)** [fig.] tourner, faire tourner : *torquere et flectere imbecillitatem animorum* Cic. Leg. 1, 29, faire tourner et dévier la faiblesse des esprits, cf. Cic. Cael. 13 ; Or. 52.
II tordre, tourner de travers ¶ **1** contourner : *oculum* Cic. Ac. 2, 80, faire tourner un œil [faire dévier sa vision] ; *ora* Virg. G. 2, 247, faire grimacer, cf. Cic. Off. 1, 131 ǁ [fig.] *verbo ac littera jus omne torqueri* Cic. Caecin. 77, tournebouler tout le droit avec des mots et des lettres ¶ **2** torturer **a)** [au pr.] Cic. Fin. 3, 42 ; Part. 118 ; Suet. Aug. 27 ; 40 **b)** [fig.] tourmenter : *tuae libidines te torquent* Cic. Par. 18, tes passions te tourmentent, cf. Cic. Pis. 99 ; Tusc. 5, 117 ; Fin. 2, 95 ; *torqueor* Cic. Att. 7, 9, 4, je suis tourmenté ; *de aliqua re torqueri* Cic. Att. 9, 4, 2, être tourmenté à propos de qqch. **c)** mettre à l'épreuve : *aliquem mero* Hor. P. 435, éprouver qqn par le vin [le faire boire pour connaître ses sentiments], cf. Hor. Ep. 1, 18, 38 **d)** *torqueri quod* Plin. Ep. 7, 30, 1, se tourmenter, s'affliger de ce que [ou] *torqueri* [et prop. inf.] Sen. Tranq. 16, 1 ; *torqueri, ne* Ov. H. 9, 36, être tourmenté par la crainte que.

▶ inf. pass. *torquerier* Hor. S. 2, 8, 67 ǁ autre forme de sup. *torsum* d'après Prisc. 2, 488, 13.

torquis, Liv. ; Prop., qqf. **torquēs**, Stat. ; Val.-Flac., *is*, m. (*torqueo* ; fr. *torche*) ¶ **1** collier : *torquem detrahere*

hosti Cic. Fin. 1, 35, enlever à l'ennemi son collier ; *sibi torquem induere* Cic. Fin. 2, 73, se mettre un collier ǁ [marque honorifique] *aliquem phaleris et torque donare* Cic. Verr. 3, 185, gratifier qqn des phalères et du collier, cf. Liv. 44, 14, 2 ; Quint. 6, 3, 79 ǁ collier d'attelage pour les bœufs : Virg. G. 3, 168 ¶ **2** [fig.] **a)** collier formé par des plumes autour du cou des oiseaux : Plin. 10, 117 **b)** guirlande, feston : Virg. G. 4, 276.
▶ f., Varr. d. Non. 228, 2 ; Prop. 4, 10, 44 ; v. Gell. 9, 13, 3.

torrĕfăcĭō, *ĭs*, *ĕre*, *fēcī*, *factum* (*torreo, facio*), tr., torréfier, déssécher : Col. 6, 7, 4 ; 12, 57, 3.

1 **torrens**, *tis* ¶ **1** part. de *torreo* ¶ **2** adj¹ **a)** brûlant ; Virg. G. 4, 425 ; En. 6, 550 ; *-tior* Claud. Fesc. 1, 20 ; *-tissimus* Stat. S. 3, 1, 52 ǁ brûlé : Liv. 44, 38, 9 **b)** impétueux, torrentueux : Varr. R. 1, 12, 3 ; Virg. G. 2, 451 ; En. 10, 603 ; Sen. Ep. 23, 8 ; *-tior* Plin. 3, 117 ; *-tissimus* Stat. Th. 7, 316.

2 **torrens**, *tis*, m. ¶ **1** torrent : Cic. Fin. 2, 3 ; Virg. En. 7, 567 ; Liv. 33, 18, 12 ; 35, 28, 8 ; *brachia dirigere contra torrentem* Juv. 4, 89, tenter de remonter le cours d'un torrent à la nage ¶ **2** [fig.] torrent humain : Sil. 12, 189 ǁ torrent de paroles : Quint. 10, 7, 23, cf. Tac. D. 24.

*****torrentĕr** [inus.] compar., *torrentius* Claud. Pros. 1, 198, avec plus d'impétuosité.

torrĕō, *ēs*, *ēre*, *ŭī*, *tostum* (**torsĕȳō*, cf. *terra*, τέρσεται, scr. *tarṣayati*, an. *thirst*, al. *Durst, dürr* ; esp. *turrar*), tr. ¶ **1** sécher, déssécher : Virg. En. 7, 720 ; Plin. 7, 30 ; 14, 84 ǁ griller, rôtir : Virg. En. 1, 179 ; Ov. M. 14, 273 ǁ brûler, consumer : *cum undique flamma torrerentur* Caes. G. 5, 43, 4, étant grillés de tous côtés par les flammes, cf. Cic. Pis. 42 ; *(terrae cingulum) medium solis ardore torreri* Cic. Rep. 6, 21, que (la zone de la terre) centrale est embrasée des feux ardents du soleil ǁ *febris viscera torrens* Sen. Ep. 14, 6, la fièvre brûlant les entrailles, cf. Ov. H. 21, 169 ; Juv. 9, 17 ǁ [l'amour] Hor. O. 1, 33, 6 ; 3, 9, 13 ; 3, 19, 28 ; 4, 1, 12 ; Prop. 3, 24, 13 ; Ov. Am. 3, 2, 40 ¶ **2** brûler [en parlant du froid] : Varr. Men. 161.

torrescō, *ĭs*, *ĕre*, -, -, intr., se déssécher : Isid. 13, 21, 2 ǁ se rôtir, se griller : Lucr. 3, 890.

torrĭdĭtās, *ātis*, f., sécheresse : Eustath. Hex. 6, 3, p. 923 B.

torrĭdō, *ās*, *āre*, -, - (*torridus*), tr., déssécher, brûler : Capel. 6, 602 ; Non. 15, 27.

torrĭdus, *a*, *um* (*torreo*) ¶ **1** desséché, sec, aride : Lucr. 5, 1220 ; Liv. 22, 43, 10 ǁ tari : Liv. 4, 30, 7 ǁ maigre, étique [pers.] : Cic. Agr. 2, 93 ǁ brûlé, basané : Plin. 12, 98 ǁ brûlé par le froid, engourdi, saisi : Liv. 21, 32, 7 ; 21, 40, 9 ¶ **2** brûlant : Virg. B. 7, 48 ; G. 1, 234 ; Prop. 2, 28, 3 ǁ [froid] : Calp. 5, 107.

torris, *is*, m. (*torreo*), tison [avec ou sans flamme] : Virg. En. 12, 298 ; Ov. M. 8, 457 ; 8, 512 ; 12, 272.

torror, *ōris*, m. (*torreo*), action desséchante, brûlante : Cael.-Aur. Chron. 5, 4, 76 ǁ exposition à la chaleur du soleil : Cael.-Aur. Chron. 3, 6, 89.

torrŭī, parf. de *torreo*.

torrus, *i*, m. **a)** ▶ *torris* : Enn., Pacuv. d. Serv. En. 12, 298 ; Non. 15, 30 **b)** ▶ 3 *torus*.

torsī, parf. de *torqueo*.

torsĭo, *ōnis*, f. (*torqueo*), colique : Hier. Is. 6, 13, 8 ; Vulg. Is. 13, 8.

torsŏr, *ōris*, m., ▶ *tortor* : Prisc. 2, 487, 9.

torsum, ▶ *torqueo* ▶.

torta, *ae*, f. (*torqueo* ; fr. *tourte*), gâteau rond, tourte : Vulg. Exod. 29, 23.

tortē, adv. (*tortus*), de côté, de travers : Lucr. 4, 303.

tortĭcordĭus, *a*, *um* (*tortus, cor*), qui a le cœur perverti : Aug. Psalm. 146, 7.

tortĭlis, *e* (*torqueo*), tortillé, qui s'enroule : Ov. M. 1, 336 ; Luc. 6, 198 ǁ *tortile aurum* Virg. En. 7, 351, collier d'or.

tortĭlŏquĭum, *ii*, n., langage entortillé : Gloss. 2, 272, 13.

tortĭo, *ōnis*, f. (*torqueo* ; esp. *torozón*), action de tourner, torsion : Aug. Man. 16, 46 ǁ torture, souffrance : Veg. Mul. 1, 39, 2.

tortĭōnō, *ās*, *āre*, -, - (*tortio*), tr., tourmenter, torturer : [pass.] Pelag. 129 ; 469.

tortĭtūdo, *ĭnis*, f., qualité de ce qui est tordu [opp. à *rectitudo*] : Greg.-M. Mor. 5, 37, 67 ǁ [chrét.] manque de droiture : Greg.-M. Dial. 2, 3.

tortīvus, *a*, *um* (*torqueo*), de pressurage, de seconde cuvée : Cat. Agr. 23, 4 ; Cael.-Aur. Acut. 3, 21, 217.

tortō, *ās*, *āre*, -, -, tr., fréq. de *torqueo*, torturer : Pompon. Com. 40 ǁ [pass.] se tordre : Lucr. 3, 661 ; Arn. 3, 10.

tortŏr, *ōris*, m. (*torqueo*) ¶ **1** celui qui met à la torture, bourreau : Cic. Clu. 177 ; Phil. 11, 7 ¶ **2** celui qui fait tournoyer [la fronde] : Luc. 3, 710 ¶ **3** servant d'une machines de jet [celui qui tord les faisceaux de câbles] : *ballistae earumque tortores* Amm. 19, 7, 7, les balistes et leurs servants.

tortrix, *īcis*, f. (*tortor*), celle qui torture : Fort. Rad. 26, 62.

tortŭla, *ae*, f. (dim. de *torta*) : Vulg. Num. 11, 8 ǁ boulette : M.-Emp. 7, 1.

tortum, *i*, n. (1 *tortus*), corde [instrument de torture] : Pacuv. Tr. 159.

Tortūni, *ōrum*, m. pl., peuple d'Arcadie : Plin. 4, 22.

tortŭōsē, adv. (*tortuosus*), d'une manière tortueuse : Tert. Val. 3, 1 ; Aug. Acad. 2, 6.

tortuositas

tortŭōsĭtās, ātis, f. (tortuosus), conduite équivoque : Tert. Carn. 20, 1 ; Marc. 4, 43, 7 ‖ aspect tortueux [du chameau] : Orig. Matth. 15, 20.

tortŭōsus, a, um, adj. (2 tortus) ¶ 1 tortueux, sinueux, qui forme des replis : Cic. Nat. 2, 136 ; 2, 144 ; Clu. 180 ; Liv. 27, 47, 10 ; *tortuosior* Plin. 11, 255 ‖ [fig.] entortillé, embarrassé, compliqué : Cic. Ac. 2, 98 ; Div. 2, 129 ; *tortuosum ingenium* Cic. Lae. 65, esprit plein de détours ; *tortuosissimus* Aug. Conf. 2, 10, 18 ‖ [chrét.] qui ne suit pas la ligne droite, pervers : Aug. Conf. 9, 4, 7 ¶ 2 *tortuosior urina* Plin. 21, 173, écoulement difficile de l'urine.

tortūra, ae, f. (torqueo), action de tordre : Pall. 3, 9, 8 ‖ torture, souffrance : Veg. Mul. 2, 55, 1 ‖ colique [de l'ivrogne] : Vulg. Eccli. 31, 23.

1 tortus, a, um (fr. tort) ¶ 1 part. de torqueo ¶ 2 [adjᵗ] tordu : *torta quercus* Virg. G. 1, 349, couronne de chêne ‖ sineux, tortueux : *torta via* Prop. 4, 4, 42, labyrinthe ‖ *condiciones tortae* Pl. Men. 591, conditions contournées, équivoques.

2 tortŭs, ūs, m. ¶ 1 repli d'un serpent : Cic. poet. Tusc. 2, 22 et Div. 2, 63 ; *tortus dare* Virg. En. 5, 276, faire des replis ‖ *bucinarum* Arn. 6, 10, les courbures des trompettes ¶ 2 action de faire tournoyer la courroie d'une fronde : Stat. Ach. 2, 421.

tŏrŭlus, i, m. (dim. de torus ; it. tuorlo), petit bourrelet, petit renflement ¶ 1 aigrette : Pl. Amp. 144 ‖ sorte de chignon : Varr. L. 5, 167 ¶ 2 muscle : Apul. M. 7, 16 ‖ aubier [arbres] : Vitr. 2, 9, 3.

tŏrum, i, n., ➡ 1 torus : Varr. d. Non. 11, 14 ; Lact. Inst. 6, 23, 15.

1 tŏrus, i, m. (cf. torqueo ?; it. toro), toute espèce d'objet qui fait saillie ¶ 1 renflement formé par plusieurs cordes tordues ensemble pour n'en composer qu'une : *funis tres toros habeat* Cat. Agr. 135, que le câble ait trois renflements = trois brins, cf. Col. 11, 3, 6 ‖ [d'où] toron : Col. 5, 6, 25 ¶ 2 renflement, bourrelet, protubérance **a)** *lacertorum tori* Cic. Tusc. 2, 22, muscles saillants ; *venarum tori* Cels. 7, 18, 10, veines gonflées ‖ [en part.] muscles : Virg. En. 12, 7 ; Ov. M. 2, 854 ‖ [fig.] *non athletarum tori, sed militum lacerti* Quint. 10, 1, 33, non pas le corps musclé des athlètes, mais le corps nerveux des soldats **b)** [dans une couronne] Cic. Or. 21 **c)** gonflement, état dru d'une plante : Plin. 17, 211 ; 19, 146 **d)** [dans un terrain] éminence : Virg. En. 6, 674 ; Stat. Th. 4, 189 ; Plin. 22, 76 **e)** [archit.] tore [moulure convexe à la base d'une colonne] : Vitr. 3, 5, 2 **f)** [méc.] cylindre [placé sous une poutre bélière] : Vitr. 10, 13, 6 ¶ 3 coussin, couche : Plin. 8, 193 ; Virg. En. 5, 388 ; Ov. H. 5, 14 ; M. 8, 655 ; 10, 556 ; F. 1, 402 ‖ lit de table : Virg. En. 2, 2 ; Ov. M. 12, 579 ‖ lit : Ov. M. 7, 32 ; Suet. Aug. 73 ‖ lit funèbre : Virg. En. 6, 220 ; Ov. M. 9, 503 ‖ lit nuptial :

Ov. M. 6, 431 ; [d'où] = mariage, hymen : Ov. M. 1, 620 ; Tac. An. 15, 37 ; = amante : Plin. 36, 87.

2 tŏrus (= torrus), a, um, ➡ torridus, aridus : Fest. 484, 4.

torva, n. pl., ➡ torvum.

Torvātes, um et ŭm, m. pl., peuple d'Aquitaine : Plin. 4, 108.

torvĭdus, a, um (torvus), farouche : Arn. 6, 10.

torvĭtās, ātis, f. (torvus), expression farouche, caractère menaçant de qqn, de qqch. : Tac. H. 2, 9 ; Plin. 8, 62 ; 35, 26.

torvĭtĕr, adv. (torvus), d'une manière farouche, menaçante : Enn. An. 76 ; Pompon. Com. 18.

torvum (torvus), n. sg., **torva**, n. pl., pris advᵗ, [poét.], de travers, d'une façon farouche, menaçante : Virg. En. 7, 399 ; 6, 467.

torvus, a, um (cf. torqueo), qui se tourne de côté = qui regarde de travers, [d'où] farouche, menaçant [yeux, regard, visage] : Virg. En. 3, 677 ; Ov. M. 5, 92 ; Quint. 11, 3, 75 ; Hor. Ep. 1, 19, 22 ; Sen. Ir. 2, 35, 3 ; Quint. 6, 1, 43 ; *torvi angues* Virg. En. 6, 591, serpents menaçants ; *torvus senex* Prop. 3, 18, 24, le vieillard qui vous regarde de travers [Charon] ‖ *torvis (= torvis oculis)* Ov. M. 6, 34, avec des yeux farouches ‖ *torva vina* Plin. 17, 212, vins durs, âcres ‖ *torvior* Apul. Flor. 17, 10 ; -vissimus Arn. 6, 10 ‖ ➡ torvum, torva.

Tŏrўni, ōrum, m. pl., peuple scythe : Val.-Flac. 6, 144.

tōsilla, tōsillae, ➡ tons-.

tossĕa (tossĭa), ae, f. (cf. v. bret. toos ?),: couverture grossière de Bretagne : Vindol. 192 ; CIL 13, 3162, III 12.

tostārĭus, a, um, propre à rôtir : Orib. Frg. Bern. 1, 35 Hagen.

tostō, ās, āre, -, - (fréq. de torreo), tr., dessécher : M.-Emp. 27, 119 ; Theod.-Prisc. 1, 7.

tostus, a, um (it. tosto, an. toast), part. de torreo.

tŏt, dém. indécl. pl. (cf. totidem, τόσος, scr. tati), [avec pl.] ¶ 1 autant de, tant de, un aussi grand nombre de **a)** *tot viri ac tales* Cic. Cael. 67, tant d'hommes de cette force, cf. Cic. Mur. 34 ; Verr. 5, 14 ; Tusc. 5, 29 ; Liv. 24, 26, 13 ; *tot signis* Cic. Lae. 88, par tant de signes ; *tot civitatum conjuratio* Caes. G. 3, 10, 2, la conjuration de tant de cités **b)** [sans subst.] *tot unum superare poterant* Cic. Cael. 66, ce nombre d'hommes pouvait venir à bout d'un seul ¶ 2 [en corrél.] **a)** [avec quot] : *tot et tantas res optare, quot et quantas* Cic. Pomp. 48, désirer autant et d'aussi grandes choses que, cf. Cic. Att. 4, 8a, 2 ; *quot homines, tot sententiae* Cic. Fin. 1, 15, autant d'hommes, autant d'avis, cf. Cic. de Or. 2, 140 ; *quotcumque... tot* Cic. Leg. 3, 8, autant de personnes... autant **b)** [avec quotiens] : *tot consulibus..., quotiens ipse consul fuit* Cic. Balb. 47, sous autant de consuls qu'il a été de fois consul lui-même, cf. Sall. Pomp. 1 **c)** *quantum putabis... tot vites* Cat. Agr. 114, 1, autant de ceps que tu jugeras... **d)** [avec ut conséc.] tellement nombreux que : Cic. Amer. 134 ; Tusc. 1, 49 ; Fam. 5, 20, 5 ¶ 3 si peu de : Cons. Liv. 339 ¶ 4 [sens indéfini] tant et tant : Dig. 34, 5, 8.

tōtae, gén. et dat., ➡ totus ➡.

tŏtālĭtĕr, adv., totalement : Cassian. Inst. 10, 9.

tōtē, adv., totalement : *Itin. Alex. 52.

tōtī, dat. de totus, gén., ➡ totus ➡.

tŏtĭdem, adv. (tŏtĭ-dem, cf. tot, idem), [avec un pl.] ce même nombre de, tout autant de ¶ 1 **a)** *equitum milia erant sex, totidem numero pedites* Caes. G. 1, 48, 5, il y avait six mille cavaliers, le même nombre de fantassins ; *totidem fere verbis* Cic. Fin. 2, 100, avec à peu près le même nombre de mots, cf. Cic. Div. 2, 90 ; Att. 6, 2, 3 ; Tusc. 1, 8 **b)** [sans subst. = n. pl.] : *totidem audiet* Hor. S. 2, 3, 298, il en entendra autant = il entendra la pareille ¶ 2 [en corrél.] **a)** [avec quot] *totidem... quot* Cic. Rep. 1, 22 ; Ac. 2, 40, autant... que ; *totidem, quot dixit, ut aiunt, scripta verbis oratio* Cic. Brut. 328, discours écrit (publié), reproduisant, comme on dit, mot pour mot le discours prononcé ; *quot... totidem* Cic. Or. 53, autant... autant, cf. Cic. Verr. 3, 112 **b)** [avec atque] *cum totidem navibus atque erat profectus* Nep. Milt. 7, 4, avec autant de navires qu'à son départ.

tŏtĭens (tŏtĭēs), adv. multipl. (cf. tot, decies) ¶ 1 autant de fois, tant de fois, aussi souvent, si souvent : *scribere tam multa totiens* Cic. Att. 7, 12, 3, écrire tant et si souvent, cf. Cic. Verr. 2, 146 ¶ 2 [en corrél.] **a)** *totiens... quotiens* Cic. de Or. 1, 151 ; Fam. 7, 7, 1, autant de fois... que **b)** *quotiens... totiens* Cic. de Or. 2, 130, toutes les fois que... autant de fois, cf. Cic. Sull. 83, ou *quotienscumque... totiens* Cic. Verr. 5, 21 ; Dom. 69 ; Clu. 51.

tŏtĭĕtās, ātis, f., totalité, ensemble : Concil. S. 2, 3, p. 346, 22.

tŏtĭus, gén. de totus.

totjŭgis, e, **totjŭgus**, a, um (cf. bijugus, -gis), si varié, si divers : Apul. Flor. 9, 24 ; M. 2, 24, 6.

tŏtōnārĭus, a, um (germ., cf. fr. trotter), trotteur [cheval] : Veg. Mul. 1, 56, 37.

tŏtondī, parf. de tondeo.

1 tōtus, a, um (cf. osq. touto cité, bret. tud, al. deutsch, an. Dutch ; fr. tout), tout, entier, tout entier ¶ 1 *tota res publica* Cic. Mil. 61, l'État tout entier ; *totum corpus rei publicae* Cic. Off. 1, 85, tout le corps de l'État ; *omne caelum totamque cum universo mari terram mente complecti* Cic. Fin. 2, 112, embrasser par la pensée l'ensemble du ciel et la totalité de la terre avec toute la mer ; *tota nocte* Caes. G. 1, 26, 5, pendant la nuit entière ; *urbe tota*

Cic. *Verr.* 5, 93 ; ***tota Sicilia*** Cic. *Verr.* 4, 77 ; ***toto caelo*** Cic. *Nat.* 2, 95, par [dans] toute la ville, toute la Sicile, tout le ciel, cf. Cic. *Phil.* 11, 6 ; *Pomp.* 7 ; Caes. *C.* 1, 2 ; 2, 18 ; ***in Sicilia tota*** Cic. *Verr.* 4, 1 ; ***tota in Italia*** Cic. *Div.* 1, 78, dans toute la Sicile, dans toute l'Italie, cf. Cic. *Verr.* 4, 99 ; *Tusc.* 4, 29 ; *Q.* 1, 1, 32 ; ***in Italia praeter Galliam tota*** Cic. *Phil.* 5, 31, dans l'Italie entière, la Gaule exceptée ‖ ***totis noctibus*** Cic. *Nat.* 2, 105, pendant toute la durée des nuits, cf. Cic. *Mur.* 78 ; ***artes, quae sunt totae forenses*** Cic. *Fin.* 3, 4, arts, qui relèvent tout entiers de la place publique ; ***multae sunt ejus totae orationes subtiles*** Cic. *Or.* 111, beaucoup de ses discours sont tout entiers (en totalité) du genre simple ‖ = totalement, entièrement : ***quae sequitur Epicurus, sunt tota Democriti ; infinitio ipsa tota ab illo est*** Cic. *Fin.* 2, 21, ce qu'Épicure adopte dans sa physique est totalement de Démocrite ; cette étendue illimitée elle-même vient totalement de lui ; ***totus ex fraude factus*** Cic. *Clu.* 72, tout pétri de fraude, cf. Cic. *Rep.* 1, 2 ; *Fam.* 15, 7 ; *Q.* 2, 1, 3 ; *Lae.* 86 ; *Att.* 14, 11, 2 ¶ **2** [n. pris subst¹] : ***totum in eo est, ut tibi imperes*** Cic. *Tusc.* 2, 53, le tout est de, toute la question est de savoir se commander, cf. Cic. *Q.* 3, 1, 1 ; ***totum in eo est, ne*** Col. 12, 4, 3, le tout est d'éviter que ; ***detrahere partem ex toto*** Cic. *Tim.* 22, enlever une partie du tout ‖ ***ex toto*** [pris adv¹], en totalité, totalement : Curt. 8, 6, 23 ; Sen. *Ir.* 1, 12, 6 ; 2, 6, 3 ; Plin. 11, 54 ; ***in totum*** Plin. 31, 90, totalement, entièrement, cf. Plin. 10, 16 ; Sen. *Ir.* 1, 17, 7 ; *Ep.* 72, 6 ; *Nat.* 2, 27, 3 ; Quint. 3, 9, 58, [ou] en général : Col. 3, 2, 31 ; 11, 2, 80 ; Sen. *Ep.* 31, 5.

▶ gén. arch. *toti* Afran. *Com.* 325 ; *totae* Sedul. *Op.* 4, 11 ; 5, 34 ; dat. *toto* Caes. *G.* 7, 89, 5 ; Prop. 3, 11, 57 ; *totae* Varr. *L.* 7, 103 ; Apul. *M.* 11, 16.

2 **tŏtus**, *a, um* (*tot*), aussi grand : ***totus... quotus*** Manil. 3, 420, aussi grand... que ; ***quotcumque pedum spatia facienda censueris, totam partem longitudinis... duces*** Col. 5, 3, 5, autant tu voudras donner de pieds aux espaces, autant tu traceras en longueur....

Toutobodĭăci, *ōrum*, m. pl., peuple de Galatie : Plin. 5, 146.

Toxandrĭa (-xĭan-, -xŭan-), *ae*, f. (Τοξανδρία), la Toxandrie [en Belgique, le Brabant] : *Amm. 17, 8, 3 ‖ **Toxandri**, *ōrum*, m. pl., peuple de Toxandrie : *Plin. 4, 106.

Toxeūs, *ĕi* ou *ĕos*, m. (Τοξεύς), fils de Thestius : Ov. *M.* 8, 441.

toxĭcātus, *a, um*, trempé dans le poison, empoisonné : Myth. 1, 58, 7 ; Ambr. *Tob.* 7, 26.

toxĭcum ou **-ŏn**, *i*, n. (τοξικόν) ¶ **1** poison à l'usage des flèches : Ov. *Pont.* 4, 7, 11 ; Plin. 16, 51 ‖ poison : Pl. *Merc.* 472 ; Hor. *Epo.* 17, 61 ; Suet. *Cl.* 44 ¶ **2** sorte de laudanum : Plin. 26, 74.

toxillae, *ārum*, ⏺ ▷ *tonsillae* : Isid. 11, 1, 57.

Toxĭus, *ĭi*, m., nom d'homme : Plin. 7, 194.

toxōtis, *is*, f. (τοξότις), ⏺ ▷ *artemisia* : Ps. Apul. *Herb.* 10.

Toxotĭus, *ĭi*, m., nom d'homme : Capit. *Maxim.* 27, 6.

trăbālis, *e* (*trabs*) ¶ **1** relatif aux poutres : ***trabalis clavus*** Hor. *O.* 1, 35, 18, clou à poutres ‖ [fig.] clou solide, qui assujettit solidement : Cic. *Verr.* 5, 53 ¶ **2** de la grosseur d'une poutre : Enn. d. Serv. *En.* 12, 294 ; Virg. *En.* 12, 294 ; Stat. *Th.* 4, 6.

trăbārĭa, *ae*, f. (*trabs*), barque faite d'un tronc d'arbre : Isid. 19, 1, 27.

trăbe, abl. de *trabs*.

1 **trăbĕa**, *ae*, f. (*trabs*), trabée [manteau blanc orné de bandes de pourpre, servant aux rois] : Virg. *En.* 7, 188 ; 612 ; 11, 334 ; Ov. *F.* 2, 503 ; Liv. 1, 41, 6 ‖ [aux chevaliers] : Stat. *S.* 5, 2, 17 ; Mart. 5, 41, 5 ‖ [aux augures] : Suet. d. Serv. *En.* 7, 612 ‖ [aux consuls] consulat [méton.] : Claud. *Ruf.* 1, 243 ; Symm. *Ep.* 9, 111, 2.

2 **Trăbĕa**, *ae*, m., Q. Trabéa [ancien poète comique latin] : Cic. *Fam.* 9, 21, 1 ; *Fin.* 2, 13.

trăbĕālis, *e* (*trabea*), concernant la trabée : Sidon. *Carm.* 2, 2.

trăbĕātus, *a, um* (*trabea*) ¶ **1** vêtu de la trabée : Ov. *F.* 1, 37 ; Tac. *An.* 3, 2 ; Suet. *Dom.* 14 ¶ **2** ***trabeata, ae***, f., s.-ent. *fabula*, sorte de comédie où les personnages étaient des Romains de haute condition : Suet. *Gram.* 21.

trăbēcŭla, *ae*, f. (dim. de *trabes*), petite poutre : Cat. *Agr.* 18, 3.

trăbēs, *is*, f. (arch. pour *trabs*), Enn. d. Cic. *Nat.* 3, 75, cf. Varr. *L.* 7, 33.

trăbĭca, *ae*, f. (*trabs*), sorte de barque : Pacuv. *Tr.* 406, cf. P. Fest. 504, 6.

trăbĭcŭla (trăbēcŭla), *ae*, f. (dim. de *trabs*), poutrelle, solive : Vitr. 10, 15, 4 ; CIL 1, 698.

trăbis, *is*, f., ⏺ ▷ *trabs* : Obseq. 61.

trabs, *trăbis*, f. (cf. *taberna*, v. irl. *treb*, al. *Dorf*, anc. fr. *tref*, it. *trave*) ¶ **1** poutre : Caes. *G.* 2, 29, 3 ; 3, 13, 4 ¶ **2** [fig.] *a)* arbre élevé, de futaie : Ov. *M.* 8, 329 ; 14, 360 ; ***trabes fraxineae, acernae*** Virg. *En.* 6, 181 ; 9, 87, frênes, érables *b)* navire : Virg. *En.* 4, 566 ; Hor. *O.* 1, 1, 13 ; Ov. *Pont.* 1, 3, 76 *c)* toit : Hor. *O.* 4, 1, 20 ; pl., Hor. *O.* 2, 18, 3 ; 3, 2, 28 *d)* machine de guerre : Val.-Flac. 6, 383 *e)* javelot énorme : Stat. *Th.* 5, 556 ; 9, 124 *f)* massue : Stat. *Th.* 1, 621 *g)* table : Mart. 14, 91, 2 *h)* torche : Sen. *Herc. f.* 103 *i)* pl., *trabes*, les poutres, sorte de météores : Plin. 2, 96 ; Sen. *Nat.* 1, 5 ; 1, 15 ; 7, 4, 3 ; *Ep.* 94, 56.

▶ orth. *traps* Varr. *Men.* 391 ; cf. Char. 42, 13, v. *trabes*.

trăcanthum, *i*, n., adragante [gomme] : Pelag. 204, 2 ; Veg. *Mul.* 1, 32 ; ⏺ ▷ *tragacanthum*.

trăchāla, *ae*, m. (τραχαλᾶς), l'homme au gros cou [surnom injurieux de Constantin] : Ps. Aur.-Vict. *Epit.* 41, 16.

Trăchāli, *ōrum*, m. pl., surnom des habitants d'Ariminum : P. Fest. 504, 10 ; ⏺ ▷ 1 *trachalus*.

Trăchālĭo, *ōnis*, m. (*Τραχαλίων), nom d'esclave : Pl. *Ru.* 335.

1 **trăchălus**, *i*, m. (τράχηλος), partie supérieure du murex : P. Fest. 504, 8.

2 **Trăchălus**, *i*, m., orateur du temps de Quintilien : Quint. 10, 1, 119.

Trăchās, *antis*, m. ou f., autre nom de la ville de Terracine : Ov. *M.* 15, 717.

Trăchēōtis, *ĭdis*, f. (Τραχειῶτις), surnom de Séleucie, ville de Cilicie : Plin. 5, 27.

trăchīa, *ae*, f. (τραχεῖα), la trachée-artère : Macr. *Sat.* 7, 15, 2.

Trăchĭā Zmyrna, f., = Éphèse : Plin. 5, 115.

Trăchĭē, *ēs*, f., île en face de Corcyre : Plin. 4, 53.

Trăchin, *īnis*, f. (Τραχίν), Trachine [ville de Thessalie, lieu où Hercule éleva son bûcher] : *Plin. 4, 28 ; Ov. *M.* 11, 627 ; Sen. *Tro.* 818 ‖ **-īnĭus**, *a, um*, de Trachine : Ov. *M.* 11, 269 ‖ **-īnĭae**, f., les Trachiniennes, tragédie de Sophocle : Cic. *Tusc.* 2, 20.

trāchōma, *ătis*, n. (τράχωμα), trachome [affection des yeux] : Cass. Fel. 29.

trăchōmătĭcus, *a, um* (τραχωματικός), qui fait disparaître les rugosités : M.-Emp. 8, 7.

Trăchōnītēs, *ae*, m., qui est de la Trachonitide : Aur.-Vict. *Caes.* 28, 1.

Trăchōnītis, *ĭdis*, f. (Τραχωνῖτις), Trachonitide [contrée de Palestine et de Cœlé-Syrie] : Plin. 5, 74 ; Vulg. *Luc.* 3, 1.

trăchў̆, n. (τραχύ), baumier [arbre] : Plin. 12, 114.

Trăchyn, *ynos*, f. (Τραχύν), ⏺ ▷ *Trachin*.

traco, *ōnis*, m., crevasse dans le sol : *Isid. *Diff.* 1, 165 A.

1 **tracta**, *ae*, f. (*traho*), pâte allongée : Plin. 18, 106.

2 **tracta**, *ōrum*, n. pl. ¶ **1** ⏺ ▷ 1 *tracta* : Cat. *Agr.* 76 ¶ **2** laine cardée qui entoure le fuseau : Varr. *Men.* 325 ; Tib. 1, 6, 80.

tractābĭlis, *e* (*tracto*) ¶ **1** qu'on peut toucher ou manier, palpable, maniable : Cic. *Tim.* 13 ; Plin. 18, 261 ‖ ***vox tractabilis*** Quint. 11, 3, 40, voix flexible ‖ ***non tractabile caelum*** Virg. *En.* 4, 53, ciel intraitable, orageux ¶ **2** [fig.] maniable, traitable, flexible, souple : ***virtus tractabilis*** Cic. *Lae.* 48, vertu complaisante ; ***nihil est eo tractabilius*** Cic. *Att.* 10, 11, 3, rien n'est plus docile que lui.

tractābĭlĭtās, *ātis*, f. (*tractabilis*), disposition à être façonné : Vitr. 2, 9, 12.

tractābĭlĭtĕr, adv., facilement ‖ **-bilius** Gell. 6, 2, 8.

Tractaticius

Tractātīcĭus, ĭi, m. (tracto), ⓒ▶ *Tracticius* : Lampr. *Hel.* 17, 5.

tractātĭo, ōnis, f. (tracto) ¶ **1** action de manier, maniement : *tibiarum* Cic. *Div.* 2, 9, maniement de la flûte ; *beluarum* Cic. *Off.* 2, 17, art de manier [dresser] les animaux, cf. Cic. *Or.* 59 ¶ **2** [fig.] **a)** action de s'occuper de : *philosophiae* Cic. *Ac.* 2, 6, l'étude de la philosophie ; *magnarum rerum* Cic. *Rep.* 3, 5, maniement de grandes choses, cf. Cic. *de Or.* 3, 201 ; *Brut.* 15 ; Gell. 5, 21, 3 **b)** emploi, mise en œuvre : Cic. *Or.* 201 ; *Part.* 17 ; *de Or.* 2, 177 ; Quint. 9, 1, 33 **c)** traitement, procédé, manière d'agir : Sen. *Contr.* 3, 7 ; Quint. 7, 4, 10 ; 7, 4, 24.

tractātŏr, ōris, m. (tracto) ¶ **1** masseur : Sen. *Ep.* 66, 53 ¶ **2** comptable [fonctionnaire, sous l'Empire, chargé des finances] : CIL 6, 32775 ‖ inspecteur : Cod. Just. 10, 34, 3, 1 ; 12, 60, 6 ¶ **3** qui traite de, orateur, exégète : Aug. *Trin.* 2, 1, 2 ; Sulp. Sev. *Dial.* 1, 6, 1 ‖ conseiller : Cassiod. *Var.* 8, 12, 1.

tractātōrĭum, ĭi, n. (tracto), lieu où se traitent les affaires, salle d'audience : Sidon. *Ep.* 1, 7, 9.

tractātōrĭus, a, um, adj., concernant les affaires : *tractatoria* [s.-ent. *epistula*] Aug. *Psalm.* 36, 2, lettre circulaire [d'évêque, au sujet d'une excommunication].

tractātrix, īcis, f. (tractator), masseuse : Mart. 3, 82, 13.

1 tractātus, a, um, part. de *tracto*.

2 tractātŭs, ūs, m. ¶ **1** action de toucher : Plin. 15, 87 ; 17, 44 ¶ **2** [fig.] **a)** action de cultiver, de manier, de s'occuper de : Cic. *de Or.* 3, 86 ; Quint. 8, pr. 2 **b)** mise en œuvre, emploi : Quint. 1, 8, 16 ; 12, 8, 2 **c)** *officii* Gell. 14, 2, 20, accomplissement d'une fonction **d)** action de traiter un sujet, développement : Plin. 14, 45 ‖ traité : Hier. *Ruf.* 2, 24 **e)** discussion, délibération : Dig. 17, 2, 32 **f)** sermon, homélie : Aug. *Haer.* 4, pr. **g)** réflexion, opinion : Cassian. *Inst.* 3, 4, 2 ‖ prudence : Cassiod. *Var.* 4, 18, 1 **h)** réunion, conseil d'évêques, synode, concile : Facund. *Def.* 1, 5.

Tractīcĭus, ĭi, m. (traho, tracto), que l'on traîne [surnom posthume d'Héliogabale jeté dans le Tibre après avoir été caressé par ses mignons] : Ps. Aur.-Vict. *Epit.* 23, 7 ; ⓥ▶ *Tractaticius, Tiberius*.

tractim, adv. (traho) ¶ **1** en traînant : *si ego illum tractim tangam* Pl. *Amp.* 313, si je le caresses [si je le touchais en promenant la main ; cf. en fr., si je lui caressais les côtes] ¶ **2** lentement : Lucr. 3, 530 ; Sen. *Ep.* 40, 9 ¶ **3** d'une façon prolongée : Virg. *G.* 4, 26 ‖ d'une façon traînante, allongée : Gell. 4, 6, 6.

tractĭo, ōnis, f. (traho), dérivation d'un mot : Quint. 1, 4, 21.

Tractītĭus, f.l. pour *Tracticius*.

tractō, ās, āre, āvī, ātum (fréq. de *traho* ; fr. traiter), tr.

I [poét.] ¶ **1** traîner avec violence : *tractata comis* Ov. *M.* 13, 410, traînée par les cheveux, cf. Enn. *An.* 137 ‖ maltraiter (en tiraillant) qqn : Pl. *Mil.* 490 ; 510 ¶ **2** traîner, mener difficilement : *vitam* Lucr. 5, 932, son existence.

II toucher souvent ¶ **1** toucher : *quae gustamus, olfacimus, tractamus, audimus* Cic. *Tusc.* 5, 111, les choses que nous goûtons, sentons, touchons [palpons], entendons, cf. Pl. *Trin.* 1005 ; *pellem* Virg. *G.* 3, 502, palper la peau ; *vulnera* Cic. *Att.* 12, 22, 1, toucher à une blessure ‖ manier, manipuler : *gubernacula* Cic. *Sest.* 20, manier le gouvernail ; *matellionem Corinthium cupidissime* Cic. *Par.* 38, manier avec passion un petit pot de chambre en bronze de Corinthe, cf. Hor. *S.* 2, 4, 79 ‖ caresser : Col. 6, 2, 1 ; Suet. *Ner.* 34 ‖ = se servir de : *tela* Liv. 7, 32, 11, manier les armes, cf. Hor. *Ep.* 1, 18, 53 ; [manier les cordes de la lyre] Ov. *Am.* 1, 8, 60 ‖ = travailler, traiter : *vites* Cic. *Fin.* 5, 39, traiter la vigne ; *ceram pollice* Ov. *M.* 10, 285, travailler la cire avec le pouce ; *res igni* Lucr. 5, 953, traiter les objets par le feu ¶ **2** [fig.] manier = prendre soin de, s'occuper de, administrer, gérer : *pecuniam publicam* Cic. *Caecin.* 32, avoir la gestion des deniers publics ; *bibliothecam* Cic. *Fam.* 13, 77, 3, gérer une bibliothèque ; *personam* Cic. *Com.* 20, tenir un rôle ; *bellum* Cic. *Liv.* 23, 28, 4, mener les opérations de guerre ; *causas amicorum* Cic. *de Or.* 1, 170, prendre en main la défense de ses amis, cf. Cic. *Fam.* 3, 12, 3 ; *condiciones* Caes. *C.* 3, 28, 5, discuter des conditions (de paix) ‖ *genus dicendi scienter* Cic. *Brut.* 283, manier le style avec art ; *res quae tractantur in vita* Cic. *Off.* 1, 17, les affaires qui se traitent dans la vie ; *aliquid notum et tractatum habere* Cic. *Or.* 118, posséder de qqch. une connaissance théorique et pratique, cf. Cic. *de Or.* 3, 54 ; *artem* Cic. *Ac.* 2, 22, pratiquer un art, cf. Cic. *Mur.* 28 ‖ *aliquid animo* Cic. *Tusc.* 5, 70, méditer qqch., cf. Cic. *Rep.* 2, 20 ; *tracta definitiones fortitudinis* Cic. *Tusc.* 4, 53, examine les définitions du courage ; [avec interrog. indir.] *tractabat, quinam ... abnuerent* Tac. *An.* 1, 13, il examinait [il se demandait] quelles personnes refuseraient ..., cf. Quint. 7, 7, 8 ‖ [qqf. abs[t]] *tractare de aliqua re*, s'occuper de, discuter de, traiter de : Nep. *Eum.* 5, 7 ; Suet. *Cl.* 26 ‖ manier, façonner les esprits : *animos* Cic. *Brut.* 199 ; 202 ; *ut eorum qui adsunt mentes verbis et sententiis et actione tractantur* Cic. *Brut.* 188, selon que l'esprit des auditeurs est influencé par les paroles, les pensées, l'action de l'orateur ‖ *se tractare ita, ut*, subj., Cic. *Fam.* 13, 12, 1, se diriger, se conduire de telle façon que, cf. Cic. *Cat.* 3, 29 ¶ **3** traiter qqn = se comporter, se conduire envers qqn de telle, telle manière : *aliquem ita, ut*, subj., cf. Cic. *Fam.* 1, 3, traiter qqn de telle manière que, cf. Cic. *Fam.* 13, 31, 1 ; *Q.* 1, 3, 8 ; *Verr. prim.* 23 ; *Cael.* 3 ; *Pomp.* 11 ; Hor. *Ep.* 1, 17, 12 ; *aliquem ut consulem* Cic. *Phil.* 2, 10, traiter qqn en consul [qu'il est] ¶ **4** manier, traiter une question, un sujet, l'exposer : *partem philosophiae* Cic. *Ac.* 1, 30, traiter une partie de la philosophie, cf. Cic. *Rep.* 3, 4 ; *Or.* 71 ; *de Or.* 3, 132 ; *Lae.* 65 ; 82 ; *Fin.* 1, 6 ; *Div.* 2, 11 ; Quint. 1, 4, 24 ; 7, 2, 43 ‖ [abs[t]] *tractare de aliqua* Quint. 1, 5, 5 ; 3, 14, traiter de qqch., cf. Tac. *An.* 3, 71 ‖ [chrét.] expliquer, interpréter [l'Écriture] : Prud. *Perist.* 13, 101 ; Aug. *Ev. Joh.* 102, 1.

tractŏgălātus (*tractum*, γάλα) et **tractŏmĕlītus**, a, um (*tractum*, μέλι), accommodé avec de la pâte et du lait, avec de la pâte et du miel : Apic. 181 ; 371.

tractōrĭus, a, um (traho), qui sert à traîner, à tirer : Vitr. 10, 1, 1 ‖ *tractoriae litterae* ; *tractoriae*, f. pl., lettre impériale donnant l'autorisation de réquisitionner toutes choses nécessaires dans un voyage : Cod. Just. 12, 51, 22 ‖ subst. f., *tractoria* (s.-ent. *epistula*), convocation : Aug. *Ep.* 59, 1 ‖ lettre adressée à un concile [par un évêque pour excuser son absence] : Ferrand. *Brev. can.* 75.

tractum, ⓥ▶ *tracta*.

tractŭōsus, a, um, visqueux, gluant : Cael.-Aur. *Acut.* 2, 32, 167.

tractūra, ae, f. (traho), action de traîner, traction : Veg. *Mul.* 2, 59, 3.

1 tractus, a, um ¶ **1** part. de *traho* ¶ **2** [adj[t], en parlant du style] étiré, qui s'allonge, d'un cours paisible : *genus orationis fusum atque tractum* Cic. *de Or.* 2, 64, style coulant et ample, cf. Cic. *Or.* 66.

2 tractŭs, ūs, m. (traho ; fr. trait) ¶ **1** action de tirer, de traîner : *tractu gementem ferre rotam* Virg. *G.* 3, 183, supporter le grincement d'une roue qu'on traîne [gémissant sous la traction] ‖ étirage de la laine : Ov. *M.* 6, 21 ‖ *harenam et saxa ingentia fluctus trahunt...; Syrtes ab tractu nominatae* Sall. *J.* 78, 3, les vagues traînent du sable et d'énormes rochers... ; le nom de Syrtes vient du mot traîner (σύρειν) ; *in contrarium tractum maris incidere* Liv. 28, 30, 9, tomber sur un courant contraire de la mer ‖ action de se tirer, de s'étirer : *in spiram tractu se colligit anguis* Virg. *G.* 2, 154, par traction sur lui-même le serpent se ramasse en spirale ; *Cydnus leni tractu e fontibus labens* Curt. 3, 4, 8, le Cydnus glissant de sa source en un paisible écoulement, cf. Curt. 5, 3, 2 ; *longo per multa volumina tractu aestuat unda* Luc. 5, 565, l'onde bouillonne avec de longs replis en multiples tourbillons ¶ **2** [concret] **a)** traînée : *longos flammarum ducere tractus* Lucr. 2, 207, mener de longues traînées de flammes, cf. Virg. *G.* 1, 367 **b)** tracé d'un mur : *tractus ductusque muri definitus ex omni parte arduis montibus* Cic. *Rep.* 2, 11, le tracé et le parcours de la muraille limités de tous côtés par des monts escarpés ‖ allongement, développement : *contemplatus qui tractus castrorum esset* Liv. 3, 28, 1, ayant observé l'étendue du camp **c)** étendue déterminée, espace déterminé : *oppidi*

Caes. C. 3, 112, 8, quartier d'une ville ; **eodem tractu** Virg. G. 2, 182, dans le même coin de terre, cf. Hor. Ep. 1, 15, 22 ; Plin. 17, 127 ‖ **totus ille tractus celeberrimus Venafranus, Allifanus** Cic. Planc. 22, tous ces coins si peuplés de Vénafre, d'Allifa ; **corrupto caeli tractu** Virg. En. 3, 138, la région du ciel étant contaminée, l'atmosphère du pays étant infectée ¶3 [fig.] idée d'une chose qui s'étire, qui se traîne ; acheminement lent, mouvement lent et progressif **a) tractus orationis lenis et aequabilis** Cic. de Or. 2, 54, le déroulement paisible et égal du style ; **tractus orationis** Quint. 5, 8, 2, le cours, le développement du discours ; **fulmina perpetuo aevi labentia tractu** Lucr. 1, 1004, les éclairs se mouvant dans l'éternel déroulement du temps **b) pares elocutionum tractus** Quint. 4, 2, 118, membres de phrase de même longueur **c)** durée : Vell. 2, 9, 1 ; Val.-Max. 8, 13, 2 ; **res quae ex tractu temporis deteriores fiunt** Dig. 28, 8, 5, 1, les choses que le temps rend pires **d) quanta haesitatio tractusque verborum !** Cic. de Or. 2, 202, quelle hésitation et quelle lenteur dans le débit ! ; **tractu belli** Tac. An. 15, 10, en traînant en longueur l'ouverture des hostilités ; **durante tractu et lentitudine mortis** Tac. An. 15, 64, comme le lent acheminement de la mort se prolongeait **e)** [gram.] dérivation d'un mot par développement [ex. *beatitudo* et *beatitas*] : Quint. 8, 3, 32 ¶4 [chrét.] extension [de la nature divine pour assumer l'humanité, selon les monarchiens] : Hil. Syn. 45.

trādĭdī, parf. de *trado*.

trādĭtĭo, ōnis, f. (*trado*) ¶1 action de remettre, de transmettre, remise, livraison : Cic. Top. 28 ‖ livraison, reddition d'une ville : Liv. 32, 14, 3 ; 34, 30, 1 ‖ [chrét.] tradition [livraison des livres saints aux persécuteurs] : Optat. 1, 13, 1 ¶2 transmission, enseignement : Quint. 3, 1, 3 ‖ relation, rapport, mention : Tac. An. 16, 16 ‖ tradition : Gell. 13, 22, 14 ; 16, 5, 1 ¶3 traduction : Ambr. Psalm. 118, 9, 13 ¶4 explication : Vulg. Psal. 1, 36.

trādĭtŏr, ōris, m. (*trado*) ¶1 traître : Tac. H. 4, 24 ¶2 celui qui transmet, enseigne : Arn. 3, 22 ¶3 [chrét.] traditeur [qui a remis les livres saints et les vases sacrés aux persécuteurs] : Optat. 1, 13, 1.

1 **trādĭtus**, a, um, part. de *trado*.

2 **trādĭtŭs**, ūs, m., tradition : Jul.-Val. 1, 30.

trādō (transdō), ĭs, ĕre, dĭdī, dĭtum (*trans*, 3 *-do* ; fr. *trahir*, it. *tradire*), tr.

¶1 "transmettre, remettre", *filiam suam alicui* "donner sa fille en mariage" ¶2 [fig.] **a)** "confier" **b)** "livrer" **c)** "abandonner" **d)** *se tradere* "se livrer, s'adonner à" ¶3 "transmettre" oralement ou par écrit [avec prop. inf.], [pass.] *traditur, traditum est* ¶4 "enseigner".

¶1 faire passer à un autre, transmettre, remettre : **quae acceperant, tradere** Cic. Verr. 4, 140, faire la remise [aux suivants] des objets qu'ils avaient reçus en garde ; **poculum alicui** Cic. Tusc. 1, 96, faire passer la coupe à qqn ; **alicui hereditatem** Cic. Off. 1, 121 ; Verr. 2, 59, transmettre à qqn un héritage ; **alicui omnia bona utenda ac possidenda** Cic. Verr. 2, 46, transmettre à qqn [par testament] la jouissance et la possession de tous ses biens ‖ **filiam suam alicui** Tac. An. 4, 40, donner sa fille en mariage à qqn ; **per manus traditae glaebae** Caes. G. 7, 25, 2, glèbes passées de main en main, cf. Caes. C. 1, 68, 2 ‖ [abs¹] renoncer, abandonner : Suet. Ner. 45 ¶2 [fig.] remettre **a)** confier : **aliquem alicui** Cic. Fam. 7, 17, 2 ; Caes. G. 7, 39, confier (recommander) qqn à qqn ; **totum hominem tibi ita trado de manu, ut aiunt, in manum** Cic. Fam. 7, 5, 3, je te le confie totalement, comme on dit, de la main à la main ; **obsides Haeduis custodiendos** Caes. G. 6, 4, confier aux Héduens la garde des otages, cf. Cic. Tusc. 3, 13 ; **te in disciplinam meam tradideras** Cic. Phil. 2, 3, tu t'étais mis à mon école [ma direction] ‖ **imperium navium legato populi Romani ademisti, Syracusano tradidisti** Cic. Verr. 5, 137, tu as enlevé à un légat du peuple romain le commandement des navires et tu l'as confié à un Syracusain ; **cui res publica traditur sustinenda** Cic. Mur. 3, à qui est confié le soin de soutenir l'État ; **aliquid memoriae** Cic. Rep. 6, 10, confier qqch. à sa mémoire **b)** livrer : **obsides, arma** Caes. G. 1, 28, livrer des otages, ses armes ; **alicui liberam possessionem Galliae** Caes. G. 1, 44, 13, abandonner à qqn la libre possession de la Gaule ; **aliquem adversariis ad supplicium** Caes. C. 1, 76, 1, livrer qqn à ses adversaires pour être supplicié ; **servum in custodiam, in pistrinum** Cic. Q. 1, 2, 14, faire emprisonner un esclave, le faire envoyer au moulin ; **alicui imperium** Caes. G. 6, 8, 9, remettre à qqn le pouvoir ‖ [poét.] **metus tradam ... portare ventis** Hor. O. 1, 26, 2, je confierai aux vents la mission d'emporter les craintes ... **c)** abandonner, laisser à la merci : **alicujus audaciae socios** Cic. Verr. 3, 24, abandonner les alliés à l'audace de qqn, cf. Cic. Clu. 195 ; Dom. 113 ; **feris populandas terras** Ov. M. 1, 249, abandonner la terre aux ravages des animaux **d)** [avec le réfléchi] se donner, se livrer, s'adonner : **se quieti** Cic. Div. 1, 61, se livrer au sommeil, cf. Cic. Lae. 86 ; **se in studium** Cic. Inv. 1, 4, se donner à une étude ‖ **se totum Philoni** Cic. Brut. 306, se donner tout entier à Philon [être tout à ses leçons] ¶3 transmettre oralement ou par écrit : **signa, qualia permulta historia tradidit** Cic. Div. 1, 121, des signes, comme l'histoire nous en a transmis un très grand nombre ; **pugnae memoriam posteris tradere** Liv. 8, 10, 8, transmettre à la postérité le souvenir d'un combat ; **ita nobis majores nostri tradiderunt** Cic. Nat. 3, 9, telle est la tradition qui nous vient de nos ancêtres ; **nobis poetae tradiderunt** [avec prop. inf.] Cic. Amer. 66, les poètes nous ont transmis la tradition que, cf. Liv. 1, 31, 8 ; Plin. 10, 71 ‖ [surtout au pass. pers. ou impers.] on raconte, on rapporte : **Aristides unus omnium justissimus fuisse traditur** Cic. Sest. 141, Aristide fut par excellence le plus juste de tous les hommes, suivant la tradition, cf. Cic. Amer. 70 ; Tusc. 5, 7 ; **utrumque traditur** Liv. 9, 28, 5, les deux versions (traditions) existent, cf. Liv. 2, 8, 8 ; **sic est traditum** Cic. Leg. 1, 3, telle est la tradition ; **eodem modo de utraque re traditum nobis est** Cic. Caecin. 96, sur les deux points la tradition [de droit] qui nous a été transmise est la même ; **traditum est** [avec prop. inf.] Cic. Tusc. 1, 5, la tradition est que, on rapporte que, cf. Cic. Brut. 204 ; [de même] **traditur memoriae** Liv. 5, 21, 16 ; [et] **traditur** [seul] Liv. 1, 55, 4 ¶4 transmettre, enseigner : **praecepta dicendi** Cic. de Or. 1, 84, enseigner l'art de parler, cf. Cic. Ac. 2, 92 ; Div. 2, 1 ; Fin. 1, 14 ; Caes. G. 7, 22, 1 ; **(culpa) tradentis est** Quint. 3, 6, 59, (la faute) en est au maître.

trādūcĭānī, ōrum, m. pl., partisans de la transmission du péché originel [nom donné par les Pélagiens aux catholiques] : Aug. Jul. op. imp. 1, 6.

trādūcĭbĭlis, e, qu'on peut faire passer à telle ou telle idée : Chalc. Tim. 51 E.

trādūcō (transdūcō), ĭs, ĕre, dūxī, ductum (fr. *traduire*), tr. ¶1 conduire au-delà, faire passer, traverser : **hominum multitudinem trans Rhenum in Galliam** Caes. G. 1, 35, 3, faire passer au-delà du Rhin une multitude d'hommes en Gaule ; [ou plutôt avec deux acc.] **copias flumen traducere** Caes. G. 1, 12, 2, faire traverser le fleuve aux troupes, cf. Caes. G. 2, 5, 4 ; Liv. 21, 23, 3 ; 22, 45, 5 ; **deterrere ne major multitudo Germanorum Rhenum traducatur** Caes. G. 1, 31, 16, empêcher qu'un plus grand nombre de Germains ne soit mené de l'autre côté du Rhin [ne traverse le Rhin], cf. Caes. G. 2, 4, 1 ; C. 3, 76 ; Liv. 24, 41, 1 ‖ [qqf. abl. de la question *qua*] **flumine Ligeri copias traducere** Hirt. G. 8, 27, 2, faire traverser les troupes par le fleuve Liger [Loire], cf. Tac. H. 2, 66 ; 4, 68 ¶2 faire passer à travers : **copias per fines Sequanorum** Caes. G. 1, 11, 1, faire passer les troupes par le territoire des Séquanes ¶3 faire passer devant, outre : **copias praeter castra** Caes. G. 1, 48, 2, faire passer les troupes au-delà du camp de César ‖ [en part.] **equum traducere** Cic. Clu. 134, emmener son cheval lors du recensement = n'être pas privé de son cheval par le censeur [en parlant d'un chevalier], cf. Val.-Max. 4, 1, 10 ‖ conduire devant les yeux de la foule : **victimas in triumpho** Liv. 45, 39, 12, faire défiler des victimes dans le cortège du triomphe ; **per ora hominum** Liv. 2, 38, 3, donner en spectacle au public ‖ [poét.] **se traducere**

traduco

Juv. 11, 31, s'exhiber ; *se ipsum traducere* Petr. 45, 8, se ridiculiser soi-même ¶ 4 faire passer d'un point à un autre : *illo ad munitionem copiae traducuntur* Caes. G. 7, 45, 6, on fait passer les troupes à cet endroit-là pour le fortifier, cf. Caes. C. 1, 21, 1 ; 1, 42, 4 ¶ 5 [fig.] **a)** conduire au-delà = mener de bout en bout [en parlant du temps] : *otiosam aetatem* Cic. CM 82, couler ses jours dans le repos, cf. Cic. Tusc. 3, 25 ; *adulescentia traducta eleganter* Cic. Planc. 31, jeunesse qui s'est passée jusqu'au bout avec distinction ‖ [en parlant d'une fonction] : *munus summa abstinentia* Cic. Att. 5, 9, 1, remplir une fonction jusqu'au bout avec le plus grand désintéressement **b)** faire passer d'un point à un autre : *centuriones ex inferioribus ordinibus in superiores ordines* Caes. G. 6, 40, 7, promouvoir des centurions du grade inférieur au supérieur [dans la première cohorte] ; *ad plebem P. Clodium* Cic. Att. 2, 18, 4, faire passer P. Clodius dans la plèbe, cf. Suet. Caes. 20 ; Aug. 2 ; *aliquem ad optimates* Cic. Att. 14, 21, 4, amener qqn dans le camp des optimates [des aristocrates] ‖ *a disputandi subtilitate orationem ad exempla* Cic. Tusc. 3, 56, faire passer un exposé de la discussion théorique aux exemples précis ; *a disputando ad dicendum traducti* Cic. Brut. 118, si on les fait passer de la discussion à l'exposé oratoire, si on leur demande non plus de discuter, mais de parler en orateurs ; *animos in hilaritatem a severitate* Cic. Brut. 197, faire passer les esprits du sérieux à la gaieté, ou *ad hilaritatem* Cic. Brut. 322 ‖ [gram.] traduire : *aliquid in linguam Romanam* Gell. 1, 18, 1, traduire qqch. dans la langue des Romains ‖ dériver : *unde id verbum traductum est* Gell. 2, 6, 5, d'où ce mot a été dérivé **c)** faire passer devant les yeux = faire connaître, montrer au grand jour : Petr. 17, 91 ; Mart. 1, 53, 3 ‖ = exposer à la risée, au mépris : *volo libidinem traduci* Sen. Ep. 100, 10, je veux que la débauche soit stigmatisée, cf. Sen. Ben. 2, 17, 5 ; 4, 32, 3 ; Mart. 3, 74, 5 ; Juv. 8, 17 ‖ interpréter [chanter] : Petr. 41, 6 ¶ 6 [chrét.] égarer, entraîner ; tromper, séduire, tenter : Hil. Matth. 3, 3 ; Cassiod. Var. 12, 21, 5 ¶ 7 faire passer, contracter héréditairement [en parlant du péché originel] : Aug. Pecc. mer. 1, 13, 16.

▶ impér. arch. *traduce* Ter. Haut. 744 ; Ad. 910 ; parf. contr. *traduxti* Pl. Cas. 469.

Trāducta Jūlĭa, f., = Tanger : Plin. 5, 2.

trāductīcĭus, *a, um*, [gram.] dérivé : Cassiod. Orth. 6 = 7, 179, 10.

trāductĭō, *ōnis*, f. (*traduco*) ¶ 1 traversée : Hyg. d. Char. 134, 19 ‖ action de faire défiler dans un triomphe : Aus. Grat. (419), 2, 8 ¶ 2 [fig.] **a)** action de faire passer d'un point à un autre : *ad plebem* Cic. Sest. 15, action de faire passer dans la plèbe ‖ [rhét.] métonymie : Cic. de Or. 3, 167 **b)** action de passer de bout en bout : *temporis* Cic. Div. 1, 127, écoulement du temps **c)** exhibition publique, exposition au mépris : Sen. Ir. 1, 6, 4 ‖ *ad traductionem nostram* Sen. Ep. 85, 1, pour nous exposer à la risée **d)** [rhét.] répétition d'un mot : Her. 4, 20 ¶ 3 peine, châtiment : Vulg. Sap. 11, 8 ‖ abattement : Vulg. Sap. 17, 14.

trāductīvus, *a, um*, dérivé : Mar. Vict. Gram. 6, 104, 25.

trāductŏr, *ōris*, m. (*traduco*), qui fait passer [de l'ordre des patriciens dans l'ordre des plébéiens] : Cic. Att. 2, 9, 1.

1 trāductus, *a, um*, part. de *traduco*.

2 trāductŭs, *ūs*, m., passage : Amm. 18, 8, 2.

trādux, *ŭcis*, m. (*traduco*), sarment [qu'on fait passer d'un arbre à un autre] : Varr. R. 1, 8, 4 ; Col. 5, 7, 3 ; Tac. H. 2, 25 ‖ intermédiaire : Prud. Apoth. 915 ‖ [chrét.] transmission [du péché originel d'Adam à ses descendants par la génération] : Aug. Pecc. mer. 2, 2, 2.

trāduxī, parf. de *traduco*.

trāfĕro, V. *transfero*.

trăgăcantha, *ae*, f. (τραγάκανθα), astragale [plante] : Plin. 13, 115 ; 26, 140.

trăgăcanthum, *i*, n., gomme d'astragale : Cels. 4, 4, 3 ; 4, 5, 13 ; Scrib. 74 ; V. *tracanthum*.

trăganthēs, *is*, f. (τραγάνθης), variété d'armoise [plante] : Ps. Apul. Herb. 11.

trăgantum, *i*, n., V. *tragacanthum* : Chir. 128.

Trăgăsaeus, *a, um*, de Tragasae, en Troade : Plin. 31, 85 ; Isid. 16, 2, 4.

trăgĕlăphŭs, *i*, m. (τραγέλαφος), tragélaphe [sorte de bouquetin] : Solin. 19, 19 ; Vulg. Deut. 14, 5.

trăgēmăta, *um*, n. pl. (τράγημα ; fr. dragée), fruits secs, grains que l'on grignote, kémia : Plin. 13, 48.

trăgēmătĭum, *ii*, n., dim. de *tragemata*, Hier. Reg. Pach. 53.

trăgĭcē, adv., à la manière tragique (des poètes tragiques) : Cic. Brut. 43 ; Sen. Ep. 100, 10.

trăgĭcōmoedĭa, *ae*, f., tragi-comédie : *Pl. Amp. 63.

trăgĭcus, *a, um* (τραγικός) ¶ 1 tragique, de tragédie : Hor. P. 220 ; 275 ; Liv. 24, 24, 2 ; *tragicus Orestes* Cic. Pis. 47, un Oreste de tragédie, cf. Juv. 12, 120 ; *tragicum illud* Suet. Cal. 30, ce mot d'une tragédie ‖ **trăgĭcus**, *i*, m., poète tragique : Cic. Opt. 2 ; Quint. 8, 6, 26 ‖ acteur tragique : Pl. Pers. 465 ¶ 2 [fig.] tragique, véhément, pathétique : Cic. Brut. 203 ; de Or. 2 ; 227 ‖ digne de la tragédie, terrible, horrible : Liv. 1, 46, 3 ; Ov. Tr. 2, 407 ; Juv. 2, 29 ‖ **trăgĭcum**, *i*, n., le tragique [situation, style] : *Pl. Amp. 59 ; Cic. Opt. 1.

trăgĭŏn, *ii*, n. (τράγιον), espèce de pistachier : Plin. 13, 115.

trăgoedĭa, *ae*, f. (τραγῳδία) ¶ 1 la tragédie : Cic. CM 22 ; Phil. 11, 13 ; Q. 3, 6, 7 ¶ 2 [fig. au pl.] effets oratoires, mouvements pathétiques : Cic. de Or. 2, 205 ; Quint. 6, 1, 36 ‖ déclamations : Cic. Mil. 18 ‖ grands mots : Cic. de Or. 1, 219 ‖ [iron.] péripétie, avanie : Hier. Ep. 174, 11.

trăgoedĭŏgrăphus, *i*, m. (τραγῳδιογράφος), auteur tragique : Mar. Vict. Gram. 6, 86, 17 ; Philarg. Virg. B. 8, 10.

trăgoedus, *i*, m. (τραγῳδός), acteur tragique : Cic. de Or. 1, 128 ‖ épith. de Jupiter honoré dans le Vicus Tragoedus à Rome : Suet. Aug. 52.

trăgōnis, *is*, f., C. ▶ *tragion* : Plin. 27, 141.

trăgŏpān, *ānis*, m., napaul, faisan cornu [oiseau] : Plin. 10, 136 ; Mel. 3, 88.

trăgŏphăcoptĭsăna, *ae*, f. (τραγοφακοπτισάνη), tisane de gruau et de lentilles : Cael.-Aur. Chron. 3, 2, 33.

trăgŏpōgōn, *ōnis*, m. (τραγοπώγων), barbe-de-bouc, salsifis [plante] : Plin. 27, 142.

trăgoptĭsăna, *ae*, f. (τραγοπτισάνη), tisane de gruau : Cael.-Aur. Chron. 3, 2, 33.

trăgŏrīgănum, *i*, n., **trăgŏrīgănus**, *i*, m. (τραγορίγανον), le thym tragorigan, faux origan [plante] : Plin. 26, 176 ; Cels. 5, 11.

trăgŏs, *i*, m. (τράγος) ¶ 1 éphèdre [plante] : Plin. 13, 116 ¶ 2 éponge dure et piquante : Plin. 31, 123 ¶ 3 blé exotique : Plin. 18, 93.

trăgŭla, *ae*, f. (*traho, tragum* ; fr. draille) ¶ 1 espèce de javelot muni d'une courroie : Caes. G. 5, 35 ; Liv. 21, 7, 10 ¶ 2 herse : Varr. L. 5, 139 ¶ 3 sorte de filet : Plin. 16, 34 ¶ 4 [fig.] *tragulam injicere in aliquem* Pl. Ep. 690, lancer un trait à qqn, lui jouer un mauvais tour, cf. Ps. 407 ; Cas. 297.

trăgŭlārĭus, *ii*, m., celui qui lance le javelot nommé *tragula* : Veg. Mil. 2, 15.

1 trăgum, *i*, n. (τράγος, *tragos*), bouillie d'épeautre : Cels. 2, 20, 1 ; Plin. 18, 76 ; V. *tragos*.

2 trăgum, *i*, n. (*traho*), drague [sorte de filet] : Serv. G. 1, 142 ; Isid. 19, 5.

Trăgŭrĭum, *ii*, n. ¶ 1 ville de Dalmatie [auj. Trogir] : Plin. 3, 141 ; Mel. 2, 57.

trăgus, *i*, m. (τράγος, bouc) ¶ 1 odeur des aisselles : Mart. 11, 22, 7 ¶ 2 mendole [sorte de poisson] : Ov. Hal. 112 ; Plin. 32, 152.

trăha, *ae*, f. (*traho*), herse [pour égrener les épis] : *Col. 2, 20, 4 ; Gloss. 5, 624, 32 ‖ instrument de supplice : Vulg. 1 Par. 20, 3 ; V. *trahea*.

▶ *tracha* Diocl. 15, 47.

trăhārĭus, *ii*, m., valet qui tire une *traha* : Sidon. Ep. 6, 1, 3.

trăhax, *ācis*, qui aime tirer tout à soi, rapace : Pl. Pers. 410.

trăhĕa, ae, f., ⊂ traha : Virg. G. 1, 164 ; Gloss. 2, 475, 21.

trăhō, ĭs, ĕre, traxī, tractum (cf. al. tragen, an. draw, drag > fr. drague ; fr. traire), tr.

> I ¶1 "tirer" ¶2 [fig.] a) "solliciter" b) "tirer vers" c) "interpréter".
> II ¶1 a) "traîner" b) [fig.] "entraîner" c) "tirailler", *animis, cum animo trahere* ¶2 [pr. et fig.] "traîner avec soi" ¶3 "traîner derrière soi" ¶4 a) "tirer à soi" b) *spiritum* "respirer" c) "absorber" d) *varios colores* e) *nomen trahere ex* "tirer son nom de" ¶5 "extraire" a) [pr.] b) *vocem* c) [fig.] *sermonem* ¶6 "rassembler" a) "resserrer" b) "former par contraction" ¶7 [fig.] "allonger" a) *verba* b) "traîner en longueur" c) "prolonger", "durer" d) "retarder".

I [idée de tirer] ¶1 tirer : *plaustra* Virg. G. 3, 536, tirer un char ; *in se ferrum* Plin. 36, 146, tirer à soi le fer (attirer) ; *naves in saxa* Virg. En. 3, 425, tirer, attirer les vaisseaux sur les rochers ; *aliquem pedibus* Cic. Fam. 7, 32, 2, tirer qqn par les pieds ǁ tirer la laine en filant : Varr. d. Non. 545, 12 ; Ov. M. 14, 265 ; [d'où] filer : Hor. O. 2, 18, 8 ; Juv. 2, 54 ¶2 [fig.] a) tirer = solliciter, attirer : *trahimur studio laudis* Cic. Arch. 16, l'amour de la gloire nous entraîne ; *trahit sua quemque voluptas* Virg. B. 2, 65, chacun subit l'attrait de son propre plaisir ǁ *aliis ad regem trahentibus civitatem, aliis ad Romanos* Liv. 42, 44, 3, les uns tirant la cité du côté du roi, les autres du côté des Romains ; *ad Poenos rem trahere* Liv. 24, 2, 8, tirer les affaires du côté des Carthaginois = pousser à l'alliance carthaginoise, cf. Liv. 24, 28, 4 ; 32, 19, 2 b) *in se crimen* Ov. M. 10, 68, tirer à soi, chercher à prendre sur soi une accusation ; *captae decus Nolae ad consulem* Liv. 9, 28, 6, tirer vers le consul, faire revenir au consul la gloire de la prise de Nole c) tirer dans tel ou tel sens = interpréter : *omnia non bene consulta in virtutem trahebantur* Sall. J. 92, 2, toutes les imprudences étaient mises au compte du courage ; *aliquid in religionem trahere* Liv. 5, 23, 6, concevoir des scrupules religieux à propos de qqch. ; *ornatum alicujus in superbiam* Tac. H. 2, 20, voir dans la tenue de qqn une marque d'orgueil ; *fortuita ad culpam* Tac. An. 4, 64, chercher des responsables à un accident ; *cuncta in deterius* Tac. An. 1, 62, interpréter tout en mal.
II [idée de traîner] ¶1 a) traîner : *Hectora* Cic. Tusc. 1, 105, traîner Hector ; *vinctus trahebatur* Caes. G. 1, 53, 5, il était traîné chargé de chaînes, cf. Cic. Phil. 11, 5 ; Virg. En. 2, 403 ; Ov. M. 12, 591 ; *aliquem ad praetorem* Pl. Poen. 790, traîner qqn devant le préteur b) [fig.] entraîner : *aliquem secum in eamdem calamitatem* Cic. Pomp. 19, entraîner qqn avec soi dans le même malheur ; *aliquem in suam sententiam* Liv. 5, 25, 1, gagner qqn à son opinion ; *ab incepto aliquem* Sall. C. 7, 7, entraîner qqn loin de son propos, cf. Cic. Brut. 232 c) tirailler : *curae meum animum divorsae trahunt* Ter. And. 260, les soucis me tiraillent en sens contraire ; *pecuniam* Sall. C. 20, 12, tirailler sa fortune ; *ut alius in aliam partem mente atque animo traheretur, quid... accideret* Caes. C. 1, 21, 6, en sorte que, ayant l'esprit et le cœur tiraillés l'un dans un sens l'autre dans un autre, ils se demandaient ce qui arriverait ... ; *animis trahebant* [avec prop. inf.] Sall. J. 84, 4, ils tournaient et retournaient dans leur esprit cette idée que ; *trahere cum animo suo omitteretne... an* Sall. J. 93, 1, remuer dans son esprit la question de savoir s'il devait laisser de côté... ou ... ¶2 traîner avec soi : *saxa ingentia fluctus trahunt* Sall. J. 78, 3, les flots charrient d'énormes pierres ; *parvos liberos* Curt. 3, 13, 12, traîner avec soi ses enfants en bas âge, cf. Curt. 5, 5, 15 ǁ [avec violence] *praedam ex agris* Liv. 25, 14, 11, faire du butin dans les campagnes ; *de aliquo trahere spolia* Cic. Balb. 54, emporter les dépouilles de qqn ; [abs¹] *trahere* Sall. C. 11, 4, emporter de force, cf. Sall. J. 41, 5 ǁ [chrét.] amener avec soi, contracter par hérédité [une souillure, comme le péché originel] : Aug. Nupt. 1, 18, 21 ¶3 traîner derrière soi : *vestem per pulpita* Hor. P. 215, traîner sa robe sur la scène ; *gravem spoliis multarum urbium exercitum* Liv. 30, 9, 10, traîner derrière soi une armée alourdie par le butin conquis sur de nombreuses villes, cf. Liv. 6, 3, 4 ; 45, 2, 3 ǁ traîner avec peine : *genua aegra* Virg. En. 5, 468, traîner ses genoux malades = se traîner sur ses genoux épuisés ǁ laisser traîner : *(dicito) nullum vacuum tractum esse remum* Cic. Verr. 5, 135, (dis) que pas une rame n'a traîné au fil de l'eau sans rameur ¶4 a) tirer à soi, entraîner à soi : *te quoque, Luna, traho* Ov. M. 7, 207, toi aussi, Lune, je te fais venir ; *navigium aquam trahit* Sen. Ir. 2, 10, 8, le navire fait eau b) *auras ore* Ov. M. 2, 230, aspirer l'air ; *spiritum* Col. 6, 9, 3, respirer, cf. Curt. 3, 6, 10 ; Sen. Ir. 3, 43, 4 ou *animam* Liv. 3, 6, 8 ; 4, 12, 11 ; 42, 23, 10 ; Tac. An. 1, 42 c) *amnem gutture* Ov. M. 15, 330, absorber l'eau d'un fleuve ; *pocula arente fauce* Hor. Epo. 14, 4, vider des coupes d'un gosier desséché ; *stirpes e terra sucum trahunt* Cic. Nat. 2, 120, les racines tirent la sève du sol d) *mille varios colores* Virg. En. 4, 701, prendre mille couleurs diverses, cf. Ov. M. 2, 236 ; 14, 393 ; *lapidis figuram* Ov. M. 3, 399, prendre la figure d'une pierre, devenir une pierre e) *legio Martia, quae a deo traxit nomen* Cic. Phil. 4, 5, la légion de Mars, qui a tiré son nom d'un dieu, cf. Cic. Phil. 3, 16 ; Ov. M. 4, 291 ; *facetiae ubi multum ex vero traxere* Tac. An. 15, 68, quand les plaisanteries tiennent beaucoup de la vérité, cf. Tac. G. 46, 2 ; *molestiam ex pernicie rei publicae trahere* Cic. Fam. 4, 3, 1, concevoir du chagrin de la déchéance de l'État ; *volo omnem quae ad dicendum trahi possit loquendi rationem esse notam* Cic. Or. 114, je veux que l'orateur connaisse tout l'art de parler tout ce qui peut s'en tirer pour servir à l'éloquence ¶5 extraire a) *ex puteis aquam* Cic. Nat. 2, 25, tirer de l'eau des puits ; *ferrum e corpore* ou *de corpore* Ov. F. 5, 399 ; M. 5, 95, retirer un fer du corps de qqn ; [poét.] *operum laborem sorte trahere* Virg. En. 1, 507, tirer au sort les travaux b) *vocem a pectore* Virg. En. 1, 371, tirer sa voix du fond de sa poitrine ; *suspiria* Ov. M. 2, 753, exhaler des soupirs c) [fig.] faire dériver, faire découler : *scio ab isto initio tractum esse sermonem* Cic. Brut. 21, je sais que c'est bien de ce point-là qu'est partie notre conversation, cf. Cic. Off. 1, 107 ; *maxima copia principiorum... ex istis locis trahetur, qui* Cic. de Or. 2, 324, pour la plupart, les exordes... se tireront des lieux communs qui... ¶6 rassembler a) resserrer, contracter : *ignis coria et carnem trahit* Lucr. 6, 967, le feu resserre le cuir et la chair ; *vultum* Ov. A. A. 2, 2, 33, contracter sa figure, froncer les sourcils ; [abs¹] opérer une contraction, se contracter : Lucr. 6, 1190 b) former par contraction : *anguis septem gyros, septena volumina traxit* Virg. En. 5, 85, le serpent de son corps ramassé forma sept anneaux, sept replis tortueux ¶7 [fig.] traîner = allonger a) *verba* Sil. 8, 79, traîner sur les mots b) traîner en longueur, prolonger : *sin trahitur bellum* Cic. Att. 10, 8, 2, mais si la guerre traîne en longueur, cf. Sall. J. 36, 2 ; Liv. 5, 10, 7 c) prolonger : *pugnam aliquandiu* Liv. 25, 15, 14, soutenir assez longtemps le combat ; *vitam* Virg. En. 2, 92, traîner sa vie ǁ [abs¹] se maintenir, durer : Cels. 2, 8, 24 ; Flor. 2, 13, 13 d) différer, retarder : *omnia* Sall. J. 36, 2, différer tout, cf. Liv. 32, 35, 4 ; 32, 36, 2 ; *querentes se trahi a Caesare* Suet. Tib. 31, se plaignant que César traînât leurs affaires en longueur ǁ [abs¹] Cic. Att. 16, 2, 4 ǁ [poét.] faire en différant : *moram* Ov. M. 9, 767, créer un retard en traînant.

▶ inf. parf. contr. *traxe* Virg. En. 5, 786.

Trāia Căpĭta, n., ville de Tarraconaise : Anton. 399.

trāĭcĭo, ᴠ.▸ *trajicio*.

Trājāna Cŏlōnĭa, f., ville de Belgique sur le Rhin [Xanten] : Anton. 370.

Trājānālis, e, de Trajan : CIL 11, 6505.

Trājānensis, e, de Trajana Colonia : CIL 13, 8185.

Trājānŏpŏlis, is, f., Trajanopolis, Augusta Trajana [ville de Thrace] Atlas VI, A3 : Cod. Just. 50, 15, 1 ; Anton. 175.

Trājānus, i, m., Trajan, empereur romain [M. Ulpius Trajanus, 98-117] : Plin. Pan. 88, 6 ǁ *Trajani forum*, n., ville de Sardaigne : Anton. 82 ǁ **-jānus**, a, um, de Trajan : CIL 3, 24 [fontaine].

trajēcī, parf. de *trajicio*.

Trajectensis

Trājectensis, *e*, de Trajectum [auj. Maastricht] : Greg.-Tur. *Hist.* 2, 5 ; *Conf.* 71.

trājectīcĭum, *ĭi*, n. (*trajecticius*), échange : VL. *Eccli.* 37, 12.

trājectīcĭus, *a*, *um* (*trajectus*), destiné à être transporté par mer : Modest. *Dig.* 22, 2, 1 ǁ *trajecticius contractus* Cod. Just. 4, 32, 26, contrat d'assurance maritime ; *trajecticia pecunia* Dig. 22, 2, 1, prêt maritime, prêt à la grosse [le remboursement du prêt qui a financé la cargaison ne sera effectué que s'il n'y a pas eu naufrage].

trājectĭo, *ōnis*, f. (*trajicio*) ¶ 1 traversée [de la mer] : Cic. *Att.* 8, 15, 2 ǁ traversée du ciel par les étoiles : *trajectiones stellarum* Cic. *Div.* 1, 2, étoiles filantes ¶ 2 [fig.] a) *trajectio in alium* Cic. *de Or.* 3, 204, action de faire passer [une responsabilité] sur un autre b) *verborum* Cic. *Or.* 230, transposition des mots, hyperbate, cf. Her. 4, 44 c) hyperbole : Cic. *de Or.* 3, 203 ; Quint. 9, 2, 3.

trājectŏr, *ōris*, m., celui qui traverse : Prud. *Ham.* 875.

trājectōrĭum, *ĭi*, n. (*trajicio* ; it. *trattorio*, al. *Trichter*), entonnoir : Plin.-Val. 1, 37 ; 1 ; 58.

Trājectum, *i*, n. (cf. 2 *trajectus*), ville de Germanie [auj. Utrecht] Atlas V, B3 : Anton. 369 ; ▶ Trajectensis.

trājectūra, *ae*, f. (*trajicio*), avancée, saillie : Vitr. 4, 7, 5.

1 trajectus, *a*, *um*, part. de *trajicio*.

2 trājectŭs, *ūs*, m., traversée : Caes. G. 4, 21, 3 ; 5, 2, 3 ; C. 2, 20 ; *amnis* Liv. 1, 3, 8, traversée du fleuve ǁ lieu d'embarquement : B.-Alex. 56, 5 ; Plin. 6, 98.

trājĭcĭo (**trāĭcĭo**, **transjĭcĭo**), *ĭs*, *ĕre*, *jēcī*, *jectum* (*trans*, *jacio*), tr. **I** jeter au-delà ¶ 1 lancer au-delà : *telum* Caes. G. 3, 19, 1, lancer un trait par-delà ; *vexillum trans vallum* Liv. 25, 14, 4, jeter une enseigne par-dessus le retranchement ¶ 2 faire passer d'un endroit à un autre a) *malis antennisque de nave in navem trajectis* Liv. 30, 10, 5, les mâts avec leurs vergues ayant été couchés en travers des navires, de l'un à l'autre (de manière à les relier) ; *membra per ardentes acervos* Ov. F. 4, 782, sauter par-dessus des tas de paille enflammés b) *in alia vasa* Varr. R. 1, 64, 1, transvaser c) faire passer [un fleuve, la mer], faire traverser : *equitatum trajecit* Caes. C. 1, 40, 4, il fit passer la cavalerie ; *legiones in Siciliam* Liv. 23, 31, 4, faire passer les légions en Sicile ǁ *sese ex regia ad aliquem* Caes. C. 3, 112, 10, se transporter du palais vers qqn, cf. Liv. 28, 18, 10 ǁ *Germanos flumen traicit* Caes. C. 1, 83, 5, il fait passer le fleuve aux Germains, cf. C. 1, 55, 1 ; *se Alpes traicere* Brut. *Fam.* 11, 9, 2, traverser les Alpes ǁ *exercitu Pado trajectus Cremonam* Liv. 21, 56, 9, armée transportée à Crémone en traversant le Pô, cf. Liv. 35, 48, 3 d) [fig.] *invidiam in alium* Cic. *Caecil.* 46, faire passer la haine sur un autre ǁ [rhét.] *verba* Cic. *Or.* 229, transposer des mots [hyperbate]. **II** traverser ¶ 1 passer au-delà : *murum jaculo* Cic. *Fin.* 4, 22, passer par-dessus un mur avec un javelot = lancer un javelot par-dessus un mur ¶ 2 traverser [un fleuve, la mer] : *Padum* Liv. 21, 39, 10 ; *mare* Liv. 33, 31, 10, traverser le Pô, la mer ; *Rhodanum trajectum cernere* Liv. 21, 30, 5, voir le Rhône traversé ǁ transpercer : *aliquem* Caes. G. 5, 84, 6, transpercer qqn ; *pilis trajecti* Caes. G. 7, 82, 1, percés de traits ; *alicui femur tragula trajicitur* Caes. G. 5, 35, 6, qqn a la cuisse traversée d'un javelot ǁ *pars magna equitum mediam trajecit aciem* Liv. 42, 7, 7, une grande partie de la cavalerie se fit jour au milieu des lignes ǁ [poét.] *per pedes trajectus lora tumentes* Virg. *En.* 2, 273, ayant aux pieds gonflés traversés d'une courroie ¶ 3 [abs¹] effectuer une traversée : *triginta longis navibus ex Sicilia trajiciens* Liv. 30, 24, 6, venant de Sicile avec trente vaisseaux de combat ; *parat trajicere in Africam* Liv. 28, 36, 1, il se prépare à passer en Afrique ¶ 4 projeter [sa puissance] : Mar. Vict. *Ar.* 3, 12.

trālāt-, ▶ *translat-*.

1 Tralles, *ĭum*, f. pl., **Trallis**, *is*, f., Plin. 5, 108 ; 35, 161, Tralles [ville de Carie] Atlas VI, B3 ; IX, C1 : Cic. *Flac.* 57 ; 71 ; *Agr.* 2, 39 ; Caes. C. 3, 105 ; Liv. 37, 45 ǁ **Trallĭānus**, *a*, *um*, de Tralles : Cic. *Or.* 234 ǁ **-ĭāni**, *ōrum*, m. pl., habitants de Tralles : Cic. *Flac.* 52.

2 Tralles, *ĭum*, m. pl., les Tralles [peuple d'Illyrie] : Liv. 27, 32, 4.

Trallĭcŏn, *i*, n., pays de Tralles : Plin. 5, 109.

Trallis, *ĭdis*, f., ▶ *Tralles*.

trālŏquŏr (**translŏquŏr**), *quĕrĭs*, *quī*, -, tr., dire, narrer d'un bout à l'autre : Pl. *Pers.* 411.

trālūcĕo, ▶ *transluceo*.

trāma, *ae*, f. (*tragsmā, cf. *traho* ; esp. *trama*), chaîne, tissu lâche : Varr. L. 5, 113 ; Sen. *Ep.* 90, 20 ǁ toile [d'araignée] : Plin. 11, 81 ǁ [fig.] *tramae putridae* Pl. *Ru.* 1324 = bagatelles.

trāmĕn, *ĭnis*, n., trame : Not. Tir. 99 ǁ chaîne [d'une étoffe écartée par les lices] : Gloss. 2, 355, 32.

trāmĕo, ▶ *transmeo*.

trāmĕs, *ĭtis*, m. (*transmeo*, cf. *limes*) ¶ 1 chemin de traverse, sentier, chemin détourné : Cic. *Phil.* 12, 26 ; 13, 19 ; Sall. C. 57, 1 ; J. 48, 2 ; Liv. 2, 39, 3 ǁ [fig.] Lucr. 6, 27 ¶ 2 route, chemin, voie : Hor. S. 2, 3, 49 ; Sen. *Ep.* 84, 13 ǁ *cito tramite* Virg. *En.* 5, 610, par un chemin rapide = rapidement ; *facili tramite* Virg. *En.* 6, 676, par un chemin facile, facilement ǁ [fig.] *generis tramites* Gell. 13, 19, 15, rameaux, branches d'une famille ǁ colonne [d'une page] : Hier. *Gal.* 6, 11.

trāmĭgro, **trāmitto**, ▶ *transm-*.

trāmŏsērĭcus, *a*, *um* (*trama*, *sericus*), à la trame de soie : Isid. 19, 22, 14.

trānātō (**transnātō**), *ās*, *āre*, *āvī*, -, tr., traverser à la nage : *Gangem* Cic. *Rep.* 6, 22, traverser le Gange à la nage ; [abs¹] effectuer une traversée à la nage : Tac. *H.* 4, 66 ; 5, 18.

trānāvĭgo, ▶ *transnavigo*.

Trānĭo, *ōnis*, m. (*Θρανίων) et **Trānĭus**, *i*, m., nom d'esclave : Pl. *Most.* 353 ; 560.

trānō (**transnō**), *ās*, *āre*, *āvī*, *ātum*, tr. ¶ 1 traverser en nageant : *flumen* Caes. C. 1, 48, 7, passer un fleuve à la nage, cf. Cic. *Rep.* 6, 23 ǁ [abs¹] effectuer une traversée à la nage : Caes. G. 1, 53, 2 ; Liv. 2, 10, 11 ¶ 2 [fig.] traverser, passer à travers : Cic. *Nat.* 2, 25 ; Lucr. 4, 177 ; Virg. *En.* 4, 246 ǁ [chrét.] transcender [dans l'extase] : Mamert. *Anim.* 2, 12.

tranquillātŏr, *ōris*, m., [chrét.] celui qui apaise [la tempête, en parlant du Christ] : Gaud. 8, 3.

tranquillātus, *a*, *um*, part. de *tranquillo*.

tranquillē, adv. (*tranquillus*), tranquillement, paisiblement : Cic. *Tusc.* 3, 25 ǁ *tranquillius* Sen. *Ep.* 71, 16 ; *-issime* Suet. *Aug.* 2.

Tranquillīna, *ae*, f., surnom féminin : CIL 6, 1095 [Furia Sabinia, épouse de Gordien III].

tranquillĭtās, *ātis*, f. (*tranquillus*) ¶ 1 calme de la mer, bonace : Caes. G. 3, 15 ; Cic. *Tusc.* 5, 16 ; Ac. 2, 100 ; *Fin.* 5, 23 ǁ pl., Cic. *Att.* 6, 8, 4 ¶ 2 calme, tranquillité : *pacis* Cic. *Agr.* 1, 21, le calme de la paix ǁ *animi* Cic. *Off.* 1, 69, tranquillité de l'âme, cf. Cic. *Tusc.* 4, 10 ǁ titre donné aux derniers empereurs : *Tranquillitas tua* Eutr. *pr.*, ta Sérénité.

1 tranquillō, *ās*, *āre*, *āvī*, *ātum* (*tranquillus*), tr., calmer, apaiser : Plin. 2, 234 ǁ [fig.] Cic. *Top.* 98 ; *Fin.* 1, 50 ; *rebus tranquillatis* Nep. *Att.* 4, 5, la situation étant devenue calme.

2 tranquillō, adv., ▶ *tranquille* : Liv. 3, 14, 6.

tranquillum, *i*, n. (*tranquillus*) ¶ 1 calme de la mer, temps calme : Cic. *Off.* 1, 83 ; *tranquillo* Liv. 31, 23, 4, par mer calme ¶ 2 calme, tranquillité : Lucr. 5, 12 ; Liv. 4, 43, 3 ; *in tranquillum conferre* Pl. *Amp.* 478 ; *redigere* Liv. 3, 40, 11, amener, ramener au calme.

1 tranquillus, *a*, *um* (cf. *trans*, *quies*, al. *Weile*, an. *while*), calme, paisible, tranquille : [en parlant de la mer] Cic. *Clu.* 138 ; Liv. 24, 8, 12 ; [de l'air] Plin. 2, 114 ; 2, 192 ǁ [de l'âme] Cic. *CM* 74 ; [de la vie] Cic. *Fin.* 1, 71 ; [d'une cité] Cic. *de Or.* 1, 30 ǁ *in transferendis verbis tranquillior* Cic. *Or.* 176, plus calme (moins exubérant) dans l'emploi des métaphores ; *profectionis tuum tranquillissimum tempus* Cic. *Pis.*

33, les moments si calmes de ton départ ‖ [n. pl. pris adv^t] *tranquilla tuens* VAL.-FLAC. *1, 38*, avec un regard paisible ‖ [superl.] sérénissime [titre impérial] : LIBER. d. LUCIF. *Ep. 5, 4*.

2 Tranquillus, *i*, m., surnom, not^t de Suétone : PLIN. *Ep. 1, 24, 1*.

trans (cf. *tero*, scr. *tiras*, bret. *treuz*, al. *durch*, an. *through* ; fr. *très*), prép. avec acc., au-delà de, par-delà : *trans Rhenum* CAES. *G. 1, 35*, au-delà du Rhin [avec ou sans mouv^t], cf. CAES. *G. 1, 28* ; *omnibus ultra castra transque montes exploratis* LIV. *20, 43, 7*, ayant tout exploré au-delà du camp et derrière les montagnes ‖ de l'autre côté de, par-dessus : *trans vallum* LIV. *41, 4, 2*, par-dessus le retranchement.

transăbĕō, *īs*, *īre*, *ĭī*, *ĭtum*, tr. ¶ **1** aller au-delà de, traverser, dépasser : STAT. *Th. 6, 507* [abs^t] aller au-delà : SIL. *12, 264* ¶ **2** transpercer : VIRG. *En. 9, 432* ; STAT. *Th. 2, 9*.

transactĭō, *ōnis*, f. (*transigo*) ¶ **1** action d'achever, de finir, fin : TERT. *Anim. 55, 3* ¶ **2** transaction, accord : DIG. *50, 16, 230* ¶ **3** action de passer [sa vie] : VICT.-VIT. *3, 60*.

transactŏr, *ōris*, m. (*transigo*), entremetteur, intermédiaire : CIC. *Verr. 2, 69*.

transactus, *a*, *um*, part. de *transigo*.

transădĭgō, *ĭs*, *ĕre*, *ēgī*, *actum*, tr. ¶ **1** [avec deux acc.] faire passer à travers, faire pénétrer : *crudum transadigit costas ensem* VIRG. *En. 12, 508*, de son épée impitoyable il transperce les côtes [litt^t, il fait passer son épée à travers les côtes] ¶ **2** transpercer, percer de part en part : VIRG. *En. 12, 276* ; *aliquem ferro, jaculo* STAT. *Th. 5, 125* ; SIL. *10, 141*, transpercer qqn d'un fer, d'un javelot.

transalpĭcus, 🅒 *transalpinus* : NOT. TIR. *88*.

transalpīnus, *a*, *um*, (*trans Alpes*), transalpin, qui est au-delà des Alpes : CIC. *Fam. 9, 152* ; *Mur. 89* ; *Off. 2, 28* ; CAES. *G. 7, 1* ‖ **-ni**, *ōrum*, m. pl., les peuples transalpins : SUET. *Caes. 24*.

transănĭmātĭo, *ōnis*, f., métempsycose : HIER. *Ep. 124, 4*.

transaudĭō, *īs*, *īre*, *īvī* et *ĭī*, *ītum*, tr., entendre mal : ORIG. *Matth. 108*.

transaustrīnus, *a*, *um*, 🅒 *austrinus* : CAPEL. *6, 608*.

transbĕnĕventānus, *a*, *um*, (*trans Beneventum*), qui est au-delà de Bénévent : PAUL.-NOL. *Carm. 20, 378*.

transbĕō, *ās*, *āre*, -, -, tr., rendre heureux par-delà, honorer davantage : ISID. *19, 24, 8*.

transbĭbō, *ĭs*, *ĕre*, -, -, tr., boire entièrement, avaler : CAEL.-AUR. *Chron. 4, 7, 105* ; *4, 8, 128*.

transcendentĭa, *ae*, f., 🅒 *transcensus* : GROM. *25, 30*.

transcendō (**transscendō**), *ĭs*, *ĕre*, *scendī*, *scensum* (*trans*, *scando*)
I intr. ¶ **1** monter en passant par-delà : *in hostium naves* CAES. *G. 1, 15, 1*, monter à l'abordage sur les vaisseaux ennemis ; *in Italiam* LIV. *28, 42, 14*, passer en Italie en franchissant les Alpes ¶ **2** passer d'un endroit à un autre, [et au fig.] d'une chose à une autre : *ex minore aetate in majorem* HYG. d. GELL. *16, 6, 15*, passer d'un âge tendre à un âge plus avancé ; *ad leviora* QUINT. *7, 1, 21*, en venir à des arguments plus faibles.
II tr. ¶ **1** franchir, escalader : *maceriam* CAES. *G. 7, 70, 5*, escalader un mur de pierres sèches ; *Alpes* CIC. *Cat. 4, 6*, franchir les Alpes ; *fossas* CAES. *C. 3, 46, 3*, franchir les fossés ; *flumen* TAC. *An. 4, 44*, passer un fleuve ¶ **2** [fig.] *fines juris* LUCR. *3, 60*, transgresser les limites du droit ; *ordinem aetatis* LIV. *40, 11, 7*, outrepasser l'ordre fixé par l'âge ; *prohibita* TAC. *An. 3, 54*, enfreindre les défenses, les interdictions ‖ surpasser : SIL. *3, 607* ‖ devancer : SIL. *1, 226* ¶ **3** dépasser, transcender : MAMERT. *Anim. 2, 2* ¶ **4** [log.] dépasser, excéder [genre par rapport aux espèces] : BOET. *Porph. com. 2, 5, 12*.

transcensĭō, *ōnis*, f. (*transcendo*) ¶ **1** hyperbate : ISID. *1, 37, 16* ; BED. *Trop. p. 614, 9* ¶ **2** action de dépasser, transgression : HIER. *Orig. Ez. 11, c. 807 D* ‖ escalade : RUST. *SYNOD. 1, 3, p. 179, 31*.

1 transcensus, *a*, *um*, part. de *transcendo*.

2 transcensŭs, *ūs*, m., action de monter, d'escalader : AMM. *19, 5, 6* ‖ transition, passage à : HIER. *Ep. 119, 10* ‖ hyperbate : CARM. FIG. *160*.

transcīdō, *ĭs*, *ĕre*, *cīdī*, *cīsum* (*trans, caedo*), tr., pénétrer (entamer) par des coups, battre jusqu'au sang, battre comme plâtre : PL. *Pers. 731* ‖ transpercer, percer [une montagne] : GROM. *305, 4*.

transcōlō, *ās*, *āre*, -, -, tr., passer à travers un tamis : ANTID. BRUX. *4, 45*.

transcontrā, adv., en face, du côté opposé : VITR. *9, 1, 2* ; *9, 2, 2*.

transcorpŏrātĭō, *ōnis*, f., le fait de passer dans un autre corps, métempsycose : ORIG. *Matth. 13, 1*.

transcorpŏrātus, *a*, *um*, adj., passé dans un autre corps : IREN. *1, 25, 4*.

transcrībō (**transscrībō**), *ĭs*, *ĕre*, *scrīpsī*, *scriptum*, tr. ¶ **1** transcrire : *testamentum in alias tabulas* CIC. *Clu. 41*, transcrire un testament sur d'autres tablettes, cf. PLIN. *Ep. 4, 7, 2* ; GELL. *2, 2, 13* ‖ copier : CIC. *Nat. 3, 74* ; HER. *4, 6* ¶ **2** **a)** [droit] transporter par un acte : *nomina in socios* LIV. *35, 7, 2*, passer des créances au nom des alliés **b)** faire passer : *sceptra colonis* VIRG. *En. 7, 422*, faire passer le sceptre à des colons, cf. OV. *M. 7, 173* **c)** faire passer dans, enregistrer dans : *aliquem in viros* SEN. *Ep. 4, 2*, faire passer qqn au nombre des hommes ;
urbi matres VIRG. *En. 5, 750*, enregistrer (inscrire) des femmes pour la ville future **d)** copier [en peinture] : PLIN. *25, 8* **e)** graver dans : AUG. *Ord. 2, 8, 25*.

transcriptīcĭus, *a*, *um*, transporté par un acte : GAI. *Inst. 3, 128*.

transcriptĭō, *ōnis*, f. (*transcribo*), transcription, copie : MAR. VICT. *Gram. 6, 11, 15* ‖ transport, cession : GAI. *Inst. 3, 130* ‖ action de rejeter sur un autre : PS. QUINT. *Decl. 13, 11*.

transcriptus, *a*, *um*, part. de *transcribo*.

Transcūdānī, *ōrum*, m. pl., peuple de Lusitanie : CIL *2, 760*.

transcurrens, *entis*, part. de *transcurro* adj., jeté en passant [en parlant du regard de l'impudique] : HIL. *Matth. 4, 20* ‖ pénétrant : HIL. *Trin. 11, 4*.

transcurrō, *ĭs*, *ĕre*, *cŭcurrī* et *currī*, *cursum*, intr. et tr.
I intr. ¶ **1** courir par-delà : *hinc ad forum* TER. *Eun. 763*, se transporter au pas de course d'ici au forum ; *in altera castra transcursum est* LIV. *25, 39, 7*, on se porta au second camp au pas de course ‖ passer devant rapidement : CAES. *C. 1, 58* ¶ **2** [fig.] passer vivement d'une chose à une autre : *in dissimilem rem* HER. *4, 45* ; *ad melius* HOR. *S. 2, 2, 82*, passer rapidement à un objet différent, à un état meilleur ‖ s'écouler [temps] : PLIN. *Ep. 7, 2, 2* ; GELL. *5, 10, 7* ‖ [avec acc. d'objet intér.] *cursum suum transcurrerant* CIC. *Brut. 280*, ils avaient fourni leur carrière au pas de course ¶ **3** [chrét.] pénétrer, franchir [comme les corps glorifiés] : HIL. *Trin. 10, 23*.
II tr. ¶ **1** traverser rapidement, au pas de course : *montium juga* CURT. *6, 3, 16*, franchir en courant les sommets des montagnes ¶ **2** [fig.] traiter [un sujet] rapidement, légèrement, effleurer : QUINT. *9, 3, 89* ; *10, 1, 19* ; *10, 5, 8*.

transcursim, adv., en passant, en courant : HIL. *Myst. 1, 1*.

transcursĭō, *ōnis*, f. (*transcurro*) ¶ **1** traversée rapide : CASSIOD. *Psalm. 72, 14* ‖ [fig.] traitement rapide : AMBR. *Psalm. 118, 13, 7* ¶ **2** délai, intervalle : COD. JUST. *6, 23, 27, 3* ; MAMERT. *Anim. 2, 2, 1*.

transcursōrĭus, *a*, *um*, facile à traverser : JUL.-VAL. *3, 22*.

1 transcursus, *a*, *um*, part. de *transcurro*.

2 transcursŭs, *ūs*, m. ¶ **1** action de parcourir, de traverser : SEN. *Nat. 2, 7, 1* ‖ action de passer devant, passage, course : SUET. *Aug. 90* ; SEN. *Ben. 5, 6, 4* ‖ passage [d'une épidémie, d'un air pestilentiel] : OROS. *Hist. 3, 4, 2* ¶ **2** [fig.] exposé rapide : VELL. *2, 99, 4* ; *transcursu* VELL. *2, 55, 1* [ou] *in transcursu* PLIN. *3, 39*, en passant, en courant.

transdānŭbĭānus (**-vĭānus**), *a*, *um*, (*trans Danubium*), situé au-delà du

transdanubianus

Danube : Vop. *Aur.* 39, 7 ‖ **-ni**, ōrum, m. pl., habitants d'au-delà du Danube : CIL 14, 3608.

transdĭ-, transdo, transdu-, V. *trad-*.

transēgī, parf. de *transigo*.

transenna, ae, f. (*trasenna*, infl. par *trans*) ¶ **1** lacet, lacs, filet : Pl. *Bac.* 792 ; Sall. d. Non. 180, 21 ; Amm. 20, 11, 22 ‖ [fig.] Pl. *Pers.* 48 ¶ **2** treillage, grillage : *quasi per transennam aspicere* Cic. *de Or.* 1, 162, regarder comme à travers un grillage.

▶ *trasenna* Pl. *Pers.* 480.

transĕō, ĭs, īre, ĭī rart īvī, ĭtum.

I intr. ¶ **1** aller au-delà, par-delà ; passer **a)** *in Galliam* Caes. *G.* 4, 16, 4, passer en Gaule ; *ex Italia in Siciliam* Cic. *Verr.* 5, 5, passer d'Italie en Sicile ; *animas ab aliis post mortem transire ad alios* Caes. *G.* 6, 14, 5, (ils enseignent) que les âmes après la mort passent d'un corps dans un autre ; *transito ad uxorem meam* Ter. *Phorm.* 719, passe chez ma femme, cf. Pl. *Ep.* 658 ; *St.* 437 ‖ [fig.] passer à un autre sujet : *ad partitionem* Cic. *Inv.* 1, 30, passer à la division oratoire, cf. Cic. *de Or.* 2, 177 ; Quint. 7, 1, 18 ; 8, 3, 40 **b)** passer d'un parti, d'un état dans un autre : *ad Pompeium* Caes. *C.* 3, 60 ; *ad adversarios* Verr. 1, 40, passer du côté de Pompée, au camp des adversaires, cf. Caes. *C.* 3, 60 ; Nep. *Dat.* 6, 6 ‖ *a patribus ad plebem* Liv. 4, 16, 3, passer de l'ordre des patriciens dans celui de la plèbe ; *ex Macedone ac libero in Persicam servitutem* Sen. *Ir.* 3, 17, 1, passer de la condition de Macédonien et d'homme libre à la servitude perse ; [fig.] *in sententiam alicujus* Liv. 34, 34, 1, se ranger à l'avis de qqn **c)** se changer, se transformer : *in humum saxumque* Ov. M. 11, 643, se changer en terre et en pierre, cf. Ov. M. 8, 730 ; 15, 167 ; *in vinum* Plin. 22, 112, se changer en vin ; [fig.] *in contrarium* Sen. *Ep.* 99, 9, se transformer en une chose contraire **d)** *odor transit in vestes* Plin. 12, 15, l'odeur passe dans les vêtements ; [fig.] *in mores* Sen. *Ir.* 3, 18, 1, passer dans les mœurs, cf. Quint. 1, 6, 13 ‖ [droit] passer, être transféré [tout transfert d'un droit d'une personne à une autre] : *obligatio in heredem transit* Dig. 35, 2, 32 pr., l'obligation passe à l'héritier ; *exceptio ad emptorem transit* Dig. 44, 9, 2, l'exception est transférée à l'acheteur ¶ **2** passer à travers : *per media castra* Sall. *J.* 107, 6, traverser le milieu du camp ; *per cribrum* Cat. *Agr.* 76, 3, passer à travers un crible ‖ *cibi qui difficillime transeunt* Varr. *R.* 2, 11, 3, nourritures qui passent très difficilement, cf. Plin. 11, 202 ; 23, 39 ¶ **3** passer devant, passer outre : Lucil. 758 ‖ *hunc nimbum transisse laetor* Cic. *Att.* 15, 9, 2, je suis heureux que cet orage soit passé ‖ [fig.] se passer, s'écouler [temps] : *dies transeunt* Caes. *G.* 3, 2, 1, les jours passent, cf. *C.* 3, 25.

II tr. ¶ **1 a)** traverser, passer : *Taurum* Cic. *Fam.* 3, 8, 5, passer le mont Taurus, cf. Cic. *Fam.* 11, 10, 4 ; *Att.* 5, 21, 14 ; *Rhenum* Caes. *G.* 1, 33, passer le Rhin, cf. Caes. *G.* 1, 12 ; 1, 13 ; Cic. *Fin.* 3, 75 ; *maria* Cic. *Or.* 146, traverser les mers ; *Rhodanus nonnullis locis vado transitur* Caes. *G.* 1, 6, 2, le Rhône se passe à gué en plusieurs endroits, cf. Caes. *G.* 2, 10 ; 5, 18 **b)** dépasser [passer de l'autre côté], devancer : *equum cursu* Virg. *En.* 11, 719, dépasser un cheval à la course ; [fig.] dépasser : *modum* Cic. *Off.* 1, 102, passer la mesure ; *finem aequitatis et legis in judicando* Cic. *Verr.* 3, 220, dépasser les bornes de l'équité et de la légalité en prononçant un jugement, cf. Cic. *Fam.* 5, 12, 3 ‖ surpasser : *Pompeium* Luc. 2, 565, dépasser Pompée, cf. Quint. 10, 2, 10 ; 12, 11, 28 **c)** passer de l'autre côté d'une chose = venir à bout de : *ea, quae premunt* Cic. *Fam.* 9, 1, 2, venir à bout des maux qui nous pressent ¶ **2** traverser = passer à travers **a)** *Formias* Cic. *Att.* 9, 3, 1, traverser Formies ; *forum* Hor. *Ep.* 1, 6, 59, passer à travers le forum **b)** [poét.] transpercer : Sil. 10, 253 **c)** [fig.] passer rapidement sur un sujet : Cic. *Amer.* 91 ‖ parcourir rapidement un livre : Gell. 9, 4, 5 **d)** passer de bout en bout [temps], passer : *vitam silentio* Sall. *C.* 1, 1, traverser la vie en silence, sans faire de bruit, cf. Tac. *Agr.* 6 ; Ov. M. 15, 226 ¶ **3** passer devant, passer outre, longer **a)** *omnes mensas* Pl. *Curc.* 682, passer devant toutes les tables des banquiers **b)** [fig.] *sensus transit intentionem* Quint. 9, 4, 29, le sens échappe à l'attention [passe inaperçu] **c)** passer sous silence, négliger, omettre : *aliquid silentio* Cic. *Att.* 2, 19, 3, passer qqch. sous silence ; *multa transi* Cael. *Fam.* 8, 11, 4, laisse de côté maints détails [ne les lis pas] ; *Neronem transeo* Plin. *Ep.* 5, 3, 6, je ne parle pas de Néron, cf. Quint. 3, 4, 10 ; 10, 1, 57 ; 12, 1, 22.

▶ forme du parf. *transivi* Sen. *Ben.* 1, 13, 3 ‖ fut. *transiet* Tib. 1, 4, 27 ; Sen. *Nat.* 3, 10, 4 ; Ps. Apul. *Ascl.* 28.

transĕrō (transsĕrō), ĭs, ĕre, -, *sertum*, tr., planter (faire passer) à travers : Cat. *Agr.* 113 ‖ enter : Stat. *S.* 2, 1, 101.

transĕunter, adv., en passant [fig.] : Amm. 28, 1, 14 ; Aug. *Civ.* 15, 23.

transfĕrō (trāf-), fers, ferre, tŭlī, lātum (et *trālātum*), tr. ¶ **1** porter d'un lieu dans un autre, transporter : *in fundum arbores transferebantur* Cic. *Dom.* 62, on transportait les arbres dans la propriété ; *Naevius trans Alpes transfertur* Cic. *Quinct.* 12, Naevius est transporté de l'autre côté des Alpes ; *castra transferre ultra aliquem locum* Caes. *C.* 3, 66, transporter son camp au-delà d'un certain lieu ‖ déplacer : Spart. *Hadr.* 19 ‖ transplanter : Varr. *R.* 1, 39, 3 ‖ transporter = promener, montrer aux regards : Liv. 34, 52, 4 ; 37, 58, 4 ¶ **2** transcrire, reporter : *de tabulis in libros* Cic. *Verr.* 2, 189, reporter du registre sur la copie, cf. Cic. *Fam.* 3, 8, 4 ¶ **3** [fig.] **a)** transporter : *bellum in Celtiberiam* Caes. *C.* 1, 61, transporter la guerre en Celtibérie, cf. Caes. *G.* 7, 8 ; *culpam in alios* Cic. *Font.* 8, rejeter une faute sur d'autres, cf. Cic. *Sest.* 82 ; *definitionem in aliam rem* Cic. *Ac.* 2, 43, appliquer une définition à un autre objet ; *sermonem alio* Cic. *de Or.* 1, 133, faire passer l'entretien sur un autre sujet ; *hoc idem transfero in magistratus* Cic. *Verr.* 2, 126, j'en dis autant en ce qui concerne les magistratures ; *animum ad accusandum* Cic. *Mur.* 46 ; *se ad artes componendas* Cic. *Brut.* 48, se mettre à accuser, à composer des traités ; *nihil ab eo (Thucydide) transferri potest ad forensem usum et publicum* Cic. *Or.* 30, on ne peut rien tirer de lui (rien lui emprunter) qui serve aux besoins du barreau et de la tribune **b)** différer, reporter : Caes. *Fam.* 8, 9, 2 ; Cic. *Mil.* 24 **c)** faire passer d'une langue dans une autre, traduire : Cic. *Fin.* 1, 7 ; *Att.* 6, 2, 3 ; Quint. 1, 6, 3 **d)** faire passer un mot d'un emploi à un autre, employer métaphoriquement : Cic. *de Or.* 3, 149 ; *Or.* 92 ; 202 ; *verbum tralatum* Cic. *de Or.* 3, 161, mot employé métaphoriquement **e)** *translatum exordium* Cic. *Inv.* 1, 26, exorde transposé, qui n'est pas celui que demande la cause, cf. Quint. 4, 2, 71 **f)** changer, transformer : Ov. M. 15, 420 ; Tac. H. 4, 11 ; Quint. 1, 6, 22 **g)** [droit] transférer un droit sur une personne ou une chose [action, legs] : Dig. 50, 17, 6 **h)** [chrét.] transférer [des corps des saints] : Paul.-Med. *Vit. Ambr.* 14 ¶ **4** [pass.] mourir : Cypr. *Mort.* 23.

transfictĭō, ōnis, f., altération, contrefaçon : Iren. 1, 9, 2 ‖ metaplasmus [gram.] : Diom. 456, 1.

transfīgō, ĭs, ĕre, fīxī, fixum, tr. ¶ **1** transpercer, percer de part en part : Cic. *Fin.* 2, 97 ; Caes. *G.* 7, 62 ; 5, 44 [pass., sens réfléchi] : *qui denis hastis corpus transfigi solent* Pl. *Most.* 358, qui ont l'habitude de se faire percer le corps de dix coups de lance ¶ **2** [poét.] enfoncer à travers : *hasta transfixa* Virg. *En.* 11, 645, javelot enfoncé de part en part, cf. Luc. 9, 138.

transfĭgūrābĭlis, e, qui peut se transfigurer : Tert. *Carn.* 6, 9.

transfĭgūrātĭō, ōnis, f. (*transfiguro*), métamorphose, transformation : Plin. 7, 188.

transfĭgūrātŏr, ōris, m. (*transfiguro*), celui qui métamorphose, qui transforme : Iren. 3, 4, 2 ; Tert. *Marc.* 5, 12, 6.

transfĭgūrō, ās, āre, āvī, ātum, tr., transfigurer, transformer, métamorphoser, changer : *rem in rem* Suet. *Ner.* 28, changer qqn en autre chose, cf. Plin. 8, 81 ; 9, 99 ; *qui corpora prima transfigurat* Stat. *S.* 2, 7, 78, celui qui rapporte la métamorphose des formes premières des corps [= les métamorphoses des corps ; en parlant d'Ovide] ‖ [fig.] Sen. *Ep.* 6, 1 ; Quint. 6, 2, 1 ‖ [chrét.] transformer [transsubstantiation]: Ambr. *Fid.* 4, 10, 124 ‖ [pass.] être transfiguré [Christ]: Hil. *Matth.* 17, 2.

transfingō, *ĭs*, *ĕre*, -, -, tr., transformer: Iren. 1, 8, 1.

transfixī, parf. de *transfigo*.

transfixĭo, *ōnis*, f., action d'enfoncer [les clous], de transpercer: Rust. *Aceph.* p. 1243 B.

transfixus, *a*, *um*, part. de *transfigo*.

transflūmĭnāles, *ĭum*, m. pl. (*trans flumen*), ceux qui habitent au-delà du fleuve: Gloss. 2, 200, 40.

transflŭō, *ĭs*, *ĕre*, *fluxī*, -, intr., couler au travers, se répandre au-dehors: Plin. 16, 155 ‖ couler devant: Frontin. *Aq.* 9 ‖ s'écouler [temps]: Claud. *Carm. min.* 41, 5.

transflŭvĭālis, *is*, m., qui habite sur l'autre rive du fleuve: Aug. *Hept.* 1, 29.

transflŭvĭō, *ās*, *āre*, -, - (*trans fluvium*), intr., passer un fleuve: Commod. *Instr.* 2, 5, 10.

transflŭvĭum, *ĭi*, n., (*trans fluvium*), traversée d'un fleuve: Aug. *Serm.* 72, 1.

transfŏdĭō, *ĭs*, *ĕre*, *fōdī*, *fossum*, tr., transpercer: Caes. *G.* 7, 82, 1; Liv. 39, 42, 12; Tac. *An.* 3, 20 ‖ [poét.] **pectora duro transfossi ligno** Virg. *En.* 9, 544, ayant la poitrine transpercée par de durs éclats de bois.

transfŏrātĭo, *ōnis*, f. (*transforo*), percement, perforation: Cael.-Aur. *Chron.* 1, 3, 56.

transformātĭo, *ōnis*, f. (*transformo*), transformation, métamorphose: Aug. *Trin.* 15, 8 ‖ [chrét.] la transfiguration [du Christ]: Hil. *Trin.* 11, 37.

transformātus, *a*, *um*, part. de *transformo*.

transformis, *e* (*forma*), qui se transforme, qui se métamorphose: Ov. *F.* 1, 373; *M.* 8, 871.

transformō, *ās*, *āre*, *āvī*, *ātum*, tr., transformer, métamorphoser, **in rem**, en qqch.: Virg. *G.* 4, 441; *En.* 7, 416; Ov. *F.* 3, 515; *M.* 10, 237 ‖ [fig.] **transformari ad naturam alicujus** Quint. 1, 2, 30, prendre le caractère de qqn ‖ [chrét.] transformer, changer [en parlant de l'eucharistie]: Sacram. Leon. p. 24 ‖ transfigurer [transfiguration du Christ]: Lact. *Inst.* 7, 26, 5.

transfŏrō, *ās*, *āre*, -, -, tr., transpercer: Sen. *Ben.* 2, 6, 1; Hier. *Matth.* 1, 10, 9.

transfossus, *a*, *um*, part. de *transfodio*.

transfrĕtānus, *a*, *um* (*trans fretum*), d'outre-mer: Tert. *Apol.* 25, 3.

transfrĕtātĭo, *ōnis*, f. (*transfreto*), traversée: Gell. 10, 26, 5.

transfrĕtātŏr, *ōris*, m., celui qui traverse [la mer], négociant: Ambr. *Hex.* 4, 4, 19.

transfrĕtō, *ās*, *āre*, *āvī*, *ātum* (*trans fretum*) ¶ 1 intr., faire une traversée: Suet. *Caes.* 34; Gell. 10, 26, 1 ¶ 2 tr. **a)** traverser: Vulg. *Deut.* 30, 13 **b)** transporter qqn par bateau: Amm. 31, 4, 5 **c)** [fig.] traverser [la vie]: Tert. *Paen.* 1, 3.

transfūdī, parf. de *transfundo*.

transfŭga, *ae*, m. (*transfugio*), transfuge, déserteur, celui qui passe à l'ennemi: Cic. *Div.* 1, 100; Tac. *G.* 12; Suet. *Cal.* 47 ‖ [fig.] Hor. *O.* 3, 16, 23 ‖ [chrét.] apostat: Minuc. 33, 5.

transfŭgĭō, *ĭs*, *ĕre*, *fūgī*, *fŭgĭtum*, intr., passer à l'ennemi, déserter: **ad Romanos** Liv. 34, 25, 12, passer aux Romains, cf. Nep. *Ages.* 6, 2; *Dat.* 6, 3 ‖ [fig.] **ab afflicta amicitia** Cic. *Quinct.* 93, déserter une amitié abattue par le malheur; **ad aliquem** Pl. *Mil.* 590, passer au parti de qqn.

transfŭgĭum, *ii*, n. (*transfugio*), désertion: Liv. 22, 43, 5; Tac. *H.* 2, 34 ‖ [fig.] Prud. *Sym.* 2, 505 ‖ moyen de fuite: Ambr. *Hex.* 3, 5, 22.

transfūmō, *ās*, *āre*, -, -, intr., jeter de la fumée par-delà, au travers: Stat. *Th.* 6, 399; Sidon. *Carm.* 23, 331.

transfunctōrĭus, *a*, *um* (*fungor*), fait avec négligence [pour se débarrasser], avec mollesse: Tert. *Marc.* 1, 27, 1.

transfundō, *ĭs*, *ĕre*, *fūdī*, *fūsum*, tr. ¶ 1 transvaser: Cat. *Agr.* 112, 2; Plin. 36, 194 ‖ pass. *transfundi*, se répandre: Cels. *pr.* 15 ¶ 2 [fig.] déverser sur, reporter sur: **amorem in aliquem, laudes ad aliquem** Cic. *Phil.* 2, 77; *Fam.* 9, 14, 4, reporter sur qqn son amour, les éloges qu'on a reçus ‖ répandre: Cic. *Rep.* 1, 30.

transfungŏr, *gĕrĭs*, *gī*, -, intr., jouir en permanence de [abl.]: CIL 9, 1164.

transfūsĭo, *ōnis*, f. (*transfundo*), action de transvaser: Plin. 34, 172 ‖ apport étranger, mélange [de peuplades]: Cic. *Scaur.* 43 ‖ transfert de dette: Dig. 46, 2, 1 ‖ [chrét.] action d'être répandu parmi [Dieu dans la Création]: Hil. *Psalm.* 135, 11.

transfūsus, *a*, *um*, part. de *transfundo*.

transgĕrō, *ĭs*, *ĕre*, -, -, tr., transporter: Plin. 10, 98.

transglūtĭō (**transgluttĭō**), *īs*, *īre*, -, -, tr., avaler: Veg. *Mul.* 2, 142; M.-Emp. 16, 26.

transgrĕdĭŏr, *dĕrĭs*, *dī*, *gressus sum* (*trans, gradior*)
I ¶ 1 passer de l'autre côté, traverser: **in Italiam** Liv. 39, 45, 6, passer en Italie [en franchissant les Alpes]; **transgressus** Tac. *Agr.* 18, ayant fait la traversée ‖ **ad aliquem** [ou] **in partes alicujus** Tac. *H.* 4, 66; 4, 39, passer du côté de qqn, au parti de qqn ¶ 2 [fig.] passer d'une chose à une autre: **ab indecoris ad infesta** Tac. *An.* 3, 66, passer de la bassesse à la méchanceté ‖ [part. pris subst^t]: **transgressi in morem eorum** Tac. *H.* 5, 5, ceux qui ont adopté leur religion.
II tr. ¶ 1 traverser, franchir: **Taurum** Cic. *Fam.* 3, 8, 5, franchir le Taurus, cf. Cic. *Div.* 1, 33; **flumen** Caes. *G.* 2, 19, 4, traverser un fleuve ¶ 2 [fig.] **a)** dépasser: **mensuram** Plin. 7, 160, passer la mesure ‖ surpasser: Plin. 7, 92 **b)** parcourir d'un bout à l'autre, exposer complètement: Val.-Max. 4, 7, 2; Gell. 1, 3, 12 **c)** passer sous silence: Vell. 2, 108, 2 ¶ 3 [chrét.] transgresser, enfreindre: Vulg. *Num.* 5, 6; Cypr. *Ep.* 69, 8.
▶ part. pass. *transgresso Apennino* *Liv. 10, 27, 1, après franchissement de l'Apennin; *transgressi mandati* Aug. *Civ.* 13, 21, du commandement transgressé.

transgressĭō, *ōnis*, f. (*transgredior*) ¶ 1 action de passer de l'autre côté, de traverser: Cic. *Pis.* 80 ¶ 2 [rhét.] hyperbate: Her. 4, 44; Cic. *de Or.* 3, 207 ‖ transition: Quint. 4, 1, 78 ¶ 3 infraction: Ambr. *Luc.* 7, 164 ‖ [chrét.] péché, infraction: Vulg. *Is.* 59, 13 ¶ 4 apostasie: Hier. *Is.* 16, 59, 12 ¶ 5 excès de douleur, abattement: Vulg. *Lam.* 3, 19.

transgressīva verba, [gram.] verbes qui changent de flexion au parf., semi-déponents [*audeo, ausus sum*: Diom. 346, 5].

transgressŏr, *ōris*, m. (*transgredior*), transgresseur: Arn. 7, 7.

1 **transgressus**, *a*, *um*, part. de *transgredior*.

2 **transgressŭs**, *ūs*, m., action de franchir, traversée: Tac. *An.* 6, 37; 11, 10, cf. Sall. d. Gell. 10, 26, 1.

transībĭlis, *e*, qu'on peut dépasser: Iren. 2, 25, 4 ‖ passager, périssable: Verec. *Cant.* 14.

transĭens, *ĕuntis*, part. de *transeo* ¶ 1 subst., m. pl., [chrét.] les voyageurs, les pèlerins: Cassiod. *Var.* 11, 12, 1 ¶ 2 subst. n. pl., les choses passagères [de ce monde]: Leo-M. *Serm.* 38, 4.

transĭĕt, v. *transeo* ▶.

transĭgō, *ĭs*, *ĕre*, *ēgī*, *actum* (*trans, ago*), tr. ¶ 1 [pr., poét.] **a)** faire passer à travers: **ensem per pectora** Sil. 13, 376, enfoncer son épée dans la poitrine de qqn **b)** transpercer: **aliquem gladio** Tac. *An.* 14, 37, percer qqn d'une épée ¶ 2 [fig.] **a)** mener à bonne fin: **negotium** Cic. *Fam.* 13, 14, 2, terminer une affaire; **transactis meis partibus** Cic. *de Or.* 2, 15, mon rôle étant achevé; **aliquid sorte** Liv. 38, 25, régler [trancher] qqch. par la voie du sort; **aliquid per aliquem** Cic. *Amer.* 149; **cum aliquo** Sall. *J.* 29, 5, régler qqch. par l'entremise de qqn, avec qqn; **si transactum est** Cic. *Fam.* 14, 3, si c'est une affaire réglée **b)** arranger, accommoder, conclure, transiger: **rem cum aliquo** Cic. *Clu.* 49, [abs^t] **cum aliquo transigere** Cic. *Verr.* 2, 79, traiter avec qqn [en terminer avec qqn], cf. Cic. *Amer.* 114; *Verr.* 1, 140; *Att.* 4, 16, 14 **c)** **cum aliqua re transigere**, en finir avec qqch., mettre fin à qqch.: Tac. *Agr.* 34; *G.* 19; Quint. 7, 1, 44 **d)** passer [le temps]: Tac. *Agr.* 18; **adulescentiam per haec** Suet. *Tib.* 7, passer sa jeunesse à ces occupations; **mense transacto** Suet. *Vit.* 8, le mois étant écoulé ‖ [droit] conclure une transaction [éteindre

transigo

un rapport litigieux par des concessions réciproques] : Dig. 2, 15 tit. ; Cod. Just. 2, 4, 3 ¶ **3** garder, préserver : Cassiod. *Var.* 8, 19, 3.

transĭī, parf. de *transeo*.

transĭlĭō (transsĭlĭō), *īs, īre, sĭlŭī* ou *ĭī* ou *īvī*, - *(trans, salio)* ¶ **1** intr., sauter d'un lieu dans un autre [pr. et fig.] : Liv. 30, 25, 6 ; Plin. 29, 9 ¶ **2** tr., sauter par-dessus, franchir : **muros** Liv. 1, 7, 2, franchir les murs ‖ [fig.] **ante pedes posita** Cic. *de Or.* 3, 160, sauter par-dessus ce qui est devant nos pieds = négliger ce qui est à portée de la main ; **ne rem unam pulcherrimam transiliat oratio** Cic. *Phil.* 2, 84, pour que mon discours ne saute pas une chose belle entre toutes ‖ dépasser, excéder : **munera Liberi** Hor. *O.* 1, 18, 7, abuser des dons de Bacchus.

▶ parf. en *ui* Liv. 1, 7, 2 ; Ov. *F.* 4, 727 ; 843 ; Sen. *Ep.* 74, 34 ; 93, 5.

transĭlis, *e (transilio)*, qui dépasse : Plin. 17, 211.

transĭlĭtio, *ōnis*, f. *(transilio)*, action de passer par-dessus : Aug. *Psalm.* 38, 2.

transĭlītŏr, *ōris*, m. *(transilio)*, celui qui franchit : Cassiod. *Psalm.* 38, 1.

transĭtĭo, *ōnis*, f. *(transeo)* ¶ **1** action de passer, passage : Cic. *Nat.* 1, 109 ‖ [tard.] mort : Vit. Patr. 5, 17, 14 ¶ **2** passage [dans un autre ordre social] : **ad plebem transitiones** Cic. *Brut.* 62, des passages de patriciens à la plèbe ‖ passage à l'ennemi, défection : Liv. 28, 15, 14 ¶ **3** [fig.] **a)** contagion : Ov. *Rem.* 616 **b)** [rhét.] transition : Her. 1, 14 ; 4, 35 **c)** [gram.] flexion : Varr. *L.* 9, 103 ‖ rapport, relation : Prisc. 3, 32, 25 ¶ **4** pl., [sens concret] **transitiones** Cic. *Nat.* 2, 67, passages = lieux de passage.

transĭtīvē, adv. *(transitivus)*, [gram.] en marquant une relation : Prisc. 3, 45, 11.

transĭtīvus, *a, um (transeo)*, [gram.] relationnel [préposition] : Prisc. 3, 32, 30 ‖ transitif, impliquant une détermination [verbe] : Prisc. 2, 555, 14.

transĭtŏr, *ōris*, m. *(transeo)*, celui qui passe, un passant : Amm. 15, 2, 4.

transĭtŏrĭē, adv. *(transitorius)*, en passant, incidemment : Hier. *Ep.* 51, 2 ; Aug. *Serm.* 102.

transĭtōrĭus, *a, um (transeo)* ¶ **1** qui offre un passage, de passage : Suet. *Ner.* 31 ; Lampr. *Alex.* 28 ; Eutr. 7, 23 ¶ **2** passager, court, transitoire : Aug. *Doctr.* 1, 35, 39 ; Hier. *Is.* 6, 13, 2 ; Boet. *Cons.* 5, 6.

1 transĭtus, *a, um*, part. de *transeo*.

2 transĭtŭs, *ūs*, m. ¶ **1** action de franchir, passage : **fossae** Cic. *Tusc.* 5, 59, passage d'un fossé, cf. Caes. *G.* 5, 55, 2 ¶ **2** passage [dans un autre parti, dans une autre famille] : Tac. *H.* 1, 76 ; Gell. 5, 19, 8 ¶ **3** [fig.] **a)** [d'un âge à un autre] Quint. 11, 3, 28 **b)** passage, transition : Quint. 8, 6, 38 ; [en part.] transition dans un discours : Quint. 7, 6, 5 ; 9, 2, 61 **c)** transition d'une couleur à une autre, fusion des nuances : Plin. 37, 21 ; 35, 24 ; [en parlant de l'arc-en-ciel] Ov. *M.* 6, 66 ¶ **4** passage = lieu de passage : **auditus** Plin. 23, 59, conduit auditif, cf. Plin. 22, 111 ¶ **5** action de passer, d'aller au-delà : **tempestatis** Cic. *Att.* 2, 21, 2, achèvement de l'orage ‖ **in transitu**, en passant, au passage [pr. et fig.] : Tac. *An.* 12, 13 ; Quint. 7, 3, 27 ¶ **6** flexion dans la décl. et la conjug. : Varr. *L.* 9, 109 ¶ **7** [tard.] départ : Vict.-Vit. 1, 3 ‖ mort : Cassiod. *Var.* 8, 8.

transīvī, parf. de *transeo*.

transja-, transject-, transji-, etc., ▶ *traj-*.

transjŭgō, *ās, āre, -, - (trans jugum)*, tr., faire passer d'un joug à un autre : Jul.-Val. 1, 3.

transjungō, *ĭs, ĕre, -, -*, tr., atteler en intervertissant : Ulp. *Dig.* 21, 1, 38.

translābŏr, *ĕrĭs, lābī, lapsus sum*, tr., franchir [d'un glissement d'ailes] : Claud. *Eutr.* 1, 376.

translapsus, *a, um*, part. de *translabor*.

translātē, adv., d'une manière figurée, par une métaphore : Aug. *Doctr.* 2, 12, 17.

translātĭcĭē (trālātĭcĭē), adv., négligemment : Ulp. *Dig.* 37, 14, 1.

translātĭcĭus (trālātĭcĭus), *a, um (translatus)* ¶ **1** transmis par la tradition : **edictum translaticium** Cic. *Verr.* 1, 114, édit transmis par la tradition [de préteur à préteur], cf. Cic. *Verr.* 1, 117 ; *Att.* 5, 21, 11 ; Gell. 3, 18, 7 ; **hoc tralaticium est** Cic. *Fam.* 3, 8, 4, ces dispositions sont traditionnelles ¶ **2** [fig.] traditionnel, consacré, ordinaire, commun : Plin. *Ep.* 9, 37, 1 ; Suet. *Ner.* 33 ; **haec tralaticia** Cael. *Fam.* 8, 5, 2, ces choses habituelles ‖ [gram.] métaphorique : Varr. *L.* 6, 55 ; 64 ¶ **3** transféré, déporté [évêque] : Liberat. 21.

translātĭo (trālātĭo), *ōnis*, f. *(transfero)* ¶ **1** action de transporter, de transférer : Cic. *Off.* 1, 43 ‖ transplantation : Plin. 17, 75 ; Col. 3, 10, 20 ‖ greffe par incision : Varr. *R.* 1, 41, 3 ¶ **2** [fig.] **a)** action de rejeter sur un autre : Cic. *Verr.* 4, 91 ; *Inv.* 1, 10 ; 2, 57 ; Quint. 3, 6, 23 **b)** métaphore : Cic. *de Or.* 3, 156 ; *Or.* 85 **c)** traduction : Quint. 1, 4, 18 **d)** transposition, changement : Quint. 8, 2, 41 ‖ métathèse : Diom. 442, 31 ; Don. *Gram.* 4, 397, 2 **e)** [droit] **translatio legati** Dig. 34 ; 4, 6 pr., transfert de legs [modification apportée dans l'exécution d'un legs, par changement soit de personnes, soit de choses] **f)** [chrét.] transfert [des âmes], métempsycose : Aug. *Litt.* 7, 11 ‖ transfert, translation [de reliques] : Ambr. *Exh. virg.* 1, 1 ‖ mort [passage dans l'autre monde] : Hier. *Orig. Ez.* 4, 5.

translātīva, *ae*, f. *(translativus)*, métalepse [glissement de sens] : Quint. 3, 6, 46.

translātīvē, adv. *(translativus)*, métaphoriquement : Isid. 17, 6, 23.

translātīvus (trālātīvus), *a, um (trans, fero)*, qui transporte ailleurs, qui détourne, qui récuse : **translativa constitutio** Cic. *Inv.* 1, 10, état de récusation ; **causa** Quint. 3, 6, 75, question d'incompétence.

translātŏr, *ōris*, m. *(transfero)*, qui transporte ailleurs : Cic. *Verr.* 5, 152 ‖ traducteur : Hier. *Ep.* 57, 5 ‖ copiste : Sidon. *Ep.* 9, 16, 2.

1 translātus (trālātus), *a, um*, part. de *transfero*.

2 translātŭs (trālātŭs), *ūs*, m., action de transporter, de promener en faisant une exhibition : Sen. *Tranq.* 1, 8.

translēgātĭo, *ōnis*, f., ambassade : Cassiod. *Jos. ant.* 12, 3.

1 translēgō, *ās, āre, -, -*, tr., transmettre [par héritage] : Aug. *Ev. Joh.* 5, 20.

2 translĕgō, *ĭs, ĕre, -, -*, tr., lire en passant outre, en courant : Pl. *As.* 750.

Translĭcŏn, ▶ *Trallicon*.

translīmĭtānus, *a, um (trans limitem)*, qui habite au-delà des limites (des frontières) : Ambr. *Ep.* 24, 8.

translŏquor, ▶ *traloquor*.

translūcānus, *a, um (trans lucum)*, qui est de l'autre côté d'un bois : CIL 2, 1041.

translūcĕō (trālūcĕō), *ēs, ēre, -, -*, intr. ¶ **1** se refléter, se réfléchir : Lucr. 4, 308 ‖ briller à travers : Plin. 8, 169 ; Ov. *M.* 4, 354 ¶ **2** être transparent, diaphane : Plin. 37, 181.

translūcĭdus, *a, um*, transparent, diaphane : Plin. 37, 129 ‖ [fig., en parlant du style trop apprêté] : Quint. 8, pr. 20.

transmărīnus (trāmă-), *a, um (trans mare)*, d'outre-mer : Cic. *Agr.* 2, 80 ; *Verr.* 5, 45 ; Caes. *G.* 6, 24 ; **transmarina doctrina** Cic. *de Or.* 3, 135, culture d'outre-mer [de la Grèce] ‖ [pris subst.] **transmarina**, *ōrum*, n. pl., pays d'outre-mer : Aug. *Civ.* 22, 8, 3.

transmĕābĭlis, *e*, que l'on peut traverser : Aus. *Grat.* (419), 18, 79.

transmĕātŏrĭus, *a, um (transmeo)*, qui concerne le passage : Tert. *Val.* 27, 1.

transmĕō (trāmĕō), *ās, āre, āvī, ātum*, tr., traverser : Plin. 30, 96 ; **transmeato freto** Amm. 28, 8, 6, la mer étant traversée ‖ [abs¹] effectuer un passage, une traversée : Tac. *An.* 12, 62 ‖ traverser, pénétrer un vêtement [en parlant du froid] : Varr. *L.* 5, 113.

transmigrātĭo, *ōnis*, f. *(transmigro)*, émigration, exil, captivité : Prud. *Ham.* 448 ; Vulg. *Matth.* 1, 11 ‖ métempsycose : Iren. 1, 25, 4 ‖ [concr.] les exilés : Vulg. *Dan.* 2, 25.

transmigrātus, *a, um*, part. de *transmigro*.

transmigrō, *ās, āre, āvī, ātum* ¶ **1** intr., passer d'un lieu à un autre, émigrer : Liv. 5, 53, 2 ; 5, 54, 1 ‖ changer d'habitation : Suet. *Tib. 15* ‖ [en parlant de plantes] Plin. *16, 136* ¶ **2** [tard.] ***transmigratus*** Isid. *9, 2, 54*, qui est sorti de son pays ‖ déporté : Vulg. *2 Macc. 2, 1*.

transmĭnĕō, *ēs, ēre*, -, - (cf. *emineo*), intr., dépasser, ressortir : Pl. *Mil. 30*.

transmissĭō, *ōnis*, f. (*transmitto*) ¶ **1** trajet, traversée, passage : Cic. *Att. 4, 17, 1* ; *Phil. 1, 7* ¶ **2** envoi (paiement) des impôts : Cassiod. *Var. 2, 24* ¶ **3** action de faire retomber une faute sur un autre : Julian.-Aecl. d. Aug. *Jul. op. imp. 6, 25* ¶ **4** transmission [d'héritage] : Salv. *Eccl. 4, 44*.

transmissŏr, *ōris*, m., celui qui se charge de : Ambr. *Tob. 20, 76*.

1 transmissus (trāmissus), *a, um*, part. de *transmitto*.

2 transmissŭs (trāmissŭs), *ūs*, m., traversée : Caes. *G. 5, 13, 2* ; Gell. *10, 26, 1* ‖ [fig.] transmission : Pacuv. d. Non. *481, 32*.

transmittō (trāmittō), *ĭs, ĕre, mīsī, missum*, tr.
I envoyer de l'autre côté ¶ **1** envoyer par-delà, transporter, faire passer : *equitatus transmittitur* Caes. *G. 7, 61, 2*, la cavalerie est envoyée de l'autre côté du fleuve ; *nihil potest nisi supero (mari) tramitti* Cic. *Att. 9, 3, 1*, il ne peut être fait de transport que par la mer Adriatique ; *classe in Siciliam tramissa* Liv. *28, 41, 17*, ayant fait passer une flotte en Sicile ‖ [fig.] *bellum in Italiam* Liv. *21, 20, 4*, faire passer la guerre en Italie, cf. Tac. *An. 2, 38* ¶ **2** faire ou laisser passer par-delà (à travers) : *per medium amnem equum* Liv. *8, 24, 13*, faire passer son cheval au milieu du fleuve ; *per fines suos excercitum* Liv. *21, 24, 5*, laisser une armée passer dans son territoire ; *imbres* Plin. *16, 48*, laisser la pluie passer à travers ; [fig.] Sen. *Ep. 99, 5* ¶ **3** [fig.] transmettre, remettre : *bellum alicui* Cic. *Pomp. 42*, remettre à qqn la direction de la guerre ; *hereditatem alicui* Plin. *Ep. 8, 18, 7*, transmettre un héritage à qqn ; *me Heleno transmisit habendam* Virg. *En. 3, 329*, il transmit ma possession à Hélénus [il me remit en propriété à Hélénus] ‖ remettre à d'autres = déposer, renoncer à, cf. Tac. *An. 4, 41* ‖ laisser de côté : Tac. *An. 16, 12* ‖ consacrer : *suum tempus amicorum temporibus* Cic. *Pomp. 1*, consacrer son temps aux intérêts de ses amis.
II passer de l'autre côté ¶ **1** traverser, franchir : *mare* Cic. *Pomp. 32*, traverser la mer, cf. Cic. *Fin. 5, 87* ; *Rep. 1, 6* ; *duo sinus tramitti oportebat* Cic. *Att. 16, 6, 1*, il fallait traverser deux golfes ‖ *tectum lapide* Plin. *28, 33*, faire passer une pierre par-dessus une maison ‖ [abs^t] effectuer une traversée : *inde tramittebam* Cic. *Att. 16, 7, 1*, c'est de là que je faisais la traversée, cf. Cic. *Q. 2, 4, 7* ; *Att. 8, 11, 5* ; *Phil. 1, 7* ; *Pomp. 32* ; *in Africam ante brumam transmisit* Cic. *Div. 2, 52*, il effectua sa traversée en Afrique avant l'hiver ; [pass. impers.] Liv. *22, 20, 7* ; [en part.] passer dans un parti : Vell. *2, 84* ¶ **2** [fig.] **a)** passer sous silence, négliger, laisser de côté : Tac. *H. 1, 13* ; *4, 9* ; *An. 13, 39* **b)** [en parlant du temps] passer, mener : *tempus quiete* Plin. *Ep. 9, 6, 1*, vivre dans le repos, cf. Sen. *Ep. 19, 3* **c)** passer par : *febrium ardorem* Plin. *Ep. 1, 22, 7*, endurer les feux de la fièvre ; *regionis abundantiam* Plin. *Ep. 6, 4, 2*, profiter de l'abondance d'un pays.

transmontānus, *a, um*, adj. (*trans montes*), qui se trouve au-delà des monts ; subst. m. pl., ***transmontani***, *ōrum*, les peuples d'au-delà des monts : Liv. *39, 2, 9* ; Plin. *3, 28*.

transmōtĭo, *ōnis*, f. (*transmoveo*), ➤ *metathesis* : Capel. *5, 525*.

transmŏvĕō, *ēs, ēre*, -, *mōtum* ¶ **1** tr., transporter : Tac. *An. 13, 53* ‖ déplacer, reporter sur : Ter. *Eun. 400* ; Capel. *5, 525* ¶ **2** intr., s'écarter, s'éloigner : Tert. *Val. 3, 3*.

transmundānus, *a, um* (*trans mundum*), qui est au-delà de notre monde : Mamert. *Anim. 2, 12*.

transmūtātĭo, *ōnis*, f. (*transmuto*) ¶ **1** transposition [de lettres] : Quint. *1, 5, 39* ; *9, 4, 89* ¶ **2** changement : Vulg. *Jac. 1, 17* ¶ **3** métonymie : Cassiod. *Psalm. 6, 5, 1* ¶ **4** métempsycose : Rufin. *Apol. Orig. 10, p. 608 B*.

transmūtō, *ās, āre*, -, tr., transférer, faire changer de place : Lucr. *2, 488* ; Hor. *O. 3, 29, 51* ‖ transporter ailleurs : Cael.-Aur. *Acut. 1, 15, 142*.

transnāto, ➤ *tranato*.

transnāvĭgō, *ās, āre*, -, -, tr., traverser en bateau, naviguer au-delà : Frontin. *Strat. 1, 4, 13* ; Sulp. Sev. *Dial. 1, 1, 3*.

transno, ➤ *trano*.

transnōmĭnātĭo, *ōnis*, f., métonymie : Diom. *458, 13* ; Don. *Gram. 4, 400, 7*.

transnōmĭnō, *ās, āre, āvī*, -, tr., appeler qqn, qqch. d'un autre nom [avec deux acc.] : *septembrem mensem Germanicum transnominare* Suet. *Dom. 13*, appeler le mois de septembre le mois de Germanicus, cf. Suet. *Gr. 18* ; Tert. *Marc. 4, 39, 1*.

transnūbō, *ĭs, ĕre*, -, -, intr., contracter un second mariage : Jul.-Val. *1, 17*.

transnŭmĕrō, *ās, āre*, -, -, tr., compter [une somme d'argent] d'un bout à l'autre : Her. *4, 63*.

Transpădānĕus, *a, um*, ➤ *Transpadanus* : CIL *8, 7030*.

Transpădānus, *a, um* (*trans Padum*), qui se trouve au-delà du Pô : Cic. *Fam. 12, 5, 2* ; Caes. *C. 3, 87* ; Plin. *3, 123* ‖ **-dāni**, *ōrum*, m. pl., habitants de l'Italie Transpadane, Transpadans : Cic. *Att. 5, 2, 3* ; Plin. *18, 127* ; sg., Catul. *39, 13*.

Transpădum, *i*, n. (*trans Padum*), territoire situé au-delà du Pô : CIL *8, 822*.

transpectŭs, *ūs*, m. (*transpicio*), vue au travers : Lucr. *4, 272*.

transpertūsus, *a, um* (*trans, pertundo*), percé, perforé : Grom. *305, 6* ; *360, 13*.

transpĭcĭō (traspĭcĭō), *ĭs, ĕre*, -, - (*trans, specio*), tr., voir au travers : Lucr. *4, 270* ; *4, 278*.

transplantō, *ās, āre, āvī, ātum*, tr., transplanter : Vulg. *Jer. 17, 8* ; *Luc. 17, 6*.

transpōnō, *ĭs, ĕre, pŏsŭī, pŏsĭtum*, tr., transporter, transposer : Plin. *Ep. 10, 61, 2* ; Tac. *An. 2, 8* ; Gell. *4, 5, 3* ; *6, 9, 1* ‖ transplanter : Gell. *12, 1, 16* ‖ déplacer [les mots d'une proposition] : Boet. *Herm. pr. 2, 10*.

transportānĕus, *i*, m. (*trans portas*), qui réside hors des portes de Rome [malade atteint d'éléphantiasis, variété de lèpre] : Cassiod. *Var. 10, 30, 7*.

transportātĭo, *ōnis*, f., émigration : Sen. *Helv. 7, 5*.

transportātus, *a, um*, part. de *transporto*.

transportō, *ās, āre, āvī, ātum*, tr. ¶ **1** transporter : Caes. *G. 5, 1, 2* ; *exercitum in Macedoniam* Cic. *Pis. 47*, transporter l'armée en Macédoine ‖ déporter : Suet. *Aug. 65* ‖ [avec deux acc.] transporter de l'autre côté de : *exercitum Rhenum* Caes. *G. 4, 16*, transporter l'armée de l'autre côté du Rhin, lui faire traverser le Rhin, cf. C. *1, 54* ; Virg. *En. 6, 328* ¶ **2** [fig.] transporter = donner le passage à : Plin. *Pan. 12, 3*.

transpŏsĭtĭo, *ōnis*, f., changement de position, déplacement : Iren. *1, 8, 4*.

transpŏsĭtīva, *ae*, f., métalepse [glissement de sens] : Quint. *3, 6, 46*.

transpŏsĭtus, *a, um*, part. de *transpono*.

transpunctĭo, *ōnis*, f., hébétude, stupeur, léthargie : Vl. *Is. 29, 10*.

transpunctōrĭus, *a, um* (*pungo*), dont les coups ne sont pas appuyés : *Tert. *Val. 6, 2*.

transpungō, *ĭs, ĕre*, -, -, percer en piquant : Cael.-Aur. *Chron. 3, 4, 66* ; Alcim. *Ep. 30, p. 61, 5* ‖ massacrer, passer au fil de l'épée : Vl. *Jos. 16, 10*.

Transrhēnānus, *a, um* (*trans Rhenum*), qui habite ou qui est situé au-delà du Rhin : Caes. *G. 5, 2, 5* ; Plin. *19, 8* ‖ **-nāni**, *ōrum*, m. pl., ceux qui habitent au-delà du Rhin : Caes. *G. 4, 16*.

transs-, ➤ *trans-*.

Transthēbăītānus, *a, um* (*trans Thebaidem*), situé au-delà de la Thébaïde : *Treb. *Gall. 4, 2*.

Transtĭbĕrīnus, *a, um* (*trans Tiberim*), qui se trouve au-delà du Tibre : Mart. *1, 41, 3* ‖ **-īni**, *ōrum*, m. pl., habitants d'au-delà du Tibre : Cic. *Att. 12, 23, 3*.

Transtĭgrītānus, *a, um* (*trans Tigrim*), qui est au-delà du Tigre : Amm. *18, 9, 2*.

transtillum

transtillum, *i*, n. (dim. de *transtrum*), petite poutre, petite traverse : Vitr. 5, 12, 3.

transtĭnĕō, *ēs*, *ēre*, -, - (*trans*, *teneo*), intr., se maintenir à travers, exister à travers : Pl. Mil. 468.

transtrum, *i*, n. (*trans*, cf. *dexter* ; it. *trasto*) ¶ 1 banc des rameurs : Pers. 5, 147 ; [plus souv^t au pl.] *transtra* Virg. En. 4, 573 ; Ov. M. 14, 534 ¶ 2 poutre transversale : Vitr. 2, 14 ; 10, 15, 3 ; Plin. 34, 123, cf. Caes. G. 3, 13, 4 ‖ entrait : Vitr. 4, 2, 1 ; 5, 1, 9.

transtŭlī, parf. de *transfero*.

transulmānus, *a*, *um* (*trans ulmos*), situé au-delà d'un bosquet d'ormes : CIL 14, 4012.

transultō (transsultō), *ās*, *āre*, -, -, intr. (*trans*, *salto*), sauter (passer en sautant) [d'un cheval sur un autre] : Liv. 23, 29, 5.

transūmō (transsūmō), *ĭs*, *ĕre*, *sumpsī*, *sumptum*, tr., prendre ou recevoir d'un autre : Stat. Th. 3, 292 ; 2, 242.

transumptĭo, *ōnis*, f. (*transumo*), métalepse [glissement de sens] : Quint. 8, 6, 37 ; Diom. 458, 7.

transumptīva, *ae*, f., **C.** *transumptio* : Quint. 3, 6, 46.

transŭō (transsŭō), *ĭs*, *ĕre*, *ŭī*, *ūtum*, tr., percer avec une aiguille, coudre : Cels. 7, 7, 8 ; Col. 6, 5, 4 ; Ov. F. 2, 363.

transvădō, *ās*, *āre*, -, - (*trans*, *vadum*), tr., passer à gué : Vulg. Ezech. 47, 5 ‖ franchir sans dommage : Hier. Ep. 14, 10.

transvārĭcō, *ās*, *āre*, -, -, intr., écarter les jambes : Veg. Mul. 2, 124.

transvectĭo (trāvectĭo), *ōnis*, f. (*transveho*) ¶ 1 traversée [de l'Achéron] : Cic. Tusc. 1, 10 ¶ 2 action de transporter, transport : Plin. Pan. 51, 1 ¶ 3 (*transvehor*), défilé [cavalcade annuelle des jeunes chevaliers, le 15 juillet] : Suet. Aug. 38.

transvectō, *ās*, *āre*, -, -, fréq. de *transveho*, tr., transporter : Jul.-Val. 2, 34.

transvectūrārĭus, *ii*, m., qui se charge des transports à dos de bêtes de somme : CIL 8, 970.

transvectus, *a*, *um*, part. de *transveho*.

transvehō (trāvehō), *ĭs*, *ĕre*, *vēxī*, *vectum*, tr. ¶ 1 transporter au-delà, faire passer : *milites* Caes. C. 3, 29, 3, transporter les soldats [par mer] ; *legiones in Africam transvectae* Sall. J. 28, 6, légions transportées en Afrique, cf. Sall. J. 18, 4 ; Liv. 32, 16, 2 ; *haec transvectus caerula* Cic. Fin. 5, 49, transporté de l'autre côté de ces parages azurés ¶ 2 faire passer, défiler devant les yeux en parade : Liv. 39, 7, 2 ‖ *equites transvehuntur* Liv. 9, 46, 15, les chevaliers défilent, cf. Suet. Aug. 38 ¶ 3 [fig.] pass., *transvehi*, passer, s'écouler [temps] : Tac. Agr. 18 ; H. 2, 76.

transvĕna, *ae*, m. (*transvenio*, cf. *advena*), émigré, voyageur : Tert. Spect. 5, 2 : Carm. Sod. 31 ; 58.

transvendō, *ĭs*, *ĕre*, -, -, tr., aliéner, transférer en vendant : CIL 9, 136.

transvĕnĭō, *īs*, *īre*, -, -, intr., venir d'un autre lieu : Tert. Anim. 23, 6.

transverbĕrātĭo, *ōnis*, f. (*transverbero*), action de transpercer, de perforer : Aug. Civ. 17, 17 ; Cassiod. Psalm. 15, 11.

transverbĕrō, *ās*, *āre*, *āvī*, *ātum*, tr., transpercer : Cic. Fam. 7, 1, 3 ; Virg. En. 10, 336 ; 11, 667 ; *in utrumque latus transverberatus* Tac. H. 1, 42, percé de part en part ‖ [fig.] traverser en volant : Apul. Socr. 8.

transversārĭus (trāv-), *a*, *um*, placé en travers, transversal : Caes. C. 2, 15, 2 ; Vitr. 10, 11, 7 ‖ opposé, contraire : Ambr. Abr. 2, 11, 93.

transversē (-vorsē), adv., de travers, obliquement : Cels. 5, 26, 24.

transversim, **C.** *transverse* : Tert. Bapt. 8, 2.

transversĭo, *ōnis*, f. (*transverto*), élimination de matières corrompues : Cael.-Aur. Acut. 2, 39, 225.

transversō, *ās*, *āre*, -, - (*trans*, *verso* ; fr. *traverser*), tr., remuer, pétrir : *Moret. 46 ‖ traverser : Eger. 2, 1.

transversŏr, *ōris*, m., transgresseur : *Vict.-Vit. 3, 21, 71.

transversus (transvorsus, trāversus), *a*, *um*, part. de *transverto* pris adj^t, (fr. *travers*, *traverse*) ¶ 1 oblique, transversal : *transversae viae* Cic. Verr. 4, 119, rues transversales ; *transversis tramitibus* Liv. 2, 39, 3, par des chemins de traverse ; *transverso foro ambulare* Cic. de Or. 3, 133, se promener en travers du forum ‖ **V.** *digitus*, *unguis*, un travers de doigt, d'ongle ‖ [poét., acc. de relat. au n.] : *venti transversa fremunt* Virg. En. 5, 19, les vents font entendre par le travers leurs mugissements, cf. Virg. B. 3, 8 ¶ 2 [fig.] **a)** *cujus in adulescentiam transversa incurrit misera fortuna rei publicae* Cic. Brut. 331, dans la jeunesse de qui le misérable destin de la république s'est jeté à la traverse **b)** *aliquem transversum agere* Sall. J. 6, 3 ; 14, 20, pousser qqn dans une voie transversale, le détourner de la voie droite **c)** *transversa verba* Sen. Ep. 114, 8, mots détournés de leur sens habituel ¶ 3 [expr.] *in transversum positus* Plin. 16, 222, placé en travers ; *per transversum* Plin. 18, 180, dans un sens transversal ; *e transverso* Lucr. 6, 1018, transversalement ; *in transverso* Vitr. 6, 3, 7, en travers ‖ [fig.] *de* [ou] *e transverso*, inopinément : Cic. Att. 15, 4, 5 ; Ac. 2, 121 ¶ 4 [fig.] pénétrer de, plein de : Vict.-Vit. 3, 3, 15.

transvertō (-vortō), *ĭs*, *ĕre*, *tī*, *sum*, tr. ¶ 1 tourner vers, changer en, transformer : Apul. Apol. 81, 5 ¶ 2 détourner : Arn. 7, 12.

transvŏlĭtō, *ās*, *āre*, *āvī*, -, tr. (fréq. de *transvolo*), traverser en volant : Lucr. 1, 355 ‖ se rendre qq. part en volant : Schol. Germ. 281.

transvŏlō (trāvŏlō), *ās*, *āre*, *āvī*, *ātum*, tr. ¶ 1 voler de l'autre côté de, traverser en volant : Plin. 10, 60 ; 10, 78 ¶ 2 [fig.] franchir comme en volant, traverser d'un coup d'aile : Poll. Fam. 10, 31, 4 ; Lucr. 4, 559 ‖ passer d'un bond par-dessus : Plin. 9, 20 ; [poét.] Hor. O. 4, 13, 9 ‖ [abs^t] s'envoler, se porter qq. part rapidement : Lucr. 6, 369 ; Liv. 3, 63, 2 ; Plin. 5, 53 ¶ 3 voler par-dessus **a)** négliger, ne pas faire cas de : Hor. S. 1, 2, 108 **b)** ne pas frapper l'attention, ne pas faire impression sur : Quint. 4, 2, 45.

transvŏlūtĭo, *ōnis*, f., voûte : Greg.-Tur. Conf. 34.

transvolvō, *ĭs*, *ĕre*, -, -, tr., rouler au-delà [fig.] : Prud. Cath. 11, 30 ‖ recouvrir d'une voûte : Greg.-Tur. Vit. Patr. 7, 4.

transvŏrātĭo, *ōnis*, f. (*transvoro*), déglutition, absorption : Cael.-Aur. Acut. 1, 14, 113 ; 3, 6, 66.

transvŏrō, *ās*, *āre*, *āvī*, *ātum*, tr., faire disparaître en dévorant, dévorer : Arn. 1, 64 ‖ [fig.] engloutir [une fortune] : Apul. Apol. 93, 3.

transvorsus, etc., **V.** *transversus*.

trăpētum, *i*, n. (τραπητής), Col. 12, 52, 6, **trăpētus**, *i*, m., Cat. Agr. 20 ; Virg. G. 2, 519, **trăpētes**, *um*, acc. pl. -*ās*, m. pl., Varr. L. 5, 138 ; R. 1, 55, 5, meule de pressoir à olives, pressoir.

Trăpeza, *ae*, f., promontoire de Troade : Plin. 5, 127.

trăpezīta (tarpezita), *ae*, m. (τραπεζίτης), changeur, banquier : Pl. Cap. 193 ; 449 ; Curc. 559 ; Trin. 425.

trăpezĭum, *ii*, n. (τραπέζιον), trapèze [t. de géom.] : Ps. Boet. Geom. p. 379, 3 ‖ borne en forme de trapèze : Grom. 290, 4 ; 379, 3.

trăpezŏphŏrum, *i*, n. (τραπεζοφόρον), trapézophore, pied de table : Cic. Fam. 7, 23, 3 ; Paul. Dig. 33, 10, 3 pr.

Trăpezŏpŏlītae, *ārum*, m. pl., habitants de Trapézopolis [ville de Carie] : Plin. 5, 109.

Trăpezūs, *untis*, f. (Τραπεζοῦς), Trébizonde [ville du Pont] Atlas I, C7 : Plin. 6, 11 ; Tac. An. 13, 39 ; Mel. 1, 107.

trăpĭzēum, **C.** *trapezium* : Grom. 290, 4.

trăpĭzĭus, *ii*, m., **C.** *trapezium* : Grom. 249, 6.

traps, **V.** *trabs* ▶.

trāsenna, *ae*, f. (étr.?), **V.** *transenna* ▶ : Pl. Pers. 480.

Trăsĭmĕnĭcus, *a*, *um*, du Trasimène : Sidon. Carm. 9, 247.

Trăsŭmēnus (-mennus), moins correctement **Trăsĭmēnus**, *i*, m., le lac Trasimène [Étrurie, célèbre par la victoire d'Hannibal] Atlas XII, D3 : Cic. Div. 2, 21 ;

Nat. 2, 8 ‖ **-us**, *a*, *um*, du lac Trasimène : Ov. *F.* 6, 765.

traulizi (τραυλίζει), elle gazouille : Lucr. 4, 1164.

Traulus, *i*, m., nom d'homme : Tac. *An.* 11, 36.

traumătĭcus, *a*, *um* (τραυματικός), efficace contre les blessures : Veg. *Mul.* 3, 19 ‖ **-cum**, *i*, n., remède contre les blessures : Pelag. 61 ; 343.

Trausĭus, *ĭi*, m., nom d'homme : Hor. *S.* 2, 2, 99.

trăvĕho, **trăvĕrto**, V. transv-.

trăvŏlo, V. transvolo.

traxĕ, V. traho ▶.

traxī, parf. de traho.

trea, V. tres ▶.

Trĕba, *ae*, f., ville du Latium [Trevi] : Frontin. *Aq.* 93, 3 ‖ **-bāni**, *ōrum*, m. pl., habitants de Trĕba : Plin. 3, 64 ; 109.

trĕbācĭtĕr, adv. (trebax), avec savoir-faire, adroitement : Sidon. *Ep.* 9, 11, 4.

Trĕbātĭus, *ĭi*, m., C. Trebatius Testa [jurisconsulte, ami de Cicéron] : Cic. *Fam.* 11, 27, 1 ; *Att.* 9, 15 a ; Suet. *Caes.* 78.

trĕbax, *ācis* (τριβακός), qui a du savoir-faire, avisé, retors : **-ācissimus** Sidon. *Ep.* 1, 11, 12.

Trĕbellēnus, *i*, m., nom d'homme : Tac. *An.* 2, 67 ; 6, 39.

Trĕbellĭānus, *a*, *um*, de Trebellius [consul en 56 apr. J.-C.] : Dig. 36, 1 tit. ; 36, 3, 15, 1 ; Gai. *Inst.* 2, 255.

Trĕbellĭcum vīnum, n., vin de Trebellius : Plin. 14, 69.

Trĕbellĭus, *ĭi*, m., nom de famille romaine : Cic. *Phil.* 10, 22 ; *Quinct.* 21 ‖ Trebellius Pollion [un des six auteurs présumés de l'Histoire Auguste] : Vop. *Aur.* 2, 1.

1 **Trĕbĭa**, *ae*, m. (Τρεβίας), la Trébie [affluent du Pô, célèbre par la victoire d'Hannibal sur les Romains] Atlas XII, C2 : Liv. 21, 52 ; Luc. 2, 46 ; Sil. 4, 495.

2 **Trĕbĭa**, *ae*, f., ville de Sabine : Arn. 3, 38 ; V. *Trebula 1*.

1 **Trĕbĭānus**, *a*, *um*, de Trébia, d'Ombrie : Liv. 23, 14, 13 ; Arn. 3, 44 ‖ **-āni**, *ōrum*, m. pl., habitants de Trébia : Suet. *Tib.* 31.

2 **Trĕbĭānus**, *i*, m., nom d'un correspondant de Cicéron : Cic. *Fam.* 6, 10.

Trĕbĭātes, *um* (*ĭum*), m. pl., peuple d'Ombrie : Plin. 3, 114.

Trĕbĭum, *ĭi*, n., ville du Latium : Liv. 2, 39, 4.

Trĕbĭus, *ĭi*, m., nom d'homme : Liv. 23, 1, 1 ‖ Trebius Niger [faisait partie de la *cohors* de Lucullus, proconsul dans la Bétique] : Plin. 9, 80 ; 9, 89.

trebla, *ae*, f., herse, C. tribula : Cat. *Agr.* 135, 1.

Trĕbōnĭānus, *i*, m., Trébonien Galle, empereur romain [251-253] : Ps. Aur.-Vict. *Epit.* 31.

Trĕbōnĭus, *ĭi*, m., nom d'une famille romaine ; not[t] C. Trebonius, légat de César en Gaule et ami de Cicéron : Caes. *G.* 5, 24 ; 6, 40 ; C. 1, 36 ; Cic. *Fam.* 12, 16 ; 15, 20 ; *Phil.* 2, 34.

Trĕbŭla, *ae*, f. ¶ 1 bourg des Sabins : Mart. 5, 71, 1 [appelé **Mutusca** Virg. *En.* 7, 711] ¶ 2 ville de Campanie Atlas XII, D4 : Liv. 23, 39, 6 ¶ 3 autre ville des Sabins, appelée *Suffena* : Plin. 3, 107.

Trĕbŭlāni, *ōrum*, m. pl., habitants de Trébula ‖ **-ānus**, *a*, *um*, de Trébula [Campanie] : Liv. 10, 1, 2 ‖ **-ānum**, n., maison de campagne de Trébula [Campanie] : Cic. *Att.* 5, 2, 1 ; 7, 2, 2.

Trecae (**Trĭcae**), *ārum*, f. pl., ville de Gaule [Troyes] : Greg.-Tur. *Hist.* 8, 13.

1 **trĕcēnārĭus**, *a*, *um*, de trois cents : Varr. *R.* 3, 2, 7 ‖ qui reçoit un traitement de trois cent mille sesterces [procurateur] : CIL 6, 3618.

2 **trĕcēnārĭus**, *ĭi*, m., centurion qui commande les trois cents *speculatores*, des cohortes prétoriennes : CIL 6, 33033.

trĕcēni, *ae*, *a* ¶ 1 [distrib.] chacun trois cents, chaque fois trois cents : *treceni equites in singulis legionibus* Liv. 39, 38, 11, trois cents cavaliers dans chaque légion ; *in capita Romana trecenis nummis quadrigatis* Liv. 22, 52, 2, moyennant une rançon de trois cents quadrigati [deniers à l'effigie d'un char] par tête pour les citoyens romains, cf. Liv. 8, 8, 14 ; 32, 29, 4 ‖ [nombre indéterminé] chaque fois un millier : Hor. *O.* 2, 14, 5 ¶ 2 ➔ *trecenti* : Plin. 8, 28.

trĕcentēnārĭus, *a*, *um*, qui renferme trois cents : Prisc. *Fig.* 3, 415, 12.

trĕcentēni, *ae*, *a*, chaque fois trois cents : Col. 5, 2, 10.

trĕcentēsĭmus, *a*, *um*, trois-centième : Cic. *Rep.* 1, 25.

trĕcenti, *ae*, *a* (*tres, centum*), trois cents : Cic. *Fin.* 2, 97 ; *Phil.* 3, 10 ‖ [nombre considérable, indéterminé] Pl. *Mil.* 250 ; *Pers.* 410 ; *Trin.* 964 ; Hor. *O.* 3, 4, 79 ; Catul. 9, 2.

trĕcentĭēs (**-tĭens**), trois cents fois : Catul. 29, 14 ; Mart. 3, 22, 1.

Trech-, V. Trach- : Plin. 4, 28.

trĕchēdipnum, *i*, n. (τρεχέδειπνος, qui court au dîner), vêtement ou chaussure de qqn qui court au dîner : Juv. 3, 67.

trĕdĕcĭēs, treize fois : Bed. *Arith.* 1, M. 90, p. 643.

trĕdĕcim, indécl. (*tres, decem* ; fr. *treize*), treize : Liv. 36, 45, 3.

Treienses, *ĭum*, m. pl., habitants de Treia, ville du Picénum : Plin. 3, 111.

treis, V. tres ▶.

trĕmăclis, *is*, m. (*tres*, *macula* ; fr. *tramail*), tramail, filet de pêche à triples mailles : L. Sal. 27, 20.

trĕmĕbundus (**trĕmĭbundus**), *a*, *um*, qui tremble : Cic. *Dom.* 134 ; Lucr. 1, 95 ; Ov. *M.* 4, 133 ; *tremebundior* Col. 10, 396.

trĕmĕfăcĭō, *ĭs*, *ĕre*, *fēcī*, *factum* (*tremo, facio*), tr., faire trembler, ébranler : Virg. *En.* 9, 106 ; 6, 804 ‖ *se tremefacere* [en parlant de la terre] Cic. poet. *Div.* 1, 18, trembler ‖ *folia tremefacta Noto* Prop. 2, 9, 34, feuilles agitées par le Notus, cf. Virg. *En.* 10, 102 ; [fig.] *tremefacta pectora* Virg. *En.* 2, 228, cœurs épouvantés.

trĕmĕfactĭo, *ōnis*, f., tremblement de crainte : Cassiod. *Psalm.* 103, 31.

trĕmĕfīō, -, *fīĕrī*, *factus sum*, intr., trembler : Cassiod. *Psalm.* 45, 6

trĕmendus, *a*, *um* ¶ 1 adj. verb. de *tremo* ¶ 2 [adj[t]] redoutable, effrayant : Virg. *G.* 4, 469 ; Hor. *O.* 4, 2, 15 ; Plin. 8, 66.

trĕmenter, adv., en tremblant : Drac. *Laud.* 3, 743.

trĕmescō (**trĕmiscō**), *ĭs*, *ĕre*, -, - (inch. de *tremo*) ¶ 1 intr., commencer à trembler : Lucr. 6, 548 ; Virg. *En.* 5, 694 ‖ [d'effroi] Ov. *M.* 14, 214 ¶ 2 tr., trembler devant (à cause de) qqch., redouter, *aliquam rem*, qqch. : Virg. *En.* 3, 648 ; *En.* 11, 403 ‖ [avec prop. inf.] *telum instare tremiscit* Virg. *En.* 12, 916, il tremble à la menace du trait (il voit en tremblant que ...) ‖ [avec interrog. indir.] se demander en tremblant, avec effroi : Stat. *Th.* 9, 535.

trĕmĭbundus, V. tremebundus.

trĕmĭdus, *a*, *um*, tremblant : Eutych. 5, 453, 22 ; Not. Tir. 94.

trĕmisco, V. tremesco.

trĕmissis (**trĕmis**), *is*, m. (*tres, as*, cf. *semis*), pièce de monnaie, tiers d'un *aureus* : Lampr. *Alex.* 39, 7 ; Cod. Just. 12, 40, 3.

trĕmō, *ĭs*, *ĕre*, *ŭī*, - (cf. τρέμω, *terreo, trepidus* ; port. *tremer*) ¶ 1 intr., trembler, être agité : *trementia labra* Cic. *Pis.* 82, lèvres tremblantes ‖ trembler de froid : Nov. d. Cic. *de Or.* 2, 285 ; *hasta per armos acta tremit* Virg. *En.* 11, 645, le javelot vibre enfoncé dans les épaules ‖ trembler d'effroi : Cic. *Ac.* 2, 48 ; *Pis.* 74 ; *animo* Cic. *Q.* 1, 1, 4 ; *toto pectore* Cic. *Tusc.* 4, 49, trembler dans son cœur ‖ [poét.] *tremis ossa pavore* Hor. *S.* 2, 7, 57, tu trembles de peur dans tes os, cf. Virg. *G.* 3, 84 ¶ 2 tr., trembler devant qqch., devant qqn, redouter : *aliquem* Virg. *En.* 8, 296, trembler devant qqn ; *arma* Hor. *O.* 3, 21, 19, redouter les armes, cf. Liv. 22, 27, 3 ; Ov. *M.* 2, 519.

▶ *tremonti* 3e pl. arch., Carm. Arv. d. Fest. 222, 29, ils tremblent.

trĕmŏr, *ōris*, m. (*tremo* ; it. *tremore*) ¶ 1 tremblement, agitation, ébranlement : Cic. *Tusc.* 4, 19 ; *Ac.* 2, 48 ; Virg. *G.* 3, 250 ;

tremor

Hor. *Ep.* 1, 16, 23 ; *ignium* Lucr. 5, 587, scintillement des feux du ciel [astres] ‖ [en part.] tremblement de terre : Lucr. 6, 287 ; 6, 577 ; pl., Lucr. 6, 547 ; Sen. *Nat.* 6, 21, 2 ; Plin. 36, 73 ¶ **2** qui cause de l'effroi, terreur : Mart. 5, 24, 4 ; 5, 65, 5 ; Petr. 123, v. 239.

trĕmŭlē, adv. (*tremulus*), en tremblant : Apul. *M.* 5, 22.

1 trĕmŭlus, *a, um* (*tremo*, cf. *credulus* ; it. *tremolo*) ¶ **1** tremblant, agité : *accurrit tremulus* Ter. *Eun.* 336, il accourt tremblant ; *tremula flamma* Cic. *poet. Div.* 1, 14, flamme qui vacille, cf. Virg. *B.* 8, 105 ; *En.* 8, 22 ; *tremula ova* Cael.-Aur. *Chron.* 2, 13, 156, œufs mollets ‖ [subst. m. pl.] *tremuli* Plin. 20, 85, gens atteints de tremblements ‖ [acc. n.] *tremulum* [pris adv¹] Mart. 14, 203, 1, avec des mouvements agités ¶ **2** [poét.] qui fait trembler : Cic. *Arat.* 68 ; Prop. 1, 5, 15.

2 trĕmŭlus, *i*, f. (1 *tremulus* ; fr. *tremble*), [arbre] : Plin. Val. 2, 12.

trĕpālĭum, *ĭi*, n. (*tripalis* ; fr. *travail*), instrument de torture : Concil. Autiss. 33.

trĕpĕdĭca (trĭpĕdĭca), *ae*, f. (*tres, pes*, cf. *pedica*), entrave de cheval [attachant trois pattes] : Greg.-M. *Dial.* 2, 30.

trĕpĭdantĕr, adv. (*trepido*), de façon troublée, embarrassée, craintive : Suet. *Ner.* 49 ; *trepidantius* Caes. *C.* 1, 19.

trĕpĭdārĭus, *a, um*, adj. (*trepidus*), au trot saccadé : Veg. *Mul.* 1, 56, 37.

trĕpĭdātĭo, *ōnis*, f. (*trepido*), agitation, désordre, trouble [au pr. et fig.] : Cic. *Dej.* 20 ; Liv. 3, 3, 2 ; 2, 53, 1 ; *per trepidationem* Tac. *An.* 11, 38, dans le trouble ‖ tremblement [des nerfs] : Sen. *Ir.* 3, 10, 2 ‖ action de vaciller : [fig.] Ambr. *Parad.* 8, 41 ‖ hésitation : Hier. *Ezech.* 12, pr.

trĕpĭdē, adv. (*trepidus*), en désordre, en s'agitant : Liv. 22, 31, 5 ‖ avec crainte : Suet. *Ner.* 23.

trĕpĭdō, *ās, āre, āvī, ātum* (*trepidus*), intr., qqf. tr. ¶ **1** s'agiter, se démener : Caes. *G.* 5, 33, 1 ; [pass. impers.] *totis trepidatur castris* Caes. *G.* 6, 37, 6, c'est l'affolement partout dans le camp ‖ *trepidare ad excipiendum Poenum* Liv. 23, 7, 10, courir en désordre pour recevoir les Carthaginois ; [poét. avec inf.] *ne trepidate meas defendere naves* Virg. *En.* 9, 114, ne vous précipitez pas pour défendre mes vaisseaux ¶ **2** [en part.] être agité par la crainte, trembler : Ter. *Eun.* 979 ; Lucr. 2, 55 ; 3, 87 tr., [poét.] *occursum amici* Juv. 8, 152, craindre la rencontre d'un ami, cf. Juv. 10, 21 ; [avec inf.] Stat. *Theb.* 1, 640 ‖ [avec *ne*] trembler dans l'appréhension que : Juv. 1, 97 ¶ **3** [en parlant de choses] : *aqua trepidat* Hor. *Ep.* 1, 10, 21, l'eau court en murmurant ; *flammae trepidant* Hor. *O.* 4, 11, 11, les flammes s'agitent, vacillent ; *trepidantia exta* Ov. *M.* 15, 576, entrailles palpitantes ‖ [avec inf.] se hâter de : Hor. *O.* 2, 4, 23 ¶ **4** hésiter [dans la foi] : Leo-M. *Serm.* 38, 2 ‖ subst. m. pl., les hésitants : Leo-M. *Serm.* 73, 2.

trĕpĭdŭlus, *a, um* (dim. de *trepidus*), Gell. 2, 29, 8.

trĕpĭdus, *a, um*, adj. (cf. *trapetum*, al. *trampeln*, an. *tramp*, fr. *trépigner*) ¶ **1** qui s'agite, qui se démène, affairé : *apes trepidae inter se coeunt* Virg. *G.* 4, 73, les abeilles se rassemblent tumultueusement ; *trepida Dido* Virg. *En.* 4, 642, Didon agitée ¶ **2** [en part.] inquiet, alarmé, tremblant : Sall. *J.* 97, 5 ; Liv. 2, 24, 3 ; 8, 37, 6 ‖ [avec gén. de rel.] *trepidi rerum suarum* Liv. 36, 31, 5, tremblants pour leurs affaires, cf. Liv. 5, 11, 4 ; Virg. *En.* 12, 589 ‖ [gén. de cause] *admirationis et metus* Tac. *An.* 6, 21, tremblant de surprise et de crainte ¶ **3** [en parlant de ch.] : *trepidum ahenum* Virg. *G.* 1, 296, airain frémissant, chaudière bouillonnante ; *trepidus cursus* Virg. *En.* 4, 672, course éperdue ; *trepidus terror* Lucr. 5, 40, terreur éperdue ‖ *in re trepida* Liv. 1, 27, 7, vu la situation alarmante ; *ut in trepidis rebus* Liv. 4, 17, 8, étant donné la situation critique ; *incerta et trepida vita* Tac. *An.* 14, 59, vie précaire et agitée, vie d'incertitudes et d'alarmes.

trĕpit (tiré de *trepidus* et de τρέπει), ▶ *vertit* : P. Fest. 504, 23.

trĕpondo, n. indécl. (*tres, pondus*), pesant trois livres : Quint. 1, 5, 15 ; *Scrib. 271.

Treres, *um*, m. pl., peuple de Thrace : Plin. 4, 35.

trēs, *trĭa* (cf. τρεῖς, scr. *trayas*, al. *drei*, an. *three* ; fr. *trois*), trois : *tres libri de natura deorum* Cic. *Div.* 2, 3, trois livres sur la nature des dieux ; *tres constantiae* Cic. *Tusc.* 4, 14, trois états d'équilibre de l'âme ; *summa gloria constat ex tribus his* Cic. *Off.* 2, 31, le comble de la gloire résulte de ces trois conditions ‖ [pour désigner un très petit nombre] *tria verba non commutare* Ter. *Phorm.* 638, ne pas échanger trois mots, cf. Pl. *Mil.* 1020 ; Trin. 963.
▶ arch. *tris*, cf. Prisc. 2, 359, 9, Col. 9, 7, 3 ‖ *trea* = *tria* Grom. 303, 2.

tressis (trēsis), *is*, m. (*tres, as*) ¶ **1** trois as : Varr. *L.* 5, 169 ; 9, 81 ¶ **2** = valeur insignifiante : Pers. 5, 76.

Tres Tăbernae, f., les Trois Tavernes [lieudit sur la voie Appienne] Atlas V, D3 : Cic. *Att.* 1, 13, 1 ‖ Saverne : Amm 16, 11, 11.

tresvĭri (tres vĭri), *trium virorum*, m. pl., triumvirs : *capitales* Pl. *Amp.* 155 ; *Aul.* 416 ; Dig. 1, 2, 2, 30, affectés aux affaires capitales ; *nocturni* Dig. 1, 15, 1, de nuit [magistrats inférieurs chargés de la police, des exécutions, de la perception des amendes] ‖ *monetales* Cic. *Fam.* 7, 13, 3, monétaires [chargés de la frappe des monnaies] ; *aeris argenti auri flatores* Dig. 1, 2, 2, 30, chargés de couler le bronze, l'argent et l'or ‖ *coloniae deducendae* Liv. 32, 2, 6 ; 39, 44, 10, chargés de la fondation des colonies [et de la répartition des terres] ‖ prêtres subalternes : *epulones* Cic. *de Or.* 3, 73, épulons [chargés des banquets offerts aux dieux] ; ▶ *triumvir*.

Trēventīnātes, *um* ou *ĭum*, m. pl., habitants de Tréventum [Trivento, Samnium] : Plin. 3, 12, 17.

Trēvĕri (Trēvĭri), *ōrum*, m. pl. ¶ **1** les Trévires, peuple de Belgique : Caes. *G.* 1, 37 ; Plin. 4, 106 ‖ **Trēvir**, *i*, m., un Trévire : Tac. *H.* 3, 35 ; Luc. 1, 441 ; [jeu de mots sur *tres viri*] Cic. *Fam.* 7, 13, 3 ‖ **Trēvĕr**, *a, um*, adj., trévire : *civis Trever* CIL 13, 2669, citoyen trévire ‖ **-ĕrĭcus**, *a, um*, des Trévires : Plin. 18, 183 ; Tac. *An.* 3, 42 ¶ **2** [tard.] la ville des Trévires [auj. Trèves] précédemment appelée *Augusta Treverorum* [ou] *Colonia Treverorum* Atlas I, B3 ; V, C3 : Amm. 15, 11, 9.

Trēvĭdōn, acc. m. (n.?), ville de Gaule [Trèves en Rouergue] : Sidon. *Carm.* 24, 32.

Trēvir, Trēvĭri, ▶ *Treveri*.

trĭăcontās, *ădis*, f. (τριακοντάς), une trentaine : Ps. Tert. *Haer.* 4, 1 ; 4, 7.

trĭambi, *ōrum*, m. pl., dialogue [sur la scène] entre trois personnages : P. Fest. 93, 6.

trĭangŭlāris, *e*, triangulaire, qui a trois angles : Capel. 6, 579 ; Boet. *Arith.* 2, 6, 2.

trĭangŭlātĭo, *ōnis*, f., mise en triangle : Boet. *Categ.* 3, 181.

trĭangŭlum, *i*, n., triangle : Cic. *Nat.* 2, 125 ; Plin. 27, 61 ; Quint. 1, 10, 41 ‖ **-gŭlus**, m., Grom. 101, 3.

trĭangŭlus, *a, um*, triangulaire, qui a trois angles : Cic. *Div.* 2, 89 ; Cels. 7, 25, 2 ; Col. 5, 2, 5 ; ▶ *triangulum*.

Trĭārĭa, *ae*, f., nom de la femme de Vitellius : Tac. *H.* 2, 63.

trĭārĭi, *ōrum*, m. pl. (*tres*), triaires [corps de vétérans de l'armée romaine qui formait la troisième ligne, en réserve] : Varr. *L.* 5, 89 ; Liv. 22, 5, 7 ; Sen. *Tranq.* 4, 5.

Trĭārĭus, *ii*, m., surnom romain, not¹ C. Valerius [interlocuteur du *de Finibus*] : Cic. *Brut.* 266 ; *Fin.* 1, 15, 13.

trĭās, *ădis*, f. (τριάς), nombre trois : Capel. 7, 733 ‖ [chrét.] la Sainte Trinité : Fort. *Carm.* 5, 2, 1.
▶ *trĭādēs* Fort., nom. sg.

trĭātrūs, *ŭum*, f. pl. (*tres, ater*, cf. *quinquatrus*), fête du troisième jour après les ides : Fest. 257, 5.

trĭbăcus, *a, um* (τριβακός), porté, usé [vêtement] : CIL 208, 15.

Trĭballi, *ōrum*, m. pl., Triballes [peuple thrace de la Mésie inférieure] : Plin. 4, 33 ; 3, 149.

Trĭballĭa, *ae*, f. (*Triballi*), Triballie [Mésie] : CIL 5, 1838.

trĭbas, *ădis*, f. (τριβάς), tribade : Phaed. 4, 16 ; Mart. 7, 67, 1 ; 70, 1.

trĭbĭus, *a, um*, cf. *trivius* : Inscr. Dess. 3930 a.

Triboci, *ōrum*, m. pl., Caes. *G.* 4, 10, 3 ; Tac. *G.* 28 ; *H.* 4, 70 ; **Triboces**, *um*, m. pl., Caes. 1, 51, 2 (mss α), peuple de la Germanie supérieure, les Triboques.

trĭbŏlus, V. *tribulus*.

trĭbōn, ōnis, m. (τρίβων), vieux manteau, manteau râpé : Aus. *Epigr*. 49 (53), 1.

Trĭbōnĭānus, i, m., Tribonien [célèbre jurisconsulte sous Justinien, président de la Commission chargée de la composition du Digeste] : Inst. Just. *pr*. 3, 4.

trĭbrăchus, i, Serv. *Gram*. 4, 458, 1, **trĭbrăchўs**, yos, m. (τρίβραχυς), Quint. 9, 4, 82 ; Diom. 478, 31, tribraque [pied composé de trois brèves].

trĭbrĕvis, is, m., *tribrachus* : Diom. 479, 1.

trĭbŭārĭus, a, um (*tribus*), qui concerne une tribu : Cic. *Planc*. 36 ; 47.

trĭbŭla, ae, f. (*tribulum*), *trebla*, herse à battre le grain : Col. 2, 20, 4 ; Vulg. *1 Par*. 20, 3.

trĭbŭlātĭo, ōnis, f. (*tribulo*), tribulation, tourment : Vulg. *Gen*. 35, 3 ; Cypr. *Ep*. 11, 7 ; Aug. *Psalm*. 125.

1 trĭbŭlātus, a, um (*tribulum*), garni de pointes comme une herse : Pall. 1, 43, 3.

2 trĭbŭlātus, a, um, part. de *tribulo*.

trĭbŭlis, is, m. (*tribus*) ¶ 1 qui est de la même tribu : Cic. *Fam*. 13, 23, 1 ; *Planc*. 47 ¶ 2 pauvre, misérable : Hor. *Ep*. 1, 13, 15 ; Mart. 9, 49, 7 ; 9, 57, 8.

Trĭbŭlĭum, ĭi, n., ville de Dalmatie : Plin. 3, 142.

trĭbŭlō, ās, āre, āvī, ātum (*tribulum* ; it. *tribbiare*), tr. ¶ 1 écraser, racler : Cat. *Agr*. 23, 4 ǁ [fig.] aggraver, alourdir [impôts] : Front. *Hist*. 17, p. 209 N ¶ 2 [chrét.] [fig.] torturer, tourmenter : Vulg. *Psal*. 3, 2 ; 105, 11 ǁ [pass.] être tourmenté : VL. *2 Cor*. 4, 8 d. Tert. *Scorp*. 13, 6 ; Vulg. *Lam*. 1, 20 ; **tribulans** Rufin. *Orig. Rom*. 9, 2, en proie au tourment.

trĭbŭlōsus, a, um (*tribulus*), plein de chausse-trapes, difficile : Sidon. *Ep*. 3, 2, 3 ; 4, 3, 2 ǁ **-sissimus**, plein de pièges [fig.] : Sidon. *Ep*. 1, 7, 6.

trĭbŭlum, i, n. (*tero* ; esp. *trillo*), sorte de herse destinée à séparer le grain de la balle : Varr. *R*. 1, 52, 1 ; Virg. *G*. 1, 164.

trĭbŭlus (trĭbŏlus), i, m. (τρίβολος) ¶ 1 chausse-trape [piège à trois pointes inférieures et une supérieure] : Veg. *Mil*. 3, 24 ¶ 2 tribule [plante] : Virg. *G*. 1, 153 ; Plin. 21, 91 ¶ 3 macle, châtaigne d'eau : Plin. 21, 98.

trĭbūnăl, ālis, n. (*tribunus*), tribunal ¶ 1 estrade en demi-cercle où siégeaient les magistrats : **de sella ac tribunali pronuntiare** Cic. *Verr*. 2, 94, déclarer du haut de son siège et de son tribunal ; **pro tribunali** Cic. *Fam*. 3, 8, 2, du haut de mon tribunal ; **in tribunali praetoris urbani sedere** Cic. *de Or*. 1, 168, siéger comme assesseur au tribunal du préteur urbain ǁ [droit] **quae pro tribunali dantur** Dig. 38, 15, 2, 1 s., droits qui relèvent de l'*imperium* du magistrat [accordés après examen de l'affaire, par oppos. à ceux délivrés *de plano*] ¶ 2 tribune du général dans le camp : Liv. 28, 27, 15 ; Tac. *H*. 3, 10 ; 4, 25 ¶ 3 loge du préteur au théâtre : Suet. *Aug*. 44 ¶ 4 tribunal [monument funèbre en l'honneur d'un mort] : Tac. *An*. 2, 83 ¶ 5 chaussée, digue : Plin. 16, 3 ¶ 6 [fig.] hauteur, sommet : Apul. *Flor*. 16, 39 ¶ 7 [chrét.] tribune, ambon : Cypr. *Ep*. 39, 4 ǁ chœur : Paul.-Med. *Vit. Ambr*. 11, 48.

trĭbūnāle, is, n., *tribunal* : CIL 1, 593, 34.

trĭbūnātŭs, ūs, m., tribunat, dignité de tribun **a)** de la plèbe : Cic. *de Or*. 1, 25 ; *Lae*. 41 ; *Leg*. 3, 23 **b)** des soldats : Cic. *Fam*. 7, 7, 3 ; 7, 8, 1 ; *Sest*. 7.

trĭbūnīcĭus, a, um (*tribunus*) ¶ 1 relatif aux tribuns de la plèbe, tribunicien : **tribunicia potestas** Cic. *de Or*. 2, 124, la puissance tribunicienne ; **tribunicia comitia** Cic. *Att*. 1, 1, 1, comices pour l'élection au tribunat ǁ m. pris subst^t, *tribunicius*, un ancien tribun : Cic. *Phil*. 13, 30 ; Liv. 3, 35, 5 ¶ 2 relatif aux tribuns militaires : Caes. *C*. 1, 77, 2.

trĭbūnus, i, m. (*tribus*), primitivement chef d'une des trois tribus de Rome ¶ 1 **tribuni plebis** [ou *tribuni* seul] tribuns de la plèbe [magistrats chargés des intérêts de la plèbe] : Cic. *Rep*. 2, 58 ; *Leg*. 3, 16 ; Liv. 2, 33, 2 ; 2, 56, 3 ¶ 2 **tribuni militares** [ou *militum*], tribuns des soldats [officiers au nombre de 6 par légion, qui la commandaient alternativement pendant deux mois] ǁ **tribuni militum consulari potestate**, tribuns militaires investis de la puissance consulaire : Liv. 4, 6, 8 ; 4, 7, 1 ; 5, 1, 2 [ou encore] **tribuni consulares** Liv. 8, 33, 16 ¶ 3 **tribuni aerarii**, tribuns du trésor [adjoints aux questeurs] : Cat. d. Gell. 7, 10, 2 ; Varr. *L*. 5, 181 ǁ [depuis la loi Aurelia, faisant partie des jurys des *quaestiones perpetuae*] : Cic. *Cat*. 4, 15 ; *Q*. 2, 6, 6 ¶ 4 **tribunus Celerum** Liv. 1, 59, 7, commandant des Célères ¶ 5 [chez les Hébreux] chef de tribu, chef de mille hommes : Vulg. *Exod*. 18, 21 ¶ 6 [sous le Bas-Empire] chef des greffiers : Ambr. *Ep*. 21, 1.

trĭbŭō, ĭs, ĕre, bŭī, būtum (*2 tributus*), tr. ¶ 1 [sens premier] répartir entre les tribus [impôt, cf. Varr. *L*. 5, 180] ; [d'où] répartir, distribuer, attribuer, accorder, donner : **praemia alicui** Caes. *C*. 3, 4, 5, accorder des récompenses à qqn ; **suum cuique** Cic. *Off*. 1, 15, attribuer à chacun ce qui lui revient, cf. Cic. *Off*. 1, 57 ; *Pomp*. 52 ǁ [fig.] **alicui misericordiam** Cic. *Mil*. 92, accorder à qqn de la pitié ; **silentium orationi alicujus tributum** Cic. *Cael*. 29, silence accordé au discours de qqn ¶ 2 accorder, concéder : **omnia alicui** Cic. *Brut*. 190, accorder tout à qqn, lui concéder le rôle capital ; **aliquid valetudini** Cic. *Tusc*. 1, 119, faire une concession à la santé, cf. Cic. *CM* 63 ; *Fam*. 4, 1, 2 ; Caes. *G*. 6, 1, 4 ǁ [avec *ne*] : **quos ne nominatim tradam, majoribus eorum tribuendum puto** Tac. *An*. 14, 14, ne pas les désigner nommément, c'est une concession que je crois devoir faire à leurs ancêtres ¶ 3 assigner, attribuer, imputer : **aliquid virtuti alicujus** Caes. *G*. 7, 53, 1, imputer qqch. au courage de qqn, cf. Caes. *C*. 3, 73 ; Cic. *Fam*. 2, 16, 3 ; *Att*. 3, 4 ǁ [avec *multum, magnopere*] attribuer beaucoup à qqn ou à qqch., faire une large part à, avoir une grande considération pour : **alicui plurimum** Cic. *Ac*. 2, 12, faire le plus de cas de qqn ; **suae magnopere virtuti** Caes. *G*. 1, 13, 5, mettre à très haut prix sa propre valeur ǁ [abs^t] avoir de la déférence, de la considération pour : Cic. *Fam*. 13, 9, 2 ¶ 4 assigner, affecter [un laps de temps à une chose] : Caes. *C*. 3, 2 ; 3, 78 ; Cic. *Arch*. 13 ; Nep. *Hann*. 13, 2 ; *Att*. 4, 3 ¶ 5 distribuer, partager : **rem universam in partes** Cic. *Brut*. 152, diviser un tout en ses parties, cf. Cic. *Or*. 16 ; *Inv*. 1, 107 ; *Fin*. 2, 17.

1 trĭbŭs, dat. abl. de *tres*.

2 trĭbŭs, ūs, f. (*tres*, cf. fu-, τριφυής, φυλή), tribu [division du peuple romain ; prim^t au nombre de trois] : **tribus urbanae, rusticae**, tribus urbaines, rustiques ; **tribu movere** Cic. *Clu*. 122, exclure de la tribu, cf. Cic. *de Or*. 2, 272 ; Liv. 24, 43, 3 ; 45, 15, 4, V. *fero* ; **in tribus discurrere** Liv. 25, 2, 7, aller voter [dans les comices par tribus] ; **in tribus populus convocatus** Cic. *Leg*. 3, 44, le peuple convoqué par tribus ǁ **grammaticas ambire tribus** Hor. *Ep*. 1, 19, 40, briguer les suffrages des tribus lettrées [du peuple des critiques] ǁ pl. *tribus*, les tribus = la foule, la masse du peuple : Plin. 19, 54 ; Mart. 8, 15, 4 ǁ groupe de moines : Hier. *Reg. Pach. pr*.

▶ dat. abl. pl. *tribubus* Cic. *Rep*. 2, 16 ; Liv. 23, 12, 16.

trĭbūtārĭus, a, um (*tributum*), qui concerne le tribut, tributaire : **tributarium solum** Plin. 12, 6, terre tributaire ; **tabellae tributariae** Cic. *Verr*. 4, 148, lettres qui apportent la contribution due, lettres de change.

trĭbūtim, adv. (*tribus*), par tribus : Cic. *Flac*. 15 ; *Mur*. 72 ; **quod tributim plebes jussisset** Liv. 3, 55, 3, ce que la plèbe aurait décidé en conciles par tribus.

trĭbūtĭo, ōnis, f. (*tribuo*), division, partage : Cic. *Nat*. 1, 50 ǁ paiement d'une contribution : Dig. 2, 14, 52.

trĭbūtŏr, ōris, m., distributeur : Ps. Apul. *Ascl*. 27 ǁ celui qui donne, accorde [en parlant du Christ] : Lucif. *Moriend*. 4.

trĭbūtōrĭus, a, um, qui concerne le partage : Dig. 14, 4 tit.

trĭbūtum, i, n. (*2 tributus* ; a. fr. *treü*, esp. *treudo*), taxe, impôt, contribution, tribut : **tributum conferre** Cic. *Off*. 2, 74, payer une contribution [ou] **pendere** Caes. *G*. 6, 14 ; **imponere** Caes. *C*. 3, 32 ; **exigere** Cic. *Fam*. 3, 7, 3, imposer, lever une contribution ; **facere** Cic. *Verr*. 3, 100, contribuer = s'imposer une contribution ǁ [fig.] = présent : Mart. 10, 17, 1 ; Juv. 3,

tributum

188 ‖ contribution, quote-part : Dig. 14, 2, 2.

1 trĭbūtus, *a, um*, part. de tribuo.

2 trĭbūtus, *a, um* (*tribus*), qui se fait par tribus : **tributa comitia** Liv. 2, 56, 2, comices par tribus.

3 trĭbūtŭs, *ūs*, m., ▣ *tributum* : Gell. 13, 21, 19 ; Pl. Ep. 228 ; Cat. d. Non. 227, 11.

Trica, *ae*, f., ville de Daunie : Plin. 3, 104.

1 trīcae, *ārum*, f. pl. (cf. *torqueo* ?) ¶ 1 bagatelles, sornettes, niaiseries : Pl. Ru. 1323 ; Most. 572 ; Mart. 14, 1, 7 ¶ 2 embarras, difficultés : Cic. Att. 10, 8, 9 ; Cael. Fam. 8, 5, 2.
▶ sur l'étymol. cf. Plin. 3, 104 ; Non. 8, 15 (τρίχες, " cheveux ").

2 Tricae, v. *Trecae*.

trĭcămĕrātus, *a, um* (*tres, camera*), qui a trois compartiments ou trois étages : Aug. Civ. 15, 26, 2 ; Ambr. Hex. 6, 9, 72 ‖ **-tum**, *i*, n., logement de trois pièces ou de trois étages : Hier. Jovin. 1, 17.

trĭcămĕrus, *a, um*, à trois compartiments : Fulg. Aet. 2, p. 138, 4.

Tricarenus, *i*, f., île du golfe Argolique : Plin. 4, 56.

Trĭcasses, *ĭum*, m. pl., peuple et ville de la Lyonnaise [Troyes] : Plin. 4, 107 ‖ **-ssīni**, *ōrum*, m. pl., les Tricasses : Amm. 15, 10, 11 ‖ **-īnus**, *a, um*, des Tricasses : Paneg. Grat. Constantin. (8), 6, 1.

Trĭcastīni, *ōrum*, m. pl., peuple de la Narbonnaise [auj. Tricastin] : Plin. 3, 36.

trĭcātĭo, *ōnis*, f., contre-temps : Aldh. Virgin. 59.

Tricca, *ae* (**Triccē**, *ēs*, Sen. Tro. 821), f. (Τρίκκη), ville de Thessalie Atlas VI, B1 : Liv. 32, 13, 5 ; Plin. 4, 29 ‖ **-aeus**, *a, um*, de Tricca : Avien. Arat. 206.

trĭcēnārĭus, *a, um* (*triceni*), de trente, qui contient le nombre trente : **tricenaria fistula** Frontin. Aq. 29 ; 48, tuyau de 30 pouces de circonférence ; **tricenarius (homo)** Sen. Contr. 3, 3, 2, (homme) de trente ans ; **tricenariae caerimoniae** P. Fest. 62, 19, cérémonie de trente jours.

trĭcēni, *ae, a* (*triginta*) ¶ 1 distrib., chacun trente, chaque fois trente : **in singula conclavia tricenos lectos quaerere** Cic. Verr. 4, 58, chercher trente lits pour chacune des salles à manger ¶ 2 ▣ *triginta*, trente : Plin. 18, 144.
▶ gén. pl. *tricenum* Plin. 7, 164 ; Frontin. Aq. 49.

trĭcēnus, *a, um*, de trente fois plus, qui rapporte trente fois plus : Aug. Bapt. 4, 10, 14 ; Hil. Psalm. 64, 6.

trĭcennālĭa, *ĭum* (*ĭōrum*), n. pl., fête qui se célèbre tous les trente ans : Oros. Hist. 7, 28, 30 ; App.-Prob. 4, 196, 10.

trĭcennālis, *e*, de trente ans : Rufin. Apol. 1, 11.

trĭcennĭum, *ĭi*, n. (*triginta, annus*), durée de trente ans : Cod. Just. 7, 31, 1 ; Sidon. Ep. 8, 6, 7.

trīcensīmāni, v. *tricesimani*.

trīcentĭēs, v. *trecenties*.

trĭceps, *cĭpĭtis* (*tres, caput*), qui a trois têtes : Cic. Tusc. 1, 10 ‖ [fig.] triple : Varr. L. 5, 148.

Trĭcerbĕrus cănĭs, m. (Τρικέρβερος), Tricerbère, Cerbère aux trois têtes : Myth. 1, 57, 1 ; 2 ; 1, 6.

Trĭcēsĭma, *ae*, f., **Trĭcēsĭmae**, *ārum*, f. pl., ville de la Gaule Rhénane [Kellen] : Amm. 20, 10, 1 ; 18, 2, 4.

trĭcēsĭmāni, *ōrum*, m. pl., soldats de la trentième légion : Amm. 18, 9, 3.

trĭcēsĭmārĭus, *a, um*, qui se fait tous les trente jours, mensuel : Placit. 13, 3.

trĭcēsĭmus (**trĭgēsĭmus**, Mart. 1, 16, 3), *a, um*, trentième : Cic. Fam. 12, 2, 1 ; CM 19 ; Hor. S. 1, 9, 69.

trĭcessĭs, *is*, m. (*triginta, as*, cf. *tremissis*), pièce de monnaie valant trente as : Varr. L. 5, 170.

trĭchalcŏn (-cum), *i*, n. (τρίχαλκον), pièce de cuivre valant trois chalci : Vitr. 3, 1, 7.

trĭchaptum, *i*, n. (τρίχαπτον), étoffe d'un tissu très fin : Hier. Zach. 3, 14, 14 ; Ezech. 4, 3, 16.

trĭchĭās, *ae*, m. (τριχίας), poisson [sardelle] : Plin. 9, 52 et 162.

trĭchĭăsis, *is*, f. (τριχίασις), trichiase [maladie de la paupière] : Veg. Mul. 3, 15, 1.

trĭchĭla, *ae*, f. (?, fr. *treille*), berceau de treille, de verdure, tonnelle : Caes. C. 3, 96 ; Copa 8 ; Col. 10, 394.

trĭchĭlīnĭum, v. *triclinium* : CIL 9, 4971.

trĭchĭnus, *a, um* (τρίχινος), pauvre, maigre, chétif : Varr. Men. 159.

trĭchītis, *ĭdis*, f. (τριχῖτις), sorte d'alun : Plin. 35, 186.

trĭchŏmănēs, *is*, n. (τριχομανές), capillaire rouge : Plin. 22, 63 ; 27, 138 ‖ capillaire noir : Ps. Apul. Herb. 47.

trĭchŏphyēs, *is*, n. (τριχοφυές), ▣ *trichomanes* : Ps. Apul. Herb. 47.

trĭchordis, *e* (*tres, chorda*), qui a trois cordes : Sidon. Ep. 5, 5, 3 ; Cassiod. Anim. 5.

trĭchōrus, *a, um* (τρίχωρος), divisé en trois parties : Paul.-Nol. Ep. 32, 10 ‖ n. *trichorum*, maison qui a trois pièces : Stat. S. 1, 3, 48 ; Spart. Pesc. 12, 4.

trĭchrus, *i*, f. (τρίχρους), sorte de pierre précieuse de trois couleurs : Plin. 37, 183.

trĭcĭēs (-ĭens), adv., trente fois : **triciens** Cic. Rep. 3, 17, trois millions de sesterces [ou] **HS triciens** Cic. Verr. 1, 95 ; 2, 35.

trĭclīnĭum, v. *triclinium* : Varr. R. 3, 13, 2.

trĭcĭnĭum, *ĭi*, n. (*tres, cano*), chant à trois voix, trio : Symm. Ep. 1, 41.

trĭcĭnus, *a, um*, ▣ *trichinus* : Varr. Men. 159.

Trĭcĭpĭtīnus, *i*, m., surnom des *Lucretii* : Cic. Leg. 2, 10 ; Liv. 1, 59, 8 ; 3, 8, 2 ; 4, 30, 4 ‖ nom d'homme : Quer. 85.

trĭcĭpĭtis, gén. de *triceps*.

tricla, -clĕa, -clĭa, ▣ *trichil-* : CIL 6, 4305 ; 29959 ; 15593.

trīclīnāris, -nārĭus, v. *tricliniaris*.

trīclīnĭa, *ae*, f., ▣ *triclinium* : Petr. 71, 10.

trīclīnĭarcha (-ēs), *ae*, m. (τρικλινιάρχης), maître d'hôtel : Petr. 22, 6 ; CIL 3, 536.

trīclīnĭārĭa, *ĭum*, n. pl. (*tricliniaris*) ¶ 1 tapis des lits de tables : Plin. 8, 196 ; 9, 137 ¶ 2 salles à manger : Varr. R. 1, 13, 7.

trīclīnĭāris, *e* (*triclinium*), qui concerne les lits de table ou les salles à manger : **gradus** Varr. L. 8, 32, estrade d'un lit de table, cf. Varr. L. 9, 47 ; Plin. 37, 14.

trīclīnĭārĭus, *ĭi*, m. (*triclinium*), esclave qui sert à table : Calv. d. Char. 77, 4.

trīclīnĭum, *ĭi*, n. (τρικλίνιον) ¶ 1 lit de table pour trois personnes [qqf. pour quatre ou cinq] : **triclinium sternere** Cic. Verr. 3, 61, dresser les lits de table, cf. Cic. Mur. 75 ; Varr. R. 3, 13, 2 ¶ 2 salle à manger : Varr. L. 8, 29 ; Cic. Verr. 2, 183 ; Libo d. Cic. de Or. 2, 263.

1 trīcō, *ās, āre*, -, -, intr., ▣ *tricor* : Not. Tir. 92 ‖ tr., **tricare se**, s'attarder : Vulg. Eccli. 32, 15.

2 trīco, *ōnis*, m., celui qui fait des difficultés, chicaneur : Lucil. 414 ; 416.

trĭcoccum, *i*, n. (τρίκοκκον), tournesol [plante] : Plin. 22, 57.

Tricolli, *ōrum*, m. pl., peuple de la Narbonnaise : Plin. 3, 4.

trĭcŏlŏr, *ōris*, adj. m. f., tricolore : *Prisc. 3, 416, 31.

trĭcōlŏs, *ŏn*, adj. (τρίκωλος), formé de trois membres, à trois membres : Serv. Gram. 4, 469, 25 ; Mar. Vict. Gram. 6, 160, 35.

trĭcōlum (-ŏn), *i*, n. (τρίκωλον), période à trois membres : Sen. Contr. 2, 4, 12 ; 9, 2, 27.

Trĭcongĭus, *ĭi*, m. (*tres, congius*), surnom donné à un buveur : Plin. 14, 22.

trīcor, *āris, ārī, ātus sum* (*tricae* ; fr. *tricher* ?), intr., chercher des détours, chicaner : Cic. Att. 14, 19, 4 ; 15, 13, 5.

Trĭcŏrĭi, *ōrum*, m. pl. (Τρικόριοι), peuple de la Narbonnaise : Liv. 21, 31.

trĭcornĭgĕr, *ĕra, ĕrum*, qui a trois pointes [en parlant de la lettre ψ] : Aus. Techn. 12 (348), 27.

trĭcornis, *e* (*tres, cornu*), qui a trois cornes : Plin. 8, 73 ; Solin. 52, 38.

Trĭcornĭum, *ĭi*, n., ville de Mésie : Peut. 6, 1.

trĭcorpŏr, *ŏris*, adj. (*tres, corpus*), qui a trois corps : Virg. En. 6, 289 ; Sil. 3, 422 ; 13, 201.

Trĭcŏrўphŏs, *i*, m. (Τρικόρυφος), montagne d'Arabie : Plin. 6, 150.

trĭcoscĭnō, *ās, āre, -, -,* tr. (*tricoscinum*), tamiser : Orib. Syn. 1, 17, p. 818.

trĭcoscĭnum, *i*, n. (*τριχοκόσκινον*), tamis : Orib. Syn. 8, 3 Aa, p. 207.

Trĭcostus, *i*, m., surnom des *Verginii* : Fast., [456 av. J.-C.].

trīcōsus, *a, um* (*tricae*), chicaneur, retors : Lucil. 417.

trĭcŭbĭtus, *a, um*, de trois coudées : Boet. Elench. 2, 5, p. 1035 C.

trĭcŭrĭum, f. l. pour *triscurrium*.

trĭcuspĭs, *ĭdis* (*tres, cuspis*), qui a trois pointes : Ov. M. 1, 330.

trĭdacna, *ōrum*, n. pl. (τρίς, δάκνω), variété d'huîtres énormes : Plin. 32, 63.

1 trĭdens, *tis* (*tres, dens*), [adj¹] qui a trois pointes (dents) : Virg. En. 5, 143 ; Val.-Flac. 1, 688.

2 trĭdens, *tis*, m., harpon, instrument de pêche : Plin. 9, 92 ‖ trident de Neptune : Virg. G. 1, 13 ; Ov. M. 1, 283 ‖ trident des rétiaires : Juv. 8, 203.

trĭdentĭfĕr, trĭdentĭgĕr, *ĕra, ĕrum* (*tridens, fero, gero*), qui porte un trident : Ov. M. 8, 595 ; 11, 202.

Trĭdentīnae Alpes, f., les Alpes Tridentines Atlas XII, B3 : Plin. 3, 121 ‖ **-īni**, *ōrum*, m. pl., habitants de Tridentum : Plin. 3, 130.

trĭdentĭpŏtens, *tis*, C▶ *tridentifer* : Sil. 15, 159.

Trĭdentum, *i*, n., ville de Rétie [Trente] Atlas XII, B3 : Just. 20, 5, 8 ; Anton. 275.

trīdŭānus, *a, um*, (*triduum*), qui dure trois jours : Apul. M. 10, 18 ; Hier. Ep. 54, 10.

trīdŭum (**-dŭom**, Pl.), *i*, n. (*tres, dies*, cf. *biduum*), espace de trois jours : Pl. ; Ter. ; Cic. Leg. 2, 57 ; Caes. G. 1, 38, 1 ‖ abl., **triduo** : *hoc triduo* Cic. Phil. 14, 15, pendant ces trois derniers jours ; *biduo aut summum triduo* Cic. Quinct. 78, [accomplir un trajet] en deux ou au plus trois jours ; *non toto triduo* Cic. Quinct. 79, en moins de trois jours.

trĭdўnămus, *a, um*, à la triple puissance : Mar. Vict. Ar. 4, 21.

trĭennālis, *e* (*tres, annus*), de trois ans, qui dure trois ans : Ambr. Virg. 2, 6, 39 ; Greg.-M. Ep. 12, 20.

trĭennĭa, *ĭum*, n. pl. (*tres, annus*), fêtes de Bacchus célébrées à Thèbes tous les deux ans ; = *trieterica sacra* : Ov. M. 9, 642.

trĭennis, *e* (*tres, annus*), de trois ans : Vulg. Gen. 15, 9.

trĭennĭum, *ĭi*, n. (*tres, annus*), espace de trois ans : Cic. Fam. 15, 16, 3 ; Q. 1, 1, 8 ; Caes. G. 4, 4, 1 ; **per triennium** Cic. Verr. 4, 72, trois années durant.

trĭens, *tis* (*tres*)

I le tiers, un tiers : Cic. Att. 7, 8, 3 ; Col. 12, 20, 7 ; Plin. 23, 133 ; **cum duobus coheredibus esse in triente** Cic. Att. 7, 8, 3, être avec deux cohéritiers pour un tiers ; **heres ex triente** Suet. Aug. 101, héritier du tiers (pour un tiers).

II [en part.] ¶ **1** comme monnaie **a)** le tiers d'un as : Varr. L. 5, 171 ; Hor. P. 328 ; Liv. 22, 10, 7 **b)** [sous les derniers empereurs] le tiers de l'aureus, environ un tiers de ducat : Gall. d. Treb. Claud. 14, 3 ¶ **2** intérêt d'un tiers pour cent par mois = quatre pour cent par an : Dig. 35, 2, 3 ¶ **3** mesure de longueur **a)** le tiers d'un jugerum : Col. 5, 1, 11 **b)** le tiers d'un pied : Vitr. 10, 2, 12 **c)** le tiers d'un pouce : Frontin. Aq. 26 ¶ **4** mesure de liquide, le tiers d'un sextarius [= 4 cyathes] : Prop. 3, 10, 29 ; Mart. 6, 86, 1 ; 10, 49, 1 ¶ **5** [arith.] le tiers de six, deux : Vitr. 3, 1, 6 ¶ **6** **triens tertius : trientem tertium pondo corona** Fest. 498, 4, une couronne du poids de (pesant) deux livres un tiers.

trĭentābŭlum, *i*, n. (*triens*), remboursement d'un tiers de la dette en terres : Liv. 31, 13, 9 ; CIL 1, 585, 31.

trĭentăl, *ālis*, n., coupe contenant le tiers du setier : Schol. Pers. 3, 100.

trĭentālis, *e* (*triens*), d'un tiers de pied = de quatre pouces de long : Plin. 27, 34 ; Vitr. 10, 2, 11.

trĭentārĭus, *a, um* (*triens*), d'un tiers : Lampr. Alex. 21, 2 ‖ **trientariae usurae**, intérêt d'un tiers pour cent par mois = quatre pour cent par an : Capit. Anton. 2, 8.

trĭērarcha, *ae*, m., C▶ *trierarchus* : CIL 3, 4025.

trĭērarchus, *i*, m. (τριήραρχος), triérarque, commandant d'une trirème : Cic. Verr. 1, 52 ; Tac. H. 2, 9.

1 trĭēris, *is*, f. (τριήρης), trière, trirème, vaisseau à trois rangs de rames : Nep. Alc. 4, 3 ; Isid. 19, 1, 10 ‖ [adj¹] qui a trois rangs de rames : B.-Afr. 44, 2.

2 Trĭēris, *is*, f., ville de Phénicie : Plin. 5, 78.

1 trĭĕtērĭcus, *a, um* (τριετηρικός), qui a lieu tous les deux ans : **trieterica orgia** Virg. En. 4, 302 ; **trieterica**, *ōrum*, n. pl., fêtes en l'honneur de Bacchus, à Thèbes, tous les deux ans : Ov. Rem. 593 ; Stat. Th. 2, 661.

▶ cf. Cens. 18, 2 *biennii circuitus*.

2 Trĭĕtērĭcus, *i*, m., épith. de Bacchus [fêté tous les deux ans] : Anth. 751, 2.

trĭĕtēris, *ĭdis*, f. (τριετηρίς), espace de trois ans : Stat. S. 2, 6, 72 ; Mart. 9, 85, 9 ‖ **Trĭĕtērĭdes**, f. pl., C▶ *trieterica* : Cic. Nat. 3, 58.

trĭfăcĭnŏrōsus, *a, um*, triple pécheur : VL. 2 Macc. 15, 3.

Trĭfānum, *i*, n., ville du Latium : Liv. 8, 11.

trĭfārĭam, adv. (*trifarius*), de trois côtés, en trois endroits : Liv. 3, 22, 7 ; 5, 26, 7 ‖ en trois parties, en trois corps : Liv. 26, 41, 20 de trois manières : Solin. 27, 12 ; Diom. 303, 24.

▶ *trifarie* *Diom. 303, 24.

trĭfārĭus, *a, um* (cf. *bifarius*), qui a trois parties : Apul. Apol. 49 ‖ triple : Cassiod. Var. 5, 40.

trĭfaux, *aucis*, adj. (*tres, faux*), de trois gosiers, triple : Virg. En. 6, 417 ; Sil. 2, 551.

trĭfax, *ācis*, f. (empr., cf. *tres* ?), trait long [envoyé par la catapulte] : Enn. An. 534 ; Gell. 10, 25, 2 ; P. Fest. 504, 14.

trĭfĕr, *ĕra, ĕrum* (*tres, fero*), qui donne des fruits trois fois l'an : Col. 5, 10, 11 ; Plin. 15, 71 ; 16, 114.

trĭfĭdus, *a, um* (*tres, findo*), fendu en trois, qui a trois pointes : Val.-Flac. 1, 641 ; Ov. M. 2, 325 ; **trifida via** Sen. Oed. 772 ; [subst. f.] **trifida, ae** Stat. Th. 1, 64, carrefour [de trois voies].

trĭfīlis, *e* (*tres, filum*), qui a trois fils, trois cheveux : Mart. 6, 74, 2.

trĭfīnĭum, *ĭi*, n. (*tres, finis*), point où aboutissent trois limites, trois propriétés : Isid. 15, 14, 5 ; Grom. 2, 5 ; 10, 2.

trĭfīnĭus, *a, um*, où aboutissent trois limites, trois propriétés : Grom. 250, 21.

trĭfissĭlis, *e* (cf. *trifidus*), fendu en trois, qui a trois pointes [en parlant de la lettre ψ] : Aus. Epigr. 79 (128), 7.

Trĭfōlīnus, *a, um*, de Trifolium [montagne de Campanie] : Plin. 14, 697 ; Juv. 9, 56 ; Mart. 13, 114, 1.

trĭfōlĭum, *ĭi*, n. (*tres, folium*, cf. τρίφυλλον ; fr. *trèfle*), trèfle [plante] : Plin. 21, 54 ; 152.

trĭformis, *e* (*tres, forma*), qui a trois formes, triple : [la Chimère] Hor. O. 1, 27, 23 ; [Cerbère] Sen. Herc. Oet. 1202 ; **triformis diva** Hor. O. 3, 22, 4, la triple déesse [à la fois Diane, la Lune, Hécate] ; **mundus** Ov. M. 15, 859, le triple monde [air, terre, mer] ‖ à trois voûtes : Fort. Carm. 3, 7, 27.

trĭformĭtās, *ātis*, f., triplicité des formes : Mamert. Anim. 3, 9.

trĭformĭtĕr, adv., sous trois formes : Diom. 335, 15.

trĭfūr, *ūris*, m. (*tres, fur*), triple coquin, maître voleur : Pl. Aul. 633.

trĭfurcĭfĕr, *ĕri*, m., triple pendard : Pl. Aul. 326 ; Ru. 734.

trĭfurcum, *ĭ*, n. (*trifurcus*), triple pointe : Ps. Apul. Herb. 77.

trĭfurcus, *a, um* (*tres, furca*), qui a trois pointes : Col. 5, 10, 7 ; Arb. 20, 2.

trīga, *ae*, f. (*trijuga*), attelage de trois chevaux de front, trige : Dig. 21, 1, 38, 14 ; Varr. L. 8, 55 ‖ ensemble de trois, triade : Arn. 4, 15.

trĭgămĭa, ae, f. (τριγαμία), état de l'homme qui a contracté trois mariages : Hier. Jovin. 1, 37.

trĭgămus, i, m. (τρίγαμος), qui a eu trois femmes : Hier. Jovin. 1, 24.

trĭgărānus, i, m. (gaul., cf. tres, γέρανος, al. *Kranich*), aux trois grues [épithète du taureau divinisé *Tarvus*] : CIL 13, 3026.

trĭgārĭum, ii, n. (triga) ¶ 1 champ de courses pour attelages à trois, champ de courses, manège : Plin. 37, 202 ¶ 2 assemblage de trois choses : Capel. 7, 733 ; 9, 895.

trĭgārĭus, ii, m. (triga), conducteur d'un trige : Plin. 28, 238.

Trĭgĕmĭna porta, f., une des portes de Rome Atlas II : Liv. 4, 16, 2 ; 35, 10, 12 ; Plin. 18, 15.

trĭgĕmĭnō, ās, āre, -, -, tr., tripler : Front. Eloq. 2, 1, p. 139 N.

trĭgĕmĭnus, a, um, ▶ tergeminus : Pl. Mil. 717 ; Liv. 1, 25, 1 ; 6, 7, 4.

trĭgemmis, e (tres, gemma), qui a trois boutons ou bourgeons : Plin. 17, 156 ; Col. 3, 19, 2.

trĭgĕnēs, ĕs (τριγενής), qui a les trois genres [gram.] : Char. 44, 35.

trĭgēni, ae, a, ▶ triceni : Agroec. 7, 114, 9.

trĭgēsĭmus, ▶ tricesimus.

trĭgĭes, adv., trente fois : Capel. 7, 737.

trĭgĭntā (tres, decem, τριάκοντα ; fr. *trente*), indécl., trente : Cic. Rep. 2, 18 ; Liv. 1, 21, 6 ; Virg. En. 1, 269 ‖ **triginta tyranni** Cic. Tusc. 1, 96, les Trente Tyrans.

Trĭgĭsāmum, i, n., ville du Norique : Peut. 4, 1.

triglītis, ĭdis, f. (τριγλῖτις), sorte de pierre précieuse : Plin. 37, 187.

trĭglўphus, i, m. (τρίγλυφος), triglyphe [t. d'archit.] : Vitr. 1, 2, 4.

trĭgōn, ōnis, m. (τριγών), balle pour jeu à trois : Mart. 4, 19, 5 ; 12, 82, 3.

trĭgōna, ae, f., ▶ trigonum : Mamert. Anim. 1, 25.

trĭgōnālis, e, triangulaire : **trigonalis pila** Mart. 14, 46 ; ▶ trigon.

trĭgōnārĭa pĭla, f., ▶ trigon, balle pour jouer à trois : Isid. 18, 69, 2.

trĭgōnĭcus, a, um (τριγωνικός), triangulaire : Firm. Math. 2, 29, 9 ; 3, 1, 5.

trĭgōnĭum, ii, n., ▶ trigonum : Vitr. 6, 1, 5 ‖ chanvre d'eau : Ps. Apul. Herb. 66 ‖ verveine : Ps. Apul. Herb. 3.

trĭgōnĭus, a, um, à trois angles : Grom. 288, 8 ; 341, 12.

trĭgōnum, i, n. (τρίγωνον), triangle : Varr. L. 7, 95 ; Gell. 2, 21, 10 ; Col. 5, 10, 13.

1 trĭgōnus, a, um (τρίγωνος), triangulaire : Man. 2, 276.

2 trĭgōnus, i, m., triangle : Grom. 300, 10 ; Apul. Plat. 1, 7 ‖ sorte de pilule triangulaire : Cael.-Aur. Chron. 2, 7, 104.

3 trĭgōnus, i, m., ▶ trygon : pastenague [poisson] : *Pl. Cap. 851.

trĭhēmĭtŏnĭŏn (-um), ii, n. (τριημιτόνιον), un ton et un demi-ton [trois demi-tons] : Grom. 185, 3.

trĭhōrĭum, ii, n. (tres, hora), espace de trois heures : Aus. Mos. 87 ; Epist. 4 (393), 62.

trĭjŭgis, e (tres, jugum), attelé de trois chevaux : Aus. Epist. 8 (397), 6.

trĭjŭgus, a, um, triple : Apul. M. 6, 19 ; Paul.-Nol. Carm. 23, 126.

trĭlătĕrus, a, um (tres, latus), qui a trois côtés : Censor. 7, 2 ; Grom. 105, 16.

trĭlībris, e (tres, libra), qui pèse trois livres : Hor. S. 2, 2, 33 ; Treb. Claud. 17, 5.

trĭlinguis, e (tres, lingua), qui a trois langues : Hor. O. 3, 11, 20 ; Val.-Flac. 7, 184 ‖ qui parle trois langues : Varr. d. Isid. 15, 1, 63 ; Apul. M. 11, 5.

trĭlix, ĭcis, adj. (tres, licium ; fr. *treillis*), tissu de trois fils : Mart. 14, 143, 1 ‖ qui a un triple tissu : Virg. En. 3, 468.

trĭlongus, a, um, [pied] composé de trois syllabes longues : Ter.-Maur. 6, 367, 1401.

trĭlōris, e (tres, lorum), qui a trois courroies : Vop. Aurel. 46, 6.

trĭlustrĭum, ii, n., espace de trois lustres : Fulg. Aet. 3, p. 138, 11.

Trĭmalchĭo, ōnis, m. (tri-, Malchio), Trimalchion [héros de Pétrone] : Petr. 26, 9.

Trĭmammĭum, ii, n., ville de la Mésie Inférieure : Anton. 222.

trĭmănus, a, um (tres, manus), qui a trois mains : Isid. 11, 3, 4.

trĭmastīgĭa, ae, m. (tres, mastigia), triple vaurien : Gloss. 4, 186, 38.

trĭmātŭs, ūs, m. (trimus), âge de trois ans : Col. 8, 5, 24 ; Plin. 8, 168.

Trĭmĕgistus, ▶ Trismegistus : Gloss. 5, 655, 6.

trĭmembris, e (tres, membrum), qui a trois corps : Hyg. Fab. 30 ‖ [métr.] = τρίκωλος à trois membres : Aug. Mus. 4, 17, 36.

trĭmensis, e (tres, mensis ; fr. *trémois*), qui pousse en trois mois : Isid. 17, 3, 8.

trĭmenstrŭus, a, um, ▶ trimestris : Gloss. 2, 459, 18.

Trimerus, i, f., une des îles de Diomède [Adriatique] : Tac. An. 4, 71.

trĭmestris, e (tres, mensis), de trois mois, qui a trois mois : Varr. R. 2, 3, 8 ; Plin. 37, 163 ; Suet. Caes. 80 ‖ **trĭmestre**, is, n., trémois [blé semé au printemps] : Col. 2, 6, 1, cf. Plin. 18, 69 ; Cat. Agr. 35, 2 ‖ **trĭmestrĭa**, ĭum, n. pl., graines qui mûrissent trois mois après l'ensemencement : Col. 2, 12, 9 ; Plin. 18, 240.

trĭmĕtĕr, Serv. B. 8, 78, **trimetrus** ou **os**, a, um, Quint. 10, 1, 99, **trĭmĕtrĭus**, a, um, Aus. Epist. 16, 2 (406), 78, [métr.] de trois mètres [de six pieds] ‖ subst. m., le trimètre : Hor. P. 252 ; Quint. 9 ; 4, 40.

trĭmŏdĭa, ae, f. (tres, modius ; fr. *trémie*), vase qui contient trois boisseaux : Varr. Men. 310 ; Col. 2, 9, 9 ; 12, 18, 3 ; Plin. 33, 20.

trĭmŏdĭum, ii, n., ▶ trimodia : Pl. Men. 15.

trĭmŏdus, a, um (tres, modus), qui est de trois sortes, triple : Isid. 2, 17, 1.

Trĭmontĭum, ii, n., nom donné à Philippopolis [en Thrace] : Plin. 4, 41.

trĭmŭlus, a, um (dim. de trimus), Suet. Ner. 6.

trīmus, a, um (tres, hiems, cf. bimus), âgé de trois ans, qui a trois ans : Pl. Ru. 744 ; Varr. R. 2, 5, 13 ; Hor. S. 2, 3, 251.

Trīnăcrĭa, ae, f. (Τρινακρία), la Sicile [nommée d'après ses trois promontoires] : Virg. En. 3, 440 ‖ **Trīnăcris**, ĭdis, f., de Sicile : Ov. F. 4, 420 ‖ subst. f., la Sicile : Ov. Pont. 2, 10, 22 ‖ **Trīnăcrĭus**, a, um, de Sicile : Virg. En. 3, 429.

trīnărĭus, a, um, ▶ ternarius : Isid. 3, 6, 4.

trĭnĕpōs, ōtis, m., petit-fils au sixième degré (fils de l'*adnepos*) : Dig. 38, 10, 2 ; 38, 10, 10.

trĭneptis, is, f., petite-fille au sixième degré : Dig. 38, 10, 2 ; 38, 10, 10.

trīni, ae, a (tres, cf. bini ; it. *trina*) ¶ 1 [employé avec les subst. qui n'ont pas de sg.] au nombre de trois : **trinae litterae** Cic. Att. 11, 17, 1, trois lettres ; **trina castra** Caes. G. 7, 46, trois camps ; **trinae catenae** Caes. G. 1, 53, 5, trois chaînes, cf. Caes. G. 5, 53, 13 ¶ 2 [avec les subst. ayant le sg.] : **trina bella civilia** Tac. H. 1, 2, trois guerres civiles, cf. Tac. H. 3, 82 ; Plin. 2, 99 ¶ 3 [le sg. trinus, a, um est rare] : **trinum forum** Stat. S. 4, 9, 15, un triple forum, cf. Plin. 10, 106 ; B.-Afr. 80, 2 ; Aus. Griph. 2 (336), 63.

trīnĭo, ōnis, f., nombre trois aux dés : Isid. 18, 65.

trīnĭtas, ātis, f., [chrét.] groupement de trois, triade : Tert. Val. 17, 2 ‖ la Sainte Trinité [le Père, le Fils et le Saint-Esprit] : Cypr. Ep. 73, 5, 2 ; Hier. Ep. 15, 5, 1.

Trīnĭum flūmĕn, n., rivière des Frentani : Plin. 3, 106.

trinnĭo, īs, īre, -, - (cf. tetrinnio, onomat.), crier [en parlant du jars] : Anth. 733, 11.

Trinobantes, ĭum et um, m. pl., peuple à l'est de la Bretagne : Caes. G. 5, 20 ; Tac. An. 14, 31.

trīnoctĭālis, e (trinoctium), de trois nuits : Mart. 12, 77, 5.

trĭnoctĭum, ĭi, n. (tres, nox), espace de trois nuits : GELL. 3, 2, 13 ; 10, 15, 14 ; VAL.-MAX. 2, 4, 6.

trĭnōdĭs, e (tres, nodus), qui a trois nœuds : Ov. H. 4, 115 ; F. 1, 575 ‖ qui a trois syllabes : AUS. Epist. 21, 2 (413), 38.

trĭnōmĭnis, e, HIER. Ep. 108, 9, **trĭnōmĭus**, a, um, ISID. 7, 6, 33, qui a trois noms.

Trĭnorcĭensis, e, adj., de Tournus [ville de la Lyonnaise] : GREG.-TUR. Martyr. 53.

trinso, ⇨ trisso.

Trĭnummus (Trĭnūmus), i, m., l'homme aux trois écus [titre d'une comédie de Plaute] : PL. Trin. pr. 20.

trīnum nundĭnum, i, n.[d'abord gén. pl. arch. CIL 1, 581, 23 CIC. Phil. 5, 8] espace de temps comprenant trois marchés [dans Cicéron, touj. à l'acc. de durée = pendant trois marchés : dix-sept jours] : CIC. Dom. 41 ; Fam. 16, 12, 3 ‖ **trino nundino** QUINT. 2, 4, 35, pendant trois marchés ; **comitia in trinum nundinum indicere** LIV. 3, 35, 1, fixer les comices au troisième jour de marché.

trĭnundĭnō, ⇨ trinundinus dies.

trĭnundĭnum, ⇨ trinum nundinum.

trĭnundĭnus dĭēs, le jour du troisième marché [dix-septième jour] : MACR. Sat. 1, 16, 34 ; **trinundino**, adv., MACR. Sat. 3, 17, 4, au jour du troisième marché.

trīnus, ⇨ trini.

1 trĭo, ōnis, ⇨ triones.

2 Trĭo, ōnis, m., surnom romain : TAC. An. 2, 28.

trĭōbŏlum, i, n. (τριώβολον), triobole, pièce de monnaie valant trois oboles : PL. Bac. 260 ; Poen. 381 ‖ demi-drachme [mesure de poids] : CAT. Agr. 127, 2 ; CAEL.-AUR. Acut. 2, 9, 46.

Trĭŏbris, is, m., rivière des Arvernes [auj. la Truyère] : SIDON. Carm. 24, 22.

Trĭŏcăla, ōrum, n. pl. (Τριόκαλα), ville de Sicile : SIL. 14, 270 ‖ **Trĭŏcălīni**, ōrum, m. pl., habitants de Triocala : PLIN. 3, 91 ‖ **in Triocalino** CIC. Verr. 5, 10, dans le territoire de Triocala.

Trĭŏdēlĭus, a, um (τρίοδος, cf. Trivia), vénéré aux carrefours [épith. de Diane] : CIL 6, 511.

trĭōnes, um, m. pl. (tres, cf. trimus), bœufs de labour : VARR. L. 7, 74 ; GELL. 2, 21, 7 ‖ les deux Ourses [constellations] : **gemini Triones** VIRG. En. 3, 516, même sens ; ⇨ septentriones.

trĭōnўmus, a, um (τριώνυμος), qui a trois noms : PRISC. 2, 61, 1 ; SULP. SEV. Chron. 2, 42, 4.

Trĭŏpās (Trĭŏpēs), ae, m. (Τριόπας, Τριόπης), roi de Thessalie, père d'Erysichthon : HYG. Astr. 2, 14.

Trĭŏpēis, ĭdis, f., Mestra, petite-fille de Triopas : Ov. M. 8, 872.

Trĭŏpēius (-ŏs), ĭi, m., Erysichthon, fils de Triopas : Ov. M. 8, 751.

trĭophthalmus (-ŏs), i, m. (τριόφθαλμος), pierre précieuse : PLIN. 37, 186.

Trĭŏpĭa, ae, f., ancien nom de l'île de Cnide : PLIN. 5, 104.

trĭorchis, is, f. (τριορχίς) ¶ 1 buse [oiseau de proie] : PLIN. 10, 21 ; 204 ¶ 2 variété de centaurée [plante] : PLIN. 25, 69.

trĭpālis, e (tres, pālus), qui a trois échalas : VARR. Men. 179.

trĭpālĭum, ⇨ trepalium.

trĭparcus, a, um (ter, parcus), triple avare : PL. Pers. 266.

trĭpartĭō (trĭpertĭō), īs, īre, īvī, -, diviser en trois : SERG. 4, 526, 5.

trĭpartītĭo (trĭpertītĭo), ōnis, f., division en trois parties : GROM. 46, 12 ; AUG. Civ. 8, 4.

trĭpartītō, ⇨ tripertito.

trĭpartītus, mieux **trĭpertītus**, a, um, divisé en trois : CIC. Sest. 129 ; Or. 70 ; Ac. 1, 21 ; TAC. An. 2, 74.

trĭpătens, entis, triplement ouvert, à trois ouvertures : PRISC. Fig. 3, 416, 28.

trĭpătĭnum (trĭpătĭnĭum, ĭi), i, n. (tres, patina), repas composé de trois plats : PLIN. 35, 162.

trĭpeccĭa, ae, f. (cf. tripes, pecco ; port. trepeça), siège à trois pieds, espèce de tabouret, sellette : SULP.-SEV. Dial. 2, 1, 4.

trĭpectŏrus, a, um (tres, pectus), qui a trois poitrines : LUCR. 5, 28.

trĭpĕdālis, e, VARR. R. 3, 9, 6 ; LIV. 38, 21, 13, **trĭpĕdānĕus**, a, um, CAT. Agr. 45 ; PLIN. 34, 24, de trois pieds, qui a une dimension de trois pieds.

trĭpĕdĭo, ās, āre, -, -, ⇨ tripudio : GLOSS. 2, 477, 61.

trĭpĕdo, ās, āre, -, -, ⇨ tripodo : GLOSS. 2, 459, 37.

trĭpertĭo, -pertītĭo, -pertītus, ⇨ tripart-.

1 Trĭpertīta, ae, f., titre d'une comédie de Novius : NON. 218, 15.

2 Trĭpertīta, ōrum, n. pl., titre d'un écrit de S. Aelius : POMPON. Dig. 1, 2, 2, 38.

trĭpertītō, adv., en trois parties : **tripertito divisus (equitatus)** CAES. G. 7, 67, 2, cavalerie divisée en trois détachements ; **bona dividere tripertito** CIC. Tusc. 5, 40, admettre trois sortes de biens ; **tripertito adire** CAES. G. 6, 6, attaquer avec trois colonnes = sur trois points différents, cf. LIV. 21, 7, 4 ; ⇨ tripartito.

1 trĭpēs, ĕdis, adj., qui a trois pieds : LIV. 40, 2, 4 ; MART. 12, 32, 11 ‖ qui porte sur trois pieds : HOR. S. 1, 3, 13.

2 trĭpēs, ĕdis, m. (fr. trépied), trépied, vase à trois pieds : AMM. 29, 1, 28.

trĭpĕtĭa, ⇨ tripeccia.

Trĭphallus, i, m., épith. de Priape [de taille triple] : PRIAP. 83, 9.

Trĭphylĭa, ae, f. (Τριφυλία), Triphylie [canton de l'Elide] : LIV. 28, 8 ; 33, 34 et

Trĭphȳlis, ĭdis, f. (Τριφυλίς), PRISC. Perieg. 406.

Trĭphȳlĭus, a, um, de Triphylie [surnom de Jupiter] : LACT. Inst. 1, 11, 33.

trĭpictus, a, um (ter, pingo), écrit en trois langues : PRUD. Apoth. 381.

trĭplāris, e (triplex, triplus), triple : MACR. Somn. 2, 1, 18.

trĭplăsĭus, a, um (τριπλάσιος), triple : CAPEL. 9, 954.

trĭplex, ĭcis (tres, plico, cf. duplex) ¶ 1 adj., triple : CIC. Tusc. 1, 20 ; Ac. 1, 19 ; **triplex cuspis** Ov. M. 12, 594, trident de Neptune ; **triplex regnum** Ov. M. 5, 368, le triple royaume [monde partagé entre Jupiter, Neptune et Pluton] ; **triplex acies**, ⇨ acies ‖ [poét.] = trois : **triplices sorores** Ov. M. 8, 452, les trois sœurs, les Parques, cf. Ov. M. 2, 654 ; **triplex gens** VIRG. En. 10, 202, trois races de peuples ¶ 2 subst. n., le triple : HOR. S. 2, 3, 237 ; LIV. 45, 40, 5 ; 45, 43, 7 ; ⇨ triplices.

trĭplĭcābĭlis, e (triplico), qu'on peut tripler, triple : SEDUL. Carm. 1, 298.

trĭplĭcārĭus, ĭi, m., soldat qui reçoit une triple solde : CIL 6, 10302.

trĭplĭcātĭo, ōnis, f. (triplico), action de tripler : MACR. Somn. 1, 20, 20 ; CAPEL. 7, 750 ‖ [droit] triplique [deuxième parade du défendeur] : DIG. 27, 10, 7.

trĭplĭcātus, a, um, part. de triplico.

trĭplĭces, ĭum, m. pl. (triplex, s.-ent. codicilli), tablette à trois feuilles, triptyque : CIC. Att. 31, 8, 1 ; MART. 7, 72, 2.

trĭplĭcis, gén. de triplex.

trĭplĭcĭtās, ātis, f., triplicité, nature triple : ANTH. 494 c, 18.

trĭplĭcĭtĕr, adv., de trois manières : HER. 4, 54 ; CAPEL. 3, 54 ‖ violemment : VULG. Eccli. 43, 4.

trĭplĭcō, ās, āre, āvī, ātum, tr., tripler, multiplier par trois : PLIN. 7, 153 ; GELL. 1, 20, 5 ; MACR. Somn. 1, 20, 16.

trĭplinthĭus, a, um (tres, plinthus), qui a trois rangs de briques d'épaisseur : VITR. 2, 8, 17.

1 trĭplō, ās, āre, -, -, tr. (triplus), SERV. En. 6, 287.

2 trĭplō, adv., trois fois : VL. 1 Reg. 20, 12.

trĭplus, a, um (triplex, cf. duplus), triple : CIC. Tim. 20 ; CHALC. 46.

trĭpŏda, ae, acc. **tripodam**, f. (tripus), trépied de la Pythie : JUL.-VAL. 1, 50.

trĭpŏdātĭo, ōnis, f. (tripodo), danse religieuse des Saliens : CIL 6, 2104, 38.

trĭpŏdĭans, antis, adj. (tripudio), bacchique [pied constitué d'une brève et de deux longues] : DIOM. 479, 17.

trĭpŏdĭo, ⇨ tripudio.

trĭpŏdis, gén. de tripus.

1 trĭpŏdō, ās, āre, āvī, - (tres, pes, tripudium), intr., exécuter le tripudium [danse guerrière à trois temps des Saliens] : CIL 6, 2104, 32.

tripodo

2 trĭpŏdō, *ās, āre, āvī,* - (*tripodum, tripodio*), intr., aller au trot [chevaux]: Pelag. 196; Veg. Mul. 2, 111, 11.

trĭpŏdum, *i,* n. (*tres, pes,* cf. 1 *tripodo*), trot [du cheval]: Pelag. 269, 2.

trĭpŏlĭŏn, *ii,* n. (τριπόλιον), germandrée [lavande de mer?]: Plin. 26, 39.

Trĭpŏlis, *is,* f. ¶ **1** Tripolitaine [Tripoli] Atlas I, E6; IX, D3: Solin. 27, 8; Spart. *Sept.* 18, 3 ‖ -**lĭtānus**, *a, um,* de Tripolitaine: Eutr. 8, 18 ¶ **2** canton de Thessalie: Liv. 42, 53, 6 ‖ -**lĭtānus**, *a, um,* de Tripolitaine: Liv. 36, 10, 5 ¶ **3** ville de Laconie: Liv. 35, 27, 9 ¶ **4** en Phénicie: Plin. 5, 78; 6, 213 ‖ -**lĭtĭcum**, *vinum* Plin. 14, 74, vin de Tripolis. ¶ **5** ville et fleuve dans le Pont: Plin. 6, 11.

trĭpondis, *e,* adj. (*tres, pondo*), qui pèse trois as: Zen. 2, 44, 2.

1 trĭpontĭum, *ii,* n. (*tres, pons*), endroit où il y a trois ponts: Not. Tir. 110.

2 Trĭpontĭum, *ii,* n., agglomération voisine de Terracine [Latium]: CIL 10, 6824 ‖ ville de Bretagne: Anton. 477.

trĭportentum, *i,* n. (*tres, portentum*), très grand prodige: Pacuv. *Tr.* 381.

trĭpŏtens, *tis,* à la triple puissance [en parlant du Dieu trinitaire]: Aug. *Ord.* 2, 5, 16.

Tripsedi, *ōrum,* m. pl., peuple d'Asie: Plin. 5, 127.

Triptŏlĕmĭcus, *a, um,* de Triptolème: Fulg. *Myth.* 1, 10.

Triptŏlĕmus, *i,* m., Triptolème [inventeur de l'agriculture]: Cic. *Tusc.* 1, 98; *Verr.* 4, 110; Ov. *F.* 4, 507; Stat. *S.* 4, 2, 36; Hyg. *Fab.* 147.

triptōta nomina, n. pl. (τρίπτωτα), noms qui ont trois formes distinctes au sg. ou au pl.: Diom. 309, 16; Prisc. 2, 188, 10.

trĭpŭdĭātĭo, *ōnis,* f., ▻ *tripodatio*: Gloss. 2, 202, 3.

trĭpŭdĭō, *ās, āre,* -, -, intr. ¶ **1** danser des danses religieuses [en parl. des Saliens]: Lact. *Inst.* 1, 21, 45 ¶ **2** danser, sauter: Sen. *Tranq.* 17, 4 ‖ bondir: Liv. 23, 26, 9 ‖ se trémousser: Sen. *Nat.* 7, 32, 3 ‖ [fig.] se trémousser de joie: Cic. *Sest.* 88 ¶ **3** tr., célébrer: Fulg. *Aet.* 11, 167, 25.
▻ *trĭpŭdĭo* Fort. *Carm.* 8, 3, 4.

trĭpŭdĭum, *ii,* n. (*tres, pes,* cf. *tripodum*) ¶ **1** danse [des Saliens] Liv. 1, 20, 4 ‖ [des Espagnols] Liv. 25, 17, 5 ‖ saut, bond: Liv. 21, 42, 3 ¶ **2** augure favorable, quand les poulets sacrés mangeaient si avidement qu'ils laissaient tomber les grains: Cic. *Div.* 2, 72; *tripudium facere* Cic. *Div.* 2, 73, faire le tripudium.

trĭpūs, *ŏdis,* m. (τρίπους), trépied [souvent donné en prix dans les jeux de la Grèce]: Hor. *O.* 4, 8, 3; Virg. *En.* 5, 110 ‖ trépied de la Pythie [à Delphes]: Cic. *Nat.* 3, 42; Virg. *En.* 3, 360; [d'où] = oracle de Delphes: Ov. *F.* 3, 855, ou oracle [en gén.]: Stat. *Th.* 1, 509; Val.-Flac. 1, 554; Sen. *Med.* 785.

▻ abl. *tripodi* Lucr. 1, 739 ‖ acc. irrég. *tripum* Fulg. *Myth.* 1, 17, v. *tripoda*.

trĭquĕtrum, *i,* n. (*triquetrus*), trine aspect [astrol.]: Plin. 2, 59; 2, 80.

trĭquĕtrus, *a, um* (*tres,* cf. v. irl. *hvatr,* pointu, al. *wetzen,* an. *whet*), qui a trois angles, triangulaire: Lucr. 4, 653; Plin. 2, 93; [forme de la Grande-Bretagne] Caes. *G.* 5, 13 ‖ relatif à la Sicile [à cause des trois pointes de cette île], Sicilien: Lucr. 1, 717; Hor. *S.* 2, 6, 55; Quint. 1, 6, 30.

trĭrēmis, *e* (*tres, remus*) ¶ **1** qui a trois rangs de rames: Caes. *C.* 2, 6; 3, 24 ¶ **2** subst. *triremis, is* f., trirème, vaisseau à trois rangs de rames: Cic. *Verr.* 5, 44; Caes. *C.* 2, 23; Plin. 7, 207.

trīresmŏs, ▻ *triremis*: CIL 1, 25, 12.

trĭrhythmus, *a, um* (τρίρρυθμος), [métr.] formé de trois pieds: Mar. Vict. *Gram.* 6, 96, 25.

trīs, ▻ *tres* ▻.

trĭsaeclĭsĕnex, *is,* m. (*tres, saeculum, senex*), vieillard qui a vécu trois âges d'homme: Laev. d. Gell. 19, 7, 13.

trĭsăgĭŏn, *ii,* n. (τρισάγιον), [chrét.] le Sanctus: Ambr. *Fid.* 2, 12 tit.

trisceles, *is,* n. (τρισκελές), figure à trois côtés, triangle: Hyg. *Fab.* 276; Isid. 20, 4, 14.

trischēmătistus, *a, um* (τρισχημάτιστος), à trois formes: Sacerd. 6, 506, 24.

trischoenus, *a, um* (τρίσχοινος), de trois schènes (arpents), ▻ *schoenus*: Plin. 5, 85.

triscurrĭum, *ii,* n. (*tres, scurra*), énorme bouffonnerie, clownerie: Prisc. *Vers. Aen.* 3, 480, 10; pl., Juv. 8, 190.

trĭsēmus, *a, um* (τρίσημος), [métr.] pied de trois syllabes: Capel. 9, 978.

trĭsextĭum, *ii,* n., mesure de trois setiers: M.-Emp. 16, 103; Not. Tir. 90.

Trismĕgistus, *i,* m. (Τρισμέγιστος), Trismégiste [trois fois très grand, voir *Hermes*]: Lact. *Inst.* 1, 6, 3; 6, 25, 10 ‖ **Trismĕgistĭcus**, *a, um,* d'Hermès Trismégiste: Longin. d. Aug. *Ep.* 234, 1; ▻ *trimegistus*.

trĭsōmum, *i,* n. (τρίσωμον), sarcophage pour trois corps: Inscr. Chr. Diehl 3818.

trispastŏs, *ŏn,* adj. (τρίσπαστος), à trois poulies [palan]: Vitr. 10, 2, 3.

trispĭthămus, *a, um* (τρισπίθαμος), haut de trois empans: Plin. 7, 26.

trissō, *ās, āre,* -, - (τρίζω, esp. *trisar*), intr., gazouiller [hirondelle]: Anth. 733, 5; 762, 26.

tristătae, *ārum,* m. pl. (τριστάται), les trois premiers dignitaires après le roi: Hier. *Ezech.* 7, 27.

trĭstē (*tristis*), n. pris adv^t ¶ **1** tristement: Stat. *Th.* 4, 19; Hor. *S.* 1, 8, 41 ‖ -*tius* Prop. 2, 20, 2 ¶ **2** avec beaucoup de difficultés: Cic. *CM* 67 ‖ durement: Cic. *Fam.* 4, 13, 5.

tristēga, *ōrum,* n. pl. (τρίστεγον), troisième étage: Hier. *Ezech.* 12, 41, 7; Vulg. *Gen.* 6, 16.

trīsti, contr. pour *trivisti,* ▻ *tero*.

tristĭcŭlus, *a, um* (dim. de *tristis*), un peu triste, tristounet: Cic. *Div.* 1, 103; Aur. d. Front. *Caes.* 3; 18, 2, p. 55 N.

tristĭfĭcātĭo, *ōnis,* f., tristesse: Adamn. *Vit. Col.* 3, 1.

tristĭfĭcō, *ās, āre,* -, -, tr., attrister: Cassian. *Coll.* 15, 10, 2.

tristĭfĭcus, *a, um* (*tristis, facio*), qui attriste: Cic. poet. *Div.* 1, 13; Prud. *Cath.* 4, 76.

tristĭmōnĭa, *ae,* f., ▻ *tristimonium*: B.-Afr. 10, 3; Nov. *Com.* 102.

tristĭmōnĭum, *ii,* n., tristesse: Petr. 63, 4.

tristis, *e,* adj. (*trī-,* cf. arm. *trtum,* al. *dreist;* it. *triste*) ¶ **1** triste, affligé, chagrin: *Sequani tristes, capite demisso* Caes. *G.* 1, 32, les Séquanes, tristes et la tête baissée ¶ **2** [choses]: *tristibus temporibus* Cic. *Fam.* 15, 7, dans l'infortune, dans l'adversité; *tristissima exta* Cic. *Div.* 2, 36, les entrailles du plus funeste augure; *sors tristis* Cic. *Mur.* 42, fonction triste, peu agréable; *tristis eventus alicujus* Liv. 8, 24, 18, fin tragique, sinistre de qqn; *tristis unda* Virg. *En.* 6, 438, les eaux sombres (sinistres) du Styx; n. pl., *tristia* Ov. *F.* 6, 463, les événements fâcheux ‖ *tristes arbores* Plin. 16, 95, arbres à l'aspect triste ‖ [goût] amer, désagréable: Lucr. 4, 634; Virg. *G.* 2, 126 ‖ [poét.] funeste: *triste lupus stabulis* Virg. *B.* 3, 80, le loup est une chose funeste, un fléau pour les bergeries ¶ **3** sombre, sévère, austère, qui ne badine pas: *judex tristis et integer* Cic. *Verr. prim.* 30, juge sombre et intègre, cf. Cic. *Cael.* 13; *tristes sorores* Tib. 3, 3, 35, les sombres sœurs, les Parques; *vultus severior et tristior* Cic. *de Or.* 2, 289, visage plus grave et plus sombre; *triste et severum dicendi genus* Cic. *Brut.* 113, éloquence sombre et austère; *triste responsum* Liv. 9, 16, 3, réponse dure, impitoyable ¶ **4** renfrogné, morose: *alicui* Pl. *Cas.* 230, être de mauvaise humeur contre qqn, lui faire mauvaise figure, cf. Pl. *Cas.* 282; Prop. 1, 10, 21.

tristĭtās, *ātis,* f., ▻ *tristitia*: *Pacuv. *Tr.* 59; Turpil. *Com.* 126.

tristĭtĭa, *ae,* f. (*tristis*; fr. *tristesse*) ¶ **1** tristesse, affliction: Cic. *de Or.* 2, 72 ¶ **2** [choses]: *temporum* Cic. *Att.* 12, 40, 3, circonstances tristes, temps malheureux; *caeli* Plin. 2, 13, tristesse du ciel, ciel sombre ¶ **3** caractère sombre, sévère: Cic. *de Or.* 2, 236; *Lae.* 66; *Fin.* 4, 79 ¶ **4** mauvaise humeur: Prop. 1, 18, 10; Ov. *H.* 3, 90.

1 trĭstĭtĭēs, *ēi,* f., ▻ *tristitia*: Ter. *Ad.* 267; Apul. *M.* 9, 30, 3.

2 Trīstĭtĭēs, *ēi,* f., une des suivantes de Psyché: Apul. *M.* 6, 9, 2.

trĭnoctĭum, ĭi, n. (tres, nox), espace de trois nuits : GELL. 3, 2, 13 ; 10, 15, 14 ; VAL.-MAX. 2, 4, 5.

trĭnōdĭs, e (tres, nodus), qui a trois nœuds : OV. H. 4, 115 ; F. 1, 575 ‖ qui a trois syllabes : AUS. Epist. 21, 2 (413), 38.

trĭnōmĭnis, e, HIER. Ep. 108, 9, **trĭnōmĭus**, a, um, ISID. 7, 6, 33, qui a trois noms.

Trīnorcĭensis, e, adj., de Tournus [ville de la Lyonnaise] : GREG.-TUR. Martyr. 53.

trinso, V. trisso.

Trĭnummus (Trĭnūmus), i, m., l'homme aux trois écus [titre d'une comédie de Plaute] : PL. Trin. pr. 20.

trīnum nundĭnum, i, n.[d'abord gén. pl. arch. CIL 1, 581, 23 CIC. Phil. 5, 8] espace de temps comprenant trois marchés [dans Cicéron, touj. à l'acc. de durée = pendant trois marchés : dix-sept jours] : CIC. Dom. 41 ; Fam. 16, 12, 3 ‖ **trino nundino** QUINT. 2, 4, 35, pendant trois marchés ; **comitia in trinum nundinum indicere** LIV. 3, 35, 1, fixer les comices au troisième jour de marché.

trĭnundĭnō, V. trinundinus dies.

trĭnundĭnum, V. trinum nundinum.

trĭnundĭnus dĭēs, le jour du troisième marché [dix-septième jour] : MACR. Sat. 1, 16, 34 ; **trinundino**, adv., MACR. Sat. 3, 17, 4, au jour du troisième marché.

trīnus, V. trini.

1 **trĭo**, ōnis, V. triones.

2 **Trĭo**, ōnis, m., surnom romain : TAC. An. 2, 28.

trĭŏbŏlum, i, n. (τριώβολον), triobole, pièce de monnaie valant trois oboles : PL. Bac. 260 ; Poen. 381 ‖ demi-drachme [mesure de poids] : CAT. Agr. 127, 2 ; CAEL.-AUR. Acut. 2, 9, 46.

Trĭŏbris, is, m., rivière des Arvernes [auj. la Truyère] : SIDON. Carm. 24, 22.

Trĭŏcăla, ōrum, n. pl. (Τριόκαλα), ville de Sicile : SIL. 14, 270 ‖ **Trĭŏcălīni**, ōrum, m. pl., habitants de Triocala : PLIN. 3, 91 ‖ **in Triocalino** CIC. Verr. 5, 10, dans le territoire de Triocala.

Trĭŏdēlĭus, a, um (τρίοδος, cf. Trivia), vénéré aux carrefours [épith. de Diane] : CIL 6, 511.

trĭōnes, um, m. pl. (tres, cf. trimus), bœufs de labour : VARR. L. 7, 74 ; GELL. 2, 21, 7 ‖ les deux Ourses [constellations] : **gemini Triones** VIRG. En. 3, 516, même sens ; V. septentriones.

trĭōnymus, a, um (τριώνυμος), qui a trois noms : PRISC. 2, 61, 1 ; SULP. SEV. Chron. 2, 42, 4.

Trĭōpās (Trĭōpēs), ae, m. (Τριόπας, Τριόπης), roi de Thessalie, père d'Erysichthon : HYG. Astr. 2, 14.

Trĭōpēis, ĭdis, f., Mestra, petite-fille de Triopas : OV. M. 8, 872.

Trĭōpēius (-ŏs), ĭi, m., Erysichthon, fils de Triopas : OV. M. 8, 751.

trĭophthalmus (-ŏs), i, m. (τριόφθαλμος), pierre précieuse : PLIN. 37, 186.

Trĭōpĭa, ae, f., ancien nom de l'île de Cnide : PLIN. 5, 104.

trĭorchis, is, f. (τριορχίς) ¶ 1 buse [oiseau de proie] : PLIN. 10, 21 ; 204 ¶ 2 variété de centaurée [plante] : PLIN. 25, 69.

trĭpālis, e (tres, pălus), qui a trois échalas : VARR. Men. 179.

trĭpālĭum, V. trepalium.

trĭparcus, a, um (ter, parcus), triple avare : PL. Pers. 266.

trĭpartĭō (trĭpertĭō), ĭs, ĭre, ĭvī, -, diviser en trois : SERG. 4, 526, 5.

trĭpartītĭo (trĭpertītĭo), ōnis, f., division en trois parties : GROM. 46, 12 ; AUG. Civ. 8, 4.

trĭpartītō, V. tripertito.

trĭpartītus, mieux **trĭpertītus**, a, um, divisé en trois : CIC. Sest. 129 ; Or. 70 ; Ac. 1, 21 ; TAC. An. 2, 74.

trĭpătens, entis, triplement ouvert, à trois ouvertures : PRISC. Fig. 3, 416, 28.

trĭpătĭnum (trĭpătĭnĭum, ĭi), i, n. (tres, patina), repas composé de trois plats : PLIN. 35, 162.

trĭpeccĭa, ae, f. (cf. tripes, pecco ; port. trepeça), siège à trois pieds, espèce de tabouret, sellette : SULP.-SEV. Dial. 2, 1, 4.

trĭpectŏrus, a, um (tres, pectus), qui a trois poitrines : LUCR. 5, 28.

trĭpĕdālis, e, VARR. R. 3, 9, 6 ; LIV. 38, 21, 13, **trĭpĕdānĕus**, a, um, CAT. Agr. 45 ; PLIN. 34, 24, de trois pieds, qui a une dimension de trois pieds.

trĭpĕdĭo, ās, āre, -, -, C. tripudio : GLOSS. 2, 477, 61.

trĭpĕdo, ās, āre, -, -, C. tripodo : GLOSS. 2, 459, 37.

trĭpertĭo, -pertītĭo, -pertītus, V. tripart-.

1 **Trĭpertīta**, ae, f., titre d'une comédie de Novius : NON. 218, 15.

2 **Trĭpertīta**, ōrum, n. pl., titre d'un écrit de S. Aelius : POMPON. Dig. 1, 2, 2, 38.

trĭpertītō, adv., en trois parties : **tripertito divisus (equitatus)** CAES. G. 7, 67, 2, cavalerie divisée en trois détachements ; **bona dividere tripertito** CIC. Tusc. 5, 40, admettre trois sortes de biens ; **tripertito adire** CAES. G. 6, 6, attaquer avec trois colonnes = sur trois points différents, cf. LIV. 21, 7, 4 ; V. tripartito.

1 **trĭpēs**, ĕdis, adj., qui a trois pieds : LIV. 40, 2, 4 ; MART. 12, 32, 11 ‖ qui porte sur trois pieds : HOR. S. 1, 3, 13.

2 **trĭpēs**, ĕdis, m. (fr. trépied), trépied, vase à trois pieds : AMM. 29, 1, 28.

trĭpĕtĭa, V. tripeccia.

Trĭphallus, i, m., épith. de Priape [de taille triple] : PRIAP. 83, 9.

Trĭphȳlĭa, ae, f. (Τριφυλία), Triphylie [canton de l'Elide] : LIV. 28, 8 ; 33, 34 et

Trĭphȳlis, ĭdis, f. (Τριφυλίς), PRISC. Perieg. 406.

Trĭphȳlĭus, a, um, de Triphylie [surnom de Jupiter] : LACT. Inst. 1, 11, 33.

trĭpictus, a, um (ter, pingo), écrit en trois langues : PRUD. Apoth. 381.

trĭplāris, e (triplex, triplus), triple : MACR. Somn. 2, 1, 18.

trĭplăsĭus, a, um (τριπλάσιος), triple : CAPEL. 9, 954.

trĭplex, ĭcis (tres, plico, cf. duplex) ¶ 1 adj., triple : CIC. Tusc. 1, 20 ; Ac. 1, 19 ; **triplex cuspis** OV. M. 12, 594, trident de Neptune ; **triplex regnum** OV. M. 5, 368, le triple royaume [monde partagé entre Jupiter, Neptune et Pluton] ; **triplex acies**, V. acies ‖ [poét.] = trois : **triplices sorores** OV. M. 8, 452, les trois sœurs, les Parques, cf. OV. M. 2, 654 ; **triplex gens** VIRG. En. 10, 202, trois races de peuples ¶ 2 subst. n., le triple : HOR. S. 2, 3, 237 ; LIV. 45, 40, 5 ; 45, 43, 7 ; V. triplices.

trĭplĭcābĭlis, e (triplico), qu'on peut tripler, triple : SEDUL. Carm. 1, 298.

trĭplĭcārĭus, ĭi, m., soldat qui reçoit une triple solde : CIL 6, 10302.

trĭplĭcātĭo, ōnis, f. (triplico), action de tripler : MACR. Somn. 1, 20, 20 ; CAPEL. 7, 750 ‖ [droit] triplique [deuxième parade du défendeur] : DIG. 27, 10, 7.

trĭplĭcātus, a, um, part. de triplico.

trĭplĭces, ĭum, m. pl. (triplex, s.-ent. codicilli), tablette à trois feuilles, triptyque : CIC. Att. 31, 8, 1 ; MART. 7, 72, 2.

trĭplĭcis, gén. de triplex.

trĭplĭcĭtās, ātis, f., triplicité, nature triple : ANTH. 494 c, 18.

trĭplĭcĭtĕr, adv., de trois manières : HER. 4, 54 ; CAPEL. 3, 54 ‖ violemment : VULG. Eccli. 43, 4.

trĭplĭcō, ās, āre, āvī, ātum, tr., tripler, multiplier par trois : PLIN. 7, 153 ; GELL. 1, 20, 5 ; MACR. Somn. 1, 20, 16.

trĭplinthĭus, a, um (tres, plinthus), qui a trois rangs de briques d'épaisseur : VITR. 2, 8, 17.

1 **trĭplō**, ās, āre, -, -, tr. (triplus), SERV. En. 6, 287.

2 **trĭplō**, adv., trois fois : VL. 1 Reg. 20, 12.

trĭplus, a, um (triplex, cf. duplus), triple : CIC. Tim. 20 ; CHALC. 46.

trĭpŏda, ae, acc. **tripodam**, f. (tripus), trépied de la Pythie : JUL.-VAL. 1, 50.

trĭpŏdātĭo, ōnis, f. (tripodo), danse religieuse des Saliens : CIL 6, 2104, 38.

trĭpŏdĭans, antis, adj. (tripudio), bacchique [pied constitué d'une brève et de deux longues] : DIOM. 479, 17.

trĭpŏdĭo, V. tripudio.

trĭpŏdis, gén. de tripus.

1 **trĭpŏdō**, ās, āre, āvī, - (tres, pes, tripudium), intr., exécuter le tripudium [danse guerrière à trois temps des Saliens] : CIL 6, 2104, 32.

tripodo

2 **trĭpŏdō**, ās, āre, āvī, - (*tripodum, tripodio*), intr., aller au trot [chevaux] : PELAG. 196 ; VEG. Mul. 2, 111, 11.

trĭpŏdum, *i*, n. (*tres, pes*, cf. 1 *tripodo*), trot [du cheval] : PELAG. 269, 2.

trĭpŏlĭon, *ii*, n. (τριπόλιον), germandrée [lavande de mer ?] : PLIN. 26, 39.

Trĭpolis, *is*, f. ¶ **1** Tripolitaine [Tripoli] Atlas I, E6 ; IX, D3 : SOLIN. 27, 8 ; SPART. *Sept.* 18, 3 ‖ **-lĭtānus**, *a, um*, de Tripolitaine : EUTR. 8, 18 ¶ **2** canton de Thessalie : LIV. 42, 53, 6 ‖ **-lĭtānus**, *a, um*, de Tripolitaine : LIV. 36, 10, 5 ¶ **3** ville de Laconie : LIV. 35, 27, 9 ¶ **4** en Phénicie : PLIN. 5, 78 ; 6, 213 ‖ **-lĭtĭcum**, *vinum* PLIN. 14, 74, vin de Tripolis. ¶ **5** ville et fleuve dans le Pont : PLIN. 6, 11.

trĭpondis, *e*, adj. (*tres, pondo*), qui pèse trois as : ZEN. 2, 44, 2.

1 **trĭpontĭum**, *ii*, n. (*tres, pons*), endroit où il y a trois ponts : NOT. TIR. 110.

2 **Trĭpontĭum**, *ii*, n., agglomération voisine de Terracine [Latium] : CIL 10, 6824 ‖ ville de Bretagne : ANTON. 477.

trĭportentum, *i*, n. (*tres, portentum*), très grand prodige : PACUV. *Tr.* 381.

trĭpŏtens, *tis*, à la triple puissance [en parlant du Dieu trinitaire] : AUG. Ord. 2, 5, 16.

Tripsedi, *ōrum*, m. pl., peuple d'Asie : PLIN. 5, 127.

Triptŏlĕmĭcus, *a, um*, de Triptolème : FULG. Myth. 1, 10.

Triptŏlĕmus, *i*, m., Triptolème [inventeur de l'agriculture] : CIC. Tusc. 1, 98 ; Verr. 4, 110 ; OV. F. 4, 507 ; STAT. S. 4, 2, 36 ; HYG. Fab. 147.

triptōta nomina, n. pl. (τρίπτωτα), noms qui ont trois formes distinctes au sg. ou au pl. : DIOM. 309, 16 ; PRISC. 2, 188, 10.

trĭpŭdĭātĭo, *ōnis*, f., ▶ *tripodatio* : GLOSS. 2, 202, 3.

trĭpŭdĭo, *ās, āre*, -, -, intr. ¶ **1** danser des danses religieuses [en parl. des Saliens] : LACT. Inst. 1, 21, 45 ¶ **2** danser, sauter : SEN. Tranq. 17, 4 ‖ bondir : LIV. 23, 26, 9 ‖ se trémousser : SEN. Nat. 7, 32, 3 ‖ [fig.] se trémousser de joie : CIC. Sest. 88 ¶ **3** tr., célébrer : FULG. Aet. 11, 167, 25.
▶ **trĭpŭdĭo** FORT. Carm. 8, 3, 4.

trĭpŭdĭum, *ii*, n. (*tres, pes*, cf. *tripodum*) ¶ **1** danse [des Saliens] LIV. 1, 20, 4 ‖ [des Espagnols] LIV. 25, 17, 5 ‖ saut, bond : LIV. 21, 42, 3 ¶ **2** augure favorable, quand les poulets sacrés mangeaient si avidement qu'ils laissaient tomber les grains : CIC. Div. 2, 72 ; *tripudium facere* CIC. Div. 2, 73, faire le tripudium.

trĭpūs, *ŏdis*, m. (τρίπους), trépied [souvent donné en prix dans les jeux de la Grèce] : HOR. O. 4, 8, 3 ; VIRG. En. 5, 110 ‖ trépied de la Pythie [à Delphes] : CIC. Nat. 3, 42 ; VIRG. En. 3, 360 ; [d'où] = oracle de Delphes : OV. F. 3, 855, ou oracle [en gén.] : STAT. Th. 1, 509 ; VAL.-FLAC. 1, 554 ; SEN. Med. 785.

▶ abl. *tripodi* LUCR. 1, 739 ‖ acc. irrég. *tripum* FULG. Myth. 1, 17, v. *tripoda*.

trĭquĕtrum, *i*, n. (*triquetrus*), trine aspect [astrol.] : PLIN. 2, 59 ; 2, 80.

trĭquĕtrus, *a, um* (*tres*, cf. v. irl. *hvatr*, pointu, al. *wetzen*, an. *whet*), qui a trois angles, triangulaire : LUCR. 4, 653 ; PLIN. 2, 93 ; [forme de la Grande-Bretagne] CAES. G. 5, 13 ‖ relatif à la Sicile [à cause des trois pointes de cette île], Sicilien : LUCR. 1, 717 ; HOR. S. 2, 6, 55 ; QUINT. 1, 6, 30.

trīrēmis, *e* (*tres, remus*) ¶ **1** qui a trois rangs de rames : CAES. C. 2, 6 ; 3, 24 ¶ **2** subst. *triremis, is* f., trirème, vaisseau à trois rangs de rames : CIC. Verr. 5, 44 ; CAES. C. 2, 23 ; PLIN. 7, 207.

trīresmŏs, ▶ *triremis* : CIL 1, 25, 12.

trĭrhythmus, *a, um* (τρίρρυθμος), [métr.] formé de trois pieds : MAR. VICT. Gram. 6, 96, 25.

trīs, ▶ *tres* ▶.

trĭsaeclĭsĕnex, *is*, m. (*tres, saeculum, senex*), vieillard qui a vécu trois âges d'homme : LAEV. d. GELL. 19, 7, 13.

trĭsăgĭŏn, *ii*, n. (τρισάγιον), [chrét.] le Sanctus : AMBR. Fid. 2, 12 tit.

trĭscĕles, *is*, n. (τρισκελές), figure à trois côtés, triangle : HYG. Fab. 276 ; ISID. 20, 4, 14.

trĭschēmătistus, *a, um* (τρισχημάτιστος), à trois formes : SACERD. 6, 506, 24.

trĭschoenus, *a, um* (τρίσχοινος), de trois schènes (arpents), ▶ *schoenus* : PLIN. 5, 85.

trĭscurrĭum, *ii*, n. (*tres, scurra*), énorme bouffonnerie, clownerie : PRISC. Vers. Aen. 3, 480, 10 ; pl., JUV. 8, 190.

trĭsēmus, *a, um* (τρίσημος), [métr.] pied de trois syllabes : CAPEL. 9, 978.

trĭsextĭum, *ii*, n., mesure de trois setiers : M.-EMP. 16, 103 ; NOT. TIR. 90.

Trismĕgistus, *i*, m. (Τρισμέγιστος), Trismégiste [trois fois très grand, voir *Hermes*] : LACT. Inst. 1, 6, 3 ; 6, 25, 10 ‖ **Trismĕgistĭcus**, *a, um*, d'Hermès Trismégiste : LONGIN. d. AUG. Ep. 234, 1 ; ▶ *trimegistus*.

trĭsōmum, *i*, n. (τρίσωμον), sarcophage pour trois corps : INSCR. CHR. Diehl. 3818.

trispastŏs, *ŏn*, adj. (τρίσπαστος), à trois poulies [palan] : VITR. 10, 2, 3.

trispĭthămus, *a, um* (τρισπίθαμος), haut de trois empans : PLIN. 7, 26.

trissō, *ās, āre*, -, - (τρίζω, esp. *trisar*), intr., gazouiller [hirondelle] : ANTH. 733, 5 ; 762, 26.

tristātae, *ārum*, m. pl. (τριστάται), les trois premiers dignitaires après le roi : HIER. Ezech. 7, 27.

trĭstē (*tristis*), n. pris adv[t] ¶ **1** tristement : STAT. Th. 4, 19 ; HOR. S. 1, 8, 41 ‖ **-tius** PROP. 2, 20, 2 ¶ **2** avec beaucoup de difficultés : CIC. CM 67 ‖ durement : CIC. Fam. 4, 13, 5.

tristēga, *ōrum*, n. pl. (τρίστεγον), troisième étage : HIER. Ezech. 12, 41, 7 ; VULG. Gen. 6, 16.

trīsti, contr. pour *trivisti*, ▶ *tero*.

tristĭcŭlus, *a, um* (dim. de *tristis*), un peu triste, tristounet : CIC. Div. 1, 103 ; AUR. d. FRONT. Caes. 3 ; 18, 2, p. 55 N.

tristĭfĭcātĭo, *ōnis*, f., tristesse : ADAMN. Vit. Col. 3, 1.

tristĭfĭco, *ās, āre*, -, -, tr., attrister : CASSIAN. Coll. 15, 10, 2.

tristĭfĭcus, *a, um* (*tristis, facio*), qui attriste : CIC. poet. Div. 1, 13 ; PRUD. Cath. 4, 76.

tristĭmōnĭa, *ae*, f., ▶ *tristimonium* : B.-AFR. 10, 3 ; NOV. Com. 102.

tristĭmōnĭum, *ii*, n., tristesse : PETR. 63, 4.

tristis, *e*, adj. (trī-, cf. arm. *trtum*, al. *dreist* ; it. *triste*) ¶ **1** triste, affligé, chagrin : *Sequani tristes, capite demisso* CAES. G. 1, 32, les Séquanes, tristes et la tête baissée ¶ **2** [choses] : *tristibus temporibus* CIC. Fam. 15, 7, dans l'infortune, dans l'adversité ; *tristissima exta* CIC. Div. 2, 36, les entrailles du plus funeste augure ; *sors tristis* CIC. Mur. 42, fonction triste, peu agréable ; *tristis eventus alicujus* LIV. 8, 24, 18, fin tragique, sinistre de qqn ; *tristis unda* VIRG. En. 6, 438, les eaux sombres (sinistres) du Styx ; n. pl., *tristia* OV. F. 6, 463, les événements fâcheux ‖ *tristes arbores* PLIN. 16, 95, arbres à l'aspect triste ‖ [goût] amer, désagréable : LUCR. 4, 634 ; VIRG. G. 2, 126 ‖ [poét.] funeste : *triste lupus stabulis* VIRG. B. 3, 80, le loup est une chose funeste, un fléau pour les bergeries ¶ **3** sombre, sévère, austère, qui ne badine pas : *judex tristis et integer* CIC. Verr. prim. 30, juge sombre et intègre, cf. CIC. Cael. 13 ; *tristes sorores* TIB. 3, 3, 35, les sombres sœurs, les Parques ; *vultus severior et tristior* CIC. de Or. 2, 289, visage plus grave et plus sombre ; *triste et severum dicendi genus* CIC. Brut. 113, éloquence sombre et austère ; *triste responsum* LIV. 9, 16, 3, réponse dure, impitoyable ¶ **4** renfrogné, morose : *alicui* PL. Cas. 230, être de mauvaise humeur contre qqn, lui faire mauvaise figure, cf. PL. Cas. 282 ; PROP. 1, 10, 21.

tristĭtās, *ātis*, f., ▶ *tristitia* : *PACUV. Tr. 59 ; TURPIL. Com. 126.

tristĭtĭa, *ae*, f. (*tristis* ; fr. *tristesse*) ¶ **1** tristesse, affliction : CIC. de Or. 2, 72 ¶ **2** [choses] : *temporum* CIC. Att. 12, 40, 3, circonstances tristes, temps malheureux ; *caeli* PLIN. 2, 13, tristesse du ciel, ciel sombre ¶ **3** caractère sombre, sévère : CIC. de Or. 2, 236 ; Lae. 66 ; Fin. 4, 79 ¶ **4** mauvaise humeur : PROP. 1, 18, 10 ; OV. H. 3, 90.

1 **trĭstĭtĭēs**, *ēi*, f., ▶ *tristitia* : TER. Ad. 267 ; APUL. M. 9, 30, 3.

2 **Trīstĭtĭēs**, *ēi*, f., une des suivantes de Psyché : APUL. M. 6, 9, 2.

tristĭtūdo, *dĭnis*, f., ▸ *tristitia* : APUL. M. 3, 11 ; Apol. 32.

tristō, *ās*, *āre*, -, - ¶ **1** tr., rendre amer : Ps. AUG. Serm. 27, 3 ¶ **2** intr., être triste : Ps. VIGIL.-THAPS. Trin. 10, p. 289 D.

tristŏr, *āris*, *āri*, - (*tristis*), intr., s'attrister : VULG. 1 Reg. 20, 3.

trĭsulcus, *a*, *um* (*tres* et *sulcus*), qui a trois pointes, trois parties, triple : VIRG. En. 2, 475 ; PLIN. 11, 171 ; **telum trisulcum** OV. Ib. 467, carreau à triple pointe, foudre, cf. OV. M. 2, 848.

trĭsyllăbus, *a*, *um* (τρισύλλαβος), qui a trois syllabes, trisyllabe : VARR. L. 9, 91 ; CAPEL. 5, 522.

trit (onomat.), indécl., syllabe qui imite le cri de la souris : NAEV. d. CHAR. 239, 19.

Tritannus (**-ānus**), *i*, m., nom d'un centurion : LUCIL. d. CIC. Fin. 1, 9 ; PLIN. 7, 81.

trĭtăvĭa, *ae*, f. (*tritavus*), ascendante au sixième degré (mère de l'*atavus* ou de l'*atavia*) : DIG. 58, 10, 3 ; 58, 10, 10.

trĭtăvus, *i*, m. (*tres avus*), ascendant au sixième degré (père de l'*atavus* ou de l'*atavia*) : PL. Pers. 57 ; DIG. 58, 10, 3 ∥ ancêtre : VARR. R. 3, 3, 2.

1 trĭtē, *ēs*, f. (τρίτη), troisième note d'un tétracorde : VITR. 5, 4, 5 ; PS. CENS. 12, 3.

2 Trĭtē, *ēs*, f., une des cinquante filles de Danaos : HYG. Fab. 170.

trĭtectum, *i*, n. (*tres*, *tectum*), troisième étage : AMBR. Psalm. 36, 53 ; ▸ *tristega*.

trĭtēmŏrĭa, *ae*, f. (τριτημορία), tierce [musique] : CAPEL. 9, 930 et 959.

trĭthălēs, *is*, n. (τριθαλές), petite joubarbe [plante] : PLIN. 25, 160.

Trĭthĕītae, *ārum*, m. pl., Trithéites, hérétiques qui reconnaissaient trois dieux : ISID. 8, 5, 68.

Tritĭa, *ae*, f., ville d'Achaïe : CIC. Att. 6, 2, 3.

Trĭtĭānum gĕnus, n., espèce de chou pommé [de Tritium ?] : *PLIN. 19, 139.

trītĭcārĭus, *a*, *um*, ▸ *triticeus* : CIL 6, 2305.

trītĭcēĭus, PL. Cas. 494 et **trītĭcĕus**, *a*, *um* (*triticum*), de blé : CAT. Agr. 54, 2 ; VARR. 2, 5, 17 ; VIRG. G. 1, 219.

trītĭcĭārĭus, *a*, *um*, en remboursement du blé : **condictio triticiaria** DIG. 13, 3, 1 pr., action en restitution du blé [nom général au Bas-Empire à l'action en restitution de toute chose ayant fait l'objet d'un prêt].

trītĭcīnus, *a*, *um*, ▸ *triticeus* : PLIN. VAL. 5, 31.

trītĭcum, *i*, n. (cf. *tero*, *tritus* ; esp. *trigo*), blé, blé poulard, blé dur : VARR. L. 5, 105 ; COL 2, 6, 1 ; PLIN. 18, 63 ; CIC. Verr. 3, 170 ; **tritici grana** CIC. Div. 1, 78, des grains de froment.

Tritiensis, adj. m., de Tritia [Achaïe] : [pl.] PLIN. 4, 22 ∥ de Tritium : CIL 2, 4227.

trītĭlis, *e* (*tritus*), qu'on peut broyer : GLOSS. 4, 186, 27.

Tritium, *ii*, n. (Τρίτιον), ville de Tarraconaise : PLIN. 3, 27.

Trītŏgĕnīa, *ae*, f. (Τριτογένεια), surnom de Minerve, née, disait-on, sur les bords du Triton : P. FEST. 504, 19.

Tritolli, *ōrum*, m. pl., peuple de Narbonnaise : PLIN. 3, 34.

trĭtōmum, *i*, n. (τρίτομον), grande espèce de thon : PLIN. 32, 151.

Trītōn, *ōnis* (*ōnŏs*), m. (Τρίτων) ¶ **1** dieu marin, fils de Neptune : CIC. Nat. 1, 78 ; LUC. 9, 347 ; OV. M. 2, 8 ∥ [fig.] celui qui aime les viviers : CIC. Att. 2, 9, 1 ¶ **2** espèce de poisson : PLIN. 32, 144 ¶ **3** nom d'un bateau : VIRG. En. 10, 209 ¶ **4** rivière et lac d'Afrique : MEL. 1, 36 ; LUC. 9, 347.

Trītōnĭa, *ae*, f., surnom de Minerve, cf. ▸ *Tritogenia* : VIRG. En. 2, 171 ; OV. M. 2, 783 ; 5, 250.

Trītōnĭăcus, *a*, *um* ¶ **1** de Minerve : **Tritoniaca arundo** OV. M. 6, 384, le roseau de Minerve = la flûte ¶ **2 Tritoniaca palus**, le lac Triton [en Thrace] : OV. M. 15, 358 ; PS. PLACID. Fab. Ov. 15, 26.

Trītōnĭda, *ae*, f., Minerve : CAPEL. 9, 893.

1 Trītōnis, *ĭdis*, f. (Τριτωνίς) ¶ **1** Tritonienne (Minerve) : LUCR. 6, 750 ; VIRG. En. 2, 226 ¶ **2** marais du Triton [en Afrique, Djérid] Atlas I, E3 ; VIII, B3 : SIL. 3, 322 ; 9, 297.

2 Trītōnis, *ĭdis*, f. (τριτωνίς), l'olivier [consacré à Minerve, appelée aussi Tritonia] : STAT. S. 2, 7, 28.

Trītōnĭus, *a*, *um* (Τριτώνιος), Tritonien : **Tritonia Pallas** VIRG. En. 5, 704 ; **Tritonia Virgo** VIRG. En. 11, 483 ; **Tritonia** [seul] VIRG. En. 2, 171 = Minerve.

Trītōnŏs, f. ou **Trītōnōn**, *i*, n., ville de Grèce dans la Doride : LIV. 28, 7.

Trītŏpătreŭs, *ĕi* ou *ĕos*, m., Tritopatrée [esprit de l'Air] : CIC. Nat. 3, 53.

trītŏr, *ōris*, m. (*tero*), broyeur de couleurs : PLIN. 35, 11 ∥ qui use : **compedium** PL. Pers. 420, qui use les entraves [en parl. d'un esclave] ; **stimulorum** PL. Pers. 795, qui use les fouets [à force de recevoir des coups] ∥ **argentarius = caelator** CIL 6, 9950.

Trittensis, ▸ *Tritiensis*.

Trittĭa, *ae*, f., divinité locale d'une ville de Narbonnaise : CIL 12, 255.

trittĭlis, *e* (onomat., cf. *trisso*, *trit*), qui chuchote : SUEI. d. VARR. L. 7, 104.

trītūra, *ae*, f. (*tero*) ¶ **1** action de frotter, frottement : APUL. M. 9, 13 ¶ **2** battage du blé : VARR. L. 5, 21 ; COL. 2, 19, 1 ; VIRG. G. 1, 190.

trītūrātĭo, *ōnis*, f., battage [du blé] : AUG. Ev. Joh. 27, 11.

trītūrātŏr, *ōris*, m., batteur de blé [fig.] : AUG. Don. 10, 14.

trītūrō, *ās*, *āre*, -, - (*tritura*), tr., battre [le blé] : ISID. 15, 13, 16 ∥ [fig.] tourmenter : SIDON. Ep. 7, 6.

Trĭturrīta, *ae*, f., port d'Étrurie [Livourne] : RUTIL. 1, 527.

1 trītus, *a*, *um* (*tero*, *tribulum*, τρίβω ; it. *trito*) ¶ **1** part. de *tero* ¶ **2** [adj¹] **a)** foulé souvent, battu, fréquenté : **alicui viam tritam relinquere** CIC. Brut. 281, laisser à qqn une voie toute frayée, cf. CIC. Phil. 1, 7 ; **tritissima via** SEN. Vit. 1, 2, chemin bien battu **b)** souvent employé, usité, commun : **verba non trita Romae** CIC. Brut. 171, mots qui ne sont pas d'emploi courant à Rome, cf. CIC. Flac. 65 ; Rep. 2, 52 ; Off. 1, 33 ; **tritius verbum facere** CIC. Ac. 1, 27, rendre un mot plus courant **c)** habitué, rompu à, brisé à : **tritae aures** CIC. Fam. 9, 16, 4, oreilles exercées, cf. Brut. 124.

2 trītŭs, *ūs*, m. (*tero*), frottement, broiement : CIC. Nat. 2, 25.

Triullati, *ōrum*, m. pl., peuple des Alpes : PLIN. 3, 137.

trĭum, gén. de *tres*.

trĭumf-, ▸ *triumph-*.

Trĭumphāles, m. pl., surnom d'Isturgi [Bétique] : PLIN. 3, 10.

trĭumphālis, *e* (*triumphus*), triomphal, de triomphe : **triumphalis provincia** CIC. Pis. 44, province qui a été l'occasion du triomphe [par sa conquête] ; **porta** CIC. Pis. 55, porte triomphale [par où entrait le triomphateur] ; **corona** PLIN. 22, 6, couronne triomphale, cf. PLIN. 8, 195 ; **ornamenta triumphalia** SUET. Aug. 38 [ou] **triumphalia** [seul¹] TAC. H. 4, 4, ornements du triomphe [couronne d'or, toge brodée, tunique palmée, bâton d'ivoire (LIV. 10, 7, 9 et 30, 15, 11), décernés sous les empereurs même sans triomphe, à titre purement honorifique] ∥ **triumphalis senex, vir** OV. F. 6, 364 ; VELL. 2, 6, 4, vieillard, homme qui a reçu les honneurs du triomphe ; [**triumphalia** seul] SUET. Caes. 4 ; Aug., 30, triomphateur, cf. QUINT. 11, 1, 36 ∥ [Bas-Empire] triomphal [qualifie la majesté impériale] : **lex triumphalis memoriae patris nostri** COD. TH. 3, 10, 1, une loi de notre père de triomphale mémoire ; **scita triumphalia** COD. TH. 11, 31, 5, les décisions triomphales [= les décisions, constitutions impériales].

trĭumphālĭtĕr, adv., d'une manière triomphale : ALCIM. Hom. 4.

trĭumphātŏr, *ōris*, m. (*triumpho*), triomphateur : APUL. Apol. 17 ∥ [fig.] **erroris** MINUC. 40, 2, vainqueur de l'erreur [épithète de Jupiter] ; [des Césars] CIL 6, 1188.

trĭumphātōrĭus, *a*, *um*, ▸ *triumphalis* : TERT. Marc. 5, 10, 16.

trĭumphātrix, *īcis*, f. (*triumphator*), triomphante [légion] : CONCIL. S. 2, 2, p. 173, 7.

trĭumphātus, *a*, *um*, part. de *triumpho*.

triumphiger

trĭumphĭgĕr, *era*, *erum* (*triumphus*, *gero*), qui apporte le triomphe : DRAC. *Satisf.* 22 ‖ porté dans le triomphe : ENNOD. *Carm.* 2, 50, 7.

trĭumphō, *ās*, *āre*, *āvī*, *ātum* (*triumphus* ; it. *tronfiare*, fr. *tromper*?), intr. et tr. **I** intr. ¶ **1** obtenir les honneurs du triomphe, triompher : VARR. *L.* 6, 68 ; *ex praetura* CIC. *Mur.* 15, obtenir le triomphe au sortir de la préture ; *de Numantinis* CIC. *Phil.* 11, 18 ; *ex Transalpinis gentibus* CIC. *Phil.* 8, 18, remporter le triomphe sur les Numantins, sur les peuplades transalpines ‖ [fig. poét.] OV. *Am.* 2, 18, 18 ‖ [pass. impers.] *triumphari vidimus* CIC. *Off.* 2, 28, nous avons vu les honneurs du triomphe décernés, cf. LIV. 3, 63, 11 ; 45, 38, 2 ¶ **2** [fig.] triompher, exulter, être transporté : *laetaris et triumphas* CIC. *Verr.* 5, 121, tu es en joie et tu triomphes ; *gaudio triumphare* CIC. *Clu.* 14, ne pas se posséder de joie. **II** tr. ¶ **1** [act.] *aliquem, aliquid*, triompher de qqn, de qqch. : [tard.] LACT. *Mort.* 16, 5 ; HIER. *Ep.* 21, 2, 4 ‖ faire triompher : VULG. 2 *Cor.* 2, 14 ¶ **2** passif : *gentes triumphatae* VIRG. *G.* 3, 33, nations dont la défaite a donné lieu à des triomphes, cf. VIRG. *En.* 6, 836 ; HOR. *O.* 3, 3, 43 ; TAC. *G.* 37 ‖ [en parl. d'un vaincu] *triumphari*, être mené en triomphe : TAC. *An.* 12, 19 ‖ [poét.] *triumphatus*, conquis par la victoire : OV. *F.* 3, 732 ; *Pont.* 2, 1, 41 ; OV. *Am.* 1, 15, 26.

trĭumphus, *i*, anc^t **trĭumpus**, *m.* (θρίαμβος) ¶ **1** *triumpe !* exclamation des frères Arvales dans leurs processions : CIL 6, 2104 ‖ *io triumphe !* exclamation des soldats et de la foule pendant le défilé des troupes et du général victorieux se rendant au Capitole : VARR. *L.* 6, 68, cf. HOR. *O.* 4, 2, 49 ; *Epo.* 9, 21 ; *triumphum clamare* LIV. 21, 62, 2, pousser le cri de, *io triumphe !* cf. LIV. 45, 38, 12 ; SUET. *Caes.* 49 ; 51 ¶ **2** triomphe [entrée solennelle à Rome du général victorieux qui monte au Capitole sur un char traîné de chevaux blancs, revêtu lui-même de la *toga picta* et de la *tunica palmata*, et la tête ceinte de lauriers (tenue de Jupiter Capitolin), cependant que les soldats qui l'accompagnent poussent le *io triumphe !* et chantent des chants élogieux ou satiriques à l'adresse de leur général], cf. CIC. *Pis.* 60 ; LIV. 34, 52, 3 ; *triumphum decernere alicui* CIC. *Fin.* 4, 22, décerner le triomphe à qqn [en parl. du sénat] ; ▶ *deportare* : *triumphum agere de aliquo*, remporter le triomphe sur qqn : CIC. *Mur.* 31 ; *Verr.* 5, 100 [ou] *ex aliquo* Brut. 255 ; *Fam.* 3, 10, 1 ; LIV. 6, 7, 4 ; 41, 7, 1 ; *Pharsalicae pugnae triumphum agere* CIC. *Phil.* 14, 23, célébrer le triomphe à la suite de la bataille de Pharsale ; *castellani triumphi* CIC. *Brut.* 256, triomphes pour des prises de fortins, cf. LIV. 33, 37, 10 ; *hostium ducibus per triumphum ductis* CIC. *Verr.* 5, 77, les chefs ennemis étant conduits devant le char du triomphateur, cf. CIC. *Verr.* 5, 67 ; *insigni triumpho triumphare* LIV. 10, 46, 2, triompher avec une pompe brillante, cf. LIV. 30, 45, 2 ; *portari in triumpho Massiliam vidimus* CIC. *Off.* 2, 28, nous avons vu porter dans le triomphe [de César] l'effigie de Marseille ¶ **3** *triumphos ducere* SEN. *Polyb.* 13, 2, [= *agere*] célébrer des triomphes ¶ **4** [fig.] triomphe, victoire : CIC. *Vat.* 39.

Triumpilini, *ōrum*, m. pl., peuplade des Alpes : PLIN. 3, 134 ; 136.

trĭumpus, ▶ *triumphus*.

trĭumvĭr, *īri*, m. (tiré du gén. pl. arch. *trium virum*, de *tres viri*), pl., **trĭumvĭri**, *ōrum*, triumvir, membre d'une commission de trois personnes, triumvirs : *triumvir agrarius* LIV. 27, 21, 10, commissaire agraire [chargé de la répartition des terres entre les habitants des colonies, *tres viri agris dividundis*], cf. CIC. *Brut.* 79 ; *triumvir coloniis deducundis* SALL. *J.* 42, 1, triumvir chargé d'établir des colonies, cf. LIV. 3, 1, 6 ; 4, 11, 5 ; 8, 16, 14 ‖ *triumviri capitales, carceris lautumiarum* CIC. *Or.* 156 ; LIV. 25, 1, 10 ; 32, 26, 17 ; 39, 14, 10, triumvirs chargés de la police, de l'exécution des sentences criminelles et de la surveillance des prisons ; ▶ *tresviri* ‖ *triumviri epulones*, ▶ *epulo* ‖ *triumviri mensarii* LIV. 23, 21, 6 ; 24, 18, 12 ; 26, 36, 8, chargés de diriger les opérations de banque de l'État ‖ *triumviri rei publicae constituendae* SUET. *Aug.* 96 ; *Tib.* 4, [sg. NEP. *Att.* 12, 2 GELL. 3, 9, 4], triumvirs chargés d'organiser le gouvernement [triumvirat de Lépide, Antoine, Octave] ‖ [en gén.] le sénat créait souvent des triumvirs pour des missions particulières : LIV. 25, 5, 6 ; 25, 7, 5 ; 25, 7, 6 ‖ triumvirs administrant un municipe : CIC. *Clu.* 38.

trĭumvĭrālis, *e* ¶ **1** des triumvirs (*capitales*) : HOR. *Epo.* 4, 11 ; *triumvirale supplicium* TAC. *An.* 5, 9, étranglement par le lacet ¶ **2** des triumvirs [triumvirat] : SEN. *Ben.* 2, 11, 1.

trĭumvĭrātŭs, *ūs*, m. ¶ **1** commission de triumvirs : CIC. *Brut.* 117 ; LIV. 9, 46, 3 ¶ **2** le triumvirat [Antoine, etc.] : PLIN. 9, 122 ; SUET. *Aug.* 27.

trĭuncis, *e* (*tres*, *uncia*), de trois onces : TREB. *Claud.* 17, 6.

trĭvĕnēfĭca, *ae*, f., triple empoisonneuse : ▶ *terv-* : PL. *Aul.* 86.

trĭverbĕrō, *ōnis*, m., triple coquin : GLOSS. 2, 339, 20.

trīvī, parf. de *tero*.

Trĭvĭa, *ae*, f. (*trivius*), surnom de Diane [déesse des carrefours] : CATUL. 34, 15 ; VIRG. *En.* 6, 35 ; TIB. 1, 5, 16 ; OV. *M.* 2, 416.

trĭvĭālis, *e* (*trivium*), triple : ARN. 3, 34 ‖ trivial, grossier, vulgaire : JUV. 7, 55 ; QUINT. 1, 4, 27.

trĭvĭālĭtĕr, adv., çà et là [dans les carrefours] : ARN. 7, 36 ‖ grossièrement, comme dans les carrefours : SCHOL. JUV. 7, 55.

trĭvĭātim, adv. (*trivium*), par les carrefours, en pleine rue : CAPEL. 1, 3.

Trĭvīcum, *i*, n., bourg d'Apulie : HOR. *S.* 1, 5, 79.

trĭvĭum, *ĭi*, n. (*tres*, *via* ; it. *trebbio*), carrefour, endroit où aboutissent trois chemins : CIC. *Div.* 1, 123 ‖ en gén. = endroit fréquenté, place publique : CIC. *Agr.* 1, 7 ; LUCR. 4, 1203 ; VIRG. *En.* 4, 609 ; HOR. *S.* 1, 9, 59 ; *Ep.* 1, 16, 64 ; P. 245 ; *arripere maledictum ex trivio* CIC. *Mur.* 13, ramasser une injure dans la rue.

trĭvĭus, *a*, *um* (*trivium*), de carrefour [épith. des divinités qui avaient des chapelles dans les carrefours] : *trivia virgo* LUCR. 1, 84, Diane ; ▶ *Trivia*.

trĭvŏlum, ▶ *tribulum* : VARR. *L.* 5, 21.

trixāgo, *ĭnis*, f. (?), germandrée [plante] : PLIN. 24, 130.

trixal-, ▶ *troxal-* : PLIN. 30, 49.

Trĭzĭānum, ▶ *Tritianum*.

Trōădensis, *e*, de Troade, phrygien : COD. TH. 11, 28, 9.

Trōăs, *ădis*, acc. *ădă*, adj. f. (Τρῳάς), de Troie, de Troade : SEN. *Tro.* 94 (95) ; OV. *H.* 13, 94 ‖ subst. f. **a)** Troyenne : VIRG. *En.* 5, 613 ; OV. *M.* 13, 566 ‖ [titre d'une tragédie de Q. Cic.] CIC. *Q.* 3, 6, 7 ; *Troades* [tragédie de Sénèque], les Troyennes : SEN. *Troa.* 901 **b)** la Troade, le pays de Troie : NEP. *Paus.* 3, 3 ; PLIN. 5, 121.

trŏchaeīdēs, *is*, adj. m. (τροχαιειδής), qui ressemble au trochée : CAPEL. 9, 992.

trŏchaeus, *i*, m. (τροχαῖος) ¶ **1** trochée, chorée [pied composé d'une longue et d'une brève] : CIC. *Or.* 3, 182 ; QUINT. 9, 4, 80 ¶ **2** ▶ *tribrachus* [trois brèves] : CIC. *Or.* 191 ; QUINT. 9, 4, 82.

trŏchăĭcē, adv., en vers trochaïques : AUS. *Cent.* (350), ep.

trŏchăĭcus, *a*, *um*, trochaïque, composé de trochées : QUINT. 9, 4, 140 ; TER. MAUR. 6, 397, 2422.

trochilea, ▶ *trochlea* : CAT. *Agr.* 3, 5.

trŏchĭlus, *i*, m. (τρόχιλος) ¶ **1** roitelet [oiseau] : PLIN. 8, 90 ; 10, 203 ‖ pluvier d'Égypte : PLIN. 8, 90 ¶ **2** scotie [moulure en creux] : VITR. 3, 5, 3.

trŏchis, acc. *in*, f. (τρόχις), boisson faite avec des figues : PLIN. 14, 102.

trŏchiscus, *i*, m. (τροχίσκος) ¶ **1** ▶ *trochus* : APUL. *Apol.* 30 ¶ **2** pastille ronde, pilule : VEG. *Mul.* 2, 9, 6.

trŏchlĕa (**troclea**), *ae*, f. (τροχαλία ; cf. fr. *treuil*), chape [de poulie] : VITR. 10, 2, 1 ‖ poulie : LUCR. 4, 905 ; VITR. 9, 8, 3 ‖ [fig.] *trochleis pituitam adducere* QUINT. 11, 3, 56, expectorer avec effort [comme en employant une poulie].

trŏchlĕātim, adv., au moyen d'une poulie : SIDON. *Ep.* 5, 17, 8.

trŏchlĕātus, *a*, *um* (*trochlea*), décoré à la roulette [plat] : GRAUF. 30.
▶ écrit *trocliati* [nom. pl.].

trŏchus, *i*, m. (τροχός), trochus, cerceau de métal garni d'anneaux cliquetants avec lequel jouent les enfants : PROP. 3, 14, 6 ; HOR. O. 3, 24, 57.

trŏciscus, ▶ trochiscus : CAEL.-AUR. Chron. 2, 7, 104.

trŏclĕa (-ia), ▶ trochlea.

Trocmi, ōrum, m. pl. (Τρόκμιοι), les Trocmes [peuple de Galatie] : LIV. 38, 16 ; ▶ Trogmi.

trocta, ae, f. (cf. *tructa*), saumon : AMBR. Hex. 5, 3, 7.

Trōes, um, acc. **Trōas**, m. pl. (Τρῶες), les Troyens : VIRG. En. 1, 172 ∥ sg., ▶ Tros.

Troezēn, ēnis, f., **Troezēnē**, ēs, f. MEL. 2, 50, **Troezēna**, ae, f. SCHOL. BOB. CIC. Sest. 67, Trézène [ville du Péloponnèse] Atlas VI, C2 : CIC. Off. 3, 48 ; NEP. Them. 2, 8 ; PLIN. 4, 18 ∥ **Troezēnĭus**, a, um (Τροιζήνιος), de Trézène : PLIN. 4, 56 ; MEL. 2, 109 ∥ **-nĭi**, ōrum, m. pl., habitants de Trézène : MEL. 2, 49.

Troezēnē, ēs, f. ¶ 1 ▶ Troezen ¶ 2 ville de Carie : PLIN. 5, 109.

trŏgălĭa, ōrum, n. pl. (τρωγάλιον), fruits secs que l'on grignote, kémia : CASSIAN. Coll. 8, 1, 2.

Trōgĭli, ōrum, m. pl., port au nord de Syracuse : LIV. 25, 23, 10.

Trōgĭlĭae insŭlae, f. pl., îles voisines de Samos : PLIN. 3, 135.

Trōgĭlŏs, ▶ Trogili.

Troglita, ae, m., surnom romain : JORD. Rom. 385.

trōglītis (myrrha), f., sorte de myrrhe : PELAG. 35.

Trōglŏdўtae (Trōgŏ-), ārum, m. pl. (Τρωγλοδύται), Troglodytes [en gén., habitants des cavernes] : CIC. Div. 2, 93 ; MEL. 1, 23 ; PLIN. 2, 183 ∥ **-dўtĭcē**, ēs, f., la Trogodytique [contrée au-delà de l'Éthiopie] : PLIN. 6, 169 ; 2, 185 ∥ **-dўtĭcus**, a, um, de la Trogodytique : PLIN. 12, 69 ; 12, 101 ∥ **-dўtĭs**, ĭdis, adj. f., des Trogodytes : PLIN. 6, 17.

Trogmi, ōrum, m. pl., peuple de Galatie : CIC. Div. 2, 79 ; PLIN. 5, 146.

Trōgŏdўtae, etc., ▶ Troglodytae.
▶ orthographe donnée par les meilleurs mss, généralement adoptée pour Pline.

trōgōn, ▶ trygon.

Trōgus Pompeius, m., Trogue Pompée [historien du temps d'Auguste, abrégé par Justin] : JUST. pr. 1 ; 38, 3.

Trōĭa, ▶ Troja : SEN. Tro. 824 ; 853.

1 **Trōĭădēs**, ae, m. (Τρωϊάδης), Troyen : ANTH. 619, 6.

2 **Trōĭădēs**, um, f. pl., les Troyennes : PERS. 1, 4 ; ▶ Troas.

Trōĭcus, a, um (Τρωϊκός), troyen : CIC. Brut. 40 ; VELL. 1, 5, 3 ; OV. M. 15, 730.

Trōĭlĭum, ĭi, n., ville d'Étrurie : LIV. 10, 46.

Trōĭlus (-ŏs), i, m. (Τρώϊλος), Troïlos [fils de Priam] : PL. Bac. 954 ; VIRG. En. 1, 474 ; HOR. O. 2, 9, 16.

Trōĭus, a, um (Τρώϊος), de Troie : VIRG. En. 1, 596 ; OV. M. 14, 156.

Trōja, ae, f. (Τροία), Troie ¶ 1 ville de Phrygie Atlas I, D5 ; VI, B3 : LIV. 1, 1 ; VIRG. En. 1, 1 ¶ 2 ville fondée en Italie par Énée : LIV. 1, 1, 3 ¶ 3 ville d'Épire fondée par Hélénus : VIRG. En. 3, 349 ; OV. M. 13, 721.

1 **Trōjānus**, a, um (Troja), de Troie, troyen : VIRG. En. 2, 4 ; HOR. O. 1, 28, 11 ∥ **equus Trojanus** CIC. Mur. 78, cheval de Troie ; [titre d'une tragédie de Naevius] CIC. Fam. 7, 1, 2 ; 7, 16, 1 ∥ **Trojani ludi** SUET. Tib. 6, jeux troyens ∥ **porcus Trojanus** MACR. Sat. 3, 13, 13, porc farci à la troyenne [comme le cheval] ∥ **-ni**, ōrum, m. pl., Troyens : CIC. Phil. 2, 59 ; Div. 2, 82.

2 **Trōjānus**, i, m., Trojan, évêque des Santons : GREG.-TUR. Conf. 58.

Trōjŭgĕna, ae, adj. (Troja, geno), troyen : **Trojugenae gentes** LUCR. 1, 465, les peuples troyens ∥ subst. m. : CARM. d. LIV. 25, 12, 6 ; VIRG. En. 3, 359, Troyen ; **Trōjŭgĕnae**, ārum, Troyens : VIRG. En. 8, 117 ∥ [par ext.] Romain : JUV. 1, 100 ; 11, 95.

Tromentīna trĭbŭs, f., une des tribus rustiques : LIV. 6, 5, 8 ; P. FEST. 505, 5.

Tronum, i, n., ville de Dalmatie : ANTON. 338.

1 **trŏpa**, adv. (τρόπα), à la fossette [jeu d'osselet] : *MART. 4, 14, 9.

2 **trŏpa**, ae, f. (τροπή), révolution céleste, solstice : CIL 6, 2305.

trŏpaeātus, a, um (*tropaeum*), honoré d'un trophée : AMM. 23, 5, 17.

trŏpaei, ōrum, m. pl. (τροπαῖοι), vents de terre qui reviennent de la mer où ils ont soufflé : PLIN. 2, 114.

Trŏpaeŏphŏrus, i, m. (τροπαιοφόρος), qui porte un trophée, vainqueur [épith. de Jupiter] : APUL. Mund. 37.

trŏpaeum, i, n. (τρόπαιον) ¶ 1 trophée [primitᵗ un arbre abattu et élagué auquel on suspendait les armes des vaincus, cf. VIRG. En. 11, 5, puis un monument élevé sur le champ de bataille] : CIC. Pis. 92 ; SALL. H. 3, 89 ¶ 2 victoire, triomphe : HOR. O. 2, 9, 19 ; OV. H. 9, 104 ¶ 3 [métaph.] monument, souvenir, trophée : CIC. Verr. 2, 115 ; PROP. 3, 9, 34 ∥ [chrét.] tombeau : HIER. Ep. 46, 12.

Trŏphōnĭus, ĭi, m. (Τροφώνιος) ¶ 1 architecte qui, avec son frère Agamède, bâtit le temple d'Apollon à Delphes : CIC. Tusc. 1, 114 ¶ 2 dieu qui habitait un souterrain près de Lébadée en Béotie et rendait des oracles : CIC. Div. 1, 74 ; Nat. 3, 49 ; PLIN. 34, 66 ∥ **Trŏphōnĭānus**, a, um, de Trophonius : CIC. Att. 6, 2, 3.

trŏpĭca, ōrum, n. pl., révolutions, changements : PETR. 88, 2.

trŏpĭcē, adv., métaphoriquement, par métaphore : AUG. Gen. litt. 4, 9.

trŏpĭcus, a, um (τροπικός) ¶ 1 tropical, du tropique : AUS. Idyl. 16 (363), 8 ; MANIL. 3, 614 ∥ subst. m., tropique : CHALC. 69 ¶ 2 figuré, métaphorique : GELL. 13, 24, 31.

Tropina, ōrum, n. pl., ville de l'Inde : PLIN. 6, 72.

Trŏpis, is, f. (τρόπις), fond de bouteille, lie : MART. 12, 82, 11.

Trŏpītae, ārum, m. pl., Tropites [hérétiques qui croyaient le Verbe changé en chair] : FIL. 42 (70), 1.

trŏpŏlŏgĭa, ae, f. (τροπολογία), langage figuré : HIER. Joel 9, 18 ∥ interprétation morale [conduite, mœurs] : HIER. Ep. 120, 12.

trŏpŏlŏgĭcē, adv., métaphoriquement, en style figuré : HIER. Soph. 1, 8.

trŏpŏlŏgĭcus, a, um, métaphorique, figuré : SIDON. Ep. 9, 3, 5 ; HIER. Joh. 7.

trŏpus, i, m. (τρόπος) ¶ 1 trope [rhét.] : QUINT. 9, 1, 4 ; 9, 2, 24 ¶ 2 chant, mélodie : FORT. Carm. 10, 10, 54 ; 10, 10, 60.

Trōs, ōis, m. (Τρώς) ¶ 1 roi de Phrygie, qui donna son nom à Troie : VIRG. G. 3, 36 ; OV. F. 4, 33 ; SIL. 11, 297 ¶ 2 adj. m., Troyen, ▶ Troes.

Trosmis, is, f., ville de Mésie sur le Danube Atlas I, C5 : OV. Pont. 4, 9, 79.

trossŭli, ōrum, m. pl. (étr. ?), les trossules = les chevaliers romains [ainsi appelés de la ville de Trossulum prise par eux sans le concours des fantassins] : VARR. Men. 480 ; PLIN. 33, 35 ; P. FEST. 505, 13 ∥ [fig.] petits maîtres, jeunes élégants : SEN. Ep. 76, 2 ; 87, 9 ; sg., PERS. 1, 82.

Trossŭlum, i, n., ville d'Étrurie : PLIN. 33, 35.

trōxallis, ĭdis, f. (τρωξαλίς), grillon : *PLIN. 30, 49.

trŭa, ae, f. (cf. ὀτρύνω, τορύνη, scr. tvarate, al. Quirl) ¶ 1 cuiller à pot : TITIN. Com. 128 ¶ 2 cassotte tubulaire [à manche creux] : VARR. L. 5, 118.

trublĭum, ▶ tryblium.

trucantus, i, m. (gaul.), petit poisson [goujon ?] : ANTHIM. 44.

trŭcīdātĭo, ōnis, f. (*trucido*), carnage, massacre : CIC. Phil. 4, 11 ; LIV. 28, 16, 6 ∥ taille des arbres : PLIN. 17, 257.

trŭcīdātŏr, ōris, m. (*trucido*), meurtrier : AUG. Civ. 1, 1 ; Ep. 194, 28.

trŭcīdō, ās, āre, āvī, ātum (trux, caedo), tr., égorger, massacrer, tuer : SALL. C. 58, 21 ; CIC. Cat. 1, 9 ; Pomp. 7 ∥ [fig.] **pisces, porrum** HOR. Ep. 1, 12, 21, immoler à sa faim poissons, poireaux ; **fenore trucidari** CIC. Cael. 42, être tué, écrasé par l'usure ; **a Servilio trucidatus** CIC. Har. 2, écrasé, foudroyé par Servilius [par ses paroles] ; [poét.] **ignem trucidare** LUCR. 6, 147, tuer, étouffer le feu.

trŭcĭlō, ās, āre, -, -, onomat., intr., crier [grive] : SUET. Frg. 161 ; ANTH. 762, 17.

trŭcis, gén. de *trux*.

tructa, ae, f. (gaul. ; fr. *truite*), ISID. 12, 6, 6, **tructus**, i, m., PLIN. VAL. 5, 43, truite [poisson].

trŭcŭlens, tis, ▶ truculentus : CASSIOD. Var. 1, 13.

truculenter

trŭcŭlentĕr, adv. (truculentus), d'un air farouche, brutalement : Cassiod. Var. 1, 30 ; Fort. Mart. 4, 541 ‖ **-tius** Cic. Agr. 2, 13 ; Val.-Max. 3, 8, 5 ‖ **-tissime** Quint. 6, 1, 43.

trŭcŭlentĭa, ae, f. (truculentus), dureté, manières farouches, âpreté : Apul. M. 9, 36 ‖ [fig.] **caeli** Tac. An. 2, 24, rudesse du climat.

1 **trŭcŭlentus**, a, um (trux), farouche, dur, bourru ; cruel, menaçant, terrible, redoutable : Cic. Sest. 19 ; Plin. 8, 10 ; Quint. 11, 3, 73 ; **truculentior** Tac. H. 4, 22 ; An. 12, 50 ; **vocibus truculentis** Tac. An. 1, 25, avec des cris farouches ; **truculentissimum facinus** Her. 4, 12, crime sauvage ; **truculentum aequor** Catul. 64, 179, mer farouche, redoutable ‖ n. pl., **truculenta pelagi** : Catul. 63, 16, les menaces de la mer.

2 **Trŭcŭlentus**, i, m., titre d'une comédie de Plaute : Cic. CM 50.

trŭdis, is, f. (cf. trudo), pique garnie de fer : Virg. En. 5, 208 ; Isid. 18, 7, 3 ‖ perche ferrée, croc : Tac. An. 3, 46.

trūdō, ĭs, ĕre, trūsī, trūsum (cf. al. verdriessen, rus. trud), tr. ¶ 1 pousser [avec force, avec violence] : **adverso monte saxum** Lucr. 3, 1000, pousser un rocher devant soi sur la pente d'une montagne ; **glaciem flumina trudunt** Virg. G. 1, 310, les fleuves charrient des glaçons ; **hostes trudere** Tac. An. 2, 11, bousculer les ennemis ¶ 2 faire sortir : **gemmas trudere** Virg. G. 2, 325, pousser, produire des bourgeons ; **gemmae se trudunt** Virg. G. 2, 74, les bourgeons sortent ; **truditur e sicco radix oleagina ligno** Virg. G. 2, 31, des racines d'olivier poussent d'un bois sec ¶ 3 [fig.] **in comitia aliquem** Cic. Att. 1, 16, 12, pousser qqn aux comices [à se porter candidat] ; **in mortem trudi** Cic. Tusc. 1, 71, être mené à la mort ; **in arma trudi** Tac. H. 5, 25, être poussé à prendre les armes ; **truditur dies die** Hor. O. 2, 18, 5, le jour chasse le jour ; **fallacia alia aliam trudit** Ter. And. 779, une fourberie chasse l'autre [à trompeur trompeur et demi].

trŭella, ae, f. (dim. de trua, cf. trulla), puisette : Scaev. Dig. 34, 2, 36.

Trŭentum, i, n., ville du Picénum : Plin. 3, 110 ‖ **-tīnus**, a, um, de Truentum : Pomp. d. Cic. Att. 8, 12, 1 ; Sil. 8, 435 ‖ **-tīni**, m., Truentins, habitants de Truentum : Plin. 3, 116.

trulla, ae, f. (dim. de trua ; τροῦλλα, esp. trulla, fr. truelle) ¶ 1 louche : Cat. Agr. 13, 2 ‖ puisette : Cic. Verr. 4, 62 ‖ cassotte : Varr. L. 5, 118 ¶ 2 casserole : Tert. Apol. 13, 14 ‖ récipient à feu : Liv. 37, 11, 13 ¶ 3 pot de chambre : Juv. 3, 108 ¶ 4 truelle : Pall. 1, 13, 2.

trullĕum, i, n. (trulla), écope : Cat. Agr. 11, 3 ‖ cassotte tubulaire, évier : Varr. L. 5, 118.

trullĕus, i, m. (trulleum), casserole : Lucil. 511 ; Plin. 34, 7.

trullĭo, ōnis, m. (trulla), casserole : Antid. Brux 4.

trullissātĭo, ōnis, f. (trullisso), action de crépir, enduit, crépi : Vitr. 7, 3, 5.

trullissō, ās, āre, -, - (trulla), tr., enduire, crépir : Vitr. 7, 3, 3.

trullĭum, ĭi, n., ⊂▸ trulleum : Cat. Agr. 10, 2.

trullizātĭo, ōnis, f., ⊂▸ trullissatio : Fav. 22.

trullizō, ās, āre, -, -, ⊂▸ trullisso : Fav. 17 ; 21 ; 22.

trūlum, ⊂▸ trulleum : Orib. Syn. 3, p. 906.

Trumplīni, ōrum, m. pl., peuple des Alpes : Plin. 3, 134.

truncātim, adv., en mutilant, incomplètement : Boet. Elench. 2, 2.

truncātĭo, ōnis, f. (trunco), amputation : Cod. Th. 7, 13, 5 ; Cassian. Inst. 8, 7.

truncātus, a, um, part. de trunco.

truncō, ās, āre, āvī, ātum (truncus ; it. troncare), tr., tronquer, amputer : Liv. 31, 23, 10 ; 31, 30, 7 ; Tac. An. 1, 17 ; **olus foliis** Ov. M. 8, 647, éplucher les légumes ‖ **truncatus manibus et armis** Claud. Get. 89, privé de ses mains et de ses armes ‖ **heroos gressu tenores** Stat. S. 5, 3, 99, raccourcir dans leur marche de vers héroïques [changer des hexamètres en pentamètres] ; **aquas** Claud. Gig. 70, arrêter les eaux ‖ **cervos** Val.-Flac. 6, 568, tuer, massacrer des cerfs.

truncŭlus, i, m. (dim. de truncus), tronçon : Cels. 2, 2, 20 ; 2, 22, 1.

1 **truncus**, a, um (cf. trux) ¶ 1 coupé, mutilé, tronqué [arbres, corps humain, objets] : **trunca pinus** Virg. En. 3, 659, un pin coupé ; **trunca manus** Sen. Ep. 66, 51, main mutilée ; **truncum corpus** Liv. 41, 9, 5, corps sans membres ; **trunca tela** Virg. En. 11, 9, traits brisés en morceaux ‖ **vultus truncus auribus** Mart. 2, 83, 3, tête amputée des oreilles ; **animalia trunca pedum** Virg. G. 4, 310, insectes sans pattes ¶ 2 [fig.] **a)** **urbs trunca** Liv. 31, 29, 11, ville mutilée ; **actio trunca** Quint. 11, 3, 85, action oratoire mutilée ; **trunca quaedam** Gell. 2, 23, 21, certains fragments **b)** **truncae manus** Prop. 4, 8, 42, courtes mains [d'un nain].

2 **truncus**, i, m. (1 truncus ; it. tronco) ¶ 1 tronc [arbre], souche : Cic. CM 52 ; Lae. 48 ; de Or. 3, 179 ; Caes. G. 4, 17 ‖ [métaph.] Cic. Tusc. 3, 83 ¶ 2 [fig.] **a)** tronc, buste d'une personne : Cic. Or. 59 ; Com. 28 **b)** fût de colonne : Vitr. 4, 1, 7 **c)** fragment, morceau détaché : Plin. 16, 201 **d)** [injure] souche, bûche : Cic. Pis. 19 ; Nat. 1, 84.

1 **trŭō**, ās, āre, -, - (trua), tr., remuer [avec une cuiller] : P. Fest. 9, 13.

2 **trŭo**, ōnis, m. (trua), pélican [oiseau] : P. Fest. 504, 21 ‖ sobriquet donné à une personne qui a un grand nez : Caecil. Com. 270.

Trŭpĕra, ⊂▸ Tryphera : CIL 6, 1954.

Trŭphĕra, ⊂▸ Tryphera : CIL 6, 7800.

Trŭpo, ⊂▸ Trypho : CIL 1, 1271.

trūsātĭlis, e (truso), qu'on pousse : **trusatilis mola**, meule à bras : Cat. Agr. 10, 4 ; 11, 4 ; Gell. 3, 3, 14.

trūsī, parf. de trudo.

trūsō, ās, āre, -, - (fréq. de trudo), tr., pousser vivement : Catul. 56, 6.

trūsus, a, um, part. de trudo.

trŭtĭna, ae, f. (τρυτάνη) ¶ 1 aiguille de la balance : Schol. Pers. 1, 7 ¶ 2 balance : Varr. L. 5, 183 ; Vitr. 10, 1, 6 ‖ [fig.] Cic. de Or. 2, 159 ; Hor. Ep. 2, 1, 30 ; Juv. 6, 437.

trŭtĭnātĭo, ōnis, f. (trutino), pesage : Cassian. Coll. 12, 8.

trŭtĭnātŏr, ōris, m. (trutino), celui qui pèse, appréciateur, juge, critique : Cassiod. Var. 6, 23 ; Ennod. Ep. 1, 1, 1 ; 2, 19, 2 ; Op. 2, 86.

trŭtĭnō, ās, āre, āvī, ātum, **trŭtĭnŏr**, āris, ārī, - (trutina), tr., examiner, peser [fig.] : Cassiod. Var. 5, 40 ; Pers. 3, 82.

Trutulensis portus, m., port de Bretagne : Tac. Agr. 38.

trux, trŭcis (trucido, 1 truncus, cf. v. irl. trú), farouche, sauvage : Cic. Agr. 2, 65 ; Liv. 34, 5, 6 ; Ov. M. 10, 715 ; **truci cantu** Liv. 5, 37, 8, avec des chants sauvages ; **voltu truci** Liv. 45, 10, 8, avec un visage farouche, menaçant ; **genus dicendi trux atque violentum** Quint. 11, 1, 3, style âpre et violent.
▸ [pas d'ex. du compar. ni du superl.]

tryblĭum, ĭi, n. (τρυβλίον), plat, écuelle : Pl. St. 691 ; Varr. L. 5, 120.

trychnŏs, i, f., Plin. 21, 177, **trychnum**, i, n., Plin. 21, 89, ⊂▸ strychnos.

1 **trўgētus**, i, m. (τρύγητος), vendange, vin nouveau : P. Fest. 503, 25.

2 **Trўgētus**, i, m., nom d'homme : CIL 6, 14202.

trўgĭnŏn, n. (τρύγινον), encre faite avec de la lie de vin : Plin. 35, 42.

trўgōdĕs, is, n. (τρυγῶδες), sorte de collyre : Cels. 6, 6, 8.

trўgōn, ŏnis, f. (τρυγών) ¶ 1 tourterelle : Plin. 10, 38 ¶ 2 pastenague [poisson] : Plin. 9, 155 ; Aus. Epist. 4 (393), 60.

Trўphaena, nom de femme : Petr. 100, 7 ; Vulg. Rom. 16, 2.

Trўphē, ēs, f. (Τρυφή), nom de femme : CIL 6, 37386.

Trўphēna, ae, f., **Trўphēnus**, i, m., nom de femme, nom d'homme : CIL 6, 27893 ; 17867.

Trўphĕra, ae, f. (Τρυφέρα), surnom de femme : CIL 6, 8617.

Trўphĕrus, i, m. (Τρυφερός), surnom d'homme : Juv. 11, 137.

Trўpho, Tryphōn, ōnis, m. (Τρύφων) ¶ 1 nom d'un médecin : Cels. 6, 5, 7 ¶ 2 roi de Syrie : Just. 36, 1, 7 ; 38, 9, 3 ‖ autres du même nom : Plin. 7, 208 ; Mart. 4, 72, 2.

Tryphōniānus, *i*, m., surnom d'esclave : CIL 14, 2431.

Tryphōnīnus, *i*, m., jurisconsulte sous les Sévères : Paul. Dig. 49, 14, 50.

Tryphōnĭus, *ĭi*, m., nom d'affranchi : CIL 5, 3351.

Tryphōsa, *ae*, f., nom de femme : Vulg. Rom. 16, 12 ; CIL 6, 17862.
▶ Tryphusa CIL 6, 14773.

tryx, *ўgis*, f. (τρύξ), vin nouveau, moût : P. Fest. 503, 25.

1 **tū**, *tŭi*, *tĭbi*, *tē* (cf. σύ, scr. *tvam*, rus. *ty*, al. *du*, an. *thou* ; fr. *tu*, *te*, *toi*), pron. pers. 2ᵉ pers. sg., tu, toi ¶ **1** renforcé **a)** par *te* : **tute** Pl. ; Ter. ; Cic. Rep. 1, 59 ; Caecil. 27 ; 31 ; Fam. 1, 8, 2 ; [acc.] **tete** Ter. Ad. 8 ; Cic. Tusc. 2, 63 ; [abl.] **tete** Pl. Ep. 82 ; **tutin** *(= tutene ?)* Pl. Mil. 299 ; Most. 369, est-ce que toi ? **b)** par *met*, au pl. : [nom.] **vosmet** Cic. Cael. 43 ; Caecin. 9 ; [acc.] Cic. Ac. 2, 144 ; **vobismet** Cic. Flac. 99 ‖ [qqf. au sg.] : **tibimet** Sen. Phaed. 1222 **c)** par *te* et *met* à la fois : **tutimet** = **tutemet** Ter. Haut. 374 ; **tutemet** Lucr. 1, 102 ¶ **2** [dat. éthique] : *alter tibi descendit de Palatio* Cic. Amer. 133, le second vous effectue sa descente du Palatin ; *ecce tibi exortus est Isocrates* Cic. de Or. 2, 94, alors vous voyez paraître Isocrate, cf. Cic. Sest. 89 ; Att. 2, 15, 3, cf. *tum mihi turbam invadite* Liv. 24, 38, 7, alors faites-moi une charge sur la foule, cf. Liv. 22, 60, 25 ¶ **3** [gén. pl. **vestrum** au lieu de l'adj. *vester*] : *majores vestrum* Sall. C. 33, 2, vos ancêtres, cf. Gell. 20, 6, 14 ; *consensus vestrum* Cic. Phil. 5, 2 [mais **vester** Cic. Sen. 5] votre accord ; *contio vestrum* Cic. Quir. 17 [**vestra** Cic. Agr. 3, 16] votre assemblée, cf. Cic. Phil. 6, 18 ; Agr. 2, 55 ; Att. 7, 13, 3.
▶ gén. arch. **tis** Pl. Mil. 1034 ; Ps. 6 ; Trin. 343 [acc. **ted** fréq.].

2 **tū** (onomat., cf. *tutubo*), hou [cri de la chouette] : Pl. Men. 654.

tŭapte, **tuopte**, V.▶ *tuus*.

tŭātĭm, adv. (*tuus*), suivant ta manière : Pl. Amp. 554, cf. Char. 221, 6 ; Non. 179, 31.

tŭba, *ae*, f. (*tubus*, onomat. ? ; cf. *2 tu*) ¶ **1** trompette, trompe ; [en part.] trompette militaire des Romains : Cic. Sull. 17 ; Cat. 2, 13 ; Caes. G. 2, 20 ‖ employés aussi dans diverses solennités : Varr. L. 6, 14 ; Virg. En. 5, 113 ; Ov. F. 1, 716 ‖ [métaph.] instigateur : Cic. Fam. 6, 12, 3 ; Juv. 15, 52 ¶ **2** [fig.] **a)** signal du combat, Claud. Pros. 1, 64 ; Cons. Stil. 1, 192 **b)** bruit, fracas : Claud. Gig. 60 **c)** trompette épique : Mart. 8, 3, 22 ; 8, 56, 4 **d)** discours emphatique : Sidon. Epist. 4, 3, 10 ¶ **3** tube, conduit : Vitr. 10, 7, 2.

Tubantes, *um*, m. pl., peuple de Germanie : Tac. An. 1, 51 ; 13, 55.

tŭbārĭus, *ĭi*, m. (*tuba*), fabricant de trompettes : Dig. 50, 6, 6.

tŭbellus, *i*, n. (dim. de *tubulus*), petit tube : Paul.-Nol. Ep. 31, 2.

1 **tŭbĕr**, *ĕris*, n. (cf. *tumeo* ; fr. truffe) ¶ **1** tumeur, excroissance, bosse : Ter. Ad. 245 ; Plin. 8, 67 ; Hor. S. 1, 3, 73 ; [prov.] *ubi uber, ibi tuber* Apul. Flor. 18, où il y a mamelle, il y a bosse = pas de roses sans épines ¶ **2** nœud, excroissance du bois : Plin. 16, 68 ; 16, 231 ¶ **3** truffe : Plin. 19, 33 ; Juv. 5, 116 ; Mart. 13, 50, 2 ¶ **4** *tuber terrae* **a)** truffe : Petr. 58, 4 **b)** autre nom du *cyclaminon* : Plin. 25, 115.

2 **tŭbĕr**, *ĕris* (empr.) ¶ **1** f., azerolier [arbre] : Plin. 16, 103 ; Col. 11, 2, 11 ; Pall. 2, 15, 19 ¶ **2** m., azerole, fruit de l'azerolier : Plin. 15, 47 ; Mart. 13, 42, 1 ; V.▶ *tubur*.

tŭbĕrascens, *tis* (1 *tuber*), protubérant : Itin. Alex. 6, 14.

tŭbĕrātĭo, *ōnis*, f. (2 *tubero*), tumeur, enflure : Ps. Bonif.-Mog. Vit. Liv. p. 883 D.

tŭbĕrātus, *a*, *um* (1 *tuber*), bossué, plein de bosses : Fest. 192, 8.

tŭbercŭlum, *i*, n. (dim. de 1 *tuber*), petite saillie, excroissance : Cels. 6, 13, 1 ; Plin. 22, 91.

1 **tŭbĕro**, *ōnis*, m. (*tuber*), hernieux : Gloss. 5, 624, 38.

2 **Tūbĕro**, *ōnis*, m., surnom dans la *gens Aelia* ; not. Q. Aelius Tubéro [adversaire de Tiberius Gracchus] : Cic. Brut. 117 ; Lae. 37 ‖ L. Aelius Tubéro [historien] : Cic. Q. 1, 1, 10 ; Caes. C. 1, 31 ; Gell. 6, 3, 4 ‖ Q. Aelius Tubéro [accusateur de Ligarius] : Cic. Lig. 1 ; 9 ; Quint. 11, 1, 80.

3 **tŭbĕrō**, *ās*, *āre*, -, - (1 *tuber*), intr., se gonfler : Apul. M. 2, 16, 1.

tŭbĕrōsus, *a*, *um* (1 *tuber*), rempli de proéminences, bosselé : Varr. R. 1, 49, 2 ‖ plein de bosses : **-osissimus** Petr. 15, 4.

Tubertus, *i*, m., surnom romain : Cic. Leg. 2, 58 ; Liv. 4, 29 ; Ov. F. 6, 723.

tŭbĭcĕn, *ĭnis*, m. (*tuba*, *cano*), trompette, celui qui sonne de la trompette : Cat. Orat. 223 ; Liv. 2, 64, 10 ; Ov. M. 3, 705 ; Sen. Ep. 78, 16 ‖ cf. Fest. 482, 27.

tŭbĭcĭnātĭo, *ōnis*, f., sonnerie de la trompette : Rufin. Orig. Hept. 4, 27, 12.

tŭbĭcĭnātŏr, *ōris*, m., un trompette : Gloss. 2, 429, 43.

tŭbĭcĭnō, *ās*, *āre*, -, - (*tubicen*), intr., sonner de la trompette : VL. Matth. 6, 2.

tŭbĭcĭnus, *i*, m. (*tubicen*), joueur de trompette : Iren. 4, 2, 12.

tŭbĭlustrĭum (**tŭbŭl-**), *ĭi*, n. (*tuba*, 1 *lustro*), fête de purification pour les trompettes employées dans les sacrifices : Varr. L. 6, 14 ‖ pl., Ov. F. 5, 725 ; Fest. 480, 25.

Tublīnātes, *um* (*ĭum*), m. pl., habitants de Tublinum [Castel Dolbino, près de Trente] : CIL 5, 5005.

tŭbō, *ās*, *āre*, -, -, C.▶ *tubicino* : VL. Num. 10, 3.

tŭbŏcantĭus, *ĭi*, m., C.▶ *tubicen* : CIL 6, 10149.

tubrucus, *i*, m. (cf. *tibracus*), vêtement couvrant les jambes : Isid. 19, 22, 30.

tŭbŭla, *ae*, f. (dim. de *tuba* ; esp. *tolva*), petite trompette : Sen. Ep. 56, 4.

tŭbŭlātĭo, *ōnis*, f. (*tubulus*), rainure, rigole : Apul. Flor. 9, 23.

tŭbŭlātus, *a*, *um* (*tubulus*), pourvu de tuyaux : Plin. Ep. 2, 17, 9 ‖ creux comme un tube : Plin. 9, 130.

1 **tŭbŭlus**, *i*, m. (dim. de *tubus*), petit tuyau, petit conduit ; Varr. R. 1, 8, 4 ; Vitr. 8, 6, 8 ‖ masse de métal : Plin. 33, 106.

2 **Tŭbŭlus**, *i*, m., surnom dans la *gens Hostilia* : Cic. Fin. 2, 54 ; Nat. 1, 63 ; Att. 12, 5, 3.

tŭbŭlustrĭum, V.▶ *tubilustrium*.

Tubunae, *ārum*, f. pl., ville de la Maurétanie Césarienne [Tobna] : Aug. Don. 6, 12 ‖ **Tubunĭensis**, *e*, de Tubunae : Not. Dign. Oc. 25, 7.

tŭbŭr, *is*, f., C.▶ 2 *tuber* : Plin. 15, 47 ; 17, 75.

Tuburbi (**Thuburbi**), n. indécl., colonie d'Afrique [Teburba] : Plin. 5, 29.

Tuburbo Majus, n. indécl., ville d'Afrique Atlas VIII, A3 ; XII, H2 : Peut. 4, 4.

Tuburbo Mĭnus, C.▶ *Tuburbi* : Anton. 44.

tŭburcĭnābundus (**tŭburchĭn-**), *a*, *um*, qui mange gloutonnement : Cat. d. Quint. 1, 6, 42.

tŭburcĭnŏr, *ārĭs*, *ārī*, - (1 *tuber*, cf. *sermocinor*), tr., manger gloutonnement : Titin. Com. 82 ; Pl. Pers. 122 ‖ **tuburcinatus** [sens pass.] : Apul. M. 6, 25.

tŭbus, *i*, m. (*tuba*) ¶ **1** tuyau, canal, tube, conduit : Col. 1, 5, 2 ; Plin. 16, 224 ; Sen. Ep. 90, 25 ¶ **2** trompette [d. les sacrifices] : Varr. L. 6, 14.

Tubusuptu, n. indécl., ville de la Maurétanie Césarienne [Tiklat, près de Béja] Atlas VIII, A2 : Plin. 5, 21.

1 **Tucca**, *ae*, m., surnom ; not. de M. Plotius Tucca [ami de Virgile qui publia l'Énéide avec Varius] : Hor. S. 1, 5, 40.

2 **Tucca**, *ae*, f., ville d'Afrique, dans la Zeugitane [Dougga] : Anton. 47 ‖ port de la Maurétanie Césarienne : Plin. 5, 21.

3 **tucca**, *ae*, f. (gaul.), bœuf en gelée : Gloss. 2, 202, 52.

tuccētum (**tŭcētum**), *i*, n. (*tucca* ; esp. *tocino*), rillettes de bœuf : Pers. 2, 42 et Schol. ; Apul. M. 2, 7, 2 ; Arn. 2, 42.

Tucci, n. indécl., ville de Bétique, la même que Augusta Gemella [auj. Martos] Atlas IV, D2 : Plin. 3, 12 ‖ **Tucci Vetus**, autre ville de la Bétique Atlas IV, D1 : Plin. 3, 10 ‖ **-ĭtānus**, *a*, *um*, de Tucci : CIL 2, 1673.

Tuccĭa, *ae*, f., nom d'une vestale : Val. Max. 8, 1, 5 ; Plin. 28, 12.

Tuccītānus, V.▶ *Tucci*.

Tuccius

Tuccĭus, *ĭi*, m., nom de famille romaine : Cael. *Fam.* 8, 8 ; Liv. 35, 41 ; Plin. 7, 183.

Tucis, *is*, f., ville des îles Baléares : Plin. 3, 77.

tucus, *i*, m. (onomat.), coucou [oiseau] : Isid. 12, 7, 67.

Tude, ⊳ *Tyde* : Anton. 429.

Tŭder, *ĕris*, n., ville d'Ombrie Atlas XII, D3 [Todi] : Plin. 3, 113 ; Sil. 6, 645 ∥ **Tŭdernis**, *is*, de Tuder : Plin. 14, 36 ∥ **Tŭders**, *tis*, adj. m., de Tuder : Sil. 4, 222 ∥ **-dertes**, *um* (*ĭum*), m. pl., habitants de Tuder : Plin. 2, 148 ou **-tīni**, *ōrum*, m. pl., CIL 11, 4750.

tŭdĕs, *ĭtis*, m. (1 *tundo*), marteau : Fest. 480, 34 ; P. Fest. 481, 10.

tŭdĭātŏr, *ōris*, m., chaudronnier : *Gloss. 2, 202, 59.

Tudicius, *ĭi*, m., nom de famille romaine : Cic. *Clu.* 198.

tŭdĭcŭla, *ae*, f. (1 *tundo*), sorte de broyeur à olives : Col. 12, 52, 7 ∥ cuiller à pot : Gloss. 2, 202, 54.

tŭdĭcŭlō, *ās*, *āre*, *āvī*, - (*tudicula* ; fr. *touiller*), tr., broyer, triturer : Varr. *Men.* 287.

Tŭdĭtānus, *i*, m., surnom dans la *gens* Sempronia : Enn. *An.* 304 ; Cic. *CM* 10.

tŭdites, pl. de *tudes*.

tŭdĭtō, *ās*, *āre*, -, - (*tudes*), tr., pousser, choquer : Lucr. 2, 1142 ; 3, 394 ∥ [fig.] abattre de la besogne, agir : Enn. *An.* 135 ; Fest. 480, 29.

Tudri, *ōrum*, m. pl., les Tudres [peuple germain] : Tac. *G.* 42.

tŭĕō, *ēs*, *ēre*, -, -, tr., ⊳ *tueor* : *tuento* Cic. *Leg.* 3, 7 ; *tueatis* CIL 6, 12802 ∥ [pass.] : *tuebantur* *Varr. *R.* 3, 1, 4, ils étaient défendus ; Papin. *Dig.* 28, 3, 17 ; Vitr. 8, pr. 2.

tŭĕŏr, *ĕris*, *ĕrī*, *tŭĭtus sum* (peu clair, cf. *tumeo*, σάος, σῶμα, scr. *tavīti*), tr.

I avoir les yeux sur, regarder, observer : Lucr. 4, 312 ; 4, 334 ; 6, 1228 ; Virg. *En.* 1, 713 ∥ [avec acc. d'objet intér.] *transversa*, *aversa tueri* Virg. *B.* 3, 8 ; *En.* 4, 362, regarder de travers, obliquement ; *acerba* Virg. *En.* 9, 794, jeter des regards farouches, menaçants, cf. Virg. *En.* 6, 467 ∥ [avec prop. inf.] observer que, constater que : Pl. *Curc.* 260 ; Lucr. 1, 152 ; 6, 50.

II avoir l'œil à, veiller sur, cf. Varr. *L.* 7, 12 ¶ **1** protéger, garder, sauvegarder : *se, vitam corpusque* Cic. *Off.* 1, 11, se préserver, soi, sa vie et son corps ; *res domesticas* Cic. *Tusc.* 1, 2, veiller sur les affaires domestiques ∥ *castra tueri et defendere* Caes. *C.* 3, 94, garder et défendre le camp, cf. Caes. *C.* 2, 23 ; 3, 34 ; *G.* 4, 8 ; 5, 8 ; *personam principis civis* Cic. *Brut.* 80, soutenir le rôle du premier citoyen, cf. Cic. *Phil.* 8, 29 ; *tua tueor* Cic. *Fam.* 6, 15, je te suis tout dévoué ¶ **2** protéger contre : *ad omnes repentinos casus turrim* Caes. *C.* 3, 39, 2, protéger une tour contre tous les hasards soudains ∥ [avec *adversus*] Liv. 25, 11, 7 ; 31, 9, 3 ; 42, 46, 9 ∥ [avec *contra*] Cic. *Prov.* 11 ; Verr. 1, 153 ∥ [avec *ab*] Cic. *Dej.* 22.

▶ parf. *tuitus sum* Quint. 5, 13, 35 ; Plin. *Ep.* 6, 29, 10 ; *tutus sum* Frontin. *Strat.* 2, 12, 13 ; Apul. *Apol.* 103 ; Sall. *J.* 74, 3, ⊳ *tutus*.

tūfa, *ae*, f. (empr., cf. al. *Zopf*, fr. *touffe* ; roum. *tufă*), aigrette : Veg. *Mil.* 3, 5.

tūfera, *ĕris*, f., ⊳ 1 *tuber* : *Anthim. 38.

Tuficum, *i*, n., ville du Picénum [Ficano] : CIL 11, 5748 ∥ **-āni**, *ōrum*, m. pl., habitants de Tuficum : Plin. 3, 114.

tūfĭnĕus, ⊳ *tofineus*.

Tugĭa, *ae*, f., ville de Tarraconaise [Toya] Atlas IV, D2 : Anton. 404 ∥ **-ĭensis**, *e*, de Tugia : Plin. 3, 9.

Tugĭo, *ōnis*, m., nom d'homme : Cic. *Balb.* 45.

tŭgŭrĭŏlum, *i*, n. (dim. de *tugurium*), petite hutte, petite cabane : Apul. *M.* 4, 12 ∥ petite niche : Arn. 6, 3.

tŭgŭrĭum, *ĭi*, n. (empr., cf. *tego*, *toga*), cabane, hutte, chaumière : Varr. *R.* 3, 1, 3 ; Virg. *B.* 1, 69 ; Cic. *Sest.* 93 ; *tuguria Numidarum* Sall. *J.* 75, 4, cases des Numides.

tŭgŭrĭuncŭlum, *i*, n. (dim. de *tugurium*), Hier. *Vit. Hil.* 9.

tŭī, gén. de *tu*.

Tŭisco, *ōnis*, m., nom d'une divinité des Germains : Tac. *G.* 2, 6.

tŭismĕt, ⊳ *tuus*.

tŭĭtĭo, *ōnis*, f. (*tueor*) ¶ **1** garde, conservation, défense : *Cic. *Top.* 90 ; Macr. *Sat.* 2, 2, 12 ; Dig. 37, 11, 2 ¶ **2** protection [de Dieu] : Aug. *Civ.* 14, 27 ∥ protection légale : Cassiod. *Var.* 1, 37, 5 ¶ **3** entretien : Hier. *Is.* 16, 57, 7.

tŭĭtŏr, *ōris*, m., conservateur : P. Fest. 12, 8 ∥ défenseur, protecteur : Paul. *Dig.* 26, 1, 1, 1.

tŭĭtus, ⊳ *tueor*.

Tulcis, *is*, m., rivière de Tarraconaise : Mel. 2, 90.

tŭlī, parf. de *fero*.

Tulingi, *ōrum*, m. pl., peuple de Belgique : Caes. *G.* 1, 5.

Tulla, *ae*, f., une des compagnes de Camille : Virg. *En.* 11, 656.

Tulleius, *i*, m., nom d'homme : Cic. *Fam.* 15, 4, 8.

Tullĭa, *ae*, f. ¶ **1** fille de Servius, qui fit passer son char sur le cadavre de son père : Liv. 1, 48, 5 ¶ **2** fille de Cicéron : Cic. *Fam.* 16, 11.

Tullĭānē, adv., à la manière de Cicéron : Aug. *Pelag.* 2, 10, 37.

Tullĭānum, *i*, n., le Tullianum [cachot dans la prison d'État, décrit par Sall. *C.* 55, 3, construit par Servius Tullius] Atlas III A ; III B : Varr. *L.* 5, 151 ; Liv. 29, 22, 10.

Tullĭānus, *a*, *um*, de Tullius : Cic. *Att.* 15, 29, 1 ; 15, 26, 4.

Tullīnus, *i*, m., surnom d'homme : Tac. *An.* 16, 8.

Tullĭo, *ōnis*, m., nom d'homme : Cic. *Har.* 1.

Tullĭŏla, *ae*, f. (dim. de *Tullia*), petite Tullia, chère Tullia : Cic. *Att.* 1, 8, 3 ; 1, 10, 6.

1 **tullĭus**, *ĭi*, m. (cf. *tolleno*, *tollo*), jet d'eau ; cascade : Enn. *Tr.* 18 ; Fest. 482, 3.

2 **Tullĭus**, *ĭi*, m., nom de famille ; not[t] : Servius Tullius, sixième roi de Rome : Liv. 1, 41 ∥ M. Tullius Cicéron et son frère Q. Tullius Cicéron : Catul. 49, 1 ; Caes. *G.* 6, 32, 6.

Tullum, *i*, n., capitale des Leuques [Toul] Atlas V, D3 : Anton. 365.

1 **tullus**, *i*, m., ⊳ *tullius* : Isid. *Nat.* 44, 5.

2 **Tullus**, *i*, m., Tullus Hostilius, troisième roi de Rome : Liv. 1, 22 ; Val.-Max. 3, 4, 1 ∥ Tullus Cluilius : Cic. *Phil.* 9, 5.

*****tŭlo**, *tĕtŭli* (cf. *tollo*, 1 *latus*, *tolero*), [arch.] ⊳ *fero*, porter : subj., *tulat* Acc. *Tr.* 102 ∥ *tetuli* Acc. *Tr.* 116 ; Pl. *Most.* 471 ; *Amp.* 716 ; Ter. *And.* 808 ; Lucr. 6, 672 ; Catul. 63, 47 ; 66, 35.

▶ *tetuli* deviendra *tuli*, qui sert de parf. à *fero* ; noter que les formes *tulat*, *tetuli* ne se rattachent pas pour le sens à *tollo*.

tum, adv. (cf. *iste*, *tam*, *tunc*), alors ¶ **1** [seul] alors, à cette époque-là, à ce moment-là : Cic. *Rep.* 2, 16 ; *Brut.* 85 ; [avec gén.] *tum temporis* Just. 31, 2, 6, à ce moment-là ∥ [en part., alors, après un fait exprimé] alors, après cela : Caes. *G.* 5, 26, 4 ; 5, 43, 7 ; Cic. *Tusc.* 5, 61 ∥ [dans le dialogue] *tum Scipio*, alors, sur quoi Scipion... : Cic. *Rep.* 1, 18 ; *Div.* 2, 135 ; *Brut.* 11 ¶ **2** [en corrélation] **a)** *tum... cum*, alors que, au moment où, quand : *tum ipsum... cum* Cic. *Div.* 1, 118, juste au moment où ; *cum... tum*, quand... alors : Cic. *Verr.* 5, 27 ; *Fam.* 16, 12, 6 ; *Nat.* 1, 6 ∥ *tum... ubi* au moment où : Cat. *Agr.* 33 ; *ubi... tum* Cic. *Verr.* 4, 140, quand... alors ∥ *tum... postquam* Liv. 22, 3, 7, alors, après que ; *postquam... tum* Cic. *Verr.* 5, 100, après que... alors ∥ *tum... ut* Virg. *En.* 1, 485 ; 12, 218, au moment où ; *ut... tum* Cic. *Brut.* 30, quand ... alors ∥ *quando... tum* Cic. *Agr.* 2, 41, à l'époque où ; *quando... tum* Cic. *Rep.* 6, 24 ; Gell. 17, 6, 6 ∥ *tum... si* Cic. *Tusc.* 3, 52 ; *Verr.* 4, 26, alors... si..., seulement si [ou] *tum denique... si* Cic. *Mur.* 34, quand sa mort serait annoncée, alors, cf. Cic. *de Or.* 2, 315 ; *Fin.* 4, 32 ; *Verr. prim.* 31 ; 54 **b)** *cum... tum*, d'une part... d'autre part en particulier ; *cum... tum maxime* Cic. *Div.* 1, 7 ; *Tusc.* 4, 1 ; 5, 36 ; Caes. *G.* 7, 56 ; *tum praecipue* Cic. *Verr.* 2, 2 ; *Fam.* 13, 11 ; 3 ; Caes. *C.* 3, 68 ; *tum inprimis* Cic. *Fin.* 1, 18 ; *Fam.* 12, 22, 3, d'une part... d'autre part surtout ; **c)** *tum... tum...*, tantôt

tantôt : Cic. *Verr.* 4, 75 ¶ **3** marquant des rapports divers ***a)*** [succession] puis, ensuite : ***num te illa terrent... tum illud... ?*** Cic. *Tusc.* 1, 10, as-tu peur de cela... ou encore de cela ? ; ***precari ab indigno, supplicare, tum acerbius in aliquem invehi*** Cic. *Læ.* 57, prier un indigne, le supplier, puis s'emporter avec violence contre qqn, cf. Cic. *Tusc.* 5, 7 ; *Nat.* 1, 43 ; *Fin.* 2, 53 ; *Off.* 1, 71 ; ***primum... deinde... tum... postremo*** Cic. *Nat.* 2, 3 ; 3, 6, cf. Cic. *Fin.* 1, 50 ; 5, 65 ; *Tusc.* 5, 5 ‖ d'autre part, aussi, en outre : Cic. *Ac.* 1, 1 ; *Div.* 1, 50 ; *Off.* 1, 19 ***b)*** [comme *ita*] dans ces conditions : ***scribant... tum existimabo...*** Cic. *Or.* 235, qu'ils écrivent..., alors je croirai..., cf. Cic. *Marc.* 25 ‖ alors, dès lors : ***recordare... tum intelleges*** Cic. *Phil.* 2, 115, rappelle-toi... alors tu comprendras, cf. Cic. *Tusc.* 5, 100 ; *Planc.* 45 ***c)*** ***quid tum ?*** eh bien ! après ? et puis après ? que s'ensuit-il ? ; Cic. *Tusc.* 2, 26 ; 5, 107 ; *Verr.* 4, 132 ‖ [simple formule de liaison] et puis : Cic. *Clu.* 148 ; *Agr.* 1, 16 ; 3, 11 ; *Mur.* 26 ; **V.** *tunc*.

tumba, æ, f. (τύμβα, cf. *tumulus* ; fr. *tombe*), tombe, sépulcre : Hier. *Ezech.* 11, 39, 1.

tŭmĕfăcĭō, *is*, *ĕre*, *fēcī*, *factum* (*tumeo*, *facio*), tr., gonfler : Ov. *M.* 15, 303 ‖ [fig.] ***tumefactus***, gonflé [d'orgueil] : Prop. 3, 6, 6 ; Mart. 4, 11, 1.

1 **tŭmentĭa**, æ, f., enflure : Cæl.-Aur. *Acut.* 1, 10, 74.

2 **tŭmentia**, n. pl., **V.** *tumeo* ¶ 1.

tŭmĕō, *ēs*, *ēre*, -, - (cf. *tumulus*, *tumultus*, *tueor*, *totus*), intr. ¶ **1** être gonflé, enflé : ***corpus tumet veneno*** Ov. *M.* 3, 33, le corps est gonflé par le poison ; ***a vento unda tumet*** Ov. *F.* 2, 776, le vent soulève l'onde ‖ ***tumentia***, n. pl. pris subst¹, abcès, tumeurs : Plin. 29, 30 ¶ **2** [fig.] être gonflé par une passion ***a)*** colère : Cic. *Tusc.* 3, 19 ; Liv. 31, 8, 11 ***b)*** orgueil : Hor. *Ep.* 1, 1, 36 ; Plin. 37, 8 ; Ov. *M.* 14, 755 ; [acc. de rel.] ***vana tumens*** Virg. *En.* 11, 854, enflé d'un vain orgueil ; ***longa serie Cæsarum tumens*** Tac. *H.* 1, 16, tout gonflé de la longue suite des Césars [ses ancêtres] ***c)*** être en fermentation, être menaçant : ***tument negotia*** Cic. *Att.* 14, 4, 1, la situation est grosse de dangers ; ***Galliæ tument*** Tac. *H.* 2, 32, les Gaules sont en effervescence, cf. Plin. *Pan.* 28, 3 ***d)*** [rhét.] être enflé, boursouflé : Tac. *D.* 18 ; Quint. 8, 3, 18 ; Mart. 4, 49, 8.

tŭmescō, *is*, *ĕre*, *tŭmŭī*, - (inch. de *tumeo*), intr. ¶ **1** s'enfler, se gonfler : Virg. *G.* 2, 479 ; Ov. *M.* 1, 36 ; ***tumescentia vulnera*** Tac. *A.* 2, 77, plaies formant abcès ¶ **2** [fig.] ***a)*** se gonfler de colère : Ov. *H.* 8, 57 ***b)*** d'orgueil : Quint. 1, 2, 18 ***c)*** fermenter : ***operta tumescunt bella*** Virg. *G.* 1, 465, les guerres couvent sourdement.

tŭmĕt, **V.** *tu*.

tŭmĭdē, adv. (*tumidus*), en se gonflant : Drac. *Orest.* 364 ‖ [fig.] ***tumidissime*** Sen. *Contr.* 9, 2, 27, en un style très enflé.

tŭmĭdĭtās, *ātis*, f. (*tumidus*), enflure : Hier. *Ep.* 53, 10 ; ***tumiditas cordis*** VL *Prov.* 16, 6 d. Ambr. *Psalm.* 118, 7, 14, orgueil.

tŭmĭdō, *ās*, *āre*, -, - (*tumidus*), tr., gonfler : Aug. *Spec.* 30.

tŭmĭdŭlus, a, um (dim. de *tumidus*), un peu enflé : Apul. *Apol.* 6, 3.

tŭmĭdus, a, um (*tumeo*) ¶ **1** enflé, gonflé : Cic. *Tusc.* 3, 19 ; *Vat.* 4 ; Virg. *En.* 8, 671 ; ***crudi tumidique*** Hor. *Ep.* 1, 6, 61, n'ayant pas digéré et gonflés de nourriture ; ***tumidior humus*** Col. 4, 1, 3, sol plus renflé, plus élevé ¶ **2** [fig.] ***a)*** gonflé de colère : Virg. *En.* 6, 407 ; Hor. *P.* 94 ***b)*** gonflé d'orgueil : Quint. 11, 1, 50 ; Ov. *M.* 1, 754 ; ***tumidissimum animal !*** Sen. *Ben.* 2, 16, 2, ô le plus présomptueux des êtres ! ‖ ***cum tumidum est cor*** Hor. *S.* 2, 3, 213, quand ton cœur est gonflé d'ambition ***c)*** gonflé de menaces : Just. 41, 3, 7 ; Stat. *Ach.* 1, 155 ***d)*** [rhét.] boursouflé, emphatique : Quint. 10, 2, 16 ; 12, 10, 12 ; ***tumidior sermo*** Liv. 45, 23, 16, langage un peu boursouflé, cf. Plin. *Ep.* 7, 12, 4 ; Quint. 11, 1, 28 ¶ **3** [poét.] ***tumidus auster*** Virg. *En.* 3, 357, l'auster gonflé = qui gonfle [la voile], cf. Ov. *Am.* 1, 9, 13 ‖ ***tumidus honor*** Prop. 2, 24, 31, honneur qui gonfle d'orgueil.

tŭmŏr, *ōris*, m. (*tumeo*) ¶ **1** enflure, gonflement, bouffissure : Cic. *Tusc.* 4, 81 ; ***tumores*** Plin. 20, 257, abcès, plaies tuméfiées, tumeurs, cf. Cic. *Tusc.* 4, 63 ; ***in tumore esse*** Cic. *Tusc.* 3, 19, être enflé ¶ **2** [fig.] ***a)*** ***animi*** Cic. *Tusc.* 3, 26, agitation de l'âme, trouble ; ***erat in tumore animus*** Cic. *Tusc.* 3, 76, mon âme était en pleine effervescence ***b)*** effervescence, emportement, courroux : Virg. *En.* 8, 40 ; Sen. *Ir.* 3, 2, 5 ***c)*** orgueil : Quint. 2, 2, 12 ***d)*** fermentation, état menaçant : Cic. *Att.* 14, 5, 2 ***e)*** [rhét.] enflure : Quint. 12, 10, 73 ; Sen. *Ben.* 2, 11, 6.

tŭmŭī, parf. de *tumesco*.

tŭmŭlāmĕn, *ĭnis*, n. (*tumulo*), sépulture : CIL 9, 4796 (= CE 437), 11.

tŭmŭlō, *ās*, *āre*, *āvī*, *ātum* (*tumulus*), tr., couvrir d'un amas de terre, ensevelir : Catul. 64, 153 ; Ov. *M.* 8, 710 ; 15, 716.

tŭmŭlōsus, a, um (*tumulus*), où il y a beaucoup d'éminences, bosselé : Sall. *J.* 91, 3 ; Amm. 21, 10, 3 ‖ rempli de tombes : Prud. *Ditt.* 154.

tŭmulti, gén., **V.** *tumultus* ►.

tŭmultŭārĭē, Amm. 14, 2, 18 et **tŭmultŭārĭō**, Jul.-Val. 1, 51, avec précipitation.

tŭmultŭārĭus, a, um (*tumultus*) ¶ **1** enrôlé précipitamment, armé en hâte [soldats] : Liv. 5, 37, 7 ; 35, 2, 7 ¶ **2** [fig.] tumultuaire, fait précipitamment, à la hâte : Liv. 6, 29, 4 ; Quint. 7, 2, 34 ‖ ***tumultuaria pugna*** Liv. 21, 8, 7, combat confus, désordonné.

tŭmultŭātim, adv. (*tumultus*), précipitamment, au hasard : Sidon. *Ep.* 4, 11, 2 ; 8, 6, 6.

tŭmultŭātĭō, *ōnis*, f. (*tumultuor*), trouble, désarroi : Liv. 38, 2, 8 ‖ précipitation à s'enrôler : Isid. 9, 3, 55.

tŭmultŭō, *ās*, *āre*, -, -, intr., être agité, faire du bruit : Pl. *Ru.* 629 ; 638.

tŭmultŭŏr, *ārĭs*, *ārī*, *ātus sum* (*tumultus*), intr. ¶ **1** être dans le trouble, dans l'agitation, faire du bruit : Cic. *Agr.* 2, 101 ; *Cæl.* 36 ‖ ***tumultuantur Galliæ*** Suet. *Galb.* 9, les Gaules s'agitent, se soulèvent ‖ [pass. impers.] ***in castris tumultuari*** Cæs. *G.* 7, 61, 3, [on annonce] qu'il y a de l'agitation dans le camp, cf. Liv. 36, 44, 4 ; ***cum Gallis tumultuatum verius quam belligeratum*** Liv. 21, 16, 4, avec les Gaulois il faut dire qu'il y eut attaque soudaine plutôt que guerre ¶ **2** [fig.] ***a)*** ***nec tumultuantem de gradu dejici*** Cic. *Off.* 1, 80, [c'est le propre d'une âme ferme] de ne pas se laisser déconcerter en perdant la tête ***b)*** [rhét.] ***non dicere, sed tumultuari*** Quint. 10, 7, 12, ce n'est pas parler, mais faire du bruit, cf. Quint. 11, 12, 11.

tŭmultŭōsē, adv. (*tumultuosus*), avec bruit, avec désordre, en tumulte : Liv. 2, 28, 2 ; 2, 29, 5 ; ***tumultuosius*** Cæs. *G.* 7, 45, 1, en faisant plus de bruit ; ***quam tumultuosissime*** Cic. *Verr.* 2, 37, avec le plus de tapage, le plus de fracas possible.

tŭmultŭōsus, a, um (*tumultus*), plein d'agitation, de trouble, de tumulte : Cic. *Inv.* 1, 4 ; *Fam.* 2, 12, 1 ; ***quod tumultuosissimum pugnæ erat*** Liv. 2, 10, 7, l'épisode le plus furieux de la bataille [le plus fort de la mêlée] ‖ ***in otio tumultuosi*** Liv. 4, 28, 4, s'agitant, faisant grand bruit pendant la paix ‖ ***tumultuosiora quædam nuntiata sunt*** Cic. *Fam.* 12, 17, 1, certaines nouvelles assez alarmantes ont été apportées ; ***litteræ tumultuosiores*** Suet. *Ner.* 40, une lettre plus alarmante.

tŭmultŭs, *ūs*, m. (cf. *tumeo*) ¶ **1** désordre, trouble, tumulte : ***cum strepitu ac tumultu*** Cæs. *G.* 2, 11, 1, bruyamment et en désordre ; ***tumultum injicere civitati*** Cic. *Cat.* 3, 7, jeter le désarroi dans la cité ; ***num quæ trepidatio ? num qui tumultus ?*** Cic. *Dej.* 20, y avait-il quelque embarras ? quelque trouble ? [chez les convives] ; ***alteri apud alteros tumultum facere*** Sall. *J.* 53, 7, ils causaient du trouble les uns chez les autres ‖ fracas, vacarme, bruit : Pl. *Bac.* 1120 ; Cæs. *G.* 7, 47 ; 4 ; 7, 60, 3 ; ***cantuum et armorum tumultus*** Tac. *An.* 4, 47, le vacarme des chants et des armes, cf. Tac. *H.* 1, 85 ‖ [pl.] ***cæcos instare tumultus monet*** Virg. *G.* 1, 464, il annonce la menace de troubles encore cachés, cf. Hor. *S.* 2, 2, 126 ; ***in repentinos convivia versa tumultus*** Ov. *M.* 5, 5, festins changés tout à coup en

tumultus

désordres ‖ [poét.] fracas dans l'air [tempête, orage] : Hor. O. 1, 16, 12 ; 3, 27, 17 ; [agitation, tumulte des flots] *per Aegeos tumultus* Hor. O. 3, 29, 64, à travers les flots tumultueux de la mer Égée ¶ **2** tumulte [trouble causé à Rome par le déchaînement soudain d'une guerre soit dans l'Italie soit sur ses frontières, v. Cic. Phil. 8, 2] ; [d'où] *tumultus Italicus, Gallicus*, tumulte italien, gaulois = guerre soudaine des Italiens, des Gaulois [dans ce cas, on prenait en hâte toutes mesures utiles et en particulier on faisait la levée en masse, d'où l'expression] *decernere tumultum*, décréter l'état de tumulte [cf. "la patrie en danger"] c.-à-d. la levée en masse, cf. Cic. Phil. 5, 31 ; Liv. 34, 56, 11 ‖ [par ext.] soulèvement soudain, hostilités soudaines : *tumultum Istricum sedare* Liv. 41, 6, 1, apaiser le soulèvement de l'Istrie, cf. Tac. H. 4, 13 **a)** [fig.] agitation, trouble de l'esprit : Hor. O. 2, 16, 10 **b)** désordre, confusion dans la prononciation : Plin. 7, 55 ‖ mêlée confuse, confusion : Ps. Quint. Decl. 1, 4 ¶ **3** la foule : Sedul. Carm. 3, 2, 58 ‖ amas confus : Mamert. Anim. 1, 24.
▶ gén. *tumulti* Enn. Tr. 143 ; Acc. Tr. 485 ; Pl. Cas. 649 ; Poen. 207 ; Ter. And. 365 ; Hec. 356 ; *Sall. C. 59, 5.

tŭmŭlum, *i*, n., ⟹ *tumulus* : CIL 3, 2341.

tŭmŭlus, *i*, m. (*tumeo*) (it. *tombolo*) ¶ **1** éminence, élévation, tertre : *terrenus* Caes. G. 1, 43, 1, élévation de terrain [cf. ⟹ *mons saxeus*] ; Sall. J. 72, 5 ; *ut ex tumulo* Caes. G. 2, 27, 4, comme d'une éminence, cf. Cic. Verr. 5, 93 ‖ *tumuli*, collines, hauteurs : Cic. Att. 14, 13, 1 ; Mil. 85 ; *tumuli silvestres* Cic. Cat. 2, 24, hauteurs boisées ¶ **2** tombeau de terre amoncelée, tombeau : Cic. Leg. 2, 66 ; *tumulum facere, statuere* Virg. B. 5, 42 ; En. 6, 380 ; *struere* Tac. An. 2, 7, élever un tombeau.

tūn, ⟹ *tune*, ⟹ *tu*.

tunc, adv. ; adv. (*tum, -ce*, cf. *nunc* ; esp. *entonces*) ¶ **1** [seul] **a)** alors, à ce moment-là, à cette époque-là [surtout d. le p.] : Cic. Arch. 25 ; Sull. 9 ‖ [avec gén.] *tunc temporis* Just. 1, 4, 4, à ce moment-là ; *tunc locorum* Tert. Pall. 4, 7, même sens ‖ *tunc erat... nunc est* Cic. Clu. 154, alors c'était... maintenant c'est, cf. Cic. Arch. 5 ; Tusc. 1, 74 ; *jam tunc* Cic. Fam. 3, 12, 3, dès lors ‖ [par rapport au fut.] : Cic. Agr. 2, 86 ; Liv. 3, 53, 10 ; 41, 9, 11 ⟹ *tum* : Varr. R. 1, 27 ; Sen. Nat. 1, 8, 7 ; 4, 2, 21 **b)** alors, sur quoi, ensuite de quoi [d. le p.] : Cic. Verr. 2, 130 ; Fam. 3, 5, 3 ; 3, 6, 2 ; Caes. C. 2, 34 ¶ **2** [en corrél.] **a)** *tunc... cum*, au moment où [d. le p.] : Cic. Verr. 4, 22 ; 5, 111 ; Lig. 20 ; [d. le prés. ou fut.] Cic. Font. 29 ; Tusc. 2, 16 ; Quint. Sen. ; *tunc... ubi* [c. *tunc... cum*] Sen. Nat. 5, 13, 4 ; 6, 17, 2, quand alors ; *tunc... dum* Sen. Ep. 83, 21, tant que **b)** *tunc... si*, seulement si : [d. le p.] Cic. Att. 6, 8, 2 ; fut. : Sen. Ben. 4, 35, 2 ;

si... tunc, si ... alors : Liv. 8, 31, 7 ; Sen. Nat. 6, 15.
▶ plus récent que *tum*, évité par Virgile.

Tundis, *is*, f., ville de l'Inde : Peut. 11, 5.

1 tundō, *is*, *ĕre*, *tŭtŭdī*, *tunsum* ou *tūsum* (*tudes, tudicula*, cf. τύπτω, scr. *tudati*), tr. ¶ **1** frapper, battre : *oculos, latera alicui* Cic. Verr. 5, 142, frapper les yeux, les flancs de qqn ; *eamdem incudem* Cic. de Or. 2, 162, battre la même enclume, faire toujours la même chose ‖ [poét.] *tunsae pectora palmis* Virg. En. 1, 481, [les femmes] se frappant la poitrine de leurs mains ¶ **2** piler, broyer, écraser : Plin. 13, 126 ; 19, 91 ; 20, 207 ; 33, 119 ; [poét.] *tunsus gallae sapor* Virg. G. 4, 267, la saveur de la noix de galle pilée ¶ **3** [fig.] assommer, fatiguer, importuner : Pl. Poen. 435 ; Virg. En. 4, 448 ; *tundendo effecit* Ter. Hec. 123, à force de harceler il réussit ‖ [avec prop. inf.] rabâcher que, répéter à satiété que : Prop. 4, 5, 35.
▶ parf. *tunsi* donné aussi par Char. 248, 2 ; Diom. 372, 18.

2 tundo, ⟹ *tondeo*.

tundŏr, *ōris*, m., action de frapper : Apul. M. 4, 24.

Tūnēs, *ētis*, ⟹ *Tynes*.

Tunger, *gri*, m., nom d'homme : Sil. 7, 682.

Tungri, *ōrum*, m. pl., Tongres [peuple de Belgique] : Plin. 4, 106 ; Tac. G. 2 ; H. 2, 14.

Tungrĭcāni, *ōrum*, m. pl., légion de Tongres : Amm. 26, 6, 12.

tŭnica, *ae*, f. (empr., cf. χιτών ; it. *tonaca*) ¶ **1** tunique [vêtement de dessous des Romains à l'usage des deux sexes] : Cic. Tusc. 5, 60 ; *tunica Jovis* Juv. 10, 38 = *tunica palmata* Liv. 10, 7, 9, tunique brodée de palmes [conservée dans le temple de Jupiter Capitolin] ‖ *tunicae manicatae*, les tuniques à longues manches [étaient un signe de mœurs efféminées] : Cic. Cat. 2, 22, cf. Gell. 6, 12, 3 ‖ *tunica propior pallio est* Pl. Trin. 1154, la tunique touche de plus près que le manteau = charité bien ordonnée commence par soi-même ¶ **2** [fig.] enveloppe de toute espèce, cosse, gousse, coque, silique, coquille, tunique de l'œil : Plin. 11, 147 ; Cels. 7, 7, 14 ‖ tissu de l'écorce : Virg. G. 2, 75 ; Plin. 16, 65 ; 16, 163.

tŭnĭcātus, *a, um* (*tunica*), vêtu d'une tunique : Cic. Cael. 11 ; Mart. 10, 51, 6 ‖ qui n'a que la tunique [de petite condition, du bas peuple] : Pl. Poen. 1121 ; Cic. Agr. 2, 94 ; Hor. Ep. 1, 7, 65 ; Tac. D. 7.

tŭnĭcla, *ae*, f., ⟹ *tunicula* : *Cic. Leg. 2, 59.

tŭnĭcō, *ās*, *āre*, -, - (*tunicatus*), tr., vêtir d'une tunique : Varr. Men. 242.

tŭnĭcopallĭum, *ii*, n. (*tunica, pallium*), vêtement qui tient de la tunique et du pallium : Serv. En. 1, 648, cf. Non. 537, 33.

tŭnĭcŭla, *ae*, f. (dim. de *tunica*), petite tunique : Pl. Ru. 549 ; Varr. Men. 325 ‖

[fig.] enveloppe : Plin. 26, 123 ; 30, 88 ; P. Fest. 87, 20.

Tŭnĭcŭlārĭa, *ae*, f., celle qui porte une petite tunique [titre d'une comédie de Naevius] : Varr. L. 7, 108.

Tunisense oppidum, n., Tunisa, ville d'Afrique [Ras Zbib ?] : Plin. 5, 30 ; ⟹ *Tynes*.

Tuniza (Tunisa), *ae*, f., ville de la Zeugitane [La Calle] : Anton. 21.

tunna, *ae*, f. (gaul. ; fr. *tonne*), tonneau : Gloss. 7, 374.

Tunnocelum, *i*, n., ville de Bretagne : Not. Dign. Oc. 40, 51.

tunnus, ⟹ *thynnus*.

tunsĭo, *ōnis*, f. (*tundo*), action de frapper : Aug. Serm. 19, 2 ; 136, 2.

tunsus, *a, um*, part. de *tundo*.

tuopte, ⟹ *tuapte*.

1 tŭor, [3ᵉ conj.] ⟹ *tueor*, regarder, voir : *tuor* Catul. 20, 5 ; *tuimur* Lucr. 1, 300 ; *tuamur* Lucr. 4, 359 ; *tuantur* Lucr. 4, 997 ; cf. P. Fest. 487, 1 ; Fest. 486, 4.

2 tŭor, *ōris*, m., sens de la vue : Apul. Socr. 11.

tura, *ae*, f. (?), mouron [plante] : M.-Emp. 8, 143.

tūrābŭlum, *i*, n., encensoir : Hier. Tract. Psal. 140, 2 ; Gloss. 3, 93, 64 ; ⟹ *turibulum*.

tūrālis, *e* (*tus*), où l'on met de l'encens : Serv. En. 5, 745 ; **Tūrānĭus**, ⟹ *Turranius*.

1 tūrārĭus (thūr-), *a, um* (*tus*), relatif à l'encens : Solin. 5, 19 ; Plin. 16, 172.

2 tūrārĭus, *ii*, m., marchand d'encens : Tert. Idol. 11, 6 ; Firm. Math. 8, 25, 9 ; CIL 6, 36819.

3 Tūrārĭus vicus, m., nom d'un quartier de Rome : Ascon. Cic. Verr. 2, 1, 154.

1 turba, *ae*, f. (cf. *tura*, τύρβη ; fr. *tourbe*) ¶ **1** trouble d'une foule en désordre, mêlée, désordre, confusion, cf. Dig. 47, 8, 4 ; *nova turba atque rixa* Cic. Verr. 4, 148, une nouvelle mêlée, une nouvelle querelle, cf. Verr. 1, 67 ; Fam. 6, 6, 13 ; *turbas efficere* Cic. Verr. 5, 31, faire éclater des désordres ‖ [en parl. d'une pers.] trouble, agitation : Ter. And. 235 ¶ **2** [en part. chez les com.] **a)** désordre, tapage : *turbam facere* Pl. Pers. 726, faire du tapage ‖ querelle : *turbam facere alicui* Ter. Eun. 616, faire une scène à qqn ; *tum illae turbae fient* Ter. And. 380, alors ce seront de belles scènes !, cf. Eun. 726 ; *tuae turbae* Pl. Mil. 479, tes algarades **b)** trouble, embarras, désagrément : *turbas dare* Pl. Bac. 354 ; Ter. Eun. 653 ; *conciere* Ter. Haut. 970, causer du trouble ¶ **3** foule en désordre, cohue, multitude : Cic. Rep. 1, 28 ; Verr. 1, 137 ; de Or. 2, 143 ‖ [en part.] ⟹ *vulgus*, foule, tourbe : *turba patronorum* Cic. Brut. 332, foule obscure des avocats ; *haec turba* Cic. Brut. 251, cette foule obscure, cf. Cic.

de Or. 2, 114 ‖ [poét.] troupe [des Muses] : Ov. F. 5, 108 ; [iron., en parl. de deux pers.] Ov. M. 6, 200 ; F. 2, 716 ; [en parl. de trois] Luc. 1, 86 ‖ [en gén.] foule, amas de choses diverses : **magnam turbam congregat ignotorum deorum** Cic. Nat. 1, 39, il assemble une grande troupe de dieux inconnus ; **turba novorum voluminum** Cic. Brut. 122, une foule d'ouvrages nouveaux, cf. Cic. Tusc. 5, 29 ; **mediocria in mediam turbam atque in gregem conjiciantur** Cic. de Or. 2, 314, que les idées banales soient rejetées au milieu de la masse et dans la foule ; **turba valent** Quint. 4, 2, 82, [certains arguments] valent par la masse.

2 **Turba**, *ae*, f., ville de Tarraconaise [Teruel] : Liv. 24, 42.

Turbălĭo, *ōnis*, m., nom d'esclave : Pl. Ru. 657.

turbāmentum, *i*, n. (1 turbo), occasion de trouble : **turbamenta vulgi** Tac. H. 1, 23, moyens d'exciter la foule ‖ trouble, état de trouble : Sall. Lep. 25.

turbantĕr, adv., avec trouble : Arn.-J. Psalm. 44.

turbasso, V. *turbo* ►.

turbātē, adv. (*turbatus*), en désordre : Caes. C. 1, 5, 1.

turbātĭo, *ōnis*, f. (1 turbo), trouble, désordre, perturbation : Liv. 24, 28, 1 ; Flor. 4, 6, 2 ‖ altération des traits : Gell. 19, 1, 6 ; [trouble extérieur, air troublé] Apul. M. 9, 20 ; 11, 28 ‖ émeute [contre les chrétiens] : Cypr. Ep. 20, 1, 2 ‖ **sanguinis**, confusion de paternité : **propter turbationem sanguinis vir solet elugeri** Dig. 3, 2, 11, 1, par crainte de la confusion de part [incertitude sur la paternité de l'enfant], le mari doit être pleuré [la veuve doit observer un temps de deuil avant de se remarier].

turbātŏr, *ōris*, m. (1 turbo), celui qui trouble, qui agite, soulève : Liv. 4, 2, 7 ; 4, 48, 1 ; Tac. An. 3, 27 ‖ **turbatores belli** Liv. 2, 16, 4, fomentateurs de la guerre.

turbātrix, *īcis*, f. (*turbator*), qui sème le trouble, perturbatrice : Stat. Th. 4, 369 ; Prud. Psych. 668.

turbātus, *a*, *um* ¶ 1 part. de *turbo* ¶ 2 adj. **a)** troublé, agité : **turbatius mare** Suet. Cal. 23, mer assez troublée, cf. Tib. 69 **b)** [fig.] **voluntates populi turbatae** Cic. Planc. 11, volontés confuses du peuple ; **oculis simul ac mente turbatus** Liv. 7, 26, 5, dont les yeux en même temps que l'esprit sont égarés ; **turbatus animi** Sil. 14, 678, ayant l'esprit troublé ‖ **turbata Pallas** Virg. En. 8, 435, Pallas irritée.

turbēdo, *ĭnis*, f., V. 2 *turbido* : Ruric. 2, 52.

turbēlae (**turbellae**), *ārum*, f. pl. (*turba*, cf. *querela*), trouble, bruit, tapage : Pl. Bac. 1057 ; Ps. 110 ‖ petite foule : Apul. M. 4, 20 ; 7, 1.

turbĕn, *ĭnis*, m. et n. (2 turbo), toupie, sabot : m., Tib. 1, 5, 3 ; Char. 145, 8 ; n., Serv. En. 7, 378.

turbĭdātus, *a*, *um*, part. de *turbido*.

turbĭdē, adv. (*turbidus*), avec trouble, avec désordre : Cic. Scaur. 37 ; Tusc. 4, 24 ; Tac. An. 3, 11.

1 **turbĭdō**, *ās*, *āre*, *āvī*, *ātum* (*turbidus* ; esp. *turbiar*), tr., rendre trouble, troubler : Solin. 49, 11 ‖ troubler, altérer : Capel. 1, 67 ; Sidon. Ep. 6, 2, 2.

2 **turbĭdo**, *ĭnis*, f. (*turbo*), orage [fig.] : Aug. Serm. 52, 2 ‖ état d'un liquide trouble : Fort. Rad. 15, 36, [opp. à *puritas vini*].

turbĭdŭlus, *a*, *um* (dim. de *turbidus*), un peu confus, embarrassé [pensée] : Prud. Apoth. 208.

turbĭdum, acc. n. de *turbidus*, [pris adv.] : **laetari** Hor. O. 2, 19, 6, avoir une joie mêlée de trouble.

turbĭdus, *a*, *um* (*turba* ; it. *torbido*, esp. *turbio*) ¶ 1 troublé, agité, confus : **turbida tempestas** Cic. Inv. 1, 4, tempête tumultueuse, affreuse ; **turbidus imber** Virg. En. 12, 685, pluie orageuse ; **freta ventis turbida** Ov. H. 17, 7, mer bouleversée par les vents ; **turbida coma** Ov. H. 10, 16, chevelure en désordre ; [poét.] **pectora turbidiora mari** Ov. Tr. 1, 11, 34, cœurs plus agités que la mer ‖ troublé, fangeux, limoneux : **aqua turbida** Cic. Tusc. 5, 97, eau trouble, cf. Quint. 12, 10, 19 ; **auro turbidus Hermus** Virg. G. 2, 137, l'Hermus que trouble l'or [qui roule de l'or dans ses eaux] ¶ 2 [fig.] **a)** troublé, bouleversé, désemparé : Virg. En. 11, 814 ; **turbidus animi** Tac. H. 4, 48, n'ayant pas l'esprit lucide ‖ désordonné : **turbidi animorum motus** Cic. Tusc. 4, 34, mouvements désordonnés de l'âme, cf. Cic. Tusc. 2, 80 **b)** emporté, violent, plein de furie : Virg. En. 11, 742 ; Quint. 6, 4, 15 ‖ en effervescence : Tac. An. 1, 38 ; H. 4, 11 ; [abl.] **turbidus ira** Stat. S. 3, 1, 39 ; [gén.] **turbidus irae** Sil. 12, 417, emporté par la colère **c)** troublé, orageux, plein d'alarmes : **in turbidis rebus** Cic. Phil. 2, 39, dans les alarmes, cf. Cic. Sull. 43 ; Nep. Pel. 4, 1 ; [n. pl.] **turbidissima ferre** Cic. Fam. 6, 14, 3, supporter les temps les plus troublés ; **in turbido** Liv. 3, 40, 10, dans une situation troublée, cf. Sen. Ep. 3, 5 ; Tac. H. 1, 21 ¶ 3 vicié : Prud. Apoth. 816.

turbīnātĭo, *ōnis*, f. (*turbinatus*), forme conique : Plin. 15, 85.

turbīnātus, *a*, *um* (2 turbo), de forme conique : Plin. 37, 56 ; **turbinatior** Plin. 15, 58.

turbĭnĕus, *a*, *um* (2 turbo), tourbillonnant, impétueux : Ov. M. 8, 556.

turbiscus, *i*, f. (? ; esp. *torvisco*), sainbois [arbuste] : Pelag. 327 ; Isid. 17, 7, 56.

turbistum, *i*, n. (?), turbiste [mordant chimique] : Plin. 33, 88.

1 **turbō**, *ās*, *āre*, *āvī*, *ātum* (*turba* ; esp. *turbar*), tr. ¶ 1 troubler, agiter, mettre en désordre : **mare, aequora** Cic. Clu. 138 ; Lucr. 2, 1, agiter la mer, les flots ; **capillos** Ov. M. 8, 859, mettre les cheveux en désordre ; [poét.] **turbatus capillos** Ov. M. 4, 474, échevelé ; **turbata cera** Quint. 12, 8, 13, cachet de cire endommagé [non intact] ; **ordines, aciem peditum** Liv. 3, 70, 8 ; 30, 18, 10, jeter la confusion dans les rangs, dans la ligne des fantassins ; **contiones** Liv. 3, 66, 2, troubler les assemblées ‖ [abst] s'agiter : Cic. Fin. 1, 34 ; Virg. En. 6, 800 ¶ 2 troubler, rendre trouble : Hor. S. 1, 1, 60 ; Ov. M. 3, 410 ; 6, 364 ¶ 3 [fig.] troubler, bouleverser, brouiller, jeter la perturbation dans : **Aristoteles multa turbat** Cic. Nat. 1, 33, Aristote brouille beaucoup d'idées ; **auspiciorum jure turbato** Cic. Phil. 2, 102, en bouleversant le droit augural ‖ **turbare turbas** Pl. Bac. 1076, faire des sottises, se livrer à des désordres ; **ne quid turbet vide** Cic. Q. 3, 1, 24, prends garde qu'il ne fasse qq. sottise ‖ [sans compl.] mettre du désordre, du trouble : Cic. Verr. 2, 123 ; Att. 2, 17, 1 ; Cael. Fam. 8, 8, 2 ; Tac. An. 3, 47 ; 4, 1 ‖ [pass. impers.] **si in Hispania turbatum esset** Cic. Sull. 57, s'il y avait eu des troubles en Espagne ¶ 4 [pass.] être en agonie : Vl. Gen. 48, 1.

► arch., fut. ant. pass. **turbassitur** L. d. Cic. Leg. 3, 11.

2 **turbo**, *bĭnis*, m. ¶ 1 ce qui tourne en rond, tourbillon, tournoiement, tourbillonnement : [tourbillon du vent] Cic. Nat. 3, 51 ; Fam. 12, 25, 1 ; Cael. 79 ; **exoritur ventus turbo** Pl. Curc. 647, il s'élève un ouragan, cf. Pl. Trin. 835 ‖ [fig.] **qui in maximis turbinibus ac fluctibus rei publicae navem gubernassem** Cic. Pis. 20, moi, qui, au plus fort des bourrasques et des vagues, avais piloté le navire de l'État ; **illi (...), duo rei publicae turbines** Cic. Sest. 25, ces hommes, les deux perturbateurs de l'État, cf. Cic. Dom. 137 ¶ 2 toupie, sabot : Cic. Fat. 42 ; Virg. En. 4, 378 ¶ 3 forme ronde, forme circulaire : **in latum turbine crescit ab imo (bucina)** Ov. M. 1, 336, (la trompe) va s'élargissant depuis le bas jusqu'à son pavillon évasé ‖ [toute espèce d'objets de forme circulaire] bobine, fuseau dans les opérations magiques : Hor. Epo. 17, 7 ; [peson du fuseau] Catul. 64, 314 ‖ forme conique [de la toupie], cône : **turbines cadorum (= cadi turbinati)** Plin. 27, 14, récipients de forme conique ¶ 4 mouvement circulaire, tourbillon circulaire : Lucr. 5, 624 ; 5, 632 ; 6, 640 ‖ [poét.] **ingentis turbine saxi** Virg. En. 12, 531, au moyen d'une énorme pierre lancée en tournoyant ; [déroulement tortueux d'un serpent] Sil. 3, 191 ; **momento turbinis** Pers. 5, 78, dans l'instant d'une simple pirouette [pour affranchir un esclave le maître le faisait tourner sur lui-même] ‖ [fig.] **militiae turbo** Ov. Am. 3, 15, 6, les péripéties des grades militaires ; **vulgi** Claud. Cons. Stil. 3, 200, les remous d'une foule.

3 **Turbo**, *ōnis*, m., nom d'homme : Hor. S. 2, 3, 310.

turbŏr, *ōris*, m. (1 turbo), trouble, dérangement de l'organisme, perturba-

turbor

tion, désordre : Cael.-Aur. *Acut.* 1, 15, 150 ‖ bouleversement : VL. *Eccli.* 12, 36.

turbŭla, *ae*, f. (dim. de *turba*), petite foule [de personnes] : Apul. *M.* 10, 35 ; 11, 17 ‖ petit tumulte, léger vacarme : Apul. *Socr.* 12.

turbŭlentē, adv. (*turbulentus*), en perdant la tête, en se troublant : Cic. *Tusc.* 4, 60 ‖ **turbulentius** Cic. *Part.* 105, avec trop de violence ‖ **-tissime** Sidon. *Ep.* 2, 13, 1.

turbŭlentĕr, adv., avec emportement, d'une façon désordonnée : Cic. *Fam.* 2, 16, 7.

turbŭlentĭa, *ae*, f., trouble, perturbation : Tert. *Herm.* 41, 3.

turbŭlentō, *ās*, *āre*, -, -, tr., troubler, agiter : Apul. *M.* 2, 12 ; 9, 11.

turbŭlentus, *a*, *um* (*turba*) ¶ 1 troublé, agité, en désordre : *illa atomorum turbulenta concursio* Cic. *Fin.* 1, 20, cette rencontre désordonnée des atomes ; *turbulenta tempestas* Cic. *Verr.* 5, 26, temps orageux ; *turbulentior annus* Liv. 2, 61, 1, année plus troublée ; *turbulentissimum tempus* Cic. *Pis.* 33, l'époque la plus orageuse ; *animi turbulenti* Cic. *Tusc.* 4, 9, les âmes que troublent les passions ¶ 2 qui trouble, qui cause du désordre, turbulent, remuant, factieux : *seditiosus civis et turbulentus* Cic. *de Or.* 2, 48, citoyen séditieux et remuant, cf. Cic. *de Or.* 2, 135 ; *contiones turbulentae* Cic. *Att.* 4, 3, 4, harangues séditieuses ‖ *errores turbulenti* Cic. *Nat.* 2, 70, erreurs pernicieuses.

turbŭlō, *ās*, *āre*, -, - (dim. de *turbo*), tr., troubler, ennuager : Orib. *Syn.* 6, 4.

turbus, *a*, *um*, C.▶ *turbidus* : *Prisc. 2, 136, 16.

Turcae, *ārum*, m. pl., peuple scythe, entre le Pont-Euxin et la mer Caspienne : Plin. 6, 19.

Turcētānus, *a*, *um*, de Turza [Afrique, auj. Burza] : CIL 8, 822.

1 **turda**, *ae*, f. (*turdus*), grive femelle : Pers. 6, 24.

2 **Turda**, *ae*, f., ville de Tarraconaise : Liv. 33, 44, 4.

turdārĭum, *ii*, n. (*turdus*), élevage de grives : Varr. *L.* 6, 2.

turdēla, *ae*, f. (*turdus*, cf. al. *Drossel*, an. *throstle*), grande grive : Isid. 12, 7, 71.

turdēlix, *icis*, f., C.▶ *turdela* : Varr. *L.* 6, 2.

Turdētāni, *ōrum*, m. pl., Turdétans [peuple de Bétique] : Liv. 21, 6, 1 ; 34, 17, 2 ; [jeu de mots avec *turdus*] Pl. *Cap.* 163 ‖ **-nĭa**, *ae*, f., la Turdétanie : Liv. 34, 17, 1 ; 28, 39, 11.

Turdŭli, *ōrum*, m. pl., peuple de Bétique : Plin. 4, 112 ‖ **-us**, *a*, *um*, des Turduli : Liv. 34, 20, 2.

Turdŭlus, *i*, m., chroniqueur sous l'empereur Probus : Vop. *Prob.* 2, 2.

turdus, *i*, m. (cf. στροῦθος, an. *thrush*, rus. *drozd* ; fr. *tourd*, cf. *étourdir*) ¶ 1 grive [oiseau] : Varr. *R.* 3, 2, 15 ; Hor. *Ep.* 1, 15, 41 ; Plin. 10, 73 ; Mart. 13, 92, 1 ¶ 2 le tourd [poisson] : Plin. 32, 151 ; Col. 8, 16, 8.

tūrĕus (**thūr-**), *a*, *um* (*tus*), d'encens, relatif à l'encens : Virg. *G.* 2, 117 ; Ov. *M.* 4, 255.

turgĕfăcĭō, *is*, *ĕre*, -, - (*turgeo*, *facio*), tr., faire gonfler (germer) : Rufin. *Clem. ep.* 8, 26.

turgĕō, *ēs*, *ēre*, -, - (peu net), intr. ¶ 1 être gonflé, enflé : *frumenta turgent* Virg. *G.* 1, 315, les blés sont gonflés, cf. Virg. *B.* 7, 48 ; *uva turget mero* Mart. 13, 68, 2, le jus, le vin gonfle la grappe ; *lumina turgentia gemitu* Prop. 1, 21, 3, les yeux gonflés par les larmes ¶ 2 [fig.] **a)** être plein de : Claud. *Eutr.* 1, 350 **b)** être boursouflé, enflé, emphatique : Her. 4, 15 ; Hor. *P.* 27 **c)** être gonflé de colère : *alicui* Pl. *Cas.* 216 ; *Most.* 699, être courroucé contre qqn.

turgescō, *is*, *ĕre*, -, - (inch. de *turgeo*), intr. ¶ 1 se gonfler, s'enfler : Ov. *Am.* 3, 10, 11 ; Plin. 8, 200 ‖ *ne aqua in eorum corpore turgescat* Varr. *R.* 8, 9, 13, pour empêcher l'eau de s'amasser dans leur corps ¶ 2 [fig.] **a)** *sapientis animus numquam turgescit* Cic. *Tusc.* 3, 19, l'âme du sage ne se soulève jamais [comme une mer agitée] = n'a jamais les bouillonnements des passions **b)** devenir enflé, boursouflé, emphatique : Quint. 12, 10, 73 **c)** se remplir de : *nugis pagina turgescit* Pers. 5, 18, la page se gonfle de niaiseries **d)** se dresser orgueilleusement [sur une hauteur, en parlant d'une ville] : Cassiod. *Var.* 12, 15, 1 ¶ 3 tr., faire gonfler : Avien. *Perieg.* 85.
▶ parf. *tursi* Enn. *An.* 321.

turgĭdŭlus, *a*, *um* (dim. de *turgidus*), gonflé : Catul. 3, 18.

turgĭdus, *a*, *um* (*turgeo*) ¶ 1 gonflé, enflé : Cic. *Tusc.* 3, 19 ; Hor. *O.* 1, 3, 19 ; *frons turgida primis cornibus* Hor. *O.* 3, 13, 4, front que gonflent les cornes naissantes ; *fluvii nive turgidi* Hor. *O.* 4, 12, 4, fleuves grossis par la fonte des neiges ¶ 2 [fig.] enflé, boursouflé, emphatique : Hor. *S.* 1, 10, 36 ; Petr. 2, 6 ‖ gonflé d'orgueil : Aug. *Conf.* 3, 5, 9.

turgĭō, *ōnis*, m., C.▶ *turio* : Plin. Val. 1, 55.

turgŏr, *ōris*, m. (*turgeo*), gonflement : Capel. 2, 135 ; 5, 566.

Tūrĭa, *ae*, m., Sall. *Pomp.* 6 ; Mel. 2, 92, **Tūrĭum**, *ii*, n., Plin. 3, 20, fleuve de Tarraconaise [Rio Turia].

tŭrĭāna cassĭa, f., sorte de cannelle : *Dig. 39, 4, 16, 7.

Tūrĭānus, *a*, *um*, de Turius : Cic. *Fam.* 12, 26, 2.

Tūrĭasso, *ōnis*, f., ville de Bétique Atlas IV, B3 ; V, F1 : Plin. 34, 144 ‖ **-ōnenses**, m., habitants de Turiasso : Plin. 3, 24.

tūrĭbŭlum (**thūr-**), *i*, n. (*tus*) ¶ 1 brûle-parfums, cassolette : Cic. *Verr.* 4, 46 ; Curt. 8, 9, 23 ; Liv. 29, 14, 13 ¶ 2 encensoir : Caes.-Arel. *Serm.* 80, 3 ¶ 3 constellation nommée aussi *Ara* : Vitr. 9, 5, 1.

Turicensis, *e*, de Turicum, ville d'Helvétie [Zurich] : CIL 13, 5244.

tūrĭcrĕmus (**thūr-**), *a*, *um* (*tus*, *cremo*), qui brûle de l'encens : Lucr. 2, 353 ; Virg. *En.* 4, 453.

Tūrĭensis, *e*, du fleuve Turia : Cic. *Balb.* 5.

tūrĭfĕr (**thūr-**), *ĕra*, *ĕrum* (*tus*, *fero*) ¶ 1 qui produit de l'encens : Ov. *F.* 3, 720 ; Plin. 6, 104 ¶ 2 qui offre de l'encens aux faux dieux, idolâtre : Prud. *Apoth.* 292.

tūrĭfĭcātĭo (**thūr-**), *ōnis*, f., offrande de l'encens : Optat. 2, 25.

tūrĭfĭcātŏr (**thūr-**), *ōris*, m., idolâtre, V.▶ *turifer* : Aug. *Petil.* 2, 187 et 237.

tūrĭfĭcātus (**thūr-**), *i*, m., qui offre de l'encens aux idoles : Cypr. *Ep.* 55, 2.

tūrĭfĭcō (**thūr-**), *ās*, *āre*, -, - (*tus*, *facio*), intr., offrir de l'encens aux idoles : Aug. *Ep.* 87, 2.

Tūrii, **Tūrīnus**, V.▶ Thur-.

tūrĭlĕgus (**thūr-**), *a*, *um* (*tus*, *lego*), qui récolte de l'encens : Ov. *F.* 4, 569.

Tūringi, V.▶ *Thuringi*.

tūrīnus (**thūr-**), *a*, *um*, d'encens : VL. *Apoc.* 2, 18 ; Gloss. 2, 360, 41.

turĭo, *ōnis*, m. (cf. *turgeo*), jeune pousse, tendron, rejeton : Col. 12, 50, 5 ; V.▶ *turgio*.

Turissa, V.▶ *Iturissa*.

Tūrĭum, V.▶ *Turia*.

1 **Tūrĭus**, *ii*, m., nom de famille romaine : Cic. *Brut.* 237 ; *Fam.* 12, 26, 1 ; Hor. *S.* 2, 1, 49.

turma, *ae*, f. (cf. *turba* ? ; it. *torma*), turme, escadron [dixième partie d'une aile, primit^t trente hommes] : Cic. *Att.* 5, 21, 10 ; Caes. *G.* 4, 33, [César ajoute touj. *equitum*] ‖ [fig.] = troupe, bataillon, foule, multitude : Cic. *Att.* 6, 1, 17 ; Hor. *O.* 3, 4, 43 ; Ov. *Pont.* 4, 10, 51.

turmālis, *e* (*turma*) ¶ 1 relatif à une turme, d'escadron : *turmalis bucina* Claud. *Gild.* 447, trompette de cavalerie, trompette guerrière ‖ subst. m. pl. *turmales*, *ium*, soldats d'un escadron : Liv. 8, 7, 1 ; 25, 18, 11 ; [fig.] = compagnons nombreux : Cic. *de Or.* 2, 262 ‖ [n. pris adv^t] : *turmale fremere* Stat. *Th.* 4, 17, gronder à la façon d'un escadron ¶ 2 [fig.] *turmalis sanguis* Stat. *S.* 5, 2, 17, sang (famille) de chevaliers.

turmārius, *ii*, m. (*turma*), recruteur de la cavalerie : Cod. Th. 6, 35, 3.

turmātim, adv. (*turma*), par escadrons : Caes. *C.* 3, 93 ; Hirt. *G.* 8, 18 ; Liv. 28, 13, 9 ‖ [fig.] par bandes : Lucr. 2, 118.

Turmogidi, *ōrum*, m. pl., peuple de Tarraconaise : Plin. 3, 26.

Turmentīni, ōrum, m. pl., peuple d'Apulie : Plin. 3, 105.

Turnācum, i, n., ⓒ▶ Tornacus : Anton. 376.

Turnus, i, m. ¶1 chef des Rutules : Liv. 1, 2, 3 ; Virg. En. 7, 344 ; Suet. Ner. 54 ¶2 Turnus Herdonius, ennemi de Tarquin le Superbe : Liv. 1, 50.

Turobrĭga, ae, f., ville de Bétique : Plin. 3, 14.

Turocaelum, i, n., ville d'Ombrie, la même que *Vettiolum* : Plin. 3, 114.

Tŭrŏnensis, e, ⓒ▶ Turonicensis.

Tŭrŏnes, um, Caes. G. 2, 35, 3 ; Plin. 4, 107, **Tŭrŏni**, ōrum, m. pl., Caes. G. 7, 4, 6 ; 7, 53, 3 ; Hirt. G. 8, 46, 4 ; Tac. An. 3, 41, les Turons [peuple riverain de la Loire] ∥ sg. [sens collectif] **Turonus** Tac. An. 3, 46 ∥ **-nĭcensis**, e, Fort. Carm. 8, 15, 2 et **-nĭcus**, a, um, Sulp. Sev. Mart. 9, 1, des Turons, de Tours.

turpassim, v.▶ turpo ▶.

turpātus, a, um, part. de turpo.

turpĕ, n. pris subst^t et adv^t, v.▶ turpis, fin.

turpēdo, ĭnis, f. (turpis), laideur : *Ps. Aug. Serm. 120, 13 Mai ∥ turpitude [des dieux païens] : Aug. Ep. 91, 5.

Turpēnus pătĕr, m., divinité de Préneste : CIL 14, 2902.

turpĕō, ēs, ēre, -, -, intr., être affreux : Greg.-Tur. Hist. 1, 20.

turpĭcŭlus, a, um (dim. de turpis), assez laid : Catul. 41, 3 ; Varr. L. 7, 97 ∥ [fig.] Cic. de Or. 2, 248.

turpīdo, ⓒ▶ torpedo.

turpĭfĭcātus, a, um (turpis, facio), souillé, dégradé : Cic. Off. 3, 105.

Turpĭlĭa, ae, f., nom de femme : Cic. Fam. 7, 21.

Turpĭlĭānus, i, m., nom d'homme : Tac. An. 14, 29.

Turpĭlĭus, ĭi, m., ancien poète comique latin, ami de Térence : Cic. Fam. 9, 22, 1 ; Tusc. 4, 72.

turpĭlŏquĭum, ĭi, n. (turpis, loquor), conversation obscène : Tert. Pud. 17, 18 ; Ambros. Fid. 5, 10, 110.

turpĭlŭcrĭcŭpĭdus, a, um, ▶ turpis lucri cupidus, avide d'un gain honteux : Pl. Trin. 100.

turpĭlŭcris, e, VL. 1 Tim. 3, 8, **turpĭlŭcrus**, a, um, Aug. Mon. 13, 14 (turpis, lucrum), qui fait un gain honteux.

Turpĭo, ōnis, m., Ambivius Turpio, acteur comique, ami de Térence : Cic. CM 48.

turpis, e, adj. (cf. trepit ? torqueo ? ; esp. torpe) ¶1 laid, vilain, difforme : *spectare turpes* Pl. Poen. 338, contempler des personnes laides ; *turpis ornatus* Pl. Poen. 307, un vilain accoutrement, cf. Ter. Phorm. 107 ; *pes turpis* Hor. S. 1, 2, 102, pied contrefait ; *turpia membra fimo* Virg. En. 5, 358, membres souillés de fange ∥ laid, désagréable à l'oreille, déplaisant : Cic. Or. 158 ¶2 [fig., sens moral] laid, honteux, dégoûtant, ignoble, déshonorant, indigne, infâme : *fuga turpis* Cic. Fin. 2, 97, fuite honteuse, cf. Cic. Font. 34 ; Off. 1, 123 ; *homo turpissimus* Cic. Amer. 50, le dernier des hommes ; *nihil turpe dictu* Cic. Fam. 9, 22, 1, rien qu'il soit honteux de dire ∥ *turpe est* [avec inf.], c'est une honte de : Cic. Off. 2, 17 ; Lae. 61 ; *nihil est turpius quam bellum gerere...* Cic. Lae. 77, rien n'est plus honteux que de faire la guerre... ; *quid turpius quam illudi ?* Cic. Lae. 99, quoi de plus honteux que de se laisser jouer ? ; *vobis turpissimum est... non posse* Cic. Pomp. 12, c'est pour vous le comble de la honte que de ne pas pouvoir... ∥ **turpĕ**, is, n. pris subst^t : *nihil turpi turpius* Cic. Fin. 4, 75, rien de plus honteux que ce qui est honteux ; *turpia* Cic. Fin. 3, 38, les choses honteuses, cf. Cic. Fin. 2, 25 ; Leg. 1, 46 ; *turpe senilis amor* Ov. Am. 1, 9, 4, c'est chose honteuse que l'amour chez un vieillard ∥ **turpĕ** [acc. n. avec sens adverbial] : *incedere* Catul. 42, 8, avoir une démarche indécente.

turpĭtĕr, adv. (turpis) ¶1 d'une manière laide, hideuse, difforme : Hor. P. 3 ; Ov. Am. 2, 17, 20 ¶2 [moral^t] d'une manière honteuse : Cic. Tusc. 3, 36 ; Caes. G. 7, 20 ∥ *turpiter praterii* Cic. Clu. 138, à ma honte, j'ai oublié ∥ **turpius** Ov. Tr. 5, 6, 13 ; **turpissime** Cic. Nat. 1, 29 ; Sen. Ep. 82, 13.

turpĭtūdo, ĭnis, f. (turpis) ¶1 laideur, difformité [sens premier, rare] : Cic. Off. 1, 105 ¶2 laideur morale, honte, turpitude, indignité, déshonneur, infamie : Cic. Font. 37 ; Phil. 7, 15 ; Tusc. 2, 66 ; *fugae* Caes. G. 2, 27, 2, la honte d'avoir fui ; *per turpitudinem* Sall. C. 13, 2, honteusement ; *quae cum turpitudine aliqua dicuntur* Cic. Cael. 69, tout ce qui se dit comportant une certaine ignominie ; *in scenam prodire nemini fuit turpitudini* Nep. pr. 5, paraître sur la scène n'était un déshonneur pour personne [en Grèce] ∥ pl., Cic. Inv. 2, 37 ; Verr. 5, 107 ¶3 les parties honteuses : Hier. Tract. Psalm. 80, 1, p. 77, 45.

turpō, ās, āre, āvī, ātum (turpis), tr. ¶1 salir, souiller : *Jovis aram sanguine* Cic. Tusc. 1, 85, souiller de sang l'autel de Jupiter, cf. Virg. En. 10, 832 ; 12, 611 ; Tac. H. 5, 4 ∥ défigurer, enlaidir : Hor. S. 1, 5, 61 ; O. 4, 13, 12 ¶2 [fig.] souiller : Liv. 5, 12, 7 ∥ déshonorer [ses aïeux] : Stat. Th. 8, 433.

▶ *turpassis = turpaveris* Pacuv. Tr. 123.

Turrānĭāna pĭra, ōrum, n. pl. (1 Turranius), poires turranniennes, de Turranius, v.▶ Turranius ¶1 : Plin. 15, 54 ; Col. 5, 10, 18.

Turrānĭus, ĭi, m., nom de famille romaine, not^t ¶1 Turranius Niger, ami de Varron et de Cicéron, éminent agronome : Cic. Att. 1, 6, 2 ; Phil. 3, 25 ¶2 un préfet de l'annone : Tac. An. 1, 7 ¶3 un poète tragique : Ov. Pont. 4, 16, 29.

turrensis, e, de la tour : Hier. Nom. Hebr. M. 92, p. 842 = 137, 22 L.

Turres, v.▶ Turris.

turrĭcŭla, ae, f. (dim. de turris) ¶1 petite tour, tourelle : Vitr. 10, 13, 6 ∥ pigeonnier : Pall. 1, 24, 1 ¶2 ⓒ▶ pyrgus : Mart. 14, 16.

turrĭgĕr, ĕra, ĕrum (turris, gero), porteur de tours : Plin. 11, 4 ∥ garni de tours : Virg. En. 10, 253 ∥ **turrigera** [épith. de Cybèle] Ov. F. 6, 321, à la couronne crénelée, cf. Ov. F. 4, 224.

1 **turris**, is, f. (cf. τύρσις, Τυρσηνοί Étrusques ; it. *torre*, fr. tour, al. *Turm* ¶1 tour : Cic. Tusc. 5, 59 ; Hor. O. 2, 10, 11 ∥ tour en bois [avec étages, ouvrage de siège ; souvent montée sur roues] : Caes. G. 2, 30, 3 ; 3, 21, 2 ; 7, 18, 1 ∥ tour portée par un éléphant : Liv. 37, 40, 4 ; [placée sur un vaisseau] Liv. 37, 24, 6 ¶2 maison élevée, château, palais : Hor. O. 1, 4, 14 ; Tib. 1, 7, 19 ; Ov. M. 8, 14 ; Suet. Ner. 38 ∥ colombier, pigeonnier : Varr. R. 3, 3, 6 ; Ov. Pont. 1, 6, 51 ∥ [formation de combat] carré : Cat. d. Fest. 466, 31 ; Gell. 10, 9, 1 ¶3 [chrét.] vase en forme de tour contenant les hosties, ciboire, pyxide eucharistique : Fort. Carm. 3, 20 tit.

▶ acc. *turrim*, abl. *turri* [class.].

2 **Turris**, is, f., désigne assez souvent un lieudit ou une ville : *Turris Stratonis* Plin. 5, 69, tour de Straton, en Palestine ; *Libisonis* Plin. 3, 85, de Libison, en Sardaigne ; *Turres Hannibalis* Plin. 2, 181, les tours d'Hannibal, en Afrique et en Espagne.

turrītus, a, um (turris), muni de tours : Virg. En. 8, 693 ; Ov. Pont. 3, 4, 105 ∥ qui porte une tour [éléphant] : B.-Afr. 30, 2 ; 41, 2 ; Plin. 8, 22 ; Lucr. 5, 1301 ; Sil. 9, 239 ∥ ⓒ▶ turrigera, épith. de Cybèle : Virg. En. 6, 785 ; Prop. 4, 11, 52 ; Ov. F. 4, 219 ; M. 10, 696 ∥ [fig.] en forme de tour : Virg. En. 3, 536 ∥ *corona* Luc. 2, 358, coiffure en forme de tour.

Turrus, is, m., fleuve des Carniens, qui se jette dans l'Adriatique [auj. Torre] : Plin. 3, 126.

Turselĭus, nom d'homme : Cic. Phil. 2, 41.

tursi, v.▶ turgesco.

tursĭo, ōnis, m. (θυρσίων), petit dauphin [cétacé] : Plin. 9, 34 ; v.▶ thursio.

turtŭr, ŭris, f. (redoubl., onomat. it. *tortora*) ¶1 m. f., tourterelle [oiseau] : Virg. B. 1, 59 ; Varr. R. 3, 8, 1 ; Plin. 10, 105, [f. 30, 68] ; Ov. Am. 2, 6, 12 ; Mart. 3, 60, 7 ; Juv. 6, 39 ∥ [sens part.] ▶ penis : Pl. Bac. 68 ; Gloss. 5, 612, 42 ¶2 f., *turtur marina* ⓒ▶ trygon, pastenague [poisson] : Dict. 6, 15.

turtŭrilla, ae, f. (dim. de turtur ; fr. *tourterelle*), petite tourterelle ; homme efféminé : Sen. Ep. 96, 5.

tŭrunda, *ae*, f. (cf. *(ob)turo*?) ¶ **1** pâtée [pour engraisser les oies]: CAT. *Agr.* 89; VARR. *R.* 3, 9, 20 ǁ sorte de gâteau: VARR. d. NON. 552 ¶ **2** charpie: CAT. *Agr.* 157.

tŭrundus, *i*, m., boulette: [pl.] M.-EMP. 30, 29.

Turutĭus, *ii*, m., nom d'homme: CIC. *Fam.* 12, 13.

tūs (thūs), *ūris*, n. (θύος), encens: CIC. *Off.* 3, 80; LUCR. 3, 327; HOR. *O.* 1, 30, 3; VIRG. *En.* 11, 481; PLIN. 12, 51 ǁ [chrét.] **tura praedicere** PETIL. d. AUG. *Petil.* 2, 92, 202, ordonner de sacrifier aux idoles ǁ **tus terrae**, ⊂ *chamaepitys*, ivette commune [plante]: PLIN. 24, 29.

Tusca, *ae*, m., rivière d'Afrique: PLIN. 5, 22.

Tuscāna, *ae*, f., petite ville d'Étrurie [Tuscania] Atlas XII, D3: *CIL* 6, 2379a, V 49 ǁ **-enses**, *m. pl.*, habitants de Tuscana: PEUT. 4, 1 ǁ **-nensis**, *e*, adj., de Tuscana: *CIL* 11, 2956.

Tuscănĭcus, *a*, *um*, adj., étrusque, toscan: VARR. *L.* 5, 161; VITR. 3, 3, 5; PLIN. 35, 154; *Tuscanicae statuae* QUINT. 12, 10, 1, statues étrusques ǁ subst. f. pl., **Tuscanicae** (s.-ent. *ollae*), *ārum*, vases étrusques [servant aux cérémonies des frères Arvales]: *CIL* 6, 2086.

Tuscănĭenses, *ĭum*, m., ⊂ *Tuscanenses*: PLIN. 3, 52.
▶ postule une variante *Tuscania*.

Tuscē, adv., à la manière des Toscans, en toscan, en étrusque: VARR. d. GELL. 2, 25, 8; GELL. 11, 7, 4.

Tuscēnĭus, *ii*, m., nom d'homme: CIC. *Q.* 1, 1, 6.

Tusci, *ōrum*, m. pl. (cf. *Tyrrheni*, *Etruscus*), les Étrusques, habitants de l'Étrurie: CIC. *Div.* 2, 106; LIV. 2, 51 ǁ **-cus**, *a*, *um*, étrusque: CIC. *de Or.* 3, 69; LIV. 5, 53, 7; *Tuscus amnis* HOR. *S.* 2, 2, 33, le fleuve étrusque, le Tibre, cf. *O.* 3, 7, 28; *Tuscus vicus* VARR. *L.* 5, 46; PL. *Curc.* 482, quartier toscan [rue populeuse et commerçante de Rome, quartier des courtisanes], cf. HOR. *Ep.* 2, 1, 269; *S.* 2, 3, 228.

Tuscĭa, *ae*, f., l'Étrurie, la Toscane: VARR. *L.* 5, 32; AMM. 27, 3, 1; EUTR. 3, 9.

Tuscilĭus, *ii*, m., nom d'homme: CIC. *Att.* 8, 12, 2.

Tuscillus, *i*, m. (*Tuscus*), surnom d'homme: *CIL* 14, 3597.

Tuscŭlānensis, *e*, de Tusculum: CIC. *Fam.* 9, 6, 4.

Tuscŭlānum, *i*, n., nom de plusieurs villas situées près de Tusculum; par ex. villa de Tusculum de Cicéron: CIC. *Att.* 1, 1, 4 ǁ [par ext., en gén.] campagne, villa: *ut admittatur in alicujus istorum Tusculanum* CIC. *Verr.* 4, 126, [qu'il tâche] de se faire admettre dans le Tusculanum de l'un de ces gens-là.

Tuscŭlānus, *a*, *um*, de Tusculum: VARR. *L.* 7, 318; CIC. *Balb.* 45; LIV. 3, 7, 3 ǁ **Tusculani**, *ōrum*, m. pl., habitants de Tusculum: CIC. *Off.* 1, 35 ǁ **Tusculanae disputationes**, les Tusculanes, ouvrage philosophique de Cicéron: CIC. *Div.* 2, 2.

1 tuscŭlum (thus-), *i*, n. (dim. de *tus*), un peu d'encens: PL. *Aul.* 385.

2 Tuscŭlum, *i*, n., ville du Latium [Frascati] Atlas XII, E3: CIC. *Font.* 41; LIV. 2, 15 ǁ **-lus**, *a*, *um*, de Tusculum: TIB. 1, 7, 57; MART. 9, 61, 2 ǁ **-li**, *ōrum*, m. pl., habitants de Tusculum: MART. 7, 31, 11 ǁ ⊂ *Tusculānus*.

1 Tuscus, *a*, *um* (**Turscus*, cf. 1 *Tyrrhenus*, *turris*), ⊂ *Tusci*.

2 Tuscus, *i*, m., nom d'un roi d'Étrurie: VARR. *L.* 5, 46.

Tusdrītānum, *i*, n., ville d'Afrique: PLIN. 5, 30; ⊂ *Thysdritanus*.

Tusdrus, au lieu de **Thysdrus**, ville de Byzacène: ANTON. 55.

tūsillae (tussillae), *ārum*, f. pl., amygdales [anat.]: ISID. 11, 1, 57; GLOSS. 3, 350, 74; ⊂ *tonsillae*.

tussēdo, *ĭnis*, f., ⊂ *tussis*: APUL. *M.* 9, 13.

tussĭcŭla, *ae*, f. (dim. de *tussis*), petite toux, toux sèche: CELS. 3, 22, 9; PLIN. *Ep.* 5, 19, 6.

tussĭcŭlāris, *e* (*tussicula*), qui convient à la toux, béchique: CAEL.-AUR. *Acut.* 1, 17, 172; *Chron.* 2, 13, 177.

tussĭcŭlōsus, *a*, *um* (*tussicula*), affecté de toux, qui tousse: CAEL.-AUR. *Acut.* 2, 13, 90.

tussĭcus, *a*, *um* (*tussis*), sujet à la toux: VEG. *Mul.* 2, 129, 3 ǁ subst. m.: M.-EMP. 20, 18.

tussĭlāgo, *ĭnis*, f. (*tussis*), tussilage, pas-d'âne [plante]: PLIN. 26, 30; PS. APUL. *Herb.* 101.

tussĭō, *īs*, *īre*, -, - (*tussis*; it. *tussire*), intr., tousser: HOR. *S.* 2, 5, 107; QUINT. 11, 5, 56.

tussis, *is*, f. (cf. *tundo*?; fr. *toux*), toux: CELS. 4, 4, 4; COL. 6, 10, 1; PLIN. 23, 136 ǁ pl., quintes de toux: PLIN. 20, 136.
▶ acc. *tussim*; abl. *tussi* [class.].

tussītus, *a*, *um*, adj. (*tussio*), expectoré [en toussant]: CAEL.-AUR. *Acut.* 2, 12, 98.

tūsus, *a*, *um*, part. de *tundo*.

tūtācŭlum, *i*, n. (*tutor*), asile, abri, refuge: PRUD. *Sym.* 2, 387.

tūtāměn, *ĭnis*, n. (*tutor*), défense, abri: VIRG. *En.* 5, 262 ǁ pl., ARN. 1, 28; 2, 40 ǁ [chrét.] protection [en parlant des reliques]: PRUD. *Perist.* 5, 343.

tūtāmentum, *i*, n. (*tutor*), défense, abri: LIV. 21, 61, 10; VULG. *1 Macc.* 14, 37; [fig.] APUL. *M.* 1, 8.

Tūtānus, *i*, m. (*tutor*), une des divinités tutélaires des Romains: VARR. *Men.* 213.

tūtarchus, *i*, m. (τοίχαρχος), capitaine [de vaisseau]: HYG. *Fab.* 14, 32; GLOSS. 5, 582, 14.

tūtātĭo, *ōnis*, f. (*tutor*), défense, protection: FIRM. *Math.* 4, 14, 5.

tūtātŏr, *ōris*, m. (*tutor*), défenseur, protecteur: APUL. *Socr.* 16; ARN. 3, 24.

tūtātus, *a*, *um*, part. de *tutor*.

1 tūtĕ (*tu*, *-te*, cf. σε), toi-même, ⊂ *tu*.

2 tūtē, adv. (*tutus*), ⊂ *tuto*: ACC. *Tr.* 590; HER. 3, 9; 3, 13.

1 tūtēla, *ae*, f. (*tutus*, 1 *tutor*) ¶ **1** action de veiller sur, protection, défense, garde: *aliquem tutelae alicujus commendare* CIC. *de Or.* 1, 228; *subjicere* CIC. *Fin.* 4, 38, confier qqn à la protection de qqn, mettre sous la protection de qqn; *in tutela alicujus esse* CIC. *Nat.* 3, 55, être sous la protection de qqn, cf. CIC. *Prov.* 35; *Fin.* 3, 66; *Mur.* 22 ǁ *tutelam alicui januae gerere* PL. *Truc.* 255, avoir la garde d'une porte, cf. PL. *Trin.* 870; *suo tergo tutelam gerere* PL. *Trin.* 1058, veiller au salut de son propre dos; *villarum tutela* PLIN. 18, 31, la surveillance des maisons de campagne, cf. COL. 6, 2, 15; 7, 1, 2 ¶ **2** [droit] tutelle: DIG. 26, 1, 1; *in suam tutelam venire* CIC. *Brut.* 195, devenir son propre tuteur = être majeur: DIG. 32, 50 pr.; *per tutelam fraudare aliquem* CIC. *Caecin.* 7, tromper qqn dans l'exercice d'une tutelle ǁ patrimoine mis en tutelle: *tutela legitima* CIC. *Att.* 1, 5, 6, tutelle légitime [organisée par la loi sur les biens et la personne de l'incapable, mineur ou femme en l'absence d'une tutelle testamentaire], cf. DIG. 26, 1, 1 pr.; *feminarum tutela* GAI. *Inst.* 1, 168, la tutelle sur les femmes ¶ **3** [sens concret] gardien, défenseur, protecteur: *o tutela praesens Italiae* HOR. *O.* 4, 14, 43, ô protecteur toujours présent de l'Italie [Auguste], cf. HOR. *Ep.* 1, 1, 103; OV. *M.* 8, 711; SEN. *Ep.* 76, 13 ǁ le protégé, la protégée: HOR. *O.* 4, 6, 33; PROP. 4, 8, 3; OV. *Tr.* 1, 10, 1 ǁ situation dans laquelle se trouvent la personne et les biens soumis à la tutelle: CIC. *Flac.* 84; GELL. 5, 13, 5 ¶ **4** statuette du génie protecteur d'un navire: LACT. *Inst.* 1, 11, 19.

2 Tūtēla, *ae*, f. (1 *tutela*), Tutelle [divinité protectrice]: *CIL* 13, 939.

tūtēlāris, *e* (1 *tutela*) ¶ **1** tutélaire, protecteur: MACR. *Sat.* 3, 9, 2; ARN. 3, 24 ¶ **2** de tutelle: DIG. 12, 3, 4.

tūtēlārĭus, *ii*, m., gardien: PLIN. 34, 38 ǁ [adj'] qui nomme le tuteur: *CIL* 8, 7978.

tūtēlātŏr, *ōris*, m. (1 *tutela*), protecteur, défenseur: CAPEL. 2, 152; ARN. 3, 24.

tūtēlātus, *a*, *um* (1 *tutela*), assigné à l'entretien de qqch.: GROM. 18, 22; 114, 5.

Tūtēlīna (Tūtĭlīna), *ae*, f. (*tutela*), la Tutélaire, la Protectrice: [déesse invoquée dans le besoin] VARR. *Men.* 216 ǁ [protectrice des récoltes] AUG. *Civ.* 4, 8; MACR. *Sat.* 1, 16, 8 ǁ [quartier de l'Aventin] VARR. *L.* 5, 163.

tūtěmět, ⊂ *tu*.

1 Tūtĭa, *ae*, f., nom de femme: CIC. *Att.* 16, 2, 5.

2 **Tūtĭa**, *ae*, f., petite rivière, affluent de gauche de l'Anio : Liv. 26, 11, 8.

Tūtĭcāna, *ae*, f., nom de femme : CIL 6, 13856.

Tūtĭcānĭus, *ĭi*, m. (*Tuticanus*), nom d'affranchi : CIL 5, 3433.

Tūtĭcānus, *i*, m., nom d'homme : Ov. Pont. 4, 12, 10.

1 **Tūtĭcus**, v. *Equus Tuticus*.

2 **tūtĭcus**, *a*, *um* (osq. *túvtíks*, *touto* " cité ", cf. *totus*), public, v. *meddix*.

Tutĭenses, *ĭum*, m. pl., ancien peuple du Latium : Plin. 3, 69.

Tūtīlīna, v. *Tutelina*.

Tūtīlĭus, *ĭi*, m., nom d'un rhéteur latin : Quint. 3, 1, 21 ; Mart. 5, 56, 6 ; Plin. Ep. 6, 32, 1.

tūtīmet, v. *tu*.

tūtin, **tūtĭne**, v. *tu*.

Tutīni, *ōrum*, m. pl., peuple de Calabre : Plin. 3, 105.

Tŭtīnus, *i*, m. (*Tutunus*), v. *Mutinus* [dieu phallique] : Fest. 142, 20 ‖ Aug. Civ. 4, 11 ; Arn. 4, 7-11 ; v. *Tutunus*.

1 **tūtō**, adv. (*tutus*), en sûreté, sans danger : Caes. G. 3, 24 ; C. 1, 2 ; *tuto esse* Cic. Fam. 14, 3, 3, être en sécurité ; *tuto ab incursu* Caes. G. 7, 36, à l'abri d'une attaque ‖ *tutius* Caes. G. 3, 13 ; C. 2, 30 ; *tutissime* Pomp. Att. 8, 11a ; *tutissimo* Cic. Att. 8, 1, 2 ; Plin. 20, 14.

2 **tūtō**, *ās*, *āre*, -, -, v. *tutor* : Naev. ; Pacuv. ; Pompon. d. Non. 476, 10 ; 13 ; 12 ; Pl. Merc. 865 ‖ éteindre : Reg. Mag. 19, 24.

1 **tūtŏr**, *āris*, *ārī*, *ātus sum* (fréq. de *tueor* ; fr. *tuer*), tr. ¶ 1 veiller sur, couvrir de sa protection, garder, défendre, sauvegarder, garantir : Cic. Pomp. 14 ; Rep. 6, 13 ; Nat. 2, 143 ; *urbem muris* Liv. 5, 2, 6 ; *se vallo* Liv. 3, 22, 5, protéger une ville par des murailles, assurer sa défense par une palissade, cf. Cic. Phil. 4, 2 ; Sall. J. 85, 4 ‖ *ab aliqua re*, protéger contre qqch. : Val.-Ant. d. Gell. 3, 8, 3 ; Liv. 6, 21, 1 ; Plin. pr. 2 ; *adversus aliquid*, contre qqch. : Liv. 21, 25, 4 ; 42, 23, 6 ; *contra aliquid* Tac. An. 6, 41 ¶ 2 se préserver de, se protéger contre, chercher à écarter : *inopiam* Caes. C. 1, 52, 4, combattre la disette, remédier à la disette.
▶ pass. *tutari* Pl. Amp. 651.

2 **tūtŏr**, *ōris*, m. (*tueor* ; it. *tutore*) ¶ 1 défenseur, protecteur, gardien : Hor. Epo. 2, 22 ; Suet. Tit. 6 ¶ 2 tuteur, curateur : *tutorem esse alicui* Cic. Verr. 4, 37 ; Att. 12, 28, 3 ; *alicujus* Cic. Verr. 1, 90 ; Mur. 27, être tuteur de qqn ; *tutorem aliquem liberis suis scribere* Cic. Clu. 41, instituer qqn tuteur de ses enfants ; *instituere* Cic. de Or. 1, 228 ; [fig.] Cic. Brut. 330 ; Rep. 2, 51.

3 **Tūtŏr**, *ōris*, m., nom d'homme : Cic. de Or. 2, 259.

Tutōrīna, *ae*, f., nom de femme : CIL 3, 4084.

tutōrĭus, *a*, *um* (2 *tutor*), de tuteur : Just. 30, 3, 4.

tūtrix, *īcis*, f. (2 *tutor*), tutrice : Cod. Just. 5, 35, 3 ‖ tutrice, protectrice [fig.] : Fulg. Myth. 1, pr. 27.

tūtŭdī, parf. de *tundo*.

tŭtŭdō, *ās*, *āre*, -, - (redoubl., onomat., cf. 2 *tu*), huer [cri de la chouette] : *Philom. 41 ; v. *cucubio*.

tŭtŭlātus, *a*, *um*, qui porte le *tutulus* : Enn. An. 121 ; Pompon. Com. 96 ; Varr. L. 7, 44.

Tūtŭlīna, v. *Tutelina* : Tert. Spect. 8, 3.

tŭtŭlus, *i*, m. (redoubl., cf. *Tutunus*), bonnet pointu (conique) des flamines : Varr. L. 7, 44 ; Fest. 484, 32 ‖ sorte de coiffure conique et très élevée à l'usage des femmes : Varr. L. 7, 44 ; *Tert. Pall. 4, 10.

tŭtunclō, *ās*, *āre*, -, - (*tundo*, redoubl.), tr., écraser, pilonner : *Apic. 184 ; 191.

Tŭtūnus, *i*, m. (*tundo*, redoubl., cf. *tutulus*), v. *Tutinus* : Arn. 4, 7 ; 11 ; Aug. Civ. 4, 11.

tūtus, *a*, *um*, part. de *tueor* de sens pass. pris adjt ¶ 1 protégé, en sûreté, à l'abri, qui ne court aucun danger : *nullius res tuta erat* Cic. Verr. 5, 39, personne n'avait un objet en sûreté ; *locus tutus* Cic. Pomp. 31, endroit sûr ; *mercatoribus tutum mare* Cic. Pomp. 32, mer sûre pour les marchands ; *tutiorem vitam hominum reddere* Cic. Rep. 1, 3, rendre la vie humaine plus sûre ; *mentis malo tutae* Hor. S. 2, 3, 137, d'une intelligence mal préservée = frappé de démence ; *tutae aures* Hor. O. 1, 27, 18, oreilles discrètes ‖ *tutus ab*, protégé contre, à l'abri de, qui n'a rien à craindre de : Cic. Verr. 1, 68 ; Nat. 2, 20 ; Caes. G. 7, 14, 9 ; [avec *adversus*] Curt. 7, 9, 2 ; Sen. Ir. 2, 12, 1 ; [avec *ad*] Liv. 25, 38, 14 ; 36, 32, 6, par rapport à ‖ *tutum est* [avec inf.], il est prudent de : Quint. 9, 2, 66 ; 10, 3, 33 ; *tutius est... potiri* Caes. G. 3, 24, 2, il est plus sûr de s'emparer... ; *nobis tutissimum est... sequi* Quint. 3, 4, 11, le plus sûr pour nous est de suivre... ‖ *in tuto aliquem collocare* Cic. Har. 53, mettre qqn à l'abri ; *in tuto esse* Cic. Fam. 12, 2, 3, être en sûreté ; *in tutum educere* Pl. Most. 1048, emmener en lieu sûr, cf. Liv. 2, 19, 6 ¶ 2 [fig.] prudent, circonspect : Hor. P. 28 ; Ov. Tr. 3, 12, 36 ‖ *tutiora consilia* Liv. 9, 32, 3, résolutions plus prudentes, cf. Liv. 22, 38, 13.

Tutzis, *is*, f., ville d'Égypte dans la Thébaïde : Anton. 162.

tŭus, *a*, *um* (*tu*, cf. σός, τεός ; fr. *ton* < *tuum*) ¶ 1 ton, tien, ta, tienne : *quojus nunc es? — tuus* Pl. Amp. 375, à qui appartiens-tu maintenant ? — à toi ; *Hirtius est tuus* Cic. Att. 15, 3, 2, Hirtius est tout à toi, t'est tout dévoué ; *Panaetius tuus* Cic. de Or. 1, 45, ton cher Panétius ‖ [pris subst^t] **a)** *tui*, les tiens [famille, amis, partisans] : Cic. Fam. 13, 16, 3 ; Marc. 21 **b)** *tuum*, n., ton bien, *de tuo*, en prenant sur ton bien : Pl. Trin. 328 ; 329 ; *pete tuum* Cic. Com. 32, demande ce qui t'appartient ; *in tuo* Cic. Tull. 53, sur ton terrain ; [pl.] *tua* Liv. 22, 39, 21, tes affaires, ta conduite ; *tua* Cic. Phil. 2, 68, tes actes ; *tua* Cic. Fin. 2, 44, tes idées ‖ *tuum est* [avec inf.], il t'appartient de : Pl. St. 718 ; Ter. And. 678 ¶ 2 qui te convient, qui t'est favorable : *tempore tuo* Liv. 38, 45, 10, à ton moment, au moment opportun pour toi ; *occasio tua* Liv. 22, 39, 21, occasion favorable pour toi ¶ 3 = maître de toi, en possession de toi : *expers turbarum semperque tuus* Stat. S. 2, 2, 72, (toi) dont l'âme est sans trouble et qui es toujours maître de toi-même ; *tuus (es)* Stat. Th. 4, 836, tu n'appartiens qu'à toi [tu ne (relèves) dépends que de toi] ¶ 4 au lieu du gén. obj. *tui* : *neglegentiā tuā, odio tuo* Ter. Phorm. 1016, par indifférence pour toi, par aversion pour toi, cf. Planc. Fam. 10, 24, 1.
▶ arch. *tuos*, *tuam* = *tuus*, *tuum* Pl. Amp. 375 ; *tuom* = *tuorum* Pl. Poen. 1062 ‖ [qqf. aux cas obl. fortifié par -*pte*] : *tuopte* Pl. Cap. 371 ; Mil. 605 ; *tuapte* Pl. Trin. 666 ; [par -*met*] *tuismet* Apul. Apol. 100, 8 ; *tuomet* Apul. Apol. 70, 4.

*****tŭusmet**, **tŭuspte**, [inus. au nom.]. v. *tuus* ▶.

tuxtax, onomat. imitant le bruit des coups de fouet : Pl. Pers. 264, clic clac.

Tўāna, *ōrum*, n. pl., **Tўāna**, *ae*, f. Vop. Aur. 22, 5 (Τύανα), Tyane [ville de Cappadoce] Atlas I, D6 ; IX, C3 : Plin. 6, 8 ; Amm. 23, 6, 19 ‖ **Tўānaeus** (**Tўănĕus**), *a*, *um*, de Tyane : Vop. Aur. 24, 3 ; Amm. 21, 14, 5.

Tўāni, *ōrum*, m. pl., habitants de Tyane : Vop. Aur. 23, 2.

Tyba, *ae*, f., ville au-delà de l'Euphrate : Cic. Fam. 15, 1, 2.

Tўcha, *ae*, f. (Τύχη), Tycha [quartier de Syracuse] : Cic. Verr. 4, 119 ; Liv. 24, 21, 7 ; 25, 25, 5.

Tўchē, *ēs*, f., nom de femme : CIL 6, 8582.
▶ formes suffixées : gén. *Tўchēnis* CIL 6, 15634 ; dat. *Tўchēni* 18859.

Tўchĭcus, *i*, m., nom d'homme : Vulg. Act. 20, 4.

Tўchĭus, *ĭi*, m. (Τυχίος), Béotien qui passe pour l'inventeur de la cordonnerie : Ov. F. 3, 824 ; Plin. 7, 196.

Tydē, *ēs*, f., place forte de Tarraconaise [Tuy] Atlas IV, B1 : Plin. 4, 112.

Tўdeūs, *ĕi* ou *ĕos*, m. (Τυδεύς), Tydée [fils d'Œnée, père de Diomède] : Virg. En. 6, 479 ; Hyg. Fab. 69 et 70 ‖ **Tўdīdēs**, *ae*, m. (Τυδείδης), le fils de Tydée, Diomède : Virg. En. 1, 97 ; Hor. O. 1, 6, 16 ; Ov. M. 12, 622.

Tydĭi, *ōrum*, m. pl., peuple d'Asie Ultérieure près du Caucase : Plin. 6, 21.

Tўlŏs, *i*, f., nom de deux îles dans le golfe Persique : Plin. 12, 38 ; 12, 39.

Tymbrĭāni, *ōrum*, m. pl., habitants de Tymbria [Lycaonie] : Plin. 5, 95.

Tymolus

Tȳmōlus, v. Timolus.

tympănĭcus, *i*, m. (τυμπανικός), atteint de tympanite : PLIN. 25, 60 ; CAEL.-AUR. Chron. 3, 8, 113.

tympănĭŏlum, *i*, n. (dim. de *tympanum*), petit tambour [phrygien] : ARN. 6, 26.

tympănissō, *ās*, *āre*, -, -, v. tympanizo : MACR. Exc. 5, 626, 23.

tympănista, *ae*, m. (τυμπανιστής), celui qui joue du tambour phrygien : APUL. Socr. 14.

tympănistrĭa, *ae*, f. (τυμπανίστρια), joueuse de tambourin : SIDON. Ep. 1, 2, 9.

tympănītēs, *ae*, m. (τυμπανίτης), tympanite, gonflement du ventre : CAEL.-AUR. Chron. 3, 8, 101 ; VEG. Mul. 1, 43, 2 ; 2, 91, 1.

tympănītĭcus, *a*, *um* (τυμπανιτικός), atteint de tympanite : PLIN. 25, 60 ; VEG. Mul. 2, 91, 2.

tympănium, *ii*, n. (τυμπάνιον), sorte de perle plate d'un côté : PLIN. 9, 109 ; PAUL. Dig. 34, 2, 32.

tympănizō, *ās*, *āre*, -, - (τυμπανίζω), intr., jouer du tambourin : SUET. Aug. 68.

tympănŏtrĭba, *ae*, m. (τυμπανοτρίβης), celui qui joue du tambourin [= efféminé] : PL. Truc. 611.

tympănum, *i*, n. (τύμπανον ; it. *timpano*, fr. *timbre*, *timbale*) ¶ 1 tambourin [surtout des prêtres de Cybèle] : LUCR. 2, 618 ; VIRG. En. 9, 619 ; OV. F. 4, 213 ; CAES. C. 3, 105 ; CURT. 8, 11, 20 ; TAC. H. 5, 5 ‖ [remplaçant la *tuba* chez les Parthes] JUST. 41, 2, 8 ‖ [fig.] symbolise qqch. d'efféminé : QUINT. 5, 12, 21 ; SEN. Vit. 13, 6 ¶ 2 **a)** roue pleine : VIRG. G. 2, 444 ; PLIN. 10, 332 ‖ roue d'engrenage : [dans le moulin à eau] VITR. 10, 5, 2 ; *tympanum dentatum* VITR. 10, 9, 6, tambour denté [dans l'hodomètre] ‖ tambour [d'horloge à eau] : VITR. 9, 8, 5 ; 9, 8, 12 **b)** tambour de machine de soulèvement : LUCR. 4, 905 ; VITR. 10, 2, 5 **c)** tympan [machine pour élever l'eau] : VITR. 5, 12, 4 ; 10, 4, 3 **d)** panneau d'une porte : VITR. 4, 6, 4 **e)** [archit.] tympan [surface triangulaire inscrite dans un fronton] : VITR. 3, 5, 12. ▶ *tȳpănum* CATUL. 63, 8.

Tymphaei, *ōrum*, m. pl., peuple d'Étolie : PLIN. 4, 6 ‖ peuple de Macédoine : PLIN. 4, 35 ‖ **-āĭcus**, *a*, *um*, des Tymphéens : PLIN. 36, 182.

Tyndărĕum, *i*, n., c. 2 Tyndaris : LIV. 36, 2, 11.

Tyndărĕus, *i*, m. (Τυνδάρεος), Tyndare [époux de Léda, père de Castor et Pollux, d'Hélène et de Clytemnestre] : CIC. Fat. 34 ; OV. H. 8, 31.

Tyndărĭdēs, *ae*, m., fils de Tyndare : VAL.-FLAC. 4, 247 ; 6, 212 ‖ pl., les Tyndarides [Castor et Pollux] : CIC. Tusc. 1, 28 ; [en gén., tous les enfants de Tyndare] HOR. S. 1, 1, 100.

1 Tyndăris, *ĭdis*, f. (Τυνδαρίς), la fille de Tyndare [Hélène] LUCR. 1, 464 ; VIRG. En. 2, 602 ; [Clytemnestre] OV. Tr. 2, 396.

2 Tyndăris, *ĭdis*, f., ville sur la côte nord de Sicile [Tindari] Atlas XII, G5 : CIC. Verr. 5, 128 ; PLIN. 3, 90 ‖ **Tyndărītānus**, *a*, *um*, de Tyndaris : CIC. Verr. 4, 17 ; **-āni**, *ōrum*, m. pl., habitants de Tyndaris : CIC. Verr. 4, 84 ; 5, 124.

Tyndărĭus, *a*, *um*, de Tyndare : VAL.-FLAC. 1, 570 ‖ m. pl., les Lacédémoniens : SIL. 15, 320.

Tyndărus, *i*, m., Tyndare : HYG. Fab. 77 ; LACT. Inst. 1, 10, 11.

Tȳnēs (**Tūnēs**), *is*, acc. *Tȳnēta*, m. (Τύνης), nom ancien de Tunis Atlas VIII, A3 ; XII, H2 : LIV. 30, 9, 10.

Typănei, *ōrum*, m. pl., habitants de Typanéis [ville d'Élide] : PLIN. 4, 22.

typănum, v. *tympanum* ▶.

typhē, *ēs*, f. (τύφη), massette [plante aquatique] : DIOSC. 3, 128.

1 Typhōeus, *ei* ou *eos*, m. (Τυφωεύς), Typhoée, Typhée [un des Géants, enseveli sous l'Etna] : VIRG. En. 9, 716 ; OV. M. 5, 321 ; F. 4, 491.

2 Typhōeus, *a*, *um*, adj., de Typhée : VIRG. En. 1, 665.

Typhōis, *ĭdis* ou *ĭdos*, adj. f., de Typhée : OV. H. 15, 11.

1 typhōn, *ōnis*, m. (τυφών) ¶ 1 tourbillon : PLIN. 2, 131 ; VAL.-FLAC. 3, 130 ¶ 2 espèce de comète : PLIN. 2, 91.

2 Typhōn, *ōnis*, m. (Τυφών), Géant, le même que Typhée : OV. F. 2, 461 ; LUC. 4, 595 ; 6, 92.

Typhōneus, *a*, *um*, de Typhon : MEL. 1, 76.

typhōnĭcus ventus, m., tourbillon de vent, vent impétueux : VULG. Act. 27, 14.

Typhōnĭdes, *um*, f. pl., filles de Typhon : VAL.-FLAC. 4, 428.

typhōnĭŏs, *ii*, m., **typhōnĭŏn**, *ii*, n. ¶ 1 jusquiame [plante] : PS. APUL. Herb. 5 ¶ 2 c. *dracontea* : PS. APUL. Herb. 15.

typhōsus, *a*, *um*, arrogant, orgueilleux : MART. BRAC. Jact. 5, p. 35 AA.

1 typhus, *i*, m. (τύφος ; esp. *tufo*, cf. fr. *étuver*, al. *Stube*), enflure, œdème : SAMM. 216 ‖ [fig.] orgueil, arrogance : ARN. 2, 3 ; AUG. Conf. 2, 3.

2 typhus, *i*, f. (typhe), massette [plante] : ISID. 17, 9, 100 ; 101.

typĭcē, adv., symboliquement, au figuré : HIER. Luc. 20.

typĭci, *ōrum*, m. pl., ceux qui ont la fièvre intermittente : CAEL.-AUR. Acut. 1, 14, 110.

typĭcus, *a*, *um* (τυπικός) ¶ 1 typique, symbolique, figuré : SEDUL. Carm. 3, 208 ¶ 2 intermittent : CAEL.-AUR. Acut. 2, 15, 95.

typus, *i*, m. (τύπος) ¶ 1 figure, image : PLIN. 35, 151 ; bas-relief : CIC. Att. 1, 10, 3, cf. Rev. Et. Lat. 1937, p. 273 ¶ 2 caractère, phase [d'une maladie] : CAEL.-AUR. Acut. 1, 14, 108 ¶ 3 rythme binaire [du Pneuma, chez les Stoïciens] : CAND. Gen. 9 ¶ 4 [chrét.] symbole, figure mystique [surtout de l'Ancien Testament], préfiguration : AUG. Catech. 21, 37.

Tȳra, PLIN. 4, 82, **Tȳrās**, *ae*, m., MEL. 2, 7 ; OV. Pont. 4, 10, 50, fleuve de la Sarmatie d'Europe [le Dniestr] Atlas I, B5.

Tyracinenses, *ĭum*, m. pl., habitants de Tyracinae [Sicile] : PLIN. 3, 91.

Tyragĕtae, *ārum*, m. pl., peuple de la Sarmatie européenne : PLIN. 4, 82.

tyranna, *ae*, f., femme tyran : TREB. Tyr. 31, 10.

tyrannĭcē, adv. (*tyrannicus*), en tyran, tyranniquement : CIC. Verr. 3, 115 ; AUG. Civ. 10, 21.

tyrannĭcīda, *ae*, m. (*tyrannus*, *caedo*), tyrannicide, meurtrier d'un tyran : SEN. Ir. 2, 23, 1 ; PLIN. 7, 87 ; SUET. Tib. 4.

tyrannĭcīdĭum, *ii*, n. (*tyrannicida*), tyrannicide, meurtre d'un tyran : SEN. Contr. 1, 7 ; PLIN. 34, 72 ; QUINT. 7, 3, 10.

tyrannĭcus, *a*, *um* (*tyrannus*), de tyran, tyrannique : CIC. Leg. 1, 42 ; HER. 2, 49 ; SEN. Ben. 1, 11, 3 ; JUST. 16, 4, 11.

Tyrannĭo, *ōnis*, m., Tyrannion, géographe et grammairien contemporain de Cicéron : CIC. Q. 2, 4, 2 ; Att. 2, 6, 1.

tyrannis, *ĭdis*, f. (τυραννίς) ¶ 1 royauté absolue, pouvoir d'un tyran [sens grec] : VAL.-MAX. 4, 1, 6 ¶ 2 pouvoir absolu, despotisme, tyrannie : CIC. Att. 14, 9, 2 ; [acc.] *tyrannida* CIC. Att. 14, 14, 2 ; *tyrannidem* CIC. Off. 2, 90 ¶ 3 [fig.] royaume, richesse du royaume : LIV. 38, 14, 12 ¶ 4 ▶ *tyranna* : TREB. Tyr. 31, 10.

tyrannizō, *ās*, *āre*, -, -, intr., exercer sa tyrannie : JORD. Rom. 308.

tyrannoctŏnus, *i*, m. (τυραννοκτόνος), c. *tyrannicida* : CIC. Att. 14, 15, 2 ; 14, 21, 3.

tyrannŏpŏlīta, *ae*, m. (τυραννοπολίτης), sujet d'un tyran : SIDON. Ep. 5, 8, 3.

tyrannus, *i*, m. (τύραννος) ¶ 1 tyran [au sens grec], roi, souverain, monarque : NEP. Milt. 8, 3 ; VIRG. En. 4, 320 ; 7, 266 ; LIV. 35, 12, 7 ‖ [en parl. de Neptune] OV. M. 1, 276 ; [de Pluton] OV. M. 5, 508 ¶ 2 tyran, despote, usurpateur : CIC. Verr. 4, 73 ; 5, 103 ; Mil. 35 ; Lae. 52 ; LIV. 29, 17, 19.

Tȳrās, v. Tyra.

Tyrcae, *ārum*, m. pl., peuple sur les bords du Tanaïs [Don] : PLIN. 6, 19.

1 Tȳrēs, acc. *en*, m., nom d'un Troyen : VIRG. En. 10, 403.

2 Tȳrēs, *ae*, m., c. Tyra : VAL.-FLAC. 4, 719.

tyrĭanthĭnus, *a*, *um* (τυριάνθινος), qui est pourpre-violet : VOP. Car. 20, 5 ‖ **-thīna**, n. pl., vêtements pourpre-violet : MART. 1, 53, 5.

Tyrĭenses, *ĭum*, m. pl., peuple de Lycaonie : PLIN. 5, 95.

Tyrii, v. Tyrius.

Tȳrins, **Tȳrinthĭus**, v. Tiryn-.

Tyrissaei, *ōrum*, m. pl., habitants de Tyrissa [ville de Macédoine] : Plin. 4, 34.

tўrĭum, *ĭi*, n., pourpre [de Tyr], étoffe de pourpre, vêtement de pourpre : Tert. Paen. 11, 2.

Tўrĭus, *a*, *um* (Τύριος) ¶ 1 de Tyr, de Phénicie, Tyrien : *purpura Tyria* Cic. Flac. 70, pourpre de Tyr, cf. Hor. Ep. 1, 6, 18 ; Ov. M. 6, 222 ; *Tyria puella* Ov. F. 5, 605 = Europe [fille du roi de Tyr, Agénor], cf. Mart. 10, 51, 1 ¶ 2 de Thèbes : Stat. Th. 1, 10 ; *Tyrius ductor* Stat. Th. 11, 205 = Étéocle ; *exsul* Stat. Th. 3, 406 = Polynice ¶ 3 carthaginois : Virg. En. 1, 20 ; 1, 336 ; 1, 388 ; Sil. 7, 268 ; *Tyrius ductor* Sil. 10, 171 = Hannibal ¶ 4 pourpre : Tib. 1, 2, 75 ; Ov. A. A. 2, 297 ; Plin. 9, 140 ‖ **Tўrĭi**, *ōrum*, m. pl., habitants de Tyr, Tyriens : Cic. Phil. 11, 35 ; Q. 2, 13, 2 ‖ Thébains : Stat. Th. 1, 10 ; 2, 73 ‖ Carthaginois : Virg. En. 1, 574 ; 4, 111.

1 **tўro**, *ōnis*, m., V.▸ tiro.

2 **Tўrō**, *ūs*, f. (Τυρώ), fille de Salmonée, aimée du fleuve Énipée : Hyg. Fab. 60 ; Prop. 2, 28, 51.

3 **Tўrō**, *gens Tyro* Plin. 6, 165, peuple des bords de la mer Rouge.

tўrŏpătĭna, V.▸ tiropatina.

Tўrŏs, *i*, f., V.▸ 1 Tyrus : Plin. 5, 76 ; Virg. En. 4, 670.

tўrŏtărīchum, *i*, n. (τυροτάριχος), plat rustique au fromage et au poisson salé : Cic. Fam. 9, 16, 9 ; Att. 4, 8, 1 ; V.▸ tirotaricus.

Tyrrhēni, V.▸ 1 Tyrrhenus.

Tyrrhēnĭa, *ae*, f. (Τυρρηνία), la Tyrrhénie, l'Étrurie : Ov. M. 14, 452.

Tyrrhēnĭcus, *a*, *um*, adj. (Τυρρηνικός), tyrrhénien, de la Méditerranée occidentale : Mel. 1, 17 ; Aus. Epist. 25 (417), 88 ‖ **Tyrrhēnĭca**, *ōn*, n. pl., ouvrage grec de l'empereur Claude sur l'histoire étrusque : Suet. Cl. 42, 5 (2).

1 **Tyrrhēnus**, *a*, *um*, adj. (Τυρρηνός, Τυρσηνός ; cf. *Tuscus*, *turris*) ¶ 1 Tyrrhénien, d'Étrurie, étrusque : *Tyrrhenum mare* Plin. 3, 75 ; Hor. O. 1, 11, 6 ; *Tyrrhenum aequor* Virg. En. 1, 64 ; *Tyrrhenus*, m., Val.-Flac. 4, 715, la mer Tyrrhénienne Atlas I, D4 ; XII, F2 ‖ **-ni**, *ōrum*, m. pl., Tyrrhènes, Étrusques : Plin. 3, 50 ; Virg. En. 11, 171 ¶ 2 [poét.] romain : Sil. 1, 111 ¶ 3 *Tyrrhenus piscis* Sen. Ag. 451, dauphin [Bacchus changea en dauphins des pirates tyrrhéniens, cf. Ov. M. 3, 60-688].

2 **Tyrrhēnus**, *i*, m. (Τυρρηνός), héros éponyme de la Tyrrhénie [Étrurie] : Sil. 5, 11 ‖ guerrier étrusque : Virg. En. 11, 612.

Tyrrhīdae, *ārum*, m. pl., les fils de Tyrrhus : Virg. En. 7, 484.

Tyrrhus, *i*, m., nom du berger de Latinus : Virg. En. 7, 485.

Tyrtaeus, *i*, m. (Τυρταῖος), Tyrtée, poète athénien : Hor. P. 402 ; Just. 3, 5.

Tўrus (Tўrŏs), *i*, f. (Τύρος) ¶ 1 Tyr [ville maritime de Phénicie, renommée pour sa pourpre] Atlas I, E6 ; IX, E3 : Cic. Nat. 3, 42 ; Verr. 5, 145 ; Tib. 1, 7, 20 ¶ 2 [par ext., méton. poét.] pourpre, couleur pourpre : Mart. 2, 29, 3 ; 6, 11, 7.

Tyscŏs, *i*, m., bourg de Galatie : Liv. 38, 18.

tzanga, *ae*, f., C.▸ zanca, sorte de soulier : Cod. Th. 14, 10, 2.

Tzitta, *āni*, m., nom d'homme : CIL 5, 7793.

Tzitzi, n. indécl., ville d'Égypte dans la Thébaïde : Anton. 161.

U

ū, f., n., vingtième lettre de l'alphabet latin ; rend à la fois ου et υ du grec, ▶ *v* [en capitale il s'écrivait V] ∥ [abrév.] *V. C.* ou *u. c.* = *urbis conditae* ; *ab u. c.* = *ab urbe condita*, à partir de la fondation de Rome.

1 ūbĕr, *ĕris*, n. (cf. οὖθαρ, scr. *ūdhar*, al. *Euter*, an. *udder*) ¶ **1** mamelle, sein, pis : LUCR. 1, 887 ; VIRG. B. 3, 30 ; OV. M. 13, 826 ; F. 4, 459 ; SUET. *Tib.* 6 ∥ pl., **ubera** : CIC. *Rep.* 2, 4 ; LUCR. 5, 885 ; VIRG. G. 2, 524 ∥ [fig.] COL. 3, 21, 3 ¶ **2** [fig.] richesse, fécondité : *fertilis ubere campus* VIRG. G. 2, 185, champ fertile par la richesse du sol, cf. VIRG. *En.* 1, 531 ; *En.* 7, 262 ; *non segnior ubere Bacchus* VIRG. G. 2, 275, Bacchus n'est pas moins productif ; *pecori et vitibus almis aptius uber erit* VIRG. G. 2, 234, la fécondité du sol conviendra mieux aux pâturages et à la vigne.

2 ūbĕr, *ĕris*, adj. (1 *uber*/ *vetus*) ¶ **1** abondant, plein, bien nourri : *spicae uberes* CIC. *Fin.* 5, 91, épis bien remplis ; *uberrimi fructus* CIC. *Nat.* 2, 156, fruits très abondants, cf. PL. *Ru.* 637 ; HOR. O. 4, 15, 5 ; *aqua uber* CIC. Q. 3, 1, 3, eau abondante, cf. LUCR. 1, 349 ; 6, 290 ; HOR. O. 2, 19, 10 ∥ fécond, riche : *agri uberrimi maximeque fertiles* CIC. *Div.* 1, 94, terres très riches et très fertiles ; *Umbria terris fertilis uberibus* PROP. 1, 22, 10, l'Ombrie fertile par la richesse de son sol ; *uberrimum gignendis uvis solum* CURT. 6, 4, 21, sol excellent pour la production du raisin ; *uberrimus undis* OV. *Tr.* 4, 10, 3, où les eaux abondent ; *regio plumbi uberrima* JUST. 44, 3, 4, région qui abonde en plomb, cf. ACC. *Tr.* 49 ; HOR. O. 2, 19 ∥ *agro bene culto nihil potest esse usu uberius* CIC. *CM* 57, rien ne peut être d'un meilleur rapport qu'un champ bien cultivé ¶ **2** [fig., en parl. d'un écrivain, d'un orateur] *uber et fecundus* CIC. *Or.* 15, riche et fécond, cf. CIC. *Brut.* 121 ∥ *nullus feracior locus est nec uberior quam de officiis* CIC. *Off.* 3, 5, il n'y a pas [en philosophie] de question plus féconde ni plus riche que celle des devoirs ; *motus animi, qui ad explicandum ornandumque sint uberes* CIC. *de Or.* 1, 113, une activité de l'esprit qui puisse fournir avec abondance les développements et les beautés du style ; *uberiores litterae* CIC. *Att.* 13, 50, 1, lettre plus abondante [plus longue].
▶ abl. *uberi*, mais *ubere* COL. 6, 27, 1.

Ubĕrae, *ārum*, m. pl., peuple de l'Inde : PLIN. 6, 67.

ūbĕrātus, *a*, *um*, part. de *ubero*.

Uberi, *ōrum*, m. pl., peuple des Alpes : PLIN. 3, 137.

ūbĕrĭtās, ▶ *ubertas* ▶.

*ūbĕrĭus [positif inusité] adv., superl., **uberrime**, plus abondamment, très (le plus) abondamment : CIC. *Phil.* 2, 77 ; PL. *Trin.* 31 ∥ [fig.] CIC. *Nat.* 2, 20 ; *Fam.* 3, 11, 1 ; *uberrime Div.* 2, 3.

ūbĕrō, *ās*, *āre*, -, *ātum* (2 *uber*) ¶ **1** tr., rendre fécond : PALL. 11, 8, 3 ; *gemmis uberatus* PALL. 3, 17, 4, riche en bourgeons ¶ **2** intr., être fécond, produire : COL. 5, 9, 11.

ūbertās, *ātis*, f. (2 *uber*) ¶ **1** puissance de produire, nature riche, féconde ; abondance, richesse, fécondité : [du sol] CIC. *Pomp.* 14 ; [du génie] CIC. *Marc.* 4 ; *Sen.* 1 ; *ubertates et copiae virtutis* CIC. *Nat.* 2, 167, le potentiel et les ressources de la vertu ; *utilitatis ubertas* CIC. *de Or.* 1, 195, utilité féconde ; [richesse d'invention oratoire] CIC. *de Or.* 1, 50 ∥ abondance produite, abondance, richesse : *frugum et fructuum* CIC. *Nat.* 3, 68, abondance des moissons et des fruits ; *si ubertas in percipiendis fructibus fuit* CIC. *Verr.* 3, 227, si la récolte a été abondante, cf. CIC. *Div.* 1, 112 ; *Leg.* 1, 25 ¶ **2** [fig.] abondance du style : CIC. *Tusc.* 1, 116 ; QUINT. 10, 1, 13 ; 10, 1, 32.
▶ *uberitas* sur des monnaies.

ūbertim, adv. (2 *uber*), abondamment : CATUL. 66, 17 ; SUET. *Caes.* 81 ; SEN. *Contr.* 4, 25.

ūbertō, *ās*, *āre*, -, - (*ubertas*), tr., rendre fécond : PLIN. *Pan.* 32, 2.

ūbertus, *a*, *um*, abondant [style] : GELL. 6, 14, 7 ∥ fertile : *SOLIN. 21, 3 ; GLOSS. 4, 518, 20.

ŭbī, ensuite **ŭbĭ** (< -*cubi* : *alicubi, nuncubi, sicubi* et *unde, unquam, uter, ibi* ; **kʷudhei*, cf. v. sl. *kŭde*, rus. *gde*, scr. *kuha* ; it. *ove*, fr. *où*), adv. de lieu relatif-interrogatif, employé aussi comme conjonction.

I adv.

A relatif, où [sans mouvᵗ] ; (là, dans le lieu) où ¶ **1** [avec l'antécédᵗ *ibi*] *ibi... ubi* CAES. G. 1, 13, là..., où, cf. CIC. *Fam.* 1, 10 ; 6, 1, 1 ; *ubi... ibi* CIC. *Rep.* 3, 43, où... là ∥ [avec d'autres antécédents de lieu] : *agri, ubi* CIC. *Rep.* 2, 4, les champs où, cf. CIC. *Rep.* 4, 11 ; *Verr.* 5, 30 ¶ **2** [substitut du relatif construit avec *in* abl. ou *apud*] : *multa... ubi* (= *in quibus*) CIC. *de Or.* 1, 243, beaucoup de choses, dans lesquelles ; *per illum ipsum, ubi* (= *apud quem*) CIC. *Verr.* 4, 29, par l'intermédiaire de celui-là précisément chez qui, cf. CIC. *Quinct.* 34 ; *milites ubi...* (= *in quibus*) LIV. 30, 35, 9, les soldats, dans lesquels... ¶ **3** [avec subj. consec.] *(veritas) locum, ubi consistat, reperire non poterit* CIC. *Quinct.* 5, (la vérité) ne pourra trouver un endroit où s'arrêter ; *quid erat in terris, ubi... pedem poneres?* CIC. *Phil.* 2, 48, quel était le point du globe, où tu puisses poser le pied...? ; *ubi... videretur* CAES. C. 2, 15, 2, dans les endroits de telle nature que..., [v. *Rev. de Phil.* t. 27, le subjonctif de répétition, p. 186] ; *est, ubi id isto modo valeat* CIC. *Tusc.* 5, 23, il y a des cas tels que ce principe se vérifie = susceptible de justifier ce principe ; *est ubi plus tepeant hiemes?* HOR. *Ep.* 1, 10, 15, est-il un endroit où les hivers soient plus tièdes?, cf. PL. *Mil.* 82 ¶ **4** *ubi* initial = *ibi autem, ibi enim, et ibi* : CIC. *Leg.* 1, 14 ; LIV. 23, 10, 1 ¶ **5** *ubi ubi* = *ubicumque* : *ubi ubi est* TER. *Eun.* 295, en qq. endroit qu'il soit, cf. TER. *And.* 984 ; PL. *Cas.* 686 ; *Ep.* 491 ; LIV. 42, 57, 12.

B *ubi* interrog. dir. : *ubi sunt qui...?* CIC. *de Or.* 2, 59, où sont ceux qui...?, cf. CIC. *Verr.* 5, 104 ; *Nat.* 1, 68 ∥ = *qua in re?* CIC. *Tusc.* 5, 102, 121 ∥ [avec gén.] : *ubi terrarum sumus?* CIC. *Rab. Post.* 37, à quel endroit du monde sommes-nous? ; *ubi loci* PL. *Cap.* 958, en quel endroit ; ▶ *ubinam* ∥ interrog. indir. : *investigare, ubi sit* CIC. *Att.* 9, 1, 2, chercher où il est, cf. CIC. *Com.* 30 ; *Tusc.* 1, 67 ; *Phil.* 13, 33 ∥ [tard.] comment ? AUG. *Ep.* 93, 26 ; *ubi est quod* [avec indic.] AUG. *Ep.* 22, 3, comment se fait-il que ?

II [emploi comme conj.] quand, lorsque ¶ **1** *ubi videt* CIC. *Verr.* 2, 61, quand il voit ; *ubi hoc nuntiatum est, jubet* CIC. *Caecil.* 56, quand la nouvelle eut été annoncée, il ordonne ; *ubi accusator... gradus compleraet, ne surgendi quidem potestas erat* CIC. *Clu.* 93, quand l'accusateur avait rempli les gradins..., il n'était même plus possible de se lever pour parler ; *ubi... tum* CIC. *de Or.* 2, 100, quand... alors, cf. CIC. *Verr. prim.* 55 ; LIV. 22, 58, 8 ; 25, 38, 4 ; *tum... ubi* SALL. C. 52, 4, au moment où, cf. CAT. *Agr.* 33, 2 ; 45, 3 ; ou *tunc... ubi* SEN. *Ep.* 39, 6 ; 89, 15 ; *ubi... exinde* PL. *Curc.* 363 ∥ *ubi primum* aussitôt que, dès que : CIC. *Verr.* 2, 48 ¶ **2** avec subj., ▶ *cum* : *sol ubi... mutaret* HOR. O. 3, 6, 41, du moment que le soleil changeait..., cf. LIV. 21, 42, 4 ; 22, 2, 7 ; 26, 25, 7 ; TAC. H. 2, 88 ∥ *id ubi dixisset, emittebat* LIV. 1, 32, 14, après avoir dit

ubi

cela [cela dit], il envoyait ..., cf. Liv. 8, 8, 9 ; 22, 38, 3 ; 23, 19, 13 ; 26, 11, 3 ; ▶ Subj. de répétition, Rev. de Phil. t. 27, p. 186.

ŭbĭcumquĕ, -cunquĕ, -quomquĕ (cf. *quicumque*) ¶ 1 [adv. rel.] en quelque lieu que, partout où [sans mouv^t] : *ubicumque es, in eadem es navi* Cic. *Fam.* 2, 5, 1, où que tu sois, tu es dans le même bateau que nous ; *ubicumque erimus* Cic. *Att.* 3, 25, partout où nous serons ‖ *ubicumque terrarum sunt, ibi...* Cic. *Phil.* 2, 113, en quelque endroit du monde qu'ils se trouvent, là ... ; *ubicumque erit gentium, a nobis diligetur* Cic. *Nat.* 1, 121, en quelque endroit du monde qu'il se trouve, il aura notre affection ; *ubicumque locorum vivitis* Hor. *Ep.* 1, 3, 34, en quelque endroit que vous viviez ¶ 2 [adv. indéfini] en tout lieu, partout : Hor. *S.* 1, 2, 62 ; Quint. 10, 7, 28.

Ubĭi, *ōrum*, m. pl., les Ubiens, peuple du Rhin [capitale Cologne] : Caes. *G.* 1, 54 ‖ adj., **Ubius**, *a, um* : *mulier Ubia* Tac. *H.* 5, 22, femme ubienne.

ŭbĭlĭbĕt, adv. (cf. *quilibet*), n'importe où : Sen. *Tranq.* 1, 6.

ŭbĭnam, adv. (cf. *quisnam*), où donc ? en quel lieu ? : *ubinam gentium sumus ?* Cic. *Cat.* 1, 9, en quel endroit du monde sommes-nous donc ? ; *non video, ubinam mens... possit* Cic. *Nat.* 1, 24, je ne vois pas où l'esprit peut ....

ŭbĭquāquĕ (cf. *usque quaque*), [adv. indéfini] partout : Ov. *Am.* 3, 10, 5.

1 ŭbīquĕ (cf. *quisque*), adv. corresp. à *quisque* [employé surtout dans les relatives ou les relatives-interrogatives] partout, en tout lieu : *navium quod ubique fuerat* Caes. *G.* 3, 16, 2, ce qu'il y avait de navires en tout lieu ; *naves, quas ubique possunt, deprehendunt* *Caes. *C.* 1, 36, 2, ils saisissent tous les vaisseaux qu'ils peuvent, n'importe où, cf. Caes. *C.* 3, 112 ; Cic. *Verr.* 4, 7 ; *omnes qui ubique praedones fuerunt* Cic. *Pomp.* 35, tous les pirates en quelque endroit qu'ils fussent = tous sans exception ; *omnes agri, qui ubique sunt* Cic. *Agr.* 2, 57, toutes les terres sans exception, cf. Cic. *Fin.* 2, 6 ; 2, 13 ; Tusc. 1, 35 ; Liv. 45, 29, 1 ; Virg. *En.* 1, 601 ; Hor. *S.* 1, 2, 60 ‖ *demonstrabant, quid ubique esset* Cic. *Verr.* 4, 132, ils montraient ce qui existait dans tous les endroits, cf. Caes. *C.* 2, 20, 8 ; [après *quantum*] Ov. *M.* 1, 214 ‖ [sans relatif ni rel.-interr.] partout : Virg. *En.* 2, 369 ; Quint. 10, 7, 27 ‖ [avec gén.] *itineris ubique* Apul. *M.* 1, 24, dans tout le voyage.

2 ŭbīquĕ, ▶ *et ubi* : Pl. *Ru.* 389 ; Sall. *C.* 21, 1 ; Liv. 36, 2, 5 ; Hor. *S.* 2, 2, 84.

ŭbīquomquĕ, ▶ *ubicumque*.

ŭbĭŭbi (cf. *quisque, utut*), ▶ *ubi*.

Ubĭus, *a, um*, ▶ *Ubii*.

ŭbĭvīs (cf. *quivis*), [adv. indéfini] n'importe où, partout [sans mouv^t] : Cic. *Fam.* 6, 1, 1 ; *Att.* 14, 22, 2 ‖ *ubivis gentium* Ter. *Hec.* 284.

Ūcălĕgōn, *ōnis*, m. (Οὐκαλέγων), Ucalégon [nom d'un Troyen dont la maison fut incendiée à la prise de Troie] : Virg. *En.* 2, 312 ‖ [fig.] une victime d'incendie : Juv. 3, 199.

Ūcĕcĭense (castrum), n., ville de Narbonnaise [auj. Uzès] : Not. Gall. 15, 9.

Ŭcēni (-nni), *ōrum*, m. pl., Ucènes [peuplade des Alpes] : Plin. 3, 137.

Ūcĕtĭa, *ae*, f., ville de Narbonnaise [Uzès] : CIL 12, 3362 ‖ *Ucetica urbs*, même sens : Greg.-Tur. *Hist.* 8, 18.

Ŭcĭa, *ae*, f., ▶ *Ugia* : Plin. 3, 10.

Ŭcĭtānum oppidum, n., Ucis [nom de deux villes d'Afrique] : Plin. 5, 29.

Ŭcŭbis, *is*, f., ville de Bétique [Espejo] Atlas IV, D2] : B.-Hisp. 7, 1 ; 24, 2 ; **Ucubi**, n., Plin. 3, 12.

Ŭcultunĭacum, *i*, n., ville de Bétique : Plin. 3, 14.

Ŭdīni, *ōrum*, m. pl., peuple voisin de la mer Caspienne : Plin. 6, 38.

1 ūdō, *ās, āre, āvī*, - (*udus*; roum. *uda*), tr., humecter, mouiller, baigner, bassiner : Macr. *Sat.* 7, 12, 10 ; Aug. *Man.* 2, 13.

2 ūdo, *ōnis*, m. (οὐδών), chausson de feutre : Mart. 4, 140 tit. ; Ulp. *Dig.* 34, 2, 25, 4 ; Vindol. 346, 1 ; 2.

ūdŏr, *ōris*, m., pluie : Varr. *L.* 5, 24.

Ŭdŭba, *ae*, m., fleuve de Tarraconaise : Plin. 3, 20.

ūdus, *a, um* (*uvidus*, cf. *uligo, unda* ; roum. *ud*) ¶ 1 chargé d'eau, humecté : *nubes umidae, immo udae* Sen. *Nat.* 2, 25, nuées humides, ou même saturées d'eau ; *uda humus* Hor. *O.* 3, 2, 23, terre trempée d'eau ; *udum palatum* Virg. *G.* 3, 388, palais humide ; *uda pomaria rivis* Hor. *O.* 1, 7, 13, vergers baignés par des ruisseaux ‖ *udi oculi* Ov. *H.* 12, 55, yeux baignés de larmes, cf. Mart. 10, 78, 8 ‖ *udae vocis iter* Virg. *En.* 7, 533, le canal humide de la voix ‖ *udus aleator* Mart. 5, 84, 5, le joueur humecté, pris de vin ¶ 2 *udum*, n. pris subst^t, humidité : *udo colores illinere* Plin. 35, 49, peindre à fresque, cf. Vitr. 7, 3, 7 ‖ *in udo est (= udus est)* Pers. 1, 105, il est tout en humeur [mou, flasque], cf. Gaffiot R. de Phil. t. 56, p. 279.

Ūfens (Ouf-, Ōfens. Fest. 212, 9), **tis**, m. ¶ 1 rivière du Latium : Lucil. 1260 ; Virg. *En.* 7, 802 ‖ **-tīnus**, *a, um*, de l'Ufens : Liv. 9, 20, 6 [tribu rustique] ¶ 2 nom d'homme : Virg. *En.* 7, 745 ; 8, 6 ; ▶ *Aufentum*.

Uffugum (Auf-), *i*, n., ville du Bruttium [auj. Fognano] : *Liv. 30, 19.

Ugernum, *i*, n., ville de la Narbonnaise [auj. Beaucaire] : Peut. 1, 5 ‖ **-ensis**, e, d'Ugernum : CIL 12, 2824.

Ŭgĭa, *ae*, f., ville de Bétique : Anton. 410 ; ▶ *Ucia*.

ulcĕrārĭa, *ae*, f. (*ulcus*), ▶ *marrubium* Ps. Apul. *Herb.* 45.

ulcĕrātĭo, *ōnis*, f. (*ulcero*), ulcération, ulcère : Sen. *Const.* 6, 3.

ulcĕris, gén. de *ulcus*.

ulcĕrō, *ās, āre, āvī, ātum* (*ulcus*), tr., blesser, faire une plaie à : Hor. *S.* 1, 6, 106 ; *ulceratus* Cic. *Fat.* 36 ‖ [fig.] blesser [le cœur] : Hor. *Ep.* 1, 18, 72.

ulcĕrōsus, *a, um* (*ulcus*), couvert d'ulcères : Tac. *An.* 4, 57 ‖ couvert de plaies [arbre] : Plin. 17, 106 ‖ [fig.] blessé, ulcéré [par la passion] : Hor. *O.* 1, 25, 15.

ulciscō, *ĭs, ĕre*, -, -, arch. ▶ *ulciscor* : Enn. *Tr.* 134 ; ▶ *ullo*.

ulciscŏr, *scĕris, scī, ultus sum* (cf. *ulcus*, v. irl. *olc* ?), tr. ¶ 1 venger [= venger sur autrui] : *patrem* Cic. *Amer.* 66, venger son père, cf. Cic. *Mil.* 8 ; *se ulcisci* Cic. *Mil.* 38 ; Verr. 4, 87, se venger ; *Caesaris mortem* Cic. *Phil.* 13, 33, venger la mort de César ¶ 2 se venger de, punir en tirant vengeance **a)** *aliquem pro scelere* Caes. *G.* 1, 14, 5, tirer vengeance de qqn pour un crime, cf. Caes. *G.* 5, 38 ; *illum ulciscentur mores sui* Cic. *Att.* 9, 12, 2, il sera puni par son propre caractère, cf. Cic. *Mil.* 88 ; *Cat.* 2, 17 **b)** *injurias alicujus* Cic. *Verr.* 2, 9, se venger des injustices qu'on a subies de la part de qqn, cf. Cic. *Rep.* 2, 38 ; *scelus alicujus* Cic. *Verr.* 1, 68, tirer vengeance du crime de qqn.

▶ *ultus*, emploi passif Sall. *J.* 31, 8 ; Liv. 2, 17, 7 ; 5, 49, 3 ; Ov. *H.* 8, 120 ; Sen. *Ir.* 3, 7, 1 ; Greg.-Tur. *Hist.* 4, 26.

ulcus, *ĕris*, n. (cf. *ulciscor*, ἕλκος, scr. *arśas-*), ulcère, plaie : Cels. 2, 1, 7 ; Plin. 23, 112 ; Lucr. 6, 1148 ; Virg. *G.* 3, 454 ; *ulcus tangere* Ter. *Phorm.* 690, mettre le doigt sur la plaie ‖ écorchure d'un arbre : Plin. 17, 227 ; [excavation d'une montagne] Plin. 36, 125 ‖ [fig.] plaie du cœur : Lucr. 4, 1068 ‖ blessure : *quidquid horum attigeris, ulcus est* Cic. *Nat.* 1, 104, quel que soit le point que tu touches, il est douloureux.

ulcuscŭlum, *i*, n. (dim. de *ulcus*), petit ulcère : Plin. 28, 259 ; Sen. *Ep.* 72, 5.

ūlex, *ĭcis*, m. (? ; esp. *urce*), bruyère : Plin. 33, 76.

Ulfĭla, *ae*, m. (got., " louveteau "), Wulfila [évêque arien, traducteur de la Bible en gotique, fin du 4e s.] : Maximin. 41, p. 304 r. ▶ *Vulfila* Jord. *Get.* 267 ; *Gulfilas* Isid. *Goth.* 8.

Ulĭa, *ae*, f., ville de Bétique [Montemayor] : Plin. 3, 10 ‖ **-ienses**, *ĭum*, m., habitants d'Ulia : CIL 2, 5877.

Ulĭărŏs, *i*, f., île de l'Océan, voisine de l'Aquitaine [auj. Oléron] : Plin. 4, 109.

ūlĭgĭnōsus, *a, um* (*uligo*), plein d'humidité, marécageux : Varr. *R.* 1, 6, 6 ; Plin. 17, 33 ‖ d'hydropique : Arn. 1, 50.

ūlīgō, *ĭnis*, f. (cf. *udus*), humidité [naturelle] de la terre : Cat. *Agr.* 34, 2 ; Varr. *R.* 2, 2, 7 ; Virg. *G.* 2, 184 ; pl. Tac. *An.* 1, 17 ‖ sorte de maladie cutanée : Veg. *Mul.* 2, 52.

Ulisubburĭtānum (Ulu-), *i*, n., ville de Byzacène : *Plin. 5, 30.

Ŭlixēs, *is*, acc. *em*, m. (Ὀδυσσεύς, Ὀλισεύς, Ὠλίξης), Ulysse [époux de Pénélope, père de Télémaque] : Cic. *Off.* 1, 113. ▶ gén. *Ulixi* Cic. *Tusc.* 1, 98 ; Virg. B. 8, 71 ; Hor. *Ep.* 1, 6, 63 ; *Ulixĕi* Hor. O. 1, 6, 7 ; *Epo.* 16, 60 ‖ acc. *Ulixen* Hor. S. 2, 3, 197 ; Prop. 2, 9, 7.

Ŭlixĕus, *a, um*, d'Ulysse : Apul. M. 2, 14.

Ulla, *ae*, m., rivière de Tarraconaise [dans la Galice] : Mel. 3, 10.

ullae, dat. f., ⏵ *ullus* ▶.

ullăgĕris, *e*, ⏵ *orcularis* : Grom. 301, 21.

ullātĕnus, adv. (cf. *eatenus*), à qq. égard, jusqu'à un certain point : Cassian. *Coll.* 13, 6 ; Mamert. *Anim.* 1, 21.

ulli, gén., ⏵ *ullus* ▶.

ullīus, gén. de *ullus*.

ullo, ▶ *ultus ero* : *Acc. Tr.* 293 ; Non. 185, 19. ▶ corrigé en *ulso*.

ullus, *a, um* (dim. de *unus*, cf. *homullus*), [employé dans les prop. négatives, hypothétiques ou interrogatives, et rarement ailleurs] quelque, quelqu'un ¶ **1** adj¹ : **non ulla causa** Cic. *Brut.* 312, pas une seule cause, cf. Cic. *Fin.* 3, 50 ; *Clu.* 39 ; **nemo ullius rei fuit emptor** Cic. *Phil.* 2, 97, personne ne se porta acheteur de quoi que ce soit ; **neque aliud ullum (signum reliquit) praeter...** Cic. *Verr.* 4, 7, et il ne laissa aucune autre statue que... ; **neque ullam in partem disputo** Cic. *Verr.* 5, 7, et je ne me prononce dans aucun sens, ni pour ni contre ; **sine ullo maleficio** Caes. G. 1, 7, 3, sans faire aucun mal ; **sine ullo domino esse** Cic. *Rep.* 1, 67, n'avoir aucun maître ; **si tempus est ullum jure hominis necandi** Cic. *Mil.* 9, s'il y a qq. occasion où le meurtre est légitime ; **si erit ulla respublica... ; sin autem nulla erit...** Cic. *Fam.* 2, 16, 5, s'il existe un gouvernement en qq. manière... ; mais s'il n'en existe pas du tout..., cf. *Fam.* 13, 40 ; *Q.* 3, 1, 15 ; *Verr.* 5, 81 ; *Phil.* 2, 86 ; *Tusc.* 5, 4 ‖ **est ergo ulla res tanti, ut... ?** Cic. *Off.* 3, 82, y a-t-il donc d'assez grande valeur pour que... ? ; Cic. *Pomp.* 44 ; *Dom.* 47 ; *Fin.* 2, 7 ‖ [dans une prop. affirmative] Pl. *Aul.* 422 ; Virg. G. 3, 428 ; Quint. 8, 2, 17 ¶ **2** pron. m. : **numquam ulli supplicabo** Pl. *Ru.* 1335, jamais je ne supplierai personne, cf. Caes. G. 1, 8 ; **si ab ullo...** Cic. *Planc.* 6, si par qui que ce soit..., cf. Cic. *Phil.* 2, 38 ; Liv. 3, 50, 40, 4 ; pl., **quae virtus in ullis fuit ?** Cic. *Tusc.* 1, 2, quelle vertu y eut-il chez aucun peuple... ? ‖ au n. : **neque est ullum, quod** Cic. *Tusc.* 5, 37, et il n'y a pas une de ces choses qui ; **nemo ullius nisi fugae memor** Liv. 2, 59, 8, personne ne songe à rien qu'à la fuite. ▶ gén. *ullīus*, dat. *ulli* mais gén. *ullĭus* Catul. 4, 3 ; gén. *ulli* Pl. *Truc.* 293, cf. Prisc. 2, 227, 17 ; 266, 16 ; dat. f. *ullae* Tib. 4, 6, 9.

ulmānus, *a, um* (*ulmus*), situé près des ormes : CIL 14, 4012.

ulmārĭum, *ii*, n. (*ulmus*), ormaie, lieu planté d'ormes : Plin. 17, 76.

ulmētum, *i*, n. (*ulmus* ; it. *olmeto*, fr. *ormaie*), ⏵ *ulmarium* : Gloss. 2, 528, 30.

ulmĕus, *a, um* (*ulmus*), d'orme, de bois d'orme : **ulmea cena** Juv. 11, 141, un dîner en bois d'orme = des coups de bâton pour dîner ; **interminatus est nos futuros ulmeos** Pl. *As.* 363, il nous a menacés de nous changer en ormes = de nous faire bâtonner d'importance.

Ulmi, *ōrum*, f. pl. (*ulmus*), lieu-dit de Pannonie : Anton. 131.

ulmĭtrĭba, *ae*, m., f. (*ulmus*, τρίβω), celui qui use les bâtons d'orme [sur son dos, à force d'être battu] : Pl. *Pers.* 278.

ulmus, *i*, f. (cf. an. *elm*, gaul *Lemo-* ; it. *olmo*, fr. *orme*, al. *Ulme*), orme, ormeau : Virg. G. 1, 2 ; 2, 446 ; Hor. *Ep.* 1, 16, 3 ; Plin. 17, 76 ‖ [fig.] **a)** *ulmorum Acheruns !* Pl. *Amp.* 1029, tombeau des ormes (= des verges) ! **b)** *ulmi Falernae* Juv. 6, 150, les ormes = les vignes de Falerne [mariées à l'ormeau], cf. Juv. 8, 78.

ulna, *ae*, f. (cf. ὠλένη, al. *Elle*, an. *elbow*, fr. *aune*) ¶ **1** l'avant-bras : Plin. 11, 243 ¶ **2** [poét.] bras : Catul. 17, 13 ; Prop. 2, 18, 9 ; Ov. M. 7, 847 ¶ **3** [mesure de longueur] brasse : Virg. B. 3, 105 ; G. 3, 355 ; Hor. *Epo.* 4, 8 ; Ov. M. 8, 748 ; Plin. 16, 202.

ŭlŏphŏnŏn (οὐλοφόνον), **ŭlŏphўtŏn** (*οὐλόφυτον), *i*, n., chamaeléon noir [plante pour les gencives] : **vade mecum** Plin. 22, 47 ; Ps. Apul. Herb. 109.

Ulphīla, ⏵ *Ulfila*.

Ulpĭa, *ae*, f., Ulpia Gordiana [mère de Gordien Iᵉʳ] : Capit. *Gord.* 2, 2.

Ulpĭālis, *e*, d'Ulpius Trajan : **flamine Ulpialis** CIL 11, 6505, flamine de Trajan.

Ulpĭāni, *ōrum*, m. pl., les bénéficiaires des *alimenta* de Trajan : CIL 11, 4351.

Ulpĭānus, *i*, m., Domitius Ulpien [de Tyr, jurisconsulte et ministre d'Alexandre Sévère] : Lampr. *Hel.* 16, 4.

ulpĭcum, *i*, n. (?), variété d'ail : Cat. *Agr.* 71 ; Pl. *Poen.* 1314 ; Col. 11, 3, 20.

Ulpĭus, *ii*, m., nom d'une famille rom. ; notᵗ *Ulpius Trajanus*, l'empereur Trajan [98-117] : Aur.-Vict. *Caes.* 13, 1 ‖ **-ĭus**, *a, um*, d'Ulpius, de Trajan : Sidon. *Carm.* 8, 8 ‖ **Ulpia Trajana**, ville de Dacie [Sarmizegetusa] : CIL 3, 1443.

uls, **ouls**, **ultis**, ▶ *ultra*, cf. P. Fest. 519, 18 ; **ouls** Varr. L. 5, 50 ; **et uls et cis Tiberim** Varr. L. 5, 83, au-delà et en deçà du Tibre, cf. Gell. 12, 13, 8 ; **cis et ultis** Pompon. *Dig.* 1, 2, 31, même sens.

1 ultĕrĭor, *ĭus* (compar. d'un inus. *ulter* qui se retrouve dans les adv. *ultra*, *ultro* ; cf. *interior*, *ultimus*) ¶ **1** qui est au-delà, de l'autre côté, ultérieur : **Gallia ulterior** Cic. *Att.* 8, 3, 3, la Gaule ultérieure ; **quis est ulterior ?** Ter. *Phorm.* 600, qui est de l'autre côté ? qui est par-derrière ? ; **ulterior ripa** Virg. En. 6, 314, la rive opposée ; **ulterior pars urbis** Liv. 34, 20, 5, l'extrémité opposée de la ville ‖ **ulteriores**, m. pl., Caes. G. 6, 2, 2, ceux qui sont plus éloignés [oppos. à *proximi*, les plus proches], cf. Liv. 3, 60, 7 ; Tac. G. 17 ‖ **ulteriora**, n. **a)** les points plus éloignés, Tac. H. 4, 77 **b)** le passé : Tac. H. 4, 8 **c)** le futur, la suite : Quint. 10, 7, 8 ; Ov. F. 5, 532 ¶ **2** [fig.] **quo quid ulterius privato timendum foret ?** Liv. 4, 26, 10, qu'est-ce qu'un particulier pouvait craindre au-delà de ce traitement (de plus que ce...) ?

2 Ultĕrĭor portus, m., port de Gaule, en face de la Bretagne : Caes. G. 4, 23, 1.

ultĕrĭus ¶ **1** n. de *ulterior* ¶ **2** compar. de *ultra* **a)** au-delà, plus loin : Prop. 1, 6, 4 ; Ov. M. 2, 872 **b)** [fig.] **ulterius ne tende odiis** Virg. En. 12, 938, ne va pas plus loin dans ta haine, cf. Sen. *Ep.* 102, 1 ; Quint. 5, 11, 34 ; **ulterius justo** Ov. M. 6, 470, plus que de raison.

ultĭmē, adv. (*ultimus*), au dernier point, extrêmement, autant que possible : Apul. M. 10, 24 ‖ enfin, en dernier lieu : Sen. *Ep.* 76, 29.

1 ultĭmō, adv. (*ultimus*), enfin, à la fin : Suet. *Ner.* 32 ; Petr. 20, 8.

2 ultĭmō, *ās*, *āre*, -, -, intr., toucher à sa fin : Tert. *Pall.* 1, 3.

ultĭmum (*ultimus*) ¶ **1** adv., pour la dernière fois : Curt. 5, 12, 8 ¶ **2** subst., ⏵ *ultimus*.

ultĭmus, *a, um*, superl. de *ulterior* (cf. *ollus*, *ille*, *ultra*, *intimus*) ¶ **1 a)** le plus au-delà, le plus reculé, le plus éloigné : **stella ultima a caelo, citima terris** Cic. *Rep.* 6, 16, étoile la plus éloignée du ciel, la plus rapprochée de la terre ; **ultima Gallia** Cic. *Phil.* 5, 5, la Gaule transalpine ‖ **ultimi** m. pl., Caes. G. 5, 43, 5, les plus reculés, les plus en arrière ; **ultima** n. pl., Virg. En. 5, 317, les points de l'espace les plus reculés = le but ; **caelum, quod extremum atque ultimum mundi est** Cic. *Div.* 2, 91, le ciel qui forme la limite extérieure du monde **b)** la partie la plus au-delà de, la plus reculée de : **ultima provincia** Cic. *Att.* 5, 16, 4, la partie la plus reculée de la province ; **ultima Africa** Hor. O. 2, 18, 4, l'extrémité de l'Afrique ; **in platea ultima** Pl. *Curc.* 278, à l'autre bout de la place ; **ultimis in aedibus** Ter. *Haut.* 902, dans la partie la plus reculée de la maison ¶ **2** [fig.] **a)** [temps] le plus reculé, le plus éloigné : **ultima antiquitas** Cic. *Fin.* 1, 65, l'antiquité la plus reculée, cf. Cic. *Prov.* 43 ; *Leg.* 1, 8 ‖ le dernier : **ad ultimum spiritum** Cic. CM 38, jusqu'au dernier souffle ; **ultimum tempus aetatis** Cic. *Fin.* 2, 87, la fin de la vie ; **ultima dies** Ov. M. 3, 135, le dernier jour de la vie, la mort ; **utlimum consilium** Sen. *Nat.* 4, pr. 17, la résolution extrême (le suicide) ; **ultimus lapis** Prop. 1, 17, 20, la pierre dernière, le tombeau ; **ultimae cerae** Mart. 4, 70, 2, les tablettes (les volontés) dernières ; **illud extremum atque ultimum senatus consultum** Caes. C. 1, 5, 3, ce sénatus-consulte auquel on a recours à la dernière extrémité ; **ultimum illud videre** Liv. 1, 29, 3, avoir cette dernière vision,

ultimus

jeter ce dernier regard; *illud ultimum persalutari* Curt. 10, 5, 3, recevoir le dernier adieu ‖ *ad ultimum*, jusqu'au bout: Liv. 26, 38, 13; 45, 19, 17; enfin, à la fin: Liv. 1, 53, 10; 1, 54, 2; 5, 10, 8; 6, 23, 3 ‖ *ultima*, n. pl., la fin: *ultima exspectato* Cic. *Fam.* 17, 17, 2, attends la fin **b)** [classement] le plus grand, le plus élevé, du dernier degré: *summum bonum, quod ultimum appello* Cic. *Fin.* 3, 30, le souverain bien que j'appelle le dernier, le suprême; *ultimae perfectaeque naturae* Cic. *Nat.* 2, 33, les êtres qui atteignent le degré suprême de la perfection; *ultimum supplicium* Caes. *C.* 1, 84, 5, le dernier supplice; *ultimae miseriae* Liv. 29, 17, 11, les dernières misères, l'extrême limite du malheur; *ad ultimam inopiam adducere* Liv. 37, 31, 2, réduire à l'extrême disette ‖ *ultimum*, n., le plus haut point, le plus haut degré; *ad ultimum animo contendere* Cic. *Mur.* 65, tendre vers l'idéal, à un point de perfection, cf. Cic. *Nat.* 2, 35; *res ad ultimum seditionis erumpet* Liv. 2, 45, 10, les choses aboutiront au dernier degré de révolte; *ad ultimum dimicationis res veniet* Liv. 2, 56, 5, on en viendra aux extrêmes limites de la lutte, cf. Liv. 23, 19, 2; 31, 38, 1; *ad ultimum*, adv., Liv. 28, 28, 8, jusqu'au dernier point ‖ *ultima*, n. pl., les dernières extrémités: Liv. 2, 28, 9; 37, 54, 2 **c)** le dernier, le plus bas, le plus infime: *principibus placuisse viris non ultima laus est* Hor. *Ep.* 1, 17, 35, savoir plaire aux grands n'est pas le dernier des titres de gloire; *non in ultimis laudum hoc fuerit* Liv. 30, 30, 4, ce ne sera pas le dernier des titres de gloire; *cum ultimis militum certare* Liv. 34, 18, 5, rivaliser avec les derniers des soldats; *homo plebis ultimae* Sen. *Const.* 13, 3, homme de la plus basse plèbe, de la lie du peuple; *in ultimis ponere* Plin. 17, 91, mettre au dernier rang.

ultĭo, ōnis, f. (*ulciscor*), vengeance, action de tirer vengeance, punition infligée comme vengeance: Sen. *Ir.* 2, 32, 1; Quint. 5, 13, 6; *ultio violatae per vim pudicitiae* Liv. 38, 24, 10, vengeance de l'outrage fait à sa pudeur; *ultionem petere* Liv. 31, 24, 1, chercher à tirer vengeance (*ex aliquo* Tac. *An.* 3, 7, de qqn); *ultio irae* Liv. 7, 30, 14, une vengeance sous l'effet de la colère, cf. Liv. 40, 7, 6 ‖ la Vengeance, déesse: Tac. *An.* 3, 18.

ultŏr, ōris, m. (*ulciscor*), vengeur, qui tire vengeance, qui punit: Cic. *Mil.* 85; *Brut.* 268; *Pis.* 23 ‖ *deus ultor* Ov. *M.* 14, 750, dieu vengeur; *ultores dii* Tac. *H.* 4, 57, les dieux vengeurs, cf. Prop. 4, 1, 115 ‖ *Ultor* Ov. *F.* 5, 577; Tac. *An.* 3, 18; Suet. *Aug.* 21, le Vengeur [surnom de Mars].

ultōrĭus, a, um, vengeur: Tert. *Marc.* 2, 24, 4.

ultrā (cf. *ollus, uls, ultro, intra*; fr. *outre*) **I** adv. ¶ **1** de l'autre côté, au-delà; *nec citra nec ultra* Ov. *M.* 5, 186, ni en deçà ni au-delà, ni en avant ni en arrière ¶ **2** par-

delà, plus loin, en avant: *estne aliquid ultra, quo crudelitas progredi possit?* Cic. *Verr.* 5, 119, est-il une limite plus reculée où puisse atteindre la cruauté?; *ut nihil possit ultra* Cic. *Att.* 15, 1 a, 2, en sorte qu'il ne peut rien y avoir de mieux; *ultra nihil habemus* Cic. *Tusc.* 1, 94, nous n'avons rien au-delà; c'est notre limite; *ultra neque curae neque gaudio locum esse* Sall. *C.* 51, 20, au-delà [après la mort] plus de place ni pour le souci ni pour la joie; *ultra differre* Liv. 2, 19, 2, différer plus longtemps ‖ *ultra quam satis est* Cic. *Inv.* 1, 91, plus qu'il n'est suffisant; *ultra enim quo progrediar, quam ut veri similia videam, non habeo* Cic. *Tusc.* 1, 17, je ne puis aller au-delà de la découverte du vraisemblable; *nihil ultra motum quam ut hae duae turmae ostenderentur* Liv. 40, 30, 5, il n'y eut pas d'autre mouvement que cette démonstration des deux escadrons de cavalerie.

II prép. acc. ¶ **1** au-delà de, de l'autre côté de: *paulo ultra eum locum* Caes. *C.* 3, 66, 4, un peu au-delà de cet endroit, cf. Caes. *C.* 3, 26; *G.* 1, 48; 1, 49; Cic. *Att.* 12, 27, 1; *fines, quos ultra citraque* Hor. *S.* 1, 1, 107, limites, au-delà et en deçà desquelles; *ultra castra transque montes* Liv. 22, 43, 7, de l'autre côté du camp et par-delà les montagnes ¶ **2** au-delà de [sens temporel]: *ultra Socratem usque duravit* Quint. 3, 1, 9, il continua à vivre après Socrate, cf. Quint. 1, 1, 20; 1, 11, 19 ¶ **3** [mesure] au-delà de, au-dessus de, plus que: *modus, quem ultra progredi non oportet* Cic. *Tusc.* 4, 38, une mesure, qu'il ne faut pas dépasser; *ultra modum* Quint. 10, 3, 32, outre mesure; *quid est ultra pignus aut multam?* Cic. *Phil.* 1, 12, qu'y a-t-il de plus rigoureux que les gages et l'amende?; *ultra fidem* Quint. 8, 6, 73, au-delà du croyable.

▶ *ultra* qqf. après son compl., surtout après relatif.

ultrāmundānus, a, um, qui est au-delà des mondes: Apul. *Plat.* 1, 11.

ultrātus, a, um (*ultra*), situé au-delà: Grom. 247, 7.

ultrix, īcis, f. de *ultor*, vengeresse, qui tire vengeance: Virg. *En.* 4, 473; 6, 274 ‖ [qqf. au n.] *ultricia bella* Sil. 2, 423, guerres vengeresses.

ultrō, adv. (cf. *ultra*, 1 intro) ¶ **1** en allant au-delà, de l'autre côté: *ultro istum a me* Pl. *Cap.* 551, que cet individu s'en aille loin de moi [au large], cf. Pl. *Amp.* 320; *Cas.* 459 ‖ [d'ordinaire joint à *citro* et primit¹ avec idée de mouvement] *ultro et citro cursare* Cic. *Amer.* 60, courir dans un sens et dans l'autre [allées et venues précipitées]; *ultro citro commeare* Cic. *Nat.* 2, 83, circuler ici et là; *ultro citroque mittere* Caes. *G.* 1, 42, 4, envoyer de part et d'autre = réciproquement; *beneficia ultro et citro data, accepta* Cic. *Off.* 1, 56, les bienfaits donnés et reçus avec réciprocité ¶ **2** [fig.] **a)** en allant plus loin, par dessus le marché, de plus, en outre:

ultroque Cic. *Flac.* 45, et qui plus est; *cum ipse ultro deberet* Cic. *Quinct.* 74, étant lui-même par-dessus le marché débiteur, cf. Cic. *Verr.* 3, 228; Quint. 5, 10, 107 **b)** en prenant les devants, en prenant l'offensive, sans être provoqué, de son propre mouvement, de soi-même: Cic. *Phil.* 2, 1; *Off.* 3, 86; *Cael.* 21; Liv. 21, 1, 3; 31, 18, 2 ‖ *ultro tributa*, orum, n. pl., Varr. *L.* 6, 11, avances faites par l'État pour travaux publics; *ultro tributa infimis pretiis locare* Liv. 39, 44, 7, adjuger des travaux publics avec avances de l'État au montant le plus faible [= à celui qui demande le moins], cf. Liv. 43, 10, 2; [fig.] Sen. *Ben.* 4, 1, 2, contributions volontaires.

ultrōnĕĭtās, ātis, f. (*ultroneus*), libre volonté: Fulg. *Myth.* 3, 6.

ultrōnĕus, a, um (*ultro*), qui agit librement: Apul. *M.* 6, 5; 7, 20 ‖ volontaire, libre [choses]: Apul. *M.* 1, 19.

ultrorsum, adv. (*ultro* et *versum*), au-delà: Itin. Alex. 26.

ultrōtrĭbūta, V. *ultro*, fin.

ultus, a, um, part. de *ulciscor*.

Ulŭbrae, ārum, f. pl., bourg du Latium: Cic. *Fam.* 7, 18, 3; Hor. *Ep.* 1, 11, 30 ‖ **-ānus**, a, um, d'Ulubrae: Cic. *Fam.* 7, 12, 2 ‖ **-enses**, ĭum, m., habitants d'Ulubrae: Plin. 3, 64.

ŭlŭcus (**ŭlucus**), i, m. (cf. *ula*; it. *allocco*), chouette hulotte: Ps. Serv. *B.* 8, 55.

ŭlŭla, ae, f. (*ululo, ulucus*; cf. fr. *hulotte*), chat-huant, effraie [oiseau]: Varr. *L.* 5, 75; Plin. 10, 34; Virg. *B.* 8, 55.

ŭlŭlābĭlis, e (*ululo*), perçant [voix, cri]: Apul. 5, 7, 2; Amm. 24, 1, 7.

ŭlŭlāmĕn, ĭnis, n., 2 *ululatus*: Prud. *Cath.* 10, 114.

ŭlŭlātĭo, ōnis, f., hurlement funèbre: CIL 9, 1973.

1 **ŭlŭlātus**, a, um, part. de *ululo*.

2 **ŭlŭlātŭs**, ūs, m. (*ululo*; roum. *urlat*), hurlement, cri perçant: *ululatum tollere* Caes. *G.* 5, 37, 3, pousser des hurlements [Gaulois dans le combat], cf. Liv. 5, 39, 5 ‖ cris de lamentation: Virg. *En.* 4, 667; Ov. *M.* 3, 179; Curt. 4, 15, 29.

ŭlŭlō, ās, āre, āvī, ātum (onomat., redoubl., cf. ὀλολύζω, *ulucus*; it. *urlare*, fr. *hurler*)

I intr. ¶ **1** hurler [chiens, loups]: Virg. *En.* 6, 257; *G.* 1, 486 ‖ hurler, vociférer: Virg. *En.* 4, 168; Hor. *S.* 1, 8, 25; Ov. *F.* 2, 553 ‖ *ululanti voce* Cic. *Or.* 27, avec une voix criarde ¶ **2** retentir de hurlements: *plangoribus aedes femineis ululant* Virg. *En.* 2, 488, le palais est tout hurlant des lamentations des femmes.

II tr. ¶ **1** appeler par des hurlements: Virg. *En.* 4, 609; Mart. 5, 41, 3 ¶ **2** faire retentir de hurlements: *ululata tellus* Val.-Flac. 4, 608, la terre retentissant de hurlements, cf. Stat. *S.* 1, 3, 85; *Th.* 1,

328; *ululata proelia* Stat. *Th.* 9, 724, combats pleins de hurlements.

Ulurtīni, *ōrum*, m. pl., peuple de l'Italie méridionale : Plin. 3, 105.

ulva, *ae*, f. (cf. *uligo* ; esp. *ova*), massette, ulve [herbe des marais] : Virg. *G.* 3, 175 ; Cat. *Agr.* 37, 2 ; Plin. 16, 4 ; 17, 209 ‖ boue, terre : Prud. *Apoth.* 769.

ulvōsus, *a*, *um*, couvert d'ulves : Sidon. *Ep.* 1, 5, 4.

umbella, *ae*, f. (dim. de *umbra*, ▼ *umbrella*), ombrelle, parasol : Juv. 9, 50 ; Mart. 11, 73, 6.

1 **umbĕr**, *bri*, m. (2 *Umber* ?), sorte de mouton : Plin. 8, 199.

2 **Umber**, ▼ *Umbri*.

umbĭlīcāris, *e*, ombilical : Tert. *Carn.* 20, 5.

umbĭlīcātus, *a*, *um* (*umbilicus*), ombiliqué [bot.] : Plin. 13, 32.

umbĭlīcus, *i*, m. (cf. *umbo*, ὀμφαλός, scr. *nābhi-s*, al. *Nabel*, an. *navel* ; it. *bellico*, esp. *ombligo*, cf. fr. *nombril*) ¶ 1 nombril : Cels. 6, 17 ; Plin. 11, 220 ; Liv. 26, 45, 8 ‖ cordon ombilical : Cels. 7, 29, 41 ¶ 2 [fig.] le milieu, le point central, le centre **a)** *dies jam ad umbilicum est dimidiatus mortuus* Pl. *Men.* 154, la journée est déjà à moitié trépassée ; *umbilicus Siciliae* Cic. *Verr.* 4, 106, le nombril de la Sicile [Henna] ; *orbis terrarum, Graeciae* [Delphes] Liv. 38, 48, 2 ; 41, 23, 13, le nombril de la terre, de la Grèce **b)** ombilic [bouton aux extrémités du cylindre qui servait à enrouler les manuscrits, d'où le cylindre lui-même] : *ad umbilicum adducere* Hor. *Epo.* 14, 8, amener au cylindre = achever, cf. Mart. 2, 6, 11 ; pl., 1, 66, 11 ; 4, 89, 1 **c)** ombilic, enfoncement [bot.] : Plin. 15, 89 ; 16, 29 **d)** petit cercle : Plin. 18, 327 **e)** style de cadran solaire : Plin. 6, 212 **f)** sorte de coquillage : Cic. *de Or.* 2, 22 ; Val.-Max. 8, 8, 1 **g)** nombril de Vénus [plante] : Ps. Apul. *Herb.* 43.

umbo, *ōnis*, m. (cf. *umbilicus*, al. *Nabe*, an. *nave*) ¶ 1 bosse d'un bouclier : Virg. *En.* 2, 546 ; Liv. 9, 41, 18 ¶ 2 bouclier : Virg. *En.* 7, 633 ; Liv. 4, 19, 5 ; 30, 34, 3 ¶ 3 coude de l'homme : Mart. 3, 46, 5 ; Stat. *Th.* 2, 670 ; Suet. *Caes.* 68 ¶ 4 promontoire : Stat. *Ach.* 1, 408 ‖ isthme : Stat. *Th.* 7, 15 ¶ 5 borne d'un champ : Stat. *Th.* 6, 352 ¶ 6 point brillant d'une pierre précieuse : Plin. 37, 88 ¶ 7 plis saillants de la toge, toge : Pers. 5, 33.

umbra, *ae*, f. (cf. scr. *andha-s*, ▼ *andabata* ; fr. *ombre*) ¶ 1 ombre [produite par interposition d'un corps] : *platani umbra* Cic. *de Or.* 1, 28, ombre d'un platane, cf. Cic. *Rep.* 1, 22 ; *umbras timere* Cic. *Att.* 15, 20, 4, craindre l'ombre des objets ; *umbram suam metuere* Q. Cic. *Pet.* 9, avoir peur de son ombre ; [fig.] *umbram facere alicui rei* Sen. *Ep.* 21, 2, jeter de l'ombre sur (éclipser) qqch. ¶ 2 [métaph.] **a)** ombre en peinture : Cic. *Ac.* 2, 20 ; Plin. 35, 29 ; [dans un discours, par anal.] Cic. *de Or.* 3, 101 **b)** ombre d'un mort, fantôme, spectre : Hor. *O.* 4, 7, 16 ; Virg. *En.* 6, 894 ; pl., *umbrae matris* Ov. *M.* 9, 410, l'ombre d'une mère **c)** ombre [convive qu'un invité peut de son chef amener avec lui, parasite] : Hor. *S.* 2, 8, 22 ; *Ep.* 1, 5, 28 **d)** *umbra luxuriae* Cic. *Mur.* 13, ce qui accompagne l'orgie comme son ombre [la danse] **e)** lieu ombragé, ombrage : *vacua tonsoris in umbra* Hor. *Ep.* 1, 7, 50, dans la boutique déserte d'un barbier ; *Pompeia in umbra* Prop. 4, 8, 75, à l'ombre du portique de Pompée ‖ la vie à l'ombre : Cic. *Mur.* 30 **f)** [barbe, duvet qui ombrage les joues] Stat. *Th.* 4, 336 ; [de l'aigrette qui ombrage le sommet du casque] Stat. *Th.* 6, 226 **g)** ombre [poisson] : Varr. *L.* 5, 77 ; Col. 8, 16, 8 ¶ 3 [fig.] **a)** ombre, apparence : *veri juris... umbra et imaginibus utimur* Cic. *Off.* 3, 69, du droit véritable... nous n'avons recours qu'à l'ombre et qu'au semblant, cf. Cic. *Rep.* 2, 53 ; *Att.* 7, 11, 1 ; Liv. 8, 4, 1 **b)** = protection, asile, secours : *umbra vestri auxilii tegi possumus* Liv. 7, 30, 18, nous pouvons avoir sur nous l'ombre tutélaire de votre secours ; *sub umbra Romanae amicitiae latere* Liv. 34, 9, 10, s'abriter sous l'ombre de l'amitié romaine.

umbrācŭlum, *i*, n. (*umbra*) ¶ 1 lieu ombragé : Varr. *R.* 1, 51, 2 ‖ [fig.] pl., *umbracula* Cic. *Brut.* 37, ombrages de l'école, école, cf. Cic. *Leg.* 3, 14 ; *Fin.* 5, 54 ¶ 2 parasol, ombrelle : Tib. 2, 5, 97 ; Ov. *F.* 2, 311 ; Mart. 14, 28, 1.

Umbrae, *ārum*, m. pl., peuple de l'Inde, en deçà du Gange : Plin. 6, 76.

umbrālĭter, adv. (*umbra*), symboliquement : Aug. *Ep.* 149, 25 ; 187, 39.

Umbrănĭci, *ōrum*, m. pl., peuple de Narbonnaise : Plin. 3, 37.

umbrātĭcŏla, *ae*, m., f. (*umbra*, *colo*), qui se plaît à l'ombre, mou, efféminé : Pl. *Truc.* 611.

umbrātĭcus, *a*, *um* (*umbra*), qui vit à l'ombre, qui est à l'ombre : *homo* Pl. *Curc.* 556, un boutiquier, un homme de bureau [ironie] ‖ qui vit dans la mollesse [épicuriens] : Sen. *Ben.* 4, 2, 1 ‖ fait à l'ombre du cabinet, chez soi, à loisir : *umbraticae litterae* Plin. *Ep.* 9, 2, 3, lettres écrites dans l'ombre du cabinet, cf. Gell. 3, 1, 10 ‖ d'apparence, irréel : Aug. *Conf.* 2, 6, 12.

umbrātĭlis, *e* (*umbra*), qui reste à l'ombre, désœuvré, oisif [chose] : *umbratilis vita* Cic. *Tusc.* 2, 27, vie d'oisiveté ‖ loin du soleil [= des conditions réelles], qui se passe à l'ombre de l'école, dans le silence du cabinet : Cic. *de Or.* 1, 157 ; *Or.* 64 ‖ d'ombre, futile : Ambr. *Parad.* 13, 63 ‖ figuré, symbolique : Aug. *Ep.* 102, 35.

umbrātĭlĭter, adv., en esquissant [fig.] : Sidon. *Ep.* 2, 10, 4 ‖ par des signes figurés, symboliques : Aug. *Ep.* 187, 39 ‖ par une apparence vaine : Aug. *Ep.* 149, 25.

umbrātĭo, *ōnis*, f. (*umbra*), projection de l'ombre, ombre projetée : Ambr. *Sacram.* 1, 6, 22.

umbrātus, *a*, *um*, part. de *umbro*.

umbrella, *ae*, f. (*umbra*, ▼ *umbella* ; it. *ombrello*), parasol : Gloss. 3, 326, 62.

Umbrēnus, *i*, m., un complice de Catilina : Cic. *Cat.* 3, 14 ; Sall. *C.* 40, 1.

umbrescō, *ĭs*, *ĕre*, -, -, intr., devenir une ombre : Cassiod. *Apoc.* 3.

Umbri, *ōrum*, m. pl., Ombriens, habitants de l'Ombrie : Plin. 3, 50 ‖ **-ber**, *bra*, *brum*, ombrien, d'Ombrie : Catul. 39, 11 ; Hor. *S.* 2, 4, 40 ‖ **-bra**, f., femme ombrienne : Pl. *Most.* 770 ‖ **Umber**, m. (s.-ent. *canis*), chien d'Ombrie [pour la chasse] : Virg. *En.* 12, 753.

Umbrĭa, *ae*, f., l'Ombrie [province d'Italie, à l'est de l'Étrurie] Atlas XII, C3 : Cic. *Mur.* 42 ; *Div.* 1, 92 ‖ **Umbrĭa terra**, Gell. 3, 2, 6, même sens ‖ **-brĭcus**, *a*, *um*, de l'Ombrie, ombrien : Plin. 35, 197.

Umbrĭcĭus, *ii*, m., nom d'homme : Tac. *H.* 1, 27.

umbrĭfĕr, *ĕra*, *ĕrum* (*umbra*, *fero*) ¶ 1 qui donne de l'ombre, ombreux : Cic. poet. *Div.* 2, 63 ; Virg. *En.* 6, 473 ¶ 2 qui transporte les ombres [des morts] : Stat. *Th.* 8, 18.

Umbrīnus, *i*, m. (*Umbria*), surnom masculin : CIL 6, 1266.

Umbrītae (**-ttae**), *ārum*, m. pl., peuple de l'Inde en deçà du Gange : Plin. 6, 77.

Umbrĭus, *ii*, m., nom d'un grammairien : Char. 192, 16.

1 **umbrō**, *ās*, *āre*, *āvī*, *ātum* (*umbra* ; it. *ombrare*), tr. ¶ 1 donner de l'ombre à, couvrir d'ombre, ombrager : Sil. 5, 488 ‖ *montes oleā* Sil. 14, 24, couvrir les monts de l'ombre des oliviers ; *umbrata civili tempora quercu* Virg. *En.* 6, 772, les tempes ombragées du chêne civique, de la couronne civique en feuilles de chêne ; [poét.] *umbratus tempora ramis* Stat. *Th.* 6, 554, s'étant ombragé les tempes de feuillage ¶ 2 [abs[t]] faire de l'ombre : Col. 5, 7, 2.

2 **Umbro**, *ōnis*, m., rivière d'Étrurie [Ombrone] Atlas XII, D3 : Plin. 3, 51.

umbrōsus, *a*, *um*, adj. (*umbra* ; it. *ombroso*) ¶ 1 ombragé, ombreux : *locus umbrosior* Cic. *Q.* 3, 1, 3, lieu plus ombragé ; *umbrosissimus* Sen. *Nat.* 3, 11, 4 ‖ sombre, obscur : Virg. *En.* 8, 242 ‖ n. pl., *umbrosa* Sen. *Ep.* 94, 20, pénombre ¶ 2 qui donne de l'ombre, ombreux : Virg. *B.* 2, 3 ; Plin. 16, 113.

ūmectātĭo (**h-**), *ōnis*, f., action d'humecter : Cassiod. *Var.* 10, 26.

ūmectō (**h-**), *ās*, *āre*, *āvī*, *ātum* ¶ 1 tr., humecter, mouiller, baigner : Lucr. 1, 919 ; Virg. *G.* 4, 126 ; *En.* 1, 465 ¶ 2 intr., se mouiller : Plin. 11, 145.

ūmectus (**h-**), *a*, *um* (*umeo*), humecté, humide : Cat. *Agr.* 9 ; Lucr. 4, 634 ‖ **-ctior** Macr. *Sat.* 7, 15, 12 ; **-issimus** Macr. *Sat.* 7, 6, 17.

umefacio

ūmĕfăcĭō (h-), *ĭs, ĕre, -, -* (*umeo, facio*), tr., rendre humide : Lact. *Ir.* 10, 20 ‖ **umefactus** Plin. 32, 138.

ūmens (h-), *tis*, part. de *umeo*.

ūmĕō (hūmĕō), ēs, ēre, -, -* (cf. *uveo, uligo*, ὑγρός), intr., être humide : Ov. *F.* 4, 146 ‖ **humentia litora Virg. *En.* 7, 763, rivages humides.

ŭmĕrāle (h-), *is*, n., cape, pèlerine : Dig. 49, 16, 14 ‖ [chrét.] huméral [vêtement des prêtres hébreux] : Hier. *Ezech.* 12, 41, 1.

ŭmĕrŭlus (h-), *i*, m. (dim. de *umerus*), petit épaulement, contrefort : Vulg. *3 Reg.* 7, 30.

ŭmĕrus (hŭmĕrus), *i*, m. (cf. ὧμος, ombr. *onse*, scr. *aṁsa-s*, toch. B *āntse* ; it. *omero*) ¶ **1** humérus, os supérieur du bras : Cels. 8, 1, 19 ¶ **2** épaule [de l'homme] : Cic. *Verr.* 4, 74 ‖ pl. [fig.], les épaules : **umeris rem publicam sustinere** Cic. *Flac.* 94, porter l'État sur ses épaules, cf. Hor. *P.* 40 ¶ **3** épaule, cou [d'animaux] : Cic. *Nat.* 2, 159 ¶ **4** partie moyenne [d'un arbre] : Plin. 17, 105 ¶ **5** croupe, flanc [de montagne] : Stat. *Th.* 6, 714.

ūmescō (h-), *ĭs, ĕre, -, -* (*umeo*), intr., devenir humide, s'humecter, se mouiller : Virg. *G.* 3, 111 ; Plin. *Pan.* 73, 4.

ūmĭdē (h-) (*umidus*), avec humidité : Pl. *Most.* 146.

ūmĭdĭtās (h-), *ātis*, f. (*umidus*), humidité : Eustath. *Hex.* 4, 5.

ūmĭdō (h-), *ās, āre, -, -*, tr., mouiller, humecter : Verec. *Cant.* 8 (Jon.), 5.

ūmĭdŭlus (h-), *a, um*, un peu humide : Ov. *A. A.* 3, 629 ; Ps. Aus. *Epigr. App.* 33 (251), 4.

ūmĭdus (hūmĭdus), *a, um* (*umeo* ; it. *umido*) ¶ **1** humide : **ligna umida** Cic. *Verr.* 1, 45, bois mouillé ; **umida solstitia** Virg. *G.* 1, 100, étés pluvieux ¶ **2** liquide : **umida mella** Virg. *En.* 4, 486, miel liquide ‖ [fig.] **verba umida** Gell. 1, 15, 1, paroles inconsistantes ¶ **3** subst. n., **umidum** Curt. 8, 4, lieu humide, marécage ‖ **humidité** Tac. *An.* 1, 61 ‖ n. pl., **umida** Plin. 14, 104, lieux humides ; [la mer] Avien. *Arat.* 755 ‖ **umidior** Col. 4, 19, 2 ; **umidissimus** Plin. 11, 49.

ūmĭfĕr (h-), *ĕra, ĕrum* (*umor, fero*), humide : Cic. *Div.* 1, 15.

ūmĭfĭcō (h-), *ās, āre, -, -*, tr., humecter : Aus. *Idyl.* 8 (332), 12.

ūmĭfĭcus (h-), *a, um*, humide : Plin. 2, 223.

ūmŏr (hūmŏr), *ōris*, m. (*umeo*), liquide [de toute espèce] : **frigoribus durescit umor** Cic. *Nat.* 2, 26, l'eau se durcit sous l'action du froid ; **umor Massicus Bacchi** Virg. *G.* 2, 143, la liqueur bacchique des vignobles du Massique, le vin du Massique ; **umor in genas labitur** Hor. *O.* 1, 13, 6, les larmes coulent sur ses joues ‖ humidité : Cic. *Div.* 3, 58 ‖ les humeurs du corps humain : Cic. *Nat.* 2, 59.

ūmōrōsus (h-), *a, um*, humide : Ps. Apul. *Herb.* 51 ‖ lymphatique : Cael.-Aur. *Acut.* 2, 10, 66.

umquam, unquam, adv. (cf. *quisquam, quom, ubi* ; a. fr. *onques*, fr. *quiconque*), un jour, quelquefois [le plus souvent employé dans les prop., négatives, interrog. ou conditionnelles] : **nihil umquam** Cic. *Lae.* 51, jamais rien ; **nemo umquam** Cic. *Rep.* 2, 17, jamais personne ; **non umquam** Cic. *Att.* 1, 16, 3, jamais ; **si umquam** Cic. *Att.* 4, 2, 2, si jamais ; **quam causam umquam antea dixerat ?** Cic. *Clu.* 110, quelle cause avait-il jamais plaidée auparavant ?, cf. Cic. *Nat.* 1, 96 ‖ [prop. affirm. de forme, mais de sens négatif] : Cic. *Or.* 41 ; Pomp. 25 ; Liv. 24, 32, 3 ‖ [prop. affirm.] **semel umquam** Plin. 2, 100, une fois un jour.

ūnā, adv. (*unus*), ensemble, de compagnie, en même temps : **qui una venerant** Cic. *Rep.* 1, 18, ceux qui étaient venus avec lui, dans sa compagnie ; **una fui ; testamentum simul obsignavi cum Clodio** *Cic. *Mil.* 48, nous nous sommes trouvés ensemble, nous avons scellé en même temps le testament, Clodius et moi, cf. Cic. *Att.* 7, 10 ; *Fin.* 2, 79 ; *Cael.* 26 ; *Div.* 1, 57 ; *Brut.* 113 ‖ **una et probabit et...** Cic. *Caecin.* 1, en même temps [tout à la fois] il approuvera et il ... ‖ [très souvent accompagne *cum*] **cum illis una** Cic. *de Or.* 1, 45, de concert avec eux, en même temps qu'eux ; **una eripiuntur cum consulatu omnia** Cic. *Mur.* 87, on enlève tout en enlevant le consulat ; **una cum reliqua Gallia Haeduis libertatem eripere** Caes. *G.* 1, 17, 4, enlever la liberté aux Éduens en même temps qu'au reste de Gaule.

ūnae, dat., ▶ *unus* ▶.

ūnăetvīcēsĭma legĭo, f., la vingt et unième légion : Tac. *An.* 1, 45.

ūnăetvīcēsĭmāni, *ōrum*, m. pl., les soldats de la vingt et unième légion : Tac. *An.* 1, 51.

ūnănĭmans, *tis*, ▶ *unanimus* : Pl. *Truc.* 435 ; Amm. 21, 5, 9.

ūnănĭmis, *e*, ▶ *unanimus* : Claud. *Prob.* 231 ; *Carm. min.* 7, 3 ; Vulg. *Psal.* 54, 14 ; *Judith* 6, 14.

ūnănĭmĭtās, *ātis*, f. (*unanimus*), accord, harmonie, concorde : Pacuv. *Tr.* 109 ; Liv. 40, 8, 14 ‖ [terme d'honneur et d'amitié chez les chrétiens] **unanimitas tua** Paul.-Nol. *Ep.* 1, 11, votre cordialité.

ūnănĭmĭtĕr, adv., en bon accord : Arn. 1, 33 ; [chrét.] d'un cœur unanime : Aug. *Ep.* 211, 6 ; Vulg. *Act.* 1, 24.

ūnănĭmus, *a, um* (*unus, animus*), qui a les mêmes sentiments : **unianimi sumus** Pl. *St.* 731, nous n'avons qu'une seule âme = nous ne faisons qu'un ‖ qui vit en accord : Stat. *Th.* 8, 669 ; **unanimis sodalibus falsus** Catul. 30, 1, traître à notre étroite camaraderie.

▶ le texte de Pl. *St.* 731 pourrait être interprété en deux mots, *uni animi*, *uni* étant le gén. arch.

ūnārĭus, *a, um*, qui est d'une seule forme : Prob. *Cath.* 4, 32, 28.

uncātĭō, *ōnis*, f. (*uncatus*), courbure [des ongles] : Cael.-Aur. *Acut.* 2, 32, 168.

uncātus, *a, um* (*uncus*), recourbé : Sidon. *Ep.* 4, 20, 3 ‖ [fig.] crochu [syllogisme] : Sidon. *Ep.* 9, 9, 15.

uncĭa, *ae*, f. (*unus*, cf. *non* ; it. *oncia*), la douzième partie d'un tout ¶ **1** once, douzième de la livre [monnaie] : Varr. *L.* 5, 171 ‖ [poids = 27,28 g] : Plin. 20, 140 ; Mart. 1, 107 ‖ [mesure agraire] douzième du jugère : Col. 5, 1, 10 ‖ [mesure de longueur] douzième du pied, pouce [2,16 cm] : Plin. 6, 214 ¶ **2** un douzième [en parl. d'héritage] : **Caesar ex uncia** Cic. *Att.* 13, 48, 1, César hérite du douzième, cf. Sen. *Contr.* 4, 28 ; [dette] Mart. 9, 3, 5 ‖ intérêt d'un douzième par mois (= 1 % par an) : Scaev. *Dig.* 26, 7, 47, 4 ¶ **3** [fig.] = une petite quantité : Pl. *Ru.* 913 ; Juv. 11, 131 ; Mart. 9, 49, 12.

uncĭālis, *e* (*uncia*), d'un douzième ; d'une once [poids] : Plin. 33, 45 ‖ d'un pouce : Plin. 18, 146.

uncĭārĭus, *a, um* (*uncia*), d'un douzième **a)** d'une once : [poids] Col. 3, 2, 2 ; [monnaie] Plin. 34, 21 **b)** d'un douzième : [héritage] Dig. 30, 1, 34, 12 ; [intérêt] **unciarium fenus** Liv. 7, 16, 1, intérêt d'un douzième = dix pour cent par an, cf. Tac. *An.* 6, 16.

uncĭātim, adv. (*uncia*), once par once : Plin. 28, 139 ‖ [fig.] sou par sou : Ter. *Phorm.* 43.

uncīnātus, *a, um*, adj. (2 *uncinus* ; it. *uncinato*), crochu, recourbé en crochet : Cic. *Ac.* 2, 121.

uncīnō, *ās, āre, -, -* (*uncinus*), intr., pêcher à l'hameçon, à la ligne : Gloss. 2, 216, 31.

uncīnŭlus, *i*, m. (dim. de 2 *uncinus*), petit crochet : Quer. 43 ; Greg.-Tur. *Martyr.* 103, p. 108, 30.

1 uncīnus, *a, um* (2 *uncinus*), crochu, recourbé : Paul.-Nol. *Carm.* 20, 275.

2 uncīnus, *i*, m. (*uncus* ; it. *uncino*), crochet : Apul. *M.* 3, 15 ; Vitr. 5, 10, 3.

uncĭŏla, *ae*, f. (dim. de *uncia*), un pauvre petit douzième [d'un héritage] : Juv. 1, 40.

uncĭpēs, *ĕdis* (*uncus, pes*), aux pieds recourbés : *Tert. *Pall.* 5, 2.

uncō, *ās, āre, -, -* (onomat., cf. ὀγκάομαι, *onco*), intr., grogner [ours] : Suet. *Frg.* Philom. 51.

unctĭō, *ōnis*, f. (*ungo*) ¶ **1** action d'oindre, friction : *Pl. *St.* 226 ; Col. 12, 53, 3 ‖ [chrét.] onction sacerdotale, consécration : Vulg. *Exod.* 29, 7 ‖ onction [avec le signe de la croix] : Cypr. *Ep.* 70, 2 ‖ [fig.] lutte, exercice [du gymnase] : Cic. *de Or.* 2, 21 ¶ **2** onguent, huile à friction : Plin. 28, 171.

unctītō, *ās, āre, -, -* (fréq. de *ungo*), tr., oindre souvent : Pl. *Most.* 274.

unctĭuscŭlus, *a, um* (dim. de *unctus*), assez gras [plat], onctueux : Pl. *Ps.* 221.

unctŏr, ōris, m. (ungo), esclave qui frotte d'huile, qui frictionne, masseur : Pl. Trin. 252 ; Cic. Fam. 7, 24, 2 ; Mart. 12, 70, 3 ‖ calfat, celui qui bouche les trous des navires : CIL 6, 631, 14.

unctōrĭum, ĭi, n. (ungo), lieu où l'on frotte d'huile, salle de massage : Plin. Ep. 2, 17, 11.

unctōrĭus, a, um, qui concerne les massages : CIL 8, 4645.

unctrīnum, i, n., ⊳ unctorium : Not. Tir. 80.

unctrix, īcis, f., masseuse : CIL 6, 4045.

unctŭārĭum, ⊳ unctorium.

unctŭlum, i, n. (unctulus), un peu d'onguent : Apul. M. 3, 22.

unctŭlus, a, um (dim. de unctus), légèrement parfumé : Varr. d. Non. 179, 8.

unctum, i, n. (1 unctus ; it. unto) ¶ 1 huile pour frictions, onguent : Apul. M. 3, 24 ¶ 2 bonne chère, bon dîner : Hor. P. 422 ‖ luxe de table, délicatesse, recherche : Pers. 6, 16.

unctūra, ae, f. (ungo ; esp. untura), action d'oindre [un cadavre], de parfumer : L. XII Tab. d. Cic. Leg. 2, 60.

1 unctus, a, um ¶ 1 part. de ungo ¶ 2 adj^t, *a)* rendu gras, huileux : *Achivi uncti* Hor. Ep. 2, 1, 33, les Grecs frottés d'huile, cf. Cic. Phil. 3, 12 ‖ oint, parfumé : *caput unctius* Catul. 10, 11, la tête plus parfumée, cf. Sen. Ep. 66, 25 ‖ *pro isto asso sole quo tu abu-sus es in nostro pratulo, a te nitidum solem unctumque repetemus* Cic. Att. 12, 6, 2, en retour de ce soleil sec dont tu as eu à revendre sur ma pelouse (cf. Cic. Brut. 24) je te demanderai un soleil gras et luisant = pour les renseignements tout simples que je t'ai donnés à satiété je te demanderai qqch. de soigné *b)* [fig.] riche, opulent : *ita palaestritas defendebat, ut ab illis ipse unctior abiret* Cic. Verr. 2, 54, il défendait si bien les administrateurs de palestre qu'au sortir de là il en était plus gras [jeu de mots : frotté d'huile, enrichi] ; *accedes siccus ad unctum* Hor. Ep. 1, 17, 12, chétif tu fréquenteras les gros (les riches) ‖ *unctior quaedam splendidiorque consuetudo loquendi* Cic. Brut. 78, des formes de langage plus soignées et plus brillantes.

2 unctŭs, ūs, m., action d'oindre, friction : Apul. M. 1, 23.

1 uncus, a, um, adj. (2 uncus), recourbé, crochu : *uncus vomer aratri* Lucr. 1, 313, le soc recourbé de la charrue, cf. Virg. G. 1, 19 ; 2, 423 ; *unguibus uncis* Lucr. 5, 1322, avec les griffes recourbées, les ongles crochus ; *prensare uncis manibus* Virg. En. 6, 360, s'accrocher des mains (aux pointes d'un rocher) ; [poét.] *unco morsu* Virg. En. 1, 169, avec la dent recourbée [de l'ancre].

2 uncus, i, m. (cf. ungulus, Ancus, angulus, ὄγκος) ¶ 1 crochet, crampon, grappin : Liv. 30, 10 ; 16 ; Cat. Agr. 10 ‖ [attribut de la nécessité] Hor. O. 1, 35, 20 ‖ [poét.] ancre : Val.-Flac. 2, 428 ¶ 2 bâton terminé par un croc avec lequel on traînait aux gémonies, croc : Cic. Phil. 1, 5 ; Rab. perd. 16 ; Juv. 10, 66 ¶ 3 instrument chirurgical : Cels. 7, 29, 4.

unda, ae, f. (*udnā, cf. ὕδωρ, rus. voda, irl. whiskey ; fr. onde) ¶ 1 eau agitée, onde, flot, vague : *mare plenum undarum* Pl. Mil. 513, mer houleuse, cf. Lucr. 1, 374 ; 3, 494 ; *unda supervenit undam* Hor. Ep. 2, 2, 176, le flot succède au flot ¶ 2 [fig.] *a)* ondes de l'air : Lucr. 2, 152 ‖ vagues de fumée : Virg. En. 8, 257 *b)* agitation d'une foule, vagues, remous : Cic. Planc. 15 ; Hor. Ep. 1, 1, 16 ; *salutantum unda* Virg. G. 2, 462, le flot des clients ‖ *adversis rerum immersabilis undis* Hor. Ep. 1, 2, 22, sans être submergé par les flots de l'adversité ¶ 3 [en gén.] onde, eau : Ov. M. 1, 266 ; 4, 98 ‖ [en parl. de l'huile] Plin. 15, 5 ; [du sang] Sil. 10, 245.

undābundus, a, um (undo), houleux, orageux : Gell. 2, 30, 3 ; Amm. 17, 7, 11.

undantĕr, adv. (undo), en ondoyant : Apul. M. 2, 1, 6 ‖ par torrents [fig.] : Capel. 2, 138.

undātim, adv. (undatus), en pluie : Prud. Perist. 10, 857 ‖ [fig.] en formant des ondulations [en parl. du marbre, du bois], avec des veines : Plin. 13, 96 ; 26, 55 ‖ par troupes, par bandes : Amm. 26, 3, 2.

undātĭo, ōnis, f. (undo), écume : Theod.-Prisc. Eup. 3, 19.

undātus, a, um (unda ; it. ondato), ondulé, onduleux : Plin. 9, 103.

undĕ, adv. relatif-interrogatif de lieu (undique, alicunde, inde, cf. ubi, v. sl. ko̜do̜ ; it. onde, a. fr. ont, fr. dont)

I A relatif : *ibi, unde* Cic. Rep. 2, 30, à l'endroit d'où ; *inde venire, unde* Cic. Att. 13, 39, 2, venir de l'endroit d'où ; *eodem referri, unde* Caes. G. 4, 28, 2, être ramené au même point d'où, cf. Caes. G. 5, 11 ; *loca superiora, unde erat despectus* Caes. G. 3, 14, hauteurs, d'où l'on avait une vue plongeante. **B** interrogatif ¶ 1 [employé dans l'interrog. dir.] : *unde dejectus est ?* Cic. Caecin. 87, d'où a-t-il été reje-té ? ‖ *unde haec gentium est ?* Pl. Ep. 483, de quel endroit du monde est-elle ? ¶ 2 [interr. indir.] : *respondit unde esset* Cic. Verr. 2, 188, il répondit d'où il était ; *quaere, unde domo (sit)* Hor. Ep. 1, 7, 53, informe-toi de sa patrie, cf. Virg. En. 8, 114.

II employé d'une manière gén. comme substitut du relatif-interrogatif accompagné de *ex, ab* ou *de*. **A** relatif, *dum voluit alios habere parata unde sumerent* [= *e quibus* et subj. conséc.] Cic. Brut. 262, en voulant que d'autres eussent tout prêts des matériaux où puiser ; *ille ipse, unde rem cognovit* [= *a quo*] Cic. de Or. 1, 67, cette personne même dont il tient le renseignement ; *aqua nigra, unde nix concreta est* [= *ex qua*] Cic. Ac. 2, 100, eau noire qui en se condensant a formé la neige ; *hereditas, unde nummum nullum attigit* [= *ex qua*] Cic. Fin. 2, 55, héritage dont il n'a pas touché un sou ; *unde jus stabat, ei victoriam dare* [= *a quo*, ⊳ *stare*] Liv. 21, 10, 9, donner la victoire à celui qui avait le droit pour lui ‖ [droit] *is, unde petitur* Cic. de Or. 1, 816 ; *omnes, unde petitur* Cic. Fam. 7, 11, 21, celui qui est l'objet d'une plainte, d'une action en justice [procès civil], le défendeur, tous les défendeurs ‖ *habet, unde solvat* Cic. Har. 29, il a de quoi payer ‖ *unde unde* = *undecumque*, de qq. endroit que, [ou] de n'importe quel endroit : Hor. S. 1, 3, 88 ; Apul. M. 5, 30, 4 ; Tert. Herm. 10, 1. **B** interrogatif ¶ 1 [interr. dir.] *unde eos noverat ?* Cic. Amer. 74, d'où (*ex qua re*) par suite de quelles circonstances les connaissait-il ? cf. Cic. Verr. 3, 120 ; *is nummum dabat ? unde ? de frumento ?* Cic. Verr. 3 ; 118, il donnait de l'argent ? d'où le tirait-il ? de son blé ? ; *unde potius incipiam quam ab ea civitate quae ... ?* Cic. Verr. 4, 3, par où faut-il que je commence sinon par la cité qui ... ? ¶ 2 [interr. indir.] *nostri exercitus unde nomen habeant, vides* Cic. Tusc. 2, 37, l'origine de notre mot *exercitus* (armée), tu la connais ; *mirari satis non queo, unde hoc sit ... fastidium* Cic. Fin. 1, 10, je ne peux assez m'étonner de l'origine de ce dégoût ; *Graeci ... unde appellent, non facile dixerim* Cic. Tusc. 3, 11, l'origine du mot grec ..., je ne la dirais pas facilement.

▶ *atque id futurum unde unde dicam nescio, nisi quia futurum est* Pl. Ps. 106 ne peut s'expliquer par *unde unde* = *undecumque* ; jamais un relatif indéfini ne se trouve employé comme interrogatif ; il faut séparer les deux *unde* par une suspension "et j'espère que cela arrivera, de qui ? ... de qui puis-je dire ? je l'ignore, mais cela arrivera" ; la correction *unde unde* Catul. 67, 28 est rejetée pour une raison analogue.

undēcentēsĭmus, a, um, quatre-vingt-dix-neuvième : Val.-Max. 8, 7, 11.

undēcentum, indécl. (unus, de, centum), quatre-vingt-dix-neuf [cent moins un] : Plin. 7, 214.

undĕcĭēs, adv. (unus, decies), onze fois : Col. 5, 2, 7.

undĕcim, indécl. (unus, decem ; fr. onze), onze : Cic. Fam. 6, 18, 2 ; *undecim viri* Nep. Phoc. 4, 2, les onze [magistrats d'Athènes chargés de la surveillance de la prison et de l'exécution des jugements criminels].

Undĕcĭmāni, ⊳ *Undecumani*.

undĕcimprīmus, i, m., l'un des onze premiers citoyens de la ville : CIL 8, 7041.

undĕcĭmus, a, um (undecim), onzième : Liv. 30, 18, 10.

undĕcimvĭri, ōrum, m. pl., ⊳ *undecim*.

undĕcĭrēmis, is, f. (undecim, remus), ondécirème, navire à onze rangs de rames : Plin. 16, 203.

Undecumani

Undĕcŭmāni, ōrum, m. pl., soldats de la onzième légion [qui étaient stationnés à Bavianum] : PLIN. 3, 107.

undĕcumquĕ, -cunquĕ, adv. (cf. *quicumque*) ¶ 1 [relatif indéterminé] de qq. endroit que : *undecumque causa fluxit* QUINT. 7, 3, 33, de qq. endroit que provienne la cause, cf. PLIN. *Ep.* 9, 4, 2 ¶ 2 [qqf. adverbe indéfini] de n'importe quel endroit : PLIN. 2, 235.

undĕcundĕ, adv. (cf. *unde unde*, *alicunde*), de toutes parts : MAMERT. *Anim.* 3, 14, 2.

undĕlĭbĕt, adv. (cf. *quilibet*), de qq. part que ce soit, n'importe d'où : HER. 4, 63 ; CELS. 8, 10, 1.

undēnārĭus, a, um (*undeni*), qui contient onze fois l'unité : *undenarius numerus* AUG. *Serm.* 83, 7, le nombre onze.

undēni, ae, a, numéral distr. (cf. *undecim*, *deni*), chacun onze, chaque fois onze : *pariuntur undeni* PLIN. 11, 91, la portée est chaque fois de onze ; *undeni pedes* OV. *Am.* 1, 1, 30, distiques [m. à m., suite de chaque fois onze pieds (hexamètre + pentamètre = 6 + 5)] ; *quater undeni Decembres* HOR. *Ep.* 1, 20, 27, quatre fois onze décembres, quarante-quatre ans ‖ qqf. sg. : *bis undena pars* MANIL 4, 451, la vingt-deuxième partie.

undēnōnāgēsĭmus, a, um, quatre-vingt-neuvième : SUET. *Oth.* 11.

undēnōnāgintā, indécl., quatre-vingt-neuf : LIV. 37, 30, 2.

undĕoctōgintā, indécl., soixante-dix-neuf : HOR. *S.* 2, 3, 117 ; LIV. 33, 23, 7.

undĕquādrāgēsĭmus, a, um, trente-neuvième : VAL.-MAX. 8, 7, 10 ; CENS. 18, 15.

undĕquadrāgĭēs, -ĭens, adv., trente-neuf fois : PLIN. 7, 92.

undĕquādrāgintā, indécl., trente-neuf : CIC. *Rep.* 2, 27.

undĕquinqăgēsĭmus, a, um, quarante-neuvième : *undequinquagesimo die* CIC. *Pomp.* 35, en quarante-neuf jours.

undĕquinquāgintā, indécl., quarante-neuf : LIV. 37, 58, 4.

undĕsexāgēsĭmus, a, um, cinquante-neuvième : CENS. 19, 2.

undĕsexāgintā, indécl., cinquante-neuf : LIV. 23, 37, 6.

undĕtrīcēni, ae, a, qui sont par vingt-neuf, chaque fois vingt-neuf : MACR. *Sat.* 1, 13, 4.

undĕtrīcēsĭmus (-trīgĕ-), a, um, vingt-neuvième : LIV. 25, 36, 14 ; GELL. 10, 5, 1.

undĕtrīgintā, indécl., vingt-neuf : VITR. 9, 1, 10.

undĕ undĕ, v. *unde* II A fin.

undĕvīcēni, ae, a, chaque fois dix-neuf : QUINT. 1, 10, 44.

undĕvīcēsĭmāni, ōrum, m. pl., soldats de la dix-neuvième légion : B.-ALEX. 57, 2.

undĕvīcēsĭmus (-gēsĭmus), a, um, dix-neuvième : CIC. *CM* 14 ; QUINT. 6, pr. 4.

undĕvīgintī, indécl., dix-neuf : CIC. *Brut.* 229.

undĭcŏla, ae, m. f. (*unda*, *colo*), qui habite dans l'eau, aquatique : VARR. *Men.* 130.

undĭflŭus, a, um (*unda*, *fluo*), qui épanche ses eaux : DRAC. *Laud.* 1, 607.

undĭfrăgus, a, um (*unda*, *frango*), qui brise les vagues : FORT. *Carm.* 3, 4, 1.

undĭquĕ, adv. (*unde*, *-que*, cf. *ubique*) ¶ 1 [sens local] de toutes parts, de tous côtés : *undique eo conveniunt* CIC. *Verr.* 3, 149, de toutes parts ils viennent s'assembler là ; *ut undique uno tempore in hostes impetus fieret* CAES. *G.* 1, 22, pour que de tous côtés en même temps on chargeât l'ennemi ; *undique ad inferos tantumdem viae est* CIC. *Tusc.* 1, 104, de qq. endroit qu'on parte, c'est le même trajet pour aller aux enfers ¶ 2 [fig.] = *ab* ou *ex omni parte*, de toutes parts, sous toutes les faces, à tous égards : *vita undique referta bonis* CIC. *Tusc.* 5, 86, une vie qui abonde en biens de toutes parts, complètement ; *natura undique perfecta* CIC. *Fin.* 5, 26, nature parfaite en tout point, cf. CIC. *Tim.* 20 ¶ 3 qqf. avec gén. : *undique gentium* AUREL. d. VOP. *Tyr.* 5 ; *undique laterum* APUL. *M.* 8, 17, de tous côtés ¶ 4 *undique versus*, *(versum)*, dans toutes les directions, de tous côtés : JUST. 44, 1, 10 ; GELL. 7, 16, 6 ; 12, 13, 20, ou qqf. *undique secus* SOLIN. 27, 46.

undĭsŏnus, a, um (*unda*, *sono*), qui retentit du bruit des vagues : STAT. *Ach.* 1, 198 ‖ qqf. qui fait retentir les vagues : PROP. 3, 21, 18.

Undĭtānum, i, n., ville de Bétique : PLIN. 3, 10.

undĭvăgus, a, um (*unda*, *vagus*), dont les flots sont errants : ANTH. 584, 3.

undō, ās, āre, āvī, ātum (*unda* ; it. *ondare*) ¶ 1 intr. **a)** rouler des vagues, se soulever, être agité : ENN. *Tr.* 162 ; ACC. d. CIC. *Nat.* 2, 89 ; *solet aestus aequinoctialis aliis major undare* SEN. *Nat.* 3, 28, 6, la marée équinoxiale d'ordinaire roule ses flots avec plus de force que les autres ‖ *ahena undantia flammis* VIRG. *En.* 6, 118, les vases d'airain écumant (bouillonnant) sous l'action des flammes ; *undans Aetna* VIRG. *G.* 1, 472, l'Etna bouillonnant ‖ *ad caelum undabat vortex* VIRG. *En.* 12, 673, une colonne [de feu] s'élevait en tourbillonnant vers le ciel **b)** ➭ *abundo*, abonder, *aliqua re*, de qqch. : VAL.-FLAC. 1, 5, 39 ; STAT. *Th.* 1, 449 **c)** ondoyer, être ondoyant : *undantes flammae* SIL. 9, 446, les flammes ondulantes ; *undans buxo Cytorus* VIRG. *G.* 2, 437, le Cytore ondoyant sous les buis [couvert de buis ondoyant] ‖ onduler, flotter [rênes] : VIRG. *En.* 12, 471 ; 5, 146 **d)** [fig.] être agité : *undans curis* VAL.-FLAC. 5, 304, agité de soucis ¶ 2 tr., inonder : *sanguine campos* STAT. *Ach.* 1, 87, inonder de sang les campagnes, cf. CLAUD. *Ruf.* 2, 67.

***undōsē** [inus.] compar., *undosius*, avec plus de vagues : AMM. 27, 4, 7.

undōsus, a, um (*unda* ; it. *ondoso*), plein de vagues, agité, houleux : VIRG. *En.* 3, 693 ; 4, 313 ; SIL. 5, 21 ‖ *-sior* SOLIN. 12, 11 ; *-issimus* AUG. *Civ.* 27, 11.

undŭla, ae, f. (dim. de *unda*), petite onde, légère ondulation : BOET. *Mus.* 1, 14.

undŭlātus, a, um, ondé, ondulé : VARR. d. PLIN. 8, 195.

undŭōsus, v. *undosus* : AUG. *Serm.* 1, 2.

ŭnēdo, ōnis, f. (?), arbousier [arbre] : PLIN. 15, 98 ‖ arbouse, fruit de l'arbousier : PLIN. 23, 151.

Unelli, ōrum, m. pl., peuple de l'Armorique [Cotentin] : CAES. *G.* 2, 34, 1 ; 3, 17 ‖ **Venelli**, PLIN. 4, 107.

ūnescō (ūniscō), ĭs, ĕre, -, - (*unus*), intr., s'unir : PLIN. 17, 161 ‖ être d'accord, *cum aliquo*, avec qqn : MAMERT. *Anim.* 3, 10.

ūnetvīcēsĭmāni, ōrum, m. pl., soldats de la 21e légion : TAC. *H.* 2, 43.

ūnetvīcēsĭmus, a, um, vingt et unième : TAC. *An.* 1, 45.

ungell-, v. *unguell-*.

ungentārĭus, v. *unguentarius*.

ungō (unguō), ĭs, ĕre, unxī, unctum (cf. scr. *anakti*, *uñjanti*, *akta-s*, v. irl. *imb*, bret. *amann*, al. além. *Anke*, "beurre" ; fr. *oindre*), tr. ¶ 1 oindre, enduire, frotter de : *aliquem unguentis* CIC. *Verr.* 4, 77, baigner qqn de parfums ; *melle* CAT. *Agr.* 79, enduire de miel ‖ [en part.] frictionner et parfumer, après le bain : CIC. *Par.* 37 ; *unctus est* CIC. *Att.* 13, 52, 1, on le frictionna, cf. AUG. d. SUET. *Aug.* 76 ; *gloria quem supra vires et vestit et ungit* HOR. *Ep.* 1, 18, 22, celui que la vanité habille et parfume au-dessus de ses moyens ‖ oindre, parfumer le corps d'un défunt : VIRG. *En.* 6, 219 ; OV. *F.* 4, 853 ¶ 2 graisser un plat, y ajouter de la graisse : *caules oleo* HOR. *S.* 2, 3, 125, assaisonner d'huile des choux, cf. HOR. *S.* 2, 6, 64 ; PERS. 6, 68 ¶ 3 imprégner : *ungere tela* VIRG. *En.* 9, 773, imprégner les armes [de poison] ; *arma uncta cruoribus* HOR. *O.* 2, 1, 5, armes trempées de sang ; *unctis manibus* HOR. *S.* 2, 4, 78, avec des mains grasses [imprégnées de graisse] HOR. *S.* 2, 2, 68 ; *uncta carina* VIRG. *En.* 4, 398, la carène goudronnée ‖ [chrét.] oindre d'huile sainte : CYPR. *Ep.* 70, 2.

unguēdo, ĭnis, f. (*unguo*), onguent, parfum : *unguedine palmulis suis adfricta sese perlinit* APUL. *M.* 3, 21, elle se baigne du parfum frotté dans ses jolies mains.

unguella (ungella), *ae*, f. (dim. de *ungula*), pied de cochon [cuit] : M.-Emp. 20, 26 ; Apic. 176.

unguellŭla, *ae*, f. (dim. de *unguella*), Diom. 326, 29.

unguĕn, *ĭnis*, n. (*unguo*), corps gras, graisse : *pingues unguine cerae* Virg. G. 3, 450, cires mélangées à du saindoux.

unguentārĭa, *ae*, f. (*unguentarius*) ¶ 1 métier de parfumeur : Pl. Poen. 703 ¶ 2 parfumeuse : Plin. 8, 14.

unguentārĭum, *ĭi*, n. (*unguentarius*) ¶ 1 vase pour les parfums : Evod. d. Aug. Ep. 158, 12 ¶ 2 argent pour acheter des parfums : Plin. Ep. 2, 11, 23.

unguentārĭus, *a*, *um* (*unguentum*), de parfum, relatif aux parfums : *unguentaria taberna* Varr. L. 8, 117, boutique de parfumeur ‖ subst. m., parfumeur : Cic. Off. 1, 150.

unguentātus, *a*, *um*, parfumé : Pl. Truc. 288, cf. Gell. 7, 12, 5 ; 12, 2, 11.

unguentō, *ās*, *āre*, -, -, tr., parfumer : CIL 6, 2104, 31.

unguentum, *i*, n. (*unguo* ; it. *unguento*), parfum liquide, huile parfumée, essence [sg. et pl.] : Cic. Verr. 3, 62 ; Cat. 2, 5 ‖ gén. pl., *unguentum* Pl. Curc. 99 ; Poen. 570.

unguĭcŭlus, *i*, m. (dim. de *unguis*), ongle [de la main ou du pied] : Cic. Fin. 5, 80 ‖ *perpruriscere usque ex unguiculis* Pl. St. 661, éprouver une démangeaison jusqu'au bout des ongles ; *mihi a teneris, ut Graeci dicunt, unguiculis es cognitus* Cic. Fam. 1, 6, 1, je te connais depuis tes premiers ongles, comme disent les Grecs [ἐξ ἁπαλῶν ὀνύχων] = depuis l'âge le plus tendre ; *ab unguiculo ad capillum* Pl. Ep. 623, des pieds à la tête.

unguilla, *ae*, f. (*unguo*), vase à huile parfumée : Solin. 27, 56.

unguĭnis, gén. de *unguen*.

unguĭnōsus, *a*, *um* (*unguen*), gras, onctueux, huileux : Cels. 5, 26, 20 ‖ -sior Plin. 23, 147.

unguis, *is*, m. (cf. ὄνυξ, scr. *nakha-s*, al. *Nagel*, an. *nail*, rus. *noga*, " pied ") ¶ 1 ongle [de la main ou du pied] : [homme] Cic. Tusc. 5, 77 ; Plin. 11, 247 ; Hor. Ep. 1, 7, 51 ; 1, 19, 46 ‖ [animaux] Cic. Nat. 2, 122 ; Plin. 11, 247 ; Hor. O. 2, 19, 24 ; Ov. M. 4, 717 ¶ 2 expr. prov. *a)* *ab imis unguibus usque ad verticem* Cic. Com. 20, des pieds à la tête *b)* *ab aliqua re traversum unguem non discedere* Cic. Att. 13, 20, 4, ne pas s'écarter de qqch. de la largeur d'un ongle = d'un pouce ; *urge igitur, nec transversum unguem, quod aiunt, a stilo* Cic. Fam. 7, 25, 2, courage, donc, et ne t'éloigne pas de ton stylet de la largeur d'un ongle, comme on dit, cf. Pl. Aul. 57 ; Apul. M. 2, 18 ; 10, 26 ; 11, 17 *c) medium unguem ostendere* Juv. 10, 53, montrer le doigt du milieu [narguer du doigt] *d) de tenero ungui* Hor. O. 3, 6, 24, dès la plus tendre enfance *e) ad unguem carmen castigare* Hor. P. 294, corriger un poème jusqu'à la perfection [comme le marbrier éprouve le poli en passant l'ongle sur la pierre] ; *ad unguem factus homo* Hor. S. 1, 5, 32, homme accompli ; *in unguem* Virg. G. 2, 277, parfaitement, cf. Cels. 8, 1, 12, cf. Pers. 1, 65 *f) vivos rodere ungues* Hor. S. 1, 10, 71, ronger ses ongles au vif [geste d'impatience] ¶ 3 [fig.] *a)* onglet dans les plantes : Plin. 12, 36 ; 21, 121 *b)* sorte de coquillage : Varr. L. 5, 77 *c)* grappin, crochet : Col. 12, 18, 2 *d)* taie sur l'œil : Col. 7, 7, 4.

unguĭto, v.⊳ *unctito* : Char. 101, 15.

1 **ungŭla**, *ae*, f. (dim. de *unguis* ; fr. *ongle*) ¶ 1 griffe, serre, ongle, sabot : Enn. An. 224 ; Virg. En. 8, 596 ; Cic. Nat. 3, 11 ‖ [prov.] *toto corpore atque omnibus ungulis* Cic. Tus. 2, 56, de toutes ses forces ¶ 2 [fig.] *a)* cheval : Hor. S. 1, 1, 114 ; Mart. 12, 50, 5 *b)* ongle, instrument de torture : Cod. Just. 9, 18, 7 ; Tert. Apol. 30, 7 ; Aug. Conf. 9, 9, 15 *c) equi* M.-Emp. 16, 101, tussilage [plante].

2 **ungula**, *ae*, f. (*unguo*), baume, parfum : Vulg. Eccli. 24, 21.

ungŭlātrus, *i*, m., ongle long et dur : *Cat. d. P. Fest. 519, 27.
▶ corriger en *ungulaster*.

ungŭlātus, *a*, *um* (*ungula*), qui a des sabots, en corne : Tert. Apol. 16, 12 ; Capel. 4, 378.

ungŭlus, *i*, m. (osq., cf. *uncus*), anneau, bague : Plin. 33, 10 ; Fest. 514, 28 ‖ bracelet : Pacuv. Tr. 64 ; 215.

unguō [forme étymologique], v.⊳ *ungo* [forme analogique, cf. *unxi*, *jungo*].

ungustus, *i*, m. (cf. *uncus*, *ungulus*), bâton recourbé [crosse] : P. Fest. 519, 9.

uni, ancien gén. m., v.⊳ *unus*.

ūnĭănĭmis, v.⊳ *unanimis* : Schol. Juv. 5, 134.

ūnĭcălămus, *a*, *um* (*unus*, *calamus*), qui n'a qu'un tuyau [en parl. du blé] : Plin. 18, 69.

ūnĭcaulis, *e* (*unus*, *caulis*), unicaule, qui n'a qu'une tige : Plin. 18, 57 ; 19, 176.

ūnĭcē, adv. (*unicus*), d'une manière unique, exceptionnelle, à nulle autre seconde, tout particulièrement : Cic. Or. 1 ; Cat. 3, 10 ; Fam. 6, 1, 6 ; 13, 15, 1 ‖ renforcé par *unus* dans Pl. : *unice unum plurumi pendit* Pl. Bac. 207, elle l'estime d'une manière unique plus que tout au monde, cf. Pl. Truc. 194 ‖ *unice securus* Hor. O. 1, 26, 5, d'une insouciance sans égale.

ūnĭceps, *cĭpĭtis* (*unus*, *caput*), ayant une seule tête : Jul.-Aecl. d. Aug. Jul. op. imp. 5, 15.

ūnĭcŏlor, *ōris*, adj. m. f. n., qui est d'une seule couleur : Varr. R. 2, 4, 3 ; Plin. 11, 145.

ūnĭcŏlōrus, *a*, *um*, monochrome, d'une couleur : Prud. Ham. 819.

ūnĭcornĭcus, *a*, *um*, v.⊳ *unicornis*.

ūnĭcornis, *e* (*unus*, *cornu* ; fr. *licorne*), unicorne, qui n'a qu'une corne : Plin. 8, 72 ; 11, 255 ‖ subst. m., licorne : Vulg. Psal. 21, 22.

ūnĭcornŭus, *ŭi*, m., licorne : Tert. Marc. 3, 18, 3 ; Ambr. Off. 2, 16, 85.

ūnĭcŭba, *ae*, f. (*unus*, *cubo*), femme qui n'a été mariée qu'une fois : Hier. Jovin. 1, 49 ; CIL 3, 3572.

ūnĭcultŏr, *ōris*, m., adorateur d'un seul Dieu : Prud. Perist. 13, 90.

ūnĭcus, *a*, *um* (*unus*) ¶ 1 unique, seul : *unicus filius, unica filia* Cic. Cael. 79 ; Verr. 3, 101, fils unique, fille unique ‖ *cum ipse sis quasi unicum exemplum antiquae probitatis* Cic. Rep. 3, 8, comme tu es l'exemplaire pour ainsi dire unique de l'antique vertu ; *spes unica imperii populi Romani, L. Quinctius* Liv. 3, 26, 8, l'unique espoir de la puissance romaine, L. Quinctius, cf. Plin. Ep. 8, 19, 1 ¶ 2 unique, incomparable, sans pareil, sans égal : *unica liberalitas* Cic. Quinct. 41, libéralité sans seconde, cf. Her. 3, 11 ; 3, 57 ; *unicus dux* Liv. 23, 11, 13, chef incomparable, cf. Liv. 8, 32, 15 ; 22, 14, 9 ; *tibi ille unicust, mihi etiam unico magis unicus* Pl. Cap. 150, c'est ton fils unique, mais il est pour moi encore plus unique qu'un fils unique [jeu de mots, = plus cher qu'un fils unique].

ūnĭformis, *e* (*unus*, *forma*), simple, uniforme : Tac. D. 32 ; Macr. Sat. 7, 5, 12.

ūnĭformĭtās, *ātis*, f. (*uniformis*), uniformité : Arn. 7, 2.

ūnĭformĭtĕr, adv. (*uniformis*), uniformément, d'une manière uniforme : Arn. 2, 64.

ūnĭgĕna, *ae*, adj. m. f. (*unus*, *geno*) ¶ 1 né seul, unique : Cic. Tim. 10 ‖ subst. m., Jésus-Christ [le Fils unique] : Paul.-Nol. Carm. 5, 47 ¶ 2 né d'un même enfantement, jumeau, jumelle ‖ m., frère : Catul. 66, 53 ‖ f., sœur : Catul. 64, 301.

ūnĭgĕnĭtus, *a*, *um*, [fils] unique : Hier. Helv. 9 ‖ subst. m., Fils unique de Dieu, Jésus-Christ : Hier. Ep. 124, 14.

ūnĭjŭgus, *a*, *um* (*unus*, *jugum*), ayant un seul joug, un seul support transversal : Plin. 17, 183 ‖ [fig.] qui n'a été marié qu'une fois : Tert. Mon. 6, 4 ; *unijuga* CIL 3, 3572.

ūnĭmamma, *ae*, f. (*unus*, *mamma*), qui n'a qu'un sein [épith. des Amazones] : Jul.-Val. 3, 50 ; Isid. 9, 2, 64.

1 **ūnĭmănus**, *a*, *um* (*unus*, *manus*), qui n'a qu'une main : Liv. 35, 21, 3.

2 **Ūnĭmănus**, *i*, m., surnom d'un Claudius : Flor. 2, 17, 16.

ūnĭmembris, *e* (*unus*, *membrum*), qui n'a qu'un membre : Ulp. Dig. 12, 2, 13.

ūnĭmŏdus, *a*, *um* (*unus*, *modus*), qui est d'une seule manière, uniforme : Prud. Psych. 768.

ūnĭnōmĭus, *a*, *um* (*unus*, *nomen*), qui a le même nom, homonyme : Isid. 1, 6, 17.

unio 1656

1 ūnĭō, *īs, īre*, -, - (*unus*; fr. *unir*), tr., unir, réunir : Sen. *Nat.* 2, 2, 4.

2 ūnĭo, *ōnis*, f. et m. (*unus*; fr. *oignon*) ¶ **1** f. [m. Tert. *Prax.* 19, 7], le nombre un, l'unité : Hier. *Amos.* 2, 5, 5 ; **conjugii** Tert. *Mon.* 4, monogamie, l'as [au jeu de dés] : Isid. 18, 65, union : Hier. *Ep.* 18, 14 ¶ **2** m., grosse perle, perle ; Plin. 9, 112 ; Sen. *Ben.* 7, 9, 4 ; Mart. 8, 81, 4 ; 12, 49, 13 ; Treb. *Tyr.* 32, 6 ¶ **3** f., sorte d'oignon : Col. 12, 10, 1.

ūnĭŏcŭlus, *a, um*, V. *unoculus* : Solin. 15, 20.

ūnĭŏla, *ae*, f., plante inconnue : Ps. Apul. *Herb.* 77.

ūnĭpecĭus, *a, um* (*unus, peciolus*), qui n'a qu'un pédoncule : M.-Emp. 15, 63.

ūnĭpēs, *ĕdis*, adj., qui n'a qu'un pied : Gloss. 2, 373, 1.

ūnĭpĕtĭus, V. *unipeccius*.

ūnisco, V. *unesco*.

ūnĭsŏnus, *a, um* (*unus, sonus*), qui a le même son, de son uniforme : Boet. *Mus.* 5, 5 ; 11.

ūnissĭmē, V. *uniter*.

ūnistirpis, *e* (*unus, stirps*), qui n'a qu'un tronc, qu'une tige : Plin. 16, 125.

ūnĭsyllăbus, *a, um* (*unus, syllabo*), monosyllabique : Prisc. 3, 36, 20.

ūnĭtās, *ātis*, f. (*unus*) ¶ **1** unité : **in unitatem coire** Cels. 4, 26, 6, faire un ; **linum duplex triplexve sic tortum, ut unitas in eo facta sit** Cels. 7, 4, 4, un fil double ou triple tordu de telle sorte qu'il ne fasse qu'un, cf. Col. 11, 3, 43 ¶ **2** = identité : Varr. *L.* 8, 3 ; Plin. 16, 85 ¶ **3** unité de sentiments : Sen. *Vit.* 8, 5 ¶ **4** [chrét.] unité [de la Trinité] : Tert. *Prax.* 3, 1.

ūnītē, V. *uniter* : Non. 542, 13.

ūnītĕr, adv. (*unus*), de manière à ne faire qu'un : Lucr. 3, 844 ‖ [fig.] : Schol. Juv. 3, 298 ‖ **unissime** Sever. d. Aug. *Ep.* 109, 1.

ūnītestis, adj. m., qui n'a qu'un testicule : Gloss. 2, 373, 2.

ūnītĭo, *ōnis*, f. (*unire*), union, réunion : Greg.-M. *Ep.* 10, 18.

ūnītus, *a, um*, part. de *unio*.

ūnĭuncŭlus, *i*, m. (*unio*), petite perle : Not. Tir. 99.

ūnīus, gén. de *unus*.

ūnĭuscūjusque, gén. de *unusquisque*.

ūnĭusmŏdi, mieux **ūnīus mŏdi**, d'une même espèce : Cic. *Att.* 9, 7, 5.

ūnĭversālis, *e* (*universus*), universel, général : Quint. 2, 13, 14 ; 3, 5, 5 ‖ **-lior** Boet. *Top. Cic.* 3, p. 324, 11.

ūnĭversālĭtās, *ātis*, f. (*universalis*), universalité : Boet. *Top. Cic.* 5, p. 363, 27.

ūnĭversālĭtĕr, adv. (*universalis*), en bloc, tout à la fois : Dig. 18, 1, 35 ‖ universellement, généralement, dans tous les cas : Boet. *Arith.* 2, 46, 4.

ūnĭversātim, adv. (*universus*), universellement, généralement : Sidon. *Ep.* 8, 2, 2.

ūnĭversē, adv., généralement, en général : Cic. *Verr.* 5, 143 ; *Att.* 5, 2, 1 ; Gell. 1, 3, 22.

ūnĭversĭtās, *ātis*, f. (*universus*) ¶ **1** universalité, totalité, ensemble : **generis humani** Cic. *Nat.* 2, 164, l'ensemble du genre humain ; **orationis** Plin. *Ep.* 2, 5, 7, ensemble d'un discours ¶ **2** **universitas** Cic. *Tim.* 6 et **universitas rerum** Cic. *Nat.* 1, 120, l'ensemble des choses, l'univers ¶ **3** [droit] communauté, ensemble [de personnes ou de choses formant une unité et traités commes telles] : Gai. *Inst.* 2, 11 ; [édifice] : Dig. 41, 1, 7, 11 ; [municipe] : Dig. 3, 4, 2 ; [collège] : **magister universitatis** Dig. 46, 8, 9, président d'un collège ; [succession] : **ad universitatem venire jure successionis** Dig. 48, 20, 7 pr., saisir l'ensemble des biens en vertu du droit de succéder.

ūnĭversus, arch. **ūnĭvorsus**, *a, um* (*unus* et *versus*; opp. à *diversus*) **a)** tout entier ; sg., considéré dans son ensemble, général, universel : **universa provincia** Cic. *Verr.* 2, 168, la province dans son ensemble [opp. à *singulae partes*], cf. Cic. *Rep.* 1, 26 ; *Nat.* 2, 164 ; *Fin.* 2, 112 ; *Tusc.* 3, 6 ; **universam et propriam oratoris vim definire complectique** Cic. *de Or.* 1, 64, déterminer et embrasser l'ensemble des traits propres à l'orateur (qui caractérisent l'orateur) ; **universum genus** Cic. *de Or.* 2, 134, une thèse générale ; **gregem universum totum avortere** Pl. *Trin.* 171, détourner tout le troupeau d'un bloc, d'un coup ; **odium universum** Cic. *Pis.* 65, aversion générale **b)** pl., ensemble [opp. aux individus] : **ex iis rebus universis eloquentia constat, quibus in singulis elaborare permagnum est** Cic. *de Or.* 1, 19, l'éloquence suppose la réunion d'un ensemble de conditions dont chacune séparément est très difficile à réaliser ; **populos universos tueri** Cic. *Lae.* 50, protéger des peuples entiers, dans leur ensemble, cf. Cic. *Fin.* 1, 43 **c)** pl., **universi**, *orum*, tous ensemble, tous sans exception : **crudelitate unius oppressi erant universi** Cic. *Rep.* 3, 43, la cruauté d'un seul pesait sur tous, sur l'ensemble, cf. Cic. *Rep.* 1, 52 ; *Nat.* 2, 165 ; **omnes universi** Pl. *Trin.* 1047, tous sans exception **d)** n. sg., **universum, i** Cic. *Nat.* 2, 30, ou n. pl., **universa, ōrum** Cic. *Ac.* 2, 73, ensemble des choses, univers ‖ **in universum** Liv. 9, 26, 8 ; Tac. *G.* 5, en général. ▸ **unorsum < unuvorsum** Lucr. 4, 262 ; **oinuorsei = universi** S. C. Bacch. CIL 1, 581.

ūnĭvira, *ae*, adj. f. (*unus, vir*), qui n'a eu qu'un mari : Tert. *Jejun.* 8, 1 ‖ subst. f., femme qui n'a été mariée qu'une fois : Minuc. 24, 3.

ūnĭvirātŭs, *ūs*, m. (*univira*), condition de la femme qui n'a été mariée qu'une fois : Tert. *Ux.* 1, 8, 5.

ūnĭvĭrĭa, *ae*, f., V. *univira* : Treb. *Tyr.* 32.

ūnĭvŏcātĭo, *ōnis*, f., homonymie : Boet. *Herm. sec.* 2, 6, p. 132, 26.

ūnĭvŏcē, adv., par homonymie : Boet. *Porph. com.* 1, 7, p. 6.

ūnĭvŏcus, *a, um* (*unus, vox*), qui n'a qu'un son : Boet. *Mus.* 5, 11 ‖ qui n'a qu'un seul nom [gram.] : Capel. 4, 339.

1 ūno, ancien dat. m., V. *unus* ▸.

2 ūnō, *ās, āre*, -, - (*unus*), tr., joindre, unir, V. *aduno* : Prisc. 2, 445, 11.

ūnŏcŭlus, *i*, m. (*unus, oculus*, cf. *Cocles*), qui n'a qu'un œil : Pl. *Curc.* 394.

Ūnŏmammĭa, *ae*, f. (*unus, mamma, unimamma*), pays des femmes n'ayant qu'un sein, comme les Amazones [mot forgé] : Pl. *Curc.* 445.

ūnorsus, V. *universus* ▸.

ūnōsē, adv. (*unus*), à la fois, ensemble : Pacuv. *Tr.* 213.

unquam, V. *umquam*.

Unsingis, *is*, m., rivière de Germanie : Tac. *An.* 1, 70.

Unuca, *ae*, f., ville de Zeugitane : Anton. 25.

ūnus, *a, um*, gén. **ūnīŭs**, dat. **ūnī** (cf. *ullus, non*, οἰνός, οἶος, scr. *eka-s*, al. *ein*, an. *one* ; fr. *un*) ¶ **1** adj. numéral, un, une **a)** d'ord. au sg. ou avec le pl. des subst. qui n'ont pas de sg. : **una castra** Caes. *C.* 1, 74, 4, un camp ; [poét.] **una excidia** Virg. *En.* 2, 642, un désastre **b)** avec les adj. ordinaux : **uno et octogesimo anno mori** Cic. *CM* 13, mourir à quatre-vingt-un ans **c)** [avec *alter*] **una ex parte..., altera ex parte** Caes. *G.* 1, 2, d'un côté..., de l'autre ; **unum, alterum, tertium annum quiescere** Cic. *Clu.* 178, se tenir tranquille pendant un, deux, trois ans, cf. Cic. *Verr.* 4, 66 ; 5, 76 ; **philosophandi ratio triplex ; una... altera...** Cic. *Ac.* 1, 19, trois parties dans la philosophie ; la première... la seconde... ; **tuae et unae et alterae litterae** Cic. *Att.* 14, 18, 1, ta première aussi bien que ta seconde lettre ; **habetur una atque altera contio** Cic. *Clu.* 77, il est prononcé une première, puis une seconde harangue, cf. Cic. *Verr.* 3, 227 **d)** **unus e (de)**, un d'entre : Cic. *Fam.* 7, 20, 1 ; *Fin.* 2, 66 ‖ [le gén. partitif placé après plus] : Varr. *Men.* 167 ; Liv. 6, 40, 6 ; 22, 42, 4 ‖ [sens avant] : **pastorum unus** Liv. 10, 4, 8, un des bergers, cf. Liv. 24, 28, 1 ; 26, 12, 16 ; **unus eorum pontium, quos** Caes. *G.* 7, 35, 2, un des ponts que ‖ [d'ordinaire *unus* après le relatif] : **partes tres quarum una** Caes. *G.* 1, 1, trois parties dont l'une, cf. Cic. *Fin.* 4, 5 ; 5, 20 ; *Att.* 2, 1, 3 ; *Verr.* 5, 129 ; *Flac.* 64 ¶ **2 a)** subst. m. : **cum penes unum est omnium summa rerum** Cic. *Rep.* 1, 42, quand l'ensemble du pouvoir est aux mains d'une personne, cf. Cic. *Amer.* 22 ; *Red.* 1, 61 ; **(hoc) neque in uno aut altero animadversum est** Cic. *Mur.* 43, cette constatation n'a pas été faite chez une ou deux personnes ; qqf. **unus et alter**

CURT. 5, 7, 4, un ou deux [ou] *unus atque alter* SUET. *Cl.* 12 ‖ *ad unum*, jusqu'au dernier, sans exception : *adsensi sunt ad unum* CIC. *Fam.* 10, 16, 2, ils approuvèrent jusqu'au dernier, cf. CIC. *Q.* 3, 2 ; 2 ; surtout *omnes ad unum* CIC. *Lae.* 86, tous jusqu'au dernier‖ *unus de multis* CIC. *Off.* 1, 109, un homme de la foule, le premier venu [ou] *e multis* CIC. *Brut.* 274 ; *Tusc.* 1, 17‖ *uno plus*, v. *plus b)* subst. n. : *unum sustinere pauci possunt, utrumque nemo* CIC. *Mur.* 46, une seule de ces tâches, peu sont capables de la mener à bien, les deux, personne : *unum etiam est, quod me perturbat* CIC. *Clu.* 135, il y a encore une objection qui me trouble, cf. CIC. *Off.* 3, 26 ; *plus uno verum esse non potest* CIC. *Ac.* 2, 147, il ne peut y avoir plus d'une vérité ‖ *in unum*, en un point, en un lieu : *in unum conducere* SALL. *J.* 51, 3 ; *cogere* LIV. 30, 11, 4, rassembler, réunir ¶ **3** un même, le même : *unius aetatis clarissimi viri* CIC. *Rep.* 1, 13, les hommes les plus illustres d'une même époque ; *uno tempore* CIC. *Clu.* 28, en même temps, cf. CAES. *C.* 3, 15 ; *unis moribus vivunt* CIC. *Flac.* 63, ils vivent avec les mêmes mœurs ‖ *una atque eadem causa* CIC. *Caecin.* 59, une seule et même cause, cf. CIC. *Div.* 2, 97 ; *unum atque idem sentire* CIC. *Cat.* 4, 14, avoir une seule et même opinion ; *non semper idem est honor... neque uno luna nitet vultu* HOR. *O.* 2, 11, 10, l'éclat ne reste pas toujours le même, et la lune ne brille pas sous un seul visage (aspect) ¶ **4** un seul : *legio una* CAES. *G.* 1, 7, une seule légion ; *Pompeius plus potest unus quam ceteri omnes* CIC. *Att.* 6, 1, 3, Pompée peut plus à lui seul que tous les autres ; *unum hoc definio...* CIC. *Rep.* 1, 1, je me contente de cette affirmation précise, savoir... ; *nihil dico praeter unum* CIC. *Sest.* 8, je ne dis qu'une seule chose ; *unus adhuc fuit cui* subj., CIC. *Verr.* 3, 81, il n'y a eu jusqu'ici qu'un seul homme à qui ; *unae litterae* CIC. *Fam.* 2, 7, 3, une seule lettre, cf. CIC. *Att.* 1, 5, 4 ; *unis Suebis concedere* CAES. *G.* 4, 7, le céder uniquement aux Suèves ; *unae quinque minae* PL. *Ps.* 54, seulement cinq mines, cf. *Bac.* 832 ; *Trin.* 166 ‖ *ille unus ordinis nostri exsultavit* CIC. *Sest.* 133, il a été le seul de notre ordre à se réjouir ‖ *unus est solus inventus qui* [subj.] CIC. *Sest.* 30, il ne s'est trouvé qu'un seul homme, pour, cf. CIC. *Verr.* 2, 13 ; *ex uno oppido solo* CIC. *Verr.* 2, 185, d'une seule et unique ville, cf. CIC. *Pis.* 96 ‖ [renforcé par *tantum*] : CAES. *C.* 3, 19 ; CIC. *Ac.* 2, 74 ; LIV. 3, 56, 4 ; 21, 50, 6 ; SEN. *Ep.* 79, 1 ; [par *modo*] CIC. *Or.* 180 ; *Phil.* 1, 14 ; *Ac.* 2, 101 ; CAES. *G.* 5, 41, 7 ; SALL. *J.* 89, 6 ; LIV. 22, 45, 4 ; 23, 42, 5 ‖ renforçant *nemo, nullus* : *nemo unus* CAES. *C.* 3, 18, pas un seul, absolument personne ; *nulla res una* CIC. *Brut.* 216, pas une seule chose, absolument rien, cf. LIV. 2, 6, 3 ; 32, 20, 7 ‖ joint à *aliquis* : *firmissima quaeque (argumenta) maxime tueor, sive plura sunt sive aliquod unum* CIC. *de Or.* 2, 292, je m'attache aux arguments proportionnellement à leur force, qu'il y en ait soit un assez grand nombre soit un seul [quel qu'il soit] ; *in qua re publica est unus aliquis perpetua potestate* CIC. *Rep.* 2, 43, dans un gouvernement où une personne [quelle qu'elle soit] est revêtue d'un pouvoir permanent, cf. CIC. *de Or.* 2, 305 ; 3, 136 ; *Or.* 206 ; *Tusc.* 4, 10 ; *ex quibus si unum aliquod in te cognoveris* CIC. *Caecil.* 27, de toutes ces choses (ces qualités) si il en est une quelconque que tu reconnaisses en toi ; *si unum aliquid affert* CIC. *de Or.* 3, 136, s'il apporte (s'il possède) un talent, fût-il unique [p. ex., science de la guerre, science du droit]‖ joint à *quisque*, v. *unusquisque* ‖ *tu solus aut quivis unus* CIC. *Caecin.* 62, toi, seul, ou tout autre ; [avec *quilibet*] LIV. 6, 40, 6 ; 9, 17, 15 ; 42, 42, 3 ¶ **5** par excellence : *Carthago, quam Juno fertur terris magis omnibus unam coluisse* VIRG. *En.* 1, 15, Carthage que Junon, paraît-il, chérissait particulièrement, plus que toute autre terre, cf. VIRG. *En.* 5, 704 ; *qui unus eminet inter omnes* CIC. *Or.* 104, qui l'emporte souverainement sur tous, cf. CIC. *Tusc.* 2, 43 ; 5, 105 ; *civitas, quae tibi una in amore fuit* CIC. *Verr.* 4, 3, cité qui a été par excellence dans ton cœur ‖ surtout comme renforcement du superlatif : *quem unum nostrae civitatis praestantissimum audeo dicere* CIC. *Lae.* 1, [Scaevola] dont j'ose dire qu'il fut entre tous nos concitoyens le plus remarquable ; *cum uno gladiatore nequissimo* CIC. *Phil.* 2, 7, avec un gladiateur le plus vil qui soit ; *uni tibi istam sententiam minime licet defendere* CIC. *Ac.* 2, 62, il te sied moins qu'à personne de défendre cette opinion ; *rem esse unam omnium difficillimam* CIC. *Brut.* 25, qu'il n'y a rien au monde de plus difficile ; *unus ex omnibus ad dicendum maxime natus* CIC. *de Or.* 1, 99, né plus que personne au monde pour l'éloquence ¶ **6** sens indéfini = un, quelqu'un : *sicut unus paterfamilias* CIC. *de Or.* 1, 132, comme quelque père de famille, cf. CIC. *Att.* 9, 10, 2 ; *quivis unus* CIC. *Brut.* 320, qqn, n'importe qui.

▶ gén. *unīus* VIRG. *En.* 1, 251 ; OV. *M.* 13, 181 ; *unĭus* LUCR. 2, 379 ; VIRG. *En.* 1, 41 ‖ gén. *uni* TIT. *Com.* 7 ; CATUL. 17, 17 ; dat. *uno* VARR. *R.* 1, 18, 6 ; dat. *unae* CAT. *Agr.* 19, 1 ; CIC. *Tull.* 36 ‖ arch. *oinos, oenos, oenus* CIL 1, 9 ; CIC. *Leg.* 3, 9 ‖ voc. *une* CATUL. 37, 17.

ūnusquisquĕ, **ūnaquaequĕ**, **ūnumquodquĕ**, pron. *unumquidque*, chaque, chacun, chacune : CIC. *Font.* 21 ; *Rep.* 1, 48 ; *unumquidque* CIC. *Verr.* 4, 132, chaque chose.

▶ *unumquodque* pron. CIC. *Amer.* 83 est douteux.

*ūnusquisquis, *ūnumquidquid*, indéfini, *unum quidquid* PL. *Trin.* 881, chaque chose séparément ; *unumquidquid* LUCR. 5, 1388, chaque chose.

ūnus quīvis, v. *unus*.

unxī, parf. de *unguo*.

Unxĭa, *ae*, f. (*ungo*), déesse qui présidait aux onctions : ARN. 3, 25 ; CAPEL. 2, 149.

Upellae, *ārum*, f. pl., ville du Norique : PEUT. 4, 2.

ŭpĭlĭo, *ōnis*, m., v. *opilio* : VIRG. *B.* 10, 19.

Ūpis, *is* ¶ **1** m., père de la Diane Upis des Grecs : CIC. *Nat.* 3, 58 ¶ **2** f., Diane : CIC. *Nat.* 3, 58.

Uppilĭus, *ĭi*, m., nom d'homme : CIL 13, 6198.

ŭpŭpa, *ae*, f. (onomat., redoubl., cf. ἔποψ ; it. *bubbola*, fr. *huppe*) ¶ **1** huppe (oiseau) : PLIN. 10, 86 ¶ **2** pioche : PL. *Cap.* 1004.

1 ūra, *ae*, f. (οὐρά), orchis [plante] : PS. APUL. *Herb.* 15 ; **ūra scorpĭū** (οὐρὰ σκορπίου), héliotrope : PS. APUL. *Herb.* 49.

2 Ura, *ae*, f., ville de Syrie, la même que Sura : PLIN. 5, 87.

ūraeŏn, *i*, n. (οὐραῖον), morceau de la queue du thon : VARR. *L.* 5, 77.

Ŭrănĭa, *ae*, f. (Οὐρανία, Οὐρανίη) ¶ **1** Uranie [muse de l'astronomie] CIC. *Div.* 1, 17 ‖ **Ŭrănĭē**, *ēs*, f., OV. *F.* 5, 55 ¶ **2** une des chiennes d'Actéon : HYG. *Fab.* 161.

Ŭrănĭo, *ōnis*, f. et **Ŭrănĭus**, *ĭi*, m., surnoms : CIL 6, 27838 ; CLAUD. *Carm. min.* 43, 4.

Ŭrănĭum, *ĭi*, n., ville de Carie : PLIN. 5, 107.

Ŭrănŏpŏlis, *is*, f., ville de Macédoine, près du mont Athos : PLIN. 4, 37.

ūrănŏs, *i*, m. (οὐρανός), la voûte céleste : CHALC. 98.

ūrănoscŏpus (-ŏs), *i*, m. (οὐρανοσκόπος), uranoscope [poisson] : PLIN. 32, 69.

Ūrănus, *i*, m. (Οὐρανός), Uranus (Ouranos), père de Saturne (Kronos) : LACT. *Inst.* 1, 11, 61.

Urba, *ae*, f., ville d'Helvétie [auj. Orbe] : ANTON. 348.

Urbāna, *ae*, f., ville de Campanie : PLIN. 14, 62 ‖ **-nae**, *ārum*, f. pl., PEUT. 5, 3.

Urbānātes, *ĭum*, m. pl., peuple des bords du Métaure : PLIN. 3, 114.

urbānātim, adv. (*urbanus*), en citadin, délicatement : POMPON. *Com.* 7.

urbānē, adv. (*urbanus*) ¶ **1** civilement, poliment, avec urbanité : CIC. *Cael.* 33 ¶ **2** [style] délicatement, finement, spirituellement : CIC. *Fin.* 1, 39 ‖ **-nius** CIC. *Cael.* 36 ; QUINT. 2, 11, 2 ; **-issime** GELL. 15, 5, 3.

urbānĭcĭāni mīlĭtes, m., soldats en garnison à Rome : PAUL. *Dig.* 4, 6, 35, 4.

Urbānilla, *ae*, f., CIL 6, 17586.

urbānĭtās, *ātis*, f. (*urbanus*) ¶ **1** le séjour de la ville, la vie de Rome : CIC. *Fam.* 7, 6, 1 ; 7, 17, 1 ¶ **2** qualité de ce qui est de la ville **a)** traits caractéristiques de la ville : [en parl. de l'accent] CIC. *Brut.* 171 ; v. *urbanus* **b)** urbanité, bon ton, poli-

urbanitas

tesse de mœurs: Cic. *Fam.* 3, 7, 5 **c)** langage spirituel, esprit: Cic. *Brut.* 143; *Cael.* 6; *Fin.* 2, 103 **d)** mauvaise plaisanterie, farce: Tac. *H.* 2, 88.

1 **urbānus**, *a*, *um* (*urbs*) ¶ 1 de la ville, urbain: Varr. *R.* 2, pr. 1; 3, 1, 1; *urbanae tribus* Cic. *de Or.* 1, 38, tribus urbaines; *praetor urbanus* Caes. *C.* 3, 20, préteur urbain; *urbanae res* Caes. *G.* 7, 6, 1, la situation à Rome ‖ *urbānus*, *i*, m., un citadin, habitant de la ville: Cic. *Fin.* 2, 77; *Or.* 81; Liv. 5, 20, 6 ¶ 2 [fig.] qui caractérise la ville ou l'habitant de la ville **a)** *in vocibus nostrorum oratorum resonat quiddam urbanius* Cic. *Brut.* 171, dans la prononciation de nos orateurs il y a quelque chose qui rappelle plus spécialement Rome **b)** poli, de bon ton, plein d'urbanité: Cic. *Fam.* 3, 8, 3; *Verr.* 1, 17; *urbanissimus* Cic. *Cael.* 36 ‖ [plantes] cultivé, bien soigné: Plin. 16, 78 **c)** spirituel, fin: Domit. d. Quint. 6, 3, 105; Cic. *Fam.* 9, 15, 2; Hor. *S.* 1, 4, 90 ‖ plaisant: Hor. *Ep.* 1, 15, 27 **d)** hardi, qui a de l'aplomb: *frons urbana* Hor. *Ep.* 1, 10, 11, l'aplomb de la ville, cf. Cic. *Prov.* 8.

2 **Urbānus**, *i*, m., nom d'homme: Vulg. *Rom.* 16, 9.

Urbe Salvia (**Urbesalvĭa**), *ae*, f., ville du Picénum [auj. Urbisaglia]: Plin. 3, 111.

Urbĭaca, v. *Urbicua*.

Urbĭca, *ae*, f., nom de femme: CIL 6, 2881.

urbĭcăpŭs, *i*, m. (*urbs*, *capio*), preneur de villes: Pl. *Mil.* 1055.

urbĭcārĭus, *a*, *um*, de ville, relatif à l'une ou l'autre des deux capitales (Rome et Constantinople): Cod. Just. 11, 23, 3, 1; *urbicaria praefectura* Cod. Th. 11, 14, 2, préfecture de la ville.

Urbĭcĭo, *ōnis*, m., nom d'homme: CIL 2, 2413.

Urbĭcĭus, *ĭi*, m., nom d'homme: Amm. 30, 2, 4.

urbĭcrĕmus, *a*, *um* (*urbs*, *cremo*), qui brûle les villes: Prud. *Ham.* 727.

Urbĭcŭa, *ae*, f., ville de Tarraconaise: *Liv. 40, 16, 8.

1 **urbĭcus**, *a*, *um* (*urbs*), de la ville, relatif à la ville: Gell. 15, 1, 3 ‖ de Rome: Suet. *Aug.* 18 ‖ romain: Aug. *Ep.* 36, 3.

2 **Urbĭcus**, *i*, m., nom d'un auteur d'atellanes: Juv. 6, 71 ‖ surnom romain: Tac. *H.* 1, 70; *An.* 11, 35.

urbĭgĕna, *ae*, f., né à la ville: CIL 5, 4608.

Urbīnās, *ātis*, m., natif d'Urbinum: Cic. *Phil.* 12, 19 ‖ **-nātes**, *um* ou *ĭum*, m. pl., habitants d'Urbinum: Plin. 3, 114.

Urbīnĭa, *ae*, f., nom de femme: Tac. *D.* 38.

Urbīnĭānus, *a*, *um*, d'Urbinia: Quint. 7, 2, 26.

Urbīnum, *i*, n., ville d'Ombrie [auj. Urbino]: Tac. *H.* 3, 62.

Urbis, *is*, f., ville d'Éthiopie: Plin. 6, 180.

Urbĭus clīvus, m., nom d'un quartier de Rome: Liv. 1, 48, 6.

urbo, v. *urvo*.

1 **urbs**, *urbis*, f. (obscur, cf. *urvum*, *orbis*?; it. Orvieto < *urbs vetus*) ¶ 1 ville [avec une enceinte]: Cic. *Rep.* 1, 41; Varr. *L.* 5, 143; Serv. *En.* 1, 12; *interea Aeneas urbem designat aratro* Virg. *En.* 5, 755, cependant Énée trace avec la charrue l'enceinte de la ville; *Capuae, in qua urbe...* Cic. *Sen.* 17, à Capoue, ville où...; *urbem pulcherrimam atque ornatissimam, Corinthum sustulit* Cic. *Verr.* 1, 55, il détruisit la ville si belle et si ornée de Corinthe; *urbs Romana* Liv. 9, 41, 16; 22, 37, 12, la ville de Rome ‖ [avec gén., poét.] *urbs Patavi, Buthroti* Virg. *En.* 1, 247; 3, 293, la ville de Padoue, de Buthrote ¶ 2 la ville, Rome, cf. Quint. 6, 3, 103; 8, 2, 8; *ab urbe proficisci* Caes. *G.* 1, 7, partir de Rome, cf. Cic. *Fam.* 2, 12, 2; *ad urbem esse* Sall. *C.* 30, 4, être aux portes de la ville [en parl. de généraux qui ne pouvaient entrer dans la ville revêtus de l'impérium, avant une délibération du sénat]; *ad urbem cum imperio rei publicae causa remanere* Caes. *G.* 6, 1, 2, rester aux portes de Rome avec ses pouvoirs en vue de servir l'État [en parlant d'un promagistrat qui perdait ses pouvoirs en entrant à Rome] ¶ 3 *urbs* = les habitants de la ville: Virg. *En.* 2, 265; Juv. 11, 198. ▶ dat. arch. *urbei* CIL 1, 593, 64.

2 **Urbs Salvĭa**, v. *Urbe Salvia*.

urbum, *i*, n., v. *urvum*.

urcĕātim, adv. (*urceus*), à seaux: *urceatim pluebat* Petr. 44, 18, il pleuvait à verse.

urcĕŏlāris herba, f. (*urceolus*; cf. fr. *orseille*), pariétaire [plante]: Plin. 22, 44.

urcĕŏlus, *i*, m. (dim. de *urceus*; it. *orciuolo*), cruchon: Juv. 3, 203; 10, 64.

urcĕum, *i*, n., v. *urceus*: Cat. *Agr.* 13, 7.

urcĕus, *i*, m. (cf. 2 *orca*, *urna*, ὄρχη; it. *orcio*), pot, cruche: Col. 12, 52, 8; Hor. *P.* 22.

Urci, *ōrum*, m. pl., ville de Tarraconaise [Almeria] Atlas IV, D3: Plin. 3, 19; Mel. 2, 94 [placée en Bétique] ‖ **Urcĭtānus**, *a*, *um*, d'Urci: Mel. 2, 94; Capel. 6, 627.

urcĭŏla, *ae*, f. (*urceolus*), [fig.] orifice [de l'oreille]: *Pelag. 205, 3.

urcĭŏlāria herba, f., v. *urceolaris herba*.

urcĭŏlus, v. *urceolus*.

urcō, *ās*, *āre*, -, - (onomat.), intr., crier [lynx]: Suet. *Frg.* 161, p. 248, 1; Anth. 762, 51.

ūrēdo, *ĭnis*, f. (*uro*) ¶ 1 nielle ou charbon [maladie des plantes]: Cic. *Nat.* 3, 86; Plin. 18, 279 ¶ 2 démangeaison: Plin. 9, 147.

ūrēthra, *ae*, f. (οὐρήθρα), urètre: Cael.-Aur. *Chron.* 5, 4, 66.

ūrētĭcus, *a*, *um* (οὐρητικός), urinaire: Cael.-Aur. *Chron.* 5, 3, 55.

Urgao, *ōnis*, f., ville de Bétique [auj. Arjona]: Plin. 3, 10 ‖ **Urgavōnensis**, *e*, adj., d'Urgao: CIL 2, 2105.

urgens, *tis*, part.-adj. de *urgeo*, pressant ‖ *-tior* Tert. *Res.* 2, 8; *-issimus* Cod. Just. 3, 11, 1 ‖ *-tia*, *ium*, nécessité pressante, urgence: Jul.-Val. 1, 25; *-tiora*, n. pl., la nécessité plus pressante: Cael.-Aur. *Chron.* 3, 2, 26.

urgentĕr, adv., instamment, avec instance: Cypr. *Ep.* 36, 1.

urgĕō (plus tard **urguĕō**), *ēs*, *ēre*, *ursī*, - (cf. εἴργω, scr. *vrajati*, al. *rächen*), tr. ¶ 1 presser: *adversa vobis urgent vestigia* Cic. *Rep.* 6, 21, ils foulent (ils impriment en foulant le sol) des traces de pas à l'opposite de vous, ils sont vos antipodes; *urgeo forum* Cic. *Fam.* 9, 15, 4, je foule le forum; *pedem pede urget* Virg. *En.* 12, 748, il presse de son pied le pied du fuyard, il le talonne; [fig.] *urgere jacentes aut praecipitantes impellere* Cic. *Rab. Post.* 2, écraser, fouler un homme à terre ou pousser celui qui tombe; *urgeri* Cic. *Tusc.* 2, 54, être écrasé sous un fardeau, cf. Pl. *Poen.* 857 ‖ *naves in Syrtes* Virg. *En.* 1, 111, pousser des navires sur les Syrtes; *saxum* Ov. *M.* 4, 460, pousser un rocher [Sisyphe]; *vocem* Quint. 11, 3, 51, pousser sa voix; *orationem* Quint. 11, 3, 102, pousser son débit ‖ *Catilina cum exercitu faucibus urget* Sall. *C.* 52, 35, Catilina avec son armée nous serre à la gorge ‖ [abs¹] *urgent ad litora fluctus* Virg. *G.* 3, 200, les flots poussent au rivage, se pressent contre le rivage ¶ 2 presser [emploi part.] **a)** serrer de près, accabler: *hostes* Sall. *J.* 56, 6, presser l'ennemi; *cum legionem urgeri ab hoste vidisset* Caes. *G.* 2, 26, 1, ayant vu la légion serrée de près par l'ennemi, cf. Hor. *O.* 1, 15, 23 ‖ [abs¹] Virg. *En.* 10, 423; Hor. *S.* 2, 2, 64 **b)** [fig.] *urgens senectus* Cic. *CM* 2, la vieillesse qui nous presse; *quem scabies urget* Hor. *P.* 453, celui que la gale tourmente; *populus inopia urgebatur* Sall. *J.* 41, 7, le peuple était accablé par le dénuement; *praesens atque urgens malum* Cic. *Tusc.* 3, 61, un mal présent et accablant **c)** resserrer, tenir à l'étroit [une ville, une vallée]: Cic. *Agr.* 1, 16; Virg. *En.* 7, 566; 11, 524 ‖ [abs¹] être limitrophe: Virg. *G.* 4, 290 **d)** [avec gén.] *male administratae provinciae urgeri* Tac. *An.* 1, 29, être sous le coup d'une accusation de mauvaise administration de la province ¶ 3 [fig.] **a)** presser, pousser qqn dans une discussion; serrer de près, accabler, pousser l'épée dans les reins, charger: *urges me meis versibus* Cic. *Div.* 2, 45, tu te sers de mes vers pour m'accabler, cf. Cic. *Nat.* 1, 70; *Q.* 3, 9, 1; *urgetur confessione sua* Cic. *Verr.* 4, 104, il est accablé par ses propres aveux ‖ [abs¹] *de Or.* 1, 42; *Or.* 137; *Fin.* 4, 77 ‖ [avec prop. inf.] *illud*

urgeam Cic. *Fin.* 5, 80, je le pousserais sur ce point, à savoir que, cf. Cic. *Nat.* 3, 76 **b)** s'occuper avec insistance de qqch. : **ut eumdem locum diutius urgeam** Cic. *Nat.* 1, 97, pour insister un peu plus longtemps sur le même point ‖ mettre en avant avec insistance : **jus, aequitatem** Cic. *Off.* 3, 67, insister sur le point de vue du droit, sur le point de vue de l'équité ; [abs^t] **urgent rustice** Cic. *Off.* 3, 39, ils insistent [s'obstinent] gauchement ‖ poursuivre avec opiniâtreté : **propositum** Hor. *S.* 2, 7, 6, s'acharner à la poursuite d'un but, cf. Tib. 1, 9, 8 ; Ov. *F.* 6, 520 ‖ saisir avec empressement [une occasion, une possibilité] : Cic. *Fam.* 7, 8, 2 ‖ [avec inf.] s'empresser de : Hor. *O.* 2, 18, 20 ; [avec prop. inf.] insister pour obtenir que : Tac. *An.* 11, 26.

Urgo, ōnis, f., île située entre l'Étrurie et la Corse : Plin. 3, 81.

urguentĭa, ae, f., ▣ **urgentia**, n. pl., ▶ **urgens** : Jul.-Val. 1, 20.

Urgŭlānĭa, ae, f., nom d'une amie de Livie, sous Tibère : Tac. *An.* 2, 3.

Urgŭlānilla, ae, f., ▶ *Plautia*.

Uri, ōrum, m. pl., peuple de l'Inde, sur les bords de l'Indus : Plin. 6, 77.

Ŭrĭa, ae, f., ville maritime d'Apulie [Oria] Atlas XII, D5 : Plin. 3, 100 ‖ **-ās**, ātis, m., d'Uria : Mel. 2, 66.

Urĭās, ae, m., Urie [Hittite, époux de Bethsabée] : Vulg. *2 Reg.* 11, 3.

ūrīca, ae, f., chenille [larve de papillon] Plin. 18, 154 ; ▶ *eruca*.

ūrīgo, ĭnis, f. (*uro*), sorte de gale [var. *uligo*] : *Veg. *Mul.* 2, 52 ‖ désir amoureux : Arn. 5, 44.

ūrīna, ae, f. (cf. scr. *vār*, toch. A *wär* "eau", gaul. *verno-* "aulne" ; it. *orina*), urine : Cic. *Fat.* 5 ; **urinae angustiae** Plin. 24, 94, strangurie, rétention d'urine ‖ **genitalis** Juv. 11, 170, liqueur séminale.

ūrīnālis, e, d'urine, relatif à l'urine : **urinales viae** Cael.-Aur. *Chron.* 5, 3, les voies urinaires.

ūrīnātŏr, ōris, m. (*urinor*), plongeur : Varr. *L.* 5, 126 ; Liv. 44, 10, 3.

ūrīnō, ās, āre, -, - (*urina*), intr., plus fréq. **ūrīnor**, āris, ārī, -, intr., plonger dans l'eau : Varr. *L.* 5, 126 ; Plin. 9, 91.

ūrĭnus, a, um (οὔρινος), clair [en parl. d'un œuf] : Plin. 10, 158.

Urĭŏs (-us), ĭi, m. (οὔριος), qui donne un vent favorable [épithète de Jupiter] : Cic. *Verr.* 4, 128.

Urītes, um, m. pl., peuple du sud de l'Italie : Liv. 42, 48.

Urītīnus, i, m., surnom de L. Cornélius [consul en 459 av. J.-C.] : Fast. Cons..

ūrĭum, ĭi, n. (hisp., cf. *Urius* ¶ 2), terre enveloppant le minerai : Plin. 33, 75.

Ūrĭus (-ŏs), ĭi, m. ¶ 1 ▶ *Urios* ¶ 2 rivière de Bétique : Plin. 3, 7 ¶ 3 nom d'un roi des *Alamanni* : Amm. 16, 12, 1.

urna, ae, f. (cf. *urceus* ; esp. *duerna*) ¶ 1 urne, grand vase à puiser de l'eau : Pl. *Ps.* 157 ; Hor. *O.* 3, 11, 22 ‖ [attribut d'un fleuve] Virg. *En.* 7, 792 ; [du Verseau] Ov. *F.* 2, 457 ¶ 2 urne [en gén.] **a)** [de vote] : Cic. *Q.* 2, 6, 6 ; *Verr.* 2, 42 ‖ urne du destin : Hor. *O.* 2, 3, 36 ; [pour tirage au sort] Liv. 23, 3, 7 **b)** urne cinéraire : Ov. *M.* 4, 166 ; Suet. *Cal.* 15 **c)** urne à garder de l'argent : Hor. *S.* 2, 6, 10 **d)** mesure de capacité = une demi-amphore : Cat. *Agr.* 148, 1 ; Plin. 17, 263 ‖ mesure de capacité [13,13 l] : Cat. *Agr.* 10, 2 ; 13, 3 ; Juv. 15, 25.

urnālis, e (*urna*), qui contient une urne [mesure de capacité], de la contenance de l'urne : Cat. *Agr.* 13, 3 ‖ **urnalia**, n. pl., vases qui contiennent une urne [mesure] : Dig. 33, 6, 16.

urnārĭum, ĭi, n. (*urna*), buffet ou table sur quoi on dépose les urnes : Varr. *L.* 5, 126.

urnātŏr, ōris, m., ▶ *urinator*.

urnātūra, ▶ *ornatura*.

Urnĭa, ae, f., déesse honorée dans la Narbonnaise : CIL 12, 3077.

Urnĭfĕr, ĕri, m. (*urna, fero*), le Verseau, qui porte une urne : Anth. 761, 15.

urnĭgĕr, ĕra, ĕrum (*urna, gero*), qui porte une urne : **puer** Anth. 616, 6, le Verseau.

urnŭla, ae, f. (dim. de *urna*), petite urne : Cic. *Par.* 11 ‖ petite urne cinéraire : Spart. *Sept.* 24, 2.

ūrō, ĭs, ĕre, ussī, ustum (*eusō, cf. *Vesta*, εὕω, scr. *osati, uṣṭa-s*, v. irl. *usli* "braire" ; it. *uggia* "ennui"), tr. ¶ 1 brûler : **uri calore** Cic. *Tusc.* 1, 69, être brûlé, desséché par la chaleur [pays] ¶ 2 [en part.] **a)** traiter par le feu, cautériser, brûler : Cic. *Phil.* 8, 15 **b)** peindre à l'encaustique : Ov. *F.* 3, 831 ; 4, 275 **c)** consumer par le feu ; brûler un mort : L. XII Tab. d. Cic. *Leg.* 2, 58 ‖ brûler une ville, des maisons, de navires : Tac. *H.* 2, 12 ; Hor. *Epo.* 7, 6 ; *O.* 1, 15, 35 ; *Epo.* 10, 13 ; **periculum est ne Appio suae aedes urantur** Cic. *Q.* 2, 10, 5, il y a danger que la maison d'Appius ne brûle [jeu de mots], cf. Cic. *Phil.* 12, 9 ; [abs^t] Liv. 7, 22, 4 ¶ 3 [métaph.] brûler **a)** = faire une impression cuisante, faire souffrir [froid] : Cic. *Tusc.* 2, 40 ; Just. 2, 2, 9 ; [chaussures] Hor. *Ep.* 1, 10, 43 ; [fouet] Hor. *Ep.* 1, 16, 47 **b)** [plantes] : Virg. *G.* 1, 77 ; Plin. 18, 124 ; 17, 258 ¶ 4 [fig.] **a)** brûler, consumer : **me urit amor** Virg. *B.* 2, 68, l'amour me consume, cf. Virg. *B.* 8, 83 ; Hor. *O.* 1, 19, 5 ; [au pass.] **uritur infelix Dido** Virg. *En.* 4, 68, l'infortunée Didon se consume d'amour, cf. Hor. *Epo.* 14, 13 ; Ov. *M.* 1, 496 **b)** échauffer, exciter, irriter : **meum jecur urere bilis** [inf. histor.] Hor. *S.* 1, 9, 66, la bile de me ronger le foie, cf. Hor. *Ep.* 1, 2, 13 **c)** **urit fulgore suo** Hor. *Ep.* 2, 1, 13, il brûle de son éclat **d)** mettre sur le gril, tourmenter, inquiéter : Ter. *Eun.* 274 ; 438 ; Pl. *Bac.* 1088 ; *Pers.* 797 ; [avec prop. inf.] **id his cerebrum uritur me...** Pl. *Poen.*

770, leur cerveau est rongé à l'idée que je..., ils enragent de ce que je... **e)** brûler = déchirer, ronger : **eos bellum Romanum urebat** Liv. 10, 17, 1, l'offensive des Romains désolait leur pays ; **bellum quo Italia urebatur** Liv. 27, 39, 9, la guerre qui rongeait l'Italie, cf. Liv. 36, 2, 5.

Urpānus, i, m., rivière de Pannonie [Urbas] : Plin. 3, 148.

urpex, ▣ ▶ *hirpex*.

urruncum, i, n. (ὅρρος ? οὐραχός ?), partie inférieure de l'épi : *Varr. *R.* 1, 48, 3.

1 ursa, ae, f. (*ursus* ; it. *orsa*), ourse, femelle de l'ours : Plin. 10, 176 ; Ov. *M.* 2, 485 ‖ la Grande Ourse, la Petite Ourse [constellations] : Ov. *H.* 18, 152 ; *Tr.* 1, 4, 1 ‖ le Nord, les contrées septentrionales : Val.-Flac. 4, 724 ‖ [poét.] ours [en gén.] : Virg. *En.* 5, 37.

2 Ursa, ae, f., nom de femme : CIL 3, 3844.

Ursānĭus, ĭi, m., nom d'homme : Liv. 33, 22.

Ursao, ▣ ▶ *Urso*.

ursārĭus, ĭi, m., gardien des ours [au cirque] : CIL 13, 8639.

Ursātĭus, ĭi, m., nom d'homme : Amm. 26, 4, 4.

Ursentīni, ōrum, m. pl., habitants d'Ursentum [ville de Lucanie] : Plin. 3, 98.

ursī, parf. de *urgeo*.

Ursĭcīnus, i, m., nom de plusieurs personnages : Amm. 14, 9 ; 28, 1 ; Fort. *Mart.* 4, 683.

Ursĭdĭus, ĭi, m., nom d'homme : Juv. 6, 38.

Ursilla, ae, f. (dim. de *Ursula*), nom de femme : CIL 6, 17147.

Ursīnĭānus, i, m., Ursinien, nom d'homme : Vop. *Prob.* 22, 3.

1 ursīnus, a, um (*ursus*), d'ours : Plin. 28, 219 ‖ **ursinum alium** Plin. 19, 116, ail sauvage ‖ subst. f., viande d'ours : Petr. 66, 5.

2 Ursīnus, i, m., nom d'homme : Aus. *Epist.* 4 (393), 37.

Ursĭo, ōnis, m., nom d'homme : CIL 6, 32520.

Urso, ōnis, f., ville de Bétique [auj. Osuna] Atlas IV, D2 : Plin. 3, 12 ‖ **-nensis**, e, adj., d'Urso : CIL 2, 1405.

Ursŭla, ae, f. (dim. de *Ursa*), Ursule, nom de femme : CIL 3, 5145.

Ursŭlus, i, m. (dim. de *Ursus*), surnom d'homme : Aus. *Epist.* 18 (408), 26.

1 ursus, i, m. (cf. ἄρκτος, scr. *ṛkṣa-s*, bret. *arzh* ; it. *orso*), ours [quadrupède] : Plin. 8, 131 ; Hor. *Ep.* 2, 1, 186 ; Juv. 4, 100.

2 Ursus, i, m., nom d'homme : CIL 6, 28065.

urtīca, ae, f. (cf. ὄρτυξ ? ; fr. *ortie*), ortie [plante] : Plin. 21, 92 ‖ ortie de mer, zoophyte : Plin. 9, 146 ; **urtica marina** Pl.

urtica

Ru. 298, même sens ∥ [fig.] démangeaison, vif désir : Juv. 2, 128.

ūrūca, *ae*, f. (cf. *urica, eruca*), chenille du chou : Plin. 11, 112 ; 18, 154 ∥ [fig.] imbécile : Juv. 6, 276.

Uruncae, *ārum*, f. pl., ville de Belgique : Anton. 252.

ūrus, *i*, m. (germ., cf. al. *Auer*), aurochs [taureau sauvage] : Caes. G. 6, 28, 1 ∥ buffle : Virg. G. 2, 374.

Urvīnātes, **Urvīnum**, *v.* Urbi-.

urvō (urbō), *ās, āre*, -, - (*urvum*), intr., tracer un sillon [en part. le sillon d'enceinte d'une ville] : Pompon. Dig. 50, 16, 239, 6 ; Enn. Tr. 102 ; Fest. 514, 22.

urvum (urbum), *i*, n. (osq. *uruvú*, cf. *urbs, orbis* ?), manche de la charrue : Varr. L. 5, 127 ; R. 2, 1, 10.

Usaepo, *ōnis*, f., ville de Bétique : Plin. 3, 15.

Usar, *aris*, m., fleuve de Maurétanie : Plin. 5, 21.

Uscāna, *ae*, f., ville de l'Illyrie : Liv. 43, 18 ∥ **-nenses**, *ĭum*, m. pl., habitants d'Uscana : Liv. 43, 18.

Uscudama, *ae*, f., ville de Thrace, plus tard Hadrianopolis : Eutr. 6, 10.

ūsĭa, *ae*, f. (οὐσία), essence, substance, être : Hier. Ep. 15, 4.

ūsĭăcus prōcūrātŏr, m. (οὐσιακός), intendant des biens : CIL 3, 53 ; *v.* idiologus.

Usibalchi, *ōrum*, m. pl., peuple d'Éthiopie : Plin. 6, 194.

Usidicāni, *ōrum*, m. pl., peuple d'Ombrie : Plin. 3, 114.

ūsĭo, *ōnis*, f. (*utor*), usage, emploi d'une chose : Cat. Agr. 149, 2, cf. Gell. 4, 1, 17.

Ūsĭpĕtes, *um*, m. pl., les Usipètes, peuple de Germanie, sur les bords du Rhin Atlas I, B3 : Caes. G. 4, 1, 4 ∥ **Ūsĭpĭi**, *ōrum*, m. pl., Tac. G. 32 ; An. 13, 56.

Usis, *is*, m., rivière qui se jette dans l'Araxe : Plin. 6, 26.

ūsĭtātē, adv. (*usitatus*), suivant l'usage, conformément à l'usage : Cic. Fin. 4, 72 ; 5, 89 ∥ **-tius** Gell. 13, 20, 21.

ūsĭtātim, *v.* usitate : Cod. Th. 1, 16, 12.

ūsĭtātĭo, *ōnis*, f., *v.* usio : Cassiod. Var. 9, 23.

ūsĭtātus, *a, um* (*usitor*), usité, accoutumé, entré dans l'usage : Cic. Caecin. 45 ; Phil. 14, 11 ; Fin. 3, 4 ; *usitatae perceptaeque cognitiones deorum* Cic. Nat. 1, 36, les idées courantes et traditionnelles sur les dieux ; *usitatum est* Cic. Verr. 5, 117, c'est un usage reçu ; *usitatum est* avec prop. inf., Quint. 5, 5, 1, il est d'usage que ∥ **usitatior** Cic. Ac. 1, 27 ; **-issimus** Cic. Or. 85.

ūsĭtans, *antis* (ὤν, οὖσα, οὖσα), existant : VL 2 Cor. 1, 1.

ūsĭtō, *ās, āre*, -, -, *v.* usitor : Char. p. 475, 7 B.

ūsĭtŏr, *ārĭs, ārī*, - (fréq. de *utor*), intr., se servir souvent de : Gell. 10, 21, 2 ; 17, 1, 9.

ūsō, *ās, āre*, -, - (fréq. de *utor*, 1 *usus* ; fr. *user*), tr., user de : Form. Sen. 15 ; 32.

Uspē, *ēs*, f., ville de la Scythie asiatique : Tac. An. 12, 16 ∥ **-enses**, *ĭum*, m. pl., habitants d'Uspé : Tac. An. 12, 17.

uspĭam, adv. (cf. *usquam, quispiam, quippe, jam*) ¶ 1 en quelque lieu, quelque part : Pl. Mil. 597 ; Cic. Leg. 1, 42 ; Fin. 2, 91 ; Att. 1, 17, 2 ; 7, 12, 2 ; *malo esse in Tusculano aut uspiam in suburbano* Cic. Att. 16, 13 b, 1, j'aime mieux être dans mon Tusculum ou quelque part dans le voisinage de Rome ∥ *uspiam ruris* Apul. M. 7, 10, 4, quelque part dans la campagne, cf. Aug. Ep. 164, 7 ¶ 2 qq. part = dans qq. affaire : Pl. Cas. 812.

usquam, adv. (cf. *usque, ut, quisquam*) ¶ 1 en quelque lieu, quelque part ; [en gén. dans une prop. négative ou conditionnelle ; sans mouv[t]] : Cic. Flac. 50 ; Att. 7, 21, 1 ; Clu. 111 ; [avec mouv[t]] Cic. Phil. 1, 1 ∥ *usquam gentium* Ter. Hec. 293, quelque part au monde ¶ 2 [fig.] = *in ulla re* Cic. Nat. 1, 48 ; Sall. J. 13, 5 ; = *ad ullam rem* Cic. Fin. 2, 5.

usquĕ, adv. ; prép. à l'époque impériale (**uts-que*, cf. *usquam, ut, quisque*)

I adv.

A sans interruption, avec continuité : *usque eamus* Virg. B. 9, 64, faisons toute la route ; *usque sequi aliquem* Hor. S. 1, 9, 19, suivre qqn tout du long [de sa course] ∥ *ego has habebo usque hic in petaso pinnulas* Pl. Amp. 143, moi, j'aurai ici d'un bout à l'autre de la pièce les plumes que voici à mon chapeau ; *det, det usque* Pl. Ps. 307, qu'il donne, qu'il donne sans trêve ; *usque recurret* Hor. Ep. 1, 10, 24 [le naturel] reviendra toujours au galop, cf. Hor. S. 2, 1, 76

B joint à la prép. marquant le point de départ ou le point d'arrivée, dans le sens local, temporel, ou dans des rapports divers ¶ 1 [avec *a, ab*] à partir de, depuis : *usque a mari Supero Romam proficisci* Cic. Clu. 192, partir de la mer Supérieure [Adriatique] jusqu'à Rome ; *usque a Dianio ad Sinopam* Cic. Verr. 1, 87, depuis Dianium jusqu'à Sinope ; *usque a pueris* Ter. Ad. 962, dès l'enfance ; *usque a Romulo* Cic. Vat. 29, à partir de Romulus ¶ 2 [avec *ex*] *usque ex ultima Syria* Cic. Verr. 5, 157, depuis le fond de la Syrie ¶ 3 [avec *ad*] jusqu'à : *usque ad castra* Caes. G. 1, 51, jusqu'au camp ; *usque ad extremum vitae diem* Cic. Lae. 33, jusqu'au dernier jour de la vie ; *hoc malum usque ad bestias pervenit* Cic. Rep. 1, 67, ce mal gagne jusqu'aux animaux ; *usque ad eum finem, dum* Cic. Verr. prim. 16, jusqu'à la limite où, jusqu'au moment où ¶ 4 [avec *in* acc.] jusque dans, jusqu'en : *usque in Pamphyliam* Cic. Pomp. 35, jusqu'en Pamphylie, cf. Cic. Rep. 3, 43 ; Nat. 2, 153 ∥ *usque in senectutem* Quint. 12, 11, 20, jusqu'à la vieillesse, cf. Quint. 8, 3, 6 ¶ 5 [avec *trans*] *trans Alpes usque* Cic. Quinct. 12, jusqu'au-delà des Alpes ∥ [avec *sub*] Ov. Ib. 240 ¶ 6 [avec des adv. de lieu correspondant aux prép.] *usque istinc* Cic. Att. 1, 14, 4, à partir de l'endroit où tu es ; *inde usque* Cic. Arch. 1, à partir de là ∥ *usque eo... quoad* Cic. Dej. 11, jusqu'à ce que ; *usque eo... antequam* Cic. Amer. 60, jusqu'au moment qui précédait celui où ; *usque eo ut* Cic. Rep. 2, 35, jusqu'au point que, à tel point que ; *usque adhuc* Pl. Aul. 277 ; Cic. Rep. 2, 36, jusqu'à ce moment ; *usque adeo* Virg. B. 1, 12, à ce point, à tel point ; *usque adeo ut* Cic. Inv. 2, 154, à tel point que ; *v.* usquequaque et quousque ¶ 7 [avec abl. sans prép.] *usque Tmolo* Cic. Flac. 45, depuis le Tmolus ¶ 8 [avec noms de villes, acc. sans prép.] *Miletum usque* Ter. Ad. 655, jusqu'à Milet ; *usque Romam* Cic. Q. 1, 1, 42, jusqu'à Rome, cf. Cic. Verr. 4, 108 ¶ 9 [en corrél. avec des conj. de temps] : *usque... quoad* Cic. Brut. 87 ; *usque... dum* Cic. Fam. 12, 19, 3 ; *usque adeo... quoad* Cic. Sest. 82 ; *usque adeo, dum* Grac. d. Gell. 10, 3, 5 ; *usque donec* Pl. Mil. 269, jusqu'à ce que.

II préposition [avec acc.] ¶ 1 *usque Siculum mare* Plin. 3, 75, jusqu'à la mer de Sicile ; *usque Jovem* Plin. 2, 84, jusqu'à Jupiter ; *vos usque* Stat. Th. 11, 89, jusqu'à vous ¶ 2 *usque tempora Alexandri* Just. 2, 4, 32, jusqu'à l'époque d'Alexandre ¶ 3 *usque pedes* Curt. 8, 9, 21, jusqu'aux pieds ; *usque lumbos* Quint. 11, 3, 131, jusqu'aux reins ; *terminos usque* Just. 1, 1, 5, jusqu'aux limites ¶ 4 *usque sudorem* Cels. 3, 22, 7, jusqu'à la sueur ∥ [fig.] *hoc usque pervenire ut...* Sen. Ep. 66, 25, en venir au point de....

usquĕdum, *v.* usque et dum.

usquĕquāquĕ, adv. ¶ 1 partout, en tout lieu : Afran. Com. 198 ; Pl. Poen. 105 ; Most. 766 ; Cic. Inv. 2, 63 ; Phil. 2, 110 ; Verr. 5, 10 ¶ 2 en toute occasion : Cic. Att. 4, 9, 1.

usquin, pour *usquene* : Pl. Most. 448.

ussī, parf. de *uro*.

Ussubĭum, *ii*, n., ville d'Aquitaine [auj. Urs] : Anton. 461 ∥ divinité de cette ville : CIL 13, 919.

ussŭs, *v.* usus.

usta, *ae*, f. (*ustus*, s.-ent. *cerussa*), céruse calcinée [colorant rouge] : Plin. 35, 38 ∥ ocre brûlée [colorant rouge] : Vitr. 7, 11, 2 ; Plin. 35, 38.

Ustĭca, *ae*, f. ¶ 1 île voisine de la Sicile Atlas XII, G4 : Plin. 3, 92 ¶ 2 colline en Sabine : Hor. O. 1, 17, 11.

ustĭcĭum, *ii*, n. (*ustus*), bistre [terre de Sienne brûlée] : Isid. 19, 28, 8.

ustĭlāgo, *ĭnis*, f. (*uro*), chaméléon noir [plante] : Ps. Apul. Herb. 109.

ustĭlo, *v.* ustulo.

ustĭo, *ōnis*, f. (*uro*), brûlure : Plin. 34, 151 ∥ cautérisation : Cels. 8, 2, 5 ∥ inflammation [d'une partie du corps] : Plin. 20, 238.

ustŏr, *ōris*, m. (*uro*), brûleur de cadavres : Cic. Mil. 90 ; Catul. 59, 5.

ustrīcŭla, *ae*, f. (dim., cf. *ustor*), celle qui frise, coiffeuse : *Tert. *Pall.* 4, 2.

ustrīna, *ae*, f. (*uro*), lieu où l'on brûle un corps : CIL 6, 10237 ; P. Fest. 29, 10 ‖ action de brûler, combustion : Apul. *M.* 7, 19 ; Solin. 19, 13.

ustrīnum, *i*, n., lieu où l'on brûle un corps : CIL 6, 4410.

ustŭĭō, *īs*, *īre*, -, -, tr., brûler, flamber : Prud. *Perist.* 10, 885.

ustŭlātīcĭus, *a*, *um*, un peu brûlé, brûlé en partie : Not. Tir. 102.

ustŭlātĭo, *ōnis*, f., brûlure, partie brûlée : Plin. Val. 3, 22.

ustŭlātus, *a*, *um*, part. de *ustulo*, durci au feu : Vitr. 1, 5, 3.

ustŭlō, *ās*, *āre*, *āvī*, *ātum* (*ustus*, dim. de *uro* ; roum. *ustura*, cf. fr. *brûler*), tr., brûler : Catul. 36, 8 ; Vitr. 5, 12, 6 ‖ **caput** Priap. 45, 2, friser les cheveux [avec un fer] ‖ brûler [en parl. du froid] : Priap. 61, 7.

ustūra, *ae*, f. (*uro*), brûlure : Cael.-Aur. *Acut.* 2, 14, 93.

ustus, part. de *uro*.

ūsŭālis, *e* (*usus*) ¶ **1** qui sert à notre usage : Dig. 39, 4, 16 ¶ **2** usuel [langage], habituel, ordinaire, commun : Sidon. *Ep.* 4, 10, 2.

ūsŭālĭtĕr, adv., habituellement : Cassiod. *Var.* 2, 39.

ūsŭārĭus, *a*, *um* (*usus*), dont on a l'usage, la jouissance : Dig. 7, 8, 14 ; Gell. 4, 1, 23 ‖ subst. m., usufruitier : Dig. 7, 8, 21.

1 ūsūcăpĭō (**ūsū căpĭō**), *ĭs*, *ĕre*, *cēpī*, *captum*, tr., acquérir par usucapion [par prescription] : Cic. *Att.* 1, 5, 6 ; Liv. 22, 44, 6 ; Plin. *Ep.* 5, 1, 10.

2 ūsūcăpĭo, *ōnis*, f. (*1 usucapio*), usucapion, manière d'acquérir un droit [propriété, servitude sur une chose, liberté, titre d'héritier, puissance sur l'épouse] par la possession prolongée : Cic. *Caecin.* 74 ; *de Or.* 1, 173 ; Gai. *Inst.* 1, 111 ; 2, 41 ; 2, 52.
▶ *usus capio* Cic. *Leg.* 1, 55.

ūsūcaptĭo, *ōnis*, f., v.▶ *usucapio* : Schol. Hor. *Ep.* 2, 2, 163.

ūsūcaptus, *a*, *um*, part. de *usucapio*.

ūsūfructŭārĭa, *ae*, f., usufruitière : Greg.-M. *Ep.* 14, 2.

ūsūfructŭārĭē, adv., en usufruitier, par droit d'usufruit : Papin. *Dig.* 16 tit.

1 ūsūfructŭārĭus, *a*, *um*, adj., usufructuaire : Gai. *Inst.* 2, 30 ; Isid. 5, 24.

2 ūsūfructŭārĭus, *ĭi*, m., usufruitier : Dig. 7, 1, 7.

ūsūra, *ae*, f. (*utor* ; fr. *usure*) ¶ **1** usage, faculté d'user, jouissance de qqch. : **natura dedit usuram vitae** Cic. *Tusc.* 1, 93, la nature nous a donné la jouissance de la vie, nous a prêté la vie, cf. Cic. *Cat.* 1, 29 ; *Agr.* 3, 2 ; *Fam.* 3, 1, 1 ¶ **2** usage du capital prêté, jouissance de l'argent sans intérêt : Cic. *Verr.* 3, 168 ¶ **3** intérêt d'un capital prêté [chez les Romains calculé par mois] : Cic. *Att.* 12, 22, 3 ; **usuram perscribere** Cic. *Att.* 9, 12, 3, faire souscrire un billet pour une somme prêtée à intérêt ; **quod usuris pernumeratum est** Liv. 6, 15, 10, ce qui a été payé en intérêts ; **multiplicandis usuris** Nep. *Att.* 2, 5, par multiplication des intérêts ‖ [fig.] **terra numquam sine usura reddit** Cic. *CM* 51, la terre rend toujours avec usure [en payant les intérêts].

ūsūrārĭus, *a*, *um* (*usura*) ¶ **1** dont on a l'usage, dont on jouit : Pl. *Amp.* 498 ¶ **2** usuraire, qui concerne l'intérêt de l'argent : Dig. 16, 2, 11 ; 21, 1, 7.

ūsūrēceptĭo, *ōnis*, f., usuréception, action de recouvrer par l'usucapion la propriété d'une chose aliénée : Gai. *Inst.* 2, 61.

ūsūrĕcĭpĭō, *ĭs*, *ĕre*, -, -, tr., recouvrer par l'usage : Gai. *Inst.* 2, 61 ; v.▶ *usureceptio*.

ūsurpābĭlis, *e*, qui peut servir, utile à : [avec dat.] Tert. *Marc.* 2, 6, 5.

ūsurpātĭo, *ōnis*, f. (*usurpo*) ¶ **1** usage, emploi : Cic. *Brut.* 250 ; Liv. 41, 23, 14 ; **civitatis** Cic. *Verr.* 5, 166, l'emploi du droit de cité = l'invocation du titre de citoyen ¶ **2** [droit] usage illicite, abus : Cod. Just. 1, 4, 6 ‖ interruption de l'usucapion : Dig. 41, 3, 2.

ūsurpātīvē, adv., par abus, contre l'usage : Serv. *G.* 1, 210.

ūsurpātīvus, *a*, *um*, marquant un usage particulier, [gram.] **usurpativa species verborum** = le supin et le gérondif : Macr. *Exc.* 5, 626, 28 ; Diom. 395, 30.

ūsurpātŏr, *ōris*, m. (*usurpo*), celui qui usurpe [qqch.], usurpateur : Amm. 26, 7, 12.

ūsurpātōrĭē, adv. (*usurpatorius*), abusivement, illégalement : Ambr. *Hex.* 3, 15.

ūsurpātōrĭus, *a*, *um* (*usurpator*), abusif, illégal : Cod. Just. 10, 47, 8.

ūsurpātrix, *īcis*, adj. f., qui usurpe [qqch.], qui s'arroge injustement : Salv. *Gub.* 4, 12, 56.

ūsurpātus, *a*, *um*, part. de *usurpo*.

ūsurpō, *ās*, *āre*, *āvī*, *ātum* (*usu rapio*), tr. ¶ **1** faire usage de, user de, se servir de, employer : [un nom, un mot] Cic. *Cat.* 4, 7 ; *Or.* 169 ; *Par.* 17 ; **alicujus memoriam** Cic. *Lae.* 28, faire le souvenir de qqn ; **officium** Cic. *Lae.* 8, pratiquer un devoir, cf. Tac. *H.* 4, 49 ; **comitatem et temperantiam, saepius vinolentiam ac libidines** Tac. *An.* 11, 16, pratiquer la douceur et la tempérance, plus souvent encore l'ivrognerie et la débauche ‖ **de hoc post erit usurpandum** Varr. *L.* 6, 52, nous parlerons de cela plus tard ‖ **usurpatum est, ut** Dig. 50, 13, 1, 6, il est d'usage que ¶ **2** [en part.] **a)** pratiquer, avoir l'usage de qqch. par les sens : **aliquid oculis** Lucr. 1, 301, saisir qqch. par la vue, cf. Lucr. 4, 975 ; **Macedonia, Arabia, quas neque oculis neque pedibus unquam usurpavi meis** Pl. *Trin.* 846, la Macédoine, l'Arabie, pays que je n'ai jamais pratiqués ni de mes yeux ni de mes jambes ; **unde meae usurpant aures sonitum ?** Pl. *Cas.* 631, d'où vient le bruit que perçoivent mes oreilles ? **b)** [droit] reprendre possession : **amissam possessionem** Cic. *de Or.* 3, 110, recouvrer un bien perdu, cf. Dig. 41, 3, 5 **c)** interrompre l'usucapion [la prescription] : **cum mulier usurpatum isset** Gell. 3, 2, 12, quand une femme était allée faire l'usurpation, interrompre l'usucapion [épouse quittant son mari trois nuits de suite (*trinoctium*), tous les ans, pour interrompre l'acquisition par l'usage (*usus*) de la puissance maritale (*manus*)] ; **usurpata mulier** Muc. d. Gell. 3, 2, 12, femme qui a interrompu l'usucapion de la *manus* **d)** s'arroger illégalement, usurper : Liv. 34, 32, 2 ; Suet. *Cl.* 27, 5 ; Plin. 35, 71 ¶ **3** employer dans le langage (cf. Cic. *Marc.* 5) = appeler, désigner : Cic. *Tim.* 39 ; *Off.* 2, 40.

ūsūrŭla, *ae*, f. (dim. de *usura*), faible intérêt : Gloss. 2, 456, 53.

1 ūsus, *a*, *um*, part. de *utor*.

2 ūsŭs, *ūs*, m. (*utor* ; fr. *us*) ¶ **1** action de se servir, usage, emploi : **usu rerum necessariarum spoliari** Caes. *G.* 7, 66, 5, être privé de l'usage du nécessaire ; **virtus in usu sui tota posita est, usus autem ejus est maximus civitatis gubernatio** Cic. *Rep.* 1, 2, la vertu est tout entière dans l'emploi qu'on fait d'elle [n'existe qu'autant qu'on la met en œuvre] et son emploi le plus grand, c'est le gouvernement de la cité ; **usus urbis** Cic. *Off.* 3, 47, l'usage = le séjour de la ville ‖ **ferreus adsiduo consumitur anulus usu** Ov. *A. A.* 1, 473, un anneau de fer s'use par un usage continuel, cf. Ov. *A. A.* 3, 91 ¶ **2** [droit] faculté d'user, droit d'usage : Hor. *Ep.* 2, 2, 175 ‖ **usus fructus, usus et fructus, usus fructusque** Cic. *Caecin.* 11 ; 19 ; Sen. *Ep.* 98, 11, usufruit [droit réel sur la propriété d'autrui] ‖ possession, jouissance à titre de propriétaire [l'*usus*, dans ce sens, conduit, s'il est prolongé, à l'acquisition de la propriété, *usucapio*, possession protégée par l'*auctoritas* (v. *auctoritas*) du vendeur] : **per usum sibi adquirere** Dig. 4, 6, 23, acquérir par l'usage [prescription] ¶ **3** usage = exercice, pratique : Caes. *G.* 4, 33 ; Cic. *Balb.* 45 ; *Rep.* 3, 5 ; *de Or.* 1, 15 ; *Brut.* 167 ‖ **usus rerum maximarum** Cic. *Rep.* 1, 37, la pratique des plus grandes affaires, cf. Cic. *de Or.* 2, 204 ¶ **4** usage, expérience : **magnum in re militari, in castris usum habere** Caes. *G.* 1, 39, 2 ; 1, 39, 5, avoir une grande expérience de l'art militaire, de la vie des camps ; **usum rei militaris, usum belli habere** Caes. *C.* 3, 110, 6 ; *G.* 4, 20, 4, avoir la pratique de l'art militaire, l'expérience de la guerre ¶ **5** usage [en matière de langue] : **usum loquendi populo concedere** Cic. *Or.* 160, concéder au peuple l'usage de la langue = reconnaître que c'est lui qui crée l'usage ; **cadent vocabula, si volet usus** Hor. *P.* 71, des mots tomberont, si l'usage le veut ¶ **6** usage = utilité : **usum**

habere ex aliqua re Cic. Off. 2, 14, tirer usage, utilité de qqch.; **pecudes ad usum hominum procreatae** Cic. Leg. 1, 25, animaux créés pour l'usage de l'homme, pour servir à l'homme; **docuit quantum usum haberet ad... potiri oppido** Caes. C. 3, 80, 6, il montra combien il serait utile pour... de s'emparer de la ville; **usui esse alicui** Cic. Att. 1, 1, 3, être utile à qqn; **magno usui esse rei publicae** Cic. Phil. 10, 26, être très utile à l'État; **usui esse ad rem** Caes. G. 1, 38, 3; 2, 12, 3, servir à qqch.; **ex usu alicujus esse** Caes. G. 5, 6, 6, être utile à qqn; **res usu populi Romani accidit** Caes. G. 1, 30, 2, la chose s'est produite d'une façon utile pour le peuple romain; **ex usu est proelium committi** Caes. G. 1, 50, 4, il est avantageux que le combat soit engagé ¶ 7 usage = besoins: **illum usum** (= illius rei usum) **provinciae supplere** Cic. Verr. 4, 9, satisfaire aux besoins sur ce point-là d'un gouverneur de province; **quae belli usus poscunt, suppeditare** Liv. 26, 43, 7, fournir aux besoins de la guerre; **ad usus civium res utilis** Cic. Fin. 1, 12, chose utile aux besoins des citoyens; **mutui usus** Liv. 28, 18, 12, les besoins réciproques ‖ expressions **a)** *usus est = opus est*: **quod ususť** Pl. Merc. 854, ce qui est nécessaire; **cum usus est** Caes. G. 4, 2, 3; 6, 15, 1, quand c'est nécessaire; **si quando usus est** Cic. Off. 1, 92, si besoin est; [avec abl.] il est besoin de: **mihi usus est tua opera** Pl. Pers. 328, j'ai besoin de ton aide, cf. Pl. Ru. 398, cf. Cic. Att. 9, 6, 3; Liv. 30, 41, 8; Virg. En. 8, 441; [avec ut subj.] Pl. Mil. 1132; Ter. Haut. 81; [avec gén.] **si quo usus operae sit** Liv. 26, 9, 9, pour le cas où l'on aurait besoin de leur aide à qq. égard **b)** *usus venit*, le besoin, la nécessité se présente: **si usus venit** Caes. G. 7, 80, 1, si besoin est, cf. Pl. Mil. 3; Merc. 518; Ter. Haut. 556 **c)** *usu venit,* ▶ *usuvenit*; **usu facio** Pl. Amp. 375; ◀ *usu capio* ¶ 8 relations: **domesticus usus** Cic. Amer. 15, relations intimes; **quocum mihi est magnus usus** Cic. Fam. 7, 32, 1, avec qui je suis souvent en relations, cf. Cic. Fam. 13, 23, 1; Verr. 5, 8; Planc. 5; Liv. 40, 21, 11.

▶ arch. *oesus* L. d. Cic. Leg. 3, 10.

ūsusfructŭs, *ūs*, ▶ *usus* ¶ 2.

ūsūvĕnit (**ūsū vĕnit**), *īre*, *vēnit*, *ventum*, intr., venir à usage, à expérience; arriver, se présenter: **si id culpa senectutis accideret, eadem mihi usu venirent** Cic. CM 7, si cela arrivait par la faute de la vieillesse, les mêmes inconvénients se présenteraient pour moi; **quid viro miserius usu venire potest?** Cic. Quinct. 49, peut-il rien arriver de plus malheureux à un homme?, cf. Cic. Verr. 5, 101; **haec de Vercingetorige usu ventura opinione praeceperat** Caes. G. 7, 9, 1, il avait prévu que Vercingétorix agirait ainsi; **ex hoc illud iis usu venire solet, ut** Cic. Ac. 2, 35, voilà pourquoi il leur arrive d'ordinaire que..., cf. Cic. Fam. 3, 8, 6; Fin. 1, 8 ‖ [avec séparation]: **usu memoria patrum venit ut...** Cic. de Or. 1, 183, il arriva du temps de nos pères que....

ŭt, ŭtī (arch. *utei*, cf. *aliuta, ita, utinam, utique, usquam, ubi*, osq. *puz*)

I adverbe.
A ¶ 1 "comme" **a)** "de la manière que" **b)** *ut fuit*, apporte une confirmation **c)** en corrélation avec *sic, ita*; *ut... sic*, nuance d'opposition, *ut quisque* et le superlatif "selon que", "dans la mesure où" **d)** *te colam ut quem diligentissime, ut quisque maxime, ut nemo magis* **e)** *perinde ut, prout*, v. ces mots **f)** *eodem modo ut*, "par exemple" **g)** *ut si = tamquam* ¶ 2 *ut = utcumque* ¶ 3 interr. indir. à l'indic. ¶ 4 "en tant que" ¶ 5 "étant donné que" **a)** *ut est, erat* **b)** "vu que" **c)** "en tant que" [ellipse du verbe] ¶ 6 *ut qui* avec subj. [valeur causale] "car il".
B employé comme interrogatif ¶ 1 direct [exclamatif] ¶ 2 indirect.
C adv. indéfini ¶ 1 avec le subj. de souhait "de quelque manière" ¶ 2 interrog. avec subj. de protestation "est-il admissible que?" ¶ 3 subj. de supposition "en admettant que", "à supposer que", ellipse du verbe.
II conj.
A avec indic. sens temporel **a)** "quand"; *ut primum* "aussitôt que" **b)** "depuis que".
B avec subj. ¶ 1 *ut = utinam* ¶ 2 construction de verbes **a)** volonté **b)** après des impers. ¶ 3 "pourvu que" ¶ 4 "afin que", "pour que" ¶ 5 "de telle sorte que" **a)** *sic, ita... ut* **b)** *adeo, tam, usque, eo... ut* **c)** *talis, tantus, tot... ut* **d)** *ut non* "sans que" **e)** prétérition **f)** *ut ne* **g)** *non ut... sed ut* "ce n'est pas à dire que, mais" **h)** *rigidior quam ut* ¶ 6 [tardif] au lieu d'une proposition infinitive.

I adverbe relatif-interrogatif (exclamatif) et indéfini.
A adv. relatif ¶ 1 comme, de la manière que **a)** **Ciceronem et ut rogas, amo, et ut meretur et ut debeo** Cic. Q. 3, 9, 9, j'aime ton fils et comme tu m'en pries et comme il le mérite et comme je le dois **b)** [incise]: **quamvis fuerit acutus, ut fuit** Cic. Ac. 2, 69, quelque pénétrant qu'il ait été, comme il (et il) l'a été; **si virtus digna est..., ut est** Cic. Fin. 4, 51, si la vertu est digne..., comme elle l'est réellement, cf. Cic. Tusc. 1, 41; de Or. 1, 230; **incumbite in causam..., ut facitis** Cic. Phil. 4, 12, appliquez-vous à cette cause..., comme vous le faites [continuez...], cf. Cic. Fam. 7, 1, 5 **c)** [en corrél. avec *sic, ita*] *sic (ita)... ut*, de même que; *ut... sic (ita)*, de même que... de même, ▶ *sic, ita* ‖ *ut... sic (ita)* [avec idée d'oppos.], si... du moins, en revanche: Cic. Phil. 5, 1; Liv. 21, 8, 1; 21, 11, 5 ‖ *ut... sic (ita)*, et surtout *ut quisque...* avec le superl., *sic (ita)* avec le superl. [marquant une proportion], selon que... ainsi, plus... plus...: **ut quisque aetate antecedebat, ita sententiam dixit ex ordine** Cic. Verr. 4, 143, selon que chacun avait la préséance de l'âge, il... = chacun exprima son avis dans l'ordre de préséance que l'âge conférait, cf. Cic. CM 64; **ut quisque iis rebus tuendis praefuerat, ita** Cic. Verr. 4, 140, au fur et à mesure que qqn avait été préposé à la garde de ces objets... = dans l'ordre où chacun avait été...; Cic. Q. 1, 1, 12; Caes. G. 2, 19, 6; **ut quaeque res est turpissima, sic maxime vindicanda est** Cic. Caecin. 7, plus un acte est odieux, plus on le doit châtier énergiquement, cf. Cic. Clu. 57; Verr. 2, 27; Off. 1, 50 ‖ **haec ut brevissime dici potuerunt, ita a me dicta sunt** Cic. de Or. 2, 174, cet exposé, dans la mesure où il pouvait être abrégé, je l'ai abrégé; **ut maxime potuimus** Cic. Div. 2, 1, le plus que j'ai pu **d)** **te semper colam, ut quem diligentissime** Cic. Fam. 13, 62, je te serai toujours dévoué autant qu'on le doit l'être à qqn au monde; **(societas) major est, ut quisque maxime accedit** Cic. Lae. 19, les liens de la société sont plus étroits à mesure que les membres se touchent de plus près ‖ **eruditus sic, ut nemo magis** Nep. Epam. 2, 1, savant tel que personne ne l'était davantage, cf. Hor. S. 1, 5, 33; 2, 8, 48 **e)** en corrél. avec, *perinde, pro eo*, selon que, ▶ *perinde*, et *pro*, cf. Cic. Clu. 70; Liv. 7, 6, 8; Metell. Cic. Verr. 3, 126 **f)** en corrél. avec, *idem, item, aliter*: **eisdem fere verbis ut disputatum est** Cic. Tusc. 2, 9, à peu près dans les mêmes termes que ceux de l'exposé; **eodem modo ut** Cic. Ac. 2, 47, de la même manière que; **item ut** Cic. Verr. 4, 21 ‖ par exemple, ainsi, comme: **in libero populo, ut Rhodi, ut Athenis** Cic. Rep. 1, 47, chez un peuple républicain, comme à Rhodes, comme à Athènes, cf. Cic. Rep. 2, 2; Ac. 2, 76; Fin. 5, 38; de Or. 3, 59; [après ponctuation forte] Cic. Brut. 292; [en part.] *ut si*, comme par exemple si: Cic. Inv. 1, 26; 2, 48; Off. 1, 45; de Or. 3, 114; *ut cum* Quint. 1, 6, 22; 3, 8, 30; 9, 3, 63 **g)** *ut si = quasi, tamquam* Cic. Fam. 7, 20, 1; Q. 1, 1, 6; Off. 1, 42; **similes sunt, ut si** Cic. CM 17, ils sont comme si ¶ 2 *ut = utcumque*, de quelque manière: *id, ut ut est...* Pl. Bac. 1191, cela, quoi qu'il en soit..., cf. Pl. Most. 545; Ter. Phorm. 531; Cic. Att. 15, 26, 4 ¶ 3 [dans une subordonnée d'apparence interrogative, v. F. Gaffiot, *Pour le vrai latin*, p. 31 sqq]: **hanc ut ne factast eloquar** Pl. Amp. 1129, je te raconterai la chose comme elle s'est passée, cf. Pl. Amp. 460; 559; Men. 679; **dico ut res se habet** Pl. Bac. 1063, je dis ce qu'il en est, cf. Pl. Trin. 749; Merc. 351; Ter. Ad. 513; 559; Virg. G. 1, 57; Catul. 61, 77; 62, 8 ¶ 4 comme = en tant que [comme ὡς], dans la pensée que, avec l'idée que: **canem et felem ut deos colunt** Cic. Leg. 1, 32, ils honorent le chien et le chat comme des dieux, cf. Cic.

Rep. 1, 18 ; **habuit ei honorem, ut proditori** CIC. Verr. 1, 38, il l'a honoré comme un traître ¶ **5** en tant que, étant donné que, vu que **a)** avec **est**, **erat** [sorte de parenth. explicative] : **permulta alia conligit Chrysippus, ut est in omni historia curiosus** CIC. Tusc. 1, 108, il y a une quantité d'autres faits recueillis par Chrysippe, car il s'intéresse à toute espèce de recherche, cf. CIC. Phil. 2, 106 ; Verr. 2, 88 ; CAES. G. 3, 8, 3 ; 7, 22, 1 ; C. 2, 8, 3 ; **magnifice, ut erat copiosus...** CIC. Verr. 1, 65, somptueusement, vu sa richesse..., cf. CIC. Verr. 5, 3 **b)** [avec d'autres verbes] : PL. Most. 26 ; Ps. 278 ; Ru. 303 ; Truc. 576 ; TER. And. 737 ; **haec ab ipsis inflatius commemorabantur, ut de suis homines laudibus libenter praedicant** CAES. C. 2, 39, 4, ce succès, ils le grossissaient quelque peu eux-mêmes, car l'homme aime à se vanter : **ut se sub ipso vallo constipaverant recessumque primis ultimi non dabant** CAES. G. 5, 43, 5, [un très grand nombre d'ennemis furent tués] vu qu'ils s'étaient massés au pied même du retranchement et que les derniers empêchaient la retraite des premiers, cf. CAES. G. 2, 23, 1 ; 6, 7, 7 ; 7, 88, 1 ‖ [avec l'imparf. fréq.] : LIV. 10, 22, 2 ‖ [en part.] TAC. G. 22 **ut apud quos hiems occupat** vu que chez eux l'hiver dure ‖ [sens restrictif] autant que : CIC. Fam. 1, 2, 4 ; Pomp. 70 **c)** [sans verbe] étant donné, vu, eu égard à : **ista exposuisti, ut tam multa, memoriter** CIC. Fin. 4, 1, tous ces problèmes, tu nous les as exposés, vu leur nombre, avec une mémoire admirable ; **orationes Catonis, ut illis temporibus, valde laudo** CIC. Brut. 294, les discours de Caton, pour son temps, je les loue fort ; **Themistocles, ut apud nos perantiquus, ut apud Athenienses non ita sane vetus** CIC. Brut. 41, Thémistocle, très ancien par rapport à nous, n'est pas tellement vieux par rapport aux Athéniens ; **Diogenes liberius, ut Cynicus** CIC. Tusc. 5, 92, Diogène, un peu librement, en philosophe cynique qu'il était [répondit], cf. CIC. Tusc. 1, 15 ; **ut in secundis rebus** LIV. 23, 14, 1, chose naturelle dans la prospérité ¶ **6** en tant que ; [joint au relatif, forme une expression causale **ut qui**, suivie du subj.] vu qu'il, car il : PL. Cap. 243 ; CIC. Phil. 11, 30 ; CAES. G. 5, 31, 6 ; ▶ **1 qui I A ¶ 2 a**.

B employé comme interrog. ¶ **1** [direct ou exclamatif] comment, comme, de quelle manière : **ut vales ?** PL. Most. 718, comment vas-tu ?, cf. Merc. 392 ; HOR. S. 2, 8, 1 ; Ep. 1, 3, 12 ; LIV. 10, 18, 11 ; **ut totus jacet !** CIC. Att. 7, 21, 1, comme il est totalement effondré ! **quae ut sustinuit ! immo vero ut contempsit !** CIC. Mil. 64, ces accusations, comme il les a supportées ! que dis-je ? comme il les a méprisées !, cf. CIC. Fin 5, 61 ; Att. 3, 11, 2 ¶ **2** [indirect] : **videmusne, ut pueri aliquid scire se gaudeant ?** CIC. Fin. 5, 48, voyons-nous [mieux en fr., voyez-vous] comment les petits enfants se réjouissent de

(prennent plaisir à) savoir ?, cf. CIC. Amer. 135 ; CM 31 ; Verr. 1, 115 ; **credo te audisse, ut me circumsteterint** CIC. Att. 1, 16, 4, je crois que tu as su comment ils se sont dressés autour de moi, cf. CAES. G. 1, 43, 7 ; 1, 46, 4.

C adv. indéfini, en qq. manière [sur la relation entre l'acception "relative" et l'acception "indéfinie", v. GAFFIOT *M. Belge* 34, p. 161 sqq] ¶ **1** [avec le subj. de souhait] [litt¹] puisse en qq. manière, d'une manière ou d'une autre : **ut te di deaeque perduint !** TER. Haut. 810, puissent les dieux et les déesses causer ta perte ! ; ▶ 2 qui ¶ **8** ¶ **2** [dans une prop. interrog. avec le subj. de protestation] est-il admissible en qq. manière que ? l'apparence vraiment que ? ; **me ut quisquam norit, nisi qui praebet cibum ?** PL. Pers. 132, qqn en qq. manière me connaîtrait ? [l'apparence vraiment que qqn me connaisse à part celui qui me fournit la pitance !] ; **te ut ulla res frangat !** CIC. Cat. 1, 22, l'apparence que rien te brise !, cf. CIC. Tusc. 2, 42 ; Planc. 31 ; Sest. 17 ‖ avec **ne** : **utine prius dicat ?** PL. Ru. 1063, il parlerait le premier ?, cf. PL. Merc. 576 ¶ **3** [dans des prop. au subj. marquant la supposition ou la concession, litt¹ à supposer en qq. manière que, mais devenu et senti dans la longue dans la langue comme une conj.] à supposer que, en admettant que [nég. **non**] : **prudentiam, ut cetera auferat, adfert certe senectus** CIC. Tusc. 1, 94, la vieillesse, à supposer qu'elle emporte tout le reste, apporte du moins la sagesse, cf. CIC. Tusc. 1, 49 ; Nat. 3, 41 ; Att. 3, 7, 1 ; Mil. 46 ; CAES. G. 3, 9, 6 ‖ [ellipse du verbe] CIC. Att. 11, 14, 1 ; SEN. Rem. 4, 2.

II conj.

A avec indic. [sens temporel] **a)** quand [avec le parf. indic.] : **ut venit..., ut vidit..., existimavit** CIC. Rep. 2, 25, quand il fut venu..., et qu'il eut vu..., il pensa, cf. CIC. Rep. 1, 17 ; Verr. 4, 48 ; Phil. 9, 9 ; Brut. 30 ; 151 ; LIV. 3, 10, 9 ; 23, 34, 6 ; 24, 44, 10 ‖ **ut primum**, aussitôt que : CIC. Rep. 6, 15, **statim, ut** CIC. de Or. 2, 313, **simul ut** CIC. Phil. 3, 2, **continuo, ut** CIC. Verr. 4, 48, cf. **ut..., confestim** CIC. Off. 3, 112, quand... aussitôt ‖ [avec parf. joint à l'imparf.] : **ut ventum est et habebant** LIV. 22, 44, 1, quand on fut arrivé et comme ils avaient, cf. LIV. 22, 14, 3 ; 24, 1, 6 ‖ [avec prés. hist.] PL. Merc. 100 ‖ [pqp. du style épistol.] : **scripsi, statim ut legeram** CIC. Att. 2, 14, 4, j'écris aussitôt après avoir lu, cf. CIC. Att. 5, 10, 1 ‖ [avec imparf.] : **ut Hortensius reducebatur..., fit obviam ei...** CIC. Verr. prim. 18, dans le temps qu'Hortensius était ramené..., se présente à lui... **b)** depuis que [avec parf. indic.] : **ut ab urbe discessi...** CIC. Att. 7, 15, 1, depuis mon départ de la ville..., cf. CIC. Att. 1, 15, 2 ; Brut. 19 ‖ [avec le prés.] : **ut imperium obtines** TAC. An. 14, 53, depuis que tu tiens le pouvoir.

B conj. avec subj. ¶ **1** voir à I C ¶ 1 [**ut = utinam**], et ¶ 3 [**ut**, "à supposer que"] ¶ **2** construction de certains verbes **a)** verbes

de volonté, d'activité, ▶ **opto, impero, constituo, peto, rogo, hortor, suadeo, admoneo** ; **curo, facio, efficio, perficio, conficio, consequor** ; **adduco, impello, moveo** ; **caveo, video b)** après des expressions impers. ou indéterminées : **convenit, placet, consilium est, accidit, contingit, obtingit, est, futurum est, accedit** ; **prope est, in eo est, in eo res est** ; **mos est, consuetudo est, jus est, efficitur, sequitur, restat** ¶ **3** sans verbe principal exprimé = il faut prendre garde que, pourvu que : TER. And. 277 ; Haut. 617 ¶ **4** [nuance finale] afin que, pour que **a) Labieno in continente relicto, ut portus tueretur** CAES. G. 5, 8, 1, Labiénus ayant été laissé sur le continent pour assurer la protection des ports **b)** [en corrél. avec **id**, arch.] : **id huc reverti, uti me purgarem** PL. Amp. 909, je suis revenu ici pour me justifier ; [avec **idcirco**] **idcirco... ut** CIC. Clu. 146, pour que, cf. CIC. Amer. 111 ; 137 ; Verr. 5, 169 ; [avec **ideo**] CIC. Phil. 2, 87 ; TAC. H. 4, 73 ; [avec **eo**] CIC. Fam. 16, 1, 1 ; [avec **propterea**] CIC. Lig. 8 **c)** [avec **ita, ejus modi**, ▶ ¶ **5**, nuance consécutive] **d)** et **ne**, ▶ **ne** ‖ **ut ne** avec ellipse du verbe **facio** CIC. Off. 1, 33 ¶ **5** [nuance consécutive] de telle sorte que, en sorte que, si bien que, de manière que **a) mons altissimus impendebat, ut perpauci prohibere possent** CAES. G. 2, 6, 1, un mont très élevé surplombait, de telle sorte qu'il suffisait d'un tout petit nombre d'hommes pour empêcher le passage, cf. CIC. Lae. 90 ; Planc. 60 **b)** [en corrél. avec **sic, ita**] tellement que, à tel point que [voir ces mots] ‖ [emploi restrictif] : **huic doctori ita eram deditus, ut ab exercitationibus oratoriis nullus dies vacuus esset** CIC. Brut. 309, j'étais adonné aux leçons de ce philosophe [dans des conditions telles que cependant...], sans pourtant manquer un seul jour de faire des exercices oratoires, cf. CIC. Verr. 4, 129 ; Cat. 4, 15 **c)** [avec **adeo, tam, usque eo, tantopere, hactenus, ejusmodi**, v. ces mots] ; [avec **eo, huc, illuc**] **causa nostra eo jam loci erat, ut** CIC. Sest. 68, ma situation était à un point tel que ; **confugit Epicurus illuc ut neget...** CIC. Fin. 2, 28, Épicure a recours à ceci, dire que ne pas... ; **rem huc deduxi, ut** CIC. Cat. 2, 4, j'ai amené les affaires à une situation telle que **d)** [avec **talis, tantus, tot, tam multi**, v. ces mots ; [avec les démonstratifs **is, hic, ille, iste**, alors **ut** équivaut souvent au français " à savoir "] **testi cum ea voluntate processit, ut...** CIC. Flac. 11, le témoin a comparu avec cette intention, à savoir... ; **sin autem illa veriora, ut** CIC. Lae. 14, mais si cette autre opinion est plus sûre, à savoir que ; **caput illud est, ut... recipias** CIC. Fam. 13, 19, 3, l'essentiel est que tu reçoives... ; **suum illud, nihil ut affirmet, tenet ad extremum** CIC. Tusc. 1, 99, son principe de ne rien affirmer, il le garde jusqu'au bout ; **deberi hoc a me tantis hominum ingeniis putavi, ut...** CIC. de Or. 2, 8, j'ai cru devoir à de si grands génies ce

ut   1664

tribut, à savoir..., cf. Cic. *Leg*. 3, 1; *Fam.* 13, 50, 1; **haec igitur prima lex amicitiae sanciatur, ut... petamus** Cic. *Lae*. 44, que ceci donc soit la première loi consacrée de l'amitié, demander...; **fuit ista severitas in judiciis, ut** Cic. *Verr*. 5, 45, nous l'avons eue, cette sévérité dans les tribunaux qui consistait à, cf. *Cat.* 1, 3; **hoc munere functi sunt ut tenerent...** Cic. *Brut.* 137, ils ont rempli ce rôle, tenir... ‖ [la valeur explicative résulte qqf. du seul contexte] **haud decorum facinus tuis factis facis, ut me irrideas** Pl. *Aul.* 221, tu fais une chose indigne de tes façons de faire habituelles en te moquant de moi, cf. *Cap.* 424; **ceteros servavi, ut nos periremus** Cic. *Fam.* 14, 2, 2, j'ai sauvé les autres en causant notre propre perte; **sic obtinui quaesturam, ut... arbitrarer** Cic. *Verr.* 5, 35, j'ai exercé la questure en ayant l'idée que..., cf. *Cat.* 3, 29 **e)** ut non = sans que : **non possunt multi fortunam amittere, ut non plures secum in eandem trahant calamitatem** Cic. *Pomp.* 19, beaucoup ne peuvent perdre leurs biens sans entraîner un assez grand nombre de personnes avec eux dans la même catastrophe; **malet existimari bonus vir, ut non sit, quam esse, ut non putetur** Cic. *Fin.* 2, 71, il aimera mieux passer pour un homme de bien sans l'être, que de l'être sans en avoir la réputation, cf. Cic. *Balb.* 46 **f)** [formule de prétérition, v. 2 dico ¶ 2 milieu, différence avec ne dicam] **ut aliud nihil dicam** Cic. *Mur.* 32, sans rien dire d'autre, cf. Cic. *Caecin.* 104; *Clu.* 131; *Verr.* 4, 45 ‖ **ut in pauca conferam, testamento facto mulier moritur** Cic. *Caecin.* 17, pour tout dire en peu de mots, le testament fait, la femme meurt; **vere ut dicam** Cic. *Verr.* 5, 177, à dire vrai, cf. Cic. *Mur.* 87 **g)** [l'adjonction de *ne* à *ut* consécutif ajoute une idée d'intention, de but] **edicta praetorum fuerunt ejus modi, ut ne quis cum telo servus esset** Cic. *Verr.* 5, 7, les édits des préteurs furent de cette sorte : défense à un esclave d'être armé [portèrent cette clause, défense...]; **in illam curam incumbe ut ne** Cic. *Fam.* 10, 14, 2, donne-toi à cette tâche, empêcher que : **caput est hoc, ut ne exspectes...** Cic. *Fam.* 11, 7, 2, le principal point le voici, n'attends pas...; **ita... ut ne** Cic. *Amer.* 55, à condition que ne pas, avec cette réserve que ne pas..., cf. Cic. *Dom.* 36; **struere verba sic, ut neve... neve** Cic. *de Or.* 3, 171, construire les mots de manière à éviter à la fois..., cf. Cic. *de Or.* 3, 40; 3, 172 **h)** non ut... sed ut, non en ce sens que... mais; ce n'est pas à dire que... mais Cic. *Or.* 14; *de Or.* 3, 184; *Att.* 11, 15, 3; 14, 17, 4 **i)** [comparatif suivi de *quam ut*] trop pour : **signa rigidiora quam ut imitentur veritatem** Cic. *Brut.* 70, statues ayant trop de raideur pour reproduire la vie, cf. Cic. *Fin.* 5, 44; Liv. 26, 51, 11 **j)** [tour elliptique] : **citius dixerim jactasse se aliquos... quam ut quisquam celari vellet (= quam factum esse ut)** Cic.

Phil. 2, 25, je dirais qu'il s'est trouvé des gens pour se vanter de... plutôt qu'il ne s'est trouvé qqn pour vouloir rester inconnu **k)** ut ➨ ne non, v. I B ¶ 2 et timeo ¶ 6 ¶ **6** [tard.] **ut** [avec subj. à la place de la prop. inf.] : **censeo ut** Cypr. *Sent.* 74, j'estime que; **credo ut** Tert. *Marc.* 3, 18, 1, je crois que.

utcumquĕ (**-cunquĕ**, arch. **-quomquĕ**, **-quamque**) (cf. *quicumque*) ¶ **1** adv. relatif indéterminé **a)** de quelque manière que : **utcumque... volet, ita admovebit** Cic. *Or.* 55, selon la manière, quelle qu'elle soit, dont il voudra..., il emploiera...; **utcumque res sese habet** Liv. 37, 54, 7, comment qu'il en soit, quoi qu'il en soit; **utcumque se ea res habuit** Tac. *An.* 1, 5, quoi qu'il en ait été ‖ [avec ellipse du verbe] = quoi qu'il en soit : Liv. 32, 3, 4 **b)** selon que : Liv. 26, 42, 8 **c)** chaque fois que : Hor. *O.* 1, 17, 10; 2, 17, 11; 3, 4, 29 ¶ **2** adv. indéfini, de toute façon, bon gré mal gré : Liv. 29, 15, 1; Sen *Ep.* 19, 8 ‖ en tout cas : Liv. 28, 29, 4; **gaudentes utcumque composita pace** Liv. 31, 15, 10, se réjouissant de la paix conclue vaille que vaille, cf. Plin. *Ep.* 6, 20, 19.

ūtendus, *a*, *um*, adj. verb. de *utor*.

1 ūtens, *tis* ¶ **1** part. de *utor* : Pl. *Aul.* 96, pour s'en servir ¶ **2** adj⁺, qui possède : **utentior** Cic. *Off.* 2, 71, mieux pourvu, plus riche.

2 Utens, *tis*, m., rivière de la Gaule cisalpine : Liv. 5, 35, 3.
▶ Vitis Plin. 3, 115.

ūtensĭlis, *e* (*utor*, *utendis*; cf. fr. *outil*), utile, nécessaire à nos besoins : Varr. *R.* 1, 2, 6; Aug. *Civ.* 4, 22 ‖ n. pl., **ūtensĭlĭa, ĭum**, tout ce qui est nécessaire à nos besoins [meubles, ustensiles; moyens d'existence, provisions] : Col. 12, pr. 3; Liv. 3, 42, 5; Tac. *An.* 1, 70.

ūtensĭlĭtās, *ātis*, f., utilité, usage, emploi : Tert. *Cult.* 1, 5, 2.

1 ŭtĕr, *ĕri*, m., ⊂▶ *uterus* : Caecil. *Com.* 94.

2 ŭtĕr, *utra*, *utrum*, gén. **utrīus**, dat. **ŭtri** (cf. *1 qui*, *necuter*, *alter*, πότερος, scr. *katara-s*, al. *weder*, an. *whether*) ¶ **1** [pron. relatif] lequel des deux qui, celle des deux qui : **uter eorum vita superarit, ad eum pars utriusque pervenit** Caes. *G.* 6, 19, 2, [subj. conséc.] à celui des deux qui remplit la condition de survivance, la part des deux revient, cf. Pl. *Aul.* 327; Cic. *Verr.* 3, 106; *Caecil.* 45; *Part.* 123; Liv. 8, 6, 13; 21, 18, 13; Hor. *S.* 2, 3, 180 ¶ **2** [employé comme interrogatif] **a)** [direct] qui des deux ? : **uter nostrum ?** Cic. *Rab. perd.* 11, qui de nous deux ?, cf. Hor. *S.* 2, 3, 102; 2, 7, 47; **uter ex his ?** Sen. *Ep.* 90, 14, qui de ces deux-là ? ‖ **utrum mavis ? statimne..., an...?** Cic. *Tusc.* 4, 9, laquelle des deux choses aimes-tu le mieux ? est-ce tout de suite... ou bien...? ‖ **uterne ?** Hor. *S.* 2, 2, 107, lequel des deux ? **b)** [indirect] : **ignorante rege uter esset**

Orestes Cic. *Lae.* 24, le roi ignorant qui des deux était Oreste; **quaerere, uter utri insidias fecerit** Cic. *Mil.* 23, chercher qui des deux a tendu une embuscade à l'autre, cf. Caes. *G.* 5, 44; Liv. 40, 55, 3; Hor. *Ep.* 2, 1, 55; **utrum de his potius (optaret), dubitasset aliquis** Cic. *Brut.* 189, lequel des deux choisir de préférence ? quelqu'un aurait pu hésiter ¶ **3** [pron. indéfini] n'importe lequel des deux, l'un des deux : **si uter volet** Cic. *Verr.* 3, 35, si l'un des deux le veut; **horum utro uti nolumus, altero est utendum** Cic. *Sest.* 92, si nous ne voulons pas user de l'un des deux, il faut user de l'autre ¶ **4** ➨ utercumque, quel que soit celui des deux qui : Cic. *Pis.* 27; *Div.* 2, 141.
▶ noter **utrĭus** Hor. *Ep.* 1, 17, 15 ‖ gén. et dat. f. arch. **utrae** d'après Char. 158, 29.

3 ŭtĕr, *tris*, m. (cf. ὑδρία ? *uterus* ?; it. *otre*, esp. *odre*), outre [pour liquides] : Virg. *G.* 2, 384; Plin. 12, 31 ‖ [pour traverser un cours d'eau] : Caes. *C.* 1, 48; Sall. *J.* 91, 1; Liv. 21, 47, 5 ‖ [fig., pour désigner un vaniteux] : Hor. *S.* 2, 5, 98 ‖ gén. pl., **utrium**; Sall. *J.* 91, 1.
▶ n. pl. **utria** Lucil. 1104; Arn. 1, 59; Non. 231, 31.

ŭtercŭlus, v. ▶ *utriculus*.

ŭtercumquĕ (**-cunquĕ**), **utracumque**, **utrumcumque** (*uter*, cf. *quicumque*) ¶ **1** [pron. rel. indéf.] quel que soit celui des deux qui : Cic. *Fam.* 6, 4, 1; Quint. 9, 2, 6; Gell. 5, 10, 15 ¶ **2** [indéfini] : **utrocumque modo** Quint. 3, 6, 29, d'une manière ou de l'autre, cf. Quint. 12, 10, 59.

ŭtĕrīnus, *a*, *um* (*uterus*), utérin, de la même mère : Cod. Just. 5, 61, 21.

ŭtĕrlĭbĕt, **ŭtrălĭbĕt**, **ŭtrumlĭbĕt**, pron. indéf. (cf. *quilibet*), n'importe lequel des deux : Cic. *Quinct.* 81; Liv. 10, 24, 17; Quint. 1, 5, 35.

ŭtĕrnē, v. ▶ *uter*.

ŭtĕrquĕ, **ŭtrăquĕ**, **ŭtrumquĕ**, gén. **utrīusquĕ**, dat. **utrīquĕ** (cf. *quisque*), chacun des deux, l'un et l'autre [adj. et subst.] ¶ **1** sg., **magna vis est in fortuna in utramque partem, vel ad secundas res vel ad adversas** Cic. *Off.* 2, 19, la fortune a une grande action dans les deux sens, pour le bonheur comme pour le malheur; **in utramque partem disserere** Cic. *Rep.* 3, 4, disserter dans l'un et l'autre sens (pour et contre), cf. Cic. *Off.* 3, 107; **utraque lingua** Hor. *O.* 3, 8, 5, les deux langues [grec et latin]; **uterque sapiens appellatus est alio quodam modo** Cic. *Lae.* 6, tous deux reçurent le nom de sage, mais à un autre titre que toi; **uterque cum equitatu veniret** [st. indir.] Caes. *G.* 1, 42, 4, que chacun des deux vînt de son côté avec de la cavalerie ‖ n., **utrumque facere** Cic. *Rep.* 2, 22, faire les deux choses [renvoie à ce qui précède], cf. Cic. *Rep.* 3, 6; **hic qui utrumque probat, ambobus debuit uti** Cic. *Fin.* 2,

20, lui qui admet les deux choses, devait les employer toutes deux à la fois ‖ **uterque nostrum** Cic. Lae. 16, chacun de nous deux, cf. Cic. Sull. 13; Q. 2, 4, 2; **horum uterque** Cic. Har. 54, chacun des deux; **quarum civitatum utraque** Cic. Verr. 5, 56, chacune de ces deux cités, cf. Cic. Div. 1, 119; Leg. 3, 40; Tusc. 1, 65; **Viscorum uterque** Hor. S. 1, 10, 83, chacun des deux Viscus; **horum utrumque** [horum n.] Cic. Mur. 37, chacune des deux choses ‖ [avec le verbe au pl.] **uterque eorum exercitum educunt** Caes. C. 3, 30, 3, chacun des deux emmène son armée, cf. Caes. G. 2, 6, 5; Sall. C. 49, 2; Pl. Curc. 187; Ter. Eun. 1022; Tac. H. 2, 97; An. 4, 34; [pl. dans une subord. qui suit] Cic. Fin. 1, 16, [ou dans une coordonnée] Cic. Fin. 2, 1; [apposition à un sujet de la première ou seconde pers. du pl.] Tac. An. 14, 54; Sen. Vit. 26, 1 ‖ [idée de réciprocité] **cum uterque utrique exercitus esset in conspectu** Caes. G. 7, 35, 1, les deux armées étant en présence l'une de l'autre, cf. Ter. Phorm. 800; Haut. 394; **quorum uterque suo studio delectatus contempsit alterum** Cic. Off. 1, 4, tous deux, ayant chacun son genre d'étude préféré, se méprisèrent réciproquement; **ita est utraque res sine altera debilis** Cic. Tusc. 2, 13, ainsi les deux éléments, l'un sans l'autre, sont insuffisants, cf. Quint. 11, 3, 168; Plin. 8, 171 ¶ 2 pl. **a)** [rar[t]] **utrique imperatores** Pl. Amp. 223, les deux généraux, cf. Ter. Haut. 394; Cic. Mur. 26; Verr. 4, 32; Caes. G. 1, 53, 4; Sall. C. 30, 4; Nep. Timol. 2, 2; Dat. 2, 2; Liv. 27, 22, 2; 29, 37, 17; Tac. An. 11, 1; 15, 55; 16, 11 **b)** [ord[t], quand il s'agit de deux groupes] **a quibus utrisque** Cic. de Or. 3, 102, par chacun des deux groupes [acteurs et poètes], cf. Cic. Off. 1, 2; Cat. 2, 20; Caes. G. 2, 16; Sall. J. 88, 2; Nep. Milt. 7, 3; Liv. 36, 16, 5.

▶ gén. **utrīusque** Lucr. 4, 503; Hor. O. 3, 8, 5; Ov. M. 6, 506 ‖ gén. et dat. f. **utraeque** Char. 158, 30; gén. pl. **utrumque** Cic. Verr. 5, 129.

ŭtĕrum, i, n., ⇨ **uterus**: Turp. Com. 179; Pl. Aul. 683; Gell. 3, 16, 1.

ŭtĕrus, i, m. (cf. ὅδερος, scr. *udara-m*, p.-ê. 3 *uter, venter*) ¶ 1 sein ou ventre de la mère, utérus: Pl. Truc. 200; Hor. O. 3, 22, 2; Prop. 4, 1, 100; Ov. M. 9, 280; Plin. 9, 13] sein de la terre: Lucr. 5, 806 ¶ 2 fruit de la femme, enfant dans le sein de sa mère, fœtus: Cels. 2, 10, 1; Tac. An. 1, 59 ‖ [fruit des animaux] portée: Varr. R. 2, 2, 14; Plin. 8, 151 ¶ 3 ventre, flanc d'un animal: Virg. En. 7, 499 ‖ flanc d'un navire: Tac. An. 2, 6; [d'un tonneau] Col. 12, 4, 5; [du cheval de Troie] Virg. En. 2, 52.

ŭtervīs, ŭtrăvīs, ŭtrumvīs, pron. indéf. (cf. *quivis*), celui des deux que tu voudras, n'importe lequel des deux: Cic. CM 33; Amer. 4 ‖ **in aurem utramvis dormire** Ter. Haut. 342, **in oculum utrumvis conquiescere** Pl. Ps. 123, dormir sur ses deux oreilles, tranquillement.

Ūthīna, ae, f. (Οὔθινα), ville de la Zeugitane Atlas VIII, A4; XII, H2: Plin. 5, 29 ‖ **-nensis**, e, d'Uthina: Tert. Mon. 12, 3.

1 **ūtī**, ⇨ *ut*.

2 **Uti, ōrum**, m. pl., peuple voisin du Caucase: Plin. 6, 39.

3 **ūti**, inf. de *utor*.

ūtĭbĭlis, e (*utor*), qui peut servir, utile, avantageux: Pl. Merc. 1005; Mil. 613; Most. 859; Ter. Phorm. 690.

Ŭtĭca, ae, f., Utique [ville maritime de la Zeugitane] Atlas I, D3; VIII, A3; XII, H2: Cic. Att. 12, 2, 1 ‖ **-ensis**, e, d'Utique: Liv. 27, 5, 8; [surnom du second Caton] Plin. 7, 113; m. pl., les habitants d'Utique: Caes. C. 2, 36.

ūtĭlis, e (*utor*), qui sert, utile, profitable, avantageux: Cic. Nat. 1, 38; Off. 3, 76 ‖ [constr.] **a)** [dat.] **alicui** Cic. Off. 3, 84; Agr. 2, 14, utile à qqn, cf. Caes. G. 4, 7; Nep. Milt. 3, 5; Them. 7, 6; **alicui rei** Cic. Inv. 1, 1, utile à qqch., qui sert à qqch., cf. Hor. Ep. 1, 16, 14; 2, 1, 124; Virg. G. 2, 323 **b)** **ad rem** Cic. Off. 3, 29, utile, bon à qqch., en vue de qqch.; **in hoc tempus** Liv. 5, 18, 4, utile pour les circonstances actuelles **c)** [poét. avec gén.] **radix medendi utilis** Ov. H. 5, 147, racine médicinale **d)** [avec inf., poét.] **tibia adesse choris erat utilis** Hor. P. 204, la flûte [rendait le service de] servait à soutenir les chœurs **e)** n., **utile** l'utile: Hor. P. 343; O. 4, 9, 41, **utilia** Hor. P. 164; Quint. 3, 8, 13 ‖ **utile est** [avec inf.] Cic. Off. 3, 64, il est utile de; **utilissimum ratus... evitare** Nep. Alc. 4, 4, ayant jugé très utile d'éviter...; [avec prop. inf.] il est utile que: Liv. 3, 51, 4 **f)** [droit]: **utilis actio**, action utile = que le préteur étend au-delà de son champ normal (fondé sur le droit civil) pour des motifs d'utilité: Dig. 9, 3, 6, 3.

ūtĭlĭtās, ātis, f. (*utilis*), utilité, avantage, profit, intérêt: **nihil ad utilitatem suam referre** Cic. de Or. 2, 207, ne rien rapporter à son intérêt; **ad meam utilitatem semper cum Graecis Latina conjunxi** Cic. Off. 1, 1, pour mon profit j'ai toujours uni les lettres grecques aux lettres latines, cf. Nat. 2, 151; Leg. 2, 32; Verr. 1, 119; **et belli utilitatem et pacis dignitatem retinere** Cic. Pomp. 14, satisfaire aux besoins éventuels de la guerre et au maintien honorable de la paix ‖ **utilitates** Cic. Fin. 1, 34, intérêts, avantages, cf. Cic. Nat. 2, 58; Lae. 32; **utilitatibus tuis possum carere** Cic. Fam. 16, 3, 2, je puis me passer des avantages que tu me procures = de tes précieux services.

ūtĭlĭtĕr, adv., utilement, avantageusement, d'une manière profitable: Cic. Ac. 2, 135; Off. 1, 89; **utilius** Ov. H. 1, 67; **-issime** Quint. 4, 2, 57 ‖ [droit] utilement, valablement: Dig. 45, 1, 45.

ŭtĭnam, adv. employé avec le subj. de souhait (*ut I C* ¶1, cf. *aliuta, 1 utique, quisnam*), fasse le ciel que, plaise (plût) aux dieux que, ah! si: [avec subj.] **utinam incumbat...** Cic. Att. 3, 15, 7, puisse-t-il s'appliquer...; **utinam haberetis** Cic. Pomp. 27, si seulement vous aviez = que n'aviez-vous; **utinam auguraverim** Cic. Rep. 4, 8, puissé-je avoir auguré... ‖ [ellipse du verbe] Cic. de Or. 2, 361; Nat. 3, 78; Att. 9, 19, 2; 11, 4, 1; 13, 48, 1; 13, 22, 4 ‖ [avec *quod* de liaison] **quod utinam** Cic. Fam. 14, 4, 1, et puisse, cf. Cic. Att. 13, 48, 1; Sall. J. 14, 21 ‖ [avec nég. *ne*] Enn. d. Cic. Top. 61; Ter. Phorm. 157; Cic. Prov. 18; Fam. 5, 17, 3 ‖ [avec *non* et *ne* success[t]] Cic. Att. 11, 9, 3; [avec *non*] Curt. 8, 8, 7; Quint. 1, 2, 6; 10, 1, 100.

ŭtĭquăm, ⇨ *neutiquam*.

1 **ŭtĭquĕ**, adv. indéf. (*ut, quisque, utinam*), comment qu'il en soit **a)** en tout cas, de toute façon: **velim Varronis et Lolli mittas laudationem, Lolli utique** Cic. Att. 13, 48, 2, je voudrais que me fasses parvenir les éloges de Varron et de Lollius, celui de Lollius en tout cas, cf. Cic. Att. 4, 4 **b)** à toute force: **annum quidem utique teneto** Cic. Att. 5, 9, 2, maintiens du moins à tout prix qu'il n'y ait qu'une année; **ne utique experiri vellet imperium** Liv. 2, 59, 4 qu'il ne voulût pas éprouver à toute force son pouvoir [st. indir.] **c)** surtout: **utique postremis mensibus** Liv. 3, 65, 8, surtout les derniers mois.

2 **ŭtĭquĕ**, = *et uti*, = *et ut*.

uto, ⇨ *utor* ▶.

ūtŏr, ŭtĕrĭs, ūtī, ūsus sum (arch. *oeti, utier, uutei*, pél. *oisa*, osq. *eitiuvam* "argent", cf. *eo, iter*?), intr., [tr. arch.] ¶ 1 se servir de, faire usage de, user de, utiliser, employer **a)** [avec abl.] **materia ad naves reficiendas** Caes. G. 4, 31, se servir du bois pour réparer des bateaux; **alicujus consilio** Cic. Verr. 5, 114, utiliser les avis de qqn; **hac voce** Cic. Caecil. 19, parler en ces termes; **arte** Cic. Rep. 1, 2, pratiquer un art; **silentio** Cic. Marc. 1, observer le silence; **aura nocturna** Caes. C. 3, 8, mettre à profit les souffles de la nuit; **patientia** Cic. Phil. 1, 9, user de patience; **severitate** Cic. Q. 1, 1, 9, user de rigueur; **stultitia** Cic. Verr. 5, 103, montrer de la sottise, cf. Cic. Verr. 3, 97 **b)** [avec deux abl.] **vel imperatore vel milite me utimini** Sall. C. 20, 16, mettez-moi à contribution à votre gré, comme général ou comme soldat, cf. Liv. 22, 19, 6 **c)** [avec acc. arch.; v. Non. 497, 15] Pl. Poen. 1088; Ru. 1241; Cat. Agr. 118 ‖ [avec acc. d'un pron. n.] Ter. Ad. 815; Cat. d. Gell. 13, 23, 1 ‖ [surtout emploi de l'adj. verb.] **utenda vasa rogant** Pl. Aul. 96, ils demandent à emprunter des vases; **bona utenda ac possidenda alicui tradere** Cic. Verr. 2, 46, donner à qqn la jouissance et la possession de biens, cf. Cic. Tusc. 3, 36; Ov. A. A. 1, 433 **d)** [abs[t]] faire usage: **quaerere et uti** Hor. Ep. 1, 7, 57, acquérir et jouir; **divitiae, ut utare** Cic. Lae. 22, la fin des richesses, c'est leur emploi ¶ 2 [en part.] **a)** être en relation avec qqn: **aliquo familiarissime** Cic. Clu. 46, avoir avec qqn les relations les plus intimes, cf. Cic. *Fam.* 1, 3, 1 ; *aliquo multum uti* Cic. *Att.* 16, 5, 3, avoir des relations suivies avec qqn, être très lié avec qqn, cf. Cic. *Amer.* 27 ; *Lae.* 2 ‖ **scis quo pacto deceat majoribus uti** Hor. *Ep.* 1, 17, 2, tu sais la manière d'en user avec les grands (de se comporter ...) ‖ fréquenter : *hominibus improbis multis* Cic. *Cael.* 12, fréquenter beaucoup de mauvaises gens, cf. Cic. *Brut.* 147 **b)** [avec un second abl. attribut] *vide quam me sis usurus aequo* Cic. *Verr.* 5, 154, vois combien tu trouveras en moi de modération ; *justioribus utemur illis ... quam his ...* Cic. *Fin.* 1, 2, nous trouverons plus de raison dans les premiers que dans ces derniers ; *feris immanioribus uti* Cic. *Amer.* 71, rencontrer plus de sauvagerie chez les bêtes féroces, cf. Cic. *Verr.* 4, 6 ; Hor. *S.* 1, 4, 95 ; *Ep.* 2, 2, 154. ▶ formes arch. *oetor, oesus* CIL 1, 585, 11 ; Cic. *Leg.* 3, 10 ‖ formes act. *utito* Cat. *Agr.* 96, 2 ; 107, 2 ; *utunto* CIL 1, 589, 1, 8 ‖ sens passif *utitur* Nov. *Com.* 43 ; *utetur* Priap. 43, 4.

utpŏtĕ, adv. (*ut, pote*), comme il est possible, comme il est naturel ¶ 1 [joint d'ordin. au relatif] *utpote qui*, comme il est naturel de la part d'un homme qui = vu qu'il [nuance causale, avec subj. sauf un ex. de Val.-Max. 5, 3, 2 ; pour Cic. *Att.* 2, 24, 4, v. F. Gaffiot *Subj.* p. 85] : Pl. *Mil.* 530 ; Cic. *Phil.* 5, 30 ; Sall. *C.* 57, 4 ¶ 2 [joint à *cum*] = vu que : Cic. *Att.* 5, 8, 1 ¶ 3 [joint à un part. ou un adj.] parce que, en tant que : *fessi utpote longum carpentes iter* Hor. *S.* 1, 5, 94, fatigués par la longueur de la route, cf. Nep. *Hann.* 2, 3 ; *utpote capta urbe* Liv. 2, 33, 8, parce que la ville était prise ‖ *utpote supino jactu* Liv. 30, 10, 13, parce qu'ils lançaient de bas en haut, cf. Hor. *S.* 2, 4, 8 ; P. 206.

utpŭtă, ▶ *puto*.

utquī, conj. (*ut, 2 qui, qui* adv. enclitique " en qq. manière ", cf. *quippequi*), ▶ *ut* : Pl. *As.* 505 ; *Bac.* 283 ; *Curc.* 218 ; Ter. *And.* 148 ; Lucr. 1, 755 ; 2, 17.

utrae, utraeque, gén. et dat. f., ▶ *uter, uterque* ▶.

ŭtrālĭbĕt, adv., d'un côté ou de l'autre : Plin. 2, 79.

ŭtrārĭus, *ii*, m. (*3 uter*), porteur d'eau [dans des outres] : Liv. 44, 33, 1.

utrasquĕ, adv., des deux côtés : Caecil. *Com.* 225 ‖ les deux fois : Hemina d. Non. 183, 23.

ŭtrĭa, ▶ *3 uter* ▶.

ŭtrĭbi, ▶ *utrubi*.

ŭtrĭcīda, *ae*, m. (*3 uter, caedo*, cf. *parricida*), outricide [meurtrier d'une outre] : Apul. *M.* 3, 18.

ŭtrĭclārĭus, *ii*, m., sync. constante de *utricularius* ¶ 2.

ŭtrĭcŭlārĭus, *ii*, m. (*1 utriculus*) ¶ 1 joueur de cornemuse : Suet. *Ner.* 54 ¶ 2 transporteur sur radeaux [posés sur des outres] : CIL 12, 700 ; 13, 1985.

1 **ūtrĭcŭlus**, *i*, m. (dim. de *3 uter*), petite outre : Apul. *M.* 1, 13.

2 **ŭtrĭcŭlus**, *i*, m. (dim. de *uterus*), petit ventre : Plin. 11, 31 ‖ balle [bot.], petit calice : Plin. 16, 94.

ŭtrĭmquĕ, ŭtrinquĕ, adv. (*uterque*, cf. *inde*), de part et d'autre, des deux côtés : Caes. *G.* 1, 50, 3 ; 4, 17 ; Cic. *Fam.* 6, 4, 1 ; Sall. *C.* 60, 5 ; *virtus est medium vitiorum et utrinque reductum* Hor. *Ep.* 1, 18, 9, la vertu est un milieu entre deux vices, en retrait par rapport à l'un et à l'autre (également éloigné de chacun d'eux] ; *causas utrimque tractare* Quint. 10, 5, 20, plaider le pour et le contre ; *utrimque anxius* Tac. *H.* 2, 52, doublement inquiet.

ŭtrimquĕsĕcŭs (ŭtrinquĕ-) [en un ou deux mots], de part et d'autre, des deux côtés : Lucr. 4, 939 ; Cat. *Agr.* 21, 2 ; Apul. *M.* 2, 4.

ŭtrindĕ, adv. (*uter, inde*), des deux côtés : Cat. d. Char. 224, 15.

ŭtrinquĕ, ▶ *utrimque*.

ŭtrinquĕsĕcus, ▶ *utrimquesecus*.

ŭtrīque, gén., ▶ *uterque* ▶.

ŭtris, *is*, m., ▶ *3 uter* : Gloss. 2, 212, 31.

utrīus, gén., ▶ *2 uter* ▶.

ŭtrō, adv. (*2 uter*, cf. *2 quo*) ¶ 1 vers (de) l'un des deux côtés : *quae causa quoniam utro accessit* Cic. *Par.* 24, du moment que ce motif s'ajoute à l'une des deux actions ¶ 2 [interrog. indir.] vers lequel des deux côtés : Ov. *M.* 5, 166 ; Plin. 18, 179.

ŭtrŭbi, adv. (*2 uter, ubi*) ¶ 1 dans l'un des deux endroits : *utrubi ... utrubi* Cat. *Orat.* 155, d'un côté ... de l'autre ¶ 2 [interr.] dans lequel des deux endroits ? : Pl. *St.* 700 ; 750 ; Naev. *Com.* 81.

ŭtrōlĭbĕt, adv., vers n'importe lequel des deux côtés : Quint. 1, 11, 9.

ŭtrōque, adv. (*utro*, cf. *ubique*), vers l'un et l'autre côté, dans les deux directions, dans les deux sens [pr. et fig.] : Cic. *Att.* 5, 12, 1 ; Liv. 8, 29, 7 ; Virg. *En.* 5, 469 ; *auctores utroque trahunt* Liv. 1, 24, 1, les sources historiques se partagent ; *medium maxime et moderatum utroque consilium* Liv. 2, 30, 1, avis qui garde le plus juste milieu et ménage les les deux partis.

ŭtrōquĕversus (-vorsus, -versum, -vorsum), [en un ou deux mots], même sens que le précéd[t] : Pl. *Cap.* 368 ; Gell. 5, 12, 10.

ŭtrŭbīque (ŭtrōbīque), adv. (*2 uter, ubique*), des deux côtés, de part et d'autre [pr. et fig.] : Cic. *Rep.* 3, 48 ; *Nat.* 2, 79 ; Nep. *Hann.* 10, 3 ; Liv. 36, 16, 5 ; Hor. *Ep.* 1, 6, 10.

ŭtrum ¶ 1 n. de *2 uter* ; [interr.] litt[t], laquelle des deux choses ? : *utrum hoc est confirmare ... an debilitare ?* Cic. *Phil.* 5, 4, quel est le résultat ? affermir ou affaiblir ? ; *cogitare utrum esset utilius, suisne servire an ...* Cic. *Verr.* 4, 73, se demander quelle était la situation la plus avantageuse pour eux, être asservis à leurs compatriotes ou ... ¶ 2 [adv. d'interr. double dir. et indir.] **a)** [dir.] *utrum ... an ?* est-ce que ... ou bien ? ; [indir.] si ... ou si, ▶ *an* **b)** *utrum* suivi de -*ne ... an*, même sens, ▶ *an* **c)** *utrum ... necne*, est-ce que ... ou non ? si ... ou non, ▶ *4 -ne* **d)** *utrumne ... an* = *utrum ... an* Cic. *Inv.* 1, 51 ; Hor. *Epo.* 1, 7 ; *S.* 2, 3, 251 ; 2, 6, 73 ; Sen. *Marc.* 12, 3 ; *Vit.* 23, 4 ; Quint. 12, 1, 40 ¶ 3 qqf. interr. simple **a)** [dir.] est-ce que ? : Cic. *Flac.* 45 ; *Top.* 25 ; Liv. 45, 39, 10 **b)** [indir.] si : Cic. *Verr.* 2, 167 ; Nep. *Eum.* 6, 1.

ŭtrumnam, adv. (*utrum*, cf. *ubinam*), ▶ *utrum* : *Liv. 37, 17, 10 ; Vulg. *1 Reg.* 10, 22.

ŭtrumne, ▶ *utrum*.

Utum, *i*, n., ville de Mésie : Anton. 221.

ŭtunto, ▶ *utor* ▶.

Utus, *i*, m., fleuve de Mésie [Vid] : Plin. 3, 149.

ŭtŭt (cf. *quisquis, ubiubi*), ▶ *ut* I A ¶ 2.

ūva, *ae*, f. (cf. ὄα, arm. *oigi*, rus. *jagoda*, it. *uva*) ¶ 1 raisin : Cic. *CM* 53 ; Cat. *Agr.* 24 ; Varr. *R.* 1, 54, 1 ; Virg. *G.* 1, 54 ‖ grappe de raisin : Prop. 3, 17, 18 ; Tib. 2, 1, 45 ¶ 2 vigne : Virg. *G.* 2, 60 ¶ 3 grappe d'autres fruits : Plin. 12, 48 ; 16, 120 ‖ grappe d'abeilles : Virg. *G.* 4, 558 ; Plin. 11, 55 ¶ 4 luette [anat.] : Cels. 7, 12, 3 ; Plin. 23, 129 ‖ poisson de mer : Plin. 9, 3 ; 32, 138.

Uvardo, ▶ *Wardo*.

ūvens, *tis*, f. l. pour *umens*.

ūvescō, *ĭs*, *ĕre*, -, - (cf. *umeo*), intr., devenir humide, moite : Lucr. 1, 306 ‖ s'humecter [le gosier] : Hor. *S.* 2, 6, 70.

ūvĭdĭtās, *ātis*, f., humidité : Cael.-Aur. *Diaet.* 68.

ūvĭdŭlus, *a, um* (dim. de *uvidus*), légèrement mouillé : Catul. 66, 63.

ūvĭdus, *a, um* (*uvesco, uvor, udus*) ¶ 1 humide, moite, mouillé : Pl. *Ru.* 942 ; Virg. *B.* 10, 20 ; Hor. *O.* 1, 5, 14 ‖ arrosé, rafraîchi : Hor. *O.* 4, 2, 30 ; Ov. *F.* 4, 686 ‖ qui a bu, humecté : Hor. *O.* 2, 19, 18 ; 4, 5, 39 ¶ 2 juteux : *poma uvidiora* Tert. *Jejun.* 1, 4, fruits plus juteux.

ūvĭfĕr, *ĕra, ĕrum* (*uva, fero*), qui porte du raisin : Fort. *Carm.* 7, 4, 7 ‖ qui produit de la vigne : Sil. 7, 207.

ūvŏr, *ōris*, m. (*uvesco, uvidus*), humidité, moiteur : Varr. *L.* 5, 104.

Uxăma, *ae*, f., ville de Tarraconaise [Osma] Atlas IV, B3 ; V, F1 : Plin. 3, 27 ‖ -ensis, e, d'Uxama : CIL 2, 3036.

Uxantis, *is*, f., île sur la côte de l'Armorique [auj. Ouessant] : Anton. 509.

Uxellŏdūnum, *i*, n., ville d'Aquitaine [auj. le Puy d'Issolu] Atlas I, C3 ; IV, A4 ; V, E2 : Hirt. *G.* 8, 32, 2.

uxŏr, *ōris*, f. (cf. *augeo*, scr. *ugra-s*, al. *wachsen*, et *soror* ; a. fr. *oissour*) ¶ 1 épouse, femme mariée, femme : *uxorem ducere*, se marier, ▶ *duco*, ou *adjungere*

Cic. *Fin. 3, 68*; **habere** Cic. *de Or. 2, 260*, avoir une femme, être marié; **uxore excĭdere** Ter. *And. 423*, se voir enlever sa femme ¶ **2** femelle des animaux: Hor. *O. 1, 17, 7*.

▶ orth. *uxsor* CIL *1, 1220* ‖ *voxor* dans certains mss: Pl. *Trin. 800*; *Truc. 515*.

uxorcula, *ae*, f. (dim. de *uxor*), [terme tantôt de tendresse, tantôt de moquerie]: Pl. *Cas. 844*; *916*; Varr. *Men. 116*; Apul. *M. 9, 5*; Hier. *Ep. 69, 3*.

uxōrĭus, *a*, *um* (*uxor*) ¶ **1** d'épouse, de femme mariée: **res uxoria** Cic. *Top. 66*, dot, apport matrimonial, cf. Cic. *Off. 3, 61* [mais Ter. *And. 829* = mariage] ¶ **2** faible pour sa femme, asservi à sa femme: Virg. *En. 4, 266*; **uxorius amnis** Hor. *O. 1, 2, 19*, fleuve [Tibre] trop dévoué à sa femme [Ilia].

Uzalis, *is*, f., ville d'Afrique, près d'Utique: Aug. *Civ. 22, 8, 22* ‖ **-lĭtānus**, *a*, *um*, d'Uzalis: Plin. *5, 29*; **-lensis**, *e*, Aug. *Civ. 22, 8, 3*.

Uzentĭni, *ōrum*, m. pl., habitants d'Uzentum, ville de Calabre [auj. Ugento] Atlas XII, F6: Plin. *3, 105*.

Uzitta (Uzita), *ae*, f., ville d'Afrique, dans la Byzacène: B.-Afr. *41, 2* ‖ **-ensis**, *e*, d'Uzitta: CIL *8, 68*.

V W

v, lettre ramique [v> *j*] employée depuis le 16ᵉ s. pour noter *u* consonne [v> *digammon*], valant d'abord /w/, puis /v/ à partir du 5ᵉ s., ce qui a entraîné une confusion fréquente avec *b*. *U* garde sa valeur consonantique /w/ dans les groupes *qu* et *gu* (après *n*) et dans l'initiale *su-* de *suadeo, suavis, suesco* ‖ [abréviations] = *vir, vivus, vixit, voto, vale, vales, verba*; [tard.] ***V. C.*** = *vir clarissimus*, clarissime; signe numérique ***V*** = cinq [la moitié de X]; v> *u*.

văbĕr, *bra, brum*, c> *vafer*: Gloss. 4, 576, 33.

Văcălus, *i*, m., v> *Vahalis*: *Caes. G. 4, 10, 1.

văcans, v> *vaco*.

văcantĕr, adv., surabondamment, inutilement: Gell. 17, 10, 16.

văcantīvus, *a, um*, surnuméraire: Lampr. Alex. 15, 3.

văcātĭo, *ōnis*, f. (*vaco*) ¶ **1** exemption, dispense: *dare vacationem sumptus, laboris, militiae, rerum denique omnium* Cic. Verr. 4, 23, exempter des frais, du travail, du service militaire, bref de toutes les charges, cf. Cic. Nat. 1, 53; Fam. 9, 6, 5; Phil. 5, 53; Caes. G. 6, 14 ‖ *a causis vacatio* Cic. Leg. 1, 11, dispense de prendre en main des causes; *ab belli administratione* Liv. 23, 32, 15, dispense de diriger la guerre ‖ *vacationem quominus... non habere* Cic. Brut. 117, n'être pas exempté, dispensé de ‖ *aetatis* Cic. Leg. 1, 10, exemption de l'âge, privilège de l'âge [à 60 ans les sénateurs avaient droit de ne plus assister aux délibérations et de prendre une sorte de retraite]; *adulescentiae vacationem deprecari* Cic. Cael. 30, réclamer pour qqn le bénéfice de la jeunesse = l'indulgence à laquelle elle a droit ¶ **2** [en part.] s.-ent. *militiae*, exemption des charges militaires: Cic. Nat. 2, 6; Att. 1, 19, 2; Liv. 8, 20, 3; *sublatis vacationibus* Cic. Phil. 5, 31, en supprimant les dispenses ¶ **3** argent donné pour être exempté, prix de la dispense: Tac. H. 1, 46; 1, 58 ¶ **4** action de s'abstenir: Aug. Psalm. 91, 2 ¶ **5** action de laisser libre cours à: Salv. Gub. 6, 11, 64 ¶ **6** absence de travail [Dieu avant la Création]: Aug. Civ. 11, 5 ‖ repos du 7ᵉ jour [dans la Création]: Aug. Civ. 11, 6.

▶ arch. *vocatio* CIL 1, 583, 77 (Lex Repetundarum).

1 vacca, *ae*, f. (expr., cf. scr. *vaśā*; fr. *vache*), vache, Varr. R. 2, 5, 6; Cic. Nat. 1, 77; Virg. En. 4, 61.

2 Vacca, *ae*, f. ¶ **1** ville de la Byzacène: B.-Afr. 74 ¶ **2** ville de Numidie: Sall. J. 29, 4; v> *Vaga*.

Vaccaei, *ōrum*, m. pl., Vaccéens [peuple de la Tarraconaise, près du Douro]: Cic. Planc. 84; Liv. 21, 5; 35, 7.

vaccillō, *ās, āre*, -, -, c> *vacillo*: Lucr. 3, 504.

vaccīnĭum, *ii*, n. (cf. ὑάκινθος), vaciet, myrtillier [arbuste]: Plin. 16, 77 ‖ myrtille, airelle [fruit du vaciet, servait à la teinture]: Virg. B. 2, 18.

vaccīnus, *a, um* (*vacca*; it. *vaccina*), de vache: Plin. 28, 185.

Vaccĭus, *ĭi*, m., nom d'homme: Varr. R. 2, 1, 7.

1 vaccŭla, *ae*, f. (dim. de *vacca*), petite vache: Catul. 20, 14.

2 Vaccŭla, *ae*, m., nom d'homme: CIL 2, 4279.

Vaccus, *i*, m., Vitruvius Vaccus [s'étant mis à la tête des Privernates, en lutte contre les Romains, eut la maison qu'il possédait à Rome abattue et détruite]: Liv. 8, 19, 4; *Vacci prata* Cic. Dom. 101, le pré de Vaccus [emplacement de la maison devenue propriété publique].

văcĕfīō, -, *fĭĕrī*, -, pass., devenir vide: Lucr. 6, 1005; 1017.

1 văcerra, *ae*, f. (empr.; cf. *acerra*), pieu, poteau: Col. 9, 1, 3 ‖ [fig.] souche, bûche [homme stupide]: Andr. Com. 7.

2 Văcerra, *ae*, m., nom d'un jurisconsulte du temps de Cicéron: Cic. Fam. 7, 8, 2 ‖ autre du même nom: Mart. 8, 69.

văcerrōsus, *a, um* (*vacerra*), stupide, insensé: August., Suet. Aug. 87.

Văchălis, *is*, m., v> *Vahalis*: Sidon. Carm. 13, 31.

Vachati, *ōrum*, m. pl., peuple d'Éthiopie: Plin. 6, 194.

Vacĭānae, *ārum*, f. pl., ville de Gaule [auj. Baix]: Itin. Burdig. 5, 9.

văcillātĭo, *ōnis*, f. (*vacillo*), balancement: Quint. 11, 3, 128; Suet. Cl. 21.

văcillātŏr, *ōris*, m., un fourbe, un imposteur: *Gloss. 2, 203, 46; *Not. Tir. 70.

văcillō, *ās, āre, āvī, ātum* (expr., dim., cf. *vagus*?), intr., vaciller, branler, chanceler [pr. et fig.]: *ex vino* Cic. d. Quint. 8, 3, 66, chanceler sous le coup de l'ivresse; *in utramque partem* Cic. Brut. 216, se balancer de gauche à droite; *vacillantibus litterulis* Cic. Fam. 16, 15, 2, avec une petite écriture toute tremblée ‖ *justitia vacillat* Cic. Off. 3, 118, la justice chancelle, cf. Cic. Nat. 1, 107; Fin. 1, 66; Phil. 3, 31; *sumptibus in vetere alieno vacillant* Cic. Cat. 2, 21, par suite de leurs dépenses ils trébuchent dans de vieilles dettes [ils ne peuvent retrouver leur équilibre].

văcīvē, adv. (*vacivus*), à loisir: Phaed. 4, pr. 14.

văcīvĭtās, *ātis*, f. (*vacivus*), défaut, manque de qqch.: Pl. Curc. 319.

văcīvus, *a, um* (*vaco, vacuus*; esp. *vacío*), vide: *aedes vacivae* Pl. Cas. 596, maison vide ‖ [avec gén.] dépourvu de: Pl. Bac. 154; *tempus vacivum laboris* Ter. Haut. 90, moments de loisir.

▶ arch. *vocivus* Pl. Trin. 11.

văcō, *ās, āre, āvī, ātum* (cf. *vanus*, ombr. *vasetom*, hit. *wak-* faire défaut; esp. *vagar*), intr.

I être vide ¶ **1** être libre, inoccupé, vacant: *tota domus superior vacat* Cic. Att. 12, 10, tout le haut de la maison est vide; *noluit locum vacare* Caes. G. 1, 28, 4, il ne voulut pas laisser la région inhabitée, cf. G. 4, 3, 1 ‖ pl. n., *vacantia* Tac. An. 3, 28, les biens vacants [mais Gell. 6, 5, 6 = choses sans emploi, inutiles] ¶ **2** [avec abl.] être libre de, être sans: *mens vacans corpore* Cic. Nat. 1, 25, intelligence incorporelle, cf. Nat. 2, 64; Tusc. 1, 65; *culpa vacare* Cic. Fam. 7, 3, 4, être sans faute, n'avoir rien à se reprocher; *omni animi perturbatione* Cic. Tusc. 4, 8, être exempt de toute passion ‖ [avec *ab*] *haec a custodiis classium loca vacabant* Caes. C. 3, 25, 4, ces parages n'étaient pas gardés par les flottes Caes. C. 3, 76, 3, n'avoir pas à travailler à un retranchement; *nullum tempus illi umquam vacabat a forensi dictione* Cic. Brut. 272, il ne laissait passer aucun moment sans parler au forum, cf. Cic. Dej. 27; Div. 2, 7; *a culpa* Sen. Ep. 97, 1, n'être pas coupable.

II être inoccupé, oisif ¶ **1** être de loisir: *si ne tu quidem vacas* Cic. Fam. 12, 30, 1, si toi non plus, tu n'a pas de loisir, cf. Cic. Att. 12, 38, 2; Hor. Ep. 2, 2, 95 ¶ **2** *vacare alicui rei*, avoir des loisirs pour qqch.: *philosophiae* Cic. Div. 1, 10, avoir du loisir pour la philosophie ‖ [avec *ad*] Sen. Ep. 49, 9; [avec in acc., poét.] Ov. Pont. 3, 3, 36; [d'où] vaquer à qqch., donner son temps à qqch., s'occuper de qqch., dans Sen., Tac., Plin., Quint.; *corpori* Plin. Ep. 9, 1, 4, exercer son corps; *foro* Quint. 10, 1, 114, se consacrer au barreau; *dis-*

cendo juri Quint. 12, 1, 10, s'occuper de l'étude du droit∥ donner son temps à qqn, être libre pour qqn : Sen. Brev. 2, 5∥ [avec inf.] s'occuper de : Stat. Th. 8, 186. **III** [impers.] le temps ne manque pas, il y a loisir, il est loisible ¶**1** [avec inf.] *elegiam vacabit in manus sumere* Quint. 10, 1, 58, nous aurons le temps d'aborder l'élégie, cf. Virg. En. 1, 373 ; *nobis venari non vacat* Plin. Ep. 9, 16, 1, nous n'avons pas le loisir de chasser, cf. Ov. Tr. 2, 216 ; M. 5, 334 ¶**2** [abs^t] *tu, cui vacat* Plin. Ep. 1, 10, 11, toi, qui as le temps, cf. Plin. Ep. 8, 15, 1 ; *dum vacat* Ov. Am. 3, 170, pendant que loisir il y a, cf. Juv. 1, 21 ¶**3** être inutile, vain, sans objet : Aug. Civ. 1, 10 ∥ n'avoir pas de sens : Aug. Conf. 6, 11, 19.
▶ arch. *voco* Pl. Cas. 527 [jeu de mots sur *voco*, être vide et *voco*, appeler].

văcŭātus, *a, um*, part. de *vacuo*.

văcŭē, adv. (*vacuus*), vainement, futilement : Arn. 3, 35.

văcŭēfăcĭō, *ĭs, ĕre, fēcī, factum* (*vacuus, facio*), tr., rendre vide, vider : Nep. Timol. 3, 2 ; Cim. 2, 5 ; Cic. Cat. 1, 14 ; *adventu tuo ista subsellia vacuefacta sunt* Cic. Cat. 1, 16, ton arrivée a vidé ces banquettes ; *fasces securibus* Val.-Max. 4, 1, 1, dégarnir les faisceaux de leurs haches ∥ [fig.] rendre inutile : Lact. Inst. 4, 17, 1.

văcŭĭtās, *ātis*, f. (*vacuus*) ¶**1** espace vide : Vitr. 2, 7, 2 ¶**2** absence de qqch. : *doloris* Cic. Fin. 2, 16, absence de douleur, cf. Cic. Fin. 1, 37 ; Tusc. 5, 42 ; *ab angoribus* Cic. Off. 1, 73, absence [exemption] de tourments ∥ *consulum* Brut. Fam. 11, 10, 2, absence de consuls = vacance du consulat ¶**3** temps libre, loisir : Vulg. Eccli. 38, 25.

Văcūna, *ae*, f. (*vaco*), déesse du repos des champs, honorée chez les Sabins : Hor. Ep. 1, 10, 49 ; Ov. F. 6, 307 ; Plin. 3, 109 ∥ **-ālis**, *e*, de Vacuna : Ov. F. 6, 308.

văcŭō, *ās, āre, āvī, ātum* (*vacuus*), tr., rendre vide, vider : Lucr. 6, 1023 ; Col. 3, 13, 10 ; Mart. 11, 5, 6 ; *colūs* Sidon. Carm. 22, 197, dégarnir la quenouille en filant ; [avec abl.] *sanguine vacuatus* Ps. Aur.-Vict. Ep. 43, 4, vidé de son sang.

văcŭus, *a, um* (*vacco, vacivus*, cf. ambiguus ; esp. *hueco*) ¶**1** vide, inoccupé : *vacua castra* Caes. G. 7, 45, camp vide ; subst. n., *vacuum*, le vide : Lucr. 1, 367 ; *per vacuum* Hor. Ep. 1, 19, 21, dans une région inoccupée ∥ [avec abl.] *nihil igni vacuum* Cic. Tim. 13, rien qui soit exempt de feu ; *moenia vacua defensoribus* Liv. 42, 63, 6, murs sans défenseurs ∥ [avec *ab*] *oppidum vacuum ab defensoribus* Caes. G. 2, 12, ville sans défenseurs, cf. Cic. Verr. 4, 3 ; Liv. 37, 17, 6 ∥ [avec gén.] *ager frugum vacuus* Sall. J. 90, 1, champ sans moissons ; *litterae rerum vacuae* Tac. An. 15, 8, lettre vide (dépourvue de faits) ¶**2** libre **a)** sans maître, vacant : *vacua possessio regni* Caes. C. 3, 112, possession du royaume vacante, trône vacant,

cf. Cic. de Or. 3, 122 ; Amer. 26 ; Tull. 17 ; *in vacuum venire* Hor. S. 2, 5, 50, ou pl. n., *in vacua* Cic. Off. 1, 21, venir dans un bien sans propriétaire **b)** [en parl. d'une femme] libre, qui n'a pas de mari, veuve : Tac. An. 13, 44 ; Ov. M. 14, 831 ¶**3** [fig.] libre de, débarrassé de, sans **a)** [avec abl.] *curis vacuus* Cic. Div. 2, 27, sans soucis, cf. Cic. Fin. 2, 30 ; 4, 12 ; Tusc. 3, 9 **b)** [avec *ab*] *nulla hora vacua a furto* Cic. Verr. 1, 34, pas une heure qui n'ait son vol, qui soit sans un vol, cf. Cic. Brut. 309 ; Inv. 2, 24 ; *ab omni molestia vacuus* Cic. Fam. 11, 16, 1, libre de toute inquiétude, cf. *omni tributo vacui* Tac. An. 12, 61 ; *vacui a tributis* Tac. An. 12, 34, exempts de tout tribut, de tribut **c)** [avec gén.] Hor. S. 2, 2, 119 ; Ov. M. 6, 541 ¶**4** libre de toute occupation, libre, inoccupé, de loisir : *quoniam vacui sumus* Cic. Leg. 1, 13, puisque nous avons du temps, cf. Cic. Brut. 20 ; *aures vacuae atque eruditae* Quint. 10, 1, 32, des oreilles d'hommes de loisir et de connaisseurs ∥ *vacui dies, vacuum tempus* Cic. Verr. prim. 56 ; Att. 2, 23, 1, jours libres, moments de loisir, cf. Liv. 3, 28, 7 ∥ [poét.] *vacuum Tibur* Hor. Ep. 1, 7, 45, Tibur paisible, cf. Hor. Ep. 2, 2, 81 ¶**5** libre de préoccupation : *animus vacuus et solutus* Cic. Verr. prim. 26, l'esprit libre et dégagé, à l'aise, cf. Cic. Att. 12, 38, 3 ; *animo vacuus* Sall. J. 52, 6, sans préoccupation [ou] *animi vacuus* Stat. Th. 5, 644 ; [en part.] le cœur libre, sans amour : Hor. O. 1, 5, 10 ; 1, 6, 19 ∥ *vacuum est*, avec inf., on a le loisir de, on est libre de : Sall. H. 1, 12 ; Tac. H. 2, 38 ¶**6** libre = ouvert, accessible : [sans défenseurs] *impetus fit in vacuam rempublicam* Sall. C. 52, 23, on se rue sur la république abandonnée, cf. Liv. 23, 2, 7 ; *vacuum mare* Tac. H. 2, 14, mer libre (non gardée), cf. 3, 2 ; 3, 47 ∥ *vacuae aures* Hor. Ep. 1, 16, 26, oreilles disposées à écouter ∥ *vacua Romanis vatibus aedes* Hor. Ep. 2, 2, 94, le temple ouvert aux poètes romains ¶**7** vide = sans réalité, vain, sans valeur : *vacua nomina* Tac. H. 1, 30, des noms vides, de vains noms, cf. Gell. 11, 15, 6 ∥ vaniteux : Hor. O. 1, 18, 15.

▶ *vacuissimus* Ov. Pont. 3, 1, 141.

1 Vada, *ae*, f., ville de Belgique : Tac. H. 5, 20.

2 Văda, *ōrum*, n. pl. (s.-ent. *Sabatia* ou *Sabatium*), v. ▶ *Sabatia* : Plin. 3, 132 ; 3, 48 ∥ *Vada Volaterra* et abs^t, *Vada*, port d'Étrurie [près de Volterra] : Plin. 3, 50.

Vadaei, *ōrum*, m. pl., peuple d'Arabie Heureuse : Plin. 6, 155.

vădātus, *a, um*, part. de *vador*.

Vadĭmōnis lacus, m., lac de Vadimon [Étrurie] Atlas XII, D3 : Liv. 9, 39, 5 ; Plin. 2, 209 ; Plin. Ep. 8, 20, 3.

vădĭmōnĭum, *ĭī*, n. (1 *vas*, cf. *testimonium*), engagement pris en fournissant caution ; [quand il y a *in jus vocatio*, citation à comparaître devant le magistrat, la partie citée prend l'engagement avec caution, vadi-

monium, de comparaître à jour dit ; d'où] *vadimonium* = promesse de comparaître : *res esse in vadimonium coepit* Cic. Quinct. 22, on en vint à fournir les cautions, aux promesses de comparution ; *vadimonium tibi cum Quinctio nullum fuit* Cic. Quinct. 56, il n'y a pas eu d'engagement à comparaître entre Quinctius et toi ; *vadimonium promittere Lilybaeum* Cic. Verr. 5, 141, s'engager à comparaître à Lilybée ; *vadimonium sistere* Cic. Quinct. 29, produire l'engagement, fournir la caution qui répond de l'engagement ; *vadimonium constitutum* Cic. CM 21, engagement pris de comparaître : *concipere vadimonium* Cic. Q. 2, 13, 3, rédiger un engagement à comparaître : *ad vadimonium venire* Cic. Quinct. 67, se présenter suivant l'engagement pris ; *vadimonium deserere* Cic. Quinct. 75, faire défaut ; *vadimonia dilata* Cic. Quinct. 63, remises d'engagement à comparaître ∥ [en gén.] engagement : Plin. 18, 231.

vădis, gén. de *1 vas*.

1 vădō, *ās, āre*, -, - (*vadum*, cf. al. *waten* ; fr. *guéer*, it. *guadare*), tr., passer à gué : Veg. Mil. 2, 25.

2 vădō, *ĭs, ĕre*, -, - (cf. *vadum*, hit. *uwami* ; fr. *je vais*, it., esp. *vado*), intr., marcher, aller, s'avancer : *ad aliquem* Cic. Att. 4, 10, 2, aller trouver qqn ; *in hostem* Liv. 7, 24, 6, marcher contre l'ennemi ; *per hostes* Tac. H. 3, 41, passer à travers l'ennemi ; *cras mane vadit* Cic. Att. 14, 11, 2, il se met en route demain matin ∥ *in sententiam cursu vadere* Plin. 2, 23, se ranger au pas de course à un avis ∥ *circulus per medios Parthos vadit* Plin. 6, 213, ce cercle passe par le milieu de la Parthie.

▶ parf. *vasi* *Tert. Pall. 3, 5.

Vadomārĭus, *ĭī*, m., chef des Alamanni : Amm. 18, 2, 16.

vădŏr, *āris, ārī, ātus sum* (1 *vas*), tr., obliger qqn à comparaître en justice en lui faisant donner caution, assigner à comparaître : Pl. Pers. 288 ; Cic. Quinct. 61 ; Verr. 3, 38 ∥ abl. abs. n., *vadato* = caution ayant été fournie, après engagement pris ; *vadato respondere* Hor. S. 1, 9, 36, après engagement pris, répondre à l'appel de son nom ∥ *vădātus*, sens pass. [fig.] lié, engagé : Pl. Bac. 180 ; Apul. M. 11, 6, 5.

vădōsus, *a, um* (*vadum* ; it. *guadoso*, esp. *vadoso*), qui a beaucoup de gués, souvent guéable : Caes. C. 1, 25 ; Virg. En. 7, 728 ; *vadosissimus* Solin. 52, 16 ∥ *vadosae aquae* Luc. 8, 698, les bas-fonds ∥ *vadosa navigatio* Plin. 6, 99, navigation sur des bas-fonds.

vădum, *i*, n. (cf. 2 *vado* ; al. *waten* ; fr. *gué*, *Les Veys*) ¶**1** gué, bas-fond : *Rhodanus nonnullis locis vado transitur* Caes. G. 1, 6, le Rhône sur plusieurs points est guéable, cf. Caes. G. 5, 58 ; 7, 55 ; *piscis, qui vivit in vado* Cels. 2, 18, 9, le poisson qui vit dans les bas-fonds ; pl., Caes. G. 2,

9 ¶2 [fig.] **a)** bas-fonds, passe dangereuse : Cic. *Cael.* 51 **b)** endroit guéable = sécurité : Pl. *Aul.* 803, (cf. Pl. *Ru.* 170 ; Ter. *And.* 845) ¶3 fond de la mer, d'un fleuve : Hor. *Epo.* 16, 26 ; Ov. *F.* 4, 300 ; Plin. 32, 59 ‖ eaux, flots : Virg. *En.* 5, 158 ; 7, 198.

▶ *vadus*, m. Varr. d. Serv. *En.* 1, 111 ; Sall. *H.* 1, 108.

1 **vae**, interj. (cf. ὀά, scr. *uve*, al. *weh*, an. *woe* ; it. *guai*), las ! hélas ! ah ! ; Virg. *B.* 9, 28 ; Hor. *O.* 1, 13, 3 ‖ [avec dat.] *vae misero mihi !* Pl. *Amp.* 726, malheur à moi ! ; *vae illis miseris virgis, quae hodie in tergo morientur meo* Pl. *Cap.* 650, malheur à ces pauvres verges qui mourront aujourd'hui sur mon dos ; *vae victis !* Liv. 5, 48, 9, malheur aux vaincus ! ‖ [avec acc.] Pl. *As.* 481 ; Catul. 8, 15 ; Sen. *Apoc.* 4, 3 ‖ subst. indécl., cris, lamentations, malheurs : Vulg. *Ezech.* 2, 9.

2 **vae-**, mauv. orth. de 2 *ve-*.

văfellus, *a*, *um* (dim. de *vafer*), assez fin, assez rusé, finaud : P. Fest. 7, 3.

văfer, *fra*, *frum* (empr. osq.), fin, rusé, subtil, habile, adroit : Cic. *Off.* 3, 57 ; *Nat.* 1, 85 ; *Att.* 1, 19, 8 ; *vafrum jus* Hor. *S.* 2, 2, 131, les subtilités du droit [les détours de la chicane], cf. Sen. *Ep.* 48, 5 ; Gell. 7, 3, 34 ‖ *-frior* Hier. *Ep.* 38, 5 ; *-ferrimus* Cic. *Nat.* 1, 39.

văfrāmentum, *i*, n. (*vafer*), ruse, adresse : Val.-Max. 7, 3, 2.

văfrē, adv. (*vafer*), avec ruse : Cic. *Verr.* 2, 132.

văfrĭtĭa, *ae*, f. (*vafer*), finesse [d'esprit] : Sen. *Ep.* 49, 7.

Văga, *ae*, f., ville de Numidie [Béja] : Sall. *J.* 29, 4 ; 47, 1 ‖ *Vagense oppidum*, nom de deux villes différentes de la Province d'Afrique : Plin. 5, 2 et 5, 30 ‖ **-genses**, *ĭum*, m. pl., habitants de Béja : Sall. *J.* 66, 2.

văgābundus, *a*, *um* (*vagor*), vagabond, errant : Aug. *Conf.* 5, 6, 10 ‖ [fig.] qui gagne, qui se propage [flamme] : Solin. 5, 24.

văgātĭo, *ōnis*, f. (*vagor*), vie errante : Apul. *Socr.* 15 ‖ [fig.] changement : Sen. *Nat.* 3, 18, 1.

1 **văgātus**, *a*, *um*, part. de *vagor*.

2 **văgātŭs**, *ūs*, m., ◉▸ *vagatio* : Aug. *Jul. op. imp.* 4, 38.

văgē, adv., çà et là, de côté et d'autre : Her. 4, 3 ; 4, 42 ; Liv. 26, 39, 22.

Văgĕdrūsa, *ae*, m., rivière de Sicile : Sil. 14, 229.

Văgellĭus, *ii*, m., nom d'homme : Juv. 16, 23.

Văgenni, *ōrum*, m. pl., ◉▸ *Bagenni*, *Vagienni* : *Sil. 8, 605.

Văgensis, *e*, ◉▸ *Vaga*.

Vagĭa, *ae*, m., fleuve de Lusitanie : Plin. 4, 113.

Văgienni, *ōrum*, m. pl., peuple ligure [Bene Vagienna] : *Varr. *R.* 1, 51, 2 ; ◉▸ *Bagenni*, *Vagenni*.

văgīna, *ae*, f. (empr. ; fr. *gaine*, esp. *vaina*) ¶1 gaine, fourreau [où était enfermée l'épée] : Caes. *G.* 5, 44, 8 ; Cic. *Inv.* 2, 14 ; Marc. 57 ; [fig.] Cic. *Cat.* 1, 4 ¶2 [en gén.] gaine, étui, enveloppe : Cic. *CM* 51 ; Plin. 11, 198.

văgīnŭla, *ae*, f. (dim. de *vagina*), balle du blé : Plin. 18, 61.

văgĭō, *īs*, *īre*, *īvī* ou *ĭī*, *ītum* (expr., cf. *vah*, *vapulo*), intr. ¶1 vagir, crier : Cic. *CM* 83 ; *Rep.* 2, 21 ‖ [animaux] : Mart. 3, 58, 37 ¶2 [poét.] retentir : Enn. *An.* 531.

văgītŭs, *ūs*, m. (*vagio*), vagissement, cri : Lucr. 5, 226 ; Virg. *En.* 6, 426 ; Quint. 1, 1, 21 ; Ov. *H.* 11, 85 ‖ [animaux] Ov. *M.* 15, 466 ‖ cri de douleur : Lucr. 2, 579.

văgō, *ās*, *āre*, *āvī*, -, ◉▸ *vagor* : Pacuv. *Tr.* 225 ; Acc. *Tr.* 236 ; Pl. *Mil.* 424.

1 **văgŏr**, *ārĭs*, *ārī*, *ātus sum* (*vagus*), intr. ¶1 aller çà et là, errer : *in agris* Cic. *Inv.* 1, 2, errer dans les champs ; *tota Asia, toto foro* Cic. *Phil.* 11, 6 ; *de Or.* 1, 184, aller et venir par [dans] toute l'Asie, par tout le forum ‖ *late vagatus est ignis* Liv. 5, 42, 2, le feu se répandit au loin ¶2 [fig.] **a)** se répandre, s'étendre au loin, circuler : *vagabitur tuum nomen longe atque late* Cic. *Marc.* 29, ton nom s'étendra au loin en tous sens, cf. Cic. *Rep.* 1, 26 ; 2, 7 **b)** errer, flotter : *errore vagari* Cic. *Off.* 2, 7, aller à l'aventure dans une course capricieuse = n'avoir pas de principes établis ‖ aller à l'aventure, sans ordre précis, prendre ses aises : Cic. *de Or.* 1, 209 ; *Rep.* 2, 22 ; *Tusc.* 3, 13 **c)** [style] = ne pas être soumis à la contrainte du rythme : Cic. *de Or.* 3, 176 **d)** *vagantes fabulae* Plin. 5, 31, récits flottants, contradictoires.

2 **văgŏr**, *ōris*, m., ◉▸ *vagitus* : Enn. *An.* 422 ; Lucr. 2, 576.

văgŭlātĭo, *ōnis*, f. (*vagio*), plainte criarde : Fest. 514, 6.

văgŭlus, *a*, *um* (dim. de *vagus*), errant, vagabond : Spart. *Hadr.* 25, 9.

văgus, *a*, *um* (peu sr, cf. *vacillo*, ἄγνυμι, al. *wanken* ; it. *vago*) ¶1 vagabond, qui va çà et là, qui va à l'aventure, errant : Cic. *Clu.* 175 ; *Rep.* 1, 40 ; *Att.* 7, 11, 5 ; *vagi per silvas* Quint. 8, 3, 81, errants à travers les bois ‖ *stellae quasi vagae* Cic. *Rep.* 1, 22, étoiles en qq. sorte vagabondes ; *vaga harena* Hor. *O.* 1, 28, 23, sable errant [à la merci du vent] ; *vaga fulmina* Ov. *M.* 1, 596, foudre sinueuse, aux feux épars ¶2 [fig.] **a)** flottant, inconstant, ondoyant : *vaga sententia* Cic. *Nat.* 2, 2, opinion flottante, cf. Cic. *Mil.* 69 ; *vaga puella* Prop. 1, 5, 7, jeune fille inconstante **b)** indéterminé, indéfini : *quaestio vaga* Cic. *de Or.* 2, 67, sujet indéfini **c)** [rhét.] libre d'allure, qui ne subit pas la contrainte du syllogisme : Cic. *Brut.* 119 ‖ [style] livré au hasard, affranchi de toute loi : Cic. *Or.* 77 **d)** vaurien, de mauvaises mœurs : Tert. *Apol.* 3, 3.

vāh, interj. (onomat., cf. *vagio*), [exprimant l'étonnement, la douleur, la joie, la colère, le mépris, la menace] ah ! oh ! : Pl. *Curc.* 248 ; Ter. *Eun.* 730.

văha, ◉▸ *vah* : Pl. *Amp.* 580.

Văhălis, *is*, m., le Waal [nom d'un bras du Rhin, à son embouchure] : Tac. *An.* 2, 6, 4.

Vălămēr, *is*, m., roi des Goths, Sidon. *Carm.* 2, 225.

Valcum, *i*, n., ville de Pannonie : Anton. 233.

Valdasus, *i*, m., rivière de Pannonie : Plin. 3, 148.

valdē, adv. (sync. de *valide*), fort, beaucoup, grandement [avec les v., les adj. et les adv.] : Cic. *Att.* 13, 21, 3 ; *Rep.* 1, 61 ; *tam valde perhorrescere* Cic. *Fin.* 5, 31, redouter si fort ; *quam valde admurmuraverunt !* Cic. *Verr.* 5, 41, quelles protestations énergiques se firent entendre là-dessus ! ‖ Cic. *Rep.* 1, 66 ; *Ac.* 2, 98 ; *Har.* 6 ; *Fam.* 5, 17, 3 ; *valde vehementer* Cic. *Att.* 14, 1, 2, avec beaucoup de véhémence, cf. Cic. *Att.* 1, 17, 8 ; *Fam.* 1, 8, 7 ; *valde multum* Cic. *Q.* 3, 9, 9, extrêmement ; *valde quam* Brut. *Fam.* 11, 13, 3, même sens ; ◉▸ *quam* ¶9 ‖ *valdius* Hor. *Ep.* 1, 96 ; *valdissime* Sen. *Brev.* 8, 4 ‖ [dans une réponse] tout à fait, certainement : Pl. *Ps.* 344.

văle, **vălēte**, impér. de *valeo* ¶1 porte-toi bien, portez-vous bien [formule d'adieu] ‖ [en part. à la fin des lettres] adieu ‖ *aeternum vale !* Virg. *En.* 11, 98, adieu à jamais ! ¶2 [fig.] *valete curae !* Petr. 79, 8, adieu les soucis ! foin des soucis ! ¶3 [pris subst] *supremum vale dicere* Ov. *M.* 10, 62, dire le dernier adieu, cf. Ov. *H.* 13, 14.

▶ *bene vale* se trouve d. Pl. *Amp.* 499 ; *Cap.* 452 ; Curius *Fam.* 7, 29, 2 ; Mat. *Fam.* 11, 28, 8.

vălēdīcō, *ĭs*, *ĕre*, *dīxī*, - [ou en deux mots], intr., dire adieu, *alicui*, à qqn : Sen. *Ep.* 17, 11.

vălĕfăcĭō, *ĭs*, *ĕre*, -, -, intr., ◉▸ *valedico* : Apul. *M.* 4, 18 ; Aug. *Ep.* 65, 2.

1 **vălens**, *tis* (*valeo* ; fr. *vaillant*) ¶1 part. de *valeo* ¶2 adj[t] **a)** fort, robuste, vigoureux : Cic. *Agr.* 2, 84 ; *Verr.* 5, 142 **b)** bien portant, en bon état : Cic. *Fam.* 16, 9, 2 ; *Clu.* 27 ; *Att.* 2, 19 ; subst[t], *valentes* Cic. *Off.* 2, 15, les gens bien portants **c)** [médec.] énergique, efficace : Cels. 1, 3, 17 **d)** [fig.] puissant : *cum valentiore pugnare* Cic. *Fam.* 5, 21, 2, lutter avec plus fort que soi ; *Diodorus, valens dialecticus* Cic. *Fat.* 12, Diodore, dialecticien vigoureux ; *nec fraus valentior quam consilium meum* Cic. *Tim.* 40, et il n'y aura pas d'artifice plus fort que ma volonté ; *valentissimus* Cic. *Verr.* 5, 142.

2 **Vălens**, *tis*, m. ¶1 père d'un des Mercures : Cic. *Nat.* 3, 56 ¶2 empereur romain d'Orient, frère de Valentinien 1er

Valens

[Flavius Valens, 364-378, vaincu et tué à Andrinople] : Cod. Th. 11, 28, 9.

vălentĕr, adv. (*valens*), fortement, puissamment : Col. 1, 5, 9 ; Ov. M. 11, 481 ‖ [fig.] avec force, de façon expressive : Sen. Contr. 7, 7, 10 ; Val.-Max. 3, 7, 6.

1 vălentĭa, ae, f. (*valens, valeo*), force de corps, vigueur : Titin. Com. 127 ‖ courage : Macr. Somn. 2, 14, 27 ‖ faculté, capacité : Boet. Cons. 1, 1.

2 Vălentĭa, ae, f., Valentia [divinité d'Ocriculum] : Tert. Apol. 24, 8.

3 Vălentĭa, ae, f., Valence [ville de Tarraconaise et ville de Narbonnaise] Atlas I, D2 ; IV, C3 ; Plin. 3, 20 ; 3, 36 ‖ ville de Sardaigne Atlas XII, F1, v. *Valentini* ‖ **Vibo Valentia**, ville du Bruttium [auj. Monteleone] : Plin. 3, 73 ‖ ville de Maurétanie : Plin. 5, 5 ‖ district de Bretagne [sud de l'Écosse] : Amm. 28, 3, 7.

4 Vălentĭa, ae, f. (cf. ῥώμη force), nom secret de Rome : Ps. Serv. En. 1, 273.

Vălentīna, f., Valence [dans la Viennoise] : Sidon. Ep. 6, 12, 8.

Vălentīni, ōrum, m. pl., habitants de Vibo Valentia : Cic. Verr. 5, 40 ‖ habitants de Valentia [Sardaigne] : Plin. 3, 85.

Vălentīnĭāni, ōrum, m. pl., sectateurs de Valentin : Tert. Val. 1, 1 ; Lact. Inst. 4, 30, 10.

Vălentīnĭānus, i, m., Valentinien I[er], empereur d'Occident [Flavius Valentinianus, 364-375] : Amm. 16, 1, 6 ‖ son fils Valentinianus II (388-392) : Amm. 30, 10, 4 ‖ Valentinien III, fils de Constance III et de Galla Placidia, empereur d'Occident [Flavius Placidius, 425-455] : Jord. Rom. 328.

Vălentīnum, i, n., ville de Ligurie [auj. Valenza] : Plin. 3, 49.

Vălentīnus, i, m., Valentin, gnostique du 2e siècle : Tert. Val. 4, 1.

Vălentĭo, ōnis, m., surnom d'homme : CIL 6, 1125.

Vălentĭus, ĭi, m., nom d'homme : Cic. Verr. 4, 58.

vălentŭlus, a, um (dim. de *valens*), assez bien portant : Pl. Cas. 852.

vălĕō, ēs, ēre, ŭī, ĭtum (cf. al. *walten*, rus. *vlad-*, bret. *glad* pays, toch. A *wäl* roi fr. *valoir*), intr. ¶ **1** être fort, vigoureux : *plus potest, qui plus valet* Pl. Truc. 812, il peut le plus, celui qui est le plus fort, cf. Pl. Amp. 1103 ; *ubi vitis valebit* Cat. Agr. 33, 3, quand le cep sera fort [dans ce sens v. *valens*, très employé par Cic.] ‖ [avec inf.] avoir la force de : Lucr. 6, 1087 ; Hor. O. 1, 34, 12 ; P. 40 ; Ov. M. 13, 393 ; Suet. Galb. 21 ¶ **2** [métaph.] être fort, puissant, avoir de la valeur : *velocitate ad cursum, viribus ad luctandum valere* Cic. Off. 1, 107, être bon pour la course par l'agilité = avoir la vitesse pour courir, la force pour lutter ; *amicis* Cic. Att. 4, 16, 6, être puissant par ses amitiés ; *auctoritate* Cic. Leg. 3, 38, être puissant par son influence ; *pedestribus copiis* Caes. G. 2, 17, 4, devoir sa force à l'infanterie ; *equitatu multum* Caes. C. 1, 61, 2 ; *plurimum* Caes. G. 3, 20, 3, être très fort [l'emporter] surtout par la cavalerie ; *plus armis, potentia valere* Cic. Fam. 1, 7, 10, avoir une supériorité par la force des armes, par le pouvoir politique ; *apud aliquem multum, plus, minus* Cic. Verr. 5, 112, avoir sur qqn beaucoup, plus, moins d'influence ; *praemia apud me minimum valent* Cic. Fam. 1, 9, 11, les récompenses n'ont pas la moindre valeur pour moi, cf. Cic. Verr. 5, 165 ; *valet multum ad vincendum probari mores…* Cic. de Or. 2, 182, il est très efficace pour gagner dans un procès qu'on ait une bonne opinion du caractère…, cf. Cic. Div. 2, 97 ; Caes. G. 6, 30 ; *nihil putas valere in judiciis conjecturam* Cic. Verr. 3, 146, tu crois que dans les actions judiciaires les conjectures sont sans valeur ; *illa obnuntiatio id valuit, ut* Cic. Div. 1, 30, cette opposition au nom des présages eut cet effet que ; *ignari quid virtus valeret* Cic. Sest. 60, ignorant le pouvoir de la vertu ‖ *valuit auctoritas* Cic. Tusc. 2, 53, l'exemple fut efficace ; *mos majorum, ut lex, valebat* Cic. Leg. 2, 23, l'usage des ancêtres avait force de loi ; *ratus repentinum valiturum terrorem* Liv. 44, 31, 6, pensant qu'un effroi soudain aurait de l'effet, serait efficace ¶ **3** [fig.] **a)** s'établir, se maintenir, régner : *in volgus insipientium opinio valet honestatis* Cic. Tusc. 2, 63, dans la masse des ignorants prévaut une idée du bien ; *in aliquo diuturna valet opinio tarditatis* Cic. de Or. 1, 125, sur qqn pèse pour longtemps une réputation d'incapacité **b)** avoir trait à, viser à : *id eo valet, ut* Cic. Nat. 3, 5, cela vise à ce que, cf. Nep. Them. 4, 4 ; *id responsum quo valeret, cum intellegeret nemo* Nep. Them. 2, 7, comme personne ne comprenait le sens de cette réponse ; *nescis quo valeat nummus* Hor. S. 1, 1, 73, tu ne sais pas la destination de l'argent ‖ [en part.] *valere in aliquem*, viser qqn, s'adresser à qqn : *definitio valet in omnes* Cic. Leg. 1, 29, la définition vaut pour tous, cf. Cic. Div. 2, 116 ; Liv. 7, 6, 11 **c)** valoir [argent] : Varr. L. 5, 173 ; Liv. 38, 11, 8 ; Plin. 33, 47 **d)** avoir une signification, un sens [mot] : *verbum Latinum idem valet* Cic. Fin. 2, 13, le mot latin a le même sens, cf. Cic. Tusc. 5, 24 ; Top. 34 ; Off. 3, 39 ; *Becco, id valet gallinacei rostrum* Suet. Vit. 18, Becco, cela signifie bec de coq **e)** [avec inf.] pouvoir, être en état de : Lucr. 1, 108 ; 3, 257 ; Hor. Epo. 16, 3 ; S. 1, 1, 13 ; Tib. 4, 1, 55 ; Liv. 38, 23, 4 ; Suet. Caes. 79 ; Plin. 34, 77 ¶ **4 a)** se porter bien, être en bonne santé : *qui valuerunt* Cic. Clu. 195, ceux qui étaient en bonne santé ; *corpore valere* Cic. Brut. 77, être bien portant physiquement ; *bene* Cic. Dom. 37 ; *optime* Cic. Fin. 2, 43 ; *recte, melius* Cic. Fam. 11, 24, 1, être en bonne, en excellente santé, en meilleure santé ‖ [abrév.en tête de lettre] **S. V. B. E. E. V.** = *si vales, bene est, ego valeo*, si tu vas bien, tant mieux, moi, je vais bien : Cic. Fam. 13, 6 ; 14, 11 ‖ [pass. impers.] *ut valetur ?* Pl. Pers. 309, comment se porte-t-on ? comment cela va-t-il ? **b)** [formule d'adieu] v. *vale, valete* **c)** [fin de lettre] : *cura ut valeas* Cic. Fam. 7, 15, 2, prends soin de ta santé ; *tu me diliges et valebis* Cic. Fam. 9, 22, 5, aime-moi et porte-toi bien **d)** [pour repousser qqch.] : *si talis est deus, valeat !* Cic. Nat. 1, 124, si dieu est ainsi, bonsoir! ; *valeat res ludicra, si…* Hor. Ep. 2, 1, 180, adieu le théâtre, si… ; *quare ista valeant* Cic. Att. 16, 5, 5, laissons donc tout cela de côté.

▶ *valen* = *valesne* Pl. Trin. 50.

1 vălĕrĭa ăquĭlă, ae, f., f. l. pour *leporaria*.

2 Vălĕrĭa, ae, f., nom de femme : Plin. 7, 69 ; 34, 29.

3 Vălĕrĭa, ae, f. ¶ **1** ville, v. *Valerienses* ¶ **2** district de Pannonie : Amm. 19, 11, 4.

1 vălĕrĭānus, i, m., un valérien [pièce de monnaie à l'effigie de Valérien] : Treb. Claud. 17, 7.

2 Vălĕrĭānus, i, m., Valérien, empereur romain [253-260, fait prisonnier par les Perses] : Treb. Val. 1.

Vălĕrĭenses, ĭum, m. pl., habitants de Valéria [Valera, ville de la Tarraconaise] : Plin. 3, 25.

Vălĕrĭus, ĭi, m., nom de famille rom.; not[t] P. Valérius, fils de Volusus Publicola [qui fut associé avec Brutus dans l'expulsion des Tarquins] : Cic. Rep. 2, 55 ; Liv. 1, 58 ; 2, 2 ‖ **Valerius Antias**, Valérius d'Antium, un des plus anciens historiens latins : Gell. 1, 7, 10 ‖ Valérius Flaccus, poète épique latin : Quint. 10, 1, 90 ‖ **-ānus**, a, um, de Valérius : Sall. H. 3, 33 d. Non. 553, 23 ; *Valeriani*, m. pl., soldats de Valérius : Liv. 6, 9, 11 ‖ **-ĭus**, a, um, de Valeria : Cic. Agr. 3, 6, loi Valéria.

▶ gén. arch. *Poplioso Valesiosio* CIL 1, 2832 a, " de Publius Valérius ".

Vălĕrus, i, m., guerrier rutule : Virg. En. 10, 752.

vălescō, ĭs, ĕre, lŭī, - (inch. de *valeo*), intr., devenir fort, vigoureux : Lucr. 1, 942 ; 4, 17 ‖ [fig.] Tac. An. 2, 39 ; H. 1, 32.

vălēte, v. *vale*.

Vălētĭum, ĭi, n., ville de Calabre : Mel. 2, 66.

vălētūdĭnārĭum, ĭi, n., infirmerie, hôpital : Sen. Ir. 1, 16, 4 ; Ep. 27, 1 ; Tac. D. 21 ‖ infirmerie [militaire] : Ps. Hyg. Mun. castr. 4 ; 35 ; Dig. 50, 6, 6.

vălētūdĭnārĭus, a, um (*valetudo*), malade : Varr. R. 2, 1, 15 ; Sen. Ir. 3, 33, 3 ‖ subst. m., un malade : Sen. Ben. 1, 11, 6.

vălētūdo, ĭnis, f. (*valeo*) ¶ **1** état de santé, santé : *integra valetudine esse* Cic. Or. 76, être en parfaite santé ; *bona valetudo* Cic. Lae. 20, bonne santé ; *optima valetudine uti* Caes. C. 3, 49, 5 ; *valetudine minus commoda uti* Caes. C. 3, 62, 4, se porter à merveille, être souffrant: *incommoda valetudo* Cic. Att. 5, 8, 1; *infirma, aegra* Cic. Brut. 180, santé mauvaise, chancelante, maladive; *tenuis aut nulla potius* Cic. CM 35, santé délicate ou plutôt absence de santé; *oro, ut valetudini tuae servias* Cic. Q. 1, 1, 46, je te prie de soigner ta santé ‖ [fig.] *mala valetudo animi* Cic. Tusc. 4, 80, mauvaise santé de l'esprit; [style] Cic. Brut. 64 ¶2 bonne santé: Cic. Lae. 22; Off. 2, 86; de Or. 1, 262; Hor. Ep. 1, 4, 10; *valetudinem amittere* Cic. Fam. 9, 18, 3, perdre la santé ¶3 mauvaise santé, maladie, indisposition: *quodam valetudinis genere tentari* Cic. Att. 11, 23, 1, être affecté d'une sorte de malaise, cf. Caes. C. 1, 31; 3, 2; *excusatione uti valetudinis* Cic. Pis. 13, alléguer sa santé comme excuse, cf. Cic. Lae. 8; Fam. 4, 1, 1; *valetudo oculorum* Cic. Fam. 14, 4, 6, mauvais état des yeux; *subsidia valetudinum* Cic. Tusc. 5, 113, secours dans les infirmités.

▶ qqf. *valitudo* d. les mss.

valgĭtĕr, adv. (*valgus*), en avançant [lèvres]: Petr. Frg. 11.

Valgĭus, *ĭi*, m., nom de famille rom.; not' le beau-père de Rullus: Cic. Agr. 3, 3 ‖ Valgius Rufus [poète du siècle d'Auguste]: Hor. S. 1, 10, 82; Tib. 4, 1, 180 ‖ rhéteur, disciple d'Apollodore: Quint. 3, 1, 8.

1 **valgus**, *a, um* (peu clair, cf. *varus*), bancal, qui a les jambes tournées en dehors: Nov. Com. 60; Pl. d. Fest. 514, 14 ‖ *valga savia* Pl. Mil. 94, baisers donnés avec une moue disgracieuse.

2 **Valgus**, *i*, m., nom d'homme: CIL 1, 1547.

vălĭdē, adv. (*validus*), beaucoup, fortement, grandement: Pl. Merc. 42; Amp. 1062 ‖ parfaitement, oui, sans doute, à merveille [dans le dialogue]: Pl. Ps. 344; ▶ *valde* ‖ *-dius* Plin. 28, 20; *-issime* Cael. Fam. 8, 2, 1; Plin. Ep. 9, 35, 1.

vălĭdĭtās, *ātis*, f. (*validus*), force, vigueur [pr. et fig.]: Ps. Apul. Ascl. 33; Ambr. Abr. 2, 11, 84.

vălĭdō, *ās, āre, -, -* (*validus*), tr., fortifier [fig.], rétablir: Cassiod. Or. frg. p. 479, 11.

vălĭdus, *a, um* (*valeo*), fort, robuste, vigoureux: *homines validi* Pl. Amp. 159, des hommes vigoureux; *validae turres* Lucr. 5, 1440, tours solides ‖ *urbs valida et potens* Cic. Rep. 2, 4, ville forte et puissante; *ducibus validiorem quam exercitu rem Romanam esse* Liv. 2, 39, 4, que Rome tire sa force plutôt de ses généraux que de son armée; *spernendis rumoribus validus* Tac. An. 3, 10, fort pour mépriser les rumeurs; *orandi validus* Tac. An. 4, 21, puissant comme orateur ‖ bien portant: Cic. Fam. 16, 4, 3; Liv. 3, 13, 2 ‖ efficace, puissant, qui agit avec force [poison, remède]: Tac. An. 13, 15; Plin. 23, 67; Ov. M. 15, 533; *usus validissimus* Plin. 18, 74, usage souverain ‖ fort, puissant [style]: Quint. 12, 10, 63 ‖ violent, impétueux [vent, fleuve]: Lucr. 6, 137; 1, 291; 1, 300 ‖ [avec inf.] assez fort pour, capable de: Plin. 16, 222.

vălĭtō, *ās, āre, -, -* (fréq. de *valeo*), intr., être en bonne santé: Gloss. 4, 294, 36.

vălĭtūdo, *ĭnis*, ▶ *valetudo*.

vălĭtūrus, *a, um*, part. fut. de *valeo*.

Vallaei, *ōrum*, m. pl., habitants de Valles [ville de Macédoine]: Plin. 4, 34.

vallāris, *e* (*vallum*), de rempart, de retranchement: *vallaris corona* Liv. 10, 46, 3, couronne murale [décernée à celui qui est entré le premier dans les retranchements ennemis], cf. Liv. 30, 28, 6; Plin. 16, 7.

vallātĭō, *ōnis*, f. (*vallo*), palissade: Hilarian. Mund. 3.

vallātus, *a, um*, part. de *vallo*.

Vallĕbāna, *ae*, f., ville d'Aquitaine [auj. Valbone]: Aus. Epigr. 64 (69), 1.

vallēcŭla, *ae*, f. (dim. de *vallis*), petite vallée, vallon: P. Fest. 37, 8; Serv. En. 11, 522.

vallēmātĭa, ▶ *ballematia*.

Vallenses, *ĭum*, m. pl., habitants de la vallée Pennine [Valais]: CIL 12, 5529.

valles, ▶ *vallis*.

vallesit (cf. *vulnus*?, al. *Qual, an. qualm*?), ▶ *perierit*, il sera perdu: P. Fest. 519, 3.

vallestris, *e* (*vallis*), situé dans une vallée: Ambr. Ep. 30, 3 ‖ subst. n. pl., vallée, régions de la vallée: Ambr. Hex. 3, 3, 14.

Valli, *ōrum*, m. pl., peuple entre le Pont-Euxin et la mer Caspienne: Plin. 8, 30 ‖ ville de la Zeugitane: Anton. 25.

Vallĭa, *ae*, m., Wallia, roi des Visigoths d'Espagne [415-419]: Sidon. Carm. 2, 363.

vallĭcŭla, *ae*, f. (dim. de *vallis*; a. fr. vaucelle), ▶ *vallecula* ‖ [fig.] petit enfoncement: Vulg. Lev. 14, 37.

Vallĭo, *ōnis*, m., nom d'homme: CIL 13, 1976.

vallis (**vallēs**), *is*, f. (cf. *valvae, volvo*; fr. *val, vau*), vallée, vallon: Caes. G. 7, 47; Cic. Rep. 2, 11 ‖ [fig.] creux, enfoncement: Catul. 69, 6; Aus. Epigr. 79 (128), 5.

vallō, *ās, āre, āvī, ātum* (*vallum*; esp. *vallar*), tr. ¶1 entourer de palissade, de retranchements, fortifier, retrancher: *castra* Liv. 9, 41, 15, fortifier un camp; [abs'] *vallare noctem* Tac. G. 30, se fortifier pendant la nuit, cf. Tac. H. 4, 26 ¶2 [fig.] fortifier, défendre, protéger, armer: *Catilina vallatus sicariis* Cic. Mur. 59, Catilina entouré de spadassins; *jus legatorum divino jure vallatum* Cic. Har. 34, les droits des ambassadeurs garantis par les lois divines.

Vallōnia, *ae*, f., déesse protectrice des vallées: Aug. Civ. 4, 8.

1 **vallum**, *i*, n. (*vallus*; it. *vallo*, al. Wall, an. wall) ¶1 palissade [couronnant l'*agger*]: *aggerem ac vallum exstruere* Caes. G. 7, 72, 4, établir une levée de terre et une palissade ‖ retranchement [levée de terre et palissade], rempart: Caes. G. 2, 5, 6; 3, 17, 6; Cic. Att. 5, 20, 5; 9, 12, 3 ¶2 [fig.] rempart, défense: Cic. CM 51; Pis. 81; Nat. 2, 143; Hor. S. 1, 2, 96.

2 **vallum**, ▶ 2 *vallus* ▶.

1 **vallus**, *i*, m. (*vallum*, *walsos*, cf. ὅλος) ¶1 pieu, échalas, palis: Virg. G. 1, 264; 2, 25 ¶2 pieu à palissade: Cic. Tusc. 2, 37; Liv. 33, 6, 1 ‖ palissade: Caes. C. 3, 63, 1; 3, 63, 2; 3, 63, 8; Tib. 1, 10; 9; [fig.] Ov. Am. 1, 14, 15 ‖ moissonneuse gauloise: Plin. 18, 296.

2 **vallus**, *i*, f. (*ūs*) (dim. de *vannus*; port. *valo, amballo*), vannette, petit van: Varr. R. 1, 23, 5; 1, 52, 2; Serv. G. 1, 166 ‖ tuile formant rigole: Serv. G. 1, 264; Cat. Agr. 14, 4.

▶ *vallum, i* n., "van" Varr. L. 5, 138.

valvae, *ārum*, f. pl. (cf. *volvo*), battants d'une porte, porte à double battant: Cic. Verr. 4, 94; Div. 1, 74.

▶ sg. *valva* Pompon. Com. 91; Petr. 96, 1.

valvārĭus, *ĭi*, m. (*valvae*), menuisier en bâtiment: Gloss. 3, 371, 27.

valvātus, *a, um* (*valvae*), qui a des battants: Vitr. 4, 6, 6 ‖ qui a des fenêtres de plain-pied: Varr. L. 8, 29.

valvŏli, *ōrum*, m. pl., ▶ *valvulae*: Fest. 514, 4.

valvŭlae (**-vŏlae**), *ārum*, f. (dim. de *valvae*), cosse [fève], gousse, silique: Col. 2, 17, 7.

Vamacures, m. pl., peuple de Numidie: Plin. 5, 30.

Vandălārīcus, *i*, m., nom d'un roi vandale: Anth. 215, 1.

Vandăli (**W-**), *ōrum*, m. pl., les Vandales [peuple germanique des bords de la Baltique, qui envahit l'Espagne (Andalousie) et l'Afrique, et fonda un royaume à Carthage]: Vop. Aur. 33, 4 ‖ **-ălus, -ălĭcus, a, um**, des Vandales: Sidon. Carm. 2, 348; Jord. Get. (4), 26; (33), 172.

Vandĭli (**-dălĭi**), *ōrum*, m. pl., peuple de Germanie: Tac. G. 2; Plin. 4, 99; ▶ *Vandali*.

vānē, adv. (*vanus*), vainement, en vain: Tert. Apol. 49, 5 ‖ *-nius* Apul. Apol. 42; *-issime* Tert. Pud. 1, 17.

vānescō, *ĭs, ĕre, -, -* (*vanus*), intr., se dissiper, s'évanouir: Ov. Tr. 1, 2, 107; H. 12, 85; Tac. H. 5, 7; Plin. Ep. 6, 16, 6 ‖ [fig.] *inanis credulitas tempore ipso vanescit* Tac. An. 2, 40, une vaine crédulité se dissipe par le seul effet du temps, cf. Tac. An. 2, 82; 5, 9; Catul. 64, 199.

vanga, *ae*, f. (germ., cf. *vomer*; it. *vanga*), bêche [munie d'une barre horizontale au-dessus du fer]: Pall. 1, 43, 3.

Vangĭo, *ōnis*, m., nom d'un roi des Suèves: Tac. An. 12, 29.

Vangĭŏnes, *um*, m. pl., Vangions [peuple des bords du Rhin]: Caes. G. 1, 51, 2 ‖ *Vangionum civitas* Amm. 15, 11, 8, la capitale des Vangions [auj. Worms].

vanidicus

vānĭdĭcus, a, um (vanus, -dicus), menteur, hâbleur : PL. Trin. 275 ; AMM. 16, 7, 2.

vānĭlŏquax, ācis, adj., mensonger, menteur : PS. AUG. Serm. 290, 2.

vānĭlŏquentĭa, ae, f. (vaniloquus), paroles futiles, bavardage : PL. Ru. 905 ‖ jactance, fanfaronnades, vantardises : LIV. 34, 24, 1 ‖ vanité [d'auteur] : TAC. An. 3, 49 ; 6, 31.

vānĭlŏquĭdōrus, i, m. (vanus, loquor, δῶρον), diseur de mensonges [mot forgé] : PL. Pers. 702.

vānĭlŏquĭum, ii, n., C. vaniloquentia : AUG. Ep. 134, 4.

vānĭlŏquus, a, um (vanus, loquor), menteur, fanfaron, vantard : PL. Amp. 379 ‖ plein de jactance, fanfaron : LIV. 35, 48, 2.

vānĭtantes, ĭum, m. pl. (fréq. de vanor ; fr. vanter), gens superficiels, vaniteux, bavards : **vanitas vanitantium** VL. Eccl. 1, 2 d. AUG. Quant. 33, 76 ; Conf. 8, 11, 26 ; Retr. 1, 7, 3, vanité des vaniteux.

vānĭtās, ātis, f. (vanus), état de vide, de non-réalité ¶ 1 vaine apparence, mensonge : **opinionum** CIC. Leg. 1, 29, opinions trompeuses ‖ paroles creuses, trompeuses : **blanda vanitas** CIC. Lae. 99, mensonges flatteurs ‖ tromperie, fraude [GELL. 18, 4, 10, définition du mot vanus] : CIC. Off. 1, 150 ; 1, 151 ; 3, 58 ; Tusc. 3, 2 ‖ néant, vanité : **vanitas vanitatum** VULG. Eccl. 1, 2, vanité des vanités ¶ 2 vanité, frivolité, légèreté : SALL. C. 23, 2 ; J. 38, 1 ; **populi** LIV. 44, 22, 10, légèreté du peuple ‖ inutilité : **itineris** LIV. 40, 22, 5, voyage stérile ¶ 3 vanité, jactance, fanfaronnade : LIV. 45, 31, 7 ; TAC. Agr. 18 ; H. 3, 73.

vānĭtĭēs, ēi, f. (vanus), C. vanitas : AMM. 29, 1, 11 ; AMM. 21, 1, 13.

vānĭtūdo, ĭnis, f. (vanus), mensonge : PL. Cap. 569 ‖ vanité : PACUV. Tr. 123.

Vannĭus, ĭi, m., roi d'une partie des Suèves : TAC. An. 2, 63 ‖ **-ĭānus**, a, um, de Vannius : PLIN. 4, 8.

vannō, ĭs, ĕre, -, - (vannus), tr., vanner : LUCIL. 330.

vannŭlus, i, m. (dim. de vannus), petit van : GLOSS. 2, 359, 10.

vannus, i, f. (*watnos, cf. vatillum, ventus ; fr. van), van, ustensile à vanner : COL. 2, 20, 4 ; VIRG. G. 1, 166.

vānŏr, ārĭs, ārī, - (vanus), intr., mentir, tromper : ACC. Tr. 66 ; GLOSS. 2, 365, 27.

vānus, a, um (cf. vaco, vastus, an. want ; fr. vain) ¶ 1 vide, où il n'y a rien : VIRG. G. 1, 226 ; CURT. 4, 14, 14 ; LIV. 1, 8, 5 ; 2, 47, 4 ¶ 2 [fig.] **a)** creux, vain, sans consistance, sans fondement, mensonger : **vana oratio** CIC. Lae. 98, propos creux (sans sincérité), cf. CIC. Amer. 117 ; Planc. 101 ; Fin. 2, 46 **b)** trompeur, fourbe, imposteur, sans conscience, sans foi : **vani hostes** SALL. J. 103, 5, des ennemis sans foi, cf. CIC. Fin. 3, 38 ; Div. 1, 37 ; GELL. 18, 4, 10 **c)** sans succès, qui n'aboutit à rien : TAC. H. 2, 22 **d)** [avec gén.] : **vanus veri** VIRG. En. 10, 631, qui n'est pas en possession de la vérité ; **voti** SIL. 12, 261, dont le vœu ne s'est pas réalisé **e)** vain, vaniteux : LIV. 35, 47, 7 ; SALL. H. 4, 1 **f)** subst. n., **vanum**, vanité, inutilité, néant : **ad vanum redacta victoria** LIV. 26, 37, 8, victoire réduite à néant ; **ex vano** LIV. 27, 26, 1, sans fondement, sans raison ; **in vanum** SEN. Ep. 31, 4, pour rien, inutilement ‖ pl., **vana rerum** HOR. S. 2, 2, 25, la vaine apparence des choses ; **vana rumoris** TAC. An. 4, 59, vains bruits ‖ **vanum est** [avec prop. inf.], il est faux que : PLIN. 30, 25 ‖ **vanior** LIV. 7, 7, 8 ; **-issimus** VELL. 2, 30, 1.

văpĭdē, adv. (vapidus), à la manière du vin éventé : **se habere** AUG. d. SUET. Aug. 87, être mal portant, languissant.

văpĭdus, a, um (vapor), éventé [en parl. du vin] : COL. 12, 5, 1 ‖ [en parlant de la poix, qui donne un mauvais goût] : PERS. 5, 148 ‖ [fig.] gâté : PERS. 5, 117.

Vapincum, i, n., ville de Narbonaise [auj. Gap] : ANTON. 342 ‖ **-censis**, e, de Vapincum : GREG.-TUR. Hist. 5, 20 ‖ subst. m. pl., habitants de Vapincum : NOT. GALL. 16, 6.

văpŏr, ōris, m. (cf. scr. vāti, καπνός ? ; it. vampa) ¶ 1 vapeur d'eau : CIC. Nat. 2, 27 ; 2, 118 ; LUCR. 6, 271 ; SEN. Nat. 2, 12, 4 ‖ exhalaison, vapeur, fumée : VIRG. En. 7, 466 ; OV. Tr. 5, 5, 40 ¶ 2 bouffées de chaleur, air chaud : CIC. CM 51 ; LUCR. 1, 663 ; LIV. 28, 23, 4 ¶ 3 [fig.] feux de l'amour : SEN. Phaed. 640 ¶ 4 [fig.] vanité, fumée : AUG. Civ. 5, 26, 1.

▶ nom. **vapos** ACC. Tr. 112 ; LUCR. 6, 952 ; cf. QUINT. 1, 4, 13.

văpōrālis, e (vapor), semblable à la vapeur : AUG. Gen. litt. 2, 5.

văpōrālĭtĕr, adv., en forme de vapeur : AUG. Conf. 13, 32, 47.

văpōrārĭum, ĭi, n. (vapor), calorifère [à vapeur] : CIC. Q. 3, 1, 2.

***văpōrātē**, adv., chaudement ‖ compar., **-tius** AMM. 24, 4, 17.

văpōrātĭo, ōnis, f., évaporation, exhalaison : SEN. Nat. 6, 11 ‖ transpiration : **balinearum** PLIN. 28, 55, sueur provoquée par le bain chaud ‖ fomentation : CAEL.-AUR. Chron. 3, 8, 113.

văpōrātus, part. de vaporo.

văpŏrĕus, a, um, brûlant : THEOD.-PRISC. 2, 118 ‖ [fig.] qui s'évapore, vain : AUG. Serm. 80, 3 ; 301, 4.

văpōrĭfĕr, ĕra, ĕrum (vapor, fero), qui donne de la vapeur, de la fumée : STAT. S. 1, 3, 45 ‖ qui donne de la chaleur : STAT. S. 3, 5, 96.

văpōrō, ās, āre, āvī, ātum (vapor) ¶ 1 intr., exhaler de la vapeur : **aquae vaporant** PLIN. 31, 5, les eaux dégagent de la vapeur, s'évaporent ‖ être consumé, se vaporiser : LUCR. 5, 1132 ¶ 2 tr. **a)** remplir de vapeurs : **templum ture** VIRG. En. 11, 481, remplir le temple des vapeurs de l'encens ; **oculos** PLIN. 28, 170, baigner les yeux de vapeurs ‖ traiter à la vapeur : PLIN. 31, 128 **b)** échauffer : HOR. Ep. 1, 16, 7 ; COL. 2, 15, 6 **c)** **vaporata auris** PERS. 1, 125, oreille épurée comme par la vapeur.

văpōrōsus, a, um (vapor), plein de vapeurs : APUL. M. 9, 12 ‖ plein de chaleur : APUL. M. 5, 15.

văpōrus, a, um, qui donne de la vapeur : NEMES. Ecl. 11, 63 ‖ chaud : PRUD. Perist. 6, 115.

văpōs, m., V. vapor ▶.

vappa, ae, f. (cf. vapor ?), vin éventé, piquette : PLIN. 14, 125 ; HOR. S. 2, 3, 144 ‖ [fig.] vaurien, mauvais sujet : HOR. S. 1, 1, 104 ; CATUL. 28, 5.

vappo, ōnis, m. (cf. ἠπίολος ?), sorte de papillon [teigne ?] : PROB. Cath. 4, 10, 30.

văpŭlāris, e (vapulo), qui est battu, étrillé : **vapularis tribunus** PL. Pers. 22, tribun vapulaire, chef de ceux qui sont roués de coups.

văpŭlō, ās, āre, āvī, ātum (cf. vagio, rus. vopit', an. weep), intr., être battu, étrillé, recevoir des coups [pr. et fig.] : **fustibus** QUINT. 9, 2, 12, recevoir une volée de coups de bâton ; **omnium sermonibus** CIC. Att. 2, 14, 1, être écorché par les propos de tous ; **ne a tyranno quidem impune vapulavi** SEN. Contr. 9, 4, 2, le tyran même ne m'a pas donné de coups impunément ; cf. SEN. Apoc. 15, 2 ; [sujet nom de chose] **multa vapulaverunt** SEN. Nat. 6, 7, 6, beaucoup de régions ont subi des atteintes, ont souffert [de la tempête], cf. 4, 7, 2 ; PL. St. 751.

vāra, ae, f. (1 varus ; esp. vara), bâti [dans une machine de guerre] VITR. 10, 13, 2 ‖ bâton fourchu [qui supporte un filet] : LUC. 4, 439 ‖ chevalet [de scieur de bois] : COL. 5, 9, 2.

Varagri, ōrum, m. pl., peuple des Alpes : PLIN. 3, 137.

Varamus, i, m., fleuve de Vénétie : PLIN. 3, 126.

vārātĭo, ōnis, f. (varo), courbure, sinuosité [d'un cours d'eau] : GROM. 288, 18.

Varbari, V. Varvari.

Varcĭa, ae, f., bourg de la Séquanaise [auj. Vers] : ANTON. 386.

Varcĭāni, ōrum, m. pl., peuple de Pannonie : PLIN. 3, 148.

Varcĭānus, i, m., surnom d'homme : CIL 3, p. 845 B.

Vardacate, is, n., ville de Vénétie Atlas XII, B1 : PLIN. 3, 49.

Vardaei, ōrum, m. pl., peuple de Dalmatie, le même que Ardiaei : VATIN. d. CIC. Fam. 5, 9, 2 ; PLIN. 3, 143.

Vardagatensis, e, de Vardagata [ville de Vénétie] : CIL 5, 4484.

Vardanēs, ae ou is, m., fils de Vologèse : TAC. An. 13, 7.

Vardo, ōnis, rivière de Narbonaise [le Gardon] : SIDON. Ep. 2, 9, 9 ; V. Wardo.

Vardŭli, *ōrum*, m. pl., peuple de Tarraconaise : PLIN. 3, 27 ; 4, 110.

Varecum, *i*, n., fleuve de Paphlagonie : PLIN. 6, 6.

Vareia, *ae*, f., ville de Tarraconaise [auj. Varea] : PLIN. 3, 21.

Vārēnus, *i*, m., défendu par Cicéron [discours perdu] : PLIN. *Ep.* 1, 20, 7.

Vargunteius (-ejus), *i*, m., complice de Catilina : SALL. *C.* 17, 3 ; 28, 1 ; CIC. *Sull.* 6, 15.

Vargŭla, *ae*, m., nom d'homme : CIC. *de Or.* 2, 244.

vargus, *i*, m. (germ., cf. v. isl. *vargr*), vagabond, rôdeur : SIDON. *Ep.* 6, 4, 1 ; *PANEG. (4), Constant. 9, 3.

1 **vărĭa**, *ae*, f. (*varius*), panthère [fauve] : PLIN. 8, 63 ∥ sorte de pie [oiseau] : PLIN. 10, 78.

2 **Vărĭa**, *ae*, f., ville des Èques, sur l'Anio [auj. Vicovaro] : HOR. *Ep.* 1, 14, 3.

vărĭābĭlis, *e* (*vario*), variable, changeant : APUL. *Mund.* 3.

Vărĭāna, *ae*, f., ville de Mésie : ANTON. 220.

vărĭāna ūva, f. (*varius*), sorte de raisin : PLIN. 14, 29.

vărĭantĭa, *ae*, f., variété : LUCR. 1, 654 ; 3, 319.

Vărĭānus, *a*, *um*, V. *Varus*.

vărĭātim, adv. (*vario*), diversement : OROS. *Hist.* 4, 12, 12 ; APIC. *Exc.* 1.

vărĭātĭo, *ōnis*, f. (*vario*), action de varier : [fig.] *sine ulla variatione* LIV. 24, 9, 3, sans partage [de voix], à l'unanimité ∥ changement dans le lit d'un fleuve : GROM. 349, 13 ; V. *varatio* ∥ [fig.] sorte de figure par laquelle on change les régimes en répétant le même verbe : PRISC. 3, 183, 21.

vărĭātŏr, *ōris*, m., brodeur : GLOSS. 2, 411, 26.

vărĭātus, *a*, *um* ¶ 1 part. de *vario* ¶ 2 adj^t, compar., *variatior* APUL. *Flor.* 17, plus nuancé.

vārĭcātŏr, *ōris*, m. (*varico*), celui qui marche en écartant les jambes : ULP. *Dig.* 3, 2, 4.

vārĭcātus, *a*, *um*, part. de *varico*.

Varĭcĭo, *ōnis*, m., nom d'homme : CIL 6, 1058, 1, 129.

vārĭcis, gén. de *varix*.

vārĭcō, *ās*, *āre*, *āvī*, *ātum* (*varicus* ; it. *varcare*), intr., écarter les jambes en marchant : QUINT. 11, 3, 125 ∥ enjamber : VARR. *L.* 5, 117 ∥ *gressus varicati* CASSIOD. *Var.* 6, 6 [acc. intér.], pas allongés.

vārĭcōsē, adv. (*varicus*), en écartant les jambes, en faisant de grands pas ∥ **-sius** FEST. 134, 8.

vārĭcōsus, *a*, *um* (*varix*), qui a des varices, variqueux : JUV. 6, 397.

vārĭcŭla, *ae*, f., (dim. de *varix*) : CELS. 5, 26, 32.

1 **vārĭcŭs**, adv. (*vārus*), en écartant les jambes : APUL. *M.* 1, 13.

2 **vārĭcus**, *a*, *um* (*vārus*), qui écarte les jambes : OV. *A. A.* 3, 304.

vărĭē, adv. (*varius*) ¶ 1 avec différentes nuances : PLIN. 37, 67 ; 37, 173 ¶ 2 d'une manière variée, diverse : *varie moveri* CIC. *Div.* 2, 89, subir des influences diverses ; *non varie decernitur* CIC. *Verr.* 4, 145, on prend l'arrêté sans divergences de vues ; *varie bellatum est* LIV. 5, 28, 5, la guerre se fit avec des chances diverses ∥ avec inconséquence : VELL. 2, 101, 1.

vărĭĕgō, *ās*, *āre*, *āvī*, *ātum* (*varius*, *ago*) ¶ 1 tr., varier, nuancer : AUS. *Cent.* (350), *ep.* ; APUL. *Flor.* 15, 8 ¶ 2 intr., être varié : APUL. *Flor.* 3, 11.

vărĭĕtās, *ātis*, f. (*varius*), variété, diversité [pr. et fig.] : CIC. *Fin.* 2, 10 ; *CM* 54 ; *Pomp.* 14 ; pl., *varietates vocum* CIC. *Off.* 2, 9, les diversités de voix, cf. CIC. *Off.* 1, 107 ; *bellum in multa varietate versatum* CIC. *Arch.* 21, guerre qui s'est déroulée avec de nombreuses péripéties ; *esse in varietate ac dissensione* CIC. *Nat.* 1, 2, avoir des avis divers et discordants ∥ changement d'humeur, inconstance : PLANC. *Fam.* 10, 18, 2 ; CIC. *Dom.* 11 ∥ bigarrure : SEN. *Ep.* 115, 8 ∥ habit brodé : AUG. *Civ.* 17, 16, 2 ∥ dartre, début de lèpre : TERT. *Pud.* 20, 6.

Vārilla, *ae*, f., nom de femme : CIL 6, 13454.

Vārillus, *i*, m., nom d'homme : JUV. 2, 22.

Varīni, *ōrum*, m. pl., peuple de Germanie [dans le Mecklembourg] : TAC. *G.* 40, 3 ; PLIN. 4, 99.

Vārīnĭus, *ii*, m., P. Varinius Glaber, propréteur de la province d'Asie : CIC. *Flac.* 45.

vărĭō, *ās*, *āre*, *āvī*, *ātum* (*varius* ; it. *vaiare*) ¶ 1 tr., varier, diversifier, nuancer **a)** *variare colores* LUCR. 2, 759, diversifier les couleurs ; *vocem* CIC. *Or.* 59, varier sa voix ; *sidera variant caelum* OV. *F.* 3, 449, les astres nuancent le ciel, cf. VIRG. *G.* 1, 441 ; OV. *M.* 4, 578 ; *variari virgis* PL. *Poen.* 21, être bigarré (avoir la peau bigarrée) de coups de verges ; [raisin] *se variare* PLIN. 17, 189, *variari* COL. *Arb.* 12, 1, tourner, se colorer **b)** [fig.] *orationem* CIC. *de Or.* 2, 36, mettre de la variété dans le style ; *variatis hominum sententiis* CIC. *Mil.* 8, les avis étant partagés ; *quae de Marcelli morte variant auctores* LIV. 27, 27, 12, les variations des sources sur la mort de Marcellus ∥ [pass. impers.] *in eo variatur eos* CIC. *Fin.* 5, 12, sur ce point il y a entre eux une divergence d'opinions ; *cum sententiis variaretur* LIV. 22, 60, 3, comme il y avait diversité d'opinions ¶ 2 intr., être varié, nuancé, divers, différer, varier **a)** *inter se multum variare figurae non possunt* LUCR. 2, 484, les formes ne peuvent pas se différencier beaucoup entre elles, cf. LUCR. 4, 648 ; 5, 825 ∥ [raisin] tourner, se colorer : PROP. 4, 2, 13 ; COL. 12, 50 **b)** [fig.] *variante fortuna* LIV. 23, 5, 8, avec des vicissitudes diverses ; *lex nec causis nec personis variat* LIV. 3, 45, 2, la loi est invariable, sans acception ni des intérêts en jeu ni des personnes ∥ *si fortuna aliquid variaverit* LIV. 23, 13, 4, si la fortune subissait qq. changement ; *(prima classis) si variaret* LIV. 1, 43, 11, s'il y avait désaccord (dans la première classe).

Vărĭŏla, *ae*, f., Attia Variola, nom de femme : PLIN. *Ep.* 6, 33, 2.

Varis, *is*, f., ville de la Bretagne [dans le pays de Galles] : ANTON. 482.

Varisidĭus, *ii*, m., nom d'homme : CIC. *Fam.* 10, 7, 1.

Varistae, *ārum*, m. pl., peuplade germanique : CAPIT. *Aur.* 22, 1.

Vărĭtinna, *ae*, m., nom d'homme : ANTH. 156, 2.

1 **vărĭus**, *a*, *um*, adj. (peu clair, cf. 2 *varus* ? ; it. *vaio*, fr. *vair*) ¶ 1 varié, nuancé, tacheté, bigarré, moucheté : CAT. *Agr.* 33, 4 ; VIRG. *G.* 3, 264 ; HOR. *P.* 2 ; *S.* 2, 4, 83 ¶ 2 varié **a)** divers, différent : *varium poema, varia oratio, varii mores, varia fortuna* ; *voluptas etiam varia dici solet* CIC. *Fin.* 2, 10, variété dans un poème, dans le style, dans les mœurs, dans la fortune ; on parle aussi de variété dans le plaisir, cf. CIC. *Off.* 1, 67 ; *Or.* 12 ; *varium est* [avec interrog. indir.] CIC. *Fam.* 1, 9, 25, il y a diversité d'opinions sur le point de décider **b)** varié = abondant, fécond en idées : CIC. *Ac.* 1, 17 ; PLIN. *Ep.* 1, 16, 1 **c)** mobile, inconstant, changeant : CIC. d. QUINT. 6, 3, 48 ; SALL. *C.* 5, 4 ; NEP. *Paus.* 1, 1 ; VIRG. *En.* 4, 569.

2 **Vărĭus**, *ii*, m., nom d'une famille romaine ; not^t Q. Varius Hybrida, tribun de la plèbe : CIC. *Sest.* 101 ∥ L. Varius, poète, ami d'HOR. et de VIRG. : VIRG. *B.* 9, 35 ; HOR. *S.* 1, 5, 40.

vărix, *ĭcis*, m. f. (cf. 1 *varus*, *varicus*, *vatius* ?), varice : CELS. 7, 31, 1 ; CIC. *Tusc.* 2, 35.

vārō, *ās*, *āre*, -, - (1 *varus* ; cf. esp. *desbarar*), tr., courber, incurver : GROM. 285, 6.

Varramus, *i*, m., V. *Varamus*.

Varro, *ōnis*, m., Varron, surnom dans la famille Terentia ; not^t C. Terentius Varron, battu à Cannes par Hannibal : LIV. 22, 34, 2 ∥ M. Terentius Varron, le savant écrivain : CIC. *Ac.* 1, 1, 1 ∥ **P. Terentius Varro Atacinus**, Varron de l'Atax [l'Aude], poète contemporain d'Auguste : HOR. *S.* 1, 10, 46 ∥ **-nĭānus**, *a*, *um*, de Varron : LIV. 23, 38, 9 ∥ **Varrōnĭānae**, *ārum*, f. pl., les Varroniennes, vingt et une comédies de Plaute, citées par Varron : GELL. 3, 3, 3.

Varrōnĭānus, *i*, m., Varronien, père de l'empereur Jovien : AMM. 25, 5, 4 ∥ fils de Jovien [consul en 364] : AMM. 25, 10, 11.

Varrōnilla, *ae*, f., nom de femme : CIL 11, 63.

Varrutius

Varrūtĭus, ĭi, m., nom d'homme : CIL 11, 5006.

vărŭlus, i, m. (dim. de 2 varus), grain d'orge à l'œil, orgelet : M.-Emp. 8, 191.

Vārum, i, n., ➤ 4 Varus : Mel. 2, 72.

1 vārus, a, um, adj. (cf. vascus, vatius, vacillo) ¶1 tourné en dedans, cagneux : Varr. R. 2, 9, 4 ; Hor. S. 1, 3, 47 ‖ recourbé : [cornes] Ov. M. 12, 382 ¶2 [fig.] opposé, contraire : **huic varum (genus)** Hor. S. 2, 3, 56, (espèce) opposée à celle-ci.

2 vărus, i, m. (cf. varius ; cf. fr. varron), pustule, petit bouton sur la peau : Cels. 6, 5, 1 ; Plin. 22, 151.

3 Vārus, i, m., surnom romain, particulièrement dans la gens Quintilia, not^t P. Quintilius Varus, défait par Arminius : Suet. Aug. 23 ; Tac. An. 1, 3 ‖ **Vārĭānus**, a, um, d'un Varus : Suet. Tib. 17.

4 Vārus, i, m., le Var, fleuve de Narbonnaise : Caes. C. 1, 86 ; Plin. 3, 31.

Varvari, ōrum, m. pl., peuple de l'Istrie : Plin. 3, 130.

Varvarīni, ōrum, m. pl., habitants de Varvaria [ville de Liburnie] : Plin. 3, 139.

1 văs, vădis, m. (praes, praedium, cf. lit. vādas, al. Wette), caution garantissant la recomparution du défendeur [devant le magistrat] : **vadem dare** Cic. Fin. 2, 79, fournir un répondant ; **vades poscere** Cic. Rep. 2, 61, exiger des répondants ; **deserere** Liv. 39, 41, 7, manquer aux engagements pris en fournissant des répondants (laisser les répondants payer la caution) ; **vas factus est alter ejus sistendi** Cic. Off. 3, 45, le second se porta caution de sa comparution ‖ [fig.] **vestram virtutem rerum, quas gesturus sum, vadem praedemque habeo** Curt. 9, 2, 25, votre courage est pour moi le garant et le répondant de l'exécution de mes projets.

2 vās, vāsis (ombr. vasor ; it. vaso), et n. pl., **vāsa**, ōrum [de l'ancien mot vāsum] ¶1 vase, récipient, pot : Cic. Tusc. 1, 52 ; Hor. Ep. 1, 2, 54 ; **vas vinarium** Cic. Verr. 4, 62, louche à vin [à puiser le vin] ‖ vaisselle, meubles : Cic. Q. 1, 1, 13 ¶2 pl. **a)** bagages des soldats : Cic. Verr. 4, 40 ; Liv. 21, 47, 2 ; ➤ colligo, conclamo **b)** instruments, matériel d'agriculture : Ulp. Dig. 33, 7, 8 **c)** ruches : Col. 9, 6, 1 **d)** ➤ colei : Pl. Poen. 732 ¶3 [chrét., métaph., en parlant de pers.] **vas electionis** Vulg. Act. 9, 15, vase d'élection [choisi par Dieu].

▶ sg. **vasum** Cat. d. Gell. 13, 23, 1 ; Pl. Truc. 54, cf. Char. 146, 26 ‖ **vāsus**, i, m., Petr. 57, 8, cf. Fest. 168, 23.

Vasaces, is, m., nom d'un général des Parthes : Tac. An. 15, 14.

Vasama, ae, f., ville d'Espagne [auj. Osma] : Anton. 441.

vāsārium, ĭi, n. (2 vas) ¶1 somme allouée aux gouverneurs de province pour frais d'établissement, indemnité d'installation : Cic. Pis. 86 ¶2 prix de location d'un pressoir d'huile : Cat. Agr. 145, 3 ¶3 cuve [dans les bains] : Vitr. 5, 10, 1 ¶4 archives : Plin. 7, 162.

vāsārĭus, a, um, relatif aux vases : Varr. L. 5, 125.

Vāsātēs, um ou ĭum, **Vāsātae**, ārum, m. pl., peuple et ville d'Aquitaine sur la Garonne [Bazas] : Aus. Parent. 26 (183), 8 ; Amm. 15, 11, 14 ‖ **-ĭcus**, a, um, des Vasates : Aus. Epist. 7 (396), 2, 18.

vāsātus, a, um (2 vas ¶2 d), ➤ coleatus, bien monté, membré : Lampr. Hel. 5 ; 8.

vasca tībĭa, f., flûte traversière : Solin. 5, 19 ; Serv. En. 11, 737.

vascellum, i, n. (dim. de vasculum ; fr. vaisseau), petit vase : Test. Porcell. p. 346, 6.

vascĭo, ōnis, m., ➤ vascellum : *Antid. Brux. 184.

vasclārĭus, ĭi, ➤ vascularius : CIL 2, 3749.

Vascōnes, um, m. pl., Vascons [peuple qui habitait le N.-O. de la Tarraconaise, cf. les Basques et les Gascons] : Plin. 3, 22 ; Juv. 15, 93 ‖ **Vascone saltu** Paul.-Nol. Carm. 10, 212, par les Pyrénées ‖ **-nĭcus**, a, um, des Vascons : Paul.-Nol. Carm. 10, 218.

Vascōnĭa, ae, f., le pays des Vascons [Gascogne] : Paul.-Nol. Carm. 10, 203.

vascŭlārĭus, ĭi, m. (vasculum), fabricant de vases [d'or et d'argent] : Cic. Verr. 4, 54.

vascŭlum, i, n. (dim. de 2 vas ; it. vascolo) ¶1 petit vase : Cat. Agr. 111 ; Pl. Aul. 270 ; Juv. 9, 141 ‖ petite ruche : Pall. 7, 7, 8 ¶2 capsule [bot.] : Plin. 15, 115 ; 18, 53 ‖ ➤ mentula : Petr. 24, 7 ¶3 [chrét., métaph.] vase [enveloppe du corps, péjoratif] : Lact. Inst. 2, 12, 11.

1 vascus, a, um (cf. varus, vatius), de biais, transversal : Solin. 5, 19.

2 vascus, a, um (cf. vastus, vanus), vain, futile : Gloss. L. VA 185.

vāsī, parf. de vado : *Tert. Pall. 3, 5.

Vasĭo, ōnis, m., capitale des Voconces [auj. Vaison, dans le Dauphiné] Atlas V, F3 : Plin. 3, 37 ‖ dieu des Vasienses : CIL 12, 1301 ‖ **Vassĭenses**, ĭum, m. pl., habitants de Vaison : CIL 12, 5842.

Vasĭonense oppidum, n., Vaison : Sidon. Ep. 5, 6, 2 ; ➤ Vasio.

Vassēi, ōrum, m. pl., peuple d'Aquitaine : Plin. 4, 108.

vastābundus, a, um (vasto), qui ravage : Amm. 31, 8, 6.

vastātĭo, ōnis, f. (vasto), dévastation, ravage : Cic. Cat. 2, 18 ; Liv. 7, 15, 11 ‖ pl., Cic. Phil. 5, 25.

vastātŏr, ōris, m. (vasto), dévastateur, ravageur : Ov. M. 9, 192 ; 11, 395 ; **ferarum** Virg. En. 9, 772, destructeur de bêtes féroces.

vastātōrĭus, a, um (vastator), qui dévaste, qui ravage : Amm. 18, 6, 9 ; 19, 9, 7.

vastātrix, īcis, f. de vastator : Sen. Ep. 95, 19.

vastātus, a, um, part. de vasto.

vastē, adv. (vastus) ¶1 grossièrement, de façon gauche, lourde : Cic. de Or. 3, 45 ; **vastius** Cic. de Or. 3, 172 ¶2 sur une grande étendue, au loin : Mel. 1, 6 ; Ov. M. 11, 530.

vastescō, ĭs, ĕre, -, - (vastus), intr., devenir désert : Acc. Tr. 600.

vastĭfĭcus, a, um (vastus, facio), dévastateur : Cic. poet. Tusc. 2, 22.

vastĭtās, ātis, f. (vastus) ¶1 désert, solitude : Cic. Verr. 4, 114 ; Brut. 21 ¶2 dévastation, ravage, ruine : Cic. Flac. 1 ; Cat. 1, 12 ; Pis. 85 ; Har. 3 ; Liv. 3, 26, 2 ; 5, 51, 3 ; pl., Cic. Prov. 13 ¶3 grandeur démesurée, taille monstrueuse : Col. 3, 8, 3 ; Plin. 16, 6 ; Gell. 9, 13, 4 ‖ vaste dimension : Plin. 2, 110 ‖ force prodigieuse de la voix : Col. 1, 9, 2 ‖ immensité d'une tâche : Col. 4, 18, 2.

vastĭtĭēs, ēi, f., ➤ vastitas, destruction : Pl. Ps. 70.

vastĭtō, ās, āre, āvī, ātum (fréq. de vasto), tr., dévaster souvent : Amm. 16, 4, 4.

vastĭtūdō, ĭnis, f. (vastus), dévastation, ravage : Acc. Tr. 615 ; Cat. Agr. 141, 2 ‖ proportions énormes : Gell. 5, 14, 9.

vastō, ās, āre, āvī, ātum (vastus ; fr. gâter), tr. ¶1 rendre désert, dépeupler : Cic. Sest. 53 ; Nat. 2, 99 ; Liv. 3, 32, 2 ‖ **agros cultoribus** Virg. En. 8, 8, dépeupler les campagnes de leurs laboureurs ¶2 dévaster, ravager, désoler, ruiner : Caes. G. 5, 19 ; 4, 16 ; Cic. Verr. 3, 119 ; Cat. 4, 13 ; Nat. 2, 99 ‖ [fig.] **ita conscientia mentem excitam vastabat** Sall. C. 15, 4, tant le remords dévastait cette âme tourmentée.

vastŭlus, a, um (dim. de vastus), qq. peu démesuré : Apul. M. 2, 32.

vastŭōsus, a, um (vastus), dépeuplé, désert : Not. Tir. 82.

vastus, a, um, adj. (cf. vanus, vascus, al. wüst ; it. guasto) ¶1 vide, désert : **vasto et relicto foro** Cic. Sest. 53, dans le forum désert et abandonné, cf. Cic. Agr. 2, 69 ; Part. 36 ; Liv. 24, 3, 11 ; 28, 11, 10 ; **urbs a defensoribus vasta** Liv. 23, 30, 7, ville abandonnée de ses défenseurs ; **vasta incendiis urbs** Liv. 5, 53, 1, ville que l'incendie a rendue déserte ¶2 désolé, dévasté, ravagé : Pl. Bac. 1053 ; Virg. En. 9, 323 ; Liv. 10, 12, 8 ¶3 prodigieusement grand, monstrueux, démesuré : **belua vasta** Cic. Rep. 2, 67 ; **vastissima** Cic. Rep. 2, 49, bête énorme, monstrueuse, cf. Cic. Div. 1, 49 ; Nat. 1, 97 ; **vastum mare** Caes. G. 3, 12, 5, mer immense ; **vastissimus Oceanus** Caes. G. 3, 9, 7, l'Océan infini ; **fossa vastissima** Cic. Rep. 2, 11, un immense fossé ; **vasta arma** Virg. En. 10, 768, armure colossale ‖ [fig.] **vastus animus** Sall. C. 5, 4, esprit démesuré, insatiable ; **vasta potentia** Ov. M. 2, 520, puissance étendue, vaste ‖ **vastus clamor**

VIRG. *En.* 10, 716, cris qui retentissent au loin, cf. VIRG. *En.* 1, 245 ; COL. 7, 12, 3 ; **vastum pondus** VIRG. *En.* 5, 447, énorme poids ¶ **4** sauvage, grossier, inculte, brut : **vastus homo atque foedus** CIC. *de Or.* 1, 117, homme d'aspect grossier et repoussant, cf. CIC. *de Or.* 1, 115 ; **littera vastior** CIC. *Or.* 153, lettre de prononciation désagréable ; **omnia vasta ac temeraria esse** LIV. 24, 48, 7, que tout était mal ordonné et livré au hasard.

vāsum, vāsus, ⓥ▸ 2 **vas** ▸.

vătax, *ācis*, adj. (cf. *vatius*), aux jambes en X : *LUCIL. 801, cf. NON. 25, 16.

Vaternus, ⓒ▸ *Vatrenus* : MART. 6, 67, 2.

vātēs, *is*, m. (**1 Vaticanus**, cf. v. irl. *fáith*, al. *Wut, Wotan*, an. *Wednesday*) ¶ **1** devin, prophète : ENN. *An.* 214 ; 380 ; PL. *Mil.* 911 ; LUCR. 1, 102 ; CIC. *Leg.* 2, 20 ; *Nat.* 1, 55 ‖ f., devineresse, prophétesse : VIRG. *En.* 6, 65 ; 211 ¶ **2** poète [inspiré des dieux] : ENN. d. CIC. *Brut.* 76 ; VIRG. *B.* 7, 27 ; HOR. *O.* 1, 1, 35 ; TAC. *D.* 9 ; QUINT. 10, 1, 48 ‖ f., poétesse : OV. *Tr.* 3, 7, 20 ¶ **3** [fig.] maître dans un art, oracle : PLIN. 11, 219 ; VAL.-MAX. 8, 12, 1 ¶ **4** [chrét.] prophète : PRUD. *Ham.* 575 ¶ **5** évêque, pasteur : FORT. *Carm.* 5, 5 a, 5.

▸ gén. pl. ord^t, *vatum* et qqf. *vatium*.

1 vătĭa, *ae*, adj. m, ⓥ▸ *vatius*.

2 Vătĭa, *ae*, m. (*vatius*), Servilius Vatia, consul : FAST. 79.

vătĭca herba, *ae*, f. (*vates*), ⓥ▸ *strychnos* : PS. APUL. *Herb.* 75.

1 Vătĭcānus (-tī-), *i*, m., dieu qui présidait aux débuts du langage [des enfants] : VARR. d. GELL. 16, 17, 2 ‖ dieu du Vatican : GELL. 16, 17, 1 ; AUG. *Civ.* 4, 8.

2 Vătĭcānus, m., (*mons, collis*), le Vatican [colline de Rome] : HOR. *O.* 1, 20, 7 ; P. FEST. 519, 24 ‖ pl., **Vaticani montes** CIC. *Att.* 13, 33, 4, le Vatican [et ses environs] ‖ **-nus**, *a, um*, du Vatican : CIC. *Agr.* 2, 96 ‖ subst. n., **in Vaticano** PLIN. 8, 37, au Vatican.

vātĭcĭnātĭo, *ōnis*, f. (*vaticinor*), action de prédire l'avenir, prédiction, oracle, prophétie : CIC. *Nat.* 2, 10 ; CAES. *G.* 1, 50.

vātĭcĭnātŏr, *ōris*, m. (*vaticinor*), devin : OV. *Pont.* 1, 1, 42 ‖ prophète : PRUD. *Ham.* 343.

vātĭcĭnātrix, *īcis*, f. (*vaticinator*), prophétesse, devineresse : SERV. *B.* 9, 13.

vātĭcĭnĭum, *ii*, n. (*vates*), prédiction, oracle : PLIN. 7, 178 ; GELL. 16, 17, 1.

vātĭcĭnō, *ās, āre*, -, -, ⓒ▸ *vaticinor* : GREG.-TUR. *Martyr.* 5.

vātĭcĭnŏr, *āris, āri, ātus sum* (*vates, cano*), tr. ¶ **1** prophétiser : CIC. *Div.* 1, 67 ; [avec prop. inf.] LIV. 2, 41, 5 ; OV. *M.* 4, 9 ‖ [abs^t] CIC. *Div.* 1, 34 ‖ enseigner comme un homme inspiré, avec l'autorité d'un oracle : CIC. *Lae.* 24 ‖ parler au nom des dieux : OV. *M.* 6, 159 ; 15, 174 ‖ [plais^t] PL. *Ps.* 364 ¶ **2** extravaguer, être en délire : CIC. *Sest.* 23 ; *Fam.* 2, 16, 6.

vātĭcĭnus, *a, um* (*vaticinor*), prophétique : OV. *M.* 2, 640 ; LIV. 25, 1, 12.

vătillum, *i*, n., pelle à braise, ⓒ▸ *batillum* : HOR. *S.* 1, 5, 36.

1 Vătīnĭus, *ii*, m. ¶ **1** P. Vatinius, partisan de César, décrié pour ses vices : CIC. *Vat.* 1 ; au pl., les Vatinius : PLIN. 11, 254 ¶ **2** cordonnier de Bénévent qui donna son nom à des vases : **calices Vatinii** MART. 14, 96 tit. ; 14, 96, 1, cf. JUV. 5, 46 ‖ **-niānus**, *a, um*, de Vatinius : CATUL. 53, 2.

2 vătīnĭus, *ii*, m., sorte de vase [inventé par le cordonnier nommé Vatinius] : MART. 10, 3, 4.

vātis, *is*, m., ⓒ▸ *vates* : CIC. *Div.* 2, 12.

vătĭus, *a, um* (cf. *vatax, varus*), qui a les jambes arquées, les pieds tournés en dedans : VARR. *R.* 2, 9, 4 ‖ **homo** ULP. *Dig.* 21, 1, 10, un bancal.

Vatrachītēs, *ae*, m., fleuve de Perse : AMM. 23, 6, 41.

vatrax, ⓥ▸ *vatax*.

Vatrēnus, *i*, m., rivière de la Gaule cispadane, affluent du Pô [auj. Santerno] : PLIN. 3, 119.

Vatusĭcus, *a, um*, de Vatusium [ville de la Narbonnaise, au pied des Alpes ceutroniques] : PLIN. 11, 240.

vau, lettre de l'alphabet grec archaïque,de valeur /w/, mais ayant fourni *f* au latin [son nom grec, *digamma*, est dû à sa forme] : PRISC. 2, 35, 19.

văvăto, *ōnis*, m. (express., redoubl.), poupée, marionnette : PETR. 63, 8.

1 -vĕ, part. enclitique (*ceu, neu, seu* ; cf. ἤ, scr. *vā*, toch. B *wat*), ou : **albus aterve** CIC. *Phil.* 2, 41, blanc ou noir ; **plus minusve** CIC. *Flac.* 12, plus ou moins ‖ **neve = et ne**, ⓥ▸ **neve** [poét.] répété au lieu de **vel**... **vel** : **quod fuimusve sumusve** OV. *M.* 15, 215, ou ce que nous avons été ou ce que nous sommes.

▸ prend souvent le sens de *et* dans les phrases interrogatives ou négatives.

2 vĕ-, préfixe (cf. *au-, aut-*, où, scr. *ava*), de sens augmentatif, péjoratif (anormal, aberrant), ou privatif ; d'après GELL. 5, 12, 9 et 16, 5, 5 ; ⓥ▸ *vecors, vegrandis, vesanus*.

vĕa (cf. osq. *vea*), ⓒ▸ *via* : VARR. *R.* 1, 2, 14.

Veamini, *ōrum*, m. pl., peuple des Alpes : PLIN. 3, 137.

Vecellīnus, *i*, m., Sp. Casius Vecellinus [accusé d'avoir aspiré à la royauté, il fut précipité de la roche Tarpéienne] : *CIC. *Lae.* 36.

Vecilĭus, *ii*, m., montagne du Latium : LIV. 3, 50, 1.

vēcordia (vaec-), *ae*, f. (*vecors*), état contraire à la raison, extravagance, démence : SALL. *C.* 15, 5 ; *J.* 5, 2 ; 72, 2 ; 94, 4 ; TAC. *An.* 1, 32.

vēcors, *dis* (2 *ve-, cor*) ¶ **1** extravagant, insensé : CIC. *Tusc.* 1, 18 ; *Pis.* 47 ; *Sest.* 117 ; **vecordissimus** CIC. *Dom.* 141 ¶ **2** fourbe, perfide : FEST. 512, 8.

Vecta, *ae*, f., ⓥ▸ *Vectis*.

vectābĭlis, *e* (*vecto*), qu'on peut transporter : SEN. *Nat.* 3, 25, 9.

vectābŭlum, *i*, n. (*vecto*), chariot, voiture : GELL. 20, 1, 28.

vectācŭlum, *i*, n. (*vecto*), chariot, véhicule : TERT. *Bapt.* 3, 2.

vectātĭo, *ōnis*, f. (*vecto*) ¶ **1** action d'être transporté [en voiture, en litière] : SEN. *Tranq.* 17, 8 ; **assidua equi** SUET. *Cal.* 3, habitude de monter à cheval ¶ **2** action de transporter : AUG. *Civ.* 22, 8, 11.

vectātŏr, *ōris*, m. (*vecto*), cavalier : CORIP. *Joh.* 3, 253.

vectātus, *a, um*, part. de *vecto*.

vectĭārĭus, *ii*, m. (*vectis*), celui qui manie le *vectis* : VITR. 6, 6, 3.

vectĭcŭlārĭus, *a, um* (*vectis*), **vecticularia vita**, vie de voleurs avec effraction [qui sont riches aujourd'hui et n'ont rien demain] : CAT. d. P. FEST. 519, 11.

Vectĭēnus, *i*, m., ⓥ▸ *Vettienus* ▸.

vectīgăl, *ālis*, n. (*vectigalis*), revenu que l'on tire d'un objet ¶ **1** redevances [en argent ou en nature que paient à l'État ou à des cités les exploitants d'une partie du domaine public], revenus : **ex portu, ex decumis, ex scriptura** CIC. *Pomp.* 15, revenus des ports, des dîmes [sur le blé], des pâturages ; **ex annona salaria, ex agro** LIV. 29, 37, 3 ; 28, 39, 12, revenu des salines, des champs (de l'*ager publicus*) ; **vectigal agro imponere** CIC. *Agr.* 2, 55, imposer une redevance sur un champ ; **vectigalia locare** CIC. *Agr.* 2, 54, affermer les impôts, les redevances d'une province ¶ **2** redevance perçue en province par un magistrat : **vectigal praetorium, aedilicium** CIC. *Att.* 5, 21, 11 ; Q. 1, 1, 26, contribution destinée au préteur, aux édiles [pour les aider à donner leurs jeux à Rome] ¶ **3** [à titre privé] revenu, rente : CIC. *Off.* 2, 88 ; *Par.* 49 ; **magnum vectigal est parsimonia** CIC. *Par.* 49, l'économie est un grand revenu ¶ **4** tribut imposé au peuple vaincu : CAES. *G.* 5, 22.

▸ gén. pl. *vectigalium*, mais *-iorum* SUET. *Aug.* 101 ; *Cal.* 16.

vectīgălĭārĭus, *ii*, m. (*vectigal*), receveur d'impôts : FIRM. *Math.* 3, 11, 3.

vectīgălis, *e* (*vectio, ago* ?) ¶ **1** relatif aux redevances : **vectigalis pecunia** CIC. *Verr.* 1, 89, argent des redevances ¶ **2** qui paie une redevance, un impôt : CIC. *Verr.* 3, 79 ; 3, 103 ; 4, 134 ‖ soumis à un tribut : CAES. *G.* 4, 3 ¶ **3** [au titre privé] qui rapporte de l'argent, qu'on loue pour de l'argent : CIC. *Phil.* 2, 62 ; ASCON. *Tog. cand.* 83 ; APUL. *Apol.* 75.

vectĭo, *ōnis*, f. (*veho*), action de transporter : CIC. *Nat.* 2, 151 ‖ monture : HIL. *Matth.* 21, 1.

1 vectis, *is*, m. (cf. *vectio*, *veho*; fr. *vit*) ¶ **1** levier : Cic. *Verr.* 4, 95; *Nat.* 1, 19; Caes. *C.* 2, 11 ¶ **2** barre d'un pressoir : Vitr. 6, 6, 3 ‖ pilon : Vitr. 7, 1, 3; 8, 6, 14 ‖ barre d'une porte, verrou : Cic. *Div.* 2, 62; Virg. *En.* 7, 609 ‖ brancard, civière : Claud. *IV Cons. Hon.* 573.
▶ abl. *vecte*, mais *vecti* Ter. *Eun.* 774; Serv. *En.* 9, 469.

2 Vectis, *is*, f., île entre la Gaule et la Bretagne [île de Wight] Atlas V, C2 : Plin. 4, 130.

vectĭtō, *ās*, *āre*, -, *ātum* (fréq. de *vecto*), tr., traîner, transporter : Gell. 9, 6, 3; Cat. *Orat.* 116; Solin. 38, 7 ‖ *vectitatus* Arn. 5, 37; Solin. 11, 9.

vectō, *ās*, *āre*, *āvī*, *ātum* (fréq. de *veho*), tr., transporter, traîner [souvent] : Gell. 16, 19, 16; Virg. *En.* 6, 391; 11, 138 ‖ pass., se promener, voyager : Hor. *Epo.* 17, 74; Ov. *M.* 8, 374; Curt. 3, 3, 22.

vectŏr, *ōris*, m. (*veho*) ¶ **1** celui qui traîne, qui transporte : Ov. *F.* 1, 433 ¶ **2** passager sur un navire : Cic. *Phil.* 7, 27; *Att.* 2, 9, 3; Sen. *Ep.* 73, 5 ‖ cavalier : Prop. 4, 7, 84; Ov. *A. A.* 3, 555 ‖ cheval : Paul.-Petr. *Mart.* 4, 509.

vectōrĭus, *a*, *um* (*vector*), qui sert à transporter, de transport : Caes. *G.* 5, 8, 4; Suet. *Caes.* 63.

vectrix, *īcis*, adj. f. (*vector*), qui transporte, qui porte : Paul.-Nol. *Ep.* 49, 8; *equa* Anth. 149, 6, jument de selle.

vectūra, *ae*, f. (*veho*; fr. *voiture*), transport par terre ou par eau : Varr. *R.* 2, 7, 15; Cic. *Att.* 1, 3, 2; *Fam.* 2, 17, 4; Caes. *C.* 3, 32, 2; Gell. 5, 3, 1 ‖ prix du transport : Pl. *Most.* 823; Sen. *Ben.* 6, 15, 6.

vectūrārĭus, *a*, *um* (fr. *voiturier*), soumis à une corvée de transport : Novel.-Vat. 5, 4 ‖ subst. m., voiturier : Cod. Th. 14, 6, 1.

Vecturĭōnes, *um*, m. pl., peuple de Bretagne faisant partie des Pictes : Amm. 27, 8, 5.

vectus, *a*, *um*, part. de *veho*.

Vēdĭantĭī, *ōrum*, m. pl., peuple de Ligurie : Plin. 3, 47.

Vēdĭŏvis, arch., ▼ *Vejovis* : Varr. *L.* 5, 74; P. Fest. 519, 22.

1 Vēdĭus, *ĭī*, m., ▶ *Vejovis*, nom de Pluton, considéré comme dieu du mal : Capel. 2, 142; 166.

2 Vēdĭus, *ĭī*, m., nom d'une famille romaine; not[t] Vedius Pollion [sous Auguste, connu pour sa cruauté envers ses esclaves] : Sen. *Ir.* 3, 40, 2; *Clem.* 1, 18, 2; Tac. *An.* 1, 10; Plin. 9, 77.

vēfăba, *ae*, f. (2 *ve-*, *faba*), petite fève : Gloss. 5, 613, 42.

vegeiia, *ae*, f. (?), sorte d'embarcation légère : CIL 8, 27790, cf. Gell. 10, 25, 5.

vĕgĕō, *ēs*, *ēre*, -, - (cf. *vigeo*, scr. *vājas-*, al. *Wache*, an. *wake*) ¶ **1** tr., exciter, animer : Enn. *An.* 487; Pompon. *Com.* 78 ¶ **2** intr., être vif, ardent : Varr. *Men.* 268.

vĕgĕtābĭlis, *e* (*vegeto*), vivifiant : Capel. 6, 694; Amm. 22, 8, 28.

vĕgĕtāmĕn, *ĭnis*, n. (*vegeto*), principe de vie, force vitale : Prud. *Ham.* 75; 298.

vĕgĕtātĭō, *ōnis*, f. (*vegeto*), mouvement, excitation : Apul. *M.* 1, 2.

vĕgĕtātŏr, *ōris*, m. (*vegeto*), celui qui anime : Aus. *Ephem.* 3 (153), 16; Paul.-Nol. *Carm.* 5, 16.

Vĕgĕtĭus, *ĭī*, m., Végèce [auteur qui a écrit sur l'art militaire et sur l'art vétérinaire] : Prisc. 2, 97, 19.

vĕgĕtō, *ās*, *āre*, *āvī*, *ātum* (*vegetus*), tr., animer, vivifier : Gell. 17, 2, 1; Apul. *M.* 11, 1, 2; Aus. *Epist.* 24, (418), 64 ‖ [pass.] vivre : *qui decem et octo annorum aetate vegetantur* Cod. Th. 12, 1, 7, ceux qui sont âgés de 18 ans.

vĕgĕtus, *a*, *um* (*vegeo*), bien vivant, vif, dispos : Cic. *Att.* 10, 16, 6; Liv. 22, 47, 10; Hor. *S.* 2, 2, 81; *vegetior* Col. 6, 20; *-tissimus* Plin. 21, 46 ‖ [fig.] Cic. *Tusc.* 1, 41; Liv. 6, 22, 7.

Vegĭum, *ĭī*, n., ville de Liburnie Atlas XII, C5 : Plin. 3, 140.

vēgrandis, *e* (2 *ve-*, *grandis*; v. Fest. 512, 6; Gell. 5, 12, 9; 16, 5, 5) ¶ **1** qui n'a pas sa grandeur, trop court, trop petit : Varr. *R.* 2, 2, 13; Ov. *F.* 3, 445; Lucil. 631 ¶ **2** qui dépasse la grandeur normale : Cic. *Agr.* 2, 93.

vĕhātĭō, *ōnis*, f. (*veho*), ▶ *vectura* : Cod. Th. 14, 6, 3.

vĕhĕla, *ae*, f. (*veho*), chariot : *Capit. Maxim.* 13, 5.

vĕhĕmens, *tis* (cf. *veho*, *vexo*) ¶ **1** emporté, impétueux, passionné, violent : Cic. *Brut.* 88; *Sull.* 87; *Vat.* 4 ‖ violent, rigoureux, sévère : Cic. *Verr.* 5, 104; *Cat.* 4, 12 ‖ véhément [style, éloquence] : Cic. *Brut.* 97; *de Or.* 2, 200 ‖ énergique, fort, [choses] : Cic. *Cat.* 1, 3; *Off.* 1, 100 ¶ **2** [fig.] violent, intense : *imber* Lucr. 6, 517, pluie violente; *vehementissimo cursu* Hirt. *G.* 8, 15, 6, dans une course à toute allure, cf. Hirt. *G.* 8, 48, 3; *vitis vehemens* Col. 1, 3, 5, vigne à la pousse intense ‖ *vehementior* Cic. *Tusc.* 4, 11; *-tissimus* Cic. *Clu.* 106.
▶ *vemens* Lucr. 3, 152; Catul. 50, 21; Hor. *Ep.* 2, 2, 120.

vĕhĕmentĕr, adv., avec violence, impétuosité, emportement, passion : Cic. *Phil.* 8, 16; *Tusc.* 4, 51; *vehementius* Caes. *C.* 3, 17, 5 ‖ vivement, instamment, fortement : *vehementer displicere* Cic. *Att.* 13, 21, 3, déplaire vivement : *vehementer id retinebatur* Cic. *Rep.* 2, 56, c'était maintenu fortement, énergiquement ; *se vehementissime exercere in aliqua re* Cic. *de Or.* 1, 152, s'exercer dans une chose avec la plus grande énergie ; *vehementer errare* Cic. *Fin.* 2, 9, se tromper lourdement ; *haec tam vehementer repugnantia* Cic. *Ac.* 2, 44, ces choses si contradictoires ; *vehementer utilis* Cic. *Balb.* 60, fortement utile ‖ [parler] avec véhémence : Cic. *de Or.* 1, 227.

vĕhĕmentescō, *ĭs*, *ĕre*, -, -, intr., s'aggraver, empirer : Cael.-Aur. *Acut.* 12, 102.

vĕhĕmentĭa, *ae*, f. (*vehemens*), véhémence d'un orateur : Plin. 36, 33; Gell. 1, 11, 4 ‖ force, intensité, [odeur, saveur] : Plin. 13, 59; 19, 88.

vĕhens, sens pass., ▼ *veho* ¶ **4**.

vĕhĭcŭlāris, *e*, Dig. 50, 4, 1, **vĕhĭcŭlārĭus**, *a*, *um*, Amm. 14, 11, 5, de voiture, de charroi : *vehicularius cursus* Capit. *Anton.* 12, 3, poste aux chevaux.

vĕhĭcŭlum, *i*, n. (*veho*), moyen de transport, véhicule : Cic. *Verr.* 5, 59 ‖ voiture, chariot : Cic. *Verr.* 5, 186; *junctum vehiculum* Liv. 34, 1, 3, char attelé, cf. Liv. 42, 65, 3 ‖ cheval : Fort. *Germ.* 22, 65.

Vĕhĭlius, *ĭī*, m., nom d'homme : Cic. *Phil.* 3, 25.

vĕhis, *is*, f. (*veho*), charretée, charge d'une charrette : Plin. 36, 108; Col. 11, 2, 86 ‖ [mesure] journée d'un ouvrier, travail d'un jour : Col. 12, 2, 13.

vĕhō, *ĭs*, *ĕre*, *vēxī*, *vectum* (*vecto*, *via*, *vexo*, cf. ὄχος, scr. *vahati*, al. *Weg*, an. *way*), tr. ¶ **1** porter, transporter [à dos d'homme ou d'animaux] : Pl. *Bac.* 349; Hor. *S.* 1, 1, 48; Cic. *Nat.* 1, 68; *in equo vehi* Cic. *Div.* 2, 140, aller à cheval, être monté sur un cheval ¶ **2** transporter par bateau : Tib. 2, 5, 40; Cic. *Fin.* 4, 76; *Tusc.* 1, 73; [abs[t]] Quint. 4, 2, 41 ‖ [par char, chariot] : Liv. 5, 28, 2; Cic. *Div.* 2, 114; *Verr.* 3, 192; *vehi in essedo* Cic. *Phil.* 2, 58, voyager en char gaulois ¶ **3** rouler, charrier [fleuve] : Tib. 1, 4, 66; Ov. *M.* 2, 251 ¶ **4** [de sens pass., au part. prés. et au gérondif] *in equo vehens* Quadr. d. Gell. 2, 2, 13, à cheval ; *quasi quadrigis vehens* Cic. *Brut.* 331, porté pour ainsi dire sur un quadrige, cf. Cic. *S.* 5, 6, 27 ; *lectica per urbem vehendi jus* Suet. *Cl.* 28, le droit de se faire porter en litière dans Rome ¶ **5** [fig., pass.] s'élever contre, s'emporter contre : Tert. *Marc.* 5, 13, 6.

1 vēia, *ae*, f. (osq., cf. *veho*, *via*; it. *veggia*), charrette : P. Fest. 506, 3.

2 Vēia, *ae*, f., nom de femme : Hor. *Epo.* 5, 29.

Vēiānĭus, *ĭī*, m., nom d'un gladiateur : Hor. *Ep.* 1, 1, 4.

Vēiānus, *i*, m., nom d'homme : Tac. *An.* 15, 67.

Vēientilla, *ae*, f., nom de femme : CIL 6, 14573.

Vēientĭus, *ĭī*, m., nom d'homme : CIL 11, 3780.

Vēiento, *ōnis*, m., surnom dans la *gens Fabricia* : Cic. *Att.* 4, 16, 6; Tac. *An.* 14, 50; Plin. *Ep.* 4, 22, 4.

veiginti, ▼ *viginti*.

Vēii, *ōrum*, m. pl., Véies [ancienne ville d'Étrurie] Atlas XII, D3 : Cic. *Div.* 1, 100; Liv.

4, 61; Plin. 3, 125 ‖ **Vēiens**, *tis*, adj., de Véies, véien: Cic. *Amer.* 47; *Div.* 1, 100; Liv. 4, 58; **Veientes** Cic. *Tusc.* 3, 27, Véiens ‖ **-entānus**, *a*, *um*, de Véies: Liv. 4, 91; 5, 30 ‖ **-entānum**, *i*, n. **a)** propriété de Véies: Suet. *Galb.* 1 **b)** vin de Véies [médiocre]: Hor. *S.* 2, 3, 143; Mart. 1, 104, 9 ‖ **-entāni**, *ōrum*, m. pl., Véiens: Plin. 3, 52 ‖ **Vēĭus**, *a*, *um*, de Véies: Prop. 4, 19, 31.

Vējŏvis, *is*, m. (*2 ve-*, *Juppiter*, *Jovis*), ancienne divinité, identifiée avec Jupiter souterrain [cf. *Vediovis* Varr. *L.* 5, 74]; représentant au contraire de Jupiter: Cic. *Nat.* 3, 62; Gell. 5, 12, 11 ‖ [par jeu de mots, assimilée à Jupiter enfant]: Ov. *F.* 3, 447.

vĕl (**welsi* "veux-tu", *velut*, cf. *volo*) ¶ **1** adv., ou, si vous voulez; ou **a)** [donne à choisir une expression entre plusieurs] *summum bonum a virtute profectum vel in ipsa virtute situm est* Cic. *Tusc.* 2, 46, le souverain bien dérive de la vertu, ou [si vous voulez] repose dans la vertu même; *vel ejecimus, vel emisimus, vel...* Cic. *Cat.* 2, 1, nous l'avons [je vous laisse le choix de l'expression] ou rejeté ou renvoyé ou..., cf. Cic. *Lig.* 29; *Fin.* 1, 42 **b)** [sert à rectifier] *vel potius, vel etiam, vel dicam, vel ut verius dicam*, ou plutôt, ou même, ou je dirai, ou pour parler plus exactement: Cic. *Rep.* 1, 68; *Lig.* 22; *Phil.* 1, 36; *sed de nostris rebus satis, vel etiam nimium multa* Cic. *Fam.* 4, 4, 3, mais c'est assez ou même trop parler de mes propres affaires, cf. Cic. *Planc.* 22; *a plerisque, vel dicam ab omnibus* Cic. *Fam.* 4, 7, 3, par la plupart, ou disons mieux par tous, cf. Cic. *Brut.* 246; *Fin.* 1, 10 ‖ *vel* seul: *melius vel optime* Cic. *Fam.* 4, 13, 7, mieux ou plutôt le mieux, cf. Cic. *Fin.* 5, 85; *Lae.* 41 **c)** même: *vel mediocris orator* Cic. *Brut.* 193, l'orateur même de valeur moyenne; *vel regnum* Cic. *Rep.* 3, 46, même une royauté, cf. Cic. *Leg.* 3, 23; *Amer.* 85; *Pomp.* 63; *per me vel stertas licet* Cic. *Ac.* 2, 93, je te permets même de ronfler ‖ [renforçant le superl.] même le plus possible: Cic. *Or.* 91; *Caecil.* 14, 7; *vel maxime*, même au plus haut point: Cic. *Nat.* 2, 162; *Ac.* 2, 9 **d)** notamment, par exemple: Pl. *Mil.* 59; Ter. *Hec.* 60; Cic. *Fam.* 2, 13, 1; *Rep.* 2, 67 **e)** peut-être [avec superl.]: *domus vel optima, notissima quidem certe* Cic. *Verr.* 4, 3, maison peut-être la meilleure, en tout cas la plus connue, cf. Cic. *Amer.* 6 ¶ **2** [particule de coordination] ou, ou bien: *ejus modi conjunctionem tectorum oppidum vel urbem appellaverunt* Cic. *Rep.* 1, 41, cette réunion de maisons, on l'appela place ou ville ‖ *vel... vel*, ou... ou, soit... soit: Cæs. *G.* 1, 6; 4; Cic. *de Or.* 2, 3; *Mil.* 13; 20 ‖ *vel* répété trois, quatre, jusqu'à huit fois Cic. *Rep.* 1, 3 ‖ *vel... vel... vel vero etiam* Cic. *Rep.* 1, 4, ou... ou... ou même ¶ **3** [tard.] et: Eger. 12, 9.

vela, *ae*, f. (gaul.; fr. *vélar*), herbe au chantre: Plin. 22, 158; v. *erysimum*.

1 vēlābrum, *i*, n. (cf. *ventus*, ἄημι, scr. *vāti*, al. *wehen*), pelle à vanner: P. Fest. 68, 3.

2 vēlābrum, *i*, n. (*2 velum*), voile, tenture: Amm. 14, 6, 25.

3 Vēlābrum, *i*, n. (cf. *1 velum*, *veho*), le Vélabre [quartier de Rome, où se tenait le marché d'huile et de comestibles] Atlas II: Pl. *Cap.* 489; Varr. *L.* 5, 43; Hor. *S.* 2, 3, 229 ‖ **-brensis**, *e*, du Vélabre: Mart. 13, 32, 2 ‖ *Velabrum minus* Varr. *L.* 5, 156, le petit Vélabre [près des Carènes]; d'où le pl., *Velabra* Prop. 4, 9, 5; Ov. *F.* 6, 405, les deux Vélabres.

vēlāmĕn, *ĭnis*, n. (*velo*), couverture, enveloppe; vêtement, robe, voile; dépouille des animaux; tunique des plantes: Virg. *En.* 1, 649; 6, 221; Ov. *M.* 6, 566; *F.* 4, 147; Sen. *Ag.* 939; Tac. *G.* 17; Tert. *Cor.* 4, 2.

vēlāmentum, *i*, n. (*velo*) ¶ **1** enveloppe (membrane) [anat.]: Cels. 8, 4, 12 ¶ **2** voile, rideau: Sen. *Marc.* 15, 3 ¶ **3** pl., *velamenta*, rameaux entourés de bandelettes [portés par les suppliants]: Ov. *M.* 11, 279; Liv. 24, 30, 14; 25, 25, 6; 30, 36, 5; Tac. *H.* 1, 66 ¶ **4** [fig.] voile pour dissimuler qqch.: Sen. *Vit.* 12, 4.

Velānĭus, *ii*, m., nom propre romain: Cæs. *G.* 3, 7.

vēlāris, *e* (*velum*), relatif aux voiles [rideaux]: Plin. 13, 62.

vēlārĭum, *ii*, n. (*velum*), voile [qu'on étendait au-dessus du théâtre, pour garantir du soleil]: Juv. 4, 122 ‖ *praepositus velariis castrensibus* CIL 6, 5183, préposé aux velaria dans les *ludi castrenses*.

vēlārĭus, *ii*, m. (*velum*) ¶ **1** huissier de la chambre de l'empereur [qui écarte les rideaux] CIL 6, 8649 ¶ **2** soldat de marine [matelot qui étendait et pliait les voiles]: CIL 10, 3500.

vēlāti, *ōrum*, m. pl. (*velo*), recrues non armées: P. Fest. 13, 25; *accensi velati* Cic. *Rep.* 2, 40, surnuméraires sans armes [appelés pour combler les pertes]; Fragm. Vat. 138; v. *veles*, *velatus*.

vēlātĭo, *ōnis*, f. (*velo*), prise de voile [dans un monastère]: Aug. *Ep.* 150.

vēlātō, adv. (*velo*), obscurément [à travers un voile]: *Tert. *Marc.* 4, 29, 3.

1 vēlātūra, *ae*, f. (*1 velum*; *veho*), transport, roulage: Varr. *L.* 5, 44.

2 vēlātūra, *ae*, f. (*velo*), voile des religieuses: Greg.-M. *Ep.* 4, 18.

vēlātus, *a*, *um*, part. de *velo*, v. *velati*.

Velauni, *ōrum*, m. pl., peuple des Alpes cottiennes: Plin. 3, 137.

Veldidēna, *ae*, f., ville de Rétie [auj. Wilten, près d'Innsbruck] Atlas XII, A3: Anton. 256.

Vĕlēda, *ae*, f., prophétesse divinisée par les Germains: Tac. *G.* 8.

Veleiātes, *um* ou *ĭum*, m. pl., habitants de Véléia [ville à douze milles de Plaisance]: Plin. 3, 116.

vĕlĕs, *ĭtis*, m. (cf. *velati*, *2 velum*, *eques*), ordin[t] au pl., **vēlĭtes**, *um*, vélites [soldats armés à la légère, qui escarmouchaient]: Liv. 26, 4, 4; 30, 33, 3 ‖ [fig.] *scurra veles* Cic. *Fam.* 9, 20, le bouffon escarmoucheur [qui provoque les assauts de plaisanteries] = le clown de la troupe.

Vĕlĭa, *ae*, f. ¶ **1** ville de Lucanie [nom latin de *Elea*, Élée] Atlas XII, F5: Cic. *Verr.* 5, 44 ‖ **-ienses**, *m.*, habitants de Vélia: Cic. *Verr.* 2, 99 ‖ **-īnus**, *a*, *um*, de Vélia: Virg. *En.* 6, 366 ¶ **2** une des éminences du mont Palatin: Cic. *Rep.* 2, 54; Liv. 2, 7, 6 ‖ **-iensis**, *e*, de la Vélia: Varr. *L.* 5, 54 ‖ **-īnus**, *a*, *um*, de la Vélia: *Velina tribus*, *Velina* Hor. *Ep.* 1, 6, 52, la tribu Vélina.

Vĕlĭensis, v. *Velia*.

vēlĭfĕr, *ĕra*, *ĕrum* (*velum*, *fero*), garni de voiles: Ov. *M.* 15, 719 ‖ qui enfle les voiles: Sen. *Thy.* 129.

vēlĭfĭcātĭo, *ōnis*, f. (*velificor*), déploiement des voiles: Cic. *Fam.* 1, 9, 21; [fig.] Amm. 18, 5, 6 ‖ prospérité: Aug. *Psalm.* 47, 6.

vēlĭfĭcātus, *a*, *um*, part. de *velifico* et de *velificor*.

vēlĭfĭcĭum, *ii*, n. (*velificor*), déploiement des voiles: Hyg. *Fab.* 277.

vēlĭfĭcō, *ās*, *āre*, *āvī*, *ātum* (*velificor*) ¶ **1** intr., faire voile, naviguer: Prop. 4, 9, 6; Plin. 9, 103 ¶ **2** tr., *velificatus* Juv. 10, 174, traversé à la voile ‖ poussé, gonflé comme par une voile: Tert. *Idol.* 24, 1.

vēlĭfĭcor, *āris*, *ārī*, *ātus sum* (*1 velum*, *facio*), intr. ¶ **1** déployer les voiles, faire voile, naviguer: Prop. 2, 28, 40; Flor. 3, 7, 3 ¶ **2** [fig.] s'employer pour, favoriser [avec dat.]: Cic. *Agr.* 1, 27; Cæl. *Fam.* 8, 10, 2.

vēlĭfĭcus, *a*, *um* (*velificor*), qui se fait au moyen des voiles: Plin. 13, 70.

vēlĭgĕr, *ĕra*, *ĕrum* (*velum*, *gero*), couvert de voiles: Cassiod. *Var.* 7, 9.

vĕlim, subj. prés. de *2 volo*.

Vĕlīnĭa, *ae*, f., nom d'une déesse: Varr. *L.* 5, 71.

Vĕlīnus, *a*, *um*, v. *Velia*.

Velĭŏcasses, *ĭum*, Cæs. *G.* 2, 4, 9 et **Velĭocassi**, *ōrum*, m. pl., Cæs. *G.* 7, 75, 3, peuple de Gaule [Vexin] dont la capitale était Rotomagus [Rouen] ‖ **Velĭŏ-cassīnĭus**, *a*, *um*, véliocasse: AE. 1975, 651.

vēlĭtāris, *e* (*veles*), relatif aux vélites, de vélite: Sall. *J.* 105, 2; Liv. 26, 4, 4 ‖ subst. m. pl., troupes légèrement armées: Amm. 19, 4, 1.

vēlĭtātĭo, *ōnis*, f. (*velitor*), escarmouche; [fig.] assaut d'injures: Pl. *As.* 307; P. Fest. 507, 1; Non. 3, 3.

vēlĭtātus, *a*, *um*, part. de *velitor*.

Vĕlīternīnus (**-ternus**), v. *Velitrae*.

vēlĭtes, V.> veles.

vēlĭtō, ās, āre, -, -, intr., V.> velitor : Prisc. 2, 396, 23.

1 **vēlĭtŏr**, ārĭs, ārī, ātus sum (veles) ¶ 1 intr., engager le combat, escarmoucher, **in aliquem**, contre qqn : Apul. M. 9, 37, 4 ‖ faire assaut de paroles, se quereller, se disputer : Pl. Men. 778 ; Gell. 6, 11, 1 ¶ 2 tr., menacer de : Apul. M. 5, 11.

2 **vēlĭtŏr**, ārĭs, ārī, ātus sum (1 velum), intr., caboter : Gloss. 5, 518, 18.

Vĕlītrae, ārum, f. pl., Velitrae [ville des Volsques, sur la voie Appienne, auj. Velletri] Atlas XII, E3 : Liv. 2, 31 ; 2, 34 ‖ **-ternus**, a, um, de Velitrae : Plin. 12, 10 ‖ **-terni**, ōrum, m. pl., habitants de Velitrae : Liv. 8, 14 ; Suet. Aug. 94.

Vēlĭus, ĭī, m., nom d'homme : Mart. 9, 31 ‖ Vélius Longus, grammairien latin : Gell. 18, 9, 4.

vēlĭvŏlans, tis (velum, 1 volo), qui vole avec des voiles : Poet. d. Cic. Div. 1, 67.

vēlĭvŏlus, a, um (velivolans), qui marche à la voile : Enn. An. 388 ; Tr. 52 ; Lucr. 5, 1442 ; Ov. Pont. 4, 5, 42 ‖ [épithète de la mer] où l'on va à la voile : Virg. En. 1, 224 ; Ov. Pont. 4, 16, 21.

vella, ae, f., C.> villa : Varr. R. 1, 2, 14.

Vellātes, um ou ĭum, m. pl., peuple d'Aquitaine : Plin. 4, 108.

vellātĭo, ōnis, f., chatouillement, démangeaison : Gloss. 2, 261, 4.

vellātūra, V.> 1 velatura : Varr. R. 1, 2, 14.

Vellaunŏdūnum, i, n., nom d'une ville des Sénons [Montargis ?] : Caes. G. 7, 11, 1.

Vellāvĭi, ōrum, m. pl., peuple de la confédération des Arvernes [dans le Velay] : Caes. G. 7, 75, 2.

velle, vellem, inf. prés. et imparf. du subj. de 2 volo.

Velleiates, um, m. pl., peuple de Ligurie : Plin. 3, 47.

Vellēius, i, m., nom d'une famille rom. ; not C. Velléius, philosophe épicurien, ami de l'orateur Crassus : Cic. de Or. 3, 78 ‖ Velléius Paterculus, historien latin, préteur sous Tibère : Prisc. 2, 248, 4 ‖ **-ēius**, a, um, de Velléius : Just. Inst. 2, 13 ; **-ēiānus**, a, um, Dig. 16, 1, 2.

vellĕrĕus, a, um (vellus), fait en laine : Ps. Asc. Verr. 1, 22, p. 135 B.

vellĭcātim, adv. (vellico), d'une manière décousue, partiellement, séparément : Sisen. d. Gell. 12, 15, 2.

vellĭcātĭo, ōnis, f., coup d'épingle [fig.], piqûre, taquinerie : Sen. Ir. 3, 43, 5.

vellĭcō, ās, āre, āvī, ātum (dim. de vello), tr. ¶ 1 tirailler, picoter, becqueter : Pl. Most. 834 ; Quint. 6, 1, 41 ; P. Fest. 60, 12 ‖ [abeille] butiner : Varr. R. 3, 16, 7 ¶ 2 [fig.] a) mordiller, déchirer, dénigrer : Pl. Merc. 408 ; Cic. Balb. 57 ; Hor. S. 1, 10, 79 ; Sen. Ben. 2, 28, 4 ; Gell. 4, 15, 1

b) déchirer par jalousie : Prop. 2, 5, 6
c) piquer, exciter : Sen. Ep. 20, 11 ; 63, 1.

Vellĭgĕr, f. l. pour Belliger.

vellimnum, i, n. (vello, vellus), touffe de laine arrachée : Varr. R. 2, 11, 9.

Vellĭŏcasses, C.> Veliocasses.

vellō, ĭs, ĕre, vulsī (**volsī**, **vellī**) **vulsum** (**volsum**) (cf. vellus, villus, p.-ê. lāna), tr. ¶ 1 arracher, détacher en tirant : **pilos** Hor. Ep. 2, 1, 45, arracher les poils ; **signa** Liv. 3, 50, 11, arracher de terre les enseignes [pour se mettre en marche] ; **vallum** Liv. 9, 14, 9, arracher la palissade ; **poma** Tib. 3, 5, 20, détacher des fruits ; **spinas** Cic. Fin. 4, 6, arracher des épines ; **postes a cardine** Virg. En. 2, 480, arracher des gonds les montants de la porte ; **castris signa** Virg. G. 4, 108, arracher du campement les enseignes, lever le camp ; **vulsis pectore telis** Luc. 6, 232, les traits étant arrachés de la poitrine ; **hastam de cespite** Virg. En. 11, 566, arracher d'une motte de terre le javelot ‖ **oves** Varr. R. 2, 11, 9 ; **anseres** Plin. 10, 53, arracher la laine des brebis, plumer les oies ‖ pass., **velli** Suet. Caes. 45, être épilé ¶ 2 tirer sans arracher : **barbam alicui** Hor. S. 1, 3, 133, tirer la barbe à qqn ; **aurem** Virg. B. 6, 4, tirer l'oreille ; [abs¹] **vellere** Hor. S. 1, 9, 63, tirer le vêtement de qqn ¶ 3 [fig.] déchirer, tourmenter : Stat. S. 5, 2, 3.

▶ parf., **volsi** Sen. Prov. 3, 6 ; Luc. 4, 414 ; 6, 546 ; **velli** Calp. 4, 155 ; Prisc. 2, 526, 18.

Vellocatus, i, m., nom d'homme : Tac. H. 3, 45.

1 **vellus**, ĕris, n. (cf. vello ; it. vello) ¶ 1 peau avec la laine, toison : Varr. L. 5, 54 ; R. 2, 11, 9 ; Plin. 27, 50 ; Lucr. 6, 504 ; Hor. Ep. 1, 10, 27 ; Virg. En. 7, 95 ¶ 2 a) toison d'animal vivant : Virg. B. 3, 95
b) peau de bête : **leonis** Ov. F. 2, 340, peau de lion ; **vellera cervina** Ov. M. 6, 593, peau d'un cerf ; **vellus Nemeaeum** Ov. M. 9, 233, peau du lion de Némée ¶ 3 a) flocons de laine : Virg. G. 1, 597 ; [de soie] Virg. G. 2, 121 ; [de neige] Mart. 4, 3, 1 b) bandelettes de laine : Stat. S. 5, 3, 8.

2 **vellus**, i, m., V.> villus.

vēlō, ās, āre, āvī, ātum (2 velum ; it. velare), tr. ¶ 1 voiler, couvrir : **capite velato** Cic. Nat. 2, 10, avec la tête voilée ; **velatus toga** Liv. 3, 26, 10, enveloppé de sa toge ; **velatis manibus** Pl. Amp. 257, avec les mains voilées (garnies) [de rameaux de suppliants] ; **oratores velati ramis oleae** Virg. En. 11, 101, ambassadeurs ayant les mains voilées (garnies) de rameaux d'olivier, cf. Virg. En. 7, 154 ‖ n. pl., **velanda corporis** Plin. Ep. 6, 24, 3, les parties sexuelles ‖ m. pl., **velati**, V.> velati, **accensus** ¶ 2 entourer, envelopper : **tempora myrto** Virg. En. 5, 72, couronner ses tempes de myrte, cf. Ov. Pont. 3, 2, 75 ; M. 3, 667 ; **caput velatum filo** Liv. 1, 32, 6, la tête entourée d'une bandelette de laine ; [poét.] **velatus tempora vitta** Ov. M. 5, 110, ayant la tête entourée d'une

bandelette ¶ 3 [fig.] voiler, cacher, dissimuler : Tac. An. 12, 61 ; 13, 13 ; 14, 56 ; H. 4, 32.

▶ inf. pass. **velarier** Arn. 5, 7.

vēlōcĭtās, ātis, f. (velox), agilité à la course, vitesse, vélocité, célérité : Cic. Tusc. 4, 31 ; Off. 1, 107 ; Caes. G. 6, 28 ; Nep. Epam. 2, 3 ‖ pl., Cic. CM 17 ‖ [fig.] Plin. 7, 52 ; Quint. 5, 10, 123 ; Tac. An. 15, 38 ; H. 1, 83 ‖ rapidité du style : Quint. 10, 1, 102.

vēlōcĭtĕr, adv. (velox), rapidement, promptement, avec prestesse : Ov. M. 4, 509 ; Quint. 1, 1, 28 ; Plin. 16, 241 ; **velocius** Cic. Rep. 6, 29 ; **-issime** Cic. Tim. 30 ; Caes. G. 5, 35, 1.

Vēlōcĭus, ĭī, m., nom d'homme : Cic. de Or. 3, 86.

vēlōsus, a, um (velum), pourvu de voiles : Not. Tir. 109.

1 **vēlox**, ōcis, adj. (cf. 1 velum ?) ¶ 1 agile à la course, rapide, vite, preste : **pedites velocissimi** Caes. G. 1, 48, 5, fantassins les plus agiles ‖ [fig.] **nihil est animo velocius** Cic. Tusc. 1, 43, rien n'est plus preste que l'esprit, cf. Hor. Ep. 1, 12, 13 ; Tac. Agr. 13 ¶ 2 prompt, rapide : **veloces flammae** Lucr. 6, 688, flammes rapides ; **velox jaculum** Virg. G. 2, 530, javelot rapide : **veloces arbores** Plin. 17, 95, arbres qui poussent vite ; **velox navigatio** Quint. 12, 2, 24, navigation prompte ‖ [poét., attrib.] **velox desilit in latices** Ov. M. 4, 352, il se jette prestement dans l'eau vive, cf. Hor. O. 4, 12, 22 ‖ [avec ad] prompt à (relativement à) : Ov. Pont. 1, 2, 123 ; Sen. Contr. 1, pr. 3 ‖ [avec inf.] Stat. Th. 6, 797.

2 **Vēlox**, ōcis, m., nom d'homme : Mart. 1, 111.

1 **vēlum**, i, n. (cf. vexillum, veho ; fr. voile, f.) ¶ 1 voile de navire ; surt. au pl. : **vela dare** Cic. Or. 75 ; **facere** Cic. Tusc. 4, 9, mettre à la voile ; **vela fieri imperavit** Cic. Verr. 5, 88, il commanda qu'on mît à la voile ; **vela dirigere** *Caes. C. 2, 25, 6, diriger sa course ‖ [fig.] **vela orationis pandere** Cic. Tusc. 4, 9, déployer les voiles d'une dissertation, entrer à pleines voiles dans un exposé ; **vela contrahere** Cic. Att. 1, 16, 2, caler, plier les voiles, s'arrêter ; **vela dare ad...** Cic. de Or. 2, 187, faire voile sur un point, se diriger vers... ; **remigio veloque fugere** Pl. As. 157, fuir à la rame et à la voile = à toutes jambes ‖ sg., Pl. Mil. 1317 ; Virg. En. 1, 103 ; 1, 400 ; Ov. M. 7, 491 ¶ 2 [poét.] = navire : Ov. M. 7, 664 ; 9, 594.

2 **velum**, i, n. (cf. vestis ; fr. voile, m.), voile, toile, tenture, rideau : Cic. Cat. 2, 22, 30 ; **velis amicti, non togis** Cic. Cat. 2, 22, vêtus de voiles, non de toges ‖ voile tendu au-dessus d'un théâtre [contre le soleil] : Lucr. 4, 75 ; Prop. 4, 1, 15 ; Ov. A. A. 1, 103 ; V.- Max 2, 4, 6 ‖ voile pour cacher à la vue : Plin. Ep. 4, 19, 3 ; [fig.] Cic. Q. 1, 1, 15.

Velunum, i, n., ville d'Italie : Plin. 3, 130.

vĕlŭt, vĕlŭtī, adv. (vel, ut, uti) ¶ **1** par exemple comme, ainsi, par exemple : *velut in hac re* CIC. *Verr.* 4, 95, par exemple à propos de cette aventure, cf. PL. *Aul.* 462; *Ru.* 596; CIC. *Nat.* 2, 124; *Fin.* 2, 116; *Tusc.* 5, 13 ¶ **2** [dans les compar.] comme, de la manière que, ainsi que **a)** *velut... sic* [rart *ita* : COL. 3, 185] VIRG. *En.* 1, 148; LIV. 31, 18, 9, de même que... de même **b)** *veluti pecora* SALL. *C.* 1, 1, comme des animaux, cf. HIRT. *G.* 8, 9, 1 **c)** comme, pour ainsi dire : *velut hereditate relictum odium* NEP. *Hann.* 1, 3, haine pour ainsi dire laissée en héritage, cf. QUINT. 10, 5, 17; 8, 5, 19 ¶ **3** [dans les hypothèses] **a)** *velut si*, subj., comme si : CAES. *G.* 1, 32; LIV. 21, 16, 2; 29, 28, 9; QUINT. 2, 13, 1 **b)** *velut*, seul et subj., comme si : TIB. 1, 6, 25; OV. *M.* 4, 596; LIV. 2, 36, 1; 2, 41, 9; 29, 9, 5 **c)** avec abl. abs. : *velut inter pugnae fugaeque consilium trepidante equitatu* LIV. 1, 14, 8, comme si la cavalerie hésitait à choisir entre le combat et la retraite, cf. LIV. 1, 29, 4; 2, 12, 13; 26, 37, 5.

Vemānia, ANTON. 237, **Vimānia**, ae, f., NOT. DIGN. *Oc.* 35, 19, ville de Rhétie.

vēmens, V. ▶ *vehemens* ▶.

vēna, ae, f. (obscur, cf. *via*?; fr. veine) ¶ **1** veine : CIC. *Nat.* 2, 139; *alicujus venas incidere* CIC. *Pis.* 83, ouvrir les veines de qqn; *venas interscindere* TAC. *An.* 15, 35; *abrumpere* TAC. *An.* 15, 59; *abscindere* TAC. *An.* 15, 69; *exsolvere* TAC. *An.* 16, 17, s'ouvrir ou se faire ouvrir les veines [par ordre de l'empereur] ¶ **2** pl. = le pouls : CIC. *Fat.* 15; CELS. 3, 6, 5; SUET. *Tib.* 72 ¶ **3** veines [siège de la vie pour les anciens] : *vino fulcire venas cadentes* SEN. *Ep.* 95, 22, soutenir par le vin les veines défaillantes, cf. SEN. *Ben.* 3, 9, 2; HOR. *S.* 2, 3, 153; 2, 4, 25; *Ep.* 1, 15, 18; VIRG. *B.* 6, 15; LIV. 26, 14, 5; PLIN. 23, 29; 23 35 ¶ **4** [mét.] **a)** veine, filon de métal : CIC. *Nat.* 2, 151; JUV. 9, 31 **b)** canal d'eau naturel, veine d'eau : HIRT. *G.* 8, 43; OV. *Tr.* 3, 7, 16; MART. 10, 30, 10 **c)** uretère : CELS. 4, 1, 10 **d)** veine du bois : PLIN. 16, 184; [de la pierre] PLIN. 37, 91 **e)** pores : VITR. 5, 3, 1 **f)** rangée d'arbres : PLIN. 17, 76 **g)** membre viril : MART. 4, 66, 12; 6, 49, 2; 11, 16, 5; PERS. 6, 72 ¶ **5** [fig.] **a)** = le cœur, le fond d'une chose : *in venis rei publicae* CIC. *Cat.* 1, 31, dans les veines de l'État ∥ = la partie intime, l'essentiel : CIC. *de Or.* 1, 223 **b)** = veine poétique, inspiration : HOR. *P.* 409; *O.* 2, 18, 10; JUV. 7, 53; QUINT. 6, 2, 3.

vēnābŭlum, *i*, n. (venor), épieu de chasse : CIC. *Fam.* 7, 1, 3; VIRG. *En.* 4, 131 ∥ *venabula sagittarum* PLIN. 8, 26, épieux servant de flèches.

Vĕnāfer, adj., V. ▶ *Venafrum*.

Vĕnāfrānus, *ii*, m. (Venafrum), surnom d'homme : CIL 9, 3676.

Vĕnāfrum, *i*, n., ville de Campanie, célèbre par ses oliviers [auj. Venafro] Atlas XII, E4 : CIC. *Q.* 3, 1, 3; PLIN. 3, 63 ∥ **-frānus**, *a*, *um*, de Venafro : HOR. *O.* 3, 5,

55 ∥ **-fer**, *fra*, *frum*, même sens : VARR. *R.* 1, 2, 6 ∥ **-frānum**, *i*, n., huile de Venafro : JUV. 5, 86.

vēnālĭcĭārĭus, *a*, *um*, de marchand d'esclaves : ULP. *Dig.* 32, 1, 73 ∥ subst. m., marchand d'esclaves : *Dig.* 14, 4, 1.

vēnālĭcĭum, *ii*, n. (venalicius) ¶ **1** marché d'esclaves, esclaves à vendre : PETR. 29, 3 ∥ *venalicia*, pl., lot d'esclaves : ULP. *Dig.* 28, 8, 5 ¶ **2** droit sur les marchandises : COD. JUST. 12, 19, 4.

vēnālĭcĭus, *a*, *um* (venalis) ¶ **1** mis en vente, à vendre : PETR. 76, 8 ¶ **2** [esclaves] mis en vente, à vendre : SUET. *Aug.* 42 ∥ subst. m., marchand d'esclaves : CIC. *Or.* 232; PLIN. 21, 170; SUET. *Gram.* 25, 9.

vēnālis, *e* (2 *venus*) ¶ **1** vénal, à vendre : *hortos venales habere* CIC. *Off.* 3, 58, avoir un parc à vendre, mettre en vente un parc; *vocem venalem habere* CIC. *Quinct.* 13, trafiquer de sa voix, être crieur public ∥ subst. m., esclave à vendre, jeune esclave : PL. *Aul.* 452; CIC. *Verr.* 5, 146; HOR. *S.* 1, 1, 47; SEN. *Ben.* 4, 13, 3; *Ep.* 80, 8 ¶ **2** [fig.] vénal, qui se vend : *habere aliquid venale* CIC. *Verr.* 3, 144, trafiquer de qqch., cf. CIC. *Verr.* 2, 78; 2, 119; LIV. 35, 50, 4.

vēnālĭtās, *ātis*, f. (venalis), vénalité : SIDON. *Ep.* 5, 13, 3; COD. JUST. 4, 59.

Venami, *ōrum*, m. pl., peuple d'Aquitaine : PLIN. 4, 108.

Venantĭus Fortunatus, m., Venance Fortunat, évêque de Poitiers, poète latin du 6e s. : GREG.-TUR. *Hist.* 5, 8.

Vĕnarĭa, ae, f., île de la mer Tyrrhénienne, voisine de l'Italie : PLIN. 3, 81.

vēnātīcĭus, *a*, *um*, C. ▶ *venaticus* : AMM. 29, 3, 3.

vēnātĭcus, *a*, *um* (venatus), relatif à la chasse : *canes venatici* CIC. *Verr.* 4, 31, chiens de chasse ∥ [fig.] en chasse = en quête : PL. *Cap.* 85.

vēnātĭlis, *e* (vena), provenant d'une veine : CASSIOD. *Var.* 3, 13.

vēnātĭo, *ōnis*, f. (venor; fr. venaison) ¶ **1** chasse : CIC. *CM* 56; CAES. *G.* 4, 1 ¶ **2** chasse donnée en spectacle dans le cirque : CIC. *Off.* 2, 55; *Fam.* 7, 1, 3; *Att.* 16, 4, 1; SUET. *Caes.* 10; *Aug.* 43 ¶ **3** chasse, gibier : VARR. *R.* 3, 12, 2; PLIN. *Ep.* 5, 6, 8 ∥ venaison, produit de la chasse : LIV. 25, 9, 8; 35, 49, 6.

vēnātŏr, *ōris*, m. (venor; fr. veneur) ¶ **1** chasseur : CIC. *Tusc.* 2, 40; CAES. *G.* 6, 27 ∥ [en appos.] *venator canis* VIRG. *En.* 12, 751, chien de chasse ∥ [dans les spectacles du cirque] : ULP. *Dig.* 48, 19, 8, 11; TERT. *Mart.* 5, 1 ¶ **2** [fig.] qui est aux aguets : PL. *Mil.* 608 ∥ investigateur, observateur : CIC. *Nat.* 1, 83.

vēnātōrĭus, *a*, *um* (venator; esp. venadero), de chasse, de chasseur : NEP. *Dat.* 3; SUET. *Aug.* 19.

vēnātrīcĭus, *a*, *um*, de chasse, propre à la chasse : SCHOL. BERN. *B.* 7, 32.

vēnātrix, *ilcis*, adj. f. (venator), qui chasse, chasseresse : VIRG. *En.* 1, 319; *canis* MART. 11, 69, 2, chienne de chasse ∥ [fig.] qui recherche : AMBR. *Virg.* 3, 2, 6.

vēnātūra, *ae*, f. (venor), action de chasser, chasse : [fig.] PL. *Mil.* 990.

1 **vēnātus**, *a*, *um*, part. de *venor*.

2 **vēnātŭs**, *ūs*, m. (venor; esp. venado) ¶ **1** chasse : CIC. *Tusc.* 5, 98; VIRG. *En.* 7, 747 ∥ pl., OV. *M.* 4, 302 ¶ **2** produit de la chasse : PLIN. 8, 58 ¶ **3** [fig.] pêche : PL. *Ru.* 970.

vendax, *ācis* (vendo), qui aime à vendre : CAT. *Agr.* 2, 7; DIOM. 368, 26.

vendĭbĭlis, *e* (vendo) ¶ **1** qui se vend facilement, qui trouve des acheteurs : CIC. *Agr.* 2, 36; HOR. *Ep.* 1, 17, 47 ¶ **2** [fig.] qui est en vogue : *orator populo vendibilis* CIC. *Brut.* 264, orateur qui plaît à la foule, cf. CIC. *Brut.* 174; *Lae.* 96; *vendibilior* CIC. *Fin.* 1, 12.

vendĭbĭlĭtĕr, adv., chèrement, à un prix élevé ∥ *-lius* HIER. *Ep.* 130, 18.

vendĭco, V. ▶ *vindico*.

vendĭdī, parf. de *vendo*.

vendĭtātĭo, *ōnis*, f. (vendito), action de faire valoir, montre, étalage : CIC. *Tusc.* 2, 64; *Lae.* 86.

vendĭtātŏr, *ōris*, m. (vendito), qui tire vanité de : TAC. *H.* 1, 49; GELL. 18, 4, 1.

vendĭtĭo, *ōnis*, f. (vendo), action de mettre en vente, vente : CIC. *Amer.* 110; *Flac.* 74; *Phil.* 2, 103; *Pis.* 86; SEN. *Ben.* 5, 10, 1 ∥ *lex venditionis* DIG. 18, 1, 22, les clauses du contrat de vente ∥ mise en location, en fermage : FEST. 516, 14.

vendĭtō, *ās*, *āre*, *āvī*, *ātum* (fréq. de vendo), tr. ¶ **1** faire des offres de vente, chercher à vendre : CIC. *Att.* 1, 14, 7; HER. 4, 9; PLIN. *Ep.* 1, 24, 1 ¶ **2** vendre, négocier, trafiquer de : CIC. *Verr.* 2, 135; 4, 133; LIV. 38, 42, 11; TAC. *H.* 1, 66 ∥ *sese* PL. *Mil.* 312; *Curc.* 482, trafiquer de soi ¶ **3** *se alicui* CIC. *Att.* 8, 16, 1, se faire valoir auprès de qqn, cf. NEP. *Att.* 11, 3; LIV. 3, 35, 4; *se existimationi hominum* CIC. *Verr.* 3, 132, se recommander à l'estime publique.

vendĭtŏr, *ōris*, m. (vendo; fr. vendeur), vendeur : CIC. *Off.* 3, 51 ∥ [fig.] trafiquant : CIC. *Sen.* 10 ∥ [chrét.] celui qui a vendu, traître [Judas] : AUG. *Petil.* 2, 106, 243.

vendĭtrix, *īcis*, f., vendeuse : DIG. 18, 3, 8.

vendĭtum, *i*, n. du part.-adj. de *vendo*, vente : CIC. *Nat.* 3, 74; SEN. *Ben.* 6, 38, 2.

vendō, *ĭs*, *ĕre*, *dĭdī*, *dĭtum* (2 *venus*, 3 *-do*, cf. *venumdo*; fr. vendre), tr. ¶ **1** vendre : *aliquid pluris*, *minoris* CIC. *Off.* 3, 51, vendre qqch. plus cher, moins cher; *magno decumas* CIC. *Verr.* 3, 40, affermer les dîmes à un prix élevé; *trecentis talentis se alicui* CIC. *Pis.* 84, se vendre trois cents talents à qqn; *quam optime* CIC. *Off.* 3, 51; *male* CIC. *Verr.* 3, 227, vendre au meilleur prix possible, à

vendo

vil prix; **domum pestilentem vendo** Cic. *Off.* 3, 55, maison insalubre à vendre [annonce du crieur public] ¶ **2** faire vendre: Hor. *Ep.* 2, 1, 75 ‖ faire valoir, lancer: **aliquid praeclare vendere** Cic. *Att.* 13, 12, 2, faire vendre brillamment qqch., cf. Juv. 7, 135.

▶ le pass. de vendo à l'époque class. n'existe qu'au part. venditus et à l'adj. verbal vendendus; il est pour le reste remplacé par veneo; cf. Diom. 368, 24.

Vĕnĕdi, ōrum, m. pl., les Wendes [peuple slave, voisin de la Vistule] Atlas I, B5: Plin. 4, 97; *Tac. *G.* 46; ⓥ▶ **Venethi, Veneti**.

vĕnĕfĭca, ⓥ▶ *veneficus*.

vĕnĕfĭcĭŏlum, *i*, n. (dim. de *veneficium*): Not. Tir. 82.

vĕnĕfĭcĭum, *ĭi*, n. (*veneficus*), confection de breuvage ¶ **1** empoisonnement, crime d'empoisonnement: **de veneficiis accusare** Cic. *Amer.* 90, accuser du chef d'empoisonnement, cf. Cic. *de Or.* 2, 105; **veneficii crimen** Cic. *Clu.* 166, accusation d'empoisonnement, cf. Cic. *Clu.* 2; **veneficii damnari** Tac. *An.* 12, 66, être condamné pour empoisonnement ¶ **2** philtre magique, sortilège, maléfice: Cic. *Brut.* 217; Plin. 18, 41.

vĕnĕfĭcus, *a*, *um* (*venenum, facio*) ¶ **1** magique: Plin. 30, 17; Ov. *M.* 14, 365 ‖ qui jette des maléfices: Plin. 28, 30 ‖ venimeux: Solin. 25, 10 ¶ **2** subst. **a)** m., empoisonneur: Cic. *Off.* 3, 73; Cat. 2, 7; *Sest.* 39 **b)** f., magicienne, sorcière: Hor. *Epo.* 5, 71; Ov. *M.* 7, 316; Sen. *Ep.* 9, 6 ‖ [injure]: Ter. *Eun.* 825; Anton. d. Cic. *Phil.* 13, 25.

Vĕnelli, ōrum, m. pl. (cf. *Veneti*), peuple de la Lyonnaise: Plin. 4, 107; ⓥ▶ *Unelli*.

vĕnēnārĭus, *a*, *um* (*venenum*), empoisonné: Tert. *Res.* 16, 6 ‖ subst. m., empoisonneur: Suet. *Ner.* 33 ‖ subst. f., empoisonneuse: CIL 6, 20905.

vĕnēnātus, *a*, *um* ¶ **1** part. de *veneno* ¶ **2** adjᵗ **a)** infecté de poison: Cic. *Nat.* 2, 126 ‖ venimeux: Cic. *Har.* 50; Lucr. 5, 27; **venenatior** Plin. 32, 25, plus venimeux; **-issimus** Tert. *Bapt.* 1, 2 **b)** enchanté, magique: Ov. *M.* 14, 413.

Veneni, ōrum, m. pl., peuple de Ligurie: Plin. 3, 47.

1 **vĕnēnĭfĕr**, *ĕra*, *ĕrum* (*venenum, fero*), venimeux: Ov. *M.* 3, 85.

2 **Vĕnēnĭfĕr**, *eri*, m., le Scorpion [signe céleste]: Anth. 626, 4.

vĕnēnō, *ās*, *āre*, *āvī*, *ātum* (*venenum*), tr. ¶ **1** empoisonner, imprégner de poison: Lucr. 6, 820; Cic. *Nat.* 2, 126; Quinct. 8; Hor. *O.* 1, 22, 3 ‖ [fig.] Hor. *Ep.* 1, 14, 38 ¶ **2** imprégner de couleur, teindre: Mat. d. Gell. 20, 9, 3.

vĕnēnōsē, adv., d'une manière venimeuse: Cassiod. *Eccl.* 6, 25.

vĕnēnōsus, *a*, *um*, vénéneux: Aug. *Gen. litt.* 8, 13.

vĕnēnum, *i*, n. (*wenesnom*, cf. 1 *Venus*; it. *veleno*, fr. *venin*) ¶ **1** toute espèce de drogue: Dig. 50, 16, 236; **malum venenum facere** [formule de loi] Cic. *Clu.* 148, préparer une drogue malfaisante, cf. Sall. *C.* 11, 3 ¶ **2** [en part.] **a)** poison: Cic. *Cael.* 58; *Clu.* 165; [fig.] Liv. 3, 67, 6; Hor. *S.* 1, 7, 1; Catul. 44, 12 **b)** breuvage magique, philtre: Cic. *Or.* 129; *Off.* 3, 76; Hor. *Epo.* 5, 62; [fig.] Prop. 2, 12, 19 **c)** teinture: Virg. *G.* 2, 465; Hor. *Ep.* 2, 1, 207 **d)** drogue pour embaumer: Luc. 8, 691.

vĕnĕō, *īs*, *īre*, *vēnĭī*, - (2 **venus*, 3 *eo*, sert de pass. à *vendo*), intr., être vendu: Cic. *Agr.* 2, 62; Flac. 43; Caecin. 19; *Att.* 5, 20, 5; 12, 38 a, 2; **quanti** Cic. *Verr.* 4, 13, à quel prix; **quam plurimo** Cic. *Fam.* 7, 2, 1, le plus cher possible; **minoris** Cic. *Fam.* 7, 2, 1, moins cher ‖ **ab hoste venire** Quint. 12, 1, 43, être vendu à l'encan par l'ennemi, cf. Val.-Max. 6, 9, 12.

▶ formes pass.: **venear** Pl. d. Diom. 368, 26; **veniri** Pl. *Pers.* 578; Sen. *Ep.* 95, 42 ‖ sup. **venitum** Prisc. 2, 543, 18 [forme théorique]; part. **venītus** [avec *i* long] Sedul. *Hymn.* 1, 21.

vĕnĕrābĭlis, *e* (*veneror*) ¶ **1** vénérable, respectable, auguste: Hor. *S.* 2, 5, 14; Quint. 12, 1, 18; **venerabilior** Liv. 1, 7, 8 ¶ **2** qui révère, respectueux: Val.-Max. 1, 1, 15; 2, 4, 4.

vĕnĕrābĭlĭtās, *ātis*, f., révérence [terme de salutation]: Marcellin. d. Aug. *Ep.* 136, 1.

vĕnĕrābĭlĭtĕr, adv. (*venerabilis*), avec respect, respectueusement: Macr. *Sat.* 7, 11, 10.

vĕnĕrābundus, *a*, *um*, plein de respect, respectueux [avec acc.]: Liv. 1, 16, 6; 5, 22, 4.

Vĕnĕranda, ae, f., **-dus**, *i*, m., nom de femme, nom d'homme: Greg.-Tur. *Hist.* 4, 25.

vĕnĕrandus, *a*, *um*, adj. verb. de *veneror*, ⓒ▶ **venerabilis**: Hor. *Ep.* 1, 18, 73; Plin. *Ep.* 7, 19, 7 ‖ **-dissimus** Paul.- Nol. *Ep.* 38, 3.

vĕnĕrantĕr, adv., respectueusement: Sedul. *Carm.* 5, 432.

vĕnĕrārĭus, *a*, *um* (1 *Venus*), d'amour, amoureux: Petr. 61, 7 ‖ subst. m. pl., les luxurieux: Rufin. *Hier.* 2, 36.

vĕnĕrātĭo, *ōnis*, f. (*veneror*), vénération, respect: **venerationem habere** Cic. *Nat.* 1, 45, être entouré de respect; **in venerationem tui** Plin. 1, pr. 4, pour te rendre hommage, cf. Tac. *An.* 1, 34 ‖ caractère vénérable: Just. 13, 1, 10.

vĕnĕrātīvus, *a*, *um*, respectueux: Serv. *En.* 3, 557.

vĕnĕrātŏr, *ōris*, m. (*veneror*), celui qui révère: Ov. *Pont.* 2, 2, 1.

vĕnĕrātus, part. de *veneror*.

Vĕnĕrĕus, *a*, *um*, ⓥ▶ *Venerius*.

Vĕnĕrĭa, ae, f. (1 *Venus*), surnom de Sicca, ville d'Afrique [Le Kef]: CIL 13, 6449 ‖ surnom de Nébrissa, ville de Bétique: Plin. 3, 11.

2 **vĕnĕrĭa**, ae, f. (1 *Venus*; esp. *venera*), coquillage [nautile?, coquille Saint-Jacques?]: Plin. 9, 103.

Vĕnĕrĭānus, *i*, m. (1 *Venus*; fr. Vendryes), nom d'homme: Treb. *Gall.* 13, 7.

Vĕnĕris, gén. de 1 *Venus*.

Vĕnĕrĭus, *a*, *um* (1 *Venus*), de Vénus, relatif à Vénus: **servi Venerii** Cic. *Verr.* 4, 104, esclaves attachés au temple de Vénus; [pris substᵗ] **Venerius** Cic. *Verr.* 4, 32, un esclave du temple de Vénus ‖ **res Veneriae** Cic. *CM* 47, les plaisirs de l'amour; **Venerius (homo)** Gell. 19, 9, 9, servant de Vénus ‖ **Venerius** Cic. *Div.* 1, 23, le coup de Vénus aux dés [v. ¶ 5], ou **Venerium**, n., Pl. *As.* 905 ‖ **Veneria (concha)**, conque de Vénus [mollusque], nautile, argonaute: Sen. *Ep.* 95, 26, cf. Pl. *Ru.* 704.

vĕnĕrĭvăgus, *a*, *um* (1 *Venus, vagus*), débauché, coureur: Varr. *Men.* 275.

1 **vĕnĕrō**, *ās*, *āre*, -, - (1 *Venus* ¶ 3), tr., orner avec grâce: Gell. 13, 25, 8.

2 **vĕnĕrō**, *ās*, *āre*, -, -, tr. ¶ **1** ⓒ▶ *veneror*: Pl. *Truc.* 476; au pass., Apul. *M.* 11, 2; Ambr. *Ep.* 17, 1 ¶ **2** **venero te, ne** Pl. *Bac.* 173, je te demande respectueusement de ne pas.

vĕnĕrŏr, *āris*, *ārī*, *ātus sum* (1 *Venus*, cf. *venia*), tr. ¶ **1** révérer, vénérer, témoigner du respect à, honorer: **signum** Cic. *Verr.* 4, 129, révérer une statue, cf. Cic. *Nat.* 3, 53; *Verr.* 4, 94; *Tusc.* 1, 48 ‖ Hor. *O.* 4, 14, 52; *Ep.* 2, 2, 107; Liv. 36, 17, 15; Sen. *Ir.* 3, 41, 2; Tac. *An.* 6, 8 ¶ **2** prier respectueusement, supplier respectueusement: [avec *ut*] Pl. *Ru.* 256; *Aul.* 8; [ut ne] Tac. *H.* 4, 58 ‖ [double acc.] **deos multa** Caecin. *Fam.* 6, 7, 2, adresser maintes prières aux dieux, cf. Hor. *S.* 2, 6, 8.

▶ part. **veneratus** avec sens passif: Hor. *S.* 2, 2, 124; Virg. *En.* 3, 460.

vĕnĕrōsus, *a*, *um* (1 *Venus*), adonné à l'amour: Gloss. 2, 253, 56.

Venesis ager, m., lieu d'Afrique: Plin. 16, 115.

Vĕnēthi, ōrum, m. pl., ⓥ▶ *Venedi*: Tac. *G.* 46.

1 **Vĕnĕti**, ōrum, m. pl. (cf. Ἐνετοί, ⓥ▶ *Eneti, Heneti*) ¶ **1** Vénètes, habitants de la Vénétie: Plin. 3, 130 ¶ **2** habitants de la Vénétie gauloise [Vannes]: Caes. *G.* 3, 9, 3; ⓥ▶ *Venetia* ¶ 2.

2 **Vĕnĕti**, ⓥ▶ *Venedi*: *Tac. *G.* 46.

Vĕnĕtĭa, ae, f. ¶ **1** la Vénétie [au nord-est de la Gaule cisalpine] Atlas V, E4; XII, B3: Liv. 39, 22; Plin. 3, 126 ¶ **2** province de la Gaule [environs de Vannes, Vannetais]: Caes. *G.* 3, 9, 3.

Vĕnĕtĭāni, ōrum, m. pl. (*venetus*), la faction des Bleus au cirque: Capit. *Ver.* 6, 2; CIL 6, 10044; ⓥ▶ 2 *Venetus*.

Věnětĭcus, *a, um*, des Vénètes : CAES. G. 4, 21 ‖ **Veneticae insulae** PLIN. 4, 109, îles du Morbihan ‖ **Venetica urbs** GREG.-TUR. Hist. 4, 4, la ville de Vannes ‖ **Veneticum**, *i*, n., le Vannetais : GREG.-TUR. Hist. 9, 18.

Venetulāni, *ōrum*, m. pl., ancien peuple du Latium : PLIN. 3, 69.

1 věnětus, *a, um*, adj. (1 Venetus), bleu azuré : *color venetus* VEG. Mil. 4, 37, couleur bleu azuré ; *venetum, i*, n., couleur bleu azuré : ISID. 19, 17, 14 ; *veneta factio* SUET. Vit. 14, la faction des Bleus [dans les jeux du cirque] ; *venetus, i*, m., cocher de la faction des Bleus : MART. 6, 46, 1.

2 Věnětus, *a, um*, des Vénètes, V. *Veneti* : PROP. 1, 12, 4 ; MART. 13, 88, 1 ‖ [tard.] **Venetus**, indécl., Vannes : GREG.-TUR. Hist. 5, 26.

3 Věnětus lăcŭs, portion du lac de Constance Atlas V, D4 ; XII, A2 : MEL. 3, 24.

vēnī, parf. de venio.

věnia, *ae*, f. (cf. 1 Venus, veneror, 1 Veneti, al. Wonne), [en gén.] bienveillance, obligeance, complaisance ¶ **1** faveur, grâce : *petere veniam legatis mittendis* LIV. 33, 11, 3, demander l'agrément pour un envoi d'ambassadeurs [la permission de...] ; *veniam peto feroque, ut* LIV. 8, 9, 7, je demande cette grâce et la soumets à votre agrément [cf. *fero* ¶ 4], savoir que ; *dedi veniam homini impudenter petenti* CIC. Att. 5, 21, 12, j'ai accordé à cet impudent la faveur qu'il demandait, cf. CIC. Q. 3, 1, 11 ; CAES. G. 7, 5, 6 ; *hanc veniam dare ut* CIC. Arch. 3, accorder la faveur de [ou] CIC. de Or. 1, 23, la permission de ‖ [entre parenthèses] *venia sit dicto* PLIN. Ep. 5, 6, 46, soit dit sans offenser la divinité [manière de conjurer le mauvais effet d'une trop grande assurance] ‖ *bona venia, cum bona venia*, avec le bienveillant agrément de, avec la permission de : *bona venia hujus optimi viri dixerim* CIC. de Or. 1, 242, que l'excellent homme qui nous écoute me permette ces paroles ; *bona venia me audies* CIC. Nat. 1, 59, tu ne t'offenseras pas de mes paroles, cf. LIV. 29, 17, 6 ; *ut bona cum venia verba mea audiatis* CIC. Amer. 9, [je vous prie] d'écouter mes paroles avec indulgence, cf. LIV. 29, 1, 7 ¶ **2** pardon, rémission, excuse : *veniam amicitiae dare* CIC. Lae. 61, pardonner à l'amitié ; *errati veniam impetrare* CIC. Leg. 1, obtenir le pardon d'une erreur ¶ **3** [droit] *venia aetatis* **a)** indulgence pour l'âge [pour la minorité] : DIG. 4, 4, 20 pr. [motif d'une annulation en faveur du mineur] **b)** dispense d'âge : COD. JUST. 2, 44, [privilège donnant à un mineur la capacité d'un majeur] ¶ **4** [chrét.] pardon des péchés : TERT. Pud. 3, 3.

věnĭābĭlis, *e* (venia), digne de pardon, véniel : PRUD. Ham. 935 ; SIDON. Ep. 7, 7, 4.

věnĭābĭlĭtěr, adv., d'une manière pardonnable : CASSIAN. Coll. 17, 17 ‖ -lius ALCIM. Ep. 4.

věnĭālis, *e* (venia ; cf. fr. *véniel*), de pardon, clément : AMM. 28, 5, 3 ‖ pardonnable, excusable, véniel : MACR. Sat. 7, 16, 5 ; AMM. 29, 1, 34 ; AUG. Parm. 2, 13, 29 ; *SIDON. Ep. 8, 11, 4.

věnĭālĭtěr, adv., d'une manière pardonnable, véniellement : CASSIAN. Inst. 5, 30.

vēnībam, imparf. de veneo.

1 vēnībo, fut. de veneo.

2 vēnībo, V. *venio* ►.

vēnīcŭla, V. *venucula*.

vēnīī, parf. de veneo.

1 věnīlĭa, *ae*, f. (venio ?), eau qui vient baigner le rivage : VARR. d. AUG. Civ. 7, 22.

2 Věnīlĭa, *ae*, f. ¶ **1** mère de Turnus : VIRG. En. 10, 76 ¶ **2** femme de Janus : OV. M. 14, 334.

věnĭō, *īs, īre, vēnī, ventum* (cf. gᵂen-, cf. βαίνω, scr. *gacchati*, al. *kommen*, an. *come* ; fr. *venir*), intr. ¶ **1** venir : *in locum* CIC. Verr. 4, 72, venir dans un lieu ; *Delum Athenis* CIC. Att. 5, 12, 1, d'Athènes à Délos ; *astu* (= Athenas) NEP. Alc. 6, 4 [cf. Them. 4, 1], venir à la ville (= Athènes) ; *ad judicium de contione* CIC. Clu. 93, venir de l'assemblée au tribunal ; [poét.] *Italiam* VIRG. En. 1, 2, en Italie, cf. VIRG. En. 2, 743 ; *ad istum emptum venerunt illum locum senatorium* CIC. Verr. 2, 124, ils vinrent vers lui pour acheter cette place de sénateur ; [avec inf. de but] *venerat aurum petere* PL. Bac. 631, il était venu chercher l'or, cf. VIRG. En. 1, 528 ; *auxilio, subsidio venire*, venir au secours, v. ces subst. ; *in conspectum alicujus* CIC. Fin. 1, 24, venir sous les regards de qqn ‖ [choses] *quae sub aspectum veniunt* CIC. de Or. 2, 358, les objets qui tombent sous la vue ; *res alicui in mentem venit* CIC. Brut. 139, une chose vient à l'esprit de qqn ; *venit mihi in mentem Catonis* CIC. Verr. 5, 180, il me souvient de Caton ; V. *mens* ‖ [pass. impers.] *ubi intellexit ultro ad se veniri* CAES. G. 5, 56, 1, quand il eut compris qu'on venait à lui spontanément : *Lilybaeum venitur* CIC. Verr. 5, 141, on vient à Lilybée ; *ad quos ventum erat* CAES. G. 2, 11, vers lesquels on était venu, cf. CAES. G. 1, 43 ; 7, 61 ; CIC. Leg. 2, 6 ‖ [droit] *contra rem alicujus* CIC. Phil. 2, 3, intervenir contre les intérêts de qqn ¶ **2** [temps] *tempus victoriae venit* CAES. G. 7, 66, 2, le moment de vaincre est venu, cf. CAES. G. 1, 8 ; 7, 3 ; *veniens annus* CIC. Q. 3, 4, 4, l'année qui vient (prochaine) ¶ **3** venir, arriver, se présenter, se montrer : *illic veniunt felicius uvae* VIRG. G. 1, 54, là les raisins viennent plus heureusement, cf. VIRG. G. 2, 11 ; 2, 58 ‖ [avec le dat.] *dum tibi litterae meae veniant* CIC. Fam. 11, 24, 2, jusqu'à ce que mes lettres t'arrivent ; *hereditas alicui venit* CIC. Caecin. 74 ; Verr. 4, 62, un héritage arrive, échoit à qqn ; *ex otio meo commodum rei publicae venit* SALL. J. 4, 4, l'État tire avantage de mon inaction ‖ *saepe venit ad aures meas te... dicere* CIC. Marc. 25, souvent il m'est revenu aux oreilles que tu disais... ‖ provenir : *vitium pejus ex inopia venit* QUINT. 2, 4, 4, un défaut plus grand provient de la disette, cf. QUINT. 5, 10, 34 ¶ **4** parvenir à : *ad id quod cupiebat venit* CIC. Off. 1, 113, il est arrivé à ses fins ¶ **5** venir à qqch., venir dans tel ou tel état : *aliquis venit in calamitatem* CIC. Amer. 49, qqn tombe dans une situation malheureuse ; *aliquid in proverbii consuetudinem venit* CIC. Off. 2, 55, qqch. est passé en proverbe ; *in consuetudinem Alexandrinae vitae venerant* CAES. C. 3, 110, 2, ils avaient pris les habitudes de la vie à Alexandrie ; *in contemptionem alicui* CAES. G. 3, 17, 5, devenir pour qqn un objet de mépris ; *in odium (alicui)* CIC. Fin. 2, 79 ; Rep. 1, 62, en venir à être détesté (de qqn) ; *in periculum* CAES. C. 1, 17, 2, tomber dans le danger ; *in spem regni obtinendi* CAES. G. 1, 18, 9, concevoir l'espérance de détenir le trône ; *in potestatem alicujus* CAES. C. 2, 32, 4, se rendre, se soumettre à qqn ; *in existimantium arbitrium* CIC. Brut. 92, s'exposer au jugement décisif des critiques ‖ *saepe in eum locum ventum est ut* CAES. G. 6, 43, 4, souvent les choses en vinrent à ce point que ; *ad condicionem alicujus* CIC. Verr. 3, 146, accepter les conditions de qqn ; *res venit prope secessionem* LIV. 6, 42, 10, on en vint presque à une sécession ; *ad ultimum dimicationis res venit* LIV. 2, 56, 5, on en vint à un combat à outrance ¶ **6** venir à, en venir à [dans un développ¹] : *ut jam a fabulis ad facta veniamus* CIC. Rep. 2, 4, pour que maintenant nous passions des récits fabuleux aux faits, cf. CIC. Amer. 46 ; *venio ad tertiam epistulam* CIC. Q. 3, 14, 12, j'en viens à la troisième lettre, cf. CIC. Att. 14, 19, 5 ; Ac. 2, 12 ; Rep. 3, 45 ; Verr. 4, 1 ; V. *venturus*.

► fut. arch. *venibo* POMPON. Com. 65 (NON. 508, 23) ; imparf. *venibat* TER. Phorm. 652 ; gén. pl. du part. prés. *venientum*, VIRG. G. 4, 167 ; En. 1, 434 ; 6, 755 [pour le mètre].

vēnĭtum, vēnĭtus, V. *veneo* ►.

vēnīvī, parf. de veneo.

Vennenses, m. pl., peuple d'Espagne : PLIN. 3, 26.

Vennonenses, *ŭm*, m. pl., peuple de la Rétie : PLIN. 3, 135.

Vennōnetes, *um*, m. pl., peuple des Alpes [la Valtelline] : PLIN. 3, 136.

Vennōnĭus, *ii*, m., nom d'un historien latin : CIC. Leg. 1, 6.

vennucŭla (-nuncŭla) ūva, f. (cf. *vinnulus*), sorte de raisin : HOR. S. 2, 4, 71 ; COL. 3, 2, 2 ; 12, 45, 1 ; PLIN. 14, 34.

vēnŏr, *ārĭs, ārī, ātus sum* (cf. 1 Venus, venia, Veneti, scr. *vanoti*, al. *gewinnen*, *wünschen*, an. *win*, *wish* ; roum. *vîna*), ¶ **1** intr., chasser, faire la chasse : CIC. Fam. 2, 11, 2 ; Nat. 2, 158 ; VIRG. En. 4, 117 ¶ **2** tr.

venor

a) chasser un gibier : **leporem** PL. *Cap.* 184, chasser le lièvre, cf. VIRG. *G.* 3, 410 ‖ **pisces** PLIN. 16, 3, faire la chasse aux poissons **b)** [fig.] = poursuivre, rechercher : CIC. *de Or.* 2, 147 ; HOR. *Ep.* 1, 19, 37 ‖ trouver en chassant : CIC. *Verr.* 4, 47.
▶ sens pass. ENN. *Tr.* 254 ; cf. PRISC. 2, 387, 12 ‖ gén. pl. du part. prés., **venantum** LUCR. 999 ; VIRG. *En.* 9, 551.

Venostes, m. pl., peuple des Alpes : PLIN. 3, 136.

vēnōsus, *a*, *um* (*vena* ; it. *venoso*), veineux, plein de veines : CELS. 4, 1, 5 ; PLIN. 18, 58 ; 37, 72 ‖ [fig.] vieux [aux veines saillantes] : PERS. 1, 76 ‖ **-sior** PLIN. 20, 73.

Vĕnox, *ōcis*, m., surnom du censeur C. Plautius : LIV. 9, 20, 1 ; FRONTIN. *Aq.* 5.

vensīca, ▶ *vesica*.

Venta Silurum, f., ville de Bretagne [Caerwent] Atlas V, B1 : ANTON. 485 ‖ **Venta Belgārum** [Winchester] ANTON. 478 ‖ **Venta Icinōrum** [Caister] ANTON. 479.

ventĕr, *tris*, m. (cf. *uterus*, γαστήρ, scr. *udara-m* ; fr. *ventre*) ¶ **1** ventre [de l'homme ou des animaux] : CIC. *Div.* 2, 119 ; LUCR. 5, 1322 ; VARR. *R.* 2, 7, 4 ‖ **ventri operam dare** PL. *Ps.* 175, soigner son ventre, sa panse ; **quidquid quaesierat ventri donabat avaro** HOR. *Ep.* 1, 15, 32, tout ce qu'il trouvait, il le donnait à son ventre avide ‖ **venter Faliscus**, ▶ *Faliscus* ¶ **2** [fig.] **a)** sein de la mère : JUV. 6, 596 **b)** **ventrem ferre** LIV. 1, 34, 2, être en état de grossesse, cf. VARR. *R.* 2, 1, 19 **c)** enfant à naître : **ventrem mittere in possessionem** DIG. 37, 9, 1 pr., accorder la possession des biens [de la succession du père] à l'enfant à naître ; **curator ventris** DIG. 37, 9, 5 pr., curateur chargé de veiller sur les intérêts d'un enfant à naître ; **ventrem inspicere** DIG. 25, 4, 10, faire constater [par une femme veuve ou divorcée] sa grossesse **d)** intestins : COL. 9, 14, 6 ; PLIN. 11, 70 **e)** ventre, flancs : [du concombre] VIRG. *G.* 4, 122 ; [d'une bouteille] JUV. 12, 60 ; [pontsiphon d'un aqueduc] VITR. 8, 6, 5.
▶ gén. pl. toujours **ventrium** : PLIN. 9, 157 ; SOLIN. 32, 26 ; ARN. 7, 24.

Ventĭdĭus, *ii*, m., nom de famille rom. ; not[t] Ventidius Bassus, lieutenant d'Antoine contre les Parthes : CIC. *Phil.* 12, 23 ‖ **-diānus**, *a*, *um*, de Ventidius : CIC. d. NON. 92, 21.

ventĭlābrum, *i*, n. (*ventilo*), van : COL. 2, 10, 14.

ventĭlātĭo, *ōnis*, f. (*ventilo*), exposition à l'air : PLIN. 23, 10 ‖ vannage du blé : AUG. *Serm.* 47, 6 ; [d'où fig.] séparation des bons et des méchants [Jugement dernier] : AUG. *Petil.* 1, 20.

ventĭlātŏr, *ōris*, m. (*ventilo*) ¶ **1** vanneur : COL. 12, 10, 14 ‖ [fig.] qui sépare le bon du mauvais : AUG. *Petil.* 1, 20 ¶ **2** jongleur : QUINT. 10, 7, 11 ¶ **3** perturbateur : PRUD. *Perist.* 10, 78.

ventĭlō, *ās*, *āre*, *āvī*, *ātum* (*ventus*, dim. ; it. *ventolare*), tr. ¶ **1** agiter dans l'air : PROP. 4, 3, 50 ; MART. 5, 31, 4 ‖ agiter, remuer : QUINT. 11, 3, 811 ; **ventilat aura comas** OV. *Am.* 1, 7, 54, l'air agite le feuillage ‖ [abs[t]] **ventilare** SEN. *Ep.* 117, 25, battre, fouetter l'air de ses armes [comme un escrimeur] ¶ **2** éventer, donner de l'air, de la fraîcheur à : [abs[t]] SUET. *Aug.* 82 ‖ [avec acc.] JUV. 1, 28 ; **alio atque alio positu ventilari** SEN. *Tranq.* 2, 12, se donner de la fraîcheur en changeant de position [dans un lit] ‖ **frigus** MART. 3, 82, 10, donner de la fraîcheur par ventilation ¶ **3** exposer à l'air : VARR. *R.* 1, 55, 6 ; COL. 12, 30, 1 ; PLIN. 18, 302 ¶ **4** [fig.] attiser [par ventilation], allumer, exciter : CIC. *Flac.* 54 ‖ agiter = attaquer, vilipender : APUL. *Apol.* 100, 8 ‖ tourmenter, persécuter : COD. TH. 9, 15, 5 ‖ discuter, débattre : FRONT. *Orat.* 5, p. 157 N.

ventĭo, *ōnis*, f. (*venio*), venue, arrivée : **quid tibi huc ventiost ?** PL. *Truc.* 622, que signifie ta venue ici ?

Ventĭpo, *ōnis*, f., ville de Bétique : PLIN. 3, 12.

ventĭsŏnax, *ācis*, m. (*ventus*, *sono*), charlatan : ANTH. 682, 7.

Ventispontĕ, *ēs*, f., ville de Bétique : B.-HISP. 27.

ventĭtō, *ās*, *āre*, *āvī*, *ātum* (fréq. de *vento*), intr., venir souvent, habituellement : CAES. *G.* 4, 3, 3, 1 ; 5, 27 ; CIC. *Leg.* 1, 13 ; *Rep.* 1, 14 ; *Fam.* 11, 27, 6.

1 **ventō**, *ās*, *āre*, -, - (fréq. de *venio*), intr., venir habituellement : P. FEST. 516, 11.

2 **Vento**, *ōnis*, m., ▶ *Perpenna*.

ventōsa, *ae*, f. (*ventosus* ; fr. *ventouse*), ventouse : ISID. 4, 11, 3.

ventōsē, adv. (*ventus*), comme avec de l'air : APUL. *M.* 10, 20 ‖ [fig.] en apparence : AUG. *Jul.* 5, 13, 49.

ventōsĭtās, *ātis*, f. (*ventosus*), flatuosités, vents : CAEL.-AUR. *Chron.* 4, 5, 82 ‖ [fig.] vaine jactance : AUG. *Civ.* 9, 20.

ventōsus, *a*, *um*, adj. (*ventus* ; fr. *venteux*) ¶ **1** renfermant du vent, des atomes de souffle : LUCR. 3, 299 ‖ plein de vent : **ventosi folles** VIRG. *En.* 8, 449, soufflets gonflés par le vent ; **ventosa cucurbita** JUV. 14, 58, ventouse, ▶ *ventosa* ‖ exposé au vent, venteux : CAT. *Agr.* 38, 3 ; LUCR. 6, 468 ; PLIN. 18, 351 ‖ battu par les vents : VIRG. *En.* 6, 335 ; HOR. *O.* 3, 4, 46 ; **ventosior** TAC. *G.* 5 ; **-issimus** LIV. 36, 43, 1 ¶ **2** léger, rapide comme le vent : OV. *F.* 4, 392 ¶ **3** [fig.] **a)** qui tourne à tous les vents, léger, capricieux, ondoyant : **homo ventosissimus** BRUT. *Fam.* 11, 9, 1, le plus inconstant des hommes, cf. HOR. *Ep.* 1, 8, 12 ; LIV. 42, 30, 4 **b)** peu sûr, hasardeux : CIC. *Phil.* 11, 17 **c)** vain, vide : PLIN. *Pan.* 31, 2 ; **ventosa lingua** VIRG. *En.* 11, 390, jactance creuse, cf. VIRG. *En.* 11, 708.

ventrālĕ, *is*, n. (*venter*), ceinture : PLIN. 8, 193.

ventrālis, *e*, adj. (*venter*), de ventre, du ventre : MACR. *Sat.* 7, 8, 8 ‖ subst. m., ▶ *ventrale* : ULP. *Dig.* 48, 20, 6.

ventrĭcŏla, *ae*, m. f. (*venter*, *colo*), esclave de son ventre : AUG. *Ep.* 36, 3 ; 10.

ventrĭcŭla, *ae*, f. (*ventriculum*, p.-ê. au pl. ?), estomac : APIC. 287 tit.

ventrĭcŭlātĭo, *ōnis*, f. (*ventriculus*), mal de ventre, coliques : CAEL.-AUR. *Acut.* 3, 17, 143.

ventrĭcŭlōsus, *a*, *um*, du ventre, relatif au ventre : CAEL.-AUR. *Chron.* 4, 3, 48 ‖ **-lōsi**, m., ceux qui ont le mal de ventre : CAEL.-AUR. *Acut.* 8, 17, 143.

ventrĭcultŏr, *ōris*, m., ▶ *ventricola* : AUG. *Ep.* 36, 11.

ventrĭcŭlum, *i*, n., ▶ *ventriculus* : CASSIOD. *Psalm.* 150, 5 ; ▶ *ventricula*.

ventrĭcŭlus, *i*, m. (dim. de *venter*) ¶ **1** estomac : CELS. 4, 1, 12 ; PLIN. 11, 200 ¶ **2** petit ventre : JUV. 3, 97 ¶ **3** ventricule [du cœur] : CIC. *Nat.* 2, 138.

ventrĭflŭus, *a*, *um* (*venter*, *fluo*), qui relâche, laxatif : CAEL.-AUR. *Chron.* 1, 4, 134.

ventrĭgō, *ās*, *āre*, -, - (*venter*, *ago*), intr., décharger le ventre : PLIN. VAL. 1, 2.

ventrĭlŏquus, *i*, m. (*venter*, *loquor*), ventriloque : TERT. *Marc.* 4, 25, 4.

Ventrĭo, *ōnis*, m., nom d'homme : CIL 4, 4533.

ventrĭōsus, *a*, *um*, ventru, qui a un gros ventre : PL. *As.* 400 ; *Merc.* 639 ‖ [fig., jarre] : PLIN. 14, 134.

ventrōsus, *a*, *um*, ▶ *ventriosus* : CASSIOD. *Psalm.* 150, 5.

ventŭlus, *i*, m. (dim. de *ventus*), vent léger : PL. *Curc.* 315 ; TER. *Eun.* 595.

ventum est, impers., on est venu, ▶ *venio*.

ventūrus, *a*, *um*, pris adj[t], [poét.] à venir, futur : VIRG. *En.* 8, 627 ; OV. *M.* 15, 577 ‖ n. pl., **ventura** LUC. 6, 591, l'avenir.

1 **ventus**, *i*, m. (cf. *vannus*, al. *Wind*, an. *wind*, scr. *vāta-s*, *vāyu-s* ; fr. *vent*) ¶ **1** vent : CIC. *Nat.* 2, 101 ; *Clu.* 138 ; **ventus Africus** CIC. *Nat.* 1, 101, le vent qui vient d'Afrique, l'Africus ; **Corus ventus** CAES. *G.* 5, 7, 3, le Corus [vent du N.-O.] ‖ **ventum exspectare** CIC. *Phil.* 1, 8 ; *Att.* 16, 7, 1, attendre un bon vent ‖ [expr. prov.] **in vento et aqua scribere** CATUL. 70, 4, = perdre sa peine ; **profundere verba ventis** LUCR. 4, 931, jeter ses paroles au vent = parler sans résultat [ou] **in ventos dare** OV. *Am.* 1, 16, 42 ; **verba dare ventis** OV. *H.* 2, 25, jeter sa parole aux vents [ne pas tenir ses promesses], cf. CATUL. 64, 142 ¶ **2** [métaph.], vent, flatuosités : COL. 6, 30, 8 ‖ tissu aérien, étoffe très fine : PUBL.-SYR. d. PETR. 55, 6, v. 15 ¶ **3** [surtout au pl., fig.] les souffles, les vents **a)** [qui mènent la barque de qqn] = bonne ou mauvaise fortune : **Caesar, cujus nunc venti valde sunt secundi** CIC. *Att.* 2, 1, 16, César, qui a maintenant le vent tout à fait en poupe, cf. HOR. *Ep.* 2, 1, 102 ; **quicumque erunt venti** CIC. *Fam.* 12, 25, 5, de quelque côté que soufflera le vent, cf. CIC. *Pis.* 21 **b)**

= tendances, influences, courants d'opinion : **omnes rumorum et contionum ventos colligere** Cic. *Clu.* 77, recueillir tous les souffles de l'opinion et des assemblées du peuple [observer d'où vient le vent en politique] ; **eorum ventorum, quos proposui, moderator quidam** Cic. *Fam.* 2, 6, 4, les souffles dont je viens de parler, [il nous faut] un homme qui les règle : **ventus popularis** Cic. *Clu.* 130, la popularité **c)** tempête soulevée contre qqn : Cic. *Sull.* 41.

2 **ventŭs**, *ūs*, m. (*venio*), venue, arrivée : Varr. *L.* 5, 72 ; 94.

vēnūcŭla ūva, f., v. *vennucula*.

vēnŭla, *ae*, f. (dim. de *vena*) ¶1 petite veine : Cels. 2, 6, 3 ‖ [fig.] faible veine [de talent] : Quint. 12, 10, 25 ¶2 filet d'eau : Mamert. *Anim. pr.*.

Vĕnŭlēia, *ae*, f., nom de femme : Cic. *Att.* 12, 24, 2.

Vĕnŭlus, *i*, m., guerrier rutule : Ov. *M.* 14, 457.

vēnum, v. 2 *venus*.

vēnumdătĭo, *ōnis*, f., [fig.] vente : Cassian. *Coll.* 23, 12, 1.

vēnumdō (**vēnundō**), *dās*, *dăre*, *dĕdī*, *dătum* (v. 2 *venus*, cf. 3 *do*), tr., mettre en vente, vendre : Sall. *J.* 91, 6 ; Liv. 4, 29, 4 ; 26, 16, 6 ; Tac. *An.* 14, 33 ‖ [fig., pass.] s'avilir moralement : Vulg. 3 *Reg.* 21, 25.

1 **Vĕnus**, *ĕris*, f. (cf. *veneror*, *venia*, *venor*, *venenum*, scr. *vana-s*, *vanati*, al. *Wonne*, an. *win* ; fr. *vendredi*, *Port-Vendres*) ¶1 Vénus [déesse de la beauté ; fut notᵗ mère de Cupidon et des Amours ; épouse de Vulcain ; mère d'Énée] : Cic. *Nat.* 3, 59 ‖ **mensis Veneris** Ov. *F.* 4, 61, mois de Vénus [mois d'avril] ; **Venere prognatus** Cael. *Fam.* 8, 15, 2, le descendant de Vénus [César] ¶2 [fig.] amour, plaisirs de l'amour : Ter. *Eun.* 732 ; Virg. *G.* 3, 97 ; Ov. *M.* 10, 80 ; Quint. 8, 6, 24 ; Tac. *G.* 20 ‖ amante, personne aimée : **mea Venus** Virg. *B.* 3, 68, ma maîtresse, cf. Hor. *O.* 1, 27, 14 ; 1, 33, 13 ¶3 [nom commun, *venus*] charme, attrait, grâce, agrément, élégance : Hor. *O.* 4, 13, 17 ; *Ep.* 1, 6, 38 ; *P.* 42 ; 320 ; Quint. 10, 1, 100 ; pl., **omnes dicendi veneres** Quint. 10, 1, 79, toutes les grâces du style ¶4 Vénus [planète] : Cic. *Nat.* 2, 53 ; *Rep.* 6, 17 ¶5 coup de Vénus [aux dés, quand chaque dé présentait un nombre différent] : Aug. d. Suet. 71 ; Hor. *O.* 2, 7, 25 ; Prop. 4, 8, 45 ¶6 gén., **Veneris** désignant des plantes, des villes : **Veneris labrum** Plin. 30, 24, chardon à carder ; **pecten** Plin. 24, 175, cerfeuil musqué ; **Veneris gena** Plin. 37, 123, sorte d'améthyste ‖ **Veneris portus** Mel. 2, 84, port de la Méditerranée [Port-Vendres] ; **Veneris oppidum** Plin. 5, 92, ville de Cilicie ‖ **Veneris dies** Fil. 113, 1, vendredi ‖ **militaris Venus** Arn. 4, 7, Vénus militaire [des amours contre-nature].

▶ gén. arch. *Venerus* CIL 1, 675 ; dat. *Venerei* CIL 1, 2221 ; abl. *Veneri* Pl. *Poen.* 256.

2 *****vĕnus**, *i*, m. (*vendo*, cf. ὦνος, scr. *vasna-m*), vente : [usité seulᵗ] **a)** à l'acc., *venum*, en vue de la vente, en vente [dans les expr.] **venum dare** Sall. *Lep.* 17 ; Liv. 24, 47, 6, vendre, et **venum ire** Liv. 3, 55, 7 ; Gell. 7, 4, 1 ; Sen. *Const.* 3, 1, aller à la vente, être mis en vente, être vendu ; v. *venumdo* et *veneo* **b)** au dat., *veno*, à la vente : **veno positus** Tac. *An.* 14, 15, exposé en vente ; **veno exercere aliquid** Tac. *An.* 13, 51, faire trafic de qqch.

▶ forme *venui* au lieu de *veno* Apul. *M.* 8, 19, 1 ; 8, 25, 6 ; 9, 10, 4.

Vĕnŭsĭa, *ae*, f., Venouse [Venosa, ville de l'Apulie, patrie d'Horace] Atlas XII, E5 : Cic. *Att.* 5, 5, 1 ; Plin. 3, 104 ‖ **-sīnus**, *a*, *um*, de Venouse : Hor. *O.* 1, 28, 26 ; Juv. 1, 51 ‖ **-sīni**, *ōrum*, m. pl., les habitants de Venouse : Liv. 22, 54 ; 27, 10.

vĕnusta, *ae*, f., c. *cynocephalia* : Ps. Apul. *Herb.* 86.

vĕnustās, *ātis*, f. (*Venus*) ¶1 beauté physique [faite surtout de grâce et de charme] : **venustatem muliebrem ducere debemus, dignitatem virilem** Cic. *Off.* 1, 130, nous devons considérer la grâce comme l'apanage de la femme, la dignité (noblesse) comme celui de l'homme, cf. Cic. *Off.* 1, 17 ‖ **signa eximia venustate** Cic. *Verr.* 4, 5, statues d'une beauté exquise, cf. Cic. *de Or.* 3, 180 ¶2 grâce, élégance, agréments [des manières, des gestes et attitudes, du style] : Cic. *Verr.* 5, 142 ; *Arch.* 31 ; *de Or.* 1, 142 ; 243 ; pl., Cic. *Or.* 84 ; **venustates verborum** Gell. 17, 20, 6, les grâces de l'expression ‖ [archit.] Vitr. 1, 3, 2 ¶3 charme, agrément, joie : **quis me... venustatis plenior ?** Ter. *Hec.* 848, qui éprouve plus de joie que moi ? ; **dies plenus venustatis** Pl. *Poen.* 255, jour plein de charme ; pl., Pl. *Ps.* 1257 ; *Poen.* 1032 ; *St.* 1257.

vĕnustē (*venustus*), adv., avec grâce, avec élégance : Cic. *Verr.* 2, 87 ; Cael. *Fam.* 8, 4, 2 ; Quint. 5, 7, 31 ; 6, 3, 54 ; **venustius** Sen. *Contr.* 1, 1, 20 ; **-issime** Cael. *Fam.* 8, 11, 2 ; Quint. 6, 3, 41.

vĕnustō, *ās*, *āre*, *āvī*, *ātum* (*venustus*), tr., orner, parer, embellir : Fulg. *Serm.* 43 ; Ambr. *Hex.* 1, 7, 28.

vĕnustŭlus, *a*, *um* (dim. de *venustus*), gentil [en parl. de propos] : Pl. *As.* 223.

1 **vĕnustus**, *a*, *um* (1 *Venus*), plein de charme, de grâce, d'élégance : Cic. *Brut.* 203 ; *Or.* 228 ; Suet. *Ner.* 51 ; Catul. 89, 2 ; 31, 12 ; **venustior** Cic. *Rep.* 1, 21 ; **-issimus** Cic. *Q.* 1, 3, 3 ‖ poli, gracieux, aimable : Cic. *Pis.* 70 ‖ joli, spirituel, élégant [pensées, style] : Cic. *Brut.* 325 ; 326 ; *Dom.* 92 ; Quint. 6, 3, 18.

2 **Vĕnustus**, *i*, m., **Vĕnusta**, *ae*, f., nom d'homme, de femme : CIL 6, 5197 ; 5, 936.

vĕpallĭdus, *a*, *um*, affreusement pâle : Hor. *S.* 1, 2, 129.

vĕprātĭcus, *a*, *um* (*vepres*), de buisson : Col. 7, 1, 1.

vĕprēcŭla, *ae*, f. (dim. de *vepres*), petit buisson : Pompon. *Com.* 130 ; Cic. *Sest.* 72.

vĕprēs, *is*, m. (obscur), surtout **vepres**, *ĭum*, m. pl, buisson épineux, roncier, épine : Ov. *M.* 5, 628 ; Col. 11, 3, 7 ; Plin. 13, 116 ‖ pl., Cat. *Agr.* 2, 4 ; Cic. *Tusc.* 5, 64 ; Virg. *G.* 1, 271 ; Hor. *Ep.* 1, 16, 9.

▶ gén. pl. *veprium*, mais *veprum* Stat. *S.* 5, 2, 44 ‖ f., Lucr. 4, 62.

vĕprētum, *i*, n. (*vepres*), lieu rempli d'épines, roncier : Col. 4, 32, 1.

vēr, *vēris*, n. (cf. ἦρ, homér., ἔαρ, scr. *vasanta-s*, rus. *vesna* ; it. *primavera*) ¶1 le printemps : Cic. *Verr.* 5, 27 ; *Lae.* 70 ; Virg. *G.* 1, 43 ¶2 = productions du printemps, fleurs : Mart. 9, 14, 2 ‖ **ver sacrum**, printemps sacré, consécration du printemps, vœu de consacrer, c.-à-d. d'immoler aux dieux tout ce qui doit naître au printemps [fait dans les circonstances critiques], cf. P. Fest. 519, 31 ; **ver sacrum vovere** Liv. 22, 9, 10, vouer une consécration du printemps, cf. Liv. 22, 10, 2 ; 33, 44, 1 ; 34, 44, 1 ¶3 [fig.] printemps de la vie : Catul. 68, 16 ; Ov. *M.* 10, 85.

Vēra, *ae*, f., nom de femme : CIL 3, 3846.

vērācĭtĕr, adv. (*verax*), avec véracité, sincèrement : Aug. *Civ.* 4, 4 ‖ **-cius** Aug. *Civ.* 8, 4.

Vēragri, *ōrum*, m. pl., les Véragres [peuple de l'Helvétie habitant le Valais] : Caes. *G.* 3, 1 ; Liv. 21, 38.

Vērănĭa, *ae*, f., nom de femme : Tac. *H.* 1, 47.

Vērănĭŏlus, *i*, m. (dim.), cher Véranius : Catul. 12, 17 ; 47, 3 ; Plin. *pr.* 1.

Vērānĭus, *ii*, m., nom d'un grammairien : Suet. *Aug.* 86, 3 ‖ ami de Catulle : Catul. 9, 1 ; 12, 16 ‖ autre du même nom : Tac. *An.* 2, 56 ; 12, 5.

Vērānus, *i*, m. (*Verus*), surnom d'homme : CIL 3, 6150 ‖ **Vērāna**, *ae*, f., surnom de femme : CIL 2, 4278.

Vērātĭa, *ae*, f., surnom de femme : CIL 6, 21401 ‖ **Vērātĭus**, *ii*, m., surnom d'homme : CIL 6, 711.

vērātrum, *i*, n. (pas net ; it. *veladro*), ellébore [plante] : Lucr. 4, 640 ; Cat. *Agr.* 115, 1 ; Plin. 25, 52.

1 **vērax**, *ācis* (*verus*), véridique, qui dit la vérité, sincère, sûr : Cic. *Div.* 1, 38 ; *Ac.* 2, 79 ; **veracior** Cic. *Div.* 2, 116 ‖ **-issimus** Aug. *Ep.* 6 ‖ [avec inf.] Hor. *Saec.* 25.

2 **Vērax**, *ācis*, m., nom d'homme : Tac. *H.* 5, 20.

verbālis, *e* (*verbum*), de paroles : **verbale commercium** Fulg. *Aet.* 7, l'échange des mots ‖ [gram.] verbal, dérivé d'un verbe : Diom. 324, 11 ; Char. 155, 22 ; v. *verbialis*.

verbālĭtĕr, adv., comme verbe, verbalement : Eutych. 5, 452, 31.

Verbannus lăcŭs, m., lac de la Gaule transpadane, au pied des Alpes [lac Majeur] Atlas XII, B1 : Plin. 2, 224 ; 3, 131.

verbascum, i, n. (obscur ; esp. *barbasco*), bouillon-blanc [plante] : Plin. 25, 120.

verbātim, adv. (*verbum*), avec des mots : Ps. Bonif.-Mog. Vit. Livin. prob. p. 872 C. ▶ [néo-latin] mot à mot, textuellement : Érasme ; v. *verbum* ¶ 4 a.

verbēcīnus, ᵛ▷ *vervecinus*.

Verbēia, ae, f., déesse de la rivière Wharfe [Bretagne] : CIL 7, 208.

verbella, ᵛ▷ *vervella*.

verbēnāca, ae, f., verveine [plante] : Plin. 25, 105.

verbēnae, ārum, f. pl. (cf. *verber* ; fr. *verveine*), rameaux de laurier, d'olivier, de myrte [portés en couronnes par les prêtres dans les sacrifices] : Virg. En. 12, 120 ; [par les prêtres suppliants] Cic. Verr. 4, 110 ∥ touffe d'herbe sacrée portée par les fétiaux : Liv. 1, 24, 4 ; 30, 43, 9 ; Plin. 22, 5. ▶ sg. inus. ; d'après Don. And. 726, vient de *herba*.

verbēnārĭus, ĭi, m. (*verbena*), celui qui porte un rameau sacré : Plin. 22, 5.

verbēnātus, a, um, couronné d'un rameau sacré : Suet. Cal. 27.

verbenna, ae, f., terre labourée : *Gloss. 2, 206, 18.

verbĕr, ĕris, n. (cf. ῥάβδος, rus. *verba*), sg. seul[t] au gén. et abl., ordin[t] **verbĕra**, ĕrum, n. pl. ¶ 1 baguette, verge, fouet : sg., Virg. En. 3, 106 ; En. 7, 378 ; Ov. M. 2, 399 ; 14, 821 ∥ pl., Pl. Most. 1167 ; Ter. And. 199 ; Liv. 8, 28, 4 ; Prop. 4, 1, 25 ¶ 2 lanière d'une fronde : Virg. G. 1, 309 ; Sil. 1, 314 ; Luc. 3, 469 ¶ 3 **a)** coup de baguette, de fouet : Cic. Verr. 3, 59 ; Pomp. 11 ; Phil. 11, 5 ; Leg. 3, 6 ∥ sg., Ov. M. 14, 300 **b)** coup, choc : Lucr. 5, 957 ; Hor. S. 2, 7, 49 ; sg., Hor. O. 3, 27, 24 **c)** [fig.] atteinte : *fortunae verbera* Gell. 13, 28, 4, les coups du sort ; *verbera contumeliarum subire* Cic. Rep. 1, 9, subir l'atteinte des affronts ; *verbera linguae* Hor. O. 3, 12, 3, coups de langue, réprimandes. ▶ *verberae* et *subverbustus* postulent un nom. sg. **verbus*, eris m. ; *verber* Gloss. 2, 548, 66.

verbĕrābĭlis, e, qui mérite d'être fouetté ∥ *-issimus* Pl. Aul. 633.

verbĕrābundus, a, um (1 *verbero*), qui bat, qui frappe : Pl. St. 444.

verbĕrātĭo, ōnis, f. (1 *verbero*), action de frapper : Ulp. Dig. 47, 10, 5, 1 ∥ correction, réprimande : Q. Cic. d. Cic. Fam. 16, 27, 1.

verbĕrātŏr, ōris, m., celui qui fouette : Prud. Perist. 9, 38.

1 verbĕrātus, a, um, part. de *verbero*.

2 verbĕrātŭs, abl. ū, m., choc : Plin. 31, 39.

verbĕrĕus, a, um (*verber*), fait pour les coups : Pl. Pers. 184 ; Cap. 951.

verbĕrĭtō, ās, āre, -, - (fréq. de 1 *verbero*), tr., frapper souvent : Cat. d. Fest. 519, 28.

1 verbĕrō, ās, āre, āvī, ātum (*verber*), tr. ¶ 1 battre de verges : *civem Romanum* Cic. Rep. 2, 54, battre de verges un citoyen romain ∥ frapper : Cic. Verr. 5, 142 ; Fin. 4, 76 ; *virgis oculi verberabantur* Cic. Verr. 5, 112, on lui frappait les yeux à coups de verges ¶ 2 battre : *tormentis Mutinam* Cic. Phil. 8, 20, battre en brèche les murs de Modène ; *aethera alis* Virg. En. 11, 756, battre l'air de ses ailes ∥ [en parl. des vents qui battent les flancs d'un navire] Hor. Epo. 10, 3 ; Val.-Flac. 1, 639, [ou qui soulèvent les flots] Luc. 2, 407 ¶ 3 [fig.] maltraiter [en paroles], malmener, fustiger, rabrouer : Cic. Fam. 16, 26, 1 ; de Or. 3, 79 ; Pis. 63.

2 verbĕrō, ōnis, m. (*verber*), habitué aux coups de fouet, vaurien, coquin : Pl. Amp. 284 ; Cap. 551 ; Ter. Phorm. 684 ; Cic. Att. 14, 6, 1 ; Gell. 1, 26, 8.

verbex, ᵛ▷ *vervex* ▶.

verbĭālis, e, adj. (*verbum*), de paroles : Fulg. Myth. 1 pr. p. 12 ; *verbiales undae*, flux de paroles ; ᵛ▷ *verbalis*.

verbĭfĭcātĭo, ōnis, f. (*verbum, facio*), discours, propos : Caecil. Com. 63.

verbĭgĕna, ae, m. (*Verbum, genus*), né du Verbe, le Christ : Prud. Cath. 3, 2.

1 verbĭgĕnus, a, um (*geno*), qui engendre le Verbe : Fort. Mart. 3, 158.

2 Verbigenus pāgus, i, m., canton d'Helvétie : Caes. G. 1, 27, 4.

verbĭgĕrō, ās, āre, -, ātum (*verbum, gero*), intr., se quereller, se disputer : Apul. Apol. 7.

Verbīnum, i, n., ville de Belgique [auj. Vervins] : Anton. 381.

verbĭvēlĭtātĭo, ōnis, f., escarmouche en paroles, ᵛ▷ *velitatio* : Pl. As. 307.

verbōsē, adv. (*verbosus*), verbeusement, avec prolixité : Cic. Mur. 26 ∥ *-sius* Cic. Fam. 7, 3, 5.

verbōsĭtās, ātis, f. (*verbosus*), bavardage, verbiage : Symm. Ep. 8, 47 ∥ discours verbeux, long ou diffus : Prud. Perist. 10, 551.

verbōsŏr, āris, ārī, -, intr., être verbeux, parler beaucoup : Iren. 1, 15, 5.

verbōsus, a, um (*verbum*), verbeux, diffus, prolixe : Cic. Mur. 30 ; Suet. Cal. 34 ∥ *verbosior epistula* Cic. Fam. 7, 3, 6, lettre plus longue [prolixe] ∥ *-issimus* Quint. 2, 4, 31.

verbŭlum, i, n. (dim. de *verbum*), petit mot : Ps. Aug. Ep. 18.

verbum, i, n. (cf. ἐρῶ, ῥήτωρ, al. *Wort*, an. *word*) ¶ 1 mot, terme, expression : *videtis hoc uno verbo "unde" significari res duas et "ex quo" et "a quo loco"* Cic. Caecin. 88, vous voyez que ce seul terme "unde" signifie deux choses : à la fois "sortie d'un lieu" et "éloignement d'un lieu" ; *complectar uno verbo "diligentia"* Cic. de Or. 2 150, je résumerai tout d'un seul mot "diligentia" [attention scrupuleuse], cf. Cic. Verr. 4, 8 ; *verbum voluptatis* Cic. Fin. 2, 75, le mot de volupté ; *litterae ad verbum scribendum* Cic. de Or. 2, 130, les caractères pour écrire un mot ∥ *non propria verba rerum, sed pleraque translata* Cic. Brut. 274, non pas des termes propres, mais la plupart métaphoriques ; *verba rebus imprimere* Cic. Rep. 3, 3, mettre des mots sur les choses ; *verba ponenda sunt, quae vim habeant illustrandi nec ab usu sint abhorrentia, gravia, plena, sonantia, juncta, facta* Cic. Part. 53, il faut employer des mots expressifs, sans s'éloigner de l'usage courant, forts, pleins, sonores, composés, nouveaux ; *hoc, quod vulgo de oratoribus ab imperitis dici solet "bonis hic verbis" aut "aliquis non bonis utitur"* Cic. de Or. 3, 151, cette appréciation sur les orateurs que l'on entend couramment dans la bouche des personnes non spécialistes "en voilà un qui s'exprime en termes justes" ou "un tel ne s'exprime pas en termes justes" ¶ 2 parole : *verba facere* Caes. G. 2, 14, parler ; *multis verbis ultro citroque habitis* Cic. Rep. 6, 9, en échangeant maints propos ; *antequam verbum facerem* Cic. Verr. 4, 147, avant de dire un mot, cf. Cic. Brut. 270 ; *CM* 54 ; *satis mihi multa verba fecisse videor, quare esset hoc bellum necessarium* Cic. Pomp. 27, je crois avoir suffisamment parlé pour montrer la nécessité de cette guerre ∥ *illud verbum* Pl. Aul. 547, cette parole-là, ces mots-là, cf. Pl. Most. 174 ; Ter. Eun. 175 ; Sall. J. 11, 7 ∥ [en parlant du sénat, de la part d'un consul] : *verba facere* Dig. 16, 1, 2, 1, exposer un projet de loi, faire une proposition devant le sénat ¶ 3 les mots, la forme : *de re magis quam de verbis laborans* Cic. Or. 77, plus préoccupé du fond que de la forme, cf. Cic. Rep. 3, 12 ; Brut. 140 ∥ mot, parole = apparence : *verbo ac simulatione..., re vera* Cic. Verr. 3, 133, en paroles et fictivement..., mais en réalité ; *verbo... re* Cic. Phil. 2, 11, en parole... mais en fait ; *verba sunt* Cic. Pis. 65, ce sont des mots ; *dare verba alicui* Ter. And. 211, payer qqn de mots [le tromper], cf. Cic. Att. 15, 16 ; Quadr. d. Gell. 17, 2, 24 ; *dare verba curis* Ov. Tr. 5, 7, 40, tromper ses soucis ∥ [gram.] le verbe : Varr. L. 8, 11 ; Cic. de Or. 3, 191 ¶ 4 [expressions] **a)** *ad verbum* Cic. Fin. 1, 4, mot pour mot, cf. Cic. de Or. 1, 157 ; Tusc. 3, 44 ; *id verbum esset* Cic. Tusc. 3, 7, ce serait la traduction littérale ; *verbum e verbo exprimens* Cic. Ac. 2, 31, en rendant mot pour mot, cf. Cic. Fin. 3, 15 ; Top. 35 ; *verbum pro verbo reddere* Cic. Opt. 14, rendre mot pour mot, *verbum verbo* Hor. P. 133, cf. *aliquid eisdem verbis reddere* Cic. Brut. 301, exprimer qqch. dans les mêmes termes ;

verbum de verbo expressum TER. *Ad.* 11, mot pour mot ***b)*** ***verbo***, d'un mot, par un seul mot : CIC. *Verr.* 4, 35 ; *Pomp.* 11 ; *Phil.* 2, 9 ; SALL. *C.* 52, 1 ; LIV. 27, 34, 7 ‖ ***verbo***, par l'effet d'un mot, après (sur) un seul mot [de l'interlocuteur] : CIC. *Tusc.* 2, 28 ; ***uno verbo*** CIC. *Fin.* 2, 73, pour tout dire d'un seul mot, en un mot, cf. CIC. *Phil.* 2, 54 ; TER. *And.* 45 ; CAT. *Agr.* 157, 7 ***c)*** ***heus tu Rufio, verbi causa, cave sis mentiare*** CIC. *Mil.* 68, hé toi, Rufio, pour citer ce nom entre autres [pour prendre un ex.], prends garde, s'il te plaît, de mentir, cf. CIC. *Tusc.* 1, 12 ; *Fat.* 12 [ou] ***verbi gratia*** CIC. *Fin.* 5, 30 ***d)*** ***meis, tuis, suis verbis***, en mon nom, en ton nom, etc., pour moi, de ma part, etc. : ***salutem verbis tuis mihi nuntiarat*** CIC. *Fam.* 7, 14, 1, il m'avait apporté des compliments de ta part, cf. CIC. *Fam.* 5, 11, 2 ; 15, 8 ; *Att.* 16, 11, 8 ; PL. *Bac.* 731 ; ***senatus verbis*** LIV. 9, 36, 14, au nom du sénat ***e)*** ***te tribus verbis volo*** PL. *Trin.* 963, je veux te dire deux mots ; ou ***paucis verbis te volo*** PL. *Mil.* 375 ¶ **5** [chrét.] la parole de Dieu : VULG. *Act.* 6, 2 ‖ inspiration : VULG. *Joh.* 3, 34 ‖ commandement, précepte : VULG. *Deut.* 10, 4 ‖ le Verbe, le Fils de Dieu : VULG. *Joh.* 1, 1 ; AUG. *Ep.* 93, 32.
▶ gén. pl. *verbum* PL. *Bac.* 878.

Vercellae, ārum, f. pl., Verceil [Vercelli, ville de la Gaule transpadane près du lac de Côme] Atlas I, C3 ; V, E4 ; XII, B1 : TAC. *H.* 1, 70 ; PLIN. 3, 124 ‖ **-llensis**, e, de Verceil : PLIN. 33, 78.

Vercellĭum, ĭi, n., ville des Hirpins : LIV. 23, 37.

Vercingĕtŏrix, ĭgis, m., prince arverne, chef de la coalition des Gaulois contre César : CAES. *G.* 7, 4, 1.

Verconnĭus, ĭi, m., nom d'homme : VOP. *Aur.* 44, 2.

vercŭlum, i, n. (dim. de *ver*), ***meum verculum*** PL. *Cas.* 837, mon petit printemps.

verdĭārĭum, ĭi, n., v. *viridiarium* : CIL 6, 29777.

vērē, adv. (*verus* ; a. fr. *voir, voire*), vraiment, conformément à la vérité, justement : CIC. *Off.* 3, 13 ; *Rep.* 1, 28 ; 1, 60 ; 2, 20 ; ***sed tamen, vere dicam…*** CIC. *de Or.* 2, 15, mais pourtant, à dire vrai… [je parlerai franchement] ; ***verius*** CIC. *Mil.* 78 ; *Fin.* 1, 61 ; **-issime** CIC. *Att.* 5, 21, 7 ; *Rep.* 2, 8.

Vereasueca, ae, f., port de Cantabrie : PLIN. 4, 111.

Vĕrĕcunda, ae, f., nom de femme : CIL 6, 8495.

vĕrēcundē, adv. (*verecundus*), avec retenue, réserve, discrétion, pudeur : CIC. *Brut.* 87 ; *Opt.* 4 ; ***verecundius*** CIC. *de Or.* 1, 171 ; *Fam.* 5, 12, 8.

vĕrēcundĭa, ae, f. (*verecundus* ; fr. *vergogne*) ¶ **1** retenue, réserve, pudeur, modestie, discrétion : CIC. *Rep.* 5, 6 ; *Fin.* 4, 18 ; *Off.* 1, 129 ; ***verecundiae fines transire*** CIC. *Fam.* 5, 12, 3, passer les bornes de la pudeur, de la réserve ; ***quae verecundia est*** [avec prop. inf.] LIV. 21, 19, 9, quelle pudeur y a-t-il à ce que… ? = n'y a-t-il pas impudence à… ? ‖ [avec gén. subj.] ***Platonis*** CIC. *Fam.* 9, 22, 5, la réserve de Platon, cf. CIC. *Att.* 8, 6, 4 ; ***mea in rogando verecundia*** CIC. *Q.* 3, 1, 10, ma discrétion dans la sollicitation ; ***sermonis*** LIV. 26, 50, 4, la réserve d'un entretien ‖ [avec gén. obj.] ***turpitudinis*** CIC. *Tusc.* 5, 74, la retenue devant l'infamie = la crainte de, cf. CIC. *Or.* 238 ; QUINT. 3, 5, 15 ¶ **2** respect de qqn, de qqch. : ***parentis, vitrici, deorum*** LIV. 39, 11, 2 ; ***legum*** LIV. 10, 13, 8, respect d'une mère, d'un beau-père, des dieux, des lois, cf. LIV. 1, 6, 4 ; 2, 36, 3 ; QUINT. 6, 3, 64 ‖ ***notae verecundiae esse*** QUINT. 6, 3, 33, être entouré d'un respect manifeste ¶ **3** honte devant une chose blâmable, sentiment de honte : ***verecundia eos cepit Saguntum… esse*** LIV. 24, 42, 9, la honte les prit à la pensée que Sagonte était… ; ***verecundiae erat equitem… pugnare*** LIV. 3, 62, 9, ils avaient honte de voir la cavalerie combattre… ¶ **4** excessive modestie, timidité : QUINT. 12, 5, 2.

vĕrēcundĭtĕr, v. *verecunde* : POMPON. *Com.* 75.

vĕrēcundor, ārĭs, ārī, ātus sum (*verecundus*), intr., avoir de la honte, de la timidité, être gêné : PL. *Trin.* 478 ; CIC. *de Or.* 3, 36 ‖ [avec inf.] ne pas oser : CIC. *de Or.* 2, 249 ‖ [fig.] exprimer le respect : QUINT. 11, 3, 87.

vĕrēcundus, a, um (*vereor*, cf. *facundus*) ¶ **1** retenu, réservé, discret, modeste [en parl. des pers. et des ch.] : CIC. *de Or.* 2, 361 ; *Leg.* 1, 50 ; *Fam.* 9, 8, 1 ; ***(orator) in transferendis verecundus*** CIC. *Or.* 81, (orateur) réservé dans l'emploi des métaphores ; ***verecunda tralatio*** CIC. *de Or.* 3, 165, métaphore discrète ‖ ***verecundior*** CIC. *Phil.* 14, 11 ; **-issimus** VELL. 2, 33, 3 ‖ ***hoc dicere filio rustico verecundum est*** QUINT. 7, 1, 56, un fils de paysan rougit de dire cela ; ***transire… parum verecundum est*** QUINT. 11, 3, 133, passer… n'est guère discret, bienséant ¶ **2** qu'on respecte, respectable, vénérable : AMM. 14, 6, 6 ; 30, 8, 4.

1 vĕrēdārĭus, a, um, adj. (*veredus*), relatif aux chevaux de poste : COD. TH. 8, 4, 8.

2 vĕrēdārĭus, ĭi, m., courrier [de l'État], messager : SIDON. *Ep.* 5, 7, 3 ; VULG. *Esther* 8, 10 ‖ [fig.] colporteur de nouvelles, cancanier : HIER. *Ep.* 22, 28.

vērēdĭcus, a, um, v. *veridicus* : EUTYCH. 5, 454, 33.

vĕrēdus, i, m. (gaul., cf. ὑπό, *reda, paraveredus*), cheval de poste ; cheval de voyage : AUS. *Epist.* 8 (397), 7 ; COD. JUST. 12, 51, 4 ‖ cheval [de chasse] : MART. 12, 14, 1.

vĕrendus, a, um ¶ **1** adj. verb. de *vereor* ¶ **2** adj^t, respectable, digne de respect, vénérable : OV. *M.* 4, 540 ; *Pont.* 3, 1, 143 ‖ redoutable : LUC. 10, 46 ; 5, 502 ‖ n. pl., ***verenda*** PLIN. *Ep.* 3, 14, 2, parties sexuelles.

vĕrentĕr, adv., avec une crainte religieuse : SEDUL. *Carm.* 1, 24.

vĕrĕor, ērĭs, ērī, ĭtus sum (cf. ὁράω, hit. *werite-*, toch. A *war*, al. *wahren, warten*), tr. ¶ **1** avoir une crainte respectueuse pour, révérer, respecter : ***vereri et diligere aliquem*** CIC. *Off.* 1, 136, respecter et estimer qqn ; ***metuebant eum servi, verebantur liberi*** CIC. *CM* 37, il était craint de ses esclaves, respecté de ses enfants, cf. CIC. *Phil.* 12, 29 ; LIV. 39, 37, 17 ‖ appréhender, craindre : ***non se hostem vereri, sed angustias itineris… timere dicebant*** CAES. *G.* 1, 39, 6, ils disaient qu'ils ne redoutaient pas l'ennemi, mais craignaient l'étroitesse des défilés, cf. CAES. *G.* 5, 48 ; *C.* 3, 21 ; CIC. *Or.* 1 ; *Nat.* 2, 59 ‖ [abs^t] avoir de l'appréhension, de la crainte, ***de aliqua re*** CIC. *CM* 18, à propos de qqch. ; ***navibus veritus*** CAES. *G.* 5, 9, 1, inquiet pour ses navires ‖ [avec gén. de relation] ***ne tui quidem testimonii veritus*** CIC. *Att.* 8, 4, 1, sans être même en souci de ton témoignage, cf. TER. *Phorm.* 971 ; AFRAN. ACC. d. NON. 496, 29 ; 497, 2 ‖ [impers^t] ***nihilne te populi veretur ?*** ATTA *Com.* 7, n'as-tu aucun souci du peuple ; cf. *pudet* ‖ [pass., tard.] être respecté : AUG. *Civ.* 6, 9 ¶ **2** [constr.] ***a)*** [avec inf.] appréhender de, craindre de : CIC. *Leg.* 1, 37 ; *Fam.* 6, 6, 6 ; 13, 18, 2 ; CAES. *G.* 5, 6 ; [impers^t] ***aliquem non veritum est*** [avec inf.] CIC. *Fin.* 2, 39, qqn n'a pas craint de ***b)*** [avec prop. inf.] appréhender que : PL. *Mil.* 1285 ; ACC. *Tr.* 157 ***c)*** [avec interrog. indir.] se demander avec inquiétude, avec appréhension : TER. *And.* 176 ; ***vereri ecquodnam curriculum sit habitura tua industria*** CIC. *Brut.* 22, se demander avec inquiétude quelle carrière aura ton activité, cf. *Att.* 7, 7, 3 ***d)*** [avec ne subj.] craindre que : CIC. *Rep.* 1, 70 ; 3, 70 ; *de Or.* 1, 234 ; CAES. *G.* 1, 19 ; 1, 42 ; ***verens, ne*** CIC. *de Or.* 2, 14 ; 3, 33 ; *Nat.* 1, 18 ; *Top.* 4 ; *Fam.* 13, 19, 8 ; *Att.* 10, 8, 5 ; 15, 21, 1 ‖ ***vereor ne barbarorum rex fuerit (Romulus)*** CIC. *Rep.* 1, 58, je crains bien que Romulus ait régné sur des barbares = il est probable que, il faut croire que ***e)*** [avec ne… non] craindre que ne… pas : CIC. *Fam.* 14, 5, 1 ; [d'ordinaire *non vereor ne… non*] CIC. *Verr.* 2, 118 ; 4, 82 ; *Fam.* 2, 1, 1 ; 2, 5, 2 ; *Mil.* 95 ; *de Or.* 1, 250 ; ***quid est cur verear, ne… non ?*** CIC. *Fin.* 1, 34, pourquoi craindrais-je de ne pas… ? ***f)*** [avec ut subj.] craindre que ne… pas : v. *paveo* ¶ **2** : CIC. *Tusc.* 2, 46 ; *de Or.* 1, 35 ; *Agr.* 2, 58 ; *Fam.* 14, 14, 1 ; *Att.* 6, 4, 2 ; 11, 22, 1.

veretilla, ae, f. (*veretrum*), poisson ou animal de mer : APUL. *Apol.* 34, 5 [avec jeu de mots, cf. *veretum*].

Veretini, ōrum, m. pl., PLIN. 3, 105, les habitants de Veretum.

vĕrētrum, i, n. (*vereor*, cf. *verenda*), parties sexuelles [de l'homme et de la

veretrum

femme]: PHAED. 4, 14, 1; SUET. Tib. 62; pl., ARN. 5, 15; 6, 26.

Veretum, i, n., ville du Salentin [Messapie]: PEUT. 6, 2; V. Veretini.

Vergellus, i, m., fleuve d'Apulie: FLOR. 1, 22 (2, 6), 18.

Vergestānus, a, um, de Vergium: LIV. 34, 21 ‖ subst. m. pl., habitants de Vergium: LIV. 34, 21.

Vergĭlĭae, ārum, f. pl. (vergo), les Pléiades [constell.]: CIC. poet. Nat. 2, 112; B.-AFR. 47; ISID. 3, 70; FEST. 511, 12.

Vergĭlĭānus, V. Vergilius.

Vergĭlĭŏcento, ōnis, m., centon de Virgile: HIER. Ep. 53, 7.

Vergĭlĭŏmastix, īgis, f. (cf. Homeromastix), le fouet de Virgile [critique acerbe du poète]: SERV. B. 2, 23.

Vergĭlĭus (Virg-), ĭi, m., nom de différents personnages: not^t **Vergilius Maro**, le poète Virgile: HOR. O. 1, 3, 6 ‖ -ĭānus, a, um, de Virgile, virgilien: QUINT. 1, 3, 13; **Vergilianae sortes** SPART. Hadr. 2, 8, divination par les vers de Virgile [tirés d'une urne] ‖ **Vergilianus poeta**, poète qui fait des centons de Virgile: CIL 6, 639 ‖ subst. n., passage de Virgile: QUINT. 1, 8, 13.
▶ Vergilius est la seule forme ancienne.

Verginia, ae, f., fille de Verginius, V. Verginius: LIV. 3, 44.

Verginius, ĭi, m., centurion qui tua sa fille pour la soustraire aux poursuites du décemvir Appius Claudius: CIC. Rep. 2, 63 ‖ Verginius Rufus, lieutenant de Galba: TAC. An. 15, 23.

Vergĭum, ĭi, n., ville forte de Tarraconaise: LIV. 34, 21.

vergō, ĭs, ĕre, -, - (cf. scr. vṛṇakti) ¶ **1** intr. **a)** être tourné vers, incliner, pencher: *ab oppido declivis locus tenui fastigio vergebat in longitudinem passuum circiter quadringentorum* CAES. C. 1, 45, 5, de la ville le terrain s'inclinait en pente douce sur une distance d'environ quatre cents pas, cf. CAES. G. 2, 18, 1; *tectum aedium in tectum inferioris porticus vergit* CIC. Q. 3, 1, 14, le toit de la maison penche sur celui du portique inférieur, cf. CIC. Nat. 2, 116 **b)** s'étendre [géograph^t]: *ad septentriones* CAES. G. 1, 1, 5, s'étendre vers le nord; *portus in meridiem vergit* LIV. 37, 31, 10, le port regarde le sud **c)** [fig.] se diriger vers, tendre vers: *ejus auxilium ad Italiam vergere maluimus* CIC. Phil. 11, 16, nous avons préféré que son secours se porte sur l'Italie; *illuc cuncta vergere = in illum* TAC. An. 1, 3, tout convergeait vers lui; *ad voluptates* SEN. Vit. 15, 4, pencher vers les plaisirs; CURT. 4, 7, 9 **d)** [fig.] être à son déclin: TAC. An. 2, 43; 4, 41; SUET. Oth. 7 ¶ **2** tr. **a)** [surtout employé au pass. réfléchi] *vergi*, s'incliner vers, se pencher vers, se diriger vers: LUCR. 2, 212; LUC. 1, 54; STAT. Th. 6, 211 **b)** pencher pour verser, verser *sibi venenum* LUCR. 5, 1010, se verser du poison.
▶ parf. *versi* *OV. Pont. 1, 9, 52; cf. PROB. Cath. 4, 38, 24; *verxi* d'après CHAR. 245, 15; DIOM. 369, 13, sans exemple.

Vergoanum oppidum, n., ville de l'île Lérina: PLIN. 3, 79.

vergŏbrĕtus, i, m. (gaul, cf. v. irl. *ferg, breth*), vergobret [premier magistrat des Héduens]: CAES. G. 1, 16, 5.

vergor, ĭ, V. vergo ¶ 2.

Vergunni, ōrum, m. pl., peuple des Alpes [Vergons]: PLIN. 3, 137.

vērĭcŏlus, a, um (verum, colo), qui honore la vérité, qui sert le vrai Dieu: PS. CYPR. Carm. sen. 43.

vērĭdĭcē, adv. (veridicus), véridiquement, en disant la vérité: AUG. Ep. 17, 1.

vērĭdĭcentĭa, ae, f., véracité: JUL.-VAL. 1, 20, 25; 2, 2, 1.

vērĭdĭcus, a, um (verus, 2 dico) ¶ **1** véridique, qui dit la vérité: LUCR. 6, 6; CIC. Div. 1, 101; LIV. 1, 7, 10 ¶ **2** véridique, qui est dit avec vérité, confirmé par les faits: PLIN. 7, 69; 18, 25.

vērĭfĭcō, ās, āre, -, -, tr., présenter comme vrai: BOET. Top. Arist. 4, 5.

vērĭlŏquax, ācis, adj. (verus, loquor), V. veriloquus: GLOSS. 2, 224, 61.

vērĭlŏquĭum, ĭi, n. (verus, loquor; cf. ἐτυμολογία), étymologie: CIC. Top. 35 ‖ véracité, franchise: AUG. Retract. 1, 27, 1.

vērĭlŏquus, a, um (verus, loquor), C. veridicus: HIER. Ruf. 3, 42.

vēris, gén. de ver.

vērī sĭmĭlis (vērīs-), e ¶ **1** vraisemblable: CIC. de Or. 2, 80; Tusc. 2, 5; *oracula veri similiora* CIC. Nat. 1, 66, oracles plus vraisemblables; *quod est magis veri simile* CAES. G. 3, 13, 6, ce qui est plus vraisemblable; *veri simillimum mihi videtur* [avec prop. inf.] CIC. Inv. 1, 4, il me paraît très vraisemblable que; *an veri simile est ut... ?* CIC. Sest. 78, est-il vraisemblable que... ? ¶ **2** *veri similis*, qui semble vrai, qui n'est pas le vrai: *virtute civili, non vera sed veri simili* AUG. Jul. 4, 3, 26, d'un courage civique, qui n'est pas le vrai, mais ressemble au vrai.

vērĭsĭmĭlĭter, adv., vraisemblablement: APUL. Apol. 58, 3; *verisimilius* TERT. Apol. 16, 9.

vērī sĭmĭlĭtūdo (vērīs-), ĭnis, f., vraisemblance: CIC. Ac. 2, 107.

vērĭtās, ātis, f. (verus; esp. *verdad*) ¶ **1** la vérité, le vrai: *nihil ad veritatem loqui* CIC. Lae. 91, ne rien dire de conforme à la vérité; *veritates* GELL. 18, 7, 4, des vérités ‖ sincérité, franchise: CIC. Lae. 89; Verr. prim. 3 ¶ **2** la réalité: *in omni re vincit imitationem veritas* CIC. de Or. 3, 215, en tout la réalité surpasse l'imitation, la copie; *veritatem imitari* CIC. Brut. 70, reproduire la réalité, cf. CIC. Inv. 2, 3; de Or. 1, 77; 3, 214; Q. 1, 2, 2 ¶ **3** la vérité en prononciation = les règles: *consule veritatem* CIC. Or. 159, consulte les règles ‖ la vérité en matière de justice, droiture: *in tuam fidem, veritatem confugit* CIC. Quinct. 10, il cherche un refuge dans ta bonne foi, dans ta droiture ¶ **4** [chrét.] la Vérité, la Parole de Dieu: AUG. Civ. 1, 12 ‖ l'orthodoxie, la vraie doctrine: TERT. Prax. 3, 1.

vĕrītus, a, um, part. de vereor.

vērĭverbĭum, ĭi, n. (verus, verbum), véracité: PL. Cap. 568.

Verjugŏdumnus, i, m., nom d'une divinité gauloise: CIL 13, 3487.

Vermandŭi, V. Veromandui.

***vermĕn**, V. vermina.

vermescō, ĭs, ĕre, -, - (vermis), intr., devenir la proie des vers, se putréfier: AUG. Trin. 3, 17.

vermĭcŭlātē, adv. (vermiculatus), en guise de mosaïque: QUINT. 9, 4, 113.

vermĭcŭlātĭo, ōnis, f. (vermiculor), état de ce qui est vermoulu: PLIN. 17, 218.

vermĭcŭlātus, a, um (vermiculus), en forme de ver: PLIN. 13, 66 ‖ vermiculé [en parl. de mosaïque]: *emblema vermiculatum* LUCIL. d. CIC. Or. 149, placage vermiculé, mosaïque, cf. PLIN. 35, 2.

vermĭcŭlor, āris, ārī, ātus sum (vermiculus), être piqué par les vers, vermoulu: PLIN. 17, 220.

vermĭcŭlōsus, a, um (vermiculus), vermoulu: PALL. 12, 7, 14.

vermĭcŭlus, i, m. (dim. de vermis; fr. *vermeil*) ¶ **1** petit ver, vermisseau: LUCR. 2, 899; PLIN. 10, 186 ¶ **2** rage des chiens: GRAT. 386 ¶ **3** écarlate [v. coccum]: VULG. Exod. 35, 25.

vermĭflŭus, a, um (vermis, fluo), qui fourmille de vers: PAUL.-NOL. Carm. 25, 134.

vermĭgĕrātus, a, um, qui a des vers intestinaux: PELAG. 278.

1 vermĭna, um, n. pl. (*vertmen, verto, cf. vermis), spasmes, convulsions: LUCR. 5, 995 ‖ [fig.] mouvements désordonnés: ARN. 1, 5.

2 Vermina, ae, m., fils de Syphax: LIV. 30, 40.

vermĭnātĭo, ōnis, f. (vermino), maladie des vers [chez les animaux]: PLIN. 28, 180; 30, 144 ‖ [fig.] démangeaison, élancement, douleur aiguë: SEN. Ep. 78, 9; 95, 17.

vermĭnō, ās, āre, -, - (vermina, cf. aussi *vermis*), intr., avoir des vers, être rongé par les vers: SEN. Nat. 2, 31, 2 ‖ éprouver des démangeaisons: MART. 14, 23, 1.

vermĭnŏr, āris, ārī, -, intr., C. vermino ‖ éprouver les douleurs de l'enfantement: POMPON. Com. 56 ‖ donner des élancements [en parl. de la goutte]: SEN. Vit. 17, 4.

vermĭnōsus, a, um, adj. (vermis), où il y a des vers, véreux [fruit]: PLIN. 17, 261 ‖ plein de vers [plaie]: PLIN. 26, 145; 20, 146.

vermĭōsus, a, um, C. verminosus: PLIN. 17, 261.

vermis, *is*, m. (cf. al. *Wurm*, an. *worm*, scr. *krmi-s*; fr. *ver*) ¶ **1** ver : Cat. *Agr.* 162, 3 ; Lucr. 2, 871 ; Plin. 18, 159 ¶ **2** espèce de poisson : Plin. 9, 46.

verna, *ae*, m., qqf. f. (étr.) ¶ **1** esclave né dans la maison du maître, esclave de naissance : Pl. *Mil.* 698 ; Cael. *Fam.* 8, 15, 2 ; Hor. *S.* 1, 2, 117 ; 2, 6, 66 ‖ bouffon : Mart. 1, 42, 2 ; Pl. *Amp.* 1033 ¶ **2** [fig.] indigène, né dans le pays : Mart. 10, 76, 4 ‖ adj¹, Mart. 1, 50, 24 ; ***verna liber*** Mart. 3, 1, 6, livre écrit à Rome.

vernāclus, *i*, m., ▣ *vernaculus* : CIL 8, 2992, cf. App.-Prob. 4, 197, 21.

vernācŭlus, *a*, *um* (*verna*) ¶ **1** relatif aux esclaves nés dans la maison ; d'où **vernācŭli**, *ōrum*, m. pl., esclaves nés dans la maison : Apul. *M.* 1, 26 ‖ mauvais plaisants, bouffons : Mart. 10, 3, 1 ; Suet. *Vit.* 14 ‖ **vernācŭla**, *ae*, f., esclave née dans la maison : Capel. 8, 804 ¶ **2** [fig.] qui est du pays, indigène, national [c.-à-d. Romain] : ***vocabula vernacula*** Varr. *L.* 5, 77, mots de la langue nationale ; [oiseaux du pays] Varr. *R.* 3, 5, 7 ; ***vernacula festivitas*** Cic. *Fam.* 9, 15, 2, esprit du cru romain ; ***vernaculus sapor*** Cic. *Brut.* 172, saveur du terroir ‖ ***crimen domesticum ac vernaculum*** Cic. *Verr.* 3, 141, accusation fabriquée par l'accusateur chez lui, à la maison [de son cru] ‖ ***vernacula multitudo*** Tac. *An.* 1, 31, une foule de gens de Rome ‖ [chrét.] ***vernacula ecclesiae femina*** Tert. *Anim.* 51, 6, chrétienne née de parents chrétiens.

vernālis, *e* (*vernus*), relatif au printemps, printanier : Manil. 3, 258 ; ▣ *vernilis*.

vernātĭo, *ōnis*, f. (*verno*), changement de peau des serpents au printemps, mue : Plin. 29, 101 ‖ dépouille du serpent : Plin. 29, 111.

Vernĕmĕtis, *e*, adj., de *Vernemetum* [Aquitaine, où fut martyrisé s. Vincent d'Agen] : Fort. *Carm.* 1, 9, 9.

Vernemetum, *i*, n., ville de Bretagne : Anton. 479.

vernĭcŏmus, *a*, *um* (*vernus*, *coma*), qui pousse au printemps : Capel. 6, 570.

vernĭfĕr, *ĕra*, *ĕrum* (*vernus*, *fero*), printanier : Capel. 1, 1.

vernĭlāgo, *ĭnis*, f. (?), sorte de chardon [chaméléon noir] : Ps. Apul. *Herb.* 110.

vernīlis, *e* (*verna*), d'esclave né dans la maison, d'esclave : Ps. Quint. *Decl.* 9, 12 ‖ [fig.] servile, indigne d'un homme libre : Tac. *H.* 2, 59 ‖ bouffon : Tac. *H.* 3, 32.

vernīlĭtās, *ātis*, f. (*vernilis*), cajolerie qui sent l'esclave, servilité : Sen. *Ep.* 95, 2 ‖ bouffonnerie, esprit bouffon : Quint. 1, 11, 2 ; Plin. 34, 79.

vernīlĭtĕr, adv. (*vernilis*), en esclave né dans la maison, servilement : Hor. *S.* 2, 6, 108 ‖ de façon bouffonne : Sen. *Ben.* 2, 11, 3.

Vernĭo, *ōnis*, m., nom d'homme : CIL 2, 2361.

Vernĭōnes, *um*, m. pl., les Jeunes Esclaves, titre d'une comédie de Pomponius : Pompon. *Com.* 173.

vernĭsĕra augurĭa, n. (*vernus*, *sero*), augures relatifs aux ensemencements du printemps : P. Fest. 520, 8.

vernō, *ās*, *āre*, -, - (*vernus*), intr., être au printemps **a)** reverdir, refleurir : Ov. *M.* 7, 284 ; Plin. 22, 95 **b)** ***caelum vernat*** Plin. 7, 26, le climat est celui du printemps, cf. Plin. 2, 136 **c)** [serpent] changer de peau : Plin. 8, 99 ‖ [oiseau] reprendre ses chants : Ov. *Tr.* 3, 12, 8 **d)** [joues d'un jeune homme] se couvrir de duvet : Mart. 2, 61, 1 ‖ [sang] être jeune, bouillant : Prop. 4, 5, 57.

Vernodubrum flūmĕn, n., rivière de Narbonnaise [Verdouble] : Plin. 3, 32.

vernŭla, *ae*, m. f. (dim. de *verna*), jeune esclave né(e) dans la maison : Juv. 10, 117 ; Sen. *Prov.* 1, 6 ; Plin. 22, 44 ‖ [adj¹] ▣ *vernaculus*, indigène, national : Juv. 5, 105.

vernularis, *e*, adj. (*vernula*), servile : Fulg. *Aet.* 6.

vernŭlĭtās, *ātis*, f., ▣ *vernilitas* : Fulg. *Myth.* 1, pr. 3.

1 vernus, *a*, *um* (*ver*), du printemps, printanier : Lucr. 5, 802 ; Cic. *CM* 70 ; Tusc. 5, 37 ; Hor. *O.* 2, 11, 10 ‖ **vernum**, *i*, n., printemps : Tert. *Res.* 12, 4 ; *Spect.* 9, 5 ; Amm. 18, 4, 1 ; abl. ***verno***, au printemps : Cat. *Agr.* 54, 3 ; Col. 4, 10, 3 ; Plin. 19, 95.

2 Vernus Sol, m., ville des Tolosates : Anton. 458.

1 vĕrō (*verus*, cf. *vere*)

I adv. ¶ **1** vraiment, à coup sûr, en vérité : ***hic verost, qui...*** Ter. *Eun.* 299, c'est bien celui qui... ; ***veron serio?*** Pl. *Truc.* 302, vraiment ? sérieusement ?, cf. Pl. *Cas.* 741 ; ***adulescentulus, quem tu videre vero velles*** Ter. *Eun.* 687, un jeune homme que tu voudrais voir à coup sûr ; ***hercle vero serio*** Ter. *Ad.* 975, par Hercule, vraiment sérieusement, cf. Ter. *Eun.* 393 ; ***magnifica vero vox*** Cic. *Off.* 3, 1, mot admirable vraiment, cf. Cic. *Off.* 1, 89 ; 3, 1 ; 3, 34 ; 3, 99 ; ***nec vero est quicquam...*** Cic. *Off.* 1, 150, et il n'y a vraiment rien... ; ***haec ubi convenerunt, tunc vero*** Liv. 25, 8, 9, ces conventions faites, alors vraiment, alors décidément ‖ [dans les réponses] ***dixi hercle vero*** Pl. *Mil.* 367, oui, parfaitement, je l'ai dit, cf. Pl. *St.* 597 ; Cic. *Brut.* 300 ; *Off.* 2, 71 ; 3, 55 ; 3, 97 ; *Div.* 1, 104 ; *Tusc.* 2, 26 ; "**in sententia permaneto**" ; "**vero, nisi...**" Cic. *Mur.* 65, "persiste dans ton sentiment", "oui, vraiment, à moins que..." ; ***minime vero*** Cic. *Rep.* 1, 61, vraiment pas du tout ; non, pour sûr, cf. Cic. *Rep.* 3, 44 ; *Off.* 3, 29 v. Cic. *CM* 27 ‖ ***quasi vero*** Cic. *Div.* 2, 27, comme si vraiment ; ***nisi vero*** , ***immo vero*** v. ces mots ; ***an vero?*** Cic. *de Or.* 1, 37, est-ce que vraiment ? ; ***at vero*** Cic. *Tusc.* 5, 114, mais pour sûr ¶ **2** [après ponctuation forte] au vrai, de fait, la vérité c'est que : Cic. *Mil.* 12 ; 15 ; *Brut.* 269 ; *Mur.* 46 ‖ ***et vero*** Cic. *Brut.* 165, et au vrai, et de fait, cf. Cic. *Or.* 136 ‖ [en tête d'une lettre] ***ego vero*** Cic. *Att.* 9, 9, 1, il est vrai que, cf. Cic. *Fam.* 7, 30, 1 ¶ **3** [à l'intérieur d'une phrase, pour enchérir] et même, voire, voire même : ***et per se et per suos et vero etiam per alienos*** Cic. *Mur.* 45, et par lui et par les siens et même vraiment par des étrangers, voire même par, cf. Cic. *Off.* 1, 147 ‖ ▣ ***nec, neque vero*** ‖ ***is, si quis esset aut si etiam umquam fuisset aut vero si esse posset*** Cic. *de Or.* 1, 76, cet homme, s'il existait, ou si même il avait jamais existé, voire, s'il pouvait exister [= allons même plus loin] ¶ **4** [dans les exhortations] : ***cape vero*** Pl. *Bac.* 1061, prends donc [prends seulement ; prends, allons, voyons], cf. Pl. *Ep.* 3 ; 723 ; Ter. *Phorm.* 435 ‖ ***age vero*** , ▣ *age*.

II conj. de coord. ¶ **1** [marquant une faible opposition, souvent équivalant au grec δέ] ***tres jam copiarum partes Helvetios id flumen traduxisse, quartam vero partem citra flumen Ararim reliquam esse*** Caes. *G.* 1, 12, 2, [informé] que les Helvètes avaient fait traverser le fleuve aux trois quarts de leurs troupes, mais que (ou et que) un quart restait en deçà de la Saône, cf. Cic. *Div.* 2, 22 ; 2, 145 ; *Nat.* 1, 52 ‖ mais en vérité, mais : Cic. *Fin.* 4, 7 ; *Sest.* 143 ; *Tusc.* 1, 82 ; *Caecin.* 3 ; *Off.* 2, 27 ¶ **2** [pour détacher un mot] quant à : ***Smyrnaei vero*** Cic. *Arch.* 19, quant aux habitants de Smyrne, cf. Cic. *Planc.* 86 ; *Rep.* 1, 12.

2 vĕrō, *ās*, *āre*, -, - (*verus*), tr., dire la vérité : Enn. *An.* 380.

3 vĕrō, *ōnis*, m., ▣ *veru*, fleuret : *Aur.-Vict. Caes.* 17, 4.

Verodunum (**Viri-**, **Viro-**), *i*, n., ville de Belgique, sur la Meuse [auj. Verdun] : Greg.-Tur. *Hist.* 3, 26 ‖ ***-odunensis***, *e*, de Verodunum : Greg.-Tur. *Hist.* 3, 34.

Veromandi, m. pl., Anton. 379, sg., **Viromandus** Not. Tir. 87 ‖ ***Augusta Veromandorum*** Anton. 379, la capitale des Viromandui [Saint-Quentin] Atlas V, C3 ; ▣ *Veromandui*.

Vĕrŏmandŭi, *ōrum*, m. pl., peuple de Belgique [Vermandois] : Plin. 4, 106 ; ▣ *Viromandui*.

Verometum, ▣ *Vernemetum*.

Vĕrōna, *ae*, f., Vérone [ville de Transpadane, patrie de Catulle] Atlas I, C4 ; XII, B3 : Catul. 35, 3 ; Plin. 3, 130 ‖ ***-ensis***, *e*, de Vérone : Catul. 100, 2 ‖ subst. m. pl., les habitants de Vérone : Tac. *H.* 3, 8.

vĕrōsus, *a*, *um*, véridique : *Capel. 4, 332.

verpa, *ae*, f. (cf. *veretrum*), membre viril : Catul. 28, 12 ; Mart. 11, 46, 2.

Verpŭlus, *i*, m., nom d'enfant : Inscr. Chr. Rom. 20679.

verpus, *i*, m. (*verpa*), circoncis : CATUL. 47, 4 ; JUV. 14, 104.

1 verrēs, *is*, m. (cf. *ros*, scr. *varṣati* il pleut, *vṛṣabha-s* taureau ; it. *verro*, fr. *verrat*), verrat, porc reproducteur : COL. 7, 9, 6 ; [jeu de mots avec Verrès] : CIC. *Verr.* 4, 95.
▶ nom. *verris* VARR. *R.* 2, 48.

2 Verrēs, *is*, m., C. Cornélius Verrès [propréteur en Sicile, attaqué par Cicéron dans ses Verrines] ‖ **-ius**, *a*, *um*, de Verrès : CIC. *Verr.* 3, 117 ‖ **Verrĭa**, *ōrum*, n. pl., Verria, fêtes en l'honneur de Verrès : CIC. *Verr.* 2, 114 ; 4, 24 ‖ **-īnus**, *a*, *um*, de Verrès, ⓥ 2 *jus* : CIC. *Verr.* 1, 121, **Verrīnae**, *ārum*, f. pl., les Verrines : PRISC. 2, 201, 5 ; CAPEL. 5, 491.

verrĭcŭlum, *i*, n. (*verro* ; it. *verricello*), drague, ⇒ *everriculum* : VAL.-MAX. 4, 1, 7 ; SERV. *En.* 1, 59.

verrīnus, *a*, *um* (*verres*), de porc : PLIN. 28, 152 ‖ **Verrinus**, ⓥ *Verres*.

verris, ⓥ *verres* ▶.

Verrītus, *i*, m., nom d'homme : TAC. *An.* 13, 54.

1 Verrīus, *a*, *um*, ⓥ *Verres*.

2 Verrīus, *ĭi*, m., nom de fam. rom. ‖ M. Verrius Flaccus, gram. du temps d'Auguste [abrégé par Festus] : SUET. *Gram.* 17, 1.

verrō, *ĭs*, *ĕre*, -, **versum** (cf. rus. *voroh*, hit. *warsiya-* ; esp. *barrer*), tr. ¶ 1 balayer : *aedes* PL. *Merc.* 397, balayer la maison ; *qui verrunt* CIC. *Par.* 37, ceux qui balaient ‖ *stratae matres crinibus templa verrentes* LIV. 3, 7, 8, les mères prosternées balayant les temples de leur chevelure, cf. LIV. 26, 9, 7 ; *delphines aequora verrebant caudis* VIRG. *En.* 8, 674, les dauphins balayaient la mer avec leur queue ‖ [poét.] *verrentes aequora venti* LUCR. 5, 266, les vents qui balaient les flots ¶ 2 emporter, enlever en balayant : *venti verrunt nubila caeli* LUCR. 1, 279, les vents balaient les nuages du ciel ; *quicquid de Libycis verritur areis* HOR. *O.* 1, 1, 10, tout ce qu'on balaie, ce qu'on ramasse de blé dans les aires de Libye ‖ [fig.] = voler, faire main basse sur : PL. *Truc.* 545 ; CIC. d. QUINT. 6, 3, 55 ; MART. 2, 37, 1 ¶ 3 [poét.] laisser traîner : *caesariem per aequora* OV. *M.* 13, 961, balayer les flots de sa chevelure, cf. OV. *M.* 13, 492.
▶ parf. *versi* d'après SERV. *En.* 1, 59 ; *verri* d'après CHAR. 246, 9 ; PRISC. 2, 532, 23.

verrūca, *ae*, f. (v. sl. *vrĭxŭ*, scr. *varṣman-*, al. *Werre*, fr. *verrue*), hauteur, éminence : CAT. d. GELL. 3, 7, 6 ‖ excroissance, verrue : PLIN. 20, 123 ‖ tache [d'une pierre précieuse] : PLIN. 37, 195 ‖ [fig.] léger défaut, tache : HOR. *S.* 1, 3, 74.

verrūcāria herba, f. (*verruca*), ⓥ *heliotropion* : PLIN. 22, 59.

1 verrūcōsus, *a*, *um* (*verruca*), qui a des verrues ‖ [fig.] raboteux, grossier [en parl. du style] : PERS. 1, 77.

2 Verrūcōsus, *i*, m., surnom d'un Fabius : CIC. *Brut.* 57.

verrūcŭla, *ae*, f. (dim. de *verruca*), petite éminence [de terrain] : ARN. 2, 49 ; 5, 3 ‖ petite verrue : CELS. 5, 28, 14.

Verrūgo, *ĭnis*, f., ville des Volsques : LIV. 4, 1, 4.

verruncō, *ās*, *āre*, -, - (arch., cf. *verto* ?), intr. tourner : **bene alicui** LIV. 29, 27, 2, bien tourner [avoir une issue heureuse] pour qqn.

Verrutius (-cius), *ii*, m., faux nom sous lequel Verrès se cachait : CIC. *Verr.* 2, 187 ; 4, 137.

verrūtum, ⓥ *verutum* [qqs mss].

versābĭlis, *e* (*verso*), mobile [pr.] : SEN. *Nat.* 6, 16, 4 ‖ [fig.] versatile, changeant, léger, inconstant : CURT. 5, 8, 15 ; SEN. *Tranq.* 11, 10.

versābundus, *a*, *um* (*verso*), qui tourne sur soi-même, qui tourbillonne : LUCR. 6, 437 ; VITR. 9, 7, 4.

versātĭlis, *e* (*verso*) ¶ 1 mobile, qui tourne aisément : LUCR. 5, 1436 ; SEN. *Ep.* 90, 15 ¶ 2 [fig.] flexible, qui se plie à tout : LIV. 39, 40, 5.

versātĭo, *ōnis*, f. (*verso*) ¶ 1 action de tourner, de faire tourner : VITR. 10, 1, 3 ; PLIN. 8, 121 ¶ 2 changement, vicissitude : SEN. *Tranq.* 11, 10.

versātus, *a*, *um* ¶ 1 part. de *verso* et de *versor* ¶ 2 adj^t, versé [dans une chose], expérimenté : CIC. *de Or.* 3, 78 ; *Arch.* 1.

versĭcāpillus, *i*, m. (*verto*, *capillus*), dont les cheveux changent de couleur, qui grisonne : PL. *Pers.* 220.

versĭcŏlŏr, *ōris* (*versus*, *color*), qui a des couleurs changeantes, bigarré, chatoyant : CIC. *Fin.* 3, 18 ; VIRG. *En.* 10, 181 ; LIV. 34, 1, 3 ‖ [fig.] **versicolor elocutio** QUINT. 8, pr. 30, style chatoyant.

versĭcŏlōrĭus, -ōrus, *a*, *um*, qui a différentes couleurs : PAUL. *Dig.* 34, 2, 32, 6 ; PRUD. *Sym.* 2, 56.

versĭcŭlus, *i*, m. (dim. de *versus*), petite ligne d'écriture : CIC. *Verr.* 1, 98 ; **uno versiculo senatus leges sublatae** CIC. *Leg.* 2, 24, lois abolies par une seule ligne du sénat, cf. CIC. *Mil.* 70 ‖ vers, petit vers : CIC. *Or.* 67 ; *Pis.* 75 ‖ pl., vers légers : CATUL. 16, 3 ; HOR. *S.* 1, 2, 109 ; *Ep.* 11, 2 ‖ verset : HIER. *Ep.* 123, 13.

versĭdĭcus, *i*, m. (*versus*, 2 *dico*), poète épique [par oppos. au poète dramatique] : MAR. VICT. *Rhet.* 1, 19.

versĭfĭcātĭo, *ōnis*, f. (*versifico*), l'art de faire les vers, composition en vers : COL. 11, 1, 2 ; QUINT. 9, 4, 116.

versĭfĭcātŏr, *ōris*, m. (*versifico*), celui qui fait des vers, versificateur : QUINT. 10, 1, 89 ‖ poète : JUST. 6, 9, 4.

versĭfĭcō, *ās*, *āre*, *āvī*, *ātum* (*versus facio*) ¶ 1 intr., faire des vers : QUINT. 9, 4, 143 ¶ 2 tr., exprimer en vers : APUL. *Socr.* 7 ‖ **-ficatus** *LUCIL. 480.

versĭfĭcŏr, *āris*, *ārī*, -, ⓒ *versifico* : PRISC. 2, 435, 23 ; SCHOL. BERN. *B.* 8, 13.

versĭfĭcus, *a*, *um*, de versification, de vers : SOLIN. 11, 6 ‖ subst. m., poète : SCHOL. BERN. *B.* 8, 13 ; SERV. *Gram.* 4, 463, 12.

versĭformis, *e* (2 *versus*, *forma*), changeant, variable : TERT. *Pall.* 2, 2.

versĭlis, *e* (*verto*), qui tourne aisément, mobile : SERV. *G.* 3, 24 ; CAPEL. 4, 423.

versĭlŏquus, *a*, *um* (2 *versus*, *loquor*), fourbe, imposteur : ENNOD. *Carm.* 1, 6, 36.

versĭpellis (vors-), *e* (2 *versus*, *pellis*), qui change de forme, qui se métamorphose : PL. *Amp.* 123 ‖ loup-garou : PLIN. 8, 81 ; PETR. 62, 13 ; APUL. *M.* 2, 22 ‖ [fig.] qui prend toutes les formes, souple, rusé, protéiforme : PL. *Bac.* 658 ‖ **versipellior** DECL. CATIL. 9.

versō (vorsō), *ās*, *āre*, *āvī*, *ātum* (fréq. de *verto* ; fr. *verser*), tr. ¶ 1 tourner souvent, faire tourner : **turbinem** TIB. 1, 5, 4, faire tourner une toupie ; **caelum** CIC. *Nat.* 3, 93, faire tourner le ciel ; **currum** VIRG. *En.* 12, 664, faire rouler son char ; **in orbem versare** VITR. 10, 9, 6, faire accomplir une rotation complète [en parlant de roues d'engrenage] ‖ *se* CIC. *Fin.* 2, 99, se tourner et se retourner ; **se in utramque partem** CIC. *Verr.* 2, 74, se tourner d'un côté, puis de l'autre ‖ pass., *versari*, se tourner, tourner : **mundus versatur circum axem** CIC. *Nat.* 1, 52, le monde tourne autour de son axe, cf. CIC. *Fat.* 42 ‖ **exemplaria Graeca versare** HOR. *P.* 269, tourner, feuilleter les modèles grecs ; [poét.] **omnium sors urna versatur** HOR. *O.* 2, 3, 26, la destinée de tous est agitée dans l'urne ¶ 2 [fig.] tourner et retourner **a)** plier, modifier : [son caractère] CIC. *Cael.* 13 ; [son esprit] CIC. *Clu.* 70 **b)** présenter de façons diverses : CIC. *Or.* 31 ; 137 ; **verba** CIC. *Fin.* 4, 56, donner d'autres sens aux mots **c)** ballotter en sens divers : CAES. *G.* 5, 44, 14 **d)** remuer [en tous sens l'esprit de qqn pour agir sur lui] : LIV. 1, 58, 3 ; 21, 30, 1 **e)** remuer, bousculer, malmener, tourmenter : ENN. d. CIC. *CM* 1 ; **domos odiis** VIRG. *En.* 7, 336, bouleverser des familles par des haines **f)** **aliquid in pectore** VIRG. *En.* 4, 563 [ou] **animo** TAC. *H.* 2, 78 [ou] **in animo** LIV. 3, 34, 4 ; SEN. *Nat.* 2, 78 ; *Ep.* 4, 9, rouler, agiter qqch. dans son esprit, l'examiner en tous sens ; [ou *versare* seul] **versate diu, quid valeant (ferre) humeri** HOR. *P.* 39, examinez longtemps ce que vos épaules peuvent porter.

versor (vorsor), *āris*, *ārī*, *ātus sum*, pass. de *verso*, se tourner souvent, habituellement, [d'où] ¶ 1 se trouver habituellement, vivre dans tel ou tel endroit : **ad solarium, in campo, in conviviis** CIC. *Quinct.* 59, fréquenter les parages du cadran solaire, le champ de Mars, les banquets, cf. CIC. *Mil.* 53 ; CAES. *G.* 2, 24 ; **nobiscum versari** CIC. *Cat.* 1, 10, vivre avec nous [rester avec nous], cf. CIC. *Att.*

10, 8, 3; Nep. Con. 2, 4 ¶ 2 [fig.] **a)** *in caede versari* Cic. Amer. 39, tremper dans le meurtre [être mêlé aux assassinats]; *in re publica* Cic. Arch. 30, être mêlé à la politique; *in pace* Cic. Phil. 8, 6, être en paix; *in clarissima luce* Cic. Off. 2, 44, se trouver dans la plus vive lumière; *aeterna in laude* Cic. Planc. 26, vivre entouré à jamais de louanges; *mihi ante oculos dies noctesque versaris* Cic. Fam. 14, 2, 3, tu es nuit et jour devant mes yeux; *viri in rerum publicarum varietate versati* Cic. Rep. 3, 4, hommes au courant des diverses formes de gouvernement [versés dans la science politique] ∥ *bellum in multa varietate terra marique versatum* Cic. Arch. 21, guerre qui s'est déroulée sur terre et sur mer avec des péripéties nombreuses; *alicui aliquid in oculis versatur* Cic. Verr. 5, 144, *ob oculos* Cic. Sest. 47, qqch. apparaît devant les yeux de qqn **b)** s'occuper de, s'appliquer à: *in sordida arte* Cic. Off. 1, 150, exercer un métier sordide, cf. Cic. Fam. 4, 3, 4; Leg. 3, 33; [avec ellipse] *(in delectibus agendis) strenue versatus* Tac. Agr. 7, s'étant acquitté [des levées de troupes] avec zèle **c)** [en parl. de choses] rouler sur, reposer sur: *quae omnes artes in veri investigatione versantur* Cic. Off. 1, 19, tous ces arts roulent sur la recherche de la vérité, cf. Cic. de Or. 1, 12; 244; *tragoedia circa iram, odium, metum, miserationem fere tota versatur* Quint. 6, 2, 20, la tragédie repose presque entièrement sur..., a pour ressorts la colère, la haine, la crainte, la pitié, cf. Quint. 3, 6, 23.

versōrĭa (vorsōria), *ae*, f. (*verto*), couet, cordage pour brasser les voiles: [fig.] *versoriam cape* Pl. Merc. 876; Trin. 1026, vire de bord.

versum (vorsum), adv., v.▶ 1 *versus*.

versūra (vors-), *ae*, f. (*verto*) ¶ 1 action de se tourner: Varr. R. 1, 46 ∥ extrémité du sillon [où les bœufs tournent]: Col. 2, 2, 28 ∥ encoignure, retour d'un angle rentrant: Vitr. 5, 6, 8 ¶ 2 [fig.] action de faire passer une dette sur un autre créancier, d'emprunter à un pour payer un autre: *mutuatio et versura* Cic. Tusc. 1, 100, emprunt et transfert de dettes (changement de créancier) ∥ [d'où] emprunt: *versuram facere* Cic. Flac. 48, emprunter [*ab aliquo* Cic. Verr. 2, 186, à qqn]; *versura solvere* Ter. Phorm. 780, s'acquitter en s'endettant [aller de mal en pis].

1 versŭs, vorsŭs, versum, vorsum, adv. (*verto*, 2 *versus*; fr. *vers*), dans la direction [de], du côté [de] **a)** [complétant *in, ad*, l'acc. d'un nom de ville en question *quo*] *in forum versus* Cic. Lae. 96, dans la direction du forum, en regardant le forum; *in Arvernos versus* Caes. G. 7, 8, 5, dans la direction des Arvernes; *ad Oceanum versus* Caes. G. 6, 33, 1, du côté de l'Océan; *verti me a Minturnis Arpinum versus* Cic. Att. 16, 10, 1, je me dirigeai de Minturnes dans la direction d'Arpinum, cf. Cic. Fam. 11, 27, 3; Verr. 5, 90; Caes. G. 7, 7, 2 **b)** après les adv. *deorsum, sursum, quoquo, utroque, undique*, v. ces mots.

▶ l'emploi comme prép. n'a aucun fondement.

2 versus, *a, um*, part. **a)** de *verto* **b)** de *verro*.

3 versŭs, *ūs*, m. (*verto*; fr. *vers*) ¶ 1 sillon: Plin. 18, 177 ¶ 2 ligne, rangée: Virg. G. 4, 144; Plin. 15, 122 ∥ rang des rameurs: Virg. En. 5, 119; Liv. 33, 30, 5 ¶ 3 [en part.] ligne d'écriture, ligne: Cic. Rab. Post. 14; Att. 2, 16, 4 ∥ vers: *versum facere* Cic. Pis. 72, faire un vers; *Graeci versus* Cic. Arch. 23, vers grecs, cf. Cic. de Or. 2, 257; Or. 67; Caes. G. 6, 14 ∥ pl., chant du rossignol: Plin. 10, 83 ¶ 4 mesure agraire [cent pieds]: Varr. R. 1, 10, 1 ¶ 5 pas de danse: Pl. St. 770; Trin. 707.

▶ pl. *versi, orum* Laber. Com. 55; Laev. d. Prisc. 6, 75.

versūtē, adv. (*versutus*), en homme qui sait se retourner, avec finesse, avec adresse: [avocat] Cic. Brut. 35 ∥ -*tissime* Aug. Trin. 15, 20.

versūtĭa, *ae*, f. (*versutus*), ruse, fourberie, malice, artifice: Liv. 42, 47, 7.

versūtĭlŏquus, *a, um* (*versutus, loquor*), dont le langage est artificieux: Ambr. Psalm. 43, 11.

versūtus, *a, um*, adj. (3 *versus*), qui sait se retourner, fécond en expédients, à l'esprit souple, agile: Cic. Nat. 3, 25, v.▶ *callidus*; *in capiendo adversario versutus* Cic. Brut. 178, habile à prendre l'adversaire au dépourvu; *versutissimus* Cic. Off. 1, 109; *versutior* Pl. Ep. 371 ∥ astucieux, artificieux: Cic. de Or. 3, 57; Fin. 2, 53 ∥ [choses] adroit, astucieux: Cic. Off. 1, 108; Brut. 236.

vertăgus, v.▶ *vertragus*.

▶ *vertagus* d. qqs mss.

Vertămŏcōri, *ōrum*, m. pl., peuple de Narbonnaise, partie des Voconces [Vercors]: Plin. 3, 124.

vertĕbra, *ae*, f. (*verto*), vertèbre, articulation: Cels. 3, 23, 7; Plin. 11, 255; Sen. Ep. 78, 8 ∥ vertèbre de l'épine dorsale: Cels. 8, 1, 11.

vertĕbrātus, *a, um* (*vertebra*), vertébré, fait en forme de vertèbre: Plin. 11, 117 ∥ mobile, flexible: Plin. 34, 75.

vertĕbrum, *i*, n. (*verto*), articulation de la hanche [anat.]: Cael.-Aur. Acut. 1, 11, 79.

Verterae, *ārum*, f. pl., ville de Bretagne: Anton. 467.

vertex (vortex), *ĭcis*, m. (*verto*) ¶ 1 tourbillon d'eau: Quint. 8, 2, 7; Sen. Nat. 5, 13, 2; Virg. En. 7, 567 ∥ [de vent, de feu]: Lucr. 1, 293; Liv. 21, 58, 3; Sen. Nat. 5, 13, 2; Lucr. 6, 298; Virg. En. 12, 673 ¶ 2 sommet **a)** [de la tête, ligne de partage des cheveux] Cic. Com. 20; Hor. Ep. 2, 2, 4; [poét.] tête: Virg. En. 7, 784 **b)** *Aetnae vertex* Cic. Verr. 4, 106, sommet de l'Etna, cf. Lucr. 6, 467; Virg. En. 3, 679; *a vertice* Virg. G. 2, 310; En. 1, 114, d'en haut **c)** *caeli* Cic. Nat. 2, 105, point culminant du ciel, pôle, cf. Cic. Rep. 6, 21; Virg. G. 1, 242 **d)** [fig.] = le plus haut degré: *dolorum vertices* Cic. poet. Tusc. 2, 21, les douleurs à leur paroxysme ∥ *vertices principiorum* Amm. 15, 5; 16, les officiers supérieurs.

▶ *vortex* arch. Quint. 1, 7, 25 ∥ le grammairien Caper, cf. Ps. Caper Orth. 7, 99, 11 distinguait *vortex*, tourbillon, de *vertex*, sommet [de la tête].

vertĭbĭlis, *e* (*verto*), changeant, variable: Boet. Arith. 1, 1, 2.

vertĭbŭlum, *i*, n. (*verto*), vertèbre: Lact. Opif. 5, 8.

vertĭcālis, *e*, vertical: Grom. 225, 8.

vertĭcillus, *i*, m. (dim. de *verticulus*), peson de fuseau: Plin. 37, 37; Ps. Apul. Herb. 9.

vertĭcĭnor, v.▶ *vertiginor*.

Verticordĭa, *ae*, f. (*verto, cor*), qui change les cœurs [un des surnoms de Vénus]: Val.-Max. 8, 15, 12.

vertĭcōsus (vort-), *a, um* (*vertex*), plein de tourbillons: Liv. 21, 5, 15; Sen. Nat. 7, 8, 2.

vertĭcŭla, *ae*, f. (*verto*), articulation, vertèbre: Lucil. 161 ∥ jointure [dans une machine], emboîtage, charnière: Vitr. 10, 13, 1 ∥ figure géométrique ajustable: Aus. Cent. pr. (350), 29.

vertĭcŭlum, *i*, n. (*verto*), replis de l'intestin: Cael.-Aur. Acut. 3, 17, 138 ∥ charnière: Vitr. 10, 8, 1.

vertĭcŭlus, *i*, m. (*verto*), vertèbre: Solin. 34, 3 ∥ virole d'une canule: Cael.-Aur. Chron. 4, 3, 24.

vertĭgĭnō, *ās, āre, -, -* (*vertigo*), intr., tourner tout autour: Tert. Pall. 3, 3.

vertĭgĭnŏr, *ārĭs, ārī, -*, intr., avoir le vertige: Dosith. 7, 432, 20.

vertĭgĭnōsus, *a, um* (*vertigo*), sujet aux vertiges, aux étourdissements: Plin. 23, 59.

vertīgo, *ĭnis*, f. (*verto*) ¶ 1 mouvement de rotation, tournoiement: Plin. 8, 150; Sen. Nat. 5, 13, 3; Ov. M. 2, 70 ∥ pirouette: Pers. 5, 76 ∥ [fig.] *vertigo rerum* Luc. 8, 16, catastrophe ¶ 2 vertige, étourdissement, éblouissement: Liv. 44, 6, 8; Plin. 20, 161; 25, 117.

vertĭlābundus, *a, um*, adj. (*verto*, 1 *labor, labundus*), animé d'un mouvement rotatoire: Chalc. 92 ∥ qui entre en chancelant: Varr. Men. 108.

vertĭlāgo, *ĭnis*, f. (*verto, versilis*), chardon [plante]: Ps. Apul. Herb. 109.

vertĭlis, *e*, v.▶ *versilis*.

vertĭpĕdĭum, *ii*, n. (*verto, pes*), verveine [plante]: Ps. Apul. Herb. 4.

vertō (vortō), *ĭs, ĕre, tī, sum* (cf. *verrunco*, scr. *vartate*, al. *werden, an. worth*; esp. *verter*)

verto

> I tr. ¶1 "tourner, faire tourner" ¶2 passif à sens réfléchi "tourner" ¶3 "tourner sens dessus sens dessous" ‖ "terrasser" ¶4 [fig.] a) "donner telle direction" b) "changer", "transformer" c) "traduire" d) pass. à sens intrinsèque "se dérouler", *in eo vertitur* "il dépend de" e) "faire remonter à" f) "virer" [une somme].
> II intr. ¶1 "se diriger vers" ¶2 "avoir telle suite" ¶3 "tourner", "changer" ¶4 *anno vertente*.

I tr. ¶1 tourner, faire tourner : *ora huc et huc* Hor. *Epo.* 4, 9, faire tourner les visages ici et là ; *manum non vertere* Cic. *Fin.* 5, 93, ne pas tourner la main = ne pas se donner de la peine ; [métaph.] *pecuniam ad se vertere* Cic. *Caecil.* 57, faire tourner l'argent de son côté, le faire venir à soi, le détourner à son profit ‖ retourner : *stilum in tabulis suis* Cic. *Verr.* 2, 101, retourner son style [pour effacer] sur ses tablettes ; *ferro terram* Virg. *G.* 1, 147, retourner la terre avec le fer, cf. Hor. *S.* 1, 1, 28 ‖ *se vertere* Caes. *C.* 3, 51, 6, et surtout *terga vertere* Caes. *G.* 1, 53, 1, se retourner, tourner le dos, prendre la fuite ; *hostem in fugam vertere* Liv. 30, 33, 16, mettre l'ennemi en fuite ; *iter retro* Liv. 28, 3, 1, rebrousser chemin ¶2 [pass. à sens réfléchi] se tourner : *ad lapidem verti* Lucr. 5, 1199, se tourner vers une pierre ; *ad caedem* Liv. 1, 7, 2, se tourner vers le meurtre, en venir au meurtre ‖ tourner : *vertitur caelum* Virg. *En.* 2, 250, le ciel tourne, cf. Cic. *Nat.* 2, 97 ; Lucr. 5, 510 ; [fig.] *vertetur orbis* Cic. *Rep.* 2, 45, le cercle tournera = il y aura une révolution [politique] ¶3 retourner, tourner sens dessus dessous, renverser : *proceras fraxinos* Hor. *O.* 3, 25, 16, renverser les frênes altiers ; *ab imo moenia Trojae* Virg. *En.* 5, 810, renverser de fond en comble les murs de Troie ; [fig.] *cuncta* Tac. *H.* 1, 2, renverser, bouleverser tout, cf. Tac. *An.* 2, 42 ; 3, 36 ‖ *aliquem* Ov. *M.* 12, 139, terrasser qqn ¶4 [fig.] **a)** tourner dans tel ou tel sens ; donner telle ou telle direction : *di bene vortant quod agas* Ter. *Phorm.* 552, que les dieux donnent une heureuse issue à ton entreprise, cf. Pl. *Aul.* 175 ‖ *aliquid in contumeliam alicujus* Caes. *C.* 1, 8, faire tourner qqch. à la honte de qqn ; *aliquid in religionem* Liv. 5, 14, 2, faire de qqch. une question religieuse ‖ [avec deux dat.] *alicui aliquid vitio* Cic. *Fam.* 7, 6, 1, faire à qqn une tare, un crime de qqch. ‖ *quo se verteret, non habebat* Cic. *Phil.* 2, 73, il ne savait où se tourner = quel parti prendre, cf. Cic. *Div.* 2, 149 ; *quo me vortam ?* Ter. *Hec.* 516, où me tourner ? ; *totus in Persea versus* Liv. 40, 5, 9, tout dévoué à Persée ; *summa curae in Bostarem versa erat* Liv. 26, 12, 10, la direction des affaires était retombée sur Bostar **b)** changer, convertir, transformer : *in Amphitruonis vortit sese imaginem* Pl. *Amp.* 121, il prend la figure d'Amphitryon ; *terra in aquam se vertit* Cic. *Nat.* 3, 31, la terre se change en eau ; *Auster in Africum se vertit* Caes. *C.* 3, 26, l'Auster fait place à l'Africus ; *vides versa esse omnia* Cic. *Amer.* 61, tu vois que tout est retourné ‖ *solum vertere*, émigrer, ▶ *solum* ‖ [pass. à sens réfl.] *in rabiem coepit verti jocus* Hor. *Ep.* 2, 1, 149, la plaisanterie commença à se changer en rage ; [poét.] *formam vertitur oris* Virg. *En.* 9, 646, il change de visage **c)** faire passer d'une langue dans une autre, traduire : *Platonem* Cic. *Fin.* 1, 7, traduire Platon ; *ex Graeco aliquid in Latinum sermonem* Liv. 25, 39, 12, traduire qqch. du grec en latin ; *multa de Graecis* Cic. *Tusc.* 2, 26, traduire beaucoup du grec : *ut e Graeco vertam* Cic. *Ac.* 1, 26, pour traduire le mot grec **d)** [passif à sens réfléchi] se dérouler : *Brundisii omne certamen vertitur* Cic. *Att.* 8, 14, 1, toute la lutte se déroule à Brindes, cf. Liv. 30, 3, 1 ‖ *in aliqua re verti*, rouler sur un sujet : *in jure causa vertebatur* Cic. *Brut.* 145, la cause roulait sur un point de droit, cf. Cic. *Verr.* 5, 133 ‖ *omnia in unius potestate vertentur* Cic. *Verr. prim.* 20, tout reposera sur le (dépendra du) pouvoir d'un seul ; *spes civitatis in dictatore vertitur* Liv. 4, 31, 4, tout l'espoir de la cité repose sur un dictateur ; *in eo vertitur puellae salus, si...* Liv. 3, 46, 6, le salut de la jeune fille dépend de cette condition que..., cf. Liv. 35, 18, 8 ; 41, 23, 5 ‖ [impers¹] *vertebatur utrum... an...* *Liv. 39, 48, 3, la question s'agitait de savoir si... ou si... **e)** attribuer à, faire remonter à : *omnium secundorum adversorumque causas in deos vertere* Liv. 28, 11, 1, faire remonter aux dieux la cause de tous les événements, bons et mauvais **f)** [droit] virer : *in rem alicujus vertere pecuniam* Dig. 3, 5, 32, faire passer une somme dans le patrimoine d'autrui, enrichir autrui ; *in rem* [patris] *versum* Dig. 15, 3 tit., l'enrichissement [paternel] dû à l'activité [du fils] ; *actio de in rem verso* Dig. 15, 3, 1, l'action fondée sur l'enrichissement du père.

II intr. ¶1 se tourner, se diriger : *in fugam vertere* Liv. 38, 26, 8, se mettre à fuir, prendre la fuite ‖ [fig.] *verterat pernicies in accusatorem* Tac. *An.* 11, 37, la perte se tournait contre l'accusateur, l'accusateur se perdait lui-même ; *alio vertunt* Tac. *An.* 1, 18, ils prennent un autre parti ¶2 tourner, avoir telle ou telle suite : *quae res bene vortat mihi* Pl. *Cap.* 361, et puisse l'affaire bien tourner pour moi, cf. Pl. *Cap.* 662 ; *quod bene vertat, castra Albanos Romanis castris jungere jubet* Liv. 1, 28, 1, avec le souhait que (en souhaitant que) l'affaire ait une heureuse issue, il ordonne aux Albains de réunir leur camp à celui des Romains, cf. Liv. 3, 26, 9 ; 3, 35, 8 ; 7, 39, 13 ‖ *detrimentum in bonum verteret* Caes. *C.* 3, 73, 6, le mal deviendrait un bien, cf. Liv. 2, 3, 3 ; 26, 6, 16 ¶3 tourner, changer : *jam verterat fortuna* Liv. 5, 49, 5, déjà la fortune avait tourné ; *eo audaciae provectum, ut verteret* Tac. *An.* 4, 10, venir à ce point d'audace de changer, de prendre le contre-pied, d'intervenir les rôles ‖ se changer : *totae solidam in glaciem vertere lacunae* Virg. *G.* 3, 365, des lacs entiers se sont transformés (se transforment) en un bloc de glace ¶4 part. prés., *vertens*, se déroulant [fig.] : *anno vertente* Cic. *Quinct.* 40 ; *Nat.* 2, 53 ; Nep. *Ages.* 4, 4, pendant que l'année se déroule, au cours de l'année [ou] d'une année ‖ *annus vertens* Cic. *Rep.* 6, 24, la grande année astronomique, la grande révolution du monde.

vertrăgus, *i*, m. (gaul., cf. ὑπέρ, τρέχω ; fr. *vautre*), chien courant [sorte de lévrier] : *Mart. 14, 200, 1.

vertrăha, *ae*, f., ▶ *vertragus* : *Grat. 203.

Vertumnālĭa, *ĭum*, n. pl., Vertumnalia, fête en l'honneur de Vertumne : Varr. *L.* 6, 21.

1 Vertumnus (Vort-), *i*, m. (cf. *verto* ?), Vertumne [divinité qui présidait aux changements des saisons] : Cic. *Verr.* 2, 154 ; Varr. *L.* 5, 46 ; Ov. *F.* 6, 410 ‖ statue de Vertumne [au coin de la place publique, où étaient les boutiques des libraires] : Hor. *Ep.* 1, 20, 1.

2 vertumnus, *i*, m. (*verto*), ▶ *heliotropium* : Ps. Apul. *Herb.* 49.

věrū, *ūs*, n. (cf. bret. *ber*), broche : Varr. *L.* 5, 127 ; Plin. 30, 88 ; Virg. *En.* 1, 212 ‖ dard, petite pique : Virg. *En.* 7, 665 ; Tib. 1, 6, 49 ‖ signe critique, ▶ *obelus* : Hier. *Ep.* 106, 7 ‖ pl., piques formant clôture d'un autel : CIL 6, 826.
▶ dat.-abl. pl. *veribus* ou *verubus*.

Verucīni, *ōrum*, m. pl., peuplade de Haute-Provence : Plin. 3, 34.

věrūcŭlātus, *a*, *um* (*veruculum*), qui a un long manche : Col. 2, 20, 3.

věrūcŭlum, *i*, n. (dim. de *veru* ; fr. *verrou*), petite broche, brochette : Plin. 33, 107 ‖ petite pique : Veg. *Mil.* 2, 15.

věrūīna, *ae*, f. (*veru* ; it. *verrina*), sorte de javeline longue : Pl. *Bac.* 887.

Věrŭlae, *ārum*, f. pl., ville des Herniques [auj. Veroli] : Flor. 1, 11, 6 ‖ **-lānus**, *a*, *um*, de Verulae : Plin. 9, 42 ‖ subst. m. pl., habitants de Verulae : Plin. 3, 64.

Verulamĭum, *ĭi*, n., municipe de Bretagne [St. Albans] Atlas V, B2 : Tac. *An.* 14, 33.

Věrŭlāna, *ae*, f., **Věrŭlānus**, *i*, m., nom de femme, nom d'homme : Tac. *H.* 3, 69 ; *An.* 14, 26.

1 věrum (*verus* ; fr. *voire*) ¶1 adv., vraiment ▶ *vero* : Ter. *Ad.* 543 ; *Eun.* 347 ; *Haut.* 1013 ¶2 conj. adversative **a)** mais en vérité : Pl. *Amp.* 573 ; Ter. *And.* 4 ; *Eun.* 183 ; Cic. *Rep.* 1, 51 **b)** mais : *non modo, non solum... verum etiam...* Cic. *Cael.* 45 ; *Lae.* 6, non seulement... mais encore... ; ▶ *modo, solum, ne... quidem* **c)** [dans les transitions] *verum ad Crassum* revertamur Cic. Brut. 147, mais revenons à Crassus; **verum praeterita omittamus** Cic. Phil. 5, 31, mais laissons le passé, cf. Cic. Tusc. 3, 84 **d)** **verum tamen**, mais pourtant; [après *fortasse*] Cic. Verr. prim. 35; Arch. 28; **verum enimvero** Cic. Verr. prim. 3, 194, mais en vérité, *enimvero*; **verum vero** Cat. d. Gell. 13, 17, 1, même sens.

2 **vērum**, *i*, n. de *verus* pris subst[t] ¶ 1 le vrai, la vérité, le réel: **veri inquisitio atque investigatio** Cic. Off. 1, 13, le désir de chercher et de découvrir la vérité; **verum et falsum** Cic. Ac. 2, 33, le vrai et le faux; **si verum quaerimus** Cic. Tusc. 2, 55, à vrai dire; **veri similis**, *veri similis* ‖ pl., **vera** Cic. de Or. 2, 157, le vrai ¶ 2 le juste: Sall. J. 16, 1.

3 **vērum**, *i*, n., *veru*: Pl. Ru. 1302; 1304.

vērumtămĕn (**vēruntămĕn**) ou **vērum** séparé de **tămĕn**, adv., mais pourtant, mais cependant: Cic. Tusc. 2, 26; Verr. 5, 101 ‖ Verr. 2, 101; Off. 2, 26 ‖ [après une parenthèse, pour reprendre le fil du discours] dis-je: Cic. Verr. 3, 4; Att. 1, 10, 1.

1 **vērus**, *a*, *um* (cf. bret. *gwir*, al. *wahr*, rus. *vera*; it. *vero*) ¶ 1 vrai, véritable, réel: **non quaero quae sit philosophia verissima** Cic. de Or. 3, 64, je ne recherche pas quel est le système philosophique le plus vrai; **causa verissima** Cic. Ac. 2, 10, la cause la mieux fondée, la meilleure; **verus et germanus Metellus** Cic. Verr. 4, 147, un vrai, un pur Métellus; **crimen verissimum** Cic. Verr. 5, 158, accusation tout à fait fondée; **ut verum videreretur in hoc illud...** Cic. Brut. 142, en sorte qu'on voyait se vérifier chez lui ce mot...; **veri Attici** Cic. Brut. 286, des Attiques authentiques [d'origine] ‖ **si verum est** [avec prop. inf.] Cic. Nat. 3, 77, s'il est vrai que, cf. Liv. 30, 26, 7; [avec *ut*] Nep. Hann. 1, 1 ‖ **sin illa veriora, ut** Cic. Lae. 14, mais si cette autre opinion est plus vraie qui consiste à croire que ¶ 2 conforme à la vérité morale, juste: Cic. Mur. 74; Fam. 2, 17, 4; Caes. G. 4, 8, 2; Liv. 2, 48, 2; Hor. S. 2, 3, 312; Ep. 1, 7, 98; Virg. En. 12, 694; **verum est ut** Cic. Tusc. 3, 73, il est juste que ¶ 3 véridique, sincère, consciencieux: **mei testes veri sunt** Cic. Verr. 5, 165, mes témoins sont véridiques, cf. Cic. Amer. 84; Ter. And. 422; Ov. H. 16, 123; M. 10, 209; Plin. Ep. 9, 25, 2.

2 **Vērus**, *i*, m., nom d'homme: Mart. Spect. 29 ‖ Aelius Vérus [empereur avec Marc Aurèle, 161-169]: Capit. Ver. 1, 3.

vĕrūtum, *i*, n. (*veru*), sorte de dard: Caes. G. 5, 44, 7; Liv. 1, 43, 6; 21, 55, 10.
► *verrutum* d. qqs mss.

vĕrūtus, *a*, *um* (*veru*), armé d'un dard, d'une javeline [de forme particulière, du nom *veru*]: Virg. G. 2, 168.

Vervactŏr, *ōris*, m., dieu qui préside au labour des jachères: Serv. G. 1, 21.

vervactum, *i*, n. (peu clair, cf. *ago*; fr. *guéret*), terre qu'on laisse en jachère [jusqu'aux semailles], terre en friche, jachère: Varr. R. 1, 44, 2; Plin. 18, 176.

vervăgō, *ĭs*, *ĕre*, *ēgī*, *actum* (*vervactum*), tr., retourner [une terre qui est en jachère]: Plin. 18, 176 ‖ Col. 11, 2, 8, labourer, défricher.

Vervēcĕus (**-ēcĭus**), *a*, *um* (*vervex*), qui a la forme d'un mouton [surnom de Jupiter Ammon]: Arn. 5, 171.

vervēcīnus, *a*, *um* (*vervex*), de mouton: Arn. 5, 3 ‖ **vervecina**, *ae*, f., chair de mouton: *Tert. Marc. 4, 40, 1; Aug. Faust. 16, 30; Not. Tir. 175.
► *verbicina* Not. Tir. 108.

vervella, *ae*, f. (dim. de *vervex*), petite brebis: Char. 553, 28.

vervex, *ēcis*, m. (redoubl., cf. εἶρος < *werwos* laine, ἀρήν agneau; fr. *brebis*), mouton: Pl. Cap. 820; Varr. L. 5, 98; Cic. Leg. 2, 55 ‖ [fig.] homme stupide: Juv. 10, 50; Petr. 57, 1.
► *verbex* Pl. Merc. 567; *berbix, berbex* Gloss. 3, 440, 28; 2, 29, 22.

Vĕsaevus, Vesuvius: Virg. G. 2, 224.

vēsānĭa, *ae*, f. (*vesanus*), folie, déraison, délire, extravagance: Hor. S. 2, 3, 174.

vēsānĭens, *tis*, furieux [vents]: Catul. 25, 13.

vēsānĭō, *īs*, *īre*, -, -, intr., être insensé, furieux: Cassiod. Eccl. 9, 30.

vēsānus, *a*, *um*, adj. (2 *ve-*, *sanus*), qui n'est pas dans son bon sens, qui extravague, insensé, fou: Cic. Div. 2, 114; Dom. 3; 55; Hor. P. 455 ‖ [en parl. de choses] furieux, forcené: **vesana fames** Virg. En. 9, 340, faim furieuse; **vesanus vultus** Liv. 7, 33, 17, visage forcené; **vesanus pontus** Prop. 1, 8, 5, mer forcenée, furieuse.

Vesātae (-tes), Vasates.

Vesbīnus, *i*, m., nom d'homme: CIL 4, 636.

Vescelĭa, *ae*, f., ville de Tarraconaise: Liv. 35, 22.

Vescellāni, *ōrum*, m. pl., peuple de l'Italie méridionale: Plin. 3, 105.

Vesci, m. pl., Faventia: Plin. 3, 10.

Vescĭa, *ae*, f., ville de Campanie, près du Liris: Liv. 8, 11, 5 ‖ **-īnus**, *a*, *um*, de Vescia: Cic. Agr. 2, 66; **in Vescino** Cic. Att. 15, 2, 1, sur le territoire de Vescia ‖ **-īni**, *ōrum*, m. pl., les habitants de Vescia: Liv. 10, 20.

Vescīnus, *a*, *um*, Vescia.

vescĭtŏr, *ārĭs*, *ārī*, - (fréq. de *vescor*), intr., se nourrir de [abl.]: Hier. Eccles. 4.

vescō, *ĭs*, *ĕre*, -, - (fact. de *vescor*), tr., nourrir: Vl. Num. 11, 4 d. Tert. Jejun. 5, 3; Hier. Jovin. 2, 6; **vescendi pupilli causa** Ulp. Dig. 28, 8, 7, 3, pour nourrir un pupille; [pass.] Hier. Ep. 37, 4; Isid. 20, 2, 27.

vescŏr, *scĕrĭs*, *scī*, - (cf. hit. *wes*-nourrir, scr. *vas*-, m. irl. *fess*, got. *wisan*), tr. et intr. ¶ 1 se nourrir de, vivre de **a)** [avec abl.]: **lacte, caseo, carne** Cic. Tusc. 5, 90, vivre de lait, de fromage, de viande, cf. Cic. Nat. 2, 59; Fin. 2, 92 **b)** [avec acc.] Acc. d. Non. 415, 17; Sall. H. 3, 38; Plin. 8, 203; Tib. 2, 5, 64; Tac. Agr. 28; **dare cepas vescendas** Plin. 20, 41, donner des oignons à manger ‖ [fig.] se repaître de: **facinus** Acc. Tr. 189, d'un acte **c)** [abs[t]] se nourrir, manger: **pecus ad vescendum hominibus apta** Cic. Nat. 2, 160, animal propre à la nourriture de l'homme; **vescendi causa** Sall. C. 13, 3, pour se nourrir [pour la table]; **vescere, sodes** Hor. Ep. 1, 7, 15, mange, s'il te plaît ¶ 2 [fig.] se régaler de, jouir de, avoir: **paratissimis voluptatibus** Cic. Fin. 5, 57, avoir les plaisirs à son entière disposition ‖ **vitalibus auris** Lucr. 5, 857, jouir de l'air vivifiant [respirer l'air vital], cf. Virg. En. 1, 546; **variante loquela** Lucr. 5, 71, se servir d'une parole aux sons variés ¶ 3 disposer, user de: [abl.] **arte** Pacuv. Tr. 108; **armis** Pacuv. Tr. 22; Acc. Tr. 145.
► infin. *vescier* Sedul. Carm. 3, 249 ‖ actif, Chir. 448; Not. Tir. 96 ‖ la variété des sens n'oblige pas de poser un second verbe apparenté à *vestis*.

Vescŭlārĭus, *ii*, m., nom d'homme: Tac. An. 2, 28.

vescŭlus, *a*, *um* (dim. de *vescus*), chétif, maigre: P. Fest. 519, 21.

vescus, *a*, *um* (2 *ve-*, *esca*; v. étym. de Gell. 16, 5, 6) ¶ 1 ► *edax*; d'après P. Fest. 506, 10, qui cherche avidement à se nourrir: **vescum sal** Lucr. 1, 326, sel [de la mer] qui ronge; **vescum papaver** Virg. G. 4, 131, le pavot rongeur [qui dévore, épuise le terrain, détail donné encore par Virg. G. 1, 78; mais v. ci-dessous] ¶ 2 qui ne cherche pas à se nourrir, sans appétit: Lucil. 602 ‖ maigre: **vescum corpus** Plin. 7, 81, corps maigre; **vescae frondes** Virg. G. 3, 175, [Serv.], feuillage grêle [peut-être même sens pour G. 4, 131, voir ci-dessus], cf. Ov. F. 3, 446; [fig.] maigre = insuffisant, peu nourrissant: Gell. pr. 16.

Vesentīni, *ōrum*, m. pl., habitants de Visentium [auj. Bisenzo] en Étrurie: Plin. 3, 52.

Vesĕris, *is*, m., fleuve de Campanie, au pied du Vésuve: Cic. Off. 3, 112; Fin. 1, 23; Liv. 8, 8; 10, 28; Val.-Max. 6, 4, 1.

Vĕsēvīnus, *a*, *um*, de Vésuve: Cael.-Aur. Chron. 2, 1, 48.

Vĕsēvus, *i*, m., le Vésuve: Val.-Flac. 4, 507; Stat. S. 4, 8, 5; Vesuvius, Vesaevus.

Vēsi, *ōrum*, m. pl., les Visigoths: Sidon. Carm. 7, 399 ‖ sg., Vesus: Sidon. Carm. 5, 476.

vēsīca (**vess-**, **vens-**), *ae*, f. (cf. *venter*, scr. *vasti-s*, al. *Wanst*, p.-ê. al. *vissio*; fr. *vessie*) ¶ 1 vessie: Cic. Fin. 2, 96; Hor. S. 1, 8, 46 ¶ 2 objet en peau de vessie, vessie: Plin. 33, 122 ‖ bourse: Varr. R. 3, 17, 2

vesica

¶3 [fig.] ampoule, tumeur: Plin. 20, 51 ‖ vulve d'une femme: Juv. 1, 39; 6, 64 ‖ enflure du style: Mart. 4, 49, 7.

vēsīcālis, e (vesica), de la vessie: Diosc. 4, 87.

vēsīcārĭus, a, um (vesica), de vessie, relatif à la vessie, bon pour la vessie: Scrib. 146; M.-Emp. 26, 4 ‖ subst^t, **vesicaria**, f., alkékenge, coqueret [plante]: Plin. 21, 177.

vēsīcō, ās, āre, -, - (vesica), intr., former des ampoules: Theod.-Prisc. 1, 28.

vēsīcŭla, ae, f. (dim. de vesica), vessie: Lucr. 6, 130 ‖ gousse [des plantes]: Cic. Div. 2, 33 ‖ jabot: Vulg. Lev. 1, 16.

vēsīcŭlōsus, a, um (vesicula), plein de tubercules: Cael.-Aur. Acut. 3, 17, 171.

Vesidĭa, ae, m., fleuve d'Étrurie: Peut. 3, 2.

Vesinicātes, um (ĭum), m. pl., peuple d'Ombrie: Plin. 3, 114.

Vesonna, ae, f., C.▶ Vesunna: Peut. 1, 2.

Věsontĭo (**Visontio**, Anton. 348), ōnis, f., ville des Séquanes [auj. Besançon] Atlas I, B3; V, D3: Caes. G. 1, 38, 1 ‖ **Vesontĭenses**, m. pl., habitants de Vesontio: Not. Gall. 9, 2.

1 vespa, ae, f. (*wospā, cf. lit. vaspà, rus. oca; fr. guêpe, al. Wespe, an. wasp), guêpe [insecte]: Varr. R. 3, 16, 19; Plin. 11, 71.

2 vespa, ae, m. (▶ 1 vespa, cf.▶ vespillo), C.▶ 1 vespillo: P. Fest. 506, 16.

Vespāsĭa, ae, f., mère de l'empereur Vespasien: Suet. Vesp. 1.

Vespāsĭānus, i, m., Vespasien [Titus Flavius Vespasianus], empereur romain [69-79]: Suet. Vesp. 1.

Vespāsĭus, ĭi, m., aïeul maternel de Vespasien: Suet. Vesp. 1.

vesper, ĕri et ĕris, m. (cf. ἕσπερος, rus. večer; fr. vêpre) ¶1 le soir: *diei vesper erat* Sall. J. 52, 3, c'était le soir; *ad vesperum* Caes. G. 1, 26, 2, jusqu'au soir, cf. Caes. G. 1, 50, 2; 2, 33, 1 [ou vers le soir: Cic. Lae. 12]; *sub vesperum* Caes. G. 2, 33, vers le soir G. 5, 58; 7, 60; C. 1, 42; *primo vespere* Caes. C. 2, 43, à la nuit tombante ‖ *vespere* Cic. Att. 11, 12, 1, [et surtout] *vesperi* Cic. de Or. 2, 13; Fam. 7, 3, 1; Att. 13, 47 a, 1; Mil. 54, le soir, au soir ‖ *quid vesper ferat incertum est* Liv. 45, 8, 6, ce qu'amène le soir, on l'ignore, cf. Gell. 13, 11, 1; *de vesperi suo vivere* Pl. Mil. 995, être son maître, vivre à sa guise; *de vesperi alicujus cenare* Pl. Ru. 181, manger à la table de qqn ¶2 étoile du soir, Vesper: Hor. O. 2, 9, 10; 3, 19, 26; Virg. G. 1, 251; Plin. 2, 36 ‖ le couchant, l'occident: Virg. En. 5, 19; Ov. Tr. 1, 2, 28 ‖ peuples de l'Occident: Sil. 3, 325.

▶ dans la lang. classique acc. *vesperum* abl. *vespere*, loc. *vesperi* ‖ au n. d. Varr. L. 7, 50; 9, 73.

vespĕra, ae, f. (*vesper*, cf. ἑσπέρα; esp. *visperas*), le temps du soir, soirée: Pl. Curc. 4; *ad vesperam* Cic. Cat. 2, 6, vers le soir, cf. Cic. Phil. 2, 77; *prima vespera* Liv. 34, 61, 14, au début du soir; *inumbrante vespera* Tac. H. 3, 19, au moment où le soir répandait son ombre; *vespera* [abl.] Plin. 13, 109, au soir, le soir.

vespĕrālis, e, occidental: Solin. 9, 2.

vespĕrascō, ĭs, ĕre, rāvī, - (vespera), intr., arriver au soir: *vesperascente die* Tac. An. 16, 34, le jour arrivant sur le soir, le soir tombant; *vesperascente caelo* Nep. Pel. 2, 5, au crépuscule du soir ‖ [impers.] *vesperascit* Ter. Haut. 247, le soir tombe; *ubi jam vesperaverat* Gell. 17, 8, 1, quand le soir était déjà venu.

vespĕrātus, a, um (vespera), arrivé au soir: *die vesperato* Solin. 11, 9, le soir venu.

vespĕri, locatif, V.▶ vesper.

Vesperĭēs, f., ville de Tarraconaise: Plin. 14, 110.

vesperna, ae, f. (vesper), repas du soir: CIL 1, 2847; Pl. d. P. Fest. 505, 26.

vespertīlĭo, ōnis, m. (vesper; it. pipistrello), chauve-souris: Plin. 10, 168; 11, 164.

vespertīna, ae, f., C.▶ vesperna: Isid. 20, 2, 14.

vespertīnus, a, um (vesper) ¶1 du soir, qui a lieu le soir: *vespertina tempora* Cic. Nat. 2, 52, le soir; [abl. n.] *vespertino* Varr. R. 2, 2, 11 [ou] *vespertinis* Plin. 30, 84, le soir; *vespertinae litterae* Cic. Att. 13, 23, 1, lettre reçue le soir, cf. Cic. Phil. 3, 24 ‖ [emploi adverbial] *si vespertinus subito te oppresserit hospes* Hor. S. 2, 4, 17, si un hôte vient soudain te surprendre le soir ¶2 situé au couchant, occidental: Hor. S. 1, 4, 30; Vitr. 4, 5, 1.

vespĕrūgo, ĭnis, f. (vesper) ¶1 l'étoile du soir [Vénus]: Vitr. 9, 1, 7 ¶2 C.▶ vespertilio: Tert. Anim. 32, 3.

vespĕrus, a, um, du soir: Cael.-Aur. Acut. 1, 15, 141.

vespĭces, um, f. pl. (vespa? al. Quast?), halliers, buissons épais: P. Fest. 506, 22.

1 vespillo, ōnis, m. (2 vespa) ¶1 croque-mort [des pauvres, qu'on ensevelissait le soir]: Suet. Dom. 17; Mart. 1, 47, 1 ¶2 violateur de sépulture: *Fulg. Serm. 2, p. 111 H; Gloss. 4, 191, 39.

2 Vespillo, V.▶ 2 vispillo.

Vesprōnĭus, ĭi, m., nom d'homme: Spart. Did. 5, 6.

vespula, ae, m. (dim. de 2 vespa), croque-mort: P. Fest. 506, 19.

vessīca, V.▶ vesica.

Vesta, ae, f. (cf. uro, Ἑστία), Vesta Cybèle, la Terre [femme de Caelus et mère de Saturne]: Cic. Nat. 2, 67; Ov. F. 6, 267 ‖ Vesta [fille de Saturne, petite-fille de la précédente, déesse du feu: Cic. Leg. 2, 29; Div. 1, 101; *ad Vestae* [s.-ent. aedem, templum] Hor. S. 1, 9, 35, auprès du temple de Vesta [où les Vestales entretenaient le feu sacré]; *Vestae sacerdos* Ov. F. 5, 573, le grand pontife [César] [poét.] **a)** le temple de Vesta: Ov. F. 6, 437 **b)** le feu: Virg. G. 4, 384 ‖ **Vestālis**, e, de Vesta: *Vestalis virgo*, *Vestalis* Cic. Leg. 2, 20; Liv. 1, 3, Vestale, prêtresse de Vesta ‖ *Virgo Vestalis maxima* CIL 6, 2145, la grande Vestale; *Vestalium maxima* Plin. Ep. 4, 11, 6 ‖ **Vestalis**, e, de Vestale: *Vestales oculi* Ov. Tr. 2, 311, yeux chastes.

Vestālĭa, ĭum, n. pl., les Vestalia [fête en l'honneur de Vesta]: Varr. L. 6, 17.

vester (**voster**), tra, trum (vos; cf. noster, ὑμέτερος; fr. votre) ¶1 votre, vôtre, qui est à vous; [subjectif]: *vestra quae dicitur vita mors est* Cic. Rep. 6, 14, votre vie comme vous l'appelez, c'est la mort; *vestrum est dare* Ov. F. 4, 489, il vous appartient de donner; *ea vestra culpa est* Cic. Ac. 2, 95, c'est votre faute; *vestra hoc interest* Cic. Sull. 79, cela vous importe ‖ [objectif]: *vestrum odium* Liv. 30, 44, 7, la haine que vous inspirez ¶2 pris subst^t: **voster** Pl. St. 664, votre maître ‖ **vestrum**, n. **a)** votre manière d'être: *non cognosco vostrum tam superbum* Ter. Eun. 1066, je ne reconnais pas votre manière d'être si arrogante = la manière si arrogante dont vous vous comportez; cf.▶ *tuom* Pl. Trin. 445 **b)** votre bien, votre argent: Liv. 6, 15, 10 ‖ **vestri** Cic. Nat. 3, 35, les vôtres, vos amis, votre siècle ‖ n. pl., **vestra** Cic. Nat. 2, 73, vos œuvres, vos théories, cf. Cic. Fin. 4, 80 ‖ [tard., pl. de politesse au lieu de *tuus*] votre: Greg.-Tur. Ep. 6, 16.

▶ gén. pl. *vestrum* = *vestrorum* Pl. Mil. 174.

Vestĭa, ae, f., nom de femme: Liv. 26, 33, 8.

vestĭārĭum, ĭi, n. (vestis), armoire, coffre à ranger les vêtements: Plin. 15, 33 ‖ habits, vêtements, garde-robe: Col. 1, 8, 17; Sen. Ben. 3, 21 ‖ magasin d'habits: Cassiod. Var. 1, 2.

vestĭārĭus, a, um (vestis), d'habits, relatif aux vêtements: Cat. Agr. 11, 3 ‖ subst. m. **a)** esclave chargé de la garde-robe: Gloss. 2, 332, 14; 4, 469, 12; CIL 8, 5234 **b)** marchand d'habits: Ulp. Dig. 14, 3, 5.

vestĭbŭlum, i, n. (peu net, via?, stabulum) ¶1 vestibule: Cic. Caecin. 35; Verr. 2, 160; Cael. 62 ¶2 entrée [en gén.]: *sepulcri* Cic. Leg. 2, 61, entrée d'un tombeau; *Siciliae* Cic. Verr. 5, 170, l'entrée, le seuil de la Sicile; *castrorum* Liv. 25, 17, 5, l'entrée du camp, le devant du camp ‖ [fig.] Cic. Or. 50; *artis* Quint. 1, 5, 7, le vestibule d'une science = les débuts.

vestĭceps, ĭpis (vestis, capio), cf. *vesticeps puer qui jam vestitus est pubertate* P. Fest. 506, 1, enfant qui a atteint l'âge de puberté [revêtu de poils]: Gell. 5, 19, 7 ‖ [fig.] corrompu: Apul. Apol. 98.

Vesticŏla, ae, f. (*Vesta, colo*), prêtresse de Vesta : Drac. *Romul.* 7, 22.

vesticontŭbernĭum, ĭi, n., partage du même lit [de la même couverture] : *Petr. 11, 3.

vestĭcŭla, ae, f. (dim. de *vestis*), [collectif] quelques vêtements : Dig. 33, 7, 18, 13 = qqs hardes : Aug. *Serm.* 163, 3.

vestĭfex, ĭcis, m., **vestĭfĭca**, ae, f. (*vestis, facio*), tailleur, couturière : CIL 6, 7467 ; 9980.

vestĭfĭcīna, ae, f., confection de vêtements : Tert. *Pall.* 3, 7.

vēstĭfĭcĭum, ĭi, n., ⇨ *vestificina* : Gloss. 2, 332, 13.

vestĭfĭcus, i, ⇨ *vestifex* : CIL 6, 8554.

vestĭflŭus, a, um (*vestis, fluo*), qui porte des vêtements lâches et flottants : Aus. *Techn.* 9 (345), 24.

vestĭgābĭlis, e (*vestigo*), qu'on peut scruter [fig.] : Cassian. *Coll.* 13, 17.

vestĭgātĭo, ōnis, f. (*vestigo*), action de chercher [qqn], recherche : Apul. *M.* 6, 1.

vestĭgātŏr, ōris, m. (*vestigo*), celui qui suit la trace, chasseur : Varr. *L.* 5, 94 ‖ celui qui cherche : Col. 9, 8, 10 ‖ [fig.] espion : Sen. *Ben.* 3, 26, 2.

vestĭgĭum, ĭi, n. (*vestigo*) ¶ 1 plante du pied : Cic. *Ac.* 2, 123 ; Virg. *En.* 5, 566 ; *fallente vestigio* Plin. *Ep.* 2, 1, 5, par suite d'un faux pas ‖ semelle artificielle, fer d'un cheval : Plin. 28, 263 ‖ *vestigium abscedere* Liv. 27, 4, 1, s'écarter d'une semelle [de pied : Aug. *Civ.* 15, 26 ¶ 2 empreinte des pas, trace du pied : *socci video vestigium in pulvere* Pl. *Cis.* 698, je vois l'empreinte de la chaussure dans la poussière ; *vestigia ponere* Cic. *Phil.* 3, 31, imprimer ses pas, porter ses pas ; *in foro vestigium facere* Cic. *Rab. Post.* 48, fouler du pied le forum, cf. *Caecin.* 39 ; *leviter pressum vestigium* Cic. *Verr.* 4, 53, empreinte faiblement marquée ; *curricula, in quibus Platonis primum sunt impressa vestigia* Cic. *Or.* 12, carrière, où Platon a le premier marqué ses pas ; *glacie non recipiente vestigium* Liv. 21, 36, 7, la glace ne recevant pas l'empreinte des pas ; *vestigia tenere* Liv. 29, 32, 6, ne pas perdre la trace, suivre à la trace ; *vestigiis sequi hostem* Liv. 9, 45, 16, suivre l'ennemi à la trace ‖ [fig.] *vestigiis alicujus ingredi* Cic. *Rep.* 6, 26, marcher sur les traces de qqn ; *aliquem ipsius vestigiis persequi* Cic. *Brut.* 307, ne pas cesser de suivre qqn en marchant sur ses propres traces ¶ 3 [en gén.] traces, empreinte : [empreinte du corps d'une pers.] Cic. *de Or.* 3, 79 ‖ place où s'est tenu qqn : Cic. *de Or.* 3, 6 ‖ *vestigia urbis* Cic. *Cat.* 4, 12, les vestiges, les ruines d'une ville ; *vestigia violatae religionis* Cic. *Verr.* 4, 97, traces d'une profanation religieuse ; *expressa sceleris vestigia* Cic. *Amer.* 62, des traces visibles du crime ¶ 4 [fig.] trace, vestige : *ne quod in vita vestigium libidinis appareat* Cic. *Verr.* 3, 4, [prendre garde] de ne laisser voir dans votre vie aucune trace de libertinage, cf. Cic. *de Or.* 1, 37 ; *Fam.* 4, 14, 1 ‖ parcelle de temps, moment, instant : *illud vestigium temporis* Caes. *G.* 7, 15, ce point de la durée ; *eodem et loci vestigio et temporis* Cic. *Pis.* 21, en ce même point à la fois de l'espace et du temps ; *vestigium temporis* Caes. *C.* 2, 26, 2, en un moment ; *e (ex) vestigio* Cic. *Caecil.* 57 ou *ex vestigio* Caes. *G.* 2, 25, 6, sur-le-champ, instantanément.

vestĭgō, ās, āre, āvī, ātum (peu net, cf. *ago, litigo* ? *vestibulum* ?), tr. ¶ 1 suivre à la trace, à la piste, chercher : Plin. 8, 66 ; Enn. d. Cic. *Div.* 1, 40 ‖ découvrir : Liv. 31, 19, 2 ; 39, 51, 6 ¶ 2 rechercher avec soin, partout : Curt. 4, 6, 5 ; 4, 16, 14 ; 6, 5, 19 ; *vestiga oculis* Virg. *En.* 6, 145, cherche des yeux ¶ 3 [fig.] Cic. *de Or.* 2, 166 ; 3, 88 ; Sen. 15.

vestīmentum, i, n. (*vestio* ; fr. vêtement) ¶ 1 vêtement, habit : Cic. *Mil.* 28 ; Liv. 4, 25, 13 ; *nudo vestimenta detrahere* Pl. *As.* 92, vouloir dépouiller un homme nu [tenter l'impossible] ¶ 2 couverture ou tapis [de lit] : Ter. *Haut.* 903 ; Sen. *Ep.* 67, 2.

Vestīni, ōrum, m. pl., Vestins [peuple du Samnium] : Liv. 8, 29 ; Plin. 3, 107 ‖ **-īnus, a, um**, des Vestins : Juv. 14, 181.

Vestīnus, i, m., Marcus Vestinus Atticus [consul que Néron fit mourir] : Tac. *An.* 15, 48 ; 15, 68 ‖ Lucius Julius Vestinus, chevalier ami de Claude : Tac. *H.* 4, 53.

vestĭō, īs, īre, īvī ou ĭī, ītum (*vestis* ; fr. vêtir), tr. ¶ 1 couvrir d'un vêtement, vêtir, habiller : *aliquem* Pl. *Cas.* 821 ; *aliquem aliqua re* Cic. *Att.* 2, 9, 2, vêtir qqn de qqch. ; *homines male vestiti* Cic. *Pis.* 61, hommes mal vêtus ‖ pass. à sens réfléchi, *vestiri*, se vêtir, s'habiller : Cat. d. Gell. 11, 2, 5 ¶ 2 revêtir, recouvrir, entourer, garnir : *animantes villis vestitae* Cic. *Nat.* 2, 121, animaux couverts de poils ; *iis tabulis parietes vestiebantur* Cic. *Verr.* 4, 122, les murs étaient revêtus de ces tableaux, cf. Cic. *Nat.* 2, 142 ; *terra vestita floribus* Cic. *Nat.* 2, 99, la terre revêtue de fleurs, cf. Cic. *Tusc.* 5, 64 ; *trabes multo aggere vestiuntur* Caes. *G.* 7, 23, 2, les poutres sont recouvertes d'une grande quantité de terre ; *montes vestiti* Cic. *Nat.* 2, 132, montagnes revêtues d'herbe ‖ [fig.] *sententias mollis et pellucens vestiebat oratio* Cic. *Brut.* 274, un style souple et diaphane formait le vêtement des pensées, cf. Cic. *de Or.* 1, 142 ; Quint. 8, pr. 20.

▶ imparf. arch. *vestibat* Virg. *En.* 8, 160.

vestĭplex, ĭcis, m. (*vestis, plico*), esclave chargé de la garde-robe, valet de chambre : Not. Tir. 41.

vestĭplĭca, ae, f., femme de chambre : Ps. Quint. *Decl.* 362.

vestĭplĭcus, i, m., ⇨ *vestiplex* : CIL 6, 8560.

vestis, is, f. (cf. *induo*, ἕννυμι, scr. *vastra*, hit. *wes-*, toch. B *wasttsi*, al. *Westerhemd* ; it. *veste*) ¶ 1 vêtement, habit, habillement, costume : Cic. *Verr.* 4, 103 ; *Phil.* 2, 66 ‖ pl. poét. : Virg. *En.* 3, 483 ; Sen. *Ep.* 114, 11 ¶ 2 *mutare vestem a)* Cic. *Sest.* 26 ; *Planc.* 29, prendre des vêtements de deuil, cf. Cic. *Pis.* 17 ; *Sest.* 32 *b)* changer de vêtement : Ter. *Eun.* 609 ; Liv. 22, 1, 3 ; Sen. *Ep.* 18, 2 ¶ 3 *a) vestis stragula* Cic. *Amer.* 133, tapis ; *domus plena multae stragulae vestis* Cic. *Verr.* 2, 35, maison garnie de nombreux tapis *b) vestis* seul : Cic. *Verr.* 4, 9 ; *pretiosa vestis* Cic. *Phil.* 2, 66, tapis précieux ¶ 4 sens divers *a)* voile de femme : Stat. *Th.* 7, 244 *b)* dépouille du serpent : Lucr. 4, 61 *c)* toile d'araignée : Lucr. 3, 386 *d)* barbe, duvet, poil : Lucr. 5, 671.

vestispĭca, ae, f. (*vestis, specio*), esclave chargée de la garde-robe, femme de chambre : *Pl. *Trin.* 252 ; Afran. *Com.* 388 ; Varr. *Men.* 384 ; L. 7, 12.

vestispĭcus, i, m. (*vestis, specio*), esclave chargé de la garde-robe : Non. 12, 12.

vestītŏr, ōris, m. (*vestio*), tailleur : Lampr. *Alex.* 41, 3 ‖ celui qui habille : Firm. *Math.* 3, 12, 5.

vestītūra, ae, f. (*vestio* ; fr. vêture), ornements sculptés : CIL 12, 1904.

1 **vestītus**, a, um, part. de *vestio*, adjᵗ *vestitior* Tert. *Anim.* 38, 2 ; Apul. *Apol.* 22 ; **-issimus, a, um** Col. 7, 3, 8, plus vêtu, le plus vêtu.

2 **vestītŭs**, ūs, m. (*vestio* ; esp. *vestido*) ¶ 1 vêtement, habillement : Cic. *Amer.* 144 ; *Agr.* 5, 13 ; *muliebri vestitu* Cic. *Att.* 1, 13, 3, en habit de femme ; *mutare vestitum* Cic. *Sest.* 32 = *mutare vestem* ; *redire ad suum vestitum* Cic. *Sest.* 32, reprendre son habit ordinaire ; *vestitu nimis indulges* [vestitu dat.] Ter. *Ad.* 63, tu es trop complaisant pour sa toilette ¶ 2 [fig.] *a) riparum vestitus viridissimi* Cic. *Nat.* 2, 98, le vêtement si verdoyant des rives ; *vestitus densissimi montium* Cic. *Nat.* 2, 161, la garniture si épaisse des montagnes [forêts] *b)* vêtement du style : Cic. *Brut.* 327.

Vestōrĭus, ĭi, m. ¶ 1 ami de Cicéron : Cic. *Att.* 4, 6, 4 ¶ 2 un artiste de Pouzzoles : Vitr. 7, 11, 1 ‖ **-ĭānus, a, um**, de Vestorius : Plin. 33 ; 162 ‖ **-ĭānum, i**, n., colorant bleu [inventé par Vestorius] : Diocl. 34, 84.

vestrās, ātis, m. f. n. (*vester*), de votre famille, de votre pays : Char. 159, 26 ; Diom. 329, 23.

▶ ancien nom. *vestratis* Prisc. 2, 586, 27.

vestri, gén. de *vos*.

Vestrĭcĭus, ĭi, m., Vestricius Spurinna, poète : Tac. *H.* 2, 11.

vestrum (vos-), gén. de *vos*.

Vĕsŭlus, i, m., le Vésule [montagne de Ligurie, partie des Alpes cottiennes, auj. mont Viso] : Mel. 2, 62 ; Virg. *En.* 10, 708.

Vesunna, ae, f., Vésone, ville d'Aquitaine, la même que *Petrocorium* [Périgueux] Atlas IV, A4 ; V, E2 : Anton. 461 ‖ **-ĭci**,

Vesunna m. pl., habitants de Vésone [Périgourdins] : Sidon. *Ep.* 8, 11, 1.

Vesus, v. *Vesi*.

Vĕsŭvĭus, ĭi, m., le Vésuve [volcan près de Naples] : Liv. 8, 8, 19 ; Plin. 14, 22 ǁ adj. m., Jupiter Vésuvien [adoré sur le Vésuve] : CIL 10, 3806 ǁ **-vīnus**, a, um, du Vésuve : Stat. *S.* 3, 5, 72.

Vesvĭus (-bĭus), ĭi, m., v. *Vesuvius* : Mart. 4, 44, 1 ; Stat. *S.* 4, 4, 79 ; Sil. 8, 655 ǁ **Vesvīnus**, a, um, du Vésuve : Sil. 12, 252.

vĕtātīvus, a, um (*veto*), prohibitif, qui défend : Isid. 2, 21, 25.

vĕtĕr, m., v. *vetus* ▸.

Vĕtĕra, um, n. pl. et **Vĕtĕra castra**, ville des Bataves Atlas I, B3 ; V, C3 : Tac. *An.* 1, 45 ; *H.* 4, 18.

vĕtĕrāmentārĭus, a, um (*vetus*), qui a trait aux vieilles choses : ***sutor*** Suet. *Vit.* 2, savetier [cordonnier en vieux].

Vĕtĕrānĭo, v. *Vetranio*.

vĕtĕrānus, a, um (*vetus* ; roum. *bătrîn* vieux), vieux, ancien : ***veterani milites*** Cic. *Phil.* 3, 3 ; ***veterani*** seul Cic. *Phil.* 11, 37, vétérans ; ***legiones veteranae*** Caes. *G.* 1, 24, légions de vétérans.

vĕtĕrārĭum, ĭi, n. (*veterarius*), cave pour le vin vieux : Porphyr. Hor. *O.* 1, 20, 3 ; Sen. *Ep.* 114, 26.

1 vĕtĕrārĭus, a, um, qui est de vieille date : ***vina veteraria*** Sen. *Nat.* 4, 13, 3, vins vieux.

2 vĕtĕrārĭus, ĭi, m., fripier : Gloss. 2, 207, 43.

vĕtĕrascō, ĭs, ĕre, -, - (*vetus*), intr., devenir vieux, vieillir : Col. 2, 14, 2 ǁ [fig.] : Vulg. *Psal.* 101, 27.

vĕtĕrātŏr, ōris, m. (*vetero*) ¶ **1** celui qui a vieilli dans qqch. ; au courant, rompu : ***in causis privatis*** Cic. *Brut.* 178, ayant la pratique des causes civiles, cf. Gell. 3, 1, 5 ¶ **2** vieux routier, vieux renard : Cic. *Fin.* 2, 53 ; *Rep.* 3, 26 ; *Off.* 3, 57 ǁ esclave vieilli dans le service : Dig. 21, 1, 65.

vĕtĕrātōrĭē, adv. (*veteratorius*), habilement : Cic. *Or.* 99.

vĕtĕrātōrĭus, a, um (*veterator*), de vieux routier : Cic. *Verr.* 1, 41 ǁ qui sent le métier : Cic. *Brut.* 261.

vĕtĕrātrīx, īcis, f., vieille rouée : Apul. *M.* 9, 29.

vĕtĕrātus, a, um, part. de *vetero*, adjᵗ, invétéré : Plin. 32, 141.

Vĕtĕrensis, is, m., surnom : Col. 4, 3, 6.

1 vĕtĕres, um, m. pl. de *vetus*, pris substᵗ **a)** les anciens, les gens d'autrefois : Cic. *Phil.* 5, 47 ; *de Or.* 2, 218 **b)** anciens écrivains : Plin. 36, 59 ; Quint. 9, 3, 1 **c)** les juristes du temps passé [médio-républicains ou de la fin de la République ; autorité et prestige considérables] : Gai. *Inst.* 1, 165 ; Dig. 18, 1, 7 pr.

2 Vĕtĕres, um, f. pl. (s.-ent. *tabernae*), les Anciennes Boutiques, quartier de Rome : Pl. *Curc.* 480 ; Liv. 44, 16, 10 ; Plin. 35, 25.

vĕtĕrescō, ĭs, ĕre, -, -, intr., c. *veterasco* : Vl. *Psalm.* 101, 27 d. Priscill. 5, p. 62, 14 ; Aug. *Pecc. mer.* 1, 3.

vĕtĕrētum, i, n. (*vetus*), friche, terrain abandonné : Col. 2, 10, 4.

vĕtĕrīnārĭus, a, um (*veterinus*), relatif aux bêtes de somme, vétérinaire : Col. 7, 3, 16 ǁ **-rius**, ĭi, m., médecin vétérinaire, vétérinaire : Col. 6, 8, 1 ; 7, 5, 14 ǁ **-rĭum**, ĭi, n., infirmerie pour les animaux : Ps. Hyg. *Mun. castr.* 4.

vĕtĕrīnus, a, um (*vetus*, cf. *equinus* ; tiré de *veho* P. Fest. 507, 9), relatif aux bêtes de somme : Cat. d. P. Fest. 507, 9 ; ***veterinum genus*** Plin. 11, 255, race des bêtes de somme ou de trait [équidés] ǁ ancien invétéré : Chir. 835 ǁ **vĕtĕrīnae**, ārum, f. pl., Varr. *R.* 1, 38, 3 ; **vĕtĕrīna**, ōrum, n. pl., Plin. 11, 168, bêtes de somme.

vĕtĕrĭor, v. *vetus*.

vĕtĕris, gén. de *vetus*.

vĕternōsĭtās, ātis, f. (*veternosus*), léthargie, somnolence : Fulg. *Myth.* 3, 4.

vĕternōsus, a, um (*veternus*), atteint de somnolence, de léthargie : Plin. 20, 24 ; Cat. d. Gell. 1, 15, 9 cf. P. Fest. 507, 4 ǁ [fig.] languissant, endormi, engourdi : Ter. *Eun.* 688 ; ***artificium veternosissimum*** Sen. *Ep.* 82, 19, l'artifice le plus débile qui soit [= la dialectique].

1 vĕternus, a, um (*vetus*, cf. *hesternus*), vieux : Fulg. *Myth.* 1, pr. 12, v. 21.

2 vĕternus, i, m. (*vetus*) ¶ **1** vétusté : Stat. *Th.* 6, 94 ¶ **2** vieilles ordures : Col. 4, 24, 6 ; Apul. *M.* 9, 13 ǁ vieilleries, vieux oripeaux : Tac. *D.* 20 ¶ **3** somnolence, léthargie, maladie de vieillard : Pl. *Men.* 891 ǁ [fig.] marasme, torpeur : Virg. *G.* 1, 124 ; Cael. *Fam.* 8, 6, 4 ; Cic. *Fam.* 2, 13, 3.
▸ *veternum* neutre Cic. *Frg.* 1, 24, Müller.

vĕtĕrō, ās, āre, āvī, ātum (*vetus*), tr., rendre vieux, périmé : Vulg. *Hebr.* 8, 13 ǁ ***veteratus*** Plin. 32, 141 ; Scrib. 140.

vĕtĕrŭlus, a, um (dim. de *vetulus*), un peu vieux : Ruf. *Hier.* 2, 7.

Vetīlĭus, ĭi, m., nom d'homme : Cic. *Caecin.* 24.

Vetilla, ae, f. (dim. de *vetulus*), surnom de femme : Cic. 2, 468.

vĕtĭtus, a, um, part. de *veto* ǁ subst. n., **vĕtĭtum**, i, n. ¶ **1** chose défendue : Tac. *An.* 2, 39 ; Ov. *M.* 10, 435 ; F. 5, 282 ¶ **2** défense, interdiction : Virg. *En.* 10, 9 ; Suet. *Caes.* 43 ǁ n. pl., ***jussa ac vetita*** Cic. *Leg.* 2, 9, les prescriptions et les interdictions, cf. 3, 10.

vĕtō (arch. **vŏtō**), ās, āre, vĕtŭī, vĕtĭtum (peu clair, cf. ἐτός vain ? ; it. *vietare*), tr., ne pas laisser une chose se produire, ne pas permettre, faire défense, interdire ¶ **1** [abs ᵗ] ***veto***, je fais opposition [formule des tribuns de la plèbe] : Liv. 3, 13, 6 ; 6, 35, 5 ǁ ***lex jubet aut vetat*** Quint. 7, 5, 5, la loi prescrit ou défend, cf. Cic. *Leg.* 1, 33 ¶ **2 istud, aliquid** Cic. *Phil.* 8, 28 ; Ac. 2, 128, défendre cela, qqch. ; ***lex de jubendis legibus ac vetandis*** Cic. *Leg.* 3, 35, loi sur l'adoption ou le rejet des lois ; ***bella*** Virg. *En.* 2, 84, s'opposer à la guerre ; ***fossā incerta Oceani vetantur*** Tac. *An.* 11, 20, un canal fait obstacle aux dangers de l'Océan ; ***vetiti hymenaei*** Virg. *En.* 6, 623, hymens défendus ǁ ***vetuit me tali voce*** Hor. *S.* 1, 10, 32, il m'arrêta par ces mots ; ***quod vetamur vetere proverbio*** Cic. *Lae.* 85, ce que nous défend un vieux proverbe ; ***vetor fatis*** Virg. *En.* 1, 39, les destins m'en font une défense ; ***nihil per metum vetabantur*** Tac. *An.* 3, 26, rien ne leur était interdit par la crainte ¶ **3** [avec prop. inf.] ***ab opere legatos discedere vetuerat*** Caes. *G.* 20, 3, il avait défendu aux légats de s'éloigner des travaux, cf. Caes. *G.* 7, 33 ; Cic. *Rep.* 1, 27 ; *de Or.* 2, 100 ; *Fam.* 5, 13, 3 ; ***equites Romani flere vetabantur*** Cic. *Quir.* 13, défense était faite aux chevaliers romains de pleurer, cf. Cic. *Div.* 2, 134 ; Nep. *Ham.* 3, 2 ; Liv. 23, 16, 9 ¶ **4** [avec *ne*] : Hor. *S.* 2, 3, 187 ; *Ep.* 2, 1, 239 ǁ [avec subj. seul] : Hor. *O.* 3, 2, 26 ; Tib. 2, 6, 36 ǁ ***non vetare quin*** Pl. *Curc.* 33 ; Sen. *Contr.* 1, pr. 17, ne pas empêcher que [ou] ***quominus*** Sen. *Ep.* 95, 8 ¶ **5** [avec inf.] empêcher de, défendre de : Cic. *Agr.* 2, 72 ; *Off.* 1, 30 ; *Sest.* 133 ; *Verr.* 2, 37 ; ***ait esse vetitum accedere*** Ter. *Phorm.* 864, il prétend que défense est faite d'approcher ¶ **6** [formules d'interdiction prétoriennes, destinées à interdire l'usage de la violence dans les rapports privés et à rétablir la situation de fait antérieure] ***vim fieri veto*** Fest. 262, 1, j'interdis que l'on fasse violence ; ***quo minus is eum ducat, vim fieri veto*** Dig. 43, 31, 1 pr., j'interdis que par violence on empêche d'emmener cet esclave.
▸ parf. vulg. *vetavi* Pers. 5, 90 ; Serv. *En.* 2, 201 ǁ formes anciennes *voto* ; *votui* ; *votitus* Pl. *Trin.* 457 ; Non. 45, 5.

Vĕtōnĭāna (Vettōnĭāna), n. pl., (s.-ent. **castra**), ville de Vindélicie [Pfünz] : Peut. 3, 4-5 ǁ ville du Norique : Peut. 3, 3.

vĕtŏnĭca (vett-), v. *betonica*.

Vĕtrānĭo, ōnis, m., Vétranion [général romain, proclamé empereur par ses soldats sous Constance II, en 350] : Eutr. 10, 10, 2.

Vetrasīnus, i, m., nom d'homme : Capit. *Aur.* 12, 3.

Vettĭa, ae, f., nom de femme : CIL 5, 995.

Vettĭānus, i, m., surnom d'homme : CIL 5, 4468.

Vettĭdĭus, ĭi, m., nom d'homme : CIL 6, 36523.

Vettĭēnus, i, m., nom d'homme : Cic. *Att.* 10, 5, 3.

Vettĭi, ōrum, m. pl., peuplade de Macédoine : Liv. 45, 30, 5.

Vettīnus, i, m., surnom d'homme : CIL 7, 74.

Vettĭus, ĭi, m., nom de famille rom.: Cic. Att. 2, 4, 7; 6, 1, 15; Vat. 24; Plin. 2, 199; 17, 245.
▶ mauvaise orth. *Vectius*.

Vetto, ōnis, m. (*Vettones*), surnom d'homme: CIL 2, 829.

Vettōna, ae, f., ancienne ville d'Ombrie [auj. Bettona]: Peut. 4, 1 ‖ **-ensis**, m., de Vettona ‖ subst. m. pl., habitants de Vettona: Plin. 3, 114.

Vettōnes, um, m. pl., Vettons [peuple de Lusitanie, dans l'Estramadure]: Caes. C. 1, 38; Nep. Ham. 4, 2; Liv. 35, 22, 8; Luc. 4, 9; ⓥ *Vetto*.

Vettōnĭa, ae, f., pays des Vettons: Prud. Perist. 3, 187; ⓥ *Vettones*.

Vettōnĭāna, ⓥ *Vetoniana*.

Vettōnĭānus, i, m., nom d'homme: Tac. An. 15, 7.

vettōnĭca, ae, f. (*Vettones*; fr. *bétoine*), bétoine [plante], ⓥ *betonica*.

vĕtŭī, parf. de *veto*.

Vĕtŭlēnus, i, m., nom d'homme: Plin. 14, 49.

Vĕtŭlōnĭa, ae, f., ville d'Étrurie Atlas XII, D2: Sil. 8, 485 ‖ **-nenses**, CIL 11, 3609; **-nĭenses**, Plin. 3, 52; **-nĭi**, Plin. 2, 227, m. pl., habitants de Vétulonia.

vĕtŭlus, a, um (dim. de *vetus*; it. *vecchio*, fr. *vieil, vieux*), vieillot: *vetula filia* Cic. Att. 13, 29, 1, fille d'un certain âge; *vetuli equi* Cic. Lae. 67, chevaux déjà vieux; *vetula arbor* Cic. Fin. 5, 39, arbre qui a pris de l'âge ‖ **vetulus**, i, m., Pl. Ep. 187; **vetula**, ae, f., Pl. Most. 275; Mart. 8, 79, 1; Juv. 6, 241, un vieux (un vieillard), une vieille; [amical.] *mi vetule* Cic. Fam. 7, 16, 1, mon cher vieux.

vĕtŭo, ⓒ *veto*: Petr. 47, 5; 53, 8.

1 **Vĕtŭria**, ae, f. (*Veturius*), mère de Coriolan: Liv. 2, 40, 1.

2 **Vĕtŭria trĭbŭs**, f., la tribu Véturia [à Rome]: *Liv. 26, 22, 2; 7; 10; 11; ⓥ *Voturia*.

Vĕtŭrīna, ae, f., la Vieille [nom plaisant de la mère du Porcellus]: Test. Porcell. p. 347, 2.

Vĕtŭrĭus, ĭi, m. (*Vetusius*), nom de famille rom.: Cic. Brut. 57; Off. 3, 109; CM 41; Liv. 3, 8, 2 ‖ **ĭānus**, i, m., surnom d'affranchi: CIL 8, 2634.

1 **vĕtus**, ĕris (*vitulus*, cf. ἔτος année, hit. *wet*-, scr. *vatsa-s*; it. *vieto*) ¶ 1 de l'année ancienne [opposée à *novus*]: *novum vetus vinum bibo* Formul. d. Varr. L. 6, 21, nouveau, vieux, je bois le vin ‖ qui a des années, vieux, qui n'est pas jeune [hommes, animaux, plantes]: Pl. Merc. 291; 976; Ter. Haut. 22; Liv. 42, 27, 4; Virg. En. 5, 576 ‖ Varr. R. 2, 11, 2; Plin. 10, 146 ‖ Virg. En. 2, 513 ¶ 2 de vieille date, qui remonte loin, qui n'est pas jeune, pas récent: Pl. Truc. 172; Cat. Orig. 1, 21; *vinum vetus* Cic. Brut. 287, vin vieux; *amici veteres* Cic. Lae. 67, amis de vieille date; *vetus contumelia* Caes. G. 1, 14, 2, vieil ou-

trage, cf. Cic. Verr. prim. 5; Lae. 67; de Or. 1, 168; *vetus Academia* Cic. Brut. 315, l'ancienne Académie, cf. Cic. Tusc. 5, 75 ‖ *vetus miles* Cic. Tusc. 2, 38, vétéran, cf. Caes. G. 6, 40, 4; [avec gén.] *vetus militiae* Tac. H. 4, 20, vieux dans le service, cf. Tac. H. 6, 12; 6, 44; 15, 5; [avec inf.] *vetus bellare* Sil. 5, 565, vieilli dans les combats ¶ 3 d'autrefois, des temps antérieurs, du temps passé, ancien: *vetus res* Pl. Amp. 118, histoire d'autrefois; *sed haec et vetera et...* Cic. Tusc. 1, 74, mais ce sont de vieilles histoires et...; *veteres philosophi* Cic. Off. 2, 5, les anciens philosophes; *scriptores veteres* Cic. Brut. 205, les vieux auteurs; *vetus judiciorum severitas* Cic. Verr. 3, 146, l'ancienne sévérité des tribunaux ‖ n. pl., *vetera*, les choses d'autrefois, les faits anciens: *ut vetera mittam* Cic. Font. 12, pour laisser de côté le passé, cf. Verr. 3, 182.
▶ d'ordin. compar. *vetustior* et superl. *veterrimus*; *veterior* [arch.] Cat. Orig. 1, 21 ‖ [arch.] *veter* Enn. An. 17; Acc. Tr. 481 ‖ abl. régulier *vetere*, mais *veteri* Juv. 6, 121; Stat. Th. 1, 360; 11, 582; 13, 374.

2 **Vĕtus**, ĕris, m., surnom romain: Val.-Max. 6, 3, 11; Tac. An. 3, 38.

Vetusāllum, i, n., ville de Pannonie: Peut. 4, 4.

vĕtuscŭlus, a, um (dim. de *vetus*), un peu vieux: Sidon. Ep. 8, 16, 2.

Vĕtŭsĭus, ĭi, m. (ancienne forme de *Veturius*, cf. *vetus*), nom d'homme: Liv. 2, 19, 1; 2, 28, 1.

Vetussalina, ae, f., ville de Pannonie: Anton. 245.

vĕtustās, ātis, f. (*vetus*) ¶ 1 vieillesse, grand âge: *possessionis* Cic. Agr. 2, 57, propriété de vieille date, cf. Cic. Phil. 3, 15 ‖ *familiarum vetustates* Cic. Rep. 1, 47, l'ancienneté des familles ¶ 2 ancien temps, antiquité: *historia nuntia vetustatis* Cic. de Or. 2, 36, l'histoire qui transmet le passé, cf. Caes. C. 1, 6 ¶ 3 longue durée: *quae mihi videntur habitura etiam vetustatem* Cic. Att. 14, 9, 2, des choses qui doivent même durer, à mon avis; *conjuncti vetustate* Cic. Fam. 13, 32, 2, liés par la longue durée des relations, cf. Fam. 10, 10, 2; 11, 16, 2 ‖ la longueur du temps écoulé, la durée, le temps, l'âge: *hunc vetustas oblivione obruisset* Cic. Brut. 60, le temps l'aurait enseveli dans l'oubli, cf. Cic. Brut. 258; *ceteri dolores mitigantur vetustate* Cic. Att. 3, 15, 2, les autres douleurs s'adoucissent à la longue ¶ 4 long temps à venir, postérité: *de me... nulla umquam obmutescet vetustas* Cic. Mil. 98, sur mon compte... jamais le plus lointain avenir ne fera silence, cf. Virg. En. 10, 792 ¶ 5 [chrét.] décrépitude de l'homme [avant le Christ]: Aug. Conf. 9, 4, 10.

vĕtustē, adv., à la manière des anciens: Gell. 1, 7, 5; Ps. Ascon. Verr. 2, 1, 123, p. 193 B.

vĕtustescō, (**-tiscō**, Nigid. d. Non. 437, 25), *is*, *ĕre*, -, -, intr., devenir vieux, vieillir [vin]: Col. 1, 6, 20.

Vĕtustilla, ae, f., **Vĕtustīnus**, i, m., surnom de femme, surnom d'homme: CIL 8, 1732; 8, 2728.

vĕtustō, *ās*, *āre*, -, - (*vetustus*), tr., rendre vieux: Theod.-Prisc. 1, 12, 38; Boet. Herm. pr. 1, 9, p. 120 ‖ intr., vieillir: Diosc. 4, 148.

vĕtustus, a, um (*vetus*, cf. *onustus*) ¶ 1 qui a une longue durée, vieux, ancien: *vetusta opinio* Cic. Clu. 4, opinion qui a cours depuis longtemps, enracinée; *vetustum hospitium* Cic. Fam. 13, 36, vieux liens d'hospitalité; *ara vetusta* Cic. Leg. 2, 28, autel ancien ‖ [en parl. de pers.] *vetustissimus* Liv. 23, 32, 10, le plus vieux, cf. Hor. O. 3, 17, 1; Tac. An. 2, 2; 2, 43; 11, 32 ¶ 2 du vieux temps, archaïque: *(Laelius) vetustior et horridior quam Scipio* Cic. Brut. 83, (Laelius) comme orateur est plus archaïque et plus rugueux que Scipion.

vexābĭlis, e (*vexo*) ¶ 1 qui tourmente: Cael.-Aur. Acut. 1, 11, 78 ¶ 2 tourmenté [par le mal], souffrant: Lact. Inst. 7, 5, 10.

vexābĭlĭtĕr, adv., de manière à tourmenter: Cael.-Aur. Acut. 2, 9, 41.

vexāmĕn, ĭnis, n. (*vexo*), ébranlement, secousse: Lucr. 5, 340.

vexātĭo, ōnis, f. (*vexo*) ¶ 1 agitation violente, secousse, ébranlement: Plin. 28, 253; Sen. Prov. 4, 16; Petr. 60, 6 ¶ 2 [fig.] **a)** mal, peine, tourment, souffrance: *corporis* Cic. Tusc. 4, 18, mal physique; *vulneris* Liv. 21, 48, 7, douleur d'une blessure **b)** mauvais traitement, persécution: Cic. Cat. 1, 18; 4, 2; Liv. 38, 59, 9.

vexātīvus, a, um (*vexo*), qui tourmente, qui fait souffrir: Cael.-Aur. Acut. 2, 29, 156.

vexātŏr, ōris, m. (*vexo*), persécuteur, bourreau: Cic. Phil. 3, 27; *furoris (Clodii)* Cic. Mil. 35, celui qui pourchasse [harcèle, réprime] la démence (de Clodius).

vexātrix, īcis, f. (*vexator*), celle qui tourmente, qui persécute: Lact. Inst. 3, 29, 9.

vexātus, a, um, part. de *vexo*.

vexī, parf. de *veho*.

vexillārĭus, ĭi, m. (*vexillum*) ¶ 1 porte-enseigne: Liv. 8, 8, 4; Tac. H. 1, 41; 3, 17 ‖ chef de bande: Apul. M. 4, 10 ¶ 2 **vexillārĭi**, ōrum, m. pl., vexillaires [corps de vétérans sous les empereurs]: Tac. An. 1, 38; H. 2, 83.

vexillātĭo, ōnis, f. (*vexillum*), détachement de vexillaires: Suet. Galb. 20 ‖ corps de cavalerie: Veg. Mil. 2, 1; Amm. 25, 1, 9.

vexillĭfĕr, ĕra, ĕrum (*vexillum, fero*), porte-enseigne: Prud. Psych. 419.

vexillum, i, n. (dim. de 1 *velum*) ¶ 1 étendard, drapeau, enseigne de la cavalerie, des corps [vétérans, détachements en dépôt, en mission]: Caes. G. 6, 36; 40, 4; Cic. Phil.

vexillum

2, 102; *Agr.* 2, 86 ¶**2** drapeau [de couleur rouge placé sur la tente du général pour donner le signal du combat]: Caes. *G.* 2, 20, 1; *C.* 3, 89 ¶**3** [méton.] corps de troupes, détachement groupé autour d'un *vexillum*: Liv. 8, 8, 7 ‖ escadron: Tac. *H.* 1, 70.

vexō, *ās*, *āre*, *āvī*, *ātum* (intens. de *veho*, cf. γαιήοχος, al. *bewegen, Woge*) ¶**1** remuer violemment, secouer, ballotter: Gell. 2, 6, 5; Cic. *Rep.* 2, 68; Lucr. 6, 430; Virg. *B.* 6, 76 ¶**2** [fig.] **a)** tourmenter, persécuter, maltraiter: *socios* Cic. *Verr.* 5, 179, persécuter, tyranniser les alliés, cf. Cic. *Verr.* 4, 73; *Cat.* 1, 29 ‖ accabler de vexations: *agri vectigales vexati* Cic. *Verr.* 3, 122, les territoires soumis aux redevances, accablés de vexations ‖ bousculer, traquer sans merci des ennemis: Cic. *Fam.* 2, 10, 3; Caes. *G.* 6, 43 ‖ faire souffrir: *vexati omnes difficultate viae* Liv. 40, 22, 6, tous ayant souffert des difficultés de la route, cf. Liv. 42, 55, 3; Nep. *Eum.* 5, 2 ‖ n. pl., *vexata* Plin. 8, 41, parties du corps endommagées, lésions, blessures **b)** malmener en paroles, maltraiter, traiter rudement, attaquer: Cic. *Flac.* 48; *Phil.* 3, 23; *Sest.* 60; *Tusc.* 5, 25 **c)** [au sens moral]: *sollicitudo vexat impios* Cic. *Leg.* 1, 40, l'inquiétude tourmente les impies, cf. Sall. *C.* 15, 4.

vĭa (primit' *vea*), *ae*, f. (osq. *viú*, cf. *veho*; fr. *voie*) ¶**1** chemin, route, voie: *aestuosa et pulverulenta via iter conficere* Cic. *Att.* 5, 14, 1, voyager par une route brûlante et poussiéreuse; *via, qua Assoro itur Hennam* Cic. *Verr.* 4, 96, route par laquelle on va d'Assorum à Henna [qui mène...], cf. Caes. *G.* 1, 9; *in viam se dare* Cic. *Fam.* 14, 12; *viae se committere* Cic. *Fam.* 16, 4, 1, se mettre en route, se risquer à faire route ‖ *via*, grande route, bonne route [oppos. à *semita*, sentier]: Enn. d. Cic. *Div.* 1, 132; Pl. *Cas.* 557; Caes. *G.* 5, 19 ‖ [fig.] *tota via errare* Ter. *Eun.* 245, se tromper totalement; *in viam redire* Cic. *Phil.* 12, 7, revenir dans la bonne route ¶**2** voie, rue: *via Flaminia, Aurelia, Cassia* Cic. *Phil.* 12, 22, voie Flaminia, Aurélia, Cassia; *Appia via* Cic. *Mil.* 15, voie Appienne; *Sacra via* Cic. *Planc.* 17, voie Sacrée [à Rome], cf. Varr. *L.* 5, 47; Fest. 372, 8, [et qqf. *Sacravia* Diom. 436, 17, d'où *Sacravienses* Fest. 190, 14, habitants de la voie Sacrée] ¶**3** route, voyage, trajet, course: *de via languere* Cic. *Phil.* 1, 12, être fatigué du voyage, cf. Cic. *Ac.* 1, 1; *bidui, tridui via* Caes. *G.* 6, 7; 1, 38, deux jours, trois jours de marche; *via maris* Ov. *M.* 11, 747, voyage par mer: *tamquam longam aliquam viam confeceris* Cic. *CM* 6, comme si tu avais achevé qq. longue route ‖ *inter vias* Pl. *Aul.* 371; *Poen.* 1159; Ter. *Eun.* 629, en chemin ¶**4** passage, conduit, canal: Cic. *Nat.* 2, 137; Ov. *M.* 15, 344 ¶**5** [fig.] **a)** voie, genre, méthode: *via exercitationis* Cic. *de Or.* 1, 14, une méthode d'exercice pratique; *via vivendi* Cic. *Off.* 1, 118, un genre de vie, cf. Cic. *Off.* 2, 43 **b)** moyen, procédé, méthode: *via laudis* Cic. *Brut.* 281, route pour arriver à la gloire, cf. Cic. *Sest.* 137; *Phil.* 1, 33; *quae res duplicem habent dicendi viam* Cic. *Or.* 114, ces matières comportent deux méthodes; *litigandi viae* Cic. *Leg.* 1, 18, les voies et moyens pour chicaner **c)** joint à *ratio*: *in omnibus quae ratione docentur et via* Cic. *Or.* 116, dans toutes les questions qui s'enseignent rationnellement et méthodiquement, cf. Cic. *Fin.* 1, 29 ‖ *via et arte* Cic. *Brut.* 46, méthodiquement et théoriquement.

▶ *vea, veha* Varr. *R.* 1, 2, 14 ‖ gén. *vias* Enn. *An.* 441; *viai* *Enn. *An.* 203; Lucr. 1, 406 ‖ dat.-abl. pl. *vieis* CIL 1, 593, 50; 585, 26; 593, 56.

vĭābundus, *a, um* (*via*), qui chemine, qui voyage: Jul.-Val. 3, 33.

Vĭaca, *ae*, f., ville de Vindélicie: Peut. 3, 1.

vĭālis, *e* (*via*), des rues, qui préside aux rues: Pl. *Merc.* 865.

Vĭaloscensis pagus, m., district des Arvernes [pays de Marsat]: Sidon. *Ep.* 2, 14, 1.

Vĭanĭomīna, *ae*, f., ville du Norique ou de la Pannonie supérieure: Plin. 3, 146.

vĭans, *tis* (esp. *viante*), ⓥ *vio*.

vĭārĭus, *a, um* (*via*; fr. *voyer*), relatif aux routes: Cael. *Fam.* 8, 6, 5.

vĭāsĭus, *ii*, m. (arch. pour *viarius*), qui habite sur le bord d'un chemin: CIL 1, 585, 12.

vĭātĭcātus, *a, um* (*viaticum*), muni de provisions de voyage: Pl. *Men.* 255.

vĭātĭcŭlum, *i*, n. (*viaticum*), petites provisions de voyage, petites ressources en argent: Apul. *M.* 7, 8; Ulp. *Dig.* 5, 1, 18.

vĭātĭcum, *i*, n. (*viaticus*; fr. *voyage*) ¶**1** ce qui sert à faire la route, provisions de voyage, argent de voyage: Pl. *Cap.* 449; Cic. *CM* 66; Liv. 44, 22, 13; Hor. *Ep.* 1, 17, 54 ¶**2** [fig.] ressources: Quadr. d. Gell. 17, 2, 13 ¶**3** butin, pécule [accumulé par le soldat]: Hor. *Ep.* 2, 2, 26; Suet. *Caes.* 68 ¶**4** pension faite à un étudiant par sa famille: Dig. 12, 1, 17.

vĭātĭcus, *a, um* (*via*), de voyage: *viatica cena* Pl. *Bac.* 94, dîner de voyage [= qui fête le retour de qqn après un long voyage; c'était l'habitude], cf. *Bac.* 183, 534; *Ep.* 8; *Most.* 990.

Vĭātĭenses, *ĭum*, m. pl., habitants de Viata [ville de Tarraconaise]: Plin. 3, 25.

1 **vĭātŏr**, *ōris*, m. (*vio*) ¶**1** voyageur: Cic. *Mil.* 55; Caes. *G.* 4, 5 ¶**2** messager introduisant devant les magistrats, appariteur; messager officiel: Varr. d. Gell. 13, 12, 6; Cic. *CM* 56; *Vat.* 22; Liv. 2, 56, 13.

2 **Vĭātŏr**, *ōris*, m., nom d'homme: Plin. 7, 78.

vĭātōrĭus, *a, um* ¶**1** de voyage, relatif aux voyages: Plin. 16, 50 ¶**2** d'appariteur, de courrier: CIL 6, 1877; 1925.

1 **vĭātrix**, *īcis*, f., voyageuse: Capel. 6, 581.

2 **Vĭātrix**, *īcis*, f., nom de femme: CIL 5, 1045.

Vibennĭus, *ii*, m., nom d'homme: Catul. 34, 1.

1 **vībex**, *īcis*, f. (?), marque [de coups de fouet], meurtrissure: Pl. d. Varr. *L.* 7, 63; Cat. d. Non. 187, 26; Plin. 30, 118; Pers. 4, 49, cf. P. Fest. 507, 26.

▶ d'abord au pl.; sg. analogique, v. *vibix*.

2 **vībex**, ⓥ *vitex*: Schol. Pers. 4, 49.

1 **vībĭa**, *ae*, f. (?), planche placée sur deux perches croisées: Aus. *Techn.* 4 (340), pr.; Gloss. 5, 613, 28; ⓥ *vara*.

2 **Vībĭa**, *ae*, f., nom de femme: CIL 6, 7886 (CE 1143), 2.

Vībĭdĭa, *ae*, f., nom de femme: Tac. *An.* 11, 32.

Vībĭdĭus, *ii*, m., nom d'homme: Hor. *S.* 2, 8, 22.

Vībĭēnus, *i*, m., nom d'homme: Cic. *Mil.* 37.

Vibilĭa, *ae*, f., déesse invoquée par les voyageurs égarés: *Arn. 4, 7.

Vibilĭus, *ii*, m., nom d'homme: Tac. *An.* 2, 63.

vībĭo, ⓥ *vipio*.

Vibīnātes, *ĭum*, m. pl., habitants de Vibinum [Bovino, ville d'Apulie] Atlas XII, E5: Plin. 3, 105.

Vibiscum, *i*, n., ville sur le lac Léman [auj. Vevey]: Anton. 352.

Vībĭus, *ii*, m., nom de famille rom.; not' le consul Vibius Pansa: Caes. *C.* 1, 24; ⓥ *Pansa* ‖ l'orateur Vibius Crispus: Quint. 5, 13, 48 ‖ **-ĭus**, *a, um*, de Vibius; *colonia Vibia Augusta*, Pérouse [du nom de l'empereur Vibius Gallus, 251-253]: CIL 11, 1931.

vībix, *īcis*, f., ⓒ 1 *vibex*: Prisc. 2, 167, 5.

Vibo, *ōnis*, f., Vibo Valentia [ville du Bruttium, auj. Bivona]: Cic. *Att.* 16, 6, 1; Plin. 3, 73 ‖ **-nensis**, *e*, de Vibo: Liv. 21, 51, 4.

vibōnes, *um*, m. pl. (?), fleur de la plante nommée *britannica*: Plin. 25, 21.

vibrābĭlis, *e* (*vibro*), qu'on peut lancer: Aus. *Epist.* 25 (417), 108 ‖ [fig.] ⓒ *vibrabundus*: Capel. 1, 1, 29.

vibrābundus, *a, um* (*vibro*), qui darde [ses rayons], scintillant, brillant: Capel. 8, 880.

vibrācae, *ārum*, f. pl. (*vibro* ?), poils du nez: *P. Fest. 509, 1.

vibrāmĕn, *ĭnis*, n. (*vibro*), action de darder [sa langue, en parl. d'un serpent]: Apul. *M.* 6, 15.

vibrātĭo, *ōnis*, f. (*vibro*), action de brandir [une lance]: Diom. 477, 9; P. Fest. 86, 16 ‖ action d'agiter [les plumes]: Mar. Vict. *Gram.* 6, 158, 25 ‖ action de lancer [le tonnerre]: Vop. *Car.* 8, 3.

1 **vībrātus**, *a, um* ¶**1** part. de *vibro* ¶**2** adj', scintillant, étincelant: *vibratior* Capel. 1, 39; Aus. *Epist.* 21, 2 (413), 5.

2 **vĭbrātŭs**, *ūs*, m., scintillation : CAPEL. 1, 66 ; 8, 887.

Vibrĭo, *ōnis*, m., nom d'homme : CIL 9, 4760.

vībrissae, v. *vibracae*.

vībrissō, *ās, āre, -, -* (*vibro*), intr., faire des inflexions de voix, des roulades : P. FEST. 509, 3.

vībrō, *ās, āre, āvī, ātum* (cf. scr. *vepate* ?; fr. *virer*) **I** tr. ¶ 1 imprimer un mouvement vibratoire à qqch., agiter, brandir : CIC. *de Or.* 2, 325 ; *Off.* 2, 29 ∥ secouer : TAC. *An.* 12, 51 ∥ balancer : **sustinentium humeris vibratus** TAC. *H.* 4, 15, balancé sur les épaules des porteurs ¶ 2 friser : ARN. 2, 41 ; **crines vibrati** VIRG. *En.* 12, 100, cheveux frisés [**capillus vibratus** PLIN. 2, 189, même sens] ¶ 3 lancer, darder : **sicas** [en parl. de plus. pers.] CIC. *Cat.* 2, 23, darder le poignard, cf. CURT. 3, 11, 4 ; OV. *M.* 8, 374 ; **vibratus ab aethere fulgor** VIRG. *En.* 8, 524, éclair lancé des régions de l'éther ∥ [fig.] **truces iambos** CATUL. 36, 5, darder des iambes farouches ∥ faire scintiller : PAUL.-NOL. *Carm.* 18, 37. **II** intr. ¶ 1 avoir des vibrations, des tremblements, des tressaillements : PLIN. 2, 194 ; **vibranti ictu** VIRG. *En.* 10, 484, d'un coup frémissant [poét. = avec le frémissement du fer qui s'enfonce] ; **lingua vibrante** LUCR. 3, 657, en dardant sa langue frémissante [serpent] ¶ 2 vibrer [sons] : SEN. *Prov.* 3, 3 ; PLIN. 10, 82 ¶ 3 scintiller, étinceler [mer] : CIC. *Ac.* 2, 105 ; [armes] OV. *M.* 8, 342 ¶ 4 [fig.] **Demosthenis non tam vibrarent fulmina illa, nisi numeris contorta ferrentur** CIC. *Or.* 234, ces foudres de Démosthène n'auraient pas un tel impact, si elles ne tenaient leur impulsion du rythme qui les lance ; **oratio vibrans** CIC. *Brut.* 326, style pénétrant comme un trait.

Vībŭlānus, *i*, m., surnom d'un Fabius : LIV. 4, 43.

Vībŭlēnus, *i*, m., nom d'homme : TAC. *An.* 1, 29.

Vibullĭus, *ii*, m., nom de famille romaine; not' Vibullius Rufus, ami de Pompée : CIC. *Att.* 8, 1, 1 ; CAES. *C.* 1, 15.

vīburna, *ae*, f., v. *viburnum* : GLOSS. 2, 428, 35.

vīburnum, *i*, n. (cf. *vieo* ?; fr. *viorne*), viorne, petit alisier [arbrisseau] : VIRG. *B.* 1, 25.

vīcănĕus, *a, um*, v. *vicanus* : COD. JUST. 11, 56, 1.

vīcānus, *a, um* (*vicus*), de bourg, de village : ENN. d. CIC. *Div.* 1, 132 ∥ **vīcānus**, *i*, m., habitant d'un bourg, d'un village : CIC. *Flac.* 8 ; LIV. 38, 30, 8.

vicapervica, v. *vincapervinca* : PLIN. 21, 172.

Vīca Pŏta, f. (*vinco, potior*), déesse de la Victoire et de la Conquête : CIC. *Leg.* 2, 28 ; LIV. 2, 7, 12 ∥ [autre sens suggéré par ARN. 3, 25, qui donne] **Victa** et **Pōtŭa**, déesse de l'Alimentation et de la Boisson.

vĭcārĭa, *ae*, f. ¶ 1 remplaçante : SEN. *Helv.* 19, 5 ∥ esclave subalterne : CIL 6, 9425 ¶ 2 vice-préfecture du prétoire : COD. TH. 6, 26, 4.

vĭcārĭānus, *a, um*, de lieutenant du préfet du prétoire, ou du préfet de Rome : SIDON. *Ep.* 1, 3, 2.

vĭcārĭĕtās, *ātis*, f. (*vicarius*), échange [d'un bon office], réciprocité : FORT. *Carm.* 5, 6, 17.

vĭcārĭus, *a, um* (*vicis*; fr. *viguier*) ¶ 1 remplaçant [d'une pers. ou d'une chose] : CIC. *Amer.* 111 ¶ 2 **vĭcārĭus**, *ii*, m. **a)** remplaçant : CIC. *Verr.* 4, 81 ; *Fam.* 16, 22, 2 ; **alieni juris** CIC. *Caecin.* 57, représentant des droits d'un autre, cf. CIC. *Mur.* 80 **b)** esclave en sous-ordre [acheté pour aider un autre esclave, comme suppléant] HOR. *S.* 2, 7, 79 **c)** remplaçant d'un soldat : CIC. *Phil.* 12, 3 ; LIV. 29, 1, 8 ∥ remplaçant du préfet du prétoire : COD. TH. 6, 26, 4 ∥ subst' f., v. *vicaria*.

1 **vīcātim**, adv. (*vicus*), quartier par quartier : CIC. *Dom.* 129 ; *Sest.* 34 ; TAC. *H.* 2, 95 ; SUET. *Caes.* 41 ∥ de bourg en bourg, par bourgs : LIV. 9, 13, 7 ; PLIN. 6, 117.

2 **vīcātim** (*vicis*), v. *vicissim* : ALDH. *Metr.* 10, p. 82, 5 ; GLOSS. 4, 401, 23.

vĭcĕ, vĭcĕm, v. *vicis*.

vĭcĕdŏmĭnus, *i*, m. (*vice domini* ; fr. *vidame*), vice-roi, lieutenant du roi : CASSIOD. *Var.* 5, 14.

vīcēnālis, *e* (*viceni*), vingtième : APUL. *Plat.* 1, 7.

vīcēnārĭus, *a, um* (*viceni*), qui renferme le nombre vingt ; âgé de vingt ans : **lex quina vicenaria** PL. *Ps.* 303, la loi de vingt-cinq ans [qui défend de prêter à celui qui a moins de vingt-cinq ans] ∥ qui a vingt doigts de circonférence : VITR. 8, 6, 4 ∥ **vīcēnārĭus**, subst. m., homme âgé de vingt ans : ARN. 2, 22.

vīcēni, *ae, a* (*viginti*) ¶ 1 distrib., chacun vingt, chaque fois vingt : **annos nonnulli vicenos in disciplina permanent** CAES. *G.* 6, 14, 3, quelques-uns restent élèves vingt ans chacun, cf. VARR. *L.* 10, 5 ; **militibus denarios quinos vicenos diviserunt** LIV. 41, 7, 3, ils distribuèrent vingt-cinq deniers à chaque soldat ¶ 2 vingt : PLIN. 25, 88 ; MART. 4, 26, 3.
▶ gén. *vicenum* PLIN. 6, 98.

vīcennālis, *e* (*vicennium*), qui a lieu tous les vingt ans : CIL 13, 1026 ∥ **-ālia**, *ium*, n. pl., les Vicennalia, fête célébrée après vingt ans de règne d'un empereur : LACT. *Mort.* 17, 1 ; 4.

vīcennis, *e* (*vicies, annus*), v. *vicennalis* : OPT.-PORF. *Carm.* 4, 1.

vīcennĭum, *ii*, n., espace de vingt ans : MODEST. *Dig.* 50, 8, 8.

vīcensĭmus, *a, um*, v. *vicesimus*.

Vicentĭa, v. *Vicetia*.

vĭcĕquaestŏr, *ōris*, m., sous-questeur : PS. ASCON. *Verr.* 3, 38.

vĭcĕquaestūra, *ae*, f., sous-questure, office de sous-questeur : PS. ASCON. *Verr.* 3, 38.

vīcēsĭma, *ae*, f. ¶ 1 vingtième partie, le vingtième : LIV. 43, 2, 12 ¶ 2 impôt du vingtième [payé par le maître sur le prix des esclaves affranchis] : CIC. *Att.* 2, 16, 1 ; LIV. 7, 16, 7 ; PETR. 58, 2 ∥ [sur des marchandises, importations et exportations] : CIC. *Verr.* 2, 185 ∥ [sur les héritages] : PLIN. *Ep.* 7, 14, 1.

vīcēsĭmāni, *ōrum*, m. pl., soldats de la vingtième légion : TAC. *An.* 1, 51 ; 14, 34.

vīcēsĭmārĭus (**vīcensĭmārĭus**), *a, um*, qui provient de l'impôt du vingtième [sur les affranchissements d'esclaves] : LIV. 27, 10, 11 ; v. *vicesimus* ∥ subst. m., percepteur de l'impôt du vingtième : PETR. 65, 10.

vīcēsĭmātĭo, *ōnis*, f. (cf. *decimatio*), exécution d'un soldat sur vingt : CAPIT. *Macr.* 12, 2.

vīcēsĭmus (**vīcensĭmus**), **vīgēsĭmus**, *a, um* (*viginti*), vingtième : CIC. *Pomp.* 7 ; *Fam.* 12, 25, 1 ; *Verr.* 2, 25 ; *Fin.* 2, 101 ; CAES. *G.* 6, 21.

vīcessis, *is*, m., v. *viginti asses* : PRISC. *Fig.* 31 = 3, 416, 17.

Vīcĕtĭa (plus souvent que **Vicentĭa**), *ae*, f., Vicétia [ville de Vénétie, entre Vérone et Padoue, auj. Vicence] Atlas XII, B3 : TAC. *H.* 3, 8 ; PLIN. 3, 132 ∥ **-tīni**, *ōrum*, m. pl., habitants de Vicétia : PLIN. *Ep.* 5, 4, 2.

vīcī, parf. de *vinco*.

vĭcĭa, *ae*, f. (?; fr. *vesce*), vesce [plante légumineuse] : CAT. *Agr.* 27 ; VARR. *R.* 1, 31, 5 ; VIRG. *G.* 1, 75 ; PLIN. 18, 137.

vĭcĭālĭa, *ĭum*, n. pl., tige de la vesce : COL. 6, 30, 5.

vĭcĭārĭus, *a, um*, relatif à la vesce : COL. 8, 5, 16.

vĭcĭēs (**vĭcĭens**), vingt fois : CAES. *G.* 5, 13 ; **sestertium vicies** CIC. *Att.* 4, 2, 5, deux millions de sesterces [ou] *vicies* [seul] MART. 1, 100, 1.

Vĭcĭlīnus, *i*, m., épithète de Jupiter : LIV. 24, 44, 8.

vīcīnālis, *e* (*vicinus*), de voisinage, voisin : LIV. 21, 26, 8 ∥ vicinal : SEN. *Ben.* 5, 24, 3.

vīcīnārĭa vĭa, f., petite rue latérale d'un camp : PS. HYG. *Mun. castr.* 13 ; 36 ; 43.

*****vīcīnē**, adv. [inus.], près, proche ∥ **-nius** FORT. *Carm.* 3, 12, 11 ; - **issime** AUG. *Doctr.* 1, 33, 37.

vīcīnĭa, *ae*, f. (*vicinus*) ¶ 1 voisinage, proximité : **in vicinia nostra** CIC. *Tusc.* 1, 37, dans notre voisinage ; [locatif] **proximae viciniae habitat** PL. *Bac.* 205, il habite tout à côté, dans le voisinage immédiat, cf. PL. *Mil.* 273 ; TER. *Phorm.* 95 ¶ 2 les gens du voisinage, le voisinage, le quartier : HOR. *S.* 2, 5, 106 ; *Ep.* 1, 16, 44 ; 1, 17, 62 ; LIV. 39, 12, 1 ¶ 3 [fig.] analogie, affinité,

vicinia

ressemblance : PLIN. 31, 37 ; QUINT. 2, 12, 4 ; 3, 8, 2 ; 8, 4, 12.

vīcīnĭtās, ātis, f. (vicinus ; esp. vecindad) ¶ 1 voisinage, proximité : CIC. Planc. 19 ; Att. 5, 10, 5 ; pl., CIC. Quir. 3 ‖ lieux voisins : CIC. Amer. 48, 134 ¶ 2 gens du voisinage : TER. Haut. 56 ; CAECIL. Com. 234 ; CAT. Agr. 4 ; CIC. Verr. 4, 96 ; Planc. 22 ; pl., même sens : CIC. Fin. 5, 65 ; Off. 2, 64 ; CAES. G. 6, 34, 3 ¶ 3 [fig.] rapport, analogie, ressemblance, affinité : QUINT. 1, 5, 5 ; 3, 7, 25 ; 5, 10, 6.

vīcīnĭtŭs, adv., près, à proximité, proche : COD. TH. 15, 1, 4.

Vicinonĭa, ae, f., la Vilaine [fleuve] : GREG.-TUR. Hist. 5, 26.

vīcīnŏr, āris, ārī, - (vicinus ; it. vicinare), intr., être voisin, être près de : [avec dat.] CAEL.-AUR. Acut. 2, 13, 90 ‖ [fig.] se rapprocher de, ressembler à : SIDON. Ep. 6, 9, 1.

vīcīnus, a, um (vicus ; fr. voisin) ¶ 1 voisin, qui est à proximité : HOR. Ep. 1, 14, 24 ; P. 66 ; VIRG. G. 1, 510 ; *vicinum bellum* LIV. 1, 14, 6, guerre dans un pays voisin ‖ [avec dat.] voisin de : VIRG. En. 5, 759 ; OV. F. 6, 275 ; [avec gén.] LUC. 9, 432 ‖ **vīcīnus**, i, m., voisin : *proximus* CIC. Cat. 2, 21, le plus proche voisin ; *interiores vicini tui* CIC. Q. 1, 2, 7, tes plus proches voisins ‖ **vīcīna**, ae, f., voisine : *Jovis* CIC. Off. 3, 104, voisine de Jupiter ‖ **vīcīnum**, i, n., voisinage : *in vicino terrae* PLIN. 2, 68, dans le voisinage de la terre ; *vicina rigare* PLIN. 6, 65, arroser les lieux voisins ¶ 2 [fig.] qui se rapproche, voisin qui a du rapport, de l'analogie : [avec gén.] *dialecticorum scientia vicina ejus et finitima* CIC. Or. 113, la science des dialecticiens qui en est voisine [de l'éloquence] et limitrophe ‖ [avec dat.] *vicina virtutibus vitia* QUINT. 8, 3, 7, défauts voisins des vertus, cf. PLIN. 21, 53 ; *ferrum molle plumboque vicinius* PLIN. 34, 143, fer tendre et qui se rapproche davantage du plomb ; *cui vicinum est non negare...* QUINT. 6, 3, 81, une chose analogue consiste à ne pas nier....

vĭcis, gén., f.[pas de nom.]acc. *vicem*, abl. *vice*, pl. nom.-acc. *vices*, dat.-abl. *vicibus* (cf. εἴκω, al. *weichen, Wechsel* ; it. *vece*, fr. *fois*) ¶ 1 tour, succession, alternative : *hac vice sermonum* VIRG. En. 6, 535, dans ces alternatives (dans cet échange) de propos ; *solvitur acris hiems grata vice veris et Favoni* HOR. O. 1, 4, 1, le rude hiver s'amollit par l'agréable retour du printemps et du Zéphyr, qui lui succèdent ; *nox vicem peragit* OV. M. 4, 218, la nuit accomplit son alternance, règne à son tour ; *quas vices peragant (elementa) docebo* OV. M. 15, 238, je vous montrerai comment ils (les éléments) se succèdent alternativement ; *vices loquendi* QUINT. 6, 4, 11, tour de parole ; *per vices* OV. M. 4, 40 ; F. 4, 483, alternativement ; *vicibus factis* OV. F. 4, 353, un roulement étant établi, à tour de rôle ; *mutat terra vices* HOR. O. 4, 7, 3, [acc. d'objet intér.] la terre opère le changement qu'amène l'alternative, opère son renouvellement [comme un poste de garde se renouvelle par roulement] ; *in vices* *TAC. G. 26, à tour de rôle, par roulement, cf. OV. M. 4, 191 ; *alterna vice* COL. 3, 2, 23 ; PLIN. 35, 29 ; PLIN. Ep. 9, 33, 2 ; *alternis vicibus* PLIN. Ep. 4, 30, 7, alternativement ; *vice versa* SEN. Herc. Oet. 470 ; GELL. 16, 13, 7, inversement, vice versa ; *in alternas mundi vices* SEN. Ep. 12, 7, dans les alternances célestes ¶ 2 alternative de la destinée, destinée : *convertere humanam vicem* HOR. Epo. 5, 88, changer le jeu des événements humains ; *vicem suam conqueri* SUET. Aug. 66, déplorer son sort ; *vices superbae* HOR. O. 1, 28, 32, les retours hautains (sans pitié) de la destinée ‖ alternative des combats, chances de la guerre : *vices Danaum* VIRG. En. 2, 433, les hasards de la lutte avec les Grecs ¶ 3 retour, réciprocité : *recito vicem officii praesentis* *CIC. Sest. 10, ma lecture vous retrace la réciprocité des bons offices actuels ; *quanto proclivius est injuriae quam beneficio vicem exsolvere* TAC. H. 4, 3, tant il est plus facile de s'acquitter de la réciprocité pour une injure que pour un bienfait [de payer de retour une injure qu'un bienfait] ; *vicem reddere, vicem referre* OV. Am. 1, 6, 23 : A. A. 1, 370 ; *vices exigere* PLIN. Pan. 85, 3, exiger la réciprocité ¶ 4 [fig.] le tour de qqn ou de qqch. dans un roulement, [d'où] place, rôle, fonction, office : *ad vicem alicujus accedere* CIC. Leg. 2, 48, remplacer qqn ; *in vicem imperii tui succedens* LIV. 38, 48, 7, te remplaçant dans ton commandement ; *vice alicujus (alicujus rei) fungi* PLIN. Pan. 80, 6 ; HOR. P. 304, remplir le rôle de qqn (de qqch.) ; *per speciem alienae fungendae vicis* LIV. 1, 41, 6, sous prétexte de remplacer un autre ; *vicem alicujus explere* TAC. An. 4, 8 ; *implere* PLIN. Ep. 6, 6, 6, remplir le rôle de qqn [ou] *obtinere* QUINT. 11, 3, 87 ¶ 5 [tard.] fois, M.-EMP. 20, 113 ; *altera vice* VULG. Gen. 27, 36, une seconde fois ; *vice quadam* SIDON. Ep. 7, 1, 4, une fois ¶ 6 [expressions] **vĭcem**, acc. employé adv^t **a)** ➡ *in vicem*, v. ce mot ; *ut hoc insigne regium suam cujusque vicem per omnes iret* LIV. 3, 36, 3, [il avait été établi] que cet insigne d'une autorité royale [les faisceaux] irait à tous en passant à chacun d'eux à tour de rôle **b)** à la place de, pour : *tuam vicem doleo* CIC. Fam. 12, 23, 3, je m'afflige pour toi ; *meam vicem* CIC. Att. 8, 2, 2, pour moi ; *alicujus vicem* CIC. Att. 6, 3, 4, pour qqn, cf. Dom. 8 ; Phil. 10, 6 **c)** à la manière de, comme : *Sardanapali vicem* CIC. Att. 10, 8, 7, comme Sardanapale, cf. SALL. d. NON. 497, 26 ‖ **vĭce**, abl. **d)** à la place de, en guise de, comme : *salis vice* PLIN. 31, 115, en guise de sel ; *oraculi vice* TAC. An. 6, 21, comme un oracle ; *vice mundi* SUET. Ner. 31, comme le monde **e)** à la place de, pour : *exanimes vice unius* LIV. 1, 25, 6, étant dans l'angoisse pour ce combattant resté seul.

vĭcissātim, adv. (*vicis*), tour à tour, alternativement : PL. Poen. 46 ; St. 532.

vĭcissim, adv. (*vicis*) ¶ 1 en retour, inversement, par contre : *accipere vicissimque reddere* CIC. Lae. 26, recevoir et en retour rendre ; *et hilaritas et vicissim tristitia* CIC. Or. 60, la gaieté et inversement la tristesse, cf. CIC. Nat. 2, 19 ; CM 46 ; Att. 16, 3, 3 ; Ac. 2, 123 ¶ 2 à son tour, en revanche : *me praebebo tibi vicissim attentum auditorem* CIC. Nat. 3, 2, je t'écouterai à mon tour attentivement, cf. CIC. Mil. 34.

vĭcissĭtās, ātis, f., ➡ *vicissitudo* : ACC. Tr. 586.

vĭcissĭtūdo, ĭnis, f. (*vicis*), alternative, échange : *officiorum* CIC. Lae. 49, échange de bons offices ‖ *in sermone* CIC. Off. 1, 134, tour de rôle (roulement) dans la conversation ‖ passage successif (alternatif) d'un état dans un autre : CIC. Nat. 2, 84 ; *dierum noctiumque vicissitudines* CIC. Leg. 2, 16, succession (alternance) des jours et des nuits ; *fortunae vicissitudines* CIC. Fam. 5, 12, 4, les vicissitudes de la fortune ; *horum vicissitudines efficient ut...* CIC. de Or. 3, 193, en les employant [clausules] tour à tour on obtiendra ce résultat de....

vīcŏmăgistĕr, tri, m. (*vici magister*), surveillant d'un quartier, ➡ *magister vici* : REG. URB. 74, 9.

Victa, ae, f. (2 *victus*), déesse de l'alimentation : ARN. 3, 25 ; ➡ *Vica Pota*.

victi, gén., ➡ 2 *victus* ▶.

victĭma, ae, f. (cf. *vincio, ultimus*, al. *weihen*), victime, animal destiné au sacrifice : VIRG. G. 2, 147 ; CIC. Att. 1, 13, 1 ‖ [fig.] victime : CIC. Fin. 2, 61 ‖ sacrifice, immolation : TERT. Jud. 14, 1.

victĭmārĭus, a, um (*victima*), relatif aux victimes : *negotiator* PLIN. 7, 12, marchand d'animaux destinés aux sacrifices ‖ **victĭmārĭus**, ii, m. **a)** victimaire [ministre des autels qui préparait tout pour le sacrifice] : LIV. 40, 29, 14 **b)** marchand d'animaux destinés au sacrifice : VAL. MAX. 9, 14, 3.

victĭmātŏr, ōris, m. (*victimo*), celui qui frappe la victime : PLACID. STAT. Th. 4, 463.

victĭmō, ās, āre, -, - (*victima*), tr., égorger, sacrifier [une victime] : APUL. M. 7, 11 ; 7, 22.

victĭtō, ās, āre, āvī, - (fréq. de *vivo*), intr., vivre : PL. Truc. 315 ‖ vivre (se nourrir), *aliqua re*, de qqch. : PL. Cap. 83 ; Ru. 753.

Victoali, ōrum, m. pl., peuple gothique : EUTR. 8, 2, 2.

1 victŏr, ōris, m. (*vinco*) ¶ 1 vainqueur : CAES. G. 1, 44 ; CIC. Fam. 4, 9, 3 ; *omnium gentium victor* CIC. Pis. 16, vainqueur du monde, cf. Phil. 14, 15 ; Clu. 14 ; CAES. C. 3, 49, 6 ; CURT. 3, 107 ; 7, 10 ; 10, 2, 11 ; *belli* CIC. Mur. 31, vainqueur dans une guerre, à la guerre, cf. CIC. Marc. 12 ; *bello civili* CIC. Tusc. 5, 56, vainqueur lors de la guerre civile ‖ [adj^t] *exercitus victor*

Caes. G. 7, 20, 12, armée victorieuse, cf. Caes. G. 1, 31, 10 ; 7, 62, 9 ‖ *victores discesserunt* Caes. C. 3, 47, ils se retirèrent vainqueurs ¶ 2 [fig.] *animus libidinis victor* Sall. J. 63, 2, âme victorieuse de ses passions ; *victor propositi* Hor. Ep. 1, 13, 11, triomphant de son entreprise.

2 **Victŏr**, *ōris*, m., épith. d'Hercule : Macr. Sat. 3, 6, 9 ‖ **S. Aurelius Victor**, historien romain du 4ᵉ s. apr. J.-C. : Amm. 21, 10, 6.

1 **victōrĭa**, *ae*, f. (*victor*) ¶ 1 victoire : *cum dubia victoria pugnaretur* Caes. G. 7, 80, 6, comme on combattait, la victoire restant douteuse [sans résultat] ; *civilis belli victoria* Cic. Fam. 9, 6, 3, la victoire dans une guerre civile, cf. Cic. Mur. 31 ; Off. 3, 49 ; *ob egregiam victoriam de Hannibale* Liv. 21, 46, 8, à cause de sa belle victoire sur Hannibal, cf. Liv. 4, 6, 5 ; 5, 15, 1 ; 27, 31, 3 ; *victoriam reportare ab aliquo* Cic. Pomp. 8, remporter la victoire sur qqn ; *ex gymnico certamine victorias domum referre* Cic. Inv. 2, 2, rapporter chez soi des victoires obtenues dans les combats gymniques ; *ex aliquo victoriam ferre* Liv. 2, 50, 2 (*parěre* Liv. 7, 34, 13) remporter la victoire sur qqn. ¶ 2 [fig.] victoire, triomphe, succès : *victoria penes patres fuit* Liv. 4, 50, 8, la victoire (l'avantage) resta aux sénateurs ; *litium* Plin. 29, 54, victoire dans les procès.

2 **Victōrĭa**, *ae*, f. ¶ 1 la Victoire, déesse : Pl. Amp. 42 ; Cic. Nat. 2, 61 ¶ 2 statue de la Victoire : Liv. 22, 37, 5 ; Quint. 9, 2, 22.

victōrĭālis, *e* (*victoria*) ¶ 1 de victoire : Treb. Gall. 3, 7 ¶ 2 subst. f., germandrée de Crète [plante] : Ps. Apul. Herb. 58 ; Isid. 10, 210.

Victōrĭānus, *i*, m., Victorien, nom d'homme : Fort. Carm. 4, 11, 6.

victōrĭātus, *a, um* (*victoria*), dû à la victoire : Tert. Virg. 13, 2 ‖ subst. m. *a)* (s.-ent. *nummus*), pièce de monnaie [d'argent] valant cinq as, à l'effigie de la Victoire [victoriat] : Cat. Agr. 15, 2 ; Varr. L. 10, 41 ; Cic. Font. 9 *b)* poids de la moitié du denier [employé en médecine] : M.-Emp. 1, 16.

Victōrĭcus, *i*, m., surnom d'homme : CIL 8, 20743.

Victōrilla, *ae*, f., surnom de jeune fille : CIL 6, 15649.

Victōrīna, *ae*, f., nom et surnom de femme : CIL 5, 7852.

Victōrīnus, *i*, m., nom d'un consul : CIL 6, 1064 ‖ nom de deux des trente tyrans : Treb. Tyr. 5, 3 ; 6, 3 ‖ Marius Victorin, rhéteur converti au christianisme [4ᵉ s.] : Aug. Conf. 8, 2, 3.

Victōrĭŏla, *ae*, f. (dim. de *victoria*), petite statue de la Victoire : Cic. Nat. 3, 84.

victōrĭōsus, *a, um* (*victoria*), victorieux : Cat. d. Gell. 4, 9, 12 ‖ **-sissimus** Sidon. Ep. 5, 6, 2.

Victōrĭus, *ii*, m., nom d'un centurion : Liv. 34, 46 ‖ Victorius Marcellus, auquel Quintilien dédia son Institution oratoire : Quint. 1, pr. 6.

Victrīcensis, *e*, de la colonie Victrix, en Bretagne [près de Colchester] : CIL 14, 3955, 7.

victrix, *īcis*, f. (f. de *victor*) ¶ 1 victorieuse : *victrices Athenae* Cic. Tusc. 1, 146, Athènes victorieuse, cf. Cic. Sest. 79 ; *victrix Asiae Roma* Flor. 3, 18, 7, Rome victorieuse de l'Asie ; *victricia arma* Virg. En. 3, 54, armes victorieuses ‖ relative à la victoire : *victrices litterae* Cic. Att. 5, 21, 2, bulletin de victoire ¶ 2 [fig.] qui triomphe de : *mater victrix libidinis* Cic. Clu. 14, la mère victorieuse de sa passion ; *victrix causa* Luc. 1, 128, la cause victorieuse (des vainqueurs) ‖ nom de trois légions stationnées en Bretagne : *legio VI Victrix* CIL 7, 702 ; *legio XX Valeria Victrix* CIL 7, 91 ; *legio XXX Ulpia Victrix* RIB 1166.
▶ abl. *victrice* Cic. Phil. 13, 7 ; mais *victrici* Liv. 28, 6, 8 ‖ gén. pl. *victricium* Sen. Ep. 120, 7 ; Tac. H. 2, 59 ; *victricum* Fest. 190, 13 ‖ pl. n., *victricia arma* Virg. En. 3, 54.

victŭālis, *e* (2 *victus*), relatif à la nourriture, alimentaire : Apul. Plat. 1, 15 ; Cod. Just. 8, 51, 20 ‖ subst. n. pl., **-ālia**, vivres, victuailles, aliments : Cassiod. Var 3, 44.

victŭārius, *a, um*, qui concerne la nourriture : Tert. Mon. 8, 6.

victŭis, gén., **V.▶** 2 *victus* ▶.

victum, sup. de *vinco* et de *vivo*.

victŭmārius, *ii*, m., **C.▶** *victimarius* : CIL 6, 9982.

Victumŭlae, *ārum*, f. pl., bourg de la Gaule cispadane, près de Verceil : Liv. 21, 45, 3.

victūrus, *a, um*, part. fut. de *vinco* et de *vivo*.

1 **victus**, *a, um*, part. de *vinco*.

2 **victŭs**, *ūs*, m. (*vivo* ; it. *vitto*, roum. *vipt*) ¶ 1 nourriture, subsistance, vivres, aliments : *tenuis victus cultusque* Cic. Lae. 86, une table et une parure modestes, cf. Cic. Fin. 2, 90 ; Tusc. 5, 99 ; Off. 1, 12 ; *major pars eorum victus in lacte, caseo, carne consistit* Caes. G. 6, 22, 1, la partie la plus importante de leur nourriture consiste en lait, fromage, viande ; pl., Cic. Fin. 5, 10 ‖ [droit] aliments, entretien : Dig. 50, 16, 43 ¶ 2 genre de vie : Caes. G. 1, 31, 11 ; Cic. Inv. 1, 35 ; Hor. S. 2, 2, 63 ‖ *omni vita atque victu excultus* Cic. Brut. 95, raffiné dans toute sa conduite et sa manière de vivre, cf. Cic. Leg. 3, 32 ; Nep. Alc. 1, 3.
▶ gén. arch. *victuis* Varr. d. Non. 494, 11 ; *victi* Pl. Cap. 855 ‖ dat. *victu* Virg. G. 4, 158.

vīcŭlus, *i*, m. (dim. de *vicus* ; it. *vicolo*), petit bourg, bourgade : Cic. Rep. 1, 3 ; Liv. 21, 33, 11.

1 **vīcus**, *i*, m. (cf. οἶκος, scr. *veśa-s*, got. *weihs* ; it. *vico*, fr. *Vic, Vix, Longwy*) ¶ 1 quartier d'une ville : Cic. Mil. 64 ; Hor. S. 2, 3, 228 ; Ep. 1, 20, 10 ¶ 2 bourg, village : Caes. G. 1, 5, 2 ; 2, 7, 3 ; Cic. Font. 9 ; Fam. 15, 4, 9 ‖ terre, propriété à la campagne, ferme : Cic. Fam. 14, 1, 5 ¶ 3 rue, voie publique : Caes. C. 1, 27, 3 ; Vitr. 1, 6, 8.

2 **Vīcus Longus**, m., la rue Longue à Rome Atlas II : Liv. 10, 23, 6 ; **V.▶** *Ciprius, Sceleratus, Tuscus.*

vĭdēlĭcĕt (*videre licet*) ¶ 1 [acception primitive avec prop. inf.] on peut voir que, il est clair, évident que : Pl. St. 555 ; 557 ; Lucr. 1, 210 ; Cic. Att. 5, 11, 7 [ms.] ; Gell. 17, 5, 9 ¶ 2 [adv.] il va de soi, il va sans dire, bien entendu, naturellement : Cic. Inv. 2, 14 ; Nat. 1, 69 ‖ [souvent ironique] évidemment, bien sûr : Cic. Brut. 288 ; Cat. 2, 12 ‖ sans doute, apparemment : *tuus videlicet salutaris consulatus, perniciosus meus !* Cic. Phil. 2, 15, apparemment ton consulat sauva Rome et le mien l'a perdue !, cf. Cic. Fin. 2, 75 ; Caecin. 44 ; Clu. 148.

vĭdĕn, ▶ *videsne* ?, vois-tu ? tu vois, n'est-ce pas ? : Pl. Ep. 221 ; Ter. Eun. 241 ; Cic. Fam. 9, 22, 3.
▶ *ĕ* provient d'un abrègement iambique.

vĭdens, *tis* ¶ 1 part. prés. de *video* ¶ 2 pris subst., un voyant, un prophète : Vulg. 1 Reg. 9, 9 ; Hier. Is. 1, 1, 1.

vĭdĕō, *ēs*, *ēre*, *vīdī*, *vīsum* (cf. εἶδον, οἶδα, scr. *veda* je sais, rus. *videt'*, al. *wissen*, an. *wit* ; fr. *voir*)

¶ 1 "voir" ¶ 2 "percevoir par la vue", attribut du compl., avec part. passé *viden ut* ¶ 3 avec sujet n. de chose "avoir vue sur" ¶ 4 "jouir de", "disposer de" ¶ 5 "remarquer", "constater" ¶ 6 "aller voir", "rencontrer" ¶ 7 [fig.] *a)* "voir par l'imagination" *b)* [abs.] "être clairvoyant" *c)* "remarquer", "apercevoir" *d)* "voir" [dans un récit] *e)* "juger", "examiner" ¶ 8 *videre de aliqua re* "s'occuper de", *videre ut* "faire en sorte que", *videre ne a)* "prendre des mesures pour éviter que" *b)* "ne pas perdre de vue que" ¶ 9 *me vide*.

¶ 1 voir *a)* [absᵗ] = percevoir par la vue : *videndi delectatio* Cic. Off. 1, 105, le plaisir de voir ; *o rem visu foedam !* Cic. Phil. 2, 63, ô chose honteuse à voir ! ; *te vidente* Cic. Clu. 129, sous tes yeux ; *acrius videre* Cic. Ac. 2, 81, avoir une vue plus perçante *b)* [avec acc.] *ea quae videmus* Cic. Tusc. 1, 46, ce que nous voyons ; *quis hoc vidit ?* Cic. Verr. 4, 146, qui a jamais vu pareille chose ? ¶ 2 voir [percevoir par la vue] qqn, qqch. : Cic. Ac. 2, 81 ‖ [avec un attribut du complément] *eos cum tristiores vidisset* Cic. Tusc. 5, 91, les ayant vus un peu attristés, cf. Cic. Verr. 2, 191 ; *aliquem veste mutata* Cic. Planc. 29, voir qqn en habit de deuil, cf. Cic. Off. 1, 61 ‖ [part. prés. attribut] *athletas se exercentes* Cic. CM 27, voir les athlètes s'exercer, cf. Cic. Sest. 144 ; Tusc. 3, 66 ‖ [avec part. parf.] *se classe hostium circum-*

fusos videbant Cic. Tusc. 3, 66, ils se voyaient entourés par la flotte ennemie ‖ *videres infernas errare canes* Hor. S. 1, 8, 34, tu aurais pu voir errer les chiens infernaux ‖ [avec *ut,* comment] *videre ut* Cic. Verr. 5, 163, voir comment, cf. Hor. O. 1, 9, 1 ; *videmusne ut... ?* Cic. Fin. 5, 48, voyons-nous, [en fr.] voyez-vous comment...?, v. *ut* eum videbamus, cum daret...* Cic. de Or. 3, 87, nous le voyions donnant... ¶ **3** [avec sujet nom de chose] : *triclinium hortum et gestationem videt* Plin. Ep. 2, 17, 13, la salle à manger a vue sur le jardin et sur la promenade, cf. Plin. Ep. 5, 6, 16 ; *Apenninus Gallica rura videt* Luc. 2, 429, l'Apennin regarde la campagne gauloise ¶ **4** voir = jouir de, disposer de, être témoin de : *qui suo toto consulatu somnum non viderit* Cic. Fam. 7, 30, 1, lui qui n'a pas vu le sommeil dans tout son consulat ; *utinam eum diem videam, cum* Cic. Att. 16, 11, 1, puissé-je voir le jour où, cf. Cic. Lae. 12 ; *multa bona videre* Cic. Mil. 78, voir beaucoup d'événements heureux ; *clarissimas victorias aetas nostra vidit* Cic. Mil. 77, notre génération a vu de brillantes victoires, cf. Liv. 6, 14, 4 ; 22, 14, 6 ¶ **5** remarquer, constater : *mugire videbis sub pedibus terram et descendere montibus ornos* Virg. En. 4, 490, tu verras la terre mugir sous ses pieds et les ornes descendre des montagnes, cf. Hor. S. 2, 8, 77 ; Prop. 2, 16, 49 ¶ **6** voir qqn, se rencontrer avec qqn : Cic. Phil. 1, 9 ; Tusc. 2, 61 ; Att. 2, 16, 4 ; 12, 14, 1 ¶ **7** [fig.] **a)** voir avec les yeux de l'esprit, voir par la pensée, en imagination : *aliquid in somnis* Cic. Nat. 1, 82, voir qqch. en songe, cf. Cic. Ac. 2, 125 ; Div. 2, 147 ; *animo videre* Cic. Att. 2, 2, 2, voir par la pensée ; *animus videt se ad meliora proficisci* Cic. CM 83, l'âme voit qu'elle part pour une vie meilleure ; *... me privatum videbam* Cic. Brut. 1, je me voyais privé de... ; *mihi Homerus hujus modi quiddam vidisse videtur* Cic. Fin. 5, 49, il me semble bien qu'Homère avait à l'esprit une idée de ce genre **b)** [abs¹] *plus videre* Cic. Lae. 99, avoir plus de clairvoyance, de pénétration ; *in eo ipso parum vidit* Cic. Fin. 1, 26, sur ce point même il n'a guère vu clair, cf. Cic. Phil. 2, 39 ; Pomp. 64 ; Agr. 2, 103 **c)** remarquer, apercevoir : *vitia in dicente* Cic. de Or. 1, 116, voir les défauts dans un orateur ; *quid homines suspicentur, videtis* Cic. Lae. 12, vous voyez ce que l'on soupçonne ; *video constare adhuc omnia, videamus nunc...* Cic. Mil. 52, je vois que jusqu'ici tout se tient, voyons maintenant..., cf. Cic. Amer. 92 ; *videres* Cic. Brut. 274, on aurait pu voir **d)** voir, constater (trouver) dans l'histoire : Cic. Tusc. 3, 59 ; 4, 50 ; 4, 79 ; *videmus progredientem apud Homerum Ajacem...* Cic. Tusc. 4, 49, nous voyons chez Homère Ajax s'avancer... **e)** juger, examiner, déterminer : *nunc ea videamus, quae...* Cic. Ac. 2, 40, voyons maintenant ce que..., cf. Cic. Lae. 36 ‖ [fut. antér.]

videro, videris, je verrai (j'aurai vite vu), tu verras : Cic. Verr. 2, 150 ; Phil. 2, 118 ; *hi fuerunt certe oratores ; quanti autem, tu videris* Cic. Brut. 297, ceux-ci ont été certainement des orateurs ; de quel talent ? à toi de le voir [de le déterminer], cf. Cic. Fin. 1, 35 ¶ **8** pourvoir à, prendre des mesures pour, s'occuper de : *de aliqua re* Ter. Ad. 438 ; Cic. Tusc. 2, 42 ; Sen. Ep. 19, 3 ‖ *ut prandium nobis videret* Cic. Att. 5, 1, 3, [il était parti en avant] pour s'occuper de notre dîner, cf. Cic. Tusc. 3, 46 ; *videndum sibi esse aliud consilium* Cic. de Or. 3, 2, [il avait dit] qu'il devait penser à un autre conseil (assemblée) ; *aliquid videbimus, ne...* Cic. Verr. 5, 105, nous aviserons à qqch., pour éviter que... ‖ *videre, ut* Cic. Fam. 16, 1, 2, prendre des mesures pour que, faire en sorte que ; *videndum est, ut* Cic. Att. 16, 1, 3, il faut faire en sorte que ‖ *videre ne* [double acception] **a)** prendre des précautions, des mesures, pour que ne pas ; = *cavere ne* ; *videant consules ne quid respublica detrimenti capiat,* que les consuls prennent les mesures pour éviter tout dommage à l'État, cf. Cic. Mil. 70 ; Cat. 1, 4 ; *videndum est ne* Cic. Off. 1, 42, il faut éviter que **b)** prendre garde que, observer que, ne pas perdre de vue que : *vide ne religio nobis tam adhibenda sit quam si...* Cic. Brut. 293, ne perds pas de vue que nous devons avoir autant de scrupule que si..., cf. Cic. Tusc. 1, 83 ; 2, 43 ; 3, 13 ; 4, 50 ; Fin. 2, 15 ‖ *vide, ne sit aliqua culpa ejus qui...* Cic. Fin. 2, 15, prends garde, il se pourrait que ce soit un peu la faute de celui qui... ¶ **9** [chez les comiques, pour donner confiance] *me vide* Pl. Ru. 680 ; Trin. 808 ; Ter. And. 350 ; Phorm. 711, regarde-moi = tu verras que j'ai confiance = je m'en porte garant.

▶ *viden,* v. ce mot ; *vide sis* Pl. Ps. 48 ; *sis vide* Pl. Ps. 153, vois, de grâce.

vĭdĕŏr, ēris, ērī, vīsus sum

¶ **1** "être vu" ¶ **2** "apparaître", "se montrer" ¶ **3** "paraître", "sembler" **a)** avec attribut **b)** avec inf. **c)** avec nom. et inf. **d)** parenthèse avec tour personnel, *ut mihi visum est, ut mihi videtur* **e)** *mihi videor, tibi videris* "je crois, tu crois" **f)** tour impersonnel *ut tibi videtur* "comme tu voudras", *si tibi videtur* "s'il te plaît".

¶ **1** pass. de *video,* être vu : *a nullo videbatur* Cic. Off. 3, 38, il n'était vu de personne ; *respondent praetoris in eo loco servos esse visos* Cic. Verr. 4, 100, ils répondent qu'on a vu en ce lieu des esclaves du préteur ; *in aperto loco paucae stationes equitum videbantur* Caes. G. 2, 18, 3, à découvert on voyait un petit nombre seulement de postes de cavalerie, cf. Caes. G. 1, 22, 3 ; 2, 19, 7 ; 3, 14, 2 ; 3, 28 ; 3 ; 4, 28, 2 ; 4, 32, 1 ; 6, 37, 2 ; 7, 45, 4 ; Cic. Fam. 4, 10, 2 ; Fin. 5, 44 ¶ **2** se laisser (faire) voir, se montrer (apparaître) visiblement, manifestement : *ut in miseros usus misericordia videretur* Caes. G. 2, 28, 3, pour qu'on vît bien qu'il avait usé de pitié envers des malheureux ; *ut omnia postponere videretur* Caes. G. 6, 3, 4, pour que l'on reconnût qu'il mettait tout le reste au second plan, cf. Cic. Off. 1, 121 ‖ *magni interesse tantas videri Italiae facultates, ut...* Caes. G. 6, 1, 3, qu'il importait beaucoup que les ressources de l'Italie apparussent assez grandes pour... ; *prohibituri videbantur* Caes. G. 7, 36, 5, ils empêcheraient manifestement, cf. Caes. G. 1, 40, 5 ; *fieri quaedam ad meliorem spem inclinatio visa est* Cic. Sest. 67, il se produisit visiblement une réelle inclinaison vers de meilleures espérances = les événements prirent manifestement une meilleure tournure, cf. Cic. Div. 2, 111 ; Att. 15, 18, 2 ; Verr. 3, 135 ; Sen. 20 ¶ **3** paraître, sembler **a)** [avec attribut] *cetera, quae quibusdam admirabilia videntur* Cic. Lae. 86, le reste qui paraît admirable à certains ; *ferendus non videtur* Caes. G. 1, 33, 5, il ne semble pas supportable **b)** [avec inf.] *solem e mundo tollere videntur* Cic. Lae. 47, ils ont l'air d'enlever le soleil de l'univers **c)** [avec nom. et inf.] *ut exstinctae potius amicitiae quam oppressae esse videantur* Cic. Lae. 78, [faire en sorte] que l'amitié paraisse éteinte plutôt qu'étouffée ; *divitior mihi videtur esse vera amicitia* Cic. Lae. 58, la vraie amitié me paraît plus riche ; [ellipse du verbe] *ea verba non, ut videntur, easdem res significant, sed...* Cic. Tusc. 3, 84, ces mots, loin de signifier, comme ils le paraissent, les mêmes choses... **d)** [parenthèses avec tour personnel] *vir, quem nostris libris satis diligenter, ut tibi quidem videmur, expressimus* Cic. Att. 8, 11, 1, homme dont j'ai, à ce qu'il te semble, tracé un portrait assez consciencieux dans mon traité, cf. Cic. Fam. 4, 13, 3 ‖ [impers.] *ut mihi visum est* Cic. Verr. 4, 138, à ce qu'il m'a paru ; *ut mihi videtur* Cic. Marc. 10, à ce qu'il me semble, cf. Cic. Fin. 1, 66 **e)** *mihi videor, tibi videris, sibi videtur,* je crois, tu crois, il croit : *videor mihi perspicere* Cic. Fam. 4, 13, 5, je crois voir pleinement, cf. Cic. Inv. 2, 171 ; Verr. 2, 11 ; Fin. 2, 6 ; Fam. 3, 12, 3 ; de Or. 2, 33 ; *Caesar... ut sibi videbatur* Cic. Phil. 2, 64, César, comme il le croyait ; *ut sibi videntur* Cic. Par. 37, à ce qu'ils croient ‖ [datif non exprimé] *satisfacere rei publicae videmur* Cic. Cat. 1, 2, nous croyons faire assez pour l'État, cf. Cic. Lae. 15 ; 41 ; Caecil. 45 ; Ac. 2, 125 ; *abesse a periculo videntur* Caes. G. 2, 11, 5, ils se croient loin du danger, cf. Caes. G. 7, 20, 7 ; *nos, ut videmur* Cic. Off. 1, 1, moi, à ce que je crois ; *Hannibalem visum esse in somnis vocari* Cic. Div. 1, 49, [on raconte] qu'Hannibal crut en songe être appelé **f)** [tour impers.] *alicui videtur,* il paraît bon à qqn, qqn trouve bon, qqn est d'avis : *quemadmodum Peripateticis vestris videtur* Cic. Off. 3, 11, selon l'opinion de vos péripatéticiens ; *(me), ut tibi videbitur, sepelito*

Cic. *Tusc.* 1, 103, ensevelis-moi comme il te plaira ; [sans pronom] **tu, ut videtur** Cic. *Tusc.* 1, 17, toi, à ta guise [= agis à ta guise] ; **ubi visum est** Caes. *G.* 5, 58, 2, quand il leur parut bon ; **sed scis ita nobis esse visum, ut isti ante legerent** Cic. *Att.* 12, 51, 2, mais, tu le sais, notre résolution stipulait que ces gens-là en prissent d'abord connaissance [*ita ut*, avec cette clause que] ; **si videtur, si tibi videtur** [formule de politesse], s'il te paraît bon, si tu veux bien, s'il te plaît : Cic. *Ac.* 1, 35 ; *Tusc.* 1, 23 ; 1, 77 ; *Fam.* 14, 7, 3 ; *Verr.* 4, 66 ; Caes. *G.* 5, 36, 3 ‖ [avec inf. exprimé ou sous-entendu] **visum est mihi de senectute aliquid ad te conscribere** Cic. *CM* 1, j'ai cru bon de t'adresser quelques pages sur la vieillesse ; **ad haec, quae visum est, respondit** Caes. *G.* 4, 8, 1, à cela il répondit ce qu'il lui parut bon [de répondre], cf. Cic. *Att.* 12, 28, 3 ; **imitamur, quos cuique visum est** Cic. *Off.* 1, 118, nous imitons chacun ceux qu'il nous paraît bon ‖ [au sens de *placet*, pour exprimer une opinion philosophique, avec prop. inf.] **non mihi videtur... satis posse virtutem** Cic. *Tusc.* 5, 12, je ne suis pas d'avis que la vertu soit suffisante pour..., (cf. ci-dessus Cic. *Off.* 3, 11 ¶ 2 f).

vĭdĕ sīs, ▣ *video* ►.

Vidicīni, *ōrum*, m. pl., peuple du Picénum : Plin. 3, 108.

Vidĭus, *ĭi*, m., nom d'homme : Cic. *Fam.* 9, 10.

vĭdŭa, *ae*, f. (*viduus* ; cf. scr. *vidhavā*, al. *Witwe*, an. *widow*, rus. *vdova* ; fr. *veuve*), veuve : Cic. *Caecin.* 14 ‖ femme non mariée : Dig. 50, 16, 242, 3.

vĭdŭālis, *e* (*vidua*), de veuvage : Aug. *Ep.* 262, 9.

1 **vĭdŭātus**, *a*, *um*, part. de *viduo*.

2 **vĭdŭātŭs**, *ūs*, m., veuvage : Tert. *Virg.* 9, 2.

vĭdŭbĭum (bĭdubium), *ĭi*, n. (gaul. ; fr. *vouge*), serpe d'élagueur à long manche, croissant : Gloss. 3, 368, 64 ; 4, 171, 49.

Vĭducasses, *ĭum*, m. pl., Viducasses [peuple de la Lyonnaise, > Vieux] : Plin. 4, 107.

vĭdŭertās, *ātis*, f. (*viduus*), [contraire de *ubertas*], infécondité du sol, stérilité : Cat. *Agr.* 141, 2.

vĭdŭĭtās, *ātis*, f. (*viduus*) ¶ 1 privation : Pl. *Ru.* 665 ¶ 2 veuvage, viduité, état de femme veuve : Cic. *Caecin.* 13 ; Liv. 40, 4, 2.

Vīdŭlārĭa, *ae*, f. (*vidulus*), la Mallette [titre d'une comédie fragmentaire de Plaute] : Prisc. 2, 123, 27.

vīdŭlus, *i*, m. (cf. *vieo*, *vimen*), mallette d'osier, valise : Pl. *Men.* 1036 ‖ panier à poisson : Pl. *Ru.* 999.

vĭdŭō, *ās*, *āre*, *āvī*, *ātum* (*viduus*), tr. ¶ 1 rendre veuve : **Agrippina viduata morte Domitii** Suet. *Galb.* 5, Agrippine rendue veuve par la mort de Domitius ¶ 2 [fig.] rendre vide, vider de, dépouiller de : **urbem civibus** Virg. *En.* 8, 571, dépeupler la ville de ses citoyens ; **arva numquam viduata pruinis** Virg. *G.* 4, 518, campagnes toujours couvertes de frimas ‖ **viduatus** [avec gén.], privé de, sans : Lucr. 5, 840.

1 **vĭdŭus**, *a*, *um*, adj. (cf. *divido*, *dividuus*, scr. *vidhu-s* ; it. *vedovo*, fr. *veuf*) ¶ 1 veuf : **Penelopa vidua viro suo** Pl. *St.* 2, Pénélope, privée de son mari ; ▣ *vidua* ; **vidui viri** Pl. *Merc.* 829, hommes sans femme ‖ sans amant : Prop. 2, 33, 17 ‖ sans mari : Liv. 1, 46, 7 ‖ **viduus torus** Prop. 2, 9, 16, lit veuf, couche déserte ; **viduae manus** Ov. *H.* 1, 10, mains d'une veuve ‖ **vidua vitis** Catul. 62, 49, vigne qui n'est pas mariée [attachée à un arbre] ; **vidua arbor** Hor. *O.* 4, 5, 30, arbre veuf, qui n'a pas de vigne mariée à lui, cf. Juv. 8, 78 ¶ 2 vide de, privé de : **viduus pharetra** Hor. *O.* 1, 10, 11, dépouillé de son carquois ; **pectus viduum amoris** Ov. *Am.* 3, 10, 18, cœur sans amour ; **lacus vidui a lumine** Culex 373, lacs sans lumière ‖ **viduus clavus** Stat. *Th.* 10, 183, gouvernail abandonné, sans pilote.

2 **vĭdŭus**, *i*, m., un veuf : Pl. *Men.* 113.

vĭdŭvĭum, *ĭi*, n. (*viduus*), veuvage : Sidon. *Ep.* 6, 2, 3 ‖ veuvage [des arbres] : Plin. 13, 35 ‖ ▣ *vidubium*.

Vĭenna, *ae*, f., Vienne [ville sur le Rhône] Atlas I, C3 ; V, E3 ; Cic. *Fam.* 10, 9, 3 ; Caes. *G.* 7, 9 ; Plin. 2, 121 ‖ **-nensis**, *e*, de Vienne : Plin. 14, 18 ‖ subst. m. pl., habitants de Vienne, Viennois : Tac. *H.* 1, 65 ; Plin. 14, 57.

vĭĕō, *ēs*, *ēre*, -, *ētum* (cf. *vimen*, *vitis*, *vitta*, *vidulus*, ἰτέα, rus. *vit'*), tr., tresser, lier, attacher : Enn. d. Varr. *L.* 5, 62 ; Varr. *R.* 1, 23, 5 ; Fest. 514, 15.

vĭescō, *ĭs*, *ĕre*, -, - (inch. de *vieo*), intr., se dessécher, se flétrir [fruits] : Col. 12, 15, 1.

vĭētŏr, mauv. orth., ▣ *vitor*.

vĭētus, *a*, *um* (*vieo*), fané, flétri : Lucr. 3, 385 ‖ [fruit] trop fait, trop avancé, blet : Cic. *CM* 5 ; Col. 12, 15, 1 ‖ [pers.] ratatiné : Ter. *Eun.* 688, cf. Cic. *Div.* 2, 37.

Vigellius, *ĭi*, m., nom d'homme : Cic. *de Or.* 3, 78.

vīgēni, ▣ *viceni*.

Vīgenna, *ae*, m., la Vienne [rivière de la Gaule, affluent de la Loire] : Fort. *Carm.* 8, 19, 4 ; Greg.-Tur. *Hist.* 1, 48.

vĭgĕō, *ēs*, *ēre*, *gŭī*, - (cf. *vigil*, *vegeo*, al. *wachen*, an. *watch*), intr. ¶ 1 être en vigueur, avoir de la force : Cic. *Tusc.* 1, 66 ; 1, 104 ; [en parl. de plantes] végéter : Cic. *Nat.* 2, 83 ; *Fin.* 5, 39 ‖ [fig.] **memoria vigere** Cic. *de Or.* 2, 355, avoir une bonne mémoire ; **animo** Cic. *Att.* 4, 3, 6, être plein d'énergie ; **fama mobilitate viget** Virg. *En.* 4, 175, la renommée tire sa vigueur de sa mobilité ¶ 2 [fig.] être en honneur, en vogue, fleurir : Cic. *Tusc.* 1, 116 ; *Cael.* 12 ; *Brut.* 29 ; 39 ; *de Or.* 3, 110 ; Cael. *Fam.* 8, 1, 4 ; Sall. *C.* 3, 3.

vĭgescō, *ĭs*, *ĕre*, -, - (inch. de *vigeo*), intr., devenir vigoureux, prendre de la force : Lucr. 1, 674 ; 1, 757 ; Catul. 46, 8.

vīgēsĭmus, ▣ *vicesimus*.

vīgēsis, ▣ *vicessis*.

vĭgĭdus, *a*, *um* (*vigeo*), éveillé, vif : Mamert. *Anim.* 3, 10 ; 3, 13.

vĭgĭl, *ĭlis* (*vigeo*) ¶ 1 adj., éveillé, vigilant, attentif : Hor. *Ep.* 2, 1, 113 ; O. 3, 16, 2 ; Virg. *En.* 4, 182 ; Ov. *M.* 11, 597 ‖ **vigil ignis** Virg. *En.* 4, 200, feu entretenu sans trêve ; **auris** Stat. *Ach.* 2, 119, oreille attentive ; **vigilem noctem capessere** Tac. *An.* 4, 48, passer une nuit vigilante, en faisant bonne garde ¶ 2 qui tient éveillé : Ov. *M.* 3, 396 ; 15, 65 ¶ 3 subst. m., garde de nuit, veilleur : Cic. *Verr.* 4, 94 ; Liv. 44, 33, 8 ‖ pl., gardes chargés de la police pendant la nuit, depuis Auguste : Suet. *Aug.* 30 ; Dig. 1, 15, 3 ‖ fig. : [coqs] Plin. 10, 46 ; [soleil et lune] Lucr. 5, 1436.

vĭgĭlābĭlis, *e* (*vigilo*), qui veille, éveillé : Varr. *Men.* 485.

vĭgĭlans, *tis*, part. de *vigilo*, adj', vigilant, attentif, soigneux : Cic. *Agr.* 1, 3 ‖ **-tior** Cic. *Verr. prim.* 32 ; **-tissimus** Val.-Max. 9, 1.

vĭgĭlantĕr, adv., avec vigilance, avec soin, attentivement : Cic. *Verr.* 4, 144 ‖ **-tius** Cic. *Rep.* 6, 26 ; **-tissime** Cic. *Mur.* 32.

vĭgĭlantĭa, *ae*, f. (*vigilans*) ¶ 1 habitude de veiller : Cic. *Fam.* 7, 30, 1 ; Plin. *Ep.* 3, 5, 8 ¶ 2 [fig.] vigilance, soin vigilant, attention : Cic. *Att.* 8, 9, 4 ; *Verr.* 5, 1.

vĭgĭlātē, adv., ▣ *vigilanter* : Gell. 3, 14, 12.

vĭgĭlātĭo, *ōnis*, f. (*vigilo*), veille, insomnie : Cael.-Aur. *Chron.* 1, 4, 101 ‖ la veillée : Aug. *Serm.* 362, 28.

vĭgĭlātus, *a*, *um*, part. de *vigilo*.

vĭgĭlax, *ācis*, m. f. n. (*vigil*) ¶ 1 qui est toujours à veiller, vigilant : Col. 7, 12, 5 ¶ 2 [fig.] qui tient éveillé [soucis] : Ov. *M.* 2, 779.

vĭgĭlĭa, *ae*, f. (*vigil* ; fr. *veille*) ¶ 1 veille : Cic. *Tusc.* 4, 44 ; *Par.* 5 ; Caes. *G.* 5, 31, 4 ‖ insomnie : Cels. 2, 6, 2 ¶ 2 [en part.] **a)** garde de nuit ; **vigilias agere ad aedes sacras** Cic. *Verr.* 4, 93, veiller la nuit près des temples, cf. Cic. *Cat.* 2, 26 ; Liv. 5, 48, 6 ; 44, 33, 8 **b)** faction de nuit, veille [la nuit est divisée en quatre veilles] : **secunda fere vigilia venire** Cic. *Fam.* 3, 7, 4, venir à la seconde veille environ ; **de tertia vigilia** Caes. *G.* 1, 12, 2, en prenant sur la troisième veille = au cours de la troisième veille, cf. Caes. *G.* 1, 21, 3 **c)** gardien qui veille, sentinelle, poste : Caes. *C.* 1, 21 ; 2, 29 ; Cic. *Mil.* 67 ; Sall. *C.* 32, 1 ; *J.* 45, 2 ; Liv. 39, 14, 10 ¶ 3 veillée religieuse : Pl. *Aul.* 36 ; 788 ¶ 4 [fig.] **a)** = vigilance : Cic. *Phil.* 7, 19 **b)** poste de veille, garde : Cic. *Fam.* 11, 24, 1 ¶ 5 [chrét., pl.] veille, vigile, réunion nocturne de prières : Eger. 9, 1 ; Greg.-Tur. *Hist.* 10, 31 ‖ vigile pascale, samedi saint : Eger. 38, 1 ; Aug. *Serm.* 219.

vĭgĭlĭārĭum, ĭi, n. (vigilia), guérite, corps de garde : Sen. Ep. 57, 6 ‖ petit tombeau en forme de guérite : CIL 6, 29772.

vĭgĭlĭum, ĭi, n., veille : Varr. Men. 105.

Vĭgĭlĭus, ĭi, m., Vigile, pape [6ᵉ s.] : Arat. Vigil. 3.

vĭgĭlō, ās, āre, āvī, ātum (vigil ; fr. veiller), intr. et tr.
I intr. ¶ 1 veiller, être éveillé : Cic. Cat. 3, 6 ; Rep. 6, 10 ; Pis. 43 ; vigilias vigilare Gell. pr. 198, passer des veilles ; vigilatur Mart. 12, 68, 6, on veille ‖ vigilans somniat Pl. Cap. 848, il rêve tout éveillé, cf. Ter. And. 972 ; vigilans dormit Pl. Ps. 386, il dort éveillé, il dort debout = il est endormi, mou ‖ [poét.] incertum vigilans Ov. H. 10, 9, réveillée d'une manière incertaine ¶ 2 [métaph.] vigilantes curae Cic. Div. 1, 96, soins qui ne s'endorment pas ; oculi vigilantes Virg. En. 5, 438, yeux vigilants, sur le qui-vive ¶ 3 [fig.] être sur ses gardes, être attentif, veiller au grain, être sur le qui-vive : Cic. Phil. 6, 18 ; Verr. 5, 181 ; Cat. 3, 3 ‖ [avec ut, ne] pour faire que, pour éviter que : Cic. Fam. 2, 10, 4 ; Fat. 12.
II tr., poét. ¶ 1 passer dans la veille : noctes vigilantur Ov. H. 12, 169, des nuits se passent sans dormir, cf. Ov. F. 4, 167 ; vigilatum carmen Ov. F. 4, 109, un chant fait dans les veilles ¶ 2 entourer de veilles, de soins : quae vigilanda (sint) viris Virg. G. 1, 313, [dire] à quoi les hommes doivent consacrer leurs soins.

vīgintī (duo, decem, cf. triginta, εἴκοσι, scr. viṁśati ; fr. vingt), indécl., vingt : Cic. Planc. 90 ‖ abréviation XX.
▶ [tard.] vinti CIL 6, 19007.

vīgintiangŭlus, a, um, qui a vingt angles : Apul. Plat. 1, 7.

vīgintīsēvĭr (-sexvĭr), ĭri, m., membre d'un collège de vingt-six magistrats : *Fest. 262, 8 ; CIL 6, 1317 ; 14, 2105.
▶ abréviation XXVI vir.

vīgintivir, ĭri, m., un vingtivir : Plin. 7, 176 ‖ surtout au pl., **vīgintīvĭri**, ōrum, vingtivirs, commission de vingt membres **a)** [pour distribuer des terres, nommés par César] : Cic. Att. 2, 6, 2 ; Suet. Aug. 4 **b)** [différentes destinations] ☞ vigintiviratus b.
▶ abréviation XX vir.

vīgintīvĭrātŭs, ūs, m., vigintivirat, dignité de vigintivir **a)** [pour distribution de terres] : Cic. Att. 9, 2, 1 ; Quint. 12, 1, 16 **b)** [ensemble des vingt fonctionnaires subalternes, comprenant les tresviri capitales, tresviri monetales, quattuorviri viarum curandarum, decemviri stlitibus judicandis] : Tac. An. 3, 29.

vĭgĭtŭlus, i, m., forme primitive de vitulus, d'après Varr. L. 5, 96.

vĭglĭa, ae, f., ☞ vigilia : CIL 1, 1466.

Vignae, ārum, f. pl., localité du Latium, sur l'Anio : Peut. 5, 1.

vĭgŏr, ōris, m. (vigeo), vigueur, force vitale : Virg. En. 9, 611 ‖ vigueur, énergie [morale, intellectuelle] : Liv. 5, 18, 4 ; 9, 16, 12 ; Sen. Ep. 64, 2 ; pl., Gell. 19, 12, 4 ‖ vif éclat d'une pierre précieuse : Plin. 37, 101.

vĭgŏrans, tis, part. prés. de l'inus. vigoro ¶ 1 qui fortifie [au moral] : Tert. Pud. 2, 3 ¶ 2 intr., qui se fortifie [au moral] : Tert. Res. 26, 10.

vĭgŏrātus, a, um (vigor), vigoureux, fort : Apul. M. 9, 21 ‖ fortifié : Chalc. 67.

vĭguī, parf. de vigeo.

vīla, ae, f., ☞ villa.

vīlĕ, n. de vilis, pris advᵗ, sans valeur [fig.] : Claud. IV Cons. Hon. 37.

vīlĕfăcĭō, ĭs, ĕre, -, -, tr., dégrader, flétrir : Placid. Stat. Th. 5, 28.

vīlescō, ĭs, ĕre, lŭī, - (vilis), intr., devenir bon marché, diminuer de valeur : Hier. Ep. 66, 7 ; Sidon. Ep. 7, 9, 11.

vīlĭca (**villĭca**), ae, f., intendante : Cat. Agr. 143 ; Mart. 1, 56, 11.

vīlĭcātĭō, ōnis, f. (vilico), gestion d'une ferme : Col. 11, 1, 13 ; Petr. 69, 3.

1 **vīlĭcō** (**villĭcō**), ās, āre, -, - (vilicus) ¶ 1 intr., administrer une ferme, être intendant : Cat. Orat. 87 ; Cic. Rep. 5, 5 ¶ 2 tr., diriger comme intendant : Apul. M. 8, 22.

2 **vīlĭcō** (**villĭcō**), ōnis, m., intendant : Apul. Apol. 87.

vīlĭcŏr (**villĭcŏr**), āris, ārī, - (vilicus), intr., administrer une ferme, exploiter une ferme : Pompon. Com. 46 ; Afran. Com. 327 ‖ vivre à la campagne : Turpil. Com. 82 ; 170 ; Aus. Epist. 22, 2 (415), 1.

vīlĭcus (**villĭcus**), a, um (villa), relatif à la maison de campagne, de ferme : Aus. Epist. 4 (393), 56 ‖ **vīlĭcus**, i, m., intendant, régisseur d'une propriété rurale : Cat. Agr. 5, 1 ; Cic. Verr. 3, 119 ; Hor. Ep. 1, 14, 15 ; [suivi d'un gén.] Hor. Ep. 1, 14, 1 ‖ administrateur, intendant : Juv. 4, 77.

vīlĭfĭcō, ās, āre, -, - (vilem, facio), faire peu de cas de, mépriser : Hier. Is. 15, 54, 56.

Vīlĭo, ōnis, m., nom d'homme : CIL 10, 4034.

vīlĭs, e, adj. (2 *venus ? ; fr. vil) ¶ 1 à vil prix, bon marché : frumentum vilius Cic. Verr. 3, 195, blé meilleur marché ; res vilissimae Cic. Fin. 2, 91, les choses du plus bas prix ‖ vili emere Pl. Ep. 51 ; vili vendere Mart. 12, 66, 10, acheter, vendre à bas prix ; viliori, vilissimo Dig. 43, 24, 11, 8 ; 13, 4, 2, à plus bas prix, au plus bas prix ¶ 2 de peu de valeur, sans valeur, vil : Cic. Cat. 1, 19 ; Flac. 103 ; fidem, fortunas, pericula vilia habere Sall. C. 16, 2, tenir comme choses viles, faires bon marché de l'honneur, de la fortune, des périls ‖ [poét.] nec Sidone vilior Ancon [avec inf.] Sil. 8, 436, Ancône aussi habile que Sidon à **b)** commun, très répandu, vulgaire : Virg. G. 1, 227 ; 274.

▶ vilei = vili Pl. Ep. 51.

vīliscō, ☞ vilesco : Veg. Mil. 3, 26.

vīlĭtās, ātis, f. (vilis ; it. viltà) ¶ 1 bas prix, bon marché : Cic. Pomp. 44 ; Verr. 3, 227 ¶ 2 absence de valeur, insignifiance : Quint. 5, 7, 23 ‖ vulgarité, bassesse : Plin. 20, pr. 1 ¶ 3 bon marché qu'on fait de qqch. : vilitas sui Sen. Clem. 1, 3, 4, le bon marché qu'on fait de soi-même, cf. Sen. Ep. 121, 24 ; Curt. 5, 9, 7.

vīlĭtĕr, adv. (vilis), à bon marché, à vil prix : vilius Pl. Curc. 244 ; Suet. Tib. 35, meilleur marché ; vilissime constare Plin. 18, 45, être à très vil prix ‖ d'une manière basse, mesquine : Apul. Flor. 7, 12.

vīlĭtō, ās, āre, -, - (vilis, fréq.), tr., avilir, rabaisser : Turpil. Com. 148.

villa, ae, f. (vicus ; fr. ville) ¶ 1 maison de campagne, propriété, maison des champs, ferme, métairie : Cat. Agr. 4 ; Varr. R. 4, 2 ; Cic. CM 56 ; Mil. 54 ; Cat. 3, 5 ¶ 2 **villa publica a)** édifice public dans le champ de Mars, où se faisaient les enrôlements, le cens : Varr. R. 3, 2, 4 ; Liv. 4, 22, 7 **b)** résidence où l'on recevait les ambassadeurs, quand on ne les admettait pas en ville : Liv. 30, 21, 12 ; 33, 24, 5 ‖ [construction projetée d'une villa publica] : Cic. Att. 4, 16, 14 ¶ 3 nom de divers lieux dits : **Villa Ionis** Suet. Tib. 65, 6 (2), Villa d'Ion [dans l'île de Caprée = Capri] ‖ **Villa Faustini**, en Bretagne : Anton. 474 ‖ village, bourg : Aug. Catech. 22, 40.
▶ vella d'après Varr. R. 1, 2, 14 ‖ [tard.] abl. pl. villabus Greg.-Tur. Hist. 10, 12.

villāris, e, adj. (villa ; esp. villar, fr. Villers, Villiers, Villard, al. Weiler), Plin. 10, 116, **villātĭcus**, a, um, Varr. R. 3, 2, 13 (villa), relatif à la maison de campagne, de ferme : villatici greges Varr. R. 2, 9, 16, troupeaux qui restent à la ferme.

villic-, ☞ vilic-.

Villĭus, ĭi, m., nom de divers personnages : Liv. 25, 2 ; 32, 1.

villōsus, a, um (villus ; fr. velours), velu, couvert de poils : Virg. En. 8, 177 ; **villosissimus** Plin. 11, 229 ‖ **arbor villosior** Plin. 16, 46, arbre plus touffu ‖ **villosus colubris** Ov. M. 10, 21, hérissé de serpents.

villŭla, ae, f. (dim. de villa), petite maison de campagne : Cic. Att. 8, 9, 3 ; Hor. S. 1, 5, 45.

vīllum, i, n. (dim. de vinum), petit vin, piquette : Ter. Ad. 786.

villus, i, m. (vellus ; esp. vello, cf. fr. velu), poil [des anim.] : Cic. Nat. 2, 121 ; 158 ; Virg. G. 3, 446 ‖ [d'une étoffe] Virg. G. 4, 377 ‖ mousse des arbres : Plin. 12, 108.

Vĭmānĭa, ☞ Vemania.

vīmĕn, ĭnis, n. (vieo ; esp. mimbre), tout bois flexible, [en part.] osier ; baguette flexible : Cat. Agr. 31, 1 ; Varr. R. 1, 23, 5 ; Caes. G. 2, 33 ‖ plant de saule : Col. 4, 30, 3 ‖ baguette de Mercure : Stat. Th. 2, 30 ‖ corbeille : Mart. 4, 88, 7.

vīmentum, *i*, n. (*vieo*), branchage de bois flexible : Tac. An. 12, 16.

Vīmĭnācĭum, *ii*, n., ville de la Mésie supérieure [Kostolac] Atlas I, C5 : Eutr. 9, 20, 2 ‖ ville de la Tarraconaise : Anton. 449.

1 vīmĭnālis, *e* (*vimen*), propre à faire des liens : Col. 4, 30, 2 ; Plin. 16, 177.

2 Vīmĭnālis collis, m., le Viminal [colline de l'osier, une des collines de Rome] Atlas II : Liv. 1, 44 ; Plin. 16, 37 ; *Viminalis porta* Frontin. Aq. 1, 19, la porte Viminalis, une des portes de Rome.

vīmĭnārĭus, *ii*, m. (*vimen*), vannier : CIL 12, 4522.

vīmĭnētum, *i*, n. (*vimen*), oseraie : Varr. L. 5, 51.

vīmĭnĕus, *a*, *um* (*vimen*), fait de bois pliant, d'osier : Caes. C. 3, 63 ; Virg. G. 1, 95.

Vīmĭnĭus, *ii*, m., surnom de Jupiter [du mont Viminal] : Varr. L. 5, 51.

Vimitellāri, *ōrum*, m. pl., ancien peuple du Latium : Plin. 3, 69.

vīn, c. *visne* ?, veux-tu ? : Hor. S. 1, 9, 69.

Vina, *ae*, f., ville de la Zeugitane [El Mden] : Anton. 52.

vīnācĕa (-cĭa), *ae*, f. (*vinaceus* ; fr. *vinasse*), marc des raisins : Varr. R. 2, 2, 19 ; Col. Arb. 4, 5 ; Plin. 17, 197.

vīnācĕum (-cĭum), *i*, n. (*vinaceus*), pépin [du raisin] : Col. 11, 2, 69 ‖ marc des raisins : Col. 12, 43, 3.

vīnācĕus (-cĭus), *i*, m. (*vinum*), pépin de raisin : Cat. Agr. 7, 2 ; Cic. CM 52 ; Col. 3, 1, 5 ‖ marc, peau du raisin : Varr. R. 3, 11, 3.

vīnācĭŏla, *ae*, f. (*vinaceus*), sorte de raisin : Plin. 14, 38.

Vīnālĭa, *ĭum* (ou **-ĭōrum**, Masur. d. Macr. Sat. 1, 4, 6), n. pl. (*vinalis*), les Vinalia, deux fêtes où l'on célébrait la floraison de la vigne et la vendange : Varr. L. 6, 16 ; 20 ; Ov. F. 4, 863 ; Plin. 18, 284 ; 18, 289.

vīnālis, *e* (*vinum*), de vin, vineux : Macr. Sat. 7, 7, 19 ; v. *Vinalia*.

vīnārĭārĭus, *ii*, m., marchand de vin : CIL 6, 9676.

vīnārĭum, *ii*, n. (*vinarius*), vase à mettre du vin, amphore : Pl. Trin. 888 ; Poen. 838 ; Hor. S. 2, 8, 39.

vīnārĭus, *a*, *um* (*vinum*) ¶ **1** à vin, relatif au vin : Cat. Agr. 25 ; Cic. Verr. 4, 62 ; *vinarium crimen* Cic. Font. 19, accusation concernant l'impôt sur le vin ¶ **2** subst. m., **vīnārĭus**, *ii* **a)** marchand de vin : Pl. As. 436 ; Suet. Cl. 40 **b)** buveur de vin : Ulp. Dig. 21, 1, 4.

vincăpervinca (vicăpervĭca), *ae*, f. (*vinco*), Plin. 21, 68 ; 172, et simpl^t **pervinca**, *ae*, f. (fr. *pervenche*), Ps. Apul. Herb. 58, pervenche [plante].

vincentĕr, adv., d'une manière victorieuse, victorieusement : Schol. Bob. Cic. Mil. 18.

Vincentĭa, *ae*, f., nom de femme : CIL 3, 12377.

Vincentĭus, *ii*, m., saint Vincent, martyr en Espagne : Prud. Perist. 5, 29.

vincĕus, f. l. pour *junceus* : Pl. St. 639 (A).

vincĭa, *ae*, m. (*vincio* ?), continent, vertueux : P. Fest. 520, 7.

vincĭbĭlis, *e* (*vinco*) ¶ **1** qu'on peut vaincre [terre] : *Col. 3, 12, 3 ‖ facile à gagner [procès] : Ter. Phorm. 225 ¶ **2** qui peut vaincre [fig.] : Anth. 388, 22 ‖ convaincant, persuasif : Apul. Apol. 35.

vincĭbĭlĭtĕr, adv., victorieusement : Aug. Faust. 22, 50.

Vincĭensis, v. *Vintiencis*.

vincĭō, *īs*, *īre*, *vinxī*, *vinctum* (cf. *victima* ?, scr. *vivyakti* ?), tr. ¶ **1** lier, attacher : *catenis vinctus* Caes. G. 1, 53, 5, lié avec des chaînes ; *post terga manus vincire* Virg. En. 11, 81, attacher les mains derrière le dos ; *tempora novis floribus* Hor. O. 4, 1, 32, ceindre son front de fleurs nouvelles ; [poét.] *boves vincti cornua vittis* Ov. M. 7, 429, bœufs ayant les cornes ceintes de bandelettes ¶ **2** enchaîner, garrotter : *civem Romanum* Cic. Verr. 5, 170, enchaîner un citoyen romain, cf. Cic. Dej. 22 ; Verr. 3, 37 ; Pl. Bac. 747 ; Ter. And. 865 ¶ **3** [métaph.] **a)** *vincto pectore* Ter. Eun. 314, avec la poitrine serrée, comprimée [par le στρόφιον ou le ζώνιον] **b)** tenir enfermé par les troupes : Cic. Att. 7, 18, 2 ¶ **4** [fig.] **a)** *vinctus somno* Liv. 5, 44, 7, enchaîné par le sommeil ; *Jovis nomine majores nostri vinctam testimoniorum fidem esse voluerunt* Cic. Font. 30, nos ancêtres ont voulu que par le nom de Jupiter fût scellée la bonne foi des témoignages **b)** [rhét.] enchaîner dans les liens du rythme : *oratio vincta numeris* Cic. Or. 64, style enchaîné dans les liens d'un rythme [rythmé], cf. Cic. de Or. 3, 190 ; *sententias vincire* Cic. Or. 168, donner aux pensées une forme bien liée ; *vincta oratio* Cic. de Or. 3, 172, style où les mots s'enchaînent parfaitement [prose d'art] **c)** *omnia, quae dilapsa jam diffluxerunt, severis legibus vincienda sunt* Cic. Marc. 23, tout ce qui s'est éparpillé à l'aventure en se disloquant, il faut le resserrer dans les liens de lois rigoureuses.

vincĭpēs, *ĕdis*, m. (*vincio, pes*), qui a les pieds liés : Tert. Pall. 5, 2.

Vincĭus, v. *Vintius*.

vinclum, v. *vinculum*.

vincō, *īs*, *ĕre*, *vīcī*, *victum* (cf. v. irl. *fichim*, al. *Weigand, Ludwig*, fr. *Clovis, Louis* ; fr. *vaincre*), tr. ¶ **1** vaincre à la guerre, être vainqueur : *qui vicerunt* Caes. G. 1, 36, les vainqueurs ; *et vincere et vinci luctuosum rei publicae erit* Cic. Quir. 13, la victoire aussi bien que la défaite sera désastreuse pour l'État ; *num sibi soli vicit ?* Cic. Phil. 2, 72, a-t-il vaincu pour lui seul ? ‖ [avec acc.] : *Carthaginienses navalibus pugnis* Cic. Pomp. 55, vaincre sur mer les Carthaginois ; *Galliam bello* Caes. G. 1, 34, 4, triompher de la Gaule par la guerre ; *oppidum* Pl. Amp. 191, vaincre une ville ¶ **2** vaincre dans des luttes diverses **a)** [poét.] *Olympia vincere* Enn. d. Cic. CM 14 = *Olympicas victorias vincere*, [cheval] remporter la victoire aux jeux Olympiques **b)** [au jeu] Suet. Aug. 70 ; *quinquaginta milia* Suet. Aug. 71, gagner au jeu cinquante mille sesterces **c)** [en justice] *judicio aliquid* Cic. Com. 53, gagner qqch. dans un procès ; *judicium vincere* Cic. Verr. 1, 139, gagner un procès ; *causam suam* Ov. H. 16, 76, gagner sa cause ; [fig.] *victa est causa rei publicae* Cic. Sest. 78, la cause de l'intérêt public a été battue ; *sponsione* ou *sponsionem*, v. *sponsio* **d)** [dans une vente] battre par une surenchère : Cic. Att. 13, 29, 2 ; 13, 33, 2 **e)** [dans une discussion] Sall. J. 16, 1 ; Liv. 2, 30, 2 ; 29, 20, 1 ‖ [dans une compétition] Quint. 7, 1, 29 ¶ **3** triompher de, venir à bout de, surpasser, avoir le dessus : *noctem flammis funalia vincunt* Virg. En. 1, 727, les torches de leurs flammes triomphent de la nuit ; *vincunt aequora navitae* Hor. O. 3, 24, 41, les matelots domptent la mer ; *corpora victa sopore* Ov. F. 1, 422, les corps vaincus par le sommeil ‖ *(aesculus) multa virum volvens durando saecula vincit* Virg. G. 2, 295, le chêne parcourant son cycle surpasse en durée plusieurs générations humaines ‖ *aëra vincere summum arboris* Virg. G. 2, 123, [flèches] dépasser la cime aérienne des arbres ‖ *viscera flamma* Virg. G. 3, 560, venir à bout des chairs par le feu [les cuire] ; *metallorum primitiae nullis fornacibus victae* Tac. H. 4, 53, métaux vierges que nulle fournaise n'a domptés ¶ **4** [fig.] **a)** vaincre, surpasser : *subitam et fortuitam orationem commentatio et cogitatio facile vincit* Cic. de Or. 1, 150, la préparation et la réflexion l'emportent sans peine sur le discours improvisé et accidentel ; *vinci a voluptate* Cic. Off. 1, 68, être dominé par le plaisir, céder au plaisir ; *vici naturam* Cic. Mur. 6, j'ai triomphé de ma nature, j'ai fait céder mon caractère ; *naturam studio* Caes. G. 6, 43, 5, dans son zèle dépasser les bornes de la nature humaine, les forces humaines ‖ *opinionem vicit omnium quae de virtute ejus erat* Cic. Ac. 2, 1, il surpassa l'idée que tout le monde avait de sa valeur ; *morum immanitate vastissimas vincit beluas* Cic. Rep. 2, 48, par son caractère monstrueux il dépasse les bêtes les plus affreuses ; *scribere quod Cassi opuscula vincat* Hor. Ep. 1, 4, 3, composer des écrits capables de surpasser les œuvres de Cassius ‖ [poét.] *vir nulli victus ponere castra* Sil. 5, 552, homme qui ne le cède à personne pour établir un camp **b)** démontrer victorieusement que, réussir à prouver que [avec prop. inf.] : Pl. Amp. 433 ; Most. 95 ; Cic. Clu. 124 ; Mat. Fam. 11, 28, 4 ; Liv. 27, 11, 11 ; Hor. S. 2, 3,

vinco

225 ‖ [prop. inf. s.-ent.] Cic. *Clu.* 64 ‖ *nec vincet hoc ratio, ut...* Hor. S. 1, 3, 115, et le raisonnement n'arrivera pas à faire cette preuve que...; [avec *verbis*] Lucr. 5, 735 **c)** [abs¹] triompher, avoir raison, avoir gain de cause: *vicisse debeo* Cic. *Amer.* 73, je devrais avoir triomphé; *vincite, si ita vultis* Caes. G. 5, 30, 1, triomphez [= j'y consens], puisque vous le voulez, cf. Ov. M. 8, 508; Suet. *Caes.* 1 **d)** avec *ne* Pl. *Mil.* 187 = *suadere.*

vinctĭo, ōnis, f. (*vincio*) ¶ **1** action de lier, ligature: Varr. L. 5, 62 ¶ **2** lien, [au pl.] maillot [d'enfant], langes: *Tert. *Carn.* 4, 2 ¶ **3** [méd.] *vinctiones* Cael.-Aur. *Acut.* 3, 17, 138, oppressions.

vinctŏr, ōris, m., assembleur, celui qui réunit [des substances]: Arn. 6, 13.

vinctūra, ae, f. (*vincio*) ¶ **1** action de lier: Varr. L. 5, 62 ¶ **2** lien: Plin. 16, 174 ‖ bandage, ligature: Cels. 7, 20, 1; 8, 10, 1 H.

1 vinctus, *a, um*, part. de *vincio.*

2 vinctŭs, ūs, m., lien: Varr. R. 1, 8, 6.

vincŭlō, ās, āre, āvī, ātum (*vinculum*), tr., enchaîner: Ambr. *Psalm.* 118, s. 3, 6.

vincŭlum (vinclum), *i*, n. (*vincio*; it. *vinchio*) ¶ **1** lien, attache: Cic. *de Or.* 1, 226; Virg. *En.* 5, 510; *laxare vincula epistolae* Nep. *Paus.* 4, 1; *chartae sua vincula demere* Ov. Tr. 4, 7, 7, décacheter une lettre, détacher le fil scellé qui la ferme; *Tyrrhena pedum circumdat vincula plantis* Virg. *En.* 8, 458, il attache à ses pieds des brodequins tyrrhéniens; *solvere vincla cado* Tib. 2, 1, 28, ouvrir une jarre ¶ **2** liens d'un prisonnier, chaînes, fers: Cic. *Verr.* 3, 59; Cat. 4, 10; *in vincula conjectus* Caes. G. 3, 9, jeté dans les fers; *in vincula duci* Liv. 3, 13, 4, être conduit dans les fers, en prison; *Orgetorigem ex vinculis causam dicere coegerunt* Caes. G. 1, 4, 1, ils mirent en demeure Orgétorix de plaider sa cause enchaîné = après s'être constitué prisonnier ‖ *vincula publica* Nep. *Milt.* 7, 6, prison de l'État, cf. Paus. 2, 2; Cim. 1, 1 ¶ **3** [fig.] **a)** *corporis vincula* Cic. *CM* 81, les liens du corps; *vinculis propinquitatis conjunctus* Cic. *Planc.* 27, uni par les liens de la parenté; *vincula concordiae* Cic. *Fin.* 2, 117, liens qui maintiennent la concorde; *vinculum ad astringendam fidem* Cic. *Off.* 3, 111, lien pour enchaîner la parole donnée **b)** *vincula numerorum* Cic. *Or.* 77, les liens du rythme, l'entrave des combinaisons métriques.

► forme sync. *vinclum* Cic. *Verr.* 5, 18; Catul. 64, 367; Lucr. 3, 599; Virg. *En.* 4, 16; Ov. M. 9, 550.

Vindalicus amnis (Vinde-), m., rivière de Narbonnaise [auj. la Sorgue]: Flor. 1, 37 (3, 2), 4.

Vindalĭum, *ii*, n., ville de Narbonnaise: Liv. *Epit.* 61, 2.

Vindĕleia, ae, f., ville de Tarraconaise: Anton. 454.

Vindĕlĭci, ōrum, m. pl., les Vindéliciens, habitants de la Vindélicie [Bavière]: Tac. An. 2, 17; Plin. 3, 133 ‖ **Augusta Vindelicorum**, ville principale des Vindéliciens [auj. Augsbourg] Atlas I, B4; V, D4: CIL 3, 5981.

Vindĕlĭcia, ae, f., la Vindélicie [contrée située entre les Alpes et le Danube]: CIL 5, 3936.

1 Vĭndĕlĭcus, *a, um*, adj., des Vindéliciens: Mart. 9, 85, 5.

2 Vindelicus, v. *Vindalicus.*

vindēmĭa, ae, f. (*vinum, demo*; fr. *vendange*) ¶ **1** vendange: Varr. L. 5, 37; R. 1, 54, 1; Pl. *Curc.* 105; pl., Plin. *Ep.* 9, 20, 2; Suet. *Caes.* 40 ¶ **2 a)** = raisin: Virg. G. 2, 89; 2, 522; Plin. 10, 199 **b)** pl., temps des vendanges: Aur. d. Front. *Caes.* 5, 39, p. 83 N **c)** [en gén.] récolte, cueillette: [des olives] Plin. 15, 5; [du miel] Plin. 11, 35.

vindēmĭālis, *e* (*vindemia*), relatif à la vendange, de vendange: Macr. *Sat.* 7, 7, 14 ‖ subst., **-lia**, *ĭum*, n. pl., fêtes de la vendange: Aug. *Conf.* 9, 2, 3.

vindēmĭātor, ōris, m. (*vindemio*; fr. *vendangeur*) ¶ **1** vendangeur: Varr. L. 5, 94; Hor. S. 1, 7, 30; Col. 3, 21, 6 ¶ **2** étoile dans la constellation de la Vierge: Col. 11, 2, 24.

vindēmĭātōrius, *a, um* (*vindemiator*), relatif à la vendange: Varr. R. 3, 2, 8; Ulp. *Dig.* 33, 7, 8.

vindēmĭō, ās, āre, -, - (*vindemia*; fr. *vendanger*), intr., vendanger: Plin. 18, 319 ‖ [avec acc. d'objet intér.] *uvas* Plin. 14, 30; *vinum* Col. 12, 33, 1, vendanger les grappes, récolter le vin ‖ [fig.] Cassiod. *Eccl.* 1, 7 ‖ punir: Vulg. *Jer.* 1, 22.

vindēmĭŏla, ae, f. (dim. de *vindemia*), petite vendange; [fig.] petites réserves: Cic. *Att.* 1, 10, 4.

vindēmĭtŏr, ōris, m., ▷ *vindemiator*: Ov. F. 3, 407.

1 vindex, *ĭcis*, m., f. (*vindico*, cf. *judex*) ¶ **1** libérateur, défenseur [dans la procédure archaïque, se substitue au défendeur, appelé devant le tribunal ou condamné par le jugement, et provoque ainsi la libération du défendeur, mais se charge des suites du procès]: Fest. 516, 19; L. XII Tab. 1, 4; 3, 3; CIL 1, 594, 61; Gai. *Inst.* 4, 21 ‖ garant de comparution [dans la procédure ordinaire, s'engage à ce que le cité en justice comparaisse ou à prendre sa place]: Dig. 42, 4, 2 pr.; Gai. *Inst.* 4, 64 ¶ **2** répondant, garant d'une chose = défenseur, protecteur: Cic. *Leg.* 3, 39; *de Or.* 2, 199; *Att.* 2, 1, 11; Liv. 38, 28, 14; Ov. M. 9, 241; *vox una vindex libertatis* Liv. 3, 56, 6, ce seul mot [*provoco*, j'en appelle au peuple] garant de la liberté ‖ *injuriae* Liv. 3, 46, 6, défenseur contre l'injustice, cf. Liv. 10, 5, 5 ‖ [fig.] *nec deus intersit, nisi dignus vindice nodus inciderit* Hor. P. 191, et qu'un dieu ne surgisse pas [pour faire le dénouement], à moins que le nœud (l'intrigue) ne soit digne de ce répondant = ne mérite cette intervention ¶ **3** vengeur, qui tire vengeance de, qui punit: *conjurationis* Cic. *Fam.* 5, 6, 2, vengeur de conspiration; *furiae... vindices scelerum* Cic. *Nat.* 3, 46, les furies... vengeresses du crime; *vindice flammā* Ov. M. 1, 230, par une flamme vengeresse.

2 Vindex, *ĭcis*, m., C. Julius Vindex [procurateur de la Gaule, qui se révolta contre Néron]: Suet. *Ner.* 40.

Vindia, ae, f., ville de Galatie: Anton. 202.

vindĭcātĭo, ōnis, f. (*vindico*) ¶ **1** action de revendiquer en justice, réclamation: Gai. *Inst.* 2, 24; Traj. d. Plin. *Ep.* 10, 88 ¶ **2** action de prendre la défense, de défendre: Cic. *Inv.* 2, 161 ¶ **3** action de tirer vengeance, de punir: Cic. *Inv.* 2, 66.

vindĭcātŏr, ōris, m., **vindĭcātrix**, *īcis*, f., ▷ *vindex*: Char. 50, 4, sans ex.

vindĭcātus, *a, um*, part. de *vindico.*

vindĭcĭae, *ārum*, f. pl. (*vindex*), chose litigieuse objet d'une revendication [le préteur en confiait la garde intérimaire à l'une des parties]: *vindicias dicere secundum aliquem* Gai. *Inst.* 4, 16, choisir l'une des parties pour garder la chose en litige; *vindicias dare secundum libertatem* Liv. 3, 44, 12, [dans un procès de liberté portant sur le statut libre ou servile d'un individu] présumer la liberté durant le procès [l'"esclave" est laissé en liberté]; *vindicias secundum servitutem decernere* Liv. 3, 47, 5, trancher le statut provisoire en présumant l'état de servitude [décision contraire à la loi: L. XII TAB. 6, 7]; *injustis vindiciis fundos petere* Cic. *Mil.* 74, chercher à s'emparer de propriétés par une injuste revendication.

vindĭcis, gén. de *vindex.*

vindĭcit, v. *vindico* ▶.

vindĭcĭum, *ii*, n., protection, défense: CIL 14, 2934.

Vindĭcĭus, *ii*, m., esclave qui dénonça la conspiration des fils de Brutus: Liv. 2, 5, 10.

vindĭcō, ās, āre, āvī, ātum (*vim*, 1 *dico*; fr. *venger*), tr..

I [droit] revendiquer en justice; primit¹ les deux parties se transportaient sur les lieux avec le préteur, et, mettant ensemble la main sur l'objet en litige, le revendiquaient avec des formules sacramentelles: Gell. 20, 10, 7; plus tard, sans transport sur les lieux, les parties apportent l'objet, une motte s'il s'agit d'un champ, devant le préteur et à-dessus font la revendication: Gell. 20, 10, 9 ‖ *sponsam in libertatem vindicare* Liv. 3, 45, 11, revendiquer pour sa fiancée l'état de personne libre, [donc] la liberté; *vindicari puellam in posterum* Liv. 3, 46, 3, [permettre] que la jeune fille soit l'objet de la revendication seulement le lendemain, [donc] soit laissée libre; [d'où] *vindicatur Verginia spondentibus propinquis* Liv. 3, 46, 8, Verginia est

laissée libre sur la caution de ses proches.
II [en gén., fig.] ¶ **1** réclamer à titre de propriété, revendiquer : *sibi aliquid* Cic. Marc. 6 ; Or. 69, réclamer qqch pour soi [comme sa propriété], sans *sibi* Cic. Off. 1, 2 ; 22 ; Caes. G. 7, 76 ; *omnia pro suis* Cic. Rep. 1, 27, réclamer tout comme sa propriété ; *Homerum suum (civem) vindicant* Cic. Arch. 19, ils revendiquent Homère comme leur concitoyen ‖ [avec inf., poét.] revendiquer le droit de : Luc. 8, 675 ¶ **2** *in libertatem aliquem vindicare*, ramener qqn à l'état de liberté, rendre à qqn la liberté : Cic. Rep. 1, 48 ; Fam. 2, 5, 2 ; Caes. G. 7, 1, 5 ; C. 1, 22 ‖ *ex dominatu Ti. Gracchi in libertatem rem publicam* Cic. Brut. 212, dégager la république de la tyrannie de Tibérius Gracchus et lui rendre la liberté ‖ *se ad suos* Cic. Rab. Post. 25, revenir libre vers les siens ¶ **3** dégager, délivrer : *a miseriis aliquem* Cic. Brut. 329, soustraire qqn aux misères, cf. Brut. 103 ; Marc. 10 ; *laudem eorum ab oblivione hominum atque a silentio* Cic. de Or. 2, 7, défendre leur gloire contre l'oubli total et le silence ; *ab omnibus vitiis senectutem* Cic. CM 55, dégager la vieillesse de tout défaut ; *se non modo ex suspicione tanti sceleris, verum etiam ex omni hominum sermone* Cic. Sull. 59, se soustraire non seulement au soupçon d'un crime aussi affreux, mais encore à tous les propos du monde ‖ *(regis filiam) ad saxa revinctam vindicat Alcides* Ov. M. 11, 213, Alcide [Hercule] délivre (la fille du roi) attachée à un rocher ¶ **4** venger, punir, châtier, tirer vengeance de : *maleficia* Cic. Amer. 12, punir les forfaits, cf. Cic. Off. 1, 109 ; *aliquid supplicio omni* Cic. Læ. 43, punir qqch. par tous les supplices ; *maleficium in aliquo* Cic. Sull. 19, punir un forfait dans qqn, cf. Cic. Verr. 3, 4 ; 3, 194 ‖ [abs^t, au pass. impers. avec *in* acc.] sévir contre : *vindicatum est in cives* Cic. Verr. 5, 133, on a sévi contre des citoyens ; *in eos eo gravius vindicandum statuit quo* Caes. G. 3, 16, 4, il décida de sévir contre eux avec plus de rigueur pour que ..., cf. Sall. J. 31, 18 ; C. 9, 4 ‖ *se ab aliquo vindicare* Sen. Ben. 6, 5, 3, se venger de qqn ; *se de fortuna præfationibus* Plin. Ep. 4, 11, 14, se venger de la fortune dans des préambules.
▶ *vindicit*, 3e conjug. L. XII Tab. d. Gell. 20, 1, 45.

vindicta, *æ*, f. (*vindico*, cf. it. *vendetta*) ¶ **1** baguette dont l'*assertor libertatis* touchait l'esclave qu'on voulait affranchir : Cic. Top. 10 ; Pl. Curc. 212 ; Hor. S. 2, 7, 76 ; Gai. Inst. 1, 17 ; 1, 18 ‖ baguette relevant du rituel de la revendication [dont chacune des parties touchait l'objet réclamé] : *vindictam imponere* Gai. Inst. 4, 16, toucher avec la baguette ¶ **2** [fig.] **a)** action de revendiquer, de reconquérir : *vindictam aliquam libertatis suæ quærere* Liv. 24, 37, 10, chercher un moyen de reconquérir sa liberté, cf. Liv. 34, 49, 3

b) affranchissement, délivrance : *vitæ* Liv. 26, 15, 14, délivrance de la vie, cf. Liv. 40, 4, 13 **c)** vengeance, punition : Tac. An. 6, 32 ; Juv. 16, 22.

vindictrix, *trīcis*, f. (*vindico*), vengeresse : *Vict.-Vit. 1 (11), 35.

Vindĭlis, *is*, f., île d'Armorique [Belle-Île] : Anton. 510.

Vindīnātes, *um* (*ĭum*), m. pl., peuple d'Ombrie Atlas V, D2 : Plin. 3, 114.

1 Vindĭus (Vinidĭus), m., *Vindius Verus*, nom d'un jurisconsulte, conseiller d'Antonin le Pieux : Capit. Anton. 12, 1.

2 Vindĭus, *ii* ou **Vindius mons**, m., partie occidentale des monts Cantabriques Atlas IV, B2 : Flor. 2, 33 (4, 12), 49.

Vindŏbala, *æ*, f., ville de Bretagne : Not. Dign. Oc. 40, 36.

Vindŏbŏna, *æ*, f., ville de la Pannonie supérieure [auj. Vienne] Atlas I, B4 : Anton. 248.

Vindŏlanda, *æ*, f., fort romain au sud du mur d'Hadrien [auj. Chesterholm] : Vindol. 225.

Vindŏlandessis (--ensis), *e*, adj., de Vindolanda : RIB 1700.

Vindŏmora, v. *Vindobala* : Anton. 464.

Vindonĭi campī, la campagne autour de Vindonissa : Paneg. Constantin. (7), 4, 2.

Vindonissa, *æ*, f., ville d'Helvétie [auj. Windisch] : Tac. H. 4, 61 ‖ **-enses**, *ĭum*, m. pl., habitants de Vindonissa : Vindon. 4, 3, 4 ; CIL 13, 5194.

Vindullus, *i*, m., surnom romain : Cic. Att. 6, 1, 24.

vīnĕa, *æ*, f. (*vinum*, *vineus* ; fr. *vigne*) ¶ **1** vigne, vignoble : Cic. CM 54 ; Div. 1, 31 ; Virg. G. 2, 390 ¶ **2** cep de vigne, pied de vigne : Cat. Agr. 6 ; Varr. R. 1, 25 ; Col. 4, 10, 2 ¶ **3** baraque roulante [pour les sièges, rappelant les tonnelles de vigne], baraque d'approche, mantelet : *vineas agere* Cæs. G. 2, 12, 3 ; *conducere* Cic. Phil. 8, 17, faire avancer les baraques d'approche ¶ **4** [chrét.] la vigne, le peuple de Dieu : Vulg. Psal. 79, 9.

vīnĕālis, *e*, Col. 3, 12, **vīnĕārĭus**, *a*, *um*, Col. 5, 6, 36 ; Ulp. Dig. 50, 16, 198, **vīnĕātĭcus**, *a*, *um*, Cat. Agr. 11, 4 ; Col. 4, 33, 6, de vignoble, de vigne.

vīnĕŏla, *æ*, f. (dim. de *vinea*), petit vignoble : Greg.-M. Ep. 9, 14.

vīnētum, *i*, n. (*vinum*), lieu planté de vignes, vignoble, vigne : Cic. Nat. 2, 167 ; 3, 86 ; [prov.] *vineta sua cædere* Hor. Ep. 2, 1, 220, jeter des pierres dans son jardin [dire du mal de soi-même].

vīnĕus, *a*, *um* (*vinum*), de vin : Vitr. 10, 1, 5 ; *vineus latex* Solin. 5, 16, le vin.

vīnĭātĭcus, c. *vinea-* : Cat. Agr. 11, 4.

vīnĭbŭa, *æ*, f. (*vinum*, *bua*), buveuse de vin, ivrognesse : Lucil. 302.

1 Vīnĭcĭānus, *i*, m., nom d'homme : Tac. An. 6, 9 ; 15, 28.

2 Vīnĭcĭānus, *a*, *um*, v. *Vinicius*.

Vīnĭcĭus, *ii*, m., nom d'homme : Tac. An. 14, 40 ‖ **-ānus**, *a*, *um*, de Vinicius [qui conspira contre Néron] : Suet. Ner. 36.

vīnĭfĕr, *ĕra*, *ĕrum* (*vinum*, *fero*), qui produit du vin : Ps. Apul. Herb. 66 ‖ subst. n., **viniferum**, *i*, broc à vin : Gloss. 2, 256, 38.

vīnĭŏla, c. *vineola* : CIL 6, 15593.

vīnĭpollens, v. *pollens*.

vīnĭtō, *ās*, *āre*, -, - (fréq., *vinum*), intr., offrir à boire, *alicui*, à qqn : Varr. Men. 115.

vīnĭtŏr, *ōris*, m. (*vinum*, cf. *holitor* ; al. *Winzer*), vigneron ; vendangeur : Cic. Fin. 5, 40 ; Virg. B. 10, 36.

vīnĭtōrĭus, *a*, *um* (*vinitor*), de vigneron : Col. 4, 25, 1.

Vīnĭus, *ii*, m., nom d'homme : Tac. H. 1, 1, 1 ; v. *Vinnius*.

vīnĭvŏrax, *ācis*, m. (*vinum*, *vorax*), avaleur de vin, sac à vin : Commod. Instr. 1, 18, 16.

vinnĭcus, *a*, *um* (cf. *vinnulus*), nonchalant : *Gloss. 2, 209, 5.

Vinnĭus, c. *Vinius* : CIL 6, 28979.

vinnŭlus, *a*, *um* (dim., cf. *vinnum*, *vieo*, *vennuncula* ?), doux [en parl. de la voix], caressant, engageant : Pl. As. 223, cf. P. Fest. 519, 6 ; Isid. 3, 20, 13 ; Gloss. 4, 296, 10.

vinnum, *i*, n. (*vinnulus*), boucle de cheveux, ondulation : Isid. 3, 20, 13.

vīnŏlentĭa (vīnŭl-), *æ*, f. (*vinolentus*), ivresse, ivrognerie : Cic. Phil. 2, 101 ; Tusc. 4, 26.

vīnŏlentus (vīnŭl-), *a*, *um* (*vinum*) ¶ **1** ivre : Cic. Tusc. 5, 118 ; Agr. 1, 1 ; *vinolentus furor* Cic. Fam. 12, 25, 4, folie de l'ivresse ¶ **2** où il entre du vin : Cic. Pis. 13 ¶ **3** d'ivrognes : Aug. Petil. 2, 88, 195.

vīnŏsĭtās, *ātis*, f., goût de vin : Tert. Jejun. 1, 4.

vīnōsus, *a*, *um* (*vinum* ; fr. *vineux*) ¶ **1** adonné au vin : Scip. d. Gell. 7, 12, 5 ; Hor. Ep. 1, 19, 6 ¶ **2** pris de vin : Liv. 41, 4, 4 ¶ **3** qui rappelle le vin, vineux : Plin. 12, 47 ‖ *vinosior* Ov. F. 3, 765 ; *-issimus* Pl. Curc. 79.

Vinovĭa, *æ*, f., ville de Bretagne [auj. Binchester] : Anton. 465.

vinti, v. *viginti* : CIL 8, 8573.

Vintiensis (Vinciensis), *e*, de Vintium [ville de Narbonnaise, auj. Vence] : Greg.-Tur. Hist. 9, 24 ‖ **-ienses**, *ĭum*, m. pl., habitants de Vintium : Not. Gall. 17, 9.

Vintius, *ii*, m. (cf. *Vintiensis*), épithète de Mars (montagnard), près de Vence : CIL 12, 3.

vīnŭlentus, v. *vinolentus*.

vīnŭlum, *i*, n. (dim. de *vinum*), ⑨ *villum* : CHAR. 94, 3.

vīnŭlus, *a*, *um*, ⑨ *vinnu-*.

vīnum, *i*, n. (cf. οἶνος, étr. *vinu*, celt. *vinom*, alb. *verë* ; fr. *vin*) ¶ **1** vin : CIC. CM 65 ; *Off*. 3, 91 ; **novum** CIC. *Brut*. 287, **recens** SEN. *Ep*. 36, 3, vin nouveau ; **album, atrum** PL. *Men*. 915, vin blanc, noir (rouge) ǁ [pl., même sens] LUCR. 2, 391 ; VIRG. *B*. 5, 71 ǁ **vina** CIC. *Tusc*. 5, 13, les vins [de différentes sortes], cf. HOR. *S*. 2, 838 ǁ ***ad vinum diserti*** CIC. *Cael*. 67, éloquents sous l'effet du vin ¶ **2** raisin, grappe : CAT. *Agr*. 147 ; PL. *Trin*. 526 ; VARR. *L*. 5, 94 ; 6, 16 ǁ vigne : CAT. *Agr*. 6, 4 ; VARR. *R*. 1, 25 ; PLIN. 14, 46 ¶ **3** liqueur tirée d'autres fruits [cidre, poire] : PLIN. 13, 40 ; 14, 103 ; 23, 52.

vinxī, parf. de *vincio*.

vĭō, *ās*, *āre*, -, - (*via*), intr., faire route, être en voyage : AMM. 20, 9, 1 ǁ **vĭantes**, *ĭum*, m. pl., voyageurs : AMM. 15, 10, 2.

vĭŏcūrus, *i*, m. (*via*, *curo*), inspecteur des chemins, voyer : VARR. *L*. 5, 7.

1 vĭŏla, *ae*, f. (dim., cf. ἴον), violette [fleur] : VIRG. *B*. 2, 47 ; [prov.] ***in viola esse*** CIC. *Tusc*. 5, 73, être sur un lit de violettes ǁ couleur violette : HOR. *O*. 3, 10, 14 ; *Ep*. 2, 1, 207 ǁ violier, giroflée : PLIN. 21, 27.

2 Vĭŏla, *ae*, f., nom de femme : CIL 6, 1819.

vĭŏlābĭlis, *e* (*violo*), qui peut être endommagé : OV. *H*. 15, 79 ǁ [fig.] qu'on peut outrager : VIRG. *En*. 2, 155.

vĭŏlācĕum, *i*, n., couleur violette : SOLIN. 30, 32.

vĭŏlācĕus, *a*, *um* (*viola*), violet, de couleur violette : PLIN. 22, 47 ; 37, 170.

vĭŏlācĭum, *ii*, n. (*violaceus*), vin de violettes : APIC. 4.

vĭŏlāris, *e*, de violette : CIL 6, 10234.

vĭŏlārĭum, *ii*, n. (*viola*), plant de violettes : VIRG. *G* 4, 32 ; HOR. *O*. 2, 15, 5.

vĭŏlārĭus, *ii*, m. (*viola*), teinturier en violet : PL. *Aul*. 510.

1 vĭŏlātĭo, *ōnis*, f. (*violo*), profanation : SEN. *Ep*. 104, 28 ; LIV. 29, 8, 11 ǁ [fig.] violation [de parole] : VELL. 2, 1, 5.

2 vĭŏlātĭo, *ōnis*, f. (*viola*), couronnement d'une tombe avec des violettes : CIL 6, 10239.

vĭŏlātŏr, *ōris*, m. (*violo*), celui qui porte atteinte à [en parl. d'un meurtrier] : MACR. *Sat*. 2, 3, 13 ǁ [fig.] profanateur : OV. *Pont*. 2, 2, 27 ǁ violateur [du droit] LIV. 4, 19, 3 ; [d'un traité] TAC. *An*. 1, 58 ; [en accord avec un nom fém.] LUC. 9, 720.

vĭŏlātrix, *īcis*, f. (*violator*), violatrice, celle qui viole : AUG. *Man*. 12.

vĭŏlātum, *i*, n., f. l. pour *violacium*.

vĭŏlātus, *a*, *um*, part. de *violo*.

1 vĭŏlens, *tis*, adj. (*violentus*), violent, impétueux : [vent] HOR. *O*. 3, 30, 10 ǁ emporté, fougueux : [cheval] HOR. *Ep*. 1, 10, 37 ; [pers.] PERS. 5, 171.

2 Vĭŏlens, *tis*, m., surnom d'homme : CIL 1, 2037.

vĭŏlentĕr, adv., avec violence, impétuosité : [fleuve] HOR. *O*. 1, 2, 14 ǁ avec violence [dans les actes] : SALL. *J*. 40, 5 ; LIV. 5, 1, 4 ǁ violemment, avec emportement [dans les paroles] : TAC. *An*. 6, 3 ; *H*. 3, 11 ; ***aliquid violenter tolerare*** TER. *Phorm*. 731, être furieux de qqch. ǁ **violentius** SUET. *Aug*. 51 ; *Tib*. 37 ; **-issime** COL. 7, 3, 4 ; JUST. 25, 5, 1.

vĭŏlentĭa, *ae*, f. (*violentus*) ¶ **1** violence, caractère violent, emporté : CIC. *Phil*. 12, 26 ; *Tusc*. 5, 118 ǁ caractère farouche, indomptable : TAC. *An*. 2, 63 ¶ **2** violence, force violente : [du vin] LUCR. 3, 482 ; [du soleil] PLIN. 2, 70 ; [de l'hiver] COL. 1, 1, 5.

Vĭŏlentilla, *ae*, f. (dim.), nom de femme : STAT. *S*. 1, 2, 25.

vĭŏlentus, *a*, *um*, adj. (2 *vis* ; cf. *vinolentus*) ¶ **1** [pers.] violent, emporté [de caractère] : CIC. *Phil*. 2, 68 ; 5, 19 ; TAC. *An*. 2, 43 ǁ farouche, cruel, despote, despotique : LIV. 9, 34, 3 ; 34, 32, 3 ¶ **2** [choses] violent, impétueux : ***violentissimae tempestates*** CIC. *Clu*. 138, les plus violentes tempêtes, cf. LUCR. 5, 1226 ; 1231 ; ***violentior amnis*** VIRG. *G*. 4, 373, fleuve plus violent ǁ despotique, tyrannique : ***opes violentae*** CIC. *Phil*. 1, 29, une puissance tyrannique ; ***violentum imperium*** LIV. 45, 12, 6, ordre impérieux ǁ ***nimis violentum est dicere...*** CIC. *Fin*. 5, 72, il est trop fort [excessif] de dire....

vĭŏlĕus, *a*, *um* (*viola*), violet, violacé : CASSIOD. *Var*. 12, 4.

vĭŏlō, *ās*, *āre*, *āvī*, *ātum* (*violentus*), tr. ¶ **1** traiter avec violence, faire violence à : **hospitem** CAES. *G*. 6, 23, 9, user de violence à l'égard d'un hôte, cf. CIC. *Fin*. 3, 39 ǁ violer : CIC. *Fam*. 9, 22, 1 ; TIB. 1, 6, 51 ǁ porter atteinte à, dévaster, endommager un territoire : CAES. *G*. 6, 32, 2 ; VIRG. *En*. 11, 255 ¶ **2** profaner, outrager : **poetae nomen** CIC. *Arch*. 19, profaner le nom de poète ; **religionem** CIC. *Verr*. 5, 97, profaner un culte ; **regem** CIC. *Verr*. 4, 68, outrager un roi ǁ porter atteinte à : **virginitatem alicujus** CIC. *Nat*. 3, 59, déshonorer une jeune fille ; **famam alicujus** CIC. *Verr*. 1, 82, porter atteinte au bon renom de qqn ǁ violer, enfreindre, transgresser : **jus violatum** CIC. *Leg*. 2, 22, violation du droit ; ***amicitiam a me violatam esse criminatus est*** CIC. *Phil*. 2, 3, il m'a accusé d'avoir violé les lois de l'amitié ǁ ***quae violata sunt*** CIC. *Amer*. 71, les choses qui sont souillées ¶ **3** [qqf. acc. d'objet intér.] ***violare horum aliquid*** CIC. *Inv*. 1, 103, commettre un de ces outrages ǁ [surtout au part. passif] fait avec violence [profanation, violation] : ***si quae inciderunt non tam re quam suspicione violata*** CIC. *Fam*. 5, 8, 3, s'il est survenu des outrances, moins réelles que soupçonnées, cf. CIC. *Verr. prim*. 40 ; *Off*. 2, 68 ; *Lae*. 65 ; *Att*. 1, 17, 7 ¶ **4** [poét.] altérer une couleur, [d'où] teindre : VIRG. *En*. 12, 67.

vīpĕra, *ae*, f. (**vivipara*, *vivus*, 2 *pario* ; esp. *vibora*, fr. *guivre*, *vouivre*), vipère : PLIN. 10, 169 ; VIRG. *G*. 3, 417 ; CIC. *Ac*. 2, 120 ǁ [fig.] ***in sinu viperam habere*** CIC. *Har*. 50, réchauffer une vipère dans son sein ǁ [en parl. de qqn.] : JUV. 6, 641.

vīpĕrālis herba, f., rue des montagnes [plante] : PS. APUL. *Herb*. 89.

vīpĕrĕus, *a*, *um* (*vipera*), de vipère, de serpent : VIRG. 6, 281 ; 7, 203 ǁ entouré de serpents : [Méduse] OV. *M*. 4, 615 ; [les Furies] OV. *M*. 6, 662 ǁ ***viperea anima*** VIRG. *En*. 7, 351, souffle empoisonné ǁ ***vipereum genus***, la race vipérine [née des dents du dragon semées par Cadmus, les Spartes] : SEN. *Oed*. 587.

vīpĕrīna, *ae*, f. (*viperinus*), bistorte [plante] : PS. APUL. *Herb*. 5.

vīpĕrīnus, *a*, *um* (*vipera*), de vipère, de serpent : PLIN. 7, 27 ; HOR. *O*. 1, 8, 9.

vīpĭo, *ōnis*, m. (onomat.), demoiselle de Numidie [oiseau] : PLIN. 10, 135.

Vipitēnum, *i*, m., ville de Rhétie : ANTON. 275.

Vipsănĭa, *ae*, f., fille d'Agrippa, épouse de Tibère : TAC. *An*. 1, 12.

Vipsānĭus, *ii*, m., nom de famille romain, entre autres d'Agrippa : SUET. *Aug*. 42 ǁ **-sānus**, *a*, *um*, de Vipsanius, d'Agrippa : MART. 1, 108, 3 ; **Vipsaniae columnae** MART. 4, 18, 1, colonnes du portique d'Agrippa.

Vipstānus, *i*, m., Vipstanus Messala, orateur et historien du 1er siècle apr. J.-C. : TAC. *H*. 3, 25.

vĭr, *vĭri*, m. (cf. 2 *vis*, scr. *vīra-s*, v. irl. *fer*, got. *wair*, al. *Werwolf* > fr. *garou*) ¶ **1** homme [opposé à femme] : ***virum me natam vellem*** TER. *Phorm*. 791, je voudrais être née homme ¶ **2** homme [dans la plénitude du terme, distinct de *homo*, être humain, homme en général, v. *homo*], cf. CIC. *Brut*. 293 ; *Q*. 2, 9, 3 ǁ homme jouant un rôle dans la cité, personnalité, personnage : ***vestros patres, viros clarissimos, vivere arbitror*** CIC. CM 77, je crois que vos pères, ces hommes si illustres, vivent toujours ; ***dicet vir clarissimus Cn. Lentulus censor*** CIC. *Verr*. 5, 15, il y aura la déposition d'un personnage illustre, le censeur Cn. Lentulus ¶ **3** emplois divers **a)** homme, mari, époux : CIC. *Tusc*. 3, 31 ; *Verr*. 5, 82 ; *Cael*. 32 ǁ [en parl. d'anim.] mâle : VIRG. *B*. 7, 7 ; OV. *M*. 1, 660 **b)** homme = homme fait [oppos. à enfant] : CIC. *Tusc*. 2, 34 ; *Cael*. 11 **c)** qui a des qualités viriles : ***rusticanus vir, sed plane vir*** CIC. *Tusc*. 2, 53, un homme rustique, mais vraiment un homme ; ***virum se praebere*** CIC. *Fam*. 5, 18, 1, se montrer un homme, montrer du caractère, cf. CIC. *Att*. 10, 7, 2 **d)** soldat : PL. *Amp*. 220 ; 233 ; LIV. 38, 17, 8 ; [en part.] fantassin [oppos. à cavalier] : ***equites virique*** LIV. 21, 27, 1, cavaliers et fantassins ; [fig.] ***equis viris*** CIC. *Fam*. 9, 7, en faisant tout donner, chevaux (cavalerie) et hommes (infanterie) = par tous les moyens **e)** [remplaçant le démonstratif] : **vidisti virum ?** Cic. *Att.* 9, 18, 3, tu l'as vu ? tu as vu le personnage ? ; cf. *homo*, emploi analogue **f)** personne, individu : **in viros dividere** Pl. *Aul.* 108, partager par tête **g) vir virum legit** Suet. *Aug.* 35, chacun choisit son homme, son collègue au sénat ‖ chacun choisit son compagnon de combat : Liv. 10, 38, 12 [manière de constituer une élite], cf. Liv. 9, 39, 5 ; Cic. *Mil.* 55 ‖ chacun choisit son adversaire : Virg. *En.* 11, 632 **h)** virilité : **exsectus virum** Luc. 10, 134, privé de sa virilité [eunuque] **i)** [poét.] **viri = homines**, les hommes, l'humanité : Ov. *M.* 1, 286.

▶ nom. pl. arch. III vire = tresviri CIL 1, 643 ; 644 ; virei CIL 1, 581, 19 ; vireis CIL 1, 583, 14 ‖ gén. pl., virum Lucr. 1, 95 ; Catul. 64, 192 ; 68, 90 ; Virg. *G.* 2, 142 ; *En.* 6, 553.

vĭra, *ae*, f. (*vir*), femme : Fest. 314, 16.

vĭrācĕus, *a*, *um* (*vir*), semblable à un homme : Varr. *Men.* 300.

vĭrāgo, *ĭnis*, f. (*vir*, cf. *plantego*), femme robuste (hommasse) : Pl. *Merc.* 414 ‖ femme guerrière, héroïne : Ov. *M.* 2, 765 ; Sen. *Phaed.* 54 ‖ amazone : Lact. *Inst.* 1, 9, 2.

1 vĭrātus, *a*, *um* (*vir*), qui a des qualités viriles : Vulg. *Eccli.* 28, 19.

2 vĭrātŭs, *ūs*, m., qualités d'un homme : Sidon. *Ep.* 7, 9, 22.

Virbĭālis, *e*, de 1 *Virbius*, **flamen Virbialis** CIL 10, 1493, flamine de Virbius.

1 Virbĭus, *ii*, m., nom d'Hippolyte ressuscité et admis au rang des divinités inférieures : Ov. *M.* 15, 544 ; *F.* 6, 76 ‖ fils d'Hippolyte et d'Aricie : Virg. *En.* 7, 762.

2 Virbĭus, *ii*, m., rivière de Laconie : Vib. *Flum.* 157.

virdĭārĭum, v. *viridiarium* : Veg. *Mil.* 4, 7 ; Lampr. *Hel.* 23, 8.

Virdĭus, *ii*, m., nom d'homme : Tac. *H.* 3, 48.

Virdo, *ōnis*, m., fleuve de Vindélicie [Wertach] : Fort. *Mart.* 4, 642.

Virdŏmărus (-dŭmărus), *i*, m., chef gaulois que tua Claudius Marcellus et dont il consacra les dépouilles à Jupiter Férétrien : Prop. 4, 10, 41 ; v. *Viridomarus*.

vĭrectum, *i*, n. (1 *vireo* ; cf. esp. *vereda*), endroit verdoyant, prairie : Virg. *En.* 6, 638 ; Apul. *M.* 4, 2 ; 8, 18 ; 10, 30 ‖ [fig.] vert, couleur verte : Capel. 1, 67.

vĭrens, *tis* (*vireo*), verdoyant, vert ‖ **virentia**, *ium*, n. pl., plantes, végétaux : Col. 1, 5, 8.

1 vĭrĕō, *ēs*, *ēre*, -, - (peu clair, cf. *virga* ? *virgo* ?), intr. ¶ 1 être vert : Cic. *Tusc.* 5, 37 ; **fronde virere nova** Virg. *En.* 6, 206, avoir la verdure d'un feuillage nouveau ; **summa virent pinu** Ov. *F.* 5, 382, le sommet de la montagne est tout vert de pins ; [poét.] **pectora felle virent** Ov. *M.* 2, 777, son cœur est vert de bile ; **illic**

Taygeti virent metalla Mart. 6, 42, 12, là brille le marbre vert du Taygète [de Laconie] ¶ 2 [fig.] être florissant, vigoureux, être dans sa verdeur : Liv. 6, 22, 7 ; Hor. *O.* 1, 9, 17 ; *Epo.* 13, 4.

2 vĭrĕo, *ōnis*, m. (1 *vireo*), verdier, verdet [oiseau] : Plin. 18, 292.

vīres, *ium*, f. pl., v. *vis*.

vĭrescō, *ĭs*, *ĕre*, *rŭī*, - (inch. de *vireo*), intr. ¶ 1 devenir vert, verdir : Lucr. 1, 252 ; Virg. *G.* 1, 55 ; Plin. 15, 101 ¶ 2 [fig.] devenir florissant, vigoureux : **populi Romani adulescentia, qua maxime viruit** Flor. 1, 22, 1, la jeunesse du peuple romain, époque où il parvint à sa plus grande puissance.

▶ *virescit* Gell. 18, 11, 4 se rattache peut-être à *vis*, avec le sens de " prendre des forces ".

vĭrētum, v. *virectum*.

virga, *ae*, f. (cf. *vires*, *virgo* ? ; fr. *verge*) ¶ 1 petite branche mince, verge, baguette : Cat. *Agr.* 101 ; Plin. 17, 136 ; Virg. *G.* 1, 266 ¶ 2 [en part.] **a)** rejeton, scion, bouture : Ov. *M.* 14, 630 **b)** gluau, pipeau : Ov. *M.* 15, 474 **c)** baguette, verge pour battre [emploi fréquent chez les comiques, v. Pl. *Cap.* 650] ; [en part.] cravache : Val.-Max. 3, 2, 12 ; Curt. 7, 4, 18 ‖ [not] pl., verges en faisceaux des licteurs : **virgas expedire** Cic. *Verr.* 5, 161, dénouer le faisceau de verges, préparer les verges ; [d'où **virga = fasces** [faisceaux] = grand personnage : Ov. *Tr.* 5, 6, 32 ; Stat. *S.* 1, 2, 47 ; Mart. 8, 66, 4 **d)** baguette magique : Virg. *En.* 7, 190 ; Ov. *M.* 14, 278 ; Stat. *Th.* 2, 70, baguette de Mercure [caducée] ¶ 3 [fig.] **a)** tige de lin : Plin. 19, 17 **b)** verge, bande colorée. [dans le ciel] Sen. *Nat.* 1, 9 ; [dans un vêtement] Ov. *A. A.* 3, 269 **c)** branche de l'arbre généalogique : Juv. 8, 7 **d)** [tard., anat.] verge : Orib. *Eup.* 4, 107 A a.

virgārĭus, *ii*, m. (*virga*), licteur : Gloss. 2, 427, 10.

virgātŏr, *ōris*, m. (*virga*), fouetteur, celui qui fouette [les esclaves] : Pl. *As.* 65.

virgātus, *a*, *um* (*virga*, it. *vergato*, fr. *vergé*) ¶ 1 tressé avec des baguettes, en osier : Catul. 64, 319 ¶ 2 rayé [en parl. d'une étoffe, d'une peau] : Virg. *En.* 8, 660 ‖ **virgata nurus** Val.-Flac. 2, 159, bru en vêtement rayé.

virgētum, *i*, n. (*virga*), oseraie : Cic. *Leg.* 2, 21.

virgĕus, *a*, *um* (*virga*), de baguettes, de branches flexibles : **virgea supellex** Virg. *G.* 1, 165, corbeilles d'osier ‖ de brindilles, de fagot : Cat. *Agr.* 152 ; **virgea flamma** Virg. *En.* 7, 463, feu de brindilles ‖ **virgĕa**, *ōrum*, n. pl., branches flexibles : Calp. 5, 114.

Virgi, m. pl., v. *Urgi*.

virgĭdēmĭa, *ae*, f., cueillette de verges (de coups) [mot forgé d'après *vindemia*] : Pl. *Ru.* 636 ; Varr. *Men.* 8.

Virgĭlĭae, v. *Vergiliae*.

virgo

Virgĭlĭānus (Vergĭl-), v. *Virgilius*.

Virgĭlĭenses (Verg-), *ĭum*, m. pl., habitants de Vergilia [Tarraconaise] : Plin. 3, 25.

Virgĭlĭus, cf. *Vergilius*.

virgĭnăl, *ālis*, n. ¶ 1 animal de mer : Apul. *Apol.* 34, 5, [avec jeu de mots, cf. ¶ 2] ¶ 2 parties sexuelles de la femme : Solin. 1, 67 ; Prud. *Perist.* 14, 8.

virgĭnālis, *e* (*virgo*), de vierge, de jeune fille : Cic. *Verr.* 4, 5 ; Quinct. 39 ; Gell. 14, 4, 2 ; **feles virginalis** Pl. *Ru.* 748, ravisseur de jeunes filles ‖ **virginale**, *is*, n., parties sexuelles de la femme : Phaed. 4, 16, 12 ; cf. *virginal* ¶ 2 ; pl., **virginalia** Aug. *Civ.* 22, 8, même sens.

virgĭnārĭus, *a*, *um*, ▶ *virginalis* : **virginaria feles** Pl. *Pers.* 751, ravisseur de jeunes filles.

Virgĭnensis (-nĭensis) dĕa, f., déesse du mariage : Aug. *Civ.* 4, 11.

virgĭnĕus, *a*, *um* (*virgo*), de jeune fille, de vierge, virginal : Lucr. 1, 87 ; Virg. *G.* 1, 430 ; Tib. 3, 4, 89 ; Ov. *M.* 3, 607 ; **virginea favilla** Ov. *M.* 13, 697, bûcher de jeune fille ; **virginea ara** Ov. *F.* 4, 731, autel de Vesta ; **virgineum Helicon** Ov. *M.* 2, 219, Hélicon, séjour des vierges, des Muses ; **virginea aqua** Ov. *F.* 1, 464 [ou] **virgineus liquor** Ov. *Pont.* 1, 8, 38 ; = **Aqua Virgo**, v. *virgo*.

Virgĭnisvendōnĭdēs, m., vendeur de jeunes filles : Pl. *Pers.* 702.

virgĭnĭtās, *ātis*, f. (*virgo*) ¶ 1 virginité : Cic. *Nat.* 3, 59 ; Virg. *En.* 12, 141 ¶ 2 ▶ *virgines* : Amm. 31, 8, 8.

virgĭnŏr, *ārĭs*, *ārī*, - (*virgo*), intr., se conduire en jeune fille : Tert. *Virg.* 12, 2.

virgo, *ĭnis*, f. (cf. *virga*, *vireo* ; it. *vergine*) ¶ 1 jeune fille, vierge : Cic. *Rep.* 2, 12 ; **virgo bellica** Ov. *M.* 4, 754, Pallas ; **virgo Saturnia** Ov. *F.* 6, 383, Vesta ‖ [en appos.] **Minerva virgo** Cic. *Verr.* 4, 123, la vierge Minerve [la chaste Minerve] ; **virgo filia** Cic. *Rep.* 2, 63, fille vierge ; **virgo dea** Ov. *M.* 12, 28, Diane ‖ [jeune homme] vierge : Tert. *Virg.* 8, 3 ; Hier. *Ep.* 22, 21 ; Jovin. 2, 16 ; **puer virgo** M.-Emp. 7, 15 ‖ [anim.] : Plin. 28, 147 ; Mart. 13, 56, 1 ¶ 2 [en part.] **a) Virgines** Cic. *Cat.* 3, 9, les Vestales, cf. Hor. *O.* 3, 30, 9 **b) Virgo** Hor. *O.* 1, 12, 22, la Vierge, Diane **c) Virgines** = les Danaïdes : Hor. *O.* 3, 11, 26 **d)** [chrét.] **Virgo** Ambr. *Ep.* 42, 4, la Vierge Marie ‖ vierge consacrée, moniale : Aug. *Jul.* 5, 6, 24 ¶ 3 [en gén.] jeune fille, jeune femme : Plin. *B.* 6, 47 ; Hor. *O.* 2, 8, 23 ; 3, 14, 9 ; Curt. 5, 1, 38 ¶ 4 **a)** la Vierge [constellation] : Cic. poet. *Nat.* 2, 110, cf. Virg. *B.* 4, 6 **b) Aqua Virgo, Virgo**, l'eau vierge ou de la vierge, découverte par une jeune fille et que M. Agrippa amena à Rome par un aqueduc : Plin. 31, 42 ; Sen. *Ep.* 83, 5 ; Ov. *Tr.* 3, 12, 22 ; Mart. 6 42, 18 ¶ 5 [adj. au fig.] vierge, qui n'a pas servi : **terra virgo** Plin. 33, 52, terre

virgo

vierge ; *saliva* Tert. *Jej.* 6, 1, salive d'un homme à jeun.

virgōsus, *a, um* (*virga*), branchu : Pall. 1, 24, 2.

virgŭla, *ae*, f. (dim. de *virga* ; cf. it. *vergolato*), petite branche, rameau : Nep. *Thras.* 4, 1 ; P. Fest. 9, 30 ∥ petite baguette, baguette : Cic. *Phil.* 8, 23 ; *divina* Cic. *Off.* 1, 158, baguette divine ∥ *censoria* Quint. 1, 4, 3, trait critique [pour marquer les passages défectueux dans un ouvrage] ∥ *normalis virgula*, ligne droite : Manil. 2, 289 ∥ trait : Veg. *Mul.* 2, 105, 3 ∥ signe d'accentuation : Capel. 3, 273.

virgŭlātus, *a, um*, rayé, strié : Plin. 9, 103.

virgulta, *ōrum*, n. pl. (*virgula, virgultus*), menues branches, jeunes pousses, boutures : Lucr. 5, 935 ; Virg. *G.* 2, 346 ∥ branchages : Caes. *G.* 3, 18, 8 ∥ broussailles, ronces : Cic. *Div.* 1, 49 ; *Cael.* 42 ; Liv. 1, 14, 7.
▶ sg. *virgultum* Fest. 440, 6 ; Serv. *B.* 1, 55.

virgultōsus, *a, um*, C.▶ *virgultus* : Serv. *En.* 3, 516.

virgultum, *i*, n., V.▶ *virgulta*.

virgultus, *a, um*, couvert de broussailles : Sall. d. Serv. *En.* 3, 516 ; Sil. 12, 354.

virguncŭla, *ae*, f. (dim. de *virgo*), petite fille, fillette : Curt. 8, 4, 25 ; Juv. 13, 40.

vĭrĭa, *ae*, f. (celt., cf. 2 *Viriatus, viriola* ; it. *ghiera*), bracelet d'homme : Plin. 33, 40.

1 vĭrĭātus, *a, um* (*viria*), orné de bracelets : Lucil. d. Non. 186, 30 ; Varr. d. Non. 187, 14.

2 Vĭrĭātus (-thus), *i*, m., Viriate, Viriathe [chef des Lusitaniens, soulevé contre les Romains, 2ᵉ s. av. J.-C., les battit plusieurs fois] : Cic. *Off.* 2, 40 ∥ **-tīnus (-thīnus)**, *a, um*, de Viriate, Viriathe : Suet. *Galb.* 3.

vīrĭcŭlae, *ārum*, f. pl. (dim. de *vires*), maigres ressources : Apul. *M.* 11, 28.

vīrĭcŭlum, *i*, n. (?), touret, burin : Plin. 35, 149.

vĭrĭdans, *tis*, part. de *virido*.

vĭrĭdārĭum (-dĭārium), *ii*, n. (*viridis* ; fr. *verger*), lieu planté d'arbres, bosquet, parc : Suet. *Tib.* 60 ; pl., Cic. *Att.* 2, 3, 2 ; Plin. 18, 7.

vĭrĭdārĭus, *ii*, m., jardinier : CIL 6, 2225.

Vĭrĭdāsĭus, *ii*, m., guerrier : Sil. 5, 551.

vĭrĭdē, adv., de couleur verte ∥ **-dius** Plin. 37, 62.

vĭrĭdescō, *ĭs, ĕre*, -, -, intr., C.▶ *viresco* : Ambr. *Hex.* 5, 1, 1.

vĭrĭdĭa, *ĭum*, (*ĭōrum*, Macr. *Sat.* 1, 4, 11), n. pl. (*viridis* ; esp. *berza*), arbustes (arbres) verts, verdure : Sen. *Ep.* 86, 4 ; Plin. *Ep.* 5, 6, 17 ; Macr. *Sat.* 1, 4, 11 ∥ jardin, bosquet : Phaed. 2, 5, 14.

Vĭrĭdĭānus, *i*, m., V.▶ *Visidianus*.

viridĭārĭum, V.▶ *viridarium*.

vĭrĭdĭcans, *tis* (*viridis*, cf. *albico* ; fr. *verdoyant*), vert, verdâtre : Tert. *Pud.* 20, 9.

vĭrĭdis, *e* (*vireo* ; it. *verde*, fr. *vert*)
¶ 1 vert, verdoyant : *colles viridissimi* Cic. *Verr.* 3, 47, collines si verdoyantes ; *viridia ligna* Cic. *Verr.* 1, 45, bois vert ; *viridiores herbae* Plin. 6, 185, herbes plus vertes ¶ 2 [fig.] vert, frais, vigoureux : *viridiora praemiorum genera* Cic. *Rep.* 6, 8, des genres de récompenses plus frais [plus vigoureux] ; [pers.] Curt. 10, 5, 10 ; *viridis senectus* Virg. *En.* 6, 304, verte vieillesse, cf. Sen. *Ep.* 66, 1 ; Plin. *Ep.* 7, 24, 1 ∥ frais, jeune : *caseus* Col. 7, 8, 1, fromage frais ∥ *sonus viridior* Gell. 2, 3, 1, son [de mots] plus fort [sonorité plus vigoureuse].
▶ gén. pl. *viridum* Stat. *Th.* 2, 279.

vĭrĭdĭtās, *ātis*, f. (*viridis*) ¶ 1 la verdure, le vert : Cic. *CM* 51 ; 57 ; Plin. 37, 76 ¶ 2 [fig.] verdeur, vigueur : Cic. *Lae.* 11 ; *Tusc.* 3, 75 ; *Prov.* 29.

vĭrĭdō, *ās, āre*, -, - (*viridus*) ¶ 1 tr., rendre vert : Val.-Flac. 6, 136 ; [pass.] *viridari* Ov. *Hal.* 90, devenir vert ¶ 2 intr., être vert, verdoyant : Serv. *En.* 4, 242.

Vĭrĭdŏmărus, C.▶ *Virdomarus* : *Liv. Epit.* 20, 11 ; Flor. 1, 20 (2, 4), 5.

Viridunum, C.▶ *Verodunum*.

vĭrīlĭa, *ĭum*, n. pl. ¶ 1 parties sexuelles de l'homme : Plin. 20, 169 ¶ 2 V.▶ *virilis* ¶ 4.

vĭrīlis, *e* (*vir*) ¶ 1 d'homme, des hommes, mâle, masculin : *virile secus* Sall. d. Macr. *Sat.* 3, 13, 7, sexe masculin ; *calcei viriles* Cic. *de Or.* 1, 231, chaussures d'homme ; *genus virile* Cic. *Inv.* 1, 35, la race des hommes [oppos. à *muliebre*] ∥ [gram.] *virile genus* Varr. *L.* 10, 21 ; Gell. 1, 7, 15, genre masculin ¶ 2 d'homme, d'homme fait, viril : *aetas virilis* Hor. *P.* 166, l'âge viril, cf. Hor. *P.* 177 ; *toga virilis* Cic. *Lae.* 1, toge virile, V.▶ *toga*, cf. Cic. *Phil.* 2, 44 ; *animis usi sumus virilibus, consiliis puerilibus* Cic. *Att.* 15, 4, 2, nous avons eu un courage d'hommes, mais une tactique d'enfants, cf. *Att.* 14, 21, 3 ¶ 3 individuel, qui revient à une tête, à une personne, cf.▶ *viritim* a) [droit] *virilis pars* Gai. *Inst.* 3, 42, *portio* Dig. 37, 5, 8, la part individuelle b) [en gén.] V.▶ *pars* ; [not¹] *pro virili parte* Cic. *Sest.* 1, 38, *portione* Tac. *Agr.* 45 ; *H.* 3, 20, pour sa part, suivant ses moyens ¶ 4 [fig.] mâle, viril, fort, ferme, vigoureux, courageux : *oratio fortis et virilis* Cic. *de Or.* 1, 231, discours énergique et mâle, cf. Cic. *de Or.* 3, 220 ; *Tusc.* 3, 22 ; *Fin.* 2, 47 ∥ **vĭrīlĭa**, n. pl., actes de courage, virils : Sall. Macr. *Sat.* 15 ; V.▶ *virilia*.

vĭrīlĭtās, *ātis*, f. ¶ 1 virilité, âge viril : Plin. 33, 155 ¶ 2 virilité, sexe de l'homme : Tac. *An.* 6, 5 ; 6, 31 ∥ [anat.] Quint. 5, 12, 17 ; Plin. 7, 36 ; [anim.] : Col. 6, 26, 3 ; Plin. 23, 44 ¶ 3 [fig.] caractère mâle : Quint. 1, 8, 9 ; Val.-Max. 2, 4, 2.

vĭrīlĭtĕr, adv., virilement, d'une manière mâle : Cic. *Tusc.* 2, 65 ; *Off.* 1, 94 ∥ *virilius* Sen. *Contr.* 5, 53 ; Sen. *Brev.* 7, 1.

vĭrĭŏla, *ae*, f. (dim. de *viria* ; fr. *virole*), bracelet d'homme : Plin. 33, 40 ; Ulp. 18, 1, 14.

***vīrĭōsē**, adv. inus. au positif, compar., *viriosius* Tert. *Anim.* 19, 4, avec plus de force.

vĭrĭōsus, *a, um* (*vires*), qui a pris de la force : Tert. *Val.* 16, 3.

Vĭrĭplăca, *ae*, f. (*vir, placo*), déesse chez les Romains qui présidait aux raccommodements entre époux : Val.-Max. 2, 1, 6.

1 vĭrĭpŏtens, *tis*, adj. f. (*vir, potens*), nubile : Dig. 24, 1, 65.

2 vĭrĭpŏtens, *tis* (*vires, potens*), puissant : Pl. *Pers.* 252.

vĭrissō, *ās, āre*, -, - (*vir*), intr., agir en homme : Gloss. 5, 527, 46.

vĭrītānus ăgĕr, m. (*viritim*), territoire qu'on distribue par tête : P. Fest. 511, 13.

vĭrītim, adv. (*vir*), par homme, par tête, individuellement : Cic. *Brut.* 57 ; Caes. *G.* 7, 71 ∥ [fig.] *populi viritim deleti* Plin. 6, 22, peuples anéantis individuellement [un par un], cf. Sen. *Nat.* 5, 7, 1 ∥ à titre individuel : Sen. *Ben.* 7, 7, 4.

vīrĭum, gén. de *vires*.

Vĭrŏdūnum, *i*, n., ville de Belgique, sur la Meuse [auj. Verdun] Atlas V, D3 : Anton. 364 ; V.▶ *Verodunum*.

Vĭromandŭi, C.▶ *Veromandui* : Caes. *G.* 2, 4, 9 ∥ sg., **-dŭus**, CIL 13, 1688.

Vironum, *i*, n., ville de Belgique : Peut. 1, 4.

vĭrŏr, *ōris*, m. (*vireo*), vert, couleur verte : Pall. 7, 12 ; pl., Apul. *Flor.* 10.

1 vĭrōsus, *a, um* (*vir*), qui recherche les hommes : Lucil. 282 ; Apul. *M.* 9, 14.

2 vīrōsus, *a, um* (*virus*), d'odeur fétide, infect : Virg. *G.* 1, 58 ; *virosi pisces* Cels. 2, 21, poissons sentant la vase ; *virosa eluvies* Grat. 355, urine ∥ envenimé : Apul. *M.* 7, 18 ∥ [fig.] empoisonné : Sidon. *Ep.* 5, 7, 7 ∥ **-sissimus** Scrib. 103.

Virovesca, *ae*, f., ville de Tarraconaise [Briviesca] Atlas IV, B2 ; V, F1 : Plin. 3, 27.

Virovĭăcum, *i*, n., ville de Belgique [auj. Wervick] : Anton. 376.

Virta, *ae*, f., ville de Mésopotamie : Amm. 20, 7, 17.

virtŭōsus, *a, um* (*virtus*), vertueux : Aug. *Serm.* 161, 2 Mai.

virtūs, *ūtis*, f. (*vir* ; fr. *vertu*), qualités qui font la valeur de l'homme moralᵗ et physᵗ ¶ 1 caractère distinctif de l'homme, [et en gén.] qualité distinctive, mérite essentiel, valeur caractéristique, vertu : *animi virtus corporis virtuti anteponitur* Cic. *Fin.* 5, 38, les mérites de l'âme passent avant ceux du corps ; [fig.] *arboris, equi* Cic. *Leg.* 1, 45, le mérite, la valeur d'un arbre, d'un cheval ; *virtutes oratoris* Cic. *Brut.* 185, les qualités d'un orateur, *oratoriae virtu-*

tes Cic. *Brut.* 65 ∥ [d'où] les qualités, le mérite, la valeur de qqn, de qqch. : ***novorum hominum virtus et industria*** Cic. *Verr.* 5, 181, le mérite et l'activité des hommes nouveaux ; ***tua divina virtus*** Cic. *Marc.* 26, ta merveilleuse valeur [tes merveilleux talents] ; ***virtutes dicendi alicujus*** Cic. *Brut.* 232, les qualités oratoires de qqn ; ***bellandi virtus*** Cic. *Pomp.* 36, les talents guerriers ; ***virtus, quae narrationis est maxima*** Cic. *de Or.* 2, 326, qualité, qui est la principale d'une narration ¶2 qualités morales, vertus : ***virtutes continentiae, gravitatis, justitiae*** Cic. *Mur.* 23, les vertus qui consistent dans la maîtrise de soi, la gravité, l'esprit de justice, cf. Cic. *Off.* 1, 56 ; *de Or.* 2, 345 ¶3 [en part.] **a)** qualités viriles, vigueur morale, énergie : ***virtus animi*** Sall. *C.* 53, 1, les qualités viriles de l'âme [dans Caton] ; ***vestrae virtuti constantiaeque confido*** Cic. *Phil.* 5, 1, j'ai confiance dans votre énergie et votre fermeté **b)** bravoure, courage, vaillance : ***Helvetii reliquos Gallos virtute praecedunt*** Caes. *G.* 1, 1, 4, les Helvètes dépassent le reste des Gaulois en courage, cf. Caes. *G.* 1, 13, 5 ¶4 la vertu, perfection morale : Cic. *Leg.* 1, 25 ; *Inv.* 2, 159 ; *Tusc.* 2, 43 ; ***in virtute summum bonum ponere*** Cic. *Lae.* 20, placer le souverain bien dans la vertu ∥ la Vertu, la Valeur [déesse] : Cic. *Nat.* 2, 61 ; 2, 79 ¶5 [tard.] **a)** force, effet : Cypr. *Domin.* 9 **b)** capacité, pouvoir, puissance : Vulg. *Matth.* 25, 15 **c)** manifestation de puissance, prodige, miracle : [pl.] Tert. *Praescr.* 13, 4 **d)** les Vertus [ordre angélique] : [pl.] Vulg. *Rom.* 8, 38.
▶ dat. et abl. sg. arch. *virtutei* CIL 1, 7 ∥ gén. pl. *virtutium* Apul. *Apol.* 73.

virtūtĭfĭcātĭo, ōnis, f., action de produire la vertu : Priscil. 11, p. 104, 12.

vīrŭlentĭa, ae, f. (*virulentus*), mauvaise odeur, infection : Sidon. *Ep.* 8, 14, 4 ∥ au pl., Hier. *Ep.* 108, 31.

vīrŭlentus, **a**, **um** (*virus*), venimeux : Gell. 16, 11, 2.

Virūnum, ĭ, n., ville du Norique, sur la Drave Atlas I, C4 ; XII, A4 ; Plin. 3, 146 ∥ **-enses**, ĭum, m. pl., habitants de Virunum : CIL 3, 5031.

vīrus, ĭ, n. (cf. *viscum*, ἰός, scr. *viṣa-m*, v. irl. *fí*) ¶1 suc, jus, humeur : ***cochlearum*** Plin. 30, 44, bave des escargots ∥ semence des animaux : Virg. *G.* 3, 281 ; Plin. 9, 157 ¶2 venin, poison : Cic. *Lae.* 87 ; Virg. *G.* 1, 129 ; 3, 419 ¶3 mauvaise odeur, puanteur, infection : Plin. 11, 257 ; 19, 89 ∥ âcreté, amertume : Lucr. 2, 476 ; 5, 259 ; Plin. 14, 124.

1 vīs, 2ᵉ pers. sg. indic. prés. de *volo* (**welsi* > *vel* ; cf. *invitus*, ἵεμαι, scr. *veti*).

2 vīs, acc. **vim**, abl. **vi**, pl. **vīres**, **vīrĭum**, f. (cf. *vir*, ἴς, scr. *vayas*-)
I sg. ¶1 force, vigueur : ***celeritas et vis equorum*** Cic. *Div.* 1, 144, la vitesse et la vigueur des chevaux, cf. Caes. *G.* 6, 28 ∥ ***vis fluminis*** Caes. *G.* 4, 17 ; ***tempestatis*** Caes. *C.* 2, 14, la force du courant, de la tempête ; ***veneni*** Cic. *Cael.* 58, force d'un poison ¶2 [fig.] puissance, force : ***suavitatem Isocrates..., vim Demosthenes habuit*** Cic. *de Or.* 3, 28, Isocrate avait en partage la douceur..., Démosthène la force, cf. Cic. *Brut.* 40 ; ***magna vis est conscientiae*** Cic. *Mil.* 61, la conscience a une grande force ∥ action efficace : Cic. *Brut.* 209 ; ***specie magis quam vi*** Tac. *An.* 13, 31, en apparence plus qu'en réalité (en effet) ∥ influence, importance : ***oratio vim magnam habet*** Cic. *Brut.* 39, la parole a une grande influence ; ***vis et loci et temporis*** Cic. *Off.* 1, 144, importance à la fois du lieu et du temps ; ***vis in re publica temporum*** Cic. *Fam.* 2, 7, 2, l'importance des circonstances en politique ¶3 violence, emploi de la force, voies de fait : ***vi victa vis est*** Cic. *Mil.* 30, la force a été battue par la force ; ***vim adhibere, adferre alicui*** Cic. *Verr.* 4, 116 ; 4, 148, faire violence à qqn ; ***eam vim imponere alicui, ut*** Cic. *Verr.* 2, 148, faire subir à qqn une violence telle que ; ***per vim*** Caes. *G.* 1, 14, 3, par force, de force, de vive force [ou] ***vi*** Cic. *Caecin.* 92 ∥ ***naves factae ad quamvis vim et contumeliam perferendam*** Caes. *G.* 3, 13, 3, navires construits en vue de supporter victorieusement n'importe quelle violence ou insulte des éléments ∥ ***de vi reus*** Cic. *Sest.* 75 ; ***de vi condemnati*** Cic. *Phil.* 2, 4, accusé, condamnés du chef de violence, cf. Cic. *Phil.* 1, 23 ; ***de vi publica damnatus*** Tac. *An.* 4, 13, condamné pour violences exercées dans une fonction officielle ∥ manières violentes, esprit de violence, animosité : ***accusatoris vim suscipere*** Cic. *Verr.* 4, 69, prendre le ton violent, l'animosité d'un accusateur ∥ [en part.] ***vim adferre*** Cic. *Mil.* 9, faire violence, déshonorer, cf. Cic. *Verr.* 1, 62 ∥ [droit] violence exercée sur un individu : ***vi rapere*** Gai. *Inst.* 3, 209, dérober en usant de la violence ; ***vis major*** Dig. 4, 9, 3, 1, force majeure [violence résultant des éléments naturels] ¶4 force des armes, attaque de vive force, assaut : ***vim hostium sustinere*** Caes. *G.* 4, 4, soutenir l'effort des ennemis ; ***finitimorum vim reprimere*** Cic. *de Or.* 1, 37, repousser les attaques des peuplades voisines ∥ [fig.] ***vis omnis belli versa in Capuam erat*** Liv. 26, 4, 1, tout l'effort de la guerre était concentré sur Capoue ¶5 sens d'un mot : ***vis verborum*** Cic. *Fin.* 2, 15, sens des mots ; ***vis subjecta vocibus*** Cic. *Fin.* 2, 6, l'idée abritée sous les mots ; ***vim verborum tenere*** Cic. *Fin.* 2, 15, connaître la valeur exacte des mots ¶6 essence, caractère essentiel : ***id, in quo est omnis vis amicitiae*** Cic. *Lae.* 15, ce qui caractérise essentiellement l'amitié ; ***est natura sic generata vis hominis ut*** Cic. *Fin.* 5, 43, la nature a donné à l'homme dès sa naissance des facultés telles que ; ***universi generis vis et natura*** Cic. *de Or.* 2, 133, les idées essentielles et fondamentales d'une thèse générale ; ***honesti naturam vimque dividere*** Cic. *Off.* 1, 18, faire des divisions dans la nature et l'essence du Bien ¶7 quantité, multitude, abondance : ***vis maxima vasorum Corinthiorum*** Cic. *Verr.* 4, 131, une immense quantité de vases de Corinthe ; ***magna vis eboris*** Cic. *Verr.* 4, 103, une grande quantité d'ivoire, cf. Cic. *Tusc.* 5, 91 ; *Prov.* 4 ; ***vis magna pulveris*** Caes. *C.* 2, 26, une grande quantité de poussière ; ***vim lacrimarum profundere*** Cic. *Rep.* 6, 14, répandre des larmes en abondance.
II pl. ¶1 la force physique, les forces : ***vires adulescentis*** Cic. *CM* 27, les forces de la jeunesse, cf. Cic. *CM* 17 ; Caes. *G.* 6, 21 ; 7, 50 ; ***integris viribus*** Caes. *G.* 3, 4, 2, ayant des forces intactes ; ***agere aliquid pro viribus*** Cic. *CM* 27, faire qqch. dans la mesure de ses forces ; ***tauri, elephanti*** Cic. *CM* 27, la force d'un taureau, d'un éléphant ∥ [poét. avec inf.] ***nec mihi sunt vires pellere...*** Ov. *H.* 1, 109, et je n'ai pas la force de chasser... ∥ [métaph[r]] ***eloquentiae*** Quint. 5, 1, 2 ; ***ingenii*** Quint. 1, 2, 23, la force de l'éloquence, de l'esprit ; ***ferri*** Cic. *Sest.* 24, force du fer [d'une épée] ¶2 [fig.] force, puissance, vertu, propriétés : [d'une plante] Ov. *M.* 13, 942 ; [d'une eau] Juv. 12, 42 ∥ force virile, organes virils : Plin. 11, 60 ; Arn. 5, 6 ¶3 forces armées, troupes, soldats : Caes. *C.* 3, 57, 3 ; ***undique contractis viribus*** Liv. 9, 13, 12, ayant concentré leurs forces, cf. Liv. 3, 60, 4 ; 33, 4, 4.
▶ gén. et dat. sg. très rares : gén. *Tac. *D.* 26 ; Ulp. *Dig.* 4, 2, 1 ; Paul. *Sent.* 5, 30 ; dat. B.-Afr. 69, 2 ∥ nom. acc. pl. *vis* Lucr. 3, 265 ; 2, 586.

vīsābundus, v. *visibundus*.

viscārăgo, ĭnis, f. (*viscum*), carline [plante] : Isid. 17, 9, 70.

viscārĭum, ĭi, n. (*viscum*), piège [fig.] : Aug. *Serm.* 72, 2 Mai.

viscārĭus, ĭi, m., celui qui chasse aux gluaux : Gloss. 2, 332, 28.

viscātōrĭum, ĭi, n. (*visco*), glu : Aug. *Jul. op. imp.* 3, 74.

viscātus, **a**, **um** (*visco*) ¶1 frotté de glu, englué : Varr. *R.* 3, 7, 7 ; Ov. *M.* 15, 474 ∥ ***viscatis manibus*** Lucil. 796, avec des mains engluées, qui retiennent ce qu'elles touchent [cf. crochues] ¶2 [fig.] qui est comme un gluau, un piège tendu : Sen. *Ep.* 8, 3 ; Plin. *Ep.* 9, 30, 2.

viscellātus, **a**, **um** (*viscellum*), farci de viande : Plin. Val. 2, 17 ; 5, 24.

Viscellīnus, v. *Vecellinus*.

viscellum, ĭ, n. (dim. de 1 *viscus*), farce de viande : Cael.-Aur. *Acut.* 2, 9, 54.

viscĕra, v. 1 *viscus*.

viscĕrātim, adv., par morceaux, par lambeaux : Enn. *Tr.* 106.

viscĕrātĭo, ōnis, f. (*viscera*), distribution publique de viande : Cic. *Off.* 2, 55 ; Liv. 8, 22, 2 ; Suet. *Caes.* 38 ∥ [fig.] ***sine amico visceratio leonis et lupi vita est*** Sen. *Ep.* 19, 10, se repaître de viandes sans un ami, c'est une vie de lion ou de loup.

viscĕrĕus, *a*, *um* (*viscera*), d'entrailles, qui est dans les entrailles : Prud. *Apoth.* 1025.

viscĭdus, *a*, *um* (*viscum*), visqueux, gluant : Theod.-Prisc. *1, 58* ‖ qui a la pulpe molle : Garg. *Pom.* 9, 11 ‖ **-dior** Theod.-Prisc. *Diaet.* 18.

viscillārĭus, *ĭi*, m. (*viscum*), oiseleur : Syn.-Cic. 17.

viscō, *ās*, *āre*, *āvī*, *ātum* (*viscum*), tr., enduire de glu, poisser : Juv. 6, 466 ; Theod.-Prisc. 2, 112 ; *Syn.-Cic. 17.

viscōsus, *a*, *um* (*viscum* ; roum. *văscos*), englué, enduit de glu : Prud. *Ham.* 822 ‖ visqueux, gluant : Pall. *1*, 14 ; Theod.-Prisc. 2, 113.

Viscŭlus, *i*, m., ⓒ> *Vistula* : Plin. 4, 100.

viscum, *i*, n. (cf. *virus*, ἰξός ; roum. *văsc*, fr. *gui*) ¶ 1 gui : Plin. 16, 248 ; Virg. *En.* 6, 205 ¶ 2 glu [préparée avec le gui] : Cic. *Nat.* 2, 144 ; Virg. *G.* 1, 139 ‖ [fig.] Pl. *Bac.* 50 ; 1158.
▶ forme *viscus*, m., Pl. *Bac.* 50.

1 viscus, *ĕris*, et plus souv. **viscĕra**, *um*, n. pl. (cf. *vieo* ?) ¶ 1 les parties internes du corps, viscères, intestins, entrailles : sg., Lucr. 1, 837 ; 3, 719 ; Tib. 1, 3, 76 ; Ov. *M.* 6, 290 ‖ pl., Lucr. 2, 669 ; 3, 249 ‖ [en part.] sein de la mère : Quint. 10, 3, 4 ‖ testicules : Plin. 20, 142 ; Petr. 119, v. 21 ¶ 2 chair [qui se trouve sous la peau de l'h. et des anim.] : Cic. *Tusc.* 2, 20 ; *Nat.* 2, 159 ‖ [fig.] la chair d'une femme = le fruit de ses entrailles, progéniture, enfant : Ov. *M.* 8, 478 ; 10, 465 ; H. 11, 118 ; Curt. 4, 14, 22 ‖ [fig.] Quint. 6, *pr.* 3 ¶ 3 [fig.] entrailles, cœur, sein : *in venis atque in visceribus rei publicae* Cic. *Cat.* 1, 31, dans les veines et les entrailles de l'État, cf. Cic. *Phil.* 1, 36 ; *Tusc.* 4, 24 ; *ex ipsis visceribus causae sumere aliquid* Cic. *de Or.* 2, 318, tirer un argument des entrailles mêmes de la cause ; *quae mihi in visceribus haerent* Cic. *Att.* 6, 1, 8, recommandations qui demeurent gravées dans mon cœur ‖ le plus pur sang, la substance : *de visceribus tuis* Cic. *Q.* 1, 3, 7, du plus pur (avec le plus pur) de ton bien ; *visceribus aerarii* Cic. *Dom.* 124, avec la substance du trésor public ¶ 4 cœur, sentiments intimes, charité : Aug. *Conf.* 5, 9, 17.

2 viscus, *i*, ⓥ > *viscum* ▶.

3 Viscus, *i*, m., nom d'homme : Hor. *S.* 1, 9, 22 ‖ pl., Hor. *S.* 2, 8, 20.

Visēius, *ĭi*, m., nom d'homme : Cic. *Phil.* 13, 26.

Visellĭus, *ĭi*, m., nom d'homme : Hor. *S.* 1, 1, 105.

Visentāni, *ōrum*, m. pl., ville d'Ombrie : Plin. 3, 114.

vīsĭbĭlis, *e* (*video*) ¶ 1 visible : Apul. *Mund.* 8 ; Prud. *Apoth.* 146 ¶ 2 qui a la faculté de voir : Plin. 11, 146.

vīsĭbĭlĭtās, *ātis*, f. (*visibilis*), visibilité, qualité d'une chose visible : Tert. *Carn.* 12, 7 ; Priscil. 11, p. 103, 7.

vīsĭbĭlĭtĕr, adv. (*visibilis*), visiblement : Paul.-Nol. *Ep.* 20, 3.

vīsĭbundus, *a*, *um*, adj. (*viso*), ⓒ> *visabundus* : *Itin. Alex.* 24.

Visidĭānus, *i*, m., dieu de la végétation à Narnia [Ombrie] : Tert. *Apol.* 24, 8.

Visigŏthae (**Vēsē-**, **Wīsē-**), *ārum*, Cassiod. *Var.* 3, 1 ; Jord. *Get.* (5) 42 et **-gŏthi**, *ōrum*, m. pl., Chron. Min. 2, 353, 23, les Visigoths.

vīsĭo, *ōnis*, f. (*video*) ¶ 1 *a)* action de voir, vue : Apul. *Mund.* 15 ; *eamque esse Dei visionem, ut* Cic. *Nat.* 1, 105, et que la manière dont nous voyons Dieu consiste à *b)* ce qui se présente à la vue ; image, simulacre des choses, εἴδωλον [Démocrite, Épicure] : Cic. *Div.* 2, 120 ¶ 2 [fig.] *a)* action de voir par l'esprit, de concevoir : *cui est visio veri falsique communis* Cic. *Ac.* 2, 33, celui qui voit le vrai et le faux indistinctement [sans critérium] *b)* idée perçue, conception : Cic. *Tusc.* 2, 42 ¶ 3 [droit] point de vue, cas particulier, espèce : Dig. 5, 3, 25 ¶ 4 [chrét.] vision surnaturelle : Tert. *Marc.* 5, 19, 10 ¶ 5 action d'aller voir, visite : Eger. 20, 7.

vīsĭtātĭo, *ōnis*, f. (*visito*), apparition, manifestation : Vitr. 9, 2, 3 ‖ action de visiter, visite : Tert. *Jud.* 13, 26 ‖ action d'éprouver [qqn], d'affliger : Vulg. *Is.* 10, 3.

vīsĭtātŏr, *ōris*, m. (*visito*), visiteur, inspecteur : Aug. *Serm.* 46, 39 ; Vulg. *2 Macc.* 3, 39.

vīsĭtō, *ās*, *āre*, *āvī*, *ātum* (fréq. de *viso*), tr. ¶ 1 voir souvent, *aliquem* qqn : Pl. *Curc.* 343 ¶ 2 visiter, venir voir qqn : Cic. *Fin.* 5, 94 ; Suet. *Cl.* 35 ¶ 3 inspecter : Ambr. *Ep.* 5, 21 ‖ éprouver, affliger : Vulg. *Jer.* 14, 10 ; Cypr. *Ep.* 15, 3 ‖ venger : Vulg. *Os.* 1, 4.

vīsō, *ĭs*, *ĕre*, *vīsī*, *vīsum* (désid. de *video* ; cf. fr. *viser*), tr. ¶ 1 voir attentivement, examiner, contempler : *visendi causa* Cic. *Tusc.* 5, 9, par curiosité ‖ *aliquem, aliquid* Liv. 42, 11, 3 ; 3, 68, 2 ¶ 2 *a)* aller ou venir voir : *vise ad portum* Pl. *Cap.* 894, va voir au port ; *vise redieritne* Ter. *Phorm.* 445, va voir s'il n'est de retour : *ibo ut visam huc ad eum, si fortest domi* Pl. *Bac.* 527, j'irai pour le voir ici chez lui, si par hasard il est à la maison [Gaffiot, *Antiquité classique*, 2, p. 301 sqq. et *Rev. Phil.* 32, p. 48 sqq.] *b)* rendre visite, aller voir, visiter : *Thespias* Cic. *Verr.* 4, 4, visiter la ville de Thespies ; *signa* Cic. *Verr.* 4, 5 ; 127, aller voir des statues ; *ut et viderem te et viserem* Cic. *Fam.* 9, 23, pour te voir et aussi te rendre visite.

Visolus, *i*, m., surnom du consul C. Poetelius : Fast. Cons. 360.

Visontĭo, ⓥ. *Vesontio*.

vīsŏr, *ōris*, m. (*video*), celui qui regarde : Aug. *Acad.* 2, 19.

vīsōrĭum, *ĭi*, n. (*video*), théâtre, spectacle : Cassiod. *Var.* 5, 24.

vispellĭo, ⓒ> *vespillo* : Ulp. *Dig.* 21, 2, 13.

vispillo, ⓒ> *vespillo* : Gloss. 3, 77, 63.

vissĭō, *ĭs*, *ĭre*, -, - (celt. ; cf. fr. *vesse*), intr., péter : Gloss. 2, 256, 49.

Vistĭlĭa, *ae*, f., nom de femme : Tac. *An.* 2, 85.

Vistŭla, Mel. 3, 33, **Vistla**, *ae*, f., Plin. 4, 81, la Vistule Atlas I, B5 [fleuve sur la frontière orientale de la Germanie].

vīsŭālis, *e*, de la vue, visuel : Cassiod. *Var.* 4, 51.

vīsŭālĭtās, *ātis*, f., vue, sens de la vue : Tert. *Anim.* 29, 3.

Visucĭus, *ĭi*, m., nom d'une divinité des Germains : CIL 13, 6404.

vīsulla, *ae*, f. (?), cépage [sorte de vigne] : Plin. 14, 28.

vīsum, *i*, n. (1 *visus* ; roum. *vis*) ¶ 1 chose vue, objet vu, vision : *visa somniorum* Cic. *Tusc.* 1, 97, les visions des songes, cf. Cic. *Ac.* 2, 66 ¶ 2 impression produite de l'extérieur sur les sens, φαντασία ; perception extérieure : Cic. *Ac.* 1, 40.

Visurgis, *is*, m., fleuve de Germanie [Weser] Atlas I, B4 ; V, B4 : Tac. *An.* 2, 9.

1 vīsus, *a*, *um*, part. de *video* ; *aliquid pro viso renuntiare* Caes. *G.* 1, 22, 4, rapporter un fait comme s'il avait été vu.

2 vīsŭs, *ūs*, m. (*video* ; it. *viso*) ¶ 1 action de voir, faculté de voir, vue : *visus oculorum* Lucr. 5, 101, la vue, cf. Quint. 1, 2, 11 ; 1, 4, 20 ; pl., Ov. *F.* 3, 406 ¶ 2 sens de la vue, yeux : Stat. *Th.* 6, 277 ¶ 3 ce qu'on voit, vue, vision : Liv. 8, 6, 11 ; 8, 9, 10 ‖ aspect, apparence : Cic. *Nat.* 1, 12.

vīta, *ae*, f. (*vivo*, cf. βίοτος, rus. *život* ; fr. *vie*) ¶ 1 vie, existence : Cic. *Nat.* 2, 134 ; *Off.* 1, 58 ; *vitam agere, degere*, vivre, v. ces verbes ; ⓥ. *profundo, cedo, decedo, discedo, privo* ‖ [plantes] Plin. 16, 234 ; 241 ‖ *septem et triginta annos vitae explere* Tac. *An.* 2, 88, accomplir trente-sept ans de vie ; *quadragensimum annum vitae non excedere* Plin. 6, 195, ne pas dépasser quarante ans d'existence ‖ *plures vitas desiderare* Quint. 12, 11, 20, souhaiter vivre un plus grand nombre de vies ¶ 2 [fig.] *a)* vie, genre de vie, manière de vivre : *vita rustica* Cic. *Amer.* 48, la vie des champs, cf. Cic. *Mur.* 74 ; *Brut.* 95 ; *vitae societas* Cic. *Phil.* 2, 7, la vie sociale, les relations de société ‖ *bonam vitam alicui facere* *Pl. *Pers.* 734, rendre la vie heureuse à qqn *b)* subsistance, moyens d'existence : Pl. *St.* 462 ; *Trin.* 477 *c)* la vie = la réalité : *aliquid e vita ductum* Cic. *Tusc.* 4, 45, qqch. pris sur le vif, cf. Gell. 2, 23, 12 *d)* personne chérie, objet cher entre tous : *mea vita* Cic. *Fam.* 14, 2, 3, ma chère âme *e)* la vie humaine, le monde : *vita desuevit pellere glande famem* Tib. 2, 1, 37, l'espèce humaine a cessé de chasser la faim avec le gland, cf. Plin. 8, 48 ; Mart. 8, 3, 20 *f)* vie racontée, biographie, histoire : Nep. *pr.* 8 ; *Epam.* 4, 6 ; Suet. *Cl.* 1 ; *Aug.*

9; Gell. 1, 3, 1 **g)** *vitae* = les âmes, les ombres aux enfers : Virg. En. 6, 292 **h)** [chrét.] la vie de l'âme : Vulg. Matth. 19, 17 ‖ la vie éternelle, le salut : Vulg. Joh. 6, 48.

vītābĭlis, *e* (*vito*), qu'on doit éviter : Ov. Pont. 4, 14, 31.

vītābundus, *a*, *um* (*vito*), qui cherche à éviter ; *aliquid, aliquem*, qqch., qqn : Sall. d. Non. 186, 17 ; Liv. 25, 13, 4 ‖ [abs^t] *vitabundus erumpit* Sall. J. 101, 9, il se fraie un passage pour s'échapper.

vītālĭa, *ĭum*, n. pl. (*vitalis*) ¶ 1 les organes essentiels à la vie, parties vitales : Sen. Ir. 2, 1, 2 ; Luc. 7, 620 ‖ *rerum* Lucr. 2, 575, forces vitales, le principe vital ; *arborum* Plin. 17, 251, la partie vitale des arbres ¶ 2 les vêtements d'un mort : Sen. Ep. 99, 22 ; Petr. 77, 7.

Vītālĭānus, *i*, m., nom de divers personnages : Amm. 25, 10, 9 ; Jord. Rom. 357.

Vītālĭo, *ōnis*, m., surnom d'homme : CIL 14, 160.

1 **vītālis**, *e* (*vita*) ¶ 1 de la vie, qui concerne la vie, qui entretient la vie ou qui donne la vie, vital : *vis vitalis* Cic. Nat. 2, 94, force vitale ; *spiritus* Cic. Nat. 2, 117, souffle vivifiant, cf. Cic. Nat. 2, 27 ; 41 ; *vitalia saecla* Lucr. 1, 202, durées d'existence = âges d'hommes ‖ capable de vivre : *o puer, ut sis vitalis metuo* Hor. S. 2, 1, 61, enfant, je crains que tu n'aies pas longtemps à vivre, cf. Hor. S. 2, 7, 4 ; Sen. Contr. 1, 1, 22 ‖ *lectus vitalis* Petr. 42, 6, lit qui a servi pendant la vie, lit de mort ¶ 2 digne d'être vécu : *qui potest esse vita vitalis... ?* Enn. d. Cic. Læ. 22, comment une vie peut-elle être vraiment une vie... ?

2 **Vītālis**, *is*, m., nom d'homme : CIL 9, 795 ‖ f., nom de femme : CIL 5, 936.

vītālĭtās, *ātis*, f. (*vitalis*), vitalité, le principe de la vie, la vie : Plin. 11, 182.

vītālĭtĕr, adv. (*vitalis*), avec un principe de vie, de manière à vivre : Lucr. 5, 145.

Vītālĭus, *ĭi*, m., nom d'homme : Spart. Sept. 13, 1.

*****vītārĭfĕr**, *ĕra*, *ĕrum* (*vitis, areo, fero*), qui dessèche la vigne : *Varr. Men. 246.

vītātĭo, *ōnis*, f. (*vito*), action d'éviter : Cic. Fin. 5, 20 ; Phil. 3, 24.

vītātŏr, *ōris*, m. (*vito*), celui qui évite : Boet. Music. 2, 30.

vītātus, *a*, *um*, part. de *vito*.

vītĕcŭla, c. *viticula* : Plin. Ep. 1, 24, 4.

Vĭtellenses, *ĭum*, m. pl., habitants de Vitellia : Plin. 3, 69.

Vĭtellĭa, *ae*, f. ¶ 1 colonie romaine chez les Èques : Liv. 5, 29 ¶ 2 divinité latine femme de Faunus : Suet. Vit. 1.

1 **vĭtellĭāni**, *ōrum*, m. pl., sorte de tablettes à écrire, tablettes vitelliennes : Mart. 2, 6, 6 ; 14, 8, 2.

2 **Vĭtellĭānus**, v. *Vitellius*.

vĭtellīna, *ae*, f. (*vitellus*), viande de veau : Apic. 353.

Vĭtellĭus, *ĭi*, m., Aulus Vitellius [neuvième empereur romain, en 69] : Tac. H. 1, 56 ; Suet. Vit. 1 ‖ **-ĭus**, *a*, *um*, de Vitellius : Tac. H. 1, 57 ; *Vitellia via* Suet. Vit. 1, la route Vitellienne [conduisant du Janicule à la mer] ‖ **-ĭānus**, *a*, *um*, Tac. H. 1, 84 ; 1, 85 ; , **-ĭāni**, *ōrum*, m. pl., les Vitelliens, soldats de Vitellius : Tac. H. 3, 79.

vĭtellum, *i*, n. (2 *vitellus*), jaune d'œuf ; Apic. 125.

1 **vĭtellus**, *i*, m. (dim. de 1 *vitulus* ; fr. *veau*), petit veau ‖ [t. de caresse] : Pl. As. 667.

2 **vĭtellus**, *i*, m. (peu clair ; cf. *uterus* ?), jaune d'œuf : Cic. Div. 2, 134 ; Hor. S. 2, 4, 14 ; Plin. 10, 148.

vītĕus, *a*, *um* (*vitis*), de vigne : Varr. R. 1, 31, 4 ; *vitea pocula* Virg. G. 3, 380, vin ‖ planté de vigne : *vitea rura* Prud. Ham. 227, vignobles.

vītex, *ĭcis*, f. (cf. *vieo, vitis* ; it. *vetrice*), gattilier [arbuste] : Plin. 24, 59.

Vĭtĭa, *ae*, f., nom de femme : Tac. An. 6, 10.

vĭtĭābĭlis, *e* (*vitium*), qui peut être endommagé : Apul. Mund. 3 ; Prud. Apoth. 1045 ‖ qui endommage : Cael.-Aur. Chron. 2, 7, 110.

vĭtĭārĭum, *ĭi*, n. (*vitis*), plant de vigne, vignoble : Cat. Agr. 40 ; Varr. R. 1, 31, 2.

vĭtĭātĭo, *ōnis*, f. (*vitio*), action de corrompre, de séduire : Sen. Contr. 7, 8, 6 ‖ fait d'être corrompu : Tert. Anim. 25, 9.

vĭtĭātŏr, *ōris*, m. (*vitio*), corrupteur séducteur : Sen. Contr. 1, 5, 6.

vĭtĭātus, *a*, *um*, part. de *vitio*.

*****vĭtĭcarpĭfĕr**, *ĕra*, *ĕrum* (κάρπος, *vitis, fero*), qui fait fructifier la vigne [mot forgé] : *Varr. Men. 246.

vītĭcella, *ae*, f. (dim. de *viticula*), sorte de liseron : Isid. 17, 9, 92.

vītĭcŏla, *ae*, m. (*vitis, colo*), vigneron : Sil. 7, 193.

vītĭcŏmus, *a*, *um* (*vitis, coma*), couronné de pampre : Avien. Arat. 70 ‖ marié à la vigne : Sidon. Carm. 2, 328.

vītĭcŭla, *ae*, f. (dim. de *vitis* ; fr. *vrille*) ¶ 1 cep de vigne : Cic. Nat. 3, 86 ¶ 2 tige [d'une plante grimpante] : Plin. 24, 98.

vītĭfĕr, *ĕra*, *ĕrum* (*vitis, fero*), qui porte la vigne : Pall. 3, 13, 2 ‖ qui produit de la vigne, planté de vignes : Plin. 3, 60.

vītĭgĕnus, *a*, *um* (*vitis, geno* ; it. *vitigno*), Lucr. 5, 15 ; 6, 1072, **vītĭgĭnĕus**, *a*, *um*, de vigne, qui provient de la vigne : Cat. Agr. 41, 3 ; Plin. 30, 50.

vĭtĭlīgĭnōsus, *a*, *um*, dartreux : Gloss. 2, 295, 12.

vĭtĭlīgo, *ĭnis*, f. (*vitium*), tache blanche sur la peau [P. Fest. 507, 15] ; dartre : Cels. 5, 28, 19 ; Plin. 20, 165 ; 21, 129.

vītĭlis, *e*, adj. (*vieo, vitis*), tressé [avec des rameaux flexibles] Varr. R. 3, 16, 16 ‖ **-lĭa**, *ĭum*, n. pl., paniers d'osier : Plin. 13, 38.

vītĭlītĭgātŏr, *ōris*, m. (*vitilitigo*), chicaneur, querelleur : Cat. d. Plin. pr. 32.

vītĭlītĭgo, *ās*, *āre*, -, - (*vitium, litigo*), intr., chicaner, chercher à tort des querelles : Cat. d. Plin. praef. 32.

vītilla, *ae*, f. (dim. de *vita*), [t. de caresse], ma douce vie, ma vie : CIL 6, 25808.

vītĭnĕus, *a*, *um*, v. *vitigineus* : Flor. 3, 20, 4.

vĭtĭo, *ās*, *āre*, *āvī*, *ātum* (*vitium*), tr. ¶ 1 rendre défectueux, gâter, corrompre, altérer : *auras* Ov. M. 15, 626, vicier l'air ; *oculos* Ov. F. 1, 691, faire mal aux yeux ¶ 2 déshonorer, outrager (attenter à l'honneur de) une femme : Cat. d. Gell. 17, 13, 4 ; Ter. Eun. 705 ; Quint. 9, 2, 70 ; Ov. H. 11, 37 ¶ 3 [fig.] *comitia* Cic. Phil. 2, 80, frapper de nullité les comices ‖ *dies* Cic. Att. 4, 9, 1, entacher de vice, frapper d'interdit [par *obnuntiatio*] les jours destinés au recensement, cf. Liv. 3, 55, 13 ‖ falsifier : Cic. Sest. 115.

vĭtĭōsē, adv. (*vitiosus*), d'une manière défectueuse : [membre] *vitiose se habere* Cic. Tusc. 3, 19, être en mauvais état ‖ [fig.] *concludere* Cic. Ac. 2, 98, tirer une conséquence fausse, conclure mal ‖ d'une manière défectueuse, entachée d'irrégularité [contre les auspices] : Cic. Phil. 5, 10 ‖ *vitiosissime* Col. 4, 24, 15.

vĭtĭōsĭtās, *ātis*, f. (*vitiosus*) ¶ 1 vice, tare [physique] : Macr. Sat. 7, 10, 10 ¶ 2 [fig.] disposition vicieuse : Cic. Tusc. 4, 29 ; 34.

vĭtĭōsus, *a*, *um* (*vitium* ; it. *vezzoso*) ¶ 1 gâté, corrompu : Pl. Mil. 316 ; Varr. R. 2, 1, 21 ; Col. 7, 5, 6 ; [métaph.] Cic. Att. 2, 1, 7 ¶ 2 [fig.] **a)** défectueux, mauvais : *vitiosum suffragium* Cic. Leg. 3, 34, mauvais vote ; *vitiosissimus orator* Cic. de Or. 3, 103, l'orateur le plus imparfait ; *quo nihil est vitiosius* Cic. Brut. 207, pratique qui n'est plus mauvaise que tout **b)** qui comporte qqch. de mal, de défectueux : *vitiosum nomen* Cic. Tusc. 4, 43, terme péjoratif **c)** entaché de vice, irrégulier [contre les auspices] : *consul* Cic. Phil. 2, 84, consul élu irrégulièrement, cf. Cic. Phil. 5, 9 **d)** [moral^t] gâté, défectueux mauvais, corrompu : Cic. Nat. 3, 77 ; Fin. 2, 93 ; *vitiosior* Hor. O. 3, 6, 48 **e)** *vitiosa possessio* Gai. Inst. 4, 151, possession vicieuse [ne conduisant ni à la protection possessive, ni à l'usucapion].

vĭtĭparra, *ae*, f., troglodyte [oiseau] : *Plin. 10, 96.
▶ f. l., v. *riparius*.

vītis, *is*, f. (*vieo* ; it. *vite*, fr. *vis*) ¶ 1 vigne : Cic. CM 52 ; Nat. 2, 120 ; Virg. G. 1, 2 ¶ 2 cep : Cat. Agr. 41 ; Varr. R. 1, 31, 3 ‖ baguette du centurion : Plin. 14, 19 ; Tac. An. 1, 23 ; Ov. A. A. 3, 527 ; Luc. 6, 146 ; Juv. 8, 247 ‖ grade de centurion : Juv. 14, 193 ; Sil. 12, 395 ¶ 3 mantelet = *vinea* ¶ 3 : Lucil. 960 ¶ 4 = le vin : Mart. 8, 51, 12

vitis

¶ 5 couleuvrée blanche, noire [plante] : Plin. 23, 21 ; 23, 27.

vītĭsătŏr, ōris, m. (vitis, sator), planteur de la vigne, vigneron : Acc. Tr. 241 ; Virg. En. 7, 179.

vĭtĭum, ĭi, n. (cf. dis-, bis, viginti, δίς, scr. dvis, dveṣṭi il hait ; it. vezzo) ¶ 1 défaut, défectuosité, imperfection, tare : **corporis** Cic. de Or. 2, 266, défaut physique, difformité, infirmité ; **in tecto** Cic. Fam. 9, 15, 5, défectuosité dans le toit ; **si aedes vitium faciunt** Cic. Top. 15, si un édifice se détériore ‖ [en parl. du sol] état défectueux : Virg. G. 1, 88 ¶ 2 [fig.] **a)** défaut : **vitia in dicente videre** Cic. de Or. 1, 116, voir ce qui est mauvais chez un orateur ; **vitium castrorum** Caes. C. 1, 81, 3, mauvaise installation d'un camp ; **vitia orationis** Quint. 1, 5, 1, défauts de style ; **huc si perveneris, meum vitium fuerit** Cic. Ac. 2, 49, si tu parviens à cette conséquence, ce sera ma faute ; **fortunae vitio** Cic. Phil. 2, 44, par la faute de la fortune **b)** [religieu^t] défectuosité, irrégularité, vice [dans les auspices] : Cic. Phil. 2, 83 ; Nat. 2, 11 ; Div. 2, 43 ; **vitio navigare** Cic. Div. 1, 29, prendre la mer contre les auspices **c)** [moral] : [oppos. à virtutes] Cic. de Or. 1, 247, les vices ‖ **alicui vitio vertere quod** Cic. Fam. 7, 6, 1, faire un crime à qqn de ; **aliquid alicui vitio et culpae dare** Cic. Amer. 48, objecter qqch. à qqn comme une tare et un signe de culpabilité ; **in vitio esse** Cic. Off. 1, 23, être coupable, être en défaut ; **ea animi elatio in vitio est** Cic. Off. 1, 62, cette grandeur d'âme est un défaut ; **hoc est in vitio... perhorrescere** Cic. Fin. 5, 31, c'est un défaut que de redouter... **d)** outrage, attentat à la pudeur : **vitium alicujus pudicitiae addere, afferre** Pl. Amp. 811 ; Ep. 110, déshonorer, ravir l'honneur d'une femme [ou **alicui vitium offerre** Ter. Ad. 308 ; **vitium virginis** Ter. Eun. 722, viol d'une jeune fille **e)** reproches : Paul.-Petr. Mart. 3, 221.

▶ gén. pl. vitium Titin. Com. 149.

vītō, ās, āre, āvī, ātum (cf. scr. vīta-s, al. weit, an. wide ?), tr. ¶ 1 éviter, se garder de, se dérober à : **tela** Caes. G. 2, 25, éviter les traits ¶ 2 [fig.] **vituperationem** Cic. Prov. 44, éviter le blâme ; **mortem fuga** Caes. G. 5, 20, échapper à la mort par la fuite ; **se ipsum** Hor. S. 2, 7, 113, se fuir soi-même ‖ [avec dat.] être en garde contre ; **infortunio** Pl. Poen. 25, être en garde contre une mésaventure ; **huic verbo vitato** Pl. Cas. 210, garde-toi contre cette parole ‖ [avec ne] **quem ego vitavi ne viderem** Cic. Att. 3, 10, 2, que j'ai évité de voir, cf. Cic. de Or. 2, 239 ; Part. 60 ‖ [avec inf.] Lucr. 4, 324 ; Hor. Ep. 1, 3, 16 ; Sen. Ep. 81, 22 ; 114, 4 ; Gell. 10, 21, 2.

Vitodurum, V. Vitudurum.

vītŏr, ōris, m. (cf. vimen, vieo), celui qui tresse l'osier : Pl. Ru. 998 ; Don. Eun. 688 ; **vannorum vitores** Arn. 2, 38, vanniers, cf. Dig. 9, 2, 27 ; Gloss. 2, 210, 16.

vĭtrārĭa, V. vitriaria : Al.-Trall. 2, 246.

vĭtrārĭum, ĭi, n. (vitrarius ; it. vetraia), verrerie : Gloss. 2, 461, 35.

1 **vĭtrārĭus**, ĭi, m. (vitrum ; it. vetraio, fr. verrier), Gloss. 2, 461, 36 ; **vitrĕārĭus**, Sen. Ep. 90, 31 ; **vitrĭārĭus**, CIL 3, 9542, verrier, celui qui travaille et souffle le verre.

2 **vĭtrārĭus**, a, um, adj., de verre : Fav. 30.

Vitrasia, ae, f., Vitrasia Faustina, mise à mort par Commode : Lampr. Comm. 4, 10.

Vitrasius, ĭi, m., T. Pomponicus Proculus Vitrasius Pollion, consul sous Marc Aurèle : CIL 2, 5679 ‖ **-iānus**, a, um, de Vitrasius : Dig. 40, 5, 30, 6.

vĭtrĕa, ae, f., vitre : Greg.-Tur. Hist. 6, 10 ; V. vitreus.

vĭtrĕāmĭna, um, n. pl., C. vitrea : Paul. Dig. 33, 7, 18.

vĭtrĕārĭus, V. vitrarius.

vĭtrĕŏlus, a, um (dim. de vitreus), de verre : Paul.-Nol. Carm. 26, 413.

vĭtrĕus, a, um (vitrum) ¶ 1 de verre, en verre : Col. 12, 4, 4 ; **vitrea sedilia** Virg. G. 4, 350, sièges de verre [cristal de roche] ‖ **vitrĕa**, ōrum, n. pl., ouvrage de verre, verrerie : Mart. 1, 42, 5 ; Stat. S. 1, 6, 73 ; **vitreum** Sen. Ir. 1, 12, 4, ustensile en verre ¶ 2 clair, transparent comme du verre : Virg. En. 7, 759 ; Hor. O. 4, 2, 3 ‖ glauque, vert de mer : Plin. 9, 100 ‖ [fig.] brillant et fragile : Publ.-Syr. 189 ; Hor. S. 2, 3, 222.

vĭtrĭārĭa, ae, f. (vitrum ; cf. it. vetrinola), pariétaire [plante] : Ps. Apul. 82, 6 adn.

vĭtrĭārĭus, V. vitrarius.

Vĭtrĭcĭum, ĭi, n., ville près d'Aoste [Verrès] : Anton. 345.

vĭtrĭcus, i, m. (cf. viginti, bis, matertera, noverca, al. wieder), beau-père [second mari de la mère qui a des enfants d'un premier lit] : Cic. Att. 15, 12, 2 ; Verr. 1, 135 ; Mur. 73 ; Brut. 240.

vĭtrĭus, a, um (= vitreus), de verre : **ars vitria** CIL 13, 2000, art du verrier.

vĭtrum, i, n. (cf. scr. śveta-s, rus. svet, al. weiss, an. white ? ; fr. verre) ¶ 1 verre : Cic. Rab. Post. 40 ; Hor. O. 3, 13, 1 ; Sen. Nat. 1, 6, 5 ¶ 2 pastel ou guède, plante donnant une couleur bleue : Caes. G. 5, 14, 2 ; Vitr. 7, 14 ; Plin. 35, 46.

Vitrūvius, ĭi, m., nom de divers pers. ; not^t M. Vitruvius Pollion, Vitruve, qui écrivit sur l'architecture, sous Auguste : Fav. 1.

vitta, ae, f. (vieo ; roum. bată, cf. fr. vétille) ¶ 1 lien : Plin. 18, 317 ¶ 2 bandelette [des victimes ou des prêtres] : Virg. En. 2, 133 ; 10, 538 ; Ov. M. 2, 413 ; [des pers. d'un caractère sacré, comme les poètes] Virg. En. 6, 665 ‖ [ornant les autels] Virg. B. 8, 64 ; En. 3, 64 ‖ [des suppliants] Virg. En. 7, 237 ; Hor. O. 3, 14, 8 ¶ 3 ruban [nouant les cheveux, caractéristique des femmes de naissance libre] : Pl. Mil. 792 ; Tib. 1, 6, 67 ; Ov. Pont. 3, 3, 51.

vittātus, a, um (vitta), orné de bandelettes : Ov. Am. 1, 7, 17 ; Luc. 1, 597 ‖ orné de rubans, pavoisé : Plin. 7, 110.

Vitudurum (Vito-, -dor-), i, n., ville d'Helvétie [auj. Winterthur] Atlas XII, A2 : Anton. 251 ‖ **-rensis**, e, de Vitudurum : CIL 13, 5249.

1 **vĭtŭla**, ae, f. (vitulus), génisse : Varr. R. 2, 5, 6 ; Virg. B. 3, 29.

2 **Vĭtŭla**, ae, f. (vitulor), déesse de la Victoire et des réjouissances qui suivent la victoire : Varr. L. 7, 107.

vĭtŭlāmen, ĭnis, n. (cf. 1 vitulus), pullulement de rejetons : Ambr. Ep. 37, 36.

Vĭtŭlārĭa vĭa, f., la route Vituliaire, sur le territoire d'Arpi : Cic. Q. 3, 1, 3.

Vĭtŭlātĭo, ōnis, f. (vitulor), transports de joie : Macr. Sat. 3, 2, 14.

vĭtŭlīnus, a, um (1 vitulus), de veau : Cic. Div. 2, 52 ‖ **-līna**, ae, f., viande de veau : Pl. Aul. 375 ; Nep. Ages. 8, 4.

vĭtŭlŏr, āris, ārī, - (vi-, onomat., -tulor, cf. opitulor), intr., être transporté de joie, se réjouir beaucoup : Varr. d. Macr. Sat. 3, 2, 12 ; P. Fest. 507, 12 ; **Jovi** Pl. Pers. 254, en l'honneur de Jupiter.

1 **vĭtŭlus**, i, m. (cf. vetus, mais V. 2 vitellus ?) ¶ 1 veau : Varr. R. 2, 5, 6 ; Cic. Div. 2, 36 ; Virg. G. 4, 299 ¶ 2 petit [d'un éléphant] : Plin. 8, 2 ; [d'une baleine] Plin. 9, 13 ‖ **vitulus marinus** Juv. 3, 238 ; Suet. Aug. 90, **vitulus** [seul] Plin. 2, 146, veau marin, phoque.

2 **Vĭtŭlus**, i, m. (1 vitulus), nom d'homme : CIL 6, 631.

Vītumnus, i, m. (vita), dieu qui donne la vie à l'enfant naissant : Aug. Civ. 7, 2 ; 3 ; Tert. Nat. 2, 11, 4.

vĭtŭpĕrābĭlis, e (vitupero), blâmable, répréhensible : Cic. Fin. 3, 40.

vĭtŭpĕrābĭlĭtĕr, adv., d'une manière défectueuse (blâmable) : Aug. Doctr. 4, 24, 54.

vĭtŭpĕrātĭo, ōnis, f. (vitupero), blâme, reproche, réprimande, critique : Cic. Verr. 5, 46 ; Brut. 47 ; **in vituperationem venire** Cic. Verr. 4, 13 ; **cadere** Cic. Att. 14, 13, 4, encourir le blâme ; **esse alicui laudi potius quam vituperationi** Cic. Fam. 13, 73, 2, attirer à qqn plus d'estime que de blâme.

vĭtŭpĕrātīvus, a, um, qui contient (qui exprime) un blâme : Prisc. 3, 272, 19 ; Serv. En. 3, 557.

vĭtŭpĕrātŏr, ōris, m. (vitupero), censeur, critique : Cic. Nat. 1, 5 ; Tusc. 2, 4 ; Fin. 1, 2.

1 **vĭtŭpĕrō**, ās, āre, āvī, ātum (vitium, 2 paro), tr. ¶ 1 trouver des défauts à, blâmer, reprendre, critiquer, censurer qqn ou qqch. : Cic. Q. 2, 6, 5 ; Mur. 60 ‖ [rhét.] rabaisser : Cic. Brut. 47 ; 65 ¶ 2 gâter, vicier : **cur omen mihi vituperat ?** Pl. Cas. 411, pourquoi est-il pour moi de si fâcheux augure ?

2 vĭtŭpĕro, ōnis, m., C. vituperator: GELL. 19, 7, 16; SIDON. Ep. 4, 22, 6.

vītŭs, abl. ū, m. (cf. vieo, vitis, ἴτυς), jantes d'une roue: PROB. Inst. 4, 166, 22.
▶ **bitum**, i, n. DIOCL. 15, 31.

vīvācĭtās, ātis, f. (vivax) ¶ **1** force de vie, longue vie, durée: PLIN. 8, 101; PLIN. Ep. 3, 7, 13; QUINT. 6, pr. 3 ¶ **2** vivacité d'esprit: ARN. 5, 32 ¶ **3** vitalité de l'âme: TERT. Res. 9, 1 ¶ **4** ténacité: TERT. Prax. 1, 7.

vīvācĭtĕr, adv. (vivax), avec ardeur, avec chaleur [fig.]: FULG. Myth. 1, pr. p. 12, 3 ∥ **-cius** PRUD. Sym. 2, 333; **-cissime** BOET. Porph. com. pr. 1, 9,p. 23, 2.

vīvārĭae nāves, f. pl. (vivus), bateaux où l'on garde du poisson vivant, viviers: MACR. Sat. 3, 16, 10.

vīvārĭensis, e, de Vivarium [monastère fondé par Cassiodore à Squillace, Calabre]: CASSIOD. Inst. 1, 29, 3.

1 vīvārĭum, ĭi, n. (vivus; fr. vivier, al. Weiher), parc à gibier, garenne; vivier; parc à huîtres: PLIN. 8, 211; 9, 168; 9, 171; SEN. Clem. 1, 18, 2; JUV. 3, 308; 4, 51; GELL. 2, 20, 1 ∥ [fig.] HOR. Ep. 1, 1, 79.

2 Vīvārĭum, ĭi, n., ville de Narbonnaise [auj. Viviers, dans le Vivarais]: NOT. GALL. 11, 6.

vīvātus, a, um (vivus), animé, qui vit, en vie: LUCR. 3, 409; 558; 680.

vīvax, ācis (vivo) ¶ **1** qui vit longtemps: VIRG. B. 7, 30; OV. F. 2, 625; M. 13, 519 ∥ qui vit trop longtemps: HOR. S. 2, 1, 53; **vivacior** HOR. S. 2, 2, 132 ∥ [plantes] vivace: VIRG. G. 2, 181; HOR. O. 1, 36, 16; OV. F. 4, 397 ∥ durable: HOR. P. 69 ¶ **2** animé, vif **a)** *vivacia sulphura* OV. M. 3, 374, le soufre prompt à s'enflammer **b)** *vivacissimus cursus* GELL. 5, 2, 4, une course très rapide [à très vive allure] **c)** *discipuli paulo vivaciores* QUINT. 2, 6, 3, élèves un peu trop remuants.

vīvē, adv. (vivus), vivement (beaucoup): PL. Ep. 283.

vīvēbo, V. vivo ▶.

vīverra, ae, f. (redoubl., peu clair), furet: PLIN. 8, 218.

vīverrārĭum, ĭi, n., lieu où l'on élève les furets: *GLOSS. 2, 261, 14.

vīvescō (vīviscō), ĭs, ĕre, vīxī, - (inch. de vivo), intr. ¶ **1** prendre vie, commencer à vivre: PLIN. 9, 160; 16, 93 ¶ **2** [fig.] s'animer, se développer, s'aviver: LUCR. 4, 1068; 1138.

Vīvĭānus, f. l. pour Vinicianus.

vīvĭcombūrĭum, ĭi, n. (vivus, comburo), condamnation à être brûlé vif: TERT. Anim. 1, 6; 33, 6.

vīvĭdē, adv., compar., **vividius** AMM. 30, 1, 7, plus vivement ∥ [fig.] **-dius**, d'une manière plus expressive: GELL. 6, 3, 53.

vīvĭdō, ās, āre, -, - (vividus), tr., vivifier: CAPEL. 9, 912.

vīvĭdus, a, um (vivo) ¶ **1** vivant, animé: LUCR. 1, 178 ∥ [fig.] qui semble respirer [portrait]: PROP. 2, 31, 8; MART. 7, 44, 2 ¶ **2** plein de vie, vif, bouillant, vigoureux, énergique: *vividum corpus* PLIN. Ep. 3, 1, 10, un corps plein de vie, de santé; *vivida senectus* TAC. An. 6, 27, vieillesse vigoureuse; *vividum ingenium* LIV. 2, 48, 3, caractère énergique; *vivida odia* TAC. An. 15, 49, haines tenaces ∥ **vividior** MART. 8, 6, 12; VAL.-MAX. 5, 1, 1.

vīvĭfĭcātĭo, ōnis, f. (vivifico), action de vivifier, vivification: TERT. Marc. 5, 9, 5.

vīvĭfĭcātŏr, ōris, m. (vivifico), celui qui vivifie: AUG. Civ. 7, 3.

vīvĭfĭcātōrĭus, a, um, vivifiant: AMBR. Spir. 2, 9, 92.

vīvĭfĭcātrix, īcis, adj. f., vivifiante: PROSP. Ingr. 504.

vīvĭfĭcō, ās, āre, āvī, ātum (vivus, facio), tr., vivifier: TERT. Marc. 5, 9, 5; Val. 14, 4 ∥ [fig.] HIER. Ep. 108, 11 ∥ ressusciter: VULG. 4 Reg. 8, 5.

vīvĭfĭcus, a, um (vivus, facio), vivifiant: PS. APUL. Asclep. 2.

vīvĭpărus, a, um (vivus, 2 pario, cf. vipera), vivipare: APUL. Apol. 38.

vīvĭrādix, īcis, f. (vivus, radix), plant vif, plante avec sa racine: CIC. CM 52; CAT. Agr. 33, 4.

Vivisci, ōrum, m. pl., les Bituriges Visques [habitant les bords de la Garonne]: PLIN. 4, 108 ∥ **Viviscus**, a, um, des Visvisques: AUS. Mos. 438; V. Cubi.

vīviscō, V. vivesco.

vīvō, ĭs, ĕre, vīxī, victum (cf. vita, vivus, βιόω, scr. jīvati, rus. žiťʹ, gaul. bitu-; fr. vivre), intr. ¶ **1** vivre, avoir vie, être vivant: *vivere ac spirare* CIC. Sest. 108, vivre et respirer; *annum vivere* CIC. CM 24, vivre une année; *ad centesimum annum, ad summam senectutem* CIC. CM 19; Brut. 179, vivre jusqu'à cent ans, jusqu'à une extrême vieillesse; *triginta annis vivere posteaquam* CIC. Off. 3, 8, être en vie trente ans après que... ∥ *negat Epicurus jucunde posse vivi nisi cum virtute vivatur* CIC. Tusc. 3, 49, Épicure prétend qu'on ne peut vivre heureux sans la vertu ∥ [avec acc. de l'objet intér.] *vitam duram* TER. Ad. 859, vivre une dure vie; *tutiorem vitam* CIC. Verr. 2, 118, vivre d'une vie plus sûre, cf. CIC. Clu. 170; [pass., poét.] *nunc tertia vivitur aetas* OV. M. 12, 187, maintenant c'est la troisième génération que je vis [= deux siècles] ∥ [choses]: *et vivere vitem et mori dicimus* CIC. Fin. 5, 39, nous disons de la vigne qu'elle vit et qu'elle meurt, cf. CIC. Tusc. 1, 56; VARR. R. 1, 14, 2; PLIN. 16, 24 ¶ **2** être encore vivant: *ne eorum aliquem qui vivunt nominem* CIC. Sest. 101, pour ne pas désigner tel ou tel de ceux qui vivent encore, cf. CIC. Att. 13, 19, 3; *hic tamen vivit; vivit? immo etiam...* CIC. Cat. 1, 2, et pourtant cet homme vit; il vit? que dis-je?...; *si viveret Hortensius...* CIC. Brut. 6, si Hortensius était encore en vie..., cf. CIC. Amer. 42; Att. 14, 13 b, 4; *utinam viveret* CIC. Phil. 8, 22, que ne vit-il encore! ¶ **3** locutions **a)** *vixit, vixisse*, il a vécu, avoir vécu = n'être plus: PL. Bac. 151; Most. 1002 **b)** *ita vivam, putavi* CIC. Fam. 2, 13, 3, sur ma vie, je l'ai pensé, cf. CIC. Fam. 2, 16, 20; Att. 5, 15, 2; SEN. Ep. 82, 12 **c)** *ne vivam, si scio* CIC. Att. 4, 16, 8, que je meure, je veux mourir, si je le sais, cf. CIC. Att. 7, 23, 4 **d)** *si vivo* PL. Aul. 555; Bac. 762; TER. Haut. 918; Eun. 990, si je vis = si les dieux me prêtent vie [menace] **e)** *sibi soli vivere* TER. Eun. 480, vivre pour soi seul; *si tibi soli viveres* CIC. Marc. 25, si tu vivais pour toi seul **f)** *in diem, in horam vivere* CIC. Tusc. 5, 33; Phil. 5, 25, vivre au jour le jour **g)** *de lucro vivimus* CIC. Fam. 9, 17, 1, nous vivons par grâce ¶ **4** vivre vraiment, jouir de la vie: *sed quando vivemus?* CIC. Q. 3, 1, 12, mais quand vivrons-nous? ∥ [formule d'adieu] *vive valeque* HOR. S. 2, 5, 110, jouis de la vie et porte-toi bien, cf. HOR. Ep. 1, 6, 67; [poét.] *vivite, silvae* VIRG. B. 8, 58, adieu, forêts! ¶ **5** vivre, durer, subsister: *mea semper gloria vivet* CIC. poet.d. GELL. 15, 6, 3, ma gloire vivra éternellement; *(Scipio) vivit tamen, semperque vivet* CIC. Lae. 102, [Scipion a beau m'avoir été enlevé soudain] il vit néanmoins et vivra toujours, cf. PLIN. Ep. 2, 1, 11; SEN. Ben. 3, 5, 2; HOR. O. 2, 2, 5; OV. M. 15, 879; *tacitum vivit sub pectore vulnus* VIRG. En. 4, 67, la blessure vit (subsiste) secrètement au fond de son cœur; *nec carmina vivere possunt quae scribuntur aquae potoribus* HOR. Ep. 1, 19, 2, et il n'est pas possible que vivent les vers écrits par des buveurs d'eau ¶ **6** vivre de, se nourrir de: *maximam partem lacte atque pecore vivunt* CAES. G. 4, 1, 8, ils vivent pour la plupart de lait et de la viande des troupeaux, cf. CAES. C. 3, 49; G. 4, 10; CIC. Verr. 5, 131; HOR. Ep. 1, 12, 8; 2, 1, 123; *rapto* LIV. 27, 12, 5, vivre de rapine [ou] *ex rapto* OV. M. 1, 44; *parvo* HOR. S. 2, 2, 1, vivre de peu ∥ se nourrir, s'entretenir: *bene* PL. Mil. 706; HOR. Ep. 1, 6, 51, bien vivre, se bien traiter; *vivitur parvo bene* HOR. O. 2, 16, 13, on vit bien à peu de frais; *parcius* HOR. S. 1, 3, 49, vivre trop chichement ∥ [fig.] *studia nostra, quibus antea delectabamur, nunc etiam vivimus* CIC. Fam. 13, 28, 2, mes études, jadis pure distraction, maintenant soutien de ma vie, aliment de ma vie ¶ **7** vivre, passer sa vie, l'occuper de telle ou telle manière: *in agro colendo* CIC. Amer. 39, passer sa vie à cultiver la terre; *in litteris* CIC. Fam. 9, 26, 1, vivre dans les livres, cf. CIC. CM 38; *in oculis civium* CIC. Off. 3, 3, vivre sous les regards de ses concitoyens; *e natura* CIC. Fin. 3, 68, vivre selon les lois de la nature, selon le vœu de la nature ∥ *familiariter cum aliquo* CIC. Att. 6, 6, 2, être intimement lié avec qqn; *cum Pansa vixi in Pompeiano* CIC. Att. 14, 20, 4, j'ai

vivo

eu la société de Pansa dans ma villa de Pompéi; *secum vivere* Cic. *CM* 49, vivre avec soi-même, n'avoir d'autre société que soi-même ‖ *ego vivo miserrimus* Cic. *Att.* 3, 5, pour moi, j'ai la plus malheureuse des existences ‖ [impers.] *quoniam vivitur non cum perfectis hominibus, sed...* Cic. *Off.* 1, 46, puisque l'on vit non pas avec des gens parfaits, mais... ¶ 8 [chrét.] vivre de la vie éternelle: Vulg. *Rom.* 8, 13.
▶ fut. *vivebo* Nov. *Com.* 10 ‖ *vixet* = *vixisset* Virg. *En.* 11, 118.

vīvus, **a**, **um**, adj. (*vivo*, cf. osq. *bivus*, scr. *jīva-s*, rus. *Vivoj*, bret. *bev*; fr. *vif*) ¶ 1 vivant, vif, animé, en vie: Cic. *Mil.* 90; *Verr.* 2, 189; *Q.* 1, 2, 15; Caes. *G.* 6, 16; *Tatio... vivo* Cic. *Rep.* 2, 14, du vivant de Tatius, cf. Cic. *Mil.* 44; *Brut.* 81; Caes. *G.* 7, 33; *affirmat se vivo...* Cic. *Att.* 4, 16, 2, il garantit que lui vivant...; *viva me* Pl. *Bac.* 515, moi vivante, de mon vivant; *vivus et videns* Cic. *Sest.* 59, de son vivant et sous ses yeux, cf. Cic. *Quinct.* 50; Ter. *Eun.* 73 ‖ **vivus**, subst. m., un vivant: Cic. *Amer.* 113; *Tusc.* 1, 88; *Cat.* 1, 33; *Verr.* 2, 46 ¶ 2 [choses]: *vivam illorum memoriam tenere* Cic. *de Or.* 2, 8, garder leur souvenir encore vivant; *viva vox* Quint. 2, 2, 8; Plin. 2, 3, 9; Sen. *Ep.* 6, 5; 33, 9, voix vivante, parole qui sort de la bouche même de qqn ‖ qui semble vivant: *vivos ducent de marmore vultus* Virg. *En.* 6, 848, ils tireront du marbre des figures vivantes, cf. Stat. *S.* 1; 3, 48 ‖ *viva aqua* Varr. *L.* 5, 123, eau vive, courante, cf. Virg. *En.* 2, 719; Liv. 1, 45, 6 ‖ *vivum saxum* Virg. *En.* 1, 167, roc vif, naturel; *sulfur* Plin. 35, 175, soufre natif; *vivus lapis* Plin. 36, 138, silex ‖ *calx viva* Vitr. 8, 6, 8, chaux vive, [chrét.] *tanquam lapides vivi* Vulg. 1 *Petr.* 2, 5, comme des pierres vivantes [les fidèles] ‖ m. pris subst., le vif: *ad vivum resecare* Col. 6, 12, 3, couper jusqu'au vif; v. *reseco*; *calor ad vivum adveniens* Liv. 22, 17, 2, la chaleur gagnant jusqu'au vif; *de vivo aliquid resecare* Cic. *Verr.* 3, 118, détacher qqch. du vif, prendre sur le fond, sur le principal; *nihil detrahere de vivo* Cic. *Flac.* 91, ne pas toucher au capital ¶ 3 [fig.] animé, vif: Plin. *Ep.* 8, 6, 17; Arn. 3, 103.

1 vix, adv. (cf. *vinco*, *pervicax*?), à peine ¶ 1 avec peine, difficilement: [*vix* étant d'ordinaire placé comme *non*] *dici vix potest* Cic. *Verr.* 4, 127, on peut à peine dire, cf. Cic. *Quinct.* 54; *Clu.* 17 mais *manus vix abstinere possunt* Cic. *Vat.* 10, ils peuvent à peine retenir leurs mains, cf. Phil. 2, 114; Liv. 22, 59, 14 ‖ *aut vix aut nullo modo* Cic. *Nat.* 2, 20, à peine ou pas du tout; *brevi spatio interjecto vix ut* Caes. *G.* 3, 4, 1, après un court intervalle à peine suffisant pour que, cf. Caes. *G.* 1, 6, 1; *vix teneor quin...* Cic. *Fam.* 16, 24, 2, j'ai peine à me retenir de...; *vix ad quingentos redigi* Caes. *G.* 2, 28, 2, être réduits à cinq cents à peine ‖ *vix aegreque* Pl. *Poen.* 236, difficilement et avec peine ‖ *vix pauci* Liv. 31, 24, 3, juste un peu, juste qqns ¶ 2 [en corrél. avec *cum*]: *vix processerat, cum...* Caes. *G.* 6, 8, à peine s'était-il avancé que..., cf. Cic. *Verr.* 4, 86 ‖ *vix... et* Virg. *En.* 5, 857, à peine..., que, cf. Plin. *Ep.* 7, 33, 7; *vix... atque* Gell. 3, 1, 5 ‖ [*vix* et asyndète] *vix proram attigerat, rumpit Saturnia funem* Virg. *En.* 10, 659, à peine avait-il atteint la proue que la fille de Saturne rompt le cordage, cf. Virg. *En.* 8, 337; Ov. *F.* 5, 278 ¶ 3 [fortifié par *tandem*] avec peine, mais enfin; tout de même enfin: Pl. *Most.* 72, 7; Ter. *And.* 470; Cic. *Fam.* 3, 9, 1.

2 *vix [inus.] v. *vicis*.

vixdum, adv. (*vix*, *dum*), à peine encore, à peine: Cic. *Cat.* 1, 10; *Fam.* 12, 4, 2; Liv. 21, 3, 2; 24, 4, 1 ‖ *vixdum... cum* Cic. *Att.* 9, 2 a, 3, à peine... quand (que); ou *vixdum... et* Liv. 36, 12, 5; 43, 4, 10; Plin. *Ep.* 7, 33, 7 ‖ [asyndète] *vixdum dimidium dixeram, intellexerat* Ter. *Phorm.* 594, je n'avais pas encore dit la moitié de ma pensée qu'il avait compris.

vixet, v. *vivo* ▶.

vixī, parf. de *vivo*.

Voberna, **ae**, f., ville de la Gaule transpadane: CIL 5, 4905.

vōbis, dat.-abl. de *vos*.

vōbiscum, v. *vos*.

vŏcābĭlis, **e** (*voco*), sonore: Gell. 13, 21, 14.

vŏcābŭlum, **i**, n. (*voco*) ¶ 1 dénomination, nom d'une chose, mot, terme: Cic. *Inv.* 1, 34; *de Or* 3, 159; *Caecin.* 51; *Leg.* 1, 38; *Chaldaei non ex artis, sed ex gentis vocabulo nominati* Cic. *Div.* 1, 2, les Chaldéens, ainsi appelés, non pas du nom de la profession, mais du nom du pays ‖ nom [propre]: *artifex talium vocabulo Locusta* Tac. *An.* 12, 66, une femme habile à ces pratiques, du nom de Locuste, cf. Tac. *An.* 13, 12 ¶ 2 [gram.] le nom: Varr. *L.* 8, 11; 12; Quint. 1, 4, 20; Sen. *Ep.* 58, 6.

vōcālis, **e**, adj. (*vox*; fr. *voyelle*) ¶ 1 qui fait entendre un son de voix [animaux]: *aves cantu aliquo aut humano sermone vocales* Plin. 19, 141, oiseaux chanteurs ou imitant la parole humaine; *ranae vocales* Plin. 8, 227, grenouilles coassantes [oppos. à *mutae*, grenouilles muettes]; [scarabées] Plin. 11, 98; [poisson] Plin. 9, 70 ¶ 2 [voix humaine] qui se sert de la voix: *ne quem vocalem praeteriisse videamur* Cic. *Brut.* 242, pour ne pas paraître avoir oublié un seul praticien de la parole; *vocalissimus* Plin. *Ep.* 4, 7, 2, ayant la plus belle voix; *vocales boves* Tib. 2, 5, 78, bœufs parlants; *instrumenti genus vocale* Varr. *R.* 1, 17, 1, l'instrument vocal [les esclaves] ¶ 3 [choses] qui rend un son, sonore: *vides enim quanto vocaliora sint vacua quam plena* Sen. *Nat.* 2, 29, car on voit combien les espaces vides sont plus sonores que les espaces pleins ‖ *chordae vocales* Tib. 2, 5, 3, les cordes harmonieuses de la lyre; *vocalis Orpheus* Hor. O. 1, 12, 7, l'harmonieux Orphée ‖ *verba vocaliora* ou *magis vocalia* Quint. 8, 3, 16, mots plus sonores ¶ 4 pris subst. **a)** *vōcālis*, **is**, f., voyelle: Quint. 1, 7, 26; [surtout au pl.]: Cic. *Or.* 77; 150; 151; Quint. 1, 4, 6 **b)** [tard.] *vōcālēs*, **ĭum**, m. pl., musiciens, chanteurs: Tert. *Spect.* 30, 5; Sidon. *Ep.* 1, 2, 9 ¶ 5 [poét., causatif]: qui donne de la voix, qui inspire les chants: Stat. *S.* 1, 2, 6; 5, 5, 2.

vōcālĭtās, **ātis**, f. (*vocalis*), euphonie: Quint. 1, 5, 4.

vōcālĭtĕr, adv. (*vocalis*), en criant: Apul. *M.* 1, 22 ‖ au moyen de la voix, par la parole: Tert. *Prax.* 3, 2.

vŏcāmĕn, **ĭnis**, n. (*voco*), nom [d'une chose]: Lucr. 2, 657.

Vocarium, **ĭi**, n., ville du Norique: Peut. 3, 4.

Vŏcātēs, **um** ou **ĭum**, m. pl., peuple d'Aquitaine: Caes. *G.* 3, 23, 1; 3, 27, 1.

vŏcātĭo, **ōnis**, f. (*voco*), action d'appeler, assignation [en justice]: Varr. d. Gell. 13, 12, 4; 6 ‖ invitation: Catul. 47, 5 ‖ action d'appeler, de nommer, nom, appellation: Tert. *Pud.* 9, 19 ‖ vocation [divine]: Vulg. 1 *Cor.* 1, 26 ‖ appel à tel genre de vie, vocation: Vulg. 1 *Cor.* 7, 20.

vŏcātīvē, adv., au vocatif: Gell. 13, 22, 4.

vŏcātīvus, **a**, **um**, adj. (*voco*), qui sert à appeler, qui appelle [désigne]: P. Fest. 101, 10; Prisc. 3, 130, 20; *vocativus casus* Char. 45, 15, le vocatif ‖ subst. m., le vocatif [gram.]: Gell. 14, 5, 1; 2.

vŏcātŏr, **ōris**, m., celui qui appelle, qui convoque: Prud. *Perist.* 2, 461; Ambr. *Luc.* 4, 33 ‖ celui qui est chargé d'inviter [à un repas]: Sen. *Ir.* 3, 37, 4; Plin. 35, 89.

vŏcātōrĭus, **a**, **um**, qui contient un appel: Tert. *Anim.* 47, 2.

1 vŏcātus, **a**, **um**, part. de *voco*.

2 vŏcātŭs, **ūs**, m. ¶ 1 convocation: *alicujus vocatu* Cic. *de Or.* 3, 2, sur la convocation de qqn ¶ 2 appel, invocation: pl., Virg. *En.* 12, 95 ‖ invitation à dîner: Suet. *Cal.* 39.

Vocetius mons, m., montagne d'Helvétie [Jura]: Tac. *H.* 1, 68.

vōcĭfĕrātĭo, **ōnis**, f. (*vociferor*), clameurs, vociférations: Cic. *Verr.* 5, 156; *Clu.* 30; Quint. 2, 10, 8; Suet. *Cl.* 36.

vōcĭfĕrātŏr, **ōris**, m., celui qui crie: Tert. *Marc.* 4, 11, 5.

vōcĭfĕrātŭs, **ūs**, m., grands cris: Plin. 10, 164.

vōcĭfĕrō, **ās**, **āre**, **āvī**, **ātum**, c. *vociferor*: Varr. *R.* 3, 9, 5 ‖ [pass. impers.]: *vociferatum (fuerat) fortiter* [avec prop. inf.] Liv. 24, 21, 2, avec des cris forcenés on avait proclamé que....

vōcĭfĕror, **ārĭs**, **ārī**, **ātus sum** (*vox*, *fero*) ¶ 1 intr., faire entendre des clameurs, pousser de grands cris: Cic. *Verr.* 4, 39; *Amer.* 9; *de Or.* 2, 287 ‖ [avec *ut*] demander à grands cris que: Liv. 7, 12,

14 ǁ [choses] retentir, résonner : Lucr. 2, 450 ; 1, 732 ¶ **2** tr., crier fort, dire à plein gosier : *pauca, talia* Liv. 4, 1, 6 ; Virg. En. 2, 679, crier quelques paroles, pousser de tels cris ǁ [avec prop. inf.] crier que : Cic. Rab. Post. 21 ; Caecin. 65 ; Liv. 10, 29, 3 ; 10, 35, 13 ǁ [avec interr. indir.] *hoc vociferari, quam miserum sit* Cic. Verr. 2, 52, dire à tous les échos combien il est lamentable que ǁ [poét.] proclamer à tous les échos : Lucr. 3, 14.

vōcĭfĭco, *ās, āre,* -, - (*vox, facio*) ¶ **1** intr., faire grand bruit [abeilles] : Varr. R. 3, 16, 8 ¶ **2** tr., annoncer à haute voix : Gell. 9, 3, 1.

vŏcīma pĭra, n. pl. (cf. *volema* ?), nom d'une sorte de poires : Plin. 15, 56.

Vocĭo (**Vocc-**), *ōnis,* m., roi du Norique : Caes. G. 1, 53, 4.

vōcis, gén. de *vox*.

vŏcĭto, *ās, āre, āvī, ātum* (fréq. de *voco*), tr., nommer habituellement, dénommer, appeler : Cic. Rep. 2, 50 ; Nat. 2, 111 ; Rab. Post. 23 ; Nep. Dion 10, 2.

vŏcīvus, v. *vacivus* ▶.

vŏco, *ās, āre, āvī, ātum* (cf. *vox*, εἶπον, scr. *vivakti,* an. *vouch*), tr.

I appeler ¶ **1** " convoquer ", *in contionem, in senatum* ¶ **2** " assigner ", *in jus, in judicium* ¶ **3** " appeler " pour voter ¶ **4** " provoquer " [au combat] ¶ **5** " inviter " [à dîner] ¶ **6** " exhorter " ¶ **7** " nommer ".

II [fig.] ¶ **1** " amener ", *in crimen vocare* ¶ **2** " destiner à " ; " appeler à ".

I appeler ¶ **1** appeler pour faire venir, appeler, convoquer : *hominum multitudinem ex omni provincia* Caes. C. 2, 1, lever dans toute la province une multitude d'hommes ; *aliquem ad se* Caes. G. 1, 20, mander qqn auprès de soi ; *ad arma* Caes. C. 1, 0, appeler aux armes ; *ad bellum* Cic. Flac. 102, appeler à la guerre ; *in contionem aliquem* Cic. Ac. 2, 144, convoquer qqn devant l'assemblée du peuple ǁ [abs^t] *vocare in contionem* Liv. 24, 28, 1, convoquer à l'assemblée [convoquer l'assemblée du peuple] ; *in senatum* Liv. 23, 32, 3, convoquer le sénat, cf. Liv. 36, 21, 7, [et impers^t] Liv. 2, 55, 10 ǁ *contionem vocare* Tac. An. 1, 29, convoquer l'assemblée, cf. Virg. En. 6, 433 ; 10, 2 ; [poét.] *pugnas* Virg. En. 7, 614, appeler les batailles = appeler aux combats ǁ *aliquem auxilio* Tac. An. 4, 67 ; 12, 45, appeler qqn à son secours, invoquer l'assistance de qqn, cf. Virg. En. 5, 686 ǁ *votis imbrem* Virg. G. 1, 157, appeler la pluie de ses vœux ; *voce deos* Virg. 4, 680, invoquer les dieux à haute voix, cf. Virg. En. 6, 247 ; *cornix plena pluviam vocat improba voce* Virg. G. 1, 388, la corneille importune appelle la pluie à plein gosier, cf. Lucr. 5, 1086 ǁ [poét. avec inf.] *levare... vocatus* Hor. O. 2, 18, 40, appelé pour soulager ǁ *in crimen* Cod. Just. 9, 9, 25, accuser d'un crime ǁ *in testimonium* Dig. 48, 18, 1, 4, appeler à fournir son témoignage [en justice] ¶ **2** appeler = assigner : *aliquem in jus* Cic. Quinct. 61, appeler en justice qqn ǁ [fig.] *aliquid in judicium* Cic. Verr. 2, 34, déférer qqch. à la poursuite judiciaire ¶ **3** appeler pour voter : *prima classis vocatur* Cic. Phil. 2, 82, on appelle la première classe ¶ **4** inviter à venir combattre, provoquer : Caes. G. 5, 43, 6 ; Tac. G. 14 ; Virg. En. 11, 375 ; 442 ¶ **5** inviter à dîner : *vocare ad prandium, ad cenam* Cic. Mur. 72 ; 74, inviter à dîner ; *vocare* seul [même sens] : Pl. St. 600 [ou] *vocare domum suam* Cic. Mur. 71 ; Amer. 52 ¶ **6** inviter = exhorter : *aliquem ad vitam, in spem* Cic. Att. 3, 7, 2 ; 3, 15, 6, exhorter qqn à conserver la vie ; inviter qqn à espérer ; *anni tempore ad gerendum bellum vocari* Caes. G. 7, 32, être invité par la saison à se mettre en campagne ǁ *Carthaginienses fessos nox imberque ad necessariam quietem vocabat* Liv. 28, 15, 12, la nuit et la pluie invitaient les Carthaginois harassés à prendre un repos nécessaire ǁ [poét. avec inf.] *sedare sitim fontes vocabant* Lucr. 5, 945, les sources invitaient à apaiser la soif ¶ **7** appeler = désigner par un nom, nommer : *quos tyrannos vocas* Cic. Vat. 29, ceux que tu appelles tyrans ; *animal... quem vocamus hominem* Cic. Leg. 1, 22, l'animal... que nous appelons homme ; *collis qui nunc Quirinalis vocatur* Cic. Rep. 2, 20, la colline qu'on appelle aujourd'hui le Quirinal ; *ad Spelaeum, quod vocant* Liv. 45, 33, 8, à la Caverne, comme on l'appelle (au lieu-dit de la Caverne) ǁ *lapis, quem magneta vocant patrio de nomine* Lucr. 6, 908, la pierre qu'ils appellent *magnes* du nom de sa patrie, cf. Ov. F. 3, 77 ; *Taurini vocantur de fluvio qui...* Cat. Orig. 3, 1, les Taurini tirent leur nom du fleuve qui....

II [fig.] ¶ **1** amener : *in invidiam vocare aliquem* Cic. Sest. 139, *in suspicionem* Cic. Verr. 5, 10, amener qqn à être détesté, soupçonné, faire détester, faire soupçonner qqn ; *in luctum* Cic. Att. 3, 7, 2, jeter dans la douleur ; *vocatus in partem curarum* Tac. An. 1, 11, appelé à partager les tâches du gouvernement ǁ *in crimen aliquid* Cic. Verr. 3, 217 ; Cic. Rab. perd. 24, faire tomber une accusation sur qqch. ; *res in dicendi disceptationem vocatur* Cic. de Or. 2, 291, un sujet est soumis à la discussion ¶ **2** appeler à, destiner à : *Italiam totam ad exitium et vastitatem vocas* Cic. Cat. 1, 12, tu destines l'Italie tout entière à la ruine et à la dévastation (tu veux la conduire à...) ǁ [chrét.] appeler à la foi, à la vie éternelle : Vulg. Matth. 20, 16.

▶ inf. pass. *vocarier* Pl. Cap. 1024.

Vŏcōnĭa lex, f., la loi Voconia [169 av. J.-C., prive les femmes de la capacité d'être appelées héritières aux successions des citoyens de la 1re classe (100 000 as) ; réduit la part des legs grevant les héritiers] : Cic. Verr. 1, 107 ; Balb. 21 ; Gai. Inst. 2, 226 ; 274 ; v. *Voconius*.

Vŏcōnĭānus, *a, um,* de Voconius : Paul. Sent. 4, 8, 20.

Vŏcōnĭus, *ĭĭ,* m., Q. Voconius Saxa [tribun, auteur d'une loi] : Cic. Balb. 21 ǁ *forum Voconii* Planc. Fam. 10, 17, 1, lieu-dit en Gaule.

Vŏcontĭī, *ōrum,* m. pl., Voconces [peuple de Narbonnaise, entre le Rhône et la Durance] : Caes. G. 1, 10 ; Liv. 21, 31, 9 ǁ **-tĭus**, *a, um,* des Voconces : Sil. 3, 467.

1 **vōcŭla**, *ae,* f. (dim. de *vox*), voix faible, voix contenue : Cic. Att. 2, 23, 1 ǁ inflexion douce [de la voix] : Cic. de Or. 3, 98 ǁ pl., paroles chuchotées, médisances : Cic. Fam. 2, 16, 2 ǁ mot court [gram.], monosyllabe : Gell. 12, 14, 5.

2 **Vōcŭla**, *ae,* m., surnom romain : Tac. H. 4, 24 ; 4, 41.

vōcŭlātĭo, *ōnis,* f., accent, accentuation : Gell. 13, 25, 1.

Vocusĭānus, *i,* m., nom d'homme : CIL 5, 952.

vŏcŭus, v. *vacuus* : CIL 6, 1527, 2, 33.

Vodogoriacum, *i,* n., ville de Belgique [Waudrez] : Anton. 378.

Vŏgēsus, v. *Vosegus* [meilleure orth.].

***voisgra**, *ae,* f., oiseau inconnu : Fest. 508, 12.

1 **vŏla**, *ae,* f. (cf. *volvo* ?), paume : Prud. Apoth. 860 ǁ creux de la main, empreinte du pied : P. Fest. 511, 3 ǁ le dessous du pied : Plin. 11, 204 ; [prov.] *nec vola nec vestigium exstat* Varr. Men. 110, il n'en reste pas la moindre trace ǁ creux de la patte d'un oiseau.

2 **Vŏla**, v. *Bola*.

vŏlaema, v. *volema*.

Vŏlāgĭnĭus, *ĭĭ,* m., nom d'homme : Tac. H. 2, 75.

vŏlam, fut. de 2 *volo*.

Volandum, *i,* n., place forte d'Arménie : Tac. An. 13, 39.

Volānē, *ēs,* f., une des bouches du Pô : Plin. 3, 120.

Vŏlānĕrĭus, *ĭĭ,* m., nom d'homme : Hor. S. 2, 7, 15.

Vŏlānus, *a, um,* v. *Bola* : *Liv. 4, 51.

vŏlārĭum, v. *bolarium*.

Vŏlăterrae, *ārum,* f. pl., Volterra [ville d'Étrurie] Atlas V, F4 ; XII, D2 : Cic. Amer. 20 ; Liv. 10, 12 ǁ **-ānus**, *a, um,* de Volterra ; *vada Volaterrana* n. pl., Cic. Quinct. 24, le gué de Volterra [à l'embouchure du Cécina] ǁ **-āni**, *ōrum,* m. pl., les habitants de Volterra : Cic. Att. 1, 19, 4 ; Caecin. 18 ; Liv. 28, 45.

vŏlătĭcus, *a, um,* adj. (1 *volo* ; fr. *volage*) ¶ **1** qui vole, ailé : Pl. Poen. 473 ǁ *volatica*, f. = *strix*, strige : Fest. 414, 26 ¶ **2** qui va de-ci, de-là, changeant, inconstant : Cic. Att. 13, 25, 3 ; Sen. Ep. 42, 5 ǁ éphémère : Tert. Paen. 11, 5 ¶ **3** qui

volaticus   1718

concerne le vol des oiseaux : *volatica, ae* f., Tert. *Pall.* 6, 2, la magie, la sorcellerie.

vŏlātĭlis, *e* (1 *volo* ; fr. *volaille*) ¶ **1** qui vole, ailé : Cic. *Nat.* 2, 151 ; *volatilis puer* Ov. *Am.* 2, 7, 27, l'enfant ailé, Cupidon ‖ n. pl., *volatilia*, oiseaux : Aug. *Civ.* 10, 32, 2 ¶ **2** [fig.] **a)** = rapide : *volatile telum* Lucr. 1, 970, un trait qui vole [rapide], cf. Virg. *En.* 4, 71 **b)** = éphémère : Sen. *Ep.* 123, 16 ; Ov. *M.* 10, 519.

vŏlātĭo, *ōnis*, f. (1 *volo*), action de voler, vol : Aug. *Serm.* 55, 2 Mai.

vŏlātūra, *ae*, f. (1 *volo*), action de voler : Varr. *R.* 3, 5, 7 ‖ oiseaux, volatiles : Col. 8, 9, 1.

vŏlātŭs, *ūs*, m. (1 *volo*) ¶ **1** action de voler, vol, volée : Cic. *Div.* 1, 26 ; Catul. 55, 24 ‖ pl., Cic. *Nat.* 2, 101 ; 129 ; *Div.* 1, 2 ¶ **2** [fig.] course rapide : Mart. 11, 91, 9.

Volcae, *ārum*, m. pl., les Volques [deux peuples de Narbonnaise] : Caes. *G.* 6, 24, 2 [Toulouse] ; 7, 7 [Nîmes] ; Liv. 21, 26.

Volcān-, Volcāt-, V. *Vulc-*.

Volcēii (Vul-), *ōrum*, m. pl., Volcéi [ville de Lucanie, auj. Buccino] Atlas XII, E5 : Inscr. *Dess.* 9390 ‖ **-centānus**, *a*, *um*, adj., de Volcéi : Grom. 209, 6 ‖ **-centāni**, *ōrum*, m. pl., Plin. 3, 98, **-cēiāni**, *ōrum*, m. pl., CIL 10, 410 ; , **-cientes**, *ĭum*, m. pl., Liv. 27, 15, 2, habitants de Volcéi.

Volcentāni, *ōrum*, m. pl., peuple étrusque [Vulci] Atlas XII, D3 : CIL 11, 3609 ; Plin. 3, 52 ‖ **-cĭentes**, *-ĭum*, m. pl., Plin. 3, 51, habitants de Vulci.

Volcĭāni, *ōrum*, m. pl., peuplade d'Espagne : Liv. 21, 19, 8.

vŏlēma (pĭra), *ōrum*, n. pl. (*vola*), sorte de grosses poires [qui remplissent la main] : Cat. *Agr.* 7, 4 ; Virg. *G.* 2, 88 ‖ sg., *volemum* : Macr. *Sat.* 3, 19, 6.

vŏlens, *tis* (fr. *voulant*) ¶ **1** part. de 2 *volo* ¶ **2** adj[t] **a)** qui veut bien, de son plein gré : *volentes parent* Cic. *Tim.* 41, ils obéissent de bon cœur, volontiers, cf. Sall. *J.* 76, 6 ; Liv. 24, 37, 7 ; [poét.] *volentia rura* Virg. *G.* 2, 500, les champs de leur plein gré ‖ *plebi militia volenti non erat* Sall. *J.* 84, 3, le service militaire n'était pas accueilli volontiers par la plèbe, cf. Sall. *J.* 100, 4 ; Liv. 21, 50, 10 ; Tac. *Agr.* 18 **b)** bénévole, animé de dispositions favorables, favorable, propice : Pl. *Curc.* 89 ; Liv. 24, 21, 10 ; 29, 14, 13 **c)** bienveillant : Sall. *J.* 103, 6 **d)** n. pl., *volentia alicui*, des choses agréables à qqn, bien accueillies de qqn : Sall. *H.* 4, 42 ; Tac. *An.* 15, 36 ; *H.* 3, 52.

vŏlentĕr, adv., volontiers, de bon cœur : Apul. *M.* 6, 12.

vŏlentĭa, *ae*, f., volonté, consentement, aveu : Apul. *M.* 11, 6.

Vŏlĕrŏ, *ōnis*, m., nom d'homme ‖ au pl., Liv. 2, 58, 9.

Vŏlĕsus, *i*, m., nom de famille rom. : Liv. 1, 58, 6 ; 2, 18, 6 ; pl., Juv. 8, 182.

vŏlētar, V. *boletar*.

Volgaesĭa, *ae*, f., ville d'Assyrie : Amm. 23, 6, 23.

volgo, volgus, etc., V. *vulg-*.

vŏlim, pour *velim* : CIL 6, 29989.

vŏlĭtātĭo, *ōnis*, f., action de courir çà et là (de voltiger) : Isid. 18, 57.

vŏlĭtātŭs, *ūs*, m., C. volatus : Fort. *Mart.* 4, 223.

vŏlĭto, *ās*, *āre*, *āvī*, *ātum* (fréq. de 1 *volo*), intr. ¶ **1** voltiger, voleter, voler çà et là : Cic. *de Or.* 23 ; Ov. *M.* 8, 258 ; Plin. 11, 98 ‖ [atomes] Cic. *Nat.* 1, 54 ; [ombres] Lucr. 4, 38 ¶ **2** courir çà et là, aller et venir : Liv. 4, 19, 2 ; Virg. *En.* 12, 126 ‖ s'agiter avec importance, se démener : Cic. *de Or.* 1, 173 ; *Agr.* 2, 59 ¶ **3** [fig.] *volitare per ora virum* Enn. d. Cic. *CM* 73, voler de bouche en bouche [alimenter la conversation de tous les hommes], cf. Cic. *Rep.* 1, 26 ; *homo volitans gloriae cupiditate* Cic. *Pis.* 59, homme qui court çà et là par désir de la gloire = qui court après la gloire ‖ battre des ailes, faire le coq, se pavaner : *nec volitabo in hoc insolentius* Cic. *Flac.* 38, et je ne ferai pas l'important à ce sujet d'une façon trop insolente.

voln-, V. *vuln-*.

1 **vŏlō**, *ās*, *āre*, *āvī*, *ātum* (cf. scr. *garutmān* ailé ; fr. *voler*), intr. ¶ **1** voler : Cic. *Nat.* 2, 122 ; *Div.* 1, 120 ‖ *volantes, ium*, f. pl., les oiseaux : Lucr. 2, 1083 ; Virg. *En.* 6, 239 ¶ **2** [fig.] = venir ou aller rapidement : *per summa levis volat aequora curru* Virg. *En.* 5, 819, sur son char il vole légèrement à la surface des flots, cf. Virg. *G.* 3, 181 ; *En.* 12, 650 ; *volasse eum, non iter fecisse diceres* Cic. *Phil.* 10, 11, on eût dit qu'il avait volé et non voyagé ‖ [traits] Enn. ; Cat. ; Lucr. ; Sall. *J.* 60, 2 ; Liv. 26, 44, 7 ‖ *litterae Capuam ad Pompeium volare dicebantur* Cic. *Att.* 2, 19, 3, on dit qu'une lettre s'est envolée aussitôt vers Pompée à Capoue [par exprès], cf. Cic. *Att.* 6, 4, 3 ; *volat aetas* Cic. *Tusc.* 1, 76, le temps vole ‖ [poét. avec inf.] *volat pellere...* Val.-Flac. 4, 407, elle vole pour chasser ....

2 **vŏlō**, *vīs*, *vult*, *velle*, *vŏlŭī*, - (*vel, voluptas*, cf. ἔλπομαι, λῆν, bret. *gwell*, rus. *volja*, al. *wollen*, an. *will* ; fr. *vouloir*), tr.

I vouloir, désirer, souhaiter ¶ **1** *velim nolim* "que je le veuille ou non", *velis nolis* "de gré ou de force", *mihi aliquid volenti est,* V. *volens, bene, male velle alicui* ¶ **2** avec un acc. **a)** *pacem velle* **b)** pron. n. *numquid vis (aliud)?*, formule pour prendre congé ¶ **3** avec inf. ¶ **4** avec prop. inf. **a) b)** inf. pass. impers. **c) d) e) f) g) h)** sujet, ellipses ¶ **5** avec subj. ¶ **6** *velim ne* et subj. ¶ **7** avec *ut*.
II emplois particuliers ¶ **1** "décider", "ordonner" **a)** *velitis, jubeatis, Quirites, ut...* **b)** *majores voluerunt* et prop. inf. ¶ **2** "avoir telle ou telle opinion" ¶ **3** = *malo* ¶ **4** *nolite velle* ¶ **5** **a)** *quid sibi vult?* "que signifie?" **b)** *quid tibi vis?* "à quoi veux-tu en venir ?" **c)** sans *sibi* ¶ **6** **a)** avec deux acc. *numquid aliud me vis?* **b)** *aliquem velle*.

I vouloir, désirer, souhaiter ¶ **1** [abs[t]] *(mulieres) nolunt ubi velis* Ter. *Eun.* 813, (les femmes) ne veulent pas quand tu veux, cf. Cic. *Att.* 7, 11, 2 ; *tarde velle nolentis est* Sen. *Ben.* 2, 5, 4, vouloir tard, c'est ne pas vouloir ; *velle* Cic. *Tusc.* 1, 88, le vouloir, l'idée de volonté ; *velim nolim* Cic. *Nat.* 1, 17, que je le veuille ou non, bon gré mal gré ; [de même] *velis nolis* Sen. *Brev.* 8, 5 ; *velit nolit* Sen. *Vit.* 4, 4 ; *velint nolint* Sen. *Ep.* 117, 4 ; ou *sive velint sive nolint* Liv. 8, 2, 13 ‖ [tour] *mihi aliquid volenti est*, V. *volens* ‖ *bene, male alicui velle*, vouloir du bien, du mal à qqn : Pl. *Cas.* 464 ; Ter. *Eun.* 655 ‖ *alicujus causa velle*, vouloir dans l'intérêt de qqn = vouloir du bien à qqn, avoir en vue son intérêt, vouloir lui faire plaisir : Cic. *Fam.* 16, 17, 2 ; *Att.* 13, 49, 1 ; Caecil. 21, cf. *omnia alicujus causa velle* Cic. *Fam.* 13, 55, 1 ; *Verr.* 2, 64, vouloir obliger qqn en tout ¶ **2** [avec un acc.] **a)** *aquam velim* Pl. *Amp.* 1058, je voudrais de l'eau, cf. *Curc.* 90 ; Ter. *And.* 697 ; *nummos volo* Cic. *Verr.* 3, 196, c'est de l'argent que je veux ; *pacem* Cic. *Att.* 13, 32, 2 ; *amplius obsidum* Caes. *G.* 6, 9, 8, vouloir la paix, un plus grand nombre d'otages **b)** [surtout pron. n.] *faciam quod vultis* Cic. *Rep.* 1, 38, je ferai ce que vous voulez ; *quid amplius vultis ?* Cic. *Verr.* 3, 152, que voulez-vous de plus ? ; *quidquid volt, valde volt* Cic. *Att.* 14, 1, 2, tout ce qu'il veut, il le veut résolument ; *num quid vis?* ou *num quid vis aliud?* [formule pour prendre congé], as-tu qqch. à me dire, à me demander ? tu n'as plus rien à me dire ? ; Pl. *Amp.* 538, 540 ; Ter. *Ad.* 432 ; *Eun.* 191 ; *num quid vellem non rogavit* Cic. *Att.* 6, 3, 6, il n'a pas pris congé de moi ‖ *frequentia rogantium num quid vellet* Liv. 6, 34, 7, la foule des gens qui lui demandaient ses ordres ; *nemo rogavit num quid in Sardiniam vellem* Cic. *Q.* 2, 2, 1, personne ne m'a demandé si j'avais des commissions pour la Sardaigne ¶ **3** [avec inf.] *poetae post mortem nobilitari volunt* Cic. *Tusc.* 1, 34, les poètes veulent la gloire après leur mort ; *regiones cognoscere volebat* Caes. *G.* 3, 7, il voulait se renseigner sur le pays ; *si vis homo esse* Cic. *Att.* 4, 15, 2, si tu veux être un homme, cf. Cic. *Fam.* 1, 7, 1 ; *Platonici volumus esse* Cic. *Off.* 1, 2, nous voulons être platoniciens ‖ [avec inf. parf.] : *neminem notasse volui* Liv. 24, 16, 11, je n'ai pas voulu avoir mis une marque = je n'ai pas voulu qu'une marque fût mise, cf. Liv. 32, 21, 32 ; *delicta, quibus ignovisse velimus* Hor. *P.* 347, des défauts pour lesquels nous voudrions que le pardon fût acquis ‖ [inf. à tirer de l'entourage] : *nec tantum proficiebam quantum volebam* Cic. *Att.* 1, 17, 1, je n'avais pas tout le succès que je voulais [avoir] ; *licere, si velint... con-*

sidere Caes. G. 4, 8, 3, [il répond] qu'ils peuvent, s'ils le veulent, s'arrêter ‖ [ellipse de l'inf. *ire*]: **Arpinum volebamus** Cic. *Att.* 9, 1, 3, j'ai l'intention d'aller à Arpinum, cf. Cic. *Att.* 14, 7, 2; Tac. *An.* 12, 42 ¶ **4** [avec prop. inf.] **a)** **Germanos suis rebus timere voluit** Caes. G. 4, 16, il voulut que les Germains eussent peur pour eux-mêmes **b)** [avec inf. au pass. impers.] **mihi volo ignosci** Cic. *de Or.* 1, 130, je veux l'indulgence pour moi; **regnari volebant** Liv. 1, 17, 3, ils voulaient un roi **c)** souhaiter: **dicebas te velle quae egissem bene et feliciter evenire** Cic. *Fam.* 4, 14, 1, tu m'exprimais tes vœux pour l'heureux succès de mon acte **d)** **vult se esse carum suis** Cic. *CM* 73, il veut garder l'affection de ses amis, cf. Cic. *Or.* 117; *de Or.* 1, 112; 2, 95; *Off.* 1, 113 **e)** [avec inf. parf. pass.] **Corinthum extinctam esse voluerunt** Cic. *Pomp.* 11, ils voulurent la destruction totale de Corinthe [état permanent], cf. Cic. *de Or.* 1, 253; *Att.* 1, 17, 7; [pass. impers.] **veteranis cautum esse volumus** Cic. *Phil.* 2, 59, je désire que des ménagements soient pris à l'égard des vétérans, cf. Cic. *Caecil.* 21 **f)** [ellipse de *esse*] **domestica cura te levatum volo** Cic. *Q.* 3, 9, 3, je désire te voir sans inquiétude sur la famille, cf. Cic. *Att.* 8, 3, 4; *Verr.* 4, 64; **te visum velim** Ter. *Phorm.* 432, je voudrais te voir; **velle Pompeium se Caesari purgatum** Caes. C. 1, 8, 3, [il dit] que Pompée veut être justifié aux yeux de César ‖ [pass. impers.] **liberis consultum volumus** Cic. *Fin.* 3, 57, nous voulons qu'il soit pourvu aux intérêts des enfants **g)** [avec attribut et ellipse de *esse*] **te salvum volunt** Cic. *Verr.* 4, 150, ils désirent que tu sois sauvé; **qui se populares volunt** Cic. *Off.* 2, 78, ceux qui veulent être populaires, cf. Cic. *de Or.* 2, 246; *Fin.* 2, 33; 4, 19; *Tusc.* 5, 54 **h)** [sujet et inf. s.-ent.] **neque facile est ut irascatur cui tu velis judex** (= cui tu eum irasci velis) Cic. *de Or.* 2, 190, il n'est pas facile que le juge s'irrite contre celui que tu veux, cf. Cic. *Sest.* 82 ¶ **5** [avec subj.] **volo exquiras** Cic. *Att.* 8, 12, 6, je désire que tu recherches, cf. Cic. *Att.* 13, 29, 2; 13, 32, 3; **visne videamus**... Cic. *Rep.* 1, 15, veux-tu que nous examinions...; **volo hoc oratori contingat ut** Cic. *Brut.* 290, je souhaite à l'orateur ce résultat que..., cf. Cic. *de Or.* 2, 88; **quam vellem... tibi dicere liberet** Cic. *Brut.* 248, combien j'aurais voulu qu'il te plût de parler..., cf. Cic. *Verr.* 3, 225; *Cael.* 7; *Att.* 15, 4, 4 ¶ **6** **velim, ne intermittas** Cic. *Att.* 11, 12, 4, je voudrais que tu ne cesses pas de, cf. Cic. *Fin.* 1, 26; Pl. *Ru.* 1067 ¶ **7** [avec *ut*] Ter. *Haut.* 1027; Cic. *Vat.* 14; 17; 21; 29; *Att.* 10, 16, 1; *Fam.* 7, 31, 2; *Sull.* 1; *Tusc.* 5, 83; *Q.* 2, 8, 1 ‖ **ut ne** Cic. *Dom.* 44; *Fam.* 4, 14, 4.

II emplois particuliers ¶ **1** vouloir, décider, ordonner **a)** [formule pour proposer au peuple une loi, ou une mesure quelconque] **velitis, jubeatis, Quirites, ut**... daignez vouloir et ordonner, Romains, que... [cf. l'expression consacrée "plaise à la cour (au tribunal) ordonner"], cf. Cic. *Dom.* 44; *Pis.* 72; Liv. 38, 54, 3 ‖ [interr. indir. dépendant de *rogare* ou *rogatio*] **tribuno plebis rogante velitis jubeatisne**... Cic. *Dom.* 80, le tribun de la plèbe vous demandant si vous voulez et ordonnez...; **rogatus in haec verba populus, velitis jubeatisne**... Liv. 22, 10, 2, on consulta le peuple suivant cette formule [en demandant si vous voulez...]: voulez-vous, ordonnez-vous...?; **patres rogationem ad populum ferri jusserunt vellent juberentne**... Liv. 36, 1, 5, les sénateurs firent soumettre au peuple cette demande: s'il voulait et ordonnait que... ‖ [d. le style indir. **vellent juberent**] Liv. 31, 6, 1 **b)** [avec prop. inf.] **majores voluerunt**... Cic. *Agr.* 2, 26, nos ancêtres ont établi que..., cf. Cic. *Amer.* 70; *Tull.* 49; *Div.* 1, 95 ¶ **2** avoir telle ou telle opinion, prétendre, soutenir: **vultis nihil esse in natura**... Cic. *Nat.* 3, 36, votre opinion est qu'il n'y a rien dans la nature..., cf. Cic. *Div.* 2, 93; *Tusc.* 1, 20; *Fin.* 3, 36 ‖ affirmer, soutenir: Cic. *Cael.* 53; *Planc.* 84; *de Or.* 1, 235 ¶ **3** [= *malo*] **famaene credi velis... quam posteris eam spectaculo esse?** Liv. 25, 29, 6, aimerais-tu mieux qu'on s'en rapportât à la renommée [pour savoir combien était grande cette ville] que d'en laisser la vue à la postérité?, cf. Liv. 3, 68, 11; Cic. *Inv.* 2, 5 ¶ **4** [redondance] **nolite velle**, ne veuillez pas: Cic. *Cael.* 79; *Mur.* 50; *Balb.* 64; *Phil.* 7, 25; Nep. *Att.* 4, 2; Liv. 7, 40, 16 ¶ **5** **quid sibi vult? a)** [avec un nom de ch. pour sujet] que signifie? que veut dire?: **quid illae sibi statuae volunt?** Cic. *Verr.* 2, 150, que signifient ces statues?, cf. Cic. *Verr.* 3, 118; 186; *Leg.* 3, 33 **b)** [avec un nom de pers. ou de chose personnifiée] **quid tibi vis?** Cic. *de Or.* 2, 269, à quoi veux-tu en venir? que médites-tu?; **quid igitur sibi volt pater?** Ter. *And.* 375, qu'est-ce donc que veut mon père?; **avaritia senilis quid sibi velit non intellego** Cic. *CM* 66, la cupidité chez les vieillards, à quoi rime-t-elle? je ne le comprends pas, cf. Cic. *Dom.* 29; Caes. G. 1, 44, 8 **c)** [sans *sibi*] **quid comitatus nostri, quid gladii volunt?** Cic. *Mil.* 10, que signifient nos escortes, nos glaives? ¶ **6 a)** [avec deux acc., un pron. n. et un pron. personnel] **numquid aliud me vis?** Ter. *Phorm.* 151, as-tu encore qqch. à me dire?; **quid ego te velim, scies** Ter. *And.* 536, ce que j'ai à te dire, tu le sauras; **respondit, si quid ille se velit, illum ad se venire oportere** Caes. G. 1, 34, 2, il répondit que s'il voulait qqch. de lui, il devait venir le trouver **b)** [acc. du nom de pers.]: **aliquem velle**, vouloir parler à qqn: Pl. *Cap.* 602; Cic. *Att.* 10, 16, 4.

▶ formes anciennes **volt, voltis**, souvent conservées, p. ex. d. Cic. *Sest.* 90; *Rep.* 3, 45; *Verr.* 5, 11; *Sest.* 64 ‖ **vin** = visne Pl., Ter.; Hor. *S.* 1, 9, 69 ‖ **sis** = si vis Pl. *Cap.* 179; Ter., Cic., ▶ **sis** ‖ **sultis** = si vultis Pl. *As.* 1; *Cap.* 456; 667; *St.* 65 ‖ gér. **volendi** Aug. *Ep.* 186, 1; **volendo** Aug. *Serm.* 127, 1 ‖ v. **volim**.

3 vŏlo, ōnis, m., surt. au pl., **vŏlōnes, um** (2 volo), esclaves rachetés aux frais du trésor public et enrôlés dans l'armée; volontaires: Liv. 22, 57, 11; 23, 32, 1; P. Fest. 511, 5 ‖ sg., Liv. 23, 35, 7.

Vologesocerta, ville de Babylonie: Plin. 6, 122.

Vologēsus (-gaesus), i, m., Vologèse, roi des Parthes: Tac. *H.* 4, 51; Plin. 6, 122; Suet. *Ner.* 57; **Vologēses, is**, Tac. *An.* 12, 44; 15, 7.

volpes, ▶ **vulpes**.

Volscē, adv., en langue volsque: Titin. *Com.* 104.

Volscens, tis, m., nom de guerrier: Virg. *En.* 9, 420.

Volsci, ōrum, m. pl., les Volsques, peuple du Latium: Cic. *Brut.* 41; Liv. 1, 53 ‖ **-scus, a, um**, des Volsques: Cic. *Rep.* 3, 7; Liv. 10, 1, 2.

Volsciāni, ōrum, m. pl., peuple de la Tarraconaise: Liv. 21, 19.

Volscius, ii, m., nom d'un tribun de la plèbe: Liv. 3, 13.

volsella (vuls-), ae, f. (*vello, vulsus*), petite pince, pincette [pour épiler]; tenette [de chirurgien]: Pl. *Curc.* 577; Mart. 9, 28, 5; Cels. 7, 12, 1 ‖ [fig.] **pugnare volsellis** Varr. L. 9, 33, se battre à coups d'épingle.

Volsĭnĭi (Vul-), ōrum, m. pl., Volsinies [ville d'Étrurie, auj. Orvieto] Atlas XII, D3: Liv. 10, 37, 1; 27, 23, 3; Plin. 2, 139 ‖ **-niensis, e**, de Volsinies: Liv. 5, 32, 4; Plin. 36, 168 ‖ **-nienses**, m. pl., habitants de Volsinies: Liv. 5, 31; Plin. 3, 52 ‖ **-nius, a, um**, Prop. 4, 2, 4.

Volso, ▶ **Vulso**.

volsus, part. de *vello*.

volt, ▶ 2 **volo** ▶.

Volta, ae, f., nom étrusque d'un monstre: Plin. 2, 140.

Voltĭnĭa tribus, f., une des tribus romaines: Cic. *Planc.* 38; 43 ‖ **-nienses**, m. pl., citoyens de la tribu Voltinia: Cic. *Planc.* 43.

Voltumna, ae, f., déesse nationale des Étrusques: Liv. 4, 23; 25; 5, 17; 6, 2.

voltur, voltur-, voltus, ▶ **vult-**.

Vŏlŭbĭle, is, n., Volubilis [ville de la Maurétanie Tingitane] Atlas I, D2; IV, F2: Plin. 5, 5.

vŏlūbĭlis, e (*volvo*) ¶ **1** qui a un mouvement giratoire, qui tourne: Cic. *Nat.* 2, 46; Virg. *En.* 7, 382 ‖ qui roule [cours d'eau] Hor. *Ep.* 1, 2, 43 ‖ **volubile aurum** Ov. M. 10, 667, l'or (la pomme d'or) qui roulait à terre ‖ qui s'enroule [serpent]: Ov. M. 3, 41 ¶ **2** [fig.] **a) oratio volubilis** Cic. *Brut.* 108, parole qui se déroule facilement, au cours facile [orateur] à la parole facile, volubile: Cic. *Brut.* 169; *Flac.* 48 **b)** qui tourne, inconstant [fortune]: Cic. *Mil.* 69

volubilis

c) périssable, instable, flottant : Aug. *Conf.* 5, 7, 19 ‖ qui s'écoule [temps] : Aug. *Conf.* 12, 15, 22.

vŏlūbĭlĭtās, ātis, f. (*volubilis*) ¶ **1** mouvement giratoire, circulaire, rotation : Cic. *Nat.* 2, 49 ; *Fat.* 43 ¶ **2** rondeur, forme ronde : Ov. *M.* 12, 434 ¶ **3** [fig.] ***a)*** rapidité, facilité de la parole : Cic. *Planc.* 62 ‖ déroulement rapide des phrases, torrent de paroles : Cic. *Or.* 53 ; *de Or.* 1, 17 ***b)*** inconstance de la fortune : Cic. *Div.* 2, 15 ***c)*** déroulement [du temps] : Aug. *Gen. Man.* 2, 23, 35.

vŏlūbĭlĭtĕr, adv., avec un cours rapide [fig.] : Cic. *Or.* 210.

vŏlŭcĕr, *cris*, *cre*, adj. (1 *volo*) ¶ **1** qui vole, ailé : Cic. *Tusc.* 5, 38 ; *Læ.* 81 ; *Nat.* 1, 101 ; Ov. *M.* 9, 482 ; *volucer deus* Stat. *Th.* 2, 55, le dieu ailé, Mercure [ou Cupidon : Ov. *M.* 5, 364] ¶ **2** rapide, léger, ailé : [lumière] Lucr. 6, 173 ; [flèche] Virg. *En.* 5, 242, [char] Hor. *O.* 1, 34, 8 ‖ [fig.] *nihil est tam volucre quam maledictum* Cic. *Planc.* 57, rien n'a le vol aussi prompt qu'une médisance ; *genus (dicendi) verbis volucre atque incitatum* Cic. *Brut.* 325, style aux phrases vives et rapides ‖ passager, fugitif, éphémère : Cic. *Sull.* 91 ; Hor. *O.* 3, 28, 6 ; 4, 13, 16 ; Tac. *D.* 9.
▶ *volucer*, f. Petr. 123, v. 210 (*volucer fama*) ‖ *volucris*, m. Tib. 4, 1, 209 ; Sil. 10, 471 ‖ gén. pl. *volucrum* Ov. *M.* 7, 218, v. *volucre*, *volucris*.

vŏlŭcra, ae, f. (*volvo*), pyrale [chenille qui s'enveloppe dans les feuilles de la vigne] : Col. *Arb.* 15, ▼ *volucre*, *volucris*.

vŏlŭcre, *is*, n., ▼ *volucra* : Plin. 17, 265.

vŏlŭcrĭpēs, *ĕdis*, m. f. (*volucer*, *pes*), au pied léger, rapide [en parlant du rythme iambique] : Aus. *Epist.* 16 (406), 104 ; 21 (413), 14 ; Sidon. *Ep.* 9, 15, 1 v. 5.

vŏlŭcris, *is*, f. (*volucer*), oiseau : Lucr. 1, 12 ; 2, 145 ; Cic. *de Or.* 2, 63 ; *Junonis* Ov. *M.* 15, 385, l'oiseau de Junon [le paon] ; *Tyrrhenae volucres* Stat. *S.* 5, 3, 87, les sirènes ‖ **vŏlŭcres**, *um*, f. pl., ▼ *volucra*, Col. 10, 333.
▶ *volucres*, m. pl. Cic. poet. *Div.* 2, 64 ‖ gén. pl. *volucrum* Cic. *Nat.* 2, 99 ; Virg. *En.* 3, 216 ; *volucrium* Varr. *R.* 1, 38, 1 ; Cic. *Fin.* 2, 110.

vŏlŭcrĭtās, ātis, f., rapidité du vol, vol rapide : Fulg. *Myth.* 2, 6.

vŏlŭcrĭtĕr, adv., promptement, vite : Amm. 17, 1, 12.

vŏlulcrum, *i*, n. (*volvo*), liseron [plante] : Diosc. 4, 142 ‖ paquet : *Greg.-Tur. Hist.* 5, 18.

vŏlŭcŭlum (lūclum-), *i*, n. (*volvo*), paquet : Greg.-Tur. *Jul.* 20.

vŏlūmen, *ĭnis*, n. (*volvo* ; it. *vilume*) ¶ **1** chose enroulée ; rouleau de papyrus, manuscrit, volume, livre, ouvrage : Cic. *Div.* 2, 115 ; *Fam.* 3, 7, 2 ; *Nat.* 1, 43 ; *volumen explicare* Cic. *Amer.* 101, déployer un rouleau de manuscrit ; *evolvere volumen epistularum* Cic. *Att.* 9, 10, 4, dérouler une liasse de lettres [pour les lire] ; *volumina conficere* Cic. *Fam.* 9, 16, 4, rédiger des volumes ; *signata volumina* Hor. *Ep.* 1, 13, 1, rouleaux (manuscrits), cachetés ¶ **2** ▶ *liber*, partie d'un ouvrage, tome, volume : Cic. *Tusc.* 3, 6 ; *Fam.* 16, 17, 1 ; Nep. *Att.* 16, 3 ; Plin. *Ep.* 3, 5, 5 ¶ **3** enroulement, replis d'un serpent : Virg. *En.* 2, 208 ‖ tourbillon de fumée : Ov. *M.* 13, 601 ; [d'eau] Luc. 5, 565 ‖ courbure circulaire : *sinuet alterna volumina crurum* Virg. *G.* 3, 192, que [le cheval] ploie alternativement ses jambes en une courbe circulaire = régulière [comme si elles allaient décrire un cercle] ‖ mouvement circulaire, révolution des astres : Ov. *M.* 2, 71 ¶ **4** [fig.] révolution, vicissitude : Plin. 7, 147 ¶ **5** déroulement [du temps] : Aug. *Gen. litt.* 4, 1 ¶ **6** ce qu'on roule dans son âme, pensée secrète : Juvc. 1, 213.

vŏlūmĭnōsus, *a*, *um* (*volumen*), qui se roule, sinueux : Sidon. *Carm.* 9, 79.

Vŏlumna, ae, f., déesse protectrice des nouveau-nés : Aug. *Civ.* 4, 21.

Vŏlumnĭa, ae, f., femme de Coriolan : Liv. 2, 40 ‖ maîtresse d'Antoine : Cic. *Phil.* 2, 58.

Vŏlumnĭus, *ĭi*, m., nom de famille rom. : Liv. 3, 18 ; 9, 42 ‖ -**nĭānus**, *a*, *um*, de Volumnius : Liv. 10, 21, 2.

Vŏlumnus, *i*, m., dieu protecteur des nouveau-nés : Aug. *Civ.* 4, 21.

vŏluntārĭē, adv. (*voluntarius* ; fr. *volontiers*), volontairement, spontanément : *Arn. 2, 44.

vŏluntārĭus, *a*, *um* (*voluntas*) ¶ **1** volontaire, qui agit librement, volontairement : *auxilia* Cic. *Fam.* 15, 4, 3, contingents volontaires, cf. Caes. *C.* 3, 91 ; *servi voluntarii* Cic. *Rep.* 1, 67, esclaves volontaires [gens qui obéissent comme des esclaves] ‖ *voluntarii*, m., volontaires, soldats volontaires : Caes. *G.* 5, 56 ; Liv. 25, 19, 13 ¶ **2** [choses] volontaire, fait volontairement : *mors voluntaria* Cic. *Fam.* 7, 3, 3, mort volontaire, cf. Cic. *Planc.* 89 ; *Brut.* 103 ; *discessus voluntarius* Cic. *Att.* 9, 13, 4, départ volontaire ‖ *voluntaria herba* Plin. 20, 245, plante naturelle, qui pousse spontanément.

vŏluntās, ātis, f. (2 *volo*, *volens* ; fr. *volonté*) ¶ **1** volonté, faculté de vouloir : Cic. *Tusc.* 4, 12 ‖ volonté, vœu, désir : *quid essset suae voluntatis, ostendere* Caes. *C.* 109, 4, montrer quelle était sa volonté ; *semper ejus voluntatibus adsenserunt* Cic. *Pomp.* 48, ils ont toujours approuvé ce qu'il a voulu, ses volontés ; *quae res auget suspicionem Pompei voluntatum* Cic. *Fam.* 1, 1, 3, cela rend davantage suspectes les intentions de Pompée (ce qu'il veut) ; *minus liberas omnium rerum voluntates habebat* Cic. *Verr.* 3, 3, il avait en toutes choses une volonté moins libre, une moindre liberté de décision ¶ **2** [expressions] ***a)*** *sua voluntate*, de son plein gré, volontairement ; *sua voluntate pependerunt* Caes. *G.* 1, 44, ils ont payé de plein gré, cf. Cic. *Rep.* 1, 11 ; *Fin.* 2, 65 ; *mea voluntate concedam* Cic. *Caecil.* 27, je concéderai volontairement ‖ [qqf. *voluntate* seul] Pl. *Mil.* 450 ; Liv. 29, 38, 1 ; *judicio ac voluntate profectus sum* Cic. *Lig.* 7, je suis parti de propos délibéré et volontairement ***b)*** *alicujus voluntate* Caes. *G.* 1, 7, 3, avec l'assentiment de qqn, cf. Caes. *G.* 1, 35, 3 ; Ter. *Ad.* 490 ; *jussu aut voluntate alicujus* Liv. 29, 20, 5, sur l'ordre ou du consentement de qqn ***c)*** *ad voluntatem loqui* Cic. *Quinct.* 93, parler au gré du monde, comme on le désire, cf. Cic. *Par.* 39 ; *ad voluntatem nostram* Cic. *Off.* 1, 90, conformément à nos désirs ; *contra voluntatem* Cic. *Mur.* 42, contre la volonté ; *de mea voluntate* Cic. *Att.* 4, 2, 4, avec mon accord [assentiment] ; *illud accidit praeter optatum meum, sed valde ex voluntate* Cic. *Pis.* 46, cet autre événement s'est produit sans que je l'aie souhaité, mais bien selon mon cœur ; *ex Caesaris voluntate* Cic. *Fam.* 13, 29, 7, selon la volonté de César ; *pro Cluentii voluntate* Cic. *Clu.* 160, eu égard à la volonté de Cluentius, au gré de Cluentius ¶ **3** dispositions à l'égard de qqn, sentiments : *esse in alia voluntate* Cic. *Agr.* 1, 27, avoir d'autres dispositions, d'autres sentiments ; *Bibuli voluntas a me abhorret* Cic. *Fam.* 2, 17, 6, les sentiments de Bibulus me sont hostiles, cf. Cic. *Lig.* 6 ; *grata voluntas in parentes* Cic. *Planc.* 80, dispositions reconnaissantes, dévouement reconnaissant pour les parents ; *offensa in eum militum voluntate* Nep. *Dion* 7, 3, les soldats ayant à son égard des dispositions hostiles ; *signa conturbantur, quibus voluntas a simulatione distingui posset* Cic. *Att.* 8, 9, 2, les signes se brouillent qui auraient permis de distinguer la sincérité de l'hypocrisie ‖ *bona voluntas* Planc. *Fam.* 10, 8, 2, bonnes dispositions, bonne volonté, cf. Liv. 38, 14, 17 ; Sen. *Ep.* 81, 8 ¶ **4** dispositions favorables, bonne volonté, zèle pour qqn : *suorum voluntates alienare* Caes. *G.* 7, 10, 2, détourner les bonnes dispositions des siens, s'aliéner les siens ; *adventus L. Nasidii summa spe et voluntate civitatem compleverat* Caes. *C.* 2, 4, 4, l'arrivée de L. Nasidius avait porté à leur comble les espérances et l'empressement de la cité ; *voluntas erga Caesarem* Cic. *Q.* 3, 1, 20, zèle pour César ; *voluntas vostra* Ter. *Phorm.* 29, votre bienveillance, votre faveur ; *singularis voluntas Campanae vicinitatis* Cic. *Rab. perd.* 8, l'empressement étonnant du voisinage campanien ¶ **5** dernières volontés d'un mort : Cic. *de Or.* 1, 242 ¶ **6** intentions ***a)*** *scriptoris* Cic. *Inv.* 2, 128, les intentions de celui qui rédige un acte, cf. Cic. *Inv.* 2, 140 ***b)*** *testamentorum sententiae voluntatesque* Cic. *Brut.* 198, le sens et l'intention des testaments ***c)*** [d'où] *verba legum et voluntas* Quint. 7, 10, 6, la lettre et l'esprit de la loi, cf. Quint. 3, 6, 99 ; *quaestio juris omnis aut verborum proprietate... aut*

vŏluntatis conjectura continetur QUINT. 12, 2, 19, toute question de droit repose ou sur le sens exact des mots... ou sur l'interprétation conjecturale de l'intention; **nominis** QUINT. 7, 10, 1, sens d'un mot.

vŏluntātīva verba, n., verbes de volonté : PRISC. 3, 224, 25.

vŏlŭp, adv. (2 volo, cf. ἔολπα, ἔλπομαι, ἐλπίς), d'une manière conforme aux désirs, agréablement : *facite vostro animo volup* PL. Cas. 784, agissez à votre guise d'une manière qui vous soit agréable, donnez-vous du bon temps à votre aise, cf. PL. As. 942 ; *te volup est convenisse* PL. Mil. 277, c'est un plaisir de te rencontrer, cf. TER. Phorm. 610 ; *gaudeo et volup est mihi, si* PL. Poen. 1326, je me réjouis et c'est un bonheur pour moi, si, cf. TER. Hec. 857.
► mss donnent qqf. *volupe*.

Vŏlŭpĭa, ae, f., déesse du plaisir : VARR. L. 5, 164.

vŏluptābĭlis, e (voluptas), agréable, qui réjouit : PL. Ep. 21 ; AMM. 23, 6, 67.

vŏluptārĭē, adv. (voluptarius), dans le plaisir : APUL. M. 3, 21.

vŏluptārĭus, a, um (voluptas) ¶ 1 qui cause du plaisir, agréable, délicieux : PL. Poen. 602 ; Mil. 641 ; *voluptariae possessiones* CIC. Att. 12, 25, 1, propriétés de pur agrément ¶ 2 concernant le plaisir : CIC. de Or. 3, 62 ¶ 3 adonné au plaisir, sensuel, voluptueux : *homines voluptarii* PL. Rud. 54, hommes aimant le plaisir, ou *voluptarii* seul : PL. Men. 259 ∥ [pour désigner Épicure et son école] homme de plaisir, école de plaisir : CIC. Tusc. 2, 18 ; Fin. 5, 74 ; 1, 37 ∥ qui aime le plaisir : *gustatus, qui est sensus ex omnibus maxime voluptarius* CIC. de Or. 3, 99, le goût qui est de tous nos sens le plus voluptueux.

vŏluptās, ātis, f. (volup) ¶ 1 le plaisir, la volupté : [phil.] CIC. Fin. 1, 54 ; 2, 13 ; 2, 36 ; 2, 115 ∥ plaisir, joie, satisfaction, contentement : *corporis* CIC. Fin. 2, 106, plaisir des sens ; *potandi* CIC. Tusc. 5, 41, 118, plaisir de boire ; *epularum voluptates* CIC. CM 50, les plaisirs de la table ; *officium a voluptatibus* SUET. Tib. 42, intendance des plaisirs ; *suam voluptatem explere* TER. Hec. 69, satisfaire son plaisir ; *cum voluptate legere aliquid* CIC. Fin. 5, 51, lire qqch. avec plaisir ; *quod mihi magnae voluptati fuit* CIC. Fam. 2, 10, 2, ce qui m'a fait grand plaisir ; *ex aliqua re voluptatem capere* CIC. Fam. 5, 7, 1, trouver du plaisir à (dans) qqch., ou *percipere* CIC. Verr. 1, 57 ; *voluptatem cepi tam ornatum virum fuisse in nostra re publica* CIC. Brut. 147, j'ai eu plaisir à voir que notre cité comptait un homme aussi distingué ¶ 2 *Voluptas*, la Volupté, le Plaisir [divinité] : CIC. Nat. 2, 61 ¶ 3 **a)** [terme de tendresse] : *mea voluptas* PL. Truc. 346, ma joie [mes délices], cf. VIRG. En. 8, 581 **b)** [pl.] *voluptates*, plaisirs, spectacles, fêtes, jeux : CIC. Mur. 74 ; TAC. H. 3, 83 **c)** semence génitale : ARN. 5, 6.
► gén. pl. *-tum* et *-tium*.

vŏluptĭfĭcus, a, um (voluptas, facio), qui donne du plaisir : APUL. Flor. 10.

vŏluptŭārĭus (-tārĭus), a, um (voluptas), voluptueux : CAPIT. Ver. 2, 9 ; CAPEL. 2, 144.

vŏluptŭōsē, adv., avec du plaisir : SIDON. Ep. 5, 20, 4 ∥ *-sius* SIDON. Ep. 1, 9, 7 ; 2, 10, 5.

vŏluptŭōsus, a, um (voluptas), agréable, délicieux ; qui charme, qui plaît : PLIN. Ep. 3, 19, 2 ∥ *-issimus* HIER. Jovin. 1, 4.

Vŏlŭsēnus, i, m., tribun des soldats : CAES. G. 3, 5 ; 4, 21.

Vŏlŭsĭēnus, i, m., nom d'homme : CIC. Clu. 198 ; Phil. 14, 21.

Vŏlŭsĭus, ii, m., nom d'une famille romaine : CIC. Fam. 16, 12, 2 ∥ nom d'un mauvais poète de Padoue : CATUL. 36, 1.

Volustāna, ōrum, n. pl., montagnes de Thessalie : LIV. 44, 2.

Vŏlŭsus, i, m., nom d'un chef volsque : VIRG. En. 11, 463 ∥ prénom dans la *gens Valeria* : FAST. 460.

vŏlūta, ae, f. (volvo), volute [archit.] : VITR. 3, 5, 7.

vŏlūtābrum, i, n. (voluto), bourbier, bauge [de sanglier] : VIRG. G. 3, 411 ; SOLIN. 5, 22.

vŏlūtābundus, a, um (voluto), qui aime à se vautrer [fig.] : CIC. Rep. 2, 68.

vŏlūtātĭo, ōnis, f. (voluto) ¶ 1 action de rouler : *caeca quadam volutatione* SEN. Prov. 1, 4, par un aveugle roulement [des flots] (un mouvement aveugle de va-et-vient) ; *volutationes corporis* CIC. Pis. 83, action de se vautrer, cf. PETR. 95, 1 ¶ 2 [fig.] agitation, inquiétude : SEN. Tranq. 2, 10 ∥ instabilité : SEN. Ep. 99, 9.

1 **vŏlūtātus**, a, um, part. de *voluto*.

2 **vŏlūtātŭs**, ūs, m., action de rouler, tourbillon : PLIN. 10, 17 ; APUL. M. 4, 5.

vŏlūtim, adv. (volvo), en roulant : NON. 4, 1.

Vŏlūtīna, ae, f. (volvo), déesse qui recouvre le grain de son enveloppe : AUG. Civ. 4, 8.

vŏlūtō, ās, āre, āvī, ātum (fréq. de volvo), tr., qqf. intr. ¶ 1 rouler **a)** COL. 12, 48, 4 ; *se in pulvere* PLIN. 30, 148, se rouler dans la poussière ∥ *pilae e fimo* PLIN. 11, 98, (former en marchant) des boules de fumier **b)** [surtout au pass. à sens réfl.] *volutari*, se rouler : VARR. R. 3, 9, 7 ; COL. 7, 10, 6 ; *in luto volutatus* CIC. Verr. 4, 53, s'étant vautré dans la fange ; *animi corporibus elapsi circum terram volutantur* CIC. Rep. 6, 29, les âmes échappées du corps vont et viennent autour de la terre ; *alicui ad pedes volutari* HER. 4, 33, se rouler aux pieds de qqn [ou] *alicujus* CIC. Sest. 145 **c)** [pass. au part. prés.] *genibus volutans haerebat* VIRG. En. 3, 607, en se roulant il se cramponnait à nos genoux ; *amnis per saxa volutans* OV. Am. 3, 6, 45, le fleuve roulant sur les rochers ¶ 2 [fig.] **a)** *vocem per ampla atria* VIRG. En. 1, 725, faire rouler sa voix à travers les vastes galeries ; *(flamina) caeca volutant murmura* VIRG. En. 10, 98, (les vents) roulent un sourd grondement = font entendre de proche en proche ; *vocem inclusa volutant litora* VIRG. En. 5, 150, le rivage enclos par les collines répercute la voix **b)** [pass. réfl.] *in omni genere scelerum volutari* CIC. Fam. 9, 3, 1, se vautrer dans toute sorte de crimes, cf. HER. 4, 19 ; [cum aliquo] PETR. 79, 9 ; *inter mala* SEN. Vit. 24, 4, dans des vices **c)** remuer, agiter, occuper l'esprit : *tanti regis ac ducis mentio, quibus saepe tacitis cogitationibus volutavit animum, eas evocat in medium...* LIV. 9, 17, 2, à mentionner un si grand roi, un si grand chef, les pensées intimes que j'ai souvent roulées dans mon esprit surgissent ; *in veteribus scriptis studiose et multum volutari* CIC. de Or. 3, 39, se plonger souvent avec application dans la lecture des vieux écrivains **d)** *aliquid in animo* LIV. 28, 18, 11 ; 40, 13, 4, rouler qqch. dans son esprit, méditer qqch. [ou] *secum in animo* LIV. 42, 11, 5 [ou] *in pectore* PL. Cap. 781 [ou] *intra animum* TAC. An. 4, 40 ∥ ou *aliquid animo* CIC. Rep. 1, 28 ; CURT. 5, 12, 10 ; TAC. H. 2, 49 ; SEN. Marc. 11, 5 [ou] *mente* LUCR. 3, 240 ; ou *secum* LIV. 30, 14, 3 [ou] *secum animo* LIV. 40, 8, 5 [ou] *suo cum corde* VIRG. En. 6, 185 **e)** remuer, examiner : *aliquid in secreto cum amicis* LIV. 34, 36, 4, examiner qqch. en secret avec des amis, cf. LIV. 32, 20, 2 ; *consilia* LIV. 34, 60, 2, remuer des projets.

Vŏlŭtor, ōris, m., n. d'homme : CIL 13, 2578.

1 **vŏlūtus**, a, um, part. de *volvo*.

2 **vŏlūtŭs**, ūs, m., la faculté d'avancer en ondulant [serpents] : APUL. Flor. 10.

Volux, m., nom d'homme : SALL. J. 101, 5.

volva, ► *vulva*.

Volventius, ii, m., nom d'homme : SULP. SEV. Chron. 2, 49, 1.

volvĭcŭlum, i, n. (volvo), rouleau : *PLIN. 17, 73.

volvō, ĭs, ĕre, volvī, vŏlūtum (cf. εἰλύω, scr. vṛṇoti, al. wallen ; it. *volgere*), tr., qqf. intr.
I rouler ¶ 1 faire rouler : *amnis volvit saxa* LUCR. 1, 288, le fleuve roule des pierres, cf. VIRG. En. 11, 529 ; HOR. O. 3, 29, 38 ; PLIN. 9, 5 ; *(ventus) crassa volvit caligine fumum* LUCR. 6, 691, (le vent) roule la fumée en nuées épaisses ∥ *oculos huc illuc* VIRG. 4, 363, rouler ses yeux çà et là ¶ 2 former en roulant : *vortices* HOR. O. 2, 9, 22, rouler des eaux tourbillonnantes ; *pilas* PLIN. 30, 99, former des pelotes ; *orbem* LIV. 22, 29, 5, former un cercle ¶ 3 faire rouler à terre des ennemis : VIRG. En. 12, 329 ¶ 4 faire rouler un livre autour de son bâton = le dérouler, le

volvo

lire : *volvendi sunt libri* ... Cic. *Brut.* 298, il faut lire les ouvrages ... ¶ **5** projeter en tourbillons, exhaler : *collectum volvit sub naribus ignem* Virg. *G.* 3, 85, il lance sous ses naseaux le feu amassé dans sa poitrine [= le souffle embrasé] ¶ **6** faire aller et venir : *vitalis aeris auras volvere in ore* Lucr. 6, 1225, faire aller et venir dans la bouche les souffles vivifiants de l'air ¶ **7** [pass. à sens réfl.] **a)** se rouler, se vautrer : Lucr. 6, 978, [porc] **b)** [serpent] se rouler, se glisser en ondulant : Virg. *En.* 7, 349 **c)** rouler : *cylindrus volvitur et versatur turbo* Cic. *Fat.* 42, le cylindre roule et la toupie tourne **d)** [homme frappé à mort] : *arvis, humi volvi* Virg. *En.* 10, 590 ; 11, 640, rouler à terre ; *leto* Virg. *En.* 9, 433, rouler sans vie **e)** *lacrimae volvuntur inanes* Virg. *En.* 4, 449, de ses yeux roulent des larmes vaines ¶ **8** *volvens*, pass. : *volventia plaustra* Virg. *G.* 1, 163, les chariots roulant.

II [fig.] ¶ **1** *curarum tristes in pectore fluctus* Lucr. 6, 34, rouler, remuer dans son cœur les flots amers des soucis, cf. Lucr. 6, 74 ; *ingentes iras in pectore* Liv. 35, 18, 6, rouler, nourrir dans son cœur de violents ressentiments ¶ **2** *(luna) volvit menses* Hor. *O.* 4, 6, 40, (la lune) fait rouler, déroule les mois ; *fata deum rex sortitur volvitque vices* Virg. *En.* 3, 376, le roi des dieux règle les destinées et déroule la succession des événements [= fixe l'ordre suivant lequel ils se déroulent] ; *sic volvere Parcas* Virg. *En.* 1, 22, [elle avait appris] que tels étaient les événements déroulés par les Parques ‖ [poét.] *tot volvere casus* Virg. *En.* 1, 9, parcourir un tel cycle de malheurs ‖ accomplir en roulant : *rotam* Virg. *En.* 6, 748, parcourir un cercle, achever un cycle d'épreuves ; *ut idem in singulos annos orbis volveretur* Liv. 3, 10, 8, pour que chaque année ramenât le même cycle d'événements ; [noter l'emploi de l'adj. verb. ; v. F. Gaffiot M. Belge 33, p. 225] *volvenda dies* Virg. *En.* 9, 7, le déroulement du jour, des jours ; *volvendis mensibus* Virg. *En.* 1, 269, par le déroulement des mois ‖ *volvens*, intr., à sens réfl. : *volventibus annis* Virg. *En.* 1, 234, avec les années se déroulant, au cours des années, cf. Lucr. 5, 931 ; Ov. *M.* 5, 565 ¶ **3** [rhét.] dérouler une période : Cic. *de Or.* 3, 182 ; *Or.* 229 ; *verbis sententias volvere* Cic. *Brut.* 280, dérouler les idées en périodes [mais *verba volvere* Cic. *Brut.* 246, avoir une grande volubilité] ¶ **4** rouler dans son esprit, méditer : *aliquid cum animo* Sall. *J.* 6, 2 ; 108, 3 ; *secum* Sall. *C.* 32, 1 ; *J.* 113, 1 ; Liv. 26, 7, 3 ; *in animo* Liv. 42, 5, 1 ; Curt. 5, 12, 10 ; Sen. *Ep.* 24, 15 ; *animo* Liv. 2, 49, 5 ; Tac. *H.* 1, 30 ; *in pectore* Liv. 35, 18, 6 ; *sub pectore* Virg. *En.* 7, 254 ; *intra se* Curt. 10, 8, 9 ; Tac. *An.* 14, 53 ; *volvere aliquid* Sall. *C.* 41, 3 ; Liv. 6, 28, 7 ; 32, 20, 2 ; Curt. 10, 5, 15 ; 10, 8, 7 ; Tac. *An.* 3, 38.

volvŭla, *ae*, f. (*volvo* ; it. *volgolo*), liseron [plante] : Hier. *Nah.* 1, 10 ; Gloss. 398, 54.

volvŭla, v. *vulvula*.

volvus, v. *bulbus*.

Vŏmānus, *i*, m., Sil. 8, 437 ; **Vŏmānum flūmen**, Plin. 3, 110, rivière du Picénum [Vomano].

vŏmax, *ācis*, adj. (*vomo*), qui vomit souvent, sujet à vomir : *vomacius* Sidon. *Ep.* 8, 3, 2.

vŏmĕr (**vōmis**), *ĕris*, m. (cf. v. pr. *wagnis*, v. h. a. *waganso* ; it. *vomero*, alb. *umb*), soc de la charrue : Cic. *Phil.* 2, 102 ; Virg. *G.* 1, 46 ‖ [métaph.] Lucr. 4, 1273 ‖ style pour écrire : Atta d. Isid. 6, 9, 2. ▶ *vomis* Virg. *G.* 1, 162 ; Col. 2, 2, 26 ; nom. *vomeris* Cat. *Agr.* 135, 2 [mss].

vŏmex, *ĭcis* (*vomo*), C. *vomica* ? Prisc. 2, 140, 12.

vŏmĭca, *ae*, f. (*vomo*) ¶ **1** abcès, apostume, dépôt d'humeur : Cic. *Nat.* 3, 70 ; Plin. 20, 244 ‖ vésicule : Plin. 33, 99 ; 37, 28 ¶ **2** [fig.] plaie, peste, fléau : Liv. 25, 12, 9 ; Quint. 8, 6, 15.

vŏmĭcōsus, *a*, *um* (*vomica*), plein d'abcès : Cael.-Aur. *Acut.* 2, 17, 102 ; *Chron.* 5, 10, 93.

vŏmĭfĭcus, *a*, *um* (*vomo*, *facio*), qui fait vomir, vomitif : Ps. Apul. *Herb.* 108 ; Cael.-Aur. *Acut.* 3, 4, 32.

vŏmĭflŭa passĭo, f. (*vomo*, *fluo*), abcès purulent : Cael.-Aur. *Chron.* 2, 14, 200.

vōmis, v. *vomer*.

vŏmĭtĭo, *ōnis*, f. (*vomo*), action de vomir, vomissement : Cic. *Nat.* 2, 126 ; Plin. 11, 282.

vŏmĭtĭum, *ĭi*, n. (*vomo*), vomissement : Capel. 2, 136.

vŏmĭtō, *ās*, *āre*, -, - (fréq. de *vomo*), intr., vomir souvent ou abondamment : Col. 7, 10, 5 ; Sen. *Ep.* 83, 24 ; 108, 37 ; Suet. *Vit.* 13.

vŏmĭtŏr, *ōris*, m. (*vomo*), celui qui vomit : Sen. *Ep.* 88, 19.

vŏmĭtōrĭa, *ōrum*, n. pl. (*vomitorius*), vomitoires, portes de l'amphithéâtre conduisant aux gradins et offrant un dégagement à la foule : Macr. *Sat.* 6, 4, 3.

vŏmĭtōrĭus, *a*, *um* (*vomitor*), vomitoire, vomitif : Plin. 20, 107 ; 21, 128.

1 **vŏmĭtus**, *a*, *um*, part. de *vomo*.

2 **vŏmĭtŭs**, *ūs*, m. ¶ **1** action de vomir, vomissement : Pl. *Ru.* 511 ; Plin. 13, 127 ; Curt. 7, 5, 8 ; Sen. *Ep.* 68, 7 ¶ **2** ce qui est vomi, vomissement : Plin. 23, 158 ; Cels. 7, 23, 2 ‖ [fig.] Pl. *Most.* 652.

vŏmō, *ĭs*, *ĕre*, *ŭī*, *ĭtum* (cf. ἐμέω, scr. *vamiti*), tr., vomir ¶ **1** [abs[t]] Cic. *Dej.* 21 ; *Phil.* 2, 63 ; *in mensam* Cic. *Fin.* 2, 23, vomir sur la table ; [pass. impers.] *vomebatur* Cic. *Phil.* 2, 104, on vomissait ‖ [métaph.] *qua largius vomit (Padus)* Plin. 3, 119, sur l'étendue où le Pô se décharge par la plus large embouchure ¶ **2** avec acc. **a)** *sanguinem* Plin. 26, 136, vomir du sang **b)** [fig.] cracher, vomir, rejeter : *domus mane salutantum totis vomit aedibus undam* Virg. *G.* 2, 462, la maison vomit de ses pièces bondées le flot des gens venus présenter leurs salutations matinales ; *purpuream animam* Virg. *En.* 9, 349, rendre l'âme avec des flots de sang.

Vongus Vīcus, bourg de Belgique [auj. Voncq] : Anton. 365.

Vŏnōnēs, *is*, m., fils de Phraate, donné par son père en otage aux Romains, devenu ensuite roi des Parthes : Tac. *An.* 2, 1.

1 **vŏpiscus**, *a*, *um*, adj. (?), qui survit [en parl. d'un jumeau quand l'autre est mort] : Plin. 7, 47 ; Non. 557, 3 ; Solin. 1, 69.

2 **Vŏpiscus**, *i*, m., surnom rom. ; not[t] Julius Vopiscus, consul : Liv. 2, 54, 3 ‖ J. Caesar Vopiscus : Cic. *Phil.* 11, 11 ‖ Flavius Vopiscus, un des auteurs de l'Histoire Auguste : Vop. *Aur. tit.* ‖ prénom romain : Plin. 7, 47.

voptĕ (*vos*, *-pte*), = *vos ipsi*, vous-mêmes : Cat. d. P. Fest. 519, 30.

vŏrācĭtās, *ātis*, f. (*vorax*), voracité, avidité : Apul. *M.* 7, 27 ‖ nature dévorante [du feu] : Plin. 2, 239.

vŏrācĭtĕr, adv. (*vorax*), avec voracité : Macr. *Sat.* 7, 5, 24.

vŏrāgĭnōsus, *a*, *um* (*vorago*), plein de gouffres, de trous : Amm. 24, 6, 7 ‖ plein de fondrières : Apul. *M.* 9, 9.

vŏrāgo, *ĭnis*, f. (*voro* ; it. *frana*) ¶ **1** tournant d'eau, gouffre, tourbillon : *equus submersus voraginibus* Cic. *Div.* 1, 73, cheval submergé par des tourbillons, cf. Virg. *En.* 6, 296 ‖ [dans la terre] gouffre, abîme : Curt. 8, 14, 2 ; Liv. 7, 6, 1 ¶ **2** [fig.] *vos geminae voragines scopulique rei publicae* Cic. *Pis.* 41, vous, les deux gouffres et écueils de la république (= les fléaux) ; *gurges et vorago patrimonii* Cic. *Sest.* 111, abîme engloutissant (gouffre dévorant) de ton patrimoine ; *vorago aut gurges vitiorum* Cic. *Verr.* 3, 23, gouffre ou abîme de tous les vices.

Vŏrānus, *i*, m., nom d'homme : Hor. *S.* 1, 8, 39.

Vŏraptus, *i*, m., nom d'un héros : Val.-Flac. 6, 288.

vŏrātŏr, *ōris*, m. (*voro*), homme vorace, glouton : Tert. *Mon.* 8, 7 ; Paul.-Nol. *Ep.* 19, 10.

vŏrātrīna, *ae*, f. (*voro*), taverne, cabaret : Tert. *Apol.* 39, 6 ‖ gouffre : Amm. 17, 7, 13.

vŏrātus, *a*, *um*, part. de *voro*.

vŏrax, *ācis* (*voro*), qui est toujours disposé à dévorer, dévorant, vorace, qui engloutit : Cic. *Phil.* 2, 67 ; Ov. *M.* 15, 94 ; *voracior ignis* Ov. *M.* 8, 839, feu plus avide.

Vordenses, *ĭum*, m. pl., habitants d'un bourg de la Narbonnaise [Gordes] : CIL 12, 1114.

Vulcanus

Vorganium (Vorgĭum), ĭi, n., ville des Osismes [auj. Carhaix?] Atlas V, D1 : *CIL* 13, 9016 ; Peut. 1, 2.

vŏrō, ās, āre, āvī, ātum (cf. *gurges*, βιβρώσκω, βάραθρον, scr. *girati*), tr. ¶ 1 dévorer, manger avidement : Cic. *Nat.* 2, 122 ; Plin. 10, 196 ; Pl. *Trin.* 475 ‖ avaler, engloutir : Pl. *Ru.* 545 ; Mart. 6, 11, 5 ¶ 2 [fig.] **a)** *navem vorat vortex* Virg. *En.* 1, 117, un tourbillon engloutit le navire, cf. Ov. *M.* 13, 731 ; *viam* Catul. 35, 7, dévorer la route, l'espace **b)** dévorer, dissiper : Plin. 37, 19 **c)** dévorer = se livrer avec passion à : *litteras* Cic. *Att.* 4, 11, 2, dévorer la littérature **d)** [poésie érot.] : Catul. 80, 6 ; Mart. 2, 51, 6.

Voroangus, ▶ *Vorocingus*.

Vŏrŏcingus, i, m., localité d'Aquitaine : *Sidon. Carm.* 24, 52.

vors-, ▶ *vers-*.

vort-, ▶ *vert-*.

vōs, *vestrī* et *vestrum*, *vōbīs* (cf. ὑμεῖς, scr. *vas*, rus. *vy* ; fr. *vous*), vous : *ardens odio vestri* Cic. *Phil.* 4, 4, enflammé de haine contre vous ; *memor vestri* Cic. *Cat.* 4, 19, qui se souvient de vous ; *nemo vestrum* Cic. *Clu.* 46, personne d'entre vous ; *vobiscum* Cic. *Rep.* 1, 70, avec vous ; ▶ *tu* ‖ [tard.] vous [pl. de politesse] : Sidon. *Ep.* 9, 11, 1.

Vŏsăgus, ▶ *Vosegus* : Fredeg. 4, 38.

Vosavĭa, ae, f., ville de la Belgique, sur le Rhin [auj. Ober-Wesel] : Peut. 2, 2.

Vŏsĕgus, i, m., les Vosges [chaîne de montagne en Gaule] Atlas V, D3 : Caes. *G.* 4, 10, 1 ; Plin. 16, 197.

vosmĕt, vous-mêmes, ▶ *tu*.

vospte, ▶ *vopte, tu*.

voster, ▶ *vester*.

Vōtiēnus, i, m., Votiénus Montanus, poète exilé par Tibère ; Tac. *An.* 4, 42.

vōtĭfĕr, ĕra, ĕrum (*votum, fero*), chargé d'offrandes : Stat. *S.* 4, 4, 92 ‖ qui fait une offrande : Anth. 95, 3.

vōtĭgĕr, ĕra, ĕrum (*votum, gero*), ▶ *votifer* : Anth. 742, 59.

vōtītus, arch. pour *vetitus* : Pl. d. Non. 45, 5.

vōtīvē, adv., conformément à un vœu : Ennod. *Ep.* 1, 5.

vōtīvĭtās, ātis, f., engagement pris par un vœu : *CIL* 11, 5996.

vōtīvus, a, um (*votum*, esp. *bodigo*) ¶ 1 votif, voué, promis par un vœu : *ludi votivi* Cic. *Verr. prim.* 31, jeux votifs ; *tabula votiva* Hor. *O.* 1, 5, 14, tableau votif [représentant le naufrage dont l'auteur du vœu a réchappé, et offert au dieu sauveur, v. Cic. *Nat.* 3, 89 ; Hor. *P.* 21 ; Juv. 14, 301], ex-voto ; *votiva legatio* Cic. *Att.* 4, 2, 6, légation votive [voyage officiel pour acquitter des vœux dans les temples en province], cf. Cic. *Att.* 15, 11, 4 ; *votivae noctes* Prop. 2, 28, 62, nuits votives, réservées au culte des dieux ¶ 2 souhaité, désirable, agréable : Apul. *M.* 7, 13, 1 ; Prud. *Perist.* 2, 330.

vŏto, ▶ *veto*.

vōtum, i, n. (*voveo* ; fr. *vœu*, esp. *boda* noce) ¶ 1 vœu, promesse faite aux dieux : Cic. *Nat.* 1, 36 ; *Clu.* 194 ; *vota facere* Cic. *Mil.* 41 ; *nuncupare* Cic. *Verr.* 5, 34 ; *suscipere* Cic. *Nat.* 3, 93 ; *solvere* Cic. *Phil.* 3, 11 ; *reddere* Cic. *Leg.* 2, 22, faire des vœux, adresser solennellement des vœux, assumer l'accomplissement de vœux, les acquitter, les accomplir ; *votis vocare deos* Virg. *G.* 1, 42 ; *En.* 1, 290 ; *per vota* Sil. 2, 115 ; *in vota* Virg. *En.* 5, 234, invoquer les dieux en leur offrant des vœux ; *voti damnari*, ▶ *damno* ; *voti reus* Virg. *En.* 5, 237 = *voti damnatus*, condamné à accomplir son vœu, [donc] exaucé ; *voti liberari* Liv. 5, 28, 1, se dégager d'un vœu, l'accomplir ; *votis incendimus aras* Virg. *En.* 3, 279, nous allumons les autels pour l'acquittement de nos vœux, pour les sacrifices promis ¶ 2 objet votif, offrande : Petr. *poet.* 89, v. 10 ‖ *vota* = jour de vœux faits pour l'empereur : Vop. *Tac.* 9, 5 ¶ 3 [en gén.] vœu, souhait, désir : Cic. *Verr.* 5, 142 ; Liv. 2, 15, 3 ; 24, 45, 3 ; Quint. 1, 2, 25 ; Plin. *Ep.* 5, 8, 3 ; *hoc erat in votis* Hor. *S.* 2, 6, 1, voilà ce que je désirais dans mes vœux ; *an venit in votum?* Hor. *Ep.* 1, 11, 5, ou bien (quelqu'une des villes d'Attale) entre-t-elle dans tes vœux ? ; *ad votum* Sen. *Ep.* 15, 3, à souhait ; *omnium votum est parentum, ut* Quint. 11, 1, 82, le vœu de tous les parents est que ; *voti potens* Ov. *M.* 8, 80, exaucé ; ▶ *compos* ‖ *vota arborum frugumque communia sunt nives diuturnas sedere* Plin. 17, 14, le vœu commun des arbres et des blés est que la neige dure ‖ vœux prononcés par les époux, mariage : Apul. *Flor.* 4, 4 ; *M.* 4, 26, 5 ; Cod. Just. 5, 9, 4, 6 pr ¶ 4 [chrét.] vœu fait à Dieu, prière, supplication : Vulg. *Psal.* 64, 2.

▶ *votus*, m. : *CIL* 8, 5667.

Votūri, ōrum, m. pl., peuple de Galatie : Plin. 5, 146.

Voturia, ▶ *Veturia* : *CIL* 3, 7117.

vōtus, a, um, part. de *voveo*.

vŏvĕō, ēs, ēre, vōvī, vōtum (*$^*H_1$wegwh-*, εὔχομαι, scr. *vāghat*), tr. ¶ 1 [abst] faire un vœu à une divinité : Cic. *Nat.* 2, 93 ; Quint. 11, 3, 100 ¶ 2 [avec acc.] promettre par un vœu, vouer : *Herculi decumam* Cic. *Nat.* 3, 88, promettre la dîme à Hercule ; *sua capita pro salute patriae voverunt* Cic. *Fin.* 5, 64, ils ont voué leur tête pour le salut de la patrie, cf. Liv. 1, 27, 7 ; 5, 21, 2 ‖ *vota vovere* Pl. *Amp.* 947 ; Ov. *M.* 9, 794, faire des vœux ‖ [avec prop. inf. au fut.] *vovisse dicitur se daturum...* Cic. *Div.* 1, 31, il avait fait vœu, dit-on, de donner..., cf. Cic. *Verr.* 4, 123 ; Caes. *G.* 6, 16 ; Liv. 5, 19, 6 ; [avec inf. prés.] Pl. *Curc.* 72 ‖ [avec *ut* subj.] Just. 21, 3, 2 ‖ [pass.] *earum templa sunt publice vota et dedicata* Cic. *Nat.* 3, 43, elles ont des temples officiellement voués et dédiés ; *ludi voti* Liv. 12, 2, jeux voués ¶ 3 désirer, souhaiter : Hor. *Ep.* 1, 4, 8 ; Ov. *M.* 11, 128 ; 12, 200 ‖ [avec *ut*] Ov. *M.* 9, 675 ; 14, 35 ¶ 4 [chrét.] promettre [à Dieu], faire un vœu : Vulg. *Psal.* 75, 22 ‖ [pass.] avoir fait vœu de religion : Aug. *Doctr.* 4, 21, 48.

vox, vōcis, f. (cf. *voco*, ἔπος, εἰπεῖν, scr. *vāc-*, toch. A *wak* ; fr. *voix*) ¶ 1 voix : Pl. *Poen.* 13 ; Lucr. 6, 1148 ; Cic. *Or.* 57 ; *magna voce* Cic. *CM* 14, d'une voix forte ; *voce maxima clamare* Cic. *Verr.* 4, 148, crier de toutes ses forces ; *vocis bonitas* Cic. *Or.* 59, la bonne qualité de la voix, une belle voix ; *inflexa ad miserabilem sonum voce* Cic. *de Or.* 2, 193, d'une voix qui s'infléchit vers un ton pathétique ; *hominis... omnes voces* Cic. *de Or.* 3, 216, toutes les inflexions de la voix d'un homme ; *vocis imago* Virg. *G.* 4, 50, l'écho ‖ [fig.] *rerum* Cic. *Scaur.* 16, la voix des faits ; *alicujus vox erudita* Cic. *Brut.* 6, la voix, la parole savante de qqn ¶ 2 son de la voix : *rustica vox et agrestis* Cic. *de Or.* 3, 42, un son de voix qui rappelle la campagne et les champs ; [prononciation] Cic. *de Or.* 3, 44 ¶ 3 accent : *in omni verbo (natura) posuit acutam vocem* Cic. *Or.* 58, (la nature) a placé dans chaque mot un accent aigu ¶ 4 [au sens musical] son, ton : *numeri atque voces* Cic. *de Or.* 3, 197, les rythmes et les sons ; *hiulcae voces aut asperae* Cic. *Or.* 150, sons qui se heurtent [hiatus] ou durs, désagréables [cacophonie] ; *acutarum graviumque vocum judicium ipsa natura in auribus nostris collocavit* Cic. *Or.* 173, la nature même a mis en nos oreilles l'appréciation des tons aigus et graves ¶ 5 au sg. **a)** son, mot, vocable : *haec vox voluptatis* Cic. *Fin.* 2, 6, ce mot de plaisir ; *neque ullam vocem exprimere poterat* Caes. *G.* 1, 32, 3, il ne pouvait leur faire sortir un mot de la bouche, cf. Cic. *Att.* 2, 21, 5 **b)** parole, sentence, mots prononcés par qqn, mot de qqn : *illa tua vox "satis diu vixi..."* Cic. *Marc.* 25, cette parole de ta bouche "j'ai assez vécu...", cf. Cic. *Verr.* 5, 168 ; *Off.* 3, 1 ; *Lae.* 37 ; *de Or.* 3, 21 ; *Tusc.* 1, 111 ¶ 6 au pl., paroles, propos, dires : Caes. *G.* 1, 39, 1 ; *C.* 1, 69 ; *voces habere* Cic. *Mur.* 50, tenir des propos, cf. Cic. *Tusc.* 5, 31 ‖ formules : *sunt verba et voces* Hor. *Ep.* 1, 1, 34, il y a des mots et des formules, cf. Hor. *Epo.* 5, 76 ; 17, 6 ; 78 ¶ 7 [poét.] parole = langage, langue : Hor. *O.* 1, 10, 3 ; Ov. *Tr.* 3, 12, 40 ¶ 8 [gram.] voix verbale [forme] : Prisc. 3, 20, 268 ; 271, 17.

Vulca, ae, m., nom d'un statuaire : Plin. 35, 157.

Vulcānal (Volc-), ālis, n., lieu de Rome où était un temple de Vulcain Atlas IIIB : Plin. 16, 236 ; Fest. 370, 33.

Vulcānālĭa (Volc-), ĭum ou ĭorum, n. pl., Vulcanalia, fêtes en l'honneur de Vulcain : Varr. *L.* 6, 20 ; Col. 11, 3, 18 ; Plin. *Ep.* 3, 5, 8.

Vulcānus (Volc-), i, m., Vulcain [dieu du feu, identifié au grec Héphaïstos, fils de

Vulcanus

Jupiter et de Junon, époux de Vénus ; avait sa résidence sous l'Etna où il forgeait les foudres de Jupiter] : Cic. *Nat.* 1, 83 ; 3, 55 ‖ [méton.] feu, flamme, incendie : Virg. *En.* 7, 77 ; **vulcanum in cornu gerere** Pl. *Amp.* 34, porter de la lumière dans une lanterne [de corne] ‖ **-nĭus**, *a, um*, de Vulcain : Cic. *Tusc.* 2, 33 ‖ du feu, de l'incendie : Virg. *En.* 10, 408 ‖ **Vulcaniae insulae** Cic. *Nat.* 3, 55, les îles Vulcaniennes ou Éoliennes, près de la Sicile ‖ **-nālis**, *e*, de Vulcain : Varr. *L.* 5, 84.

Vulcācĭus (Vol-), ĭi, m., nom de différents personnages : Tac. *An.* 4, 43 ; 15, 50 ; H. 4, 9 ‖ Volcacius Sedigitus [critique et gram.] : Gell. 3, 3, 1 ; 15, 24 ‖ Vulcacius Gallicanus, un des auteurs de l'Histoire Auguste : Vulc.-Gall. *Avid. tit.*

Vulceii, **V.** Volceii.

Vulcentānus, Vulcentes, **V.** Volceii.

Vulchalo (-īōn), ōnis, m. ou f., localité de Narbonnaise : Cic. *Font.* 19.

Vulfīla, **V.** Ulfila.

vulgāgo, ĭnis, f. (vulva), asaret [plante] : Gloss. 3, 542, 22.

vulgāris (volg-), *e* (vulgus), qui concerne la foule, général, ordinaire, commun, banal : **vulgaris liberalitas** Cic. *Off.* 1, 52, la générosité qui s'étend à tous ; **nihil mihi occurrit nisi aut exile aut nugatorium aut vulgare aut commune** Cic. *de Or.* 2, 315, [en parl. d'un exorde] il ne me vient rien à l'esprit que des idées sèches, puériles, banales [que tout le monde peut trouver], applicables partout ; **vulgaria** Hor. *S.* 2, 2, 38, les plats ordinaires ‖ **vulgare est** avec prop. inf., Plin. 16, 131, c'est une habitude que ‖ commun, ordinaire [langage] : **vulgari sermone** Her. 4 ; 69, dans la langue de tout le monde ; Cic. *Ac.* 1, 5, cf. *de Or.* 1, 12.

vulgārĭtās (volg-), ātis, f. (vulgaris) ¶ 1 qualité de ce qui est commun : Caes.-Arel. *Ep.* 2, p. 1134 ; **vulgaritas verbi** Porph. Hor. *P.* 47, banalité d'un mot ¶ 2 la généralité [des hommes], le commun : Arn. 3, 5 ; Capit. *Ant. Phil.* 23, 8.

vulgārĭtĕr (volg-), adv. (vulgaris), communément : Plin. 8, 13.

vulgārĭus (volg-), *a, um*, **C.** vulgaris : Afran. *Com.* 263 ; Turpil. *Com.* 205 ; Gell. 1, 22, 2 ; 3, 16, 18.

*vulgātē (volg-) [inus.], adv., en divulguant ‖ compar., **-tius** Amm. 15, 3, 6.

vulgātŏr (volg-), ōris, m. (vulgo), celui qui divulgue, qui révèle : Ov. *Am.* 3, 7, 51.

1 vulgātus (volg-), *a, um* ¶ 1 part. de vulgo ¶ 2 adjᵗ **a)** habituel, ordinaire : **vulgatissimus** Quint. 4, 4, 28 ; Tac. *An.* 13, 49 **b)** répandu, divulgué, connu partout : **vulgatior fama est** avec prop. inf., Liv. 1, 7, 2, une tradition plus répandue rapporte que **c)** prostitué : Suet. *Dom.* 22 ‖ accessible à tous, au public : Cic. *Har.* 59 **d)** connu, répandu, courant [en parlant de la traduction de la Bible des Septante] : Aug. *Civ.* 16, 10, 2 ‖ **vulgāta**, ae, f. (s.-ent. *editio*), la Bible grecque des Septante : Hier. *Is.* 18, 65, 20, p. 647 A.
▶ Vulgata, f., la Bible latine de s. Jérôme, depuis le Concile de Trente.

2 vulgātŭs (volg-), ūs, m., publication d'un ouvrage : Sidon. *Ep.* 8, 1, 1.

Vulgĭentes, ĭum, m. pl., peuple de la Narbonnaise, près du Rhône : Plin. 3, 36.

vulgĭvăgus (volg-), *a, um* (vulgus, vagor), qui erre partout, vagabond : Lucr. 5, 932 ; 4, 1071.

1 vulgō (volgō), abl. de vulgus, pris advᵗ, en foule, indistinctement : Caes. *G.* 1, 39, 5 ; 5, 33, 6 ; Cic. *Mur.* 73 ; *Amer.* 80 ‖ en public, ouvertement : **aliquid vulgo ostendere** Cic. *Verr.* 4, 64, montrer qqch. publiquement ‖ couramment, communément : **vulgo loquebantur** Cic. *Att.* 16, 10, 1, on disait couramment, cf. Ter. *And.* 426 ; Quint. 9, 2, 8 ; **litterae quas vulgo ad te mitto** Cic. *Q.* 3, 1, 21, les lettres que je t'envoie couramment ‖ partout, en tous lieux : Virg. *B.* 4, 25.

2 vulgō (volgō), ās, āre, āvī, ātum (vulgus), tr. ¶ 1 répandre dans le public, propager : [une maladie] **in alios** Curt. 9, 10, 1, chez d'autres, cf. Liv. 3, 6, 3 ; [fig.] **in omnem exercitum vulgari** Liv. 28, 27, 6, se répandre dans (à travers) toute l'armée ‖ publier un livre : Quint. 1, pr. 7 ‖ [pass. à sens réfl.] **vulgari cum privatis** Liv. 3, 35, 6, se commettre (frayer), avec de simples particuliers ¶ 2 divulguer, répandre [un bruit, une nouvelle] : Cic. *Flac.* 65 ; Liv. 3, 34, 7 ; Tac. *An.* 13, 7 ¶ 3 offrir à tout le monde : **navis vulgata omnibus** Cic. *Har.* 59, navire accessible à tout le monde ‖ [en part.] prostituer : Liv. 1, 4, 7 ; 4, 2, 6 ‖ [rare] **aliquem volgo volgare** Pl. *Mil.* 1035, faire connaître qqn à tout venant ‖ [rare] attribuer (étendre) à une foule : **non quod ego vulgari facinus per omnes velim** Liv. 28, 27, 10, non que je veuille que ce crime soit attribué à tous.

vulgus (volgus), *i*, n. (isolé, cf. scr. *varga-s* groupe ?) ¶ 1 le commun des hommes, la foule : **non est consilium in vulgo** Cic. *Planc.* 9, la foule n'a pas de réflexion ; **sapientis judicium a judicio vulgi non discrepat** Cic. *Brut.* 198, entre le jugement du connaisseur et celui de la foule, il n'y a pas désaccord ; **volgus fuimus** Sall. *C.* 20, 7, nous avons été la foule, le commun, la masse obscure [cf.▶ **nos numerus sumus** Hor. *Ep.* 1, 2, 27], cf. Hor. *O.* 2, 16, 37 ; 3, 1, 1 ; *S.* 1, 6, 18 ; Sen. *Ep.* 5, 6 ; **in vulgus**, pour la foule, dans la foule : Cic. *Ac.* 2, 140 ; *Tusc.* 5, 103 ; *Div.* 2, 86 ; *Rep.* 1, 21 ; **in vulgus ignotus** Cic. *Att.* 9, 5, 2, ignoré de la foule = du commun des hommes ¶ 2 multitude, masse [avec idée de foule confuse, de généralité] : **vulgus militum** Caes. *G.* 1, 46, 4, la foule des soldats ; **numerari in vulgo patronorum** Cic. *Brut.* 332, être compté dans la foule commune des avocats = ne pas se distinguer ‖ la masse du troupeau : Virg. *G.* 3, 469.
▶ **vulgus**, m. Varr. *Men.* 81 ‖ acc. **vulgum a)** [arch.] Acc. *Tr.* 288 ; Sisen. *Hist.* 48 ; Lucr. 2, 921 ; Sall. *J.* 69, 2 ; 73, 5 ; Nep. *Alc.* 8, 7 ; Liv. 6, 34, 5 ; 24, 32, 1 ; Sen. *Vit.* 2, 2 ; v. Non. 230, 17 **b)** dans l'expr. **in vulgum** Caes. *G.* 6, 14, 4 ; Virg. *En.* 2, 99.

vulnĕrābĭlis, *e* (vulnero) ¶ 1 vulnérable : Sen. *Ep.* 82, 24 ¶ 2 qui blesse : Cael.-Aur. *Acut.* 3, 17, 171.

vulnĕrārĭus, *a, um* (vulnero), relatif aux blessures : Plin. 23, 81 ; 34, 114 ‖ subst. m., chirurgien : Plin. 29, 12.

vulnĕrātĭo (voln-), ōnis, f. (vulnero), blessure, lésion : Cic. *Caecin.* 47 ‖ [fig.] atteinte à : Cic. *Pis.* 47.

vulnĕrātŏr, ōris, m. (vulnero), celui qui blesse [fig.] . ; Hier. *Is.* 14, 12.

vulnĕrātus, *a, um*, part. de vulnero.

vulnĕrō (vol-), ās, āre, āvī, ātum (vulnus) ¶ 1 blesser : Caes. *G.* 5, 35 ; 5, 58 ; Cic. *Sest.* 24 ‖ [acc. de la partie] : **vulneratus humerum** Plin. 7, 103, blessé à l'épaule ‖ **vulnerata navis** Liv. 37, 24, 8, navire endommagé ¶ 2 [fig.] **aliquem voce** Cic. *Cat.* 1, 9, blesser qqn. par des paroles, cf. *Cat.* 1, 17 ; *Nat.* 3, 91 ; **virorum animos** Liv. 34, 7, 7, blesser, froisser des hommes ; **aures** Virg. *En.* 8, 583, frapper désagréablement l'oreille.

vulnĭfĕr, *ĕra, ĕrum* (vulnus, fero), ▶ vulnificus : Prud. *Psych.* 173.

vulnĭfĭcus, *a, um* (vulnus, facio), qui blesse, qui tue, homicide : Virg. *En.* 8, 446 ; Ov. *M.* 2, 504 ; 8, 359.

vulnus (volnus), ĕris, n. (cf. *vallesit* ?, οὐλή, hit. *walh-*, al. *Walküre*) ¶ 1 blessure, plaie, coup porté ou reçu ; **multis et illatis et acceptis vulneribus** Caes. *G.* 1, 50, 3, après force blessures aussi bien infligées que reçues ; **hostibus vulnera inferre** Caes. *C.* 2, 6, 3, causer des blessures à l'ennemi ; **vulnera sustinere** Caes. *C.* 1, 45, 6, supporter les blessures ; **in capite vulnus accipere** Cic. *Verr.* 5, 3, recevoir une blessure à la tête ; **vulnus excipere** Cic. *Tusc.* 2, 65, recevoir une blessure [en s'exposant], cf. *Sest.* 23 ; **alicui infligere** Cic. *Phil.* 2, 52, assener un coup à qqn ‖ [métaph.] toute sorte de lésion, coup, entaille, blessure, déchirure : [à un arbre] Virg. *En.* 2, 630 ; [au sol par la charrue] Ov. *M.* 2, 286 ¶ 2 [fig.] atteinte, plaie : **tanto imposito rei publicae vulnere** Cic. *Att.* 1, 16, 7, après ce dur coup porté à l'ordre public, cf. Cic. *Att.* 5, 17, 6 ; *Fin.* 4, 66 ; **belli vulnera sanare** Cic. *Marc.* 24, cicatriser les plaies de la guerre ‖ angoisse, douleur, peine : Lucr. 2, 639 ; Virg. *En.* 12, 160 ‖ blessure de l'amour : Lucr. 1, 34 ; Virg. *En.* 4, 2 ; Hor. *O.* 1, 27, 12 ; Prop. 2, 22, 7.

vulnuscŭlum, *i*, n. (dim. de vulnus), légère blessure, petite lésion : Ulp. *Dig.* 21, 1, 8 ; Hier. *Ep.* 112, 13.

vulpēcŭla, *ae*, f. (dim. de *vulpes*; fr. *goupil, goupille*), petit renard, renard : Cic. *Nat.* 1, 88; *Off.* 1, 41.

Vulpēnĭus, *ĭi*, nom d'homme : Pers. 5, 190.

vulpēs (volpēs), *is*, f. (cf. *lupus*, ἀλώπηξ; it. *volpe*) ¶ **1** renard : Plin. 28, 165; Hor. *Ep.* 1, 1, 73 ‖ *animi sub volpe latentes* Hor. *P.* 437, les sentiments qui se cachent sous une peau de renard; *jungere vulpes* Virg. *B.* 3, 91, atteler des renards = tenter l'impossible ¶ **2** *vulpes marina* Plin. 9, 145, renard marin, sabre [petit squale].
▶ nom. *vulpis (volpis)* Petr. 58, 12; Avian. 40, 7.

vulpīnŏr, *ārĭs*, *ārī*, -, - (*vulpinus*), intr., ruser [faire le renard], user de fourberie : Varr. *Men.* 327; Apul. *M.* 3, 22.

vulpīnus, *a*, *um* (*vulpes*), de renard : Plin. 28, 712; 32, 44.

vulpĭo, *ōnis*, m. (*vulpes*), rusé [comme un renard] : Apul. *Apol.* 86.

vulpis, *is*, f., v.▶ *vulpes* ▶.

Vuls-, v.▶ *Vols-*.

vulsī, parf. de *vello*.

vulsĭo, *ōnis*, f. (*vello*), convulsion : Veg. *Mul.* 2, 129, 11.

1 **vulsō**, *ās*, *āre*, -, - (*vulsus*), intr., avoir des spasmes : Veg. *Mul.* 2, 106, 1.

2 **Vulso (Vol-)**, *ōnis*, m., surnom romain : Liv. 22, 35, 1.

vulsūra (vol-), *ae*, f. (*vello*), action d'arracher [la laine des toisons] : Varr. *R.* 2, 11, 9.

vulsus (volsus), *a*, *um* (*vello*; it. *bolso*) ¶ **1** part. de *vello* ¶ **2** adj.ᵗ *a)* épilé : Quint. 2, 5, 12; 5, 9, 14 ‖ mou, efféminé : Mart. 2, 36, 6 *b)* qui a des spasmes : Plin. 21, 126; 23, 25.

vult, 3ᵉ pers. sg. indic. prés. de 2 *volo*.

Vultēius, *i*, m., nom d'homme : Cic. *Verr.* 3, 155.

vultĭcŭlus, *i*, m. (dim. de *vultus*), air un peu sévère, sombre : Cic. *Att.* 14, 20, 5.

vultis, 2ᵉ pers. pl. indic. prés. de 2 *volo*.

vultŭātus, *a*, *um*, expressif : Mar. Vict. *Gen.* 8.

vultum, *i*, n., v.▶ *vultus* ▶.

vultŭōsē, adv. (*vultuosus*), avec un air de circonstance : Don. *And.* 184; 380.

vultŭōsus, *a*, *um* (*vultus*), grimacier, affecté : Cic. *Or.* 60; Quint. 11, 3, 183.

1 **vultŭr (voltŭr)**, *ŭris*, m. (cf. *vello*, ἕλωρ; esp. *buitre*, fr. *vautour*), vautour : Plin. 10, 19; Virg. *En.* 6, 597 ‖ [fig.] = rapace : Sen. *Ep.* 95, 43; Mart. 6, 62, 4.

2 **Vultŭr (Voltŭr)**, *ŭris*, m., montagne en Apulie : Hor. *O.* 3, 4, 9; Luc. 9, 185.

Vulturcĭus (Volt-), *ĭi*, m., complice de Catilina : Cic. *Cat.* 3, 4; Sall. *C.* 44, 4.

vultŭrīnus (volt-), *a*, *um* (*vultur*), de vautour : Plin. 29, 123; Mart. 9, 28, 2.

vultŭrĭus (volt-), *ĭi*, m. (1 *vultur*; it. *avvoltoio*) ¶ **1** vautour : Pl. *Truc.* 337; Lucr. 4, 680; Liv. 27, 23, 3 ‖ [fig.] = homme rapace, spoliateur : Cic. *Pis.* 38; Catul. 68, 124 ¶ **2** le vautour [coup malheureux aux dés] : Pl. *Curc.* 357, 1.

Vulturnālis (Volt-), *e*, du dieu Volturne : Varr. *L.* 7, 45 ‖ *-lĭa*, *ĭum*, n. pl., fêtes de Volturne : P. Fest. 519, 19.

Vulturnum (Volt-), *i*, n., Volturne [ville de Campanie sur le Volturne] Atlas XII, E4 : Liv. 34, 45, 1; *Vulturnum oppidum* Mel. 2, 70; Plin. 3, 61.

1 **Vulturnus (Volt-)**, *i*, m. ¶ **1** rivière de Campanie [auj. Volturno] Atlas XII, D4 : Liv. 8, 11; Plin. 17, 7 ¶ **2** Volturne [divinité romaine] : Varr. *L.* 7, 45.

2 **vulturnus (volt-)**, *i*, m., vulturne [vent du sud-ouest] : Liv. 22, 43, 10; Plin. 2, 119; 6, 106.

vultus (voltŭs), *ūs*, m. (2 *volo*; it. *volto*) ¶ **1** expression, air du visage; visage, mine, physionomie : Cic. *Leg.* 1, 27; *imago animi vultus est* Cic. *de Or.* 3, 221, le visage est le miroir de l'âme ‖ pl., jeux de physionomie : Cic. *de Or.* 2, 148; Quint. 1, 11, 3; *alicujus ficti simulatique vultus* Cic. *Clu.* 72, le visage composé et hypocrite de qqn ‖ [en part.] *vultum alicujus ferre* Hor. *S.* 1, 6, 121, supporter le visage (= l'aspect) de qqn ¶ **2** = figure [*facies*] : Hor. *Epo.* 5, 93; Ov. *M* 5, 59 ¶ **3** [fig.] *a) vultus Epicurii* Plin. 35, 5, les traits d'Épicure = le portrait *b)* air, apparence : *salis placidi* Virg. *En.* 5, 848, l'apparence d'une mer calme.
▶ forme de n. pl. *vulta* Enn. *An.* 464; Lucr. 4, 1213 ‖ dat.-abl. pl. *vultibus* Stat. *Th.* 6, 38.

vulva (volva), *ae*, f. (*gʷelbh-*, δελφύς, scr. *garbha-s*; port. *volva*) ¶ **1** vulve, matrice : Varr. *R.* 2, 1, 19; Cels. 4, 1, 12; Plin. 11, 209 ‖ ventre de truie [mets très estimé chez les Romains] : Hor. *Ep.* 1, 15, 41; Plin. 11, 210; Mart. 13, 56, 2 ¶ **2** enveloppe [par ex., des champignons] : Plin. 22, 93.
▶ *bulba* Diocl. 4, 4.

vulvŭla (vol-), *ae*, f. (dim. de *vulva*) : [cuis.] Naev. *Com.* 23; Apic. 59.

◆

w, redoublement de *u*, c'est-à-dire combinaison de *v* et de *u*, pour noter /w/ du germanique et du breton à partir du 5ᵉ s. [le latin *v* ne notant plus /w/].

wadĭum, *ĭi*, n. (cf. an. *wed*, al. *Wette*; fr. *gage*, an. *wage*), gage : L. Sal. *extrav.* B. 1; Marculf. 2, 18.

Wandăli, *ōrum*, m. pl., les Vandales [peuple germanique] : Salv. *Gub.* 6, 67 (12); Vict.-Vit. 3, 69; v.▶ *Vandali*.

Wandălĭcus, *a*, *um*, adj., vandale : Vict.-Vit. 1, 1.

wantus, *i*, m. (germ.; fr. *gant*), gant : Jon. *Col.* 1, 15.

waranĭo, *ōnis*, m. (germ.; it. *guaragno*, esp. *garañon*), étalon : L. Sal. 38, 2.

Wardo, *ōnis*, m. (fr. *Gardon*), c.▶ *Vardo* : *Sidon. *Ep.* 2, 9, 9.

Warocus (Warochus), *i*, m. (cf. fr. *Broérec*, région du Morbihan), Wéroc [comte des Bretons, fils de Maclou] : Greg.-Tur. *Hist.* 5, 16.

Wasco, c.▶ *Vasco* : Fort. *Germ.* 192.

Wĕnĕdi, *ōrum*, m. pl., c.▶ *Venedi* : Fredeg. 4, 48.

werpĭō, *īs*, *īre*, *īvī*, *ītum* (cf. al. *werfen*, an. *warp*; fr. *déguerpir*), tr., laisser, abandonner : Marculf. 2, 18.

Winnōcus, *i*, m., Winnoc [ascète breton] : Greg.-Tur. *Hist.* 5, 21.

Wodanus, *i*, m. (cf. an. *Wednesday*), Wotan [dieu germanique] : Fredeg. 3, 65.

XYZ

x, f., n., indécl., 21ᵉ lettre de l'alphabet latin, appelée *ix* : Prisc. 2, 8, 12 ; elle correspond au ξ (*xi*) grec, noté X, χ dans les alphabets occidentaux ‖ elle n'apparaît à l'initiale que dans les emprunts au grec ‖ [abréviation] X = *decem*, dix ; ✕ = *denarius*, le denier ; X̄ = dix mille ‖ [chrét.] XS, abréviation de **Christus** (en grec XC) ; **v.** *Xristus*.

xanctus, *a*, *um*, au lieu de *sanctus* [dans un acrostiche] : Commod. *Instr.* 1, 35, 21.

Xantha, *ae*, f., nom de femme : CIL 6, 4394.

Xanthē, *ēs*, f., nom d'une Amazone : Hyg. *Fab.* 163.

Xanthĭcus mensis, m., le mois Xanthique [le mois d'avril chez les Macédoniens] : Cassiod. *Eccl.* 9, 38.

Xanthippē, *ēs*, f. (Ξανθίππη), Xanthippe [femme de Socrate] : Cic. *Tusc.* 3, 31 ; Gell. 1, 17, 1.

Xanthippus, *i*, m. (Ξάνθιππος) ¶ 1 père de Périclès : Cic. *Brut.* 44 ¶ 2 Lacédémonien, général des armées de Carthage dans la première guerre punique : Cic. *Off.* 3, 99.

xanthĭum, *ii*, n. (ξάνθιον), lampourde [plante servant à teindre les cheveux en blond] : Plin. 24, 19.

Xanthō, *ūs*, f. (Ξανθώ), une des Océanides : Virg. *G.* 4, 336.

Xanthus (-ŏs), *i*, m. (Ξάνθος) ¶ 1 rivière de Troie [appelée aussi Scamandre] : Virg. *En.* 1, 473 ; Plin. 5, 124 ; 2, 230 ¶ 2 rivière de Lycie : Mel. 1, 82 ; Virg. *En.* 4, 143 ; Hor. *O.* 4, 6, 26 ¶ 3 petite rivière d'Épire : Virg. *En.* 3, 350 ¶ 4 ville de Lycie Atlas VI, C4 ; IX, D1 : Plin. 5, 100 ; Mel. 1, 82.

Xĕnăgŏrās, *ae*, m. (Ξεναγόρας), nom d'un historien : Plin. 1, 4 ; Macr. *Sat.* 5, 19, 30.

Xĕnarchus, *i*, m. (Ξέναρχος), Xénarque [général des Achéens] : Liv. 41, 28.

Xĕnĭa, *ae*, f., nom de femme : CIL 6, 23289.

Xĕnĭădēs, *is*, m. (Ξενιάδης), Xéniade [qui acheta et affranchit Diogène] : Gell. 2, 18, 9.

xĕnĭŏlum, *i*, n. (dim. de *xenium*), petit cadeau : Apul. *M.* 2, 11 ; Ulp. *Dig.* 1, 16, 6.

Xĕnippa, *ae*, f., région du nord de la Bactriane : Curt. 8, 2, 14.

Xĕnitāna, *ae*, f., nom donné à Quiza, ville de la Maurétanie Césarienne : Plin. 5, 19.

xĕnĭum, *ii*, n. (ξένιον), cadeau fait à un hôte, présent [ordinᵗ au pl.] : Plin. *Ep.* 6, 31, 14 ; Vitr. 6, 7, 4 ; Mart. 13, 3, 1 ‖ honoraires [d'un avocat] : Plin. *Ep.* 5, 14, 8.

Xĕno, *ōnis*, m., Xénon [Épicurien du temps de Cicéron] : Cic. *Att.* 5, 10, 5 ; 5, 11, 6 ‖ peintre de Sicyone : Plin. 35, 146.

Xĕnoclēs, *is*, m. (Ξενοκλῆς), Xénoclès [rhéteur d'Adramytte] : Cic. *Brut.* 316.

Xĕnoclīdēs, *is*, m., nom d'un citoyen de Chalcis : Liv. 35, 38.

Xĕnŏcrătēs, *is*, m. (Ξενοκράτης) ¶ 1 Xénocrate [de Chalcédoine, philosophe, disciple de Platon] : Cic. *Ac.* 1, 17 ; *Tusc.* 5, 51 ; *Off.* 1, 109 ¶ 2 nom d'un artiste : Plin. 34, 83.

xĕnŏdŏchīum (-ēum), *i*, n. (ξενοδοχεῖον), hôpital, hospice : Cod. Just. 1, 2, 19 ; Hier. *Ep.* 66, 11.

xĕnŏdŏchus, *i*, m. (ξενοδόχος), hospitalier, chef d'un hospice : Cod. Just. 1, 8, 33.

Xĕnŏmĕnēs, *is*, m. (Ξενομένης), nom d'homme : Cic. *Fam.* 16, 5.

1 xĕnōn, *ōnis*, m. (ξενών), hôpital, hospice : Cod. Just. 1, 3, 48, 3.

2 Xĕnōn, **v.** *Xeno*.

xĕnŏpărŏchus, *i*, m. (ξενοπάροχος), **c.** *parochus* : Arcad. *Dig.* 5, 4, 18, 10.

Xĕnŏphănēs, *is*, m. (Ξενοφάνης), Xénophane [philosophe de Colophon] : Cic. *Ac.* 2, 118 ; *Nat.* 1, 28 ; *Div.* 1, 5.

Xĕnŏphĭlus, *i*, m. (Ξενόφιλος), musicien de Chalcis : Plin. 7, 168 ; Val.-Max. 8, 13, 2.

Xĕnŏphōn, *ontis*, m. (Ξενοφῶν) ¶ 1 Xénophon [disciple de Socrate, à la fois philosophe, historien et général] : Cic. *Div.* 1, 52 ; *Tusc.* 5, 99 ¶ 2 médecin de Claude : Tac. *An.* 12, 61 ; 67.

Xĕnŏphontēus (-īus), *a*, *um* (Ξενοφώντειος), de Xénophon : Cic. *Brut.* 132 ; *Fam.* 5, 12, 3.

xērampĕlĭnus, *a*, *um* (ξηραμπέλινος), qui est couleur de feuille [de vigne] morte ‖ **xērampĕlĭna**, *ae*, f., Juv. 6, 518, chlamyde de cette couleur.

xērantĭcus, *a*, *um* (ξηραντικός), dessiccatif : Theod.-Prisc. 2, 103.

xērŏcollyrĭum, *ii*, n. (ξηροκολλύριον), collyre solide : M.-Emp. 8, 19.

Xērŏlĭbўa, *ae*, f. (Ξηρολιβύα), la Xérolibye [contrée d'Afrique entre la Cyrénaïque et l'Égypte] : Serv. *En.* 4, 42.

Xērŏlŏphus, *i*, m. (Ξηρόλοφος), nom d'un quartier de Byzance Atlas X : Inst. Just. 4, 18, 5 ; Prisc. 2, 17, 14 ; 2, 254, 1.

xērŏmўron, *i*, n. (ξηρόμυρον), parfum d'aromates secs : Sedul. *Hymn.* 2, 81.

xērŏn, *i*, n. (ξηρόν), baume sec : Plin. Val. 3, 22.

xērŏphăgĭa, *ae*, f. (ξηροφαγία), usage des aliments secs : Tert. *Jejun.* 1, 4 ; Cassian. *Inst.* 4, 21, 22.

xērophthalmĭa, *ae*, f. (ξηροφθαλμία), chassie sèche [maladie des yeux] : M.-Emp. 8, 69.

Xerxēnē ou **Derzēnē**, *ēs*, f., la Xerxène ou Derzène, contrée d'Arménie : Plin. 5, 83.

Xerxēs (-sēs), *is* et *i*, m. (Ξέρξης), fils de Darius, roi des Perses, battu par les Grecs à Salamine : Cic. *Tusc.* 5, 20 ; Nep. *Reg.* 1 ‖ [fig.] *Xerxes togatus* Vell. 2, 33, 4, le Xerxès en toge [nom donné par Pompée à Lucullus].
▶ orth. *Xerses* Cic. *Leg.* 2, 26 ‖ acc. *-en* et *-em*.

xĭphĭās, *ae*, m. (ξιφίας) ¶ 1 espadon [poisson de mer] : Plin. 32, 15 ; Ov. *Hal.* 97 ¶ 2 sorte de comète ayant la forme d'une épée : Plin. 2, 89.

xĭphĭum (-ŏn), *ii*, n. (ξιφίον), glaïeul [plante] : Plin. 25, 137 et 138.

xĭstĭcus, **v.** *xysticus* : CIL 6, 10154.

Xistus (Xystŏs), *i*, m. (ξυστός, cf. *Sextus*, *Sixtus*), Sixte [nom d'un martyr] : *Prud. *Perist.* 2, 22 ‖ nom de plusieurs papes : Inscr. Ross. 2, 71, 42 = Inscr. Chr. Diehl 976.

Xoītēs nŏmŏs, m. (Ξοΐτης νόμος), le nome Xoïte [de Xoïs, port du Delta] : Plin. 5, 49.

Xristus, *i*, m., graphie carolingienne de *Christus*, d'après l'abréviation XS ; **v.** *X*.

1 xūthŏs, *i*, m. (ξουθός), gemme de couleur blonde : Plin. 37, 169.

2 Xūthŏs, *i*, m. (Ξοῦθος), descendant de Deucalion, auteur d'une branche de la race hellénique : Vitr. 4, 1, 4 ; Ov. *Am.* 3, 6, 31.

Xychus, *i*, m., nom d'un Grec : Liv. 40, 55.

xўlesphongĭum, *ii*, n. (ξυλόσφογγιον), éponge : CPL 254, 29.

xyliglycon

xȳlĭglȳcŏn, *i*, n., caroubier [arbre] : Isid. 17, 7, 29.

Xȳlĭnē, *ēs*, f., village de Pamphylie : Liv. 38, 15.

Xȳlĭnēpŏlis, *is*, f., ville de Gédrosie : Plin. 6, 96.

xȳlĭnus, *a*, *um* (ξύλινος), de coton : **lina xylina** Plin. 19, 14, étoffes de coton.

xȳlŏbalsămum, *i*, n., bois du baumier [arbre] : Plin. 12, 118 ; 13, 15 ; 29, 56.

xȳlŏcassĭa ou **xȳlŏcăsĭa**, *ae*, f., cassier [arbre] : Marcian. Dig. 39, 4, 7.

xȳlŏcinnămōmum, *i*, n. (ξυλοκιννάμωμον), Plin. 12, 91 ; Marcian. Dig. 39, 4, 16, 7, **xȳlŏcinnămum**, *i*, n., Scrib. 271, cannelier [arbre].

xȳlŏluchnūchus (-ŏs), *i*, m. (ξυλολυχνοῦχος), candélabre de bois : *CIL 10, 98.

xȳlŏmastĭchē, *ēs*, f., gomme de lentisque, mastic : Diocl. 34, 80.

xȳlŏn, *i*, n. (ξύλον), cotonnier [arbrisseau] : Plin. 19, 14.

xȳlŏphȳtŏn (-um), *i*, n. (ξυλόφυτον), consoude [plante] : Ps. Apul. Herb. 59.

Xȳlŏpōlītae, *ārum*, m. pl. (Ξυλοπολῖται), habitants de Xylopolis [ville de Macédoine] : Plin. 4, 35.

Xȳnĭae, *ārum*, f. pl. (Ξυνίαι), ville de Thessalie : Liv. 32, 13, 14 ; 33, 3, 8 ; 39, 26, 2.

xȳris, *ĭdis*, f. (ξυρίς), sorte d'iris [plante] : Plin. 21, 143.

xystarcha (-ēs), *ae*, m. (ξυστάρχης), directeur d'un xyste : Amm. 21, 1, 4 ; Tert. Mart. 3, 3.

Xystĭāni, *ōrum*, m. pl., habitants de Xystis [ville de Carie] : Plin. 5, 109.

xystĭcus, *a*, *um* (ξυστικός), de xyste, de gymnase : Tert. Pud. 7, 15 ; Pall. 4, 1 ‖ **-tĭci**, *ōrum*, m. pl., athlètes qui s'exerçaient dans des xystes [sous un portique] : Suet. Aug. 45 ; Dig. 3, 2, 4.

1 xystra, *ae*, f. (ξύστρα), étrille : Schol. Juv. 3, 263.

2 Xystra, *ae*, m. (1 xystra), surnom d'homme : CIL 6, 12436.

xystum, *i*, n., et ordin[t] **xystus**, *i*, m. (ξυστός) ¶ 1 [chez les Grecs] portique couvert où s'exerçaient les athlètes : Vitr. 5, 11, 4 ; Tert. Apol. 38, 4 ¶ 2 [chez les Romains] promenade plantée d'arbres : Cic. Att. 1, 8, 2 ; Brut. 10 ; Plin. Ep. 2, 17, 17 ; Suet. Aug. 72.

Xytilis, *is*, f., nom de femme : Pl. Ps. 210.

◆

ȳ, f. n., 22e lettre de l'alphabet latin, appelée *ȳ* : Ter.-Maur. 6, 329, 135 ; ajoutée à la fin de la République pour rendre Y, υ (= /y/) dans les emprunts au grec, translittérée au début par *u*, puis par *i* ; lettre savante. Toujours aspirée à l'initiale (ὑ-) *hy-* ; on ne trouve *y-* que dans des formes négligées.

ymn-, V. *hymn-*.

ȳnŏtēcē, *ēs*, f. (οἰνοθήκη), cave à vins : Fulg. Aet. 11.

ypo-, V. *hypo-*.

Yrcānĭa, V. *Hyrcania* : Schol. Juv. 10, 162.

yssōpum, V. *hyssopum*.

◆

z, indécl., n., 23e et dernière lettre de l'alphabet latin, ajoutée à la fin de la République après *y* pour rendre Z, ζ dans les emprunts au grec [translittérée d'abord par *s-* et *-ss-*] ‖ Z a figuré dans l'abécédaire romain archaïque à la 7e place, après *f* = CIL 1, 2903 ; étant inutilisé, il a été remplacé par *g* au 3e s. av. J.-C. ‖ prononcé /dz/, z garde son nom grec, *zēta* : Aus. Techn. 12 (348), 11 ‖ à l'époque tardive, *di* en hiatus, devenu /dj/, puis /dzj/, alterne souvent avec *z* : **zabulus, baptidio, zies**.

za-, V. *dia-*.

Zabdicēni, *ōrum*, m. pl., peuple de la Mésopotamie : Amm. 20, 7, 1.

zaberna, *ae*, f. (? ; it. *giberna* ?), espèce de bissac : Diocl. 11, 2 ; 7.

zăbŏlĭcus, *a*, *um*, C. *diabolicus* : Commod. Instr. 1, 35, 23.

zăbŏlus (-bŭlus), *i*, m., C. *diabolus*, diable : Lact. Mort. 16, 5 ; Commod. Instr. 2, 12, 7.

Zăbŭlōn, *ōnis*, m., une des tribus d'Israël : Juvc. 1, 411 ‖ **-nītēs**, m., de la tribu de Zabulon : Vulg. Jud. 12, 11.

Zāchălĭās, *ae*, m. (Ζαχαλίας), nom d'un auteur babylonien, du temps de Mithridate : Plin. 37, 169.

Zāchărĭās, *ae*, m. (Ζαχαρίας), Zacharie [nom de plusieurs Hébreux, entre autres le père de saint Jean-Baptiste] : Vulg. Luc. 1, 5 ; Lact. Inst. 4, 14, 6.

zācōn, *ōnis*, pour *diacon* : Commod. Instr. 2, 23 (27), 1.

zācŏnus, C. *diaconus* : CIL 3, 2654.

Zăcynthĭus, *a*, *um* (Ζακύνθιος), de Zacynthe : Pl. Merc. 904 ; Plin. 35, 178.

Zăcynthŏs (-us), *i*, f. (Ζάκυνθος), Zacynthe [île de la mer Ionienne, auj. Zante] Atlas VI, B1 : Virg. En. 3, 270 ; Liv. 21, 7 ; Plin. 4, 54.

zaeta, V. *diaeta*.

zaeus (zēus), *i*, m. (ζαιός), dorée [poisson] : Plin. 9, 68 ; Col. 8, 16, 9.

Zagrus, *i*, m. (Ζάγρος), mont de Médie : Plin. 6, 131 ; *Amm. 23, 6, 28.

Zaitha, *ae*, f., ville de Mésopotamie : Amm. 23, 5, 7.

Zălătēs, *ae*, m., nom d'un Arménien : Juv. 2, 164.

Zăleucus, *i*, m. (Ζάλευκος), législateur des Locriens : Cic. Att. 6, 1, 18 ; Leg. 1, 57 ; Sen. Ep. 90, 5.

Zalmoxis (Zămolxis), *is*, m. (Ζάλμοξις), nom d'un philosophe de Thrace : Apul. Apol. 26.

Zăma, *ae*, f. (Ζάμα), ville de Numidie, célèbre par la défaite d'Hannibal Atlas I, D3 ; VIII, A3 ; XII, H1 : Liv. 30, 29 ; Sil. 3, 261 ‖ **-ensis**, *e*, de Zama : Plin. 5, 30 ; subst. m. pl., habitants de Zama : B.-Afr. 92.

Zămărēni, *ōrum*, m. pl., peuple d'Arabie : Plin. 6, 158.

zāmĭa, *ae*, f. (ζημία, ζαμία), perte, dommage, préjudice : Pl. Aul. 197.

Zamnē, *ēs*, f., ville d'Éthiopie : Plin. 6, 180.

Zămolxis, V. *Zalmoxis*.

zanca, *ae*, f. (iran.), sorte de chaussure des Parthes : Gallien d. Treb. Claud. 17, 6 ; Cod. Th. 14, 10, 2 ; 3.

Zanclē, *ēs*, f. (Ζάγκλη), ancien nom de Messine en Sicile : Ov. M. 14, 5 ; Sil. 1, 662 ‖ **Zanclaeus, Zanclēĭus**, *a*, *um*, de Messine : Ov. M. 13, 729 ; **Zancleia moenia** Sil. 14, 48, Messine ‖ **Zanclaei**, *ōrum*, m. pl., habitants de Zanclé [Messine] : Plin. 3, 91.

Zangenae, *ārum*, m. pl., peuple troglodytique : Plin. 6, 176.

zanzăla, *ae*, f., C. *zinzala* : Diosc. 1, 75.

Zao, promontoire de Narbonnaise : Plin. 3, 34.

Zapaortenon mons, montagne de Mésopotamie : Just. 41, 5.

zăplūtus, V. *saplutus*.

Zara, *ae*, f., ville d'Arménie : Anton. 207.

Zarangae, *ārum*, m. pl., peuple de la Drangiane : Plin. 6, 48.

Zaraspades, *um*, m. pl., peuple de l'Ariane : Plin. 6, 94.

Zarath (-rat), f. indécl., ville de la Maurétanie Césarienne : Apul. Apol. 24 ‖ **-thensis**, *e*, de Zarath : Apul. Apol. 23.

Zaratus, *i*, m., nom d'un mage : PLIN. 30, 5.

Zarax, *ācis*, f., ville de Laconie : PLIN. 4, 17.

Zariaspēs, *ae*, m. (Ζαρίασπις), fleuve de Bactriane : AMM. 23, 6, 57.

Zariasta (-tēs), *ae*, f., autre nom de Bactres : PLIN. 6, 45 ; * 48.

Zărĭtus, C.▸ Diarrhytus, V.▸ Hippo : AUG. Civ. 16, 8, 2 ; ANTON. 21.

Zarmĭzĕgĕthūsa, C.▸ Sarmizegetusa : DIG. 50, 15, 1, 9.

Zarōtis, *is*, m., fleuve qui se jette dans le golfe Persique : PLIN. 6, 99.

Zatchlās, *ae*, m., nom d'un devin égyptien : *APUL. M. 2, 28, 1.

zathenē, *ēs*, f., sorte de pierre précieuse inconnue : PLIN. 37, 185.

Zazata, *ae*, f., île de la mer Hyrcanienne : PLIN. 6, 52.

zĕa, *ae*, f. (ζέα), amidonnier [variété de blé] : PLIN. 18, 81 ‖ sorte de romarin : PS. APUL. Herb. 79.

Zĕbĕdaeus, *i*, m. (Ζεβεδαῖος), Zébédée [père de Jacques et Jean, apôtres] : VULG. Matth. 4, 21.

Zĕbĕdĕus, C.▸ Zĕbĕdaeus : JUVC. 1, 433.

Zela, *ae*, f., ville du Pont Atlas I, D6 : PLIN. 6, 8.

Zĕlăsĭum, *ii*, n., promontoire d'Eubée : LIV. 31, 46, 7.

zēlātŏr, *ōris*, m. (zelo), envieux : FORT. Carm. 5, 6, 12 ; AMBR. Psalm. 51, 15.

Zēlē, *ēs*, f., nom de femme : CIL 6, 25393.

Zĕlĭa, *ae*, f. (Ζέλεια), ville de Troade : PLIN. 5, 141.

zēlō, *ās*, *āre*, *āvī*, *ātum*, C.▸ zēlor : tr., PS. TERT. Marc. 4, 36 ‖ intr., AUG. Adim. 13.

zēlŏr, *ārĭs*, *ārī*, *ātus sum* (zelus) ¶ 1 tr., aimer (jalousement) : VULG. Joel 2, 18 ‖ jalouser : COMMOD. Instr. 2, 19 (23), 3 ¶ 2 intr., être pris de zèle : VULG. Num. 25, 13 ‖ être frappé de jalousie : FULG. Myth. 2, 9.
▸ zelo est plus fréquent au prés. ; zelor au parf.

zēlōsus, *a*, *um* (zelus ; fr. jaloux), attentif, zélé : OP. IMP. MATTH. 1, 632.

zēlōtēs, *ae*, m. (ζηλωτής), un jaloux : TERT. Marc. 1, 28, 1 ; 4, 25, 3 ‖ défenseur intransigeant de la Loi, zélote : VULG. Luc. 6, 15.

zēlōtĭcus, *a*, *um* (ζηλωτικός), jaloux, envieux : NOT. TIR. 35.

Zēlōtŏs (-us), *i*, m. (Ζηλωτός), surnom d'homme : CIL 6, 29629.

zēlŏtўpa, *ae*, f. (ζηλοτύπη), une jalouse : PETR. 69, 2.

zēlŏtўpĭa, *ae*, f. (ζηλοτυπία), jalousie, envie : PLIN. 25, 75 ; VULG. Num. 5, 14.

1 zēlŏtўpus, *ī*, m. (ζηλότυπος), jaloux, envieux : MART. 1, 93, 13 ; QUINT. 4, 2, 30 ; PETR. 45, 8.

2 zēlŏtўpus, *a*, *um*, adj. (ζηλότυπος), jaloux, envieux : JUV. 5, 45 ; 6, 278.

zēlus, *i*, m. (ζῆλος), jalousie : VITR. 7, pr. 4 ‖ zèle, ardeur : HIER. Gal. 2, 4, 17.

zĕma, *ae*, f. (ζέμα), marmite, chaudron : SERV. En. 3, 466 ; APIC. 339 ‖ décoction, bouillon : ISID. 20, 2, 32.

Zēna, *ae*, m., surnom d'homme : CIL 6, 6316.

Zēnē, *ēs*, f., surnom de femme : CIL 6, 20734.

Zēno (Zēnōn), *ōnis*, m. ¶ 1 Zénon [de Citium dans l'île de Chypre, fondateur de l'école stoïcienne] : VARR. R. 2, 1, 3 ; CIC. Fin. 3, 5 ¶ 2 philosophe d'Élée : CIC. Ac. 2, 129 ¶ 3 philosophe épicurien, maître de Cicéron : CIC. Fin. 1, 16 ; Nat. 1, 59 ; Tusc. 3, 38 ¶ 4 Zénon [empereur d'Orient, 474-491] : INST. JUST. 2, 6, 14.
▸ CIC. a les deux formes Zeno et Zenon.

Zēnōbĭa, *ae*, f. (Ζηνοβία) ¶ 1 Zénobie [princesse d'Arménie, femme de Rhadamiste] : TAC. An. 12, 51 ¶ 2 Zénobie [reine de Palmyre, vaincue par Aurélien] : VOP. Aur. 22 ; EUTR. 9, 9.

Zēnŏdōrus, *i*, m. (Ζηνόδωρος), Zénodore [célèbre sculpteur grec] : PLIN. 34, 16.

Zēnōnĭānus, *a*, *um*, de Zénon [l'empereur d'Orient] : INST. JUST. 2, 6, 14.

Zēnōnĭci, *ōrum*, m. pl., disciples de Zénon : AUG. Pelag. 2, 10.

Zēnōnīna, *ae*, f., nom de femme : CIL 6, 13399.

Zēnŏthĕmis, *is*, m. (Ζηνόθεμις), nom d'un écrivain grec : PLIN. 37, 34.

Zĕphўrē, *ēs*, f., île voisine de la Crète : PLIN. 4, 61 ; MEL. 2, 114.

1 zĕphўrĭa ova, n. (ζεφύρια), œufs stériles, sans germe, clairs : PLIN. 10, 167.

2 Zĕphўrĭa, *ae*, f., C.▸ Melos : PLIN. 4, 70.

Zĕphўrīnus, *i*, m., nom d'homme : CIL 6, 18848.

Zĕphўris, *ĭdis*, f., promontoire de Lusitanie : AVIEN. Or. 227.

Zĕphўrītis, *ĭdis*, f. (Ζεφυρῖτις), Vénus Zephyritis [Arsinoé, sœur de Ptolémée Philadelphe, adorée sous ce nom] : CATUL. 66, 57.

Zĕphўrĭum (-ŏn), *ii*, n. (Ζεφύριον), promontoire de Cilicie, et ville du même nom : LIV. 33, 20, 4 ; PLIN. 5, 91 ; 34, 173 ‖ ville voisine du Bosphore Cimmérien : PLIN. 4, 86 ‖ promontoire du Bruttium : PLIN. 3, 74.

zĕphўrus, *i*, m. (Ζέφυρος), zéphyr [vent d'ouest doux et tiède, qui en Italie amène la fonte des neiges et annonce le printemps] : VIRG. ; HOR. ; PLIN. 2, 119 ; 18, 337 ; SEN. Nat. 5, 16, 5 ‖ pl., les zéphyrs : HOR. O. 3, 1, 24 ; Ep. 1, 7, 13 ‖ [personnifié] **Zephyrus** VIRG. En. 1, 131 ‖ [poét.] vent [en gén.] : VIRG. En. 4, 562.

Zerbis, *is*, m., rivière d'Assyrie, affluent du Tigre : PLIN. 6, 118.

Zernenses, *ĭum*, m. pl., habitants de Zerna [ville de Dacie] : ULP. Dig. 50, 15, 1, 8.

zĕrŏs, *ī*, V.▸ 1 leros.

Zērynthĭus, *a*, *um* (Ζηρύνθιος), de Zérynthe [ville de Samothrace] : LIV. 38, 41, 4 ; OV. Tr. 1, 10, 19.

1 zēta, f., n. indécl. (ζῆτα), zêta [6ᵉ lettre de l'alphabet grec, 23ᵉ lettre en latin] : AUS. Techn. 12 (348), 11 ‖ sixième livre de l'Iliade : PORPH. HOR. S. 1, 7, 16.

2 zēta, *ae*, f., C.▸ diacta, chambre à coucher : LAMPR. Hel. 29.

zētārĭus, *ii*, m., C.▸ diaetarius : PAUL. Sent. 3, 6, 58.

zētēma, *ătis*, n. (ζήτημα), recherche, problème : CIL 4, 1877 ; 1878.

zētēmătĭum, *ii*, n. (ζητημάτιον), petite recherche : LUCIL. 650.

Zētēs, *ae*, m. (Ζήτης), fils de Borée et d'Orithye, un des Argonautes : OV. M. 6, 7, 16 ; PROP. 1, 20, 26.

Zēthus, *i*, m. (Ζῆθος), fils de Jupiter et d'Antiope, frère d'Amphion : CIC. Rep. 1, 30 ; de Or. 2, 155 ; HOR. Ep. 1, 18, 42.

zētima, C.▸ zetema.

Zetis, *is*, f., ville de Carmanie : PLIN. 6, 107.

Zētus, *i*, m., ▸ Zetes : SERV. En. 10, 350 ; SIDON. Ep. 4, 3, 5.

Zeugis, *is*, f., ISID. 14, 5, 8, **Zeugitāna regĭo**, f., PLIN. 5, 23, la Zeugitane [région d'Afrique où se trouvait Carthage, entre la Byzacène et la Numidie] ‖ **-tānus**, *a*, *um*, de la Zeugitane : SOLIN. 26, 2 ; 27, 1.

zeugĭtae, *ārum*, m. pl. (κάλαμος ζευγίτης), gluaux [pièges pour les oiseaux] : PLIN. 16, 169.

1 zeugmă, *ătis*, n. (ζεῦγμα), zeugma [gram., construction d'un terme avec plusieurs déterminants dont un seul convient] : PS. ASCON. CIC. Verr. 1 ; 54, p. 150 B ; DIOM. 444, 4.

2 Zeugma, *ătis*, n., ville de Coelé-Syrie, sur l'Euphrate en face d'Apamée Atlas IX, C4 : LUC. 8, 237 ; PLIN. 5, 86 ; 34, 150 ; TAC. An. 12, 12.

zēus, V.▸ zaeus.

Zeuxĭădēs, m., sculpteur : PLIN. 34, 51.

Zeuxippē, *ēs*, f. (Ζευξίππη), fille de l'Éridan, mère de l'Argonaute Butès : HYG. Fab. 14, 9.

Zeuxippus, *i*, m. (Ζεύξιππος), chef des Béotiens : LIV. 33, 27.

Zeuxis, *is* et *ĭdis*, m. (Ζεῦξις) ¶ 1 célèbre peintre d'Héraclée : CIC. Brut. 70 ; de Or. 3, 26 ; PLIN. 35, 65 ; 35, 111 ¶ 2 un habitant de Blaundos, qui avait tué sa mère : CIC. Q. 1, 2, 4.

zeziparum, *i*, n., sorte de fruit inconnu : Garg. *Arb.* 10.

zĭbīna (zĭbbyna), *ae*, f., ⟦C.⟧ sibina : *VL. d. Tert. *Marc.* 4, 1, 5.

Ziela, *ae*, f., ville du Pont : Plin. 6, 10.

zĭēs, ⟦C.⟧ dies : CIL 8, 11099.

Zigae, *ārum*, m. pl., peuple d'Asie, au-delà du Palus-Méotide : Plin. 6, 19.

Zimara, *ae*, f. (Ζιμάρα), ville d'Arménie : Plin. 5, 83.

Zimyra, *ae*, f. (Ζιμύρα), ville de Phénicie : Plin. 5, 78.

zingĭbĕr, Cels. 5, 23, 3 ; Pall. 11, 20, 2 ; **zingĭbĕri**, *ĕris*, n., Plin. 12, 28 ; Marcian. *Dig.* 39, 4, 16 ; **zinzĭbĕr**, *ĕris*, n., Al.-Trall. 2, 21 (ζιγγίβερι), gingembre [plante].

zinzăla, *ae*, f. (onomat. ; it. *zanzara*), moustique : Cassiod. *Psalm.* 104, 31 ; Gloss. 5, 526, 1.

zinzĭlŭlō, *ās*, *āre*, -, - (redoubl., onomat. ; it. *zirlare*), intr., gazouiller, jaser [oiseaux] : Anth. 762, 44.

zinzĭŏ, zinzĭtō, *ās*, *āre*, -, - (redoubl., onomat.), intr., siffler [merle] : Suet. *Frg.* 161, p. 252 ; Anth. 762, 13.

Zĭŏbētis, *is*, m., fleuve d'Hyrcanie : Curt. 6, 4, 4.

zippŭla, *ae*, f. (? ; it. nap. *zeppola*), gâteau, fouace : [pl.] Vit. Patr. 5, 4, 59.

Zirās, *ae*, m., ⟦C.⟧ Zyras.

Zizais, acc. *im*, m., roi des Sarmates : Amm. 17, 12, 20.

1 **zizănĭa**, *ōrum*, n. pl. (ζιζάνιον), ivraie : Vulg. *Matth.* 13, 25 ; Prud. *Apoth. pr.* 56.

2 **zizănĭa**, *ae*, f. (1 zizania), jalousie, zizanie : Ambr. *Luc.* 8, 49 ; Aug. *Serm.* 134, 2 et 3 Mai.

zizŭfa, *ōrum*, n. pl., ⟦V.⟧ zizyphum : Diocl. 6, 56.

zizўphum (zizĭphum), *i*, n., jujube [fruit du jujubier] : Plin. 15, 47 ; 17, 74.

zizўphus (zizĭphus), *i*, f. (ζίζυφον ; it. *giuggiolo*), jujubier [arbre] : Pall. 5, 4, 1 ; Col. 1, 37, 2 ; 5, 4, 1.

zmărăgdăchātēs, ⟦C.⟧ smaragdachates : Plin. 37, 139.

zmaragdus, ⟦C.⟧ smaragdus : Plin. 37, 62.

zmăris, ⟦C.⟧ smaris : Plin. 32, 151.

zmectĭus, ⟦C.⟧ smecticus : Plin. 31, 92.

zmegma, ⟦C.⟧ smegma.

zmĭlax, ⟦C.⟧ milax : Plin. 16, 154.

Zmilis, *is*, m., un des architectes du labyrinthe de Lemnos : Plin. 36, 90.

Zminth-, ⟦C.⟧ Sminth-.

zmintha, *ae*, f., ⟦V.⟧ mintha et calaminthe : Plin. 19, 176.

Zmyrn-, ⟦C.⟧ Smyr-.

zmŷrus, *i*, m. (μύρος), le mâle de la murène : Plin. 9, 76 ; 32, 151.

Zŏăranda, *ae*, f., ⟦C.⟧ Zoroanda.

1 **zōdĭăcus**, *i*, m. (ζωδιακός), zodiaque [cercle contenant les douze signes parcourus par le soleil] : Cic. *Arat.* 317 ; Gell. 13, 9, 6.

2 **zōdĭăcus**, *a, um*, adj., du zodiaque, zodiacal : Sidon. *Ep.* 8, 11, 9 ; Capel. 1, 5 ; 1, 44.

zōdĭum, *ĭi*, n. (ζῴδιον), constellation du zodiaque : Cens. 8, 6 ‖ **duodecim zodia** Fil. 123, 1, les douze signes du zodiaque.

Zŏē, *ēs*, f. (Ζωή), un des Éons de Valentin [la Vie] : Tert. *Val.* 12, 1.

Zŏēlae, *ārum*, m. pl., peuple de Tarraconaise dans les Asturies : Plin. 3, 28 ‖ **-ĭcus**, *a, um*, des Zoèles : Plin. 19, 10.

Zŏellus, *i*, m., nom d'un saint : Prud. *Perist.* 4, 19.

Zŏīlus, *i*, m. (Ζωΐλος), Zoïle [grammairien d'Alexandrie, détracteur d'Homère] : Vitr. 7, pr. 8 ‖ [fig.] un Zoïle, un détracteur : Ov. *Rem.* 366 ‖ nom d'un riche affranchi : Mart. 11, 37, 1.

Zŏis, *ĭdis*, f., nom de femme : CIL 6, 3758.

Zombis, *is*, f. (Ζομβίς), ville de Médie : Amm. 23, 6, 39.

zōmŏtēgănŏn, n. (ζωμός, τήγανον), friture dans le jus de cuisson : *Apic. 154.

Zōn, f., pour Zone : CIL 6, 12116.

zōna, *ae*, f. (ζώνη) ¶ 1 ceinture : Catul. 2, 13 ; Ov. *F.* 2, 320 ‖ ceinture renfermant l'argent : Hor. *Ep.* 2, 2, 40 ¶ 2 constellation d'Orion : Ov. *F.* 6, 787 ¶ 3 cercle sur une pierre précieuse : Plin. 37, 90 ¶ 4 **zonae**, f. pl., zones divisant la terre en régions de climats : Virg. *G.* 1, 233 ; Ov. *M.* 1, 46 ; Plin. 2, 172 ; 189 ; **zona nivalis** Luc. 4, 106 ; **perusta** Luc. 9, 314, la zone glaciale, la zone torride ¶ 5 zona [maladie de la peau] : Scrib. 63.
▶ arch. *sona* Pl. *Merc.* 925.

zōnālis, *e* (zona), de zone : Macr. *Somn.* 2, 5, 24.

zōnărĭum, *ĭi*, n. (ζωνάριον), petite ceinture : *Nov. *Com.* 34.

zōnărĭus, *a, um* (zona), qui concerne les ceintures, ⟦V.⟧ sector ¶ 2 ‖ **zōnărĭus**, *ĭi*, m., fabricant de ceintures : Lucil. 1057 ; Cic. *Flac.* 17.

zōnātim, adv. (zona), en cercle, en rond, en tournant : Lucil. 249.

1 **Zōnē**, *ēs*, f. (Ζώνη), promontoire de Thrace : Plin. 4, 43 ; Mel. 2, 28.

2 **Zōnē**, *ēs*, f. (Ζώνη), surnom de femme : CIL 6, 8077.

Zonus, *i*, m., fleuve de la mer Caspienne : Plin. 6, 36.

zŏŏphŏrus (zōph-), *i*, m. (ζωοφόρος), frise [archit.] : Vitr. 3, 5, 10 ; 4, 1, 2.

zōophthalmŏs, *i*, f. (ζωόφθαλμος), joubarbe [plante] : Plin. 25, 160.

zōpissa, *ae*, f. (ζώπισσα), mélange de résine et de cire qu'on racle sur les navires : Plin. 16, 56 ; 24, 41.

Zōpyra, *ae*, f., nom de femme : CIL 6, 21046.

Zŏpўrĭātim, adv. (Zopyrus ¶ 2), à la manière de Zopyrus : *Lucil. 336, cf. Just. 1, 10, 15.

Zōpўrĭōn, *ōnis*, m., nom d'homme : Lucil. 584.

zōpўrontĭŏn, *i*, n. (ζώπυρον), clinopode [plante] : Plin. 24, 137.

Zōpўrus, *i*, m. (Ζώπυρος) ¶ 1 nom d'un célèbre physionomiste du temps de Socrate : Cic. *Tusc.* 4, 80 ¶ 2 nom d'un Perse qui se mutila pour livrer Babylone à Darius : Just. 1, 10, 15 ¶ 3 orateur de Clazomènes : Quint. 3, 6, 3.

zoranisceŏs (-caeos), *i*, m., sorte de pierre précieuse : Plin. 37, 185.

Zŏrŏanda, *ae*, f., lieu de la Grande Arménie à la source du Tigre : Plin. 6, 128.

Zŏrŏastrēs, *ae* et *is*, m. (Ζωροάστρης), Zoroastre [de Bactriane, prophète et législateur des Perses] : Plin. 11, 242 ; 30, 3 ; Just. 1, 1, 9 ‖ **-ēus**, *a, um*, de Zoroastre : Prud. *Apoth.* 494.

Zōsima, *ae*, f., nom de femme : CIL 6, 19180.

Zōsimē, *ēs*, f., surnom de femme : CIL 6, 29664.
▶ dat. *Zosimeni* CIL 6, 14720.

Zōsimus, *i*, m. (Ζώσιμος), nom d'un affranchi de Pline le Jeune : Plin. *Ep.* 5, 19, 2.

Zōsippus, *i*, m. (Ζώσιππος), nom d'un citoyen de Tyndaris : Cic. *Verr.* 4, 92.

1 **zostēr**, *ēris*, m. (ζωστήρ), zostère [plante marine] : Plin. 13, 135 ‖ érysipèle [éruption formant comme une ceinture sur la peau, cf. *zona*] : Plin. 26, 121.

2 **Zostēr**, *ēris*, m. (Ζωστήρ), ville et promontoire de l'Attique : Cic. *Att.* 5, 12.

3 **zostēr**, *ēris*, m. (διωστήρ), barre [pour porter l'arche] : VL. *Exod.* 38, 4.

zōsum, ⟦C.⟧ deorsum : VL. *Act.* 20, 9.

Zothalēs, *is*, m., fleuve de la Margiane : Plin. 6, 47.

zōthēca, *ae*, f. (ζωθήκη) ¶ 1 cabinet de repos, boudoir : Plin. *Ep.* 2, 17, 21 ¶ 2 niche : CIL 14, 2793.

zōthēcŭla, *ae*, f. (dim. de *zotheca*), petit boudoir : Plin. *Ep.* 5, 6, 38 ; Sidon. *Ep.* 8, 16, 3 ; 9, 11, 6.

Zōtĭcus, *i*, m. (Ζωτικός), favori d'Héliogabale : Lampr. *Hel.* 10, 2.

Zotŏs, *i*, f., ville d'Égypte ou d'Éthiopie : Plin. 6, 179.

zŭgŏn, *i*, n. (ζυγόν), ⟦C.⟧ jugum : Diom. 422, 34.

zŭma, ⟦C.⟧ zema.

zura, *ae*, f. (mot africain), semence de paliure : PLIN. *24, 13*.

Zurazi, *ōrum*, m. pl., peuple d'Arabie : PLIN. *6, 148*.

zy̆gaena, *ae*, f. (ζύγαινα), marteau [squale] : AMBR. *Hex. 5, 10, 31*.

Zygerē, *ēs*, f., ville de Thrace : PLIN. *4, 44*.

Zy̆gi et **Zy̆gii**, *ōrum*, m. pl. (Ζυγοί et Ζυγίοι), peuple du Palus-Méotide : AVIEN. *Perieg. 871* ; PRISC. *Perieg. 669*.

1 zy̆gĭa, *ae*, adj. f. (ζύγιος), qui concerne l'hymen : *zygia tibia* APUL. *M. 4, 33*, flûte dont on jouait aux noces ‖ qui préside aux mariages [épithète de Junon] : APUL. *M. 6, 4*.

2 zy̆gĭa, *ae*, f. (ζυγία), sorte d'érable [arbre] : PLIN. *16, 67*.

zy̆gis, *ĭdis*, f. (ζυγίς), serpolet sauvage [plante] : PS. APUL. *Herb. 99*.

zy̆gostăsĭum, *ĭi*, n. (dim. de ζυγόστασις), vérification des poids : COD. TH. *14, 26, 1* ; v. le suivant.

zy̆gostăta (-ēs), *ae*, m. (ζυγοστάτης), vérificateur des poids : COD. TH. *12, 7, 2* ; COD. JUST. *10, 71, 2*.

Zyrās, *ae*, m., fleuve de Thrace : PLIN. *4, 44*.

zȳthum, *i*, n. (ζῦθος), bière [boisson faite avec de l'orge] : COL. *10, 116* ; PLIN. *22, 164* ; POMPON. *Dig. 33, 6, 9*.

ANNEXES

ALPHABET GREC

Majuscule	Minuscule	Nom	Prononciation
Α	α	alpha	a
Β	β-, -ϐ-	bêta	b
Γ	γ	gamma	g, dur
Δ	δ	delta	d
Ε	ε	epsilon(n)	é, bref
Ζ	ζ	dzêta	dz
Η	η	êta	ê, long
Θ	θ	thêta	th, aspiré
Ι	ι	iôta	i
Κ	κ	kappa	k
Λ	λ	lambda	l
Μ	μ	mu	m
Ν	ν	nu	n
Ξ	ξ	xi	x
Ο	ο	omicron(n)	o, bref
Π	π	pi	p
Ρ	ρ	rhô	r
Σ	σ, -ς	sigma	s
Τ	τ	tau	t
Υ	υ	upsilon(n)	u
Φ	φ	phi	ph, aspiré, puis f
Χ	χ	khi	kh, aspiré
Ψ	ψ	psi	ps
Ω	ω	ôméga	ô, long

Les voyelles peuvent être longues ou brèves : sont longues η et ω ; sont brèves ε et ο ; peuvent être longues ou brèves, sans distinction dans l'écriture, α, ι, υ.

Les voyelles initiales aspirées portent l'esprit rude, ʽ ; c'est toujours le cas pour ὑ- et pour la consonne ῥ-. L'esprit doux, ʼ, signale l'absence d'aspiration.

Avec ι et υ, les voyelles brèves se combinent en diphtongues :
    αι aï, ει eï, οι oï, υι uï
    αυ au, ευ eu, ου ou

Les voyelles longues absorbent ι, écrit au-dessous (souscrit) et non prononcé :
    ᾳ â(i), ῃ ê(i), ῳ ô(i).

À part quelques mots accessoires (clitiques), tout mot porte un accent :
    aigu, ʹ, sur une des trois dernières syllabes (ʹ devant enclitique) ;
    circonflexe, ˆ, sur la voyelle longue d'une des deux dernières syllabes ;
    grave, ˋ, sur la syllabe finale.

PHONÉTIQUE ET ÉTYMOLOGIE

A. L'ÉCRITURE

1. L'écriture latine est employée depuis le 7ᵉ siècle av. J.-C. dans le Latium. L'alphabet de vingt et une lettres remonte (avec plusieurs suppressions) à l'alphabet étrusque qui dérive lui-même de l'alphabet grec (8ᵉ siècle av. J.-C.); en effet les Étrusques, qui n'emploient pas les occlusives sonores, ont fait du *gamma* le signe arrondi *C* utilisé pour noter la dorsale antérieure sourde ou sonore (devant *I* et *E*), alors que *K* servait devant *A*, et *Q* devant *O* et *U*. Cette différence d'articulation se retrouvera dans les traitements français de *C*: *cera* > *cire*, *capra* > *chèvre* et *corium* > *cuir*. C'est pourquoi le latin, qui du grec a repris *B* et *D*, n'aura pas de *G* avant le 3ᵉ siècle av. J.-C. (où il prendra la place de *Z* inutile alors en latin), usant de *C* pour la sonore aussi, comme le montrent les abréviations *C.* et *Cn.* pour *Gaius* et *Gnaeus*. L'alphabet grec originel était de type occidental, où *X* vaut pour /ks/ et non pour /kh/. Outre ces particularités, on notera que *F* (l'ancien *digamma* grec) représente /f/, non /w/, et *H* (l'*êta* du grec) l'aspiration. On se rappellera que les consonnes aspirées *ph*, *th*, *ch*, d'origine grecque et rétablies à la fin de la République, comptent pour une consonne simple et que les «lettres grecques» *Y* et *Z* ont été introduites à la fin de la République. Le sens de l'écriture a fluctué: d'abord de droite à gauche (et parfois boustrophédon, alternativement dans les deux sens, comme un bœuf qui laboure), ensuite de gauche à droite.

2. Une des lacunes de cet alphabet est de ne pas distinguer les voyelles brèves des longues (le grec marquait la différence pour *e* et *o*), ainsi le latin pour ses cinq timbres (/a/, /e/, /i/, /o/, /u/) use en fait de dix voyelles (ă, ā, ĕ, ē, ĭ, ī, ŏ, ō, ŭ, ū,). *I* a un troisième emploi en latin, comme consonne, au même titre que *u*; au 16ᵉ siècle, le savant Ramus introduira les lettres «ramiques», *j* et *v*, pour noter les consonnes (ce sera valable aussi pour le français). La tradition a été conservée dans les ouvrages scolaires, alors que les livres savants s'en tiennent en général à *I* et *V*. La réalité phonologique des deux consonnes n'est pourtant pas niable: on opposera ainsi *etiam*, "aussi" à *et jam*, "et déjà" ou *iens*, "allant" à *jentaculum*, "déjeuner", alors que le grec fournit des mots tels que *iambus*, "iambe"; de même il est utile de distinguer *volui* (de *volo*) et *volvi* (de *volvo*) ou *sequi* (de *sequor*) et *secui* (de *seco*). En effet le signe *qu* représente une consonne complexe labio-vélaire (son partenaire sonore *gu*, seulement après *n*, n'a pas de notation spéciale). On se défiera enfin de *suāvis*, "doux" qui commence par un groupe *sw-*, comme *suādĕō* et *suēscō* (l'absence de signe de quantité révèle une consonne), alors que *āiō* devrait s'écrire *ājjō*.

3. Le dictionnaire donne la quantité vocalique en syllabe ouverte non finale *nŏta*, *nōtus*, *impĕrĭum*; une syllabe fermée, devant consonne implosive, est toujours longue; il en va de même pour les diphtongues: *ae*, *oe* (exception faite de *cŏĕō*, *cŏĕgī*), *au*; parmi les emprunts au grec, il importe au contraire de distinguer *chrȳsĕus* et *Prōteūs*, ce dernier contenant la diphtongue grecque *eu*. Pas de quantité notée devant *x* et *z*, puisque ce sont des consonnes doubles, donc fermantes. Seules sont notées les syllabes finales qui prêtent à confusion: *ācrĭtĕr* et *āēr*, *agmĕn* et *Phĭlŏpoemēn*, *praetŏr* et *praetōris*, *nŏmŏs* et *sŏphōs*, *ĕlĕgīŏn* et *chĕlīdōn*, *Phoebē* et *fortĕ*, *mănŭs* et *mănūs*, etc. En syllabe fermée, la voyelle en elle-même peut être brève ou longue; le latin donne la réponse pour *ălter* (*ălĭus*), *nōsco* (*nōtus*) ou *pāstŏr* (*pābŭlum*), ailleurs c'est l'étymologie: *pŏsco* (*prĕcēs* et le scr.) ou encore les formes romanes: *mŭstum* (*moût*) ≠ *fūstis* (*fût*), *arĭsta* (*arête*) ≠ *gemĭscens* (*gémissant*), *lĕctus* (*lit*) ≠ *tēctum* (*toit*), *mēnsis* (*mois*), *pēnsum* (*poids*), *īnsula* (*île*), *vīlla* (*ville*) ≠ *illa* (*elle*); etc.

B. L'ÉTYMOLOGIE

L'"étymologie" ancienne était très ambitieuse, car elle essayait de parvenir à la nature profonde de la notion exprimée par le mot: «la science de la vérité»; c'est l'idéal poursuivi par Platon et les stoïciens. Saussure a rappelé que la dénomination est toujours arbitraire puisqu'elle s'impose aux usagers, même pour les termes expressifs, les interjections et les onomatopées (*tic-*

PHONÉTIQUE ET ÉTYMOLOGIE

tac, cocorico, etc.). Tout ce que l'on peut faire, c'est dire que certains mots sont moins immotivés que d'autres (arbitraire relatif), quand ils usent de procédés morphologiques fort clairs: préfixes, suffixes, composition. Les notions étymologiques placées entre parenthèses en tête des articles commencent par situer le mot en latin (*insipiens* : *in-, sapiens* ; *pes* : *pedica, pedes*), puis, le cas échéant, ajoutent des rapprochements internes moins évidents ou externes précédés de cf. (...; cf. *impedio, Agrippa, pedum, oppidum, tripudium, scr. pat, pada-m,* πούς, πέδον, hit. *pata-,* al. *Fuss,* an. *foot*), enfin, quand c'est possible, une ou deux références romanes (...; fr. *pied*), auxquelles s'ajoutent parfois des emprunts archaïques des langues non latines, tels que an. *dish,* al. *Tisch,* placés après fr. *dais* (*discus*). Il faut distinguer ici les emprunts indiqués tels quels (ποινή) et les apparentements précédés de cf. (cf. πατήρ). Quelquefois il est impossible de marquer la moindre référence (?; obscur; pas net).

1. Les apparentements européens

À part le grec (ancien) reconnaissable à son écriture, les langues concernées sont présentées en abrégé: les langues non apparentées (sém., phén., hébr., étr.), comme les langues «indo-européennes», dont fait partie l'italique avec onze autres langues. Outre le latin (7e s. av. J.-C.), on range dans l'**italique** le falisque (7e s.), le vénète (6e s.), le sabellique (sud-picénien 6e s., osque 4e s., ombrien 2e s.), peut-être le sicule (5e s.), toutes langues remplacées par le latin au début de l'Empire. Les langues occidentales comprennent en outre le **celtique** continental (gaulois 4e s., mais aussi le celtibère en Espagne et le lépontique en Italie) et insulaire connu beaucoup plus tard (irlandais 5e s. apr. J.-C., gallois et breton 8e s. apr. J-C), ainsi que le **germanique** : oriental (gotique 5e s. apr. J.-C.), septentrional (d'abord les runes, 5e s., puis la littérature islandaise et scandinave) et occidentale (à partir du 7e s.: allemand, anglais, néerlandais). Le **baltique** n'apparaît qu'au 15e s. (vieux-prussien éteint au 17e s., le lituanien et le lette encore vivants), le **slave** proche de celui-ci commence au 9e s. avec les traductions bibliques en vieux-slave, slave méridional dont relèvent encore le bulgare et le serbo-croate; le slave oriental comprend essentiellement le russe (11e s.), le slave occidental comprend le polonais et le tchèque. Sur l'Adriatique, l'**albanais** est connu très tardivement (15e s.) et recèle de nombreux emprunts au latin; le messapien de Calabre (6e s. av. J.-C.) lui est apparenté. Depuis le déchiffrement du mycénien (1953), l'histoire du **grec** dommence au 14e s. av. J.-C.; le grec alphabétique est attesté depuis le 8e s. (Homère). Son influence sur le latin a été énorme, mais les deux langues diffèrent profondément. On pose au contraire des relations indéniables entre le grec et l'**arménien** (5e s. apr. J.-C.), malgré l'éloignement géographique. Toutes ces langues ont des rejetons modernes, et c'est là que sont puisés les exemples des confrontations quand c'est possible: breton, anglais, allemand, russe plutôt que les états archaïques de ces langues préférés par les comparatistes.

2. Les apparentements asiatiques

Avec le **hittite**, nous quittons l'Europe. C'est une langue anatolienne d'Asie mineure, comme le louvite, le palaïte et le lycien, attestée du 16e au 12e s. av. J.-C., en écriture cunéiforme (une écriture spécifique hiéroglyphique est beaucoup plus rare); ces langues sont interprétées depuis 1915, mais les hiéroglyphes ont opposé beaucoup de difficultés. La position du hittite est particulière, à cause de ses archaïsmes et de ses innovations; à certains égards, il est proche de l'italique et du celtique. On pourrait en dire autant des deux formes (A et B) prises par le **tocharien** du 7e s. apr. J.-C., dans un site paradoxal, au Turkestan chinois; son interprétation (1908) a été facilitée par le nombre des textes bilingues et des traductions de textes bouddhiques indiens (langue morte comme l'anatolien, les deux seules). Les dialectes **iraniens**, qui s'étendent du Caucase (ossète) au Turkestan russe (kazakh) au nord, de la Turquie (kurde) à l'Iran et à l'Afghanistan persan et afghan au sud, sont encore très vivants; deux formes anciennes sont utilisées: l'avestique (7e s. av. J.-C.), textes et commentaires de Zarathustra, et le vieux-perse, inscriptions des rois achéménides (6e-3e s.). Les dialectes indiens (indo-aryens), au début très proches de l'iranien, sont florissants: urdu, hindi, bengali, cinghalais et aussi le tsigane. On se réfère ici au **sanscrit** (le védique, depuis environ 1000 av. J.-C.), qui survit dans la religion hindouiste et chez les érudits, comme le latin chez nous, source inépuisable d'emprunts.

3. *Les rejetons romans*

Le latin a pris des formes diverses dans les langues **romanes** (italien, sarde, espagnol, portugais, catalan, français, rhéto-roman, roumain) qui représentent une référence indispensable en fin d'article, avec des silences étonnants : *ago, fero,* etc. Il faut distinguer de ces aboutissements réguliers les emprunts innombrables que leur forme dénonce immédiatement, non seulement les mots latins tels que *aléa* ou *récépissé,* mais encore des formes francisées (on notera quelques emprunts latins au grec) : *avocat, blasphémer, clavicule, coaguler, fabriquer, fragile, hôpital, libérer, ministère, paradis, ration, rédemption, séparer,* pour ne rien dire des préfixés et des suffixés ; les « doublets » permettent d'opposer la forme idiomatique, souvent moins reconnaissable : *avoué, blâmer, cheville, cailler, forger, frêle, hôtel, livrer, métier, parvis, raison, rançon, sevrer.* Ce n'est pas tout, au titre de la persistance du latin on peut ajouter des emprunts anciens et intégrés en celtique, en albanais ou en germanique ; ainsi an. *cheese,* al. *Käse* (*caseus*) ; an. *cheep*, al. *kaufen* (*caupo*) ; an. *cellar,* al. *Keller* (*cellarium*) ; an. *cherry,* al. *Kirsche* (*cerasum*) ; an. *tile,* al. *Ziegel* (*tegula*) ; an. *wall,* al. *Wall* (*vallum*) ; etc. Le latin au cours de son histoire a assuré sa position et étendu sans cesse son domaine, même dans les langues qui ne sont pas issues de lui, laissant sa profonde empreinte sur l'Europe et le monde en demeurant le support d'une civilisation.

PROSODIE ET MÉTRIQUE

La poésie procède à une distribution régulière de l'énoncé dans des groupements rythmiques appelés vers (*versus*, "ligne d'écriture", proprement "fait de tourner"), éventuellement groupés en strophes. Le rythme (*numerus*) est produit par le retour à intervalles réguliers de caractéristiques phoniques (accents, syllabes) qui jalonnent le vers. Il est organisé en mesures : les mètres. L'unité métrique est le pied, formé de plusieurs syllabes, brèves ou longues. On y distingue deux parties : le temps fort (*arsis*) et le temps faible (*thesis*), selon que le pied qui marque la cadence est levé ou baissé. Le rythme du vers antique, comme celui de la langue, est syllabique.

La syllabe est centrée sur une voyelle ; brève quand elle se termine sur une voyelle brève, longue ailleurs (quand la voyelle est longue ou la syllabe fermée par une consonne). La quantité d'une syllabe ouverte coïncide avec celle de la voyelle (*natura*, "par nature") ; une syllabe fermée (la diphtongue en est un cas particulier) est comptée longue (*positione*, "par position"). La syllabation (distribution en syllabe) est continue et ne tient pas compte des frontières de mots ; la coupe syllabique passe après la voyelle quand celle-ci n'est suivie que d'une consonne qui se groupe alors avec la voyelle qui suit ; quand il y a deux consonnes (ou davantage), la coupe passe à l'intérieur du groupe et la syllabe est fermée. On ajoutera que *x*, comme consonne double, s'analyse *c-s*, *g-s*, et que les groupes constitués d'une occlusive (*b, p, d, t, g, c*) suivie d'une liquide (*r, l*), sont en principe homogènes, laissant devant eux une syllabe ouverte : *ă-gri*, différent de *āc-tus*, mais, à l'imitation d'Homère, les poètes coupent aussi *āg-ri* ; on ajoutera les coupes morphologiques : *ōb-rŭō*. On notera chez les archaïques le phénomène de la *brevis brevians* : une syllabe brève peut entraîner par contagion l'abrègement de la syllabe qui suit, ex. *lĕgō > lĕgŏ* (*ŭbĭ*, toujours *bĕnĕ, mŏdŏ, nĭsĭ*), mais aussi *uŏlŭptās* en syllabe fermée ; d'autre part, jusqu'à Catulle, après une voyelle brève, le *-s* final « caduc » peut ne pas intervenir dans la syllabation : *nōs sŭmŭ(s) Rōmānī*, ENN. *An.* 377, "nous nous sommes romains" (on écrit parfois *sumu'*). Dans le décompte des syllabes, on tiendra compte des élisions : une finale vocalique de mot s'élide devant une initiale vocalique (cf. *māgnŏpĕre* ; *h-* n'empêche pas l'élision) ; élision encore quand la voyelle est suivie de *-m* (cf. *ănĭmādvĕrto*).

I. LA PÉRIODE ARCHAÏQUE

Le saturnien, vers prélittéraire des formules et épitaphes, encore utilisé dans l'épopée par Livius Andronicus et Naevius, est fondé sur une métrique verbale et accentuelle ; l'intonation initiale, soulignée par l'allitération, détache les mots : *dabunt malum Metelli ‖ Naevio poetae*, "les Metelli donneront une correction (*mălum*, équivoquant avec *mālum* "une pomme") au poète Naevius" (respectivement sept syllabes en trois mots et six en deux) ; le saturnien sera remplacé par l'hexamètre dactylique qui peut parfois s'y superposer. En tout cas, on y distingue déjà les trois démarcations du vers : l'attaque, la césure, la clausule.

II. LA PÉRIODE CLASSIQUE

A. *La versification dactylo-spondaïque.*

1. Elle est fondée sur le dactyle (– ᴗ ᴗ, nom du doigt en grec) et le spondée (– –, rythme lent qui accompagne les libations en grec), qui peuvent s'échanger. Le vers fondamental est l'**hexamètre**, comprenant six pieds, à ceci près que le sixième, un spondée, ne comporte que deux syllabes, ⸗ ᴗ, et que le cinquième est presque toujours un dactyle (sinon le vers est dit spondaïque) ; l'hexamètre, emprunté au grec, a été introduit par Ennius. Les deux pieds sont décroissants : après la première longue, temps fort, apparaît la deuxième longue ou le bibref, temps faible. Selon l'effectif des dactyles et des spondées, l'hexamètre contient de douze à dix-sept syllabes. L'hiatus est

très rare ; il entraîne alors l'abrègement d'une longue au temps faible : *quĭ ămant* Virg. *B. 8, 109*, "ceux qui aiment."

L'emploi obligatoire du dactyle et du spondée élimine de l'hexamètre une foule de mots usuels, de structure crétique (‒ ᴗ ‒) ou tribraque (ᴗ ᴗ ᴗ) ; le poète peut parfois « tricher » : *Ītălĭa* en tête de vers avec une longue initiale irrationnelle, ou le remplacement de *impĕrātŏr* par *indŭpĕrātŏr*, pseudo-archaïsme. La fin du vers (clausule) est caractérisée par la succession d'un dactyle et d'un spondée, la dernière syllabe étant indifférente (⌣). Le spondée cinquième (vers spondaïque) est très rare et suit presque toujours un dactyle ; la deuxième longue est incorporée dans un mot long qui contient aussi le sixième pied (cf. *incrēmentum* Virg. *B. 4, 49*, "rejeton"). Deux fins de vers prédominent :

    3 + 2 *cóndere géntem* Virg. *En. 1, 33*, "fonder la nation"

    2 + 3 *cónde sepúlcro* Virg. *En. 6, 159*, "place dans un tombeau",

qui ont la particularité de faire coïncider le temps fort et l'intonation des mots, prélude lointain à une métrique accentuelle. La place du ton en latin n'est jamais terminale (sauf dans les monosyllabes évidemment) ; dans les polysyllabes, le ton porte sur la pénultième longue : *sepúlcro*, sinon il remonte sur l'antépénultième : *cóndere*. Les monosyllabes finaux sont très rares (*exiguus mus* Virg. *G. 1, 181*, "une petite souris") et répondent à une intention ; le plus souvent ils appartiennent à un syntagme (mot métrique : *ō gens* Virg. *En. 5, 624*, « ô nation »). Un vers hypermètre contient une syllabe de trop (en général *-que*) qui s'élide sur l'initiale vocalique du vers suivant :

    lŏcōrumque | errāmus Virg. *En. 1, 332*, "et des lieux nous errons".

L'hexamètre utilise savamment les pauses procurées par la césure et les coupes secondaires, qui ne coïncident jamais avec la fin d'un pied. La césure fondamentale est dite penthémimère (après le cinquième demi-pied) ; elle passe après le troisième temps fort, ce qui fait que le premier hémistiche est plus court que le second, prononcé plus rapidement :

    árma virúmque canó ‖ Trojáe qui prímus ab óris Virg. *En. 1, 1*,
    "je chante les armes et le héros qui le premier du rivage de Troie".

La seconde césure, l'hephthémimère (après le septième demi-pied) est reculée après le quatrième temps fort et déséquilibre le vers, si bien qu'elle s'associe le plus souvent à une coupe précédente trihémimère, après le deuxième temps fort :

    clámorés | simul hórrendós ‖ ad sídera tóllit Virg. *En. 2, 222*,
    "il pousse en même temps des cris horribles jusqu'aux étoiles".

Elle produit alors un vers ternaire dont les six temps marqués sont répartis deux par deux.

Une césure dite trochaïque troisième, placée après le troisième temps fort suivi d'une brève, la plus fréquente chez Homère, apparaît peu en latin, en dehors d'un contexte grec :

    spárgens úmida mélla ‖ sopóriferúmque papáver Virg. *En. 4, 486*,
    "répandant le miel fluide et le pavot soporifique".

En revanche la coupe se combine heureusement avec l'hephthémimère (après une coupe trihémimère), mettant un mot en relief :

    ínfandúm | regína | jubés ‖ renováre dolórem Virg. *En. 2, 3*,
    "indicible la douleur, ô reine, que tu me commandes de renouveler".

La césure, qui peut même se placer sur une syllabe élidée, répond à la norme mais se détache parfois faiblement. On en distinguera la ponctuation bucolique quand la fin de vers, détachée, se groupe avec le vers suivant (contre-rejet):

párcite, ovés, nimiúm ‖ *procédere: nón bene rípae* Virg. *B. 3, 94,*
"évitez, mes brebis, de trop vous avancer, on a tort à la rive (de se fier)."

2. L'autre grand vers dactylique, le **pentamètre**, reçoit un nom impropre puisqu'il comporte six temps forts. Il est assez simplifié par rapport à l'hexamètre: une césure toujours penthémimère, après un début d'hexamètre à trois temps forts, et dans le deuxième hémistiche deux dactyles suivis d'une syllabe, en principe longue ou du moins fermée, qui constitue le sixième temps fort, selon le schéma:

$\acute{-} - | \acute{-} - | \acute{-} ‖ \acute{-} \smile \smile | \acute{-} \smile \smile | \acute{-}.$

Le pentamètre est couplé avec l'hexamètre pour produire le distique élégiaque, utilisé dans la poésie élégiaque, mais aussi didactique (l'*Ars* et les *Fastes* d'Ovide):

dónec erís felíx ‖ *multós numerábis amícos*
    témpora sí fuerínt ‖ *núbila sólus erís* Ov. *Tr. 1, 9, 5-6,*
"tant que tu seras heureux tu compteras de nombreux amis, si le temps se couvre, tu seras seul".

3. Le **quaternaire** dactylique:

$- - | - ‖ - | - \smile \smile | - -$

Il entre aussi dans des distiques, après un hexamètre, dans deux *Odes* et dans une *Épode* d'Horace (mètre alcmanien), césure trihémimère:

trístitiám ‖ *vitáeque labóres* Hor. *O. 1, 7, 18,*
"la tristesse et les épreuves de la vie."

B. *La versification iambo-trochaïque.*

D'origine grecque, elle apparaît au théâtre dès ses débuts, dans le parlé du *diverbium* et dans le récitatif. Les Romains ont appelé ces vers d'après le nombre des pieds, alors que les Grecs recouraient au mètre, comportant deux pieds.

1. Le plus courant des vers iambiques ($\smile -$) est le **sénaire**, comptant en principe six iambes, le sixième, qui souligne la fin du vers, étant pur; mètre croissant, temps fort placé sur la longue des pieds pairs. Ailleurs l'iambe peut être remplacé par le tribraque ($\smile \smile \smile$), le spondée ($- -$), le dactyle ($- \smile \smile$), l'anapeste ($\smile \smile -$) et le procéleusmatique ($\smile \smile \smile \smile$). La césure est en principe penthémimère:

ne quis mirétur ‖ *qui sim páucis eloquár* Pl. *Aul. 1,*
"pour que personne ne se demande qui je suis, je l'exposerai en peu de mots".

Le **septénaire iambique** est constitué de sept pieds et demi:

$\smile - | \smile \acute{-} | \smile - | \smile \acute{-} ‖ \smile - | - \acute{-} | \smile - | \smile$

C'est un octonaire incomplet; la césure est placée après le quatrième iambe (et non dans l'iambe), qui est en principe pur, comme le septième (aussi spondée). Les substitutions énumérées apparaissent désormais dans tous les vers, sauf à certaines places.

L'**octonaire iambique** comprend huit pieds, le huitième est pur, la césure passe après le quatrième iambe normalement pur.

On ajoutera deux autres variétés: le **trimètre iambique**, raffinement grec, est un sénaire dont les pieds pairs sont purs (l'iambe de rythme ascendant est redoublé pour former un mètre). Quant au **trimètre scazon** (boiteux), son sixième pied est remplacé par un spondée. Autres

PROSODIE ET MÉTRIQUE

emplois des vers iambiques : en particulier les sénaires de la fable ou ceux des Épodes d'Horace, le plus souvent groupés en distiques avec les **quaternaires iambiques**, dont le deuxième et le quatrième pied sont purs.

2. Le **septénaire trochaïque** (‒ ᴗ) de sept pieds et demi, présente un septième pied pur, mais à la césure la deuxième syllabe du quatrième trochée est indifférente (hémistiche asynartète) ; le trochée est de rythme décroissant, temps fort sur la longue des pieds impairs :

úbi sunt isti quós ante aedes ‖ *jússi huc producí foras* Pl. *Cap.* 252,
"où sont ces hommes que j'ai fait amener ici dehors, devant la maison ?"

Au théâtre, les parties chantées ont tantôt un rythme constant : iambo-trochaïque (septénaires, octonaires), anapestique (ᴗ ᴗ ‒), crétique (‒ ᴗ ‒), bacchiaque (ᴗ ‒ ‒), tantôt un rythme changeant.

C. La métrique éolienne.

D'origine grecque aussi, elle est employée notamment dans la poésie lyrique de Catulle et d'Horace. Les caractères métriques sont originaux et le nombre des syllabes est fixe. L'élément constitutif est le **choriambe** (‒ ᴗ ᴗ ‒), différemment étoffé ; les vers apparaissent essentiellement dans des strophes. On classe ces vers selon le nombre croissant des syllabes :

• **adonique** (5), à la fin de la strophe saphique :

‒ ᴗ ᴗ ‒ | ᴗ̱ (cf. la fin d'hexamètre)

terruit urbem Hor. *O. 1, 2, 4*, "a terrifié la ville."

• **aristophanien** (7), plus long de deux syllabes (‒ ᴗ ; dactyle, deux trochées), début d'un distique, césure après le choriambe :

Lydia dic ‖ *per omnes* Hor. *O. 1, 8, 1*, "Lydia, dis par tous."

• **phérécratéen** (7), ‒ ‒ | ‒ ᴗ ᴗ ‒ | ᴗ̱,

adonique précédé d'une base ‒ ‒, pas de césure :

quamvis Pontica pinus Hor. *O. 1, 14, 11*, "bien que le pin du Pont."

• **glyconique** (8), ‒ ‒ | ‒ ᴗ ‖ ᴗ ‒ | ᴗ | ᴗ̱,

phérécratéen augmenté d'une syllabe, césure après la troisième ou la quatrième syllabe :

sic te diva ‖ *potens Cypri* Hor. *O. 1, 3, 1* "qu'à cette condition la déesse maîtresse de Chypre te..."

• **asclépiade mineur** (12), ‒ ‒ | ‒ ᴗ ᴗ ‒ ‖ ‒ ᴗ ᴗ ‒ | ᴗ | ᴗ̱,

glyconique dont le choriambe est redoublé, césure médiane après la sixième syllabe :

Maecenas atavis ‖ *edite regibus* Hor. *O. 1, 1, 1*, "Mécène, issu d'ancêtres royaux."

• **grand asclépiade** (16), ‒ ‒ | ‒ ᴗ ᴗ ‒ ‖ ‒ ᴗ ᴗ ‒ | ‒ ᴗ ᴗ ‒ | ᴗ | ᴗ̱,

asclépiade dont le choriambe est triplé ; le choriambe central à l'intermot suit la césure.

• **phalécien** (11), ‒ ‒ | ‒ ᴗ ᴗ ‒ ‖ ᴗ | ‒ ᴗ | ‒ ᴗ̱,

manque chez Horace, base comme le glyconique, deux syllabes de plus que la fin de l'aristophanien, césure à la sixième ou à la cinquième syllabe :

jam ver egelidos ‖ *refert tepores* Catul. *46, 1*, "déjà le printemps ramène les douces tiédeurs."

- **saphique** (11), $-\cup|-\cup|-\|\cup\cup-|\cup|-\cup$,

aristophanien précédé d'une double base ; première partie de la strophe saphique, césure à la cinquième ou à la sixième syllabe :

Persicos odi ‖ *puer apparatus* Hor. *O. 1, 38, 1,* "je hais, garçon, les raffinements persans."

- **grand saphique** (15) :

$\cup|-\cup|-\|\cup\cup-\|-\cup\cup|-|\cup|-\cup$,

saphique dont le choriambe est redoublé ; césures après la cinquième syllabe et la huitième.

- **hendécasyllabe alcaïque** (11),

$\cup|-\cup|--\|-\cup\cup-|\cup|\cup$,

glyconique précédé d'une syllabe généralement longue (anacrouse) et d'une base, début redoublé de la strophe alcaïque, césure après la cinquième syllabe :

odi profanum ‖ *vulgus et arceo* Hor. *O. 3, 1, 1,* "je hais la foule des profanes et je la repousse."

- **décasyllabe alcaïque** (10),

$-\cup\cup-\|\cup\cup-|\cup|-\cup$ (2 dactyles, 2 trochées),

clôt la strophe alcaïque, césure en principe après le choriambe ou après la septième syllabe :

cuncta supercilio ‖ *moventis* Hor. *O. 3, 1, 8,* "faisant tout trembler par son sourcil."

- **ennéasyllabe alcaïque** (9),

$-|-\cup|--|-\|\cup|-\cup$,

au milieu de la strophe alcaïque, ne comporte pas de choriambe, césure après la sixième syllabe :

clari Giganteo ‖ *triumpho* Hor. *O. 3, 1, 7,* "fameux par son triomphe sur les Géants."

Les strophes principales sont la strophe saphique (trois hendécasyllabes et un adonique) et la strophe alcaïque (deux hendécasyllabes, un ennéasyllabe, un décasyllabe). L'accompagnement musical introduit parfois des fluctuations quantitatives et surtout rend la césure moins contraignante : elle va parfois jusqu'à manquer.

D. *La prose métrique.*

La prose métrique cicéronienne soigne particulièrement les clausules qui emploient les spondées, les trochées (ditrochée), les crétiques (double crétique, crétique et spondée) et les péons (1er $-\cup\cup\cup$, 4^e $\cup\cup\cup-$, avec spondée ou crétique) ; exemple classique : *ēssĕ vĭdĕātŭr* (péon 1er et spondée).

III. La période tardive

Elle continue à pratiquer la métrique savante en substituant l'accent d'intensité au ton mélodique. L'accent jouera le premier rôle en poésie (Commodien) et en prose (*cursus* rythmique).

MÉTROLOGIE

A. LA NUMÉRATION

Les **chiffres** représentent d'anciennes entailles dont les figures ont fini par ressembler à des lettres grecques réinterprétées en latin :

I (entaille simple = I),
V (entaille double, moitié de X)
X (entaille double = X),
L (entaille triple, ↓ = χ)
C (moitié de Θ, influencée par *centum*),
D (moitié de Φ),
M (arrangement de Φ, CIƆ comme ∞).

Dans ce système décimal, les chiffres ne sont pas répétés plus de quatre fois. Pour les chiffres supérieurs, on utilise une barre superposée comme multiplicateur par mille : $\overline{XX}$ = 20 000 ; on ajoute deux hastes à gauche et à droite pour cent mille : $|\overline{XX}|$ = 2 000 000. Ajoutons encore pour le signe arrondi de mille, CIƆ, la répétition de l'arrondi comme multiplicateur par 10 : CCIƆƆ = 10 000, de même pour 500 : IƆƆƆ = 50 000, etc. Les chiffres ajoutés à droite s'additionnent et à gauche se soustraient. Ainsi IV = 4, mais VI = 6, etc. Le procédé soustractif concerne un ou deux chiffres : IX = 9, IIX = 8. Le témoignage de la langue confirme l'ancienneté du procédé soustractif, d'origine étrusque comme les chiffres : *undeviginti* = 19, *duodeviginti* = 18.

Les **fractions** relèvent du système duodécimal : l'unité, *as*, est divisée en 12 *unciae*, onces, notées par - ; la moitié est notée S = *semis* ; *deunx*, onze douzièmes, s'écrit S = = -. Voici quelques fractions de formation claire : *triens* = 1/3 (4 onces), *quadrans* = 1/4 (3 onces), *quincunx* = 5/12 (5 onces), *sextans* = 1/6 (2 onces), *sescuncia* = 1/8 (une once et demie), *semuncia* = 1/24 (une demi-once) ; en outre : *sicilicus* = 1/48 (un quart d'once), *sextula* = 1/72 (un sixième d'once), *scripulum* = 1/288 (1/24 d'once).

Les intérêts calculés au mois s'élèvent généralement à 10% par an (*unciarium fenus*) ou à 12% (*centesima usura*).

B. MESURES DE LONGUEUR

Le corps humain fournit les mesures de **longueur** caractéristiques, sur la base du pied, *pes* (0,296 m), dont les sous-multiples sont le doigt, *digitus* (1/16 de pied soit 0,0185 m) et la palme, *palmus* (1/4 de pied ; 0,074 m), et les multiples, le double pas, *passus* (5 pieds ; 1,48 m) et le mille (1000 doubles pas ; 1,48 km). À l'époque tardive se répandit l'usage de la lieue gauloise, *leuca* (1500 double-pas) = 2,22 km.

Parmi les mesures de **surface**, plus que le pied carré, *pes quadratus* (0,087 m^2) et l'*actus* (120 pieds ou 35,48 m de côté, soit 12,666 ares), c'est le jugère, *jugerum* (double *actus* soit 25,333 ares ≈ 2500 m^2), qui est usuel.

C. MESURES DE POIDS ET DE VOLUME

La **livre**, *libra*, d'origine sicilienne, pèse 324 g (l'abréviation *p* représente *pondo*) ; ses divisions, employées en particulier par les médecins et les cuisiniers sont la *semis*, *selibra*, demi-livre (162 g), le *triens*, tiers de livre (108 g), le *quadrans*, quart de livre (81 g), le *sextans*, sixième de livre (54 g), l'once, *uncia*, un douzième (27 g), la demi-once, *semuncia*, 1/24 (13,5 g), le scrupule, *scripulum*, 1/288 (1,125 g).

MÉTROLOGIE

Pour les **volumes**, on distingue les mesures sèches dont l'unité est le *modius*, boisseau (8,76 l), le *semodius*, demi-boisseau (4,38 l) et le *quadrantal*, triple du boisseau (26,26 l). Pour les liquides, l'unité est l'*amphora*, amphore (26,26 l soit la quantité d'un *quadrantal* ou 8 conges) et le *sextarius*, setier (1/6 du conge soit 0,5472 l), outre l'*urna*, urne, moitié de l'amphora (13,13 l).

Sont utilisés à la fois pour les solides et les liquides, le *congius*, conge, (6 setiers ; 3,28 l), le *culleus*, tonneau (60 boisseaux soit 525,31 l) et les sous-multiples du setier : l'*hemina*, hémine (demi-setier ; 0,2736 l), le *quartarius* (quart de setier ; 0,1368 l), l'*acetabulum* (1/8 de setier ; 0,0684 l), le *cyathus* (1/12 du setier ; 0,0456 l).

D. Monnaies

Aux origines, il n'y a pas d'espèces monétaires, mais seulement des évaluations en bestiaux (*pecunia*) ou du bronze pesé (*pondo, pendere*), après découpage (*aestimare*). L'unité, l'*as*, pèse au début une livre, *libralis*. Les subdivisions, à travers toutes les dévaluations subsistent : *semis, triens, quadrans*. La monnaie usuelle (*nummus*) est le sesterce, *sestertius* (*semis tertius*), équivalant à 2 as et demi (H S) ; le denier d'argent, *denarius* (✗), vaut 4 sesterces (10 as) ; l'*aureus* d'or, vaut 25 deniers (100 sesterces).

LES NOMS DE PERSONNES

Le Romain de condition libre recevait un nom individuel, le prénom, le neuvième jour après sa naissance. Les *praenomina*, écrits en abrégé, étaient en nombre très limité ; d'une trentaine au début, il n'en restait plus guère que dix-sept à la fin de la République : *Aulus* (A.), *Appius* (Ap.), *Gaius* (C.), *Gnaeus* (Cn.), *Decimus* (D.), *Lucius* (L.), *Marcus* (M.), *Manius* (M'), *Numerius* (N.), *Publius* (P.), *Quintus* (Q.), *Servius* (Ser.), *Sextus* (Sex.), *Spurius* (Sp.), *Tiberius* (Ti.), *Titus* (T.), *Vibius* (V.).

En réalité, le choix était encore plus réduit, car les familles suivaient des traditions : un Scipion ne disposait que de *Gnaeus, Lucius* ou *Publius*. Il existe en outre des prénoms rares qui sont le monopole de certaine familles : *Agrippa, Paullus, Postumus, Vopiscus* ; certains sont étrangers : *Aruns* et *Lar* étrusques, *Mamercus, Nero* et *Statius* osques.

Les femmes en général n'ont pas de prénom et sont simplement désignées par le féminin du gentilice : *Cornelia, Julia, Livia, Terentia, Tullia*. Mais très vite, sous l'Empire, on utilise un dérivé : *Agrippina*, un diminutif : *Drusilla* ou un adjectif caressant : *Lepida*.

Comme en osque et en étrusque, le *nomen gentilicium* (nom de famille) s'ajoute au prénom : c'est la portion stable de la nomination. Dans l'immense majorité, ce sont des noms en -*ius*, anciens adjectifs patronymiques : *Cornelius, Fabius, Julius, Tullius* ; il y en a plus de mille.

Les surnoms, *cognomina*, jouent un rôle distinctif et sont souvent héréditaires dans les grandes familles : *Brutus, Cato, Crassus, Lentulus*, mais non *Magnus*, propre à Pompée. Leur effectif est ouvert et leur sens est clair.

Tels sont les *tria nomina* (prénom, nom, surnom) officiels : ce système s'altérera à partir du 2e siècle (*Julius* devient un prénom, multiplication des surnoms). L'*agnomen* est un autre *cognomen*, personnel en principe : *Scipio Africanus*.

L'adopté prend les noms de son père adoptif et fait de son gentilice un surnom en -*anus* : *P. Cornelius Scipio Aemilianus* (Scipion Émilien), *C. Julius Caesar Octavianus* (Octavien).

Les esclaves ont un nom personnel qui, après l'affranchissement, devient le *cognomen* : *M. Tullius Tiro* (Tiron), l'éditeur de Cicéron.

MÉTROLOGIE
(Tableaux récapitulatifs)

CALENDRIER

CHRONOLOGIE

ATLAS

Imprimé en Italie par

LA TIPOGRAFICA VARESE
Società per Azioni
Varese
Dépôt légal : Août 2008
Édition 06 - Collection n° 21
16/6765/8

FRACTIONS ET POIDS

Multiple et sous-multiples	Nom latin	Notation	Poids
1	**as (12 unciae)**	**I**	**libra (324 g)**
11/12	deunx	S = = –	
10/12 = 5/6	dextans	S = =	
9/12 = 4/3	dodrans	S = –	
8/12 = 2/3	bes	S =	
7/12	septunx	S –	
6/12 = 1/2	semis	S	semis, selibra *(162 g)*
5/12	quincunx	= = –	
4/12 = 1/3	triens	= =	triens *(108 g)*
3/12 = 1/4	quadrans	= –	quadrans *(81 g)*
2/12 = 1/6	sextans	=	sextans *(54 g)*
1/8	sescuncia (1,5 uncia)		
1/12	uncia	–	uncia *(27 g)*
1/24	semuncia (1/2 uncia)		semuncia *(13,5 g)*
1/48	sicilicus (1/4 uncia)		
1/72	sextula (1/6 uncia)		
1/288	scripulum (1/24 uncia)		scripulum *(1,125 g)*

LONGUEURS ET SURFACES

Multiple et sous-multiples	Longueur	Surface
7 500	leuca (1 500 passus *2,22 km*)	
5 000	mille passuum *(1,48 km)*	
240		jugerum (2 actus $\approx$ 25 a)
120		actus *(12,66 a)*
5	passus (5 pedes *1,48 m*)	
1	**pes *(29,6 cm)***	**pes quadratus *(0,087 m^2)***
3/12 = 1/4	palmus *(7,4 cm)*	
1/16	digitus *(1,85 cm)*	

VOLUMES

Multiple et sous-multiples	Volumes		Multiple et sous-multiples
	Liquide	Solide	
20	culleus *(525,31 l)*		60
1	**amphora (1 *pied cube*, *26,26 l*)**	quadrantal *(26,26 l)*	3
1/2	urna *(13,13 l)*		1.5
1/3		**modius (16 sextarii, *8,76 l*)**	**1**
1/6		semodius *(4,38 l)*	1/2
1/8	congius (6 sextarii *3,28 l*)		6/16
1/48	sextarius *(54,72 cl)*		1/16
1/96	hemina (1/2 sextarius *27,36 cl*)		1/32
1/192	quartarius (1/4 sextarius *13,68 cl*)		1/64
1/384	acetabulum (1/8 sextarius *6,84 cl*)		1/128
1/576	cyathus (1/12 sextarius *4,56 cl*)		1/192

MONNAIES

Période	Multiple et sous-multiples	Nom	Métal (poids)
5e siècle	**1**	**As libralis**	**bronze (1 livre)**
	1/2	semis	bronze
	1/3	triens	bronze
	1/4	quadrans	bronze
	1/6	sextans	bronze
	1/12	uncia	bronze
	1/24	semuncia	bronze
fin 3e siècle	10 (✱)	Denarius	argent
	2,5 (II S)	Sestertius	argent
	1	**As sextantarius**	**bronze (= 2 onces)**
	1/2	semis	bronze
	1/3	triens	bronze
	1/4	quadrans	bronze
début 2e siècle	16 (XVI)	Denarius	argent
	4 (H S)	Sestertius	argent
	1	**As uncialis**	**bronze (1 once)**
	1/2	semis	bronze
	1/3	triens	bronze
	1/4	quadrans	bronze
deuxième moitié du 1er siècle	100	Aureus	or
	4	Denarius	argent
	1	**Sestertius**	**bronze**
	1/2	dupondius	bronze
	1/4	as	bronze
	1/8	semis	bronze
	1/12	triens	bronze
	1/16	quadrans	bronze

FRACTIONS ET POIDS

Multiple et sous-multiples	Nom latin	Notation	Poids
1	**as (12 unciae)**	**I**	**libra (324 g)**
11/12	deunx	S = = –	
10/12 = 5/6	dextans	S = =	
9/12 = 4/3	dodrans	S = –	
8/12 = 2/3	bes	S =	
7/12	septunx	S –	
6/12 = 1/2	semis	S	semis, selibra *(162 g)*
5/12	quincunx	= = –	
4/12 = 1/3	triens	= =	triens *(108 g)*
3/12 = 1/4	quadrans	= –	quadrans *(81 g)*
2/12 = 1/6	sextans	=	sextans *(54 g)*
1/8	sescuncia (1,5 uncia)		
1/12	uncia	–	uncia *(27 g)*
1/24	semuncia (1/2 uncia)		semuncia *(13,5 g)*
1/48	sicilicus (1/4 uncia)		
1/72	sextula (1/6 uncia)		
1/288	scripulum (1/24 uncia)		scripulum *(1,125 g)*

LONGUEURS ET SURFACES

Multiple et sous-multiples	Longueur	Surface
7 500	leuca (1 500 passus *2,22 km*)	
5 000	mille passuum *(1,48 km)*	
240		jugerum (2 actus ≈ *25 a*)
120		actus *(12,66 a)*
5	passus (5 pedes *1,48 m*)	
1	**pes *(29,6 cm)***	**pes quadratus *(0,087 m²)***
3/12 = 1/4	palmus *(7,4 cm)*	
1/16	digitus *(1,85 cm)*	

VOLUMES

Multiple et sous-multiples	Volumes		Multiple et sous-multiples
	Liquide	Solide	
20	culleus *(525,31 l)*		60
1	**amphora (1 *pied cube*, *26,26 l*)**	quadrantal *(26,26 l)*	3
1/2	urna *(13,13 l)*		1.5
1/3		**modius (16 *sextarii*, *8,76 l*)**	**1**
1/6		semodius *(4,38 l)*	1/2
1/8	congius (6 *sextarii 3,28 l*)		6/16
1/48	sextarius *(54,72 cl)*		1/16
1/96	hemina (1/2 *sextarius 27,36 cl*)		1/32
1/192	quartarius (1/4 *sextarius 13,68 cl*)		1/64
1/384	acetabulum (1/8 *sextarius 6,84 cl*)		1/128
1/576	cyathus (1/12 *sextarius 4,56 cl*)		1/192

MONNAIES

Période	Multiple et sous-multiples	Nom	Métal (poids)
5e siècle	**1**	**As libralis**	**bronze (1 livre)**
	1/2	semis	bronze
	1/3	triens	bronze
	1/4	quadrans	bronze
	1/6	sextans	bronze
	1/12	uncia	bronze
	1/24	semuncia	bronze
fin 3e siècle	10 (✶)	Denarius	argent
	2,5 (II S)	Sestertius	argent
	1	**As sextantarius**	**bronze (= 2 onces)**
	1/2	semis	bronze
	1/3	triens	bronze
	1/4	quadrans	bronze
début 2e siècle	16 (XVI)	Denarius	argent
	4 (H S)	Sestertius	argent
	1	**As uncialis**	**bronze (1 once)**
	1/2	semis	bronze
	1/3	triens	bronze
	1/4	quadrans	bronze
deuxième moitié du 1er siècle	100	Aureus	or
	4	Denarius	argent
	1	**Sestertius**	**bronze**
	1/2	dupondius	bronze
	1/4	as	bronze
	1/8	semis	bronze
	1/12	triens	bronze
	1/16	quadrans	bronze

LE CALENDRIER

Comme partout le calendrier, *fasti,* joue un rôle essentiel dans la religion ; son établissement et son observation sont l'œuvre des pontifes.

Bâti d'abord sur l'année lunaire (355 jours), ce qui entraînera des discordances et le recours aux mois intercalaires, alternativement 22 et 23 jours, ajoutés tous les deux ans le 24 février *(VI Kal. Mart.)* ; il compte douze mois qui portent des noms religieux – *Januarius, Februarius, Martius, Aprilis* (peu clair), *Maius, Junius* – et ordinaux – *Quintilis, Sextilis, September, October, November, December* –, ce qui prouve que l'année commençait en mars et non en janvier (entrée en charge des magistrats) ; autre argument : le mois de février, en fin de liste, ajoutait des jours intercalaires pour faire correspondre l'année civile avec l'année lunaire.

Les jours sont comptés par référence à trois dates caractéristiques : les *Kalendae* (cf. *1 calo*), calendes, le 1er jour, les *Nonae* (9e jour avant les Ides = le 5, mais le 7 en mars, mai, juillet, octobre), les *Idus,* Ides (la pleine lune = le 13, mais le 15 en mars, mai, juillet, octobre).

On utilise la référence par anticipation : *pridie* avec l'accusatif *(pridie Kalendas,* la veille des calendes), ailleurs les ordinaux *(ante diem tertium* – III – *Kalendas* l'avant-veille des calendes), avec deux particularités, le décompte inclusif du repère (" troisième " = deuxième) et le décalage de la préposition *ante* qui porte aussi sur le décompte (on attendrait un ablatif de date avant *ante*).

Il régnait à la fin de la République un tel désordre (l'année civile avançait de 67 jours !), que César, en 46 av. J.-C., ajouta trois mois intercalaires et imposa une réforme, le **calendrier julien**, avec des mois de 30 (au lieu de 29) ou de 31 jours (sauf février qui garde ses 28 jours lunaires), se partageant une année de 365 jours 1/4 ; tous les 4 ans, le 24 février, 6e jour avant les calendes de mars, était redoublé, d'où le nom de l'année *bissextilis.*

À titre d'exemple, voici les dates juliennes du mois de juin, *Junius,* avec les indications religieuses (voir ci-après)

LE CALENDRIER

1	*Kalendis Juniis*	(N)	*Juno Moneta*
2	*ante diem quartum* (IV) *Nonas Junias*	(F)	
3	*ante diem tertium* (III) *Nonas Junia*	(C)	*Bellona*
4	*pridie Nonas Junias*	(C)	*Hercules Custos*
5	*Nonis Juniis*	(N)	*Dius Fidius*
6	*ante diem octavum* (VIII) *Idus Junias*	(N)	
7	*ante diem septimum* (VII) *Idus Junias*	(N)	*Ludi piscatori*
8	*ante diem sextum* (VI) *Idus Junias*	(N)	*Mens in Capitolio*
9	*ante diem quintum* (V) *Idus Junias*	(N)	*Vestalia*
10	*ante diem quartum* (IV) *Idus Junias*	(N)	
11	*ante diem tertium* (III) *Idus Junias*	(N)	*Matralia*
12	*pridie Idus Junias*	(N)	
13	*Idibus Juniis*	(NP)	*Juppiter Invictus*
14	*ante diem decimum octavum* (XVIII) *Kalendas Julias*	(N)	
15	*ante diem decimum septimum* (XVII) *Kalendas Julias*	(F)	Q. ST. D.
16	*ante diem decimum sextum* (XVI) *Kalendas Julias*	(C)	
17	*ante diem decimum quintum* (XV) *Kalendas Julias*	(C)	
18	*ante diem decimum quartum* (XIV) *Kalendas Julias*	(C)	
19	*ante diem decimum tertium* (XIII) *Kalendas Julias*	(C)	*Minerva in Aventino*
20	*ante diem dodecimum* (XII) *Kalendas Julias*	(C)	*Ara Summani*
21	*ante diem undecimum* (XI) *Kalendas Julias*	(C)	
22	*ante diem decimum* (X) *Kalendas Julia*	(C)	
23	*ante diem nonum* (IX) *Kalendas Julias*	(C)	
24	*ante diem octavum* (VIII) *Kalendas Julias*	(C)	*Fors Fortuna*
25	*ante diem septimum* (VII) *Kalendas Julias*	(C)	
26	*ante diem sextum* (VI) *Kalendas Julias*	(C)	
27	*ante diem quintum* (V) *Kalendas Julias*	(C)	*Aedes Larum — Juppiter Stator*
28	*ante diem quartum* (IV) *Kalendas Julias*	(C)	
29	*ante diem tertium* (III) *Kalendas Julias*	(F)	*Templum Quirini in Colle*
30	*pridie Kalendas Julias*	(C)	*Templum Herculis Musarum*

Le calendrier est jalonné de célébrations et de fêtes, les abréviations signalent les emplois possibles de la journée :
C = *comitialis* (toutes les affaires judiciaires et politiques),
F = *fastus* (les affaires judiciaires mais non les affaires politiques qui relèvent du peuple),
NP = *nefastus publicus* (pas d'affaires politiques),
N = *nefastus* (aucun type d'affaire).
L'abréviation du 15 se lit : *quando stercus delatum*, " quand les ordures ont été enlevées " (du temple de Vesta).

Sur le calendrier chaque jour porte en tête et dans l'ordre une des huit lettres des *nundinae*, jour du marché (notez le neuf de la dénomination inclusive).

LE CALENDRIER

Le calendrier préjulien – connu par les *Fastes* d'Antium – différait aussi par le nombre des jours du mois : soit 29 (remplacé par 30), soit 31 (janvier, août et décembre comptaient d'abord 29 jours, d'où la date des Nones et des Ides). Le *Quintilis* s'est appelé *Julius* à partir de 46 av. J.-C., et le *Sextilis, Augustus* à partir de 8 av. J.-C., en l'honneur de l'anniversaire des deux fondateurs de l'Empire. En raison des 29 jours de juin et du changement de nom du mois suivant, il faudra retirer un jour aux dates qui précèdent les calendes : le 14 deviendra *ante diem decimum septimum* (XVII) *Kalendas Quintiles* et ainsi de suite jusqu'au 29 : *pridie Kalendas Quintiles*. Il est bon de le savoir pour dater les lettres de Cicéron, qui plaisantait sur ce nouveau calendrier (*Att. 12, 3, 2*) sans l'adopter.

On ajoutera aux années le *lustrum*, la purification effectuée par un censeur tous les cinq ans, à la fin de la censure.

Pour compter les années, à partir de la date de la fondation, on partira, vu l'emploi de l'ordinal, de 754 et non de 753 : la première année étant 754 – 1 = 753 ; après l'ère chrétienne, on utilisera aussi 754. L'année courante est datée par les noms des consuls : *M. Tullio Cicerone, C. Antonio consulibus,* sous le consulat de Cicéron et de C. Antonius, 63 av. J.-C.

Les Romains se réfèrent parfois aux Olympiades qui commençaient en 776 av. J.-C. et qui duraient chacune quatre ans ; on retire de cette date, augmentée d'une année (777), le nombre des Olympiades moins une multiplié par 4 et on ajoute le chiffre de l'année : l'an quatre de la quatre-vingt-quinzième olympiade correspond à 397 av. J.-C. :

$$777 - ((95-1) \times 4) + 4 = 397$$

Quant au jour, comme la nuit, il se partage en douze heures, six avant midi (*ante meridiem, a. m.*) et six après (*post meridiem, p. m.*, cf. l'anglais), c'est dire que les heures du jour sont plus longues en été ; la nuit est divisée en quatre veilles de trois heures.

CHRONOLOGIE

avant J.-C.	
1000	Premier âge du fer. Migrations italiques. Villanoviens proto-étrusques.
814	Fondation de Carthage par les Phéniciens de Tyr.
8e-7e siècles	Colonisation grecque en Italie du Sud (Grande-Grèce) et en Sicile ; Marseille fondée en 600.
8e-6e siècles	Expansion étrusque, diffusion de l'alphabet.
753	Fondation de Rome.
753-509	Les sept rois de Rome : Romulus, Numa Pompilius, Tullus Hostilius, Ancus Marcius, dont trois étrusques, Tarquin l'Ancien, Servius Tullius, Tarquin le Superbe.
509	Expulsion des rois et fondation de la République romaine ; premiers consuls : Brutus et Tarquin Collatin, vite remplacé par P. Valérius Publicola.
5e siècle	Guerres contre les peuples voisins de Rome.
494	Sécession de la plèbe sur le mont Sacré, création du tribunat.
493	*Foedus Cassianum :* Rome s'impose aux Latins.
450	Publication de la loi des XII Tables par les décemvirs.
395	Prise de Véies par Camille.
390	Prise de Rome par les Gaulois Sénons de Brennus.
378	Réfection de la muraille servienne.
367	Lois liciniennes : ouverture du consulat à la plèbe.
343-304	Guerres samnites ; 321, défaite des Fourches Caudines.
338	Dissolution de la Ligue latine.
336-323	Conquêtes d'Alexandre le Grand.
312	Censure d'Appius Claudius Caecus (voie Appienne, *aqua Appia*).
3e-2e siècles	Constitution de la littérature latine : Naevius, Plaute, Ennius, mort en 169, Caton l'Ancien, mort en 149.
272	Prise de Tarente alliée de Pyrrhus ; capture de Livius Andronicus.
268	Destruction de Volsinies. Rome maîtresse de l'Italie.
264-241	Première guerre punique (Régulus, victoire navale de C. Duilius, la Sicile annexée).
222	Victoire de Clastidium ; soumission de la Gaule Cisalpine en 219.
218-202	Deuxième guerre punique (Hannibal : victoire de Cannes en 216 ; Hasdrubal : tué sur le Métaure en 207 ; Scipion : victoire décisive de Zama 202 ; annexion de l'Espagne, de la Sardaigne et de la Corse).
210-168	Guerres de Macédoine ; Persée, fils de Philippe V, vaincu dans la troisième guerre à Pydna.
188	Antiochus III doit traiter à Apamée.
186	Scandale des Bacchanales.
167-143	L'abondance du butin macédonien entraîne la suspension de l'impôt.
159	Ambassade de Cratès de Mallos. Diffusion de la philosophie grecque et de la grammaire.
148-146	Troisième guerre punique ; Scipion Émilien détruit Carthage ; annexion de l'Afrique.
146	Destruction de Corinthe ; annexion de la Grèce et de la Macédoine.
133	Destruction de Numance par Scipion Émilien.
133-121	Lois agraires des tribuns Ti. et C. Gracchus, assassinés l'un après l'autre.
129	L'Asie réduite en province.
118	Province de la Narbonnaise.
111-105	Guerre contre Jugurtha.
102-101	Teutons et Cimbres vaincus par Marius.
96	La Cyrénaïque léguée à Rome.
90-88	Guerre sociale : les alliés obtiennent la citoyenneté.
88-82	Guerre civile entre Marius et Sylla ; proscriptions ; mort de Marius en 86 ; retraite de Sylla en 79.
74-65	Guerre contre Mithridate ; Pompée.
73-71	Révolte des esclaves ; Spartacus vaincu par Crassus.
70	Cicéron fait condamner Verrès. Naissance de Virgile.
64	Annexion de la Syrie.
63	Consulat de Cicéron ; conjuration de Catilina (vaincu en 62). Naissance d'Octave.
60	Premier triumvirat : Pompée, César, Crassus.
59	Consulat de César.
58-57	Exil de Cicéron.

CHRONOLOGIE

58-52	César triomphe des Gaulois ; la Gaule transalpine est annexée.
53	Meurtre de Clodius par les bandes de Milon ; défaite et mort de Crassus en Parthie.
49 (janvier)	César passe le Rubicon.
48	Victoire de César sur Pompée et le sénat à Pharsale ; Pompée s'enfuit et est assassiné en Égypte.
46	Institution du calendrier julien.
44 (15 mars)	Assassinat de César ; Octave, devenu César Octavien après son adoption, revendique l'héritage de César.
43	Deuxième triumvirat : Antoine, Octave, Lépide ; proscriptions : assassinat de Cicéron et de son frère, comme de Verrès.
42	Défaite de Cassius et Brutus à Philippes.
40	Antoine épouse Octavie, sœur d'Octave.
36	Antoine répudie Octavie, s'installe à Alexandrie et épouse Cléopâtre.
31	Octave triomphe d'Antoine et de Cléopâtre à Actium.
30	Antoine et Cléopâtre se suicident à Alexandrie ; l'Égypte est réduite en province.
29	Octave maître de Rome après son triomphe ; nommé *princeps*.
27	Recevant le titre d'*Augustus,* il fonde la dynastie **julio-claudienne** : Auguste, 27-14 apr. J.-C. ; Tibère, 14-37 ; Caligula (Gaius), 37-41 ; Claude, 41-54 ; Néron, 54-68. Mort de Varron.
19	Mort de Virgile.
9	Défaite de Varus en Germanie.
8	Recensement de la population de l'Empire.
7	Division de Rome en quatorze régions et de l'Italie en onze.
après J.-C.	
14	Mort d'Auguste, qui laisse le récit de ses actions, *Res gestae*, destiné à l'affichage dans tout l'Empire ; avènement de Tibère, fils de Livie.
18	Mort d'Ovide en exil.
26-36	Ponce Pilate, gouverneur de Judée.
31	Conjuration de Séjan.
37	Mort de Tibère, avènement de Caligula.
41	Assassinat de Caligula, avènement de Claude.
43	Invasion de la Bretagne. Britannicus, fils de Claude et de Messaline, né en 42, reçoit ce surnom en 43 et sera empoisonné par Néron en 55.
54	Empoisonnement de Claude, avènement de Néron, fils d'Agrippine.
59	Assassinat d'Agrippine.
61	Révolte de Boudicca en Bretagne.
64	Incendie de Rome imputé aux chrétiens.
65	Conjuration de Pison : Sénèque, Lucain, Pétrone sont contraints au suicide.
68	Néron, pourchassé, se suicide.
69	Année des quatre empereurs : Galba, Othon et Vitellius, successivement assassinés. Rôle déterminant de l'armée. Avènement de Vespasien, fondation de la dynastie des **Flaviens :** Vespasien, 69-89 ; Titus, 79-81 ; Domitien, 81-96.
70	Prise de Jérusalem par Titus ; triomphe en 71.
79	Éruption du Vésuve. Titus termine le Colisée et construit des thermes ; arc de Titus.
96	Assassinat de Domitien ; avènement de Nerva, fondation de la dynastie des **Antonins** : Nerva, 96-98 ; Trajan, 98-117 ; Hadrien, 117-136 ; Antonin le Pieux, 136-161 ; Marc Aurèle, 161-180 ; Commode 180-192.
106	La Dacie est annexée par Trajan ; guerres en Parthie ; bibliothèque Ulpia, Forum avec la colonne Trajane. Panégyrique par Pline le Jeune.
122-128	Révolte de Bar Kochba en Palestine.
135	Destruction de Jérusalem par Hadrien et dispersion des Juifs. Villa à Tivoli ; mur fortifié édifié au sud de l'Écosse en 122 ; mausolée d'Hadrien à Rome (château Saint-Ange).
161	Marc Aurèle succède à Antonin, associé d'abord à L. Vérus ; amitié intime avec Fronton, puis guerres incessantes sur le Danube.
177	Martyre des chrétiens de Lyon.
180	Commode succède à son père ; assassiné en 192.
193-211	Septime Sévère, Africain, instaure la dynastie des **Sévères** (193-235).

CHRONOLOGIE

197	*Apologétique* de Tertullien (155-225).
211-217	Caracalla ; 212, édit qui généralise la citoyenneté dans tout l'Empire.
218-222	Élagabal (Héliogabale), dévot des cultes syriens orgiastiques.
222-235	Alexandre Sévère.
224	Les Sassanides zoroastriens intégristes prennent la place des Parthes hellénisés en Perse.
235-284	Anarchie militaire; les trois Gordiens, Philippe l'Arabe, Valérien, Aurélien, Tacite, Probus, etc. ; guerres aux frontières sur l'axe Rhin-Danube et en Orient ; invasion des Francs et des Alamans en Gaule ; persécution antichrétienne de Dèce, 249-251 ; martyre de saint Cyprien, 258.
275	Aurélien fait évacuer la Dacie. Fin de l'expansion romaine.
284-305	Dioclétien organise la tétrarchie ; édit du maximum (301), persécutions. Il abdique et se retire à Split (305).
306-337	Constantin ; 311, édit de Milan (tolérance) ; 330, fondation de Constantinople. Dynastie **constantinienne** : Constantin II, Constant, Constance ; persécution des païens.
360-363	Julien, qui avait délivré la Gaule des Alamans, rejette le christianisme, exclut les chrétiens, périt en Perse.
364-395	Dynastie **valentinienne** : Valentinien Ier, Valens, Gratien, Valentinien II ; Théodose.
372-397	Saint Martin évêque de Tours.
378	Défaite et mort de Valens à Andrinople, irruption des Goths.
382	Gratien fait enlever du Sénat l'autel de la Victoire ; protestation de Symmaque attaqué par Prudence. Lois rigoureuses contre les hérétiques, les apostats et les païens.
390	Théodose massacre les émeutiers de Thessalonique, puis doit faire amende honorable devant saint Ambroise. Saint Jérôme entreprend de traduire la Bible en latin : la Vulgate (383-406).
395	Mort de Théodose, partage de l'Empire : l'Occident à Honorius ; l'Orient à Arcadius.
5e-6e siècles	Migration bretonne en Armorique.
407 (1er janvier)	Les Germains traversent le Rhin gelé.
407	Abandon de la Grande-Bretagne par les Romains ; invasions saxonnes.
410	Prise et sac de Rome par le Wisigoth Alaric.
418	Les Wisigoths s'installent en Aquitaine.
425-455	Règne de Valentinien III.
430	Mort de saint Augustin assiégé dans Hippone (Bône) par les Vandales.
438	Promulgation par Théodose II du *Code théodosien* à Constantinople.
451	Attila et les Huns vaincus près de Châlons-en-Champagne par Aetius.
476	Odoacre supprime l'Empire d'Occident (celui d'Orient durera jusqu'en 1453).
481-511	Règne de Clovis, fils de Childéric, qui institue la dynastie **mérovingienne** en *Francia* ; se convertit au catholicisme en 496 ; conquêtes aux dépens des autres Germains (Francs, Wisigoths, Burgondes).
490-526	L'Ostrogoth Théodoric le Grand maître de l'Italie.
527-563	Justinien réunifie l'Empire ; guerres (Bélisaire) ; œuvre juridique : 533, *Digeste, Institutes* ; 534, *Code*.
511-558	Childebert Ier roi de Paris ; enterré à Saint-Germain-des-Prés.
529	Saint Benoît fonde l'abbaye du Mont-Cassin et diffuse la règle bénédictine.
561-584	Chilpéric Ier roi de Neustrie, époux de Frédégonde.
568	Les Lombards commencent à s'installer en Italie.
594	Mort de saint Grégoire de Tours.
604	Mort du pape saint Grégoire le Grand.
615	Mort de saint Colomban à Bobbio.
622	Hégire : installation de Mahomet, chassé de La Mecque, à Médine.
629-639	Dagobert Ier roi des Francs.
636	Mort d'Isidore de Séville.
670	Fondation de Kairouan par Oqba.
711	L'Espagne wisigothique conquise par les musulmans.
732	Charles Martel arrête l'expansion de l'Islam à Poitiers.
751	Pépin le Bref (751-768), fondateur de la dynastie **carolingienne**, commence à réorganiser l'école du Palais à Saint-Denis ; le latin devient une langue apprise.
768-814	Règne de Charlemagne.
813	Concile de Tours : pour être compris les sermons doivent être faits en " latin rural " (roman).
842	Serments de Strasbourg : premier texte suivi en français archaïque.

TABLE DES CARTES

I	Imperium Romanum	garde avant
II	Roma	1760
III	Fora Romae	1761
IV	Hispania et Mauretania	1762
V	Britannia et Gallia et Germania	1763
VI	Graecia et Aegaeum mare	1764
VII	Athenae	1764
VIII	Africa	1765
IX	Asia et Oriens et Aegyptus	1765
X	Constantinopolis	1766
XI	Hierosolyma	1766
XII	Italia antiqua	garde arrière

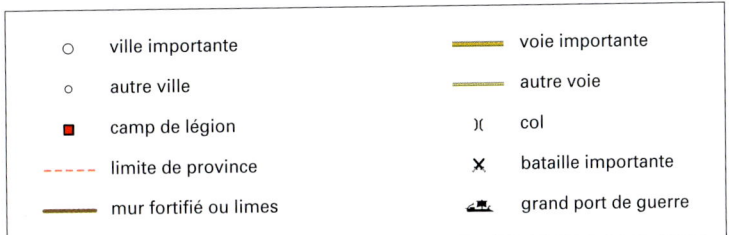

- ○ ville importante
- ○ autre ville
- ■ camp de légion
- ----- limite de province
- ▬▬ mur fortifié ou limes
- ▬▬ voie importante
- ▬▬ autre voie
-)(col
- ✕ bataille importante
- ⚓ grand port de guerre

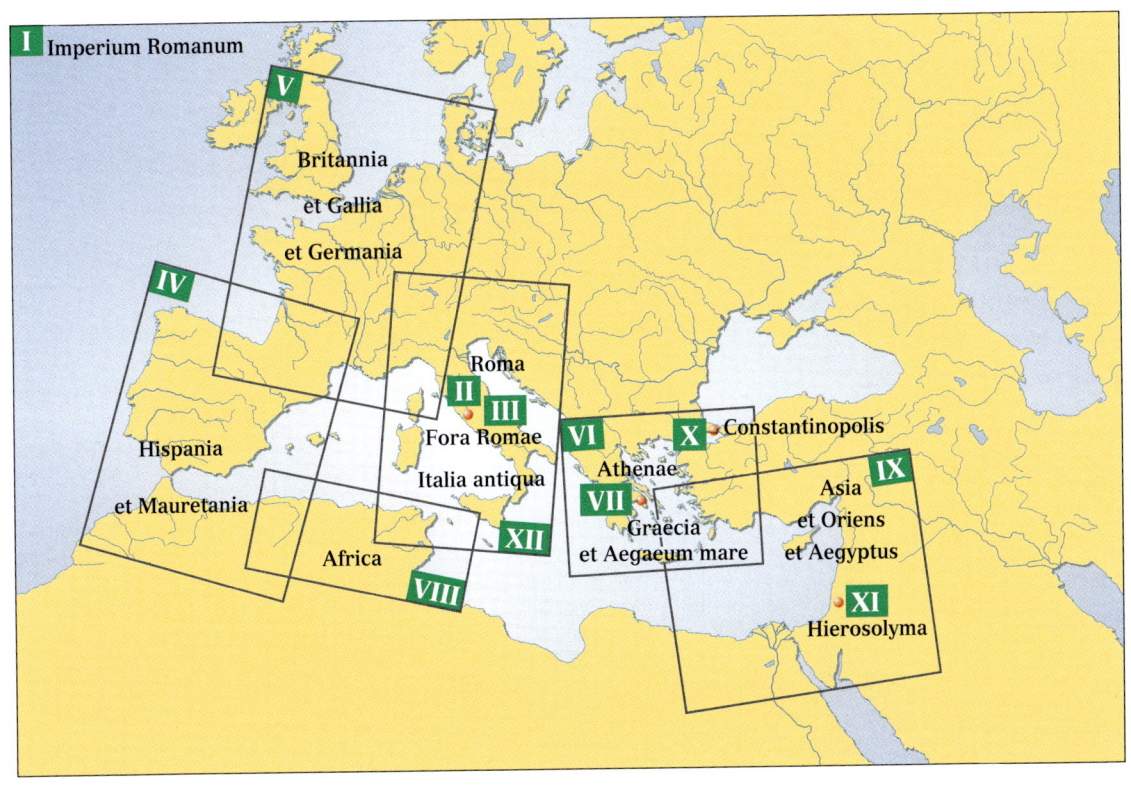

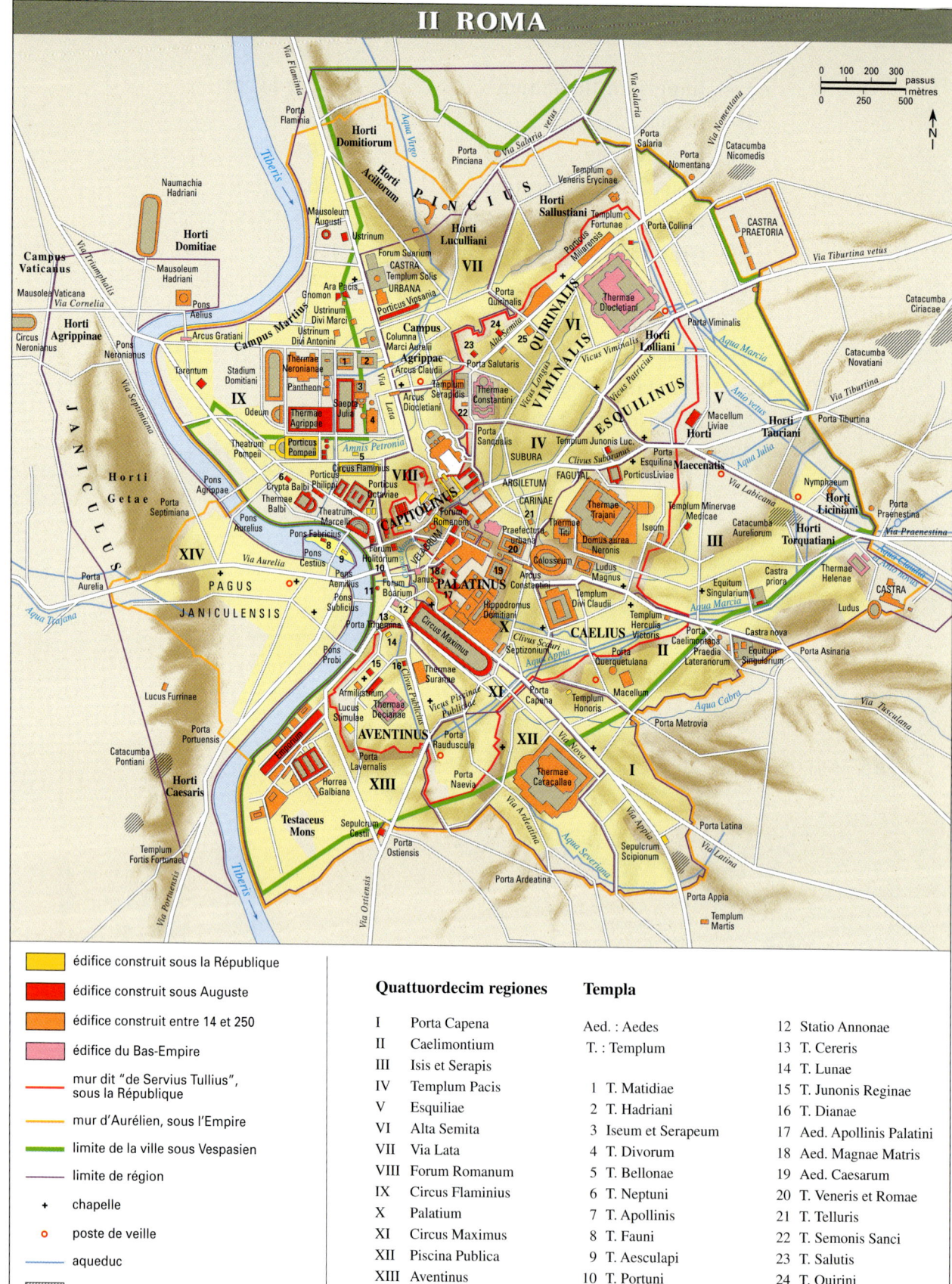

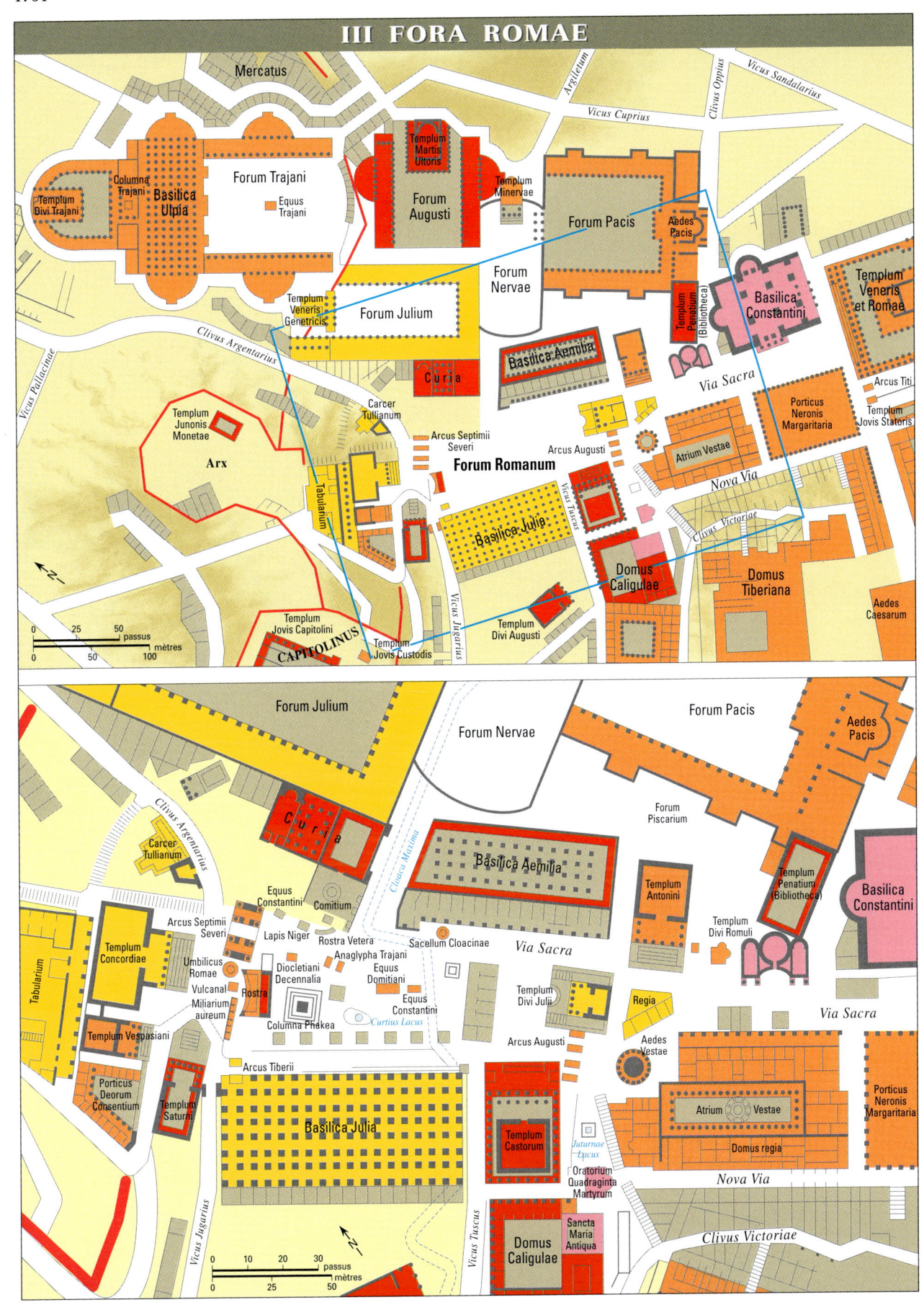

X. CONSTANTINOPOLIS

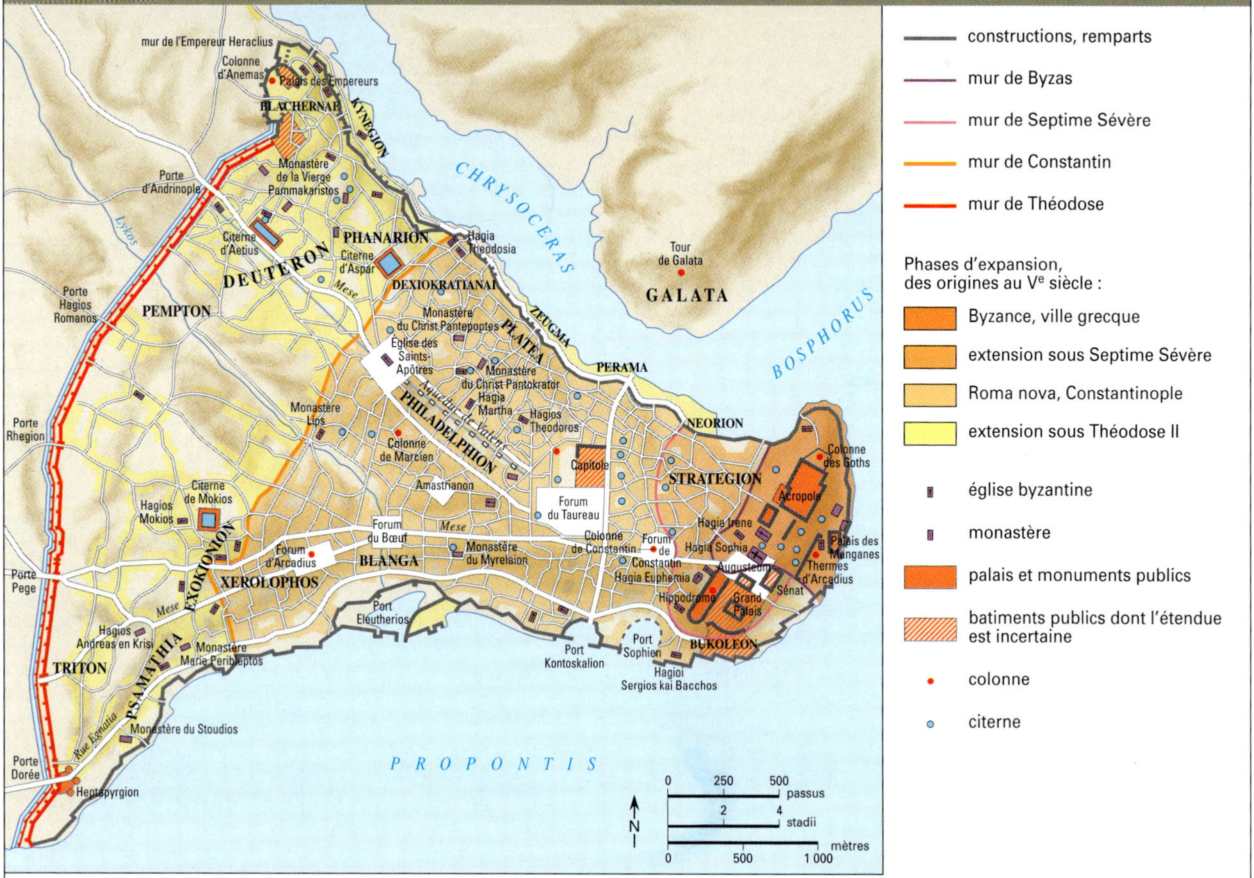

Légende:
- constructions, remparts
- mur de Byzas
- mur de Septime Sévère
- mur de Constantin
- mur de Théodose

Phases d'expansion, des origines au Ve siècle:
- Byzance, ville grecque
- extension sous Septime Sévère
- Roma nova, Constantinople
- extension sous Théodose II

- église byzantine
- monastère
- palais et monuments publics
- batiments publics dont l'étendue est incertaine
- colonne
- citerne

Lieux identifiés sur la carte:

mur de l'Empereur Heraclius, Colonne d'Anemas, Palais des Empereurs, BLACHERNAE, Porte d'Andrinople, Monastère de la Vierge Pammakaristos, Citerne d'Aetius, Citerne d'Aspar, PHANARION, Hagia Theodosia, DEUTERON, DEXIOKRATIANAI, KYNEGION, CHRYSOCERAS, Tour de Galata, GALATA, PEMPTON, PLATEA, ZEUGMA, Monastère du Christ Pantepoptes, Église des Saints-Apôtres, Monastère du Christ Pantokrator, Hagia Martha, PERAMA, Porte Hagios Romanos, Monastère Lips, PHILADELPHION, Hagios Theodoros, NEORION, BOSPHORUS, Colonne de Marcien, Capitole, STRATEGION, Colonne des Goths, Acropole, Porte Rhegion, Amastrianon, Forum du Taureau, Forum du Bœuf, Colonne de Constantin, Hagia Irene, Palais des Manganes, Citerne de Mokios, Monastère du Myreleion, Hagia Sophia, Thermes d'Arcadius, Hagios Mokios, Forum d'Arcadius, Mese, Forum de Constantin, Hagia Euphemia, Augusteion, Sénat, XEROLOPHOS, BLANGA, Hippodrome, Grand Palais, Porte Pege, EXOKIONION, Port Eleutherios, BUKOLEON, PSAMATHIA, Hagios Andreas en Krisi, Monastère Marie Peribleptos, Port Kontoskalion, Port Sophien, Hagioi Sergios kai Bacchos, TRITON, Rue Egnatia, Monastère du Stoudios, Porte Dorée, Heptapyrgion, Lykos

PROPONTIS

Échelle: 0 – 250 – 500 passus; 2 – 4 stadii; 0 – 500 – 1000 mètres

---

XI. HIEROSOLYMA

Templum Herodis
1. Sanctuarium
2. Altare
3. Porta Nicanoris
4. Atrium virorum
5. Porta speciosa
6. Thesaurus
7. Murus separationis
8. Porticus regalis
9. Porticus Salomonis

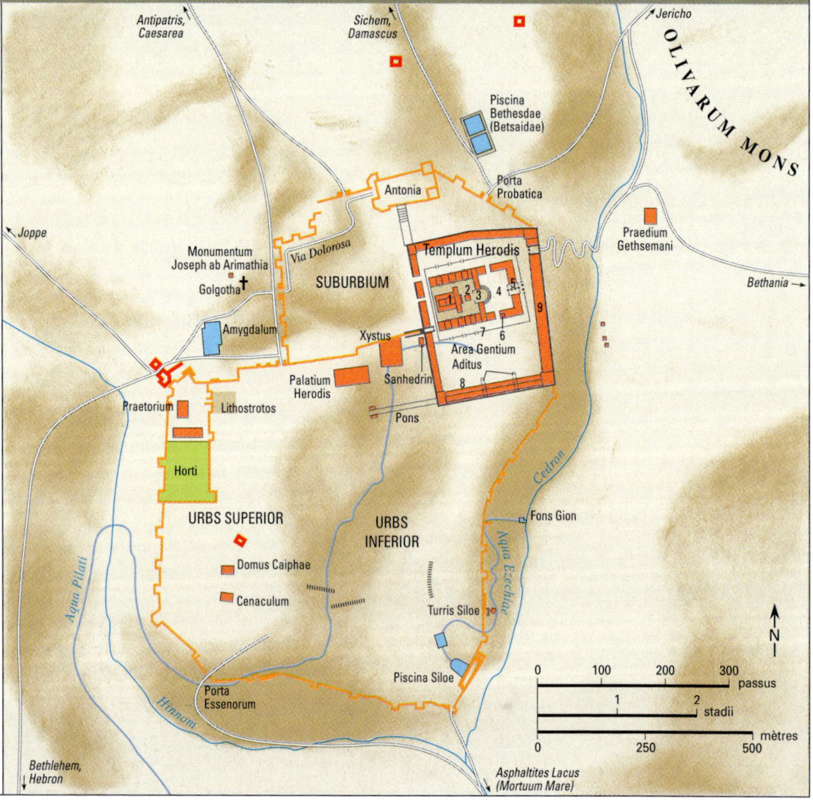

Lieux identifiés:

Antipatris, Caesarea; Sichem, Damascus; Jericho; Piscina Bethesdae (Betsaidae); OLIVARUM MONS; Antonia; Porta Probatica; Praedium Gethsemani; Joppe; Monumentum Joseph ab Arimathia; Golgotha; Via Dolorosa; Templum Herodis; SUBURBIUM; Bethania; Amygdalum; Xystus; Area Gentium Aditus; Palatium Herodis; Sanhedrin; Praetorium; Lithostrotos; Pons; Horti; URBS SUPERIOR; URBS INFERIOR; Cedron; Fons Gion; Domus Caiphae; Cenaculum; Aqua Excelsa; Turris Siloe; Aqua Pilati; Porta Essenorum; Piscina Siloe; Hinnom; Bethleem, Hebron; Asphaltites Lacus (Mortuum Mare)

Échelle: 0 – 100 – 200 – 300 passus; 1 – 2 stadii; 0 – 250 – 500 mètres

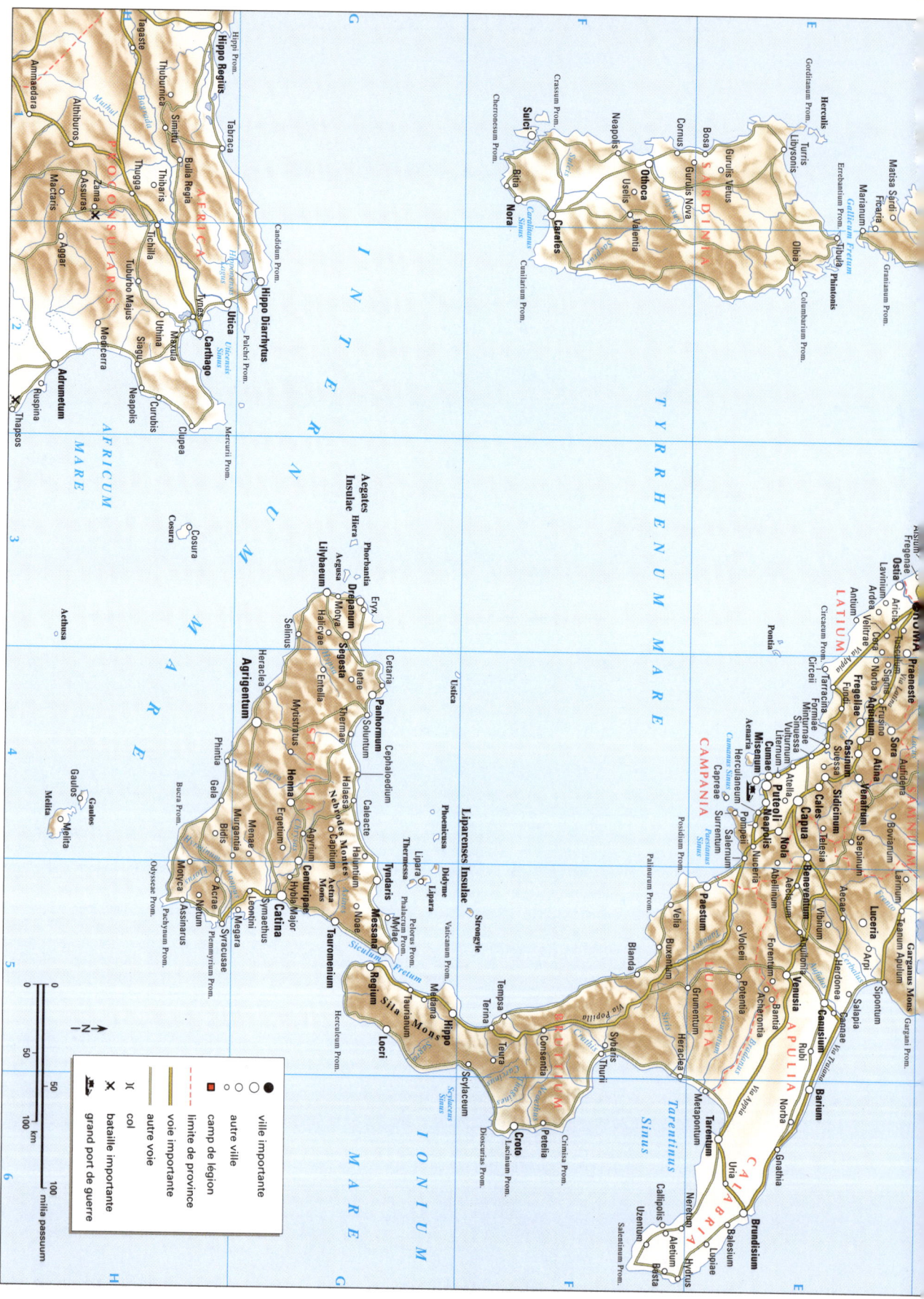